Langenscheidt
Großes Schulwörterbuch
Französisch – Deutsch

Langenscheidt

Großes Schulwörterbuch Französisch – Deutsch

Herausgegeben von der
Langenscheidt-Redaktion

Langenscheidt

Berlin · München · Wien · Zürich · New York

Lexikografische Bearbeitung: Dr. Birgit Klausmann
Muttersprachliche Bearbeitung: Emmanuelle Coste, Dr. Valérie Kervio-Berthou
Projektleitung: Karin Löscher

Redaktionsteam der zugrunde liegenden Fassung:
Dr. Manfred Bleher, Danielle Bleher,
Micheline Funke, Nikolaus Kainz, Geneviève Lohr

Info-Fenster: Dr. Günter Jehle

Neue deutsche Rechtschreibung nach
DUDEN-Empfehlungen (Stand 1.8.2006):
Adelheid Buschner

Ergänzende Hinweise, für die wir jederzeit dankbar sind,
bitten wir zu richten an:
Langenscheidt Verlag, Postfach 40 11 20, 80711 München
redaktion.wb@langenscheidt.de

Satz: Hagedorn medien[design]
Druck: CPI – Clausen & Bosse, Leck
Printed in Germany
ISBN 978-3-468-07161-4

11022

Vorwort

Um der jüngsten Sprachentwicklung und den aktuellen Bedürfnissen der Schülerinnen und Schüler in der Oberstufe sowie der Studierenden Rechnung zu tragen, wurden viele Tausende neuer Wörter und Wendungen in diese völlige Neubearbeitung des ***Langenscheidt Großen Schulwörterbuchs Französisch-Deutsch*** aufgenommen.

Aktualität

Ziel dieser Neubearbeitung war es, den augenblicklichen Stand der französischen Sprache so umfassend wie möglich darzustellen und in lebendigem, modernem Deutsch wiederzugeben. Durch die sorgfältige Auswertung maßgeblicher Quellen wurden viele **hochaktuelle Neuwörter** gewonnen, von einem erfahrenen Muttersprachlerteam übersetzt und nach den Grundsätzen der modernen Lexikografie in dieses Wörterbuch integriert.

Spezielle Aufbereitung für Schule und Studium

Das Werk ist **optimal für schulische und studentische Bedürfnisse** angelegt. Es lässt sich leicht handhaben, die Suche nach Wörtern und Übersetzungen bereitet keine Schwierigkeiten, und die einzelnen Einträge zu den Stichwörtern werden klar und übersichtlich präsentiert.

1. Die aufgenommenen Stichwörter und Wendungen

Ein großer Vorteil des Wörterbuchs liegt darin, dass es die beträchtliche Menge von **rund 120.000 Stichwörtern und Wendungen** bietet, wobei der Wortschatz gezielt für Oberstufenschüler und Studenten ausgewählt und zusammengestellt wurde.

2. Neue deutsche Rechtschreibung

Selbstverständlich stehen im vorliegenden Wörterbuch alle deutschen Übersetzungen in der neuen deutschen Rechtschreibung gemäß den gültigen amtlichen Regelungen sowie den DUDEN-Empfehlungen (Stand 1.8.2006).

3. Informative Info-Fenster

Zahlreiche **Info-Fenster** zu Landeskunde, Wortfeldern, falschen Freunden und Grammatikthemen bieten den Benutzern eine Fülle von schul- und studienrelevanten Zusatzinformationen.

4. Schnelle Orientierung im Wörterbuch

Nicht nur die nach links ausgerückten Hauptstichwörter, sondern auch sämtliche anderen **Stichwörter** sind **in Blau** hervorgehoben. Dies, besonders deutliche Gliederungszahlen und die unterschiedlichen Schriften für **Stichwörter**, ***Wendungen***, Übersetzungen, *Erklärsprache* und SACHGEBIETSANGABEN sorgen für einen besonders schnellen Zugriff auf die gesuchte Information. Zielsicher führen Bedeutungsdifferenzierungen und typische Anwendungsbeispiele stets zur treffenden Übersetzung.

5. Abkürzungen und Ländernamen im Wörterverzeichnis

Abkürzungen, wichtige geografische Namen etc. sind alphabetisch in das Wörterverzeichnis eingearbeitet, damit man sie schnell beim ersten Nachschlagen findet.

6. Hilfreiche Extras in den Anhängen

Im umfangreichen Anhang finden die Lernenden unter anderem ausführliche Konjugationstabellen zu den französischen Verben und Zahlwörter.

LANGENSCHEIDT VERLAG

Inhaltsverzeichnis

Hinweise für die Benutzer

1. Fünf verschiedene Schriftarten

Fettdruck	für die französischen Stichwörter
halbfette Kursivschrift	für die Anwendungsbeispiele und Redewendungen
Normalschrift	für die deutschen Übersetzungen
kursiv	für alle erklärenden Zusätze
KAPITÄLCHEN	für Sachgebiete

2. Lexikografische Zeichen

~ Die **Tilde** vertritt das Stichwort innerhalb des Eintrags:

morceau … *m* ⟨*pl* **~x**⟩ …; ***~ de bois …; en mille ~x***

ʻ **Zeichen für h aspiré**, vgl. 6. b)

ˈ **Betonungsakzent**, vgl. 6. b)

[ ] Die **eckigen Klammern** enthalten die Aussprachebezeichnung.

⟨ ⟩ Die **spitzen Klammern** enthalten grammatische Angaben.

( ) Die **runden Klammern** enthalten

a) Varianten:

casse-noisette(s)
morceau …; ***en (mille) ~x***
(ab)tippen
(Hilfs)Mittel

b) zusammengefasste Wortformen (und deren Genusbezeichnungen):

italien … ***Italien(ne)*** *m(f)* Italiener(in) *m(f)*
Angestellte(r) *f(m)* (= eine Angestellte, ein Angestellter)

c) erklärende Synonyme:

fric … *m* F (*argent*)

d) ergänzende Angaben:

freiner … bremsen (*a fig*); ein Hemmschuh sein (***qc*** für etw)

; Der **Strichpunkt** kennzeichnet das Ende einer Übersetzung.

, Das **Komma** bedeutet dagegen, dass die Übersetzung noch nicht abgeschlossen, sondern mit anderen Übersetzungen zusammengefasst ist:

éloigner … zur Seite rücken, schieben; wegrücken, (weiter) wegstellen (***de*** von)

: Der **Doppelpunkt** steht

a) zur Verdeutlichung der Beziehungen zwischen erklärenden Zusätzen:

faucher … *voiture*: *piéton* umfahren

b) als Hinweis darauf, dass eine kursive Erläuterung für mehrere folgende Wendungen gilt:

urgence ...; *loc/adv*: ***d'~*** ...; ***de toute ~*** ...; ***en cas d'~***

♦ Die Raute dient der Gliederung längerer Artikel.

\- Der **Bindestrich** wird am **Zeilenanfang** wiederholt, wenn mit Bindestrich geschriebene Wörter getrennt werden:

... auto-
-école ...

3. Alphabetische Reihenfolge

Die Stichwörter sind streng alphabetisch geordnet (mit Ausnahme mancher Feminina, die mit der maskulinen Form zusammengefasst sind, z.B. *consommateur, -trice*, dann erst *consommation*). An alphabetischer Stelle stehen auch orthografische Varianten, unregelmäßige Wortformen (*buvez*, *yeux usw.*), mit Bindestrich geschriebene Zusammensetzungen (*mont-de-piété*, *porte-voix usw.*), Eigennamen und Abkürzungen sowie heute lebendige Wortbildungselemente (*anti*..., *super*... usw.).

4. Aufnahme und Gliederung der Wendungen

Mehrgliedrige Ausdrücke (*pain bis*, *tour de contrôle* usw.), Zusammensetzungen ohne Bindestrich (*match vedette*, *poste clé usw.*), adverbielle und adjektivische Wendungen (*tout à l'heure*, *hors de prix usw.*), Kollokationen (*ennemi déclaré*, *faire grève* usw.), idiomatische Redewendungen und Sprichwörter werden aus Gründen der Raumersparnis grundsätzlich nur einmal aufgenommen. Wendungen, die Substantive enthalten, sind meist unter dem ersten Substantiv verzeichnet, die Verbindung Substantiv + Adjektiv steht häufig unter dem Adjektiv.

Die Wendungen eines Artikels sind zu formal gleich gebauten Gruppen zusammengefasst, die unter einem substantivischen Stichwort wie folgt angeordnet sind:

Stichwort + Adjektiv	(*cheval blanc*)
Stichwort + Substantiv	(*cheval de course*)
Substantiv + Stichwort	(*remède de cheval*)
Präposition + Stichwort	(*à cheval*)
Stichwort + Verb	(*monter un cheval*)

In diesen Gruppen sind die Adjektive, Substantive, Präpositionen und Verben alphabetisch geordnet.

5. Unterteilung der Stichworteinträge

Mit **Hochzahlen** sind Stichwörter gleicher Schreibung versehen, die als verschiedene Wörter empfunden werden, z.B. **charme¹**, **charme²**.

Die **römischen Ziffern** kennzeichnen die verschiedenen Wortarten.

Die **arabischen Ziffern** unterscheiden die verschiedenen Bedeutungen eines Stichworts.

Kleinbuchstaben dienen ggf. der weiteren Unterteilung der Stichworteinträge.

6. Die Bestandteile eines Stichwortartikels

a) Stichwort, vgl. 3.

b) Aussprache
Die Aussprachebezeichnung erfolgt nach den Grundsätzen der IPA (International Phonetic Association): vgl. die Tabelle der Lautschriftzeichen S. 13.

Bei jedem französischen Hauptstichwort steht eine vollständige phonetische Umschrift. Die innerhalb eines Absatzes auf ein Hauptstichwort folgenden Stichwörter erhalten keine Lautschrift, da ihre Aussprache unter den einzelnen Wortbestandteilen nachgeschlagen werden kann (zur Aussprache häufiger Endungen vgl. die Übersicht S. 14):

> **double-clic** [dubləklik] *m* ⟨*pl* **double-clics**⟩ INFORM Doppelklick *m* **double-cliquer** *v/i* INFORM doppelklicken (***sur*** auf +acc)

Innerhalb eines Stichwortartikels werden französische und deutsche Ausspracheprobleme durch (Teil)Umschrift geklärt:

> **air** …; ***le grand ~*** [-t-]
> **jazz** … Jazz [dʒɛs] *m*

Bei allen mit h beginnenden französischen Wörtern (auch in Wendungen) wird angegeben, ob es sich um ein **h aspiré** handelt, ob also Elision (also die Ersetzung des vorangehenden Vokals durch Apostroph) und Bindung unterbleiben. Ausnahme: das „h aspiré“ ist aus dem vorhergehenden Wort ersichtlich:

> **'haine**
> **talon** …; ***à ~s 'hauts***
> **pavé** …; ***tenir le haut du ~***

c) Genus und Wortart
Zu jedem französischen Stichwort ist das Genus (*m*, *f*) bzw. die Wortart (*adj*, *v/t*, *prép* usw.) angegeben. Innerhalb eines Artikels erhält das französische Substantiv eine Genusangabe, falls es nicht mit dem Stichwort identisch ist oder das Genus nicht aus dem Kontext hervorgeht (z.B. *heureux événement*).

In den deutschen Grundübersetzungen folgt jedem einfachen und zusammengesetzten Substantiv eine Genusbezeichnung, falls das Genus nicht aus dem Kontext ersichtlich ist.

d) Grammatik
Beim **Substantiv** wird die unregelmäßige (d.h. nicht durch Anhängung von s gebildete) Pluralform angegeben. Einfache Substantive auf -s, -x, -z (*pas*, *croix*, *nez*), die im Plural unverändert bleiben, haben keine Angabe. Bei zusammengesetzten Substantiven wird dagegen stets der Plural angegeben:

journal … *m* ⟨*pl* **-aux**⟩
manteau … *m* ⟨*pl* **~x**⟩
coffre-fort … *m* ⟨*pl* **coffres-forts**⟩
garde-boue … *m* ⟨*inv*⟩

Beim **Adjektiv** wird die unregelmäßige (d.h. nicht durch einfache Anhängung von e gebildete) Form des Femininums angegeben, ebenso die maskuline Pluralform aller Adjektive auf -al:

cruel … *adj* ⟨**~le**⟩
heureux … *adj* ⟨**-euse**⟩
marron … *adj* ⟨*inv*⟩
snob … *adj* ⟨*f inv*⟩
familial … *adj* ⟨**-aux**⟩
banal … *adj* ⟨**-als**⟩

Bei den **unregelmäßigen Verben** werden diejenigen Grundformen angegeben, aus denen sich die restlichen Formen ableiten lassen. Außerdem wird auf die Besonderheiten der Verben auf -er sowie auf die Bildung der zusammengesetzten Zeiten der intransitiven Verben mit *être* hingewiesen. Vgl. auch die Konjugationsmuster S. 1171 ff.:

craindre … *v/t* ⟨**je crains, il craint, nous craignons; je craignais; je craignis; je craindrai; que je craigne; craignant; craint**⟩
lever … ⟨**-è-**⟩
jeter … ⟨**-tt-**⟩
appeler … ⟨**-ll-**⟩
poncer … ⟨**-ç-**⟩
manger … ⟨**-geons**⟩
employer … ⟨**-oi-**⟩
arriver … ⟨**être**⟩

Angaben zur abweichenden **Rektion** im Französischen und Deutschen, zu unterschiedlichen **Präpositionen** sowie allgemein zur grammatischen Konstruktion stehen nach den Übersetzungen oder werden durch **Anwendungsbeispiele** verdeutlicht. Wo nötig, wird bei der deutschen Präposition der **Kasus** verzeichnet:

secourir … *v/t* helfen (***qn*** j-m)
désir … Wunsch *m* (***de qc*** nach etw *ou* ***de*** *+inf* zu *+inf*)
étonné … erstaunt (***de*** über *+acc*)

e) Sprachebene
Im französischen und deutschen Text wird der von der Normalsprache abweichende Sprachgebrauch angegeben: F, P, *arg*, *st/s*, *litt*, *poét*, im weiteren Sinne auch *péj*, *fig*, *iron*, *enf*, *südd* usw. Die deutsche Übersetzung wurde so weit wie möglich auf die französische Sprachebene abgestimmt.

f) Übersetzung
Die deutschen Übersetzungen sind grundsätzlich in der Reihenfolge ihrer Gebrauchshäufigkeit aufgeführt. Gibt es im Deutschen keine Entsprechung für ein französisches Wort, so wird eine meist kursiv gedruckte Erklärung gegeben.

g) Wendungen, vgl. 4.

h) Bedeutungsdifferenzierung

Die Benutzer werden durch zahlreiche erklärende Zusätze zur richtigen Übersetzung geführt. Diesem Zweck dienen

- **Sachgebietsangaben** (als Abkürzungen oder ausgeschriebene Wörter durch Kapitälchenschrift hervorgehoben),
- **Synonyme** (in runden Klammern),
- **Kollokatoren** (Wörter, die üblicherweise mit dem Stichwort kombiniert werden, z.B. typische Subjekte und Objekte mit Verben),
- **Oberbegriffe,**
- sonstige nützliche Hinweise:

> **couper** [kupe] **I** *v/t* **1** schneiden; *en deux* zer-, durchschneiden; kappen (*a* MAR); (*découper*) zerschneiden; (*séparer d'un tout*) abschneiden; *plante, haie* beschneiden; *herbe, blés* (ab)mähen; schneiden; ...

Zur Aussprache des Französischen

Lautschriftzeichen

Vokale

[i]	ici	geschlossenes i
[e]	léger	geschlossenes e
[ɛ]	sec, père, tête, lait, neige	offenes e
[a]	patte, noix	helles a
[ɑ]	âme, phrase	dunkles a
[o]	pot, dôme, taupe, beau	geschlossenes o
[ɔ]	poche, Laure	offenes o
[ø]	peu, nœud	geschlossenes ö
[œ]	seul, cœur	offenes ö
[ə]	que, dehors, petit, chemin,	kurzes dumpfes ö (e caduc, e instable, e muet)
[u]	souci	geschlossenes u
[y]	usure, sûr	geschlossenes ü
[ɛ̃]	vin, impair, plainte, faim, rein, bien	nasales ɛ
[ɑ̃]	dans, lampe, entrer, embêter	nasales a
[õ]	ton, pompe	nasales o
[œ̃]	lundi, parfum	nasales œ

Konsonanten

[p]	pont, apporter	stimmloser p-Laut, ohne Behauchung
[t]	ton, thé, patte	stimmloser t-Laut, ohne Behauchung
[k]	cou, qui, chaos, képi	stimmloser k-Laut, ohne Behauchung
[b]	robe, abbé	(„weicher") b-Laut
[d]	dans	(„weicher") d-Laut
[g]	gant, gueule	(„weicher") g-Laut
[f]	neuf, photo	f-Laut
[s]	son, tasse, ces, ça, section	stimmloser s-Laut
[ʃ]	chou, tache	(stimmloser) sch-Laut
[v]	vent, rive	w-Laut
[z]	rose, zéro	stimmhafter s-Laut
[ʒ]	jour, cage, gilet	stimmhafter sch-Laut
[l]	long, aller	l-Laut
[ʀ]	rue, barre, verve	stark geriebenes[1] Zäpfchen-R
[m]	mes, femme	m-Laut
[n]	nom, année	n-Laut
[ɲ]	gagner, vigne	nj-Laut
[ŋ][2]	camping	ng-Laut

Halbvokale (Halbkonsonanten)

[j]	bien, abeille	j-Laut
[w]	Louis, trois	gleitendes u
[ɥ]	lui, nuage	gleitendes ü

[ː][3]	Längezeichen

1) Im Gegensatz zum deutschen [r], das am Wortende und vor Konsonant häufig vokalisch gesprochen wird.
2) In Fremdwörtern aus dem Englischen.
3) Wird nur zur Umschreibung deutscher Übersetzungen verwendet, z.B. Computer [-'pjuː-].

Bei französischen Wörtern wird kein Betonungsakzent gesetzt, da sich ein solcher im Gegesatz zum Deutschen nicht objektiv auf eine bestimmte Silbe festlegen lässt. Zwar liegt beim isoliert gesprochenen französischen Einzelwort ein etwas stärkerer Ton auf der letzten Silbe (accent d'intensité). Dieser schwindet jedoch im Satzzusammenhang und rückt auf die letzte Silbe des Sprechtaktes, der „groupe rythmique":

la maison [lame'zõ] **la maison neuve** [lamezõ'nœv]

Andererseits wird in affektiven Zusammenhängen häufig die erste, bei mit Vokal beginnenden Wörtern die zweite Silbe eines Wortes stärker betont (accent d’insistance):

c’est formidable [sɛˈfɔʀmidabl] **c’est épouvantable** [sɛteˈpuvɑ̃tabl]

Aussprache häufiger Endungen

~able [-abl]	**~ée** [-e]	**~ien** [-jɛ̃]	**~ment** [-mɑ̃]
~age [-aʒ]	**~éen** [-eɛ̃]	**~ienne** [-jɛn]	**~mètre** [-mɛtʀ]
~ain [-ɛ̃]	**~éenne** [-eɛn]	**~ier** [-je]	**~métrie** [-metʀi]
~aine [-ɛn]	**~el** [-ɛl]	**~ière** [-jɛʀ]	**~métrique** [-metʀik]
~aire [-ɛʀ]	**~elle** [-ɛl]	**~if** [-if]	**~oïde** [-ɔid]
~ais [-ɛ]	**~ement** [-mɑ̃]	**~ifère** [-ifɛʀ]	**~oir** [-waʀ]
~aise [-ɛz]	**~ence** [-ɑ̃s]	**~in** [-ɛ̃]	**~oire** [-waʀ]
~aison [-ɛzɔ̃]	**~ent** [-ɑ̃]	**~ine** [-in]	**~ois** [-wa]
~al [-al]	**~ente** [-ɑ̃t]	**~ion** [-jɔ̃]	**~oise** [-waz]
~ale [-al]	**~er** [-e]	**~ique** [-ik]	**~on** [-ɔ̃]
~ance [-ɑ̃s]	**~ère** [-ɛʀ]	**~ir** [-iʀ]	**~onne** [-ɔn]
~and [-ɑ̃]	**~erie** [-ʀi]	**~isation** [-izasjɔ̃]	**~ose** [-oz]
~ande [-ɑ̃d]	**~esque** [-ɛsk]	**~ise** [-iz]	**~ote** [-ɔt]
~ane [-an]	**~esse** [-ɛs]	**~iser** [-ize]	**~otte** [-ɔt]
~ant [-ɑ̃]	**~et** [-ɛ]	**~isme** [-ism]	**~scope** [-skɔp]
~ante [-ɑ̃t]	**~ette** [-ɛt]	**~issage** [-isaʒ]	**~scopie** [-skɔpi]
~ard [-aʀ]	**~eur** [-œʀ]	**~issant** [-isɑ̃]	**~scopique** [-skɔpik]
~arde [-aʀd]	**~euse** [-øz]	**~issement** [-ismɑ̃]	**~té** [-te]
~ase [-ɑz]	**~eux** [-ø]	**~isseur** [-isœʀ]	**~teur** [-tœʀ]
~at [-a]	**~fication** [-fikasjɔ̃]	**~iste** [-ist]	**~tion** [-sjɔ̃]
~ate [-at]	**~fier** [-fje]	**~ite** [-it]	**~tique** [-tik]
~ateur [-atœʀ]	**~graphe** [-gʀaf]	**~ité** [-ite]	**~toire** [-twaʀ]
~ation [-asjɔ̃]	**~graphie** [-gʀafi]	**~ition** [-isjɔ̃]	**~trice** [-tʀis]
~aud [-o]	**~graphique** [-gʀafik]	**~ive** [-iv]	**~ule** [-yl]
~aude [-od]	**~ible** [-ibl]	**~logie** [-lɔʒi]	**~ure** [-yʀ]
~aux [-o]	**~ide** [-id]	**~logique** [-lɔʒik]	
~é [-e]	**~ie** [-i]	**~logiste** [-lɔʒist]	
~eau [-o]		**~logue** [-lɔg]	

Bindung

Unter Bindung versteht man im Französischen die Aussprache eines gewöhnlich stummen Endkonsonanten eines Wortes, wenn das folgende Wort mit Vokal oder stummem h beginnt. Die gebundenen Wörter müssen dem Sinn nach zusammengehören und innerhalb einer „groupe rythmique“ vorkommen.

Unerlässliche Bindungen:
Artikel + Substantiv: les amis [le**z**ami], un imbécile [ɛ̃**n**ɛ̃besil]
Pronomen + Substantiv: ces arbres [se**z**aʀbʀ], son habit [sɔ̃**n**abi]
Zahlwort + Substantiv: deux élèves [dø**z**elɛv], trois images [tʀwa**z**imaʒ]

Adjektiv + Substantiv: un petit homme [ɛ̃ptit**t**ɔm], les grands enfants [legʀɑ̃**z**ɑ̃fɑ̃]
Pronomen + Verb: nous allons [nu**z**alõ], il les a vus [ille**z**avy], j'en ai [ʒɑ̃**n**e], on y va [õ**n**iva]
nach **c'est**: c'est incroyable [sɛ**t**ɛ̃kʀwajabl]
nach den Präpositionen **chez**, **dans**, **en**, **sans**, **sous**: chez eux [ʃe**z**ø], en hiver [ɑ̃**n**ivɛʀ]
nach den Adverbien **très**, **tout**, **plus**, **moins**: très utile [tʀɛ**z**ytil], moins habile [mwɛ̃**z**abil]

Unmöglich ist die Bindung nach **et** und vor **h aspiré** (im Wörterbuch mit **'h** bezeichnet).

Im Wörterbuch verwendete Abkürzungen

auch	*a*	aussi
Abkürzung	*abr*	abréviation
absolut (gebraucht), ohne Objekt	*abs*	(employé d'une façon) absolu(e)
fälschlich	*abus*	abusivement
Akkusativ	*acc*	accusatif
Adjektiv, Eigenschaftswort	*adj*	adjectif (qualificatif)
attributives Demonstrativpronomen	*adj/dém*	adjectif démonstratif
attributives Indefinitpronomen	*adj/ind*	adjectif indéfini
attributives Interrogativpronomen	*adj/int*	adjectif interrogatif
attributives Possessivpronomen	*adj/poss*	adjectif possessif
adjektivisch gebraucht	*adjt*	adjectivement
Verwaltung(ssprache)	ADM	administration, langage administratif
Adverb, Umstandswort	*adv*	adverbe
adverbial gebraucht	*advt*	adverbialement
Landwirtschaft	AGR	agriculture
Anatomie	ANAT	anatomie
Architektur, Baukunst	ARCH	architecture
Ganovensprache, Jargon	*arg*	argot
Astronomie, Astrologie	ASTR	astronomie, astrologie
Kraftfahrzeug	AUTO	automobile
Luftfahrt	AVIAT	aviation
Bibel(sprache)	BIBL	Bible, langage biblique
Biologie	BIOL	biologie
Botanik, Pflanzenkunde	BOT	botanique
katholisch(e Kirche)	CATH	(Église) catholique
Jagd, Jägersprache	CH	(terme de) chasse
Eisenbahn	CH DE FER	chemin de fer
Chemie	CHIM	chimie
Film(wesen), Kino	CIN	cinéma
Kollektivum, Sammelname	*coll*	terme collectif
Handel	COMM	commerce
Komparativ	*comp*	comparatif
Konjunktion, Bindewort	*conj*	conjonction
Bauwesen	CONSTR	construction
Schneiderei, Mode	COUT	couture
Küche	CUIS	cuisine
Dativ	*dat*	datif
defektiv, unvollständig	*déf*	défectif
Diplomatie	DIPL	diplomatie
Umwelt(schutz), Ökologie	ÉCOL	écologie
Wirtschaft	ÉCON	économie
eine	*e-e*	un(e)
Kirche	ÉGL	Église
Elektrotechnik	ÉLECT	électrotechnique
Elektronik	ÉLECTRON	électronique
einem	*e-m*	à un(e)
einen	*e-n*	un(e)

Kindersprache	*enf*	langage des enfants
einer	*e-r*	d'un(e), à un(e)
eines	*e-s*	d'un(e)
und so weiter	*etc*	et cetera
etwas	*etw*	quelque chose
Femininum, weiblich	*f*	(nom) féminin
Umgangssprache, familiär	F	familier
figürlich, bildlich	*fig*	(au sens) figuré
Finanzen	FIN	finances
Befestigungsanlagen	FORTIF	fortifications
Feminimum Plural	*f/pl*	féminin pluriel
französisch	*frz*	français
Genitiv	*gén*	génitif
Geografie, Erdkunde	GÉOGR	géographie
Geologie	GÉOL	géologie
Grammatik	GR	grammaire
Hilfsverb: haben	h	verbe auxiliaire: haben
Geschichte, historisch	HIST	histoire, historique
Indikativ	*ind*	indicatif
Infinitiv	*inf*	infinitif
Informatik, Internet	INFORM	informatique, Internet
Interjektion, Ausruf	*int*	interjection
unveränderlich	*inv*	invariable
ironisch	*iron*	ironique
jemand	*j*	quelqu'un
Gartenbau	JARD	jardinage
jemandem	*j-m*	à quelqu'un
jemanden	*j-n*	quelqu'un
jemandes	*j-s*	de quelqu'un
Recht(ssprache)	JUR	droit, langage juridique
Linguistik, Sprachwissenschaft	LING	linguistique
literarisch	*litt*	littéraire
Redewendung	*loc*	locution
als Adjektiv gebrauchte Wendung	*loc/adj*	locution adjective
als Adverb gebrauchte Wendung	*loc/adv*	locution adverbiale
als Konjunktion gebrauchte Wendung	*loc/conj*	locution conjonctive
als Präposition gebrauchte Wendung	*loc/prép*	locution prépositive
Maskulinum, männlich	*m*	(nom) masculin
Marine, Schifffahrt, Seemannssprache	MAR	marine, navigation, langage des marins
Mathematik	MATH	mathématiques
Medizin	MÉD	médecine
Metallurgie	MÉTALL	métallurgie
Meteorologie	MÉTÉO	météorologie
Militär	MIL	terme militaire
Mineralogie	MINÉR	minéralogie
Maskulinum Plural	*m/pl*	masculin pluriel
Musik	MUS	musique
Mythologie	MYTH	mythologie
Neutrum, sächlich	*n*	(nom) neutre

norddeutsch	*nordd*	allemand du Nord
Neutrum Plural	*n/pl*	neutre pluriel
Kernphysik, Kerntechnik	NUCL	(physique) nucléaire
Grundzahl	*num/c*	numéral cardinal
Ordnungszahl	*num/o*	numéral ordinal
direktes Objekt	*obj/dir*	complément d'objet direct
präpositionales Objekt	*obj/indir*	complément d'objet indirect
oder	*od*	ou
Optik	OPT	optique
österreichisch	*österr*	autrichien
derb	P	populaire, grossier
im weiteren Sinne	*par ext*	par extension
besonders	*partic*	particulièrement
Pädagogik	PÉD	pédagogie
Malerei	PEINT	peinture
pejorativ, verächtlich	*péj*	péjoratif
im verstärkten Sinne	*p/fort*	plus fort
Pharmazie	PHARM	pharmacie
Philosophie	PHILOS	philosophie
Phonetik, Lautlehre	PHON	phonétique
Fotografie	PHOT	photographie
Physik	PHYS	physique
Physiologie	PHYSIOL	physiologie
Plural, Mehrzahl	*pl*	pluriel
scherzhaft	*plais*	par plaisanterie
poetisch, dichterisch	*poét*	poétique
Politik	POL	politique
Partizip Perfekt	*p/p*	participe passé
Partizip Präsens	*p/pr*	participe présent
Pronomen, Fürwort	*pr*	pronom
Demonstrativpronomen, hinweisendes Fürwort	*pr/dém*	pronom démonstratif
Präposition, Verhältniswort	*prép*	préposition
Indefinitpronomen, unbestimmtes Fürwort	*pr/ind*	pronom indéfini
Interrogativpronomen, Fragefürwort	*pr/int*	pronom interrogatif
evangelisch(e Kirche)	PROT	(Église) protestant(e)
Sprichwort	*prov*	proverbe
Personalpronomen, persönliches Fürwort	*pr/pers*	pronom personnel
Possessivpronomen, besitzanzeigendes Fürwort	*pr/poss*	pronom possessif
Relativpronomen, bezügliches Fürwort	*pr/rel*	pronom relatif
Psychologie	PSYCH	psychologie
etwas	*qc*	quelque chose
jemand	*qn*	quelqu'un
eingetragene Marke	®	marque déposée
Rundfunk, Hörfunk	RAD	radio
Religion	REL	religion

Rhetorik	RHÉT	rhétorique
wissenschaftlich	*sc*	scientifique
schweizerisch	*schweiz*	suisse
Bildhauerkunst	SCULP	sculpture
seine	*s-e*	sa, son, ses
Singular, Einzahl	*sg*	singulier
seinem	*s-m*	à son, à sa
seinen	*s-n*	son, sa, à ses
seiner	*s-r*	de sa, de son, de ses, à sa, à son
seines	*s-s*	de son, de sa
gehobener Stil	*st/s*	style soutenu
Konjunktiv	*subj*	subjonctif
Substantiv, Hauptwort, substantivisch gebraucht	*subst*	substantif, nom, substantivement
süddeutsch	*südd*	allemand du Sud
Superlativ	*sup*	superlatif
Technik	TECH	technique, technologie
Telefon	TÉL	téléphone
Telekommunikation	TÉLÉCOM	télécommunications
Textilien, Textilindustrie	TEXT	textiles
Theater	THÉ	théâtre
Fachausdruck	*t/t*	terme technique
Fernsehen	TV	télévision
Buchdruck, Typografie	TYPO	typographie, imprimerie
und	*u*	et
vulgär	V	vulgaire
Hilfsverb	*v/aux*	verbe auxiliaire
Tiermedizin	VÉT	médecine vétérinaire
intransitives Verb	*v/i*	verbe intransitif
unpersönliches Verb	*v/imp*	verbe impersonnel
Weinbau	VIT	viticulture
reflexives (französisches) Verb	*v/pr*	verbe pronominal
transitives Verb	*v/t*	verbe transitif
Verb mit Präpositionalobjekt	*v/t/indir*	verbe transitif indirect
Zoologie	ZO	zoologie
siehe	→	voir

A

A[1], **a**[1] [ɑ, a] *m* ⟨*inv*⟩ A, a *n*; ***la bombe A*** die A-Bombe; die Atombombe; *fig* ***depuis A jusqu'à Z*** *ou* ***de A à Z*** von A bis Z; vom Anfang bis zum Ende; ***prouver qc par a + b*** [-aplysbe] etw (F klipp und) klar beweisen

A[2] *abr* **1** (*ampère*[*s*]) A (Ampere) **2** (*autoroute*) A (*Autobahn*)

a[2] [a] → ***avoir***[1]

a[3] *abr* (*are*[*s*]) a (Ar)

à [a] *prép* ⟨*„à le" wird zu* ***au****, „à les" zu* ***aux*** *zusammengezogen*⟩ **1** *lieu*: **a)** *question « wo? »*: in, auf, an, zu (+*dat*); ♦ *être, rester, arriver* **~ *Paris*** in Paris; ***au Havre*** in Le Havre; ***au Portugal*** in Portugal; ***aux États-Unis*** in den Vereinigten Staaten; **~ *Madagascar*** auf Madagaskar; ♦ **~ *la campagne*** auf dem Land; **~ *l'étranger*** im Ausland; **~ *la fenêtre*** am Fenster; **~ *la frontière*** an der Grenze; **~ *la gare*** am, auf dem Bahnhof; **~ *l'hôtel*** im Hotel; ***tenir un journal* ~ *la main*** e-e Zeitung in der Hand halten; **~ *la maison*** zu Hause; **~ *la mer*** am Meer; an der See; ***boire* ~ *une source*** aus e-r Quelle trinken; **b)** *question « wohin? »*: nach (+*dat*); in, an, auf (+*acc*); zu (+*dat*); *aller, envoyer* **~ *Paris, au Canada,* ~ *Chypre*** nach Paris, nach Kanada, nach Zypern; ***un voyage* ~ *Paris*** e-e Reise nach Paris; ***du nord au sud*** von Nord(en) nach Süd(en); ***aller* ~ *la campagne,* ~ *l'étranger*** aufs Land, ins Ausland gehen, fahren; F ***aller au coiffeur, au boulanger*** *etc* zum Friseur, zum Bäcker *etc* gehen; ***courir* ~ *la gare*** zum Bahnhof rennen; ***écrire* ~ *la maison*** nach Hause schreiben; ***jeter* ~ *la poubelle*** in den Mülleimer werfen; → *a subst et verbes correspondants* **2** *temps*: **~ *vingt ans*** mit zwanzig (Jahren); **~ *son arrivée*** bei s-r Ankunft; **~ *l'époque de Louis XIV*** zur Zeit Ludwigs XIV.; **~ *six heures*** um sechs (Uhr); **~ *toute heure*** zu jeder Tageszeit; *ouvert* ganztägig; ***au mois de janvier*** im (Monat) Januar; **~ *sa mort*** bei s-m Tode; **~ *Noël,* ~ *Pâques,* ~ *la Pentecôte*** (zu, an) Weihnachten, Ostern, Pfingsten; ***au printemps*** im Frühling; ***au premier signe*** beim ersten Wink; ♦ **~ *bientôt!,* ~ *demain!,* ~ *lundi!*** *etc* bis, auf bald!, bis, auf morgen!, bis, auf Montag! *etc*; **~ *ce jour*** bis zum heutigen Tag **3** *destination, but*: **a)** ***marché*** *m* ***aux poissons*** Fischmarkt *m*; ***patin*** *m* **~ *glace*** Schlittschuh *m*; ***tasse*** *f* **~ *café*** Kaffeetasse *f*; **b)** *introduisant un complément d'obj/indir: souvent traduit par un datif*; ***arracher aux flammes*** den Flammen entreißen; ***donner qc* ~ *qn*** j-m etw geben; ***se heurter* ~ *des difficultés*** auf Schwierigkeiten stoßen; ***penser* ~ *qn*** an j-n denken; ♦ ***fidèle* ~ *qn,* ~ *qc*** j-m, e-r Sache treu; ***bon* ~ *rien*** zu nichts nütze; ***c'est très aimable* ~ *vous*** das ist sehr nett von Ihnen; ♦ *elliptiquement*: ***au feu!*** Feuer!; es brennt!; ***au secours!*** Hilfe!; **~ *votre santé!*** auf Ihr Wohl!; prost!; **~ *toi!*** du bist an der Reihe!; du bist dran!; RAD **~ *vous Paris!*** Paris bitte melden!; ich rufe *ou* wir rufen Paris; **~ *lui de se décider*** es ist an ihm, sich zu entscheiden; e r muss sich entscheiden; *dédicace* **~ *ma femme bien aimée*** meiner lieben Frau; **c)** *introduisant un inf*: zu; ***avoir beaucoup* ~ *faire*** viel zu tun haben; ***donner* ~ *manger,* ~ *boire*** zu essen, zu trinken geben; ♦ ***film*** *m* **~ *voir*** sehenswerter Film; ***machine*** *f* **~ *écrire*** Schreibmaschine *f*; ***problème*** *m* **~ *résoudre*** Problem, das zu lösen ist, das gelöst werden muss; ***ce n'est pas un livre* ~ *lire avant de s'endormir*** dieses Buch sollte man nicht vor dem Einschlafen lesen; ***le premier* ~ *faire qc*** der Erste, der etw tut **4** *appartenance*: ***ce livre est* ~ *moi*** dieses Buch gehört mir; ***c'est mon livre* ~ *moi*** das ist m e i n Buch; ***il a un style* ~ *lui*** er hat e-n eigenen Stil; ***un ami* ~ *moi*** ein Freund von mir; F ***la fille* ~ *ma tante*** die Tochter meiner Tante; F meiner Tante ihre Tochter; **~ *nous la liberté!*** endlich sind wir frei!; F **~ *nous les gâteaux!*** her mit dem Kuchen! **5** *manière*: **a)** *moyen*: **~ *bicyclette*** mit dem (Fahr)Rad; **~ *cheval*** zu Pferd; **~ *crédit*** auf Kredit; **~ *mes frais*** auf meine Kosten; **~ *pied*** zu Fuß; ***se chauffer au mazout*** mit Öl heizen; ***écrire* ~ *la main,* ~ *la machine*** mit der Hand, auf *ou* mit der Maschine schreiben; ***instrument*** *m* **~ *cordes*** Saiteninstrument *n*; **b)** *descriptif*: ***aux yeux bleus*** mit blauen Augen; blauäugig; ***film*** *m* **~ *succès*** Erfolgsfilm *m*; ***l'homme aux lunettes noires*** der Mann mit der dunklen Brille; ***joli, mignon* ~ *croquer*** zum Anbeißen (hübsch); ***laid* ~ *faire peur*** abstoßend hässlich; ♦ **~ *la française,* ~ *l'italienne*** *etc* auf französische, italienische *etc* Art; F **~ *la Picasso*** nach Picassos Art; im Stil Picassos; F à la Picasso; → *a* ***aveuglette, merveille*** *etc*; **c)** *expressions hypothétiques*: **~ *ce qu'on m'a dit*** soviel ich gehört habe; **~ *l'entendre on dirait qu'il …*** wenn man ihn hört, könnte man meinen, (dass) er …; **~ *ce que je vois*** soviel, soweit, wie ich sehe; **~ *vouloir trop faire*** wenn man zu viel tun will **6** *mesures et nombres*: **~ *la douzaine*** dutzendweise; ***au kilo*** *vendre* kiloweise; *prix* pro Kilo; ***au poids*** nach Gewicht; **~ *2 euros* (*la*) *pièce*** das Stück zu 2 Euro; **~ *ce prix*** für diesen Preis; zu diesem Preis; ♦ **~ *cinq*** zu fünft; zu fünfen; **~ *plusieurs*** zu mehreren; **~ *dix contre un*** zehn gegen einen; ♦ ***un* ~ *un*** einer nach dem ander(e)n; einzeln; ***goutte* ~ *goutte*** tropfenweise; ***pas* ~ *pas*** [pɑzapɑ] Schritt für Schritt; schrittweise; ♦ **~ *10 km de la ville*** 10 km von der Stadt (entfernt); **~ *100 m d'ici*** 100 m von hier; ***on voit* ~ *50 m*** man sieht 50 m weit; ♦ **~ *100 degrés*** bei 100 Grad; ***rouler* ~ *100* ~ *l'heure*** mit 100 Stundenkilometern fahren; ♦

quarante ~ cinquante mille habitants vierzig- bis fünfzigtausend Einwohner; ***4 ~ 5 heures*** 4 bis 5 Stunden; ***de 4 ~ 6 heures*** von 4 bis 6 Uhr; ***vents faibles ~ modérés*** schwache bis mäßige Winde; ♦ ***x est ~ a ce que b est ~ c*** x verhält sich zu a wie b zu c; ***gagner par trois ~ un*** (***3-1***) (mit) drei zu eins (3:1) gewinnen

Aa [aa] ***l'~*** *m Fluss in Nordfrankreich*

Abadan [abadan] GÉOGR Abadan *n*

abaissant [abɛsɑ̃] *adj* erniedrigend; entwürdigend

abaisse [abɛs] *f* CUIS (ausgerollter) Teig; (Kuchen)-Boden *m* **abaisse-langue** *m* ⟨*inv*⟩ MÉD Zungenspatel *m ou f*

abaissement [abɛsmɑ̃] *m* 1 *des prix, du niveau* Senkung *f*; Herabsetzung *f*; *de la température* (Ab)-Sinken *n*; *artificiellement* Erniedrigung *f*; (Ab)Senken *n* 2 *fig et litt* Erniedrigung *f* (*a état*)

abaisser [abese] I *v/t* 1 *levier* herunterdrücken; nach unten stellen; ***~ la pâte*** den Teig (dünner) ausrollen 2 *prix, niveau* senken; herabsetzen; TECH *température* erniedrigen; (ab)senken; MATH: *perpendiculaire* fällen; *chiffre* herunterziehen, -holen 3 *fig* (*humilier*) erniedrigen; demütigen; *mérites de qn* schmälern II *v/pr* ***s'~*** 1 *terrain* sich senken; abfallen 2 *fig* sich erniedrigen; sich demütigen; ***s'~*** (***jusqu'***) ***à faire qc*** sich herabwürdigen, etw zu tun

abandon [abɑ̃dõ] *m* 1 (*action de quitter*) Verlassen *n*; JUR: ***~ du domicile conjugal*** böswilliges Verlassen; ***~ d'enfant*** Kindesaussetzung *f*; ***~ de famille*** Verletzung *f* der Unterhaltspflicht; MIL ***~ de poste*** Verlassen des Postens 2 (*cessation*) Aufgabe *f* (*a* SPORTS); Verzicht *m* (***de*** auf +*acc*); Preisgabe *f*; ***politique f d'~*** Verzichtpolitik *f*; SPORTS ***vainqueur m par ~*** Sieger *m* durch Aufgabe 3 (*délaissement*) Verwahrlosung *f*; Verlassenheit *f*; *jardin etc* ***être à l'~*** verwahrlost sein; ***laisser à l'~*** *maison, jardin, enfants* verwahrlosen lassen; *ses affaires* vernachlässigen 4 (*nonchalance*) Ungezwungenheit *f*; Gelöstheit *f*; lässige Anmut; ***avec ~*** ungezwungen; gelöst 5 ***~ de soi-même*** Selbstverleugnung *f*

abandonné [abɑ̃dɔne] *adj* 1 *personne, maison etc* verlassen; (*négligé*) verwahrlost; *animal, voiture etc* herrenlos; *lieu, région* verlassen; verödet; ***terres ~es*** Ödland *n* 2 *attitude* gelöst; ungezwungen

abandonner [abɑ̃dɔne] I *v/t* 1 *personne* verlassen; im Stich lassen; ***~ un bébé, un animal*** ein Baby, ein Tier aussetzen; ***ses forces l'abandonnèrent*** s-e Kräfte verließen ihn 2 *lieu, région* (für immer) verlassen 3 *métier, études, projet, combat*, SPORTS *etc* aufgeben; *biens* aufgeben; verzichten auf (+*acc*); *abs* ***j'abandonne!*** ich gebe auf!; ***~ l'espoir*** die Hoffnung aufgeben; ***~ la partie*** (den Kampf) aufgeben; ***faire ~ un projet à qn*** j-n von e-m Vorhaben abbringen 4 ***~ qc à qn*** j-m etw überlassen, preisgeben; *ville etc* ***~ au pillage*** der Plünderung preisgeben; ***~ qn à son triste sort*** j-n s-m Schicksal überlassen, preisgeben; ***~ à qn le soin de faire qc*** es j-m überlassen, etw zu tun; j-m die Sorge für etw überlassen 5 ***~ les rênes*** die Zügel loslassen II *v/pr* ***s'~*** 1 sich hingeben, sich überlassen (***à un sentiment*** e-m Gefühl); ***s'~ à une pensée, à la rêverie*** *a* e-m Gedanken, Träumereien nachhängen 2 (*se détendre*) ungezwungen, gelöst hinsinken; ***s'~ dans un fauteuil*** (mit lässiger Anmut) in e-n Sessel sinken 3 (*s'épancher*) sich aussprechen; sein Herz ausschütten

abasourdi [abazuʀdi] *adj* 1 *par le bruit* benommen; betäubt 2 (*étonné*) verblüfft; verdutzt; F verdattert

abasourdir [abazuʀdiʀ] *v/t* 1 *bruit* ***~ qn*** j-n (ganz) benommen machen, betäuben 2 (*étonner*) verblüffen; verdutzen

abâtardir [abataʀdiʀ] I *v/t* bastardieren; verderben II *v/pr* ***s'~*** entarten; degenerieren

abat-jour [abaʒuʀ] *m* ⟨*inv*⟩ Lampenschirm *m*

abats [aba] *m/pl* Innereien *pl*, Kopf *m* und Füße *m/pl*; Schlachtabfälle *m/pl*

abattage [abataʒ] *m* 1 *d'un arbre* Fällen *n*; *abs* Holzfällen *n*, -hauen *n* 2 BOUCHERIE Schlachten *n* 3 *fig* ***avoir de l'~*** Schwung haben; alle mitreißen

abattant [abatɑ̃] *m* (Klapp)Deckel *m*; *sur un meuble* herunterklappbare (Schreib)Platte; ***~ de W.-C.*** Klosettdeckel *m*, -brille *f*

abattement [abatmɑ̃] *m* 1 FIN Abschlag *m*; Nachlass *m*; Ermäßigung *f*; *impôt sur le revenu* ***~ à la base*** (Steuer)Freibetrag *m* 2 *d'une personne* **a)** *physique* Mattigkeit *f*; Kraftlosigkeit *f*; Schwäche *f*; **b)** *moral* Niedergeschlagenheit *f*; ***tirer qn de son ~*** j-n aufrichten

abattis [abati] *m/pl* 1 *de volaille* (Hühner-, Gänse)-Klein *n* 2 F *fig* Gliedmaßen *f/pl*; Extremitäten *f/pl*; F Knochen *m/pl*; *menace* ***tu peux numéroter tes ~!*** F lass deine Knochen nummerieren!

abattoir [abatwaʀ] *m souvent pl* ***~s*** Schlachthaus *n*, -hof *m*; *fig* ***envoyer les soldats à l'~*** die Soldaten in ein Blutbad schicken, F verheizen

abattre [abatʀ] ⟨→ **battre**⟩ I *v/t* 1 *arbre* fällen; SPORTS ***~ son adversaire*** s-n Gegner zu Boden werfen; ***~ un avion*** ein Flugzeug abschießen; ***~ un mur, une maison*** eine Mauer, ein Haus niederreißen 2 *animal de boucherie* schlachten; CH erlegen; schießen; zur Strecke bringen; ***~ un animal blessé*** ein verletztes Tier töten 3 ***~ qn*** (***à coups de revolver etc***) j-n niederschießen, erschießen, *péj* abknallen; ***~ qn à coups de matraque*** j-n zu Tode knüppeln; *fig* ***l'homme m à ~*** der Mann, der erledigt, F abgeschossen werden muss; *par ext* ***~ une puissance ennemie*** e-e feindliche Macht niederwerfen 4 ***~ de la besogne, du travail*** flink, tüchtig arbeiten; F viel, e-e Menge wegarbeiten 5 ***~ son jeu, ses cartes*** s-e Karten aufdecken, (offen) auf den Tisch legen (*a fig*) 6 *fièvre, maladie* ***~ qn*** j-n schwächen, entkräften; ***le moindre effort l'abat*** die kleinste Anstrengung nimmt ihm jegliche Kraft, verbraucht s-e Kräfte 7 *malheur, échec* ***~ qn*** j-n niedergeschlagen machen, niederdrücken; ***il ne faut pas se laisser ~*** man darf sich nicht unterkriegen lassen II *v/pr* 1 ***s'~*** *arbre, mât* umstürzen; *cheval* stürzen; *personne* zusammensacken; *avion* abstürzen; ***l'avion s'est abattu sur une maison*** das Flugzeug ist auf ein Haus gestürzt 2 ***s'~ sur*** *pluie* niedergehen, -prasseln auf (+*acc*); *orage* niedergehen auf (+*acc*); *rapace* herabschießen auf (+*acc*); *nuée d'oiseaux* sich niederlassen auf (+*dat*); *sauterelles* herfallen über (+*acc*); *fig malheur* kommen über (+*acc*); ***les coups s'abattaient sur lui*** die Schläge prasselten, hagelten auf ihn nieder

abattu [abaty] *adj* 1 (*affaibli*) geschwächt; matt; kraftlos 2 (*déprimé*) niedergeschlagen, -gedrückt

abbatial [abasjal] *adj* ⟨**-aux**⟩ Abtei…; Abts…; ***église ~e*** *ou subst* ***~e*** *f* Abteikirche *f*

abbaye [abei] *f* Abtei *f*; **~ *bénédictine*** Benediktinerabtei *f*

abbé [abe] *m* ÉGL **1** *en France* Geistliche(r) *m*, Pfarrer *m* (*der nicht „curé" ist*); *suivi du nom* Abbé *m*; *appellatif* ***Monsieur l'~*** Herr Pfarrer **2** *d'un monastère* Abt *m*

abbesse [abɛs] *f* ÉGL Äbtissin *f*

Abbeville [abvil] *Stadt im Dep. Somme*

abc [abese] *m* ⟨*inv*⟩ **1** (*abécédaire*) Abc-Buch *n*; Fibel *f* **2** *fig d'un métier etc* Abc *n*; Einmaleins *n*; Anfangsgründe *m/pl*; ***l'~ du bricolage*** das Bastel-Abc; ***n'en être qu'à l'~ de qc*** erst die Anfangsgründe von etw kennen

abcès [apsɛ] *m* MÉD Abszess *m*; *fig* ***crever l'~*** das Übel an der Wurzel packen

abdication [abdikasjõ] *f* **1** *d'un souverain* Abdankung *f* **2** *fig* Verzicht *m* (***de*** auf +*acc*); Aufgabe *f*; Kapitulation *f* (***devant*** vor +*dat*)

abdiquer [abdike] **I** *v/t litt* **1** ***~ la couronne*** dem Thron entsagen **2** *fig* verzichten auf (+*acc*); aufgeben **II** *v/i* **1** *souverain* abdanken (***en faveur de*** zugunsten +*gén*) **2** *fig* aufgeben; verzichten; kapitulieren (***devant*** vor +*dat*); ***j'abdique*** ich gebe auf

abdomen [abdɔmɛn] *m* ANAT Bauch *m*; Unterleib *m*; *sc* Abdomen *n*

abdominal [abdɔminal] ⟨*m/pl* **-aux**⟩ **I** *adj* ANAT Bauch…; Unterleibs…; *sc* abdominal; ***muscles abdominaux*** Bauchmuskeln *m/pl* **II** *subst* ***abdominaux*** *m/pl* Bauchmuskeln *m/pl*; *par ext* SPORTS ***faire des abdominaux*** Übungen *f/pl* zur Kräftigung der Bauchmuskeln machen

abducteur [abdyktœʀ] *adj* ⟨*nur m*⟩ ANAT ***muscle ~*** *ou subst* **~** *m* Abduktor *m*; Streckmuskel *m*; Strecker *m*

abduction [abdyksjõ] *f* PHYSIOL Abduktion *f*; Wegbewegung *f* von der Körperachse; Abspreizen *n* (*der Finger und Zehen*)

abécédaire [abesedɛʀ] *m* Abc-Buch *n*; Fibel *f*

abeille [abɛj] *f* ZO Biene *f*; *poét* Imme *f*; ***~ ouvrière*** Arbeiterin *f*; ***venin*** *m* ***d'~*** Bienengift *n*; ***se faire piquer par une ~*** von e-r Biene gestochen werden

Abel [abɛl] *m Vorname*

Abélard [abelaʀ] *m* PHILOS Abälard *m*

aber [abɛʀ] *m en Bretagne* kleiner Fjord

aberrant [abɛʀɑ̃] *adj* abwegig; irrig; *p/fort* irrsinnig; aberwitzig; absurd

aberration [abɛʀasjõ] *f* **1** Verirrung *f*; Geistesverwirrung *f*; *par ext* Absurdität *f*; ***dans un moment d'~*** in e-m Augenblick geistiger Umnachtung; ***quelle ~!*** was für e-e Verirrung! **2** ASTR, OPT Aberration *f*; BIOL ***~ chromosomique*** Chromosomenaberration *f*

abêtir [abetiʀ] **I** *v/t* verdummen; abstumpfen **II** *v/pr* ***s'~*** verdummen; verblöden **abêtissant** *adj* stumpfsinnig; geisttötend **abêtissement** *m* Verdummung *f*; Verblödung *f*; *état a* Stumpfsinn *m*

abhorrer [abɔʀe] *litt v/t* verabscheuen

Abidjan [abidʒɑ̃] GÉOGR Abidjan [-ˈdʒaːn] *n*

abîme [abim] *m* **1** Abgrund *m*; (grundlose) Tiefe; *litt* Schlund *m*; REL ***les ~s de l'enfer*** der Höllenschlund **2** *fig* Abgrund *m*; ***un ~ de désespoir*** *etc* abgrundtiefe Verzweiflung *etc*; *st/s* ein Abgrund von Verzweiflung *etc*; *souvent iron* ***un ~ de science*** e-e Leuchte der Wissenschaft; F ein gelehrtes Haus; ***il y a un ~ entre nous*** zwischen uns liegt ein Abgrund, e-e unüberbrückbare Kluft; uns trennen Welten; ***être au bord de l'~*** am Rande des Abgrunds stehen; ***être au fond de l'~*** auf dem Tiefpunkt angelangt sein

abîmer [abime] **I** *v/t* **1** *objet* beschädigen; F ramponieren; kaputt machen; *aliments* verderben; *physique* verunstalten; *cheveux* strapazieren; *santé* angreifen; *p/fort* ruinieren; ***~ son pantalon neuf*** s-e neue Hose beschmutzen *ou* zerreißen; F s-e neue Hose ramponieren; *adjt* ***abîmé*** beschädigt; schadhaft; F ramponiert; kaputt; *denrées* verdorben; *cheveux* strapaziert **2** F ***~ qn*** j-n übel zurichten; ***il a été drôlement abîmé*** er ist übel zugerichtet worden **II** *v/pr* **1** ***s'~*** *objets* beschädigt, F ramponiert werden; schadhaft werden; *denrées* verderben; schlecht werden; *objets*, *denrées* F kaputtgehen; *tissu* ***s'~ facilement*** *a* sehr empfindlich sein **2** ***s'~ les yeux, la vue*** sich (*dat*) die Augen verderben **3** *litt* ***s'~ dans*** versinken in (+*dat*); *dans ses pensées* sich versenken in (+*acc*)

abject [abʒɛkt] *adj* niederträchtig; gemein; schändlich

abjection [abʒɛksjõ] *f* Verworfenheit *f*; tiefste Erniedrigung

abjuration [abʒyʀasjõ] *f* Abschwörung *f*; HIST ***l'~ d'Henri IV*** der Übertritt Heinrichs IV. zum Katholizismus; ***faire ~ de qc*** e-r Sache (*dat*) abschwören

abjurer [abʒyʀe] *v/t* abschwören (+*dat*)

ablatif [ablatif] *m* GR Ablativ *m*

ablation [ablasjõ] *f* **1** MÉD operative Entfernung; *sc* Ablation *f* **2** GÉOL Abtragung *f*; *sc* Ablation *f*

ablette [ablɛt] *f* ZO Weißfisch *m*

ablution [ablysjõ] *f* **1** REL (rituelle) Waschung **2** F *plais* ***faire ses ~s*** sich waschen

abnégation [abnegasjõ] *f* Selbstverleugnung *f*; Selbstlosigkeit *f*; Opferbereitschaft *f*, -geist *m*; ***plein d'~*** opferbereit, -willig; ***faire acte d'~*** sich aufopfern (*a plais*)

aboiements [abwamɑ̃] *m/pl* **1** Gebell *n*; Bellen *n* **2** *fig et péj* Belfern *n*; Gezeter *n*; Geschrei *n*; ***les ~ de la critique*** das Gezeter der Kritik

abois *loc/adj* ***aux ~*** [ozabwa] **a)** CH *cerf* von der Meute gestellt; **b)** *fig personne* in äußerster Bedrängnis; in e-r verzweifelten, ausweglosen Lage; ***mettre qn aux ~*** j-n in äußerste Bedrängnis bringen

abolir [abɔliʀ] *v/t* **1** abschaffen; aufheben; ***~ une loi, la peine de mort*** ein Gesetz, die Todesstrafe abschaffen *ou* aufheben **2** *fig* ***l'avion a aboli les distances*** das Flugzeug hat die Entfernungen schrumpfen lassen

abolition [abɔlisjõ] *f* Abschaffung *f*; Aufhebung *f*; ***~ de l'esclavage, de la peine de mort*** Abschaffung *f* der Sklaverei, der Todesstrafe; HIST ***l'~ des privilèges*** die Abschaffung der Adelsprivilegien

abolitionnisme [abɔlisjɔnism] *m* HIST *aux U.S.A.* Abolitionismus *m* **abolitionniste** **I** *adj* abolitionistisch **II** *m,f* Abolitionist(in) *m(f)*

abominable [abɔminabl] *adj crime*, *par ext temps etc* abscheulich; scheußlich; gräulich; ***odeur*** *f* ***~*** scheußlicher Geruch

abomination [abɔminasjõ] *f* Abscheulichkeit *f*; Scheußlichkeit *f*; Schändlichkeit *f*; *action a* Gräuel *m*; BIBL ***l'~ de la désolation*** der Gräuel der Verwüstung; ***avoir qc, qn en ~*** etw, j-n verabscheuen; ***dire des ~s*** abscheuliche Dinge sagen; ***c'est une ~!*** das ist ja abscheulich!

abominer [abɔmine] *litt v/t* verabscheuen; Abscheu empfinden vor (*+dat*)

abondamment [abõdamɑ̃] *adv* reichlich; ausgiebig; **~ illustré** reich illustriert; **boire et manger ~** reichlich, ausgiebig essen und trinken; **se servir ~** kräftig zulangen; **suer ~** stark schwitzen

abondance [abõdɑ̃s] *f* Fülle *f*; Überfluss *m*; **~ de blé** Überfluss an Weizen; **l'~ de la documentation** die Fülle der Dokumente; **une ~ de marchandises** e-e Fülle von Waren; e-e Warenfülle; **l'~ des récoltes** die reichen Ernteerträge *m/pl*; MYTH **corne** *f* **d'~** Füllhorn *n*; BIBL **les sept années d'~ et les sept années de famine** die sieben fetten und die sieben mageren Jahre; *loc/adv* **en ~** reichlich; *p/fort* im Überfluss; in Hülle und Fülle; **il y a ~ de beurre** Butter ist im Überfluss vorhanden; **parler avec ~** ausführlich sprechen (**de** über + *acc*); *abs* wortreiche Reden führen; redselig sein; *st/s* **parler d'~** aus dem Stegreif reden; **vivre dans l'~** im Überfluss leben; *prov* **~ de biens ne nuit pas** besser zu viel als zu wenig; je mehr, desto besser

abondant [abõdɑ̃] *adj* reichlich; ausgiebig; üppig; **peu ~** wenig ergiebig; spärlich; dürftig; **~e chevelure** Haarfülle *f*, -pracht *f*; **nourriture ~e** reichliche, üppige Nahrung; **pluies ~es** ausgiebige Regenfälle *m/pl*; **récolte ~e** reiche Ernte; **style ~** Reichtum *m* der Ausdrucksmittel; reiche Sprache

abonder [abõde] **I** *v/t/indir* **~ en qc** an etw (*dat*) Überfluss haben; etw im Überfluss besitzen; **cette région abonde en fruits** dies ist eine reiche Obstgegend **II** *v/i* **1** reichlich, im Überfluss vorhanden sein; **les fautes abondent dans ce texte** dieser Text strotzt *ou* wimmelt von Fehlern; es wimmelt von Fehlern in diesem Text; **le gibier abonde cet automne** diesen Herbst gibt es reichlich Wild **2** **~ dans le sens de qn** j-m voll und ganz beipflichten

abonné(e) [abɔne] *m(f)* *à un journal* Bezieher(in) *m(f)*; Abonnent(in) *m(f)* (*a* THÉ); *au gaz, à l'électricité* Kunde *m*, Kundin *f*; CH DE FER Zeitkarteninhaber(in) *m(f)*; **~s au** *ou* **du gaz** Gaskunden *m/pl*; **~s du** *ou* **au téléphone** Fernsprechteilnehmer *m/pl*; TÉL **il n'y a pas d'~ au numéro que vous avez demandé** kein Anschluss unter dieser Nummer

abonnement [abɔnmɑ̃] *m à un journal*, THÉ Abonnement *n*; *à un journal a* (laufender, fester) Bezug; THÉ *a* Miete *f*; **~ annuel** Jahresabonnement *n*; **~ à un journal** Zeitungsabonnement *n*; **~ de théâtre** Theaterabonnement *n*; **carte** *f* **d'~** *pour transports en commun* Zeitkarte *f*; *pour musées, piscine* Dauerkarte *f*; **conditions** *f/pl* **d'~** Bezugs-, Abonnementsbedingungen *f/pl*; **période** *f* **d'~** Bezugszeit *f*; Abonnementsdauer *f*; **prendre, souscrire un ~ à un journal** e-e Zeitung abonnieren; **prendre un ~** ein (Theater-, Konzert)Abonnement *ou* e-e Dauerkarte nehmen

abonner [abɔne] **I** *v/t* **1** **~ qn à un journal** für j-n e-e Zeitung abonnieren; **être abonné à un périodique** auf e-e Zeitschrift abonniert sein; e-e Zeitschrift beziehen, halten **2** F *encore un accident*, **tu y es abonné!** F du bist wohl drauf abonniert! **II** *v/pr* **s'~ à une revue** e-e Zeitschrift abonnieren; **s'~ à un théâtre** ein Abonnement für ein Theater nehmen

abord [abɔʀ] *m* **1** **~s** *pl* (unmittelbare, nächste) Umgebung; **aux ~s de Berlin** in der unmittelbaren Umgebung, am Stadtrand von Berlin **2** (*accès*) *lieu, fig œuvre, auteur* **d'un ~ facile, difficile** leicht, schwer zugänglich; *personne* **être d'un ~ facile** umgänglich sein; **il est d'un ~ difficile** mit ihm ist schwer Kontakt zu bekommen; **il est d'un ~ aimable** er hat ein freundliches Wesen **3** *loc/adv* **d'~** zuerst; zunächst; als Erstes; **le travail d'~** (zu)erst die Arbeit; die Arbeit geht vor; **tout d'~** zu(aller)erst; **dès l'~** von Anfang an; gleich zu Anfang; **au premier ~, de prime ~** auf den ersten Blick; zunächst

abordable [abɔʀdabl] *adj* **1** *personne, lieu* zugänglich; **un homme peu ~** ein nicht sehr zugänglicher Mensch **2** *prix* erschwinglich; **d'un prix ~** (im Preis) erschwinglich

abordage [abɔʀdaʒ] *m* MAR **1** *assaut* Entern *n*, -ung *f*; **monter à l'~** am Schiff hochklettern, um es zu entern; **prendre un navire à l'~** ein Schiff entern; **à l'~!** entert das Schiff!; *fig* ran an den Feind! **2** *accident* Kollision *f*; (Schiffs)Zusammenstoß *m*

aborder [abɔʀde] **I** *v/t* **1** MAR *navire ennemi* entern **2** MAR (*heurter*) kollidieren, zusammenstoßen mit; rammen **3** **~ qn** j-n ansprechen, anreden; **être abordé par qn** von j-m angesprochen werden; **se faire ~** angesprochen werden **4** (*arriver à*) herangehen, -kommen an (*+acc*); *véhicule* heranfahren an (*+acc*); *avion: piste* anfliegen; *cavalier: obstacle* angehen; **~ un carrefour avec prudence** vorsichtig an e-e Kreuzung heranfahren; **~ le virage à grande vitesse** mit hoher Geschwindigkeit in die Kurve fahren; **après le théâtre, il a abordé le cinéma** nach dem Theater hat er sich dem Film zugewandt **5** *sujet, question* anschneiden; zur Sprache bringen; aufgreifen; ansprechen; zu sprechen kommen auf (*+acc*) **II** *v/i* MAR anlegen; landen; **~ dans une île** auf e-r Insel landen **III** *v/pr* **s'~** sich einander nähern; **s'~ amicalement** in freundschaftlichen Kontakt miteinander treten

aborigène [abɔʀiʒɛn] **I** *adj faune, végétation* einheimisch; **population** *f* **~** Urbevölkerung *f* **II** *m/pl* **~s** Urbewohner *m/pl*; Ureinwohner *m/pl*; Eingeborene(n) *pl*

abortif [abɔʀtif] MÉD, PHARM **I** *adj* ⟨**-ive**⟩ abtreibend; Abtreibungs...; **pilule abortive** Abtreibungspille *f* **II** *m* Abtreibungsmittel *n*

aboucher [abuʃe] **I** *v/t* (an den Enden) verbinden **II** *v/pr* **s'~ avec qn** sich mit j-m in Verbindung setzen; mit j-m Kontakt aufnehmen

Aboukir [abukiʀ] GÉOGR Abukir *n*

abouler [abule] **I** *v/t arg* (*donner*) F rausrücken; **aboule le fric!** F rück den Zaster raus!; *abs* **aboule!** her damit! **II** *v/i* (*et v/pr*) (**s'**)**~** *arg* (*arriver*) F antanzen

aboulie [abuli] *f* MÉD (krankhafte) Willenlosigkeit; *sc* Abulie *f* **aboulique** *adj* (krankhaft) willenlos, entschlusslos

abouter [abute] *v/t* (mit den Enden) aneinanderfügen, zusammenfügen; verbinden

aboutir [abutiʀ] **I** *v/t/indir* **~ à** **1** *fleuve, rue etc* münden in (*+acc*); *rue a* enden in (*+dat*); **cette rue aboutit à la place Vendôme** diese Straße mündet in die Place Vendôme, endet auf der Place Vendôme **2** *personne* kommen, gelangen zu; **~ à, dans un village** zu e-m Dorf kommen **3** *fig mesures, négociations etc* führen zu; **n'~ à rien** zu nichts führen

II *v/i* **1** *négociations, recherches etc* zu etwas führen; zu e-m Ergebnis führen; ***ne pas ~ a*** ergebnislos bleiben, verlaufen; ***faire ~ qc*** etw zu e-m guten Ende führen; etw zum Abschluss bringen **2** *personne* zu e-m Ergebnis gelangen, kommen

aboutissants [abutisɑ̃] *m/pl* → ***tenant*** *II 2* **aboutissement** *m* Ergebnis *n*; Erfolg *m*

aboyer [abwaje] 〈-oi-〉 **I** *v/t* ***~ des ordres*** F Befehle schnauzen, belfern **II** *v/i* **1** *chien* bellen; *pour avertir* anschlagen; ***~ après les passants*** die Passanten anbellen **2** *fig personne* belfern; zetern; schreien; ***~ après qn*** j-n anbrüllen, anschreien

aboyeur [abwajœʀ] **I** *adj* 〈**-euse**〉 ***chien ~*** Hund, der viel bellt **II** *m* **1** CH Hetzhund *m* **2** *fig d'une personne* Ausrufer *m*; *péj* Schreier *m* **3** ZO Grünschenkel *m*

abracadabra [abʀakadabʀa] *m* Abrakadabra *n*

abracadabrant [abʀakadabʀɑ̃] *adj* wunderlich; unwahrscheinlich; grotesk; ***histoire ~e*** unwahrscheinliche, F tolle Geschichte

Abraham [abʀaam] *m* BIBL Abraham *m*

abraser [abʀaze] *v/t* **1** abschleifen; abreiben; abscheuern **2** MÉD ab-, ausschaben

abrasif [abʀazif] **I** *adj* 〈**-ive**〉 abschleifend; scheuernd; Schleif… **II** *m* Scheuermittel *n*; TECH Schleifmittel *n*

abrasion [abʀazjõ] *f* **1** TECH Abschleifen *n*; Abrieb *m* **2** GÉOL Abrasion *f* **3** MÉD Ab-, Ausschabung *f*

abrégé [abʀeʒe] *m* **1** *d'un livre etc* Kurzfassung *f* **2** *d'une science* (kurzer) Abriss **3** *loc/adv* ***en ~*** in Kurzfassung; (ab)gekürzt; kurz gesagt; ***mot m en ~*** abgekürzt geschriebenes Wort; Kurzwort *n*; ***écrire en ~*** abgekürzt schreiben; ***voilà, en ~, mon impression*** das ist, kurz gesagt, mein Eindruck

abrègement *ou* **abrégement** [abʀɛʒmɑ̃] *m d'un texte, d'un mot* Kürzung *f*; *de la vie, d'un délai* Verkürzung *f*

abréger [abʀeʒe] *v/t* 〈-è-; **-geons**〉 *livre, discours, texte* kürzen; *mot, itinéraire, voyage, souffrances* ab-, verkürzen; *abs*: ***pour ~*** um mich kurzzufassen; ***abrégeons!*** machen wir's kurz!; F ***abrège!*** mach's kurz!; zur Sache!; *adjt* ***mot abrégé*** Kurzwort *n*; ***sous une forme abrégée*** in gekürzter Form

abreuvement [abʀœvmɑ̃] *m d'animaux* Tränken *n*

abreuver [abʀœve] **I** *v/t* **1** *animaux* tränken **2** (*imbiber*) (durch)tränken (*a* TECH); ***sol abreuvé d'eau*** völlig durchnässter, durchtränkter Boden **3** *fig* ***~ qn de compliments, d'injures*** j-n mit Komplimenten, Beleidigungen überschütten, -häufen **II** *v/pr* ***s'~*** *animal* trinken; F *personne* ausgiebig trinken, s-n Durst löschen

abreuvoir [abʀœvwaʀ] *m* Tränke *f*

abréviatif [abʀevjatif] *adj* 〈**-ive**〉 Abkürzungs…; ***signe ~*** Abkürzungszeichen *n*

abréviation [abʀevjasjõ] *f* Abkürzung *f*; ***liste f des ~s*** Abkürzungsverzeichnis *n*

abri [abʀi] *m* **1** Schutzdach *n*; (*cabane*) Schutzhütte *f*; *à l'arrêt d'un bus* Wartehäuschen *n*; *fig* (*protection*) Schutz *m*; *par ext* (*habitation*) Obdach *n*; Unterkunft *f*; Unterschlupf *m*; ***~ contre la pluie*** Schutz gegen Regen; *loc/prép* ***à l'~ de*** sicher vor (+*dat*); geschützt gegen; *st/s* gefeit gegen; ***à l'~ du vent*** windgeschützt; im Windschatten; ***être à l'~*** in Sicherheit, sicher sein; ***être à l'~ du besoin*** keine Not leiden; ***être à l'~ de pareilles erreurs*** gegen solche Fehler gefeit sein; ***mettre à l'~*** unterstellen; in Sicherheit bringen; ***se mettre à l'~*** sich unterstellen; Schutz suchen; unterschlüpfen; MIL in Deckung gehen; ***être sans ~*** obdachlos sein **2** MIL Unterstand *m*; *pour les civils* Schutzraum *m*; ***~ antiaérien*** Luftschutzraum *m*, -keller *m*, -bunker *m*

abribus [abʀibys] *m* Wartehäuschen *n*

abricot [abʀiko] *m* **1** Aprikose *f*; *österr* Marille *f* **2** *adjt* 〈*inv*〉 aprikosenfarbig; ***pêche f ~*** gelber Pfirsich

abricotier [abʀikɔtje] *m* BOT Aprikosenbaum *m*; Aprikose *f*

abriter [abʀite] **I** *v/t* **1** (*protéger*) Schutz bieten (***qn*** j-m), schützen (***de*** gegen; vor +*dat*); *adjt* ***abrité*** (wind-, wetter)geschützt **2** *maison*: *personnes* aufnehmen; *musée*: *œuvre etc* bergen; beherbergen; ***cette maison abrite six familles*** in diesem Haus wohnen sechs Familien **II** *v/pr* ***s'~*** **1** sich schützen (***du soleil*** vor der Sonne, gegen die Sonne); Schutz suchen (***derrière un arbre*** hinter e-m Baum); sich unterstellen; MIL in Deckung gehen **2** *fig* ***s'~ derrière qn, derrière la loi*** sich hinter j-m, hinter dem Gesetz verschanzen

abrivent [abʀivɑ̃] *m* AGR, JARD Windschutz *m*

abrogatif [abʀɔgatif] *adj* 〈**-ive**〉 aufhebend **abrogation** *f* JUR Aufhebung *f*; Außerkraftsetzung *f*

abroger [abʀɔʒe] *v/t* 〈**-geons**〉 *loi* aufheben; außer Kraft setzen

abrupt [abʀypt] *adj* **1** *pente etc* steil; abschüssig; schroff; jäh abfallend **2** *attitude, réponse* schroff; ***question ~e*** unvermittelte, direkte Frage

abruptement [abʀyptəmɑ̃] *adv* unvermittelt; plötzlich; abrupt

abruti [abʀyti] **I** *adj* **1** *par un travail, par le bruit etc* stumpfsinnig (geworden), abgestumpft, verblödet, benommen (***de, par*** durch) **2** F (*idiot*) blöd; doof **II** *subst* ***~(e)*** *m(f)* *injure* blöder Kerl; Blödmann *m*; blöde Ziege, Kuh; *südd a* Depp *m*; ***espèce d'~!*** du Idiot!

abrutir [abʀytiʀ] **I** *v/t* stumpfsinnig, benommen machen; abstumpfen; verdummen **II** *v/pr* ***s'~*** stumpfsinnig werden; abstumpfen; verblöden; verdummen; ***s'~ de travail*** F sich kaputtarbeiten

abrutissant [abʀytisɑ̃] *adj* stumpfsinnig; geisttötend; ***travail ~*** stumpfsinnige, geisttötende Arbeit; ***vacarme ~*** ohrenbetäubender Lärm

abrutissement [abʀytismɑ̃] *m* Verdummung *f*; Verblödung *f*; *état a* Stumpfsinn *m*

Abruzzes [abʀyz] ***les ~*** *f/pl* die Abruzzen *pl*

ABS [abeɛs] *m abr* (*Anti-lock Braking System*) ABS *n* (Antiblockiersystem)

abscisse [apsis] *f* MATH Abszisse *f*

abscons [apskõ] *adj* 〈**-onse** [-õs]〉 schwer verständlich; dunkel

absence [apsɑ̃s] *f* **1** Abwesenheit *f*; Fehlen *n*; Ausbleiben *n*; *d'une personne a* Nichterscheinen *n*; Fernbleiben *n*; ***~ de bruit, d'enfants, de ressources*** Geräusch-, Kinder-, Mittellosigkeit *f*; ***l'~ de père*** das Fehlen e-s Vaters; ***les ~s d'un élève*** das wiederholte Fehlen e-s Schülers; ***~ pour cause de maladie*** Abwesenheit *etc* wegen Krankheit; *loc/prép* ***en l'~ du ministre*** *etc* in Abwesenheit des Ministers *etc*; ***en l'~ de preuves*** mangels Beweisen; ***pendant son ~*** während s-r Abwesenheit; ***regretter, remarquer l'~ de qn*** j-n vermissen **2** ***avoir des ~s*** (***de mé-***

moire) an Gedächtnisschwäche, -schwund, -ausfall leiden; Gedächtnislücken haben; ***avoir des ~s*** (*être distrait*) zeitweilig geistesabwesend sein, F abschalten, nicht da sein

absent [apsɑ̃] **I** *adj* **1** abwesend; ***être ~*** *personne* abwesend sein; nicht da sein; fehlen; *qualité, sentiment etc* fehlen; ***être ~ au*** *ou* ***du débat*** bei der Debatte fehlen, abwesend sein; ***être ~ de son bureau*** nicht in s-m Büro sein; ***être porté ~*** als fehlend, abwesend geführt werden **2** (*distrait*) geistesabwesend; zerstreut; unaufmerksam **II** *subst* **~(e)** *m(f)* Abwesende(r) *f(m)*; *prov* ***les ~s ont toujours tort*** die Abwesenden haben immer Unrecht

absentéisme [apsɑ̃teism] *m* (häufiges) Fernbleiben von der Arbeit; ADM Fehlzeiten *f/pl*; F Krankfeiern *n*; ***~ scolaire*** (häufiges) unentschuldigtes Fernbleiben vom Unterricht; F Schulschwänzen *n*

absentéiste [apsɑ̃teist] *m,f* j, der (häufig) der Arbeit fernbleibt

absenter [apsɑ̃te] *v/pr* ***s'~*** weggehen, sich (kurz) entfernen (**de** von); ***s'~ de son poste*** s-n Arbeitsplatz verlassen

abside [apsid] *f* ARCH Apsis *f*

absinthe [apsɛ̃t] *f* **1** BOT Wermut *m* **2** *liqueur* Absinth *m*

absolu [apsɔly] **I** *adj* **1** absolut; unbedingt; völlig; POL *a* uneingeschränkt; ***confiance ~e*** unbedingtes Vertrauen; ***impossibilité ~e*** völlige Unmöglichkeit; ***majorité ~e*** absolute Mehrheit; ***monarchie ~e*** absolute Monarchie; ***nécessité ~e*** zwingende Notwendigkeit; ***pouvoir ~*** unumschränkte Gewalt; PHYS ***zéro ~*** absoluter Nullpunkt; ***être trop ~ dans ses jugements*** zu ausschließlich, kompromisslos urteilen **2** GR absolut; *verbe transitif* ***pris dans un sens ~*** absolut, ohne Objekt gebraucht **II** *m* **1** PHILOS ***l'~*** das Absolute, Unbedingte **2** *loc/adv* ***dans l'~*** losgelöst von der Wirklichkeit; rein theoretisch

absolument [apsɔlymɑ̃] *adv* **1** unbedingt; absolut; *avec adj a* völlig; ganz und gar; schlechterdings; *en réponse* ***~!*** unbedingt!; durchaus!; aber sicher!; ***~ pas!*** keinesfalls!; durchaus nicht!; F in keinster Weise!; ***~ faux*** völlig falsch; ***~ nécessaire*** unbedingt nötig; ***c'est ~ défendu*** das ist streng verboten **2** GR ***employé ~*** absolut gebraucht

absolution [apsɔlysjõ] *f* REL CATH Absolution *f*; Lossprechung *f*; ***donner l'~ à qn*** j-m die Absolution erteilen

absolutisme [apsɔlytism] *m* POL Absolutismus *m* **absolutiste** *adj* absolutistisch

absorbant [apsɔʀbɑ̃] *adj* **1** absorbierend; aufsaugend; *pour le bruit* schallschluckend; ***pouvoir ~*** Absorptionsvermögen *n* **2** *fig* in Anspruch nehmend; ***lecture ~e*** Lektüre, die einen stark beschäftigt; ***travail ~*** Arbeit, die einen stark in Anspruch nimmt

absorber [apsɔʀbe] **I** *v/t* **1** (*résorber*) (in sich) aufnehmen; *liquide a* aufsaugen; *t/t* absorbieren; *par ext marché* ***~ un produit*** ein Produkt aufnehmen **2** (*avaler*) *aliment* zu sich nehmen; ***~ un médicament*** ein Medikament einnehmen **3** *fig capitaux etc* aufzehren; (ver)schlucken; verschlingen; ***~ une entreprise*** ein Unternehmen schlucken **4** *travail etc* ***~ qn*** j-n (stark, ganz) in Anspruch nehmen; ***~ l'attention de qn*** j-s Aufmerksamkeit fesseln; *adjt* ***absorbé*** (***dans ses pensées***) in Gedanken versunken, vertieft; ganz in Gedanken; geistesabwesend; ***avoir l'air absorbé*** gedankenverloren dreinschauen; ***être absorbé dans sa lecture, son travail*** in s-e Lektüre, Arbeit vertieft sein **II** *v/pr* ***s'~ dans qc*** sich in etw (*acc*) vertiefen, versenken; in etw (*dat*) aufgehen

absorbeur [apsɔʀbœʀ] *m* TECHNIQUE DE RÉFRIGÉRATION Absorber *m*

absorption [apsɔʀpsjõ] *f* **1** Aufnahme *f*; *de liquides a* Aufsaugung *f*; *t/t* Absorption *f* **2** *de médicaments* Einnahme *f* **3** *fig* Aufgehen *n* (**de l'individu par, dans le groupe** des Individuums in der Gruppe)

absoudre [apsudʀ] *v/t* ⟨**j'absous, il absout, nous absolvons; j'absolvais; j'absoudrai; que j'absolve; absolvant; absous, absoute**⟩ **1** REL CATH lossprechen; absolvieren **2** *st/s* ***~ qn*** j-m vergeben, verzeihen

absoute [apsut] *f* ÉGL CATH Tumbagebete *n/pl*

abstenir [apstəniʀ] *v/pr* ⟨→ **venir**⟩ **1** ***s'~ de qc*** sich e-r Sache (*gén*) enthalten; etw unterlassen; auf etw (*acc*) verzichten; ***s'~ d'alcool, de café*** Alkohol, Kaffee meiden; keinen Alkohol, Kaffee trinken; *abs* ***s'~*** nichts sagen *ou* unternehmen; die Finger davonlassen; ***s'~ de tout commentaire*** sich jeglichen Kommentars enthalten; ***s'~ de critiquer qn*** es unterlassen, j-n zu kritisieren; j-n (bewusst) nicht kritisieren **2** *scrutin abs* ***s'~*** sich der Stimme enthalten

abstention [apstɑ̃sjõ] *f* **1** Enthaltung *f*; ADM *a* Untätigkeit *f* **2** *aux élections* Stimmenthaltung *f*; ***forte ~*** hohe Zahl von Stimmenthaltungen; *la motion a été adoptée* ***par vingt voix et deux ~s*** mit zwanzig Stimmen bei zwei Enthaltungen

abstentionnisme [apstɑ̃sjɔnism] *m* Stimmenthaltung *f*; Wahlmüdigkeit *f* **abstentionniste** *m,f* Nichtwähler(in) *m(f)*

abstinence [apstinɑ̃s] *f* REL Abstinenz *f*; Enthaltsamkeit *f*; CATH ***jour*** *m* ***d'~*** Abstinenztag *m*; ***faire ~*** Enthaltsamkeit üben (*a fig*)

abstinent [apstinɑ̃] *adj* REL *et fig* abstinent; enthaltsam

abstraction [apstʀaksjõ] *f* **1** Abstraktion *f* (*action et résultat*); abstrakter Begriff; *péj* leere Abstraktion; wirklichkeitsfremde Vorstellung; ***être une ~ pour qn*** für j-n Theorie sein **2** ***faire ~ de*** absehen von; unberücksichtigt lassen; beiseitelassen; ***~ faite de*** abgesehen von; wenn man von … absieht

abstraire [apstʀɛʀ] ⟨→ **traire**⟩ **I** *v/t* abstrahieren **II** *v/pr* ***s'~*** s-e Umwelt vergessen; ***s'~ de qc*** sich (geistig, innerlich) von etw lösen

abstrait [apstʀɛ] **I** *adj* ⟨**-aite** [-ɛt]⟩ abstrakt, unanschaulich (*a péj*); (rein) begrifflich; ***art ~*** abstrakte Kunst; ***idée ~e*** abstrakter Begriff; GR ***nom ~*** Abstraktum *n*; abstraktes Substantiv; ***peintre ~*** abstrakter Maler **II** *m* **1** ***l'~*** das Abstrakte; *loc/adv* ***dans l'~*** abstrakt; in abstracto **2** PEINT abstrakter Maler; Abstrakte(r) *m*

absurde [apsyʀd] **I** *adj* absurd; unsinnig; sinnwidrig, -los; widersinnig; *propos a* ungereimt; ***idée*** *f* ***~*** absurde Idee; ***raisonnement*** *m* ***~*** unsinnige, widersinnige Argumentation; ***il est ~ de*** (*+inf*) es ist absurd *etc* zu (*+inf*); *à qn* ***ne sois pas ~!*** sei nicht unvernünftig!; red keinen Unsinn! **II** *m* ***l'~*** das Absurde; ***démonstration*** *f* ***par l'~*** Aufzeigen *n* der Widersinnigkeit des Gegenteils; *sc* apagogischer Beweis

absurdité [apsyʀdite] *f* **1** *de qc* Unsinnigkeit *f*; Absurdität *f*; Sinnwidrigkeit *f*, -losigkeit *f*; Widersinn(igkeit) *m(f)*; Ungereimtheit *f*; *de qn* Unvernunft *f* 2 *parole*, *acte* Unsinn *m*; Absurdität *f*; ***dire des ~s*** Unsinn, ungereimtes Zeug reden; ***c'est une ~ que de*** (*+inf*) es ist (ein) Unsinn zu (*+inf*)

abus [aby] *m* 1 (*excès*) Missbrauch *m*; *de pouvoir a* Überschreitung *f*; ***~ d'alcool*** übermäßiger Alkoholgenuss; Alkoholmissbrauch *m*; JUR ***~ de confiance*** Untreue *f*; Veruntreuung *f*; ***~ de pouvoir*** Machtmissbrauch *m*; F ***il y a de l'~*** das geht zu weit; das ist zu viel, übertrieben; ***faire ~ de qc*** Missbrauch mit etw treiben 2 (*injustice*) Missstand *m*; Übelstand *m*; ***lutter contre les ~*** die Missstände bekämpfen

abuser [abyze] I *v/t st/s* (*tromper*) täuschen; hintergehen II *v/t/indir* 1 a) ***~ de*** *son pouvoir, de sa force, de médicaments etc* missbrauchen; *de son pouvoir a* überschreiten; ***~ de la situation, de la gentillesse de qn*** die Situation, j-s Freundlichkeit ausnützen; b) *abs* (*exagérer*) zu weit gehen; übertreiben; ***je crains d'~*** ich möchte nicht unhöflich sein 2 ***~ d'une femme, d'un enfant*** e-e Frau, ein Kind missbrauchen III *v/pr* ***s'~*** sich täuschen; (sich) irren; ***si je ne m'abuse*** wenn ich (mich) nicht irre

abusif [abyzif] *adj* ⟨**-ive**⟩ 1 *pouvoir, pratique* missbräuchlich; *emploi d'un mot* fälschlich; ***interprétation abusive*** Fehlinterpretation *f*; ***prix ~*** Wucherpreis *m*; *d'un médicament* ***usage ~*** übermäßiger Gebrauch; Missbrauch *m* 2 *mère, père* Besitz ergreifend

abyssal [abisal] *adj* ⟨**-aux**⟩ GÉOGR Tiefsee…

abysse [abis] *m* 1 GÉOGR Tiefseegraben *m* 2 *fig* Abgrund *m*

Abyssinie [abisini] ***l'~*** *f* HIST Abessinien *n*

acabit [akabi] *loc péj* ***de cet ~*** dieses Schlages; von der Art, Sorte; ***du même ~*** desselben Schlag(e)s; von derselben Art, Sorte

acacia [akasja] *m* BOT Akazie *f*

académicien [akademisjɛ̃] *m*, **académicienne** *f* Akademiemitglied *n*; *en particulier* Mitglied *n* der Académie française

académie [akademi] *f* 1 *société* Akademie *f*; gelehrte Gesellschaft; ***l'Académie*** (***française***) die Académie française; ***Académie des sciences*** Akademie der Wissenschaften 2 *école* Akademie *f*; (Hoch)Schule *f* 3 *circonscription* Schulaufsichts-, Unterrichtsbezirk *m* 4 PEINT Aktskizze *f*, -studie *f*

académique [akademik] *adj* 1 Akademie… 2 *fig style etc* akademisch; überlieferungstreu; schulmäßig; erstarrt; unoriginell 3 *en France* ***inspection*** *f* ***~*** Schulaufsichtsbehörde *f*; *correspond à* Oberschulamt *n*; → *a* ***palme*** *3*

académisme [akademism] *m* ART Akademismus *m*; Erstarrung *f* in Regeln

Acadie [akadi] ***l'~*** *f* HIST *au Canada* Akadien *n* (*aujourd'hui*: *le Nouveau-Brunswick et la Nouvelle-Écosse*)

Acadiens [akadjɛ̃] *m/pl* Bewohner *m/pl* von Akadien

acajou [akaʒu] *m* 1 Mahagoni *n* 2 *adjt* ⟨*inv*⟩ mahagonibraun; rotbraun

acanthe [akɑ̃t] *f* 1 BOT Akanthus *m*; Bärenklau *f ou m* 2 ARCH ***feuille*** *f* ***d'~*** Akanthusblatt *n*

a cappella [akapɛ(l)la] *loc* MUS a cappella; ohne Instrumentalbegleitung

acariâtre [akaʀjɑtʀ] *adj* mürrisch; griesgrämig; (*querelleur*) zänkisch

acariens [akaʀjɛ̃] *m/pl* ZO Milben *f/pl*

accablant [akablɑ̃] *adj chaleur* drückend; *responsabilité* schwer (auf j-m lastend); ***douleur ~e*** quälender Schmerz; ***nouvelle ~e*** niederdrückende Nachricht; ***preuves ~es*** erdrückende Beweise *m/pl*

accablement [akabləmɑ̃] *m* Bedrückung *f*; Niedergeschlagenheit *f*

accabler [akable] *v/t* 1 ***~ qn*** *chaleur etc* j-m lästig, beschwerlich werden; *soucis etc* j-n (be)drücken, niederdrücken; ***~ un accusé*** e-n Angeklagten schwer belasten; *adjt*: ***accablé de fatigue*** todmüde; ***accablé de travail*** (mit Arbeit) überlastet 2 ***~ qn de qc*** j-n mit etw überhäufen, -schütten; ***~ qn d'impôts*** j-n mit vielen Steuern belasten; j-m viele Steuern aufbürden; ***~ qn de questions*** j-n mit Fragen überschütten, bestürmen, bedrängen

accalmie [akalmi] *f* 1 *de la pluie, de la tempête* vorübergehendes Nachlassen; kurze Beruhigung; ***attendons l'~*** (***de la pluie***) warten wir, bis der Regen nachlässt 2 *fig dans un combat, une crise etc* momentane Beruhigung; Pause *f*; ***moment*** *m* ***d'~*** Augenblick *m* der Ruhe

accaparement [akapaʀmɑ̃] *m* 1 *de marchandises* Aufkauf(en) *m(n)*; Hamstern *n* 2 *par ext* Mit-Beschlag-Belegen *n* (*a d'une personne*)

accaparer [akapaʀe] *v/t* a) *place etc* in Beschlag nehmen; mit Beschlag belegen; beanspruchen; *conversation* an sich (*acc*) ziehen; *marchandises* aufkaufen; hamstern; ***~ l'attention*** die Aufmerksamkeit auf sich (*acc*) ziehen, lenken; ***~ le pouvoir*** die Macht an sich (*acc*) reißen; b) ***~ qn*** j-n mit Beschlag belegen; c) *travail etc* ***~ qn*** j-n (völlig) in Anspruch nehmen; j-n (stark) beanspruchen

accapareur [akapaʀœʀ] *m* F Hamsterer *m*

accéder [aksede] *v/t/indir* ⟨**-è-**⟩ ***~ à*** 1 *route etc* führen zu 2 *personne* gelangen zu; gelangen in (*+acc*); erreichen 3 *fig* ***~ à qc*** zu etw gelangen; etw erlangen; ***~ à de hautes fonctions*** zu e-m hohen Amt gelangen; ***~ à l'indépendance*** die Unabhängigkeit erlangen; ***~ à la propriété*** *a* Eigentum bilden; ***~ au trône*** den Thron besteigen 4 (*céder*) ***~ à une demande*** e-m Antrag stattgeben; ***~ aux désirs de qn*** j-s Wünschen nachkommen; ***~ à une prière*** e-r Bitte (*dat*) stattgeben, willfahren; e-e Bitte gewähren

accélérateur [akseleʀatœʀ] *m* 1 AUTO Gashebel *m*, -pedal *n*; F Gas *n*; ***coup*** *m* ***d'~*** Gasgeben *n* (*a fig*); ***donner un coup d'~*** aufs Gas treten, Gas geben (*a fig*); ***appuyer sur l'~*** aufs Gas(pedal) treten; ***appuyer à fond sur l'~*** das Gaspedal ganz durchtreten; ***lâcher l'~*** das Gas wegnehmen; vom Gas gehen 2 PHYS NUCL ***~ de particules*** Teilchenbeschleuniger *m*

accélération [akseleʀasjõ] *f* Beschleunigung *f* (*a* PHYS); ***l'~ de l'histoire*** der immer schneller werdende Ablauf der geschichtlichen Ereignisse

accéléré [akseleʀe] *m* CIN Zeitraffer *m*; ***en ~*** im Zeitraffer

accélérer [akseleʀe] ⟨**-è-**⟩ I *v/t* beschleunigen; *adjt*: ***formation accélérée*** Kurzausbildung *f*; ***à un rythme accéléré*** mit größerem, höherem Tempo II *v/i* AUTO Gas geben; ***accélère!*** gib Gas! III *v/pr* ***s'~*** schneller werden; *pouls* schneller schlagen;

vitesse größer werden

accent [aksɑ̃] *m* **1** **a)** PHON Ton *m*; Betonung *f*; Akzent *m*; **~ tonique, d'intensité** dynamischer Akzent; Tonstärke *f*; **~ de phrase** Satzakzent *m*; **l'~ porte sur la première syllabe** der Ton liegt auf der ersten Silbe; **b)** *signe graphique* Akzent *m*; **~ aigu** [-tegy], **circonflexe, grave** *en français* Accent aigu, circonflexe, grave; LING Akut *m*, Zirkumflex *m*, Gravis *m* **2** *d'une langue, d'une région, d'un milieu* Akzent *m*; Tonfall *m*; (Art *f* der) Aussprache *f*; **~ du Midi** südfranzösischer Akzent; südfranzösische Aussprache; **avoir un ~** mit (e-m) Akzent sprechen; **avoir l'~ anglais** mit englischem Akzent sprechen; **avoir un bon ~ (en allemand)** e-e gute (deutsche) Aussprache haben; **parler sans ~** akzentfrei sprechen **3** *fig dans la voix de qn* Beiklang *m*; Unterton *m*; *mélodie* **aux ~s tristes** in der Traurigkeit durchklingt, mitschwingt **4** *fig* **mettre l'~, faire porter l'~ sur** (*souligner*) den Nachdruck, Ton legen auf (+*acc*); betonen; hervorheben; (*augmenter*) verstärken; vergrößern

accentuation [aksɑ̃tɥasjõ] *f* **1** Betonung *f*; Akzentuierung *f* **2** *fig* Verstärkung *f*; Verschärfung *f*

accentuer [aksɑ̃tɥe] **I** *v/t* **1** **a)** betonen; akzentuieren; *adjt* **syllabe accentuée** betonte Silbe; **b)** e-n Akzent setzen (**une lettre** auf e-n Buchstaben) **2** *fig* **a)** (*souligner*) betonen; unterstreichen; hervorheben; **b)** *efforts, action* verstärken; *avance* vergrößern **II** *v/pr* **s'~** *rides, défauts* stärker hervortreten; *impression, tendance* sich verstärken; *froid* sich verschärfen

acceptable [aksɛptabl] *adj* annehmbar; akzeptabel; *travail etc a* zumutbar

acceptation [aksɛptasjõ] *f* Annahme *f*; Akzeptierung *f*; *d'un risque* Auf-Sich-Nehmen *n*

accepter [aksɛpte] **I** *v/t* **1** *cadeau, invitation etc* annehmen; akzeptieren; *proposition a* eingehen auf (+*acc*); *thèse, critique* gelten lassen; anerkennen; akzeptieren; **~ un échec, la mort** eine Niederlage, den Tod hinnehmen, akzeptieren; **~ un risque** ein Risiko auf sich (*acc*) nehmen, eingehen; **~ qn** j-n akzeptieren, annehmen, anerkennen; **~ de** (+*inf*) zusagen, s-e Zusage geben zu (+*inf*); **~ que ...** (+*subj*) gelten lassen, anerkennen, dass ...; *abs* **j'accepte** ich nehme an **2** COMM *traite* akzeptieren **II** *v/pr* **s'~** sich so nehmen, wie man ist

acception [aksɛpsjõ] *f* **1** Bedeutung *f*; Sinn *m*; **dans toute l'~ du mot** im wahrsten Sinn(e) des Wortes; in des Wortes wahrster Bedeutung; **dans la plus large ~ du mot** im weitesten Sinn(e) des Wortes **2** *litt* **sans ~ de personne** ohne Ansehen der Person

accès [aksɛ] *m* **1** Zugang *m* (*a fig*); *pour véhicules* Zufahrt *f*; *pour personnes a* Zutritt *m*; **~ interdit** Zutritt verboten (**à** für); **avoir ~** Zugang haben (**à** zu); **avoir ~ auprès de qn** bei j-m Zutritt haben; **donner ~ à** *porte, chemin* führen zu; *diplôme*: *à un métier* den Zugang eröffnen zu; *lieu, fig auteur, texte* **être d'~** *ou* **d'un ~ facile** leicht zugänglich sein **2** (*crise*) Anfall *m*; *d'émotion a* Anwandlung *f*; **~ de colère** Wutanfall *m*; Zornes-, Wutausbruch *m*; **~ de fièvre** MÉD Fieberanfall *m*; *fig* Krise *f*; Unruhe *f*; **~ de tristesse** Anwandlung von Traurigkeit; **par ~** anfallweise; *par ext* zeitweise **3** INFORM Zugriff *m*; **~ à Internet** Internetzugang *m*

Les accents du français

Die accents sind grafische Zeichen mit unterschiedlichen Funktionen:

1. l'accent aigu
bewirkt, dass ein geschlossenes [e] gesprochen wird:

la récré [ʀekʀe]
espérer [ɛspeʀe]

2. l'accent grave
a) bewirkt, dass das geschriebene e wie ein offenes [ɛ] ausgesprochen wird:

nous nous levons [ləvõ]
il se lève [lɛv]

b) In bestimmten Fällen hilft der **accent grave**, gleichlautende Wörter in der Schreibung zu unterscheiden:

la poupée	Elle est là.
Thé ou café?	Où est le sucre?

3. l'accent circonflexe
deutet in den meisten Fällen darauf hin, dass im Laufe der historischen Entwicklung das s des lateinischen Ursprungsworts ausgefallen ist:

	lateinisch	vergleiche
la bête	*bestia*	deutsch *Bestie*
l'hôtel	*hostellum*	englisch *hostel*
la côte	*costa*	spanisch *costa*
le château	*castellum*	deutsch *Kastell*, englisch *castle*
une île	*insula*	italienisch *isola*

accessibilité [aksesibilite] *f* Zugänglichkeit *f*

accessible [aksesibl] *adj* **1** *lieu* zugänglich (**à** für); erreichbar; **~ aux handicapés** barrierefrei; behindertengerecht **2** *œuvre etc* zugänglich, verständlich (**à qn** j-m) **3** *personne* empfänglich (**à la compassion** für Mitleid)

accession [aksesjõ] *f* Erlangung *f* (**à** von); **~ à l'indépendance** Erlangung der Unabhängigkeit; **~ au trône** Thronbesteigung *f*

accessit [aksesit] *m* ÉCOLE ehrenvolle Erwähnung; Belobigung *f*

accessoire [akseswaʀ] **I** *adj* nebensächlich; unwesentlich; untergeordnet; Neben...; zusätzlich; **avantage** *m* **~** zusätzlicher Vorteil; **frais** *m/pl* **~s** Nebenkosten *pl*; **d'un intérêt ~** von untergeordnetem Interesse; **c'est tout à fait ~** das ist ganz unwesentlich; das ist völlig Nebensache **II** *m* **1** Nebensäch-

liche(s) *n*; Unwesentliche(s) *n* 2 TECH Zubehörteil *n*; ***~s** pl* Zubehör *n*; ***~s d'automobile*** Kraftfahrzeug-, Autozubehör *n* 3 ***~s** pl* (***de mode***) Accessoires *n/pl*; modisches Beiwerk, Zubehör 4 THÉ, CIN, TV Requisit *n*; ***~s de théâtre*** Theaterrequisiten *n/pl*
accessoirement [akseswaʀmɑ̃] *adv* in zweiter Linie; (*en plus*) zusätzlich **accessoiriser** *v/t* COUT mit Accessoires schmücken, versehen **accessoiriste** *m,f* THÉ *etc* Requisiteur(in) *m(f)*
accident [aksidɑ̃] *m* 1 Unfall *m*; Unglück *n*; NUCL ***~ majeur*** GAU *m* (*abr: größter anzunehmender Unfall*); ***~ mortel*** tödlicher Unfall; ***~ d'avion, de train*** Flugzeug-, Zugunglück *n*; ***~ de*** (***la***) ***circulation, de la route*** Verkehrsunfall *m*; ***~ du travail*** Arbeitsunfall *m*; ***~ de voiture*** Autounfall *m*; ***dans un ~*** bei e-m Unfall; ***avoir un ~*** e-n Unfall haben; verunglücken 2 ***~*** (***de parcours***) Zwischenfall *m*; Panne *f*; ***par ~*** durch Zufall; zufällig 3 F (*grossesse involontaire*) F Betriebsunfall *m* 4 ***~ de terrain*** Unebenheit *f* (des Geländes)
accidenté [aksidɑ̃te] I *adj* 1 *terrain* hügelig; wellig; uneben 2 *personne, véhicule* verunglückt; ***voiture ~e*** *a* Unfallwagen *m* II *subst* ~(*e*) *m(f)* Verunglückte(r) *f(m)*; Unfallverletzte(r) *f(m)*, -opfer *n*
accidentel [aksidɑ̃tɛl] *adj* ⟨***~le***⟩ 1 (*fortuit*) zufällig; ***rencontre ~le*** zufällige Begegnung 2 (*par accident*) ***mort ~le*** Tod *m* infolge e-s Unfalls; Unfalltod *m*
accidenter [aksidɑ̃te] F *v/t personne* bei e-m Unfall verletzen; *objet* bei einem Unfall beschädigen
acclamation [aklamasjõ] *f* 1 ***~s** pl* begeisterte Zurufe *m/pl*; lebhafter, lauter Beifall, Applaus; Jubel *m* 2 *loc/adv vote* ***par ~*** durch Zuruf, Akklamation
acclamer [aklame] *v/t* ***~ qn*** j-m zujubeln, lebhaft applaudieren
acclimatation [aklimatasjõ] *f* Akklimatisierung *f*; Akklimatisation *f*; Eingewöhnung *f*; Heimischwerden *n*; *de qn a* Einleben *n*; ***Jardin*** *m* ***d'~*** *zoologischer Garten in Paris*
acclimatement [aklimatmɑ̃] *m* Akklimatisation *f*
acclimater [aklimate] I *v/t* 1 *plantes, animaux* akklimatisieren; heimisch machen; *animaux a* eingewöhnen 2 *fig idée, coutume* einbürgern, -führen; heimisch machen II *v/pr* ***s'~*** 1 sich akklimatisieren; sich eingewöhnen; heimisch werden; *personne a* sich einleben 2 *fig idée, usage* sich einbürgern; heimisch werden
accointances [akwɛ̃tɑ̃s] *f/pl a péj* ***avoir des ~*** (nützliche) Verbindungen, Beziehungen haben (***avec qn*** zu j-m)
accointer [akwɛ̃te] *v/pr* F *a péj* ***s'~ avec qn*** mit j-m Verbindung, Kontakt aufnehmen; sich mit j-m einlassen
accolade [akɔlad] *f* 1 (zeremonielle) Umarmung; Akkolade *f* 2 TYPO (geschweifte) Klammer
accoler [akɔle] *v/t* 1 nebeneinanderstellen, -setzen; zusammenstellen, -setzen; ***~ qc à qc*** etw neben, an etw (*acc*) setzen, stellen; etw an etw (*acc*) anhängen, anfügen 2 TYPO durch e-e (geschweifte) Klammer verbinden; klammern
accommodant [akɔmɔdɑ̃] *adj* (*facile*) umgänglich; verträglich; (*arrangeant*) entgegenkommend; gefällig
accommodation [akɔmɔdasjõ] *f* 1 *de l'œil* Akkommodation *f* 2 BIOL, PSYCH Anpassung *f*
accommodement [akɔmɔdəmɑ̃] *m* Ausgleich *m*; Arrangement *n*
accommoder [akɔmɔde] I *v/t* 1 CUIS zubereiten; ***~ les restes*** die Reste (*zu e-m neuen Gericht*) verwerten, verwenden 2 (*adapter*) anpassen (***aux circonstances*** den Umständen) II *v/pr* 1 ***s'~ à*** sich anpassen (*+dat*); sich richten nach 2 ***s'~ de*** sich abfinden mit; sich schicken in (*+acc*); vorliebnehmen mit
accompagnateur [akõpaɲatœʀ] *m*, **accompagnatrice** *f* 1 MUS Begleiter(in) *m(f)* 2 Begleitperson *f*; Begleiter(in) *m(f)*; *d'un voyage organisé* Reiseleiter(in) *m(f)*
accompagnement [akõpaɲəmɑ̃] *m* 1 MUS Begleitung *f* 2 CUIS Beilage *f* 3 (*escorte*) Begleitung *f*
accompagner [akõpaɲe] I *v/t* 1 begleiten; mitgehen mit; *st/s* geleiten; ***~ qn au cinéma*** j-n ins Kino begleiten; mit j-m ins Kino gehen; *st/s* ***~ qn à sa dernière demeure*** j-n zu s-r letzten Ruhestatt *ou* -stätte geleiten; *fig* ***tous nos vœux l'accompagnent*** alle unsere guten Wünsche begleiten ihn; ***se faire ~ de qn*** j-n mitbringen, mitnehmen; *p/p* ***accompagné par*** *ou* ***de sa femme*** in Begleitung s-r Frau; *adjt* ***bagages accompagnés*** Reisegepäck *n* 2 MUS begleiten (*a abs*; ***au piano*** auf dem Klavier) 3 (*joindre*) folgen lassen, hinzufügen (***ses paroles d'un sourire*** s-n Worten ein Lächeln) 4 CUIS *légumes, vin* ***~ un mets*** zu e-m Gericht serviert *ou* gegessen *ou* getrunken werden II *v/pr* 1 MUS ***s'~ à la guitare*** sich (selbst) auf der Gitarre begleiten 2 *chose* ***s'~ de qc*** von etw begleitet sein; etw im Gefolge haben
accompli [akõpli] *adj* 1 vollendet; ***fait ~*** vollendete Tatsache; Fait accompli *n*; ***mettre qn devant le fait ~*** j-n vor vollendete Tatsachen stellen 2 *maîtresse de maison etc* perfekt; vollkommen *ou* vollkommen; vollendet
accomplir [akõpliʀ] I *v/t mission, devoir* erfüllen; *action, exploit* ausführen; begehen; *formalités* erledigen; erfüllen; *temps de service* ableisten; ***~ un ordre*** einen Befehl ausführen II *v/pr* ***s'~*** *rêve, vœu* sich erfüllen; in Erfüllung gehen
accomplissement [akõplismɑ̃] *m d'un vœu etc* Erfüllung *f*; *d'un exploit etc* Aus-, Durchführung *f*; Begehung *f*; *d'années de service* Ableistung *f*
accord [akɔʀ] *m* 1 (*entente*) Übereinstimmung *f* (*a entre des choses*); Einvernehmen *n*; Einigkeit *f*; Eintracht *f*; ***d'un commun ~*** in gegenseitigem Einvernehmen; einvernehmlich; ***en ~ avec*** in Übereinstimmung, im Einverständnis mit; ***être d'~*** (sich) einig sein, einer *ou* gleicher Meinung sein, (darin) übereinstimmen, einig gehen (***avec qn*** mit j-m); → *a 2*; ***mettre d'~*** einigen; ***se mettre d'~, tomber d'~*** sich einig werden, sich einigen, Übereinstimmung erzielen, sich verständigen (***sur*** über *+acc*); ***nous sommes tombés d'~ pour*** (*+inf*) *a* wir sind (miteinander) übereingekommen zu (*+inf*); wir haben uns (dahingehend) geeinigt, dass …; ***vivre en parfait ~*** in völliger Eintracht leben; einträchtig zusammenleben 2 (*approbation*) Zustimmung *f*; Einverständnis *n*; ***d'~!***, F ***d'acc!*** einverstanden!; abgemacht!; (also) gut!; wird gemacht!; ja!; zugegeben!; F ***pas d'~!*** nein!; geht nicht!; nichts zu machen!; ***donner son ~*** s-e Zustimmung geben; zustimmen; ***être d'~*** (damit) einverstanden sein 3 (*convention*) Vereinbarung *f*; Übereinkunft *f*; Ab-

sprache *f*; Einigung *f*; Abkommen *n*; **~ commercial, salarial** Handels-, Lohnabkommen *n*, -vereinbarung *f*; **~ de principe** grundsätzliche, prinzipielle Einigung; **~ de Schengen** Schengener Abkommen *n*; **arriver à un ~** zu e-r Einigung, Vereinbarung *etc* kommen, gelangen; **conclure, passer un ~** e-e Vereinbarung treffen; ein Abkommen schließen **4** MUS Akkord *m*; Zusammenklang *m* **5** GR Kongruenz *f*; Übereinstimmung *f* (**en genre et en nombre** in Geschlecht und Zahl); **l'~ du participe** die Veränderlichkeit des Partizips **6** RAD Abstimmung *f*

accordéon [akɔʀdeõ] *m* **1** MUS Akkordeon *n*; Ziehharmonika *f*; Schifferklavier *n* **2** *fig* **en ~** *chaussettes etc* mit zahlreichen Falten; zerknittert; **circulation** *f* **en ~** Stop-and-go-Verkehr *m*

accordéoniste [akɔʀdeɔnist] *m,f* Akkordeon-, Ziehharmonikaspieler(in) *m(f)*; Akkordeonist(in) *m(f)*

accorder [akɔʀde] **I** *v/t* **1 a)** *demande, congé etc* gewähren; bewilligen; *crédit, délai a* einräumen; *confiance* schenken; **~ la grâce à qn** j-n begnadigen; **~ la parole à qn** j-m das Wort erteilen; **b) ~ de l'importance, de la valeur à qc** e-r Sache (*dat*) Bedeutung, Gewicht beimessen, -legen; Gewicht auf etw (*acc*) legen; **c) ~ à qn que ...** j-m zugestehen, dass ... **2** (*mettre en accord*) **a)** in Übereinstimmung, in Einklang bringen (**avec** mit); vereinigen (mit); abstimmen (auf +*acc*); **b)** *instrument de musique* stimmen; *fig* **accordez vos violons!** werdet euch (bitte) einig!; *adjt instrument* **mal accordé** schlecht gestimmt; **c)** GR in Übereinstimmung bringen (**avec** mit); **d)** RAD abstimmen (**sur** auf +*acc*) **II** *v/pr* **1 a)** *personnes, caractères* **s'~** harmonieren, zusammenpassen, sich vertragen (**bien, mal** gut, schlecht); **b) s'~ à dire que ...** sich einig sein, dass ...; **s'~ pour faire qc** übereinkommen, sich (darauf) einigen, vereinbaren, etw zu tun **2** GR **s'~ avec** sich richten nach; kongruieren mit; **l'adjectif s'accorde avec le nom** das Adjektiv richtet sich nach dem Substantiv; **s'~ en genre et en nombre** in Geschlecht und Zahl übereinstimmen **3 s'~ qc** (*s'offrir qc*) sich (*dat*) etw gönnen; **ne pas s'~ de répit** sich (*dat*) keine Ruhe gönnen

accordeur [akɔʀdœʀ] *m* MUS Stimmer *m* **accordoir** *m pour piano* Stimmschlüssel *m*, -hammer *m*; *pour orgue* Stimmhorn *n*

accorte [akɔʀt] *st/s adj f* liebenswürdig

accostage [akɔstaʒ] *m* MAR Anlegen *n*

accoster [akɔste] *v/t* **1 ~ qn** j-n ansprechen, anreden, F *péj* anquatschen, anhauen **2** MAR anlegen (*abs ou* **le quai** am Kai); landen; *autre bateau a* längsseits kommen (*abs*)

accotement [akɔtmɑ̃] *m* Bankett(e) *n(f)*; Rand-, Seitenstreifen *m*; **stationner sur l'~** auf dem Randstreifen parken

accouchée [akuʃe] *f* Wöchnerin *f*

accouchement [akuʃmɑ̃] *m* Entbindung *f*; Geburt *f*; *st/s* Niederkunft *f*; **~ sans douleur** schmerzlose Geburt; *médecin etc* **faire un ~** e-e Entbindung durchführen

accoucher [akuʃe] **I** *v/t* **~ une femme** bei e-r Frau Geburtshilfe leisten; e-e Frau entbinden; **la sage-femme qui l'a accouchée** die Hebamme, die bei der Entbindung dabei war **II** *v/t/indir* **1 ~ de** entbunden werden von; *st/s* niederkommen mit; **~ d'une fille** von e-m Mädchen entbunden werden **2** *abs* entbinden; **~ dans une clinique** in e-r Klinik entbinden **3** *fig et plais* **~ d'un roman** *etc* e-n Roman *etc* hervorbringen, zustande bringen, zuwege bringen; F **accouche!** F raus mit der Sprache!

accoucheur [akuʃœʀ] *m ou adjt* **médecin** *m* **~** (Arzt und) Geburtshelfer *m*

accouder [akude] *v/pr* **s'~** sich mit dem Ellbogen, mit den Ellbogen aufstützen (**à, sur** auf +*acc*); *p/p* **accoudé à la fenêtre** mit auf dem Fensterbrett aufgestützten Armen

accoudoir [akudwaʀ] *m* Armlehne *f*, -stütze *f*

accouplement [akupləmɑ̃] *m* **1** ZO Paarung *f*; Begattung *f* **2** TECH Kopp(e)lung *f*; *dispositif* Kupplung *f* **3** *fig* Verbindung *f*

accoupler [akuple] **I** *v/t* **1** ÉLEVAGE paaren (**et, à** mit) **2** TECH koppeln; kuppeln **3** *fig mots, idées etc* (miteinander) verbinden; zusammenbringen **II** *v/pr* **s'~** *animaux* sich paaren; sich begatten

accourir [akuʀiʀ] *v/i* ⟨→ **courir**; *meist* **être**⟩ herbeieilen; *foule a* zusammenströmen; **~ à l'aide (de qn)** (j-m) zu Hilfe eilen; **~ pour faire qc** herbeieilen, um etw zu tun; **~ vers qn** auf j-n zueilen

accoutrement [akutʀəmɑ̃] *m péj* Aufzug *m*; Aufmachung *f*; Ausstaffierung *f*; Aufputz *m*

accoutrer [akutʀe] *v/t* (*et v/pr*) **(s')~** *péj* (sich) ausstaffieren, aufputzen; *adjt* **bizarrement accoutré** komisch aufgemacht, ausstaffiert

accoutumance [akutymɑ̃s] *f a* PHYSIOL Gewöhnung *f* (**à** an +*acc*)

accoutumé [akutyme] *adj* **1** (*habituel*) gewohnt; *loc/adv* **comme à l'~e** wie gewöhnlich **2 être ~ à qc** an etw (*acc*) gewöhnt sein; etw gewohnt sein; **être ~ à faire qc** (daran) gewöhnt sein *ou* (es) gewohnt sein, etw zu tun; etw zu tun pflegen

accoutumer [akutyme] **I** *v/t* **~ qn à qc** j-n an etw (*acc*) gewöhnen **II** *v/pr* **s'~ à qc** sich an etw (*acc*) gewöhnen

accréditer [akʀedite] *v/t* **1** DIPL akkreditieren; beglaubigen; *p/p* **accrédité auprès de ...** akkreditiert bei ... **2** *nouvelle, rumeur* glaubwürdig erscheinen lassen

accréditeur [akʀeditœʀ] *m* COMM Bürge *m* **accréditif** *m* COMM Akkreditiv *n*; Kreditbrief *m*; *par ext* Kredit *m*

accro [akʀo] *adj* F **être (complètement) ~** süchtig sein

accroc [akʀo] *m* **1** (*déchirure*) Riss *m*; F Dreiangel *m*; **faire un ~ à son pantalon** sich (*dat*) die Hose zerreißen **2** *fig* **~ à sa réputation** Makel *m*, Schatten *m* auf s-m guten Ruf **3** *fig* (*difficulté*) Schwierigkeit *f*; Hindernis *n*; **se dérouler sans ~** reibungslos, glatt verlaufen

accrochage [akʀɔʃaʒ] *m* **1** (*collision*) (leichter) Zusammenstoß **2** MIL Zusammenstoß *m*; Gefechtsberührung *f* **3** F (*dispute*) Zusammenstoß *m*; Auseinandersetzung *f*; Wortwechsel *m* **4** *de tableaux etc* Aufhängen *n*; *de wagons* Anhängen *n*; Ankoppeln *n*

accroche [akʀɔʃ] *f* PUBLICITÉ Blickfang *m*; *dessin* werbewirksame Zeichnung; *slogan* zugkräftiger Spruch

accroche-cœur [akʀɔʃkœʀ] *m* ⟨*pl* **accroche-cœurs**⟩ Schmachtlocke *f*

accrocher [akʀɔʃe] **I** *v/t* **1** *tableau, manteau etc* aufhängen; an e-n Haken hängen; *remorque etc* anhängen; TECH ankoppeln; (*attacher*) befestigen, festmachen (**à** an *+dat*); einhängen; **~ ses vêtements au portemanteau** s-e Kleider an die Garderobe hängen **2** **~ son bas** *etc* mit dem Strumpf *etc* hängen bleiben; den Strumpf *etc* zerreißen; **rester accroché à qc** an etw (*dat*) hängen bleiben **3** *piéton, autre véhicule* anfahren; streifen; (leicht) zusammenstoßen mit; **~ l'aile de sa voiture au** *ou* **contre le mur du garage** mit dem Kotflügel gegen die Garagenwand fahren *ou* die Garagenwand streifen **4** **a)** F **~ qn** j-n aufhalten; **b)** **~ qn** j-s Aufmerksamkeit fesseln, auf sich (*acc*) ziehen; *abs* zugkräftig sein; ziehen **5** F *fig* (*comprendre*) *l'informatique etc* **j'accroche pas** das liegt mir nicht; damit kann ich nichts anfangen **II** *v/i* **1** *publicité, film* die Aufmerksamkeit fesseln, auf sich (*acc*) ziehen; zugkräftig sein; ziehen **2** F **ça accroche (bien) avec lui** mit ihm versteht man sich auf Anhieb **III** *v/pr* **1** **s'~** (*rester accroché*) hängen bleiben (**à** an *+dat*) **2** **s'~** (*se cramponner*) sich an-, festklammern, sich festhalten (**à** an *+dat*) **3** *fig* **s'~ à un espoir** sich an e-e Hoffnung klammern; **s'~ à qn** sich an j-n hängen, klammern; F **tu peux te l'~** F das kannst du in den Schornstein, Kamin schreiben **4** **s'~** (*s'efforcer*) sich anstrengen; sich ranhalten **5** *fig* **s'~ avec qn** mit j-m zusammenstoßen, in Streit geraten; sich mit j-m anlegen

accrocheur [akʀɔʃœʀ] *adj* ⟨**-euse**⟩ **1** *concurrent, vendeur etc* zäh; ausdauernd; rührig **2** *publicité etc* zugkräftig; *péj* aufdringlich

accroire [akʀwaʀ] *v/t* ⟨*nur inf*⟩ **il veut m'en faire ~** er will mir etwas weismachen; **faire ~ à qn que …** j-m weismachen, dass …

accroissement [akʀwasmɑ̃] *m* Zunahme *f*; Anwachsen *n*; Vermehrung *f*; Vergrößerung *f*; Steigerung *f*; Zuwachs *m*; **~ démographique, de la population** Bevölkerungszunahme *f*; **taux** *m* **d'~** Zuwachs-, Wachstumsrate *f*, -ziffer *f*

accroître [akʀwatʀ] ⟨**j'accrois, il accroît, nous accroissons**; **j'accroissais**; **j'accrus**; **j'accroîtrai**; **que j'accroisse**; **accroissant**; *Vorgang* **avoir**, *Zustand* **être accru**⟩ **I** *v/t* vermehren; vergrößern; steigern; *fortune a* mehren **II** *v/pr* **s'~** zunehmen; wachsen; größer werden

accroupi [akʀupi] *adj* kauernd; hockend; **position ~e** kauernde Stellung; Hocke *f* (*a* SPORTS); **être, se tenir ~** kauern; hocken

accroupir [akʀupiʀ] *v/pr* **s'~** sich nieder-, zusammenkauern; in die Hocke gehen

accru [akʀy] *p/p* → **accroître** *et adj* vermehrt; vergrößert; gesteigert; größer

accu [aky] *m* F *abr* (*accumulateur*) *souvent pl* **~s** AUTO Batterie *f*; *fig* **recharger ses ~s** neue Kräfte sammeln

accueil [akœj] *m* Aufnahme *f*, Empfang *m* (*a endroit*); *de réfugiés etc a* Betreuung *f*; **~ chaleureux** herzlicher, warmer Empfang; **~ réservé** zurückhaltende Aufnahme; **comité** *m* **d'~** Empfangskomitee *n*; **famille** *f* **d'~** *pour élève* Gastfamilie *f*; *pour enfant assisté* Pflegeeltern *pl*; **pays** *m* **d'~** Aufnahme-, Gast-, Einwanderungsland *n*; **faire bon ~ à qn** j-n gut aufnehmen; **faire un ~ enthousiaste à un film** e-n Film begeistert aufnehmen; **réserver un ~ glacial à qn** j-m e-n kühlen, frostigen Empfang bereiten

accueillant [akœjɑ̃] *adj hôte* liebenswürdig; freundlich; *maison, hôtel etc* gastlich; gemütlich

accueillir [akœjiʀ] *v/t* ⟨→ **cueillir**⟩ *personne, film, nouvelle etc* aufnehmen; *personne avec cérémonie* empfangen; **~ un chef d'État** ein Staatsoberhaupt empfangen; **~ une demande avec un sourire** e-e Bitte mit e-m Lächeln aufnehmen; **il nous a accueillis chez lui** er hat uns bei sich zu Hause aufgenommen; **~ qn chaleureusement** j-n herzlich empfangen; *projet etc* **être bien accueilli** Anklang finden

acculer [akyle] *v/t* **1** in die Enge treiben; keinen Ausweg, keine Fluchtmöglichkeit lassen (*+dat*) **2** *fig* **~ qn à qc** j-n in etw (*acc*) treiben, zu etw zwingen; **~ qn à la faillite** *a* j-m keinen anderen Ausweg als den Bankrott lassen

acculturation [akyltyʀasjõ] *f* kultureller Anpassungsprozess; Akkulturation *f*

accumulateur [akymylatœʀ] *m* ÉLECT Akkumulator *m*; F Akku *m*; **~s** *pl souvent* (Auto)Batterie *f*

accumulation [akymylasjõ] *f* **1** An-, Aufhäufung *f*; Ansammlung *f* **2** TECH Speicherung *f*; **chauffe-eau** *m* **à ~** Warm-, Heißwasserspeicher *m*; **radiateur** *m* **à ~** (Nacht)Speicherofen *m*

accumuler [akymyle] **I** *v/t* **1** an-, aufhäufen; ansammeln; *documentation etc* zusammentragen; *capital* ansparen **2** TECH *énergie* speichern **II** *v/pr* **s'~** *capital, livres etc* sich ansammeln; *sommes d'argent a* auflaufen; *signes, erreurs* sich häufen; *nuages* sich türmen

accusateur [akyzatœʀ], **accusatrice** **I** *m,f* Ankläger(in) *m(f)* **II** *adj* anklagend

accusatif [akyzatif] *m* GR Akkusativ *m*; Wenfall *m*; vierter Fall

accusation [akyzasjõ] *f* **1** JUR Anklage *f* (*a instance*); Anklageerhebung *f*; **acte** *m* **d'~** Anklageschrift *f*; **mise** *f* **en ~** Eröffnung *f* des Hauptverfahrens **2** Beschuldigung *f*; Bezichtigung *f*; Anschuldigung *f*; **porter, lancer des ~s contre qn** Beschuldigungen gegen j-n erheben, vorbringen

accusé [akyze] **I** *subst* **1** JUR **~(e)** *m(f)* Angeklagte(r) *f(m)*; **banc** *m* **des ~s** Anklagebank *f* **2** COMM **~** *m* **de réception** Empfangsbestätigung *f*, -bescheinigung *f* **II** *adj* ausgeprägt; stark hervortretend; **traits ~s** ausgeprägte, scharfe Gesichtszüge *m/pl*

accuser [akyze] **I** *v/t* **1** anklagen; **~ qn de qc** j-n e-r Sache (*gén*) beschuldigen, bezichtigen, anschuldigen, *st/s* zeihen; JUR j-n wegen e-r Sache (*gén*) anklagen; gegen j-n wegen e-r Sache (*gén*) Anklage erheben; **~ qn du vol d'une voiture** j-n des Autodiebstahls beschuldigen; **~ qn de négliger ses études** j-n beschuldigen, sein Studium zu vernachlässigen; **être accusé d'avoir fait qc** beschuldigt werden, JUR angeklagt werden, unter der Anklage stehen, etw getan zu haben; **je ne voudrais ~ personne, mais …** ich möchte niemand verdächtigen, aber …; **tout l'accuse** alles spricht gegen ihn **2** *par ext sort, mauvais temps etc* verantwortlich machen (**de** für); *sort a* anklagen **3** *contours, différences etc* hervorheben; hervortreten lassen; betonen; unterstreichen; deutlich machen; *hausse etc* aufweisen **4** COMM **~ réception** den Empfang bestätigen (**de** von *ou +gén*) **II** *v/pr* **s'~** **1** **a)** *réfléchi* **s'~ de qc** sich e-r Sache (*gén*) bezichtigen; **s'~ d'avoir fait qc** sich bezichtigen, etw getan zu haben; **b)** *réciproque* sich, einander beschuldigen, bezichtigen **2** *caractère, tendance etc* hervortreten; deutlich werden

acerbe [asɛʀb] *adj paroles, critiques* hart; scharf; verletzend

acéré [aseʀe] *adj* **1** scharf; ***lame ~e*** scharfe Klinge **2** *fig critique, raillerie* schneidend; scharf; ***écrire d'une plume ~e*** e-e spitze Feder führen

acétate [asetat] *m* CHIM Azetat *n*; *t/t* Acetat *n*

acétique [asetik] *adj* CHIM Essig…; ***acide*** *m* **~** Essigsäure *f*

acétone [asetɔn] *f* CHIM Azeton *n*; *t/t* Aceton *n*

acétylène [asetilɛn] *m* CHIM Azetylen *n*; *t/t* Acetylen *n*; ***lampe*** *f* ***à ~*** Karbidlampe *f*

Achaïe [akai] HIST ***l'~*** *f* Achaia *n*

achalandage [aʃalɑ̃daʒ] *m* JUR, COMM Kundenstamm *m*; fester Kundenkreis; feste Kundschaft

achalandé [aʃalɑ̃de] *adj magasin* ***bien ~*** mit reicher, reichhaltiger, großer Auswahl; mit breit gefächertem, reichhaltigem Warenangebot; gut sortiert

Achard [aʃaʀ] ***Marcel ~*** *frz Dramatiker*

acharné [aʃaʀne] *adj joueur* hartnäckig; *combat, résistance* erbittert; hartnäckig; verbissen; ***adversaire ~*** erbitterter Gegner; ***être un travailleur ~*** ein Arbeitstier sein; ***par un travail ~*** in zäher, verbissener Arbeit; ***être ~ à (faire) qc*** auf etw (*acc*) versessen sein; darauf versessen sein, etw zu tun

acharnement [aʃaʀnəmɑ̃] *m* Verbissenheit *f*; Hartnäckigkeit *f*; Versessenheit *f*; ***~ thérapeutique*** Lebensverlängerung *f* um jeden Preis; ***~ au travail*** Verbissenheit bei der Arbeit; ***avec ~*** verbissen; hartnäckig; ***combattre avec ~*** erbittert, hartnäckig kämpfen

acharner [aʃaʀne] *v/pr* **1** ***s'~ contre, sur*** nicht ablassen von; (weiterhin) verbissen, hartnäckig, brutal losgehen auf (+*acc*); erst recht herfallen über (+*acc*) **2** ***s'~ à (faire) qc*** sich in etw (*acc*) verbeißen; verbissen, hartnäckig an etw (*dat*) festhalten; auf etw (*acc*) versessen sein; ***s'~ à un jeu*** verbissen, hartnäckig weiterspielen; ***s'~ à un travail*** sich in e-e Arbeit verbeißen; *abs* ***il s'acharne*** *a* er lässt nicht locker

achat [aʃa] *m* Kauf *m*, Einkauf *m* (*a chose achetée*); Ankauf *m*; *de marchandises a* Abnahme *f*; Bezug *m*; ***l'~ d'une voiture*** der Kauf, die Anschaffung e-s Autos; ***~ (au) comptant*** Barkauf *m*; ***~ à crédit*** Kreditkauf *m*; ***~ en gros*** Großeinkauf *m*; ÉCON ***pouvoir*** *m* ***d'~*** Kaufkraft *f*; COMM ***faire l'~ de qc*** etw kaufen, käuflich erwerben, anschaffen; ***faire des ~s*** Einkäufe machen, tätigen; einkaufen

acheminement [aʃminmɑ̃] *m* Beförderung *f*; Weiterleitung *f*

acheminer [aʃmine] **I** *v/t courrier* befördern, weiterleiten (***vers*** nach); *par ext convoi etc* **~** ***vers*** leiten, dirigieren nach **II** *v/pr* ***s'~ vers*** *personne* s-e Schritte lenken, sich begeben nach; *une solution etc* sich auf dem Wege zu … befinden; entgegengehen (+*dat*)

achetable [aʃtabl] *adj* käuflich

acheter [aʃte] ⟨-è-⟩ **I** *v/t* **1** kaufen; käuflich erwerben; (*faire les courses*) einkaufen; *meuble, voiture etc a* (sich [*dat*]) anschaffen; *terrain, actions, œuvres d'art etc a* ankaufen; *marchandises a* abnehmen; beziehen; F erstehen; ***~ qc à qn*** *pour qn* j-m etw kaufen; etw für j-n kaufen; *de qn* j-m etw abkaufen; etw von j-m kaufen; ***~ qc (pour) dix euros*** etw für zehn Euro kaufen; ***~ cher, bon marché*** teuer, billig kaufen; *abs* ***~ chez qn*** bei j-m kaufen **2** *témoin, fonctionnaire etc* bestechen; kaufen (*a suffrages*); *complicité* erkaufen; ***se laisser ~*** sich bestechen, kaufen lassen **3** *fig bonheur, tranquillité etc* erkaufen **II** *v/pr* **1** *réfléchi* ***s'~ qc*** sich (*dat*) etw kaufen, anschaffen **2** *sens passif* ***s'~*** gekauft werden (können); erhältlich, zu beziehen sein; für Geld zu haben sein; ***l'amitié ne s'achète pas*** Freundschaft kann man nicht kaufen

acheteur [aʃtœʀ] *m*, **acheteuse** *f* **1** Käufer(in) *m(f)*; *de marchandises a* Abnehmer(in) *m(f)*; Bezieher(in) *m(f)*; *article* ***trouver acheteur*** e-n Abnehmer, Käufer finden; *adjt* ***pays acheteur*** Käuferstaat *m*, -land *n* **2** *d'un grand magasin etc* Einkäufer(in) *m(f)*

achevé [aʃve] *adj* vollendet; ***d'un ridicule ~*** geradezu lächerlich

achèvement [aʃɛvmɑ̃] *m* **1** *d'une œuvre* Vollendung *f*; Fertigstellung *f*; *de travaux* Abschluss *m*; Beendigung *f* **2** (*perfection*) Vollendung *f*

achever [aʃve] ⟨-è-⟩ **I** *v/t* **1** *œuvre* vollenden; fertigstellen; beenden; abschließen; ***~ son discours*** s-e Rede beenden, (be)schließen; ***~ un livre*** ein Buch auslesen; ***~ son repas*** zu Ende essen; ***en achevant ces mots, il …*** er schloss mit diesen Worten und …; ***~ de faire qc*** vollends etw tun; ***les travaux ne seront pas achevés avant mai*** die Arbeiten sind nicht vor Mai beendet, abgeschlossen, fertig; ***ma critique acheva de l'indisposer*** meine Kritik machte ihn vollends ungehalten **2** **a)** (*tuer*) den Gnadenstoß geben (***qn*** j-m; *a animal*); vollends töten; **b)** *fig* ***~ qn*** j-m den Rest geben; j-n vollends zugrunde richten; j-n erledigen **II** *v/i* ausreden; zu Ende sprechen **III** *v/pr* ***s'~*** zu Ende gehen; schließen; enden; *œuvre* zum Abschluss gelangen; ***ainsi s'achève notre émission*** damit ist die Sendung beendet

Achille [aʃil] *m* **1** *Vorname* **2** MYTH Achill(es) *m*

achoppement [aʃɔpmɑ̃] *m* ***pierre*** *f* ***d'~*** Stolperstein *m*; Hindernis *n*; Klippe *f*

achopper [aʃɔpe] *v/i st/s* ***~ sur qc*** über etw (*acc*) straucheln

achromatique [akʀɔmatik] *adj* OPT achromatisch

aciculaire [asikylɛʀ] *adj* BOT, MINÉR nadelförmig

acide [asid] **I** *adj* **1** *fruit, goût,* CHIM, GÉOL sauer **2** *fig paroles etc* scharf; bissig **II** *m* **1** CHIM Säure *f* **2** F (*LSD*) Acid [ˈɛsɪt] *n*

acidité [asidite] *f* **1** *d'un fruit etc* saurer Geschmack; Säure *f* **2** *fig* Schärfe *f* **3** CHIM Säuregrad *m*, -gehalt *m*; *sc* Acidität *f*; PHYSIOL ***~ gastrique*** Magensäure *f*

acidulé [asidyle] *adj* **1** säuerlich; ***bonbons ~s*** saure (Frucht)Bonbons *m/pl ou n/pl*; saure Drops *m/pl ou n/pl* **2** *fig charme* herb; *humour* gallig

acier [asje] *m* **1** Stahl *m*; ***~ inoxydable*** rostfreier, nicht rostender Stahl; *loc/adj*: ***en ~, d'~*** aus Stahl; stählern; Stahl…; *fig* ***d'~*** stählern; stahlhart; ***muscles*** *m/pl*, ***nerfs*** *m/pl* ***d'~*** stählerne Muskeln *m/pl*, Nerven *m/pl* **2** *adjt* ***bleu, gris ~*** ⟨*inv*⟩ stahlblau, -grau

aciérie [asjeʀi] *f* Stahlwerk *n*, -hütte *f*

acné [akne] *f* MÉD Akne *f* **acnéique** *adj* Akne…; *personne* an Akne leidend

acolyte [akɔlit] *m péj* Komplize *m*; Helfershelfer *m*

acompte [akõt] *m* **1** Anzahlung *f*; Abschlags-,

Akontozahlung *f*; ***verser un ~*** e-e Anzahlung leisten; anzahlen (***de qc*** etw) **2** *fig* Vorgeschmack *m* (***sur*** auf *+acc*)

aconit [akɔnit] *m* BOT Eisenhut *m*; Sturmhut *m*

acoquiner [akɔkine] *v/pr* ***s'~ avec qn*** sich mit j-m einlassen

Açores [asɔʀ] ***les ~*** *f/pl* die Azoren *pl*

à-côté [akote] *m* ⟨*pl* **à-côtés**⟩ **1** (*détail*) nebensächlicher Punkt; nebensächliche Frage **2** *pl* ***~s*** (*gain d'appoint*) Nebeneinkünfte *pl*; ***se faire des ~s*** sich (*dat*) e-n Nebenverdienst schaffen; etwas dazuverdienen

à-coup [aku] *m* ⟨*pl* **à-coups**⟩ *d'un moteur etc* Ruck *m*; Stoß *m*; *loc/adv*: ***par ~s*** ruck-, stoßweise; ungleichmäßig (*a par ext*); ***travailler par ~s*** ungleichmäßig arbeiten; ***sans ~s*** gleichmäßig; stetig; reibungslos; *moteur* ***avoir des ~s*** F stottern

acouphène [akufɛn] *m* MÉD Tinnitus *m*

acousticien [akustisјɛ̃] *m*, **acousticienne** *f* (Raum)Akustiker(in) *m(f)*

acoustique [akustik] **I** *adj* **1** PHYSIOL (Ge)Hör…; ***nerf m ~*** (Ge)Hörnerv *m* **2** PHYS akustisch; Schall… **II** *f* **1** *d'une salle etc* Akustik *f*; ***bonne, mauvaise ~*** gute, schlechte Akustik **2** *science* Akustik *f*; Lehre *f* vom Schall; ***~ architecturale*** Raum- und Bauakustik *f*

acquéreur [akeʀœʀ] *m* Erwerber *m*; Käufer *m*; ***se porter ~*** als Käufer auftreten

acquérir [akeʀiʀ] ⟨**j'acquiers, il acquiert, nous acquérons, ils acquièrent; j'acquérais; j'acquis; j'acquerrai; que j'acquière, que nous acquérions; acquérant; acquis**⟩ **I** *v/t* **1** *maison, voiture, fortune etc* erwerben; *livres, meubles etc a* (sich [*dat*]) anschaffen **2** *connaissances, savoir-faire* (sich [*dat*]) erwerben; sich (*dat*) aneignen; *gloire, certitude, valeur etc* erlangen; ***~ de l'expérience*** Erfahrungen sammeln **II** *v/pr* ***s'~ l'estime de qn*** sich (*dat*) j-s Wertschätzung erwerben

acquêt [akɛ] *m* JUR ***communauté réduite aux ~s*** Errungenschafts-, Zugewinngemeinschaft *f*

acquiers, acquiert [akjɛʀ] → ***acquérir***

acquiescement [akjɛsmɑ̃] *m* Zustimmung *f* (***à*** zu); Einwilligung *f* (in *+acc*); Einverständnis *n*

acquiescer [akjese] *v/t/indir* zustimmen (***à*** *dat*); einwilligen (in *+acc*); *abs a* sein Einverständnis erklären

acquis [aki] **I** *p/p* → ***acquérir*** *et adj* **1** erworben; BIOL ***caractères ~*** erworbene Eigenschaften *f/pl*, Merkmale *n/pl*; ***les notions ~es*** das Gelernte; ***les résultats ~*** die erzielten Ergebnisse *n/pl* **2** (*sûr*) gesichert; feststehend; (*incontesté*) unbestritten; *droit, soutien de qn etc* ***être ~ à qn*** j-m sicher sein; ***c'est un point ~, une chose ~e*** das steht fest; ***il est ~ que …*** es steht fest, dass … **3** *personne* ***être ~ à qn, à une cause*** j-m, e-r Sache ganz ergeben sein; ganz zu j-m, zu e-r Sache stehen; ***il est maintenant ~ à notre projet*** er ist jetzt ganz für unser Vorhaben gewonnen; er steht jetzt ganz zu unserem Vorhaben; *st/s* ***je vous suis tout ~*** ich bin ganz der Ihre **II** *m* Erfahrung(sschatz) *f(m)*; ***les ~*** *a* das Erreichte; (*connaissances acquises*) das Gelernte; *par ext* ***~ sociaux*** soziale Errungenschaften *f/pl*; sozialer Besitzstand; ***avoir un ~, de l'~*** ein umfangreiches Wissen, e-n reichen Erfahrungsschatz haben

acquisition [akizisјõ] *f* **1** *action* Erwerb *m*; Anschaffung *f*; *par ext de connaissances* Erlangung *f*; Aneignung *f*; *d'expérience* Sammeln *n*; *d'un rang, d'une position* Erlangung *f*; ***faire l'~ de*** *terrain, tableau etc* erwerben; *meubles, livres etc* (sich [*dat*]) anschaffen **2** (*bien acquis*) Anschaffung *f*; Erwerbung *f*; F Errungenschaft *f*; ***ma dernière ~*** meine neueste Anschaffung, Errungenschaft

acquit [aki] *m* **1** COMM ***pour ~*** Betrag (dankend) erhalten **2** *fig* ***par ~ de conscience*** um sein Gewissen zu beruhigen; um sich (*dat*) nachher keine Vorwürfe machen zu müssen

acquittement [akitmɑ̃] *m* **1** JUR Freispruch *m* **2** *d'une obligation* Erfüllung *f*

acquitter [akite] **I** *v/t* **1** JUR freisprechen **2** (*payer*) *dette* begleichen; abgelten; *taxe, impôt* entrichten **3** COMM *facture* quittieren **II** *v/pr* ***s'~ d'une dette*** sich e-r Schuld (*gén*) entledigen; ***s'~ de ses engagements*** s-n Verpflichtungen nachkommen; s-e Verpflichtungen erfüllen; ***s'~ d'une mission*** sich e-s Auftrages entledigen; e-n Auftrag ausführen; ***s'~ de sa promesse*** sein Versprechen einlösen, erfüllen

acre [akʀ] *f* AGR *autrefois* Morgen *m*

âcre [ɑkʀ] *adj* **1** *goût, odeur* herb; scharf; ***fumée f ~*** beißender Rauch **2** *st/s et fig* scharf; verletzend

âcreté [ɑkʀəte] *f* Schärfe *f*; Herbheit *f* (*a fig*)

acrimonie [akʀimɔni] *f* Schärfe *f*; Bitterkeit *f*; ***sans ~*** ohne Bitterkeit

acrobate [akʀɔbat] *m,f* Akrobat(in) *m(f)*; Artist(in) *m(f)*

acrobatie [akʀɔbasi] *f* **1** *art* Akrobatik *f*; AVIAT ***~ aérienne*** Kunstflug *m* **2** *tour* Akrobatenstück *n* (*a fig*) **3** *fig* Artistik *f*; Virtuosentum *n*

acrobatique [akʀɔbatik] *adj* akrobatisch; artistisch

Acropole [akʀɔpɔl] ***l'~*** *f* die Akropolis

acrostiche [akʀɔstiʃ] *m poème* Akrostichon *n*

acrylique [akʀilik] *adj* CHIM Acryl…; TEXT ***fibre f ~*** *ou subst* ***~ m*** Acrylfaser *f*

acte [akt] *m* **1** Handlung *f*; Akt *m* (*a* PHILOS, REL); Tat *f*; ***~ (in)volontaire*** (un)bewusste Handlung; PSYCH ***~ manqué*** Fehlleistung *f*; ***~ médical*** ärztliche Leistung; ***~ terroriste, de terrorisme*** Terrorakt *m*; ***~ d'agression*** Aggressionshandlung *f*; aggressiver Akt; ***~ de bravoure*** mutige Tat; ***~ de charité*** Akt der Nächstenliebe; ***~ de courage*** mutige Tat; ***~ de folie*** Wahnsinnshandlung *f*, -tat *f*; ***~ de sabotage*** Sabotageakt *m*; ***faire ~ d'autorité*** ein Machtwort sprechen; durchgreifen; ***faire ~ de candidature*** kandidieren; ***faire ~ de présence*** *brève apparition* sich kurz sehen, blicken lassen; *attitude passive* sich nicht aktiv beteiligen; passiv dasitzen; ***faire ~ de bonne volonté*** guten Willen zeigen; ***juger qn sur ses ~s*** j-n nach s-n Taten beurteilen; ***passer aux ~s*** handeln; zur Tat schreiten; ***traduire en ~*** in die Tat umsetzen; zur Tat werden lassen **2** JUR ***~ (juridique)*** Rechtsgeschäft *n*, -handlung *f*; ***~ administratif*** Verwaltungsakt *m* **3** JUR (*document*) Urkunde *f*; ***~ d'accusation*** Anklageschrift *f*; ***~ de décès*** Sterbeurkunde *f*; ***~s de l'état civil*** standesamtliche Urkunden; Personenstandsurkunden *f/pl*; ***~ de mariage*** Heiratsurkunde *f*; Trauschein *m*; ***~ de naissance*** Geburtsurkunde *f*; ***donner ~*** bestätigen (***de qc*** etw); ***dont ~*** hierüber Urkunde; *fig* ***prendre ~ de qc*** sich (*dat*) etw (für später) merken; etw zur Kenntnis nehmen **4** ***~s*** *pl d'un colloque,* *congrès etc* Abhandlungen *f/pl*; Protokolle *n/pl*; BIBL ***Actes des apôtres*** Apostelgeschichte *f* **5** THÉ Akt *m*; Aufzug *m*; ***dernier ~*** letzter Akt, Schlussakt *m* (*a fig*); ***pièce f en trois ~s*** Stück *n* in drei Akten; Dreiakter *m*; ***pièce f en un ~*** Einakter *m*; ***au troisième ~*** im dritten Akt

acteur [aktœʀ] *m*, **actrice** *f* **1** Schauspieler(in) *m(f)*; ***acteur, actrice de cinéma*** Filmschauspieler(in) *m(f)* **2** *fig* Akteur *m*; Beteiligte(r) *f(m)*; ***le principal acteur*** der Hauptakteur

actif [aktif] **I** *adj* ⟨**-ive**⟩ **1** *personne* aktiv; betriebsam; rege; rührig; eifrig; tatkräftig; tüchtig; ***collaboration active*** aktive, tatkräftige Mitarbeit; ***mener une vie active*** ein aktives Leben führen; aktiv sein; ***prendre une part active à qc*** an etw (*dat*) aktiv teilnehmen, tätigen Anteil haben **2** MIL, CHIM *etc* aktiv; *médicament a* wirksam; ***armée active*** aktive Truppe; CHIM ***charbon ~*** Aktivkohle *f*; ***la population active*** die erwerbstätige, berufstätige, arbeitende Bevölkerung; die Erwerbs-, Berufstätigen *pl*; ***vie active*** Erwerbsleben *n*; GR ***voix active*** Aktiv *n*; Tätigkeitsform *f*; *conférence etc* ***entrer dans une phase active*** zum eigentlichen Thema, zu den Kernfragen kommen **II** *subst* **1** *m* COMM Aktiva *pl*; Vermögenswerte *m/pl*; *d'un bilan* Aktivseite *f*; FIN ***~ immobilisé*** Anlagevermögen *n*; ***~ social*** Gesellschaftsvermögen *n*; JUR: ***~ de la faillite*** Konkursmasse *f*; ***~ d'une succession*** Nachlassvermögen *n*; *fig* ***avoir, compter à son ~*** *succès etc* für sich verbuchen können; *iron délits etc* auf dem Kerbholz haben **2** *m* GR Aktiv *n*; Tätigkeitsform *f* **3** MIL ***active*** *f* aktive Truppe; ***officier*** *m* ***d'active*** aktiver Offizier

action [aksjõ] *f* **1** *de personnes* Handlung *f*; Tat *f*; Handeln *n*; Tun *n*; Vorgehen *n*; Wirken *n*; (*intervention*) Eingreifen *n*; *d'un groupe*, POL Aktion *f*; MIL Gefecht *n*; ***bonne ~*** gute Tat; ***~ concertée*** Zusammenwirken *n*; konzertierte Aktion; ***Action directe*** *linksextreme Untergrundorganisation*; ***Action française*** *nationalistisch-royalistische Bewegung während der 3. Republik*; *définition* ***~ de transporter*** *etc* Vorgang *m* des Transportierens *etc*; ***~ d'éclat*** Glanzleistung *f*, -stück *n*; ***~ d'ensemble*** gemeinsame Aktion; gemeinsames Vorgehen; ***l'~ du gouvernement*** das Vorgehen, die Maßnahmen, das Eingreifen der Regierung; REL ***~ de grâce(s)*** Danksagung *f*; *d'un syndicat* ***journée*** *f* ***d'~*** Tag *m* der Kampfmaßnahmen; ***programme*** *m* ***d'~*** Aktionsprogramm *n*; GR ***verbe*** *m* ***d'~*** Vorgangsverb *n*; MIL ***engager l'~*** das Gefecht eröffnen; ***entreprendre une ~*** e-e Aktion durchführen, F starten; ***entrer en ~*** in Aktion, Tätigkeit treten; tätig werden; eingreifen; ***être en ~*** in Aktion, tätig, im Einsatz sein; ***passer à l'~*** zur Tat schreiten; handeln; aktiv werden; etwas unternehmen **2** (*effet produit*) (Ein)-Wirkung *f*; *loc/prép* ***sous l'~ de*** unter der Einwirkung von (*ou +gén*); infolge (*+gén*); durch (*+acc*); ***exercer une ~*** e-e Wirkung ausüben (***sur*** auf *+acc*); ***mettre en ~*** in Gang setzen, bringen; zur Wirkung bringen; einsetzen **3** THÉ, CIN *etc* Handlung *f*; ***film*** *m* ***d'~*** Actionfilm ['ɛkʃən-] *m* **4** COMM Aktie *f*; Anteilschein *m*; ***~ au porteur*** Inhaberaktie *f*; auf den Inhaber lautende Aktie; ***créer, émettre des ~s*** Aktien ausgeben; *fig* ***ses ~s montent, baissent*** s-e Aktien steigen, fallen **5** JUR ***~ (en justice)*** Klage *f*; ***~ civile*** Privat-, Nebenklage *f*; ***~ en diffamation*** Beleidigungsklage *f*; ***~ en dommages-intérêts*** Schaden(s)ersatzklage *f*; Klage auf Schaden(s)ersatz; ***~ en recherche de paternité*** Vaterschafts(feststellungs)klage *f*; ***intenter une ~ (en justice)*** e-e Klage einreichen, anhängig machen; Klage erheben; klagen; den Rechtsweg beschreiten

actionnaire [aksjɔnɛʀ] *m,f* Aktionär(in) *m(f)*; Aktienbesitzer(in) *m(f)*

actionnariat [aksjɔnaʀja] *m* Aktienbesitz *m*; ***~ ouvrier*** Arbeitermitbesitz *m* in Form von Belegschaftsaktien

actionnement [aksjɔnmɑ̃] *m* TECH Betätigung *f*; Ingangsetzung *f*

actionner [aksjɔne] *v/t* betätigen; ***~ un levier, un mécanisme*** einen Hebel, einen Mechanismus betätigen; ***~ une machine*** eine Maschine in Gang setzen, antreiben

activation [aktivasjõ] *f* CHIM, PHYS Aktivierung *f*

activement [aktivmɑ̃] *adv* aktiv; eifrig; tatkräftig; ***collaborer ~ à qc*** an etw (*dat*) aktiv *etc* mitarbeiten

activer [aktive] **I** *v/t* aktivieren (*a* CHIM); *travaux a* vorantreiben; beschleunigen; in Schwung bringen; *vent: feu* anfachen; *abs* F ***allons, activez un peu!*** los, macht ein bisschen voran, schneller! **II** *v/pr* ***s'~*** sich (eifrig) zu schaffen machen; sich eifrig betätigen

activisme [aktivism] *m* POL (gewalttätiger) Aktivismus **activiste** *m* POL (gewalttätiger) Aktivist; (Rechts)Extremist *m*

activité [aktivite] *f* **1** Tätigkeit *f* (*a d'un organe, volcan etc*); Aktivität *f*; ***~s*** *pl a* Treiben *n*; Betrieb *m*; *d'une personne a* Betätigung *f*; ***~ aérienne*** Flugbetrieb *m*; ***~ boursière*** Börsentätigkeit *f*; ***intense ~ diplomatique*** rege diplomatische Tätigkeit, Aktivität; ***~s économiques*** *a* Wirtschaftsleben *n*; ***~ (professionnelle)*** Berufs-, Erwerbstätigkeit *f*; ***~ de plein air*** Betätigung im Freien; *volcan* ***en ~*** tätig; in Tätigkeit; *affaires, industrie* ***en pleine ~*** auf vollen Touren laufend; ***j'ignore tout de ses ~s*** ich weiß überhaupt nicht, was er treibt **2** *d'une personne* Aktivität *f*; Betriebsamkeit *f*; Rührigkeit *f*; Geschäftigkeit *f*; Regsamkeit *f*; Tüchtigkeit *f*; ***déployer une grande ~*** e-e rege Tätigkeit, e-e große Aktivität *ou* Betriebsamkeit entfalten **3** *de fonctionnaires, officiers* aktiver Dienst; ***en ~*** im aktiven Dienst

actuaire [aktɥɛʀ] *m* Versicherungs(und Wirtschafts)mathematiker *m*; Aktuar *m*

actualisation [aktɥalizasjõ] *f* Aktualisierung *f* **actualiser** *v/t* aktualisieren

actualité [aktɥalite] *f* **1** *d'une question etc* Aktualität *f*; Zeit-, Gegenwartsnähe *f*; Zeitgemäßheit *f*; ***sujet*** *m* ***d'~*** aktuelles Thema; ***être d'~*** aktuell sein **2** (*événements actuels*) Zeitgeschehen *n*; ***l'~ politique*** das politische Zeitgeschehen; ***l'~ quotidienne*** das Tagesgeschehen; die Tagesereignisse *n/pl*; ***l'~ sportive*** die sportlichen Tagesereignisse *n/pl* **3** ***~s*** *pl* TV (Fernseh)Nachrichten *f/pl*; Tagesschau *f*; CIN Wochenschau *f*

actuariel [aktɥaʀjɛl] *adj* ⟨**~le**⟩ versicherungs(- und wirtschafts)mathematisch

actuel [aktɥɛl] *adj* ⟨**~le**⟩ **1** gegenwärtig; derzeitig; augenblicklich; jetzig; heutig; *mode etc a* herrschend; ***à l'époque ~le, à l'heure ~le*** zurzeit; gegenwärtig; im Moment **2** *sujet, film etc* aktuell; zeit-, gegenwartsnah; zeitgemäß; ***problème ~*** *a* Gegenwartsproblem *n* **3** PHILOS aktual

actuellement [aktɥɛlmɑ̃] *adv* gegenwärtig; zurzeit; im Moment

acuité [akɥite] *f* **1** *des sens* Schärfe *f*; ***~ visuelle*** Sehschärfe *f* **2** *d'une douleur etc* Heftigkeit *f*; *d'une crise a* Zuspitzung *f*

acuponcteur *ou* **acupuncteur** [akypõktœʀ] *m* Akupunkteur *m*

acuponcture *ou* **acupuncture** [akypõktyʀ] *f* MÉD Akupunktur *f*

acupression [akypʀesjõ] *f* MÉD Akupunktmassage *f*

acyclique [asiklik] *adj* azyklisch

ADAC [adak] *m abr* (*avion à décollage et atterrissage courts*) Kurzstartflugzeug *n*; STOL-Flugzeug *n*

adage [adaʒ] *m* Sinnspruch *m*; Lebensweisheit *f*

adagio [adadʒjo] MUS **I** *adv* adagio [a'da:dʒo] **II** *m* Adagio *n*

Adam [adɑ̃] *m Vorname*; → *a* ***Ève***

adaptabilité [adaptabilite] *f* Anpassungsfähigkeit *f*, -vermögen *n* **adaptable** *adj* anpassungsfähig; TECH passend (***à*** für)

adaptateur [adaptatœʀ] *m*, **adaptatrice** *f* **1** THÉ, CIN Bearbeiter(in) *m(f)* **2** *m* TECH Adapter *m*; ÉLECT *au secteur* Netzgerät *n*; *fiche* Zwischenstecker *m*

adaptation [adaptasjõ] *f* **1** Anpassung *f* (***à*** an *+acc*); Ausrichtung *f* (nach); Ein- *ou* Umstellung *f* (auf *+acc*); Zuschnitt *m* (auf *+acc*); *sc* Adap(ta)tion *f*; ***~ aux nécessités économiques*** Anpassung an die wirtschaftlichen Erfordernisse; ***difficultés*** *f/pl* ***d'~*** Anpassungsschwierigkeiten *f/pl* **2** *d'un poème* Nachdichtung *f*; *d'un roman etc* Bearbeitung *f*; THÉ, CIN, TV *a* Adap(ta)tion *f*; ***~ radiophonique*** Funkbearbeitung *f*; ***~ cinématographique*** *a* Verfilmung *f*; ***~ pour la scène*** Bühnenbearbeitung *f*

adapter [adapte] **I** *v/t* **1** TECH anpassen (***à*** an *+acc*); einpassen (in *+acc*); passend machen (für); (*appliquer*) anbringen (an *+dat*) **2** *programme, production etc* anpassen (***à*** *dat*); (aus-, ein)richten (nach); angleichen (*+dat*); ein-, umstellen (auf *+acc*); zuschneiden (auf *+acc*) **3** *poésie* nachdichten; *œuvre littéraire* bearbeiten, THÉ, CIN, TV *a* adaptieren (***à*** *ou* ***pour la scène*** für die Bühne); ***~ au*** *ou* ***pour le cinéma*** *a* verfilmen **II** *v/pr* ***s'~*** **1** sich anpassen (***à*** *dat*); sich ein-, umstellen (auf *+acc*); ***savoir s'~*** anpassungsfähig, flexibel sein; sich anpassen, umstellen können **2** TECH passen (***à*** zu); passend sein (für)

ADAV [adav] *m abr* (*avion à décollage et atterrissage verticaux*) Senkrechtstarter *m*; VTOL-Flugzeug *n*

addenda [adɛ̃da] *m* ⟨*inv*⟩ Nachträge *m/pl*; Zusätze *m/pl*; Addenda *n/pl*

additif [aditif] **I** *adj* ⟨**-ive**⟩ additiv (*a* PHOT) **II** *m* **1** *au budget* Nachtrag *m*; *à un écrit* Zusatz *m* **2** CHIM Additiv *n*; Zusatz(mittel *n*, -stoff *m*) *m*; *dans les aliments* ***~s*** *pl* Zusätze *m/pl*

addition [adisjõ] *f* **1** MATH Addition(saufgabe) *f*; Addieren *n*; Zusammenzählen *n*; ***faire une ~*** addieren; zusammenzählen **2** *au restaurant, au café* Rechnung *f*; ***payer, régler l'~*** die Rechnung bezahlen, begleichen; (be)zahlen; ***l'~, s'il vous plaît!*** zahlen, bitte!; ich möchte zahlen!; die Rechnung, bitte! **3** An-, Hinzufügung *f*; *à un écrit* Zusatz *m*; Ergänzung *f* **4** CHIM Zusetzen *n*; Zusatz *m*; Beimischung *f*

additionnel [adisjɔnɛl] *adj* ⟨**~le**⟩ zusätzlich; nachträglich; Zusatz…; Nachtrags…

additionner [adisjɔne] **I** *v/t* **1** MATH addieren; zusammenzählen **2** *surtout* CHIM ***~ qc de qc*** e-r Sache (*dat*) etw zusetzen, bei-, hinzufügen, beimengen; etw mit etw versetzen; ***additionné de sucre*** mit Zuckerzusatz **II** *v/pr erreurs etc* ***s'~*** sich summieren; (***venir***) ***s'~ à qc*** zu etw hinzukommen

adducteur [adyktœʀ] *adj* ⟨*nur m*⟩ **1** ANAT ***muscle ~*** *ou subst* ***~*** *m* Adduktor *m* **2** *pour l'eau* ***canal ~*** Zuleitung *f*

adduction [adyksjõ] *f* **1** PHYSIOL Adduktion *f* **2** *d'eau, de gaz, de pétrole* Zuleitung *f*; Zuführung *f*; Zufuhr *f*; ***~ d'eau*** Wasserzuleitung *f*, -versorgung *f*

Adélaïde [adelaid] *f Vorname*

Adèle [adɛl] *f Vorname*

Adeline [adlin] *f Vorname*

Aden [adɛn] GÉOGR Aden *n*

Adenauer [adenɔɛʀ, -nawœʀ] ***Konrad ~*** Konrad Adenauer

adepte [adɛpt] *m,f* Anhänger(in) *m(f)*; ***faire des ~s*** Anhänger gewinnen

adéquat [adekwa(t)] *adj* adäquat; angemessen; passend; entsprechend

adhérence [adeʀɑ̃s] *f* **1** PHYS, TECH Haften *n*, -ung *f* (***à*** an *ou* auf *+dat*); *des pneus* ***~ au sol*** Bodenhaftung *f*; ***coefficient*** *m* ***d'~*** Reibungskoeffizient *m*; Reibungszahl *f*; Adhäsionswert *m* **2** MÉD, BOT Verwachsung *f*

adhérent [adeʀɑ̃] **I** *adj* **1** PHYS, TECH haftend (***à*** an *ou* auf *+dat*) **2** BOT verwachsen (***à*** mit) **II** *subst* ***~(e)*** *m(f)* *d'un parti etc* Mitglied *n*; ***carte*** *f* ***d'~*** Mitgliedskarte *f*

adhérer [adeʀe] *v/t/indir* ⟨**-è-**⟩ **1** ***~ à qc*** an *ou* auf etw (*dat*) haften, (*coller*) kleben; *pneus* ***~ à la route, au sol*** *a* griffig sein **2** ***~ à un parti*** *etc* in e-e Partei *etc* eintreten; e-r Partei *etc* (*dat*) beitreten; Mitglied e-r Partei *etc* (*gén*) werden; sich e-r Partei *etc* (*dat*) anschließen; *État* ***~ à un pacte, à une convention*** e-m Pakt, Abkommen beitreten **3** *st/s* ***~ à*** *une opinion* beipflichten, zu-, beistimmen (*+dat*); ***~ à un idéal*** einem Ideal anhängen

adhésif [adezif] **I** *adj* ⟨**-ive**⟩ klebend; Kleb(e)…; ***pansement ~*** (Heft)Pflaster *n*; ***papier ~*** Klebefolie *f* **II** *m* Klebstoff *m*; Kleber *m*; Klebemittel *n*

adhésion [adezjõ] *f* **1** *à un parti etc* Beitritt(serklärung) *m(f)* (***à*** zu); (Neu)Eintritt *m* (***à*** in *+acc*) **2** *à une opinion* Zustimmung *f* (***à*** zu); ***donner son ~*** s-e Zustimmung geben **3** PHYS Adhäsion *f*

ad hoc [adɔk] *loc/adj* (eigens) zu diesem Zweck; (hierfür) passend; ad hoc; ***commission*** *f* ***~*** Ad-hoc-Ausschuss *m*

adieu [adjø] **I** *int* leb(e) wohl!; leben Sie wohl!; *st/s* Gott befohlen!; *litt* ade!; *par ext* ***~, nos beaux projets!*** jetzt ist es aus, vorbei mit unseren schönen Plänen; ***dire ~ à qn*** j-m Lebewohl sagen; *si tu acceptes cet emploi*, ***tu peux dire ~ à ta tranquillité*** … dann ist deine Ruhe dahin; … dann ist es aus, vorbei mit deiner Ruhe **II** *m souvent pl* ***~x*** Abschied *m*; Lebewohl *n*; ***lettre*** *f* ***d'~(x)*** Abschiedsbrief *m*; ***repas*** *m* ***d'~x*** Abschiedsessen *n*, *st/s* -mahl *n*; ***faire ses ~x à qn*** von j-m Abschied nehmen; j-m Lebewohl sagen

à-Dieu-va(t) [adjøva(t)] *int* komme, was wolle; ganz gleich, was geschieht
Adige [adiʒ] ***l'~*** *m* die Etsch
adipeux [adipø] *adj* ⟨**-euse**⟩ 1 ANAT fettreich; Fett…; ***tissu ~*** Fettgewebe *n* 2 *par ext visage etc* feist; verfettet
adiposité [adipozite] *f* (lokaler) Fettansatz; Fettpolster *n/pl*
adjacent [adʒasɑ̃] *adj* angrenzend; benachbart; *pl a* nebeneinanderliegend; aneinandergrenzend, -stoßend; MATH ***angles ~s*** Nebenwinkel *m/pl*
adjectif [adʒɛktif] GR **I** *m* ***~ (qualificatif)*** Adjektiv *n*; Eigenschaftswort *n*; ***~ démonstratif*** attributives Demonstrativpronomen; ***~ numéral*** Zahlwort *n* **II** *adj* ⟨**-ive**⟩ adjektivisch; ***locution adjective*** als Adjektiv gebrauchte Wendung
adjectival [adʒɛktival] *adj* ⟨**-aux**⟩ adjektivisch
adjectivement [adʒɛktivmɑ̃] *adv* GR ***employer ~*** adjektivisch, als Adjektiv gebrauchen
adjectiver [adʒɛktive] *v/t seulement p/p* GR ***(être) adjectivé*** adjektivisch, als Adjektiv gebraucht (werden)
adjoindre [adʒwɛ̃dʀ] ⟨→ **joindre**⟩ **I** *v/t* 1 ***~ qc à qc*** e-r Sache (*dat*) etw beifügen; zu e-r Sache etw hinzufügen, -tun 2 ***~ qn à qn*** j-m j-n (zur Hilfe) beigeben, beiordnen, zur Seite geben *ou* stellen **II** *v/pr* ***s'~ un collaborateur*** sich (*dat*) e-n Mitarbeiter (zur Hilfe) nehmen
adjoint [adʒwɛ̃] **I** *m* Stellvertreter *m*; Beigeordnete(r) *m*; MIL ***~ administratif*** *correspond à* Verwaltungsoffizier *m*; MIL ***~ technique*** technischer Offizier; *dans l'enseignement secondaire* ***~(e)*** *m(f)* ***d'enseignement*** Lehrer(in), der (die) ein Aufsichts- und Lehramt hat; ***~ (au maire)*** stellvertretender, zweiter Bürgermeister **II** *adj* ⟨**adjointe** [adʒwɛ̃t]⟩ stellvertretend; beigeordnet; ***directeur ~*** stellvertretender, zweiter Direktor
adjonction [adʒɔ̃ksjɔ̃] *f* 1 *d'une chose* Beifügung *f*, Hinzufügung *f* (**à** zu) 2 *de collaborateurs etc* Beigabe *f*; Beiordnung *f*
adjudant [adʒydɑ̃] *m* 1 MIL Stabsfeldwebel *m* 2 *péj* Feldwebel *m* **adjudant-chef** *m* ⟨*pl* **adjudants-chefs**⟩ MIL Oberstabsfeldwebel *m* **adjudant-major** *m* ⟨*pl* **adjudants-majors**⟩ MIL *correspond à* stellvertretender Bataillonskommandeur (im Hauptmannsrang)
adjudicataire [adʒydikatɛʀ] *m,f dans une adjudication* Submittent, (An)Bieter, der den Zuschlag erhält; *aux enchères* Ersteigerer *m* **adjudicateur** *m*, **adjudicatrice** *f* ADM Ausschreibende(r) *f(m)*; Auftraggeber(in) *m(f)*
adjudication [adʒydikasjɔ̃] *f* 1 ***~ (administrative)*** öffentliche Ausschreibung, Vergabe; Submission *f*; Verdingung *f*; ***~ forcée, judiciaire*** Zwangsversteigerung *f*; ***~ de fournitures, de travaux publics*** Vergabe *f* von Lieferungs-, Arbeitsaufträgen; ***par ~*** a) auf dem Versteigerungsweg; durch Versteigerung; b) auf dem Submissionsweg; durch öffentliche Ausschreibung; ***mettre en ~*** öffentlich ausschreiben 2 JUR, ADM (*attribution*) Zuschlag(erteilung) *m(f)* (**à** an +*acc*)
adjuger [adʒyʒe] ⟨**-geons**⟩ **I** *v/t* 1 *dans une vente aux enchères, une adjudication* zuschlagen; den Zuschlag erteilen (***qc*** für etw); *une fois, deux fois, trois fois,* ***adjugé! (vendu!)*** zugeschlagen! (verkauft!) (*en Allemagne le plus souvent un seul coup de marteau*) 2 *prix, récompense etc* zuerkennen **II** *v/pr fig* ***s'~ qc*** sich (*dat*) etw nehmen, aneignen
adjuration [adʒyʀasjɔ̃] *f* inständige(s) Bitte(n); ***~s*** *pl a* Beschwörungen *f/pl*
adjurer [adʒyʀe] *v/t* ***~ qn de (ne pas) faire qc*** j-n inständig bitten, j-n beschwören, etw (nicht) zu tun
adjuvant [adʒyvɑ̃] *m* 1 MÉD unterstützendes Mittel; unterstützende Therapie; *sc* Adjuvans *n* 2 TECH Zuschlag(stoff) *m*; Zusatz *m*
ad libitum [adlibitɔm] *loc/adv* nach Belieben; ad libitum
admettre [admɛtʀ] *v/t* ⟨→ **mettre**⟩ 1 (*laisser entrer*) hereinlassen, (hin)einlassen (***à, dans*** in +*acc*); *vapeur, gaz* einlassen; eintreten, einströmen lassen; ***ne pas être admis*** keinen Zutritt haben (***à, dans*** zu) 2 *dans une école, organisation etc* aufnehmen (***à, dans*** in +*acc*); zulassen (zu); ***~ qn dans un parti*** j-n in e-e Partei aufnehmen; ***~ qn parmi ses intimes*** j-n in s-n engsten Freundeskreis aufnehmen 3 *excuses, raisons etc* gelten lassen; anerkennen; ***~ que …*** (+*subj ou ind*) *a* zugeben, zugestehen, einräumen, dass …; ***c'est une chose communément admise*** das ist e-e allgemein anerkannte Tatsache; ***j'admets avoir été trop sévère*** ich gebe zu, dass ich zu streng gewesen bin; zugegeben, ich bin zu streng gewesen 4 *comme hypothèse* annehmen; ***admettons que vous ayez raison*** nehmen wir (einmal) an *ou* angenommen, Sie hätten Recht 5 (*tolérer*) ***ne pas ~ qc*** etw nicht dulden, zulassen, gestatten; *règle* ***n'~ aucune exception*** keine Ausnahme zulassen, gestatten; *texte* ***~ plusieurs interprétations*** mehrere Interpretationen zulassen; ***n'~ aucun retard*** keinen Aufschub dulden; ***il n'admet pas la contradiction*** *ou* ***qu'on le contredise*** er duldet keinen Widerspruch
administrateur [administʀatœʀ] *m*, **administratrice** *f* Verwalter(in) *m(f)*; Administrator *m*; ***administrateur civil*** *correspond à* Ministerialrat *m*; *de la Comédie-Française* ***administrateur général*** Intendant *m*; ***administrateur de biens*** Vermögensverwalter *m*; *d'une S.A.* ***administrateur de société*** Vorstandsmitglied *n*
administratif [administʀatif] *adj* ⟨**-ive**⟩ Verwaltungs…; administrativ; verwaltungsmäßig, -technisch; ***acte ~*** Verwaltungsakt *m*; ***capitale administrative*** Sitz *m* der Behörden; ***directeur ~*** Verwaltungsdirektor *m*; *d'un pays* ***division administrative*** verwaltungsmäßige Gliederung, Einteilung; ***droit ~*** Verwaltungsrecht *n*; ***service ~*** Verwaltungsdienst *m*; *d'une entreprise* Verwaltung *f*; ***style ~*** Behörden-, Kanzleistil *m*
administration [administʀasjɔ̃] *f* 1 (*gestion*) Verwaltung *f*; *d'une entreprise* Führung *f*; Leitung *f*; *d'une S.A.* Geschäftsführung *f*; ***~ de biens*** Vermögensverwaltung *f* 2 *service* Verwaltung(sbehörde) *f*; Administration *f*; Behörde *f*; *coll* ***Administration*** Verwaltung(sdienst) *f(m)*; ***~ des Postes*** Postbehörde *f*, -verwaltung *f*; ***entrer dans l'Administration*** in den Verwaltungsdienst gehen 3 *d'un médicament* Verabreichung *f*; *d'un sacrement* Spendung *f*; Austeilung *f*
administrativement [administʀativmɑ̃] *adv* verwaltungsmäßig; auf dem Verwaltungsweg
administré(e) [administʀe] *m(f)* Bürger(in) *m(f)*;

dans un discours ***chers administrés!*** liebe Mitbürger!

administrer [administʀe] *v/t* **1** (*gérer*) verwalten; ***~ une entreprise*** ein Unternehmen leiten, führen **2** *médicament* verabreichen; verabfolgen; *sacrement* spenden; austeilen; *coup* verabreichen; versetzen; ***~ les derniers sacrements à qn*** *a* j-n versehen **3** JUR *preuves* erbringen; liefern

admirable [admiʀabl] *adj* bewundernswert, -würdig; bewunderungswürdig; wunderbar; *a iron* herrlich; prächtig

admirateur [admiʀatœʀ] *m*, **admiratrice** *f* Bewunderer *m*, Bewund(r)erin *f*; Verehrer(in) *m(f)*

admiratif [admiʀatif] *adj* ⟨**-ive**⟩ *personne* voll Bewunderung; ***exclamation admirative*** Ausruf der Bewunderung; ***regard ~*** bewundernder Blick

admiration [admiʀasjõ] *f* Bewunderung *f*; ***avec ~*** mit, voll Bewunderung; bewundernd; *cri, sifflement* ***d'~*** der Bewunderung; ***être en ~ devant qn*** von Bewunderung für j-n erfüllt sein; ***être en ~ devant qc*** etw andächtig bewundern; etw voll Bewunderung betrachten; ***faire l'~ de tous*** allgemein Bewunderung erregen; alle mit Bewunderung erfüllen

admirer [admiʀe] *v/t* bewundern; ***~ qn pour son courage*** j-n wegen s-s Mutes bewundern; *iron* ***j'admire votre confiance*** ich bewundere Ihre Vertrauensseligkeit

admis [admi] *p/p* → ***admettre***

admissibilité [admisibilite] *f* Anspruch *m* auf Zulassung zur mündlichen Prüfung; ***liste*** *f* ***d'~*** Liste *f* der Kandidaten, die (*die schriftliche Prüfung bestanden haben und*) zur mündlichen Prüfung zugelassen sind

admissible [admisibl] *adj* **1** ***candidat déclaré ~*** *ou subst* ***~*** *m* Kandidat, der (die schriftliche Prüfung bestanden hat und) zur mündlichen Prüfung zugelassen ist; ***être ~ à l'école normale*** zur mündlichen Aufnahmeprüfung für die Pädagogische Hochschule zugelassen sein **2** ***être ~ à une fonction publique*** das Recht haben, ein öffentliches Amt zu bekleiden **3** (*tolérable*) ***ne pas être ~*** inakzeptabel, unannehmbar, nicht hinnehmbar, indiskutabel sein

admission [admisjõ] *f* **1** *dans une organisation, école* Aufnahme *f* (***à*** in +*acc*); Zulassung *f* (***à*** zu); ***~ aux Nations Unies*** Aufnahme *f* in die Vereinten Nationen; ***conditions*** *f/pl* ***d'~*** Aufnahme-, Zulassungsbedingungen *f/pl*; ***demande*** *f* ***d'~*** Aufnahme-, Zulassungsgesuch *n*; EXAMEN ***liste*** *f* ***d'~*** Liste *f* der Kandidaten, die die Prüfung bestanden haben **2** TECH *de vapeur, gaz* Einlass *m*; Eintritt *m*; Einströmen *n*

admonestation [admɔnɛstasjõ] *st/s f* (scharfe) Zurechtweisung; Maßregelung *f*; (strenger) Verweis **admonester** *st/s v/t* (scharf) zurechtweisen; maßregeln

ADN [adeɛn] *m abr* (*acide désoxyribonucléique*) DNA *f*; DNS *f*; *adjt* ***test*** *m* ***~*** DNA-Test *m*

ado [ado] *m,f abr* → ***adolescent***

adolescence [adɔlesɑ̃s] *f* Jugendalter *n*; *sc* Adoleszenz *f*

adolescent [adɔlesɑ̃] *m*, **adolescente** *f* Jugendliche(r) *f(m)*; Halbwüchsige(r) *f(m)*; Teenager ['tiːneːdʒər] *m*; *iron* Jüngling *m*

Adolphe [adɔlf] *m Vorname*

adonis [adɔnis] *m iron* Adonis *m*

adonner [adɔne] *v/pr* ***s'~ à qc*** sich e-r Sache (*dat*) (ganz) hingeben, widmen; *st/s* e-r Sache (*dat*) frönen; ***s'~ à la boisson*** sich dem Trunk ergeben

adoptant [adɔptɑ̃] *m*, **adoptante** *f* JUR Adoptierende(r) *f(m)* **adopté(e)** *m(f)* JUR Adoptierte(r) *f(m)*

adopter [adɔpte] *v/t* **1** *enfant* adoptieren; an Kindes statt annehmen; F annehmen **2** *attitude* einnehmen; *méthode, point de vue, mœurs, expression* übernehmen; sich (*dat*) zu eigen machen; *mode* mitmachen; *ton* anschlagen; ***~ un nouveau programme*** sich für ein neues Programm entscheiden; ein neues Programm einführen; ***~ une religion*** eine Religion annehmen; ***~ une solution de rechange*** e-e Ersatzlösung wählen; sich für e-e Ersatzlösung entscheiden **3** *projet de loi, ordre du jour etc* annehmen; *loi a* verabschieden; ***faire ~*** durchbringen

adoptif [adɔptif] *adj* ⟨**-ive**⟩ **1** Adoptiv…; ***enfant ~*** Adoptivkind *n*; angenommenes Kind; ***parents ~s*** Adoptiveltern *pl*; ***père ~*** Adoptivvater *m* **2** *par ext* ***trouver une famille adoptive*** bei e-r Familie ein zweites Zuhause finden

adoption [adɔpsjõ] *f* **1** JUR Adoption *f*; Annahme *f* an Kindes statt, als Kind **2** *loc/adj* ***d'~*** Wahl…; ***Parisien*** *m*, ***patrie*** *f* ***d'~*** Wahlpariser *m*, -heimat *f* **3** *d'une attitude* Einnehmen *n*; *d'une religion* Annahme *f*; *d'une méthode, coutume etc* Übernahme *f* **4** *d'un projet de loi etc* Annahme *f*; *d'une loi a* Verabschiedung *f*

adorable [adɔʀabl] *adj* entzückend; reizend; F goldig; süß

adorateur [adɔʀatœʀ] *m*, **adoratrice** *f* REL *et fig* Anbeter(in) *m(f)*; *fig a* glühender Verehrer, glühende Verehrerin

adoration [adɔʀasjõ] *f* **1** REL Anbetung *f* **2** *d'une personne* Vergötterung *f*; Anbetung *f*; abgöttische Liebe; glühende Verehrung; ***être en ~ devant qn*** → ***adorer*** *2*

adoré(e) [adɔʀe] *m(f)* Angebetete(r) *f(m)*

adorer [adɔʀe] *v/t* **1** REL anbeten **2** *fig* **a)** *personne* anbeten; vergöttern; abgöttisch lieben; glühend verehren; **b)** F *chose* F furchtbar, schrecklich gern mögen, *aliment a* essen; ***~ faire qc*** etw für sein Leben gern tun

adossé [adose] *adj* **1** → ***adosser*** **2** HÉRALDIQUE Rücken an Rücken

adosser [adɔse] **I** *v/t meuble* ***~ à*** *ou* ***contre qc*** (mit der Rückwand *ou* Rückenlehne) an etw (*acc*) stellen; *surtout p/p*: *personne* ***être adossé à*** *ou* ***contre la porte*** mit dem Rücken an der Tür lehnen; *maison* ***être adossé à la colline*** an den Hügel angeschmiegt sein; CONSTR ***être adossé à*** angebaut sein an (+*acc*) **II** *v/pr personne* ***s'~ au*** *ou* ***contre le mur*** sich mit dem Rücken an die *ou* gegen die Wand lehnen, an die Wand anlehnen

adoubement [adubmɑ̃] *m* HIST Ritterschlag *m*; Schwertleite *f* **adouber** *v/t* HIST zum Ritter schlagen

adoucir [adusiʀ] **I** *v/t* **1** (*atténuer*) mildern; *colère a* dämpfen; besänftigen; ***~ la douleur*** den Schmerz lindern; ***~ le goût de la sauce*** der Soße e-n milderen Geschmack verleihen; der Soße etwas von ihrer Schärfe nehmen; ***~ son regard*** milder, sanfter (drein)blicken; *coiffure* ***~ les traits*** das Gesicht weicher machen **2** *crème*: *peau* weich, geschmeidig machen **3** *l'eau* enthärten; weich machen **II** *v/pr* ***s'~*** **1** *temps* milder werden **2** *pente* flacher werden; sich abflachen **3** *personne* sich beruhigen; ***son caractère s'est adouci*** er ist umgänglicher, zugänglicher geworden

adoucissant [adusisɑ̃] **I** *adj* PHARM reizlindernd; ***crème ~e*** hautfreundliche, milde Creme **II** *m pour le linge* Weichspüler *m*

adoucissement [adusismɑ̃] *m* **1** Milderung *f*; *de la colère a* Dämpfung *f*; Besänftigung *f*; *de la douleur a* Linderung *f*; ***apporter quelques ~s à ses reproches*** sich in s-n Vorwürfen etwas mäßigen **2** ***~ de la température*** Milderung *f*; Nachlassen *n* der Kälte **3** *de l'eau* Enthärtung *f*; Weichmachen *n*

adoucisseur [adusisœʀ] *m pour l'eau* (Wasser)Enthärter *m*; *pour le linge* Weichspüler *m*

Adour [aduʀ] ***l'~*** *m Fluss in Südwestfrankreich*

ad patres [adpatʀɛs] *loc/adv* F ***envoyer qn ~*** F j-n ins Jenseits befördern

adrénaline [adʀenalin] *f* Adrenalin *n*

adressage [adʀɛsaʒ] *m* INFORM Adressierung *f*

adresse[1] [adʀɛs] *f* **1** Anschrift *f*; Adresse *f*; *par ext* ***une bonne ~*** die Adresse e-s guten Restaurants, Geschäfts *etc*; e-e gute Adresse; ***mettre l'~ sur l'enveloppe*** den Brief adressieren; die Adresse auf den (Brief)Umschlag schreiben; ***partir sans laisser d'~*** abreisen, ausziehen, ohne e-e Adresse zu hinterlassen; *(disparaître)* spurlos verschwinden; ***se tromper d'~*** sich in der Adresse irren; *fig* an die falsche Adresse geraten **2** *loc/prép* ***à l'~ de qn*** für j-n (bestimmt); an die Adresse (+*gén*); *allusion etc* auf j-n gemünzt; ***j'en ai autant à votre ~*** das Gleiche gilt für Sie **3** INFORM Adresse *f*

adresse[2] [adʀɛs] *f* *(habileté)* Geschick(lichkeit) *n(f)*; Gewandtheit *f*; (Finger-, Kunst)Fertigkeit *f*; *dans des négociations etc* Geschick *n*; *loc/adv* ***avec ~*** geschickt; gewandt; ***avoir l'~ de ne froisser personne*** das Geschick besitzen, niemanden zu verletzen

adresser [adʀese] **I** *v/t* ***~ à*** *lettre, message* schicken, senden, richten an (+*acc*); *lettre a* adressieren an (+*acc*); *personne* schicken zu; verweisen an (+*acc*); *prière, question, reproche etc* richten an (+*acc*); *coup etc* ***être adressé à qn*** j-m gelten; für j-n bestimmt sein; ***~ un compliment à qn*** j-m ein Kompliment machen; ***~ une critique à qn*** Kritik an j-m üben; ***~ un malade à un spécialiste*** einen Kranken zu einem Facharzt überweisen; ***~ la parole à qn*** das Wort an j-n richten; j-n ansprechen; ***~ un regard à qn*** j-n anblicken; den Blick auf j-n richten; ***~ ses remerciements à qn*** j-m s-n Dank aussprechen **II** *v/pr* ***s'~ à*** *personne* sich wenden an (+*acc*); *livre, film etc* sich wenden, richten an (+*acc*); ***pour plus amples renseignements s'~ à ...*** nähere Auskünfte bei ...; ***ces mots ne s'adressent pas à vous*** diese Worte gelten nicht Ihnen

adret [adʀɛ] *m* GÉOGR Süd-, Sonnenhang *m*, -seite *f*

Adriatique [adʀijatik] ***l'~*** *f ou* ***la mer ~*** die Adria *ou* das Adriatische Meer

Adrien [adʀijɛ̃] *m* **1** *Vorname* **2** *nom de pape, empereur romain* Hadrian *m*

Adrienne [adʀijɛn] *f Vorname*

adroit [adʀwa] *adj* ⟨**adroite** [adʀwat]⟩ *personne* geschickt, gewandt (***à*** in +*dat*; bei); *politique etc* geschickt; *ruse a* raffiniert; ***être ~ de ses mains*** mit den Händen geschickt sein; fingerfertig sein

adsorption [adsɔʀpsjõ] *f* PHYS Adsorption *f*

adulateur [adylatœʀ] *m*, **adulatrice** *f* Lobhudler(in) *m(f)*; *litt* Liebediener *m* **adulation** *st/s f* Lobhudelei *f*; Liebedienerei *f*

aduler [adyle] *v/t* **1** *surtout p/p*: *artiste etc* ***être adulé*** vergöttert, glühend verehrt werden **2** *st/s* ***~ qn*** vor *ou* bei j-m liebedienern; j-m lobhudeln

adulte [adylt] **I** *adj* **1** *personne* erwachsen; *plante, animal* ausgewachsen; ***âge*** *m* ***~*** Erwachsenenalter *n*; *pour un homme a* Mannesalter *n*; ***être arrivé à l'âge ~*** ins Erwachsenenalter gekommen sein; *fig art, technique* den Kinderschuhen entwachsen sein; ***tu ne seras donc jamais ~?*** wirst du denn nie erwachsen werden! **2** *fig sentiment, comportement* reif **II** *m,f* Erwachsene(r) *f(m)*; ***cours*** *m* ***pour*** *ou* ***d'~s*** Erwachsenenlehrgang *m*; Lehrgang *m* für Erwachsene

adultère [adyltɛʀ] **I** *adj* ehebrecherisch; ***femme*** *f*, ***homme*** *m* ***~*** Ehebrecher(in) *m(f)* **II** *m* Ehebruch *m*

adultérin [adylteʀɛ̃] *adj* JUR *enfant* außerehelich

advenir [advəniʀ] *v/imp* ⟨→ **venir**; **être**⟩ geschehen; sich ereignen; ***quoi qu'il advienne*** was auch immer geschehen, kommen mag; ***advienne que pourra*** komme, was (da) wolle; *on a vu* ***ce qu'il est advenu de ses projets*** was aus s-n Plänen geworden ist

adventice [advɑ̃tis] *litt adj* (zufällig) hinzutretend

adventiste [advɑ̃tist] *m,f* REL Adventist(in) *m(f)*

adverbe [advɛʀb] *m* GR Adverb *n*; Umstandswort *n*; ***~ de lieu, de temps*** Orts-, Zeitadverb *n*; ***~ de manière*** Adverb der Art und Weise; modales Adverb; ***~ de quantité*** Mengenadverb *n*

adverbial [advɛʀbjal] *adj* ⟨**-aux**⟩ GR adverbial; ***locution ~e*** als Adverb gebrauchte Wendung

adverbialement [advɛʀbjalmɑ̃] *adv* GR ***employer ~*** adverbial, als Adverb gebrauchen

adversaire [advɛʀsɛʀ] *m,f* Gegner(in) *m(f)*; *dans un conflit a* Kontrahent(in) *m(f)*; Widersacher(in) *m(f)*; Gegenspieler(in) *m(f)*; SPORTS *a* Konkurrent(in) *m(f)*; Rivale *m*, Rivalin *f*; ***~ du régime*** Regimegegner(in) *m(f)*

adverse [advɛʀs] *adj* gegnerisch; feindlich; ***partie*** *f* ***~*** Gegenpartei *f*; JUR *a* Prozessgegner *m*

adversité [advɛʀsite] *f* Unglück *n*; widriges Geschick

ad vitam aeternam [advitametɛʀnam] *loc/adv* F ewig; für die Ewigkeit

AELE *f abr* (*Association européenne de libre-échange*) EFTA ['ɛfta] *f*

aérateur [aeʀatœʀ] *m* (Be)Lüfter *m*; Lüftung(sanlage) *f* **aération** *f* (Be)Lüftung *f*; Lufterneuerung *f*

aéré [aeʀe] *adj* **1** *pièce* luftig; ***centre ~*** Freiluftzentrum *n* **2** *tissu* locker; luftig; *fig texte* aufgelockert

aérer [aeʀe] ⟨**-è-**⟩ **I** *v/t* **1** *pièce* lüften; durchlüften; TECH belüften; *lits, vêtements* auslüften **2** *sol, fig texte* auflockern **II** *v/pr personne* ***s'~*** an die frische Luft gehen; F frische Luft schnappen, tanken; sich auslüften; *par ext* F e-n Tapetenwechsel vornehmen

aérien [aeʀjɛ̃] *adj* ⟨***~ne***⟩ **1** Luft...; ***attaque ~ne*** Luft-, Fliegerangriff *m*; ***câble ~*** Luftkabel *n*; Freileitung *f*; ***défense ~ne du territoire*** Luftverteidigung *f*; ***droit ~*** Luftrecht *n*; ***espace ~*** Luftraum *m*; ***forces ~nes*** Luftstreitkräfte *f/pl*; Luftwaffe *f*; ***ligne ~ne*** AVIAT Luftverkehrs-, Fluglinie *f*; ÉLECT

Freileitung *f*; ***métro ~*** Hochbahn *f*; ***photographie ~ne*** Luftbildfotografie *f*; ***pont ~*** Luftbrücke *f*; BOT ***racine ~ne*** Luftwurzel *f*; ***tourisme ~*** Flugtouristik *f*; ***trafic ~*** Luft-, Flugverkehr *m*; ANAT ***voies ~nes, conduits ~s*** Luftwege *m/pl* **2** *fig* ätherisch; anmutig; *démarche* leichtfüßig

aérium [aeʀjɔm] *m* Kindererholungsheim *n*, -sanatorium *n*

aérobic [aeʀɔbik] *f* Aerobic *n*

aérobie [aeʀɔbi] **I** *adj* BIOL aerob; TECH luftatmend **II** *m* BIOL Aerobier *m*

aéro-club [aeʀoklœb] *m* ⟨*pl* **aéro-clubs**⟩ Aeroklub *m*; Luft-, Flugsportverein *m*

aérodrome [aeʀɔdʀom] *m* Flugplatz *m*

aérodynamique [aeʀɔdinamik] **I** *adj* PHYS aerodynamisch; TECH stromlinienförmig; Stromlinien…; windschlüpfig; windschnittig **II** *f* PHYS Aerodynamik *f*

aérofrein [aeʀɔfʀɛ̃] *m* AVIAT Bremsklappen *f/pl*

aérogare [aeʀɔgaʀ] *f* **1** *à l'aéroport* Abfertigungsgebäude *n(pl)*; Terminal ['tœrmɪnəl] *m ou n* **2** *en ville* Abfahrts- *ou* Ankunftsstelle *f* der Zubringerlinie(n) zum Flughafen

aéroglisseur [aeʀɔglisœʀ] *m* Luftkissenfahrzeug *n*

aérogramme [aeʀɔgʀam] *m* Luftpostleichtbrief *m*; Aerogramm *n*

aérolithe [aeʀɔlit] *m* Meteorstein *m*

aéromodélisme [aeʀɔmɔdelism] *m* Flug(zeug)-modellbau *m*

aéronaute [aeʀɔnot] *m* Luftschiffer *m*; Ballonfahrer *m*; *autrefois* Aeronaut *m*

aéronautique [aeʀɔnotik] **I** *adj* Luftfahrt…; ***construction f ~*** Flugzeugbau *m*; ***industrie f ~*** Luftfahrt-, Flugzeugindustrie *f* **II** *f* Luftfahrt *f*

aéronaval [aeʀɔnaval] MAR MIL **I** *adj* ***forces ~es*** Marineluftstreitkräfte *f/pl* **II** *f* ***Aéronavale*** Marineflieger(truppe) *m/pl(f)*

aéronef [aeʀɔnɛf] *m* Luftfahrzeug *n*

aérophagie [aeʀɔfaʒi] *f* MÉD Luftschlucken *n*; *sc* Aerophagie *f*

aéroplane [aeʀɔplan] *m* AVIAT *autrefois* Aeroplan *m*

aéroport [aeʀɔpɔʀ] *m* Flughafen *m*

aéroporté [aeʀɔpɔʀte] *adj* MIL Luftlande…; ***troupes ~es*** Luftlandetruppen *f/pl*

aéroportuaire [aeʀɔpɔʀtɥɛʀ] *adj* Flughafen…

aéropostal [aeʀɔpɔstal] *adj* ⟨**-aux**⟩ Luftpost…

aérosol [aeʀɔsɔl] *m* Aerosol *n*; ***bombe*** *f* (***à***) ~ Spray-, Sprühdose ['ʃpreː-] *f*

aérospatial [aeʀɔspasjal] *adj* ⟨**-aux**⟩ (Luft- und) Raumfahrt…; ***industrie ~e*** Luft- und Raumfahrtindustrie *f*

aérostat [aeʀɔsta] *m* AVIAT Luftfahrzeug *n* leichter als Luft

aérotrain [aeʀɔtʀɛ̃] *m* Luftkissenzug *m*

AFAT [afat] *f abr* (*auxiliaire féminine de l'armée de terre*) *weibliche Hilfskraft des Heeres*

affabilité [afabilite] *f* Freundlichkeit *f*; Liebenswürdigkeit *f*; Leutseligkeit *f*

affable [afabl] *adj* freundlich; liebenswürdig; leutselig

affabulation [afabylasjõ] *f* **1** (*mensonge*) unwahre, erdichtete Geschichte; Fabel *f* **2** *d'un roman etc* Fabel *f*

affadir [afadiʀ] **I** *v/t* langweilig, fade machen; *surtout adjt* ***affadi*** *couleur* fade; matt; *récit* fade; langweilig; schal; ***style affadi*** farbloser, blasser Stil **II** *v/pr* ***s'~*** fade, langweilig, schal werden **affadissement** *m* Fade-, Langweilig-, Farbloswerden *n*

affaiblir [afebliʀ] **I** *v/t* **1** *maladie* ***~ qn*** j-n schwächen, entkräften **2** *adversaire* schwächen; *autorité* schwächen; schmälern; *sens d'un mot* abschwächen; *volonté, courage, énergie* erlahmen, erschlaffen lassen; *adjt* ***affaibli*** *son, couleur* gedämpft; *sens d'un mot* verblasst **II** *v/pr* ***s'~*** *personne* schwächer werden; *vue, ouïe* nachlassen; abnehmen; schwinden; *son* abklingen; *a bruit* gedämpft, schwächer werden; *sens d'un mot, souvenir* verblassen

affaiblissement [afɛblismɑ̃] *m* **1** *d'un adversaire* Schwächung *f* **2** *des forces etc* Nachlassen *n*; Abnehmen *n*; Schwinden *n*; *du sens d'un mot, d'un souvenir* Verblassen *n*; ***~ de l'autorité*** Autoritätsschwund *m*

affaire [afɛʀ] *f* **1** Angelegenheit *f*; Sache *f*; ♦ ***les ~s courantes*** die laufenden Geschäfte *n/pl*; POL ***~s étrangères*** auswärtige Angelegenheiten; ***les Affaires étrangères*** das Auswärtige Amt; das Außenministerium; ***~s publiques, ~s de l'État*** Staatsgeschäfte *n/pl*; ***~ d'État*** wichtige Staatsangelegenheit; *fig* Staatsaffäre *f*, -aktion *f*; ♦ (***une***) ***~ de …*** …sache *f*; ***c'est*** (***une***) ***~ de confiance, de goût*** das ist Vertrauens-, Geschmack(s)sache *f*; ***c'est une ~ de temps*** das ist e-e Frage der Zeit; ***c'est l'~ des hommes politiques*** das ist Sache, Aufgabe der Politiker; ***c'est l'~ d'une seconde*** das ist Sache e-s Augenblicks; das ist im Nu getan; ♦ ***j'ai là votre ~*** ich habe, was Sie suchen *ou* brauchen; ich hätte das Richtige für Sie; ***avoir ~ à qn*** mit j-m zu tun haben; ***je ne veux pas avoir ~ à elle*** *a* ich will mit ihr nichts zu schaffen haben; *menace* ***il aura ~ à moi!*** er bekommt, F kriegt es mit mir zu tun!; ***il connaît son ~*** er versteht s-e Sache; ***c'est une autre ~*** das ist etwas ganz anderes; ***c'est mon ~, ce sont mes ~s*** das ist meine Sache, Angelegenheit; das lass *ou* lassen Sie meine Sorge sein; ***ce n'est pas une petite ~*** das ist keine Kleinigkeit, keine einfache Sache; ***c'est toute une ~*** das ist so e-e Sache; das ist e-e schwierige, umständliche Angelegenheit; ***être à son ~*** mit Feuereifer dabei sein; in s-m Element sein; ***ce morceau de ficelle fera l'~*** das Stück Schnur tut es auch; mit diesem Stück Schnur ist mir auch schon gedient; F ***faire son ~ à qn*** F mit j-m abrechnen; ***j'en fais mon ~*** ich werde mich der Sache annehmen; das werde ich erledigen; ***le temps ne fait rien à l'~*** die Zeit tut nichts zur Sache, spielt keine Rolle; ***mettre de l'ordre dans ses ~s*** s-e Angelegenheiten ordnen; ***occupe-toi de tes ~s!*** kümmere dich um deine eigenen Angelegenheiten! **2** (*~ désagréable, scandaleuse*) Affäre *f*; F Geschichte *f*; ***la belle ~!*** was ist da schon dabei!; was hat das schon zu sagen, zu bedeuten!; HIST ***l'~ Dreyfus*** die Dreyfusaffäre; ***quelle ~!*** das ist vielleicht e-e schöne Geschichte!; F das sind Sachen!; ***~ de mœurs*** Sitten-, Sexskandal *m*; ***être 'hors d'~*** außer Gefahr sein; ***être sorti d'~*** F aus dem Schneider sein; ***se tirer d'~*** sich aus der Affäre ziehen **3** JUR Fall *m*; Sache *f*; ***~ civile, pénale*** Zivil-, Strafsache *f*; ***~ criminelle*** Kriminalfall *m*; Strafsache *f*; ***~ de vol*** Fall von Diebstahl; ***juger une ~*** in e-r Sache entscheiden; ***dans l'~ X contre Y*** in Sachen X gegen Y **4** (*marché*) Geschäft *n*; F ***une ~*** ein günstiges, vorteilhaftes Geschäft; ***faire ~ avec qn*** mit j-m abschließen, handelseinig werden; ***faire une bonne ~*** ein gutes Geschäft machen **5** (*entreprise*) Geschäft *n*; Betrieb *m*; Unternehmen *n* **6** COMM **~s** *pl* Geschäft(e) *n(pl)*; *loc/adj* ***d'~s*** Geschäfts…; ***homme(s)*** *m(pl)* ***d'~s*** Geschäftsmann *m* (*pl* -leute); ***lettre*** *f*, ***voyage*** *m* ***d'~s*** Geschäftsbrief *m*, -reise *f*; *loc/adv* ***pour ~s*** geschäftlich; ***comment vont les ~s?*** wie geht das Geschäft?; wie gehen die Geschäfte?; ***ses ~s vont mal*** *a* es steht schlecht um ihn; ***être dans les ~s*** Geschäftsmann sein; im Geschäftsleben tätig sein; ***être dur en ~s*** ein kalter Geschäftsmann sein; ***il est à Paris pour ~s*** er ist geschäftlich in Paris; *loc* ***les ~s sont les ~s*** Geschäft ist Geschäft **7** **~s** *pl* (*objets personnels*) Sachen *f/pl*; F Zeug *n* **8** ***~ de cœur*** Liebschaft *f*

affairé [afeʀe] *adj* viel, stark beschäftigt; geschäftig; emsig; ***avoir l'air ~*** e-n viel beschäftigten Eindruck machen

affairement [afɛʀmɑ̃] *m* Geschäftigkeit *f*; Emsigkeit *f*; geschäftiges Treiben

affairer [afeʀe] *v/pr* ***s'~*** sich zu schaffen machen (***dans la cuisine*** in der Küche); ***s'~ autour, auprès de qn*** sich eifrig um j-n bemühen; ***s'~ à faire qc*** mit etw (eifrig) beschäftigt sein

affairisme [afeʀism] *m* üble Geschäftemacherei **affairiste** *m,f* übler Geschäftemacher, üble Geschäftemacherin

affaissement [afɛsmɑ̃] *m* **1** *du sol* Senkung *f*; Einsinken *n*; *des joues* Einfallen *n*; *des muscles* Erschlaffung *f*; ***~ de terrain*** Bodensenkung *f* **2** *st/s des forces* Verfall *m*; Erlahmen *n*

affaisser [afese] *v/pr* ***s'~*** **1** *sol* sich senken; einsinken; *poutre* durchhängen; *sol* ***être affaissé*** ein-, abgesunken sein **2** *personne* zusammenbrechen (*a fig*), -sacken, -sinken

affaler [afale] *v/pr* ***s'~ dans un fauteuil*** in e-n Sessel sinken; sich in e-n Sessel fallen lassen; ***être affalé dans un fauteuil*** zusammengesunken in e-m Sessel sitzen

affamé [afame] *adj* **1** hungrig; ausgehungert; hungernd **2** *fig* ***~ de gloire*** ruhmsüchtig

affamer [afame] *v/t* MIL aushungern

affect [afɛkt] *m* PSYCH Affekt *m*

affectation[1] [afɛktasjõ] *f* **1** *d'une somme, d'un édifice etc* Verwendung *f*, (Zweck)Bestimmung *f*, Zweckbindung *f*, Bereitstellung *f* (***à*** für) **2** **a)** ADM, MIL *d'une personne* dienstliche Verwendung; Versetzung *f*, MIL Abkommandierung *f* (***à un autre poste*** auf e-n anderen Posten; ***à Paris*** nach Paris; ***à une école*** an e-e Schule); **b)** *poste* (Dienst)Posten *m*

affectation[2] [afɛktasjõ] *f* **1** (*manque de naturel*) Geziertheit *f*; Affektiertheit *f*; Gesuchtheit *f*; Gespreiztheit *f*; Manieriertheit *f*; Unnatürlichkeit *f*; *d'un style a* Geschraubtheit *f*; ***il parle avec ~*** er redet (so) geziert, affektiert *etc*; ***se conduire sans ~*** ganz natürlich sein **2** ***une ~ de modestie*** *etc* (e-e) geheuchelte, vorgetäuschte Bescheidenheit *etc*

affecté [afɛkte] *adj personnes, manières* geziert; affektiert; gekünstelt; gesucht; gespreizt; gestelzt; manieriert; unnatürlich; *style a* geschraubt

affecter[1] [afɛkte] *v/t* **1** *somme, édifice etc* verwenden, bestimmen, vorsehen, bereitstellen (***à*** für) **2** ADM, MIL *personne* ***~ à un poste*** auf e-n Posten (ver)setzen, beordern; auf e-m Posten einsetzen; MIL ***~ dans l'aviation*** der Luftwaffe (*dat*) zuteilen, zuweisen; zur Luftwaffe abkommandieren

affecter[2] [afɛkte] *v/t* **1** (*feindre*) vortäuschen; heucheln; mimen; ***il affecta d'être ému*** er tat, als ob er gerührt wäre *ou* als wäre er gerührt **2** *chose* ***~ une forme*** e-e Form aufweisen

affecter[3] [afɛkte] *v/t* **1** (*émouvoir*) ***~ qn*** j-n betrüben, bewegen, schmerzlich berühren; j-m nahegehen, zu Herzen gehen **2** (*agir sur*) berühren; einwirken auf (+*acc*); *médicament* ***~ le cœur*** das Herz angreifen, in Mitleidenschaft ziehen; *paralysie* ***~ le côté gauche*** die linke Seite befallen; *personne* ***être affecté d'une infirmité*** ein Gebrechen haben; an e-m Gebrechen leiden **3** MATH ***~ du signe moins*** *etc* mit e-m Minuszeichen *etc* versehen

affectif [afɛktif] *adj* ⟨**-ive**⟩ affektiv; gefühlsbetont; ***vie affective*** Gefühlsleben *n*

affection[1] [afɛksjõ] *f* Zuneigung *f*; Zuwendung *f*; Liebe *f*; ***terme*** *m* ***d'~*** Kosewort *n*; ***avoir de l'~ pour qn*** j-m zugetan sein; für j-n Zuneigung empfinden; ***avoir une ~ sincère pour qn*** j-m aufrichtig zugetan sein; j-n aufrichtig lieben; aufrichtige Zuneigung für j-n empfinden; ***prendre qn en ~*** j-n lieb gewinnen; Zuneigung zu j-m fassen

affection[2] [afɛksjõ] *f* MÉD Erkrankung *f*; Leiden *n*; *sc* Affektion *f*

affectionné [afɛksjɔne] *adj st/s fin de lettre* ***votre ~ X*** Ihr ergebener X; ***ton neveu ~*** Dein Dich liebender Neffe

affectionner [afɛksjɔne] *v/t* ***~ qc*** e-e Vorliebe für etw haben; etw bevorzugen

affectivité [afɛktivite] *f* PSYCH Affektivität *f*; Emotionalität *f*

affectueusement [afɛktɥøzmɑ̃] *adv* → ***affectueux***; *à la fin d'une lettre* (***bien***) ***~*** herzliche Grüße; herzlichst

affectueux [afɛktɥø] *adj* ⟨**-euse**⟩ liebevoll; zärtlich; *animal* anhänglich; *à la fin d'une lettre* ***je vous adresse mon souvenir ~*** viele herzliche Grüße sendet Ihnen Ihr(e), sendet Euch Euer *ou* Eure

afférent[1] [afeʀɑ̃] *adj* ADM, JUR *somme, part d'héritage* ***~ à qn*** j-m zukommend, zustehend; auf j-n entfallend; ***les devoirs ~s à sa charge*** die mit s-m Amt verbundenen, verknüpften Pflichten *f/pl*

afférent[2] [afeʀɑ̃] *adj* PHYSIOL afferent

affermir [afɛʀmiʀ] **I** *v/t* festigen; stärken; *muscles a* kräftigen; *ces événements* ***l'ont affermi dans sa résolution*** haben ihn in s-m Entschluss bestärkt; ***~ sa voix*** s-r Stimme Festigkeit, e-n festen, energischen Klang geben **II** *v/pr* ***s'~*** *autorité, position* sich festigen; stärker werden; *régime* erstarken

affermissement [afɛʀmismɑ̃] *m* Festigung *f*; Stärkung *f*; *d'un régime* Erstarken *n*

afféterie [afetʀi] *litt f* Manieriertheit *f*; Affektiertheit *f*; Künstelei *f*

affichage [afiʃaʒ] *m* **1** Bekanntgabe *f* durch Plakat, Anschlag; *abs* Anschlagen *n* von Plakaten; Ankleben *n*, Anbringen *n* von Plakaten, Anschlägen; ***panneau*** *m* ***d'~*** (*hölzerne*) Plakat-, Reklamefläche; ***tableau*** *m* ***d'~*** Anschlagtafel *f*; Schwarzes Brett; *dans un stade etc* Anzeigetafel *f*; ***double ~ des prix*** doppelte Preisauszeichnung, Preisangabe **2** INFORM Anzeige *f*; Display [-'pleː] *n*; *appareil* ***à ~ digital, numérique*** mit Digitalanzeige

affiche [afiʃ] *f* 1 Plakat *n*; Anschlag *m*; Aushang *m*; ***~ électorale, publicitaire*** Wahl-, Werbeplakat *n*; ***~ de théâtre*** Theaterplakat *n*, -aushang *m*; ***art*** *m* ***de l'~*** Plakatkunst *f* 2 *fig*: ***tête*** *f* ***d'~*** THÉ Hauptdarsteller(in) *m(f)*; CIRQUE Hauptattraktion *f* (*Person*); ***mettre une pièce à l'~*** die Aufführung e-s Stückes ankündigen; ein Stück auf den Spielplan setzen; *pièce* ***quitter l'~*** nicht mehr aufgeführt, gespielt werden; (vom Spielplan) abgesetzt werden; *pièce* ***rester à l'~, tenir l'~*** sich lange halten; lange gespielt werden; lange auf dem Spielplan bleiben

afficher [afiʃe] I *v/t* 1 anschlagen; durch Plakat, Anschlag, Aushang bekannt machen; plakatieren; *abs* Plakate, Anschläge ankleben, anbringen; ***défense d'~!*** Plakatankleben verboten!; ***le théâtre affiche complet*** das Theater, die Vorstellung ist ausverkauft 2 *cinéma*: *film* zeigen; *théâtre*: *pièce* aufführen; geben; spielen; ***ce soir, l'Olympia affiche X au programme*** heute Abend tritt im Olympia X auf 3 *mépris, air satisfait etc* zur Schau tragen; *opinions* ausposaunen; *son savoir* prahlen, angeben (***qc*** mit etw) 4 INFORM anzeigen II *v/pr* ***s'~ avec qn*** sich (ostentativ) mit j-m öffentlich sehen lassen

affichette [afiʃɛt] *f* klein(formatig)es Plakat **afficheur** *m* Plakatkleber *m* **affichiste** *m,f* Werbegrafiker(in) *m(f)*; Plakatmaler(in) *m(f)*

affilée [afile] *loc/adv* ***d'~*** hintereinander; ununterbrochen; ohne Pause

affiler [afile] *v/t couteau, outil* schärfen; wetzen; schleifen; abziehen

affiliation [afiljasjõ] *f* **a)** *action* Beitritt *m* (***à*** zu); Anschluss *m* (an +*acc*); Angliederung *f* (an +*acc*); Affiliation *f*; **b)** *état* Zugehörigkeit *f* (***à*** zu); Mitgliedschaft *f* (bei *ou* in +*dat*)

affilié(e) [afilje] *m(f)* Mitglied *n*

affilier [afilje] I *v/t* anschließen (***à*** *dat*); angliedern (+*dat*); *adjt* ***être affilié à un parti*** *etc* e-r Partei (*dat*) *etc* angehören; Mitglied e-r Partei (*gén*) *etc* sein; ***être affilié à la Sécurité sociale*** sozialversichert sein II *v/pr* ***s'~ à une association*** *etc* e-m Verein *etc* beitreten; sich e-m Verein *etc* anschließen; Mitglied e-s Vereins *etc* werden

affinage [afinaʒ] *m* 1 MÉTALL Raffination *f*; Reinigung *f*; Läuterung *f* (*a du verre*); ACIÉRIE Frischen *n* 2 *du fromage* Reifung(sprozess) *f(m)*

affinement [afinmɑ̃] *m du goût etc* Verfeinerung *f*; Kultivierung *f*

affiner [afine] I *v/t* 1 MÉTALL raffinieren; reinigen; läutern (*a verre*); *fer* frischen 2 *fromage* reifen (lassen) 3 *fig goût etc* verfeinern; kultivieren II *v/pr* ***s'~*** *personne* kultivierter werden; *goût* sich verfeinern; (*traits du*) *visage* edler, feiner werden

affinité [afinite] *f* 1 (Wesens)Verwandtschaft *f*; Ähnlichkeit *f*; Affinität *f*; ***~ intellectuelle*** Geistesverwandtschaft *f* 2 CHIM, MATH Affinität *f*

affirmatif [afiʀmatif] *adj* ⟨**-ive**⟩ 1 *ton, personne* entschieden; bestimmt; ***il a été très ~***, *elle ne partira pas* er versicherte, bekräftigte immer wieder, dass … 2 *réponse etc*, GR bejahend; GR *a* positiv; affirmativ; ***geste ~*** zustimmende Geste; ***réponse affirmative*** *a* positive, zustimmende Antwort

affirmation [afiʀmasjõ] *f* 1 (*assertion*) Behauptung *f*; Versicherung *f*; Beteuerung *f* 2 (*manifestation*) Sichtbarwerden *n*; Bestätigung *f*; Bekräftigung *f* 3 GR **a)** Bejahung *f*; **b)** *proposition* bejahender Satz

affirmative [afiʀmativ] *f loc/adv* ***dans l'~*** im Fall(e) e-r positiven Antwort, e-r Zusage; ADM bejahendenfalls; zutreffendenfalls; ***répondre par l'~*** (die Frage) bejahen; mit Ja antworten

affirmativement [afiʀmativmɑ̃] *adv* ***répondre ~*** bejahen; mit Ja antworten; positiv antworten

affirmer [afiʀme] I *v/t* 1 (*soutenir*) behaupten; versichern; beteuern; ***il affirme qu'il n'a rien entendu*** er behauptet *etc*, nichts gehört zu haben; ***je n'affirme rien, mais …*** ich will ja nichts behaupten, aber … 2 *sa détermination etc* bekräftigen; ***~ son indépendance*** seine Unabhängigkeit beweisen, unter Beweis stellen II *v/pr* ***s'~*** 1 *autorité, caractère, talent* sich (klar) zeigen; (deutlich) sichtbar, erkennbar werden; *majorité* sich klar abzeichnen 2 *personne* sich selbst bestätigen

affixe [afiks] *m* LING Affix *n*

affleurement [aflœʀmɑ̃] *m* GÉOL Ausstrich *m*; Ausbiss *m*; Ausgehende(s) *n*

affleurer [aflœʀe] *v/i* 1 *roche* ***~*** (***à la surface du sol***) zutage liegen, treten; ***~ à la surface de l'eau*** an der Wasseroberfläche auftauchen, erscheinen 2 *fig sentiments, instincts* zutage treten; zum Vorschein kommen

affliction [afliksjõ] *f st/s* Betrübnis *f*; Bekümmernis *f*; Gram *m*

affligé [afliʒe] I *adj* betrübt; bekümmert II *m/pl* BIBL ***les ~s*** die da Leid tragen

affligeant [afliʒɑ̃] *adj* **a)** *situation, pensées, nouvelle* betrüblich; schmerzlich; traurig; **b)** *spectacle, sottise etc* bedauerlich; beklagenswert; *spectacle a* kläglich; traurig

affliger [afliʒe] ⟨**-geons**⟩ I *v/t* 1 *malheur, maladie st/s* ***~ qn*** j-n heimsuchen; *surtout p/p* ***être affligé de qc*** mit etw geschlagen sein 2 *événement, nouvelle* ***~ qn*** j-n betrüben, bekümmern, traurig machen *ou* stimmen; j-m das Herz schwer machen II *v/pr* ***s'~*** betrübt, bekümmert, traurig sein, sich grämen (***de*** über +*acc*)

affluence [aflyɑ̃s] *f* (Menschen)Andrang *m*; ***l'~ des clients*** der Andrang, Ansturm der Kunden; ***heures*** *f/pl* ***d'~*** Stoßzeiten *f/pl*; CIRCULATION *a* Hauptverkehrszeit(en) *f(pl)*; Berufsverkehr *m*; MAGASINS *a* Hauptgeschäftsstunden *f/pl*, -zeit(en) *f(pl)*; *exposition* ***attirer une grande ~*** e-e große Besuchermenge, -zahl, e-n großen Besucherstrom anziehen; großen Zulauf haben; ***il y a ~*** es herrscht großer Andrang

affluent [aflyɑ̃] *m* Nebenfluss *m*; Zufluss *m*

affluer [aflye] *v/i* 1 *sang* ***~ au visage*** ins Gesicht steigen, schießen; ***faire ~ le sang au visage*** das Blut ins Gesicht treiben 2 *personnes* herbei-, zusammenströmen; ***~ dans le métro*** zur *ou* in die U-Bahn strömen; *capitaux* ***~ dans un pays*** in ein Land (hinein)strömen; *dons* ***~ de toutes parts*** von überall her eingehen

afflux [afly] *m* 1 ***~ du sang*** (plötzlicher) Blutandrang 2 *fig*: ***~ de visiteurs*** Besucherandrang *m*, -ansturm *m*; ***~ de capitaux*** Kapitalzustrom *m*, -zufluss *m*

affolant [afɔlɑ̃] *adj* beunruhigend; beängstigend; erschreckend

affolé [afɔle] *adj* 1 *personne* kopflos; aufgeregt; erschreckt 2 *aiguille de boussole* wild hin und her schlagend

affolement [afɔlmɑ̃] *m* Kopflosigkeit *f*; Aufregung *f*; panische Angst; ***pas d'~!*** keine Aufregung!; (nur) ruhig Blut!
affoler [afɔle] **I** *v/t* kopflos machen; in Aufregung, Angst, Schrecken versetzen; (furchtbar) aufregen; F verrückt, wahnsinnig machen **II** *v/pr* ***s'~*** **1** *personne* kopflos werden; den Kopf verlieren; sich (wahnsinnig) aufregen; ***ne pas s'~*** *a* ruhig Blut, e-n kühlen *ou* klaren Kopf bewahren; ***ne t'affole pas!*** reg dich doch nicht so auf! **2** *aiguille d'une boussole* wild hin und her schlagen
affranchi(e) [afʀɑ̃ʃi] *m(f)* **1** HIST Freigelassene(r) *f(m)* **2** (*émancipé[e]*) j, der sich von der herrschenden Moral, von gesellschaftlichen Zwängen befreit hat
affranchir [afʀɑ̃ʃiʀ] **I** *v/t* **1** *lettre, colis* frankieren; freimachen **2** *esclave* freilassen; *peuple colonisé* befreien **3** F (*mettre au courant*) aufklären; ins Bild setzen **4** *arg personne* in das Ganovenhandwerk einführen **II** *v/pr* ***s'~*** sich frei machen (***de*** von); sich befreien (von)
affranchissement [afʀɑ̃ʃismɑ̃] *m* **1** *postal* Frankierung *f*; Freimachung *f* **2** *d'un esclave* Freilassung *f*; *d'un peuple* Befreiung *f*
affres [afʀ] *f/pl st/s* ***les ~ du doute*** die Qualen *f/pl* des Zweifels; ***les ~ de la mort*** das Grauen, die Schrecken *m/pl* des Todes
affrètement [afʀɛtmɑ̃] *m* Chartern ['ʃ-] *n*; Charter *m*
affréter [afʀete] *v/t* ⟨-è-⟩ chartern ['ʃ-] **affréteur** *m* Charterer ['ʃ-] *m*
affreusement [afʀøzmɑ̃] *adv* F furchtbar; schrecklich; entsetzlich
affreux [afʀø] **I** *adj* ⟨-euse⟩ abscheulich; grauenhaft, -voll; entsetzlich; furchtbar; fürchterlich; schrecklich; scheußlich; ***temps ~*** scheußliches, abscheuliches Wetter **II** *m* **1** F unsympathischer, scheußlicher, schrecklicher Kerl **2** *arg militaire* ***les ~*** *pl* die weißen Söldner *m/pl* (*in Afrika*)
affriolant [afʀijɔlɑ̃] *adj femme, tenue* verführerisch; *programme etc* ***n'avoir rien d'~*** nicht sehr verlockend sein
affrioler [afʀijɔle] *v/t* anlocken; erregen; verführen
affriquée [afʀike] *adj et subst f* PHON (***consonne*** *f*) ~ Affrikata *ou* Affrikate *f*
affront [afʀõ] *m* Kränkung *f*; Beleidigung *f*; Affront *m*; Brüskierung *f*; ***faire un ~ à qn*** j-m e-e Beleidigung, Kränkung zufügen; j-m e-n Affront antun; ***il a subi l'~ de se voir interdire l'entrée*** er erlebte die Schmach, dass man ihn nicht einließ
affrontement [afʀõtmɑ̃] *m* Sichgegenüberstehen *n*; POL Konfrontation *f*
affronter [afʀõte] **I** *v/t adversaire, danger etc* trotzen (+*dat*); Trotz bieten (+*dat*); die Stirn bieten (+*dat*) **II** *v/pr* ***s'~*** *points de vue, théories* sich gegenüberstehen; miteinander rivalisieren; POL *a* miteinander konfrontiert sein
affubler [afyble] *v/t* (*et v/pr* ***s'***)~ (sich) ausstaffieren, aufputzen (***de*** mit)
affût [afy] *m* **1** CH Anstand *m*; Ansitz *m*; Hochstand *m*, -sitz *m*; Kanzel *f*; ***à l'~*** *chasseur* auf dem Anstand; *animal, fig personne* auf der Lauer; lauernd; ***être à l'~*** *chasseur* ansitzen; *animal, fig personne* auf der Lauer liegen; *fig* ***être à l'~ de qc*** nach etw Ausschau halten; auf etw (*acc*) aus sein, erpicht sein; *fig* ***se mettre à l'~*** sich auf die Lauer legen **2** MIL Lafette *f*
affûtage [afytaʒ] *m* Schärfen *n*; Schleifen *n* **affûter** *v/t couteau etc* schärfen; schleifen **affûteur** *m* Schärfer *m*; Scharfschleifer *m* **affûteuse** *f* Schleifmaschine *f*
affûtiaux [afytjo] *m/pl* F Firlefanz *m*; Flitterkram *m*
afghan [afgɑ̃] **I** *adj* afghanisch; zo ***lévrier ~*** Afghane *m* **II** *subst* **1** ***Afghan(e)*** *m(f)* Afghane *m*, Afghanin *f* **2** LING ***l'~*** *m* das Afghanische; Afghanisch *n*
Afghanistan [afganistɑ̃] ***l'~*** *m* Afghanistan *n*
aficionado [afisjɔnado] *m* Fan [fɛn] *m*
afin [afɛ̃] **a)** *loc/prép* ***~ de*** (+*inf*) um zu (+*inf*); **b)** *loc/conj* ***~ que*** (+*subj*) damit
AFNOR *ou* **Afnor** [afnɔʀ] *f abr* (*Association française de normalisation*) *Französischer Normenverband*; *correspond à* DIN *n* (Deutsches Institut für Normung)
a fortiori [afɔʀsjɔʀi] *loc/adv* umso mehr *ou* eher; erst recht
AFP [aɛfpe] *f abr* (*Agence France-Presse*) *frz Nachrichtenagentur*
africain [afʀikɛ̃] **I** *adj* afrikanisch **II** *subst* ***Africain(e)*** *m(f)* Afrikaner(in) *m(f)*
africanisation [afʀikanizasjõ] *f* Afrikanisierung *f* **africaniser** *v/t* afrikanisieren **africanisme** *m* Afrikanistik *f* **africaniste** *m,f* Afrikanist(in) *m(f)*
afrikaans [afʀikɑ̃s] *m* LING ***l'~*** das Afrikaans; Afrikaans *n*
afrikander [afʀikɑ̃dɛʀ] *ou* **afrikaner** [afʀikanɛʀ] *m* Afrik(a)ander *m*
Afrique [afʀik] ***l'~*** *f* Afrika *n*; ***l'~ du Nord, du Sud*** Nord-, Südafrika *n*
Afrique-Équatoriale française [afʀikekwatɔʀjalfʀɑ̃sɛz] HIST ***l'~*** *f* Französisch-Äquatorialafrika *n*
Afrique-Occidentale française [afʀikɔksidɑ̃talfʀɑ̃sɛz] HIST ***l'~*** *f* Französisch-Westafrika *n*
afro [afʀo] *adj* ⟨*inv*⟩ ***coiffure*** *f* ~ Afrolook [-luk] *m*
afro-asiatique [afʀoazjatik] *adj* afro-asiatisch **afro-cubain** *adj* afrokubanisch
after-shave [aftœʀʃɛv] *m* ⟨*inv*⟩ Aftershave-Lotion [-ʃeːfloːʃən] *f*; Rasierwasser *n*
agaçant [agasɑ̃] *adj* enervierend; F auf die Nerven gehend; ***c'est ~*** das macht einen nervös; das geht einem auf die Nerven; das ist ärgerlich
agacement [agasmɑ̃] *m* Gereiztheit *f*; (gereizte) Nervosität, Ungeduld; Ärger *m*; Verärgerung *f*
agacer [agase] ⟨-ç-⟩ **I** *v/t* **1** ***~ qn*** (*énerver*) j-n nervös, F verrückt, wahnsinnig machen; F j-n nerven; j-m auf die Nerven gehen; j-m den Nerv töten; (*embêter*) j-n reizen, ärgern; (*taquiner*) j-n necken, durch kleine Späße (auf)reizen **2** *acidité* ***~ les dents*** ein unangenehmes Gefühl an den Zähnen hervorrufen **II** *v/pr* ***s'~*** gereizt, nervös werden
agaceries [agasʀi] *f/pl* Neckerei *f*; neckische Späße *m/pl*; Schäkerei *f*
agapes [agap] *plais f/pl* Festessen *n*; Schlemmermahl *n*
agate [agat] *f* **1** MINÉR Achat *m* **2** *bille* bunte Glasmurmel
agave [agav] *m* BOT Agave *f*
Agde [agd] *Stadt im Dep. Hérault*
âge [ɑʒ] *m* **1** Alter *n*; *d'une personne a* Lebensalter *n*; ***l'~ critique*** das kritische Alter; die kritischen Jahre *n/pl*; *d'une femme a* die Wechseljahre *n/pl*;

le premier ~ das Säuglingsalter; ***le quatrième ~*** das hohe Alter; das Greisenalter; ***~ tendre*** Kindheit *f* (und frühe Jugend); ***le troisième ~*** das Alter (*a coll*); der Lebensabend; der Ruhestand; *coll a* die Senioren *m/pl*; ***~ de raison*** Alter, in dem das Kind schon vernünftig wird; PHYSIOL ***retour*** *m* ***d'~*** Wechseljahre *n/pl*; ♦ *loc/adj et loc/adv*: ***à l'~ de trente ans*** im Alter von dreißig Jahren; mit dreißig Jahren; mit dreißig; ***à votre ~*** in Ihrem Alter; *vieilli, vieux* ***avant l'~*** schon früh; vor-, frühzeitig; ***dans son jeune ~*** in jungen Jahren; in s-r Jugend; ***d'un certain ~*** nicht mehr ganz jung; schon etwas älter; mittleren Alters; ***de tout ~*** jeden Alters; aller Altersstufen; ***enfant*** *m* ***en bas ~*** Kleinkind *n*; kleines Kind; ***en raison de son grand ~*** aufgrund s-s hohen Alters; ***entre deux ~s*** mittleren Alters; ***sans ~*** alterslos; ♦ ***quel ~ a-t-il, quel est son ~?*** wie alt ist er?; ***avoir le même ~*** gleichalt(e)rig, gleich alt sein; ***c'est une femme qui n'a pas d'~*** diese Frau wirkt alterslos; das Alter dieser Frau ist schwer zu bestimmen; ***on ne lui donne pas son ~, il ne paraît pas son ~*** man sieht ihm sein Alter nicht an; ***quel ~ lui donnez-vous?*** für wie alt halten Sie ihn?; ***il est de mon ~*** er ist in meinem Alter; ***être en ~ de, être d'~ à*** (+*inf*) alt genug sein, um zu (+*inf*); *enfant* ***être avancé, grand*** *etc* ***pour son ~*** weit, groß *etc* sein für sein Alter; ***c'est le bel ~!*** da sind Sie *ou* bist du ja noch jung!; ***faire son ~*** so alt aussehen, wie man ist; ***il ne fait pas son ~, il fait plus jeune que son ~*** er sieht jünger aus *ou* er wirkt jünger, als er ist; ***avoir passé l'~ de*** (+*inf*) zu alt sein, um zu (+*inf*); aus dem Alter heraus sein, wo man …; ***il porte bien son ~*** man sieht ihm sein Alter nicht an; er ist trotz s-s Alters noch frisch und rüstig **2** ***l'~*** (*la vieillesse*) das Alter; ***courbé par l'~*** altersgebeugt; vom Alter gebeugt **3** (*ère*) Zeit(alter) *f(n)*; ***le Moyen Âge*** das Mittelalter; ***les premiers ~s de l'humanité*** die Anfänge *m/pl* der Menschheit; HIST ***~ du bronze, du fer, de (la) pierre*** Bronze-, Eisen-, Steinzeit *f*; MYTH, *fig* ***l'~ d'or*** das Goldene Zeitalter

âgé [ɑʒe] *adj* **1** (*vieux*) alt; betagt; bejahrt; ***les personnes ~es*** die älteren, alten Menschen *m/pl*; die alten Leute *pl*; die Senioren *m/pl*; ***très ~*** sehr alt; hochbetagt **2** ***être ~ de trente ans*** dreißig (Jahre alt) sein; ***il est moins ~, plus ~ que moi*** er ist jünger, älter als ich; ***le moins ~, le plus ~ des enfants*** das jüngste, älteste der Kinder

Agen [aʒɛ̃] *Stadt im Dep. Lot-et-Garonne*

agence [aʒɑ̃s] *f* **1** Agentur *f*; Büro *n*; Geschäftsstelle *f*; ***l'Agence France-Presse*** die (französische Nachrichtenagentur) Agence France-Presse; ***~ immobilière*** Maklerbüro *n*; Immobiliengeschäft *n*, -büro *n*; ***~ maritime*** Schiffsagentur *f*; ***~ matrimoniale*** Eheanbahnungsinstitut *n*; Heiratsinstitut *n*; Heiratsvermittlung *f*; ***Agence nationale pour l'emploi*** Arbeitsamt *n*; *correspond à* Bundesanstalt *f* für Arbeit; ***~ publicitaire, de publicité*** Werbeagentur *f*; PR-Agentur *f*; ***~ de presse*** Nachrichten-, Presseagentur *f*; ***~ de renseignements*** Auskunftsbüro *n*; Auskunftei *f*; ***~ de voyages*** Reisebüro *n* **2** *d'une banque* Zweigstelle *f*, -niederlassung *f*; Filiale *f*

agencement [aʒɑ̃smɑ̃] *m* **1** (*disposition*) Anordnung *f*; Verteilung *f*; ***~ des couleurs*** Farbenzusammenstellung *f*; Farbkomposition *f*, -gestaltung *f*; ***~ (des pièces) d'un appartement*** Raumaufteilung *f* e-r Wohnung **2** *d'une pièce, d'un musée etc* Gestaltung *f*; Einrichtung *f*; *d'un roman etc, d'un tableau* Aufbau *m*; Gestaltung *f*; Komposition *f*; *d'un raisonnement* Gliederung *f*; *d'une phrase* (Auf)Bau *m*

agencer [aʒɑ̃se] *v/t* ⟨-ç-⟩ **1** *mots dans une phrase, éléments sur un tableau etc* anordnen; *adjt appartement* ***être bien agencé*** gut geschnitten sein; räumlich gut aufgeteilt, angelegt sein **2** *pièce, musée etc* gestalten; einrichten; *roman etc, tableau* gestalten; komponieren; *idée* gliedern; ***~ une phrase*** einen Satz bauen

agenda [aʒɛ̃da] *m* **1** Taschenkalender *m*; ***~ de bureau*** Termin-, Vormerkkalender *m* **2** POL ***~ 2000*** Agenda *f* 2000

agenouillement [aʒnujmɑ̃] *st/s m* Nieder-, Hinknien *n*

agenouiller [aʒnuje] *v/pr* ***s'~*** **1** niederknien; sich hinknien; *adjt* ***agenouillé*** kniend; ***être agenouillé*** knien; auf den Knien liegen **2** *fig et st/s* in die Knie gehen (***devant*** vor +*dat*)

agent[1] [aʒɑ̃] *m* **1** *sc* Agens *n*; (wirkende) Kraft; (*substance*) (Wirk)Stoff *m*; Substanz *f*; (*produit*) Mittel *n*; MÉD ***~ pathogène*** Krankheitserreger *m* **2** ÉCON ***~ économique*** Wirtschaftssubjekt *n* **3** GR ***complément*** *m* ***d'~*** Agens *n*; Urheber *m*

agent[2] [aʒɑ̃] *m* **1** ADM Bedienstete(r) *f(m)*; (mittlere[r]) Beamte(r), (mittlere) Beamtin; Angestellte(r) *f(m)*; ***~ administratif*** Verwaltungsbeamte(r) *m*, -beamtin *f*; Behördenangestellte(r) *f(m)*; CH DE FER ***~s de conduite*** Lokomotiv- und Triebfahrzeugführer *m/pl*; ***~ du fisc*** Finanzbeamte(r) *m*, -beamtin *f*; MIL ***~ de liaison*** Verbindungsoffizier *m* **2** ***~ (de police)*** Polizeibeamte(r) *m*; (Verkehrs)Polizist *m*; Schutzmann *m*; F Schupo *m*; *appellatif* ***Monsieur l'~*** Herr Wachtmeister **3** ÉCON Agent *m*; (*représentant*) Vertreter *m*; ***~ commercial*** Handelsvertreter *m*; ***~ comptable*** Buchhalter *m*; Rechnungsführer *m*; ***~ général*** General-, Alleinvertreter *m*; ***~ immobilier*** Immobilienhändler *m*; Häuser-, Grundstücks-, Wohnungsmakler *m*; ***~ technique de bureau*** Bürofachkraft *f*; ***~ d'assurances*** Versicherungsagent *m*, -vertreter *m*; ***~ de change*** Börsenmakler *m*; ***~ de maîtrise*** Werk-, Industriemeister *m*; Vorarbeiter *m*; technische(r) Angestellte(r) *m*; ***~ de publicité*** Werbeagent *m*; (Inhaber *m* e-r) Werbeagentur *f*; ***~ de voyage*** Reiseveranstalter *m* **4** POL Agent(in) *m(f)*; ***~ double*** Doppelagent(in) *m(f)*; ***~ provocateur*** Agent provocateur *m*; Lockspitzel *m*; ***~ secret*** Geheimagent(in) *m(f)*

agglomérat [aglɔmeʀa] *m* MINÉR Agglomerat *n*

agglomération [aglɔmeʀasjõ] *f* **1 a)** (*ensemble d'habitations*) geschlossene Ortschaft; (An)Siedlung *f*; **b)** (*ensemble urbain*) Ballungsraum *m*, -gebiet *n*; ***l'~ parisienne*** der Großraum Paris; Groß-Paris *n* **2** *action et résultat* Zusammenballung *f*; TECH Agglomeration *f*; MÉTALL Sinterung *f*

aggloméré [aglɔmeʀe] *m* TECH **a)** *bois* (***panneau*** *m* ***d'***)***~*** Spanplatte *f*; Holz-, Hartfaserplatte *f*; *loc/adj* ***en ~*** Spanplatten…; **b)** *charbon* Brikett *n*; Pressling *m*; **c)** CONSTR Mauerstein *m*; künstlicher Baustein

agglomérer [aglɔmeʀe] ⟨-è-⟩ **I** *v/t* zusammenballen; TECH agglomerieren; MÉTALL sintern **II** *v/pr* ***s'~*** sich (zusammen)ballen

agglutinant [aglytinɑ̃] *adj* **1** MÉD agglutinierend;

verklebend; verklumpend 2 LING ***langues ~es*** agglutinierende Sprachen *f/pl*

agglutination [aglytinasjõ] *f* 1 MÉD Agglutination *f*; Verkleben *n*; Verklumpen *n* 2 LING Agglutination *f*

agglutiner [aglytine] I *v/t* zusammen-, verkleben; MÉD agglutinieren II *v/pr* ***s'~*** *personnes* sich zusammendrängen; sich (zusammen)ballen

aggravant [agʀavɑ̃] *adj* JUR ***circonstances ~es*** erschwerende Umstände *m/pl*

aggravation [agʀavasjõ] *f* Verschlimmerung *f*; Verschlechterung *f*; *d'un conflit, a de la situation* Zuspitzung *f*; *du chômage* Zunahme *f*

aggraver [agʀave] I *v/t affaire, cas, mal* verschlimmern; (nur) noch schlimmer machen; *sort de qn* erschweren; noch schwerer machen; *difficultés, mécontentement etc* erhöhen; vergrößern; steigern; JUR ***~ une peine*** eine Strafe verschärfen II *v/pr* ***s'~*** sich verschlimmern; sich verschlechtern; *situation a* ernster werden; sich verschärfen; sich zuspitzen; *mécontentement etc* zunehmen; größer werden; sich steigern

agile [aʒil] *adj personne* flink; behände; gewandt; agil; ***doigts*** *m/pl* ***~s*** gelenkige, geschmeidige Finger; *fig* ***un esprit~*** ein wendiger, beweglicher, reger, regsamer Geist

agilité [aʒilite] *f* Flinkheit *f*; Behändigkeit *f*; Gewandtheit *f*; Agilität *f*; *d'un acrobate* Gelenkigkeit *f*; Geschmeidigkeit *f*; *fig de l'esprit* Wendigkeit *f*; Beweglichkeit *f*; Regsamkeit *f*

agio [aʒjo] *m* FIN (Kredit)Kosten *pl*

agir [aʒiʀ] I *v/i* 1 handeln; ***manière*** *f* ***d'~*** Handlungsweise *f*; Verhalten *n*; ***bien, mal ~ envers qn*** anständig, schlecht *ou* gemein an j-m handeln; ***le moment est venu d'~*** der Augenblick zu handeln, des Handelns ist gekommen; ***faire ~ qn*** j-n zum Handeln veranlassen, bewegen, bringen 2 ***~ auprès de qn*** bei j-m intervenieren; bei j-m vorstellig werden 3 *médicament, poison* wirken (***sur qn*** bei j-m); *personne, chose* ***~ sur qn, qc*** auf j-n, etw einwirken; j-n, etw beeinflussen II *v/pr et v/imp*: ***il s'agit de qn, qc*** es handelt sich, dreht sich um j-n, etw; es geht um j-n, etw; ***il ne s'agit pas de ça!*** darum geht es (ja gar) nicht!; ***de quoi s'agit-il?*** worum handelt es sich?; worum geht es?; ♦ ***il s'agit de*** (+*inf*) es heißt *ou* man muss (+*inf*); ***il s'agit pour moi, lui*** *etc* ***de*** (+*inf*) mir, ihm *etc* geht es darum zu (+*inf*); mir, ihm *etc* ist es darum zu tun zu (+*inf*); ***quand il s'agit de payer …*** wenn es ans Zahlen geht …; ***il s'agit de savoir si …*** es ist die Frage, ob …; ***il ne s'agit plus de tergiverser!*** jetzt gibt es keine Ausflüchte mehr!; F ***il s'agit qu'il le fasse*** er muss es tun

âgisme [ɑʒism] *m* Altersdiskriminierung *f*

agissant [aʒisɑ̃] *adj* aktiv; wirksam

agissements [aʒismɑ̃] *m/pl péj* Machenschaften *f/pl*; Umtriebe *m/pl*; gefährliches Treiben

agitateur [aʒitatœʀ] *m*, **agitatrice** *f* 1 POL Aufwiegler(in) *m(f)*; Agitator *m*, Agitatorin *f*; Wühler(in) *m(f)* 2 *m* CHIM (gläserner) Rührstab

agitation [aʒitasjõ] *f* 1 (*activité intense*) heftige Bewegung; *de la mer a* Wogen *n*; *des feuilles mortes* Umherwirbeln *n*; *des gens* geschäftiges, emsiges Treiben; Geschäftigkeit *f*; Unruhe *f*; Hin und Her *n*; Wirbel *m* 2 (*nervosité*) Unruhe *f* (*a d'un malade*); Erregung *f*; Aufregung *f*; Erregtheit *f* 3 POL Unruhe *f*; Aufruhrstimmung *f*; Gärung *f*; ***l'~ ouvrière*** die Unruhe unter den Arbeitern

agité [aʒite] I *adj* 1 *mer* bewegt; unruhig; stürmisch; ***enfant ~*** unruhiges Kind; ***sommeil ~*** unruhiger Schlaf; ***vie ~e*** unruhiges, bewegtes, turbulentes Leben 2 (*nerveux*) erregt; aufgeregt; unruhig II *subst* ***~(e)*** *m(f)* MÉD unruhige(r) Geisteskranke(r) *f(m)*

agiter [aʒite] I *v/t* 1 *mouchoir, drapeau, bras* schwenken; *vent*: *feuilles* bewegen; *sur un flacon* ***~ avant usage*** vor Gebrauch schütteln; ***~ son mouchoir*** *a* mit dem Taschentuch winken 2 *question, problème* besprechen; erörtern; diskutieren 3 *fig* ***~ la menace de sa démission*** (ständig) mit s-m Rücktritt drohen 4 ***~ qn*** j-n unruhig machen, erregen, aufregen; j-n in Unruhe, Erregung, Aufregung versetzen; j-n in Wallung bringen; ***être agité par une violente colère*** außer sich sein vor Zorn 5 POL aufhetzen; aufwiegeln; in Aufruhr versetzen II *v/pr* ***s'~*** 1 *feuilles, branches* sich bewegen; *branches, arbres a* schwanken; *mer, flots* wogen 2 (*se démener*) hin und her laufen, rennen; *enfant* ***s'~ sur sa chaise*** auf s-m Stuhl herumrutschen, hin und her rutschen 3 (*être nerveux*) unruhig sein (*a* POL, *malade*); erregt, aufgeregt sein

a-gla-gla [aglagla] *int quand il fait froid* brr!

agneau [aɲo] *m* ⟨*pl* ***~x***⟩ 1 ZO Lamm *n*; *des Juifs* ***~ pascal*** Oster-, Passahlamm *n*; F *fig* ***mes ~x!*** F ihr lieben Leute!; REL ***l'Agneau (de Dieu)*** das Lamm (Gottes); das Gotteslamm; *personne* ***c'est un ~, il est doux comme un ~*** er ist sanft wie ein Lamm; er ist lammfromm 2 CUIS Lamm(fleisch) *n*; ***côtelette*** *f* ***d'~*** Lammkotelett *n* 3 *fourrure* Lammfell *n*

agnelet [aɲəlɛ] *m* Lämmchen *n*

Agnès [aɲɛs] *f Vorname*

agnosticisme [agnɔstisism] *m* PHILOS Agnostizismus *m*

agnostique [agnɔstik] I *adj* agnostizistisch II *m,f* Agnostiker(in) *m(f)*

agnus Dei [agnysdei, aɲys-] *m* ⟨*inv*⟩ REL Agnus Dei *n*

agonie [agɔni] *f* Agonie *f* (*a fig*); Todeskampf *m*; ***être à l'~*** im Sterben liegen; mit dem Tod ringen

agonir [agɔniʀ] *v/t* ⟨*meist nur inf u p/p*⟩ ***~ qn d'injures*** j-n mit Beschimpfungen überschütten; *en public* j-n anpöbeln

agonisant [agɔnizɑ̃] I *adj* im Sterben liegend II *subst* ***~(e)*** *m(f)* Sterbende(r) *f(m)*

agoniser [agɔnize] *v/i* 1 *personne* im Sterben liegen 2 *fig* in den letzten Zügen liegen

agora [agɔʀa] *f dans la Grèce antique* Agora *f*

agoraphobie [agɔʀafɔbi] *f* MÉD Platzangst *f*; *sc* Agoraphobie *f*

Agout [agu] ***l'~*** *m Fluss in Südwestfrankreich*

agrafage [agʀafaʒ] *m* 1 MÉD Klammern *n* 2 *de papiers etc* Heften *n*

agrafe [agʀaf] *f* 1 COUT Haken *m*; *bijou* Agraffe *f* 2 *de papiers etc* Drahtklammer *f*; ***~ (de bureau)*** Heftklammer *f* 3 MÉD (Wund)Klammer *f*

agrafer [agʀafe] *v/t* 1 *vêtement* zuhaken 2 *papiers etc* (zusammen)heften; *une feuille à une autre* anheften (***à*** an +*acc*) 3 F ***se faire ~ par les flics*** F von der Polizei geschnappt werden

agrafeuse [agʀaføz] *f* Heftapparat *m*

agraire [agʀɛʀ] *adj* ***réforme*** *f* **~** Bodenreform *f*

agrandir [agʀɑ̃diʀ] **I** *v/t* **1** vergrößern; erweitern; *entreprise, réseau routier etc a* (weiter) ausbauen; *domaine d'activité a* (weiter) ausdehnen; ***des yeux agrandis par la terreur*** vor Entsetzen geweitete Augen **2** *pièce par des glaces etc* größer erscheinen lassen; größer machen **3** PHOT vergrößern; ***faire ~*** vergrößern lassen **II** *v/pr* ***s'~*** **1** *ville etc* sich vergrößern; größer werden; wachsen; sich ausdehnen **2** *entrepreneur, propriétaire* sein Geschäft, s-n Besitz vergrößern, erweitern; F sich vergrößern

agrandissement [agʀɑ̃dismɑ̃] *m* **1** *d'un édifice, d'une entreprise etc* Vergrößerung *f*; Erweiterung *f* **2** *d'une ville etc* (An)Wachsen *n*; Sichausdehnen *n* **3** PHOT Vergrößerung *f* (*a la photo*) **agrandisseur** *m* PHOT Vergrößerungsapparat *m*; Vergrößerer *m*

agréable [agʀeabl] **I** *adj* angenehm; *fraîcheur a, boisson* wohltuend; *changement, visite, nouvelle a* willkommen; *visage, physique a* ansprechend; einnehmend; gewinnend; gefällig; ***région*** *f* **~** nette, hübsche Gegend; ***il a une conversation très ~*** er plaudert sehr nett, anregend; ***ce sont des gens ~s*** das sind nette, angenehme Menschen; ***mener une vie ~*** ein angenehmes Leben führen; ***c'est ~ à regarder*** das ist hübsch, nett anzusehen; das sieht hübsch, nett, ansprechend aus; ***pour lui être ~*** um ihm e-n Gefallen zu tun; ***si cela peut vous être ~*** wenn es Ihnen angenehm ist, recht ist, beliebt **II** *m* ***joindre l'utile à l'~*** das Angenehme mit dem Nützlichen verbinden

agréablement [agʀeabləmɑ̃] *adv* **~ *surpris*** angenehm überrascht

agréer [agʀee] **I** *v/t* **1** *demande, requête* stattgeben, entsprechen (*+dat*); *cadeau, excuse, remerciements* günstig aufnehmen; *à la fin d'une lettre non traduit*: ***veuillez ~, Monsieur*** *etc*, **(*l'assurance de*) *ma considération distinguée, l'expression de mes sentiments respectueux*** *etc* mit vorzüglicher Hochachtung; hochachtungsvoll **2** (*admettre*) zulassen; ***se faire ~ dans, par un milieu*** zu e-m Gesellschaftskreis Zugang bekommen; in e-n Gesellschaftskreis aufgenommen werden; *adjt* ***fournisseur agréé*** (fester, ständiger) Lieferant; ***agréé par la Sécurité sociale*** von der Sozialversicherung zugelassen **II** *v/t/indir litt* ***si cela vous agrée*** wenn es Ihnen beliebt

agrég [agʀɛg] *f* F *abr* → ***agrégation***

agrégat [agʀega] *m* **1** MINÉR Aggregat *n* **2** ÉCON Globalgröße *f* **3** *fig et st/s* Konglomerat *n*

agrégatif [agʀegatif] *m*, **agrégative** *f* Student(in), der (die) sich auf die „Agrégation" vorbereitet

agrégation [agʀegasjõ] *f Prüfung im Auswahlverfahren für das Lehramt an Gymnasien u Universitäten*; **~ *d'histoire*** Agrégation *f* für (das Fach) Geschichte; ***avoir réussi à l'~*** die Agrégation erlangt haben

agrégé(e) [agʀeʒe] *m(f) ou adjt* ***professeur agrégé*** Agrégé *m*; Gymnasiallehrer(in) *ou* Dozent(in), der (die) die „Agrégation" besitzt

agréger [agʀeʒe] *v/t* ⟨**-è-**⟩ **1** *cristaux etc* verfestigen; zusammenbacken (***en*** zu) **2** *fig* **~ *qn à un groupe*** j-n in e-e Gruppe aufnehmen

agrément[1] [agʀemɑ̃] *m surtout pl* ***les ~s*** das Ansprechende, Anziehende, Gefällige; der Reiz; *d'une personne a* der Liebreiz; die Anmut; ***les ~s de la vie*** die Annehmlichkeiten *f/pl* des Lebens; ***arts*** *m/pl* ***d'~*** Künste *f/pl* zum angenehmen Zeitvertreib (*Malen, Musizieren etc*); ***jardin*** *m* ***d'~*** Ziergarten *m*; ***voyage*** *m* ***d'~*** Vergnügungsreise *f*; ***trouver de l'~ dans un séjour à la mer*** Vergnügen, Gefallen finden an e-m Aufenthalt an der See

agrément[2] [agʀemɑ̃] *m* (*consentement*) Zustimmung *f*; Genehmigung *f*; DIPL Agrément *n*; DIPL ***demande*** *f* ***d'~*** Nachsuchen *n*, Bitte *f* um Erteilung des Agréments

agrémenter [agʀemɑ̃te] *v/t vêtement, pièce* verzieren (***de*** mit); *pièce a, récit* ausschmücken (mit); *récit a* würzen (mit)

agrès [agʀɛ] *m/pl* **1** SPORTS Turngeräte *n/pl*; ***exercices*** *m/pl* ***aux ~*** Geräteübungen *f/pl*, -turnen *n* **2** MAR → ***gréement***

agressé [agʀese] *m* **1** MIL Angegriffene(r) *m*; angegriffenes Land **2** *dans la rue etc* Überfallene(r) *m*; Angefallene(r) *m* **3** e-r körperlichen *ou* seelischen Belastung, dem Stress Ausgesetzte(r) *m*

agresser [agʀese] *v/t* **1** *personne dans la rue etc* überfallen; anfallen **2** *nuisance*: *personne, entourage* belästigen; e-e Belästigung sein für; MÉD belasten; e-e Belastung sein für; *personne* ***être agressé*** Umweltbelastungen, dem Stress ausgesetzt sein **3** *verbalement* **~ *qn*** j-n angreifen; ***se sentir agressé*** sich angegriffen fühlen

agresseur [agʀɛsœʀ] *m* **1** MIL Angreifer *m*; Aggressor *m* **2** j, der j-n überfällt; Angreifer *m*; Täter *m*

agressif [agʀɛsif] *adj* ⟨**-ive**⟩ aggressiv (*a* PSYCH, MIL, *publicité*); angriffslustig; *comportement* aufreizend; herausfordernd; *personne a* streitsüchtig

agression [agʀɛsjõ] *f* **1** MIL Angriff *m*; Aggression *f*; Überfall *m* **2** *contre une personne* Überfall *m* **3** *par des nuisances* Belästigung *f*; MÉD (körperliche, seelische) Belastung; **~ *sonore*** Lärmbelästigung *f* **4** PSYCH Aggression *f*

agressivité [agʀɛsivite] *f* Aggressivität *f* (*a* PSYCH); Angriffslust *f*; Streitlust *f*

agreste [agʀɛst] *litt adj* ländlich

agricole [agʀikɔl] *adj* landwirtschaftlich; Land(wirtschafts)…; Agrar…; ***coopérative*** *f* **~** landwirtschaftliche Genossenschaft; ***industries*** *f/pl* **~*s et alimentaires*** Nahrungs- und Genussmittelindustrie *f*; ***machine*** *f* **~** Landmaschine *f*; landwirtschaftliche Maschine; ***ouvrier*** *m* **~** Landarbeiter *m*; ***pays*** *m*, ***population*** *f* **~** Agrarland *n*, -bevölkerung *f*

agriculteur [agʀikyltœʀ] *m*, **agricultrice** *f* Landwirt(in) *m(f)*

agriculture [agʀikyltyʀ] *f* Landwirtschaft *f*; Ackerbau *m*; Agrikultur *f*; ***ministère*** *m* ***de l'Agriculture*** Landwirtschaftsministerium *n*

Agrigente [agʀiʒɑ̃t] GÉOGR Agrigent *n*

agripper [agʀipe] **I** *v/t* packen; ergreifen **II** *v/pr* ***s'~*** sich festhalten, sich festklammern (***à*** an *+dat*); sich klammern (an *+acc*)

agroalimentaire [agʀoalimɑ̃tɛʀ] **I** *adj* ***industries*** *f/pl* **~*s*** Nahrungsmittelindustrie *f* **II** *m* Nahrungsmittelsektor *m*

agronome [agʀɔnɔm] *m,f* Agronom(in) *m(f)*; Agrarwissenschaftler(in) *m(f)*; *adjt* ***ingénieur*** *m* **~** Diplomlandwirt *m*

agronomie [agʀɔnɔmi] *f* Landwirtschafts-, Agrar-

wissenschaften *f/pl*; Agronomie *f* **agronomique** *adj* agronomisch; agrarwissenschaftlich
agrumes [agʀym] *m/pl* Zitrusfrüchte *f/pl*
aguerrir [ageʀiʀ] **I** *v/t* abhärten; stählen; *adjt* ***troupes aguerries*** kampferprobte Truppen *f/pl* **II** *v/pr* ***s'~*** sich abhärten (***à*** gegen)
aguets [agɛ] *loc/adv* ***être aux ~*** auf der Lauer sein, liegen; (*sur ses gardes*) auf der Hut sein
aguichant [agiʃɑ̃] *adj* aufreizend; ***décolleté ~*** aufreizendes Dekolletee; ***sourire ~*** aufreizendes, kokettes, F kesses Lächeln
aguicher [agiʃe] *v/t* aufreizen; umgarnen; F bezirzen
aguicheuse [agiʃøz] ***une petite ~*** ein aufreizendes, kokettes, F kesses Ding, Mädchen
ah [ɑ] *int étonné, admiratif* ah!; oh!; *étonné, déçu* ach!; *effrayé* o weh!; ach je!; oje(mine)!; *iron ou étonné* ***~ ~!*** aha!; ***~! ne croyez pas cela!*** oh, glauben Sie das ja nicht, bloß nicht!; ***~ bon!*** ach so!; ***~ ça alors!*** das ist doch die Höhe!; ***~ là là!*** oje *ou* ach je!; ***~ mais bien sûr!*** aber gewiss doch!; F na klar!; ***~ oui!*** *pour confirmer* freilich!; natürlich!; *incrédule* ach ja?; ach was?
Ah *abr* (*ampère-heure*[*s*]) Ah (Amperestunde[n])
ahuri [ayʀi] **I** *adj* (völlig) verblüfft, verdutzt; bass erstaunt; perplex; ***être ~*** F *a* baff, platt sein **II** *m injure* (***espèce d'***)***~*** Rindvieh *n*; Hornochse *m*
ahurir [ayʀiʀ] *v/t* (völlig) verblüffen, verdutzen **ahurissant** *adj* verblüffend; *nouvelle, insolence* unglaublich **ahurissement** *m* Verblüffung *f*; Verblüfftheit *f*; Verdutztheit *f*; Sprachlosigkeit *f*
ai [e] → ***avoir***[1]
aï [ai] *m* ZO Ai *n*; Dreifingerfaultier *n*
aide[1] [ɛd] *f* **1** *action* Hilfe *f*; Beistand *m*; Unterstützung *f*; *loc/prép*: ***à l'~ de*** (*qc*) mithilfe (+*gén*); mittels (+*gén*); ***avec l'~ de qn*** mit j-s Hilfe, Unterstützung; ***avec l'~ de son frère*** mit (der) Hilfe, Unterstützung s-s Bruders; mit s-s Bruders Hilfe; *loc/adv* ***sans aucune ~*** ohne fremde Hilfe; *int* ***à l'~!*** (zu) Hilfe!; ***appeler à l'~*** um Hilfe rufen; ***appeler qn à son ~*** j-n zu Hilfe rufen; ***apporter son ~ à qn*** j-m Hilfe bringen; j-m Hilfe, Beistand leisten; ***demander de l'~*** um Hilfe bitten, ersuchen; ***venir en ~ à qn*** *ou* ***à l'~ de qn*** a) j-m zu Hilfe kommen; b) j-m (finanziell) helfen; j-n (finanziell) unterstützen **2** (finanzielle, materielle) (Bei)Hilfe; *pour un pays* ***~ économique*** Wirtschaftshilfe *f*; ***~ immédiate*** Soforthilfe *f*; JUR ***~ judiciaire*** Prozesskostenhilfe *f*; ***~ sociale*** Sozialhilfe *f*; ***bureau m d'~ sociale*** Sozialamt *n*; ***~ sociale à l'enfance*** Jugendfürsorge *f*; ***~ aux pays en voie de développement*** Entwicklungshilfe *f*
aide[2] [ɛd] **1** *m,f personne* Hilfe *f*; Hilfskraft *f*; Gehilfe *m*, Gehilfin *f*; Helfer(in) *m(f)*; ***~ familiale*** Familienhelferin *f*, -pflegerin *f*; ***~ de laboratoire*** Laborgehilfe, -gehilfin *m,f* **2** *m* MIL ***~ de camp*** Adjutant *m* **aide-comptable** *m,f* ⟨*pl* **aides-comptables**⟩ Buchhaltungsgehilfe, -gehilfin *m,f*; Hilfsbuchhalter(in) *m(f)* **aide-cuisinier** *m* ⟨*pl* **aides-cuisiniers**⟩ Beikoch *m* **aide-maçon** *m* ⟨*pl* **aides-maçons**⟩ Maurergehilfe *m*; Handlanger *m*
aide-mémoire [ɛdmemwaʀ] *m* ⟨*inv*⟩ kurzer Abriss; kurze Zusammenfassung (in Stichwörtern); *pour les élèves* Repetitorium *n*; DIPL Aide-mémoire *n*
aider [ede] **I** *v/t* ***~ qn*** j-m helfen, j-m beistehen, j-m behilflich sein, j-n unterstützen (***à faire qc*** etw zu tun *ou* bei etw; ***dans qc*** bei *ou* in etw [*dat*]); ***~ qn à obtenir qc*** j-m zu etw verhelfen; ***~ qn à se relever*** j-m beim Aufstehen helfen, behilflich sein; ***~ qn de ses conseils*** j-m mit s-m Rat beistehen, mit Rat zur Seite stehen; ***la fatigue aidant, je ne pus dormir*** die Ermüdung trug dazu bei *ou* tat ein Übriges, dass ich nicht schlafen konnte **II** *v/t/indir* ***~ à qc*** zu etw beitragen; e-r Sache (*dat*) dienlich, förderlich sein **III** *v/pr* **a)** ***s'~ de qc*** etw zu Hilfe nehmen; sich e-r Sache (*gén*) bedienen; etw benützen; **b)** *prov* ***aide-toi, le Ciel t'aidera*** hilf dir selbst, so hilft dir Gott (*prov*); **c)** *réciproque* ***s'~*** einander *ou* sich gegenseitig helfen, beistehen, unterstützen
aide-soignante [ɛdswaɲɑ̃t] *f* ⟨*pl* **aides-soignantes**⟩ Schwesternhelferin *f*
aïe [aj] *int* **a)** *douleur* au!; aua!; autsch!; *fig* ***~! ~!*** (***~!***) auweh!; **b)** *colère* ach je!; oje!
aïeul(e) [ajœl] *st/s* *m(f)* Großvater, -mutter *m,f*; *südd* Ahn *m*; Ahne *m,f*; ***aïeuls*** *m/pl* Großeltern *pl*
aïeux [ajø] *m/pl st/s* Ahnen *m/pl*; Voreltern *pl*; (Vor)Väter *m/pl*; F ***mes ~!*** mein Gott!; F Kinder, Kinder!
aigle [ɛgl] **1** *m* ZO Adler *m*; *poét* Aar *m*; ***~ royal*** Steinadler *m*; *fig* ***regard m d'~*** Adlerblick *m*; *fig* ***yeux*** *m/pl* ***d'~*** Adler-, Falkenaugen *n/pl*; F *fig de qn* ***ce n'est pas un ~*** er *ou* sie ist kein großes (Kirchen)Licht **2** *f* ZO Adlerweibchen *n* **3** *f* HIST ***l'~ impériale*** der napoleonische Adler
aiglefin [ɛgləfɛ̃] *m* ZO Schellfisch *m*
aiglette [ɛglɛt] *f* HÉRALDIQUE kleiner Adler
aiglon [ɛglõ] *m* **1** ZO junger Adler **2** ***l'Aiglon*** *Name für Napoleon II.*
aigre [ɛgʀ] **I** *adj* **1** *saveur, odeur* sauer; ***vin*** *m* ***~*** saurer, säuerlicher Wein **2** *fig vent* scharf; *son, voix* grell; schrill; kreischend; ***remarque*** *f* ***~*** bissige, giftige Bemerkung; ***critique*** *f* ***~*** scharfe, herbe Kritik **II** *m* **1** *lait, vin* ***sentir l'~*** sauer riechen **2** *fig* ***la discussion tourna à l'~*** der Ton der Unterhaltung wurde gereizter, schärfer, bissiger, giftiger
aigre-doux [ɛgʀədu] *adj* ⟨**aigre-douce**⟩ **1** *saveur* süßsauer **2** *fig propos* herb; bittersüß
aigrefin [ɛgʀəfɛ̃] *m* **1** (*escroc*) Hochstapler *m*; Schwindler *m* **2** → ***aiglefin***
aigrelet [ɛgʀəlɛ] *adj* ⟨**~te**⟩ **1** *saveur* leicht säuerlich **2** *fig voix* piepsig
aigrette [ɛgʀɛt] *f* **1** ZO Silberreiher *m* **2** *de certains oiseaux* Federbusch *m*; *ornement de chapeau* Federbusch *m*, -schmuck *m*; Aigrette *f*
aigreur [ɛgʀœʀ] *f* **1** *saveur* saurer Geschmack; Säure *f* **2** *fig d'une remarque* Schärfe *f*; Bissigkeit *f*; *d'une personne* Groll *m*; Bitterkeit *f*; *répondre* ***avec ~*** scharf; bissig **3** ***~s*** (***d'estomac***) saures Aufstoßen; ***j'ai des ~s*** es stößt mir sauer auf
aigri [egʀi] **I** *adj* verbittert **II** *subst* ***~(e)*** *m(f)* verbitterter Mensch
aigrir [egʀiʀ] **I** *v/t* **1** *vin etc* sauer werden lassen; *surtout p/p* ***être aigri*** sauer geworden sein **2** *fig vie, déceptions* ***~ qn, le caractère de qn*** j-n verbittern **II** *v/i* (*et v/pr*) **1** *lait, vin* (***s'***)***~*** sauer werden; säuern **2** *fig* ***il, son caractère s'est aigri*** er ist verbittert, bitter geworden
aigu [egy] **I** *adj* ⟨**aiguë** [egy]⟩ **1** *objet* spitz(ig); *pointe* scharf; fein; MATH ***angle ~*** spitzer Winkel **2** *voix, son* schrill; grell; hoch; ***cri ~*** schriller, greller, durchdringender Schrei; MUS ***note ~ë*** hoher Ton

3 GR ***accent ~*** [-tegy] *en français* Accent aigu *m*; LING Akut *m* 4 *douleur* heftig; stark; stechend; *maladie* akut; POL *crise* zugespitzt; ***conflit ~*** zugespitzter, heftiger Konflikt; ***tension ~ë*** starke Spannung 5 *intelligence* scharf; durchdringend; ***un sens ~ des responsabilités*** ein starkes, ausgeprägtes Verantwortungsgefühl II *m/pl* MUS ***les ~s*** die hohen Töne *m/pl*

aigue-marine [ɛgmaʀin] *f* ⟨*pl* **aigues-marines**⟩ MINÉR Aquamarin *m*

Aigues-Mortes [ɛgmɔʀt] *Stadt im Dep. Gard*

aiguière [ɛgjɛʀ] *f* Wasserkanne *f*

aiguillage [egɥijaʒ] *m* CH DE FER 1 *appareil* Weiche *f* 2 *manœuvre* Weichenstellung *f* (*a fig*); ***cabine*** *f*, ***poste*** *m* ***d'~*** Stellwerk *n*; ***erreur*** *f* ***d'~*** falsche Weichenstellung (*a fig*); *fig a* Fehlleitung *f*

aiguille [egɥij] *f* 1 COUT (Näh)Nadel *f*; MÉD Nadel *f*; MÉD ***~ creuse*** Hohlnadel *f*; Kanüle *f*; ***~ à tricoter*** Stricknadel *f*; *fig* ***autant chercher une ~ dans une botte de foin*** ebenso gut könnte man e-e Stecknadel in e-m Heuhaufen suchen; *fig* ***on le ferait passer par le trou d'une ~*** er ist ein Hasenfuß 2 *d'une montre, d'un instrument de mesure* Zeiger *m*; *du compteur de vitesse* Nadel *f*; ***~ aimantée*** Magnet-, Kompassnadel *f*; ***grande ~*** großer Zeiger; Minutenzeiger *m*; ***petite ~*** kleiner Zeiger; Stundenzeiger *m* 3 BOT Nadel *f*; ***~ de pin, de sapin*** Kiefern-, Tannennadel *f* 4 CH DE FER Weiche *f* 5 GÉOL (Fels-) Nadel *f* 6 ARCH (Turm)Spitze *f* 7 *adjt* ***talons*** *m/pl* ***~s*** Pfennigabsätze *m/pl*

aiguillée [egɥije] *f* Nähfaden *m*; F ***c'est une ~ de paresseuse*** lange Fädchen, faule Mädchen

aiguiller [egɥije] *v/t* 1 CH DE FER die Fahrstraße legen (***un train*** für e-n Zug); umsetzen (***sur une voie de garage*** auf ein Abstellgleis) 2 *fig personne* lenken; führen; leiten; ***~ sur une fausse piste*** auf e-e falsche Spur führen; *conversation* ***~ sur un autre sujet*** auf ein anderes Thema lenken

aiguillette [egɥijɛt] *f* 1 MIL Achsel-, Fangschnur *f* 2 CUIS durchwachsenes Filet

aiguilleur [egɥijœʀ] *m* 1 CH DE FER Weichensteller *m*, -wärter *m* 2 AVIAT F ***~ du ciel*** Fluglotse *m*

aiguillon [egɥijõ] *m* 1 *pour piquer les bœufs* Stachel(stock) *m* 2 *des guêpes, abeilles* Stachel *m* 3 BOT Stachel *m*; Dorn *m* 4 *fig* Antrieb *m*; Ansporn *m*; Stachel *m*; Anreiz *m*

aiguillonner [egɥijɔne] *v/t* 1 *bœufs* mit dem Stachel antreiben 2 *fig personne* antreiben; anspornen; anstacheln

aiguisage [eg(ɥ)izaʒ] *m d'un outil tranchant* Schärfen *n*; Wetzen *n*; Schleifen *n*; Abziehen *n*

aiguiser [egize] *v/t* 1 *couteau etc* schärfen; wetzen; schleifen; abziehen; *oiseau: bec, chat: griffes* wetzen 2 *fig jugement* schärfen; *curiosité, inquiétude* steigern; ***~ l'appétit*** den Appetit anregen

aiguiseur [egizœʀ] *m* Schleifer *m* **aiguisoir** *m* Schleifwerkzeug *n*

aïkido [aikido] *m* SPORTS Aikido *n*

ail [aj] *m* BOT, CUIS Knoblauch *m*; ***gousse*** *f*, ***tête*** *f* ***d'~*** Knoblauchzehe *f*, -zwiebel *f*

aile [ɛl] *f* 1 ZO Flügel *m* (*a* CUIS); *des oiseaux a* Schwinge *f*; *pl* ***~s*** *poét* Fittiche *m/pl*; ***~s de papillon*** Schmetterlingsflügel *m/pl*; ***coup*** *m* ***d'~*** Flügelschlag *m*; ***avoir du plomb dans l'~, battre de l'~*** *oiseau blessé* flügellahm sein; *fig* angeschlagen sein; F wack(e)lig stehen; *fig* ***donner des ~s à qn*** *peur* j-s Schritte beflügeln; F j-m Beine machen; *amour, joie* j-n beflügeln; j-m Flügel verleihen; *fig* ***prendre qn sous son ~*** j-n unter s-e Fittiche nehmen; *fig* ***voler de ses propres ~s*** auf eigenen Füßen stehen; selbstständig sein 2 AVIAT (Trag)Flügel *m* 3 AUTO Kotflügel *m* 4 *d'un moulin à vent* Flügel *m* 5 ARCH (Seiten)Flügel *m*; Seitentrakt *m* 6 MIL, SPORTS Flügel *m*; RUGBY adjt ***trois-quarts*** *m* ***~*** Eck-, Außendreiviertelspieler *m* 7 ANAT ***~ du nez*** Nasenflügel *m*

ailé [ele] *adj* ZO geflügelt

aileron [ɛlʀõ] *m* 1 **a)** *d'une aile d'oiseau* Flügelspitze *f*; **b)** CUIS ***~s*** *pl* Flügelstücke *n/pl* 2 *de certains poissons* Flosse *f*; ***~ de requin*** Haifischflosse *f* 3 AVIAT Querruder *n*

ailette [ɛlɛt] *f* 1 *de projectile* Stabilisierungsfläche *f*, -flosse *f* 2 *de radiateur* Rippe *f* 3 ***écrou*** *m* ***à ~s*** Flügelmutter *f* 4 *de turbine* Schaufel *f*

ailier [elje] *m* SPORTS Außen-, Flügelstürmer *m*; ***~ droit, gauche*** Rechts-, Linksaußen *m*

aille [aj] → ***aller***[1]

ailler [aje] *v/t* CUIS mit Knoblauch spicken, einreiben

ailleurs [ajœʀ] *adv* woanders; anderswo; anderweitig; F sonstwo; *st/s* anderwärts; *avec un verbe de mouvement* woandershin; anderswohin; F sonst wohin; ***venir d'~*** anderswoher, von woandersher kommen; *loc/adv*: ***d'~*** übrigens; im Übrigen; ***par ~*** andererseits; (*d'~*) im Übrigen; (*autrement*) sonst; ***nulle part ~*** nirgendwo sonst; sonst nirgends; ***partout ~*** sonst überall; *fig* ***il est ~*** er ist mit s-n Gedanken (ganz) woanders; er ist geistesabwesend

ailloli [ajɔli] *m* CUIS Knoblauchmayonnaise *f*

aimable [ɛmabl] *adj* 1 liebenswürdig; freundlich; ***être ~ avec qn*** zu j-m freundlich, liebenswürdig sein; ***c'est bien ~ à vous*** das ist sehr freundlich, liebenswürdig von Ihnen; ***serais-tu assez ~ pour me passer le sel?*** bist du so nett, freundlich, gut und gibst mir mal das Salz?; F ***être ~ comme une porte de prison*** sehr unfreundlich, brummig, mürrisch, griesgrämig sein 2 *st/s région* freundlich; nett

aimablement [ɛmabləmɑ̃] *adv recevoir qn etc* freundlich; liebenswürdig; ***informer qn ~*** j-n freundlicherweise, liebenswürdigerweise informieren

aimant[1] [ɛmɑ̃] *m* Magnet *m* (*a fig*); ***attiré comme par un ~*** wie von e-m Magneten angezogen

aimant[2] [ɛmɑ̃] *adj* zärtlich; liebevoll; *st/s* liebreich

aimantation [ɛmɑ̃tasjõ] *f* PHYS Magnetisierung *f*

aimanter [ɛmɑ̃te] *v/t* magnetisch machen; magnetisieren; *adjt* ***aiguille aimantée*** Magnet-, Kompassnadel *f*

aimé [eme] *adj personne* geliebt (***de, par*** von); *acteur etc* beliebt (***du public*** beim Publikum)

Aimé [eme] *m Vorname*

Aimée [eme] *f Vorname*

aimer [eme] I *v/t* lieben; mögen; gernhaben; *personne, animal a* lieb haben; *mets a* gern essen; *boisson a* gern trinken; ***~ qn*** (*être amoureux*) j-n lieben; ***~ bien qn, qc*** j-n, etw ganz, recht gernhaben, gern mögen; ***~ la bière*** gern Bier trinken; ***aimeriez-vous une tasse de café?*** möchten *ou* hätten Sie gern e-e Tasse Kaffee?; ***je n'aime pas les chiens*** ich mag keine Hunde; *plante* ***~ l'ombre*** den Schatten lieben; ***faire ~ qc à qn*** die Liebe zu etw, die Freude an etw (*dat*) in j-m wecken; ***se faire ~ de qn*** j-s Liebe, Zuneigung gewinnen; sich bei j-m beliebt machen; F ***moi j'aime assez*** das gefällt mir ganz gut; das finde ich gar nicht schlecht; *prov* ***qui aime bien, châtie bien*** wer sein Kind lieb hat, züchtigt es (*prov*); ♦ ***~ faire qc*** *ou st/s* ***~ à faire qc*** gern etw tun; ***~ aller au cinéma*** gern ins Kino gehen; ***j'aimerais faire un voyage*** ich möchte gern, würde gern verreisen; ***j'aime à croire que ...*** ich will hoffen, möchte gern annehmen, dass ...; ***~ que ...*** (+*subj*) es gern sehen, haben, dass ...; ♦ ***j'aime autant ça*** das ist mir lieber; ***j'aime autant m'en aller*** ich gehe lieber weg; ***j'aime autant qu'il le fasse lui-même*** mir ist es lieber, wenn er es selber macht; ***~ mieux qc*** etw lieber mögen, haben; etw vorziehen; ***~ mieux faire qc*** etw lieber tun, wollen; ***j'aime mieux son premier roman*** sein erster Roman gefällt mir besser, ist mir lieber; ***j'aime mieux ne pas y penser*** lieber denke ich nicht daran; ***j'aime mieux qu'il s'en aille*** er soll lieber gehen **II** *v/pr* ***s'~*** **1** *réfléchi* sich selbst lieben; ***je ne m'aime pas dans cette robe*** in diesem Kleid gefalle ich mir gar nicht **2** *réciproque* sich, einander lieben **3** (*faire l'amour*) sich lieben

aimer: das reinste Vergnügen

Das Verb aimer wird häufig mit Infinitiv gebraucht:

Claire **aime écouter** les chansons de Georges Brassens.

In dieser aus zwei Verben bestehenden Konstruktion bringt aimer zum Ausdruck, dass jemand die im Infinitiv stehende Handlung (hier: écouter) mit einer gewissen Vorliebe ausführt. Das Deutsche verwendet in diesen Fällen lediglich ein Verb. Die Bedeutung von aimer wird durch Adverbien wie zum Beispiel ‚gern', ‚mit Vorliebe' oder ‚mit Vergnügen' ausgedrückt:

Claire **hört gern** die Chansons von Georges Brassens.

Eine ähnliche Konstruktion ist aimer mieux mit Infinitiv:

Jocelyne **aime mieux écouter** de la musique africaine. –
Jocelyne **hört lieber** afrikanische Musik.

Ain [ɛ̃] ***l'~*** *m Fluss u Departement in Frankreich*
aine [ɛn] *f* ANAT Leiste *f*; ***pli*** *m* ***de l'~*** Leistenbeuge *f*
aîné [ene] **I** *adj* (*le plus âgé*) älteste(r, -s); (*plus âgé*) ältere(r, -s); ***branche ~e des Bourbons*** ältere Linie der Bourbonen; ***son fils ~*** sein ältester Sohn **II** *subst* ***~(e)*** *m(f)* Älteste(r) *f(m)*; ältester Sohn; älteste Tochter; ***il est mon ~ (de deux ans)*** er ist (zwei Jahre) älter als ich

aînesse [ɛnɛs] *f* HIST ***droit*** *m* ***d'~*** Erstgeburtsrecht *n*
ainsi [ɛ̃si] *adv* **1** *manière* so; ***~ et pas autrement*** so und nicht anders; ***et ~ de suite*** und so weiter (*abr* usw.); und so fort; und dergleichen mehr; ***~ dit, ~ fait*** (wie) gesagt, (so) getan; ***c'est ~ que ...*** so ...; ***il est ~*** er ist nun (ein)mal so; REL ***~ soit-il!*** amen!; ***puisqu'il, s'il en est ~*** da, wenn dem so ist; *loc/adv* ***pour ~ dire*** sozusagen; gewissermaßen; *loc/conj* ***~ que*** *comparaison* (so) wie; gleichwie; *énumération* sowie; wie auch **2** *conclusion* ***~ (donc)*** (so) also; folglich; ***~ donc vous refusez?*** so lehnen Sie also ab?
aïoli [ajɔli] *m* → ***ailloli***
air[1] [ɛʀ] *m* **1** Luft *f*; ***~ chaud, froid*** Heiß- *ou* Warm-, Kaltluft *f*; ***le grand ~*** [-t-] die frische Luft; ***au grand ~*** an *ou* in der frischen Luft; im Freien; ***l'~ pur de la campagne*** die reine Landluft; ***~ de la mer*** Meeres-, Seeluft *f*; MIL ***École*** *f* ***de l'Air*** Luftwaffenakademie *f*; ♦ *loc/adv et loc/adj*: ***à l'~*** an der (frischen) *ou* an die (frische) Luft; ***mettre à l'~*** (aus)lüften; an die frische Luft stellen, legen, hängen; ***dans l'~*** in der *ou* in die Luft; *fig* ***il y a quelque chose dans l'~*** es liegt etwas in der Luft; ***s'élever dans l'~*** *ou* ***dans les ~s*** *oiseau, avion* sich in die Luft, in die Lüfte erheben, *oiseau a* schwingen; ***être dans l'~*** *maladie* umgehen; grassieren; *tendance, idée nouvelle* in der Luft liegen; ***c'est dans l'~ du temps*** das liegt (ganz) im Trend; ***en l'~*** in die Luft; *fig menaces, promesses* leer; ***paroles*** *f/pl* ***en l'~*** leere Worte *n/pl*; leeres Gerede; ***projets*** *m/pl* ***en l'~*** unrealistische Pläne *m/pl*; ***(être) tête*** *f* ***en l'~*** gedankenlos, vergesslich, zerstreut, leichtsinnig (sein); P ***s'envoyer en l'~*** P bumsen; *fig pièce, papiers* ***être en l'~*** in Unordnung sein; F *fig* ***ficher, flanquer, foutre en l'~*** (*jeter*) weg- *ou* fortwerfen, F -schmeißen; ***il a envie de tout fiche(r) en l'~*** am liebsten würde er alles, den ganzen Kram hinschmeißen; *événement* ***ça m'a flanqué tout en l'~*** F das hat alle meine Pläne über den Haufen geworfen; P ***se foutre en l'~*** F sich ins Jenseits befördern; *fig* ***mettre en l'~*** in Unordnung bringen; durcheinanderbringen, werfen; *fig* ***parler en l'~*** ins Blaue hinein reden; ***regarder en l'~*** nach oben, in die Luft sehen, F gucken; in die Höhe blicken; ***tirer en l'~*** in die Luft schießen; ***par ~*** Luft...; auf dem Luftwege; COMM *a* per Luftfracht; *pièce* ***sans ~*** schlecht durchlüftet; ♦ F *péj* ***déplacer beaucoup d'~*** sich wichtigtun; F viel Wind machen; sich aufblasen; ***donner de l'~ dans la pièce*** frische Luft ins Zimmer hereinlassen; das Zimmer lüften; *fig dans son travail* ***se donner de l'~*** sich (*dat*) ein bisschen Luft schaffen; ***on manque d'~ ici*** hier kriegt man keine Luft; F ***il ne manque pas d'~, celui-là*** F der ist frech wie Oskar, wie Rotz; ***(aller) prendre l'~*** (frische) Luft schöpfen, F schnappen; an die (frische) Luft gehen; *fig* ***prendre l'~ du bureau*** mal kurz im Büro vorbeischauen; *fig* ***aller respirer l'~ du pays*** heimatliche Luft *ou* Heimatluft atmen (wollen); ***on ne vit pas de l'~ du temps*** von der Luft allein kann man nicht leben **2** ***(le) plein ~*** [plɛnɛʀ] das Freie; ÉCOLE Sport *m* auf dem Sportplatz; *loc/adv* ***en plein ~*** im Freien; unter freiem Himmel; AGR, JARD im Freiland; ***jeux*** *m/pl* ***de plein ~*** Freiluftspiele *n/pl*; Spiele *n/pl* im Freien; ***théâtre*** *m* ***en plein ~*** Freilichtbühne *f*, -theater *n* **3** (*vent*) Lüftchen *n*; Luftzug *m*, -hauch *m*; ***il***

y a un peu d'~ es geht ein leichter Wind, ein Lüftchen; ***il n'y a pas d'~*** es regt sich, weht, geht kein Lüftchen

air² [ɛʀ] *m* (*apparence*) Aussehen *n*; (*mine*) Miene *f*; Gesicht *n*; ***un faux ~ de qn*** e-e gewisse Ähnlichkeit mit j-m; ***~ de famille*** Familienähnlichkeit *f*; ***un petit ~ de mélancolie*** ein leichter Zug, Ausdruck von Schwermut; *loc/adv*: ***à en juger par son ~*** nach s-r Miene, s-m Gesichtsausdruck zu urteilen; ***d'un ~ décidé*** entschieden; mit Entschiedenheit; ***d'un ~ embarrassé*** mit verlegener Miene; mit verlegenem Gesicht; ***sous son ~ timide*** hinter s-m schüchternen Wesen, Benehmen; ***avoir grand ~*** [-t-] sehr vornehm aussehen, wirken; F ***il vous a un ~*** *ou* ***des ~s de deux ~s*** bei ihm weiß man nie so recht, woran man ist; ***avoir un drôle d'~*** komisch aussehen; ***se donner un ~ important*** sich aufspielen; sich wichtigmachen; ***prendre un ~ triste*** e-e traurige Miene aufsetzen; ein trauriges Gesicht machen; ***prendre de grands ~s, se donner des ~s*** vornehm tun; großtun; angeben; ♦ ***avoir l'~*** (+*adj*) aussehen; wirken; *personne a* dreinblicken, -schauen; ***les poires ont l'~ bonnes*** die Birnen sehen gut aus; *personne* F ***avoir l'~ comme il faut*** anständig aussehen; ***avoir l'~ fatigué, malade*** müde, krank aussehen, wirken; ***avoir l'~ mauvais*** verärgert, böse aussehen; sauer dreinblicken; ♦ ***avoir l'~ de*** (+*inf*) scheinen zu (+*inf*); so aussehen, als ob ...; ***il n'a pas l'~ de s'en apercevoir*** er scheint es nicht zu bemerken; es sieht so aus, als ob er es nicht bemerkt; ***ça n'a pas l'~ d'aller?*** es geht wohl nicht gut?; ***il a l'~ de vouloir pleuvoir*** es sieht nach Regen aus; ***ça en a tout l'~*** das sieht ganz danach aus; ***sans en avoir l'~,*** *il travaille beaucoup* obwohl es gar nicht so den Anschein hat, ...; ♦ ***avoir l'~ de*** (+*subst*) aussehen wie; ***avoir l'~ d'un enfant*** wie ein Kind aussehen; ***ça m'a tout l'~ d'une plaisanterie*** das sieht mir ganz nach e-m Scherz aus; F ***j'aurai l'~ de quoi!*** wie stehe ich dann da!; ***n'avoir l'~ de rien*** nach nichts aussehen; *performance* so *ou* ganz leicht aussehen

air³ [ɛʀ] *m* **1** Melodie *f*; *fig* ***il en a l'~ et la chanson*** er sieht nicht nur so aus, er ist wirklich einer (*Künstler etc*); *prov* ***c'est l'~ qui fait la chanson*** der Ton macht die Musik (*prov*) **2** (*chanson*) Weise *f*; Lied *n*; ***~ populaire*** Volksweise *f*; ***~ à la mode*** beliebte Weise; Schlager *m*; ***~s d'autrefois*** alte Weisen; ***un ~ d'accordéon*** e-e Weise für Akkordeon **3** OPÉRA Arie *f*; ***~ d'opéra*** Opernarie *f*

airain [ɛʀɛ̃] *m litt* Erz *n*; *loc/adj* ***d'~*** ehern; *fig* ***cœur m d'~*** Herz von Stein

air-air [ɛʀɛʀ] *adj* MIL ***missile*** *m* ***~*** Luft-Luft-Rakete *f*

airbag [ɛʀbag] *m* AUTO Airbag ['ɛːrbɛk] *m*

airbus [ɛʀbys] *m* AVIAT Airbus *m*

aire [ɛʀ] *f* **1** AGR Tenne *f*; Dreschboden *m* **2** *des rapaces* Horst *m* **3** (*surface*) (Boden)Fläche *f*; AVIAT ***~ d'atterrissage*** Start- und Landefläche *f*; ESPACE ***~ de lancement*** Startplattform *f*; AUTOROUTE: ***~ (de repos)*** Rastplatz *m*; ***~ de service*** Raststätte *f*, -anlage *f* mit Tankstelle **4** MATH Flächeninhalt *m* **5** *fig* Bereich *m*; Gebiet *n*; ***~ d'influence*** Einflussbereich *m* **6** BIOL ***~ (de répartition)*** Verbreitungsgebiet *n*; Areal *n*

airelle [ɛʀɛl] *f* BOT **1** ***~ (rouge)*** Preiselbeere *f* **2** (*myrtille*) Heidel-, Blaubeere *f*

air-sol [ɛʀsɔl] *adj* MIL ***missile*** *m* ***~*** Luft-Boden-Rakete *f*

aisance [ɛzɑ̃s] *f* **1** (*facilité*) Gewandtheit *f*; Leichtigkeit *f*; Ungezwungenheit *f*; ***avec ~*** gewandt; ungezwungen **2** (*richesse*) Wohlstand *m*; Wohlhabenheit *f*; ***vivre dans l'~*** wohlhabend, gut situiert sein; im Wohlstand, in guten Verhältnissen leben **3** *autrefois* ***cabinet(s)*** *m(pl)*, ***lieux*** *m/pl* ***d'~s*** Abort *m*; Abtritt *m*

aise¹ [ɛz] *f* **1** *loc/adv*: ***à votre ~!*** wie Sie wollen!; wie es (Ihnen) beliebt!; ganz nach (Ihrem) Belieben!; *en maugréant* na, bitte schön!; *dans un milieu, un vêtement* ***être à l'~, à son ~*** sich wohlfühlen; → *a 3*; ***êtes-vous à l'~ dans ce fauteuil?*** sitzen Sie bequem in dem Sessel?; ***être mal à l'~, à son ~*** sich nicht wohlfühlen; sich unbehaglich, befangen, fehl am Platz fühlen; ***je suis mal à l'~ avec lui*** ich fühle mich in s-r Gegenwart nicht wohl; ***mettez-vous à l'~*** legen Sie doch ab!; wollen Sie nicht ablegen?; ***mettre qn à l'~, à son ~*** j-m die Befangenheit nehmen; j-m über s-e Befangenheit, Verlegenheit hinweghelfen; ***vous en parlez à votre ~*** Sie haben gut reden!; ***en prendre à son ~ avec qc*** es mit etw nicht so genau nehmen; es sich (*dat*) mit etw leicht machen **2** ***~s*** *pl* Bequemlichkeit *f*; ***aimer ses ~s*** s-e Bequemlichkeit lieben; ***prendre ses ~s*** es sich (*dat*) (ganz ungeniert) bequem machen; sich breitmachen **3** (*richesse*) Wohlstand *m*; *loc/adj* ***à l'~*** wohlhabend; gut situiert; ***être à son ~*** wohlhabend, gut situiert sein; im Wohlstand, in guten Verhältnissen leben **4** *loc/adv* F ***à l'~*** (*facilement*) leicht; mit Leichtigkeit **5** *st/s* ***combler d'~*** mit Freude erfüllen

aise² [ɛz] *adj st/s* ***être bien ~ de*** (+*inf*) *ou* ***que ...*** (+*subj*) sich freuen, erfreut sein zu (+*inf*) *ou*, dass ...

aisé [eze] *adj* **1** *ton* ungezwungen; unbefangen; leicht; ***style ~*** flüssiger Stil **2** (*riche*) wohlhabend; gut situiert; vermögend **3** *st/s* (*facile*) einfach; leicht **aisément** *adv* leicht; mühelos

Aisne [ɛn] ***l'~*** *f Fluss u Departement in Frankreich*

aisselle [ɛsɛl] *f* ANAT Achsel(höhle) *f*

Aix [ɛ] ***l'île d'~*** *Insel an der frz Atlantikküste*

Aix-en-Provence [ɛksɑ̃pʀɔvɑ̃s] *Stadt im Dep. Bouches-du-Rhône*

Aix-la-Chapelle [ɛkslaʃapɛl] Aachen *n*

Aix-les-Bains [ɛksləbɛ̃] *Stadt im Dep. Savoie*

A.J. [aʒi] *f abr* (*auberge de [la] jeunesse*) Jugendherberge *f*

Ajaccio [aʒaksjo] *Stadt auf Korsika*

Ajoie [aʒwa] GÉOGR ***l'~*** *f* der Elsgau

ajonc [aʒõ] *m* BOT Stechginster *m*

ajouré [aʒuʀe] *adj* durchbrochen; *linge a* mit Durchbrucharbeit verziert

ajournement [aʒuʀnəmɑ̃] *m* **1** *d'un projet etc* Verschiebung *f*; Vertagung *f* **2** *d'un candidat* Zurückstellung *f*

ajourner [aʒuʀne] *v/t* **1** *projet* verschieben (***à*** auf +*acc*; ***d'une semaine*** um e-e Woche); auf-, hinausschieben; ***~ une séance, un procès*** eine Sitzung, einen Prozess vertagen **2** *candidat* zurückstellen (***à*** bis)

ajout [aʒu] *m à un texte* Zusatz *m*; Hinzufügung *f*

ajouter [aʒute] **I** *v/t* hinzufügen (***à*** zu); *en parlant a* hinzusetzen; beifügen; *en écrivant a* hinzu- *ou* dazuschreiben; *à la fin* anhängen, anfügen (***à*** an

+*acc*); *à une somme* hinzu- *ou* dazuschlagen, -rechnen, -legen (zu); *à un nombre* hinzu- *ou* dazuzählen, -rechnen (zu); CUIS *a* (noch) hinzu- *ou* dazugeben, -tun (zu); *à un édifice* anbauen (an +*acc*); ***ajoutons, ajoutez que …*** hinzu, dazu kommt noch, dass …; ***j'ajoute que …*** ich möchte noch erwähnen, hinzufügen, betonen, dass …; ***~ foi à qc*** e-r Sache (*dat*) Glauben schenken; ***permettez-moi d'~ un mot*** darf ich dazu noch etwas sagen?; ***~ la prétention à la bêtise*** dumm und noch dazu eingebildet sein **II** *v/t/indir* ***~ à qc*** etw noch vergrößern, vermehren, (*aggraver*) verschlimmern **III** *v/pr* (***venir***) ***s'~ à*** noch hinzu-, dazukommen zu

ajustage [aʒystaʒ] *m* TECH An-, Einpassen *n*

ajustement [aʒystəmɑ̃] *m* **1** TECH **a)** → ***ajustage***; **b)** (*degré de serrage*) Passung *f*; Sitz *m* **2** *fig* Anpassung *f* (***à*** an +*acc*); Angleichung *f* (an +*acc*); Abstimmung *f* (mit)

ajuster [aʒyste] **I** *v/t* **1** passend machen (***à*** für); TECH anpassen (+*dat*); einpassen (in +*acc*); ***~ les rênes, l'étrier*** die Zügel, den Steigbügel auf die richtige Länge einstellen; *adjt* ***ajusté*** *vêtement* eng anliegend; auf Taille gearbeitet; tailliert; ***être mal ajusté*** schlecht, nicht richtig passen, sitzen **2** *coiffure, vêtements* richten; in Ordnung bringen; ordnen **3** *fig* (*mettre en accord*) anpassen, angleichen (***à*** *dat*); abstimmen (mit); *projets, idées* miteinander in Einklang bringen **4** (*viser*) anvisieren; zielen auf (+*acc*) **II** *v/pr* ***s'~*** aufeinander-, ineinanderpassen; zusammenpassen

ajusteur [aʒystœʀ] *m* Schlosser *m*; ***~ outilleur*** Werkzeugmacher *m*

Akh(e)naton [ak(e)natõ] *m* HIST Echnaton *m*

akkadien [akadjɛ̃] HIST **I** *adj* ⟨***~ne***⟩ akkadisch **II** *subst* **1** ***Akkadiens*** *m/pl* Akkader *m/pl* **2** *m* LING ***l'~*** das Akkadische; Akkadisch *n*

Aladin [aladɛ̃] *m* MYTH, HIST Aladin *m*

Alain [alɛ̃] *m Vorname*

alaise [alɛz] *f* (Gummi)Unterlage *f*

Alamans [alamɑ̃] *m/pl* HIST Alemannen *m/pl*

alambic [alɑ̃bik] *m* CHIM Destillierapparat *m*, -kolben *m*; Retorte *f*

alambiqué [alɑ̃bike] *adj* geschraubt; gewunden; gekünstelt; ausgeklügelt

alanguir [alɑ̃giʀ] **I** *v/t* träge, matt machen; *adjt* ***alangui*** müde; matt; träge **II** *v/pr* ***s'~*** träge, matt, schlaff, schlapp werden; erschlaffen

alarmant [alaʀmɑ̃] *adj* alarmierend; beunruhigend; besorgniserregend

alarme [alaʀm] *f* **1** Alarm *m*; *fig* ***fausse ~*** falscher, blinder Alarm; CH DE FER ***signal*** *m* ***d'~*** Notbremse *f*; ***donner l'~*** Alarm schlagen (*a fig*); *fig a* Lärm schlagen **2** *dispositif* Alarmanlage *f* **3** *fig* (*inquiétude*) Unruhe *f*; Aufregung *f*; Angst *f*; Schrecken *m*

alarmer [alaʀme] **I** *v/t* beunruhigen; alarmieren; ängstigen; in Unruhe, Angst versetzen **II** *v/pr* ***s'~*** sich beunruhigen, ängstigen (***de*** wegen); in Unruhe geraten (über +*acc*)

alarmiste [alaʀmist] **I** *adj* Unruhe stiftend; Angst, Schrecken verbreitend **II** *m,f* Unruhestifter(in) *m(f)*

Alaska [alaska] ***l'~*** *m* Alaska *n*

Albains [albɛ̃] ***les monts*** *m/pl* ***~*** die Albaner Berge *m/pl*; das Albaner Gebirge

albanais [albanɛ] **I** *adj* albanisch **II** *subst* **1** ***Albanais(e)*** *m(f)* Albaner(in) *m(f)* **2** LING ***l'~*** *m* das Albanische; Albanisch *n*

Albanie [albani] ***l'~*** *f* Albanien *n*

Albano [albano] ***le lac d'~*** der Albaner See

albâtre [albɑtʀ] *m* MINÉR Alabaster *m*; *loc/adj* ***d'~*** Alabaster…; aus Alabaster; alabastern (*a fig et poét*)

albatros [albatʀos] *m* ZO Albatros *m*

Albe [alb] HIST ***le duc d'~*** (der) Herzog (von) Alba

Albères [albɛʀ] ***monts*** *m/pl* ***~*** *Teil der Pyrenäen*

Albert [albɛʀ] *m Vorname*

albigeois [albiʒwa] *m/pl* HIST REL Albigenser *m/pl*

albinisme [albinism] *m* BIOL Albinismus *m*

albinos [albinos] *m,f* BIOL Albino *m*

Albion [albjõ] ***l'~*** *f poét* Albion *n*; ***la perfide ~*** das perfide Albion

album [albɔm] *m* **1** Album *n*; ***~ de photos, de timbres*** Foto-, Briefmarkenalbum *n* **2** (*livre illustré*) Buch *n*; Band *m*; *pour enfants* Bilderbuch *n*; ***~ à colorier*** Malbuch *n*; ***~ de BD*** Comicband *m* **3** *de disques* Album *n*

albumine [albymin] *f* BIOL Eiweißkörper *m*; Albumin *n*; F ***avoir, faire de l'~*** Eiweiß im Harn haben

alcali [alkali] *m* **1** CHIM Alkali *n* **2** COMM Salmiakgeist *m*

alcalin [alkalɛ̃] *adj* CHIM alkalisch; ***métaux ~s*** Alkalimetalle *n/pl*

alcaloïde [alkalɔid] *m* CHIM Alkaloid *n*

alchimie [alʃimi] *f* Alchimie *f* **alchimique** *adj* alchimistisch **alchimiste** *m* Alchimist *m*

alcool [alkɔl] *m* **1** *boisson*, CHIM Alkohol *m*; TECH Spiritus *m*; ***~ à brûler*** Brennspiritus *m*; ***~ à 90°*** (***quatre-vingt-dix degrés***) 90-prozentiger Alkohol; ***sentir l'~*** nach Alkohol riechen; F e-e Fahne haben **2** *par ext* (*eau-de-vie*) Schnaps *m*; ***prendre un petit ~*** ein Schnäpschen trinken

alcoolémie [alkɔlemi] *f* Blutalkohol(gehalt, -spiegel) *m*; F Alkoholpegel *m*; ***taux légal d'~*** Promillegrenze *f*

alcoolique [alkɔlik] **I** *adj* **1** alkoholisch; ***boissons*** *f/pl* ***~s*** alkoholische Getränke *n/pl*; Alkoholika *pl*; ***intoxication*** *f* ***~*** Alkoholvergiftung *f* **2** *personne* trunksüchtig; alkoholkrank **II** *m,f* Alkoholiker(in) *m(f)*; Trinker(in) *m(f)*; Alkoholkranke(r) *f(m)*

alcoolisation [alkɔlizasjõ] *f* **1** Alkoholisieren *n*, -ung *f*; Zusetzen *n* von Alkohol; *de vin a* Vinieren *n*; Aufspriten *n* **2** MÉD *de l'organisme* Anreicherung *f* mit Alkohol **3** Umwandlung *f* in Alkohol

alcooliser [alkɔlize] **I** *v/t* alkoholisieren; mit Alkohol versetzen; Alkohol zusetzen (+*dat*); *adjt*: ***alcoolisé*** mit Alkoholzusatz; alkoholisch; ***fortement alcoolisé*** alkoholreich; mit hohem Alkoholgehalt; ***boisson alcoolisée, non alcoolisée*** alkoholisches, alkoholfreies Getränk **II** *v/pr* F *personne* ***s'~*** sich betrinken; F sich unter Alkohol setzen

alcoolisme [alkɔlism] *m* Alkoholismus *m*; Trunksucht *f*; ***~ chronique*** Alkoholkrankheit *f*; Trunksucht *f*

alcoolo [alkɔlo] *adj et m,f* F *abr* → ***alcoolique*** *I 2, II*

alcootest *ou* **alcotest** [alkɔtɛst] *m* **1** *test* Alkoholtest *m* **2** *appareil* Alkoholtestgerät *n*; (Alkoholtest)Röhrchen *n*

alcôve [alkov] *f* Alkoven *m*; Bettnische *f*; ***secrets*** *m/pl* ***d'~*** Bettgeheimnisse *n/pl*

aldéhyde [aldeid] *m* CHIM Aldehyd *m*

al dente [aldɛnte] *adj* ⟨*inv*⟩ *et adv* CUIS al dente
aléa [alea] *m surtout pl* **~s** (unliebsame) Zufälligkeiten *f/pl*; (unangenehme) Überraschungen *f/pl*; Risiken *n/pl*
aléatoire [aleatwaʀ] *adj* zufallsbedingt; vom Zufall abhängig; auf Zufall beruhend; rein zufällig; Zufalls...; aleatorisch
alémanique [alemanik] **I** *adj* alemannisch **II** *m* LING **l'~** das Alemannische; Alemannisch *n*
Alembert [alɑ̃bɛʀ] **d'~** *frz Philosoph*
Alençon [alɑ̃sõ] *Stadt im Dep. Orne*
alêne [alɛn] *f* Ahle *f*; Pfriem *m*
alentour [alɑ̃tuʀ] **I** *adv* **tout ~** ringsum; ringsumher **II** *m/pl* **~s** **1** *d'un lieu* Umgebung *f*; Umgegend *f* **2** *loc/prép* **aux ~s de** *local* in der Nähe, Gegend von; *temporel, fig* (so) gegen; (so) um ... herum; *loc/adv* **aux ~s** in der Nähe, F Gegend
Aléoutiennes [aleusjɛn] **les îles** *f/pl* **~** die Aleuten *pl*
Alep [alɛp] Aleppo *n*
alerte[1] [alɛʀt] *adj mouvements* flink; rasch; *personne* munter; frisch; mobil; alert; *esprit* rege; aufgeweckt; **style** *m* **~** lebendiger, flotter Stil
alerte[2] [alɛʀt] *f* **1** Alarm *m* (*a* MIL); **~ aérienne** Flieger-, Luftalarm *m*; *fig* **fausse ~** falscher, blinder Alarm; **~ à la bombe, au feu, à l'ozone** Bomben-, Feuer-, Ozonalarm *m*; **en état d'~** in Alarmbereitschaft; alarmbereit; **donner l'~** Alarm geben; alarmieren (**à qn** j-n) (*a fig*) **2** *fig* (drohende) Gefahr; Alarmsignal *n*; **~!** Achtung!; aufgepasst!; **à la moindre ~** beim geringsten Anzeichen e-r Gefahr; **l'~ a été chaude, vive** das ist noch einmal gnädig abgegangen; **ce n'était qu'une ~** das war nur ein Schreckschuss
alerter [alɛʀte] *v/t* **1** alarmieren (*a fig*) **2** (*prévenir*) e-n Wink geben (**qn** j-m)
Alès [alɛs] *Stadt im Dep. Gard*
alésage [alezaʒ] *m* **1** TECH Auf-, Ausbohren *n* **2** AUTO Zylinderbohrung *f*, -durchmesser *m*
alèse [alɛz] *f* → **alaise**
aléser [aleze] *v/t* ⟨-è-⟩ TECH auf-, ausbohren
alevin [alvɛ̃] *m* PISCICULTURE Setzling *m*; Satzfisch *m*
Alexandra [alɛksɑ̃dʀa] *f Vorname*
Alexandre [alɛksɑ̃dʀ] *m Vorname*
Alexandrie [alɛksɑ̃dʀi] *f* **1** *en Égypte* Alexandria *n ou* Alexandrien *n* **2** *en Italie* Alessandria *n*
alexandrin [alɛksɑ̃dʀɛ̃] *m vers* Alexandriner *m*; Zwölfsilb(l)er *m*
Alexandrine [alɛksɑ̃dʀin] *f Vorname*
Alexis [alɛksis] *m* **1** *Vorname* **2** *saint* Alexius *m*
alezan [alzɑ̃] **I** *adj cheval* rotbraun; fuchsrot **II** *m cheval, mulet* Fuchs *m*
alfa [alfa] *m* **1** BOT Alfa-, Halfagras *n*; Espartogras *n* **2** Alfapapier *n*
Alfred [alfʀɛd] *m Vorname*
algarade [algaʀad] *f* Auseinandersetzung *f*; Meinungsverschiedenheit *f*; Wortwechsel *m*; Disput *m*
algèbre [alʒɛbʀ] *f* MATH Algebra *f*
algébrique [alʒebʀik] *adj* algebraisch
Alger [alʒe] Algier [-ʒiːr] *n*
Algérie [alʒeʀi] **l'~** *f* Algerien *n*
algérien [alʒeʀjɛ̃] **I** *adj* ⟨**~ne**⟩ algerisch **II** *subst* **1** **Algérien(ne)** *m(f)* Algerier(in) *m(f)* **2** LING **l'~** *m* der in Algerien gesprochene arabische Dialekt
algérois [alʒeʀwa] *adj* (*et subst* **Algérois** Einwohner) von Algier
Algésiras [alʒeziʀas] GÉOGR Algeciras *n*
algol [algɔl] *m* INFORM ALGOL *n*
algorithme [algɔʀitm] *m* MATH, INFORM Algorithmus *m* **algorithmique** *adj* algorithmisch
algue [alg] *f* BOT Alge *f*
alias [aljɑs] *adv* alias; auch ... genannt
alibi [alibi] *m* JUR, *fig* Alibi *n*; **avoir, fournir un ~** ein Alibi haben, beibringen
alicament [alikamɑ̃] *m* Functional Food ['faŋktʃənəl'fuːt] *n*; *non modifié a* gesundes Lebensmittel; *enrichi en certains éléments a* Lebensmittel *n* mit gesundheitsfördernden Zusatzstoffen
Alice [alis] *f Vorname*
aliénable [aljenabl] *adj* JUR veräußerlich; übertragbar
aliénant [aljenɑ̃] *adj travail, situation* (den Menschen s-m Wesen) entfremdend
aliénation [aljenasjõ] *f* **1** JUR (Eigentums)Übertragung *f*; Veräußerung *f* **2** MÉD **~** (**mentale**) Geistesgestörtheit *f*; geistige Umnachtung **3** *de sa liberté etc* Aufgabe *f*; Verzicht *m* (**de** auf +*acc*); *st/s* Entäußerung *f* **4** PHILOS Entfremdung *f*
aliéné(e) [aljene] *m(f)* MÉD Geistesgestörte(r) *f(m)*, -kranke(r) *f(m)*
aliéner [aljene] ⟨-è-⟩ **I** *v/t* **1** JUR *propriété* veräußern; übertragen (*a droit*) **2** *sa liberté etc* aufgeben; verzichten auf (+*acc*); *st/s* sich entäußern (+*gén*) **3** (*éloigner*) entfremden (**à** *dat*); **cela lui aliéna toutes les sympathies** das kostete ihn, das verscherzte ihm alle Sympathien **II** *v/pr* **s'~ qn** sich j-m entfremden; **s'~ les sympathies** sich (*dat*) die Sympathien verscherzen; die Sympathien verlieren, verspielen
alignement [aliɲmɑ̃] *m* **1** (schnurgerade) Ausrichtung, Reihe, Linie, *d'arbres a* Zeile; **se mettre dans l'~** *plusieurs personnes* in Linie, in e-r Reihe antreten; *une seule personne* in die Reihe treten; sich in die Reihe stellen; **sortir de l'~** aus der Reihe treten **2** CONSTR (Bau)Flucht *f*; (Bau)Fluchtlinie *f*; Baugrenze *f*, -linie *f* **3** *fig* Ausrichtung *f* (**sur** nach); Angleichung *f*, Anpassung *f* (an +*acc*); Abstimmung *f* (mit); **~ monétaire** Währungsangleichung *f*
aligner [aliɲe] **I** *v/t* **1** in e-e (gerade) Linie, Reihe bringen, stellen, legen; in gerader Linie aufstellen; *objets, soldats* ausrichten; **~ des mots, des chiffres** Wörter, Ziffern in e-e *ou* e-r Reihe schreiben; **~ des plantes** Pflanzen in einer Zeile pflanzen; *p/p* **être aligné** in e-r Reihe, Linie, Zeile stehen **2** *par ext phrases, chiffres* aneinanderreihen; der Reihe nach hinschreiben; **~ des arguments, des noms** Argumente, Namen (der Reihe nach) aufzählen, anführen; F **les ~** e-e Menge Geld hinblättern; F tüchtig blechen **3** *fig* **~ qc sur qc** etw nach etw ausrichten; etw e-r Sache (*dat*) angleichen, anpassen; HIST **les pays non alignés** die blockfreien Länder *n/pl* **II** *v/pr* **s'~** **1** *personnes* sich in e-r Reihe aufstellen; in Linie antreten **2** *objets* in e-r Reihe stehen; aufgereiht sein, stehen **3** *fig* **s'~ sur qc** sich e-r Sache (*dat*) anpassen, anschließen; **s'~ sur la position officielle** auf die offizielle Linie einschwenken **4** F *fig* **il peut toujours s'~** dem ist er ja doch nicht gewachsen; F das ist e-e Nummer zu groß für ihn
aligot [aligo] *m* CUIS Spezialität aus der Auvergne (*aus Kartoffelpüree und Hartkäse*)

aliment [alimɑ̃] *m* 1 Nahrungsmittel *n*; Nahrungs-, Nährstoff *m*; **~s** *pl a* Nahrung *f*; Lebensmittel *n/pl*; *pour animaux* Futter *n*; ***~s d'origine animale, végétale*** tierische, pflanzliche Nahrungsmittel *n/pl* 2 *fig pour le feu, l'esprit* Nahrung *f*; ***fournir un ~ à*** *la curiosité etc* neue Nahrung geben (+*dat*)

alimentaire [alimɑ̃tɛʀ] *adj* 1 Nahrungs...; Ernährungs...; ***denrées*** *f/pl*, ***produits*** *m/pl* **~s** Nahrungs-, Lebens-, *pour animaux* Futtermittel *n/pl*; ***industries*** *f/pl* **~s** Nahrungs-, Lebensmittelindustrie *f*; ***pâtes*** *f/pl* **~s** Teigwaren *f/pl* 2 JUR ***pension*** *f* **~** Unterhaltsrente *f*; *pour enfant naturel* Alimente *pl* 3 *péj travail* (lediglich) dem Broterwerb dienend

alimentation [alimɑ̃tasjõ] *f* 1 **a)** *action* Ernährung *f*; Beköstigung *f*; Verpflegung *f*; **b)** (*nourriture*) Nahrung *f*; Kost *f* 2 *commerce* Lebensmittelhandel *m*; ***magasin*** *m* ***d'~*** Lebensmittelgeschäft *n* 3 TECH Versorgung *f* (**en** mit); Zuführung *f*; Zufuhr *f*; Speisung *f* (mit); ***~ papier*** Papierzufuhr *f*; ***~ en courant*** (***électrique***) Stromversorgung *f*; ***~ en eau*** Wasserversorgung *f*

alimenter [alimɑ̃te] I *v/t* 1 *malade etc* ernähren; ***~ légèrement*** leichte Kost verabreichen (***qn*** j-m) 2 (*approvisionner*) versorgen (**en** mit); *marché a* beschicken (mit); TECH, ÉLECT *a* speisen (mit); *feu* unterhalten; *incendie* immer neue Nahrung geben (+*dat*); *fonds, caisse* speisen 3 *fig soupçon, doute etc* neue Nahrung geben (+*dat*); *événement* ***~ la conversation*** der Unterhaltung Stoff liefern II *v/pr* ***s'~*** sich ernähren (***de fruits*** von Obst); *malade* Nahrung zu sich nehmen

Aline [alin] *f Vorname*

alinéa [alinea] *m* TYPO Absatz *m*

aliter [alite] I *v/t surtout adjt* ***être, rester alité*** bettlägerig sein; das Bett hüten müssen II *v/pr* ***s'~*** sich (ins Bett) legen

alizé [alize] *adj et subst m* (***vent***) **~** Passat(wind) *m*

Allah [ala] *m* REL Allah *m*

allaitement [alɛtmɑ̃] *m* Stillen *n*; zo Säugen *n*; ***~ artificiel*** artfremde Ernährung; zo mutterlose Aufzucht; Aufzucht *f* mit der Flasche; ***~ maternel, au sein*** Stillen durch die Mutter; Ernährung *f* mit Muttermilch; ***~ mixte*** Zwiemilchernährung *f*; ***~ au biberon*** Ernährung *f* mit der Flasche

allaiter [alete] *v/t* stillen; zo säugen

allant [alɑ̃] *m* Schwung *m*; Tatkraft *f*; Unternehmungsgeist *m*, -lust *f*; ***avoir de l'~*** Schwung *etc* besitzen

Allauch [alo] *Stadt im Dep. Bouches-du-Rhône*

alléchant [aleʃɑ̃] *adj* verlockend **allécher** *v/t* ⟨-è-⟩ (an)locken; *en faisant miroiter qc* ködern

allée [ale] *f* 1 *bordée de verdure* Allee *f*; ***~ cavalière*** Reitweg *m* 2 *cinéma, train etc* Gang *m*; ***~ centrale, latérale*** Mittel-, Seitengang *m* 3 ***~s et venues*** Hinundherlaufen *n*; *pour se procurer qc* Laufereien *f/pl*

allégation [alegasjõ] *f* Behauptung *f*

allégé [aleʒe] *adj denrée* light [laɪt]; leicht

allégeance [aleʒɑ̃s] *f* HIST Treuepflicht *f*; ***serment*** *m* ***d'~*** Treueid *m*; *fig* ***faire ~ à qn*** j-m s-e Ergebenheit zeigen

allégement *ou* **allègement** [alɛʒmɑ̃] *m* 1 *d'un fardeau* Gewichtsverringerung *f* 2 *de charges financières* Verminderung *f*; Verringerung *f*; *des programmes scolaires* stoffliche Entlastung; ***allégement ou allègement fiscal*** Steuererleichterung *f*, -senkung *f*

alléger [aleʒe] *v/t* ⟨-è-⟩ 1 *fardeau* leichter machen; gewichtsmäßig verringern 2 *charge financière* vermindern; verringern; *taxes* senken; *programmes scolaires* stofflich entlasten; ***~ la douleur*** den Schmerz lindern

Alleghanys [alegani] ***les ~*** *m/pl* das Alleghenygebirge ['ɛligeːni-]; die Alleghenies *pl*

allégorie [alegɔʀi] *f* Allegorie *f*; Sinnbild *n* **allégorique** *adj* allegorisch; sinnbildlich

allègre [alɛgʀ] *adj* fröhlich; vergnügt; munter; ***marcher d'un pas ~*** munter, flott ausschreiten

allégrement [alɛgʀəmɑ̃] *adv* munter; frisch-fröhlich (*a iron*)

allégresse [alegʀɛs] *f* laute, ausgelassene Freude; Jubel *m*; ***cris*** *m/pl* ***d'~*** Freudengeschrei *n*; Jubelrufe *m/pl*

allegretto *ou* **allégretto** [alegʀɛ(t)to] MUS I *adv* allegretto; mäßig schnell, lebhaft II *m* Allegretto *n*

allegro *ou* **allégro** [alegʀo] MUS I *adv* allegro II *m* Allegro *n*

alléguer [alege] *v/t* ⟨-è-⟩ 1 *autorité* sich berufen auf (+*acc*) 2 *excuse, raison* angeben; anführen; vorbringen; ins Feld führen; ***~ un prétexte*** einen Vorwand bringen

alléluia [aleluja] I *int* halleluja *ou* alleluja II *m* Halleluja *ou* Alleluja *n*

Allemagne [almaɲ] ***l'~*** *f* Deutschland *n*

allemand [almɑ̃] I *adj* deutsch II *subst* 1 ***Allemand(e)*** *m(f)* Deutsche(r) *f(m)* 2 LING ***l'~*** *m* das Deutsche; Deutsch *n*; ***le haut ~*** das Ober- und Mitteldeutsche; Ober- und Mitteldeutsch *n* 3 ***~e*** *f* MUS Allemande *f*

aller[1] [ale] ⟨**je vais, tu vas, il va, nous allons, ils vont; j'allais; j'allai; j'irai; que j'aille, que nous allions; va!**, *aber*: **vas-y!** [vazi], **va y travailler!**, F **vas-y voir!; allant; être allé**⟩ I *v/i* 1 gehen; (*dans un*) *véhicule* fahren; *expressions* **a)** *int*: ***va donc, eh crâneuse!*** F so e-e Angeberin!; du Angeberin, du!; ***allons! du calme!*** nur ruhig Blut!; immer Ruhe bewahren!; ***allons*** *ou* ***allez, tête de mule***, *je ne t'en veux pas* (es ist ja) schon gut *ou* na, lass gut sein, du Dickschädel, ...; ***allons*** *ou* ***allez! cesse de t'agiter!*** jetzt sitz endlich mal still!; ***allons*** (***donc***) *ou* ***allez*** (***donc***)***! ce n'est pas vrai!*** ach, geh(en Sie), aber geh(en Sie), das ist doch nicht wahr!; ***allons*** *ou* ***allez!*** *voilà que ça recommence!* F zum Kuckuck noch mal, ...!; ***allons*** (***donc***) *ou* ***allez*** (***donc***)***! vous vous rétablirez!*** Kopf hoch, Sie werden schon wieder gesund werden!; ***et allez donc!*** *encore un accident* mein Gott!, das ist ja furchtbar!, ...; *vous gênez pas! iron* (machen Sie) nur weiter so! ...; *j'avais mon couteau à la main*, ***et allez donc! ...*** und ehe ich mich's versah, F und zack, ...; SPORTS ***allez, ...!*** *Anfeuerungsruf*; ***allez, allez! au lit!*** los, los *ou* marsch ins Bett!; ***nous ne serons pas les derniers, allez, ...*** wir sind bestimmt, sicher, garantiert nicht die Letzten ...; ***nous nous retrouverons, allez!*** na warte, wir sprechen uns noch!; **b)** *avec adv*: ***~ dehors*** hinausgehen; nach draußen gehen; F rausgehen; ***~ devant*** voraus-, vorangehen, -laufen, -fahren; ***ça va tout seul*** das geht (ganz) von selbst, von allein(e); ***~ vite*** schnell gehen, laufen, fahren; *travail* schnell, rasch vorangehen; ***y ~*** da- *ou* dorthin gehen, laufen, fahren, reisen; ***vas-y!, allez-y!*** nur zu!; los!; vorwärts!; tu das!; tun Sie das!; *pour parler* F schieß mal, schießen Sie mal los!; *dans une rixe* ***vas-y!*** gibs ihm!; *lors d'une fête* ***ça y allait!*** da ging es hoch her!; ***allons-y!*** *ou* ***on y va!*** auf gehts!; auf!; vorwärts!; ***comme vous y allez!*** F na, Sie sind (vielleicht) gut!; ***avec lui allez-y doucement!*** gehen Sie rücksichtsvoll, schonend mit ihm um!; ***allez-y avec prudence!*** aber seien Sie vorsichtig (dabei)!; → *a* ***loin*** *1*; **c)** *avec prép*: ~ ***à*** *ou* ***en bicyclette, vélo*** mit dem (Fahr)Rad fahren; ***comment ira-t-il au bureau?*** wie wird er ins Büro kommen?; F ~ ***au coiffeur*** *etc* zum Friseur *etc* gehen; ~ ***à l'école*** in die *ou* zur Schule gehen; ~ ***à l'étranger, à Paris*** ins Ausland, nach Paris gehen, fahren, reisen; *vaisselle* ~ ***au feu*** feuerfest sein; ~ ***à la guerre*** in den Krieg ziehen; *couleur etc* ~ ***à la lessive*** waschecht sein; ~ ***à la mer, à la*** *ou* ***en montagne*** an die See, in die Berge fahren; ~ ***à pied*** zu Fuß gehen; laufen; ~ ***aux provisions*** Besorgungen, Einkäufe machen; einkaufen gehen; ~ ***chez qn*** zu j-m gehen; ~ ***chez le coiffeur, le dentiste*** *etc* zum Friseur, Zahnarzt *etc* gehen; ~ ***contre les idées reçues*** gegen die überkommenen Vorstellungen angehen, ankämpfen; ***cela va contre ses opinions*** das geht gegen s-e Überzeugung; ***il faut deux heures pour ~ de Paris à X*** von Paris bis X braucht man zwei Stunden; ***ça va de soi, sans dire*** das ist (doch) selbstverständlich; das versteht sich von selbst; ~ ***de ville en ville*** von Stadt zu Stadt ziehen; ~ ***en*** *ou* ***par avion*** (mit dem Flugzeug) fliegen; ~ ***en bas*** hinuntergehen; nach unten gehen; F runtergehen; ~ ***en bateau*** mit dem Schiff fahren; ~ ***en France*** nach Frankreich gehen, fahren, reisen; ~ ***en justice*** vor Gericht gehen, ziehen; ~ ***en train*** *ou* ***par le train*** mit dem Zug, mit der Bahn fahren; ~ ***en voiture*** mit dem Auto, Wagen fahren; ***il alla jusqu'à lui dire …*** er ging so weit, ihm zu sagen …; *fig* ~ ***jusqu'au ministre*** bis zum Minister gehen; *jardin* ~ ***jusqu'à la rivière*** bis zum Fluss gehen; *route* ~ ***jusqu'à Tours*** bis nach Tours führen, gehen; ***va pour un enfant, mais toi! non!*** (es mag noch angehen,) wenn das ein Kind tut, aber doch nicht du!; → *a* ***va***; ***ne pas ~ sans qc*** nicht ohne etw (ab)gehen; ***la vie ne va pas sans sacrifices*** es geht im Leben nicht ohne Opfer (ab); ~ ***sur ses quarante ans*** auf die vierzig zugehen; sich den Vierzigern nähern; **d)** *avec des verbes*: ~ ***et venir*** hin und her gehen *ou* laufen *ou* fahren; auf und ab gehen; kommen und gehen; F ***je ne fais qu'~ et venir*** ich bin gleich wieder da, zurück; → *a* ***laisser*** *II et III* **2** *personne physiquement, commerce etc* gehen; ***comment vont les affaires?*** was macht das Geschäft?; wie gehen die Geschäfte?; ***comment vont vos maux de tête?*** was machen Ihre Kopfschmerzen?; ***comment allez-vous?*** wie geht es Ihnen?; F ***(comment) ça va?*** wie gehts?; wie geht es denn?; F wie gehts, wie stehts?; ***ça va*** es geht (mir, uns) ganz gut; *choses* das geht; das ist nicht schlecht; *avec humeur* F ***ça va (comme ça)!*** *ou* ***ça va bien comme ça!*** jetzt langts, reichts mir aber!; jetzt ist's aber genug!; ***je vais bien, ça va bien*** es geht mir gut; F ***tu vas pas bien, non!*** *ou* ***ça va pas, la tête!*** F du bist wohl nicht recht bei Trost!; du hast sie wohl nicht mehr alle beieinander!; *et votre cœur?* — F ***ça va pas fort*** das will nicht (mehr) so recht (mitmachen); ***on fait ~!*** es muss gehen!; → *a* ***mal***[1] *I 1.*, ***mieux*** *I 1* **3** (*être seyant*) *couleur, coiffure etc* ~ ***à qn*** j-m stehen; j-n kleiden; ~ ***bien à qn*** j-m gut stehen; j-n (gut) kleiden **4** (*convenir*) *objet, couleur* ~ ***à*** *ou* ***avec qc*** zu etw passen; *vêtement* ~ ***à qn*** j-m (in der Größe) passen; ***ça va (comme ça)? - ça me va*** passt Ihnen das? - das passt mir (*a quant à l'heure*); (*en êtes-vous content?*) ist es Ihnen so recht? - ja, ja, das ist gut so **5** *au jeu* ***y ~ de cinq euros*** fünf Euro setzen; F *fig* ***chacun y est allé de sa chanson*** jeder hat sein Lied beigesteuert, zum Besten gegeben **6** *sentiment st/s* ~ ***à qn*** j-m gehören; *haine etc* sich gegen j-n richten; ***sa sympathie va aux vaincus*** s-e Sympathie gehört den Besiegten **II** *v/aux* **a)** *avec inf*: ~ ***se baigner*** baden gehen; ~ ***se coucher*** ins *ou* zu Bett gehen; schlafen gehen; ~ ***déjeuner, dîner*** essen gehen; ~ ***habiter en province*** in die Provinz ziehen; ~ ***trouver qn*** j-n auf-, besuchen; zu j-m gehen; → *a* ***chercher*** *I 2*, ***voir*** *I 3*; **b)** *avec p/pr*: *st/s* ~ ***croissant*** *bruit* anschwellen; stärker werden; *fatigue* zunehmen; größer werden; *tension, intérêt, nombre* ständig wachsen; **c)** *avec un gérondif*: ~ ***en s'améliorant, en empirant*** sich allmählich *ou* weiter *ou* laufend bessern, verschlechtern; **d)** *futur proche*: ~ ***faire qc*** gleich, bald, sofort etw tun; ***il va arriver d'un moment à l'autre*** er muss jeden Augenblick (an)kommen; ***vous allez comprendre*** Sie werden gleich verstehen; *j'eus l'impression* ***que cette conversation allait durer longtemps*** dass sich diese Unterhaltung noch lange hinziehen würde; ***vas-tu me fermer cette porte!*** wirst du wohl gleich die Tür schließen!; ***et maintenant nous allons lire le texte!*** und jetzt wollen wir den Text lesen!; ***je vais prendre le train ce soir*** ich fahre heute Abend mit dem Zug; **e)** *à l'imparfait*: ***nous allions commencer sans toi*** wir wollten gerade ohne dich anfangen; ***c'est ce que j'allais dire*** das wollte ich gerade, eben sagen; **f)** *pour renforcer*: ***n'allez pas croire cela!*** glauben Sie das ja nicht!; Sie werden doch das nicht glauben! **III** *v/imp* **1** ***il y va de …*** es geht um …; … steht auf dem Spiel; ***il y va de votre honneur*** es geht um Ihre Ehre; Ihre Ehre steht auf dem Spiel **2** *comparaison*: ***il en ira de cette affaire comme de l'autre*** es wird mit dieser Sache (genau)so gehen wie mit der anderen; ***il n'en va pas de même pour cette autre affaire*** mit der anderen Sache sieht es ganz anders aus, steht es ganz anders **IV** *v/pr* ***s'en ~*** **1** weg-, fortgehen *ou* -fahren; ***va-t'en!*** F hau ab!; scher dich weg!; ***le malade s'en va doucement*** mit dem Kranken geht es langsam zu Ende; ***il s'en alla furieux*** *a* er ging wütend davon; ***s'en ~ déjeuner, dîner*** zum Essen weggehen; essen gehen **2** *futur proche à la 1re personne sg*: ***je m'en vais vous le démontrer*** das werde, will ich Ihnen gleich beweisen **3** *années etc* vergehen; dahingehen; verrinnen **4** F *tache* weg-, herausgehen; F rausgehen; *bouton* lose sein; → *Info nächste Seite*

aller[2] [ale] *m* **1** Hinweg *m*, -fahrt *f*, -reise *f*, AVIAT -flug *m*; ***j'ai fait l'~ à pied*** hin bin ich gelaufen; ***je ne fais qu'un ~ et retour chez le boulanger*** ich gehe nur mal schnell zum Bäcker **2** CH DE FER (Fahrkarte *f* für die) Hinfahrt; einfache Fahrt, Fahrkarte; AVIAT (Flugschein *m* für den) Hinflug; ~ ***et retour*** Rückfahrkarte *f*; AVIAT Hin- und Rückflug *m*; *au guichet*: ***un ~ (simple) pour Dijon*** einmal Dijon einfach; ***deux ~s et retours pour Lyon*** zweimal Lyon

aller: Zukunft und Sicherheit

Um zukünftiges Geschehen auszudrücken, wird oft die Konstruktion aller + infinitif verwendet:

Alice est allée au supermarché, mais elle **va revenir** tout de suite. –
Alice ist zum Supermarkt gegangen, aber sie **wird gleich zurückkommen.**

Mit aller + infinitif wird vor allem betont, dass der künftige Vorgang unmittelbar bevorsteht. Deshalb heißt diese Konstruktion auch futur proche (nahe Zukunft):

L'avion **va décoller** dans quelques secondes. –
Das Flugzeug **wird** in einigen Sekunden **starten**.

Man gebraucht das futur proche aber auch, um eine feste Absicht oder ein mit Sicherheit eintretendes Geschehen zum Ausdruck zu bringen:

Pendant les grandes vacances, je **vais aller** en Bretagne. –
In den großen Ferien **werde** ich in die Bretagne **fahren**.

hin und zurück; ***à l'~*** auf der Hinfahrt *etc* **3** F *fig* ***il lui a flanqué un de ces ~s et retours*** F er hat ihm rechts und links eine runtergehauen **4** *adjt* SPORTS ***match*** *m* **~** Hinspiel *n* **5** *loc/adv* ***au pis ~*** schlimmstenfalls; im ungünstigsten Fall

allergène [alɛʀʒɛn] *m* MÉD Allergen *n* **allergénique** *adj* MÉD eine Allergie hervorrufend

allergie [alɛʀʒi] *f* MÉD Allergie *f* (*a fig*; ***à*** gegen); Überempfindlichkeit *f*; ***~ à certains médicaments*** Arzneimittelallergie *f*; ***~ aux pollens*** Pollenallergie *f*

allergique [alɛʀʒik] **I** *adj* allergisch; ***être ~ à qc*** gegen etw allergisch sein (*a fig*) **II** *m,f* Allergiker(in) *m(f)*

allergologie [alɛʀgɔlɔʒi] *f* Allergologie *f* **allergologue** *m,f* Allergologe *m*, -login *f*

alliage [aljaʒ] *m* **1** MÉTALL Legierung *f* **2** *fig* Mischung *f*; Amalgam *n* (***de*** aus)

alliance [aljɑ̃s] *f* **1** POL *et par ext* Bündnis *n*; Allianz *f*; ***~ de partis*** Partei(en)bündnis *n* **2** ***Alliance française*** *Einrichtung zur Verbreitung der frz Sprache u Kultur* **3** *fig* (*combinaison*) Verbindung *f*; Vereinigung *f* **4** JUR Verschwägerung *f*; (F Schwipp-)Schwägerschaft *f*; *parent* ***par ~*** angeheiratet; ***être parents par ~*** verschwägert sein **5** *bague* Trau-, Ehering *m*

allié [alje] **I** *adj* POL verbündet, alliiert (***à*** mit); ***puissances ~es*** alliierte, verbündete Mächte *f/pl* **II** *m* **1** POL Verbündete(r) *m*; Alliierte(r) *m*; HIST ***les Alliés*** die Alliierten **2** *fig* Verbündete(r) *m*; Bundesgenosse *m*; ***se faire l'~ de qn*** j-s Verbündeter, Bundesgenosse werden; sich mit j-m verbünden; ***trouver en qn un ~*** in j-m e-n Bundesgenossen finden

allier [alje] **I** *v/t* **1** POL in e-m Bündnis zusammenschließen **2** *fig* **~ *qc à*** *ou* ***avec qc*** etw mit etw verbinden, verein(ig)en **3** MÉTALL legieren (***à*** *ou* ***avec*** mit) **II** *v/pr* ***s'~*** **1** POL sich verbünden, sich alliieren (***à*** mit); ein Bündnis, e-e Allianz schließen (mit) **2** *fig choses* sich verbinden, verknüpfen, miteinander verein(ig)en (lassen)

Allier [alje] ***l'~*** *m Fluss u Departement in Frankreich*

alligator [aligatɔʀ] *m* ZO Alligator *m*

allitération [aliteʀasjɔ̃] *f* Stabreim *m*; Alliteration *f*

allo *ou* **allô** [alo] *int* TÉL hallo!; *le correspondant a* ja, bitte?; *en Allemagne on précise généralement son nom*

allocataire [alɔkatɛʀ] *m,f* Beihilfe-, Unterstützungsempfänger(in) *m(f)*, *a* -berechtigte(r) *f(m)*

allocation [alɔkasjɔ̃] *f* **1** Beihilfe *f*; Unterstützung *f*; Zuschuss *m*; Zulage *f*; ***~s familiales*** Kindergeld *n*; **~ *(de) chômage*** Arbeitslosengeld *n*, -unterstützung *f*; **~ *(de) logement*** Wohngeld *n*; Mietzuschuss *m* **2** ÉCON Zuweisung *f*; Zuteilung *f*; ***~ de devises*** Devisenzuteilung *f*

allocution [alɔkysjɔ̃] *f* (kurze) Ansprache; ***faire, prononcer une ~*** e-e Ansprache halten

allogène [alɔʒɛn] *adj population* zugewandert; *sc* allochthon

allonge [alɔ̃ʒ] *f* **1** BOUCHERIE Fleischerhaken *m* **2** BOXE Reichweite *f*; ***avoir une bonne ~, de l'~*** e-e große Reichweite haben

allongé [alɔ̃ʒe] *adj* **1** länglich; ***forme ~e*** längliche Form; ***visage ~*** längliches Gesicht **2** (*couché*) liegend; aus-, hingestreckt; ***être ~*** (da)liegen; ***rester ~*** liegen bleiben

allongement [alɔ̃ʒmɑ̃] *m* **1** *dans l'espace, dans le temps* Verlängerung *f*; ***l'~ des jours est déjà très sensible*** die Tage werden schon merklich länger **2** PHON, TECH Dehnung *f*; Längung *f*

allonger [alɔ̃ʒe] ⟨**-geons**⟩ **I** *v/t* **1** länger machen; verlängern; *fig* **~ *la mine, le nez, le visage*** ein langes Gesicht machen, ziehen; **~ *le pas*** größere, längere Schritte machen; schneller gehen; *coiffure* **~ *le visage*** das Gesicht länger machen, erscheinen lassen **2** *dans le temps* ausdehnen; in die Länge ziehen **3** CUIS *sauce* verlängern; strecken; verdünnen; → *a* ***sauce*** *1* **4** *bras, jambe* (aus)strecken; **~ *le cou*** den Hals recken; **~ *la main vers qc*** die Hand nach etw ausstrecken; nach etw langen **5** F *coup* (*de pied*) geben; versetzen; verpassen; F **~ *une gifle à qn*** F j-m eine langen **6** F *somme d'argent* zahlen; F blechen; ausspucken; **~ *un pourboire*** ein Trinkgeld geben **II** *v/i jours, nuits* länger werden **III** *v/pr* ***s'~*** **1** länger werden (*a ombres*); *visage etc* länger wirken; *fig visage, mine* immer länger werden; *route etc* ***s'~ devant qn*** sich vor j-m ausdehnen, (weithin) erstrecken **2** *jours, nuits* länger werden **3** (*se coucher*) sich (hin)legen (***sur le lit*** auf das Bett); sich aus-, hinstrecken (auf dem Bett); ***je vais m'~ un peu*** ich lege mich ein bisschen hin

allopathie [alɔpati] *f* MÉD Allopathie *f*

allouer [alwe] *v/t crédit, somme* bewilligen; gewähren; bereitstellen; *crédit a* einräumen

allumage [alymaʒ] *m* 1 Anzünden *n*; *d'un feu a* Entzünden *n*; Entfachen *n*; *d'une pipe, cigarette a* Anstecken *n*; *d'une lampe, de la radio, de la télé* Einschalten *n*; F Anmachen *n*; *d'explosifs, d'une fusée* Zünden *n*, -ung *f* 2 AUTO Zündung *f*; ***bougie*** *f* ***d'~*** Zündkerze *f*

allumé [alyme] *adj* 1 *lampe, bougie* brennend; ***être ~*** brennen (*a lumière*); F an sein (*a radio, télé, chauffage*); ***son bureau est ~*** in s-m Büro brennt, ist Licht; ***laisse la lumière ~e!*** lass das Licht brennen, F an! 2 F *personne* geil; F scharf; wild

allume-cigare(s) [alymsigaʀ] *m* ⟨*inv*⟩ AUTO Zigarettenanzünder *m* **allume-gaz** *m* ⟨*inv*⟩ Gasanzünder *m*

allumer [alyme] I *v/t* 1 anzünden; *feu a* entzünden; entfachen; *feu, poêle a* F anmachen; ***~ une bougie*** eine Kerze anzünden, anbrennen; ***~ une cigarette, une pipe*** sich (*dat*) eine Zigarette, eine Pfeife anzünden, anstecken; ***~ un incendie*** e-n Brand entfachen 2 *lumière, radio, télé, phares, chauffage* einschalten; anschalten; F anmachen; *lumière, lampe a* F anknipsen; ***~ (l'électricité, la lumière)*** Licht machen; F das Licht anmachen 3 *pièce* erleuchten; Licht machen, F das Licht anmachen, anknipsen (***l'escalier*** im Treppenhaus) 4 *fig désir* (er)wecken; erregen; entzünden; F ***~ qn*** j-n aufreizen, F scharfmachen, anmachen II *v/pr* ***s'~*** 1 *bois, papier* anbrennen; sich entzünden 2 *lampe, lumière* angehen; aufleuchten; ***les fenêtres s'allumèrent*** die Fenster wurden hell; hinter den Fenstern ging das Licht an 3 *fig amour etc* aufflammen; auflodern; ***son regard s'alluma (de convoitise)*** s-e Augen leuchteten (begehrlich) auf

allumette [alymɛt] *f* 1 Zünd-, Streichholz *n*; ***~s de sûreté***, *autrefois* ***suédoises*** Sicherheitszündhölzer *n/pl*; F ***avoir des jambes comme des ~s*** F Storchbeine haben; ***craquer, frotter une ~*** ein Streichholz an-, entzünden 2 CUIS Blätterteigschnitte *f* 3 *adjt* CUIS ***pommes*** *f/pl* ***~s*** feine, dünne Pommes frites *pl*

allumeur [alymœʀ] *m* 1 AUTO (Zünd)Verteiler *m* 2 TECH Zündvorrichtung *f* 3 *autrefois* ***~ de réverbères*** Laternenanzünder *m*

allumeuse [alymøz] *f* F Frau, die die Männer scharfmacht, wild macht

allure [alyʀ] *f* 1 (*démarche*) Gang *m*; *d'animaux a* Gangart *f* 2 (*vitesse*) Tempo *n*; Geschwindigkeit *f*; ***à cette ~-là***, *vous n'aurez jamais fini* bei dem Tempo …; ***à toute, vive ~*** *rouler etc* mit vollem, hohem Tempo; mit voller, hoher, großer Geschwindigkeit; in voller Fahrt; *faire qc* (sehr) schnell, rasch; F im Eiltempo; ***rouler à trop grande ~*** mit überhöhter Geschwindigkeit fahren; F zu viel Tempo, Fahrt draufhaben 3 **a)** (*comportement*) *souvent pl* ***~s*** Benehmen *n*; Gebaren *n*; Allüren *f/pl*; **b)** (*aspect*) Aussehen *n*; ***avoir une drôle d'~*** *personne* ein komisches, seltsames Benehmen, Gebaren haben; *a chose* komisch, seltsam aussehen, wirken; ***avoir de l'~*** vornehm wirken, aussehen; ein vornehmes Benehmen haben; *attitude* Stil haben; F viel hermachen; ***avoir, prendre des ~s de*** *play-boy etc* die Allüren e-s … haben, annehmen; sich benehmen, gebärden, geben wie ein …

allusif [alyzif] *adj* ⟨**-ive**⟩ e-e Anspielung enthaltend; vielsagend

allusion [alyzjõ] *f* Anspielung *f* (***à*** auf *+acc*); Andeutung *f*; ***faire ~ à*** anspielen auf (*+acc*); e-e Anspielung machen auf (*+acc*)

alluvial [alyvjal] *adj* ⟨**-aux**⟩ GÉOL alluvial; Alluvial…; angeschwemmt; ***plaine ~e*** Aufschüttungsebene *f*

alluvions [alyvjõ] *f/pl* GÉOL Anschwemmungen *f/pl*; angeschwemmtes Land

almanach [almana] *m* Almanach *m*

aloès [alɔɛs] *m* BOT, PHARM Aloe *f*

aloi [alwa] *loc/adj*: ***de bon ~*** *succès* verdient; Achtung gebietend; *gaîté* echt; ***de mauvais ~*** *gaîté* falsch; unecht

alors [alɔʀ] I *adv* 1 *moment dans le passé* damals; *loc/adj* ***d'~*** von damals; damalige(r, -s); ***le ministre d'~*** der damalige Minister; ***jusqu'~*** bis dahin; bisher; bislang; bis jetzt; ***il avait ~ vingt ans*** er war damals zwanzig Jahre alt 2 *consécutif* da; dann; ***et ~*** und dann; ***ou ~*** es sei denn; ***~ seulement*** dann erst; *il restait indécis*, ***~ j'avançai d'autres arguments*** da führte ich andere Argumente an; ***oh! ~ je ne dis plus rien*** ja dann sage ich nichts mehr 3 F *dans des expressions*: ***~?*** was nun?; ***~, ça va?*** F na, wie gehts?; ***~, ça vient?*** na, wird's bald?; ***ça ~***, *il est encore absent!* na so was! …; ***~, là! qu'est-ce que j'ai pris!*** na *ou* also, da hab ich vielleicht was zu hören gekriegt!; ***non mais ~!*** *à qui croyez-vous parler?* na *ou* also, hören Sie mal! …; ***et (puis) ~?*** na und?; ***~ quoi! cela ne vous intéresse pas?*** na *ou* ja, interessiert Sie das denn gar nicht? II *loc/conj* ***~ que*** a) während (dagegen); wo(hin)gegen; wo doch; b) *litt* als; wenn

Alost [alɔst] GÉOGR Aalst *n*

alouette [alwɛt] *f* ZO Lerche *f*; *fig* ***il attend que les ~s lui tombent toutes rôties dans le bec*** F die gebratenen Tauben fliegen einem nicht ins Maul

alourdir [aluʀdiʀ] I *v/t* 1 schwer(er) machen; *fig* schwerfällig machen (*a style*); *vêtement* ***alourdi par la pluie*** schwer vom Regen 2 *charges fiscales etc* vergrößern; erhöhen; noch drückender machen II *v/pr* ***s'~*** schwer(er), *fig* schwerfällig werden; ***sa taille s'est alourdie*** sie ist rundlicher, fülliger geworden

alourdissement [aluʀdismɑ̃] *m* Schwererwerden *n*

aloyau [alwajo] *m* BOUCHERIE Lendengegend *f*; ***un morceau dans l'~*** ein Stück *n* aus der Lendengegend

alpaga [alpaga] *m* 1 ZO Alpaka *n*; ***laine*** *f* ***d'~*** Alpakawolle *f* 2 TEXT Alpaka *m*

alpage [alpaʒ] *m* 1 *pâturage* Alm *f* 2 *époque* Alm(weide)zeit *f*

alpaguer [alpage] *v/t arg policier* ***~ qn*** F j-n schnappen; ***se faire ~*** geschnappt werden

alpe [alp] *f* Alm *f*

Alpe d'Huez (L') [lalpədɥɛz] *frz Wintersportort*

Alpes [alp] ***les ~*** *f/pl* die Alpen *pl*

Alpes-de-Haute-Provence [alp(ə)dəotpʀɔvɑ̃s] ***les ~*** *f/pl frz Departement*

Alpes-Maritimes [alp(ə)maʀitim] ***les ~*** *f/pl frz Departement*

alpestre [alpɛstʀ] *adj* Alpen…; ***plantes*** *f/pl* ***~s*** Alpenpflanzen *f/pl*

alpha [alfa] *m* 1 *lettre grecque* Alpha *n*; *fig* ***l'~ et l'oméga*** das Alpha und das Omega; das A und

(das) O **2** PHYS NUCL ***particule*** *f* ~ Alphateilchen *n*; ***rayons*** *m/pl* ~ Alphastrahlen *m/pl*
alphabet [alfabɛ] *m* **1** Alphabet *n*; Abc *n*; ~ ***phonétique international*** Internationale Lautschrift; ***réciter l'~*** das Alphabet auf-, hersagen **2** ÉCOLE Abc-Buch *n*; Fibel *f*
alphabétique [alfabetik] *adj* alphabetisch; ***écriture*** *f* ~ Buchstabenschrift *f*; ***ordre*** *m* ~ alphabetische Reihenfolge, Ordnung
alphabétisation [alfabetizasjõ] *f* Alphabetisierung *f*; Beseitigung *f* des Analphabetentums **alphabétiser** *v/t* alphabetisieren; (das) Lesen und Schreiben beibringen (***qn*** j-m) **alphabétisme** *m* Buchstabenschrift *f*
alphanumérique [alfanymeʀik] *adj* INFORM alpha(nu)merisch
Alphée [alfe] GÉOGR ***l'~*** *m* der Alpheus *ou* Alphios
Alphonse [alfõs] *m Vorname*
Alpilles [alpij] ***les*** ~ *f/pl kleines Gebirge in der Provence*
alpin [alpɛ̃] *adj* **1** Alpen…; alpin; ***club*** ~ Alpenverein *m*; ***route ~e*** Alpenstraße *f*; SPORTS ***ski*** ~ alpiner Skilauf **2** MIL ***chasseurs ~s*** Gebirgsjäger *m/pl*
alpinisme [alpinism] *m* Bergsteigen *n*; Bergsport *m*; Alpinistik *f*; Alpinismus *m* **alpiniste** *m,f* Bergsteiger(in) *m(f)*
Alsace [alzas] **1** ***l'~*** *f* das Elsass **2** ***alsace*** *m* Elsässer Weißwein *m*
Alsace-Lorraine [alzaslɔʀɛn] HIST ***l'~*** *f* Elsass-Lothringen *n*
alsacien [alzasjɛ̃] **I** *adj* ⟨***~ne***⟩ elsässisch; Elsässer **II** *subst* **1** ***Alsacien(ne)*** *m(f)* Elsässer(in) *m(f)* **2** LING ***l'~*** *m* das Elsässische; Elsässisch *n*
Altaï [altai] GÉOGR ***l'~*** *m* der Altai
altérant [alteʀɑ̃] *adj* durstig machend
altération [alteʀasjõ] *f* **1** *d'un texte* Entstellung *f*; Verstümmelung *f*; *des traits du visage, de la voix, des couleurs* Veränderung *f*; *de la santé* Verschlechterung *f*; *des sentiments, des relations* Beeinträchtigung *f* **2** JUR *du vin etc* Verfälschung *f*; *de la vérité* Entstellung *f*; Verdrehung *f* **3** MUS Versetzungszeichen *n* **4** GÉOL Verwitterung *f*
altercation [altɛʀkasjõ] *f* (kurze, heftige) Auseinandersetzung; Streit *m*; ***avoir une ~ avec qn*** e-e Auseinandersetzung mit j-m haben
alter ego [altɛʀego] *m* Alter Ego *n*; zweites, anderes Ich
altérer [alteʀe] ⟨***-è-***⟩ **I** *v/t* **1** *texte* entstellen; verstümmeln; *haine etc*: *visage* entstellen; *lumière*: *couleur* verändern; *santé* verderben; verschlechtern; untergraben; *sentiments, relations* beeinträchtigen; Abbruch tun (+*dat*); *chaleur etc*: *aliments* verderben; ~ ***les traits du visage, la voix*** die Gesichtszüge, die Stimme verändern; *adjt*: ***visage altéré par l'angoisse*** angstverzerrtes Gesicht; ***d'une voix altérée*** mit veränderter, *par l'émotion* bewegter, versagender Stimme **2** (*falsifier*) *texte, denrée etc* verfälschen; *vérité a* entstellen; verdrehen **3** *chaleur etc* ~ ***qn*** j-n durstig machen; j-m Durst machen; *adjt*: ***altéré*** durstig; *fig* ***altéré de sang*** blutrünstig, -dürstig **4** MUS alterieren **II** *v/pr* ***s'~*** *santé, style* schlechter werden; sich verschlechtern; *visage, couleurs* sich verändern
altérité [alteʀite] *f* PHILOS Andersheit *f*
altermondialisation [altɛʀmõdjalizasjõ] *f* globalisierungskritische Bewegung; Bewegung *f* für e-e andere Globalisierung **altermondialiste** **I** *adj mouvement* globalisierungskritisch; für e-e andere Globalisierung **II** *m,f* Globalisierungskritiker(in) *m(f)*; Befürworter(in) *m(f)* e-r anderen Globalisierung
alternance [altɛʀnɑ̃s] *f* (regelmäßiger) Wechsel; regelmäßige Aufeinanderfolge; POL (demokratischer) Machtwechsel; LING ~ ***vocalique*** Ablaut *m*; Vokalwechsel *m*; AGR ~ ***des cultures*** Fruchtfolge *f*, -wechsel *m*; *loc/adv* ***en*** ~ abwechselnd, im Wechsel (***avec*** mit)
alternant [altɛʀnɑ̃] *adj* (ab)wechselnd; alternierend
alternateur *m* ÉLECT Wechselstromgenerator *m*
alternatif [altɛʀnatif] *adj* ⟨***-ive***⟩ **1** regelmäßig wechselnd; alternierend; ÉLECT ***courant*** ~ Wechselstrom *m*; AGR ***culture alternative*** Fruchtwechselwirtschaft *f*; TECH ***mouvement*** ~ hin- und hergehende Bewegung **2** *solution, médecine etc* alternativ
alternative [altɛʀnativ] *f* **1** ***~s*** *pl* regelmäßiger Wechsel; regelmäßige Aufeinanderfolge; ***passer par des ~s d'euphorie et d'abattement*** abwechselnd Euphorie und Niedergeschlagenheit durchmachen **2** Alternative *f* (***à*** zu); ***être placé devant une*** ~ vor e-r Alternative stehen; ***il n'y a pas d'~*** es gibt keine Alternative
alternativement [altɛʀnativmɑ̃] *adv* abwechselnd; wechselweise; umschichtig
alterné [altɛʀne] *adj* abwechselnd; Wechsel…; alternierend (*a* MATH); ***rimes ~es*** Wechselreim *m*
alterner [altɛʀne] *v/i* (ab)wechseln (***avec*** mit); in stetem Wechsel aufeinanderfolgen; alternieren; ***faire*** ~ abwechselnd aufeinanderfolgen lassen
altesse [altɛs] *f* Hoheit *f*; ***Son Altesse impériale, royale*** S-e *ou* Ihre Kaiserliche, Königliche Hoheit; ***Votre Altesse*** (Eure) Hoheit
altier [altje] *adj* ⟨***-ière***⟩ stolz; *péj* hochmütig
altimètre [altimɛtʀ] *m* Höhenmesser *m* **altimétrie** *f* Höhenmessung *f* **altiport** *m* AVIAT Landeplatz *m* (im Hochgebirge)
altiste [altist] *m,f* MUS Bratschist(in) *m(f)*
altitude [altityd] *f* Höhe *f* (über dem Meeresspiegel); *loc/adv*: *voler* ***à faible, 'haute*** ~ in geringer, großer Höhe; ***en*** ~ in großer Höhe; ***être à 300 m d'~*** *mont* 300 m hoch sein, *lieu* liegen, *avion* fliegen; *avion* ***perdre, prendre de l'~*** an Höhe verlieren, gewinnen
alto [alto] *m* MUS **1** Bratsche *f* **2** *adjt* ***saxophone*** *m* ~ Altsaxofon *n*
altruisme [altʀɥism] *m* Altruismus *m*; Selbstlosigkeit *f*; Uneigennützigkeit *f* **altruiste** **I** *adj* altruistisch; selbstlos; uneigennützig **II** *m,f* Altruist(in) *m(f)*
alu [aly] *m abr* (*aluminium*) Alu *n*; *adjt* ***papier*** *m* ~ Alufolie *f*
alumine [alymin] *f* CHIM Tonerde *f*
aluminium [alyminjɔm] *m* Aluminium *n*
alun [alɛ̃, alœ̃] *m* CHIM Alaun *m*
alunir [alyniʀ] *v/i* auf dem Mond landen **alunissage** *m* Mondlandung *f*
alvéolaire [alveɔlɛʀ] *adj* ANAT, PHON alveolar; Alveolar…
alvéole [alveɔl] *f* **1** *d'abeille* Zelle *f* **2** ANAT *sc* Alveole *f*; ~ ***dentaire*** Zahnfach *n*; ~ ***pulmonaire*** Lungenbläschen *n* **3** *par ext* Wabe *f*; Zelle *f*

alvéolé [alveɔle] *adj* zellen-, wabenartig
alzheimer [alzajmɜʀ] *m* MÉD, *a* ***maladie** f* ***d'Alzheimer*** Alzheimerkrankheit *f*
amabilité [amabilite] *f* Liebenswürdigkeit *f*; Freundlichkeit *f*; Zuvorkommenheit *f*; *loc/adv* ***avec ~*** liebenswürdig; freundlich; ***veuillez avoir l'~ de le prévenir*** seien Sie doch bitte so liebenswürdig, freundlich, und benachrichtigen Sie ihn; würden Sie wohl die Liebenswürdigkeit, Freundlichkeit besitzen, ihn zu benachrichtigen; ***faire des ~s à qn*** j-n mit (großer) Zuvorkommenheit behandeln
amadou [amadu] *m* Zunder *m*
amadouer [amadwe] *v/t* ***~ qn*** (*apaiser*) j-n besänftigen; (*enjôler*) j-n für sich gewinnen, für sich einnehmen
amadouvier [amaduvje] *m* BOT Feuer-, Zunderschwamm *m*
amaigrir [amegʀiʀ] *v/t* *privations etc* ***~ qn*** an j-m zehren; *surtout adjt* ***amaigri*** abgemagert; abgezehrt; mager, dünn geworden
amaigrissant [amegʀisɑ̃] *adj* ***produit ~*** Schlankheitsmittel *n*; ***régime ~*** Abmagerungs-, Entfettungsdiät *f*; ***faire, suivre un régime ~*** e-e Abmagerungskur machen
amaigrissement [amegʀismɑ̃] *m* Abmagerung *f*; Gewichtsverlust *m*; ***cure** f* ***d'~*** Abmagerungs-, Entfettungskur *f*
amalgame [amalgam] *m* **1** TECH, MÉD Amalgam *n* **2** *fig* Amalgam *n*; Verquickung *f*; Mischung *f*; Gemisch *n*
amalgamer [amalgame] *v/t* **1** TECH amalgamieren **2** *fig* miteinander verquicken, verbinden; amalgamieren
amande [amɑ̃d] *f* **1** Mandel *f*; ***~ amère, douce*** Bitter-, Süßmandel *f*; ***~ salée*** Salzmandel *f*; ***huile** f* ***d'~s douces*** Mandelöl *n*; ***pâte** f* ***d'~s*** Marzipan *n*; *fig* ***yeux (fendus) en ~*** mandelförmige Augen *n/pl*; Mandelaugen *n/pl* **2** *dans un noyau* Samen(kern) *m* **3** *adjt* ***vert ~*** ⟨*inv*⟩ lind-, zartgrün
amandier [amɑ̃dje] *m* BOT Mandelbaum *m* **amandine** *f pâtisserie* Mandelteilchen *n*, -schnitte *f*
amanite [amanit] *f* BOT Knollenblätterpilz *m*; Wulstling *m*; ***~ phalloïde*** Grüner Knollenblätterpilz; ***~ tue-mouches*** Fliegenpilz *m*
amant [amɑ̃] *m* Geliebte(r) *m*; Liebhaber *m*; ***les ~s*** die Liebenden *pl*; ***prendre un ~*** F sich (*dat*) e-n Liebhaber zulegen
amante [amɑ̃t] *litt f* Geliebte *f*
amarante [amaʀɑ̃t] *f* **1** BOT Amarant *m*; Fuchsschwanz *m* **2** *adjt* ⟨*inv*⟩ *litt* amarantrot; amaranten
amarrage [amaʀaʒ] *m* **1** *d'un bateau* Festmachen *n*; Vertäuen *n* **2** *d'un engin spatial* Andocken *n*; Ankoppeln *n*
amarre [amaʀ] *f* MAR Haltetau *n*; Leine *f*
amarrer [amaʀe] **I** *v/t bateau, par ext colis etc* festmachen; vertäuen **II** *v/pr bateau* ***s'~*** festmachen
amaryllis [amaʀilis] *f* BOT Amaryllis *f*
amas [ama] *m* **1** Haufen *m*; *sa voiture n'était plus qu'**un ~ de ferraille*** ein Blechhaufen **2** *fig* Anhäufung *f*, Ansammlung *f* (**de** von) **3** ASTR ***~ (stellaire)*** Sternhaufen *m*
amasser [amase] **I** *v/t objets* an-, aufhäufen; ansammeln; zusammentragen; *fortune a* zusammenbringen, -sparen, -raffen; *provisions a* horten; ***~ des documents, des preuves*** Dokumente, Beweise sammeln **II** *v/pr* ***s'~*** *foule* zusammenlaufen, -strömen; sich ansammeln; sich versammeln, sich scharen (***autour de qn*** um j-n); *objets* sich an-, aufhäufen; sich ansammeln
amateur [amatœʀ] *m* **1** Liebhaber(in) *m(f)*; Freund(in) *m(f)*; ***~ d'art, de musique*** Kunst-, Musikliebhaber(in) *m(f)*, -freund(in) *m(f)*; *adjt* ***elle n'est pas ~ de café*** sie ist kein Freund von Kaffee **2** COMM Abnehmer(in) *m(f)*; Interessent(in) *m(f)*; *fig* ***avis aux ~s!*** aufgepasst, wen's angeht!; *adjt* ***je ne suis pas ~*** ich bin kein(e) Abnehmer(in) dafür; ich bin nicht daran interessiert; ***ne pas trouver d'~*** keinen Abnehmer, Interessenten finden **3** SPORTS, ART, TECH Amateur(in) *m(f)*; THÉ Laienschauspieler(in) *m(f)*; ***équipe** f* ***d'~s***, *adjt* ***~*** Amateurmannschaft *f*; ***photographe** m* ***~*** Amateurfotograf *m*; Fotoamateur *m*; ***la pièce a été jouée par une troupe d'~s*** das Stück wurde von e-r Laienspielgruppe, von Laienschauspielern aufgeführt **4** *péj* Amateur(in) *m(f)*; Dilettant(in) *m(f)*; *loc/adv* ***en ~*** amateur-, dilettantenhaft; dilettantisch; ***c'est du travail d'~*** das ist die Arbeit e-s Amateurs, Anfängers
amateurisme [amatœʀism] *m* **1** SPORTS Amateureigenschaft *f*, -status *m* **2** *péj* Dilettantismus *m*
amazone [amazon] *f* **1** (*cavalière*) Reiterin *f*; Amazone *f*; *monter* ***en ~*** im Damensitz **2** MYTH ***Amazone*** Amazone *f* **3** F *prostituée* Prostituierte, die mit dem Auto Kunden sucht
Amazone [amazon] ***l'~*** *f* GÉOGR der Amazonas
Amazonie [amazɔni] ***l'~*** *f* Amazonien *n*
amazonien [amazɔnjɛ̃] *adj* ⟨***~ne***⟩ GÉOGR Amazonas...
ambages [ɑ̃baʒ] *loc/adv* ***sans ~*** ohne Umschweife; frei-, geradeheraus; *parler a* frei von der Leber weg
ambassade [ɑ̃basad] *f* **1** DIPL Botschaft *f*; ***l'~ de France*** die französische Botschaft; ***quartier** m* ***des ~s*** Botschaftsviertel *n* **2** *fig* ***venir en ~ chez qn*** als Abgesandte(r) zu j-m kommen
ambassadeur [ɑ̃basadœʀ] *m* **1** DIPL Botschafter *m*; ***l'~ de France*** der französische Botschafter; der Botschafter Frankreichs **2** *fig* Repräsentant *m*; Botschafter *m*
ambassadrice [ɑ̃basadʀis] *f* **1** DIPL **a)** Botschafterin *f*; **b)** *épouse* Frau *f* des Botschafters **2** *fig* Repräsentantin *f*; Botschafterin *f*
ambiance [ɑ̃bjɑ̃s] *f* **1** Atmosphäre *f*; Klima *n*; Stimmung *f*; Ambiente *n*; *dans une entreprise* Betriebsklima *n*; ***musique** f* ***d'~*** stimmungsvolle Musik **2** *à une fête* (ausgelassene, fröhliche) Stimmung; ***il y a de l'~ ici*** hier herrscht Stimmung; ***cette fête manquait d'~*** bei diesem Fest kam keine Stimmung auf; ***mettre de l'~*** für Stimmung sorgen **3** (*environnement*) Milieu *n*; Umgebung *f*
ambiant [ɑ̃bjɑ̃] *adj* **1** PHYS umgebend; *d'une salle* ***température ~e*** Raumtemperatur *f* **2** *fig* der, s-r Umgebung, Umwelt; ***influence ~e*** Umwelteinfluss *m*
ambidextre [ɑ̃bidɛkstʀ] **I** *adj* beidhändig **II** *m,f* Beidhänder(in) *m(f)*
ambigu [ɑ̃bigy] *adj* ⟨**ambiguë** [ɑ̃bigy]⟩ **1** *réponse, terme* zwei-, mehr-, vieldeutig; doppeldeutig, -sinnig **2** *péj comportement, rôle* zweideutig; zwielichtig; zweifelhaft; undurchsichtig
ambiguïté [ɑ̃bigɥite] *f* Zwei-, Doppel-, Mehr-, Viel-

deutigkeit *f*; Doppelsinn *m*; *t/t* Ambiguität *f*; ***sans ~*** unzweideutig; unmissverständlich

ambitieux [ɑ̃bisjø] **I** *adj* ⟨**-euse**⟩ ehrgeizig; *péj* ambitiös; *projet a* hochfliegend; *personne a* ambitioniert; strebsam **II** *subst* **~, *ambitieuse*** *m,f* ehrgeiziger Mensch; *péj* Ehrgeizling *m*

ambition [ɑ̃bisjõ] *f* **1** Ehrgeiz *m*; ***~s*** *pl* Ambitionen *f/pl*; ***~s artistiques*** künstlerische Ambitionen; ***avoir de l'~, manquer d'~*** Ehrgeiz, keinen Ehrgeiz haben, besitzen; ***avoir des ~s élevées pour qn*** ehrgeizige, hochfliegende Pläne für j-n haben, hegen **2** (*aspiration*) (Be)Streben *n*; ***sa seule ~ est de*** (+*inf*) es ist sein einziges Bestreben zu (+*inf*); ***mettre*** (***toute***) ***son ~ à*** (+*inf*) (ganz) bestrebt sein zu (+*inf*)

ambitionner [ɑ̃bisjɔne] *v/t* erstreben; ***~ de*** (+*inf*) (ehrgeizig) danach streben zu (+*inf*)

ambivalence [ɑ̃bivalɑ̃s] *f* Ambivalenz *f*; Doppelcharakter *m*, -wertigkeit *f*; *des sentiments* Zwiespältigkeit *f* **ambivalent** *adj* ambivalent; doppelwertig; zwiespältig

amble [ɑ̃bl] *m du cheval etc* Pass(gang) *m*; ***aller l'~*** im Pass(gang) gehen

ambre [ɑ̃bʀ] *m* **1** **~** (***gris***) *substance et parfum* Amber *m*; Ambra *f* **2** **~** (***jaune***) Bernstein *m*; ***d'~*** Bernstein...; aus Bernstein; *adjt* ***couleur d'~*** bernsteinfarben

ambré [ɑ̃bʀe] *adj* **1** *parfum* nach Ambra duftend **2** *couleur* bernsteinfarben

Ambroise [ɑ̃bʀwaz] *m Vorname*

ambroisie [ɑ̃bʀwazi] *f* MYTH Ambrosia *f*; Götterspeise *f*

ambulance [ɑ̃bylɑ̃s] *f* Krankenwagen *m*; Ambulanz *f* **ambulancier** *m*, **ambulancière** *f* Fahrer(in) *m(f)* e-s Krankenwagens

ambulant [ɑ̃bylɑ̃] *adj* umherziehend; ambulant; Wander...; *fig* ***un cadavre ~*** ein wandelnder, lebender Leichnam; ***comédiens ~s*** Wanderbühne *f*; *fig* ***un dictionnaire ~*** ein wandelndes Lexikon; ***marchand ~*** ambulanter, fliegender Händler; CH DE FER ***vente ~e*** Verkauf *m* von Speisen und Getränken in Zügen

ambulatoire [ɑ̃bylatwaʀ] *adj* MÉD *soins, traitement* ambulant

âme [ɑm] *f* **1** Seele *f* (*a* REL, *fig personne*); Gemüt *n*; PSYCH Psyche *f*; ***une bonne ~*** e-e mitleidige, mitfühlende Seele; *iron* ***les bonnes ~s*** die guten, braven Leute, Leutchen; ***une grande ~, une ~ noble*** e-e große *ou* hochherzige, edle Seele; ***l'~ slave*** die slawische Seele; ***état*** *m* ***d'~*** Gemütsverfassung *f*; seelische Verfassung; Befindlichkeit *f*; Stimmung *f*; *par ext* ***états*** *m/pl* ***d'~*** (*incertitude*) Bedenken *n/pl*; Besorgnisse *f/pl*; Unsicherheit *f*; (*souffrance*) Wehleidigkeit *f*; Selbstmitleid *n*; ***paix*** *f* ***de l'~*** Seelenfrieden *m*; ♦ *loc/adj et loc/adv*: *chanter etc* ***avec ~*** gefühl-, seelen-, ausdrucksvoll; mit Gefühl, Ausdruck; *être artiste etc* ***dans l'~*** mit Leib und Seele, durch und durch, ein leidenschaftlicher ...; ***de toute son ~*** *aimer* von ganzer Seele; von ganzem Herzen; innig; *haïr* aus tiefster Seele; ***en mon, ton*** *etc* ***~ et conscience*** nach bestem Wissen und Gewissen; *être ému* ***jusqu'au fond de l'~*** zutiefst; ***sans ~*** seelenlos; ***sur mon ~*** bei meiner Seele; bei meinem Seelenheil; ♦ ***avoir une ~ d'artiste*** e-e Künstlerseele haben; ***avoir une ~ de pionnier*** Pioniergeist besitzen; ***Dieu ait son ~!*** Gott hab ihn *ou* sie selig!; *village* ***compter trois cents ~s*** dreihundert Seelen zählen; *artiste* ***donner une ~ à une œuvre d'art*** e-m Kunstwerk Leben einhauchen; ***errer comme une ~ en peine*** ruhelos, ziellos umherirren; ***être comme une ~ en peine*** todtraurig, tief betrübt sein; ***être l'~ du complot*** die Seele, die treibende Kraft des Komplotts sein; ***prier pour l'~ de qn*** für j-s Seelenheil beten; ***ne pas rencontrer ~ qui vive*** keiner Menschenseele begegnen; ***rendre l'~*** s-n Geist aufgeben (*a fig*); die Seele aushauchen; *prov* ***une ~ saine dans un corps sain*** mens sana in corpore sano (*prov*); ein gesunder Geist in e-m gesunden Körper (*prov*) **2** *d'un violon* Seele *f*; Stimmstock *m* **3** *d'un canon* Seele *f* **4** ÉLECT (Kabel)Seele *f*; Ader *f*

Amédée [amede] *m Vorname*

Amélie [ameli] *f Vorname*

améliorant [ameljɔʀɑ̃] *adj* AGR *plantes* den Boden verbessernd; die Bodenfruchtbarkeit steigernd

amélioration [ameljɔʀasjõ] *f* **1** Verbesserung *f*; *de l'état de santé* Besserung *f*; **~** (***du temps***) Wetterbesserung *f* **2** CONSTR ***~s*** *pl* Schönheitsreparaturen *f/pl*; Verbesserung(smaßnahm)en *f/pl*

améliorer [ameljɔʀe] **I** *v/t* verbessern; *rendement a* steigern; AGR *sol a* (a)meliorieren; *races, cultures a* veredeln; ***~ le niveau de vie*** den Lebensstandard verbessern, heben; ***~ une traduction, un texte*** eine Übersetzung, einen Text ausfeilen, noch einmal überarbeiten **II** *v/pr* ***s'~*** sich bessern; besser werden

amen [amɛn] *adv* REL amen; *fig* ***dire ~ à tout*** (***ce que dit, fait qn***) zu allem(, was j sagt, tut,) Ja und Amen sagen

aménagement [amenaʒmɑ̃] *m* **1** *d'une pièce, d'un édifice etc* Einrichtung *f* (***en*** als); Ausstattung *f*; *a d'un quartier, d'un lieu de travail etc* Gestaltung *f*; *de jardins, parcs* Anlage *f*; *pour une autre utilisation* Umgestaltung *f*; Umbau *m*, Ausbau *m* (***en bureau*** als Büro); *des horaires, des programmes etc* Umstellung *f*; Anpassung *f*; ***~s fiscaux*** Umverteilung *f* der Steuern; Steuererleichterungen *f/pl*; ***les nouveaux ~s du musée*** die Neu-, Umgestaltung des Museums; ***travaux*** *m/pl* ***d'~*** Umbau(-), Ausbau(arbeiten) *m(f/pl)* **2** ***~ du territoire*** Raumordnung *f*; Regionalplanung *f*; Strukturverbesserung *f*

aménager [amenaʒe] *v/t* ⟨**-geons**⟩ *pièce, logement etc* einrichten; ausstatten; *a quartier, lieu de travail etc* gestalten; *espace pour le tourisme etc* erschließen; *estrade etc* anbringen; *stand* aufstellen; errichten; herrichten; *pour une autre utilisation* umgestalten; um-, ausbauen; *horaires, programmes etc* umstellen; (den jeweiligen Bedürfnissen) anpassen; ***~ un jardin, un parc*** einen Garten, einen Park anlegen; ***~ en bureau*** als Büro einrichten, umgestalten, um-, ausbauen; *adjt* ***horaires aménagés*** TRAVAIL (den jeweiligen Bedürfnissen) entsprechende Arbeitszeiten *f/pl*; ÉCOLE entsprechend gestaltete Stundenpläne *m/pl*

amende [amɑ̃d] *f* **1** JUR Geldstrafe *f*; *pour contravention* Geldbuße *f*; Bußgeld *n*; Ordnungsstrafe *f*; *loc/adv* ***sous peine d'~*** bei (Geld)Strafe; ***condamner à mille euros d'~*** zu tausend Euro Geldstrafe, zu e-r Geldstrafe von tausend Euro verurteilen; *par* *ext* ***être (mis) à l'~*** bestraft werden **2** ***faire ~ honorable*** um Verzeihung bitten; Abbitte leisten

amendement [amɑ̃dmɑ̃] *m* **1** POL Änderungsantrag *m*; Amendement *n*; *après adoption* (Ab)Änderung *f*; ***droit*** *m* ***d'~*** Recht *n* zur Stellung e-s Änderungsantrags; Abänderungsrecht *n* **2** AGR Verbesserung *f* (der Bodenstruktur); Melioration *f*; Amelioration *f*

amender [amɑ̃de] **I** *v/t* **1** POL *projet de loi* (ab)ändern **2** *personne* bessern; besser machen **3** AGR *sol* verbessern; (a)meliorieren **II** *v/pr personne* ***s'~*** sich bessern

amène [amɛn] *st/s ou iron adj* liebenswürdig; freundlich; *iron* ***échanger des propos ~s*** einander Grobheiten, Beleidigungen an den Kopf werfen

amenée [amne] *f* ***canal*** *m* ***d'~*** Zuleitung(-), Zuführung(skanal) *f(m)*

amener [amne] ⟨**-è-**⟩ **I** *v/t* **1** *personne, animal, chose* (mit-, her)bringen; mitnehmen (***chez ses amis*** zu s-n Freunden; ***au théâtre*** ins Theater); *personne, animal a* her-, herbei-, vorführen; JUR ***mandat*** *m* ***d'~*** Vorführungsbefehl *m*; ***qu'est-ce qui vous amène?*** was führt Sie her?; ***faire ~ qn devant soi*** sich (*dat*) j-n bringen, vorführen lassen **2** *à un certain point* bringen; befördern; *liquide a* leiten; *taxi* ***~ qn à la gare*** j-n zum Bahnhof bringen, fahren **3** (*entraîner*) (mit sich) bringen; zur Folge haben; nach sich ziehen; führen zu; *volontairement* herbeiführen; *vitesse etc* ***~ de nombreux accidents*** zu zahlreichen Unfällen führen; zahlreiche Unfälle zur Folge haben; ***~ un dénouement*** e-e Lösung herbeiführen; *médicament* ***~ un soulagement rapide*** schnell(e) Linderung bringen **4** ***~ qn, qc à qc*** j-n, etw zu etw bringen; ***de l'eau amenée à ébullition*** zum Kochen gebrachtes Wasser; ***~ la conversation sur un sujet*** das Gespräch auf ein Thema lenken; ***~ qn à faire qc*** j-n dazu bringen, führen, bewegen, j-n veranlassen, etw zu tun; j-n so weit, dahin bringen, dass er etw tut; ***être amené à faire qc*** etw tun müssen; ***je suis amené à croire que …*** ich muss wohl annehmen, dass … **5** *citation, exemple* bringen; ***~ une comparaison*** einen Vergleich bringen, ziehen; ***cette comparaison a été bien amenée*** dieser Vergleich war gut **6** *carte à jouer* spielen **7** PÊCHE ***~ le filet*** das Netz einholen; PÊCHE À LA LIGNE ***~ le poisson*** den Fisch zu sich heranziehen **8** MAR ***~ les voiles*** die Segel streichen, einholen; *en temps de guerre* ***~ les couleurs, son pavillon*** die Flagge streichen **II** *v/pr* F *personne* ***s'~*** F aufkreuzen; angetanzt kommen; ***amène-toi ici!*** komm (hier)her!

aménité [amenite] *st/s ou iron f* Liebenswürdigkeit *f*; Freundlichkeit *f*

aménorrhée [amenɔʀe] *f* MÉD Ausbleiben *n* der Menstruation; *sc* Amenorrhö(e) *f*

amenuisement [amənɥizmɑ̃] *m* Verminderung *f*; Verringerung *f*; Schwinden *n*

amenuiser [amənɥize] **I** *v/t chances, pouvoir d'achat etc* vermindern; verringern **II** *v/pr* ***s'~*** *valeur, revenus etc* kleiner, geringer werden; sich verringern; sich vermindern; schwinden; schrumpfen; *espoir* (dahin)schwinden

amer [amɛʀ] **I** *adj* ⟨**-ère**⟩ **1** *goût, fruit etc* bitter; ***avoir la bouche amère*** e-n bitteren Geschmack im Mund haben **2** *parfum* herb **3** *fig déception, paroles, sourire* bitter; herb; *regrets, souvenirs* schmerzlich; *personne* verbittert; ***reproches ~s*** bittere Vorwürfe *m/pl* **II** *m* herber, bitterlich schmeckender Aperitif

amèrement [amɛʀmɑ̃] *adv se plaindre, regretter* bitter; ***pleurer ~*** bitterlich weinen

américain [ameʀikɛ̃] **I** *adj* amerikanisch; ***le continent ~*** der amerikanische Kontinent; ***voiture ~e*** *ou subst* ***~e*** *f* (großer) amerikanischer Wagen; F Straßenkreuzer *m*; CUIS ***'homard*** *m* ***à l'~e*** in Weißwein mit Tomaten und Kräutern zubereiteter Hummer; ***vol*** *m* ***à l'~e*** Betrug *m*, bei dem der Getäuschte e-n Gegenstand s-s Besitzes gegen e-n wertlosen eintauscht; *fig* ***il a le coup d'œil ~*** ihm entgeht nichts; er hat Augen wie ein Luchs **II** *subst* **1** ***Américain(e)*** *m(f)* Amerikaner(in) *m(f)*; ***Américain(e)*** *m(f)* ***du Nord, du Sud*** Nord-, Südamerikaner(in) *m(f)* **2** LING ***l'~*** *m* das Amerikanische; das amerikanische Englisch; Amerikanisch *n*; amerikanisches Englisch

américanisation [ameʀikanizasjõ] *f* Amerikanisierung *f* **américaniser** **I** *v/t* amerikanisieren **II** *v/pr* ***s'~*** amerikanisch werden; amerikanische Sitten, Formen annehmen **américanisme** *m* LING Amerikanismus *m* **américaniste** *m,f* Amerikanist(in) *m(f)*

amérindien [ameʀɛ̃djɛ̃] *sc adj* ⟨**~ne**⟩ Indianer…; der Indianer; ***langues ~nes*** Indianersprachen *f/pl*

Amérique [ameʀik] ***l'~*** *f* Amerika *n*; ***l'~ centrale*** Mittelamerika *n*; ***l'~ du Nord, du Sud*** Nord-, Südamerika *n*; ***les ~s*** Nord- und Südamerika

Amerloque [amɛʀlɔk] *m* F (*Américain*) F Ami *m*; Yankee ['jɛŋki] *m*

amerrir [ameʀiʀ] *v/i* AVIAT wassern **amerrissage** *m* Wassern *n*, -ung *f*

amertume [amɛʀtym] *f* **1** bitterer Geschmack; Bitterkeit *f* **2** *fig* Bitterkeit *f*; *de la vie* Bitternis *f*; *d'une personne* Verbitterung *f*

améthyste [ametist] *f* MINÉR Amethyst *m*

ameublement [amœbləmɑ̃] *m* (Zimmer-, Wohnungs)Einrichtung *f*; Mobiliar *n*; ***magasin*** *m* ***d'~*** Möbelgeschäft *n*; Einrichtungshaus *n*; ***tissus*** *m/pl* ***d'~*** Deko(rations)stoffe *m/pl*

ameublir [amœbliʀ] *v/t terre* (auf)lockern **ameublissement** *m* **1** *de la terre* (Auf)Lockern *n*, -ung *f* **2** JUR *de la fortune immobilière d'un époux* Einbringung *f* in das Gesamtgut

ameuter [amøte] **I** *v/t* **1** ***~ les gens*** e-n Menschenauflauf hervorrufen; ***les cris de la victime ameutèrent les passants*** durch die Schreie des Opfers aufmerksam geworden, liefen die Passanten zusammen; *ne criez pas ainsi*, ***vous allez ~ tout le quartier*** das ganze Viertel wird gleich zusammenlaufen **2** (*soulever*) aufbringen (***contre*** gegen); *foule a* aufwiegeln; aufhetzen **3** CH *chiens* sammeln **II** *v/pr foule* ***s'~*** sich zusammenrotten

ami [ami] **I** *subst* **1** ***~(e)*** *m(f)* Freund(in) *m(f)*; *appellatif* ***mon ~*** mein Lieber, Bester; *condescendant* guter Mann; mein *ou* guter Freund; *exclamation* ***mes ~s!*** Kinder, Kinder!; ***un de mes (bons, vieux) ~s*** ein (guter, alter) Freund von mir; *dans une lettre* ***(mon) cher ~*** lieber, bester Freund; ***mon jeune ~!*** junger Mann, Freund!; ***mon meilleur ~*** mein bester Freund; ***~ de collège, de lycée*** Schulfreund *m*, -kamerad *m*; ***~(e) d'enfance*** Jugendfreund(in) *m(f)*; ***~ de la famille, de la maison*** Hausfreund *m*; Freund des Hauses; *fig* ~ ***de la justice, de la vérité*** Freund der Gerechtigkeit, der Wahrheit; ***~s de la musique, de la nature*** Musik-, Naturfreunde *m/pl*; ***chambre*** *f* ***d'~(s)*** Gast-, Gästezimmer *n*; *loc/adv* ***en*** ~ als Freund; ***je vous parle en ~*** ich spreche als Freund zu Ihnen; ***ce sont de grands ~s*** sie sind eng miteinander befreundet, F dicke Freunde; ***nous étions entre ~s*** wir waren unter Freunden; ***se faire des ~s*** Freunde gewinnen; F *enfants* ***faire ~-~*** ⟨*inv*⟩ sich wieder vertragen; F wieder gut sein **2** (*amant, maîtresse*) ***~(e)*** *m(f)*, ***petit(e) ~(e)***, *litt ou plais* ***bon(ne) ~(e)*** Freund(in) *m(f)*; ***il a une petite ~e*** er hat e-e Freundin **II** *adj* **1** befreundet; ***peuples ~s*** befreundete Völker *n/pl*; ***être (très) ~ avec qn*** mit j-m (eng) befreundet sein; *fig* ***être ~ de qc*** etw lieben, schätzen; ***il est ~ de la ponctualité*** er liebt, schätzt die Pünktlichkeit **2** (*amical*) freundlich; ***visages ~s*** freundliche Gesichter *n/pl*; ***il a été aidé par une main ~e*** e-e freundliche Hand, ein freundlicher Mensch hat ihm geholfen

amiable [amjabl] *adj* **1** JUR einvernehmlich; gütlich; POL ***médiateur*** *m* ~ ehrlicher Makler; JUR ***partage*** *m* ~ gütliche Teilung; *loc/adv* ***à l'~*** gütlich; auf gütlichem Wege; ***arrangement*** *m* ***à l'~*** gütliche Regelung; ***s'arranger à l'~*** sich gütlich, auf gütlichem Wege einigen **2** MATH ***nombres*** *m/pl* ***~s*** befreundete, verwandte Zahlen *f/pl*

amiante [amjɑ̃t] *m* MINÉR Asbest *m*

amibe [amib] *f* ZO Amöbe *f*; Wechseltierchen *n*

amibiase [amibjɑz] *f* MÉD Amöbenruhr *f*

amibien [amibjɛ̃] **I** *adj* ⟨***~ne***⟩ MÉD Amöben… **II** *m/pl* ***~s*** ZO Amöben *f/pl*; Wechseltierchen *n/pl*

amical [amikal] *adj* ⟨**-aux**⟩ *ton, relations etc* freundschaftlich; *air, ton a* freundlich; ***match ~*** Freundschaftsspiel *n*; ***reproches amicaux*** gut gemeinte, freundschaftliche Vorwürfe *m/pl*; *à la fin d'une lettre* (***je vous adresse mon***) ***~ souvenir*** mit herzlichem Gruß

amicale [amikal] *f* Verein *m*; Vereinigung *f* **amicalement** *adv* freund(schaft)lich; *à la fin d'une lettre* mit herzlichem Gruß

amidon [amidõ] *m* CHIM Stärke *f*; ***~ de blé, de maïs*** Weizen-, Maisstärke *f*

amidonnage [amidɔnaʒ] *m du linge* Stärken *n* **amidonner** *v/t linge* stärken **amidonnerie** *f* Stärkefabrik *f* **amidonnier** *m* **a)** Stärkehersteller *m*, -fabrikant *m*; **b)** Arbeiter *m* in e-r Stärkefabrik

Amiens [amjɛ̃] *Stadt im Dep. Somme*

amincir [amɛ̃siʀ] **I** *v/t* **1** *planche etc* dünner machen **2** *vêtement* ***~ qn*** j-n schlank machen, schlanker erscheinen lassen; ***pour ~ la taille*** um e-e schlanke(re) Taille zu bekommen; *visage* ***aminci par la maladie*** durch die Krankheit schmal geworden **II** *v/pr* ***s'~*** dünner werden

amincissement [amɛ̃sismɑ̃] *m* Dünnerwerden *n*; *de la taille etc* Schlankerwerden *n*

aminé [amine] *adj* CHIM ***acide ~*** Aminosäure *f*

amiral [amiʀal] *m* ⟨*pl* **-aux**⟩ MAR Admiral *m*; *adjt* ***vaisseau*** *m* ~ Flaggschiff *n*

amirauté [amiʀote] *f* MAR Admiralität *f*

Amirauté [amiʀote] ***les îles*** *f/pl* ***de l'~*** die Admiralitätsinseln *f/pl*

Amis [ami] ***les îles*** *f/pl* ***des ~*** die Freundschafts-, Tongainseln *f/pl*

amitié [amitje] *f* **1** Freundschaft *f*; ***par ~*** aus Freundschaft; ***avoir de l'~ pour qn*** freundschaftliche Gefühle, Zuneigung für j-n empfinden; j-m zugetan sein; ***fais-nous l'~ de venir déjeuner*** mach uns die Freude und komm zum Essen zu uns; ***prendre qn en ~*** j-n lieb gewinnen, ins Herz schließen; → *a* ***lier*** *I 4, II 2* **2** ***~s*** *pl* Grüße *m/pl*; *sur une carte postale* ***~s!*** freundliche, herzliche Grüße!; ***faites-lui toutes mes ~s*** richten Sie ihm meine herzlichsten Grüße aus; ***présentez, transmettez mes ~s à madame*** (***votre épouse***) empfehlen Sie mich Ihrer Gattin; grüßen Sie Ihre Gattin von mir **3** ***~ particulière*** gleichgeschlechtliche Beziehung, Liebe

Amman [ammɑ̃] Amman *n*

ammoniac [amɔnjak] *adj* ⟨**-aque**⟩ CHIM ***gaz ~*** *ou subst* ~ *m* Ammoniak *n*

ammoniacal [amɔnjakal] *adj* ⟨**-aux**⟩ CHIM Ammoniak…

ammoniaque [amɔnjak] *f* CHIM Salmiakgeist *m*

ammonium [amɔnjɔm] *m* CHIM Ammonium *n*

amnésie [amnezi] *f* MÉD Gedächtnisschwund *m*; *sc* Amnesie *f* **amnésique** *adj et subst m,f* MÉD an Gedächtnisschwund leidend, Leidende(r) *f(m)*

amniocentèse [amnjosɛ̃tɛz] *f* Fruchtwasseruntersuchung *f*; *sc* Amniozentese *f*

amniotique [amnjɔtik] *adj* PHYSIOL ***liquide*** *m* ~ Fruchtwasser *n*

amnistie [amnisti] *f* Amnestie *f*; ***loi*** *f* ***d'~*** Amnestiegesetz *n*

amnistié(e) [amnistje] *m(f)* Amnestierte(r) *f(m)*

amnistier [amnistje] *v/t personne* amnestieren; *délit* e-e Amnestie gewähren (***qc*** für etw); ***être amnistié*** *a* unter die Amnestie fallen

amocher [amɔʃe] *v/t* F *objet* demolieren; F ramponieren; kaputt machen; *personne* ***se faire ~*** übel, bös zugerichtet werden; *objet* ***être amoché*** *a* mitgenommen sein, aussehen

amoindrir [amwɛ̃dʀiʀ] **I** *v/t* verringern; (ver)mindern; *réputation a* schmälern; beeinträchtigen; *forces, résistance a* schwächen **II** *v/pr* ***s'~*** geringer werden; sich verringern; sich vermindern; *capital a* schrumpfen; *réputation, forces* abnehmen; schwinden

amoindrissement [amwɛ̃dʀismɑ̃] *m* Verringerung *f*; (Ver)Minderung *f*; Abnehmen *n*; Abnahme *f*; Schwinden *n*; Schrumpfen *n*

amok [amɔk] *m chez les Malais* **a)** Amok(laufen) *m(n)*; **b)** Amokläufer *m*

amollir [amɔliʀ] **I** *v/t* **1** *asphalte etc* aufweichen; weich machen **2** *fig énergie, volonté* erschlaffen, erlahmen lassen; schwächen **II** *v/pr* ***s'~*** **1** *substance* aufweichen; weich werden **2** *énergie, volonté* erschlaffen; erlahmen; *énergie a* nachlassen

amollissant [amɔlisɑ̃] *adj climat etc* schlapp, träge machend **amollissement** *m* Erschlaffung *f*; Erlahmung *f*; Nachlassen *n*

amonceler [amõsle] ⟨**-ll-**⟩ **I** *v/t* aufhäufen, -schichten, (-)stapeln, -türmen; ***~ des preuves, des documents*** Beweise, Dokumente anhäufen, zusammentragen **II** *v/pr* ***s'~*** sich aufhäufen; sich stapeln; sich (auf)türmen; *preuves, documents* sich häufen; sich ansammeln; *nuages* ***s'~ dans le ciel*** sich am Himmel auftürmen, zusammenballen

amoncellement [amõsɛlmɑ̃] *m* Haufen *m*, Berg *m*, (*pile*) Stapel *m* (***de lettres*** von Briefen)

amont [amõ] *m* **1** *loc/adv* ***en ~*** strom-, flussaufwärts; stromauf, -an; ***aller en ~*** *ou* ***vers l'~*** stromaufwärts fahren; *loc/prép* ***en ~ de*** oberhalb von (*ou +gén; a par ext*) **2** *sur la côte* ***vent*** *m* ***d'~*** Landwind *m*; ablandiger Wind **3** *adjt* ***ski*** *m* ***~*** Bergski *m*; ***skieur*** *m* ***~*** von oben kommender Skifahrer **4** ÉCON ***en ~*** erzeugernäher (**de** als)

amoral [amɔʀal] *adj* ⟨**-aux**⟩ amoralisch **amoralisme** *m* Amoralismus *m* **amoraliste** **I** *adj* amoralistisch **II** *m,f* Amoralist *m*; amoralischer Mensch **amoralité** *f* Amoralität *f*

amorçage [amɔʀsaʒ] *m* **1** TECH *et fig* Ingangsetzung *f* **2** *de munitions* Scharfmachen *n* **3** ÉLECT Erregung *f*

amorce [amɔʀs] *f* **1** PÊCHE Köder *m* **2** *d'une charge explosive* Zündhütchen *n*; Sprengkapsel *f*; *pour pistolet d'enfant* Zündblättchen *n*; ***pistolet*** *m* ***à ~s*** Knallpistole *f* **3** (*début*) Auftakt *m* (**de** zu); Beginn *m* **4** *d'une nouvelle route etc* erstes Teilstück

amorcer [amɔʀse] ⟨**-ç-**⟩ **I** *v/t* **1** PÊCHE **a)** *hameçon* mit e-m Köder versehen; **b)** *poissons* ködern **2** *négociations etc* in Gang, in Fluss bringen; in die Wege leiten; einleiten; anbahnen; *par ext* (*commencer*) beginnen; anfangen; ***~ un geste*** eine Geste andeuten; ***~ le virage*** zur Kurve ansetzen; in die Kurve gehen **3** *ouverture* durchzubrechen beginnen; ***~ une route, un tunnel*** das erste Teilstück einer Straße, eines Tunnels bauen; ***~ un trou*** ein Loch vorbohren **4** TECH *pompe* zum Ansaugen bringen **5** *charge explosive* scharf machen; *adjt* ***amorcé*** scharf **II** *v/pr* ***s'~*** *négociations, conversation etc* in Gang, in Fluss kommen; sich anbahnen; *par ext* (*commencer*) beginnen

amorphe [amɔʀf] *adj* **1** MINÉR amorph **2** *fig personne* energie-, willenlos; schlaff; F schlapp; lahm

amorti [amɔʀti] *m* **1** FOOTBALL Stoppen *n* (des Balls) **2** TENNIS **a)** Kurzschlagen *n*; **b)** Stoppschlag *m*

amortir [amɔʀtiʀ] **I** *v/t* **1** *choc, bruit etc* dämpfen (*a* PHYS *vibration*); *son a* dämmen **2** *ballon de foot* stoppen; *balle de tennis* kurzschlagen **3** MAR die Fahrt drosseln, verlangsamen; *bateau* ***être amorti*** festliegen **4** *dette, emprunt* tilgen; amortisieren; ab(be)zahlen; abtragen **5** *machines, matériel* abschreiben; amortisieren **II** *v/pr bruit* ***s'~*** gedämpft, schwächer werden

amortissement [amɔʀtismɑ̃] *m* **1** *d'une dette* ***~ (financier)*** Tilgung *f*; Amortisation *f*; Ab(be)zahlung *f*; Abtragung *f* **2** *gestion* ***~ (industriel)*** Abschreibung *f*; Amortisation *f* **3** *d'un choc, d'un bruit etc* Dämpfung *f*

amortisseur [amɔʀtisœʀ] *m* AUTO Stoßdämpfer *m*

amour [amuʀ] *m* **1** Liebe *f*; ***~ libre*** freie Liebe; ***~ des bêtes*** Tierliebe *f*; ***~ de Dieu*** a) Liebe zu Gott; b) Liebe Gottes; göttliche Liebe; ***laisse-moi seul, pour l'~ de Dieu!*** lass mich um (des) Himmels willen allein!; ***~ de la gloire*** Ruhmsucht *f*; ***~ de la liberté*** Freiheitsliebe *f*; ***~ de son métier*** Liebe zu s-m Beruf; ***~ de la musique*** Musikliebe *f*; ***~ de la nature, de la patrie*** Natur-, Vaterlandsliebe *f*; ***~ du prochain*** Nächstenliebe *f*; ***~ de soi*** Selbst-, Eigenliebe *f*; ***~ de la vérité*** Wahrheitsliebe *f*; *quand qn éternue* ***à tes, vos ~s!*** Gesundheit!; *loc/adv* ***avec ~*** liebevoll; mit (viel) Liebe; ***éprouver de l'~ pour qn*** Liebe für j-n empfinden, fühlen; F *iron* ***c'est plus de l'~, c'est de la rage*** das ist nicht mehr Liebe, das ist schon Raserei; ***faire l'~*** sich (*sexuell*) lieben; ***faire l'~ avec qn*** j-n (*sexuell*) lieben; ***filer le parfait ~*** im siebenten Himmel sein; *fig* ***vivre d'~ et d'eau fraîche*** von Luft und Liebe leben **2** (*personne aimée*) Liebe *f*; ***~ de jeunesse*** Jugendliebe *f*; ***c'est son grand ~*** sie ist s-e *ou* er ist ihre große Liebe; *mot tendre* ***mon ~*** (mein) Liebling, Schatz, Herzchen; ***peux-tu régler cela pour moi? tu seras un ~*** sei ein Schatz und erledige das bitte für mich! **3** *litt* ***~s*** *f/pl* Liebschaften *f/pl*; Amouren *pl*; *fig* ***revenir, retourner à ses premières ~s*** zu s-r ersten Liebe zurückkehren; s-r alten Leidenschaft (*dat*) wieder frönen **4** F *fig* ***un ~ de ...*** e-e (ein) reizende(r, -s), allerliebste(r, -s), herzige(r, -s), F goldige(r, -s), süße(r, -s) ... **5** MYTH, ART ***l'Amour*** Amor *m*; ***petit ~*** Amorette *f*; Putto *m ou* Putte *f*

Amour [amuʀ] GÉOGR ***l'~*** *m* der Amur

amouracher [amuʀaʃe] *v/pr* ***s'~ de qn*** *péj* sich in j-n vernarren, F verknallen, vergaffen

amourette [amuʀɛt] *f* **1** Liebelei *f*; ***~s*** *pl a* Amouren *pl* **2** BOT **a)** Maiglöckchen *n*; **b)** Zittergras *n*; **c)** Lettern-, Schlangenholz *n* **3** CUIS *en accompagnement* ***~s*** *pl* Markstückchen *n/pl*

amoureux [amuʀø] **I** *adj* ⟨**-euse**⟩ *personne, regard* verliebt; ***vie amoureuse*** Liebesleben *n*; ***~ de la gloire*** ruhmsüchtig; ***~ de la nature*** naturliebend; ***être ~ de qn*** in j-n verliebt sein; ***être ~ de qc*** etw lieben; ***tomber ~ de qn*** sich in j-n verlieben **II** *subst* ***~, amoureuse*** *m,f* Liebende(r) *f(m)*; Verliebte(r) *f(m)*; *d'une femme* Verehrer *m*; Liebhaber *m*; ***~*** *m/pl* Liebespaar *n*, -pärchen *n*

amour-propre [amuʀpʀɔpʀ] *m* ⟨*pl* **amours-propres**⟩ Selbstachtung *f*, -(wert)gefühl *n*, -bewusstsein *n*

amovibilité [amɔvibilite] *f* ADM *d'un fonctionnaire* Ab-, Versetzbarkeit *f* **amovible** *adj* **1** *fonctionnaire* versetzbar; (*révocable*) absetzbar **2** *doublure* herausnehmbar; ausknöpfbar; *housse etc* abnehmbar

ampélographie [ɑ̃pelɔgʀafi] *f* Rebsortenkunde *f*; *sc* Ampelografie *f*

ampérage [ɑ̃peʀaʒ] *m* ÉLECT Stromstärke *f*

ampère [ɑ̃pɛʀ] *m* ÉLECT Ampere *n* **ampère-heure** *m* ⟨*pl* **ampères-heures**⟩ ÉLECT Amperestunde *f* **ampèremètre** *m* ÉLECT Amperemeter *n*; Strommesser *m*

amphétamine [ɑ̃fetamin] *f* PHARM Amphetamin *n*; Weckamin *n*

amphi [ɑ̃fi] *m* F *abr* → ***amphithéâtre*** *1*

amphibie [ɑ̃fibi] *adj* **1** ZO, BOT amphibisch **2** MIL ***char*** *m* ***~*** Schwimmpanzer *m*; ***véhicule*** *m* ***~*** Amphibienfahrzeug *n*

amphibiens [ɑ̃fibjɛ̃] *m/pl* ZO Amphibien *f/pl*; Lurche *m/pl*

amphigourique [ɑ̃figuʀik] *litt adj* verworren; unverständlich

amphithéâtre [ɑ̃fiteɑtʀ] *m* **1** Hörsaal *m*; Auditorium *n*; ***grand ~*** Auditorium maximum *n*; F Audimax *n* **2** *antique* Amphitheater *n*; ***en ~*** amphitheatralisch; wie ein Amphitheater

Amphitryon [ɑ̃fitʀijõ] *m* MYTH Amphitryon *m*

amphore [ɑ̃fɔʀ] *f* Amphore *f*

ample [ɑ̃pl] *adj* **1** *vêtement* weit; ***mouvement*** *m* ***~*** weit ausholende Bewegung **2** *traité, essai* ausführlich; umfassend; weitläufig; *sujet, documentation* umfangreich; reich(haltig); ***de plus ~s renseignements*** nähere Auskünfte *f/pl*; ***faire plus ~ connaissance avec qn*** j-n näher, eingehender, gründlicher

kennenlernen
amplement [ɑ̃pləmɑ̃] *adv* → ***ample***; ***je vous écrirai plus ~ la semaine prochaine*** ich schreibe Ihnen nächste Woche ausführlicher; ***gagner ~ sa vie*** sein reichliches Auskommen haben; ***c'est ~ suffisant*** das ist völlig ausreichend; das reicht vollauf
ampleur [ɑ̃plœʀ] *f* 1 *d'un vêtement* Weite *f*; ***manquer d'~ aux épaules*** in den Schultern nicht weit genug sein 2 COUT Stoffzugabe *f*; ***réserver de l'~*** genügend Stoff zugeben 3 *d'un dommage, d'une crise, d'une grève etc* Ausmaß *n*; Umfang *m*; Größe *f*; *d'un son* Fülle *f*; *crise etc* ***prendre de l'~*** sich ausweiten 4 ***l'~ des mouvements*** die weit ausholenden, ausgreifenden Bewegungen *f/pl*
ampli [ɑ̃pli] *m* F *abr* → ***amplificateur***
amplificateur [ɑ̃plifikatœʀ] *m* ÉLECTRON Verstärker *m*
amplification [ɑ̃plifikasjõ] *f* 1 ÉLECTRON Verstärkung *f* 2 *d'une crise, de relations commerciales etc* Ausweitung *f*; Erweiterung *f*; *d'un mouvement de grève a* Ausbreitung *f*; Anschwellen *n*
amplifier [ɑ̃plifje] I *v/t* 1 ÉLECTRON verstärken 2 *relations commerciales etc* ausweiten; erweitern; weiter ausbauen; verstärken II *v/pr* ***s'~*** *crise, grève, scandale etc* sich ausweiten; *mouvement de grève a* sich ausbreiten; anschwellen; *scandale a* immer größere Kreise ziehen
amplitude [ɑ̃plityd] *f* 1 PHYS, MÉTÉO Amplitude *f* 2 MATH ***~ d'un arc*** Bogenweite *f* 3 MAR ***~ des marées*** Tidenhub *m*
ampoule [ɑ̃pul] *f* 1 PHARM Ampulle *f* 2 ÉLECT Glühlampe *f*; (Glüh)Birne *f*; ***changer une ~*** e-e Birne auswechseln 3 *sous la peau* Blase *f*; ***se faire des ~s aux pieds*** sich (*dat*) Blasen laufen
ampoulé [ɑ̃pule] *adj style* schwülstig; hochtrabend; bombastisch
amputation [ɑ̃pytasjõ] *f* 1 MÉD Amputation *f*; ***subir l'~ d'un bras*** e-n Arm abgenommen bekommen 2 *fig d'un texte, d'un budget* Kürzung *f*; Beschneidung *f*
amputé(e) [ɑ̃pyte] *m(f)* Amputierte(r) *f(m)*; ***~(e) d'un bras*** Armamputierte(r) *f(m)*; Einarmige(r) *f(m)*
amputer [ɑ̃pyte] *v/t* 1 *personne, membre* amputieren; *membre a* abnehmen; ***~ qn d'une jambe*** j-m ein Bein amputieren, abnehmen 2 *fig texte, budget* kürzen (**de** um); zusammenstreichen; *budget a* beschneiden; ***~ un pays d'une province*** e-e Provinz von e-m Land abtrennen
Amsterdam [amstɛʀdam] Amsterdam *n*
amuïr [amɥiʀ] *v/pr* PHON ***s'~*** verstummen **amuïssement** *m* PHON Verstummen *n*
amulette [amylɛt] *f* Amulett *n*
amusant [amyzɑ̃] *adj* unterhaltsam; amüsant; lustig; vergnüglich; ***ce qu'il y a d'~ dans cette histoire***, *c'est que* … das Amüsante, Erheiternde, Komische bei der Sache ist …
amuse-bouche [amyzbuʃ] *m* ⟨*pl* **amuse-bouche(s)**⟩ *euphémisme* Appetithäppchen *n* **amuse-gueule** *m* ⟨*pl* **amuse-gueule(s)**⟩ Appetithäppchen *n*
amusement [amyzmɑ̃] *m* Vergnügen *n*; Belustigung *f*; Erheiterung *f*; (*passe-temps*) unterhaltsamer Zeitvertreib; ***avec ~*** mit Vergnügen, Belustigung; amüsiert
amuser [amyze] I *v/t* 1 belustigen; erheitern; amüsieren; unterhalten; *abs* ***il amuse par sa naïveté*** er wirkt drollig, spaßig in s-r Naivität; ***cette visite ne m'amuse pas*** dieser Besuch macht mir keinen Spaß; *adjt* ***regarder qn d'un air amusé*** j-n amüsiert, belustigt ansehen 2 (*détourner l'attention*) ***~ qn*** j-n ablenken, hinhalten II *v/pr* ***s'~*** 1 sich vergnügen, sich belustigen, sich amüsieren, sich unterhalten, sich (*dat*) die Zeit vertreiben, s-n Spaß haben (***avec*** mit); ***s'~ beaucoup à qc*** sich köstlich bei etw amüsieren; ***s'~ à faire qc*** sich damit vergnügen *etc*, etw zu tun; s-n Spaß daran haben, etw zu tun; ***ne t'amuse pas à toucher à cela!*** spiel nicht damit herum!; ***s'~ de qn, qc*** sich über j-n, etw amüsieren, lustig machen; ***pour s'~*** (einfach) zum Spaß 2 (*perdre son temps*) (herum)trödeln; die Zeit vertun, vertrödeln
amusette [amyzɛt] *f* (kleiner, harmloser) Zeitvertreib **amuseur** *m* Spaßmacher *m*; Komiker *m*
amygdale [ami(g)dal] *f* ANAT Mandel *f*; ***se faire enlever les*** *ou* ***opérer des ~s*** sich (*dat*) die Mandeln herausnehmen lassen
amylacé [amilase] *adj* CHIM stärkeartig, -haltig **amylase** *f* BIOCHIMIE Amylase *f*
an [ɑ̃] *m* Jahr *n*; *poét* ***les ~s*** *pl* die (Lebens)Jahre *n/pl*; ***l'~ dernier, passé, prochain*** → ***dernier*** *etc*; ***nouvel ~, jour*** *m* ***de l'An, premier*** *m* ***de l'~*** Neujahr(stag) *n(m)*; ***au nouvel ~, le jour de l'An, le*** *ou* ***au premier de l'~*** zu, an Neujahr; am Neujahrstag; *loc/adj* ***un enfant de neuf ~s*** ein neunjähriges Kind; ein Kind von neun Jahren; *loc/adv*: ***bon ~, mal ~*** im Durchschnitt; durchschnittlich; ***à vingt ~s*** mit zwanzig (Jahren); ***deux ~s après*** zwei Jahre später, danach; ***il y a un ~*** vor e-m Jahr; vor Jahresfrist; ***dans un ~*** (*von jetzt ab*) in e-m Jahr; ***depuis trois ~s*** seit drei Jahren; ***en deux ~s*** in zwei Jahren; ***en l'~ mille avant Jésus-Christ*** im Jahr tausend vor Christus, vor Christi Geburt; ***par ~*** jährlich; im, pro Jahr; ***tous les ~s*** alljährlich; jedes Jahr; alle Jahre; ***aller sur ses cinquante ~s*** auf die fünfzig zugehen; sich den Fünfzigern nähern; ***avoir vingt ~s, être âgé de vingt ~s*** zwanzig (Jahre alt) sein; ***avoir dans les soixante ~s*** um die sechzig sein; etwa sechzig (Jahre alt) sein; ***avoir dix ~s de maison*** seit zehn Jahren in der Firma (tätig) sein; e-e Betriebszugehörigkeit von zehn Jahren haben; *firme* ***fêter ses dix ~s*** das zehnjährige Jubiläum feiern; *personne* ***fêter ses dix ~s de service*** sein zehnjähriges Dienstjubiläum feiern
anabaptiste [anabatist] *m* REL Wiedertäufer *m*
anabolisant [anabɔlizɑ̃] *m* MÉD, SPORTS Anabolikum *n*
anachorète [anakɔʀɛt] *m* REL Anachoret *m*; Einsiedler *m*; Klausner *m*
anachronique [anakʀɔnik] *adj* anachronistisch; *par ext a* unzeitgemäß **anachronisme** *m* Anachronismus *m*
anacoluthe [anakɔlyt] *f* STYLISTIQUE Anakoluth *n ou m*; Satzbruch *m*
anaconda [anakõda] *m* ZO Anakonda *f*
anaérobie [anaeʀɔbi] *adj* 1 BIOL anaerob; ohne Sauerstoff lebend; ***micro-organismes*** *m/pl* ***~s*** *ou subst* ***~s*** *m/pl* Anaerobier *m/pl ou* Anaerobionten *m/pl* 2 TECH *propulseur* nicht an die Lufthülle gebunden; autogen

anagramme [anagʀam] *f* Anagramm *n*
anal [anal] *adj* ⟨**-aux**⟩ 1 ANAT anal; After… 2 PSYCH ***stade ~*** anale Phase
analeptique [analɛptik] *m* PHARM Anregungsmittel *n*; *sc* Analeptikum *n*
analgésique [analʒezik] PHARM I *adj* schmerzstillend II *m* schmerzstillendes Mittel; *sc* Analgetikum *n*
anallergique [analɛʀʒik] *adj* MÉD keine Allergie hervorrufend
analogie [analɔʒi] *f* Analogie *f* (*a* LING, MATH, BIOL), Ähnlichkeit *f*, Übereinstimmung *f*, Entsprechung *f* (***entre*** zwischen +*dat*); *loc/adv*: ***par ~*** sinngemäß; entsprechend; analog; ***en raisonnant par ~*** durch Analogieschluss; ***par ~ avec*** in Analogie zu
analogique [analɔʒik] *adj* 1 analog (*a* INFORM); Analog…; Analogie… 2 LING ***dictionnaire*** *m* ~ Wörterbuch *n* der formal und begrifflich zusammengehörigen Wörter
analogue [analɔg] I *adj* analog; ähnlich (***à*** wie); entsprechend (+*dat*); *mot* ***de sens ~*** sinnverwandt; ***être ~ à qc*** *a* e-r Sache (*dat*) entsprechen, ähneln II *m* Entsprechung *f*
analphabète [analfabɛt] I *adj* analphabetisch II *m,f* Analphabet(in) *m(f)*
analphabétisme [analfabetism] *m* Analphabetentum *n*; Analphabetismus *m*
analyse [analiz] *f* 1 Analyse *f* (*a* CHIM, PHILOS, ÉCON etc); MATH Analysis *f*; PSYCH *a* Psychoanalyse *f*; GR *a* Zerlegung *f*; Zergliederung *f*; *d'une œuvre littéraire a* Werkanalyse *f*; ***~ grammaticale*** grammati(kali)sche Zergliederung; ***~ coûts-avantages*** Kosten-Nutzen-Analyse *f*; ***~ d'un texte*** Textanalyse *f*; *loc/adv* ***en dernière ~*** letztlich; letzten Endes; schließlich; PSYCH *personne* ***être en cours d'~*** in psychoanalytischer, -therapeutischer Behandlung sein; ***faire l'~*** *ou* ***une ~ de qc*** etw analysieren 2 *de l'eau, de l'air*, MÉD Untersuchung *f*; ***~ de sang*** Blutuntersuchung *f*; ***faire une ~ de sang*** das Blut untersuchen 3 TV Bildzerlegung *f*, (-)Abtastung *f*
analyser [analize] I *v/t* 1 analysieren (*a* PSYCH); GR *phrase a* zergliedern (*a sentiments*); zerlegen; PSYCH ***se faire ~*** sich psychoanalytisch, -therapeutisch behandeln lassen 2 *eau, sang, urines etc* untersuchen 3 TV *image* zerlegen; abtasten II *v/pr* ***s'~*** sich (selbst) analysieren
analyseur [analizœʀ] *m* 1 PHYS, OPT Analysator *m* 2 PSYCH *d'un organe* Analysator *m*
analyste [analist] *m,f* Analytiker(in) *m(f)*; PSYCH (Psycho)Analytiker(in) *m(f)*; FIN Analyst(in) *m(f)* **analyste-programmeur** *m* ⟨*pl* **analystes-programmeurs**⟩ Systemanalytiker *m*
analytique [analitik] *adj* analytisch; ***esprit*** *m* ~ Analytiker(in) *m(f)*; ***géométrie*** *f* ~ analytische Geometrie; LING ***langues*** *f/pl* ***~s*** analytische Sprachen *f/pl*
ananas [anana(s)] *m* Ananas *f*; ***jus*** *m* ***d'~*** Ananassaft *m*
anaphore [anafɔʀ] *f* RHÉT Anapher *f*
anar [anaʀ] *m,f* F *abr* → ***anarchiste***
anarchie [anaʀʃi] *f* POL Anarchie *f*; *fig a* anarchischer Zustand; Unordnung *f* **anarchique** *adj* anarchisch
anarchisant [anaʀʃizɑ̃] *adj* POL zum Anarchismus tendierend **anarchisme** *m* POL Anarchismus *m* **anarchiste** POL I *adj* anarchistisch II *m,f* Anarchist(in) *m(f)*
anastomose [anastɔmoz] *f* ANAT, *MÉD* Anastomose *f* **anastomoser** *v/t* MÉD anastomosieren
anathème [anatɛm] *m* ÉGL CATH (Kirchen)Bann *m*; Bannfluch *m*; ***frapper qn d'~*** j-n mit dem (Kirchen)-Bann belegen; den Bannfluch gegen j-n schleudern; *fig* ***jeter l'~ sur qn, qc*** j-n, etw in Grund und Boden verdammen
Anatole [anatɔl] *m Vorname*
Anatolie [anatɔli] ***l'~*** *f* Anatolien *n*
anatomie [anatɔmi] *f* Anatomie *f*; ***pièce*** *f* ***d'~*** anatomisches Präparat; anatomische Nachbildung; *par ext personne* ***avoir une belle ~*** e-n schönen Körperbau haben; gut gebaut sein
anatomique [anatɔmik] *adj* anatomisch
ancestral [ɑ̃sɛstʀal] *adj* ⟨**-aux**⟩ alt(überliefert); ***coutume ~e*** alt(überliefert)er Brauch
ancêtre [ɑ̃sɛtʀ] *m, rarement f* 1 Vorfahr(in) *m(f)*; ***nos ~s*** *m/pl* unsere Vorfahren, *st/s* Ahnen *m/pl*, (Vor)Väter *m/pl*, Voreltern *pl*; ***galerie*** *f* ***des ~s*** Ahnengalerie *f* 2 *fig personne, objet* Vorläufer *m* 3 (*vieillard*) Greis(in) *m(f)*
anche [ɑ̃ʃ] *f* MUS Rohrblatt *n*; Zunge *f*; ***instrument*** *m* ***à ~*** Rohrblattinstrument *n*
anchois [ɑ̃ʃwa] *m* ZO An(s)chovis *f*; Sardelle *f*; CUIS ***beurre*** *m*, ***filet*** *m* ***d'~*** Sardellenbutter *f*, -filet *n*
ancien [ɑ̃sjɛ̃] I *adj* ⟨**~ne**⟩ 1 (*vieux*) alt; ***librairie ~ne*** bibliophiles Antiquariat; ***logement ~*** Altbauwohnung *f*; ***l'Ancien Monde*** die Alte Welt; ***l'Ancien Testament*** das Alte Testament; *loc/adv* ***à l'~ne*** nach *ou* in alter Art; wie in alter Zeit; CUIS *a* nach altem Rezept; ***il est plus ~ que vous dans ce métier*** er steht (schon) länger als Sie in diesem Beruf; er ist (schon) länger als Sie in diesem Beruf tätig 2 (*précédent*) ehemalig; frühere(r, -s); einstig; vormalig; gewesene(r, -s); ***un ~ ami*** ein ehemaliger, früherer, einstiger Freund; ***l'~ propriétaire*** der frühere, vormalige Besitzer 3 (*opposé à moderne*) alt; LING ***le grec ~*** das Altgriechische; Altgriechisch *n*; ***l'~ne Grèce*** das alte Griechenland; ***histoire ~ne*** Alte Geschichte; Geschichte des Altertums; F *fig* ***c'est de l'histoire ~ne*** F das war einmal; das ist Schnee von gestern; ***langues ~nes*** alte Sprachen *f/pl*; ***les temps ~s*** die alten Zeiten; die alte Zeit; ***dans l'~ temps*** in alter Zeit; → *a* ***régime***[1] *1* II *m* 1 ***les ~s*** *pl d'un village, d'une tribu* die Ältesten *m/pl*; die Alten *m/pl* 2 ***les ~s*** *pl d'une grande école* die Ehemaligen *m/pl*; die ehemaligen Schüler *m/pl*; MIL *d'un régiment etc* die ehemaligen Angehörigen *m/pl* 3 ***les Anciens*** *pl peuples* die Völker *n/pl* der Antike; *auteurs* die antiken Schriftsteller *m/pl* 4 ***l'~*** das Antike, Alte; → *Info nächste Seite*
anciennement [ɑ̃sjɛnmɑ̃] *adv* früher; einst; ehemals; vormals; *maison Durand*, ~ (*abr* ***ancienn.***) ***Dupont*** vormals (*abr* vorm.) Dupont
ancienneté [ɑ̃sjɛnte] *f* 1 *d'un monument etc* (hohes) Alter 2 *d'un fonctionnaire* Dienstalter *n*; *d'un employé* Dauer *f* der Betriebszugehörigkeit; *dans un métier* Anzahl *f* der Berufsjahre; *avancement* ***à l'~*** nach dem Dienstalter, Anciennitätsprinzip; ***avoir vingt ans d'~*** ein Dienstalter, e-e Betriebszugehörigkeit von zwanzig Jahren haben
ancillaire [ɑ̃silɛʀ] *adj st/s* ***amours*** *f/pl* ***~s*** Liebschaften *f/pl* mit Mägden, Dienerinnen
ancolie [ɑ̃kɔli] *f* BOT Akelei *f*

ancien: eine Frage der Stellung

Dieses Adjektiv kann dem Substantiv folgen – oder vorangehen. Von der Stellung vor oder nach dem Substantiv hängt die Bedeutung ab:

1. ancien vor dem Substantiv: ehemalige(r, -s), frühere(r, -s)

Pierre a acheté **mon ancien appartement**. – Pierre hat **meine ehemalige Wohnung** gekauft.

2. ancien nach dem Substantiv: alt, antik

Michèle a un grand nombre de **livres anciens**. – Michèle hat viele **alte Bücher.**

Elle s'est achetée **un secrétaire ancien**. – Sie hat sich **einen antiken Sekretär** gekauft.

Ancône [ɑ̃kon] Ancona *n*
ancrage [ɑ̃kʀaʒ] *m* TECH Verankerung *f* (*a fig*)
ancre [ɑ̃kʀ] *f* **1** MAR Anker *m*; ***jeter, mouiller l'~*** den Anker auswerfen; Anker werfen; vor Anker gehen; ankern; ***lever l'~*** a) den Anker lichten; b) F (*partir*) F sich verziehen; *bateau* ***être à l'~*** vor Anker liegen; ankern **2** CONSTR, *d'une horloge* Anker *m*
ancrer [ɑ̃kʀe] **I** *v/t* **1** *bateau* ***être ancré*** vor Anker liegen; ankern **2** TECH verankern **3** *fig idée, sentiment* ***être ancré dans le cœur, dans l'esprit de qn*** tief in j-m verankert, eingewurzelt sein; sich in j-m festgesetzt, eingenistet haben **II** *v/pr idée etc* ***s'~*** sich festsetzen, einnisten
andalou [ɑ̃dalu] **I** *adj* ⟨**-ouse** [-uz]⟩ andalusisch **II** *subst* ***Andalou(se)*** *m(f)* Andalusier(in) *m(f)*
Andalousie [ɑ̃daluzi] ***l'~*** *f* Andalusien *n*
Andaman [ɑ̃damɑ̃] ***les îles*** *f/pl* ~ die Andamanen *pl*
andante [ɑ̃dɑ̃t] MUS **I** *adv* andante **II** *m* Andante *n*
Andelys (Les) [lezɑ̃d(ə)li] *Stadt im Dep. Eure*
Anderlecht [ɑ̃dɛʀlɛk(t)] GÉOGR Anderlecht *n*
Andes [ɑ̃d] ***les ~*** *f/pl* die Anden *pl*
andin [ɑ̃dɛ̃] *adj* der Anden; Anden…
andorran [ɑ̃dɔʀɑ̃] **I** *adj* andorranisch **II** *subst* ***Andorran(e)*** *m(f)* Andorraner(in) *m(f)*
Andorre [ɑ̃dɔʀ] ***l'~*** *f* Andorra *n*
andouille [ɑ̃duj] *f* **1** CUIS Kaldaunen-, Kuttelwurst *f* **2** F *fig* (***espèce d'***)~ Dummkopf *m*; F Blödmann *m*; Blödian *m*; Hornochs(e) *m*
andouiller [ɑ̃duje] *m des bois de cerf* Ende *n*; Sprosse *f*
andouillette [ɑ̃dujɛt] *f* CUIS Kaldaunen-, Kuttelbratwurst *f*
André [ɑ̃dʀe] *m Vorname*
Andrée [ɑ̃dʀe] *f Vorname*
androgène [ɑ̃dʀɔʒɛn] *adj* BIOL ***hormone*** *f* ~ *ou subst* ~ *m* Androgen *n*
androgyne [ɑ̃dʀɔʒin] BIOL **I** *adj sc* androgyn **II** *m* Zwitter *m*
Andromaque [ɑ̃dʀɔmak] *f* MYTH Andromache *f*
Andromède [ɑ̃dʀɔmɛd] *f* MYTH Andromeda *f*
âne [ɑn] *m* **1** ZO Esel *m*; *panneau routier* ***dos*** *m* ***d'~*** Bodenwelle *f*; Querrinne *f*; *transporter qc* ***à dos d'~*** auf Eseln; *loc/adj* ***en dos d'~*** stark gewölbt; mit hoher Wölbung; ***têtu comme un ~*** störrisch wie ein Esel; F *fig* ***il y a plus d'un ~ à la foire qui s'appelle Martin*** es gibt viele Leute, die Meier *ou* Schulze *etc* heißen; *personne* ***être comme l'~ de Buridan*** sich zu keinem Entschluss durchringen können **2** *fig* Esel *m*; Dummkopf *m*; F Rindvieh *n*; ~ ***bâté*** F Quadratesel *m*; Riesenkamel *n*; Vollidiot *m*; ***bonnet*** *m* ***d'~*** Eselskappe *f* (, die schlechte Schüler zur Strafe tragen mussten); ***faire l'~ pour avoir du son*** sich dumm stellen, um etwas zu erfahren
anéantir [aneɑ̃tiʀ] **I** *v/t* **1** (*détruire*) vernichten; ~ ***une armée*** eine Armee vernichten, völlig aufreiben; ~ ***des espoirs*** Hoffnungen zerstören, zunichtemachen **2** *nouvelle, catastrophe* ~ ***qn*** j-n niederschmettern, tief bestürzen, erschüttern, F völlig am Boden zerstören (*a gros effort*); ***je suis anéanti*** *a* ich bin wie vor den Kopf geschlagen **II** *v/pr* ***s'~*** *espoirs* zunichtewerden; zuschanden werden; sich zerschlagen
anéantissement [aneɑ̃tismɑ̃] *m* **1** Vernichtung *f*; *d'espoirs a* Zerstörung *f*; Zunichtewerden *n* **2** (*abattement*) Niedergeschlagenheit *f*
anecdote [anɛgdɔt] *f* **1** Anekdote *f* **2** *par ext* ***l'~*** die Nebensächlichkeiten *f/pl*; das Unwesentliche
anecdotique *adj* anekdotisch; anekdotenhaft
anémie [anemi] *f* MÉD Blutarmut *f*; *sc* Anämie *f*
anémier [anemje] *v/t* ~ ***qn*** bei j-m zu Blutarmut führen
anémique [anemik] *adj* **1** MÉD blutarm; anämisch **2** *plante* kümmerlich; F mick(e)rig; *fig* ***style*** *m* ~ blasser, kraftloser Stil
anémomètre [anemɔmɛtʀ] *m* Anemometer *n*; Windmesser *m*
anémone [anemɔn] *f* **1** BOT Anemone *f*; ~ ***des bois*** Buschwindröschen *n* **2** ZO ~ ***de mer*** Seeanemone *f*; Aktinie *f*
ânerie [ɑnʀi] *f* Dummheit *f*; Torheit *f*; F Eselei *f*; ***dire des ~s*** dummes Zeug, F Quatsch reden; ***faire une ~*** e-e Dummheit, Eselei begehen, machen
ânesse [ɑnɛs] *f* ZO Eselin *f*; Eselstute *f*; ***lait*** *m* ***d'~*** Eselsmilch *f*
anesthésie [anɛstezi] *f* **1** MÉD Anästhesie *f*; ~ ***générale*** (Voll)Narkose *f*; ~ ***locale*** örtliche Betäubung; Lokalanästhesie *f*; ***sous ~*** in Narkose **2** *fig d'émotions* Betäubung *f*; Ausschaltung *f*
anesthésier [anɛstezje] *v/t* **1** MÉD betäuben, anästhesieren (**à** mit) **2** *fig* einschläfern; betäuben; ausschalten
anesthésique [anɛstezik] MÉD **I** *adj* den Schmerz ausschaltend; anästhetisch **II** *m* Anästhetikum *n*
anesthésiste *m,f* Narkosearzt, -ärztin *m,f*; Anästhesist(in) *m(f)*
aneth [anɛt] *m* BOT Dill *m*
anévrisme [anevʀism] *m* MÉD Erweiterung *f* e-r Arterie; *sc* Aneurysma *n*
anfractuosité [ɑ̃fʀaktɥozite] *f* Spalte *f*; Riss *m*; Vertiefung *f*; Kluft *f*
ange [ɑ̃ʒ] *m* Engel *m* (*a fig*); ~ ***gardien*** Schutzengel *m* (*a fig*); *terme affectueux* ***mon ~*** mein Engel

(-chen); *fig* ***patience** f **d'~*** Engelsgeduld *f*; himmlische Geduld; F Lammsgeduld *f*; *enfant* **beau comme un ~** schön wie ein Engel; *st/s* engelschön; *loc/adv* **comme un ~** wunderbar; herrlich; himmlisch; *st/s* engelgleich; *fig*: ***vous seriez un ~ si ...*** es wäre sehr lieb von Ihnen, wenn ...; ***c'est un ~ de bonté*** er *ou* sie besitzt e-e engelhafte Güte; ***être le bon, mauvais ~ de qn*** j-s guter Engel, guter, böser Geist sein; ***être aux ~s*** im siebenten Himmel sein; *silence soudain* ***un ~ passe*** ein Engel geht durchs Zimmer; Schweigen im Walde; *bébé* ***rire aux ~s*** vor sich (*acc*) hin lachen, strahlen

Ange [ɑ̃ʒ] *m Vorname*

Angèle [ɑ̃ʒɛl] *f Vorname*

angélique [ɑ̃ʒelik] **I** *adj* **1** REL der Engel; Engel... **2** *fig bonté etc* engelhaft; *voix* engelgleich; ***sourire** m **~*** engelhaftes, himmlisches Lächeln **II** *f* **1** BOT Engelwurz *f*; Angelika *f* **2** *confiserie* kandierter Engelwurzstängel

Angélique [ɑ̃ʒelik] *f Vorname*

angelot [ɑ̃ʒlo] *m* Engelchen *n*

angélus [ɑ̃ʒelys] *m* **a)** *prière* Angelus *m*; **b)** *son de cloche* Angelus(läuten) *m(n)*

Angers [ɑ̃ʒe] *Stadt im Dep. Maine-et-Loire*

angevin [ɑ̃ʒvɛ̃] *adj* (*et subst* ***Angevin*** Bewohner) von Angers *ou* von Anjou

angine [ɑ̃ʒin] *f* MÉD **a)** Angina *f*; Hals-, Rachen-, Mandelentzündung *f*; **b)** ***~ de poitrine*** Angina pectoris *f*

angiome [ɑ̃ʒjɔm] *m* MÉD Blutschwamm *m*; *sc* Angiom *n*

angiospermes [ɑ̃ʒjɔspɛʀm] *f/pl* BOT Bedecktsamer *m/pl*; *sc* Angiospermen *pl*

Angkor [aŋkɔʀ], [ɑ̃kɔʀ] GÉOGR Angkor *n*

anglais [ɑ̃glɛ] **I** *adj* **1** englisch **2** CUIS ***à l'~e*** (in [Salz]Wasser) gekocht; ***pommes** f/pl **(de terre) à l'~e*** Salzkartoffeln *f/pl* **3** *fig* ***filer à l'~e*** F sich auf Französisch empfehlen; französisch Abschied nehmen **II** *subst* **1** ***Anglais(e)*** *m(f)* Engländer(in) *m(f)* **2** LING ***l'~** m* das Englische; Englisch *n* **3** *boucles* ***~es*** *f/pl* F Korkenzieher-, Ringellocken *f/pl* **4** *écriture* ***~e*** *f* kursive Schreibschrift

angle [ɑ̃gl] *m* **1** (*coin*) Ecke *f*; *d'une pièce a* Winkel *m*; ***~ de la maison, de la rue*** Haus-, Straßenecke *f*; *fig personne* ***arrondir les ~s*** die Gegensätze ausgleichen; ausgleichend wirken; *rue* ***faire, former un ~*** e-n rechten Winkel bilden; ***la maison qui fait l'~*** das Eckhaus; *jardin* ***faire (l')~ avec la rue*** an der Straßenecke liegen **2** GÉOMÉTRIE Winkel *m*; ***~ aigu, droit*** spitzer, rechter Winkel; OPT ***objectif** m **grand ~*** Weitwinkelobjektiv *n*; OPT ***~ de réflexion, de réfraction*** Reflexions-, Brechungswinkel *m*; ***~ de tir*** Schusswinkel *m* **3** *loc/adv* **(*vu*) *sous cet ~*** unter diesem Gesichts- *ou* Blickwinkel, -punkt, Aspekt (gesehen); so gesehen; ***vu sous un certain ~*** aus e-m bestimmten Blickwinkel betrachtet; in gewisser Hinsicht

Angleterre [ɑ̃glətɛʀ] ***l'~*** *f* England *n*

anglican [ɑ̃glikɑ̃] REL **I** *adj* anglikanisch; ***l'Église ~e*** die anglikanische Kirche **II** *subst* ***~(e)*** *m(f)* Anglikaner(in) *m(f)*

anglicanisme [ɑ̃glikanism] *m* REL Anglikanismus *m*

Angliche [ɑ̃gliʃ] F *m,f* Engländer(in) *m(f)*

angliciser [ɑ̃glisize] *v/t nom etc* anglisieren; *mode de vie etc* e-n englischen Anstrich geben (+*dat*) **anglicisme** *m* LING Anglizismus *m*; englische Spracheigentümlichkeit **angliciste** *m,f* Anglist(in) *m(f)*

Les anglicismes

Un anglicisme ist ein englisches Wort, das Eingang in eine andere Sprache gefunden hat. Ähnlich wie im Deutschen gibt es auch in der französischen Sprache eine Reihe von Anglizismen. Beispiele:

le week-end	das Wochenende
le software	die Software
le walkman®	der Walkman®

Ein entschiedener Anglizismen-Gegner in Frankreich ist die 1635 von Kardinal Richelieu gegründete **Académie française**. Sie versucht die Reinheit der französischen Sprache zu bewahren und schlägt französische Ausdrücke für die Begriffe aus dem Englischen vor. Diese setzen sich allerdings nicht immer durch.
Die französischen Entsprechungen für die oben genannten Anglizismen lauten:

le week-end	**– la fin de semaine**
le software	**– le logiciel**
le walkman®	**– le baladeur**

anglo... [ɑ̃glo] *adj* englisch-...; anglo...; *exemples*: ***anglo-américain*** angloamerikanisch; ***anglo-russe*** englisch-russisch

anglomanie [ɑ̃glɔmani] *f* Anglomanie *f*

anglo-normand [ɑ̃glonɔʀmɑ̃] **I** *adj* HIST anglonormannisch; GÉOGR ***îles Anglo-Normandes*** Kanalinseln *f/pl*; Normannische Inseln *f/pl* **II** *m* LING ***l'~*** das Anglonormannische; Anglonormannisch *n*

anglophile [ɑ̃glɔfil] **I** *adj* englandfreundlich; anglophil **II** *m,f* Freund(in) *m(f)* der Engländer, alles Englischen **anglophilie** *f* Englandfreundlichkeit *f*; Anglophilie *f*

anglophobe [ɑ̃glɔfɔb] **I** *adj* allem Englischen abgeneigt; anglophob **II** *m,f* Feind(in) *m(f)* der Engländer, alles Englischen **anglophobie** *f* Abneigung *f* gegen die Engländer, gegen alles Englische; Anglophobie *f*

anglophone [ɑ̃glɔfɔn] *adj* Englisch sprechend; englischsprachig; anglophon

anglo-saxon [ɑ̃glosaksɔ̃] **I** *adj* ⟨***~ne***⟩ angelsächsisch **II** *subst* ***Anglo-Saxons*** *m/pl* Angelsachsen *m/pl*

angoissant [ɑ̃gwasɑ̃] *adj* beängstigend; äußerst beunruhigend; beklemmend

angoisse [ɑ̃gwas] *f* Angst(gefühl) *f(n)*; Bangigkeit *f*; Beklemmung *f*; PHILOS (Lebens-, Welt)Angst *f*; ***~ de la mort, devant la mort*** Todesangst *f*; ***cri** m **d'~*** Angstschrei *m*; ***une nuit d'~*** e-e bange Nacht

angoissé [ɑ̃gwase] *adj regard, cri* ängstlich; angstvoll; angsterfüllt; ***attente ~e*** banges, beklemmen-

des Warten; *personne* **être ~** Angst haben; von Angst erfüllt sein; sich ängstigen; verängstigt sein
angoisser [ɑ̃gwase] **I** *v/t* **~ qn** j-n ängstigen; j-n in Angst versetzen; j-m Angst einjagen, einflößen; j-m Angst (und Bange) machen **II** *v/pr* **s'~** sich ängstigen
Angola [ɑ̃gɔla] **l'~** *m* Angola *n*
angolais [ɑ̃gɔlɛ] **I** *adj* angolanisch **II** *subst* **Angolais(e)** *m(f)* Angolaner(in) *m(f)*
angora [ɑ̃gɔʀa] *adj* ⟨*f inv*⟩ Angora…; **chat** *m*, **lapin** *m* **~** Angorakatze *f*, -kaninchen *n*; **laine** *f* **~** *ou subst* **~** *m* Angorawolle *f*; **en ~** aus Angorawolle
angström [ɑ̃gstʀøm] *m* PHYS Ångström(einheit) *n(f)*
anguille [ɑ̃gij] *f* ZO Aal *m*; **~ électrique** Zitteraal *m*; CUIS **~ fumée** Räucher-, Spickaal *m*; *fig* **il y a ~ sous roche** da steckt (doch) etwas dahinter; *personne* **glisser, filer entre les doigts comme une ~** entschlüpfen wie ein Aal
angulaire [ɑ̃gylɛʀ] *adj* **1** Eck…; CONSTR *et fig* **pierre** *f* **~** Eckstein *m* **2** PHYS Winkel…
anguleux [ɑ̃gylø] *adj* ⟨**-euse**⟩ *visage, traits* eckig; kantig; **écriture anguleuse** eckige Schrift
anhydride [anidʀid] *m* CHIM Anhydrid *n*
anicroche [anikʀɔʃ] *f* (kleine) Schwierigkeit; (kleine) Unannehmlichkeit; *se dérouler etc* **sans ~** reibungslos; ganz glatt; ohne Zwischenfälle
aniline [anilin] *f* CHIM Anilin *n*; **bleu** *m* **d'~** Anilinblau *n*
animal [animal] ⟨*m/pl* **-aux**⟩ **I** *m* **1** Tier *n*; **~ domestique** Haustier *n*; **animaux de boucherie** Schlachtvieh *n*; **animaux de laboratoire** Versuchstiere *n/pl* **2** *fig et péj* **cet ~-là** F dieser blöde Kerl; diese blöde Person **II** *adj* **1** tierisch; animalisch (*a pulsions, instincts humains*); Tier…; der Tiere; **chaleur ~e** tierische, animalische Wärme; **farines ~es** Tiermehl *n*; **règne ~** Tierreich *n* **2** *confiance etc* instinktiv
animalerie [animalʀi] *f* Tier-, Zoohandlung *f*
animalier [animalje] *m* **~** *ou adjt* **peintre** *m* **~** Tiermaler *m*
animalité [animalite] *f* tierisches Wesen; Animalität *f*
animateur [animatœʀ] *m*, **animatrice** *f* **1** *en société* Stimmungsmacher(in) *m(f)*; F Stimmungskanone *f*; Betriebsnudel *f*; *d'un projet* Triebfeder *f*, -kraft *f*; Motor *m* **2** (**~** *de métier*) *d'un spectacle* Conférencier *m*; Unterhalter(in) *m(f)*; RAD, TV Quizmaster *m*; Showmaster *m*; Spielleiter(in) *m(f)*; *d'une émission* Moderator, Moderatorin *m,f*; *d'un débat* Diskussions-, Gesprächsleiter(in) *m(f)*; *de groupes de vacanciers* Animateur(in) *m(f)*; *d'une maison de jeunes etc* Freizeitpädagoge, -pädagogin *m,f*; COMM **animateur de produits** Produktmanager [-mɛnidʒər] *m*; **animateur** *m* **des ventes** Vertriebsleiter *m* **3** *m* CIN Filmtechniker, der Animationsfilme realisiert
animation [animasjõ] *f* **1** *dans la rue, en ville etc* reges Leben und Treiben; reger Betrieb; Belebtheit *f*; *de la discussion, du visage* Lebhaftigkeit *f*; Lebendigkeit *f*; *discuter* **avec ~** lebhaft; COMM *marché* **manquer d'~** lustlos sein; *personne* **mettre de l'~ dans la réunion** Leben in die Versammlung bringen **2** *socioculturelle* Freizeitgestaltung *f*; Animation *f* **3** CIN Animation *f*; Puppen- und Zeichentrickfilmtechnik *f*; **cinéma** *m*, **film** *m* **d'~** Animationsfilm *m*; Puppenfilm *m*; Zeichentrickfilm *m*
animé [anime] *adj* **1** *rue, ville, quartier* belebt; betriebsam; **combat ~** heftiger Kampf; **discussion ~e** lebhafte, rege Diskussion; **visage ~** lebhaftes, lebendiges Gesicht **2** **dessin(s) ~(s)** Zeichentrickfilm *m* **3** (*vivant*) lebend; belebt; **être** *m* **~** Lebewesen *n*
animer [anime] **I** *v/t* **1** *conversation, récit, entreprise* beleben (*a visage*); Leben bringen in (+*acc*); lebendig gestalten **2** *sentiment* **~ qn** j-n beseelen, erfüllen; *p/p* **être animé du désir de** (+*inf*) von dem Wunsch beseelt, erfüllt sein zu (+*inf*) **3** *nature* beleben; beseelen; *artiste*: *œuvre* Leben einhauchen, verleihen (+*dat*); mit Leben erfüllen; zum Leben erwecken **4** *jeu télévisé, débat* leiten; **~ une émission** eine Sendung moderieren; *présentateur* **~ le spectacle** durch die Veranstaltung führen; die Conférence haben, machen **II** *v/pr* **s'~** **1** *rue, regard, visage* sich beleben; *conversation* lebhaft, lebendig, rege, angeregt werden **2** (*se mettre à vivre*) sich beleben; lebendig werden
animisme [animism] *m* REL Animismus *m* **animiste** **I** *adj* animistisch **II** *m,f* Animist(in) *m(f)*
animosité [animozite] *f* Animosität *f*, Feindseligkeit *f* (**envers qn** gegenüber j-m)
anion [anjõ] *m* PHYS Anion *n*
anis [ani(s)] *m* BOT Anis *ou* Anis *m*; **~ étoilé** Sternanis *m*
aniser [anize] *v/t* mit Anis würzen **anisette** *f* Anislikör *m*; Anisette *m*
Anjou [ɑ̃ʒu] **l'~** *m* Anjou *n*
ankylose [ɑ̃kiloz] *f* MÉD Gelenkversteifung *f*; *sc* Ankylose *f*
ankyloser [ɑ̃kiloze] **I** *v/t membre, articulation* steif werden lassen; *adjt* **ankylosé** steif; MÉD versteift; **je suis tout ankylosé** ich bin ganz steif (geworden) **II** *v/pr* **s'~** steif werden
annales [anal] *f/pl* Annalen *pl*; *par ext* **dans les ~ du crime** in den Annalen des Verbrechens
Annam [anam] GÉOGR **l'~** *m* Annam *n*
Anne [an] *f Vorname*
anneau [ano] *m* ⟨*pl* **~x**⟩ **1** Ring *m*; *de clé a* Schlüsselring *m*; *d'une chaîne a* (Ketten)Glied *n*; Kettenring *m*; *des vers, mille-pattes etc* ringförmiges Segment; (Körper)Glied *n*; *d'un arbre* Jahresring *m*; *des champignons* Ringkragen *m*; MATH Ring *m*; *des ciseaux* **~x** *pl* Griffe *m/pl*; **~ nasal** Nasenring *m*; **~ de rideau** Gardinenring *m*; ASTR **~ de Saturne** Saturnring *m*; SPORTS **~ de vitesse** Eisschnelllaufbahn *f* **2** *au doigt* (Finger)Ring *m*; *poét* Reif *m*; **~ épiscopal, pastoral** Bischofsring *m*; *st/s* **~ nuptial** Ehe-, Trauring *m* **3** SPORTS **~x** *pl* Ringe *m/pl*
Annecy [ansi] *Stadt im Dep. Haute-Savoie*
année [ane] *f* Jahr *n*; *d'une personne a* Lebensjahr *n*; *du vin* Jahrgang *m*; **~s actives, d'activité** Berufs-, Dienst-, Tätigkeitsjahre *n/pl*; **bonne ~!** ein gutes neues Jahr!; viel Glück zum neuen Jahr!; prosit Neujahr!; *avant la fin de l'année a* F guten Rutsch (ins neue Jahr)!; **l'~ dernière, passée, précédente, prochaine** → **dernier** *etc*; **~ financière** Finanzjahr *n*; **les ~s folles** die Goldenen Zwanzigerjahre; die Roaring Twenties ['rɔːrɪŋ-] *pl*; **~ scolaire** Schuljahr *n*; **~ universitaire** Studienjahr *n*; akademisches Jahr; **les ~s vingt, trente** *etc* die Zwanziger-, Drei-

ßigerjahre *etc*; ***~s d'école*** Schulzeit *f*; ***~s de service*** Dienstjahre *n/pl*; *loc/adj* ***étudiant*** *m* ***de première ~*** Student *m* im ersten und zweiten Semester; *loc/adv*: ***cette ~*** dieses Jahr; in diesem Jahr; ***chaque ~*** jedes Jahr; Jahr für Jahr; jahraus, jahrein; ***dans les ~s à venir*** in den kommenden Jahren; ***d'~ en ~*** von Jahr zu Jahr; ***d'une ~ à l'autre*** von e-m Jahr zum ander(e)n; ***depuis des ~s*** seit Jahren; jahrelang; ***il y a bien des ~s que ...*** es ist schon viele Jahre her, dass ...; ***devoir deux ~s de loyer*** die Miete von zwei Jahren schulden; ***entrer dans sa soixantième ~*** ins sechzigste Lebensjahr kommen; in sein sechzigstes Lebensjahr treten; ***être dans sa vingtième ~*** im zwanzigsten Lebensjahr stehen; ***cela fait des ~s que je ne l'ai pas vu*** ich habe ihn seit Jahren nicht mehr gesehen

année-lumière [anelymjɛʀ] *f* ⟨*pl* **années-lumière**⟩ ASTR Lichtjahr *n*

annelé [anle] *adj* Ring...

annélides [anelid] *m/pl* ZO Ringelwürmer *m/pl*

annexe [anɛks] *f* **1** *bâtiment* Nebengebäude *n*; *d'un hôtel* Dependance *f* **2** *d'un dossier etc* **~s** *pl ou adjt* **pièces** *f/pl* **~s** Anlagen *f/pl*; *d'un essai* Anhang *m*; Exkurs *m*

annexer [anɛkse] *v/t* **1** POL *territoire* annektieren; sich (*dat*) einverleiben **2** *document, attestation etc* beifügen, beilegen (**à** *dat*)

annexion [anɛksjõ] *f* POL Annexion *f*; Annektierung *f*; Einverleibung *f*; Angliederung *f*, Anschluss *m* (**à la France** an Frankreich)

annexionnisme [anɛksjɔnism] *m* POL Annexionismus *m*

Annick [anik] *f Vorname*

Annie [ani] *f Vorname*

annihilation [aniilasjõ] *f* **1** *des efforts etc* Zunichtemachung *f* **2** PHYS NUCL Annihilation *f*

annihiler [aniile] *v/t espoir, succès, efforts* zunichtemachen; *espoir a* zerstören; *résistance* brechen

anniversaire [anivɛʀsɛʀ] **I** *m* **1** Geburtstag *m*; ***bon ~!*** ich gratuliere dir *ou* Ihnen (herzlich) zum Geburtstag!; herzlichen Glückwunsch, alles Gute zum Geburtstag!; ***aujourd'hui, c'est son ~*** er hat heute Geburtstag; heute ist sein Geburtstag **2** ~ *ou adjt* ***jour*** *m* ***~*** Jahres-, Gedenktag *m*; ***~ de l'armistice*** Waffenstillstandstag *m*; ***l'~ de leur mariage*** ihr Hochzeitstag *m*; ***célébrer le vingtième ~ de la mort de ...*** die zwanzigste Wiederkehr des Todestages von ... feierlich begehen **II** *adj* Gedenk...; ***cérémonie*** *f* ***~*** Gedenkfeier *f*

annonce [anõs] *f* **1** Ankündigung *f*; Mitteilung *f*; RAD, TV, PRESSE Meldung *f*; Bekanntgabe *f*, -machung *f*; RAD *a* Ansage *f*; *Claudel* ***L'Annonce faite à Marie*** Mariä Verkündigung; CH DE FER ***~ de train*** Zugmeldung *f*; Vormeldung *f* der Züge; ***faire une ~*** (dem Publikum) e-e Mitteilung machen, etwas bekannt geben **2** *dans un journal* (Zeitungs)Annonce *f*; Anzeige *f*; Inserat *n*; ***petite ~*** Kleinanzeige *f*; *rubrique* ***petites ~s*** Anzeigenteil *m*; ***~ publicitaire*** Werbe-, Geschäftsanzeige *f*; (***faire***) ***insérer, mettre, faire passer une ~ dans un journal*** e-e Annonce, e-e Anzeige, ein Inserat aufgeben, in e-e Zeitung setzen; in e-r Zeitung inserieren; annoncieren **3** (*indice*) An-, Vorzeichen *n* (***de qc*** für etw *ou* e-r Sache [*gén*]) **4** BRIDGE Bieten *n*

annoncer [anõse] ⟨**-ç-**⟩ **I** *v/t* **1** ankünd(ig)en; mitteilen; RAD, TV, PRESSE melden; bekannt geben, machen; RAD *a* ansagen; *nouvelle* verkünden; *prophète* ***~ qc*** etw verkündigen, vorher-, voraussagen; ***~ l'arrivée du train*** die Ankunft des Zuges melden, bekannt geben, ankündigen; *la radio* ***a annoncé de la pluie pour demain*** hat für morgen Regen angesagt; *cette fleur* ***annonce le printemps*** ist ein Vorbote des Frühlings; ***~ sa visite pour vendredi*** s-n Besuch für Freitag ankündigen; sich für Freitag ansagen **2** *un visiteur* melden; ***se faire ~*** sich melden lassen **3** *symptôme, gêne etc* ***~ qc*** ein (An)Zeichen für etw sein; auf etw (*acc*) hindeuten, schließen lassen; *ces nuages noirs* ***annoncent la pluie*** deuten auf Regen hin **4** BRIDGE bieten **II** *v/pr* **1** *voyage, saison etc* ***s'~ bien, mal*** gut, schlecht anfangen, beginnen; sich gut, schlecht anlassen; ***ça s'annonce plutôt mal*** *iron* das fängt ja gut an **2** *crise etc* ***s'~ de toutes parts*** sich überall abzeichnen, ankünd(ig)en

annonceur [anõsœʀ] *m* **a)** PRESSE Inserent *m*; **b)** RAD, TV Auftraggeber *m* e-r Werbesendung

annonciateur [anõsjatœʀ] *adj* ⟨**-trice**⟩ *st/s* ankündigend (***de qc*** etw); ***signes ~s de la tempête*** Vorzeichen *n/pl*, Vorboten *m/pl* des Sturmes

Annonciation [anõsjasjõ] *f* ***l'~*** a) REL Mariä Verkündigung *f*; b) PEINT die Verkündigung Mariä

annoncier [anõsje] *m* **a)** *dans un journal* Anzeigenleiter *m*; **b)** TYPO Anzeigensetzer *m*

annotation [anɔtasjõ] *f d'un texte* (kritische) Anmerkung; ***~*** (***portée***) ***en marge*** Randbemerkung *f*

annoter [anɔte] *v/t texte* mit (kritischen) Anmerkungen versehen

annuaire [anɥɛʀ] *m* **1** Jahrbuch *n* **2** ***~ du téléphone*** Telefonbuch *n*; Fernsprechbuch *n* **3** ***~ des marées*** Tidenkalender *m*; Gezeitentafel *f*

annualité [anɥalite] *f* Jährlichkeit *f*; Geltungsdauer *f* für ein Jahr

annuel [anɥɛl] *adj* ⟨**~le**⟩ **1** (all)jährlich; jährlich wiederkehrend; Jahres...; ***revenu ~*** jährliches Einkommen; Jahreseinkommen *n* **2** *plante* einjährig

annuellement [anɥɛlmɑ̃] *adv* (all)jährlich

annuité [anɥite] *f* **1** *pour une dette* Jahreszahlung *f*, -rate *f*; Annuität *f* **2** (*année de service*) ruhegehaltfähiges Dienstjahr

annulaire [anylɛʀ] **I** *adj* ringförmig; Ring... **II** *m* Ringfinger *m*

annulation [anylasjõ] *f* JUR Annullierung *f*; Nichtigkeits-, Ungültigkeitserklärung *f*; *d'un jugement, mariage a* Aufhebung *f*; *d'une loi a* Kraftloserklärung *f*; *d'un ordre* Zurücknahme *f*; Widerruf *m*; *d'une commande, réservation* Annullierung *f*; Rückgängigmachung *f*; (Zu)Rücknahme *f*; COMM Stornierung *f*; Storno *m ou n*; *d'un rendez-vous* Absage *f*; ***~ d'une commande*** *a* Abbestellung *f*

annuler [anyle] **I** *v/t* JUR annullieren; für nichtig, für ungültig erklären; *jugement, mariage a* aufheben; *commande* annullieren; rückgängig machen; zurücknehmen, -ziehen; COMM stornieren; ***~ un ordre*** einen Befehl widerrufen; ***~ un rendez-vous*** eine Verabredung absagen; ***~ une réservation*** eine Reservierung annullieren, rückgängig machen **II** *v/pr forces etc* ***s'~*** sich (gegenseitig) aufheben

anoblir [anɔbliʀ] *v/t* adeln; in den Adelsstand erheben

anoblissement [anɔblismɑ̃] *m* Adelung *f*; Erhebung *f* in den Adelsstand; HIST ***lettres*** *f/pl* ***d'~***

Adelsbrief *m*, -diplom *n*
anode [anɔd] *f* PHYS Anode *f*
anodin [anɔdɛ̃] *adj* harmlos; ungefährlich; *remède a* unschädlich; *propos, personnage a* nichtssagend; unbedeutend
anomalie [anɔmali] *f* **1** (*bizarrerie*) Abnormität *f*; Anomalie *f*; Ungewöhnlichkeit *f*; Anormale(s) *n*; Unnormale(s) *n* **2** BIOL, LING *etc* Anomalie *f*; Regelwidrigkeit *f*
ânon [ɑnõ] *m* kleiner, junger Esel; Eselsfüllen *n*
ânonnement [ɑnɔnmɑ̃] *m* stockendes, stotterndes Her-, Aufsagen *ou* Lesen; *péj* Gestotter *n*; Gestammel *n* **ânonner** *v/t et v/i* stockend, stotternd her-, aufsagen *ou* lesen; stockend sprechen
anonymat [anɔnima] *m* Anonymität *f*; ***conserver, garder l'~*** die Anonymität wahren; anonym, ungenannt bleiben
anonyme [anɔnim] *adj* **1** *lettre, don, auteur* anonym; *auteur, peintre a* unbekannt; ***auteur*** *m*, ***donateur*** *m etc* *~ a* Anonymus *m*; ***la foule ~*** die anonyme, namenlose Menge; ***société*** *f* ***~*** Aktiengesellschaft *f*; ***victimes*** *f/pl* ***~s*** namenlose, ungenannte Opfer **2** (*impersonnel*) *meubles etc* unpersönlich; neutral; konventionell
anophèle [anɔfɛl] *m* Malariamücke *f*; *sc* Anopheles *f*
anorak [anɔʀak] *m* Anorak *m*
anorexie [anɔʀɛksi] *f* MÉD Magersucht *f*; *sc* Anorexie *f*
anorexigène [anɔʀɛksiʒɛn] **I** *adj* appetithemmend; ***avoir un effet, être ~*** appetithemmend wirken **II** *m* Appetithemmer *m*, -zügler *m*
anorexique [anɔʀɛksik] **I** *adj* *troubles* durch (die) Magersucht verursacht, bedingt; *personne* magersüchtig **II** *m,f* Magersüchtige(r) *f(m)*
anormal [anɔʀmal] ⟨*m/pl* **-aux**⟩ **I** *adj* **1** anormal; anomal; abnorm; unnormal; nicht normal; ungewöhnlich; ***il est ~ que …*** (+*subj*) es ist doch unnormal, dass … **2** *mentalement* (geistig) anomal; geistesgestört **II** *subst* ***~(e)*** *m(f)* Geistesgestörte(r) *f(m)*
anormalement [anɔʀmalmɑ̃] *adv* *température* ***~ bas*** abnorm niedrig; ***~ constitué*** von ano(r)maler Konstitution; ***~ gai*** ungewöhnlich fröhlich
Anouilh [anuj] *frz Dramatiker*
ANPE [ɑɛnpeə] *f abr* (*Agence nationale pour l'emploi*) Arbeitsamt *n*; *correspond à* Bundesanstalt *f* für Arbeit
Ans [ɑ̃s] *Stadt in Belgien*
anse [ɑ̃s] *f* **1** *d'une tasse etc* Henkel *m*; *fig* ***faire danser l'~ du panier*** zu viel (Geld) ausgeben **2** (*petite baie*) kleine seichte Bucht **3** ANAT Schlinge *f*; *sc* Ansa *f*
antagonique [ɑ̃tagɔnik] *adj* → ***antagoniste*** *I*
antagonisme [ɑ̃tagɔnism] *m* Antagonismus *m* (*a* BIOL); Gegensatz *m*; Gegnerschaft *f*; Widerstreit *m*; ***~ de classe*** Klassenantagonismus *m*
antagoniste [ɑ̃tagɔnist] **I** *adj* antagonistisch; gegensätzlich; widerstreitend **II** *m,f* Antagonist(in) *m(f)*; Gegner(in) *m(f)*; Widersacher(in) *m(f)*
antalgique [ɑ̃talʒik] *adj* PHARM schmerzlindernd, -stillend; ***médicament*** *m* ***~*** schmerzlinderndes, -stillendes Mittel; Antalgikum *n*
antan [ɑ̃tɑ̃] *loc/adj litt* ***d'~*** einstige(r, -s); aus vergangener Zeit

Antarctide [ɑ̃taʀktid] ***l'~*** *f* die Antarktis
antarctique [ɑ̃taʀktik] **I** *adj* antarktisch; der Antarktis; des Südpolargebietes; ***cercle*** *m* ***polaire ~*** südlicher Polarkreis; ***continent*** *m* ***~*** antarktischer Kontinent; ***océan*** (***Glacial***) ***Antarctique*** Südpolarmeer *n*; Südliches Eismeer **II** *subst* ***l'Antarctique*** *m* die Antarktis
antécédence [ɑ̃tesedɑ̃s] *f* GÉOL Antezedenz *f*
antécédent [ɑ̃tesedɑ̃] **I** *m* **1** ***~s*** *pl d'une personne* Vorleben *n*; Vergangenheit *f*; *d'un événement* Vorgeschichte *f* **2** GR *du relatif* Bezugswort *n* **3** LOGIQUE Antezedens *n*; Vordersatz *m* **4** MÉD ***~s*** *pl* Vorgeschichte *f*; Anamnese *f* **II** *adj* GÉOL ***vallée ~e*** antezedentes Tal
Antéchrist [ɑ̃tekʀist] *m* REL Antichrist *m*
antédiluvien [ɑ̃tedilyvjɛ̃] *adj* ⟨***~ne***⟩ F *fig* vorsintflutlich
antenne [ɑ̃tɛn] *f* **1** RAD, TV, TÉLÉCOMM Antenne *f*; ***~ collective*** Gemeinschaftsantenne *f*; ***~ extérieure, intérieure*** Außen- *ou* Hoch-, Innen- *ou* Zimmerantenne *f*; ***~ de télévision*** Fernsehantenne *f* **2** RAD, TV (*émission*) Senden *n*, -ung *f*; Sendezeit *f*; *de candidats aux élections* ***droit*** *m* ***d'~*** Recht *n*, Anspruch *m* auf (e-e bestimmte) Sendezeit; ***heures*** *f/pl* ***d'~*** Sendezeit *f*; *déclarer* ***'hors ~*** außerhalb der Sendung; *journaliste* ***interdit d'~*** mit Sendeverbot; ***je donne, passe l'~ à notre reporter à X*** ich übergebe an unseren Reporter in X; ***l'~ est à vous*** Sie haben das Wort; *personne* ***être à*** *ou* ***sur l'~, passer à l'~*** auf Sendung sein; ***rendre l'~ à Paris, au studio*** nach Paris, zum Funkhaus zurückgeben **3** *jusqu'en 1992* ***Antenne 2*** Zweites Programm (des französischen Fernsehens) **4** ZO Fühler *m*; Antenne *f*; *fig personne* ***avoir des ~s*** den sechsten Sinn haben; e-e gute Spürnase haben; F e-e Antenne dafür haben; ***avoir des ~s dans un ministère*** *etc* über gute Nachrichtenquellen in e-m Ministerium *etc* verfügen **5** *d'une institution* Außenstelle *f* **6** *de la Croix-Rouge etc* Rettungsstation *f*
antépénultième [ɑ̃tepenyltjɛm] *f* LING Antepänultima *f*; drittletzte Silbe
antéposer [ɑ̃tepoze] *v/t* GR voranstellen; ***adjectif antéposé*** vorangestelltes, vor dem Substantiv stehendes Adjektiv
antéposition [ɑ̃tepozisjõ] *f* GR Voranstellen *n*, -stehen *n*
antérieur [ɑ̃teʀjœʀ] *adj* **1** (*de devant*) vordere(r, -s); Vorder…; ***membres ~s*** Vorderbeine *n/pl*; ***pattes ~es*** Vorderpfoten *f/pl* **2** *dans le temps* frühere(r, -s); ***vie ~e*** früheres, voriges Leben; ***être ~ à qc*** *événement* (zeitlich) vor etw (*dat*) liegen; sich vor etw (*dat*) ereignet haben; e-r Sache (*dat*) vorhergehen; *édifice, style* älter sein als etw **3** GR ***futur ~*** zweites Futur; Futurum exaktum *n*; vollendete Zukunft; ***passé ~*** zweites Plusquamperfekt **4** PHON ***voyelle ~e*** Vorderzungenvokal *m*; palataler, heller Vokal
antérieurement [ɑ̃teʀjœʀmɑ̃] *adv* vorher; früher; ***~ à*** früher als; vor (+*dat*)
antériorité [ɑ̃teʀjɔʀite] *f* zeitliches Vorangehen
anthère [ɑ̃tɛʀ] *f* BOT Staubbeutel *m*
anthologie [ɑ̃tɔlɔʒi] *f* Anthologie *f*; Blütenlese *f*
anthracite [ɑ̃tʀasit] *m* **1** *charbon* Anthrazit *m* **2** *adjt* (***gris***) ***~*** ⟨*inv*⟩ anthrazit(farben, -farbig, -grau)
anthrax [ɑ̃tʀaks] *m* MÉD Karbunkel *m*; *abus* Milzbrand *m*; *sc* Anthrax *m*

anthropocentrique [ɑ̃tʀɔpɔsɑ̃tʀik] *adj* PHILOS anthropozentrisch **anthropocentrisme** *m* PHILOS anthropozentrische Betrachtungsweise
anthropoïde [ɑ̃tʀɔpɔid] *adj* ZO menschenähnlich; *sc* anthropoid; ***singe*** *m* ~ *ou subst* ~ *m* Menschenaffe *m*; *sc* Anthropoid(e) *m*
anthropologie [ɑ̃tʀɔpɔlɔʒi] *f* Anthropologie *f* **anthropologique** *adj* anthropologisch **anthropologiste** *m,f ou* **anthropologue** *m,f* Anthropologe, -login *m,f*
anthropométrie [ɑ̃tʀɔpɔmetʀi] *f* **1** *science* Anthropometrie *f* **2** ~ (***judiciaire***) Erkennungsdienst *m*
anthropométrique [ɑ̃tʀɔpɔmetʀik] *adj* JUR erkennungsdienstlich; anthropometrisch
anthropomorphe [ɑ̃tʀɔpɔmɔʀf] *adj* menschlich gestaltet; anthropomorph; *dans de vieux manuscrits* ***lettre*** *f* ~ Initiale, die sich aus der Gestalt e-s Menschen formt
anthropomorphiser [ɑ̃tʀɔpɔmɔʀfize] *v/t* vermenschlichen **anthropomorphisme** *m* Anthropomorphismus *m*; Vermenschlichung *f*
anthroponymie [ɑ̃tʀɔpɔnimi] *f* LING Personennamenkunde *f*, -forschung *f*
anthropophage [ɑ̃tʀɔpɔfaʒ] **I** *adj* menschenfressend **II** *m* Menschenfresser *m*; Kannibale *m*; *sc* Anthropophage *m* **anthropophagie** *f* Menschenfresserei *f*; Kannibalismus *m*; *sc* Anthropophagie *f*
anti... [ɑ̃ti] *préfixe* anti...; Anti...; gegen...; Gegen...; un...; ...gegner *m*; ...feindlich; TECH, MÉD ...dämpfend; ...hemmend; ...schutz *m*; → *les articles suivants*
antiacarien [ɑ̃tiakaʀjɛ̃] **I** *adj* ⟨~**ne**⟩ zur Milbenbekämpfung; Milben... **II** *m* Mittel *n* zur Milbenbekämpfung; Milbenmittel *n*
antiaérien [ɑ̃tiaeʀjɛ̃] *adj* ⟨~**ne**⟩ MIL Flugabwehr...; *abr* Flak...; ***abri*** ~ Luftschutzraum *m*, -keller *m*, -bunker *m*; ***défense ~ne*** Luft-, Flug-, Fliegerabwehr *f*; Flak *f*
antialcoolique [ɑ̃tialkɔlik] *adj* ***ligue*** *f* ~ Liga *f* zur Bekämpfung des Alkoholismus
antialcoolisme [ɑ̃tialkɔlism] *m* Antialkoholismus *m*; Kampf *m* gegen den Alkoholismus
antiaméricain [ɑ̃tiameʀikɛ̃] *adj* antiamerikanisch; amerikafeindlich
antiaméricanisme [ɑ̃tiameʀikanism] *m* Antiamerikanismus *m*; Amerikafeindlichkeit *f*
antianémique [ɑ̃tianemik] *adj* MÉD ***facteur*** *m* ~ antianämischer Faktor
antiatomique [ɑ̃tiatɔmik] *adj* Strahlenschutz...; ***abri*** *m* ~ Atombunker *m*; ***protection*** *f* ~ Schutz *m* gegen radioaktive Strahlung
Antibes [ɑ̃tib] *Stadt im Dep. Alpes-Maritimes*
antibiotique [ɑ̃tibjɔtik] MÉD **I** *adj* antibiotisch **II** *m* Antibiotikum *n*; ***être sous ~s*** mit Antibiotika behandelt werden
antiblocage [ɑ̃tiblɔkaʒ] *adj* AUTO ***système*** *m* ~ Antiblockiersystem *n* (*abr* ABS)
antibrouillard [ɑ̃tibʀujaʀ] *adj* ⟨*f inv*⟩ AUTO ***phare*** *m* ~ *ou subst* ~ *m* Nebelscheinwerfer *m*
antibruit [ɑ̃tibʀɥi] *adj* ⟨*f inv*⟩ Lärmschutz...; Lärmbekämpfungs...; ***mur*** *m* ~ Lärmschutzwall *m*
antibuée [ɑ̃tibɥe] *adj* Antibeschlag... **anticalcaire** *adj* Entkalkungs...; zur Entkalkung **anticancéreux** *adj* ⟨**-euse**⟩ MÉD Krebsbekämpfungs...; zur Krebsbekämpfung **anticapitaliste** *adj* antikapitalistisch
anticasseurs [ɑ̃tikasœʀ] *adj* ***loi*** *f* ~ Gesetz *n* gegen Chaoten, Randalierer
antichambre [ɑ̃tiʃɑ̃bʀ] *f* Vorzimmer *n*; ***faire*** ~ im Vorzimmer warten; antichambrieren
antichar [ɑ̃tiʃaʀ] *adj* ⟨*f inv*⟩ *canon, fusée* Panzerabwehr...; *munitions* panzerbrechend; ***grenade*** *f*, ***mine*** *f* ~ Panzergranate *f*, -mine *f*
antichoc [ɑ̃tiʃɔk] *adj* ⟨*f inv*⟩ *montre* stoßfest, -sicher; AVIAT ***casque*** *m* ~ Schutz-, Sturzhelm *m*
antichrétien [ɑ̃tikʀetjɛ̃] **I** *adj* ⟨~**ne**⟩ antichristlich; christenfeindlich; gegen das Christentum (eingestellt) **II** *subst* ~(***ne***) *m(f)* Gegner(in) *m(f)* des Christentums
anticipation [ɑ̃tisipasjõ] *f* **1** *par la pensée* (gedankliche) Vorwegnahme, Vorausnahme; Vorgriff *m* (**de** auf +*acc*); Antizipation *f*; ***littérature*** *f* ***d'~*** Science-Fiction ['saɪənsfɪkʃən] *f*; ***film*** *m* ***d'~*** Science-Fiction-Film *m*; ***roman*** *m* ***d'~*** utopischer Roman; Zukunftsroman *m* **2** COMM vorzeitige Regelung, Erledigung; ~ ***de paiement*** antizipierte Zahlung; Leistung *f* e-r Zahlung vor Fälligkeit; Vorauszahlung *f*; *loc/adv* ***par*** ~ vorzeitig; im Voraus
anticipé [ɑ̃tisipe] *adj* vorzeitig; vorfristig; vorgezogen; ***élections ~es*** vorgezogene Wahlen *f/pl*; ***joie ~e*** Vorfreude *f*; ***retraite ~e*** Vorruhestand *m*; ***avec mes remerciements ~s*** mit (bestem) Dank im Voraus
anticiper [ɑ̃tisipe] **I** *v/t paiement* vorzeitig, vorfristig, vor Fälligkeit leisten; ~ ***le paiement de huit jours*** die Zahlung acht Tage eher leisten, um acht Tage vorziehen **II** *v/t/indir* ~ ***sur qc*** etw vorwegnehmen, vorausnehmen, antizipieren; e-r Sache (*dat*) vorgreifen; (*prévoir*) etw voraussehen; *abs* ***mais n'anticipons pas*** aber wir wollen nicht vorgreifen
anticlérical [ɑ̃tikleʀikal] ⟨*m/pl* **-aux**⟩ **I** *adj* antiklerikal; kirchenfeindlich **II** ~(***e***) *m(f)* Antiklerikale(r) *f(m)*; Kirchengegner(in) *m(f)* **anticléricalisme** *m* Antiklerikalismus *m*; kirchenfeindliche Einstellung
anticlinal [ɑ̃tiklinal] *m* ⟨*pl* **-aux**⟩ GÉOL Antiklinale *f*; Antikline *f*; Sattel *m* **anticoagulant** MÉD **I** *adj* blutgerinnungshemmend **II** *m* Antikoagulans *n*; blutgerinnungshemmendes Mittel **anticolonialisme** *m* Antikolonialismus *m*
anticommunisme [ɑ̃tikɔmynism] *m* Antikommunismus *m*
anticommuniste [ɑ̃tikɔmynist] **I** *adj* antikommunistisch; kommunistenfeindlich; *advt* ***voter*** ~ gegen die Kommunisten stimmen **II** *m,f* Antikommunist(in) *m(f)* **III** *m,f* Antikommunist(in) *m(f)*
anticonceptionnel [ɑ̃tikõsɛpsjɔnɛl] *adj* ⟨~**le**⟩ empfängnisverhütend; *sc* antikonzeptionell; ***pillule ~le*** Antibabypille [-'beːbi-] *f*
anticonformisme [ɑ̃tikõfɔʀmism] *m* Nonkonformismus *m* **anticonformiste** **I** *adj* nonkonformistisch **II** *m,f* Nonkonformist(in) *m(f)*
anticonjoncturel [ɑ̃tikõʒõktyʀɛl] *adj* ⟨~**le**⟩ konjunkturdämpfend; antizyklisch **anticonstitutionnel** *adj* ⟨~**le**⟩ verfassungswidrig **anticonvulsif** *adj* ⟨**-ive**⟩ MÉD krampflösend, -lindernd **anticorps** *m* BIOL Anti-, Immunkörper *m*
anticorrosion [ɑ̃tikɔʀɔsjõ] *adj* ⟨*inv*⟩ gegen Korrosion; ***protection*** *f* ~ Korrosionsschutz *m*
anticyclone [ɑ̃tisiklon] *m* MÉTÉO Hoch

(-druckgebiet) *n*; Antizyklone *f* **antidate** *f* ADM früheres, älteres Datum **antidater** *v/t* (zu)rückdatieren **antidémocratique** *adj* un-, antidemokratisch **antidépresseur** *m* PHARM Antidepressivum *n* **antidérapant** *adj pneu etc* rutschfest; gleitsicher **antidétonant** *m* AUTO Antiklopfmittel *n*

antidiphtérique [ɑ̃tidifterik] *adj* MÉD gegen Diphtherie; ***sérum*** *m* **~** Diphtherieheilserum *n*

antidopage [ɑ̃tidɔpaʒ] *ou* **antidoping** *adj* ⟨*f inv*⟩ SPORTS ***contrôle*** *m* ***antidopage*** *ou* ***antidoping*** Dopingkontrolle *f*

antidote [ɑ̃tidɔt] *m* **1** MÉD Gegenmittel *n*, -gift *n* **2** *fig* (Gegen)Mittel *n* (***contre*** gegen) **antidotisme** *m* MÉD Vermögen *n*, die Wirkung e-r giftigen Substanz aufzuheben oder zu mildern

antidouleur [ɑ̃tidulœʀ] **I** *adj* ⟨*inv*⟩ *médicament* schmerzstillend; Schmerz... **II** *m* Schmerzmittel *n* **antidreyfusard** *m* HIST Dreyfus-Gegner *m*

antidumping [ɑ̃tidœmpiŋ] *adj* ⟨*inv*⟩ ***loi*** *f*, ***taxe*** *f* **~** Antidumpinggesetz *n*, -zoll *m* [-'dam-]

antienne [ɑ̃tjɛn] *f* **1** ÉGL Antifon *f* **2** *fig* ***répéter la même ~*** die alte Leier wiederholen; das alte Lied anstimmen

antiesclavagiste [ɑ̃tiɛsklavaʒist] **I** *adj* gegen die Sklaverei **II** *m,f* Gegner(in) *m(f)* der Sklaverei **antifascisme** *m* Antifaschismus *m* **antifasciste** **I** *adj* antifaschistisch **II** *m,f* Antifaschist(in) *m(f)*

antigang [ɑ̃tigɑ̃g] *adj* ⟨*f inv*⟩ POLICE ***brigade*** *f* **~** Abteilung *f* zur Bekämpfung von Bandenkriminalität

antigel [ɑ̃tiʒɛl] *m* Frostschutzmittel *n* **antigène** *m* BIOL Antigen *n* **antigivrage** *m* AVIAT Enteisung *f*; Schutz *m* vor Vereisung **antigivrant** **I** *adj* eisbildungshemmend; Enteisungs...; Entfroster...; Defroster... **II** *m* (*liquide* **~**) Enteisungsflüssigkeit *f*; Enteiser *m*; Defroster *m*

Antigone [ɑ̃tigɔn] *f* MYTH Antigone *f*

antigouvernemental [ɑ̃tiguvɛʀnəmɑ̃tal] *adj* ⟨**-aux**⟩ regierungsfeindlich **antigrève** *adj* Antistreik... **antigrippal** *adj* ⟨**-aux**⟩ *ou* **antigrippe** *adj* ⟨*f inv*⟩ gegen Grippe **antihéros** *m* Antiheld *m* **antihygiénique** *adj* unhygienisch

anti-inflammatoire [ɑ̃tiɛ̃flamatwaʀ] *adj* MÉD entzündungshemmend **anti-inflationniste** *adj* zur Inflationsbekämpfung; antiinflationistisch

antijeu [ɑ̃tiʒø] *m* SPORTS unsportliches Verhalten; Unsportlichkeit *f*

antillais [ɑ̃tijɛ] *adj* (*et subst* ***Antillais*** Bewohner) der (Kleinen) Antillen

Antilles [ɑ̃tij] ***les ~*** *f/pl* die Antillen *pl*; ***la mer des ~*** die Karibik; das Karibische Meer

antilope [ɑ̃tilɔp] *f* ZO Antilope *f*

antimatière [ɑ̃timatjɛʀ] *f* PHYS Antimaterie *f* **antimicrobien** *adj* ⟨**~ne**⟩ antibakteriell

antimilitarisme [ɑ̃timilitaʀism] *m* Antimilitarismus *m* **antimilitariste** **I** *adj* antimilitaristisch **II** *m,f* Antimilitarist(in) *m(f)*

antimissile [ɑ̃timisil] *adj* MIL Raketenabwehr...; ***système*** *m* **~** Raketenabwehrsystem *n*

antimite(s) [ɑ̃timit] *adj* ***produit*** *m* **~(s)** *ou subst* **~** *m* Mottenschutzmittel *n*

antimoine [ɑ̃timwan] *m* CHIM Antimon *n*

antimonarchique [ɑ̃timɔnaʀʃik] *adj* antimonarchisch; monarchiefeindlich **antimonarchiste** *m,f* Antimonarchist(in) *m(f)*; Gegner(in) *m(f)* der Monarchie

antimondialisation [ɑ̃timɔ̃djalizasjɔ̃] *f* Antiglobalisierungsbewegung *f* **antimondialiste** **I** *adj* globalisierungskritisch; Antiglobalisierungs... **II** *m,f* Globalisierungsgegner(in) *m(f)*; Globalisierungskritiker(in) *m(f)*

antinataliste [ɑ̃tinatalist] *adj* auf Geburtenbeschränkung abzielend **antinational** *adj* ⟨**-aux**⟩ antinational **antinazi** **I** *adj* antinazistisch **II** *m,f* Nazigegner(in) *m(f)*

antinévralgique [ɑ̃tinevʀalʒik] *adj* MÉD ***médicament*** *m* **~** *ou subst* **~** *m* Antineuralgikum *n*; schmerzstillendes Mittel

antinomie [ɑ̃tinɔmi] *f* JUR, PHILOS Antinomie *f* **antinomique** *adj* antinomisch

antinucléaire [ɑ̃tinykleɛʀ] *m,f* Kernkraftgegner(in) *m(f)*

antipaludéen [ɑ̃tipalydeɛ̃] **I** *adj* ⟨**~ne**⟩ Malaria... **II** *m* Medikament *n*, Mittel *n* gegen Malaria; Malariamittel *n*

antipape [ɑ̃tipap] *m* HIST Gegenpapst *m*

antiparasite [ɑ̃tipaʀazit] *adj* ÉLECT ***dispositif*** *m* **~** *ou subst* **~** *m* Störschutz *m* **antiparasiter** *v/t* ÉLECT (funk)entstören

antiparlementarisme [ɑ̃tipaʀləmɑ̃taʀism] *m* Antiparlamentarismus *m*; ablehnende, feindliche Einstellung gegenüber dem Parlamentarismus

antipathie [ɑ̃tipati] *f* Antipathie *f*, Abneigung *f*, Widerwille(n) *m* (***à l'égard de, pour*** gegen)

antipathique [ɑ̃tipatik] *adj* unsympathisch; unangenehm; zuwider; widerwärtig; antipathisch; ***être ~ à qn*** j-m unsympathisch *etc* sein

antipatriotique [ɑ̃tipatʀijɔtik] *adj* unpatriotisch **antipatriotisme** *m* unpatriotische Haltung, Einstellung **antipelliculaire** *adj* zur Schuppenbekämpfung; gegen Kopfschuppen

antipersonnel [ɑ̃tipɛʀsɔnɛl] *adj* ⟨*inv*⟩ MIL ***mine*** *f* **~** Tretmine *f*

antiphrase [ɑ̃tifʀaz] *f* STYLISTIQUE Antiphrase *f*; *loc/adv* ***par ~*** in ironischer Verkehrung

antipodal [ɑ̃tipɔdal] *adj* ⟨**-aux**⟩ antipodisch; ***points antipodaux*** diametrale, entgegengesetzte Punkte *m/pl*

antipode [ɑ̃tipɔd] *m* **1** GÉOGR ***la Nouvelle-Calédonie est l'~, aux ~s de la France*** Neukaledonien liegt Frankreich auf der Erdkugel diametral gegenüber; *par ext* ***aux ~s*** weit weg; F am anderen *ou* ans andere Ende der Welt **2** *fig* Gegenteil *n*; ***être à l'~, aux ~s de qc*** genau das Gegenteil von etw sein; *conceptions* in diametralem Gegensatz zu etw stehen; *personnes, partis* ***être aux ~s l'un de l'autre*** Antipoden sein

antipolio [ɑ̃tipɔljo] *adj* ⟨*f inv*⟩ MÉD gegen Polio, spinale Kinderlähmung **antipollution** *adj* ⟨*f inv*⟩ umweltfreundlich; gegen Umweltverschmutzung **antiprotectionniste** *adj* ÉCON antiprotektionistisch **antipublicitaire** *adj* werbungsfeindlich

antiquaille [ɑ̃tikaj] *f péj souvent pl* **~s** alter Kram; (alter) Plunder; altes Gerümpel

antiquaire [ɑ̃tikɛʀ] *m,f* Antiquitätenhändler(in) *m(f)*

antique [ɑ̃tik] **I** *adj* **1** *œuvre d'art, civilisation* antik; ***la Grèce ~*** das antike, alte Griechenland **2** *coutume* (ur)alt **3** *iron* antiquiert; altmodisch; altertümlich; *loc/adj* ***à l'~*** wie in alter Zeit; altertümlich; altfränkisch **II** *m* ***l'~*** das Antike

antiquité [ɑ̃tikite] *f* **1** ***l'Antiquité*** die Antike; *par ext* das Altertum; ***l'Antiquité classique*** das klassische Altertum; ***dans l'Antiquité*** in der Antike; im Altertum **2** ***la plus 'haute ~*** uralte Zeiten *f/pl*; die graue Vorzeit; das graue Altertum; ***de toute ~*** von alters her; seit alters; seit je(her); von jeher **3** *pl* ***~s*** *(objets d'art anciens)* Antiquitäten *f/pl*; ***magasin*** *m*, ***marchand*** *m* ***d'~s*** Antiquitätengeschäft *n*, -händler *m* **4** *pl* ***~s*** *(monuments de l'Antiquité)* Antiken *f/pl*; Altertümer *n/pl*; ***collection*** *f* ***d'~s*** Antikensammlung *f*

antirabique [ɑ̃tiʀabik] *adj* MÉD gegen Tollwut

antirachitique [ɑ̃tiʀaʃitik] *adj* antirachitisch; ***remède*** *m* ***~*** Antirachitikum *n*; Mittel *n* gegen Rachitis

antiraciste [ɑ̃tiʀasist] *adj* gegen den Rassismus; antirassistisch **antiradar** *adj* ⟨*f inv*⟩ MIL Antiradar…; zum Schutz gegen Radarerfassung **antireflet** *adj* ⟨*f inv*⟩ OPT *verre* entspiegelt **antireligieux** *adj* ⟨**-euse**⟩ antireligiös; religionsfeindlich **antirides** *adj* ⟨*inv*⟩ *cosmétique* gegen Falten(bildung) **antiroman** *m* LITTÉRATURE Antiroman *m*

antirouille [ɑ̃tiʀuj] *adj* ⟨*inv*⟩ Rostschutz…; ***peinture*** *f* ***~*** Rostschutzfarbe *f*; ***protection*** *f* ***~*** Rostschutz *m*

antiscientifique [ɑ̃tisjɑ̃tifik] *adj* wissenschaftsfeindlich **antisèche** *f arg scolaire* Spickzettel *m* **antiségrégationniste** **I** *adj* gegen die Rassentrennung (gerichtet) **II** *m,f* Gegner(in) *m(f)* der Rassentrennung

antisémite [ɑ̃tisemit] **I** *adj* antisemitisch; judenfeindlich **II** *m,f* Antisemit(in) *m(f)*; Judengegner(in) *m(f)* **antisémitisme** *m* Antisemitismus *m*

antisepsie [ɑ̃tisɛpsi] *f* MÉD Antisepsis *f* **antiseptique** **I** *adj* MÉD antiseptisch; keimtötend **II** *m* Antiseptikum *n*; keimtötendes Mittel

antisionisme [ɑ̃tisjɔnism] *m* Ablehnung *f* des Zionismus **antisioniste** **I** *adj* zionistenfeindlich; gegen den Zionismus (gerichtet) **II** *m,f* Gegner(in) *m(f)* des Zionismus

antisocial [ɑ̃tisɔsjal] *adj* ⟨**-aux**⟩ unsozial; ***mesures ~es*** unsoziale Maßnahmen *f/pl*

antisolaire [ɑ̃tisɔlɛʀ] *adj* ***crème*** *f* ***~*** Sonnenschutzcreme *f*

anti-sous-marin [ɑ̃tisumaʀɛ̃] *adj* MIL zur U-Boot-Bekämpfung, U-Boot-Abwehr; ***grenade ~e*** Wasserbombe *f*

antispasmodique [ɑ̃tispasmɔdik] MÉD **I** *adj* krampflösend **II** *m* Spasmolytikum *n*; Antispastikum *n*; Antispasmodikum *n*

antisportif [ɑ̃tispɔʀtif] *adj* ⟨**-ive**⟩ unsportlich **antitabac** *adj* ⟨*inv*⟩ gegen das Rauchen

antiterroriste [ɑ̃titɛʀɔʀist] *adj* zur Terroristenbekämpfung; ***commando*** *m* ***~*** Antiterroreinheit *f*; ***lutte*** *f* ***~*** Terrorismusbekämpfung *f*

antitétanique [ɑ̃titetanik] *adj* MÉD gegen Wundstarrkrampf, Tetanus; ***vaccination*** *f* ***~*** Tetanusschutzimpfung *f*

antithéâtre [ɑ̃titeɑtʀ] *m* LITTÉRATURE Antitheater *n*

antithèse [ɑ̃titɛz] *f* **1** PHILOS, RHÉT Antithese *f* **2** *fig et st/s* Gegenteil *n*; Gegensatz *m*; ***il est l'~ de son frère*** er ist das ganze Gegenteil von s-m Bruder

antithétique [ɑ̃titetik] *adj* antithetisch; gegensätzlich **antitoxine** *f* MÉD Antitoxin *n*; Gegengift *n*

antitrust [ɑ̃titʀœst] *adj* Antitrust… [-ˈtrast-]; ***loi*** *f* ***~*** Antitrustgesetz *n*

antituberculeux [ɑ̃titybɛʀkylø] *adj* ⟨**-euse**⟩ MÉD gegen Tuberkulose; zur Tuberkulosebekämpfung; ***vaccination antituberculeuse*** Tuberkuloseschutzimpfung *f*

antityphoïdique [ɑ̃titifɔidik] *adj* MÉD gegen Typhus; ***vaccin*** *m* ***~*** Typhusimpfstoff *m*; ***vaccination*** *f* ***~*** Typhusschutzimpfung *f*

antivariolique [ɑ̃tivaʀjɔlik] *adj* MÉD ***vaccination*** *f* ***~*** Pocken(schutz)impfung *f*

antivénérien [ɑ̃tivenerjɛ̃] *adj* ⟨**~ne**⟩ MÉD zur Bekämpfung von Geschlechtskrankheiten; gegen Geschlechtskrankheiten **antiviral** *adj* ⟨**-aux**⟩ MÉD gegen Viren, Viruserkrankungen

antivirus [ɑ̃tiviʀys] *m et adj* INFORM (***programme*** *m*) ***~*** Antiviren-, Antivirusprogramm *n*; Virensuchprogramm *n*

antivitamine [ɑ̃tivitamin] *f* BIOL Antivitamin *n* **antivol** *m* Diebstahlsicherung *f*; AUTO Lenkradschloss *n*; VÉLO Fahrradschloss *n*

Antoine [ɑ̃twan] *m* **1** *Vorname* **2** *saint* Antonius *m*

Antonin [ɑ̃tɔnɛ̃] *m Vorname*

antonyme [ɑ̃tɔnim] *m* LING Antonym *n* **antonymie** *f* Antonymie *f*

antre [ɑ̃tʀ] *m* **1** *st/s des fauves* Höhle *f* **2** *fig d'une personne* Refugium *n*; Schlupfwinkel *m* **3** ANAT (Körper)Höhle *f*

anus [anys] *m* ANAT After *m*; *sc* Anus *m*; ***~ artificiel*** künstlich angelegter Darmausgang; *sc* Anus praeter

Anvers [ɑ̃vɛʀ] Antwerpen *n*

anxiété [ɑ̃ksjete] *f* Angst *f*; Beklommenheit *f*; innere Unruhe; Beunruhigung *f*

anxieux [ɑ̃ksjø] **I** *adj* ⟨**-euse**⟩ **1** *personne, regard etc* angstvoll; angsterfüllt; ängstlich; bang(e); beklommen; ***attente anxieuse*** banges Warten **2** ***être ~ de*** *(+inf)* begierig sein, ungeduldig darauf warten, sich danach sehnen zu *(+inf)* **II** *subst* ***~, anxieuse*** *m,f* ängstlicher Mensch

anxiolytique [ɑ̃ksjɔlitik] MÉD **I** *adj* angstlösend; *sc* anxiolytisch **II** *m* Angstlöser *m*; *sc* Anxiolytikum *n*

AOC *abr (appellation d'origine contrôlée) höchste Qualitätsklasse bei Weinen*; *correspond à* Prädikatswein *m*

aorte [aɔʀt] *f* ANAT Aorta *f*; Hauptschlagader *f*

Aoste [aɔst] Aosta *n*; ***le val d'~*** das Aostatal

août [u(t)] *m* August *m*; REL ***le 15 Août*** Mariä Himmelfahrt

aoûtat [auta] *m* zo Larve *f* der Erntemilbe

aoûtien [ausjɛ̃] *m*, **aoûtienne** *f* Augusturlauber(in) *m(f)*

apache [apaʃ] *m* **1** *malfaiteur* (Großstadt)Ganove *m* **2** ***Apaches*** *pl Indiens* Apachen *m/pl*

apaisant [apɛzɑ̃] *adj paroles* beruhigend; beschwichtigend; begütigend; besänftigend

apaisement [apɛzmɑ̃] *m* Beruhigung *f*; Beschwichtigung *f*; Besänftigung *f*; *des souffrances* Linderung *f*; ***donner des ~s*** beruhigende Zusicherungen geben

apaiser [apeze] **I** *v/t personne* beruhigen; besänftigen; beschwichtigen; begütigen; *colère* besänftigen; mildern; *souffrance* lindern; erleichtern; *soif, faim, désir, douleur* stillen; ***~ la conscience*** das Gewissen beruhigen, beschwichtigen; *poét* ***~ la mer, la tempête*** das Meer, den Sturm besänftigen **II** *v/pr* ***s'~*** *personne* sich beruhigen; zur Ruhe kommen; *colère, tempête* nachlassen; sich legen

apanage [apanaʒ] *m* ***avoir l'~ de qc*** etw im Alleinbesitz haben; etw für sich gepachtet haben; ***être l'~ de qn*** j-m vorbehalten sein; *qualité* j-m eigen sein; j-s Erbteil sein

aparté [apaʀte] *m* **1** THÉ beiseite Gesprochene(s) *n* **2** *entretien* vertrauliches, abseits von den anderen geführtes Gespräch; ***en ~*** vertraulich; *remarque a* nicht für andere Ohren bestimmt

apartheid [apaʀtɛd] *m* Apartheid *f*

apathie [apati] *f* Apathie *f*; Teilnahmslosigkeit *f*
apathique **I** *adj* apathisch; teilnahmslos; gleichgültig **II** *m,f* apathischer, energieloser Mensch

apatride [apatʀid] **I** *adj* staatenlos **II** *m,f* Staatenlose(r) *f(m)* **apatridie** *f* Staatenlosigkeit *f*

APEC [apɛk] *f abr* (*Association pour l'emploi des cadres*[, *ingénieurs et techniciens*]) *Vereinigung zur Stellenvermittlung für* (*leitende*) *Angestellte*(, *Ingenieure und Techniker*)

Apennin [apɛnɛ̃] *ou* **Apennins** [apɛnɛ̃] ***l'~*** *m ou* ***les ~s*** *m/pl* der Apennin *ou* die Apenninen *pl*

aperception [apɛʀsɛpsjõ] *f* PHILOS Apperzeption *f*

apercevoir [apɛʀsəvwaʀ] ⟨→ **recevoir**⟩ **I** *v/t* erblicken; erkennen; gewahren; wahrnehmen; sichten (*a* MAR); bemerken; innewerden (*+gén*); ***laisser, faire ~ qc*** (sich [*dat*]) etw (an)merken lassen; etw zu erkennen geben **II** *v/pr* ***s'~ de qc*** etw (be)merken; *st/s* etw *ou* e-r Sache (*gén*) gewahr werden; e-r Sache (*gén*) innewerden

aperçu [apɛʀsy] *m* kurzer Überblick (***de*** *ou* ***sur*** über *+acc*); (kleiner) Einblick (in *+acc*); kurze Darstellung; *ce résumé* ***vous donnera un ~ du livre*** gibt, vermittelt Ihnen e-e Vorstellung von dem Buch; ***donner un ~ de la situation*** *a* e-n kurzen Lagebericht geben

apériodique [apeʀjɔdik] *adj* PHYS aperiodisch

apéritif [apeʀitif] **I** *m* Aperitif *m*; ***prendre l'~*** e-n Aperitif nehmen, trinken **II** *adj* ⟨**-ive**⟩ appetitanregend

apéro [apeʀo] *m* F *abr* → ***apéritif***

aperture [apɛʀtyʀ] *f* PHON Öffnung *f*; ***degré*** *m* ***d'~*** Öffnungsgrad *m* (des Mundes)

apesanteur [apəzɑ̃tœʀ] *f* Schwerelosigkeit *f*; ***en état d'~*** im Zustand der Schwerelosigkeit

apétale [apetal] BOT **I** *adj* apetal; blumenblattlos; ohne Blumenkrone **II** *f/pl* ***~s*** Apetalen *pl*; Blütenpflanzen *f/pl* ohne Blumenkrone

à-peu-près [apøpʀɛ] *m* ⟨*inv*⟩ Halbheit *f*; Unvollkommene(s) *n*; Unzulängliche(s) *n*; ***se contenter d'~*** sich mit Halbheiten zufriedengeben; ***répondre par des ~*** ungenau, vage, oberflächlich antworten

apeuré [apœʀe] *adj* verängstigt; eingeschüchtert; erschrocken

apex [apɛks] *m* **1** ASTR Apex *m* (der Sonnenbewegung) **2** *d'un organe* Spitze *f*; Apex *m*

aphasie [afazi] *f* Aphasie *f*; Störungen *f/pl* des Sprachvermögens und des Sprachverständnisses **aphasique** *adj* an Aphasie leidend

aphone [afɔn] *adj* ohne Stimme; stimmlos; mit Flüsterstimme; völlig heiser **aphonie** *f* MÉD Fehlen *n* des Stimmklangs; Stimmlosigkeit *f*; Flüsterstimme *f*; *sc* Aphonie *f*

aphorisme [afɔʀism] *m* Aphorismus *m*; Sinnspruch *m*

aphrodisiaque [afʀɔdizjak] **I** *adj* aphrodisisch; den Geschlechtstrieb steigernd; ***substance*** *f* ***~*** Aphrodisiakum *n* **II** *m* Aphrodisiakum *n*

aphte [aft] *m* MÉD *souvent pl* ***~s*** Bläschen *n/pl* im Mund; *sc* Aphthen *f/pl*

aphteux [aftø] *adj* ⟨**-euse**⟩ VÉT ***fièvre aphteuse*** Maul- und Klauenseuche *f*

api [api] ***pomme*** *f* ***d'~*** kleiner rotbäckiger Apfel

à-pic [apik] *m* ⟨*inv*⟩ Steilabfall *m*, -wand *f*, -hang *m*

apical [apikal] *adj* ⟨**-aux**⟩ PHON apikal; Zungenspitzen…

apicole [apikɔl] *adj* Imker…

apiculteur [apikyltœʀ] *m* Bienenzüchter *m*; Imker *m* **apiculture** *f* Bienenzucht *f*; Imkerei *f*

apitoiement [apitwamɑ̃] *m* Mitleid *n*; Mitgefühl *n*; Erbarmen *n*

apitoyer [apitwaje] ⟨**-oi-**⟩ **I** *v/t* ***~ qn*** (***sur qn, qc***) j-s Mitleid (mit j-m, etw) erregen, erwecken; j-n mit Mitleid erfüllen; j-n erbarmen **II** *v/pr* ***s'~ sur qn, qc*** Mitleid, Erbarmen mit j-m, etw fühlen, empfinden, haben; von Mitleid mit j-m, etw erfüllt, ergriffen, erfasst werden; j-n, etw bemitleiden

A.P.L. [apeɛl] *f abr* (*aide personnalisée au logement*) Wohngeld *n*

aplanir [aplaniʀ] **I** *v/t* **1** *terrain* planieren; (ein)ebnen **2** *fig difficultés, obstacles* aus dem Weg räumen; beseitigen; beheben; ausräumen; ***~ un conflit*** einen Konflikt beilegen, schlichten **II** *v/pr* ***s'~*** *difficultés* beseitigt, behoben werden

aplanissement [aplanismɑ̃] *m* **1** Planierung *f*; (Ein)Ebnung *f* **2** *fig* Beseitigung *f*; Behebung *f*

Vous prenez un apéro?

Diese Frage wird einem in der Regel gestellt, wenn man bei Franzosen zum Essen eingeladen ist.

Apéro ist die Kurzform von **apéritif**. In diesem Wort ist das lateinische Verb ***aperire*** (öffnen) erkennbar. **L'apéritif** ist also ein Getränk, das man vor dem Essen zu sich nimmt, um den Magen für die noch zu servierenden kulinarischen Köstlichkeiten zu öffnen.

Bekannte und beliebte **apéritifs:**

le guignolet	Likör aus Schwarzkirschen
le kir	Schwarzer Johannisbeerlikör mit trockenem Burgunder Weißwein
le pastis	Aperitif aus Anis und Fenchel
le pineau des Charentes	wird aus Traubenmost und Cognac hergestellt
le quinquina	Aperitif, der aus Extrakten des Chinarindenbaums gemacht wird
le xérès	Sherry

aplati [aplati] *adj* platt; platt, breit gedrückt

aplatir [aplatiʀ] **I** *v/t* **1** abflachen; abplatten; platt drücken; *à coups de marteau* flach, platt schlagen **2** *couture, pli* ausstreichen; **~ au fer** ausbügeln **3** *cheveux* glatt streichen; andrücken; F anklatschen **II** *v/pr* **s'~** **1** *personne* **a)** (*s'étendre*) sich flach, platt auf den Boden, auf den Bauch legen; **b)** F (*tomber*) der Länge nach hinfallen **2** *voiture etc* **venir s'~ contre un mur** gegen e-e Mauer prallen **3** *fig et péj* **s'~ (devant qn)** (vor j-m) kriechen, katzbuckeln

aplatissage [aplatisaʒ] *m* **1** *d'un métal* Walzen *n* **2** AGR *de graines* Quetschen *n* **aplatissement** *m* **1** Abflachen *n*; Plattdrücken *n* **2** *de la Terre* Abplattung *f* **aplatisseur** *m* AGR Futterquetsche *f* **aplatissoir** *m ou* **aplatissoire** *f* Schmiedehammer *m* zum Flachschlagen

aplomb [aplõ] *m* **1** Lot-, Senkrechte *f*; Lot *n*; ♦ *loc/adv* **d'~** lot-, senkrecht; *mur etc* **ne pas être d'~** nicht lot-, senkrecht, nicht im Lot sein, stehen; *fig personne* **ne pas être, ne pas se sentir d'~** *physiquement* nicht auf der Höhe sein; sich nicht wohlfühlen; nicht im Lot sein; *moralement* das seelische Gleichgewicht verloren haben; in schlechter seelischer Verfassung sein; **être bien d'~ sur ses jambes** fest auf den Beinen stehen; *repos, vacances* **remettre qn d'~** j-n wieder auf die Beine bringen; j-m das seelische Gleichgewicht wiedergeben; *fig* **remettre qc d'~** e-e Sache wieder ins Lot, in Ordnung bringen **2** *d'une personne* (*confiance en soi*) selbstsicheres Auftreten; Selbstsicherheit *f*; *péj* Kühnheit *f*; Dreistigkeit *f*; Unverschämtheit *f*; Frechheit *f*; **avec ~** a) selbstsicher; b) *péj* dreist; unverschämt; frech; **avoir l'~ de** (*+inf*) die Kühnheit *etc* besitzen zu (*+inf*); **tu en as de l'~!** du bist reichlich kühn, dreist, unverschämt!

apnée [apne] *f* MÉD Atemstillstand *m*; **plongée** *f* **en ~** Tauchen *n* ohne Atmungsgerät

apocalypse [apɔkalips] *f* **1** REL Apokalypse *f*; BIBL **l'Apocalypse** die Offenbarung des Johannes; die Apokalypse **2** *fig* **une nuit, une vision d'~** e-e Nacht, ein Bild des Grauens

apocalyptique [apɔkaliptik] *adj* **1** REL apokalyptisch **2** *fig* grauenvoll; schrecklich; entsetzlich

apocope [apɔkɔp] *f* LING Apokope *f*

apocryphe [apɔkʀif] *adj* **1** BIBL apokryph; **écrits** *m/pl* **~s** *ou subst* **~s** *m/pl* Apokryphen *n/pl* **2** *texte* nicht authentisch; nicht echt

apogée [apɔʒe] *m* **1** ASTR Apogäum *n*; Erdferne *f* **2** *fig* Höhepunkt *m*; Gipfel *m*; Zenit *m*; **il est à l'~ de sa carrière** er steht auf dem Gipfel s-r Karriere

apolitique [apɔlitik] *adj* apolitisch; unpolitisch **apolitisme** *m* un-, apolitische Haltung; politisches Desinteresse

Apollon [apɔlõ] *m* **1** MYTH Apollo *m*; *poét a* Apoll *m* **2** *iron* Apoll(o) *m*; schöner Mann, Jüngling

apologétique [apɔlɔʒetik] *f* REL Apologetik *f*

apologie [apɔlɔʒi] *f* **1** Apologie *f*; Verteidigung(sschrift) *f*; Rechtfertigung(sschrift) *f* **2** (*éloge*) Verherrlichung *f*; **faire l'~ de qn, de qc** j-n, etw verherrlichen

apologiste [apɔlɔʒist] *st/s m,f* Apologet(in) *m(f)* (*a* REL); Verteidiger(in) *m(f)*; Verfechter(in) *m(f)*; **se faire l'~ de qc** sich zum Verfechter, Verteidiger, *a* Anwalt e-r Sache (*gén*) machen

apologue [apɔlɔg] *m* Lehrfabel *f*; Apolog *m*

apophyse [apɔfiz] *f* ANAT Apophyse *f*; Knochenfortsatz *m*

apoplectique [apɔplɛktik] MÉD **I** *adj* apoplektisch; *personne a* zu Schlaganfällen neigend **II** *m,f* Apoplektiker(in) *m(f)*

apoplexie [apɔplɛksi] *f* MÉD Schlaganfall *m*; Gehirnschlag *m*; *sc* Apoplexie *f*; **avoir une attaque d'~** e-n Schlaganfall bekommen, erleiden

apostasie [apɔstazi] *f* **1** REL Apostasie *f*; Abfall *m* vom Glauben **2** *fig et litt d'un parti, d'une doctrine* Sichlossagen *n*; Lossagung *f*; Abtrünnigwerden *n*; Abtrünnigkeit *f*

apostat [apɔsta] *m* REL Apostat *m*; Abtrünnige(r) *m* (*a fig*)

a posteriori [apɔsteʀjɔʀi] *loc/adv* nachträglich; im Nachhinein; PHILOS a posteriori; aus Erfahrung

apostille [apɔstij] *f* ADM Randbemerkung *f*; Zusatz *m* (auf dem Rand)

apostolat [apɔstɔla] *m* **1** REL Apostolat *n*; Apostelamt *n* **2** *fig* Sendung *f*; Berufung *f*; missionarischer Auftrag; **goût** *m* **de l'~** missionarischer Eifer

apostolique [apɔstɔlik] *adj* **1** apostolisch; der Apostel; **l'Église catholique, ~ et romaine** die römisch-katholische Kirche; **siècle** *m*, **temps** *m* **~** apostolisches Zeitalter **2** (*du Saint-Siège*) apostolisch; päpstlich; **bénédiction** *f* **~** apostolischer, päpstlicher Segen; **siège** *m* **~** Apostolischer, Päpstlicher Stuhl

apostrophe [apɔstʀɔf] *f* **1** (*interpellation*) barsche Anrede; barscher Zuruf **2** RHÉT Apostrophe *f*; GR **mot mis en ~** als Anrede gebrauchtes Wort **3** *signe* Apostroph *m*; Auslassungszeichen *n*

apostropher [apɔstʀɔfe] *v/t* **~ qn** j-n anfahren, anherrschen, anschreien

apothéose [apɔteoz] *f* **1** *d'un personnage* außerordentliche Ehrung, Huldigung **2** *d'une fête, d'un spectacle* Höhepunkt *m*; Krönung *f*; (Schluss)Apotheose *f* (*a* THÉ) **3** ANTIQUITÉ Apotheose *f*; Vergöttlichung *f*

apothicaire [apɔtikɛʀ] *m autrefois* Apotheker *m*; *fig* **compte** *m* **d'~** komplizierte (und schwer nachprüfbare) Rechnung

apôtre [apotʀ] *m* **1** REL Apostel *m* **2** *fig d'une cause, doctrine* Verfechter *m*; Anwalt *m*; Sachwalter *m*; **se faire l'~ de la paix** sich zum Verfechter *etc* des Friedens machen **3** *fig* **faire le bon ~** scheinheilig tun; sich verstellen

app [ap] *m* F *abr* (*appétit*) **bon ~!** guten Appetit!

apparaître [apaʀɛtʀ] ⟨→ **connaître**; **être**⟩ **I** *v/i* **1** erscheinen; auftauchen; zum Vorschein kommen; in Erscheinung treten; MAR in Sicht kommen; *problèmes, conséquences* auftreten; sich zeigen; zutage treten; sichtbar werden; *coutume* aufkommen; *vérité* zutage treten; ans Licht kommen; *fantôme* **~ à qn** j-m erscheinen; **faire ~** ans Licht, zutage bringen; erkennen lassen; *les conséquences de sa décision* **lui apparurent brusquement** wurden ihm plötzlich bewusst **2** (*sembler*) **~ à qn** j-m vorkommen, erscheinen (**comme** wie); **ce mot m'apparaît démodé** dieses Wort kommt mir veraltet vor, erscheint mir veraltet, scheint mir veraltet zu sein **II** *v/imp* **il apparaît que …** es ist *ou* wird offensichtlich, klar ersichtlich, es zeigt sich, dass …

apparat [apaʀa] *m* **1** Prunk *m*; Pracht *f*; Pomp *m*; *loc/adj* **d'~** Prunk…; Pracht…; Gala…; **discours** *m*

d'~ feierliche Rede; Festrede *f*; ***festin*** *m* ***d'~*** Galadiner *n*; ***tenue*** *f* ***d'~*** Prunkgewand *n*; *loc/adv* ***avec ~, en grand ~*** mit großem Gepränge, Pomp, Prunk, Aufwand **2** *d'un texte* ~ ***critique*** kritischer Apparat

appareil [apaʀɛj] *m* **1** Gerät *n*; Apparat *m*; ~ ***électrique*** Elektrogerät *n*; ***~s ménagers*** Haus- und Küchengeräte *n/pl*; MÉD ~ ***prothétique*** Prothese *f*; ~ ***à sous*** Spielautomat *m*; ~ ***de contrôle*** Kontroll-, Überwachungsgerät *n* **2** ANAT Organe *n/pl*; Apparat *m*; System *n*; ~ ***digestif*** Verdauungsapparat *m*; ~ ***respiratoire*** Atmungsorgane *n/pl* **3** ~ ***(téléphonique)*** (Telefon)Apparat *m*; ***qui est à l'~?*** wer ist am Apparat?; wer ist dort?; mit wem spreche ich? **4** *(avion)* Maschine *f*; ~ ***de transport*** Frachtmaschine *f*; ***l'~ a décollé*** die Maschine ist gestartet **5** ~ ***(photographique, [de] photo)*** (Foto)Apparat *m*; Kamera *f*; F Foto *m* **6** ORTHODONTIE (Zahn)Spange *f*; *(dentier)* Prothese *f*; Gebiss *n*; MÉD: *pour des fractures* Verband *m*; ~ ***orthopédique*** orthopädisches Hilfsmittel **7** *fig* Apparat *m*; ~ ***administratif, policier*** Verwaltungs- *ou* Behörden-, Polizeiapparat *m*; ~ ***du parti*** Parteiapparat *m* **8** *d'un texte* ~ ***critique*** kritischer Apparat **9** CONSTR (Mauer)Verband *m*; Mauerwerk *n* **10** *personne* ***dans le plus simple*** ~ nackt; hüllenlos

appareillage [apaʀɛjaʒ] *m* **1** *d'un bateau* Auslaufen *n*; ***(manœuvres*** *f/pl* ***d')~*** Ablegemanöver *n/pl*; Ablegen *n* **2** TECH Apparatur *f* **3** MÉD Prothese *f*

appareiller[1] [apaʀeje] *v/i bateau* ablegen; auslaufen (***pour*** nach); in See stechen

appareiller[2] [apaʀeje] **I** *v/t* **1** *(assortir)* passend zusammenstellen, kombinieren; *adjt* ***être bien, mal appareillés*** gut, schlecht zusammenpassen **2** *animaux de trait* zusammenspannen **3** ÉLEVAGE paaren **II** *v/pr animaux* ***s'~*** sich paaren

apparemment [apaʀamɑ̃] *adv* **1** *(selon toute apparence)* anscheinend; allem Anschein nach; wie es scheint; offenbar; F scheinbar **2** *(en apparence seulement)* scheinbar; nach außen hin

apparence [apaʀɑ̃s] *f* **1** *(aspect)* Aussehen *n*; ***avoir belle ~*** hübsch, gut aussehen **2** *(façade) souvent pl* ***~s*** Anschein *m*; (äußerer) Schein; äußerer Eindruck; ***un projet d'~ banale*** ein scheinbar alltägliches Vorhaben; *loc/adv*: ***en ~*** scheinbar; ***malgré les ~s*** obwohl es nicht (so) den Anschein hat; ***selon toute ~, selon les ~s*** allem Anschein nach; anscheinend; ***sous une ~ de douceur*** unter scheinbarer, unter zur Schau getragener Milde; ***les ~s sont contre lui*** der (An)Schein spricht gegen ihn; ***les ~s sont trompeuses, il ne faut pas se fier aux ~s*** der Schein trügt; ***juger sur les ~s*** nach dem Aussehen, äußeren Schein, äußeren Eindruck (be)urteilen; ***sauver les ~s*** den Schein wahren

apparent [apaʀɑ̃] *adj* **1** *(visible)* sichtbar; COUT ***piqûre ~e*** Ziernaht *f*; ***plafond*** *m* ***aux poutres ~es*** Balkendecke *f*; ***sans raison ~e*** ohne ersichtlichen Grund; ***porter ses décorations de manière ~e*** s-e Auszeichnungen allen sichtbar tragen **2** *(en apparence seulement)* scheinbar; Schein…; ***contradictions ~es*** scheinbare Widersprüche *m/pl*; ***mort ~e*** Scheintod *m*; ***mouvement ~*** *du Soleil autour de la Terre* scheinbare Bewegung

apparenté [apaʀɑ̃te] *adj* **1** *personne* ***être ~ à qn*** mit j-m verwandt, verschwägert sein **2** *fig* ***être ~ à qc*** e-r Sache *(dat)* verwandt, ähnlich sein **3** *aux élections* ***listes ~es*** verbundene Listen *f/pl*; *candidat* ~ ***au parti socialiste*** mit der Liste der sozialistischen Partei verbunden

apparentement [apaʀɑ̃tmɑ̃] *m* POL Listenverbindung *f*

apparenter [apaʀɑ̃te] *v/pr* **1** *personne* ***s'~ à une famille*** in e-e Familie einheiraten **2** *fig* ***s'~ à qc*** e-r Sache *(dat)* ähneln, verwandt sein; Ähnlichkeit, Verwandtschaft mit etw zeigen **3** POL ***s'~*** e-e Listenverbindung eingehen (***à*** mit)

apparier [apaʀje] **I** *v/t* **1** *oiseaux* paaren **2** *objets* paarweise zusammenstellen **II** *v/pr oiseaux* ***s'~*** sich paaren

appariteur [apaʀitœʀ] *m* UNIVERSITÉ Hausmeister *m*; Pedell *m*

apparition [apaʀisjõ] *f* **1** Erscheinen *n*; Auftauchen *n*; *d'une maladie, de problèmes* Auftreten *n*; *de nouvelles idées, tendances* Aufkommen *n*; *personne* ***faire son ~*** erscheinen; in Erscheinung treten; auftauchen; ***ne faire qu'une brève, courte ~*** sich nur kurz sehen, blicken lassen; nur kurz erscheinen; F e-e Stippvisite machen **2** *(vision)* Erscheinung *f*; ***croire aux ~s*** an Erscheinungen glauben

apparoir [apaʀwaʀ] *v/i* ⟨*nur inf u* **il appert** [apɛʀ]⟩ JUR ***il appert de cet acte …*** aus dieser Urkunde geht (klar) hervor, ist (klar) ersichtlich …

appart [apaʀt] *m* F *abr* → ***appartement***

appartement [apaʀtəmɑ̃] *m* Wohnung *f*; *d'un prince* ***~s*** *pl* Gemächer *n/pl*; ~ ***de quatre pièces*** Vierzimmerwohnung *f*; ***plante*** *f* ***d'~*** Zimmerpflanze *f*

appartenance [apaʀtənɑ̃s] *f* **1** *à un milieu* Zugehörigkeit *f* (***à*** zu); *à une organisation* Mitgliedschaft *f* (in +*dat*); ***sans ~ politique*** parteilos **2** *théorie des ensembles* Enthaltensein *n* (***à*** in +*dat*)

appartenir [apaʀtəniʀ] ⟨→ **venir**⟩ **I** *v/t/indir* **1** *(être la propriété)* ~ ***à qn*** j-m gehören; *par ext*: *femme* ~ ***à un homme*** e-m Mann gehören **2** *à un milieu, une époque etc* ~ ***à*** angehören (+*dat*) **3** *décision, droit etc* ~ ***à qn*** j-m vorbehalten sein; j-m zustehen; ***pour des raisons qui m'appartiennent*** aus persönlichen Gründen; aus Gründen, die allein mich betreffen; ♦ *impersonnel*: ***il appartient à qn de*** (+*inf*) es steht j-m zu *ou* es kommt j-m zu, zu (+*inf*); es gebührt j-m zu (+*inf*); es ist j-s Sache, Aufgabe zu (+*inf*); ***il ne m'appartient pas d'en décider*** es steht, kommt mir nicht zu, darüber zu entscheiden; e-e Entscheidung darüber steht mir nicht zu **II** *v/pr* ***ne plus s'~*** keine Zeit mehr für sich selbst haben; sich *(dat)* nicht mehr selbst gehören; nicht mehr sein eigener Herr sein

apparu [apaʀy] → ***apparaître***

appas [apɑ] *litt m/pl* (weibliche) Reize *m/pl*

appât [apɑ] *m* **1** PÊCHE, CH Köder *m*; *st/s* Lockspeise *f*; ***mordre à l'~*** *poisson* anbeißen; *fig* sich ködern lassen; F anbeißen **2** *fig* Verlockung *f*; ***l'~ du gain*** die Verlockung des Geldes

appâter [apɑte] *v/t* **1** *poissons, gibier* ködern; anlocken **2** *fig* ködern (***avec de l'argent*** mit Geld; ***par de belles promesses*** durch schöne Versprechungen); (ver)locken

appauvrir [apovʀiʀ] **I** *v/t pays, personne* arm machen; verarmen lassen; *facultés* verkümmern lassen; ~ ***le sang*** die Zahl der roten Blutkörperchen vermindern; **~ le sol** den Boden auslaugen; *adjt* **appauvri** *pays* verarmt **II** *v/pr* **s'~** *pays, langue* verarmen; *facultés* verkümmern; *imagination* versiegen; *sol* unfruchtbar werden

Wie aus pauvre appauvrir wird

Les impôts énormes ont fini par **appauvrir** beaucoup de gens. – Die hohen Steuern ließen schließlich viele Leute **verarmen.**

Das Verb **appauvrir** ist aus dem Adjektiv **pauvre** entstanden. Zur Bildung des Verbs erhält das Adjektiv ein Präfix und die Infinitivendung -ir. Der Anfangskonsonant des Adjektivs wird verdoppelt, das stumme -e entfällt.

Nach einem ähnlichen Wortbildungsmuster wird eine ganze Reihe von Verben gebildet:

Adjektiv		Verb
sombre	→	**assombrir** une pièce ein Zimmer verdunkeln
souple	→	**assouplir** ses muscles seine Muskeln lockern
douce	→	**adoucir** la douleur den Schmerz lindern
grand	→	**agrandir** une maison ein Haus vergrößern

appauvrissement [apovʀismɑ̃] *m* Verarmung *f*; *du sol* Auslaugung *f*

appel [apɛl] *m* **1** (*cri*) Ruf(en) *m(n)*; Zuruf *m*; Anruf(en) *m(n)*; **~ au secours** Hilferuf *m*; **~ aux armes** Ruf zu den Waffen; ♦ **faire ~ à qn, qc** an j-n, etw appellieren; **faire ~ à l'aide de qn** j-n um Hilfe anrufen; **faire ~ à la générosité de qn** an j-s Großmut appellieren; **faire ~ à tous les moyens** alle Mittel einsetzen, in Anspruch nehmen; **faire ~ à ses souvenirs** sich besinnen; *activité* **faire ~ à certaines compétences** gewisse Fachkenntnisse erfordern **2** *avec un instrument* Zeichen *n*; Signal *n*; AUTO **~ de phares** (Zeichen *n* mit der) Lichthupe *f*; **faire un ~, des ~s de phare** die Lichthupe betätigen; *fig* **~ du pied** Wink *m* mit dem Zaunpfahl **3** **~ (téléphonique)** (Telefon)Anruf *m*; **~ radio** Funkruf *m* **4** *nominal* (namentlicher) Aufruf; Namensaufruf *m*, -verlesung *f*; Aufrufen *n*; Appell *m* (*a* MIL); JUR **~ des témoins** Zeugenaufruf *m*; **faire l'~ (des élèves)** die Namen (der Schüler) aufrufen, verlesen **5** *au public* Aufruf *m*; Appell *m*; Aufforderung *f*; **~ au peuple, à la population** Aufruf an das Volk, an die Bevölkerung; *fig et plais* **c'est un ~ au peuple** das ist ein Appell an unseren Geldbeutel; *du muezzin* **~ à la prière** Aufforderung zum Gebet; **~ à la révolte** Aufruf, Aufforderung zur Revolte; FIN **~ de fonds** Aufforderung zu weiteren Einzahlungen, zu Nachschüssen; ADM **~ d'offres** Ausschreibung *f*; **faire, publier un ~ d'offres pour qc** etw ausschreiben **6** MIL Einberufung *f*; **ordre** *m* **d'~ sous les drapeaux** Einberufungs-, Stellungsbefehl *m* **7** JUR Berufung *f*; **cour** *f* **d'~** Berufungsgericht *n*; **sans ~** in letzter Instanz; *fig* unwiderruflich; endgültig; **juger sans ~** in letzter Instanz entscheiden; *fig* **condamner qc sans ~** etw in Grund und Boden verdammen; **faire ~ (d'un jugement)** (gegen ein Urteil) Berufung einlegen; **se pourvoir en ~** Berufung einlegen **8** *fig* (*attrait*) (Ver)Lockung *f*; **l'~ du large** der Ruf der See **9** SPORTS Absprung *m*; **pied** *m* **d'~** Sprungbein *n* **10** CARTES **faire un ~ à cœur** den Partner auffordern, Herz auszuspielen **11** **~ d'air** Luftzug *m*, -zufuhr *f*; Sog *m*

appelé [aple] *m* **1** Berufene(r) *m*; BIBL *et fig* **il y a beaucoup d'~s et peu d'élus** viele sind berufen, aber wenige sind auserwählt **2** MIL Einberufene(r) *m*

appeler [aple] ⟨**-ll-**⟩ **I** *v/t* **1** (*faire venir*) (herbei)rufen; *animal*: *ses petits a* locken; **~ qn** *a* nach j-m rufen; **~ l'ascenseur** den Aufzug holen; **les affaires m'appellent** die Geschäfte rufen mich; **le devoir nous appelle** die Pflicht ruft; **~ l'attention de qn sur qc** j-n auf etw (*acc*) aufmerksam machen; j-s Aufmerksamkeit auf etw (*acc*) lenken; **~ le médecin, la police** den Arzt, die Polizei (herbei)rufen; **la violence appelle la violence** Gewalt führt wiederum zu Gewalt, zieht Gewalt nach sich, fordert Gewalt heraus; **~ au secours** um Hilfe rufen; **~ qn à son aide** j-n zu Hilfe rufen; **~ le peuple aux armes** das Volk zu den Waffen rufen **2** (*désigner*) berufen; **~ qn à une fonction, à un poste** j-n in ein Amt, auf e-n Posten berufen; **ses qualités l'appellent à ce poste** s-e Fähigkeiten machen ihn für diesen Posten geeignet; **être appelé à** (+*inf*) (dazu) berufen, bestimmt sein zu (+*inf*); **cette coutume est appelée à disparaître** dieser Brauch ist zum Untergang bestimmt, wird untergehen **3** (*nommer*) nennen; *enfant a* den Namen … geben (**qn** j-m); **~ qn par son prénom** j-n bei s-m Vornamen nennen, rufen; j-n beim *ou* mit dem Vornamen anreden; **j'appelle cela une grosse bêtise** das nenne ich e-e große Dummheit **4** *personnes nommément* (namentlich) aufrufen; JUR **~ les témoins** die Zeugen aufrufen **5** MIL **~ (sous les drapeaux)** einberufen **6** TÉL **~ qn** j-n anrufen **7** JUR laden; **~ qn en justice** j-n vor Gericht laden; **il est appelé à témoigner au procès** er ist zu dem Prozess als Zeuge geladen **8** (*exiger*) *chose* **~ qc** etw erfordern, erheischen; etw nötig, notwendig, erforderlich machen; *situation* **~ une solution urgente** e-e rasche Lösung erfordern *etc* **9** **~ qc sur qn** etw auf j-n herabrufen; **~ sur qn les bénédictions du Ciel** die Segnungen des Himmels auf j-n herabrufen **10** *INFORM* aufrufen **II** *v/t/indir* **1** **en ~ à qc** an etw (*acc*) appellieren; **j'en appelle à votre raison** ich appelliere an Ihre Vernunft **2** JUR **~ d'un jugement** gegen ein Urteil Berufung einlegen **III** *v/pr* **s'~** heißen; *personne a* sich nennen; **comment vous appelez-vous?** wie heißen Sie?; wie ist Ihr Name?; **voilà qui s'appelle parler** das lässt sich hören

appellatif [apɛ(l)latif] *adj* ⟨**-ive**⟩ GR **nom ~** *ou subst* **~** *m* Gattungsname *m*, -be zeichnung *f*; Appellativ(um) *n*

appellation [apɛ(l)lasjõ] *f* Bezeichnung *f*; Benennung *f*; COMM **~ d'origine** Herkunfts-, Ursprungsbezeichnung *f*; *vin, fromage* **~ (d'origine) contrôlée** geprüfte Herkunftsbezeichnung; → *a* **AOC**

appendice [apɛ̃dis] *m* **1** ANAT **a)** *au sens strict* Wurmfortsatz *m* (des Blinddarms); F Blinddarm *m*; **on lui a enlevé l'~** man hat ihm den Blinddarm rausgenommen; **b)** (*prolongement*) Anhang(sgebilde) *m(n)*; *sc* Appendix *f*; ZO **~ caudal** Schwanz *m* **2** *dans un livre* Anhang *m* **3** *fig* Anhängsel *n*

appendicite [apɛ̃disit] *f* MÉD Blinddarmentzündung *f*; *sc* Appendizitis *f*; **crise** *f* **d'~** akute Blinddarmentzündung; **être opéré de l'~** am Blinddarm operiert werden

appentis [apɑ̃ti] *m* **1** *bâtiment* angebauter Schuppen **2** *toit* Pultdach *n*

appert [apɛʀ] → **apparoir**

appesantir [apəzɑ̃tiʀ] *v/pr* **1** *personne* **s'~** schwerfällig, unbeweglich werden **2** **s'~ sur un sujet** sich über ein Thema verbreiten, (lang und breit) auslassen; ein Thema breittreten, -walzen

appesantissement [apəzɑ̃tismɑ̃] *m* Schwerfälligkeit *f*; Unbeweglichkeit *f*

appétence [apetɑ̃s] *litt f* Verlangen *n*, Begier(de) *f* (**de** nach)

appétissant [apetisɑ̃] *adj* **1** *mets* appetitlich; lecker; einladend **2** *personne, lieu* appetitlich; proper; sauber; **femme ~e** adrette Frau

appétit [apeti] *m* **1** Appetit *m*; Esslust *f*; **un bon, gros, solide ~** ein gesunder, starker, kräftiger Appetit; **bon ~!** guten Appetit!; *plais* wünsche, wohl zu speisen!; **manger de bon ~** mit gutem Appetit essen; tüchtig zulangen; F e-n guten Appetit entwickeln; spachteln; **avoir de l'~** Appetit haben; **avoir beaucoup d'~** großen Appetit haben; **avoir un ~ d'oiseau** essen wie ein Spatz; **cela m'a coupé l'~** das hat mir den Appetit verschlagen, verdorben; jetzt ist mir der Appetit vergangen; **donner de l'~ à qn, mettre qn en ~** j-m Appetit machen, geben; *fig* **cela m'a mis en ~** das hat mich auf den Geschmack gebracht; **manger avec, sans ~** mit, ohne Appetit essen; *malade* **perdre l'~** den Appetit verlieren; *prov* **l'~ vient en mangeant** der Appetit kommt beim Essen (*prov*) **2** *fig* (heftiges) Verlangen, Hunger *m*, *péj* Gier *f* (**de qc** nach etw); **~ du pouvoir** Machtgier *f*; **~ de tendresse** Verlangen, Hunger nach Zärtlichkeit **3** **~s (sexuels)** Begehrlichkeit *f*; Sinnenlust *f*; fleischliche Begierde

Appienne [apjɛn] *adj* ⟨*f*⟩ *à Rome* **la voie ~** die Via Appia

applaudimètre [aplodimɛtʀ] *m plais* Applausmesser *m*

applaudir [aplodiʀ] **I** *v/t et v/i* **~ (qn, qc)** (j-m, e-r Sache) Beifall klatschen, spenden; (j-m, e-r Sache) applaudieren; j-n, etw beklatschen; klatschen; **être applaudi** Beifall bekommen, ernten; beklatscht werden **II** *v/t/indir st/s* **~ à qc** etw begrüßen, mit Beifall, beifällig aufnehmen

applaudissement [aplodismɑ̃] *m souvent pl* **~s** Beifall(klatschen) *m(n)*; Applaus *m*; Beifallsäußerungen *f/pl*; **soulever des ~s** Beifall auslösen

applicabilité [aplikabilite] *f* Anwendbarkeit *f* (**à** auf + *acc*); Verwendbarkeit *f* (für); Brauchbarkeit *f*

applicable [aplikabl] *adj* **1** *loi, règle, méthode* anwendbar (**à** auf +*acc*); **être ~** *a* gelten (**à** für) **2** *peinture, couche* auftragbar, applizierbar (**sur** auf + *acc*)

applicateur [aplikatœʀ] **I** *adj* ⟨*m*⟩ zum Auftragen; Auftrag...; **pinceau ~** Auftragpinsel *m* **II** *m* Applikator *m* (*a* MÉD)

application [aplikasjõ] *f* **1** *d'un produit, d'une couche etc* Auftragen *n*, -bringen *n*, -streichen *n*; *d'un sceau* Aufdrücken *n*; *d'une compresse* Auflegen *n* (**sur** auf +*acc*); *d'un pansement* Anlegen *n* **2** COUT Applikation(sarbeit) *f*; Aufnäharbeit *f* **3** *d'une loi, d'une méthode etc* Anwendung *f* (**à** auf +*acc*); *de décrets a* Durchführung *f*; *de médicaments, de soins a* Verabreichung *f*; Verabfolgung *f*; Applikation *f*; **les ~s** *d'un procédé etc* die Anwendungsmöglichkeiten *f/pl*; *idée, théorie* **mettre en ~** praktisch anwenden; in die Praxis umsetzen **4** INFORM Anwendung *f*; Anwenderprogramm *n* **5** PHYS **point** *m* **d'~** Angriffspunkt *m* **6** (*zèle*) Fleiß *m*; Eifer *m*; **~ à l'étude, au travail** Lern-, Arbeitseifer *m*; **travailler avec ~** fleißig, eifrig, mit großem Fleiß, Eifer arbeiten

applique [aplik] *f* **1** *lampe* Wandleuchte *f* **2** (*ornement*) Verzierung *f*; Zierstück *n*; COUT Applikation *f*

appliqué [aplike] *adj* **1** COUT *poche* aufgesetzt; **dentelle ~e** applizierte, aufgenähte Spitze **2** *sciences* angewandt **3** *personne* fleißig; eifrig **4** *écriture* sorgfältig

appliquer [aplike] **I** *v/t* **1** *produit, peinture, couche etc* auftragen, -bringen, -streichen, applizieren, *sceau* aufdrücken, *compresse* auflegen (**sur** auf +*acc*); **~ un pansement** einen Verband anlegen; *fig* **il lui appliqua un baiser sur la joue** er gab, versetzte ihr e-n herzhaften Kuss auf die Wange **2** COUT applizieren; aufnähen **3** *loi, règlement, méthode, punition etc* anwenden (**à** auf +*acc*); *décret a* durchführen; *médicament, thérapie* anwenden (**à un malade, à une maladie** bei e-m Kranken, bei e-r Krankheit); verabreichen, verabfolgen, applizieren (e-m Kranken, bei e-r Krankheit); *terme* **~ à qc** auf etw (*acc*) anwenden; für etw verwenden; (*sur*)*nom* **~ à qn** j-m geben, beilegen; **~ une théorie, une maxime** eine Theorie, eine Maxime anwenden, in die Praxis umsetzen; **~ tous ses soins à** (+*inf*) s-e ganze Sorgfalt aufbieten, aufwenden, darauf verwenden, daransetzen zu (+*inf*); *loi* **être appliqué** *a* Anwendung finden **II** *v/pr* **1** *personne* **s'~** fleißig, eifrig sein; **s'~ à qc** sich mit Fleiß, Eifer e-r Sache (*dat*) hingeben, widmen; **s'~ à** (+*inf*) sich bemühen, bestrebt sein, bemüht sein zu (+*inf*) **2** *loi, règlement* **s'~** Anwendung finden; gelten; **s'~ à qn, qc** *remarque* für j-n, etw gelten; auf j-n, etw zutreffen; *nom, titre, devise* zu j-m, etw passen; *médicament, thérapie* bei j-m zur Anwendung kommen **3** *surface* **s'~ sur une autre** auf e-e andere passen

appoint [apwɛ̃] *m* **1** **faire l'~** a) mit abgezähltem Geld bezahlen; F es passend haben; b) den Rest in Kleingeld, F klein geben **2** *loc/adj* **d'~** zusätzlich; Zusatz...; Neben...; **chauffage** *m* **d'~** Zusatzheizung *f*; **lit** *m* **d'~** Gästebett *n*; **salaire** *m* **d'~** Nebenverdienst *m* **3** *fig* (*appui*) Hilfe *f*; Unterstützung *f*

appointements [apwɛ̃tmɑ̃] *m/pl d'un employé* Gehalt *n*; *d'un fonctionnaire* (Dienst)Bezüge *m/pl*; Besoldung *f*

appointer [apwɛ̃te] *v/t* Gehalt zahlen (**qn** j-m); entlohnen; **~ un fonctionnaire** einen Beamten besolden

apontage [apõtaʒ] *m* AVIAT Landung *f*, Aufsetzen *n* auf dem Flugdeck (*e-s Flugzeugträgers*)

appontement [apõtmɑ̃] *m* MAR Pier *m ou f*; Landungs-, Anlegebrücke *f*

apponter [apõte] *v/i* AVIAT auf dem Flugdeck (*e-s Flugzeugträgers*) landen, aufsetzen

apport [apɔʀ] *m* **1** (*action d'apporter*) Herbeibringen *n*; Heranführen *n* **2** FIN **a**) *de capitaux* Einbringung *f* (***dans une entreprise*** in ein Unternehmen); **b**) (*capitaux apportés*) Einlage *f* **3** *fig* (*contribution*) Beitrag *m* (**à** zu)

apporter [apɔʀte] *v/t objet* (her-, herbei-, hin)bringen; *à un endroit* mitbringen; *nouvelle* (über)bringen; *capitaux* einbringen (**dans** in *+acc*); *modifications, rectificatifs* anbringen; vornehmen; *énergie, soin* aufbringen; aufwenden; ***~ son concours à qc*** s-n Beitrag zu etw leisten; sein(en) Teil zu etw beitragen; bei etw mitwirken; ***~ un concours financier*** finanzielle Hilfe gewähren; ***~ des difficultés, des changements*** Schwierigkeiten, Veränderungen mit sich bringen; ***~ une preuve*** einen Beweis (er)bringen, liefern; ***~ beaucoup de satisfaction à qn*** j-m viel Befriedigung verschaffen, geben; *traitement, médicament* ***~ un soulagement à qn*** j-m Erleichterung, Linderung bringen, verschaffen; *stage etc* ***ça m'a beaucoup apporté*** das hat mir viel gebracht

apposer [apoze] *v/t panneau* anbringen (***sur un mur*** an e-r Mauer); *sceau* aufdrücken; *clause* anbringen (***à un acte*** in e-r Urkunde); einfügen (in *+acc*); ***~ une affiche*** ein Plakat anschlagen; JUR ***~ les scellés*** die Siegel anbringen; gerichtlich, amtlich versiegeln

apposition [apozisjõ] *f* **1** GR Apposition *f*; ***en ~*** als Apposition verwendet; appositionell **2** (*action d'apposer*) Anbringung *f*; JUR ***~ des scellés*** Anbringung *f* der Siegel; gerichtliche, amtliche Versiegelung

appréciable [apʀesjabl] *adj* **1** (*considérable*) beträchtlich; erheblich; beachtlich; relevant; *pertes a* empfindlich **2** (*précieux*) schätzenswert

appréciation [apʀesjasjõ] *f* **1** *de la valeur, distance etc* (Ab)Schätzen *n*, -ung *f* **2** *de la situation, d'une personne etc* Einschätzung *f*; (*jugement*) Beurteilung *f*; Urteil *n* (**de** über *+acc*); *positive* Würdigung *f*; ***laisser qc à l'~ de qn*** etw j-s Ermessen (*+dat*) überlassen; ***soumettre qc à l'~ de qn*** j-m etw zur Beurteilung vorlegen; j-s Urteil über etw einholen

apprécier [apʀesje] *v/t* **1** (*évaluer*) *valeur* schätzen; ***~ la vitesse*** die Geschwindigkeit (ab)schätzen **2** (*juger*) *personne, travail etc* einschätzen; beurteilen; *importance, valeur a* ermessen **3** (*goûter*) *personne, bon vin etc* schätzen (**pour** wegen); (zu) würdigen (wissen); ***ne pas ~ ce genre de plaisanterie*** solche Scherze nicht lieben, schätzen

appréhender [apʀeɑ̃de] *v/t* **1** (*craindre*) ***~ qc*** etw fürchten; ***~ de faire qc*** sich davor fürchten, etw zu tun **2** (*arrêter*) ***~ qn*** j-n festnehmen, fassen, ergreifen, dingfest machen **3** *st/s* (*concevoir*) er-, auffassen

appréhension [apʀeɑ̃sjõ] *f* Befürchtung *f*, Furcht *f* (***de qc*** vor etw [*dat*]); *souvent pl* ***~s*** Befürchtungen *f/pl*; Sorge *f*; Besorgnis *f*; ***avec ~*** mit Sorge, Besorgnis

apprenant [apʀənɑ̃] *m* Lerner *m*; Lernende(r) *m*

apprendre [apʀɑ̃dʀ] ⟨→ **prendre**⟩ **I** *v/t* **1** *a abs* lernen; ***il apprend bien*** er lernt leicht, begreift schnell; ***~ l'allemand*** Deutsch lernen; ***~ un métier, une langue*** einen Beruf, eine Sprache (er)lernen; ***~ à conduire, à lire*** Autofahren, lesen lernen **2** (*enseigner*) ***~ qc à qn*** j-n etw lehren; j-m etw beibringen; ***l'histoire nous apprend que ...*** die Geschichte lehrt uns, dass ...; ***~ à lire à qn*** j-n lesen lehren; j-m das Lesen beibringen; *fig menace*: ***je lui apprendrai!*** den werd ich's lehren!; das werde ich ihm austreiben!; ***cela lui apprendra (à vivre)!*** das wird *ou* soll ihm e-e Lehre sein!; ***je vais lui ~ à vivre!*** dem werde ich Manieren, F die Flötentöne beibringen!; F den werd ich Mores lehren! **3** *nouvelle* erfahren, hören (***par qn*** durch j-n, von j-m); ***j'ai appris que ...*** ich habe erfahren, gehört, dass ...; ***on apprend de Paris ...*** aus Paris wird gemeldet ...; ***apprenez que ...*** nehmen Sie zur Kenntnis, dass ... **4** (*faire savoir*) ***~ qc à qn*** j-m etw mitteilen, melden, berichten; ***vous ne m'apprenez rien*** Sie sagen mir nichts Neues **II** *v/pr art, langue etc* ***s'~ facilement*** leicht, mühelos zu (er)lernen sein; sich leicht, mühelos (er)lernen lassen

apprenti(e) [apʀɑ̃ti] *m(f)* **1** Lehrling *m* (*a fille*); Lehrjunge *m*, -mädchen *n*; Auszubildende(r) *f(m)* (*abr* Azubi *m,f*); ***~ boulanger*** Bäckerlehrling *m*; ***~e couturière*** Schneiderlehrling *m*, -lehrmädchen *n*; ***former un(e) ~(e)*** e-n Lehrling ausbilden **2** *fig* Lehrling *m*; Anfänger(in) *m(f)*; ***~ sorcier*** Zauberlehrling *m*

apprentissage [apʀɑ̃tisaʒ] *m* **1** Lehre *f*; ***centre** m* ***d'~*** Lehrlingsausbildungsstätte *f*; ***contrat** m* ***d'~*** Lehrvertrag *m*; ***être en ~ chez qn*** bei j-m in der Lehre sein, stehen; ***faire son ~*** s-e Lehre (durch)machen; ***mettre qn en ~*** j-n in die Lehre geben, schicken (***chez qn*** zu j-m) **2** *d'une langue etc* Erlernung *f*; Lernen *n*; PSYCH Lernprozess *m*; ***faire l'~ de qc*** etw (er)lernen; *fig a* die ersten Erfahrungen mit etw machen; lernen, mit etw umzugehen

apprêt [apʀɛ] *m* **1** TECH Appretur *f* (*action et substance*); Zurichtung *f*; TEXT *a* Ausrüstung *f* **2** PEINT Grundierung *f* **3** *fig* ***sans ~*** ungekünstelt; natürlich

apprêté [apʀɛte] *adj style etc* gekünstelt; geziert; affektiert; gesucht

apprêter [apʀɛte] **I** *v/t* **1** TECH *étoffe, cuir* appretieren; zurichten; TEXT *a* ausrüsten **2** *st/s personne* zurechtmachen; ***~ la mariée*** die Braut schmücken **II** *v/pr* **1** ***s'~ à faire qc*** sich anschicken, etw zu tun; sich zu etw fertig machen, rüsten; für, zu etw Vorbereitungen, Anstalten treffen; ***je m'apprêtais à partir*** ich wollte gerade aufbrechen; ich war gerade im Begriff wegzugehen **2** (*se parer*) ***s'~*** sich zurechtmachen, sich festlich kleiden, F sich schön machen (***pour qc*** für etw)

appris [apʀi] → ***apprendre***

apprivoisable [apʀivwazabl] *adj* zähmbar **apprivoisement** *m* Zähmung *f*

apprivoiser [apʀivwaze] **I** *v/t* **1** *animal* zähmen; *adjt* ***apprivoisé*** gezähmt; zahm **2** *fig personne* umgänglich(er) machen; *enfant* zutraulich machen **II** *v/pr* ***s'~*** **1** *animal* zahm werden **2** *personne* umgänglich(er), zugänglich(er), gesellig(er) werden; *enfant* zutraulich werden; Zutrauen gewinnen

approbateur [apʀɔbatœʀ] *adj* ⟨**-trice**⟩ *ou* **approba-**

tif *adj* ⟨**-ive**⟩ beifällig; zu-, beistimmend; billigend; ***silence approbateur*** *ou* ***approbatif*** Schweigen *n* des Einverständnisses

approbation [apʀɔbasjõ] *f* **1** *(accord)* Billigung *f*; Zustimmung *f*; Einverständnis *n*; Einwilligung *f*; Plazet *n*; ADM Genehmigung *f*; ***avoir l'~ de qn*** j-s Zustimmung, Einverständnis, Einwilligung haben; ***donner son ~ à qc*** e-r Sache *(dat)* s-e Zustimmung, Einwilligung geben; etw billigen **2** *(jugement favorable)* Beifall *m*; Anerkennung *f*; *action* ***mériter l'~*** Beifall verdienen; ***obtenir l'~ générale*** allgemein Anerkennung finden

approchant [apʀɔʃɑ̃] *adj* **1** ***qc d'~*** etwas Ähnliches; etwas, was dem nahekommt *ou* annähernd so ist; ***rien d'~*** nichts Derartiges; nichts, was dem nahekommt **2** *résultat, valeur* annähernd (genau)

approche [apʀɔʃ] *f* **1** *(action d'approcher)* (Heran)-Nahen *n*; Herankommen *n*, -rücken *n*; Näherkommen *n*, -rücken *n*; Annäherung *f*; MIL *a* Anrücken *n*; Anmarsch *m*; AVIAT (Lande)Anflug *m*; ***l'~ de l'hiver*** das (Heran)Nahen des Winters; *fig* ***travaux*** *m/pl* ***d'~*** Annäherungsversuche *m/pl*; *loc/prép* ***à l'~ de*** beim (Heran)Nahen *etc* (+*gén*); *il s'enfuit* ***à mon ~*** als ich näher kam; als ich mich näherte; ***à l'~ d'un danger*** beim Herannahen e-r Gefahr; wenn Gefahr im Anzug *ou* Verzug ist; ***à l'~*** *ou* ***aux ~s de la nuit*** bei Einbruch der Nacht; ***à l'~*** *ou* ***aux ~s de la trentaine*** wenn man auf die dreißig zugeht; wenn man sich den Dreißig(ern) nähert **2** *(façon d'aborder)* Sehweise *f*; Sicht *f*; Betrachtung(sweise) *f*; Ansatz *m*; *d'un problème a* Approach [ə'proːtʃ] *m*; Zugang *m* (**de** zu); ***une œuvre d'~ difficile*** ein Werk, zu dem man schwer Zugang findet **3** OPT ***lunette*** *f* ***d'~*** Fernrohr *n*; Teleskop *n* **4** Nähe *f*; ***aux ~s de la mer*** in der Nähe des Meeres

approché [apʀɔʃe] *adj résultat* annähernd genau; ***valeur ~e*** Näherungswert *m*

approcher [apʀɔʃe] **I** *v/t* **1** *objet* näher rücken, stellen, schieben; heranrücken, -schieben, -ziehen, -bringen (**de** an +*acc*); ***approche ta chaise!*** rück deinen Stuhl näher (heran)!; ***il m'approcha une chaise*** er schob mir e-n Stuhl hin; ***~ la tasse de ses lèvres*** die Tasse zum Mund führen **2** *personne* ***~ qn*** sich j-m nähern; an j-n herankommen; *dans son métier, sa vie* mit j-m in Berührung kommen; mit j-m Kontakt haben; *il est contagieux*, ***ne l'approche pas!*** komm ihm nicht (zu) nahe!; geh nicht in s-e Nähe! **II** *v/t/indir* ***~ de qc*** **1** sich e-r Sache *(dat)* (an)nähern; e-r Sache *(dat)* näher kommen; ***~ du but*** sich dem Ziel nähern; ***~ de la trentaine*** auf die dreißig zugehen; sich den Dreißig(ern) nähern **2** *fig* e-r Sache *(dat)* ähneln, nahekommen, vergleichbar sein **III** *v/i (et v/pr)* **1** **(s')~** nahen; sich nähern; *personne a* näher kommen, treten; *date, événement a* näher rücken, kommen; heranrücken, -kommen; ***approche(-toi)!*** komm, tritt näher!; ***l'hiver approche*** der Winter naht; es geht auf den Winter zu **2** ***s'~ de qn, de qc*** sich j-m, e-r Sache nähern

approfondi [apʀɔfõdi] *adj examen, études etc* gründlich; eingehend; ***connaissances ~es*** profunde, fundierte Kenntnisse *f/pl*

approfondir [apʀɔfõdiʀ] **I** *v/t* **1** *trou, puits etc* vertiefen; tiefer machen, graben, bohren **2** *fig savoir, problème, pensée* vertiefen; *science, domaine* tiefer eindringen in (+*acc*); *loc/adv* ***sans ~*** ohne genauer nachzuforschen; ohne gründliche Prüfung; *regarder, saisir* nur oberflächlich **II** *v/pr fossé etc* ***s'~*** tiefer werden

approfondissement [apʀɔfõdismɑ̃] *m* Vertiefung *f* *(a fig)*

appropriation [apʀɔpʀijasjõ] *f* JUR Aneignung *f*; Besitzergreifung *f*

approprié [apʀɔpʀije] *adj* angemessen; passend; geeignet; entsprechend; ***être ~ aux circonstances*** den Umständen angemessen sein, entsprechen

approprier [apʀɔpʀije] **I** *v/t* ***~ qc à qc*** etw e-r Sache *(dat)* anpassen; etw auf etw *(acc)* zuschneiden **II** *v/pr* ***s'~ qc*** sich *(dat)* etw (unrechtmäßig) aneignen; sich e-r Sache *(gén)* bemächtigen

approuver [apʀuve] *v/t* **1** *(juger louable)* ***~ qc*** etw gutheißen, billigen, begrüßen, für gut befinden, gut *ou* richtig finden; ***~ qn*** j-s Verhalten gutheißen *etc*; *(se déclarer de son opinion)* j-m beipflichten, bei-, zustimmen; ***~ qn de faire qc*** es gut, richtig finden, dass j etw tut; ***je n'approuve pas que*** (+*subj*) ich finde es nicht gut *ou* richtig, dass … **2** ADM, JUR genehmigen; *au Parlement* zustimmen (+*dat*); billigen; JUR ***lu et approuvé*** (vor)gelesen und genehmigt

approvisionnement [apʀɔvizjɔnmɑ̃] *m* **1** *de la population, d'une ville etc* Versorgung *f* (**en** mit); *d'un marché a* Beschickung *f*, Belieferung *f* (mit); *en marchandises a* Zufuhr *f*; ***~ en eau, en énergie*** Wasser-, Energieversorgung *f*; ***~ en matières premières*** Rohstoffversorgung *f*, -zufuhr *f*; ***source*** *f* ***d'~*** Bezugs-, Versorgungsquelle *f* **2** *(provisions)* Vorrat *m*; Bestand *m* **3** *dans une entreprise industrielle* ***service*** *m* ***d'~*** Beschaffungsabteilung *f*, -stelle *f*

approvisionner [apʀɔvizjɔne] **I** *v/t* **1** *population, ville etc* versorgen, eindecken, *marché a* beliefern, beschicken (**en, de** mit); ***~ un pays en cuivre*** ein Land mit Kupfer beliefern; *adjt magasin* ***être bien approvisionné*** gut bevorratet sein; ein gutes Angebot haben **2** *compte en banque* auffüllen **II** *v/pr* ***s'~ en qc*** sich mit etw versorgen, eindecken, versehen; *abs* (***venir***) ***s'~ au marché*** auf dem Markt einkaufen

approximatif [apʀɔksimatif] *adj* ⟨**-ive**⟩ ungefähr; annähernd; approximativ; *estimation, calcul a* grob; ***calcul ~*** *a* Überschlagsberechnung *f*; ***faire un calcul ~ des dépenses*** die Ausgaben überschlagen

approximation [apʀɔksimasjõ] *f* **1** (ungefähre, grobe) Schätzung; ***par ~*** schätzungsweise; ungefähr **2** MATH Annäherung *f*; Approximation *f*

approximativement [apʀɔksimativmɑ̃] *adv* schätzungsweise; ungefähr; annähernd; ***évaluer ~*** grob schätzen

appui [apɥi] *m* **1** Stütze *f*; Halt *m*; CONSTR *a* Lagerung *f*; SPORTS ***~ tendu*** Handstand *m*; ***mur*** *m* ***d'~*** Stützmauer *f*; ***point*** *m* ***d'~*** PHYS Ansatz-, Auflage-, Stützpunkt *m*; CONSTR Auflager *n*; ***prendre ~ sur qc*** sich auf etw *(acc)* stützen **2** *d'une fenêtre, d'un balcon* Brüstung *f*; *d'une fenêtre a* Fensterbank *f*; Sohlbank *f* **3** *fig (soutien)* Unterstützung *f*; *loc/adv* ***à l'~*** zum Beweis; ***avec preuves à l'~*** durch Beweise gestützt; *loc/prép* ***à l'~ de sa thèse*** um s-e These zu stützen; zur Unterstützung s-r These; ***demander l'~ de qn*** j-n um s-e Unterstützung bitten; ***fournir des ~s solides à qn*** j-n tatkräftig, wirksam unterstützen

4 ~ ***de la voix sur un mot*** starke Betonung, Akzentuierung *f* e-s Wortes

appui-main [apɥimɛ̃] *m* ⟨*pl* **appuis-main**⟩ *ou* **appuie-main** *m* ⟨*inv*⟩ PEINT Malstock *m*

appui-tête [apɥitɛt] *m* ⟨*pl* **appuis-tête**⟩ *ou* **appuie-tête** *m* ⟨*inv*⟩ Kopfstütze *f*

appuyé [apɥije] *adj regard* eindringlich; forschend; ***compliment ~*** plumpes, F dick aufgetragenes Kompliment

appuyer [apɥije] ⟨**-ui-**⟩ **I** *v/t* **1** (ab)stützen; ***~ qc contre qc*** etw gegen etw lehnen; etw an etw (*acc*) (an)lehnen; ***~ l'échelle contre le mur*** die Leiter gegen, an die Wand lehnen; ***~ qc sur qc*** etw auf etw (*acc*) (auf)stützen, drücken; *fig déclaration, affirmation* auf etw (*acc*) stützen; ***~ les coudes sur la table*** die Ell(en)bogen aufstützen, aufstemmen, auf den Tisch stützen; ***~ le revolver sur la tempe de qn*** j-m den Revolver an die Schläfe drücken, setzen **2** *fig* (*soutenir*) *candidature, projet etc* unterstützen (*a qn*); befürworten **II** *v/i* **1** *en écrivant* aufdrücken; ***~ sur qc*** auf etw (*acc*) drücken; *touche, levier a* niederdrücken; *voûte, poutre* auf etw (*dat*) ruhen, lagern; AUTO ***~ sur l'accélérateur*** aufs Gaspedal treten; Gas geben; ***~ sur un bouton*** auf e-n Knopf drücken; *médecin pendant l'examen* ***~ sur l'estomac*** auf den Magen drücken; ***~ sur le frein*** auf die Bremse treten; ***~ sur la gâchette*** abdrücken **2** *fig* ***~ sur*** *mot, syllabe* stark betonen; mit besonderem Nachdruck sprechen; den Ton legen auf (+*acc*); *aspect, idée etc* nachdrücklich betonen; besonders hervorheben; besonderen Nachdruck, den Akzent legen auf (+*acc*) **3** *en conduisant* ***~ à droite, sur la droite*** sich (nach) rechts halten **III** *v/pr* **1** ***s'~ contre qn, qc*** sich gegen j-n, etw lehnen; sich an j-n, etw anlehnen; ***s'~ sur qn, qc*** sich auf j-n, etw stützen; *fig sur des faits, des documents etc* sich auf etw (*acc*) stützen **2** *fig* ***s'~ sur qn, sur l'amitié de qn*** sich auf j-n, auf j-s Freundschaft verlassen; auf j-n, auf j-s Freundschaft zählen **3** F ***s'~*** *une boisson* F runterkippen; *un mets, repas* F verputzen; in sich (*acc*) reinstopfen **4** F ***s'~*** *une corvée* auf sich (*acc*) nehmen müssen; F am *ou* auf dem Hals haben (*a une personne*)

âpre [ɑpʀ] *adj* **1** *goût, fruit, vin* (unangenehm) herb; *goût a* streng; scharf; ***froid*** *m* ~ beißende, schneidende Kälte; ***reproches*** *m/pl* ***~s*** heftige, bittere Vorwürfe *m/pl*; ***voix*** *f* ~ raue Stimme **2** *lutte, discussion* heftig; erbittert; heiß; hitzig; *discussion a* scharf **3** *personne* ***~ au gain*** gewinnsüchtig; geldgierig; F scharf aufs Geld

aprèm(e) [apʀɛm] F *m ou f* Nachmittag *m*; ***c't'aprèm(e)*** heute Nachmittag

âprement [ɑpʀəmɑ̃] *adv discuter, se défendre etc* heftig; erbittert; verbissen; hartnäckig

après [apʀɛ] **I** *prép* **1** *dans le temps, dans l'ordre* nach (+*dat*); ***~ bien des difficultés*** nach vielen Schwierigkeiten; ***~ Jésus-Christ*** (*abr* ***apr. J.-C.***) nach Christus (*abr* n. Chr.); nach Christi Geburt; ***un an ~ sa mort*** ein Jahr nach s-m Tod; ***~ vous, je vous prie!*** bitte, nach Ihnen!; ***il est arrivé ~ moi*** er ist nach mir (an)gekommen; ***~ ce que j'ai fait pour lui*** nach dem, was ich für ihn getan habe; ***le capitaine vient ~ le lieutenant*** der Hauptmann kommt nach dem Oberleutnant; *avec inf*: ***~ avoir lu le journal, il …*** nachdem er die Zeitung gelesen hatte, …; ***~ manger*** nach dem Essen; ♦ *loc/adv*: ***~ cela, ~ quoi*** danach; dann; hinterher; ***… ~ quoi tout le monde partit*** … worauf(hin) alle weggingen; ***~ coup*** hinterher; nachträglich; im Nachhinein; ***~ tout*** alles in allem; im Grunde (genommen); übrigens; schließlich **2** *dans l'espace* **a)** (*derrière*) nach (+*dat*); hinter (+*dat ou acc*); ***~ le pont*** nach, hinter der Brücke; ***courir ~ qn, qc*** hinter j-m, etw herlaufen; j-m, etw nachlaufen; → *a* ***courir*** *II 1*; ***traîner ~ soi qn, qc*** j-n, etw hinter sich (*dat*) herziehen, -schleppen; **b)** F (*à, sur*) an (+*dat ou acc*); *accrocher qc* ***~ le porte-manteau*** an den Kleiderständer; **c)** *par ext*: *chien* ***aboyer ~ qn*** j-n anbellen; F ***attendre ~ qn, qc*** auf j-n, etw warten; ***crier ~ qn*** mit j-m (herum)schimpfen; j-n anschreien; F ***demander ~ qn*** nach j-m fragen; ***être ~ qn*** hinter j-m her sein; j-m (scharf) auf die Finger sehen; F ***être furieux ~ qn*** auf j-n wütend sein **3** *loc/prép* ***d'~*** nach (+*dat*); gemäß (+*dat*); zufolge, entsprechend (*précédé d'un dat*); *peindre* ***d'~ nature*** nach der Natur; ***d'~ ce que disent les journaux*** den Zeitungen zufolge; *agir* ***d'~ les ordres reçus*** befehls-, weisungsgemäß; den Weisungen entsprechend, gemäß; ***d'~ vous, qui est le coupable?*** wer ist Ihrer Meinung nach der Schuldige? **II** *adv* **1** *temporel* danach; darauf; später; hinterher; nachher; ***vingt ans ~*** zwanzig Jahre danach, später; ***aussitôt, immédiatement ~*** gleich, unmittelbar danach, darauf; ***peu ~*** bald darauf; kurz danach; ***et que ferez-vous ~?*** und was macht ihr danach, hinterher, nachher?; ***sa famille passe ~*** s-e Familie kommt erst danach; ***venez me voir ~*** kommen Sie nachher zu mir; **(*et*) *~?*** *que vous a-t-il dit?* und (dann)? …; *défi* ***et (puis) ~!*** na und?; was ist da schon dabei?; *loc/adj* ***le jour d'~*** a) der Tag danach, darauf; b) am Tag danach, darauf; tags darauf; ander(e)ntags **2** *local* **a)** (*derrière*) danach; dahinter; *voici l'église,* ***la pharmacie est juste ~*** die Apotheke kommt gleich danach, dahinter,; **b)** F (*dessus*) daran; dran; ***il y a une tache ~*** es ist ein Fleck dran **III** *loc/conj* ***~ que*** (+*ind, abus* +*subj*) nachdem; → *Info nächste Seite*

après-demain [apʀɛdmɛ̃] *adv* übermorgen **après-gaullisme** *m* POL ***l'~*** die Zeit nach de Gaulle; die nachgaullistische Zeit **après-guerre** *m ou f* ⟨*pl* **après-guerres**⟩ Nachkriegszeit *f*; *loc/adj* ***d'~*** Nachkriegs…

après-midi [apʀɛmidi] *m ou f* ⟨*inv*⟩ Nachmittag *m*; *loc/adv*: ***cet ~*** heute Nachmittag; ***l'~*** am Nachmittag; nachmittags; ***dans l'~*** im Laufe des Nachmittags; ***en fin d'~*** am Spätnachmittag

après-rasage [apʀɛʀazaʒ] *m* ⟨*pl* **après-rasages**⟩ ~ *ou adjt* ⟨*inv*⟩ ***lotion*** *f* ~ Rasierwasser *n*; Aftershave-Lotion [-ʃeːvloːʃən] *f*

après-ski [apʀɛski] *m* ⟨*pl* **après-ski(s)**⟩ Schneestiefel *m*

après-soleil [apʀɛsɔlɛj] ⟨*inv*⟩ **I** *m* After-Sun-Produkt [-'zan-] *n* **II** *adj* After-Sun-…; ***lait*** *m* ~ After-Sun-Milch *f*

après-vente [apʀɛvɑ̃t] *adj* ⟨*inv*⟩ ***service*** *m* ~ Kundendienst *m*

âpreté [ɑpʀəte] *f* **1** *d'un vin, fruit* Herbe *f*; *d'une voix* Rauheit *f*; *du froid, de l'hiver* Strenge *f*; ***l'~ au goût*** der herbe, scharfe, strenge Geschmack **2** *d'une lutte, discussion* Heftigkeit *f*; Härte *f*; Verbissenheit *f*; *d'une critique* Schärfe *f*; ~ **(*au gain*)**

après que – mit Indikativ oder Konjunktiv?

Après que Jean-Luc **était parti,** Julie a écrit une lettre. –
Nachdem Jean-Luc gegangen war, schrieb Julie einen Brief.

Die Verwendung des Indikativs nach der Konjunktion **après que** wie in unserem Beispiel ist korrekt und gilt als vorbildlich. Der Gebrauch des Indikativs wird damit begründet, dass man nach **après que** schließlich von Tatsachen und nicht von Vermutungen spreche.

Im heutigen Französisch setzt sich hier jedoch immer mehr der Konjunktiv durch:

Après que Jean-Luc **soit parti,** Julie a écrit une lettre.

Die Befürworter des Konjunktivs argumentieren vor allem mit der Analogie zu **avant que**, das grundsätzlich den Konjunktiv nach sich zieht.

Bei gleichem Subjekt in Haupt- und Nebensatz gibt es mit **après** + Infinitiv eine elegante Alternative:

Après avoir garé sa voiture, Jean-Luc a traversé la rue.

Gewinnsucht *f*; Geldgier *f*

a priori [apʀijɔʀi] **I** *loc/adv* von vornherein; auf den ersten Blick; grundsätzlich; PHILOS a priori **II** *m* ⟨*inv*⟩ **1** PHILOS Apriori *n* **2** *par ext* unbewiesene Annahme; Hypothese *f*; (*préjugé*) Vorurteil *n*

apriorisme [apʀijɔʀism] *m* PHILOS Apriorismus *m*

aprioriste *adj* PHILOS aprioristisch

apr. J.-C. *abr* (*après Jésus-Christ*) n. Chr. (nach Christus)

à-propos [apʀɔpo] *m* (***esprit*** *m* ***d'***)**~** Schlagfertigkeit *f*; ***faire preuve d'~*** sich als schlagfertig erweisen; ***avec ~*** schlagfertig

apte [apt] *adj personne* **~ *à*** geeignet für; fähig zu (*a* JUR); tauglich zu; ***être ~ à*** (***faire***) ***qc*** *a* sich für etw eignen; für *ou* zu etw taugen; sich dafür eignen *ou* dazu taugen, etw zu tun; ***~ au service militaire*** wehrdiensttauglich

aptitude [aptityd] *f* Eignung *f* (***à, pour*** für); Fähigkeit *f* (zu) (*a* JUR); Tauglichkeit *f* (zu); ***~s*** *pl a* Begabung *f*; ***~ à s'adapter*** Anpassungsfähigkeit *f*; ***~ au service militaire*** Wehrdiensttauglichkeit *f*; ***test*** *m* ***d'~*** Eignungstest *m*; ***avoir de grandes ~s*** große Fähigkeiten, e-e große Begabung besitzen; ***avoir des ~s pour la musique*** (e-e) musikalische Begabung besitzen; musikalisch begabt sein

apurement [apyʀmɑ̃] *m* FIN Rechnungsprüfung *f*, -abschluss *m* **apurer** *v/t compte* prüfen

aquaculture [akwakyltyʀ] *f* Aquakultur *f*

aquanaute [akwanot] *m* Aquanaut *m*

aquaplanage [akwaplanaʒ] *m ou* **aquaplaning** [-planiŋ] *m* AUTO Aquaplaning *n*

aquarelle [akwaʀɛl] *f* PEINT **a)** *tableau* Aquarell *n*; **b)** *technique* Aquarellmalerei *f*; ***peindre à l'~*** aquarellieren

aquarelliste [akwaʀelist] *m,f* Aquarellmaler(in) *m(f)*

aquarium [akwarjɔm] *m* Aquarium *n*; ***~ d'eau de mer*** Seewasser-, Meeresaquarium *n*

aquatique [akwatik] *adj* Wasser...; ***animaux*** *m/pl* ***~s*** Wassertiere *n/pl*; ***centre*** *m*, ***parc*** *m* **~** Erlebnisbad *n*; ***oiseaux*** *m/pl* ***~s*** Wasservögel *m/pl*; ***plantes*** *f/pl* ***~s*** Wasserpflanzen *f/pl*; ***en milieu ~*** im Wasser

aqueduc [akdyk] *m* Aquädukt *m*

aqueux [akø] *adj* ⟨**-euse**⟩ **1** ANAT ***humeur aqueuse*** (Augen)Kammerwasser *n* **2** CHIM ***solution aqueuse*** wäss(e)rige Lösung

aquiculture [akɥikyltyʀ] *f* **1** *d'animaux* Aquakultur *f* **2** *de plantes* Wasser-, Hydrokultur *f*; Hydroponik *f*

Aquilée [akile] GÉOGR Aquileja *n*

aquilin [akilɛ̃] *adj* ⟨*m*⟩ ***nez ~*** leicht gebogene, schmale Adlernase

aquilon [akilõ] *m poét* (kalter) Nord

aquitain [akitɛ̃] **I** *adj* aquitanisch **II** *subst* ***Aquitain(e)*** *m(f)* Aquitanier(in) *m(f)*

Aquitaine [akitɛn] ***l'~*** *f* **1** HIST Aquitanien *n* **2** *frz Region*

ara [aʀa] *m* ZO Ara *m*

arabe [aʀab] **I** *adj* arabisch; ***cheval*** *m* **~** Araber *m*; ***chiffre*** *m* **~** arabische Ziffer, Zahl **II** *subst* **1** ***Arabe*** *m,f* Araber(in) *m(f)* **2** LING ***l'~*** *m* das Arabische; Arabisch *n*

arabesque [aʀabɛsk] *f* **1** *ornement*, *fig* Arabeske *f* **2** BALLET Arabesque *f*

Arabie [aʀabi] ***l'~*** *f* Arabien *n*

arabique [aʀabik] *adj* ***gomme*** *f* **~** Gummiarabikum *n*; ***la péninsule ~*** die Arabische Halbinsel

arabisant [aʀabizɑ̃] *m*, **arabisante** *f* Arabist(in) *m(f)* **arabisation** *f* Arabisierung *f* **arabiser** *v/t* arabisieren

arabisme [aʀabism] *m* LING arabische Spracheigentümlichkeit; Arabismus *m*

arable [aʀabl] *adj* ***terre(s)*** *f(pl)* ***~(s)*** Ackerboden *m*, -land *n*

arabophone [aʀabɔfɔn] *adj* Arabisch sprechend; arabischsprachig

arac → ***arak***

arachide [aʀaʃid] *f* BOT Erdnuss *f* (*plante et fruit*); ***huile*** *f* ***d'~*** Erdnussöl *n*

arachnéen [aʀakneɛ̃] *litt adj* ⟨**~ne**⟩ hauchzart

Aragon [aʀagõ] ***l'~*** *m* Aragonien *n*

araignée [aʀeɲe] *f* **1** ZO Spinne *f*; F *fig* ***avoir une ~ dans le*** *ou* ***au plafond*** F im Oberstübchen nicht ganz richtig sein; → *a* ***cinglé***; *prov* ***~ du matin, chagrin, ~ du soir, espoir*** Spinne am Morgen bringt Kummer und Sorgen, Spinne am Abend erquickend und labend (*prov*) **2** ZO ***~ de mer*** Meeresspinne *f*

arak [aʀak] *m* Arrak *m*

Aral [aral] ***la mer d'~*** der Aralsee
araméen [arameɛ̃] HIST **I** *adj* ⟨**~ne**⟩ aramäisch **II** *subst* **1** ***Araméens*** *m/pl* Aramäer *m/pl* **2** LING ***l'~*** *m* das Aramäische; Aramäisch *n*
Aramis [aramis] *m Romanheld*
Ararat [ararа] ***le mont ~*** der (Berg) Ararat
araser [araze] *v/t* **1** CONSTR abgleichen **2** GÉOL abschleifen
aratoire [aratwar] *adj* ***instrument*** *m* ***~*** Ackergerät *n*
araucaria [arokarja] *m* BOT Araukarie *f*
Aravis [aravis] ***le col des ~*** *Alpenpass in Savoyen*
arbalète [arbalɛt] *f* Armbrust *f*; ***tirer à l'~*** mit der Armbrust schießen
arbalétrier [arbaletrije] *m* HIST Armbrustschütze *m*
arbitrage [arbitraʒ] *m* **1** **a)** COMM, POL Schiedsgerichtsbarkeit *f*; DROIT DU TRAVAIL Schlichtung *f*; *procédure* schiedsrichterliches Verfahren; Schiedsverfahren *n*; **b)** (*sentence*) Schiedsspruch *m* **2** SPORTS Schiedsrichteramt *n*; F Schiedsrichtern *n*; ***erreur*** *f* ***d'~*** Fehlentscheidung *f* des Schiedsrichters **3** BOURSE Arbitrage *f*
arbitraire [arbitrɛr] **I** *adj mesure, décision etc* willkürlich; arbiträr; *interprétation a* eigenwillig; MATH beliebig (angenommen) **II** *m* Willkür *f*; ***règne*** *m* ***de l'~*** Willkürherrschaft *f*
arbitrairement [arbitrɛrmɑ̃] *adv* willkürlich
arbitral [arbitral] *adj* ⟨**-aux**⟩ JUR Schieds…; schiedsrichterlich; ***jugement ~, sentence ~e*** Schiedsspruch *m*
arbitre[1] [arbitr] *m* Schiedsrichter *m*; SPORTS *a* F Schiri *m*; JUR *a* Schiedsmann *m*; *dans un conflit tarifaire* Schlichter *m*; BOXE Ringrichter *m*; ***prendre qn pour ~*** j-n als Schiedsrichter anrufen
arbitre[2] [arbitr] *m* PHILOS ***libre ~*** freier Wille; Willensfreiheit *f*
arbitrer [arbitre] *v/t* **1** *litige* durch Schiedsspruch beilegen, entscheiden; ***~ un conflit tarifaire*** einen Tarifkonflikt schlichten **2** SPORTS Schiedsrichter, BOXE Ringrichter sein (***un match*** bei e-m Spiel, Boxkampf); *abs* F schiedsrichtern
arboré [arbɔre] *adj* von *ou* mit einzelnen Bäumen oder Gehölzen bestanden
arborer [arbɔre] *v/t* **1** *drapeau* aufpflanzen; hissen; MAR ***~ les couleurs françaises*** die französische Flagge hissen **2** *fig décoration, médaille* zur Schau tragen; (stolz, allen sichtbar) tragen; *sourire, air* aufsetzen; ***~ une fleur à la boutonnière*** e-e Blume im Knopfloch tragen; *journal* ***~ un gros titre*** e-e Schlagzeile tragen, bringen
arborescence [arbɔresɑ̃s] *f* BOT baumartiges Wachstum; baumartige Form
arborescent [arbɔresɑ̃] *adj* BOT baumartig, -förmig; ***fougère ~e*** Baumfarn *m*
arboricole [arbɔrikɔl] *adj* zo auf Bäumen lebend
arboriculteur [arbɔrikyltœr] *m* Baumzüchter *m*; *au sens strict* Obstgärtner *m* **arboriculture** *f* Baumzucht *f*; *fruitière* Obstbau *m*
arborisation [arbɔrizasjõ] *f sur des roches* baumartige Zeichnung; ***~s du givre*** Eisblumen *f/pl*
arbouse [arbuz] *f* BOT Frucht *f* des Erdbeerbaums **arbousier** *m* BOT Erdbeerbaum *m*
arbre [arbr] *m* **1** BOT Baum *m*; ***~ fruitier*** Obstbaum *m*; *fig* ***~ généalogique*** Stammbaum *m*; Ahnentafel *f*; ***~ à feuilles caduques*** sommergrüner Laubbaum; ***~ à feuillage persistant*** immergrüner Baum; HIST ***~ de la liberté*** Freiheitsbaum *m*; ***~ de Noël*** Weihnachts-, Christbaum *m*; *prov*: ***c'est l'~ qui cache la forêt*** das verstellt den Blick fürs Ganze; das ist nur die Spitze des Eisbergs; ***les ~s cachent la forêt*** man *ou* er *etc* sieht den Wald vor lauter Bäumen nicht **2** TECH Welle *f*; ***~ moteur*** Antriebswelle *f*; ***~ de transmission*** Transmissionswelle *f*
Arbresle (L') [larbrɛl] *Stadt im Dep. Rhône*
arbrisseau [arbriso] *m* ⟨*pl* **~x**⟩ BOT (Groß)Strauch *m*
arbuste [arbyst] *m* BOT (Klein)Strauch *m*; Busch *m*
arc [ark] *m* **1** *arme*, SPORTS Bogen *m*; ***tir*** *m*, ***tireur*** *m* ***à l'~*** Bogenschießen *n*, -schütze *m*; ***tirer à l'~*** mit Pfeil und Bogen schießen **2** ARCH Bogen *m*; ***~ en ogive, gothique*** Spitzbogen *m*; gotischer Bogen; ***~ en plein cintre, roman*** Rundbogen *m*; romanischer Bogen; ***~ de triomphe*** Triumphbogen *m* **3** MATH Bogen *m*; ***~ de cercle*** Kreisbogen *m*; (***disposé***) ***en ~ de cercle*** bogen-, halbkreisförmig (angeordnet) **4** ÉLECT ***~ électrique*** Lichtbogen *m*; ***lampe*** *f* ***à ~*** Bogenlampe *f* **5** ANAT Bogen *m*; ***~ des sourcils*** Augenbrauenbogen *m*
arcade [arkad] *f* **1** ARCH Arkade *f*; ***~s*** *pl a* Bogengang *m* **2** ANAT Bogen *m*; ***~ sourcilière*** Augenbrauenbogen *m*; *en boxant* ***ouvrir l'~ sourcilière*** die Augenbraue aufschlagen **3** *sur monture de lunettes* Steg *m*
arcane [arkan] *m* **1** ALCHIMIE Geheimmittel *n*; Arkanum *n* **2** *litt d'une science etc* ***~s*** *pl* Geheimnisse *n/pl*
arc-boutant [arkbutɑ̃] *m* ⟨*pl* **arcs-boutants**⟩ ARCH Strebebogen *m*
arc-bouter [arkbute] **I** *v/t* **1** ARCH (durch Strebebögen) absteifen **2** *p/p mains, pieds* ***arc-bouté contre un mur*** gegen e-e Mauer gestemmt **II** *v/pr* ***s'~*** die Beine fest gegen den Boden stemmen; ***s'~ contre qc*** sich gegen etw stemmen
arceau [arso] *m* ⟨*pl* **~x**⟩ **1** ARCH kleiner Bogen **2** CROQUET Tor *n* **3** *d'une tonnelle* Bogen *m* **4** AUTO ***~ de sécurité*** Überrollbügel *m*
arc-en-ciel [arkɑ̃sjɛl] *m* ⟨*pl* **arcs-en-ciel** [arkɑ̃sjɛl]⟩ Regenbogen *m*
archaïque [arkaik] *adj* archaisch (*a* ART); altertümlich
archaïsant [arkaizɑ̃] *adj* archaisierend; altertümelnd
archaïsme [arkaism] *m* **1** LING Archaismus *m* **2** (*caractère archaïque*) archaischer, altertümlicher Charakter
archange [arkɑ̃ʒ] *m* REL Erzengel *m*
arche[1] [arʃ] *f* ARCH (Brücken)Bogen *m*
arche[2] [arʃ] *f* **1** BIBL ***l'~ de Noé*** die Arche Noah **2** JUDAÏSME ***l'~ d'alliance, l'~ sainte*** die Bundeslade
archéologie [arkeɔlɔʒi] *f* Archäologie *f*; Altertumskunde *f*, -wissenschaft *f* **archéologique** *adj* archäologisch **archéologue** *m,f* Archäologe, -login *m,f*; Altertumsforscher(in) *m(f)*
archéoptéryx [arkeɔpteriks] *m* Archäopteryx *m*
archer [arʃe] *m* HIST, SPORTS Bogenschütze *m*
archet [arʃɛ] *m pour instrument à cordes* Bogen *m*
archétype [arketip] *m* PHILOS, PSYCH *etc* Archetyp(us) *m*; Urform *f*; Urbild *n*
archevêché [arʃəveʃe] *m* ÉGL CATH **a)** *territoire* Erzbistum *n*; **b)** *siège* Sitz *m* des Erzbischofs; **c)** erzbi-

schöfliches Palais
archevêque [aʀʃəvɛk] *m* Erzbischof *m*
archi... [aʀʃi] F *préfixe* ganz; völlig; total; → *a les articles suivants*
archicomble [aʀʃikõbl] *adj* F → ***archiplein*** **archiconnu** F *adj* sattsam bekannt
archidiacre [aʀʃidjakʀ] *m* ÉGL Archidiakon *m* **archidiocésain** *adj* ÉGL CATH der Erzdiözese; Erzdiözesan... **archidiocèse** *m* ÉGL CATH Erzdiözese *f* **archiduc** *m* HIST Erzherzog *m* **archiducal** *adj* ⟨**-aux**⟩ HIST erzherzoglich **archiduchesse** *f* HIST Erzherzogin *f*
archiépiscopal [aʀʃiepiskɔpal] *adj* ⟨**-aux**⟩ ÉGL CATH erzbischöflich; des Erzbischofs; ***dignité ~e*** erzbischöfliche Würde
archiépiscopat [aʀʃiepiskɔpa] *m* erzbischöfliche Würde; Amt *n* des Erzbischofs
archifaux [aʀʃifo] F *adj* ⟨**-fausse**⟩ ganz, völlig, total falsch **archifou** F *adj* ⟨**-folle**⟩ total verrückt; F völlig meschugge
archimandrite [aʀʃimɑ̃dʀit] *m* ÉGL Archimandrit *m*
Archimède [aʀʃimɛd] *m* HIST Archimedes *m*
archinul [aʀʃinyl] *adj* ⟨**~le**⟩ F grottenschlecht
archipel [aʀʃipɛl] *m* Archipel *m*; Inselgruppe *f*
archiplein [aʀʃiplɛ̃] F *adj* brechend, gestopft, F gerammelt voll; F proppenvoll
archiprêtre [aʀʃipʀɛtʀ] *m* ÉGL CATH Erzpriester *m*; Archipresbyter *m*
architecte [aʀʃitɛkt] *m,f* Architekt(in) *m(f)*; *autrefois a* Baumeister *m*; ***~ paysagiste*** Garten-, Landschaftsarchitekt(in) *m(f)*; ***~ d'intérieur*** Innenarchitekt(in) *m(f)*
architectonique [aʀʃitɛktɔnik] **I** *adj* architektonisch **II** *f* Architektonik *f*
architectural [aʀʃitɛktyʀal] *adj* ⟨**-aux**⟩ architektonisch; baulich; Architektur...; Bau...
architecture [aʀʃitɛktyʀ] *f* **1** Architektur *f*; Baukunst *f*; ***~ religieuse*** Sakralarchitektur *f*, -bau *m*; Kultbau *m*; ***~ urbaine*** Städtebau *m*; ***style*** *m* ***d'~*** Baustil *m* **2** *d'un édifice* Architektur *f*; Baustil *m*, -art *f* **3** *fig (structure)* (Archi)Tektonik *f*; Aufbau *m*
architrave [aʀʃitʀav] *f* ARCH Architrav *m*
archivage [aʀʃivaʒ] *m* Archivierung *f* **archiver** *v/t* archivieren
archives [aʀʃiv] *f/pl* **a)** *collection* Archiv *n*; *à Paris* ***Archives nationales*** Nationalarchiv *n*; **b)** *lieu* Archiv(gebäude *n*, -saal *m*, -raum *m*) *n*; *d'une administration, entreprise* (***service*** *m* ***des***) ***~*** Registratur *f*
archiviste [aʀʃivist] *m,f* Archivar(in) *m(f)*
archivistique [aʀʃivistik] *f* Archivkunde *f*
arçon [aʀsõ] *m* **1** *de la selle* Sattelbogen *m* **2** SPORTS ***cheval*** *m* ***d'~s*** (Seit)Pferd *n*
arctique [aʀktik] **I** *adj* arktisch; der Arktis; des Nordpolargebietes; nördlich; ***cercle*** *m* ***polaire ~*** nördlicher Polarkreis; ***hémisphère*** *m* ***~*** nördliche Hemisphäre, Halbkugel; Nordhalbkugel *f*; ***océan (Glacial) Arctique*** Nordpolarmeer *n*; Nördliches Eismeer; ***régions*** *f/pl* ***~s*** Nordpolargebiet *n* **II** *subst* ***l'Arctique*** die Arktis
Arcueil [aʀkœj] *Stadt im Dep. Val-de-Marne*
Ardèche [aʀdɛʃ] ***l'~*** *f Fluss u Departement in Frankreich*
ardemment [aʀdamɑ̃] *adv* *souhaiter* sehnlichst; brennend; *aimer* heiß; glühend
Ardennes [aʀdɛn] ***les ~*** *f/pl* **1** *(a* ***l'Ardenne*** *f)* die Ardennen *pl* **2** *frz Departement*
ardent [aʀdɑ̃] *adj* **1** *litt feu, tison* brennend; lodernd; ***chapelle ~e*** Raum *m*, in dem ein Toter, von brennenden Kerzen umgeben, aufgebahrt wird **2** *fig amour* glühend; heiß; *patriotisme, désir, enthousiasme* glühend; *désir a* sehnlich(st); brennend; *soif, curiosité* brennend; *soleil* glühend (heiß); *prière, foi* inbrünstig; *tempérament, personne* feurig; heißblütig; leidenschaftlich; ***~ défenseur de qc*** glühender, leidenschaftlicher Verfechter e-r Sache *(gén)*; ***imagination ~e*** lebhafte, F blühende Fantasie; ***lutte ~e*** heißer Kampf; ***rouge, roux ~*** flammendes, feuriges, brennendes Rot; ***zèle ~*** *a* Feuereifer *m*; ***~ au combat*** kampfesfreudig, -lustig
ardeur [aʀdœʀ] *f* **1** Glut *f*; glühende Hitze; ***~ du soleil*** Sonnenglut *f* **2** *fig d'une passion* Glut *f*; *du combat* Hitze *f*; *d'une prière, de la foi* Inbrunst *f*; *d'une personne* Feuer *n*; (mitreißender) Schwung; Begeisterung *f*; Ungestüm *n*; *au travail* Feuereifer *m*; ***~ juvénile*** jugendliches Feuer, Ungestüm; ***~ au travail*** (großer) Arbeitseifer; F ***modérez vos ~s!*** F nicht so hitzig!
ardillon [aʀdijõ] *m* (Schnallen)Dorn *m*
ardoise [aʀdwaz] *f* **1** MINÉR Schiefer *m*; (***plaque*** *f* ***d'***)***~*** Schieferplatte *f*; ***toit*** *m* ***d'~s, en ~*** Schieferdach *n* **2** ÉCOLE Schiefertafel *f*; COMM Schwarze (Preis-)Tafel; *fig* ***avoir une ~ chez qn*** bei j-m in der Kreide stehen, Schulden haben **3** *adjt* ⟨*inv*⟩ schieferfarben; ***bleu, gris ~*** ⟨*inv*⟩ schieferblau, -grau
ardoisier [aʀdwazje] **I** *adj* ⟨**-ière**⟩ schieferartig, -haltig; Schiefer...; ***industrie ardoisière*** Schieferindustrie *f*; ***sol, terrain ~*** Schieferboden *m* **II** *m* **a)** Schieferbruchbesitzer *m*; **b)** Arbeiter *m* im Schieferbruch; **c)** Schieferdecker *m*
ardoisière [aʀdwazjɛʀ] *f* Schieferbruch *m*
ardu [aʀdy] *adj entreprise, tâche etc* schwierig; F kniff(e)lig; verzwickt
are [aʀ] *m (abr* **a)** Ar *n ou m (abr* a)
arène [aʀɛn] *f* **1** Arena *f*; Kampfbahn *f*; *fig* ***l'~ politique*** die politische Arena; *fig* ***descendre dans l'~*** den (politischen) Kampf aufnehmen; die (politische) Herausforderung annehmen **2** ***~s*** *pl (amphithéâtre)* Stierkampfarena *f*; *des Romains* Arena *f*
aréole [aʀeɔl] *f* **1** ANAT Warzenhof *m* **2** MÉD roter Hof, Kreis
aréopage [aʀeɔpaʒ] *litt m* ehrwürdige Versammlung; fachkundiges Gremium
arête [aʀɛt] *f* **1** *de poisson* Gräte *f*; ***sans ~s*** ohne Gräten; grätenlos **2** ANAT ***~ du nez*** Nasenrücken *m* **3** *d'une pierre, poutre etc* Kante *f (a* MATH); *loc/adj* ***à ~ vive*** scharfkantig **4** ARCH Grat *m* **5** *en montagne* Grat *m*; Kamm *m*
a-reu a-reu [aʀøaʀø] *int premiers gazouillis du bébé* raah, raah!
Argens [aʀʒɛ̃s] ***l'~*** *m Fluss in der Provence*
argent [aʀʒɑ̃] *m* **1** *métal* Silber *n*; ***vieil ~*** Altsilber *n*; *loc/adj* ***d'~, en ~*** silbern; Silber...; *couleur a* silb(e)rig; ***bijoux*** *m/pl* ***en ~*** Silberschmuck *m*; ***couvert*** *m* ***d'~*** Silberbesteck *n*; *poét: dans les cheveux* ***fil*** *m* ***d'~*** Silberfaden *m*; silberner Faden; *de la mer* ***reflets*** *m/pl* ***d'~*** Silberglanz *m*; silb(e)riger, silberner Glanz **2** *(monnaie)* Geld *n*; ***~ comptant*** bares Geld; Bargeld *n*; *fig* ***prendre qc pour ~ comptant*** etw für bare

Münze nehmen; *fig* ~ **sale** Schwarzgeld *n*; **avoir de l'~** (viel) Geld haben; reich sein; **en avoir pour son ~** (wirklich) etwas für sein Geld haben; **en être pour son ~** sein Geld umsonst ausgegeben haben; sein Geld los sein; **être sans ~** kein Geld haben; mittellos sein; F **faire de l'~** F Geld machen; **jeter l'~ par les fenêtres** das Geld zum Fenster hinauswerfen, F -schmeißen; **en vouloir pour son ~** für sein Geld etwas haben wollen; *prov*: **l'~ n'a pas d'odeur** Geld stinkt nicht (*prov*); **l'~ est le nerf de la guerre** wer Krieg führen will, braucht Geld; **l'~ ne fait pas le bonheur** (*plais* **mais il y contribue**) Geld macht nicht glücklich (*plais* aber es beruhigt) (*prov*); **le temps c'est de l'~** Zeit ist Geld (*prov*); → *a* **courir** *II 1*

argentan [aʀʒɑ̃tɑ̃] *m* Neusilber *n*; Alpaka *n*

Argentan [aʀʒɑ̃tɑ̃] *Stadt im Dep. Orne*

argenté [aʀʒɑ̃te] *adj* 1 *métal* versilbert 2 *couleur, éclat* silb(e)rig; silbern; silberglänzend; **cheveux ~s** silberweißes, silbernes Haar; **gris ~** silbergrau; **papier ~** Silberpapier *n* 3 F *personne* **n'être pas très ~** nicht viel Geld haben; *passagèrement* F ziemlich abgebrannt sein

argenter [aʀʒɑ̃te] *v/t* 1 *métal* versilbern 2 *fig et poét* e-n Silberglanz verleihen (+*dat*)

argenterie [aʀʒɑ̃tʀi] *f* (Tafel)Silber *n*; *couverts* Silberbestecke *n/pl*; *vaisselle* Silbergeschirr *n*; F Silberzeug *n*

Argenteuil [aʀʒɑ̃tœj] *Stadt im Dep. Val-d'Oise*

argenteur[aʀʒɑ̃tœʀ] *m* Versilberer *m*

argentier [aʀʒɑ̃tje] *m plais* **grand ~** Finanzminister *m* (*a* HIST)

argentifère [aʀʒɑ̃tifɛʀ] *adj* silberhaltig

argentin[1] [aʀʒɑ̃tɛ̃] *adj voix, rire* silberhell; silbern

argentin[2] [aʀʒɑ̃tɛ̃] I *adj* argentinisch II *subst* **Argentin(e)** *m(f)* Argentinier(in) *m(f)*

Argentine [aʀʒɑ̃tin] **l'~** *f* Argentinien *n*

argile [aʀʒil] *f* MINÉR Ton *m*; Lehm *m*; Letten *m*; **~ réfractaire** feuerfester Ton; Schamotte *f*; *loc/adj* **d'~** tönern; Ton…

argileux [aʀʒilø] *adj* ⟨**-euse**⟩ tonig; tonhaltig; Ton…; lehmig; **sol ~** Lehmboden *m*

Argolide [aʀgɔlid] GÉOGR **l'~** *f* die Argolis

argon [aʀgõ] *m* CHIM Argon *n*

argonaute [aʀgɔnot] *m* 1 MYTH **Argonautes** *pl* Argonauten *m/pl* 2 ZO Papierboot *n*, -nautilus *m*

Argonne [aʀgɔn] **l'~** *f* die Argonnen *pl*; der Argonner Wald

argot [aʀgo] *m* 1 *du milieu* Argot *n ou m*; Gaunersprache *f*; Rotwelsch *n*; **mot** *m* **d'~** Argotwort *n*, -ausdruck *m* 2 *socioprofessionnel* (Sonder)Sprache *f*; Jargon *m*; **~ militaire** Soldatensprache *f*, -jargon *m*; **~ scolaire** Schüler-, Pennälersprache *f*, -jargon *m*

argotique [aʀgɔtik] *adj* Argot…; **terme** *m* **~** Argotausdruck *m*

Argovie [aʀgɔvi] **le canton d'~** der (Kanton) Aargau

arguer [aʀgɥe], *abus* [aʀge] ⟨**j'arguë** *od* **j'argue** *etc*⟩ *v/t/indir st/s* **~ de qc** (*alléguer*) etw geltend machen, ins Feld führen, als Argument anführen; (*prétexter*) etw vorschieben

argument [aʀgymɑ̃] *m* 1 Argument *n*; Beweisgrund *m*; *publicité* **~ de vente** Verkaufsargument *n*; *st/s* **tirer ~ de qc** etw als Argument, Vorwand benützen; sich auf etw (*acc*) berufen 2 LITTÉRATURE kurze Inhaltsangabe, -übersicht; Resümee *n*

C'est de l'argot

Der **argot** hat sich historisch gesehen aus einer Art Geheimsprache der Kleinkriminellen entwickelt. Heutzutage kann man **argot** in der gesprochenen Sprache aller Bevölkerungskreise hören. Man versteht darunter den speziellen Wortschatz und die spezifischen Wendungen, die bestimmte Gesellschafts- oder Berufsgruppen untereinander verwenden, um ihrem Gruppenbewusstsein Ausdruck zu verleihen und zum Teil auch, um von anderen nicht ohne Weiteres verstanden zu werden.

Hier einige Beispiele für Argotausdrücke:

l'antisèche *f*	der Spickzettel
butter	abmurksen
se camer	fixen
le casseur	der Einbrecher
l'herbe *f*	das Grass (*Droge*)
une plombe	eine Stunde
attendre 3 plombes	3 Stunden warten
la taule	der Knast
mettre en taule	einbuchten

Für den Nichtfranzosen ist es nützlich, **argot** zu verstehen, um Gesprächen zwischen Franzosen besser folgen zu können. Es ist aber nicht zu empfehlen, Argotausdrücke aktiv zu verwenden, da dies aus dem Munde eines Nichtmuttersprachlers im Französischen unnatürlich wirken kann.

argumentaire [aʀgymɑ̃tɛʀ] *m* PUBLICITÉ Sales-Folder ['seːlz-] *m*

argumentation [aʀgymɑ̃tasjõ] *f* Argumentation *f*; Beweisführung *f* **argumenter** *v/i* argumentieren

argus [aʀgys] *m* Informationsblatt *n*, -dienst *m*; **l'Argus** (**de l'automobile**) die Preisliste für Gebrauchtwagen

argutie [aʀgysi] *f litt souvent pl* **~s** Spitzfindigkeiten *f/pl*

aria [aʀja] *f* MUS Arie *f*

Ariane [aʀjan] *f* 1 MYTH Ariadne *f* 2 *fusée* Ariane *f*

aride [aʀid] *adj* 1 *sol* trocken; dürr; ausgedörrt; *sc* arid; **climat** *m* **~** trockenes Klima 2 *fig sujet, lecture etc* trocken; nüchtern; ledern

aridité [aʀidite] *f* 1 *du sol* Trockenheit *f* (*a du climat*); Dürre *f*; Ausgedörrtheit *f*; *sc* Aridität *f* 2 *fig d'un sujet etc* Trockenheit *f*; Nüchternheit *f*

Ariège [aʀjɛʒ] **l'~** *f Fluss u Departement in Frankreich*

ariette [aʀjɛt] *f* MUS Ariette *f*

Aristide [aʀistid] *m Vorname*
aristo [aʀisto] *m,f* F *abr* → **aristocrate**
aristocrate [aʀistɔkʀat] *m,f* Aristokrat(in) *m(f)*
aristocratie [aʀistɔkʀasi] *f* Aristokratie *f* (*a fig*); *fig* **~ de l'argent** Geldaristokratie *f*
aristocratique [aʀistɔkʀatik] *adj* aristokratisch
Aristote [aʀistɔt] *m* PHILOS Aristoteles *m*
aristotélicien [aʀistɔtelisjɛ̃] PHILOS **I** *adj* ⟨**~ne**⟩ aristotelisch **II** *m* Aristoteliker *m* **aristotélisme** *m* PHILOS Aristotelismus *m*
arithmétique [aʀitmetik] **I** *adj* arithmetisch; **opération** *f* **~** Rechenoperation *f*; **rapport** *m* **~** Zahlenverhältnis *n* **II** *f* Arithmetik *f*; Zahlenrechnung *f*
Arkansas [aʀkɑ̃sas] **l'~** *m* Arkansas *n*
Arkhangelsk [aʀkɑ̃ʒɛlsk] GÉOGR Archangelsk *n*
arlequin [aʀləkɛ̃] *m* THÉ Harlekin *m*; Hanswurst *m*; Pickelhering *m*; **habit** *m* **d'~** Harlekinsgewand *n*, -kleid *n*
arlequinade [aʀləkinad] *f* THÉ Harlekinade *f*; Hanswurstiade *f*
Arles [aʀl] *Stadt im Dep. Bouches-du-Rhône*
arlésien [aʀlezjɛ̃] *adj* ⟨**~ne**⟩ (*et subst* **Arlésien** Einwohner) von Arles
Arlette [aʀlɛt] *f Vorname*
armada [aʀmada] *f* **1** HIST Armada *f* **2** F *fig* Heer *n*; Pulk *m*
armagnac [aʀmaɲak] *m Weinbrand aus der Gegend von Bordeaux*
Armand [aʀmɑ̃] *m Vorname*
armateur [aʀmatœʀ] *m* MAR Reeder *m*; Ausrüster *m*; *navigation fluviale* Schiffseigner *m*
armature [aʀmatyʀ] *f* **1** TECH Gestell *n*; Gerüst *n*; Gerippe *n*; Skelett *n*; Stütz-, Tragwerk *n*; *d'une sculpture* Gerüst *n*; *d'un vitrail* Bleinetz *n*; *de soutien-gorge* Rundbügel *m*; *du béton* Armierung *f*; Bewehrung *f* **2** *fig* Grundlage *f*; Stütze *f*; Gerüst *n*; Halt *m* **3** MUS Vorzeichnung *f*
arme [aʀm] *f* **1** Waffe *f* (*a fig*); MIL *a* (*fusil*) Gewehr *n*; **~ absolue** Wunderwaffe *f* (*a fig*); **~s atomiques, nucléaires** Atom-, Kernwaffen *f/pl*; **~ automatique** automatische Waffe; Maschinenwaffe *f*; **~s bactériologiques, biologiques, chimiques** bakteriologische, biologische, chemische Waffen; **~ psychologique** psychologische Waffe; **~ à feu** Feuer-, Schusswaffe *f*; **~s de destruction massive** Massenvernichtungswaffen *f/pl*; Massenvernichtungsmittel *n/pl*; **fait** *m* **d'~** (kriegerische) Heldentat; **place** *f* **d'~s** Exerzier-, Paradeplatz *m*; *loc/adv*: **aux ~s!** zu den Waffen!; **à ~s égales** mit gleichen Waffen (*a fig*); **avec ~s et bagages** mit Sack und Pack; **par les ~s** durch *ou* mit Waffengewalt; **passer qn par les ~s** j-n erschießen; **régler un différend par les ~s** e-n Streit mit der Waffe, mit Waffen austragen; **sans ~s** unbewaffnet; waffenlos; **déposer, rendre les ~s** die Waffen strecken (*a fig*), niederlegen; *fig* **c'est une ~ à double tranchant** das ist ein zweischneidiges Schwert; *fig* **faire ses premières ~s** s-e Laufbahn beginnen; sich (*dat*) s-e ersten Sporen verdienen; F *fig* **passer l'~ à gauche** F ins Gras beißen; P abkratzen; **porter les ~s contre son propre pays** gegen sein eigenes Land kämpfen; **prendre les ~s** zu den Waffen greifen **2** MIL (*division de l'armée*) Waffen-, Truppengattung *f*; Waffe *f*; Truppe *f*; **~ blindée** Panzerwaffe *f*, -truppe *f* **3** **~s** *pl* (*armoiries*) Wappen *n*; **~s d'une ville** Stadtwappen *n* **4** ESCRIME **maître** *m* **d'~s** Fechtmeister *m*; **salle** *f* **d'~s** Fechtsaal *m*, -boden *m*
armé [aʀme] *adj* **1** bewaffnet; **conflit ~** bewaffneter Konflikt; **forces ~es** Streitkräfte *f/pl*; Streitmacht *f*; *attaque* **à main ~e** bewaffnet; **paix ~e** bewaffneter Frieden **2** *fig personne* gewappnet (**contre** gegen); **~ de** *chose, personne* versehen, ausgestattet, ausgerüstet, *personne a* gewappnet mit; *iron* **~ d'un parapluie** mit e-m Regenschirm bewaffnet **3** CONSTR **béton ~** Stahl-, Eisenbeton *m* **4** *arme à feu* durchgeladen; gespannt (*a appareil photo*)
armée [aʀme] *f* **1** MIL Armee *f*; Heer *n*; Truppe *f*; Militär *n*; Streitkräfte *f/pl*; **~s alliées** alliierte Truppen; HIST **la Grande Armée** die Große Armee (Napoleons I.); **~ régulière** reguläre Truppe(n); **~ de l'air** Luftstreitkräfte *f/pl*; Luftwaffe *f*; **~ d'invasion** Invasionsarmee *f*, -heer *n*; **~ de libération** Befreiungsarmee *f*, -heer *n*; **~ de mercenaires** Söldnerheer *n*; **~ de métier** Berufsheer *n*, -armee *f*; **~ d'occupation** Besatzungsarmee *f*; **~ de réserve** Reserve *f*; **~ de terre** Landstreitkräfte *f/pl*; Heer *n*; **~ de volontaires** Freiwilligenheer *n*; *loc/adv* **à, dans l'~** bei, in der Armee; beim Militär; **être dans l'~** Berufssoldat sein **2** MIL (*grande unité*) Armee *f*; **la sixième ~** die sechste Armee; **corps** *m* **d'~** Armeekorps *n* **3** REL **Armée du Salut** Heilsarmee *f* **4** *fig* **une ~ de ...** (Heer)Scharen *f/pl*, ein Heer *n*, e-e Armee von ...
armement [aʀməmɑ̃] *m* **1** *d'un pays* **~s** *pl* (Auf)-Rüstung *f*; **course** *f* **aux ~s** Wettrüsten *n*; Rüstungswettlauf *m*; **limitation** *f*, **réduction** *f* **des ~s** Rüstungsbegrenzung *f*, -beschränkung *f*; **usine** *f* **d'~** Rüstungsbetrieb *m* **2** *des troupes, d'un avion etc* Bewaffnung *f*; Waffenausrüstung *f*; *d'un navire de guerre* Bestückung *f* **3** *d'une arme à feu* Durchladen *n*; Spannen *n* (*a* PHOT) **4** MAR **a)** *d'un bateau* Ausrüstung *f*; **b)** (*profession d'armateur*) Reederei *f* **5** CONSTR Schieferverkleidung *f*
Arménie [aʀmeni] **l'~** *f* Armenien *n*; **papier** *m* **d'~** Räucherpapier *n*
arménien [aʀmenjɛ̃] **I** *adj* ⟨**~ne**⟩ armenisch **II** *subst* **1** **Arménien(ne)** *m(f)* Armenier(in) *m(f)* **2** LING **l'~** *m* das Armenische; Armenisch *n*
armer [aʀme] **I** *v/t* **1** *personnes, troupes, avion etc* bewaffnen; **~ un navire de guerre** ein Kriegsschiff bestücken; **~ un pays** ein Land aufrüsten; HIST **~ qn chevalier** j-n zum Ritter schlagen **2** *arme à feu* durchladen; spannen (*a appareil photo*) **3** *bateau* ausrüsten **4** *béton, câble* bewehren; armieren **II** *v/pr personne* **s'~** **1** sich bewaffnen (**de** mit) **2** *fig* sich wappnen (**contre** gegen; **de** mit); *souvent iron* sich bewaffnen (**de** mit); **s'~ contre un danger** sich gegen e-e Gefahr absichern, schützen; **s'~ de courage** s-n Mut zusammennehmen; **s'~ de patience** sich mit Geduld wappnen
armistice [aʀmistis] *m* Waffenstillstand *m*
armoire [aʀmwaʀ] *f* Schrank *m*; *au sens restreint* Kleiderschrank *m*; **~ à chaussures, à linge** Schuh-, Wäscheschrank *m*; **~ à glace** Spiegelschrank *m*; F *fig* **c'est une ~ à glace** F er ist ein richtiger (Kleider)Schrank; **~ à pharmacie** Arznei(mittel)schrank *m*, -schränkchen *n*
armoire-penderie [aʀmwaʀpɑ̃dʀi] *f* ⟨*pl* **armoires-penderies**⟩ kombinierter Kleider-Wäsche-Schrank
armoires [aʀmwaʀi] *f/pl* Wappen *n*

armorial [aʀmɔʀjal] *adj* ⟨**-aux**⟩ Wappen…
armoricain [aʀmɔʀikɛ̃] *adj* armorikanisch (*bretonisch*)
armorier [aʀmɔʀje] *v/t* mit Wappen verzieren
Armorique [aʀmɔʀik] ***l'~*** *f* HIST Armorika *n* (*Bretagne*)
armure [aʀmyʀ] *f* **1** HIST Rüstung *f*; Harnisch *m*; Panzer *m* **2** TEXT Bindung *f* **3** *d'un câble* Bewehrung *f* **4** *fig* Schutz *m*
armurerie [aʀmyʀʀi] *f* **a)** *fabrication* Waffenfabrikation *f*, -herstellung *f*; **b)** *commerce* Waffenhandel *m* **armurier** *m* Waffenfabrikant *m*, -hersteller *m ou* -händler *m*
ARN [aɛʀɛn] *m abr* (*acide ribonucléique*) BIOCHIMIE RNS *f* (Ribonukleinsäure)
arnaque [aʀnak] F *f* Betrug *m*; Schwindel *m* **arnaquer** *v/t* F übers Ohr hauen; P bescheißen **arnaqueur** F *m* Betrüger *m*; Schwindler *m*
Arnaud [aʀno] *m Vorname*
Arnhem [aʀnɛm] Arnheim *n*
arnica [aʀnika] *f* BOT Arnika *f*; PHARM ***teinture f d'~*** Arnikatinktur *f*
arobas [aʀɔbas] *m ou* **arobase** [aʀɔbɑz] *f* INFORM @ [ɛt] *n*; Klammeraffe *m*
aromate [aʀɔmat] *m* Gewürz *n*; aromatische pflanzliche Substanz
aromatique [aʀɔmatik] *adj* aromatisch (*a* CHIM); wohlriechend, -schmeckend; ***goût*** *m* ~ würziger Geschmack; ***herbe*** *f*, ***plante*** *f* ~ Gewürzkraut *n*, -pflanze *f*
aromatisant [aʀɔmatizɑ̃] *m* Aroma *n*
aromatiser [aʀɔmatize] *v/t* aromatisieren; würzen; ***aromatisé au, de chocolat*** mit Schokoladengeschmack
arome *ou* **arôme** [aʀom] *m* **1** Aroma *n*; Duft *m*; Wohlgeruch *m*; ***arome*** *ou* ***arôme*** (***de***) ***café*** Kaffeeduft *m*, -aroma *n* **2** CHIM Aroma *n*; (synthetischer) Geschmacksstoff
arpège [aʀpɛʒ] *m* MUS Arpeggio [-dʒo] *n*
arpent [aʀpɑ̃] *m ancienne mesure* Morgen *m*; Joch *n*; Tag(e)werk *n*; *fig* ***quelques ~s de terre*** ein paar Morgen, ein Stück *n* Land
arpentage [aʀpɑ̃taʒ] *m* **a)** *d'un terrain* Vermessung *f*; **b)** *science* Vermessungskunde *f*, -technik *f*, -wesen *n*
arpenter [aʀpɑ̃te] *v/t* **1** *terrain* vermessen **2** *fig* ~ ***une pièce*** e-n Raum mit großen Schritten durchmessen; mit großen Schritten in e-m Raum auf und ab gehen
arpenteur [aʀpɑ̃tœʀ] *m* Vermessungsingenieur *m*; Geometer *m*
arpète [aʀpɛt] F **1** *m,f* (*apprenti*[*e*]) Lehrling *m*; F Stift *m* **2** *f* COUT Nähmädchen *n*
arpion [aʀpjõ] *m* F (*pied*) F Flosse *f*; **~s** *pl* F *a* Quanten *pl*; Mauken *f/pl*
arqué [aʀke] *adj* gebogen; ***jambes ~es*** O-Beine *n/pl*; ***sourcils ~s*** geschwungene Augenbrauen *f/pl*
arquebuse [aʀkəbyz] *f* HIST Arkebuse *f*; Hakenbüchse *f* **arquebusier** *m* HIST Arkebusier *m*
arquer [aʀke] **I** *v/t* TECH biegen; krümmen **II** *v/i* F *fig* ***ne plus pouvoir ~*** nicht mehr gehen, laufen, F kriechen können
arr. *abr* (*arrondissement*) Stadtbezirk *m*
arrachage [aʀaʃaʒ] *m* (Her)Ausreißen *n*; Herausziehen *n*; Ausrupfen *n*; *de pommes de terre* Ernten *n*; Roden *n*; Ausmachen *n*; F ~ ***d'une dent*** Zahnziehen *n*
arraché [aʀaʃe] *m* **1** HALTÉROPHILIE Reißen *n* **2** *loc/adv* ***à l'~*** *obtenir qc* mit großer Anstrengung; unter Aufbietung aller Kräfte; unter großen Schwierigkeiten; ***remporter la victoire à l'~*** den Sieg schwer erringen
arrache-clou [aʀaʃklu] *m* ⟨*pl* **arrache-clous**⟩ Geißfuß *m*; Nagelheber *m*
arrachement [aʀaʃmɑ̃] *m* **1** (*séparation*) Trennung *f*, Abschied *m* (***de*** von) **2** (*affliction*) Trennungsschmerz *m*
arrache-pied [aʀaʃpje] *loc/adv* ***d'~*** unermüdlich; unablässig; unverdrossen; rastlos; ***travailler d'~*** unermüdlich, schwer, F wie verrückt arbeiten
arracher [aʀaʃe] **I** *v/t* **1** *plantes* aus-, heraus-, F rausreißen; heraus-, F rausziehen; auszupfen, -rupfen (*a plume*); *pommes de terre, betteraves* ernten; roden; aus-, F rausmachen; *clou* heraus-, F rausziehen, -reißen; *cheveu* ausreißen; *page de livre* heraus-, F rausreißen; losreißen; ~ ***une affiche*** ein Plakat ab-, losreißen; ~ ***une dent*** einen Zahn ziehen; ~ ***qc à qn***, ~ ***qc des mains à qn*** j-m etw entreißen, wegreißen, aus den Händen reißen; ***un obus lui a arraché le bras*** e-e Granate hat ihm den Arm ab-, weggerissen; *fig* ~ ***les yeux à qn*** j-m die Augen auskratzen **2** *fig* ~ ***à qn*** *sourire, cri, aveu, secret* j-m entlocken; *promesse, décision, victoire* j-m abringen, abtrotzen; *promesse a* j-m abnehmen; *aveu, secret a* j-m entreißen; *aveu, accord a* von j-m erzwingen, erpressen; *sans obj/indir: augmentation de salaire etc* erzwingen; ertrotzen; ~ ***des larmes à qn*** j-n zu Tränen rühren **3** ~ ***qn à sa famille*** j-n aus s-r Familie herausreißen; ~ ***qn à la misère*** j-n dem Elend entreißen; ~ ***qn au sommeil*** j-n aus dem Schlaf reißen; ~ ***qn à son travail*** j-n aus s-r Arbeit (heraus)reißen; *la sonnerie du réveil* ***l'arracha du lit*** riss ihn aus dem Bett **II** *v/pr* **1** ***s'~ à*** *ou* ***de qc*** sich von etw losreißen; sich e-r Sache (*dat*) entziehen; ***s'~ des bras de qn*** sich j-s Armen entwinden, entreißen; sich von j-m losreißen; ***s'~ au charme de qc*** sich dem Zauber, Reiz e-r Sache (*gén*) entziehen; ***s'~ de son fauteuil*** sich mühsam, ungern vom Sessel erheben; ***s'~ au sommeil*** mühsam den Schlaf abschütteln; nur schwer wach werden **2** *fig* ***s'~ les cheveux*** sich (*dat*) die Haare raufen; F ***il y a de quoi s'~ les cheveux*** F das ist ja haarsträubend!; es ist zum Auswachsen! **3** ***s'~ qn, qc*** sich um j-n, etw reißen **4** F (*faire un gros effort*) ***s'~*** F sich mächtig ins Zeug legen; sich am Riemen reißen
arracheur [aʀaʃœʀ] *m* ***mentir comme un ~ de dents*** lügen, dass sich die Balken biegen; das Blaue vom Himmel herunterlügen; lügen wie gedruckt
arracheuse [aʀaʃøz] *f* AGR Kartoffel-, Rübenernter *m*
arraisonnement [aʀɛzɔnmɑ̃] *m d'un bateau, avion* Durchsuchung *f* **arraisonner** *v/t bateau* (anhalten und) durchsuchen; *avion* (zur Landung zwingen und) durchsuchen
arrangeant [aʀɑ̃ʒɑ̃] *adj personne* entgegenkommend; konziliant; gefällig; *commerçant* kulant
arrangement [aʀɑ̃ʒmɑ̃] *m* **1** *d'une pièce etc* Einrichtung *f*; Anordnung *f*; Arrangement *n* der Möbel; *des mots dans la phrase* Anordnung *f*; *de la coiffure, des vêtements* (Her)Richten *n*; Ordnen

n 2 MUS Arrangement *n*, Einrichtung *f*, Bearbeitung *f* (***pour orchestre*** für Orchester); *jazz* Arrangement *n* 3 (*accord*) Vereinbarung *f*; Abmachung *f*; Übereinkunft *f*; Übereinkommen *n*; Einigung *f*; Regelung *f*; Abkommen *n*; Arrangement *n*; ***faire un ~, prendre des ~s avec qn*** e-e Vereinbarung *etc*, Vereinbarungen *etc* mit j-m treffen

arranger [aʀɑ̃ʒe] ⟨**-geons**⟩ I *v/t* 1 (*disposer*) *meubles, fleurs etc* (hübsch, geschmackvoll) anordnen, arrangieren, zusammenstellen; *coiffure, vêtements* ordnen; in Ordnung bringen; richten; *pièce, appartement* einrichten (***en*** als); *fig* ***~ les choses à sa façon*** die Dinge auf s-e Weise darstellen; sich (*dat*) die Dinge auf s-e Weise zurechtlegen; *adjt personne* ***mal arrangé*** unvorteilhaft gekleidet, zurechtgemacht 2 (*organiser*) *voyage, fête etc* arrangieren; organisieren; ***~ une rencontre*** ein Treffen arrangieren, in die Wege leiten 3 (*régler*) *conflit* beilegen; *affaire* regeln; in Ordnung bringen; einrenken 4 (*réparer*) reparieren; wieder in Ordnung bringen, instand setzen 5 (*contenter*) ***cela m'arrange bien*** das passt mir gut; das kommt mir sehr gelegen, gerade recht, *st/s* gut zupass; ***il est difficile d'~ tout le monde*** es ist schwer, es allen recht zu machen; *commerçant* ***~ ses clients*** s-n Kunden entgegenkommen 6 F (*malmener*) ***~ qn*** j-n übel, *iron* schön zurichten; ***te voilà bien arrangé!*** wie siehst du denn aus!; ***tu t'es fait drôlement arranger!*** dich haben sie ja schön zugerichtet! 7 MUS arrangieren, bearbeiten, einrichten (***pour orchestre*** für Orchester); ***~ une pièce de théâtre, un texte*** ein Theatertück, einen Text überarbeiten *ou* bearbeiten II *v/pr* ***s'~*** 1 *affaire* sich regeln; wieder in Ordnung kommen; sich einrenken; *situation, temps, état, maux* sich bessern; (wieder) besser werden; ***cela s'arrangera!*** das wird schon wieder werden! 2 *personne* (*ajuster sa toilette*) sich herrichten, zurechtmachen 3 F *personne* (*embellir*) sich heraus-, F rausmachen; ***elle s'est bien arrangée*** sie hat sich gut herausgemacht 4 (*se mettre d'accord*) ***s'~*** (***avec qn***) sich (mit j-m) einigen, arrangieren, verständigen; (mit j-m) einig werden, zu e-r Übereinkunft kommen, gelangen 5 (*faire en sorte de*) ***s'~ pour*** (+*inf*) es *ou* sich so einrichten, dass …; zusehen, dass …; ***je ne sais pas comment tu t'arranges***, *mais* … ich weiß nicht, wie du es anstellst, …; *abs* ***arrangez-vous!*** seht zu, wie ihr das macht, wie ihr zurechtkommt, wie ihr damit fertig werdet! 6 (*prendre son parti*) ***s'~ de qc*** sich mit etw abfinden; etw in Kauf nehmen; mit etw fertig werden

arrangeur [aʀɑ̃ʒœʀ] *m* MUS Arrangeur *m*

Arras [aʀas] *Stadt im Dep. Pas-de-Calais*

arrérages [aʀeʀaʒ] *m/pl* (Renten)Rückstände *m/pl*

arrestation [aʀɛstasjõ] *f* Verhaftung *f*; Festnahme *f*; Inhaftierung *f*; ***mettre en état d'~*** inhaftieren; in Haft nehmen

arrêt [aʀɛ] *m* 1 *d'un véhicule* **a)** (An)Halten *n*; Stoppen *n*; Halt *m*; *loc/adj* ***à l'~*** haltend; stehend; *ne pas ouvrir* ***avant l'~ du train*** bevor der Zug hält; ***faire un ~*** halten; Halt machen; **b)** CH DE FER Aufenthalt *m*; ***cinq minutes d'~*** fünf Minuten Aufenthalt 2 *de bus, de tramway* Haltestelle *f*; ***~ d'autobus*** (Auto)-Bushaltestelle *f* 3 *d'une machine* **a)** (*fait de s'arrêter*) Stehenbleiben *n*; Aussetzen *n*; Stillstehen *n*, -stand *m*; **b)** (*action d'arrêter*) Abstellen *n*; Ab-, Ausschalten *n*; Anhalten *n*; Stoppen *n*; *de la respiration, du cœur* Aussetzen *n*; Stocken *n*; Stillstand *m*; *des hostilités* Einstellung *f*; Beendigung *f*; *d'une séance, d'un jeu, de discussions* Abbruch *m*; Unterbrechung *f*; ***~ des importations*** Einfuhrstopp *m*; ***~ de travail*** Arbeitsunterbrechung *f*, -ausfall *m*, -einstellung *f*; *dans une grève* Arbeitsniederlegung *f*; *salarié pour cause de maladie* ***avoir un ~*** (***de travail***) ***de huit jours*** für acht Tage krankgeschrieben sein; *magnétoscope* ***~ sur image*** Standbild *n*; ***temps*** *m* ***d'~*** *en travaillant, marchant etc* (kurze) Pause, Unterbrechung; *fig d'un processus* Stocken *n*, -ung *f*; Stillstand *m*; ***marquer un temps d'~*** e-e kurze Pause einlegen, machen; kurz innehalten; *fig* ***connaître, subir un temps d'~*** ins Stocken geraten; (vorübergehend) zum Stillstand kommen; *loc/adv* ***sans ~*** ununterbrochen; ständig; immerzu; SPORTS ***jouer les ~s de jeu*** nachspielen 4 JUR ***maison*** *f* ***d'~*** Haftanstalt *f*; ***mandat*** *m* ***d'~*** Haftbefehl *m* 5 TECH Arretierung *f*; Feststeller *m*; Sperre *f*; ***cran*** *m* ***d'~*** Sperrklinke *f* 6 JUR (*décision*) Urteil(sspruch) *n*(*m*); Entscheidung *f*; *fig* ***~ de mort*** Todesurteil *n* 7 COUT ***faire un point d'~*** den Faden verstechen, vernähen 8 CH ***chien*** *m* ***d'~*** Vorsteh-, Hühnerhund *m*; ***être à l'~, tomber en ~*** vorstehen; *fig* ***tomber, rester en ~ devant qc*** (staunend, bewundernd) vor etw (*dat*) stehen bleiben, innehalten 9 ESCRIME ***coup*** *m* ***d'~*** Aufhaltstoß *m* 10 *au vélo de course* ***~ du pied*** Pedalhaken *m*

arrêté[1] [aʀete] *m* 1 ADM Erlass *m*; Verfügung *f*; Anordnung *f*; Verordnung *f*; ***~ ministériel*** Ministerialerlass *m*; ***~ municipal*** Verfügung, Anordnung der Gemeinde-, Stadtverwaltung 2 FIN ***~ de compte*** Kontoabschluss *m*

arrêté[2] [aʀete] *adj* 1 *véhicule* haltend; stehend; ***être ~*** *véhicule* halten; stehen; *machine, moteur, montre* stehen; *production, circulation* ruhen (*a travail*); stillstehen 2 (*ferme*) fest; ***avec l'idée bien ~e de*** (+*inf*) mit der festen Absicht zu (+*inf*); ***avoir des idées bien ~es sur qc*** e-e feste Meinung über etw (*acc*) haben

arrêter [aʀete] I *v/t* 1 *passants* anhalten; *machine, moteur* abstellen; ab-, ausschalten; zum Stillstand bringen; außer Betrieb setzen; *pendule* anhalten; *production, importation, construction* stoppen; einstellen; *production a* stilllegen; *évolution, processus, progrès* aufhalten; hemmen; *hostilités* einstellen; beenden; *négociations, séance, jeu, épreuve* abbrechen; unterbrechen; ***arrêtez-le!*** haltet ihn!; ***~ le feu*** dem Feuer Einhalt gebieten; ***~ une hémorragie*** eine Blutung stillen, zum Stillstand bringen; ***~ le temps*** die Zeit anhalten; ***~ le travail*** die Arbeit unterbrechen, einstellen, *grévistes* niederlegen; mit der Arbeit aussetzen; ***~ un véhicule*** ein Fahrzeug anhalten, stoppen; ***~ sa voiture dans la rue voisine*** (mit dem Wagen) in der Nebenstraße halten 2 *circonstance, difficulté* ***~ qn*** j-n auf-, ab-, zurückhalten; ***rien ne l'arrête*** nichts kann ihn auf-, ab-, zurückhalten 3 (*fixer*) *rendez-vous, date* festlegen, -setzen, -machen; vereinbaren; ausmachen; *projet, ordre du jour* festlegen; ***~ les grandes lignes*** die großen Linien festlegen; ***ils arrêtèrent que …*** *a* sie beschlossen, dass … 4 *fig* ***~ son choix sur qn, qc*** j-n, etw aussuchen, (aus)wählen; sich für j-n, etw entscheiden; ***~ son regard sur qn, qc*** s-n

Blick auf j-m, etw ruhen lassen; den Blick auf j-n, etw heften **5** TECH arretieren; feststellen; hemmen; sperren; ~ ***la couture*** e-e Naht, den Faden verstechen, vernähen **6** *(appréhender)* ~ ***qn*** j-n verhaften, festnehmen, inhaftieren, in Haft nehmen **7** F *médecin* ~ ***qn*** j-n krankschreiben **8** *compte, bilan* abschließen **9** ADM ~ ***que …*** verfügen, anordnen, dass … **II** *v/i* **1** *automobiliste* (an)halten; *piétons* stehen bleiben; stillstehen **2** *de faire qc* aufhören (***de*** *+inf* zu *+inf*); innehalten; einhalten; ***ne pas ~ de faire qc*** unaufhörlich, ständig, in einem fort etw tun; ***arrête!*** hör auf!; halt! **III** *v/pr* ***s'~*** **1** *piétons* stehen bleiben; stillstehen; *auto(mobiliste)* (an)halten; stoppen; stehen bleiben; *machine, moteur* stehen bleiben; aussetzen; zum Stillstand kommen; *moteur a* ausfallen; *montre* stehen bleiben; *hémorragie* aufhören; zum Stillstand, Stehen kommen; *bruit* aufhören; verstummen; *temps* stillstehen; *travail* ruhen; stillstehen; *cœur, respiration* aussetzen; stocken; stillstehen; *personne dans son activité* innehalten; ***le récit s'arrête ici*** hier bricht, reißt der Bericht ab **2** *personne en chemin* haltmachen; Rast, Station machen; rasten; sich aufhalten; *st/s* verweilen; *train* halten (***à*** in); ***s'~ dans un restaurant pour déjeuner*** in ein Restaurant zum Mittagessen einkehren; *regard* ***s'~ sur qn, qc*** sich auf j-n, etw heften; bei *ou* an j-m, etw hängen bleiben; auf j-m, etw ruhen **3** *de faire qc* aufhören (***de*** *+inf* zu *+inf*); innehalten; einhalten; ***sans s'~*** ununterbrochen; ständig; immerzu **4** *(porter son attention sur)* ***s'~ à qc*** sich mit *ou* bei etw aufhalten; sich mit etw abgeben, beschäftigen; sich um etw kümmern; ***ne pas s'~ à des détails*** sich nicht mit Einzelheiten aufhalten *etc* **5** *tapis, meuble etc* ***s'~ au mur*** bis an die Wand reichen; an der Wand aufhören, enden

arrêt-pipi [aʀɛpipi] *m* F Pinkelpause *f*

arrhes [aʀ] *f/pl* COMM Anzahlung *f*; ***donner, verser des ~*** e-e Anzahlung machen, leisten

arriération [aʀjeʀasjõ] *f* **1** ~ ***(mentale)*** (geistiges) Zurückgebliebensein **2** *d'un pays etc* Rückständigkeit *f*

arrière [aʀjɛʀ] **I** *loc/adv* ***en ~*** rückwärts; zurück; nach hinten; ***mouvement*** *m* ***en ~*** Rückwärtsbewegung *f*; ***faire un pas en ~*** e-n Schritt zurücktreten; ***pencher, renverser la tête en ~*** den Kopf nach hinten beugen, werfen; den Kopf zurückbeugen, -legen, -werfen; ***rester en ~*** zurückbleiben; ♦ *elliptiquement: litt* ***~!*** zurück!; weg da!; AUTO ***marche*** *f* ~ Rückwärtsgang *m*; → *a* ***marche²*** *4*, ***machine*** *2* **II** *loc/prép* ***en ~ de*** hinter (*+dat ou +acc*); ***rester en ~ des autres*** hinter den anderen bleiben **III** *adj* ⟨*inv*⟩ Rück…; Hinter…; MAR Achter…; AUTO ***banquette*** *f*, ***siège*** *m* ~ Rücksitz *m*; ***feu(x)*** *m(pl)* ~ Rück-, Schlusslicht(er) *n(pl)*, -leuchte(n) *f(pl)*; ***roue*** *f* ~ Hinterrad *n*; MAR ***vent*** *m* ~ achterlicher Wind; ***avoir vent ~*** vor dem Wind laufen **IV** *m* **1** *d'une voiture, d'un avion, bateau* Heck *n*; *loc/adv* ***à l'~*** hinten; *dans une voiture a* im Fond; MAR achteraus; achtern; ***moteur*** *m* ***à l'~*** Heckmotor *m*; ***à l'~ du car*** hinten im Bus; ***asseyez-vous à l'~*** setzen Sie sich nach hinten, hinten hin **2** MIL Hinterland *n*; ***~s*** *pl* Etappe(ngebiet) *f(n)*; Nachschubgebiet *n*; *fig* ***assurer ses ~s*** sich absichern; sich *(dat)* e-e Hintertür offenhalten **3** SPORTS Abwehrspieler *m*; Verteidiger *m*; VOLLEYBALL Grundspieler *m*; RUGBY Schlussspieler *m*, -mann *m*

arrière-… [aʀjɛʀ] *préfixe* ⟨*im pl inv, z. B.* **arrière-boutiques**⟩ Hinter…; Nach…; → *les articles correspondants*

arriéré [aʀjeʀe] **I** *adj* **1** *pays, personne etc* rückständig; ***idées ~es*** überholte, altmodische Vorstellungen *f/pl* **2** *enfant* (geistig) zurückgeblieben; geistig behindert **II** *subst* **1** *personne* ***~(e)*** *m(f)* geistig Behinderte(r) *f(m)*, Zurückgebliebene(r) *f(m)* **2** *m somme* Rückstand *m*; ausstehende Zahlung; ~ ***de loyer*** Mietrückstand *m*

arrière-ban [aʀjɛʀbɑ̃] *m* → ***ban*** *2* **arrière-boutique** *f* Hinter-, Nebenraum *m (e-s Ladens)* **arrière-cour** *f* Hinterhof *m* **arrière-cuisine** *f* (Abstell-, Wirtschafts)Raum *m* hinter, neben der Küche

arrière-garde [aʀjɛʀgaʀd] *f* MIL Nachhut *f*; ***combat*** *m* ***d'~*** Nachhutgefecht *n*; *fig* ***mener un combat d'~*** auf verlorenem Posten kämpfen

arrière-gorge [aʀjɛʀgɔʀʒ] *f* ANAT Rachen *m*

arrière-goût [aʀjɛʀgu] *m* Nachgeschmack *m (a fig)*; *fig* ***laisser un ~ d'amertume*** e-n bitteren Nachgeschmack hinterlassen

arrière-grand-mère [aʀjɛʀgʀɑ̃mɛʀ] *f* ⟨*pl* **arrière-grands-mères**⟩ Urgroßmutter *f* **arrière-grand-père** *m* ⟨*pl* **arrière-grands-pères**⟩ Urgroßvater *m* **arrière-grands-parents** *m/pl* Urgroßeltern *pl* **arrière-neveu** *m* ⟨*pl* **arrière-neveux**⟩ Großneffe *m* **arrière-nièce** *f* ⟨*pl* **arrière-nièces**⟩ Großnichte *f*

arrière-pays [aʀjɛʀpei] *m* Hinterland *n* **arrière-pensée** *f* Hintergedanke *m*

arrière-petite-fille [aʀjɛʀpətitfij] *f* ⟨*pl* **arrière-petites-filles**⟩ Urenkelin *f* **arrière-petit-fils** *m* ⟨*pl* **arrière-petits-fils**⟩ Urenkel *m* **arrière-petits-enfants** *m/pl* Urenkel *m/pl*

arrière-plan [aʀjɛʀplɑ̃] *m* Hintergrund *m (a fig)*; *fig* ***passer, reléguer à l'~*** in den Hintergrund treten, drängen

arrière-port [aʀjɛʀpɔʀ] *m* Innenhafen *m*, -becken *n* **arrière-saison** *f* Spätherbst *m* **arrière-salle** *f d'un restaurant* Neben-, Hinterraum *m* **arrière-train** *m* **1** *de quadrupèdes* Hinterteil *n*, -leib *m*; *de grands animaux a* Hinterhand *f* **2** F *(fesses)* F Hintergestell *n*; Hintern *m*

arrimage [aʀimaʒ] *m* **1** *du chargement* **a)** MAR Stauen *n*; Trimmen *n*; **b)** *par ext* Festmachen *n*, -binden *n*, -zurren *n* **2** *d'un vaisseau spatial* Ankoppeln *n*; Andocken *n*; Kopp(e)lung *f* (***avec*** mit)

arrimer [aʀime] *v/t* **1** *chargement* **a)** MAR stauen; trimmen; **b)** *avec des chaînes, cordes* festmachen, -binden, -schnüren, -zurren **2** *vaisseau spatial* ankoppeln (***avec*** an *+acc*)

arrivage [aʀivaʒ] *m* **1** *de marchandises* Anlieferung *f*; Eintreffen *n*; Eingang *m*; *de poissons* Anlandung *f* **2** *marchandises* angelieferte, eingetroffene, eingegangene Ware; *pl* ***~s*** *a* Eingänge *m/pl*; Zugänge *m/pl* **3** *plais* ***un ~ de touristes*** e-e Ladung (von) Touristen

arrivant [aʀivɑ̃] *m*, **arrivante** *f* Ankommende(r) *f(m)*; Eintreffende(r) *f(m)*; Ankömmling *m*; ***les nouveaux arrivants*** die Neuankömmlinge *m/pl*

arrivé [aʀive] **I** *adj personne* arriviert; (beruflich, gesellschaftlich) erfolgreich; ***un homme ~*** *a* ein gemachter Mann; ***il est ~*** er ist arriviert; er hat es geschafft **II** *subst* ***les premiers, derniers ~s*** die Zuerst-, Zuletztgekommenen

arrivée [aʀive] *f* 1 Ankunft *f*; Eintreffen *n*; *d'une personne a* Kommen *n*; *de voitures a* An-, Auffahrt *f*; *d'un bateau a* Einlaufen *n* (**au port** in den Hafen); *du courrier* Eingang *m*; *fig du printemps* Ankunft *f*; Kommen *n*; CH DE FER: *sur l'horaire* **~ ...** an ...; *tableau d'affichage* **~s** Ankunft (der Züge); **heure** *f* **d'~** Ankunftszeit *f*; **à l'~** bei der Ankunft; *fig* am Ende; schließlich; letzten Endes 2 SPORTS Ziel *n*; **ligne** *f* **d'~** Ziellinie *f*; **l'~ fut très disputée** die letzten Meter vor dem Ziel waren heiß umkämpft 3 TECH Zufuhr *f*; Zuführung *f*; Zuleitung *f*; Eintritt *m*; *d'un liquide a* Zufluss *m*; Zulauf *m*; **~ d'air** Luftzufuhr *f etc*

arriver [aʀive] ⟨**être**⟩ *v/i* 1 ankommen, eintreffen, *personne a* anlangen, *österr* einlangen (**à Paris** in Paris; **chez soi** zu Hause; **en France** in Frankreich); *personne a* kommen; *bateau a* einlaufen (**au port** in den Hafen); *courrier* eingehen; *informations* einlaufen; *bateau* **~ à quai** am Kai anlegen; **~ de Londres** aus London (an)kommen; **~ en voiture, par le train** mit dem Auto, mit dem Zug (an)kommen; *marchandises* **~ par mer** auf dem Seeweg kommen; **nous voilà enfin arrivés!** jetzt sind wir endlich da, angelangt!; ♦ *impersonnel*: **il est arrivé une lettre pour vous** es ist ein Brief für Sie angekommen, eingetroffen, eingegangen 2 (*approcher*) *personne* (daher)kommen; *saison, jour, heure* kommen; nahen; *matin, nuit a* anbrechen; **j'arrive!** ich komme schon!; **le voici qui arrive!** da kommt er ja!; **la voiture arriva droit sur nous** das Auto fuhr direkt auf uns zu; **~ en courant** angelaufen, herbeigelaufen kommen; **~ en masse** herbeiströmen; **il n'arrive pas vite!** wo bleibt er nur so lange!; **un jour arrivera où ...** der Tag wird kommen, an dem ... 3 (*atteindre*) **~ à** (+*subst*) **a)** *à un endroit, fig* gelangen, kommen zu *ou* an (+*acc*) *ou* nach; *à un âge, stade, point, but* erreichen (+*acc*); anlangen an (+*dat*) *ou* bei; *à un âge, stade a* kommen in (+*acc*); **être arrivé au bout, au terme, à la fin de son existence** am Ende s-s Lebens angelangt sein; **arrivé à cinquante ans** mit Erreichung des fünfzigsten Lebensjahres; mit fünfzig (Jahren); **~ à la conclusion de son exposé** zum Schluss s-r Ausführungen kommen; **~ au pouvoir** an die Macht kommen; zur Herrschaft gelangen; **n'~ à rien** es zu nichts bringen; im Leben nichts erreichen, zu nichts kommen; *en parlant* **j'y arrive** ich komme gleich darauf zu sprechen; darauf komme ich gleich noch; **b)** (*niveau d'*)*eau, personne par sa taille* reichen bis zu; gehen bis an (+*acc*); **il m'arrive déjà à l'épaule** er reicht mir schon bis zur Schulter; er geht mir schon bis an die Schulter 4 (*réussir*) **~ à** (+*inf*) es schaffen, fertigbekommen, fertigbringen, F fertigkriegen zu (+*inf*); **je suis arrivé à le convaincre** es ist mir gelungen, ich habe es geschafft, ihn zu überzeugen; ich konnte ihn überzeugen; **~ à ouvrir qc** etw aufbekommen, -bringen, F -kriegen; **j'y arrive** jetzt gelingt es mir; F jetzt kriege ich es auf, zu, hin *etc*; jetzt geht es; *pécuniairement* F ich komme gerade so hin; F **y ~ péniblement** F mit dem Geld schlecht rumkommen 5 **en ~ à faire qc** so weit *ou* dahin kommen, dass man etw tut *ou* etw zu tun; allmählich, schließlich etw tun; **j'en arrive à me demander s'il a vraiment raison** ich frage mich allmählich, ob er wirklich recht hat; **il faudra bien en ~ là!** so weit, dahin wird es noch kommen müssen!; **comment peut-on en ~ là!** wie kann man es nur so weit, dahin kommen lassen! 6 **~ jusqu'à qn** *personne* bis zu j-m vordringen, gelangen, F vorstoßen; *bruit, cris* bis zu j-m dringen; j-n erreichen 7 *abs*: *personne dans la société* es (beruflich, gesellschaftlich) zu etwas bringen; sich hoch-, emporarbeiten; erfolgreich sein; arrivieren 8 *chose désagréable, malheur* geschehen; passieren; vorfallen; vorkommen; sich ereignen; sich zutragen; sich begeben; **~ à qn** j-m passieren, zustoßen, geschehen; **ce sont des choses qui arrivent** solche Dinge kommen eben vor, passieren eben; **qu'est-ce qui t'arrive?** was ist denn mit dir los?; **cela peut ~ à tout le monde** das kann jedem passieren; das kommt in den besten Familien vor; F **ça n'arrive qu'à lui** F so was kann nur ihm passieren; **que cela ne t'arrive plus!** mach das nicht noch einmal!; dass mir das nicht wieder vorkommt!; F **croire que c'est arrivé** (*fälschlich*) glauben, dass man es geschafft hat; ♦ *impersonnel*: **comme il arrive souvent aux gens qui ...** wie es eben häufig Leuten geht, passiert, die ...; **quoi qu'il arrive** was auch (immer) geschehen, kommen mag; **s'il n'arrive rien d'ici là** wenn nichts dazwischenkommt; **il arrive que ...** (+*subj*) es kommt vor, es passiert (schon einmal), dass ...; **il lui arrive de se tromper** es kommt vor, es passiert ihm schon einmal, dass er sich irrt 9 TECH *fluide* einströmen; eintreten; zufließen; zugeleitet, zugeführt werden

arrivisme [aʀivism] *m* Strebertum *n* **arriviste** *m,f* Streber(in) *m(f)*; Erfolgsritter *m*; Arrivist(in) *m(f)*

arrogance [aʀɔgɑ̃s] *f* Arroganz *f*; Dünkel (-haftigkeit) *m(f)*; Überheblichkeit *f*; Anmaßung *f*; Hochnäsigkeit *f* **arrogant** *adj* arrogant; dünkelhaft; überheblich; anmaßend; hochnäsig

arroger [aʀɔʒe] *v/pr* ⟨**-geons**⟩ **s'~** *titre, droit* sich (*dat*) anmaßen; *droit a* sich (*dat*) herausnehmen

arrondi [aʀɔ̃di] **I** *adj* 1 *forme* rundlich; (ab)gerundet; **écriture ~e** runde Schrift; **sommet ~** (Berg)-Kuppe *f*; **visage ~** rundliches Gesicht 2 PHON *voyelle* gerundet **II** *m* Rundung *f*; abgerundete, runde Form

arrondir [aʀɔ̃diʀ] **I** *v/t* 1 (ab)runden; *angles* abrunden; arrondieren; **~ les lèvres** die Lippen runden; *coiffure* **~ le visage** das Gesicht runder, voller, rundlicher machen, erscheinen lassen 2 *somme, fortune* abrunden; **~ à l'euro supérieur** (auf den vollen Euro) aufrunden, nach oben abrunden; **~ ses fins de mois** etwas dazuverdienen **II** *v/pr* **s'~** rund werden; sich runden; **sa taille s'est arrondie** sie ist rundlicher geworden

arrondissement [aʀɔ̃dismɑ̃] *m* ADM *en France* **a)** Arrondissement *n*; Unterbezirk *m* e-s Departements; *correspond à* Kreis *m*; **b)** *d'une grande ville* (Stadt)Bezirk *m*

arrosage [aʀozaʒ] *m* (Be)Sprengen *n*; Spritzen *n*; AGR, JARD Beregnung *f*; Berieselung *f*; *à l'arrosoir* (Be)Gießen *n*; **tuyau** *m* **d'~** Gartenschlauch *m*

arroser [aʀoze] *v/t* 1 *gazon, jardin, rues* (be)sprengen; spritzen; AGR, JARD beregnen; berieseln; *à l'arrosoir* (be)gießen; *personne* nass spritzen; bespritzen; *rôti* begießen; beschöpfen; **~ d'essence** mit Benzin übergießen; *litt* **~ de larmes** mit Tränen benetzen; F *par une averse* **se faire ~** F e-e tüchtige Dusche abkriegen 2 F *fig* **a)** *événement* F begießen;

ça s'arrose!, il faut ~ ça! das muss begossen werden!; **b)** ***~ le repas d'un bon vin*** zur Mahlzeit e-n guten Wein trinken; *adjt* ***café arrosé*** Kaffee mit Schnaps **3** *fleuve: contrée* bewässern; bespülen; *ville* durchfließen **4** F (*corrompre*) ***~ qn*** j-n bestechen, F schmieren **5** MIL mit Bomben, Granaten belegen; F beharken **6** *émetteur: région* versorgen; zu empfangen sein in (*+dat*)

arroseur [arozœr] *m appareil* (Rasen)Sprenger *m*; Regner *m*; Sprinkler *m* **arroseuse** *f nettoyage des rues* Sprengwagen *m* **arroseuse-balayeuse** *f* ⟨*pl* **arroseuses-balayeuses**⟩ *nettoyage des rues* Spreng- und Kehrmaschine *f* **arrosoir** *m* Gießkanne *f*

Ars [ars] *frz Ortsname*

arsenal [arsənal] *m* ⟨*pl* **-aux**⟩ **1** *pour bateaux de guerre* (Marine)Werft *f* **2** (*dépôt d'armes*) Waffenarsenal *n*, -lager *n* **3** *fig* Arsenal *n*; Sammlung *f*; Ausrüstung *f*; ***un ~ de ruses*** ein Arsenal von, e-e Menge Tricks

Arsène [arsɛn] *m Vorname*

arsenic [arsənik] *m* CHIM Arsen *n*; ***empoisonner qn à l'~*** j-n mit Arsen vergiften

arsouille [arsuj] **I** *adj* Ganoven… **II** *m* Ganove *m*

art [ar] *m* **1** (*die*) Kunst; ***les ~s*** die bildenden Künste (*au sens large*); ***~ déco*** Art deco *f ou m*; ***~ égyptien*** ägyptische Kunst; ***~ moderne*** moderne Kunst; ***~ nouveau*** Jugendstil *m*; ***~s plastiques*** bildende Kunst (*au sens strict*); ***~ populaire*** Volkskunst *f*; ***le septième ~*** die Filmkunst; ***les amateurs*** *m/pl* ***du septième ~*** die Kinoliebhaber *m/pl*; ***le huitième ~*** das Fernsehen; ***le neuvième ~*** der Comic; ***l'~ pour l'~*** L'art pour l'art *n*; die Kunst um der Kunst willen; ***film*** *m* ***d'~*** künstlerisch anspruchsvoller, wertvoller Film; ***histoire*** *f* ***de l'~*** Kunstgeschichte *f*; ***œuvre*** *f* ***d'~*** Kunstwerk *n*; ***ville*** *f* ***d'~*** Kunststadt *f*; Stadt *f* der Künste **2** (*e-e*) Kunst; ***~s appliqués, décoratifs, industriels*** Kunstgewerbe *n*; ***~ culinaire*** Kochkunst *f*; ***l'~ d'aimer*** die Kunst zu lieben; die Liebeskunst; ***l'~ d'écrire*** die Schreibkunst; ***l'~ de vivre*** die Kunst zu leben; ***~ de la table*** Tischkultur *f*; (***École*** *f* ***des***) ***Arts et Métiers*** *renommierte Ingenieurschule*; ***faire qc dans*** *ou* ***selon toutes les règles de l'~*** etw kunstgerecht, nach allen Regeln der Kunst machen **3** *fig* ***avoir l'~ de*** (*+inf*) das Talent, die Gabe haben *ou* besitzen, es meisterlich verstehen zu (*+inf*); ***il y a l'~ et la manière de faire des reproches*** *etc* man kann Vorwürfe *etc* auch in anderer Art und Weise vorbringen

artefact [artefakt] *m* Artefakt *n* (*a* MÉD)

Artémis [artemis] *f* MYTH Artemis *f*

artère [artɛr] *f* **1** ANAT Arterie *f*; Schlagader *f*; ***on a l'âge de ses ~s*** man kann sein Alter nicht verleugnen **2** *d'une ville, d'un pays* (***grande***) ***~*** Verkehrsader *f*; Hauptverkehrsstraße *f*, -weg *m*

artériel [arterjɛl] *adj* ⟨***~le***⟩ ANAT arteriell; ***tension ~le*** Blutdruck *m*

artériosclérose [arterjɔskleroz] *f* MÉD Arterienverkalkung *f*; Arteriosklerose *f*

artérite [arterit] *f* MÉD Arterienentzündung *f*; *sc* Arteriitis *f*

artésien [artezjɛ̃] *adj* ⟨***~ne***⟩ **1** ***puits ~*** artesischer Brunnen **2** (*et subst* ***Artésien*** Bewohner) des Artois

arthrite [artrit] *f* MÉD Gelenkentzündung *f*; *sc* Arthritis *f* **arthritique** MÉD **I** *adj* arthritisch; *personne* an Arthritis leidend **II** *m,f* an Arthritis Leidende(r) *f(m)*; Arthritiker(in) *m(f)*

arthropodes [artrɔpɔd] *m/pl* ZO Gliederfüßer *m/pl*; *sc* Arthropoden *pl*

arthrose [artroz] *f* MÉD Arthrose *f*

Arthur [artyr] *m* **1** *Vorname* **2** MYTH ***le roi ~*** König Artus *m*

artichaut [artiʃo] *m* BOT, CUIS Artischocke *f*; ***cœur*** *m* ***d'~*** Artischockenherz *n*; F *fig* ***avoir un cœur d'~*** sein Herz leicht verschenken; ein Herz für viele, ein weites Herz haben; ***fond*** *m* ***d'~*** Artischockenboden *m*

article [artikl] *m* **1** *de presse* Artikel *m*; Beitrag *m*; Aufsatz *m*; ***~ de fond*** Leitartikel *m*; ***~ de journal, de presse*** Zeitungs-, Presseartikel *m*; ***série*** *f* ***d'~s*** Artikelserie *f* **2** *dans une encyclopédie etc* Artikel *m*; Stichwort *n* **3** *de loi* Paragraf *m*; *d'un contrat a* Artikel *m* (*a d'une constitution*); Abschnitt *m*; Absatz *m*; Punkt *m* **4** COMM (Handels)Artikel *m*; Ware *f*; ***~s de bureau*** Bürobedarf(sartikel) *m(m/pl)*; ***~ de consommation courante*** Artikel des täglichen Bedarfs; ***~ de luxe, de marque*** Luxus-, Markenartikel *m*; ***~s de Paris*** Galanteriewaren *f/pl*; Accessoires *pl*; ***~s de sport, de voyage*** Sport-, Reiseartikel *m/pl*; ***faire l'~*** s-e Ware anpreisen, loben; Reklame machen (*a fig*); ***nous ne faisons pas cet ~*** wir führen diesen Artikel nicht **5** GR Artikel *m*; Geschlechtswort *n* **6** REL ***~ de foi*** Glaubensartikel *m*; *fig* ***être à l'~ de la mort*** im Sterben liegen

articulaire [artikylɛr] *adj* ANAT Gelenk…; *sc* artikular; ***douleur*** *f* ***~*** Gelenkschmerz *m*

articulation [artikylasjõ] *f* **1** ANAT Gelenk *n*; ***~ du genou*** Kniegelenk *n* **2** PHON Artikulation *f*; Lautbildung *f*; (deutliche) Aussprache; ***point*** *m* ***d'~*** Artikulationsstelle *f* **3** *fig d'un discours etc* Gliederung *f*; *des parties d'un discours etc* Verknüpfung *f*; Zusammenhang *m* **4** TECH Gelenk(verbindung) *n(f)* **5** JUR ***~ des faits*** Vortrag *m* der Tatsachen

articulatoire [artikylatwar] *adj* PHON Artikulations…; Lautbildungs…

articulé [artikyle] *adj* **1** *langage* artikuliert; ***bien ~*** wohlartikuliert **2** ANAT durch Gelenk(e) verbunden; ***poupée ~e*** Gliederpuppe *f* **3** TECH beweglich (verbunden); Gelenk… **4** *fig discours, exposé* gegliedert

articuler [artikyle] **I** *v/t* **1** PHON artikulieren; (deutlich) aussprechen; *par ext mot* hervorbringen; ***articulez!*** sprechen Sie klar und deutlich! **2** TECH beweglich verbinden **II** *v/pr* ***s'~*** **1** ANAT durch Gelenk(e) verbunden sein (***avec, sur*** mit) **2** TECH beweglich verbunden sein (***avec, sur*** mit) **3** *fig idées, discours, chapitres* ***s'~ bien*** gut gegliedert sein; sich gut ineinanderfügen; *roman, débat, projet* ***s'~ autour de qc*** auf etw (*dat*) aufbauen; von etw ausgehen

artifice [artifis] *m* **1** Kunstgriff *m*; Trick *m*; Kniff *m*; ***~s*** *pl a* Raffinessen *f/pl* **2** (***pièce*** *f* ***d'***)***~*** Feuerwerkskörper *m*; ***feu*** *m* ***d'~*** Feuerwerk *n* (*a fig*)

artificiel [artifisjɛl] *adj* ⟨***~le***⟩ **1** künstlich; Kunst…; *besoins* künstlich erzeugt; ***jambe ~le*** (Bein)Prothese *f*; ***lumière ~le*** künstliches Licht; Kunstlicht *n*; ***respiration ~le*** künstliche (Be)Atmung; ***soie ~le*** Kunst-, Chemieseide *f* **2** *fig engouement etc* ge-, erkünstelt; künstlich; unnatürlich; gewollt; ge-

zwungen
artificier [aʀtifisje] *m* Feuerwerker *m*; Pyrotechniker *m*
artificieux [aʀtifisjø] *litt adj* ⟨**-euse**⟩ *personne* verschlagen; *a paroles, attitude* hinterhältig, -listig
artillerie [aʀtijʀi] *f* MIL Artillerie *f*; **~ antiaérienne, de l'air** Flak(artillerie) *f*; Flugabwehrartillerie *f*; **~ légère, lourde** leichte, schwere Artillerie; **bataillon** *m* **d'~** Artilleriebataillon *n*; **pièce** *f* **d'~** Geschütz *n*
artilleur [aʀtijœʀ] *m* MIL Artillerist *m*
artimon [aʀtimõ] *m* MAR (**mât** *m* **d'**)**~** Besanmast *m*; **voile** *f* **d'~** Besan(segel) *m*(*n*)
artisan [aʀtizɑ̃] *m* **1** Handwerker *m*; **~ d'art** Kunsthandwerker(in) *m*(*f*); **maître** *m* **~** Handwerksmeister *m* **2** *fig* Urheber(in) *m*(*f*); **être l'~ de sa fortune** s-s Glückes Schmied sein
artisanal [aʀtizanal] *adj* ⟨**-aux**⟩ handwerklich; Handwerks…; **métier ~** Handwerk *n*; **de fabrication ~e** handwerklich gefertigt
artisanat [aʀtizana] *m* Handwerk *n*; Handwerkerstand *m*; **~ d'art** Kunsthandwerk *n*
artiste [aʀtist] **I** *m,f* **1** Künstler(in) *m*(*f*); *plais* **~ capillaire, culinaire** Haar-, Kochkünstler(in) *m*(*f*); **~ peintre** Kunstmaler(in) *m*(*f*); **vie** *f* **d'~** a) Künstlerleben *n*, -dasein *n*; b) Bohemeleben *n* **2** THÉ **~** (**dramatique**) darstellender Künstler, darstellende Künstlerin; Bühnenkünstler(in) *m*(*f*); **entrée** *f* **des ~s** Bühneneingang *m* **II** *adj personne* künstlerisch veranlagt; mit Kunstverstand begabt
artistement [aʀtistəmɑ̃] *adv* kunstvoll
artistique [aʀtistik] *adj* **1** (*relatif aux arts*) Kunst…; *dans une ville* **activité** *f* **~** Aktivität *f* auf dem Gebiet der Kunst; **enseignement** *m* **~** musischer Unterricht; **richesses** *f/pl* **~s** Kunstschätze *m/pl* **2** (*relatif à l'artiste*) künstlerisch; Kunst…; **création** *f* **~** künstlerisches Schaffen; Kunstschaffen *n* **artistiquement** *adv* künstlerisch
Artois [aʀtwa] **l'~** *m historische Provinz in Nordfrankreich*
arum [aʀɔm] *m* BOT Aronstab *m*
aryen [aʀjɛ̃] **I** *adj* ⟨**~ne**⟩ arisch **II** *m/pl* **Aryens** Arier *m/pl*
arythmie [aʀitmi] *f* MÉD **~** (**cardiaque**) unregelmäßige Herztätigkeit; *sc* Arrhythmie *f*
arythmique [aʀitmik] *adj* **1** MÉD unregelmäßig **2** nicht rhythmisch; unrhythmisch
as[1] [ɑs, ɑs] *m* **1** *carte à jouer* Ass *n*; **~ de pique** Pikass *n*; F *fig* **être ficelé, fagoté comme l'~ de pique** komisch, unmöglich angezogen sein, daherkommen; F *fig* **être plein aux ~** F stein-, stinkreich sein; nach Geld stinken; F *fig* **passer à l'~** *lors d'un partage* leer ausgehen; F nichts abkriegen; *projet* ins Wasser fallen **2** *sur un dé, un domino* Eins *f* **3** F *fig* (*champion*) F Ass *n*; SPORTS *a* Kanone *f*; **~ de l'aviation** Fliegerass *n*; **~ du volant** Spitzenfahrer *m*
as[2] [a] → **avoir**[1]
asbeste [asbɛst] *m* MINÉR Asbest *m*
ascaride [askaʀid] *m ou* **ascaris** [askaʀis] *m* ZO Spulwurm *m*
ascendance [asɑ̃dɑ̃s] *f* **1** GÉNÉALOGIE **a)** aufsteigende Linie; Aszendenz *f*; **b)** *coll* Vorfahren *m/pl*, -eltern *pl*; **~ maternelle** mütterliche Linie; **être d'~ corse** korsische Vorfahren haben **2** MÉTÉO Aufwind *m* **3** ASTR Aufgang *m*; *sc* Aszendenz *f*
ascendant [asɑ̃dɑ̃] **I** *adj* aufsteigend (*a* ANAT); MUS *intervalle* steigend; *gamme* aufwärtsgehend; **astre ~** aufgehendes Gestirn; Aszendent *m*; GÉNÉALOGIE **ligne ~e** aufsteigende Linie; **mouvement ~** *d'un ballon* (Auf)Steigen *n*; *d'un astre* Aufgehen *n*, -gang *m* **II** *m* **1** (*influence*) (starker, mächtiger) Einfluss (**sur qn** auf j-n); **prendre de l'~ sur qn** Einfluss auf j-n, Macht über j-n gewinnen **2** ASTROLOGIE Aszendent *m* **3** GÉNÉALOGIE **~s** *pl* (Bluts)Verwandte *m/pl* in aufsteigender Linie; Vorfahren *m/pl*; *sc* Aszendenten *m/pl*
ascenseur [asɑ̃sœʀ] *m* Aufzug *m*; Fahrstuhl *m*; Lift *m*; **appeler l'~** den Aufzug holen; **prendre l'~** mit dem Aufzug fahren; *fig* **renvoyer l'~** e-n Gegendienst erweisen; F sich revanchieren
ascension [asɑ̃sjõ] *f* **1** *d'un sommet* Besteigung *f*; **première ~** Erstbesteigung *f*; **faire l'~ du Cervin** das Matterhorn besteigen **2** *d'un ballon, d'une fusée* Aufsteigen *n* **3** *fig d'une personne, dynastie* Aufstieg *m* **4** REL (**fête** *f* **de**) **l'Ascension** Christi Himmelfahrt *f*; *loc/adv* **à l'Ascension** *ou* **le jour de l'Ascension** am Himmelfahrtstag; (an) Himmelfahrt
ascensionnel [asɑ̃sjɔnɛl] *adj* ⟨**~le**⟩ aufsteigend; Steig…; AVIAT **force ~le** Auftrieb *m*; *de l'air chaud etc* **mouvement ~** Aufsteigen *n*; **vitesse ~le** Steiggeschwindigkeit *f*
ascèse [asɛz] *f* REL Askese *f*; *a* Aszese *f*
ascète [asɛt] *m* REL *et par ext* Asket *m*; **mener une vie d'~** ein asketisches, enthaltsames Leben, das Leben e-s Asketen führen
ascétique [asetik] *adj* asketisch; *a* streng; enthaltsam **ascétisme** *m* REL Askese *f*; *par ext* asketische Lebensweise
ASCII [aski] *m abr* (*American Standard Code for Information Interchange*) INFORM **code** *m* **~** ASCII-Code ['askikoːt] *m*
ascorbique [askɔʀbik] *adj* CHIM **acide** *m* **~** Askorbinsäure *f*
asepsie [asɛpsi] *f* MÉD Asepsis *f*; Keimfreiheit *f*
aseptique [asɛptik] *adj* MÉD aseptisch; keimfrei **aseptisation** *f* MÉD Keimfreimachung *f*
aseptisé [asɛptize] *adj* **1** MÉD keimfrei **2** *fig atmosphère, confort* steril; kalt; nüchtern **aseptiser** *v/t* MÉD keimfrei machen
asexué [asɛksɥe] *adj* BIOL geschlechtslos; **reproduction ~e** ungeschlechtliche Fortpflanzung
asiatique [azjatik] **I** *adj* asiatisch; MÉD **grippe** *f* **~** asiatische Grippe **II** *subst* **Asiatique** *m,f* Asiat *m*, Asiatin *f*
Asie [azi] **l'~** *f* Asien *n*; **l'~ antérieure** Vorderasien *n*; **l'~ centrale** Zentralasien *n*; **l'~ Mineure** Kleinasien *n*
asile [azil] *m* **1** Asyl *n*; HIST *a* Freistätte *f*; Freistatt *f*; *par ext* Zuflucht(sort *m*, -sstätte *f*) *f*; **~ diplomatique, politique** diplomatisches, politisches Asyl; **droit** *m* **d'~** Asylrecht *n*; *par ext* **chercher, trouver ~ chez qn, auprès de qn** bei j-m Zuflucht suchen, finden; **demander ~** um Asyl bitten, nachsuchen; **donner, offrir ~ à qn** j-m Asyl gewähren; *par ext* j-m Zuflucht bieten **2** **~** (**d'aliénés**) Irrenanstalt *f*; F **être bon pour l'~** F reif fürs Irrenhaus sein
Asnières [anjɛʀ] *Stadt im Dep. Hauts-de-Seine*
asocial [asɔsjal] ⟨*m/pl* **-aux**⟩ **I** *adj* asozial **II** *subst* **~**(**e**) *m*(*f*) Asoziale(r) *f*(*m*)
asparagus [aspaʀagys] *m* BOT Asparagus *ou* Asparagus *m*; *chez le fleuriste* Schnittgrün *n*

aspartam(e)® [aspaʀtam] *m* PHARM Aspartam® *n*
aspect [aspɛ] *m* **1** Aussehen *n*; Anblick *m*; ***à l'~ de*** (*à la vue de*) beim Anblick von (*ou +gén*); *loc/adj* ***d'~ imposant*** von imposantem Aussehen; imposant aussehend, wirkend; ***présenter un ~ pittoresque*** *etc* malerisch *etc* aussehen, wirken; e-n malerischen *etc* Anblick bieten; ***avoir, offrir, présenter l'~ de*** (*+subst*) (so) aussehen, wirken wie (*+subst*) **2** (*point de vue*) Aspekt *m*; Blick-, Gesichtspunkt *m*; ***sous cet ~*** unter diesem Aspekt *etc*; ***sous un ~ nouveau*** unter e-m neuen Aspekt; ***envisager qc sous tous ses ~s*** etw unter allen Aspekten, Gesichtspunkten betrachten; *situation* ***se présenter sous un ~ plus favorable*** sich in günstigerem Licht darstellen **3** GR Aspekt *m*; Aktionsart *f* **4** ASTROLOGIE Aspekt *m*; Konstellation *f*
asperge [aspɛʀʒ] *f* **1** BOT, CUIS Spargel *m*; ***pointe f d'~*** Spargelspitze *f*; ***potage m aux pointes d'~s*** Spargelsuppe *f* **2** F *fig d'une personne* F Bohnen-, Hopfenstange *f*; lange Latte
asperger [aspɛʀʒe] *v/t et v/pr* ⟨**-geons**⟩ **(s')~ (d'eau)** (sich) (mit Wasser) besprengen, besprühen, bespritzen; ***s'~ de parfum*** sich mit Parfüm besprühen
aspérité [aspeʀite] *f* Unebenheit *f*
aspersion [aspɛʀsjõ] *f* **1** Besprengen *n*; Besprühen *n*; Bespritzen *n* **2** ÉGL CATH Besprengung *f* mit Weihwasser; Aspersion *f*
asphaltage [asfaltaʒ] *m* **1** *action* Asphaltieren *n*; Asphaltierung *f* **2** *revêtement* Asphalt(decke) *m(f)*
asphalte [asfalt] *m* **1** MINÉR, TECH Asphalt *m* **2** *chaussée* Asphaltstraße *f*
asphalter [asfalte] *v/t* asphaltieren; ***rue asphaltée*** Asphaltstraße *f*
asphyxiant [asfiksjɑ̃] *adj* erstickend (*a fig*); MIL ***gaz ~s*** Giftgas(e) *n(pl)*
asphyxie [asfiksi] *f* **1** MÉD Ersticken *n*, -ung *f*; ***~ par noyade*** äußere Erstickung durch Ertrinken; ***mort f par ~*** Erstickungstod *m*; ***mourir d'~, succomber à l'~*** ersticken; den Erstickungstod sterben **2** *fig d'une industrie etc* Dahinsiechen *n*; Absterben *n*; Zugrundegehen *n*
asphyxier [asfiksje] **I** *v/t* **1** ersticken; *gaz toxique* ***~ qn*** bei j-m zum Erstickungstod führen; ***être asphyxié par le gaz carbonique*** an Kohlendioxid erstickt sein; ***mourir asphyxié*** ersticken; den Erstickungstod sterben **2** *fig industrie, économie* ***être asphyxié*** abgewürgt werden **II** *v/pr* **1** *personne* ***s'~*** ersticken; ***s'~ avec le*** *ou* ***au gaz*** sich mit Gas umbringen, das Leben nehmen **2** *fig pays, économie* ***s'~ lentement*** langsam dahinsiechen, zugrunde gehen
aspic [aspik] *m* **1** ZO Aspisviper *f* **2** CUIS Aspik *m*; Sülze *f*; ***~ de volaille*** Geflügel *n* in Aspik; Geflügelsülze *f* **3** BOT Großer Speik
aspirant[1] [aspiʀɑ̃] *adj* (an)saugend; Saug…; ***pompe ~e*** Saugpumpe *f*
aspirant[2] [aspiʀɑ̃] **1** *m* MIL Offiziersanwärter *m*; Fahnenjunker *m*; Fähnrich *m*; MAR Seekadett *m*; Fähnrich *m* zur See **2** **~(e)** *m(f)* *à un poste* Anwärter(in) *m(f)*
aspirateur [aspiʀatœʀ] *m* **1** Staubsauger *m*; ***passer l'~*** staubsaugen *ou* Staub saugen (***dans une pièce*** in e-m Raum); (ab)saugen (***sur qc*** etw) **2** TECH An-, Absaugvorrichtung *f* **aspirateur-balai** *m* ⟨*pl* **aspirateurs-balais**⟩ Handstaubsauger *m* **aspirateur-traîneau** *m* ⟨*pl* **aspirateurs-traîneaux**⟩ Bodenstaubsauger *m*
aspiration[1] [aspiʀasjõ] *f* **1** PHYSIOL Einatmung *f*; Luft-, Atemholen *n* **2** TECH An-, Ab-, Aufsaugen *n*; Saugen *n* **3** MÉD Absaugung *f* **4** PHON Behauchung *f*; Aspiration *f*
aspiration[2] [aspiʀasjõ] *f* Streben *n*, Trachten *n*, Verlangen *n*, Drang *m*, Sehnen *n*, Sehnsucht *f* (***à*** *ou* ***vers la liberté*** nach Freiheit); Bestrebung *f*; ***avoir de nobles ~s*** nach edlen Zielen streben
aspiré [aspiʀe] PHON **I** *adj* behaucht; aspiriert; ***h ~*** aspiriertes H **II** *f* ***~e*** Hauchlaut *m*; Aspirata *f*
aspirer[1] [aspiʀe] *v/t* **1** *air, parfum* einatmen, -saugen, -ziehen; *abs* einatmen; Luft, Atem holen **2** TECH *gaz, liquide, poussière* an-, ab-, aufsaugen; *abs* saugen **3** PHON behauchen; aspirieren
aspirer[2] [aspiʀe] *v/t/indir* ***~ à*** streben, trachten, verlangen, sich sehnen nach; ***~ à la gloire*** nach Ruhm streben, trachten; ***je n'aspire plus qu'au repos*** ich wünsche nichts sehnlicher als Ruhe
aspirine® [aspiʀin] *f* Aspirin® *n*; F ***blanc comme un cachet d'~*** käseweiß; F ***prendre deux ~s*** zwei Aspirin (ein)nehmen
assagir [asaʒiʀ] **I** *v/t* **1** *revers, expérience* ***~ qn*** j-n klug, klüger, weise(r) machen, werden lassen **2** *événement, âge* ***~ qn*** j-n ruhiger, gesetzter, ausgeglichener machen, werden lassen; ***~ les passions*** die Leidenschaften abkühlen, dämpfen **II** *v/pr* ***s'~*** **1** (*devenir sage*) klüger, weiser, abgeklärter, *enfant* vernünftiger werden **2** (*se calmer*) ruhiger, gesetzter, ausgeglichener werden
assagissement [asaʒismɑ̃] *m* **1** Klüger-, Vernünftigerwerden *n* **2** Ruhigerwerden *n*; Ausgeglichenheit *f*; Gesetztheit *f*; *des passions* Abkühlung *f*
assaillant [asajɑ̃] **I** *adj* MIL angreifend; (an)stürmend **II** *subst* **~(e)** *m(f)* Angreifer(in) *m(f)*; MIL *coll* ***l'~*** der *ou pl* die Angreifer
assaillir [asajiʀ] *v/t* ⟨**j'assaille, nous assaillons; j'assaillais; j'assaillis; j'assaillirai,** *a* **j'assaillerai; que j'assaille; assaillant; assailli**⟩ **1** *personne* angreifen; *dans la rue* überfallen; anfallen; herfallen (***qn*** über j-n); MIL angreifen; berennen; anrennen, anstürmen (***qc*** gegen etw); *vent, mer* ***~ qc*** gegen etw tosen **2** *fig* **a)** ***~ qn de questions*** j-n mit Fragen bestürmen, bedrängen; **b)** *doute, tourment* ***~ qn*** j-n heimsuchen, befallen; *problèmes* über j-n hereinbrechen
assainir [aseniʀ] *v/t* **1** *vieux quartier etc* sanieren; ***~ l'air*** die Luft reinigen **2** *fig monnaie, économie, entreprise* sanieren; gesunden lassen; *climat social, politique* verbessern
assainissement [asenismɑ̃] *m* **1** *urbanisme* Sanierung *f*; *de l'air* Reinigung *f*; AGR Entwässerung *f* **2** *fig*, ÉCON Sanierung *f*; Gesundung *f*; Erholung *f*
assainisseur [asenisœʀ] *m* ***~ (d'air)*** Luftreiniger *m*
assaisonnement [asɛzɔnmɑ̃] *m* CUIS **a)** Würzen *n*; Abschmecken *n* (mit Gewürzen); *de la salade* Anmachen *n*; **b)** *coll* Gewürze *n/pl*; Würze *f*; Dressing *n*
assaisonner [asɛzɔne] *v/t* **1** CUIS **a)** würzen; (mit Gewürzen) abschmecken; ***~ une salade*** einen Salat anmachen; *adjt* ***trop assaisonné*** zu stark gewürzt; **b)** *épice*: *mets* schmackhaft machen **2** *fig discours etc* würzen (***de*** mit); *adjt* F ***une note assaisonnée*** F e-e gesalzene, gepfefferte Rechnung **3** F *fig* (*répri-*

mander) F zusammenstauchen; runterputzen

Assam [asam] GÉOGR ***l'~*** *m* Assam *n*

assassin [asasɛ̃] **I** *m* Mörder(in) *m(f)* (*a fig*); ***à l'~!*** Hilfe!; Mörder! **II** *adj plais* ***œillade ~e*** unwiderstehlicher Blick

assassinat [asasina] *m* **1** Mord *m* (***de qn*** an j-m) (*a* JUR); Ermordung *f*; Mordtat *f*, -anschlag *m*; Meuchelmord *m* **2** *fig* Auslöschung *f*; Liquidierung *f*

assassiner [asasine] *v/t* **1** ermorden; umbringen; ***il est mort assassiné*** er wurde ermordet **2** *fig pays, liberté* auslöschen; *poét* morden

assaut [aso] *m* **1** MIL Sturm(angriff) *m*; Angriff *m* (***de*** auf *+acc*); Stürmen *n*; ***avion*** *m* ***d'~*** Schlacht-, Erdkampfflugzeug *n*; ***char*** *m* ***d'~*** Sturmpanzer *m*; ***troupes*** *f/pl* ***d'~*** Sturmtruppen *f/pl*; ***vague*** *f* ***d'~*** Angriffswelle *f*; ***céder sous les ~s de l'ennemi*** vor dem anstürmenden Feind zurückweichen; ***donner l'~ aux*** *ou* ***monter à l'~ des positions ennemies*** gegen die feindlichen Stellungen anrennen; ***s'élancer, partir à l'~*** zum Sturm ansetzen (***de*** auf *+acc*); *fig* ***faire ~ de qc*** sich (gegenseitig) in etw (*dat*) zu überbieten suchen; in etw (*dat*) wetteifern; ***prendre d'~*** im Sturm nehmen; (er)stürmen; *fig guichets etc* stürmen **2** *fig du vent, de la mer* Wüten *n*; Tosen *n*

assèchement [asɛʃmɑ̃] *m* Trockenlegung *f*; Austrocknung *f*

assécher [aseʃe] ⟨-è-⟩ **I** *v/t marais* trockenlegen; austrocknen; *sol humide* entwässern; ***~ un étang*** einen Teich ablassen, trockenlegen **II** *v/pr* ***s'~*** austrocknen

ASSEDIC *ou* **Assedic** [asedik] *f/pl abr* (*associations pour l'emploi dans l'industrie et le commerce*) *correspond à* Arbeitslosenversicherung *f*; F ***toucher les Assedic*** F Arbeitslosengeld kriegen

assemblage [asɑ̃blaʒ] *m* **1** Zusammenfügen *n*, -setzen *n*, -ung *f*; Zusammenbau *m*; *de documents* Zusammentragen *n*; Zusammenstellung *f*; COUT Zusammenstecken *n*, -heften *n* **2** TECH Verbindung *f*; ***~ à tenon et mortaise*** Zapfenverbindung *f*; Verzapfung *f* **3** *fig* Amalgam *n*; Gemisch *n*; Konglomerat *n*

assemblée [asɑ̃ble] *f* **1** Versammlung *f*; (*corps*) *a* Gremium *n*; ***~ annuelle*** Jahresversammlung *f*; ***~ consultative*** beratende Versammlung; ***~ générale*** General-, *d'une S.A.* Haupt-, *de l'ONU* Vollversammlung *f*; ***~ générale annuelle*** Jahreshauptversammlung *f*; *en France* ***l'Assemblée nationale*** die Nationalversammlung (F *a l'édifice*); ***~ plénière*** Voll-, Plenarversammlung *f*; Plenum *n*; ***~ des actionnaires*** Aktionärsversammlung *f*; ÉGL ***~ des fidèles*** Gemeinde *f*; ***convoquer, tenir une ~*** e-e Versammlung einberufen, abhalten; ***être réunis en ~*** versammelt sein; tagen **2** *coll* ***l'~*** die Versammelten *m/pl*; das Publikum; ***parler en présence d'une nombreuse ~*** vor e-m großen Publikum sprechen

assembler [asɑ̃ble] **I** *v/t éléments séparés, a* TECH zusammenfügen, -setzen, -bauen; aneinanderfügen, -setzen; montieren; verbinden; COUT zusammenstecken, -heften; *fig idées* verknüpfen; verbinden; verquicken; ***~ des documents*** Dokumente zusammenstellen, - tragen **II** *v/pr* ***s'~*** *personnes* sich versammeln; zusammenkommen; sich treffen; POL, ADM zusammentreten

assembleur [asɑ̃blœʀ] *m* INFORM Assembler *m*

assener *ou* **asséner** [asene] *v/t* ⟨-è-⟩ **1** ***assener*** *ou* ***asséner un coup à qn*** j-m e-n kräftigen Schlag versetzen **2** *fig argument, une vérité etc* ***assener*** *ou* ***asséner à qn*** j-m an den Kopf werfen

assentiment [asɑ̃timɑ̃] *m* Zustimmung *f*; Einwilligung *f*; Billigung *f*; ***donner son ~ à qc*** s-e Zustimmung, Einwilligung zu etw geben; e-r Sache (*dat*) zustimmen; in etw (*acc*) einwilligen

asseoir [aswaʀ] ⟨**j'assieds** *ou* **j'assois**, *a* **j'asseois, il assied** *ou* **assoit**, *a* **asseoit, nous asseyons** *ou* **assoyons, ils asseyent** *ou* **assoient**, *a* **asseoient**; **j'asseyais** *ou* **j'assoyais**; **j'assis**; **j'assiérai** *ou* **j'assoirai**, *a* **j'asseoirai**; **que j'asseye** *ou* **que j'assoie**; **asseyant** *ou* **assoyant**; **assis**⟩ **I** *v/t* **1** *enfant, malade* setzen (***sur une chaise*** auf e-n Stuhl; ***dans un fauteuil*** in e-n Sessel) **2** *fig théorie, jugement* ***~ sur qc*** auf etw (*acc*) gründen, stützen **II** *v/pr* ***s'~*** sich setzen (***sur une chaise*** auf e-n Stuhl); sich niedersetzen, -lassen (auf e-n *ou* auf e-m Stuhl); Platz nehmen (auf e-m Stuhl); sich hinsetzen; *südd* hinsitzen; ***asseyez-vous!*** setzen Sie sich!; ***s'~ à (la) table*** sich an den Tisch setzen; ***faire ~ qn*** j-n Platz nehmen lassen, zum Sitzen auffordern; ***on le fit ~*** *a* man gab ihm e-n Stuhl; → *a* ***assis***

assermenté [asɛʀmɑ̃te] *adj* JUR vereidigt; beeidigt

assertion [asɛʀsjõ] *f* Behauptung *f*

asservir [asɛʀviʀ] *v/t* ⟨→ **servir**⟩ *peuple, pays* unterwerfen, -jochen; knechten; *p/fort* versklaven; *forces de la nature* sich (*dat*) untertan, dienstbar machen; *st/s passions* bezwingen; Herr werden (*+gén*)

asservissement [asɛʀvismɑ̃] *m* Unterwerfung *f*, -jochung *f*; Knechtung *f*; *p/fort* Versklavung *f*; *état* Knechtschaft *f*; völlige, sklavische Abhängigkeit (***à qc*** von etw)

assesseur [asɛsœʀ] *m* JUR Beisitzer *m*; *adjt* ***juge*** *m* ***~*** Beisitzer *m*

asseyons [asɛjõ], **asseyez** [aseje] → ***asseoir***

assez [ase] *adv* **1** (*suffisamment*) genug; genügend; zur Genüge; hinlänglich; aus-, hinreichend; ***~!, en voilà ~!, c'est ~!***, *st/s* ***c'en est ~!*** jetzt ist's aber genug!; jetzt reichts, langts aber!; Schluss jetzt!; Schluss damit!; ***c'est juste ~*** das ist gerade genug; das langt, reicht gerade; ***c'est plus qu'~*** das ist mehr als genug; ***il est ~ grand pour aller tout seul à l'école*** er ist groß genug, um allein zur Schule zu gehen; ***manger ~*** genug, genügend, ausreichend essen; ***je l'ai ~ vu*** ich habe ihn zur Genüge gesehen; F er soll verschwinden; ♦ ***~ de*** (*+subst*) genug, genügend (*+subst*); ***~ d'argent*** genug, genügend Geld; Geld genug, zur Genüge; ***~ de paroles!*** genug der Worte!; F ***en avoir ~ de qn, qc*** j-n, etw satthaben; genug von j-m, etw haben; ***j'en ai ~!*** jetzt habe ich es satt!; jetzt langts, reichts mir aber!; jetzt habe ich aber genug davon!; ***j'aurai ~ de deux couvertures*** zwei Decken langen, reichen mir; mit zwei Decken habe ich genug, komme ich aus; ***ils sont ~ de deux pour faire ce travail*** zwei reichen für diese Arbeit **2** *restrictif* ziemlich; recht; ganz; ***il est ~ avancé pour son âge*** er ist ziemlich weit für sein Alter; ***un ~ bon exemple*** ein recht, ganz gutes Beispiel; ***~ joli*** ziemlich, recht, ganz hübsch

assidu [asidy] *adj* **1** *personne* (*ponctuel*) pünktlich, genau, gewissenhaft (***à son travail*** in s-r Arbeit); (*appliqué*) fleißig; eifrig; emsig **2** *travail etc* ausdauernd; unermüdlich; beharrlich; stetig; ***fournir***

un travail ~ ausdauernd, beharrlich, unermüdlich, stetig in der Arbeit sein, arbeiten **3** (*empressé*) ***être ~ auprès de qn*** sich ständig, unablässig, unermüdlich um j-n bemühen

assiduité [asidɥite] *f* **1** (*ponctualité*) Pünktlichkeit *f*, Gewissenhaftigkeit *f* (***au travail*** in der Arbeit); (*application*) beharrlicher Fleiß, Eifer; Emsigkeit *f*; (*présence continuelle*) regelmäßige, ständige Anwesenheit (***aux cours*** bei den Kursen); ***travailler avec ~*** fleißig, ausdauernd, gewissenhaft arbeiten **2** *pl* ***~s*** *auprès d'une femme* Zu-, Aufdringlichkeit *f*; ***poursuivre qn de ses ~s*** j-m gegenüber immer auf-, zudringlicher werden

assidûment [asidymɑ̃] *adv* → ***assidu***

assied(s) [asje] → ***asseoir***

assiégé [asjeʒe] **I** *adj ville, citadelle* belagert **II** *m* Belagerte(r) *m*

assiégeant [asjeʒɑ̃] *m* Belagerer *m*

assiéger [asjeʒe] *v/t* ⟨**-è-**; **-geons**⟩ **1** belagern; ***~ une ville, une citadelle*** eine Stadt, eine Zitadelle belagern **2** *guichet etc* umlagern; belagern; sich drängen um; umdrängen **3** *flammes* ***~ qn*** j-n einschließen **4** *fig* ***~ qn*** *créanciers* j-n bedrängen, belästigen; j-m das Haus einlaufen; *pensées* j-n bedrängen, heimsuchen, quälen

assiette [asjɛt] *f* **1** Teller *m*; ***~ creuse*** tiefer Teller; Suppenteller *m*; ***~ plate*** flacher Teller; *fig* ***~ au beurre*** Futterkrippe *f*; ***~ à dessert*** Kuchen-, Frühstücks-, Dessertteller *m*; ***~ à soupe*** Suppenteller *m*; *à table* ***changer d'~(s)*** die Teller wechseln **2** CUIS ***~ anglaise*** kalte (Fleisch)Platte; Platte *f* mit kaltem Braten **3** *fig personne* ***ne pas être dans son ~*** sich nicht recht wohlfühlen; nicht recht auf der Höhe, auf dem Posten, F auf dem Damm sein **4** *pour la retraite, des cotisations* Bemessungs-, Berechnungsgrundlage *f*; ***~ de l'impôt*** Steuerbemessungsgrundlage *f* **5** *d'un cavalier* Sitz *m*; ***avoir une bonne ~*** gut im Sattel, zu Pferd sitzen

assiettée [asjete] *f* Teller *m* voll; ***une ~ de soupe*** ein Teller Suppe

assignat [asiɲa] *m* HIST Assignate *f*

assignation [asiɲasjõ] *f* JUR **1** *comme témoin* (Vor)Ladung *f* **2** (*attribution*) Zuweisung *f*; Zuteilung *f*; ***~ à résidence*** Zuweisung des Aufenthaltsortes

assigner [asiɲe] *v/t* **1** *tâche, emploi etc* ***~ à qn*** j-m zuweisen, zuteilen; *tâche a* j-m anweisen; *part d'héritage a* j-m zusprechen **2** *but* setzen; festsetzen, -legen; stecken; ***~ des limites à qc*** e-r Sache (*dat*) Grenzen setzen **3** JUR **a)** ***~ qn*** (***en justice***) j-n vor Gericht laden; j-n vorladen; **b)** ***~ qn à résidence*** j-m e-n Aufenthaltsort zuweisen

assimilable [asimilabl] *adj* **1** ***~ à qn, à qc*** j-m, e-r Sache vergleichbar, gleichzustellen(d) **2** BIOL *aliment* assimilierbar; *fig connaissances* erfassbar **3** *personnes* anpassungsfähig

assimilateur [asimilatœʀ] *adj* ⟨**-trice**⟩ **1** BIOL assimilatorisch **2** *fig esprit, intelligence* rasch erfassend, begreifend, aufnehmend

assimilation [asimilasjõ] *f* **1** Gleichsetzung *f*, Vergleich *m*, ADM Gleichstellung *f* (***à*** mit); ***~ des ouvriers aux employés*** Gleichstellung der Arbeiter mit den Angestellten **2** SOCIOLOGIE Assimilation *f*; Assimilierung *f*; Angleichung *f*; Verschmelzung *f*; ***politique*** *f* ***d'~*** Integrationspolitik *f*; ***pouvoir*** *m* ***d'~*** Assimilations-, Integrationsvermögen *n* **3** BIOL Assimilation *f*; Assimilierung *f* **4** *fig de connaissances* Aufnahme *f*; geistige Erfassung, Verarbeitung; ***pouvoir*** *m* ***d'~*** Aufnahmevermögen *n* **5** LING Assimilation *f*; Lautangleichung *f*

assimilé [asimile] **I** *adj* **1** (*catégorie de*) *personnes* assimiliert; angepasst **2** ADM gleichgestellt; *les peintures* ***et les produits ~s*** und die ihnen gleichgestellten Produkte *n/pl* **II** *m* ADM, MIL Gleichgestellte(r) *m*; ***militaires et ~s civils*** Militärpersonen und gleichgestellte Zivilisten

assimiler [asimile] **I** *v/t* **1** vergleichen (***à*** mit); gleichsetzen, ADM gleichstellen (***à*** *dat*) **2** *étrangers, immigrants* assimilieren; verschmelzen (***à*** mit) **3** BIOL assimilieren **4** *fig connaissances* aufnehmen; geistig erfassen, verarbeiten **II** *v/pr* ***s'~*** **1** (*catégorie de*) *personnes* sich anpassen, sich angleichen (***à*** an +*acc*); aufgehen (in +*dat*); sich assimilieren **2** BIOL *aliment* assimiliert werden

assis [asi] *p/p* → ***asseoir*** *et adj* **1** sitzend; *à un chien* ***~!*** Platz!; ***place ~e*** Sitzplatz *m*; ***position ~e*** sitzende Stellung; Sitzen *n*; ***être ~*** sitzen; ***rester ~*** sitzen bleiben; ***travailler ~*** im Sitzen, sitzend arbeiten **2** *fig* ***bien ~*** *réputation* fest begründet; *jugement* wohlbegründet; *autorité* fest verankert; stabil; *politique* solid(e) **3** F *fig* ***j'en suis ~*** F da bin ich platt; mich hauts vom Stuhl; mir bleibt die Spucke weg

assise [asiz] *f* **1** CONSTR (Stein)Schicht *f* **2** *fig* Grundlage *f*; Fundament *n*; Basis *f*

Assise [asiz] Assisi *n*

assises [asiz] *f/pl* **1** JUR (***cour*** *f* ***d'***)***~*** Schwurgericht *n*; ***être envoyé aux ~*** vor das Schwurgericht kommen **2** (*réunion*) Tagung *f*; Kongress *m*; *d'un parti a* Parteitag *m*; ***tenir ses ~*** tagen; s-e Tagung, s-n Parteitag abhalten

assistanat [asistana] *m* Amt *n* des Hochschulassistenten

assistance [asistɑ̃s] *f* **1** (*les assistants*) Anwesende(n) *m/pl*; Publikum *n*; Zuhörer(schaft) *m/pl(f)* **2** (*présence*) Anwesenheit *f* (***à*** bei); Zugegensein *n* (bei) **3** (*secours*) Beistand *m*; Hilfe(leistung) *f*; Unterstützung *f*; *de l'État* Fürsorge *f*; JUR ***~ judiciaire*** Armenrecht *n*; ***~ médicale*** medizinische Versorgung; ärztliche Betreuung; *autrefois* ***Assistance publique*** öffentliche Fürsorge; staatliche Wohlfahrtspflege; *au sens strict* Jugendfürsorge *f*; ***enfant*** *m* ***de l'Assistance*** Fürsorgekind *n*; *de l'ONU etc* ***~ technique*** technische Hilfe; ***demander ~ à qn, auprès de qn*** j-n um Beistand, Unterstützung bitten **4** (*participation*) Mithilfe *f*, -wirkung *f*; MÉD Assistenz *f*

assistant [asistɑ̃] **I** *adj* assistierend; ***arbitre ~*** Schiedsrichterassistent *m*; ***médecin ~*** assistierender Arzt **II** *subst* ***~(e)*** *m(f)* **1** Assistent(in) *m(f)* (*a* UNIVERSITÉ); ***~e dentaire*** Zahnarzthelferin *f*; ***~e maternelle*** Kinderpflegerin *f*; ***~e sociale*** (Sozial)-Fürsorgerin *f*; Sozialarbeiterin *f*; ***~(e) de laboratoire*** Laborant(in) *m(f)*; RAD, TV ***~(e) du metteur en scène, de production*** Regie-, Produktionsassistent(in) *m(f)*; ***~(e) de publicité*** Werbeassistent(in) *m(f)*; CIN ***~(e) de réalisation*** Regieassistent(in) *m(f)* **2** *dans une assemblée* ***les ~s*** *m/pl* die Anwesenden *m/pl*

assisté [asiste] **I** *adj* **1** TECH ***direction ~e*** Lenkhilfe *f*; Servolenkung *f*; ***freins ~s*** Bremskraftverstärker *m*; **~ par ordinateur** computergestützt, -unterstützt [-ˈpjuː-] 2 **personne ~e** Sozialhilfeempfänger(in) *m(f)* II *subst* **~(e)** *m(f)* Sozialhilfeempfänger(in) *m(f)*; *par ext*: **mentalité** *f* **d'~** Versorgungsdenken *n*; **faire de qn un ~** j-n dazu bringen, dass er alles vom Staat erwartet; j-n unselbstständig machen

assister [asiste] I *v/t* **~ qn** j-m beistehen, Beistand leisten, helfen, hilfreich zur Seite stehen; JUR j-m Rechtsbeistand leisten; **~ un médecin** e-m Arzt assistieren; **~ qn dans son travail** j-m bei s-r Arbeit helfen, behilflich sein; j-n in s-r Arbeit unterstützen; **~ un mourant** e-m Sterbenden beistehen; **se faire ~ par qn** sich (*dat*) von j-m helfen lassen II *v/i* **~ à qc** bei etw zugegen sein, anwesend sein, dabei sein; etw miterleben; *st/s* e-r Sache (*dat*) beiwohnen

associatif [asɔsjatif] *adj* ⟨**-ive**⟩ 1 PSYCH, MATH assoziativ; MATH **loi associative** Assoziativgesetz *n* 2 **vie associative** Vereinsleben *n*

association [asɔsjasjõ] *f* 1 Verein(igung) *m(f)*; Verband *m*; Bund *m*; Assoziation *f*; Gesellschaft *f*; **~ commerciale, économique** Handels-, Wirtschaftsverband *m*; wirtschaftlicher Verein; **~ reconnue d'utilité publique** gemeinnütziger Verein; **~ sportive** Sportverein *m*; **~ de bienfaisance** Wohltätigkeitsverein *m*; **~ de consommateurs** Verbraucherverband *m*, -genossenschaft *f*; **~ d'anciens élèves** *du lycée X* Verein ehemaliger Schüler …; JUR **~ de malfaiteurs** kriminelle Vereinigung 2 *action* **a)** (*réunion*) Zusammenschluss *m*, Vereinigung *f*, Verbindung *f*, Assoziierung *f* (**à** mit); **b)** (*participation*) Einbeziehung *f* (**à** in +*acc*); Beteiligung *f* (an +*dat*); Assoziierung *f* 3 *de couleurs, de mots, d'images etc* Verbindung *f*; Verknüpfung *f*; Assoziation *f*; **~ d'idées** Ideenverbindung *f*, (-)Assoziation *f*

associé [asɔsje] I *adj membre* assoziiert II *subst* **~(e)** *m(f)* COMM Teilhaber(in) *m(f)*; Mitinhaber(in) *m(f)*; Geschäftspartner(in) *m(f)*; Kompagnon *m*; Sozius *m*; Gesellschafter(in) *m(f)*

associer [asɔsje] I *v/t* 1 COMM **~ qn à son affaire** *ou v/pr* **s'~ qn** j-n als Teilhaber, Mitinhaber, Partner, Kompagnon, Sozius in sein Geschäft aufnehmen; j-n an s-m Geschäft beteiligen 2 **~ qn à** *au bénéfice* j-n beteiligen, teilhaben lassen an (+*dat*); *à son bonheur etc* j-n teilhaben, -nehmen lassen an (+*dat*); *à son travail* j-n teilnehmen lassen, beteiligen an (+*dat*); j-n mitarbeiten lassen bei 3 *personnes, qualités* verein(ig)en, verbinden, *mots, idées* verbinden, verknüpfen, assoziieren, in Verbindung bringen (**à** mit) II *v/pr* 1 *personne(s)* **s'~** sich zusammentun, -schließen, *État(s)* sich zusammenschließen, sich assoziieren (**à** *ou* **avec** mit) 2 **s'~ à** *la douleur, à la joie de qn* teilen (*a au point de vue*) (+*acc*); teilnehmen, Anteil nehmen an (+*dat*); *au point de vue de qn a* sich anschließen (+*dat*); **s'~ aux travaux** sich an den Arbeiten beteiligen 3 *chose, qualité à une autre* **s'~ à** gepaart, vereint sein mit

assoiffé [aswafe] *adj* 1 sehr durstig; halb verdurstet 2 *fig* **être ~ de qc** nach etw dürsten, *st/s* lechzen; **~ de pouvoir** machthungrig; **~ de sang** blutdurstig, -rünstig; **~ de vengeance** rachedurstig

assolement [asɔlmɑ̃] *m* AGR Fruchtwechsel *m*, -folge *f*

assombrir [asõbʀiʀ] I *v/t* 1 *nuages*: *ciel* verdunkeln; verfinstern; verdüstern; *tapisserie etc*: *pièce* dunkel, finster, düster machen 2 *fig soucis, accident* **~ qn** j-n finster, düster machen II *v/pr* **s'~** 1 *ciel* sich verdunkeln, verfinstern, verdüstern 2 *fig visage, horizon politique* sich verfinstern, verdüstern, verdunkeln; *front* sich umwölken; *personne* finster, düster werden

assombrissement [asõbʀismɑ̃] *m* Verfinsterung *f*; Verdüsterung *f* (*a fig*); *état* Düsterkeit *f*

assommant [asɔmɑ̃] *adj* (tödlich) langweilig; ermüdend; **livre ~** langweiliges, langatmiges Buch; **travail ~** langweilige, geisttötende Arbeit; **il est ~ avec ses questions** er geht einem auf die Nerven mit s-n Fragen

assommer [asɔme] *v/t* 1 *animal* erschlagen; totschlagen; *personne* niederschlagen; niederstrecken; *fig* **être assommé par la chaleur** von der Hitze benommen, wie betäubt sein 2 *fig* (*ennuyer*) zu Tode, tödlich langweilen; ermüden; auf die Nerven gehen (**qn** j-m)

assommoir [asɔmwaʀ] *m Zola* **L'Assommoir** Der Totschläger

Assomption [asõpsjõ] *f* ÉGL CATH, PEINT **l'~** die Himmelfahrt Mariä; *fête* Mariä Himmelfahrt

assonance [asɔnɑ̃s] *f* VERSIFICATION Assonanz *f*; unvollständiger Reim

assorti [asɔʀti] *adj* 1 passend (**à** zu); abgestimmt (auf +*acc*); *conjoints* **bien ~s** gut zueinanderpassend; **être ~ à** passen zu (*a personne*) 2 CUIS *pl* **~s** verschiedene; diverse 3 COMM *magasin* **être bien ~** ein breit gefächertes, reichhaltiges Warenangebot, ein gut sortiertes Lager haben 4 **~ de** (*accompagné de*) (versehen) mit

assortiment [asɔʀtimɑ̃] *m* 1 **~ de couleurs** Farbenzusammenstellung *f*, -kombination *f* 2 *d'objets semblables* Sortiment *n* (*a* COMM), reiche Auswahl (**de** an +*dat*); Sammlung *f*; Kollektion *f*; **~ de marchandises** Warensortiment *n*, -angebot *n*; **j'ai tout un ~ de pinceaux** ich habe ein ganzes Sortiment Pinsel, an Pinseln 3 CUIS **~ de charcuterie, de fromages** Wurst-, Käseplatte *f*

assortir [asɔʀtiʀ] I *v/t* abstimmen (**à** auf +*acc*); anpassen (an +*acc*); *plusieurs objets, couleurs* aufeinander abstimmen; (passend) zusammenstellen II *v/pr* 1 (*s'harmoniser*) **s'~ à** passen zu; **s'~ bien** gut zueinanderpassen; gut aufeinander abgestimmt sein 2 (*s'accompagner de*) **s'~ de qc** mit etw versehen sein; von etw begleitet sein; etw enthalten

Assouan [aswɑ̃] GÉOGR Assuan *n*

assoupir [asupiʀ] I *v/t* 1 *chaleur etc* **~ qn** j-n dösig machen, einschläfern; *adjt* **assoupi** eingedöst; eingenickt; eingeschlummert 2 *fig et st/s douleur* lindern; *remords* betäuben; einschläfern II *v/pr* **s'~** 1 *personne* eindösen, -nicken, -schlummern 2 *fig et st/s douleur, passions* sich legen; abklingen

assoupissement [asupismɑ̃] *m* **a)** *action* Eindösen *n*, -nicken *n*, -schlummern *n*; **b)** (*sommeil*) Dösen *n*; Schläfrigkeit *f*

assouplir [asupliʀ] I *v/t* 1 *corps, membres* gelenkig, *a muscles, articulations* geschmeidig machen; lockern; *cuir, étoffe* weich, geschmeidig machen 2 *fig caractère* nachgiebig(er), gefügig(er) machen 3 *règlement* lockern; (ab)mildern II *v/pr* **s'~** 1 *corps, membres etc* gelenkig, geschmeidig werden;

muscles a sich lockern; *cuir, tissu* weich, geschmeidig werden **2** *fig individu, caractère* nachgiebig(er), gefügig(er) werden
assouplissant [asuplisɑ̃] *m* CHIM Weichspüler *m* **assouplissement** *m* **1** *du corps etc* Lockerung *f*; Geschmeidig-, Gelenkigmachen *n ou* -werden *n*; *du cuir etc* Weich-, Geschmeidigmachen *n ou* -werden *n* **2** *d'un règlement* Lockerung *f*; (Ab)Milderung *f* **assouplisseur** *m* → ***assouplissant***
assourdir [asuʀdiʀ] **I** *v/t* **1** ***~ qn*** j-n ganz benommen, halb taub machen; j-n betäuben **2** *bruit, pas* dämpfen **II** *v/pr* ***s'~*** **1** *bruit* (immer) gedämpfter, schwächer werden **2** PHON stimmlos werden **assourdissant** *adj bruit* (ohren)betäubend **assourdissement** *m* **1** *d'une personne* Benommensein *n*; Betäubung *f* **2** *des bruits, des pas* Dämpfung *f*; Gedämpftheit *f* **3** PHON Stimmloswerden *n*
assouvir [asuviʀ] **I** *v/t* **1** *faim, soif, appétit* stillen **2** *fig curiosité, désir, ambition etc* stillen; befriedigen; *st/s* sättigen **II** *v/pr* ***s'~*** **1** *faim, soif, appétit* gestillt werden **2** *fig curiosité, désir, ambition etc* gestillt, befriedigt werden; *st/s* gesättigt werden **assouvissement** *m fig* Stillung *f*; Befriedigung *f*
assujetti [asyʒeti] *adj* ***être ~ à qc*** e-r Sache (*dat*) unterworfen sein, unterliegen; …pflichtig sein; ***~ à l'impôt (sur le revenu)*** (einkommen[s])steuerpflichtig; ***être ~ à certaines règles*** bestimmten Regeln unterliegen, unterworfen sein
assujettir [asyʒetiʀ] **I** *v/t* **1** ***~ qn, qc à qc*** j-n, etw e-r Sache (*dat*) unterwerfen **2** *litt peuple* unterwerfen, -jochen; unter s-e Botmäßigkeit bringen **3** *litt* (*contraindre*) ***~ à qc*** zu etw zwingen, nötigen **4** (*fixer*) festmachen; befestigen **II** *v/pr* ***s'~ à qc*** sich e-r Sache (*dat*) unterwerfen, fügen, beugen, *à une mission, obligation* unterziehen
assujettissant [asyʒetisɑ̃] *adj métier, travail* der *ou* die einen sehr bindet, einem wenig persönliche Freiheit lässt, völlige Hingabe erfordert
assujettissement [asyʒetismɑ̃] *m* **1** ***~ à l'impôt (sur le revenu)*** (Einkommen[s])Steuerpflicht *f* **2** *fig et st/s* Unterwerfung *f* (***à*** unter +*acc*); Gebundensein *n* (***à un horaire*** an e-n Zeitplan); Abhängigkeit *f* (von) **3** *fig et st/s* (*contrainte*) (lästiger) Zwang
assumer [asyme] **I** *v/t* **1** *fonction, tâche, obligations etc* übernehmen; *responsabilité a* auf sich (*acc*) nehmen; *frais a* tragen; bestreiten; aufkommen für; ***~ un risque*** ein Risiko auf sich (*acc*) nehmen, eingehen **2** *sa condition* auf sich (*acc*) nehmen; (innerlich) annehmen, akzeptieren; *abs* sich der Herausforderung stellen; mit s-r Lage fertig werden; zurechtkommen; ***~ son passé*** seine Vergangenheit bewältigen **II** *v/pr* ***s'~*** sich (so wie man ist) akzeptieren, annehmen
assurable [asyʀabl] *adj* versicherbar; versicherungsfähig
assurance [asyʀɑ̃s] *f* **1** (*confiance en soi*) (Selbst)-Sicherheit *f*; ***avoir, montrer de l'~*** (selbst)sicher, selbstbewusst auftreten; ein sicheres Auftreten haben; ***parler avec ~*** selbstsicher sprechen; ***perdre son ~*** s-e Selbstsicherheit verlieren; unsicher werden; ***prendre de l'~*** in s-m Auftreten sicherer werden **2** (*garantie*) Versicherung *f*; Zusicherung *f*; ***recevoir de qn la ferme ~ que …*** von j-m die feste Zusicherung erhalten, dass …; *à la fin d'une lettre* ***veuillez agréer l'~ de ma considération distinguée*** mit vorzüglicher Hochachtung **3** (*certitude*) Gewissheit *f*; ***j'ai l'~ de son accord*** ich bin gewiss, sicher, fest überzeugt, dass er einverstanden ist **4** *contrat* Versicherung *f*; ***~s*** *pl* Versicherung(sgesellschaft) *f*; *t/t* Assekuranz *f*; ***~ accidents, contre les accidents*** Unfallversicherung *f*; ***~ auto(mobile)*** Kraftfahrzeugversicherung *f*; ***~ bagages*** (Reise)-Gepäckversicherung *f*; ***~ complémentaire*** Zusatzversicherung *f*; ***~ contre les bris de glaces*** Glas(bruch)versicherung *f*; ***~ dégâts des eaux*** Leitungswasserschadenversicherung *f*; ***~ incendie, contre l'incendie*** Brand-, Feuerversicherung *f*; ***~ individuelle*** Individualversicherung *f*; ***~ invalidité*** Invalidenversicherung *f*; ***~ maladie (privée)*** (private) Krankenversicherung; ***~ obligatoire*** Pflichtversicherung *f*; AUTO ***~ personnes transportées*** Insassen(unfall)versicherung *f*; AUTO ***~ tous risques*** Vollkaskoversicherung *f*; ***~s sociales*** Sozialversicherung *f*; ***~ vie, sur la vie*** Lebensversicherung *f*; ***~ vieillesse*** Altersversicherung *f*; ***~ vol, contre le vol*** Diebstahlversicherung *f*; ***~ voyage*** Reiseversicherung *f*; AUTO ***~ au tiers*** (Kraftfahrzeug)Haftpflichtversicherung *f*; ***~ de responsabilité (civile)*** Haftpflichtversicherung *f*; ***~ (en cas de) décès*** Todesfallversicherung *f*; ***contracter, prendre une ~*** e-e Versicherung abschließen **5** ALPINISME Sichern *n*, -ung *f*
assurance-maladie [asyʀɑ̃smaladi] *f* 〈*pl* **assurances-maladie**〉, **assurance-vie** *f* 〈*pl* **assurances-vie**〉 → ***assurance 4***
assuré [asyʀe] **I** *adj* **1** *succès, revenu* sicher; *succès a* gewiss; feststehend; *vieillesse, retraite* gesichert; ***voix ~e*** feste Stimme; *voix, démarche* ***mal ~*** unsicher **2** *personne, objet* **(*être*)** ***~*** versichert (sein) **(*contre*** gegen); AUTO ***~ tous risques*** vollkaskoversichert; ***capital ~*** Versicherungssumme *f* **II** *subst* ***~(e)*** *m(f)* Versicherte(r) *f(m)*; Versicherungsnehmer *m*; ***~(e) social(e)*** Sozialversicherte(r) *f(m)*
assurément [asyʀemɑ̃] *adv* sicher(lich); gewiss; bestimmt
assurer [asyʀe] **I** *v/t* **1** ***~ (à qn ou qn) que …*** (j-m) versichern, beteuern, dass …; ***il a assuré qu'il n'en savait rien*** er versicherte, beteuerte, nichts davon zu wissen; ***je vous assure!*** das garantiere ich Ihnen!; das kann ich Ihnen sagen! **2** ***~ qn de qc*** *personne st/s* j-n e-r Sache (*gén*) versichern; *comportement, qualité* j-m die Gewissheit geben, dass …; j-n von etw überzeugen; ***je vous assure de mon amitié*** Sie können meiner Freundschaft (*gén*) gewiss, sicher sein; ***ce geste nous assure de sa bonne volonté*** diese Geste gibt uns die Gewissheit, dass er guten Willen hat **3** (*garantir*) ***~ qc*** etw sichern, garantieren, gewährleisten; *ravitaillement a* sicherstellen; *le remplacement de qn* sicherstellen; wahrnehmen; MIL ***~ ses arrières*** s-e Nachschubgebiete schützen, sichern; ***~ l'avenir de ses enfants*** *a* für die Zukunft s-r Kinder sorgen; *durant une grève etc* ***~ la distribution du courrier*** die Postverteilung gewährleisten, aufrechterhalten; ***son travail lui assure une certaine indépendance*** s-e Arbeit sichert, garantiert ihm e-e gewisse Unabhängigkeit; ***~ une permanence*** e-n Bereitschaftsdienst unterhalten; ***~ la présidence de la séance*** bei der Sitzung den Vorsitz führen; ***~ son service*** s-n Dienst versehen **4** *par contrat* ***~ qn, qc*** j-n, etw

versichern (***contre*** gegen) 5 *alpiniste* (durch ein Seil) sichern II *v/i* (*s'y connaître*) sich auskennen; etwas können; F etwas draufhaben III *v/pr* 1 (*vérifier*) ***s'~*** sich vergewissern (***de qc*** e-r Sache [*gén*]; ***que*** dass; ***si*** ob); sich (*dat*) Gewissheit verschaffen (dass, ob); sich davon überzeugen (dass, ob) 2 (*se pourvoir de*) ***s'~ qc*** sich (*dat*) etw sichern; sich e-r Sache (*gén*) versichern; ***s'~ la collaboration de qn*** sich (*dat*) j-s Mitarbeit sichern; ***s'~ une place*** sich (*dat*) e-n Platz sichern; e-n Platz belegen 3 ***s'~ contre qc*** sich gegen etw versichern; ***s'~ sur la vie*** e-e Lebensversicherung abschließen

assureur [asyʀœʀ] *m* Versicherer *m*; Versicherungsträger *m*

Assyrie [asiʀi] ***l'~*** *f* HIST Assyrien *n*

assyrien [asiʀjɛ̃] HIST I *adj* ⟨***~ne***⟩ assyrisch II *m/pl* ***Assyriens*** Assyrer *m/pl*

aster [astɛʀ] *m* BOT Aster *f*

astérisque [asteʀisk] *m* TYPO Sternchen *n*; *t/t* Asteriskus *m*

astéroïde [asteʀɔid] *m* ASTR Asteroid *m*; Planetoid *m*; kleiner Planet

asthénie [asteni] *f* MÉD Kraftlosigkeit *f*; *sc* Asthenie *f* **asthénique** I *adj* asthenisch II *m,f* Astheniker(in) *m(f)*

asthmatique [asmatik] I *adj* asthmatisch; kurzatmig II *m,f* Asthmatiker(in) *m(f)*

asthme [asm] *m* Asthma *n*; ***crise*** *f* ***d'~*** Asthmaanfall *m*; ***faire de l'~*** Asthma haben

asticot [astiko] *m* 1 ZO (Käse-, Fleisch)Made *f* 2 F *fig* ***un drôle d'~*** ein komischer Kerl, Kauz

asticoter [astikɔte] F *v/t* (*et v/pr* ***s'***)***~*** (sich gegenseitig) ärgern, *p/fort* schikanieren

astigmate [astigmat] *adj* MÉD astigmatisch **astigmatisme** *m* MÉD Astigmatismus *m*

astiquage [astikaʒ] *m* Blankreiben *n*, -putzen *n*; Polieren *n*; F Wienern *n*

astiquer [astike] *v/t* *parquet, métal, chaussures* blank reiben; blank putzen; polieren; F wienern; *argent a* putzen

astragale [astʀagal] *m* 1 ANAT Sprungbein *n*; *sc* Talus *m* 2 ARCH Rundprofil *n*; Astragal *m*

astrakan [astʀakɑ̃] *m* Persianer *m*; ***manteau*** *m* ***d'~*** Persianermantel *m*; F Persianer *m*

Astrak(h)an [astʀakɑ̃] GÉOGR Astrachan *n*

astral [astʀal] *adj* ⟨***-aux***⟩ astral; der Sterne

astre [astʀ] *m* Gestirn *n*; *poét* ***l'~ du jour*** das Tagesgestirn; ***beau comme un ~*** schön wie ein Gott, *enfant a* wie ein Engel; ***consulter les ~s*** die Sterne befragen

astreignant [astʀɛɲɑ̃] *adj* *métier, tâche, travail* der *ou* die einen voll und ganz in Anspruch nimmt

astreindre [astʀɛ̃dʀ] ⟨→ ***peindre***⟩ I *v/t* zwingen, nötigen (***à qc, à faire qc*** zu etw, etw zu tun); *p/p* ***être astreint à faire qc*** genötigt, gezwungen sein, etw zu tun II *v/pr* ***s'~*** sich zwingen (***à qc, à faire qc*** zu etw, etw zu tun)

astreinte [astʀɛ̃t] *f* 1 Zwang *m* 2 JUR *correspond à* Beuge-, Erzwingungsstrafe *f*, Verurteilung *f* zu Zwangsgeld (*gegen e-n zahlungsunwilligen Schuldner*)

astringent [astʀɛ̃ʒɑ̃] MÉD I *adj* zusammenziehend; adstringierend II *m* adstringierendes Mittel; Adstringens *n*

astrologie [astʀɔlɔʒi] *f* Astrologie *f*; Sterndeutung *f* **astrologique** *adj* astrologisch **astrologue** *m,f* Astrologe, -login *m,f*; Sterndeuter(in) *m(f)*

astronaute [astʀonot] *m,f* Astronaut(in) *m(f)*; (Welt)Raumfahrer(in) *m(f)* **astronautique** *f* Astronautik *f*; Raumfahrt(wissenschaft) *f*

astronef [astʀɔnɛf] *m* (Welt)Raumschiff *n*

astronome [astʀɔnɔm] *m,f* Astronom(in) *m(f)* **astronomie** *f* Astronomie *f*; Stern-, Himmelskunde *f*

astronomique [astʀɔnɔmik] *adj* astronomisch (*a fig prix, chiffres*); ***horloge*** *f* ***~*** astronomische Uhr

astrophysicien [astʀɔfizisjɛ̃] *m* Astrophysiker *m* **astrophysique** *f* Astrophysik *f*

astuce [astys] *f* 1 **a)** *d'une personne* Schlauheit *f*; Raffiniertheit *f*; Raffinesse *f*; Findigkeit *f*; **b)** *d'un métier* Schlich *m*; Trick *m*; Kniff *m*; Finesse *f* 2 (*plaisanterie*) Witz *m*; ***lancer une ~*** e-n Witz machen

astucieux [astysjø] *adj* ⟨***-euse***⟩ raffiniert; geschickt; *personne a* findig; schlau; einfallsreich

Asturies [astyʀi] ***les ~*** *f/pl* Asturien *n*

asymétrie [asimetʀi] *f* Asymmetrie *f*; Ungleichmäßigkeit *f* **asymétrique** *adj* asymmetrisch; unsymmetrisch; ungleichmäßig; *visage a* unregelmäßig

asynchrone [asɛ̃kʀon] *adj* asynchron

atavique [atavik] *adj* BIOL atavistisch **atavisme** *m* BIOL Atavismus *m* (*a fig*); *fig a* Erbe *n*

atchoum [atʃum] *int* hatschi!; hatzi!

atelier [atəlje] *m* 1 *d'un artisan, d'une usine* Werkstatt *f* (*coll a les ouvriers*); Werkstätte *f*; *par ext* ***~s*** *pl* Fabrik *f*; Werk *n*; TYPO ***~ de composition*** Setzerei *f*; ***les ~s de construction mécanique X*** die Maschinenfabrik X; ***~ de couture*** Schneiderwerkstatt *f*, -atelier *n*; ***~ de fabrication*** Produktionsstätte *f*; ***~ de réparations*** Reparaturwerkstatt *f* 2 *d'artiste, de photographe* Atelier *n* 3 (*groupe de travail*) ÉCOLE Arbeitsgruppe *f*; (*colloque*) Workshop ['wœːrk-] *m*

atemporel [atɑ̃pɔʀɛl] *adj* ⟨***~le***⟩ LING kein Zeitverhältnis ausdrückend

atermoyer [atɛʀmwaje] *v/i* ⟨***-oi-***⟩ die Dinge hinausziehen, -zögern, aufschieben

athée [ate] I *adj* atheistisch II *m,f* Atheist(in) *m(f)*; Gottlose(r) *f(m)*; Gottesleugner *m* **athéisme** *m* Atheismus *m*

athénée [atene] *m* *en Belgique* Gymnasium *n*

Athènes [atɛn] Athen *n*

athénien [atenjɛ̃] I *adj* ⟨***~ne***⟩ athenisch II *subst* ***Athénien(ne)*** *m(f)* Athener(in) *m(f)*; F *fig* ***c'est là que les Athéniens s'atteignirent*** jetzt wird es, die Sache schwierig, kompliziert, F spannend

athermique [atɛʀmik] *adj* PHYS adiabatisch

Athis-Mons [atismɔ̃s] *Stadt im Dep. Essonne*

athlète [atlɛt] 1 *m,f* SPORTS Leichtathlet(in) *m(f)*; Wettkämpfer(in) *m(f)* 2 *m* ANTIQUITÉ Athlet *m*; Wettkämpfer *m* 3 *m fig* Athlet *m*; Kraftmensch *m*; ***un corps d'~*** ein athletischer Körperbau

athlétique [atletik] *adj* athletisch **athlétisme** *m* SPORTS Leichtathletik *f*

Athos [atos], [atɔs] (***le mont***) ***~*** der (Berg) Athos

atlante [atlɑ̃t] *m* ARCH Atlant *m*; Telamon *m ou n*

Atlantide [atlɑ̃tid] ***l'~*** *f* MYTH Atlantis *n*

atlantique [atlɑ̃tik] *adj* atlantisch; Atlantik…; ***côte*** *f* ***~*** Atlantikküste *f*; ***l'océan*** *m* ***Atlantique*** *ou subst* ***l'Atlantique*** *m* der Atlantische Ozean; der Atlantik; POL ***Pacte*** *m* ***~*** Nordatlantikpakt *m*

atlas [atlɑs] *m* Atlas *m*; **~ historique, linguistique** Geschichts-, Sprachatlas *m*

Atlas [atlas] **l'~** *m* GÉOGR der Atlas

atmosphère [atmɔsfɛʀ] *f* 1 Atmosphäre *f*; Lufthülle *f*; ASTR *a* Gashülle *f*; **~ terrestre** Erdatmosphäre *f* 2 *fig* Atmosphäre *f*; Klima *n*; **~ hostile, d'hostilité** feindselige Atmosphäre; **~ de travail** Arbeitsatmosphäre *f*, -klima *n*; **~ de vacances** Ferienstimmung *f*; F **changer d'~** e-n Orts-, F Tapetenwechsel vornehmen 3 *unité de mesure* Atmosphäre *f* (*abr* at[m])

atmosphérique [atmɔsferik] *adj* atmosphärisch; Luft…; (*météorologique*) Wetter…; **conditions** *f/pl* **~s** Wetterlage *f*; Witterungsverhältnisse *n/pl*; **perturbations** *f/pl* **~s** atmosphärische Störungen *f/pl*; **pression** *f* **~** Luftdruck *m*

atoll [atɔl] *m* Atoll *n*

atome [atom] *m* 1 PHYS, CHIM Atom *n*; **~ d'hydrogène** Wasserstoffatom *n* 2 *fig*: **avoir des ~s crochus avec qn** sich gut mit j-m verstehen; j-m innerlich verwandt sein; **ils n'ont pas d'~s crochus** zwischen ihnen stimmt die Chemie nicht; sie haben nicht die gleiche Wellenlänge; **il n'a pas un ~ de bon sens** er hat nicht e-n Funken gesunden Menschenverstand

atomique [atɔmik] *adj* atomar; Atom…; **armes** *f/pl* **~s** Atomwaffen *f/pl*; atomare Waffen *f/pl*; **bombe** *f* **~** Atombombe *f*; **énergie** *f* **~** Atom-, Kernenergie *f*, -kraft *f*; **ère** *f* **~** Atomzeitalter *n*; **guerre** *f* **~** Atomkrieg *m*; **numéro** *m* **~** Atomnummer *f*; Ordnungszahl *f*; **physique** *f* **~** Atomphysik *f*; **puissance** *f* **~** Atommacht *f*

atomisation [atɔmizasjõ] *f* 1 *d'un liquide* Zerstäubung *f*; Versprühung *f* 2 *fig* Auf-, Zersplitterung *f*; Atomisierung *f*

atomisé(e) [atɔmize] *m(f)* durch e-n Atombombenangriff Strahlengeschädigte(r) *f(m)*

atomiser [atɔmize] *v/t* 1 *liquide* zerstäuben; versprühen 2 *fig* (*morceler*) auf-, zersplittern; atomisieren 3 (*détruire*) (durch Atombomben, -waffen) vernichten, auslöschen; *subst* **les atomisés d'Hiroshima** die Strahlengeschädigten *m/pl* von Hiroshima

atomiseur [atɔmizœʀ] *m* Zerstäuber *m*; **~ à parfum** Parfümzerstäuber *m*

atomiste [atɔmist] *m,f* Atom-, Kernphysiker(in) *m(f)*; Atomforscher(in) *m(f)*, -wissenschaftler(in) *m(f)* **atomistique** *f* Atomwissenschaft *f*

atonal [atɔnal] *adj* ⟨**-als**⟩ MUS atonal **atonalité** *f* MUS Atonalität *f*

atone [atɔn, aton] *adj* 1 MÉD *muscles* schlaff; spannungslos; *sc* ohne Tonus; atonisch 2 *regard, voix* ausdruckslos 3 PHON unbetont

atonie [atɔni] *f* 1 MÉD Schlaffheit *f*; Erschlaffung *f*; *sc* Atonie *f* 2 *fig* Lust-, Teilnahmslosigkeit *f*

atours [atuʀ] *m/pl plais d'une femme* Putz *m*; Staat *m*; **se parer de ses plus beaux ~** sich herausputzen; in vollem Staat erscheinen

atout [atu] *m* 1 Trumpf(farbe *f*, -karte *f*) *m*; **as** *m* **d'~** Trumpfass *n*; **~ cœur, l'~ est à cœur** Herz ist Trumpf; **jouer ~** Trumpf (aus)spielen 2 *fig* Trumpf *m*; (*avantage*) Vorteil *m*; **avoir tous les ~s en main, dans son jeu** alle Trümpfe in der Hand haben; **c'est un ~** das ist ein Vorteil

atoxique [atɔksik] *adj* ungiftig; atoxisch

âtre [ɑtʀ] *m d'une cheminée* Feuerstelle *f*; *par ext st/s* Kamin *m*

atrium [atrijɔm] *m* ARCH Atrium *n*

atroce [atʀɔs] *adj* entsetzlich; furchtbar; fürchterlich; schrecklich; abscheulich; grauenhaft, -voll; scheußlich; grässlich; F schauderhaft

atrocement [atʀɔsmɑ̃] *adv* → **atroce**; **~ mutilé** entsetzlich, furchtbar verstümmelt

atrocité [atʀɔsite] *f* 1 *caractère* Entsetzlichkeit *f*; Furchtbarkeit *f*; Schrecklichkeit *f*; Abscheulichkeit *f*; Scheußlichkeit *f*; Grässlichkeit *f* 2 *acte, souvent pl* **~s** Gräuel(taten) *m/pl(f/pl)*; **les ~s de la guerre** die Gräuel des Krieges 3 *propos* **~s** *pl* Gräuelmärchen *n/pl*; Abscheulichkeiten *f/pl*; **répandre des ~s sur qn** Gräuelmärchen über j-n verbreiten 4 (*chose laide*) **c'est une** (**véritable**) **~** das ist ja scheußlich, grässlich, abscheulich

atrophie [atʀɔfi] *f* 1 MÉD Schwund *m*; Verkümmerung *f*; *sc* Atrophie *f*; **~ musculaire** Muskelschwund *m*, -atrophie *f* 2 *fig* Verkümmerung *f*

atrophier [atʀɔfje] I *v/t* verkümmern lassen (*a fig*); *adjt* **atrophié** verkümmert II *v/pr* **s'~** verkümmern (*a fig*); MÉD *a* schrumpfen; *sc* atrophieren

attabler [atable] *v/pr* **s'~** sich an den Tisch setzen; *adjt* **être attablé** am Tisch sitzen; **ils étaient attablés autour d'une bouteille de vin** sie saßen bei e-r Flasche Wein zusammen

attachant [ataʃɑ̃] *adj personne* fesselnd; anziehend; **roman, film ~** fesselnder, spannender Roman, Film

attache [ataʃ] *f* 1 **a)** (*objet pour attacher*) Befestigung *f*; Halter(ung) *m(f)*; *de torchon, vêtement, tableau* Aufhänger *m*; **b)** *pour fermer un vêtement* Band *n*; Bändchen *n*; **c)** *d'un voyageur* **point** *m* **d'~** Standort *m*, -quartier *n*; MAR **port** *m* **d'~** Heimathafen *m*; *animal* **être à l'~** an-, festgebunden sein; an der Kette liegen 2 ANAT **a)** **~s** *pl* Hand- und Fußgelenke *n/pl*; **avoir des ~s fines** schmale Hand- und Fußgelenke haben; **b)** *d'un muscle, tendon* Ansatz(punkt *m*, -stelle *f*) *m*; **~ du cou** Halsansatz *m* 3 *fig* **~s** *pl affectives* (innere) Bindung(en) *f(pl)*; (*relations*) Verbindungen *f/pl*; Beziehungen *f/pl*

attaché[1] [ataʃe] *adj* 1 *prisonnier* gefesselt (**à** an +*acc*) 2 **être ~ à** *privilège, nom etc* verbunden, verknüpft sein mit; *chance a* abhängig sein von; gebunden sein an (+*acc*) 3 *personne* **être ~ à qn, qc** an j-m, etw hängen; → *a* **attacher** 4 INFORM **fichier ~** Attachment [ə'tɛtʃ-] *n*

attaché[2] [ataʃe] *m* 1 DIPL Attaché *m*; **~ commercial, culturel, militaire** Handels-, Kultur-, Militärattaché *m*; **~ d'ambassade** (Botschafts-, Gesandtschafts)Attaché *m*; **~ de presse** Presseattaché *m*; *d'une entreprise etc* Pressereferent *m*, -sprecher *m* 2 **~ d'administration** *correspond à* (Ober)Regierungsrat *m* 3 **~e** *f* **de direction** Chef-, Direktionssekretärin *f*

attaché-case [ataʃekɛz] *m* ⟨*pl* **attaché-cases**⟩ Akten-, Diplomatenkoffer *m*

attachement [ataʃmɑ̃] *m* Anhänglichkeit *f* (**à** *ou* **pour qn, qc** an j-n, etw); (Zu)Neigung *f* (zu j-m); *à la tradition a* Festhalten *n* (an +*dat*); **montrer un profond ~ pour qn** e-e tiefe (Zu)Neigung zu j-m zeigen

attacher [ataʃe] I *v/t* 1 **a)** fest- *ou* anbinden, festmachen, befestigen (**à** an +*dat*); binden (an +*acc*); *ficelle* anknüpfen (an +*acc*); **~ qn sur une chaise** j-n auf e-m Stuhl festbinden; *fig* **~ son regard sur qn, qc** s-n Blick auf j-n, etw heften; **b)** *plusieurs objets ensemble* zusammenbinden, -schnüren; aneinanderbinden; *lacets, ficelles* miteinander verknüpfen; aneinanderknüpfen; **~ les mains à qn** j-m die Hände fesseln; **c)** *tablier* zubinden; **~ ses lacets de chaussures**, F **~ ses chaussures** die Schnürsenkel zubinden, zuschnüren; s-e Schuhe, sich (*dat*) die Schuhe zuschnüren; **d)** *chaîne: bateau etc* festhalten; *ficelle: paquet* zuhalten **2** *fig* **~ qn à qn, qc** j-n (innerlich) mit j-m, etw verbinden; j-n an j-n, etw binden, fesseln; *ministre* **~ qn à son cabinet** j-n in s-n Stab aufnehmen; *employé* **~ à son service** in s-e Dienste nehmen; **être attaché au service de qn** in j-s Dienst (*dat*) stehen; *elle a tout fait* **pour l'~ à elle** um ihn an sich zu binden, fesseln; *de nombreux souvenirs* **m'attachent à cette ville** verbinden mich mit dieser Stadt **3** **~ une idée à qc** e-e Vorstellung mit etw verbinden, verknüpfen; **~ de l'importance, du prix, de la valeur à qc** e-r Sache (*dat*) Bedeutung, Wert beimessen, beilegen; Gewicht, Wert auf etw (*acc*) legen; **~ de l'intérêt à qc** e-r Sache (*dat*) Interesse entgegenbringen; *à des paroles, gestes* **~ un sens, une signification** e-e Bedeutung beimessen, zuschreiben **II** *v/i* CUIS anbacken, anhängen (**à** an *+dat*); **le gâteau a attaché** (**au moule**) der Kuchen ist (an der Form) angebacken, angehangen **III** *v/pr* **1** *personne en voiture, avion* **s'~** sich an-, festschnallen **2** *objet* **s'~ à qc** an etw (*dat*) befestigt, fest- *ou* angebunden, festgemacht werden *ou* sein; *fig regard* **s'~ sur qn, qc** sich auf j-n, etw heften **3** *fig personne* **s'~ à qn, à qc** an j-m, an etw hängen, *à de vieilles coutumes a* festhalten; j-n, etw lieb gewinnen; Zuneigung zu j-m fassen **4** **s'~ qn** j-s Zuneigung gewinnen; j-n für sich gewinnen, einnehmen **5** *souvenirs, avantages* **s'~ à qc** mit etw verbunden, verknüpft sein **6** *personne* (*s'appliquer*) **s'~ à qc** sich mit etw befassen, beschäftigen, abgeben; *p/fort* sich e-r Sache (*dat*) ganz hingeben, widmen; **s'~ à** (*+inf*) es sich (*dat*) zur Aufgabe machen, sich bemühen, bestrebt sein zu (*+inf*)

attaquable [atakabl] *adj* **1** angreifbar **2** *contrat, testament* anfechtbar

attaquant [atakɑ̃] *m*, **attaquante** *f* **1** MIL Angreifer *m*; *fig a* Angreiferin *f* **2** SPORTS Angriffsspieler(in) *m(f)*; Stürmer *m*

attaque [atak] *f* **1** MIL, *fig* Angriff *m* (**contre** gegen, auf *+acc*); *fig a* Attacke *f*; **~ imprévue, par surprise** Überraschungsangriff *m*; Überrumpelung *f*; Überfall *m*; **les ~s de l'opposition contre le gouvernement** die Angriffe der Opposition gegen *ou* auf die Regierung; **passer à l'~** zum Angriff übergehen (*a fig*) **2** *dans une banque etc* **~ à main armée** bewaffneter Überfall **3** SPORTS Angriff *m*; (**ligne** *f* **d'**)**~** Angriff(sspieler) *m(m/pl)*; Sturm *m* **4** MÉD Anfall *m*; Attacke *f*; **~ cérébrale** Gehirnschlag *m*; **~ d'apoplexie** Schlaganfall *m* **5** F *fig* **être d'~** fit, in Form sein **6** MUS Einsetzen *n*; Einsatz *m*

attaquer [atake] **I** *v/t* **1** MIL, SPORTS, *fig* angreifen; *fig a* attackieren; *dans la rue* überfallen; anfallen; *fig personne, politique a* anfeinden; *réputation* antasten; **~ des difficultés** Schwierigkeiten angehen, anpacken; JUR **~ un testament** ein Testament anfechten; **~ qn en justice** j-n gerichtlich belangen; j-n verklagen; **~ par surprise** überraschend angreifen; überrumpeln; überfallen; **se faire ~** überfallen werden; *par ext* **~ qn sur un sujet** von j-m Auskunft über ein Thema verlangen; j-n über ein Thema ausfragen **2** *rouille, acide* **~ qc** etw angreifen, anfressen, *acide a* ätzen; *parasites* **~ qc** etw befallen, heimsuchen; MÉD **le poumon est attaqué** die Lunge ist angegriffen **3** *tâche* in Angriff nehmen; anpacken; angehen; beginnen; sich (F heran)machen an (*+acc*); MUS anstimmen; F *plat* herfallen, F sich hermachen über (*+acc*); **~ un discours** eine Rede beginnen; **~ un sujet** ein Thema anschneiden **II** *v/pr* **1** *personne* **s'~ à qn, à qc** j-n, etw angreifen, bekämpfen; gegen etw angehen, ankämpfen **2** *rouille etc* **s'~ à** → *I 2* **3** *personne* **s'~ à** *un problème, à une tâche* anpacken, angehen (*+acc*); sich (F heran)machen an (*+acc*); F *à un plat* herfallen, sich hermachen über (*+acc*)

attardé [ataʀde] *adj* **1** *passant etc* verspätet **2** *fig* (*arriéré*) rückständig; altmodisch; *conception, idée a* überholt; vorgestrig; antiquiert **3** *enfant* zurückgeblieben; *subst* **~(e)** *m(f)* zurückgebliebenes Kind

attarder [ataʀde] **I** *v/t* **~ qn** j-n aufhalten **II** *v/pr* **s'~** **1** sich verspäten; *quelque part, chez qn, en route* sich zu lange aufhalten; **s'~ à faire qc** sich bei *ou* mit etw zu lange aufhalten **2** **s'~ à** *ou* **sur un sujet** bei e-m Thema verweilen; sich bei *ou* mit e-m Thema aufhalten

atteindre [atɛ̃dʀ] ⟨→ **peindre**⟩ **I** *v/t* **1** *lieu, personne, objet, but, niveau* erreichen; *valeur* erlangen; **~ qn par téléphone** j-n telefonisch erreichen; **~ soixante ans** sechzig Jahre alt werden; die sechzig erreichen; *arbre* **~ une 'hauteur de cinq mètres** *a* fünf Meter hoch werden; *objet aux enchères* **~ un prix de …** e-n Preis von … erzielen; **avoir atteint la** *ou* **être atteint par la limite d'âge** die Altersgrenze erreicht haben **2** *avec un projectile* treffen; **la balle l'atteignit en plein cœur, à la tête** die Kugel traf ihn mitten ins Herz, am Kopf; **atteint mortellement** tödlich getroffen **3** *fig critique* **~ qn** j-n treffen, verletzen; **~ qn dans ses convictions** j-n in s-n Überzeugungen kränken, erschüttern; *autorité, réputation* **être atteint** erschüttert, angeschlagen sein; gelitten, Schaden genommen haben **4** *maladie* **~ qn** j-n befallen, heimsuchen; *malheur, peine* j-n treffen, heimsuchen; *adjt*: **atteint de folie** dem Wahnsinn verfallen; **atteint d'un mal incurable** unheilbar krank; **être atteint de la typhoïde** an Typhus erkrankt sein; F *fig* **il est bien atteint** → **cinglé** **II** *v/t/indir litt* **~ à qc** etw erreichen, erlangen; zu etw gelangen

atteinte [atɛ̃t] *f* **1** **'hors d'~** außer Reichweite; unerreichbar; *réputation* unantastbar; **'hors de l'~ des balles** außer Schussweite **2** (*préjudice*) Beeinträchtigung *f*, Gefährdung *f*, Schädigung *f*, *à l'honneur* Verletzung *f* (**à** *gén*); *à la vie privée, à la propriété* Eingriff *m* (**à** in *+acc*); JUR **~ à la sûreté extérieure de l'État** Landesverrat *m*; **porter ~ à qc** e-r Sache (*dat*) schaden, Schaden zufügen, Abbruch tun, abträglich sein; etw beeinträchtigen, gefährden, schädigen, verletzen, antasten; **cet article ne portera pas ~ à …** dieser Artikel lässt … unberührt **3** *d'un mal* **premières ~s** erste Anzeichen *n/pl*

attelage [atlaʒ] *m* **1** *action* An-, Einspannen *n* **2** (*bêtes attelées*) Gespann *n*; Bespannung *f*

atteler [atle] ⟨-ll-⟩ **I** *v/t* **1** *animal* anspannen, anschirren (***à*** an *+acc*); einspannen; **~ *une charrette*** einen Karren an-, einspannen; **~ *les bœufs à la charrue*** die Ochsen vor den Pflug spannen **2** *fig* **~ *qn à un travail*** j-n für e-e Arbeit einspannen **II** *v/pr* ***s'~ à un travail*** sich gründlich mit e-r Arbeit befassen; sich in e-e Arbeit hineinknien

attelle [atɛl] *f* **1** *du cheval* Kum(me)tbügel *m* **2** MÉD Schiene *f*

attenant [at(ə)nɑ̃] *adj pièce, terrain* angrenzend, anstoßend (***à*** an *+acc*); ***être ~ à*** angrenzen, anstoßen an (*+acc*)

attendant [atɑ̃dɑ̃] *loc/adv* ***en ~*** (*pendant ce temps*) unterdessen; inzwischen; einstweilen; währenddessen; indessen; (*quoi qu'il en soit*) wie dem auch sei; jedenfalls; *loc/conj* ***en ~ de*** (*+inf*), ***en ~ que ...*** (*+subj*) (so lange) bis; ***en ~ de partir*** bis zur Abfahrt; ***j'ai lu en ~ qu'il arrive*** ich habe (so lange) gelesen, bis er kam

attendre [atɑ̃dʀ] ⟨→ **rendre**⟩ **I** *v/t* erwarten; warten auf (*+acc*); rechnen mit; *occasion, beau temps* abwarten (***pour*** *+inf* um zu *+inf*); *taxi, surprise, manger etc* **~ *qn*** j-n erwarten; auf j-n warten; **~ *le bus*** auf den Bus warten; ***on ne vous attendait plus*** wir haben nicht mehr mit Ihnen gerechnet; ***il n'attend que ça*** darauf wartet er ja nur; *femme* **~ *un enfant*** ein Kind erwarten; **~ *qc de qn*** etw von j-m erwarten; **~ *de la reconnaissance de qn*** Dankbarkeit von j-m erwarten; ♦ **~ *de*** (*+inf*) (ab)warten bis; ***attends d'être informé*** *avant de* ... warte (ab), bis du unterrichtet wirst ...; **~ *que ...*** (*+subj*) warten, bis ...; ***pour manger, j'attends qu'il vienne*** ich warte mit dem Essen, bis er kommt **II** *v/t/indir* F **~ *après qn, qc*** j-n, etw erwarten; auf j-n, etw warten; ***je n'attends pas après votre aide*** ich brauche Ihre Hilfe nicht **III** *v/i* **1** (ab)warten; ***attends!, attendez!*** e-n Augenblick noch!; ***attends, je vais t'expliquer!*** Moment *ou* warte mal *ou* halt, das werde ich dir gleich erklären!; *menace* ***attends un peu!*** na, warte!; ***perdre son temps à ~*** s-e Zeit mit Warten verlieren; ***je suis resté deux heures à ~, j'ai attendu (pendant) deux heures*** ich habe zwei Stunden lang gewartet; ***en attendant mieux*** in Erwartung e-s Besser(e)n; bis sich etwas Besseres findet; **~ *jusqu'à son arrivée*** bis zu s-r Ankunft warten; **~ *jusqu'à ce qu'il revienne*** warten, bis er zurückkommt; ***cette réponse peut ~*** die Antwort kann (noch) warten; ***faire ~ qn*** j-n warten lassen; *personne, récompense* ***se faire ~*** auf sich (*acc*) warten lassen; ***le résultat ne se fit pas ~*** *a* die Folgen blieben nicht aus **2** *mets* ***ne pas ~*** sich nicht halten; *soufflé* langes Stehen nicht vertragen **IV** *v/pr* ***s'~ à qc*** auf etw (*acc*) gefasst sein; etw erwarten; mit etw rechnen; ***je ne m'y attendais pas*** darauf war ich nicht gefasst; damit hatte ich nicht gerechnet; ***il fallait s'y ~*** damit musste man rechnen; *au moment* ***où il s'y attend le moins*** *a* wo er es am wenigsten vermutet; ***on pouvait s'~ à pire*** *a* es hätte schlimmer kommen können; ***avec lui, il faut s'~ à tout*** bei ihm muss man auf alles gefasst sein, muss man sich auf alles gefasst machen; ♦ ***s'~ à*** (*+inf*) erwarten, damit rechnen, darauf gefasst sein zu (*+inf*); ***s'~ à ce que ...*** (*+subj*) erwarten, damit rechnen, darauf gefasst sein, dass ...

attendrir [atɑ̃dʀiʀ] **I** *v/t* **1** *personne* rühren; weich stimmen; Rührung, Mitleid erwecken, hervorrufen (***qn*** bei j-m); ***d'un air attendri*** gerührt **2** *viande* weich, mürbe klopfen, machen **II** *v/pr* ***s'~*** gerührt, weich, weich gestimmt werden; ***s'~ sur qn, sur le sort de qn*** von j-s Geschick gerührt werden; mit j-m Mitleid empfinden

attendrissant [atɑ̃dʀisɑ̃] *adj* rührend

attendrissement [atɑ̃dʀismɑ̃] *m* Rührung *f* (***devant*** angesichts *+gén*); ***larmes*** *f/pl* ***d'~*** Tränen *f/pl* der Rührung

attendrisseur [atɑ̃dʀisœʀ] *m* BOUCHERIE Fleischklopfer *m*; Steaker ['ste:kər] *m*

attendu [atɑ̃dy] **I** *adj* erwartet **II** *prép* ADM angesichts, in Anbetracht (*+gén*); *loc/conj* **~ *que*** in Anbetracht dessen, dass **III** *m/pl* **~*s*** JUR Entscheidungsgründe *m/pl*

attentat [atɑ̃ta] *m* **1** POL Attentat *n*, Anschlag *m* (***contre qn, qc*** auf *ou* gegen j-n, etw); **~ *suicide*** Selbstmordattentat *n*, -anschlag *m*; **~ *au plastic*** Sprengstoffattentat *n*, -anschlag *m* **2** JUR **~ *à la liberté*** Freiheitsberaubung *f*; **~ *aux mœurs*** Sittlichkeitsvergehen *n*, -delikt *n*; **~ *à la pudeur*** unzüchtige Handlung; Unzucht *f*

attentatoire [atɑ̃tatwaʀ] *adj* ADM *mesure, action* **~ *à qc*** etw beeinträchtigend, verletzend, antastend; in etw (*acc*) eingreifend

attente [atɑ̃t] *f* **1** Warten *n* (***de qn, qc*** auf j-n, etw); *durée* Wartezeit *f*; ***salle*** *f* ***d'~*** *chez le médecin* Wartezimmer *n*; CH DE FER Wartesaal *m*; ***dans l'~ de qc*** in Erwartung e-r Sache (*gén*); COMM ***dans l'~ de votre réponse*** *a* Ihrer Antwort entgegensehend; ***l'~ n'a pas été longue*** die Wartezeit war nicht lang; ich habe *ou* wir haben *etc* nicht lange gewartet, warten müssen **2** (*prévision*) Erwartung *f*; ***contre toute ~*** wider alles Erwarten; entgegen allen Erwartungen

attenter [atɑ̃te] *v/t/indir* **~ *à qc*** etw zu beeinträchtigen, anzutasten versuchen; **~ *à ses jours*** e-n Selbstmordversuch unternehmen; **~ *à la vie de qn*** j-m nach dem Leben trachten; POL *a* e-n Anschlag auf *ou* gegen j-n verüben

attentif [atɑ̃tif] *adj* ⟨**-ive**⟩ **1** *personne, regard* aufmerksam; *st/s* achtsam; ***être ~ à qc*** (sorgfältig) auf etw (*acc*) achten; ***être ~ à*** (*+inf*) darauf achten, darauf bedacht sein zu (*+inf*); ***observer d'un œil ~ qc*** etw aufmerksam beobachten, verfolgen; ***prêter une oreille attentive à*** ein aufmerksames Ohr haben für **2** *fig soins* aufmerksam; sorgfältig

attention [atɑ̃sjõ] *f* **1** Aufmerksamkeit *f*; *st/s* Achtsamkeit *f*; *a* Beachtung *f*; ***~!*** Achtung!; Vorsicht!; aufgepasst!; *südd a* Obacht!; ***maintenant, ~!*** jetzt heißt es aufpassen!; **~ *à la marche!*** Vorsicht, Stufe!; **~ *à la voiture!*** Vorsicht *ou* pass auf *ou* passen Sie auf, (da ist, steht, kommt) ein Auto!; *sur une lettre* ***à l'~ de ...*** zu Händen von ... (*abr* z. H. [v.]); ***avec ~*** aufmerksam; ***faire ~ à qc*** auf etw (*acc*) achten, achtgeben, aufpassen; etw beachten; ***fais ~!*** pass auf!; gib acht!; sieh dich vor!; nimm dich in Acht!; *avec impatience* pass doch auf!; ***faire ~ à qn*** j-n beachten; auf j-n aufpassen; *südd* auf j-n Obacht geben; ***faire ~ à*** *ou* ***de*** (*+inf*), ***faire ~ (à ce) que ...*** (*+subj*) aufpassen, achtgeben, darauf achten, zusehen, dass ...; ***prêter ~ à qn, à qc*** j-m, e-r Sache Aufmerksamkeit, Beachtung schenken; j-n, etw beachten; → *a* ***retenir*** *I 1* **2** *fig souvent pl* **~*s*** Aufmerksamkeiten *f/pl*; ***être plein d'~ pour qn*** rührend bemüht, besorgt um

j-n sein
attentionné [atɑ̃sjɔne] *adj* (sehr) aufmerksam, zuvorkommend (***pour qn*** gegenüber j-m)
attentisme [atɑ̃tism] *m* POL abwartende Haltung; Attentismus *m* **attentiste** *adj* POL sich abwartend verhaltend; e-e abwartende Haltung einnehmend
attentivement [atɑ̃tivmɑ̃] *adv* aufmerksam
atténuant [atenɥɑ̃] *adj* JUR ***circonstances ~es*** mildernde Umstände *m/pl*
atténuateur [atenɥatœʀ] *m* TÉLÉCOMM Dämpfungsglied *n*
atténuation [atenɥasjõ] *f* Milderung *f*; *de la douleur a* Linderung *f*
atténué [atenɥe] *adj lumière* gedämpft; mild; *sens d'un mot* abgeschwächt; verblasst; ***symptôme ~*** abgeschwächtes Symptom
atténuer [atenɥe] **I** *v/t douleur* lindern; mildern; *force d'une expression* mildern; abschwächen; ***~ la lumière*** das Licht dämpfen; ***~ une punition*** eine Strafe mildern **II** *v/pr douleur, tempête* ***s'~*** nachlassen
atterrant [atɛʀɑ̃] *adj* niederschmetternd; bestürzend
atterrer [ateʀe] *v/t* bestürzen; *souvent adjt* ***être atterré*** ganz betroffen, aufs Höchste *ou* höchste bestürzt, niedergeschmettert sein
atterrir [ateʀiʀ] *v/t* **1** *avion* landen; *fusée* niedergehen; ***~ sur une planète*** auf e-m Planeten landen **2** F *fig personne, objet* F landen
atterrissage [ateʀisaʒ] *m* **1** AVIAT Landung *f*; *d'une fusée* Niedergehen *n*; ***~ sans visibilité*** Blindlandung *f*; ***train*** *m* ***d'~*** Fahrwerk *n*, -gestell *n* **2** MAR Landen *n*; Anlegen *n*; ***manœuvres*** *f/pl* ***d'~*** Anlegemanöver *n/pl*
attestation [atɛstasjõ] *f* **1** (*certificat*) Bescheinigung *f*; Zeugnis *n*; ***~ médicale*** ärztliches Attest **2** (*témoignage*) Bezeugung *f*; *st/s* (*preuve*) Beweis *m* (***de*** für)
attesté [atɛste] *adj fait* bewiesen; bezeugt; LING *forme, terme* belegt **attester** *v/t* **1** *oralement* bezeugen; bestätigen; *par écrit* bescheinigen **2** (*prouver*) beweisen; ein Beweis sein für
attiédir [atjediʀ] *v/pr st/s* ***s'~*** **1** lauwarm werden **2** *fig sentiment* erkalten; sich abkühlen **attiédissement** *m st/s de sentiments* Erkalten *n*; Abkühlung *f*
attifer [atife] *v/t* (*et v/pr* ***s'***)***~*** *péj* (sich) auf-, herausputzen, F (sich) ausstaffieren (***de*** mit)
attiger [atiʒe] F *v/i* ⟨**-geons**⟩ übertreiben; F dick auftragen
Attila [atila] *m* HIST Attila *m*; Etzel *m*
attique [atik] **I** *adj* attisch **II** *subst* **1** GÉOGR ***l'Attique*** *f* Attika *n* **2** *m* ARCH Attika *f*
attirail [atiʀaj] *m* F Kram *m*; Plunder *m*; ***tout un ~ de cambrioleur*** ein ganzes Sortiment von Einbrecherwerkzeugen; ***~ de photographe*** Fotoausrüstung *f* (F mit allem Drum und Dran)
attirance [atiʀɑ̃s] *f* Anziehungskraft *f*; Verlockung *f*; Reiz *m*; ***éprouver une certaine ~ envers, pour qc, qn*** sich zu etw, j-m hingezogen fühlen; sich von etw, j-m angezogen fühlen
attirant [atiʀɑ̃] *adj personne* anziehend
attirer [atiʀe] **I** *v/t* **1** PHYS anziehen; *fig* anziehen; an-, herbeilocken; ***~ qn dans un coin*** j-n in e-e Ecke ziehen; ***~ qn dans un piège*** j-n in e-e Falle locken; ***~ qn par des promesses*** j-n mit Versprechungen ködern; ***ce spectacle attire un grand public*** *a* dieses Schauspiel ist sehr zugkräftig **2** ***~ qc à*** *ou* ***sur qn*** j-m etw verschaffen, (ein)bringen; *sa réussite* ***lui attira beaucoup d'amis*** machte, gewann, verschaffte ihm viele Freunde; ***~ sur soi la colère de qn*** sich (*dat*) j-s Zorn zuziehen **3** ***~ l'attention, les regards de qn*** j-s Aufmerksamkeit, Blicke auf sich (*acc*) ziehen, lenken; ***~ l'attention de qn sur qc*** j-s Aufmerksamkeit auf etw (*acc*) lenken **II** *v/pr* ***s'~ qc*** sich (*dat*) etw zuziehen; etw gewinnen; *compliments* ernten; einstecken; ***s'~ des ennuis*** sich (*dat*) Unannehmlichkeiten zuziehen, einhandeln; Ärger bekommen, F kriegen; ***s'~ l'estime de qn*** j-s Achtung gewinnen
attiser [atize] *v/t feu, fig passion, discorde* schüren; anfachen; anheizen
attitré [atitʀe] *adj marchand etc* fest; ständig; ***fournisseur ~ de la Cour*** Hoflieferant *m*
attitude [atityd] *f* **1** *du corps* (Körper)Haltung *f* **2** (*disposition*) (innere) Haltung; Einstellung *f*; (*comportement*) Verhalten *n*; *péj* Attitüde *f*; ***adopter, prendre une ~ ferme dans une affaire*** in e-r Angelegenheit e-e feste Haltung einnehmen; ***garder une***

von atterrir zu alunir

On va bientôt **atterrir** à Montréal. –
Wir werden bald in Montreal **landen**.

Es ist unschwer zu erkennen, dass sich das Verb atterrir aus dem Substantiv la terre entwickelt hat.
Als Neil Armstrong und Edwin Aldrin im Juli 1969 als erste Menschen auf dem Mond landeten, hatten die Journalisten wohl Skrupel, das Verb atterrir für den Vorgang des Landens auf dem Mond zu verwenden, da ja la Terre für den Planeten Erde verwendet wird.
Folglich wurde nach dem Wortbildungsmuster terre → atterrir aus la lune (der Mond) das Verb **alunir** gebildet:

Les astronautes Aldrin et Armstrong **ont aluni** le 20 juillet 1969. –
Die Astronauten Aldrin und Armstrong **sind** am 20. Juli 1969 **auf dem Mond gelandet**.

Nun könnte man für jede weitere Landung auf anderen Planeten neue Verben bilden. Da dies jedoch dem Prinzip der Sprachökonomie zuwiderlaufen würde, verwendet man in diesen Fällen atterrir:

Pathfinder **a atterri sur la planète Mars**. –
Pathfinder **ist auf dem Mars gelandet**.

~ ***réservée*** sich reserviert verhalten; sich zurückhalten; ***quelle est son ~ à l'égard de ce problème?*** wie steht er zu diesem Problem?

attouchements [atuʃmɑ̃] *m/pl* Berührungen *f/pl*; Streicheln *n*

attractif [atʀaktif] *adj* ⟨-ive⟩ **1** PHYS ***force attractive*** Anziehungskraft *f* (*a fig*) **2** *fig et st/s* attraktiv; verlockend

attraction [atʀaksjõ] *f* **1** PHYS Anziehung(skraft) *f*; ~ ***terrestre*** Erdanziehung *f*; ***loi*** *f* ***de l'~ universelle*** newtonsches Gravitationsgesetz **2** *fig* Anziehungskraft *f*; Attraktion *f*; ***exercer une grande ~ sur qn*** e-e große Anziehungskraft auf j-n ausüben **3** *pour le public* Attraktion *f*; (***centre*** *m* ***d'***)~ (Haupt)Anziehungspunkt *m*; Magnet *m*; F *personne* ***être la grosse ~*** die große Attraktion sein **4** *pl* ***~s*** *au cirque* Attraktionen *f/pl*; *d'une boîte de nuit* Varieteedarbietungen *f/pl*; Einlagen *f/pl* **5** LING Attraktion *f*

attrait [atʀɛ] *m* **1** *d'une chose* Reiz *m*; (Ver)Lockung *f*; Zauber *m*; Faszination *f* **2** ***éprouver de l'~ pour qn, qc*** sich von j-m, etw angezogen fühlen; sich zu j-m, etw hingezogen fühlen **3** *st/s d'une femme* ***~s*** *pl* Reize *m/pl*

attrape [atʀap] *f* (***farces*** *f/pl* ***et***) ***~s*** Scherzartikel *m/pl*

attrape-nigaud [atʀapnigo] *m* ⟨*pl* **attrape-nigauds**⟩ Bauernfängerei *f*; plumper Trick

attraper [atʀape] **I** *v/t* **1** *personne, animal* fangen; erhaschen; F erwischen; ~ ***une balle*** einen Ball (auf)fangen; *chien* ~ ***qc*** etw schnappen; ***attrape!*** fang auf!; ~ ***qn par le bras*** j-n am Arm packen; ***se faire ~ par la police*** F von der Polizei geschnappt werden **2** *train, bus* erreichen; F erwischen; kriegen **3** F *maladie, coup de soleil* bekommen; sich (*dat*) holen; sich (*dat*) zuziehen; F kriegen; auflesen; *punition* bekommen; F (verpasst) kriegen; *style de qn* F raus-, hinkriegen; ~ ***un accent*** einen Akzent annehmen; ~ ***froid*** sich erkälten; F sich verkühlen **4** (*tromper*) ~ ***qn*** j-n anführen, (he)reinlegen, zum Narren halten; ***me voilà bien attrapé*** da bin ich ja schön reingefallen **5** F (*réprimander*) ~ ***qn*** F j-n abkanzeln, anranzen; j-m den Kopf waschen; ***se faire ~*** abgekanzelt werden; e-e Abreibung kriegen **II** *v/pr* ***s'~*** **1** F *maladie* ansteckend sein; sich übertragen; *avec ce temps-là* ***un rhume s'attrape facilement*** holt man sich leicht e-n Schnupfen **2** F (*se disputer*) F sich in die Haare kriegen

attrayant [atʀɛjɑ̃] *adj chose* verlockend; reizvoll; attraktiv; *personne* anziehend; attraktiv

attribuable [atʀibɥabl] *adj* ***être ~ à qc*** e-r Sache (*dat*) zuzuschreiben sein

attribuer [atʀibɥe] **I** *v/t* **1** *dans une répartition* zuteilen; zuweisen; vergeben; *par testament a* zusprechen; *rôle a* übertragen **2** *crédit* gewähren; *prix* zuerkennen; verleihen; *avantages, privilèges* gewähren; verleihen; zugestehen; zubilligen; ~ ***peu d'importance à qc*** e-r Sache (*dat*) wenig Bedeutung beimessen, zuschreiben **3** *qualités, défauts* ~ ***à qn*** j-m unterstellen (*a idées*), unterschieben; in j-n hineinlegen; j-m verleihen; *qualités a* j-n ausstatten (***qc*** mit etw) **4** (*imputer*) ~ ***qc à qn, à qc*** j-m, e-r Sache etw zuschreiben; etw auf etw (*acc*) zurückführen; ***à quoi attribuez-vous cet insuccès?*** worauf führen Sie diesen Misserfolg zurück?; ~ ***une invention, un tableau à qn*** j-m e-e Erfindung, ein Gemälde zuschreiben; ~ ***la responsabilité de qc à qn*** j-n für etw verantwortlich machen **II** *v/pr* ***s'~*** *mérite, succès etc* sich (*dat*) zuschreiben; für sich in Anspruch nehmen; *titre* sich (*dat*) aneignen

attribut [atʀiby] *m* **1** (*caractéristique*) Attribut *n*; wesentliches, charakteristisches Merkmal **2** (*emblème*) Attribut *n*; Symbol *n*; Kennzeichen *n* **3** GR Prädikativ(um) *n*; Prädikatsnomen *n*; prädikative Ergänzung; ~ ***de l'objet, du sujet*** prädikative Ergänzung zum direkten Objekt, zum Subjekt; *adjt* ***adjectif*** *m* ~ prädikatives Adjektiv

attributaire [atʀibytɛʀ] *m,f* JUR *dans un héritage, une répartition* Empfänger(in) *m(f)*; ASSURANCE SOCIALE Leistungsempfänger(in) *m(f)*

attributif [atʀibytif] *adj* ⟨-ive⟩ **1** JUR (ein Recht) zuerkennend, übertragend **2** GR ***verbe ~*** Gleichsetzungsverb *n*; Verb, das ein Prädikatsnomen erfordert **3** LOGIQUE prädikativ

attribution [atʀibysjõ] *f* **1** Zuteilung *f*; Zuweisung *f*; Vergabe *f*; *d'un rôle a* Übertragung *f*; *de crédits* Gewährung *f*; *d'un prix* Zuerkennung *f*; Verleihung *f* **2** ***~s*** *pl* Aufgabenbereich *m*, -kreis *m*; Zuständigkeit(sbereich) *f(m)*; Kompetenz-, Amts-, Dienst-, Geschäftsbereich *m*; Amtsbefugnisse *f/pl*; Kompetenzen *f/pl*; ***cela n'entre, ne rentre pas dans mes ~s*** das fällt nicht in meine Zuständigkeit; dafür bin ich nicht zuständig; das gehört nicht zu meinem Aufgabenbereich *etc*, *a* zu meinen Obliegenheiten **3** GR ***complément*** *m* ***d'~*** neben dem direkten Objekt stehendes präpositionales Objekt

attristant [atʀistɑ̃] *adj* betrüblich; traurig; bedauerlich

attrister [atʀiste] **I** *v/t* traurig machen, stimmen; betrüben; bekümmern **II** *v/pr* ***s'~*** traurig, betrübt, bekümmert werden

attroupement [atʀupmɑ̃] *m* Menschenauflauf *m*, -ansammlung *f*

attrouper [atʀupe] *v/pr* ***s'~*** herbei-, zusammenströmen; sich an-, versammeln; *rebelles* sich zusammenrotten

atypique [atipik] *adj* atypisch; untypisch; MÉD ***pneumonie*** *f* ~ SARS *n*

au [o] → ***à***

aubade [obad] *f* Morgenständchen *n*; ***donner une ~ à qn*** j-m ein (Morgen)Ständchen bringen

aubaine [obɛn] *f* (***bonne***) ~ Glücksfall *m*; unverhofftes Glück

aube [ob] *f* **1** Morgengrauen *n*, -dämmerung *f*; ***à l'~*** im Morgengrauen; in der Morgendämmerung; bei Tagesanbruch **2** *fig et st/s* (An)Beginn *m*; Anfang *m*; ***n'être qu'à l'~ de qc*** erst am Beginn, Anfang von etw stehen **3** ÉGL CATH Albe *f*; *de communiants* langes weißes Gewand **4** *d'une turbine, roue hydraulique* Schaufel *f*; ***bateau*** *m* ***à ~s*** Raddampfer *m*; ***roue*** *f* ***à ~s*** Schaufelrad *n*

Aube [ob] ***l'~*** *f Fluss u Departement in Frankreich*

Aubenas [obnɑ] *Stadt im Dep. Ardèche*

aubépine [obepin] *f* BOT Weiß-, Hagedorn *m*

auberge [obɛʀʒ] *f* **1** (Land)Gasthof *m*; Landgasthaus *n*; *autrefois* Herberge *f*; *fig* ~ ***espagnole*** primitive Unterkunft, wo man alles selber mitbringen muss; F *fig* ***on n'est pas sorti de l'~*** F wir sind noch nicht über den Berg; wir sind noch nicht aus dem

Schneider **2** *restaurant moderne* elegantes Restaurant im Rustikalstil **3** **~ de (la) jeunesse** Jugendherberge *f*

aubergine [obɛʀʒin] *f* **1** BOT Aubergine [-ˈʒiːnə] *f*; Eierfrucht *f* **2** *adj* ⟨*inv*⟩ aubergine(farben)

aubergiste [obɛʀʒist] *m,f* **1** (Gast)Wirt(in) *m(f)* **2** *adjt d'une A.J.* **père** *m*, **mère** *f* **~** Herbergsvater *m*, -mutter *f*

Aubervilliers [obɛʀvilje] *Stadt im Dep. Seine-Saint--Denis*

aubette [obɛt] *f en Belgique* **1** (*abribus*) Wartehäuschen *n* **2** (*kiosque*) Zeitungskiosk *m*

aubier [obje] *m* Splint(holz) *m(n)*

auburn [obœʀn] *adj* ⟨*inv*⟩ *cheveux* kastanienbraun

Auch [oʃ] *Stadt im Dep. Gers*

aucun [okɛ̃, okœ̃] *m*, **aucune** [okyn] *f* **I** *adj/ind* **1** ⟨*mit* **ne** *beim Verb, ohne* **ne** F⟩ (gar, überhaupt) kein(e); *employé seul* keiner, keine, kein(e)s; kein einziger, -s, keine einzige; keinerlei (*inv*); ***aucun élève n'****a réussi à cet examen* kein (einziger) Schüler ...; ***il n'a fait aucun progrès*** er hat keinerlei, gar keinen Fortschritt gemacht; ***n'avoir aucun talent*** gar kein, überhaupt kein Talent besitzen; *elliptiquement: y avait-il des enfants avec eux? -* ***aucun*** keine *ou* gar keins *ou* kein einziges; ♦ *loc/adv*: ***en aucun cas*** auf keinen Fall; keinesfalls; ***en aucune façon, manière*** keineswegs; in keiner Weise; (ganz und) gar nicht; ***sans aucun effort*** ohne jede, jegliche Anstrengung; ***sans aucun frais*** völlig kostenlos; *st/s* ***sans difficulté aucune*** ohne jede Schwierigkeit **2** *litt sens positif* irgendein(e) **II** *pr/ind* **1** ⟨*mit* **ne** *beim Verb*⟩ *m* keiner, *f* keine, *n* kein(e)s; ***je ne connais aucun des deux*** ich kenne keinen von beiden; *lequel préférez-vous? -* ***aucun*** keinen **2** *litt sens positif* irgendeine(r, -s); ***d'aucuns*** einige; etliche

aucunement [okynmɑ̃] *adv* ⟨*mit* **ne** *beim Verb*⟩ keineswegs; durchaus nicht; in keiner Weise; (ganz und) gar nicht; mitnichten

audace [odas] *f* **1** Kühnheit *f*; Wagemut *m*; ***folle ~*** Tollkühnheit *f*; Verwegenheit *f*; ***avec ~*** kühn; wagemutig **2** ***~s*** *pl de la mode etc* Gewagtheiten *f/pl*; *d'un artiste a* Kühnheiten *f/pl* **3** *péj* Keckheit *f*; Kühnheit *f*; *p/fort* Dreistigkeit *f*; Unverschämtheit *f*; ***avoir l'~ de*** (+*inf*) die Dreistigkeit besitzen zu (+*inf*)

audacieux [odasjø] *adj* ⟨**-euse**⟩ **1** kühn; *personne a* wagemutig; *entreprise a* gewagt **2** *péj* keck; kühn; *p/fort* dreist; unverschämt

Aude [od] ***l'~*** *m Fluss u Departement in Frankreich*

au-dedans [od(ə)dɑ̃] *litt loc/adv* innen; drinnen; im Inner(e)n (*a fig*); *loc/prép* **~ de** innerhalb, im Inner(e)n (+*gén*)

au-dehors [odəɔʀ] *litt loc/adv* außen; draußen; *loc/prép* **~ de** außerhalb (+*gén*)

au-delà [od(ə)la] **I** *loc/adv* darüber hinaus (*dans l'espace et fig*); *fig a* mehr (als das); ***sa compétence s'étend ~*** sein Fachwissen erstreckt sich darüber hinaus **II** *loc/prép* **~ de** *dans l'espace* jenseits (+*gén*); *fig* über (+*acc*) hinaus; ***c'est ~ de ce que vous pouvez imaginer*** das übersteigt Ihr Vorstellungsvermögen **III** *m* REL Jenseits *n*

au-dessous [od(ə)su] **I** *loc/adv* darunter (*a dans une hiérarchie*); unterhalb **II** *loc/prép* **~ de** unterhalb (+*gén*); unter (+*dat ou acc*); ***les enfants ~ de dix ans*** Kinder unter zehn Jahren; ***Valence est ~ de Lyon*** Valence liegt unterhalb von Lyon; ***c'est ~ de moi*** das ist unter meiner Würde; F *fig* ***être ~ de tout*** gar nichts taugen; *personne a* ein völliger Versager sein; *par son comportement* F ein ganz mieser Typ sein; *travail a* unter aller Kritik, F Kanone sein; ***c'est ~ de tout!*** *a* F das ist ja das Letzte!; *vendre* ***~ de sa valeur*** unter s-m Wert; *température* ***~ de zéro*** unter null

au-dessus [od(ə)sy] **I** *loc/adv* darüber (*a dans une hiérarchie*); oberhalb; weiter oben **II** *loc/prép* **~ de** oberhalb (+*gén*); über (+*dat ou acc*); *fig* ***il est ~ de toute critique*** er ist über jede Kritik erhaben; *température* ***~ de trente degrés*** über dreißig Grad

au-devant [od(ə)vɑ̃] *loc/prép* ***aller ~ de qn*** j-m entgegengehen; ***aller ~ des désirs de qn*** j-s Wünschen zuvorkommen; ***aller ~ des difficultés*** keine Schwierigkeiten scheuen

audibilité [odibilite] *f* Hörbarkeit *f*; Vernehmbarkeit *f* **audible** *adj* hörbar; vernehmbar

audience [odjɑ̃s] *f* **1** Audienz *f*; ***~ particulière, privée*** Privataudienz *f*; ***accorder une ~ à qn*** j-m e-e Audienz gewähren; ***donner ~ à qn*** j-n empfangen **2** (*intérêt*) Anklang *m*; Aufmerksamkeit *f*; Beachtung *f*; ***trouver l'~ de qn*** Anklang bei j-m finden; bei j-m auf Interesse stoßen **3** JUR (Gerichts)Verhandlung *f*; Termin *m*; ***~ civile*** Verhandlung in Zivilsachen; ***~ publique*** öffentliche Verhandlung; *tribunal* ***tenir ~*** tagen; verhandeln **4** RAD, TV (Rundfunk)Hörer *m/pl*; (Fernseh)Zuschauer *m/pl*; (*taux d'écoute*) Einschaltquote *f*

audimat [odimat] *m* RAD, TV (System *n* zur Ermittlung der) Einschaltquote *f*

audio [odjo] *adj* ⟨*inv*⟩ Audio...; ***cassette*** *f* **~** Audio-, Hörkassette *f*

audiogramme [odjɔgʀam] *m* MÉD Audiogramm *n* **audiomètre** *m* MÉD Audiometer *n* **audiométrie** *f* MÉD Audiometrie *f*; Messen *n* des Hörvermögens **audiophone** *m* MÉD Audiophon *n* **audioprothésiste** *m,f* Hörgeräteakustiker(in) *m(f)*

audiovisuel [odjovizɥɛl] **I** *adj* ⟨**audiovisuelle**⟩ audiovisuell **II** *m* **a)** *domaine* audiovisueller Bereich; Audiovision *f*; **b)** *médias* audiovisuelle Medien *n/pl*; Hörfunk *m* und Fernsehen *n*; **c)** PÉD audiovisuelle Arbeitsmittel *n/pl*

audit [odit] *m* ÉCON **1** *fonction* Wirtschaftsprüfung *f* **2** *personne* Wirtschaftsprüfer *m*

auditeur [oditœʀ], **auditrice** **1** *m,f* Zuhörer(in) *m(f)*; RAD, LING Hörer(in) *m(f)*; TV Zuschauer(in) *m(f)*; UNIVERSITÉ ***auditeur libre*** Gasthörer *m* **2** *m* ÉCON Wirtschaftsprüfer *m*

auditif [oditif] **I** *adj* ⟨**-ive**⟩ Hör...; Gehör...; *sc* auditiv; ***acuité auditive*** Hörschärfe *f*; ***appareil ~*** Hörgerät *n*, -apparat *m*, -hilfe *f*; ANAT ***conduit ~*** Gehörgang *m*; ***mémoire auditive*** Gedächtnis *n* für akustische Eindrücke; ***sensation auditive*** Gehörsempfindung *f* **II** *subst* **~, *auditive*** *m,f* auditiver, akustischer Typ; Akustiker(in) *m(f)*

audition [odisjɔ̃] *f* **1** PHYSIOL Hören *n*; ***troubles*** *m/pl* ***de l'~*** Hörstörungen *f/pl* **2** JUR **~ *des témoins*** Anhörung *f* der Zeugen; Zeugenvernehmung *f* **3** *de cassettes etc* Ab-, Anhören *n* **4** THÉ *d'un acteur* Vorsprechen *n*; *d'un chanteur* Vorsingen *n*; *d'un musicien* Vorspielen *n*; (*récital*) Konzert *n*; ***passer une ~*** → ***auditionner*** *II*

auditionner [odisjɔne] **I** *v/t acteur etc, par ext disque etc* anhören **II** *v/i acteur* vorsprechen; *chanteur* vorsingen; *musicien* vorspielen
auditoire [oditwaʀ] *m* Zuhörer(schaft) *m/pl(f)*; Auditorium *n*; Publikum *n*
auditorium [oditɔʀjɔm] *m* RAD, TV Sendesaal *m*; Tonaufnahmestudio *n*
auge [oʒ] *f* Trog *m*; Kübel *m*; Mulde *f*; AGR Futter-, Schweinetrog *m*; GÉOL Trogtal *n*
augmentation [ɔgmɑ̃tasjõ, og-] *f* **1** Vermehrung *f*; Vergrößerung *f*; Steigerung *f*; Zunahme *f*; Anwachsen *n*; *des prix* (An)Steigen *n*; Anziehen *n*; Anstieg *m*; Erhöhung *f*; Heraufsetzung *f*; *des marchandises* Aufschlagen *n*; Teurerwerden *n*; Verteuerung *f*; *de la vitesse* Erhöhung *f*; Steigerung *f*; **~ de la circulation, du trafic** Verkehrszunahme *f*; **~ des impôts** Steuererhöhung *f*; **~ de la population** Bevölkerungszunahme *f*; **~ des prix** Preiserhöhung *f*, -anstieg *m*, -auftrieb *m*, -steigerung *f*; **~ de la production** Produktionssteigerung *f*; **~ de salaire** Lohn-, Gehaltserhöhung *f*, -aufbesserung *f*; **~ des salaires** Lohnanstieg *m*; **~ de la température** Anstieg, *artificielle* Erhöhung der Temperatur; **~ des ventes** Absatzsteigerung *f* **2** *abs* Lohn-, Gehaltserhöhung *f*, -aufbesserung *f* **3** TRICOT Zunehmen *n* **4** MUS Augmentation *f*
augmenter [ɔgmɑ̃te, og-] **I** *v/t* **1** *fortune, dettes etc* vermehren; vergrößern; *fortune a st/s* mehren; *capital a* aufstocken; *salaire* erhöhen; aufbessern; *vente, rendement* steigern; *valeur, vitesse* erhöhen; steigern; *fig silence* vergrößern; erhöhen; *inquiétude, angoisse* steigern; **~ les impôts, le loyer** die Steuern, die Miete erhöhen; **~ le pain** den Brotpreis erhöhen, heraufsetzen, das Brot teurer machen, verteuern (**de** um); **~ les prix** *a* mit den Preisen heraufgehen; *adjt* **édition revue et augmentée** durchgesehene und erweiterte, ergänzte Auflage **2** **~ qn** j-s Lohn, Gehalt erhöhen, aufbessern; F j-n aufbessern; **il a été augmenté** er hat e-e Lohn-, Gehaltserhöhung bekommen (**de 100 euros** von 100 Euro) **II** *v/i* **1** *fortune, population etc* zunehmen; wachsen; größer werden; sich vergrößern; sich vermehren; *nombre des malades etc a* steigen; sich erhöhen; *prix* steigen, anziehen, heraufgehen (**de** um); *marchandise* (im Preis) steigen; aufschlagen; teurer werden; sich verteuern; *jours* länger werden; zunehmen; *fig angoisse* steigen; sich steigern; wachsen; *maux de tête etc* zunehmen; **~ de valeur** im Wert steigen; e-n Wertzuwachs erfahren; **la vie augmente** das Leben wird teurer **2** TRICOT *etc* zunehmen **3** *adjt* MUS *intervalle* **augmenté** übermäßig
augural [ogyʀal] *adj* ⟨**-aux**⟩ Auguren…
augure [ogyʀ] *m* **1** *(présage)* Vorzeichen *n*; Vorbedeutung *f*; Omen *n*; **être de bon, de mauvais ~** ein gutes, böses Vorzeichen, Omen sein; Glück, Unglück bedeuten; **ne pas être de bon ~** *a* nichts Gutes verheißen; auf nichts Gutes hindeuten; *fig d'une personne* **oiseau** *m* **de mauvais ~** Unglücksprophet *m*; *st/s* **j'en accepte l'~** ich will hoffen, dass es so kommt **2** *personne* **a)** ANTIQUITÉ Augur *m*; **b)** *fig et iron* sogenannter Prophet
augurer [ogyʀe] *v/t et v/i personne* **~ de qc que …** etw dahin deuten, dass …; aus etw schließen, dass …; *événement, comportement* **~ bien, mal de qc** als gutes, schlimmes (Vor)Zeichen für etw gelten; *litt* **laisser ~ le pire** das Schlimmste ahnen lassen; **ça n'augure rien de bon** das verheißt nichts Gutes
Auguste [ogyst] *m* **1** *prénom* August *m* **2** *empereur romain* Augustus *m* **3** **auguste** CIRQUE dummer August
auguste [ogyst] *st/s adj* erhaben; majestätisch; hehr; *assemblée* erlaucht
Augustin [ogystɛ̃] *m saint* Augustinus *m*
aujourd'hui [oʒuʀdɥi] *adv* **1** heute; am heutigen Tag; *loc/adj* **d'~** heutig; von heute; **le journal d'~** die heutige Zeitung; die Zeitung von heute; → *a* 2; **ce n'est pas d'~ que je le connais** ich kenne ihn nicht erst seit heute; *loc/adv*: **~ en 'huit** heute in acht Tagen; **jusqu'à ~** bis heute; bis zum heutigen Tag; *avec impatience* **c'est pour ~ ou pour demain?** dauert das noch lange?; wird's bald? **2** *(à notre époque)* **~**, F **au jour d'~** heute; heutzutage; *loc/adj* **d'~** heutig; von heute
Aulnay [o(l)nɛ] *frz Ortsname*
aulne [on] *m* BOT Erle *f*; *Goethe* **Le roi des ~s** Der Erlkönig
Aulne [on] **l'~** *Fluss in der Bretagne*
Aulnoye-Aymeries [onwaɛmʀi] *Stadt im Dep. Nord*
Ault [olt] *Ort im Dep. Somme*
aumône [omon] *f* Almosen *n*; milde Gabe; *fig* **accorder l'~ d'un regard à qn** j-m gütigst e-n Blick schenken; **demander l'~** um (ein) Almosen, um e-e milde Gabe bitten; **donner, faire l'~ à qn** j-m ein Almosen geben; **vivre d'~** von Almosen leben
aumônerie [omonʀi] *f* ÉGL Militär-, Anstalts-, Gefängnis-, Krankenseelsorge *f*
aumônier [omonje] *m* **1** Anstaltsgeistliche(r) *m*; **~ militaire** Militärgeistliche(r) *m*, -pfarrer *m*; **~ d'un collège, d'un lycée** den Religionsunterricht erteilender Geistlicher; **~ d'une prison** Gefängnisgeistliche(r) *m*, -pfarrer *m* **2** HIST Almosenier *m*
aumônière [omonjɛʀ] *f autrefois (petite bourse)* Gürteltasche *f*; Pompadour *m*
aune[1] [on] *m* → **aulne**
aune[2] [on] *f ancienne mesure* Elle *f*
Aunis [onis] **l'~** *m Gegend in Westfrankreich*
auparavant [opaʀavɑ̃] *adv* vorher; zuvor; **une semaine ~** e-e Woche vorher, zuvor
auprès [opʀɛ] *loc/prép* **~ de** **1** bei (+*dat*); neben (+*acc ou dat*); **s'asseoir ~ de qn** sich neben j-n, sich zu j-m setzen; **vivre ~ de qn** bei j-m, in j-s Nähe, Umgebung (*dat*) leben **2** *par ext* bei (+*dat*); *faire des démarches* **~ des autorités** bei den Behörden; *ambassadeur* **~ de la République française** bei der französischen Regierung **3** *(en comparaison de)* im Vergleich zu (+*dat*)
Aups [ops] *Ort im Dep. Var*
auquel [okɛl] → **lequel**
aura [ɔʀa] *st/s f* Aura *f*
aurai [ɔʀɛ], **auras** [ɔʀa] *etc* → **avoir**[1]
Auray [ɔʀɛ] *Stadt im Dep. Morbihan*
Aurélie [ɔʀeli] *f Vorname*
Aurélien [ɔʀeljɛ̃] *m Vorname*
auréole [ɔʀeɔl] *f* **1** Heiligenschein *m*, Nimbus *m* (*a fig*); Glorie(nschein) *f(m)*; Gloriole *f*; *fig* **~ du martyre** Märtyrerkrone *f*; *fig* **entourer, parer qn d'une ~** j-n mit e-m Nimbus umgeben **2** *autour d'une tache* Rand *m* **3** *du soleil, de la lune* Hof *m*; Aureole *f*; *poét* **~ de lumière** Strahlenkranz *m*

auréoler [ɔʀeɔle] *v/t fig* mit e-m Nimbus umgeben; *surtout p/p* ***auréolé de gloire*** vom strahlenden Glanz des Ruhms umgeben
auriculaire [ɔʀikylɛʀ] **I** *adj* ANAT Ohr…; *sc* aurikular **II** *m* kleiner Finger
aurifère [ɔʀifɛʀ] *adj* goldhaltig
Aurillac [ɔʀijak] *Stadt im Dep. Cantal*
aurochs [ɔʀɔk] *m* ZO Auerochse *m*; Ur *m*
aurore [ɔʀɔʀ] *f* **1** Morgenröte *f*; Morgenrot *n*; *par ext (lever du jour)* Tagesanbruch *m* **2** ***~ boréale, polaire*** Nord-, Polarlicht *n*
auscultation [oskyltasjõ, ɔs-] *f* MÉD Abhorchen *n*; Abhören *n*; *sc* Auskultation *f* **ausculter** *v/t* MÉD abhorchen; abhören; *sc* auskultieren
auspices [ospis] *m/pl* Auspizien *n/pl*; ***sous de meilleurs ~*** unter besseren Auspizien, Umständen; *st/s* ***sous les ~ de*** unter den Auspizien von (*ou +gén*)
aussi [osi] **I** *adv* **1** *comparaison*: *~* (*+adj ou adv*) ***que*** ebenso, genauso … wie; so … wie; ***~ grand que toi*** ebenso, genauso groß wie du; so groß wie du; ***il parle l'allemand ~ bien que le français*** er spricht ebenso, genauso gut Deutsch wie Französisch; *il me salua* ***d'~ loin qu'il me vit*** sobald er mich in der Ferne sah; ***~ vite que possible*** so schnell wie *ou* als möglich; ***~ vite que vous le pourrez*** so schnell Sie irgend können; *elliptiquement* ***je n'ai jamais rien vu d'~ joli*** ich habe niemals etwas so Hübsches gesehen; ♦ *sans restrictif ~* (*+adj*) ***que*** (*+subj*) so *ou* wie … auch (immer); ***~ invraisemblable que cela paraisse*** so unwahrscheinlich das auch erscheinen mag; ***~ riche soit-il*** so reich er auch sein mag; ♦ *loc/adv*: ***(tout) ~ bien*** ebenso gut; genauso gut; ***tout ~ souvent*** ebenso oft; ♦ *loc/conj* ***~ bien que*** wie auch; als auch; sowie; und auch; ebenso wie; sowohl … als auch **2** (*également*) auch; ebenfalls; ***moi ~*** ich auch, ebenfalls; *dormez bien! -* ***vous ~!*** danke, gleichfalls *ou* Sie auch!; ***c'est ~ mon avis*** das ist auch meine Meinung **3** (*en plus*) auch noch; außerdem (noch); überdies; obendrein; ***non seulement … mais ~*** nicht nur … sondern auch (noch); ***mais ~, pourquoi a-t-il refusé?*** warum hat er aber auch abgelehnt? **4** *st/s* (*somme toute*) ***~ (bien)*** eigentlich; im Grunde genommen; *je me suis trompé de date*, ***~ c'est ma faute*** das ist eigentlich meine Schuld **II** *conj* daher, deswegen, deshalb, darum auch; aus diesem Grunde (auch); *certains poissons se font rares*, ***~ coûtent-ils cher*** darum sind sie auch teuer
aussitôt [osito] **I** *adv* sofort; (so)gleich; alsbald; ***il arriva ~*** er kam sofort; ***~ après le départ du train*** gleich nach der Abfahrt des Zuges; ***~ arrivé****, il alla se coucher* gleich nachdem er angekommen war, gleich nach s-r Ankunft …; *loc* ***~ dit, ~ fait*** gesagt, getan **II** *loc/conj* ***~ que*** sobald; sowie; ***~ qu'il apprit la nouvelle*** sowie er die Neuigkeit erfuhr
austère [ostɛʀ, ɔs-] *adj* **1** *personne* (sitten)streng; *vie* streng und einfach; karg; ***discipline*** *f* ***~*** strenge Disziplin; ***mœurs*** *f/pl* ***~s*** strenge Sitten *f/pl* **2** *style, façade etc* nüchtern; schmucklos; streng
austérité [osteʀite, ɔs-] *f* **1** *d'une personne* (Sitten)-Strenge *f*; *d'une discipline, morale* Strenge *f*; *de la vie* strenge Einfachheit; ***~ des mœurs*** Sittenstrenge *f* **2** *d'un style, édifice etc* Nüchternheit *f*; Schmucklosigkeit *f*; Strenge *f* **3** ÉCON (***politique*** *f* ***d'***)***~*** Sparpolitik *f*

Austerlitz [ostɛʀlits, ɔs-] HIST Austerlitz *n*
austral [ostʀal] *adj* ⟨**-als**⟩ GÉOGR südlich; Süd…; der südlichen Hemisphäre; ***océan Austral*** Südpolarmeer *n*; ***les pays*** *m/pl* ***de l'Afrique ~e*** die afrikanischen Länder *n/pl* der südlichen Hemisphäre *ou* südlich des Äquators; ***terres ~es*** Südpolargebiet *n*
Australie [ostʀali] ***l'~*** *f* Australien *n*
australien [ostʀaljɛ̃] **I** *adj* ⟨**~ne**⟩ australisch **II** *subst* ***Australien(ne)*** *m(f)* Australier(in) *m(f)*
australopithèque [ostʀalɔpitɛk] *m* PALÉONTOLOGIE Australopithekus *m*
austro-… [ostʀo] *adj* österreichisch-…; *exemple*: ***austro-hongrois*** österreichisch-ungarisch
autant [otɑ̃] **I** *adv* **1** *comparaison* **a)** ***~ de*** (*+subst*) ***que*** ebenso viel, genauso viel … wie; ebenso, genauso viele … wie; so viel … wie; so viele … wie; ***~ de fois qu'il sera nécessaire*** so oft (, wie) es nötig ist; ***~ de garçons que de filles*** ebenso, genauso viele Jungen wie Mädchen; *je ne pensais pas* ***qu'il aurait ~ de patience*** dass er so viel Geduld aufbringen würde; *les livres de sa bibliothèque* ***sont ~ d'éditions originales*** sind ausnahmslos, alle, lauter Originalausgaben; ♦ *sans complément*: ***trois fois ~*** dreimal so viel; **b)** *avec verbe* ***~ que*** so, ebenso, genauso viel, (eben)so sehr wie; ***rien ne plaît ~ que la nouveauté*** nichts gefällt so sehr wie das Neue; ***il travaille ~ qu'il peut*** er arbeitet, so viel er kann; ♦ *sans complément*: ***il travaille toujours ~*** er arbeitet immer noch so viel; ♦ *avec inf*: ***~ dire qu'il est perdu*** er ist sozusagen, gewissermaßen verloren; das heißt, bedeutet so viel wie: er ist verloren; ***~ parler à un sourd*** ebenso gut könnte man zu e-m Tauben sprechen; ♦ ***en faire ~*** dasselbe tun; es ebenso, genauso machen; ***faites-en ~!*** *a* machen Sie es mir *ou* ihm *etc* nach!; tun Sie es mir *ou* ihm *etc* gleich!; ***en faire ~ à qn*** j-n genauso behandeln; j-m mit gleicher Münze heimzahlen; ***je ne peux en dire ~*** das(selbe) kann ich von mir nicht sagen; ♦ ***~ vaut*** (*+inf*) es ist ebenso gut zu (*+inf*); man könnte ebenso gut (*+inf*); *a* lieber (*+inf*); es ist besser zu (*+inf*); *elliptiquement*: ***~ partir tout de suite*** lieber sofort abreisen; ***~ que vous sachiez la vérité*** es ist besser, Sie kennen die Wahrheit; → *a* ***aimer*** *I*; ♦ ***c'est (toujours) ~ de*** (*+p/p*) das ist immerhin, wenigstens (*+p/p*); ***c'est (toujours) ~ de sauvé de la destruction*** das ist wenigstens, immerhin vor der Zerstörung gerettet; **c)** *avec adj* ***intelligent, il l'est ~ que toi*** er ist ebenso, genauso intelligent wie du; **d)** ***~ … ~*** *avec subst* so viele … so viele; *avec adj* so … so; *avec verbe* so sehr … so sehr; ***~ de personnes, ~ d'avis différents*** so viele Personen, so viele verschiedene Meinungen; ***~ il est aimable avec elle, ~ il est désagréable avec nous*** so freundlich er zu ihr ist, so unfreundlich ist er zu uns; ***~ il l'adore, ~ elle le déteste*** so sehr er sie anbetet, so sehr verabscheut sie ihn; **e)** *loc/adv* ***d'~*** ebenso (sehr); in gleichem Maße; gleichermaßen; genauso **2** *sens causal* ***pour ~*** deswegen; *il a fait un effort*, ***mais il n'en est pas moins paresseux pour ~*** aber deswegen ist er nicht weniger faul **II** *loc/conj* ***(pour) ~ que*** (*+ind ou +subj*) soweit; soviel; (in)sofern; insoweit, als; ***(pour) ~ que je sache*** soviel ich weiß; meines Wissens; ***(pour) ~ que je m'en souvienne*** soweit ich mich erinnere; ♦ ***d'~ que*** zumal; besonders weil; vor allem da, weil; umso mehr als;

♦ ***d'~ mieux*** (***que***) umso besser (als); ***d'~ moins*** (***que***) umso weniger (als); ***d'~ plus*** (***que***) umso mehr (als); umso (*+comp*) (als); ***je lui en suis d'~ plus reconnaissant*** ich bin ihm umso dankbarer dafür

autarcie [otaʀsi] *f* ÉCON Autarkie *f*; ***vivre en ~*** in wirtschaftlicher Autarkie leben

autarcique [otaʀsik] *adj* autark(isch)

autel [otɛl] *m* Altar *m* (*a fig*)

auteur [otœʀ] *m* **1** Urheber(in) *m(f)* (*a* JUR); *d'une œuvre d'art* Schöpfer(in) *m(f)*; Autor *m*; *d'une théorie* Schöpfer(in) *m(f)*; Vater *m*; *d'un accident* Urheber(in) *m(f)*; Verursacher(in) *m(f)*; ***~ d'un attentat*** Attentäter(in) *m(f)*; ***~*** (***du crime***) Täter(in) *m(f)*; ***~ de l'enlèvement*** Entführer(in) *m(f)*; *plais* ***les ~s de mes jours*** *plais* meine Erzeuger *m/pl*; ***droit*** *m* ***d'~*** Urheberrecht *n*; ***droits*** *m/pl* ***d'~*** Vergütung *f* aus dem Urheberrecht; Tantiemen *f/pl*; ***il est l'~ de la plaisanterie*** er hat den Scherz ausgeheckt **2** *abs* (*écrivain*) **~**, (***femme*** *f*) **~** Autor *m*, Autorin *f*; Verfasser(in) *m(f)*; ***~ de comédies*** Komödiendichter(in) *m(f)*, -schreiber(in) *m(f)*; ***~ de théâtre*** Theaterdichter(in) *m(f)*; Bühnenschriftsteller(in) *m(f)*; Stückeschreiber(in) *m(f)*

authenticité [otɑ̃tisite] *f* **1** *d'un document etc* Echtheit *f*; *d'une information* Verbürgtheit *f*; Zuverlässigkeit *f*; Authentizität *f* **2** *fig d'une personne, d'un discours etc* Aufrichtigkeit *f*; *de sentiments a* Echtheit *f*

authentification [otɑ̃tifikasjõ] *f* JUR (öffentliche) Beglaubigung; (gerichtliche, notarielle) Beurkundung **authentifier** *v/t* JUR (öffentlich) beglaubigen; (gerichtlich, notariell) beurkunden

authentique [otɑ̃tik] *adj* **1** *document, signature, tableau etc* echt; *récit* zuverlässig; verbürgt (*a fait*); authentisch; ***information*** *f* **~** zuverlässige Information **2** *par ext sentiments etc* aufrichtig; echt **3** JUR ***acte*** *m* **~** öffentliche Urkunde; ***testament*** *m* **~** öffentliches Testament

autisme [otism] *m* PSYCH Autismus *m* **autiste** **I** *adj* autistisch **II** *m,f* Autist(in) *m(f)*

auto [oto] *f abr* (*automobile*) Auto *n*; ***~ tamponneuse*** Autoscooter [-skuː-] *m*; *adjt* ***assurance*** *f* **~** Kfz-Versicherung *f*

auto... [oto] *préfixe* **1** (*soi-même*) auto...; Auto...; selbst...; Selbst...; eigen...; Eigen... ⟨*im pl inv, z. B.* **auto-accusations**⟩ **2** (*voiture*) Auto...; Wagen...; Kfz-...; → *a les articles suivants*

auto-accusation [otoakyzasjõ] *f* Selbstanklage *f* **auto-allumage** *m* AUTO Selbst(ent)zündung *f* **auto-anticorps** *m* MÉD Autoantikörper *m*

autobiographie [otobjɔgʀafi] *f* Autobiografie *f*; Selbstbiografie *f* **autobiographique** *adj* autobiografisch

autobloquant [otɔblɔkɑ̃] *adj* AUTO ***différentiel ~*** selbstsperrendes Differenzial

autobronzant [otobʀõzɑ̃] **I** *adj* Selbstbräunungs... **II** *m* Selbstbräuner *m*

autobus [otobys] *m* Autobus *m*; Omnibus *m*; ***~ à étage, à impériale*** Doppelstockomnibus *m*; F Doppeldecker *m*

autocar [otokaʀ] *m* Reise-, Überland(auto)bus *m*; ***~ d'excursion*** Ausflugsbus *m*

autocensure [otosɑ̃syʀ] *f* PRESSE, CIN Selbstkontrolle *f* **autochenille** *f* Gleisketten-, Raupenfahrzeug *n*

autochtone [ɔtɔktɔn] **I** *adj* einheimisch; bodenständig; alteingesessen; autochthon **II** *m,f* Einheimische(r) *f(m)*; Alteingesessene(r) *f(m)*; Autochthone *m,f*

autoclave [otoklav] *adj et subst m* (***appareil*** *m*) **~** Autoklav *m*

autocollant [otokɔlɑ̃] **I** *adj* selbstklebend **II** *m* Aufkleber *m* **autoconsommation** *f* ÉCON Selbst-, Eigenverbrauch *m* **autocontrôle** *m* Selbstkontrolle *f*; TECH automatische Kontrolle **autocopiant** *adj papier* selbstdurchschreibend; Durchschreibe...

autocouchettes [otokuʃɛt] *adj* ⟨*inv*⟩ CH DE FER ***train*** *m* **~** Autoreisezug *m*

autocrate [otokʀat] *m* Autokrat *m* **autocratie** [-si] *f* POL Autokratie *f* **autocratique** *adj* autokratisch

autocritique [otokʀitik] *f* Selbstkritik *f* (*a* POL); ***faire son ~*** Selbstkritik üben

autocuiseur [otokɥizœʀ] *m* CUIS Schnellkochtopf *m*

autodafé [otodafe] *m* HIST *et fig* Autodafé *n*; *fig a* öffentliche Verbrennung

autodéfense [otodefɑ̃s] *f* Selbstverteidigung *f*, -schutz *m* **autodestructeur** *adj* ⟨**-trice**⟩ selbstzerstörerisch **autodestruction** *f* Selbstzerstörung *f*

autodétermination [otodetɛʀminasjõ] *f* POL Selbstbestimmung *f*; ***droit*** *m* ***à l'~*** Recht *n* auf Selbstbestimmung; Selbstbestimmungsrecht *n*

autodidacte [otodidakt] **I** *adj* autodidaktisch **II** *m,f* Autodidakt(in) *m(f)*

autodiscipline [otodisiplin] *f* Selbstdisziplin *f*

autodrome [otodʀom] *m* Auto-, Motodrom *n*; Rennstrecke *f*; Rundkurs *m*

auto-école [otoekɔl] *f* ⟨*pl* **auto-écoles**⟩ Fahrschule *f*

auto-épuration [otoepyʀasjõ] *f* Selbstreinigung *f* **auto-érotisme** *m* PSYCH Autoerotik *f*, -erotismus *m*

autofécondation [otofekõdasjõ] *f* BIOL Selbstbefruchtung *f*

autofinancement [otofinɑ̃smɑ̃] *m* Eigen-, Selbstfinanzierung *f* **autofinancer** *v/pr* ⟨**-ç-**⟩ ***s'~*** sich selbst finanzieren

autofocus [otofɔkys] *m* PHOT Autofokus *m*

autogène [otoʒɛn] *adj* **1** TECH ***soudure*** *f* **~** autogenes Schweißen; Autogenschweißung *f* **2** MÉD ***training*** *m* **~** autogenes Training ['treː-]

autogérer [otoʒeʀe] *v/t* (*et v/pr*) ⟨**-è-**⟩ (***s'***)**~** (sich) selbst verwalten **autogestion** *f* Arbeiterselbstverwaltung *f* **autogestionnaire** *adj* Arbeiterselbstverwaltungs...

autographe [otogʀaf] **I** *adj* eigenhändig geschrieben; handgeschrieben; handschriftlich; ***lettre*** *f* **~** *a* Handschreiben *n* **II** *m* **1** *signature* Autogramm *n*; eigenhändige Unterschrift **2** *texte* Autograf *n*

autogreffe [otɔgʀɛf] *f* MÉD Autoplastik *f*, -transplantation *f* **autoguidage** *m* AVIAT, MIL Selbstlenkung *f*, -steuerung *f*

autoguidé [otogide] *adj* ***engin ~*** selbstgelenkter, -gesteuerter Flugkörper

auto-immun [otoi(m)mœ̃] *adj* ***maladie ~e*** Autoimmunkrankheit *f*; Autoaggressionskrankheit *f*

auto-immunité [otoimynite] *f* MÉD natürliche, angeborene, physiologische Immunität **auto-infection** *f* MÉD Selbstansteckung *f*; Autoinfektion *f* **auto-intoxication** *f* MÉD Selbstvergiftung *f*; *sc* Autointoxikation *f*

autojustification [otɔʒystifikasjõ] *f* Selbstrechtfertigung *f*; eigene Rechtfertigung **autolubrifiant** *adj* TECH selbstschmierend

automate [ɔtɔmat] *m* Automat *m* (*a* HIST, *fig*); selbstbeweglicher, -tätiger Mechanismus; *fig*: ***avec des gestes d'~*** mit mechanischen, automatischen Bewegungen; ***comme un ~*** wie ein Automat

automaticité [ɔtɔmatisite] *f* automatisches, selbsttätiges Arbeiten, Funktionieren; automatischer Ablauf

automation [ɔtɔmasjõ] *f* TECH Automation *f*

automatique [ɔtɔmatik] *adj* 1 TECH automatisch; selbsttätig; ***entièrement ~*** vollautomatisch; ***distributeur*** *m* ~ (Münz-, Waren)Automat *m*; AVIAT ***pilotage*** *m* ~ automatische Flugsteuerung; Selbststeuerung *f*, -lenkung *f*; AVIAT ***pilote*** *m* ~ Flugregler *m*; Autopilot *m*; ***pistolet*** *m* ~ *ou subst* ~ *m* Selbstladepistole *f*; ***téléphone*** *m* ~ *ou subst* ~ *m* Selbstwählverkehr *m*; ***traduction*** *f* ~ maschinelle (Sprach)-Übersetzung 2 *fig geste, réaction etc* automatisch; unwillkürlich; mechanisch; instinktiv; ***augmentation*** *f* ~ automatische Erhöhung

automatiquement [ɔtɔmatikmɑ̃] *adv* 1 TECH automatisch; selbsttätig 2 *fig* (*forcément*) automatisch; unweigerlich; zwangsläufig

automatisation [ɔtɔmatizasjõ] *f* TECH Automatisierung *f*; Automatisation *f*

automatiser [ɔtɔmatize] *v/t* TECH automatisieren; auf automatischen Betrieb umstellen

automatisme [ɔtɔmatism] *m* 1 PHYSIOL, PSYCH Automatismus *m* 2 TECH Automatik *f*; Automatismus *m*

automédication [otomedikasjõ] *f* MÉD Selbstmedikation *f*

automitrailleuse [otomitʀajøz] *f* MIL (Rad)Panzer(fahrzeug) *m(n)*

automnal [otɔnal] *adj* ⟨**-aux**⟩ herbstlich; Herbst...

automne [otɔn] *m* Herbst *m* (*a fig*); ***en ~, à l'~*** im Herbst

automobile [otomɔbil] **I** *adj* 1 (*relatif aux automobiles*) Auto(mobil)...; Kraftfahrzeug...; Kfz-...; ***accessoires*** *m/pl* ~**s** Autozubehör *n*; ***construction*** *f* ~ Kraftfahrzeugbau *m*; ***industrie*** *f* ~ Auto(mobil)-, Kraftfahrzeugindustrie *f*; ***sport*** *m* ~ Automobilsport *m* 2 (*automoteur*) mit Motorantrieb; Motor...; ***véhicule*** *m*, ***voiture*** *f* ~ Kraftfahrzeug *n*; Kraftwagen *m* **II** *f* 1 (*voiture*) Automobil *n*; ADM Kraftfahrzeug *n*; Kraftwagen *m* 2 ÉCON Auto(mobil)industrie *f*, -branche *f* 3 *sport* Automobilsport *m*

Automobile-Club [otomɔbilklœb] *m* ~ ***de France*** Automobilclub *m* von Frankreich

automobilisme [otomɔbilism] *m* 1 *domaine* Kraftfahr(zeug)wesen *n* 2 *sport* Automobilsport *m* **automobiliste** *m,f* Autofahrer(in) *m(f)*; ADM Kraftfahrer *m*; *schweiz* Automobilist(in) *m(f)*

automoteur [otomɔtœʀ] *adj* ⟨**-trice**⟩ mit Motorantrieb; motorgetrieben **automotrice** *f* CH DE FER Triebwagen *m*

automutilation [otomytilasjõ] *f* Selbstverstümmelung *f*

autonettoyant [otonɛtwajɑ̃] *adj* CUIS ***four*** ~ Backofen *m* mit vollautomatischer Selbstreinigung

autonome [otonom, ɔtɔnɔm] *adj* 1 ADM, POL autonom; unabhängig; selbstständig; eigenständig; sich selbst verwaltend; ***port*** *m* ~ Hafen *m* mit Selbstverwaltung; ***syndicat*** *m* ~ autonome, keinem Zentralverband angehörende Gewerkschaft; ***territoire*** *m* ~ autonomes Gebiet 2 *personne, existence* selbstständig 3 INFORM offline [-laɪn]; Offline...

autonomie [otonɔmi] *f* 1 POL, ADM Autonomie *f*; Unabhängigkeit *f*; Selbstständigkeit *f*; Eigenständigkeit *f*; ~ (***administrative***) Selbstverwaltung *f*; ~ ***financière*** Finanzhoheit *f*; *d'une entreprise publique* finanzielle Selbstständigkeit 2 *d'un véhicule, avion* Reichweite *f*; Aktionsradius *m*; Fahr- *ou* Flugbereich *m* 3 *d'une personne* Selbstständigkeit *f*

autonomisme [otonɔmism] *m* POL Autonomiebestrebungen *f/pl* **autonomiste** *m,f* POL Autonomist(in) *m(f)*

autopalpation [otopalpasjõ] *f* MÉD Selbstabtastung *f*

autoplastie [otoplasti] *f* MÉD Autoplastik *f*, -transplantation *f* **autopompe** *f* **a)** *des pompiers* Löschfahrzeug *n*; **b)** *de la police* Wasserwerfer *m* **autoportrait** *m* Selbstporträt *n*, -bildnis *n*

autopropulsé [otopʀɔpylse] *adj engin* mit eigenem Antrieb; mit Eigenantrieb **autopropulsion** *f* TECH Eigenantrieb *m*

autopsie [otɔpsi] *f* MÉD Leichenöffnung *f*; Autopsie *f*; Sektion *f*; JUR Obduktion *f*; ***faire l'~ d'un cadavre, pratiquer une ~*** e-e Autopsie, Obduktion, Sektion vornehmen

autopsier [otɔpsje] *v/t* ~ ***un cadavre*** eine Leiche sezieren, öffnen, JUR obduzieren

autopunition [otopynisjõ] *f* PSYCH Selbstbestrafung *f* **autoradio** *m* Autoradio *n* **autorail** *m* CH DE FER (Diesel)Triebwagen *m*; Schienen(omni)bus *m* **autorégulation** *f* TECH, PHYSIOL Autoregulierung *f*; Selbstregulation *f*; selbsttätige, automatische Regelung

autorisation [ɔtɔʀizasjõ] *f* 1 (*permission*) Erlaubnis *f*; Genehmigung *f* (*a d'une autorité*); Befugnis *f*; *a* JUR Ermächtigung *f*; ***avoir l'~ de*** (+*inf*) die Erlaubnis, Genehmigung haben zu (+*inf*); ermächtigt sein zu (+*inf*); ***donner à qn l'~ de*** (+*inf*) j-m die Erlaubnis, Genehmigung erteilen zu (+*inf*); j-n ermächtigen zu (+*inf*) 2 *écrite* (schriftliche) Genehmigung; Erlaubnisschein *m*; ~ ***de sortie du territoire*** Ausreisegenehmigung *f* (für Minderjährige)

autorisé [ɔtɔʀize] *adj* 1 (*qui fait autorité*) maßgebend; maßgeblich; ***milieux*** ~**s** maßgebende Kreise *m/pl*; ***de source*** ~**e** aus maßgeblicher Quelle 2 (*permis*) *stationnement etc* erlaubt; genehmigt; zugelassen; *personne* befugt; berechtigt; ermächtigt; autorisiert; ***je me crois ~ à dire que ...*** ich glaube sagen zu dürfen, dass ...

autoriser [ɔtɔʀize] **I** *v/t* **a)** *personne* ~ ***qc*** etw erlauben, gestatten, genehmigen, zulassen; ~ ***qn à faire qc*** j-m erlauben, gestatten, etw zu tun; j-n ermächtigen, autorisieren, etw zu tun; ***il n'est pas autorisé à*** (+*inf*) es ist ihm nicht erlaubt, gestattet zu (+*inf*); er darf nicht (+*inf*); **b)** *situation etc* ~ ***qc*** zu etw berechtigen; berechtigten Anlass zu etw geben; ***rien ne m'autorise à croire que ...*** nichts berechtigt mich zu der Annahme, dass ... **II** *v/pr* ***s'~ de qc*** sich auf etw (*acc*) berufen (***pour*** +*inf* um zu +*inf*)

autoritaire [ɔtɔʀitɛʀ] *adj régime, éducation, personne* autoritär; *personne a* herrisch; herrschsüchtig; diktatorisch; *voix, ton* herrisch; befehlshaberisch; gebieterisch; ***ton*** *m* ~ *a* Befehlston *m*

autoritarisme [ɔtɔʀitaʀism] *m* POL *d'un régime* absoluter Autoritätsanspruch; Autoritarismus *m*; *d'une personne* autoritäres, herrisches, herrschsüchtiges Wesen

autorité [ɔtɔʀite] *f* **1** (*pouvoir*) (Befehls-, Amts)-Gewalt *f*; Macht(befugnis) *f*; ***~ parentale, paternelle*** elterliche, väterliche Gewalt; ***~ suprême*** oberste Gewalt; (***faire***) ***acte*** *m* ***d'~*** (ein) Machtwort *n* (sprechen); *loc/adv*: ***d'~*** (*sans consulter personne*) ungefragt; einfach von sich aus; (*sans réflexion*) einfach so; ohne weiteres; mir nichts, dir nichts; ***de sa propre ~*** eigenmächtig; aus eigener Machtvollkommenheit; ***avoir de l'~ sur qn*** über j-n Gewalt, Macht haben; ***être sous l'~ de qn*** j-m unterstehen; ***placer sous l'~ de qn*** j-m unterstellen **2** JUR ***~ de la chose jugée*** Rechtskraft *f* **3** (*prestige, influence*) Autorität *f*; Ansehen *n*; *prof etc* ***n'avoir aucune ~*** keine Autorität besitzen, haben; ***faire ~*** *personne* maßgebend sein; als Autorität gelten; *ouvrage etc* maßgebend sein; als Standardwerk gelten; ***perdre de son ~*** an Ansehen, Autorität einbüßen **4** (*expert*) Autorität *f*; Kapazität *f*; ***c'est une ~ en la matière*** er ist e-e Autorität, Kapazität auf dem Gebiet **5** (*administration*) Behörde *f*; ***~s*** *pl* a) Behörden *f/pl*; b) HIST Obrigkeit *f*; ***~ administrative, judiciaire*** Verwaltungs-, Justizbehörde *f*; ***~s civiles, militaires*** Zivil-, Militärbehörden *f/pl*; HIST ***les représentants de l'~*** die Vertreter der Obrigkeit

autoroute [otoʀut] *f* **1** Autobahn *f* **2** INFORM ***~ de l'information*** Datenautobahn *f*

autoroutier [otoʀutje] *adj* ⟨**-ière**⟩ Autobahn...; ***réseau ~*** Autobahnnetz *n*

autosatisfaction [otosatisfaksjõ] *f* Selbstzufriedenheit *f*

autos-couchettes [otokuʃɛt] *adj* ⟨*inv*⟩ → ***autocouchettes***

auto-stop [otostɔp] *m* Autostopp *m*; Per-Anhalter-Fahren *n*; Trampen [-ɛ-] *n*; ***faire de l'~*** per Anhalter fahren, reisen; trampen [-ɛ-]; ***prendre qn en ~*** j-n (als Anhalter) mitnehmen

auto-stoppeur [otostɔpœʀ] *m* ⟨*pl* **auto-stoppeurs**⟩, **auto-stoppeuse** *f* Anhalter(in) *m(f)*; Tramper(in) [-ɛ-] *m(f)*

autosuggestion [otosygʒɛstjõ] *f* Autosuggestion *f*

autour[1] [otuʀ] **I** *adv* darum herum; F drum herum; ***tout ~*** ringsum, -herum, -umher; rundherum **II** *loc/prép* ***~ de*** **1** um (... herum); *par ext* in der Nähe, Umgebung von (*ou* +*gén*); ***tout ~ de*** rings um ... herum; ***se disposer ~ de qn*** sich um j-n aufstellen; ***regarder ~ de soi*** um sich blicken; → *a* ***tourner*** *II 2, 3* **2** F *approximation* um ... herum; ungefähr; etwa; ***~ de mille euros*** um die tausend Euro (herum); etwa, ungefähr tausend Euro

autour[2] [otuʀ] *m* ZO (Hühner)Habicht *m*

autovaccin [otovaksɛ̃] *m* MÉD Eigenimpfstoff *m*; *sc* Autovakzin(e) *n(f)*

autre [otʀ] **I** *adj/ind* **1** andere(r, -s); sonstige(r, -s); weitere(r, -s); ***un ~ essai*** ein neuer, erneuter, weiterer Versuch; ***sans ~s explications*** ohne weitere Erklärungen; ***l'~ monde*** das Jenseits; ***tous les ~s passagers*** alle ander(e)n, übrigen Passagiere; ***dans l'~ vie*** im anderen Leben; ♦ ***l'un et l'~ projet*** beide Pläne; ***l'une ou l'~ hypothèse*** e-e von beiden Hypothesen; ♦ *non traduit*: ***nous ~s, vous ~s*** wir, ihr; ***nous ~s Français*** wir Franzosen; ***venez donc avec moi, vous ~s!*** kommt i h r doch mit mir!; ♦ *attribut*: ***tout ~*** ganz anders (***que*** als); ***elle est tout ~*** sie ist ganz anders; ***mon opinion est tout ~*** meine Meinung ist e-e ganz and(e)re; ♦ ***~ chose*** etwas and(e)res; ***c'est*** (***tout***) ***~ chose*** das ist etwas (ganz) and(e)res; ♦ *loc/adv*: ***une ~ année*** in e-m and(e)ren Jahr; ***l'~ année*** letztes, voriges Jahr; ***d'une ~ façon*** auf andere Weise; anders; ***d'une façon ou d'une ~*** auf die e-e oder and(e)re Weise; ***l'~ jour*** neulich; kürzlich; vor Kurzem; unlängst; letzthin; → *a* ***jour*** *1*, ***part*** *4* **2** zweite(r, -s); ***c'est un ~ Versailles*** das ist ein zweites Versailles **II** *pr/ind* ***un***(***e***) ***~*** *m* ein and(e)rer, *f* e-e and(e)re, *n* ein and(e)res; ***d'~s*** and(e)re; F ***à d'~s!*** das kannst du *ou* können Sie ander(e)n weismachen!; ♦ ***l'~*** der, die, das and(e)re; ***les ~s*** die andern, and(e)ren; → *a* ***un*** *III*; F ***l'~*** der da *ou* die da; F ***comme dit l'~*** wie man (so schön) sagt; wie es heißt; ♦ *énumération*: ***et ~s*** und andere (*abr* u. a.); ***entre ~s*** unter and(e)rem, anderm (*abr* u. a.); ♦ ***aucun ~, nul ~, personne d'~*** *ne* ... kein and(e)rer ...; sonst niemand; ***aucun ~, nul ~, personne d'~ que lui*** *ne* ... kein and(e)rer als er, keiner außer ihm, nur er ...; ***quelque chose d'~*** etwas and(e)res; ***quelqu'un d'~*** jemand ander(e)s; *südd a* jemand anderer; sonst jemand; ***qui d'~*** (***que lui***) wer sonst (als er) *ou* wen sonst (als ihn); ***rien d'~*** nichts and(e)res; sonst nichts; ***ce n'est rien d'~ qu'un escroc*** er ist ein Betrüger und weiter nichts, und nichts anderes; ***tout ~ que lui*** jeder andere (als er); jeder außer ihm; ♦ ***il n'en fait jamais d'~s*** so macht er es immer; ***il en sait bien d'~s*** er weiß noch ganz andere Dinge (zu erzählen); F er hat noch ganz andere Dinge auf Lager; ***j'en ai vu bien d'~s*** ich habe Schlimmeres erlebt, gesehen

autrefois [otʀəfwa] *adv* früher; einst(mals); ehemals; *st/s* ehedem; ***d'~*** von früher, einst, ehedem

autrement [otʀəmɑ̃] *adv* **1** (*différemment*) (***tout***) ~ (ganz) anders (***que*** als); ***~ dit*** anders ausgedrückt; mit anderen Worten **2** (*sinon*) sonst; andernfalls; wenn nicht; *obéis*, ***~ tu seras puni*** sonst wirst du bestraft **3** ~ (+*adj*) viel (+*comp*); ***bien, tout ~*** (+*adj*) sehr viel, weit (+*comp*); ***pas ~*** nicht sonderlich, besonders, allzu (sehr), so sehr; ***~ dangereux*** viel gefährlicher; ***bien, tout ~ surpris que lui*** weit mehr überrascht als er; ***sans paraître ~ surpris*** ohne sonderlich überrascht zu scheinen

Autriche [otʀiʃ] ***l'~*** *f* Österreich *n*

autrichien [otʀiʃjɛ̃] **I** *adj* ⟨**~ne**⟩ österreichisch **II** *subst* ***Autrichien***(***ne***) *m(f)* Österreicher(in) *m(f)*

autruche [otʀyʃ] *f* ZO Strauß *m*; *fig* ***avoir un estomac d'~*** alles vertragen können; P e-n Saumagen haben; ***pratiquer la politique de l'~*** Vogel-Strauß-Politik betreiben; den Kopf in den Sand stecken

autrui [otʀɥi] *pr/ind* die anderen; ***d'~*** der anderen; ***à ~*** den anderen; ***le bien d'~*** fremdes Gut; ***l'opinion d'~*** die Meinung der anderen (Leute); *prov* ***ne fais pas à ~ ce que tu ne voudrais pas qu'on te fît*** *ou* ***fasse*** was du nicht willst, dass man dir tu, das füg auch keinem andern zu (*prov*)

auvent [ovɑ̃] *m* Vordach *n*; Schutz-, Wetterdach *n*; *d'une tente* Vorzelt *n*

auvergnat [ovɛʀɲa] **I** *adj* der Auvergne; auvergnatisch **II** *subst* ***Auvergnat***(***e***) *m(f)* Bewohner(in) *m(f)* der Auvergne

Auvergne [ovɛʀɲ] ***l'~*** *f* die Auvergne
aux [o] → ***à***
Auxerre [osɛʀ] *Stadt im Dep. Yonne*
auxiliaire [oksiljɛʀ] **I** *adj* Hilfs...; ***maître*** *m*, ***maîtresse*** *f* **~** Hilfslehrer(in) *m(f)*; ***moteur*** *m* **~** Hilfsmotor *m*; ***personnel*** *m* **~** Aushilfspersonal *n*, -kräfte *f/pl*; GR ***verbe*** *m* **~** *ou subst* **~** *m* Hilfszeitwort *n*, -verb *n* **II** *m,f* Hilfskraft *f*; Hilfe *f*; Gehilfe *m*; Gehilfin *f*; *à titre provisoire* Aushilfskraft *f*; **~ *de la justice*** Organ *n* der Rechtspflege; an der Rechtspflege beteiligte Person
Auxonne [osɔn] *Stadt im Dep. Côte-d'Or*
auxquel(le)s [okɛl] → ***lequel***
av. *abr* (*avenue*) Straße; Allee
avachi [avaʃi] *adj* **1** *chaussures* ausgetreten; ***chapeau*** **~** verbeulter Hut; ***vêtement*** **~** ausgebeultes, formloses Kleidungsstück **2** *personne* energie-, willenlos; F schlapp; lahm
avachir [avaʃiʀ] *v/pr* ***s'~*** **1** *chaussures* weich und weit werden; *a vêtement* die Form, Fasson verlieren **2** F *personne physiquement* unförmig werden; F auseinandergehen; in die Breite gehen **3** *personne psychiquement* energie-, willenlos werden; sich gehen lassen **avachissement** *m* Energie-, Willenlosigkeit *f*; F Schlappheit *f*
aval¹ [aval] *m* **1** *loc/adv* ***en ~, vers l'~*** strom-, flussabwärts; stromab; *loc/prép* ***en ~ de*** unterhalb von (*ou +gén*; *a par ext*) **2** *adjt* ***ski*** *m* **~** Talski *m* **3** ÉCON ***en ~*** verbrauchernäher (***de*** als)
aval² [aval] *m* ⟨*pl* **avals**⟩ **1** FIN Aval *m ou n*; Wechselbürgschaft *f* **2** *fig* (*soutien*) Unterstützung *f*; ***donner son ~ à*** unterstützen
avalanche [avalɑ̃ʃ] *f* **1** Lawine *f*; ***être emporté dans, être pris par une ~*** von e-r Lawine mitgerissen, erfasst werden **2** *fig* ***une ~ de*** e-e Lawine, e-e Flut von; *de paroles* ein Schwall *m* von
avaler [avale] *v/t* **1** (hinunter)schlucken; verschlucken; F *le manger* hinunterschlingen; verschlingen; **~ *d'un trait*** *verre* in einem Zug leeren, austrinken; *boisson* hinuntergießen, -stürzen; **~ *de travers*** sich verschlucken; ***j'ai avalé de travers*** *a* mir ist etwas in die falsche Kehle gekommen; ***avoir du mal à ~, ~ avec peine*** Schluck-, Schlingbeschwerden haben; *fig*: **~ *sa salive*** unterdrücken, was man sagen wollte; F ***j'ai cru qu'il allait m'~*** (***tout cru***) F ich dachte, er würde mich fressen; P **~ *son extrait, acte de naissance*** P ins Gras beißen; abschrammen; ***il a l'air d'avoir avalé son parapluie*** F er geht, als wenn er e-n Stock verschluckt hätte **2** *fig roman etc* verschlingen; **~ *des mots, des syllabes*** Wörter, Silben verschlucken **3** *fig* **a)** (*supporter*) hinnehmen; einstecken; F schlucken; → *a* ***couleuvre***; **b)** (*croire*) F abnehmen; abkaufen; ***difficile à ~*** kaum zu glauben; unglaubwürdig; ***faire ~ qc à qn*** j-m etw weismachen
avaleur [avalœʀ] *m* **~ *de sabres*** Schwertschlucker *m*
avaliser [avalize] *v/t* **1** FIN avalieren **2** *fig* unterstützen
avance [avɑ̃s] *f* **1** MIL Vormarsch *m*; Vorrücken *n*; Vordringen *n* **2** (*espace parcouru avant qn*) Vorsprung *m* (***sur qn*** vor j-m) (*a fig*); **~ *technologique*** technologischer Vorsprung; *fig et iron* ***la belle ~!*** was hat das genützt!; das hat dich *ou* Sie keinen Schritt weitergebracht!; ***avoir de l'~ dans son travail*** in s-r Arbeit e-n Vorsprung haben; ***prendre de l'~*** e-n Vorsprung gewinnen (***sur*** vor *+dat*); ***prendre deux mètres d'~*** zwei Meter Vorsprung gewinnen **3** (*temps gagné sur qn*) zeitlicher Vorsprung; ***arriver avec une heure d'~, avoir une heure d'~*** eine Stunde früher, eher, zu früh ankommen, da sein; *loc/adv* ***en ~*** zu früh (***d'une heure*** um eine Stunde); ***arriver en ~*** *a* sich verfrühen; ***être en ~*** F zu früh dran sein; *fig*: ***être en ~ sur son temps*** s-r Zeit voraus sein; *enfant* ***être très en ~ pour son âge*** sehr weit für sein Alter sein **4** *loc/adv* ***à l'~, d'~***, *st/s* ***par ~*** vorher; im Voraus; *österr* im Vorhinein; ***payer à l'~, d'~*** im Voraus (be)zahlen; voraus(be)zahlen **5** *somme d'argent* Vorschuss *m*; Vorauszahlung *f*; ***faire une ~ à qn*** j-m e-n Vorschuss geben **6** **~*s*** *pl* Avancen *f/pl*; Annäherungsversuche *m/pl*; ***faire des ~s à qn*** j-m Avancen machen
avancé [avɑ̃se] *adj* **1** *saison, journée* vorgeschritten; *travail, maladie* fortgeschritten; *enfant* **~ *pour son âge*** weit für sein Alter; *végétation, floraison* ***bien ~ pour la saison*** sehr weit (fortgeschritten) für die Jahreszeit; ***à une heure ~e*** (***de la nuit***) zu vorgerückter Stunde; zu nachtschlafender Zeit; ***d'un âge ~*** in vorgerücktem, vor-, fortgeschrittenem Alter; *iron* ***vous voilà bien ~!*** jetzt sind Sie genauso weit wie vorher, keinen Schritt weitergekommen! **2** *idées* fortschrittlich; ***civilisation, technique ~e*** hoch entwickelte Zivilisation, Technik **3** MIL ***poste ~*** vorgeschobener Posten **4** *viande, poisson* angegangen; leicht verdorben; *légumes a* nicht mehr frisch; ***fruits ~s*** überreifes Obst
avancée [avɑ̃se] *f* Vorsprung *m*; vorspringender Teil (***sur*** über *+acc*)
avancement [avɑ̃smɑ̃] *m* **1** *dans une carrière* Aufstieg *m*; Aufrücken *n*; **~ (*de grade*)** Beförderung *f*; **~ *à l'ancienneté*** Beförderung nach dem Dienstalter; **~ *d'échelon*** Aufsteigen *n* in den Dienstaltersstufen (*in Frankreich aufgrund von Dienstalter u Beurteilung*); ***chances*** *f/pl* ***d'~*** Aufstiegschancen *f/pl*, -möglichkeiten *f/pl*; ***avoir, obtenir de l'~*** aufrücken; aufsteigen; befördert werden; avancieren **2** *de travaux etc* Fortgang *m*, -schreiten *n*, -schritt *m*; Vorangehen *n*, -kommen *n*
avancer [avɑ̃se] ⟨**-ç-**⟩ **I** *v/t* **1** *chaise, table etc* vorrücken, -schieben; *pion* vorrücken, -setzen, -schieben; *main* ausstrecken (***vers*** nach); *pied* vorsetzen; *voiture* vorfahren; **~ *le cou, la main*** den Hals, die Hand vorstrecken; **~ *une chaise à qn*** j-m e-n Stuhl hinschieben **2** *travail* vorantreiben; *personne dans son travail etc* voran-, weiterbringen; vorwärtsbringen; ***cela ne t'avance à rien!*** das bringt dir nichts ein!; ***faire ~ le travail*** die Arbeit voranbringen, -treiben, fördern **3** *argent* vorstrecken; vorschießen; auslegen; verauslagen; **~ *cent euros à qn sur son salaire*** j-m hundert Euro Vorschuss vom Lohn geben **4** *montre* vorstellen; **~ *un rendez-vous*** eine Verabredung vorverlegen **5** *fait* behaupten; **~ *une proposition, une thèse*** einen Vorschlag, eine These vorbringen **II** *v/i* **1** *personne, véhicule* vorankommen; vorwärtskommen; von der Stelle, vom Fleck kommen; MIL vorrücken (*a ombre*), -dringen, -stoßen; *personne a* vorwärtsgehen, *véhicule* fahren; ***on n'avance plus*** *a* es geht nicht mehr voran, weiter; **~ *d'un pas*** e-n Schritt vortreten **2** *côte, balcon, toit etc* vorspringen; *toit a* überragen, -stehen; *dents* vorstehen **3** *personne dans son tra-*

vail voran-, weiterkommen; vorwärtskommen; *travail, enquête* vorankommen, -gehen; fortschreiten; Fortschritte machen **4** *personne* **~** **(en grade)** aufsteigen, -rücken; avancieren **5** *nuit, saison* vorrücken **6** *pendule, montre* vorgehen **III** *v/pr* **s'~** **1** **s'~ vers qn, qc** auf j-n, etw zugehen, zuschreiten **2** *fig personne* **s'~ trop** sich zu weit vorwagen; zu weit vorpreschen **3** *nuit, saison* → *II 5*; *toit, côte etc* → *II 2*

avanie [avani] *f* Schimpf *m*; Kränkung *f*; Beleidigung *f*; Affront *m*

avant [avɑ̃] **I** *prép* **1** *temporel, dans l'ordre* vor (*+dat ou acc*); **~ déjeuner** vor dem Mittagessen; **~ la fin de l'année** vor Jahresende; **~ Jésus-Christ** vor Christus; vor Christi Geburt; *la dernière rencontre* **~ plusieurs mois** für mehrere Monate; *achever le travail* **~ lundi** bis Montag; **il est arrivé ~ moi** er ist vor mir, früher als ich (an)gekommen; **il fait passer la famille ~ le travail** ihm geht die Familie der Arbeit vor; er gibt der Familie den Vorrang vor der Arbeit; ♦ *loc/adv*: **~ cela** davor; vorher; **~ demain** vor morgen; **~ peu** in Kürze, Bälde; bald; binnen Kurzem; **~ tout, ~ toute chose** vor allem; vor allen Dingen; in erster Linie; primär; ♦ *loc/conj* **~ de**, *litt* **~ que de** (*+inf*) ehe; bevor; *a* bis; *consultez-moi* **~ de vous décider** ehe, bevor Sie sich entscheiden; **~ que … (ne)** (*+subj*) ehe; bevor; *a* bis; **rentre ~ qu'il (ne) pleuve** komm nach Hause, bevor *ou* ehe es regnet; *ne bougez pas* **~ qu'il (n')ait fini** bis er fertig ist **2** *local* vor (*+dat ou acc*); *c'est la maison* **juste ~ le bois** direkt vor dem Wald **II** *adv* **1** *temporel* vorher; zuvor; davor; *dans l'ordre* davor; zuerst; **quelques jours ~** einige Tage vorher, zuvor, davor; *ne l'attendez pas*, **partez ~!** gehen Sie vorher (weg)!; **il est arrivé bien ~** er ist viel früher, lange vorher angekommen; *se prolonger* **bien, très ~ dans la nuit** bis spät, tief in die Nacht hinein; **juste ~** gerade, direkt vorher; *loc/adj* **le jour d'~** a) der Tag vorher, zuvor, davor; der Vortag; b) am Tag vorher, zuvor, davor; tags zuvor; am Vortag **2** *local* davor; *vous voyez les arbres*, **ma maison est juste ~** mein Haus steht genau davor; *st/s* **creuser plus ~** tiefer graben; ♦ *loc/adv* **en ~** *question « wo? »* vorn; *question « wohin? »* nach vorn; vorwärts; voran; **en ~!** vorwärts!; MIL **en ~, marche!** im Gleichschritt - marsch!; *fig* **fuite** *f* **en ~** Flucht *f* nach vorn; **faire un pas en ~** e-n Schritt vortreten; *fig*: **mettre qc en ~** etw vorbringen, -schieben, anführen; **mettre qn en ~** j-n vorschieben; **se mettre en ~** sich in den Vordergrund drängen, schieben; sich herausstreichen, -stellen; **regarder en ~** vorwärtsblicken; in die Zukunft blicken; *elliptiquement* AUTO **marche** *f* **~** Vorwärtsgang *m*; *loc/prép* **en ~ de** vor (*+dat ou acc*) **III** *adj* ⟨*inv*⟩ Vorder…; **phare** *m* **~** *d'un vélo* Vorderlicht *n*; AUTO: **roue** *f*, **siège** *m* **~** Vorderrad *n*, -sitz *m*; **traction** *f* **~** Vorderrad-, Frontantrieb *m* **IV** *m* **1** *d'une voiture* Vorderteil *n ou m*; F Kühler *m*; *d'un bateau* Vorschiff *n*; (*proue*) Bug *m*; *loc/adv* **à l'~** *dans une voiture, un avion* vorn; MAR (*a* **sur l'~**) vorn; im, auf dem Vorschiff; **asseyez-vous à l'~** setzen Sie sich nach vorn, vorn hin; *fig* **aller de l'~** kühn, entschlossen handeln, drauflosgehen **2** SPORTS Stürmer *m*; VOLLEY-BALL Netzspieler *m*

avant-… [avɑ̃] *préfixe* ⟨*im pl inv, z. B.* **avant-gardes**⟩ Vor…; vor…; → *les articles correspondants*

avantage [avɑ̃taʒ] *m* **1** (*bénéfice*) Vorteil *m*; Vorzug *m*; Nutzen *m*; Plus(punkt) *n*(*m*); Vergünstigung *f*; **~s fiscaux** Steuervorteile *m/pl*, -vergünstigungen *f/pl*; *d'une entreprise* **~s sociaux** Sozialleistungen *f/pl*; **~s en nature** Sachleistungen *f/pl*; Naturalbezüge *m/pl*; *loc/prép* **à l'~ de qn** zum Vorteil, zugunsten j-s; vorteilhaft für j-n; **aujourd'hui, elle est à son ~** heute sieht sie vorteilhaft aus; *ce qu'on raconte de lui* **n'est pas à son ~** ist nicht gerade schmeichelhaft für ihn, gereicht ihm nicht zum Vorteil; **faire valoir ses ~s** s-e Vorzüge zur Geltung bringen; **se montrer à son ~** sich von s-r besten Seite zeigen; **offrir, présenter de grands ~s** große Vorteile, Vorzüge bieten; **j'ai ~ à** (*+inf*) es ist von Vorteil, es empfiehlt sich, es ist besser für mich zu (*+inf*); *formule de politesse* **je n'ai pas l'~ de le connaître** ich habe nicht den Vorzug, das Vergnügen, ihn zu kennen; **tirer ~ de qc** Vorteil, Nutzen aus etw ziehen **2** (*supériorité*) Überlegenheit *f* (*a* MIL); **vous avez sur lui cet ~** das haben Sie ihm voraus; Sie sind ihm gegenüber im Vorteil; **avoir pour soi l'~ de l'expérience** an Erfahrung überlegen sein; (j-m) die Erfahrung voraushaben; **avoir l'~ du nombre** zahlenmäßig im Vorteil sein; **obtenir, prendre l'~ sur qn** die Oberhand über j-n gewinnen; **perdre l'~** den Vorsprung verlieren, einbüßen **3** SPORTS Vorteil *m*

avantager [avɑ̃taʒe] *v/t* ⟨**-geons**⟩ **1** bevorzugen; begünstigen; *adjt* **être avantagé par rapport à qn** j-m gegenüber im Vorteil sein; *fig* **il n'est pas avantagé (par la nature)** die Natur hat ihn stiefmütterlich behandelt **2** *vêtement, coiffure* **~ qn** vorteilhaft, günstig für j-n sein; j-m gut stehen

avantageusement [avɑ̃taʒøzmɑ̃] *adv* vorteilhaft; günstig

avantageux [avɑ̃taʒø] *adj* ⟨**-euse**⟩ **1** vorteilhaft; günstig; *affaire a* lohnend; einbringlich; **marchandise avantageuse** preisgünstige Ware; **à un prix ~** preisgünstig, -wert **2** (*flatteur*) *portrait etc* schmeichelhaft **3** (*prétentieux*) *air, personne* eitel; eingebildet; dünkelhaft; selbstgefällig

avant-bras [avɑ̃bʀa] *m* ANAT Unterarm *m* **avant-centre** *m* ⟨*pl* **avants-centres**⟩ FOOTBALL Mittelstürmer *m*

avant-coureur [avɑ̃kuʀœʀ] *adj* ⟨*nur m*⟩ **signe ~** An-, Vorzeichen *n*; Vorbote *m*

avant-dernier [avɑ̃dɛʀnje] *adj* ⟨**-ière**⟩ vorletzte(r, -s); *subst* **être l'~, l'avant-dernière** der, die Vorletzte sein

avant-garde [avɑ̃gaʀd] *f* **1** MIL Vorhut *f* **2** *fig* Avantgarde *f*; Vorkämpfer *m/pl*; *loc/adj* **d'~** avantgardistisch; **être à l'~ du progrès** an der Spitze des Fortschritts stehen

avant-gardisme [avɑ̃gaʀdism] *m* Avantgardismus *m* **avant-gardiste** **I** *adj* avantgardistisch **II** *m,f* Avantgardist(in) *m*(*f*)

avant-goût [avɑ̃gu] *m fig* Vorgeschmack *m* (**de** *gén ou* auf *+acc*)

avant-guerre [avɑ̃gɛʀ] *m ou f* Vorkriegszeit *f*; *loc/adj* **d'~** Vorkriegs…

avant-hier [avɑ̃tjɛʀ] *adv* vorgestern; *loc/adj* **d'~** vorgestrige(r, -s) **avant-midi** *m* ⟨*inv*⟩ *en Belgique et au Canada* Vormittag *m*; Morgen *m* **avant-port** *m* Vor-, Außenhafen *m* **avant-poste** *m* MIL Vorposten *m*

avant-première [avɑ̃pʀəmjɛʀ] *f* THÉ, CIN Vorpre-

miere *f*, -aufführung *f*; *d'un tableau etc* Vorführung *f* vor Ausstellungsbeginn; *par ext nouveau modèle* ***présenter en ~*** in e-r Vorpremiere vorstellen
avant-projet [avɑ̃pʀɔʒɛ] *m* Vorentwurf *m*; SCULP *a* Grob-, Rohentwurf *m*; ARCH *a* Vorprojekt *n* **avant-propos** *m d'un livre* Vorwort *n* **avant-scène** *f* THÉ **a)** Proszenium *n*; **b)** *loge* Proszeniumsloge *f* **avant-toit** *m* CONSTR Dachvorsprung *m*; vorstehender, überragender Dachteil **avant-train** *m* **1** *d'une voiture à cheval* vorderes Fahrgestell **2** *de quadrupèdes* Vorderteil *n*; *de grands animaux a* Vorhand *f*
avant-veille [avɑ̃vɛj] *f* zweiter Tag zuvor; ***l'~*** zwei Tage zuvor; ***l'~ de*** zwei Tage vor (*+dat*)
avare [avaʀ] **I** *adj* geizig; F knaus(e)rig; *fig* ***être ~ de qc*** mit etw geizen **II** *m,f* Geizhals *m*; F Geizkragen *m*; *Molière* ***L'Avare*** Der Geizige
avarice [avaʀis] *f* Geiz *m*; F Knauserei *f*; Knaus(e)-rigkeit *f*
avarie [avaʀi] *f* MAR, AVIAT Havarie *f*; *par ext* (Transport)Schaden *m*; Beschädigung *f* (der Ladung); ***subir une ~*** Havarie erleiden, haben
avarié [avaʀje] *adj* **1** MAR, AVIAT havariert; beschädigt **2** *aliment* verdorben; ***marchandise ~e*** defekte Ware
avarier [avaʀje] *v/pr* ***s'~*** *aliment* verderben
avatar [avataʀ] *m* **1** (*mésaventure*) Unglück *n*; Missgeschick *n*; Widerwärtigkeit *f* **2** (*transformation*) Wandlung *f*; Veränderung *f*; ***être passé par bien des ~s*** viele Wandlungen durchgemacht haben; *plan* oft geändert worden sein
Ave [ave] *m* ⟨*inv*⟩ ÉGL CATH **~** (***Maria***) Ave(-Maria) *n*
avec [avɛk] **I** *prép* **1** *accompagnement* mit (*+dat*); (mit)samt, nebst (*+dat*); ***l'appareil ~ ses accessoires*** das Gerät samt, nebst Zubehör; ***aller ~ qn*** mit j-m (mit)gehen; ***avoir qn ~ soi*** j-n bei sich haben; ***habiter, vivre ~ qn*** mit j-m zusammenwohnen, -leben; ***rire, souffrir ~ qn*** mit j-m lachen, leiden; (mit j-m) mitlachen, mitleiden; ***vous venez ~ nous?*** kommen Sie (mit uns) mit? **2** *par ext* mit, bei, zu (*+dat*); ***~ lui, on ne sait jamais où l'on en est*** bei ihm weiß man nie, woran man ist; ***~ son orgueil*** bei s-m Stolz; ***~ le temps qu'il fait*** bei dem Wetter; ***être gentil ~ qn*** nett zu j-m sein; ***manger des légumes ~ la viande*** Gemüse zum Fleisch essen; ***je pense ~ lui que ...*** ich denke wie er, dass ...; ***prendre des leçons ~ qn*** bei j-m Stunden nehmen **3** (*garni de*) mit (*+dat*); ***une maison ~ (un) balcon*** ein Haus mit (e-m) Balkon **4** *manière* mit (*+dat*); ***~ un 'haussement d'épaules*** mit e-m Achselzucken; ***~ joie, plaisir*** mit Freuden, Vergnügen; ***~ prudence*** mit Vorsicht; vorsichtig **5** *cause* durch (*+acc*); infolge (*+gén*); ***~ tous ces touristes****, la ville est bien agitée* durch all die Touristen ... **6** *moyen* mit (*+dat*); mit Hilfe, mittels (*+gén*); durch (*+acc*); ***marcher ~ des béquilles*** an Krücken gehen; ***~ un couteau*** mit e-m Messer; mit Hilfe e-s Messers **7** *simultanéité* mit, bei (*+dat*); ***se lever ~ le jour*** mit Tagesanbruch aufstehen **8** *opposition* **a)** mit (*+dat*); gegen (*+acc*); ***la guerre ~ la Turquie*** der Krieg mit der, gegen die Türkei; **b)** (*malgré*) trotz, ungeachtet (*+gén*); ***~ tout cela****, je ne suis pas rassuré* trotz alledem ... **9** *loc/prép* ***d'~*** von (*+dat*); ***divorcer d'~ qn*** sich von j-m scheiden lassen **10** *loc/adv* F ***et ~ cela*** *ou* ***ça*** und noch dazu; und außerdem, obendrein, überdies noch; und zu alledem noch; *dans un magasin* ***et ~ cela*** *ou* ***ça?*** (bekommen Sie) sonst noch etwas?; darf es außerdem, sonst noch etwas sein?; was darf's sonst noch sein?; *loc/conj* F ***~ cela*** *ou* ***ça que*** umso mehr als; hinzu kommt noch, dass; ***~ ça qu'il ne s'est jamais trompé!*** als ob er sich noch nie getäuscht hätte! **II** *adv* damit; *il a pris sa serviette* ***et il est parti ~*** und ist damit weggegangen; *manger du pain*, ***et du fromage ~*** und Käse dazu; F ***faire ~*** sich damit abfinden; das Beste daraus machen; F ***vous venez ~?*** kommt ihr mit?
aven [avɛn] *m* GÉOL Karsthöhle *f*
avenant [avnɑ̃] **I** *adj personne, manières* liebenswürdig; freundlich; zuvorkommend; *visage, a manières* ansprechend; einnehmend **II** *loc/adv* ***à l'~*** (*en accord*) (dem)entsprechend; (*comme cela se présente*) so wie es gerade kommt
avènement [avɛnmɑ̃] *m* **1** *d'un souverain* Thronbesteigung *f*; Regierungsantritt *m*; *d'un régime* Beginn *m* **2** REL *du Messie* Ankunft *f*; Kommen *n* **3** *fig de la télévision etc* Aufkommen *n*; Ausbreitung *f*
avenir [avniʀ] *m* **1** Zukunft *f*; *loc/adj* ***d'~*** Zukunfts...; *par ext personne* vielversprechend; *métier* aussichtsreich; *loc/adv*: ***à l'~*** in Zukunft; künftig (-hin); ***dans un proche ~, dans un ~ prochain*** in naher Zukunft; in absehbarer Zeit; *projet etc* ***avoir de l'~*** Zukunft haben; ***être promis à un brillant ~*** e-e glänzende Zukunft vor sich (*dat*) haben; glänzende Zukunftsaussichten haben **2** (*postérité*) Nachwelt *f*; kommende Generationen *f/pl*
avent [avɑ̃] *m* REL Advent(szeit) *m(f)*; ***dimanche*** *m* ***de l'~*** Adventssonntag *m*
Aventin [avɑ̃tɛ̃] ***l'~*** *m ou* ***le mont ~*** der Aventin; der Aventinische Hügel
aventure [avɑ̃tyʀ] *f* **1** Abenteuer *n*; (unerwartetes, außergewöhnliches) Erlebnis; ***film*** *m*, ***roman*** *m* ***d'~s*** Abenteuerfilm *m*, -roman *m*; ***avoir l'esprit d'~*** abenteuerlustig sein; ***chercher, courir l'~*** auf Abenteuer ausgehen, -ziehen; ***se lancer dans une ~*** sich in ein Abenteuer stürzen; ***tenter l'~*** es wagen; sein Glück versuchen **2** *en amour* (Liebes)-Affäre *f*; (Liebes)Abenteuer *n*; ***avoir une ~ avec qn*** mit j-m e-e Affäre haben **3** *loc/adv*: ***à l'~*** aufs Geratewohl; auf gut Glück; ***partir à l'~*** *a* ins Blaue (hinein) fahren; *st/s* ***d'~, par ~*** zufällig; von ungefähr **4** ***diseuse*** *f* ***de bonne ~*** Wahrsagerin *f*; ***dire la bonne ~ à qn*** j-m wahrsagen, die Zukunft voraussagen
aventurer [avɑ̃tyʀe] *v/pr* ***s'~*** sich wagen (***dans la forêt*** *etc* in den Wald *etc*); ***s'~ trop loin*** sich zu weit vorwagen; ***s'~ dans une affaire dangereuse*** sich auf *ou* in e-e gefährliche Sache einlassen; *fig* ***s'~ sur un terrain glissant*** sich auf dünnes Eis, auf schwankenden Boden begeben; ***s'~ à faire qc*** es wagen, etw zu tun
aventureux [avɑ̃tyʀø] *adj* ⟨**-euse**⟩ **1** *personne* abenteuerlustig **2** *vie* abenteuerlich; abenteuerreich **3** *projet* gewagt; riskant; abenteuerlich
aventurier [avɑ̃tyʀje] *m*, **aventurière** *f* Abenteurer *m*, Abenteu(r)erin *f*; Glücksritter *m*; *adjt* ***esprit ~*** Abenteu(r)ergeist *m*
aventurisme [avɑ̃tyʀism] *m* politisches Abenteurertum; Abenteu(r)erpolitik *f* **aventuriste** *adj* POL abenteuerlich
avenu [avny] *adj loc* ***nul et non ~*** ⟨**nulle et non ~e**⟩ null und nichtig

avenue [avny] *f* Avenue *f*; Prachtstraße *f*; breite (Auffahrts-, Zufahrts)Allee
avéré [aveʀe] *adj* erwiesen; ***il est ~ que …*** es ist erwiesen, dass …
avérer [aveʀe] *v/pr* ⟨-è-⟩ ***s'~ faux, juste, utile*** *etc* sich als falsch, richtig, nützlich *etc* erweisen, herausstellen; *impersonnel* ***il s'est avéré que …*** es hat sich erwiesen, herausgestellt, dass …
Averne [avɛʀn] ***le lac d'~*** der Averner See
avers [avɛʀ] *m d'une pièce, médaille* Avers [-s] *m*; Vorderseite *f*
averse [avɛʀs] *f* (Regen)Schauer *m*, (-)Guss *m*; Platzregen *m*; ***recevoir une ~*** in e-n Regenguss kommen; F e-n Guss abkriegen
aversion [avɛʀsjõ] *f* Abneigung *f*; Widerwille *m*; Aversion *f*; ***avoir de l'~ pour qn, qc*** e-e Abneigung *etc* gegen j-n, etw haben; j-n, etw nicht leiden können; ***prendre qn, qc en ~*** e-e Abneigung *etc* gegen j-n, etw fassen, bekommen
averti [avɛʀti] *adj* **1** (*expérimenté*) erfahren, bewandert, versiert (***de*** in +*dat*); (*compétent*) sachkundig, -verständig **2** (*sur ses gardes*) gewarnt; (*informé*) auf dem Laufenden (***de*** mit); *prov* ***un homme ~ en vaut deux*** wer gewarnt ist, ist doppelt vorsichtig
avertir [avɛʀtiʀ] *v/t* **1** (*informer*) ***~ qn de qc*** j-n von etw verständigen, unterrichten, benachrichtigen, in Kenntnis setzen; j-m etw mitteilen, ankündigen, melden; ***~ qn que …*** j-n davon verständigen *etc*, j-m mitteilen *etc*, dass … **2** (*mettre en garde*) warnen (***de*** vor +*dat*); ***~ qn de*** (+*inf*) j-m (an)raten, j-n mahnen zu (+*inf*); j-m e-n Wink, Hinweis geben, dass …; ***je t'avertis!*** ich warne dich!; lass dir das *ou* lass es dir gesagt sein!
avertissement [avɛʀtismɑ̃] *m* **1** (*mise en garde*) Warnung *f*; (*avis*) Fingerzeig *m*; Wink *m*; Hinweis *m*; (*alerte*) (Alarm)Signal *n*; ***grève f d'~*** Warnstreik *m* **2** *mesure disciplinaire* Verwarnung *f*; Verweis *m*; ***donner un ~ à qn*** j-n verwarnen; j-m e-e Verwarnung, e-n Verweis erteilen **3** *dans un livre* (kurzes) Vorwort; (kurze) Vorrede; ***~ au lecteur*** Hinweis *m* für den Leser **4** IMPÔTS Zahlungsaufforderung *f*
avertisseur [avɛʀtisœʀ] *m* **1** Warnanlage *f*; Meldevorrichtung *f*; ***~ d'incendie*** Feuermelder *m* **2** AUTO Hupe *f*; Horn *n*
Avesnes [avɛn] *frz Ortsname*
aveu [avø] *m* ⟨*pl* **~x**⟩ **1** (Ein)Geständnis *n*; *de sa faute* Schuldbekenntnis *n*; JUR **~x** *pl* Geständnis *n*; ***~ d'impuissance*** Eingeständnis der Ohnmacht; ***faire des ~x complets*** ein volles, umfassendes Geständnis ablegen; ***faire l'~ de qc*** etw (ein)gestehen, zugeben, *de sa faute a* bekennen; ***il faut que je vous fasse un ~*** ich muss Ihnen etwas gestehen, bekennen; *accusé* ***passer aux ~x*** ein Geständnis ablegen; geständig werden; gestehen **2** *loc/prép* ***de l'~ de*** nach dem Zeugnis, Urteil (+*gén*); nach Aussagen, Meinung (+*gén*) **3** *st/s* *homme* ***sans ~*** skrupellos; zu allem fähig
aveuglant [avøglɑ̃] *adj lumière, soleil* blendend; grell; *fig vérité* in die Augen springend
aveugle [avœgl] **I** *adj* **1** blind; ***devenir ~*** erblinden; blind werden **2** *fig colère, haine, foi, obéissance* blind; ***avoir une confiance ~ en qn*** blindes Vertrauen zu j-m haben; j-m blind(lings) vertrauen; ***être l'~ instrument du destin*** das blinde Werkzeug des Schicksals sein; ***être ~ (à l'égard de qn)*** blind sein (j-m gegenüber); verblendet sein; ***rendre qn ~*** j-n blind machen **3** ARCH ***fenêtre f ~*** Blind-, Blendfenster *n* **II** *m,f* **1** Blinde(r) *f(m)*; ***parler de qc comme un ~ des couleurs*** von etw reden wie der Blinde von der Farbe **2** *fig loc/adv* ***en ~*** *juger* unüberlegt; ohne Überlegung; *se précipiter dans qc* blindlings **3** MÉD ***essai*** *m* ***en ~*** Blindversuch *m*
aveuglement [avœgləmɑ̃] *m fig* Verblendung *f*; Blindheit *f*; Wahn *m*; ***dans l'~ de la colère*** in blinder Wut
aveuglément [avœglemɑ̃] *adv* blind(lings); unüberlegt; ***obéir ~*** blind(lings) gehorchen
aveugler [avœgle] **I** *v/t* **1** (*rendre aveugle*) des Augenlichts berauben; HIST *peine* blenden **2** *lumière* ***~ qn*** j-n blenden **3** *fig haine, colère, amour* ***~ qn*** j-n blind machen, mit Blindheit schlagen, verblenden **II** *v/pr* ***s'~ sur qc*** für etw blind sein; sich über etw (*acc*) (hinweg)täuschen
aveuglette [avœglɛt] *loc/adv* ***à l'~*** *dans l'obscurité* (wie ein Blinder) tastend; *fig* blind(lings); aufs Geratewohl; planlos
Aveyron [avɛʀõ] ***l'~*** *m Fluss u Departement in Frankreich*
aviaire [avjɛʀ] *adj* Vogel…; der Vögel; ***grippe*** *f* ***~*** Vogelgrippe *f*
aviateur [avjatœʀ] *m*, **aviatrice** *f* Flieger(in) *m(f)*
aviation [avjasjõ] *f* **1** Luftfahrt *f*; Fliegerei *f*; Flugwesen *n*; ***~ civile*** Zivilluftfahrt *f*; zivile Luftfahrt; ***~ commerciale*** Verkehrsluftfahrt *f*, -flugwesen *n*; ***~ militaire*** Militärluftfahrt *f*; ***~ de tourisme*** privates Reiseflugwesen; ***terrain*** *m* ***d'~*** Flugplatz *m* **2** MIL Luftwaffe *f*; ***~ navale*** Marinefliegerei *f*, -flieger *m/pl*; ***~ de chasse*** Jagdfliegerei *f*, -waffe *f*; ***~ de transport*** Lufttransporteinheiten *f/pl*; Transportflieger *m/pl*
avicole [avikɔl] *adj* Geflügelzucht…; Vogelzucht…; ***ferme*** *f* ***~*** Geflügelfarm *f*
aviculteur [avikyltœʀ] *m*, **avicultrice** *f* Geflügel-, Vogelzüchter(in) *m(f)*
aviculture [avikyltyʀ] *f de volailles* Geflügelzucht *f*; *d'oiseaux* Vogelzucht *f*
avide [avid] *adj* **1** *regard* gierig; *personne* ***~ de*** gierig nach (+*dat*), auf (+*acc*); begierig auf (+*acc*); ***~ d'argent*** geldgierig; ***~ d'honneurs*** ehrbegierig; ***être ~ de qc*** nach etw gieren; auf etw begierig, versessen sein; ***être ~ de*** (+*inf*) begierig sein zu (+*inf*); ***être ~ d'apprendre*** lernbegierig sein **2** (*gourmand*) essgierig; *péj* gefräßig **3** (*cupide*) hab-, geld-, raffgierig
avidement [avidmɑ̃] *adv* begierig; voll Begier; ***manger ~*** gierig essen
avidité [avidite] *f* Gier *f*; Begierde *f*; ***avec ~*** → ***avidement***
Avignon [aviɲõ] *Stadt im Dep. Vaucluse*
avilir [aviliʀ] **I** *v/t* erniedrigen; entwürdigen; degradieren **II** *v/pr* ***s'~*** sich erniedrigen, entwürdigen
avilissant *adj* erniedrigend; entwürdigend **avilissement** *m* Erniedrigung *f*; Entwürdigung *f*
aviné [avine] *adj personne* betrunken; *haleine* nach Wein riechend; ***voix ~e*** Säuferstimme *f*
aviner [avine] *v/t fût* mit Wein anfeuchten, tränken
avion [avjõ] *m* **1** Flugzeug *n*; Maschine *f*; F Flieger *m*; ***~ civil*** Zivilflugzeug *n*; ***~ commercial*** Verkehrsflugzeug *n*, -maschine *f*; ***~ militaire*** Militärflugzeug *n*, -maschine *f*; ***~ à hélice, à réaction*** Propeller-,

Düsenflugzeug *n*, -maschine *f*; **~ de ligne** Linienflugzeug *n*, -maschine *f*; **~ de tourisme** Privatflugzeug *n*, -maschine *f*; **~ de transport** Transportflugzeug *n*, -maschine *f*; Transporter *m*; *loc/adv*: **en ~** im Flugzeug; beim Fliegen; **par ~** a) mit dem, per Flugzeug; b) mit, per, durch Luftpost; *sur les lettres, colis* mit Luftpost; **lettre** *f* **par ~** Luftpostbrief *m*; **aller en ~** *ou* **par ~, prendre l'~** (mit dem Flugzeug) fliegen; **il n'est jamais monté dans un ~** er ist nie geflogen; er hat nie ein Flugzeug bestiegen **2** **l'~** das Fliegen; **aimer l'~** gern fliegen

en avion	im Flugzeug
l'appareil *m*	die Maschine
le charter	das Charterflugzeug
l'avion *m* supersonique	das Überschallflugzeug
le commandant de bord	der Flugkapitän
le pilote	der Pilot
l'hôtesse *f* de l'air	die Stewardess, Flugbegleiterin
le steward	der Steward, Flugbegleiter
le passager	der Passagier, Fluggast
la passagère	die Passagierin, der Fluggast
décoller	abheben
voler	fliegen
survoler une montagne	einen Berg überfliegen
atterrir	landen

avion-espion [avjõɛspjõ] *m* ⟨*pl* **avions-espions**⟩ Spionageflugzeug *n*

avionique [avjɔnik] *f* TECH Bordelektronik *f*; *t/t* Avionik *f*

avionneur [avjɔnœʀ] *m* Flugzeugproduzent *m*, -bauer *m*

aviron [aviʀõ] *m* **1** (*rame*) Ruder *n*; MAR Riemen *m* **2** *sport* Rudern *n*; Rudersport *m*; **faire de l'~** den Rudersport betreiben; rudern

avis [avi] *m* **1** (*opinion*) Ansicht *f*; Meinung *f*; Auffassung *f*; *d'expert, d'une commission* Urteil *n*; Stellungnahme *f*; **~ favorable, négatif** positive, negative Stellungnahme; **à mon ~** meiner Meinung, Ansicht nach; meines Erachtens (*abr* m. E.); nach meinem Dafürhalten; **de l'~ de** nach Ansicht, Meinung, Auffassung, nach dem Urteil (*+gén*); **sur l'~ de qn** auf j-s Empfehlung (*acc*) hin; **changer d'~** s-e Ansicht, Meinung ändern; **dire, donner, émettre, exprimer son ~** s-e Ansicht, Meinung äußern, s-e Meinung sagen, sein Urteil abgeben (**sur** über *+acc*); **quel est votre ~ sur ...?** wie denken Sie über (*+acc*)?; **je suis de votre ~** ich bin Ihrer Meinung, Ansicht, Auffassung; **être du même ~ que qn** gleicher Meinung, Ansicht, Auffassung sein wie j; mit j-m einer Meinung sein; **être d'~ de** (*+inf*) *ou* **que ...** (*+subj*) der Meinung, der Ansicht, dafür sein, dass ...; *plais* **m'est ~ que ...** mir scheint, mich dünkt, (dass) ...; **prendre l'~ de qn** j-s Meinung, Rat, Urteil einholen; j-n zu Rate ziehen; **si tu veux mon ~ ...** wenn du mich fragst, wenn du meine Meinung wissen willst, so ... **2** (*information*) Mitteilung *f*; Benachrichtigung *f*; Bescheid *m*; Bekanntmachung *f*; Hinweis *m*; COMM Avis *m ou n*; **~ au lecteur** Hinweis für den Leser; (kurzes) Vorwort; (kurze) Vorrede; **~ au public** öffentliche Bekanntmachung; **~ de décès** Todesanzeige *f*; **~ d'imposition** Steuerbescheid *m*; **~ de recherche** Suchanzeige *f*, RAD, TV -meldung *f*; MAR **~ de tempête** Sturmwarnung *f*, -signal *n*; **sauf ~ contraire** sofern keine gegenteilige Mitteilung, kein gegenteiliger Bescheid ergeht; bis auf Widerruf

avisé [avize] *adj* klug; vorsichtig; besonnen; **il était bien ~ de** (*+inf*) er war gut beraten, es war klug von ihm zu (*+inf*)

aviser [avize] **I** *v/t* (*informer*) **~ qn de qc** j-n von etw benachrichtigen; j-m etw mitteilen, bekannt geben, melden, COMM avisieren **II** *v/t/indir* (*songer à*) **~ à qc** auf etw (*acc*) bedacht sein; an etw (*acc*) denken; *abs* Rat schaffen; e-e Entscheidung treffen; sich (*dat*) etwas einfallen lassen **III** *v/pr* **1** (*remarquer*) **s'~** bemerken, feststellen (**de qc** etw; **que** dass); gewahr werden (*+acc ou gén*) **2** (*avoir l'audace de*) **s'~ de** (*+inf*) sich (*dat*) einfallen lassen, auf den Gedanken kommen, darauf verfallen zu (*+inf*)

aviso [avizo] *m* MAR MIL Aviso *m*

avitailler [avitaje] *v/t bateau* (mit Lebensmitteln, Wasser, Brennstoff, Material) versorgen **avitailleur** *m* Versorgungsschiff *n*

avitaminose [avitaminoz] *f* MÉD Vitaminmangelkrankheit *f*; Avitaminose *f*

aviver [avive] *v/t* **1** *couleurs* auffrischen **2** *bords d'une plaie* anfrischen **3** *fig* → **raviver** *I 2*

av. J.-C. *abr* (*avant Jésus-Christ*) v. Chr. (vor Christus)

avocat[1] [avɔka] *m*, **avocate** *f* **1** JUR (Rechts)Anwalt *m*, (Rechts)Anwältin *f*; *schweiz, österr* Advokat(in) *m(f)*; **~ général** Vertreter *m* des Generalstaatsanwalts; **~ d'office** DROIT PÉNAL Offizial-, Pflichtverteidiger *m*; DROIT CIVIL Armenanwalt *m* **2** *fig d'une cause* Anwalt *m*; Verfechter(in) *m(f)*; Sachwalter(in) *m(f)*; *d'une personne* Anwalt *m*; Fürsprecher(in) *m(f)*; **se faire l'~ d'une bonne cause** sich zum Anwalt e-r guten, gerechten Sache machen; **se faire l'~ du diable** sich zum Anwalt e-r schlechten Sache, zum Advocatus Diaboli machen

avocat[2] [avɔka] *m* BOT Avocado *ou* Avocato *f*

avocatier [avɔkatje] *m* BOT Avocadobaum *m*

avoine [avwan] *f* BOT Hafer *m*; **folle ~** Flug-, Windhafer *m*

avoir[1] [avwaʀ] ⟨**j'ai, tu as, il a, nous avons, vous avez, ils ont; j'avais; j'eus; j'aurai; que j'aie, qu'il ait, que nous ayons; aie!, ayons!, ayez!; ayant; avoir eu**⟩ **I** *v/aux* **a)** *de tous les v/t* haben; **j'ai acheté un disque** ich habe e-e Schallplatte gekauft; **b)** *de la plupart des v/i* haben; *pour les verbes de mouvement et changement d'état* sein; **j'ai dormi** ich habe geschlafen; **j'ai couru, fui** ich bin gerannt, geflohen; **il a grandi, vieilli** er ist gewachsen, gealtert; er ist groß, alt geworden; **c)** *de tous les v/imp* haben; ***il a neigé, plu*** es hat geschneit, geregnet; **d)** *de avoir et être*: ***j'ai eu*** ich habe gehabt; ***j'ai été*** ich bin gewesen **III** *v/t* **1** **a)** (*posséder*) haben; besitzen; ***~ de la fortune*** Vermögen haben, besitzen; ***qu'est-ce que vous avez comme voiture?*** *a* was für e-n Wagen fahren Sie?; **b)** *qn comme invité* (da)haben; ***~ qn à déjeuner*** j-n als Gast zum Mittagessen haben; ***j'ai mon amie ce soir*** ich habe heute Abend meine Freundin da, (bei mir) zu Gast; **c)** (*disposer de*) haben; ***auriez-vous une cigarette?*** hätten Sie e-e Zigarette für mich?; ***vous avez une semaine pour*** (*+inf*) Sie haben e-e Woche Zeit (um) zu (*+inf*); **d)** COMM *article, marque* haben; führen; **e)** *sens affaibli*: ***j'ai chaud*** mir ist warm; ***~ les cheveux blancs*** weißes Haar haben; weißhaarig sein; ***~ du courage*** Mut haben, besitzen; mutig sein; ***~ des enfants, un métier*** Kinder, e-n Beruf haben; ***~ faim*** Hunger haben; hungrig sein; *plante* ***~ des fleurs*** Blüten haben, tragen; blühen; ***~ un geste de dépit*** e-e unwillige Gebärde machen; ***j'ai les mains qui tremblent*** mir zittern die Hände; ÉCOLE ***~ maths, anglais*** Mathe, Englisch haben; ***il a encore son père*** er hat noch s-n Vater; sein Vater lebt noch; *appartement* ***~ cinq pièces*** fünf Zimmer haben; ***~ du beau temps*** schönes Wetter haben; **f)** *avec prép*: ***~ pour ami, pour élève*** zum Freund, als Schüler haben; ***~ qc sur soi*** etw bei sich haben, tragen, führen; ♦ F ***en ~ à, après, contre qn*** etwas gegen j-n haben; auf j-n böse sein; ***en ~ pour*** *somme* ausgeben; *temps* brauchen; ***j'en ai eu pour cent euros*** ich habe hundert Euro (dafür) bezahlt, ausgegeben; ***nous en avons pour deux heures*** wir brauchen zwei Stunden dafür; das wird zwei Stunden dauern **2** (*obtenir*) bekommen; F kriegen; ***il a eu son bac*** er hat das Abitur bestanden; ***nous aurons de l'orage*** wir bekommen ein Gewitter; TÉL ***vous avez Paris*** Sie sind mit Paris verbunden; ***~ le premier prix*** den ersten Preis bekommen, erhalten; ***j'ai eu mon train de justesse*** ich habe meinen Zug gerade noch bekommen, gekriegt, erwischt; ***faire ~ qc à qn*** j-m etw besorgen, verschaffen; j-m zu etw verhelfen **3** ***~ qn*** **a)** F (*tromper qn*) F j-n reinlegen; ***se faire, se laisser ~*** F reinfallen (***par qn*** auf j-n); sich reinlegen lassen (von j-m); j-m aufsitzen; **b)** F ***on les aura!*** F die werden wir in die Tasche stecken!; denen werden wirs aber zeigen!; **c)** F ***~ qn à la pitié*** F j-n durch Mitleid rumkriegen; **d)** *avec un projectile* ***je l'ai eu*** ich habe ihn getroffen, F erwischt; **e)** *par euphémisme* ***il a eu beaucoup de femmes*** er hat viele Frauen gehabt **4** (*porter*) *vêtement* anhaben; *chapeau* aufhaben **5** *âge, mesure* sein; ***quel âge avez-vous?*** wie alt sind Sie?; ***~ vingt ans*** zwanzig Jahre alt sein; ***~ cinq mètres de haut, de long*** fünf Meter hoch, lang sein **6** *personne, appareil défectueux etc* ***~ qc*** etwas haben; ***qu'est-ce qu'il a?*** was hat er?; was ist mit ihm los?; F ***il a qu'il est furieux*** er ist wütend; ***qu'est-ce qu'elle a à pleurer ainsi?*** warum weint sie denn so?; ***qu'est-ce qu'elle a, cette télé?*** was ist denn mit dem Fernseher los? **7** (*ressembler*) ***~ de qn*** j-m ähneln; ***il avait à la fois du professeur et du curé*** er hatte sowohl etwas von e-m Lehrer als auch etwas von e-m Pfarrer an sich; ***avoir tout d'un gangster*** ganz wie ein Gangster wirken, aussehen **8** ***~ à faire qc*** etw zu tun haben; etw tun müssen; *abs* ***j'ai à faire*** ich habe zu tun; ***c'est tout ce que j'ai à vous dire*** das ist alles, was ich Ihnen zu sagen habe; ***~ des lettres à écrire*** Briefe schreiben müssen; ***j'ai à te parler*** ich muss mit dir reden; ***il n'a pas à se plaindre*** er kann sich nicht beklagen; ***tu n'auras pas à le regretter*** du sollst es nicht bereuen; ♦ ***n'~ qu'à faire qc*** nur etw zu tun brauchen; ***vous n'avez qu'à tourner le bouton*** Sie brauchen nur den Knopf zu drehen; *avec humeur* F ***t'as qu'à t'en aller*** *si ça te plaît pas* du kannst ja gehen ...; F ***vous n'aviez qu'à faire attention!*** Sie hätten eben aufpassen müssen! **III** *v/imp* ***il y a*** [ilja], F [ja] **a)** es gibt; (es) ist *ou* sind; *südd a* es hat; ***il y avait du brouillard*** es war nebelig; es herrschte Nebel; *notre seul espoir*, ***si espoir il y a*** wenn von Hoffnung überhaupt die Rede sein kann; ***il y a des gens qui ..., il y en a qui ...*** es gibt Leute, es gibt welche, die ...; F ***il y en a, je vous jure!*** F Leute gibt's!; ***il y a eu de graves accidents*** es kam zu schweren Unfällen; es passierten schwere Unfälle; ***combien de personnes y aura-t-il?*** wie viele Personen werden kommen, da sein?; ***combien y a-t-il d'ici à Paris?*** wie weit ist es von hier nach Paris?; ***il y a cent kilomètres d'ici à Paris*** von hier bis nach Paris sind es hundert Kilometer; *y a-t-il des pommes?* - ***il y en a encore***, F ***y en a encore*** es gibt noch welche; es sind noch welche da; ***il n'y en a plus*** es gibt nichts, keine mehr; es ist nichts, es sind keine mehr da; F ***quand il n'y en a plus, (il) y en a encore*** *mets, provisions* es ist immer noch etwas da; *difficultés, erreurs* es tauchen immer wieder neue auf; *en mangeant* ***quand il y en a pour trois, il y en a pour quatre*** wenn es für drei reicht, reicht es auch für vier; ♦ *tournures*: ***il y a champagne et champagne*** Champagner und Champagner ist zweierlei; ***qu'est-ce qu'il y a?*** was ist los?; was gibt es? (F was gibt's?); was geht hier vor?; ***il y a que tout le monde proteste*** hier protestieren alle; *réponse à un remerciement* ***il n'y a pas de quoi*** nichts zu danken; (bitte,) gern geschehen; (bitte,) keine Ursache; ***il n'y a pas de mais, de monsieur le directeur*** *etc* das „aber“, den „Herr Direktor“ *etc* können Sie sich sparen, schenken; ***il n'y a que lui pour*** (*+inf*) nur er kann (*+inf*); ***il n'y a pas que lui*** er ist nicht der Einzige; er steht nicht allein da; ***il n'y a qu'à*** (*+inf*) man braucht nur zu (*+inf*); *si le meuble vous gêne*, ***il n'y a qu'à le déplacer*** ... brauchen Sie, wir es nur wegzuschieben; ***il n'y en a que pour lui*** nur er will im Mittelpunkt stehen; ♦ *plais imitation de charabia*: ***y a bon!*** das sein gut!; ***moi y en a vouloir gagner des sous*** ich wollen Geld verdienen; **b)** *temporel*: vor; *il est parti* ***il y a deux ans*** vor zwei Jahren ...; ***il y a deux ans que ...*** es ist zwei Jahre her, dass ...; seit zwei Jahren ...; ***il y a quelques années encore*** bis vor wenigen Jahren noch; ***il y a aujourd'hui 'huit jours qu'il est mort*** heute vor acht Tagen ist er gestorben; ***il y aura deux mois demain*** morgen werden es zwei Monate; ***il y a combien de temps qu'il est à Paris?*** wie lange ist er schon in Paris?

avoir[2] [avwaʀ] *m* **1** COMM, FIN Guthaben *n*; (*crédit*) Haben(seite) *n(f)*; ***~ fiscal*** Steuergutschrift *f*; ***se faire faire un ~*** sich (*dat*) e-n Gutschein ausstellen, e-e Gutschrift geben lassen; ***portez cette somme à mon ~*** schreiben Sie mir diese Summe gut **2** *st/s* (*biens*) Hab und Gut *n*; Besitz *m*; Vermögen *n*

B

avoirdupoids [avwaʀdypwa] *m système de mesure de masse des pays anglo-saxons* Avoirdupois *n*
avoisinant [avwazinɑ̃] *adj* benachbart; angrenzend; ***rue ~e*** Nachbarstraße *f*
avoisiner [avwazine] *v/t* **1** benachbart sein (*+dat*); angrenzen an (*+acc*) **2** *fig* grenzen an (*+acc*); nahekommen (*+dat*); sich nähern (*+dat*)
avortement [avɔʀtəmɑ̃] *m* **1** Abtreibung *f*; ***pratiquer un ~*** e-e Abtreibung vornehmen; abtreiben **2** *fig d'un projet etc* Scheitern *n*; Fehlschlagen *n*; Misslingen *n*; Missglücken *n*
avorter [avɔʀte] *v/i* **1** MÉD abortieren; ***se faire ~*** abtreiben (lassen) **2** *fig projet etc* scheitern; fehlschlagen; misslingen; missglücken; F platzen; ***faire ~*** vereiteln; zum Scheitern bringen; scheitern *etc* lassen
avorteur [avɔʀtœʀ] *m*, **avorteuse** *f péj* Engelmacher(in) *m(f)*
avorton [avɔʀtõ] *m péj* Kümmerling *m*; *personne a* Wicht *m*; *animal, plante a* Kümmerer *m*
avouable [avwabl] *adj* dessen *ou* deren man sich nicht zu schämen braucht
avoué [avwe] *m* JUR (Rechts)Anwalt *m*
avouer [avwe] **I** *v/t* **1** JUR gestehen; *abs a* geständig sein **2** *erreur etc* (ein)gestehen; zugeben; bekennen; beichten; ***~ son amour à qn*** j-m seine Liebe gestehen; ***il faut ~ que ...*** man muss zugeben, einräumen, anerkennen, dass ...; *adjt* ***ennemi avoué*** erklärter Feind **II** *v/pr* **1** ***s'~ coupable*** sich schuldig bekennen; ***s'~ vaincu*** sich geschlagen geben **2** ***s'~ qc*** sich (*dat*) etw eingestehen
avril [avʀil] *m* April *m*; *prov* ***en ~, ne te découvre pas d'un fil***; ***en mai, fais ce qu'il te plaît*** man ziehe sich noch nicht zu leicht an im April, im Mai kann man machen, was man will
axe [aks] *m* **1** PHYS, MATH, BOT, OPT Achse *f*; Mittellinie *f*; ***~s de coordonnées*** Achsenkreuz *n*; Koordinatensystem *n*; ***~ de symétrie*** Symmetrieachse *f*; ***~ de la Terre*** Erdachse *f*; ***~ des x*** x-Achse *f* **2** TECH Achse *f* **3** *(auto-)route* (***grand***) ***~*** Hauptverkehrsweg *m*; Achse *f*; ***~ nord-sud*** Nord-Süd-Achse *f* **4** POL Achse *f*; HIST ***l'Axe Rome-Berlin*** die Achse Berlin-Rom **5** *fig d'une politique etc* Generallinie *f*; Zielrichtung *f*; Ausrichtung *f*; ***être dans l'~ du parti*** auf der Parteilinie liegen
axer [akse] *v/t construction, programme, vie* ***~ sur*** ausrichten auf (*+acc*)
axial [aksjal] *adj* ⟨**-aux**⟩ axial; Axial...; Achsen...; in der Achsenrichtung; *d'une rue* ***éclairage ~*** Mitteloberlicht *n*
axiome [aksjom] *m* **1** *sc* Axiom *n* **2** *par ext* Grundsatz *m*
axiomètre [aksjɔmɛtʀ] *m* MAR Axiometer *n*
Ay *ou* **Aÿ** [ai] *Ort im Dep. Marne*
ayant [ɛjɑ̃] **I** *p/pr* → ***avoir***[1] **II** *m* JUR ***~ cause*** ⟨*pl* **ayants cause**⟩ Rechtsnachfolger *m*; ***~ droit*** ⟨*pl* **ayants droit**⟩ Anspruchs-, Bezugs-, Empfangsberechtigte(r) *m*
Aydat [ɛda] ***le lac d'~*** *See in der Auvergne*
Aymé [eme, ɛme] ***Marcel ~*** *frz Schriftsteller*
azalée [azale] *f* BOT Azalee *f*; Azalie *f*
Azerbaïdjan [azɛʀbaidʒɑ̃] ***l'~*** *m* Aserbaidschan *n*
azimut [azimyt] *m* **1** ASTR Azimut *n ou m* **2** *loc/adj* ***tous ~s*** nach allen Seiten; allseitig; rundum; *progrès* auf allen Gebieten; *stratégie, action* umfassend; global; MIL ***défense*** *f* ***tous ~s*** Rundumverteidigung *f*
azote [azɔt] *m* CHIM Stickstoff *m*; ***oxyde*** *m* ***d'~*** Stickoxid *n*
azoté [azɔte] *adj* CHIM stickstoffhaltig; Stickstoff...
azoter [azɔte] *v/t* CHIM azotieren; Stickstoff einführen in (*+acc*)
Azov [azɔf] ***la mer d'~*** das Asowsche Meer
AZT® [azɛdte] *m abr* (*azidothymidine*) MÉD AZT® *n* (Azidothymidin)
aztèque [astɛk] **I** *adj* aztekisch **II** *m/pl* ***Aztèques*** Azteken *m/pl*
azur [azyʀ] *m st/s* **a**) *couleur* Himmelsblau *n*; *poét* Azur *m*; ***ciel*** *m* ***d'~*** azurblauer, tiefblauer Himmel; ***Côte*** *f* ***d'Azur*** Côte d'Azur *f*; französische Riviera; *adjt* ***bleu ~*** ⟨*inv*⟩ azurblau; **b**) *ciel* tiefblauer Himmel; *poét* Azur *m*
azuré [azyʀe] *adj st/s* azurn; azurblau; tiefblau **azuréen** *adj* ⟨**~ne**⟩ der Côte d'Azur; der Riviera
azyme [azim] *adj* ***pain*** *m* ***~*** ungesäuertes Brot; *des juifs* Matze(n) *f(m)*

B

B, b [be] *m* ⟨*inv*⟩ B, b *n*
B.A. [bea] *f abr* (*bonne action*) gute Tat; ***faire une, sa ~*** eine, seine gute Tat tun *ou* vollbringen
baba[1] [baba] *adj* ⟨*inv*⟩ F ***en être, en rester ~*** verblüfft, verdutzt, sprachlos, bass erstaunt, F baff, platt sein; ***il en est resté ~*** F *a* da blieb ihm die Spucke weg
baba[2] [baba] *m* **1** CUIS ***~ au rhum*** Hefenapfkuchen, der mit Sirup und Rum übergossen wird **2** F ***l'avoir dans le ~*** F reinfallen
baba[3] [baba] *m,f ou* **baba cool** [babakul] *m,f* ⟨*pl* **babas cool**⟩ Angehörige(r) *f(m)* der Alternativszene; Alternativler(in) *m(f)*
b.a.-ba [beaba] *m* Anfangsgründe *m/pl*; Abc *n*; ***enseigner à qn le ~*** (***de qc***) j-m die Anfangsgründe, das Abc (*+gén*) beibringen
Babel [babɛl] BIBL Babel *n*
babeurre [babœʀ] *m* Buttermilch *f*
babil [babil] *m* → ***babillage***
babillage [babijaʒ] *m* **1** *de bébés* Plappern *n*; Geplapper *n*; PSYCH Lallen *n*; Lallstadium *n* **2** *par ext* (*bavardage*) (fröhliches) Geplauder, F Geplapper, Geschnatter **babiller** *v/i* **1** *bébé* plappern **2** *par ext* (fröhlich) plaudern, F plappern, schnattern
babine [babin] *f* **1** *zo* Lefze *f* **2** F *fig personne*: ***s'essuyer, se lécher les ~s*** sich (*dat*) (genüsslich) die

Lippen, den Mund abwischen, (ab)lecken; ***s'en lécher les ~s*** *en mangeant* mit Genuss essen; *à l'avance* sich (*dat*) die Lippen lecken; ***il s'en est léché les ~s*** *a* da lief ihm das Wasser im Munde zusammen

babiole [babjɔl] *f* **1** *objet* Kleinigkeit *f*; kleine Nettigkeit **2** *fig* Kleinigkeit *f*; Lappalie *f*; Bagatelle *f*

babiroussa [babiʀusa] *m* ZO Babirussa *m*; Hirscheber *m*

bâbord [babɔʀ] *m* MAR Backbord *n*; ***à ~*** backbord(s)

babouche [babuʃ] *f* Babusche *f*; F *a* Schlappen *m*

babouin [babwɛ̃] *m* ZO Pavian *m*

baby-boom [babibum, be-] *m* ⟨*pl* **baby-booms**⟩ Baby-Boom ['beːbibuːm] *m*

baby doll [babidɔl, be-] *m* ⟨*inv*⟩ Babydoll ['beː-] *n*

baby-foot [babifut] *m* ⟨*inv*⟩ (Tisch)Fußballspiel *n*; F Kicker *m*; ***jouer au ~, faire une partie de ~*** Kicker spielen; kicken

Babylone [babilɔn] HIST Babylon *n*

babylonien [babilɔnjɛ̃] **I** *adj* ⟨**~ne**⟩ babylonisch **II** *subst* LING ***le ~*** das Babylonische; Babylonisch *n*

baby-sitter [babisitœʀ, be-] *m,f* ⟨*pl* **baby-sitters**⟩ Babysitter ['beː-] *m* **baby-sitting** [-sitiŋ] *m* Babysitten ['beː-] *n*, -sitting *n*

bac[1] [bak] *m* **1** *bateau* Fähre *f* **2** *récipient* Schale *f*; Kasten *m*; Wanne *f*; Bottich *m*; Kübel *m* (*a pour plantes*); Trog *m*; *d'une douche* Duschwanne *f*, -becken *n*; *d'un réfrigérateur*: ***~ à glace, à glaçons*** Eisschale *f*; Eiswürfelbereiter *m*; ***~ à légumes*** Gemüseschale *f*, -korb *m*; ***~ à sable*** Sandkasten *m*

bac[2] [bak] *m abr* F (*baccalauréat*) F Abi *n*; ***~ + 2*** [bakplysdø] Abitur *n* und zweijähriges Studium; ***passer le ~*** das Abi machen

bacantes [bakɑ̃t] F *f/pl* Schnurrbart *m*

baccalauréat [bakalɔʀea] *m* **1** *au lycée* Abitur *n*; Reifeprüfung *f*; *österr* Matura *f*; *schweiz* Maturitätsprüfung *f* **2** *autrefois*: *à l'université* ***~ en droit*** *correspond à* zweite (Zwischen)Prüfung nach zweijährigem Jurastudium

baccara [bakaʀa] *m jeu* Bakkarat *n*

baccarat [bakaʀa] *m* Kristallglas *n* aus Baccarat

bacchanale [bakanal] *f* **1** ***~s*** *pl* ANTIQUITÉ Bacchanalien *n/pl* **2** *fig et litt* Bacchanal *n*

bacchante [bakɑ̃t] *f dans la Rome antique* Bacchantin *f*

bacchantes [bakɑ̃t] → ***bacantes***

Bacchus [bakys] *m* MYTH Bacchus *m*

baccifère [baksifɛʀ] *adj* BOT Beeren tragend **bacciforme** *adj* BOT beerenförmig, -ähnlich, -artig

Bach [bak] ***Jean-Sébastien ~*** Johann Sebastian Bach

bâchage [bɑʃaʒ] *m* Ab-, Zu-, Überdecken *n* mit e-r Plane

bâche [bɑʃ] *f* (Wagen)Plane *f*

bachelier [baʃəlje] *m*, **bachelière** *f* **1** Abiturient(in) *m(f)* **2** *autrefois* ***~ en droit*** Jurastudent, der die zweite (Zwischen)Prüfung nach zweijährigem Studium bestanden hat

bâcher [bɑʃe] *v/t* mit e-r Plane ab-, zudecken, überdecken

bachique [baʃik] *adj* Bacchus…; bacchantisch; ***chanson*** *f* ***~*** Trinklied *n*

Bachkirie [baʃkiʀi] ***la ~*** Baschkirien *n*

bachot [baʃo] *m* F Abi *n*; *péj* ***boîte*** *f* ***à ~*** F Presse *f*

le baccalauréat, kurz le bac

In der gesprochenen Sprache werden mehrsilbige Wörter, die man häufig verwendet, gern in abgekürzter Form gebraucht. Dabei kann wie bei **baccalauréat** der hintere Teil des Wortes weggelassen werden:

le baccalauréat	→	**le bac** (das Abi)
le cinéma	→	**le ciné** (das Kino)
la diapositive	→	**la diapo** (das Dia)
la faculté	→	**la fac** (die Uni)
impeccable	→	**impec** (tadellos)
la météorologie	→	**la météo** (der Wetterbericht)
le professeur	→	**le prof** (der Lehrer)
la publicité	→	**la pub** (die Werbung)
la récréation	→	**la récré** (die große Pause)
sympathique	→	**sympa** (sympathisch)
la télévision	→	**la télé** (das Fernsehen)

Die unverkürzten Formen kommen überwiegend in der geschriebenen Sprache und in formelleren Situationen vor.

bachotage [baʃɔtaʒ] *m* F (stures) Büffeln, Pauken, Ochsen; Büffelei *f*; Paukerei *f*; Ochserei *f* **bachoter** *v/i* F büffeln; pauken; ochsen **bachoteur** *m*, **bachoteuse** *f* F Schüler(in), Student(in), der (die) büffelt, paukt, ochst

bacillaire [basilɛʀ] *adj* bazillär; Bazillen…

bacille [basil] *m* BIOL, MÉD Bazillus *m*; F Bazille *f*; ***~ de Koch*** [-kɔk] Tuberkelbakterie *f*, -bazillus *m*

background [bakgʀaund] *m* Hintergrund *m*; Background ['bɛkgraunt] *m*

backslash [bakslaʃ] *m* TYPO Backslash ['bɛkslɛʃ] *m*

bâclage [bɑklaʒ] *m* F (Hin-, Zusammen)Pfuschen *n*; (Hin)Schludern *n*

bâcler [bɑkle] *v/t travail* F hin-, zusammenpfuschen; hinschludern, -schlampen; *abs* pfuschen; schludern; schlampen; ***~ un article de journal*** F einen Zeitungsartikel zusammenhauen, -schreiben, -schustern, hinhauen; ***~ une cérémonie*** eine Zeremonie kurz und lieblos abmachen; *adjt*: ***travail bâclé*** Pfusch-, Schluderarbeit *f*; schlampige Arbeit; Pfuscherei *f*; Schluderei *f*; ***c'est bâclé*** das ist gepfuscht, geschludert; das ist schlud(e)rig, schlampig gemacht

bacon [bekɔn] *m* magerer, leicht geräucherter Speck; Frühstücksspeck *m*; Bacon ['beːkən] *m*; ***œufs*** *m/pl* ***au ~*** Spiegeleier *n/pl* mit Speck

B

bactéricide [bakteʀisid] *adj* MÉD bakterizid; keimtötend
bactérie [bakteʀi] *f* BIOL, MÉD Bakterie *f*
bactérien [bakteʀjɛ̃] *adj* ⟨**~ne**⟩ bakteriell; Bakterien…
bactériologie [bakteʀjɔlɔʒi] *f* Bakteriologie *f* **bactériologique** *adj* bakteriologisch **bactériologiste** *m,f* Bakteriologe, -login *m,f*
bactériostatique [bakteʀjostatik] *adj* MÉD bakteriostatisch; die Vermehrung von Bakterien hemmend
badaboum [badabum] *int* F bums!
badaud [bado] *m* Schaulustige(r) *m*; *péj* Gaffer *m*; *adjt* ***être ~*** gern Maulaffen feilhalten
Bade [bad] ***le*** (***pays de***) ~ Baden *n*
baderne [badɛʀn] *f péj* ***vieille ~*** verknöcherter Greis; F alter Knacker
Bade-Wurtemberg [badvyʀtɛ̃bɛʀ] ***le ~*** Baden-Württemberg *n*
badge [badʒ] *m* Plakette *f*; Abzeichen *n*
badiane [badjan] *f* BOT Sternanis *m*
badigeon [badiʒõ] *m* **1** Tünche *f*; ***donner un coup de ~ sur qc*** etw übertünchen **2** PHARM Tinktur *f* (zum Pinseln)
badigeonnage [badiʒɔnaʒ] *m* **1** (Über)Tünchen *n*; Weiße(l)n *n* **2** MÉD (Be)Pinseln *n*
badigeonner [badiʒɔne] *v/t* **1** *mur etc* (über)tünchen; weißen; *südd* weißeln **2** MÉD (be)pinseln **3** *iron* (*barbouiller*) (*a v/pr* ***se***) ~ (sich) anmalen, vollschmieren (***de*** mit)
badin [badɛ̃] *adj* scherzhaft; launig; humorig; ***être d'humeur ~e*** zum Scherzen aufgelegt sein
badinage [badinaʒ] *m* Scherzen *n*; Spaßen *n*; ***sur le ton du ~*** in scherzhaftem Ton
badine [badin] *f* **1** Gerte *f*; Stöckchen *n* **2** ***~s*** *pl* kleine (Schmiede)Zange
badiner [badine] *v/i* scherzen; spaßen; ***ne pas ~*** nicht mit sich spaßen lassen, keinen Spaß verstehen (***avec, sur la discipline*** in puncto Disziplin); ***il ne faut pas ~ avec cela*** damit ist nicht zu spaßen; *Musset* ***On ne badine pas avec l'amour*** Spiel nicht mit der Liebe
badinerie [badinʀi] *f st/s* → ***badinage***
badminton [badmintɔn] *m* Federball(spiel) *m*(*n*); Badminton ['bɛtmıntən] *n*
badois [badwa] **I** *adj* badisch **II** *subst* ***Badois(e)*** *m(f)* Badener(in) *m(f)*
Badonviller [badõvile] *Ort im Dep. Meurthe-et-Moselle*
baffe [baf] F *f* Ohrfeige *f*; Backpfeife *f*; → *a* ***gifle***
baffle [bafl] *m écran* Schallwand *f*; *boîte* Lautsprecherbox *f*
bafouer [bafwe] *v/t* verspotten; verhöhnen; lächerlich, zum Gespött machen; ***mari bafoué*** betrogener Ehemann
bafouillage [bafujaʒ] F *m action* Stammeln *n*; Stottern *n*; *propos* Gestammel *n*; Gestotter *n*
bafouille [bafuj] *f* F Schrieb *m*; Wisch *m*
bafouiller [bafuje] F *v/t et v/i* stammeln; stottern (*a fig moteur*); ***~ quelques excuses*** ein paar Entschuldigungen stammeln
bafouilleur [bafujœʀ] *m*, **bafouilleuse** *f* F Faselhans *m*, -liese *f*
bâfrer [bɑfʀe] *v/i* F fressen; sich vollfressen, vollstopfen **bâfreur** *m* F Fresssack *m*; Vielfraß *m*

bagad [bagad] *m* ⟨*pl* **bagadou** [bagadu]⟩ *Musikgruppe mit traditionellen bretonischen Instrumenten*
bagage [bagaʒ] *m* **1** Gepäckstück *n*; *surtout pl* ***~s*** Gepäck *n*; ***~s accompagnés*** Reisegepäck *n*; ***~s à main*** Handgepäck *n*; ***mettre ses ~s aux ~s accompagnés, faire enregistrer ses ~s*** sein Gepäck aufgeben; *loc/adv* ***avec armes et ~s*** mit Sack und Pack; ***elle avait pour tout ~ un sac*** sie hatte als einziges Gepäckstück e-e Tasche; ihr ganzes Gepäck bestand aus e-r Tasche; ***plier ~*** s-e Sachen, s-e Koffer packen; F sein Bündel schnüren **2** *fig* Rüstzeug *n*; ***~ intellectuel, scientifique*** geistiges, wissenschaftliches Rüstzeug
bagagiste [bagaʒist] *m gare, aéroport* Kofferträger *m*; *hôtel* Hotel-, Hausdiener *m*
bagarre [bagaʀ] *f* **1** (*rixe*) Schlägerei *f*; Prügelei *f*; Rauferei *f*; Balgerei *f*; F Keilerei *f* **2** F *fig* (*lutte*) harter Kampf; F Gerangel *n*; ***il va y avoir de la ~*** es wird e-n harten Kampf, ein ziemliches Gerangel geben; es wird heiß hergehen
bagarrer [bagaʀe] **I** *v/i* F (*lutter*) kämpfen; streiten; sich heftig einsetzen **II** *v/pr* ***se ~*** (sich) raufen, sich prügeln, F sich keilen (***avec qn*** mit j-m); *gamins* sich balgen; F (miteinander) rangeln
bagarreur [bagaʀœʀ] F *m* **1** *concret* Raufbold *m*; Kampfhahn *m* **2** *battant* Kämpfer *m*; F Draufgänger *m*; ***avoir un tempérament de ~*** e-e Kämpfernatur sein; *adjt* ***être ~*** kämpferisch, draufgängerisch sein
bagatelle [bagatɛl] *f* **1** (*objet sans valeur*) Kleinigkeit *f*; kleine Nettigkeit; ***~s*** *pl a* F Krimskrams *m* **2** *iron* ***la ~ de cent euros*** die Kleinigkeit von hundert Euro **3** (*futilité*) Lappalie *f*; Bagatelle *f*; Kleinigkeit *f*; ***perdre son temps à des ~s*** s-e Zeit mit nebensächlichen, belanglosen, unwichtigen Dingen vertun **4** F ***être porté sur la ~*** → ***chose*** 5
Bagdad [bagdad] Bagdad *n*
bagnard [baɲaʀ] *m* (Bagno)Sträfling *m*
bagne [baɲ] *m* HIST Bagno *n*; *fig* ***c'est le ~*** das ist die Hölle
bagnole [baɲɔl] F *f* Auto *n*; F Karre *f*; Schlitten *m*; *plais* fahrbarer Untersatz; ***une belle ~*** F ein toller Schlitten; ***une grosse ~*** F ein Straßenkreuzer *m*
bagou(t) [bagu] F *m* Redetalent *n*; F Mundwerk *n*; ***avoir du bagou(t)*** ein tüchtiges Mundwerk, e-n großen Redefluss haben; zungenfertig sein
baguage [bagaʒ] *m* **1** *des oiseaux* Beringen *n*, -ung *f* **2** ARBORICULTURE Ringeln *n*, -ung *f*
bague [bag] *f* **1** (Finger)Ring *m*; ***~ de fiançailles*** Verlobungsring *m*; ***porter une ~*** (***au doigt***) e-n Ring (am Finger) tragen; ***il lui a passé la ~ au doigt*** er hat sie geheiratet, zum Traualtar geführt **2** TECH Ring *m*
baguenaude [bagnod] *f* **1** BOT Frucht *f* des Blasenstrauchs **2** F Bummel *m* **baguenauder** F *v/i* (*et v/pr* ***se***) ~ umherschlendern; F bummeln; e-n Bummel machen **baguenaudier** *m* BOT Blasenstrauch *m*
baguer [bage] *v/t oiseaux* beringen; *adjt* ***doigts bagués*** beringte Finger *m/pl*
baguette [bagɛt] *f* **1** Stab *m*; Stock *m*; Gerte *f*; Rute *f*; *pour montrer* Zeigestock *m*; *pour manger* (Ess-)Stäbchen *n*; ***~ divinatoire, de sourcier*** Wünschelrute *f*; ***~ magique*** Zauberstab *m*; ***comme d'un coup de ~*** (***magique***) wie mit e-m Zauberschlag; ***~*** (***de***

chef d'orchestre) Taktstock *m*; ***~s de tambour*** (Trommel)Schlägel *m/pl*; F ***cheveux*** *m/pl* (***raides***) ***comme des ~s de tambour*** ganz glattes (und schwer zu frisierendes) Haar; *fig*: ***tout marche à la ~*** F alle spuren; keiner tanzt aus der Reihe; ***mener qn à la ~*** j-n herumkommandieren, gängeln, an der Kandare haben, unter der Fuchtel haben, nach s-r Pfeife tanzen lassen **2** *pain* (französisches) Stangenweißbrot; Baguette *f ou n* **3** (*moulure*) (Profil-, Zier)Leiste *f*; ARCH Rundstab *m* **4** *sur des collants, chaussettes* (seitliche) Ziernaht

Une baguette, s'il vous plaît!

Das für Frankreich typische Weißbrot gibt es in verschiedenen Größen:

la baguette	das längste und dickste Stangenbrot
la flûte	das mittelgroße Stangenbrot
la ficelle	das kürzeste und dünnste Stangenbrot

Gut merken lassen sich diese Größenverhältnisse, wenn man sich die Grundbedeutungen dieser Ausdrücke vor Augen hält:

la baguette: der Zeigestab
la flûte: die Flöte
la ficelle: der Bindfaden

baguier [bagje] *m* **1** Schmuckkästchen *n* **2** *du joaillier* Ringmaß *n*
baguouse *ou* **baguouze** [baguz] *arg f* (Finger)Ring *m*
bah [bɑ] *int* pah!; ach was!; ***~! ce n'est pas vrai!*** Unsinn!; das ist nicht wahr!
Bahamas [baamas] ***les*** (***îles***) ***~*** *f/pl* die Bahamas *pl*; die Bahamainseln *f/pl*
Bahia [baja] GÉOGR Bahia *n*
Bahreïn [baʀɛjn] ***le ~*** Bahrain *n*
bahut [bay] *m* **1** *meuble* (rustikales) Büfett; (*coffre*) Truhe *f* **2** F (*lycée*) F Penne *f* **3** F (*gros camion*) F schwerer, dicker Brummer
bai [bɛ] **I** *adj cheval* (rot)braun **II** *m* Braune(r) *m*
baie [bɛ] *f* **1** GÉOGR (Meeres)Bucht *f*; Bai *f*; ***~ d'Hudson*** [-dytsɔn] Hudsonbai *f* **2** CONSTR (Mauer-, Wand)Öffnung *f*; ***~ vitrée*** großes (Glas)Fenster; ***~ de fenêtre, de porte*** Fenster-, Türöffnung *f* **3** BOT Beere *f*
baignade [bɛɲad] *f* **1** Baden *n*; ***~ interdite*** Baden verboten; ***à l'heure de la ~*** zur Badezeit **2** *endroit* Badestelle *f*, -platz *m*
baigner [beɲe] **I** *v/t* **1** baden; ***~ un enfant, un chien*** ein Kind, einen Hund baden **2** *fleuve*: *paysage etc* fließen durch; durchfließen; *mer*: *île* umspülen; ***~ la côte*** die Küste bespülen **3** *poét lumière* ***~ qc*** etw überstrahlen, -fluten; *p/p* ***baigné de soleil*** sonnenüberflutet, -durchflutet **4** *fig* (be)netzen (***de*** mit); *surtout p/p*: ***baigné de larmes*** tränenüberströmt; in Tränen gebadet; ***baigné de sueur*** schweißtriefend, -gebadet; in Schweiß gebadet **II** *v/i* **1** CUIS ***~ dans qc*** in etw (*dat*) schwimmen; *viande* ***baignant dans son jus*** im eigenen Saft schwimmend; F *fig* ***ça baigne*** (***dans l'huile***) → ***huile*** *3*; *blessé* ***~ dans son sang*** in s-m Blut schwimmen **2** *fig paysage* ***~ dans la brume*** in Nebel gehüllt, getaucht sein **III** *v/pr* ***se ~*** (sich) baden; ***se ~ dans la mer*** im Meer baden
baigneur [bɛɲœʀ], **baigneuse** **1** *m,f* Badende(r) *f(m)* **2** *m poupée* (Zelluloid)Babypuppe [-beːbi-] *f*
baignoire [bɛɲwaʀ] *f* **1** (Bade)Wanne *f* **2** THÉ Parterreloge *f*
Baïkal [baikal] ***le lac ~*** der Baikalsee
Baïkonour [baikɔnuʀ] GÉOGR Baikonur *n*
bail [baj] *m* ⟨*pl* **baux** [bo]⟩ **1** JUR Pacht(vertrag) *f(m)*; Miete *f*; Mietvertrag *m*; ***~ commercial*** Mietvertrag über gewerbliche Räume; ***~ à loyer*** Mietvertrag *m*; ***céder, donner à ~*** verpachten; in Pacht geben; vermieten; ***céder son ~ à qn*** an j-n unterverpachten; ***prendre à ~*** pachten; in Pacht nehmen; mieten **2** F *fig* ***ça fait un ~ que je ne l'ai plus vu*** es ist e-e Ewigkeit her, dass ich ihn (nicht mehr) gesehen habe; ich habe ihn schon ewig nicht mehr gesehen
baille [bɑj] *f* MAR Balge *f*; Balje *f*
bâillement [bɑjmɑ̃] *m* Gähnen *n*
bâiller [bɑje] *v/i* **1** gähnen (***d'ennui, de sommeil*** vor Langeweile, vor Müdigkeit); F ***~ à se décrocher la mâchoire*** (so richtig) herzhaft gähnen **2** *porte* nicht fest schließen, geschlossen sein; *col etc* nicht richtig anliegen; abstehen; *fente* klaffen
bailleur [bajœʀ] *m*, **bailleresse** [bajʀɛs] *f* **1** JUR Verpächter(in) *m(f)*; Vermieter(in) *m(f)* **2** FIN ***bailleur de fonds*** Geld-, Kapital-, Kreditgeber *m*
bailli [baji] *m* HIST Bailli *m*; Vogt *m*
bâillon [bɑjõ] *m* Knebel *m*; ***mettre un ~ à qn*** → ***bâillonner***
bâillonnement [bɑjɔnmɑ̃] *m* Knebelung *f*; *fig a* Mundtotmachen *n* **bâillonner** *v/t* **1** knebeln **2** *fig* knebeln; mundtot machen; F das Maul stopfen (+*dat*)
bain [bɛ̃] *m* **1** Bad *n* (*a* CHIM, TECH); Baden *n*; ***~ de bouche*** Mundspülung *f*; ***~ de boue***(***s***) Moor-, Schlammbad *n*; PHOT ***~ de développement, de fixage*** Entwickler-, Fixierbad *n*; ***~ de mer, de mousse, de pieds, de siège, de vapeur*** Meer-, Schaum-, Fuß-, Sitz-, Dampfbad *n*; ***salle f de ~s*** Bad(ezimmer) *n*; ***faire couler un ~*** ein Bad einlassen; ***le ~ est trop chaud*** das Badewasser ist zu heiß; *fig* ***être dans le ~*** (*être au courant*) Bescheid wissen; im Bilde sein; eingeweiht, eingearbeitet sein; (*être compromis*) in die Sache verwickelt, mit hineingezogen sein; F in der Patsche, Tinte sitzen; *fig* ***mettre qn dans le ~*** (*mettre au courant*) j-n ins Bild setzen, einweihen, einarbeiten, einweisen; (*compromettre*) j-n in die Sache mit hineinziehen, verwickeln; ***préférer le ~ à la douche*** lieber baden als duschen; ***prendre un ~*** ein Bad nehmen; (sich) baden; ***prendre un ~ chaud*** *a* (sich) heiß baden; F *fig* ***se remettre dans le ~*** sich wieder einarbeiten, aufs Laufende bringen; ***sortir du ~*** aus der Wanne, aus dem Bad steigen **2** ***~s*** *pl* Bad(eanstalt) *n(f)*; ***~s munici-***

paux, publics städtisches, öffentliches Bad; ***aller aux ~s de mer*** in ein Seebad reisen **3** *piscine* ***grand ~*** Becken(teil) *n* für Schwimmer; ***petit ~*** Nichtschwimmerbecken *n*; ***~ à remous*** Whirlpool ['vœrlpu:l] *m* **4** *par ext* **a)** ***~ de soleil*** Sonnenbad *n*; ***prendre un ~ de soleil*** ein Sonnenbad nehmen; sonnenbaden; **b)** (***robe*** *f*) ***~ de soleil*** Strandkleid *n* **5** POL ***~ de foule*** Bad *n* in der Menge; ***prendre un ~ de foule*** ein Bad in der Menge nehmen; den direkten Kontakt mit der Menschenmenge suchen **6** TEXT ***~*** (***colorant***) Farb-, Färbeflotte *f*

bain-marie [bɛ̃maʀi] *m* ⟨*pl* **bains-marie**⟩ CUIS Wasserbad *n*

baïonnette [bajɔnɛt] *f* **1** MIL Bajonett *n*; Seitengewehr *n*; *loc/adv* ***~ au canon*** mit aufgepflanztem Bajonett **2** *adjt* TECH Bajonett…; ***douille*** *f* (**à**) ***~*** Bajonettfassung *f*

baise [bɛz] P *f* P Bumsen *n*; *obscène* Ficken *n*; Vögeln *n*

baisemain [bɛzmɛ̃] *m* Handkuss *m*; ***faire le ~ à qn*** j-m die Hand küssen

baisement [bɛzmɑ̃] *m* REL Küssen *n*

baiser[1] [beze] *v/t* **1** (*embrasser*) küssen; ***~ la main de qn*** j-m die Hand küssen **2** F (*tromper*) ***se faire ~*** F j-m auf den Leim gehen; sich reinlegen lassen; P beschissen werden **3** P (*coucher avec*) P bumsen, V vögeln (***qn*** mit j-m); V ficken

baiser und sein Bedeutungswandel

Vorsicht ist bei dem Verb **baiser** angebracht: Die ursprüngliche Bedeutung ‚küssen' kommt heute fast nur noch in Wendungen wie **baiser quelqu'un au front** (jemanden auf die Stirn küssen) und **baiser la main d'une dame** (einer Dame die Hand küssen) vor. Im Laufe der Zeit ist **baiser** als derber Ausdruck für ‚bumsen, vögeln' so geläufig geworden, dass man auf ein Verb wie **embrasser** ausweicht, um Missverständnisse oder peinliche Situationen zu vermeiden:

Avant de partir, **elle l'a embrassé**. – Bevor sie wegging, **küsste sie ihn**.

Das Substantiv **baiser** hingegen wird weiterhin in der Bedeutung ‚Kuss' verwendet:

Avant de partir, **elle lui a donné un baiser**. – Bevor sie wegging, **gab sie ihm einen Kuss**.

baiser[2] [beze] *m* Kuss *m* (***sur le front*** *etc* auf die Stirn *etc*); *formule épistolaire* ***bons ~s*** es grüßt und küsst Dich Dein(e); ***bons ~s de Paris*** liebe, herzliche Grüße aus Paris; ***mille ~s*** tausend Grüße *ou* Küsse, Dein(e); ***petit ~*** Küsschen *n*; flüchtiger, rascher Kuss; ***gros ~*** herzhafter, kräftiger, schallender Kuss; ***~ d'adieu*** Abschiedskuss *m*; ***~ de Judas*** Judaskuss *m*; ***~ de paix*** Friedenskuss *m*; ***dévorer de ~s*** wild, leidenschaftlich küssen; ***donner un ~ à qn*** j-m e-n Kuss geben

baiseur [bɛzœʀ] *m*, **baiseuse** *f* V Ficker(in) *m(f)*; ***être bon baiseur, bonne baiseuse*** F gut im Bett sein

baisodrome [bɛzɔdʀɔm] *m* P Bude *f*, Absteige *f* zum Bumsen

baisse [bɛs] *f des eaux, de la température* (Ab)Sinken *n* (*a fig de niveau*); Fallen *n*; *des eaux a* Zurückgehen *n*; *de la température a* Rückgang *m*; *des cours, des prix* Fallen *n*; Nachgeben *n*; BOURSE Baisse *f*; *d'une marchandise* Preisrückgang *m* (***du blé*** bei Getreide); *des prix a* Sinken *n*; Heruntergehen *n*; Herabsetzung *f*; *d'influence* Schwinden *n*; ***~ d'autorité*** Autoritätsschwund *m*, -verlust *m*; TECH ***~ de pression***, ÉLECT ***de tension*** Druck-, Spannungsabfall *m*; ***~ des prix*** *a* Preisrückgang *m*, -abbau *m*, -senkung *f*; ***~ de la production*** Produktionsrückgang *m*, -senkung *f*; ***~ de la qualité*** Qualitätsschwund *m*, -minderung *f*, -verschlechterung *f*, -verlust *m*; ***être en ~*** *actions, cours* fallen; *marchandise* im Preis sinken, zurückgehen; billiger werden; *fig* ***ses actions sont en ~*** s-e Aktien fallen; ***mes fonds sont en ~*** F ich bin knapp, nicht gut bei Kasse; BOURSE ***jouer à la ~*** auf Baisse spekulieren

baisser [bese] **I** *v/t* **1** *vitre, store* herunter-, F runterlassen, -kurbeln; ***~ le front*** die Stirn senken; ***~ une lampe*** eine Lampe herunter-, F runterziehen; ***~ la tête*** den Kopf senken, neigen; ***~ le voile*** den Schleier vor das Gesicht ziehen; ***~ les yeux*** die Augen niederschlagen; P *fig* ***~ la culotte, le pantalon*** klein beigeben; F den Schwanz einziehen; ***les yeux baissés*** mit niedergeschlagenen, gesenkten Augen; ***faire ~ les yeux à qn*** j-n dazu bringen, die Augen niederzuschlagen; → *a* **tête** *1* **2** *prix* senken; herab-, heruntersetzen; ***~*** (***le prix de***) ***la viande*** den Fleischpreis senken **3** *voix* senken; dämpfen; *gaz, lumière* kleiner stellen; ***~ le chauffage*** die Heizung drosseln, niedriger stellen; AUTO ***~ les phares*** abblenden; ***~ la radio, la télé*** das Radio, den Fernseher leiser stellen **4** *barrière, mur etc* niedriger machen **5** MUS *instrument* tiefer stimmen **II** *v/i* *température, eaux* (ab)sinken; fallen; zurückgehen; *thermomètre, baromètre* fallen; *soleil* sinken; *vent* abflauen; nachlassen; schwächer werden; *influence, autorité* schwinden; TECH *pression*, ÉLECT *tension* abfallen; *forces, vue* nachlassen; abnehmen; *personne âgée* abbauen; körperlich und geistig abnehmen; hinfällig werden; *malade* schwächer werden; *artiste, écrivain* (in s-n Leistungen) nachlassen; *actions, cours* fallen; nachgeben; *prix* sinken; fallen; heruntergehen; ***il baisse*** *personne âgée a* s-e Kräfte lassen nach; *malade a* es geht mit ihm bergab; ***~ dans l'estime de qn*** in j-s Achtung (*dat*) sinken; ***les jours baissent*** die Tage werden kürzer, nehmen ab; (***le prix de***) ***la viande baisse*** der Fleischpreis sinkt, fällt; das Fleisch wird billiger, sinkt im Preis, geht im Preis herunter; ***faire ~ les prix*** die Preise drücken; ***le ton de la conversation baisse*** die Unterhaltung wird leiser, gedämpfter; ***sa vue baisse*** s-e Augen werden schlechter **III** *v/pr* ***se ~*** sich bücken, niederbeugen; *fig* ***il n'y a qu'à se ~ pour les*** *ou* ***en ramasser*** man braucht nur zuzugreifen; man findet sie *ou* es haufenweise, in rauen Mengen

baissier [besje] *m* BOURSE Baissier *m*; Baissespekulant *m*; Fixer *m*

bajoue [baʒu] *f* 1 *chez l'homme* **~s** *pl* Hängebacken *f/pl* 2 *d'un animal* Backe *f*

bakchich [bakʃiʃ] *m* Bakschisch *n*

Bakou [baku] GÉOGR Baku *n*

bal [bal] *m* Ball *m*; Tanzvergnügen *n*, -fest *n*, -abend *m*; **~ populaire** billiges, öffentliches Tanzvergnügen; **~ public** öffentliche Tanzveranstaltung; **~ de bienfaisance** Wohltätigkeitsball *m*; **salle** *f* **de ~** Ball-, Tanzsaal *m*; **aller au ~** tanzen gehen; **donner un ~** e-n Ball geben; **ouvrir le ~** den Ball eröffnen

balade [balad] F *f à pied* Spaziergang *m*; F Bummel *m*; *en voiture* Spazierfahrt *f*; *(excursion)* Ausflug *m*; **~ en vélo** (kleine) Radtour; **aller en ~, faire une ~** e-n Spaziergang, e-e Spazierfahrt, F e-n Bummel machen; → *a* **balader** *II*

balader [balade] F **I** *v/t* spazieren führen; *fig* **envoyer ~** → **promener** *I 3* **II** *v/pr* **se ~** *à pied* spazieren gehen; *(flâner)* F (herum)bummeln; *en voiture* spazieren fahren; F ein bisschen rausfahren, in der Gegend rumfahren; **se ~ à bicyclette** e-e (kleine) Radtour machen; mit dem Rad spazieren fahren

baladeur [baladœʀ] **I** *adj* ⟨**-euse**⟩ **avoir l'humeur baladeuse** F gern (herum)bummeln, e-n Bummel machen; *par ext* F **avoir les mains baladeuses** F gern fummeln, grapschen **II** *subst* 1 *m* Walkman® ['vɔːk-] *m* 2 *f* **baladeuse** ÉLECT Ableucht-, Handlampe *f*

baladin [baladɛ̃] *m autrefois* Gaukler *m*

balafon [balafõ] *m* MUS Marimba *f*

balafre [balafʀ] *f* (tiefe, lange) Hiebwunde; Schmarre *f*; Schmiss *m*

balafrer [balafʀe] *v/t* e-e Hiebwunde, Schmarre beibringen (**qn** j-m); *surtout p/p* **au visage balafré** mit e-r Schmarre, mit e-m Schmiss, mit Schmarren, Schmissen im Gesicht

balai [balɛ] *m* 1 (Kehr)Besen *m*; **~ mécanique** Teppichkehrmaschine *f*, -kehrer *m*; **~ O'Cédar, ~ à franges** Mop *m*; *fig* **coup** *m* **de ~** (brutale) Entlassungen *f/pl*; F Rausschmiss *m*; **donner un coup de ~** flüchtig auskehren (**à** *ou* **dans une pièce** e-n Raum); mal schnell (zusammen)kehren; *fig* (unliebsame) Leute entlassen, F raussetzen, feuern; mit eisernem Besen kehren; P **être con comme un ~** P saublöd, -doof sein; **passer le ~ sous les meubles** mit dem Besen unter die Möbel gehen 2 AUTO **~ d'essuie-glace** (Scheiben)Wischerblatt *n* 3 ÉLECT Bürste *f* 4 F *(dernier train, bus)* letzter Zug *ou* Bus; F Lumpensammler *m*; *adjt* **voiture** *f* **~** *du Tour de France etc* Schlussfahrzeug *n* 5 F *(année d'âge)* Jahr *n*; **avoir trente ~s** dreißig sein **balai-brosse** *m* ⟨*pl* **balais-brosses**⟩ Scheuerbürste *f*; Schrubber *m*

balais [balɛ] *adj* ⟨*nur m*⟩ **rubis ~** Balasrubin *m*

balaise [balɛz] → **balèze**

balalaïka [balalaika] *f* MUS Balalaika *f*

balance [balɑ̃s] *f* 1 Waage *f*; **~ automatique** Schnellwaage *f*; **~ romaine** Laufgewichtswaage *f*; **~ à bascule** Brückenwaage *f*; **~ à fléau** Balkenwaage; **~ de précision** Präzisionswaage *f*; TURF **salle** *f* **des ~s** Wiegeplatz *m*; *fig*: **jeter, mettre dans la ~** in die Waagschale werfen; **mettre en ~** abwägen; vergleichen; **faire pencher la ~** den Ausschlag geben; das Zünglein an der Waage sein; **faire pencher la ~ du côté** *ou* **en faveur de qn, qc** *a* für j-n, etw entscheiden; **ne pas peser lourd dans la ~** kaum ins Gewicht fallen 2 *fig (équilibre)* Gleichgewicht *n*; **la ~ des forces** das Gleichgewicht der Kräfte 3 COMM **~ (des comptes)** Bilanz *f*; **~ commerciale, du commerce** Handelsbilanz *f*; **~ du commerce extérieur** Außenhandelsbilanz *f*; **~ des paiements** Zahlungsbilanz *f* 4 ASTR **la Balance** die Waage 5 PÊCHE Krebskorb *m*

balancé [balɑ̃se] *adj* F *personne* **bien ~** F gut gebaut

balancelle [balɑ̃sɛl] *f* Hollywoodschaukel *f*

balancement [balɑ̃smɑ̃] *m* (Hin- und Her)Schwingen *n*; Schaukeln *n*; Pendeln *n*; Schwanken *n*; *des hanches* Wiegen *n*; *des bras* Schlenkern *n*

balancer [balɑ̃se] ⟨**-ç-**⟩ **I** *v/t* 1 *objet* (hin- und her)schwingen; schaukeln; wiegen; **~ les bras** *en marchant* mit den Armen schlenkern, rudern; SPORTS die Arme schwingen; **~ les 'hanches** sich in den Hüften wiegen; *assis* **~ ses jambes** mit den Beinen baumeln; die Beine baumeln lassen 2 F **a)** *(lancer) objet* werfen; schleudern; F schmeißen; feuern; *coup de pied* versetzen; *gifle* verabreichen; **~ par la fenêtre** zum Fenster hinauswerfen, F rausschmeißen; **b)** *(se débarrasser de)* fort-, wegwerfen, F -schmeißen; **~ une vieille voiture** ein altes Auto abstoßen 3 F **~ qn** *(renvoyer)* F j-n rausschmeißen, rauswerfen, feuern, schassen, abservieren, vor die Tür setzen; j-m e-n Tritt, den Laufpass geben; *arg (dénoncer)* F j-n verpfeifen; **il s'est fait ~ de l'école** F er ist von der Schule geflogen 4 COMM *compte* ausgleichen; saldieren 5 *phrases etc* harmonisch gestalten; Ausgewogenheit verleihen (*+dat*) **II** *v/i litt personne* schwanken (**entre** zwischen *+dat*); *loc* **entre les deux mon cœur balance** ich kann mich zwischen den beiden nicht entscheiden **III** *v/pr* **se ~** 1 *objet* (hin- und her)schwingen; pendeln; baumeln; *branches, bateau* schwanken; schaukeln; sich wiegen; *personne*: *sur une balançoire* (sich) schaukeln; *sur une bascule* wippen; **se ~ sur sa chaise** mit dem Stuhl schaukeln, wackeln; F kippeln; **se ~ sur ses jambes, sur ses pieds** mit wiegender, wippender Bewegung von e-m Bein auf das andere, von e-m Fuß auf den andern treten 2 F **je m'en balance** F das ist mir wurscht, schnuppe, piepe, schnurz, piep-, schnurz-, P scheißegal

balancier [balɑ̃sje] *m* 1 *d'une horloge* Schwinger *m*; Schwingsystem *n*; *d'une pendule* Pendel *n*; Perpendikel *m ou n* 2 *d'un funambule* Balancierstange *f* 3 *d'une pirogue* Ausleger *m*

balançoire [balɑ̃swaʀ] *f* 1 *(escarpolette)* Schaukel *f* 2 *(bascule)* Wippe *f*

balane [balan] *f* ZO Meereichel *f*; Seepocke *f*

Balaton [balatõ] **le lac ~** der Plattensee

balayage [balɛjaʒ] *m* 1 (Aus-, Ab)Kehren *n*, (-)Fegen *n* 2 ÉLECTRON Abtastung *f* 3 COIFFURE Strähnchen *n/pl*

balayer [baleje] *v/t* ⟨**-ay-** *od* **-ai-**⟩ 1 *abs, rue, cour* kehren; fegen; *feuilles mortes, saletés* weg-, zusammenkehren, -fegen; **~ une pièce** ein Zimmer auskehren, ausfegen 2 *(chasser) vent*: *feuilles* vor sich (*dat*) hertreiben, -jagen; *vent*: *nuages a* verjagen; vertreiben; *résistance, préjugés, obstacle* hinwegfe-

B

gen; ~ ***des objections*** Einwände vom Tisch fegen; ~ ***des soucis*** Sorgen vertreiben, verjagen **3** (*passer sur*) *projecteur: ciel* absuchen; streichen über (+*acc*); *artillerie: terrain* bestreichen; *vagues: digue, pont* überfluten, -spülen; *vent* ~ ***la plaine*** über die Ebene fegen; *manteau* ~ ***le sol*** auf dem, über den, am Boden schleifen **4** ÉLECTRON abtasten

balayette [balɛjɛt] *f* **1** Handfeger *m* **2** *pour W.-C.* Klo(sett)bürste *f* **balayeur** *m* Straßenkehrer *m*, -feger *m* **balayeuse** *f* Kehrmaschine *f* **balayures** *f/pl* Kehricht *m*

balbutiement [balbysimɑ̃] *m* **1** *d'une personne* Stammeln *n*; Stottern *n*; *d'un bébé* F Brabbeln *n*; ~***s*** *pl* Gestammel *n*; Gestotter *n*; F Gebrabbel *n* **2** *fig* ~***s*** *pl* allererste, schüchterne Anfänge *m/pl*, Versuche *m/pl*; *nouvelle technique* ***en être à ses premiers*** ~***s*** noch in den Kinderschuhen stecken

balbutier [balbysje] *v/t et v/i* stammeln; stottern; *bébé* F brabbeln; ~ ***des excuses*** Entschuldigungen stammeln; *enfant* ~ ***déjà quelques mots*** schon ein paar Wörter sprechen, brabbeln

balbuzard [balbyzaʀ] *m* ZO Fischadler *m*

balcon [balkõ] *m* **1** CONSTR **a)** Balkon *m*; F *fig* ***il y a du monde au*** ~ F sie hat e-n tollen Balkon, Vorbau; **b)** (*balustrade*) Balkonbrüstung *f*, -gitter *n* **2** THÉ Balkon *m*; Rang *m*

balconnet [balkɔnɛ] *m* Balconnet-BH *m*

baldaquin [baldakɛ̃] *m* Baldachin *m* (*a* ARCH); *d'un lit a* (Bett)Himmel *m*; ***lit*** *m* ***à*** ~ Himmelbett *n*

Bâle [bɑl] Basel *n*

Baléares [baleaʀ] ***les*** ~ *f/pl* die Balearen *pl*

baleine [balɛn] *f* **1** ZO Wal *m*; F Walfisch *m*; ***pêche*** *f* ***à la*** ~ Walfang *m*; F ***rire comme une*** ~ sich schief-, kranklachen **2** *lame* Fischbein(stäbchen) *n*; *de corset* Korsettstange *f*; *de soutien-gorge* Stäbchen *n*; *de col* Kragenstäbchen *n*; ~ ***de parapluie*** Schirmstrebe *f*

baleiné [balene] *adj corset* mit Fischbein(stäbchen), Stahlfedern verstärkt; *soutien-gorge* mit Armatur

baleineau *m* ⟨*pl* ~**x**⟩ ZO junger Wal **baleinier** **I** *adj* ⟨**-ière**⟩ Walfang… **II** *m* MAR Walfangschiff *n* **baleinière** *f* MAR Walfangboot *n*

balèze [balɛz] F **I** *adj* stämmig; vierschrötig **II** *m* stämmiger, vierschrötiger Kerl; ***un gros*** ~ F ein Bär *m*, Bulle *m* (von e-m Kerl)

balisage [balizaʒ] *m* MAR, AVIAT Bebakung *f*; *avec signaux lumineux, radioélectriques* Befeuerung *f*; Leucht- *ou* Funkfeuer *n/pl*; *de sentiers de randonnée* Markierung *f*; *d'une route* (Abgrenzung *f* durch) Leitpfosten *m/pl*; Leiteinrichtung *f*

balise [baliz] *f* **1** MAR, AVIAT Bake *f*; MAR *a* Seezeichen *n*; *lumineuse* Leuchtfeuer *n*; *radioélectrique* Funkfeuer *n*, -bake *f* **2** *d'une route* Leitpfosten *m*; *d'un sentier de randonnée* Markierung *f*; Wegzeichen *n* **3** INFORM Tag [tɛk] *n*

baliser [balize] **I** *v/t* **1** MAR, AVIAT bebaken; befeuern; MAR *a* austonnen **2** *route* durch Leitpfosten abgrenzen; ~ ***un sentier de randonnée*** einen Wanderweg markieren **3** INFORM taggen ['tɛgən] **II** F *v/i* ängstlich, unruhig werden; F es mit der Angst kriegen

baliseur [balizœʀ] *m* MAR Tonnenleger *m*

baliste[1] [balist] *m* ZO Drückerfisch *m*

baliste[2] [balist] *f dans l'Antiquité* Wurfmaschine *f*, -geschütz *n*; Balliste *f*

balistique [balistik] **I** *adj* ballistisch **II** *f* Ballistik *f*

balivernes [balivɛʀn] *f/pl* leeres Geschwätz; Albernheiten *f/pl*; ***dire, raconter des*** ~ ungereimtes Zeug von sich geben, erzählen; albern daherreden

balkanique [balkanik] *adj* Balkan…; balkanisch; ***pays*** *m/pl* ~***s*** Balkanländer *n/pl*; ***péninsule*** *f* ~ Balkanhalbinsel *f*

balkanisation [balkanizasjõ] *f* POL Balkanisierung *f* **balkaniser** *v/t* POL balkanisieren

Balkans [balkɑ̃] ***les*** ~ *m/pl* der Balkan

Balkhach [balkaʃ] ***le lac*** ~ der Balchaschsee

ballade [balad] *f* POÉSIE, MUS Ballade *f*

ballant [balɑ̃] **I** *adj jambes* baumelnd; *bras* schlenkernd; herabhängend; ***marcher les bras*** ~***s*** im Gehen mit den Armen schlenkern **II** *m* **1** *mouvement* Schwanken *n*; Schaukeln *n*; ***avoir du*** ~ schwanken; schaukeln **2** MAR *d'un cordage* Lose *f*; ***donner du*** ~ lose, locker hängen lassen (***à qc*** etw)

ballast [balast] *m* **1** CH DE FER Schotter *m*; Bettung *f* **2** MAR Ballasttank *m*; *d'un sous-marin* Tauchtank *m* **ballastage** *m* **1** CH DE FER Be-, Einschotterung *f* **2** MAR Auffüllen *n ou* Entleeren *n* der Ballasttanks **ballaster** *v/t* **1** CH DE FER be-, einschottern **2** MAR die Ballasttanks auffüllen *ou* entleeren **ballastière** *f* Sandgrube *f*

balle [bal] *f* **1** Ball *m*; *jeux* ~ ***au chasseur, au prisonnier*** Jäger-, Völkerball *m*; ~ ***de golf*** Golfball *m*; TENNIS ~ ***de jeu, de match, de set*** Spiel-, Match- ['mɛtʃ-], Satzball *m*; ~ ***de ping-pong*** Tischtennis-, Pingpongball *m*; ~ ***de tennis*** Tennisball *m*; *fig* ***enfant*** *m* ***de la*** ~ Artistenkind *n*; ***jeu*** *m* ***de*** ~ Ballspiel *n*; ***à vous la*** ~***!*** Sie werfen, spielen als Erste(r)!; ***avoir la*** ~ als Erste(r) den Ball werfen; TENNIS ***faire des, quelques*** ~***s*** ein paar Bälle wechseln; ***jouer à la*** ~ Ball spielen; *fig* ***renvoyer la*** ~ ***à qn*** j-m die Antwort nicht schuldig bleiben; j-m schlagfertig antworten; *fig* ***se renvoyer la*** ~ *dans une discussion* sich die Bälle zuwerfen; (*rejeter toute responsabilité*) sich gegenseitig die Verantwortung zuschieben; *fig* ***saisir la*** ~ ***au bond*** die Gelegenheit beim Schopf fassen, ergreifen **2** *d'une arme à feu* Kugel *f*; Geschoss *ou österr* Geschoß *n*; ~ ***dans la nuque, dans la tête, dans le ventre*** Genick-, Kopf-, Bauchschuss *m*; ~ ***de fusil, de revolver*** Gewehr-, Revolverkugel *f*; F ***recevoir douze*** ~***s dans la peau*** standrechtlich erschossen werden; ***tirer à*** ~***s*** scharf schießen **3** COMM Ballen *m*; ~ ***de coton*** Baumwollballen *m* **4** F *fig* (*figure*) Gesicht *n*; ***avoir une bonne*** ~ sympathisch, nett aussehen **5** F *fig* ***mille*** ~***s*** tausend Franc **6** *de céréales* Spelze *f*; *coll* Spreu *f*

ballerine [balʀin] *f* **1** Balletttänzerin *f*; Balletteuse *f*; Ballerina *f* **2** *chaussure de femme* Ballerinenschuh *m*

ballet [balɛ] *m danse, troupe, mus* Ballett *n*; ~ ***aquatique*** Wasserballett *n*; Reigenschwimmen *n*; ***corps*** *m* ***de*** ~ Ballettkorps *n*; Corps de ballet *n*

balletomane [baletɔman] **I** *adj* ballettbegeistert **II** *m,f* Ballettfan [-fɛn] *m*

ballon [balõ] *m* **1** (großer) Ball (*a* SPORTS); FOOTBALL *a* F Leder *n*; ~ ***de football*** Fußball *m*; *jeu* ~ ***prisonnier*** Völkerball *m* **2** *jouet* Luftballon *m* **3** AVIAT Ballon *m*; ~ ***d'essai*** Versuchsballon *m* (*a fig*); *fig* ***lancer un*** ~ ***d'essai*** e-n Versuchsballon steigen lassen; ***monter en*** ~ mit e-m Ballon aufsteigen **4** *adjt*: ***manche*** *f* ~ Puffärmel *m*; ***pneu*** *m* ~ Ballonreifen *m*;

verre *m* ~ Kognakschwenker *m*; bauchiges Rotweinglas **5** P *péj femme* ***attraper le*** ~ F e-n dicken Bauch kriegen (*schwanger werden*) **6** CHIM Ballon *m*; Kolben *m* **7** *alcootest* F Tüte *f*; ***souffler dans le*** ~ in die Tüte, ins Röhrchen blasen **8** MÉD ~ ***d'oxygène*** Atembeutel *m* **9** *quantité* ***un*** ~ ein Glas *n* Wein (1/8 *l*)

Ballon [balõ] *m dans les Vosges* Belchen *m*

ballonné [balɔne] *adj ventre* aufgebläht; aufgetrieben; ***avoir le ventre*** ~, ***être*** ~ *a* Blähungen haben

ballonnement [balɔnmɑ̃] *m du ventre* Aufblähung *f*; Aufgetriebensein *n*; (*flatulence*) Blähung *f* **ballonner** *v/t aliments* Blähungen hervorrufen, zu Blähungen führen (***qn*** bei j-m); *abs* blähen

ballonnet [balɔnɛ] *m* kleiner (Luft)Ballon

ballon-sonde [balõsõd] *m* ⟨*pl* **ballons-sondes**⟩ MÉTÉO Registrierballon *m*

ballot [balo] *m* **1** (*paquet*) Packen *m*; Bündel *n* **2** F (*imbécile*) Dummkopf *m*; F Esel *m*; Trottel *m*; *südd* Depp *m*

ballottage [balɔtaʒ] *m* (***scrutin*** *m* ***de***) ~ Stichwahl *f*; *candidat* ***être en*** ~ nicht die erforderliche Stimmenmehrheit erreicht haben

ballottement [balɔtmɑ̃] *m d'un véhicule* Rütteln *n*; Gerüttel *n*; Hin-und-her-Schütteln *n*; *d'un objet* Hin-und-her-Rutschen *n*, -Rollen *n*

ballotter [balɔte] **I** *v/t surtout p/p* ***être ballotté*** *dans un véhicule* hin und her geworfen, durchgeschüttelt, durchgerüttelt werden; *fig* hin und her gerissen werden (***entre des sentiments contraires*** zwischen widerstreitenden Gefühlen) **II** *v/i objet* hin und her rutschen; *bouteille* hin und her rollen; *poitrine* wippen; hüpfen; F schwabbeln

ballottine [balɔtin] *f* CUIS kleine Galantine

ball-trap [baltʀap] *m* ⟨*pl* **ball-traps**⟩ **a)** Wurfmaschine *f* für Tontauben; **b)** *sport* Trapschießen *n*

balluchon [balyʃõ] F *m* (Kleider)Bündel *n*; *fig* ***faire son*** ~ sein Bündel schnüren; F s-e Siebensachen packen

balnéaire [balneɛʀ] *adj* ***station*** *f* ~ Seebad *n*

balnéothérapie [balneoteʀapi] *f* MÉD Heilbehandlung *f* durch Bäder; *sc* Balneotherapie *f*

bâlois [bɑlwa] **I** *adj* Bas(e)ler **II** *subst* ***Bâlois(e)*** *m(f)* Bas(e)ler(in) *m(f)*

balourd [baluʀ] **I** *adj* plump; unbeholfen; tölpelhaft **II** *m* **1** Tölpel *m*; plumper, unbeholfener Kerl **2** TECH Unwucht *f*

balourder [baluʀde] *v/t* TECH **a)** die Unwucht messen (+*gén*); **b)** auswuchten

balourdise [baluʀdiz] *f* Plumpheit *f*; Tölpelhaftigkeit *f*; Unbeholfenheit *f*

balsa [balza] *m* Balsa(holz) *n*

balsamier [balzamje] *m* BOT Balsambaum *m* **balsamique** *adj* balsamisch; PHARM *a* Balsam enthaltend

balte [balt] **I** *adj* baltisch; ***États*** *m/pl* ~***s*** Baltische Staaten *m/pl*; ***les pays*** *m/pl* ~***s*** das Baltikum **II** **Balte** *m,f* Balte *m*, Baltin *f*

Balthazar [baltazaʀ] *m* **1** *Vorname* **2** BIBL Belsazar *m* (*babylonischer Herrscher*)

baltique [baltik] *adj* baltisch; ***la mer Baltique*** die Ostsee

Baluchistan [baluʃistɑ̃] ***le*** ~ GÉOGR Belutschistan *n*

balustrade [balystʀad] *f* ARCH Balustrade *f*; (*parapet*) Brüstung *f*; (*garde-fou*) Geländer *n*

balustre [balystʀ] *m* ARCH Baluster *m*; Docke *f*; Geländerpfosten *m*

Balzac [balzak] *frz Dichter*

balzacien [balzasjɛ̃] *adj* ⟨~**ne**⟩ in der Art Balzacs; Balzac…

bambin [bɑ̃bɛ̃] *m* kleiner Junge; *südd* Bübchen *n*; F Steppke *m*

bambochade [bɑ̃bɔʃad] *f* PEINT genrehafte, derbkomische Darstellung aus dem Volksleben; Bambocciade [-ˈtʃaːdə] *f* **bambochard** F *m* → ***bambocheur***

bamboche [bɑ̃bɔʃ] F *f* → ***bamboula***

bambocher [bɑ̃bɔʃe] *v/i* ein ausschweifendes Leben führen; prassen **bambocheur** *m* Lebemann *m*; Prasser *m*

bambou [bɑ̃bu] *m* **1** BOT Bambus *m*; (***canne*** *f* ***de***) ~ Bambusstock *m* **2** F *fig personne* ***avoir le coup de*** ~ nicht mehr ganz zurechnungsfähig sein; F e-n Sonnenstich haben; F *fig* ***c'est le coup de*** ~ F das ist der reinste Nepp

bamboula [bɑ̃bula] *f* ***faire la*** ~ e-n Zechbummel machen

ban [bɑ̃] *m* **1** ~***s*** *pl* (***du mariage***) Aufgebot *n*; ***afficher les*** ~***s*** (***de mariage***) das Aufgebot aushängen; ***faire, publier les*** ~***s*** (***du mariage***) das Aufgebot bestellen **2** HIST Heerbann *m* der Vasallen; *fig* ***convoquer le*** ~ ***et l'arrière-ban de ses amis, de ses parents*** alle verfügbaren Freunde, s-e gesamte Sippschaft zusammentrommeln **3** HIST (*bannissement*) Acht *f*; *fig*: ***mettre qn au*** ~ ***de la société*** j-n aus der Gesellschaft ausstoßen, gesellschaftlich unmöglich machen; j-n ächten, in Acht und Bann tun; ***être en rupture de*** ~ mit allen Konventionen gebrochen, sich von allen Bindungen befreit haben; ***être en rupture de*** ~ ***avec sa famille, avec la société*** mit s-r Familie gebrochen haben; sich in Gegensatz zur Gesellschaft gestellt haben **4** **a)** MIL (*roulement de tambour*) Trommelwirbel *m*; **b)** *fig* rhythmischer Applaus, Beifall; ***un triple*** ~ ***pour l'orateur*** *correspond à* ein dreifaches Hoch dem Redner

banal [banal] *adj* ⟨**-als**⟩ banal; alltäglich; gewöhnlich; *idée a* abgedroschen; platt; trivial; *discours, propos a* geistlos; fad(e); flach; seicht

banalisation [banalizasjõ] *f* Banalisierung *f*; Alltäglichwerden *n*

banaliser [banalize] **I** *v/t* **1** *violence, racisme etc* banalisieren; banal, alltäglich machen **2** *adjt* ***voiture*** (***de police***) ***banalisée*** neutrales, als Privatwagen getarntes Polizeiauto **II** *v/pr* ***se*** ~ banal, alltäglich werden; *expression* zu e-m Gemeinplatz werden

banalité [banalite] *f* **1** *caractère* Banalität *f*; Alltäglichkeit *f*; Gewöhnlichkeit *f*; *d'une idée a* Abgedroschenheit *f*; *d'une discussion etc a* Seichtheit *f*; Geistlosigkeit *f* **2** *propos* Banalität *f*; ***débiter des*** ~***s*** *a* abgedroschene Phrasen, Gemeinplätze von sich geben

banana split [bananasplit] *m* ⟨*inv*⟩ CUIS Bananensplit *n*

banane [banan] *f* **1** *fruit* Banane *f* **2** AUTO Stoßstangenhorn *n* **3** ÉLECT *adjt* ***fiche*** *f* ~ Bananenstecker *m* **4** F *coiffure* Einschlagfrisur *f* **5** ~ *ou adjt* ***sac*** *m*, ***ceinture*** *f* ~ Gürteltasche *f*

bananeraie [bananʀɛ] *f* Bananenplantage *f*

bananier [bananje] **I** *m* **1** BOT Banane(nstaude) *f* **2** MAR Bananenfrachter *m*, -dampfer *m* **II** *adj* ⟨**-ière**⟩ ***république bananière*** Bananenrepublik *f*

banc [bɑ̃] *m* **1** *siège* (Sitz)Bank *f*; ~ ***des accusés***

Anklagebank *f*; ~ ***de bois, de pierre*** Holz-, Steinbank *f*; ~ ***d'école, d'église, de jardin*** Schul-, Kirchen-, Gartenbank *f*; ~ ***des ministres*** Ministerbank *f*; MAR ~ ***de nage*** Ruderbank *f*; (Ruder)Ducht *f* 2 GÉOL Bank *f*; Schicht *f*; *par ext* ~ ***de brume*** Nebelbank *f*; ~ ***de sable, de vase*** Sand-, Schlickbank *f*; **~s *de Terre-Neuve*** Neufundlandbänke *f/pl* 3 *de poissons* Schwarm *m*; *de moules etc* Bank *f*; ~ ***de harengs*** Heringsschwarm *m*; ~ ***d'huîtres*** Austernbank *f* 4 TECH Bank *f*; *d'une machine-outil* Bett *n*; ~ ***d'essai*** Prüfstand *m* (*a fig*); *fig* ***être au ~ d'essai*** auf dem Prüfstand sein, stehen

bancable [bɑ̃kabl] *adj effet de commerce* bank-, rediskontfähig

bancaire [bɑ̃kɛʀ] *adj* Bank…; ***chèque*** *m* ~ Bankscheck *m*; ***compte*** *m* ~ Bankkonto *n*; ***opération*** *f* ~ Bankgeschäft *n*; ***prêt*** *m* ~ Bankkredit *m*; ***réseau*** *m* ~ Bankennetz *n*

bancal [bɑ̃kal] *adj* ⟨**-als**⟩ 1 *personne* humpelnd; hinkend 2 *meuble* wack(e)lig 3 *fig raisonnement etc* schief; unlogisch; anfechtbar; ***être ~*** *a* hinken

banco [bɑ̃ko] *m* BACCARA ***faire ~*** die Bank halten

bandage [bɑ̃daʒ] *m* 1 MÉD **a)** (*pansement*) Verband *m*; ***faire, défaire un ~*** e-n Verband anlegen, abnehmen; **b)** *pour maintenir* Bandage *f*; ~ ***herniaire*** Bruchband *n* 2 TECH **a)** (*bande de métal*) Bandage *f*; Radkranz *m*; **b)** *d'un pneu* Decke *f*

bandagiste [bɑ̃daʒist] *m,f* Bandagist(in) *m(f)*

bande [bɑ̃d] *f* 1 (*groupe*) *d'animaux* Schar *f*; *de loups etc* Rudel *n*; *d'oiseaux, de poissons* Schwarm *m*; *de personnes* Schar *f*; Trupp *m*; Schwarm *m*; Gruppe *f*; *péj* Rotte *f*; *d'enfants a* Rudel *n*; Horde *f*; F Bande *f*; *de malfaiteurs, de voyous* Bande *f*; ~ ***de brigands, de voleurs*** Räuber-, Diebesbande *f*; ~ ***d'écoliers, d'enfants*** Schüler-, Kinderschar *f*; Schar, Schwarm, Rudel Schüler, Kinder; ~ ***d'idiots!*** Idiotenbande!; ~ ***d'imbéciles!*** Dummköpfe!; ~ ***de lâches!*** feige Bande!; POL ~ ***des quatre*** Viererbande *f* (*a fig*); *loups* ***aller en ~*** in Rudeln leben; sich zu Rudeln zusammenschließen; ***aller en ~ au cinéma*** geschlossen ins Kino gehen; ***faire ~ à part*** sich absondern; eigene Wege gehen 2 (*ruban*) Streifen *m*; Band *n*; CIN Filmstreifen *m*; ~ ***magnétique*** Magnetband *n*; *a* Tonband *n*; AUTOROUTE ~ ***médiane*** Mittelstreifen *m*; CIN ~ ***sonore*** Tonstreifen *m*; AUTOROUTE ~ ***d'arrêt d'urgence*** Standspur *f*; ~ ***d'étoffe, de métal, de papier*** Stoff-, Metall-, Papierstreifen *m*; RAD ~ ***de fréquences*** (Frequenz)Band *n*; POL ***la ~ de Gaza*** der Gazastreifen; RAD ***la ~ de 41 mètres*** das 41-m-Band; ~ ***de terre*** Landstreifen *m*; Streifen Land; *loc/adj*: *tissu etc* ***à ~s bleues*** blau gestreift; ***journal*** *m* ***sous ~*** Streifbandzeitung *f*; *adv* ***sur ~*** auf Band (gespeichert); ***enregistrer sur ~*** auf Band aufnehmen 3 ~ ***dessinée*** Comic *m*; Comic-Strip *m*; Cartoon [-ˈtuːn] *m ou n* 4 MÉD Binde *f*; ~ ***élastique, Velpeau*** elastische Binde 5 MIL *de mitrailleuse* Ladestreifen *m*; Patronengurt *m* 6 BILLARD Bande *f*; *loc/adv fig* ***par la ~*** indirekt; auf Umwegen; ***jouer par la ~*** den Ball an die Bande spielen 7 *bateau* ***donner de la ~*** Schlagseite haben; krängen *ou* krengen; überliegen

bandé [bɑ̃de] *adj yeux, bras etc* verbunden; *yeux a* zugebunden

bande-annonce [bɑ̃danɔ̃s] *f* ⟨*pl* **bandes-annonces**⟩ CIN Trailer [ˈtreː-] *m*; (Werbe)Vorspann *m*

bandeau [bɑ̃do] *m* ⟨*pl* **~x**⟩ 1 (*serre-tête*) Stirn-, Haarband *n*; *pour les yeux* Augenbinde *f*; *pour un œil* Augenklappe *f*; *fig et st/s* ***avoir un ~ sur les yeux*** mit Blindheit geschlagen sein 2 *coiffure* glattes, gescheiteltes, eng am Kopf anliegendes Haar

bandelette [bɑ̃dlɛt] *f* kleiner, schmaler (Stoff)Streifen; *d'une momie* Binde *f*

bander [bɑ̃de] I *v/t* 1 *plaie* verbinden; ~ ***un bras*** einen Arm verbinden, bandagieren; ~ ***les yeux*** die Augen zu-, verbinden 2 *arc* spannen II *v/i* P *homme* P e-n Steifen, Ständer haben, kriegen

banderille [bɑ̃dʀij] *f* CORRIDA Banderilla [-ˈrilja] *f*

banderillero [bɑ̃deʀijeʀo] *m* CORRIDA Banderillero [-rilˈjeːro] *m*

banderole [bɑ̃dʀɔl] *f* 1 *avec une inscription* Spruchband *n*; Transparent *n* 2 (*petit étendard*) Wimpel *m*; Fähnchen *n*

bandit [bɑ̃di] *m* Gangster [ˈgɛŋ-] *m*; Räuber *m*; Bandit *m*; *fig* Halsabschneider *m*; Verbrecher *m*; *enfant* ***petit ~*** F kleiner Racker, Schlingel; ~ ***de grand chemin*** Straßenräuber *m*; Wegelagerer *m*

banditisme [bɑ̃ditism] *m* Gangstertum [ˈgɛŋ-] *n*; Banditenunwesen *n*

bandonéon [bɑ̃dɔneɔ̃] *m* MUS Bandoneon *ou* Bandonion *n*

bandoulière [bɑ̃duljɛʀ] *f* Schulter-, Umhängeriemen *m*; ***sac*** *m* ***en ~*** Umhängetasche *f*; ***le fusil en ~*** mit umgehängtem Gewehr; ***porter qc en ~*** etw umgehängt, über die Schulter gehängt tragen

bang [bɑ̃g] I *m* AVIAT (Überschall)Knall *m* II *int* peng!

Bangkok [bɑ̃kɔk], [baŋkɔk] Bangkok *n*

Bangladesh [bɑ̃gladɛʃ] ***le ~*** Banglades(c)h *n*

banjo [bɑ̃dʒo] *m* MUS Banjo *n*

banjoïste [bɑ̃dʒɔist] *m,f* MUS Banjospieler(in) *m(f)*

banlieue [bɑ̃ljø] *f* Vororte *m/pl*; Vorortzone *f*, -gürtel *m*; Stadtrandgebiet *n*; ***grande ~*** Einzugsgebiet *n*; Umland *n*; ***proche ~*** Nahbereich *m*; ***train*** *m* ***de ~*** Nahverkehrs-, Vorortzug *m*; ***ville*** *f* ***de ~*** Stadt *f* im Nahbereich, Einzugsgebiet e-r Großstadt; ***habiter en ~*** in e-m Vorort wohnen

banlieusard [bɑ̃ljøzaʀ] *m*, **banlieusarde** *f* Vorortbewohner(in) *m(f)*

banni [bani] I *adj* verbannt; des Landes verwiesen II *subst* **~(e)** *m(f)* Verbannte(r) *f(m)*; des Landes Verwiesene(r) *f(m)*

bannière [banjɛʀ] *f* 1 *drapeau* Banner *n*; ÉGL Kirchenfahne *f*; *fig* ***se ranger sous la ~ de qn*** sich j-m, j-s Partei anschließen; es mit j-m halten; unter j-s Banner (*dat*) kämpfen 2 F *et plais* ***en ~*** (nur) im Hemd

bannir [baniʀ] *v/t* 1 *citoyen* verbannen; des Landes verweisen 2 *pensée* verbannen (***de son cœur*** aus s-m Herzen); *mot* verbannen, streichen, tilgen (***de son vocabulaire*** aus s-m Wortschatz); *thème* ausschließen, -scheiden

bannissement [banismɑ̃] *m* Verbannung *f*; Landesverweisung *f*

banquable → ***bancable***

banque [bɑ̃k] *f* 1 Bank *f*; Geld-, Kreditinstitut *n*; Bankhaus *n*; *secteur* **~s** *pl* Banken *f/pl*; Bankwesen *n*; ***Banque centrale européenne*** Europäische Zentralbank; ~ ***directe*** Direktbank *f*; ***Banque européenne d'investissement*** Europäische Investitionsbank *f*; ***Banque mondiale*** Weltbank *f*; ***~ populaire, privée*** Volks-, Privatbank *f*; ***~ à domicile*** Homebanking [ˈhoːmbɛŋkɪŋ] *n*; ***~ d'affaires*** Geschäftsbank *f*; ***~ de dépôt*** Depositenbank *f*; ***~ d'émission*** Notenbank *f*; ***Banque de France*** Bank von Frankreich; *correspond à* Bundesbank *f* 2 JEUX Bank *f*; ***tenir, faire sauter la ~*** die Bank halten, sprengen 3 *par ext* Bank *f*; INFORM ***~ de données*** Datenbank *f*; MÉD ***~ d'organes, du sang, du sperme*** Organ-, Blut-, Samenbank *f*

banquer [bɑ̃ke] *v/i* F blechen; berappen

banqueroute [bɑ̃kʀut] *f* Bankrott *m*; ***~ d'État*** Staatsbankrott *m*; ***faire ~*** Bankrott machen

banqueroutier [bɑ̃kʀutje] *m* Bankrotteur *m*

banquet [bɑ̃kɛ] *m officiel* Bankett *n*; (*repas plantureux*) Festessen *n*, -mahl *n*; ***donner un ~ en l'honneur de X*** zu Ehren von X ein Bankett, Essen geben

banqueter [bɑ̃kte] *v/i* ⟨**-tt-**⟩ tafeln; schlemmen; schmausen

banquette [bɑ̃kɛt] *f* 1 *banc* (Sitz)Bank *f*; CH DE FER, AUTO Bank *f*; ARCH Fensterbank *f* 2 *d'un talus* Berme *f*; Absatz *m*; CH DE FER, *le long d'une route* Bankett(e) *n(f)*

banquier [bɑ̃kje] *m* 1 Bankier *m*; F Banker *m*; *fig* ***être le ~ de qn*** j-s Bankier sein 2 JEUX Bankhalter *m*

banquise [bɑ̃kiz] *f* Packeis *n*

bantou [bɑ̃tu] I *adj* Bantu…; der Bantu(s) II *m/pl* ***Bantous*** Bantu(s) *m/pl*

banyuls [banjyls] *m Aperitifwein aus dem Roussillon*

Banyuls [banjyls] *Ort im Dep. Pyrénées-Orientales*

baobab [baɔbab] *m* BOT Affenbrotbaum *m*; *sc* Baobab *m*

baptême [batɛm] *m* REL Taufe *f* (*a par ext d'une cloche, d'un navire*); *fig*: ***~ de l'air*** Lufttaufe *f*; erster Flug; ***~ du feu*** Feuertaufe *f*; ***~ de la ligne*** Linien-, Äquatortaufe *f*; ***recevoir le ~*** die Taufe empfangen

baptiser [batize] *v/t* 1 REL taufen; ***~ un enfant*** ein Kind taufen; ***~ Joseph*** (auf den Namen) Joseph taufen; *par ext* ***~ un navire*** ein Schiff taufen 2 *fig personne, objet* taufen; den (Spitz-, Spott)Namen … geben (***qn, qc*** j-m, etw); nennen; *rue, place* ***~ du nom de X*** nach X benennen 3 F *fig vin, lait* mit Wasser verdünnen; F taufen

baptismal [batismal] *adj* ⟨**-aux**⟩ ÉGL Tauf…; → *a* ***fonts***

baptisme [batism] *m* REL Baptismus *m*

baptistaire [batistɛʀ] *adj* ÉGL Tauf…

baptiste [batist] REL I *adj* baptistisch II *m,f* Baptist(in) *m(f)*

baptistère [batistɛʀ] *m* ÉGL Taufkapelle *f*; Baptisterium *n*

baquet [bakɛ] *m* 1 (Holz)Kübel *m*, (-)Bottich *m*, (-)Zuber *m* 2 AUTO Schalensitz *m*

bar [baʀ] *m* 1 **a)** (*débit de boissons*) Stehkneipe *f*; *dans un hôtel etc* Bar *f*; **b)** (*comptoir*) Bar *f*; Theke *f*; Schanktisch *m*; ***au ~*** an der Bar, Theke; **c)** *meuble* Hausbar *f* 2 *poisson* See-, Wolfsbarsch *m* 3 MÉTÉO Bar *n*

baragouin [baʀagwɛ̃] F *m* Kauderwelsch *n*

baragouinage [baʀagwinaʒ] F *m* Kauderwelschen *n*; Radebrechen *n* **baragouiner** F I *v/t langue* (*étrangère*) radebrechen II *v/i* kauderwelschen; Kauderwelsch reden; radebrechen

baraka [baʀaka] *f* F ***avoir la ~*** Glück, F Schwein, Dusel haben

baraque [baʀak] *f* 1 (Holz)Baracke *f*; (*cabane*) Bude *f*; ***~ foraine, de forains*** Jahrmarktsbude *f*, -stand *m*; Schaubude *f*; ***~ de chantier*** Baubaracke *f*; ***~ en tôle ondulée*** Wellblechbaracke *f* 2 F *péj* (Bruch-)Bude *f*; F *fig* ***il m'a cassé la ~*** F er hat mir alles über den Haufen geworfen

baraqué [baʀake] *adj* F *homme* ***bien ~*** groß und kräftig, stark; athletisch

baraquement [baʀakmɑ̃] *m* Barackenlager *n*; Baracken *f/pl*

baratin [baʀatɛ̃] F *m* schöne Worte *n/pl*; F Schmus *m*; ***c'est du ~*** das ist doch alles Humbug, F fauler Zauber; *a* das sind faule Ausreden; ***faire du ~ à qn*** j-n beschwatzen, F einseifen, einwickeln; F j-m Schmus vormachen

baratiner [baʀatine] F I *v/t* ***~ qn*** j-n beschwatzen, F einseifen II *v/i* schöne Worte, F (viel) Schmus machen

baratineur F *m*, **baratineuse** F *f* Schwätzer(in) *m(f)*; F Schmusmacher(in) *m(f)*; *adjt* ***être ~*** schöne Worte, F (viel) Schmus machen

barattage [baʀataʒ] *m* Buttern *n*; *dans la fabrication de margarine* Kirnen *n*

baratte [baʀat] *f autrefois* Butterfass *n*; *électrique* Butterfertiger *m* **baratter** *v/t crème* verbuttern; *abs* buttern

barbacane [baʀbakan] *f* 1 FORTIF Barbakane *f* 2 CONSTR Entwässerungsschlitz *m*

Barbade [baʀbad] ***la ~*** Barbados *n*

barbadien [baʀbadjɛ̃] I *adj* ⟨**~ne**⟩ barbadisch II *subst* ***Barbadien(ne)*** *m(f)* Barbadier(in) *m(f)*

barbant [baʀbɑ̃] F *adj* geisttötend; F zum Sterben langweilig; stinklangweilig; ***ce qu'il est ~!*** *a* F er geht einem auf die Nerven, auf den Geist!

barbaque [baʀbak] F *f* Fleisch *n*

barbare [baʀbaʀ] I *adj* 1 (*cruel*) barbarisch; grausam; roh; unmenschlich 2 (*pas civilisé*) barbarisch; unfein; unkultiviert; banausisch 3 HIST barbarisch; der Barbaren II *subst* 1 *m,f* Barbar(in) *m(f)*; Rohling *m*; Unmensch *m* 2 *m,f* (Kultur)Barbar(in) *m(f)*, (-)Banause *m*; unkultivierter Mensch 3 HIST ***~s*** *m/pl* Barbaren *m/pl*

barbaresque [baʀbaʀɛsk] *adj* HIST der Berberei; des Maghreb

barbarie [baʀbaʀi] *f* 1 (*cruauté*) Barbarei *f*; Grausamkeit *f*; Rohheit *f*; Unmenschlichkeit *f*; ***acte m de ~*** Akt *m* der Barbarei; barbarische, grausame, unmenschliche Tat 2 (*manque de civilisation*) Barbarei *f*; Kulturlosigkeit *f*; Unzivilisiertheit *f*; Banausentum *n*

Barbarie [baʀbaʀi] ***la ~*** HIST die Berberei (*Nordafrika*)

barbarisme [baʀbaʀism] *m* GR Barbarismus *m*

barbe [baʀb] *f* 1 Bart *m*; Barthaar *n*, -tracht *f*; *fig* ***une vieille ~*** ein rückständiger, antiquierter alter Mann, F Knacker; ***~ de trois jours*** drei Tage alter Bart; Dreitagebart *m*; ***~ en pointe*** Spitzbart *m*; ***femme f à ~*** Frau *f* mit Bart; bärtige Frau; *loc/prép* ***à la ~ de qn*** (*devant qn*) vor j-s Augen, F Nase; (*malgré qn*) j-m zum Trotz; ***avoir une ~*** e-n Bart haben, tragen; ***avoir la ~ dure*** hartes Barthaar haben; ***se faire faire la ~*** sich rasieren lassen; sich (*dat*) den Bart scheren lassen; ***se laisser pousser la ~*** sich

B

(*dat*) e-n Bart wachsen lassen; *fig* ***rire dans sa ~*** heimlich, versteckt lachen; sich (*dat*) ins Fäustchen lachen **2** F ***la ~!*** jetzt langt's, reicht's mir aber!; F ***quelle ~!*** ist das ärgerlich, lästig!; F so was Blödes! **3** ***~ à papa*** Zuckerwatte *f* **4** zo Bart *m*; ***~ de chèvre*** Ziegenbart *m* **5** *d'une plume* ***~s*** *pl* Fahne *f* **6** BOT *d'un épi* Granne *f*

Barbe [baʀb] *f* ***sainte ~*** die heilige Barbara

barbeau [baʀbo] *m* ⟨*pl* ***~x***⟩ zo Barbe *f*

Barbe-Bleue [baʀbəblø] *m* Blaubart *m*

barbecue [barbəkju, -ky] *m* **1** *appareil* Holzkohlengrill *m*; Grillrost *m*; Barbecue [-kjuː] *n* **2** *repas* Grillparty *f*

barbe-de-capucin [baʀbdəkapysɛ̃] *f* ⟨*pl* **barbes-de-capucin**⟩ BOT Wegwarte *f*

barbelé [baʀbəle] *adj* ***fil*** *m* ***de fer ~*** *ou subst* ***~*** *m* Stacheldraht *m*; MIL (***réseau*** *m* ***de***) ***~s*** *m/pl* Stacheldrahtverhau *m*

barber [baʀbe] F **I** *v/t* ermüden; langweilen; F anöden; ***il me barbe avec ses questions*** *a* F er geht mir auf die Nerven, auf den Geist, er fällt mir auf den Wecker mit s-n Fragen **II** *v/pr* ***se ~*** sich (*p/fort* zu Tode) langweilen; F sich mopsen

Barberousse [baʀbəʀus] *m* HIST Barbarossa *m*

Barbès [baʀbɛs] *frz Revolutionär*

barbet [baʀbɛ] *m* zo Griffon *m*

Barbey d'Aurevilly [baʀbɛdɔʀviji] *frz Schriftsteller*

barbiche [baʀbiʃ] *f* kurzer, spitzer Kinnbart **barbichette** F *f* spitzes Kinnbärtchen

barbier [baʀbje] *m* **1** *autrefois* Barbier *m*; Bader *m*; *Beaumarchais, Rossini* ***Le Barbier de Séville*** Der Barbier von Sevilla **2** *au Canada* (Herren)Friseur *ou* Frisör *m*

barbillon [baʀbijõ] *m chez certains poissons* Bartfaden *m*; ***~s*** *pl a* Barteln *f/pl*

barbiturique [baʀbityʀik] **I** *adj* CHIM ***acide*** *m* ***~*** Barbitursäure *f* **II** *m* PHARM Barbiturat *n*

barbon [baʀbõ] *m plais* ***un*** (***vieux***) ***~*** F ein alter Knabe, *péj* Knacker

barbotage [baʀbɔtaʒ] *m* **1** *dans l'eau* Plan(t)schen *n* **2** CHIM *d'un gaz* Hindurchströmen *n* (durch e-e Flüssigkeit)

barboter [baʀbɔte] **I** *v/t* F (*voler*) F klauen; stibitzen; mausen **II** *v/i* **1** *dans l'eau* plan(t)schen; plätschern; *dans la boue* waten **2** CHIM *gaz* ***~ dans un liquide*** durch e-e Flüssigkeit hindurchströmen

barboteur [baʀbɔtœʀ] *m* CHIM *pour l'épuration de gaz* Wäscher *m*; *dans un laboratoire a* Waschflasche *f*; *pour le gaz de ville* Turmwäscher *m*

barboteuse [baʀbɔtøz] *f* Spielhöschen *n*, -anzug *m*

barbouillage [baʀbujaʒ] *m* (grobes) Anpinseln, Anmalen, Anstreichen; *péj* Geschmiere *n*; Kleckserei *f* (*a résultat*)

barbouiller [baʀbuje] **I** *v/t* **1** (*salir*) beschmieren; vollschmieren (***de*** mit) **2** (*peindre grossièrement*) anpinseln; anmalen; anstreichen; *péj toile* vollklecksen, -schmieren **3** *cahier, papier* bekritzeln; vollkritzeln, -schmieren; *slogan* (hin)kritzeln **4** F *fig plat* ***~ l'estomac*** Übelkeit hervorrufen; ***avoir l'estomac barbouillé*** e-n verdorbenen, F verkorksten Magen haben **II** *v/pr temps* ***se ~*** sich eintrüben

barbouilleur [baʀbujœʀ] *m péj* Kleckser *m*

barbouze [baʀbuz] *f* **1** F (*barbe*) Bart *m* **2** ⟨*a m*⟩ F (*agent secret*) Geheimagent *m*, -polizist *m*; F (*garde du corps*) F Gorilla *m*

barbu [baʀby] **I** *adj* bärtig **II** *m* bärtiger Mann; Bartträger *m*

barbue [baʀby] *f* zo Glattbutt *m*

barcarolle [baʀkaʀɔl] *f* MUS Barkarole *f*

barcasse [baʀkas] *f* MAR Barkasse *f*

Barcelone [baʀsəlɔn] Barcelona *n*

barda [baʀda] *m* F Kram *m*; Krempel *m*

bardane [baʀdan] *f* BOT Klette *f*

barde[1] [baʀd] *m* (*poète celte*) Barde *m*

barde[2] [baʀd] *f* CUIS ***~*** (***de lard***) Speckscheibe *f*

bardeau [baʀdo] *m* ⟨*pl* ***~x***⟩ CONSTR Schindel *f*

barder [baʀde] **I** *v/t* **1** *autrefois* panzern; *p/p* ***bardé*** (***de fer***) (eisen)gepanzert; geharnischt **2** *porte, coffre* ***bardé de ferrures*** mit Eisenbändern beschlagen; *fig* ***bardé de décorations*** mit Orden behangen **3** CUIS mit Speck(scheiben) umwickeln **II** *v/imp* F ***ça va ~*** dann wird es was geben, absetzen; F dann kracht es, knallt es; *a* es ist dicke Luft

bardot [baʀdo] *m* zo Maulesel *m*

barème [baʀɛm] *m* Tabelle *f*; ÉCOLE ***~*** (***de correction***) Benotungsschema *n*; ***~ de l'impôt*** Steuertabelle *f*; ***~ des salaires*** Lohntabelle *f*, -skala *f*, -staffel *f*, -sätze *m/pl*

Barents [baʀɛnts] ***la mer de ~*** die Barentssee

barge[1] [baʀʒ] *f* MAR Schute *f*; Prahm *m*; plattbodiges Flussboot

barge[2] [baʀʒ] *adj* F → ***cinglé***

barigoule [baʀigul] *f* CUIS ***artichauts*** *m/pl* ***à la ~*** farcierte und in Weißwein gedünstete Artischocken *f/pl*

baril [baʀil] *m* **1** Fass *n*; Fässchen *n*; ***~ de lessive*** Waschmitteltonne *f*; ***~ de vin*** Weinfass *n* **2** *pétrole* Barrel ['bɛ-rəl] *n*

barillet [baʀijɛ, -ʀilɛ] *m* **1** (*petit baril*) Fässchen *n* **2** *d'un revolver* Trommel *f* **3** *d'une serrure* Schließzylinder *m*

bariolage [baʀjɔlaʒ] *m* buntes Farbengemisch; Buntheit *f*; Buntscheckigkeit *f*

bariolé [baʀjɔle] *adj* bunt(scheckig); *foule a* farbenprächtig; ***tissu ~*** bunter Stoff

barioler [baʀjɔle] *v/t* bunt bemalen

barjo [baʀʒo] *adj* F → ***cinglé***

barmaid [baʀmɛd] *f* Bardame *f*, -frau *f*

barman [baʀman] *m* ⟨*pl* ***~s*** *od* **-men** [-mɛn]⟩ Barkeeper [-kiː-] *m*, -mann *m*, -mixer *m*

barn [baʀn] *m* NUCL Barn *n*

Barnabé [baʀnabe] *m* BIBL Barnabas *m*

barnache [baʀnaʃ] *f* → ***bernache***

barographe [baʀɔgʀaf] *m* MÉTÉO Barograf *m*

baromètre [baʀɔmɛtʀ] *m* Barometer *n* (*a fig*); *fig a* Gradmesser *m*; ***~ à mercure*** Quecksilberbarometer *n*; ***le ~ est au beau*** (***fixe***), ***à la pluie, au variable*** das Barometer steht auf „schön" (*a fig*), auf „Regen", auf „veränderlich"

barométrique [baʀɔmetʀik] *adj* Barometer…; Luftdruck…; barometrisch; ***'hauteur*** *f* ***~*** Barometerstand *m*

baron[1] [baʀõ] *m* Baron *m* (*a fig*); Freiherr *m*; *fig* ***les ~s de l'industrie*** *etc* die Industriebarone *etc*

baron[2] [baʀõ] *m* CUIS ***~ d'agneau*** Lammrücken *m* mit beiden Keulen

baronne [baʀɔn] *f* Baronin *f*; Freifrau *f*

baroque [baʀɔk] **I** *adj* **1** (*excentrique*) barock; wunderlich; verschroben; verstiegen **2** BEAUX-ARTS Barock…; barock; ***art*** *m*, ***église*** *f*, ***littérature*** *f*, ***style***

m ~ Barockkunst *f*, -kirche *f*, -literatur *f*, -stil *m* **II** *m* Barock *n ou m*; Barockstil *m*
baroquisme [barɔkism] *m* Barockale(s) *n*
baroud [barud] *m arg militaire* Kampf *m*; Gefecht *n*; *fig* ~ ***d'honneur*** Scheingefecht *n*; symbolischer Kampf; aussichtsloser Kampf zur Ehrenrettung
baroudeur [barudœr] *m* F ***un (vieux)*** ~ F ein (alter) Haudegen
barouf [baruf] *m* F Krach *m*; Radau *m*; Spektakel *m*; Krawall *m*
barque [bark] *f* Boot *n*; Kahn *m*; Barke *f*; *poét* Nachen *m*; ~ ***de pêcheur*** Fischerboot *n*, -kahn *m*; *fig*: ***mener la*** ~ das Heft in der Hand haben; ***bien mener sa*** ~ s-e Sache mit Erfolg betreiben
barquette [barkɛt] *f* **1** (*tartelette*) Obsttörtchen *n*; ~ ***aux fraises*** Erdbeertörtchen *n* (in Schiffchenform) **2** *emballage* Schale *f*; Körbchen *n*
barracuda [barakyda] *m* ZO Barrakuda *m*; Pfeilhecht *m*
barrage [baraʒ] *m* **1** *d'une route etc*: *action* Sperrung *f*; (*barrière*) Sperre *f*; MIL ~ ***de mines*** Minensperre *f*; ~ ***de police*** Polizeisperre *f*; SPORTS ***match*** *m* ***de*** ~ Aufstiegsspiel *n*; MIL ***tir*** *m* ***de*** ~ Sperrfeuer *n*; ***établir un*** ~ e-e Sperre errichten; *fig* ***faire*** ~ ***à qc*** e-r Sache (*dat*) e-n Riegel vorschieben; etw verhindern, unterbinden **2** TECH Staudamm *m*, -mauer *f*; (***grand***) ~ Talsperre *f*; ~ ***de retenue, de régulation*** (Stau)Wehr *n* **3** PSYCH Sperrung *f*; (innerer) Widerstand
Barrault [baro] ***Jean-Louis*** ~ *frz Schauspieler u Regisseur*
barre [bar] *f* **1** *en bois, métal* Stange *f*; Stab *m*; *de* ~*s parallèles* Holm *m*; *pour exercices de danse* Stange *f*; *pour saut en hauteur, au football* Latte *f*; SPORTS: ~ ***fixe*** Reck *n*; ~***s parallèles*** Barren *m*; *haltère* ~ ***à disques*** Scheibenhantel *f*; AUTO ~ ***d'accouplement*** Spurstange *f*; ~ ***d'appui*** Handlauf *m*; Geländerholm *m*; ~ ***de chocolat*** Riegel *m* Schokolade; Schokoladenriegel *m*; NUCL ~ ***de commande, de contrôle*** Regelstab *m*; ~ ***de fer*** Eisenstange *f*, -stab *m*; F *fig*: ***avoir un coup de*** ~ F total fertig sein; ***c'est le coup de*** ~ F da wird man ganz schön ausgenommen, gerupft; → *a 4*; *fig*: ***baisser la*** ~ das Niveau, die Grenze herabsetzen; ***franchir la*** ~ ***des 10%*** die 10-%-Grenze, 10-%-Hürde überschreiten **2** (*lingot*) *loc/adj* ***en*** ~ Barren…; ***argent*** *m*, ***or*** *m* ***en*** ~ Barrensilber *n*, -gold *n*; → *a* ***or***[1] *1* **3** (*trait*) Strich *m*; ~ ***oblique*** Schrägstrich *m*; ~ ***oblique inverse*** Backslash ['bɛkslɛʃ] *m*; ~ ***de fraction*** Bruchstrich *m*; MUS ~ ***de mesure*** Taktstrich *m* **4** MAR ~ (***du gouvernail***) Ruderpinne *f*; *fig*, POL ***coup*** *m* ***de*** ~ Richtungsänderung *f*; POL ***coup de*** ~ ***à gauche*** Linksschwenkung *f*; *fig* ***donner un coup de*** ~ das Ruder herumwerfen; ***avoir*** ~ ***sur qn*** ein Druckmittel gegen j-n haben; j-n in der Hand haben; ***être à la*** ~, ***tenir la*** ~ am Ruder sein; das Ruder führen; ***prendre la*** ~ MAR das Ruder übernehmen; *fig* ans Ruder kommen **5** *du tribunal* Gerichtsschranke *f*; ~ ***des témoins*** Zeugenstand *m*; (***com***) ***paraître à la*** ~ vor Gericht erscheinen **6** GÉOGR (*banc de sable*) Barre *f*; (*déferlement*) Brandung(szone) *f*; (*crête de montagne*) (Gebirgs)Kamm *m* **7** MÉD ***avoir une*** ~ ***à l'estomac*** Magendrücken, e-n Druck auf dem Magen haben **8** ARCH lang gestrecktes Hochhaus; F langer Kasten **9** INFORM ~ ***d'outils*** Symbolleiste *f*; ~ ***des tâches*** Startleiste *f* **10** (*touche*) ~ ***d'espacement*** Leertaste *f*
barré [bare] *adj* **1** *route* gesperrt **2** ***chèque*** ~ Verrechnungsscheck *m*; gekreuzter Scheck (*in Frankreich üblich*)
barreau [baro] *m* ⟨*pl* ~***x***⟩ **1** *d'une grille, cage* (Gitter)Stab *m*; *d'une chaise, échelle* Sprosse *f*; ~***x de fenêtre*** Fenstergitter *n* **2** JUR *profession* Anwaltsstand *m*, -beruf *m*; *corps* (Rechts)Anwälte *m/pl*; Anwaltschaft *f*; *ordre* (Rechts)Anwaltskammer *f*; ***être inscrit au*** ~ in die Anwaltskammer aufgenommen werden *ou* sein
barrement [barmɑ̃] *m d'un chèque* Kreuzen *n*
barrer [bare] **I** *v/t* **1** *passage, route etc* (ver)sperren; ~ ***le passage, la route à qn*** j-m den Weg versperren, verstellen, verlegen; *fig* j-s Absichten, Pläne durchkreuzen; j-m Steine in den Weg legen **2** *mot, phrase* (aus)streichen; *chèque* kreuzen; *fig décorations* ~ ***la poitrine de qn*** quer über j-s Brust (*acc*) laufen **3** MAR *bateau* steuern **II** *v/pr* F *fig personne* ***se*** ~ F abhauen; verduften; sich verziehen; sich verdrücken
Barrès [barɛs] ***Maurice*** ~ *frz Schriftsteller u Politiker*
barrette[1] [barɛt] *f* **1** *pour cheveux* Haarspange *f* **2** *broche* Anstecknadel *f*; ~ ***de diamants*** Diamantnadel *f* **3** *de la Légion d'honneur etc* Ordensspange *f*
barrette[2] [barɛt] *f* ÉGL CATH (Kardinals)Birett *n*
barreur [barœr] *m* Steuermann *m*
barricade [barikad] *f* Barrikade *f*; Straßensperre *f*; ***dresser, élever des*** ~***s*** Barrikaden errichten; *fig* ***être de l'autre côté de la*** ~ auf der anderen Seite, im gegnerischen Lager stehen
barricader [barikade] **I** *v/t porte, fenêtre* verbarrikadieren; verrammeln; *fig* ~ ***sa porte*** für niemanden zu sprechen sein; ~ ***une route*** eine Straße verbarrikadieren, durch Barrikaden versperren **II** *v/pr* ***se*** ~ sich verbarrikadieren; *fig* ***se*** ~ ***chez soi*** sich zu Hause einschließen
barrière [barjɛr] *f* Barriere *f*; Absperrung *f*; Sperre *f*; Schranke *f*; *de passage à niveau* (Bahn)Schranke *f*; *d'une clôture* Gatter *n*; *à la frontière* Schlagbaum *m*; *fig* Barriere *f*; Schranke *f*; *fig* ~***s douanières*** Zollschranken *f/pl*; ~ ***linguistique, de la langue*** Sprachbarriere *f*; *d'une montagne etc* ~ ***naturelle*** natürliches Hindernis; natürlicher Schutzwall; ~ ***de dégel*** Straßensperrung *f* (*für schwere Fahrzeuge*) während der Auftauzeit; ~ ***de péage*** Mautstelle *f*; *fig* ***être de l'autre côté de la*** ~ auf der anderen Seite, im gegnerischen Lager stehen
barrique [barik] *f* Fass *n* (*200-250 l*); ~ ***de vin*** Fass Wein; Weinfass *n*; F *fig* ***être rond comme une*** ~ F sternhagelvoll sein; voll sein wie e-e Strandhaubitze
barrir [barir] *v/i éléphant* trompeten **barrissement** *m d'un éléphant* Trompeten *n*
Bart [bar] ***Jean*** ~ *frz Seeheld*
Bartas [bartas] ***du*** ~ *frz Dichter*
Barthélemy [bartelemi, -tɛlmi] *m Vorname*
Baruch [baryk] *m* BIBL Baruch *m*
barycentre [barisɑ̃tr] *m* MATH Schwerpunkt *m*; *sc* Baryzentrum *n*
barye [bari] *f unité de pression* Mikrobar *n*
barymétrie [barimetri] *f* AGR Barymetrik *f* **barysphère** *f* GÉOL Erdkern *m*; Barysphäre *f*

B

baryton [baʀitõ] *m* MUS **a)** (**voix** *f* **de**) ~ Bariton (-stimme) *m(f)*; **b)** *chanteur* Bariton *m*; **c)** *adjt* **saxophone** *m* ~ Baritonsaxofon *n*
baryum [baʀjɔm] *m* CHIM Barium *n*
barzoï [baʀzɔj] *m* ZO Barsoi *m*
bas[1] [bɑ] **I** *adj* ⟨**basse** [bɑs]⟩ **1** *dans l'espace* niedrig; untere(r, -s) (*épithète*); Unter…; Tief…; *nuages* tief hängend; *soleil* tief stehend; *ciel* verhangen; **plus** ~ niedriger; ♦ *d'une table* **le ~ bout** das untere Ende; **les branches ~ses** die unteren, tief hängenden Zweige *m/pl*; **côte ~se** flache Küste; BOXE, *fig* **coup ~** Tiefschlag *m*; *fig a* Schlag *m* unter die Gürtellinie; **~ses eaux** Niedrigwasser *n*; niedriger Wasserstand; **front ~** niedrige, flache Stirn; **~ quartier** Viertel *n* der Unterstadt; ANAT **~ ventre** Unterleib *m*; **ville ~se** Unterstadt *f*; ♦ *loc/adj*: *pièce* **~ de plafond** niedrig; mit niedriger Decke; **~ sur pattes** kurzbeinig; mit kurzen Beinen; *loc/adv* **la tête ~se** → **tête** *1*; ♦ **avoir la vue ~se** kurzsichtig sein; **être ~** *soleil* tief stehen; *nuages* tief hängen; *fleuve* e-n niedrigen Wasserstand haben; wenig Wasser führen **2** *dans une échelle de valeurs, une hiérarchie* niedrig; niedere(r, -s) (*épithète*); *fonction a* untergeordnet; *fig sentiments* niedrig; gemein; niederträchtig; *vengeance* gemein; *jalousie* erbärmlich; schnöde; **le ~ peuple** das niedere, gemeine, einfache Volk; **il faut avoir une âme bien ~se pour** (*+inf*) man muss sehr gemein, niederträchtig sein, um zu (*+inf*); **se charger des ~ses besognes** die niedrigen, unbeliebten Arbeiten, *fig* die schmutzigen Geschäfte übernehmen **3** *température, salaire, nombre etc* niedrig; TECH Nieder…; Tief…; ÉLECT **~se fréquence** Niederfrequenz *f*; **~se pression** TECH Niederdruck *m*; MÉTÉO Tiefdruck *m*; ÉLECT **~se tension** Niederspannung *f*; **à ~ prix** → **prix** *1* **4** *dans le temps* späte(r, -s); Spät…; **~se époque** Spätzeit *f*; **~ latin** Spät-, Mittellatein *n* **5** GÉOGR Nieder…; Unter…; **~ses Alpes** Voralpen *pl*; **la ~se Bretagne** der westliche Teil der Bretagne; **la ~se Seine** die untere Seine; der Unterlauf der Seine **6** LING **le ~ allemand** das Nieder-, Plattdeutsche; Nieder-, Plattdeutsch *n* **7** *voix, chant* leise; MUS tief; **note ~se** tiefer Ton; **à voix ~se** leise; mit leiser Stimme; → *a* **messe** *1* **II** *adv* **1** *dans l'espace et fig* tief; niedrig; **plus ~** tiefer; niedriger; weiter unten (*a dans un texte*); **chapeau ~!** Hut ab!; alle Achtung!; **~ les mains**, F **les pattes!** Finger, Hände weg!; *malade* **il est bien ~** es steht schlecht mit ihm; *animal* **mettre ~** (Junge) werfen; **mettre ~ les armes** die Waffen strecken (*a fig*), niederlegen; **être tombé très ~** *thermomètre*, BOURSE *cours* stark gefallen sein; *fig* **il est tombé bien ~** es ist weit mit ihm gekommen; er ist tief gesunken; **voler ~** tief fliegen; *fig plaisanteries* sich auf niederem Niveau bewegen **2** *parler, chanter* leise; MUS tief; *instrument* **accorder plus ~** tiefer stimmen; **se dire tout ~ que …** sich (*dat*) im Stillen, im Innern sagen, dass …; **parler plus ~** leiser sprechen **3** *loc/adv*: **à ~ …!** nieder mit …!; **de ~ en 'haut** von unten nach, bis oben; **en ~** unten; *avec mouvement* nach unten; abwärts; hinunter; hinab; **être en ~** unten sein; *chemin* **mener en ~** nach unten führen; abwärtsführen; hinab-, hinunterführen; **regarder en ~** hinab-, hinuntersehen; nach unten sehen; **d'en ~** von unten (her, herauf); *passer* **par en ~** unten entlang; untenherum; F unten lang; untenrum; ♦ *loc/prép* **en ~ de** unten an (*+dat ou acc*); am Fuß von (*ou +gén*); **en ~ de la page 5** auf Seite 5 unten; **il m'attendait en ~ de l'escalier** er erwartete mich unten an der Treppe, am Fuß der Treppe; **jeter qn en ~ de l'escalier** j-n die Treppe hinab-, hinunterwerfen **III** *m* **1** (*partie inférieure*) unterer Teil; *d'une page, d'un escalier* Fuß *m*; *inscription sur une caisse* ~ unten; **le ~ du pantalon est déchiré** die Hose ist unten zerrissen; **le ~ du visage** die untere Gesichtshälfte; **le tiroir du ~** die unterste Schublade; ♦ *loc/prép* **au ~ de** unten an (*+dat ou acc*); *d'un escalier a* am Fuß von (*ou +gén*); **au ~ de la page 5** auf Seite 5 unten; *mettre une note* **au ~ de la page** unten auf die Seite; *loc/adv* **par le ~** von unten (her, herauf) **2** *fig* **les 'hauts et les ~** → **haut** *III 3*
bas[2] [bɑ] *m* (Damen)Strumpf *m*; **~ de laine** Wollstrumpf *m*; *fig* Sparstrumpf *m*; *par ext* Ersparnisse *f/pl*; **~ sans couture** nahtloser Strumpf; **mettre des ~** Strümpfe anziehen
basal [bazal] *adj* ⟨**-aux**⟩ basal; PHYSIOL **métabolisme ~** Grundumsatz *m*
basalte [bazalt] *m* MINÉR Basalt *m*
basaltique [bazaltik] *adj* MINÉR Basalt…; **roches** *f/pl* **~s** Basaltgestein *n*
basane [bazan] *f* Basane *f*; braunes Schafleder
basané [bazane] *adj* **1** *teint, peau, visage* sonn(en)verbrannt **2** *par ext péj* (**au teint**) ~ dunkelhäutig
bas-bleu [bɑblø] *m* ⟨*pl* **bas-bleus**⟩ *péj* Blaustrumpf *m*
bas-côté [bɑkote] *m* ⟨*pl* **bas-côtés**⟩ **1** *d'une route* Seiten-, Randstreifen *m*; Straßenrand *m* **2** ARCH Seitenschiff *n*
basculant [baskylɑ̃] *adj* kipp-, klappbar; Kipp…; Klapp…
bascule [baskyl] *f* **1** (**balance** *f* **à**) ~ Brückenwaage *f* **2** (*balançoire*) Wippe *f* **3** *loc/adj* **à ~** Schaukel…; Klapp…; Kipp…; **cheval** *m*, **fauteuil** *m* **à ~** Schaukelpferd *n*, -stuhl *m*; **pont** *m* **à ~** Klappbrücke *f* **4** ÉLECTRON Kippschaltung *f*
basculement [baskylmɑ̃] *m* (Ab-, Um-, Über-, Aus)Kippen *n*; Umstürzen *n*, -legen *n*
basculer [baskyle] **I** *v/t* (ab-, um)kippen; *contenu d'une benne etc* auskippen **II** *v/i* **1** (ab-, um-, über)kippen; *personne* das Übergewicht bekommen und fallen; **faire ~** (um)kippen **2** *fig*, POL umschwenken; *parti* **~ dans l'opposition** zur Opposition übergehen; auf die Opposition einschwenken; **~ du côté de** sich auf die Seite (*+gén*) schlagen; **faire ~ du côté de** auf die Seite (*+gén*) bringen
basculeur [baskylœʀ] *m* **1** TECH Kipper *m*; Kippvorrichtung *f* **2** ÉLECTRON Kipp-, Flipflopschaltung *f*
base [bɑz] *f* **1** Basis *f*; *d'une colonne, d'une statue a* Sockel *m*; *d'un édifice a* Fundament *n*; *d'une montagne a* Fuß *m*; GÉOMÉTRIE: *d'un solide a* Grundfläche *f*; *d'un triangle etc a* Grundlinie *f*; MATH *a* Grundzahl *f*; ANAT, MARXISME, *par ext d'un parti, d'un syndicat* Basis *f*; ANAT **~ du cou** Halsansatz *m*; INFORM: **~ de données** Database ['deːtəbeːs] *f*; Datenbasis *f*; **~ de données relationnelle** relationale Datenbank; POL **militant** *m* **de ~** aktives einfaches Mitglied; *loc/adv* **à la ~** an der Basis; *d'une montagne* am Fuß **2** MIL (Militär)Basis *f*; Stützpunkt *m*; **~ aérienne** Luftwaffenbasis *f*; Flieger-

horst *m*; ~ ***navale*** Flottenbasis *f*; Flotten-, Marinestützpunkt *m*; *d'engins spatiaux* ~ ***de lancement*** Abschussbasis *f*; ~ ***d'opérations*** Operationsbasis *f* **3** *fig* Basis *f*; Grundlage *f*; Fundament *n*; Ausgangsbasis *f*, -punkt *m*; ~ ***des calculs*** Berechnungsgrundlage *f*; Kalkulationsbasis *f*; ~ ***de discussion*** Diskussions-, Gesprächsgrundlage *f*; ~ ***des négociations*** Verhandlungsbasis *f*; ♦ *loc/adj* ***de*** ~ Grund...; grundlegend; fundamental; ***le français de*** ~ der französische Grundwortschatz; ***industrie f de*** ~ Grund(stoff)industrie *f*; ***ouvrage m de*** ~ grundlegendes Werk; Standardwerk *n*; ***produit m de*** ~ Ausgangsprodukt *n*; ***salaire m de*** ~ Grundlohn *m*, -gehalt *n*; PHYS ***unité f de*** ~ Grundeinheit *f*; *loc/prép*: *médicament, produit* ***à ~ de ...*** auf ...basis; ***à ~ de lanoline*** auf Lanolinbasis; ***sur la ~ de*** auf der Basis, Grundlage von (*ou* +*gén*); ♦ ***avoir des ~s solides en informatique*** *etc* ein solides Grundwissen in Informatik *etc* haben; ***établir, poser, jeter les ~s de qc*** die Basis, die Grundlagen für etw schaffen; den Grund, das Fundament zu etw legen; ***être à la ~ de qc*** e-r Sache (*dat*) zugrunde liegen; den Ausgangspunkt, die Ausgangsbasis für etw bilden; *personne* der Urheber e-r Sache (*gén*) sein; ***il est à la ~ de ce projet*** *a* dieser Plan geht von ihm aus; ***être fondé sur des ~s solides*** auf solider Grundlage ruhen; auf e-m soliden Fundament stehen; *raisonnement* ***pécher par la ~*** von e-m falschen Ansatzpunkt ausgehen; auf falschen Voraussetzungen beruhen; ***prendre qc pour ~*** etw zugrunde legen, als Ausgangspunkt, -basis nehmen; ***servir de ~ à qc*** als Basis, Grundlage für etw dienen **4** CHIM Base *f*; Lauge *f*

base-ball [bezbol] *m* Baseball ['beːsboːl] *m*

Bas-Empire [bɑzɑ̃piʀ] *m* HIST ***le ~*** das spätrömische Reich; das Römische Reich der Spätantike

baser [bɑze] **I** *v/t* **1** *raisonnement etc* ~ ***sur*** gründen, stützen (+*acc*); aufbauen auf (+*dat*); ***être basé sur*** basieren, fußen, (be)ruhen auf (+*dat*); *affirmation* ***n'être basé sur rien*** jeder Grundlage entbehren **2** MIL ***être basé*** stationiert sein (***à*** in +*dat*) **II** *v/pr personne* ***se ~ sur qc*** sich auf etw (*acc*) stützen

bas-fond [bɑfõ] *m* ⟨*pl* **bas-fonds**⟩ **1** *de la mer, d'un fleuve* Untiefe *f*; seichte Stelle **2** *fig* ***bas-fonds*** *pl d'une ville* Elends-, Armen-, Verbrecherviertel *n/pl*; üble Viertel *n/pl*; *de la société* Abschaum *m*

basic [bazik] *m* INFORM BASIC ['beː-] *n*

basicité [bɑzisite] *f* CHIM Basizität *f*

Basile [bazil] *m Vorname*

basilic [bazilik] *m* **1** BOT Basilikum *n*; Basilienkraut *n* **2** ZO, MYTH Basilisk *m*

basilical [bazilikal] *adj* ⟨**-aux**⟩ ARCH basilikal

basilique [bazilik] *f* ARCH Basilika *f*

basique [bɑzik] *adj* CHIM basisch; alkalisch

basket [baskɛt] **1** *m abr* → ***basket-ball*** **2** *m/pl ou f/pl* ***~s*** Turn-, Sportschuhe *m/pl*; Freizeitstiefel *m/pl*; F *fig* ***lâche-moi les ~s!*** lass mich in Ruhe!

basket-ball [baskɛtbol] *m* Basketball *m*; Korbball *m*

basketteur [baskɛtœʀ] *m*, **basketteuse** *f* Basketball-, Korbballspieler(in) *m(f)*

basoche [bazɔʃ] *f* HIST Juristen *m/pl*

basquaise [baskɛz] **I** *adj f* CUIS (***à la***) ~ mit rohem Schinken, Paprika und Tomaten **II** *f* ***Basquaise*** Baskin *f*

basque[1] [bask] **I** *adj* baskisch; Basken...; ***béret m ~*** Baskenmütze *f*; ***le Pays ~*** das Baskenland; ***pelote f ~*** Pelota *f* **II** *subst* **1** ***Basque*** *m,f* Baske *m*, Baskin *f* **2** LING ***le ~*** das Baskische; Baskisch *n* **3** MUS ***tambour m de ~*** Tamburin *n*

basque[2] [bask] *f d'un habit* (Rock)Schoß *m*; *d'une veste, d'une robe* Schößchen *n*; *fig* ***être toujours pendu aux ~s de qn*** dauernd an j-s Rockschößen (*dat*) hängen; F j-m nicht von der Pelle gehen

Basra [basʀa] GÉOGR Basra(h) *n*

bas-relief [bɑʀəljɛf] *m* ⟨*pl* **bas-reliefs**⟩ SCULP Flach-, Basrelief *n*

Bas-Rhin [bɑʀɛ̃] ***le ~*** *frz Departement* das Unterelsass

basse [bɑs] *f* MUS **1 a)** (***voix f de***) ~ Bass(stimme) *m(f)*; **b)** *chanteur* Bassist *m*; Bass *m*; **c)** *partie* Bass (-stimme *f*, -partie *f*) *m* **2** → ***contrebasse***

Basse-Autriche [bɑsotʀiʃ] ***la ~*** Niederösterreich *n*

basse-cour [bɑskuʀ] *f* ⟨*pl* **basses-cours**⟩ *cour* Hühner-, Geflügelhof *m*; *animaux* Geflügel *n ou* Federvieh *n* und Kaninchen *n/pl*

bassement [bɑsmɑ̃] *adv* gemein; niederträchtig; auf gemeine Weise

Basse-Normandie [bɑsnɔʀmɑ̃di] ***la ~*** *frz Region*

Bassens [basɛ̃s] *Stadt im Dep. Gironde*

Basse-Saxe [bɑssaks] ***la ~*** Niedersachsen *n*

bassesse [bɑsɛs] *f* niedrige Gesinnung; Gemeinheit *f* (*a action*); Niederträchtigkeit (*a action*); Erbärmlichkeit *f*; ***commettre une ~*** e-e Niederträchtigkeit, Gemeinheit begehen

basset[1] [basɛ] *m* ZO Dackel *m*; Dachshund *m*; *t/t* Teckel *m*; Basset ['bɛsɪt] *m*

basset[2] [basɛ] *m* MUS ***cor m de ~*** Bassetthorn *n*

basse-taille [bastaj] *f* ⟨*pl* **basses-tailles**⟩ MUS hoher Bass

Basse-Terre [bastɛʀ] *Stadt auf Guadeloupe*

bassin [basɛ̃] *m* **1** *récipient* Becken *n*; Schüssel *f*; (*cuvette*) Waschschüssel *f* **2** ~ (***hygiénique***) Bettschüssel *f*, -pfanne *f*; Schieber *m* **3** (*pièce d'eau*) (Wasser)Becken *n*, (-)Bassin *n*; *d'une fontaine* Brunnenbecken *n*; *d'une piscine* ***grand, petit ~*** Schwimmer-, Nichtschwimmerbecken *n* **4** MAR Hafenbecken *n*; (*dock*) Dock *n* **5** *d'un fleuve* ~ (***versant***) Einzugsgebiet *n* **6** GÉOL Becken *n*; ~ ***houiller*** Steinkohlenbecken *n*, -revier *n*; ~ ***méditerranéen*** Mittelmeerraum *m*; ~ ***minier*** Bergbaugebiet *n*, -revier *n*; ***Bassin parisien*** Pariser Becken; ~ ***de l'Amazone*** Amazonasbecken *n* **7** ANAT Becken; ***fracture f du ~*** Beckenbruch *m*

bassinant [basinɑ̃] *adj* F → ***barbant***

bassine [basin] *f* Wanne *f*; große Schüssel; TECH *a* Pfanne *f*; Kessel *m*; ~ ***à confiture*** großer Henkeltopf zum Marmeladekochen; ~ ***à vaisselle*** Abwasch-, Geschirrspülschüssel *f*; ***une ~ d'eau chaude*** e-e Wanne (voll) heißes Wasser

bassiner [basine] *v/t* **1** (*humecter*) benetzen; an-, befeuchten **2** F (*ennuyer*) ~ ***qn*** F j-m auf die Nerven, auf den Geist gehen, auf den Wecker fallen **3** *lit* (mit dem Bettwärmer) an-, vorwärmen

bassinoire [basinwaʀ] *f* Bettwärmer *m*

bassiste [bɑsist] *m* MUS (Kontra)Bassist *m*

basson [bɑsõ] *m* MUS **a)** *instrument* Fagott *n*; **b)** *musicien* Fagottist *m*

bassoniste [bɑsɔnist] *m,f* Fagottist(in) *m(f)*

Bassora [basɔʀa] → ***Basra***

baste [bast] *litt int* pah!; was soll's!
Bastia [bastja] *Stadt auf Korsika*
bastide [bastid] *f en Provence* Land-, Bauernhaus *n*
Bastien [bastjɛ̃] *m Vorname*
Bastille [bastij] *f* HIST *à Paris* Bastille *f*
bastingage [bastɛ̃gaʒ] *m* MAR Reling *f*
bastion [bastjõ] *m* FORTIF, *fig* Bastion *f*; Bollwerk *n*; FORTIF *a* Bastei *f*; *fig* **un ~ du catholicisme** *etc* ein Bollwerk, e-e Bastion des Katholizismus *etc*
bastonnade [bastɔnad] *f* Stockschläge *m/pl*
bastringue [bastʀɛ̃g] *m* F **1** → **bataclan** *1* **2** (*bal de guinguette*) Tanzdiele *f*; Tingeltangel *m ou n*
bas-ventre [bɑvɑ̃tʀ] *m* ⟨*pl* **bas-ventres**⟩ ANAT Unterleib *m*
bât [bɑ] *m* Packsattel *m*; *fig* **c'est là que le ~ (le) blesse** da drückt (ihn) der Schuh; das ist ein wunder Punkt (bei ihm)
bataclan [bataklɑ̃] F *m* **1** (Sieben)Sachen *f/pl*; Zeug *n*; F Kram *m*; Krempel *m*; Trödel *m*; Plunder *m* **2** *loc* **et tout le ~** und was sonst noch so dazugehört; und so weiter, und so fort
bataille [bataj] *f* **1** MIL Schlacht *f* (*a fig*); *fig* (*discussion acharnée*) Wortgefecht *n*; *fig* **~ électorale** Wahlschlacht *f*; **~ navale** Seeschlacht *f*; *jeu* Schiffchen versenken; **~ rangée** MIL offene Feldschlacht; *fig* Handgemenge *n*; Schlägerei *f*; regelrechte (Straßen)Schlacht; *fig* **~ de boules de neige, de confettis** Schneeball-, Konfettischlacht *f*; *à Nice* **~ de fleurs** Blumenkorso *m*; HIST **~ de la Marne** Marneschlacht *f*; *fig* **arriver après la ~** (an)kommen, wenn alles getan, fertig ist; zu spät kommen; **livrer ~** e-e Schlacht liefern (**à qn** j-m); e-e Schlacht schlagen; *fig* **ils se livrèrent une véritable ~** sie lieferten sich e-e regelrechte Schlacht **2** PEINT Schlachtgemälde *n*; **peintre** *m* **de ~s** Schlachtenmaler *m* **3** *fig* **avoir la barbe, les cheveux en ~** e-n zerzausten Bart, zerzaustes Haar haben **4** JEUX *einfaches Kartenspiel, bei dem die jeweils höhere Karte sticht*
batailler [bataje] *v/i* **1** (*s'évertuer*) kämpfen; sich einsetzen; sich abmühen **2** (*discuter âprement*) (heftig, lange) streiten
batailleur [batajœʀ] **I** *adj* ⟨**-euse**⟩ **1** (*querelleur*) streitbar, -lustig, -süchtig; **humeur batailleuse** Streitlust *f*, -sucht *f* **2** **avoir un tempérament ~** kämpferisch veranlagt sein; e-e Kämpfernatur sein **II** *m* Kämpfer(natur) *m(f)*
bataillon [batajõ] *m* **1** MIL Bataillon [batal'jo:n] *n*; **~ d'infanterie** Infanteriebataillon *n*; HIST **~ d'Afrique** Strafbataillon *n*; F *fig personne* **inconnu au ~** völlig unbekannt **2** *fig* **un ~, des ~s de spectateurs** *etc* ein Heer *n*, Scharen *f/pl* von Zuschauern *etc*
bâtard [bɑtaʀ] **I** *adj* Misch…; **chien ~** *ou subst* **~** *m* nicht reinrassiger Hund; F Promenadenmischung *f*; **pain ~** Stangenbrot *n* von einem Pfund; **race ~e** Mischrasse *f*; *fig*: **solution ~e** keine echte Lösung; Kompromisslösung *f*; **style ~** Mischstil *m*; **c'est une œuvre ~e** *qui tient du roman et de l'essai* dieses Werk ist ein Zwischen-, Mittelding *zwischen* (*+dat*) **II** *m* **1** *péj* (*enfant naturel*) Bastard *m* (*a* HIST *d'un prince*) **2** *pain* Stangenbrot *n* von einem Pfund
batave [batav] *adj* HIST **République** *f* **~** Batavische Republik
batavia [batavja] *f* BOT Batavia(salat) *m*
bat' d'Af' [batdaf] *m abr* (*bataillon d'Afrique*) *arg* HIST Strafbataillon *n*
bateau [bato] *m* ⟨*pl* **~x**⟩ **1** Schiff *n*; *non ponté* Boot *n*; **~ à moteur** Motorschiff *n*, -boot *n*; **~ à vapeur** Dampfschiff *n*; Dampfer *m*; **~ à voiles** Segelschiff *n*, -boot *n*; Segler *m*; **~ de course** Rennboot *n*; **~ de pêche** Fischereifahrzeug *n*; Fischdampfer *m*; Fischerboot *n*; **~ de plaisance** (Segel-, Motor)Jacht *f*; ADM Wassersportfahrzeug *n*; *fig* **monter un ~ à qn, mener qn en ~** j-m e-n Bären aufbinden; j-n auf den Arm nehmen; j-m blauen Dunst vormachen **2** F *fig* **~x** *pl* (*chaussures trop larges*) F Quadratlatschen *m/pl*; (Elb)Kähne *m/pl* **3** (abgesenkte Grundstücks)Ein-, Ausfahrt **4** *adjt* **a)** **encolure** *f* **~** U-Boot-Ausschnitt *m*; **lit** *m* **~** Bett *n* mit ausgeschweiften Seiten (*in der Art e-s Empirebetts*); **b)** F *fig idées, thème* abgedroschen; alltäglich **bateau-citerne** *m* ⟨*pl* **bateaux-citernes**⟩ Tanker *m*; Tankschiff *n* **bateau-mouche** *m* ⟨*pl* **bateaux-mouches**⟩ Vergnügungsdampfer *m* (für Rundfahrten auf der Seine) **bateau-pilote** *m* ⟨*pl* **bateaux-pilotes**⟩ Lotsenboot *n* **bateau-pompe** *m* ⟨*pl* **bateaux-pompes**⟩ Feuerlöschboot *n*
batelage [batlaʒ] *m* MAR **1** Fährgeld *n*, -lohn *m* **2** Hafendienst *m* durch Hafenschiffe
bateleur [batlœʀ] *m autrefois* Gaukler *m*
batelier [batəlje] *m* MAR (Binnen-, Fluss)Schiffer *m*; (*passeur*) Fährmann *m*
batellerie [batɛlʀi] *f* MAR Binnen-, Flussschifffahrt *f*
bâter [bɑte] *v/t* e-n Packsattel auflegen (*+dat*); → **a âne** *2*
bath [bat] *adj* ⟨*inv*⟩ F dufte; famos; toll
bathyscaphe [batiskaf] *m* Bathyskaph *m*; Tiefseetauchgerät *n*
bâti [bɑti] **I** *adj* **1** *terrain* bebaut; **non ~** unbebaut **2** **bien ~** *personne, phrase* gut gebaut; *personne a* gut gewachsen **II** *m* **1** TECH (*châssis*) Gestell *n*; Rahmen *m*; Ständer *m*; Untersatz *m* **2** COUT Heftstiche *m/pl*, -faden *m*, -fäden *m/pl* **3** *d'une porte, d'une croisée* Zarge *f*; Blendrahmen *m*
batifolage [batifɔlaʒ] *m* **1** Herumtollen *n*, -toben *n* **2** Kinderei *f*; Albernheit *f* **batifoler** *v/i plais* **1** (*folâtrer*) herumtollen; sich tummeln **2** (*flirter*) schäkern; tändeln
batik [batik] *m* Batik *m ou f* (*procédé et tissu*)
bâtiment [bɑtimɑ̃] *m* **1** (*édifice*) Gebäude *n*; Bau(-werk) *m(n)*; **~s publics** öffentliche Gebäude, Bauten; **~s de l'école, de la ferme** Schul-, Gutsgebäude *n/pl* **2** *secteur* Bau(fach *n*, -branche *f*, -wesen *n*) *m*; Hochbau *m*; **~ et travaux publics** Hoch- und Tiefbau *m*; (**industrie** *f* **du**) **~** Bauindustrie *f*, -wirtschaft *f*, -gewerbe *n*, -handwerk *n*; **entreprise** *f* **de ~** Bauunternehmen *n*, -firma *f*; **peintre** *m* **en ~** Anstreicher *m*; Maler *m*; *prov* **quand le ~ va, tout va** wenn es der Bauwirtschaft gut geht, geht es allen gut **3** MAR (großes) Schiff; **~ de guerre** Kriegsschiff *n*
bâtir [bɑtiʀ] **I** *v/t* **1** *immeuble, pont etc* bauen; erbauen; errichten; *oiseau* **~ son nid** sein Nest bauen; **~ un terrain** ein Gelände bebauen; **faire ~** bauen (lassen); **se faire ~ une maison** sich (*dat*) ein Haus bauen (lassen) **2** *fig phrase* bauen; konstruieren; *fortune, bonheur, réputation* (be)gründen (**sur** auf *+acc*); **~ une théorie** eine Theorie aufstellen **3** COUT (zusammen)heften **II** *v/pr* **1** *réfléchi*: **se ~ une mai-**

son *etc* sich (*dat*) ein Haus *etc* bauen **2** *sens passif*: ***il s'est bâti beaucoup d'immeubles neufs*** es sind viele neue Häuser gebaut worden, entstanden

bâtissable [batisabl] *adj* ***terrain*** *m* **~** Bauland *n*, -grund *m*

bâtisse [batis] *f souvent péj* Bau(werk) *m*(*n*); Gebäude *n*; F Kasten *m*

bâtisseur [batisœʀ] *m* **1** Erbauer *m* **2** *fig d'un empire etc* (Be)Gründer *m*

batiste [batist] *f* TEXT Batist *m*

bâton [batõ] *m* **1** Stock *m*; Stab *m*; Stecken *m*; Knüppel *m*; Prügel *m*; *d'un agent de police* **~ *blanc*** weißer Stab; **~ *de chaise*** (Stuhl)Sprosse *f*; *fig* ***mener une vie de ~ de chaise*** ein ungeregeltes, ausschweifendes Leben, ein Lotterleben führen; ***mériter le ~*** Prügel verdienen; **~ *de maréchal*** Marschallstab *m*; *fig* Krönung *f* der Karriere; **~ *de pèlerin*** Pilgerstab *m*; **~ *de ski*** Skistock *m*; ♦ *fig*: **~ *de vieillesse*** Stütze *f* des Alters; ***le ~ et la carotte*** Zuckerbrot *n* und Peitsche *f*; ***conversation*** *f* ***à ~s rompus*** ungezwungene Unterhaltung über dieses und jenes; ***parler à ~s rompus*** von diesem und jenem reden; vom Hundertsten ins Tausendste kommen; ***mettre à qn des ~s dans les roues*** j-m Knüppel zwischen die Beine werfen; j-m Steine in den Weg legen **2** *par ext*: **~ *de craie*** Stück *n* Kreide; **~ *de réglisse*** *racine* Süßholzwurzel *f*; *pâte* Lakritz(en)stange *f*; **~ *de rouge à lèvres*** Lippenstift *m* **3** (*trait vertical*) senkrechter Strich

bâtonnat [batɔna] *m* JUR Präsidentenamt *n*, Präsidentschaft *f* (in der Anwaltskammer)

bâtonner [batɔne] *v/t* mit dem Stock (ver-, durch)-prügeln, schlagen

bâtonnet [batɔnɛ] *m* **1** kleiner Stock, Stab, Stecken; Stöckchen *n*; Stäbchen *n* **2** ANAT **~ *de la rétine*** (Seh)Stäbchen *n* **3** CUIS **~ *de poisson*** Fischstäbchen *n*

bâtonnier [batɔnje] *m* JUR Präsident *m* (der Anwaltskammer)

batraciens [batʀasjɛ̃] *m/pl* ZO Amphibien *f/pl*; Lurche *m/pl*

battage [bataʒ] *m* **1** *du blé* Dreschen *n*; Drusch *m* **2** **~ *de l'or*** Ausschlagen *n* des Goldes (zu Blattgold) **3** F *fig* ***faire du ~ autour de qn, qc*** tüchtig die Reklametrommel für j-n, etw rühren; um j-n, etw viel Aufhebens, F Geschrei, Rummel machen

battant [batã] **I** *adj* schlagend; klopfend; ***pluie ~e*** prasselnder, *nordd* pladdernder Regen; ***porte ~e*** Pendel-, Schwingtür *f*; Windfangtür *f*; *loc/adv* ***le cœur ~*** mit klopfendem, pochendem Herzen; mit Herzklopfen **II** *subst* **1** *m d'une cloche* (Glocken)-Klöppel *m*, (-)Schwengel *m* **2** *m d'une porte, fenêtre* (Tür- *ou* Fenster)Flügel *m* **3** *personne* **~*(e)*** *m*(*f*) Kämpfer(in) *m*(*f*); Kämpfernatur *f*; Draufgänger(in) *m*(*f*)

batte [bat] *f* SPORTS Schlagholz *n*, -keule *f*; Baseballschläger *m*; **~ (*à beurre*)** (Butter)Stößer *m*

battement [batmã] *m* **1** *mouvement, choc, bruit* Schlag *m*; *d'une porte, fenêtre* Schlagen *n*; *de la pluie contre les vitres* Klatschen *n*; Prasseln *n*; Trommeln *n*; *nordd* Pladdern *n*; *du cœur* Schlagen *n*; Klopfen *n*; Pochen *n*; *du sang dans les veines* Pochen *n*; Pulsieren *n*; *d'une horloge* Ticken *n*; **~ *d'ailes*** Flügelschlag(en) *m*(*n*); **~ *des cils, des paupières*** Lidschlag *m*; (Augen)Zwinkern *n*; Blinzeln *n*; F Klimpern *n* mit den Wimpern; **~ *du cœur*** Herzschlag *m*; ***avoir des ~s de cœur*** Herzklopfen haben; CRAWL **~ *de jambes*** Beinschlag *m*; **~ *de mains*** (Hände)Klatschen *n*; **~ *du pouls, des rames, du tambour*** Puls-, Ruder-, Trommelschlag *m* **2** (*intervalle de temps*) (verfügbare Zwischen)Zeit; (*pause*) Pause *f*; ***dix minutes de ~ pour changer de train*** zehn Minuten Zeit zum Umsteigen **3** RAD Schwebung *f*

batterie [batʀi] *f* **1** ÉLECT, AUTO Batterie *f*; **~ *d'accumulateurs*** Akkumulatorenbatterie *f*; *fig* ***recharger ses ~s*** neue Kraft schöpfen; (wieder) neue Kräfte sammeln **2** MIL Batterie *f*; **~ *côtière*** Küstenbatterie *f*; ***mettre en ~*** *canons* in Stellung bringen; *lances à incendie* auffahren; *fig* ***changer, démasquer*** *ou* ***dévoiler ses ~s*** s-e Pläne *ou* s-e Taktik ändern, erkennen lassen *ou* zu erkennen geben **3** MUS Schlagzeug *n*; Batterie *f* **4** (*ensemble*) Batterie *f*; **~ *de cuisine*** Batterie von Töpfen und Pfannen (einschließlich Kelle und Schaumlöffel); AGR **~ *d'élevage*** Legebatterie *f*; **~ *de projecteurs*** Scheinwerferbatterie *f*; *fig* **~ *de tests*** Testreihe *f*

batteur [batœʀ] *m* **1** CUIS Handmixer *m*, -rührgerät *n* **2** MUS Schlagzeuger *m* **batteuse** *f* AGR Dreschmaschine *f*

battle-dress [batœldʀɛs] *m* ⟨*inv*⟩ MIL Kampfanzug *m*

battoir [batwaʀ] *m* **1** *autrefois* (Wäsche)Bleuel *m* **2** F **~*s*** *pl* (*mains larges*) F Pranken *f/pl*; Tatzen *f/pl*

battre [batʀ] ⟨***je bats, il bat, nous battons; je battais; je battis; je battrai; que je batte; battant; battu***⟩ **I** *v/t* **1** *personne, animal* schlagen; (ver)prügeln; **~ *à coups de poing*** mit Fäusten schlagen, bearbeiten **2** *adversaire* schlagen; besiegen; **~ *un record*** einen Rekord brechen; ***se faire ~*** geschlagen, besiegt werden **3** *tapis* klopfen; *vêtement* ausklopfen; CUIS *œufs, mayonnaise, crème* schlagen; *œufs à la fourchette a* rühren; verquirlen; *métaux* schlagen; zu Folien ausschlagen; *fer* schmieden; **~ *le beurre*** buttern; **~ *le blé*** das Getreide dreschen; *chasseurs* **~ *les buissons*** das Dickicht abklopfen, durchstöbern; **~ *les cartes*** die Karten mischen; *mer* **~ *la falaise*** gegen die Felsklippe schlagen, branden; *fig* **~ *froid à qn*** j-m die kalte Schulter zeigen; j-n links liegen lassen; **~ *la mesure*** den Takt schlagen; **~ *monnaie*** Münzen schlagen, prägen; MAR **~ *pavillon français*** unter französischer Flagge fahren; *fig* **~ *son plein*** in vollem Gange sein; *pluie* **~ *les vitres*** an *ou* gegen die Scheiben schlagen, klatschen, prasseln, trommeln, *nordd* pladdern; → *a* ***brèche*** *1*, ***rappel*** *1* **4** *région* kreuz und quer durchstreifen; F abgrasen **II** *v/i* **1** *fenêtre, porte, voile, cœur, pouls* schlagen; *cœur a* pochen; klopfen; *sang dans les veines* pochen; pulsieren; *pluie* **~ *contre les vitres*** → *I 3*; **~ *des cils, des paupières*** zwinkern; blinzeln; F mit den Wimpern klimpern; ***cheval qui bat des flancs*** Pferd, dessen Flanken zittern, fliegen; **~ *des jambes*** CRAWL mit den Beinen schlagen; DANSE die Beine in der Luft zusammenschlagen; **~ *des mains*** (in die Hände) klatschen; *fig* ***son cœur bat pour cette jeune fille*** sein Herz schlägt für dieses Mädchen; → *a* ***aile*** *1*, ***retraite*** *1* **III** *v/pr* ***se ~*** **1** MIL, *fig* kämpfen (***contre, pour qn, qc*** gegen, für j-n, etw); sich schlagen **2** (*se bagarrer*) sich schlagen, sich balgen, sich prügeln, (sich) raufen (***avec qn*** mit j-m); *fig* ***se ~ avec qc*** sich mit etw herumschlagen, abmühen 3 *cheval etc* ***se ~ les flancs*** unruhig mit dem Schwanz gegen die Flanken schlagen; F *fig* ***je m'en bats l'œil*** F das kümmert mich e-n Dreck; ***se ~ la poitrine*** sich (*dat*) an die Brust schlagen

battu [baty] *p/p* → ***battre*** *et adj* 1 *personne, animal* ge-, verprügelt; ***avoir l'air d'un chien ~*** wie ein geprügelter Hund aussehen 2 MIL, SPORTS, JEUX geschlagen; besiegt; ***ne pas se tenir pour ~*** sich nicht geschlagen geben; s-e Sache nicht verloren geben 3 ***avoir les yeux ~s*** (dunkle) Ringe um die Augen haben; (tiefe) Schatten unter den Augen haben 4 ***œufs ~s en neige*** Eischnee *m*; Eierschaum *m*; ***or ~*** Blattgold *n*; ***terre ~e*** gestampfter (Lehm)Boden; TENNIS Hartplatz *m*; *fig* ***suivre, ne pas sortir des sentiers, chemins ~s*** ausgetretene Wege gehen

battue [baty] *f* CH Treibjagd *f*

Batz [bɑ] ***l'île*** *f* ***de ~*** *bretonische Insel*

baud [bo] *m* TÉLÉCOMM *unité de mesure* Baud [baut, boːt] *n*

baudelairien [bodlɛʀjɛ̃] *adj* ⟨***~ne***⟩ von Baudelaire; (in der Art) Baudelaires

baudet [bodɛ] *m* F (*âne*) Esel *m*; (*âne étalon*) Zuchtesel *m*; *fig* ***être chargé comme un ~*** wie ein Packesel beladen sein

Baudouin [bodwɛ̃] *m Vorname*

baudrier [bodʀije] *m* Wehrgehänge *n*

baudroie [bodʀwa] *f* ZO Seeteufel *m*; Anglerfisch *m*

baudruche [bodʀyʃ] *f* 1 Dickdarmhaut *f* (des Rindes, Schafs); ***ballon*** *m* ***de ~*** Luftballon *m* (aus Dickdarmhaut) 2 *fig d'un homme* Hohlkopf *m*; aufgeblasener Dummkopf

bauge [boʒ] *f* 1 *du sanglier* Suhle *f* 2 *fig* (*habitation sale*) F dreckiges Loch

baume [bom] *m* BOT, PHARM Balsam *m*; *fig* ***mettre du ~ au*** *ou* ***dans le cœur de qn*** Balsam auf j-s Wunde (*acc*) träufeln

Baux (Les) [lebo] *Ort in der Provence*

bauxite [boksit] *f* MINÉR Bauxit *m*

bavard [bavaʀ] I *adj* 1 (*loquace*) gesprächig; redselig; geschwätzig 2 (*indiscret*) schwatzhaft; geschwätzig; ***être ~*** *a* F nicht dichthalten II *subst* ***~(e)*** *m(f)* Schwätzer(in) *m(f)*; F Schwatzliese *f*; Klatschbase *f*; *südd a* Ratsche *f*

bavardage [bavaʀdaʒ] *m* 1 *action* Schwatzen *n*, *südd* Schwätzen *n* (*a en classe*) 2 (*propos vains*) Geschwätz *n*; Schwätzerei *f*; F Geschwatze *n*; F *péj* Gewäsch *n*; ***pas de ~***, *passons au fait!* keine unnötigen, langen Reden … 3 (*propos médisants, indiscrets*) Klatsch *m*; Gerede *n*

bavarder [bavaʀde] *v/i* 1 (*causer*) schwatzen, *südd* schwätzen; plaudern; F plauschen 2 (*parler avec excès*) schwatzen, *südd* schwätzen (*a en classe*); F klatschen; *südd* ratschen 3 (*être indiscret*) schwatzen; (aus der Schule) plaudern; F nicht dichthalten

bavarois [bavaʀwa] I *adj* bay(e)risch II *subst* 1 ***Bavarois(e)*** *m(f)* Bayer *m*, Bay(e)rin *f* 2 LING ***le ~*** das Bairische; Bairisch *n* 3 CUIS ***~e*** *f ou adjt* ***crème ~e*** *e-e Cremespeise*

bave [bav] *f* 1 *d'une personne* Speichel *m*; F Sabber *m*; *d'animaux, d'épileptiques* Geifer *m*; Schaum *m* 2 *de la limace etc* Schleim *m*

baver [bave] *v/i* 1 *personne* speicheln; Speichel auslaufen lassen; *bébé, vieillard* F sabbern; sabbeln; *animal, épileptique* geifern; *escargot, limace* Schleim absondern; schleimen 2 *par ext* (*manger salement*) F sabbern; sich bekleckern 3 *encre, peinture* verlaufen; breit laufen 4 F *fig* ***~ d'admiration*** vor Bewunderung vergehen 5 F *fig* ***en ~*** es schwer haben; viel durchmachen (müssen); ***en faire ~ à qn*** j-m das Leben schwer machen, sauer machen; F j-n zwiebeln, striegeln 6 *fig* ***~ sur qn*** j-n mit Schmutz bewerfen, in den Schmutz ziehen

bavette [bavɛt] *f* 1 *pour bébé* (Sabber)Lätzchen *n* 2 *d'un tablier, d'une salopette* Latz *m* 3 F ***tailler une ~*** F ein Schwätzchen, e-n kleinen Schwatz, Plausch halten 4 BOUCHERIE (Bauch)Lappen *m*

baveux [bavø] *adj* ⟨***-euse***⟩ 1 voll Speichel; F sabbernd 2 CUIS ***omelette baveuse*** leicht durchgebackenes Omelett

Bavière [bavjɛʀ] ***la ~*** Bayern *n*

bavoir [bavwaʀ] *m* (Sabber)Lätzchen *n*

bavure [bavyʀ] *f* 1 **a)** TYPO unsaubere, verkleckste Stelle; (Schmutz)Fleck *m*; **b)** MÉTALL Gussnaht *f*; Grat *m*; *fig travail* ***sans ~(s)*** makellos; tadellos; einwandfrei 2 *fig* (*abus*) (bedauerlicher) Irrtum; Missgriff *m*; Panne *f*; *de la police* Übergriff *m*

Bayard [bajaʀ] *frz Ritter*

bayer [baje] *v/i* ⟨***-ay-*** *od* ***-ai-***⟩ ***~ aux corneilles*** Maulaffen feilhalten

Bayeux [bajø] *Stadt im Dep. Calvados*

Bayle [bɛl] ***Pierre ~*** *frz Philosoph*

Bayonne [bajɔn] *Stadt im Dep. Pyrénées-Atlantiques*

bazar [bazaʀ] *m* 1 *magasin* Kramladen *m*; Gemischtwarenladen *m*; *articles* F ***de ~*** billig 2 *en Orient* Basar *m* 3 F → ***bataclan*** *1*, ***fouillis***

bazardage [bazaʀdaʒ] F *m* Verramschen *n*; F Verscheuern *n* **bazarder** F *v/t* 1 verramschen; F verscheuern 2 fort-, wegschmeißen

bazooka [bazuka] *m* MIL Bazooka [-'zuː-] *f*

BCBG [besebeʒe] *adjt abr* (*bon chic bon genre*) schick; elegant; smart; F piekfein; schnieke

BCE [beseə] *f abr* (*Banque centrale européenne*) EZB *f* (Europäische Zentralbank)

BCG [beseʒe] *m abr* (*bacille Calmette-Guérin*) MÉD BCG-Schutzimpfung *f* (*gegen Tuberkulose*)

bd *abr* → ***boulevard***

BD [bede] *f* F *abr* (*bande dessinée*) Comic(s) *m(pl)*

bê [bɛ] *int mouton* mäh!; bäh!

beach-volley [bitʃvɔlɛ] *m* Beachvolleyball ['biːtʃvɔlibal] *m*

béant [beɑ̃] *adj plaie* klaffend; *bouche* weit aufgerissen; ***gouffre ~*** gähnender, jäher Abgrund

Béarn [beaʀn] ***le ~*** *historische Provinz in Südwestfrankreich*

béarnais [beaʀnɛ] *adj* (*et subst* ***Béarnais*** Bewohner) des Béarn; CUIS ***sauce ~e*** Béarner Soße *f*; Sauce béarnaise *f*

béat [bea] *adj iron sourire, visage* einfältig, dümmlich (und glücklich); selig; ***optimisme ~*** einfältiger, kindlicher Optimismus

béatification [beatifikasjõ] *f* ÉGL CATH Seligsprechung *f* **béatifier** *v/t* seligsprechen **béatifique** *adj* selig machend

béatitude [beatityd] *f* 1 REL Seligkeit *f* 2 *st/s* Glückseligkeit *f* 3 BIBL Seligpreisung *f*

beatnik [bitnik] *m* Gammler *m*

Béatrice [beatʀis] *f Vorname*

La BD et Astérix

Auch in Frankreich sind Comics – auf Französisch kurz **BD** genannt – sehr beliebt.

Die wohl bekannteste Comic-Figur ist **Astérix**, der klein gewachsene, listige gallische Krieger, der mit seinem oft tollpatschigen und immer hungrigen Freund **Obélix** den römischen Besatzern das Leben schwer macht. Der Erfinder der gallischen Helden ist René Goscinny, ein berühmter französischer Kinderbuchautor.

beau [bo] **I** *adj* ⟨*m vor Vokal u stummem h* **bel** [bɛl]; *f* **belle** [bɛl]; *m/pl* **~x**⟩ **1** (*esthétique*) schön; **~ comme le jour** bildschön; **(mettre) ses plus ~x habits** s-e schönsten, besten Kleider *n/pl* (anziehen); *plais* **le ~ sexe** das schöne Geschlecht; **se faire ~** sich herausputzen; F sich fein, schön machen **2** (*bon, généreux*) *âme, geste, sentiment* schön; edel; **une belle action** e-e edle Tat **3** (*distingué*) fein; vornehm; **un ~ monsieur** ein feiner, vornehmer Herr; **les ~x quartiers** die vornehmen (Wohn)Viertel *n/pl*; F **ce n'est pas ~ de** (*+inf*) es gehört, schickt sich nicht, es ist nicht fein zu (*+inf*) **4** (*agréable*) *voyage, vie, rêve, soirée, succès etc* schön; *résultat, match, poste a* gut; *occasion* schön; gut; günstig; **~ joueur** guter Verlierer (*a fig*); *loc/adv* **un ~ jour, matin** e-s schönen Tages, Morgens; **une belle mort** ein schöner, sanfter, leichter Tod; **mourir de sa belle mort** e-s natürlichen Todes sterben; **de belles promesses** schöne, leere Versprechungen *f/pl*; **un ~ soleil** (e-e) strahlende Sonne; **(avoir) ~ temps** schönes, gutes Wetter (haben); **la mer est belle** das Meer, die See ist ruhig; **c'est trop ~ pour être vrai** das ist zu schön, um wahr zu sein; **c'est très ~ sur le papier**, *mais* … das hört sich ganz schön an … **5** *iron* schön; heiter; reizend; nett; **c'est un ~ gâchis** F das ist ja ein schöner Schlamassel; → *a* **drap** 2; ♦ *elliptiquement*: **j'en apprends de belles sur vous** ich höre ja schöne, reizende Dinge, Geschichten über Sie; **en dire de belles** dummes, unglaubliches Zeug, F Blödsinn reden; **en faire de belles** schöne Geschichten machen **6** (*considérable*) *somme, fortune, héritage* beträchtlich; ziemlich groß; F schön; hübsch; *morceau, tranche* groß; F ordentlich; *iron*: *gifle, rhume* F gehörig; tüchtig; ordentlich; **un bel âge** ein schönes, hohes Alter; **un bel appétit** ein guter, gesunder, F tüchtiger Appetit; **un bel égoïste** ein ganz schöner Egoist; **un ~ mariage** e-e gute Partie; **une belle peur** F e-e Heiden-, Mordsangst; P **un ~ salaud** P ein ganz großer Scheißkerl; **un ~ tapage** F ein Heidenlärm *m*; ein Mordskrach *m*; **au ~ milieu de** mitten in, auf (*+dat*); **il y a ~ temps que …** es ist schon lange her, dass …; seit Langem … **II** *adv* **avoir ~ faire qc** etw noch so sehr tun können, mögen; **j'ai ~ crier**, *il ne m'entend pas* ich kann schreien, so viel ich will …; ich kann noch so sehr schreien …; **vous avez ~ dire**, *ce n'est pas si mal que cela* Sie können *ou* mögen sagen, was Sie wollen …; **il a ~ être tard** mag es noch so spät sein; **il a ~ faire**, *il ne réussira pas* er kann machen, was er will …; er kann sich noch so sehr anstrengen …; **il fait ~** es ist schön(es Wetter); *menace* **il ferait ~ voir qu'ils n'obéissent pas à mes ordres** es würde ihnen schlecht bekommen *ou* das wäre ja noch schöner, wenn sie meinen Befehlen nicht gehorchen würden; *litt personne âgée* **porter ~** noch e-e gute Erscheinung sein; ♦ **l'échapper belle** → **échapper** *I*; ♦ *loc/adv*: **bel et bien** tatsächlich; wirklich; in der Tat; **de plus belle** noch mehr, heftiger, stärker, schlimmer, ärger; **crier de plus belle** noch mehr, heftiger schreien; **la pluie recommence de plus belle** jetzt fängt es erst richtig an zu regnen **III** *subst* **1** *abstrait* **le ~** das Schöne; **le culte du ~** der Kult des Schönen **2** **un vieux ~** ein alter Beau, Schönling; HIST **Philippe le Bel** Philipp (IV.) der Schöne (*von Frankreich*); *chien* **faire le ~** Männchen machen; F schönmachen **3** *m coll choses* gute Qualität; **n'acheter que du ~** nur gute Qualität, Qualitätsware kaufen **4** *m loc*: **ce qu'il y a de ~ dans …** das Schöne an (*+dat*); *iron* **le plus ~ de l'histoire, c'est que …** das (Aller)Schönste an der Geschichte ist, dass …; *iron* **c'est du ~!** das ist ja heiter, reizend!; **le temps est, se met au ~** das Wetter *ou* es ist, wird schön; **être au ~ fixe** *baromètre* auf Schön stehen; *temps* beständig sein; *fig relations* bestens, ungetrübt sein **5** **une belle** e-e Schöne; e-e schöne Frau; ein schönes Mädchen; *Perrault* **La Belle au bois dormant** Dornröschen *n* **6** *plais* **sa belle** s-e Liebste; *terme d'affection* **ma belle!** meine Liebe, Beste, Gute!; F schöne Frau! **7** **belle** *f* JEU entscheidende Partie; SPORTS Entscheidungsspiel *n* **8** *arg* **(se) faire la belle** (*s'évader*) ausbrechen; F ausrücken; ausbüxen **9** **belles** *f/pl iron* (*histoires*) → *I 5*

Beauce [bos] **la ~** *Landschaft im Südwesten von Paris*

beauceron [bosʀõ] *adj* ⟨**~ne**⟩ (*et subst* **Beauceron** Bewohner) der Beauce

beaucoup [boku] *adv* viel; **a)** *avec verbe*: *quantitatif* viel; *qualitatif* sehr; **lire, manger, travailler ~** viel lesen, essen, arbeiten; **il a ~ changé** er hat sich sehr verändert; **il m'a ~ déçu** er hat mich sehr enttäuscht; **estimer ~** *a* hoch schätzen; **s'intéresser ~ à qc** *a* sich lebhaft für etw interessieren; **c'est ~ dire** das ist, wäre zu viel gesagt, übertrieben; **on l'a ~ vu sur la plage** er ist sehr oft am Strand gesehen worden; **b)** *avec comp* viel; **~ plus rapide** viel schneller; **c)** *avec adv* viel; weit; **~ mieux** viel, weit besser; **~ plus** viel, weit mehr; **~ trop** viel zu viel; **~ trop vite** viel zu schnell; **d)** *loc/adv* **de ~** bei Weitem; weit(aus); viel; mit Abstand; *ce vin est* **de ~ meilleur** viel, weit(aus), um vieles besser; **de ~ le meilleur** *ou* **le meilleur de ~** bei Weitem, mit Abstand der Beste; **dépasser de ~** bei Weitem übertreffen; **e)** **~ de** (*+subst*) viel(e); **~ d'accidents** viele Unfälle; **~ de chance** viel Glück; **~ de gens, de monde** viele Leute; **avoir ~ de choses à dire, à faire** viel zu sagen, zu tun haben; **f)** *employé seul* viel; **avoir ~ à apprendre** viel zu lernen haben; **c'est ~ pour son âge** das ist viel für sein Alter; **c'est déjà ~** das ist schon viel; **c'est déjà ~ de** (*+inf*) *ou* **que …** *ou* **si …** es ist schon viel, wenn …; **il y est pour ~** er ist daran maßgeblich beteiligt; er ist weitgehend schuld daran; ♦ *(de nombreuses personnes)* viele; **~ sont de notre avis** viele sind unserer Meinung; ***il y en a ~ qui …*** es gibt viele, die …; ***ils étaient ~*** sie, es waren viele; *litt* es waren ihrer viele

beauf [bof] *m* F *abr* 1 → ***beau-frère*** 2 *péj* Spießer *m*; Spießbürger *m*

beau-fils [bofis] *m* ⟨*pl* **beaux-fils**⟩ 1 *(fils du conjoint)* Stiefsohn *m* 2 *(gendre)* Schwiegersohn *m*

beau-frère *m* ⟨*pl* **beaux-frères**⟩ Schwager *m*

Beaugency [boʒɑ̃si] *Stadt im Dep. Loiret*

Beauharnais [boaʀnɛ] *frz Adelsgeschlecht*

Beaujolais [boʒɔlɛ] 1 ***le ~*** *Weingegend nördlich von Lyon* 2 ***beaujolais*** *m vin* Beaujolais *m*

Beaune [bon] *Stadt im Dep. Côte-d'Or*

beau-papa [bopapa] *m* ⟨*pl* **beaux-papas**⟩ *appellatif* Schwiegerpapa *m* **beau-père** *m* ⟨*pl* **beaux-pères**⟩ 1 *(père du conjoint)* Schwiegervater *m* 2 *(nouvel époux de la mère)* Stiefvater *m*

beaupré [bopʀe] *m* MAR Bugspriet *n ou m*

beauté [bote] *f* 1 Schönheit *f*; ***la ~ du diable*** die vergängliche Schönheit der Jugend; ***produits*** *m/pl* ***de ~*** Kosmetika *n/pl*; Schönheitsmittel *n/pl*; ***soins*** *m/pl* ***de ~*** Schönheitspflege *f*; Kosmetik *f*; *loc/adj*: ***d'une grande ~*** von großer Schönheit; ***de toute ~*** ungewöhnlich, einmalig schön; bild-, wunderschön; *loc/adv* ***en ~*** mit Glanz; glänzend; ***finir en ~*** *sportif, acteur* sich *(dat)* e-n glänzenden Abgang verschaffen; *fête* e-n schönen, gelungenen Abschluss finden; ***mourir en ~*** würdig, e-s würdigen Todes sterben; *personne* ***être en ~*** schöner als sonst, besonders schön aussehen; F ***se refaire une ~*** das Make-up [meːk'ap] erneuern; sich noch ein bisschen herrichten, schön machen, zurechtmachen 2 *(belle femme)* ***une ~*** e-e Schönheit; ***ce n'est pas une ~*** sie ist keine Schönheit 3 *d'un paysage etc* ***les ~s*** *pl* die Schönheiten *f/pl*

beaux-arts [bozaʀ] *m/pl* ***les ~*** die schönen Künste *f/pl*; *au sens strict* die bildende Kunst; ***l'École*** *f* ***des ~*** *ou* ***les Beaux-Arts*** die Hochschule für Bildende Kunst; die Kunsthochschule, -akademie

beaux-parents [bopaʀɑ̃] *m/pl* Schwiegereltern *pl*

bébé [bebe] *m* Baby ['beːbi] *n*; Säugling *m*; ***attendre un ~*** ein Baby erwarten; ***être un vrai ~***, *adjt* ***être (resté) ~*** noch ein richtiges Baby sein; ***faire le ~*** sich kindisch, wie ein Baby benehmen; *fig* ***jeter le ~ avec l'eau du bain*** das Kind mit dem Bad ausschütten **bébé-chat** *m* ⟨*pl* **bébés-chats**⟩ Katzenbaby *n* **bébé-éprouvette** *m* ⟨*pl* **bébés-éprouvette**⟩ Retortenbaby *n*

bébête [bebɛt] F I *adj* naiv; kindisch; dumm; einfältig II *subst* 1 *f enf* Tierchen *n*; Tierlein *n* 2 *m petit mot affectueux* ***gros ~*** F Dummerchen *n*

be-bop [bibɔp] *m* MUS Bebop ['biːbɔp] *m*

bec [bɛk] *m* 1 *des oiseaux* Schnabel *m*; ***coup*** *m* ***de ~*** Schnabelhieb *m*; *fig* Seitenhieb *m*; ***donner un coup de ~ à qn*** j-m e-n Seitenhieb versetzen; ***à ~ rouge*** rot geschnäbelt; rotschnäb(e)lig; *fig personne* ***rester le ~ dans l'eau*** im Ungewissen schweben; gar nicht wissen, woran man ist 2 F *fig (bouche)* F Schnabel *m*; ***un ~ fin*** ein Feinschmecker *m*; ***prise*** *f* ***de ~*** (heftiger) Wortwechsel; (heftige) Auseinandersetzung; ***avoir une prise de ~ avec qn*** *a* mit j-m (heftig) aneinandergeraten; F sich mit j-m in die Haare kriegen, in der Wolle haben; ***claquer du ~*** F Kohldampf schieben; ***clouer, clore le ~ à qn*** F j-m den Mund stopfen; ***ouvrir le ~*** F den Schnabel auftun, -machen 3 ZO *des tortues etc* Maul *n* 4 *d'une flûte, clarinette* Schnabel *m*; *d'un hautbois* Mundstück *n* 5 *d'une casserole, cafetière etc* Schnabel *m*; Ausguss *m*; F Schnauze *f*; *d'une cafetière a* Tülle *f* 6 *d'une plume* Spitze *f* 7 *appareil* Brenner *m*; CHIM ***~ Bunsen*** [bɛ̃zɛn, bœ̃-] Bunsenbrenner *m*; *autrefois* ***~ de gaz*** Gaslaterne *f*; F *fig* ***tomber sur un ~*** auf unerwartete Hindernisse, Schwierigkeiten stoßen; e-e harte Nuss zu knacken haben

bécane [bekan] F *f* 1 *(bicyclette)* (Fahr)Rad *n*; F Stahlross *n*; Drahtesel *m* 2 *(moto)* F Maschine *f* 3 *(machine)* F Apparat *m*; Kasten *m*

bécarre [bekaʀ] *m* MUS Auflösungszeichen *n*; *adjt* ***un do ~*** ein mit e-m Auflösungszeichen versehenes c

bécasse [bekas] *f* 1 ZO (Wald)Schnepfe *f* 2 F *fig (femme sotte)* F dumme Gans, Pute **bécasseau** *m* ⟨*pl* **~x**⟩ ZO Strandläufer *m* **bécassine** *f* 1 ZO Bekassine *f*; Sumpfschnepfe *f* 2 F *fig (jeune fille niaise)* F Gänschen *n*

bec-de-cane [bɛkdəkan] *m* ⟨*pl* **becs-de-cane**⟩ **a)** *serrure* schlüsselloses Fallenschloss; **b)** *poignée* Türklinke *f*; Drehknauf *m*, -knopf *m*

bec-de-lièvre [bɛkdəljɛvʀ] *m* ⟨*pl* **becs-de-lièvre**⟩ MÉD Hasenscharte *f*

bêchage [bɛʃaʒ] *m* JARD Umgraben *n*

béchamel [beʃamɛl] *f* CUIS ~ *ou adjt* ***sauce*** *f* ***~*** Béchamelsoße *f*

bêche [bɛʃ] *f* JARD Spaten *m*

bêcher [beʃe] I *v/t* JARD umgraben; *abs a* graben II *v/i* F *personne* eingebildet, hochnäsig sein

bêcheur [bɛʃœʀ] *m* F eingebildeter, hochnäsiger Schnösel **bêcheuse** *f* F eingebildete, hochnäsige Pute

bécot [beko] *m* Küsschen *n*; ***gros ~*** herzhafter, schmatzender Kuss; F Schmatz *m*

bécoter [bekɔte] F *v/t (et v/pr* ***se****)* ~ (sich) abküssen, F abknutschen

becquée [beke] *f* ***donner la ~*** *oiseaux* füttern, *t/t* atzen (***à*** *acc*); *par ext plais* füttern (***à qn*** j-n)

becquerel [bɛkʀɛl] *m* PHYS Becquerel *n*

bec(que)tance [bɛktɑ̃s] F *f* Essen *n*; F Futter *n*; P Fressen *n*

becqueter [bɛkte] *v/t* ⟨**-tt-**⟩ 1 *oiseaux* (auf-, an)picken 2 F *fig personne* essen; F futtern; P fressen

becter [bɛkte] F *v/t* essen; F futtern; P fressen

bedaine [bədɛn] *f* F (***grosse***) ~ F (Fett)Wanst *m*; Wampe *f*

bedeau [bədo] *m* ⟨*pl* **~x**⟩ ÉGL CATH Küster *m*; Mes(s)ner *m*; Kirchendiener *m*

bedon [bədõ] *m* F → ***bedaine***

bedonnant [bədɔnɑ̃] F *adj* dickbäuchig **bedonner** *v/i* F e-n Schmerbauch haben, kriegen; sich *(dat)* e-n Schmerbauch anessen

bédouin [bedwɛ̃], **bédouine** I *m,f* Beduine *m*, Beduinenfrau *f* II *adj* Beduinen…

bée [be] *adj f loc/adv* ***bouche ~*** mit offenem Mund; ***être, rester bouche ~*** mit offenem Mund dastehen; F Mund und Nase *ou* Augen aufreißen, -sperren; ***être bouche ~ devant qn*** j-n anstaunen

beefsteak [biftɛk] *m* → ***bifteck***

béer [bee] *v/i litt* ***~ d'admiration*** vor Bewunderung den Mund weit aufreißen

Beethoven [betɔvɛn] *m* MUS Beethoven *m*
beffroi [befʀwa] *m* Uhr-, Rathausturm *m*
bégaiement [begɛmɑ̃] *m* Stottern *n*
bégayer [begeje] ⟨**-ay-** *od* **-ai-**⟩ **I** *v/t excuses etc* stottern; stammeln **II** *v/i* stottern
Beg-Meil [bɛgmɛj] *Badeort im Dep. Finistère*
bégonia [begɔnja] *m* BOT Begonie *f*
bègue [bɛg] **I** *adj* stotternd; ***être ~*** stottern **II** *m,f* Stotterer *m*, Stotterin *f*
bégueule [begœl] **I** *f* (F schrecklich) prüde, zimperliche Frau **II** *adj* (F schrecklich) prüde, zimperlich
béguin [begɛ̃] *m* F **a)** ***avoir le ~ pour qn*** für j-n schwärmen; in j-n vernarrt, F verknallt, verschossen sein; **b)** *personne* Angebetete(r) *f(m)*; F Schwarm *m*; *femme a* F Flamme *f*
béguinage [beginaʒ] *m* REL Beginenhof *m*, -gemeinschaft *f*
béguine [begin] *f* REL Begine *f*
bégum [begɔm] *f titre* Begum *f*
béhaviorisme [beavjɔʀism] *m* PSYCH Behaviorismus [bihe:vjə-] *m* **béhavioriste** PSYCH **I** *adj* behavioristisch **II** *m,f* Behaviorist(in) *m(f)*
beige [bɛʒ] **I** *adj* beige [be:ʃ]; sandfarben **II** *m* Beige *n*
beigne [bɛɲ] F *f* Backpfeife *f*; Ohrfeige *f*; → *a* ***gifle***
beignet [bɛɲɛ] *m* CUIS Beignet *m*; Krapfen *m*; Berliner (Pfannkuchen) *m*; ***~ aux pommes*** Apfel-Beignet *m*; *südd* Apfelküchel *n*; ***~ d'aubergine(s)*** Auberginen *f/pl* in Bierteig
bel [bɛl] → ***beau***
bêlant [bɛlɑ̃] *adj* **1** *mouton* blökend; *chèvre* meckernd **2** F *fig et péj orateur* F blökend; *chanteur* F jaulend
bel canto [bɛlkɑ̃to] *m* MUS Belcanto *ou* Belkanto *m*
bêlement [bɛlmɑ̃] *m des moutons* Blöken *n*; *des chèvres* Meckern *n*
bêler [bele] *v/i* **1** *mouton* blöken; F mähen; *chèvre* meckern **2** F *péj chanteur* F jaulen; heulen
belette [bəlɛt] *f* ZO Wiesel *n*
Belfort [bɛlfɔʀ], [befɔʀ] *Hauptstadt des Dep. Territoire de Belfort*
belge [bɛlʒ] **I** *adj* belgisch **II** *subst* ***Belge*** *m,f* Belgier(in) *m(f)*
belgicisme [bɛlʒisism] *m* LING belgische Spracheigentümlichkeit; Belgizismus *m*
Belgique [bɛlʒik] ***la ~*** Belgien *n*
Belgrade [bɛlgʀad] Belgrad *n*
bélier [belje] *m* **1** ZO Widder *m*; Schafbock *m* **2** ASTR ***Bélier*** Widder *m* **3** MIL HIST Mauerbrecher *m*; Sturmbock *m* **4** TECH ***~ hydraulique*** hydraulischer Widder; ***coup*** *m* ***de ~*** Druckschwankung *f*, -stoß *m*
Bélisaire [belizɛʀ] *m* HIST Belisar *m*
Belize [beliz] ***le ~*** Belize *n*
belladone [bɛladɔn] *f* BOT Tollkirsche *f*; Belladonna *f*
bellâtre [bɛlɑtʀ] *m* Geck *m*; Beau *m*; Schönling *m*
Bellay [belɛ] ***du ~*** *frz Adelsgeschlecht*
belle [bɛl] → ***beau***
belle-de-jour [bɛldəʒuʀ] *f* ⟨*pl* **belles-de-jour**⟩ BOT Winde *f* **belle-de-nuit** *f* ⟨*pl* **belles-de-nuit**⟩ BOT Wunderblume *f*
belle-doche [bɛldɔʃ] *péj f* ⟨*pl* **belles-doches**⟩ Schwiegermutter *f* **belle-famille** *f* ⟨*pl* **belles-familles**⟩ Familie *f* des Ehepartners; angeheiratete Familie **belle-fille** *f* ⟨*pl* **belles-filles**⟩ **1** (*bru*) Schwiegertochter *f* **2** (*fille du conjoint*) Stieftochter *f* **belle-maman** *f* ⟨*pl* **belles-mamans**⟩ *appellatif* Schwiegermama *f* **belle-mère** *f* ⟨*pl* **belles-mères**⟩ **1** (*mère du conjoint*) Schwiegermutter *f* **2** (*nouvelle épouse du père*) Stiefmutter *f*
belles-lettres [bɛllɛtʀ] *f/pl autrefois* schöne Literatur; Belletristik *f*
belle-sœur [bɛlsœʀ] *f* ⟨*pl* **belles-sœurs**⟩ Schwägerin *f*
bellicisme [bɛlisism] *m* kriegerische Gesinnung; Kriegstreiberei *f*, -hetze *f* **belliciste** **I** *adj* den Krieg befürwortend; kriegstreiberisch, -hetzerisch **II** *m,f* Befürworter(in) *m(f)* des Krieges; Kriegstreiber(in) *m(f)*, -hetzer(in) *m(f)*
belligérance [bɛliʒeʀɑ̃s] *f* Status *m* e-r Krieg führenden Macht
belligérant [bɛliʒeʀɑ̃] **I** *adj* Krieg führend; ***puissances ~es*** Krieg führende Mächte *f/pl* **II** *m/pl* ***~s*** *puissances* Krieg Führende(n) *m/pl*; Krieg führende Staaten *m/pl*; (*combattants*) Angehörige(n) *m/pl* von Streitkräften e-s Krieg führenden Staates
belliqueux [belikø] *adj* ⟨**-euse**⟩ **1** (*guerrier*) kriegerisch **2** (*agressif*) streitbar; streit-, kampflustig
belon [bəlõ] *f flache, runde Austernart*
belote [bəlɔt] *f frz Kartenspiel*
Béloutchistan [belutʃistɑ̃] GÉOGR ***le ~*** Belutschistan *n*
belvédère [bɛlvedɛʀ] *m* Aussichtspunkt *m*, -terrasse *f*, -turm *m*, -pavillon *m*
Belzébuth [bɛlzeby(t)] *m* BIBL Beelzebub *m*
bémol [bemɔl] *m* MUS B *n*; Erniedrigungszeichen *n*; *adjt* ***do ~*** ces(*-Moll*) *ou* Ces(*-Dur*); *fig* ***mettre un ~ à*** e-n Dämpfer aufsetzen (+ *dat*)
bémoliser [bemɔlize] *v/t* MUS *note* durch ein B erniedrigen
ben [bɛ̃] *adv, int* F **(*eh*) ~** → ***bien***[1] *I 7*
Bénarès [benaʀɛs] GÉOGR Benares *n*
bénédicité [benedisite] *m* Tischgebet *n*
bénédictin [benediktɛ̃] **I** *adj* ÉGL CATH Benediktiner… **II** *subst* **1** ÉGL CATH ***~(e)*** *m(f)* Benediktiner(in) *m(f)*; *fig* ***travail*** *m* ***de ~*** sorgfältige, geduldige Kleinarbeit **2** ***Bénédictine*** *f liqueur* Benediktiner *m*
bénédiction [benediksjõ] *f* REL Segen *m*; *action* Segnung *f*; (*consécration*) Weihe *f*; ***~s*** *pl* Segenswünsche *m/pl*; ***~ nuptiale*** kirchliche Trauung (ohne Brautmesse); ***~ du ciel*** Segen des Himmels; ***donner la ~ à qn*** j-m den Segen erteilen, spenden; den Segen über j-n sprechen; F *iron* ***donner à qn sa ~*** F j-m s-n Segen (zu etw) geben; ***je te donne ma ~*** *a* F meinen Segen hast du; *fig* ***c'est une ~!*** das ist ein wahrer Segen, e-e wahre Freude!
bénef [benɛf] *m* F *abr* → ***bénéfice***; *adjt* ***c'est tout ~*** das bringt Vorteile
bénéfice [benefis] *m* **1** COMM Gewinn *m*; Ertrag *m*; Profit *m*; Plus *n*; ***~s commerciaux*** Handelsgewinne *m/pl*; ***~ net*** Netto-, Reingewinn *m*, -ertrag *m*; ***marge*** *f* ***de ~*** Gewinn-, Verdienstspanne *f*; ***c'est tout ~*** das ist ein reines Profitgeschäft; ***faire, réaliser un ~*** e-n Gewinn, Profit erzielen; ein Plus machen; mit Gewinn arbeiten **2** (*avantage*) Vorteil *m*; Nutzen *m*; ***~ de l'âge*** Begünstigung *f* aufgrund des höheren Lebensalters (*bei Stimmengleichheit für zwei Kandidaten*); *loc/prép* ***au ~ de*** zugunsten (+*gén*); ***laisser***

B

à qn le ~ du doute im Zweifelsfall zu j-s Gunsten entscheiden; ***tirer ~ de qc*** von etw profitieren; Nutzen, Vorteil aus etw ziehen **3** JUR Rechtswohltat *f*, -vorteil *m*; ***sous ~ d'inventaire*** unter Vorbehalt (der Inventarerrichtung) **4** HIST ***~ ecclésiastique*** kirchliches Benefizium; Pfründe *f*

bénéficiaire [benefisjɛʀ] **I** *adj* gewinnbringend; Gewinn…; ***marge*** *f* ***~*** Gewinn-, Verdienstspanne *f*; *entreprise* ***être ~*** mit Gewinn arbeiten; Gewinne erwirtschaften **II** *m,f* **1** Begünstigte(r) *f(m)*; *d'une prestation* Empfangs-, Bezugsberechtigte(r) *f(m)*; Empfänger(in) *m(f)*; Bezieher(in) *m(f)*; *d'un chèque* Zahlungsempfänger(in) *m(f)*; ***j'en suis le ~*** ich profitiere davon; ich bin der Nutznießer davon; das kommt mir zugute **2** JUR ***~*** *ou adjt* ***héritier*** *m* ***~*** Erbe, der die Erbschaft unter Vorbehalt der Inventarerrichtung annimmt

bénéficier [benefisje] *v/t/indir* ***~ de qc*** (*jouir de*) in den Genuss e-r Sache (*gén*) kommen; etw genießen; (*profiter de*) von etw profitieren; Vorteil, Nutzen aus etw ziehen; *d'une prestation* etw beziehen; ***~ de circonstances atténuantes*** mildernde Umstände zugebilligt bekommen; ***il en a bénéficié*** *a* das ist ihm zugutegekommen; ***faire ~ qn de qc*** j-m etw zugutekommen lassen

bénéfique [benefik] *adj* wohltuend; *effet* günstig; *ce séjour* ***lui a été ~*** hat ihm gut getan

Bénélux *ou* **Benelux** [benelyks] ***le Bénélux*** *ou* ***le Benelux*** die Beneluxstaaten *m/pl*

benêt [bənɛ] *m* (***grand***) ***~*** Tölpel *m*; ***son grand ~ de fils*** sein Sohn, dieser Tölpel; sein Tölpel von Sohn; *adjt* ***un peu ~*** dümmlich; ein bisschen dumm, tölpelhaft

Bénévent [benevɑ̃] GÉOGR Benevent *n*

bénévolat [benevɔla] *m* Freiwilligendienst *m*

bénévole [benevɔl] *adj* freiwillig; ehrenamtlich; unbezahlt; *activité a* unentgeltlich; ***aide*** *m,f* ***~*** *ou subst* ***~*** *m,f* ehrenamtlicher, freiwilliger Helfer; ehrenamtliche, freiwillige Helferin

bengalais [bɛ̃galɛ] *adj et subst* → ***bengali***

Bengale [bɛ̃gal] ***le ~*** Bengalen *n*

bengali [bɛ̃gali] **I** *adj* bengalisch **II** *subst* **1** ***Bengali(e)*** *m(f)* Bengale *m*, Bengalin *f* **2** LING ***le ~*** das Bengali; Bengali *n* **3** *m* zo Prachtfink *m*

Beng(h)azi [bɛ̃gazi] GÉOGR Bengasi *n*

bénigne → ***bénin***

Bénigne [beniɲ] *m Vorname*

bénignité [beniɲite] *f d'une maladie* Gutartigkeit *f*; Harmlosigkeit *f*

bénin [benɛ̃] *adj* ⟨**bénigne** [beniɲ]⟩ **1** *tumeur* gutartig; ***accident ~*** harmloser Unfall; ***maladie ~e*** gutartige, harmlose Krankheit **2** *critique* mild

Bénin [benɛ̃] ***le ~*** Benin *n*

béninois [beninwa] **I** *adj* beninisch **II** *subst* ***Béninois(e)*** *m(f)* Beniner(in) *m(f)*

béni-oui-oui [beniwiwi] *m/pl* F Jasager *m/pl*

bénir [beniʀ] *v/t* **1** REL segnen; ***~ un mariage*** j-n, ein Brautpaar trauen; ***Dieu vous bénisse!*** Gott segne Sie!; *Ave* ***vous êtes bénie entre toutes les femmes*** du bist gebenedeit unter den Frauen **2** (*remercier*) dankbar sein (***qn*** j-m); (*se féliciter*) glücklich sein (***qc*** über etw [*acc*]); ***il bénit notre arrivée*** er war glücklich, heilfroh über unser Kommen; ***béni soit le ciel!*** dem Himmel sei Dank!; ***je bénis le médecin qui m'a sauvé*** ich bin dem Arzt, der mich gerettet hat, ewig dankbar

bénit [beni] *adj* REL geweiht; ***eau ~e*** Weihwasser *n*; ***pain ~*** geweihtes Brot

bénitier [benitje] *m* ÉGL CATH Weihwasserbecken *n*, -kessel *m*; F *fig* ***grenouille*** *f* ***de ~*** F Betschwester *f*

benjamin [bɛ̃ʒamɛ̃] *m*, **benjamine** *f* Jüngste(r) *f(m)*; Benjamin *m*; *d'une famille a* Nesthäkchen *n*

Benjamin [bɛ̃ʒamɛ̃] *m Vorname*

benjoin [bɛ̃ʒwɛ̃] *m* Benzoeharz *n*

benne [bɛn] *f* TECH Kübel *m*; Mulde *f*; Fördergefäß *n*; *d'un camion* (Wagen)Kasten *m*; ***~ basculante*** Kippmulde *f*; ***~ preneuse*** Greifer *m*; *par ext* ***~ à ordures*** Müllauto *n*

Benoît [bənwa] *m Vorname*

benoît [bənwa] *st/s adj* scheinheilig; süßlich

benoîte [bənwat] *f* BOT Echte Nelkenwurz; Benediktenkraut *n*

benzène [bɛ̃zɛn] *m* CHIM Benzol *n*

benzine [bɛ̃zin] *f* CHIM (rektifiziertes) Benzol; COMM Waschbenzin *n*

benzol [bɛ̃zɔl] *m* CHIM Benzol *n*

Béotie [beɔsi] GÉOGR ***la ~*** Böotien *n*

béotien [beɔsjɛ̃] *st/s* **I** *adj* ⟨***~ne***⟩ amusisch; ohne Kunstverstand; banausisch **II** *subst* ***~(ne)*** *m(f)* Banause *m*

BEP [beəpe, bɛp] *m abr* (*brevet d'études professionnelles*) Berufsschulabschluss *m*

BEPC [beəpese] *m abr* (*brevet d'études du premier cycle*) *correspond à* mittlere Reife

béquille [bekij] *f* **1** *pour marcher* Krücke *f*; ***marcher avec des ~s*** an Krücken gehen **2** *d'une moto etc* Ständer *m*; Stütze *f* **3** *de serrure* (Tür)Klinke *f*

béquiller [bekije] *v/t* MAR *navire* (mit e-m Keil *etc*) abstützen

Bérangère [beʀɑ̃ʒɛʀ] *f Vorname*

berbère [bɛʀbɛʀ] **I** *adj* Berber… **II** *subst* **1** ***Berbère*** *m,f* Berber(in) *m(f)* **2** LING ***le ~*** die Berbersprache

bercail [bɛʀkaj] *m* ⟨*ohne pl*⟩ **1** *plais* Schoß *m* der Familie; ***rentrer au ~*** in den Schoß der Familie, an den häuslichen Herd zurückkehren **2** REL Schoß *m* der Kirche; ***ramener au ~ une brebis égarée*** ein verlorenes Schaf in den Schoß der Kirche zurückführen

berce [bɛʀs] *f* BOT Bärenklau *m*

berceau [bɛʀso] *m* ⟨*pl* ***~x***⟩ **1** Wiege *f* (*a fig*); *fig a* Geburtsstätte *f*; *fig*: ***dès le ~*** von der Wiege an; von klein auf; *la Corse*, ***le ~ de Bonaparte*** …, wo die Wiege Napoleons stand; *Lyon a été en France* ***le ~ de l'imprimerie*** die Wiege, Geburtsstätte der Buchdruckerkunst; *il aime les femmes très jeunes*, ***il les prend au ~*** sie können ihm nicht jung genug sein **2** ARCH Tonne *f*; ***voûte*** *f* ***en ~*** Tonnengewölbe *n* **3** JARD (grüner) Laubengang **4** TECH ***~ (de) moteur*** Motoruntergestell *n*, -träger *m*

bercelonnette [bɛʀsəlɔnɛt] *f* Ständerwiege *f* (mit Himmel)

bercement [bɛʀsəmɑ̃] *m* Wiegen *n*; Schaukeln *n*

bercer [bɛʀse] ⟨**-ç-**⟩ **I** *v/t* **1** *bébé* wiegen; schaukeln; ***~ dans ses bras*** in *ou* auf den Armen wiegen; ***~ un enfant pour l'endormir*** ein Kind in den Schlaf wiegen, einwiegen; *bateau* ***être bercé par les vagues*** von den Wellen gewiegt, geschaukelt werden **2** *fig*: ***son enfance a été bercée de*** *ou* ***par ces contes*** s-e Kindheit war erfüllt von diesen Märchen; ***être bercé par une musique douce*** von leiser Musik eingelullt werden; ***~ qn de vaines promesses*** j-n mit leeren Versprechungen hinhalten **II** *v/pr fig* ***se ~ de qc*** sich in etw (*dat*) wiegen; sich e-r Sache (*dat*) hingeben; ***se ~ d'illusions*** *a* sich (*dat*) etwas vorgaukeln

berceur [bɛʀsœʀ] *adj* ⟨**-euse**⟩ *rythme* wiegend; *bruit monotone* einlullend **berceuse** *f* Wiegenlied *n*; MUS Berceuse *f*

Berck [bɛʀk] *Stadt im Dep. Pas-de-Calais*

Bérénice [beʀenis] *f* HIST Berenike *f*; Berenice *f*

béret [beʀɛ] *m* Tellermütze *f*; ***~ basque*** Baskenmütze *f*; ***~ de marin*** Matrosenmütze *f*

Berezina *ou* **Bérézina** [beʀezina] GÉOGR ***la ~*** die Beresina

Bergame [bɛʀgam] Bergamo *n*

bergamote [bɛʀgamɔt] *f* **a)** *agrume* Bergamotte *f*; ***essence** f **de ~*** Bergamottöl *n*; **b)** *poire* Bergamotte *f*

berge¹ [bɛʀʒ] *f d'un cours d'eau* (steiles) Ufer; (Ufer)Böschung *f*; *par ext chemin* Uferweg *m*

berge² [bɛʀʒ] *arg f* (Lebens)Jahr *n*; ***avoir trente ~s*** dreißig Jahre alt sein

Bergen [bɛʀgɛn] GÉOGR Bergen *n*

berger [bɛʀʒe] *m* **1** Schäfer *m*; (Schaf)Hirt(e) *m*; BIBL ***le bon ~*** der Gute Hirte; ***l'étoile** f **du ~*** die Venus; der Morgen- *ou* Abendstern; *fig*: ***heure** f **du ~*** Schäferstündchen *n*; ***la réponse du ~ à la bergère*** e-e schlagfertige Schlussbemerkung **2** ZO (***chien** m **de***) ***~*** Schäferhund *m*; ***~ allemand, écossais*** Deutscher, Schottischer Schäferhund

Bergerac [bɛʀʒəʀak] *Stadt im Dep. Dordogne*

bergère [bɛʀʒɛʀ] *f* **1** *personne* Schäferin *f*; (Schaf)-Hirtin *f* **2** *fauteuil* (bequemer, gepolsterter) Lehnsessel

bergerie [bɛʀʒəʀi] *f* **1** *bâtiment* Schafstall *m*; Schäferei *f* **2** *poème* Schäfergedicht *n*

bergeronnette [bɛʀʒəʀɔnɛt] *f* ZO Bachstelze *f*

Bergson [bɛʀksɔn] ***Henri ~*** *frz Philosoph*

béribéri [beʀibeʀi] *m* MÉD Beriberi *f*

Béring [beʀiŋ] ***le détroit de ~*** die Beringstraße; ***la mer de ~*** das Beringmeer

berk [bɛʀk] *int* F igitt(igitt)!; pfui!

Berlin [bɛʀlɛ̃] Berlin *n*

berline [bɛʀlin] *f* **1** AUTO (viertürige) Limousine **2** MINES Förder-, Grubenwagen *m*; Hund *m*

Berlin-Est [bɛʀlɛ̃ɛst] HIST Ost-Berlin *n*

berlingot [bɛʀlɛ̃go] *m* **1** *bonbon* (tetraedrischer) Frucht-, Pfefferminzbonbon **2** *emballage* (Milch-, Saft)Tüte *f*

berlinois [bɛʀlinwa] **I** *adj* Berliner; berlinerisch (*a* LING) **II** *subst* ***Berlinois(e)*** *m(f)* Berliner(in) *m(f)*

Berlin-Ouest [bɛʀlɛ̃wɛst] HIST West-Berlin *n*

Berlioz [bɛʀljoz] *frz Komponist*

berlue [bɛʀly] *f* ***avoir la ~*** blind sein (*fig*); sich täuschen, irren; ***tu as la ~***, *ce n'est pas lui* du siehst wohl nicht gut …; ***si je n'ai pas la ~***, *c'est bien lui* wenn mich nicht alles täuscht …

berme [bɛʀm] *f* Berme *f*; Bankett *n*; Böschungsabsatz *m*

bermuda(s) [bɛʀmyda] *m(pl)* Bermudashorts *pl*; Bermudas *pl*

Bermudes [bɛʀmyd] ***les ~*** *f/pl* die Bermudas *pl*; die Bermudainseln *f/pl*

bernache [bɛʀnaʃ] *f* **1** *oiseau* Wildgans *f* **2** *crustacé* Entenmuschel *f*

bernacle [bɛʀnakl] *f* → ***bernache***

Bernadette [bɛʀnadɛt] *f Vorname*

Bernanos [bɛʀnanos] *frz Dichter*

Bernard [bɛʀnaʀ] *m Vorname*

bernard-l'(h)ermite [bɛʀnaʀlɛʀmit] *m* ⟨*inv*⟩ ZO Einsiedlerkrebs *m*

berne [bɛʀn] *f drapeau, pavillon* ***en ~*** auf halbmast; ***mettre en ~*** auf halbmast setzen; ***mettre les drapeaux en ~*** *a* halbmast flaggen

Berne [bɛʀn] Bern *n*

berner [bɛʀne] *v/t* ***~ qn*** j-n zum Narren, zum Besten haben, halten; j-n an der Nase herumführen

bernicle [bɛʀnikl] *f* ZO Napfschnecke *f*

Bernin [bɛʀnɛ̃] ***le ~*** ARCH, SCULP Bernini *m*

bernique¹ [bɛʀnik] *f* ZO Napfschnecke *f*

bernique² [bɛʀnik] F *int* nichts da!; weit gefehlt!; F ja Pustekuchen!; ja denkste!

berrichon [bɛʀiʃõ] *adj* ⟨**~ne**⟩ (*et subst* ***Berrichon*** Bewohner) des Berry

Berry [bɛʀi] ***le ~*** *Landschaft in Mittelfrankreich*

Berthe [bɛʀt] *f Vorname*

Bertrand [bɛʀtʀɑ̃] *m Vorname*

béryl [beʀil] *m* MINÉR Beryll *m*

béryllium [beʀiljɔm] *m* CHIM Beryllium *n*

berzingue [bɛʀzɛ̃g] *loc/adv* ***à tout ~*** schleunigst; F wie ein geölter Blitz

besace [bəzas] *f* Quersack *m*

Besançon [bəzɑ̃sõ] *Stadt im Dep. Doubs*

Bescherelle [bɛʃʀɛl] *frz Grammatiker*

bésef [bezɛf] → ***bézef***

bésicles [bezikl] *plais f/pl* Brille *f*

Beskides *ou* **Beskydes** [bɛskid] GÉOGR ***les ~*** *f/pl* die Beskiden *pl*

besogne [b(ə)zɔɲ] *f* Arbeit *f*; *fig* ***aller vite en ~*** nicht lange fackeln; gleich aufs Ganze gehen; *fig* ***vous êtes bien rapide en ~*** Sie gehen zu schnell zu Werke; ***avoir fait de la belle, bonne ~*** gute, saubere Arbeit geleistet haben; → *a* ***abattre*** *I 4*

besogner [b(ə)zɔɲe] *v/i* schwer, hart arbeiten; F schuften **besogneux** *adj* ⟨**-euse**⟩ *personne* fleißig arbeitend

besoin [b(ə)zwɛ̃] *m* **1** Bedürfnis *n*, Verlangen *n*, Drang *m* (**de** nach); Erfordernis *n*; ***~ d'activité*** Tätigkeitsdrang *m*; ***~ d'argent*** *a* Geldmangel *m*; ***~ de bonheur*** Glücksverlangen *n*; Verlangen nach Glück; ***~ de dormir, de repos*** Schlaf-, Ruhebedürfnis *n*; *loc/adv*: ***au ~***, *st/s* ***si ~ est, s'il en est ~*** notfalls; nötigenfalls; im Notfall; falls erforderlich; bei Bedarf; im Bedarfsfall; wenn (es) nötig (ist); ***pour le(s) ~(s) de la cause*** extra hierfür; *mentir* notgedrungen; ♦ ***avoir ~ de qn, qc*** j-n, etw brauchen, benötigen, nötig haben; *st/s* j-s, e-r Sache bedürfen; ***avoir grand ~ de*** dringend brauchen *etc*; *ce travail* ***a ~ de beaucoup d'attention*** erfordert, verlangt viel Aufmerksamkeit; *ce pantalon* ***a ~ d'un coup de fer*** muss ein bisschen (aus)gebügelt, überbügelt werden; ***j'ai** ou **j'aurais bien ~ d'un manteau*** ich könnte e-n Mantel gebrauchen; ***avoir ~ de faire qc*** etw zu tun brauchen; etw tun müssen; ***je n'ai pas ~ d'ajouter que …*** ich brauche nicht hinzuzufügen, dass …; *iron* ***vous aviez bien ~ de le lui dire*** das hätten Sie ihm nicht zu sagen brauchen; *appareil etc* ***avoir ~ d'être réparé*** reparaturbedürftig sein; ***il a ~ de se reposer*** er ist ruhebedürftig; er braucht Ruhe; er muss sich ausruhen; ***avoir ~ que …*** (*+subj*) etw brauchen, benötigen; ***j'ai ~ que vous m'aidiez*** ich brauche, benötige Ihre Hilfe; *st/s* ich bedarf Ihrer Hilfe; *impersonnel* ***il n'est pas ~ de dire***, *litt* ***point n'est ~ de dire que …*** es ist nicht nötig, es ist unnötig, es erübrigt sich, zu sagen, dass …; ♦ ***devenir un ~ pour qn*** j-m ein *ou* zum Bedürfnis werden; ***éprouver, (res) sentir le ~ de*** (*+inf*) das Bedürfnis, das Verlangen, den Drang verspüren, fühlen zu (*+inf*); ***subvenir aux ~s de ses parents*** für den Unterhalt s-r Eltern sorgen, aufkommen **2** ÉCON ***~s*** *pl* Bedarf *m* (***en*** an *+dat*); ***~s en capitaux, en matières premières*** Kapital-, Rohstoffbedarf *m* **3** F ***~(s) naturel(s)*** Notdurft *f*; F Geschäft *n*; ***faire ses ~s*** s-e Notdurft, F sein Geschäft verrichten; ***faire ses petits ~s*** F ein kleines Geschäft machen, verrichten; ***satisfaire un ~ pressant*** F ein dringendes Geschäft erledigen, verrichten **4** (*dénuement*) Not *f*; Armut *f*; Bedürftigkeit *f*; ***être dans le ~*** in Not sein; Not, Mangel leiden; in Armut leben; arm, Not leidend, bedürftig sein

Bessarabie [besaʀabi] ***la ~*** Bessarabien *n*

bestiaire [bɛstjɛʀ] *m* **1** *recueil* Tierbuch *n*; Bestiarium *n* **2** *gladiateur* Tierkämpfer *m*

bestial [bɛstjal] *adj* ⟨**-aux**⟩ tierisch; viehisch; bestialisch; roh **bestialité** *f* tierisches Wesen; Bestialität *f*; Rohheit *f*

bestiaux [bɛstjo] *m/pl* AGR Vieh *n*; ***être parqués comme des ~*** wie Vieh zusammengepfercht sein

bestiole [bɛstjɔl] *f* Tierchen *n*; kleines (harmloses) Tier; (*insecte*) Insekt *n*

best-seller [bɛstsɛlœʀ, -lɛʀ] *m* ⟨*pl* **best-sellers**⟩ Bestseller *m*

bêta[1] [bɛta] *m* **1** *lettre grecque* Beta *n* **2** PHYS NUCL ***rayons*** *m/pl* ***~*** Betastrahlen *m/pl*

bêta[2] [bɛta] F **I** *adj* ⟨**bêtasse** [bɛtas]⟩ dumm; F doof; ***un peu ~*** ein bisschen dumm; dümmlich **II** *m affectueusement* ***gros ~*** F Dummerchen *n*; *südd* Dummerle *n*

bêtabloquant [bɛtablɔkɑ̃] *m* MÉD Betablocker *m*

bétail [betaj] *m* AGR Vieh *n*; ***gros, petit ~*** Groß-, Kleinvieh *n*; *fig* ***~ humain*** wie Vieh behandelte Menschen *m/pl*; ***dix têtes de ~*** zehn Stück Vieh

bétaillère [betajɛʀ] *f* Viehtransporter *m*

bête[1] [bɛt] *f* **1** (*animal*) Tier *n*; ***~s*** *pl a* a) CH Wild *n*; b) AGR Vieh *n*; c) (*insectes*) Ungeziefer *n*; ***~s et gens*** Mensch und Tier; ***~s à cornes*** Horntiere *n/pl*; AGR Hornvieh *n*; ***~ à bon Dieu*** Marienkäfer *m*; CH ***~ de compagnie*** Überläufer *m*; ***~ de somme, de trait*** Last-, Zugtier *n*; ***peaux*** *f/pl* ***de ~s*** Tierfelle *n/pl*, -häute *f/pl*; *fig* ***chercher la petite ~*** an allem, immer etwas auszusetzen haben; alles bekritteln; immer ein Haar in der Suppe finden; F an allem herummeckern, -mäkeln; HIST ***être livré aux ~s*** den wilden Tieren vorgeworfen werden; ***regarder qn comme une ~ curieuse*** j-n anstarren, F anglotzen; *prov* ***morte la ~, mort le venin*** ein toter Hund beißt nicht mehr (*prov*) **2** *fig d'une personne*: F ***une bonne, brave ~*** F ein gutes Tier; ein gutmütiger Dummkopf; *terme d'affection* ***grosse, grande ~!*** F (du) Dummerchen *ou südd* Dummerle!; *péj* ***sale ~*** gemeiner Kerl; *p/fort* Miststück *n*; F ***une ~ à concours*** ein (sturer) Examenstyp *m*; ***c'est sa ~ noire*** er kann ihn *ou* sie *ou* das auf den Tod nicht ausstehen; er *ou* sie *ou* das ist ihm ein Gräuel; ***faire la ~*** sich dumm, unwissend stellen

bête[2] [bɛt] **I** *adj* (*stupide*) dumm; albern; einfältig; F blöd(e); doof; dämlich; *par ext* ***un accident ~*** ein ganz dummer, blöder Unfall; ***pas si ~!*** ich lass mich *ou* er lässt sich *etc* nicht für dumm verkaufen!; ich bin *ou* er ist *etc* doch nicht so blöd!; F ***~ à manger du foin, comme ses pieds*** F dumm wie Bohnenstroh; strohdumm; F ***c'est ~ comme chou*** das ist kinderleicht, ein Kinderspiel; ***il n'est pas ~*** er ist nicht dumm; ***j'ai été ~ de*** (*+inf*) es war dumm von mir zu (*+inf*); ***suis-je ~ de l'avoir oublié!*** wie konnte ich nur so blöd sein und das vergessen!; ***c'est ~***, *je ne m'en souviens pas* das ist aber dumm, ärgerlich … **II** *m d'un film, d'une histoire etc* F ***c'était d'un ~*** (***à faire pleurer***) der *ou* die war so dumm, dümmer gehts nicht mehr

bétel [betɛl] *m* **1** BOT Betelpfeffer *m* **2** *stimulant* Betel *m*

bêtement [bɛtmɑ̃] *adv* **1** dumm; F blöd(e); ***il s'est tué ~*** er ist auf ganz dumme, blöde Weise ums Leben gekommen **2** (*simplement*) ***tout ~*** ganz einfach, schlicht, simpel

Bethléem [bɛtleɛm] Bethlehem *n*

Bethsabée [bɛtsabe] *f* BIBL Bathseba *f*; Bethsabee *f*

bêtifiant [betifjɑ̃] *adj film, journal etc* **a)** zur Verdummung der Leute beitragend; **b)** dumm; albern; F dämlich **bêtifier** *v/i* dumm daherreden; kindisch plappern

bêtise [betiz] *f* **1** (*stupidité*) Dummheit *f*; Torheit *f*; ***~s*** *pl* **a)** *paroles* dummes, albernes Zeug; Unsinn *m*; F Quatsch *m*; **b)** *actions* Dummheiten *f/pl*; dumme Streiche *m/pl*; ***par ~*** aus Dummheit; ***il a eu la ~ de le lui dire*** er war so dumm, er hat die Dummheit begangen, es ihm zu sagen; ***dire des ~s*** dummes Zeug, Unsinn, F Quatsch reden; ***faire des ~s*** Dummheiten machen; ***il a fait une grosse ~*** er hat e-e große Dummheit gemacht **2** (*motif futile*) Kleinigkeit *f*; Lappalie *f* **3** ***~ de Cambrai*** (tetraedrischer) Pfefferminzbonbon (aus Cambrai)

bêtisier [betizje] *m* Stilblütensammlung *f*

béton [betõ] *m* **1** CONSTR Beton *m*; ***~ armé*** Stahl-, Eisenbeton *m*; *loc/adj* ***de ou en ~*** Beton…; *fig argument, alibi* (***en***) ***~*** hieb- und stichfest **2** FOOTBALL ***aire, jouer le ~*** mauern

bétonnage [betɔnaʒ] *m* **1** CONSTR Betonieren *n*, -ung *f* **2** *par ext d'une côte etc* Zubetonieren *n*

bétonner [betɔne] **I** *v/t* **1** CONSTR betonieren **2** *par ext* ***~ une côte, une région*** eine Küste, eine Region zubetonieren **II** *v/i* FOOTBALL mauern

bétonneuse [betɔnøz] *f ou* **bétonnière** *f* CONSTR Betonmischmaschine *f*, -mischer *m*

bette [bɛt] *f* BOT Mangold *m*

betterave [bɛtʀav] *f* Rübe *f*; ***~ rouge*** Rote Rübe, Bete; ***~ sucrière*** Zuckerrübe *f*

betteravier [bɛtʀavje] **I** *adj* ⟨**-ière**⟩ (Zucker)-Rüben… **II** *m* (Zucker)Rübenanbauer *m*

beuglante [bøglɑ̃t] F *f* laut gesungenes Lied; ***pousser une ~*** *péj* ein Lied grölen

beuglement [bøgləmɑ̃] *m* **1** *des bovins* Muhen *n*; Brüllen *n*; Gebrüll *n* **2** F *péj* Johlen *n ou* F Gejohle *n*; Brüllen *n*; Gebrüll *n*; F Grölen *n*; Gegröle *n*; Plärren *n*; Geplärr(e) *n*

beugler [bøgle] **I** *v/t chanson* F grölen **II** *v/i* **1** *bovins* muhen; brüllen **2** F *péj personne* johlen; brüllen; F grölen (*a chanteur*); plärren (*a radio, télé*);

musique a dröhnen

beur [bœʀ] F *m,f* (in Frankreich geborene[r]) Nordafrikaner(in) *m(f)*

beurette [bœʀɛt] *f* F → ***beur***

beurk [bœʀk] *int* F igitt(igitt)!; pfui!

beurre [bœʀ] *m* **1** Butter *f*; CUIS ***~ maître d'hôtel*** Kräuterbutter *f*; ***~ d'anchois*** Sardellenbutter *f*; *loc/adj* CUIS ***au ~ noir*** in stark gebräunter Butter; F *fig* ***œil*** *m* ***au ~ noir*** blaues Auge; *loc/adv* F *fig* ***au prix où est le ~*** wo jetzt alles so teuer ist; bei den heutigen Preisen; F *fig*: ***compter pour du ~*** überhaupt nicht zählen; ***ça entre comme dans du ~*** das ist butterweich; ***c'est du ~*** das ist ein Kinderspiel; das schaffe ich, schafft er *etc* spielend; nichts leichter als das; ***faire son ~*** sein Schäfchen ins Trockene bringen; F sich gesundstoßen; ***mettre du ~ dans les épinards*** etwas dazuverdienen; s-e Finanzen aufbessern **2** ***petit ~*** Butterkeks *m* **3** *par ext* ***~ de cacahouète*** Erdnussbutter *f*; ***~ de cacao*** Kakaobutter *f*

beurré [bœʀe] *m* BOT Butterbirne *f*

beurrer [bœʀe] *v/t* **1** *tartine* mit Butter (be)streichen; ***~ un moule*** eine Kuchenform mit Butter einfetten; *adjt* ***tartine beurrée*** Butterbrot *n*, -schnitte *f* **2** *adjt personne* F ***être beurré*** F besoffen, blau sein

beurrier [bœʀje] *m* Butterdose *f*

beuverie [bœvʀi] *f* Trink-, Zech-, F Saufgelage *n*; F Sauferei *f*

bévue [bevy] *f* (grober, dummer, peinlicher) Fehler, F Schnitzer; *dans un texte a* Flüchtigkeitsfehler *m*; ***commettre une ~*** e-n Fehler machen, begehen; F e-n Bock schießen

Bex-les-Bains [bɛlebɛ̃] *Stadt in der Schweiz*

bey [bɛ] *m* HIST *titre* Bei *ou* Bey *m*

Beyrouth [bɛʀut] Beirut *n*

bézef [bezɛf] F *adv* viel; ***c'est pas ~*** das ist nicht gerade viel; das ist herzlich wenig

Béziers [bezje] *Stadt im Dep. Hérault*

BFCE [beɛfseə] *f abr* (*Banque française du commerce extérieur*) *frz Außenhandelsbank*

Bhoutan [butɑ̃] ***le ~*** Bhutan *n*

bhoutanais [butanɛ] **I** *adj* bhutanisch **II** *subst* ***Bhoutanais(e)*** *m(f)* Bhutaner(in) *m(f)*

B.H.V. [beaʃve] *m abr* (*Bazar de l'Hôtel de ville*) *Name e-r Kaufhausgruppe*

biais [bjɛ] *m* **1** COUT **a)** *sens* ***c'est du ~*** das ist schräg geschnitten, genommen; ***couper dans le ~*** im schrägen Fadenlauf schneiden; **b)** *bande* Schrägstreifen *m* **2** *loc/adv* ***de*** *ou* ***en ~*** schräg; ***regarder qn de*** *ou* ***en ~*** j-n (schräg) von der Seite anblicken **3** *fig* (*moyen détourné*) Umweg *m*; (Aus)Weg *m*; *péj* Winkelzug *m*; ***trouver un ~*** *pour refuser poliment une invitation* e-n (Aus)Weg, ein Mittel finden ...; *loc/adv* ***de ~*** auf Umwegen; indirekt; *loc/prép* ***par le ~ de*** auf dem Umweg über (+*acc*)

biaiser [bjeze] *v/i* ausweichen; sich winden; wie die Katze um den heißen Brei herumgehen; Winkelzüge machen

Biarritz [bjaʀits] *Stadt im Dep. Pyrénées-Atlantiques*

biathlon [biatlõ] *m* SPORTS Biathlon *n*

bibelot [biblo] *m* Nippfigur *f*, -sache *f*; ***~s*** *pl* Nippsachen *f/pl*; Nippes *pl*

Bibendum [bibɛ̃dɔm] *m* das Michelin-Reifenmännchen

biberon [bibʀõ] *m* (Saug)Flasche *f*, (-)Fläschchen *n*; ***élever au ~*** mit der Flasche groß-, aufziehen (*a animal*); *fig* ***être encore au ~*** noch ein richtiges Baby sein

biberonner [bibʀɔne] *v/i* F gern einen über den Durst trinken

bibi[1] [bibi] F *m* (Damen)Hütchen *n*

bibi[2] [bibi] *pr/pers* F (*moi*) ich; F unsereiner; meine Wenigkeit; ***c'est à ~*** das gehört mir

bibiche [bibiʃ] *f* F (mein) Herzchen *n*, Schatz *m*

bibine [bibin] *f* F Gesöff *n*

bible [bibl] *f* **1** *ouvrage*, *fig* Bibel *f*; REL ***la Bible*** die Bibel; ***~ illustrée*** Bilderbibel *f*; ***la Sainte Bible*** die Heilige Schrift; ***passage*** *m* ***de la Bible*** Bibelstelle *f*; *fig Le Capital de Marx*, ***c'est sa ~*** ... ist s-e Bibel, ist für ihn die Bibel **2** *adjt* ***papier*** *m* ***~*** Dünndruckpapier *n*; ***édition*** *f* ***sur papier ~*** Dünndruckausgabe *f*

bibliobus [biblijɔbys] *m* fahrbare (Leih)Bücherei; Fahrbücherei *f*

bibliographe [biblijɔgʀaf] *m,f* Bibliograf(in) *m(f)* **bibliographie** *f* Bibliografie *f*; *liste a* Literatur-, Bücherverzeichnis *n* **bibliographique** *adj* bibliografisch

bibliophile [biblijɔfil] *m,f* Bibliophile(r) *f(m)*; Bücherliebhaber(in) *m(f)* **bibliophilie** *f* Bibliophilie *f*

bibliothécaire [biblijɔtekɛʀ] *m,f* Bibliothekar(in) *m(f)*

bibliothèque [biblijɔtɛk] *f* **1** (*collection de livres*) Bibliothek *f*; *publique a* Bücherei *f*; *édifice*, *salle* Bibliothek(sgebäude *n*, -ssaal *m*, -szimmer *n*) *f*; ***~ municipale*** Stadtbücherei *f*, -bibliothek *f*; *à Paris* ***Bibliothèque nationale*** Nationalbibliothek *f*; ***~ universitaire*** (*abr* B.U.) Universitätsbibliothek *f* (*abr* UB); ***~ de prêt*** Leihbücherei *f*, -bibliothek *f*; ***une ~ de dix mille volumes*** e-e zehntausend Bände umfassende Bibliothek; *fig* ***rat*** *m* ***de ~*** Bücherwurm *m* **2** *meuble* Bücherschrank *m*, -wand *f*, -regal *n* **3** *édition* Buchreihe *f*; ***Bibliothèque rose*** *Sammlung von Jugendbüchern*

biblique [biblik] *adj* Bibel...; biblisch

bic® [bik] *m* Kugelschreiber *m*; F Kuli *m*

bicamér(al)isme [bikameʀ(al)ism] *m* POL Zweikammersystem *n*

bicarbonate [bikaʀbɔnat] *m* CHIM Bikarbonat *ou t/t* -carbonat *n*; → *a* ***soude***

bicause [bikoz] F *conj* weil

bicentenaire [bisɑ̃tnɛʀ] *m* zweihundertster Jahrestag; zweihundertjähriges Jubiläum; Zweihundertjahrfeier *f*; ***le ~ de sa mort*** sein zweihundertster Todestag

bicéphale [bisefal] *adj* zwei-, doppelköpfig; *emblème* ***aigle*** *f* ***~*** Doppeladler *m*

biceps [bisɛps] *m* ANAT Bizeps *m*; F ***avoir des ~*** starke Muskeln haben; Muskelkraft besitzen; F Muskelpakete haben

biche [biʃ] *f* **1** ZO Hirschkuh *f*; *poét* Hindin *f*; *fig*: ***regard*** *m* ***de ~*** sanfter Blick; ***yeux*** *m/pl* ***de ~*** Rehaugen *n/pl* **2** *terme d'affection* ***ma ~*** mein Herzblatt *n*, Liebling *m*

bicher [biʃe] *v/i* F **1** (*être content*) zufrieden sein; F strahlen **2** (*aller bien*) ***ça biche?*** geht's gut?; alles in Ordnung?; F alles o. k.?

bichette [biʃɛt] *f* F ***ma ~*** → ***biche*** *2*

bichon [biʃõ] *m* **1** *chien* Malteser *m* **2** F *terme d'af-*

B

fection **mon ~** F mein Herzchen *n*, Mäuschen *n*

bichonner [biʃɔne] **I** *v/t* **1** *(pomponner)* herausputzen **2** *(soigner) qn, animal* (ver)hätscheln; **~ sa voiture** sein Auto hegen und pflegen **II** *v/pr* **se ~** sich herausputzen; sich schön machen; F sich in Schale werfen

bicolore [bikɔlɔʀ] *adj* zweifarbig **biconcave** *adj* OPT bikonkav **biconvexe** *adj* OPT bikonvex

bicoque [bikɔk] *f* F *péj* Bruchbude *f*; **une vieille ~** F ein alter Kasten

bicorne [bikɔʀn] *m chapeau* Zweispitz *m*

bicot [biko] *m injure* **(sale) ~** (dreckiger) Araber, Nordafrikaner

bicross [bikʀɔs] *m* **1** *vélo* BMX-Rad *n* **2** *sport* Geländefahren *n*

biculturalisme [bikyltyʀalism] *m* Nebeneinander *n* zweier Kulturen

bicycle [bisikl] *m autrefois* Hochrad *n*

bicyclette [bisiklɛt] *f* (Fahr)Rad *n*; **~ de dame, d'homme** Damen-, Herren(fahr)rad *n*; **aller à,** F **en ~** (mit dem) Rad fahren; F radeln

bidasse [bidas] *m* F *(recrue)* Rekrut *m*; junger Soldat

Bidault [bido] **Georges ~** *frz Politiker*

bide [bid] F *m* **1** *(ventre)* (dicker) Bauch; F Wampe *f*; Wanst *m*; **gros ~** F dicke Wampe; **avoir du ~** e-n (dicken) Bauch haben **2** THÉ **faire un ~** ein (totaler) Misserfolg, F ein Flop *m*, ein Reinfall *m* sein; e-n Durchfall erleben; durchfallen **3** → **bidon** *3*

bidet [bidɛ] *m* **1** *pour toilette intime* Bidet *n* **2** *plais (cheval)* Pferd(chen) *n*; kleines (Reit-, Zug)Pferd

bidoche [bidɔʃ] *f* F *(viande)* Fleisch *n*

bidon [bidõ] *m* **1** *récipient* Kanister *m*; **~ à, de lait** Milchkanne *f*; **~ d'essence, d'huile** Benzin-, Ölkanister *m*; *contenu* Kanister Benzin, Öl **2** F *fig* → **bide** *1* **3** F *(bluff)* Bluff *m*; Schwindel *m*; Betrug *m*; F Beschiss *m*; **c'est pas du ~** *a* das ist nicht gelogen; das ist die reinste Wahrheit; ♦ *adjt* ⟨*inv*⟩ *attentat, déclaration etc* vorgetäuscht; Schein…; Pseudo…; **offre** *f* **~** Scheinangebot *n*

bidonnant [bidɔnɑ̃] F *adj* spaßig; drollig; lustig; ulkig **bidonner** *v/pr* F **se ~** sich köstlich amüsieren; F sich tot-, schieflachen

bidonville [bidõvil] *m* Wellblechhütten(siedlung) *f/pl(f)*; Elendsviertel *n*; Slum [slam] *m*

bidouillage [bidujaʒ] F *m* Bastelei *f*; F Tüftelei *f*; *action a* F Herumbasteln *n*, -tüfteln *n* **bidouiller** *v/t* F herumbasteln, -tüfteln an (+ *dat*)

bidule [bidyl] *m* F Dings(da, -bums) *n*

bief [bjɛf] *m d'un cours d'eau* Abschnitt *m*; Strecke *f*; *d'un canal* (Kanal)Haltung *f*; Staustrecke *f*; *d'un moulin* Gerinne *n*; Mühlbach *m*

bielle [bjɛl] *f* TECH Pleuel(stange) *m(f)*; AUTO **j'ai coulé une ~** ein Pleuellager ist ausgelaufen; F ich habe e-n Kolbenfresser

biélorusse [bjelɔʀys] **I** *adj* weißrussisch **II** *m,f* **Biélorusse** Weißrusse, -russin *m,f*

Biélorussie [bjelɔʀysi] **la ~** Weißrussland *n*

bien[1] [bjɛ̃] **I** *adv* **1** gut *(a comme note)*; *st/s* wohl; **assez ~** ziemlich gut; *comme note* befriedigend; **très ~** sehr gut *(a comme note)*; **~ écrit** gut geschrieben; **~ élevé** *a* wohlerzogen; **~ portant** gesund; wohlauf; *loc/adv* **ni ~ ni mal** weder gut noch schlecht; leidlich; mittelmäßig; **tant ~ que mal** recht und schlecht; so gut es (eben) geht; so einigermaßen; **manger ~** gut essen; → *a* **aller**[1] *I 2, 3*, **faire** *I 1 c)* **2** *(juste)* gut; richtig; recht; **~ conseiller qn** j-n gut, richtig beraten; **ai-je ~ entendu?** habe ich recht, richtig gehört, verstanden? **3** *degré, intensité* sehr; viel; ganz; recht; reichlich; *avec adj et adv*: **il y en a ~ assez** es ist reichlich davon da; **~ chaud** sehr, ganz heiß; **je suis ~ content** ich bin recht, *p/fort* sehr zufrieden; **il est ~ jeune** *pour cette mission* er ist reichlich, noch recht jung …; **~ meilleur, mieux** viel, weit besser; **~ souvent** sehr oft; *avec un verbe*: **ça m'a ~ plu** das hat mir sehr, gut gefallen; **il a ~ souffert** er hat sehr, viel gelitten; ♦ *avec subst* **~ des** *ou* **du** *ou* **de la** (sehr) viele *ou* viel; **depuis ~ des années** seit vielen Jahren; **~ des fois** (sehr) oft; viele Male; F x-mal; **~ du monde** viele Leute; **avec ~ du mal** mit (sehr) viel, großer Mühe; **avoir ~ de la chance** sehr viel Glück haben **4** *quantité* gut; reichlich; mindestens; **j'ai ~ téléphoné vingt fois** ich habe mindestens zwanzigmal telefoniert **5** *emphatique* wohl; doch; schon; wirklich; tatsächlich; allerdings; freilich; *restrictif* zwar; *marquant la résignation* halt; *formule épistolaire* **~ à vous** mit herzlichen Grüßen Ihr(e) …; *loc/adv* **mais ~** sondern vielmehr *ou* viel eher *ou* im Gegenteil; *avec adj, adv et pr*: **il part ~ demain?** er fährt doch morgen?; **c'est ~ français** das ist typisch französisch; *pas de doute*, **c'est ~ lui** das ist er wirklich, tatsächlich; **c'est ~ de lui** das ist typisch für ihn; das sieht ihm ähnlich; so ist er; *en incise* **~ plus** mehr noch; ja, noch mehr; **c'est ~ vrai, mais …** das ist zwar *ou* schon wahr, aber …; *avec un verbe*: **je crois, pense ~** ich glaube, denke schon, wohl; **dites-lui ~ que …** sagen Sie ihm doch (bitte), dass …; **il le fait ~, pourquoi pas moi?** er tut es doch auch, warum dann ich nicht?; **il faut ~ le supporter** man muss es *ou* ihn halt ertragen; **cela finira ~ un jour** eines Tages wird es wohl, schon aufhören; **cette fois, c'est ~ fini** diesmal ist es wirklich aus; **je sais ~** ich weiß schon; **je le sais ~** das weiß ich (sehr) wohl; **il sait ~ que …** er weiß genau, ganz gut, dass …; **j'ai ~ téléphoné, mais** *vous n'étiez pas là* ich habe zwar, schon, wohl angerufen, aber …; **je le vois ~** das sehe ich (sehr) wohl, freilich, allerdings **6** *(volontiers)* gern(e); **j'irais ~ avec vous!** ich würde (ja) gern mit Ihnen gehen!; **j'écrirais ~, mais** *je n'ai pas son adresse* ich würde ja gern schreiben, aber … **7** *int* **eh ~, eh ben** nun!; na!; **eh ~! qui l'aurait dit!** na *ou* ach, wer hätte das gedacht!; **eh ~! qu'en dites-vous?** na *ou* nun, was sagen Sie dazu?; **eh ~! c'est d'accord** (na) gut, einverstanden!; **eh ~, s'il le faut** na gut, wenn es sein muss; **eh ~! soit!** na denn!; also gut!; *qu'est-ce que vous voulez?* - **(eh) ben, du papier!** na, Papier natürlich!; **eh ~ mon vieux!** *admiratif* (das ist ja) toll!; alle Achtung!; *compatissant* o je!; au Backe!; au!; *étonné* sieh mal (einer) an!; (na) so was!; das ist ja (wirklich) allerhand!; **eh ~, oui, je l'avoue** na ja *ou* na gut, ich geb's zu; **eh ~, voilà comment c'était** also, das war so; *tu y es allé?* **eh ~?** und?; und, wie wars?; **eh ~** *ou* **eh ben quoi?** also, was ist (jetzt los)? **II** *adj* ⟨*inv*⟩ **1** gut; *(en bonne santé)* wohl; **~!** gut!; *iron* **nous voilà ~!** da sitzen wir schön in der Tinte, im Schlamassel!; **c'est (très** *ou* **fort) ~** *(parfait)* das ist (sehr) gut; *mécontentement* schon gut; **être, se sentir, se trouver ~** sich wohlfühlen; **être ~ avec qn** gut mit j-m stehen;

vous êtes ~ dans ces chaussures? gehen Sie gut in diesen Schuhen?; ***vous êtes ~ dans ce fauteuil?*** sitzen Sie gut, bequem in diesem Sessel?; *acteur* ***il est ~ dans ce rôle*** er ist gut in dieser Rolle; *prov* ***tout est ~ qui finit ~*** Ende gut, alles gut (*prov*) **2** (*juste, moral*) richtig; recht; ***ce n'est pas ~*** *d'agir ainsi* es ist nicht nett, richtig …; ***je ne trouve pas ça ~*** das finde ich nicht recht, richtig **3** (*beau*) *personne* ***être ~*** gut aussehen (*a chose*); e-e gute Erscheinung sein; e-e gute Figur haben; ***l'hôtel a l'air ~*** das Hotel sieht gut, vertrauenerweckend aus; ***je la trouve encore ~*** ich finde, sie sieht noch gut aus **4** F (*distingué*) fein; vornehm; bessere(r, -s); (*comme il faut*) ordentlich; anständig; nett; fein; F prima; ***des gens ~*** a) feine, bessere Leute *pl*; b) ordentliche, achtbare, anständige Leute *pl*; ***un type ~*** F ein feiner, prima Kerl; ***il est ~*** F der ist prima, in Ordnung **III** *loc/conj* ***~ que*** (*+subj*) obwohl; obgleich; wenn auch; *st/s* obschon; ***si ~ que*** sodass; → *a* ***tant*** *II 2*

bien[2] [bjɛ̃] *m* **1** Wohl *n*; Beste(s) *n*; Gute(s) *n*; ***~ public, général, commun*** öffentliches, allgemeines Wohl; (All)Gemeinwohl *n*; ***changer en ~*** sich zu s-m Vorteil verändern; ***dire du ~, parler en ~ de qn, qc*** Gutes über j-n, etw sagen; j-m, etw Gutes nachsagen; ***c'est pour son ~*** das geschieht zu s-m Besten, Wohl, in s-m Interesse; ***ce n'était que pour son ~*** *a* ich habe *ou* wir haben *etc* es doch nur gut mit ihm gemeint; *il a changé d'attitude*, ***c'est un ~*** das ist gut, ein Glück; ***faire du ~ à qn*** *médicament, repos etc* j-m gut-, wohltun; *personne* j-m Gutes tun, erweisen; *politique, mesure* ***faire du ~ au commerce*** den Handel fördern; *iron* ***grand ~ lui*** *ou* ***vous*** *etc* ***fasse!*** wohl bekomm's!; na, dann viel Vergnügen!; ***cela lui a fait plus de mal que de ~*** das hat ihm mehr geschadet als genützt; *projet, négociations* ***mener à ~*** erfolgreich durchführen; zum Erfolg führen; ***je ne veux que ton ~*** ich will nur dein Bestes; ***vouloir du ~ à qn*** j-m wohlgesinnt sein; j-m wohlwollen; *lettre anonyme* ***un ami qui vous veut du ~*** ein wohlmeinender Freund **2** *valeur morale* ***le ~*** das Gute; ***le ~ et le mal*** das Gute und das Böse; Gut und Böse; *loc/adv* ***en tout ~ (et) tout honneur*** in allen Ehren; ***faire le ~*** das Gute tun; (*être charitable*) Gutes tun **3** *matériel* Gut *n* (*a* ÉCON, JUR); Hab und Gut *n*; Habe *f*; (*propriété*) Besitz *m*; Eigentum *n*; JUR ***~s*** *pl a* Vermögenswerte *m/pl*; Sachen *f/pl*; ***~s de consommation*** Konsum-, *au sens strict* Verbrauchsgüter *n/pl*; ***~s d'investissement, de production*** Investitions-, Produktionsgüter *n/pl*; ***avoir du ~*** vermögend sein; ***avoir du ~ au soleil*** Grundbesitz haben; ***la santé est le plus précieux des ~s*** die Gesundheit ist das kostbarste Gut; *prov* ***~ mal acquis ne profite jamais*** unrecht Gut gedeiht nicht (*prov*) **4** *note* ***un ~*** ein Gut *n*; ***un assez ~*** ein Befriedigend *n*; ***un très ~*** ein Sehrgut *n*

bien-aimé [bjɛ̃neme] **I** *adj* innig geliebt **II** *subst* ***~(e)*** *m(f)* Geliebte(r) *f(m)*

bien-aller [bjɛ̃nale] *m* ⟨*inv*⟩ CH *Hornsignal, das angibt, dass die Hunde die Fährte gefunden haben*

bien-être [bjɛ̃nɛtʀ] *m* **1** *du corps, de l'esprit* Wohlbehagen *n*, -befinden *n*; wohliges Gefühl; Wohlgefühl *n*; *a* TOURISME Wellness *f*; ***centre*** *m* ***de bien-être*** Wellnesscenter [-sɛntər] *n*; ***espace*** *m* ***bien-être*** Wellnessbereich *m*; ***week-end*** *m* ***bien-être*** Wellnesswochenende *n* **2** (*aisance matérielle*) Wohlstand *m*

bienfaisance [bjɛ̃fəzɑ̃s] *f* Wohltätigkeit *f*; ***œuvre*** *f* ***de ~*** Wohlfahrts-, Wohltätigkeitseinrichtung *f*

bienfaisant [bjɛ̃fəzɑ̃] *adj* wohltuend; erquickend; ***être ~*** *a* guttun

bienfait [bjɛ̃fɛ] *m* **1** Wohltat *f*; *fig de la civilisation, de la science* ***~s*** *pl* Segnungen *f/pl*; *prov* ***un ~ n'est jamais perdu*** Wohltun bringt Zinsen **2** *d'un traitement, d'un médicament* wohltuende Wirkung

bienfaiteur [bjɛ̃fɛtœʀ] *m*, **bienfaitrice** *f* **1** Wohltäter(in) *m(f)* (*a fig de l'humanité*) **2** (*donateur*) Spender(in) *m(f)*; Stifter(in) *m(f)*

bien-fondé [bjɛ̃fõde] *m d'une réclamation etc* Rechtmäßigkeit *f*; Berechtigung *f*; *d'une décision, d'une opinion* Richtigkeit *f*; *d'un argument* Stichhaltigkeit *f*

bien-fonds [bjɛ̃fõ] *m* ⟨*pl* **biens-fonds**⟩ JUR Grundbesitz *m*, -eigentum *n*; *pl a* Immobilien *f/pl*; Liegenschaften *f/pl*

bienheureux [bjɛ̃nøʀø] **I** *adj* ⟨**-euse**⟩ **1** *st/s idée, vie* glücklich; ***~ qui …*** glücklich, wer … **2** BIBL, ÉGL CATH selig; ***la bienheureuse Vierge Marie*** die allerseligste Jungfrau Maria; BIBL ***~ les pauvres en esprit*** selig sind, die da geistlich arm sind; CATH selig sind die Armen im Geiste **II** *subst* ÉGL CATH ***~, bienheureuse*** *m,f* Selige(r) *f(m)*; F *fig* ***dormir comme un ~*** den Schlaf des Gerechten schlafen

bien-jugé [bjɛ̃ʒyʒe] *m* JUR *d'un verdict* Gesetzmäßigkeit *f*

biennal [bjenal] **I** *adj* ⟨**-aux**⟩ **a)** (*pour deux ans*) zweijährig; **b)** (*tous les deux ans*) zweijährlich; alle zwei Jahre stattfindend **II** *f* ***~e*** Biennale *f*

Bienne [bjɛn] Biel *n*; ***le lac de ~*** der Bieler See

bien-pensant [bjɛ̃pɑ̃sɑ̃] *péj* **I** *adj* konformistisch **II** *subst* ***~(e)*** *m(f)* Konformist(in) *m(f)*

bienséance [bjɛ̃seɑ̃s] *f* Anstand *m*; Schicklichkeit *f*; Wohlanständigkeit *f*; ***~s*** *pl* gute Sitten *f/pl*; ***règles*** *f/pl* ***de la ~*** Anstandsregeln *f/pl*

bienséant [bjɛ̃seɑ̃] *adj* schicklich; wohlanständig

bientôt [bjɛ̃to] *adv* bald; demnächst; F ***très ~*** sehr bald; in Kürze; ***à*** (F ***très***) ***~!*** bis bald!; ***c'est pour ~?*** ist es bald so weit?

bienveillance [bjɛ̃vɛjɑ̃s] *f* Wohlwollen *n*; ***avec ~*** mit Wohlwollen; wohlwollend

bienveillant [bjɛ̃vɛjɑ̃] *adj* wohlwollend; ***se montrer ~ envers qn*** j-m wohlwollend begegnen

bienvenu [bjɛ̃vny] **I** *adj* willkommen **II** *subst* ***être le ~, la ~e*** willkommen sein; ***soyez le ~!*** seien Sie (mir *ou* uns herzlich) willkommen!; ***ton offre est la ~e*** dein Angebot ist mir (sehr) willkommen

bienvenue [bjɛ̃vny] *f* Willkommen *n*; ***~ à nos hôtes!*** unseren Gästen ein herzliches Willkommen!; ***comme cadeau de ~*** als Begrüßungsgeschenk, Willkommensgruß; ***discours*** *m* ***de ~*** Begrüßungsansprache *f*; Grußwort *n*; Willkommensgruß *m*; ***souhaiter la ~ à qn*** j-n willkommen heißen; ***pour (célébrer) sa ~*** zu s-m *ou* ihrem Empfang

bière[1] [bjɛʀ] *f* Bier *n*; ***~ blonde, brune*** helles, dunkles Bier; ***~ (à la) pression*** Bier vom Fass; Fassbier *n*; F *fig* ***ce n'est pas de la petite ~*** das ist keine Kleinigkeit, kein Kinderspiel, F kein Zuckerlecken

bière[2] [bjɛʀ] *f* (*cercueil*) Sarg *m*; ***mettre en ~*** einsargen; ***mise*** *f* ***en ~*** Einsargung *f*

biffage [bifaʒ] *m* (Aus-, Durch)Streichen *n*, -ung *f*

B

biffer *v/t* (aus-, durch)streichen
bifocal [bifɔkal] *adj* ⟨**-aux**⟩ OPT bifokal; ***verre ~*** Bifokal-, Zweistärkenglas *n*
biforme [bifɔʀm] *adj* MINÉR doppelgestaltig; biform
bifteck [biftɛk] *m* **1** CUIS (Beef)Steak [(ˈbiːf)steːk] *n*; ***~ haché*** Hacksteak [-steːk] *n*; ***~ de cheval*** Pferdesteak *n* **2** F *fig* ***défendre son ~*** s-e (eigenen) Interessen verteidigen; ***gagner son ~*** F s-e Brötchen verdienen
bifurcation [bifyʀkasjõ] *f* **1** *d'une route etc* Gabelung *f*; Abzweigung *f* **2** *dans des études* Wahlmöglichkeit *f*
bifurquer [bifyʀke] *v/i* **1** *route, voie ferrée* sich gabeln, teilen, verzweigen **2** *voiture, train* abbiegen (***vers, sur*** nach); *train a* hinüberwechseln (***sur une autre voie*** auf ein anderes Gleis) **3** *dans des études, une carrière* überwechseln (***vers*** zu); F umsatteln, -steigen (auf *+acc*)
bigame [bigam] **I** *adj* bigamistisch; in Bigamie lebend **II** *m,f* Bigamist(in) *m(f)* **bigamie** *f* Bigamie *f*; Doppelehe *f*
bigarade [bigaʀad] *f* BOT Pomeranze *f*
bigarré [bigaʀe] *adj* **1** *tissu* bunt (gemustert) **2** *fig foule* buntscheckig; ***société ~e*** gemischte, heterogene Gesellschaft
bigarreau [bigaʀo] *m* ⟨*pl* **~x**⟩ *frz Kirschsorte*
bigarrure [bigaʀyʀ] *f* **1** (*couleurs*) Buntheit *f* **2** *fig* Buntscheckigkeit *f*
big bang [bigbɑ̃g] *m* ASTR Urknall *m*
bigler [bigle] **I** *v/t* F (*regarder*) F angucken **II** *v/i* F (*loucher*) schielen
bigleux [biglø] *adj* ⟨**-euse**⟩ F ***être ~*** (*voir mal*) schlecht sehen; kurzsichtig sein; (*loucher*) schielen
bigophone [bigɔfɔn] F *m* Telefon *n*; F Quasselstrippe *f*; ***donner un coup de ~*** F sich an die Strippe hängen
bigorne [bigɔʀn] *f pour le travail du métal* Sperrhorn *n*; (zweihörniger) Spitzamboss; *du cordonnier* Nagelständer *m*
bigorneau [bigɔʀno] *m* ⟨*pl* **~x**⟩ ZO Strandschnecke *f*
Bigorre [bigɔʀ] ***la ~*** *Landschaft in Südwestfrankreich (Hautes-Pyrénées)*
bigot [bigo] **I** *adj* bigott; frömmelnd **II** *subst* **~(*e*)** *m(f)* Frömmler(in) *m(f)*; Betbruder *m*, -schwester *f*
bigoterie [bigɔtʀi] *f* Bigotterie *f*; Frömmelei *f*
bigoudi [bigudi] *m* Lockenwickler *m*; (***se***) ***mettre des ~s*** (sich [*dat*]) das Haar einlegen, aufwickeln
bigre [bigʀ] *int* F Donnerwetter!
bigrement [bigʀəmɑ̃] *adv* F verdammt; verflixt; verteufelt
bihebdomadaire [biɛbdɔmadɛʀ] *adj revue* zweimal wöchentlich erscheinend
bijectif [biʒɛktif] *adj* ⟨**-ive**⟩ MATH bijektiv; eineindeutig **bijection** *f* MATH Bijektion *f*
bijou [biʒu] *m* ⟨*pl* **~x**⟩ **1** Schmuckstück *n*; Juwel *n*, Kleinod *n* (*a fig*); *pl* **~x** *a* Schmuck(sachen) *m(f/pl)*; *fig* ***un ~ de l'architecture romane*** ein Juwel, Kleinod der romanischen Baukunst; ***~x de famille, de fantaisie*** Familien-, Modeschmuck *m*; ***~x en argent, en or*** Silber-, Goldschmuck *m*; ***couvert de ~x*** mit Schmuck, Juwelen behängt **2** F *fig* ***mon ~*** mein Schatz *m*; F mein Goldstück *n*
bijouterie [biʒutʀi] *f* **1 a)** *magasin* Schmuck(waren)-, Juweliergeschäft *n*; **b)** *industrie* Schmuck(waren)industrie *f*; **c)** *commerce* Schmuckwarenhandel *m* **2** *articles* Schmuck(waren *f/pl*, -gegenstände *m/pl*) *m*; ***~ d'argent, d'or, de fantaisie*** Silber-, Gold-, Modeschmuck *m*
bijoutier [biʒutje] *m* **a)** *commerçant* Juwelier *m*; **b)** *fabricant* Schmuck(waren)hersteller *m*
bikini [bikini] *m* Bikini *m*
bilabial [bilabjal] *adj* PHON bilabial
bilame [bilam] *f* TECH Bimetallstreifen *m*
bilan [bilɑ̃] *m* **1** COMM Bilanz *f*; Abschluss *m*; Schlussabrechnung *f*; *fig* Bilanz *f*; (End)Ergebnis *n*; Fazit *n*; *fig* ***le triste ~ de deux guerres*** die traurige Bilanz von zwei Kriegen; ***établir un ~*** e-e Bilanz aufstellen; *fig* ***faire le ~ de qc*** (die) Bilanz, das Fazit aus etw ziehen; ***faire le ~ de la situation*** e-e Zwischenbilanz ziehen; e-e Bestandsaufnahme machen **2** JUR ***dépôt*** *m* ***de ~*** Konkursanmeldung *f*, -antrag *m*; ***déposer son ~*** Konkurs anmelden **3** MÉD ***~ de santé*** Check-up [ˈtʃɛkap] *m ou n*; Generaluntersuchung *f*
bilatéral [bilateʀal] *adj* ⟨**-aux**⟩ zweiseitig; bilateral; JUR ***contrat ~*** zweiseitiger, bilateraler Vertrag; MÉD ***paralysie ~e*** doppelseitige Lähmung; ***stationnement ~*** beidseitiges Parken
bilboquet [bilbɔkɛ] *m Geschicklichkeitsspiel, bei dem e-e durchbohrte Kugel mit e-m spitzen Stock aufgefangen werden muss*
bile [bil] *f* **1** PHYSIOL Galle(nflüssigkeit) *f* **2** *fig*: ***décharger sa ~ sur qn*** s-e schlechte Laune, s-n Ärger an j-m auslassen; ***se faire de la ~*** sich (*dat*) Sorgen machen; sich ängstigen, aufregen; → *a* ***échauffer*** *I 2*
biler [bile] *v/pr* F ***ne pas se ~*** unbesorgt, unbekümmert sein; sich (*dat*) keine Sorgen machen; sich nicht aufregen
bileux [bilø] *adj* ⟨**-euse**⟩ F ***ne pas être ~*** → ***biler***
bilharziose [bilaʀzjoz] *f* MÉD Bilharziose *f*
biliaire [biljɛʀ] *adj* ANAT Gallen…; ***calculs*** *m/pl* ***~s*** Gallensteine *m/pl*; ***vésicule*** *f* ***~*** Gallenblase *f*
bilieux [biljø] *adj* ⟨**-euse**⟩ **1** MÉD gallig; gallehaltig; ***teint ~*** gelbe, gelbliche Gesichtsfarbe **2** *st/s personne, tempérament* gallig
bilingue [bilɛ̃g] *adj* zweisprachig; ***secrétaire*** *f* ***~*** zwei Sprachen beherrschende Sekretärin; *personne* ***être ~*** zweisprachig (aufgewachsen) sein
bilinguisme [bilɛ̃gɥism] *m* Zweisprachigkeit *f*
billard [bijaʀ] *m* **a)** Billard(spiel) [-lj-] *n*; *au sens strict* ***~ américain*** Loch-, Poolbillard [ˈpuːl-] *n*; ***~ électrique*** Flipper *m*; ***boule*** *f* ***de ~*** Billardkugel *f*; F *fig* ***c'est du ~*** das ist kinderleicht, ein Kinderspiel; das geht ganz einfach; **b)** (***table*** *f* ***de***) ***~*** Billard(-tisch) *n(m)*; F ***cette route est un vrai ~*** diese Straße ist wunderbar eben und gerade; F *fig* ***monter, passer sur le ~*** F unter das Messer kommen; **c)** (***partie*** *f* ***de***) ***~*** Partie *f* Billard; ***faire un*** (F ***petit***) ***~, une partie de ~*** e-e Partie Billard spielen
bille[1] [bij] *f* **1** (*boule*) Kugel *f* (*a au billard*); *jeu d'enfants* Murmel *f*; Klicker *m*; TECH ***roulement*** *m* ***à ~s*** Kugellager *n*; ***stylo*** *m* (***à***) ***~*** Kugelschreiber *m*; ***jouer aux ~s*** mit Murmeln spielen; *fig* ***reprendre ses ~s*** nicht mehr mitmachen; abspringen; F aussteigen **2** F *fig* (*figure*) Gesicht *n*; ***avoir une bonne ~*** sympathisch aussehen; ***avoir une ~ de clown*** drollig, lustig aussehen
bille[2] [bij] *f* (*pièce de bois*) (Holz)Klotz *m*, (-)Block

m; ~ ***de chêne*** Eichenklotz *m*, -block *m*
billet [bijɛ] *m* **1** *pour entrer quelque part* Eintrittskarte *f*; *pour voyager* Fahrkarte *f*, -schein *m*; ~ ***aller--retour*** Rückfahrkarte *f*; ~ ***ouvert*** Open Ticket *n*; offener Flugschein; ~ ***d'aller*** Fahrkarte für die einfache Fahrt, Hinfahrt; ~ ***d'avion*** Flugticket *n*, -schein *m*; ~ ***de bateau*** Schiffskarte *f*; ~ ***de chemin de fer*** Eisenbahnfahrkarte *f*; ~ ***de cinéma, de concert*** Kino-, Konzertkarte *f*; ~ ***de théâtre*** Theaterkarte *f* **2** ~ (***de banque***) (Geld)Schein *m*; Banknote *f*; *pl* ~***s*** *a* Papiergeld *n*; ***faux*** ~ falsche Banknote; F Blüte *f*; ~ ***de cent euros*** Hundert-Euro-Schein *m*; ***en*** ~***s*** in Scheinen; F *fig* ***je t'en donne, t'en fiche mon*** ~ da mache ich jede Wette; F das kann ich dir schriftlich geben **3** COMM Wechsel *m*; ~ ***à ordre*** Eigen-, Solawechsel *m*; ~ ***au porteur*** an den Inhaber zahlbarer Wechsel **4** *st/s* (*courte lettre*) Briefchen *n*; kurze Mitteilung; ~ ***doux*** Liebesbriefchen *n*; *plais* Billetdoux *n* **5** *de loterie* Los *n*; ~ ***gagnant*** Gewinnlos *n*; Treffer *m*; ~ ***de loterie, de tombola*** (Lotterie-, Tombola)Los *n* **6** F (*1000 anciens francs*) tausend (alte) Franc
billetterie [bijɛtʀi] *f* Geldautomat *m*
billevesées [bilvəze] *litt f/pl* ungereimtes Zeug; leeres, hohles Geschwätz
billion [biljõ] *m* Billion *f*
Billom [bijõ] *Stadt im Dep. Puy-de-Dôme*
billot [bijo] *m* (*bloc de bois*) Hack-, Hauklotz *m*; *pour décapitation* Richtblock *m*; TECH Holzklotz *m*, -block *m*; Metallblock *m*
bimbeloterie [bɛ̃blɔtʀi] *f* Herstellung *f* von, Handel *m* mit Nippsachen
bimensuel [bimɑ̃sɥɛl] *adj* ⟨~**le**⟩ monatlich zweimal stattfindend, *revue* erscheinend
bimestriel [bimɛstʀijɛl] *adj* ⟨~**le**⟩ alle zwei Monate, zweimonatlich stattfindend, *revue* erscheinend
bimétallisme [bimetalism] *m* FIN Doppelwährung *f*; Bimetallismus *m*
bimillénaire [bimi(l)lenɛʀ] **I** *adj* zweitausendjährig **II** *m* Zweitausendjahrfeier *f*
bimoteur [bimɔtœʀ] AVIAT **I** *adj* zweimotorig **II** *m* zweimotorige Maschine
binage [binaʒ] *m* JARD Hacken *n*
binaire [binɛʀ] *adj* binär; MATH ***numération*** *f* ~ binäres System; Dualsystem *n*
biner [bine] *v/t* JARD hacken
binette [binɛt] *f* **1** JARD Hacke *f* **2** F (*visage*) Gesicht *n*; *péj* Visage *f*; ***tu en fais une*** (***drôle de***) ~***!*** was machst du für ein komisches Gesicht!
bineuse [binøz] *f* AGR Hackmaschine *f*
bing [biŋ] *int* peng!
biniou [binju] *m* (bretonischer) Dudelsack
binoclard [binɔklaʀ] F **I** *adj* brilletragend **II** *subst* ~(***e***) *m(f)* F Brillenschlange *f*
binocle [binɔkl] *m* **1** (*pince-nez*) Kneifer *m*; Zwicker *m* **2** *pl* ~***s*** *plais* (*lunettes*) Brille *f*
binoculaire [binɔkylɛʀ] *adj* OPT beidäugig; binokular (*a instrument*)
binôme [binom] *m* MATH Binom *n*
bio [bjo] *adj* ⟨*inv*⟩ F *abr* (*biologique*) Bio…; ***produits*** *m/pl* ~ Bioerzeugnisse *n/pl*; *advt* ***manger*** ~ Biokost essen
biocarburant [bjokaʀbyʀɑ̃] *m* Biotreibstoff *m*
biochimie [bjoʃimi] *f* Biochemie *f* **biochimique** *adj* biochemisch **biochimiste** *m,f* Biochemiker(in) *m(f)*
biodégradable [bjodegʀadabl] *adj* biologisch abbaubar; *par ext* umweltfreundlich **biodiversité** *f* Artenvielfalt *f*, -reichtum *m* **bioéthique** *f* Bioethik *f*
biographe [bjɔgʀaf] *m,f* Biograf(in) *m(f)* **biographie** *f* Biografie *f*; Lebensbeschreibung *f*, -geschichte *f* **biographique** *adj* biografisch
bio-industrie [bjoɛ̃dystʀi] *f* Biotechnologiebranche *f*; Biotech-Industrie [-tɛk-] *f*; Bioindustrie *f*
biologie [bjɔlɔʒi] *f* Biologie *f* **biologique** *adj* biologisch **biologiste** *m,f* Biologe, -login *m,f*
biomasse [bjomas] *f* Biomasse *f* **biomédical** *m* ⟨**-aux**⟩ biomedizinisch
biométrie [bjɔmetʀi] *f* Biometrie *f*; Biometrik *f* **biométrique** *adj* biometrisch
bionique [bjɔnik] **I** *adj* bionisch **II** *f* Bionik *f*
biophysique [bjofisik] *f* Biophysik *f*
biopsie [bjɔpsi] *f* MÉD Biopsie *f*
biorythme [bjoʀitm] *m* Biorhythmus *m* **biosphère** *f* Biosphäre *f* **biotechnologie** *f* Biotechnologie *f*; Biotechnik *f*
biotope [bjɔtɔp] *m* Biotop *m ou n*
bioxyde [biɔksid] *m* CHIM Dioxid *n*
bipartisme [bipaʀtism] *m* POL Zweiparteiensystem *n*
bipartite [bipaʀtit] *adj* POL Zweier…; Zweimächte…; Zweiparteien…; ***accord*** *m*, ***conférence*** *f* ~ Zweier- *ou* Zweimächteabkommen *n*, -konferenz *f*; ***gouvernement*** *m* ~ Zweiparteienregierung *f*
bip-bip [bipbip] *m* ⟨*inv*⟩ **a)** *signal* Piepton *m*; Piepen *n*; **b)** *appareil* F Piepser *m*
bipède [bipɛd] ZO **I** *adj* zweifüßig, -beinig **II** *m* Zweifüßer *m*
biplace [biplas] *adj* zweisitzig; ***avion*** *m* ~ *ou subst* ~ *m* zweisitziges Flugzeug; Zweisitzer *m*; ***voiture*** *f* ~ *ou subst* ~ *f* zweisitziger Wagen; Zweisitzer *m*
biplan [biplɑ̃] *adj* ***avion*** *m* ~ *ou subst* ~ *m* Doppeldecker *m*
bipolaire [bipɔlɛʀ] *adj* PHYS, MATH zweipolig; *sc* bipolar **bipolarisation** *f* POL Polarisierung *f* **bipolarité** *f* PHYS Zweipoligkeit *f*; *sc* Bipolarität *f*
bique [bik] F *f* **1** ZO Ziege *f*; Geiß *f* **2** *fig et péj* ***grande*** ~ F Hopfenstange *f*; ***vieille*** ~ alte Ziege, F Zicke, Schachtel
biquet [bikɛ] F *m*, **biquette** F *f* **1** ZO Zicklein *n*; Zickel *n* **2** *terme d'affection* ***mon biquet, ma biquette*** F mein Häschen *n*, Mäuschen *n*
biquotidien [bikɔtidjɛ̃] *adj* ⟨~**ne**⟩ zweimal täglich stattfindend
birbe [biʀb] *m* F *péj* ***un vieux*** ~ F ein alter Knacker
biréacteur [biʀeaktœʀ] AVIAT **I** *adj* zweistrahlig **II** *m* zweistrahlige Maschine
biréfringence [biʀefʀɛ̃ʒɑ̃s] *f* PHYS Doppelbrechung *f* **biréfringent** *adj* PHYS doppelbrechend
Bir Hakeim [biʀakɛm] *Ort in Libyen*
birman [biʀmɑ̃] **I** *adj* birmanisch **II** *subst* **1** ***Birman***(***e***) *m(f)* Birmane *m*, Birmanin *f* **2** LING ***le*** ~ das Birmanische; Birmanisch *n*
Birmanie [biʀmani] ***la*** ~ Birma *n*
bis[1] [bi] *adj* ⟨**bise** [biz]⟩ graubraun; ***pain*** ~ Grau-, Mischbrot *n*
bis[2] [bis] **I** *adv* **1** *accolé à un numéro* a; ***habiter au 12*** ~ Nummer 12 a wohnen **2** MUS wiederholen;

noch einmal; bis; *int* **~!** da capo! **II** *m demande du public* Wiederholung *f*; MUS *a* Dakapo *n*; ***jouer en ou un ~*** das Stück, e-n Satz *etc* noch einmal spielen

bisaïeul(e) [bizajœl] *st/s m(f)* Urgroßvater *m*, -mutter *f*; ***bisaïeuls*** *m/pl* Urgroßeltern *pl*

bisannuel [bizanɥɛl] *adj* ⟨**~le**⟩ **1** zweijährlich, alle zwei Jahre stattfindend **2** *plante* zweijährig

bisbille [bizbij] F *f* kleiner Streit; Verstimmung *f*; ***être en ~ avec qn*** mit j-m schmollen, im Streit liegen

Biscaye [biskaj] ***la ~*** die (*spanische*) Provinz Vizcaya

biscornu [biskɔʀny] *adj forme* bizarr; *idée a* wunderlich; verschroben; *personne* ***avoir l'esprit ~*** wunderlich, verschroben sein

biscoteau [biskɔto] F *m* ⟨*pl* **~x**⟩ *ou* **biscoto** F *m* → ***biceps***

biscotte [biskɔt] *f* CUIS Zwieback *m*

biscuit [biskɥi] *m* **1** CUIS **a)** (*gâteau sec*) Keks *m*; ***~ de chien*** Hundekuchen *m*; **b)** ***~ de Savoie*** Biskuit *n ou m*; ***~ à la cuiller*** Löffelbiskuit *n ou m*; **c)** ***~ de marin*** Schiffszwieback *m* **2** **a)** *porcelaine* Biskuit (-porzellan) *n*; **b)** *figurine* Figur *f* aus Biskuit(porzellan)

biscuiterie [biskɥitʀi] *f* **a)** *fabrication* Keksherstellung *f*; **b)** *usine* Keksfabrik *f*

bise¹ [biz] *f vent* kalter Nord(ost)wind

bise² [biz] F *f* Kuss *m*, Küsschen *n* (auf die Wange); *südd a* Busserl *n*; ***grosse ~*** herzhafter, kräftiger, schallender Kuss; F Schmatz *m*; *formule épistolaire* ***grosses ~s*** tausend Küsse; ***donner, faire une ~ à qn*** j-m e-n Kuss *etc* geben; ***faire la ~*** sich (auf die Wange) küssen

Allez, on se fait la bise!

Ob zur Begrüßung oder vor dem Auseinandergehen: In Frankreich geben sich Verwandte oder gute Freunde – je nach Gegend – zwei, drei oder gar vier Küsschen auf die Wange – abwechselnd links und rechts. Diese Gewohnheit nennt man **faire la bise**.

Als Deutsche oder Deutscher in Frankreich sollte man warten, bis man von den Einheimischen zum Beispiel mit « **Allez, on se fait la bise!** » zu dieser freundschaftlichen Geste aufgefordert wird.

biseau [bizo] *m* ⟨*pl* **~x**⟩ **1** *d'une vitre, d'une glace* abgeschrägte Kante; Fase *f*; ***en ~*** mit abgeschrägter Kante; ***tailler en ~*** → ***biseauter*** **2** *outil* Meißel *m* mit schräger Schnittfläche

biseautage [bizotaʒ] *m* TECH Abschrägen *n*, -ung *f*; Abkanten *n*, -ung *f*; Abfasen *n*, -ung *f*; Schrägschliff *m*; Facettieren *n*, -ung *f* **biseauter** *v/t* **1** TECH abschrägen; abkanten; abfasen; schräg schleifen; facettieren **2** *cartes à jouer* zinken

biser [bize] **I** *v/t* **1** F (*embrasser*) küssen; e-n Kuss, F Schmatz geben (+*dat*) **2** TEXT ein zweites Mal, noch einmal färben **II** *v/i grains de céréales* schwarz werden

bisexualité [bisɛksɥalite] *f* **1** BIOL Doppel-, Zweigeschlechtigkeit *f* **2** PSYCH Bisexualität *f*

bisexué [bisɛksɥe] *adj* BIOL doppel-, zweigeschlechtig **bisexuel** *adj* ⟨**~le**⟩ PSYCH bisexuell

bismuth [bismyt] *m* **1** CHIM Wismut *n* **2** PHARM Wismutsalz *n*, -präparat *n*

bison [bizõ] *m* **1** ZO **~** (***d'Amérique***) Bison *m*; ***~ d'Europe*** Wisent *m* **2** ***Bison futé*** *Name e-s Verkehrsleitservice*

bisou [bizu] *m* F → ***bise²***

bisque [bisk] *f* CUIS ***~ d'écrevisses, de homard*** Krebs-, Hummersuppe *f*

bisquer [biske] F *v/i* sich ärgern; F wild, fuchsig werden; hochgehen; ***faire ~ qn*** j-n ärgern, F auf die Palme bringen

bissecteur [bisɛktœʀ] *adj* ⟨**-trice**⟩ MATH halbierend **bissection** *f* MATH Halbierung *f* **bissectrice** *f* MATH Winkelhalbierende *f*

bisser [bise] *v/t* **a)** *public: artiste* (durch anhaltenden Beifall und Dakaporufe) zu e-r Wiederholung, zu e-m Dakapo bewegen; ***~ une chanson*** durch anhaltenden Beifall die Wiederholung e-s Liedes erzwingen, verlangen; **b)** *artiste: chanson etc* wiederholen; noch einmal singen *etc*

bissextile [bisɛkstil] *adj* ***année ~*** Schaltjahr *n*

bistouri [bistuʀi] *m* MÉD Skalpell *n*

bistre [bistʀ] *m* **1** (Dunkel)Braun *n* **2** *adjt* ⟨*inv*⟩ *teint* (dunkel)braun

bistré [bistʀe] *adj* → ***bistre*** 2

bistro(t) [bistʀo] *m* F Kneipe *f*

bistrotier [bistʀɔtje] F *m* Kneipenwirt *m*; F Kneipier *m*

bit [bit] *m* INFORM Bit *n*

bite [bit] *m* → ***bitte*** 2

bitte [bit] *f* **1** MAR Poller *m* **2** P (*pénis*) P Pimmel *m*; Schwanz *m*

bitter [bitɛʀ] *m liqueur* Bittere(r) *m*

bitture [bityʀ] *f* F ***prendre une ~*** → ***bitturer***

bitturer [bityʀe] *v/pr* F ***se ~*** F sich besaufen; sich volllaufen lassen

bitumage [bitymaʒ] *m* Bituminieren *n*, -ung *f*; *d'une route* Asphaltieren *n*, -ung *f*

bitume [bitym] *m* **1** MINÉR, CHIM Bitumen *n* **2** *d'une route* Asphalt *m* **bitumer** *v/t* bituminieren **bitumeux** *adj* ⟨**-euse**⟩ bituminös **bitumier** *m* MAR Asphalttanker *m*

bituminer [bitymine] *v/t* bituminieren

bitumineux [bityminø] *adj* ⟨**-euse**⟩ bituminös; ***schiste ~*** Ölschiefer *m*

biture [bityʀ] *f* → ***bitture***

bivalent [bivalɑ̃] *adj* **1** CHIM zweiwertig **2** *professeur* mit zwei Fächern

bivouac [bivwak] *m* Biwak *n*; ***établir, installer un ~*** ein Biwak aufschlagen, errichten

bivouaquer [bivwake] *v/i* biwakieren

bizarre [bizaʀ] *adj* seltsam; sonderbar; merkwürdig; eigenartig; absonderlich; wunderlich; F komisch; ***forme f ~*** seltsame, sonderbare, bizarre Form

bizarrerie [bizaʀʀi] *f* Seltsamkeit *f*; Merkwürdigkeit *f*; Absonderlichkeit *f*; Wunderlichkeit *f*; Bizarrerie *f*

bizarroïde [bizaʀɔid] *adj* F → ***bizarre***

Bizerte [bizɛʀt] GÉOGR Biserta *n*

bizness [biznɛs] *m* → ***business***
bizut(h) [bizy] *m* F *dans certaines grandes écoles etc* Student *m* im ersten Studienjahr
bizutage [bizytaʒ] *m* F *Brauch an e-r Grande École etc, die Neulinge Mutproben zu unterziehen* **bizuter** *v/t élève de première année dans une grande école etc* e-r Mutprobe (*dat*) unterziehen
blabla(bla) [blabla(bla)] *m* F Blabla *n*; leeres, dummes Gerede, Gequatsche; ***c'est du blabla(bla)*** *a* F das ist doch alles Käse
black [blak] F **I** *m,f* Schwarze(r) *f(m)* **II** *adj* **1** schwarz; ~ ***blanc beur*** ⟨*inv*⟩ multikulturell; F multikulti; Multikulti… **2** *loc/adv* ***travailler au*** ~ schwarzarbeiten
blackbouler [blakbule] *v/t* F ***se faire ~, être blackboulé*** e-e Niederlage erleiden; *à un examen* durchfallen, F -rasseln, -segeln
black-out [blakawt] *m* **1** MIL Verdunk(e)lung *f* **2** *fig* ***faire le ~ sur qc*** etw totschweigen, verschweigen
blafard [blafaʀ] *adj teint, lumière* fahl; bleich
blague[1] [blag] F *f* **1** (*histoire, plaisanterie*) Scherz *m*; Spaß *m*; Ulk *m*; Witz *m*; ~ ***à part!*** Scherz, Spaß beiseite!; ***sans ~!*** im Ernst?; tatsächlich?; ***dire, raconter des ~s*** scherzen; spaßen; Scherze, Späße machen; Witze erzählen; ***ne raconte pas de ~s!*** mach keine Witze!; ***c'est de la ~!*** das ist wohl ein Witz!; ***prendre tout à la ~*** nichts ernst nehmen **2** (*farce*) Streich *m*; Possen *m*; ***sale ~*** übler Streich, Scherz; ***faire une ~ à qn*** j-m e-n Streich, Possen spielen **3** (*erreur*) Dummheit *f*; F Schnitzer *m*; ***pas de ~s!*** mach *ou* machen Sie keine Dummheiten!; ***faire des ~s*** Dummheiten machen
blague[2] [blag] *f* ~ (***à tabac***) Tabaksbeutel *m*
blaguer [blage] F **I** *v/t* ~ ***qn*** j-n hänseln, F aufziehen (***sur qc*** mit etw) **II** *v/i* scherzen; spaßen; Spaß, Witze machen
blagueur [blagœʀ], **blagueuse** **I** *m,f* Spaßmacher(in) *m(f)*, -vogel *m*; Witzbold *m* **II** *adj* spöttisch
blair [blɛʀ] *m* F (*nez*) F Zinken *m*; Riecher *m*
blaireau [blɛʀo] *m* ⟨*pl* ~**x**⟩ **1** ZO Dachs *m* **2** *pour la barbe* Rasierpinsel *m*
blairer [blɛʀe] *v/t* F ***ne pas pouvoir ~ qn*** F j-n nicht riechen können
Blaise [blɛz] *m Vorname*
blâmable [blɑmabl] *adj* tadelnswert
blâme [blɑm] *m* **1** (*réprobation*) Tadel *m*; Rüge *f*; Missbilligung *f*; Verweis *m*; Zurechtweisung *f*; ***s'attirer, encourir le ~ de qn*** sich (*dat*) j-s Tadel, Missbilligung zuziehen **2** *sanction disciplinaire* Verweis *m*; Verwarnung *f*; ***infliger un ~ à qn*** j-m e-n Verweis, e-e Verwarnung erteilen
blâmer [blɑme] *v/t* **1** tadeln; rügen; ~ ***la conduite de qn*** j-s Verhalten tadeln, missbilligen; ~ ***qn de*** *ou* ***pour qc*** j-n wegen etw tadeln, rügen, zurechtweisen **2** *fonctionnaire, élève* e-n Verweis erteilen (***qn*** j-m); verwarnen
blanc [blɑ̃] **I** *adj* ⟨**blanche** [blɑ̃ʃ]⟩ **1** *couleur* weiß; *peau a* hell; *raisin a* hell; grün; ***armes blanches*** blanke Waffen *f/pl*; ***cheval ~*** Schimmel *m*; ***cheveux ~s*** weiße Haare *n/pl*; weißes Haar; ***aux cheveux ~s*** weißhaarig; mit weißem Haar; ***drapeau ~*** weiße Fahne; ***fromage ~*** Quark *m*; *österr* Topfen *m*; POL ***Livre ~*** Weißbuch *n*; ***la Maison Blanche*** das Weiße Haus; ***Russe ~*** Weißrusse *m*; CUIS ***sauce blanche*** helle Soße; ***sucre ~*** weißer Zucker; Weißzucker *m*; ***verre ~*** Weißglas *n*; ***vin ~*** Weißwein *m*; ***être ~*** *allusion aux cheveux* weiß(haarig) sein; (*pâle*) weiß, blass, F käsig, käseweiß aussehen **2** *fig* ***examen ~*** unter Examensbedingungen zur Probe abgehaltene Prüfung; ***jeu ~*** Spiel *n* ohne Bilder, Figurenkarten; ***mariage ~*** (*non consommé*) nicht vollzogene Ehe; (*factice*) Scheinehe *f*; ***nuit blanche*** schlaflose Nacht; ***voix blanche*** tonlose Stimme **3** *page, feuille* unbeschrieben; unbedruckt; leer; frei; *à une épreuve écrite* ***remettre une copie blanche*** ein leeres Blatt abgeben; ***bulletin ~*** leerer Stimmzettel; → *a* ***carte*** *5* **4** (*propre*) sauber; rein; *fig a* unbefleckt; (*innocent*) unschuldig **II** *subst* **1** *m* Weiß *n*; ***d'un ~ éclatant*** blendend, strahlend weiß; ***le ~ de l'œil*** das Weiße im Auge; ***regarder qn dans le ~ des yeux*** j-m gerade, fest, tief in die Augen blicken; ♦ *loc/adv*: ***noir sur ~*** schwarz auf weiß; ***dire tantôt ~, tantôt noir*** mal so, mal so sagen; ***aujourd'hui il dit ~, demain il dira noir*** heute sagt er so, morgen so; *métal* ***chauffer à ~*** bis zur Weißglut erhitzen; ***il a gelé*** (***à***) ~ es hat gereift; es ist Reif gefallen; MIL ***tirer à ~*** mit Übungsmunition, Platzpatronen schießen; ***être habillé de*** *ou* ***en ~, être vêtu de ~*** weiß gekleidet sein; ***en ~*** in Weiß; weiß; → *a II 6*; *iron* ***les hommes*** *m/pl* ***en ~*** *iron* die Weißkittel *m/pl*; die Halbgötter *m/pl* in Weiß (*Ärzte*); ***être en ~*** in Weiß sein, gehen; ***se marier en ~*** in Weiß, in e-m weißen Brautkleid heiraten; ***peindre en ~*** weiß (an)streichen; ***porter du ~*** Weiß tragen **2** *groupe ethnique* ***Blanc, Blanche*** *m,f* Weiße(r) *f(m)*; ***traite*** *f* ***des Blanches*** Mädchenhandel *m* **3** *m* CUIS **a**) ~ (***d'œuf***) Eiweiß *n*; ***battre des ~s en neige*** Eiweiß zu Schnee, Schaum schlagen; **b**) *de volaille* Brust *f*; weißes Fleisch; ~ ***de poulet*** Hähnchenbrust *f* **4** *m linge* Weißwaren *f/pl*; Weißzeug *n*; *au lavage* Kochwäsche *f*; ***magasin*** *m* ***de ~*** Weißwarengeschäft *n*; ***la quinzaine de ~*** die Weiße Woche **5** *m vin* Weißwein *m*; F *a* Weiße(r) *m*; *par ext* ***un petit ~*** ein Gläschen Weißwein; ~ ***de ~(s)*** Weiß-, Schaumwein *m* aus weißen Trauben **6** *m dans un texte* unbeschriebene, unbedruckte, freie, leere, weiße Stelle; *loc/adj* ***en ~*** Blanko…; unbeschrieben; unbedruckt; frei; *dans un formulaire* unausgefüllt; ***chèque*** *m*, ***procuration*** *f* ***en ~*** Blankoscheck *m*, -vollmacht *f*; ***laisser le nom en ~*** den Namen frei, offen, unausgefüllt lassen; ***laisser une page en ~*** e-e Seite frei, unbeschrieben lassen; ***laisser un ~*** (e-n) Platz, ein Stück frei lassen; ***signer qc en ~*** etw blanko unterzeichnen **7** *m* INFORM (*espace entre deux caractères*) Blank [blɛŋk] *m ou n* **8** *m matière colorante* weiße Farbe; weißer Farbstoff; ~ ***d'Espagne*** Schlämmkreide *f*; ~ ***de zinc*** Zinkweiß *n* **9** *m* CHIM ~ ***de baleine*** Walrat *m ou n* **10** MUS ***blanche*** *f* halbe Note **11** BILLARD ***blanche*** *f* weißer Ball; weiße Kugel **12** *m* DOMINOS Null *f* **13** *m maladie des plantes* Mehltau *m*
Blanc [blɑ̃] ***le mont ~*** der Montblanc
blanc-bec [blɑ̃bɛk] *m* ⟨*pl* **blancs-becs**⟩ F Grünschnabel *m*; grüner Junge
blanchâtre [blɑ̃ʃɑtʀ] *adj* weißlich
blanche [blɑ̃ʃ] *adj et subst f* → ***blanc***
Blanche[1] [blɑ̃ʃ] *f Vorname*
Blanche[2] [blɑ̃ʃ] ***la mer ~*** das Weiße Meer
Blanche-Neige [blɑ̃ʃnɛʒ] *f* ~ ***et les sept nains*** Schneewittchen *n* und die sieben Zwerge

blancheur [blɑ̃ʃœʀ] *f* Weiße *f*; Weiß *n*; weißer Glanz, Schimmer
blanchi [blɑ̃ʃi] *m pour marquer un arbre* (flache) Kerbe
blanchiment [blɑ̃ʃimɑ̃] *m* 1 *d'un mur etc* Weißen *n*; *südd* Weißeln *n* 2 CUIS Abbrühen *n*; Blanchieren *n* 3 TECH, TEXT Bleiche(n) *f(n)* 4 *fig* ~ (***de l'argent***) Geldwäsche *f*
blanchir [blɑ̃ʃiʀ] I *v/t* 1 *mur, plafond* weißen; weiß tünchen; *südd* weißeln; ~ ***à la chaux*** kalken 2 CUIS abbrühen; blanchieren 3 TECH *papier, laine* bleichen 4 (*rendre blanc*) ein weißes Aussehen verleihen (+*dat*); weiß machen 5 *fig* (*disculper*) ~ ***qn*** j-n reinwaschen 6 *par ext: argent de la drogue* waschen 7 *p/p* ***être logé, nourri et blanchi*** Unterkunft, Verpflegung und Wäsche frei haben 8 *adjt* ***riz blanchi*** geschliffener Reis II *v/i cheveux, personne* weiß werden III *v/pr* 1 ***se*** ~ ***la manche*** *en se frottant au mur* sich (*dat*) den Ärmel weiß machen 2 *fig* ***se*** ~ (*se disculper*) sich reinwaschen
blanchissage [blɑ̃ʃisaʒ] *m du linge* Waschen *n* (in der Wäscherei); ***note*** *f* ***de*** ~ Wäscherechnung *f*
blanchissant [blɑ̃ʃisɑ̃] *adj* ***produit*** ~ Bleichmittel *n*
blanchissement [blɑ̃ʃismɑ̃] *m des cheveux* Weißwerden *n*
blanchisserie [blɑ̃ʃisʀi] *f* Wäscherei *f*; Waschanstalt *f* **blanchisseur** *m*, **blanchisseuse** *f* Wäscher(in) *m(f)*; Wäschereibesitzer(in) *m(f)*
blanc-manger [blɑ̃mɑ̃ʒe] *m* ⟨*pl* **blancs-mangers**⟩ CUIS Mandelpudding *m*
Blanc-Mesnil [blɑ̃menil] *Stadt im Dep. Seine-Saint-Denis*
blanc-seing [blɑ̃sɛ̃] *m* ⟨*pl* **blancs-seings**⟩ Blankounterschrift *f*; Blankovollmacht *f*; JUR Blankett *n*
Blandine [blɑ̃din] *f Vorname*
blanquette [blɑ̃kɛt] *f* 1 CUIS ~ ***de veau*** *Kalbfleisch in weißer Soße* 2 ~ ***de Limoux*** *Schaumwein aus dem Languedoc*
blasé [blɑze] I *adj* blasiert II *subst* ~(***e***) *m(f)* blasierter Mensch
blaser [blɑze] *v/pr* ***se*** ~ blasiert werden; abstumpfen (***de qc*** gegen etw)
blason [blɑzõ] *m* Wappen *n*; ~ ***de famille*** Familienwappen *n*; *fig* ***redorer son*** ~ e-e reiche Heirat machen; reich einheiraten
blasphémateur [blasfematœʀ] *m*, **blasphématrice** *f* Gotteslästerer, -lästerin *m,f* **blasphématoire** *adj* gotteslästerlich; blasphemisch
blasphème [blasfɛm] *m* Gotteslästerung *f*; Blasphemie *f*
blasphémer [blasfeme] *v/i* ⟨**-è-**⟩ gotteslästerliche Reden führen
blatérer [blateʀe] *v/i* ⟨**-è-**⟩ *bélier* blöken; *chameau* brüllen
blatte [blat] *f* ZO (Küchen)Schabe *f*
Blaye [blaj] *Stadt im Dep. Gironde*
blazer [blezœʀ, bla-] *m* Blazer ['ble:zər] *m*
blé [ble] *m* 1 AGR Weizen *m*; (*céréales*) Getreide *n*; Korn *n*; ~ ***dur*** Hartweizen *m*; ~ ***d'hiver, de printemps*** Winter-, Sommerweizen *m*; ~ ***en herbe, vert*** junge, grüne Saat; *fig* ***manger son*** ~ ***en herbe*** sein Geld, s-e Einkünfte im Voraus ausgeben 2 F (*argent*) → ***fric*** 3 BOT ~ ***noir*** Buchweizen *m*
bled [blɛd] *m* 1 F *péj* Kaff *n*; Nest *n*; Kuhdorf *n* 2 *en Afrique* Landesinnere(s) *n*; (Hinter)Land *n*
blême [blɛm] *adj personne, visage* bleich; (leichen-, toten)blass; fahl (*a lueur, matin*)
blêmir [blemiʀ] *v/i* (leichen-, toten)blass, bleich, fahl werden; erbleichen; erblassen; *poét* ***le matin blêmit*** der Morgen graut
blende [blɛ̃d] *f* MINÉR Zinkblende *f*
blennorragie [blenɔʀaʒi] *f* MÉD Tripper *m*; Gonorrhö(e) *f*
blessant [blesɑ̃] *adj paroles, allusions etc* verletzend; kränkend; beleidigend; *personne* ***être*** ~ verletzend *etc* sein
blessé [blese] I *adj* 1 verletzt; ***soldat*** ~ verwundeter Soldat; ~ ***au bras*** am Arm verletzt, verwundet 2 *fig* verletzt, gekränkt, beleidigt, verwundet (***dans son orgueil*** in s-m Stolz) II *subst* ~(***e***) *m(f)* Verletzte(r) *f(m)*; *soldat* Verwundete(r) *m*; ***grand*** ~, ~ ***grave*** Schwerverletzte(r) *m*, -verwundete(r) *m*; ~ ***léger*** Leichtverletzte(r) *m*, -verwundete(r) *m*
blesser [blese] I *v/t* 1 verletzen (***d'un coup de couteau, de pistolet*** durch e-n Messerstich, Pistolenschuss; ***au genou*** am Knie; ***dans un accident de voiture*** bei e-m Autounfall); *à la guerre* verwunden 2 *chaussures: qn, partie du corps* (wund) reiben; (wund, auf)scheuern 3 *son strident, couleur etc* ~ ***l'oreille, les yeux*** den Ohren, Augen wehtun; das Ohr, das Auge beleidigen 4 *paroles, remarques etc* ~ ***qn*** j-n verletzen, kränken, beleidigen, verwunden; j-m wehtun; j-n unangenehm berühren; ***j'ai été blessé au vif par ses reproches*** s-e Vorwürfe haben mich zutiefst verletzt *etc* II *v/pr* ***se*** ~ sich verletzen; sich (*dat*) e-e Verletzung zuziehen
blessure [blesyʀ] *f* 1 Verletzung *f*; *à la guerre* Verwundung *f*; (*plaie*) Wunde *f*; JUR ***coups*** *m/pl* ***et*** ~***s*** Körperverletzung *f*; ***recevoir une*** ~ verletzt, verwundet werden; e-e Verletzung davontragen; *fig* ***rouvrir une*** ~ e-e alte Wunde wieder aufreißen 2 *fig* (*offense*) Kränkung *f*; Beleidigung *f*
blet [blɛ] *adj* ⟨**blette** [blɛt]⟩ *poire* teigig; überreif
blette [blɛt] *f* → ***bette***
bleu [blø] I *adj* 1 blau; ~ ***ardoise, canard*** ⟨*inv*⟩ schiefer-, grünblau; ~ ***clair, foncé*** ⟨*inv*⟩ hell-, dunkel- *ou* tiefblau; ~ ***pâle*** ⟨*inv*⟩ blassblau; bleu; ~ ***vert*** ⟨*inv*⟩ blaugrün; ~ ***et blanc*** ⟨*a inv*⟩ blauweiß; BANQUE ***carte*** ~***e*** Scheck-, Kreditkarte *f*; ***ciel*** ~ blauer Himmel; ZO ***renard*** ~ Blaufuchs *m*; *fig* ***sang*** ~ blaues Blut; ***yeux*** ~***s*** blaue Augen *n/pl*; ***aux yeux*** ~***s*** blauäugig; ***zone*** ~***e*** Kurzparkzone *f*; ~ ***de colère*** blaurot, dunkelrot vor Zorn; ~ ***de froid*** blau vor Kälte 2 *fig* ***colère*** ~***e*** helle Wut; ***peur*** ~***e*** schreckliche, F höllische Angst; F Heidenangst *f*; ***en être, rester*** ~ bass erstaunt, F baff sein 3 CUIS *bifteck* englisch II *m* 1 *couleur* Blau *n*; ~ ***acier, ciel, marine*** Stahl-, Himmel-, Marineblau *n*; ***être en*** ~ in Blau sein, gehen; ***peindre, teindre en*** ~ blau (an)streichen, färben; ***porter du*** ~ Blau tragen; *fig* ***n'y voir que du*** ~ überhaupt *ou* gar nichts (be)merken 2 *matière colorante* ~ ***de cobalt*** Kobaltblau *n*; ~ ***d'outremer*** Ultramarin-, Azur-, Lasurblau *n*; ~ ***de Prusse*** Preußischblau *n* 3 ~ (***de lessive***) Waschblau *n*; ***passer le linge au*** ~ die Wäsche bläuen 4 *sur la peau* blauer Fleck 5 ~ (***de travail***) blauer Arbeitsanzug, Overall; F blauer Anton; ~ ***de chauffe*** blaue Heizermontur; ~ ***de mécanicien*** blauer Monteuranzug 6 CUIS ***carpe*** *f*, ***truite*** *f* ***au*** ~ Karpfen *m*, Forelle *f* blau 7 F *fig* (*débutant*) Neuling *m*; Anfän-

ger *m*; MIL Rekrut *m* **8** *fromages* **~ d'Auvergne, de Bresse** *Blauschimmelkäse* **9** **gros ~** schlechter Rotwein **10** FOOTBALL **les Bleus** die französische Nationalmannschaft

Bleu [blø] **le fleuve ~** der Jangtse(kiang)

bleuâtre [bløɑtʀ] *adj* bläulich

Bleue [blø] **la Grande ~** das Mittelmeer

bleuet [bløɛ] *m* BOT Kornblume *f*

bleuir [bløiʀ] **I** *v/t froid*: *visage* blau anlaufen lassen; **avoir les lèvres bleuies par le froid** von der Kälte blaue Lippen haben **II** *v/i visage* blau werden, anlaufen; sich blau färben; *poét paysage etc* blauen; bläulich erscheinen

bleuissement [bløismɑ̃] *m* **1** Blauwerden *n*, -färbung *f* **2** *du bois* Blaufärbung *f*; Bläue *f*

bleuté [bløte] *adj* bläulich

blindage [blɛ̃daʒ] *m* **1** *d'un navire, véhicule* Panzerung *f* **2** ÉLECT, NUCL Abschirmung *f* **3** *d'un tunnel etc* Verschalung *f*; Aussteifung *f*

blindé [blɛ̃de] **I** *adj* **1** gepanzert; Panzer…; MIL **brigade ~e, corps ~** Panzerbrigade *f*, -korps *n*; **engin, véhicule ~** Panzerfahrzeug *n*, -wagen *m*; **porte ~e** Panzertür *f* **2** F *fig* **être ~ contre qc** gegen etw gefeit, immun sein **II** *m* MIL Panzer *m*

blinder [blɛ̃de] *v/t* **1** *véhicule, navire, porte* panzern **2** F *fig* **~ qn contre qc** j-n gegen etw immun machen **3** ÉLECT abschirmen **4** *tunnel etc* verschalen; aussteifen

blini [blini] *m* CUIS kleiner Buchweizenpfannkuchen

blister [blistɛʀ] *m* Blister(verpackung) *m(f)*; durchsichtige Kunststoffverpackung

blizzard [blizaʀ] *m* Blizzard *m*

bloc [blɔk] *m* **1** *de pierre, de bois etc* Block *m*; **~ de béton, de bois** Beton-, Holzblock *m*, -klotz *m*; **~ de marbre, de pierre, de roche** Marmor-, Stein-, Felsblock *m*; **taillé dans un seul ~** aus einem Block gehauen **2** *de papier* Block *m*; **~ de bureau** Notiz-, Schreibblock *m*; **~ de papier à lettres** Briefblock *m* **3** F *fig* (*prison*) F Knast *m*; MIL F Bau *m*; Bunker *m*; **fourrer au ~** F einlochen **4** POL Block *m*; **~ des gauches** Block der Linken; **faire ~** e-n Block bilden, sich zu e-m Block zusammenschließen, e-e geschlossene Front bilden (**contre** gegen) **5** FIN **~ monétaire** Währungsblock *m* **6** *fig* (geschlossene[s]) Ganze(s); (feste) Einheit; Block *m* (*a* TECH); AUTO **~ moteur** Motorblock *m*; HÔPITAL **~ opératoire** Operationstrakt *m*; **~ sanitaire** sanitärtechnischer Block; **~ d'immeubles** Gebäudeblock *m*; *loc/adv* **en ~** en bloc; in Bausch und Bogen; im Ganzen; als Ganzes; pauschal; **former un ~** ein geschlossenes Ganzes, e-e feste Einheit, e-n Block bilden **7** *loc/adv fermer, serrer, visser* **à ~** fest; ganz; → *a* **gonfler** *I 1*

blocage [blɔkaʒ] *m* **1** *d'une route, d'un mécanisme* Blockieren *n*, -ung *f*; TECH Sperren *n*; Sperre *f*; Feststellen *n*; **vis** *f* **de ~** Feststellschraube *f* **2** *d'un compte, d'un crédit* Sperrung *f*; Sperre *f*; *de négociations, d'un projet* Blockierung *f*; **~ des prix, des salaires** Preis-, Lohnstopp *m* **3** FOOTBALL *du ballon* (Ab)Stoppen *n*; (Ab)Blocken *n* **4** PSYCH innerer Widerstand; Sperrung *f*

bloc-cuisine [blɔkkɥizin] *m* ⟨*pl* **blocs-cuisines**⟩ Küchenblock *m*

bloc-cylindres [blɔksilɛ̃dʀ] *m* ⟨*pl* **blocs-cylindres**⟩ AUTO Zylinderblock *m*

Bloch [blɔk] **Ernst ~** PHILOS Ernst Bloch

blockhaus [blɔkos] *m* MIL Bunker *m*

bloc-moteur [blɔkmɔtœʀ] *m* ⟨*pl* **blocs-moteurs**⟩ AUTO Motorblock *m*

bloc-notes [blɔknɔt] *m* ⟨*pl* **blocs-notes**⟩ Notiz-, Schreibblock *m*

blocus [blɔkys] *m* Blockade *f*; HIST **~ continental** Kontinentalsperre *f*; **~ économique** Wirtschaftsblockade *f*; **forcer, lever le ~** die Blockade brechen, aufheben

blog [blɔg] *m abr* (*weblog*) INFORM Blog *n o m*; Weblog *n o m*

bloguer [bloge] *v/i* F INFORM bloggen

blond [blõ] **I** *adj* ⟨**blonde** [blõd]⟩ **1** *cheveux, personne* blond; **~ comme les blés** stroh-, weizenblond; **~ blanc** ⟨*inv*⟩ weiß-, flachs-, semmelblond; **~ cendré** ⟨*inv*⟩ aschblond; **~ platiné** platinblond; **cheveux ~s** blondes Haar; Blondhaar *n*; **aux cheveux ~s** blond(haarig) **2** *bière, tabac* hell; **cigarette ~e** Zigarette *f* aus hellem Tabak; **épis ~s** goldgelbe Ähren *f/pl*; CUIS **roux ~** helle Mehlschwitze; **sable ~** hellgelber Sand **II** *subst* **1** **~(e)** *m(f)* Blonde(r) *f(m)*; Blondine *f*; **une fausse ~e** F e-e Wasserstoffblondine; ein blondes Gift **2** *m couleur de cheveux* Blond *n* **3** **~e** *f bière* Helle(s) *n* **4** **~e** *f cigarette* Zigarette *f* aus hellem Tabak

blondasse [blõdas] *adj péj* matt-, strohblond; von stumpfem Blond **blondeur** *f d'une personne* Blondheit *f*; *des blés* Goldgelb *n*

blondin [blõdɛ̃] *m*, **blondine** *f* blonder junger Mann, blondes junges Mädchen; *d'un jeune enfant* Blondkopf *m*; Blondschopf *m*

blondinet [blõdinɛ] *m*, **blondinette** *f* Blondkopf *m*; Blondschopf *m*

blondir [blõdiʀ] *v/i* **1** *cheveux* heller werden; **elle a blondi** ihr Haar ist heller, blond geworden; *plais* sie ist erblondet **2** CUIS **faire ~** leicht bräunen; anbräunen

bloquer [blɔke] **I** *v/t* **1** *route, mécanisme, roues* blockieren; *route a* versperren; TECH sperren; feststellen; verriegeln; **~ les freins** scharf bremsen; AUTO *a* die Bremse durchtreten; **~ une vis, le frein à main** eine Schraube, die Handbremse fest anziehen; **être bloqué par la glace** *port* durch das Eis blockiert sein; *navire* im Eis festliegen; *par ext personne* **rester bloqué** stecken bleiben; festsitzen **2** *projet, négociations* blockieren; **~ un compte bancaire, un crédit** ein Bankkonto, einen Kredit sperren; **~ les prix, les salaires** die Preise, die Gehälter einfrieren; **compte bloqué** Sperrkonto *n*; **prix bloqué** *a* Stopppreis *m* **3** FOOTBALL *ballon* (ab)stoppen; (ab)blocken **4** (*grouper*) *jours de congé, cours etc* zusammenlegen **5** PSYCH **il est bloqué** bei ihm ist ein innerer Widerstand, e-e Sperrung da **II** *v/pr* **se ~** *mécanisme* blockieren (*a freins*); klemmen

blottir [blɔtiʀ] *v/pr* **se ~** sich (zusammen)kauern; sich ducken; **se ~ contre qn** sich an j-n kuscheln, schmiegen; **se ~ sous la couverture** sich in die Decke kuscheln; *maison* **être blotti au creux d'un vallon** sich in e-e Talmulde schmiegen

blousant [bluzɑ̃] *adj* COUT blusig

blouse [bluz] *f* **1** (Arbeits)Kittel *m*; Kittelschürze *f*; *fig* **les ~s blanches** die Weißkittel *m/pl* (*Ärzte etc*); **~ d'écolier, d'infirmière** Schul-, Schwesternkittel *m* **2** (*corsage*) (Damen)Bluse *f*

B

blouser [bluze] **I** *v/t* F (*tromper*) F reinlegen **II** *v/i* COUT blusig sein, fallen; blusen
blouson [bluzõ] *m* **1** COUT Blouson *n ou m*; **~ de cuir** (kurze) Lederjacke **2** *fig* **~ noir** Halbstarke(r) *m*
blue-jean [bludʒin] *m* ⟨*pl* **blue-jeans**⟩ Bluejeans ['bluːdʒiːns] *pl*
blues [bluz] *m* **1** *jazz* Blues [bluːs] *m* **2** F **avoir le ~** deprimiert, F down [daʊn] sein
bluet [blyɛ] *m* → **bleuet**
bluff [blœf] *m* Bluff *m*; Täuschung(smanöver) *f(n)*; Irreführung *f* **bluffer** F *v/t et v/i* bluffen; täuschen; *v/t a* irreführen
bluffeur [blœfœʀ] *m*, **bluffeuse** *f* Bluffer(in) *m(f)*; *adjt* **il est un peu ~** er blufft ein bisschen
Blum [blum] **Léon ~** *frz Politiker*
bluter [blyte] *v/t farine* sieben
BNP Paribas [beɛnpepaʀibɑ] *f abr* (*Banque nationale de Paris Paribas*) *frz Großbank*
boa [bɔa] *m* **1** ZO **~ (constricteur)** Boa (constrictor) *f* **2** *tour de cou* (Feder)Boa *f*
bob [bɔb] *m abr* → **bobsleigh**
bobard [bɔbaʀ] F *m* (Lügen)Märchen *n*; **~ de la presse** Zeitungsente *f*; **raconter des ~s** (Lügen)-Märchen erzählen, F auftischen
bobeur [bɔbœʀ] *m* SPORTS Bobfahrer *m*
bobinage [bɔbinaʒ] *m* **1** TEXT Auf-, Umspulen *n* **2** ÉLECT Wicklung *f*
bobine [bɔbin] *f* **1** *de fil, de ruban etc* Rolle *f*; TEXT, CIN, PHOT Spule *f*; *de câble* Trommel *f*; **~ de fil** Garnrolle *f*; *quantité* Rolle Garn; **~ de film** Filmspule *f* **2** ÉLECT Spule *f*; AUTO **~ d'allumage** Zündspule *f* **3** F (*figure*) Gesicht *n*; *péj* Visage *f*; **tu en fais une ~ aujourd'hui!** du machst heute vielleicht ein Gesicht!
bobiner [bɔbine] *v/t fil, pellicule* (auf-, um)spulen
bobinette [bɔbinɛt] *f autrefois sur une porte* Holzpflock *m*
bobo [bobo] *m* **1** *enf* Wehweh *n*; **avoir ~** ein Wehweh haben; **se faire ~** sich (*dat*) wehtun **2** F *iron* Wehwehchen *n*; F (**il n'y a**) **pas** (**eu**) **de ~!** (es ist) nichts passiert!
bobonne [bɔbɔn] F *f* **a)** *appellatif* meine Gute, Liebe; **b)** *péj* (*épouse*) **avec** (**sa**) **~** F mit s-m Ehegespons; mit s-r Alten, Ollen
bobsleigh [bɔbslɛg] *m* **a)** *traîneau* Bob *m*; Bobsleigh [-sleː] *m*; **~ à deux, à quatre** Zweier-, Viererbob *m*; **b)** *sport* Bobsport *m*, -fahren *n*
bocage [bɔkaʒ] *m* Bocage *m* (*Heckenlandschaft im Nordwesten Frankreichs*)
bocal [bɔkal] *m* ⟨*pl* **-aux**⟩ Glas(behälter) *n(m)*; *à conserves* Einmach-, Weckglas *n*; **~ à poissons rouges** Goldfischglas *n*; **~ d'olives** Glas Oliven (*a contenu*)
Boccace [bɔkas] *m* Boccaccio [-tʃo] *m*
Boche [bɔʃ] F *péj* **I** *m,f* Deutsche(r) *f(m)*; *injure* Scheißdeutsche(r) *f(m)* **II** *adj* **boche** deutsch
bock [bɔk] *m* Glas *n* Bier (1/8 l); **un ~** ein kleines Bier; F ein Kleines
body [bɔdi] *m* COUT Body *m*; Bodysuit [-sjuːt] *m*; **~ de dentelle** Spitzenbody *m*
bodybuilding [bɔdibildiŋ] *m* Bodybuilding [-bɪldɪŋ] *n*
Boèce [bɔɛs] *m* HIST, PHILOS Boethius *m*
Boers [buʀ] *m/pl* Buren *m/pl*
bœuf [bœf] *m* ⟨*pl* **~s** [bø]⟩ **1** ZO, AGR Rind *n*; (*taureau castré*) Ochse *m*; **~ de boucherie** Mast-, Schlachtochse *m*; **~ de labour** Zugochse *m*; **fort comme un ~** stark wie ein Bulle; bullen-, bärenstark; **saigner comme un ~** bluten wie ein Schwein; **souffler comme un ~** schnaufen wie e-e Lokomotive; **travailler comme un ~** arbeiten wie ein Pferd; **une gifle à tuer un ~** e-e gewaltige Ohrfeige **2** *viande* Rind-, Ochsenfleisch *n*; **~ bouilli, (à la) ficelle, gros sel** gekochtes Rindfleisch; **~ (à la) mode** mit Karotten geschmortes Rindfleisch; **rôti** *m* **de ~** Rinder-, *österr* Rindsbraten *m* **3** F JAZZ Jam Session ['dʒɛmsɛʃən] *f* **4** F *adjt* ⟨*inv*⟩ F Bomben…; gewaltig; **effet** *m* **~** Bombeneffekt *m*; gewaltiger Eindruck; **succès** *m* **~** Bombenerfolg *m*
bof [bɔf] *int* pah!; bah!; ach was!; was soll's!; (alles) egal!; *langage des jeunes* null Bock! **bof-génération** *f* F Null-Bock-Generation *f*
bog(g)ie [bɔʒi] *m* CH DE FER Drehgestell *n*
bogue[1] [bɔg] *f d'une châtaigne* (stachelige) Fruchtschale
bogue[2] [bɔg] *m* INFORM Bug [bak] *m*; (Programmier)Fehler *m*
bohème [bɔɛm] **1** *m,f* Bohemien *m*; **vivre en ~** ein Bohemeleben führen; *adjt* **être ~** ein Bohemien sein; ein Bohemeleben führen **2** *f coll, milieu* Boheme *f*
Bohême [bɔɛm] **la ~** Böhmen *n*; **la forêt de ~** der Böhmerwald
bohémien [bɔemjɛ̃] **I** *adj* ⟨**~ne**⟩ (*de Bohême*) böhmisch **II** *subst* **1** (*gitan*) **~(ne)** *m(f)* Zigeuner(in) *m(f)* **2** *de Bohême* **Bohémien(ne)** *m(f)* Böhme *m*, Böhmin *f*
Boieldieu [bɔjɛldjø] *frz Komponist*
boire [bwaʀ] ⟨**je bois, il boit, nous buvons, ils boivent; je buvais; je bus; je boirai; que je boive, que nous buvions; buvant; bu**⟩ **I** *v/t* **1** *personne, animal* trinken; *gros animal a* saufen; **à ~!** ich will (et)was zu trinken haben!; F **~ un coup** F einen trinken, heben; *fig* **~ les paroles de qn** wie gebannt an j-s Mund, Lippen (*dat*) hängen; **~ à** (**même**) **la bouteille** (direkt) aus der Flasche trinken; **~ à la santé, au succès de qn** auf j-s Gesundheit *ou* Wohl, auf j-s Erfolg (*acc*) trinken; **~ dans une tasse, dans un verre** aus e-r Tasse, einem Glas trinken; F *fig* **il y a à ~ et à manger** *deux aspects* die Sache hat ihre zwei Seiten; *vrai et faux* hier sind Wahrheit und Lüge eng miteinander verquickt; **donner à ~ à** zu trinken geben (+*dat*); *au bétail* tränken (+*acc*); **faire ~** *enfant, malade* zu trinken geben (**qn** j-m); *bétail* tränken **2** *abs avec excès* trinken; F saufen; *prov* **qui a bu boira** wer einmal stiehlt, betrügt, lügt *etc*, tut es immer wieder; *a* die Katze lässt das Mausen nicht (*prov*) **3** *papier buvard, sol: liquide* aufsaugen **II** *v/pr sens passif* **se ~** getrunken werden; **ce vin se boit au dessert** *a* diesen Wein trinkt man zum Dessert **III** *m* Trinken *n*; **le ~ et le manger** Essen *n* und Trinken; **en perdre le ~ et le manger** darüber Essen und Trinken vergessen
bois [bwa] *m* **1** *matériau* Holz *n*; **~ tropicaux** Tropenhölzer *n/pl*; **~ vert** grünes Holz; *fig* **volée** *f* **de ~ vert** tüchtige, gehörige Tracht Prügel; **~ de charpente, de chauffage** Zimmer-, Brennholz *n*; **~ d'ébénisterie** (Edel)Holz für die Kunst-, Möbeltischlerei; *loc/adj* **de** *ou* **en ~** hölzern; Holz…; aus Holz; F *fig* **chèque** *m* **en ~** ungedeckter Scheck;

croix *m*, ***feu*** *m*, ***jambe*** *f* ***de ~*** Holzkreuz *n*, -feuer *n*, -bein *n*; ***pont*** *m* ***de*** *ou* ***en ~*** Holzbrücke *f*; *menace* ***je vais lui faire voir de quel ~ je me chauffe!*** F der soll mich (noch) kennenlernen!; *fig* ***je ne suis pas de ~*** ich bin doch nicht aus Holz; ***toucher du ~*** auf Holz klopfen; ***je touche*** *ou* ***touchons du ~!*** *a* (unberufen) toi, toi, toi! **2** (*forêt*) Wald *m*; *à Paris* ***le Bois (de Boulogne)*** der Bois de Boulogne; ***~ de châtaigniers*** Kastanienwald *m*; *fig* ***homme*** *m* ***des ~*** grober, ungehobelter, ungeschliffener Kerl, Klotz; *loc/adv* ***à travers ~*** quer durch den Wald; ***se promener dans les ~*** im Wald spazieren gehen **3** *d'un siège* (Holz)Gestell *n*; *d'une raquette de tennis* (Holz)-Rahmen *m*; ***~ de lit*** hölzerne Bettstelle; TENNIS ***faire un ~*** den Ball mit dem Rahmen schlagen **4** *d'un cerf* ***~*** *pl* Geweih *n* **5** MUS ***~*** *pl* Holz(blasinstrumente) *n(pl)* (*einschließlich Saxofon*) **6** *gravure* Holzschnitt *m*

boisé [bwaze] *adj* bewaldet; ***région ~e*** Waldgebiet *n*

boisement [bwazmɑ̃] *m* Aufforstung *f*; Bewaldung *f* **boiser** *v/t* **1** aufforsten; bewalden **2** MINES ausbauen; verzimmern

boiseries [bwazʀi] *f/pl* (Holz)Täfelung *f*; Getäfel *n*; hölzerne Wand-, Deckenverkleidung

boisseau [bwaso] *m* ⟨*pl* ***~x***⟩ *ancienne mesure* Scheffel *m*; ***un ~ de blé*** ein Scheffel Korn; *fig* ***mettre la lumière sous le ~*** die Wahrheit verbergen, geheim halten

boisson [bwasõ] *f* Getränk *n*; ***débit*** *m* ***de ~s*** (Getränke)Ausschank *m*; Schankwirtschaft *f*; ***s'adonner à la ~*** sich dem Trunk ergeben

boîte [bwat] *f* **1** Schachtel *f* (*surtout en carton*); *en carton a* Karton *m*; *en matière plus rigide* Kasten *m*; ***~ postale*** Postfach *n*; ***~ à fiches*** Karteikasten *m*; AUTO ***~ à gants*** Handschuhfach *n*; *dans une entreprise etc* ***~ à idées*** Kasten zum Einwerfen von Verbesserungsvorschlägen; ***~ aux lettres*** Briefkasten *m* → *a 5*; *fig* ***il me sert de ~ aux lettres à Paris*** ich lasse meine Post zu ihm nach Paris gehen; ***~ à outils, à ouvrage*** Werkzeug-, Nähkasten *m*; ***~ à sel*** Salzfass *n*; ***~ d'allumettes*** Schachtel Zünd-, Streichhölzer; Streichholz-, Zündholzschachtel *f*; ***~ de chocolats*** Schachtel Konfekt, Pralinen; Konfekt-, Pralinenschachtel *f*; ***~ de cigares*** Kiste *f* Zigarren; Zigarrenkiste *f*; ***~ de couleurs*** Tusch-, Malkasten *m*; ***~ de secours*** Verband(s)kasten *m*; ***~ en carton*** Pappschachtel *f*, -karton *m*; F *fig* ***mettre qn en ~*** F j-n aufziehen, auf den Arm, auf die Schippe nehmen; F *fig* ***c'était de la mise en ~*** F ich wollte *ou* wir wollten *etc* dich, ihn *etc* nur ein bisschen aufziehen, auf den Arm, auf die Schippe nehmen **2** *en métal, plastique et ronde* Dose *f*; Büchse *f*; ***~ à épices*** Gewürzdose *f*, -büchse *f*; ***~ à musique*** Spieldose *f*, -uhr *f*; ***~ à ordures*** Müll-, Abfalleimer *m*; ***~ de conserve*** Konservenbüchse *f*, -dose *f*; MYTH ***la ~ de Pandore*** die Büchse der Pandora; ***~ de sardines*** Büchse, Dose Sardinen; Sardinenbüchse *f*, -dose *f*; ***~ de savon*** Seifendose *f*; *légumes, thon etc* ***en ~*** in *ou* aus der Büchse, Dose; Büchsen…; Dosen… **3** AVIAT ***~ noire*** Black Box ['blɛk-] *f* **4** ÉLECT ***~ de dérivation, de jonction*** Abzweig-, Anschlussdose *f*, -kasten *m* **5** INFORM ***~ aux lettres (électronique)*** Mailbox ['meːl-] *f*; ***~ à outils*** Toolbox ['tuːl-] *f*; ***~ de dialogue*** Dialogfeld *n* **6** AUTO ***~ de vitesses*** (Wechsel)Getriebe *n*; ***~ automatique*** Automatikgetriebe *n* **7** F (*discothèque*) F Disko *f*; ***~ (de nuit)*** Nachtlokal *n*; Bar *f*; ***aller en ~*** in die Disko gehen **8** ANAT ***~ crânienne*** Gehirnschädel *m*; Hirnschale *f* **9** F *péj* (*lieu de travail*) F Laden *m*; (*école*) F Penne *f*; ***quelle sale ~!*** F so ein Saftladen!

boitement [bwatmɑ̃] *m* Hinken *n*; Humpeln *n*

boiter [bwate] *v/i* **1** hinken; humpeln; lahmen (*a cheval*); ***~ du pied droit*** auf *ou* mit dem rechten Fuß hinken; den rechten Fuß nachziehen **2** *fig comparaison* hinken; *a raisonnement* schief, nicht ganz richtig sein **3** *meuble* wackeln; ***qui boite*** wackelnd; wack(e)lig

boiteux [bwatø] **I** *adj* ⟨**-euse**⟩ **1** *personne* hinkend; humpelnd; lahmend **2** *table etc* wack(e)lig **3** *fig comparaison* hinkend; *a raisonnement* schief; nicht ganz richtig; *phrase, vers* holp(e)rig; ***compromis ~*** unsicherer, F fauler Kompromiss; ***paix boiteuse*** unsicherer, F wack(e)liger Frieden **II** *subst* ***~, boiteuse*** *m,f* Hinkende(r) *f(m)*

boîtier [bwatje] *m* TECH Gehäuse *n*; ***~ de montre*** Uhrgehäuse *n*

boitillant [bwatijɑ̃] *adj* leicht hinkend **boitiller** *v/i* leicht hinken

boit-sans-soif [bwasɑ̃swaf] *m,f* ⟨*inv*⟩ → ***soûlard, soûlarde***

bol [bɔl] *m* **1** (Trink)Schale *f*; ***boire un ~ de lait*** e-e Schale Milch trinken; *fig* ***prendre un ~ d'air*** F frische Luft tanken; sich auslüften **2** F *fig* ***avoir du ~*** Glück, F Schwein haben; ***ne te casse pas le ~!*** mach dir keine Sorgen!; reg dich nicht auf!; → *a* ***ras*** *2* **3** PHYSIOL ***~ alimentaire*** zerkleinerter und eingespeichelter Bissen; Speisebrei *m*

bolchevik [bɔlʃevik, bɔlʃə-] *m,f* → ***bolcheviste*** *II*
bolchevisme *m* POL Bolschewismus *m* **bolcheviste** POL **I** *adj* bolschewistisch **II** *m,f* Bolschewik(in) *m(f)*; Bolschewist(in) *m(f)*

bolée [bɔle] *f* ***une ~ de cidre, de lait*** e-e Schale (voll) Apfelwein, Milch

boléro [bɔleʀo] *m* **1** *danse, air* Bolero *m* **2** COUT Bolero(jäckchen) *m(n)*

bolet [bɔlɛ] *m* BOT Röhrenpilz *m*; Röhrling *m*; ***~ Satan*** Satanspilz *m*

bolide [bɔlid] *m* AUTO Rennwagen *m*; ***arriver comme un, en ~*** F angesaust, angeflitzt kommen; ***passer comme un ~, en ~*** F vorbeirasen, -sausen

bolivar [bɔlivaʀ] *m* *monnaie* Bolivar *m*

Bolivie [bɔlivi] ***la ~*** Bolivien *n*

bolivien [bɔlivjɛ̃] **I** *adj* ⟨***~ne***⟩ bolivianisch; bolivisch **II** *subst* ***Bolivien(ne)*** *m(f)* Bolivianer(in) *m(f)*; Bolivier(in) *m(f)*

Bologne [bɔlɔɲ] Bologna *n*

Bolzano [bɔlzano] Bozen *n*

bombance [bõbɑ̃s] *f* *loc* ***faire ~*** schlemmen

bombarde [bõbaʀd] *f* **1** MUS Bomhart *m*; Pommer *m*; Bombarde *f* **2** HIST MIL Bombarde *f*

bombardement [bõbaʀdəmɑ̃] *m* **1** MIL Bombardement *n*; Bombardierung *f* (*a fig* **de** mit); AVIAT *a* Bombenangriff *m*; ***~ d'artillerie*** Artilleriebeschuss *m*; *fig* ***~ de boulettes de papier*** Bombardierung mit Papierkügelchen **2** PHYS NUCL Beschuss *m* (mit Elementarteilchen)

bombarder [bõbaʀde] *v/t* **1** MIL bombardieren; AVIAT *a* mit Bomben belegen; *artillerie a* beschießen; *adjt* ***ville bombardée*** *a* zerbombte Stadt **2** *par ext de tomates, fig de lettres* bombardieren, *de fleurs, de confettis, de tomates* bewerfen (**de** mit); **~ qn de questions** j-n mit Fragen bombardieren **3** PHYS NUCL beschießen **4** F *fig* **~ qn ambassadeur** j-n unerwartet, plötzlich zum Botschafter ernennen; **~ qn à un poste** F j-n in e-e Stellung katapultieren

bombardier [bõbaʀdje] *m* AVIAT Bomber *m*; Bombenflugzeug *n*

Bombay [bõbɛ] Bombay [-beː] *n*

bombe [bõb] *f* **1** MIL Bombe *f*; **~ atomique** Atombombe *f*; **~ explosive, incendiaire** Spreng-, Brandbombe *f*; **~ à neutrons** Neutronenbombe *f*, -waffe *f*; **~ au plastic** Plastikbombe *f*; **attentat** *m* **à la ~** Bombenanschlag *m*, -attentat *n*; *nouvelle* **éclater comme une ~, faire l'effet d'une ~** wie e-e Bombe einschlagen; **lancer une ~** e-e Bombe werfen, *avion* abwerfen; *fig* e-e Bombe zum Platzen bringen **2** MÉD **~ au cobalt** Kobaltkanone *f* **3** CUIS **~ glacée** Eisbombe *f* **4** (*atomiseur*) Spray(dose) [ʃpreː, spreː] *m ou n(f)*; **~ insecticide** Insektenspray *n ou m* **5** F **faire la ~** tüchtig, ordentlich, F feste feiern **6** *d'un cavalier* Reitkappe *f*

bombé [bõbe] *adj front, poitrine, route* gewölbt; **verre ~** bauchiges Glas

bombement [bõbmɑ̃] *m d'une route* Wölbung *f*

bomber [bõbe] **I** *v/t* **1** wölben; **~ la poitrine, le torse** (stolz) die Brust wölben, herausstrecken **2** TECH *tôle etc* biegen; *t/t* bombieren **3** F *slogan etc* **~ sur un mur** auf e-e Wand sprühen, sprayen [-eː-] **II** *v/i* **1** *route etc* sich wölben **2** F (*rouler vite*) F sausen; rasen

bombonne [bõbɔn] *f* → **bonbonne**

bombyx [bõbiks] *m* ZO Seidenspinner *m*

bon[1] [bõ], *adj vor Vokal u stummem h* [bɔn] **I** *adj* ⟨**bonne** [bɔn]⟩ **1** *qualité* gut; **~ danseur, élève, Français** guter Tänzer, Schüler, Franzose; **~ne leçon** gute, heilsame Lehre; *loc/adj* **~ marché** → **marché** *4*; **~ mariage** gute, glückliche Ehe; **~ médecin** guter, tüchtiger Arzt; **~ sens** gesunder Menschenverstand; **avoir de ~s yeux** gute Augen haben; *d'un plat etc* **c'est ~** das ist, schmeckt gut; **il est ~ de** (*+inf*) *ou* **que ...** (*+subj*) es ist gut, ratsam, empfehlenswert, zu empfehlen zu (*+inf*); es ist gut, wenn *ou* dass ...; **croire, juger, trouver ~ de** (*+inf*) *ou* **que ...** (*+subj*) es für gut, richtig halten, erachten zu (*+inf*) *ou* dass *ou* wenn ...; ♦ *avec prép*: **~ à** gut, geeignet zu; **il n'est pas ~ à grand-chose** mit ihm ist nicht viel anzufangen; **à quoi ~?** wozu?; was nützt das (schon)?; **à quoi ~ continuer?** wozu noch weitermachen?; **il n'est ~ à rien** er taugt zu nichts, ist zu nichts zu gebrauchen, ist zu nichts nütze; **du bois juste ~ à faire du feu** nur als Brennholz geeignetes, verwendbares Holz; **ce livre est ~ à jeter** das Buch kann ich, kannst du *etc* wegwerfen; **c'est ~ à savoir** das ist gut zu wissen; gut, dass ich es weiß; *médicament* **~ contre la grippe, la toux** *etc* gut gegen Grippe, Husten *etc*; *élève* **~ en mathématiques** [bõɑ̃] gut in Mathematik; **~ pour** gut für; F *si tu te gares ici*, **tu es ~ pour la contravention** F dann kriegst du garantiert einen Strafzettel; *abs*: *si jamais il y a des représailles*, **on est ~** F dann sind wir dran; dann geht es uns schlecht, an den Kragen; *il a besoin d'un coup de main*, **on est ~!** F jetzt müssen wir ran!; **c'est une faute ~ne pour un débutant** ein Anfänger kann sich diesen Fehler noch leisten; **~ pour la ferraille** schrottreif; F **c'est ~ pour lui de rester toujours chez lui!** F wenn er immer zu Hause sitzen will, bitte! (ich nicht!); **~ pour les rhumatismes** gut bei, für Rheuma(tismus); (**pas**) **~ pour la santé** (un)gesund; (nicht) gut für die Gesundheit; der Gesundheit (abträglich, nicht) zuträglich; *conscrit* **~ pour le service** wehrdiensttauglich **2 a)** *moralement* gut; (*qui montre de la bonté*) gut(mütig, -herzig); gütig; lieb; liebevoll; **~ne action** gute Tat; **~ne conduite** gute Führung; gutes Betragen (*a* ÉCOLE); **le ~ Dieu** der liebe Gott; → *a* **Dieu** *1*; *loc/adj* **~ enfant** → **enfant** *III 1*; **~ époux, fils** guter, liebevoller Ehemann, Sohn; F **ma ~ne vieille voiture** mein gutes *ou* liebes, altes Auto; F **avoir qn à la ~ne** j-n gernhaben, mögen; j-n gut leiden können; **avoir ~ cœur** ein gutes Herz haben; gutherzig sein; **avoir ~ne conscience** ein gutes, reines Gewissen haben; **être ~** gut(herzig), ein guter Mensch sein; **être ~ pour qn** gut zu j-m sein; **vous êtes bien, trop ~** Sie sind sehr, zu gütig, freundlich, liebenswürdig; **b)** *péj ou iron personne* (zu) gut(mütig); naiv; **~ne femme** → **femme** *1*; **tu es bien ~** *de te laisser faire* du bist schön dumm ...; F *iron* **vous êtes ~**, *ce n'est pas si simple!* Sie sind (vielleicht) gut, naiv ...! **3** *quantité* gut; reichlich; **une ~ne cuillerée de sucre** ein gehäufter Löffel Zucker; **à une ~ne distance de** in ziemlicher, beträchtlicher Entfernung von; **une ~ne heure** e-e gute, reichliche Stunde; gut (und gern) e-e Stunde; → *a* **heure** *3*; **trois ~s kilomètres** gut(e) drei Kilometer; gut (und gern) drei Kilometer; **un ~ moment** e-e ganze, geraume Weile; → *a 5 et 6*; (**un**) **~ nombre de** ein großer Teil (*+gén*); nicht wenige; viele; **une ~ne partie** ein gut(er) Teil; **un ~ verre** ein reichliches Glas; F gut und gern ein Glas; SPORTS **arriver ~ dernier, premier** weit hinter, vor den anderen durch das Ziel gehen; **faire ~ poids** gut, reichlich wiegen **4** *intensité* kräftig; F tüchtig; ordentlich; gehörig; anständig; **une ~ne gifle** e-e kräftige, F anständige Ohrfeige; F e-e Ohrfeige, die sich gewaschen hat; **un ~ rhume** ein tüchtiger, anständiger Schnupfen **5** (*correct*) *adresse, méthode, réponse, route etc* richtig; recht; **la ~ne clé** der richtige Schlüssel; *d'un tissu* **le ~ côté** die rechte Seite; **~ moment** richtiger, passender, geeigneter, günstiger Moment, Zeitpunkt; **tout lui est ~, tous les moyens lui sont ~s pour** (*+inf*) jedes Mittel ist ihm recht, um zu (*+inf*); **ranger qc à la ~ne place** etw an den richtigen Platz stellen **6** (*agréable*) gut; angenehm; schön; *affaire, occasion, signe, vent* gut; günstig; **~ne chance!** viel Glück!; **~ne nuit!** gute Nacht!; **~nes vacances!** schöne Ferien!; schönen Urlaub!; **c'est la ~ne vie!** das ist ein schönes, angenehmes Leben!; so lässt sich's leben!; **passer de ~s moments avec qn** schöne, nette Stunden, Zeiten mit j-m verbringen, verleben **7** **une ~ne histoire** e-e lustige, amüsante, drollige Geschichte; ♦ F *elliptiquement*: **en voilà une** (**bien**) **~ne!** das ist ja e-e komische, drollige, tolle Geschichte!; *renoncer à mon voyage?* **tu en as de ~nes!** das ist doch wohl nicht dein Ernst!; F du bist vielleicht gut, drollig!; du hast Einfälle!; **elle est bien ~ne!** das ist wirklich gut!; F das ist ja köstlich, gelungen!; **en raconter de** (**bien**) **~nes** lustige, komische, drollige Geschichten erzählen **8** *int* (**c'est**) **~!** a) *accord, satisfaction* (es ist) gut!; b) *conclusion, déduction* (na, also) gut!; na schön!; c) *mécontentement, refus a* **~, ~!** schon gut!; lassen wir's gut sein!; *compréhension* **ah ~!** ach so!; *surprise* **ah ~?** ach was?; ach ja?; *surprise désagréable, colère* (**allons**) **~!** F verflixt noch mal!; da haben wir die Bescherung! **II** *adv* **il fait ~** es ist mildes, angenehmes Wetter; es ist mild; **il fait ~ ici** hier ist es angenehm, gemütlich, mollig warm; *avec cette chaleur* **il fait ~ dans la forêt** ist es angenehm (kühl) im Wald; **il fait ~ vivre ici** hier lässt sich's gut leben; **sentir ~** gut riechen; → *a* **tenir** *III 2*; ♦ *loc/adv* **pour de ~**, *litt* **tout de ~** ernstlich; wirklich; **c'est pour de ~!** jetzt wird es ernst! **III** *subst* **1** *abstrait* **le ~** das Gute; **rien de ~** nichts Gutes; **avoir du ~** sein Gutes haben; *on aura une augmentation* - **il y a du ~**, F **y a** (**du**) **~!** das ist ja herrlich, wunderbar, F prima!; **il y a en lui du ~ et du mauvais** er hat gute und schlechte Seiten **2** *personne* **~**(**ne**) *m(f)* Gute(r) *f(m)*; *dans un film etc* **les ~s** die Guten; *plais* **mon ~, ma ~ne** mein Lieber, Guter; meine Liebe, Gute **3** **~ne** *f* (*bonne histoire*) → *I 7* **4** **~** *m* **à rien** Taugenichts *m*; Nichtsnutz *m* **5** TYPO **~** *m* **à tirer** Imprimatur *n*; Druckerlaubnis *f*; **~s** *pl* **à tirer** druckreife Korrekturbogen *m/pl*

bon² [bõ] *m document* Gutschein *m*; *pour consommations* Bon *m*; FIN **~ de caisse** Kassenschein *m*, -anweisung *f*; COMM **~ de commande** Bestellschein *m*; **~ d'essence** Benzingutschein *m*; FIN **~ du Trésor** Schatzanweisung *f*

Bonaparte [bɔnapaʀt] HIST Bonaparte

bonapartisme [bɔnapaʀtism] *m* POL Bonapartismus *m* **bonapartiste** **I** *adj* bonapartistisch **II** *m,f* Bonapartist(in) *m(f)*

bonasse [bɔnas] *adj* (zu) gutmütig; **il est ~** *a* F er ist ein gutmütiges Schaf

bonbon [bõbõ] *m* Bonbon *m ou n*; **~ au miel** Honigbonbon *m ou n*

bonbonne [bõbɔn] *f* (große) Korbflasche; Glasballon *m*

bonbonnière [bõbɔnjɛʀ] *f* **1** Bonbon-, Konfektdose *f*; Bonbonniere *f* **2** *fig d'un appartement* Schmuckkästchen *n*

bond [bõ] *m* **1** (*saut*) Sprung *m* (*a fig*); Satz *m*; *fig* **~ en avant** Sprung nach vorn; *loc/adv*: **d'un ~** mit e-m Satz, Sprung; **se lever d'un ~** aufspringen; **en trois ~s** *il le rejoignit* mit drei Sprüngen, Sätzen ...; **par ~s** sprungweise; in Sprüngen; **faire un ~** e-n Sprung, Satz machen, tun; *fig prix, production etc* sprunghaft ansteigen, in die Höhe gehen; in die Höhe schnellen; **ne faire qu'un ~** herbeieilen, -stürzen; *fig* **faire faux ~ à qn** j-n versetzen, im Stich lassen **2** *d'une balle* Abprallen *n*; Hochspringen *n*; **faire plusieurs ~s** mehrmals hochspringen; *fig* **saisir la balle au ~** die Gelegenheit beim Schopf fassen, ergreifen

bonde [bõd] *f* **1** (*ouverture*) *d'une baignoire etc* Abfluss(loch *n*, -öffnung *f*) *m*; Spundloch *n* **2** (*bouchon*) Stöpsel *m*; Zapfen *m*; *d'un tonneau* Spund *m*

bondé [bõde] *adj salle, train etc* überfüllt; gepfropft, F gesteckt, gerammelt voll; F knall-, proppenvoll

bondieuserie [bõdjøzʀi] *f péj* **1** *objets* **~s** *pl* Devotionalien *pl*; *péj* religiöser Kitsch **2** *litt* Bigotterie *f*

bondir [bõdiʀ] *v/i personne, animal* springen; hüpfen; *balle* abprallen; hochspringen; *fig* **~ de colère** F in die Luft, an die Decke gehen; **~ de joie** Freudensprünge machen; *fig* vor Freude bis an die Decke springen; **son cœur a bondi de joie** das Herz hüpfte ihm vor Freude; *animal* **~ sur sa proie** sich auf s-e Beute stürzen; *fig* **cela me fait ~** das empört mich; das macht mich wütend, rasend

bondissant [bõdisã] *adj* springend **bondissement** *m* Springen *n*

bonheur [bɔnœʀ] *m* Glück *n*; REL **le ~ éternel** die ewige Seligkeit; **quel ~ de** (*+inf*)! welch ein Glück, welche e-e Freude, wie schön zu (*+inf*)!; **le ~ d'aimer** das Glück zu lieben; *loc/adv*: **au petit ~** (**la chance**) auf gut Glück; aufs Geratewohl; **par ~** zum Glück; glücklicherweise; *formule de politesse* **depuis que j'ai eu le ~ de vous rencontrer** seit ich das Glück hatte, Ihnen zu begegnen; **il ne connaît pas son ~** er weiß nicht, was für ein Glück er hat *ou* wie gut er es hat; **faire le ~ de qn** j-n glücklich machen; F **si cela peut faire votre ~** wenn Sie das gebrauchen können; **porter ~** (**à qn**) (j-m) Glück bringen

bonheur-du-jour [bɔnœʀdyʒuʀ] *m* ⟨*pl* **bonheurs--du-jour**⟩ zierlicher Damenschreibtisch mit rückwärtigem Aufsatz

bonhomie [bɔnɔmi] *f* Gutmütigkeit *f*; Biederkeit *f*

bonhomme [bɔnɔm] *m* ⟨*pl* **bonshommes** [bõzɔm]⟩ **1** F (*homme*) **un ~** ein Mann *m*; *péj* **les bonshommes** die Männer *m/pl*; F die Mannsbilder *n/pl*; *péj* **ce** (**sale**) **~** F dieser (eklige) Kerl; **mon ~** F der gute Mann; **le pauvre ~** der arme Mann, F Kerl; **petit ~** kleiner Junge; F kleiner Mann; *terme d'affection* **mon petit ~** F kleiner Mann; *juron* **nom d'un petit ~!** zum Donnerwetter!; *fig* **aller, poursuivre son petit ~ de chemin** ruhig, unbeirrt s-n Weg gehen, sein Ziel verfolgen; **un vieux ~** ein alter Mann **2** *dessiné ou façonné* Männchen *n*; **~ de neige** Schneemann *m*; **~ de, en pain d'épice** Pfefferkuchen-, Honigkuchenmann *m* **3** *adjt* ⟨*pl* **~s**⟩ *air* gutmütig; bieder

boni [bɔni] *m* COMM Überschuss *m*; Mehrbetrag *m*, -einnahme *f*; Plus *n*

boniche [bɔniʃ] *f* → **bonniche**

Boniface [bɔnifas] *m Vorname*

bonification [bɔnifikasjõ] *f* **1** (*amélioration*) Verbesserung *f*; *d'une terre a* Amelioration *f*; Melioration *f* **2** **a)** COMM Bonifikation *f*; Rabatt *m*; *d'intérêts* Zinsverbilligung *f*; *assurances* Schadensfreiheitsrabatt *m*; Bonus *m*; **b)** SPORTS Bonus *m*; Punktvorteil *m*; CYCLISME Zeitgutschrift *f*

bonifier [bɔnifje] **I** *v/t* **1** *terre, vin* verbessern; *terre a* (a)meliorieren **2** COMM bonifizieren; *adjt* **prêt bonifié** zinsverbilligtes Darlehen **II** *v/pr* **se ~** *vin* besser werden; *fig caractère* sich bessern

boniment [bɔnimã] *m* **1** F (*propos mensongers*) F Märchen *n*; **pas de ~s!** erzähl (mir, uns doch) keine Märchen!; **c'est du ~!** das sind doch Märchen!; das kannst du, können Sie andern weismachen!; **raconter des ~s** Märchen erzählen, auftischen **2** *d'un camelot etc* marktschreierische Reklame; **faire du ~** s-e Ware wortreich, F mit viel Tamtam anpreisen

bonimenteur [bɔnimãtœʀ] *m* **1** (*baratineur*) Marktschreier *m* **2** (*menteur*) j, der Märchen auftischt

bonjour [bõʒuʀ] *m* **~!** guten Tag!; *le matin a* guten Morgen!; *südd* grüß Gott!; *iron* **~ les ...!** F na dann prost Mahlzeit!; **dire ~ à qn** j-m guten Tag sagen; F **donner le ~ à qn** (**de la part de qn**) j-m e-n Gruß,

Grüße (von j-m) ausrichten, bestellen; j-n (von j-m) grüßen lassen; *elliptiquement* ***le ~ à votre femme (de ma part)!*** e-n Gruß, Grüße (von mir) an Ihre Frau!; grüßen Sie Ihre Frau (von mir)!; *fig* ***c'est facile, simple comme ~*** das ist ganz, höchst einfach; das ist kinderleicht; das ist die einfachste Sache (von) der Welt

bonne [bɔn] *f* **1** Hausgehilfin *f*; Hausmädchen *n*; Dienstmädchen *n*; ***~ à tout faire*** Mädchen für alles; Alleinmädchen *n*; ***~ d'enfants*** Kindermädchen *n* **2** → ***bon¹*** *III 2, 3*

Bonne-Espérance [bɔnɛsperɑ̃s] ***le cap de ~*** das Kap der Guten Hoffnung

bonne-maman [bɔnmamɑ̃] *f* ⟨*pl* **bonnes-mamans**⟩ *enf* Oma *f*; Großmama *f*

bonnement [bɔnmɑ̃] *adv* ***tout ~*** ganz einfach

bonnet [bɔnɛ] *m* **1** Mütze *f*; Kappe *f*; *costume folklorique féminin* Haube *f*; F *fig* ***gros ~*** F hohes Tier; Bonze *m*; *südd a* Großkopfete(r) *m*; MIL ***~ à poil*** Bärenfellmütze *f*; ***~ d'âne*** Eselskappe *f* (, die schlechte Schüler zur Strafe tragen mussten); ***~ de bain*** Badekappe *f*, -mütze *f*; ***~ de fourrure*** Pelzmütze *f*, -kappe *f*; ***~ de laine*** Wollmütze *f*; ***~ de marin*** Matrosenmütze *f*; ***~ de nuit*** Schlaf-, Nachtmütze; *fig d'une personne* Griesgram *m*; F Sauertopf *m*; *fig*: ***avoir la tête près du ~*** ein Hitzkopf, hitzköpfig sein; rasch aufbrausen, F hochgehen; ***c'est ~ blanc et blanc ~*** F das ist Jacke wie Hose, gehupft wie gesprungen; *femme* ***jeter son ~ par-dessus les moulins*** sich über die Moral, guten Sitten hinwegsetzen; ***prendre qc sous son ~*** etw auf s-e Kappe nehmen; → *a* ***âne*** *2*, ***opiner*** **2** *d'un soutien-gorge* Körbchen *n*; Schale *f*; Cup [kap] *m* **3** *des ruminants* Netzmagen *m*

bonneterie [bɔnɛtri] *f* TEXT **a)** Wirk- und Strickwarenindustrie *f*, *commerce* -handel *m*; **b)** (***articles*** *m/pl* ***de***) ***~*** Wirk- und Strickwaren *f/pl*; Trikotagen *f/pl*; Maschenware *f*; Gewirk(e) *n*

bonnetier [bɔntje] *m*, **bonnetière** *f* Wirk- und Strickwarenhersteller(in) *m(f)*, -fabrikant(in) *m(f)*, *commerçant(e)* -händler(in) *m(f)*

bonniche [bɔniʃ] *péj f* Dienstmädchen *n*; F Minna *f*; *péj* Dienstbolzen *m*

bon-papa [bõpapa] *m* ⟨*pl* **bons-papas**⟩ *enf* Opa *m*; Großpapa *m*

bonsaï [bõ(d)zaj] *m* Bonsai *m*

bonsoir [bõswar] *m* ***~!*** guten Abend!; ***dire ~ à qn*** j-m guten Abend sagen; F *fig*: *qu'il accepte*, ***ou alors, ~!*** oder es ist aus!

bonté [bõte] *f* **1** Güte *f*; ***~ de cœur*** Herzensgüte *f*; *int* ***~ divine!*** du liebe Güte!; du meine Güte!; *iron* ***par pure ~ d'âme*** aus purer, reiner Menschenfreundlichkeit; ***avoir la ~ de*** (+*inf*) die Güte besitzen, so gütig sein zu (+*inf*); ***être d'une grande ~*** sehr gütig sein **2** *actes* ***~s*** *pl* erwiesene Freundlichkeit(en) *f(pl)*

bonus [bɔnys] *m* ASSURANCES Bonus *m*; Schadenfreiheitsrabatt *m*

bonze [bõz] *m* **1** REL buddhistischer Mönch; Bonze *m* **2** F *fig* Bonze *m*; ***~s d'un parti*** Parteibonzen *m/pl*

boogie-woogie [bugiwugi] *m* MUS, *danse* Boogie-Woogie ['bugi'vugi] *m*

bookmaker [bukmɛkœr] *m* TURF Buchmacher *m*

boom [bum] *m* BOURSE, ÉCON Boom [buːm] *m*; ***~ touristique*** Touristen-, Reiseboom *m*; ***~ du bâtiment, de la construction*** Bauboom *m*; ***~ des exportations*** Exportboom *m*

boomerang [bumrɑ̃g] *m* Bumerang *m* (*a fig*); *fig*: ***faire ~*** sich als Bumerang erweisen; zum Bumerang werden; ***revenir comme un ~*** wie ein Bumerang wirken, zurückschlagen; *adjt* ***effet*** *m* ***~*** Bumerangwirkung *f*

booster [buste] F *v/t* ankurbeln; in Schwung bringen

borax [bɔraks] *m* CHIM Borax *m*

borborygmes [bɔrbɔrigm] *m/pl* (Bauch-, Magen-)Knurren *n*; Bauchkullern *n*

bord [bɔr] *m* **1** Rand *m*; *d'un chapeau* Krempe *f*; (*arête*) Kante *f*; *d'un lac, fleuve* Ufer *n*; Ufersaum *m*; ***~ de l'assiette*** Tellerrand *m*; ***~ du chemin*** Wegrand *m*; ***~(s) de (la) mer*** Meer(esstrand) *n(m)* (*im Gegensatz zum Inland*); *passer ses vacances* ***au ~ de la mer*** am Meer; an der See; ***rentrer par le ~ de mer*** am Meer, an der Küste entlang nach Hause fahren; ***~ de la rivière*** Flussufer *n*; ***~ de la route*** Straßenrand *m*; ***~ de la table*** Tischkante *f*; ***~ du trottoir*** Bordsteinkante *f*; ♦ *loc/adj*: *chapeau* ***à large ~*** breitkrempig; *récipient* ***plein jusqu'au ~, à ras ~*** randvoll; bis an den Rand gefüllt; *loc/adv* ***~ à ~*** Rand an Rand; Kante an Kante; *loc/prép* ***au ~ de*** am Rand(e) (+*gén*) (*a fig*); ***être au ~ de l'aveu*** nahe daran sein, ein Geständnis abzulegen; ***être au ~ d'une catastrophe, de la ruine*** sich am Rande e-r Katastrophe, des Ruins befinden; ***être au ~ de la faillite*** kurz vor dem Konkurs, am Rande des Bankrotts stehen; ***être au ~ des larmes*** den Tränen nahe sein; ***sur les ~s de la Loire*** an den Ufern der Loire; F *fig* ***être un peu*** (+*adj*) ***sur les ~s*** (so) ein bisschen, leicht (+*adj*) sein; ***être un peu communiste sur les ~s*** F kommunistisch angehaucht sein; ***être un peu filou sur les ~s*** ein kleiner Gauner, Betrüger sein; ***être un peu menteur sur les ~s*** e-n leichten Hang zum Lügen haben **2** MAR, AVIAT Bord *m*; ***journal*** *m*, ***livre*** *m* ***de ~*** Schiffstagebuch *n*; Logbuch *n*; Journal *n*; AUTO, AVIAT ***tableau*** *m* ***de ~*** Armaturen-, Instrumentenbrett *n*; ♦ *loc/adv et loc/prép*: ***à ~ (de)*** an Bord (+*gén*); ***à ~ d'un Boeing*** an Bord e-r Boeing; ***à ~ d'une Fiat verte*** mit, in e-m grünen Fiat; ***monter, prendre à ~*** an Bord gehen, nehmen; *fig personnes* ***être du même ~*** die gleichen Anschauungen vertreten; Gesinnungsgenossen, -freunde sein; POL *a* im gleichen Lager stehen; ***virer de ~*** MAR wenden; *fig et* POL umschwenken; ***jeter, passer par-dessus ~*** über Bord werfen, gehen

bordages [bɔrdaʒ] *m/pl* MAR *planches* Planken *f/pl*; Beplankung *f*; *tôles* Platten *f/pl*; Beplattung *f*

bordé [bɔrde] *m* MAR Außenhaut *f*

Bordeaux [bɔrdo] *Stadt im Dep. Gironde*

bordeaux [bɔrdo] *m* **1** *vin* Bordeaux(wein) *m*; ***verre*** *m* ***à ~*** Bordeauxglas *n* **2** *couleur* Bordeaux-, Weinrot *n*; *adjt* ⟨*inv*⟩ bordeaux-, weinrot

bordée [bɔrde] *f* **1** MAR MIL Breitseite *f*; *fig* ***une ~ d'injures*** e-e Schimpfkanonade; ein Hagel *m*, e-e Flut von Schimpfwörtern; ***lâcher une ~*** e-e Breitseite abfeuern **2** MAR (*équipage de service*) Wache *f* **3** MAR *parcours* Schlag *m*; ***courir, tirer des ~s*** kreuzen; F *fig* ***tirer une ~*** F e-e Sauftour machen

bordel [bɔrdɛl] *m* **1** P (*maison de prostitution*) Bordell *n*; P Puff *m ou n* **2** F *fig* (*désordre*) heilloses Durcheinander; Chaos *n*; P Saustall *m*; ***quel ~***

ici! ist das hier ein Saustall! **3** *int* P **~!** F verdammter Mist!; P Scheiße!
bordelais [bɔʀdəlɛ] **I** *adj* von Bordeaux **II** *subst* ***Bordelais(e)*** *m(f)* Einwohner(in) *m(f)* von Bordeaux
bordelaise [bɔʀdəlɛz] *f* COMM **a)** Bordeaux(wein)-fass *n* (*etwa 225 l*); **b)** Bordeauxflasche *f*
bordélique [bɔʀdelik] F *adj* unordentlich; F schlampig
border [bɔʀde] *v/t* **1** *arbres, maisons*: *route* (ein)säumen; *chemin, massif* einfassen (***de buis*** mit Buchsbaum); COUT *vêtement* einfassen, am Rand besetzen, *de fourrure a* verbrämen (***de*** mit); ***un sentier borde la rivière*** ein Pfad läuft, führt, zieht sich am Fluss entlang; *p/p*: ***bordé d'arbres*** von *ou* mit Bäumen gesäumt; ***bordé de dentelles*** mit Spitzen umsäumt, gesäumt, eingefasst **2** ***~ un lit*** das Überschlaglaken und die Decke unter die Matratze schlagen, rundherum fest einstopfen; ***~ qn*** (***dans son lit***) j-n zudecken **3** MAR **a)** *voile* beiholen; **b)** *navire* beplanken; beplatten
bordereau [bɔʀdəʀo] *m* ⟨*pl* **~x**⟩ COMM Aufstellung *f*; Verzeichnis *n*; Liste *f*; *terme bancaire a* Bordereau *ou* Bordero *m ou n*; ***~ d'expédition*** Begleitschein *m*, -papier *n*
bordure [bɔʀdyʀ] *f* **1** Einfassung *f*; Umrandung *f*; Rand *m*; Kante *f*; JARD *de plantes a* Rabatte *f*; COUT Einfassung *f*; *en fourrure* Verbrämung *f*; ***~ du trottoir*** Bordstein(kante) *m(f)*; *loc/adj* ***à ~ bleue*** mit blauem Rand; blau gerändert; *loc/prép* ***en ~ de*** am Rand (*+gén*); ***en ~ de la route*** am Straßenrand; entlang der Straße **2** *de rideaux etc* Bordüre *f*; Borte *f*; Zierleiste *f* **3** MAR *d'une voile* Unterkante *f*
bore [bɔʀ] *m* CHIM Bor *n*
boréal [bɔʀeal] *adj* ⟨**-aux**⟩ GÉOGR nördlich; Nord…; *sc* boreal; ***aurore ~e*** Nordlicht *n*
Borée [bɔʀe] *m* MYTH Boreas *m*
Borgia [bɔʀʒja] HIST Borgia ['bɔrdʒa]
borgne [bɔʀɲ] **I** *adj* **1** einäugig **2** *fig* ***hôtel*** *m* **~** verrufenes, anrüchiges Hotel **II** *m,f* Einäugige(r) *f(m)*
borique [bɔʀik] *adj* CHIM Bor…; ***acide*** *m* **~** Borsäure *f*
bornage [bɔʀnaʒ] *m de deux propriétés* Abmarkung *f*; Grenzscheidung *f*
borne [bɔʀn] *f* **1** *pierre* Grenzstein *m*; *marque* Grenzzeichen *n*; *par ext* Markierungsstein *m*; Steinpfosten *m*; ***~ kilométrique*** Kilometerstein *m* **2** *par ext*: ***~ d'appel*** Notrufsäule *f*; ***~ d'incendie*** Überflurhydrant *m* **3** *fig* ***~s*** *pl* Grenzen *f/pl*; *joie, ambition etc* ***sans ~s*** grenzenlos; *patience* ***avoir des ~s*** Grenzen haben; ***ne plus connaître de ~s*** keine Grenzen, Schranken mehr kennen; ***son avarice ne connaît pas de ~s*** *a* er ist maßlos geizig; ***dépasser les ~s*** zu weit gehen; *son ignorance* ***dépasse les ~s*** übersteigt alle Grenzen, ist grenzenlos; ***cela dépasse toutes les ~s*** das geht zu weit; F das geht mir *ou* ihm *etc* über die Hutschnur **4** F (*kilomètre*) Kilometer *m* **5** ÉLECT (Anschluss)Klemme *f*
borné [bɔʀne] *adj* engstirnig; (geistig) beschränkt; borniert; F kleinkariert; ***c'est un esprit ~*** er ist engstirnig *etc*, ein kleiner Geist; er hat e-n begrenzten Horizont
Bornéo [bɔʀneo] Borneo *n*
borner [bɔʀne] **I** *v/t* **1** *terrain* durch Grenzsteine, -zeichen markieren **2** *vue, horizon, fig ambitions etc* begrenzen **II** *v/pr* ***se ~ à qc*** sich auf etw (*acc*) beschränken; ***se ~ à faire qc*** sich darauf beschränken, etw zu tun
bortsch [bɔʀtʃ] *m* CUIS Borschtsch *m*
bosniaque [bɔsnjak] **I** *adj* bosnisch **II** *m,f* ***Bosniaque*** Bosnier(in) *m(f)*
Bosnie(-Herzégovine) [bɔsni(ɛʀzegɔvin)] ***la Bosnie(-Herzégovine)*** Bosnien(-Herzegowina) *n*
Bosphore [bɔsfɔʀ] ***le ~*** der Bosporus
bosquet [bɔskɛ] *m* Wäldchen *n*; Baum-, Gehölzgruppe *f*
boss [bɔs] *m* F Boss *m*
bossage [bɔsaʒ] *m* ARCH Bosse *f*
bossa-nova [bɔsanɔva] *f danse* Bossa Nova *m*
bosse [bɔs] *f* **1** *difformité* Buckel *m*; F Höcker *m*; Ast *m*; F *fig* ***rouler sa ~*** weit herumkommen **2** *due à un choc* Beule *f*; ***se faire une ~ au front*** sich (*dat*) an der Stirn e-e Beule holen **3** *d'un chameau* Höcker *m* **4** *sur une surface plane* Buckel *m*; ***~ du terrain*** Geländebuckel *m* **5** ANAT Höcker *m*; F *fig* ***avoir la ~ de qc*** (besonders, ausgesprochen) begabt für etw sein; e-e (besondere, ausgesprochene) Begabung, Gabe für etw haben; ***avoir la ~ du dessin, des mathématiques*** *a* zeichnerisch, mathematisch begabt sein; ***avoir la ~ du commerce*** der geborene *ou* ein geborener Geschäftsmann sein
bosselage [bɔslaʒ] *m* ORFÈVRERIE getriebene Arbeit; Treibarbeit *f* **bosseler** *v/t* ⟨**-ll-**⟩ *pièces d'orfèvrerie* treiben
bosser [bɔse] F **I** *v/t matière* F büffeln; durchackern; ***~ un examen*** F für eine Prüfung büffeln **II** *v/i* (*travailler*) F werke(l)n; *südd* schaffen; *p/fort* F schuften; malochen
bosseur [bɔsœʀ] *m*, **bosseuse** *f* F Arbeitstier *n*
bossu [bɔsy] **I** *adj* **1** *difforme* buck(e)lig; verwachsen **2** *par ext* krumm; ***être ~*** krumm sitzen, dastehen; e-n krummen Rücken machen **II** *subst* ***~(e)*** *m(f)* Bucklige(r) *f(m)*; F ***rire comme un ~*** F sich schieflachen; sich (*dat*) e-n Ast lachen
Bossuet [bɔsɥɛ] *frz Kanzelredner*
bot [bo] *adj* ⟨**bote** [bɔt]⟩ ***pied ~*** Klumpfuß *m*
botanique [bɔtanik] **I** *adj* botanisch; pflanzenkundlich; Pflanzen… **II** *f* Botanik *f*; Pflanzenkunde *f* **botaniste** *m,f* Botaniker(in) *m(f)*
Botnie [bɔtni] ***le golfe de ~*** der Bottnische Meerbusen
Botswana [bɔtswana] ***le ~*** Botsuana *n*; *schweiz* Botswana *n*
botswanais [bɔtswanɛ] **I** *adj* botsuanisch; *schweiz* botswanisch **II** *subst* ***Botswanais(e)*** *m(f)* Botsuaner(in) *m(f)*; *schweiz* Botswaner(in) *m(f)*
botte [bɔt] *f* **1** *de végétaux* Bund *n*; Bündel *n*; ***~ d'asperges, de radis*** Bund Spargel, Radieschen; ***~ de foin, de paille*** Bund, Bündel Heu, Stroh; Heu-, Strohbund *n*, -bündel *n*; ***~ d'œillets*** großer Strauß Nelken; ***lier, mettre en ~s*** bündeln **2** *chaussure* Stiefel *m*; ***~s de cavalier, d'équitation*** Reitstiefel *m/pl*; ***~s d'égoutier*** feste, weite Gummistiefel *m/pl* (mit Profilsohle); *fig* ***la ~ de l'Italie*** der italienische Stiefel; ***~s en caoutchouc*** Gummistiefel *m/pl*; *fig* ***sous la ~ de*** unter der Gewaltherrschaft (*+gén*); F *fig* ***en avoir plein les ~s*** vom vielen Gehen müde sein; (*en avoir assez*) F die Nase voll haben; ***mettre des ~s*** Stiefel anziehen **3** ESCRIME Stoß *m*; *fig* ***~ secrète*** Geheimwaffe *f* **4** F *à Polytechnique*

sortir dans la ~ unter den Besten abschneiden
botter [bɔte] *v/t* 1 *adjt Perrault* ***Le Chat botté*** Der Gestiefelte Kater 2 F ***~ le derrière, les fesses***, P ***le cul à qn*** F j-m e-n Tritt in den Hintern, P Arsch geben; j-n in den Hintern, P Arsch treten 3 F ***ça me botte*** (*ça me convient*) das passt mir (gut); (*ça me plaît*) das sagt mir zu, gefällt mir 4 FOOTBALL, RUGBY: *ballon* treten; *abs* schießen
Botticelli [bɔtiseli] *m* PEINT Botticelli [-'tʃɛlli] *m*
bottier [bɔtje] *m* 1 Schuhmacher (der Schuhe nach Maß anfertigt) 2 *adjt* ***talon*** *m* ***~*** Blockabsatz *m*
bottillon [bɔtijõ] *m* Halbstiefel *m*; Stiefelette *f*
bottin [bɔtɛ̃] *m* Telefonbuch *n*
bottine [bɔtin] *f* Damenhalbstiefel *m*; Stiefelette *f*
boubou [bubu] *m* Tunika *f* (*der Schwarzafrikaner*)
bouc [buk] *m* 1 ZO Ziegenbock *m*; REL *et fig* ***~ émissaire*** Sündenbock *m* 2 *barbe* Spitzbart *m*
boucan [bukɑ̃] F *m* Krach *m*; Lärm *m*; F Radau *m*; Spektakel *m*; ***~ de tous les diables*** F Höllen-, Heidenlärm *m*, -spektakel *m*; Mordskrach *m*, -radau *m*, -spektakel *m*; ***faire du ~*** Krach, Radau machen; *fig* F Krach schlagen
boucaner [bukane] *v/t* 1 *viande, poisson* räuchern 2 *fig teint* ***boucané*** wettergebräunt
boucanier [bukanje] *m* HIST Bukanier *m*
bouchage [buʃaʒ] *m d'un trou* Zumachen *n*; Zu-, Verstopfen *n*; *dans le sol* Zuschütten *n*; *d'une fente* Abdichten *n*; *d'un récipient* (Ver)Schließen *n*; *d'une bouteille* Zu-, Verkorken *n*
bouche [buʃ] *f* 1 ANAT Mund *m*; *fig* ***fine ~*** Feinschmecker *m*; F Leckermaul *n*; ***elle fait la fine ~*** sie ist sehr wählerisch; sie rümpft die Nase; ihr ist er, es *etc* nicht gut genug; *fig* ***~ inutile*** unnützer Esser; ♦ *loc/adv*: ***la ~ en cœur*** scheinheilig; unschuldsvoll; mit unschuldsvoller Miene; ***la ~ en cul de poule*** mit verächtlich verkniffenem Mund; *de tels jurons* ***dans la ~ d'une jeune fille!*** ... aus dem Mund e-s jungen Mädchens!; **(*être*) *dans toutes les ~s*** in aller Munde (sein); ***de ~ à oreille*** von Mund zu Mund; *subst* ***le ~ à oreille*** die Mundpropaganda; *nouvelle* **(*circuler*) *de ~ à oreille*** von Mund zu Mund (gehen); **(*parler*) *par la ~ de qn*** durch j-n (sprechen); ***la vérité parle par sa ~*** aus ihm spricht die Wahrheit; ♦ ***avoir cinq ~s à nourrir*** fünf hungrige Mäuler zu stopfen haben; ***avoir la ~ pleine*** e-n vollen Mund haben; *fig* ***en avoir plein la ~*** immer wieder darauf zu sprechen kommen, damit *ou* davon anfangen; ***avoir la ~ sèche*** e-n trockenen Mund haben; ***avoir toujours qc à la ~*** ständig von etw reden, sprechen; *un mot* ständig im Mund führen; *quand on lui parle de X*, ***il a l'injure à la ~*** kommt ihm ein Schimpfwort über die Lippen; fängt er gleich zu schimpfen an; ***s'embrasser à pleine ~, à ~ que veux-tu*** sich abküssen, F abknutschen; ***ne pas ouvrir la ~*** den Mund nicht aufmachen; kein Wort reden; ***ne parle pas la ~ pleine!*** sprich nicht mit vollem Mund! 2 *organe du goût* ***avoir la ~ mauvaise*** e-n schlechten Geschmack im Mund haben; ***garder qc pour la bonne ~*** etw (*das Beste*) bis zuletzt, für den Schluss aufheben, -sparen; *boisson etc* ***laisser la ~ amère*** e-n bitteren Geschmack hinterlassen; ***rester sur la bonne ~*** aufhören, wenn es am besten schmeckt 3 *de certains animaux* Maul *n* 4 (*ouverture*) Öffnung *f*; *d'un canon* Mündung *f*; *d'un volcan* Schlund *m*; MIL ***~ à feu*** Geschütz *n*; Kanone *f*; ***~ d'air, de chaleur*** (Warm)Luftschacht *m*; ***~ d'eau, d'incendie*** (Unterflur)Hydrant *m*; ***~ d'égout*** Gully *m ou n*; ***~ du four*** Ofenloch *n*; ***~ de métro*** U-Bahn-Eingang *m* 5 *d'un fleuve* ***~s*** *pl* Mündung *f*; ***~s du Nil*** Nilmündung *f*
bouché [buʃe] *adj* 1 *bouteille* verkorkt; zugekorkt; ***cidre ~*** stark moussierender, auf Flaschen gezogener Cidre; ***vin ~*** Flaschenwein *m* 2 *route, tuyau etc* verstopft; ***avoir le nez ~*** e-e verstopfte Nase haben; *fig* ***être ~*** *métier* keine Aussicht auf e-e Anstellung bieten; *carrière a* keine Berufsmöglichkeiten eröffnen 3 *temps* trüb(e); *ciel* grau; bedeckt; verhangen; ***le temps est ~*** es ist bedeckt, trüb(e) 4 F *fig* (*bête*) ***être ~*** dumm, beschränkt, F vernagelt sein
bouche-à-bouche [buʃabuʃ] *m* ⟨*inv*⟩ Mund-zu--Mund-Beatmung *f*; Atemspende *f*
bouchée [buʃe] *f* 1 Bissen *m*; ***une ~ de pain*** ein Bissen Brot; *fig* ***pour une ~ de pain*** F für ein Butterbrot; für e-n Apfel und ein Ei; *en mangeant* ***ne faire qu'une ~ de qc*** etw hastig, gierig, auf einmal hinunterschlingen, -schlucken; ***il ne fit qu'une ~ de son dessert*** *a* er war mit s-m Nachtisch im Nu, Handumdrehen fertig; *fig* ***ne faire qu'une ~ de qn*** leicht, schnell mit j-m fertig werden; mit j-m kurzen Prozess machen; *fig* ***mettre les ~s doubles*** sich beeilen; doppelt so schnell arbeiten 2 CUIS ***~ à la reine*** Königinpastete *f* 3 (*chocolat*) Praline *f*
boucher[1] [buʃe] I *v/t* 1 *trou, ouverture* zumachen; zu-, verstopfen; *dans le sol* zuschütten; *fente* ver-, zuschmieren; abdichten; ***~ une bouteille*** eine Flasche zukorken, verkorken, zupfropfen, zustöpseln; ***~ un récipient*** einen Behälter verschließen; ***~ un tonneau*** ein Fass verspunden, verspünden; *fig* ***~ un trou*** ein Loch stopfen 2 *passage, route etc* versperren; blockieren; *fig futur* verbauen; ***~ la vue à qn*** j-m die (Aus)Sicht, den Blick versperren, nehmen II *v/pr* 1 ***se ~ le nez*** sich (*dat*) die Nase zuhalten; ***se ~ les oreilles*** sich (*dat*) die Ohren zuhalten, zustopfen; *fig* nicht(s) hören wollen; *fig* ***se ~ les yeux*** nicht(s) sehen wollen; die Augen verschließen (***devant*** vor +*dat*) 2 *lavabo etc* ***se ~*** verstopfen
boucher[2] [buʃe] *m* 1 Fleischer *m*; *nordd* Schlachter *m*; *südd* Metzger *m*; *österr* Fleischhauer *m* 2 *fig* (*homme sanguinaire*) Bluthund *m*; (*chirurgien maladroit*) Metzger *m* **bouchère** *f* 1 Fleischerin *f*; *nordd* Schlachterin *f*; *südd* Metzgerin *f*; *österr* Fleischhauerin *f* 2 (*femme du boucher*) Fleischers-, Schlachter-, Metzgersfrau *f*
boucherie [buʃʀi] *f* 1 *magasin* Fleischerei *f*; *nordd* Schlachterei *f*; *südd* Metzgerei *f*; Fleischer-, Schlachter-, Metzgerladen *m*; ***animaux*** *m/pl*, ***viande*** *f* ***de ~*** Schlachtvieh *n*, -fleisch *n* 2 *métier* Fleischer-, Schlachter-, Metzgerhandwerk *n* 3 *fig* (*massacre*) Gemetzel *n*; Metzelei *f*; Schlächterei *f*; Blutbad *n* **boucherie-charcuterie** *f* ⟨*pl* **boucheries-charcuteries**⟩ Fleisch- und Wurstwarengeschäft *n*
Bouches-du-Rhône [buʃdyʀon] *frz Departement*
bouche-trou [buʃtʀu] *m* ⟨*pl* **bouche-trous**⟩ *personne* Lückenbüßer *m*; *chose* Füller *m*; ***servir de ~*** als Lückenbüßer dienen
bouchon [buʃõ] *m* 1 *pour fermer qc* Verschluss(-kappe) *m(f)*; *d'une bouteille, d'un flacon* Korken *m* (*en liège ou plastique*); Pfropfen *m*; Stopfen *m*; Stöpsel *m*; *du réservoir d'essence* (Tank)Deckel

m; *d'un tube* Schraubkappe *f*; **~ de caoutchouc** Gummistopfen *m*, -stöpsel *m*, -pfropfen *m*; **~ de carafe** a) Karaffenstöpsel *m*; b) F *fig* großer, protziger Diamant; **~ de champagne** Sektkorken *m*; AUTO **~ de radiateur** Kühlerverschluss *m*; **~ de verre** Glasstöpsel *m*; *vin* **avoir un goût de ~, sentir le ~** nach (dem) Korken schmecken; F *fig* **c'est plus fort que de jouer au ~!** das ist doch nicht zu fassen!; das ist doch unglaublich, F ein starkes Stück!; *fig* **pousser le ~ un peu loin** etwas zu weit gehen **2** *par ext obturant qc* Pfropf *m*; **~ de cérumen** Ohr(enschmalz)-pfropf *m* **3** *de circulation* (Verkehrs)Stau *m*; **risque m de ~** Staugefahr *f*; **un ~ de trois kilomètres** ein Stau von drei Kilometern; **un ~ de cinq kilomètres s'est formé** *sur la Nationale 10* … hat sich ein Stau von fünf Kilometern gebildet **4** PÊCHE Schwimmer *m*; Floß *n* **5** **~ de paille** Strohwisch *m*

bouchonné [buʃɔne] *adj vin* korkig

bouchonner [buʃɔne] **I** *v/t cheval* (mit e-m Strohwisch) abreiben **II** *v/i* **ça bouchonne sur l'autoroute** es bilden sich Staus, der Verkehr staut sich auf der Autobahn

bouchot [buʃo] *m* Muschelzaun *m*; **moules** *f/pl* **de ~** Zuchtmiesmuscheln *f/pl*

bouclage [buklaʒ] *m* **1** MIL, POLICE Abriegelung *f*; Umstellung *f* **2** PRESSE Redaktionsschluss *m*

boucle [bukl] *f* **1** *sur une courroie* Schnalle *f*; *sur une ceinture, des chaussures a* Schließe *f*; **~ de ceinture** Gürtelschnalle *f* **2** **~ d'oreille** Ohrring *m* **3** **~ (de cheveux)** (Haar)Locke *f*; Ringellocke *f* **4** *d'un lacet etc* Schleife *f*; Schlinge *f*; *d'un fleuve* Windung *f*; Schleife *f*; *en écriture* Schleife *f*; TEXT **velours** *m* **à ~s** Kräusel-, Frisésamt *m*; **faire une ~** e-e Schleife binden, machen; e-e Schlinge machen **5** SPORTS **a)** (*circuit automobile*) Rundstrecke *f*, -kurs *m*; → *a* **boucler** *I 5*; **b)** **la grande ~** *Bezeichnung für die Tour de France*; **c)** AVIAT Looping ['lu:-] *m* **6** INFORM Schleife *f*; **~ de programme** Programmschleife *f*

bouclé [bukle] *adj cheveux* lockig; gelockt; **cheveux ~s** *a* Lockenhaar *n*; **enfant ~, tête ~e** Lockenkopf *m*; **être ~** gelocktes, lockiges Haar haben; ein Lockenkopf sein

boucler [bukle] **I** *v/t* **1** *ceinture etc* zuschnallen; **~ sa (ses) valise(s), sa (ses) malle(s)** s-e, die Koffer packen; sich reisefertig machen **2** F *magasin, porte* zumachen; schließen; **~ sa porte** s-e Tür zumachen, verschlossen halten; niemanden sehen wollen; F *fig* **boucle-la!** halt den Mund, F die Klappe! **3** F *personne* einsperren; einschließen; *en prison* F einlochen **4** *cheveux* locken; zu (Ringel)Locken drehen **5** *circuit* (durch)laufen, (-)fahren; **~ la boucle** *randonnée etc* in e-m Bogen zum Ausgangspunkt zurückkehren; *fig* die Sache abschließen, zu Ende führen; den Kreis schließen; *fig* **~ son budget, son mois** mit s-n verfügbaren Mitteln, mit s-m Monatsgehalt auskommen, F über die Runden kommen, herumkommen; JOURNALISME **~ un numéro** e-e Ausgabe redaktionell abschließen **6** *police etc*: *quartier* abriegeln; umzingeln; umstellen **II** *v/i cheveux* sich locken; sich ringeln **III** *v/pr personne* F **se ~ dans sa chambre** sich in sein *ou* in s-m Zimmer einschließen

bouclette [buklɛt] *f* **1** *de cheveux* (Ringel)Löckchen *n* **2** TEXT Bouclé *n*; *adjt* **laine** *f* **~** Bouclewolle *f*

bouclier [buklije] *m* **1** HIST Schild *m*; *fig* **levée** *f* **de ~s** starke Opposition; starker, heftiger Widerstand; *fig* **faire un ~ de son corps à qn** j-n mit s-m Körper decken, schützen **2** *fig* (*rempart*) Schutz(wall *m*, -wehr *f*) *m* **3** TECH Schild *m* (*a pour tunnels*); *d'un engin spatial* **~ thermique** Hitzeschild *m* **4** GÉOL **~ canadien** Kanadischer Schild

Bouddha [buda] *m* REL Buddha *m*

bouddhique [budik] *adj* REL buddhistisch **bouddhisme** *m* REL Buddhismus *m* **bouddhiste** REL **I** *adj* buddhistisch **II** *m,f* Buddhist(in) *m(f)*

bouder [bude] **I** *v/t* **~ qn** mit j-m schmollen; j-m die kalte Schulter zeigen; **~ qc** etw meiden; e-r Sache (*dat*) fernbleiben, aus dem Weg gehen **II** *v/i* schmollen

bouderie [budʀi] *f* Schmollen *n*

boudeur [budœʀ] **I** *adj* ⟨**-euse**⟩ *air, personne* schmollend **II** *subst* **~, boudeuse** *m,f* j, der (oft) schmollt; **oh, la boudeuse!** ach, sie schmollt mal wieder!

boudin [budɛ̃] *m* **1** Blutwurst *f*; **~ blanc** Weißwurst *f*; F *fig* **s'en aller, tourner en eau de ~** kläglich scheitern; ausgehen wie das Hornberger Schießen; F in die Binsen gehen **2** F *fig* (*bourrelet*) Wulst *m*; Rolle *f* **3** F *fig* **~s** *pl* (*gros doigts*) F Wurstfinger *m/pl* **4** F *péj d'une fille* F Pummel *m* **5** TECH **ressort** *m* **à ~** Schraubenfeder *f* **6** *partic enfants* F **faire du ~** schmollen; F im Schmollwinkel sitzen; e-n Schmollmund machen

boudiné [budine] *adj* **1** *personne* **être ~ dans un vêtement** in ein Kleidungsstück eingezwängt sein **2** **doigts ~s** F Wurstfinger *m/pl*

boudiner [budine] *v/t vêtement trop serré* **ça (me) boudine** das zwängt mich so ein, dass sich richtige Wülste bilden

boudoir [budwaʀ] *m* **1** *petit salon* Boudoir *n* **2** *biscuit* Löffelbiskuit *n ou m*

boue [bu] *f* **1** Schlamm *m*; Schmutz *m*; Morast *m*; F Dreck *m*; **tache** *f* **de ~** Schmutzfleck *m*; *fig*: **couvrir qn de ~** j-n mit Dreck bewerfen; **traîner qn, qc dans la ~** j-n, etw in den Schmutz, Dreck ziehen **2** GÉOL, TECH Schlamm *m*; **bain** *m* **de ~(s)** Schlamm-, Moorbad *n*

bouée [bwe] *f* **1** MAR Boje *f*; Tonne *f*; **~ lumineuse** Leuchtboje *f* **2** (*anneau gonflable*) Schwimmreifen *m*, -ring *m*; **~ de sauvetage** Rettungsboje *f*, -ring *m*; *fig* (letzte) Rettung

boueux [buø, bwø] **I** *adj* ⟨**-euse**⟩ **1** schmutzig; schlammig; morastig; F dreckig **2** TYPO verwischt; unsauber **II** *m* F Müllmann *m*

bouffant [bufɑ̃] *adj* bauschig; **cheveux ~s** fülliges Haar; **manche ~e** *a* Puffärmel *m*; **pantalon ~** Pluderhose *f*

bouffarde [bufaʀd] F *f* (Tabaks)Pfeife *f*

bouffe[1] [buf] F *f* Essen *n*; *péj* P Fressen *n*; **se faire une (petite) ~** zu e-m zwanglosen kleinen Essen zusammenkommen; **ne penser qu'à la ~** immer nur ans Essen denken; **à la ~!** auf geht's zum Essen!

bouffe[2] [buf] *adj* MUS **opéra** *m* **~** Opera buffa *f*; komische Oper

bouffée [bufe] *f* **1** *en inspirant, en fumant* Zug *m*; **avaler de grandes ~s d'air** die Luft in tiefen Zügen einatmen; **tirer une longue ~ de sa pipe** e-n langen Zug aus s-r Pfeife tun **2** *en expirant* Hauch *m*; **~s de fumée** Rauchwolken *f/pl*; Qualm *m*; *à chaque fois*

B

qu'il ouvrait la bouche, ***il me parvenait des ~s d'ail, de vin*** stieg mir nach Knoblauch, Wein riechender Atem in die Nase **3** *d'air* Lufthauch *m*, -strom *m*, -zug *m*; Schwall *m*; *d'odeurs* Dunstwolke *f*; Schwaden *m*; ***~ d'air frais*** Schwall frischer Luft; frischer Lufthauch, -zug; ***~ de froid*** Schwall Kälte; kalter Lufthauch, -zug; ***~ de parfum*** Duftwolke *f*; ***~ de vent*** Windstoß *m*; *loc/adv* ***par ~s*** stoßweise; in Schwaden, Wellen; ***il lui arrivait par ~s des odeurs de cuisine*** die Küchengerüche schlugen ihm in Schwaden entgegen **4** MÉD ***~ de chaleur*** Hitzewallung *f*; fliegende Hitze **5** *fig* ***une ~ d'orgueil*** *etc* e-e Anwandlung von Stolz *etc*; ***… fit monter une ~ de rage à son visage*** … verlieh s-m Gesicht e-n wütenden Ausdruck

bouffer[1] [bufe] *v/i manche, jupe etc* sich bauschen; *cheveux* bauschig, füllig (ab)stehen; ***faire ~ ses cheveux*** s-m Haar Fülle geben

bouffer[2] [bufe] F **I** *v/t* **1** essen (*a abs*); *péj* P fressen; ***~ à la cantine*** in der Kantine essen; ***n'avoir rien à ~*** nichts zu essen, F beißen haben; *fig*: ***j'ai envie de le ~, je le boufferais*** F ich könnte ihn erwürgen, umbringen; ***~ du curé*** F die Pfaffen gefressen haben **2** *fig voiture* ***~ trop d'essence*** F zu viel Benzin fressen; *conducteur* ***~ du (des) kilomètre(s)*** F Kilometer (*pl*) fressen **II** *v/pr* ***se ~ le nez*** F sich in die Haare geraten; sich in die Wolle kriegen; sich in den Haaren liegen; sich in der Wolle haben

bouffetance [buftɑ̃s] *f* F → ***bouffe***[1]

bouffi [bufi] *adj visage* (auf)gedunsen; aufgeschwemmt; ***avoir les yeux ~s*** geschwollene, verschwollene, verquollene Augen haben; *personne* ***~ de graisse*** fettleibig; F ein Fettkloß *m*; *fig personne* ***~ d'orgueil*** aufgeblasen; hochmütig; *yeux, visage* ***~ de sommeil*** vom Schlafen verquollen

bouffir [bufiʀ] **I** *v/t visage* aufgedunsen machen; aufschwemmen **II** *v/i visage* aufgedunsen, aufgeschwemmt werden

bouffon [bufõ] **I** *adj* ⟨***~ne***⟩ derb-komisch; spaßig; possenhaft **II** *m* Possenreißer *m*; Spaßmacher *m*; F Clown [klaun] *m*; HIST ***~ (du roi)*** Hofnarr *m*

bouffonnerie [bufɔnʀi] *f* **1** *d'une scène, d'une histoire* derbe Komik; Spaßigkeit *f*; Possenhaftigkeit *f* **2** *action, paroles* ***~s*** *pl* derbe Späße *m/pl*; Possen *m/pl*; Clownerie [klau-] *f*

bougainvillée [bugɛ̃vile] *f* BOT Bougainvillea *f*

bouge [buʒ] *m café, bar* Spelunke *f*; *hôtel* Absteige *f*

bougeoir [buʒwaʀ] *m* (Kerzen)Leuchter *m* mit Griff

bougeotte [buʒɔt] *f* F ***avoir la ~*** (*ne pas tenir en place*) F kein Sitzfleisch haben; *enfant a* ein Zappelphilipp sein; (*voyager beaucoup*) sehr reiselustig sein; F ein Reiseonkel, e-e Reisetante sein

bouger [buʒe] ⟨***-geons***⟩ **I** *v/t membre* bewegen; rühren; regen; *objet* (ver)rücken; umstellen; *adjt photo* ***bougé*** verwackelt **II** *v/i* **1** *personne, feuilles* sich bewegen, rühren, regen; *dent, manche* wackeln; ***sans ~ de sa chaise*** ohne sich vom Stuhl zu erheben; F ***je ne bouge pas de chez moi aujourd'hui*** ich rühre mich heute nicht von zu Hause fort, weg; *par ext* ***avoir besoin de ~*** Bewegung und Abwechslung brauchen **2** F ***ne pas ~*** *personne* nichts unternehmen; F sich nicht rühren, regen; *prix* gleich, fest, stabil bleiben; *tissu, vêtement* ***ne pas ~ au lavage*** sich beim Waschen nicht verändern **3** *groupe* (*s'agiter*) in Bewegung geraten; aktiv werden; ***ça bouge*** es gärt **III** *v/pr personne* F ***se ~*** sich bewegen, rühren, regen; *fig* sich rühren, regen; etwas unternehmen, tun

bougie [buʒi] *f* **1** Kerze *f*; ***à la lumière d'une ~, de ~s*** bei Kerzenlicht, -schein **2** AUTO ***~ (d'allumage)*** Zündkerze *f*

bougna(t) [buɲa] F *m* (aus der Auvergne stammender) Kohlenhändler und Kneipenbesitzer

bougnoul(e) [buɲul] *m* F *péj* → ***bicot***

bougon [bugõ] **I** *adj* ⟨***~ne***⟩ mürrisch; bärbeißig; F brummig; sauertöpfisch **II** *m* Griesgram *m*; F Brummbär *m*, -bart *m*; Miesepeter *m*; ***un vieux ~*** *a* F ein alter Knurrhahn

bougonner [bugɔne] *v/i* murren; brummen; brummeln; knurren

bougre [bugʀ] F *m* **1** F Kerl *m*; ***un bon ~*** ein netter, guter, anständiger Kerl; ***il n'est pas mauvais ~*** er ist kein schlechter Kerl; ***un pauvre ~*** ein armer Kerl, Teufel **2** *péj* ***~ d'idiot, d'imbécile*** *etc* du Idiot, Dummkopf *etc* **3** *int* ***~!*** Donnerwetter!

bougrement [bugʀəmɑ̃] *adv* F verdammt; verflixt; verteufelt; ***c'est ~ bon*** das ist verdammt, verteufelt gut

bougresse [bugʀɛs] *f* F *péj* Weib(sbild) *n*

boui-boui [bwibwi] *m* ⟨*pl* **bouis-bouis**⟩ F mieses Lokal; miese Kneipe

bouillabaisse [bujabɛs] *f* Bouillabaisse *f* (*provenzalisches Fischgericht*)

bouillant [bujɑ̃] *adj* **1** (*qui bout*) kochend; siedend **2** (*très chaud*) kochend, siedend heiß; brühheiß **3** *fig et st/s personne, tempérament* ungestüm; hitzig

bouillasse [bujas] *f* F Dreck *m*; Pampe *f*

bouille [buj] F *f* Gesicht *n*; ***avoir une bonne ~*** sympathisch, nett aussehen

bouilleur [bujœʀ] *m* (Branntwein)Brenner *m*; ***~ de cru*** privater Eigenbrenner

bouilli [buji] CUIS **I** *adj* gekocht; ***lait ~*** (ab)gekochte Milch **II** *m* gekochtes (Rind)Fleisch

bouillie [buji] *f* CUIS Brei *m*; ***~ d'avoine*** Haferbrei *m*; ***en ~*** a) zu Brei, Mus zerkocht, geworden; b) F *fig* zu Brei, F Mus zerquetscht; F *fig* ***mettre en ~*** F zu Brei schlagen

bouillir [bujiʀ] ⟨**je bous, il bout, nous bouillons; je bouillais; je bouillis; je bouillirai; que je bouille; bouillant; bouilli**⟩ **I** *v/t* F *linge* kochen; ***~ le lait, l'eau*** die Milch, das Wasser (ab)kochen **II** *v/i liquide, viande, légumes, linge* kochen (*a fig*); *liquide a* sieden; ***du linge qui bout*** kochfeste Wäsche; *fig*: ***mon sang bout quand …*** F ich koche, in mir kocht es, wenn …; ***~ de colère*** vor Zorn kochen; ***~ d'impatience*** vor Ungeduld vergehen, brennen; ♦ ***faire ~*** kochen; *eau, lait a* abkochen; *tétine, seringue etc* auskochen; *fig* ***faire ~ qn*** F j-n rasend, wahnsinnig machen; j-n auf die Palme bringen

bouilloire [bujwaʀ] *f* Wasser-, Teekessel *m*

bouillon [bujõ] *m* **1** CUIS Brühe *f*; ***~ gras*** Fleischbrühe *f*; Bouillon *f*; ***~ maigre*** magere Brühe; ***~ de légumes*** Gemüsebrühe *f*; F *iron* ***~ de*** *ou* ***d'onze heures*** Gifttrank *m*; F *fig* ***boire un ~*** *en nageant* Wasser schlucken; (*perdre de l'argent*) viel Geld verlieren, einbüßen; F *fig* ***jeter qn au ~*** j-n ins Wasser werfen, F schmeißen **2** ***~ de culture*** BIOL Nährbrühe *f*, -lösung *f*; Bouillon *f*; *fig* Nährboden *m* **3** ***~s*** *pl* (*bulles*) (Luft-, Dampf)Blasen *f/pl*; *loc/adv* ***à***

gros ~s sprudelnd; brodelnd; ***bouillir à gros ~s*** sprudeln; brodeln; (auf)wallen; *sang* ***couler à gros ~s*** nur so strömen, sprudeln, herausquellen **4** ***~s*** *pl* (*exemplaires invendus*) Remittenden *f/pl* **5** COUT sich bauschende (Kräusel)Falte

bouillonnant [bujɔnɑ̃] *adj eau* sprudelnd; brodelnd

bouillonnement *m* **1** *d'un liquide* Sprudeln *n*; Brodeln *n*; (Auf)Wallen *n*; *d'une source* Sprudeln *n* **2** *fig d'idées* ungestümes Aufbrechen; Brodeln *n*

bouillonner [bujɔne] *v/i* **1** *liquide qui bout* sprudeln; brodeln; (auf)wallen; *source* sprudeln **2** *fig idées* gären; brodeln; *mille pensées* ***bouillonnaient dans son esprit*** ... brodelten in ihm **3** *t/t journal etc* auf e-m Teil der Auflage sitzen bleiben

bouillotte [bujɔt] *f* Wärm-, Bettflasche *f*

Boukhara [bukaʀa] GÉOGR Buchara *n*

boulange [bulɑ̃ʒ] F *f* Bäckerhandwerk *n*; Backgewerbe *n*

boulanger[1] [bulɑ̃ʒe] *m* Bäcker *m*

boulanger[2] [bulɑ̃ʒe] *v/i* ⟨**-geons**⟩ Brot backen

boulangère [bulɑ̃ʒɛʀ] *f* **1** Bäckerin *f* **2** (*femme du boulanger*) Bäckersfrau *f*

boulangerie [bulɑ̃ʒʀi] *f* **1** *boutique* Bäckerei *f*; Bäckerladen *m* **2** *métier* Bäckerhandwerk *n*; Backgewerbe *n*; ***~ industrielle*** Brotfabrik *f* **boulangerie-pâtisserie** *f* ⟨*pl* **boulangeries-pâtisseries**⟩ Bäckerei *f* und Konditorei *f*; Brot- und Feinbäckerei *f*

boule [bul] *f* **1** Kugel *f*; ***~ puante*** Stinkbombe *f*; ***~s Quies***® [bulkjɛs] Ohropax® *n*; CUIS ***~ à thé*** Tee-Ei *n*; ***~ de bois, d'ivoire*** Holz-, Elfenbeinkugel *f*; ***~ de gomme*** *bonbon* Fruchtgummi *n*; PHARM Hustenpastille *f*; ***~ de loto*** Lottokugel *f*; F *fig* ***avoir les yeux en ~s de loto*** F Kulleraugen haben; ***~ de neige*** Schneeball *m*; COMM ***vente*** *f* ***à la ~ de neige*** Schneeballsystem *n*; *fig* ***faire ~ de neige*** *dettes* lawinenartig anwachsen; *nouvelle* sich wie ein Lauffeuer ausverbreiten; *idée* sich ausbreiten; um sich greifen; ***~ de pain*** Laib *m* Brot; *loc/adj* ***en ~*** kugelförmig; wie e-e Kugel; *arbre* ***taillé en ~*** kugelförmig geschnitten; kugelig zugestutzt; ***se mettre en ~*** a) *animal* sich zu e-r Kugel zusammenrollen; b) F *fig* in Harnisch geraten; F in die Luft gehen; F *fig* ***mettre qn en ~*** j-n in Harnisch, F auf die Palme bringen; *fig* ***avoir une ~ dans la gorge*** e-n Kloß im Hals haben **2** ***jeu*** *m* ***de ~s*** Boule(spiel) *n ou f(n)*; ***jouer aux ~s*** Boule, *a* Boccia ['bɔtʃa] spielen **3** F *fig* (*tête*) Kopf *m*; ***perdre la ~*** F durchdrehen; spinnen; ***tondre la ~ à zéro*** den Kopf kahl scheren; F *fig* ***avoir les ~s*** (*être énervé*) F genervt sein; ausrasten; (*être anxieux*) F Bammel, P Schiss haben; ***ça me fout les ~s*** F das nervt mich; das bringt mich auf die Palme

bouleau [bulo] *m* ⟨*pl* **~x**⟩ BOT Birke *f*

boule-de-neige [buldənɛʒ] *f* ⟨*pl* **boules-de-neige**⟩ BOT Schneeball *m*

bouledogue [buldɔg] *m* ZO Bulldogge *f*; *iron* ***être aimable comme un ~*** F ein Bullenbeißer sein

bouler [bule] *v/i* F ***envoyer ~*** → ***promener*** *I 3*

boulet [bulɛ] *m* **1** HIST ***~ (de canon)*** Kanonenkugel *f*; ***arriver comme un ~ de canon*** angestürmt kommen; F *fig* ***pas pour un ~ de canon*** um keinen Preis; um nichts in der Welt; *fig* ***tirer sur qn à ~s rouges*** j-n heftig, schonungslos angreifen; j-n heftig aufs Korn nehmen **2** HIST *des bagnards* Eisenkugel *f*; *fig*: ***quel ~!*** das ist ein ganz schöner Klotz am Bein!; ***traîner un ~*** e-n Klotz am Bein haben **3** *charbon* ***~s*** *pl* Eierbriketts *n/pl*, -kohle(n) *f(pl)*

boulette [bulɛt] *f* **1** Kügelchen *n*; ***~ de pain, de papier*** Brot-, Papierkügelchen *n* **2** CUIS ***~ (de viande)*** Fleischklößchen *n*; Frikadelle *f* **3** F *fig* ***faire une ~*** e-n Fehler, e-e Dummheit, F e-n Schnitzer machen; F e-n Bock schießen

boulevard [bulvaʀ] *m* **1** breite (Ring)Straße; Boulevard *m*; *à Paris* ***les Grands Boulevards*** die großen Boulevards (*zwischen Place de la Madeleine u Place de la République*) **2** ***pièce*** *f*, ***théâtre*** *m* ***de ~*** Boulevardstück *n*, -theater *n*

bouleversant [bulvɛʀsɑ̃] *adj* erschütternd

bouleversement [bulvɛʀsəmɑ̃] *m* **1** (*changement brutal*) Umwälzung *f*; grundlegende, tief greifende (Ver)Änderung *f* **2** (*perturbation*) Durcheinanderbringen *n* **3** *d'une personne* Erschütterung *f*; *d'un visage* Verstörtheit *f*

bouleverser [bulvɛʀse] *v/t* **1** (*perturber*) in Unordnung bringen; völlig durcheinanderbringen; ***~ les habitudes de qn*** j-n völlig aus der gewohnten Ordnung bringen **2** (*changer complètement*) grundlegend, tief greifend, völlig verändern **3** *événement, nouvelle* ***~ qn*** j-n erschüttern, bis ins Innerste aufwühlen; *adjt*: ***être bouleversé*** *personne* erschüttert sein (***par*** über +*acc*); *visage* Erschütterung ausdrücken; verstört sein; ***d'une voix bouleversée*** mit tief bewegter Stimme

Boulez [bulɛz] *frz Komponist*

boulier [bulje] *m* Rechenbrett *n*

boulimie [bulimi] *f* MÉD Bulimie *f*; *fig* Heißhunger *m* (***de*** auf +*acc*) **boulimique** **I** *adj* an Bulimie erkrankt **II** *m,f* Bulimiker(in) *m(f)*; Bulimiekranke(r) *f(m)*

boulisme [bulism] *m* Boulespielen *n*, -sport *m*

bouliste [bulist] *m,f* Boulespieler(in) *m(f)*; *adjt* ***club*** *m* ***~*** Bouleklub *m*

boulodrome [bulɔdʀom] *m* Bouleplatz *m*

Boulogne-Billancourt [bulɔɲbijɑ̃kuʀ] *Stadt im Dep. Hauts-de-Seine*

boulon [bulõ] *m* TECH Schraube(nbolzen) *f(m)* (mit Mutter)

boulonnage [bulɔnaʒ] *m* TECH Verschraubung *f*

boulonner [bulɔne] **I** *v/t* TECH ver-, zusammenschrauben; festschrauben (***à*** an +*dat*) **II** *v/i* F (*travailler*) arbeiten; *südd* schaffen; *p/fort* F schuften; malochen

boulot[1] [bulo] **I** *adj* ⟨**~te**⟩ klein und rund, drall, F pummelig **II** *f* ***une petite ~te*** e-e kleine, runde *etc* Frau; F ein Pummel *m*

boulot[2] [bulo] *m* F **1** (*travail*) Arbeit *f*; (*place*) F Job [dʒ-] *m*; ***petit ~*** Gelegenheits-, Dienstleistungsjob *m*; ***vivre de petits ~s*** F herumjobben; ***au ~!*** an die Arbeit!; ***aller au ~*** zur Arbeit gehen; ***avoir un bon ~*** e-n guten Job haben; ***chercher du ~*** Arbeit, F e-n Job suchen; ***c'est du bon ~*** das ist gute Arbeit **2** *adjt* ⟨*inv*⟩ *personne* ***être ~ ~*** nichts als die Arbeit kennen; nur an die Arbeit denken

boulotter [bulɔte] F *v/t* essen; F futtern

boum [bum] **I** *int* bum!; peng!; *bruit de chute a* bums!; plumps!; ***faire ~*** a) F bumsen; b) *enf* bauz, plumps machen; ***ça a fait ~*** F es hat gebumst **II** *subst* **1** *m bruit* Bums *m*; Plumps *m* **2** F *personne* ***être en plein ~*** alle Hände voll zu tun haben **3** *f* F (*surboum*) Party *f*; F Fete *f*

B

boumer [bume] *v/i* F ***ça boume?*** läuft alles gut?; alles in Ordnung?; F alles o.k. [o'keː]?
bounioul [buɲul] *m* F *péj* → ***bicot***
bouquet [bukɛ] *m* 1 ~ (***de fleurs***) (Blumen)Strauß *m*; *st/s* Bukett *n*; ~ ***de la mariée, de roses*** Braut-, Rosenstrauß *m*; ***faire un*** ~ e-n Strauß binden, machen 2 CUIS ~ ***garni*** Petersilie, Thymian und Lorbeerblätter (*zusammengebunden als Beigabe zum Kochen*); ~ ***de persil*** Strauß *m*, Sträußchen *n*, Bund *n* Petersilie 3 ~ ***d'arbres, de châtaigniers*** Baum-, Kastaniengruppe *f* 4 *d'un vin* Bukett *n*; Blume *f* 5 *d'un feu d'artifice* Bukett *n*; F *iron* ***c'est le*** ~***!*** F das ist doch der Gipfel, die Höhe! 6 *crevette* rosa Garnele *f*
bouquetin [buktɛ̃] *m* ZO Steinbock *m*
bouquin [bukɛ̃] *m* F (*livre*) Buch *n*; F Schmöker *m*; ***gros*** ~ *a* F Schinken *m*; *fig* ***il n'est jamais sorti de ses*** ~***s*** er hat immer nur über den Büchern gehockt
bouquiner [bukine] *v/i* F schmökern **bouquiniste** *m,f* Bouquinist(in) *m(f)* (*Straßenbuchhändler am Seineufer in Paris*)
bourbe [buʀb] *f* Morast *m*; Schlamm *m*
bourbeux [buʀbø] *adj* ⟨**-euse**⟩ morastig; schlammig
bourbier [buʀbje] *m* 1 Morast-, Schlammloch *n*; Morast *m* 2 *fig* schwierige, unangenehme, üble Lage; F Klemme *f*; ***se tirer du*** ~ sich aus e-r schwierigen *etc* Lage befreien; F sich aus der Klemme ziehen
bourbon [buʀbõ] *m* Bourbon(whisky) ['bœːrbən-] *m*
bourbonien [buʀbɔnjɛ̃] *adj* ⟨~**ne**⟩ 1 HIST bourbonisch 2 ***nez*** ~ höckerige Nase
Bourbons [buʀbõ] *m/pl* HIST Bourbonen *m/pl*
bourdaine [buʀdɛn] *f* BOT Faulbaum *m*; ***tisane*** *f* ***de*** ~ Tee *m* aus Faulbaumrinde
bourde [buʀd] *f* (grober) Fehler, F Schnitzer; (große) Dummheit; ***grosse*** ~ grober, F dicker Fehler; F dicker Hund; ***commettre, faire une*** ~ e-n Fehler, e-e Dummheit machen, begehen; F e-n Schnitzer machen; e-n Bock schießen; ***lâcher une*** ~ etwas Dummes sagen, F von sich geben
bourdon [buʀdõ] *m* 1 ZO Hummel *f*; ***faux*** ~ Drohne *f* 2 F ***avoir le*** ~ deprimiert, niedergeschlagen, F down [daʊn] sein 3 *cloche* große Glocke 4 MUS *d'orgue* Bordun *m*; Bourdon *m* 5 BRODERIE ***point m de*** ~ Plattstich *m*
bourdonnant [buʀdɔnɑ̃] *adj insecte* summend; *partic libellule, moustique a* schwirrend; ***avoir les oreilles*** ~***es*** Ohrensausen, ein Rauschen in den Ohren haben
bourdonnement [buʀdɔnmɑ̃] *m* 1 *d'insectes* Summen *n*; Gesumm *n*; *de moustiques a* Schwirren *n*; ~ ***d'abeilles*** Bienengesumm *n* 2 *d'un moteur, d'un avion* Brummen *n*; Gebrumm *n* 3 *de voix* (dumpfes, gedämpftes) Stimmengewirr; Gemurmel *n* 4 ~ ***d'oreilles*** Ohrensausen *n*; Rauschen *n* in den Ohren
bourdonner [buʀdɔne] *v/i* 1 *insectes* summen, *moustiques a* schwirren (***autour de*** um) 2 *moteur, avion* brummen; *musique au loin* dumpf tönen, dröhnen 3 ***avoir les oreilles qui bourdonnent*** Ohrensausen, ein Rauschen in den Ohren haben
bourg [buʀ] *m* Marktflecken *m*
bourgade [buʀgad] *f* kleiner Marktflecken
bourge [buʀʒ] *m,f* F *abr* (*bourgeois*) *péj* Besitzbürger(in) *m(f)*
Bourg-en-Bresse [buʀkɑ̃bʀɛs] *Stadt im Dep. Ain*
bourgeois [buʀʒwa] **I** *adj* 1 (*de la classe moyenne*) bürgerlich; ***classe*** ~***e*** Bürgertum *n*, -schicht *f*; ***cuisine*** ~***e*** gutbürgerliche Küche; THÉ ***drame*** ~ bürgerliches Drama, Trauerspiel; ***milieux*** *m/pl* ~ bürgerliche Kreise *m/pl*; ***quartier*** ~ gutbürgerliches (Stadt)Viertel 2 *dans une optique marxiste* bürgerlich; bourgeois 3 *péj* (spieß-, klein)bürgerlich; spießig; spießerhaft; ***morale*** ~***e*** (spieß-, klein)bürgerliche Moral **II** *subst* 1 ~(***e***) *m(f)* Bürger(in) *m(f)* (*a* HIST); ***grands*** ~ Groß-, Besitzbürger *m/pl*; ***petits*** ~ Kleinbürger *m/pl*; Mittelständler *m/pl* 2 *m péj* Spieß-, Kleinbürger *m*; Spießer *m*; Bourgeois *m*; ***épater le*** ~ den Spießer vor den Kopf stoßen 3 F ~***e*** *f* (Ehe)Frau *f*; F Ehegespons *n*
bourgeoisement [buʀʒwazmɑ̃] *adv* (gut)bürgerlich
bourgeoisie [buʀʒwazi] *f* Bürgertum *n*; HIST *a* Bürgerstand *m*; *dans une optique marxiste* Bourgeoisie *f*; ***grande, 'haute*** ~ Groß-, Besitzbürgertum *n*; Groß-, Industriebourgeoisie *f*; ***moyenne*** ~ gehobener Mittelstand; Bildungsbürgertum *n*; ***petite*** ~ Kleinbürgertum *n*; Mittelstand *m*
bourgeon [buʀʒõ] *m* BOT Knospe *f*; Auge *n*
bourgeonnement [buʀʒɔnmɑ̃] *m* BOT Knospentreiben *n*; Knospung *f*; Ausschlagen *n* **bourgeonner** *v/i* 1 *arbres* Knospen treiben; knospen; ausschlagen 2 *visage, nez* Pickel bekommen; ***son visage bourgeonnait*** *a* er *ou* sie bekam im Gesicht lauter Pickel
Bourges [buʀʒ] *Stadt im Dep. Cher*
bourgmestre [buʀgmɛstʀ] *m en Belgique, Hollande, Allemagne, Suisse* Bürgermeister *m*
Bourgogne [buʀgɔɲ] 1 ***la*** ~ Burgund *n* 2 ***bourgogne*** *m* Burgunder(wein) *m*
Bourguiba [buʀgiba] *m* POL Burgiba *m*
bourguignon [buʀgiɲõ] **I** *adj* ⟨~**ne**⟩ burgundisch; CUIS ***bœuf*** ~ in Rotwein geschmortes Rindsgulasch; ***fondue*** ~***ne*** Fleischfondue *n ou f* **II** *subst* ***Bourguignon(ne)*** *m(f)* Burgunder(in) *m(f)*
bourlinguer [buʀlɛ̃ge] *v/i* 1 ein unstetes, abenteuerliches Leben führen 2 *navire* gegen Wind und Wellen ankämpfen
bourlingueur [buʀlɛ̃gœʀ] *m* Abenteurernatur *f*; ***il avait été dans sa jeunesse grand*** ~ er hatte in s-r Jugend ein unstetes, abenteuerliches Leben geführt
bourrache [buʀaʃ] *f* BOT Borretsch *m*
bourrade [buʀad] *f amicale* Klaps *m* (***dans le dos*** auf den Rücken); *avec le poing, coude* (leichter) Puff; Rippenstoß *m*
bourrage [buʀaʒ] *m* 1 *d'un coussin etc* Füllen *n*; Füllung *f* (*a matériaux*) 2 *fig* ~ ***de crâne*** POL propagandistische, ideologische Bearbeitung; üble politische Indoktrinierung; *scolaire* Vollstopfen *n*, -pfropfen *n*, Überfütterung *f* mit reinem Faktenwissen 3 TECH *sur imprimante etc* Papierstau *m*
bourrasque [buʀask] *f* jäher, heftiger Windstoß; (Wind)Bö(e) *f*; ~ ***de neige, de pluie*** Schnee-, Regenbö(e) *f*
bourratif [buʀatif] *adj* ⟨**-ive**⟩ *aliment* sehr sättigend; ***être*** ~ *a* stopfen
bourre[1] [buʀ] *f* 1 TEXT Faserabfälle *m/pl*; ~ ***de laine*** Wollabgänge *m/pl*; ~ ***de soie*** Flockseide *f* 2 *d'un coussin etc* Füllung *f*; Füllstoff *m* 3 *loc* F ***être à***

la ~ spät dran sein; sich verspäten

bourre[2] [buʀ] *m* F → ***flic***

bourré [buʀe] *adj* **1** *salle, train, valise* gestopft voll; F proppenvoll; *salle, train a* gesteckt, F gerammelt voll; ***~ de*** vollgestopft, vollgepfropft, gespickt mit; *portefeuille* ***~ de billets*** mit Banknoten vollgestopft, gespickt; *texte* ***~ de fautes*** mit Fehlern gespickt; *personne* F ***~ de fric*** stein-, F stinkreich; *personne* ***être ~ de complexes*** voller Komplexe sein, stecken **2** F *(ivre)* F voll; blau

bourreau [buʀo] *m* ⟨*pl* ***~x***⟩ **1** Henker *m*; Scharfrichter *m* **2** *fig* Peiniger *m*; *plais* ***~ des cœurs*** Herzensbrecher *m*; ***~ d'enfants*** j, der Kinder misshandelt, quält; *sexuellement* Kinderschänder(in) *m(f)*; *mère, père a* Rabenmutter *f*, -vater *m*; ***~ de travail*** Arbeitstier *n*; Workaholic [vœːrk-] *m*

bourrée [buʀe] *f* MUS Bourrée *f* *(Volkstanz aus der Auvergne)*

bourrelé [buʀle] *adj* ***~ de remords*** von Gewissensbissen geplagt, gepeinigt

bourrelet [buʀlɛ] *m* **1** Wulst *m ou f*; ***~ (de graisse)*** Fettpolster *n*, -wulst *m*; Speckfalte *f* **2** *pour arrêter l'air* Dichtungsband *n*, -streifen *m*

bourrelier [buʀəlje] *m* Sattler *m*; Geschirrmacher *m*

bourrer [buʀe] **I** *v/t* **1** *sac, placard etc* vollstopfen; vollpfropfen; *fig* ***~ qn de coups*** j-n tüchtig verprügeln, F verdreschen; ***~ qn de gâteaux*** *etc* j-n mit Kuchen *etc* vollstopfen, überfüttern **2** *pipe* stopfen; *coussin etc* füllen; *fig* ***~ le crâne de qn*** POL j-n propagandistisch, ideologisch bearbeiten; j-n indoktrinieren; *dans un système scolaire* j-n mit reinem Faktenwissen vollstopfen, vollpfropfen, überfüttern **II** *v/i* *aliment* sehr sättigend sein; stopfen **III** *v/pr* ***se ~ de gâteaux*** *etc* sich mit Kuchen *etc* vollstopfen

bourrette [buʀɛt] *f* TEXT Bourrette *f*; Flockseide *f*

bourriche [buʀiʃ] *f* (länglicher) Korb (ohne Henkel); ***une ~ d'huîtres*** ein Korb Austern

bourrichon [buʀiʃõ] *m* F ***monter le ~ à qn*** j-n aufhetzen; F ***se monter le ~*** sich *(dat)* Illusionen machen; sich *(dat)* etwas vormachen

bourricot [buʀiko] *m* (kleiner) Esel; Eselchen *n*; *fig* ***chargé comme un ~*** beladen wie ein Packesel

bourrin [buʀɛ̃] *m* F Gaul *m*

bourrique [buʀik] *f* **1** *(âne)* Esel *m*; *(ânesse)* Eselin *f*; *personne* ***têtu comme une ~*** störrisch wie ein Esel; F ***rond, plein comme une ~*** F sternhagelvoll; voll wie e-e Strandhaubitze **2** F *fig* *(imbécile)* F Esel *m*; ***faire tourner qn en ~*** F j-n wahnsinnig, verrückt machen

bourriquet [buʀikɛ] *m* TECH Winde *f*; MINES Förderhaspel *f*

bourru [buʀy] *adj* **1** *personne* bärbeißig; unwirsch; F raubeinig; ***mine ~e*** grimmiges Gesicht; ***sous des dehors ~s*** unter e-r rauen Schale **2** ***lait ~*** frisch gemolkene, kuhwarme Milch **3** ***vin ~*** Federweiße(r) *m*

bourse [buʀs] *f* **1** Geldbeutel *m*; (Geld)Börse *f*; ***la ~ ou la vie!*** Geld (her) oder (es kostet das) Leben!; *loc/adv* ***sans ~ délier*** ohne e-n Pfennig auszugeben; ohne etwas zu bezahlen; ***il a la ~ bien garnie (dégarnie)*** er hat e-n vollen, dicken (schmalen) Geldbeutel; er ist gut (knapp, schlecht) bei Kasse; ***avoir recours à la ~ de qn*** sich von j-m finanziell unterstützen lassen; ***faire ~ commune, à part*** gemeinsame, getrennte Kasse führen, F machen **2** ***~ (d'études)*** Stipendium *n*; ***~ de recherches, de voyage*** Forschungs-, Reisestipendium *n* **3** ANAT **a)** ***~ séreuse, synoviale*** Schleimbeutel *m*; **b)** ***~s*** *pl (scrotum)* Hodensack *m*

Bourse [buʀs] *f* **1** Börse *f*; ***~ immobilière*** Grundstücksbörse *f*; ***~ aux timbres*** Briefmarkenbörse *f*; ***~ de commerce*** Waren-, Produktenbörse *f*; ***~ de(s) valeurs*** Wertpapier-, Effektenbörse *f*; ***jouer à la ~*** (an der Börse) spekulieren **2** *(cours de la ~)* (Börsen)Kurse *m/pl*; ***la ~ a baissé, monté*** die (Börsen)Kurse sind gefallen, gestiegen **3** ***~ du travail*** Gewerkschaftshaus *n*

bourse-à-pasteur [buʀsapastœʀ] *f* ⟨*pl* **bourses-à--pasteur**⟩ BOT Hirtentäschel(kraut) *n*

boursicotage [buʀsikɔtaʒ] *m* kleine Börsengeschäfte *n/pl* **boursicoter** *v/i* kleine Börsengeschäfte machen; ein bisschen an der Börse spekulieren **boursicoteur** *m*, **boursicoteuse** *f ou* **boursicotier** *m*, **boursicotière** *f* kleiner Börsenspekulant, kleine Börsenspekulantin; kleiner Jobber, kleine Jobberin

boursier [buʀsje] **I** *adj* ⟨**-ière**⟩ Börsen…; ***opération, transaction boursière*** Börsengeschäft *n* **II** *subst* **1** ***~, boursière*** *m,f* *élève, étudiant(e)* Stipendiat(in) *m(f)* **2** *m de la Bourse* Börsenmakler *m*; F Börsianer *m*

boursouflé [buʀsufle] *adj* **1** *visage* (an-, auf)geschwollen **2** *fig style, discours* schwülstig; bombastisch; geschwollen; hochtrabend **boursoufler** *v/t* *visage, peau* anschwellen lassen

boursouflure [buʀsuflyʀ] *f* **1** *des chairs* Schwellung *f*; geschwollene Stelle **2** *de la peinture (cloque)* Blase *f* **3** *fig du style* Schwulst *m*; Schwülstigkeit *f*; Bombast *m*; Geschwollenheit *f*

bousculade [buskylad] *f* **1** *(cohue)* Gedränge *n*; F Drängelei *f*; Gestoße *n*; Geschubse *n* **2** *(agitation)* Durcheinander *n*; Eile *f*; Hast *f*; ***dans la ~ du départ*** in dem Durcheinander, in der Eile, Hast des Aufbruchs

bousculer [buskyle] **I** *v/t* **1** *personne (pousser)* (an)stoßen; F schubsen; *p/fort* um-, wegstoßen; beiseitestoßen; zur Seite stoßen; *objet (accrocher)* anstoßen (***qc*** an etw [*acc*]); *(renverser)* umstoßen, -werfen **2** *personne (presser)* hetzen; drängen; antreiben; ***être très bousculé*** viel um die Ohren haben; viel zu tun haben; sehr beschäftigt sein **3** *fig idées reçues, traditions* ins Wanken bringen; erschüttern; ***~ des règles grammaticales*** sich über Grammatikregeln hinwegsetzen; Grammatikregeln missachten; ***~ les habitudes de qn*** j-n aus der gewohnten Ordnung bringen **II** *v/pr* ***se ~*** **1** *personnes* sich drängen, stoßen, F schubsen, drängeln **2** *fig idées* ***se ~ dans la tête de qn*** j-m im Kopf herumschwirren

bouse [buz] *f* ***~ (de vache)*** Kuhfladen *m* **bouseux** *m* F *péj* Kuh-, Mistbauer *m* **bousier** *m* ZO Mistkäfer *m*

bousillage [buzijaʒ] F *m* **1** *(action de casser)* F Kaputtmachen *n* **2** *(travail mal fait)* stümperhafte, F schludrige, schlampige Arbeit; Stümperei *f*; F Schluder-, Pfuscharbeit *f*; Pfusch *m*; Murks *m*

bousiller [buzije] F *v/t* **1** *travail* stümperhaft, F schludrig, schlampig machen; hinschludern, -pfuschen, -schlampen; *fig carrière* F verpfuschen, -sauen, -hunzen; ***travail bousillé*** → ***bousillage*** *2* **2** *mécanisme* F kaputt machen **3** (*tuer*) F kaltmachen; abmurksen; ***se faire*** ~ F draufgehen

bousilleur [buzijœʀ] F *m*, **bousilleuse** F *f* Stümper(in) *m(f)*; F Pfuscher(in) *m(f)*

boussole [busɔl] *f* (Magnet)Kompass *m*; *t/t* Bussole *f*; F *fig* ***perdre la*** ~ den Kopf verlieren

boustifaille [bustifaj] F *f* Essen *n*; F Futter *n*; Fressalien *pl*; *péj* P Fressen *n*

bout[1] [bu] *m* **1** (*extrémité*) Ende *n*; Spitze *f*; *d'une cigarette* Mundstück *n*; ♦ ***le bon*** ~ das richtige Ende; *fig*: ***prendre une question par le bon*** ~ ein Problem richtig anpacken; ***tenir le bon*** ~ es bald, fast geschafft haben; ♦ ~ ***du doigt*** Fingerspitze *f*; ***du*** ~ ***des doigts*** mit den Fingerspitzen; ***prendre qc du*** ~ ***des doigts*** etw mit spitzen Fingern anfassen; *fig*: ***avoir de l'esprit jusqu'au*** ~ ***des doigts, des ongles*** höchst, äußerst geistreich, -voll sein; vor Geist sprühen; ***être artiste*** *etc* ***jusqu'au*** ~ ***des doigts, des ongles*** durch und durch Künstler *etc* sein; ein Künstler *etc* vom Scheitel bis zur Sohle sein; ***connaître qc sur le*** ~ ***des doigts*** F etw in- und auswendig kennen; ***savoir qc sur le*** ~ ***des doigts*** F etw im Schlaf, aus dem Effeff können, beherrschen; ~ ***de la langue*** Zungenspitze *f*; ***avoir un mot sur le*** ~ ***de la langue*** ein Wort auf der Zunge haben; ***j'ai le mot sur le*** ~ ***de la langue*** *a* das Wort liegt mir auf der Zunge; *fig*: ***le*** ~ ***du monde*** F das Ende der Welt; *si elle a vingt ans*, ***c'est*** (***tout***) ***le*** ~ ***du monde*** so ist das schon hoch gerechnet, viel; ***ce n'est pas le*** ~ ***du monde*** (*pas difficile*) F das ist doch nicht die Welt; (*pas cher*) F das kostet nicht die Welt; ***habiter au*** ~ ***du monde*** F am Ende der Welt wohnen; ~ ***du nez*** Nasenspitze *f*; ***se laver seulement le*** ~ ***du nez*** Katzenwäsche machen; *fig* ***mener qn par le*** ~ ***du nez*** j-n herumkommandieren, gängeln, nach s-r Pfeife tanzen lassen; ***montrer le*** ~ ***de son nez*** den Kopf zur Tür hereinstecken; *fig* ***ne pas voir plus loin que le*** ~ ***de son nez*** F nicht weiter sehen als s-e Nase (reicht); nicht über die eigene Nase hinaussehen; ~ ***de l'oreille*** Ohrläppchen *n*; *fig* ***montrer le*** ~ ***de l'oreille*** s-e wahren Absichten verraten; die Katze aus dem Sack lassen; ~ ***du pied*** Fußspitze *f*; ~ ***du sein*** Brustwarze *f*; ~ ***de la table*** Tischende *n*; ♦ *loc/adj ciseaux* ***à*** ~***s ronds*** vorn stumpf; mit abgerundeten Spitzen; *loc/adv*: ~ ***à*** ~ [butabu] (mit den Enden) aneinander; ***joindre*** ~ ***à*** ~ aneinanderfügen, zusammenfügen; ***mettre*** ~ ***à*** ~ aneinanderlegen, -fügen, -reihen; *fig heures, kilomètres* zusammenrechnen, -zählen; *tenir, soulever* ***à*** ~ ***de bras*** mit ausgestreckten Armen; ***à tout*** ~ ***de champ*** alle Augenblicke; F alle nase(n)lang; *loc/prép* ***au*** ~ ***de*** am Ende (+*gén*); → *a 2*; ***au*** ~ ***de son canon, de son fusil*** in der Schusslinie; im Visier; ***de*** ~ ***en*** ~, ***d'un*** ~ ***à l'autre*** von Anfang bis Ende; von A bis Z; ***lire un livre d'un*** ~ ***à l'autre*** *a* ein Buch ganz durchlesen; ***d'un*** ~ ***à l'autre du voyage*** während der ganzen Reise; die ganze Reise über; ♦ *fig* ***aller jusqu'au*** ~ nicht aufgeben; nicht auf halbem Wege stehen bleiben; ***aller jusqu'au*** ~ ***de qc*** etw konsequent durchführen, -setzen; ***commencer par un*** ~ erst einmal irgendwo anfangen; ***être à*** ~ (*fatigué*) am Ende (s-r Kräfte), erschöpft, F vollkommen fertig, fix und fertig sein; (*exaspéré*) wütend, erbost sein; ***être à*** ~ ***de qc*** mit etw am Ende sein; ***être à*** ~ ***d'arguments*** keine Argumente mehr haben; sein Pulver verschossen haben; → *a* ***patience*** *1*, ***souffle*** *2*; ***joindre les deux*** ~***s*** (mit s-m Geld) gerade so aus-, durch-, hinkommen, F über die Runden kommen; ***pousser qn à*** ~ (*exaspérer*) j-n auf-, hochbringen, F auf die Palme bringen; *à l'extrême* j-n zum Äußersten treiben; *fig*: ***ne pas savoir par quel*** ~ ***prendre qn*** nicht (so recht) wissen, wie man j-n behandeln, anfassen, wie man mit j-m umgehen soll; ***ne pas savoir par quel*** ~ ***prendre qc*** nicht wissen, wie man etw anpacken, anfassen, angehen soll; ***venir à*** ~ ***de qn, qc*** mit j-m, etw fertig werden; mit j-m, etw zurande kommen; etw fertigbringen; etw zuwege, zustande bringen; etw schaffen; *difficultés* meistern; Herr werden (+*gén*); *projet* verwirklichen; in die Tat umsetzen; *travail difficile* ***ne pas en voir le*** ~ kein Ende (ab)sehen; nicht damit zu Ende kommen, fertig werden **2** (*terme*) Ende *n*; ÉGL CATH (***messe*** *f*, ***service*** *m* ***du***) ~ ***de l'an*** Jahrtagsmesse *f*; *loc/prép* ***au*** ~ ***de*** nach (+*dat*); nach Ablauf von (*ou* +*gén*); ***au*** ~ ***de trois jours*** nach (Ablauf von) drei Tagen **3** (*morceau*) Stück(chen) *n*; F Ende *n*; ***un*** ~ ***de bois, de pain*** ein Stück Holz, Brot; ***un*** ~ ***de chemin*** ein Stück(chen) (Weges); ***il y a un bon*** ~ (***de chemin***) ***d'ici là*** es ist ein ganz schönes Stück, F ein ganzes Ende bis dorthin; ***faire un*** ~ ***de chemin ensemble*** ein Stück(chen) (Weges) zusammen gehen; F *fig* ***un*** (***petit***) ~ ***de chou*** ein (kleines) Bübchen *ou* Mädelchen; *petit garçon a* ein Dreikäsehoch *m*; CIN ~ ***d'essai*** Probeaufnahme *f*; ***un petit*** ~ ***de femme*** ein kleines Persönchen (*a petite fille*); ***un*** ~ ***de ficelle*** ein Stück, F Ende Schnur; ***un petit*** ~ ***d'homme*** ein (kleines) Männchen; ein kleiner Mann (*a* F *petit garçon*); CIN, THÉ ~ ***de rôle*** kleine Rolle; Nebenrolle *f*; ***depuis un bon*** ~ ***de temps*** seit geraumer Zeit; seit e-r ganzen Weile; F ***en connaître un*** ~ etwas davon verstehen; sich darin gut auskennen; F ***faire un*** ~ ***de conduite à qn*** j-n ein Stück(chen) (Weges) begleiten; F ***manger un*** ~ e-e Kleinigkeit, F e-n Happen essen, zu sich nehmen; F *fig* ***mettre les*** ~***s*** F abhauen; türmen; verduften

bout[2] [bu] → ***bouillir***

boutade [butad] *f* (geistvoller) Scherz; Scherzwort *n*; scherzhafte Bemerkung

boute-en-train [butɑ̃tʀɛ̃] *m* ⟨*inv*⟩ F Stimmungskanone *f*; Betriebsnudel *f*

bouteille [butɛj] *f* Flasche *f*; F Buddel *f*; *vin* ***une bonne*** ~ ein guter, edler Tropfen; ~ ***à la mer*** Flaschenpost *f*; ~ ***de bière, de vin*** Bier-, Weinflasche *f*; Flasche Bier, Wein; ~ ***de butane, d'oxygène*** Butangas-, Sauerstoffflasche *f*; ~ ***de rouge*** Flasche Rotwein; ***vin*** *m* ***en*** ~ Flaschenwein *m*; *adjt* ***vert*** ~ ⟨*inv*⟩ flaschengrün; F ***aimer la*** ~ F gern einen trinken, heben; ***avoir de la*** ~ a) *vin* alt sein; gut abgelagert sein; b) F *fig personne* alt, gereift sein; ***avoir dix ans de*** ~ a) *vin* zehn Jahre alt sein; b) F *fig amitié* seit zehn Jahren bestehen; *fig* ***c'est la*** ~ ***à l'encre*** das ist e-e undurchsichtige, dunkle Geschichte; ***mettre en*** ~***s*** in Flaschen (ab)füllen; auf Flaschen ziehen; abziehen; F *fig personne* ***prendre de la*** ~ älter werden; altern

bouter [bute] *v/t Jeanne d'Arc* ***ils*** (*les Anglais*) ***seront boutés 'hors de France*** sie werden aus Frankreich vertrieben, hinausgeworfen werden

bouteur [butœʀ] *m* → ***bulldozer***

boutique [butik] *f* **1** **a)** *magasin* (kleiner) Laden; **~ *de mode*** Boutique *f*; ***elle aurait voulu emporter toute la ~*** sie hätte am liebsten den ganzen Laden leer gekauft; ***fermer ~*** s-n Laden schließen, F dichtmachen; sein Geschäft aufgeben; ***tenir ~*** e-n Laden haben, besitzen, führen; **b)** *d'un grand couturier* (eleganter) Laden; (elegantes) Geschäft; **~ *Cardin*** Laden, Geschäft von Cardin; *adjt* ***robe f ~*** Kleid *n* von *Cardin etc* **2** F *péj* (*lieu de travail*) *péj* (Saft)-Laden *m*

boutiquier [butikje] *péj m*, **boutiquière** *péj f* kleiner Ladeninhaber, kleine Ladeninhaberin; *péj* Krämer *m*

boutoir [butwaʀ] *m du sanglier* Rüssel *m*; Schnauze *f*; *t/t* Gebrech *n*; *fig* ***coup m de ~*** grober Ausfall; verletzende, beleidigende Äußerung

bouton [butõ] *m* **1** BOT Knospe *f*; *d'une fleur* Blütenknospe *f*; **~ *de rose*** Rosenknospe *f*; *loc/adj* ***en ~*** in der Knospe **2** *sur la peau* Pickel *m*; Bläschen *n*; **~ *d'acné*** Aknepickel *m*; **~ *de fièvre*** Fieberbläschen *n*; ***avoir des ~s*** (***sur le visage***) Pickel (im Gesicht) haben **3** COUT Knopf *m*; **~ *de chemise, de culotte, de manchette*** Hemden-, Hosen-, Manschettenknopf *m* **4** *d'un meuble* Knopf *m*; *d'un appareil* (Bedienungs-, Einstell)Knopf *m*; **~ *d'alarme, de sonnette*** Alarm-, Klingelknopf *m*; **~ *de porte*** Türknauf *m*, -knopf *m*; F ***tourner le ~*** (das Licht, das Radio *etc*) *allumer* anmachen, *fermer* ausmachen **5** INFORM **~ *de souris*** Maustaste *f*; **~ *gauche, droit de la souris*** linke, rechte Maustaste

bouton-d'or [butõdɔʀ] *m* ⟨*pl* **boutons-d'or**⟩ BOT Butterblume *f*; Hahnenfuß *m*

boutonnage [butɔnaʒ] *m* Knöpfen *n* (***de droite à gauche*** von rechts nach links); Zuknöpfen *n*; *vêtement* ***sans ~ de devant*** vorn ohne Knöpfe, Knopfverschluss, -leiste

boutonner [butɔne] **I** *v/t vêtement* zuknöpfen; **~ *qn dans le dos*** j-m auf dem Rücken, hinten die Knöpfe zumachen **II** *v/pr* ***se ~*** **1** *personne* s-e Jacke, s-n Mantel *etc* zuknöpfen **2** *vêtement* (zu)geknöpft werden, zu knöpfen sein (***dans le dos*** auf dem Rücken, hinten)

boutonneux [butɔnø] *adj* ⟨**-euse**⟩ *visage, personne* pick(e)lig

boutonnière [butɔnjɛʀ] *f* Knopfloch *n*; ***avoir, porter une fleur à la ~*** e-e Blume im Knopfloch tragen

bouton-poussoir [butõpuswaʀ] *m* ⟨*pl* **boutons--poussoirs**⟩ ÉLECT Druckknopf *m*, -taste *f* **bouton-pression** *m* ⟨*pl* **boutons-pression**⟩ COUT Druckknopf *m*

bouturage [butyʀaʒ] *m* BOT Vermehrung *f* durch Stecklinge, Steckreiser

bouture [butyʀ] *f* BOT Steckling *m*; Steckreis *n*; ***faire une ~*** e-n Steckling, ein Steckreis abnehmen

bouturer [butyʀe] BOT **I** *v/t* durch Stecklinge, Steckreiser vermehren **II** *v/i plante* Wurzelschösslinge treiben

bouvet [buvɛ] *m* TECH Falzhobel *m*

bouvier [buvje] *m* **1** *personne* Rinderhirt *m* **2** ZO **~ *des Flandres*** Riesenschnauzer *m*

bouvreuil [buvʀœj] *m* ZO Dompfaff *m*; Gimpel *m*

bovidés [bɔvide] *m/pl* ZO Horntiere *n/pl*

bovin [bɔvɛ̃] **I** *adj* **1** ZO Rinder…; ***races ~es*** Rinderrassen *f/pl* **2** F *fig regard* stumpf; ausdruckslos **II** *m/pl* **~s** Rinder *n/pl*

bowling [boliŋ, bu-] *m* **a)** *jeu* Bowling [ˈboː-] *n*; **b)** *lieu* Bowling(bahn) *n*(*f*)

box [bɔks] *m* ⟨*pl* **~es** [bɔks]⟩ **1** *d'écurie, d'un garage* Box *f*; *d'un garage a* Abstellplatz *m* **2** *d'un dortoir, d'une salle* (durch [halbhohe] Trennwände) abgeteilter Raum; **~ *vitré*** Glaskasten *m*; durch Glaswände abgeteilter Raum **3** *au tribunal* **~ *des accusés*** Anklagebank *f* **4** *cuir* Boxcalf *n*

boxe [bɔks] *f* SPORTS Boxen *n*; Boxsport *m*; **~ *française*** Boxen, bei dem Fußtritte zulässig sind; ***combat m, match m de ~*** Boxkampf *m*; ***faire de la ~*** den Boxsport betreiben; boxen

boxer[1] [bɔkse] **I** *v/t* F **~ *qn*** j-n boxen, mit Fäusten schlagen **II** *v/i* SPORTS boxen

boxer[2] [bɔksɛʀ] *m chien* Boxer *m*

boxer[3] [bɔksœʀ] *m* COUT Boxershorts *pl*

boxer-short [bɔksœʀʃɔʀt] *m* ⟨*pl* **boxer-shorts**⟩ Boxershorts *pl*

boxeur [bɔksœʀ] *m* SPORTS Boxer *m*; **~ *amateur, professionnel*** Amateur-, Berufsboxer *m*

box-office [bɔksɔfis] *m* ⟨*pl* **box-offices**⟩ Hitliste *f*, -parade *f*

boxon [bɔksõ] *m* P Puff *m ou n*

boy [bɔj] *m* (farbiger) Diener; Boy *m*

boyau [bwajo] *m* ⟨*pl* **~x**⟩ **1** *d'un animal* Darm *m*; F *de l'homme* **~x** *pl* Gedärme *n/pl* **2** *d'une raquette, d'un instrument de musique* (***corde f de***) **~** Darmsaite *f* **3** MIL, FORTIF (im Zickzack verlaufender) Verbindungsgraben **4** (*passage long et étroit*) F Schlauch *m* **5** *pour vélo de course* Schlauchreifen *m*

boycott [bɔjkɔt] *m ou* **boycottage** *m* Boykott *m*; Boykottierung *f* **boycotter** *v/t* boykottieren **boycotteur** *m*, **boycotteuse** *f* Boykotteur(in) *m*(*f*)

boy-scout [bɔjskut] *m* ⟨*pl* **boy-scouts**⟩ *iron* naiver Idealist

BP *abr* (*boîte postale*) Postfach

B.P.F. *abr* (*bon pour francs*) HIST *sur un chèque etc* in französischer Währung

Bq *abr* (*becquerel*[*s*]) PHYS NUCL Bq (Becquerel)

brabançon [bʀabɑ̃sõ] **I** *adj* ⟨**~ne**⟩ brabantisch; Brabanter **II** *subst* **1** ***Brabançon***(***ne***) *m*(*f*) Brabanter(in) *m*(*f*) **2** ***la Brabançonne*** die Brabançonne (*belgische Nationalhymne*)

Brabant [bʀabɑ̃] ***le ~*** Brabant *n*

bracelet [bʀaslɛ] *m* **1** *bijou* Armband *n*, -reif *m*, -spange *f*; **~ (*de montre*)** Uhrarmband *n* **2** **~ (*de force*)** Gelenkstütze *f*, -schutz *m* **bracelet-montre** *m* ⟨*pl* **bracelets-montres**⟩ Armbanduhr *f*

brachycéphale [bʀakisefal] *adj* ANTHROPOLOGIE kurzköpfig; rundschädelig; *sc* brachyzephal

braconnage [bʀakɔnaʒ] *m* **a)** CH Wilddieberei *f*; Wilderei *f*; Wildern *n*; **b)** PÊCHE Fischwilderei *f*

braconner [bʀakɔne] *v/i* **a)** *chasser* wildern; **b)** *pêcher* Fischwilderei begehen

braconnier [bʀakɔnje] *m* **a)** CH Wilddieb *m*; Wilderer *m*; **b)** PÊCHE j, der Fischwilderei begeht

bractée [bʀakte] *f* BOT Deck-, Hochblatt *n*

brader [bʀade] *v/t* **1** COMM zu Schleuderpreisen verkaufen; verschleudern; F verramschen; F *particulier* **~ *qc*** F etw verscherbeln, verscheuern **2** F *fig territoire, entreprise* (einfach so) verschenken

braderie [bʀadʀi] *f* Straßensonderverkauf *m* zu Schleuderpreisen

B

braguette [bʀagɛt] *f* Hosenschlitz *m*
brahmane [bʀaman] *m* REL Brahmane *m* **brahmanique** *adj* REL brahmanisch **brahmanisme** *m* REL Brahmanismus *m*
Brahmapoutre [bʀamaputʀ] GÉOGR ***le ~*** der Brahmaputra
Brahms [bʀams] *m* MUS Brahms *m*
braies [bʀɛ] *f/pl des Gaulois* Hose *f*
braillard [bʀɑjaʀ] F **I** *adj* schreiend; brüllend; F plärrend **II** *subst* *~(e)* *m(f)* Schreier(in) *m(f)*; F Schreihals *m* (*a enfant*)
braille [bʀɑj] *m* *~ ou adjt* ***alphabet*** *m*, ***écriture*** *f ~* Blinden-, Brailleschrift *f*
braillement [bʀɑjmɑ̃] F *m* Schreien *n*; Geschrei *n*; *p/fort* Brüllen *n*; Gebrüll *n*; *d'un enfant a* F Plärren *n*; Geplärr(e) *n*; *d'un ivrogne* F Grölen *n*; Gegröle *n*; ***~s de joie*** Freudengeschrei *n*, -gebrüll *n*
brailler [bʀɑje] F **I** *v/t chanson* F grölen; plärren **II** *v/i* **1** (*crier*) schreien; *p/fort* brüllen; *enfant a* F plärren; *ivrogne* F grölen **2** (*chanter*) F grölen
braiment [bʀɛmɑ̃] *m de l'âne* Iahen *n*; Schreien *n*
brainstorming [bʀɛnstɔʀmiŋ] *m* Brainstorming ['breːn-] *n*
brain-trust [bʀɛntʀœst] *m* ⟨*pl* **brain-trusts**⟩ Brain-Trust ['breːntrast] *m*
braire [bʀɛʀ] *v/i* ⟨**il brait, ils braient**; **il brayait**; **il braira**; **brayant**; **brait**⟩ **1** *âne* iahen; schreien **2** F *fig* → ***brailler II***
braise [bʀɛz] *f* (Holz-, Kohlen)Glut *f*; *fig* ***yeux*** *m/pl* ***de ~*** glühende, feurige Augen *n/pl*
braiser [bʀeze] *v/t* CUIS schmoren; ***bœuf braisé*** Rinderschmorbraten *m*
brame [bʀɑm] *m ou* **bramement** *m du cerf* Röhren *n*
bramer [bʀɑme] *v/i* **1** *cerf* röhren **2** F *fig* (*brailler*) schreien; brüllen
brancard [bʀɑ̃kaʀ] *m* **1** (*civière*) (Kranken)Trage *f*; Tragbahre *f* **2** (*bras d'une civière*) Holm *m* **3** *d'une charrette* Deichselstange *f*; *fig* ***ruer dans les ~s*** sich sträuben; sich widersetzen
brancardier [bʀɑ̃kaʀdje] *m* Krankenträger *m*
branchage [bʀɑ̃ʃaʒ] *m* **a)** *coll* Astwerk *n*; Äste *m/pl*; Geäst *n*; Zweige *m/pl*; **b)** *surtout pl* ***~s*** abgehauene Äste *m/pl*, Zweige *m/pl*
branche [bʀɑ̃ʃ] *f* **1** *d'un arbre* Ast *m*; *plus mince* Zweig *m*; ***~ de pommier en fleurs*** blühender Apfelzweig; ***sauter de ~ en ~*** von Ast zu Ast springen; *fig* ***scier la ~ sur laquelle on est assis*** den Ast absägen, auf dem man sitzt **2** CUIS ***céleri*** *m* ***en ~*** Stangen-, Stauden-, Bleichsellerie *m ou f*; ***épinards*** *m/pl* ***en ~s*** Blattspinat *m* **3** ANAT *d'une artère, d'un nerf*, MATH *d'une courbe* Ast *m* **4** (*secteur*) Zweig *m*; ÉCON, COMM *a* Branche *f*; (*discipline*) Sparte *f*; ***~ économique, de l'industrie*** Wirtschafts-, Industriezweig *m*; ***dans sa ~*** in s-r Branche; in s-m Fach **5** *d'un compas* Schenkel *m*; *de lunettes* Bügel *m*; *d'une étoile* Strahl *m*; *d'un chandelier* Arm *m*; *de bois de cerf* Stange *f*; ***chandelier*** *m* ***à sept ~s*** siebenarmiger Leuchter **6** *d'un arbre généalogique* Ast *m*; Zweig *m*; Linie *f*; *fig personne* ***avoir de la ~*** e-e vornehme Erscheinung sein; vornehm aussehen, wirken **7** F (***ma***) ***vieille ~*** *à un homme* F alter Freund, Junge; altes Haus; *à une femme* F altes Mädchen
branché [bʀɑ̃ʃe] *adj* F ***être ~*** *café, boîte etc* F in sein; *personne* (*dans le vent*) F in sein; (*bien informé*) Bescheid wissen; F auf Draht sein
branchement [bʀɑ̃ʃmɑ̃] *m* **1** TECH **a)** *action* Anschluss *m* (***sur*** an *+acc*); **b)** *canalisation* Anschlussleitung *f* **2** INFORM Verzweigung *f*
brancher [bʀɑ̃ʃe] **I** *v/t* **1** TECH, ÉLECT anschließen (***sur*** an *+acc*); *par ext* (*allumer*) ***~ un appareil*** ein Gerät anschalten, anstellen; ÉLECT ***~ la prise*** den Stecker hineinstecken; ***~ le téléphone à qn*** j-m Telefon legen **2** F *fig* (*orienter*) ***~ qn sur qn*** j-n mit j-m in Verbindung bringen, zusammenbringen; ***~ qn sur un sujet*** j-n auf ein Thema lenken; *journal, média* ***être branché sur*** in direkter Verbindung stehen mit; *abs personne* ***être branché*** F etw kapiert haben; mitgekommen sein **3** F *film, musique etc, a personne* ***~ qn*** j-n ansprechen, F antörnen; ***être branché sur qn*** F auf j-n abfahren, stehen **II** *v/i* (*et v/pr*) (***se***) ***~*** *gibier à plumes* aufbaumen
branchies [bʀɑ̃ʃi] *f/pl* Kiemen *f/pl*
brandade [bʀɑ̃dad] *f* CUIS ***~*** (***de morue***) *Stockfischmus mit Knoblauch, Öl u Sahne*
Brandebourg [bʀɑ̃dbuʀ] **1** ***le ~*** Brandenburg *n* **2** *m* ***brandebourg*** *passementerie* Schnurbesatz *m*
brandebourgeois [bʀɑ̃dbuʀʒwa] **I** *adj* brandenburgisch **II** *subst* ***Brandebourgeois(e)*** *m(f)* Brandenburger(in) *m(f)*
brandir [bʀɑ̃diʀ] *v/t* **1** *arme, hache etc* schwingen; *pancarte etc* schwenken; ***~ un drapeau*** eine Fahne schwenken, schwingen **2** *fig* ***~ qc*** mit etw drohen; etw androhen
brandon [bʀɑ̃dõ] *m* ***~s*** *pl* brennende Trümmer *pl*, Teile *n/pl*; *fig* ***être un ~ de discorde*** ein Anlass zu Streit, Zwietracht sein
brandy [bʀɑ̃di] *m* Brandy ['brɛndi] *m*
branlant [bʀɑ̃lɑ̃] *adj* **1** *chaise, table, dent* wack(e)lig; wackelnd; *d'un jeune enfant* ***château ~!*** er *ou* sie ist, steht noch ganz wacklig, unsicher auf den Beinen **2** *fig régime* wankend; ***être ~*** F wack(e)lig stehen; wackeln
branle [bʀɑ̃l] *m* **1** ***donner le ~ à qc*** den Anstoß zu etw geben; (***se***) ***mettre en ~*** (sich) in Bewegung setzen **2** *d'une cloche* Schwingen *n*; ***mettre en ~*** in Schwingung versetzen
branle-bas [bʀɑ̃lbɑ] *m* ⟨*inv*⟩ **1** MAR MIL ***~ de combat*** Klarmachen *n* zum Gefecht **2** *fig* ***dans le ~ de*** (*+subst*) im Durcheinander, in der Aufregung, Unordnung (*+gén*); ***dans le ~ du départ*** im Durcheinander des Aufbruchs; ***dans le ~ des élections*** in der Aufregung, F in dem Rummel um die, vor den Wahlen
branlement [bʀɑ̃lmɑ̃] *m* ***~ de tête*** Kopfwackeln *n*; Wackeln *n* mit dem Kopf
branler [bʀɑ̃le] **I** *v/t* **1** ***~ la tête*** mit dem Kopf wackeln **2** F (*faire*) F treiben; ***qu'est-ce qu'il branle?*** was treibt er denn? **II** *v/i* **1** *chaise, dent* wackeln; ***~ dans le manche*** *outil* lose, nicht fest im Griff, Stiel sitzen; *fig régime etc* auf schwachen, tönernen Füßen stehen; F wackeln; wack(e)lig stehen **2** P (*a v/pr* ***se***) ***~*** (*se masturber*) P wichsen; sich (*dat*) einen runterholen
braquage [bʀakaʒ] *m* **1** AUTO Einschlagen *n*; ***angle*** *m* ***de ~*** Einschlagwinkel *m*; ***rayon*** *m* ***de ~*** Wendekreis *m* **2** F (*attaque à main armée*) (bewaffneter) Raubüberfall; *a* Banküberfall *m*
braque[1] [bʀak] *m* ZO, CH Bracke *m ou f*

braque[2] [bʀak] *adj* F *personne* komisch; verschroben; F spinnig; (ein bisschen) verdreht; ***être ~ a*** F spinnen

braquer [bʀake] **I** *v/t* **1** *arme, instrument d'optique* ***~ sur qn, qc*** auf j-n, etw richten; ***~ son regard sur qn*** s-n Blick auf j-n richten, heften **2** AUTO *roues* einschlagen; *abs* ***~ à droite, vers la droite*** nach rechts einschlagen **3** F (*attaquer à main armée*) überfallen; ausrauben **4** *fig* ***~ qn*** (***contre qn, qc***) j-n (gegen j-n, etw) aufbringen; ***il est braqué contre toi*** er ist gegen dich aufgebracht, eingenommen, eingestellt **II** *v/i* AUTO ***~ bien, mal*** e-n kleinen, zu großen Wendekreis haben **III** *v/pr* ***se ~ contre qc*** sich e-r Sache (*dat*) widersetzen; sich gegen etw sträuben

braquet [bʀakɛ] *m d'une bicyclette* Übersetzung(sverhältnis) *f(n)*; Gang *m*

braqueur [bʀakœʀ] F *m* (Bank)Räuber *m*

bras [bʀa, bʀɑ] *m* **1** Arm *m*; ANAT Oberarm *m*; ***~ droit*** rechter Arm; *fig* ***être le ~ droit de qn*** j-s rechte Hand sein; F *fig* ***gros ~*** F Kraftprotz *m*, -meier *m*; ***jouer les gros ~*** s-e Muskeln spielen lassen; *fig* ***le ~ séculier*** die weltliche Macht; *fig* ***~ de fer*** Kraftprobe *f*; zähes Ringen; *geste injurieux* ***~ d'honneur*** *obszöne Geste der Verachtung (erhobener Unterarm) correspond à* F Stinkefinger *m*; ***faire un ~ d'honneur à qn*** *correspond à* F j-m den Stinkefinger zeigen; ***charrette*** *f*, ***voiture*** *f* ***à ~*** Handkarren *m*, -wagen *m*; ***presse*** *f* ***à ~*** Handpresse *f*; ♦ *loc/adv*: *fig* ***rester les ~ croisés*** die Hände in den Schoß legen; untätig herumsitzen, -stehen; ***~ dessus, ~ dessous*** [bʀadsybʀadsu] Arm in Arm; ein-, untergehakt; untergefasst; *accueillir, recevoir qn* ***à ~ ouverts*** mit offenen Armen; sehr herzlich; ***au ~ de son mari*** am Arm ihres Mannes; ***à la force des ~*** durch Menschen-, Muskelkraft; ***à tour de ~*** *frapper qn* mit aller Kraft; *travailler* mit ganzer Kraft; *fig*: *dépenser de l'argent* mit vollen Händen; ***dans mes ~!*** komm in meine Arme!; ***en ~ de chemise*** in Hemdsärmeln; ***se mettre en ~ de chemise*** (sich [*dat*]) die Jacke ausziehen; ♦ *fig* ***avoir le ~ long*** e-n langen Arm haben; *fig* ***avoir qn, qc sur les ~*** F j-n, etw auf dem Hals, etw am Hals haben; *fig* ***baisser les ~*** sich (von vornherein) geschlagen geben; *fig* ***couper ~ et jambes à qn*** *effort physique* j-n völlig erschöpfen, F fertigmachen; *mauvaise nouvelle etc* j-n völlig lähmen; *plais* ***être dans les ~ de Morphée*** in Morpheus Armen ruhen; ***se jeter dans les ~ de qn*** sich in j-s Arme stürzen; sich j-m in die Arme werfen; *par ext* (*chercher refuge*) sich in j-s Arme flüchten; *fig* ***lever les ~ au ciel*** die Hände über dem Kopf zusammenschlagen; *fig* ***se mettre qn, qc sur les ~*** F sich (*dat*) j-n, etw auf den Hals laden; sich (*dat*) etw aufhalsen; ***prendre le ~ de qn*** j-s Arm nehmen; j-n unterhaken, -fassen; sich bei j-m einhaken, einhängen; ***prendre, serrer qn dans ses ~*** j-n in die Arme nehmen, schließen; j-n umarmen; ***tendre, ouvrir les ~*** die Arme ausbreiten (***à qn*** um j-n zu umarmen, aufzufangen); *fig* ***tendre, ouvrir les ~ à qn*** *pour se réconcilier* j-m die Hand zur Versöhnung reichen; *pour aider* j-m unter die Arme greifen; ***tendre les ~ vers qn*** die Hände nach j-m ausstrecken; ***tomber dans les ~ de qn*** j-m in die Arme fallen, sinken; *fig* ***elle lui est tombée dans les ~*** sie hat es ihm leicht gemacht; *fig* ***les ~ m'en tombent*** ich kann es kaum fassen; da bin ich sprachlos, perplex, F baff, platt **2** *fig* Arbeitskraft *f*; ***l'agriculture manque de ~*** der Landwirtschaft mangelt es an Arbeitskräften **3** *d'un fleuve* Arm *m*; ***~ mort*** toter Arm; ***~ de mer*** Meeresarm *m* **4** *d'un fauteuil* Armlehne *f*; *d'une pompe* Schwengel *m*; *d'une ancre* Arm *m*; *d'une platine* ***~ de lecture*** Tonarm *m*; PHYS ***~ de levier*** Hebelarm *m* **5** *d'une pieuvre etc* (Fang)-Arm *m*

brasage [bʀazaʒ] *m* TECH Hartlöten *n* **braser** *v/t* TECH hartlöten

brasero [bʀazeʀo] *m* Kohlenbecken *n*

brasier [bʀazje] *m* **1** Feuersglut *f*; Feuer-, Flammenmeer *n*; *st/s* Lohe *f* **2** *fig* Inferno *n*

bras-le-corps [bʀalkɔʀ] *loc/adv* ***prendre, saisir qn à ~*** j-n fest um den Leib fassen

brassage [bʀasaʒ] *m* **1** *de la bière* (Bier)Brauen *n*; *au sens strict* Maischen *n* **2** *dans un moteur à explosion* Gemischbildung *f* **3** *fig* (*mélange*) (Ver)-Mischung *f*; Verschmelzung *f*; ***~ des races*** Rassenmischung *f*

brassard [bʀasaʀ] *m* Armbinde *f*; ***~ de deuil*** Trauerflor *m* (*um den Arm*); ***~ de premier communiant*** weiße Armschleife

brasse [bʀas] *f* **1** NATATION **a)** *nage* Brustschwimmen *n*; **b)** *distance parcourue* (Schwimm)Zug *m* **2** MAR *mesure* Faden *m*

brassée [bʀase] *f* ***une ~ de fleurs, de bois*** ein Armvoll Blumen, Holz

Brassens [bʀasɛ̃s] *frz Liedermacher*

brasser [bʀase] *v/t* **1** *bière* brauen; *au sens strict* maischen **2** (*mélanger*) (um-, durch)rühren; ***~ l'air*** die Luft umwälzen **3** *fig* ***~ des affaires*** viele Geschäfte gleichzeitig betreiben; ***~ de l'argent*** mit riesigen Summen umgehen; ***~ des millions*** mit Millionen umgehen

brasserie [bʀasʀi] *f* **1** **a)** *fabrique* (Bier)Brauerei *f*; **b)** *industrie* Braugewerbe *n* **2** *grand café-restaurant* Bräu *n*; Bierhalle *f*; Großgaststätte *f*

brasseur[1] [bʀasœʀ] *m* **1** (Bier)Brauer *m*; Brauereibesitzer *m* **2** *fig* ***~ d'affaires*** Geschäftemacher *m*

brasseur[2] [bʀasœʀ] *m*, **brasseuse** *f* NATATION Brustschwimmer(in) *m(f)*

brassière [bʀasjɛʀ] *f* **1** (Baby)Jäckchen *n* **2** *adjt* ***maillot*** *m* ***~*** zweiteiliger Badeanzug

Bratislava [bʀatislava] Pressburg *n*

bravache [bʀavaʃ] *m* Maulheld *m*; Großmaul *n*; *adjt* ***air*** *m* ***~*** großsprecherisches, großmäuliges Auftreten

bravade [bʀavad] *f* **1** (*fanfaronnade*) Prahlerei *f*; F Angeberei *f* **2** (*défi*) Herausforderung *f*; Trotz(-handlung) *m(f)*; ***par ~*** aus Trotz

brave [bʀav] **I** *adj* **1** ⟨*nach dem subst*⟩ (*courageux*) tapfer; mutig; beherzt; wacker; mannhaft **2** (*honnête et bon*) brav; rechtschaffen; anständig; ordentlich; solid(e); ehrenwert; bieder; (einfach, aber) nett; ***~ fille*** braves, nettes Mädchen; F lieber Kerl; ***~ homme*** braver Mann, F Kerl; Biedermann *m*; F ehrliche Haut; *appellation condescendante* ***mon ~ homme*** *ou subst* ***mon ~*** guter, lieber Mann; *iron* ***le ~ mari*** *ne se doutait de rien* der gute Ehemann ...; F ***un ~ type*** F ein netter Kerl; ***notre ~ vieille voiture*** unser gutes altes Auto; ***il est bien ~***, *mais il ne faut pas lui en demander trop* F er ist ja ein ganz guter, netter Kerl ... **II** *subst* ***un ~*** ein tapferer, mu-

tiger Mann, *soldat* Krieger; ***faire le ~*** den Mutigen spielen, F markieren
bravement [bʀavmɑ̃] *adv* tapfer; mutig; wacker
braver [bʀave] *v/t* **~ *qn, qc*** j-m, e-r Sache trotzen, Trotz bieten; j-m die Stirn bieten; sich über etw (*acc*) hinwegsetzen; **~ *les convenances*** sich über die Konventionen hinwegsetzen; **~ *le danger, le froid, la mort*** der Gefahr, der Kälte, dem Tod trotzen
bravissimo [bʀavisimo] *int* bravissimo!
bravo [bʀavo] **I** *int* bravo! **II** *m* Bravo(ruf) *n(m)*; Beifall(sruf) *m*
bravoure [bʀavuʀ] *f* **1** (*courage*) Mut *m*; Tapferkeit *f*; Kühnheit *f*; F Schneid *m* **2** ***morceau m de ~*** Bravour-, Glanzstück *n*
break [bʀɛk] *m* **1** AUTO Kombi(wagen) *m* **2** BOXE ***~!*** break!
brebis [bʀəbi] *f* **1** ZO (weibliches) Schaf; Mutterschaf *n* **2** *fig*, BIBL Schaf *n*; **~ *galeuse*** räudiges Schaf; *fig* schwarzes Schaf (***de la famille*** der Familie)
brèche [bʀɛʃ] *f* **1** MIL Bresche *f*; Frontlücke *f*; ***battre en ~*** e-e Bresche zu schießen, zu schlagen versuchen; *fig* ***battre qn, qc en ~*** j-n, etw heftig angreifen, attackieren; ***ouvrir une ~*** e-e Bresche schlagen, schießen (***dans*** in +*acc*); *fig* ***être toujours sur la ~*** immer im Einsatz, eingespannt sein **2** *à un mur, à une clôture* Loch *n*; Lücke *f*; Öffnung *f* **3** *à une lame, assiette etc* Scharte *f*; *fig*: ***faire une ~ à ou dans sa fortune*** in sein Vermögen ein großes Loch reißen; ***faire une ~ dans la réputation de qn*** j-s guten Ruf beeinträchtigen, erschüttern **4** GÉOL Breccie ['brɛtʃe] *f ou* Brekzie *f*
bréchet [bʀeʃɛ] *m des oiseaux* Brustbeinkamm *m*
brechtien [bʀɛʃtjɛ̃] *adj* ⟨**~ne**⟩ *littérature* brechtsche(r, -s); von Brecht
bredouillant [bʀədujɑ̃] *adj* stammelnd; F nuschelnd; brabbelnd
bredouille [bʀəduj] *adj loc* ***rentrer, revenir ~*** *chasseur* ohne Jagdbeute zurückkehren; nichts geschossen haben; *pêcheur* nichts gefangen haben; *fig* unverrichteter Dinge, mit leeren Händen zurückkehren; nichts erreicht haben
bredouillement [bʀədujmɑ̃] *m* hastiges, undeutliches Sprechen; Gestammel *n*; F Genuschel *n*; Gebrabbel *n* **bredouiller** *v/t et v/i* hastig und undeutlich sprechen; F nuscheln; brabbeln; *excuses, quelques mots* stammeln
bref [bʀɛf] **I** *adj* ⟨**brève** [bʀɛv]⟩ **1** *délai, rencontre, entretien, lettre, syllabe, voyelle* kurz; **~ *commentaire*** kurzer Kommentar; *loc/adv st/s* ***en ~*** in *ou* mit kurzen, knappen Worten; ***soyez ~!*** fassen Sie sich kurz!; machen Sie es kurz!; ***pour être ~*** um es kurz zu machen; um mich kurzzufassen **2** ***répondre d'un ton ~*** kurz angebunden sein; in e-m barschen, schroffen Ton antworten **3** HIST ***Pépin le Bref*** Pippin der Kleine *ou* der Kurze **II** *adv* (***enfin,***) **~** kurz (und gut); kurzum; mit e-m Wort
Brejnev [bʀɛʒnɛf] *m homme politique soviétique* Breschnew *m*
brelan [bʀəlɑ̃] *m* JEUX Dreier(pasch) *m*
breloque [bʀəlɔk] *f* **1** Armbandanhänger *m* **2** *fig cœur* ***battre la ~*** unregelmäßig schlagen; F verrücktspielen
brème [bʀɛm] *f* **1** ZO Brachse(n) *f(m)*; Brasse(n) *f(m)*; Blei *m* **2** *arg* (*carte à jouer*) (Spiel)Karte *f*
Brême [bʀɛm] Bremen *n*
Brésil [bʀezil] **1** ***le ~*** Brasilien *n* **2** ***brésil*** *m bois* Brasil(ien)holz *n*; Pernambukholz *n* **3** ***brésil*** *m cigare* Brasil(zigarre) *f*
brésilien [bʀeziljɛ̃] **I** *adj* ⟨**~ne**⟩ brasilianisch **II** *subst* **1** ***Brésilien(ne)*** *m(f)* Brasilianer(in) *m(f)* **2** LING ***le ~*** das brasilianische Portugiesisch; das Brasilianische; Brasilianisch *n*
Bresle [bʀɛl] ***la ~*** *Fluss in Nordfrankreich*
Bresse [bʀɛs] ***la ~*** *Landschaft in Ostfrankreich*
Brest [bʀɛst] *Stadt im Dep. Finistère*
Bretagne [bʀətaɲ] ***la ~*** die Bretagne
bretelle [bʀətɛl] *f* **1** *de lingerie féminine* Träger *m*; *de pantalon* **~*s pl*** Hosenträger *m(pl)*; F *fig*: ***remonter les ~s à qn*** F j-m eins auf den Deckel geben; j-n zusammenstauchen; ***se faire remonter les ~s*** F eins auf den Deckel bekommen, kriegen; zusammengestaucht werden **2** (*sangle*) Trag(e)- *ou* Schultergurt *m*; *d'un sac* Tragriemen *m*; *d'un fusil* Gewehrriemen *m*; ***porter l'arme à la ~*** die Waffe umgehängt haben, tragen **3** AUTOROUTE **~** (***de raccordement***) Verbindungsstraße *f*, -ast *m*; Spange *f*; **~** (***d'accès***) Zubringer(straße) *m(f)* **4** CH DE FER Weichenverbindung *f*
breton [bʀətɔ̃] **I** *adj* ⟨**~ne**⟩ bretonisch **II** *subst* **1** ***Breton(ne)*** *m(f)* Bretone *m*, Bretonin *f* **2** LING ***le ~*** das Bretonische; Bretonisch *n*
bretonnant [bʀətɔnɑ̃] *adj* ***les Bretons ~s*** die Bretonen, die die bretonische Sprache und die alten Traditionen pflegen und bewahren
bretzel [bʀɛdzɛl] *m* (Salz)Brezel *f*
breuvage [bʀœvaʒ] *m* Trank *m*; Getränk *n*; Gebräu *n*
brève [bʀɛv] → ***bref***
brevet [bʀəvɛ] *m* **1** Abschluss(zeugnis) *m(n)*; Diplom *n*; Befähigungsnachweis *m*; **~** (***des collèges***), *autrefois* **~ *d'études du premier cycle*** (*abr* ***BEPC***) *correspond à* mittlere Reife; **~ *de parachutisme*** Fallschirmspringerschein *m*; **~ *de pilote*** Piloten-, Flugschein *m*; **~ *de technicien supérieur*** → ***BTS*** **2** **~** (***d'invention***) Patent *n*; ***Office européen des ~s*** Europäisches Patentamt; ***déposer un ~*** ein Patent anmelden **3** *fig et st/s* Garantie *f*; untrüglicher Beweis; ***délivrer à qn un ~ d'honnêteté*** j-m Anständigkeit bescheinigen
brevetable [bʀəvtabl] *adj invention, procédé* patentfähig; patentierbar
breveté [bʀəvte] *adj* **1** *invention, procédé* patentiert **2** (*diplômé*) staatlich geprüft; diplomiert; ***officier ~*** Offizier, der e-e Führungsakademie besucht hat; ***timonier ~*** Steuermann *m* mit Steuermannspatent
breveter [bʀəvte] *v/t* ⟨**-tt-**⟩ (***faire***) **~** patentieren (lassen)
bréviaire [bʀevjɛʀ] *m* **1** ÉGL CATH Brevier *n* **2** *fig* Leitfaden *m*; Lehrbuch *n*
brévité [bʀevite] *f* PHON Kürze *f*
Briand [bʀijɑ̃] ***Aristide ~*** *frz Politiker*
briard [bʀijaʀ] *adj* **1** (*et subst* ***Briard*** Bewohner) der *frz Landschaft* Brie **2** ZO ***chien ~*** *ou subst* **~** *m* Briard *m* (*ein Hirtenhund*)
bribes [bʀib] *f/pl d'une conversation* Brocken *m/pl* (*a d'une langue*); Bruchstücke *n/pl*; Fetzen *m/pl*; *d'une fortune* kümmerlicher Rest; **~ *de conversation, de phrases*** Gesprächs-, Satzbrocken *m/pl*,

-fetzen *m/pl*; ***quelques ~ de français*** ein paar Brocken Französisch, französische Brocken
bric-à-brac [bʀikabʀak] *m* ⟨*inv*⟩ Trödel(kram) *m*; alter Kram; *péj* (altes) Gerümpel, F Gelump(e)
bric et de broc [bʀikedbʀɔk] *loc/adv* ***de ~*** von überall her, von da und dort (zusammengetragen); *chambre* ***meublé de ~*** mit von überall her zusammengetragenen Möbeln eingerichtet
brick [bʀik] *m* MAR Brigg *f*
bricolage [bʀikɔlaʒ] *m* **1** Basteln *n*; Bastelei *f*; Bastelarbeit *f* **2** *péj* Stümperei *f*; Flick-, F Pfuscharbeit *f*
bricole [bʀikɔl] *f* **1** (*petite chose*) Kleinigkeit *f* **2** (*occupation futile*) Kleinigkeit *f*; Nichtigkeit *f*; Nebensächlichkeit *f*; *d'une réparation* ***pour moi c'est une ~*** das ist doch e-e Kleinigkeit für mich; ***s'occuper de ~s*** sich mit Kleinigkeiten, Nebensächlichkeiten abgeben **3** *de porteur* Tragriemen *m*, -gurt *m* **4** *d'un harnais* Zugblatt *n*; Siele *f* **5** CH ***~s*** *pl* Hirschgarn *n*
bricoler [bʀikɔle] **I** *v/t* (*fabriquer*) zusammenbasteln; (*réparer*) (wieder) zurechtbasteln, F -fummeln; ***~ qc*** *a* F an etw (*dat*) herumbasteln, F -fummeln **II** *v/i* **1** *par passe-temps* basteln; (herum)werkeln **2** *pour gagner sa vie* mal dies, mal das machen; kleine (Gelegenheits)Arbeiten machen, verrichten
bricoleur [bʀikɔlœʀ] *m*, **bricoleuse** *f* Bastler(in) *m(f)*; Heimwerker(in) *m(f)*; *adjt* ***il est bricoleur*** *a* er bastelt gern; er kann gut basteln
bride [bʀid] *f* **1** *de cheval* Zaum(zeug) *m(n)*; *par ext* (*rênes*) Zügel *m/pl*; *loc/adv fig* ***à ~ abattue, à toute ~*** in größter Eile; ***lâcher la ~*** die Zügel schießen lassen (*a à son imagination etc*), lockern (***à*** *dat*); ***laisser la ~ sur le cou*** die Zügel locker lassen (***à*** *dat*) (*a fig*); ***passer la ~ à un cheval*** e-m Pferd das Zaumzeug anlegen; ein Pferd (auf)zäumen; ***tenir en ~*** *cheval* (fest) am Zügel halten, haben; *fig passions* im Zaum halten; zügeln; Zügel anlegen (+*dat*); ***tenir la ~ courte, 'haute à un cheval*** e-m Pferd die Zügel anziehen; *fig* ***tenir la ~ 'haute à qn*** bei j-m die Zügel kurz halten; *fig* ***tourner ~*** umkehren **2** *d'un bonnet* (Binde)Band *n*; *d'un bouton* Schlinge *f*; *d'une ceinture* Schlaufe *f*; *d'une dentelle* Speiche *f*; Steg *m* **3** TECH *d'un tuyau* Flansch *m* **4** MÉD Verwachsung *f*
bridé [bʀide] *adj* ***yeux ~s*** Schlitzaugen *n/pl*
brider [bʀide] *v/t* **1** *cheval* (auf)zäumen **2** *fig instincts, désirs* zügeln; Zügel anlegen (+*dat*); im Zaum halten; *personne* ***être bridé dans son enthousiasme*** in s-r Begeisterung gebremst werden (***par qn*** von j-m) **3** *vêtement* ***~ qn*** j-n einengen, -zwängen, -schnüren **4** CUIS *volaille* mit e-m Faden umwickeln **5** TECH ***~ le moteur*** den Motor drosseln
bridge [bʀidʒ] *m* **1** *jeu de cartes* Bridge *n*; ***jouer au ~*** Bridge spielen **2** *prothèse dentaire* Brücke *f*
bridger [bʀidʒe] *v/i* ⟨**-geons**⟩ Bridge spielen **bridgeur** *m*, **bridgeuse** *f* Bridgespieler(in) *m(f)*
Brie [bʀi] **1** ***la ~*** *Landschaft im Südosten von Paris* **2** ***brie*** *m* Brie(käse) *m*
briefing [bʀifiŋ] *m* **1** AVIAT MIL Einsatzbesprechung *f*; Briefing *n* **2** *par ext* Informations-, Lagebesprechung *f*
brièvement [bʀijɛvmɑ̃] *adv* kurz; in *ou* mit kurzen, knappen Worten
brièveté [bʀijɛvte] *st/s f* Kürze *f*
brigade [bʀigad] *f* **1** MIL Brigade *f*; ***~ de chars*** Panzerbrigade *f* **2** POLICE Abteilung *f*; ***~ de gendarmerie*** Gendarmeriebrigade *f* (*kleinste Einheit*); ***~ des mœurs*** Abteilung der Sittenpolizei **3** *d'ouvriers* Gruppe *f*; Trupp *m*; Kolonne *f*; ***~ de balayeurs*** Kehrkolonne *f*, -trupp *m*
brigadier [bʀigadje] *m* **1** MIL **a)** *grade* Gefreite(r) *m*; **b)** F ***~ général*** Brigadegeneral *m* **2** ***~ de gendarmerie*** Gendarmeriebrigadier *m*; Führer *m* e-r Gendarmeriebrigade
brigadier-chef [bʀigadjeʃɛf] *m* ⟨*pl* **brigadiers-chefs**⟩ MIL Hauptgefreite(r) *m*
brigand [bʀigɑ̃] *m* **1** (*bandit*) (Straßen)Räuber *m*; *fig* ***histoire*** *f* ***de ~s*** Räuberpistole *f*, -geschichte *f* **2** *fig* (*homme malhonnête*) Halsabschneider *m*; Schurke *m*; Spitzbube *m*; *plais* Schlingel *m*; ***petit ~!*** du kleiner Schlingel!; ***mon ~ de fils ...*** mein Sohn, dieser Schlingel ...
brigandage [bʀigɑ̃daʒ] *m* JUR Bandenraub *m*; schwerer Raub; ***acte*** *m* ***de ~*** Raubüberfall *m*
Brigitte [bʀiʒit] *f Vorname*
briguer [bʀige] *v/t st/s honneur, faveur* an-, erstreben; streben, trachten nach; *poste* sich bewerben, bemühen um
brillamment [bʀijamɑ̃] *adv fig* glänzend; brillant [-l'j-]; glanzvoll; mit Glanz, Brillanz
brillance [bʀijɑ̃s] *f* PHYS Leuchtdichte *f*
brillant [bʀijɑ̃] **I** *adj* **1** *métal, bijou etc* glänzend; schimmernd; *st/s* gleißend; *yeux* glänzend; leuchtend; strahlend (*a soleil*) **2** *fig carrière, résultat etc* glänzend; *exposé, orateur, style a* brillant [-l'j-]; *cérémonie, spectacle a* glanzvoll; ***~e performance*** *a* Glanzleistung *f*; ***ne pas être ~*** *résultat* nicht (gerade) glänzend sein, *affaires* gehen; *santé* ***ça n'est pas ~*** es geht nicht gerade glänzend **II** *m* **1** (*éclat*) Glanz *m*; Schimmer *m* **2** *fig du style etc* Brillanz [-l'j-] *f* **3** *diamant* Brillant [-l'j-] *m*; ***tailler en ~*** mit Brillantschliff versehen
brillantine [bʀijɑ̃tin] *f* Brillantine [-lj-] *f*
briller [bʀije] *v/i* **1** *métal, bijou, eau* glänzen; schimmern; *st/s* gleißen; *soleil* scheinen; *lumière* leuchten; *cheveux, chaussures* glänzen; *yeux* glänzen, strahlen, leuchten (***de joie*** vor Freude); ***~ de tout son éclat*** in s-m ganzen Glanz erstrahlen; ***la joie brille dans ses yeux, sur son visage*** Freude strahlt, leuchtet aus s-n Augen, auf s-m Gesicht; *meubles, parquet, chaussures* ***faire ~*** (auf Hochglanz) polieren; F wienern; *prov* ***tout ce qui brille n'est pas (d')or*** es ist nicht alles Gold, was glänzt (*prov*) **2** *fig personne* glänzen, brillieren [-l'j-] (***dans la conversation*** in der Unterhaltung; ***par qc*** mit *ou* durch etw); ***~ à l'examen*** im Examen glänzen; *iron* ***ne pas ~ par qc*** sich nicht gerade durch etw auszeichnen, hervortun; *iron* ***~ par son absence*** durch Abwesenheit glänzen
brimade [bʀimad] *f* Schikane *f*; ***subir des ~s*** Schikanen erdulden
brimbaler [bʀɛ̃bale] → ***bringuebaler***
brimer [bʀime] *v/t* schikanieren; drangsalieren; kujonieren; F striegeln; striezen
brin [bʀɛ̃] *m* **1** *d'un végétal* Halm *m*; Stängel *m*; *fig* ***un beau ~ de fille*** ein hochgewachsenes, hübsches Mädchen; ***~ d'herbe, de paille*** Gras-, Strohhalm *m*; ***un ~ de muguet*** ein Maiglöckchen(stängel) *n(m)*;

quelques ~s de persil ein paar Stängel Petersilie 2 (*filament*) Fädchen *n*; ***~ de fil*** (Garn)Fädchen *n*; ***~ de laine*** Wollfädchen *n* 3 *fig* ***un ~ de*** (+*subst*) ein bisschen, ein (klein) wenig (+*subst*); *loc/adv patienter, se réchauffer etc* ***un ~*** ein bisschen; ein (klein) wenig; ***faire un ~ de cour à une jeune fille*** e-m jungen Mädchen ein bisschen den Hof machen; ***faire un ~ de toilette*** sich schnell (noch) ein bisschen frisch machen; ***il n'y a pas un ~ de vent*** es regt sich, es geht kein Lüftchen 4 TECH *d'un cordage* (Litzen)Faden *m*; MAR Kabelgarn *n*; *d'un câble* (Litzen)Draht *m*

brindezingue [bʀɛ̃dzɛ̃g] *adj* F → ***cinglé***

brindille [bʀɛ̃dij] *f* Zweiglein *n*; *st/s* Reis *n*; ***~s*** *pl a* Reisig *n*

bringue [bʀɛ̃g] *f* F 1 *d'une femme* ***une grande ~*** F e-e Hopfenstange, lange Latte 2 ***faire la ~*** tüchtig feiern; F einen draufmachen; ***faire une ~ à tout casser*** F ordentlich einen draufmachen; feiern, dass die Wände wackeln

bringuebaler [bʀɛ̃gbale] *ou* **brinquebaler** [bʀɛ̃kbale] I *v/t* (hin und her) rütteln, schütteln II *v/i* (hin und her) gerüttelt, geschüttelt werden

brio [bʀijo] *m* Brillanz [-l'j-] *f*; ***avec ~*** mit Brillanz, Bravour; brillant; glänzend

brioche [bʀijɔʃ] *f* 1 CUIS *ein Hefekuchen* 2 F *fig* ***avoir, prendre de la ~*** ein Bäuchlein haben, ansetzen *ou* F kriegen

brioché [bʀijɔʃe] *adj* ***pain ~*** leicht gesüßtes Hefebrot in Kastenform

brique [bʀik] *f* 1 CONSTR Ziegel(stein) *m*; Backstein *m*; ***~ réfractaire*** Schamotteziegel *m*, -stein *m*; ***maison*** *f* ***de*** *ou* ***en ~(s)*** Backstein-, Ziegelhaus *n*; *adjt* (***couleur*** [***de***]) ***~*** ⟨*inv*⟩ ziegelrot; F *fig* ***bouffer des ~s*** F Kohldampf schieben 2 *emballage* Milchtüte *f*; Tetrapak® *m ou n* 3 F *fig* e-e Million alte Franc

briquer [bʀike] *v/t* 1 (*astiquer*) (auf Hochglanz) polieren; blank reiben, putzen; F wienern 2 MAR ***~ le pont*** das Deck schrubben

briquet [bʀikɛ] *m* Feuerzeug *n*; ***~ à essence, à gaz*** Benzin-, Gasfeuerzeug *n*; ***pierre*** *f* ***à ~*** Feuerstein *m*

briqueterie [bʀikɛtʀi] *f* Ziegelei *f*; Ziegelbrennerei *f*

briquette [bʀikɛt] *f de charbon* Brikett *n*

bris [bʀi] *m* Bruch *m*; JUR ***~ de clôture*** mutwillige Beschädigung, Zerstörung e-r Einfriedung; ***~ de glace*** Glasbruch *m*, -schaden *m*; ***assurance*** *f* (***contre les***) ***~ de glace*** Glasversicherung *f*; JUR ***~ de scellés*** Siegelbruch *m*

brisant [bʀizɑ̃] I *adj explosif* brisant II *m* (*écueil*) Klippe *f*; (Felsen)Riff *n*

brise [bʀiz] *f* Brise *f* (*a* MAR); leichter, sanfter Wind; MAR: ***bonne, jolie, légère, petite ~*** frische, mäßige, leichte, schwache Brise; ***~ du large, de mer*** Seewind *m*; ***~ de terre*** Landwind *m*

brisé [bʀize] *adj* 1 gebrochen; ARCH ***arc ~*** Giebelbogen *m*; *fig* ***cœur ~*** gebrochenes Herz; GÉOMÉTRIE ***ligne ~e*** gebrochene Linie; CUIS ***pâte ~e*** Knet-, Mürbeteig *m* ohne Eier; *fig* ***vie ~e*** verdorbenes, ruiniertes, F verpfuschtes Leben; ***d'une voix ~e par l'émotion*** mit gebrochener, versagender Stimme 2 *fig* ***être ~ de fatigue*** wie zerschlagen, wie gerädert sein

brise-cœurs [bʀizkœʀ] *m* ⟨*inv*⟩ *plais* Herzensbrecher *m*

brisées [bʀize] *f/pl* 1 CH geknickte Zweige *m/pl*, Bruch *m* (*zur Markierung der Fährte des Wildes*) 2 *fig et st/s*: ***aller, marcher sur les ~ de qn*** j-m ins Gehege kommen; ***suivre les ~ de qn*** in j-s Fußstapfen (*acc*) treten; j-m nacheifern

brise-fer [bʀizfɛʀ] F *m* ⟨*inv*⟩ → ***brise-tout*** **brise-glace(s)** *m* ⟨*inv*⟩ *navire, d'un pont* Eisbrecher *m* **brise-jet** *m* ⟨*inv*⟩ Wasserstrahlregler *m* **brise-lames** *m* ⟨*inv*⟩ Wellenbrecher *m*

brisement [bʀizmɑ̃] *m litt* ***~ de cœur*** (großes) Herzeleid

briser [bʀize] I *v/t* 1 *st/s verre* zerbrechen; entzweibrechen; *fig liens, chaînes* sprengen; *navire* ***~ la glace*** das Eis aufbrechen; ***~ un sceau*** ein Siegel erbrechen 2 *fig résistance, grève* brechen; *carrière* verderben; ruinieren; *st/s joug* abschütteln; abwerfen; *épreuves, personne* ***~ qn*** j-m das Rückgrat brechen; j-s Kraft brechen; *dispute* ***~ une amitié*** e-e Freundschaft zerbrechen, F kaputt machen; ***~ son avenir*** *a* sich (*dat*) die Zukunft völlig verbauen; *chagrin etc* ***~ le cœur de qn*** j-m das Herz brechen II *v/i personne* ***~ avec qc*** mit etw brechen; ***~ avec des habitudes*** mit Gewohnheiten brechen III *v/pr* ***se ~*** 1 *verre* (zer)brechen; zerspringen; in die Brüche gehen; *chaîne* zerreißen 2 *mer* branden; *vagues* sich brechen (***contre, sur*** an +*dat*) 3 *fig assaut* zusammenbrechen (***sur les lignes ennemies*** an den feindlichen Linien); *espoirs* zuschanden werden; zunichtewerden; *efforts* scheitern (***contre, sur*** an +*dat*)

brise-tout [bʀiztu] *m* ⟨*inv*⟩ F j, der alles kaputt macht, was er in die Hände bekommt; *a* Tollpatsch *m*; *adjt* ***elle est ~*** sie macht, kriegt alles kaputt

briseur [bʀizœʀ] *m* ***~ de grève*** Streikbrecher *m*

briseuse [bʀizøz] *f* TEXT Vorreißer *m*

brise-vent [bʀizvɑ̃] *m* ⟨*inv*⟩ Windschutz *m*

Brisgau [bʀizgo] ***le ~*** der Breisgau

bristol [bʀistɔl] *m* 1 *papier* Bristolkarton *m* 2 (*carte de visite*) Visitenkarte *f*

brisure [bʀizyʀ] *f* 1 *litt* (*cassure*) Bruch *m* 2 HÉRALDIQUE Beizeichen *n*

britannique [bʀitanik] I *adj* britisch; ***les îles*** *f/pl* ***Britanniques*** die Britischen Inseln *f/pl* II *subst* ***Britannique*** *m,f* Brite *m*, Britin *f*

Brno [bʀno] GÉOGR Brünn *n*

broc [bʀo] *m* (Wasser)Kanne *f*, (-)Krug *m*; *mesure* ***deux ~s d'eau*** zwei Kannen, Krüge Wasser

brocante [bʀɔkɑ̃t] *f* (Handel *m* mit) Trödelwaren *f/pl* **brocanter** *v/i* mit Trödel(waren) handeln **brocanteur** *m* Trödler *m*; Altwarenhändler *m*

brocart [bʀɔkaʀ] *m* TEXT Brokat *m*

brochage [bʀɔʃaʒ] *m* 1 *d'un livre* Broschieren *n*; Broschur *f* 2 TEXT Broschieren *n*

broche [bʀɔʃ] *f* 1 *bijou* Brosche *f*; Anstecknadel *f* 2 CUIS Bratspieß *m*; *loc/adj* ***à la ~*** am Spieß (gebraten); ***poulet*** *m* ***à la ~*** *a* Hähnchen *n* vom Grill; ***mettre à la ~*** auf den Spieß schieben; *par ext* am Spieß braten 3 TEXT Spindel *f* 4 TECH Dorn *m*; Stift *m* (*a* ÉLECT); *d'une machine-outil* Arbeits-, Werkzeugspindel *f*; *d'une perceuse* Bohrspindel *f* 5 MÉD *pour fractures* Draht *m*

broché [bʀɔʃe] I *adj* broschiert; ***livre, volume ~*** *a* Broschur *f* II *m* TEXT Broché *m*

brocher [bʀɔʃe] *v/t* 1 *livre* broschieren 2 TEXT broschieren

brochet [bʀɔʃɛ] *m* ZO Hecht *m*

brochette [bʀɔʃɛt] *f* 1 CUIS kleiner Bratspieß; *plat*

Schaschlik *n ou m*; **~ de rognons, de foie** Nierchen *n/pl*, Leber *f* am Spieß **2** *plais* **une ~ de jeunes filles** *etc* e-e (wie aufgereiht nebeneinandersitzende) Gruppe junger Mädchen *etc* **3** *pour décorations* Ordensschnalle *f*, -spange *f*

brochure [bʀɔʃyʀ] *f* **1** Broschüre *f*; Heft(chen) *n*; **~ publicitaire** Werbebroschüre *f* **2** TEXT eingewebtes Muster

brocoli [bʀɔkɔli] *m* BOT Brokkoli *pl ou m*; Spargelkohl *m*

brodequin [bʀɔdkɛ̃] *m* Schnürstiefel *m*

broder [bʀɔde] **I** *v/t* sticken (*a abs*); **~ un napperon** ein Deckchen sticken; **~ un tissu** einen Stoff besticken; **~ ses initiales sur qc** sein Monogramm in etw (*acc*) sticken **II** *v/i fig* einiges, etliches hinzu-, dazudichten; fabulieren

broderie [bʀɔdʀi] *f art, ouvrage* Stickerei *f*; **~ anglaise** Lochstickerei *f*

brodeur [bʀɔdœʀ] *m*, **brodeuse** *f* **1** *personne* Sticker(in) *m(f)* **2** *f machine* Stickmaschine *f* **3** *adjt* **fil brodeur** Stickfaden *m* (*für Stickmaschinen*)

Broglie [bʀœj] **de ~** *frz Adelsfamilie*

brome [bʀom] *m* CHIM Brom *n*

bromure [bʀɔmyʀ] *m* CHIM Bromid *n*; PHOT **~ d'argent** Silberbromid *n*; Bromsilber *n*; PHARM **~ de potassium** Kaliumbromid *n*; Bromkali(um) *n*

bronche [bʀɔ̃ʃ] *f* ANAT Bronchie *f*; Luftröhrenast *m*; *surtout pl* **~s** Bronchien *f/pl*

broncher [bʀɔ̃ʃe] *v/i* **1** *cheval* straucheln **2** *fig* **sans ~** ohne zu murren; ohne Widerrede; ohne mit der Wimper zu zucken; **personne n'ose ~** keiner wagt, e-n Laut von sich zu geben, sich zu rühren, F (sich) zu mucksen

bronchiole [bʀɔ̃ʃjɔl] *f* ANAT Bronchiole *f*

bronchite [bʀɔ̃ʃit] *f* MÉD Bronchitis *f*; Bronchialkatarr(h) *m* **bronchitique** *adj* Bronchitis…; *personne* an Bronchitis erkrankt, leidend

broncho-pneumonie [bʀɔ̃kopnømɔni] *f* MÉD *sc* Bronchopneumonie *f*

bronzage [bʀɔ̃zaʒ] *m* **1** *de la peau* **a)** *action* Bräunen *n*; Braunwerden *n*; **b)** *résultat* Bräune *f* **2** TECH Bronzieren *n*

bronze [bʀɔ̃z] *m* **1** *alliage* Bronze *f*; **~ d'aluminium** Aluminiumbronze *f*; *loc/adj* **de** *ou* **en ~** bronzen; Bronze…; **âge** *m*, **art** *m* **du ~** Bronzezeit *f*, -kunst *f* **2** *objet d'art* Bronze *f*; Kunstgegenstand *m* aus Bronze

bronzé [bʀɔ̃ze] *adj personne, peau* braun (gebrannt); (sonnen)gebräunt

bronzer [bʀɔ̃ze] **I** *v/t* **1** *peau* bräunen; **crème** *f* **à ~** Sonnenschutzcreme *f*; **lampe** *f* **à ~** Höhensonne *f* **2** TECH bronzieren **II** *v/i* (*et v/pr* **se**) **~** braun werden; bräunen; **se faire ~** sich braun brennen lassen; sich bräunen

bronzeur [bʀɔ̃zœʀ] *m* TECH Bronzierer *m* **bronzier** *m* Bronzegießer *m*, -plastiker *m*

brossage [bʀɔsaʒ] *m* (Ab-, Aus)Bürsten *n*

brosse [bʀɔs] *f* **1** *de nettoyage* Bürste *f*; *d'un aspirateur a* Bürstendüse *f*; **~ métallique** Draht-, Stahlbürste *f*; **~ à chaussures, à cheveux, à dents, à habits, à ongles** Schuh-, Haar-, Zahn-, Kleider-, Nagelbürste *f*; **~ à reluire** Glanzbürste *f*; F *fig* **manier, passer la ~ à reluire** auf plumpe Weise schmeicheln; Speichelleckerei betreiben; **donner un coup de ~ à qc** etw (ab-, aus)bürsten **2** *de peintre* Pinsel *m*; *gros pinceau a* Quast *m* **3** *coiffure* (**cheveux** *m/pl* **en**) **~** Bürsten(haar)schnitt *m*; Bürstenfrisur *f* **4** zo Bürste *f*

brosser [bʀɔse] **I** *v/t* **1** *vêtement, chaussures* (ab)-bürsten; *vêtement a* ausbürsten; *cheveux* bürsten; **~ qn** j-n abbürsten **2** PEINT mit groben Pinselstrichen malen, hinwerfen; *fig* **~ un tableau de la situation** e-n knappen Überblick über die Lage geben **3** SPORTS *ballon* Effet, Spin geben (+*dat*) **II** *v/pr* **se ~** sich abbürsten; **se ~ les dents** sich (*dat*) die Zähne putzen; F *fig* **tu peux te ~!** da kannst du lange warten!

brosserie [bʀɔsʀi] *f* Bürsten-, Besen- und Pinselherstellung *f*

brou [bʀu] *m des noix, des amandes* grüne Außenschale; *teinture* **~ de noix** dunkelbraune Beize (aus grünen Walnussschalen)

brouet [bʀuɛ] *m péj* undefinierbare, unappetitlich aussehende Suppe; F abscheuliche Brühe

brouette [bʀuɛt] *f* Schubkarre(n) *f(m)*

brouettée [bʀuete] *f* **une ~ de sable** e-e (Schub)Karre (voll) Sand

brouetter [bʀuete] *v/t sable etc* karren

brouhaha [bʀuaa] *m dans une foule* wirrer Lärm; Getöse *n*; **~ de voix, des conversations** (lautes) Stimmengewirr

brouillage [bʀujaʒ] *m* RAD Stören *n*, -ung *f*

brouillard [bʀujaʀ] *m* Nebel *m*; **épais ~ sur les routes** dichter Nebel auf den Straßen; **par temps de ~** bei Nebel(wetter); **il y a, il fait du ~** es ist nebelig, neblig; es herrscht Nebel; wir haben Nebel; *fig*: **avoir un ~ devant les yeux** e-n Schleier vor den Augen haben; **être dans le ~** nicht klarsehen; **foncer dans le ~** sich kopfüber in ein Unternehmen stürzen

brouille [bʀuj] *f* Streit *m*; Zwist *m*; Zerwürfnis *n*; F Krach *m*

brouillé [bʀuje] *adj* **1** CUIS **œufs ~s** Rührei(er) *n(pl)* **2** *ciel* verhangen; bedeckt; grau **3** *teint* unrein; **avoir le teint ~** *a* grau im Gesicht sein **4** → **brouiller** *I 1, 2*

brouiller [bʀuje] **I** *v/t* **1** *papiers* durcheinanderbringen, -werfen; in Unordnung bringen; **~ les idées de qn** j-n verwirren, durcheinanderbringen, in Verwirrung bringen, konfus machen; **avoir les idées brouillées** krause, verworrene, konfuse Gedanken haben; **~ les pistes** die Spuren verwischen; *regard, yeux* **brouillé par les larmes** tränenverschleiert **2** *personnes* entzweien; auseinanderbringen; **être brouillé** (**avec qn** mit j-m) entzweit, zerstritten, verfeindet, F verkracht sein, Krach haben; F **être brouillé avec qc** F mit etw auf Kriegsfuß stehen **3** *émission de radio* stören; **~ l'image télévisée** e-e Bildstörung verursachen **4** *nourriture* **~ le teint** dem Teint schaden; e-n unreinen Teint verursachen **II** *v/pr* **1** **ma vue se brouille** mir schwimmt es vor den Augen; ich sehe alles nur noch ganz verschwommen, wie durch e-n Schleier **2** **se ~** *temps* sich eintrüben; trüb(e) werden; **le ciel s'est brouillé** der Himmel hat sich bezogen **3** *idées, souvenirs* **se ~** sich verwirren; durcheinandergeraten; **tout se brouille dans ma tête** mir ist ganz wirr im Kopf; mir schwirrt der Kopf **4** *personnes* **se ~** sich entzweien, überwerfen, verfeinden, F verkrachen (**avec qn** mit j-m); F Krach kriegen (mit j-m)

B

brouilleur [bʀujœʀ] *m* RAD Störsender *m*
brouillon¹ [bʀujõ] *adj* ⟨**~ne**⟩ unordentlich; chaotisch; *personne* **être (de caractère, un esprit) ~** ein Wirrkopf sein; wirre, konfuse Ideen haben
brouillon² [bʀujõ] *m* Konzept *n*; erste Niederschrift; (erster) Entwurf; Rohfassung *f*; ***cahier*** *m* ***de ~*** Schmier-, Konzeptheft *n*; Kladde *f*; ***papier*** *m* **(de) ~** Konzeptpapier *n*; ***faire le ~ d'un discours*** das Konzept e-r Rede verfassen, ausarbeiten; e-e Rede im Konzept aufsetzen
broum [bʀum] *int bruit de moteur* brumm, brumm!
broussaille [bʀusaj] *f* **1** ***~s*** *pl* Gestrüpp *n*; Dickicht *n*; Gesträuch *n*; Buschwerk *n* **2** *loc/adj fig* ***en ~*** *cheveux, barbe* buschig; struppig; *sourcils* buschig
broussailleux [bʀusajø] *adj* ⟨**-euse**⟩ **1** mit Gestrüpp, Gesträuch, Buschwerk bedeckt; voller Gestrüpp **2** → ***broussaille*** *2*
brousse [bʀus] *f* **1** GÉOGR Busch *m* **2** F *fig* ***en pleine ~*** auf dem Land; weitab von jeglicher Zivilisation
brouter [bʀute] **I** *v/t vaches etc*: *l'herbe* abweiden; abgrasen; (ab)fressen; *abs* weiden; grasen **II** *v/i* TECH rattern; unregelmäßig funktionieren
broutilles [bʀutij] *f/pl* Belanglosigkeiten *f/pl*; Lappalien *f/pl*; Kleinigkeiten *f/pl*
browning [bʀɔniŋ] *m* Browning ['bʀaunɪŋ] *m*
broyage [bʀwajaʒ] *m* Zerkleinern *n*; Zerstoßen *n*; Zermahlen *n*; Zermalmen *n*; *du chanvre* Brechen *n*; *de couleurs* Anreiben *n*; *de substances molles* Zerdrücken *n*; Zerquetschen *n*
broyer [bʀwaje] *v/t* ⟨**-oi-**⟩ **1** zerkleinern; *dans un mortier* (zer)stoßen; zermahlen; (zer)schroten; zermalmen; *chanvre* brechen; *substances molles* zerdrücken; zerquetschen; *lors d'un accident*: *doigt etc* zerquetschen; ***~ des couleurs*** Farben anreiben; *plais* ***vous me broyez la main!*** Sie zerquetschen mir ja die Hand! **2** *fig* ***~ du noir*** trüben, schwarzen Gedanken nachhängen; F Trübsal blasen; *litt* Grillen fangen
broyeur [bʀwajœʀ] *m* TECH Brecher *m*; Mühle *f*; ***~ d'ordures*** Zerkleinerer *m*, Zerhacker *m* von Küchenabfällen
brrr [bʀʀ] *int* **a)** *froid* brr!; hu!; **b)** *peur* hu(ch)!
bru [bʀy] *f* Schwiegertochter *f*
bruant [bʀyɑ̃] *m* ZO Ammer *f*
Bruay [bʀyɛ] *frz Ortsname*
bruccio [bʀyksjo] *m korsischer Schaf-, Ziegenkäse*
brucellose [bʀyseloz] *f* MÉD, VÉT Brucellose *f*
Bruegel [bʀœgɛl, bʀø-] *m* PEINT Breughel *m*
Bruges [bʀyʒ] Brügge *n*
brugnon [bʀyɲõ] *m* BOT Nektarine *f*
bruine [bʀɥin] *f* Niesel-, Sprühregen *m*
bruiner [bʀɥine] *v/imp* nieseln; ***il bruine*** es nieselt
bruineux [bʀɥinø] *adj* ⟨**-euse**⟩ ***temps ~*** Nieselwetter *n*
bruire [bʀɥiʀ] *v/i* ⟨*déf*: **il bruit, ils bruissent**; **il bruissait, ils bruissaient**; **bruissant**⟩ *st/s feuilles, vent* sanft, leise rauschen; säuseln; ***l'eau bruit*** das Wasser rauscht leise; ***le papier, la soie bruit*** das Papier, die Seide raschelt
bruissement [bʀɥismɑ̃] *m st/s des feuilles, du vent* sanftes, leises Rauschen (*a de l'eau*); Säuseln *n*; *du papier, de la soie* Rascheln *n*
bruit [bʀɥi] *m* **1** Geräusch *n*; *p/fort* Lärm *m*; PHYSIOL ***~s cardiaques, du cœur*** Herztöne *m/pl*; ***~ infernal, d'enfer*** ohrenbetäubender Lärm; F Höllen-, Heidenlärm *m*; RAD ***~s parasites*** Stör-, Nebengeräusch(e) *n(pl)*; Störungen *f/pl*; *d'un sifflet etc* ***~ strident*** schriller Ton; Schrillen *n*; ***~ de chaînes*** Kettengeklirr *n*, -gerassel *n*; ***~ de fond*** Geräusch, Lärm im Hintergrund; ***~s de la rue*** Straßengeräusche *n/pl*, -lärm *m*; ***~ des vagues*** Rauschen *n* der Wellen; ***~ des voitures*** Autolärm *m*; ***~ de voix*** Stimmengeräusch *n*; ***lutte*** *f* ***contre le ~*** Lärmbekämpfung *f*; *loc/adv*: ***à grand ~*** geräuschvoll; lärmend; laut; ***sans ~*** geräusch-, lautlos; leise; ruhig; *fig* sang- und klanglos; still und leise; ohne viel Aufhebens zu machen; ohne großes Aufsehen zu erregen; ***faire du ~*** ein Geräusch, Lärm, F Krach machen; *fig*: *scandale, livre etc* ***faire du ~, grand ~*** (großes) Aufsehen erregen; (viel) Staub aufwirbeln; (viel) von sich reden machen; *personne* ***faire grand ~ de qc*** viel Aufhebens, F Wesens von *ou* um etw machen; F viel Geschrei um etw machen; ***(faire) beaucoup de ~ pour rien*** viel Lärm um nichts (machen) **2** (*rumeur*) Gerücht *n*; ***faux ~*** Falschmeldung *f*; ***~s de guerre*** Kriegsgerüchte *n/pl*; ***faire circuler des ~s*** Gerüchte in Umlauf setzen, bringen; Gerüchte verbreiten; → *a* ***courir*** *II 2* **3** TÉLÉCOMM Rauschen *n*
bruitage [bʀɥitaʒ] *m* THÉ, CIN, RAD Geräuschkulisse *f*; Geräuscheffekte *m/pl* **bruiteur** *m* THÉ, CIN, RAD Geräuschtechniker *m*
brûlage [bʀylaʒ] *m des herbes sèches* Ab-, Verbrennen *n*; *des cheveux* Absengen *n*
brûlant [bʀylɑ̃] *adj* **1** (*très chaud*) glühend heiß; *liquide* kochend heiß; *soleil a* sengend; ***cendre ~e*** glühende, heiße Asche; ***avoir le front ~*** eine heiße Stirn haben **2** *fig* ***question ~e, sujet ~, terrain ~*** heißes Eisen; heikle Frage; heikles Thema; *loc/adj* ***d'une actualité ~e*** von brennender Aktualität; ***s'engager sur un terrain ~*** ein heißes Eisen anpacken; in ein Wespennest stechen **3** (*passionné*) leidenschaftlich; *désir* glühend; heiß; brennend; ***regard ~*** glühender, feuriger, flammender Blick
brûlé [bʀyle] **I** *adj* **1** verbrannt; *maison, forêt* ab-, niedergebrannt; ***~ par le soleil*** von der Sonne verbrannt, *p/fort* ausgeglüht, *plantes, région a* versengt, ausgedörrt **2** CUIS angebrannt; *au repassage*: *linge* angesengt; versengt **3** *fig* ***tête ~e*** Hitz-, Feuerkopf *m* **4** *fig* (*démasqué*) *agent secret* entlarvt; F aufgeflogen; *homme politique* diskreditiert; gebrandmarkt **II** *m* **1** **(grand) ~** Verletzte(r) mit (schweren, lebensgefährlichen) Verbrennungen **2** ***le ~*** das Verbrannte, Angebrannte; ***odeur*** *f* ***de ~*** Brandgeruch *m*; *plat* ***avoir un goût de ~*** angebrannt schmecken; ***sentir le ~*** a) brenzlig, *plat* angebrannt riechen; b) F *fig affaire* F brenzlig, mulmig werden
brûle-gueule [bʀylgœl] *m* ⟨*inv*⟩ Stummelpfeife *f*
brûle-parfum *m* ⟨*inv*⟩ Räuchergefäß *n*, -pfanne *f*
brûle-pourpoint [bʀylpuʀpwɛ̃] *loc/adv*: *dire, demander* ***à ~*** geradeheraus; ins Gesicht hinein; ohne Umschweife
brûler [bʀyle] **I** *v/t* **1** *lettres, mauvaises herbes, encens etc* verbrennen; ***~ une forêt*** einen Wald ab-, niederbrennen **2** *charbon, bois* (ver)brennen; verheizen; verfeuern; *électricité* verbrauchen; ***~ un cierge à un saint*** e-m Heiligen e-e Kerze stiften **3** *plat* anbrennen lassen; *en fumant, en repassant* an-, versengen; CUIS ***~ complètement*** verbrennen lassen; ***le fer à repasser lui a brûlé les doigts*** er

hat sich (*dat*) am Bügeleisen die Finger verbrannt **4** *soleil: plantes, terres* verbrennen; versengen; *terres a* ausdörren; *acide* ~ ***la peau*** die Haut angreifen, ätzen, zerfressen; *gel* ~ ***les bourgeons*** die Knospen verbrennen **5** *plaie* ~ ***qn*** brennen (*abs*); ***la fumée me brûle les yeux*** der Rauch brennt, beißt mir in den Augen, beißt mich in die Augen **6** *véhicule, conducteur* durchfahren (***l'arrêt*** an *ou* bei der Haltestelle; ***le feu rouge*** bei Rot); *fig* ~ ***les étapes*** einige Stufen, Etappen überspringen; F *a* gleich aufs Ganze gehen **II** *v/i* **1** *charbon, bois* (ver)brennen; *feu, bougie, maison, forêt etc*, F *a lumière* brennen; *feu a* lodern; *maison, forêt a* ab-, niederbrennen; F ***laisser*** ~ ***la lumière, l'électricité*** das Licht brennen lassen, anlassen **2** *plat* anbrennen; ***laisser*** ~ anbrennen lassen **3** *soleil* brennen; *en mangeant, en buvant qc* ***ça brûle*** das brennt richtig; ***la gorge me brûle*** mir brennt die Kehle; *front, personne* ~ ***de fièvre*** vor Fieber glühen **4** *fig personne* ~ ***d'amour*** vor Liebe glühen; ~ ***du désir, d'impatience*** vor Verlangen, Ungeduld brennen; ~ ***d'enthousiasme*** vor Begeisterung glühen; ~ ***de faire qc*** darauf brennen, etw zu tun; *litt* ~ ***pour qn*** *st/s* in Liebe zu j-m entbrannt sein **5** *à certains jeux* ***tu brûles!*** du verbrennst dich gleich!; (ganz) heiß! **III** *v/pr personne* ***se*** ~ sich verbrennen; (*s'ébouillanter*) sich verbrühen; *fig* ***se*** ~ ***la cervelle*** sich (*dat*) e-e Kugel durch den Kopf schießen, jagen; ***se*** ~ ***le doigt*** sich (*dat*) den Finger verbrennen

brûleur [bʀylœʀ] *m* TECH Brenner *m*; ~ ***à gaz, à mazout*** Gas-, Ölbrenner *m*

brûlis [bʀyli] *m* AGR abgesengtes Feld

brûlot [bʀylo] *m* MAR HIST Brandschiff *n*; Brander *m*

brûlure [bʀylyʀ] *f* **1** MÉD Verbrennung *f*; Brandwunde *f*; *due à un liquide bouillant* Verbrühung *f* **2** *douleur* Brennen *n*; ~***s d'estomac*** Sodbrennen *n* **3** *dans un tissu etc* Brandfleck *m*; versengte Stelle; hineingebranntes Loch

brumaire [bʀymɛʀ] *m* HIST Brumaire *m* (*2. Monat des frz Revolutionskalenders*); ***le 18 Brumaire*** der 18. Brumaire (*Staatsstreich Napoleons vom 9.11.1799*)

brume [bʀym] *f* Dunst *m*; MAR Nebel *m*

brumeux [bʀymø] *adj* ⟨**-euse**⟩ **1** dunstig; diesig; ***le temps est*** ~ es ist dunstig, diesig **2** *fig* (*obscur*) unklar; verschwommen; vage; nebulös

brumisateur® [bʀymizatœʀ] *m* Zerstäuber *m*

brun [bʀɛ̃, bʀœ̃] **I** *adj* ⟨**brune** [bʀyn]⟩ *cheveux* braun; *personne* braun-, dunkelhaarig; *femme a* brünett; ***bière*** ~***e*** dunkles Bier; ***tabac*** ~ dunkler Tabak; ***avoir le teint*** ~ e-e bräunliche Haut haben **II** *subst* **1** *personne* ~(***e***) *m(f)* Dunkel-, Braunhaarige(r) *f(m)*; Brünette *f* **2** *m couleur* Braun *n*; PEINT ~***s*** *pl* Brauntöne *m/pl*; ~ ***clair, foncé, roux*** Hell-, Dunkel-, Rotbraun *n* **3** ~***e*** *f bière* Dunkle(s) *n* **4** ~***e*** *f cigarette* Zigarette *f* aus dunklem Tabak

brunâtre [bʀynɑtʀ] *adj* bräunlich

brunch [bʀœnʃ] *m* ⟨*pl* **brunches**⟩ Brunch [brantʃ] *m*

brunette [bʀynɛt] *f* Brünette *f*

bruni [bʀyni] **I** *adj* **1** *peau* (sonnen)gebräunt, (-)braun; braun gebrannt **2** *métal* glänzend; poliert **II** *m d'un métal poli* Glanz *m*; Politur *f*

brunir [bʀyniʀ] **I** *v/t* **1** braun färben; *soleil* ~ ***la peau*** die Haut bräunen **2** TECH *métal* polieren **II** *v/i* **1** *cheveux* nachdunkeln; dunkler werden **2** (*bronzer*) (*a v/pr* ***se*** ~) braun werden; bräunen

brunissage [bʀynisaʒ] *m* TECH *d'un métal* Polieren *n*

Bruno [bʀyno] *m Vorname*

Brunswick [bʀɛ̃swik, bʀœ̃-] Braunschweig *n*

brushing [bʀœʃiŋ] *m* Föhnfrisur *f*; ***se faire faire un*** ~ sich (*dat*) die Haare waschen und föhnen lassen

brusque [bʀysk] *adj* **1** *personne, ton* barsch; schroff; unwirsch; grob; *ton a* rau; brüsk; *geste* brüsk; heftig; ***manières*** *f/pl* ~***s*** ungehobelte, grobe Manieren; ***refus*** *m* ~ schroffe Ablehnung **2** *départ, changement* plötzlich; jäh; unvermittelt; abrupt

brusquement [bʀyskəmɑ̃] *adv* plötzlich; unvermittelt

brusquer [bʀyske] *v/t* **1** *personne* (barsch, heftig, grob) anfahren; anherrschen **2** *affaire, décision etc* beschleunigen; überstürzen; übereilen; übers Knie brechen; ***ne rien*** ~ nichts überstürzen, -eilen, übers Knie brechen **3** *adjt* ***attaque brusquée*** plötzlicher, überraschender Angriff

brusquerie [bʀyskəʀi] *f de qn* Barschheit *f*; Schroffheit *f*; Grobheit *f*; ***avec*** ~ barsch; schroff; grob

brut [bʀyt] *adj* **1** *pierre, minerai* roh; unbearbeitet; *pierre a* unbehauen; ***diamant*** ~ Rohdiamant *m*; ungeschliffener Diamant; ***pétrole*** ~ *ou subst* ~ *m* Rohöl *n*; ***sucre*** ~ Rohzucker *m*; *fig*: *idées, projet* ***à l'état*** ~ in e-r ersten, groben Form; ***c'est un fait*** ~ das ist e-e reine, nackte Tatsache **2** ***champagne*** ~ *ou subst* ~ *m* sehr trockener, herber Champagner **3** COMM Brutto...; Roh...; *advt* brutto; ***bénéfice*** ~ Brutto-, Rohgewinn *m*; ***poids*** ~ Brutto-, Rohgewicht *n*; ***salaire*** ~ Bruttogehalt *n*, -lohn *m*; *advt* ***peser*** ~ ***dix kilos*** brutto zehn Kilo wiegen

brutal [bʀytal] *adj* ⟨**-aux**⟩ **1** *personne* brutal; roh; grob; rücksichtslos; *physiquement a* gewalttätig; *franchise, réalisme* brutal; schonungslos; ***choc*** ~ heftiger Schock; ***déception*** ~***e*** schwere, harte, herbe Enttäuschung; ***force*** ~***e*** rohe, brutale Gewalt; ***être*** ~ ***avec qn*** j-n grob, roh, brutal, rücksichtslos behandeln **2** (*soudain*) plötzlich; unerwartet; ***la mort*** ~***e de son ami*** der plötzliche Tod s-s Freundes

brutalement [bʀytalmɑ̃] *adv* → ***brutal*** *1, 2*

brutaliser [bʀytalize] *v/t* grob, roh, brutal behandeln; (*maltraiter*) misshandeln

brutalité [bʀytalite] *f* **1** *de qn* Brutalität *f*; Rohheit *f*; Grobheit *f*; Rücksichtslosigkeit *f*; Gewalttätigkeit *f*; *d'une déception* Härte *f*; *d'un choc* Heftigkeit *f* **2** *actes* ~***s*** *pl* brutales, hartes, rücksichtsloses Vorgehen; Brutalitäten *f/pl*; (*violences*) Gewalttätigkeiten *f/pl*; (*sévices*) Misshandlungen *f/pl*

brute [bʀyt] *f* **1** (*homme brutal*) brutaler, roher, gewalttätiger Mensch; Rohling *m*; *p/fort* Bestie *f*; ***comme une*** ~ wie e-e Bestie **2** ~ ***épaisse*** beschränkter, bornierter Geist; Hohl-, Dummkopf *m* **3** *litt* (*animal*) Tier *n*

Brutus [bʀytys] *m* HIST Brutus *m*

Bruxelles [bʀy(k)sɛl] Brüssel *n*

bruxellois [bʀy(k)sɛlwa] **I** *adj* von, aus Brüssel; Brüsseler **II** *subst* ***Bruxellois(e)*** *m(f)* Brüsseler(in) *m(f)*

bruyamment [bʀɥijamɑ̃, bʀyjamɑ̃] *adv* → ***bruyant***

bruyant [bʀɥijɑ̃, bʀyjɑ̃] *adj* laut; geräuschvoll; *enfants, réunion* lärmend; *joie* laut; stürmisch; *rire* laut; schallend

bruyère [bʀɥijɛʀ, bʀyjɛʀ] *f* **1** *plante* Heidekraut *n*; Heide *f*; Erika *f*; ***pipe** f **de** ~* Bruyèrepfeife *f*; JARD ***terre** f **de** ~* Heideerde *f* **2** *lieu* Heide *f*

BTS [betees] *m abr* (*brevet de technicien supérieur*) *correspond à* Fachhochschulabschluss *m*

bu [by] *p/p* → ***boire***

buanderie [bɥɑ̃dʀi] *f* Waschküche *f*, -haus *n*

bubon [bybõ] *m* MÉD Anschwellung *f* der Lymphknoten; *de la peste* Pestbeule *f*; *sc* Bubo *m*

Bucarest [bykaʀɛst] Bukarest *n*

buccal [bykal] *adj* ⟨**-aux**⟩ ANAT Mund…; ***cavité** ~**e*** Mundhöhle *f*; MÉD ***par voie** ~**e*** oral

buccin [byksɛ̃] *m* ZO Wellhornschnecke *f*

Bucéphale [bysefal] *m* HIST Bukephalos *m*

bûche [byʃ] *f* **1** *de bois* (Holz)Scheit *n* **2** F (*chute*) Sturz *m*; ***prendre, ramasser une** ~* hinfallen, F -fliegen, -knallen **3** CUIS ~ ***de Noël*** Weihnachtskuchen *m* (*Buttercremetorte in Form e-s Holzscheits*)

bûcher[1] [byʃe] *m* **1** Scheiterhaufen *m*; Holzstoß *m*; HIST ***condamner au** ~* zum Scheiterhaufen verurteilen **2** *local* Holzschuppen *m*

bûcher[2] [byʃe] *v/t* F pauken, büffeln, ochsen (*a abs*)

bûcheron [byʃʀõ] *m*, **bûcheronne** *f* Holzfäller(in) *m(f)*

bûchette [byʃɛt] *f* kleines Holzscheit; ~***s** pl a* Klein-, Anbrennholz *n*

bûcheur [byʃœʀ] *m*, **bûcheuse** *f* F Büffler(in) *m(f)*

bucolique [bykɔlik] **I** *adj* bukolisch; ***poésie** f* ~ bukolische Poesie; Bukolik *f* **II** *f* Hirten-, Schäfergedicht *n*, -idylle *f*; *Vergil* ***Bucoliques*** Bucolica *n/pl* (*Hirtengedichte*)

Budapest [bydapɛst] Budapest *n*

budget [bydʒɛ] *m* **1** POL, ADM Haushalt([s]plan) *m*; Budget *n*; Etat *m*; ~ **(*extra*) *ordinaire*** (außer)ordentlicher Haushalt(splan); ~ ***de la commune*** Gemeindehaushalt *m*; ~ ***de dépenses*** Ausgabe(n)etat *m*; ~ ***de l'État*** Staatshaushalt *m*; (Staats)Budget *n*; ***discussion** f **du** ~* Haushalt(s)debatte *f*; Etatberatung *f* **2** *d'une entreprise* Budget *n*; Finanz-, Wirtschaftsplan *m*; Etat *m*; *d'un particulier* finanzielle Mittel *n/pl*; *plais* Budget *n*; F Etat *m*; ~ ***familial*** Familienbudget *n*; ~ ***publicitaire*** Werbeetat *m*; ~ ***vacances*** Urlaubsbudget *n*, F -etat *m*; ***cela dépasse mon** ~* F das übersteigt meinen Etat; ***se fixer un** ~ **pour l'habillement*** e-n (bestimmten) Etat für Kleidung festlegen

budgétaire [bydʒetɛʀ] *adj* Haushalt(s)…; Budget…; Etat…; ***année** f* ~ Haushalt(s)jahr *n*; ***loi** f* ~ Haushalt(s)gesetz *n*; ***politique** f* ~ Haushalt(s)politik *f*

budgétisation [bydʒetizasjõ] *f* Aufnahme *f*, Einsetzung *f* in den Haushalt(s)plan; Veranschlagung *f* im Etat [e'ta:] **budgétiser** *v/t* in den Haushalt(s)plan aufnehmen, einsetzen; im Etat veranschlagen

buée [bɥe] *f* feuchter Beschlag; Schwitzwasser *n*; ***vitre couverte de** ~* beschlagenes, angelaufenes Fenster; ***essuyer la** ~ **de ses lunettes*** s-e angelaufenen, beschlagenen Brillengläser putzen; *vitre, lunettes etc* ***se couvrir de** ~* (sich) beschlagen; anlaufen

Buenos Aires [bwenozɛʀ] Buenos Aires *n*

buffet [byfɛ] *m* **1** *meuble* Büfett *n*; Anrichte *f*; Geschirrschrank *m*; ~ ***de cuisine*** Küchenbüfett *n*; *fig* ***danser devant le** ~* nichts zu essen haben; F Kohldampf schieben **2** *dans une réception etc* kaltes Büfett **3** ~ (***de gare***) Bahnhofsgaststätte *f*, -restaurant *n*, -wirtschaft *f* **4** MUS ~ ***d'orgue*** Orgelgehäuse *n* **5** F (*ventre*) Bauch *m*

buffle [byfl] *m* ZO Büffel *m*; *loc/adj* ***en** (**peau de**) ~* aus Büffelleder

bug [bœg] *m* → ***bogue***[2]

bugle [bygl] *m* MUS Flügelhorn *n*

building [bildiŋ] *m* Hochhaus *n*

buis [bɥi] *m* **1** BOT Buchs(baum) *m*; REL ~ ***bénit*** geweihter Buchsbaumzweig **2** *bois* Buchsbaumholz *n*

buisson [bɥisõ] *m* **1** Busch *m*; Busch-, Strauchwerk *n*; Gebüsch *n*; BIBL ~ ***ardent*** brennender Dornbusch; ~ ***de roses*** Rosenbusch *m* **2** CUIS ~ ***d'écrevisses*** pyramidenförmig aufgeschichtete Krebse *m/pl* **buisson-ardent** *m* ⟨*pl* **buissons-ardents**⟩ BOT Feuerdorn *m*

buissonneux [bɥisɔnø] *adj* ⟨**-euse**⟩ **1** *terrain* mit Gebüsch, Buschwerk bewachsen **2** *arbre* buschartig

buissonnière [bɥisɔnjɛʀ] *adj loc* ***faire l'école** ~* a) *élève* die Schule schwänzen; b) *plais*: *employé* F blaumachen

bulbe [bylb] *m* **1** BOT (Blumen)Zwiebel *f*; ~ ***de tulipe*** Tulpenzwiebel *f* **2** ANAT ~ ***pileux*** Haarzwiebel *f*; ~ ***rachidien*** verlängertes (Rücken)Mark **3** ARCH Zwiebel(dach) *f(n)*

bulbeux [bylbø] *adj* ⟨**-euse**⟩ BOT Zwiebel…; ***plantes bulbeuses*** Zwiebelgewächse *n/pl*

bulgare [bylgaʀ] **I** *adj* bulgarisch **II** *subst* **1** ***Bulgare** m,f* Bulgare *m*, Bulgarin *f* **2** LING ***le** ~* das Bulgarische; Bulgarisch *n*

Bulgarie [bylgaʀi] ***la** ~* Bulgarien *n*

bulldozer [byldɔzɛʀ, -zœʀ] *m* Planierraupe *f*; Bulldozer [-do:zər] *m*; *fig de qn* ***c'est un vrai** ~* er walzt alles nieder; nichts kann ihn aufhalten

bulle[1] [byl] *f* **1** (*globule gazeux*) Blase *f*; ~ ***d'air, de gaz, de savon*** Luft-, Gas-, Seifenblase *f*; F *fig* ***coincer la** ~* (*faire une sieste*) F ein Nickerchen machen; (*ne rien faire*) F auf der faulen Haut liegen **2** *de bande dessinée* Sprechblase *f* **3** *du pape* Bulle *f*; ~ ***d'excommunication*** Bannbulle *f*

bulle[2] [byl] *m* ~ *ou adjt* ***papier** m* ~ Saugpost *f*

bulletin [byltɛ̃] *m* **1** (*communiqué*) Bulletin *n*; (offizieller) Bericht; ~ ***météorologique*** Wetterbericht *m*; ***Bulletin officiel*** Amtsblatt *n*; *correspond à* Bundesanzeiger *m*; ~ ***d'enneigement*** Schneebericht *m*; ~ ***d'état civil*** nicht beweiskräftiger Auszug aus e-m Personenstandsbuch; *pour les statistiques*: *correspond à* Zählkarte *f*, -blatt *n* aufgrund der Eintragungen in den Personenstandsbüchern; ~ ***de santé*** ärztliches Bulletin **2** ÉCOLE Zeugnis *n* **3** (*reçu*) Schein *m*; ~ ***de bagages*** Gepäckschein *m*; ~ ***de consigne*** Gepäckaufbewahrungsschein *m*; *à la poste* ~ ***d'expédition*** Paketkarte *f*; ~ ***de paie*** Lohnstreifen *m*, -zettel *m*; ~ ***de participation*** Teilnahmeschein *m*; ~ ***de salaire*** Gehaltsabrechnung *f* **4** ~ (***de vote***) Stimmzettel *m*; ~ ***nul*** ungültiger Stimmzettel; ungültige Stimme; ***dépouiller les** ~**s*** die Stimmen auszählen **5** *dans un journal* Bericht *m*; ~ ***de l'étranger*** Auslandsbericht *m* **bulletin-réponse** *m* ⟨*pl* **bulletins-réponses**⟩ COMM Kupon *m*, Gutschein *m* (zum Einsenden); *pour un concours* Teilnahmeabschnitt *m*

bull-terrier [bultɛʀje, byl-] *m* ⟨*pl* **bull-terriers**⟩ ZO Bullterrier *m*

bungalow [bɛ̃galo, bœ̃-] *m* Bungalow *m*
Bunsen [bɛ̃zɛn, bœ̃-] *m* PHYS, CHIM Bunsen *m*
buraliste [byʀalist] *m,f* 1 *d'un bureau de tabac* Inhaber(in) *m(f)* e-s Tabakwarengeschäfts; *österr* (Tabak)Trafikant(in) *m(f)*; → *a* ***recette*** *2* 2 *à la poste* Schalterbeamte(r) *m*, -beamtin *f*
bure [byʀ] *f* TEXT grober brauner Wollstoff (*für Mönchskutten*)
bureau [byʀo] *m* ⟨*pl* **~x**⟩ 1 *meuble* Schreibtisch *m*; ***fauteuil*** *m* ***de ~*** Schreibtischsessel *m*; ***déposer un projet sur le ~ d'un ministre*** e-n Entwurf bei e-m Minister einreichen 2 *pièce, lieu de travail* Büro(raum) *n(m)*; ADM Amts-, Dienst-, Geschäftszimmer *n*; *d'une personne a* Arbeitszimmer *n*; ***~ d'un avocat*** Anwaltsbüro *n*, -kanzlei *f*; ***employés*** *m/pl* ***de ~*** Büroangestellte *m/pl*, -kräfte *f/pl*; ***heures*** *f/pl* ***de ~*** Bürostunden *f/pl ou* -zeit *f*; ***aller au ~*** ins Büro gehen 3 (*service ouvert au public*) Dienst-, Geschäftsstelle *f*; Büro *n*; (*administration*) Amt *n*; **~x** *pl abs a* Verwaltung *f*; ***Bureau international du travail*** (*abr* ***BIT***) Internationales Arbeitsamt (*abr* IAA); ***~ de change*** Wechselstube *f*; ***~ de douane*** (Grenz)Zollamt *n*; THÉ ***~ de location*** Theaterkasse *f*; Vorverkaufsstelle *f*; ***~ de poste*** Post® *f*; Postamt *n*; ***~ du service national*** *correspond à* Kreiswehrersatzamt *n*; ***~ de tabac*** Tabakladen *m*, -warengeschäft *n*; *österr* (Tabak)Trafik *f*; ***Bureau de vérification de la publicité*** → ***BVP***; ***~ de vote*** Wahllokal *n*; → *a 5*; ***la lenteur des ~x*** die Schwerfälligkeit der Verwaltung, Ämter; THÉ ***représentation*** *f* ***à ~x fermés*** schon wochenlang vorher ausverkaufte Vorstellung; ***on joue la pièce à ~x fermés*** die Vorstellungen sind seit Wochen ausverkauft 4 (*division*) *d'une entreprise* Abteilung *f*; Büro *n*; *d'un ministère, d'une mairie* Referat *n*; MIL ***Deuxième Bureau*** militärischer Geheimdienst; ***~ d'études*** Entwicklungsabteilung *f*, -büro *n*; *comme entreprise* Ingenieur-, Konstruktionsbüro *n*; ***~ de vente*** Verkaufsabteilung *f*, -büro *n* 5 (*comité directeur*) *d'un parti, d'un syndicat* Vorstand *m*; *de l'Assemblée nationale* Präsidium *n*; ***~ électoral, de vote*** Wahlausschuss *m*, -vorstand *m*; ***~ politique*** Politbüro *n*; ***réunion*** *f* ***du ~*** Vorstandssitzung *f*; ***faire partie du ~*** zum Vorstand gehören; Vorstandsmitglied sein
bureaucrate [byʀokʀat] *m,f péj* Bürokrat(in) *m(f)*
bureaucratie [byʀokʀasi] *f* Bürokratie *f* (*a péj*)
bureaucratique [byʀokʀatik] *adj* bürokratisch (*a péj*) **bureaucratisation** *f péj* (Ver)Bürokratisierung *f* **bureaucratiser** *v/t péj* (ver)bürokratisieren **bureaucratisme** *m péj* Bürokratismus *m*; F Amtsschimmel *m*
bureautique [byʀotik] *f* INFORM Bürokommunikation *f*; EDV *f* im Büro
burette [byʀɛt] *f* 1 Kännchen *n*; ÉGL CATH Messkännchen *n*; *de mécanicien* Ölkanne *f*, -kännchen *n*; *pour la table* ***~ à huile, à vinaigre*** Öl-, Essigkännchen *n*, -fläschchen *n* 2 CHIM Bürette *f*
burgrave [byʀgʀav] *m* HIST Burggraf *m*
burin [byʀɛ̃] *m* 1 *pour gravure* (Grab)Stichel *m*; Graviernadel *f*; ***gravé au ~*** gestochen 2 TECH Meißel *m*
buriné [byʀine] *adj visage* von tiefen Falten durchzogen; zerfurcht **buriner** *v/t* 1 *gravure* mit dem (Grab)Stichel bearbeiten, ritzen, stechen 2 TECH meißeln
Burkina Faso [byʀkinafazo] ***le ~*** Burkina Faso *n*
burlesque [byʀlɛsk] I *adj* burlesk; *accoutrement* grotesk; ***genre*** *m* ***~*** *ou subst* ***~*** *m* burleske Dichtung II *subst* ***le ~*** das Burleske
burlingue [byʀlɛ̃g] F *m* Büro *n*
burnous [byʀnu(s)] *m* 1 Burnus *m*; F *fig* ***faire suer le ~*** die (nordafrikanischen) Gastarbeiter ausbeuten, -saugen 2 *de bébé* Umhang *m*, Cape [keːp] *n* mit Kapuze
burundais [buʀundɛ] I *adj* burundisch II *subst* ***Burundais(e)*** *m(f)* Burundier(in) *m(f)*
Burundi [buʀundi] ***le ~*** Burundi *n*
bus¹ [bys] *m* 1 *véhicule* Bus *m*; ***prendre le ~*** den Bus nehmen; mit dem Bus fahren 2 INFORM Bus *m*
bus² [by] → ***boire***
busard [byzaʀ] *m* ZO Weihe *f*
buse¹ [byz] *f* 1 ZO Bussard *m* 2 *fig* F dumme Gans, Ziege
buse² [byz] *f* 1 TECH Düse *f*; *de carburateur* Lufttrichter *m*; ***~ d'injection*** Einspritzdüse *f* 2 MINES ***~ d'aérage*** (Wetter)Lutte *f*
business [biznɛs] *m* 1 Business [ˈbɪznɪs] *n*; Geschäft *n*; ***parler ~*** von Geschäften reden 2 F *fig* komplizierte, verworrene Angelegenheit, Geschichte
businessman [biznɛsman] *m* ⟨*pl* **~s** *ou* **-men** [-mɛn]⟩ Geschäftsmann *m*
busqué [byske] *adj* ***nez ~*** Haken-, Habichtsnase *f*
buste [byst] *m* 1 (*torse*) Oberkörper *m*; ***redresser le ~*** den Oberkörper straffen 2 *d'une femme* Büste *f* 3 **a)** SCULP Büste *f*; **b)** PEINT Brustbild *n*; ***se faire peindre en ~*** ein Brustbild von sich malen lassen
bustier [bystje] *m* Bustier *n*; trägerloser langer Büstenhalter
but¹ [by(t)] *m* 1 (*objectif*) Ziel *n*; (*fin*) Zweck *m*; (*dessein*) Absicht *f*; *d'un voyage* (Reise)Ziel *n*; *loc/adv*: ***dans un ~ scientifique*** *etc* für e-n, zu e-m wissenschaftlichen *etc* Zweck; ***dans le ~ de*** (*+inf*) in der Absicht, mit dem Ziel zu (*+inf*); ***sans ~*** ziellos; ***aller au-delà du ~, (dé)passer le ~*** übers Ziel (hinaus)schießen; ***aller droit au ~*** geradewegs aufs Ziel losgehen, -steuern; direkt zur Sache kommen; *chose* ***avoir pour ~ de*** (*+inf*) zum Ziel, Zweck haben zu (*+inf*); etw bezwecken; ***se donner pour ~ de*** (*+inf*) sich (*dat*) zum Ziel setzen zu (*+inf*); ***son ~ était seulement …*** er bezweckte damit nur, s-e Absicht war nur …; ***se fixer un ~*** sich (*dat*) ein Ziel setzen; ***poursuivre un ~*** ein Ziel, e-e Absicht verfolgen 2 *loc/adv* ***de ~ en blanc*** [d(ə)bytɑ̃blɑ̃] geradeheraus; ins Gesicht (hinein); ohne Umschweife; mir nichts, dir nichts; plötzlich; ***il lui a demandé de ~ en blanc si …*** *a* er überfiel ihn mit der Frage, ob … 3 FOOTBALL *etc* Tor *n*; RUGBY Mal *n*; (*~ marqué*) *a* Treffer *m*; BOULES Ziel(kugel) *n(f)*; ***~!*** Tor!; ***~ en or*** Golden Goal [ˈgoːldən'goːl] *n*; ***gagner par trois ~s à deux*** (mit) drei zu zwei (Toren) siegen, gewinnen; RUGBY ***transformer un essai en ~*** e-n Versuch in e-n Treffer verwandeln 4 TIR Ziel(punkt) *n(m)* 5 GR ***de ~*** final; des Zwecks; ***complément*** *m* ***de ~*** nähere Bestimmung des Zwecks; ***conjonction*** *f* ***de ~*** finale Konjunktion; → *Info nächste Seite*
but² [by] → ***boire***
butane [bytan] *m* CHIM Butan(gas) *n*; *adjt* ***gaz*** *m* ***~*** Butangas *n*

marquer un but

Henry a marqué deux buts. –
Henry schoss / machte / erzielte zwei Tore.

Für den Vorgang, dass der Spieler ein Tor schießt, gibt es im Französischen nur eine einzige Verb-Substantiv-Verbindung (Kollokation): **marquer un but**. Der Sprachgebrauch ist hier also nicht frei, denn das Substantiv le but kann nur durch das Verb marquer ergänzt werden, um den entsprechenden Sachverhalt auszudrücken. Die eingeschränkte Kombinierbarkeit solcher Wendungen zu kennen, ist für jeden wichtig, der Französisch lernt.

Weitere Beispiele für feste Verbindungen:

retirer de l'argent	Geld abheben
lancer un appel à quelqu'un	einen Aufruf an jemanden richten
composter le ticket	den Fahrschein entwerten

buté [byte] *adj* bockig; dickköpfig; halsstarrig; eigensinnig; verstockt
butée [byte] *f* 1 ARCH Widerlager *n* 2 TECH Anschlag *m*; AUTO ~ ***d'embrayage*** Schaltmuffe *f*
buter [byte] I *v/t* 1 ~ ***qn*** j-n bockig, bockbeinig, halsstarrig machen 2 CONSTR (ab)stützen 3 → ***butter 2*** II *v/i* 1 ~ ***contre qc*** an etw (*acc*) (an)stoßen; gegen etw stoßen; über etw (*acc*) stolpern; *abs* ~ stolpern; straucheln 2 *fig* ~ ***sur une difficulté, un problème*** auf e-e Schwierigkeit, ein Problem stoßen; durch e-e Schwierigkeit, ein Problem aufgehalten werden; *en parlant* ~ ***sur un mot*** über ein Wort stolpern 3 FOOTBALL ein Tor, Tore schießen 4 CONSTR ~ ***contre qc*** sich gegen etw stützen; sich an etw (*acc*) anlehnen III *v/pr* 1 ***se*** ~ (*s'entêter*) bockig, bockbeinig, dickköpfig, halsstarrig, eigensinnig werden 2 ***se*** ~ ***à qc*** gegen etw stoßen
buteur [bytœʀ] *m* FOOTBALL Torjäger *m*
butin [bytɛ̃] *m* 1 *pris à l'ennemi* Beute *f*; *d'un vol* Diebesbeute *f*, -gut *n*; CH Jagdbeute *f*; PÊCHE Fang *m*; ~ ***de guerre*** Kriegsbeute *f* 2 *d'une recherche* Ausbeute *f* 3 *de l'abeille* Tracht *f*
butiner [bytine] *v/t* 1 *abeilles*: *abs* Honig sammeln, eintragen; ~ ***les fleurs*** Nektar von den Blüten sammeln, eintragen; ~ ***le pollen*** Blütenstaub sammeln, eintragen 2 *fig* ~ ***des renseignements*** Informationen sammeln
butineur [bytinœʀ] *adj* ⟨**-euse**⟩ *insecte* (Nahrung) sammelnd; ***abeille butineuse*** *ou subst* ***butineuse*** *f* Flugbiene, die Nektar und Blütenstaub sammelt, einträgt
butoir [bytwaʀ] *m* 1 *d'une porte* Türpuffer *m* 2 CH DE FER Prellbock *m* 3 TECH Anschlag *m* 4 *adjt* ***date*** *f* ~ (End)Termin *m*
butor [bytɔʀ] *m* 1 ZO Rohrdommel *f* 2 *fig* Flegel *m*; Rüpel *m*; ungehobelter Kerl, Klotz
buttage [bytaʒ] *m* JARD, AGR Häufeln *n*
butte [byt] *f* (Erd)Hügel *m*; Anhöhe *f*; *à Paris* ***la Butte*** *ou* ***la*** ~ ***Montmartre*** der Montmartre; GÉOL ~ ***témoin*** Zeugenberg *m*; ~ ***de tir*** (Sand)Hügel mit den Zielscheiben; *fig* ***être en*** ~ ***à qc*** e-r Sache (*dat*) ausgesetzt sein; die Zielscheibe (+*gén*) sein; ***être en*** ~ ***à la calomnie*** *a* verleumdet werden
butter [byte] *v/t* 1 AGR, JARD (an)häufeln 2 *arg* (*tuer*) F abmurksen; kaltmachen
butyrique [bytiʀik] *adj* CHIM ***acide*** *m* ~ Buttersäure *f*
buvable [byvabl] *adj* 1 trinkbar; PHARM ***ampoule*** *f* ~ Trinkampulle *f* 2 F *fig film, livre* ***n'être pas*** ~ F ungenießbar, unmöglich sein
buvais, buvai(en)t [byvɛ] → ***boire***
buvard [byvaʀ] *m* **a)** ~ *ou adjt* ***papier*** *m* ~ Lösch-, Fließpapier *n*; **b)** *feuille* Löschblatt *n*
buvette [byvɛt] *f* 1 Ausschank *m*; Erfrischungsstand *m*, -raum *m* 2 *d'une station thermale* Trinkhalle *f*
buveur [byvœʀ] *m*, **buveuse** *f* 1 ***buveur, buveuse de bière*** Biertrinker(in) *m(f)*; ***buveur, buveuse d'eau*** Wassertrinker(in) *m(f)*; ***buveur, buveuse de vin*** Weintrinker(in) *m(f)* 2 (*alcoolique*) Trinker(in) *m(f)*
buvez [byve], **buvons** [byvõ] → ***boire***
BVP [bevepe] *m abr* (*Bureau de vérification de la publicité*) *freiwillige Selbstkontrollstelle der Werbewirtschaft*
bye bye [bajbaj] *int* F bye-bye! [baɪˈbaɪ]
by-pass [bajpas] *m* ⟨*inv*⟩ TECH, MÉD Bypass [ˈbaɪ-] *m*
Byzance [bizɑ̃s] HIST Byzanz *n*
byzantin [bizɑ̃tɛ̃] I *adj* 1 byzantinisch; ***Empire*** ~ Byzantinisches, Oströmisches Reich 2 *fig et st/s* ***discussions, querelles*** ~***es*** ermüdende, haarspalterische, unangebrachte Auseinandersetzungen *f/pl*; Streit *m* um des Kaisers Bart II *m/pl* ***Byzantins*** Byzantiner *m/pl*
byzantinisme [bizɑ̃tinism] *st/s m* Neigung *f* zu nutzlosen Auseinandersetzungen, zu Haarspaltereien
byzantiniste *m,f* Byzantinist(in) *m(f)*

C

C, **c** [se] *m* ⟨*inv*⟩ C, c [tseː] *n*
c *abr* (*centime*[*s*]) HIST ct(s) (Centime[s])
°C *abr* (*degré*[*s*] Celsius) °C (Grad Celsius)
c' [s] → **ce** *II*
ça [sa] F *pr/dém* **1** das (da); dies(es); ♦ *avec prép*: ***à part ~*** davon abgesehen; sonst; ***après ~*** *temporel* danach; nachher; *fig* nach dem(, was geschehen ist); ***et avec ~*** → ***avec*** *I 10*; ***pour ~*** deshalb; dafür; ***pour ~ il faudrait …*** dafür müsste man … (haben); ***c'est pour ~ que …*** deshalb …; ***je ne suis pas plus avancé pour ~*** darum, deshalb bin ich doch nicht klüger; trotzdem bin ich nicht klüger; *pour insister* ***ah, pour ~ oui*** ja und noch mal ja; ***sans ~*** sonst; ander(e)nfalls; ♦ *avec adv*: ***~ alors(, par exemple)!*** na so was!; nanu!; ***ah, ~ non!*** ganz bestimmt nicht!; ***pas de ~!*** kommt nicht in Frage!; nichts da!; (***je ne veux***) ***pas de ~!*** ich will das nicht (haben)!; ich will davon nichts wissen!; ♦ *avec conj*: ***comme ~*** a) so; b) *après subst* so ein(e); *par ext* F toll; klasse; eins a (Ia); c) *dans des questions* denn; also; d) (*sans y penser*) nur so (zum Spaß); ***ne me regarde pas comme ~!*** sieh mich nicht so an!; ***ce n'est pas comme ~*** das macht man nicht so; so ist das nicht; ***c'est comme ~*** das ist nun mal so *ou* nicht anders; *avec ordre ou interdiction* das ist so; es bleibt dabei; ***comme ci, comme ~*** F so lala; soso; *je voudrais* ***une veste comme ça*** so e-e Jacke; ***une voiture comme ~!*** ein toller, ein Ia Wagen!; ein Klassewagen!; ***où allez-vous comme ~?*** wohin gehen Sie denn?; ***alors comme ~ vous partez?*** Sie reisen also ab?; ♦ *avec pr*: ***rien que ~!*** und was sonst noch alles!; *iron* weiter, sonst nichts!; ♦ *avec des verbes*: (***comment***) ***~ va?*** wie geht's?; → *a* ***aller***[1] *I 2*; ***je ne vous dis que ~*** mehr sage ich nicht; mehr brauche ich wohl nicht zu sagen; ***~ y est!*** es ist so weit!; jetzt haben wir's!; so, das wäre geschafft!; ***~ y est?*** bist du so weit?; wird's bald?; ***cette fois ~ y est*** diesmal hat es geklappt, geht es; ***c'est ~!*** (ja,) so ist's!; (das ist) richtig!; ja!; das stimmt!; das ist gut so!; *a iron* so ist's richtig!; ***c'est bien ~*** a) ja, genauso ist's; b) da sieht man's mal wieder; ***ce n'est pas ~!*** nein!; so ist es nicht!; das ist falsch!; das geht nicht!; ***ce n'est pas encore ~*** das ist noch nicht ganz das Richtige *ou* das, was ich haben wollte; ***ce n'était que ~?*** war das alles?; ***il n'est pas si grand que ~*** so groß ist er (nun) doch nicht; ***me faire ~ à moi!*** mir das anzutun!; ***il ne manquait plus que ~!*** das fehlte gerade noch!; auch das noch! **2** *pour renforcer une interrogation* denn; ***comment, où, pourquoi, quand ~?*** wie, wo, weshalb, wann denn?; ***qui ~?*** wer denn? **3** *désignant une personne* der *ou* die (*f et pl*); *péj* so was
çà [sa] *adv* **1** ***~ et là*** hier und dort *ou* da; da und dort; bald hierhin, bald dorthin **2** *litt indignation ou menace* ***ah ~! …*** also! …

cabale [kabal] *f* **1** **a)** Intrige *f*; Ränke *m/pl*; *litt* Kabale *f*; ***monter une ~ contre qn, qc*** gegen j-n, etw e-e Intrige spinnen, ein Komplott schmieden; **b)** *coll* an e-m Komplott, e-r Intrige Beteiligte(n) *m/pl* **2** REL Kabbala *f* **3** *science occulte* Kabbalistik *f*
cabalistique [kabalistik] *adj* **1** *signes* unverständlich; geheimnisvoll **2** REL kabbalistisch **3** *par ext* magisch; okkult
caban [kabɑ̃] *m* Cabanjacke *f*
cabane [kaban] *f* **1** Hütte *f*; Schuppen *m*; ***~ à outils*** Werkzeugschuppen *m*; ***~ de berger*** Schäferhütte *f* **2** ***~ à lapins*** a) Kaninchenstall *m*; b) F *péj d'une maison* F Hütte *f*; Schuppen *m* **3** F (*prison*) F Kittchen *n*; Knast *m*; ***mettre qn en ~*** F j-n einbuchten, -lochen
cabanon [kabanõ] *m* **1** *autrefois pour les fous* Gummizelle *f*; F ***il est bon pour le ~*** F der gehört in die Klapsmühle **2** (*petite cabane*) kleine Hütte; Hüttchen *n* **3** *en Provence* kleines Landhaus
cabaret [kabaʀɛ] *m* **1** (*boîte*) Nachtlokal *n*; Bar *f* **2** *autrefois* Kneipe *f*; Schänke *f*; Wirtshaus *n*
cabaretier [kabaʀtje] *m autrefois* Gast-, Schankwirt *m*
cabas [kaba] *m* Strohtasche *f*; Einkaufstasche *f*
cabernet [kabɛʀnɛ] *m Rebsorte, die roten Bordeauxwein liefert*
cabestan [kabɛstɑ̃] *m* Winde *f*; MAR *a* Spill *n*
cabillaud [kabijo] *m* ZO **a)** Schellfisch *m*; **b)** (*morue fraîche*) Kabeljau *m*
cabine [kabin] *f* Kabine *f* (*a* AVIAT); MAR *a* Kajüte *f*; *d'un camion* Fahrerkabine *f*; Führerhaus *n*; *d'une grue* Führerkabine *f*, -haus *n*; *de téléphérique a* Gondel *f*; ***~ spatiale*** Raumkabine *f*, -kapsel *f*; ***~ téléphonique*** Telefon-, Fernsprechzelle *f*; CH DE FER ***~ d'aiguillage*** Stellwerk *n*; ***~ d'ascenseur*** Fahrstuhl *m*, -korb *m*; Kabine *f*; ***~ de bain*** Bade-, Umkleidekabine *f*; ***~ d'essayage*** Anprobe-, Umkleidekabine *f*; AVIAT ***~ de pilotage*** Cockpit *n*; Pilotenkanzel *f*; CIN ***~ de projection*** Vorführkabine *f*
cabinet [kabinɛ] *m* **1** Kammer *f*; kleines Nebenzimmer; Kabinett *n*; ***~ noir*** fensterlose Kammer; ***~ de toilette*** (kleiner) Waschraum **2** ***~s*** *pl* Toilette *f*; WC *n*; F Klo *n* **3** ***~ du directeur, d'étude, de travail*** Direktions-, Studier-, Arbeitszimmer *n* **4** *dans un musée* (Kunst)Kabinett *n*; *par ext* Sammlung *f* **5** *de médecins, d'avocats* **a)** ***~*** (***de consultation***) Sprechzimmer *n*; **b)** *par ext* Praxis(räume) *f*(*m/pl*); ***~ dentaire*** Zahnarztpraxis *f*; **c)** (*clientèle*) Praxis *f* **6** (*gouvernement*) Kabinett *n*; ***conseil*** *m* ***de ~*** Kabinettssitzung *f* **7** *d'un ministre ou préfet* Stab *m*; ***chef*** *m* ***de ~*** persönlicher Referent
câblage [kɑblaʒ] *m* **1** TECH Verseilung *f*; Kabelherstellung *f* **2** ÉLECT Verkabelung *f*; Verdrahtung *f*; Kabelverbindung(en) *f*(*pl*) **3** TÉLÉCOMM Kabeln

n; Drahten *n* 4 TV Verkabelung *f*

câble [kɑbl] *m* 1 Seil *n*; Kabel *n*; MAR *a* Tau *n*; Trosse *f*; **~ *métallique, d'acier*** Drahtseil *n*; AUTO **~ *de frein*** Bremsseil *n* 2 ÉLECT, TÉLÉCOMM Kabel *n*; Leitung *f*; **~ *aérien*** Freileitung *f*; **~ *électrique*** elektrisches Kabel; **~ *optique*** Glasfaserkabel *n*; **~ *téléphonique*** Fernsprechkabel *n*, -leitung *f*; **~ *à 'haute tension*** Hochspannungskabel *n* 3 (*télégramme*) Kabel *n*; Telegramm *n*

câblé [kɑble] *adj* 1 *fil* gezwirnt 2 TV *quartier etc* verkabelt 3 F *fig personne* ***être ~*** F in sein

câbler [kɑble] *v/t* 1 TECH verseilen; ÉLECT verkabeln; verdrahten 2 *dépêche* kabeln; drahten 3 TV *un quartier etc* verkabeln

câblerie [kɑbləʀi] *f* **a)** Kabelherstellung *f*; **b)** Kabelwerk *n*

câblier [kɑblije] *m navire* Kabelleger *m*

cabochard [kabɔʃaʀ] F **I** *adj* quer-, starr-, dickköpfig; F dickschäd(e)lig **II** *subst* **~(e)** *m(f)* Dick-, Querkopf *m*; F Dickschädel *m*

caboche [kabɔʃ] *f* F (*tête*) Kopf *m*; F Birne *f*; Schädel *m*; Dez *m*; *fig* ***il a une sacrée ~*** F er ist ein verflixter, hat e-n verflixten Dickschädel

cabochon [kabɔʃõ] *m* 1 *pierre précieuse* mugeliger (Halb)Edelstein; Cabochon *m* 2 *bouchon* Glasstöpsel *m* mit verziertem Oberteil

cabosse [kabɔs] *f* BOT Kakaofrucht *f*

cabosser [kabɔse] *v/t voiture, valise, chapeau* verbeulen; F ramponieren; *adjt* ***cabossé*** verbeult; AUTO ***aile cabossée*** verbeulter, eingebeulter Kotflügel

cabot [kabo] *m* 1 F *péj* (*chien*) *péj* Köter *m*; *nordd* Töle *f* 2 MIL F (*caporal*) Gefreite(r) *m*; F Schnäpser *m* 3 → ***cabotin***

cabotage [kabɔtaʒ] *m* MAR Küstenschifffahrt *f* **caboter** *v/i* MAR Küstenschifffahrt betreiben; die Küste entlangfahren **caboteur** *m* MAR Küstenschiff *n*, -fahrzeug *n*

cabotin [kabɔtɛ̃] *m*, **cabotine** *f* 1 *péj* zweitrangiger *ou* übertrieben spielender Schauspieler, zweitrangige *ou* übertrieben spielende Schauspielerin 2 *fig* Schauspieler(in) *m(f)*; Komödiant(in) *m(f)*; *adjt* ***il est un peu cabotin*** er schauspielert etwas; er setzt sich ein wenig in Szene

cabotinage [kabɔtinaʒ] *m* Schauspielerei *f*; Komödiantentum *n*

caboulot [kabulo] *litt m péj* Kaschemme *f*

cabré [kɑbʀe] *adj cheval* sich bäumend

cabrer [kɑbʀe] **I** *v/t* 1 *cheval* (***faire***) **~** steigen, sich bäumen lassen 2 *personne* zum Widerstand reizen 3 *avion* hochziehen **II** *v/pr* ***se ~*** 1 *cheval* sich (auf)bäumen; steigen 2 *personne* sich sträuben; sich aufbäumen; sich empören

cabri [kabʀi] *m* ZO Zicklein *n*; Zickel *n*; Ziegenlamm *n*; ***sauter comme un ~*** Bock-, Luftsprünge machen

cabriole [kabʀijɔl] *f* Kapriole *f* (*a* ÉQUITATION); Luft-, Bocksprung *m*; ***faire, exécuter des ~s*** Kapriolen, Luftsprünge machen

cabrioler [kabʀijɔle] *v/i* Luftsprünge, *a cheval* Kapriolen machen

cabriolet [kabʀijɔlɛ] *m auto et voiture à cheval* Kabriolett *n*

CAC [kak] *abr* (*cotation assistée en continu*) fortlaufende Computernotierung [-'pju:-]; ***indice*** *m* **~ *40*** *correspond à* DAX® *m* (Deutscher Aktienindex)

caca [kaka] *m* 1 *enf* **a)** (*excrément*) *enf* Bä(bä) *n*; Aa *n*; ***faire ~*** Aa, Bäbä machen (***dans sa culotte*** in die Hose); ***avoir envie de faire ~*** Aa, Bäbä machen müssen; **b)** *à un enfant*: *ne touche pas*, ***c'est ~*** das ist bäbä, baba 2 *fig péj travail etc* ***c'est du ~*** F das ist Mist, Dreck, Kacke 3 **~ *d'oie*** a) *adjt* ⟨*inv*⟩ (unangenehm, hässlich) gelbgrün; b) *subst m* (hässliches) Gelbgrün *n*

cacaber [kakabe] *v/i perdrix, caille, poule* rufen; *coq* locken

cacahouète [kakawɛt] *ou* **cacahuète** [-ɥɛt] *f* Erdnuss *f*

cacao [kakao] *m* 1 *poudre, boisson* Kakao *m* 2 (***fève*** *f* ***de***) **~** Kakao(bohne) *m(f)*

cacaoté [kakaɔte] *adj* Kakao enthaltend

cacaotier [kakaɔtje] *m ou* **cacaoyer** [kakaɔje] *m* BOT Kakaobaum *m*

cacaotier [kakaɔtje] *m* BOT Kakaobaum *m* **cacaotière** *f* Kakaopflanzung *f*

cacaoyer [kakaɔje] *m* BOT → ***cacaotier*** **cacaoyère** *f* → ***cacaotière***

cacarder [kakaʀde] *v/i oie* schnattern

cacatoès [kakatɔɛs] *m* ZO Kakadu *m*

cacatois [kakatwa] *m* MAR Royalsegel *n*

cachalot [kaʃalo] *m* ZO Pottwal *m*

cache[1] [kaʃ] *m* PHOT Maske *f*

cache[2] [kaʃ] *f* (*cachette*) Versteck *n*

caché [kaʃe] *adj objet* versteckt; verborgen; *sentiment* geheim; heimlich; ***sens ~*** verborgener Sinn

cache-cache [kaʃkaʃ] *m* ⟨*inv*⟩ Verstecken *n*; Versteckspiel *n*; ***jouer à ~*** (*a fig*), ***faire une partie de ~*** Verstecken spielen

cache-cœur [kaʃkœʀ] *m* ⟨*inv*⟩ Wickelbluse *f* **cache-col** *m* ⟨*inv*⟩ Schal *m*

Cachemire [kaʃmiʀ] 1 ***le ~*** Kaschmir *n* 2 ***cachemire*** *m* TEXT Kaschmir *m*; ***châle*** *m* ***de ~*** Kaschmirschal *m* 3 ***cachemire*** *adjt motif* persisch-indisch

cache-misère [kaʃmizɛʀ] *m* ⟨*inv*⟩ Mantel *m ou* Umhang *m*, der zum Verdecken schlechter Kleidung getragen wird **cache-nez** *m* ⟨*inv*⟩ (Woll-)Schal *m* **cache-pot** *m* ⟨*inv*⟩ Übertopf *m*

cacher [kaʃe] **I** *v/t* 1 *objet* verstecken; verbergen; *fugitif etc* verstecken 2 *par ext vue* versperren; verdecken; **~ *le soleil*** *nuage* die Sonne verdecken, bedecken, verhüllen; *arbre* die Sonne verdecken; ***tu me caches le jour*** du stehst mir im Licht; F du nimmst mir das Licht weg; *visage* **~ *sous un voile*** mit e-m Schleier verhüllen, bedecken 3 *fig sentiments* verbergen; *a vérité, information* verschweigen; verheimlichen; geheim halten; verhehlen; **~ *qc à qn*** j-m etw verheimlichen, verschweigen; etw vor j-m verbergen, geheim halten; ***cela cache qc*** da steckt etw dahinter; **~ *son jeu*** mit verdeckten Karten spielen; sich (*dat*) nicht in die Karten gucken lassen; ***je ne vous cache pas que …*** ich verhehle Ihnen nicht, dass …; ***pour ne rien vous ~*** um ganz offen zu sein; ***on ne peut rien vous ~*** Sie merken aber auch alles (*a iron*) **II** *v/pr* ***se ~*** 1 sich verstecken, sich verbergen (***derrière, sous*** hinter, unter +*dat*); *plais* sich verkriechen; ***le soleil s'est caché*** die Sonne hat sich (hinter den Wolken) versteckt; *à un enfant* ***va te ~*** *ou* ***cache-toi*** schäm dich 2 *fig* ***se ~ de qn*** sein Tun vor j-m verbergen; ***se ~ de qn pour faire qc*** etw hinter j-s Rücken (*dat*), heim-

lich tun; ***il ne s'en cache pas*** er macht kein(en) Hehl daraus
cache-radiateur [kaʃʀadjatœʀ] *m* ⟨*inv*⟩ Heizkörperverkleidung *f*
cachère [kaʃɛʀ] *adj* REL koscher
cache-sexe [kaʃsɛks] *m* ⟨*inv*⟩ Minislip *m*
cachet [kaʃɛ] *m* **1** (*sceau*) Siegel *n*; Petschaft *n*; ***mettre son ~ sur qc*** sein Siegel auf etw (*acc*) (auf)drücken **2** (*tampon*) Stempel *m*; ***~ de la poste*** Poststempel *m*; *par ext* Datum *n* des Poststempels **3** HIST ***lettre*** *f* ***de ~*** königlicher Geheimbefehl (*der Verhaftung od Verbannung anordnete*) **4** *d'acteurs* Gage *f*; *de musiciens, conférenciers* Honorar *n*; ***courir le ~*** sich ständig um Engagements bemühen **5** *fig* Gepräge *n*; Eigenart *f*; Charakter *m*; Stempel *m*; ***avoir du ~*** ein besonderes Gepräge haben **6** PHARM **a)** Oblate(nkapsel) *f*; **b)** (*comprimé*) Tablette *f*
cachetage [kaʃtaʒ] *m* (Ver)Siegeln *n*; *d'une enveloppe* Zukleben *n*
cache-tampon [kaʃtɑ̃pɔ̃] *m jeu* Verstecken und Suchen *n* (*e-s Gegenstandes*)
cacheter [kaʃte] *v/t* ⟨**-tt-**⟩ *paquet* versiegeln; ***~ une lettre*** einen Brief (ver)siegeln; ***~ une enveloppe*** einen Brief zukleben, verschließen; ***cire*** *f* ***à ~*** Siegellack *m*, -wachs *n*
cachette [kaʃɛt] *f* Versteck *n*; Schlupfwinkel *m*; *loc/adv* ***en ~*** heimlich; insgeheim; *loc/prép* ***en ~ de qn*** hinter j-s Rücken (*dat*); ohne j-s Wissen
cachexie [kaʃɛksi] *f* MÉD, VÉT Kachexie *f*
cachot [kaʃo] *m* **1** dunkle Zelle; *autrefois* Kerker *m*; Verlies *n*; ***mettre qn au ~*** j-n in Dunkelhaft setzen **2** *en prison* (strenger) Arrest; Einzelhaft *f*
cachotterie [kaʃɔtʀi] *f* Geheimniskrämerei *f*; Heimlichtuerei *f*; geheimnisvolles Gehabe, Getue; ***faire des ~s*** heimlichtun; geheimnisvoll tun
cachottier [kaʃɔtje] *m*, **cachottière** *f* Heimlichtuer(in) *m(f)*; Geheimniskrämer(in) *m(f)*; *adjt* ***être cachottier*** ein Heimlichtuer, Geheimniskrämer sein
cachou [kaʃu] *m* **1** PHARM Katechu *n* **2** *bonbon* Hustenpastille *f* (mit Katechugeschmack)
cacique [kasik] *m* **1** (*chef indien*) Kazike *m* **2** F *fig* Primus *m*, Beste(r) *m* bei der Aufnahmeprüfung in die „École normale supérieure" **3** F *fig d'un parti etc* F Bonze *m*
cacochyme [kakɔʃim] *adj plais vieillard* F klapp(e)rig; tatt(e)rig
cacophonie [kakɔfɔni] *f* Kakofonie *f* **cacophonique** *adj* kakofonisch
cact(ac)ées [kakt(as)e] *f/pl* BOT Kakteen *f/pl*; Kaktusgewächse *n/pl*
cactus [kaktys] *m* **1** BOT Kaktus *m*; Opuntie *f* **2** F (*difficulté*) F Haken *m*
c.-à-d. *abr* (*c'est-à-dire*) d. h. (das heißt)
cadastrage [kadastʀaʒ] *m* Katasteraufnahme *f*
cadastral [kadastʀal] *adj* ⟨**-aux**⟩ Kataster...; Flur...
cadastre [kadastʀ] *m* **1** *registre* Kataster *m ou n*; Flurbuch *n* **2** *service* Katasteramt *n* **cadastrer** *v/t* katastrieren; in den Kataster aufnehmen
cadavéreux [kadaveʀø] *adj* ⟨**-euse**⟩ leichenhaft, -blass; Leichen...
cadavérique [kadaveʀik] *adj* Leichen...; Kadaver...; ***pâleur*** *f*, ***rigidité*** *f* ***~*** Leichenblässe *f*, -starre *f*
cadavre [kadavʀ] *m* **1** *humain* Leiche *f*; Leichnam *m*; *d'un animal* Kadaver *m*; *fig* ***un ~ ambulant*** ein wandelnder, lebender Leichnam **2** F (*bouteille vidée*) (völlig) geleerte Flasche

Le cadavre de la jeune fille

Des passants ont découvert **le cadavre de la jeune fille** dans une forêt. – Passanten entdeckten **die Leiche des Mädchens** in einem Wald.

Wie dieses Beispiel zeigt, ist der Bedeutungsumfang von cadavre größer als der des deutschen Wortes Kadaver: Im Französischen bezieht sich cadavre nicht nur auf tote Tiere, sondern auch auf tote Menschen.

caddie[1] [kadi] *m* GOLF Caddie ['kɛdi] *m*
caddie®[2] [kadi] *m* AVIAT, CH DE FER Kofferkuli *m*; *dans des magasins* Einkaufswagen *m*
cadeau [kado] *m* ⟨*pl* **~x**⟩ Geschenk *n*; Gabe *f*; *fig* ***~ empoisonné*** Danaergeschenk *n*; *d'un voyage* ***petit ~*** *a* Mitbringsel *n*; ***~ publicitaire*** Werbegeschenk *n*; ***~ d'anniversaire, de mariage, de Noël*** Geburtstags-, Hochzeits-, Weihnachtsgeschenk *n*; ***faire un ~ à qn*** j-m ein Geschenk machen; j-m etwas schenken; j-n beschenken; ***faire ~ de qc à qn*** j-m etw zum Geschenk machen; j-m etw schenken; *fig* ***ne pas faire de ~ à qn*** j-m nichts schenken, ersparen; ***recevoir qc en ~*** etw als Geschenk erhalten; etw geschenkt bekommen; *prov* ***les petits ~x entretiennent l'amitié*** kleine Geschenke erhalten die Freundschaft (*prov*); ♦ *adjt* COMM Geschenk...; ***emballage*** *m*, ***paquet*** *m* ***~*** Geschenkpackung *f*
cadenas [kadna] *m* Vorhängeschloss *n*; ***fermer au ~*** → ***cadenasser***
cadenasser [kadnase] *v/t* mit e-m Vorhängeschloss (ver)schließen, sichern; *vélo a* anschließen
cadence [kadɑ̃s] *f* **1** *en poésie, musique etc* Rhythmus *m*; Takt *m*; *loc/adv* ***en ~*** im Takt; rhythmisch; ***marquer la ~*** den Takt angeben, schlagen; ***perdre la ~*** aus dem Takt, *en marchant* aus dem Tritt, Schritt kommen; ***suivre la ~*** sich dem Takt, Rhythmus anpassen; dem Rhythmus folgen **2** *par ext* (*vitesse*) Tempo *n*; Geschwindigkeit *f*; MIL ***~ de marche*** Marschtempo *n*; MIL ***~ de tir*** Schussfolge *f*; Feuergeschwindigkeit *f*; *loc/adv* ***à une ~ accélérée*** schneller; häufiger; in schnellerer Reihenfolge; ***à la ~ de*** *trois pages par heure etc* im Rhythmus von ... **3** *travail à la chaîne* (Arbeits)Takt *m*; ***~s infernales*** höllisches Arbeitstempo; ***augmenter, forcer la ~*** den Arbeitstakt beschleunigen **4** MUS Kadenz *f*
cadencé [kadɑ̃se] *adj* rhythmisch; taktmäßig; ***pas ~*** Gleichschritt *m*; ***pas ~ - en avant - marche!*** im Gleichschritt, marsch!; ***marcher au pas ~*** im Gleichschritt, im gleichen (Schritt und) Tritt marschieren
cadencer [kadɑ̃se] *v/t* ⟨**-ç-**⟩ **1** *ses phrases etc* rhyth-

C

misch gliedern, gestalten **2** ~ ***son pas*** Schritt, Tritt halten

cadet [kadɛ] *m* **1** ~***(te)*** *m(f) d'une famille* jüngerer *ou* jüngster Sohn; jüngere *ou* jüngste Tochter; Jüngste(r) *f(m)*; *adjt*: ***branche ~te*** jüngere Linie; ***frère ~*** jüngerer *ou* jüngster Bruder; ***sœur ~te*** jüngere *ou* jüngste Schwester; ***c'est mon ~*** *frère* er, das ist mein jüngerer *ou* jüngster Bruder; *fils* er, das ist mein jüngerer *ou* jüngster Sohn **2** *d'un groupe etc* ***les ~s*** die Jüngsten *m/pl*; ***il est mon ~ de trois ans*** er ist drei Jahre jünger als ich; *fig* ***c'est le ~ de mes soucis*** das ist meine geringste Sorge **3** HIST MIL Kadett *m* **4** ~***(te)*** *m(f)* SPORTS Jugendspieler(in) *m(f)*

Cadix [kadiks] GÉOGR Cádiz *n*

cadmium [kadmjɔm] *m* CHIM Kadmium *n*; *t/t* Cadmium *n*

cadogan [kadɔgɑ̃] *m* → ***catogan***

cadrage [kadʀaʒ] *m* PHOT, CIN, TV Bildeinstellung *f*

cadran [kadʀɑ̃] *m* **1** *d'une horloge, d'une boussole etc* Zifferblatt *n*; *d'un instrument de mesure*, RAD Skala *f*; TÉL Nummern-, Wählscheibe *f*; ***~ lumineux*** Leuchtzifferblatt *n*; beleuchtete Skala; *fig* ***faire le tour du ~*** zwölf Stunden hintereinander schlafen, durchschlafen **2** ***~ solaire*** Sonnenuhr *f*

cadre [kadʀ, kɑ-] *m* **1** *d'un tableau, miroir* Rahmen *m*; ***mettre une photo dans un ~*** e-e Fotografie (ein)rahmen **2** *d'une porte, fenêtre* Rahmen *m* (*a d'un vélo*); (Ein)Fassung *f*; RAD Rahmenantenne *f*; *sur formulaire* Feld *n* **3** *fig* Rahmen *m*; Umgebung *f*; Kreis *m*; Bereich *m*; *d'un roman etc* Anlage *f*; Gerüst *n*; ***~ de vie*** Umgebung (, in der j lebt); Ambiente *n*; Lebensbedingungen *f/pl*; ***dans un ~ de verdure*** ganz im Grünen; *loc/prép* ***dans le ~ de*** im Rahmen (+*gén*); innerhalb (+*gén*); ***entrer dans le ~ de ses fonctions*** zu s-r Tätigkeit gehören; in den Rahmen s-r Tätigkeit fallen; ***rester dans le ~ de la légalité*** innerhalb, im Rahmen der Legalität bleiben; ***sortir du ~ de son exposé*** über den Rahmen s-s Exposés hinausgehen; ***cela sortirait du ~ de mon exposé*** das würde den Rahmen meines Exposés sprengen; ♦ *adjt* Rahmen…; ***accord-~*** *m* Rahmenabkommen *n*; ***programme-~*** *m* Rahmenprogramm *n* **4** MIL Kader *m*; Stammpersonal *n*; ***~ noir*** Kader der Kavallerie, der Reitunterricht gibt (*à Saumur*) **5** *dans une entreprise* Angestellte(r) *m* (mit Weisungsbefugnis); ***jeunes ~s*** Führungsnachwuchs *m*; ***~ moyen*** mittlere Führungskraft; ***~ supérieur*** leitender Angestellter; Führungskraft *f* **6** ADM ***~s*** *pl* Stellenplan *m*; ***être rayé des ~s*** entlassen werden; MIL aus der Armee ausgeschlossen werden **7** ***~ de déménagement*** Möbelkiste *f*

cadrer [kadʀe] **I** *v/t* PHOT, CIN *image* einstellen; *adjt* ***mal cadré*** schlecht eingestellt **II** *v/i* ***~ avec*** übereinstimmen mit; passen zu; entsprechen (+*dat*); ***~ mal avec*** schlecht passen zu; ***faire ~*** in Übereinstimmung bringen

cadreur [kadʀœʀ] *m* CIN, TV Kameramann, -frau *m,f*

caduc [kadyk] *adj* 〈**caduque** [kadyk]〉 **1** (*périmé*) veraltet; überholt **2** JUR unwirksam **3** BOT ***arbre m à feuilles caduques*** sommergrüner Laubbaum **4** PHON ***e ~*** stummes e, E

caducée [kadyse] *m* MÉD Äskulapstab *m*

caducité [kadysite] *f* Veraltet-, Überholtsein *n*

Cadum® [kadɔm] *adjt* ***bébé m ~*** wohlgenährtes Kind mit rosigem Teint; F *plais* Wonneproppen *m*

cæcum [sekɔm] *m* ANAT Blinddarm *m*; *sc* Caecum *n*

Caen [kɑ̃] *Stadt im Dep. Calvados*

cafard [kafaʀ] *m* **1** ÉCOLE F (*rapporteur*) *péj* Petzer *m*; Petze *f* **2** F ***avoir le ~*** deprimiert, trübsinnig, F down [daʊn] sein; ***avoir un coup de ~*** in Trübsinn, in Depressionen verfallen; ***donner le ~*** trübsinnig machen, stimmen (***à qn*** j-n) **3** (*hypocrite*) Mucker *m*; Heuchler *m* **4** ZO (Küchen)Schabe *f*

cafardage [kafaʀdaʒ] *m* F *péj* Petzen *n*

cafarder [kafaʀde] F **I** *v/t écolier* ***~ qn*** j-n verpetzen, angeben **II** *v/i* **1** *écoliers* petzen **2** (*avoir le cafard*) deprimiert, trübsinnig, F down [daʊn] sein

cafardeur [kafaʀdœʀ] *m*, **cafardeuse** *f* F *péj* Petzer(in) *m(f)*; Petze *f*

cafardeux [kafaʀdø] F *adj* 〈**-euse**〉 *personne* trübsinnig; trübselig; melancholisch; ***paysage ~*** trübselige Landschaft; ***temps ~*** trübseliges Wetter

caf'conc' [kafkõs] *m* → ***café-concert***

café [kafe] *m* **1** Kaffee *m*; ***~ soluble*** löslicher Kaffee; ***~ en grains*** ungemahlener Kaffee; ***~ en poudre*** Pulverkaffee *m*; ***crème f au ~*** Kaffee-, Mokkacreme *f*; ***glace f au ~*** Mokkaeis *n*; ***moulin m à ~*** Kaffeemühle *f* **2** *boisson* Kaffee *m*; ***~ crème, au lait*** Milchkaffee *m*; → *a 4*; ***~ frappé, glacé*** eisgekühlter Kaffee; ***~ noir*** schwarzer Kaffee; ***arriver au ~*** nach dem Mittagessen kommen; F *fig* ***c'est un peu fort de ~*** das ist doch unerhört, die Höhe, F allerhand, ein starkes Stück; ***faire du, le ~*** Kaffee machen, kochen, aufbrühen; ***prendre du, le ~*** Kaffee trinken; ***inviter qn à prendre le ~*** j-n zum Kaffee einladen **3** *lieu public* Lokal *n*; (Schank)Wirtschaft *f*; Bar *f*; Kneipe *f*; *plus élégant* Café *n*; *österr* Kaffeehaus *n*; ***~ littéraire, artistique*** Künstlercafé *n*; ***~ avec terrasse*** Straßencafé *n* **4** *adjt* 〈*inv*〉 *couleur* kaffeebraun; ***~ au lait*** hellbraun

café-bar [kafebaʀ] *m* 〈*pl* **cafés-bars**〉 kleines Lokal, Café; kleine Bar **café-concert** *m* 〈*pl* **cafés-concerts**〉 *autrefois* Café *n* mit Varieteedarbietungen; F Tingeltangel *n*

caféier [kafeje] *m* BOT Kaffeestrauch *m* **caféière** *f* Kaffeepflanzung *f*, -plantage *f* **caféine** *f* Koffein *n*

caféiné [kafeine] *adj* koffeinhaltig

caféisme [kafeism] *m* MÉD Koffeinvergiftung *f*

café-restaurant [kafeʀɛstɔʀɑ̃] *m* 〈*pl* **cafés-restaurants**〉 Gaststätte *f*; Restaurant *n*

cafèt [kafɛt] *f* F *abr* → ***cafétéria***

café-tabac [kafetaba] *m* 〈*pl* **cafés-tabacs**〉 Lokal *n* mit Tabakladen

cafetan [kaftɑ̃] *m* Kaftan *m*

cafeter [kafte] *v/t et v/i arg d'écolier* → ***cafarder***

cafétéria [kafeteʀja] *f* Cafeteria *f*

café-théâtre [kafeteɑtʀ] *m* 〈*pl* **cafés-théâtres**〉 Kleinkunstbühne *f*

cafetier [kaftje] *m* (Schank)Wirt *m*

cafetière [kaftjɛʀ] *f* **1** Kaffeekanne *f*; ***~ électrique*** Kaffeemaschine *f* **2** F (*tête*) F Schädel *m*; Birne *f*; Dez *m*

cafouillage [kafujaʒ] F *m* Durcheinander *n*; Wirrwarr *m*

cafouiller [kafuje] F *v/i personne* Verwirrung, ein Durcheinander anrichten; F murksen; *organisation, entreprise* nicht funktionieren; ***ça cafouille*** das geht völlig durcheinander

cafouilleur [kafujœʀ] *ou* **cafouilleux** F *adj* ⟨**-euse**⟩ verworren; wirr; chaotisch
cafouillis [kafuji] F *m* → ***cafouillage***
cafre [kafʀ] **I** *adj* Kaffern… **II** *m/pl* ***Cafres*** Kaffern *m/pl*
caftan → ***cafetan***
cafter → ***cafeter***
cage [kaʒ] *f* **1** Käfig *m*; *à oiseaux a* Bauer *n*; ***~ à lapin*** Kaninchenstall *m*; *fig* enge, kleine Wohnung; ***~ aux lions*** Löwenkäfig *m*, -zwinger *m*; ***être, tourner comme un lion, ours en ~*** wie ein gefangenes Tier im Käfig hin und her gehen **2** TECH Gehäuse *n*; *d'un édifice* Außenmauern *f/pl*; ***~ d'ascenseur*** Aufzugschacht *m*; ***~ d'escalier*** Treppenhaus *n*; PHYS ***~ de Faraday*** Faradaykäfig *m*; faradayscher Käfig **3** ANAT ***~ thoracique*** Brustkorb *m* **4** FOOTBALL *etc* Tor *n*; F Kasten *m*
cageot [kaʒo] *m* Lattenkiste *f*; *südd* Steige *f*; Stiege *f*
cagibi [kaʒibi] F *m* Abstell-, Rumpelkammer *f*; Verschlag *m*; F Kabuff *n*
cagna [kaɲa] *arg militaire f* Unterstand *m*
cagne [kaɲ] *f* → ***khâgne***
cagneux [kaɲø] **I** *adj* ⟨**-euse**⟩ *personne* x-beinig; *cheval* kuhhessig; ***genoux*** *m/pl* ***~, jambes cagneuses*** X-Beine *n/pl* **II** *m* → ***khâgneux***
cagnotte [kaɲɔt] *f* **1** *(caisse commune)* Spielkasse *f*; Gemeinschaftskasse *f* **2** *(argent économisé)* F Spargroschen *m*
cagot [kago] *litt* **I** *adj* scheinheilig **II** *subst* ***~(e)*** *m(f)* Frömmler(in) *m(f)*
cagoule [kagul] *f* **1** Kapuze *f* mit Augenschlitzen *(a Ku-Klux-Klan)*; *de gangsters* Strumpfmaske *f* **2** *bonnet d'enfants* Kapuzenmütze *f* **3** ***la Cagoule*** *rechtsextremer Geheimbund in Frankreich 1932–1940*
cagoulé [kagule] *adj* vermummt
cahier [kaje] *m* **1** (Schreib)Heft *n*; ***~ de brouillon*** Schmier-, Konzeptheft *n*; Kladde *f*; ***~ de cours*** Heft zum Mitschreiben (in der Schule); ***~ de devoirs, d'exercices*** Hausaufgabenheft *n*; ***~ d'écolier*** Schulheft *n*; ***~ d'histoire*** Geschichtsheft *n*; ***~ de musique*** Notenheft *n*; ***~ de textes*** Aufgabenheft *n* **2** TYPO gefalzter Druckbogen **3** HIST ***~s de doléances*** Eingaben *f/pl* (mit Beschwerden) der Stände an den König; *aujourd'hui* ***~ de revendications*** Forderungskatalog *m* **4** JUR ***~ des charges*** Lastenheft *n*; Leistungsverzeichnis *n*; Vergabebedingungen *f/pl* **5** *(revue littéraire)* Zeitschrift *f*; Heft *n*
cahin-caha [kaɛ̃kaa] F *adv* mühsam; mit Müh und Not; recht und schlecht; F soso; so lala
Cahors [kaɔʀ] *Stadt im Dep. Lot*
cahot [kao] *m* **1** *d'un véhicule* Stoß *m*; Ruck *m*; ***~s*** *pl* Rütteln *n*; Stoßen *n*; Rumpeln *n* **2** *du chemin* ***~s*** *pl* Holp(e)rigkeit *f*
cahotant [kaɔtɑ̃] *adj* **1** *véhicule* rüttelnd **2** *chemin* holp(e)rig **cahotement** *m* Rütteln *n*; Stoßen *n*; Rumpeln *n*
cahoter [kaɔte] **I** *v/t* durchrütteln *(a fig vie: qn)*; *p/p* ***être cahoté*** durchgerüttelt, hin und her geschüttelt werden; *adjt fig* ***vie cahotée*** unruhiges, bewegtes Leben **II** *v/i véhicule* rumpeln; holpern
cahoteux [kaɔtø] *adj* ⟨**-euse**⟩ *chemin* holp(e)rig
cahute [kayt] *f (cabane)* Hütte *f*; *(bicoque)* elende Behausung
caïd [kaid] *m* F **1** *(chef de bande)* Bandenführer *m*, -chef *m*; Gangsterboss ['gɛŋ-] *m*; ***faire le ~*** der Boss sein wollen **2** *(personnage important)* F Bonze *m*; Boss *m*; Obermacher *m* **3** *(crack)* großer Könner; F Ass *n*
caillage [kajaʒ] *m* **1** Gerinnen *n* **2** Zum-Gerinnen-Bringen *n*
caillasse [kajas] F *f* minderwertiges Gestein; Schotter *m*; Kies *m*
caille [kaj] *f* **1** ZO Wachtel *f*; F *enfant* ***chaud comme une ~*** ganz warm **2** F *terme affectueux* ***ma petite ~*** (mein) Schätzchen *n*
caillé [kaje] *adj et subst m* (***lait*** *m*) ***~*** geronnene Milch; Dick-, Sauermilch *f*; dicke, saure Milch
caillebotis [kajbɔti] *m* **1** MAR Gräting *f* **2** *sur un sol humide* Lattenrost *m*; Knüppeldamm *m*
caillement [kajmɑ̃] *m* → ***caillage***
cailler [kaje] **I** *v/t* zum Gerinnen bringen; gerinnen lassen **II** *v/i et v/pr* **1** (***se***) ***~*** *lait, sang* gerinnen; ***faire ~*** zum Gerinnen bringen **2** F *fig* ***ça caille aujourd'hui*** F ganz schön kalt heute; ***on (se) caille ici*** F hier erfriert man ja
caillette [kajɛt] *f* ZO Labmagen *m*
caillot [kajo] *m* ***~ (de sang)*** Blutgerinnsel *n*; Blutklümpchen *n*
caillou [kaju] *m* ⟨*pl* ***~x***⟩ **1** Kiesel(stein) *m*; Stein(-chen) *m(n)*; ***avoir un ~ dans sa chaussure*** e-n Stein im Schuh haben; ***casser des ~x*** Steine klopfen **2** ***~x*** *pl* Schotter *m*; Kies *m*; ***tas*** *m* ***de ~x*** Schotter-, Kieshaufen *m* **3** F *(pierre précieuse)* Stein *m*; F Klunker *m ou f* **4** F ***n'avoir plus un poil sur le ~*** völlig kahl(köpfig) sein
cailloutage [kajutaʒ] *m* **1** (Be)Schottern *n*; Bekiesen *n* **2** Beschotterung *f*; Schotter *m*; Kies *m*
caillouter [kajute] *v/t* ***~ une route*** eine Straße (be)schottern; ***~ un chemin*** einen Weg bekiesen
caillouteux [kajutø] *adj* ⟨**-euse**⟩ *chemin, sol* steinig
cailloutis [kajuti] *m* Schotter *m*; Kies *m*
caïman [kaimɑ̃] *m* ZO Kaiman *m*
Caïn [kaɛ̃] *m* BIBL Kain *m*
Caïphe [kaif] *m* BIBL Kaiphas *m*
Caire (Le) [ləkɛʀ] Kairo *n*
cairn [kɛʀn] *m* **1** Cairn [kɛən] *m*; keltisches Hügelgrab **2** *en montagne* Steinkegel *m*, -pyramide *f*, *österr* -mandl *n*
caisse [kɛs] *f* **1** Kiste *f*; Kasten *m*; *pour arbustes etc* Kübel *m*; TECH *a* Gehäuse *n*; ***~ à outils*** Werkzeugkasten *m*, -kiste *f*; F *fig* MAR ***~ à savon*** Raddampfer *m*; F Paddelkasten *m*; ***~ de livres*** Bücherkiste *f*; ***une ~ de vin*** e-e Kiste Wein **2** *d'un piano* Resonanzboden *m*; *d'un tambour* Resonanzkörper *m*; *(tambour)* Trommel *f*; ***~ claire*** kleine (Schnarr)Trommel; ***grosse ~*** große Trommel; *fig* ***battre la grosse ~*** die Reklametrommel rühren **3** FIN Kasse *f*; *österr* Kassa *f*; ***~ communale, municipale*** Gemeinde-, Stadtkasse *f*; ***~ enregistreuse*** Registrierkasse *f*; ***~ noire*** Geheimfonds *m*, -kasse *f*; ***livre*** *m* ***de ~*** Kassen-, *österr* Kassabuch *n*; ***ticket*** *m* ***de ~*** Kassenbon *m*, -zettel *m*; ***montant*** *m* ***en ~*** Kassenbestand *m*; ***avoir mille euros dans sa, en ~*** tausend Euro in der Kasse haben; COMM ***faire la, sa ~*** Kasse machen; F Kassensturz machen; ***faire l'état de la ~*** den Kassenbestand aufnehmen; ***partir avec la ~*** mit der Kasse durchbrennen, -gehen; ***passer à la ~*** zur Kasse gehen; *fig* ***vous pouvez passer à la ~*** Sie sind

(fristlos) entlassen; ***tenir la ~*** die Kasse führen **4** *institution* Kasse *f*; ***~ d'allocations familiales*** Kindergeldkasse *f*; ***~ primaire d'assurance maladie*** *correspond à* Ortskrankenkasse *f*; ***~ d'épargne*** Sparkasse *f*; ***Caisse nationale d'épargne*** Postsparkasse *f*; ***~ de retraite*** Pensionskasse *f*; ***Caisse nationale de Sécurité sociale*** Zentralbehörde *f* der Sozialversicherung **5** ANAT ***~ du tympan*** Paukenhöhle *f* **6** *loc* F ***s'en aller, partir de la ~*** *(être tuberculeux)* F die Motten haben **7** CUIS Backpapier *n*; Backform *f* aus Aluminiumfolie **8** AUTO **a)** Karosserie *f*; **b)** F *(voiture)* F Schlitten *m*; Kiste *f*; *loc/adv* F ***à fond la ~*** F mit Karacho; mit e-m Affenzahn

caissette [kɛsɛt] *f emballage* Schale *f*

caissier [kɛsje] *m*, **caissière** *f* Kassierer(in) *m(f)*; Kassenführer(in) *m(f)*; *südd, österr* Kassier(in) *m(f)*; ADM Kassenbeamte(r) *m*, -beamtin *f*

caisson [kɛsõ] *m* **1** *(caisse)* Kiste *f*; Behälter *m*; MAR *a* Tank *m* **2** MIL Munitionswagen *m* **3** CONSTR ***~ (à air comprimé)*** Caisson *m*; Senkkasten *m*; MÉD ***maladie*** *f* ***des ~s*** Caisson-, Taucherkrankheit *f* **4** ARCH Kassette *f*; ***plafond*** *m* ***à ~s*** Kassettendecke *f* **5** F ***se faire sauter le ~*** sich *(dat)* e-e Kugel durch den Kopf schießen, F jagen

cajoler [kaʒɔle] *v/t* liebkosen; umschmeicheln; ***~ un enfant*** ein Kind hätscheln, herzen

cajoleries [kaʒɔlʀi] *f/pl* Liebkosungen *f/pl*; Schmeicheleien *f/pl* **cajoleur** **I** *adj* ⟨**-euse**⟩ *voix etc* (ein)schmeichelnd; schmeichlerisch; *enfant* anschmiegsam **II** *subst* **~, cajoleuse** *m,f* Schmeichelkatze *f*, -kätzchen *n*

cajou [kaʒu] *m* BOT ***noix*** *f* ***de ~*** Cashewnuss ['kɛʃu-] *f*

Cajuns [kaʒɛ̃, -œ̃] *m/pl in Louisiana ansässige ehemalige Frankokanadier*

cake [kɛk] *m* CUIS englischer Sandkuchen

cal[1] [kal] *m* **1** *de la peau* Schwiele *f* **2** MÉD, BOT Kallus *m*

cal[2] *abr (calorie[s])* cal (Kalorie[n])

calabrais [kalabʀɛ] **I** *adj* kalabrisch **II** *subst* **1** ***Calabrais(e)*** *m(f)* Kalabrier(in) *m(f)* **2** LING ***le ~*** das Kalabrische; Kalabrisch *n*

Calabre [kalabʀ] ***la ~*** Kalabrien *n*

calage [kalaʒ] *m* **1** TECH Verkeilen *n*; Festklemmen *n* **2** *d'un moteur* Abwürgen *n*

Calais [kalɛ] *Stadt im Dep. Pas-de-Calais*; ***le pas de ~*** die Straße von Dover

calamar [kalamaʀ] *m* ZO Kalmar *m*; CUIS ***~ à l'encre*** Kalmar in schwarzer Soße

calamine [kalamin] *f* AUTO Verbrennungsrückstände *m/pl*

calaminer [kalamine] *v/pr* ***se ~*** *bougie* verrußen; *adjt* ***calaminé*** verrußt

calamistré [kalamistʀe] *adj plais cheveux, bellâtre* onduliert und pomadisiert

calamité [kalamite] *f* (großes allgemeines) Unglück; Unheil *n*; Katastrophe *f*; F *plais* ***quelle ~!*** was für e-e Strafe!; wie grausam!

calancher [kalɑ̃ʃe] *v/i arg (mourir)* P abkratzen; abschrammen

calandre [kalɑ̃dʀ] *f* **1** TECH Kalander *m*; *pour le linge* Mangel *f* **2** AUTO Kühlergrill *m*

calanque [kalɑ̃k] *f dans le Midi* (kleine) Felsbucht

calcaire [kalkɛʀ] **I** *adj* Kalk…; kalkig; kalkhaltig *(a eau)*; MÉD ***dégénérescence*** *f* ***~*** Verkalkung *f*; ***relief*** *m* ***~*** Kalksteinrelief *n*; ***terrain*** *m* ***~*** Kalkboden *m* **II** *m* **1** *roche* Kalk(stein) *m* **2** *(tartre)* Kesselstein *m*; Kalkansatz *m*

calcanéum [kalkaneɔm] *m* ANAT Fersenbein *n*

calcédoine [kalsedwan] *f* MINÉR Chalzedon [k-] *m*

Calchas [kalkas] *m* MYTH Kalchas *m*

calcification [kalsifikasjõ] *f* PHYSIOL, MÉD Verkalkung *f*

calcifié [kalsifje] *adj artère etc* verkalkt

calcination [kalsinasjõ] *f* TECH, CHIM Glühen *n*; Kalzinieren *n*; *du calcaire* Brennen *n*

calciner [kalsine] *v/t* **1** TECH, CHIM glühen; kalzinieren; *calcaire* brennen **2** *(brûler)* verbrennen; *adjt* ***calciné*** verbrannt; verkohlt; ***débris calcinés*** verkohlte, verbrannte Reste *m/pl*, Trümmer *pl*

calcium [kalsjɔm] *m* **1** CHIM Kalzium *ou t/t* Calcium *n* **2** PHARM Kalzium(präparat) *n*; Kalk(präparat) *m(n)*

calcul[1] [kalkyl] *m* **1** Rechnen *n*; Rechnung *f*; Berechnen *n*, -ung *f*; Ausrechnen *n*; COMM Kalkulation *f*; ***~ mental*** Kopfrechnen *n*; ***~ des bénéfices*** Gewinnermittlung *f*; ***~ des intérêts*** Zins(be)rechnung *f*; ***~ des prix*** Preisberechnung *f*, -kalkulation *f*, -ermittlung *f*; ***~ des probabilités*** Wahrscheinlichkeitsrechnung *f*; ***règle*** *f* ***à ~*** Rechenschieber *m*; *loc/adv* ***par le ~*** rechnerisch; ***être bon, faible en ~*** im Rechnen gut, schwach sein; gut, nicht gut rechnen können; ***être perdu dans ses ~s*** in s-e Berechnungen vertieft sein; ***faire des ~s*** rechnen; Rechnungen machen; Berechnungen anstellen; ***faire le ~ de qc*** etw be-, ausrechnen; ***faire à qn le ~ de qc*** j-m etw vorrechnen; ***faire un premier ~*** e-e erste Berechnung anstellen; ***faire une erreur de ~*** e-n Rechenfehler machen; sich verrechnen **2** *fig (estimation)* Berechnung *f*; Erwartung *f*; Kalkül *n ou m*; ***d'après mes ~s*** meinen Berechnungen nach; ***mon ~ était juste*** meine Erwartung, Berechnung, mein Kalkül war richtig; ich habe richtig kalkuliert; ***faire un mauvais ~*** *ou* ***se tromper dans ses ~s*** sich verrechnen; sich verkalkulieren; ***il s'est trompé dans ses ~s*** *a* s-e Rechnung ist nicht aufgegangen **3** *fig et péj* Berechnung *f*; Eigennutz *m*; *loc/adv* ***sans ~*** ohne jede Berechnung; spontan; ***agir par ~*** aus Berechnung handeln

calcul[2] [kalkyl] *m* MÉD Stein *m*; ***~ biliaire, rénal*** Gallen-, Nierenstein *m*

calculable [kalkylabl] *adj* berechenbar; ***être ~*** *a* berechnet werden können

calculateur [kalkylatœʀ] **I** *adj* ⟨**-trice**⟩ *personne* vorausschauend; *péj* berechnend **II** *m* **1** *personne* Rechner *m* **2** *machine* Rechner *m*; Rechengerät *n*, -anlage *f*; ***~ électronique*** Elektronenrechner *m*

calculatrice [kalkylatʀis] *f* **1** (Tisch)Rechenmaschine *f*; ***~ de poche*** Taschenrechner *m* **2** *personne* (gute) Rechnerin

calculer [kalkyle] **I** *v/t* **1** rechnen; be-, aus-, errechnen; COMM (aus)kalkulieren; *abs* rechnen; ***machine*** *f* ***à ~*** (Tisch)Rechenmaschine *f*; ***~ mentalement, de tête*** im Kopf (aus)rechnen **2** *fig (estimer)* berechnen; abwägen; (ein)kalkulieren; ***~ approximativement*** schätzen; ***~ que …*** schätzen, rechnen, dass …; ***~ les avantages et les inconvénients*** die Vorzüge und Nachteile gegeneinander abwägen; ***~ ses chances*** s-e Chancen ausrechnen; *adjt* ***risque calculé*** kalkuliertes Risiko **3** *(prévoir)* sorgfältig, genau überlegen, be-, ausrechnen; *adjt attitude*

etc **calculé** wohlüberlegt; genau berechnet; *péj* berechnend **II** *v/i* (*économiser*) (mit dem Geld) rechnen
calculette [kalkylɛt] *f* (kleiner) Taschenrechner
Calcutta [kalkyta] Kalkutta *n*
Caldoche [kaldɔʃ] F *m,f* Neukaledonienfranzose *m*, -französin *f*
cale [kal] *f* **1** MAR **a)** Schiffs-, Laderaum *m*; ***fond m de ~*** Kielraum *m*; F *fig* ***être à fond de ~*** F völlig blank sein; **b)** *d'un quai* Laderampe *f*; **c)** ***~ sèche ou de radoub*** Trockendock *n* **2** (*coin*) (Unterleg)-Keil *m*; TECH Keil *m*; Passstück *n*; ***glisser, mettre une ~ derrière les roues*** e-n Keil unter *ou* hinter die Räder schieben, legen; die Räder mit e-m Keil sichern
calé [kale] *adj* F **1** *personne* beschlagen, bewandert (***en maths*** *etc* in Mathe *etc*); ***être ~ a*** F was loshaben **2** *chose* schwierig; F haarig; ***c'est trop ~ pour moi*** F das ist mir zu hoch
calebasse [kalbas] *f* **1** BOT Flaschenkürbis *m* **2** *récipient* Kalebasse *f*
calèche [kalɛʃ] *f* Kalesche *f*; Kutsche *f*
calecif [kalsif] *m* F → ***caleçon***
caleçon [kalsõ] *m* **1** Unterhose *f*; ***~ long*** lange Unterhose; ***~ de bain*** Badehose *f*; ***être en ~*** in Unterhosen, in der Unterhose sein **2** *vêtement de femme* Leggin(g)s *pl*
Calédonie [kaledɔni] ***la ~*** HIST Kaledonien *n*
calédonien [kaledɔnjɛ̃] *adj* 〈***~ne***〉 kaledonisch
caléidoscope → ***kaléidoscope***
calembour [kalɑ̃buʀ] *m* (auf Homonymie beruhendes) Wortspiel; *péj* Kalauer *m*
calembredaines [kalɑ̃bʀədɛn] *litt f/pl* Albernheiten *f/pl*; ungereimtes Zeug
calendes [kalɑ̃d] *f/pl* ANTIQUITÉ Kalenden *f/pl*; *fig* ***renvoyer qc aux ~ grecques*** etw auf den Sankt--Nimmerleins-Tag verschieben
calendo [kalɑ̃do] F *m* Camembert *m*
calendrier [kalɑ̃dʀije] *m* **1** Kalender *m*; ***~ mural*** Wandkalender *m*; ***~ à effeuiller*** *ou* ***bloc*** *m* ***~*** Abreißkalender *m*; ***~ des postes*** Kalender, den der Briefträger zum Jahresende verkauft **2** (*emploi du temps*) Terminkalender *m*; Programm *n*; Zeitplan *m*
cale-pied [kalpje] *m* 〈*pl* **cale-pieds**〉 VÉLO Pedalhaken *m*
calepin [kalpɛ̃] *m* Notizbuch *n*
caler [kale] **I** *v/t* **1** *moteur* abwürgen **2** *table, chaise* etwas, e-n Keil legen unter (*+acc*); ***~ une roue*** ein Rad blockieren; e-n Keil hinter ein Rad legen; ***~ contre qc*** an etw (*+dat*) abstützen; an etw (*+acc*) anlehnen **3** TECH verkeilen; feststellen; festklemmen **4** MAR ***~ six mètres*** sechs Meter Tiefgang haben **5** *bille* (mit den Fingern) wegschnellen, wegschnippen **II** *v/i* **1** *personne* den Motor abwürgen; *moteur* absterben **2** *fig* (*abandonner*) aufgeben; F *en mangeant* nicht mehr können; F *mets* satt machen **III** *v/pr* ***se ~*** es sich (*dat*) bequem machen (***dans un fauteuil*** in e-m Sessel); *adjt* ***bien calé dans son fauteuil*** bequem in s-m Sessel sitzend
caleter [kalte] → ***calter***
calfater [kalfate] *v/t* MAR kalfatern
calfeutrage [kalføtʀaʒ] *m* Abdichten *n*
calfeutrer [kalføtʀe] **I** *v/t porte, fenêtre* abdichten **II** *v/pr* ***se ~*** (***chez soi***) sich in s-r Wohnung verkriechen; *péj* (immer) hinter dem Ofen hocken; ein Stubenhocker sein
calibrage [kalibʀaʒ] *m* **1** TECH Kalibrieren *n* **2** *des fruits, œufs* Sortieren *n* der Größe nach
calibre [kalibʀ] *m* **1** **a)** TECH, *d'un canon* Kaliber *n*; *d'un tuyau a* lichte Weite; **b)** *d'un projectile* Kaliber *n*; ***de gros ~*** großkalibrig **2** *instrument de mesure* (Schub)Lehre *f*; Schablone *f* **3** *d'une colonne etc* Durchmesser *m*; *des œufs, fruits* Größe *f* **4** F *fig, souvent péj* Art *f*; Schlag *m*; Format *n*; F Kaliber *n*; ***une erreur de ce ~*** ein so gewaltiger Irrtum; F ein Irrtum solchen Kalibers; ***un escroc de ce ~*** ein Gauner s-s Schlages; ein solcher Gauner; ***ils sont du même ~*** sie sind vom gleichen Schlag, F Kaliber; *positif* ***il est d'un tout autre ~*** (d)er ist von ganz anderem Format, aus ganz anderem Holz geschnitzt, F von ganz anderem Kaliber
calibrer [kalibʀe] *v/t* **1** TECH kalibrieren **2** *œufs, fruits* der Größe nach sortieren
calice [kalis] *m* **1** ÉGL (Abendmahls)Kelch *m*; *fig* ***boire le ~ jusqu'à la lie*** den Kelch bis zur Neige leeren **2** BOT (Blüten)Kelch *m*
calicot [kaliko] *m* **1** TEXT Kaliko *m* **2** (*banderole*) Spruchband *n*
calife [kalif] *m* Kalif *m*
Californie [kalifɔʀni] ***la ~*** Kalifornien *n*
californien [kalifɔʀnjɛ̃] **I** *adj* 〈***~ne***〉 kalifornisch **II** *subst* ***Californien(ne)*** *m(f)* Kalifornier(in) *m(f)*
califourchon [kalifuʀʃõ] *loc/adv* ***à ~*** rittlings; ***être (assis) à ~*** rittlings sitzen (***sur*** auf *+dat*); ***monter, se mettre à ~*** sich rittlings setzen (***sur*** auf *+acc*)
Caligula [kaligyla] *m* HIST Caligula *m*
câlin [kɑlɛ̃] **I** *adj* **a)** zärtlich; liebevoll; ***enfant ~*** Schmeichelkatze *f*, -kätzchen *n*; F Schmusekatze *f*; *loc/adv* ***d'un air ~*** zärtlich; liebevoll; **b)** (*qui aime être caressé*) zärtlichkeitsbedürftig; anschmiegsam **II** *m* Liebkosung *f*; Zärtlichkeit *f*; ***faire (un) ~*** zärtlich, lieb sein (***à qn*** zu j-m); F schmusen (mit j-m)
câliner [kɑline] *v/t* zärtlich sein zu; liebkosen; hätscheln; F schmusen mit **câlineries** *f/pl* Zärtlichkeiten *f/pl*; Liebkosungen *f/pl*; F Schmusen *n*
calisson [kalisõ] *m* Mandelkonfekt *n* mit Zuckerguss
Calixte [kalikst] *m* HIST Kalixt(us) *m*
call-boy [kolbɔj] *m* Callboy ['koːlbɔʏ] *m*
calleux [kalø] *adj* 〈**-euse**〉 **1** *mains* schwielig **2** ANAT ***corps ~*** Balken *m* (des Gehirns)
call-girl [kolgœʀl] *f* Callgirl ['koːlgøːrl] *n*
calligramme [kaligʀam] *m poème* Gedicht *n*, dessen Druckzeilen e-e Zeichnung bilden
calligraphe [kaligʀaf] *m,f* Kalligraf(in) *m(f)*; Schreibkünstler(in) *m(f)* **calligraphie** *f* Kalligrafie *f*; *art a* Schönschreibkunst *f* **calligraphier** *v/t* in Schönschrift schreiben; malen **calligraphique** *adj* kalligrafisch
Calliope [kaljɔp] *f* MYTH Kalliope *f*
Calliste [kalist] *m* → ***Calixte***
callosité [kalozite] *f* Schwiele *f*; Hornhaut *f*; *surtout pl* ***~s*** Schwielen *f/pl*
calmant [kalmɑ̃] PHARM **I** *adj* beruhigend und schmerzstillend **II** *m* Beruhigungs- und Schmerzmittel *n*
calmar [kalmaʀ] *m* ZO Kalmar *m*; CUIS ***~ frit*** Calamares *pl*; Calamari *pl*
calme [kalm] **I** *adj* ruhig (*a mer*); still; *personne a*

C

gelassen; *Bourse* ruhig; zurückhaltend; ***être ~*** ruhig, still sein; ***la mer est ~*** das Meer, die See ist ruhig; ***le temps est ~*** es ist windstill, ruhiges Wetter; ***mener une petite vie ~*** ein ruhiges, stilles Leben führen; ***rester ~*** ruhig, gelassen bleiben **II** *m* **1** Ruhe *f*; Stille *f*; MAR Windstille *f*; ***~ plat*** völlige Windstille; Flaute *f* (*a fig*); ***c'est le ~ plat*** MAR es herrscht Flaute, völlige Windstille; es ist ganz windstill; *en affaires* es herrscht e-e Flaute; *par ext* es ist nichts los; es geschieht, passiert gar nichts; *fig* ***le ~ avant la tempête*** die Ruhe vor dem Sturm; ***chercher le ~*** die Ruhe, Stille suchen; ***ramener, rétablir le ~*** die Ruhe wiederherstellen; ***travailler dans le, au ~*** in Ruhe, ungestört arbeiten **2** GÉOGR ***~s*** *pl* Kalmengürtel *m*, -zone *f*; ***~s équatoriaux*** äquatorialer Kalmengürtel; ***~s tropicaux*** *a* Rossbreiten *f/pl* **3** *d'une personne* Ruhe *f*; Gelassenheit *f*; Gemütsruhe *f*; ***~ intérieur*** innere Ruhe; *loc/adv*: ***avec ~*** ruhig; gelassen; ***avec le plus grand ~*** äußerst ruhig, gelassen; mit größter Gelassenheit; ***du ~, voyons!*** bitte Ruhe (bewahren)!; nur ruhig Blut!; (*silence!*) Ruhe, bitte!; ***avoir un moment de ~*** im Moment, e-e Zeit lang ruhig sein; ***conserver, garder son ~*** (die) Ruhe bewahren; ruhig bleiben; ***perdre son ~*** s-e Gelassenheit, die Beherrschung verlieren

calmement [kalməmɑ̃] *adv* ruhig; still; gelassen

calmer [kalme] **I** *v/t* **1** *personne* beruhigen; besänftigen; beschwichtigen; F *menace* ***je vais te ~!*** F ich werd dich Mores lehren! **2** *douleur* mildern; lindern; stillen; *impatience, peur* beschwichtigen; *zèle, querelle* dämpfen; ***~ la soif, la faim*** den Durst, den Hunger stillen; ***~ la toux*** den Husten lindern **II** *v/pr* ***se ~*** **1** *personne* sich beruhigen; ruhig werden; ***calmez-vous!*** beruhigen Sie sich!; F regen Sie sich ab! **2** *tempête* sich legen; abflauen; *fièvre, douleur* nachlassen; *passion* sich abkühlen; *discussion* ruhiger werden; *tempête* ***commencer à se ~*** allmählich nachlassen

calmir [kalmiʀ] *v/i* MAR *vent* abflauen; sich legen; *mer* sich beruhigen

calo [kalo] *m* spanische Gaunersprache

calomniateur [kalɔmnjatœʀ] *m*, **calomniatrice** *f* Verleumder(in) *m(f)*; *adjt* verleumderisch

calomnie [kalɔmni] *f* Verleumdung *f*; ***basse ~*** schändliche Verleumdung

calomnier [kalɔmnje] *v/t* verleumden; ***~ qn*** *a* j-m etw andichten

calomnieux [kalɔmnjø] *adj* ⟨**-euse**⟩ verleumderisch; JUR ***dénonciation calomnieuse*** falsche Anschuldigung

calorie [kalɔʀi] *f* PHYS, PHYSIOL Kalorie *f*; ***grande ~*** Kilokalorie *f*; ***pauvre, riche en ~s*** kalorienarm, -reich; ***régime*** *m* ***basses ~s*** kalorienarme Ernährung

calorifère [kalɔʀifɛʀ] *m* Heizung(sanlage) *f*

calorification [kalɔʀifikasjõ] *f* PHYSIOL Wärmebildung *f* **calorifique** *adj* Wärme…; Heiz…; Wärme erzeugend

calorifuge [kalɔʀifyʒ] **I** *adj* wärmeisolierend, -dämmend **II** *m* (Wärme)Dämmstoff *m* **calorifugé** *adj* wärmeisoliert

calorifugeage [kalɔʀifyʒaʒ] *m* Wärmeisolation *f*, -dämmung *f*, -schutz *m*

calorifuger [kalɔʀifyʒe] *v/t* ⟨**-geons**⟩ (wärme)isolieren; dämmen

calorimètre [kalɔʀimɛtʀ] *m* Kalorimeter *n* **calorimétrie** *f* Kalorimetrie *f*; Wärmemessung *f* **calorimétrique** *adj* kalorimetrisch

calorique [kalɔʀik] *adj* PHYSIOL Kalorien…

calorisation [kalɔʀizasjõ] *f* MÉTALL Kalorisieren *n*

caloriser *v/t* MÉTALL kalorisieren; alitieren

calot [kalo] *m* **1** MIL Schiffchen *n*; Käppi *n* **2** (*grosse bille*) große Murmel

calotin [kalɔtɛ̃] F *péj m* Klerikale(r) *m*; F *péj* Pfaffenknecht *m*; Schwarze(r) *m*

calotte [kalɔt] *f* **1** *bonnet* (Scheitel)Käppchen *n*; ÉGL Kalotte *f* **2** *péj* ***la ~*** (*le clergé*) *péj* die Pfaffen *m/pl*; POL die Klerikalen *m/pl*; F *péj* die Schwarzen *m/pl* **3** *du chapeau* Kopf *m* **4** GÉOGR ***~ glaciaire*** Eiskappe *f*; MATH ***~ sphérique*** Kalotte *f*; Kugelkappe *f* **5** F (*tape*) Klaps *m*; leichte Ohrfeige; Kopfnuss *f*

calotter [kalɔte] *v/t* F **1** (*gifler*) ***~ qn*** F j-m eine wischen **2** (*voler*) F klauen

calquage [kalkaʒ] *m* (Durch)Pausen *n*; Durchzeichnen *n*

calque [kalk] *m* **1** Pause *f* (*Zeichnung*); ***prendre un ~ de qc*** etw durchpausen, -zeichnen **2** *fig* Nachahmung *f*; *péj* Abklatsch *m* **3** LING Lehnübersetzung *f*

calquer [kalke] *v/t* **1** durchpausen, -zeichnen **2** *fig* ***~ qc*** etw nachahmen, kopieren; ***~ sa conduite sur celle de qn*** j-s Verhalten genau nachahmen; sich in s-m Verhalten ganz nach j-m richten

calter [kalte] *v/i ou v/pr* F (***se***) ***~*** F abhauen; verduften; türmen

calumet [kalymɛ] *m* Kalumet *n*; ***fumer le ~ de la paix*** die Friedenspfeife rauchen (*a fig*)

calva [kalva] *m* F *abr* (*calvados*) Calvados *m* (*Apfelbranntwein*)

Calvados [kalvados] **1** ***le ~*** *frz Departement* **2** ***calvados*** *m* Calvados *m* (*Apfelbranntwein*)

Calvaire [kalvɛʀ] **1** BIBL ***le ~*** der Kalvarienberg *m* **2** ***calvaire*** *m* REL, ART Kreuzigung *f* Christi; Kreuzigungsgruppe *f*; *en Bretagne* Kalvarienberg *m* **3** ***calvaire*** *m fig* Leidensweg *m*; Martyrium *n*

Calvin [kalvɛ̃] *m* REL Calvin [-'viːn] *m*

calvinisme [kalvinism] *m* REL Kalvinismus *m* **calviniste** **I** *adj* kalvinistisch **II** *m,f* Kalvinist(in) *m(f)*

calvitie [kalvisi] *f* Glatze *f*; Kahlköpfigkeit *f*; F Platte *f*

calypso [kalipso] *m danse* Calypso *m*

Calypso [kalipso] *f* MYTH Kalypso *f*

camaïeu [kamajø] *m* Camaieu *f* (*camée et peinture*); (***peinture*** *f* ***en***) ***~*** *a* Tonmalerei *f*; monochrome *ou* tonige Malerei; *loc/adj* ***en ~*** Ton in Ton (gehalten)

camarade [kamaʀad] *m,f* **1** Kamerad(in) *m(f)*; Gefährte *m*, Gefährtin *f*; F Kumpan *m*; ***vieux ~*** alter Kamerad, Freund; ***~ d'école*** Schulkamerad(in) *m(f)*, -freund(in) *m(f)*; Mitschüler(in) *m(f)*; ***~ d'enfance*** Jugendfreund(in) *m(f)*; ***~ de jeu*** Spielkamerad(in) *m(f)*, -gefährte *m*, -gefährtin *f*; ***~ m de régiment*** Kamerad aus der Militärzeit; ***eh, ~!*** he, Kumpel! **2** *chez les socialistes etc* Genosse *m*, Genossin *f*

camaraderie [camaʀadʀi] *f* Kameradschaft *f*; ***par*** (***esprit de***) ***~*** aus Kameradschaft; ***ils ont des relations de bonne ~*** ihr Verhältnis zueinander ist sehr kameradschaftlich; *a* bei ihnen herrscht ein sehr kameradschaftlicher Ton

camard [kamaʀ] **I** *adj* ***nez ~*** Sattelnase *f*; ***visage ~*** Gesicht *n* mit e-r Sattelnase **II** *subst fig* ***la Camarde***

der Tod; der Knochenmann
camarguais [kamaʀgɛ] **I** *adj* (aus) der Camargue **II** *subst* ***Camarguais(e)*** *m(f)* Bewohner(in) *m(f)* der Camargue
Camargue [kamaʀg] ***la*** ~ die Camargue (*Landschaft im Rhonedelta*)
cambial [kɑ̃bjal] *adj* ⟨**-aux**⟩ COMM Wechsel… **cambiste** *m* Börsenmakler *m*
Cambodge [kɑ̃bɔdʒ] ***le*** ~ Kambodscha *n*
cambodgien [kɑ̃bɔdʒjɛ̃] **I** *adj* ⟨**~ne**⟩ kambodschanisch **II** *subst* **1** ***Cambodgien(ne)*** *m(f)* Kambodschaner(in) *m(f)* **2** LING ***le*** ~ das Kambodschanische; Kambodschanisch *n*
cambouis [kɑ̃bwi] *m* (gebrauchtes) Schmieröl; Schmiere *f*; ***tache*** *f* ***de*** ~ Ölfleck *m*; ***plein, taché de*** ~ ölverschmiert
cambré [kɑ̃bʀe] *adj pied* gewölbt; ***taille ~e, reins ~s*** nach rückwärts geneigter Oberkörper; ***avoir la taille ~e*** ein etwas hohles Kreuz haben; ***avoir la taille bien ~e*** e-e schön geformte Taille haben
cambrer [kɑ̃bʀe] **I** *v/t* biegen; wölben **II** *v/pr* ***se*** ~ die Brust wölben; den Körper straffen
cambrésien [kɑ̃bʀezjɛ̃] *adj* ⟨**~ne**⟩ (*et subst* ***Cambrésien*** Einwohner) von Cambrai
cambrien [kɑ̃bʀijɛ̃] *m* GÉOL Kambrium *n*
cambriolage [kɑ̃bʀijɔlaʒ] *m* Einbruch *m*; ***par peur des ~s*** aus Furcht vor Einbrechern
cambriole [kɑ̃bʀijɔl] *arg f* Einbruch *m*; *arg* Bruch *m*
cambrioler [kɑ̃bʀijɔle] *v/t* einbrechen (***qc*** in etw [*acc*]); ***j'ai été cambriolé*** bei mir ist eingebrochen worden
cambrioleur [kɑ̃bʀijɔlœʀ] *m*, **cambrioleuse** *f* Einbrecher(in) *m(f)*
cambrousse [kɑ̃bʀus] F *péj f* (flaches) Land; ***en pleine*** ~ F in e-r gottverlassenen Gegend; wo Fuchs und Hase sich gute Nacht sagen; ***il n'est jamais sorti de sa*** ~ F er ist nie aus s-m Kaff herausgekommen; er ist ein richtiger Hinterwäldler
cambrure [kɑ̃bʀyʀ] *f* Krümmung *f*; Wölbung *f*; ~ ***du pied*** Fußwölbung *f*; ~ ***des reins, de la taille*** Wölbung des Rückens
cambuse [kɑ̃byz] *f* **1** F *péj* elende Behausung *f*; F Loch *n*; *chambre a* F triste Bude **2** MAR Bottlerei *f*
Cambyse [kɑ̃biz] *m* HIST Kambyses *m*
came [kam] *f* **1** TECH Nocken *m*; ***arbre*** *m* ***à ~s*** Nockenwelle *f* **2** *arg* (*cocaïne*) F Koks *m*; Schnee *m*; (*drogue*) F Stoff *m*
camé [kame] *arg m* F Kokser *m*; Fixer *m*; ***c'est un*** ~ *ou adjt* ***il est*** ~ F er ist ein Kokser, Fixer; er fixt
camée [kame] *m* Kamee *f*
caméléon [kameleõ] *m* ZO Chamäleon *n*
camélia [kamelja] *m* BOT Kamelie *f*; *Dumas* ***La Dame aux ~s*** Die Kameliendame
camelot [kamlo] *m* **1** Straßenhändler *m*, -verkäufer *m* **2** HIST ***~s du roi*** militante Royalisten *m/pl*
camelote [kamlɔt] *f* **1 a)** *péj* (*pacotille*) F Schund *m*; Ramsch *m*; Tinnef *m*; **b)** F (*marchandise*) Ware *f* **2** *arg* → ***came*** *2*
camembert [kamɑ̃bɛʀ] *m* **1** Camembert *m* **2** *graphique* Torten-, Kreisdiagramm *n*
camer [kame] *v/pr* ***se*** ~ *arg* (*se droguer*) F fixen
caméra [kameʀa] *f* (Film)Kamera *f*; ~ ***vidéo*** Videokamera *f*; ~ ***de télévision*** Fernsehkamera *f*; *déclarer* ***devant les ~s*** vor der Kamera; im Fernsehen
cameraman [kameʀaman] *m* ⟨*pl* **cameramen** [-men]⟩ Kameramann *m*
camériste [kameʀist] *f* **1** HIST Kammerfrau *f* **2** F (*femme de chambre*) Zimmermädchen *n*
Cameroun [kamʀun] ***le*** ~ Kamerun *n*
camerounais [kamʀunɛ] **I** *adj* kamerunisch **II** *subst* ***Camerounais(e)*** *m(f)* Kameruner(in) *m(f)*
caméscope [kameskɔp] *m* Camcorder *m*
Camille [kamij] *m,f Vorname*
camion [kamjõ] *m* **1** Last(kraft)wagen *m*; Lastauto *n*; Laster *m*; Lkw *ou* LKW *m*; ~ ***à benne basculante*** Kipper *m*; ~ ***à trois essieux*** Dreiachser *m*; ~ ***à plate-forme*** Pritschenwagen *m*; ~ ***à remorque*** Lkw mit Anhänger; Lastzug *m*; ~ ***de déménagement*** Möbelwagen *m*; ~ ***de trois tonnes*** Dreitonner *m* **2** *des peintres* Farbeimer *m* **3** (*petite épingle*) kleine Stecknadel
camion-citerne [kamjõsitɛʀn] *m* ⟨*pl* **camions-citernes**⟩ Tank(last)wagen *m*
camionnage [kamjɔnaʒ] *m* **1** Transport *m* mit Lastwagen; Lkw-Transport *m*; Straßentransport *m* **2** *prix* Transportkosten *pl*; Rollgeld *n* **camionner** *v/t* mit Lastwagen transportieren; abrollen **camionnette** *f* Lieferwagen *m*; kleiner Lastwagen **camionneur** *m* **1** *conducteur* Lkw-Fahrer *m*; Lastwagenfahrer *m* **2** *entrepreneur* (Lkw-)Transportunternehmer *m*
camisards [kamizaʀ] *m/pl* HIST Kamisarden *m/pl*
camisole [kamizɔl] *f autrefois* Wams *n*; ~ ***de force*** Zwangsjacke *f*
camomille [kamɔmij] *f* **1** BOT Kamille *f* **2** *tisane* Kamillentee *m*
camouflage [kamuflaʒ] *m* **1** MIL **a)** Tarnung *f*; ***tenue*** *f* ***de*** ~ Tarnanzug *m*; **b)** *des fenêtres* Verdunk(e)lung *f* **2** *fig* Tarnung *f*; Verschleierung *f*
camoufler [kamufle] **I** *v/t* **1** MIL **a)** tarnen; **b)** *fenêtres* verdunkeln **2** *fig* tarnen; verschleiern; verbergen; ~ ***un meurtre en suicide*** e-n Mord als Selbstmord tarnen **II** *v/pr* ***se*** ~ sich tarnen, verbergen, verstecken
camouflet [kamuflɛ] *m litt* (*offense*) Kränkung *f*; Beleidigung *f*
camp [kɑ̃] *m* **1** Lager *n*; MIL HIST Heer-, Feldlager *n*; ~ ***militaire*** Truppenübungsplatz *m*; ~ **(*de camping*)** Campingplatz ['kɛm-] *m*; Zeltplatz *m*; ~ ***de concentration*** Konzentrationslager *n* (*abr* KZ); MIL ~ ***d'entraînement*** Truppenübungsplatz *m*; ~ ***d'extermination*** Vernichtungslager *n*; MIL ~ ***d'instruction*** Ausbildungslager *n*; ~ ***de jeunes*** Jugendlager *n*; ~ ***de nudistes*** → ***nudiste*** *II*; ~ ***de prisonniers, de réfugiés, de transit*** (Kriegs)Gefangenen-, Flüchtlings-, Durchgangslager *n*; ~ ***de vacances*** Ferienlager *n*; ***dresser, établir un*** ~ ein Lager aufschlagen; ***faire un*** ~ an e-m Lager teilnehmen; F ***fiche(r), foutre le*** ~ *personne* F abhauen; sich aus dem Staub machen; verduften; sich verziehen; *bouton, peinture* abgehen; abplatzen; F ***fiche-moi, fous-moi le ~!*** F hau ab!; verschwinde, verdufte gefälligst!; mach, dass du fortkommst!; P verpiss dich!; F *fig* ***tout fout le*** ~ nichts ist mehr, wie es war; ***lever le*** ~ das Lager abbrechen; *fig* abziehen; das Feld räumen **2** POL, *dans une querelle* Lager *n*; Partei *f*; ***partagé en deux ~s*** in zwei Lager gespalten; ***changer de*** ~ ins andere Lager überwechseln; ***passer dans le*** ~ ***adverse*** ins gegnerische Lager übergehen
campagnard [kɑ̃paɲaʀ] **I** *adj* ländlich; bäuerlich;

Land…; *péj* bäu(e)risch; ***gentilhomme* ~** Landedelmann *m*; ***il a un accent* ~** er spricht wie ein Mann vom Land; er hat e-n ländlichen Tonfall **II** *subst* **~(e)** *m(f)* **a)** Landbewohner(in) *m(f)*; **b)** *péj* Bauer *m*, Bäuerin *f*; *iron* Hinterwäldler *m*; F Landpomeranze *f*

campagne [kɑ̃paɲ] *f* **1** Land *n* (*im Gegensatz zur Stadt*); flaches Land (*im Gegensatz zum Gebirge*); (*paysage*) Landschaft *f*; Gelände *n*; *poét* Flur *f*; Gefilde *n*; ***la* ~ *normande*** *etc* die normannische *etc* Landschaft; *loc/adj et loc/adv* ***à la* ~** auf dem *ou* das Land; ***séjour*** *m* ***à la* ~** Aufenthalt *m* auf dem Land; Landaufenthalt *m*; ***vie*** *f* ***à*** *ou* ***de la* ~** Landleben *n*; ***aller à la* ~** aufs Land gehen *ou* fahren; *loc/adv*: ***dans la* ~** im Gelände; ***dans nos* ~*s*** bei uns auf dem Land; ***en pleine* ~** weit auf dem Land draußen; weitab von jeder Ortschaft; ***en rase* ~** auf dem flachen Land; auf freiem Feld; ***curé*** *m*, ***médecin*** *m* ***de* ~** Landpfarrer *m*, -arzt *m*; ***pain*** *m* ***de* ~** Land-, Bauernbrot *n*; ***aimer la* ~** das Land(leben) lieben; gern auf dem Land sein; ***battre la* ~** das Gelände, die Gegend kreuz und quer durchstreifen; F die Gegend abgrasen; *fig* sich in Fantasien, Fantastereien verlieren; wirres, verworrenes Zeug reden **2** MIL Feldzug *m*; ***~s de Napoléon*** Napoleonische Feldzüge *m/pl*; ***~ de Russie*** Russlandfeldzug *m*; ***tenue*** *f* ***de* ~** feldmarschmäßige Ausrüstung; ***entrer en* ~** ins Feld ziehen, rücken; ***être en, faire* ~** im Feld(e) stehen; ***faire une* ~** e-n Feldzug mitmachen; *fig* ***se mettre en* ~** alle Hebel in Bewegung setzen **3** *fig* Feldzug *m*; Kampagne *f*; ***~ électorale*** Wahlkampf *m*; ***~ publicitaire, de publicité*** Werbekampagne *f*; Werbe-, Reklamefeldzug *m*; ***~ d'information, de lancement, de presse*** Aufklärungs-, Einführungs-, Pressekampagne *f*; ***~ de propagande*** Propagandafeldzug *m*; ***faire* ~ *pour qc*** für etw Propaganda machen; sich für etw einsetzen; ***lancer une* ~ *en faveur de qc*** e-n Werbe-, Propagandafeldzug für etw starten; ***lancer une* ~ *contre qc*** gegen etw zu Felde ziehen

campagnol [kɑ̃paɲɔl] *m* ZO Schermaus *f*; Wasserratte *f*

Campanie [kɑ̃pani] ***la* ~** Kampanien *n*

campanile [kɑ̃panil] *m* ARCH Campanile *ou* Kampanile *m*

campanule [kɑ̃panyl] *f* BOT Glockenblume *f*

campé [kɑ̃pe] *adj* **1** *personne* ***être bien* ~** fest *ou* breitbeinig dastehen **2** *fig dans un roman etc* ***personnage bien* ~** lebendig dargestellte Figur

campement [kɑ̃pmɑ̃] *m* **1 a)** *lieu* Lager *n*; Lagerplatz *m*; **b)** *action* Lagern *n*; Kampieren *n* **2** *fig* (*installation provisoire*) Kampieren *n*; ***être en* ~** kampieren

camper [kɑ̃pe] **I** *v/t* **1** *auteur*: *personnage, peintre*: *portrait* lebendig darstellen **2** *litt chapeau* aufsetzen **II** *v/i* **1** campen ['kɛm-]; *sous la tente a* zelten **2** MIL kampieren; lagern **3** *fig* (*s'installer provisoirement*) kampieren; sich (notdürftig und) vorübergehend einrichten **III** *v/pr* ***se* ~** sich aufstellen, F aufpflanzen (***devant*** vor +*dat*); ***il est venu se* ~ *devant moi*** *a* er baute sich vor mir auf

campeur [kɑ̃pœʀ] *m*, **campeuse** *f* Camper(in) ['kɛm-] *m(f)*; *sous la tente* Zeltler(in) *m(f)*; Zeltwand(e)rer(in) *m(f)*

camphre [kɑ̃fʀ] *m* PHARM Kampfer *m*

camphré [kɑ̃fʀe] *adj* Kampfer…; ***alcool* ~** Kampferspiritus *m*

camphrier [kɑ̃fʀije] *m* BOT Kampferbaum *m*

camping [kɑ̃piŋ] *m* **1** Camping ['kɛm-] *n*; Campen ['kɛm-] *n*; *sous la tente* Zelten *n*; ***~ sauvage*** wildes Campen, Zelten; ***matériel*** *m* ***de* ~** Campingausrüstung *f*; ***faire du* ~** campen; zelten **2** (***terrain*** *m* ***de***) **~** Campingplatz *m*

camping-car [kɑ̃piŋkaʀ] *m* ⟨*pl* **camping-cars**⟩ Wohnmobil *n*; Campingbus ['kɛm-] *m* **camping-gaz** *m* ⟨*inv*⟩ Campinggaskocher *m*

campos [kɑ̃pɔs] *m* GÉOGR Campos *m/pl*

campus [kɑ̃pys] *m* Universitätsgelände *n*; Campus *m*

camus [kamy] *adj* ⟨**-use** [-yz]⟩ ***nez* ~** platte Nase; Stumpf-, Sattelnase *f*

Camus [kamy] ***Albert* ~** *frz Schriftsteller*

Canaan [kanaɑ̃] BIBL ***le pays, la terre de* ~** (das Land) Kanaan *n*

Canada [kanada] ***le* ~** Kanada *n*

canada [kanada] *f pomme*: *e-e Renettensorte*

canadianisme [kanadjanism] *m* LING Kanadianismus *m* (*in Kanada gebräuchlicher Ausdruck des Französischen*)

canadien [kanadjɛ̃] **I** *adj* ⟨**~ne**⟩ kanadisch **II** *subst* ***Canadien(ne)*** *m(f)* Kanadier(in) *m(f)*; ***Canadien français*** Frankokanadier *m*

canadienne [kanadjɛn] *f* **1** *veste* Lammfelljacke *f* **2** *canoë* Kanadier *m* **3** *tente* Firstzelt *n*

canaille [kanaj] *f* **1** Schurke *m*; Halunke *m*; Lump *m*; Kanaille [ka'naljə] *f*; ***cette* ~ *de X*** X, dieser Lump, Schuft, Halunke **2** *plais, d'un ou à un enfant* Schlingel *m*; kleiner Teufel **3** *adjt* **a)** *airs, manières* pöbelhaft; ordinär; **b)** (*malhonnête*) unredlich; unanständig

canaillerie [kanajʀi] *f* Gemeinheit *f*; Schurkerei *f*; *action a* Schurkenstreich *m*

canal [kanal] *m* ⟨*pl* **-aux**⟩ **1** Kanal *m*; *à Venise* ***le Grand Canal*** der Canal Grande; ***~ latéral*** Seitenkanal *m*; ***~ d'irrigation*** Bewässerungskanal *m*; ***le* ~ *de Panama, de Suez*** der Panama-, Sueskanal; ***le* ~ *du Rhône au Rhin*** der Rhein-Rhone-Kanal **2** GÉOGR Kanal *m*; Meeresarm *m* **3** RAD, TV Kanal *m* **4** (*conduite*) Leitung *f*; Kanal *m*; ***~ d'aération*** Luftkanal *m*, -schacht *m* **5** ANAT Gang *m*; ***~ rachidien*** Wirbel-, Rückenmarkskanal *m* **6** *fig loc/prép* ***par le* ~ *de*** über (+*acc*); durch Vermittlung von (*ou* + *gén*)

canalisable [kanalizabl] *adj* kanalisierbar

canalisation [kanalizasjõ] *f* **1** *de gaz etc* Leitung(snetz) *f(n)*; *d'eaux usées* Kanalisation *f* **2** *d'un fleuve* Kanalisierung *f*

canaliser [kanalize] *v/t* **1** *fleuve* kanalisieren **2** *fig* kanalisieren; in e-e bestimmte Richtung lenken; zusammenfassen

canapé [kanape] *m* **1** Couch [kautʃ] *f*; Sofa *n*; Kanapee *n* **2** CUIS Kanapee *n*; ***~ d'anchois*** Kanapee mit Anschovis; *loc/adj* ***sur* ~*s*** auf Weißbrotscheiben serviert

canapé-lit [kanapeli] *m* ⟨*pl* **canapés-lits**⟩ Schlaf-, Bettcouch *f*

Canaques [kanak] *m/pl* Kanaken *m/pl*

canard [kanaʀ] *m* **1** ZO Ente *f*; *par opposition à la femelle* **~** (***mâle***) Erpel *m*; Enterich *m*; F *fig* ***~ boiteux*** lahme Ente; angeschlagenes, schlecht gehendes Unternehmen; ***~ sauvage*** Wildente *f*; F *fig à un* *enfant* ***mon petit ~*** mein kleiner Spatz; CUIS ***~ à l'orange*** Ente mit Orangensoße; ***~ de Barbarie*** Moschusente *f*; F *fig* ***il ne casse pas trois pattes à un ~*** *personne* er hat nicht gerade e-e Meisterleistung vollbracht; F er hat sich nicht mit Ruhm bekleckert; *film etc* er ist nicht gerade ein Meisterwerk; F *fig* ***il fait un froid de ~*** F es ist hunde-, P saukalt; ***marcher comme un ~*** watscheln **2** F **a)** *péj* (*journal*) F *péj* Käseblatt *n*; **b)** (*fausse nouvelle*) (Zeitungs)Ente *f* **3** MUS falscher Ton; ***faire un ~*** falsch singen *ou* spielen **4** (*sucre trempé*) in Schnaps *ou* Kognak *ou* Kaffee getauchtes Stück Zucker

canardeau [kanaʀdo] *m* ⟨*pl* **~x**⟩ ZO junge Ente

canarder [kanaʀde] **I** *v/t* F ***~ qn*** (aus gedeckter Stellung) auf j-n feuern, schießen **II** *v/i* F MUS falsch singen *ou* spielen

canardière [kanaʀdjɛʀ] *f* **1** Ententeich *m* **2** CH **a)** Anstand *m* (*für die Entenjagd*); **b)** Entenflinte *f*

canari [kanaʀi] *m* ZO Kanarienvogel *m*; *adjt* ***jaune ~*** ⟨*inv*⟩ kanariengelb

Canaries [kanaʀi] ***les ~*** *f/pl ou* ***les îles*** *f/pl* **~** die Kanarischen Inseln *f/pl*

canasson [kanasõ] F *m* F Gaul *m*; *péj* Klepper *m*; (Schind)Mähre *f*

canasta [kanasta] *f jeu de cartes* Canasta *n*

cancan [kɑ̃kɑ̃] *m* **1** ***~s*** *pl* Klatsch *m*; Klatschereien *f/pl*; Geschwätz *n*; F Tratsch *m*; ***faire des ~s*** klatschen; F tratschen; ***raconter des ~s sur qn*** über j-n Gerüchte, Klatsch verbreiten **2** *danse* ***french ~*** [fʀɛnʃ-] Cancan *m*

cancaner [kɑ̃kane] *v/i* **1** klatschen; F tratschen **2** *canard* schnattern **cancanier** *adj* ⟨**-ière**⟩ klatschsüchtig, -haft

cancer [kɑ̃sɛʀ] *m* **1** MÉD Krebs *m*; ***~ du poumon, du sein*** Lungen-, Brustkrebs *m* **2** *fig* Krebsgeschwür *n* **3** ASTR ***Cancer*** Krebs *m*

cancéreux [kɑ̃seʀø] MÉD **I** *adj* ⟨**-euse**⟩ **1** Krebs…; krebsartig; ***cellule cancéreuse*** Krebszelle *f*; ***tumeur cancéreuse*** Krebsgeschwulst *f*; *sc* Karzinom *n* **2** *personne, organe* krebskrank **II** *subst* ***~, cancéreuse*** *m,f* Krebskranke(r) *f(m)*

cancérigène [kɑ̃seʀiʒɛn] *adj* MÉD krebserregend; *sc* karzinogen; kanzerogen

cancérisation [kɑ̃seʀizasjõ] *f* MÉD Bösartigwerden *n*; Krebsbildung *f*

cancérogène [kɑ̃seʀɔʒɛn] *adj* → ***cancérigène*** **cancérologie** *f* Krebsforschung *f*; Karzinologie *f* **cancérologique** *adj* Krebs…; karzinologisch **cancérologue** *m,f* Krebsforscher(in) *m(f)*; Kanzerologe, -login *m,f*

cancoillotte [kɑ̃kɔjɔt, -kwajɔt] *f ein Weichkäse aus der Franche-Comté*

cancre [kɑ̃kʀ] F *m* schlechter *ou* fauler Schüler; F Faulpelz *m*

cancrelat [kɑ̃kʀəla] *m* ZO (Küchen)Schabe *f*; Kakerlake *f*

candélabre [kɑ̃delɑbʀ] *m* Kandelaber *m*; großer Armleuchter

candeur [kɑ̃dœʀ] *f* Arglosigkeit *f*; Treuherzigkeit *f*; Naivität *f*; ***avec ~*** arglos; treuherzig; naiv

candi [kɑ̃di] *adj* ***sucre*** *m* **~** Kandis(zucker) *m*

candidat [kɑ̃dida] *m*, **candidate** *f* Kandidat(in) *m(f)* (*a* POL); Bewerber(in) *m(f)*; Anwärter(in) *m(f)*; ***candidat, candidate à un examen*** Examenskandidat(in) *m(f)*; Prüfling *m*; ***candidat, candidate à la présidence*** Präsidentschaftskandidat(in) *m(f)*; *fig* ***candidat, candidate au suicide*** Selbstmordkandidat(in) *m(f)*; ***liste*** *f* ***des candidats*** Kandidaten-, Bewerberliste *f*; ***être, se porter candidat, candidate*** kandidieren, als Kandidat(in) auftreten (***à une élection*** bei e-r Wahl); sich bewerben, als Bewerber(in) auftreten (***à un poste*** um e-e Stellung)

candidature [kɑ̃didatyʀ] *f* Kandidatur *f* (*a* POL); Bewerbung *f*; ***faire acte de ~*** kandidieren; *a* sich bewerben; ***poser, présenter sa ~*** sich bewerben (***à un poste*** um e-e Stellung); s-e Bewerbung einreichen; kandidieren; s-e Kandidatur anmelden, sich als Kandidat aufstellen lassen (***à une élection*** bei e-r Wahl); ***retirer sa ~*** s-e Kandidatur, Bewerbung zurückziehen

candide [kɑ̃did] *adj* arglos; treuherzig; naiv; unschuldig; ohne Falsch

candir [kɑ̃diʀ] *v/pr* ***se ~*** *sucre* auskristallisieren; *elliptiquement* ***faire ~ du sucre*** Zucker kandieren

candisation [kɑ̃dizasjõ] *f du sucre* Kandieren *n*

cane [kan] *f* ZO (weibliche) Ente

caner [kane] *v/i* **1** F (*reculer*) F kneifen, sich drücken (***devant*** vor *+dat*) **2** P (*mourir*) P krepieren; abkratzen

caneton [kantõ] *m* **a)** ZO Entchen *n*; Entenküken *n*; **b)** CUIS Jungente *f*

canette [kanɛt] *f* **1** *d'une machine à coudre* Spule *f* **2 a)** Bügelflasche *f*; **b)** *contenu* Flasche *f* Bier; **c)** *en métal* (Getränke)Dose *f*

canevas [kanva] *m* **1** COUT Kanevas *m*; Gitterleinen *n*; Stramin *m*; *par ext broderie* Kanevasstickerei *f* **2** *fig d'un roman, exposé etc* Entwurf *m*; (Gedanken)-Schema *n*

caniche [kaniʃ] *m* ZO Pudel *m*; ***~ nain*** Zwergpudel *m*; F ***être frisé comme un ~*** sehr, ganz krause Haare haben

caniculaire [kanikylɛʀ] *adj* ***chaleur*** *f* **~** Gluthitze *f*

canicule [kanikyl] *f* **1** *époque* Hundstage *m/pl* **2** *chaleur* Gluthitze *f*

canif [kanif] *m* Taschenmesser *n*; F *fig* ***donner un coup de ~ dans le contrat*** e-n Seitensprung machen; F fremdgehen

canin [kanɛ̃] *adj* Hunde…; ***exposition ~e*** Hundeausstellung *f*; ***race ~e*** Hunderasse *f*

canine [kanin] *f* Eck-, Augenzahn *m*

caninette [kaninɛt] *f Motorrad mit e-r Vorrichtung zum Aufsaugen von Hundekot*

caniveau [kanivo] *m* ⟨*pl* **~x**⟩ Rinnstein *m*; Gosse *f*

cannabis [kanabis] *m* BOT Cannabis *m*

cannage [kanaʒ] *m* **1** *action* Stuhlflechten *n* **2** (*partie cannée*) Rohrgeflecht *n*

cannaie [kanɛ] *f* **a)** (Zucker)Rohrpflanzung *f*; **b)** Röhricht *n*

canne [kan] *f* **1** BOT Rohr *n*; ***~ à sucre*** Zuckerrohr *n*; ***sucre*** *m* ***de ~*** Rohrzucker *m* **2** *bâton* (Spazier)-Stock *m*; *d'alpiniste* Bergstock *m*; MÉD ***~s anglaises*** (Unterarm)Krücken *f/pl*; ***~ blanche*** Blindenstock *m*; *par ext* ***les ~s blanches*** die Blinden *m/pl*; ***marcher avec une ~*** am Stock gehen **3** ***~ à pêche*** Angelrute *f* **4** F ***~s*** *pl* ***de serin*** F Storchbeine *n/pl*

canné [kane] *adj* aus Rohrgeflecht; ***chaise ~e*** Stuhl *m* mit Sitz (und Lehne) aus Rohrgeflecht

canne-épée [kanepe] *f* ⟨*pl* **cannes-épées**⟩ Stockdegen *m*

cannelé [kanle] *adj* gerillt; *monnaie* gerändelt; ***colonne ~e*** kannelierte Säule
canneler [kanle] *v/t* ⟨-ll-⟩ kannelieren; riefe(l)n; auskehlen
cannelier [kanəlje] *m* BOT Zimtbaum *m*
cannelle [kanɛl] *f* BOT, CUIS Zimt *m*; ***bâton** m **de ~*** Zimtstange *f*
cannelloni(s) [kanɛlɔni] *m/pl* CUIS Cannelloni *pl*
cannelure [kanlyʀ] *f* Rille *f*; Hohlkehle *f*; *d'une colonne* Kannelüre *f*; ***~s*** *pl a* Riefelung *f*; *d'une colonne* Kannelierung *f*
canner [kane] *v/t siège* mit (e-m) Rohrgeflecht versehen
Cannes [kan] *Stadt im Dep. Alpes-Maritimes*
cannette [kanɛt] *f* → ***canette***
canneur [kanœʀ] *m*, **canneuse** *f* Stuhlflechter(in) *m(f)*
cannibale [kanibal] **I** *m* Kannibale *m* (*a fig*); Menschenfresser *m* **II** *adj* Kannibalen…; kannibalisch **cannibalisme** *m* Kannibalismus *m* (*a* ZO)
canoë [kanɔe] *m* Kanu *n*; ***faire du ~*** Kanusport (be)treiben; Kanu fahren
canoéisme [kanɔeism] *m* Kanusport *m* **canoéiste** *m,f* Kanufahrer(in) *m(f)*; Kanute *m*
canon[1] [kanõ] *m* **1 a)** MIL Geschütz *n*; Kanone *f*; ***~ antiaérien*** *ou* ***de D.C.A.*** Flugabwehrkanone *f*; Flakgeschütz *n*; ***~ de 75 mm*** (***de calibre***) 7,5-cm-Geschütz *n*; ***coup** m **de ~*** Kanonenschuss *m*; ***tirer le ~, un coup de ~*** e-n Kanonenschuss abgeben; **b)** *de la police **~ à eau*** Wasserwerfer *m*; SKI ***~ à neige*** Schneekanone *f* **2** *de fusil, de revolver* Lauf *m*; ***fusil** m **à ~ scié*** Gewehr mit abgesägtem Lauf **3** *d'une clé, d'un arrosoir* Rohr *n* **4** F (*verre de vin*) Glas *n* Wein
canon[2] [kanõ] *m* **1** BEAUX-ARTS Kanon *m*; *par ext a* Richtschnur *f*; Regel *f* **2** ÉGL CATH Kanon *m*; *adjt* ***droit** m **~*** kanonisches Recht; (katholisches) Kirchenrecht **3** MUS Kanon *m*; ***~ à deux voix*** zweistimmiger Kanon **4** F (*belle fille*) F attraktive Tussi; heißer Ofen
cañon [kaɲõ] *m* GÉOGR Cañon [-nj-] *m*
canonial [kanɔnjal] *adj* ⟨**-aux**⟩ **1** REL kanonisch **2** ÉGL CATH Domherren… *ou* Stiftsherren…
canonicat [kanɔnika] *m* ÉGL CATH Kanonikat *n*
canonicité [kanɔnisite] *f* ÉGL CATH Übereinstimmung *f* mit dem kanonischen Recht
canonique [kanɔnik] *adj* ÉGL CATH kanonisch; ***âge** m **~*** kanonisches Alter; *pour être servante de curé* vorgeschriebenes Mindestalter von vierzig Jahren; F *fig* ***être d'un âge ~*** in e-m ehrwürdigen, respektablen Alter sein
canonisation [kanɔnizasjõ] *f* ÉGL CATH Heiligsprechung *f*; Kanonisation *f* **canoniser** *v/t* ÉGL CATH heiligsprechen; kanonisieren **canoniste** *m* ÉGL CATH Kanonist *m*
canonnade [kanɔnad] *f* MIL Kanonade *f*; Geschützfeuer *n* **canonnage** *m* MIL **1** *partic* MAR Bedienung *f* der Geschütze **2** Beschießen *n*; Beschuss *m* **canonner** *v/t* MIL beschießen; mit Geschützfeuer belegen **canonnier** *m* MIL Kanonier *m* **canonnière** *f* MAR Kanonenboot *n*
canot [kano] *m* Boot *n*; Kahn *m*; *sur un bateau a* Beiboot *n*; ***~ automobile, à moteur*** Motorboot *n*; ***~ de sauvetage*** Rettungsboot *n*; ***mettre un ~ à la mer*** ein Boot zu Wasser bringen, lassen
canotage [kanɔtaʒ] *m* Kahnfahren *n*; Rudern *n* **canoter** *v/i* Kahn fahren; rudern **canoteur** *m* Kahnfahrer *m*
canotier [kanɔtje] *m chapeau* F Kreissäge *f*
Cantabriques [kɑ̃tabʀik] ***les monts** m/pl **~*** das Kantabrische Gebirge
Cantal [kɑ̃tal] **1** ***le ~*** *Bergmassiv in der Auvergne u Departement* **2** ***cantal*** *m ein Hartkäse aus der Auvergne*
cantaloup [kɑ̃talu] *m* (*e-e*) Zuckermelone
cantate [kɑ̃tat] *f* MUS Kantate *f*
cantatrice [kɑ̃tatʀis] *f* (Opern)Sängerin *f*
cantilène [kɑ̃tilɛn] *f* **1** MUS Kantilene *f* **2** *poème* Klagelied *n*
cantine [kɑ̃tin] *f* **1** Kantine *f*; ÉCOLE *etc* Speisesaal *m*; ***~ d'entreprise*** Werkskantine *f*; *par ext **la ~ est bonne*** das Essen in der Kantine ist gut; ***manger à la ~*** in der Kantine, *élève* in der Schule essen **2** *malle* (Leicht)Metallkiste *f*, -truhe *f*
cantinier [kɑ̃tinje] *m* Kantinenwirt *m*, -pächter *m* **cantinière** *f autrefois* MIL Marketenderin *f*
cantique [kɑ̃tik] *m* REL **1** geistliches Lied; Kirchenlied *n*; ÉGL PROT Choral *m* **2** BIBL Lobgesang *m*; ***le Cantique des ~s*** das Hohelied
canton [kɑ̃tõ] *m* **1** ADM *en Suisse et en France* Kanton *m*; ***le ~ de Vaud*** der Kanton Waadt **2** CH DE FER Blockabschnitt *m*; *de route* Streckenabschnitt *m*
cantonade [kɑ̃tɔnad] *f* THÉ ***parler à la ~*** in die Kulissen sprechen; *par ext* ***dire, crier qc à la ~*** etw in den Raum sagen, rufen
cantonal [kɑ̃tɔnal] *adj* ⟨**-aux**⟩ kantonal; Kantons…; *en France* ***élections ~es*** *ou subst* ***~es*** *f/pl* Wahlen *f/pl* zu den „Conseils généraux"; Departementswahlen *f/pl*
cantonné [kɑ̃tɔne] *adj* ARCH an den Ecken mit Pfeilern *etc* verziert
cantonnement [kɑ̃tɔnmɑ̃] *m* MIL **1** *action* Unterbringung *f*; ***~ chez l'habitant*** Einquartierung *f* **2** *lieu* Quartier *n*; Ortsunterkunft *f*
cantonner [kɑ̃tɔne] **I** *v/t* **1** MIL unterbringen; einquartieren **2** *fig* ***~ qn dans*** j-m nicht mehr zugestehen als (+*acc*) **II** *v/i* MIL Quartier beziehen; im Quartier sein, liegen **III** *v/pr* ***se ~*** **1** (*se retirer*) sich zurückziehen; F sich verkriechen **2** *fig* sich beschränken (***dans*** auf +*acc*)
cantonnier [kɑ̃tɔnje] *m* Straßenwärter *m*; CH DE FER Streckenwärter *m*
cantonnière [kɑ̃tɔnjɛʀ] *f* Querbehang *m*; Schabracke *f*
canulant [kanylɑ̃] F *adj* lästig; ***il est ~*** *a* F er nervt mich
canular [kanylaʀ] F *m* Streich *m*; Fopperei *f*; Irreführung *f*; ***monter un ~*** j-n, die ander(e)n *etc* an der Nase herumführen; j-m, den ander(e)n *etc* e-n Bären aufbinden
canularesque [kanylaʀɛsk] F *adj* ***histoire** f **~*** (Lügen)Märchen *n*; Ammenmärchen *n*
canule [kanyl] *f* MÉD Röhrchen *n*; Kanüle *f*
canuler [kanyle] *v/t* F ***~ qn*** j-m lästig, F auf den Wecker fallen
canut [kany] *m* Lyoner Seidenarbeiter *m*
canyon [kanjõ] *m* → ***cañon***
canyoning [kanjɔniŋ] *m* SPORTS Canyoning ['kɛnjə-] *n*
canzone [kɑ(d)zɔne] *f* LITTÉRATURE Kanzone *f*

canzonette [kɑ̃(d)zɔnɛt] *f* MUS Kanzonette *f*
CAO [seao] *f abr* (*conception assistée par ordinateur*) CAD *n* (computer-aided design)
caoua [kawa] F *m* Kaffee *m*
caoutchouc [kautʃu] *m* **1** Kautschuk *m*; **~ (*vulcanisé*)** Gummi *m ou n*; **~ *mousse*** Schaumgummi *m*; *loc/adj* ***de ou en ~*** Gummi…; ***balle*** *f*, ***gant*** *m* ***de ~*** Gummiball *m*, -handschuh *m* **2** BOT Gummibaum *m* **3** (*élastique*) Gummiband *n ou* -ring *m* **4** *autrefois*: *imperméable* Gummimantel *m*; ***~s*** *pl chaussures* Gummi(über)schuhe *m/pl*
caoutchoutage [kautʃutaʒ] *m* **a)** Gummieren *n*; Kautschutieren *n*; **b)** Gummibelag *m* **caoutchouter** *v/t* gummieren; kautschutieren **caoutchouteux** *adj* ⟨**-euse**⟩ kautschuk-, gummiartig; *viande etc* *a* zäh wie Gummi
cap [kap] *m* **1** Kap *n*; Vorgebirge *n*; ***le ~ Horn*** [ɔʀn], ***de Bonne-Espérance*** das Kap Hoorn, der Guten Hoffnung; ***doubler, franchir, passer un ~*** ein Kap umfahren; *fig*: ***doubler, franchir, passer le ~*** es, die schwierige Lage überstehen; *malade* ***avoir passé le ~*** über den Berg sein; ***avoir passé le ~ de l'examen*** das Examen überstanden, hinter sich (*dat*) haben; *personne* ***avoir (dé)passé le ~ de la quarantaine*** über die vierzig sein; die vierzig überschritten haben; *pays* ***avoir (dé)passé, doublé le ~ de 30 millions d'habitants*** e-e Einwohnerzahl von 30 Millionen (erreicht) haben; die 30-Millionen--Grenze erreicht haben **2** MAR Kurs *m*; MAR, AVIAT, *par ext*: ***mettre le ~ au nord*** nordwärts steuern, fahren, fliegen; Kurs nach Norden nehmen; ***mettre le ~ sur Marseille*** Kurs auf Marseille nehmen; Marseille ansteuern; in Richtung Marseille fahren; ***changer de ~*** den Kurs wechseln, ändern; *fig a* e-n Kurswechsel vornehmen; MAR, AVIAT ***maintenir le ~*** Kurs halten **3** *loc/adv* ***de pied en ~*** von Kopf bis Fuß; von oben bis unten; vom Scheitel bis zur Sohle
Cap (Le) [ləkap] Kapstadt *n*
cap' [kap] *abr* (*capable*) F ***t'es pas ~!*** F wetten, dass du's nicht schaffst!
CAP [seape] *m abr* (*certificat d'aptitude professionnelle*) Berufsbefähigungszeugnis *n*; *correspond à* Facharbeiterbrief *m ou* -prüfung *f*; *pour artisans* Gesellenbrief *m ou* -prüfung *f*
capable [kapabl] *adj* **1** *personne* **a)** ***~ de*** (*+inf*) fähig, in der Lage, imstande zu (*+inf*); ***être ~ de faire qc*** *a* etw tun können, zu tun vermögen; ***il est ~ de l'avoir oublié*** er ist imstande und hat es vergessen; *péj* ***il n'est même pas ~ de*** (*+inf*) er ist nicht einmal imstande, fähig zu (*+inf*); er kann nicht einmal (*+inf*); **b)** ***~ de qc*** zu etw, *st/s* e-r Sache (*gén*) fähig; ***être ~ du meilleur comme du pire*** zum Besten wie auch zum Schlimmsten fähig sein; ***être ~ de sérieux, de patience*** ernst, geduldig sein können; *péj* ***il est ~ d'une bassesse pour*** … er ist zu e-r Niederträchtigkeit fähig, um zu …; *péj* ***il est ~ de tout*** er ist zu allem fähig **2** *chose* ***être ~ de*** (*+inf*) können (*+inf*); ***ce choc est ~ de la tuer*** dieser Schock kann, könnte sie töten **3** *personne* (*compétente*) fähig; tüchtig; befähigt; tauglich **4** JUR handlungsfähig
capacitaire [kapasitɛʀ] *m,f* **~ (*en droit*)** Inhaber(in) *m(f)* des „certificat de capacité en droit"; → ***capacité*** *6*
capacité [kapasite] *f* **1** (*aptitude*) Fähigkeit *f*; Tüchtigkeit *f*; Tauglichkeit *f*; Befähigung *f*; ***~s*** *pl* Fähigkeiten *f/pl*; ***~s intellectuelles*** geistige Fähigkeiten; ***~s professionnelles*** berufliche Fähigkeiten; berufliches Können; ***~ de travail*** Arbeits-, Erwerbsfähigkeit *f*; *loc/adj* ***de grande ~*** sehr fähig, tüchtig, befähigt; ***travail*** *m* ***au-dessus de ses ~s*** Arbeit, die s-e Fähigkeiten übersteigt; ***je commence à douter de ses ~s*** allmählich zweifle ich an s-m Verstand **2** (*contenance*) Fassungsvermögen *n*; Kapazität *f*; (*volume*) Rauminhalt *m*; *d'un bateau, avion* Ladefähigkeit *f*; *d'une ville, école etc* ***~ d'accueil*** Aufnahmefähigkeit *f*, -vermögen *n*, -kapazität *f*; Unterbringungsmöglichkeit *f*; ***mesure*** *f* ***de ~*** Hohlmaß *n* **3** PHYS, ÉLECT Kapazität *f* **4** *par ext* Kapazität *f*; Leistung(sfähigkeit) *f*; ***~ fiscale*** Steuerkraft *f*; ***~ industrielle*** Industriekapazität *f* **5** JUR **~ (*civile, de jouissance*)** Rechtsfähigkeit *f* **6** ***certificat*** *m* ***de ~ en droit*** Diplom *n* nach zweijährigem Rechtsstudium, zu dem Studenten ohne Abitur zugelassen werden
capage [kapaʒ] *m de cigares* Umrollen *n* mit dem Deckblatt; Decken *n*
caparaçon [kapaʀasõ] *m autrefois* (bestickter) Pferdeharnisch
caparaçonné [kapaʀasɔne] *adj cheval* geharnischt
cape [kap] *f* Umhang *m*; Cape [ke:p] *n*; *de matador* Capa *f*; ***roman*** *m* ***de ~ et d'épée*** Mantel-und-Degen-Roman *m*; *loc/adv fig* ***rire sous ~*** heimlich, versteckt lachen; sich (*dat*) ins Fäustchen lachen
capeline [kaplin] *f* breitkrempiger (Damen)Hut
CAPES [kapɛs] *m abr* (*certificat d'aptitude professionnelle à l'enseignement secondaire*) *correspond à* zweites Staatsexamen (für das höhere Lehramt)
capésien [kapesjɛ̃] *m*, **capésienne** *f* Inhaber(in) *m(f)* des CAPES
capétien [kapesjɛ̃] HIST **I** *adj* ⟨**~ne**⟩ Kapetinger… **II** *m/pl* ***Capétiens*** Kapetinger *m/pl*
Capharnaüm [kafaʀnaɔm] BIBL Kapernaum *n*
capharnaüm [kafaʀnaɔm] F *m* Rumpelkammer *f*, Trödelladen *m* (*fig*)
capillaire [kapilɛʀ] **I** *adj* **1** ANAT, PHYS kapillar; Kapillar…; Haar…; ***tube*** *m* ***~*** Haarröhrchen *n*; Kapillare *f*; ***vaisseaux*** *m/pl* ***~s*** *ou subst* ***~s*** *m/pl* Kapillar-, Haargefäße *n/pl*; Kapillaren *f/pl* **2** (*relatif aux cheveux*) Haar…; ***lotion*** *f* ***~*** Haarwasser *n* **II** *m* BOT Frauenhaarfarn *m*
capillarité [kapilaʀite] *f* **1** (*finesse*) Feinheit *f* **2** PHYS Kapillarität *f*; Kapillarwirkung *f*
capilotade [kapilɔtad] *loc/adj* F ***en ~***: ***j'ai le dos en ~*** F ich bin wie gerädert; ***j'ai les jambes en ~*** die Füße sind mir schwer wie Blei; *gâteau etc* ***être en ~*** F total zerquetscht, zermanscht sein
capitaine [kapitɛn] *m* **1** MIL **a)** ARMÉE, AVIAT Hauptmann *m*; ***~ de gendarmerie*** Hauptmann der Gendarmerie; ***~ des pompiers*** Brandmeister *m*; Feuerwehrhauptmann *m*; **b)** MAR MIL ***~ de corvette, de frégate*** Korvetten-, Fregattenkapitän *m*; ***~ de vaisseau*** Kapitän zur See (*abr* z. S.) **2** MAR (Schiffs)Kapitän *m*; ***~ au long cours*** Kapitän auf großer Fahrt; ***~ de la marine marchande*** *ou* ***~ marchand*** Kapitän der Handelsmarine; ***~ en second*** Erster Offizier **3** *litt* (*chef militaire*) Feldherr *m*; Heerführer *m* **4** SPORTS (Mannschafts)Kapitän *m* **5** ***~ d'industrie*** Industriekapitän *m*

C

capitainerie [kapitɛnʀi] *f* MAR Hafenamt *n*
capital[1] [kapital] *adj* ⟨**-aux**⟩ **1** Haupt…; hauptsächlich; wesentlich; entscheidend; kapital; grundlegend; ***erreur ~e*** kapitaler, grundlegender Irrtum; ***œuvre ~e*** Hauptwerk *n*; REL CATH ***les sept péchés capitaux*** die sieben Hauptsünden *f/pl*; ***point ~*** Hauptpunkt *m*; wichtigster, wesentlicher, entscheidender Punkt; ***être d'un intérêt ~*** von größter, entscheidender, kapitaler Bedeutung sein; ***jouer un rôle ~ dans une affaire*** in e-r Angelegenheit e-e entscheidende Rolle spielen **2** JUR ***peine ~e*** Todesstrafe *f*
capital[2] [kapital] *m* ⟨*pl* **-aux**⟩ **1** Kapital *n* (*a* ÉCON *et coll*); (*fortune*) Vermögen *n*; ***capitaux*** *pl* Gelder *n/pl*; (Geld)Mittel *n/pl*; Kapital(ien) *n(pl)*; ***~ assuré*** Versicherungssumme *f*; ***~ décès*** Sterbegeld *n*; ***~ financier*** Finanzkapital *n*; ***~ d'investissement*** Anlagekapital *n*; ***capitaux*** *pl* ***d'investissement, de placement*** Anlagekapital *n*; ***~ en nature*** Sach-, Realkapital *n*; ***le ~ et le travail*** Kapital und Arbeit; ***investir des capitaux*** Kapital investieren (***dans*** in *+acc*) **2** *fig* Schatz *m*; ***~ de connaissances*** Reichtum *m* an Wissen, Kenntnissen
capitale [kapital] *f* **1 a)** *d'un pays* Hauptstadt *f*; *en France souvent* ***la ~*** Paris; ***~ fédérale*** Bundeshauptstadt *f*; **b)** *par ext* Mittelpunkt *m*; Zentrum *n*; ***~ commerciale*** Handelszentrum *n*; *Lyon*, ***~ de la soie*** Zentrum der Seidenindustrie **2** TYPO Großbuchstabe *m*; Versal(buchstabe) *m*; ***petite ~*** Kapitälchen *n*; ***en ~s d'imprimerie*** in großen Druckbuchstaben
capitalisable [kapitalizabl] *adj* kapitalisierbar **capitalisation** *f* Kapitalisierung *f*; Kapitalisation *f*; *abus* Kapitalbildung *f* **capitaliser** **I** *v/t rente etc* kapitalisieren; *intérêts* zum Kapital schlagen **II** *v/i* Kapital bilden **capitalisme** *m* Kapitalismus *m* **capitaliste** **I** *adj* kapitalistisch **II** *m,f* Kapitalist(in) *m(f)*; F ***gros ~*** Großkapitalist *m*
capital-risque [kapitalʀisk] *m* ÉCON Risikokapital *n*
capiteux [kapitø] *adj* ⟨**-euse**⟩ **1** *parfum, vin* schwer; berauschend **2** *beauté* verlockend; berauschend
Capitole [kapitɔl] *à Rome et Washington* ***le ~*** das Kapitol
capiton [kapitõ] *m* **1** Polsterkaro *n*, -karree *n* **2** MÉD Fettpölsterchen *n*; Fettablagerung *f*
capitonnage [kapitɔnaʒ] *m* **1** *action* Polstern *n* (und Absteppen *n*) **2** (*rembourrage*) Polsterung *f*
capitonner [kapitɔne] *v/t fauteuil etc* polstern (und absteppen); *adjt*: ***porte capitonnée*** Polstertür *f*; ***siège capitonné*** Polstersessel *m* mit Absteppung; *fig*: *tronc d'arbre* ***capitonné de mousse*** mit e-m Moospolster
capitulaire [kapitylɛʀ] *adj* ÉGL CATH Kapitel…; ***salle*** *f* ***~*** Kapitelsaal *m*
capitulation [kapitylasjõ] *f* MIL *et fig* Kapitulation *f*; ***~ sans conditions, inconditionnelle*** bedingungslose Kapitulation
capitule [kapityl] *m* BOT (Blüten)Körbchen *n*
capituler [kapityle] *v/i* MIL *et fig* kapitulieren; *fig a* aufgeben
caporal [kapɔʀal] *m* ⟨*pl* **-aux**⟩ **1** MIL Gefreite(r) *m*; F ***le Petit Caporal*** *Napoleon I.* **2** *tabac* Tabak *m* zweiter Güte
caporal-chef [kapɔʀalʃɛf] *m* ⟨*pl* **caporaux-chefs**⟩ MIL Ober- *ou* Hauptgefreite(r) *m*
caporalisme [kapɔʀalism] *m* Kasernenhofgeist *m*
capot[1] [kapo] *m* **1** AUTO Motorhaube *f*; AVIAT Triebwerkverkleidung *f*; ***ouvrir, soulever le ~*** die Motorhaube öffnen, aufklappen **2** MAR Persenning *f*
capot[2] [kapo] *adj* ⟨*inv*⟩ *joueur de cartes* ***être*** (***mis***) ***~*** schwarz sein, werden; keinen Stich machen
capotage [kapɔtaʒ] *m* AVIAT Kopfstand *m*; AUTO Sichüberschlagen *n*
capote [kapɔt] *f* **1** AUTO, *d'un landau* Verdeck *n* **2** *manteau* Mantel *m* (mit Kapuze); MIL Soldatenmantel *m* **3** P ***~ anglaise*** P Pariser *m* **4** *autrefois*: *chapeau de femme* Kapotthut *m*; Kapotte *f*
capoter [capɔte] *v/i* **1** MAR kentern; AVIAT, AUTO sich überschlagen **2** *fig projet* scheitern; F schiefgehen
Capoue [kapu] GÉOGR Capua *n*
cappuccino [kaputʃino] *m* Cappuccino [-'tʃiː-] *m*
câpre [kɑpʀ] *f* CUIS Kaper *f*; ***sauce*** *f* ***aux ~s*** Kapernsoße *f*
caprice [kapʀis] *m* **1** Laune *f*; *st/s* Kaprize *f*; ***~s*** *pl* Launen *f/pl*; Launenhaftigkeit *f*; *loc/adv* ***par ~*** aus e-r Laune heraus; ***avoir, faire des ~s*** launisch, launenhaft sein; Launen haben; *enfant* ***faire un ~*** eigensinnig sein; F ein kleiner Eigensinn sein; ***céder aux ~s de qn*** j-s Launen nachgeben; ***elle lui passe tous ses ~s*** sie lässt ihm alle s-e Launen durchgehen; ***suivre son ~*** e-r Laune nachgeben, folgen **2** *fig* ***~s*** *pl du temps, du sort, du hasard* Launen *f/pl*; *du paysage etc* Vielfalt *f*; ständiger Wechsel; ***~s de la mode*** Modetorheiten *f/pl*
capricieux [kapʀisjø] **I** *adj* ⟨**-euse**⟩ **1** launenhaft; launisch; kapriziös; ***enfant ~*** eigensinniges Kind; ***humeur capricieuse*** Launenhaftigkeit *f*; *loc/adj* ***d'humeur capricieuse*** launisch; launenhaft; kapriziös **2** *fig mode, chance etc* launisch; launenhaft **II** *subst* ***~, capricieuse*** *m,f* launenhafter, launischer Mensch
capricorne [kapʀikɔʀn] *m* **1** ASTR ***Capricorne*** Steinbock *m* **2** ZO Großer Eichen- *ou* Heldbock
câprier [kɑpʀije] *m* BOT Kapernstrauch *m*
caprin [kapʀɛ̃] *adj* Ziegen…
capsule [kapsyl] *f* **1** *de bouteilles* Flaschenkapsel *f*; Kronenverschluss *m*, -korken *m* **2** ***~*** (***fulminante***) Sprengkapsel *f*; Zündhütchen *n*; ***pistolet*** *m* ***à ~s*** Spielzeugpistole *f* mit Zündblättchen **3** PHARM (Arznei)Kapsel *f* **4** ANAT Kapsel *f*; ***~s surrénales*** Nebennieren *f/pl* **5** BOT Kapsel *f* **6** TECH Kapsel *f* (*a spatiale*)
capsuler [kapsyle] *v/t* ***~ des bouteilles*** Flaschen verkapseln
captage [kaptaʒ] *m* **1** *d'une source* Fassen *n* **2** RAD *de signaux etc* Auffangen *n*
captateur [kaptatœʀ] *m*, **captatrice** *f* JUR Erbschleicher(in) *m(f)* **captation** *f* JUR Erbschleicherei *f*
capter [kapte] *v/t* **1** *attention* fesseln; ***~ la confiance de qn*** j-s Vertrauen gewinnen, *péj* erschleichen; *péj a* sich in j-s Vertrauen einschleichen **2** *source* fassen **3** RAD, TV *émetteur* hereinbekommen; *message, signal, par ext chaleur solaire* auffangen
capteur [kaptœʀ] *m* **1** ***~ solaire*** Sonnenkollektor *m* **2** (*détecteur*) Sensor *m*; Messfühler *m*
captieux [kapsjø] *adj* ⟨**-euse**⟩ verfänglich; ***argument ~*** *a* Scheinargument *n*; ***raisonnement ~*** verfängliche Trugschlüsse *m/pl*
captif [kaptif] **I** *adj* ⟨**-ive**⟩ **1** *animal* gefangen (gehalten); *litt personne* gefangen; *litt* in Banden, Fes-

seln **2** ***ballon ~*** Fesselballon *m* **II** *subst* ***~, captive*** *m,f* Gefangene(r) *f(m)*
captivant [kaptivɑ̃] *adj* **1** *livre, film etc* fesselnd; spannend; packend **2** *personne, beauté* bezaubernd; faszinierend
captiver [kaptive] *v/t* ***~ qn*** j-n in Bann schlagen; j-n fesseln, faszinieren; ***~ l'attention de qn, de l'auditoire*** j-s Aufmerksamkeit fesseln; j-n, s-e Zuhörer fesseln, in Bann schlagen
captivité [kaptivite] *f* Gefangenschaft *f*; ***retour*** *m* ***de ~*** Rückkehr *f* aus der Gefangenschaft; ***tenir en ~*** gefangen halten
capture [kaptyʀ] *f* **1** *d'animaux* Fangen *n*; *de personnes* Festnahme *f*; MIL Gefangennahme *f*; *de bateaux* Aufbringung *f*; HIST Kaperung *f* **2** *(butin)* Fang *m*; Beute *f* **3** PHYS NUCL Einfang(prozess) *m*
capturer [kaptyʀe] *v/t animal* fangen; *personne* fassen; festnehmen; *après une poursuite a* stellen; MIL gefangen nehmen; *choses* erbeuten; *bateau* aufbringen; HIST kapern
capuche [kapyʃ] *f* Kapuze *f*
capuchon [kapyʃõ] *m* **1** **a)** *(capuche)* Kapuze *f*; **b)** Pelerine *f*, Umhang *m* mit Kapuze **2** *d'un stylo etc* Kappe *f* **3** *de protection* Haube *f*; Kappe *f*
capucin [kapysɛ̃] *m* ÉGL CATH Kapuziner(mönch) *m*
capucine [kapysin] *f* BOT Kapuzinerkresse *f*
cap-verdien [kapvɛʀdjɛ̃] **I** *adj* ⟨***~ne***⟩ kapverdisch **II** *subst* ***Cap-Verdien(ne)*** *m(f)* Kapverdier(in) *m(f)*
Cap-Vert [kapvɛʀ] ***le ~*** Kap Verde *n*; ***les îles*** *f/pl* ***du ~*** die Kapverdischen Inseln *f/pl*; die Kapverden *pl*
caque [kak] *f* Heringsfass *n*
caquet [kakɛ] *m* **1** ***rabattre ou rabaisser le ~ à qn*** j-m den Mund stopfen; j-m e-n Dämpfer aufsetzen **2** *des poules et fig* Gackern *n*; Gegacker *n*; *fig a* Geschwätz *n*; F Klatscherei *f*
caquetage [kaktaʒ] *m* **1** *des poules* Gackern *n*; Gegacker *n* **2** *fig* Geschwätz *n*; F Klatschen *n*; Tratschen *n* **caqueter** *v/i* ⟨**-tt-**⟩ **1** *poule* gackern **2** *fig personne* schwatzen; F klatschen; tratschen
car[1] [kaʀ] *conj* denn
car[2] [kaʀ] *m* Reise(omni)bus *m*; (Überland)Bus *m*; ***~ S.N.C.F.*** Bahnbus *m*; ***~ de police*** Mannschaftswagen *m* der Polizei; ***~ de ramassage scolaire*** Schulbus *m*
carabe [kaʀab] *m* ZO Laufkäfer *m*
carabin [kaʀabɛ̃] F *m* Medizinstudent *m*
carabine [kaʀabin] *f* Karabiner *m*; Stutzen *m*; Gewehr *n*; ***~ à air comprimé*** Luftgewehr *n*
carabiné [kaʀabine] F *adj* heftig; F gewaltig; *boisson* stark; ***amende ~e*** F saftige, gepfefferte Geldstrafe; ***grippe ~e*** heftige Grippe; ***grog ~*** steifer Grog; ***rhume ~*** F Mordsschnupfen *m*
carabinier [kaʀabinje] *m* **1** HIST MIL Karabinier *m* **2** *en Italie* Karabiniere *m*; *en Espagne* Zollbeamte(r) *m*
Carabosse [kaʀabɔs] ***la fée ~*** *frz Märchengestalt*
caraco [kaʀako] *m* kurze, weite Bluse
caracoler [kaʀakɔle] *v/i cheval* tänzeln; *fig* ***~ en tête*** unangefochten an der Spitze liegen
caractère [kaʀaktɛʀ] *m* **1** *d'une personne* Charakter *m*; Wesen(sart) *n(f)*; ***~ facile*** verträglicher Charakter; verträgliches Wesen; ***avec le ~ qu'il a*** bei s-m Charakter; ***avoir bon ~*** ein verträglicher, ein leicht zu behandelnder Mensch sein; ***avoir mauvais ~, un ~ exécrable***, F ***avoir un fichu, foutu, sale ~, un ~ de chien, de cochon*** e-n schwierigen Charakter haben; ein schwieriger, schwer zu behandelnder Mensch sein; F unangenehm werden können; ***avoir un ~ heureux*** e-e glückliche Natur, ein glückliches Naturell haben, besitzen; ***être jeune de ~*** (im Wesen) jung geblieben sein; ein jugendliches Wesen haben; ***ce n'est pas dans son ~*** das ist nicht s-e Art **2** ***(force*** *f* ***de) ~*** Charakter(stärke) *m(f)*; Willensstärke *f*, -kraft *f*; ***homme*** *m* ***de ~*** Mann *m* mit Charakter; willensstarker Mann; starke Persönlichkeit; ***homme sans ~*** charakter-, willensschwacher Mann; ***avoir du ~*** Charakter, Willensstärke haben; ***manquer de ~*** charakter-, willensschwach sein **3** *personne* Charakter *m*; charakterfester Mensch **4** LITTÉRATURE Charakter *m*; ***comédie*** *f* ***de ~(s)*** Charakterkomödie *f* **5** BIOL Merkmal *n*; Eigenschaft *f*; ***~s héréditaires*** Erbanlagen *f/pl*; erbbedingte Merkmale *n/pl*; ***~ particulier, propre*** Eigentümlichkeit *f*; Charakteristikum *n* **6** *(trait distinctif)* Merkmal *n*; Wesenszug *m*; Kennzeichen *n*; *(personnalité)* Eigenart *f*; Gepräge *n*; Charakter *m*; *loc/adj* ***sans ~*** farblos *(fig)*; ohne eigenes Gepräge; ***avoir du ~*** ein eigenes Gepräge haben; ***conférer un ~ comique à qc*** e-r Sache *(dat)* e-e komische Note geben, verleihen; etw ins Komische wandeln **7** *avec adj (nature, aspect)* Charakter *m*; ***le ~ difficile des négociations*** die Schwierigkeit der Verhandlungen; *d'une mesure* ***~ limité*** beschränkter Umfang; ***~ particulier*** Besonderheit *f*; Eigenart *f*; ***avoir un ~ provisoire*** nur provisorisch, ein Provisorium sein; ***~ urgent*** Dringlichkeit *f*; ***avoir, revêtir un ~ officiel*** offiziellen Charakter haben, tragen; ***ne présenter aucun ~ de gravité*** völlig harmlos, ungefährlich sein **8** **a)** *(signe écrit)* Schriftzeichen *n*; *(lettre)* Letter *f*; Buchstabe *m*; ***~s*** *pl* Schrift *f*; *imprimés* Druck *m*; ***~s romains*** Antiqua *f*; ***~ d'imprimerie*** Druckbuchstabe *m*; ***~s d'imprimerie*** Druckschrift *f*; ***~s d'écriture*** Schreibschrift *f*; *loc/adv* ***en gros, en petits ~s*** mit großen, kleinen Buchstaben; *imprimé a* groß, klein gedruckt; **b)** TYPO Letter *f*; (Druck)Type *f*
caractériel [kaʀaktɛʀjɛl] **I** *adj* ⟨***~le***⟩ **1** charakterlich; Charakter…; ***troubles ~s*** Verhaltensstörungen *f/pl* **2** *personne* verhaltensgestört; ***enfant ~*** verhaltensgestörtes, schwer erziehbares Kind **II** *subst* ***~, caractérielle*** *m,f* Verhaltensgestörte(r) *f(m)*; *enfant* verhaltensgestörtes, schwer erziehbares Kind
caractérisation [kaʀakteʀizasjõ] *f* Charakterisierung *f*; Charakteristik *f*
caractérisé [kaʀakteʀize] *adj* eindeutig; ausgeprägt; deutlich (zu erkennend); ***insolence ~e*** eindeutige, deutliche Unverschämtheit
caractériser [kaʀakteʀize] **I** *v/t* **1** *(décrire)* charakterisieren; kennzeichnen **2** *(être caractéristique de)* ***~ qn*** charakteristisch, bezeichnend, kennzeichnend für j-n sein; j-n charakterisieren, auszeichnen, kennzeichnen; *iron* ***avec la chance qui me caractérise*** mit, bei dem Glück, das ich immer habe **II** *v/pr* ***se ~ par*** gekennzeichnet sein durch; sich auszeichnen durch
caractéristique [kaʀakteʀistik] **I** *adj* charakteristisch, kennzeichnend, bezeichnend, typisch (***de*** für) **II** *f* **1** Kennzeichen *n*; Merkmal *n*; Wesenszug *m*; Charakteristikum *n* **2** PHYS, TECH Kennlinie *f*; Charakteristik *f*; *d'une machine etc* ***~s*** *pl* technische

Daten *pl*

caractérologie [kaʀakteʀɔlɔʒi] *f* Charakterologie *f*; Charakterkunde *f*

carafe [kaʀaf] *f* 1 Karaffe *f*; **~ à eau** Wasserkaraffe *f*; **une ~ d'eau** e-e Karaffe Wasser; **vin** *m* **en ~** offener Wein; Schoppenwein *m* 2 F **laisser qn en ~** F j-n versetzen; **rester en ~** *en chemin* festsitzen; nicht mehr weiterkommen; *en voiture* liegen bleiben; *orateur etc* stocken; stecken bleiben; sich verheddern 3 → **carafon** 2

carafon [kaʀafõ] *m* 1 kleine Karaffe 2 F (*tête*) F Schädel *m*; Birne *f*; Dez *m*

caraïbe [kaʀaib] **I** *adj* karibisch **II** *m/pl* **Caraïbes** Kariben *m/pl* (*Bewohner*); **la mer des Caraïbes** die Karibik; das Karibische Meer

carambolage [kaʀɑ̃bɔlaʒ] *m* 1 *de véhicules* Zusammenstoß *m*; Karambolage *f*; *de plusieurs véhicules* Massenkarambolage *f* 2 BILLARD Karambolage *f*

carambole [kaʀɑ̃bɔl] *f* BILLARD Karambole *f*

caramboler [kaʀɑ̃bɔle] **I** *v/i* BILLARD karambolieren **II** *v/pr* **se ~** *véhicules* zusammenstoßen; aufeinanderprallen

carambouillage [kaʀɑ̃bujaʒ] *m* (Weiter)Verkauf *m* noch nicht bezahlter Ware

caramel [kaʀamɛl] *m* 1 Karamell *m*; **crème** *f* (**au**) **~** Karamellcreme *f* 2 Karamellbonbon *m ou n*; **~s durs, mous** harte, weiche Karamellbonbons; **~ au lait** Karamelle *f* 3 *adjt* ⟨*inv*⟩ karamell(farben)

caraméliser [kaʀamelize] **I** *v/t sucre* karamellisieren; *moule à dessert* mit Karamellzucker ausstreichen; *adjt* **sucre caramélisé** Karamellzucker *m* **II** *v/i* (*et v/pr* **se**) **~** *sucre* karamellisieren; *rôti* e-e braune Kruste bekommen

carapace [kaʀapas] *f* 1 ZO Panzer *m* 2 *fig* Panzer *m*; **~ d'indifférence** Panzer aus Gleichgültigkeit

carapater [kaʀapate] *v/pr* F **se ~** F abhauen; sich verdrücken; verduften

carat [kaʀa] *m* Karat *n*; **or** *m* **à dix-huit ~s** achtzehnkarätiges Gold

Caravage [kaʀavaʒ] **le ~** PEINT Caravaggio [-'vadʒo] *m*

caravane [kaʀavan] *f* 1 *dans le désert* Karawane *f*; **~ de chameaux, de marchands** Kamel-, Handelskarawane *f* 2 *par ext* Gruppe *f*; Karawane *f*; *du Tour de France etc* **~ publicitaire** Gruppe von Reklamewagen 3 (*roulotte*) Wohnwagen *m*, -anhänger *m*; Caravan *m*

caravaneige [kaʀavanɛʒ] *m* Wintercamping [-kɛm-] *n*; Wohnwagenreisen *n* zum Wintersport

caravanier [kaʀavanje] **I** *m* 1 (*conducteur d'une caravane*) Führer *m* (der Lasttiere) e-r Karawane 2 (*voyageur en caravane*) Wohnwagentourist *m*, -reisende(r) *m*; Caravaner *m* **II** *adj* ⟨**-ière**⟩ Wohnwagen(reisen)…; Caravan…

caravaning [kaʀavaniŋ] *m* Wohnwagentourismus *m*; Reisen *n* mit Wohnwagen; Caravaning *n*

caravansérail [kaʀavɑ̃seʀaj] *m* Karawanserei *f*

caravelle [kaʀavɛl] *f* HIST MAR Karavelle *f*

carbonade [kaʀbɔnad] *f* CUIS auf Kohlenrost gebratenes Fleisch

carbonari [kaʀbɔnaʀi] *m/pl* HIST Carbonari *ou* Karbonari *m/pl*

carbonate [kaʀbɔnat] *m* CHIM Karbonat *n*; *t/t* Carbonat *n*

carbone [kaʀbɔn] *m* 1 CHIM Kohlenstoff *m*; **~ 14** Kohlenstoff 14; Radiokohlenstoff *m*; **oxyde** *m* **de ~** Kohlenoxid *n* 2 **~** *ou adjt* **papier** *m* **~** Kohlepapier *n*

carbonifère [kaʀbɔnifɛʀ] **I** *adj* 1 *terrain* kohlehaltig, Kohle führend 2 GÉOL karbonisch **II** *m* GÉOL Karbon *n*; Steinkohlenformation *f*

carbonique [kaʀbɔnik] *adj* Kohlen(säure)…; **acide** *m* **~** Kohlensäure *f*; **gaz** *m*, **anhydride** *m* **~** Kohlendioxid *n*; Kohlensäure *f* (*abus*); **neige** *f* **~** Kohlensäureschnee *m*

carbonisation [kaʀbɔnizasjõ] *f* Verkohlung *f*

carboniser [kaʀbɔnize] *v/t* verkohlen; *adjt* **carbonisé** verkohlt (*a rôti*); **il est mort carbonisé** er verbrannte

carbonnade → **carbonade**

carburant [kaʀbyʀɑ̃] *m* 1 Kraft-, Treibstoff *m*; **consommation** *f* **de ~** Kraft-, Treibstoffverbrauch *m* 2 F *plais* (*boisson*) **du ~** F etwas Trinkbares

carburateur [kaʀbyʀatœʀ] *m* TECH Vergaser *m*

carburation [kaʀbyʀasjõ] *f* 1 MÉTALL Aufkohlen *n*; Einsatzhärten *n* 2 *dans un moteur* Gemischbildung *f*

carbure [kaʀbyʀ] *m* CHIM Kohlenstoffverbindung *f*; *avec des métaux* Karbid *ou t/t* Carbid *n*; **~ (de calcium)** (Kalzium)Karbid *n*

carburer [kaʀbyʀe] **I** *v/t* MÉTALL aufkohlen **II** *v/i* 1 F (*marcher*) **ça carbure** *machine, moteur* es läuft, funktioniert; *au travail* da wird gearbeitet 2 F (*boire*) **~ au café, au rouge** *etc* nur Kaffee, Rotwein *etc* trinken

carcan [kaʀkɑ̃] *m* 1 *autrefois* Halseisen *n* 2 *fig* Zwang *m*; Zwangsjacke *f* (*fig*); *col qui serre* **c'est un véritable ~** er schnürt mir die Luft ab

carcasse [kaʀkas] *f* 1 *d'animaux* Gerippe *n*; CUIS *de volaille* Rumpf *m*; Karkasse *f* 2 F (*corps humain*) F Korpus *m*; Gestell *n*; **ma vieille ~** meine alten Knochen 3 TECH Gerippe *n*; Skelett *n*; Gerüst *n*; Gestell *n*; *d'un pneu* Karkasse *f*; *de bateau* Rumpf *m*; *de voiture* Wrack *n*

carcéral [kaʀseʀal] *adj* ⟨**-aux**⟩ Gefängnis…; **univers ~** Welt *f* des Gefängnisses; Gefängniswelt *f*

carcinogène [kaʀsinɔʒɛn] *adj* MÉD krebserregend; *sc* karzinogen

carcinome [kaʀsinom] *m* MÉD Karzinom *n*

cardage [kaʀdaʒ] *m* TEXT Krempeln *n*; Streichen *n*; Karden *n*

cardamome [kaʀdamɔm] *f* BOT Kardamom *m ou n*

cardan [kaʀdɑ̃] *m* TECH (**joint** *m* **de**) **~** Kardangelenk *n*; AUTO **transmission** *f* **par ~** Kardanantrieb *m*

carde [kaʀd] *f* 1 TEXT Karde *f*; Krempel *f* 2 *légumes* (essbarer) Blattstiel

cardé [kaʀde] *adj* TEXT gekrempelt; gestrichen

carder [kaʀde] *v/t laine, coton* krempeln; streichen; karden

cardiaque [kaʀdjak] **I** *adj* 1 ANAT, MÉD Herz…; *sc* kardial; **chirurgie** *f*, **lésion** *f*, **muscle** *m* **~** Herzchirurgie *f*, -schaden *m*, -muskel *m*; **troubles** *m/pl* **~s** Herzbeschwerden *f/pl* 2 *personne* herzkrank, -leidend **II** *m,f* Herzkranke(r) *f(m)*

cardigan [kaʀdigɑ̃] *m* (hochgeschlossene) Strickjacke

cardinal [kaʀdinal] ⟨*m/pl* **-aux**⟩ **I** *adj litt* (*fondamental*) Haupt…; Kardinal…; **adjectif numéral ~** *ou* **nombre ~** Grund-, Kardinalzahl *f*; **les (quatre) points cardinaux** die (vier) Himmelsrichtungen *f/pl*; ***les*** (***quatre***) ***vertus ~es*** die (vier) Kardinaltugenden *f/pl* **II** *m* **1** ÉGL CATH Kardinal *m* **2** ZO Kardinal *m*

cardinal-évêque [kaʀdinalevɛk] *m* ⟨*pl* **cardinaux-évêques**⟩ ÉGL CATH Kardinalbischof *m*

cardinalice [kaʀdinalis] *adj* ÉGL CATH Kardinals...

cardiogramme [kaʀdjɔgʀam] *m* MÉD Kardiogramm *n* **cardiographe** *m* MÉD Kardiograf *m* **cardiographie** *f* MÉD Kardiografie *f* **cardiologie** *f* MÉD Kardiologie *f* **cardiologue** *m,f* Herzspezialist(in) *m(f)*; Kardiologe *m*, -login *f* **cardio-pulmonaire** *adj* MÉD kardiopulmonal

cardiotonique [kaʀdjɔtɔnik] *adj et subst m* (***remède*** *m*) ~ Herzmittel *n*; herzstärkendes Mittel

cardio-vasculaire [kaʀdjɔvaskylɛʀ] *adj* MÉD kardiovaskulär; Herz und Gefäße betreffend; ***troubles*** *m/pl* ***~s*** kardiovaskuläre Störungen *f/pl*

cardon [kaʀdõ] *m* BOT Gemüseartischocke *f*; Kardone *f*

Carélie [kaʀeli] GÉOGR ***la ~*** Karelien *n*

carême [kaʀɛm] *m* REL **1** *période* (*a* ***Carême***) Fastenzeit *f*; ***dimanches*** *m/pl* ***de ~*** Fastensonntage *m/pl*; *fig* ***arriver comme mars, marée en ~*** (*à propos*) wie gerufen kommen; (*inévitablement*) unweigerlich so kommen müssen **2** (*jeûne*) Fasten *pl*; ***faire ~*** das Fastengebot einhalten; F *fig* ***face*** *f* ***de ~*** Leichenbitter-, Leidensmiene *f*; *personne* F Trauerkloß *m*

carénage [kaʀenaʒ] *m* **1** MAR Überholung *f* des Unterwasserschiffs **2** AUTO stromlinienförmige Karosserie, Verkleidung

carence [kaʀɑ̃s] *f* **1** Fehlen *n*; Mangel *m*; Unzulänglicheit *f*; *du gouvernement* Versagen *n*; Nichtstun *n* **2** MÉD Mangel *m*; ***~ alimentaire*** Mangelernährung *f*; ***~ de, en vitamines*** Vitaminmangel *m*; ***maladie*** *f* ***de, par ~*** Mangelkrankheit *f*

carène [kaʀɛn] *f* MAR Unterwasserschiff *n*; ***abattre, mettre en ~*** kielholen

caréné [kaʀene] *adj* **1** *carrosserie* stromlinienförmig **2** BOT gekielt

caréner [kaʀene] *v/t* ⟨**-è-**⟩ **1** MAR ***~ un navire*** das Unterwasserschiff (e-s Schiffes) überholen **2** AUTO *etc* Stromlinienform geben (+*dat*)

carentiel [kaʀɑ̃sjɛl] *adj* ⟨**~le**⟩ MÉD Mangel...

caressant [kaʀɛsɑ̃] *adj personne, enfant, animal* zärtlich; anschmiegsam; ***regard ~*** zärtlicher Blick; ***voix ~e*** zärtliche Stimme

caresse [kaʀɛs] *f* **1** Zärtlichkeit *f*; Streicheln *n*; *st/s* Liebkosung *f*; ***couvrir qn de ~s*** j-n mit Zärtlichkeiten überschütten; ***faire des ~s à qn, à un animal*** j-n, ein Tier streicheln; *à un enfant a* j-n hätscheln; ***recevoir plus de coups que de ~s*** mehr Prügel erhalten als Liebe erfahren **2** *fig du vent, de l'eau* (sanftes) Streicheln; *du soleil* (sanfte, wohltuende) Wärme

caresser [kaʀese] *v/t* **1** *enfant, personne* streicheln (*a animal*); zärtlich sein zu; *st/s* liebkosen; *par ext objet* zärtlich streichen über (+*acc*); ***~ une étoffe*** einen Stoff befühlen; ***~ la joue de qn*** j-s Wange streicheln; j-m sanft, zärtlich über die Wange streichen; ***~ qn du regard*** j-n zärtlich anblicken **2** *fig* ***~ qn*** *vent, eau* j-n (sanft) streicheln; *soleil* j-n wohlig wärmen **3** *fig* ***~ un espoir, un rêve*** eine Hoffnung, einen Traum hegen; ***~ une idée*** e-m Gedanken nachhängen; *péj* e-n Gedanken hätscheln

car-ferry [kaʀfeʀi] *m* ⟨*pl* **car-ferries**⟩ Autofähre *f*

cargaison [kaʀgɛzõ] *f* **1** Ladung *f*; Fracht *f*; MAR, AVIAT *a* Kargo *m*; ***~ de charbon*** Ladung Kohlen; Kohlenladung *f*, -fracht *f* **2** F *fig* ***toute une ~*** ein ganzer Vorrat; F e-e ganze Menge; e-e ganze Wagenladung

cargo [kaʀgo] *m* MAR Frachter *m*; Frachtschiff *n*

cari [kaʀi] *m* Curry ['kœri] *m ou n*

cariatide [kaʀjatid] *f* ARCH Karyatide *f*

caribou [kaʀibu] *m* ZO Karibu *n*

caricatural [kaʀikatyʀal] *adj* ⟨**-aux**⟩ karikaturistisch; karikaturenhaft

caricature [kaʀikatyʀ] *f* **1** *description, dessin* Karikatur *f*; ***faire la ~ de qn, qc*** j-n, etw karikieren **2** *fig* Karikatur *f*; Zerrbild *n*; ***ce n'est qu'une ~ de procès*** das ist nur die Karikatur e-s Prozesses; dieser Prozess ist die reinste Farce **3** *personne* Witzblatt-, F Schießbudenfigur *f*

caricaturer [kaʀikatyʀe] *v/t* karikieren; als Karikatur darstellen **caricaturiste** *m,f* Karikaturist(in) *m(f)*; Cartoonist(in) [-tu-] *m(f)*

carie [kaʀi] *f* MÉD **a)** ~ (***dentaire***) Karies *f*; Zahnfäule *f*; ***j'ai une ~*** ich habe e-n hohlen Zahn, ein Loch im Zahn; **b)** ~ (***osseuse***) Knochenschwund *m*, -fraß *m*; Karies *f*

carié [kaʀje] *adj dent* hohl; *sc* kariös

carier [kaʀje] MÉD **I** *v/t dent* mit Karies anstecken **II** *v/pr* ***se ~*** *dent* hohl werden; faulen

carillon [kaʀijõ] *m* **1** *cloches* Glockenspiel *n* **2** *sonnerie* (Fest)Geläut(e) *n* **3** *d'une horloge, pendule* Schlagwerk *n*; (***horloge*** *f* ***à***) ~ Schlaguhr *f* **4** ~ (***électrique***) (elektrische) Klingel

carillonner [kaʀijɔne] **I** *v/t* **1** *cloches*: *fête* einläuten; *heure* schlagen; *adjt* ***fête carillonnée*** hohes Fest **2** *fig nouvelle etc* ausposaunen **II** *v/i* **1** *cloches* läuten; ihr Spiel ertönen lassen **2** ***~ à la porte de qn*** bei j-m, an j-s Tür Sturm läuten

carillonneur [kaʀijɔnœʀ] *m* Glöckner *m*

Carinthie [kaʀɛ̃ti] ***la ~*** Kärnten *n*

cariste [kaʀist] *m* Gabelstaplerfahrer *m*

caritatif [kaʀitatif] *adj* ⟨**-ive**⟩ karitativ

carlin [kaʀlɛ̃] *m* ZO Mops *m*

carlingue [kaʀlɛ̃g] *f* **1** AVIAT Kabine *f* **2** MAR Kielschwein *n*

carmagnole [kaʀmaɲɔl] *f* HIST *danse* Carmagnole [-nj-] *f*

carme [kaʀm] *m* ÉGL CATH Karmelit(er) *m*

carmel [kaʀmɛl] *m* **a)** *couvent* Karmeliterkloster *n*; **b)** ***le Carmel*** der Karmeliterorden *m*

carmélite [kaʀmelit] *f* ÉGL CATH Karmelit(er)in *f*

Carmen [kaʀmɛn] *f Vorname*

carmin [kaʀmɛ̃] *m* **1** *colorant* Karmin *n*; Karmesin *n* **2** *couleur* Karmin(-), Karmesin(rot) *n*; *adjt* ⟨*inv*⟩ karmin-, karmesinrot; ***lèvres*** *f/pl* (***de***) ~ karminrote Lippen *f/pl*; *poét* Korallenlippen *f/pl*; Kirschenmund *m*

carnage [kaʀnaʒ] *m* Gemetzel *n*; Blutbad *n*

carnassier [kaʀnasje] **I** *adj* ⟨**-ière**⟩ **1** *animal* fleischfressend **2** ***dent carnassière*** Reißzahn *m* **II** *m/pl* ***~s*** Landraubtiere *n/pl*

carnassière [kaʀnasjɛʀ] *f* **1** CH Jagdtasche *f* **2** *dent* Reißzahn *m*

carnation [kaʀnasjõ] *f* **1** Teint *m*; Gesichtsfarbe *f* **2** PEINT Karnation *f*; Inkarnat *n*

carnaval [kaʀnaval] *m* **1** Karneval *m*; *südd* Fa-

C

C

sching *m*; **~ de Nice, de Rio** Karneval von Nizza, Rio **2** (**Sa Majesté**) **Carnaval** *groteske Figur, die den Karneval personifiziert*
carnavalesque [kaʀnavalɛsk] *adj* Karnevals…; Faschings…; karnevalistisch; närrisch
carne [kaʀn] *f* F *péj* **1** *viande* zähes Fleisch **2** *cheval* Klepper *m*; F Schindmähre *f* **3** *personne* F Ekel *n*
carné [kaʀne] *adj* Fleisch…; **alimentation ~e** Fleischnahrung *f*
carnet [kaʀnɛ] *m* Notizbuch *n*; Heftchen *n*; **~ à souche** Abreißblock *m*; **~ d'adresses** Adressenbüchlein *n*; **~ de bus** Fahrkartenblock *m*, Fahrscheinheft *n* für den Bus; **~ de chèques** Scheckheft *n*; COMM **~ de commandes** Auftrags-, Bestellbuch *n*; (*commandes*) Auftragsbestand *m*; **~ de comptes, de dépenses** Ausgabenheft *n*, -buch *n*; **~ de maternité** Mutterpass *m*; **~ de métro** Fahrkartenblock *m* für die U-Bahn; ÉCOLE **~** (**de notes**) Zeugnis(heft) *n* (*für ein Schuljahr*); **~ de quittances** Quittungsblock *m*; **~** (**de tickets**) Fahrkartenblock *m*; Fahrscheinheft *n*; **~ de timbres** Briefmarkenheftchen *n*
carnier [kaʀnje] *m* CH kleine Jagdtasche
carnivore [kaʀnivɔʀ] **I** *adj* BIOL fleischfressend; *sc* karnivor; **plantes** *f/pl* **~s** fleischfressende Pflanzen *f/pl* **II** *m/pl* **~s** ZO fleischfressende Tiere *n/pl*; Fleischfresser *m/pl*; *sc* Karnivoren *pl*
Caroline [kaʀɔlin] **1** *f Vorname* **2** USA **la ~ du Nord, du Sud** Nord-, Südkarolina *n*
carolingien [kaʀɔlɛ̃ʒjɛ̃] HIST **I** *adj* ⟨**~ne**⟩ karolingisch; Karolinger… **II** *m/pl* **Carolingiens** Karolinger *m/pl*
caroncule [kaʀõkyl] *f* **1** ANAT Fleischwärzchen *n*; *sc* Karunkel *f* **2** ZO Fleischauswuchs *m*, -klunker *f*; Kehllappen *m*
carotène [kaʀɔtɛn] *m* CHIM Karotin *n*
carotide [kaʀɔtid] *f* ANAT Halsschlagader *f*; *sc* Karotis *f*
carottage [kaʀɔtaʒ] *m* MINES Kernbohren *n*, -ung *f*
carotte [kaʀɔt] *f* **1** BOT Möhre *f*; Karotte *f*; *nordd a* Mohrrübe *f*; *südd a* Gelbe Rübe; **~ fourragère, potagère** Futter-, Gartenmöhre *f*; **~s râpées** Salat *m* aus geriebenen Möhren; F *fig* **les ~s sont cuites** nichts mehr zu machen!; F alles im Eimer! **2** *adjt* (**rouge**) **~** ⟨*inv*⟩ fuchsrot; fuchsig; **il est poil de ~** er ist fuchsrot, hat fuchsrote Haare **3** *enseigne* Schild *n* an Tabakläden **4** *fig* Lockmittel *n*; Köder *m*; **la ~ et le bâton** Zuckerbrot *n* und Peitsche *f*
carotter [kaʀɔte] **I** *v/t* F **~ qn** F j-n beschummeln; F **~ qc à qn** F j-m etw stibitzen; bei j-m etw abstauben; j-n um etw beschummeln **II** *v/i* F **~ sur qc** F von etw etwas für sich abzweigen; *marchand* F **~ sur le prix, le poids** F bei der Rechnung, beim Wiegen (be)schummeln
caroube [kaʀub] *f* BOT Johannisbrot *n*; Karube *f* **caroubier** *m* BOT Johannisbrotbaum *m*
Carpates [kaʀpat] **les ~** *f/pl* die Karpaten *pl*
carpe[1] [kaʀp] *f* ZO Karpfen *m*; SPORTS **saut** *m* **de ~** Hechtsprung *m*; **bâiller comme une ~** herzhaft gähnen; **être, rester muet comme une ~** stumm wie ein Fisch sein, bleiben
carpe[2] [kaʀp] *m* ANAT Handwurzel *f*
carpé [kaʀpe] *adj* SPORTS gehechtet; **saut ~** Hechtsprung *m*
Carpentras [kaʀpɑ̃tʀa] *Stadt im Dep. Vaucluse*
carpette [kaʀpɛt] *f* **1** Brücke *f*; Läufer *m*; Bettvorleger *m* **2** F *péj d'une personne* Kriecher *m*
carpien [kaʀpjɛ̃] *adj* ⟨**~ne**⟩ ANAT **os ~s** Handwurzelknochen *m/pl*
carquois [kaʀkwa] *m* Köcher *m*
carre [kaʀ] *f* Kante *f* (*a de skis, patins à glace*); Schnittfläche *f*; *d'une planche* Dicke *f*
carré [kaʀe] **I** *adj* **1** quadratisch; Quadrat… (*a* MATH); F viereckig; TECH Vierkant…; **mètre ~** (*abr* **m^2**) Quadratmeter *m ou n* (*abr* m^2 *ou* qm); **de vingt mètres ~s** von zwanzig Quadratmetern; zwanzig Quadratmeter groß; **mots ~s** magisches (Buchstaben)Quadrat; MATH **racine ~e** Quadratwurzel *f*; **tour ~e** quadratischer Turm; Turm mit quadratischem Grundriss, Querschnitt **2** *visage, mâchoires* eckig; **épaules ~es** breite Schultern *f/pl*; **menton ~** breites Kinn; MAR **voile ~e** Rahsegel *n*; *loc/adj*: *chaussures* **à bout ~** vorne eckig; mit eckiger Kappe; *personne* **aux épaules ~es** breitschult(e)rig **3** *réponse, propos etc* deutlich; klar; offen; eindeutig; unzweideutig; *personne* **être ~ en affaires** kurz entschlossen und offen handeln **II** *m* **1** Quadrat *n* (*a* MATH); Geviert *n*; F Viereck *n*; MATH *a* Quadratzahl *f*; **~ magique** magisches (Zahlen)Quadrat; **5 au ~** 5 im Quadrat; **élever, porter au ~** ins Quadrat erheben; quadrieren **2** (*foulard*) (quadratisches) Hals-, Kopftuch; **~ de soie** Seidentuch *n* **3** JARD (Gemüse)Beet *n* **4** *de chocolat* Stückchen *n* **5** CUIS **a**) *de porc, d'agneau, de veau* Rippenstück *n*; *österr* Karree *n*; **b**) **~ de l'Est** *ein Weichkäse aus Lothringen* **6** POKER Viererpasch *m* **7** MIL HIST Karree *n*
carreau [kaʀo] *m* ⟨*pl* **~x**⟩ **1** (*vitre*) (Fenster)Scheibe *f*; **laveur** *m* **de ~x** Fensterputzer *m*; *fig* **encore un ~ de cassé** F da hat's Scherben gegeben **2** (*dalle*) Fliese *f*; (Stein)Platte *f*; **~ de, en faïence** Kachel *f* **3** *sol* Fliesen-, Plattenboden *m*; *fig* **laisser qn sur le ~** j-n tot *ou* verwundet zurücklassen; **laver le ~ de la cuisine** den Küchenboden (auf)wischen; **rester sur le ~** tot *ou* verwundet liegen bleiben; *fig* auf der Strecke bleiben **4** *à Paris autrefois* **~ des 'halles** Platz *m* mit Verkaufsbuden rund um die Zentralmarkthallen; **~ du Temple** Teil *m* des „Marché du Temple", in dem billige Kleidung verkauft wird **5** *dessin* Karo *n*; *loc/adj* **à ~x** kariert; gewürfelt; **à grands, à petits ~x** groß, klein kariert; **papier** *m* **à ~x** kariertes Papier; **tissu** *m* **à ~x** Karostoff *m*; karierter Stoff **6** *aux cartes* Karo *n*; *jeu allemand* Schellen *n*; **as** *m* **de ~** Karoass *n*; *fig* **se tenir à ~** vorsichtig, gewarnt sein **7** **~ de la mine** Bergwerks-, Gruben-, Zechengelände *n* **8** *pl* **~x** F (*lunettes*) Brille *f*
carrée [kaʀe] *f arg* (*chambre*) F Bude *f*
carrefour [kaʀfuʀ] *m* **1** (Straßen)Kreuzung *f* **2** *fig* **a**) (*lieu de rencontre*) Ort *m* der Begegnung; Treffpunkt *m*; Schnittpunkt *m*, -stelle *f*; Umschlagplatz *m*; **~ de la drogue** Drogenumschlagplatz *m*; **au ~ de** im Schnittpunkt von (*ou +gén*); **b**) (*moment d'un choix*) Kreuz-, Scheideweg *m*; **être à un ~** am Kreuz-, Scheideweg stehen **3** *fig* (*réunion*) Treffen *n*; Begegnung *f*; Konferenz *f*
carrelage [kaʀlaʒ] *m* **1** *action* Fliesenlegen *n* **2** *revêtement* Fliesen-, Plattenbelag *m*, -boden *m*; **poser un ~** Fliesen legen
carreler [kaʀle] *v/t* ⟨-ll-⟩ *pièce* (aus)fliesen; mit Fliesen, Platten auslegen; *adjt* **carrelé** gefliest; mit Fliesenboden, -belag; gekachelt

C

carrelet [kaʀlɛ] *m* 1 ZO Scholle *f*; Goldbutt *m* 2 PÊCHE viereckiges Senknetz
carreleur [kaʀlœʀ] *m* Fliesen-, Plattenleger *m*
carrément [kaʀemɑ̃] *adv parler* geradeheraus; freiheraus; klar; deutlich; ohne Umschweife; F klipp und klar; *refuser* rundweg; F glatt; *faire qc* kurz entschlossen; ohne zu zögern; ohne Zögern; F ohne (lange) zu fackeln; einfach; ohne weiteres; F glatt; F ***vas-y ~!*** überleg nicht erst lange!; F ***il y va ~*** F der kennt da keine Hemmungen; F ***arriver ~ en retard*** F entschieden zu spät, mit gewaltiger Verspätung kommen; ***il est ~ nul*** er ist e-e glatte Null
carrer [kaʀe] *v/pr* ***se ~*** es sich (*dat*) bequem machen (***dans*** in +*dat*)
carrier [kaʀje] *m* **a)** *entrepreneur* Steinbruchbesitzer *m*; **b)** *ouvrier* Steinbrucharbeiter *m*; Steinbrecher *m*
carrière [kaʀjɛʀ] *f* 1 TECH Steinbruch *m*; ***~ de marbre*** Marmorbruch *m* 2 (*profession*) Beruf *m*; Laufbahn *f*; Karriere *f*; beruflicher Werdegang; ***la ~ diplomatique*** *ou* ***la Carrière*** die diplomatische Laufbahn; ***entrer dans la Carrière*** in den diplomatischen Dienst treten; ***~ médicale*** ärztliche Laufbahn; ärztlicher Beruf; Beruf des Arztes; ***~ militaire, des armes*** militärische Laufbahn; ***~ politique*** politische Laufbahn, Karriere; ***~s de l'enseignement*** Lehrberufe *m/pl*; ***choix*** *m* ***d'une ~*** Berufswahl *f*; ***militaire*** *m*, ***officier*** *m* ***de ~*** Berufssoldat *m*, -offizier *m*; ***en début, fin de ~*** am Anfang, Ende der Laufbahn; ***embrasser une ~*** e-n Beruf ergreifen; ***faire ~*** Karriere machen; ***faire une rapide ~*** schnell Karriere machen; ***la ~ qui s'ouvre pour, devant lui*** die Karriere *ou* Laufbahn, die sich ihm eröffnet, die vor ihm liegt; ***suivre une ~*** e-e Laufbahn einschlagen; *plais objet* ***avoir terminé sa ~*** ausgedient haben 3 *st/s* ***donner ~ à qc*** e-r Sache (*dat*) freien Lauf lassen
carriérisme [kaʀjeʀism] *m péj* Karrierismus *m*; Karrieremacherei *f* **carriériste** *m,f péj* Karrieremacher *m*, Karrierefrau *f*; Karrierist(in) *m(f)*
carriole [kaʀjɔl] *f* (kleiner) Karren
carrossable [kaʀɔsabl] *adj* befahrbar; ***chemin*** *m* ***~*** Fahrweg *m*
carrosse [kaʀɔs] *m* Karosse *f*; Staatskutsche *f*; *autrefois* ***rouler ~*** Pferd und Wagen halten; *par ext* reich sein
carrosser [kaʀɔse] *v/t* TECH mit e-r Karosserie versehen; karossieren
carrosserie [kaʀɔsʀi] *f* AUTO 1 Karosserie *f*; Aufbau *m* 2 *industrie* Karosseriebau *m*
carrossier [kaʀɔsje] *m* **a)** *réparateur* Karosserieklempner *m*, -schlosser *m*; *südd* Autospengler *m*; **b)** *constructeur* Karosseriebauer *m*; **c)** *dessinateur* Karosseriekonstrukteur *m*; Karossier *m*; Styler ['staɪ-] *m*
carrousel [kaʀuzɛl] *m* 1 HIST (Platz *m* für) Reiterspiele *n/pl* 2 *fig de voitures etc* Gewimmel *n*; ***~ de pensées*** Gedankenkarussell *n* 3 *à l'aéroport* Verteilerband *n*
carroyage [kaʀwajaʒ] *m* 1 schachbrettartiges Straßennetz 2 *pour reproduire un dessin* Gitternetz *n*
carrure [kaʀyʀ] *f* 1 *d'une personne* Schulterbreite *f*; ***avoir une belle, forte ~*** breite Schultern haben; breitschult(e)rig sein; ***avoir une ~ d'athlète*** athletische Schultern haben 2 *manteau, veste* ***trop large de ~*** in den Schultern zu weit 3 *fig* (*envergure*) Format *n*
cartable [kaʀtabl] *m* Schulmappe *f*, -tasche *f*; *à bretelles* Schulranzen *m*
carte [kaʀt] *f* 1 *donnant certains droits* Karte *f*; Ausweis *m*; ***~ bancaire*** (Bank)Kreditkarte *f*; ***Carte bleue*** Visakarte *f*; ***~ grise*** Kraftfahrzeugschein *m*; F Zulassung *f*; ***~ hebdomadaire*** Wochenkarte *f*; ***~ magnétique*** Magnetkarte *f*; ***~ orange*** Netz-, Zeitkarte *f*; TÉL ***~ pastel*** Telekarte *f*; ***~ syndicale*** Gewerkschaftsausweis *m*; CH DE FER ***~ vermeil*** Seniorenpass *m*; AUTO ***~ verte*** grüne Versicherungskarte; SÉCURITÉ SOCIALE ***~ Vitale*** Krankenversichertenkarte *f*; ***~ à mémoire, à puce*** Speicher-, Chipkarte *f*; ***~ de chemin de fer*** Eisenbahnfahrkarte *f*; ***~ de crédit*** Kreditkarte *f*; ***~ d'électeur*** Wählerkarte *f*; Wahlausweis *m*; AVIAT ***~ d'embarquement*** Bordkarte *f*; ***~ d'étudiant*** Studentenausweis *m*; ***~ de famille nombreuse*** Ausweis für kinderreiche Familien; ***~ de fidélité*** Kundenkarte *f*; ***~ d'identité*** Personalausweis *m*; F *a* Kennkarte *f*; *österr* Identitätsausweis *m*; *schweiz* Identitätskarte *f*; ***~ d'identité scolaire*** Schülerausweis *m*; ***~ d'invalidité*** Schwerbeschädigtenausweis *m*; ***~ de lecteur*** Leserkarte *f*; ***~ de presse*** Presseausweis *m*; ***~ de priorité*** Sonderausweis *m* (*für bevorzugte Abfertigung*); ***~ de séjour*** Aufenthaltserlaubnis *f* 2 ***~*** (***à jouer***) (Spiel)Karte *f*; ***~s*** *pl a* Kartenspiel *n*; ***~ basse, 'haute*** niedere, hohe Karte; ***~ maîtresse*** Karte, die sticht; *fig* Trumpf(karte) *m(f)*; *fig* ***avoir toutes les ~s dans son jeu*** alle Trümpfe in der Hand haben; ***battre les ~s*** die Karten mischen; *fig* ***brouiller les ~s*** die (Hintergründe der) Angelegenheit verschleiern; bewusst Verwirrung stiften; *fig* ***jouer la ~ de qc*** auf etw (*acc*) setzen; *fig* ***jouer sa dernière ~*** s-n letzten Trumpf ausspielen; *fig* ***jouer la mauvaise ~*** aufs falsche Pferd setzen; ***jouer aux ~s*** Karten spielen; *fig* ***jouer ~s sur table*** mit offenen Karten spielen; ***tirer*** *ou* ***faire les ~s à qn*** j-m die Karten legen 3 ***~*** (***de géographie***) (Land)Karte *f*; ***~ météorologique*** Wetterkarte *f*; ***~ routière*** Straßen-, Autokarte *f*; ***~ touristique*** Tourenkarte *f*; ***~ universelle*** Welt-, Erdkarte *f*; ***~ au 1/100 000*** (***un cent millième***) Karte (im Maßstab) 1:100 000 (eins zu hunderttausend); ***~ d'Allemagne*** Deutschlandkarte *f*; ***~ du ciel*** Himmelskarte *f*; ***~ d'état-major*** Generalstabskarte *f*; LITTÉRATURE ***~ de, du Tendre*** Darstellung *f* der Liebesgeografie der „Précieuses" 4 *au restaurant* (Speise)Karte *f*; ***~ des vins*** Weinkarte *f*; *loc/adv* ***à la ~*** nach der Karte; à la carte; *fig* nach Wahl; à la carte; ***manger à la ~*** à la carte essen 5 Karte *f*; ***~ perforée*** Lochkarte *f*; ***~ postale*** (Ansichts)Postkarte *f*; Ansichtskarte *f*; ***~ d'anniversaire, d'invitation, de Noël*** Geburtstags-, Einladungs-, Weihnachtskarte *f*; ***~ de nouvel an*** *ou* ***de vœux*** Neujahrskarte *f*; ***~ de visite*** Visiten-, Besuchskarte *f*; ***laisser sa ~*** s-e Karte abgeben, dalassen; *fig* ***avoir ~ blanche*** freie Hand haben; *fig* ***laisser, donner ~ blanche à qn*** j-m freie Hand lassen; j-m unbeschränkte Vollmacht, Carte blanche geben 6 INFORM ***~ graphique, son*** Grafik-, Soundkarte ['zaʊnt-] *f*
cartel [kaʀtɛl] *m* 1 ÉCON Kartell *n* 2 POL Zusammenschluss *m*; Block *m*; Kartell *n*
carte-lettre [kaʀt(ə)lɛtʀ] *f* ⟨*pl* **cartes-lettres**⟩ Kartenbrief *m*

C

cartellisation [kaʀtelizasjõ] *f* ÉCON Kartellbildung *f*
carter [kaʀtɛʀ] *m* TECH Gehäuse *n*; Kasten *m*; *sur un vélo* Kettenschutz(blech) *m(n)*; AUTO **~ inférieur** Ölwanne *f*
carte-réponse [kaʀt(ə)ʀepõs] *f* ⟨*pl* **cartes-réponses**⟩ Antwortkarte *f*
cartésianisme [kaʀtezjanism] *m* PHILOS Kartesianismus *m*
cartésien [kaʀtezjɛ̃] *adj* ⟨**~ne**⟩ 1 PHILOS kartesianisch; von Descartes 2 *par ext* logisch, methodisch und rational
Carthage [kaʀtaʒ] HIST Karthago *n*
Carthagène [kaʀtaʒɛn] GÉOGR Cartagena *n*
carthaginois [kaʀtaʒinwa] HIST **I** *adj* karthagisch **II** *subst* **Carthaginois(e)** *m(f)* Karthager(in) *m(f)*
cartilage [kaʀtilaʒ] *m* ANAT Knorpel *m*; **~ articulaire, du nez** Gelenk-, Nasenknorpel *m*
cartilagineux [kaʀtilaʒinø] *adj* ⟨**-euse**⟩ ANAT knorp(e)lig; Knorpel…
cartographe [kaʀtɔgʀaf] *m* Kartograf *m* **cartographie** *f* Kartografie *f* **cartographique** *adj* kartografisch; Karten…
cartomancie [kaʀtɔmɑ̃si] *f* Kartenlegen *n*, -schlagen *n*; Kartenlesekunst *f*; Kartomantie *f* **cartomancienne** *f* Kartenlegerin *f*
carton [kaʀtõ] *m* 1 *matière* Karton *m*; Pappe *f*; Papp(en)deckel *m*; **~ ondulé** Wellpappe *f*; (**morceau** *m* **de**) **~** Papp(en)deckel; (Stück *n*) Pappe; *loc/adj* **de** *ou* **en ~** aus Karton, Pappe; Papp…; **boîte** *f* **de ~** (Papp)Schachtel *f*; Karton *m* 2 *boîte* (Papp)Schachtel *f*; Karton *m*; **~ à chapeaux** Hutschachtel *f*; **~ à chaussures** Schuhkarton *m*, -schachtel *f*; *fig* **je dois avoir ça dans mes ~s** das muss in meinen Unterlagen, Akten sein 3 **~ à dessin** Zeichenmappe *f* 4 (*cible*) Schießscheibe *f*; **faire un ~** a) (in der Schießbude) schießen; b) Erfolg haben; F **faire un ~ sur qn** auf j-n schießen; j-n aufs Korn nehmen 5 (*carte*) **~ (d'invitation)** Einladungskarte *f*; FOOTBALL **~ jaune, rouge** Gelbe, Rote Karte; F **taper le ~** Karten spielen
cartonnage [kaʀtɔnaʒ] *m* 1 **a)** *fabrication* Herstellung *f* von Kartonagen; **b)** *emballage* Kartonage *f* 2 *d'un livre* Kartonage *f*; Kartonierung *f*
cartonner [kaʀtɔne] **I** *v/t livre* kartonieren; *adjt* **cartonné** kartoniert **II** *v/i* Erfolg haben **III** *v/imp* F **ça a cartonné** F da hat's geknallt
cartonnerie [kaʀtɔnʀi] *f* **a)** Herstellung *f* von Pappe, Karton *ou* von Kartonagen; **b)** Karton- und Pappfabrik *f ou* Kartonagenfabrik *f* **cartonneux** *adj* ⟨**-euse**⟩ kartonartig
carton-pâte [kaʀtõpɑt] *m* ⟨*pl* **cartons-pâtes**⟩ Papp-, Papiermaché [-'ʃeː] *n ou* -maschee *n*
cartouche[1] [kaʀtuʃ] *f* 1 MIL, CH Patrone *f*; **~ à blanc** Platzpatrone *f*; CH **~ à plombs** Schrotpatrone *f* 2 PHOT, *d'un stylo* Patrone *f*; PHOT *a* Kassette *f* 3 *de cigarettes* Stange *f*
cartouche[2] [kaʀtuʃ] *m ornement* Kartusche *f*
cartoucherie [kaʀtuʃʀi] *f* Patronenfabrik *f* **cartouchière** *f* MIL Patronentasche *f*; CH Patronengürtel *m*
carvi [kaʀvi] *m* BOT (Echter) Kümmel
caryatide → **cariatide**
cas [kɑ, ka] *m* 1 Fall *m*; **~ exceptionnel** Ausnahme-, Sonderfall *m*; **~ isolé** Einzelfall *m*; **~ limite** Grenzfall *m*; **~ type** typischer Fall; Musterfall *m*; **~ de conscience** Gewissensfrage *f*, -entscheidung *f*; *plais* **~ de divorce** Scheidungsgrund *m*; **~ d'espèce** Sonderfall *m*; besonderer Fall; **~ de figure** Möglichkeit *f*; Hypothese *f*; **~ de guerre** a) Kriegsfall *m*; b) Kriegsgrund *m*; Casus Belli *m*; **en ~ de guerre** im Kriegsfall; im Falle e-s Krieges; **~ de renvoi** Kündigungsgrund *m*; ÉCOLE Grund für e-e Verweisung von der Schule; ♦ *loc/adv*: **dans bien des ~** in vielen Fällen; sehr oft, häufig; **dans ce ~(-là)** in dem, diesem Fall; dann; **dans ces ~-là** in solchen Fällen; **dans le ~ contraire** ander(e)nfalls; im entgegengesetzten Fall; F *je prends mon parapluie*, **en ~** für alle Fälle; F sicher ist sicher; für den Fall e-s Falles; **en aucun ~** auf keinen Fall; keinesfalls; **en ce ~** in dem, diesem Fall; dann; **en pareil ~** in e-m solchen Fall; in solchen Fällen; in e-r solchen Lage; **en tout ~** *ou* **dans tous les ~** auf jeden Fall; jedenfalls; auf alle Fälle; **selon, suivant le(s) ~** je nach Fall; je nach Lage des Falls; *décider a* von Fall zu Fall; ♦ *loc/prép* **en ~ de** im Fall(e) (+*gén*); bei; **en ~ d'accident** bei e-m Unfall; **en ~ de besoin, de nécessité** im Notfall; notfalls; nötigenfalls; im Bedarfsfall; **en ~ de décès** im Todesfall; **en ~ de doute** im Zweifelsfall; **en ~ de doute sur** besteht Zweifel an (+*dat*), über (+*acc*); **en ~ de pluie** bei Regen; falls es regnet; wenn es regnen sollte; **en ~ d'(extrême) urgence** in (äußerst) dringenden Fällen; ♦ *loc/conj* **au ~ où, dans le ~ où** (+*conditionnel*), *litt* **au, en ~ que** (+*subj*) falls; wenn; im Fall(e), dass; für den Fall, dass; **au ~ où il viendrait** falls, wenn er kommen sollte; für den Fall, dass er kommt; **dans tous les ~ où …** immer wenn …; in allen Fällen, in denen …; ♦ **envisager plusieurs ~** mehrere Möglichkeiten in Betracht ziehen; **ce n'est pas le ~** das ist nicht so, nicht der Fall; **si tel est le ~** wenn das so ist; wenn das der Fall ist; in dem Fall; **c'est le ~ de** (+*inf*) das, dies ist der (richtige) Moment, um zu (+*inf*); **c'est (bien) le ~ de le dire** das kann man wohl sagen; **examiner le ~ de qn** j-s Fall, Lage, Situation prüfen; **exposer son ~** s-n Fall, s-e Sache vortragen 2 *d'une personne* Fall *m* (*a* MÉD); **~ social** Sozialfall *m*; Härtefall *m*; **le ~ Untel** der Fall Soundso; **c'est un ~** er *ou* sie ist ein schwieriger Fall; **c'est un ~ désespéré** a) MÉD sein *ou* ihr Zustand ist hoffnungslos; b) *iron* er *ou* sie ist ein hoffnungsloser Fall; **on signale deux ~ de variole** es sind zwei Pockenfälle gemeldet worden 3 **faire ~ de qn, qc** j-n schätzen; auf etw (*acc*) Wert legen; **faire grand ~ de qn, qc** auf j-n große Stücke halten; auf etw großen Wert legen; **faire peu de ~ de qn, qc** wenig Aufhebens von j-m, etw machen; **ne faire aucun ~ de qn, qc** sich überhaupt nicht um j-n, etw kümmern, F scheren; sich (*dat*) nichts aus j-m, etw machen 4 JUR Fall *m*; **~ de légitime défense** Fall von Notwehr 5 GR Fall *m*; Kasus *m*
Casadesus [kazadsy] *frz Musikerfamilie*
casanier [kazanje] **I** *adj* ⟨**-ière**⟩ *personne, vie* häuslich; **avoir des goûts ~s, des habitudes casanières, mener une vie casanière** am liebsten zu Hause sein; ein häusliches Leben führen; *péj* immer hinterm Ofen hocken **II** *subst* **~, casanière** *m,f* häuslicher Mensch; *péj* Stubenhocker(in) *m(f)*
casaque [kazak] *f* **a)** *blouse de femme* Kasack *m*; **b)** Jockeijacke ['dʒ-] *f*; **c)** *autrefois* Umhang *m* der Musketiere; **d)** *fig* **tourner ~** umschwenken; s-e Meinung radikal ändern

casbah [kazba] *f en Afrique du Nord* Kasba(h) *f*

cascade [kaskad] *f* **1** (kleinerer) Wasserfall; Kaskade *f*; ***tomber en ~*** in Kaskaden herabstürzen **2** *fig* Schwall *m*; Flut *f*; *st/s* Kaskade *f*; ***~ d'applaudissements*** Beifallssturm *m*; ***~ de chiffres*** Schwall, Flut von Zahlen; ***~ de rires*** Lachsalve *f*; *loc/adj* ***en ~*** aufeinanderfolgend **3** ÉLECT ***montage*** *m* ***en ~*** Kaskadenschaltung *f*

cascader [kaskade] *v/i* (in Kaskaden) herabstürzen

cascadeur [kaskadœʀ] *m* CIN Stuntman ['stantmən] *m*; Sensationsdarsteller *m*; CIRQUE Kaskadeur *m*

case [kɑz, kaz] *f* **1** *sur un damier* Feld *n*; *de formulaires, mots croisés* Feld *n*; F Kästchen *n*; *au jeu et fig* ***retour à la ~ départ!*** noch einmal von vorn anfangen! **2** *d'armoires, de tiroirs etc* Fach *n*; F *fig* ***il a une ~ (de) vide, il lui manque une ~*** F bei ihm ist e-e Schraube locker; er hat nicht alle Tassen im Schrank; → *a* ***cinglé*** **3** *en Afrique etc* (Eingeborenen)Hütte *f*; *Beecher-Stowe* ***La ~ de l'oncle Tom*** Onkel Toms Hütte

caséification [kazeifikasjõ] *f* MÉD Verkäsung *f*

caséine [kazein] *f* Kasein *ou t/t* Casein *n*; Käsestoff *m*

casemate [kazmat] *f* FORTIF Kasematte *f*; Bunker *m*

caser [kaze, kɑ-] **I** *v/t* **1** *chose* unterbringen; verstauen **2** F *personne* **a)** unterbringen; **b)** (*marier*) verheiraten; *femme* F unter die Haube, an den Mann bringen; *adjt* ***elle est casée*** F sie ist glücklich versorgt, unter der Haube **II** F *v/pr* ***se ~*** a) noch e-n Platz finden; unterkommen; ein Unterkommen finden; b) (*se marier*) ***réussir, trouver à se ~*** F glücklich e-n Mann *ou* e-e Frau finden; sich (*dat*) e-n Mann angeln

caserne [kazɛʀn] *f* **1** MIL Kaserne *f* **2** F *péj bâtiments scolaires etc* Kasten *m*; Kaserne *f*; *immeuble* Mietskaserne *f*

casernement [kazɛʀnəmɑ̃] *m* **1** *des troupes* Kasernierung *f* **2** *lieu* Kaserne(nbereich *m*, -gelände *n*, -komplex *m*) *f*

cash [kaʃ] *adv* F ***payer ~*** bar (be)zahlen

casher [kaʃɛʀ] *adj* → ***cawcher***

casier [kazje, kɑ-] *m* **1** (*case*) Fach *n*; Ablagefach *n* **2** **a)** (*étagère*) Regal *n*; Ständer *m*; ***~ à bouteilles*** Flaschenregal *n*, -ständer *m*, -gestell *n*; **b)** *armoire* Fächerschrank *m*; Aktenschrank *m* mit Fächern **3** ADM Kartei *f*; Register *n*; ***~ judiciaire*** Strafregister *n*; ***avoir un ~ judiciaire chargé, vierge*** (bereits) vorbestraft, nicht vorbestraft sein **4** PÊCHE Hummer- *ou* Langustenreuse *f*

casino [kazino] *m* (Spiel)Kasino *n*; Spielbank *f*

casoar [kazɔaʀ] *m* **1** zo Kasuar *m* **2** rotweißer Federbusch am Tschako der „Saint-Cyriens"

Caspienne [kaspjɛn] ***la (mer) ~*** das Kaspische Meer

casque [kask] *m* **1** Helm *m* (*a* MIL); *de mineur etc* Schutzhelm *m*; *de motard etc* Sturzhelm *m*; *fig* ***les ~s bleus*** die Blauhelme *m/pl* (*UNO-Soldaten*); ***~ colonial*** Tropenhelm *m*; ***~ à pointe*** Pickelhaube *f* **2** (*sèche-cheveux*) Trockenhaube *f* **3** ÉLECTRON Kopfhörer *m*

casqué [kaske] *adj* behelmt; mit Helm

casquer [kaske] *v/t et v/i* F (*payer*) F blechen; berappen; *v/t argent a* lockermachen

casquette [kaskɛt] *f* (Schirm)Mütze *f*; ***~ de jockey, d'officier*** Jockei- ['dʒ-], Offiziersmütze *f*; *fig* ***porter plusieurs ~s*** mehrere Funktionen innehaben

cassable [kasabl, kɑ-] *adj* zerbrechlich

Cassandre [kasɑ̃dʀ] *f* MYTH Kassandra *f*; *fig* ***jouer les ~*** Kassandrarufe ausstoßen

cassant [kasɑ̃, kɑ-] *adj* **1** *matériau* spröde; brüchig (*a cheveux*) **2** *personne* schroff; herrisch; *ton, voix, paroles* schroff; scharf; schneidend **3** F *travail* ***ce n'est pas ~*** F dabei reißt man sich (*dat*) kein Bein aus

cassate [kasat] *f* Cassata(eis) *f*(*n*)

cassation [kasasjõ, kɑ-] *f* **1** JUR Kassation *f*; Aufhebung *f* (e-s Urteils); ***Cour f de ~*** Kassationshof *m*, -gericht *n*; ***pourvoi*** *m* ***en ~*** Revision(santrag) *f*(*m*) **2** MIL Degradierung *f*

cassave [kasav] *f* BOT, *alimentation* Cassave *ou* Kassave *f*

casse[1] [kas, kɑs] *f* **1** **a)** *action* Zerschlagen *n*; Zerbrechen *n*; **b)** *résultat* zerbrochenes Glas, Porzellan *etc*; Scherben *f/pl*; ***attention à la ~!*** Vorsicht, dass es keine Scherben gibt!; ***il y a eu de la ~*** es hat Scherben gegeben; ***payer la ~*** den Schaden bezahlen; für den Schaden aufkommen **2** F ***il va y avoir de la ~*** es wird e-e Schlägerei geben; F es wird krachen **3** *de voitures, machines* Schrott *m*; *endroit* Schrottplatz *m*; ***prix*** *m* ***de la ~*** Schrottwert *m*; ***voiture bonne pour la ~*** schrottreifer Wagen; ***mettre à la ~*** verschrotten (lassen); ***vendre à la ~*** zum Schrottwert verkaufen **4** TYPO Setzkasten *m* **5** BOT Kassie *f*; Sennespflanze *f*

casse[2] [kas, kɑs] *m arg* (*cambriolage*) Einbruch *m*; *arg* Bruch *m*

cassé [kase, kɑ-] *adj* **1** zerbrochen; entzwei; F kaputt; ***il a la, une jambe ~e*** er hat ein gebrochenes Bein; sein Bein ist gebrochen; → *a* ***casser*** **2** ***pois ~s*** getrocknete Erbsen *f/pl*; Trockenerbsen *f/pl* **3** ***blanc ~*** gebrochenes, leicht getöntes Weiß; Perlweiß *n* **4** *voix* heiser; rau

casse-cou [kasku, kɑs-] ⟨*inv*⟩ **I** *adj* draufgängerisch; tollkühn; waghalsig; verwegen **II** *m* Draufgänger *m*; *par ext* ***crier ~ à qn*** j-n warnen

casse-couilles [kaskuj, kɑs-] ⟨*inv*⟩ F **I** *adj* lästig; F nervig; *personne a* aufdringlich **II** *m,f personne* F Nervensäge *f*

casse-croûte [kaskʀut, kɑs-] *m* ⟨*inv*⟩ Imbiss *m*; *südd* Vesper *n*; Brotzeit *f*; *österr* Jause *f*; *nordd* Stulle(n) *f*(*pl*); (zweites) Frühstück **casse-croûter** F *v/i südd* vespern; Brotzeit machen; *österr* jaus(n)en; *nordd* s-e Stulle(n) essen; zweites Frühstück machen

casse-dalle [kasdal, kɑs-] *m* ⟨**casse-dalle(s)**⟩ F → ***casse-croûte***

casse-fil [kasfil, kɑs-] *m* ⟨*pl* **casse-fils**⟩ TEXT Fadenwächter *m*

casse-graine [kasgʀɛn, kɑs-] *m* ⟨*inv*⟩ F → ***casse-croûte***

casse-gueule [kasgœl, kɑs-] ⟨*inv*⟩ F **I** *adj chemin, escalier, exercice physique* halsbrecherisch; *entreprise* tollkühn; gewagt; verwegen; ***c'est ~*** *a* das ist ja lebensgefährlich **II** *m endroit* gefährliche Stelle; *exercice* halsbrecherische Übung; *entreprise* waghalsiges, riskantes, tollkühnes Unternehmen; ***c'est un ~*** *a* da kann man sich (*dat*) ja den Hals brechen

cassement [kasmɑ̃, kɑs-] *m* ***~ de tête*** Kopfzerbrechen *n*

C

casse-noisette(s) [kasnwazɛt, kɑs-] *m* ⟨*pl* **casse-noisettes**⟩ *ou* **casse-noix** *m* ⟨*inv*⟩ Nussknacker *m*
casse-pattes [kaspat, kɑs-] F *m* ⟨*inv*⟩ Fusel *m*; F Rachenputzer *m*
casse-pieds [kaspje, kɑs-] ⟨*inv*⟩ F **I** *adj* **1** *personne* aufdringlich; lästig; unerträglich; ***ce qu'il est~!*** F geht der einem auf die Nerven!; fällt der einem auf den Wecker! **2** *chose* lästig **II** *m,f personne* F Nervensäge *f*
casse-pipe(s) [kaspip, kɑs-] F *m* ⟨*inv*⟩ Krieg *m*; ***aller au ~(s)*** in den Krieg, an die Front gehen
casser [kase, kɑ-] **I** *v/t* **1** zerbrechen; zerschlagen; entzweischlagen; F kaputt machen (*a appareil*); *vitre a* einwerfen; einschlagen; *fil, corde etc* zerreißen; *bâton* durchbrechen; *œufs*: *volontairement* aufschlagen; *involontairement* zerbrechen; *dent* ausschlagen; *pointe, poignée* abbrechen; *bois* hacken; *fig* AVIAT ***~ du bois*** Bruch, e-e Bruchlandung machen; ***~ une branche*** einen Zweig (ab)knicken; ***~ le bras à qn*** j-m den Arm brechen; F *fig* ***~ la croûte, la graine*** e-n Imbiss zu sich nehmen; *südd* vespern; Brotzeit machen; *österr* jaus(n)en; *nordd* s-e Stulle(n) essen; Frühstückspause, zweites Frühstück machen; *par ext* essen; F futtern; ***~ une noix*** eine Nuss (auf)knacken; F *fig* ***~ les pieds à qn*** *personne, chose* j-m auf die Nerven gehen, fallen; F j-m auf den Wecker fallen; F j-n nerven; *chose a* j-m sehr lästig sein; F j-m gegen den Strich gehen; F ***tu nous les casses*** F du fällst uns auf den Wecker, auf die Nerven; F *fig* ***qu'est-ce qu'il lui a cassé!*** F was der ihm *ou* ihr alles an den Kopf geworfen hat!; F *fig* ***ça ne casse rien, ça ne casse pas trois pattes à un canard*** das taugt nicht viel; das ist nicht so besonders; F *fig* ***elle ne casse rien*** *au physique* e-e Schönheit ist sie ja nicht gerade; *au travail etc* da hat sie ja nicht gerade geglänzt; e-e Meisterleistung ist das wirklich nicht gerade; *fig* ***le ressort est cassé*** er *ou* sie ist innerlich zerbrochen; ***~ sa voix*** s-e Stimme überanstrengen; ♦ F ***à tout ~*** a) *loc/adj*: *fête, repas* F mit allem Drum und Dran; toll; *succès* beispiellos; ungeheuer; F toll; b) *loc/adv* (*tout au plus*) höchstens; maximal; → *a* ***figure*** *1*, ***gueule*** *3*, ***tête*** *1* **2** *fig adversaire* ausschalten; unschädlich machen; (*tuer*) umbringen; F umlegen; *prix* radikal senken; brechen; *cours de la Bourse* stürzen lassen; *rythme, atmosphère* stören; *p/fort* zerstören; ***~ le moral à qn*** j-s Moral untergraben, aufweichen; ***~ un parti*** eine Partei zerschlagen **3** JUR *jugement* aufheben; kassieren **4** *fonctionnaire* entlassen; s-s Amtes entheben; *officier* degradieren **II** *v/i* **1** *verre, porcelaine etc* (zer)brechen; (zer)springen; F kaputtgehen; *fil etc* (zer-, ab)reißen; *prov* ***tout passe, tout lasse, tout casse*** nichts ist beständig, von Dauer **2** *arg* (*cambrioler*) einbrechen **III** *v/pr* **1** ***se ~*** *verre, porcelaine etc* (zer)brechen; (zer)springen; zersplittern; F kaputtgehen; *fil etc* (zer)reißen; *dent, branche* abbrechen; ***ça se casse*** das (zer)bricht leicht **2** *personne* ***se ~ qc*** sich (*dat*) etw brechen; F *fig* ***elle ne s'est pas cassée*** F sie hat sich (*dat*) (dabei) kein Bein ausgerissen; F *fig* ***ne te casse pas*** *physiquement* F racker dich, schinde dich nicht so ab; *moralement* zerbrich dir nicht den Kopf; mach dir nicht so viel Sorgen; P ***se ~ le cul*** F schuften; sich (ab)schinden; sich abrackern; ***se ~ la jambe en tombant*** fallen und sich (*dat*) ein Bein brechen; sich (*dat*) bei e-m Sturz ein, das Bein brechen; → *a* ***nez*** *1*, ***tête*** *1* **3** F *fig* ***je me casse*** F ich hau ab; ich verdufte; ich verdrück mich
casserole [kasʀɔl] *f* **1** CUIS Stieltopf *m*; (Stiel)Kasserolle *f*; ***~s*** *pl a* Kochtöpfe *m/pl*; ***veau m à la ~*** Kalbsschmorbraten *m*; F ***chanter comme une ~*** falsch und unmelodisch singen; F *fig* ***passer à la ~*** F drankommen; dran glauben müssen **2** F (*piano*) Klavier *n*; F Klimperkasten *m*; Drahtkommode *f* **3** F CIN, THÉ (*projecteur*) Scheinwerfer *m*
casse-tête [kastɛt, kɑs-] *m* ⟨*inv*⟩ **1** ***~ (chinois)*** Geduldsspiel *n*; *fig*: ***c'est un vrai ~*** das ist das reinste Geduldsspiel; ***être un ~ pour qn*** j-m viel Kopfzerbrechen machen **2** *massue* (Schlag)Keule *f*
cassette [kasɛt] *f* **1** Kassette *f*; ***enregistrer sur ~*** auf Kassette aufnehmen **2** *autrefois* (*coffret*) (Geld-, Schmuck)Kassette *f*, (-)Schatulle *f*
casseur [kasœʀ, kɑ-] *m* **1** *manifestant* gewalttätiger Demonstrant; Chaot *m*; Randalierer *m*; F Politrocker *m*; Radikalinski *m* **2** *ferrailleur* Schrotthändler *m* (, der schrottreife Wagen ausschlachtet) **3** ***~ de pierres*** Steinklopfer *m* **4** *arg* (*cambrioleur*) Einbrecher *m*
Cassin [kasɛ̃] ***le mont ~*** der Monte Cassino
Cassiopée [kasjɔpe] *f* MYTH Kassiopeia *f*
Cassis [kasi(s)] *Stadt im Dep. Bouches-du-Rhône*
cassis[1] [kasis] *m* **1** BOT Schwarze Johannisbeere (*arbuste et fruit*) **2** **(*crème f de*) ~** Likör *m* aus Schwarzen Johannisbeeren **3** F (*tête*) F Schädel *m*; Dez *m*
cassis[2] [kasis] *m sur la route* Querrinne *f*
cassolette [kasɔlɛt] *f* **1** (*brûle-parfum*) Räucherpfanne *f*, -gefäß *n* **2** CUIS kleine Pfanne; Pfännchen *n*
cassonade [kasɔnad] *f* Rohzucker *m* (aus Zuckerrohr)
cassoulet [kasulɛ] *m Eintopf aus Fleisch, Wurst u weißen Bohnen*
cassure [kasyʀ, kɑ-] *f* **1** Bruch *m*; Bruchstelle *f*; *du pantalon sur la chaussure* Knick *m*; GÉOL Kluft *f* **2** *fig* Bruch *m*; Einschnitt *m*
castagnette [kastaɲɛt] *f* Kastagnette *f*; ***jouer des ~s*** a) mit den Kastagnetten klappern; b) F *fig dents* klappern; *genoux* zittern; schlottern
caste [kast] *f* Kaste *f* (*a péj*); ***esprit** m **de ~*** Kastengeist *m*; ***système** m **de(s) ~s*** Kastensystem *n*, -wesen *n*
castel [kastɛl] *m* Schlösschen *n*; kleines Schloss
castillan [kastijɑ̃] **I** *adj* kastilisch **II** *subst* **1** ***Castillan(e)*** *m(f)* Kastilier(in) *m(f)* **2** LING ***le ~*** das Kastilische; Kastilisch *n*; *par ext* das Spanische; Spanisch *n*
Castille [kastij] ***la ~*** Kastilien *n*
casting [kastiŋ] *m* CIN, *THÉ* Casting ['ka:stɪŋ] *n*
castor [kastɔʀ] *m* **1** ZO Biber *m* **2** *fourrure* Biber(-pelz) *m*; Biberfell *n*
Castor [kastɔʀ] *m* MYTH ***~ et Pollux*** Kastor *m* und Pollux *m*
castrat [kastʀa] *m* Kastrat *m* (*a* MUS) **castration** *f* Kastration *f*; Kastrierung *f*
castrer [kastʀe] *v/t* kastrieren; ***~ un animal*** ein Tier kastrieren, *a* verschneiden
castrisme [kastʀism] *m* POL Castrismus *m* **castriste** *m,f* Anhänger(in) *m(f)* Fidel Castros
casuel [kazɥɛl] *litt adj* ⟨***~le***⟩ zufällig

casuiste [kazɥist] *m* REL *et fig* Kasuist *m* **casuistique** *f* REL *et fig* Kasuistik *f*
casus belli [kazysbɛ(l)li] *m* ⟨*inv*⟩ Casus Belli *m*
cataclysme [kataklism] *m* 1 GÉOL Kataklysmus *m*; Naturkatastrophe *f* 2 *fig* Katastrophe *f*
catacombes [katakõb] *f/pl* Katakomben *f/pl*
catadioptre [katadjɔptʀ] *m* Rückstrahler *m*; *vélo* F Katzenauge *n*
catafalque [katafalk] *m* Katafalk *m*
catalan [katalɑ̃] I *adj* katalanisch II *subst* 1 ***Catalan(e)*** *m(f)* Katalane *m*, Katalanin *f* 2 LING ***le*** ~ das Katalanische; Katalanisch *n*
catalepsie [katalɛpsi] *f* MÉD Starrsucht *f*; Katalepsie *f* **cataleptique** MÉD I *adj* kataleptisch; *personne a* starrsüchtig II *m,f* Starrsüchtige(r) *f(m)*
Catalogne [katalɔɲ] ***la*** ~ Katalonien *n*
catalogue [katalɔg] *m* 1 Katalog *m*; ~ ***alphabétique*** alphabetischer Katalog; ~ ***de matières*** Schlagwort-, Sachkatalog *m*; ~ ***de meubles*** Möbelkatalog *m* 2 *par ext* Verzeichnis *n*; Liste *f*; ***dresser un*** ~ ein Verzeichnis, e-e Liste anlegen, aufstellen
cataloguer [katalɔge] *v/t* 1 katalogisieren; listen-, karteimäßig erfassen; ~ ***des marchandises*** Waren in e-n *ou* den Katalog aufnehmen 2 F *péj* einschätzen (***comme*** als); ***il est, on l'a catalogué*** man weiß, was man von ihm zu halten hat
catalyse [kataliz] *f* CHIM Katalyse *f*
catalysé [katalize] *adj* ***voiture*** ~***e*** Auto *n* mit Katalysator; F Katauto *n*
catalyser [katalize] *v/t* 1 CHIM katalysieren 2 *fig* wecken; wachrufen; ~ ***des forces*** Kräfte wecken, wachrufen
catalyseur [katalizœʀ] *m* CHIM Katalysator *m* (*a fig*); AUTO ~ ***à trois voies*** Dreiwegekatalysator *m*; ***jouer le rôle d'un*** ~ als Katalysator wirken
catalytique [katalitik] *adj* CHIM katalytisch; AUTO ***pot*** *m* ~ Katalysator *m*; F Kat *m*
catamaran [katamaʀɑ̃] *m* MAR Katamaran *m*; Doppelrumpfboot *n*
Catane [katan] GÉOGR Catania *n*
cataphote® [katafɔt] *m* Rückstrahler *m*
cataplasme [kataplasm] *m* 1 MÉD Kataplasma *n*; Breiumschlag *m* 2 F *fig d'un aliment* ***c'est un vrai*** ~ das stopft
catapultage [katapyltaʒ] *m* AVIAT Katapultstart *m*; Katapultieren *n*
catapulte [katapylt] *f* 1 AVIAT Katapult *n ou m*; ***lancer par*** ~ mit e-m Katapult starten; katapultieren 2 HIST MIL Katapult *n ou m*; Wurfmaschine *f*
catapulter [katapylte] *v/t* 1 AVIAT katapultieren 2 *par ext* (*lancer*) schleudern; katapultieren; ***être catapulté à plusieurs mètres*** mehrere Meter weit geschleudert werden 3 F *fig* ~ ***qn*** *dans un lieu* j-n plötzlich schicken; *à un poste* F j-n hinaufkatapultieren, hochhieven
cataracte [kataʀakt] *f* 1 *d'un fleuve* Katarakt *m*; Wasserfall *m* 2 MÉD grauer Star; *sc* Katarakt *f*; ***opération*** *f* ***de la*** ~ Staroperation *f*; ***être opéré de la*** ~ am (grauen) Star operiert werden
catarrhe [kataʀ] *m* MÉD Katarrh *m*
catastrophe [katastʀɔf] *f* 1 Katastrophe *f*; (schweres) Unglück; ~ ***aérienne, ferroviaire*** Flugzeug-, Eisenbahnunglück *n*, *p/fort* -katastrophe *f*; ~ ***minière*** Grubenunglück *n*; Bergwerkskatastrophe *f*; *adjt* ***scénario*** *m* ~ Katastrophenszenario *n*; ***courir à la*** ~ e-r Katastrophe entgegengehen; ***être une*** ~ ***pour qn*** für j-n e-e Katastrophe sein, bedeuten 2 F *par exagération*: ***quelle*** ~! was für e-e Katastrophe!; ~, *j'ai oublié mon porte-monnaie!* F o (du) Schande, ...!; wie verheerend, ...! 3 *d'un film, livre etc* F ***c'est une*** (***vraie***) ~ F der Film, das Buch *etc* ist e-e Katastrophe 4 *loc/adv* ***en*** ~ (*à la hâte*) überstürzt; in größter Eile, Hast; ***atterrir, se poser en*** ~ notlanden; ***atterrissage*** *m* ***en*** ~ Notlandung *f*
catastropher [katastʀɔfe] F *v/t échec, nouvelle* ~ ***qn*** j-n niederschmettern, F fertigmachen; *adjt* ***il est tout catastrophé*** er ist völlig niedergeschmettert, F fertig, am Boden zerstört
catastrophique [katastʀɔfik] *adj* 1 katastrophal; entsetzlich; verheerend; verhängnisvoll; ***conséquences*** *f/pl* ~***s*** katastrophale, verheerende Folgen *f/pl* 2 F *résultat (scolaire), livre, film etc* F katastrophal; verheerend **catastrophisme** *m* Schwarzmalerei *f*
catch [katʃ] *m* SPORTS Catchen ['kɛtʃən] *n*; Catch-as-catch-can ['kɛtʃɛs'kɛtʃ'kɛn] *n*; ***combat*** *m* ***de*** ~ Catcherringkampf *m*
catcher [katʃe] *v/i* SPORTS catchen ['kɛtʃən] **catcheur** *m* Catcher ['kɛtʃər] *m* **catcheuse** *f* Catcherin *f*
caté [kate] *m* F *abr* → ***catéchisme*** *1*
catéchèse [kateʃɛz] *f* REL Katechese *f*
catéchiser [kateʃize] *v/t* REL den Katechismus lehren; katechisieren
catéchisme [kateʃism] *m* REL 1 Religionsunterricht *m*; ***aller au*** ~ in den Religionsunterricht gehen; ***faire le*** ~ Religionsunterricht erteilen 2 *manuel* Katechismus *m*
catéchiste [kateʃist] *m,f* REL Katechet(in) *m(f)*; Religionslehrer(in) *m(f)*; *adjt* ***dame*** *f* ~ Katechetin *f*
catéchumène [katekymɛn] *m,f* REL **a)** Katechumene *m*; **b)** ÉGL PROT Konfirmand(in) *m(f)*
catégorie [kategɔʀi] *f* Kategorie *f* (*a* PHILOS, LING, *d'hôtel*); Klasse *f*; Gruppe *f*; Sparte *f*; *de viande etc* Qualität *f*; ~***s grammaticales, logiques*** grammatische, logische Kategorien; ~ ***d'âge*** Altersgruppe *f*; SPORTS ~ ***des poids lourds*** Schwergewichtsklasse *f*; ~ ***de salaires*** (Lohn- und) Gehaltsgruppe *f*; *loc/adj* ***de première*** ~ erster Kategorie, Qualität; ***appartenir à, faire partie de la*** ~ ***des éternels mécontents*** zu den ewig Unzufriedenen gehören; ***répartir, classer qc en plusieurs*** ~***s*** etw in mehrere Kategorien, Gruppen, Arten einteilen, einordnen
catégoriel [kategɔʀjɛl] *adj* ⟨~***le***⟩ 1 kategorial (*a* PHILOS) 2 ÉCON *revendications etc* e-r bestimmten Kategorie von Arbeitnehmern
catégorique [kategɔʀik] *adj ton, affirmation, réponse etc* kategorisch; entschieden; energisch; *personne* ***être, se montrer très*** ~ ***sur qc*** etw kategorisch, sehr bestimmt, entschieden behaupten; ***il est déjà moins*** ~ er behauptet es nicht mehr so bestimmt
catégoriquement [kategɔʀikmɑ̃] *adv* kategorisch; energisch; entschieden
catégorisation [kategɔʀizasjõ] *f* Kategorisierung *f*
catégoriser *v/t* kategorisieren; nach Kategorien (ein)ordnen
caténaire [katenɛʀ] *adj et subst f* CH DE FER (***ligne*** *f*, ***suspension*** *f*) ~ Fahrdraht *m*; Oberleitung *f*
catgut [katgyt] *m* MÉD Katgut *n*

C

cathares [kataʀ] *m/pl* HIST REL Katharer *m/pl*
catharsis [kataʀsis] *f* PHILOS, PSYCH Katharsis *f* **cathartique** *adj* PHILOS, PSYCH kathartisch
cathédrale [katedʀal] *f* **1** Kathedrale *f*; Dom *m*; Münster *n*; ***la ~ de Chartres*** die Kathedrale von Chartres; ***la ~ de Cologne*** der Kölner Dom; ***la ~ de Strasbourg*** das Straßburger Münster **2** *adjt* ***verre*** *m* ~ Kathedralglas *n*
Catherine [katʀin] *f Vorname*; HIST ***~ la Grande*** Katharina die Große; *jeune fille* ***coiffer sainte ~*** 25 Jahre alt und noch nicht verheiratet sein
catherinette [katʀinɛt] *f Mädchen, das mit 25 Jahren noch nicht verheiratet ist (u am 25. November mit e-r besonders aufgeputzten Kopfbedeckung an e-r Veranstaltung teilnimmt)*
cathéter [kateteʀ] *m* MÉD Katheter *m*
cathétériser [kateteʀize] *v/t* MÉD katheterisieren; kathetern
Catho [kato] F *f* katholische Universität, Hochschule
cathode [katɔd] *f* ÉLECT Kathode *f*
cathodique [katɔdik] *adj* ÉLECT kathodisch; Kathoden(strahl)…; ***rayons*** *m/pl* ***~s*** Kathodenstrahlen *m/pl*; ***tube*** *m* ~ braunsche Röhre; Kathodenstrahlröhre *f*
catholicisme [katɔlisism] *m* Katholizismus *m* **catholicité** *f* **1** *caractère* Katholizität *f* **2** *coll* katholische Christenheit *ou* Welt
catholique [katɔlik] **I** *adj* **1** REL katholisch **2** F *fig* ***ce n'est pas très ~*** F das ist nicht ganz koscher, astrein; da ist etwas faul **II** *m,f* Katholik(in) *m(f)*
catimini [katimini] *loc/adv* ***en ~*** heimlich; verstohlen
catin [katɛ̃] *f péj* Hure *f*; *litt* Metze *f*
catogan [katɔgɑ̃] *m* im Nacken zusammengebundenes Haar
Caucase [kokɑz] ***le ~*** der Kaukasus
caucasien [kokazjɛ̃] **I** *adj* ⟨***~ne***⟩ kaukasisch **II** *subst* ***Caucasien(ne)*** *m(f)* Kaukasier(in) *m(f)*
cauchemar [koʃmaʀ] *m* **1** Albtraum *m*; Albdruck *m*; *fig* ***~ de la guerre*** Albtraum, Schreckgespenst *n* des Krieges; ***vision*** *f* ***de ~*** Schreckensvision *f*; Schreckbild *n*; ***avoir, faire un ~*** e-n Albtraum haben **2** F *fig* Gräuel *m*; Graus *m*; ***c'est mon ~*** das ist mir ein Gräuel
cauchemarder [koʃmaʀde] *v/i* Albträume haben
cauchemardesque [koʃmaʀdɛsk] *adj* albtraumhaft; grausig; ***vision*** *f* ~ *a* Schreckensvision *f*; Schreckbild *n*
caudal [kodal] *adj* ⟨***-aux***⟩ ZO kaudal; Schwanz…
Caulnes [kon] *Ort im Dep. Côtes-d'Armor*
causal [kozal] *adj* ⟨***-als***⟩ **1** ursächlich; kausal; Kausal…; ***lien ~*** Kausalnexus *m*, -zusammenhang *m*; ursächlicher Zusammenhang **2** GR kausal; Kausal…; ***proposition ~e*** Kausal-, Begründungssatz *m*
causalité [kozalite] *f* Ursächlichkeit *f*; Kausalität *f*
causant [kozɑ̃] F *adj* gesprächig; redselig; ***elle n'est pas très ~e*** sie ist ziemlich wortkarg
cause [koz] *f* **1** (*origine, motif*) Ursache *f* (*a* PHILOS); Grund *m*; Anlass *m*; ***~ principale*** Hauptgrund *m*, -ursache *f*; ***~ de l'accident*** Ursache für den Unfall, des Unfalls; Unfallursache *f*; ***~ de divorce*** Scheidungsgrund *m*; ***~ de la mort*** Todesursache *f*; ***relation*** *f* ***de ~ à effet*** Kausalzusammenhang *m*; ursächlicher Zusammenhang; ♦ *loc/prép*: ***à ~ de*** wegen (*+gén*, F *+dat*); um (*+gén*) willen; ***à ~ de son grand âge*** s-s hohen Alters wegen; wegen s-s hohen Alters; ***à ~ des vacances*** der Ferien wegen; wegen der, F den Ferien; ***à ~ de moi, toi, lui, elle, nous, vous, eux, elles*** meinet-, deinet-, seinet-, ihret-, unsert-, euert- *ou* euret- *ou* Ihret-, ihretwegen; meinethalben *etc*; um meinetwillen *etc*; ***c'est à ~ de cela que …*** deshalb …; deswegen …; ***c'est à ~ de sa négligence que …*** wegen s-r Nachlässigkeit …; s-e Nachlässigkeit ist schuld, es liegt an s-r Nachlässigkeit, dass …; ***pour ~ d'inventaire*** wegen Inventur; ***pour ~ de maladie*** wegen Krankheit; krankheitshalber; ♦ *loc/conj* F ***à ~ que*** weil; ♦ *loc/adv*: ***pour une ~ valable*** aus e-m triftigen Grund; ***et pour ~!*** (und das *ou* und zwar) aus gutem Grund!; ***sans ~*** grundlos; ohne (jeden) Grund, Anlass; ohne jede Ursache; ***non sans ~*** nicht ohne Grund; ♦ ***avoir qc pour ~*** etw zur Ursache haben; ***être (la) ~ de qc*** die Ursache, der Grund für etw sein; etw verursachen, bewirken *ou* verursacht, bewirkt haben; zu etw führen *ou* geführt haben; ***être ~ de confusion*** zu Verwechslungen führen, Anlass geben; ***être ~ que …*** die Ursache dafür sein, dass …; ***quelle (en) est la ~?*** was ist die Ursache, der Grund dafür?; *prov* ***petites ~s, grands effets*** kleine Ursachen, große Wirkungen (*prov*) **2** (*intérêt*) Sache *f*; Angelegenheit *f*; ***~ juste, perdue*** gerechte, verlorene Sache; ***la ~ du peuple*** die Sache des Volkes; ***pour la bonne ~*** a) für die gute *ou* gerechte Sache; b) F (*pour épouser*) er hat ernste Absichten; ***consacrer sa vie au service d'une ~*** sein Leben in den Dienst e-r Sache stellen; ***faire ~ commune*** sich zusammentun, -schließen, gemeinsame Sache machen (***avec qn*** mit j-m); ***prendre fait et ~ pour qn*** für j-n Partei ergreifen; sich für j-n einsetzen; ***soutenir la ~ de qn*** j-s Sache, Interessen unterstützen **3** JUR (Rechts)Sache *f*; (Rechts)Fall *m*; ***~ célèbre*** berühmter, aufsehenerregender Rechtsfall; ***~ civile*** Rechtsstreit *m*; ***~ criminelle*** Strafsache *f*; ***avocat*** *m* ***sans ~(s)*** Rechtsanwalt *m* ohne Klienten; ♦ *par ext*: ***en tout état de ~*** auf jeden Fall; in jedem Fall; in jeder Lage; ***être en ~*** *personne* in die Sache verwickelt sein; daran beteiligt, davon betroffen sein; *intérêts* auf dem Spiel stehen; *sa bonne foi* ***n'est pas en ~*** steht außer Frage, nicht zur Debatte; wird nicht angezweifelt; ***mettre qn en ~*** j-n (mit) hineinziehen, verwickeln (***dans une affaire*** in e-e Angelegenheit); ***remettre qc en ~*** etw in Frage stellen; ***être 'hors de ~*** *personne* nicht verdächtigt werden; *chose* nicht in Frage kommen; ***mettre qn 'hors de ~*** j-n von jedem Verdacht freisprechen; ***la ~ est entendue*** JUR die Verhandlung ist abgeschlossen; *par ext* die Sache geht in Ordnung; → *a* ***plaider I*** **4** GR ***complément*** *m* ***de ~*** (Umstands)Bestimmung *f* des Grundes; ***proposition*** *f* ***de ~*** Kausalsatz *m*
causer[1] [koze] *v/t* verursachen; *troubles, désordre a* stiften; ***~ des dommages*** Schäden verursachen, anrichten; ***~ du chagrin, de la joie, des soucis à qn*** j-m Kummer, Freude, Sorgen machen, bereiten; ***~ un scandale*** einen Skandal auslösen, hervorrufen; für einen Skandal sorgen; ***~ une certaine surprise à qn*** j-n ziemlich überraschen
causer[2] [koze] *v/t, v/t/indir et v/i* **1** (*s'entretenir*) ~ (***avec qn de qc, qn***) sich unterhalten, plaudern (mit j-m über etw, j-n); reden, sprechen (mit j-m

von etw, j-m *ou* über etw, j-n); **~ politique** über Politik sprechen, plaudern; sich über Politik unterhalten **2** F (*parler*) sprechen; reden; **~ français** französisch sprechen; *par ext*: **je cause français!** ich drücke mich doch (klar und) verständlich aus!; **~ à qn** mit j-m sprechen, reden; **je te cause!** hörst du denn nicht!; ich rede mit dir!; **assez causé** F (jetzt ist) genug geschwatzt; **cause toujours(, tu m'intéresses)!** red du nur! **3** (*jaser*) klatschen, reden, F tratschen (**sur qn** über j-n); **ça fait ~** das gibt Anlass zu Gerede

causerie [kozʀi] *f* (zwangloser) Vortrag; Plauderei *f*

causette [kozɛt] *f* F Schwatz *m*; Schwätzchen *n*; Plausch *m*; **faire la, un brin de, une petite ~** F ein Schwätzchen, e-n Schwatz, e-n Plausch halten; **elle est venue me faire la ~** F sie ist auf e-n Schwatz zu mir gekommen

causeur [kozœʀ] **I** *m* Plauderer *m*; **un brillant ~** ein glänzender Unterhalter **II** *adj* ⟨**-euse**⟩ → **causant**

causeuse [kozøz] *f* kleines Sofa

causse [kos] *m* (dürres) Kalkplateau (im Massif Central)

causticité [kostisite] *f* **1** CHIM ätzende Wirkung **2** *fig d'une personne* Scharfzüngigkeit *f*; Bissigkeit *f*; *d'une satire, critique* Bissigkeit *f*; ätzende Schärfe

caustique [kostik] *adj* **1** CHIM ätzend; kaustisch **2** *fig* scharf; bissig; *ironie* beißend; schneidend; ätzend; *personne* **avoir l'esprit ~, être ~** scharfzüngig sein; von beißender Ironie sein

cauteleux [kotlø] *adj* ⟨**-euse**⟩ durchtrieben; verschlagen; abgefeimt

cautère [kotɛʀ, kɔ-] *m* MÉD Kauter *m*; **~ chimique** Ätzmittel *n*; *fig* **c'est un ~ sur une jambe de bois** das hilft absolut nichts

Cauterets [kotʀɛ] *Kurort im Dep. Hautes-Pyrénées*

cautérisation [kɔteʀizasjõ, ko-] *f* MÉD Kauterisation *f*; Kaustik *f*; *d'une blessure a* Ausbrennen *n*; *d'une verrue a* (Ab)Ätzen *n*

cautériser [kɔteʀize, ko-] *v/t* kauterisieren; **~ une blessure** eine Wunde ausbrennen; **~ une verrue** eine Warze kauterisieren, (ab)ätzen

caution [kosjõ] *f* **1** JUR **a)** (*garantie*) Bürgschaft *f*; **b)** *somme d'argent* Kaution *f*; Bürgschaftssumme *f*; *mettre en liberté* **sous ~** gegen (Stellung e-r) Kaution; **c)** *personne* Bürge *m*; **se porter ~** bürgen, Bürgschaft leisten (**pour qn** für j-n) **2** *loc/adj* **sujet à ~** nicht verbürgt; unzuverlässig **3** *fig* (*appui*) moralische Unterstützung; Garantie *f*

cautionnement [kosjɔnmɑ̃] *m* **1** JUR **a)** *contrat* Bürgschaft(svertrag) *f(m)*; **b)** *somme d'argent* Kaution *f*; Sicherheitsleistung *f*; **déposer qc en ~** etw als Kaution hinterlegen; **fournir un ~** e-e Kaution stellen **2** *fig* (*appui*) Unterstützung *f*

cautionner [kosjɔne] *v/t* **1** JUR **~ qn, qc** für j-n, etw bürgen **2** *fig* **~ qn** für j-n bürgen; sich für j-n verbürgen; für j-n gutsagen **3** *fig politique etc* unterstützen; stehen hinter (+*dat*)

Caux [ko] **le pays de ~** *Landschaft in der Normandie*

Cavaillon [kavajõ] **1** *Stadt im Dep. Vaucluse* **2** **cavaillon** *m* Netzmelone *f*

cavalcade [kavalkad] *f* **1** *défilé* Kavalkade *f*; Reiter(auf)zug *m* **2** *fig* (*troupe bruyante*) Horde *f*; (lärmende) Schar

cavalcader [kavalkade] *v/i* rennen; F traben; *enfants* **~ dans toute la maison** durch das ganze Haus toben

cavale [kaval] *f arg* (*évasion*) Ausbruch *m* (aus dem Gefängnis); **être en ~** ausgebrochen, flüchtig sein

cavaler [kavale] F **I** *v/i* **1** (*courir*) rennen; F herumrasen; **~ après qn** j-m nachlaufen (*a fig*); F *fig* hinter j-m her sein **2** (*se sauver*) F sich davonmachen; abhauen; verduften **II** *v/pr* **se ~** (*se sauver*) F sich davonmachen; abhauen; verduften

cavalerie [kavalʀi] *f* **1** MIL **a)** Kavallerie *f*; Reiterei *f*; F *fig* **c'est de la grosse ~** das ist Massenware; **b)** *aujourd'hui* motorisierte Truppe; (*arme blindée*) Panzerwaffe *f* **2** CIRQUE Pferde *n/pl*

cavaleur [kavalœʀ] *m* F **c'est un ~** *ou adjt* **il est ~** er ist ein Schürzenjäger

cavaleuse [kavaløz] *f* F **c'est une ~** *ou adjt* **elle est ~** F sie ist scharf auf Männer

cavalier [kavalje], **cavalière** **I** *subst* **1** *m,f* (*personne à cheval*) Reiter(in) *m(f)*; **c'est un bon cavalier** *a* er reitet gut; er kann gut reiten **2** *m,f* **a)** *à table* Tischherr *m*, -dame *f*; **b)** *au bal* Tanzpartner(in) *m(f)*; Tänzer(in) *m(f)*; Herr *m*; Dame *f*; **c)** *par ext* Begleiter(in) *m(f)*; Herr *m*; Dame *f*; Kavalier *m*; *fig* **faire cavalier seul** e-n Alleingang unternehmen, machen; auf eigene Faust handeln **3** *m* MIL Kavallerist *m* **4** *m* ÉCHECS Springer *m*; Rössel *n* **5** *m* TECH Krampe *f* **6** *m pour fichier* Reiter *m* **II** *adj* **1** *manières* ungehörig; ungezogen (*a personne*) **2** **allée, piste cavalière** Reitweg *m*

cave¹ [kav] *f* **1** Keller *m*; **~ (à vin)** Weinkeller *m*; **une bonne ~, une ~ bien garnie** ein gut gefüllter Weinkeller; **~ à provisions** Vorratskeller *m*; *loc/adv* **de la ~ au grenier** vom Dachboden bis zum Keller; **avoir du vin en ~** e-n Weinvorrat haben; **descendre, aller à la ~** in den Keller (hinunter)gehen, hinuntersteigen; **mettre en ~** einkellern **2** *cabaret* Kellerlokal *n*, -bar *f* **3** *dans un buffet* Barfach *n* **4** *au jeu* Spielgeld *n* (*das der Spieler vor sich auf den Tisch legt*)

cave² [kav] *arg m* j, der nicht den Ganovenkreisen angehört

cave³ [kav] *adj yeux* tief liegend; **joues** *f/pl* **~s** hohle, eingefallene Wangen; ANAT **veine** *f* **~** Hohlvene *f*

caveau [kavo] *m* ⟨*pl* **~x**⟩ **1** Gruft *f*; Grabgewölbe *n*; **~ de famille** Familiengruft *f* **2** **Caveau** *Name einiger Kabaretts*

caverne [kavɛʀn] *f* **1** Höhle *f*; **~ de brigands** Räuberhöhle *f*; **homme** *m* **des ~s** Höhlenmensch *m* **2** MÉD Kaverne *f*

caverneux [kavɛʀnø] *adj* ⟨**-euse**⟩ **1** **voix caverneuse** sehr tiefe Stimme; Grabesstimme *f* **2** MÉD kavernös **3** ANAT **corps ~** Schwellkörper *m*

cavernicole [kavɛʀnikɔl] *adj* ZO Höhlen bewohnend; *sc* kavernikol

caviar [kavjaʀ] *m* Kaviar *m*; **~ rouge** Lachs-, Ketakaviar *m*

caviarder [kavjaʀde] *v/t censure*: *texte* unleserlich machen; streichen; überdrucken; *par ext* zensieren

caviste [kavist] *m,f d'un restaurant* Kellermeister(in) *m(f)*

cavité [kavite] *f* **1** Hohlraum *m*; Höhlung *f*; *artificielle a* Aussparung *f* **2** ANAT Hohlraum *m*; Höhle *f*; **~ thoracique** Brusthöhle *f*, -raum *m*

cawcher [kaʃɛʀ] *adj* ⟨**-ère**⟩ REL koscher

Cayenne [kajɛn] *Hauptstadt von Französisch-Guayana*

CB [sibi] *f abr* (*citizen band*) CB-Funk *m*

CCP [sesepe] *m abr* (*compte chèques postal*) Postgirokonto [-ʒi-] *n*; Postscheckkonto *n*

cd *abr* (*candéla*) cd (Candela)

CD [sede] *m abr* (*compact disc*) CD *f*; ***double, maxi~*** Doppel-, Maxi-CD *f*

CDD [sedede] *m abr* (*contrat à durée déterminée*) befristeter Arbeitsvertrag; Zeitvertrag *m*; ***être en ~*** einen befristeten Arbeitsvertrag, eine befristete Stelle haben

CDI [sedei] *m abr* (*contrat à durée indéterminée*) unbefristeter Arbeitsvertrag; ***être en ~*** fest angestellt sein

CD-I® [sedei] *m abr* (*Compact Disc interactive*) INFORM CD-I *f*

CD-ROM [sedeʀɔm] *m* ⟨*inv*⟩ CD-ROM [-ˈrɔm] *f*; ***sur ~*** auf CD-ROM

CDV® [sedeve] *m abr* (*Compact Disc Video*) Video-CD *f*

ce [s(ə)] **I** *adj/dém m* ⟨*vor Vokal u stummem h* ***cet*** [sɛt], *f* ***cette*** [sɛt], *pl* ***ces*** [se]⟩ dieser, diese, dieses; *pl* diese; ***~ cas*** dieser Fall; ***cet homme*** dieser Mann; ***cette maison*** dieses Haus; ***ces tables*** diese Tische; ***~ livre-là*** das Buch da, dort; *st/s* jenes Buch; → *a* ***ci***; ♦ ***être de ces gens qui …*** zu den Leuten gehören, die …; ***ces messieurs sont satisfaits?*** sind die Herren zufrieden?; ♦ *temporel*: ***cette année*** dieses Jahr; in diesem Jahr; ***~ matin, soir*** heute Morgen, Abend; *st/s* ***en ~ jour*** am heutigen Tage; ♦ *dans des exclamations*: *admiratives* ***ah, ces montagnes!*** oh, diese Berge!; *étonnées* F ***cette idée!*** [stide] was für e-e Idee, ein Gedanke!; *indignées* ***cet idiot!*** [stidjo] dieser, so ein Idiot!; ♦ F *pour renforcer*: ***j'ai eu une de ces peurs!*** F bin ich erschrocken!; hab ich e-n Schreck gekriegt!; ***il a un de ces rhumes*** F er hat e-n Mordsschnupfen **II** *pr/dém neutre* das; es; ♦ *avec pr*: ***~ dont il est accusé*** (das,) wessen er beschuldigt wird; ***~ dont on parle*** (das,) wovon *ou* worüber man spricht; ***~ que*** *tu fais* (das,) was …; F ***~ que c'est laid!*** wie hässlich das ist!; F ist das vielleicht, aber hässlich!; ***~ qui*** *me gêne* (das,) was …; ***~ à quoi*** *tu penses* (das,) woran …; ***~ pour quoi*** *je travaille* (das,) wofür …; ♦ ***c'est*** es ist; das ist; ***ç'aurait été préférable*** das wäre vorzuziehen gewesen; ***~ doit être elle*** das muss sie sein; → *a* ***être***[1] *III 2*; ♦ *dans des locutions*: ***et ~*** und das; und zwar; *je dois partir*, ***et ~ dès demain*** und zwar schon morgen; *il a refusé de m'aider*, ***et ~, après tout ~ que j'ai fait pour lui*** und das nach allem, was ich für ihn getan habe; ***et pour ~*** (***faire***) zu diesem Zweck; dafür; ***sur ~*** und damit; und nun; darauf(hin); ♦ *avec p/pr* ***~ disant*** mit, bei diesen Worten; während er, sie *etc* dies sagte; ***~ faisant*** dabei; als er *etc* das tat, machte

CE$_1$ [seəɛ̃, seəœ̃] *m abr* (*cours élémentaire un*) zweite Grundschulklasse

CE$_2$ [seədø] *m abr* (*cours élémentaire deux*) dritte Grundschulklasse

CEA [seəa] *m abr* (*Commissariat à l'énergie atomique*) *frz Atomenergiebehörde*

céans [seɑ̃] *adv* **1** ***maître*** *m* ***de ~*** Hausherr *m* **2** *autrefois* hier (drinnen)

CECA [seka] *f abr* (*Communauté européenne du charbon et de l'acier*) Montanunion *f*; EGKS *f* (Europäische Gemeinschaft für Kohle und Stahl)

ceci [səsi] *pr/dém* dies(es); das (hier); ***~ ou cela*** dies oder das; dies(es) oder jenes; ***~ dit*** abgesehen davon; trotzdem; ***je vous dirai ~: …*** ich sage Ihnen dies: …; ich werde Ihnen Folgendes sagen: …

Cécile [sesil] *f Vorname*

cécité [sesite] *f* MÉD Blindheit *f*; ***~ des neiges*** Schneeblindheit *f*; ***être atteint, frappé de ~*** erblinden; blind (geworden) sein

céder [sede] ⟨**-è-**⟩ **I** *v/t* **1** ***~ qc à qn*** j-m *ou* an j-n etw abtreten; j-m etw überlassen; etw an j-n abgeben; ***~ la parole à qn*** j-m das Wort übergeben; *personne* ***~ le pas à qn*** j-m den Vortritt, *fig* den Vorrang lassen; *chose* ***~ le pas à qc*** zurücktreten hinter etw (*dat*); weniger vorrangig sein als etw; AUTO ***~ le passage à qn*** j-m die Vorfahrt lassen; ***~ sa place à qn*** j-m s-n Platz überlassen, abtreten; j-m Platz machen; ***~ son tour à qn*** j-n vorlassen; → *a* ***terrain*** *1* **2** (*vendre*) veräußern; JUR zedieren; *créance etc* übertragen (***à qn*** auf j-n); abtreten (an j-n); *commerce* abgeben **II** *v/t/indir et v/i* **1** nachgeben (*a à une impulsion*); weichen; ***~ à qn*** j-m nachgeben; ***~ au chantage*** sich erpressen lassen; ***~ à la colère*** sich vom Zorn hinreißen lassen; ***~ aux, devant les menaces de qn*** angesichts j-s Drohungen nachgeben; ***~ à une prière*** einer Bitte nachgeben; ***~ à la violence, à la force*** der Gewalt weichen; ***ne pas ~*** nicht weichen; nicht nachgeben; standhalten **2** ***ne le ~ en rien à qn, qc*** j-m, e-r Sache in nichts nachstehen, nichts nachgeben; ***il ne lui cède en rien*** er steht ihm in nichts nach; ***il ne le cède à personne en habileté*** an Geschicklichkeit steht er niemandem, keinem nach **3** *sentiment* weichen; *son désespoir* ***céda pour faire place à la résignation*** wich (e-m Gefühl) der Resignation **4** *sol, branche, digue etc* nachgeben; *corde, câble* reißen

cédérom [sedeʀɔm] *m* CD-ROM [-ˈrɔm] *f*

Cedex *ou* **CEDEX** [sedɛks] *m abr* (*courrier d'entreprise à distribution exceptionnelle*) *Postadresskode für Großkunden*

cédille [sedij] *f* Cedille *f*; ***c*** *m* ***~*** (***ç***) c *n* mit Cedille

> ### La cédille und die Aussprache
>
> Die **cédille** ist ein grafisches Sonderzeichen, das als Häkchen unten am Buchstaben c erscheint, wenn dieses c vor geschriebenem a, o oder u wie [s] und nicht wie [k] gesprochen wird:
>
> **c cédille**
>
> | Aussprache [s] | Aussprache [k] |
> |---|---|
> | **ç**a | **c**asser |
> | il commen**ç**ait | la **c**aisse |
> | la le**ç**on | le fau**c**on |
> | le re**ç**u | re**c**uler |

cédrat [sedʀa] *m* BOT Zitronatzitrone *f*

cèdre [sɛdʀ] *m* BOT Zeder *f*; (***bois*** *m* ***de***) ***~*** Zedernholz *n*

CEE [seəə] *f abr* (*Communauté économique européenne*) EWG *f* (Europäische Wirtschaftsgemeinschaft); EG *f* (Europäische Gemeinschaft)

cégétiste [seʒetist] **I** *adj* der CGT **II** *m,f* Mitglied *n* der CGT
CEI [seəi] *abr* (*Communauté des États indépendants*) **la ~** die GUS (Gemeinschaft Unabhängiger Staaten)
ceindre [sɛ̃dʀ] ⟨→ **peindre**⟩ *litt v/t et v/pr* **~ son épée** sich mit dem Schwert gürten; *fig* **~ la couronne** den Thron besteigen; **~ sa taille** *ou* **se ~ d'une écharpe** e-e Schärpe umlegen; *adjt* **la tête ceinte d'un diadème** das Haupt mit e-m Diadem geschmückt; *front* **ceint de laurier** mit Lorbeer bekränzt
ceinture [sɛ̃tyʀ] *f* **1** Gürtel *m*; Gurt *m*; JUDO (**être**) **~ noire** Schwarzgurtträger *m* (sein); MÉD **~ orthopédique** (orthopädische) Bandage; HIST **~ de chasteté** Keuschheitsgürtel *m*; **~ de cuir** Ledergürtel *m*; **~ de flanelle** Flanellbinde *f*; **~ de natation** Schwimmgürtel *m*; AUTO, AVIAT **~ de sécurité** Sicherheitsgurt *m*; **attacher sa ~** sich anschnallen; den Gurt anlegen; F *fig* **faire ~** leer ausgehen; F in die Röhre, in den Mond gucken; *elliptiquement* **et nous, ~!** F und wir gucken in die Röhre!; und für uns, Neese!; **mettre une ~** e-n Gürtel umlegen, umschnallen; F *fig* **se serrer la ~** F den Gürtel enger schnallen **2** Taille *f*; Gürtel(linie) *m(f)*; *de jupe, de pantalon* Bund *m*; BOXE *et fig* **coups** *m/pl* **au-dessous de la ~** Schläge *m/pl* unter die Gürtellinie; *loc/adv* **jusqu'à la ~** bis zur Taille, zum Gürtel **3** *fig* Gürtel *m*; Umfassung *f*; Ring *m*; *à Paris* **la grande, la petite ~** die äußere, innere Ringbuslinie; *d'une ville* **~ verte** Grüngürtel *m*; **chemin** *m* **de fer de ~** Ringbahn *f*
ceinturer [sɛ̃tyʀe] *v/t* **1** SPORTS *adversaire* umklammern; *à la lutte* umfassen **2** *adjt* **ville ceinturée de remparts** von e-m Ringwall umgebene Stadt
ceinturon [sɛ̃tyʀõ] *m* **a)** MIL, POLICE Koppel *n*; **b)** *par ext* breiter Ledergürtel
cela [s(ə)la] *pr/dém* das; dies(es); **à ~** daran; an das; **de ~** davon; darüber; **avoir ~ de bon que …** das (Gute) für sich haben, dass …; **il y a cinq ans de ~** es, das ist fünf Jahre her; das war vor fünf Jahren; **qu'à ~ ne tienne** daran soll's nicht liegen; → *a* **ça**, **ceci**
céladon [seladõ] *adj* ⟨*inv*⟩ blassgrün
Célèbes [selɛb] GÉOGR **les ~** *f/pl* Celebes *n*
célébrant [selebʀɑ̃] *m* ÉGL CATH Zelebrant *m*
célébration [selebʀasjõ] *f d'une fête* Feiern *n*; festliche Begehung; *d'un anniversaire etc* Feier *f*; *de la messe* Zelebration *f*; Zelebrieren *n*; **~ du mariage** Eheschließung *f*; Trauung *f*
célèbre [selɛbʀ] *adj* berühmt; weithin bekannt; *personne a* gefeiert; **~ dans le monde entier** weltberühmt; **se rendre, devenir ~** berühmt werden (**par** durch)
célébrer [selebʀe] *v/t* ⟨**-è-**⟩ **1** *fête, victoire, événement* feiern; festlich begehen; *prêtre*: *messe* zelebrieren; *jeux* abhalten; *prêtre, maire* **~ le mariage** die Trauung vornehmen, vollziehen; **~ la mémoire de qn** j-s feierlich gedenken; für j-n e-e Gedenkfeier veranstalten; **~ un sacrifice** ein Opfer darbringen **2** (*glorifier*) **~ qn, qc** j-n, etw rühmen, preisen; j-n feiern
célébrité [selebʀite] *f* **1** Berühmtheit *f*; Ruhm *m*; **il doit sa ~ à cette œuvre** dieses Werk hat ihn berühmt gemacht; er verdankt s-e Berühmtheit diesem Werk; **jouir d'une grande ~** sehr berühmt sein **2** *personne* Berühmtheit *f*; Größe *f*; Prominente(r) *f(m)*; **les ~s du monde artistique** die Künstlerprominenz *f*; die prominenten Künstler *m/pl*
celer [səle] *litt v/t* ⟨**-è-**⟩ **~ qc** (**à qn**) (vor j-m) etw verbergen; (j-m) etw verschweigen, verheimlichen, verhehlen
céleri [sɛlʀi] *m* BOT Sellerie *m ou f*; **~ en branches** Stangensellerie *m ou f*
céleri-rave [sɛlʀiʀav] *m* ⟨*pl* **céleris-raves**⟩ BOT Knollensellerie *m ou f*
célérité [seleʀite] *f* Geschwindigkeit *f*; Flinkheit *f*; **avec ~** geschwind; flink
célesta [selɛsta] *m* MUS Celesta [tʃe-] *f*
céleste [selɛst] *adj* **1** Himmels…; **corps** *m* **~** Himmelskörper *m* **2** REL himmlisch; **colère** *f* **~** göttlicher Zorn **3** *fig* (*merveilleux*) himmlisch; überirdisch; wunderbar **4** **le Céleste Empire** das Reich der Mitte
Célestin [selɛstɛ̃] *m Vorname*
Célestine [selɛstin] *f Vorname*
célibat [seliba] *m* Ehelosigkeit *f*; Ledigenstand *m*; **~ (des prêtres)** Zölibat *m ou n*
célibataire [selibatɛʀ] **I** *adj* ledig; unverheiratet; **mère** *f* **~** ledige Mutter; **être ~** ledig, Junggeselle, -gesellin sein **II** *m,f* Junggeselle, -gesellin *m,f*; Ledige(r) *f(m)*; Unverheiratete(r) *f(m)*; **vie** *f* **de ~** Junggesellenleben *n*, -dasein *n*; *plais*: *en ce moment*, **je suis ~** bin ich Strohwitwe(r)
Céline [selin] *f Vorname*
celle → **celui**
cellier [selje] *m* **a)** Vorratsraum *m*, -kammer *f*; Speisekammer *f*; **b)** *pour du vin* Vorratsraum *m* für Wein
cellophane® [selɔfan] *f*, *abus m* Zellophan *ou* Cellophan® *n*; **sous ~** in Zellophan verpackt
cellulaire [selylɛʀ] *adj* **1** BIOL Zell…; Zellen…; Zellular… **2** *en prison* **régime** *m* **~** Einzelhaft *f*; **voiture** *f ou* **fourgon** *m* **~** Zellenwagen *m*
cellular [selylaʀ] *m* TEXT **chemise** *f* **en ~** Netzhemd *n*
cellule [selyl] *f* **1** *en prison, au monastère* Zelle *f*; *par ext* (*pièce exiguë*) Klause *f*; Kämmerchen *n*; MIL Einzelhaft *f*, -arrest *m* **2** BIOL, ÉLECT, MÉTÉO, AVIAT Zelle *f*; **~ animale, végétale** tierische, pflanzliche Zelle; **~ solaire** Sonnen-, Solarzelle *f*; BIOL **~ souche** Stammzelle *f* **3** POL Zelle *f*; (**réunion** *f* **de**) **~** Zellensitzung *f* **4** *fig* **~ familiale** Familie *f* als Gemeinschaft, Gruppe
cellulite [selylit] *f* MÉD Zellulitis *f*
celluloïd [selylɔid] *m* Zelluloid *n*
cellulose [selyloz] *f* Zellulose *f*; Zellstoff *m* **cellulosique** *adj* Zellulose…
celte [sɛlt] **I** *adj* keltisch **II** *subst* **1** **Celtes** *m/pl* Kelten *m/pl* **2** LING **le ~** das Keltische; Keltisch *n*
celtique [sɛltik] → **celte** *I et II 2*
celui [s(ə)lɥi] *pr/dém m* ⟨*f* **celle** [sɛl]; *m/pl* **ceux** [sø], *f/pl* **celles** [sɛl]⟩ *sujet* der(-), die(-), das(jenige), *pl* die(jenigen); *obj/dir* den(jenigen), die(-), das (-jenige), *pl* die(jenigen); *obj/indir* **à ~** *etc* dem(-), der(jenigen), *pl* denen, denjenigen; **de ~** *etc* des-, der-, *pl* derjenigen; von dem, der, *pl* denen; **a)** *avec de*: **~ de mon frère** der *ou* den meines Bruders; **mieux que ~ de la dernière fois** besser als der vom letzten Mal; **je prends ~ de huit heures** ich nehme den (*Zug, Bus*) um acht; *non traduit* **ce n'était pas une tâche facile que celle de** (*+inf*) es war keine leichte Aufgabe zu (*+inf*); **b)** *avec pr/rel*: **~ dont je t'ai parlé** der(jenige), über den

C

ich mit dir gesprochen habe; ***celle que nous avons vue*** die(jenige), die wir gesehen haben; **~ *qui*** der (-jenige), der; wer; ***tout ceux qui*** alle (die[jenigen]), die; ***quel est ~ que vous préférez?*** welchen ziehen Sie vor?; ***ceux de mes amis qui*** diejenigen meiner Freunde, die; **c)** *avec p/p*: *ces chiffres* ***confirment ceux donnés par les journaux*** bestätigen die in den Zeitungen genannten

celui-ci [s(ə)lɥisi] *pr/dém m* ⟨*f* **celle-ci**; *m/pl* **ceux--ci**, *f/pl* **celles-ci**⟩ dieser, diese, dieses, *pl* diese (hier); der, die, das, *pl* die (hier); → *a* ***celui-là***

celui-là [s(ə)lɥila] *pr/dém m* ⟨*f* **celle-là**; *m/pl* **ceux--là**, *f/pl* **celles-là**⟩ **a)** *opposé à « celui-ci »* jener, jene, jenes, *pl* jene; *renvoi à ce qui précède* **celui-ci ...,** **~** *a* der Letztere ..., der Erstere; Letzterer ..., Ersterer; **b)** *sans opposition* dieser, diese, dieses, *pl* diese (da); der, die, das, *pl* die (da, dort); ***je ne m'attendais pas à celle-là*** darauf war ich nicht gefasst; F ***ce qu'ils m'énervent, ceux-là*** F die gehen mir vielleicht auf die Nerven; F ***elle est bien bonne, celle-là*** F das ist e-e tolle Geschichte

cément [semɑ̃] *m* ANAT (Zahn)Zement *m*

cénacle [senakl] *m d'hommes de lettres, d'artistes* Kreis *m*; Gruppe *f*

cendre [sɑ̃dʀ] *f* Asche *f*; *fig d'une personne* ***les ~s*** die sterblichen Überreste *m/pl*; ***~s volcaniques*** vulkanische Asche; ***~(s) de cigarettes*** Zigarettenasche *f*; ***paix à ses ~s!*** F Friede s-r Asche! (*a plais*); ***goût*** *m* ***de ~*** aschiger Geschmack; REL ***le mercredi des Cendres*** *ou elliptiquement* ***les Cendres*** *f/pl* Aschermittwoch *m*; ***couver sous la ~*** *feu* unter der Asche schwelen; *fig révolte etc* unter der Oberfläche schwelen; ***faire cuire qc sous la ~*** etw in der Asche braten; ÉGL CATH ***recevoir les ~s*** sich (*dat*) Asche aufs Haupt streuen lassen; ***réduire, mettre en ~s*** *lieu, ville* in Schutt und Asche legen; *a édifice* einäschern; niederbrennen; ***réduit en ~s*** völlig niedergebrannt; ***renaître de ses ~s*** aus der Asche erstehen; wieder erstehen

cendré [sɑ̃dʀe] *adj* aschfarben; ***blond, gris ~*** ⟨*inv*⟩ aschblond, -grau; ***cheveux ~s*** aschblonde Haare *n/pl*; ***lumière ~e*** fahles Licht

cendrée [sɑ̃dʀe] *f* **1** SPORTS Aschenbahn *f* **2** CH kleine Schrotkugeln *f/pl*; Vogeldunst *m* **cendreux** *adj* ⟨**-euse**⟩ **1** *teint* (asch)grau; (asch)fahl **2** *sol etc* aschehaltig; aschig

cendrier [sɑ̃dʀije] *m* Asch(en)becher *m*; F Ascher *m*

Cendrillon [sɑ̃dʀijõ] *f* Aschenbrödel *n*, -puttel *n*

Cène [sɛn] *f* **a)** BIBL *et* ART Abendmahl *n*; **b)** ÉGL PROT ***(sainte)*** **~** (heiliges) Abendmahl

cens [sɑ̃s] *m* HIST Zensus *m*; ***~ électoral*** Wahlzensus *m*

censé [sɑ̃se] *adj* ***il est ~ être malade*** man nimmt an, dass er krank ist; er gilt als krank; man hält ihn für krank; er soll krank sein; ***je ne suis pas ~ le savoir*** man kann von mir nicht verlangen *ou* erwarten, dass ich es weiß; ***nul n'est ~ ignorer la loi*** Unkenntnis des Gesetzes schützt nicht vor Strafe

censément [sɑ̃semɑ̃] *adv* (*apparemment*) anscheinend; (*pratiquement*) so gut wie

censeur [sɑ̃sœʀ] *m* **1** LYCÉE *autrefois* Assistent des Direktors, der für die allgemeine Disziplin verantwortlich ist **2** CIN, PRESSE Zensor *m*; *fig* strenger Kritiker, Richter; Sittenrichter *m*

censitaire [sɑ̃sitɛʀ] *adj* HIST ***suffrage*** *m* **~** Zensuswahlrecht *n*

censure [sɑ̃syʀ] *f* **1** Zensur *f*; (***commission*** *f* ***de***) **~** Zensur(behörde *f*, -stelle *f*) *f* **2** POL ***motion*** *f* ***de ~*** Misstrauensantrag *m*

censurer [sɑ̃syʀe] *v/t* **1** **a)** (*interdire*) ***~ un film*** die Aufführung eines Films verbieten; ***~ un livre*** das Erscheinen eines Buches verbieten; ***~ une scène, un passage*** eine Szene, eine Passage streichen; **b)** (*contrôler*) zensieren; *adjt* ***film censuré*** zensierter *ou* von der Zensur verbotener Film **2** POL ***~ le gouvernement*** der Regierung das Misstrauen aussprechen **3** *litt* (*critiquer*) scharf kritisieren; streng ins Gericht gehen mit

cent[1] [sɑ̃] **I** *num/c* (ein)hundert; *loc/adj* ***de ~ ans*** [-tɑ̃] hundertjährig; ♦ ***deux ~(s)*** ⟨*bei folgender Zahl sowie als Ordnungszahl ohne* **s**⟩ zweihundert; ***dix-huit ~(s)*** *ou* ***mille huit ~(s)*** achtzehnhundert; (ein)tausendachthundert; ***l'an quinze ~*** das Jahr fünfzehnhundert; ***trois ~s hommes*** [-zɔm] dreihundert Mann; ***trois ~ dix pages*** dreihundertzehn Seiten; ***page trois ~*** Seite dreihundert; ♦ *fig, par exagération*: F ***~ sept ans*** F e-e Ewigkeit; ewig; ***~ fois*** zehn-, hundertmal; ***vous avez ~ fois raison*** Sie haben hundertprozentig Recht; ***c'est ~ fois mieux*** das ist zehn-, hundertmal besser; ***faire les ~ pas*** hin und her gehen; auf und ab gehen; ***je parie ~ contre un*** *ou* ***il y a ~ à parier contre un que ...*** ich wette zehn *ou* hundert gegen eins, dass ... **II** *m* **1** *chiffre* Hundert *f*; *südd a* Hunderter *m*; → *a* ***deux II*** **2** *quantité* Hundert *n*; ***un ~ de*** hundert **3** ***pour ~*** Prozent *n*; ***cinq pour ~ (5 %)*** fünf Prozent (5 %); fünf vom Hundert (*abr* v. H.); ***100 % laine*** 100 % Wolle; ***augmentation*** *f* ***de dix pour ~*** zehnprozentige Erhöhung; Erhöhung *f* von 10 %; ***intérêt*** *m* ***de 7 %*** 7 % Zinsen; ♦ *fig* ***Breton*** *etc* **(à)** ***~ pour ~*** hundertprozentiger, typischer, F waschechter Bretone *etc*

cent[2] [sɑ̃] *m* **~** ***(d'euro)*** (Euro)Cent [-(t)sɛnt] *m*

cent[3] [sɛnt] *m monnaie aux États-Unis etc* Cent [(t)sɛnt] *m*

centaine [sɑ̃tɛn] *f* **1** Hundert *n*; ***une ~*** etwa, ungefähr, rund, zirka, an die hundert (***de personnes*** Leute, Personen); ***par ~s*** zu Hunderten *ou* hunderten **2** *dans les nombres* Hunderter *m*

centaure [sɑ̃tɔʀ] *m* MYTH Zentaur *ou* Kentaur *m*

centaurée [sɑ̃tɔʀe] *f* BOT Flockenblume *f*

centavo [sɑ̃tavo] *m pour des monnaies d'Amérique latine* Centavo [s-] *m*

centenaire [sɑ̃tnɛʀ] **I** *adj* hundertjährig; hundert Jahre alt; ***deux fois ~*** zweihundertjährig; ***plusieurs fois ~*** mehrere hundert Jahre alt; ***devenir ~*** (über) hundert Jahre (alt) werden **II** *subst* **1** *m,f personne* Hundertjährige(r) *f(m)* **2** *m anniversaire* hundertster Jahrestag; hundertjähriges Jubiläum; Hundertjahrfeier *f*; *d'une ville* ***'huitième ~*** achthundertjähriges Bestehen; ***le quatrième ~ de sa mort, de sa naissance*** sein vierhundertster Todes-, Geburtstag; ***célébrer, fêter le ~ de la ville*** die Hundertjahrfeier der Stadt begehen; das hundertjährige Bestehen der Stadt feiern

centésimal [sɑ̃tezimal] *adj* ⟨**-aux**⟩ zentesimal; Zentesimal...; hundertteilig

centième [sɑ̃tjɛm] **I** *num/o* hundertste(r, -s) **II** *subst* **1** ***le, la ~*** der, die, das Hundertste **2** *m* MATH

Hundertstel *n*; **~ *de seconde*** Hundertstelsekunde *f* **3** THÉ ***la ~*** die hundertste Aufführung

centigrade [sɑ̃tigʀad] *adj* ***degré m ~*** Grad *m* Celsius

centigramme [sɑ̃tigʀam] *m* (*abr* ***cg***) Zentigramm *n* (*abr* cg) **centilitre** *m* (*abr* ***cl***) Zentiliter *m ou n* (*abr* cl)

centime [sɑ̃tim] *m* Cent [(t)sɛnt] *m*; *en Suisse* Rappen *m*; HIST *en France, en Belgique* Centime *m*; ***~ d'euro*** Eurocent [-(t)sɛnt] *m*; HIST ***pièce f de dix ~s*** Zehncentimestück *n*, -münze *f*; *fig*: ***n'avoir pas un ~*** keinen Pfennig haben; ***je n'ai pas eu à dépenser un ~*** ich brauchte keinen Pfennig auszugeben

centimètre [sɑ̃timɛtʀ] *m* **1** (*abr* ***cm***) Zentimeter *m ou n* (*abr* cm); ***~ carré, cube*** Quadrat-, Kubikzentimeter *m ou n* **2** ***~*** (***de couturière***) Zentimetermaß *n*

centrafricain [sɑ̃tʀafʀikɛ̃] **I** *adj* zentralafrikanisch; ***la République ~e*** die Zentralafrikanische Republik **II** *subst* ***Centrafricain(e)*** *m(f)* Zentralafrikaner(in) *m(f)*

centrage [sɑ̃tʀaʒ] *m* TECH, OPT Zentrierung *f*; AVIAT Trimmung *f*

central [sɑ̃tʀal] ⟨*m/pl* **-aux**⟩ **I** *adj* zentral; Zentral...; Mittel...; Haupt...; zentral *ou* im Mittelpunkt gelegen; ***administration ~e*** Zentralverwaltung *f*; zentrale Verwaltung; ***l'Amérique ~e*** Mittelamerika *n*; ***l'Asie ~e*** Inner-, Zentralasien *n*; POL ***comité ~*** Zentralkomitee *n* (*abr* ZK); ***École ~e*** (***des arts et manufactures***) *ou subst* ***Centrale*** *f Hochschule zur Ausbildung von Ingenieuren in Paris*; ***l'Europe ~e*** Mitteleuropa *n*; ***d'Europe ~e*** mitteleuropäisch; ***maison, prison ~e*** *ou subst* ***~e*** *f* Zentralgefängnis *n*; Zuchthaus *n*; ***partie ~e*** Mitte(lteil) *f(m)*; zentraler Teil; Zentrum *n*; ***thème ~*** zentrales Thema; Hauptthema *n*; *quartier* ***c'est très ~*** es ist sehr zentral gelegen; es liegt sehr zentral **II** *subst* **1** *m* ***~*** (***téléphonique***) (Telefon)Zentrale *f*, (-)Vermittlung *f*; Fern(melde)amt *n* **2** *f* ***~e syndicale, ouvrière*** Gewerkschaftsbund *m* **3** *f* ***~e*** (***électrique***) Kraftwerk *n*; Elektrizitätswerk *n*; E-Werk *n*; ***~e atomique, nucléaire*** Atom-, Kernkraftwerk *n*; ***~e hydro-électrique, solaire, thermique*** Wasser-, Sonnen-, Wärmekraftwerk *n* **4** *f* COMM ***~e d'achat*** Einkaufszentrale *f*

centralisateur [sɑ̃tʀalizatœʀ] *adj* ⟨**-trice**⟩ zentralisierend; zentralistisch **centralisation** *f* Zentralisierung *f*; Zentralisation *f*

centraliser [sɑ̃tʀalize] *v/t* zentralisieren; zusammenfassen; sammeln; *adjt* ***centralisé*** zentralisiert

centralisme [sɑ̃tʀalism] *m* Zentralismus *m* **centraliste** **I** *adj* zentralistisch **II** *m,f* Anhänger(in) *m(f)* des Zentralismus

centre [sɑ̃tʀ] *m* **1** Mittelpunkt *m* (*a* MATH); Zentrum *n*; Mitte *f*; ***le ~ de la France*** *ou* ***le Centre*** Mittelfrankreich *n*; ***~ de la Terre*** Mittelpunkt der Erde; Erdmittelpunkt *m*; ***~ de la ville*** Stadtzentrum *n*, -mitte *f*; Zentrum der Stadt; *panneau* ***~ ville*** (zur) Stadtmitte; ***au ~*** in der Mitte (***de*** *gén*); ***en plein ~ de*** mitten in (*+dat*); ***habiter en plein ~*** in der Stadtmitte, im Zentrum wohnen **2** PHYS Mittelpunkt *m*; ***~ de gravité*** Schwerpunkt *m* **3** PHYSIOL ***~ nerveux*** Nervenzentrum *n* (*a fig*); ***~s vitaux*** lebenswichtige Organe *n/pl*; *fig* lebenswichtige Einrichtungen *f/pl* **4** **a)** *ville, lieu* Zentrum *n*; Hauptort *m*; ***~ agricole*** Hauptort e-s ländlichen Gebiets; ***~ industriel, touristique*** Industrie-, Fremdenverkehrszentrum *n*; ***grands ~s urbains*** Großstädte *f/pl*; **b)** *dans une ville* Viertel *n*; ***~ des affaires*** Geschäftsviertel *n* **5** (*service centralisateur*) Zentrum *n*; Zentrale *f*; Stelle *f*; Anstalt *f*; Institut *n*; ***~ commercial*** Einkaufszentrum *n*; ***~ culturel*** Bildungs-, Kulturzentrum *n*; ***~ hospitalier*** Krankenhaus *n*; ***Centre national de la recherche scientifique*** → ***CNRS***; ***~ d'accueil*** *pour touristes etc* Beratungs- und Informationsstelle *f*; Betreuungsstelle *f*; *pour réfugiés* Auffanglager *n*; ***~ de chèques postaux*** Postgiroamt *n*; Postscheckamt *n*; ***~ de documentation*** Dokumentationszentrum *n*, -stelle *f*; ***~ d'enseignement par correspondance*** *ou* ***~ de téléenseignement*** Fernlehrinstitut *n*; ***~ de formation professionnelle*** Berufsbildungszentrum *n*; ***~ de loisirs*** Freizeitzentrum *n*; ***~ de recherches, d'études*** Forschungsinstitut *n*, -zentrum *n*, -stätte *f*; ***~ de santé*** → ***dispensaire***; ***~ de vacances*** Ferienzentrum *n* **6** POL Mitte *f*; ***~ gauche*** gemäßigte Linke; linke Mitte; ***parti*** *m* ***du ~*** Partei *f* der Mitte **7** *fig* Mittel-, Brennpunkt *m*; ***~ d'attraction*** (Haupt)Anziehungspunkt *m*; Magnet *m*; ***~ d'intérêt*** a) Mittel-, Brennpunkt des Interesses; b) (zentrales) Thema; *adjt* ***idée f ~*** zentraler Gedanke; ***être au ~ de l'actualité*** hochaktuell sein; ***être au ~ de la discussion*** im Mittelpunkt der Diskussion stehen **8** SPORTS **a)** *joueur* (***avant*** *m*) ***~*** Mittelstürmer *m*; **b)** *passe* Flanke *f*

centrer [sɑ̃tʀe] **I** *v/t* **1** (*disposer au centre*) in die Mitte setzen, rücken; PHOT in den Bildmittelpunkt legen **2** TECH zentrieren (*a* OPT); AVIAT trimmen **3** *fig* ***être centré sur*** sich drehen um; zum Gegenstand haben; gerichtet sein auf (*+acc*) **II** *v/i* SPORTS (zur Mitte) flanken

centrifugation [sɑ̃tʀifygasjõ] *f* Zentrifugieren *n*

centrifuge [sɑ̃tʀifyʒ] *adj* PHYS zentrifugal; ***force f ~*** Zentrifugal-, Flieh-, Schwungkraft *f*

centrifuger [sɑ̃tʀifyʒe] *v/t* ⟨**-geons**⟩ zentrifugieren; schleudern **centrifugeur** *m ou* **centrifugeuse** *f* Zentrifuge *f*

centripète [sɑ̃tʀipɛt] *adj* PHYS zentripetal; ***force f ~*** Zentripetalkraft *f*

centriste [sɑ̃tʀist] POL **I** *adj* der Mitte **II** *m,f* Abgeordnete(r) *f(m)* *ou* Kandidat(in) *m(f)* der Mitte

centuple [sɑ̃typl] **I** *adj* hundertfach **II** *subst* ***le ~*** das Hundertfache; ***au ~*** hundertfach (*a fig*)

centupler [sɑ̃typle] **I** *v/t* verhundertfachen **II** *v/i* sich verhundertfachen; auf das Hundertfache steigen

centurie [sɑ̃tyʀi] *f dans la Rome antique* Zenturie *f*

centurion [sɑ̃tyʀjõ] *m* HIST Zenturio *m*

cénure [senyʀ] *m* VÉT, ZO Drehwurm *m*

cep [sɛp] *m* ***~*** (***de vigne***) Wein-, Rebstock *m*

cépage [sepaʒ] *m* Rebsorte *f*

cèpe [sɛp] *m* BOT Steinpilz *m*

cependant [s(ə)pɑ̃dɑ̃] *conj* jedoch; doch; indessen; dennoch; *litt* ***~ que*** während

céphalée [sefale] *f sc* MÉD Kopfschmerzen *m/pl*

céphalique [sefalik] *adj* ANAT, MÉD Kopf...

céphalopode [sefalɔpɔd] *m* ZO Kopffüßer *m* **céphalo-rachidien** *adj* ⟨**~ne**⟩ ANAT, MÉD Gehirn-Rückenmarks-...

céramique [seʀamik] **I** *adj* keramisch; Keramik... **II** *f* Keramik *f*; *loc/adj* ***de, en ~*** Keramik...

céramiste [seʀamist] *m,f* Keramiker(in) *m(f)*

cérat [seʀa] *m* PHARM Wachssalbe *f*
cerbère [sɛʀbɛʀ] *m* MYTH ***Cerbère*** *et fig* Zerberus *m*; *myth a* Höllenhund *m*
cerceau [sɛʀso] *m* ⟨*pl* **~x**⟩ 1 *de tonneau* Reifen *m*; Fassband *n*; *d'acrobate, jouet* Reif(en) *m*; ***jouer au ~*** den Reifen treiben 2 *pl* **~x** (*arceaux*) bogenförmiges Gestell
cerclage [sɛʀklaʒ] *m des tonneaux* Bereifen *n*; Binden *n*
cercle [sɛʀkl] *m* 1 Kreis *m* (*a* MATH, GÉOGR); ***~ polaire*** Polarkreis *m*; ***entourer qc d'un ~*** e-n Kreis um etw beschreiben, machen; etw mit e-m Kreis umranden 2 *de personnes* Kreis *m*; Ring *m*; ***~ d'admirateurs, de curieux*** Kreis, Schar *f* von Verehrern, Neugierigen; ***faire ~ autour de qn*** sich um j-n scharen; j-n umringen; ***former un ~ autour de qn, qc*** um j-n, etw e-n Kreis bilden 3 *fig* (*groupe*) Kreis *m*; Zirkel *m*; (*club*) Klub *m*; *de dames* Kränzchen *n*; ***~ militaire*** (Offiziers)Kasino *n*; ***~ d'amis*** Kreis von Freunden; Freundeskreis *m*; ***~ d'études*** Arbeitsgemeinschaft *f*, -kreis *m*; ***~ de famille*** Kreis der Familie; ***~ de relations*** Bekanntenkreis *m* 4 *fig* (*étendue*) Bereich *m*; Kreis *m*; Umfang *m*; ***~ magique*** Zauber-, Bannkreis *m*; ***~ vicieux*** Teufelskreis *m*; Circulus vitiosus *m* 5 (*anneau*) Ring *m*; (*cerceau*) (Fass)Reifen *m*
cercler [sɛʀkle] *v/t* ***~ une roue*** ein Rad beschlagen; ***~ un tonneau*** ein Fass bereifen, binden; *adjt* ***lunettes cerclées d'or*** Brille *f* mit Goldrand
cercopithèque [sɛʀkɔpitɛk] *m* ZO Meerkatze *f*
cercueil [sɛʀkœj] *m* Sarg *m*; ***mettre dans un*** *ou* ***le ~*** in e-n *ou* den Sarg legen; einsargen
Cerdagne [sɛʀdaɲ] ***la ~*** *Landschaft in den Pyrenäen*
céréale [seʀeal] *f* 1 Getreideart *f* 2 **~s** *pl* Getreide *n* 3 *au petit-déjeuner* **~s** *pl* Getreideflocken *f/pl*
céréalier [seʀealje] I *adj* ⟨**-ière**⟩ Getreide…; ***culture céréalière*** Getreideanbau *m* II *m* Getreideproduzent *m*
cérébelleux [seʀebɛ(l)lø] *adj* ⟨**-euse**⟩ ANAT, MÉD Kleinhirn…; *sc* zerebellar…
cérébral [seʀebʀal] *adj* ⟨**-aux**⟩ 1 ANAT, MÉD Gehirn…; (Groß)Hirn…; ***hémorragie ~e*** Gehirnblutung *f*; ***mort ~e*** Gehirntod *m* 2 (*intellectuel*) geistig; Geistes…; *subst* ***c'est un ~*** er ist ein Verstandesmensch
cérébro-spinal [seʀebʀospinal] *adj* ⟨**-aux**⟩ ANAT zerebrospinal
cérémonial [seʀemɔnjal] *m* ⟨*pl* **-als**⟩ 1 Zeremoniell *n* (*a* REL) 2 *fig* Ritual *n*; Zeremoniell *n*
cérémonie [seʀemɔni] *f* 1 Zeremonie *ou* Zeremonie *f*; Feier(lichkeit) *f*; (*mariage*) ***~ civile, religieuse*** standesamtliche, kirchliche Trauung; ***~ d'inauguration*** Eröffnungszeremonie *f*, -feier(lichkeit) *f*; ***~ du mariage*** Trauung *f*; Trauungszeremonie *f*; ***tenue f de ~*** feierliche Kleidung; Gesellschaftsanzug *m* 2 *péj* Förmlichkeit *f*; übertriebene Höflichkeit; *loc/adv*: ***en grande ~*** umständlich; feierlich; förmlich; mit großem Pomp, Aufwand; ***sans ~*** zwanglos; ohne Umstände; ungezwungen; ***faire des ~s*** sich zieren; sich nötigen lassen; Umstände machen
cérémonieux [seʀemɔnjø] *adj* ⟨**-euse**⟩ zeremoniell; zeremoniös; förmlich
cerf [sɛʀ] *m* ZO Hirsch *m*
cerfeuil [sɛʀfœj] *m* BOT Kerbel *m*
cerf-volant [sɛʀvɔlɑ̃] *m* ⟨*pl* **cerfs-volants**⟩ 1 (Papier)Drachen *m*; ***lancer un ~*** e-n Drachen steigen lassen 2 ZO Hirschkäfer *m*
cerisaie [s(ə)ʀizɛ] *f* Kirschgarten *m*
cerise [s(ə)ʀiz] *f* 1 BOT Kirsche *f*; ***~s anglaises*** Sauerkirschen *f/pl*; ***devenir rouge comme une ~*** knall-, puterrot werden 2 *adjt* (**rouge**) ~ ⟨*inv*⟩ kirschrot 3 F *fig* ***avoir la ~*** Pech haben
cerisier [s(ə)ʀizje] *m* 1 BOT Kirschbaum *m*; Kirsche *f* 2 *bois* Kirschbaum(holz) *m*(*n*)
CERN [sɛʀn] *m abr* (*Organisation européenne [jusqu'en 1954 Conseil européen] pour la recherche nucléaire*) *Europäisches Laboratorium für Teilchenphysik in Genf*
cerne [sɛʀn] *m* 1 *autour des yeux* **~s** *pl* Ringe *m/pl* (um die Augen); Schatten *m/pl* (unter den Augen) 2 *d'un dessin* Strich *m* zum Hervorheben von Konturen
cerné [sɛʀne] *adj* ***avoir les yeux ~s*** (tiefe) Schatten unter den Augen, (dunkle) Ringe um die Augen haben
cerneau [sɛʀno] *m* ⟨*pl* **~x**⟩ BOT halb reifer Nusskern
cerner [sɛʀne] *v/t* 1 einkreisen; einschließen; umzingeln; umstellen; MIL, POLICE *a* abriegeln 2 *fig* ***~ un problème*** ein Problem klar erkennen, erfassen; ein Problem ausleuchten 3 *st/s* (*entourer*) umgeben; *dessin* konturieren
certain [sɛʀtɛ̃] I *adj* ⟨*nach dem subst od prädikativ*⟩ **a)** *fait, preuve etc* sicher; zuverlässig; *fait a* feststehend; ***c'est ~*** das ist sicher, gewiss; das steht fest; ***il est ~ qu'il ne viendra pas*** es steht fest *ou* ist sicher, dass er nicht kommt; er kommt ganz bestimmt nicht; ***faire des progrès ~s*** entschieden Fortschritte machen; **b)** *personne* ***être ~ de qc*** e-r Sache (*gén*) sicher sein; ***j'en suis ~*** dessen bin ich sicher, gewiss; ***être ~ de*** (*+inf*) *ou* ***que …*** sicher sein zu (*+inf*) *ou* dass … II *adj/ind* ⟨*vor dem subst*⟩ gewisse(r, -s); bestimmte(r, -s); einige(r, -s); manche(r, -s); *souvent péj* ***un ~ X*** ein gewisser X; ***d'un ~ âge*** [sɛʀtɛnɑʒ] nicht mehr ganz jung; schon etwas älter; mittleren Alters; *iron* ***non pas d'un ~ âge, mais d'un âge ~*** wirklich nicht mehr im ersten Frühling; ***à partir d'un ~ âge*** von e-m gewissen, bestimmten Alter an; ***dans ~s cas*** in gewissen, bestimmten, einigen, manchen Fällen; ***à ~es heures*** zu gewissen, bestimmten Stunden, Zeiten; ***~ jour que …*** e-s Tages, als …; ***je me rappelle ~s jours où …*** ich erinnere mich an gewisse, manche Tage, wo *ou* da …; ***un ~ nombre de fois*** einige Mal(e); ***~es personnes*** gewisse Leute; einige, manche (Leute); ***au bout d'un ~ temps*** nach einiger, e-r gewissen Zeit III *pr/ind* **~s** *pl* gewisse Leute; einige, manche (Leute); ***~s de ses collègues*** einige, manche s-r Kollegen
certainement [sɛʀtɛnmɑ̃] *adv* sicher(lich); gewiss; bestimmt; *réponse* (**mais**) **~** allerdings; (aber) sicher, gewiss, bestimmt; ***il viendra ~ demain*** *ou* F ***~ qu'il viendra demain*** er kommt ganz bestimmt morgen; bestimmt, sicher kommt er morgen
certes [sɛʀt] *adv st/s* 1 *affirmatif* gewiss; sicher; *st/s* wahrlich; gewisslich 2 *concessif* gewiss; zwar; freilich; ***il a de la bonne volonté, ~, mais …*** er ist gewiss, zwar gutwillig, aber …
certificat [sɛʀtifika] *m* Zeugnis *n*; Bescheinigung *f*; Schein *m*; Nachweis *m*; Attest *n*; Bestätigung *f*; Zertifikat *n*; ***~ médical*** ärztliches Zeugnis, Attest; ärztliche Bescheinigung; ***~ d'arrêt de travail*** Ar-

C

certain und die Wahrscheinlichkeit

Il est certain qu'il s'est trompé. – Es steht fest, dass er sich getäuscht hat.

Unpersönliche Ausdrücke wie **il est certain que** beziehen sich auf die Wahrscheinlichkeit eines Ereignisses oder Geschehnisses. Handelt es sich um Gewissheit – wie in unserem Beispiel – oder einen hohen Wahrscheinlichkeitsgrad, so folgt der indicatif. Nimmt der Grad der Wahrscheinlichkeit ab, so steht das Verb im subjonctif:

Wahrscheinlichkeitsgrad	Modus	Beispiel
sicher	indicatif	**Il est certain que** Jean **est** le malfaiteur.
sehr wahrscheinlich	indicatif	**Il est probable que** Jean **est** le malfaiteur. **Il est vraisemblable que** Jean **est** le malfaiteur.
möglich	subjonctif	**Il est possible que** Jean **soit** le malfaiteur. **Il se peut que** Jean **soit** le malfaiteur. **Il n'est pas exclu que** Jean **soit** le malfaiteur.
unwahrscheinlich	subjonctif	**Il est peu probable que** Jean **soit** le malfaiteur. **Il est douteux que** Jean **soit** le malfaiteur.
ausgeschlossen	subjonctif	**Il est impossible que** Jean **soit** le malfaiteur. **Il est exclu que** Jean **soit** le malfaiteur.

beitsunfähigkeitsbescheinigung *f*; **~ *d'études* (*primaires*)** Volksschulabschluss(zeugnis) *m(n)*; **~ *de scolarité*** Bescheinigung über den regelmäßigen Schulbesuch; **~ *de travail*** Arbeitszeugnis *n*, -bescheinigung *f*; **~ *de vaccination*** Impfzeugnis *n*, -schein *m*; → *a* ***CAP, CAPES***

certification [sɛʀtifikasjõ] *f* ADM Beglaubigung *f*

certifié(e) [sɛʀtifje] *m(f) ou adj* ***professeur certifié*** Gymnasiallehrer(in) *m(f)* mit CAPES; *correspond à* Studienrat *m*, -rätin *f*

certifier [sɛʀtifje] *v/t* **1** **~ *qc à qn*** j-m etw bestätigen; *st/s* j-n e-r Sache (*gén*) versichern; **~ *à qn que …*** j-m bestätigen, versichern, dass … **2** JUR, ADM beglaubigen; *adjt* ***copie certifiée conforme*** beglaubigte Abschrift

certitude [sɛʀtityd] *f* Sicherheit *f*; Gewissheit *f*; ***avec* ~** mit Sicherheit; ***avoir la* ~ *de*** (*+inf*) *ou* ***que …*** die Gewissheit haben zu (*+inf*) *ou* dass …; sicher, gewiss sein, dass …; ***c'est une* ~** das ist sicher, gewiss; das steht fest

cérumen [seʀymɛn] *m* Ohrenschmalz *n*

céruse [seʀyz] *f* CHIM, PEINT Bleiweiß *n*

Cervantès [sɛʀvɑ̃tɛs] *m écrivain espagnol* Cervantes *m*

cerveau [sɛʀvo] *m* ⟨*pl* **~x**⟩ **1** ANAT (Ge)Hirn *n*; *au sens strict* Großhirn *n*; F *fig* ***avoir le* ~ *fêlé*** F eine Macke haben; nicht alle Tassen im Schrank haben **2** *fig personne* Kopf *m*; ***un grand* ~** ein bedeutender Kopf; ein großer Wissenschaftler; ***fuite f des* ~x** Brain-Drain ['breːndreːn] *m* **3** *fig d'une entreprise etc* Gehirn *n*; (Schalt)Zentrale *f* **4** **~ *électronique*** Elektronengehirn *n*

cervelas [sɛʀvəla] *m* CUIS Fleischwurst *f*

cervelet [sɛʀvəlɛ] *m* ANAT Kleinhirn *n*

cervelle [sɛʀvɛl] *f* **1** Hirnsubstanz *f*, -masse *f*; ***se brûler*** *ou* ***se faire sauter la* ~** sich (*dat*) e-e Kugel durch den Kopf schießen, jagen **2** CUIS Hirn *n*; *nordd* Bregen *m* **3** *fig* Hirn *n*; Verstand *m*; ***avoir une* ~ *d'oiseau*** *ou* ***une petite* ~** F ein Spatzenhirn haben; keine Grütze im Kopf haben; ***il n'a pas de* ~** *ou* ***c'est une tête sans* ~** er hat ein Gedächtnis wie ein Sieb; → *a* ***creuser*** *III 2*

cervical [sɛʀvikal] *adj* ⟨**-aux**⟩ ANAT **1** (*du cou*) Hals…; Nacken…; *sc* zervikal; ***douleur* ~e** Genick-, Nackenschmerzen *m/pl*; ***vertèbre* ~e** Halswirbel *m* **2** (*du col de l'utérus*) Gebärmutterhals…; *sc* zervikal

cervidés [sɛʀvide] *m/pl* ZO Hirsche *m/pl*

Cervin [sɛʀvɛ̃] ***le mont* ~** das Matterhorn

cervoise [sɛʀvwaz] *f* HIST Bier *n*

ces → ***ce***

C.E.S. [seəɛs] *m abr* (*collège d'enseignement secondaire*) *correspond à* Realschule *f*; Progymnasium *n*

Césaire [sezɛʀ] *m Vorname*

César [sezaʀ] *m* HIST Cäsar *m*

césarienne [sezaʀjɛn] *f* MÉD Kaiserschnitt *m*

césium [sezjɔm] *m* CHIM Cäsium *n*

cessant [sɛsɑ̃] *loc/adv* ADM ***toute(s) affaire(s)* ~*e(s)*** vordringlich; vor allem anderen; unverzüglich; sofort

cessation [sɛsasjõ] *f* Einstellung *f*; Aufhören *n*; **~ *de commerce*** Geschäftsaufgabe *f*; JUR **~ *de paiements*** Zahlungseinstellung *f*

cesse [sɛs] *f* **1** *loc/adv* ***sans* ~** unaufhörlich; ständig; dauernd; rastlos **2** ***n'avoir (pas) de* ~ *que …*** (*+subj*) *ou* ***avant de*** (*+inf*) nicht ruhen und rasten,

C

bis ...; nicht eher ruhen, (als) bis ...; keine Ruhe geben, bis (nicht) ...

cesser [sese] **I** *v/t* einstellen; aufhören mit; ***cessez vos bavardages!*** hört auf mit eurem Gerede!; ***~ le combat*** den Kampf abbrechen; die Kampfhandlungen einstellen; ***~ la fabrication d'un modèle*** ein Modell nicht mehr herstellen; ***~ ses fonctions*** aus dem Amt scheiden; ***~ le travail*** die Arbeit niederlegen, einstellen; ♦ ***~ de*** (*+inf*) aufhören zu (*+inf*); (*a* ***avoir cessé de*** [*+inf*]) nicht mehr (*+verbe conjugué*); ***ne pas ~ de*** (*+inf*), *st/s* ***ne ~ de*** (*+inf*) nicht aufhören zu (*+inf*); unaufhörlich, ständig, dauernd (*+verbe conjugué*); ***il n'a pas cessé de bavarder*** er hat dauernd, unaufhörlich geschwatzt; *loi* ***~ d'être en vigueur*** außer Kraft treten; *influence* ***~ de se faire sentir*** nicht mehr spürbar sein; ***avoir cessé de vivre*** tot sein; nicht mehr sein **II** *v/i* aufhören; *musique, récit, lien a* abbrechen; *combat, feu a* eingestellt werden; *influence* nicht mehr wirken, wirksam sein; ***faire ~ qc*** e-r Sache (*dat*) ein Ende machen

cessez-le-feu [seselfø] *m* ⟨*inv*⟩ Waffenruhe *f*; Feuereinstellung *f*

cessible [sesibl] *adj* JUR übertragbar; abtretbar

cession [sɛsjõ] *f* JUR Übertragung *f*; Überlassung *f*; Abtretung *f* (*a d'une créance*); Zession *f*; *de commerce* Abgabe *f*; (*vente*) Veräußerung *f*

c'est [sɛ, se] → ***être¹*** *III 2*

c'est-à-dire [setadiʀ] *loc/conj* (*abr* ***c.-à-d.***) das heißt (*abr* d. h.); nämlich; also; ***~ que*** das heißt (, dass); *excuse* ***~ que nous sommes invités chez ...*** oh, das geht leider nicht, wir sind bei ... eingeladen

césure [sesyʀ] *f d'un vers* Zäsur *f*

cet → ***ce***

cétacé [setase] *m* ZO Wal *m*

cétone [setɔn] *f* CHIM Keton *n*

cette → ***ce***

ceux → ***celui***

Cévennes [sevɛn] ***les ~*** *f/pl* die Cevennen *pl*

cévenol [sev(ə)nɔl] *adj* (*et subst* ***Cévenol*** Bewohner) der Cevennen

Ceylan [sɛlɑ̃] HIST Ceylon *n*

ceylanais [sɛlanɛ] **I** *adj* ceylonesisch **II** *subst* ***Ceylanais(e)*** *m(f)* Ceylonese, -nesin *m,f*

cf. *abr* (*confer, « reportez-vous à »*) vgl. (vergleiche) *ou* cf.

CFA [seɛfa] *adjt abr* (*Communauté financière africaine*) ***franc*** *m* ***~*** CFA-Franc *m* (*Währung der „Afrikanischen Finanzgemeinschaft"*)

CFC [seɛfse] *m/pl abr* (*chlorofluorocarbones*) FCKW *m/pl* (Fluorchlorkohlenwasserstoffe)

CFDT [seɛfdete] *f abr* (*Confédération française démocratique du travail*) *sozialistisch orientierte Gewerkschaft*

CFTC [seɛftese] *f abr* (*Confédération française des travailleurs chrétiens*) *christliche Gewerkschaft*

CGC [seʒese] *f abr* (*Confédération générale des cadres*) *Angestelltengewerkschaft*

CGT [seʒete] *f abr* (*Confédération générale du travail*) *kommunistisch orientierte Gewerkschaft*

ch *abr* (*cheval-vapeur ou chevaux-vapeur*) PS (Pferdestärke[n])

Chaban-Delmas [ʃabɑ̃dɛlmas] ***Jacques ~*** *frz Politiker*

chabichou [ʃabiʃu] *m ein Ziegenkäse aus Poitou*

chablis [ʃabli] *m ein Weißwein aus Burgund*

chabrol [ʃabʀɔl] *m ou* **chabrot** [ʃabʀo] *m* Wein *m* mit Fleischbrühe

chacal [ʃakal] *m* ⟨*pl* **-als**⟩ ZO Schakal *m*

cha-cha-cha [tʃatʃatʃa] *m* Cha-Cha-Cha ['tʃa'tʃa-'tʃa] *m*

chacon(n)e [ʃakɔn] *f danse*, MUS Chaconne *f*

chacun [ʃakɛ̃, -kœ̃] *pr/ind* ⟨**chacune** [ʃakyn]⟩ **1** jede(r, -s) (Einzelne); ***~ de nous*** *ou* ***d'entre nous*** jeder von uns; ***~ des deux*** jeder der beiden; alle beide, zwei; ***partir ~ de son côté*** auseinandergehen; ***ils ont rempli ~ leur*** *ou* ***sa mission*** jeder (von ihnen) hat s-n Auftrag erfüllt; *en distribuant* ***~ le sien*** jeder einen (für sich); ***il leur consacre dix minutes ~*** er widmet jedem zehn Minuten; → *a* ***tour²*** *7* **2** ⟨*nur m*⟩ jeder(mann); *st/s* ***tout un ~*** jedermann; ein jeder; ***à ~ selon son mérite*** jedem nach s-m Verdienst; *prov* ***~ pour soi et Dieu pour tous*** jeder für sich und Gott für uns alle (*prov*) **3** *plais* ***~ sa ~e*** jeder mit e-r, s-r Dame

chafouin [ʃafwɛ̃] *adj* durchtrieben; verschlagen; ***visage ~*** *a* Fuchsgesicht *n*

Chagos [ʃagos], [ʃagɔs] ***les îles*** *f/pl* ***~*** die Tschagosinseln *f/pl*

chagrin [ʃagʀɛ̃] **I** *adj* **1** *st/s* (*triste*) bekümmert; bedrückt; betrübt **2** *litt* (*morose*) griesgrämig; verdrießlich; grämlich **II** *m* **1** Kummer *m*; Gram *m*; Betrübnis *f*; Leid *n*; ***grand ~*** großer Kummer; großes Leid; *d'un enfant* ***gros ~*** großer Kummer; ***~ d'amour*** Liebeskummer *m*; ***~ d'enfant*** kindlicher Kummer, Schmerz; ***avoir du ~*** Kummer haben; ***elle en a eu beaucoup de ~*** das hat ihr großen Kummer gemacht; ***faire, causer du ~ à qn*** j-m Kummer machen, bereiten; j-m Leid verursachen, bringen; ***mourir de ~*** vor Kummer, an gebrochenem Herzen sterben **2** *cuir* Chagrin(leder) *n*

chagriner [ʃagʀine] *v/t* **1** (*attrister*) bekümmern; betrüben; bedrücken **2** (*contrarier*) (ver)ärgern; verdrießen

chah [ʃa] *m* HIST ***le ~ (d'Iran)*** der Schah (von Persien)

chahut [ʃay] *m à l'école* Krach *m*; F Radau *m*; Rabatz *m*; ***faire du ~*** Krach *etc* machen

chahuter [ʃayte] **I** *v/t* ***~ un conférencier*** e-n Redner dauernd unterbrechen (und niederschreien); ***~ un professeur*** den Unterricht e-s Lehrers dauernd stören; *professeur* ***il est chahuté*** *ou* ***il se fait ~*** in s-n Stunden wird immer Krach, F Radau, Rabatz gemacht **II** *v/i écoliers* den Unterricht stören; Krach, F Radau, Rabatz machen

chahuteur [ʃaytœʀ] **I** *adj* ⟨**-euse**⟩ *écolier* undiszipliniert; aufsässig **II** *m* Krachmacher *m*; Radaubruder *m*

chai [ʃɛ] *m* Weinlager *n*; (ebenerdiger) Weinkeller

chaîne [ʃɛn] *f* **1** Kette *f* (*a bijou*); AUTO ***~s*** *pl* Schneeketten *f/pl*; ***~ (de bicyclette)*** Fahrradkette *f*; ***~ de montre, d'or, de sûreté*** Uhr-, Gold-, Sicherheitskette *f* **2** INDUSTRIE ***~ de montage*** Fließ-, Montageband *n*; ***travail*** *m* ***à la ~*** Fließ(band)arbeit *f*; Arbeit *f* am Fließband; ***travailler à la ~*** am Fließband arbeiten **3** *fig de choses et de personnes* Kette *f*; Reihe *f*; (Aufeinander)Folge *f*; *d'hôtels etc* Kette *f*; ***~ (de montagnes)*** Gebirgskette *f*, -zug *m*; (Ketten)Gebirge *n*; ***la ~ des Alpes*** die Alpenkette; ÉCON ***~ du froid*** Kühlkette *f*; COMM ***~ de magasins*** Ladenkette *f*; AUTO ***collision*** *f* ***en ~*** Massenkarambolage *f*;

Serienunfall *m*; NUCL *et fig* ***réaction** f* ***en ~*** Kettenreaktion *f*; ***faire la ~*** e-e Kette bilden **4** *fig et litt* ***~s*** Fesseln *f/pl*; Bande *n/pl*; Ketten *f/pl*; ***briser ses ~s*** die, s-e Ketten zerbrechen; die Fesseln sprengen **5** RAD, TV Sender(netz) *m(n)*; Programm *n*; ***sur la première ~*** im ersten Programm **6** ~ (***'haute fidélité, 'hi-fi, stéréo***) Stereoanlage *f*; Hi- Fi-Anlage *f* **7** TEXT Kette *f*; Zettel *m*; ***fil** m* ***de ~*** Kettfaden *m*, -garn *n*

chaînette [ʃɛnɛt] *f* Kettchen *n*; COUT ***point** m* ***de ~*** Kettenstich *m*

chaînon [ʃɛnõ] *m* **1** (*maillon*) (Ketten)Glied *n* **2** *fig* Glied *n* in der Kette **3** *de montagnes* Bergkette *f*

chair [ʃɛʀ] *f* **1** Fleisch *n*; *d'une personne* ***~ ferme*** festes Fleisch; *de poisson, volaille* ***~ fine, tendre*** zartes Fleisch; *fig* ***~ à canon*** Kanonenfutter *n*; CUIS ***~ à pâté*** Pastetenfleisch *n*; *menace* ***je te hacherai menu comme ~ à pâté!*** F aus dir mach ich Hackfleisch!; ***~ à saucisse(s)*** gewürztes Hackfleisch; Hackepeter *m*; *adjt*: *du cuir* ***côté ~*** Aas-, Fleischseite *f*; (***couleur***) ***~*** ⟨*inv*⟩ fleischfarben; *loc/adv*: *fig* ***en ~ et en os*** leibhaftig; in eigener Person; ***en pleine ~*** (tief) ins *ou* im Fleisch; *plais*: *homme* ***aimer la ~ fraîche*** es auf junge Mädchen abgesehen haben; *fig* ***avoir la ~ de poule*** e-e Gänsehaut haben; ***ça me donne la ~ de poule*** da(von) bekomme, F kriege ich, da überläuft mich e-e Gänsehaut; ***être bien en ~*** rundlich, wohlgenährt, gut im Fleisch sein; *fig* ***n'être ni ~ ni poisson*** weder Fisch noch Fleisch sein; *balle* ***labourer les ~s*** e-e große Wunde reißen; *balle, éclat* ***pénétrer dans les ~s*** ins Fleisch (ein)dringen; *ogre* ***ça sent la ~ fraîche*** ich rieche Menschenfleisch **2** PEINT ***~s*** *pl* Fleisch(partien) *n(f/pl)* **3** *des fruits* (Frucht)Fleisch *n* **4** *fig et* REL Fleisch *n*; Körper *m*; *st/s* ***la ~ de sa ~*** sein eigen Fleisch und Blut; ***être** m* ***de ~ et de sang*** Wesen *n* aus Fleisch und Blut; REL ***péché** m* ***de la ~*** Sünde *f* des Fleisches; REL ***plaisirs** m/pl* ***de la ~*** Fleischeslust *f*; fleischliche Genüsse *m/pl*; *plais* ***la ~ est faible*** (der Geist ist willig, aber) das Fleisch ist schwach; ***souffrir dans sa ~*** körperlich leiden

chaire [ʃɛʀ] *f* **1** ÉGL Kanzel *f*; ***monter en ~*** die Kanzel besteigen **2** UNIVERSITÉ Lehrstuhl *m*; Professur *f*; ***être titulaire d'une ~ de droit*** e-n Lehrstuhl für Recht innehaben **3** ÉGL CATH ***la ~ pontificale*** der Apostolische Stuhl; der Stuhl Petri

chaise [ʃɛz] *f* **1** Stuhl *m*; U.S.A. ***~ électrique*** elektrischer Stuhl; ***~ 'haute*** Kinderstuhl *m*; ***~ longue*** Liegestuhl *m*; ***~ percée*** Nachtstuhl *m*; ***~ roulante*** Rollstuhl *m*; *autrefois* ***~ à porteurs*** Sänfte *f*; Tragsessel *m*; ***~ de cuisine, de jardin*** Küchen-, Gartenstuhl *m*; *fig* ***être assis entre deux ~s*** zwischen zwei Stühlen sitzen; ***faire la ~*** mit den überkreuzten Händen e-n Sitz bilden (*um j-n zu tragen*) **2** HIST ***~ de poste*** Postchaise *f* **3** TECH Gestell *n*

chaisière [ʃɛzjɛʀ] *f* Stuhlvermieterin *f*

chaland[1] [ʃalɑ̃] *m* (Last-, Fracht-, Schlepp)Kahn *m*; Zille *f*

chaland[2] [ʃalɑ̃] *m*, **chalande** *f litt* (*client[e]*) Kunde *m*, Kundin *f*

chalazion [kalazjõ] *m* MÉD Hagelkorn *n*

Chalcidique [kalsidik] GÉOGR (die) Chalkidike

châle [ʃɑl] *m* Dreiecks-, Umschlag(e)tuch *n*; Stola *f*; *adjt* ***col** m* ***~*** Schalkragen *m*

chalet [ʃalɛ] *m* **a)** ***~*** (***suisse***) (Schweizer) Chalet *n*; Schweizerhaus *n*; **b)** *par ext* Landhaus *n* im Schweizer Stil

chaleur [ʃalœʀ] *f* **1** Wärme *f* (*a* PHYS); *p/fort* Hitze *f*; ***les grandes ~s***, *st/s* ***les ~s de l'été*** die heißen Tage *m/pl*; der Hochsommer; die hochsommerliche Hitze; ***quelle ~!*** was für e-e Hitze!; ist das e-e Hitze!; ***journée** f* ***d'une ~ tropicale*** tropisch heißer Tag; ***dégager, donner de la ~*** Wärme, Hitze abgeben, ausstrahlen **2** *fig* (*cordialité*) Wärme *f*; Herzlichkeit *f*; (*ardeur*) Feuer *n*; Eifer *m*; *loc/adv* ***avec ~*** mit Wärme, Herzlichkeit; herzlich; ***défendre qn avec ~*** j-n mit Eifer verteidigen; ***dans la ~ de la discussion*** in der Hitze, im Eifer des Gefechts; *accueil etc* ***manquer de ~*** es an Wärme fehlen lassen; kühl sein **3** *loc/adj* ***en ~*** *animal* brünstig; hitzig; F heiß; CH brunftig; *chienne* läufig; *chat* rollig; *jument* rossig; ***être en ~*** brünstig *etc* sein; CH *a* brunften

chaleureusement [ʃaløʀøzmɑ̃] *adv* herzlich; warm; mit Herzlichkeit

chaleureux [ʃaløʀø] *adj* ⟨**-euse**⟩ *remerciements, ton etc* herzlich; warm; *défenseur* eifrig; ***accueil ~*** herzlicher, warmer Empfang; ***en termes ~*** mit warmen Worten

châlit [ʃɑli] *m* Bettstelle *f*, -gestell *n*

Challans [ʃalɑ̃] *Stadt im Dep. Vendée*

challenge [ʃalɑ̃ʒ] *m* SPORTS **a)** *épreuve* Titel- *ou* Pokalkampf *m*; **b)** *par ext*: *titre* Titel *m*; *coupe* Wanderpreis *m*, -pokal *m*

challenger [ʃalɑ̃ʒœʀ] *m ou* **challengeur** *m* SPORTS *et fig* Herausforderer *m*

chaloir [ʃalwaʀ] *litt v/imp loc* ***peu me** ou* ***m'en chaut*** das ist mir gleich; daran liegt mir wenig

chaloupe [ʃalup] *f* MAR Boot *n*; Schaluppe *f*

chaloupé [ʃalupe] *adj démarche, danse* wiegend; schaukelnd **chalouper** *v/i* schaukeln; sich wiegen

chalumeau [ʃalymo] *m* ⟨*pl* **~x**⟩ **1** TECH Schweißbrenner *m*; Schneidbrenner *m* **2** MUS **a)** Schalmei *f*; **b)** *de cornemuse* Spiel-, Melodiepfeife *f*

Châlus [ʃɑly] *Ort im Dep. Haute-Vienne*

chalut [ʃaly] *m* (Grund)Schleppnetz *n*; Trawl [troːl] *n*; ***pêcher au ~*** mit dem Trawl fischen

chalutage [ʃalytaʒ] *m* Fischen *n* mit dem (Grund)-Schleppnetz *ou* Trawl

chalutier [ʃalytje] *m* **1** *bateau* Trawler ['troː-] *m* **2** *pêcheur* Fischer *m* auf e-m Trawler

chamade [ʃamad] *f cœur* ***battre la ~*** zum Zerspringen klopfen

chamailler [ʃamaje] *v/pr* F ***se ~*** streiten; sich zanken

chamailleries [ʃamajʀi] F *f/pl* Zank *m*; Zankerei *f*; Streiterei *f* **chamailleur, chamailleuse** F **I** *m,f* F Streithammel *m*, -hansel *m* **II** *adj* streitsüchtig

chaman [ʃaman] *m* Schamane *m*

chamanisme [ʃamanism] *m* Schamanismus *m*

chamarré [ʃamaʀe] *adj* bunt verziert (**de** mit) **chamarrures** *f/pl* Verzierungen *f/pl*; *péj* Flitterkram *m*

chambard [ʃɑ̃baʀ] F *m* Krach *m*; lautes Durcheinander; F Spektakel *m*; Krawall *m*; ***faire du ~*** Krach, Krawall machen

chambardement [ʃɑ̃baʀdəmɑ̃] F *m* Umwälzung *f*; Umsturz *m*

chambarder [ʃɑ̃baʀde] F *v/t objets* durcheinanderbringen; in Unordnung bringen; *fig société, institutions* umstürzen; ***~ des projets*** Pläne über den Haufen werfen; ***il a tout chambardé*** er hat das Unterste zuoberst gekehrt, alles auf den Kopf gestellt

chambellan [ʃɑ̃bɛ(l)lɑ̃] *m* HIST Kammerherr *m*

chambertin [ʃɑ̃bɛʀtɛ̃] *m ein Rotwein aus Burgund*

chambouler [ʃɑ̃bule] F *v/t* → ***chambarder***

chambranle [ʃɑ̃bʀɑ̃l] *m* **a)** *d'une porte, fenêtre* Tür- *ou* Fensterstock *m*; Zarge *f*; **b)** *d'une cheminée* Kaminverkleidung *f*

chambre [ʃɑ̃bʀ] *f* **1** Zimmer *n* (*worin man a schläft*); ~ ***individuelle*** Einzelzimmer *n*; ~ ***meublée*** möbliertes Zimmer; ~ (***à coucher***) Schlafzimmer *n* (*a meubles*); ~ ***à un lit, à deux lits*** Einbett-, Zweibettzimmer *n*; ~ ***d'ami(s)*** Gäste-, Gastzimmer *n*; ~ ***de bonne*** Dienstbotenkammer *f*, -stube *f*; Mädchenzimmer *n*; ~ ***d'enfants*** Kinderzimmer *n*; ~ ***d'étudiant*** Studentenzimmer *n*, F -bude *f*; ~ ***d'hôte*** Zimmer mit Frühstück; ~ (***d'hôtel***) Hotel-, Fremdenzimmer *n*; ~ ***côté rue*** *ou* (***donnant***) ***sur la rue*** *ou* ~ ***sur le devant*** Zimmer zur Straße, nach vorn(e); *fig*: ***sportif*** *m* ***en*** ~ Sportfan, der selbst keinen Sport treibt; ***stratège*** *m* ***en*** ~ Stammtischpolitiker *m*; Biertischstratege *m*; ***faire la*** ~ das Zimmer aufräumen und putzen; ***faire*** ~ ***à part*** getrennt schlafen; *malade* ***garder la*** ~ nicht ausgehen dürfen; das Zimmer hüten (müssen) **2** (*pièce*) Raum *m*; Kammer *f*; ~ ***forte*** Tresor(raum) *m*; Stahlkammer *f*; ~ ***froide*** Kühlraum *m*, -kammer *f*; ~ ***à gaz*** Gaskammer *f* **3** **a)** JUR Kammer *f*; *d'une instance supérieure a* Senat *m*; ~ ***civile*** Zivilkammer *f*; ~ ***correctionnelle, criminelle*** Strafkammer *f*; **b)** POL Kammer *f*; *en Grande-Bretagne* ***Chambre basse*** *ou* ***des communes*** Unterhaus *n*; ***Chambre 'haute*** *ou* ***des lords*** Oberhaus *n*; ***Chambre des députés*** Abgeordnetenhaus *n*, -kammer *f*; **c)** *d'un corps* Kammer *f*; Verband *m*; ~ ***d'agriculture*** Landwirtschaftskammer *f*; ~ ***de commerce*** (***et d'industrie***) (Industrie- und) Handelskammer *f*; ~ ***des métiers*** Handwerkskammer *f* **4** TECH Kammer *f* (*a d'une arme*); Raum *m*; *d'un pneu* ~ ***à air*** Schlauch *m*; ~ ***de combustion*** *d'un moteur* Verbrennungsraum *m*; *d'une fusée* Brennkammer *f* **5** PHOT ~ ***noire*** Dunkelkammer *f* **6** ***musique*** *f*, ***orchestre*** *m* ***de*** ~ Kammermusik *f*, -orchester *n* **7** ANAT ~ ***de l'œil*** Augenkammer *f*

chambrée [ʃɑ̃bʀe] *f* **1** *à l'internat etc* Zimmergemeinschaft *f*; MIL Stubengemeinschaft *f* **2** MIL (*pièce*) Stube *f*

chambrer [ʃɑ̃bʀe] *v/t* **1** *vin* temperieren; auf Zimmertemperatur anwärmen **2** (*enfermer*) ins Zimmer sperren **3** F (*se moquer de*) F aufziehen; auf den Arm nehmen

chambrette [ʃɑ̃bʀɛt] *f* kleines Schlafzimmer; Kämmerchen *n*

chambrière [ʃɑ̃bʀijɛʀ] *f* **1** HIST Kammerfrau *f* **2** *fouet* lange Peitsche

chameau [ʃamo] *m* ⟨*pl* **~x**⟩ **1** zo Kamel *n*; *à deux bosses* Trampeltier *n*; ***à dos de*** ~ auf Kamelrücken; mit Kamelen **2** F *fig d'un homme* Schuft *m*; gemeiner Kerl; *d'une femme* F gemeines Biest; ***la*** *ou* ***quelle*** **~!** F so ein Biest!; *adjt* ***il est*** ~ er ist ein Schuft

chamelier [ʃaməlje] *m* Kameltreiber *m* **chamelle** *f* zo Kamelstute *f*

chamois [ʃamwa] *m* **1** zo Gämse *f* **2** *cuir* Wasch-, Sämischleder *n*; ***peau*** *f* ***de*** ~ Fenster-, Autoleder *n* **3** *adjt* (***couleur***) ~ ⟨*inv*⟩ chamois; gelbbräunlich; gämsfarben

chamoisage [ʃamwazaʒ] *m* Sämischgerbung *f*

Chamonix [ʃamɔni] *Stadt im Dep. Haute-Savoie*

champ [ʃɑ̃] *m* **1** Feld *n*; Acker *m*; **~s** *pl* Feld *n*; *st/s* Fluren *f/pl*; (*campagne*) Land *n*; ~ ***de blé*** Getreidefeld *n*; ~ ***de pommes de terre*** Kartoffelacker *m*; ***fleurs*** *f/pl* ***des*** **~s** Feld-, Wiesenblumen *f/pl*; ***travaux*** *m/pl* ***des*** **~s** Feldarbeit(en) *f(pl)*; ***vie*** *f* ***des*** **~s** Landleben *n*; *loc/adv*: ***à travers*** **~s** querfeldein; ***en plein*** ~ auf freiem, offenem Feld **2** (*terrain*) Feld *n*; Gelände *n*; Platz *m*; *autrefois* ~ ***clos*** Turnier-, Kampfplatz *m*; ~ ***de bataille*** Schlachtfeld *n* (*a fig*); ~ ***de courses*** Rennplatz *m*, -bahn *f*; ~ ***de dunes*** Dünen *f/pl*; ~ ***de foire*** Festplatz *m*, -wiese *f*; Messegelände *n*; ~ ***de manœuvre, d'exercices*** Manövergelände *n*; Truppenübungsplatz *m*; ~ ***de mines, de neige, de pétrole*** *ou* ***pétrolifère*** Minen-, Schnee-, Ölfeld *n*; ~ ***de tir*** Schießstand *m*, -platz *m*; *champ visuel* Schussfeld *n*; ***mourir, tomber au*** ~ ***d'honneur*** auf dem Feld(e) der Ehre fallen **3** PHYS Feld *n*; ~ ***magnétique*** Magnetfeld *n*; magnetisches Feld **4** OPT Gesichtsfeld *n*; CIN Bild *n*; Bildfeld *n*; Einstellung *f*; ~ ***visuel*** Blick-, Gesichtsfeld *n*; ***entrer dans le*** ~ ins Bild kommen; ***être dans le*** ~ im Bild(feld) sein **5** *fig* Feld *n* (*a* LING, MATH); Bereich *m*; Gebiet *n*; LING ~ ***sémantique*** Wortfeld *n*; ~ ***d'action, d'activité*** Tätigkeitsfeld *n*, -bereich *m*; Wirkungsbereich *m*, -feld *n*, -kreis *m*; Aktionsbereich *m*; ~ ***des connaissances*** Bereich, Gebiet der Kenntnisse; ~ ***d'observation*** Beobachtungsbereich *m*; ***avoir le*** ~ ***libre*** freie Hand haben; ***laisser du*** ~ ***à qn*** j-m etwas mehr Handlungsfreiheit lassen; ***laisser le*** ~ ***libre à qn*** j-m freie Hand, Handlungsfreiheit lassen; j-n frei schalten und walten lassen; ***laisser le*** ~ ***libre à qc*** für etw Raum lassen; e-r Sache (*dat*) Tor und Tür öffnen; ***prendre du*** ~ Abstand gewinnen **6** PEINT Grund *m*

Champagne [ʃɑ̃paɲ] **1** ***la*** ~ die Champagne **2** ***champagne*** *m* Champagner *m* **3** GÉOL ***champagne*** *f* Kreideebene *f* **4** *adjt* ***fine*** *f* ***champagne*** Cognac *m* aus der Champagne de Saintonge

Champagne-Ardenne [ʃɑ̃paɲaʀdɛn] ***la*** ~ *frz Region*

champagnisation [ʃɑ̃paɲizasjõ] *f* Verarbeitung *f* zu Champagner, Schaumwein, Sekt **champagniser** *v/t* *vin* zu Champagner, Schaumwein, Sekt verarbeiten

champenois [ʃɑ̃pənwa] *adj* (*et subst* ***Champenois*** Bewohner) der Champagne

champêtre [ʃɑ̃pɛtʀ] *adj* ländlich; Dorf…; Land…; ***bal*** *m* ~ ländliches Tanzvergnügen; ***garde*** *m* ~ Feldhüter *m*

champignon [ʃɑ̃piɲõ] *m* **1** BOT, CUIS Pilz *m*; *österr* Schwammerl *n ou m*; *fig* ~ ***atomique*** Atompilz *m*; ~ ***de couche, de Paris*** (Zucht)Champignon *m*; *südd a* Egerling *m*; ***aller aux*** **~s** F in die Pilze gehen; ***cueillir, ramasser des*** **~s** Pilze suchen, sammeln; *fig maisons, villes* ***pousser comme des*** **~s** wie Pilze aus dem Boden, aus der Erde schießen; *enfant* ***pousser comme un*** ~ sehr schnell wachsen; aufschießen **2** F AUTO Gaspedal *n*; ***appuyer sur le*** ~ F auf die Tube drücken **3** BOT, MÉD Pilz *m*

champignonnière [ʃɑ̃piɲɔnjɛʀ] *f* (unterirdische) Champignonkultur

champion [ʃɑ̃pjõ] *m*, **championne** *f* **1** SPORTS Meister(in) *m(f)*; Champion ['tʃɛmpjən] *m*; Sieger(in) *m(f)*; ***champion, championne olympique*** Olympiasieger(in) *m(f)*; Olympionike *m*, -nikin *f*;

champion, championne d'Europe Europameister(in) *m(f)*; ***championne de France de tennis*** französische Tennismeisterin; ***champion du monde*** Weltmeister *m*; ***champion du monde de boxe, d'échecs*** Box-, Schachweltmeister *m*; Weltmeister *m* im Boxen; ***champion de tir*** Meisterschütze *m*; Schützenkönig *m*; *adjt* ***équipe championne*** Meistermannschaft *f* **2** *par ext* **(*grand*) *champion,* (*grande*) *championne*** Spitzensportler(in) *m(f)*; Rekordler(in) *m(f)*; F (Sport)Kanone *f*; As *n* **3** (*défenseur*) (Vor)Kämpfer(in) *m(f)* (***d'une cause*** für e-e Sache); Verfechter(in) *m(f)* (e-r Sache); ***se faire le champion, la championne d'une cause*** für e-e Sache kämpfen; e-e Sache verfechten; als Vorkämpfer(in) für e-e Sache auftreten **4** F *fig* Meister(in) *m(f)*; *adjt*: ***pour ça, il est champion*** darin ist er Meister, ist er groß (*a iron*); *performance* ***c'est champion*** F das ist spitze, große Klasse

championnat [ʃɑ̃pjɔna] *m* Meisterschaft(skampf) *f(m)*; ***~ de France*** französische Meisterschaft; ***~s de tennis*** Tennismeisterschaften *f/pl*; ***gagner, remporter le ~ du monde*** die Weltmeisterschaft gewinnen; den Weltmeistertitel erringen

Champs-Élysées [ʃɑ̃zelize] *m/pl Prachtstraße in Paris*

chançard [ʃɑ̃saʀ] F *adj et subst* ***il*** (***elle***) ***est*** *ou* ***c'est un***(***e***) ***~***(***e***) F er (sie) ist ein Glückspilz

chance [ʃɑ̃s] *f* **1** Glück *n*; Chance *f*; (glücklicher) Zufall; ***bonne ~!*** viel Glück!; ***souhaiter bonne ~ à qn*** j-m viel Glück wünschen; ***mauvaise ~, manque*** *m* ***de ~*** Missgeschick *n*; F Pech *n*; ***coup*** *m* ***de ~*** Glücksfall *m*; *loc/adv*: ***avec un peu de ~*** mit ein bisschen, ein wenig Glück; ***par ~*** glücklicherweise; durch e-n glücklichen Zufall; ***pas de ~!*** F so ein Pech!; Pech gehabt!; ***avoir de la ~*** Glück haben; *en permanence* ein Glückskind sein; ***n'avoir pas de ~*** kein Glück haben; F Pech haben; *en permanence* F ein Pechvogel sein; ***tu as de la ~ de pouvoir partir*** du hast Glück *ou* du kannst von Glück sagen, dass du (weg)gehen kannst; ***courir, tenter sa ~*** sein Glück versuchen; ***donner, laisser sa ~ à qn*** j-m e-e Chance geben; *iron* ***c'est bien ma ~!*** mein übliches Glück!; ich hab ja immer so ein Glück!; ***c'est une ~*** das ist ein Glücksfall, ein glücklicher Zufall; ***c'est une ~ à courir*** man sollte, müsste es versuchen; (***c'est***) ***une ~ que ...*** (*+subj*) (es ist) ein Glück, dass ...; ***porter ~*** Glück bringen; ***la ~ a tourné*** das Blatt, das Glück hat sich gewendet **2** ***~s*** *pl* Chancen *f/pl*; Aussichten *f/pl*; ***~s de succès*** Erfolgsaussichten *f/pl*, -chancen *f/pl*; ***il y a des ~s, beaucoup de ~s, de fortes*** *ou* ***grandes ~s*** (***pour***) ***que ...*** (*+subj*) es bestehen gute Aussichten, Chancen, dass ...; ***il y a peu de ~s pour que ...*** (*+subj*) es besteht wenig Aussicht, dass ...; ***le projet a peu de ~s de réussir*** der Plan hat wenig Aussicht auf Erfolg; ***il n'a qu'une ~ sur cent de le retrouver*** die Chancen stehen eins zu hundert dagegen, dass er ihn wiederfindet; ***il y a 99 ~s sur 100 que ...*** (*+subj*) mit neunundneunzigprozentiger Wahrscheinlichkeit, Sicherheit ...; ***il y a une ~ sur deux*** die Chancen stehen gleich; ***il a mis toutes les ~s de son côté*** was an ihm lag, hat er getan

chancelant [ʃɑ̃slɑ̃] *adj* **1** *démarche* (sch)wankend; taumelnd; ***avoir une démarche ~e*** *ou* ***marcher d'un pas ~*** (sch)wanken; taumeln **2** *fig santé, foi, volonté* schwankend; *résolution, autorité* wankend

chanceler [ʃɑ̃sle] *v/i* ⟨-**ll**-⟩ **1** *personne* (sch)wanken; taumeln; *chose* (sch)wanken; ***faire ~*** zum, ins (Sch)Wanken bringen **2** *fig résolution etc* ins Wanken geraten

chancelier [ʃɑ̃səlje] *m* Kanzler *m*; *en Allemagne et Autriche* (Bundes)Kanzler *m*; *de la Légion d'honneur* ***grand ~*** Großkanzler *m*

chancelière [ʃɑ̃səljɛʀ] *f* Fußsack *m*

chancellerie [ʃɑ̃sɛlʀi] *f* Kanzlei *f* (*a* DIPL); *en Allemagne et en Autriche* Kanzleramt *n*; *en France* Justizministerium *n*; *de la Légion d'honneur* ***grande ~*** Verwaltung *f*

chanceux [ʃɑ̃sø] *adj* ⟨**-euse**⟩ ***être ~*** Glück haben; ein Glückskind sein

chancre [ʃɑ̃kʀ] *m* **1** MÉD Schanker *m*; F *fig* ***manger, bouffer comme un ~*** F sich (*dat*) den Wanst vollschlagen **2** *fig et st/s* Krebsgeschwür *n*

chandail [ʃɑ̃daj] *m* Pullover *m*

Chandeleur [ʃɑ̃dlœʀ] ÉGL CATH ***la ~*** (Mariä) Lichtmess *f*; ***à la ~*** (an) Lichtmess

chandelier [ʃɑ̃dəlje] *m* (Kerzen)Leuchter *m*

chandelle [ʃɑ̃dɛl] *f* **1** (Talg)Kerze *f*; Talglicht *n*; *fig* ***brûler la ~ par les deux bouts*** (*ruiner sa santé*) mit s-r Gesundheit Raubbau treiben; (*dépenser trop*) das Geld mit vollen Händen ausgeben; *fig* ***devoir une fière ~ à qn*** j-m zu großem Dank verpflichtet sein; j-m viel, F e-e ganze Menge zu verdanken haben; ***dîner aux ~s*** bei Kerzenlicht, -schein essen, dinieren; *fig*: ***tenir la ~*** als (überflüssiger) Dritter dabei sein; ***le jeu n'en vaut pas la ~*** das, es lohnt sich nicht; das ist der *ou* die Mühe nicht wert; ***en voir trente-six ~s*** die Engel (im Himmel) singen hören; Sterne sehen **2** FEU D\146ARTIFICE ***~ romaine*** bunte Feuerwerksrakete **3** AVIAT ***monter en ~*** im Steilflug hochsteigen **4** FOOTBALL Kerze *f*; ***faire une ~*** e-e Kerze schießen **5** GYMNASTIQUE Kerze *f*; Nackenstand *m* **6** F (*morve sous le nez*) F Rotznase *f*

Chandigarh [ʃɑ̃digaʀ] GÉOGR Tschandigarh *n*

chanfrein [ʃɑ̃fʀɛ̃] *m* **1** TECH Fase *f* **2** *du cheval* Gesicht *n*

chanfreiner [ʃɑ̃fʀene] *v/t* TECH abfasen

change [ʃɑ̃ʒ] *m* **1** Tausch *m*; ***gagner, perdre au ~*** e-n guten, schlechten Tausch machen **2** FIN, COMM (Geld)Wechsel *m*; (***cours*** *m*, ***taux*** *m* ***du*** *ou* ***de***) ***~*** Wechselkurs *m*; ***~ avantageux*** günstiger (Wechsel)-Kurs; ***agent*** *m* ***de ~*** Börsenmakler *m*; ***bureau*** *m* ***de ~*** Wechselstube *f*; ***lettre*** *f* ***de ~*** Wechsel *m*; ***marché*** *m* ***des ~s*** Devisenmarkt *m* **3** *loc* ***donner le ~ à qn*** j-n hinters Licht führen **4** *pour bébés* ***~*** (***complet***) Wegwerfwindel *f*

changeant [ʃɑ̃ʒɑ̃] *adj* **1** *temps* veränderlich; wechselhaft; unbeständig; *a personne, destin* launisch; *personne* ***être ~*** *ou* ***d'humeur ~e*** launisch, launenhaft sein **2** *couleur* changierend; schillernd; *tissu* ***avoir des reflets ~s*** schillern

changement [ʃɑ̃ʒmɑ̃] *m* **1** (Ver)Änderung *f*; Wechsel *m*; Wandel *m*; (Um-, Ver)Wandlung *f*; *dans une entreprise etc* Umstellung *f*; ***~ d'adresse*** Änderung der Anschrift; ***~ d'air*** Luftveränderung *f*; ***~ de couleur*** Verfärbung *f*; CHIM Farbumschlag *m*; ***~ de décor*** THÉ Szenenwechsel *m*; *fig de lieu* Orts-, F Tapetenwechsel *m*; *de la situation* plötzliche Ände-

C

C

rung der Lage; **~ de direction** (Fahrt)Richtungsänderung *f*; **~ de domicile** Wohnsitzwechsel *m*; **~ d'état** Zustandsänderung *f*; **~ de forme** Umwandlung *f*; Umgestaltung *f*; **~ de lune** Mondwechsel *m*; **~ de marée** Gezeitenwechsel *m*; **~ de ministère** Regierungswechsel *m*; **~ d'opinion** Meinungswechsel *m*, -wandel *m*; **~ de personnel** Personalwechsel *m*; **~ de poste** Stellungswechsel *m*; **~ de programme** Programmänderung *f*; **~ de propriétaire** Besitz(er)wechsel *m*; *pour un magasin* Geschäftsübernahme *f*; **~ de régime** Regimewechsel *m*; Wechsel des Regimes; **~ de saison** Wechsel der Jahreszeit; **~ de température** Temperaturänderung *f*; **brusque ~ de température** Temperatursturz *m ou* steiler Temperaturanstieg; **~ de temps** Wetteränderung *f*; AUTO **~ de vitesse** *mécanisme* Gangschaltung *f*; *manœuvre* Schalten *n*; *loc/adj* **sans ~** unveränderlich; unverändert; **aimer le ~** die Abwechslung lieben; **apporter, faire des ~s** Veränderungen vornehmen (**à, dans** an *+dat*), herbeiführen (an, in *+dat*); Neuerungen einführen; *dans un texte* Änderungen vornehmen; **il y a eu du ~** es hat sich manches, einiges geändert; **cela fait un grand ~** das bedeutet e-e große Umstellung; **subir des ~s** ge-, verändert werden; (Ver)Änderungen erfahren **2** CH DE FER *etc* Umsteigen *n* **3** ADM Versetzung *f*; **demander son ~** s-e Versetzung beantragen

changer [ʃɑ̃ʒe] ⟨**-geons**⟩ **I** *v/t* **1** (um-, ein-, aus)tauschen; (aus)wechseln; *projets, ordre, habitudes, texte etc* ändern; *ordre, disposition etc* verändern; *mobilier, pièces de machine* auswechseln; ersetzen; **~ qn** j-n verändern; ♦ **~ de l'argent** Geld wechseln; **~ les draps** die Bettwäsche wechseln; das Bett *ou* die Betten frisch beziehen; **~ (un billet de) 50 euros** 50 Euro, e-n 50-Euro-Schein wechseln; **~ les idées à qn** j-n auf andere Gedanken bringen; **~ le personnel** das Personal auswechseln; **~ la place de qc** etw an, auf e-n anderen Platz legen, stellen, setzen; *meubles* umstellen; **cela ne change en rien ma résolution** das ändert nichts an meinem Entschluss; **~ une roue** ein Rad auswechseln; **vouloir tout ~** alles ändern, F umkrempeln wollen; **ça, voilà qui change tout** das ändert natürlich alles; **~ sa voix** s-e Stimme verstellen; **on ne le changera pas** ihn kann man nicht mehr ändern; er ist nun mal so; ♦ **~ qc à qc** etw an etw (*dat*) ändern; **ne rien ~ à ses habitudes, à ses projets** nichts an s-n Gewohnheiten, Plänen ändern; **cela ne change rien à l'affaire** das ändert nichts daran *ou* an der Sache; **ne rien y ~** nichts daran ändern; **vous n'y changerez rien** Sie werden daran doch nichts ändern; **~ une chose contre** *ou* **pour une autre** etw gegen, für etw eintauschen; **~ des euros contre des, en dollars** Euros gegen, für Dollars (ein)wechseln, (ein)tauschen; **~ sa place pour celle d'un autre** s-n Platz gegen den e-s anderen tauschen; den Platz e-s anderen einnehmen; **~ qc de place** etw an e-n anderen Platz stellen, setzen, legen; etw umräumen, *meubles a* umstellen; **~ qn de poste** j-m e-e andere Stelle geben; j-n versetzen **2** (*transformer*) verwandeln, umwandeln (**en** in *+acc*); **~ les doutes de qn en certitude** j-s Zweifel zur Gewissheit werden lassen; *métal* **~ en or** in Gold verwandeln **3** *bébé* trockenlegen; frisch wickeln; **~ un malade** e-m Kranken ein frisches Nachthemd *ou* e-n frischen Schlafanzug anziehen **4** **ça me** (*ou* **le** *etc*) **change** das ist ein Unterschied (**de** zu); das ist etwas anderes (als) **II** *v/t/indir* **~ de** wechseln, ändern (*+acc*); **~ d'adresse** s-e Anschrift ändern; umziehen; **~ d'air** *lui fera du bien* e-e Luftveränderung ...; **~ d'appartement** die Wohnung wechseln; umziehen; **~ d'attitude** s-e Haltung ändern (**avec, envers qn** j-m gegenüber); **~ d'avis** s-e Ansicht, Meinung ändern; *st/s* anderen Sinnes werden; **faire ~ qn d'avis** j-n umstimmen; **~ de bus, de train** *etc* umsteigen; **~ de chemise** ein frisches Hemd anziehen; **~ de coiffeur, de médecin** *etc* den Friseur, Arzt *etc* wechseln; zu e-m anderen Friseur, Arzt *etc* gehen; **~ de coiffure** sich anders frisieren (lassen); **avoir changé de coiffure** e-e neue, andere Frisur tragen, haben; **~ de côté** auf die andere Seite gehen *ou* sich auf die andere Seite setzen; **~ de couleur** e-e andere Farbe annehmen; sich verfärben; *personne* die Farbe wechseln; blass *ou* rot werden; **~ de direction** die *ou* s-e (Fahrt)Richtung ändern; **~ d'état** in e-n anderen Zustand übergehen; **~ de forme** e-e andere Form, Gestalt annehmen; **~ de gouvernement** e-e andere Regierung bekommen; **~ d'idée** s-e Absicht, Ansicht ändern; sich anders besinnen; F **~ d'idée comme de chemise** s-e Meinung wechseln wie sein Hemd; **~ de jupe** e-n anderen Rock anziehen; **~ de langage** e-n anderen Ton anschlagen; **~ de marque** die Marke wechseln; F auf e-e andere Marke umsteigen; **~ de métier** den Beruf wechseln; F umsatteln; **~ de nom** s-n Namen ändern; sich anders nennen; *chose* umbenannt werden; **avoir changé de nom** (jetzt) anders heißen; **~ de place** den Platz wechseln; **~ de place avec qn** mit j-m den Platz tauschen; **~ de poste** s-e Stellung wechseln; versetzt werden; **~ de professeur** *classe* e-n neuen Lehrer bekommen; *particulier* e-n anderen Lehrer nehmen; zu e-m anderen Lehrer gehen; **~ de propriétaire** den Besitzer wechseln; **~ de route** e-e andere Route fahren; MAR den Kurs wechseln; **~ de sujet** das Thema wechseln; **~ de tactique** die Taktik ändern, wechseln; **~ de vêtements** sich umziehen, umkleiden; *auto* **~ de vitesse** schalten; e-n anderen Gang einlegen; **~ de voiture** sich (*dat*) e-n anderen, neuen Wagen anschaffen, F zulegen **III** *v/i* **1** ⟨*Zustand* **être**⟩ sich ändern; anders werden; *temps* **~ brusquement** *a* umschlagen; **~ à son avantage** *ou* **en mieux, en pire** sich zu s-m Vorteil, Nachteil verändern; *personne* **il n'a pas changé** er hat sich überhaupt nicht verändert, *de caractère* geändert; **il est tout changé** er ist ganz verändert; er ist wie umgewandelt; **les choses, les temps ont bien changé!** wie die Zeiten sich ändern!; **rien n'a changé** alles ist noch so, wie es war; alles ist beim Alten (geblieben); nichts hat sich geändert; **le temps va ~** das Wetter ändert sich; wir bekommen anderes Wetter; **tout a changé** alles ist anders (geworden) **2** **~ avec qn** mit j-m tauschen **3** F *iron* **pour ~** wie gewöhnlich; F *iron* zur Abwechslung mal wieder **4** CH DE FER *etc* umsteigen **IV** *v/pr* **1** **se ~** (*changer de vêtements*) sich umziehen, umkleiden **2** **se ~ en** sich verwandeln in (*+acc*); *soupçon* **se ~ en certitude** zur Gewissheit werden **3** **pour se ~ les idées** um auf andere Gedanken zu kommen

changeur [ʃɑ̃ʒœʀ] *m* **1** *personne* (Geld)Wechsler *m* **2** *machine* **~ (de monnaie)** Geldwechsler *m* **3** **~ de**

disques Plattenwechsler *m*
Chang-hai [ʃɑ̃gaj] Schanghai *n*
chanoine [ʃanwan] *m* Dom-, Stifts-, Chorherr *m*; Kanoniker *m*; Kanonikus *m*; Kapitular *m* **chanoinesse** *f autrefois* Stiftsdame *f*; Kanonisse *f*, -nissin *f*
Chan-si [ʃansi] GÉOGR ***le ~*** Schansi *n*
chanson [ʃɑ̃sõ] *f* 1 Lied *n*; *à la mode* Schlager *m*; ***~ folklorique, populaire*** Volkslied *n*; ***~ à boire*** Trinklied *n*; ***~ (à texte)*** Chanson *n*; ***~ d'amour*** Liebeslied *n*; ***~ de charme*** sentimentales, *péj* schmalziges Lied; *péj* Schnulze *f*; LITTÉRATURE ***~ de geste*** Heldenlied *n*, -epos *n*; ***~ de marche*** Marschlied *n*; LITTÉRATURE ***la ~ de Roland*** das Rolandslied; F *fig* ***je connais la ~*** das kenne ich; ***comme dit la ~*** wie es im Lied heißt; F *fig* ***ça, c'est une autre ~!*** F das ist jetzt aber was ganz anderes!; F *fig* ***c'est toujours la même ~*** es ist immer die alte Leier, das alte Lied; *fig* ***tout finit par des ~s*** alles löst sich in Wohlgefallen auf; ***mettre qc en ~*** etw in Liedform bringen 2 *poét des cigales, de la mer etc* Lied *n*

La chanson française

Unter la chanson versteht man in einem engeren Sinne auch das Chanson, das es dank Interpreten wie Edith Piaf und Jacques Brel zu weltweiter Berühmt- und Beliebtheit gebracht hat.
Es ist zumeist ein Gesangsstück mit Gitarren- beziehungsweise Akkordeonbegleitung. Im Mittelpunkt des Chansons steht der Text, der in lyrischer, humoristischer oder satirischer Form bestimmte historische Ereignisse oder menschliche Schwächen behandelt und sich kritisch mit diesen auseinandersetzt.

chansonnette [ʃɑ̃sɔnɛt] *f* Liedchen *n*; F ***pousser la ~*** ein Lied schmettern
chansonnier [ʃɑ̃sɔnje] *m* Kabarettist *m*; ***théâtre*** *m* ***de ~s*** Kabarett *n*; Kleinkunstbühne *f*
chant[1] [ʃɑ̃] *m* 1 *action* Singen *n*; Gesang *m*; ***cours*** *m/pl* ***de ~*** Gesangsstunden *f/pl*, -unterricht *m*; ***professeur*** *m* ***de ~*** Gesangslehrer *m*; ***apprendre le ~*** singen lernen 2 *(air)* Lied *n*; Gesang *m*; Weise *f*; Melodie *f*; ***~ funèbre*** Grablied *n*, -gesang *m*; ***~ patriotique*** vaterländisches Lied; ***~ populaire*** Volkslied *n*, -weise *f*; ***le Chant du départ*** *Kriegslied von 1794*; ***~ d'Église*** Kirchenlied *n* 3 *des oiseaux* Singen *n*; Gesang *m*; *de l'alouette* Tirilieren *n*; *du rossignol* Schlagen *n*; *du coq* Krähen *n*; *des cigales* Zirpen *n*; *fig* ***le ~ du cygne*** der Schwanengesang; *loc/adv* ***au ~ du coq*** beim ersten Hahnenschrei 4 *fig* Lied *n* 5 *d'un poème épique* Gesang *m*
chant[2] [ʃɑ̃] *m* TECH *pierre* ***poser de, sur ~*** mit der Schmalseite nach unten setzen
chantage [ʃɑ̃taʒ] *m* JUR Erpressung *f*; ***faire du ~*** Erpressungen *ou* e-e Erpressung begehen; ***faire le ~ au suicide*** mit Selbstmord drohen *(um etw zu erreichen)*; ***se livrer à*** *ou* ***exercer un ~ sur qn*** j-n erpressen
Chantal [ʃɑ̃tal] *f Vorname*
chantant [ʃɑ̃tɑ̃] *adj* 1 melodisch; ***accent ~*** singender Tonfall; ***langue, voix ~e*** melodische Sprache, Stimme 2 *air, musique* sangbar
chanter [ʃɑ̃te] **I** *v/t* 1 singen; ***~ une chanson, une mélodie*** ein Lied, eine Melodie singen; ***~ Noël*** zu Weihnachten singen 2 *fig (célébrer)* ***~ qc*** etw besingen, preisen; ***~ (les exploits de) qn*** j-n, j-s Heldentaten besingen, preisen 3 F *fig* ***qu'est-ce que tu me chantes là?*** was erzählst du da für e-n Unsinn, F Quatsch? **II** *v/i* 1 singen; ***~ bien, doucement, fort*** gut, leise, laut singen; ***~ faux, juste*** falsch, richtig singen; F *fig* ***c'est comme si on chantait*** das ist alles in den Wind geredet 2 *en parlant* singen; ***langue qui chante*** melodische Sprache 3 *oiseaux* singen; trillern; *alouette* tirilieren; *rossignol* schlagen; *coq* krähen; *cigales* zirpen 4 *fig eau qui bout, bouilloire* summen; singen 5 F *fig*: ***si ça vous chante*** wenn Sie (dazu) Lust haben; F wenn Sie lustig sind; ***comme ça vous chante*** ganz wie Sie wollen, F lustig sind; *il travaille* ***quand ça lui chante*** wenn er (dazu) Lust hat, F lustig ist 6 ***faire ~ qn*** j-n erpressen
chanterelle [ʃɑ̃tʀɛl] *f* 1 BOT Pfifferling *m*; *österr* Eierschwamm *m* 2 MUS höchste Saite; *fig* ***appuyer sur la ~*** den Finger auf die Wunde legen
chanteur [ʃɑ̃tœʀ] *m*, **chanteuse** *f* 1 Sänger(in) *m(f)*; ***chanteur, chanteuse de cabaret*** Kabarettsänger(in) *m(f)*; Chansonnier *m*; Chanson(n)ette *f*; ***chanteur, chanteuse de charme*** Schlager-, *péj* Schnulzensänger(in) *m(f)*; ***chanteur, chanteuse de jazz*** Jazzsänger(in) *m(f)*; ***chanteur, chanteuse d'opéra*** Opernsänger(in) *m(f)*; ***chanteur, chanteuse des rues*** Straßensänger(in) *m(f)* 2 *adjt* ***oiseaux chanteurs*** Singvögel *m/pl* 3 *adjt* ***maître chanteur*** Erpresser *m*; MUS HIST Meistersinger *m*
chantier [ʃɑ̃tje] *m* 1 Baustelle *f*; ***~ naval*** (Schiffs-)Werft *f*; ***~ de démolition*** Abbruchstelle *f*; ***chef*** *m* ***de ~*** Bauführer *m*, -leiter *m*; ***mise*** *f* ***en ~*** CONSTR Baubeginn *m*; MAR Kiellegung *f*; *panneau* ***~ interdit au public!*** Betreten der Baustelle verboten!; *fig* ***avoir qc en ~*** an etw *(dat)* arbeiten; *fig* ***être en ~*** in Arbeit sein; *fig* ***mettre qc en ~*** etw in Angriff nehmen; ***travailler sur un ~*** auf e-r Baustelle arbeiten 2 F *fig* ***quel ~!*** was für ein Chaos, Tohuwabohu!
Chantilly [ʃɑ̃tiji] *Stadt im Dep. Oise*
chantonner [ʃɑ̃tɔne] *v/t et v/i* trällern; summen; vor sich *(acc)* hin singen
chantoung → ***shant(o)ung***
chantourner [ʃɑ̃tuʀne] *v/t* TECH dekupieren; ***scie*** *f* ***à ~*** Schweif-, Dekupiersäge *f*
chantre [ʃɑ̃tʀ] *m* 1 ÉGL CATH Vorsänger *m* 2 *fig et st/s* Sänger *m*; Dichter *m*; ***~ de la liberté*** Sänger der Freiheit
chanvre [ʃɑ̃vʀ] *m* BOT, TEXT Hanf *m*; ***~ indien*** Indischer Hanf; ***(toile*** *f* ***de) ~*** Hanfleinwand *f*
chanvrier [ʃɑ̃vʀije] **I** *adj* ⟨**-ière**⟩ Hanf… **II** *m* **a)** Hanfbauer *m*, -züchter *m*; **b)** Hanfbrecher *m*; **c)** Hanfhändler *m*
chaos [kao] *m* Chaos *n*
chaotique [kaɔtik] *adj* chaotisch; wüst; verworren
chap. *abr (chapitre)* Kap. (Kapitel)
chapardage [ʃapaʀdaʒ] *m* F Mausen *n*; Stibitzen *n*
chaparder *v/t* F mausen; stibitzen; klauen **chapardeur** F **I** *adj* ⟨**-euse**⟩ diebisch **II** *subst* ***~, chapar-***

C

deuse *m,f* Dieb *m*, Diebin *f*; F Langfinger *m*

chape [ʃap] *f* **1** ÉGL CATH Rauchmantel *m*; Pluviale *n* **2** TECH Deckel *m*; Kappe *f*; (*couche*) Schicht *f*; Überzug *m*; *d'un pneu* Lauffläche *f*

chapeau [ʃapo] *m* ⟨*pl* ***~x***⟩ **1** Hut *m*; ***~ à plumes*** Federhut *m*; ***~ de cardinal*** Kardinalshut *m*; ***~ de paille, de soleil*** Stroh-, Sonnenhut *m*; *fig* ***~ bas!***, F ***~!*** Hut ab!; alle Achtung!; ***donner un coup de ~*** den Hut ziehen, lüften, abnehmen (***à qn*** vor j-m); *fig* ***donner un coup de ~*** *ou* ***tirer son ~ à qn*** vor j-m den Hut ziehen; ***enlever, ôter son ~*** den, s-n Hut abnehmen; ***mettre un, son ~*** e-n, den, s-n Hut aufsetzen; F *fig*: ***porter le ~*** dafür geradestehen (müssen); F den Kopf hinhalten müssen; ***faire porter le ~ à qn*** j-m die Schuld in die Schuhe schieben; *fig et st/s* ***saluer ~ bas*** sich tief, ehrfürchtig verneigen (***qn*** vor j-m); F *fig* ***travailler du ~*** F nicht ganz bei Trost sein; spinnen; → *a* ***cinglé*** **2** *des champignons* Hut *m*; CUIS *de vol-au-vent etc* Deckel *m* **3** TECH Haube *f*; Deckel *m*; Kappe *f*; AUTO ***~ de roue*** Radkappe *f*; ***démarrer sur les ~x de roue(s)*** e-n Blitzstart hinlegen; *fig a* rasant beginnen; ***prendre un virage sur les ~x de roue(s)*** F mit zig Sachen in die Kurve gehen **4** MUS ***~ chinois*** Schellenbaum *m* **5** *d'un article de journal* Kopfnote *f*

chapeauté [ʃapote] *adj* ***ganté et ~*** mit Handschuhen und Hut **chapeauter** F *fig v/t* leiten; kontrollieren

chapelain [ʃaplɛ̃] *m* (Haus)Kaplan *m*

chapelet [ʃaplɛ] *m* **1** ÉGL CATH Rosenkranz *m*; *autres religions* Gebetsschnur *f*; ***dire, réciter son ~*** den Rosenkranz beten **2** *fig* Reihe *f*; Kette *f*; Kranz *m*; *d'injures* Hagel *m*; *d'oignons* Zopf *m*; *de saucisses* Kette *f*; Kranz *m*; *de bombes* Reihe *f*; ***~ d'îles*** Inselkette *f*

chapelier [ʃapəlje] *m*, **chapelière** *f* Hutmacher(in) *m(f)*; *adjt* ***industrie chapelière*** Hutindustrie *f*

chapelle [ʃapɛl] *f* **1** Kapelle *f*; → *a* ***ardent*** *1* **2** ***maître*** *m* ***de ~*** Kantor *m*; Chorleiter *m* **3** *fig et péj* Clan *m*; Clique *f*; Klüngel *m*

chapellerie [ʃapɛlʀi] *f* **1** *fabrication* Hutmacherei *f* **2** *magasin* Hutgeschäft *n*

chapelure [ʃaplyʀ] *f* CUIS Paniermehl *n*; *österr* Semmelbrösel *pl*

chaperon [ʃapʀõ] *m* **1** *d'une jeune fille* Anstandsdame *f*; F Anstandswauwau *m*; ***servir de ~ à qn*** j-m als Anstandsdame dienen **2** ***le Petit Chaperon rouge*** Rotkäppchen *n*

chaperonner [ʃapʀɔne] *v/t jeune fille* als Anstandsdame begleiten

chapiteau [ʃapito] *m* ⟨*pl* ***~x***⟩ **1** ARCH Kapitell *n*; *par ext* Aufsatz *m* **2** ***~ (de cirque)*** (Zirkus)Zelt *n*; *par ext* Zirkus *m*; ***sous le ~*** unter der (Zirkus)Kuppel

chapitre [ʃapitʀ] *m* **1** *d'un livre* Kapitel *n*; Abschnitt *m* **2** *fig* Kapitel *n*; Bereich *m*; Gegenstand *m*; Punkt *m*; ***sur ce ~*** diesbezüglich; in dieser Hinsicht, Beziehung; in diesem Punkt; davon; dazu; darüber; *c'est tout* ***ce qu'on peut dire sur ce ~*** was man darüber, diesbezüglich, zu diesem Punkt sagen kann; *être très exigeant* ***sur le*** *ou* ***au ~ de l'exactitude*** in Bezug auf *ou* in puncto Genauigkeit **3** ÉGL Kapitel *n*

chapitrer [ʃapitʀe] *v/t* ***~ qn*** j-n maßregeln; j-m die Leviten lesen

Chaplin [ʃaplɛ̃] ***Charlie ~*** Charlie Chaplin [ˈtʃaːrli ˈtʃɛpliːn]

chapon [ʃapõ] *m* Kapaun *m*

chaponner [ʃapɔne] *v/t coq* verschneiden; kapaunen

chaptalisation [ʃaptalizasjõ] *f du vin* Chaptalisierung *f*; Trockenzuckerung *f* **chaptaliser** *v/t* chaptalisieren

chaque [ʃak] **I** *adj/ind* jede(r, -s); ***à ~ instant*** alle Augenblicke; ständig; ***entre ~ phrase*** nach jedem Satz; zwischen den einzelnen Sätzen **II** *pr/ind* ***coûter dix euros ~*** je zehn Euro kosten

char [ʃaʀ] *m* **1** MIL ***~ (d'assaut)*** Panzer *m* **2** (*voiture*) Wagen *m*; Karren *m*; *st/s* ***~ funèbre*** Leichenwagen *m*; *autrefois* ***~ à bancs*** Kremser *m*; ***~ à bœufs*** Ochsenkarren *m*; ***~ à voile*** Segelwagen *m*; *sport* Strandsegeln *n*; *fig* ***le ~ de l'État*** das Staatsschiff; *au carnaval* ***~ de fleurs, fleuri*** blumengeschmückter Wagen; ANTIQUITÉ ***course*** *f* ***de ~s*** Wagenrennen *n* **3** *au Canada* Auto *n*; Wagen *m*

charabia [ʃaʀabja] *m* F Kauderwelsch *n*; ***~ administratif*** Behördenkauderwelsch *n*

charade [ʃaʀad] *f* Scharade *f*

charançon [ʃaʀɑ̃sõ] *m* ZO Rüsselkäfer *m*; ***~ du blé*** Kornkäfer *m*

charbon [ʃaʀbõ] *m* **1** Kohle *f*; ***~ de bois*** Holzkohle *f*; ***mine*** *f* ***de ~*** Kohlenbergwerk *n*; Zeche *f*; *fig* ***être sur des ~s ardents*** in e-r peinlichen, schwierigen Lage sein; *d'inquiétude* (wie) auf glühenden Kohlen sitzen **2** (*fusain*) Zeichenkohle *f*; *dessin* Kohlezeichnung *f* **3** **a)** VÉT, MÉD Milzbrand *m*; **b)** BOT (Getreide)Brand *m*

charbonnage [ʃaʀbɔnaʒ] *m* Kohlenbergwerk *n*; Zeche *f*; ***Charbonnages de France*** *staatliches frz Kohlenbergwerksunternehmen*

charbonné [ʃaʀbɔne] *adj* schwarz (gefärbt, angemalt)

charbonneux [ʃaʀbɔnø] *adj* ⟨**-euse**⟩ **1** VÉT, MÉD Milzbrand... **2** *yeux* zu dunkel umrandet

charbonnier [ʃaʀbɔnje] **I** *adj* ⟨**-ière**⟩ **1** Kohlen...; ***industrie charbonnière et sidérurgique*** Montanindustrie *f* **2** ZO ***mésange charbonnière*** Kohlmeise *f* **II** *m* **1** *marchand* Kohlenhändler *m* **2** *autrefois* Köhler *m*; Kohlenbrenner *m*; *enfant* ***noir comme un ~*** schwarz wie ein Mohr

charcuter [ʃaʀkyte] *v/t* F ***~ qn*** F an j-m herumschnippeln, -schnipseln; ***se ~ le doigt*** im Finger (*nach e-m Splitter etc*) herumstochern; ***se faire ~*** F an sich (*dat*) herumschnippeln, -schnipseln lassen

charcuterie [ʃaʀkytʀi] *f* **1** *produits* Fleisch- und Wurstwaren *f/pl* (*aus Schweinefleisch*); Wurst *f*; *en tranches* Aufschnitt *m* **2** *boutique* Fleisch- und Wurstwarengeschäft *n*; Fleischerei *f*; Metzgerei *f* **3** *métier* Fleischer-, Metzgerhandwerk *n*; *industrie* Fleisch- und Wurstwarenindustrie *f*

charcutier [ʃaʀkytje] *m* Fleischer *m*; (Schweine)-Metzger *m*

chardon [ʃaʀdõ] *m* **1** BOT Distel *f* **2** *sur une grille etc* Eisenspitze *f*

chardonneret [ʃaʀdɔnʀɛ] *m* ZO Distelfink *m*; Stieglitz *m*

charentais [ʃaʀɑ̃tɛ] **I** *adj* der Charente **II** *subst* **1** ***Charentais(e)*** *m(f)* Bewohner(in) *m(f)* der Charente **2** ***~e*** *f* Pantoffel *m*

Charente [ʃaʀɑ̃t] ***la ~*** *Fluss u Departement in Frankreich* **Charente-Maritime** ***la ~*** *frz Departement*

charge [ʃaʀʒ] *f* 1 Last *f*; Belastung *f*; *st/s* Bürde *f*; *d'un véhicule* Ladung *f*; Fracht *f*; MAR *a action* (Be)-Laden *n*; TECH: **~ maximale** Höchstlast *f*; maximale Last, Belastung; **~ utile** Nutzlast *f*; *loc/adj* **en ~** beladen; mit Ladung, Last; *chauffeur* **prendre qn, qc en ~** j-n auf-, mitnehmen; etw einladen, mitnehmen; → *a 4* 2 ÉLECT, *d'une arme* Ladung *f*; **~ explosive** *ou* **d'explosifs** Sprengladung *f* 3 *fig* Last *f*; Belastung *f* (*a* JUR); *st/s* Bürde *f*; *d'un loyer* **~s** *pl* Nebenkosten *pl*; **~s fiscales** Steuerlast *f*; steuerliche Belastung(en) *f(pl)*; Steuerbelastung *f*; **~s sociales** Soziallasten *f/pl*; *d'une entreprise* Lohnnebenkosten *pl*; **~s de l'État** Staatsausgaben *f/pl* und -schulden *f/pl*; **~s de famille** Unterhaltsverpflichtungen *f/pl*; **~s du ménage** Haushaltskosten *pl*; *loc/adj et loc/adv*: **enfant** *m* **à ~** unterhaltsberechtigtes Kind; JUR **témoin** *m* **à ~** Belastungszeuge *m*; **à ~ pour vous de** (*+inf*) mit der Verpflichtung *ou* Auflage, dass Sie ...; → *a* **revanche**; **à la ~ de** zulasten von (*ou +gén*); **à la ~ de la collectivité** zulasten der Allgemeinheit; **avoir qn à ~** für j-s Unterhalt aufkommen müssen; für j-n sorgen müssen; **être à ~ à qn** *personne* j-m zur Last fallen; *tâche, obligation* j-m sehr schwerfallen; j-m fast zu viel sein; **être à la ~ de qn** *personne* von j-m unterhalten werden; F j-m auf der Tasche liegen; *frais* zu j-s Lasten gehen; JUR **lourdes ~s** dringender Tatverdacht; JUR **de lourdes ~s pèsent sur lui** er ist dringend der Tat verdächtig 4 (*responsabilité, mission*) Aufgabe *f*; Auftrag *m*; **avoir ~ d'âme(s)** für andere, für das Leben anderer verantwortlich sein; **j'ai ~ d'âme** *a* ich habe für ihn *ou* sie die Verantwortung; **avoir (la) ~ de** (*+inf*) die Aufgabe, den Auftrag haben zu (*+inf*); (damit) beauftragt, betraut sein zu (*+inf*); **confier à qn la ~ de** (*+inf*) j-m die Aufgabe übertragen zu (*+inf*); j-n damit beauftragen, betrauen zu (*+inf*); **prendre qn, qc en ~** sich j-s, e-r Sache annehmen; etw in die Hand nehmen; etw übernehmen 5 (*fonction publique*) Amt *n* 6 (*attaque*) Angriff *m*; Attacke *f*; *fig* **revenir à la ~** sich nicht abweisen lassen; nicht lockerlassen; es noch einmal versuchen 7 THÉ *d'un rôle* Übertreiben *n*; Karikatur *f*; **jouer son rôle en ~** (bei s-r Rolle) übertreiben, zu dick auftragen; s-e Rolle karikieren 8 **femme** *f* **de ~** (Wäsche)Beschließerin *f*

chargé [ʃaʀʒe] I *adj* 1 beladen, bepackt, belastet (**de** mit); *estomac* überladen; *langue* belegt; *style, décoration etc* **trop ~** überladen; *st/s* **~ d'ans** hoch an Jahren; **main ~e de bagues** mit vielen Ringen geschmückte Hand; *arbre* **~ de fruits** voller Früchte; **~ de paquets** mit Paketen beladen, bepackt; *nuage* **~ de pluie** regenschwer; *fig* **avoir une semaine ~e** e-e ausgefüllte Woche haben 2 *arme* geladen 3 **lettre ~e** Wertbrief *m*; Brief *m* mit Wertangabe 4 (*responsable*) **~ de** beauftragt, betraut mit; **~ de mission** mit e-r Mission beauftragt; **M. X., ~ des relations publiques à ...** Herr X., zuständig für Öffentlichkeitsarbeit in ...; **être ~ de famille** für e-e Familie zu sorgen haben II *subst* DIPL **~** *m* **d'affaires** Geschäftsträger *m*; UNIVERSITÉ **~(e)** *m(f)* **de cours** Lehrbeauftragte(r) *f(m)*

chargement [ʃaʀʒəmɑ̃] *m* 1 *d'un véhicule* Beladen *n*; *d'un bateau a* Laden *n*; *de marchandises* Ein-, Verladen *n*; **appareil** *m* **de ~** Ladevorrichtung *f* 2 (*cargaison*) Ladung *f*; Fracht *f* 3 *d'une arme*, ÉLECT, INFORM Laden *n* 4 *d'un haut-fourneau* Beschickung *f* 5 **~ d'un appareil photo** Einlegen *n* des, e-s Films in e-n Fotoapparat; *t/t* Laden *n* e-r Kamera

charger [ʃaʀʒe] ⟨**-geons**⟩ I *v/t* 1 *personne, animal* beladen, bepacken (**de** mit); F *taxi* **~ un client** e-n Fahrgast auf-, mitnehmen; **~ du bois sur, des meubles dans un camion** Holz auf, Möbel in e-n Lkw (ver)laden; **~ des marchandises** Waren (ver-, ein)-laden; **~ une valise sur son épaule** sich (*dat*) e-n Koffer auf die Schulter laden; e-n Koffer schultern; **~ un véhicule** ein Fahrzeug beladen, befrachten 2 *fig* belasten, beschweren (**de** mit); **~ qn** j-n belasten (*a* JUR *accusé*); **~ qn de qc** j-n mit etw belasten; j-m etw aufladen, auferlegen, F aufhalsen; etw auf j-n abladen; **~ sa conscience d'un crime** sein Gewissen mit e-m Verbrechen belasten; *crime* **~ la conscience de qn** j-s Gewissen belasten; auf j-s Gewissen drücken; *mets* **~ l'estomac** im Magen liegen; **~ sa mémoire de ...** sein Gedächtnis belasten mit ...; **~ son récit d'***épisodes inutiles* s-e Erzählung überladen mit ... 3 (*confier*) **~ qn de qc** j-n mit etw beauftragen, betrauen; j-m etw übertragen; **~ qn de** (*+inf*) j-n damit beauftragen *ou* betrauen, j-m den Auftrag geben zu (*+inf*) 4 *arme, batterie, ordinateur* laden 5 *haut-fourneau* beschicken; chargieren 6 **~ un appareil photo** den, e-n Film einlegen (in die Kamera); *t/t* e-e Kamera laden 7 (*attaquer*) angreifen (*a abs*); sich stürzen auf (*+acc*); SPORTS rempeln (*a abs*) 8 (*exagérer*) übertreiben; karikieren II *v/pr* 1 **se ~** sich beladen, belasten (**de** mit); **se ~ l'estomac** sich (*dat*) den Magen überladen 2 **se ~ de qc** etw übernehmen, auf sich (*acc*) nehmen, in die Hand nehmen; **se ~ de qn** j-n betreuen; sich j-s annehmen; **se ~ de faire qc** es übernehmen, etw zu tun; **je m'en charge** das, F den *ou* die übernehme ich; um das, F den *ou* die kümmere ich mich

chargeur [ʃaʀʒœʀ] *m* 1 MAR Befrachter *m* 2 MIL Ladeschütze *m* 3 TECH Ladevorrichtung *f*; AGR Lader *m*; Förderer *m* 4 ÉLECT Ladegerät *n* 5 *d'un fusil* Magazin *n* 6 PHOT Kassette *f*; **à ~ automatique** Kassetten...

charia [ʃaʀja] *f* REL Scharia *f*

chariot [ʃaʀjo] *m* 1 Wagen *m*; Karren *m*; *dans les magasins* Einkaufswagen *m*; AVIAT, CH DE FER Kofferkuli *m*; CIN Kamerawagen *m*; *dans une usine* Flurförderer *m*; *d'une machine à écrire* Wagen *m*; *d'une machine-outil* Schlitten *m*; **~ alsacien** Stubenwagen *m*; **~ électrique** Elektrokarren *m*; **~ élévateur** Gabelstapler *m*; *t/t* Hubkarren *m*; **~ à bagages** Gepäckkarren *m*; **~ d'enfant** Laufstuhl *m*, -gestell *n* 2 ASTR **le Grand, Petit Chariot** der Große, Kleine Wagen

charismatique [kaʀismatik] *adj* charismatisch

charisme [kaʀism] *m* Charisma *n*

charitable [ʃaʀitabl] *adj* barmherzig; wohl-, mildtätig; **œuvres** *f/pl* **~s** Wohlfahrts-, Wohltätigkeitseinrichtungen *f/pl*; **n'être pas très ~ envers qn** ziemlich unbarmherzig, mitleidslos zu j-m sein, mit j-m verfahren

charitablement [ʃaʀitabləmɑ̃] *adv* aus Barmherzigkeit (*a iron*)

charité [ʃaʀite] *f* Barmherzigkeit *f*; Wohl-, Mildtätigkeit *f*; REL Nächstenliebe *f*; **~ chrétienne** christ-

C

liche Nächstenliebe; ***sœurs*** *f/pl*, ***frères*** *m/pl* ***de la Charité*** Barmherzige Schwestern *f/pl*, Brüder *m/pl*; ***vente*** *f* ***de ~*** Wohltätigkeitsbasar *m*; ***la ~, s'il vous plaît*** ich bitte um e-e milde Gabe; ***il a eu la ~ de*** (+*inf*) er war so barmherzig und … *ou* zu (+*inf*); ***demander la ~*** um Almosen bitten; betteln; ***faire la ~*** (ein) Almosen geben; Barmherzigkeit üben; *prov* ***~ bien ordonnée commence par soi-même*** jeder ist sich selbst der Nächste (*prov*); das Hemd ist mir näher als der Rock (*prov*)

charivari [ʃaʀivaʀi] *m* Krach *m*; F Radau *m*; Spektakel *m*

charlatan [ʃaʀlatɑ̃] *m péj* Scharlatan *m*; *d'un médecin* Quacksalber *m*; Kurpfuscher *m*

charlatanesque [ʃaʀlatanɛsk] *adj péj* e-s Scharlatans; MÉD quacksalberisch **charlatanisme** *m péj* Scharlatanerie *f*; MÉD Quacksalberei *f*; Kurpfuscherei *f*

Charlemagne [ʃaʀləmaɲ] *m* HIST Karl der Große

Charles [ʃaʀl] *m Vorname*; HIST: ***~ le Chauve*** Karl der Kahle; ***~ le Gros*** Karl der Dicke; ***~ Martel*** Karl Martell; ***~ Quint*** Karl V. (der Fünfte); ***~ le Téméraire*** Karl der Kühne

charleston [ʃaʀlɛstɔn] *m danse* Charleston [ˈtʃaːrlstən] *m*

Charlot [ʃaʀlo] *m* Charlie Chaplin *m*

Charlotte [ʃaʀlɔt] *f Vorname*

charlotte [ʃaʀlɔt] *f* **1** CUIS *Süßspeise aus sirupgetränkten Löffelbiskuits, Früchten u Vanillecreme* **2** *coiffure* Frauenhaube *f* mit Volantrand

charmant [ʃaʀmɑ̃] *adj* reizend; bezaubernd; entzückend; *personne a* charmant; ***le Prince Charmant*** der Märchenprinz (*a fig*); *iron* ***~e soirée!*** ein wirklich reizender Abend!; ***être d'humeur ~e*** strahlender, *iron* reizender Laune sein; ***comme c'est ~!*** wie entzückend, reizend, bezaubernd!; *iron* ***c'est ~!*** das ist ja reizend!

charme[1] [ʃaʀm] *m* **1** Zauber *m*; Bann *m*; *d'une personne a* Charme *m*; *d'un paysage, d'une ville etc* Zauber *m*; Reiz *m*; ***~ de la nouveauté*** Reiz der Neuheit; ***avoir du ~*** Charme haben; charmant sein; ***avoir*** (***aussi***) ***son ~*** (auch) s-e Reize, s-n Reiz haben; ***être*** (***encore***) ***sous le ~*** (noch) ganz verzaubert sein; ***être sous le ~ de qn*** in j-s Bann (*dat*) stehen; ***faire du ~ à qn*** F versuchen, j-n zu becircen; ***c'est ce qui en fait le ~*** gerade das macht s-n *ou* ihren Reiz aus; ***ne pas manquer de ~*** *chose* durchaus auch s-e Reize, s-n Reiz haben; *personne* e-n gewissen Charme haben; ***il se porte comme un ~*** es geht ihm blendend; er erfreut sich bester Gesundheit; ***rompre le ~*** den Zauber lösen; *fig* ***le ~ est rompu*** der Zauber, die Illusion ist verflogen, dahin; ***tenir qn sous son ~*** j-n in s-m Bann halten **2** *litt d'une femme* ***les ~s*** die (weiblichen) Reize *m/pl*; ***vendre ses ~s*** sich, ihren Körper verkaufen

charme[2] [ʃaʀm] *m* BOT Weiß-, Hage-, Hainbuche *f*

charmer [ʃaʀme] *v/t* **1** *serpents* beschwören **2** ***~ qn*** j-n bezaubern, faszinieren, fesseln, gefangen nehmen, entzücken; *p/fort* j-n verzaubern, in s-n Bann schlagen; *sens affaibli* ***être charmé*** sich sehr freuen, entzückt sein (***de +inf*** [darüber,] dass …)

charmeur [ʃaʀmœʀ] **I** *adj* ⟨**-euse**⟩ einschmeichelnd; ***sourire ~*** einschmeichelndes Lächeln; ***voix charmeuse*** einschmeichelnde Stimme **II** *m* **1** ***~ de serpent*** Schlangenbeschwörer *m* **2** (*séducteur*) Charmeur *m*

charmille [ʃaʀmij] *f* Laubengang *m*

charnel [ʃaʀnɛl] *adj* ⟨**~le**⟩ **1** (*corporel*) fleischlich; körperlich; ***enveloppe ~le*** Körper *m*; körperliche Hülle **2** (*sexuel*) fleischlich; Fleisches…; ***acte ~*** Geschlechtsakt *m*; ***amour ~*** körperliche Liebe; ***désirs ~s*** Fleischeslust *f*; fleischliche Begierden *f/pl*

charnier [ʃaʀnje] *m* Leichengrube *f*; Massengrab *n*

charnière [ʃaʀnjɛʀ] *f* **1** TECH Scharnier *n* **2** *fig* Nahtstelle *f*; Übergang *m*; Verbindung(sstelle) *f*; *adjt* Übergangs…; Verbindungs…

charnu [ʃaʀny] *adj fruit, feuille* fleischig; ***lèvres ~es*** fleischige Lippen *f/pl*; ***parties ~es*** Muskelpartien *f/pl*; Weichteile *pl*; *plais* ***la partie ~e de son individu*** F sein Hinterteil *n*; *plais* sein verlängerter Rücken

charognard [ʃaʀɔɲaʀ] *m* ZO *et fig* Aasgeier *m*

charogne [ʃaʀɔɲ] *f* **1** *d'animaux* Aas *n* **2** *injure* P Scheiß-, Dreckskerl *m*; *d'une femme* Miststück *n*; (Raben)Aas *n*

charolais [ʃaʀɔlɛ] *m weiße Rinderrasse aus Burgund*

charpente [ʃaʀpɑ̃t] *f* **1** CONSTR (Trag)Gerüst *n*; Gerippe *n* (*a d'un bateau*); Skelett *n*; *d'un pont* Tragwerk *n*; ***~*** (***du toit***) Dachstuhl *m*; Gebälk *n*; ***~ métallique*** Stahl-, Eisengerüst *n*, -skelett *n*, -konstruktion *f* **2** *du corps* ***~*** (***osseuse***) Knochengerüst *n*; ***avoir une solide ~*** kräftig, stattlich gebaut sein **3** *fig d'un roman etc* Aufbau *m*

charpenté [ʃaʀpɑ̃te] *adj* ***être bien, solidement ~*** *personne* kräftig, stattlich gebaut sein; e-n kräftigen Körperbau haben; *fig roman etc* klar aufgebaut sein

charpentier [ʃaʀpɑ̃tje] *m* Zimmermann *m*; Zimmerer *m*

charpie [ʃaʀpi] *f* **1** MÉD *autrefois* Scharpie *f* **2** *fig loc/adj* ***en ~*** *viande* ganz zerkocht; *livre* zerfleddert; *étoffe* brüchig; verschlissen; ***mettre, réduire qc en ~*** etw zerzupfen, zerkrümeln, in kleine Fetzen reißen; *menace* ***mettre qn en ~*** F j-n in der Luft zerreißen; ***tomber en ~*** (in der Hand) zerfallen

charretée [ʃaʀte] *f* Ladung *f*; Fuhre *f*

charretier [ʃaʀtje] *m* Fuhrmann *m*

charrette [ʃaʀɛt] *f* Karren *m*; Wagen *m*; ***~ à bras*** Handkarren *m*; *Révolution* ***~ des condamnés*** Schinderkarren *m*

charrier [ʃaʀje] **I** *v/t* **1** (*transporter*) fahren; karren; transportieren; *fleuve*: *sable* mit sich führen; *glaces* führen **2** F *fig* (*se moquer de*) ***~ qn*** F j-n auf den Arm nehmen **II** *v/i* F (*exagérer*) zu weit gehen; F es zu bunt treiben; ***faut pas ~!*** F das geht zu weit!; jetzt reicht's aber!

charron [ʃaʀɔ̃] *m* Wagner *m*; Stellmacher *m*

charrue [ʃaʀy] *f* Pflug *m*; *fig* ***mettre la ~ avant, devant les bœufs*** das Pferd beim Schwanz aufzäumen

charte [ʃaʀt] *f* JUR, POL Charta *f*; MOYEN-ÂGE *a* Urkunde *f*; HIST *en France* ***la Charte*** (***constitutionnelle***) die Charte von 1814; ***Charte des Nations unies*** Charta der Vereinten Nationen; ***École*** *f* ***des ~s*** *Hochschule zur Ausbildung von Archivaren u Bibliothekaren in Paris*

charter [ʃaʀtɛʀ] **1** *m vol* Charterflug *m*; *avion* Chartermaschine *f*, -flugzeug *n*; ***en ~*** mit e-r Chartermaschine **2** *adjt* Charter…; ***avion*** *m*, ***compa-***

gnie *f*, **vol** *m* ~ Charterflugzeug *n*, -gesellschaft *f*, -flug *m*

Chartres [ʃaʀtʀ] *Stadt im Dep. Eure-et-Loir*

chartreuse[1] [ʃaʀtʀøz] *f* ÉGL CATH **a)** *couvent* Kartause *f*; Kartäuserkloster *n*; **b)** *religieuse* Kartäuserin *f*

chartreuse®[2] [ʃaʀtʀøz] *f liqueur* Chartreuse® *m*

chartreux [ʃaʀtʀø] *m* ÉGL CATH Kartäuser(mönch) *m*

Charybde [kaʀibd] *loc* ***tomber de ~ en Scylla*** vom Regen in die Traufe kommen

chas [ʃɑ, ʃa] *m* (Nadel)Öhr *n*

chasse [ʃas] *f* **1** CH **a)** *action* Jagd *f*; Fang *m*; *st/s* Weidwerk *n*; ~ ***sous-marine*** Unterwasserjagd *f*; ~ ***à la baleine*** Walfang *m*; ~ ***aux canards*** Entenjagd *f*; ~ ***à courre*** Hetz-, Parforcejagd *f*; ~ ***aux papillons*** Schmetterlingsfang *m*; ***aller, partir à la ~*** auf die Jagd gehen; ***faire la ~ à un animal*** ein Tier jagen; Jagd auf ein Tier machen; *prov* ***qui va à la ~ perd sa place*** wer s-n Platz verlässt, verliert ihn *ou* verliert sein Recht darauf; **b)** *domaine* Jagd *f*; Jagdrevier *n*, -gebiet *n*; **c)** *coll* Jagd *f*; Jäger *m/pl*; Jagdgesellschaft *f*; **d)** (*tableau de ~*) Jagd(aus)beute *f*; Strecke *f*; ***faire bonne ~*** e-e gute Strecke haben; **e)** *période* Jagd(zeit) *f*; **f)** *animal* ***être en ~*** → ***chaleur*** *3* **2** *fig* Jagd *f*; Verfolgung *f*; ~ ***aux autographes*** Jagd nach Autogrammen; ~ ***à l'homme*** Verfolgungsjagd *f*; ~ ***aux sorcières*** Hexenjagd *f*; ***faire la ~ à qn, prendre qn, qc en ~*** auf j-n, etw Jagd machen; j-n, etw verfolgen, jagen; j-m, e-r Sache nachjagen; ***se mettre en ~*** sich auf die Suche machen (***pour trouver qc*** nach etw) **3** MIL (***aviation*** *f* ***de***) ~ Jagdflugzeuge *n/pl*; Jagdverbände *m/pl*; Jäger *m/pl*; ***avion*** *m* ***de ~*** Jäger *m*; Jagdflugzeug *n* **4** ~ (***d'eau***) Wasserspülung *f*; ***actionner, tirer la ~*** (***d'eau***) die Wasserspülung betätigen, ziehen **5** TECH Spielraum *m*; AUTO Nachlauf *m*

châsse [ʃɑs] *f* **1** REL Heiligen-, Reliquienschrein *m*; Reliquiar *n* **2** TECH Fassung *f*; Griff *m* **3** *arg* ~***s*** *pl* (*yeux*) Augen *n/pl*

chassé-croisé [ʃasekʀwaze] *m* ⟨*pl* **chassés-croisés**⟩ **1** DANSE gekreuzter Wechselschritt; Kreuzchassé *n* **2** *fig* Hin und Her *n*; Hinüber und Herüber *n*

chasselas [ʃasla] *m* Gutedel *m* (*süße weiße Tafeltraube*)

chasse-neige [ʃasnɛʒ] *m* ⟨*inv*⟩ **1** TECH Schneeräumer *m*, -pflug *m* **2** SKI Schneepflug *m*

chasser [ʃase] **I** *v/t* **1** CH jagen; Jagd machen auf (+*acc*); ~ ***la baleine*** auf Walfang gehen; ~ ***le lièvre*** Hasen jagen; auf die Hasenjagd gehen; ~ ***les papillons*** Schmetterlinge fangen **2** (*faire partir*) weg-, hinaus-, ver-, davonjagen; vertreiben; (*congédier*) F hinauswerfen; *animal* verjagen; vertreiben; *plais*: *les peintres* ***m'ont chassé de chez moi*** … haben mich von zu Hause vertrieben; ~ ***qn du pays*** j-n aus dem Land jagen, vertreiben; *animal* ~ ***devant soi*** vorwärtstreiben; vor sich (*dat*) hertreiben **3** *mauvaise odeur etc* vertreiben; ~ ***son ennui, l'ennui*** sich (*dat*) die Langeweile vertreiben; *vent* ~ ***les nuages*** die Wolken verjagen, vertreiben; ~ ***des soucis, des pensées*** Sorgen, Gedanken vertreiben, verscheuchen; ~ ***un souvenir de son esprit*** e-e Erinnerung aus s-n Gedanken verdrängen, verbannen **4** TECH ~ ***un clou, une vis*** einen Nagel, eine Schraube versenken **II** *v/i* **1** CH jagen; auf die Jagd gehen **2** *roues* seitlich rutschen; wegrutschen; *ancre* nicht fassen

chasseresse [ʃasʀɛs] *poét f* Jägerin *f*; *adjt* ***Diane ~*** Diana als Göttin der Jagd

chasseur [ʃasœʀ] *m* **1** CH Jäger *m*; SPORTS ~ ***sous-marin*** Unterwasserjäger *m*; *fig* ~ ***d'autographes*** Autogrammjäger *m*; *fig* ~ ***d'images*** Fotojäger *m*; ~ ***de têtes*** *chez les sauvages* Kopfjäger *m*; ÉCON Headhunter ['hedhantər] *m* **2** MIL **a)** *soldat* Jäger *m*; ~***s alpins*** Gebirgsjäger *m/pl*; **b)** AVIAT Jagdflugzeug *n*; Jäger *m* **3** *d'hôtel, de restaurant* Page *m*; Boy *m* **4** *adjt* ⟨*inv*⟩ CUIS nach Jägerart; mit Pilzen

chasseur-bombardier [ʃasœʀbõbaʀdje] *m* ⟨*pl* **chasseurs-bombardiers**⟩ AVIAT Jagdbomber *m*; *abr* Jabo *m*

chassie [ʃasi] *f* Augenbutter *f*

chassieux [ʃasjø] *adj* ⟨**-euse**⟩ ***avoir les yeux ~*** Schmutz in den Augenwinkeln haben

châssis [ʃasi, ʃɑ-] *m* **1** (*cadre*) (Ein)Fassung *f*; Rahmen *m* **2** AUTO Fahrgestell *n*; Chassis *n*; Rahmen *m*; ~ ***intégré*** selbsttragende Karosserie **3** F *fig à propos d'une femme* ***c'est, elle a un beau ~*** F sie hat ein tolles Untergestell **4** *de fenêtre* (Fenster)-Flügel *m*; ~ ***dormant*** nicht zu öffnendes Fenster **5** JARD Frühbeetfenster *n* **6** PEINT Blendrahmen *m*

chaste [ʃast] *adj* keusch; züchtig; *cœur* rein; *plais* ~***s oreilles*** *f/pl* zarte Ohren *n/pl*

chasteté [ʃastəte] *f* Keuschheit *f*

chasuble [ʃazybl] *f* **1** ÉGL CATH Messgewand *n*; Kasel *f* **2** *vêtement* ärmelloser Kasack; *adjt* ***robe*** *f* ~ Chasuble *n*

chat[1] [ʃa] *m* **1** ZO Katze *f*; *mâle* Kater *m*; *Perrault* ***Le Chat botté*** Der Gestiefelte Kater; ~ ***domestique*** Hauskatze *f*; *terme d'affection* ***mon ~*** (mein) Liebling; ***petit ~*** Kätzchen *n*; ~ ***sauvage*** Wildkatze *f*; ~ ***de gouttière*** ganz gewöhnliche Katze; ***peau*** *f* ***de ~*** Katzenfell *n*; ***jouer avec qn comme un ~ avec une souris*** Katze und Maus mit j-m spielen; *fig*: ***acheter ~ en poche*** die Katze im Sack kaufen; ***appeler un ~ un ~*** das Kind beim Namen nennen; ***il n'y a pas un ~*** kein Mensch, keine lebende Seele ist da, ist zu sehen; ***avoir un ~ dans la gorge*** e-n Frosch im Hals haben; ***avoir une écriture de ~*** e-e krakelige Schrift haben; ***il n'y a pas de quoi fouetter un ~*** das ist kein Grund zur Aufregung; da ist doch nichts dabei; ***avoir d'autres ~s à fouetter*** Wichtigeres zu tun haben; andere Sorgen haben; *prov*: ***à bon ~ bon rat*** Wurst wider Wurst (*prov*); wie du mir, so ich dir (*prov*); ~ ***échaudé craint l'eau froide*** gebranntes Kind scheut das Feuer (*prov*); ***quand le ~ n'est pas là, les souris dansent*** wenn die Katze aus dem Haus ist, tanzen die Mäuse (auf dem Tisch) (*prov*) **2** *jeu d'enfants* Fangen *n*; ~ ***perché*** Fangen, bei dem man sich vor dem Verfolger auf e-n erhöhten Standort rettet; ***jouer à ~*** Fangen spielen

chat[2] [tʃat] *m* INFORM Chat [tʃɛt] *m*

châtaigne [ʃɑtɛɲ] *f* **1** BOT (Edel-, Ess)Kastanie *f* **2** F (*coup de poing*) Faustschlag *m*

châtaigneraie [ʃɑtɛɲʀɛ] *f* Kastanienpflanzung *f*, -wäldchen *n*

châtaignier [ʃɑteɲe] *m* **1** BOT (Edel)Kastanie *f*; Kastanienbaum *m* **2** (***bois*** *m* ***de***) ~ Kastanie(nholz) *f*(*n*)

châtain [ʃɑtɛ̃] *adj* ⟨*f inv, litt* **châtaine**⟩ ***cheveux ~s***

C

braunes Haar; ~ ***clair, foncé*** ⟨*inv*⟩ hell-, dunkelbraun; *personne* ***être*** ~ braunes Haar haben; braunhaarig sein
château [ʃɑto] *m* ⟨*pl* **~x**⟩ **1** Schloss *n*; ~ ***fort, féodal*** Burg *f*; ~ ***de cartes*** Kartenhaus *n*; *projets* ***s'écrouler comme un ~ de cartes*** wie ein Kartenhaus zusammenstürzen; ***~x de la Loire*** Loireschlösser *n/pl*; *fig* ***vie*** *f* ***de*** ~ Schlaraffenland *n*; *fig* ***bâtir des ~x en Espagne*** Luftschlösser bauen **2** ~ ***d'eau*** Wasserturm *m* **3** *dans le Bordelais* Weingut *n*
chateaubriand *ou* **châteaubriant** [ʃatobʀijɑ̃] *m* CUIS Chateaubriand *n* (*dickes Filetsteak vom Grill*)
Chateaubriand [ʃatobʀijɑ̃] *frz Schriftsteller*
châtelain [ʃatlɛ̃, ʃɑ-] *m*, **châtelaine** *f* **1** Schlossherr(in) *m(f)* **2** MOYEN-ÂGE Burgherr, -frau *m,f*; Burggraf, -gräfin *m,f*
Châtelguyon [ʃatɛlgɥijõ] *Kurort im Dep. Puy-de--Dôme*
Châtellerault [ʃatɛlʀo] *Stadt im Dep. Vienne*
chat-huant [ʃayɑ̃] *m* ⟨*pl* **chats-huants**⟩ ZO Waldkauz *m*
châtier [ʃɑtje] *v/t st/s* **1** (be)strafen (***de*** mit); abstrafen; *physiquement st/s* züchtigen **2** *adjt langage, style* ***châtié*** gepflegt
chatière [ʃatjɛʀ] *f* **1** *pour chats* Durchschlupf *m* für Katzen **2** (*trou d'aération*) Lüftungsöffnung *f* (im Dach)
châtiment [ʃɑtimɑ̃] *st/s m* Strafe *f*; Bestrafung *f*; ~ ***corporel*** (körperliche) Züchtigung; ÉCOLE Prügelstrafe *f*; ***subir, recevoir un*** ~ bestraft, gezüchtigt werden
chatoiement [ʃatwamɑ̃] *m* Schillern *n*
chaton [ʃatõ] *m* **1** ZO Kätzchen *n* **2** BOT Kätzchen *n*; ~ ***de saule*** Weidenkätzchen *n* **3** ORFÈVRERIE Fassung *f*
chatouillement [ʃatujmɑ̃] *m* **1** *action* Kitzeln *n* **2** *sensation* Kitzel(n) *m(n)*
chatouiller [ʃatuje] *v/t* **1** kitzeln; ***ça*** (***me***) ***chatouille*** das kitzelt (mich) **2** *fig*: *le palais* kitzeln; ~ ***l'amour--propre de qn*** j-s Selbstachtung (*dat*) schmeicheln
chatouilles [ʃatuj] *f/pl* F ***faire des ~ à qn*** j-n kitzeln; ***craindre les*** ~ kitz(e)lig sein
chatouilleux [ʃatujø] *adj* ⟨**-euse**⟩ **1** kitz(e)lig; ***être ~ de*** an (+*dat*) kitz(e)lig sein **2** *fig caractère, personne* empfindlich, F kitz(e)lig (***sur*** in Bezug auf +*acc*)
chatoyant [ʃatwajɑ̃] *adj* schillernd **chatoyer** *v/i* ⟨**-oi-**⟩ schillern
châtré [ʃɑtʀe] **I** *adj* kastriert; verschnitten **II** *m fig* ***voix*** *f* ***de*** ~ Fistelstimme *f*
châtrer [ʃɑtʀe] *v/t* kastrieren; verschneiden
chatte [ʃat] *f* **1** ZO Katze *f*; Kätzin *f*; *terme d'affection* ***ma*** (***petite***) ~ mein (kleiner) Liebling **2** *adjt fig d'une femme* ***elle est*** (***très***) ~ sie ist zärtlich und anschmiegsam wie ein Kätzchen **3** P (*sexe de la femme*) P Muschi *f*; Kätzchen *n*
chatter [tʃate] *v/i* INFORM chatten ['tʃɛtən]
chatteries [ʃatʀi] *f/pl* **1** (*caresses*) Zärtlichkeiten *f/pl*; ***faire des ~ à qn*** zu j-m zärtlich sein **2** (*friandises*) Leckerbissen *m/pl*; Naschwerk *n*
chatterton [ʃatɛʀtɔn] *m* Isolierband *n*
chaud [ʃo] **I** *adj* **1** warm; *p/fort* heiß; ***très*** ~ (sehr) heiß; ***trop*** ~ zu warm *ou* heiß; ***air*** ~ warme *ou* heiße Luft; TECH Warmluft *f*; ***main ~e*** *Gesellschaftsspiel, bei dem e-e Person, der die Augen verbunden sind, erraten muss, wer ihr auf die Hand schlägt*; ***repas*** ~ warme Mahlzeit; ***la saison ~e*** die warme Jahreszeit; ***vin*** ~ Glühwein *m*; ***avoir les mains ~es, les pieds ~s*** warme Hände, Füße haben; ***boire*** ~ etwas Warmes, Heißes trinken; ***cuire à four très*** ~ bei starker Hitze backen; *moteur, cadavre etc* ***être encore*** ~ noch warm sein; ***le soleil est*** ~ die Sonne ist, scheint warm; ***manger*** ~ etwas Warmes essen; ***servir*** ~ heiß servieren **2** *vêtements, couverture etc* warm; wärmend **3** *fig félicitations, couleur, voix* warm; *parfum* schwer; *partisan* glühend; leidenschaftlich; ***discussion ~e*** hitzige Diskussion; ***nouvelle toute ~e*** brühwarme Neuigkeit; ***l'alerte a été ~e*** das ist noch einmal gnädig abgegangen; ***la bataille a été ~e*** das war ein heißer Kampf; ***il n'est pas très*** ~ (***pour ce projet*** *etc*) er kann sich dafür nicht recht erwärmen; er ist davon nicht sehr begeistert **4** *fig* ***journées chaudes*** heiße Tage *m/pl*; ***point*** ~ *lieu* Krisenpunkt *m*, -herd *m*; (*question controversée*) brennende Frage; brennendes Problem; (*sujet délicat*) heißes Eisen; ***quartier*** ~ gefährliches Viertel; ***zone ~e*** gefährliches Gebiet; ***l'été sera*** ~ es wird e-n heißen Sommer geben **5** *tempérament, sang* hitzig **6** *loc/adv* ***à*** ~ MÉD *opérer* bei akuter Entzündung; *fig* solange die Gemüter noch erhitzt sind; ***reportage*** *m* ***à*** ~ Live-Reportage ['laɪf-] *f*; TECH ***étirer à*** ~ warmziehen **II** *m* Wärme *f*; *p/fort* Hitze *f*; *loc/adv* ***au*** ~ im Warmen; ***être, rester*** (***bien***) ***au*** ~ im Warmen sein, bleiben; ***garder, tenir au*** ~ *manger* warm stellen; *pieds etc* warm halten; ***j'ai*** ~ mir ist warm, *p/fort* heiß; *fig* ***j'ai eu*** ~ ich bin gerade noch mit e-m blauen Auge davongekommen; ***cela me donne*** ~ davon *ou* dabei wird mir warm; ***ça m'a donné ~ de courir*** mir ist vom *ou* beim Laufen ganz heiß geworden; ***il fait*** ~ es ist warm, *p/fort* heiß; F ***il ne fait pas ~ aujourd'hui*** F es ist ganz schön kalt heute; *fig* ***ça ne me fait ni ~ ni froid*** das ist mir gleichgültig, egal; das lässt mich kalt; *fig* ***il fera ~ le jour où …*** da muss noch viel passieren, bis …; ***prendre un ~ et froid*** sich verkühlen(, wenn man schwitzt); *lainage etc* ***tenir*** ~ (***à qn***) (j-n) warm halten; ***cela te tiendra ~ aux oreilles*** das wird dir die Ohren warm halten
chaudement [ʃodmɑ̃] *adv* **1** *s'habiller* warm **2** *fig féliciter, recommander* warm; wärmstens; *disputé* heiß **3** *plais*: *comment ça va? — **~!*** wies einem so geht bei dem Wetter
chaude-pisse [ʃodpis] P *f* Tripper *m*
Chaudes-Aigues [ʃodzɛg] *Kurort im Dep. Cantal*
chaud-froid [ʃofʀwa] *m* ⟨*pl* **chauds-froids**⟩ CUIS Chaudfroid *n* (*Geflügel-, Wildsülze*)
chaudière [ʃodjɛʀ] *f* (Heiz-, Dampf)Kessel *m*; ~ ***à charbon, à gaz*** Kohle-, Gaskessel *m*; ~ ***à mazout*** Ölheizkessel *m*
chaudron [ʃodʀõ] *m* (Koch)Kessel *m*
chaudronnerie [ʃodʀɔnʀi] *f* **1** *usine* Kessel- *ou* Blech- *ou* Kupferschmiede *f* **2** *objets* Blech- *ou* Kupferwaren *f/pl*
chaudronnier [ʃodʀɔnje] *m* Kessel- *ou* Kupfer- *ou* Blechschmied *m*
chauffage [ʃofaʒ] *m* Heizung *f* (*installation et action*); *action* (Be)Heizen *n*; TECH Erwärmung *f*; Erhitzung *f*; ~ ***central, collectif*** Zentral-, Sammelheizung *f*; ~ ***électrique*** elektrische Heizung; ~ ***solaire*** Solarheizung *f*; ~ ***à air chaud*** Warmluftheizung *f*; ~ ***au bois, au charbon*** Holz-, Kohlenheizung *f*, -feue-

rung *f*; **~ au gaz, au mazout** Gas-, Ölheizung *f*; **~ par accumulation, par le plancher** Speicher-, Fußbodenheizung *f*; **appareil** *m* **de ~** Heizgerät *n*; **bois** *m* **de ~** Brennholz *n*; **installation** *f* **de ~** Heiz(ungs)-anlage *f*; **arrêter, mettre le ~** die Heizung aus-, anstellen

chauffagiste [ʃofaʒist] *m* Heizungsmonteur *m*

chauffant [ʃofɑ̃] *adj* aufheizbar; beheizbar; Heiz...; **couverture ~e** Heizdecke *f*; AUTO **lunette arrière ~e** beheizbare Heckscheibe; **plaque ~e** Heiz-, Kochplatte *f*

chauffard [ʃofaʀ] *m* Verkehrsrowdy [-raudi] *m*

chauffe [ʃof] *f* TECH Heizen *n*; Heizung *f*; Feuerung *f*; **surface** *f* **de ~** Heizfläche *f*

chauffe-assiettes [ʃofasjɛt] *m* ⟨*inv*⟩ Tellerwärmer *m* **chauffe-bain** *m* ⟨*pl* **chauffe-bains**⟩ Boiler *m ou* Durchlauferhitzer *m* (fürs Bad); Badeofen *m* **chauffe-biberon** *m* ⟨*pl* **chauffe-biberons**⟩ (Baby)-Flaschenwärmer ['be:bi-] *m*

chauffe-eau [ʃofo] *m* ⟨*inv*⟩ Heiß-, Warmwasserbereiter *m*; **~ instantané** Durchlauferhitzer *m*; **~ à accumulation** Boiler *m*; Heiß-, Warmwasserspeicher *m*

chauffe-liquides [ʃoflikid] *m* ⟨*inv*⟩ Tauchsieder *m* **chauffe-plats** *m* ⟨*inv*⟩ Warmhalteplatte *f*

chauffer [ʃofe] **I** *v/t* **1** erwärmen; (an-, vor)wärmen; *p/fort* erhitzen; **~ un appartement, une chaudière** eine Wohnung, einen Kessel heizen; **~ de l'eau à 80 degrés** Wasser auf 80 Grad erhitzen **2** *fig public* in Schwung bringen **II** *v/i* **1** warm, *p/fort* heiß werden; sich erwärmen; **faire ~** warm, heiß machen; erhitzen; **faire ~ le fer à repasser** das Bügeleisen anstellen; **faire ~ le manger** das Essen (auf)wärmen; **faire ~ le moteur** den Motor warm laufen lassen; **l'eau chauffe, est en train de ~** das Wasser wird warm, heiß; **mettre de l'eau à ~** Wasser aufsetzen **2** *moteur, essieu* (sich) heiß laufen; *moteur a* zu heiß werden; F kochen **3** *poêle, combustible* heizen; Wärme geben; *soleil* brennen **4** F *fig* **ça, la salle chauffe** das Publikum geht begeistert mit, lässt sich mitreißen; F *fig* **ça va ~** F das wird was geben, absetzen; es ist dicke Luft **III** *v/pr* **se ~** **1** sich wärmen (**au soleil** an der Sonne); **se ~ devant le feu** sich am Feuer (auf)wärmen **2** heizen (**au bois** mit Holz)

chaufferette [ʃofʀɛt] *f* Fußwärmer *m*

chaufferie [ʃofʀi] *f dans un immeuble* Heizraum *m*; Heizungskeller *m*; *à l'usine* Kesselhaus *n*; MAR Kesselraum *m*

chauffeur [ʃofœʀ] *m* **1** Fahrer(in) *m(f)*; Chauffeur *m*; *plais* Chauffeuse *f*; ADM Kraftfahrer *m*; **~ de camion, de poids lourd** Lkw-Fahrer *m*; **~ du dimanche** Sonntagsfahrer *m*; **~ de taxi** Taxifahrer(in) *m(f)*, -chauffeur *m*; **voiture** *f* **sans ~** Leihwagen *m* (für Selbstfahrer) **2** *dans une chaufferie* Heizer *m* **chauffeur-livreur** *m* ⟨*pl* **chauffeurs-livreurs**⟩ Verkaufsfahrer *m*; Ausfahrer *m*

chauffeuse [ʃoføz] *f* tiefer Sessel

chaulage [ʃolaʒ] *m* AGR Kalken *n*; Kalkdüngung *f*

chauler [ʃole] *v/t* AGR kalken; **~ un mur** eine Wand kalken

chaume [ʃom] *m* **1 a)** *après la moisson* Stoppel *f*; **b)** *champ* Stoppelfeld *n* **2** *pour couvrir les toits* Dachstroh *n*; **toit** *m* **de ~** Strohdach *n*

chaumière [ʃomjɛʀ] *f* **a)** (strohgedeckte) Hütte; einfaches Häuschen; *fig* **une ~ et un cœur** Raum ist in der kleinsten Hütte für ein glücklich liebend Paar (*Schiller*); **b)** *moderne* kleines Landhaus; **c)** *auberge* Landgasthof *m*, -gasthaus *n*

chaussant [ʃosɑ̃] *adj chaussures* **être ~s** gut sitzen; angenehm zu tragen sein

chaussée [ʃose] *f* Fahrbahn *f*; **Ponts et Chaussées** → **pont** *2*

chausse-pied [ʃospje] *m* ⟨*pl* **chausse-pieds**⟩ Schuhanzieher *m*, -löffel *m*

chausser [ʃose] **I** *v/t* **1** *chaussures* (sich [*dat*]) anziehen; **~ qn** *enfant etc* j-m die Schuhe anziehen; (*fournir en chaussures*) für j-n Schuhe machen, anfertigen; **~ du 37** Schuhgröße 37 haben; **~ les étriers** die Füße in die Steigbügel stecken; *par ext* **~ ses lunettes** (sich [*dat*]) die Brille auf die Nase setzen; **~ ses, des skis** (sich [*dat*]) die Skier anschnallen; *adjt*: **être bien chaussé** gute Schuhe tragen, (an)haben; **chaussé de vieilles sandales** mit alten Sandalen (an den Füßen) **2** *chaussures* **~ (qn) bien** gut sitzen (und guten Halt geben); gut aussehen **3** AGR häufeln **4** *véhicule* bereifen **II** *v/pr* **1** **se ~** (sich [*dat*]) die Schuhe anziehen **2** **se ~ chez X** s-e Schuhe immer bei X kaufen; **il a du mal à se ~** es ist schwer für ihn, passende Schuhe zu finden

chausses [ʃos] *f/pl autrefois* Beinkleider *n/pl*

chausse-trap(p)e [ʃostʀap] *f* ⟨*pl* **chausse-trap(p)es**⟩ **1** Fallgrube *f* **2** *fig* Falle *f*

chaussette [ʃosɛt] *f* Kniestrumpf *m*; Socke *f*; *südd* Socken *m*; **en ~s** in Socken

chausseur [ʃosœʀ] *m* Schuhlieferant *m*

chausson [ʃosõ] *m* **1** Hausschuh *m*; *de bébés* Babyschuh ['be:bi-] *m*; **~ (de danse)** Ballettschuh *m*; COUT **point** *m* **de ~** Hexenstich *m* **2** CUIS **~ aux pommes** Apfeltasche *f*

chaussure [ʃosyʀ] *f* **1** Schuh *m*; **~s** *pl a* Schuhwerk *n*; Schuhwaren *f/pl*; **~ basse** Halbschuh *m*; **~ montante** hoher Schuh; Stiefel *m*; **~s de marche** Straßenschuhe *m/pl*; **~s de ski** Skistiefel *m/pl*; **~s de sport** Sport-, Turnschuhe *m/pl*; **fabricant** *m* **de ~s** Schuhfabrikant *m*; **marchand** *m* **de ~s** Schuh(waren)händler *m*; **enlever ses, mettre des, ses ~s** die, s-e Schuhe, sich (*dat*) die Schuhe aus-, anziehen; **faire les ~s** die Schuhe putzen; *fig* **trouver ~ à son pied** *personne* den Richtigen *ou* die Richtige, den passenden Partner finden; *chose* das Passende, Richtige finden **2** ÉCON Schuhbranche *f*, -handel *m*, -industrie *f*

chaut [ʃo] → **chaloir**

chauve [ʃov] *adj* kahl (*a fig colline etc*); *personne a* kahlköpfig; *subst* **un ~** ein Kahlkopf *m*; **devenir ~** e-e Glatze bekommen; kahl werden

chauve-souris [ʃovsuʀi] *f* ⟨*pl* **chauves-souris**⟩ ZO Fledermaus *f*

chauvin [ʃovɛ̃] *péj* **I** *adj* chauvinistisch **II** *subst* **~(e)** *m(f)* Chauvinist(in) *m(f)*

chauvinisme [ʃovinism] *m péj* Chauvinismus *m*

chaux [ʃo] *f* Kalk *m*; **blanchir à la ~** mit Kalk weißen, *südd, österr* weißeln; kalken; *fig*: **bâtir à ~ et à sable** sehr solide bauen; *personne* **être bâti à ~ et à sable** e-e robuste Natur haben

Chaux-de-Fonds (La) [laʃodfõ] *Stadt in der Schweiz*

chavirement [ʃaviʀmɑ̃] *m* Kentern *n*

chavirer [ʃaviʀe] **I** *v/t fig* **~ qn** j-n zutiefst berühren, aufwühlen; *adjt* ***j'en ai le cœur chaviré, j'en suis tout chaviré*** das hat mich zutiefst berührt, aufgewühlt **II** *v/i* **1** *bateau* kentern; umschlagen; ***faire ~*** zum Kentern bringen **2** *fig murs, meubles* ***~ autour de qn*** um j-n schwanken; sich um j-n drehen; ***ses yeux chaviraient*** er verdrehte die Augen

chéchia [ʃeʃja] *f* (*Art*) Fes *ou* Fez *m*

check-list [ʃɛklist] *f* ⟨*pl* **check-lists**⟩ AVIAT Checklist(e) [ˈtʃ-] *f*

check-up [(t)ʃɛkœp] *m* ⟨*inv*⟩ MÉD Generaluntersuchung *f*; Check-up [ˈtʃɛkap] *m ou n*

chef [ʃɛf] *m*, F *a f* **1** Chef(in) *m(f)*; Führer(in) *m(f)*; Leiter(in) *m(f)*; Vorsteher(in) *m(f)*; Oberhaupt *n*; Kopf *m*; *d'une révolte etc* Anführer *m*; *d'une conspiration a* Haupt *n*; MIL Führer *m*; Kommandeur *m*; Chef *m*; *d'indigènes* Häuptling *m*; *d'une école*: PEINT Meister *m*; PHILOS Lehrer *m*; ♦ ***~ comptable*** Haupt-, Oberbuchhalter *m*; ***~ (cuisinier)*** Chefkoch *m*; Küchenchef *m*; ***~ (hiérarchique)*** Vorgesetzte(r) *f(m)*; ***~ indien*** Indianerhäuptling *m*; ***~ mécanicien*** MAR leitender Ingenieur; CH DE FER Oberlokomotivführer *m*; ***~ d'armée, d'une armée*** Heerführer *m*; ***~ d'atelier*** Werkmeister *m*; Werkstattleiter *m*; ***~ de bande*** Bandenchef *m*, -führer *m*; ***~ de brigands*** Räuberhauptmann *m*; ***~ de bureau*** Bürovorsteher *m*, -chef *m*; *dans un ministère* Referent *m*; Ministerialdirigent *m*, -rat *m*; *d'un ministre* ***~ de cabinet*** persönlicher Referent; ***~ de chantier*** Bauführer *m*, -leiter *m*; ***~ des chœurs*** Chordirektor *m*, -leiter *m*; ***~ d'entreprise*** Leiter, Chef, Direktor *m* e-s Unternehmens, Betriebs; Unternehmer *m*; ***~ d'équipe*** → ***équipe***; ***~ d'État, de l'État*** Staatsoberhaupt *n*, -chef *m*; ***~ d'état-major (général des armées)*** Generalstabschef *m*; ***~ de famille*** Familienoberhaupt *n*; ADM Haushaltungsvorstand *m*; ***~ de file*** Leiter *m*; Oberhaupt *n*; (An)Führer *m*; führender Kopf; ***~ de gare*** Bahnhofs-, Stationsvorsteher *m*; ***~ de gouvernement*** Regierungschef *m*; ***~ d'orchestre*** *grande musique* (Orchester)Dirigent *m*; *jazz, danse* Kapellmeister *m*; ***~ d'un parti*** Parteichef *m*, -führer *m*; ***~ du personnel*** Personalchef *m*, -leiter *m*; ***~ de produit*** Produktmanager [-mɛnɪdʒər] *m*; *dans un grand magasin* ***~ de rayon*** Abteilungsleiter *m*; ***~ de service*** Abteilungsleiter *m*; ***~ de service de presse*** Pressereferent *m*; CH DE FER ***~ de train*** Zugführer *m*; ♦ ***pâté*** *m* ***du ~*** nach hauseigenem Rezept hergestellte Pastete; ***qualités*** *f/pl* ***d'un ~*** Führungsqualitäten *f/pl*, -eigenschaften *f/pl*; ♦ *adjt* **...-~** Chef...; MIL Haupt...; Ober...; ***médecin-~*** Chefarzt *m*; leitender Arzt; ***sergent-~*** (Ober)Feldwebel *m*; *loc/adj* ***en ~*** Chef...; MIL Ober...; ***général*** *m* ***en ~*** Oberbefehlshaber *m*; Oberkommandierende(r) *m*; ***ingénieur*** *m* ***en ~*** Chefingenieur *m*; ***rédacteur*** *m* ***en ~*** Chefredakteur *m*; ♦ *appellatif* F ***oui, ~!*** F ja, Chef!; F *fig* ***t'es un ~!*** F du bist ein Ass!; ***jouer au petit ~, les petits ~s*** sich als Chef aufspielen wollen **2** *litt* (*tête*) Kopf *m*; *st/s* Haupt *n*; *loc/adv* ***de son propre ~*** aus eigener Initiative; auf eigene Faust; von sich aus; eigenmächtig **3** JUR (Haupt)Punkt *m*; ***~ d'accusation*** (Haupt)Anklagepunkt *m* **4** *loc/adv* ***au premier ~*** in erster Linie; vor allem

chef-d'œuvre [ʃɛdœvʀ] *m* ⟨*pl* **chefs-d'œuvre**⟩ Meisterwerk *n*; *fig et iron a* Meisterstück *n*; Meister-, Glanzleistung *f*; *iron* ***un ~ de maladresse*** e-e Glanzleistung an Ungeschicklichkeit; *fig* ***déployer des chefs-d'œuvre d'habileté*** e-e meisterhafte Geschicklichkeit an den Tag legen

chef-lieu [ʃɛfljø] *m* ⟨*pl* **chefs-lieux**⟩ ADM Hauptort *m*; ***~ d'arrondissement*** Hauptort e-s, des Arrondissements; ***~ (de département)*** Departementshauptort *m*, -hauptstadt *f*

cheftaine [ʃɛftɛn] *f* SCOUTISME Führerin *f*

cheik(h) [ʃɛk] *m* Scheich *m*

chelem [ʃlɛm] *m aux cartes* Schlemm *m*; ***faire le grand ~*** alle Stiche machen; *fig* e-e Siegesserie für sich verbuchen können; der große Sieger sein

chelinguer [ʃlɛ̃ge] → ***schlinguer***

chemin [ʃ(ə)mɛ̃] *m* **1** Weg *m* (**de** nach, zu) (*a fig*); (*parcours*) (Weg)Strecke *f*; ***~ côtier*** Küstenweg *m*; MATH ***le plus court ~ d'un point à un autre*** die kürzeste Verbindung zweier Punkte; ***~ creux*** Hohlweg *m*; REL ***le ~ de la croix*** der Leidensweg Christi; *représentation* ***~ de croix*** Kreuzweg *m*; REL *et fig* ***~ de Damas*** Damaskuserlebnis *n*; *fig* ***~ de la gloire*** Weg zum Ruhm; ***~ de montagne*** Bergpfad *m*; ***~ du retour*** Heim-, Rückweg *m*; FORTIF ***~ de ronde*** Wehrgang *m*; ***~ de terre*** Feldweg *m*; ***deux heures de ~*** zwei Stunden Weg, *en voiture* Fahrt; zwei Wegstunden; ♦ *loc/adv*: ***en ~*** unterwegs; *fig* ***s'arrêter en ~*** mittendrin aufhören, abbrechen; auf halbem Wege stehen bleiben; *fig* ***je ne vais pas m'arrêter en si bon ~*** da ich schon einmal dabei, F im Schwung bin (, mach ich gleich weiter); ***être en ~*** unterwegs sein; *fig* ***l'affaire est en bon ~*** die Sache läuft gut; ***se mettre en ~*** sich auf den Weg machen; aufbrechen; *fig* ***rester en ~*** auf halbem Weg stehen bleiben; nicht zu Ende kommen; ***par ce ~*** auf diesem Weg(e) (*a fig*); *fig* damit; dadurch; *fig* ***ne pas y aller par quatre ~s*** nicht lange fackeln; nicht viel Federlesens, Umstände machen; ***passer par un autre ~*** e-n ander(e)n Weg nehmen, gehen; ***~ faisant*** unterwegs; während der Fahrt, Reise; ♦ *fig* ***aller son (petit bonhomme de) ~*** unbeirrt s-n Weg gehen; sich nicht beirren lassen; ***demander son, le ~ à qn*** j-n nach dem Weg fragen; ***faire tout le ~ à pied*** den ganzen Weg zu Fuß zurücklegen; ***faire du ~*** gut vorwärtskommen, vorankommen; e-e tüchtige Strecke zurücklegen; *fig* vorwärtskommen; vorankommen; *fig* ***faire son ~*** s-n Weg machen; *idée etc* sich allmählich durchsetzen; ***montrer son, le ~ à qn*** j-m den Weg zeigen; *fig* ***montrer le ~*** ein Beispiel geben, e-n, den Weg zeigen (***à qn*** j-m); ***passer son ~*** weitergehen; s-n Weg fortsetzen; (*s'en aller*) s-r Wege gehen; ***perdre son ~*** sich verirren; vom Weg abkommen; ***prendre le ~ de ...*** den Weg nach ... einschlagen; *fig* ***prendre le ~ de l'exil*** ins Exil gehen; ***prendre un autre ~*** e-n ander(e)n Weg nehmen, gehen; ***prendre le mauvais ~*** den, e-n falschen Weg einschlagen; *fig* ***il n'en prend pas le ~*** er tut es anscheinend (doch) nicht; *fig* ***reprendre le ~ de l'école*** sich wieder auf die Schulbank setzen; wieder die Schulbank drücken; ***reprendre le ~ de son village*** in sein Dorf zurückkehren; *fig* ***rester dans le, suivre le droit ~*** auf dem rechten Weg bleiben; *fig et st/s* ***suivre le ~ de la vertu*** den, auf dem Pfad der Tugend wandeln; ***trouver qc sur son ~*** e-r Sache (*dat*) auf s-m Weg begegnen; ***il me trouvera sur son ~*** ich werde mich ihm in den Weg stellen; *fig* ***il a su trouver le ~ de son cœur*** er hat den Weg, den Zugang zu ihrem Herzen gefunden; *prov* ***tous les***

~s mènent à Rome alle Wege führen nach Rom (*prov*) **2** ***~ d'escalier, de table*** Treppen-, Tischläufer *m* **3** INFORM ***~ (du fichier)*** (Datei)Pfad *m*

chemin de fer [ʃ(ə)mɛ̃dfɛʀ] *m* **1** (Eisen)Bahn *f*; ***~ électrique*** elektrische (Eisen)Bahn; ***~ de montagne*** Bergbahn *f*; ***employé*** *m* ***des chemins de fer*** (Eisen)Bahnbedienstete(r) *m*; ***voyager en ~*** mit der Bahn reisen **2** *pour rideaux* Schleuderleiste *f*; Gardinenleiste *f*

chemineau [ʃ(ə)mino] *m* ⟨*pl* **~x**⟩ Landstreicher *m*; F Tippelbruder *m*

cheminée [ʃ(ə)mine] *f* **1 a)** Schornstein *m* (*a de locomotive, de bateau*); Kamin *m*; Esse *f*; Schlot *m*; *österr* Rauchfang *m*; ***~ d'usine*** Fabrikschornstein *m*; (Fabrik)Schlot *m*; **b)** *d'intérieur* (offener) Kamin; ***sur la ~*** auf dem Kamin(sims) **2** ESCALADE Kamin *m* **3** *de volcan* Schlot *m* **4** GÉOL ***~ des fées*** Erdpfeiler *m*, -pyramide *f* **5** MINES ***~ d'aérage*** Luftschacht *m*

cheminement [ʃ(ə)minmɑ̃] *m* **1** Wandern *n*; *st/s* Wandeln *n*; *des eaux* langsames Rinnen **2** *fig* ***~ de la pensée*** Entwicklung *f*, Fortschreiten *n* des Denkens, der Gedanken

cheminer [ʃ(ə)mine] *v/i* **1** s-s Weges ziehen; dahingehen, -schreiten; wandern; *st/s* wandeln; *sentier* ***~ le long du mur*** an der Mauer entlangführen **2** *fig idée* sich allmählich durch-, festsetzen

cheminot [ʃ(ə)mino] *m* Eisenbahner *m*

chemise [ʃ(ə)miz] *f* **1** Hemd *n*; *d'homme a* Oberhemd *n*; *dessous féminin* Unterhemd *n*; *d'enfant* Hemdchen *n*; *par ext* HIST ***~s brunes, noires*** Braun-, Schwarzhemden *n/pl*; ***~ de nuit*** Nachthemd *n*; ***en bras, manches de ~*** in Hemdsärmeln; *fig*: ***changer d'avis, d'idée comme de ~*** s-e Meinung wie sein Hemd wechseln; ***il donnerait sa ~*** er würde sein letztes Hemd hergeben; F ***je m'en fiche, moque comme de ma première ~*** F das ist mir piepe, schnurzegal, schnurzpiepe; F ***y laisser jusqu'à sa dernière ~*** sich dabei, damit ruinieren **2** *pour documents* Aktendeckel *m*; Sammelmappe *f* **3** CUIS ***nègre*** *m* ***en ~*** Schokoladenspeise *f* mit Schlagsahne

chemiserie [ʃ(ə)mizʀi] *f* **1** *branche* Herrenwäsche *f* **2** *magasin* Herrenwäschegeschäft *n*

chemisette [ʃ(ə)mizɛt] *f* **a)** *d'homme* kurzärm(e)liges Sporthemd; Buschhemd *n*; **b)** *de femme* kurzärm(e)lige (Sport)Bluse

chemisier [ʃ(ə)mizje] *m* **1** Hemdbluse *f*; *adjt* ***robe*** *f* ***~*** Hemdblusenkleid *n* **2** *fabricant* Hersteller *m*, *marchand* Verkäufer *m* von Herrenwäsche

chênaie [ʃɛnɛ] *f* Eichenwäldchen *n*, -hain *m*

chenal [ʃənal] *m* ⟨*pl* **-aux**⟩ MAR Fahrrinne *f*

chenapan [ʃ(ə)napɑ̃] *m plais* Strolch *m*; Schlingel *m*

chêne [ʃɛn] *m* **1** BOT Eiche *f*; ***~ vert*** Steineiche *f*; *fig* ***être solide comme un ~*** e-e sehr robuste Gesundheit haben; sehr robust sein **2** (***bois*** *m* ***de***) ***~*** Eiche(nholz) *f(n)*; ***de, en ~*** eichen; Eichen…

chéneau [ʃeno] *m* ⟨*pl* **~x**⟩ Dachrinne *f*

chêne-liège [ʃɛnljɛʒ] *m* ⟨*pl* **chênes-lièges**⟩ BOT Korkeiche *f*

chenet [ʃənɛ] *m* Feuerbock *m*

chenil [ʃənil] *m* Hundezwinger *m*

chenille [ʃ(ə)nij] *f* **1** ZO Raupe *f* **2** TECH Raupe(nkette) *f*; Gleiskette *f*; ***véhicule*** *m* ***à ~s*** Raupen-, Gleiskettenfahrzeug *n* **3** TEXT Chenille *f*

chenillé [ʃ(ə)nije] *adj* ***véhicule ~*** Gleisketten-, Raupenfahrzeug *n*

chenu [ʃəny] *litt adj vieillard* weißhaarig; *tête* schneeweiß

Chéops [keɔps] *m* HIST Cheops *m*

cheptel [ʃɛptɛl] *m* AGR Vieh(bestand) *n(m)*; ***~ bovin, ovin, porcin*** Rinder-, Schaf-, Schweinebestand *m*; ***~ mort, vif*** totes, lebendes Inventar

chèque [ʃɛk] *m* Scheck *m* (***de cent euros*** über hundert Euro); ***~ barré*** Verrechnungsscheck *m*; gekreuzter Scheck (*in Frankreich üblich*); ***~ postal*** Postscheck *m*; ***centre*** *m* ***de ~s postaux***, F ***~s postaux*** Postgiroamt *n*; Postscheckamt *n*; ***~ au porteur*** Inhaber-, Überbringerscheck *m*; ***~ de voyage*** Reisescheck *m*; ***~ en blanc*** Blankoscheck *m*; F ***~ en bois*** ungedeckter Scheck; ***faire un ~*** e-n Scheck ausstellen; ***payer par ~*** mit, durch, per Scheck (be)zahlen

chèque-cadeau [ʃɛkkado] *m* ⟨*pl* **chèques-cadeau**⟩ Geschenkgutschein *m*

chèque-restaurant [ʃɛkʀɛstɔʀɑ̃] *m* ⟨*pl* **chèques-restaurant**⟩ Essen(s)marke *f*

chéquier [ʃekje] *m* Scheckheft *n*, -buch *n*

cher [ʃɛʀ] **I** *adj* ⟨**chère**⟩ **1 a)** *personne* lieb; geliebt; *st/s* teuer; wert; *appellatif* ***~ ami*** (mein) lieber Freund; (***mes***) ***~s auditeurs*** liebe *ou* verehrte Zuhörer; ***un être ~*** ein geliebter Mensch; ***ce ~ homme*** der Gute; *dans une lettre* ***Chère Madame*** Liebe Frau (*+nom*); *très poli* Liebe gnädige Frau; (***mon***) ***~ Monsieur*** mein lieber Herr (X); *dans une lettre* ***Cher Monsieur*** Lieber Herr (*+nom*); *iron* ***ce ~ Roger**, il n'en fait jamais d'autres* unser lieber, der liebe Roger …; unser guter, der gute Roger …; *plais* ***et ce ~ X**, qu'est-ce qu'il devient?* und der gute X, …?; *dans une lettre* ***Chers tous*** Ihr Lieben; *un ami* ***~ à son cœur*** an dem er sehr hängt; den er sehr liebt; *st/s* der s-m Herzen teuer ist; **b)** *souvenir, projet etc* lieb; *st/s* teuer; ***cela lui est ~*** das ist ihm wichtig; ihm liegt viel daran; daran hängt er; das liebt er; ***c'est mon vœu le plus ~*** das ist mein innigster Wunsch; ***tenir à ses chères habitudes*** an s-n lieben alten Gewohnheiten hängen **2** (*coûteux*) teuer; kostspielig; (*précieux*) kostbar; ***le bien le plus ~*** das kostbarste Gut; ***vie chère*** teures Leben; hohe Lebenshaltungskosten *pl*; ***un hôtel pas ~*** ein billiges Hotel; ***ce n'est pas ~*** das ist billig, nicht teuer; ***être ~*** teuer sein; ***c'est ~ pour ce que c'est*** das ist den, s-n Preis nicht wert; ***c'est trop ~ pour moi*** das ist zu teuer für mich; das ist mir zu teuer **II** *adv* teuer; ***moins ~*** billiger; F ***je l'ai eu pour pas ~*** ich hab nicht viel dafür bezahlt; ich hab es billig bekommen; ***coûter ~*** teuer sein; viel (Geld) kosten; ***ne pas donner ~ de la vie de qn*** j-s Leben für verloren halten; ***je donnerais ~ pour savoir si …*** ich würde viel d(a)rum geben, wenn ich wüsste, ob …; ***payer ~*** teuer bezahlen (*a fig erreur etc*); *fig une victoire a* teuer erkaufen; ***je ne l'ai pas payé ~*** ich habe nicht viel dafür bezahlt; *fig* ***il me le payera ~!*** das wird er mir büßen!; *fig* ***je lui ferai payer ~ sa trahison*** (für) diesen Verrat wird er mir büßen; *artisan etc* ***prendre ~*** teuer sein; hohe Preise verlangen; *travaux etc* ***revenir ~*** teuer sein; *a fig* teuer zu stehen kommen (***à qn*** j-n); ***valoir ~*** teuer sein; *fig* ***ne pas valoir ~*** nichts taugen (*a personne*); ***vendre ~*** teuer verkaufen (*a fig sa vie*); *abs* hohe Preise haben, verlangen; *magasin* teuer sein; ***vendre moins ~ que qn*** *a* j-n unterbieten **III** *subst* ***mon ~*** mein Lieber; ***ma chère*** meine Liebe; *avec affectation*: ***~, très ~*** mein Bester, Lieber; ***chère, très chère*** Liebste; Teuerste

Cher [ʃɛʀ] ***le ~*** *Fluss u Departement in Frankreich*

Cherbourg [ʃɛʀbuʀ] *Stadt im Dep. Manche*

chercher [ʃɛʀʃe] **I** *v/t* **1** ***~ qn, qc*** j-n, etw suchen; nach j-m, etw suchen; *passage, adresse dans un livre a* aufsuchen; ***~ de l'argent*** Geld aufzutreiben suchen; ***~ le calme*** die Stille suchen; ***~ des difficultés à qn*** j-m Schwierigkeiten machen; ***~ une femme*** e-e (*Ehe*)Frau suchen; ***~ des histoires à qn*** mit j-m Streit suchen; ***ne ~ que son intérêt*** nur s-n Vorteil suchen; nur auf s-n Vorteil bedacht sein, aus sein; ***~ un mot dans le dictionnaire*** ein Wort im Wörterbuch nachschlagen, suchen; ***~ ses mots*** nach Worten suchen, ringen; ***~ un moyen de*** (*+inf*) ein Mittel, e-e Möglichkeit, nach e-m Mittel, nach e-r Möglichkeit suchen zu (*+inf*); ***~ le nom de qn*** (***dans sa mémoire, tête***) sich auf j-s Namen (*acc*) zu besinnen suchen; ***~ l'oubli*** Vergessen suchen; ***~ du secours*** Hilfe holen; ***~ qn du regard, des yeux*** sich nach j-m umsehen; nach j-m Ausschau halten **2** ***aller ~ qn, qc*** j-n, etw holen (gehen); ***aller ~ le médecin*** den Arzt holen; ***va me ~ les ciseaux!*** hol mir die Schere!; ***aller ~ de l'argent à la banque*** Geld von der Bank holen; ***aller ~ qc dans la cuisine*** etw aus der Küche holen; *fig* ***où est-ce qu'il va ~ tout ça?*** wo er das bloß alles herhat?; ***qu'est-ce que tu vas ~?*** wie kommst du denn darauf?; ***descendre ~ qc à la cave*** etwa aus dem Keller holen; ***envoyer*** (***qn***) ***~ qn, qc*** (j-n) j-n, etw holen lassen; (j-n) nach j-m, etw schicken; ***venir ~ qn, qc*** j-n, etw abholen; etw holen **3** *danger* suchen; herausfordern; ***~ l'accident*** es auf e-n Unfall ankommen lassen, *p/fort* anlegen; ***il l'a cherché!*** er hat es herausgefordert! **4** F ***~ qn*** mit j-m Streit, Händel suchen, anfangen wollen; ***s'il me cherche …*** wenn er Streit haben will …; wenn er es auf Streit angelegt hat … **II** *v/t/indir* **1** ***~ à*** (*+inf*) (ver)suchen zu (*+inf*); sich bemühen zu (*+inf*); danach streben zu (*+inf*); ***~ à comprendre*** (ver)suchen, sich bemühen zu verstehen; ***~ à plaire*** gefallen wollen; zu gefallen suchen **2** F ***~ après qn*** j-n, nach j-m suchen **3** F ***ça va ~ dans les mille euros*** das kostet etwa, an die tausend Euro; ***ça va ~ dans les cinq ans*** (***de prison***) das gibt, bringt so um die fünf Jahre (Knast) **III** *v/i* suchen; *à un chien* ***cherche!*** such!; ***~ dans sa mémoire, sa tête*** sich darauf zu besinnen versuchen; sein Gedächtnis anstrengen **IV** *v/pr* ***se ~*** PSYCH sich (selbst) suchen

chercheur [ʃɛʀʃœʀ] *m* **1** (*scientifique*) Forscher *m* **2** ***~ d'or*** Goldsucher *m*, -gräber *m* **3** TECH ***~ de fuites*** Gasspürgerät *n*

chercheuse [ʃɛʀʃøz] *f* **1** Forscherin *f* **2** *adjt* ***fusée f à tête ~*** Rakete *f* mit Suchkopf

chère [ʃɛʀ] *f* ***aimer la bonne ~*** gerne gut essen; ***faire bonne ~*** gut essen; *en permanence a* gut leben

chèrement [ʃɛʀmɑ̃] *adv victoire, succès* ***payer ~*** teuer bezahlen, erkaufen; *vie* ***vendre ~*** teuer verkaufen

chéri [ʃeʀi] **I** *adj* geliebt; lieb; ***maman ~e*** liebe Mutti **II** *subst*: *appellatif* ***~(e)*** *m(f) ou* ***mon ~, ma ~e*** Liebling *m*; Geliebte(r) *f(m)*; Schatz *m*; Schätzchen *n*; *iron* ***le pauvre ~*** der arme Liebling; F ***le ~ à sa maman*** Mamas Liebling

chérir [ʃeʀiʀ] *v/t* **1** ***~ qn*** j-n (zärtlich) lieben; ***~ le souvenir de qn*** j-s in Liebe gedenken **2** *idée, liberté etc* lieben

chérot [ʃeʀo] *adj* F ***c'est ~*** F das ist ganz schön teuer

cherry(-brandy) [ʃeʀi(bʀɑ̃di)] *m* Cherry Brandy ['tʃɛri'brɛndi] *m*

cherté [ʃɛʀte] *f* hoher Preis (***de*** für); ***~ de la vie*** hohe Lebenshaltungskosten *pl*; Teuerung *f*

chérubin [ʃeʀybɛ̃] *m* **1** BIBL Cherub *m*; ***~s*** *pl* Cherubim *pl*; Cherubinen *pl* **2** BEAUX-ARTS Engelsköpfchen *n* **3** *fig* (*bel enfant*) Engelchen *n*; Lockenköpfchen *n*

Chesnay (Le) [ləʃenɛ] *Stadt im Dep. Yvelines*

chester [ʃɛstɛʀ] *m* Chester(käse) ['tʃ-] *m*

chétif [ʃetif] *adj* ⟨**-ive**⟩ ***enfant ~*** schwächliches, schmächtiges, F mickriges Kind; ***plante chétive*** kümmerliche Pflanze; *p/fort* verkümmerte Pflanze

cheval [ʃ(ə)val] *m* ⟨*pl* **-aux**⟩ **1** ZO Pferd *n*; F Gaul *m*; *st/s* Ross *n*; ***~ anglais*** (***de***) ***pur sang*** englisches Vollblut(pferd); ***~ blanc*** Schimmel *m*; ***~ gris*** Grauschimmel *m*; ***~ noir*** Rappe *m*; ***~ de bataille*** *autrefois* Schlacht-, Streitross *n*; *fig* Haupt-, Lieblingsthema *n*; bevorzugtes Thema; Steckenpferd *n*; ***~ de cirque, de course*** Zirkus-, Rennpferd *n*; ***~ de labour*** Ackerpferd *n*, F -gaul *m*; ***~ de manège*** Dressur-, Schulpferd *n*; ***~ de selle, de trait*** Reit-, Zugpferd *n*; F *fig*: (***avoir une***) ***fièvre de ~*** starkes, hohes Fieber (haben); ***remède*** *m* ***de ~*** sehr starkes Mittel; *traitement* F Pferde-, Rosskur *f*; *loc/adj et loc/adv* ***à ~*** zu Pferd(e); beritten; ***à ~!*** aufsitzen!; ***à ~ sur*** rittlings sitzend auf (*+dat*); ***promenade*** *f* ***à ~*** Spazierritt *m*; ***aller à ~*** reiten; ***être*** (***assis***) ***à ~ sur*** rittlings sitzen auf (*+dat*); *fig* ***être à ~ sur qc*** auf etw (*dat*) herumreiten; es mit etw sehr genau nehmen; sehr auf etw (*acc*) bedacht sein; ***être à ~ sur les principes*** ein Prinzipienreiter sein; *propriété* ***être à ~ sur deux communes*** sich beiderseits der Gemeindegrenzen erstrecken; *règne etc* ***être à ~ sur deux siècles*** bis (weit) ins nächste Jahrhundert reichen; ***monter à ~*** reiten; ***descendre de ~*** vom Pferd (ab)steigen; absitzen; F *fig* ***il a mangé du ~***(***, ma parole***) F der entwickelt ja plötzlich e-e gewaltige Aktivität; ***monter un ~*** ein Pferd, auf e-m Pferd reiten; ***monter sur un ~*** ein Pferd besteigen; aufsitzen; *fig* ***monter sur ses grands chevaux*** aufbrausen; F hochgehen; ***tomber de ~*** vom Pferd stürzen, fallen; ***ça ne se trouve pas sous le pas, sous le sabot d'un ~*** das (*das Geld*) kann man nicht so einfach aus dem Ärmel schütteln; das liegt, findet man nicht auf der Straße; *prov* ***changer, troquer son ~ borgne contre un aveugle*** vom Regen in die Traufe kommen **2** (*équitation*) Reiten *n*; Reitsport *m*; ***costume*** *m* ***de ~*** Reitanzug *m*, -kleidung *f*; ***faire du ~*** reiten; (den) Reitsport betreiben **3** *par ext*: (***jeu*** *m* ***de***) ***petits chevaux*** *pl* Mensch-ärgere-dich-nicht(-Spiel) *n*; ***~ à bascule*** Schaukelpferd *n*; SPORTS: ***~ d'arçons*** (Seit)Pferd *n*; ***~ de saut*** Pferd *n*; (***manège*** *m* ***de***) ***chevaux*** *pl* ***de bois*** Pferdekarussell *n* **4** *fig*: F *femme* ***un grand ~*** e-e große derbknochige Frau; (***vieux***) ***~ de retour*** Rückfällige(r) *m*; F alter Bekannter der Polizei; F ***c'est un vrai ~*** F er *ou* sie hat e-e Pferde-, Rossnatur; F ***c'est pas un, il*** *ou* ***elle n'est pas mauvais ~*** er *ou* sie ist kein schlechter Kerl **5** **a)** PHYS (*abr* ***ch***) Pferdestärke *f* (*abr* PS *n*); **b)** AUTO *en France* **~** (***fiscal***) (*abr* ***CV***) der Kraftfahrzeugsteuer zugrunde gelegte Leistungseinheit; Steuer-PS *n*; *par ext voiture* ***une cinq chevaux*** ein Wagen *m* mit 5 CV; ***une deux chevaux*** (***2 CV***) ein 2 CV *m* (*Citroën*); F e-e Ente **6** MIL ***~ de frise*** spanischer Reiter

chevalement [ʃ(ə)valmɑ̃] *m* **1** CONSTR Abstützgerüst *n* **2** MINES Förderturm *m*

chevaleresque [ʃ(ə)valʀɛsk] *adj* ritterlich; chevaleresk

chevalerie [ʃ(ə)valʀi] *f* **1** HIST Rittertum *n*; Ritterschaft *f*; Ritterstand *m*; ***roman*** *m* ***de ~*** Ritterroman *m* **2** ***ordre*** *m* ***de ~*** Ritterorden *m*

chevalet [ʃ(ə)valɛ] *m* **1** Bock *m*; Gestell *n*; *pour scier* Sägebock *m* **2** *de peintre* Staffelei *f* **3** *de violon etc* Steg *m*

chevalier [ʃ(ə)valje] *m* **1** HIST Ritter *m*; ***~ servant*** a) HIST auserwählter Ritter e-r Dame; b) *iron* ständiger Begleiter; ***~ du Graal*** Gralsritter *m*; *fig* ***~ d'industrie*** Hochstapler *m*; ***Chevaliers de la table ronde*** Tafelrunde *f* des Königs Artus; *Bayard* ***le ~ sans peur et sans reproche*** der Ritter ohne Furcht und Tadel **2** *de la Légion d'honneur etc* Ritter *m* **3** *titre nobiliaire* Chevalier *m*

chevalière [ʃ(ə)valjɛʀ] *f* Siegelring *m*

chevalin [ʃ(ə)valɛ̃] *adj* **1** Pferde…; ***boucherie ~e*** Pferdemetzgerei *f*; Pferde-, Rossschlachterei *f* **2** *fig* ***visage ~*** Pferdegesicht *n*

cheval-vapeur [ʃ(ə)valvapœʀ] *m* 〈*pl* ***chevaux-vapeur***〉 (*abr* ***ch***) TECH Pferdestärke *f* (*abr* PS)

chevauchée [ʃ(ə)voʃe] *f* (Spazier)Ritt *m*

chevauchement [ʃ(ə)voʃmɑ̃] *m* Überlappung *f*; *de tuiles* Schiüberdecken *n*; *fig* Überschneidung *f*

chevaucher [ʃ(ə)voʃe] **I** *v/t* reiten auf (+*dat*) **II** *v/i* **1** (*se recouvrir en partie*) übereinanderstehen (*a dents*); übereinanderliegen; sich überlappen; *tuiles* sich zum Teil überdecken **2** *st/s* (*aller à cheval*) reiten **III** *v/pr* ***se ~*** → *II 1*; *fig domaines etc* sich überschneiden

chevêche [ʃəvɛʃ] *f* ZO Steinkauz *m*

chevelu [ʃəvly] *adj* **1** ANAT ***cuir ~*** Kopfhaut *f*; Haarboden *m* **2** *personne* langhaarig; mit dichtem Schopf (*a tête*)

chevelure [ʃəvlyʀ] *f* **1** (Kopf)Haare *n/pl*; Haar *n*; Haarwuchs *m* **2** *d'une comète* Schweif *m*

chevet [ʃ(ə)vɛ] *m* **1** *du lit* Kopfende *n*; ***lampe*** *f* ***de ~*** Nachttischlampe *f*, -leuchte *f*; ***livre*** *m* ***de ~*** Lieblingsbuch *n*; ***table*** *f* ***de ~*** Nachttisch *m*; ***au ~ de qn*** an j-s (Kranken)Bett; ***rester au ~ de qn*** an j-s Bett (*dat*) bleiben, wachen **2** ARCH (Chor)Apsis *f*

cheveu [ʃ(ə)vø] *m* 〈*pl* ***~x***〉 **1** (Kopf)Haar *n*; ***~x*** *pl* Haar(e) *n(pl)*; *loc/adj et loc/adv*: ***aux ~x courts, longs*** kurz-, langhaarig; mit kurzem, langem Haar; *fig* ***à un ~ près, il s'en est fallu d'un ~, cela n'a tenu qu'à un ~*** um ein Haar; um Haaresbreite; (***les***) ***~x au vent*** mit flatternden, wehenden Haaren; *litt femme* ***en ~x*** ohne Hut; mit bloßem Kopf; ***avoir beaucoup de ~x, avoir des ~x épais*** dichtes Haar haben; ***avoir les ~x gris*** graue Haare haben; grauhaarig sein; ***avoir, porter les ~x courts, longs*** kurze, lange Haare haben; das Haar kurz, lang tragen; ***avoir le ~ rare*** nur ganz wenig Haare haben; F *fig* ***avoir un ~ sur la langue*** mit der Zunge anstoßen; lispeln; *fig* ***avoir mal aux ~x*** F e-n Kater, den *ou* e-n Katzenjammer haben; *fig* ***couper les ~x en quatre*** Haarspalterei treiben; ein Haarspalter sein; *fig* ***faire dresser les ~x sur la tête à qn*** j-m die Haare zu Berge stehen lassen; *fig* ***se faire des ~x*** (***blancs***) sich (*dat*) große Sorgen machen; *fig* ***ce n'est pas la peine de te faire des ~x*** (***blancs***) lass dir doch darüber keine grauen Haare wachsen; ***perdre ses ~x*** (die) Haare verlieren; ***il perd ses ~x*** *a* ihm gehen die Haare aus; *fig* ***se prendre aux ~x*** sich in die Haare geraten, F kriegen; *fig* ***c'est tiré par les ~x*** das ist an den Haaren herbeigezogen; das ist weit hergeholt; ***si vous touchez à un ~ de sa tête, à un seul de ses ~x*** wenn Sie ihm ein Haar krümmen; wenn ihm ein Haar gekrümmt wird; ***ça vient, arrive comme un ~ sur la soupe*** das passt überhaupt nicht hierher; das passt wie die Faust aufs Auge; das kommt denkbar ungelegen; → *a* ***arracher*** *II 2* **2** ***~x*** *pl* ***d'ange*** CUIS feine Fadennudeln *f/pl*; *décoration de Noël* Engelshaar *n* **3** *dans la porcelaine* Haarriss *m* **4** BOT ***~ de Vénus*** Frauenhaar *n*

chevillage [ʃ(ə)vijaʒ] *m* TECH (Ver)Dübeln *n*

chevillard [ʃ(ə)vijaʀ] *m* Schlachter, der im Schlachthof Tiere schlachtet und an Metzgereien verkauft

cheville [ʃ(ə)vij] *f* **1** ANAT (Fuß)Knöchel *m*; *par ext* Fessel *f*; ***arriver à la ~*** *vêtement* bis zum Knöchel reichen; knöchellang sein; *eau etc* knöcheltief sein; *fig* ***il ne lui arrive pas à la ~*** er kann ihm das Wasser nicht reichen; ***avoir de l'eau jusqu'à la ~*** bis zu den Knöcheln im Wasser stehen; ***avoir la ~ fine*** zarte, schlanke Fesseln haben; F *fig* ***tu as les ~s qui enflent*** F gib nicht so an!; bläh dich nicht so auf! **2** TECH Dübel *m*; *fig* ***~ ouvrière*** treibende Kraft; F *fig* ***être en ~ avec qn*** mit j-m gut stehen **3** *de violon etc* Wirbel *m*

cheviller [ʃ(ə)vije] *v/t* TECH verdübeln; *fig adjt* ***avoir l'âme chevillée au corps*** ein zähes Leben haben

chevillier [ʃ(ə)vilje] *m* MUS Wirbelkasten *m*

chèvre [ʃɛvʀ] *f* **1** ZO Ziege *f*; *südd a* Geiß *f*; ***chemin*** *m* ***de ~s*** schmaler, steiler Pfad; F *fig* ***faire devenir qn ~, rendre qn ~*** F j-n wahnsinnig, verrückt machen; *fig* ***ménager la ~ et le chou*** es mit keinem verderben wollen **2** ***fromage*** *m* ***de ~*** *ou elliptiquement* ***~*** *m* Ziegenkäse *f* **3** TECH Hebebock *m*

chevreau [ʃəvʀo] *m* 〈*pl* ***~x***〉 **1** ZO Zicklein *n*; Zickel *n*; Geißlein *n* **2** *cuir* Ziegenleder *n*; Chevreau(leder) *n*

chèvrefeuille [ʃɛvʀəfœj] *m* BOT Geißblatt *n*; Jelängerjelieber *n*

chevrette [ʃəvʀɛt] *f* ZO **1** (*petite chèvre*) Zicklein *n*; Zickel *n* **2** (*femelle du chevreuil*) Rehgeiß *f*; Ricke *f*

chevreuil [ʃəvʀœj] *m* ZO Reh *n*; *mâle* Rehbock *m*

chevrier [ʃəvʀije] *m*, **chevrière** *f* Ziegenhirt(in) *m(f)*

chevron [ʃəvʀõ] *m* **1** CONSTR Dachsparren *m* **2** TEXT Fischgrätenmuster *n*; ***tissu*** *m* ***à ~s*** Stoff *m* mit Fischgrätenmuster **3** MIL Winkel *m*

chevronnage [ʃəvʀɔnaʒ] *m* CONSTR **a)** Sparrenlegen *n*; **b)** Sparrenwerk *n*

chevronné [ʃəvʀɔne] *adj* erfahren; routiniert; versiert; ***un pilote*** *etc* ***~*** *a* F ein alter Hase

chevrotant [ʃəvʀɔtɑ̃] *adj* ***voix ~e*** zittrige, zitternde Stimme

C

chevrotement [ʃəvʀɔtmɑ̃] *m de la voix* Zittern *n*
chevroter [ʃəvʀɔte] *v/i voix* zitt(e)rig sein; zittern; *personne* mit zitt(e)riger Stimme singen, reden
chevrotin [ʃəvʀɔtɛ̃] *m* **1** zo Rehkitz *n* **2** *ein Ziegenkäse*
chevrotine [ʃəvʀɔtin] *f* CH Posten *m*
chewing-gum [ʃwiŋgɔm] *m* ⟨*pl* **chewing-gums**⟩ Kaugummi *m ou n*
chez [ʃe] *prép* bei (+*dat*); zu (+*dat*); ***~ les Anglais*** bei den Engländern; ***~ les animaux*** bei (den) Tieren; ***~ Voltaire*** bei Voltaire; ♦ ***~ lui*** bei *ou* zu ihm; ***c'est une habitude ~ lui*** das ist e-e Gewohnheit bei, von ihm; ***je viens de ~ lui*** ich komme von ihm, aus s-r Wohnung; ***~ moi*** bei mir (zu Hause) *ou* zu mir (nach Hause); in meiner Wohnung, in meinem Haus *ou* in meine Wohnung, in mein Haus; ***à côté*** *ou* ***près de ~ moi, nous*** ganz in der Nähe meiner, unserer Wohnung, meines, unseres Hauses; ganz in meiner, unserer Nähe; ***derrière ~ moi*** hinter meiner Wohnung, meinem Haus; ***au-dessus de ~ moi*** (in der Wohnung) über mir; ***devant ~ moi*** vor meiner Wohnung, meinem Haus; ***en bas de ~ moi*** unten vor meinem Haus; ***je viens de ~ moi*** ich komme von zu Hause, aus meiner Wohnung; ***~ nous*** bei *ou* zu uns; ***par ~ nous*** bei uns; in unserer Gegend; ***passez par ~ nous*** kommen Sie bei uns vorbei; ♦ *loc/adj*: ***robe f de ~ Dior*** Kleid *n* von Dior; ***un gars de ~ nous*** ein Bursche aus unserer Gegend; *coutume* ***bien de ~ nous*** unverkennbar aus unserer Gegend; ♦ ***acheter qc ~ le boulanger*** etw beim Bäcker kaufen; ***aller ~ le coiffeur, le médecin, qn*** zum Friseur, zum Arzt, zu j-m gehen; ***être ~ qn*** bei j-m sein; ***être ~ soi*** zu Hause, daheim sein; ***faites comme ~ vous*** tun Sie, als ob Sie zu Hause wären; machen Sie es sich (*dat*) bequem; ***rentrer ~ soi*** nach Hause gehen *ou* kommen; heimgehen *ou* -kommen; ***chacun reste ~ soi*** jeder bleibt zu Hause, daheim; ***se sentir ~ soi*** sich wie zu Hause fühlen

chez oder à – das ist hier die Frage

Die Präposition **chez** wird verwendet

1. um sich auf den Ort zu beziehen, an dem jemand wohnt bzw. arbeitet:

Nous sommes invités **chez les Perrin**. – Wir sind **bei der Familie Perrin** eingeladen.

2. um sich auf ein Land oder einen Kulturkreis zu beziehen:

Chez les Égyptiens, le chat était un animal sacré. – **Bei den Ägyptern** war die Katze ein heiliges Tier.

3. um sich auf eine Stelle z.B. in der Literatur zu beziehen:

J'ai trouvé cette réflexion **chez Sartre**. – Ich habe diese Überlegung **bei Sartre** gefunden.

Handelt es sich jedoch um Städte- oder Gebäudenamen, so wird die Präposition **à** verwendet:

On va aller **à Rennes / à la gare**. – Wir fahren **nach Rennes / zum Bahnhof**.

chez-moi [ʃemwa] *m*, **chez-nous** *m*, **chez-soi** *m*, **chez-toi** *m*, **chez-vous** *m* ⟨*alle inv*⟩ Zuhause *n*; Heim *n*; ***avoir un vrai chez-soi*** ein richtiges Heim, Zuhause, Daheim haben; ***je suis content de retrouver mon chez-moi*** ich freue mich, wieder nach Hause zu kommen
chiadé [ʃjade] *adj* F **1** (*difficile*) schwierig; F verzwickt **2** (*très travaillé*) ausgefeilt; sorgfältig ausgearbeitet
chiader [ʃjade] *v/t et v/i* F büffeln, pauken (***un examen*** für e-e Prüfung)
chialer [ʃjale] *v/i* F heulen; flennen
chialeur [ʃjalœʀ] *m*, **chialeuse** *f* F Heulpeter *m*, -suse *f*
chiant [ʃjɑ̃] P *adj boulot etc* P beschissen; saublöd; ***c'est ~!*** *a* F das stinkt mir!; P das kotzt mich an!; ***ce qu'il est ~!*** F ist der e-e Nervensäge!; er tötet einem den letzten Nerv!
chianti [kjɑ̃ti] *m* Chianti(wein) [k-] *m*
chiasme [kjasm] *m* RHÉT Chiasmus *m*
chiasse [ʃjas] *f* **1** P ***avoir la ~*** *la colique* F Durchmarsch, Dünnpfiff, P Dünnschiss haben; *fig peur* P Schiss haben **2** P ***quelle ~!*** P verdammte Scheiße!; so ein Scheiß!
chic [ʃik] **I** *adj* ⟨*inv, pl a* **~s**⟩ **1** (*élégant*) schick; chic; *dîner, ameublement* hochvornehm; F piekfein; ***les gens ~(s)*** die feinen Leute; ***elle est toujours très ~*** sie ist immer sehr schick (angezogen) **2** F (*chouette*) ***~ (alors)!*** F prima!; toll!; klasse!; dufte!; ***un ~ type*** ein feiner, F prima Kerl; ***un ~ voyage*** e-e herrliche Reise; ***c'est ~ de ta part*** das ist großartig, F toll von dir; ***il a été très ~ (à mon égard, avec moi)*** er hat sich (mir gegenüber) großartig verhalten **II** *m* **1** (*élégance*) Schick *m*; (modischer) Pfiff; *loc/adj*: ***bon ~ bon genre*** → ***BCBG***; ***du dernier ~*** F todschick; ***avoir du ~*** *personne* Schick haben; sich schick anziehen; *chose* schick sein; F Pfiff haben **2** *souvent iron* ***avoir le ~ pour faire qc*** ein besonderes Geschick, Talent (dafür) haben, etw zu tun
Chicago [ʃikago] *m* Chicago *n*
chicane [ʃikan] *f* **1** (*querelle*) Streit *m* um nichts; Nörgelei *f*; ***chercher ~ à qn*** mit j-m Streit, Händel suchen **2** ***~s pl*** (*passage rétréci*) Zickzackdurchlass *m*, -durchgang *m*; durch Schranken gesicherter Durchgang, Durchlass; *d'un circuit automobile* Schikane *f* **3** *péj* ***gens pl de ~*** *péj* Rechtsverdreher *m/pl*
chicaner [ʃikane] **I** *v/t* ***~ qn*** an j-m herumnörgeln; mit j-m Streit suchen **II** *v/i* herumnörgeln (***sur tout*** an allem); ***on ne va pas ~ pour si peu*** wegen e-r

C

solchen Kleinigkeit, Bagatelle werden wir (doch) nicht streiten; **~ sur les chiffres** es mit den Zahlen pedantisch genau nehmen; allzu kleinlich mit den Zahlen sein **III** *v/pr* **se ~** (sich) wegen Lappalien, Bagatellen streiten

chicanerie [ʃikanʀi] *f* kleinliche Streiterei

chicaneur [ʃikanœʀ] **I** *adj* ⟨**-euse**⟩ streitsüchtig; nörglerisch **II** *subst* **~, chicaneuse** *m,f* Nörgler(in) *m(f)*; Krittler(in) *m(f)*

chicanier [ʃikanje] ⟨**-ière**⟩ → **chicaneur**

chiche [ʃiʃ] *adj* **1** *repas, salaire etc* kärglich; kümmerlich; *p/fort* schäbig; **être ~ de compliments** *etc* mit Komplimenten *etc* sparsam sein, F knausern **2** BOT **pois** *m* **~** Kichererbse *f* **3** F **~!** F wetten dass!; **~ que je le fais!** jetzt tu ich es gerade!; wetten, dass ich es tu!; **tu n'es pas ~ de** (*+inf*) F du hast keine Traute, nicht den Schneid zu (*+inf*)

chiche-kebab [ʃiʃkebab] *m* ⟨*pl* **chiches-kebabs** *ou* **chiche-kebab**⟩ CUIS Lamm-, Hammelfleischspieß *m*

chichement [ʃiʃmɑ̃] *adv* **vivre ~** kümmerlich, kärglich leben; ein kümmerliches Leben führen

chichi [ʃiʃi] *m* F Getue *n*; Gehabe *n*; **gens** *m/pl* **à ~s** Leute *pl*, die großen Wert auf Etikette, Formalitäten legen; **faire des ~s** sich zieren; F sich haben; **(ne fais) pas tant de ~(s)!** mach nicht so ein Getue!; F hab dich nicht so!; *embarras* (mach) nur nicht so viele Umstände!

chichiteux [ʃiʃitø] F *adj* ⟨**-euse**⟩ geziert; zeremoniös; formell

chicon [ʃikõ] *m en Belgique* Chicorée *f ou m*

chicorée [ʃikɔʀe] *f* **1** BOT **a)** **~ (sauvage)** Wegwarte *f*; Wilde Zichorie; **~ à café** (Kaffee)Zichorie *f*; **b)** *salade* **~ frisée** Winter-, Bindeendivie *f* **2** *boisson* Zichorienkaffee *m*

chicot [ʃiko] *m* Zahnstummel *m*, -stumpf *m*

chicotin [ʃikɔtɛ̃] *m* Aloesaft *m*; **amer comme ~** galle(n)bitter

chiée [ʃje] P **une ~ de ...** F ein Haufen ...

chien [ʃjɛ̃] **I** *m* **1** ZO Hund *m*; **~ policier** Polizeihund *m*; CH **~ d'arrêt** Vorsteh-, Hühnerhund *m*; **~ d'aveugle, de berger, de chasse, de garde, de race** Blinden-, Schäfer-, Jagd-, Wach-, Rassehund *m*; ♦ F *fig*: **quel ~ de temps** F was für ein Sauwetter; *loc/adj* **de ~** F Hunde...; Sau...; **coup** *m* **de ~** a) plötzlicher Sturm; b) plötzlicher Aufruhr; **temps** *m* **de ~** F Hunde-, Sauwetter *n*; **vie** *f* **de ~** F Hundeleben *n*; **avoir un caractère de ~** ein schwieriger, schwer zu behandelnder Mensch sein; **être d'une humeur de ~** F e-e Stinklaune haben; F **j'ai eu un mal de ~** (**pour, à** *+inf*) F es war irrsinnig schwer (zu *+inf*); es hat mich wahnsinnige Mühe gekostet (zu *+inf*); *loc/adv* **entre ~ et loup** in der Abenddämmerung; ♦ *fig*: **abattre, tuer qn comme un ~** F j-n wie e-n Hund abknallen; **enterrer qn comme un ~** j-n wie e-n Hund verscharren; **être, s'entendre comme ~ et chat** wie Hund und Katze sein, miteinander leben; **j'ai été malade comme un ~** F mir war hundeelend; **il fait, c'est un temps à ne pas mettre un ~ dehors** bei dem Wetter jagt man keinen Hund hinaus; F **ce n'est pas fait pour les ~s!** das ist zum Benutzen, nicht nur zum Ansehen da!; *enfant* **faire le jeune ~** herumtollen; F **je lui garde un ~ de ma chienne** das werde ich ihm heimzahlen; das soll er mir büßen; **recevoir qn comme un ~ dans un jeu de quilles** j-n sehr ungnädig, unfreundlich empfangen; **se regarder en ~s de faïence** sich feindselig anblicken, anstarren; sich, einander fixieren; **un ~ regarde bien un évêque** man wird dich *ou* Sie doch noch anschauen dürfen; **traiter qn comme un ~** j-n wie e-n Hund behandeln; *prov*: **les ~s aboient, la caravane passe** die Hunde bellen, (aber) die Karawane zieht weiter (*prov*); **bon ~ chasse de race** der Apfel fällt nicht weit vom Stamm (*prov*); **qui veut noyer son ~ l'accuse de la rage** wenn man jemand hängen will, findet man auch den Strick dazu (*prov*); wer sich e-s anderen entledigen will, findet immer e-n Vorwand **2** *arg militaire* **~ de quartier** F Spieß *m* **3** F *fig* **avoir du ~** das gewisse Etwas haben; etwas darstellen; attraktiv sein **4** *du fusil* Hahn *m*; *fig être couché, dormir* **en ~ de fusil** mit angezogenen Beinen **5** *coiffure* **~s** *pl* Pony *m* **II** *adj* ⟨**~ne**⟩ F **il n'a pas été ~ (avec toi)** er war recht anständig, großzügig (zu dir); F **il ne faut pas être ~** man sollte ein bisschen großzügig, nicht zu kleinlich sein

chien-assis [ʃjɛ̃asi] *m* ⟨*pl* **chiens-assis**⟩ ARCH Dachgaube *f*

chien-chien [ʃjɛ̃ʃjɛ̃] *m* F **petit ~ à sa mémère** F Hätschelhund *m*

chiendent [ʃjɛ̃dɑ̃] *m* BOT Quecke *f*; **brosse** *f* **de ~** harte Bürste (aus Queckenwurzeln); **pousser comme du ~** wuchern

chienlit [ʃjɑ̃li] F *f* Tumult *m*; Chaos *n*

chien-loup [ʃjɛ̃lu] *m* ⟨*pl* **chiens-loups**⟩ ZO Wolfshund *m* (*Deutscher Schäferhund*)

chienne [ʃjɛn] *f* **1** ZO Hündin *f* **2** F *fig* **quelle ~ de vie** F was für ein Hundeleben

chier [ʃje] *v/i* P **1** P scheißen; kacken **2** *fig*: **en ~** es schwer haben; **ça va ~** F es ist dicke Luft; es wird Stunk geben; **y a pas à ~** es hilft alles nichts(, wir müssen es tun); **tu me fais ~** F du fällst mir auf den Wecker; du tötest mir den letzten Nerv; **ça me fait ~** F das stinkt mir; P das kotzt mich an; **se faire ~** sich langweilen; F sich mopsen; **se faire ~ à faire qc** F sich mit, bei etw abrackern; ♦ *adjt* **c'est chié** F das ist toll, spitze, klasse

chierie [ʃiʀi] *f* P **quelle ~!** F verdammter Mist!

Chiers [ʃjɛʀ] **la ~** *Fluss in Luxemburg u Lothringen*

chiffe [ʃif] *f* F *loc* **c'est une ~, il est mou comme une ~** F er ist ein Waschlappen *m*, Schlappschwanz *m*

chiffon [ʃifõ] *m* **1** (*étoffe usée*) Stofffetzen *m*; Lumpen *m*; **~s** *pl t/t* Hadern *pl*; *d'un vêtement* **c'est un vrai ~** das ist ein Fetzen **2** *pour nettoyer* Putzlappen *m*; **~ (à chaussures)** Schuhputzlappen *m*, -tuch *n*; **~ (à poussière)** Staubtuch *n*, -lappen *m* **3** *fig* **~ (de papier)** Fetzen *m* Papier; F Wisch *m* **4** F **causer, parler ~s** über Mode, Kleider reden, sprechen

chiffonnade [ʃifɔnad] *f* CUIS Gericht *n* aus Kopfsalat und Sauerampfer

chiffonné [ʃifɔne] *adj* **1** *vêtement* zerknittert; zer-, verdrückt; zerknüllt; zerknautscht **2** *fig* **figure ~e** eingefallenes Gesicht **3** F *fig personne, air* missmutig; verärgert

chiffonner [ʃifɔne] **I** *v/t* **1** *robe etc* zerknittern; zer-, verdrücken; zerknautschen; *papier* zusammen-, zerknüllen; zerknittern **2** F *fig* **ça me chiffonne** das stört mich; F das geht mir gegen den Strich **II** *v/pr* **se ~** *étoffe* (stark) knittern

chiffonnier [ʃifɔnje] *m*, **chiffonnière** *f* Lumpen-

sammler(in) *m(f)*; ***se battre, se disputer comme des chiffonniers*** aufeinander eindreschen, sich anschreien
chiffrable [ʃifʀabl] *adj* bezifferbar
chiffrage [ʃifʀaʒ] *m* **1** *(évaluation)* Bezifferung *f* **2** *d'un message* Chiffrierung *f*; Verschlüsselung *f*
chiffre [ʃifʀ] *m* **1** Ziffer *f*; Zahlzeichen *n*; ***~ arabe, romain*** arabische, römische Ziffer, Zahl; *d'un nombre* ***~ des unités*** Einerstelle *f*; ***nombre*** *m* ***de deux, de plusieurs ~s*** zwei-, mehrstellige Zahl; ***écrire un nombre en ~s*** e-e Zahl in Ziffern schreiben **2** *(montant)* Zahl *f*; Gesamtzahl *f*, -ziffer *f*; COMM ***~ d'affaires*** Umsatz *m*; ***~ des dépenses*** (Gesamt)Ziffer *f*, (-)Summe *f* der Ausgaben; *loc/adv* ***en ~s ronds*** in runden Zahlen; rund gerechnet **3** *(code)* (Geheim)Kode *m*; Geheimschrift *f* **4** *(initiales)* Monogramm *n*; ***marquer au ~ de qn*** mit j-s Monogramm versehen
chiffrement [ʃifʀəmɑ̃] *m* Chiffrieren *n*
chiffrer [ʃifʀe] **I** *v/t* **1** *dépenses, revenus* beziffern, taxieren (***à*** auf *+acc*) **2** *message* chiffrieren; verschlüsseln; *adjt* ***chiffré*** chiffriert; verschlüsselt; Chiffre… **II** *v/i* ***ça finit par ~*** das summiert sich **III** *v/pr* ***se ~ à trois millions*** *etc* sich auf drei Millionen *etc* belaufen; ***se ~ par millions*** sich auf Millionen beziffern, belaufen; *déficit etc a* in die Millionen gehen
chiffreur [ʃifʀœʀ] *m* Chiffreur *m*
chignole [ʃiɲɔl] *f* Handbohrmaschine *f*
chignon [ʃiɲõ] *m* (Haar)Knoten *m*; F Dutt *m*; ***cheveux ramassés en ~*** zu e-m Knoten zusammengefasste Haare *n/pl*; F ***se crêper le ~*** sich an den Haaren reißen; *fig* sich in den Haaren liegen; sich, einander in die Haare, F in die Wolle geraten *ou* kriegen
chiite [ʃiit] REL **I** *adj* schiitisch **II** *m/pl* ***~s*** Schiiten *m/pl*
Chili [ʃili] ***le ~*** Chile *n*
chilien [ʃiljɛ̃] **I** *adj* ⟨***~ne***⟩ chilenisch **II** *subst* ***Chilien(ne)*** *m(f)* Chilene *m*, Chilenin *f*
chimère [ʃimɛʀ] *f* **1** Schimäre *f*; Chimäre *f*; Hirngespinst *n*; Trugbild *n*; *projet etc* ***c'est une ~*** das ist e-e Utopie, ein Hirngespinst; ***poursuivre des ~s*** Schimären, Hirngespinsten nachjagen **2** MYTH Chimära *f*
chimérique [ʃimeʀik] *adj* schimärisch; ***espoir*** *m* ***~*** trügerische Hoffnung; *personne* ***esprit*** *m* ***~*** Träumer *m*; Fantast *m*; ***projet*** *m* ***~*** utopischer Plan; ***rêves*** *m/pl* ***~s*** Schimären *f/pl*; Hirngespinste *n/pl*; Fantastereien *f/pl*
chimie [ʃimi] *f* Chemie *f*; ***~ minérale, organique*** anorganische, organische Chemie; ***expérience*** *f* ***de ~*** chemisches Experiment
chimio [ʃimjo] *f* F *abr (chimiothérapie)* F Chemo *f*
chimiosynthèse [ʃimjɔsɛ̃tɛz] *f* BIOCHIMIE Chemosynthese *f* **chimiothérapie** *f* MÉD Chemotherapie *f*
chimique [ʃimik] *adj* chemisch; ***industrie*** *f* ***~*** chemische Industrie; ***produits*** *m/pl* ***~s*** Chemikalien *f/pl*; ***usine*** *f* ***de produits ~s*** chemische Fabrik; Chemiewerk *n*
chimiquement [ʃimikmɑ̃] *adv* chemisch
chimiste [ʃimist] *m,f* Chemiker(in) *m(f)*; ***ingénieur*** *m* ***~*** Verfahrenstechniker *m*
chimpanzé [ʃɛ̃pɑ̃ze] *m* ZO Schimpanse *m*; ***~ femelle*** Schimpansin *f*
chinage [ʃinaʒ] *m* TEXT Chinieren *n*
chinchilla [ʃɛ̃ʃila] *m* **1** ZO Chinchilla [tʃ-] *f ou n* **2** *fourrure* Chinchilla(pelz) *n(m)*
Chine [ʃin] ***la ~*** China *n*; ***la ~ populaire*** Rotchina *n*
chiné [ʃine] *adj* TEXT chiniert; ***tissu ~*** Chiné *m*
chiner [ʃine] **I** *v/t* ***~ qn*** j-n aufziehen, foppen **II** *v/i* die Trödelläden, Flohmärkte abklappern
chinetoc *ou* **chinetoque** [ʃintɔk] F *péj m* Chinese *m*
chineur [ʃinœʀ] *m* **1** Liebhaber *m* von Trödelwaren **2** *(taquin)* Schelm *m*
chinois [ʃinwa] **I** *adj* chinesisch; ***ombres ~es*** Schattenspiel *n* **II** *subst* **1** ***Chinois(e)*** *m(f)* Chinese *m*, Chinesin *f* **2** LING ***le ~*** das Chinesische; Chinesisch *n*; F *fig* ***c'est du ~ (pour moi)*** das sind böhmische Dörfer für mich; das ist für mich chinesisch **3** *m péj (pinailleur)* Pedant *m*; ***quel ~***, *adjt* ***ce qu'il est ~!*** was für ein Pedant!; F ist der pingelig! **4** *m passoire* trichterförmiges Sieb
chinoiseries [ʃinwazʀi] *f/pl* **1** *(complications mesquines)* pedantisches Gehabe; F Pingeligkeit *f*; ***~ administratives*** Amtsschimmel *m* **2** *bibelots* Chinoiserien *f/pl*
chintz [ʃints] *m* TEXT Chintz [tʃ-] *m*
Chio [kjo] GÉOGR Chios *n*
chiot [ʃjo] *m* ZO Welpe *m*; junger Hund
chiottes [ʃjɔt] *f/pl* P Scheißhaus *n*; *par ext* ***aux ~!*** abtreten!; geh nach Hause! *(Zuruf an e-n schlechten Schauspieler etc)*
chiper [ʃipe] *v/t* F **1** *(voler)* F stibitzen; klauen; mopsen; mausen **2** *fig* ***~ un bon rhume*** F sich *(dat)* e-n kräftigen Schnupfen holen
chipeur [ʃipœʀ] *m*, **chipeuse** *f* F Langfinger *m*
chipie [ʃipi] *f* F *péj* Biest *n*; ***une petite ~*** F ein kleines Biest, Luder; ***quelle vieille ~!*** F dieser alte Drachen!; *adjt* ***elle est un peu ~*** F sie ist ein kleines Luder, Biest
chipolata [ʃipɔlata] *f* CUIS Paprikawürstchen *n*
chipotage [ʃipɔtaʒ] *m* kleinliche Streiterei; Nörgelei *f*
chipoter [ʃipɔte] *v/i* **1** *(ergoter)* ***~ sur qc*** an etw *(dat)* herumnörgeln **2** *(manger sans faim)* widerwillig, F mit langen Zähnen essen
Chippendale [ʃipɛndal] *m* Chippendale ['tʃipənde:l] *n*
chips [ʃips] *m/pl ou f/pl ou adjt* ***pommes*** *f/pl* ***~*** (Kartoffel)Chips [tʃ-] *m/pl*
chique [ʃik] *f* **1** Kautabak *m*; Priem *m*; F *fig*: ***mou comme une ~*** schlaff; zäh; gummiartig; ***avaler sa ~*** *(mourir)* F ins Gras beißen; P abkratzen; *nouvelle* ***couper la ~ à qn*** j-m die Sprache, Rede verschlagen; *personne* ***elle lui a coupé la ~*** ihr Eintreten, ihr Anblick, ihre Worte verschlugen ihm die Rede **2** F *fig (joue enflée)* geschwollene, F dicke Backe
chiqué [ʃike] F *m* **1** *(bluff)* ***c'est du ~*** das ist (nur *ou* reine) Angabe; *dans un combat de catch* F das ist nur Mache; die tun nur so, als ob **2** *(manières)* ***faire du ~*** zeremoniell sein
chiquenaude [ʃiknod] *f* Schnipser *m*; Schneller *m*; ***donner une ~ à qn*** j-n auf die Wange schnipsen; ***faire tomber qc d'une ~*** etw wegschnipsen *ou* -schnippen
chiquer [ʃike] *v/i* Tabak kauen; priemen; ***tabac*** *m* ***à ~*** Kautabak *m*
Chirac [ʃiʀak] ***Jacques ~*** *frz Staatspräsident*
Chiraz [ʃiʀɑz] GÉOGR Schiras *n*

C

chiromancie [kiʀɔmɑ̃si] *f* Chiromantie *f*; Handlesekunst *f* **chiromancienne** *f* Handleser(in) *m(f)*
chiropracteur [kiʀɔpʀaktœʀ] *m* MÉD Chiropraktiker *m* **chiropractie** [-pʀakti] *ou* **chiropraxie** [-pʀaksi] *f* MÉD Chiropraktik *f*
chirurgical [ʃiʀyʀʒikal] *adj* ⟨**-aux**⟩ chirurgisch; ***intervention ~e*** chirurgischer Eingriff
chirurgie [ʃiʀyʀʒi] *f* **1** Chirurgie *f*; ***~ du cœur*** Herzchirurgie *f* **2** ***~ dentaire*** Zahnheilkunde *f*
chirurgien [ʃiʀyʀʒjɛ̃] *m* **1** Chirurg *m* **2** ***~ dentiste*** Zahnarzt *m*
chistera [ʃisteʀa] *m ou f* PELOTE BASQUE Fangschläger *m*; Chistera [tʃ-] *f*
chitine [kitin] *f* BIOL Chitin *n*
chiure [ʃjyʀ] *f* Fliegendreck *m*
Chleuh [ʃlø] *péj m* Deutsche(r) *m*
chlinguer [ʃlɛ̃ge] P *v/i* F miefen; P wie die Pest stinken
Chloé [klɔe] *f* MYTH Chloe *f*
chlorage [klɔʀaʒ] *m* TEXT Chlorieren *n*
chlorate [klɔʀat] *m* CHIM Chlorat *n*
chlore [klɔʀ] *m* CHIM Chlor *n*
chloré [klɔʀe] *adj* CHIM chlorhaltig; Chlor… **chlorer** *v/t eau* chloren; chlorieren
chloreux [klɔʀø] *adj* ⟨**-euse**⟩ CHIM ***acide ~*** chlorige Säure
chlorhydrique [klɔʀidʀik] *adj* CHIM ***acide*** *m* **~** *gaz* Chlorwasserstoff *m*; *solution* Salzsäure *f*
chloroforme [klɔʀɔfɔʀm] *m* CHIM, MÉD Chloroform *n*
chloroformer [klɔʀɔfɔʀme] *v/t* **1** MÉD chloroformieren; (mit Chloroform) betäuben **2** *fig adjt* ***chloroformé*** betäubt; abgestumpft
chlorophylle [klɔʀɔfil] *f* BOT Chlorophyll *n*; Blattgrün *n*
chlorure [klɔʀyʀ] *m* CHIM Chlorid *n*; ***~s décolorants*** Chlorbleichmittel *n/pl*; ***~ de chaux*** Chlorkalk *m*; ***~ de sodium*** Natriumchlorid *n*; Kochsalz *n*
chnouf [ʃnuf] *f arg* (*drogue*) F Stoff *m*
choc [ʃɔk] *m* **1** (*coup*) Stoß *m* (*a* PHYS); Schlag *m*; Erschütterung *f*; (*impact*) An-, Aufprall *m*; (*collision*) Zusammenstoß *m*, -prall *m*; Aneinanderstoßen *n*, -schlagen *n*; *fig* ***le ~ des opinions*** das Aufeinanderprallen der Meinungen; ***onde*** *f* ***de ~*** Stoß-, Druckwelle *f*; ***sous le ~*** durch den Stoß, Schlag, Aufprall; bei dem Stoß *etc*; *fig* ***c'est le ~ en retour de qc*** etw erweist sich als Bumerang **2** (*émotion brutale*) Schock *m* (*a* MÉD); Schlag *m*; ***~ opératoire*** Operationsschock *m*; ÉCON ***~ pétrolier*** Ölschock *m*; ***effet*** *m* ***de ~*** Schockwirkung *f*; ***état*** *m* ***de ~*** Schock(-zustand) *m*; ***traitement*** *m* ***de ~*** Schocktherapie *f* (*a fig*); ***avoir, recevoir un ~*** e-n Schock erleiden; ***être encore sous le ~*** noch unter Schock stehen; ***ça m'a fait, donné un ~*** das hat mir e-n Schlag versetzt; das war ein Schock für mich **3** MIL, POLICE Zusammenstoß *m*; ***troupes*** *f/pl* ***de ~*** Eingreif-, Kommandotruppen *f/pl*; ***résister au ~*** dem Angriff standhalten **4** *loc/adj* ***de ~*** *personne* engagiert; äußerst aktiv; dynamisch; unkonventionell; fortschrittlich; *chose* auffallend; neuartig; sensationell **5** *adjt* sensationell; aufsehenerregend; verblüffend; drastisch; ***argument*** *m* **~** verblüffend treffendes Argument; ***formule*** *f* **~** prägnante, eingängige Formulierung; ***mesures*** *f/pl* **~** drastische Maßnahmen *f/pl*; ***prix*** *m* **~** sensationeller Preis
chochotte [ʃɔʃɔt] *f* F *iron* **~!** die feine Dame!
chocolat [ʃɔkɔla] **I** *m* **1** Schokolade *f*; ***~ fourré, noir*** gefüllte, zartbittere Schokolade; ***~ à croquer*** bittere Schokolade; ***~ à cuire*** *ou* ***de ménage, au lait, aux noisettes*** Koch- *ou* Block-, Milch-, Nussschokolade *f*; ***crème*** *f*, ***gâteau*** *m* ***au ~*** Schokolade(n)creme *f*, -torte *f*; ***une plaque, tablette de ~*** e-e Tafel Schokolade **2** ***un ~*** e-e Praline; ***des ~s*** *a* Konfekt *n*; ***une boîte de ~s*** e-e Schachtel Pralinen **3** ***~ en poudre*** Kakaopulver *n* mit Zucker **4** *boisson* Kakao *m*; Schokolade *f*; ***~ liégeois*** Vanilleeis *n* mit Schokoladensoße und Schlagsahne **II** *adj* ⟨*inv*⟩ **1** schokolade(n)braun; schokolade(n)farben, -farbig **2** F ***être ~*** F in die Röhre, in den Mond gucken
chocolaté [ʃɔkɔlate] *adj* Schokolade(n)…; mit Schokolade
chocolaterie [ʃɔkɔlatʀi] *f* Schokolade(n)fabrik *f*
chocolatier [ʃɔkɔlatje] **I** *adj* ⟨**-ière**⟩ Schokolade(n)… **II** *subst* **1** **~, *chocolatière*** *m,f* Schokolade(n)fabrikant(in) *m(f)*; *vendeur* Schokolade(n)händler(in) *m(f)* **2** ***chocolatière*** *f récipient* Kakaokanne *f*
chocottes [ʃɔkɔt] *f/pl* F ***avoir les ~*** Angst, F Bammel haben
Choderlos de Laclos [ʃɔdɛʀlodəlaklo] *frz Schriftsteller*
chœur [kœʀ] *m* **1** Chor *m*; ***~ de l'Opéra*** Opernchor *m*; *loc/adv* ***en ~*** im Chor; einstimmig; gemeinsam; *crier a* im Sprechchor; ***tous en ~!*** alle zusammen! **2** *fig* **a)** (*groupe*) Chor *m*; Schar *f*; ***~ des mécontents*** Chor, Schar der Unzufriedenen; **b)** (*cris*) Geschrei *n*; ***~ de lamentations*** Klagegeschrei *n* **3** ARCH Chor *m*
choir [ʃwaʀ] *v/i* ⟨*déf*: **je chois, il choit; je chus; chu**⟩ *litt* (*tomber*) fallen; *litt ou plais* ***laisser ~ qc*** etw fallen lassen; F *fig* ***laisser ~ qn*** j-n fallen lassen; j-n im Stich lassen
choisi [ʃwazi] *adj* ausgesucht; ausgewählt; (aus)erlesen; exklusiv; ***morceaux ~s*** ausgewählte Lesestücke *n/pl*; ***parler un langage ~*** e-e gewählte Sprache sprechen
choisir [ʃwaziʀ] **I** *v/t* **1** (*sélectionner*) wählen; auswählen; aussuchen; *métier* wählen; *collaborateur* (aus)wählen; (sich [*dat*]) aussuchen; *st/s époux* (er)wählen; *lecture* auswählen; ***~ ses amis*** sich (*dat*) s-e Freunde aussuchen; ***~ entre*** (aus)wählen unter (+*dat*); aussuchen aus; ***~ qn comme successeur, pour remplir une mission*** j-n als Nachfolger, für e-e Aufgabe aussuchen, (aus)wählen **2** *abs* (*décider*) wählen; e-e Wahl treffen; sich entscheiden; ***~ de faire qc*** sich dafür entscheiden, sich (dazu) entschließen, etw zu tun; ***~ où, quand, si …*** sich entscheiden, wo, wann, ob …; ***on ne choisit pas toujours*** manchmal hat man, bleibt einem keine Wahl; ***c'est à vous de ~*** die Entscheidung liegt bei Ihnen; Sie müssen entscheiden **II** *v/pr* ***se ~ qc*** sich (*dat*) etw aussuchen
choix [ʃwa] *m* **1** Wahl *f*; Auswahl *f*; (*décision*) Entscheidung *f*; ***~ d'un métier*** Berufswahl *f*; *loc/adj* ***au ~ (du client)*** (frei) nach Wahl; ***avancement*** *m* ***au ~*** außerplanmäßige Beförderung (auf Vorschlag des Vorgesetzten); ***trois possibilités au ~*** drei Möglichkeiten zur Wahl; ***à ton, votre*** *etc* **~** nach deiner, Ihrer *etc* Wahl; nach freier, eigener Wahl; *médecin etc* ***de son*** *etc* **~** s-r *etc* Wahl; ***vous avez le ~*** Sie haben

C

die Wahl; ***je n'ai pas le*** **~** ich habe keine (andere) Wahl; ***arrêter, fixer, porter son*** **~** ***sur qn, qc*** j-n, etw (aus)wählen; (sich [*dat*]) j-n, etw aussuchen; j-n, etw ausersehen; sich für j-n, etw entscheiden; ***il a arrêté, fixé, porté son*** **~** ***sur elle*** *a* s-e Wahl fiel auf sie; ***faire son*** **~** s-e Wahl treffen; ***faire un bon, mauvais*** **~** e-e gute, schlechte Wahl treffen; gut, schlecht wählen; ***mon*** **~** ***est fait*** ich habe meine Wahl getroffen; ***guider le*** **~** ***de qn, guider qn dans son*** **~** j-m helfen, s-e Wahl zu treffen; ***laisser à qn le*** **~** j-m die Wahl lassen (***entre*** zwischen +*dat*); j-m die Wahl überlassen (***du restaurant*** des Restaurants) **2** (*assortiment*) Auswahl *f*; ***avoir, offrir un grand*** **~** ***de disques*** e-e große Auswahl von, an Schallplatten (an)bieten; ***il y a du, beaucoup de*** **~** da gibt es e-e große Auswahl; ***il n'y a pas*** (***beaucoup***) ***de*** **~** es gibt wenig Auswahl **3** *loc/adj*: COMM ***de*** (***premier***) **~** erster Wahl, Güte; erstklassig; erlesen; ***spectacle*** *m* ***de*** **~** erstklassige, großartige Aufführung

cholédoque [kɔledɔk] *adj* ANAT ***canal*** *m* **~** Ausführungsgang *m* der Leber

choléra [kɔleʀa] *m* MÉD Cholera *f*

cholérique [kɔleʀik] *adj* MÉD Cholera...

cholestérol [kɔlɛsteʀɔl] *m* PHYSIOL Cholesterin *n*; ***taux*** *m* ***de*** **~** Cholesteringehalt *m* (im Blut)

chômage [ʃomaʒ] *m* Arbeitslosigkeit *f*; Erwerbslosigkeit *f*; **~** ***partiel*** Kurzarbeit *f*; **~** ***saisonnier*** saisonbedingte Arbeitslosigkeit; **~** ***technique*** Arbeitslosigkeit aus technischen Gründen (*Streik in Zulieferbetrieben etc*); ***allocation*** *f*, ***indemnité*** *f* ***de*** **~** Arbeitslosenunterstützung *f*, -geld *n*; *adjt* ***assurance*** *f* **~** Arbeitslosenversicherung *f*; ***être au*** *ou* ***en*** **~** arbeitslos sein; *par ext* Arbeitslosenunterstützung beziehen; F stempeln gehen; ***s'inscrire au*** **~** sich arbeitslos melden; ***mettre qn au*** **~** j-n in die Arbeitslosigkeit entlassen

chômé [ʃome] *adj* ***jour*** **~** arbeitsfreier Tag

chômedu [ʃomdy] *arg m* Arbeitslosigkeit *f*; ***être au*** **~** F auf der Straße stehen

chômer [ʃome] *v/i* **1** (*être au chômage*) arbeitslos sein **2** (*suspendre le travail*) nicht arbeiten; feiern; *v/t* **~** ***un jour*** an e-m Tage nicht arbeiten; e-n Tag feiern; *fig* ***on ne chôme pas*** wir können uns über Mangel an Arbeit nicht beklagen; F wir haben ganz schön viel zu tun **3** *fig conversations* ***ne pas*** **~** nicht stocken

chômeur [ʃomœʀ] *m*, **chômeuse** *f* Arbeitslose(r) *f*(*m*); ***chômeur, chômeuse de longue durée*** Langzeitarbeitslose(r) *f*(*m*); ***chômeur partiel, chômeuse partielle*** Kurzarbeiter(in) *m*(*f*)

chope [ʃɔp] *f* **a)** Bierkrug *m*; (Bier)Seidel *n*; **b)** *contenu* Krug *m*, Seidel *n* Bier

choper [ʃɔpe] F *v/t* **1** (*voler*) F mopsen; mausen; stibitzen; klauen **2** **~** ***un rhume*** F e-n Schnupfen erwischen; *voleur etc* ***se faire*** **~** F geschnappt werden

chopine [ʃɔpin] *f* F (*bouteille de vin*) Flasche *f* Wein

choquant [ʃɔkɑ̃] *adj* schockierend; anstößig; (*révoltant*) empörend

choquer [ʃɔke] *v/t* **1** (*offusquer*) **~** ***qn*** j-n schockieren; bei j-m Anstoß erregen; j-n (sittlich) entrüsten; **~** ***le bon sens*** gegen den gesunden Menschenverstand verstoßen; **~** ***la vue*** das Auge beleidigen; ***être choqué*** schockiert, *p/fort* entsetzt sein (***par, de*** über +*acc*) **2** (*traumatiser*) **~** ***qn*** bei j-m e-n (seelischen) Schock hervorrufen

choral [kɔʀal] ⟨*m/pl* **-als**⟩ **I** *adj* Chor... **II** *subst* **1** *m* REL, MUS Choral *m* **2** **~*e*** *f* Chor *m*; Gesangverein *m*

chorégraphe [kɔʀegʀaf] *m,f* Choreograf(in) *m*(*f*) **chorégraphie** *f* Choreografie *f* **chorégraphique** *adj* choreografisch; Tanz...; tänzerisch

choriste [kɔʀist] *m,f* Chorsänger(in) *m*(*f*), -mitglied *n*; *à l'Opéra* Chorist(in) *m*(*f*)

chorus [kɔʀys] *m* **1** ***faire*** **~** im Chor einfallen; ***faire*** **~** (***avec qn***) j-m beipflichten, beistimmen **2** JAZZ Chorus *m*; Thema *n*

chose [ʃoz] *f* **1** Ding *n*; Sache *f*; ♦ ***autre*** **~** etwas and(e)res; ***les belles*** **~*s*** die schönen Dinge; das Schöne; ***les bonnes*** **~*s*** die guten Dinge (*beim Essen u Trinken*); ***chaque*** **~** alles; jedes Ding; jede Sache; **~** ***curieuse***, *il n'a pas appelé* merkwürdiger-, kurioserweise ...; ***la même*** **~** dasselbe; das Gleiche; ***c'est la même*** **~** das ist das Gleiche, dasselbe; das ist einerlei; ***c'est toujours la même*** **~** es ist immer das Gleiche, dasselbe; *st/s* ***la*** **~** ***publique*** das Gemeinwesen; der Staat; PHILOS ***la*** **~** ***en soi*** das Ding an sich; ***cours naturel des*** **~*s*** natürlicher Lauf der Dinge; ♦ (***vous lui direz***) ***bien des*** **~*s*** ***de ma part*** richten Sie ihm *ou* ihr (bitte) viele Grüße von mir aus; grüßen Sie ihn *ou* sie bitte vielmals (von mir); ***peu de*** **~** wenig; e-e Kleinigkeit; → *a* ***peu*** *f*); ***avant toute*** **~** vor allem; vor allen Dingen; in erster Linie; ***dans cet état de*** **~*s*** bei dieser Sachlage; bei diesem Stand der Dinge; ***de deux*** **~*s*** ***l'une*** eins von beiden; ♦ ***accomplir, faire de grandes*** **~*s*** große Dinge vollbringen, tun; ***appeler les*** **~*s*** ***par leur nom*** die Dinge, das Kind beim (rechten) Namen nennen; ***avoir une foule, des tas, plein, une quantité de*** **~*s*** ***à faire, à raconter*** e-e Menge (Dinge) zu tun, zu erzählen haben; ***la*** **~** ***est décidée*** es, die Sache ist entschieden; ***dire à qn des*** **~*s*** ***désagréables*** j-m unerfreuliche Dinge sagen; ***je vais vous dire une*** **~** ich werde Ihnen etwas sagen; ***ce n'est pas une*** **~** ***à dire*** so etwas sollte man nicht sagen; ***c'est une*** **~** ***très, bien agréable que de*** (+*inf*) es ist sehr angenehm, e-e sehr angenehme Sache zu (+*inf*) *ou*, wenn man ...; ***la théorie est une*** **~**, ***la pratique en est une autre*** Theorie und Praxis ist zweierlei; ***voilà où en sont les*** **~*s*** so steht die Sache; so sieht es aus; so liegen, stehen die Dinge; ***les*** **~*s*** ***étant ce qu'elles sont*** (so) wie die Dinge (nun einmal) stehen *ou* liegen; ***c'est*** **~** ***faite*** die Sache ist erledigt, abgeschlossen; ***bien faire les*** **~*s*** großzügig sein; F sich nicht lumpen lassen; ***ne pas faire les*** **~*s*** ***à moitié*** nichts halb machen; nicht auf halbem Weg stehen bleiben; (*être généreux*) großzügig sein; F sich nicht lumpen lassen; ***les*** **~*s*** ***se gâtent*** die Sache geht schief; ***s'intéresser à beaucoup de*** **~*s*** vielseitig, an vielem interessiert sein; ***laisser aller les*** **~*s*** den Dingen ihren Lauf lassen; ***parler de*** **~*s*** ***et d'autres*** von diesem und jenem sprechen, reden; ***les*** **~*s*** ***se sont passées ainsi*** die Sache hat sich so abgespielt; ***il a bien, mal pris la*** **~** er hat es, die Sache gut, nicht gut aufgenommen; ***la*** **~** ***qu'il souhaite le plus*** was er sich (*dat*) am meisten wünscht; *prov* **~** ***promise,*** **~** ***due*** was man versprochen hat, muss man auch halten (*prov*) **2** *pr/ind* ***quelque*** **~** etwas; F was; ***quelque*** **~** ***comme*** so etwas wie; ungefähr; etwa; ***quelque*** **~** ***dans ce goût-là*** (irgend) etwas in dieser Art, Richtung; ***quelque ~ d'autre*** etwas and(e)res; ***quelque ~ de beau, de nouveau*** *etc* etw Schönes, Neues *etc*; ♦ ***il lui est sans doute arrivé quelque ~*** wahrscheinlich ist ihm etwas passiert, zugestoßen; ***il a quelque ~*** er hat (irgend)etwas, F irgendwas; ihm fehlt (irgend)-etwas; ***il y a eu quelque ~*** da war irgendetwas; irgendetwas hat's da gegeben; ***avoir quelque ~ à dire, à faire*** etwas zu sagen, zu tun haben; ***ça a quelque ~ de bon*** das hat auch sein Gutes; ***il y a quelque ~ qui ne va pas*** irgendetwas stimmt da nicht; (***mais***) ***dites quelque ~!*** (so) sagen Sie (doch) etwas!; ***c'est quelque ~!*** das ist unerhört, allerhand!; ***c'est déjà quelque ~*** das ist immerhin etwas; ***y être pour quelque ~*** etwas damit zu tun, zu schaffen haben; ***faites quelque ~!*** tun Sie (doch) etwas, F was!; ***ça lui a fait quelque ~*** das hat ihn (sehr) getroffen; das hat ihm e-n Stich gegeben; ***vous prendrez bien*** (***un petit***) ***quelque ~?*** ich darf Ihnen doch etwas, e-e Kleinigkeit anbieten? **3** JUR Sache *f*; ***~s communes*** Gemeingut *n*; ***~ jugée*** abgeurteilte Sache; → *a* ***juger*** *I 1* **4** (*propriété*) ***considérer qn comme sa ~*** j-n als sein Eigentum betrachten; ***il en a fait sa ~*** er hat ihn *ou* sie völlig unterjocht **5** F ***être porté sur la ~*** F scharf auf Frauen, kein Kostverächter sein; gern die Frauen vernaschen **6** *m* F (*truc*) F Dings(da, -bums) *n*; (***Machin***) ***Chose*** F der *ou* die Dingsbums, Dingsda; ***une pauvre*** (***petite***) ***~*** ein armes Wesen; e-e bedauernswerte Kreatur; ***passez-moi le ~ là-bas*** geben Sie mir das Dingsda rüber **7** *adjt* ***avoir l'air, être tout ~*** ganz verwirrt, verstört aussehen, sein; ***se sentir tout ~*** sich unbehaglich fühlen

Chostakovitch [ʃɔstakɔvitʃ] *m* MUS Schostakowitsch *m*

chott [ʃɔt] *m* GÉOGR Schott *m*

chou [ʃu] *m* ⟨*pl* ***~x***⟩ **1** Kohl *m*; *südd a* Kraut *n*; ***un ~*** ein Kohlkopf *m*; ***~ blanc*** Weißkohl *m*, -kraut *n*; ***~ rouge*** Rotkohl *m*; Blau-, Rotkraut *n*; ***~ de Bruxelles*** Rosenkohl *m*; ***~ de Milan*** Wirsing(kohl) *m*; ***soupe*** *f* ***aux ~x*** Kohlsuppe *f*; ♦ F *fig*: ***feuille*** *f* ***de ~*** F Käseblatt *n*; ***c'est bête comme ~*** das ist kinderleicht, ein Kinderspiel; ***être dans les ~x*** F in der, e-r Klemme sein, stecken; in der Tinte sitzen; ***il a fait ~ blanc*** F das ist ihm danebengegangen; das ist in die Hose gegangen; ***faire ses ~x gras*** F e-n guten Schnitt machen (***de qc*** bei etw); *bébés* ***naître dans les ~x*** vom Storch gebracht werden; ***aller planter ses, des ~x*** sich aufs Land zurückziehen; ***il lui est rentré dans le ~*** er hat ihn angegriffen **2** *fig* ***mon*** (***petit***) ***~***, *f a* ***ma choute*** [ʃut] (mein) Liebling *m*, Schatz *m*, Schätzchen *n*; ***le pauvre ~*** der arme Liebling; ***un*** (***petit***) ***bout de ~*** ein (kleines) Bübchen *ou* Mädelchen; *petit garçon a* ein Dreikäsehoch *m*; *adjt* ***ce qu'il est, ce que c'est ~!*** ist der, das süß, niedlich, entzückend! **3** CUIS ***~ à la crème*** Windbeutel *m* mit Schlagsahne *ou* Creme; ***pâte*** *f* ***à ~*** Brandteig *m* **4** (*gros nœud*) Schleife *f*

chouan [ʃwɑ̃, ʃuɑ̃] *m royalistischer Aufständischer in Westfrankreich während der Frz Revolution*

chouannerie [ʃwanʀi, ʃuanʀi] *f* HIST Aufstandsbewegung *f* der „Chouans"

choucas [ʃukɑ] *m* ZO Dohle *f*

chouchen [ʃuʃɛn] *m bretonischer Honigwein*

chouchou [ʃuʃu] F *m* ⟨*pl* ***~s***⟩, **chouchoute** [ʃuʃut] F *f* Liebling *m*; ***être le chouchou de qn*** j-s Liebling sein

chouchouter [ʃuʃute] F *v/t* verwöhnen; (ver)hätscheln

choucroute [ʃukʀut] *f* CUIS Sauerkraut *n*, -kohl *m*; ***~ garnie*** Sauerkraut *n* auf elsässische Art

chouette[1] [ʃwɛt] *f* **1** ZO Eule *f* **2** F *fig* ***une vieille ~*** F e-e alte Eule, Ziege **3** F ***Machin Chouette*** F der *ou* die Dingsda, Dingsbums

chouette[2] [ʃwɛt] *adj* F toll; prima (*inv*); klasse (*inv*); dufte; ***un ~*** (***d'***) ***appartement*** F e-e tolle, prima Wohnung; *int* ***~*** (***alors***)***!*** F toll!; prima!; klasse!; dufte!; ***il a été ~*** (***avec moi***) er hat sich (mir gegenüber) großartig benommen

chou-fleur [ʃuflœʀ] *m* ⟨*pl* **choux-fleurs**⟩ BOT Blumenkohl *m*

chouïa [ʃuja] *loc/adv* F ***un ~*** ein wenig, bisschen

chou-navet [ʃunavɛ] *m* ⟨*pl* **choux-navets**⟩ BOT Kohl-, Steckrübe *f*

choupette [ʃupɛt] F *f* **1** gedrehte Haartolle (*bei Kindern*) **2** Haarschleife *f*

chou-rave [ʃuʀav] *m* ⟨*pl* **choux-raves**⟩ BOT Kohlrabi *m*

chouraver [ʃuʀave] *v/t arg* ***~ qc à qn*** F j-m etw klauen

choute [ʃut] → ***chou*** *2*

chow-chow [ʃoʃo] *m* ⟨*pl* **chows-chows**⟩ ZO Chow-Chow [tʃau'tʃau] *m*

choyer [ʃwaje] *v/t* ⟨**-oi-**⟩ umhegen; umsorgen

chrême [kʀɛm] *m* ÉGL (***saint***) ***~*** Chrisam *n ou m*; Salböl *n*

chrétien [kʀetjɛ̃] **I** *adj* ⟨***~ne***⟩ christlich; HIST ***le Roi Très Chrétien*** der Allerchristlichste König **II** *subst* ***~***(***ne***) *m*(*f*) Christ(in) *m*(*f*); ***en bon ~*** als guter Christ

chrétien-démocrate [kʀetjɛ̃demɔkʀat] POL **I** *adj* christlich-demokratisch **II** *m/pl* ***les chrétiens-démocrates*** die Christdemokraten *pl*; die Christlichen Demokraten *pl*

chrétiennement [kʀetjɛnmɑ̃] *adv* christlich; im christlichen Glauben

chrétienté [kʀetjɛ̃te] *f* Christenheit *f*

Christ [kʀist] *m* **1** REL CATH ***le ~***, PROT ***~*** Christus *m* **2** ***christ*** BEAUX-ARTS Christus(figur *f*, -bild *n*) *m*

Christian [kʀistjɑ̃] *m Vorname*

Christiane [kʀistjan] *f Vorname*

christiania [kʀistjanja] *m* SKI Kristiania(schwung) *m*

christianisation [kʀistjanizasjõ] *f* Christianisierung *f* **christianiser** *v/t* christianisieren; zum Christentum bekehren **christianisme** *m* Christentum *n*

Christine [kʀistin] *f Vorname*

Christmas [kʀismas] ***l'île*** *f* ***~*** die Weihnachtsinsel

christologie [kʀistɔlɔʒi] *f* THÉOLOGIE Christologie *f*

Christophe [kʀistɔf] *m* **1** *Vorname* **2** *saint* Christophorus *m*

chromage [kʀomaʒ] *m* Verchromen *n*, -ung *f*

chromatine [kʀɔmatin] *f* BIOL Chromatin *n*

chromatique [kʀɔmatik] *adj* **1** MUS chromatisch; ***gamme*** *f* ***~*** chromatische Tonleiter **2** OPT chromatisch; Farb… **3** BIOL ***réduction*** *f* ***~*** Chromosomenreduktion *f*

chromatisme [kʀɔmatism] *m* MUS Chromatik *f*

chromatographie [kʀɔmatɔgʀafi] *f* CHIM Chromatografie *f*

chrome [kʀom] *m* **1** CHIM Chrom *n* **2** *d'une voiture etc* ***~s*** *pl* Chromteile *m/pl*; Verchromung *f*

C

chromer [kRome] *v/t* verchromen; *adjt* ***chromé*** verchromt; Chrom…
chromo [kRɔmo] *m abr* (*chromolithographie*) **1** Farbdruck *m* **2** *péj* billige, kitschige Reproduktion (in knalligen Farben)
chromolithographie [kRɔmɔlitɔgRafi] *f* Chromolithografie *f*; farbiger Steindruck; Farbdruck *m*
chromosome [kRɔmozom] *m* BIOL Chromosom *n*
chromosomique [kRɔmɔzɔmik] *adj* BIOL Chromosomen…; ***carte*** *f* **~** Chromosomenkarte *f*
chronicité [kRɔnisite] *f* chronischer Verlauf, Charakter
chronique [kRɔnik] **I** *adj* chronisch (*a* MÉD); ***passer à l'état* ~** chronisch werden **II** *f* **1** Chronik *f* (*a* HIST) **2** *dans un journal* (regelmäßig erscheinender) Bericht; Rubrik *f*; RAD regelmäßige Sendung; Rundschau *f*; **~ *sportive*** *d'un journal* Sportteil *m*; RAD Sportsendung *f*
chroniqueur [kRɔnikœR] *m* **1** HIST Chronist *m* **2** *d'un journal* Berichterstatter *m*; Redakteur *m*; **~ *sportif*** Sportredakteur *m*
chrono [kRɔno] *m* F *abr* (*chronomètre*) Stoppuhr *f*; AUTO ***faire du 130* ~** F 130 gestoppte Stundenkilometer fahren
chronographe [kRɔnɔgRaf] *m* TECH Chronograf *m*
chronologie [kRɔnɔlɔʒi] *f* Chronologie *f*; chronologische, zeitliche Abfolge
chronologique [kRɔnɔlɔʒik] *adj* chronologisch; Zeit…; ***ordre*** *m* **~** chronologische Reihenfolge; ***dans l'ordre*** *ou* ***par ordre* ~** in chronologischer Reihenfolge; ***tableau*** *m* **~** Zeittafel *f*
chronologiste [kRɔnɔlɔʒist] *m* Chronologe *m*
chronométrage [kRɔnɔmetRaʒ] *m* SPORTS Zeitnahme *f*; Zeitmessung *f*; Stoppen *n*
chronomètre [kRɔnɔmɛtR] *m* **a)** SPORTS Stoppuhr *f*; **b)** *montre* Chronometer *n ou* F *m*; Präzisionsuhr *f*; Zeitmesser *m*
chronométrer [kRɔnɔmetRe] *v/t* ⟨**-è-**⟩ stoppen; mit der Stoppuhr messen; die Zeit (von *ou* +*gén*) nehmen; SPORTS: **~ *qn*** j-s Laufzeit stoppen; j-s Zeit mit der Stoppuhr messen; **~ *une course*** die Laufzeiten stoppen, nehmen
chronométreur [kRɔnɔmetRœR] *m* SPORTS Zeitnehmer *m* **chronométrie** *f* Chronometrie *f*; Zeitmessung *f* **chronométrique** *adj* chronometrisch
chrysalide [kRizalid] *f* ZO Puppe *f* (e-s Schmetterlings); *fig* ***sortir de sa* ~** sich entfalten; sich entwickeln
chrysanthème [kRizɑ̃tɛm] *m* BOT Chrysantheme *f*
ch'timi [ʃtimi] *m* F **1** Nordfranzose *m* **2** Dialekt *m* der Nordfranzosen
chu [ʃy] *p/p* → ***choir***
CHU [seaʃy] *m abr* (*centre hospitalier universitaire*) Universitätsklinikum *n*
chuchotement [ʃyʃɔtmɑ̃] *m* Flüstern *n*; Geflüster *n*; Tuscheln *n*; Getuschel *n*
chuchoter [ʃyʃɔte] **I** *v/t* **~ *qc à qn*** j-m etw zuflüstern; **~ *qc à l'oreille de qn*** j-m etw ins Ohr flüstern, tuscheln **II** *v/i* **1** *personne* flüstern; tuscheln; wispern; zischeln; *plusieurs personnes a* miteinander flüstern, tuscheln; *fig* ***on chuchote que …*** man munkelt, es wird gemunkelt, dass … **2** *poét ruisseau* murmeln; *vent* säuseln; raunen
chuchoteries [ʃyʃɔtRi] *f/pl* Getuschel *n*; Tuscheleien *f/pl*; Gewisper *n*

chuchoter und die Lautmalerei

Yves m'a chuchoté à l'oreille le nom de sa petite amie. –
Yves hat mir den Namen seiner Freundin ins Ohr geflüstert.

Vergegenwärtigt man sich die Aussprache von **chuchoter**, nämlich [ʃyʃɔte], so fällt auf, dass insbesondere durch den zweimal vorkommenden Zischlaut [ʃ] das stimmlose, zischende Geräusch nachgeahmt wird, das beim Flüstern entsteht. In jeder Sprache gibt es eine gewisse Anzahl von Wörtern, deren Lautgestalt bestimmte Geräusche nachahmt. Man spricht in diesem Zusammenhang von **Lautmalerei**, auf Französisch **onomatopée**.

Ein weiteres Beispiel wäre claquer [klake], in dem durch das stimmlose [k] ein Geräusch imitiert wird, das bei einem Knall entsteht:

Laure a claqué la porte. –
Laure knallte die Tür zu.

chuchotis [ʃyʃɔti] *m* leises Flüstern; Wispern *n*
chuintant [ʃɥɛ̃tɑ̃] *adj* PHON ***consonne* ~*e*** *ou subst* **~*e*** *f* Zischlaut *m*; Sch-Laut *m* (*stimmlos od stimmhaft*)
chuintement [ʃɥɛ̃tmɑ̃] *m* **1** *vice de prononciation* Aussprache *f* sch statt s **2** *de la vapeur* Zischen *n*
chuinter [ʃɥɛ̃te] *v/i* **1** s [s, z] wie sch [ʃ, ʒ] (aus)sprechen **2** *vapeur* zischen
chut [ʃyt] *int* pst!; st!; still!; ***faire* ~** *a* den Finger auf den Mund legen
chute [ʃyt] *f* **1** *d'une personne* Fall *m*; Fallen *n*; Sturz *m*; Absturz *m*; **~ *de bicyclette, de cheval*** Sturz vom Fahrrad, vom Pferd; ***faire une* ~** stürzen, fallen (***de bicyclette*** vom Fahrrad); ***faire une* ~ *de dix mètres*** zehn Meter tief (ab)stürzen; ***faire une* ~ *dans, en descendant l'escalier*** auf der Treppe stürzen, fallen; die Treppe hinunterstürzen, -fallen **2** *de choses* Fall *m* (*a* PHYS); Fallen *n* (*a* THÉ *du rideau*); *fig des cours en Bourse etc* Sturz *m*; PHYS **~ *libre*** freier Fall; ***en* ~ *libre*** PHYS in freiem Fall; *fig* ÉCON auf Talfahrt; **~ *des cheveux*** Haarausfall *m*; BOURSE **~ *des cours*** Kurssturz *m*, -einbruch *m*; **~ *d'eau*** Wasserfall *m*; **~ *des feuilles*** (Ab)Fallen *n* der Blätter; Laubfall *m*; **~ *de grêle*** Hagelschlag *m*; **~ *d'une monnaie*** Währungssturz *m*; **~*s de neige*** Schneefälle *m/pl*; **~*s du Niagara*** Niagarafälle *m/pl*; **~ *de pierres*** Steinschlag *m*; **~*s de pluie*** Regenfälle *m/pl*; **~ *des prix, de température*** Preis-, Temperatursturz *m*; ÉLECT **~ *de tension*** Spannungsabfall *m*; PHYS ***loi*** *f* ***de la* ~ *des corps*** Fallgesetz *n*; ***point*** *m* ***de* ~** *d'un projectile* Einschlagstelle *f*, -punkt *m*; *fig* Bleibe *f*; Standort *m*; (vorläufiger) Ruhepunkt; Anlaufstelle *f* **3** *fig d'un régime etc* Sturz *m*; ***entraî-***

ner qn dans sa ~ j-n in s-n Sturz mit hineinreißen, -ziehen 4 MIL *d'une ville* Fall *m*; *par ext* ***la ~ du mur de Berlin*** der Fall der Berliner Mauer 5 *morale* Fall *m*; ***la ~ (d'Adam)*** der Sündenfall 6 ***~ de cuir, d'étoffe*** Leder-, Stoffrest *m*, -abfall *m* 7 ***avoir une belle ~ de reins*** ein schön geschwungenes, wohlgeformtes, wohlproportioniertes Gesäß haben 8 *d'un texte* Schlusspointe *f*

chuter [ʃyte] *v/i* 1 F (*tomber*) fallen; stürzen; *fig* ***faire ~*** *gouvernement etc* stürzen; *candidat* zu Fall bringen; *production, prix* drücken; sinken lassen; *fig* ***le candidat a chuté sur la dernière question*** der Kandidat stolperte über die letzte Frage 2 BRIDGE ***~ de trois levées*** drei Unterstiche machen

chutney [ʃœtnɛ] *m* CUIS Chutney ['tʃatni] *n*

chyle [ʃil] *m* PHYSIOL Milch-, Speisesaft *m*; *sc* Chylus *m*

chyme [ʃim] *m* PHYSIOL Speisebrei *m*; *sc* Chymus *m*

Chypre [ʃipʀ] Zypern *n*

chypriote [ʃipʀijɔt] I *adj* zyprisch; zypriotisch II *m,f* ***Chypriote*** Zyprer(in) *m(f)*; Zypriot(in) *m(f)*

ci [si] I *adv après* ***ce*** *+subst*: diese(r, -s) … (hier); ***ce banc-~*** diese Bank (hier); *loc/adv*: ***à cette heure-~*** um diese Zeit; zu dieser Tageszeit; ***ces jours-~*** dieser Tage; in diesen Tagen; ***ce mois-~*** diesen, in diesem Monat II *pr/dém* ***~ et ça*** dies und jenes; *loc/adv* F ***comme ~ comme ça*** F so lala; soso

ci-annexé [sianɛkse] → ***ci-inclus***

ci-après [siapʀɛ] *loc/adv* weiter unten; nachstehend (angeführt)

cibiche [sibiʃ] *f arg* (*cigarette*) F Glimmstängel *m*; Stäbchen *n*

cibiste [sibist] *m,f* CB-Funker(in) *m(f)*

cible [sibl] *f* 1 Zielscheibe *f* (*a fig*); (Schieß)Scheibe *f*; Ziel *n*; ***tir*** *m* ***à la ~*** Scheibenschießen *n*; ***être une ~ facile pour qn*** j-m ein günstiges Ziel bieten; ***être une ~ pour, servir de ~ à qn*** j-m als Zielscheibe dienen; *fig* ***être la ~ des railleries, des critiques*** Zielscheibe des Spottes, der Kritik sein; im Kreuzfeuer der Kritik stehen; ***prendre qn, qc pour ~*** j-n, etw als Zielscheibe benutzen, nehmen; *fig* j-n aufs Korn nehmen 2 PHYS NUCL Target *n* 3 *adjt* LING ***langue*** *f* ***~*** Zielsprache *f* 4 PUBLICITÉ Zielgruppe *f*

ciboire [sibwaʀ] *m* ÉGL CATH Ziborium *n*; Speisekelch *m*

ciboule [sibul] *f* BOT Winterlauch *m*, -zwiebel *f* **ciboulette** *f* BOT Schnittlauch *m*

ciboulot [sibulo] *m* F (*tête*) F Schädel *m*; Hirnkasten *m*; Dez *m*

cicatrice [sikatʀis] *f* Narbe *f* (*a fig*); ***~ de brûlure, de coupure*** Brand-, Schnittnarbe *f*; ***avoir une ~ au visage, à la jambe, dans le dos*** e-e Narbe im Gesicht, am Bein, auf dem Rücken haben; ***laisser une ~*** e-e Narbe zurücklassen, hinterlassen; ***la brûlure lui a laissé une ~*** von der Verbrennung ist ihm e-e Narbe (zurück)geblieben

cicatriciel [sikatʀisjɛl] *adj* ⟨**~le**⟩ Narben…; ***tissu(s) ~(s)*** Narbengewebe *n*

cicatrisant [sikatʀizɑ̃] *adj et subst m* PHARM (***remède*** *m*) ***~*** die Narbenbildung förderndes Mittel; Wundheilungsmittel *n*

cicatrisation [sikatʀizasjõ] *f* Vernarbung *f*; Narbenbildung *f*; Heilung *f* (*a fig*)

cicatriser [sikatʀize] I *v/t blessure, a fig* heilen; vernarben lassen II *v/i* (*et v/pr* ***se***) ***~*** zuheilen; *a fig* verheilen; vernarben

Cicéron [siseʀõ] *m* HIST Cicero *m*

cicérone [siseʀɔn] *m plais* Cicerone [tʃitʃ-] *m*; Fremdenführer *m*

ci-contre [sikõtʀ] *loc/adv* nebenstehend; ***voir image ~*** siehe nebenstehendes Bild

CICR [seiseeʀ] *m abr* (*Comité international de la Croix-Rouge*) IKRK *n* (Internationales Komitee vom Roten Kreuz)

ci-dessous [sid(ə)su] *loc/adv* nachstehend; weiter unten

ci-dessus [sid(ə)sy] *loc/adv* weiter oben; (***mentionné***) ***~*** (weiter) oben angeführt, genannt, erwähnt

ci-devant [sid(ə)vɑ̃] *m,f* ⟨*inv*⟩ HIST ehemalige(r) Adlige(r) *f(m)*

cidre [sidʀ] *m* Apfelwein *m*; *südd a* Most *m*; *de France* Cidre *m*; ***~ bouché*** stark moussierender, auf Flaschen gezogener Cidre; ***~ doux*** süßer, noch nicht ganz vergorener Cidre

cidrerie [sidʀəʀi] *f* Apfelweinkellerei *f*

Cie *abr* (*compagnie*) Co. [koː] (Handelsgesellschaft)

ciel [sjɛl] *m* 1 ⟨*pl* **cieux** [sjø], PEINT **~s**⟩ Himmel *m* (*a* ASTR *et* PEINT); ***~ bleu, clair*** blauer, klarer Himmel; ASTR ***carte*** *f* ***du ~*** Himmelskarte *f*; *poét* ***feu*** *m* ***du ~*** Blitz *m*; ♦ *adjt* (***bleu***) ***~*** ⟨*inv*⟩ himmelblau; *loc/adv*: ***à ~ ouvert*** MINES im Tagebau; *égout etc* offen; ***dans le ~*** am Himmel; ***entre ~ et terre*** zwischen Himmel und Erde, in der Luft (***rester, être suspendu*** hängen, schweben); ***sous le ~ de Londres*** unter dem Himmel von London; in London; ***sous d'autres cieux*** unter e-m anderen Himmelsstrich; in e-r anderen Gegend; ♦ ***lever les bras au ~*** die Hände über dem Kopf zusammenschlagen; ***lever les yeux au ~*** entsetzt zum Himmel (auf)blicken; *fig* ***remuer ~ et terre*** Himmel und Hölle, alle Hebel in Bewegung setzen; *fig* ***tomber du ~*** im richtigen Moment, zur rechten Zeit, F wie gerufen kommen 2 REL ⟨*pl* **cieux**⟩ Himmel *m*; *int* ***~!, ô ~!, juste ~!*** (o) Himmel!; gerechter Himmel!; ***don*** *m*, ***présent*** *m* ***du ~*** Geschenk *n* des Himmels; *talent* Begnadung *f*; Geschenk *n*, Gabe *f* Gottes; ***justice*** *f* ***du ~*** himmlische Gerechtigkeit; ***aller au ~*** in den Himmel kommen; ***c'est le ~ qui t'envoie*** dich schickt der Himmel; ***Notre Père qui es aux cieux*** Vater unser (, der du bist) im Himmel; *fig* ***être au septième ~*** im sieb(en)ten Himmel sein; BIBL ***monter au ~*** gen Himmel (auf)fahren; *prov* ***aide-toi, le ~ t'aidera*** hilf dir selbst, dann hilft dir Gott (*prov*) 3 ⟨*pl* **~s**⟩ ***~ de lit*** Betthimmel *m*

cierge [sjɛʀʒ] *m* 1 ÉGL (lange Wachs)Kerze; F ***se tenir droit comme un ~*** sich kerzengerade halten 2 BOT Säulenkaktus *m*

cieux [sjø] *m/pl* → ***ciel***

cigale [sigal] *f* ZO Zikade *f*

cigare [sigaʀ] *m* 1 Zigarre *f* 2 F (*tête*) F Schädel *m*; Dez *m*

cigarette [sigaʀɛt] *f* 1 Zigarette *f* 2 CUIS ***~*** (***russe***) Hohlwaffel *f*

cigarillo [sigaʀijo] *m* Zigarillo *m ou n*

ci-gît [siʒi] *épitaphe* hier ruht

cigogne [sigɔɲ] *f* ZO Storch *m*; ***nid*** *m* ***de ~*** Storchennest *n*

ciguë [sigy] *f* 1 BOT Schierling *m* 2 *poison* Schierlingsgift *n*, -trank *m*; ***boire la ~*** den Schierlingsbecher trinken

ci-inclus [siɛ̃kly] *ou* **ci-joint** [siʒwɛ̃] *loc/adj et loc/adv* anliegend; beigefügt; beiliegend; in der *ou* als Anlage; ADM *a* in-, einliegend; ***ci-inclus** ou **ci-joint copie*** Abschrift anbei; ***la copie ci-incluse** ou **ci-jointe*** die anliegende *etc* Abschrift

cil [sil] *m* **1** (Augen)Wimper *f*; ***faux ~s*** falsche *ou* künstliche Wimpern **2** BIOL ***~s vibratiles*** Flimmerhaare *n/pl*; Wimpern *f/pl*

cilice [silis] *m* Büßerhemd *n*, -kleid *n*

cillement [sijmɑ̃] *m* ~ **(*d'yeux*)** Zwinkern *n*; Blinzeln *n*

ciller [sije] *v/i* **1** zwinkern; blinzeln **2** *fig* ***ne pas oser ~*** F nicht zu mucksen wagen

cimaise [simɛz] *f* **1** ARCH Karnies *n* **2** *dans une pièce* Wandleiste *f*; ***avoir les honneurs de la ~*** an bevorzugter Stelle ausgestellt werden *ou* sein

cime [sim] *f d'un arbre* Wipfel *m*; Krone *f*; *d'une montagne* Gipfel *m* (*litt a fig*); Spitze *f*

ciment [simɑ̃] *m* **1** Zement *m*; *loc/adj* ***de** ou **en ~*** Zement... **2** *fig* ***être le ~ d'une amitié*** e-e Freundschaft festigen

cimentation [simɑ̃tasjõ] *f* Zementierung *f*

cimenter [simɑ̃te] *v/t* **1** zementieren; *bassin a* auszementieren; ***~ un anneau dans le mur*** e-n Ring in die Wand einzementieren; *adjt* ***sol cimenté*** Zementboden *m* **2** *fig* ***~ une amitié*** eine Freundschaft festigen, zementieren

cimenterie [simɑ̃tʀi] *f usine* Zementwerk *n* **cimentier** *m* Zementarbeiter *m*

cimeterre [simtɛʀ] *m* Krummschwert *n*, -säbel *m*

cimetière [simtjɛʀ] *m* Friedhof *m* (*a fig*); *à côté d'une église a* Kirchhof *m*; *poét* Gottesacker *m*; ***~ militaire*** Soldatenfriedhof *m*; Kriegsgräber *n/pl*; *par ext* ***~ de chiens, de voitures*** Hunde-, Autofriedhof *m*; ***porter un mort au ~*** e-n Toten zu Grabe tragen

cimier [simje] *m d'un casque* Helmzier *f*

ciné [sine] *m* F *abr* (*cinéma*) Kino *n*; F Kintopp *m ou n*

cinéaste [sineast] *m,f* Cineast(in) [s-] *m(f)*; Filmschaffende(r) *f(m)*; Filmemacher(in) *m(f)*

ciné-club [sineklœb] *m* ⟨*pl* **ciné-clubs**⟩ Filmklub *m*

cinéma [sinema] *m* **1** *art* Film *m*; Filmkunst *f*; Filmen *n*; Kino *n*; ***le ~ français*** der französische Film; ***~ muet, parlant*** Stumm-, Tonfilm *m*; ***acteur** m **de ~*** Filmschauspieler *m*; ***techniciens** m/pl **de ~*** Filmtechniker *m/pl*; ***faire du ~*** Filmschauspieler(in) sein; filmen **2** **(*industrie** f **du*)** ~ Filmindustrie *f*, -branche *f*, -geschäft *n* **3** **(*salle** f **de*)** ~ Kino *n*; Lichtspieltheater *n*, -haus *n*; Filmtheater *n*; ***~ d'art et d'essai*** Filmkunsttheater *n*; Studiokino *n*; ***~ d'exclusivité, de quartier*** Erstaufführungs-, Stadtteil- *ou* Vorstadtkino *n*; ***aller au ~*** ins Kino gehen **4** F *fig* ***c'est du ~*** das ist doch nur Theater; ***elle nous a fait tout un ~*** F sie hat ganz schön Theater gespielt (***pour*** um zu)

cinémascope® [sinemaskɔp] *m* Cinemascope® [sinema'skoːp] *n*; ***film** m **en ~*** Cinemascopefilm® *m*

cinémathèque [sinematɛk] *f* Kinema-, Cinema- [s-], Filmothek *f*; Filmarchiv *n*

cinématique [sinematik] *f* PHYS Kinematik *f*; Bewegungslehre *f*

cinématographe [sinematɔgʀaf] *m* Kinematograf *m* **cinématographie** *f* Kinematografie *f*

cinématographique [sinematɔgʀafik] *adj* kinematografisch; Film...; ***art** m, **technique** f **~*** Filmkunst *f*, -technik *f*

cinéphile [sinefil] *m,f* Kinofreund(in) *m(f)*; Filmkenner(in) *m(f)*; Filmfreund *m*, -fan *m*

cinéraire [sineʀɛʀ] **I** *adj* ***urne** f **~*** Aschen-, Graburne *f* **II** *f* BOT Zinerarie *f*

cinérama [sineʀama] *m* Cinerama [s-] *n*

cinétique [sinetik] PHYS **I** *adj* kinetisch; ***énergie** f **~*** kinetische Energie **II** *f* Kinetik *f*

cing(h)alais [sɛ̃galɛ] **I** *adj* singhalesisch **II** *subst* ***Cing(h)alais(e)*** *m(f)* Singhalese *m*, -lesin *f*

cinglant [sɛ̃glɑ̃] *adj* **1** peitschend; ***pluie ~e*** peitschender Regen; ***vent ~*** schneidender, peitschender Wind **2** *fig* ***paroles ~es*** schneidende Worte *n/pl*; ***réplique ~e*** schneidende Antwort

cinglé [sɛ̃gle] *adj* F bekloppt; behämmert; bescheuert; übergeschnappt; plemplem; meschugge; ***être ~*** *a* F spinnen; e-n Vogel, e-n Klaps, nicht alle Tassen im Schrank, e-n (kleinen) Dachschaden, e-e Macke, e-n Hau haben; nicht (recht) bei Trost sein; nicht ganz richtig im Oberstübchen sein; ***il est ~*** *a* F bei dem ist e-e Schraube locker; bei dem stimmt's wohl nicht; *subst* ***un ~*** ein Bekloppter, Übergeschnappter, Spinner

cingler¹ [sɛ̃gle] *v/i* MAR ***~ vers*** segeln nach

cingler² [sɛ̃gle] *v/t* **1** *avec une baguette etc* schlagen; peitschen **2** *vent, pluie, branche* ~ **(*le visage de*) *qn*** j-m ins Gesicht peitschen

cinnamome [sinamɔm] *m* BOT Zimtbaum *m*

cinoche [sinɔʃ] *m* F (*cinéma*) F Kintopp *m ou n*

cinoque [sinɔk] *adj* F → ***cinglé***

cinq [sɛ̃k], *vor Konsonant a* [sɛ̃] **I** *num/c* fünf; ***chapitre ~*** Kapitel fünf; ***le ~ mai*** der fünfte *ou* am fünften Mai; *loc/adj*: ***billet** m **de ~ euros*** Fünf-Euro-Schein *m*; ***enfant** m **de ~ ans*** fünfjähriges Kind; Kind *n* von fünf Jahren; *loc/adv*: ***à ~*** zu fünft; zu fünfen; ***dans ~ minutes*** in fünf, in ein paar Minuten; im Moment; ***on va rire ~ minutes*** da werden wir etwas zum Lachen haben, bekommen; F ***en ~ sec*** im Handumdrehen; im Nu; ***il est ~ heures*** es ist fünf (Uhr); ***il est sept heures ~*** es ist sieben Uhr fünf; es ist fünf (Minuten) nach sieben; F ***il est ~*** F es ist fünf nach; *fig* ***il était moins ~*** es hätte nicht mehr viel gefehlt **II** *m* ⟨*inv*⟩ Fünf *f*; *südd a* Fünfer *m*; ***le ~ (du mois)*** der Fünfte *ou* am Fünften (des Monats); → *a* ***deux II***

cinq-à-sept [sɛ̃kasɛt] *m* ⟨*inv*⟩ Empfang *m* am Spätnachmittag

Cinq-Mars [sɛ̃maʀ] *Verschwörer gegen Richelieu*

cinquantaine [sɛ̃kɑ̃tɛn] *f* **1** ***une ~*** etwa, an die, ungefähr, rund, zirka fünfzig (***de personnes*** Leute, Personen) **2** *âge* Fünfzig *f*; Fünfziger(jahre) *n/pl*; ***approcher de la ~*** sich den Fünfzigern nähern; auf die fünfzig zugehen; bald fünfzig sein; ***avoir la ~*** etwa, rund fünfzig Jahre alt sein; mindestens fünfzig (Jahre alt) sein; ***avoir dépassé la ~*** die fünfzig überschritten haben; über die fünfzig sein; in den Fünfzigern sein

cinquante [sɛ̃kɑ̃t] **I** *num/c* fünfzig; ***~ et un*** einundfünfzig; ***~ et unième*** einundfünfzigste(r, -s); ***page ~*** Seite fünfzig; ***~ pour cent*** fünfzig Prozent; ***dans les années ~*** in den fünfziger Jahren *ou* Fünfzigerjahren; ***de ~ ans*** fünfzigjährig; von fünfzig Jahren; *par*

C

ext F: ***il n'y a pas ~ solutions*** es gibt nicht sehr viel(e) Möglichkeiten; ***je lui ai déjà dit ~ fois*** ich habe ihm schon hundertmal gesagt **II** *m* ⟨*inv*⟩ Fünfzig *f*; → *a* ***deux*** *II*

cinquantenaire [sɛ̃kɑ̃tnɛʀ] *m* fünfzigster Jahrestag; fünfzigjähriges Jubiläum; ***~ de la mort de qn*** j-s fünfzigster Todestag; ***fêter le ~ de qc*** das fünfzigjährige Jubiläum *ou* Bestehen von etw feiern

cinquantième [sɛ̃kɑ̃tjɛm] **I** *num/o* fünfzigste(r, -s) **II** *subst* **1** ***le, la ~*** der, die, das Fünfzigste **2** *m* MATH Fünfzigstel *n*

cinquième [sɛ̃kjɛm] **I** *num/o* fünfte(r, -s); ***la Vᵉ République*** die Fünfte Republik **II** *subst* **1** ***le, la ~*** der, die, das Fünfte **2** *m* MATH Fünftel *n*; ***les deux ~s de*** zwei Fünftel von (*ou* +*gén*) **3** *m* *étage* fünfter Stock; fünfte Etage; ***au ~*** im fünften Stock; F fünf Treppen hoch **4** *f* ÉCOLE zweite Klasse im Gymnasium; Quinta *f*

cinquièmement [sɛ̃kjɛmmɑ̃] *adv* fünftens

cintrage [sɛ̃tʀaʒ] *m* TECH Biegen *n*

cintre [sɛ̃tʀ] *m* **1** *pour vêtement* Kleiderbügel *m*; ***mettre sur un ~*** auf e-n Bügel hängen **2** ARCH Wölbung *f*; Bogen *m*; (***arc*** *m* ***en***) ***plein ~*** Rundbogen *m* **3** THÉ Schnürboden *m*

cintré [sɛ̃tʀe] *adj* **1** *veste* (an)tailliert **2** ARCH Rundbogen… **3** F *personne* → ***cinglé***

cintrer [sɛ̃tʀe] *v/t* **1** TECH biegen **2** *veste* (an)taillieren

CIO [seio] *m abr* (*Comité international olympique*) IOK *n* (Internationales Olympisches Komitee)

Ciotat (La) [lasjɔta] *Stadt im Dep. Bouches-du-Rhône*

cipolin [sipɔlɛ̃] *m* MINÉR Cipollin [tʃ-] *m ou n*; Zwiebelmarmor *m*

ci-présent [sipʀezɑ̃] *loc/adj* JUR ***le ~, la ~e …*** der, die hier anwesende …

cirage [siʀaʒ] *m* **1** *produit* Schuhcreme *f*; F Schuhwichse *f* **2** *du parquet* (Wachsen *n* und) Bohnern *n* **3** F *fig* ***être dans le ~*** F im Tran sein

Circé [siʀse] *f* MYTH Circe *f*

circoncire [siʀkõsiʀ] *v/t* ⟨→ **suffire**; *aber p/p* **circoncis**⟩ REL beschneiden

circoncis [siʀkõsi] REL **I** *adj* beschnitten **II** *m* Beschnittene(r) *m*

circoncision [siʀkõsizjõ] *f* REL Beschneidung *f*; Zirkumzision *f*

circonférence [siʀkõfeʀɑ̃s] *f* MATH Kreis(linie) *m(f)*; (*périmètre*) (Kreis)Umfang *m*

circonflexe [siʀkõflɛks] *adj* GR ***accent*** *m* ~ *en français* Accent circonflexe *m*; LING Zirkumflex *m*

circonlocutions [siʀkõlɔkysjõ] *f/pl* Umschreibungen *f/pl*

circonscription [siʀkõskʀipsjõ] *f* ADM Bezirk *m*; (Verwaltungs)Gebiet *n*; Bereich *m*; Distrikt *m*; ~ (***électorale***) Wahlbezirk *m*; *d'un député* Wahlkreis *m*

circonscrire [siʀkõskʀiʀ] *v/t* ⟨→ **écrire**⟩ **1** MATH umbeschreiben; umschreiben; *adjt* ***cercle circonscrit à un polygone*** Umkreis *m* e-s Vielecks; ***quadrilatère circonscrit*** Tangentenviereck *n* **2** *sujet* umschreiben; umreißen **3** *incendie, épidémie* eindämmen; die Ausbreitung (+*gén*) verhindern

circonspect [siʀkõspɛ(kt)] *adj* ⟨**-ecte** [-ɛkt]⟩ vorsichtig; (*prudent*) umsichtig; (*réservé*) zurückhaltend

circonspection [siʀkõspɛksjõ] *f* Vorsicht *f*; Umsicht *f*; Zurückhaltung *f*; ***avec ~*** vorsichtig; umsichtig; zurückhaltend; mit Bedacht

circonstance [siʀkõstɑ̃s] *f* Umstand *m*; (*occasion*) Gelegenheit *f*; ***~s*** *pl* Umstände *m/pl*; Lage *f*; Situation *f*; Verhältnisse *n/pl*; Gegebenheiten *f/pl*; (*détails*) Einzelheiten *f/pl*; ***~ particulière*** besonderer Umstand; ***~s d'un accident*** Umstände, Einzelheiten e-s Unfalls; → *a* ***complément*** *2*; ♦ *loc/adj* ***de ~*** den Umständen, dem Anlass entsprechend, angemessen; ***être de ~*** (sehr) angebracht sein; ***prendre une mine de ~*** e-e dem Anlass entsprechende, angemessene Miene aufsetzen; *loc/adv*: ***dans les ~s actuelles*** unter den gegenwärtigen, augenblicklichen Umständen; in der augenblicklichen Lage; bei den Gegebenheiten; *mourir* ***dans de tragiques ~s*** unter tragischen Umständen; *st/s* ***en la ~*** im vorliegenden Fall; ***en pareille ~*** in e-m solchen Fall; in e-r solchen Situation, Lage; ***en toute ~*** in jeder Lage, Situation; ***en raison des ~s*** *ou* ***étant donné les ~s*** unter diesen Umständen; ***pour la ~*** bei, zu dieser Gelegenheit; aus, zu diesem Anlass; ***selon les ~s*** je nach den Umständen; ♦ ***il y a des ~s où …*** in manchen Fällen, Situationen …; es gibt Situationen, in denen …; ***cela dépend***(***ra***) ***des ~s*** das hängt von den Umständen ab; ***si les ~s l'exigent*** wenn die Umstände es erfordern; erforderlichenfalls; ***profiter de la ~ pour*** (+*inf*) sich (*dat*) die Gelegenheit, diesen Umstand zunutze machen, um zu (+*inf*)

circonstancié [siʀkõstɑ̃sje] *adj* ***rapport ~*** ausführlicher, eingehender, detaillierter Bericht

circonstanciel [siʀkõstɑ̃sjɛl] *adj* ⟨**~le**⟩ GR Umstands…; Adverbial…; → *a* ***complément*** *2*

circonvenir [siʀkõvniʀ] *v/t* ⟨→ **venir**; *aber* **avoir**⟩ *st/s* ***~ qn*** j-n zu s-n Gunsten beeinflussen

circonvolutions [siʀkõvɔlysjõ] *f/pl* **1** Windungen *f/pl*; Kreise *m/pl* **2** ANAT ***~ cérébrales*** Gehirnwindungen *f/pl*; ***~ intestinales*** Darmschlingen *f/pl*

circuit [siʀkɥi] *m* **1** ~ (***touristique***) Rundreise *f*, -fahrt *f*; ***~ d'autocar*** Busrundreise *f*; ***faire le ~ des cathédrales gothiques*** e-e Rundreise zu den gotischen Kathedralen machen **2** SPORTS Rennstrecke *f*; Rundstrecke *f*, -kurs *m*; Ring *m* **3** (*chemin compliqué*) umständlicher Weg; Umweg *m* **4** ÉLECT ~ (***électrique***) Stromkreis *m*; ***~ fermé*** geschlossener Stromkreis; → *a 6*; ÉLECTRON ***~ intégré*** integrierte Schaltung; integrierter Schaltkreis; *loc/adj*: ***en ~*** eingeschaltet; ***mettre en ~*** einschalten; ***'hors ~*** ausgeschaltet; ***mettre 'hors ~*** ausschalten (*a fig*) **5** TECH Umlauf *m*; Kreislauf *m* **6** ÉCON Wirtschaftskreislauf *m*; ***~ de distribution*** Verteilernetz *n*; ***économie*** *f* ***en ~ fermé*** Wirtschaft *f* e-s Landes, das keinen Außenhandel treibt; *fig* ***vivre en ~ fermé*** abgesondert, abgeschlossen (von den anderen) leben

circulaire [siʀkylɛʀ] **I** *adj* Kreis…; (***de forme***) ~ kreisförmig, -rund; ***billet*** *m* ~ Rundreisefahrkarte *f*; ***coup*** *m* ***d'œil ~*** Blick *m* in die Runde; MATH ***fonction*** *f* ~ Winkelfunktion *f*; ***mouvement*** *m* ~ Kreisbewegung *f*; kreisende Bewegung; ***scie*** *f* ~ Kreissäge *f*; ***voyage*** *m* ~ Rundreise *f* **II** *f* Rundschreiben *n*; Umlauf *m*; Zirkular *n*; ADM Runderlass *m*

circulation [siʀkylasjõ] *f* **1** *de véhicules* Verkehr *m*; ***~ automobile*** Auto-, Kraftverkehr *m*; ***libre ~*** Freizügigkeit *f* (***des travailleurs*** *etc* der Arbeitnehmer

C

etc); **~ routière** Straßenverkehr *m*; **~ à droite, à gauche** Rechts-, Linksverkehr *m*; **~ des trains** Zugverkehr *m*; **route** *f*, **voie** *f* **à grande ~** Hauptverkehrsstraße *f*; **il y a beaucoup de ~** es herrscht reger, starker, lebhafter Verkehr; F *fig* **avoir disparu de la ~** *personne* von der Bildfläche, *a chose* spurlos verschwunden sein; **la ~ est difficile** bei diesem Verkehr kommt man schlecht voran; **véhicules** *m/pl* **mis en ~** *après le 1er janvier* ... neu zugelassene Fahrzeuge *n/pl*; *loi, panneaux* **réglementer**, *agent* **régler la ~** den Verkehr regeln **2** PHYSIOL **~ (sanguine, du sang)** (Blut)Kreislauf *m*, (-)Zirkulation *f*; **~ artérielle** arterieller Kreislauf; **troubles** *m/pl* **de la ~** Kreislaufstörungen *f/pl*; **c'est dû à une mauvaise ~** das liegt an der schlechten Durchblutung **3** *d'argent etc* Umlauf *m*; Verkehr *m*; **(libre) ~ des capitaux, des marchandises** (freier) Kapital-, Warenverkehr; **mise** *f* **en ~** *d'argent etc* In-Umlauf-Setzen *n*; In-Umlauf-Bringen *n*; In-Verkehr-Bringen *n*; *de tracts, rumeurs* Verbreiten *n*; **mettre en ~** *argent etc* in Umlauf setzen, bringen; in Verkehr bringen; *tracts, rumeurs* verbreiten; **retirer de la ~** *argent, timbre, produit* aus dem Verkehr ziehen; *billet de banque a* einziehen **4** *de fluides* Fließen *n*; Strömen *n*; Umlauf *m*; Zirkulation *f*; **~ d'air** *a* Luftbewegung *f*

circulatoire [siʀkylatwaʀ] *adj* PHYSIOL Kreislauf...; **appareil** *m* **~** Kreislaufsystem *n*; **troubles** *m/pl* **~s** Kreislaufstörungen *f/pl*

circuler [siʀkyle] *v/i* **1** *véhicules* verkehren; fahren; *piétons* sich bewegen; gehen; *conducteurs* fahren; **circulez!** *ordre*: *aux passants* weitergehen!; *aux conducteurs* weiterfahren!; **~ bien** (im Verkehr) gut vorankommen, vorwärtskommen; **~ lentement** langsam fahren *ou* vorankommen, vorwärtskommen; *police* **faire ~ les badauds** die Schaulustigen zum Weitergehen veranlassen **2** *eau, gaz, sang* fließen; strömen; kreisen; zirkulieren; *air a* sich bewegen; *courant* fließen; TECH *huile* umlaufen **3** *argent, capitaux* im *ou* in Umlauf sein; *argent a, marchandises, lettre etc* zirkulieren; umlaufen; *lettre etc* **faire ~** in Umlauf geben; zirkulieren lassen; weitergeben **4** *nouvelle, bruit* kursieren; umgehen; zirkulieren; sich verbreiten; *impersonnel* **il circule à son sujet ...** man erzählt sich über ihn ...; **faire ~** *nouvelle, bruit* verbreiten; *bruit a* in Umlauf setzen, bringen

circumnavigation [siʀkɔmnavigasjõ] *litt f* (Welt)-Umsegelung *f*; Umschiffung *f*

cire [siʀ] *f* **1** Wachs *n*; *pour parquet* (Bohner)Wachs *n*; **~ d'abeille** Bienenwachs *n*; *loc/adj* **en** *ou* **de ~** Wachs...; wächsern **2** **~ à cacheter** Siegellack *m*; **bâton** *m* **de ~** Siegellackstange *f*; **cachet** *m* **de ~** Wachssiegel *n* **3** **~ perdue** verlorenes Wachsmodell; **moulage** *m* **en ~ perdue** Wachsausschmelzverfahren *n* **4** (*cérumen*) Ohrenschmalz *n*

ciré [siʀe] **I** *adj* **1** *parquet* gebohnert; *meuble* poliert; **chaussures ~es** blank geputzte Schuhe *m/pl* **2** **toile ~e** Wachstuch *n* **II** *m* Seglerjacke *f*; MAR Ölzeug *n*

cirer [siʀe] *v/t parquet* (wachsen und) bohnern, *südd* blocken; *meuble* polieren; **~ les chaussures** die Schuhe wichsen, eincremen, *par ext* (blank) putzen

cireur [siʀœʀ] *m* **~ de chaussures** Schuh-, Stiefelputzer *m*

cireuse [siʀøz] *f* **~ (électrique)** Bohnermaschine *f*

cireux [siʀø] *adj* ⟨**-euse**⟩ *teint* wächsern

cirque [siʀk] *m* **1** Zirkus *m* (*a dans l'Antiquité*); **~ ambulant** Wanderzirkus *m*; **gens** *pl* **du ~** Zirkusleute *pl*, -volk *n* **2** F *fig* **quel ~!** so ein (F Affen)Theater, (-)Zirkus! **3** GÉOL Felsenkessel *m*; Kar *n*; **~ de Gavarnie** Cirque *m* de Gavarnie

cirrhose [siʀoz] *f* MÉD Zirrhose *f*; **~ alcoolique**, F **du foie** Leberzirrhose *f*; F Säuferleber *f*

cirrocumulus [siʀokymylys] *m* ⟨*inv*⟩ MÉTÉO Zirrokumulus *m* **cirrostratus** *m* ⟨*inv*⟩ MÉTÉO Zirrostratus *m*

cirrus [siʀys] *m* MÉTÉO Zirrus(wolke) *m(f)*; Federwolke *f*

cisaille [sizaj] *f*, *a pl* **~s** TECH (große) Schere; Blechschere *f*

cisaillement [sizajmɑ̃] *m* TECH **1** (Zer-, Durch)-Schneiden *n* **2** *usure* Abscherung *f*

cisailler [sizaje] *v/t* TECH (mit der Blechschere, mit dem Schneidegerät) (zer-, durch)schneiden

cisalpin [sizalpɛ̃] *adj* HIST **la Gaule ~e** Gallia cisalpina *f*

ciseau [sizo] *m* ⟨*pl* **~x**⟩ **1** **~x** *pl* Schere *f*; **une paire de ~x** e-e Schere; **~x à ongles, de couturière** Nagel-, Schneiderschere *f*; **~x de chirurgien** chirurgische Schere **2** TECH Meißel *m*; **~ de menuisier** Stechbeitel *m*; Stemmeisen *n*; **tailler au ~** (aus)meißeln; ausstemmen **3** SPORTS **~x** *pl* Schere *f*; **sauter en ~x** e-n Scherensprung machen

ciseler [sizle] *v/t* ⟨**-è-**⟩ **1** *bijou, métal* ziselieren **2** *fig style* ausfeilen **ciseleur** *m* Ziseleur *m*; Ziselierer *m* **ciselure** *f* Ziselierung *f*

Cisjordanie [sisʒɔʀdani] **la ~** das Westjordanland; die Westbank [-bɛŋk]

cistercien [sistɛʀsjɛ̃] ÉGL CATH **I** *adj* ⟨**~ne**⟩ Zisterzienser... **II** *m* Zisterzienser *m*

citadelle [sitadɛl] *f* **1** Zitadelle *f* **2** *fig* Bollwerk *n*; Bastion *f*; Hochburg *f*

citadin [sitadɛ̃] **I** *adj* städtisch; Stadt... **II** *subst* **~(e)** *m(f)* Städter(in) *m(f)*; Stadtbewohner(in) *m(f)*

citation [sitasjõ] *f* **1** (*passage cité*) Zitat *n*; **~ prise dans, tirée de cet ouvrage** diesem Werk entnommenes Zitat; Zitat aus diesem Werk **2** JUR **~ (en justice** *ou* **devant un tribunal)** (Vor)Ladung *f* (vor Gericht) **3** MIL ehrenvolle Erwähnung (**à l'ordre du jour** im Tagesbefehl)

cité [site] *f* **1** (*ville*) Stadt *f* **2** (*vieille ville*) **Cité** City [s-] *f*; Innenstadt *f*; (**Île** *f* **de la**) **Cité** *historischer Stadtkern von Paris auf der Seineinsel* **3** (*immeubles*) (Wohn)Siedlung *f*; **~ ouvrière** Arbeitersiedlung *f*; **~ universitaire** Studentenwohnheim *n*; *plus grand* Studentenstadt *f* **4** ANTIQUITÉ Stadtstaat *m*; *fig* **avoir droit de ~** allgemein anerkannt sein

cité-dortoir [sitedɔʀtwaʀ] *f* ⟨*pl* **cités-dortoirs**⟩ Schlafstadt *f* **cité-jardin** *f* ⟨*pl* **cités-jardins**⟩ Gartenstadt *f*

citer [site] *v/t* **1** *auteur, passage, paroles* zitieren; anführen; (*nommer*) nennen; anführen; angeben; → *a* **exemple** **2** JUR **~ qn (en justice)** j-n (vor)laden; j-n vor Gericht zitieren **3** MIL lobend erwähnen

citerne [sitɛʀn] *f* **1** *d'eau de pluie* Zisterne *f* **2** (*cuve*) Tank *m*; *adjt* → **camion-citerne** *etc*

cithare [sitaʀ] *f* MUS Zither *f*; *dans l'Antiquité* Kithara *f* **cithariste** *m,f* Zitherspieler(in) *m(f)*

citoyen [sitwajɛ̃] *m* **1** (Staats)Bürger *m*; (*ressortis-*

sant) Staatsangehörige(r) *m*; *sous la Révolution* Bürger *m*; ***~ d'honneur*** Ehrenbürger *m*; ***~ du monde*** Weltbürger *m*; *adjt* HIST ***le Roi ~*** der Bürgerkönig; ***accomplir son devoir de ~*** s-e staatsbürgerliche Pflicht, s-e Pflicht als Staatsbürger erfüllen 2 F *fig* ***un drôle de ~*** ein seltsamer, komischer Kauz, F Vogel

citoyenne [sitwajɛn] *f* (Staats)Bürgerin *f*; Staatsangehörige *f*; *sous la Révolution* Bürgerin *f*

citoyenneté [sitwajɛnte] *f* Staatsbürgerschaft *f*, -angehörigkeit *f*

citrate [sitʀat] *m* CHIM Zitrat *ou t/t* Citrat *n*

citrique [sitʀik] *adj* CHIM ***acide m ~*** Zitronensäure *f*

Citroën [sitʀɔɛn] 1 *frz Autohersteller* 2 *voiture* ***une ~*** ein Citroën *m*

citron [sitʀõ] *m* 1 BOT Zitrone *f*; ***glace f au ~*** Zitroneneis *n*; ***thé m (au) ~*** Tee *m* mit Zitrone; ***jus m de ~*** Zitronensaft *m*; ***jaune comme un ~*** zitronengelb; *adjt* (***jaune***) ***~*** ⟨*inv*⟩ zitronengelb, -farben; *fig* ***presser qn comme un ~*** j-n wie e-e Zitrone auspressen 2 F (*tête*) F Schädel *m*; Dez *m*

citronnade [sitʀɔnad] *f* Zitronenwasser *n*, -getränk *n*, -saft *m*

citronné [sitʀɔne] *adj* **a)** mit Zitrone; **b)** nach Zitrone duftend; ***odeur ~e*** Zitronenduft *m*

citronnelle [sitʀɔnɛl] *f* BOT Zitronenkraut *n*

citronnier [sitʀɔnje] *m* 1 BOT Zitronenbaum *m* 2 (***bois*** *m* ***de***) ***~*** Zitronenholz *n*

citrouille [sitʀuj] *f* 1 BOT Gartenkürbis *m* 2 F *fig* dicker Kopf; F Kürbis *m*

civet [sivɛ] *m* CUIS ***~ de lapin*** *ou* ***lapin m en ~, ~ de lièvre*** Kaninchen-, Hasenpfeffer *m*

civette [sivɛt] *f* 1 **a)** ZO Zibetkatze *f*; **b)** *musc* Zibet *m* 2 BOT Schnittlauch *m*

civière [sivjɛʀ] *f* (Trag)Bahre *f*; Trage *f*

civil [sivil] I *adj* 1 JUR Zivil…; zivilrechtlich; bürgerlich; ***code ~*** Bürgerliches Gesetzbuch (*abr* BGB); ***droit ~*** bürgerliches Recht; Zivilrecht *n*; ***responsabilité ~e*** Haftpflicht *f*; zivilrechtliche Haftung; ***se constituer partie ~e*** als Nebenkläger auftreten 2 (*des citoyens*) Bürger…; ***droits ~s*** bürgerliche Rechte *n/pl*; ***jouissance f des droits ~s*** Rechtsfähigkeit *f*; ***état ~*** Familien-, Personenstand *m*; (***bureau m de l'***) ***état ~*** Standesamt *n*; ***guerre ~e*** Bürgerkrieg *m* 3 (*non militaire*) zivil; Zivil…; ***autorités ~es*** Zivilbehörden *f/pl*; ***protection ~e*** Luft-, Zivilschutz *m*; ***vie ~e*** Zivilleben *n* 4 (*non religieux*) nicht kirchlich; ***enterrement ~*** nicht kirchliches Begräbnis; ***mariage ~*** standesamtliche Trauung; Ziviltrauung *f*, -ehe *f* 5 ADM ***année ~e*** bürgerliches Jahr; Kalenderjahr *n* 6 *litt* ***être, se montrer fort ~ à l'égard de qn*** j-m gegenüber sehr korrekt, höflich sein II *m* **a)** *personne* Zivilist *m*; **b)** ***en ~*** in Zivil (-kleidung); ***être en ~*** in Zivil sein; Zivil(kleidung) tragen; **c)** ***dans le ~*** im Zivilleben

civilement [sivilmɑ̃] *adv* 1 nicht kirchlich; ***être enterré ~*** nichtkirchlich beerdigt werden; ***se marier ~*** sich standesamtlich trauen lassen 2 JUR zivilrechtlich; ***être ~ responsable*** haftpflichtig sein; zivilrechtlich haften

civilisateur [sivilizatœʀ] *adj* ⟨**-trice**⟩ zivilisatorisch; zivilisierend

civilisation [sivilizasjõ] *f* 1 (*progrès*) Zivilisation *f*; Kultur *f*; Gesittung *f*; ***degré m de ~*** Kulturstufe *f* 2 (*culture*) Kultur *f*; ***~ chinoise, occidentale*** chinesische, westliche *ou* abendländische Kultur; ***aire f de ~*** Kulturraum *m* 3 *action* Zivilisierung *f*

civilisé [sivilize] *adj* zivilisiert; Kultur…; gesittet

civiliser [sivilize] I *v/t* 1 zivilisieren; ***~ un peuple, un pays*** ein Volk, ein Land zivilisieren 2 ***~ qn*** j-m Schliff beibringen; j-n zivilisieren II *v/pr* ***se ~*** sich (*dat*) Schliff aneignen; zivilisierter werden

civilité [sivilite] *f litt* 1 Korrektheit *f*; Höflichkeit *f*; ***avec ~*** korrekt; höflich 2 ***~s*** *pl* Höflichkeitsbezeigungen *f/pl*; ***présenter ses ~s à qn*** j-m s-e Ehrerbietung bezeugen

civique [sivik] *adj* (staats)bürgerlich; ***courage m ~*** Zivilcourage *f*; ***droits m/pl ~s*** bürgerliche Ehrenrechte *n/pl*; ÉCOLE ***instruction f ~*** Staatsbürgerkunde *f*; ***sens m ~*** Bürgersinn *m*; staatsbürgerliche Gesinnung

civisme [sivism] *m* Bürgersinn *m*; staatsbürgerliche Gesinnung

clabauder [klabode] *v/i* ***~ sur, contre qn*** j-n schlechtmachen, verlästern

claboter [klabɔte] *v/i arg* (*mourir*) P abkratzen; abschrammen

clac [klak] *int* klack(s)!; klapp!

clafoutis [klafuti] *m* CUIS Kirsch- *ou* Backpflaumenpudding *m*

claie [klɛ] *f* (Gitter)Rost *m*; *pour fruits* Horde *f*

clair [klɛʀ] I *adj* 1 *pièce, flamme, lumière, couleur, étoffe, cheveux etc* hell; *eau, ruisseau, ciel etc* klar; *vitres* blank; sauber; ***bleu, brun*** *etc* ***~*** ⟨*inv*⟩ hellblau, -braun *etc*; ***regard ~*** klarer, offener Blick; ***son ~*** heller, klarer Ton; ***teint ~*** heller Teint; ***voix f au timbre ~*** helle, klare Stimme; *parler* ***d'une voix ~e*** mit klarer Stimme; ***par temps ~*** bei klarem Wetter; ***rincer à l'eau ~e*** mit klarem Wasser (nach)spülen 2 *fig* (*sans équivoque*) klar; eindeutig; (*compréhensible*) (leicht) verständlich; (*évident*) einleuchtend; ***~ et net*** klar (und deutlich); ***opposer un refus ~ et net à qn*** j-m e-e klare, eindeutige Absage erteilen; (es) rundweg, schlankweg ablehnen; ***~ comme le jour, comme de l'eau de roche*** sonnenklar; ***j'aime les situations ~es*** ich mag klare Verhältnisse; ***avoir les idées ~es*** klar, logisch denken; ***il a l'esprit ~, c'est un esprit ~*** er hat e-n klaren, logischen Verstand, e-n klaren Kopf; ***c'est ~*** (*évident*) das ist (ganz) klar; das leuchtet ein, ist einleuchtend; (*entendu*) das ist klar, selbstverständlich; ***il est ~ que …*** es ist klar, dass …; ***l'affaire n'est pas ~e*** die Sache ist nicht (ganz, recht) klar; F ***son affaire est ~e*** sein Fall ist klar (*s-r Strafe entkommt er nicht*) 3 (*peu épais*) *purée, sauce, toile usée* (zu) dünn II *adv* ***il fait*** (***déjà***) ***~*** es ist (schon) hell, Tag; *fig* ***parler ~*** sich klar (und deutlich), unmissverständlich ausdrücken; ***voir ~*** gut, genug sehen; *fig* ***y voir ~*** klarsehen; ***on ne*** *ou* ***n'y voit pas ~*** man sieht hier nicht genug *ou* nichts; F ***tu ne vois pas ~*** du siehst wohl schlecht; F es beißt dich gleich; *fig*: ***je vois ~ dans son jeu*** ich durchschaue ihn, sein Spiel; ***on commence à y voir*** (***plus***) ***~*** jetzt sieht man allmählich klar(er); ***j'ai fini par voir ~*** schließlich sah ich klar, wusste ich Bescheid III *m* 1 ***~ de lune*** Mondschein *m*; *poét* Mondenschein *m*; ***au ~ de lune*** im, bei Mondschein; ***il y a*** *ou* ***il fait*** (***un beau***) ***~ de lune*** der Mond scheint (hell); es ist (heller) Mondschein 2 *loc/adv*: ***mettre ses notes au ~*** s-e Notizen in Ordnung bringen; ***mettre sabre au ~*** blankziehen;

C

tirer qc au **~** etw (auf)klären, klarstellen; Klarheit in etw (*acc*) bringen; *message* ***en*** **~** unverschlüsselt; nicht chiffriert; im Klartext; ***en*** **~**, *il ne veut pas* F im Klartext, auf gut Deutsch …; ***se détacher en*** **~** ***sur*** *un fond sombre* sich hell abheben gegen …; ***s'habiller en*** **~** helle Kleidung tragen **3** PEINT **~*s*** *pl* Lichter *n/pl* **4** ***le plus*** **~** ***de*** der größte Teil von (*ou* +*gén*); ***passer le plus*** **~** ***de son temps à*** (+*inf*) den größten Teil s-r Zeit, e-n Großteil s-r Zeit, die meiste Zeit damit verbringen zu (+*inf*)

Claire [klɛʀ] *f Vorname*

claire [klɛʀ] *f* Austernbecken *n*; ***fines*** *f/pl* ***de*** **~** *ou pl* **~*s*** Austern *f/pl* aus der Charente

clairement [klɛʀmɑ̃] *adv* klar; deutlich; ***expliquer*** **~** klar darlegen; deutlich erklären

clairet [klɛʀɛ] *adj* ⟨**~te**⟩ ***vin*** **~** leichter, heller Rotwein; Bleichert *m*

clairette [klɛʀɛt] *f vin* leichter (weißer) Schaumwein

claire-voie [klɛʀvwa] *f* ⟨*pl* **claires-voies**⟩ **1** *clôture* Latten-, Staketenzaun *m* **2** *loc/adj* ***à*** **~** mit Zwischenräumen; ***caisse*** *f* ***à*** **~** Lattenkiste *f*; ***porte*** *f* ***à*** **~** Latten-, Gittertür *f*; ***volet*** *m* ***à*** **~** Fensterladen *m* mit Lamellen

clairière [klɛʀjɛʀ] *f* (Wald)Lichtung *f*

clair-obscur [klɛʀɔpskyʀ] *m* ⟨*pl* **clairs-obscurs**⟩ **1** PEINT Helldunkel *n*; Clair-obscur *n* **2** *poét* (*pénombre*) Halbdunkel *n*; Dämmerschein *m*, -licht *n*

clairon [klɛʀõ] *m* MUS **1** Clairon *n*; Signalhorn *n*; ***sonnerie*** *f* ***de*** **~** Hornsignal *n*; ***sonner du*** **~** das (Signal)Horn blasen **2** *musicien* Claironbläser *m*

claironnant [klɛʀɔnɑ̃] *adj* ***voix*** **~*e*** schmetternde, durchdringende Stimme

claironner [klɛʀɔne] *v/t* **~** ***une nouvelle, un succès*** eine Neuigkeit, einen Erfolg ausposaunen, austrompeten

clairsemé [klɛʀsəme] *adj* dünn gesät; ***applaudissements*** **~*s*** spärlicher Applaus; ***arbres*** **~*s*** spärlicher Baumbestand; ***auditoire*** **~** wenige Zuhörer *m/pl*; spärliches Publikum; ***cheveux*** **~*s*** schütteres, lichtes Haar

clairvoyance [klɛʀvwajɑ̃s] *f* Scharf-, Klar-, Weitblick *m*; Klarsicht *f* **clairvoyant** *adj* klar-, weitblickend; scharfsinnig, -sichtig

clam [klam] *m* zo Venusmuschel *f*

clamecer [klamse] *v/i* ⟨**-ç-**⟩ → ***clamser***

clamer [klame] *v/t* hinausschreien; **~** ***son innocence*** s-e Unschuld hinausschreien, lauthals beteuern; **~** ***son indignation*** s-r Empörung (*dat*) lautstark Ausdruck geben

clameur [klamœʀ] *f* **1** Geschrei *n*; Gebrüll *n*; Schreien *n*; Brüllen *n* **2** *st/s dans la presse* lautstarker Protest; Geschrei *n*

clamser [klamse] *v/i arg* (*mourir*) P krepieren; abkratzen; abschrammen

clan [klɑ̃] *m* **1** *en Écosse, Irlande* Clan *m* **2** *des scouts* Gruppe *f* der 17- bis 25-jährigen; Rovers *m/pl* **3** *fig* Clique *f*; Clan *m*; *péj* Klüngel *m*; Sippschaft *f*; ***esprit*** *m* ***de*** **~** Cliquengeist *m*; ***passer dans le*** **~** ***de l'opposition*** ins gegnerische Lager überlaufen, -wechseln

clandestin [klɑ̃dɛstɛ̃] **I** *adj* heimlich; geheim; verborgen; *journal* heimlich gedruckt, erscheinend; ***émetteur*** **~** Schwarz-, Geheimsender *m*; ***mouvement*** **~** Untergrundbewegung *f*; ***passager*** **~** blinder Passagier; ADM ***travail*** **~** Schwarzarbeit *f*; ***mener une vie*** **~*e*** im Untergrund leben **II** *m* **1** *passager* blinder Passagier **2** *travailleur* illegal eingereister Arbeiter *ou* Arbeiter *m* ohne Arbeitsgenehmigung

clandestinement [klɑ̃dɛstinmɑ̃] *adv* heimlich; im Geheimen; insgeheim

clandestinité [klɑ̃dɛstinite] *f* Heimlichkeit *f*; Verborgenheit *f*; ***vivre dans la*** **~** im Untergrund leben; untergetaucht sein

clapet [klapɛ] *m* **1** TECH Ventil *n*; Klappe *f* **2** F *fig* ***quel*** **~*!*** was für ein Mundwerk!; ***ferme ton*** **~*!*** F halt die Klappe!

clapier [klapje] *m* Kaninchenstall *m*

clapir [klapiʀ] *v/i lapin* klagen; pfeifen

clapoter [klapɔte] *v/i* plätschern

clapotis [klapɔti] *m* Plätschern *n*

clappement [klapmɑ̃] *m* Schnalzen *n* (*mit der Zunge*); Schnalzer *m*

clapper [klape] *v/i* **~** (***de la langue***) mit der Zunge schnalzen

claquage [klakaʒ] *m* **1** **~** ***d'un muscle*** Muskelzerrung *f* **2** ÉLECT Durchschlag *m*

claquant [klakɑ̃] *adj* F (*fatigant*) sehr ermüdend; ***c'est*** **~** F das macht einen (fix und) fertig; das schlaucht einen

claque[1] [klak] *f* **1** (*gifle*) Ohrfeige *f*; (*tape*) Schlag *m* mit der flachen Hand; *péj* ***tête*** *f* ***à*** **~*s*** Ohrfeigen-, Backpfeifengesicht *n*; ***donner une*** **~** ***à qn*** *a* j-n ohrfeigen; ***donner une grande*** **~** ***dans le dos à qn*** j-m auf den Rücken klopfen; → *a* ***gifle*** **2** THÉ Claque *f* **3** F ***j'en ai ma*** **~** mir reicht's; F ich hab die Nase voll

claque[2] [klak] *adj* ***chapeau*** *m* **~** Klappzylinder *m*; Chapeau claque *m*

claqué [klake] *adj* F ***être*** **~** F total hin sein, erledigt sein; (fix und) fertig, völlig erschossen sein

claquement [klakmɑ̃] *m d'un fouet* Knallen *n*; *d'une porte* Zuschlagen *n*; **~** ***de dents*** Zähneklappern *n*; **~** ***de doigts*** Schnalzen *n*, Schnalzer *m* mit den Fingern; **~** ***de langue*** Schnalzen *n* mit der Zunge

claquemurer [klakmyʀe] *v/pr* ***se*** **~** *ou adjt* ***être, rester claquemuré*** sich einschließen; sich verkriechen

claquer [klake] **I** *v/t* **1** *porte etc* zuschlagen; F zuknallen; *fig* ***partir en claquant la porte*** wütend die Tür hinter sich (*dat*) zuschlagen **2** F *argent, héritage* durchbringen; F auf den Kopf hauen; verjubeln; verjuxen **3** F **a)** **~** ***un cheval*** ein Pferd zuschanden reiten; **b)** ***ce travail m'a claqué*** F ich bin fix und fertig, total erledigt, hin (von dieser Arbeit); diese Arbeit hat mich geschlaucht **II** *v/i* **1** *drapeau, linge, voile* knattern (***au vent*** im Wind); *porte* zuschlagen; *volet* (zu)schlagen; *fouet, coup de feu* knallen; *talons sur le sol* klappern; ÉLECT *résistance* durchschlagen; ***un coup de feu claqua*** *a* es fiel ein Schuss; **~** ***des dents*** mit den Zähnen klappern; ***faire*** **~** ***ses doigts, sa langue*** mit den Fingern, mit der Zunge schnalzen; ***faire*** **~** ***son fouet*** mit der Peitsche knallen **2** F **a)** (*mourir*) F ins Gras beißen; P abkratzen; abschrammen; **b)** ***l'affaire lui a claqué dans la main*** F die Sache ist schiefgegangen, danebengegangen, in die Hose gegangen **III** *v/pr* **1** F ***se*** **~** (***pour qc, à faire qc***) sich abmühen, sich abrackern, sich schinden, F schuften (für etw, um etw zu tun) **2** ***se*** **~** ***un muscle*** sich (*dat*) e-n Muskel zerren; sich (*dat*) e-e Muskelzerrung zuziehen

claqueter [klakte] *v/i* ⟨**-tt-**⟩ *cigogne* klappern

claquette [klakɛt] *f* 1 CIN Klappe *f* 2 **~s** *pl* Stepp(-tanz) *m*; **danseur** *m* **à ~s** Stepptänzer *m* 3 *sandale* Pantolette *f*
Clarens [klaʀɑ̃] *Ort in der Schweiz*
clarification [klaʀifikasjõ] *f d'une situation etc* Klärung *f*; Aufhellung *f*
clarifier [klaʀifje] *v/t* 1 *liquide* (ab)klären 2 *fig* klären; aufhellen; **~ une question, une situation** eine Frage, eine Situation klären
clarine [klaʀin] *f* Glocke *f*; Schelle *f*
clarinette [klaʀinɛt] *f* Klarinette *f* **clarinettiste** *m,f* Klarinettist(in) *m(f)*
clarisse [klaʀis] *f* ÉGL CATH Klarisse *f*, -rissin *f*
Clarisse [klaʀis] *f Vorname*
clarté [klaʀte] *f* 1 (*luminosité*) Licht(schein) *n(m)*; Helle *f*; Helligkeit *f*; **faible ~** schwaches Licht; schwacher Lichtschimmer; **~ du jour** Tageslicht *n*, -helle *f*; **~ de la lune** Mondlicht *n* 2 *de l'eau, du ciel etc* Klarheit *f*; *du teint* Frische *f* 3 *fig du style, de la langue, d'un exposé* Klarheit *f*; *d'un orateur* klare Ausdrucksweise; **s'exprimer avec ~** sich klar ausdrücken 4 *litt* **~s** *pl* **sur qc** Wissen *n* über etw (*acc*); Kenntnisse *f/pl* über etw (*acc*), von etw
classe [klɑs] *f* 1 Klasse *f*; Schicht *f*; **~s** *pl* Stand *m*; **~s moyennes** Mittelstand *m*; **~ ouvrière** Arbeiterklasse *f*; **~ sociale** soziale Klasse; **société** *f* **sans ~s** klassenlose Gesellschaft 2 ÉCOLE **a)** Klasse *f*; **petites ~s, ~s supérieures** *ou* **grandes ~s** untere, obere Klassen im Gymnasium; **~ de sixième** erste Klasse im Gymnasium; Sexta *f*; **camarade** *m,f* **de ~** Klassenkamerad(in) *m(f)*; Mitschüler(in) *m(f)*; **rentrée** *f* **des ~s** Schulbeginn *m*, -anfang *m*; (**salle** *f* **de**) **~** Klasse(nzimmer) *f(n)*; **b)** (*cours*) Schule *f*; Unterricht *m*; **~ verte** Landschulheim *n*; Schullandheim *n*; **~ d'histoire** Geschichtsstunde *f*, -unterricht *m*; **~ de neige** Skilager *n*; **livres** *m/pl* **de ~** Schulbücher *n/pl*; *loc/adv* **en ~** in der *ou* die Schule; im Unterricht; **aller en ~** in die, zur Schule gehen; **être en ~** in der Schule sein; **entre les heures de ~** zwischen den Unterrichtsstunden; **faire la ~** unterrichten; Schule halten; Unterricht geben, erteilen 3 CH DE FER, MAR, AVIAT, ENTERREMENT Klasse *f*; **~ affaires** Businessclass ['bɪznɪs-] *f*; **deuxième ~** zweite Klasse; **billet** *m* **de deuxième ~** Fahrkarte *f* zweiter Klasse; **compartiment** *m* **de deuxième ~** Zweite(r)-Klasse-Abteil *n*; **première ~** erste Klasse; **voyager en première ~** erster Klasse reisen, fahren; **~ touriste** Touristenklasse *f* 4 *fig* (*distinction*) Klasse *f*; Rang *m*; Format *n*; *loc/adj*: **de grande ~, d'une ~ exceptionnelle** hervorragend; von Format; ersten Ranges; von hohem Rang; **de ~ internationale** von internationalem Rang; der internationalen Klasse; **de première ~** ersten Ranges; erstklassig; erster Klasse; **avoir de la ~** hervorragend, erstklassig sein; Format haben; große Klasse sein; *femme a* apart sein; **ils n'ont pas la même ~** sie gehören nicht der gleichen Kategorie an; sie sind von verschiedenem Format; **il est d'une toute autre ~** er ist um einige Klassen besser; er hat wesentlich mehr Format 5 (*catégorie*) Klasse *f* (*a* BOT, ZO); Kategorie *f*; Gruppe *f*; Art *f*; **~ d'âge** Altersgruppe *f*, -klasse *f* 6 MIL **a)** **soldat** *m* **de deuxième ~** *ou subst m* **deuxième ~** Grenadier *m*; **b)** *coll* Jahrgang *m*; **~ (de) 1994** Jahrgang 1974 (*in Frankreich wird das Jahr der Wehrdienstpflicht, in Deutschland das Geburtsjahr genannt*); F **être bon pour la ~** (militärdienst)tauglich sein; **être de la ~** den Militärdienst bald beendet haben; F Ausscheider sein; **c)** **faire ses ~s** die Grundausbildung erhalten
classement [klasmɑ̃] *m* 1 Einteilung *f*; (An-, Ein-)Ordnen *n*, -ung *f*; Sortieren *n*, -ung *f*; Einstufung *f*; Eingruppierung *f*; Klassifizierung *f*; **~ alphabétique** alphabetische Einteilung, (An-, Ein)Ordnung 2 ÉCOLE, SPORTS (Be)Wertung *f*; FOOTBALL *a* Tabelle *f*; SPORTS **~ par équipes** Mannschaftswertung *f*; **au ~ de fin d'année** bei der Bewertung, nach den Zeugnissen am Schuljahrsschluss; **avoir un bon ~** zu den Besten gehören; **être premier au ~** an erster Stelle stehen; den ersten Platz einnehmen 3 *fig* **~ d'une affaire** Abschluss *m* e-r Angelegenheit 4 ADM **~ comme monument historique** Inventarisation *f*; Eintragung *f* in die Denkmalliste
classer [klɑse] **I** *v/t* 1 (*ranger*) (an-, ein)ordnen; sortieren; einstufen; einreihen; eingruppieren; *a* BOT, ZO einteilen; klassifizieren; in Klassen einteilen; *documents* ablegen; **~ qc dans une catégorie** etw e-r Kategorie (*dat*) zuordnen; **~ par auteurs, par ordre chronologique** nach Autoren, chronologisch ordnen 2 (*clore*) *dossier* schließen; *affaire* ad acta, zu den Akten legen; die Akten schließen über (+*acc*); *adjt* **affaire classée** abgeschlossene Sache, Angelegenheit 3 F *péj* **~ qn** j-n abschätzig beurteilen; **je l'ai tout de suite classé** ich habe ihn sofort durchschaut, richtig taxiert; F für mich war er sofort erledigt; **il est classé** jeder weiß, was er von ihm zu halten hat 4 ADM **~ (comme) monument historique** unter Denkmalschutz stellen; **être classé (comme) monument historique** unter Denkmalschutz stehen; **~ (comme) site protégé** zum Landschaftsschutzgebiet erklären; *adjt*: **monument classé** unter Denkmalschutz stehendes Bauwerk; **site classé** Natur- *ou* Kulturdenkmal *n* **II** *v/pr* **se ~ au nombre des ..., parmi les ...** zu den ... gehören, zählen; **se ~ dans une catégorie** unter e-e Kategorie fallen; **se ~ premier** der Beste, Erste sein; als Bester hervorgehen; SPORTS *a* sich als Erster platzieren
classeur [klɑsœʀ] *m* 1 *en carton* Ordner *m* 2 *meuble* Aktenschrank *m*; Ablagekasten *m*
classicisme [klasisism] *m* 1 LITTÉRATURE, ANTIQUITÉ Klassik *f*; ARCH, BEAUX-ARTS Klassizismus *m* 2 *qualité* Klassik *f*; Klassische(s) *n*
classification [klasifikasjõ] *f* Klassifizierung *f*; Einteilung *f* (in Klassen); CHIM **~ périodique des éléments** periodisches System, Periodensystem *n* (der Elemente)
classifier [klasifje] *v/t* (in Klassen) einteilen; klassifizieren
classique [klasik] **I** *adj* 1 *littérature, Antiquité* klassisch; **arabe** *m* **~** Schriftarabisch *n*; arabische Schriftsprache; **architecture** *f* **~** klassizistische Architektur; **auteur** *m* **~** Klassiker *m*; klassischer Autor; **langues** *f/pl* **~s** klassische Sprachen *f/pl*; **lycée** *m* **~** humanistisches Gymnasium; **musique** *f* **~** klassische Musik; **peinture** *f* **~** klassizistische Malerei; **style** *m* **~** klassizistischer Stil; **faire des études ~s** das humanistische Gymnasium besuchen; → *a* **lettre** *4* 2 *fig* (*courant*) klassisch; herkömmlich; traditionell; konventionell; typisch; Schul...; **armes** *f/pl*

C

~s konventionelle Waffen *f/pl*; SPORTS ***épreuve*** *f* **~** *ou subst* **~** *f* traditioneller Wettkampf; traditionelles Rennen; ***c'est*** **~** *ou* F ***c'est le coup*** **~** das ist ganz typisch (dafür); das ist immer so (in solchen Fällen) **3** *fig* (*qui fait autorité*) klassisch; mustergültig; *coupe vestimentaire* klassisch (streng); ***beauté*** *f* **~** klassische Schönheit **II** *m auteur, œuvre* Klassiker *m*; ***un*** **~** ***du cinéma*** ein Klassiker des Films; ***un*** **~** ***du jazz*** ein Stück *n* des klassischen Jazz

Claude [klod] *m,f Vorname*

claudication [klodikasjõ] *f* Hinken *n*

Claudine [klodin] *f Vorname*

clause [kloz] *f* Klausel *f*; Bestimmung *f*; ÉCON **~** ***de la nation la plus favorisée*** Meistbegünstigungsklausel *f*; **~** ***de style*** übliche Formel; Floskel *f*

claustral [klostʀal] *adj* ⟨**-aux**⟩ klösterlich; Kloster…; *fig* ***silence*** **~** klösterliche Stille

claustration [klostʀasjõ] *f* Abgeschlossenheit *f*; Abgeschiedenheit *f*; Zurückgezogenheit *f*; Klausur *f*

claustrer [klostʀe] *v/pr* ***se*** **~** *ou adjt* ***être, rester claustré*** (***chez soi***) sich ganz zurückziehen; sich zu Hause verkriechen; sich abkapseln

claustrophobe [klostʀofɔb] *adj* an Klaustrophobie, Platzangst leidend **claustrophobie** *f* Klaustrophobie *f*; F Platzangst *f*

claveau [klavo] *m* ⟨*pl* **~x**⟩ ARCH Bogenstein *m*

clavecin [klavsɛ̃] *m* MUS Cembalo ['tʃ-] *n*

clavette [klavɛt] *f* TECH (Einlege-, Treib)Keil *m*

clavicule [klavikyl] *f* ANAT Schlüsselbein *n*

clavier [klavje] *m d'un piano etc* Klaviatur *f*; *d'une machine à écrire etc* Tastatur *f*; Tastenfeld *n*

claviste [klavist] *m,f* TYPO Taster(in) *m(f)*

clayette [klɛjɛt] *f d'un réfrigérateur* Traggitter *n*, -rost *m*

clayonnage [klɛjɔnaʒ] *m* TECH Flechtwerk *n*

clé [kle] *f* **1** *d'une serrure* Schlüssel *m*; ***fausse*** **~** Nachschlüssel *m*; AUTO **~** ***de contact*** Zündschlüssel *m*; **~** ***de la porte*** Türschlüssel *m*; **~** ***de voiture*** Wagen-, Autoschlüssel *m*; *loc/adv*: ***fermer à*** **~** ab-, zuschließen, -sperren; verschließen; *maison etc* **~*s en main*** schlüsselfertig; ***sous*** **~** unter Verschluss; eingesperrt; ***garder sous*** **~** unter Verschluss halten, aufbewahren; ***mettre sous*** **~** weg-, einschließen; ***la*** **~** ***est sur la porte, dans la serrure*** der Schlüssel steckt; ***laisser la*** **~** ***sur la porte*** den Schlüssel stecken lassen; *fig* ***mettre la*** **~** ***sous la porte*** sang- und klanglos verschwinden; *fig* ***prendre la*** **~** ***des champs*** das Weite suchen **2** TECH (Schrauben)-Schlüssel *m*; *de poêle* (Zug)Klappe *f*; *de robinet* Küken *n*; **~** ***Allen*** [alɛn] Inbusschlüssel *m*; **~** ***anglaise*** Engländer *m*; Franzose *m*; **~** ***plate*** Gabelschlüssel *m*; **~** ***polygonale*** Ringschlüssel *m*; **~** ***à molette*** Rollgabelschlüssel *m* **3** *fig* Schlüssel *m* (***de qc*** zu etw); ***la*** **~** ***de l'énigme*** des Rätsels Lösung *f*; **~** ***du mystère, du succès*** Schlüssel zum Geheimnis, zum Erfolg; ***roman*** *m* ***à*** **~(*s*)** Schlüsselroman *m*; ***c'est la*** **~** ***du problème*** das ist die Lösung; ♦ *adjt* Schlüssel…; entscheidend; wesentlich; wichtigste(r, -s); ***élément*** *m* **~** wichtigster, wesentlicher, entscheidender Faktor; ***idée*** *f*, ***mot*** *m*, ***notion*** *f* **~** Schlüsselbegriff *m*; ***industrie*** *f* **~** Schlüsselindustrie *f*; ***personnage*** *m* **~** Schlüsselfigur *f*; ***position*** *f* **~** Schlüsselstellung *f* (*a* MIL), -position *f*; ***poste*** *m* **~** Schlüsselposition *f*, -posten *m*; ***problème*** *m*, ***question*** *f* **~** Schlüssel-, Hauptproblem *n*; Kernfrage *f*; ***rôle*** *m* **~** Schlüsselrolle *f* **4** MUS (Noten)Schlüssel *m*; **~** ***de fa*** F-Schlüssel *m*; Bassschlüssel *m*; **~** ***de sol*** G-Schlüssel *m*; Violinschlüssel *m*; ***il y a un bémol à la*** **~** ein B ist vorgezeichnet; *fig récompense, résultat* ***à la*** **~** in Aussicht **5** **~** ***de voûte*** ARCH Schlussstein *m*; *fig* Grundlage *f*; grundlegende Voraussetzung **6** LUTTE Hebel *m*

clébard [klebaʀ] *m* F Köter *m*; *nordd a* Töle *f*

clebs [klɛps] *m* F Köter *m*; *nordd a* Töle *f*

clef [kle] *f* → ***clé***

clématite [klematit] *f* BOT Klematis *ou* Clematis *f*; Waldrebe *f*

clémence [klemɑ̃s] *f st/s* **1** Milde *f*; Gnade *f*; ***faire preuve, user de*** **~** Milde walten lassen; Gnade vor Recht ergehen lassen **2** *fig de l'hiver* Milde *f*; **~** ***du temps*** milde Witterung

Clemenceau [klemɑ̃so] ***Georges*** **~** *frz Politiker*

clément [klemɑ̃] *adj* **1** *juge, jugement* mild(e); gnädig **2** *fig* mild(e); ***hiver*** **~** milder Winter; ***température*** **~*e*** milde Temperatur

Clément [klemɑ̃] *m Vorname*

clémentine [klemɑ̃tin] *f* BOT Klementine *ou* Clementine *f*

Clémentine [klemɑ̃tin] *f Vorname*

clémentinier [klemɑ̃tinje] *m* BOT Klementinen- *ou* Clementinenbaum *m*

clenche [klɑ̃ʃ] *ou* **clenchette** *f* TECH Falle *f*

Cléopâtre [kleɔpatʀ] *f* HIST Kleopatra *f*

clepsydre [klɛpsidʀ] *f* HIST Wasseruhr *f*

cleptomane, **cleptomanie** → ***kleptomane***, ***kleptomanie***

clerc [klɛʀ] *m* **1** *de notaire, d'huissier* Gehilfe *m*; Kanzlist *m*; Schreiber *m*; ***premier*** **~** Leiter *m* der Kanzlei; **~** ***de notaire*** Notariatsgehilfe *m*; *fig*: ***commettre un pas de*** **~** e-n Bock schießen; ***je ne suis pas*** (***grand***) **~** ***en la matière*** ich bin darin nicht sehr bewandert; ***pas besoin d'être grand*** **~** man braucht kein großes Kirchenlicht zu sein (***pour*** *+inf* um zu *+inf*) **2** ÉGL Kleriker *m*; Geistliche(r) *m*

clergé [klɛʀʒe] *m* Klerus *m*; Geistlichkeit *f*

clergyman [klɛʀʒiman] *m* ⟨*pl* **clergy- men** [-mɛn]⟩ anglikanische(r) Geistliche(r) *m*

clérical [kleʀikal] *adj* ⟨**-aux**⟩ **1** ÉGL geistlich; klerikal **2** POL *et péj* klerikal; klerikalistisch

cléricalisme [kleʀikalism] *m* POL *et péj* Klerikalismus *m*

Clermont-Ferrand [klɛʀmõfɛʀɑ̃] *Stadt im Dep. Puy-de-Dôme*

Clèves [klɛv] GÉOGR Kleve *n*

clic [klik] **I** *int* klick! **II** *m* **1** Klicken *n* **2** INFORM **~** (***de la souris***) Mausklick *m*; ***en un*** **~** ***de souris*** per Mausklick; ***double*** **~** Doppelklick *m*

clic-clac [klikklak] *m* ⟨*inv*⟩ Schlaf-, Bettcouch *f*

cliché [kliʃe] *m* **1** TYPO Klischee *n*; Druckplatte *f*; Stereo(typie) *n(f)* **2** PHOT Negativ *n* **3** *fig* Klischee *n*; Gemeinplatz *m*

clicheur [kliʃœʀ] *m* TYPO Stereotypeur *m*

client [klijɑ̃] *m*, **cliente** *f d'un magasin* Kunde *m*, Kundin *f*; *attitré* Stammkunde *m*; *d'un taxi* Fahrgast *m*; Kunde *m*; *d'un hôtel, restaurant, café* Gast *m*; *d'un médecin* Patient(in) *m(f)*; *d'un avocat* Klient(in) *m(f)*; Mandant(in) *m(f)*; ÉCON *d'un pays* Abnehmer *m*; *prix* ***à la tête du client*** je nachdem wie der Kunde eingeschätzt wird; ***attendre le client***

wenig *ou* kaum Kunden, Patienten *etc* haben; ***il est client de*** *ou* ***dans ce magasin, de*** *ou* ***chez ce coiffeur*** er ist Kunde in diesem Geschäft, bei diesem Friseur; ***se faire un nouveau client*** e-n neuen Kunden gewinnen

clientèle [klijɑ̃tɛl] *f d'un commerçant* Kunden(-kreis) *m/pl(m)*; Kundschaft *f*; *d'un hôtel, café* Gäste *m/pl*; *d'un médecin* Patienten *m/pl*; *d'un avocat* Klientel *f*; *fig* ***~ électorale*** Wähler *m/pl*; Anhänger *m/pl*; ***~ établie*** fester Kundenkreis; Kundenstamm *m*; ***~ d'habitués*** Stammkundschaft *f ou* -gäste *m/pl*; ***~ de passage*** Laufkundschaft *f*; ***avoir une grosse ~*** *commerçant* e-e große Kundschaft, viele (Stamm)Kunden haben; *hôtel etc* viele (Stamm)Gäste haben; *médecin, avocat* e-e große Praxis haben

clignement [kliɲmɑ̃] *m* ***~ d'yeux*** Blinzeln *n*; (Augen)Zwinkern *n*; Zusammenkneifen *n* der Augen

cligner [kliɲe] *v/t/indir* ***~ des yeux*** *rapidement* (mit den Augen) blinzeln; (*fermer à demi*) die Augen zusammenkneifen; *pour faire signe* ***~ de l'œil*** mit den Augen zwinkern; ***~ de l'œil à qn*** j-m zublinzeln, zuzwinkern

clignotant [kliɲɔtɑ̃] **I** *adj* ***feu ~*** Blinklicht(anlage) *n(f)* **II** *m* **1** AUTO Blinker *m*; Blinkleuchte *f*; *d'un feu orange* Blinklicht *n*; *automobiliste* ***mettre son ~*** den Blinker einschalten, setzen **2** *fig* Warnsignal *n*; ***tous les ~s s'allument*** da gehen alle Warnlichter an; da schrillen sämtliche Alarmglocken

clignotement [kliɲɔtmɑ̃] *m* **1** *de lumières* Blinken *n* **2** *d'yeux* Blinzeln *n* **clignoter** *v/i lumière, feu orange* blinken

clim [klim] *f* F *abr* → ***climatisation***

climat [klima] *m* **1** GÉOGR Klima *n* **2** *fig* Klima *n*; Atmosphäre *f*; ***~ social*** soziales Klima; ***~ d'inquiétude*** Atmosphäre der Unruhe

climatique [klimatik] *adj* klimatisch; Klima…; ***station*** *f* ***~*** Luftkurort *m*; heilklimatischer Kurort; ***variations ~s*** Klimaschwankungen *f/pl*

climatisation [klimatizasjõ] *f* **1** *action* Klimatisierung *f* **2** *dispositif* Klimaanlage *f* **climatiser** *v/t* klimatisieren; *adjt* ***climatisé*** klimatisiert; mit Klimaanlage **climatiseur** *m* Klimaanlage *f*

climatologie [klimatɔlɔʒi] *f* Klimatologie *f*; Klimakunde *f*

climatologique [klimatɔlɔʒik] *adj* klimatologisch; Klima…; ***carte*** *f* ***~*** Klimakarte *f*

clin [klɛ̃] *m* ***~(s) d'œil, ~s d'yeux*** Blinzeln *n*; Zwinkern *n*; *loc/adv* ***en un ~ d'œil*** im Nu; im Handumdrehen; in e-m Augenblick; ***échanger des ~s d'œil complices*** einander verständnisinnig zuzwinkern; ***faire un ~ d'œil (amusé) à qn*** j-m (amüsiert) zublinzeln, zuzwinkern

clinicien [klinisjɛ̃] *m* praktizierender Arzt

clinique [klinik] **I** *adj* klinisch; ***examens*** *m/pl* ***~s*** klinische Prüfung; ***signes*** *m/pl* ***~s*** äußerlich erkennbare Symptome *n/pl* **II** *f* **1** (Privat)Klinik *f*; ***~ d'accouchement*** Entbindungsklinik *f*, -heim *n* **2** *enseignement médical* Klinik(um) *f(n)*; ***chef*** *m* ***de ~*** für die in e-m Krankenhaus in klinischer Ausbildung stehenden Studenten verantwortlicher Arzt

clinquant [klɛ̃kɑ̃] **I** *adj* kitschig **II** *m* Flitter(kram *m*, -werk *n*) *m*; Talmi *n*

clip [klip] *m* **1** *bijou* Klipp *ou* Clip *m*; *à l'oreille a* Ohrklipp *m* **2** (*vidéoclip*) Clip *m*

clipper [klipœʀ] *m* MAR HIST Klipper *m*; Schnellsegler *m*

clique [klik] *f* **1** *péj* Clique *f*; Klüngel *m*; Sippschaft *f* **2** MUS MIL Musikzug *m* (aus Clairons und Trommeln)

cliquer [klike] *v/i* INFORM klicken; ***~ sur qc*** etw anklicken

cliques [klik] *f/pl* F ***prendre ses ~ et ses claques*** F s-e Siebensachen packen; mit Sack und Pack abziehen

cliquet [klikɛ] *m* TECH Sperrklinke *f*

cliqueter [klikte] *v/i* ⟨**-tt-**⟩ klirren; klappern

cliquetis [klikti] *m* Klirren *n*; Geklirr(e) *n*; Klappern *n*

clissé [klise] *adj* ***bouteille ~e*** Korbflasche *f*

clitoridien [klitɔʀidjɛ̃] *adj* ⟨**~ne**⟩ ANAT Klitoris…

clitoris [klitɔʀis] *m* ANAT Kitzler *m*; Klitoris *f*

clivage [klivaʒ] *m* **1** MINÉR Spaltung *f*; ***plan*** *m* ***de ~*** Spaltfläche *f* **2** *fig* Spaltung *f*; Kluft *f*

clivia [klivja] *m* BOT Klivie *f*; Clivia *f*

cloaque [klɔak] *m* Kloake *f* (*a* ZO); Pfuhl *m*

clochard [klɔʃaʀ] *m*, **clocharde** *f* Stadtstreicher(in) *m(f)*; F Penner *m*; Pennbruder *m*; Berber *m*; *en France* Clochard *m*, weiblicher Clochard

Les clochards

Aus Filmen und Liedern, die von Frankreichs Hauptstadt Paris handeln, sind uns **les clochards** bekannt, zumeist schon etwas ältere Männer ohne Arbeit und festen Wohnsitz, die man friedlich Rotwein trinkend auf Parkbänken, unter den Brücken oder in den Metrostationen antrifft. In dem Substantiv clochard steckt das Verb clocher (hinken), was schon den oft bedenklichen Gesundheitszustand vieler clochards andeutet.
In der französischen Verwaltungssprache heißen diese Obdachlosen, die am Rande der Gesellschaft leben, übrigens les SDF (les sans domicile fixe).

clochardisation [klɔʃaʀdizasjõ] *f* Verelendung *f*; Verwahrlosung *f*

cloche [klɔʃ] *f* **1** Glocke *f*; ***~s de Pâques*** Osterglocken *f/pl*; *fig* ***déménager à la ~ de bois*** sich heimlich davonmachen (, ohne zu bezahlen); F *fig*: ***sonner les ~s à qn*** j-n abkanzeln, F herunterputzen, zusammenstauchen; F j-m den Marsch blasen; ***se faire sonner les ~s*** abgekanzelt, F zusammengestaucht, heruntergeputzt werden; F eins auf den Deckel, *enf* Schimpfe kriegen; *prov* ***qui n'entend qu'une ~ n'entend qu'un son*** audiatur et altera pars (man muss auch die Gegenseite hören) (*prov*) **2** *en verre* Glasglocke *f*, -sturz *m*; ***~ à fromage*** Käseglocke *f* **3** ***~ à plongeur*** Taucherglocke *f* **4** *adjt* ***chapeau*** *m* ***~*** Glocke(nhut) *f(m)*; ***jupe*** *f* ***~*** Glockenrock *m* **5** F *fig* ***se taper la ~*** schwelgen; schlemmen; sich

C

(*dat*) den Bauch vollschlagen **6** F *fig* (*incapable*) ***quelle ~!***, *adjt* ***ce qu'il est ~!*** so ein Tollpatsch!; F so e-e Flasche, ein Dussel!; ***il est trop ~*** F er ist zu blöd, dämlich **7** F ***la ~*** die Clochards *m/pl*, F Penner *m/pl*; ***faire partie, être de la ~*** ein Clochard, F Penner sein

cloche-pied [klɔʃpje] *loc/adv* ***à ~*** auf e-m Bein (***sauter*** hüpfen)

clocher[1] [klɔʃe] *m* Kirchturm *m*; Glockenturm *m*; *fig* ***esprit*** *m* ***de ~*** Lokalpatriotismus *m*; *par ext* Engstirnigkeit *f*; ***querelle*** *f* ***de ~*** lokale Streitigkeit

clocher[2] [klɔʃe] *v/i* ***ça cloche, il y a qc qui cloche*** da stimmt etwas nicht; F da ist der Wurm drin; ***qu'est-ce qui cloche?*** was stimmt da, denn nicht?; woran hapert's denn?

clocheton [klɔʃtõ] *m* Türmchen *n*

clochette [klɔʃɛt] *f* **1** Glöckchen *n*; Schelle *f*; F Bimmel *f* **2** BOT glockenförmige Blüte; Glöckchen *n*

clodo(t) [klɔdo] *m* F → ***clochard***

cloison [klwazõ] *f* **1** (Zwischen)Wand *f*; Trennwand *f*; → *a* ***étanche*** **2** *fig* Barriere *f*; Schranke *f* **3** BOT, ANAT Scheidewand *f*; ***~ des fosses nasales*** Nasenscheidewand *f*

cloisonnage [klwazɔnaʒ] *m* **a)** Einziehen *n* von Wänden; **b)** Zwischen-, Trennwände *f/pl*

cloisonné [klwazɔne] *adj* **1** ***émail ~*** *ou subst* ***~*** *m* Zellenschmelz *m*; Cloisonné *n* **2** *fig* (gegeneinander) abgeschirmt; abgekapselt; isoliert

cloisonnement [klwazɔnmɑ̃] *m fig* Abschirmung *f*; Abkapselung *f* **cloisonner** *v/t* durch Zwischen-, Trennwände (ab)teilen

cloître [klwatʀ] *m* **1** ARCH Kreuzgang *m* **2** (*monastère*) Kloster *n*; *partie interdite* Klausur *f*

cloîtrer [klwatʀe] **I** *v/t* **1** in ein Kloster sperren, stecken **2** *fig adjt* ***être, vivre cloîtré*** von der Außenwelt isoliert *ou* abgeschnitten, in völliger Zurückgezogenheit leben **II** *v/pr fig* ***se ~*** sich ganz zurückziehen; sich abschließen (gegen die Außenwelt)

clonage [klonaʒ] *m* BIOL Klonen *n*; ***le ~ humain*** das Klonen von Menschen

clone [klon] *m* BIOL Klon *m*

cloner [klone] *v/t* BIOL klonen

clonique [klɔnik] *adj* MÉD ***convulsions*** *f/pl* ***~s*** klonische Krämpfe *m/pl*; Schüttelkrämpfe *m/pl*

clope [klɔp] F **1** *m* (*mégot*) F Kippe *f*; *österr* Tschick *m* **2** *f* (*cigarette*) F Glimmstängel *m*; Stäbchen *n*; *österr* Tschick *m*

cloper [klɔpe] F *v/i* rauchen; F paffen

clopin-clopant [klɔpɛ̃klɔpɑ̃] F *adv* humpelnd; ***aller, marcher ~*** humpeln

clopinettes [klɔpinɛt] *f/pl* F ***des ~!*** nichts da!; kommt nicht in Frage, F nicht in die Tüte!

cloporte [klɔpɔʀt] *m* zo (Keller)Assel *f*

cloque [klɔk] *f* **1** *sur la peau* Blase *f*; *papier peint, peinture* ***faire des ~s*** Blasen bilden, werfen, ziehen **2** BOT *du pêcher* Kräuselkrankheit *f* **3** P *fig* ***être en ~*** (*enceinte*) P dick sein

cloqué [klɔke] *adj* ***tissu ~*** *ou subst* ***~*** *m* Cloqué *m*; Blasenkrepp *m*

clore [klɔʀ] *v/t* ⟨*déf*: **je clos, tu clos, il clôt, ils closent**; **je clorai**; **que je close**; **clos**⟩ **1** *litt* (*fermer*) schließen **2** *séance* schließen; *discours, débat, liste etc* abschließen; *discours a* (be)schließen **3** *litt* ***~ un terrain*** ein Grundstück einfried(ig)en

clos [klo] **I** *p/p* → ***clore*** *et adj* ⟨**close** [kloz]⟩ geschlossen; ***maison ~e*** Bordell *n*; Freudenhaus *n*; *loc/adv*: ***à 'huis ~*** unter Ausschluss der Öffentlichkeit; ***à la nuit ~e*** nach Einbruch der Dunkelheit; ***les yeux ~*** mit geschlossenen Augen; ***l'incident est ~*** der Zwischenfall ist erledigt; ***la séance est ~e*** die Sitzung ist geschlossen; ***trouver porte ~e*** vor verschlossener Tür stehen; ***vivre en vase ~*** → ***vase***[1] **II** *m* **a)** *vignoble* (eingefriedeter) Weinberg; **b)** AGR eingezäuntes Grundstück

closerie [klozʀi] *f* kleiner (Bauern)Hof

Clotilde [klɔtild] *f Vorname*

clôture [klotyʀ] *f* **1** (*enceinte*) Zaun *m*; Einfriedung *f*; Umzäunung *f*; ***~ électrique*** elektrischer Zaun; ***mur*** *m* ***de ~*** Umfassungsmauer *f* **2** ADM, COMM (Ab)-Schluss *m*; Schließung *f*; Beendigung *f*; ***~ du bilan*** Bilanzabschluss *m*; ***~ du débat, des débats*** Schluss der Debatte; ***~ de l'exercice*** Jahresabschluss *m*; ***~ du scrutin, d'une séance*** Schließung der Abstimmung, e-r Sitzung; ***bilan*** *m* ***de ~*** (Ab)Schlussbilanz *f*; ***séance*** *f* ***de ~*** Schlusssitzung *f*; BOURSE ***à la*** *ou* ***en ~*** bei Börsenschluss **3** *d'un couvent* Klausur *f*

clôturer [klotyʀe] *v/t* **1** *terrain* einfrieden; einzäunen **2** (*terminer*) beend(ig)en; *débat etc* (ab)schließen; ***~ une séance*** eine Sitzung schließen

clou [klu] *m* **1** Nagel *m* (*a* CHIRURGIE); *t/t* Drahtstift *m*; AUTO ***pneus*** *m/pl* ***à ~s*** Spike(s)reifen [spaiks-, ʃp-] *m/pl*; ***enfoncer, planter un ~*** e-n Nagel einschlagen; *fig* ***être maigre comme un ~*** spindeldürr, klapperdürr sein; F *fig* ***river son ~ à qn*** j-m den Mund stopfen; ***il lui a rivé son ~*** *a* F der hat's ihm aber gegeben; F *fig* ***ça ne vaut pas un ~*** das taugt nichts; das ist keinen Pfifferling wert; *prov* ***un ~ chasse l'autre*** das *ou* der eine kommt, das *ou* der andere geht **2** F ***~s*** *pl* (*passage clouté*) Fußgängerüberweg *m*; ***prendre les, traverser dans les ~s*** die Straße auf dem Fußgängerüberweg überqueren **3** *fig* (*attraction*) Höhepunkt *m*; Clou *m* **4** CUIS ***~ de girofle*** (Gewürz)Nelke *f* **5** MÉD Furunkel *m* **6** F ***un vieux ~*** *véhicule* F ein alter Klapperkasten; *vélo* F ein altes Klappergestell **7** F (*mont-de-piété*) Pfandleihhaus *n*; ***mettre qc au ~*** etw versetzen **8** F ***des ~s!*** nichts da!; F von wegen!; denkste!

clouer [klue] *v/t* **1** (zusammen)nageln; *fermer* zu-, vernageln; *fixer* an-, auf-, festnageln **2** *fig*: ***~ le bec à qn*** → ***bec*** 2; *maladie* ***~ qn au lit*** j-n ans Bett fesseln; *adjt*: ***être cloué au, dans son lit*** ans Bett gefesselt sein; ***être cloué à Paris*** in Paris festsitzen; ***rester cloué*** (***sur place***) wie angewurzelt stehen bleiben

cloutage [klutaʒ] *m* Verzierung *f* mit Nägeln

clouté [klute] *adj* mit Nägeln verziert, beschlagen; ***ceinture ~e*** mit Nägeln verzierter, beschlagener Gürtel; ***chaussures ~es*** Nagelschuhe *m/pl*; genagelte Schuhe *m/pl*; ***passage ~*** (mit Nägeln markierter) Fußgängerüberweg

clouter [klute] *v/t* mit Nägeln verzieren, beschlagen; *chaussures* nageln

Clovis [klɔvis] *m* HIST Chlodwig *m*

clovisse [klɔvis] *f* zo Venusmuschel *f*

clown [klun] *m* Clown [klaun] *m*; *fig*: ***c'est un vrai ~*** er ist ein richtiger Clown; ***faire le ~*** den Hanswurst spielen

clownerie [klunʀi] *f* Clownerie [klau-] *f*; Alberei *f*;

~s *pl a* Possen *m/pl*; Faxen *f/pl*
clownesque [klunɛsk] *adj* clownesk [klau-]; Clowns…; possenhaft; närrisch
club [klœb] *m* 1 Klub *ou* Club *m*; Verein *m*; **~ alpin** Alpenverein *m*; **~ sportif** Sportklub *m*, -verein *m*; **~ du livre** Buchgemeinschaft *f* 2 *établissement* Klub(haus) *m(n)*; **~ de remise en forme** Fitnessstudio *n*, -center [-sɛn-] *n*; **~ de vacances** Ferienklub *m* 3 **~** *ou adjt* **fauteuil** *m* **~** Klubsessel *m* 4 HIST **Club des Jacobins** Jakobinerklub *m* 5 *de golf* Golfschläger *m*
Clusaz (La) [laklyza] *Wintersportort im Dep. Haute-Savoie*
cluse [klyz] *f* GÉOGR Schlucht *f*; Klause *f*; *schweiz* Klus *f*
clystère [klistɛʀ] *m* HIST MÉD Klistier *n*
Clytemnestre [klitɛmnɛstʀ] *f* MYTH Klytämnestra *f*
cm *abr* (*centimètre[s]*) cm (Zentimeter)
cm² *abr* (*centimètre[s] carré[s]*) cm² (Quadratzentimeter)
cm³ *abr* (*centimètre[s] cube[s]*) cm³ (Kubikzentimeter)
CM₁ [seɛmɛ̃, seɛmœ̃] *m abr* (*cours moyen un*) vierte Grundschulklasse
CM₂ [seɛmdø] *m abr* (*cours moyen deux*) fünfte Grundschulklasse
CNED [knɛd] *m abr* (*Centre national d'enseignement à distance*) *staatliches frz Fernlehrinstitut*
CNES [knɛs] *m abr* (*Centre national d'études spatiales*) *frz Raumfahrtforschungszentrum*
CNPF [seɛnpeɛf] *m abr* (*Conseil national du patronat français*) HIST *frz Arbeitgeberverband*
CNRS [seɛnɛʀɛs] *m abr* (*Centre national de la recherche scientifique*) *correspond à* Max-Planck-Gesellschaft *f*
c/o *abr* (*care of*; *aux bons soins de*) bei; p. A. (per Adresse)
co… [kɔ, ko] *préfixe* Ko…; Mit…; ko…; mit…
coaccusé(e) [koakyze] *m(f)* JUR Mitangeklagte(r) *f(m)*
coach [kotʃ] *m* zweitüriger Wagen; F Zweitürer *m*
coacquéreur [kɔakeʀœʀ] *m* Miterwerber *m*
coadjuteur [koadʒytœʀ] *m* ÉGL CATH Koadjutor *m* **coadjutrice** *f* ÉGL CATH Stellvertreterin *f* der Äbtissin, Superiorin
coagulabilité [kɔagylabilite] *f* Gerinnungsfähigkeit *f*; Koagulierbarkeit *f* **coagulable** *adj* gerinnungsfähig; koagulierbar **coagulant** *m* Koagulans *n*; (blut)gerinnungsförderndes Mittel; CHIM *a* Flockungsmittel *n*
coagulation [kɔagylasjõ] *f* Gerinnung *f*; Koagulation *f*; **~ du sang** Blutgerinnung *f*
coaguler [kɔagyle] I *v/t* zum Gerinnen bringen; gerinnen lassen; koagulieren II *v/i* (*et v/pr* **se**) **~** gerinnen; koagulieren
coalisé [kɔalize] POL I *adj* verbündet; Koalitions… II *m/pl* **les ~s** die Verbündeten *m/pl*
coaliser [kɔalize] I *v/t* verbünden; zu Verbündeten machen II *v/pr* **se ~** sich verbünden; POL *a* koalieren
coalition [kɔalisjõ] *f* Koalition *f*; Bündnis *n*; **~ électorale** Wahlbündnis *n*; **~ gouvernementale** Regierungskoalition *f*; **gouvernement** *m* **de ~** Koalitionsregierung *f*; **former une ~** e-e Koalition bilden; ein Bündnis eingehen
coassement [kɔasmã] *m de la grenouille* Quaken *n* **coasser** *v/i* quaken
coassocié(e) [kɔasɔsje] *m(f)* (Mit)Teilhaber(in) *m(f)*; Partner(in) *m(f)*
coauteur [kootœʀ] *m* 1 Mitverfasser *m*; Koautor *m* 2 JUR Mittäter *m*
coaxial [kɔaksjal] *adj* ⟨**-aux**⟩ TECH koaxial; **câble ~** Koaxialkabel *n*
cobalt [kɔbalt] *m* CHIM Kobalt *n*; **bleu** *m* **de ~** Kobaltblau *n*
cobaye [kɔbaj] *m* ZO Meerschweinchen *n*; F *fig* **servir de ~** F als Versuchskaninchen, -karnickel dienen
cobelligérant [kɔbɛ(l)liʒeʀã] *adj* **nation ~e** Mitkriegführende(r) *m*
Coblence [kɔblãs] Koblenz *n*
cobol [kɔbɔl] *m* INFORM COBOL *n*
Cobourg [kɔbuʀ] GÉOGR Coburg *n*
cobra [kɔbʀa] *m* ZO Kobra *f*
coca¹ [kɔka] *f* BOT Koka(strauch) *f(m)*
coca² [kɔka] *m abr* (*coca-cola*) Coke [koːk] *n*; F Cola *f ou n*; Coca *f ou n*
coca-cola® [kɔkakɔla] *m* ⟨*inv*⟩ Coca-Cola® *n ou f*
cocagne [kɔkaɲ] *f* 1 **Pays** *m*, **vie** *f* **de ~** Schlaraffenland *n*, -leben *n* 2 **mât** *m* **de ~** Klettermast *m*
cocaïne [kɔkain] *f* Kokain *n*
cocaïnomane [kɔkainɔman] *m,f* Kokainsüchtige(r) *f(m)*; F Kokser(in) *m(f)* **cocaïnomanie** *f* MÉD Kokainsucht *f*
cocarde [kɔkaʀd] *f* Kokarde *f*
cocardier [kɔkaʀdje] *adj* ⟨**-ière**⟩ chauvinistisch; **patriotisme ~** Hurrapatriotismus *m*
cocasse [kɔkas] *adj* komisch; spaßig; lustig; ulkig **cocasserie** *f* Komik *f*; Komische(s) *n*
coccinelle [kɔksinɛl] *f* 1 ZO Marienkäfer *m* 2 F *fig* Käfer *m* (*Volkswagen*)
coccyx [kɔksis] *m* ANAT Steißbein *n*; *plais* **tomber sur le ~** F auf den Allerwertesten fallen
coche [kɔʃ] *m* Kutsche *f*; *fig* **manquer**, F **rater, louper le ~** die Gelegenheit verpassen
cochenille [kɔʃnij] *f* 1 ZO Schildlaus *f* 2 *colorant* Koschenille *ou* Cochenille *f*
cocher¹ [kɔʃe] *m* Kutscher *m*; **~ de fiacre** Droschkenkutscher *m*; *österr* Fiaker *m*
cocher² [kɔʃe] *v/t noms sur une liste etc* abhaken; markieren
cochère [kɔʃɛʀ] *adj f* **porte ~** Toreinfahrt *f*; Torweg *m*
Cochinchine [kɔʃɛ̃ʃin] **la ~** HIST Kotschinchina *n* (*Südvietnam*)
cochon [kɔʃõ] I *m* 1 ZO Schwein *n*; CUIS Schweinefleisch *n*; **~ d'Inde** Meerschweinchen *n*; **~ de lait** CUIS Spanferkel *n*; ZO Saugferkel *n*; ♦ *fig*: **temps** *m* **de ~** F Sauwetter *n*; **des (petits) yeux de ~** Schweinsäuglein *n/pl*; **être gras comme un ~** F dick und fett, ein Fettwanst sein; **être sale comme un ~** F ein Ferkel, Schmutz-, Dreckfink, Schweinigel, *p/fort* Dreckschwein sein; **ils sont copains comme ~s** F sie sind dicke Freunde; *enfant* **faire le ~ pendu** den Kniehang machen; **nous n'avons pas gardé les ~s ensemble** wo haben wir denn schon zusammen Schweine gehütet?; **manger comme un ~** unsauber, F wie ein Schwein essen 2 F *fig personne* (*a au moral*) F Ferkel *n*; Schmutz-, Dreckfink *m*; Schweinigel *m*; *p/fort* Schwein *n*; *enfant* F Ferkel *n*; Dreckspatz *m*; **ce ~ de X** F X, dieser Kerl *ou*

C

p/fort Mistkerl; ***ben, mon ~!*** mein Lieber *ou* Bester!; ***quel ~!*** *ou* ***le ~!*** *moralement* so ein Ferkel, Schweinigel, *p/fort* Schwein!; ***tour*** *m* ***de ~*** übler Streich; ***avoir une tête de ~*** ein Dickkopf, F -schädel sein **II** *adj* ⟨**~ne**⟩ F **1** *personne* ungepflegt; schmutzig; F schmudd(e)lig **2** *histoires etc* schweinisch; schmutzig; zotig; ***histoires ~nes*** *a* Zoten *f/pl*
cochonnaille [kɔʃɔnaj] F *f* CUIS Schweinerne(s) *n*
cochonne [kɔʃɔn] *f* F schmudd(e)lige Person; Schlampe *f*; *enfant* Ferkel *n*
cochonner [kɔʃɔne] *v/t* F **1** *travail* hinpfuschen, -schludern, -schlampen; *adjt* ***travail cochonné*** Pfusch(arbeit) *m(f)* **2** *(salir)* beschmutzen; beschmieren; F verdrecken
cochonnerie [kɔʃɔnʀi] *f* F **1** *(saleté)* Unsauberkeit *f*; Schmutz *m*; F Dreck *m*; Schweinerei *f*; ***faire des ~s*** Schmutz, Dreck machen **2** *(chose sans valeur)* Schund *m*; F Mist *m*; Dreck *m*; *nourriture* F (Schlangen)Fraß *m*; Dreck *m*; ***cette ~ de temps*** F so ein Sauwetter; ***cette ~ de voiture*** F diese Mistkarre; ***c'est de la ~*** das ist (ein) Schund *etc* **3** *(propos obscènes)* Schweinerei *f*; F Schweinigelei *f*; ***dire, raconter des ~s*** Zoten erzählen; Schweinereien sagen, erzählen; F schweinigeln
cochonnet [kɔʃɔnɛ] *m* Ziel-, Markierkugel *f* *(beim Boulespiel)*
cocker [kɔkɛʀ] *m* ZO Cockerspaniel *m*
cockpit [kɔkpit] *m* AVIAT, MAR Cockpit *n*; MAR *a* Plicht *f*
cocktail [kɔktɛl] *m* **1** *boisson* Cocktail [-teːl] *m* **2** *réunion* Cocktail(empfang *m*, -party *f*) *m*; ***robe*** *f* ***de ~*** Cocktailkleid *n* **3** ***~ Molotov*** Molotowcocktail *m* **4** *fig* Mischung *f*; Mixtur *f*; Gemisch *n*
coco[1] [koko] *m* **1** ***noix*** *f* ***de ~*** Kokosnuss *f*; ***lait*** *m* ***de ~*** Kokosmilch *f* **2** F *(boisson à base de réglisse)* Lakritzenwasser *n*
coco[2] [koko] *m* **1** *enf* *(œuf)* Ei *n*; *enf* Gackei *n* **2** *terme d'affection* ***mon (petit) ~*** mein (kleiner) Liebling, Schatz **3** *péj* ***un joli ~*** *ou* ***un drôle de ~*** F ein sauberes Früchtchen; ein (ziemlich) übler Kunde **4** *péj* *(communiste)* Kommunist *m*; F Rote(r) *m*
coco[3] [koko] *f* F *(cocaïne)* F Koks *m*; Schnee *m*
cocon [kɔkõ] *m* ZO Kokon *m*; *fig*: ***être élevé dans un ~*** allzu behütet aufwachsen; ***s'enfermer dans son ~*** sich ganz zurückziehen; sich einspinnen
coconnage [kɔkɔnaʒ] *m* ZO Kokonbildung *f*; Verpuppung *f* **coconner** *v/i* ZO sich verpuppen, einspinnen
cocooning [kɔkuniŋ] *m* häusliche Gemütlichkeit
cocorico [kɔkɔʀiko] **I** *int* kikeriki! **II** *m* Kikeriki *n*
cocoter [kɔkɔte] F *v/i* stinken; F miefen; *partic* ***ça cocote*** es stinkt
cocotier [kɔkɔtje] *m* BOT Kokospalme *f*; F *fig* ***gagner le ~*** das große Los ziehen
cocotte[1] [kɔkɔt] *f* **1** *enf* *(poule)* *enf* Tucktuck *n*; Putput *n*; ***~ en papier*** aus Papier gefalteter Vogel **2** *terme d'affection* ***ma ~*** (mein) Liebling *m*, Schatz *m*, Schätzchen *n* **3** *péj* *(demi-mondaine)* Halbweltdame *f*; Kokotte *f* **4** *à un cheval* ***hue, ~!*** hü!
cocotte[2] [kɔkɔt] *f* CUIS Schmortopf *m*; ***~ minute***® Schnellkochtopf *m*; ***à la ~*** *ou* *adjt* ***~*** geschmort; Schmor…
cocu [kɔky] F **I** *m* betrogener, F gehörnter Ehemann *ou* Liebhaber; Gehörnte(r) *m*; *litt* Hahnrei *m*; *fig* ***avoir une veine de ~*** F (ein) Mordsglück haben; Dusel haben; ***faire qn ~*** j-n betrügen; F j-m Hörner aufsetzen **II** *adj* betrogen; F gehörnt
cocuage [kɔkyaʒ] F *m* Betrogensein *n ou* -werden *n*
cocufier [kɔkyfje] *v/t* F ***~ qn*** j-n betrügen; F j-m Hörner aufsetzen
codage [kɔdaʒ] *m* Kodierung *f*
code [kɔd] *m* **1** JUR Gesetzbuch *n*; ***~ civil*** Bürgerliches Gesetzbuch (*abr* BGB); *en Suisse* Zivilgesetzbuch *n*; ***Code Napoléon*** Code Napoléon *m*; ***~ pénal*** Strafgesetzbuch *n* (*abr* StGB); ***~ de commerce*** Handelsgesetzbuch *n* (*abr* HGB); ***~ de procédure civile, pénale*** Zivil-, Strafprozessordnung *f* (*abr* ZPO, StPO); ***~ de la route*** Straßenverkehrsordnung *f* (*abr* StVO); *fig* ***c'est dans le ~*** das ist gesetzlich **2** F **a)** *de la route* Verkehrsregeln *f/pl*; **b)** *examen théorique* theoretische Fahrprüfung; **c)** ***~s*** *pl ou adjt* ***phares*** *m/pl* ***~*** Abblendlicht *n*; ***allumer ses ~s*** das Abblendlicht einschalten; ***se mettre en ~*** abblenden; ***rouler en ~*** mit Abblendlicht fahren **3** *fig* Kodex *m*; Gesetze *n/pl*; ***~ de l'honneur*** Ehrenkodex *m* **4** *(système de symboles)* Kode *m*; BIOL ***~ génétique*** genetischer Kode; ***~ secret*** Geheimkode *m*; ***~ à barres*** Strichkode *m* **5** ***~ confidentiel*** Geheimnummer *f*; ***~ postal*** Postleitzahl *f*; ***~ de la banque*** Bankleitzahl *f*
code-barres [kɔdbaʀ] *m* ⟨*pl* **codes-barres**⟩ Strichkode *m*
codébiteur [kɔdebitœʀ] *m*, **codébitrice** *f* JUR Mitschuldner(in) *m(f)*
codéine [kɔdein] *f* PHARM Codein *ou* Kodein *n*
coder [kɔde] *v/t* kodieren (*a* LING); *par ext* verschlüsseln; chiffrieren
codétenteur [kɔdetɑ̃tœʀ] *m*, **codétentrice** *f* JUR Mitbesitzer(in) *m(f)*; Mitinhaber(in) *m(f)*
codétenu(e) [kodetny] *m(f)* Mitgefangene(r) *f(m)*; Mithäftling *m*
codex [kɔdɛks] *m* PHARM (französisches) Arzneibuch
codicille [kɔdisil] *m* JUR Zusatz *m* zum Testament; Kodizill *n*
codification [kɔdifikasjõ] *f* Kodifizierung *f*
codifier [kɔdifje] *v/t* **1** JUR kodifizieren **2** *par ext* systematisch erfassen; in Normen fixieren
codirecteur [kodiʀɛktœʀ] *m*, **codirectrice** *f* *d'un journal* Mitherausgeber(in) *m(f)*
coédition [koedisjõ] *f* Koedition *f*
coefficient [kɔefisjɑ̃] *m* Koeffizient *m* (*a* MATH, PHYS, TECH, ÉCON); Faktor *m*; Zahl *f*; Quote *f*; Beiwert *m*; *d'une matière d'examen* Notengewicht *n*; ***~ de dilatation*** Ausdehnungskoeffizient *m*; Dehnzahl *f*; ***~ d'erreur*** Fehlerquote *f*
cœlacanthe [selakɑ̃t] *m* ZO Latimeria *f*
coéquipier [koekipje] *m*, **coéquipière** *f* Mannschaftskamerad(in) *m(f)*; Mitspieler(in) *m(f)*
coercibilité [kɔɛʀsibilite] *f* PHYS Komprimierbarkeit *f*
coercitif [kɔɛʀsitif] *st/s adj* ⟨**-ive**⟩ Zwangs…; ***mesures coercitives*** Zwangsmaßnahmen *f/pl*
coercition [kɔɛʀsisjõ] *st/s f* Zwang *m*; ***mesures*** *f/pl* ***de ~*** Zwangsmaßnahmen *f/pl*
cœur [kœʀ] *m* **1** ANAT Herz *n*; MÉD ***~ artificiel*** Kunstherz *n*; ***maladie*** *f* ***de ~*** Herzkrankheit *f*, -leiden *n*; ***opéré*** *m* ***du ~*** Herzoperierte(r) *m*; am Herzen Operierte(r) *m*; ***opération*** *f* ***à ~ ouvert*** Operation *f* am offenen Herzen; ***avoir le ~ qui bat*** Herzklopfen ha-

C

ben; ***presser, serrer qn contre, sur son ~*** j-n an sein Herz *ou* ans Herz drücken **2** *fig* Herz *n*; *terme d'affection* ***mon*** (***petit***) ~ mein Herz(chen); mein Herzblatt; ***affaire*** *f* ***de*** ~ Herzensangelegenheit *f*; Liebesgeschichte *f*; ***coup*** *m* ***de*** ~ Liebe *f* auf den ersten Blick (*a fig*); ***avoir un coup de ~ pour qn, qc*** sein Herz an j-n, etw verlieren; ***femme*** *f* ***de*** ~ Frau *f* mit Herz; ***intelligence*** *f* ***du*** ~ Takt *m*; Feinfühligkeit *f*; Herzensbildung *f*; ***peine*** *f* ***de*** ~ Liebeskummer *m*, -schmerz *m*; ♦ *loc/adj et loc/adv*: ***le ~ gros*** schweren Herzens; ***il a le ~ gros*** ihm ist schwer ums Herz; ***en avoir gros sur le*** ~ be-, gedrückt, niedergeschlagen sein; *plais* ***'haut les ~s!*** Kopf hoch!; ***joli comme un*** ~ bildhübsch; ***le ~ léger*** leichten Herzens; unbesorgt; unbeschwert; *plais* ***à vot' bon ~, m'ssieurs-dames!*** e-e kleine Spende für den guten Zweck!; ***il a à ~ de*** (*+inf*) es liegt ihm sehr viel daran zu (*+inf*); er lässt es sich (*dat*) angelegen sein zu (*+inf*); ***prendre qc à*** ~ (*s'intéresser*) etw beherzigen; sich (*dat*) etw zu Herzen nehmen; (*prendre au sérieux*) etw sehr ernst nehmen, für sehr wichtig halten; ***cela me*** (*obj/indir*) ***tient à*** ~ das liegt mir am Herzen; das ist mir sehr wichtig; daran ist mir viel gelegen; ***dans le secret de son*** ~ insgeheim; im tiefsten Inneren; ***de bon ~, de grand*** ~ *donner, accepter etc* von Herzen gern; sehr, herzlich gern; bereitwillig; *rire* herzlich; ***de tout*** (***son***) ~ von ganzem Herzen; ***je suis de tout ~ avec vous*** ich bin in Gedanken ganz bei Ihnen; ***par*** ~ *savoir, apprendre* auswendig; *réciter* aus dem Kopf; ***connaître qc, qn par*** ~ etw in- und auswendig kennen, j-n durch und durch kennen; ***sans*** ~ herzlos; ***je l'ai, ça m'est resté sur le*** ~ darüber bin ich (noch) nicht hinweg(gekommen); damit werde ich nicht fertig; ♦ *paroles etc* ***aller droit au ~*** (***à qn***) (j-m) zu Herzen gehen, dringen; j-s Herz bewegen; herzbewegend sein; ***avoir le ~ gai*** aufgeräumt, gut aufgelegt, guter Dinge sein; ***avoir le ~ sensible, tendre*** ein weiches, mitfühlendes Herz, ein weiches Gemüt haben; weichherzig sein; ***avoir bon ~, du ~, un ~ d'or*** ein gutes Herz, ein Herz von Gold haben; ***avoir, être un ~ de pierre*** ein Herz von Stein haben; ***n'avoir de ~ à rien*** zu nichts Lust haben; ***je n'ai pas le ~ à rire*** mir ist nicht nach Lachen zumute; ***avoir du ~ à l'ouvrage*** mit Schwung, mit Lust und Liebe arbeiten; ganz bei der Sache sein; ***je n'ai pas eu le ~ de*** (*+inf*) ich habe es nicht übers Herz gebracht, nicht fertiggebracht zu (*+inf*); ***je veux en avoir le ~ net*** ich möchte Gewissheit haben, ganz sicher sein; ***avoir le ~ sur la main*** sehr großzügig sein; freigebig sein; e-e offene Hand haben; ***avoir la rage au*** ~ voller Wut, wutentbrannt sein; ***briser, crever, fendre le ~ à qn*** j-m das Herz zerreißen, brechen; ***si le ~ vous en dit*** wenn Sie Lust (dazu) haben; wenn Sie gern wollen; ***donner, offrir son ~ à qn*** j-m sein Herz schenken; ***donner à qn du ~ à l'ouvrage*** j-m Auftrieb geben; ***écouter son*** ~ auf sein Herz hören; s-m Herzen folgen; ***le ~ n'y est pas*** er, sie *etc* ist nicht bei der Sache, ist mit dem Herzen nicht dabei; ***faire mal au ~ à qn*** j-n schmerzen; j-m (in der Seele) wehtun; ***faire le joli*** ~ den Charmeur spielen; sich wie ein Geck benehmen; ***le ~ m'a manqué*** ich hab's nicht fertiggebracht, übers Herz gebracht; ***mettre, donner du ~ au ventre à qn*** j-m Mut, Auftrieb geben; ***parler à ~ ouvert*** offen, freimütig, frei *ou* frisch von der Leber weg sprechen; ***il ne le porte pas dans son*** ~ er hat ihn nicht (gerade) ins Herz geschlossen; er ist ihm nicht (besonders) gewogen, F nicht grün; ***rester jeune de*** ~ im Herzen jung bleiben; ***venir du*** ~ von Herzen kommen; *prov*: ***~ qui soupire n'a pas ce qu'il désire*** dieser Seufzer kam aus dem, aus tiefstem Herzen; ***à ~ vaillant rien d'impossible*** dem Mutigen gehört die Welt (*prov*); frisch gewagt ist halb gewonnen (*prov*) **3** (*estomac*) Magen *m*; F ***il a le ~ bien accroché*** ihm wird nicht so schnell schlecht; F ihm dreht sich nicht so schnell der Magen um; ***j'ai mal au*** ~ mir ist *ou* wird schlecht, übel; ***ça me donne mal au ~, ça me soulève le*** ~ davon wird mir übel; da dreht sich mir der Magen um **4** *fig* (*centre*) Mittelpunkt *m*; Mitte *f*; *d'un problème, sujet* Kern *m*; Kernpunkt *m*; ***au ~ de la ville*** mitten in der Stadt; *st/s* im Herzen der Stadt; ***au ~ de l'hiver*** mitten im Winter; im tiefsten Winter **5** *objet, aux cartes* Herz *n*; ***en*** (***forme de***) ~ herzförmig; ***as*** *m etc* ***de*** ~ Herzass *n etc* **6** *de salade* Herz *n*; *d'un fruit, d'un chou* Innere(s) *n*; ***~ de palmier*** Palm(en)herz *n*; *fromage* ***fait à*** ~ ganz reif; → *a* ***artichaut*** **7** NUCL (Reaktor)Kern *m*

cœur-poumon [kœrpumõ] *m* ⟨*pl* **cœurs-poumons**⟩ MÉD ~ ***artificiel*** Herz-Lungen-Maschine *f*

coexistence [kɔɛgzistɑ̃s] *f* Nebeneinanderbestehen *n*; gleichzeitiges Vorhandensein; Koexistenz *f*; POL ~ ***pacifique*** friedliche Koexistenz

coexister [kɔɛgziste] *v/i* gleichzeitig, nebeneinander existieren, bestehen; gleichzeitig vorhanden sein; koexistieren

coffrage [kɔfʀaʒ] *m* CONSTR (Ver-, Ein)Schalung *f*

coffre [kɔfʀ] *m* **1** Truhe *f*; Kasten *m*; ***~ à jouets*** Spiel(zeug)kiste *f*; ***~ à linge*** Wäschetruhe *f* **2** AUTO Kofferraum *m* **3** → ***coffre-fort*** **4** F *fig* ***avoir du*** ~ e-e kräftige Stimme haben

coffre und Koffer: so ähnlich und doch so verschieden

Pierre a mis la valise **dans le coffre** de sa voiture. –
Pierre hat den Koffer **im Kofferraum** seines Wagens verstaut.

Dieses Beispiel zeigt, dass le coffre und der Koffer nicht die gleiche Bedeutung haben, obwohl sich die beiden Wörter lautlich sehr ähnlich sind: Mit le coffre wird unter anderem der Kofferraum eines Autos bezeichnet.
Dagegen heißt der Koffer, mit dem man verreist, im Französischen la valise.

coffre-fort [kɔfʀəfɔʀ] *m* ⟨*pl* **coffres-forts**⟩ Safe [seːf] *m*; Panzer-, Geldschrank *m*; Tresor *m*; Stahlfach *n*; ~ ***mural*** Wandsafe *m*

coffrer [kɔfʀe] *v/t* **1** F ***~ qn*** j-n einsperren, F einlochen, einbuchten, ins Kittchen sperren; ***se faire*** ~ F eingelocht, eingebuchtet werden; ins Kittchen wandern **2** CONSTR (ver-, ein)schalen

C

coffret [kɔfʀɛ] *m* Kästchen *n*; Schatulle *f*; Kassette *f* (*a pour disques, livres*); **~ cadeau** Geschenkset *n*; **~ à bijoux** Schmuckkästchen *n*, -kassette *f*
cogérance [kɔʒeʀɑ̃s] *f* JUR Mitgeschäftsführung *f*; *au sens strict* Mitpacht *f*
cogérer [kɔʒeʀe] *v/t* ⟨**-è-**⟩ mitverwalten; mitbestimmen in (*+dat*)
cogestion [koʒɛstjõ] *f* Mitbestimmung *f*
cogitations [kɔʒitasjõ] *plais f/pl* Gedanken *m/pl*; Überlegungen *f/pl* **cogiter** *v/i plais* (*réfléchir*) (nach)denken; überlegen
cognac [kɔɲak] *m* Cognac® *m*
cognassier [kɔɲasje] *m* BOT Quitte(nbaum) *f*(*m*)
cogne [kɔɲ] *m* F *péj* Bulle *m*; Polyp *m*
cognée [kɔɲe] *f* (Holzfäller)Axt *f*
cognement [kɔɲmɑ̃] *m* Klopfen *n* (*a d'un moteur*); *d'un moteur Diesel* Nageln *n*
cogner [kɔɲe] **I** *v/t* **1** (*heurter*) **~ qc** an etw (*acc*) anstoßen; mit etw (irgendwo) anstoßen; **~ qn** j-n anstoßen (**du coude** mit dem Ellbogen); F j-n puffen, anrempeln **2** F (*battre*) **~ qn** j-n schlagen, F verhauen, verdreschen, verprügeln **II** *v/t/indir* **~ à, contre, sur** klopfen, pochen, schlagen an (*+acc*), gegen, auf (*+acc*); hämmern gegen; **~ au plafond** an, gegen die Zimmerdecke klopfen; **~ à la porte** (an die Tür) klopfen; anklopfen; *p/fort* an die Tür hämmern; **~ du poing sur la table** mit der Faust auf den Tisch schlagen; F **~ sur qn** auf j-n einschlagen; F j-n verdreschen, verprügeln; **venir ~ contre qc** gegen etw schlagen; an etw (*acc*) anschlagen, (an)stoßen **III** *v/i* klopfen (*a moteur*); *moteur Diesel* nageln **IV** *v/pr* **1** **se ~ à, contre qc** sich an etw (*dat*) stoßen; an etw (*acc*) anstoßen; gegen etw stoßen; **se ~ la tête à, contre qc** sich (*dat*) den Kopf an etw (*dat*) anschlagen; mit dem Kopf gegen etw schlagen; *fig* **c'est à se ~ la tête contre les murs** es ist zum Verzweifeln; F man könnte die Wände hochgehen **2** *réciproquement* F **se ~** F sich (gegenseitig) verhauen, (ver)prügeln
cognition [kɔgnisjõ] *f* PHILOS Erkenntnis *f*; *sc* Kognition *f*
cohabitation [kɔabitasjõ] *f* **1** Zusammenleben *n*, -wohnen *n* **2** POL *en France* Zusammenarbeit *f* zwischen dem Staatspräsidenten und der e-r anderen politischen Richtung zugehörigen Regierung
cohabiter [kɔabite] *v/i* zusammenleben, zusammen wohnen (**avec** mit)
cohérence [kɔeʀɑ̃s] *f de vues, d'un système* Zusammenhang *m*; Kohärenz *f*; *d'un groupe* Zusammenhalt *m*
cohérent [kɔeʀɑ̃] *adj* zusammenhängend; kohärent (*a* PHYS); *groupe* aufeinander abgestimmt; eng verbunden; **raisonnement ~** zusammenhängende, kohärente Argumentation; **former un ensemble, un tout ~** ein harmonisches Ganzes bilden
cohériter [kɔeʀite] *v/t* miterben; Miterbe sein **cohéritier** [kɔeʀite] *m*, **cohéritière** *f* JUR Miterbe *m*, -erbin *f*
cohésif [kɔezif] *adj* ⟨**-ive**⟩ PHYS kohäsiv **cohésion** [kɔezjõ] *f* **1** PHYS Kohäsion *f* **2** *fig d'un parti etc* Zusammenhalt *m*
cohorte [kɔɔʀt] *f* **1** HIST Kohorte *f* **2** F *fig* Trupp *m*; Gruppe *f*; Rudel *n*
cohue [kɔy] *f* Gedränge *n*; Gewühl *n*; (*foule*) Menschenmenge *f*, -masse *f*

La cohabitation en France

Der französische Staatspräsident (le Président de la République, kurz le Président) wird direkt vom Volk gewählt. Den Premierminister (le Premier ministre) hingegen stellt die stärkste Partei in der Nationalversammlung (l'Assemblée nationale). Aufgrund dieser Besonderheit des französischen Wahlsystems kann es vorkommen, dass le Président zum Beispiel einer rechtsgerichteten Partei angehört und sein Premier ministre einer linksgerichteten Partei oder umgekehrt. Diese Situation, in der die höchsten Vertreter zweier unterschiedlicher politischer Lager zusammenarbeiten müssen, heißt **cohabitation**.

coi [kwa] *adj* ⟨**coite** [kwat]⟩ **rester, se tenir ~** stillschweigen; still sein; **il en resta ~** es verschlug ihm die Sprache
coiffant [kwafɑ̃] *adj* **1** Haar…; **gel ~** Haargel *n*; **mousse ~e** Schaumfestiger *m* **2** *coupe de cheveux etc* kleidsam
coiffe [kwaf] *f folklorique* (Trachten)Haube *f*; REL Haube *f*
coiffé [kwafe] *adj* **1** **bien, mal ~** gut, schlecht *ou* unordentlich frisiert **2** **être ~ d'une casquette** e-e Mütze tragen, auf dem Kopf haben, aufhaben
coiffer [kwafe] **I** *v/t* **1** (*peigner*) frisieren **2** (*couvrir la tête*) **~ qn d'un bonnet** j-m e-e Mütze aufsetzen; *abs chapeau* **~ bien** kleidsam sein; **~ qn bien** j-m gut stehen; j-n (gut) kleiden **3** *par ext* **~ qc** (*surmonter*) etw überragen; (*recouvrir*) etw bedecken **4** *fig* (*contrôler*) übergeordnet sein (*+dat*); kontrollieren **5** SPORTS **~ au poteau** im Ziel abfangen; um e-e Nasenlänge schlagen (*a fig*) **II** *v/pr* **se ~** **1** (*se peigner*) sich frisieren; sich (*dat*) die Haare richten, ordnen **2** **se ~ d'une casquette** sich (*dat*) e-e Mütze aufsetzen
coiffeur [kwafœʀ] *m* Friseur *m*; *a* Frisör *m*; **~ pour dames, pour hommes** Damen-, Herrenfriseur *m*; **aller chez le ~** zum Friseur gehen
coiffeuse [kwaføz] *f* **1** *personne* Friseuse *f*; *österr* Friseurin *f* **2** *meuble* Frisierkommode *f*, -tisch *m*
coiffure [kwafyʀ] *f* **1** **a)** (*coupe de cheveux*) Frisur *f*; Haartracht *f*; **changer de ~** sich anders frisieren; **b)** *métier* Friseurhandwerk *n*; **salon** *m* **de ~** Friseursalon *m* **2** (*couvre-chef*) Kopfbedeckung *f*
coin [kwɛ̃] *m* **1** Ecke *f*; Eck *n*; (*angle*) Winkel *m*; **~ cuisine** Kochecke *f*, -nische *f*; **~ repas** Essecke *f*; **~ de la bouche** Mundwinkel *m*; **~ de l'œil** Augenwinkel *m*; **regarder du ~ de l'œil** verstohlen, aus den Augenwinkeln, von der Seite ansehen; **l'épicier** *m* **du ~** der Kaufmann von nebenan, an der Ecke; **regard** *m* **en ~** Seitenblick *m*; *fig* **sourire** *m* **en ~** hämisches Lächeln; ♦ *loc/adv*: **au ~ du feu** am Kamin, Herd, Feuer; *fig* zu Hause; in gemütlichem Kreise; **causerie** *f* **au ~ du feu** Plauderei *f* am Kamin; **aux quatre ~s du monde, de la ville** überall in,

auf der Welt, in der Stadt; **disperser aux quatre ~s du monde** in alle Winde zerstreuen; **au ~ de la rue** an der Straßenecke; **à tous les ~s de rue** an jeder Straßenecke; überall; *fig*: **dans un ~ charmant** in, an e-m bezaubernden Fleckchen Erde; in e-m reizenden Winkel; **dans un ~ de sa mémoire** in e-m Winkel s-s Gedächtnisses; *à un enfant*: *si tu n'es pas sage*, **tu vas aller au ~, on va te mettre au ~** musst du in der Ecke stehen; F *fig* **ça t'en bouche un ~** F da staunste, biste platt *ou* baff (, was?); **chercher dans tous les ~s** überall, in jedem Winkel suchen; **faire le ~ de la rue X et la rue Y** *maison* an der Ecke X- und Y-Straße stehen, *terrain* liegen; **maison qui fait le ~** *a* Eckhaus *n*; **jeter, mettre qc dans un ~** etw in die Ecke stellen; etw weglegen; *jeu d'enfants* **jouer aux quatre ~s** „Bäumchen, wechsle dich" spielen; *fig* **soulever un ~ du voile** e-n Zipfel des Schleiers lüften; **venir des quatre ~s du monde** aus allen Himmelsrichtungen, aus aller Herren Länder, F von allen Ecken und Enden der Welt kommen; *fig* **je ne voudrais pas le rencontrer au ~ d'un bois** dem möchte ich nicht im Dunkeln *ou* im (dunklen) Wald begegnen **2** (*petit espace*) Fleckchen *n* (Erde); **un joli ~** ein reizendes Fleckchen Erde; **un ~ de ciel bleu** ein Fleckchen, ein Zipfel *m* blauer Himmel; **acheter un ~ de terre** ein Stück Land kaufen; **vous êtes du ~?** sind Sie von hier, von der Gegend? **3** F *fig* **le petit ~** F das (stille) Örtchen; **aller au petit ~** F mal (verschwinden) müssen; aufs Örtchen müssen **4** CH DE FER (**place** *f* **de**) **~** Eckplatz *m*; **~ couloir** Eckplatz am Gang; **~ fenêtre** Fensterplatz *m* **5** *dans un journal* **le ~ du philatéliste** die Briefmarkenecke *f* **6** *pour photos* Fotoecke *f* **7** TECH Keil *m* (*zum Spalten*) **8** (*poinçon*) Prägestempel *m*

coincement [kwɛ̃smɑ̃] *m* TECH Verklemmtsein *n*

coincer [kwɛ̃se] ⟨-ç-⟩ **I** *v/t* **1** **~ qc** etw einklemmen; TECH etw ver-, festkeilen; **~ qn** j-n einklemmen (**entre** zwischen *+dat*); j-n quetschen, drücken (**contre** gegen); *adjt* **être coincé** *mécanisme*, *tiroir* verklemmt sein; klemmen; *personne dans la foule etc* eingekeilt sein; (*inhibé*) verklemmt, gehemmt sein **2** F *fig* (*coller*) **~ qn** j-n in die Enge treiben; F j-n festnageln **3** F *fig* **~ le voleur** den Dieb erwischen, F schnappen **II** *v/i* **1** *porte etc* klemmen (*a fig*) **2** P **ça coince** da stinkt's **III** *v/pr* **1** *mécanisme* **se ~** sich verklemmen **2** **se ~ le doigt** sich (*dat*) den Finger einklemmen

coïncidence [kɔɛ̃sidɑ̃s] *f* **1** Zusammentreffen *n*; (zeitliches) Zusammenfallen; Fügung *f*; Zufall *m*; **heureuse ~** glückliche Fügung; **quelle ~!** so ein Zufall!; **c'est une simple ~** das ist (ein) reiner Zufall **2** MATH Kongruenz *f*; Deckungsgleichheit *f*

coïncident [kɔɛ̃sidɑ̃] *adj* MATH kongruent; deckungsgleich

coïncider [kɔɛ̃side] *v/i* **1** *dates*, *événements* (zeitlich) zusammentreffen, -fallen (**avec** mit) **2** *témoignages* (miteinander) übereinstimmen; sich decken **3** MATH deckungsgleich, kongruent sein **4** *deux parties* **faire ~** passend aneinanderlegen

coin-coin [kwɛ̃kwɛ̃] **I** *int* quak, quak! **II** *m* ⟨*inv*⟩ Quaken *n*

co-inculpé(e) *ou* **coïnculpé(e)** [koɛ̃kylpe] *m(f)* JUR Mitbeschuldigte(r) *f(m)*

coing [kwɛ̃] *m* BOT Quitte *f*; F *fig* **jaune comme un ~** quitte(n)gelb

Coire [kwaʀ] GÉOGR Chur *n*

coït [kɔit] *m* Beischlaf *m*; Koitus *m*

coite [kwat] → **coi**

coke[1] [kɔk] *m* Koks *m*; **~ métallurgique** Hüttenkoks *m*

coke[2] [kok] *f* F (*cocaïne*) F Koks *m*; Schnee *m*

cokéfaction [kɔkefaksjõ] *f* TECH Verkokung *f* **cokéfier** *v/t* verkoken

cokerie [kɔkʀi] *f* Kokerei *f*

col [kɔl] *m* **1** Kragen *m*; **~ cassé** Stehkragen *m* mit umgebogenen Ecken; **~ Claudine** runder Kragen; Bubikragen *m*; **~ Danton** Schillerkragen *m*; **~ droit, officier** Stehkragen *m*; Bündchen *n*; Stehbörtchen *n*; **faux ~** a) abknöpfbarer Kragen; b) F *fig d'un verre de bière* Schaum *m*; F Feldwebel *m*; **~ roulé** Rollkragen *m*; F **pull** *m* **à ~ roulé** Rollkragenpullover *m*, F -pulli *m*; F Rolli *m*; **~ de chemise, de fourrure** Hemd-, Pelzkragen *m* **2** *fig* **~s blancs** Angestellte(n) *m/pl*; F **~ bleu** Matrose *m*; **les ~s bleus** F die blauen Jungs **3** *d'un récipient*, ANAT Hals *m*; **~ du fémur, de l'utérus** Oberschenkel-, Gebärmutterhals *m* **4** GÉOGR (Gebirgs)Pass *m*; **le ~ du Brenner** der Brenner(pass); **passer un ~** e-n Pass überqueren; über e-n Pass fahren

cola → **kola**

colback [kɔlbak] *m* F **attraper qn par le ~** F j-n am Schlafittchen packen

col-bleu [kɔlblø] F *m* ⟨*pl* **cols-bleus**⟩ Matrose *m* (*der Kriegsmarine*); F Teerjacke *f*; *pl* **cols-bleus** *a* F blaue Jungs *m/pl*

colchique [kɔlʃik] *m* BOT Herbstzeitlose *f*

col-de-cygne [kɔldəsiɲ] *m* ⟨*pl* **cols-de-cygne**⟩ TECH Schwanenhals *m*

colégataire [kɔlegatɛʀ] *m,f* JUR Mitvermächtnisnehmer(in) *m(f)*

coléoptère [kɔleɔptɛʀ] *m* ZO Käfer *m*

colère [kɔlɛʀ] *f* **1** Zorn *m*; *plfort* Wut *f*; (*rogne*) Ärger *m*; **~ noire** helle, blinde, maßlose, sinnlose Wut; **être dans une ~ noire** vor Wut kochen; F fuchsteufelswild sein; *fig* **~ du ciel** *ou* **divine** Zorn Gottes, des Himmels; *loc/adv*: **avec ~** zornig; wütend; **de ~** vor Zorn, Wut; **dans un mouvement de ~, sous le coup de la ~** in e-r Anwandlung, Aufwallung von Zorn; im Zorn; **entrer dans une ~ terrible** in helle Wut geraten; F fuchsteufelswild werden; **être en ~** (**contre qn**) zornig, böse, wütend sein (auf, über j-n); F fuchtig sein; **mettre qn en ~** j-n zornig, böse, wütend machen; **se mettre en ~** zornig, böse, wütend werden; in Zorn, Wut geraten; aufbrausen; **passer sa ~ sur qn, qc** s-n Zorn an j-m, etw auslassen, abreagieren; *prov* **la ~ est mauvaise conseillère** der Zorn ist ein schlechter Ratgeber **2** *accès* Wutanfall *m*, -ausbruch *m*; *enfant* **faire une**, F **sa ~** e-n Wutanfall haben, kriegen; F **piquer une ~** e-n Wutanfall, F e-n Koller, e-n Raptus kriegen **3** *fig des éléments* Wüten *n*; Toben *n*; **flots** *m/pl* **en ~** tobende Fluten *f/pl*

coléreux [kɔleʀø] *adj* ⟨**-euse**⟩ *ou* **colérique** *adj* jähzornig; aufbrausend; cholerisch

Colette [kɔlɛt] *f Vorname*

colibacille [kɔlibasil] *m* BIOL Kolibakterium *n* **colibacillose** *f* MÉD durch Kolibakterien hervorgerufene Krankheit

colibri [kɔlibʀi] *m* ZO Kolibri *m*

C

colifichet [kɔlifiʃɛ] *m* (billiger) Schmuckgegenstand; **~s** *pl a* F Kinkerlitzchen *n/pl*; Firlefanz *m*
colimaçon [kɔlimasõ] *m* 1 ZO Schnecke *f* 2 ***escalier** m* **en ~** Wendeltreppe *f*
colin [kɔlɛ̃] *m* ZO Seehecht *m*; Hechtdorsch *m*
colin-maillard [kɔlɛ̃majaʀ] *m* ***jouer à ~*** Blindekuh spielen
colinot [kɔlino] *m* ZO junger Seehecht, Hechtdorsch
colique [kɔlik] *f* 1 *douleurs* Kolik *f*; ***~ hépatique, néphrétique*** Gallen-, Nierenkolik *f* 2 *(diarrhée)* Durchfall *m*; ***avoir la ~*** a) Durchfall haben; b) F *fig (avoir peur)* F Bammel, Manschetten, P Schiss haben 3 P *fig* ***quelle ~!*** wie lästig!; F was für ein Kreuz!; ***donner la ~ à qn*** F j-m auf den Wecker fallen
colis [kɔli] *m* Paket *n*; CH DE FER Frachtstück *n*; Stückgut *n*; Kollo *n*; ***~ postal*** Postpaket *n*; ***faire un ~*** ein Paket machen, packen
Colisée [kɔlize] *à Rome* ***le ~*** das Kolosseum
colistier [kolistje] *m* POL mit auf der Liste stehender Kandidat; Mitbewerber *m*
colite [kɔlit] *f* MÉD Kolitis *f*
collabo [kɔlabo] *m* F *abr* → ***collaborateur*** *2*
collaborateur [kɔlabɔʀatœʀ] *m*, **collaboratrice** *f* 1 Mitarbeiter(in) *m(f)* 2 *m* POL *et péj* Kollaborateur *m*
collaboration [kɔlabɔʀasjõ] *f* 1 Mitarbeit *f*; Mitwirkung *f*; Zusammenarbeit *f*; ***en ~*** als Gemeinschaftsarbeit; ***en ~ avec*** unter Mitarbeit von *(ou +gén)*; in Zusammenarbeit mit; ***apporter sa ~ à qc*** an etw *(dat)* mitarbeiten; ***être le fruit d'une ~ entre …*** das Ergebnis der Zusammenarbeit von *(ou +gén)* sein 2 POL *et péj* Zusammenarbeit *f* mit dem Feind; Kollaboration *f*
collaborer [kɔlabɔʀe] I *v/t/indir* ***~ à qc*** an etw *(dat)* mitarbeiten, mitwirken; ***~ à un journal*** *a* Mitarbeiter *m* e-r Zeitung sein; für e-e Zeitung schreiben; ***~ avec qn*** mit j-m zusammenarbeiten II *v/i* 1 zusammenarbeiten 2 POL *et péj* mit dem Feind zusammenarbeiten; kollaborieren
collage [kɔlaʒ] *m* 1 (An-, Auf)Kleben *n* 2 BEAUX-ARTS Collage *f* 3 F *(concubinage)* wilde Ehe
collagène [kɔlaʒɛn] *m* BIOL Kollagen *n*
collant [kɔlɑ̃] I *adj* 1 *(adhésif)* klebend; Klebe…; ***papier ~*** Klebepapier *n* 2 *doigts etc* klebrig; *riz, nouilles* breiig; F pappig; *nordd* pampig 3 *robe, jeans etc* eng anliegend; hauteng 4 F *fig personne* zu-, aufdringlich; ***ce qu'il est ~, ce qu'elle est ~e!*** was für e-e Klette! II *subst* 1 *m* Strumpfhose *f*; *de danse* Hose *f* 2 ÉCOLE F **~e** *f* schriftliche Aufforderung, sich zur Prüfung einzufinden
collapsus [kɔlapsys] *m* MÉD Kollaps *m*; ***~ cardio-vasculaire*** Kreislaufkollaps *m*
collatéral [kɔlateʀal] *adj* ⟨**-aux**⟩ 1 Seiten…; Neben…; ARCH ***nef ~e*** Seitenschiff *n* 2 JUR Seiten…; ***parents collatéraux*** *ou subst* ***collatéraux*** *m/pl* Verwandte *m/pl* in der Seitenlinie 3 MIL ***dégâts, dommages collatéraux*** Kollateralschäden *m/pl*
collation [kɔlasjõ] *f (goûter)* Imbiss *m*
collationner [kɔlasjɔne] I *v/t des textes* kollationieren II *plais v/i* e-n Imbiss zu sich nehmen
colle [kɔl] *f* 1 Klebstoff *m*; Leim *m*; Kleber *m*; TEXT Schlichte *f*; ***~ forte*** Alleskleber *m*; ***~ à bois*** Holzleim *m*; ***~ d'amidon*** Kleister *m*; ***~ de bureau*** Bürokleber *m*, -klebstoff *m*; ***~ de pâte*** Mehlkleister *m*; ***~ de poisson*** Fischleim *m*; *par ext riz, nouilles* ***c'est de la ~*** F das ist der reinste Papp, *nordd* die reinste Pampe; F *plais* ***faites chauffer la ~!*** F da hat's gescheppert! 2 F *fig* ***être, vivre à la ~*** in wilder Ehe leben 3 F ÉCOLE **a)** *(retenue)* Nachsitzen *n*; Arrest *m*; ***avoir, donner deux heures de ~*** zwei Stunden nachsitzen müssen, nachsitzen lassen (***à qn*** j-n); **b)** *(question difficile)* schwierige, knifflige, ausgetüftelte Frage; ***poser une ~ à qn*** j-m e-e knifflige Frage stellen; j-n in die Enge treiben; **c)** *(interrogation écrite)* ***~ de maths*** Extemporale *n*, F Ex *f* in Mathe; Mathearbeit *f*
collecte [kɔlɛkt] *f* 1 *de fonds, de dons* (Geld-, Spenden)Sammlung *f*; ***~ et traitement des déchets*** Abfallbeseitigung *f*; ***faire, organiser une ~ pour, au profit de …*** sammeln, e-e Sammlung veranstalten für (+*acc*), zugunsten (+*gén*) 2 *(ramassage)* (Ein)Sammeln *n (a* AGR *du lait)*
collecter [kɔlɛkte] *v/t* 1 *fonds, dons* sammeln 2 *(ramasser)* (ein)sammeln
collecteur [kɔlɛktœʀ] I *m* 1 ÉLECT Kollektor *m*; Kommutator *m*; Stromwender *m*; ***~ d'ondes*** Empfangsantenne *f* 2 ***~*** *ou adjt* ***égout ~*** Haupt(sammel)kanal *m*; Sammler *m* II *adj* ⟨**-trice**⟩ Sammel…
collectif [kɔlɛktif] I *adj* ⟨**-ive**⟩ kollektiv; Kollektiv…; Gemeinschafts…; gemeinsam; Sammel…; Massen…; CH DE FER ***billet ~*** Sammelfahrschein *m*; PSYCH ***conscience collective*** Kollektivbewusstsein *n*; POL ***convention collective*** Tarifvertrag *m*; ***délire ~*** Massenwahn *m*; ***démarche collective*** gemeinsamer Schritt *(fig)*; ***licenciement ~*** Massenentlassung *f*; GR ***nom ~*** *ou subst* **~** *m* Kollektivum *n*; Kollektiv-, Sammelbegriff *m*; Sammelname *m*; ***œuvre collective*** Gemeinschaftswerk *n*; ***propriété collective*** Kollektiv-, Gemeineigentum *n*; ***responsabilité collective*** Kollektivschuld *f* II *m* FIN ***~ budgétaire*** Nachtragshaushalt *m*
collection [kɔlɛksjõ] *f* 1 Sammlung *f*; ***~ complète des œuvres de …*** gesammelte Werke von …; ***~ privée*** Privatsammlung *f*; ***~ de médailles, d'objets d'art, de tableaux, de timbres*** Münz-, Kunst-, Bilder-, Briefmarkensammlung *f*; ***pièce f de ~*** Sammlerstück *n*; ***faire ~ de timbres*** *etc* Briefmarken *etc* sammeln 2 *d'un éditeur* (Buch)Reihe *f*; ***~ (de livres) de poche*** Taschenbuchreihe *f*; *de revues etc* ***avoir la ~ complète depuis …*** die vollständigen Jahrgänge seit … haben 3 *fig (quantité)* Menge *f*; große Zahl; ganze Sammlung 4 COMM (Muster)Kollektion *f*; *d'un grand couturier* Kollektion *f*; ***~ d'été*** Sommerkollektion *f*
collectionner [kɔlɛksjɔne] *v/t* 1 sammeln 2 *fig et iron: bonnes ou mauvaises notes, amendes etc* ***il les collectionne*** sie häufen sich bei ihm; er hat schon e-e ganze Sammlung davon; *petit(e)s ami(e)s* ***il, elle les collectionne*** er *ou* sie hat an jedem Finger eine *ou* einen, an jedem Finger zehn
collectionneur [kɔlɛksjɔnœʀ] *m*, **collectionneuse** *f* Sammler(in) *m(f)*; ***collectionneur, collectionneuse de timbres, d'objets d'art*** Briefmarken-, Kunstsammler(in) *m(f)*
collectivement [kɔlɛktivmɑ̃] *adv* kollektiv; gemeinschaftlich; gemeinsam; GR *mot* ***pris ~*** als Kollektivbegriff
collectivisation [kɔlɛktivizasjõ] *f* Kollektivierung *f*
collectiviser *v/t* kollektivieren; in Gemeineigen-

tum überführen **collectivisme** *m* Kollektivismus *m*
collectiviste I *adj* kollektivistisch II *m* Kollektivist *m*
collectivité [kɔlɛktivite] *f* 1 Gemeinschaft *f*; Gesamtheit *f*; Kollektiv *n* (*a* POL); ***à la charge de la ~*** zulasten des Staates, der Allgemeinheit 2 ADM ***~ locale*** Gebietskörperschaft *f*
collège [kɔlɛʒ] *m* 1 Gesamtschule *f* (*vierklassige Ganztagsschule der Sekundarstufe I*); → *a* ***C.E.S.*** 2 ***Collège de France*** *Hochschule in Paris, deren Vorlesungen von jedem besucht werden können, an der aber keine Diplome vergeben werden* 3 ***~ électoral*** Wähler *m/pl* (e-s Wahlkreises) 4 ÉGL CATH ***le Sacré Collège*** das Kardinalskollegium; das Heilige Kollegium
collégial [kɔleʒjal] *adj* 〈**-aux**〉 1 ÉGL CATH Stifts…; ***église ~e*** *ou subst* ***~e*** *f* Stiftskirche *f* 2 (*en commun*) kollegial; durch ein Kollegium erfolgend
collégialité [kɔleʒjalite] *f* kollegiale Leitung; ÉGL CATH Kollegialität *f*
collégien [kɔleʒjɛ̃] *m*, **collégienne** *f* 1 Schüler(in) *m(f)* e-s „collège"; Oberschüler(in) *m(f)*; Gymnasiast(in) *m(f)* 2 *m fig* naiver Mensch; Schuljunge *m*; F Naivling *m*
collègue [kɔlɛg] *m,f* (Berufs-, Arbeits)Kollege *m*, (-)Kollegin *f*
coller [kɔle] I *v/t* 1 *affiche, papier peint* ankleben; *timbre* aufkleben; *morceau de bois* anleimen; *deux choses ensemble* (zusammen)kleben, (-)leimen; *chose* ***~ qc*** etw verkleben; *personne* ***~ qc dans*** etw (ein)kleben in (*+acc*); ***~ une enveloppe*** einen Briefumschlag zukleben; ***~ un timbre sur*** e-e Briefmarke kleben auf (*+acc*); *adjt* ***être collé*** verklebt sein; ***être collé à*** angeklebt sein an (*+dat*) 2 *fig visage, oreille* drücken, pressen (***contre, à*** an *+acc*); ***~ son œil au trou de la serrure*** sein Auge ans Schlüsselloch drücken 3 F *fig* ***~ qc à qn*** F j-m etw anhängen, verpassen, aufhalsen; ***~ une gifle à qn*** F j-m eine kleben, schmieren; ***il lui a collé son poing dans la figure*** F er hat ihm s-e Faust ins Gesicht gepflanzt; ***~ un zéro à un élève*** F e-m Schüler e-e Sechs verpassen; ***~ qc dans un coin, par terre*** F etw in e-n Winkel, auf den Boden schmeißen, pfeffern; ***~ qn au mur*** (*fusiller*) F j-n an die Wand stellen; ***~ qn en prison*** F j-n einbuchten, einlochen 4 F *fig* ***~ qn*** wie e-e Klette an j-m hängen; *adjt* ***être toujours collés ensemble*** immer zusammen sein; F wie die Kletten aneinanderhängen 5 F *un élève* **a**) *avec une question* in die Enge treiben; e-e schwierige, knifflige Frage stellen (***qn*** j-m); **b**) *à un examen* durchfallen, F durchrasseln lassen; ***être collé, se faire ~*** F durchfliegen, -rasseln, -segeln; **c**) *punir* nachsitzen lassen; F Arrest aufbrummen (*+dat*); ***être collé*** nachsitzen müssen II *v/t/indir et v/i* 1 (*adhérer*) kleben (***à*** an *+dat*); *par ext vêtement* ***~*** (***au corps à qn***) hauteng sein; (j-m) am Körper kleben; ***j'ai les doigts qui collent*** meine Finger kleben, sind klebrig 2 *fig*: *mot* ***~ à la pensée de qn*** j-s Gedanken präzise, treffend ausdrücken, wiedergeben; *description* ***~ à la réalité*** die Wirklichkeit treffend darstellen; *péj traduction* ***~ au texte*** zu sehr am Text kleben 3 F *fig* ***ça colle*** F es, das klappt; es, das haut hin; ***ça ne colle pas entre eux*** F es klappt nicht bei, zwischen ihnen III *v/pr* 1 *fig* ***se ~ contre qc, qn, à qc*** sich an etw, j-n (an)schmiegen, pressen, drücken 2 F *fig*: ***se ~ devant la télévision*** F vor dem, sich vor den Fernseher hocken; ***colle-toi là*** F hock dich da hin; *péj* ***se ~ du noir aux yeux*** F *péj* sich (*dat*) die Augen schwarz anmalen, anschmieren; ***se ~ un travail*** *etc* F sich (*dat*) e-e Arbeit *etc* aufhalsen
collerette [kɔlʀɛt] *f* Halskrause *f*
collet [kɔlɛ] *m* 1 *loc/adj* ***~ monté*** steif; (sehr) förmlich; ***prendre, saisir qn au ~*** j-n am Kragen, F Schlafittchen packen, F kriegen 2 CH Schlinge *f* 3 ANAT Zahnhals *m*
colleter [kɔlte] *v/pr* 〈**-tt-**〉 ***se ~*** sich schlagen, prügeln
colleur [kɔlœʀ] *m* ***~ d'affiches*** Plakat(an)kleber *m*; *österr* Plakatierer *m*
colleuse [kɔløz] *f* CIN Klebepresse *f*
colley [kɔlɛ] *ou* **collie** [kɔli] *m* ZO Collie *m*
collier [kɔlje] *m* 1 Halsband *n*, -kette *f*; Kollier *n*; ***~ de fleurs*** Blumenkette *f*; ***~ de perles*** Perlenkette *f*, -kollier *n*, -schnur *f* 2 *d'animaux* Halsband *n*; ***~ de chien*** Hundehalsband *n*; ***~ de force*** Stachelhalsband *n* 3 *d'un cheval* Kum(me)t *n*; *fig*: ***franc du ~*** offen (*im Reden, Handeln*); ***donner un coup de ~*** sich ins Zeug legen; ***reprendre son ~*** (***de misère***) wieder ins Joch gespannt werden 4 ***~*** (***de barbe***) Fräse *f* 5 ZO andersfarbiger Halsring 6 TECH Schelle *f* 7 BOUCHERIE Hals *m*
collimateur [kɔlimatœʀ] *m* OPT Kollimator *m*; F *fig*: ***avoir qn dans le ~*** F j-n auf dem Kieker haben; ***prendre qn dans le ~*** j-n aufs Korn nehmen
colline [kɔlin] *f* Hügel *m*
collision [kɔlizjõ] *f* Zusammenstoß *m*, Kollision *f* (*a fig*); Zusammenprall(en) *m(n)*; *fig* ***~ d'intérêts*** Interessenkollision *f*; ***~ en chaîne*** Massenkarambolage *f*; Serienunfall *m*; ***~ entre deux véhicules*** Zusammenstoß zweier Fahrzeuge, zwischen zwei Fahrzeugen; ***entrer en ~*** zusammenstoßen (***avec*** mit)
collocation [kɔlɔkasjõ] *f* 1 JUR Rangzuweisung *f* 2 LING Kollokation *f*
collodion [kɔlɔdjõ] *m* CHIM Kollodium *n*
colloïdal [kɔlɔidal] *adj* 〈**-aux**〉 CHIM kolloidal
colloque [kɔlɔk] *m* Kolloquium *n*; ***tenir un ~*** ein Kolloquium abhalten
collusion [kɔlyzjõ] *f* abgekartetes Spiel
collutoire [kɔlytwaʀ] *m* PHARM Mund- und Rachenantiseptikum *n*
collyre [kɔliʀ] *m* PHARM Augentropfen *m/pl*; ***~ gras*** Augensalbe *f*
colmatage [kɔlmataʒ] *m* Abdichten *n*
colmater [kɔlmate] I *v/t* 1 *fuite, fissure* abdichten; zustopfen 2 MIL *brèche* abriegeln II *v/pr* ***se ~*** *tuyau etc* verschlammen
colo [kɔlo] *f* F *abr* → ***colonie*** *3*
colocataire [kolɔkatɛʀ] *m,f* Mitbewohner(in) *m(f)* e-s Mietshauses; Mitmieter(in) *m(f)*
Cologne [kɔlɔɲ] Köln *n*
Colomb [kɔlõ] HIST ***Christophe ~*** Christoph Kolumbus
colombage [kɔlõbaʒ] *m* ARCH Fachwerk *n*; ***maison*** *f* ***à ~s*** Fachwerkhaus *n*
colombe [kɔlõb] *f* 1 ZO Taube *f* (*a fig*, POL, REL); *fig* ***~ de la paix*** Friedenstaube *f* 2 *terme d'affection* ***ma ~*** mein Täubchen *n*
Colombie [kɔlõbi] ***la ~*** Kolumbien *n*
colombien [kɔlõbjɛ̃] I *adj* 〈**~ne**〉 kolumbianisch; kolumbisch II *subst* ***Colombien(ne)*** *m(f)* Kolum-

C

bianer(in) *m(f)*; Kolumbier(in) *m(f)*
colombier [kɔlõbje] *m* Taubenschlag *m*, -haus *n*
colombin [kɔlõbɛ̃] *m* 1 F (*étron*) Kothaufen *m*; F Kaktus *m* 2 POTERIE Tonwulst *m ou f*
colombophile [kɔlõbɔfil] I *adj* **société** *f* ~ Brieftaubenzüchterverein *m* II *m,f* Brieftaubenzüchter(in) *m(f)* **colombophilie** *f* Brieftaubenzucht *f*
colon [kɔlõ] *m* 1 HIST (An)Siedler *m*; Kolonist *m* 2 *enfant* Kind *n* in e-r Ferienkolonie 3 *arg militaire* (*colonel*) Oberst *m*; F *fig* **ben, mon ~!** F da biste platt, von den Socken!
côlon [kolõ] *m* ANAT Grimmdarm *m*; *sc* Kolon *n*
colonel [kɔlɔnɛl] *m* MIL Oberst *m*
colonial [kɔlɔnjal] ⟨*m/pl* **-aux**⟩ I *adj* kolonial; Kolonial…; **casque** ~ Tropenhelm *m*; **guerre ~e** Kolonialkrieg *m*; **puissance ~e** Kolonialmacht *f*; ARCH **de style** ~ im Kolonialstil II *subst* 1 *m* HIST Angehörige(r) *m* der Kolonialtruppen 2 *f* **~e** HIST Kolonialarmee *f*
colonialisme [kɔlɔnjalism] *m péj* Kolonialismus *m*
colonialiste *péj* I *adj* kolonialistisch II *m* Kolonialist *m*
colonie [kɔlɔni] *f* 1 HIST Kolonie *f*; Niederlassung *f*; Siedlung *f*; POL Kolonie *f* 2 *fig dans une ville* Kolonie *f*; **~ d'artistes** Künstlerkolonie *f* 3 **~ (de vacances)** Ferienkolonie *f*, -lager *n*; **partir en ~** in e-e Ferienkolonie fahren 4 BIOL Kolonie *f*; **~ d'abeilles** Bienenvolk *n*; **~ de termites** Termitenkolonie *f*
colonisateur [kɔlɔnizatœʀ] I *adj* ⟨**-trice**⟩ kolonisatorisch; kolonisierend II *m* Kolonisator *m* **colonisation** *f* Kolonisierung *f*; Kolonisation *f*; Besied(e)lung *f*
coloniser [kɔlɔnize] *v/t* kolonisieren; besiedeln
colonnade [kɔlɔnad] *f* ARCH Kolonnade *f*; Säulenreihe *f*
colonne [kɔlɔn] *f* 1 ARCH Säule *f* (*a d'un meuble*); *d'un lit a* Pfosten *m*; *par ext* **~ Morris** [mɔʀis] Litfaß-, Anschlagsäule *f* 2 *fig* Säule *f*; GÉOL **~s basaltiques** Basaltsäulen *f/pl*; PHYS **~ d'air, d'eau, de mercure** Luft-, Wasser-, Quecksilbersäule *f*; **~ de feu, de fumée** Feuer-, Rauchsäule *f*; MYTH **les ~s** *d'Hercule* die Säulen des Herkules, Herakles 3 TECH **a)** CONSTR **~ montante** Steigleitung *f*, -rohr *n*; **b)** AUTO **~ de direction** Lenksäule *f*; **c)** CHIM **~ (de distillation)** (Destillations)Kolonne *f* 4 ANAT **~ vertébrale** Wirbelsäule *f*; Rückgrat *n* 5 *d'un journal etc* Spalte *f*; Kolumne *f*; *de chiffres* Kolonne *f*; **~s de chiffres** Zahlenkolonnen *f/pl*; **~ des dizaines** Zehnerkolonne *f*; *par ext* **dans les ~s du journal X** in der Zeitung X; *texte* **sur deux, trois ~s** zwei-, dreispaltig; *titre* **sur cinq ~s à la une** über fünf Spalten auf der ersten Seite 6 MIL, *d'individus, de véhicules* Kolonne *f*; POL **cinquième ~** fünfte Kolonne; **~ de blindés** Panzerkolonne *f*; **~ de secours** Rettungsmannschaft *f*; **~ par deux, trois** Zweier-, Dreierkolonne *f*, -reihe *f*
colonnette [kɔlɔnɛt] *f* ARCH kleine Säule
colophane [kɔlɔfan] *f* Kolophonium *n*
coloquinte [kɔlɔkɛ̃t] *f* BOT Koloquinte *f*
colorant [kɔlɔʀɑ̃] I *adj* Farb…; **matière ~e** Farbstoff *m*; **shampooing ~** Tönungsshampoo *n* II *m* Farbstoff *m*; Farbe *f*; **~ alimentaire** Lebensmittelfarbstoff *m*
coloration [kɔlɔʀasjõ] *f* 1 (*couleur*) Färbung *f*; Farbe *f*; *ciel etc* **prendre une ~ étrange** e-e seltsame Farbe, Färbung annehmen 2 *action* Färben *n*; *par ext* **se faire faire une ~** sich (*dat*) die Haare färben lassen
colorature [cɔlɔʀatyʀ] *f* MUS ~ *ou adjt* **cantatrice** *f* ~ Koloratursängerin *f*
coloré [kɔlɔʀe] *adj* 1 *teint* rot; blühend; gesund; **verre ~** farbiges Glas; Farbglas *n* 2 *fig* farbig; **description ~e** farbige Beschreibung; **spectacle ~** farbenprächtiges, farbenfrohes Schauspiel; **style ~** farbiger Stil 3 *fig et st/s* **~ de** gemischt mit; **~ d'ironie** ironisch gefärbt
colorer [kɔlɔʀe] I *v/t* färben; **~ en bleu** blau färben II *v/pr* **se ~** sich färben (**de rouge** rot)
coloriage [kɔlɔʀjaʒ] *m* Malen *n* (mit Buntstift); *d'images* Ausmalen *n*; **album** *m* **de ~s** Malbuch *n*; **faire du ~, des ~s** (mit Buntstiften) malen
colorier [kɔlɔʀje] *v/t* 1 *enfant*: *dessin* ausmalen; *abs* malen; **album** *m* **à ~** Malbuch *n* 2 *estampe etc* kolorieren
coloris [kɔlɔʀi] *m* 1 PEINT Kolorit *n*; Farbgebung *f ou* -wirkung *f* 2 *par ext* Farbe *f*; Färbung *f*; **aux riches ~** farbenprächtig
coloriste [kɔlɔʀist] *m,f* Kolorist(in) *m(f)*
colossal [kɔlɔsal] *adj* ⟨**-aux**⟩ riesenhaft; Riesen…; gewaltig; gigantisch; ungeheuer; kolossal; Kolossal…; **fortune ~e** gewaltiges Vermögen; Riesenvermögen *n*; **statue ~e** Kolossalstatue *f*; *personne* **d'une taille ~e** riesen-, hünenhaft; **faire un effort ~ pour** (*+inf*) sich gewaltig anstrengen, um zu (*+inf*)
colossalement [kɔlɔsalmɑ̃] *adv* gewaltig; ungeheuer
colosse [kɔlɔs] *m* Koloss *m* (*statue et fig*); *fig d'une industrie, institution* Gigant *m*; Riese *m*; *fig* **~ aux pieds d'argile** Koloss auf tönernen Füßen; HIST **~ de Rhodes** Koloss von Rhodos; *personne* **c'est un vrai ~** er ist ein wahrer Koloss, Hüne
colostrum [kɔlɔstʀɔm] *m* PHYSIOL Kolostrum *n*; Vormilch *f*
colportage [kɔlpɔʀtaʒ] *m* COMM Hausieren *n*; Hausierhandel *m*
colporter [kɔlpɔʀte] *v/t* 1 COMM hausieren (gehen) mit 2 *fig* **~ une nouvelle** eine Neuigkeit überall herumerzählen; mit einer Neuigkeit hausieren gehen
colporteur [kɔlpɔʀtœʀ] *m*, **colporteuse** *f* Hausierer(in) *m(f)*
colt [kɔlt] *m* Colt *m*
coltiner [kɔltine] *v/pr* F **se ~ qn, un travail** F sich (*dat*) j-n, e-e Arbeit aufhalsen; **il faut se le ~** er ist schwer zu ertragen
columbarium [kɔlõbaʀjɔm] *m* Urnenhalle *f*; Kolumbarium *n*
col-vert [kɔlvɛʀ] *m* ZO ⟨*pl* **cols-verts**⟩ Stockente *f*
colza [kɔlza] *m* AGR Raps *m*; **huile** *f* **de ~** Rapsöl *n*
coma [kɔma] *m* MÉD tiefe Bewusstlosigkeit; *sc* Koma *n*; **~ dépassé** Gehirntod *m*; **~ diabétique** Zuckerkoma *n*; **entrer dans le ~** in tiefe Bewusstlosigkeit versinken; **être dans le ~** im Koma sein, liegen; **sortir du ~** aus dem Koma erwachen
comateux [kɔmatø] MÉD I *adj* ⟨**-euse**⟩ komatös; **état ~** komatöser Zustand; Koma *n* II *m* Kranke(r) *m*, Patient *m* im Koma
combat [kõba] *m* Kampf *m* (*a fig et* SPORTS); MIL *a* Gefecht *n*; **~ aérien** Luftkampf *m*; **~ naval** Seege-

fecht *n*; *litt* ~ ***singulier*** Zweikampf *m*; ~ ***terrestre*** Erdkampf *m*; ~ ***de boxe*** Boxkampf *m*; ~ ***de coqs*** Hahnenkampf *m*; HIST ~ ***de gladiateurs*** Gladiatorenkampf *m*; ~***s de rues*** MIL Straßenkämpfe *m/pl*; *par ext* Straßenschlacht *f*; *loc/adj*: ***de*** ~ Kampf…; ***avion*** *m* ***de*** ~ Kampfflugzeug *n*; MIL *et fig* ***'hors de*** ~ außer Gefecht; kampfunfähig; ***mettre 'hors de*** ~ außer Gefecht setzen; kampfunfähig machen; ***être*** (***mis***) ***'hors de*** ~ außer Gefecht gesetzt sein; kampfunfähig sein; *plais* ***et le*** ~ ***cessa faute de combattants*** die Schlägerei war vorbei, weil alle kampfunfähig waren; *par ext* die Diskussion endete, weil niemandem mehr etwas einfiel; MIL ***livrer*** (***un***) ~ e-e Schlacht schlagen, liefern; *fig* ***livrer*** ~ ***à qc*** etw bekämpfen; gegen etw kämpfen; MIL ***marcher au*** ~ in den Kampf ziehen

combatif [kõbatif] **I** *adj* ⟨**-ive**⟩ kämpferisch; kampf(es)lustig; ***être*** ~ *a* e-e Kämpfernatur sein; Kampfgeist haben **II** *m* Kämpfernatur *f*

combativité [kõbativite] *f* Kampfgeist *m*; Kampf(es)lust *f*; MIL *a* Kampfkraft *f*; ***faire preuve de*** ~ Kampfgeist zeigen; sich kampf(es)lustig zeigen

combattant [kõbatɑ̃] **I** *adj* MIL kämpfend; Kampf… **II** *m* **1** MIL Soldat *m* im Kampf; Frontsoldat *m*; Kombattant *m*; ~***s*** *pl* kämpfende Truppe(n) *f(pl)*; Kampftruppe(n) *f(pl)* **2** ***ancien*** ~ (ehemaliger) Kriegsteilnehmer, Frontkämpfer **3** *par ext* Kämpfer *m*; Kämpfende(r) *m*; ***séparer les*** ~***s*** die Streitenden, Kämpfenden, F Kampfhähne trennen

combattre [kõbatʀ] ⟨→ **battre**⟩ **I** *v/t* ~ ***qn, qc*** j-n, etw bekämpfen; gegen j-n, etw kämpfen; gegen etw ankämpfen; *st/s* gegen j-n fechten, streiten **II** *v/t/indir et v/i* kämpfen, *st/s* streiten (***contre*** gegen); ~ ***contre qn, qc*** *a* j-n, etw bekämpfen; ~ ***pour le, son droit*** für das, um sein Recht kämpfen **III** *v/pr* ***se*** ~ sich, einander bekämpfen; gegeneinander kämpfen

combe [kõb] *f* GÉOGR Erosionstal *n* (*im Jura*)

combien [kõbjɛ̃] **I** *adv* **1** (*quelle quantité*) wie viel; ♦ *avec* ***de*** *+subst*: ~ ***de fois*** wie oft; wievielmal; wie viele Male; ~ ***de fois lui ai-je dit …*** wie oft habe ich ihm gesagt …; F ich hab ihm schon hundertmal gesagt …; ~ ***y a-t-il de participants*** *ou* ~ ***de participants y a-t-il?*** wie viel(e) Teilnehmer sind es?; ~ ***de jours*** *restez-vous?* wie viele Tage …?; ~ ***de temps*** wie lang(e); wie viel Zeit; ***depuis*** ~ ***de temps êtes-vous là?*** wie lange sind Sie schon da?; ***pour*** ~ ***de temps?*** für wie lange?; ***à*** ~ ***cela vous est-il revenu?*** wie viel, was haben Sie dafür bezahlt?; ♦ *avec verbe*: ~ ***y a-t-il jusqu'à …?*** wie weit ist es bis …?; ~ ***coûte …?*** wie viel, was kostet …?; ~ ***vous dois-je?*** *ou* ***je vous dois*** ~***?*** was bin ich (Ihnen) schuldig?; wie viel schulde ich Ihnen?; F ***c'est*** ~***?*** *ou* ***ça fait*** ~***?*** wie viel macht das?; das macht wie viel?; ~ ***sont-ils?*** *ou* F ~ ***qu'ils sont?*** wie viel(e) sind es?; ~ ***mesure …?*** wie groß ist …?; ~ ***pèse …?*** wie viel wiegt …?; wie schwer ist …?; ~ ***en a-t-on vus qui …*** wie viele gab es, hat es gegeben, die …; wie viele …; ♦ *loc/adv* ***à*** ~ ***évaluez-vous …?*** (auf) wie hoch, auf wie viel schätzen Sie …?; ***de*** ~ ***a-t-il grandi?*** um wie viel ist er gewachsen? **2** (*à quel point*) wie sehr; wie viel; *avec adj* wie; *st/s* ~ ***rares sont …!*** wie selten sind …!; *tu ne sais pas* ~ ***il regrette …***, ~ ***il a souffert …*** wie sehr er es bedauert, wie sehr *ou* wie viel er gelitten hat; *en incise st/s* ***ô*** ~***!*** oh, so sehr! **II** *subst* **1** *date* ***le*** ~ der Wievielte; ***le*** ~ ***sommes-nous?*** *ou* F ***c'est le*** ~ (***aujourd'hui***)***?*** der Wievielte ist, den Wievielten haben wir heute? **2** F ***tu es le, la*** ~***?*** der, die Wievielte bist du?; F ***vous chaussez du*** ~***?*** welche Schuhgröße haben Sie?; F *bus, train* ***il passe tous les*** ~***?*** wie oft, in welchen Abständen fährt er?

combientième [kõbjɛ̃tjɛm] F *pr/ind* ***le, la*** ~ der, die, das wievielte; *subst* ***il est arrivé le*** ~***?*** als Wievielter ist er angekommen?

combinaison [kõbinɛzõ] *f* **1** Kombination *f* (*a* MATH); Zusammenstellung *f*; CHIM Verbindung *f*; *d'un coffre-fort* (Buchstaben-, Zahlen)Kombination *f*; ~ ***de couleurs*** Farbkombination *f*, -zusammenstellung *f* **2** *fig* (*combine*) Mittel *n*; Kniff *m*; Trick *m*; *péj* ~***s*** *pl* Praktiken *f/pl*; Machenschaften *f/pl*; F *péj* krumme Touren *f/pl* **3 a)** *vêtement* Overall *m*; Kombination *f*; ~ ***spatiale*** Raumanzug *m*; ~ ***d'aviateur*** Fliegerkombination *f*; ~ ***de bébé*** Strampelanzug *m*; Strampler *m*; ~ ***de mécanicien*** Monteuranzug *m*; ~ ***de ski*** Skianzug *m*; **b)** *sous-vêtement* Unterkleid *n*, -rock *m*

combinard [kõbinaʀ] F *péj adj* durchtrieben; F gerissen; gerieben; ***il est*** ~ *ou subst* ***c'est un*** ~ *a* F er ist mit allen Wassern gewaschen, ein Schlawiner

combinat [kõbina] *m* (Industrie)Kombinat *n*

combinatoire [kõbinatwaʀ] *adj* kombinatorisch; MATH ***analyse*** *f* ~ Kombinatorik *f*

combine [kõbin] *f* F **1** *péj* Trick *m*; Kniff *m*; F Dreh *m*; Masche *f*; ***connaître la*** ~ F den Trick, Kniff, Dreh raushaben; ***être dans la*** ~ Bescheid wissen; eingeweiht sein **2** *sous-vêtement* Unterkleid *n*, -rock *m*

combiné [kõbine] **I** *adj* kombiniert; verbunden **II** *m* **1** TÉL Hörer *m* **2** SKI ~ ***alpin*** alpine Kombination; ~ ***nordique*** nordische Kombination **3** *pour femme* Korselett *n* **4** TECH Radio-Phono-Kombination *f*

combiner [kõbine] **I** *v/t* **1** (*arranger*) kombinieren; zusammenstellen; anordnen **2** CHIM verbinden **3** *fig* (*organiser*) (vorbereiten und) organisieren; ausarbeiten; arrangieren **II** *v/pr* ***se*** ~ **1** CHIM sich verbinden; e-e Verbindung eingehen **2** *fig* ***ça s'est bien combiné*** das hat sich gut gefügt

comble[1] [kõbl] *m* **1** (*maximum*) Gipfel *m*; Höhepunkt *m*; ***le*** ~ ***de l'insolence*** der Gipfel der Unverschämtheit; ***pour*** ~ ***de malheur, de malchance*** um das Unglück vollzumachen; zu allem Unglück; ***c'est le, un*** ~***!*** das ist doch die Höhe, der Gipfel!; F das schlägt dem Fass den Boden aus!; *iron* ***le*** ~, ***c'est que …*** und was das Allerschönste ist …; ***c'était le*** ~ ***du ridicule*** das war der Gipfel der Lächerlichkeit; F das war das Allerletzte; ***sa colère était à son*** ~ sein Zorn hatte den Siedepunkt erreicht; ***sa joie était à son*** ~ sein Glück war vollkommen; ***être au*** ~ ***du désespoir*** zutiefst verzweifelt sein; ***être au*** ~ ***de la joie*** überglücklich, selig sein; in (Glück)Seligkeit schwimmen; ***mettre le*** ~ ***à la confusion*** die Verwirrung vollständig machen; ***mettre le*** ~ ***au désespoir, à la joie de qn*** j-n in tiefste Verzweiflung stürzen, j-n überglücklich machen; ***mettre qn au*** ~ ***de l'exaspération*** j-n aufs Äußerste reizen, erbittern **2** CONSTR Dach(form) *n(f)*; Dachstuhl *m*; ~***s*** *pl* Dachgeschoss *ou österr* -geschoß *n*; ~

à la Mansart Mansard(en)dach *n*; *habiter* ***sous les ~s*** unter dem Dach; im Dachgeschoss; in e-r Dachwohnung; ***aménager les ~s*** das Dachgeschoss ausbauen; → *a* ***fond*** *1*

comble[2] [kõbl] *adj salle, cinéma* (gedrängt) voll; ***bus*** *m*, ***train*** *m* ~ überfüllter, voll besetzter Bus, Zug; *fig* ***la mesure est ~*** das Maß ist voll; ***faire salle ~*** ein volles Haus, volle Häuser bringen; ***jouer devant une salle ~*** vor ausverkauftem, voll besetztem Haus spielen

comblement [kõbləmɑ̃] *m* Zuschütten *n*; Auffüllen *n*

combler [kõble] *v/t* **1** zuschütten; auffüllen; ***~ un fossé*** einen Graben zuschütten, auffüllen **2** *fig*: *lacune, vide* ausfüllen; schließen; *déficit* ausgleichen; *retard* aufholen; ***~ un manque*** e-m Mangel abhelfen; ***avoir un énorme retard à ~*** e-n gewaltigen Nachholbedarf, Rückstand haben **3** *vœux, désirs* erfüllen; *besoin* befriedigen; ***~ qn*** j-s Wünsche, Hoffnungen in reichem Maß erfüllen; j-n (über)glücklich machen; ***~ qn de qc*** j-n mit etw überschütten, überhäufen; ***~ qn de joie*** j-n mit Freude erfüllen; *plais* ***vous me comblez!*** Sie verwöhnen mich!; *plais* womit hab ich das verdient!; *adjt*: ***être comblé*** äußerst zufrieden, *p/fort* (über)glücklich sein; ***comblé d'honneurs*** mit Ehren überhäuft

Combs-la-Ville [kõblavil] *Stadt im Dep. Seine-et--Marne*

comburant [kõbyʀɑ̃] *m* CHIM Oxidationsmittel *n*

combustibilité [kõbystibilite] *f* Brennbarkeit *f*

combustible [kõbystibl] **I** *adj* brennbar; entzündlich, -bar; NUCL ***élément*** *m* ~ Brennelement *n* **II** *m* Brennstoff *m*; ***~s artificiels, gazeux, liquides, naturels*** künstliche, gasförmige, flüssige, natürliche Brennstoffe; ***~ nucléaire*** Kernbrennstoff *m*; ***~s solides*** feste Brennstoffe

combustion [kõbystjõ] *f* CHIM, TECH, PHYSIOL Verbrennung *f*; ***~ lente*** stille Oxidation; ***~ vive*** (*eigentliche*) Verbrennung *f*

Côme [kom] Como; ***le lac de ~*** der Comer See

comédie [kɔmedi] *f* **1** THÉ Komödie *f* (*a genre*); Lustspiel *n*; ***~ musicale*** Musical ['mjuːzɪkəl] *n*; ***~ d'intrigue*** Intrigenstück *n*; ***~ de mœurs*** Sittenkomödie *f*; ***~ de boulevard*** Boulevardstück *n* **2** *fig* Theater *n*; Schauspielerei *f*; F Affentheater *n*; F ***quelle ~!*** F so ein Affentheater!; F ***pas de ~!*** kein Theater, Getue bitte!; ***cesse tes ~s!*** hör auf mit dem, diesem Theater!; ***c'est de la ~*** das ist nur Theater, F Mache; F ***faire toute une ~*** ein Drama daraus machen; F ein Affentheater machen; ***jouer la ~*** schauspielern; Komödie, (nur) Theater spielen

comédie-ballet [kɔmedibalɛ] *f* ⟨*pl* **comédies-ballets**⟩ THÉ Ballettkomödie *f*

Comédie-Française [kɔmedifʀɑ̃sɛz] *f* Comédie Française *f* (*Nationaltheater in Paris*)

comédien [kɔmedjɛ̃] *m*, **comédienne** *f* **1** **a)** (*acteur*) Schauspieler(in) *m(f)*; *autrefois* Komödiant(in) *m(f)*; ***troupe*** *f* ***de comédiens*** Theatertruppe *f*; Ensemble *n*; **b)** (*acteur comique*) Darsteller(in) *m(f)* komischer Rollen; Komiker(in) *m(f)* **2** *fig* Komödiant(in) *m(f)*; Schauspieler(in) *m(f)*; ***c'est un vrai***, *adjt* ***il est très comédien*** (*cabotin*) er schauspielert gern; er setzt sich gern in Szene; (*hypocrite*) er ist ein Heuchler, Komödiant; er spielt immer Theater

comédiens-français [kɔmedjɛ̃fʀɑ̃sɛ] *m/pl* (***Société*** *f* ***des***) ~ ständige Mitglieder *n/pl* der Comédie Française

comédon [kɔmedõ] *m* Mitesser *m*

comestible [kɔmɛstibl] **I** *adj* essbar; genießbar; ***champignon*** *m* ~ Speisepilz *m* **II** *m/pl* ***~s*** Esswaren *f/pl*; Nahrungs-, Lebensmittel *n/pl*

comète [kɔmɛt] *f* ASTR Komet *m*; *fig* ***tirer des plans sur la ~*** Luftschlösser bauen

comique [kɔmik] **I** *adj* **1** THÉ, CIN komisch; Komödien…; Lustspiel…; ***acteur*** *m* ~ Komiker *m*; Darsteller *m* komischer Rollen; ***auteur*** *m* ~ Komödien-, Lustspieldichter *m*; Verfasser *m* von Komödien; ***genre*** *m*, ***théâtre*** *m* ~ Komödie *f* (*als Gattung*); ***personnage*** *m* ~ lustige, komische Person; ***pièce*** *f* ~ Komödie *f*; ***rôle*** *m* ~ komische Rolle **2** (*amusant*) komisch; spaßig; lustig; ulkig; drollig **II** *m* **1** (*éléments comiques*) Komik *f*; ***~ de caractère, de situation*** Charakter-, Situationskomik *f*; ***le ~ d'une scène*** die Komik e-r Szene; *par ext* ***le ~ de la chose, c'est que …*** das Lustige an der Sache ist, dass … **2** *genre* Komödie *f* **3** *acteur* Komiker *m*; Darsteller *m* komischer Rollen

comité [kɔmite] *m* Ausschuss *m*; Komitee *n*; Kommission *f*; Gremium *n*; ***~ consultatif*** beratender Ausschuss; Beirat *m*; ***~ directeur*** Vorstand *m*; leitendes Gremium; ***~ exécutif*** Exekutivausschuss *m*, -komitee *n*; ***~ d'action*** Aktionskomitee *n*; ***~ de coordination*** Koordinierungsausschuss *m*; ***~ de défense*** Interessengemeinschaft *f*; Bürgerinitiative *f*; ***~ d'entreprise*** *correspond à* Betriebsrat *m*; ***~ des fêtes*** Festkomitee *n*; ***~ de grève*** Streikkomitee *n*; ***~ de rédaction*** Redaktion(sstab) *f(m)*; HIST ***Comité de salut public*** Wohlfahrtsausschuss *m*; ***~ de soutien*** Hilfskomitee *n*; *loc/adv*: *fig* ***en petit ~*** in engstem, kleinem Kreis; ***en ~ secret*** in nicht öffentlicher Sitzung

commandant [kɔmɑ̃dɑ̃] *m* **1** MIL **a)** *grade* Major *m*; **b)** (*chef*) Kommandeur *m*; MAR, AVIAT Kommandant *m*; ***~ en chef*** (Ober)Befehlshaber *m* **2** MAR Kapitän *m*; AVIAT ***~ de bord*** Flugkapitän *m*

commande [kɔmɑ̃d] *f* **1** COMM Bestellung *f* (*a marchandise commandée*); Auftrag *m*; Auftragserteilung *f*; *loc/adv* ***à la ~*** bei Bestellung; *loc/adj* ***de ~*** Bestell…; *fig sourire etc* zur Schau getragen; gespielt; *loc/adv* ***sur ~*** auf Bestellung; *fig* auf Befehl, Kommando; ***faire, passer une ~ à qn*** bei j-m e-e Bestellung aufgeben, machen; j-m e-n Auftrag erteilen **2** TECH **a)** (*mise en action*) Antrieb *m*; ***~ électrique*** elektrischer Antrieb; **b)** *mécanisme* Steuerung *f*; Lenkung *f*; Schaltung *f*; ***~ à distance*** Fernsteuerung *f*, -lenkung *f*; *loc/adj* ***de ~*** Steuer…; Schalt…; Bedienungs…; ***être aux ~s***, *fig* ***tenir les ~s*** steuern, lenken (***de qc*** etw); ***se mettre aux ~s, prendre les ~s*** das Steuer, die Führung übernehmen (*a fig*); → *a* ***double-commande***

commandement [kɔmɑ̃dmɑ̃] *m* **1** MIL **a)** (*ordre*) Befehl *m*; Kommando *n*; *par ext* ***ton*** *m* ***de ~*** Befehlston *m*; ***à mon ~, …!*** auf mein Kommando, …!; **b)** (*pouvoir de commander*) Befehl(sgewalt) *m(f)*, Kommando(gewalt) *n(f)* (***d'une armée*** über e-e Armee); Führung *f* (e-r Armee); ***prendre le ~*** (***d'une armée***) das Kommando, den Befehl (über e-e Armee) übernehmen; ***exercer le ~ d'une armée*** den Befehl über e-e Armee haben, führen; ***être sous***

le ~ de qn unter j-s Befehl, Kommando (*dat*) stehen; von j-m befehligt werden; **c)** *autorité militaire* Kommando(behörde) *n(f)*; **'haut ~, ~ suprême** Oberkommando *n* **2** REL Gebot *n*; **les dix ~s** die Zehn Gebote *n/pl*

commander [kɔmɑ̃de] **I** *v/t* **1** COMM, *qc au café, taxi etc* bestellen; COMM *a, œuvre d'art* in Auftrag geben (**à qn** bei j-m) **2 a)** MIL *troupes* kommandieren; befehligen; den Befehl haben, führen über (*+acc*); **général commandant un corps d'armée** Kommandierender General (*e-s Armeekorps*); **b)** *par ext employés, expédition etc* führen; leiten; die Führung, Leitung haben (*+gén*); **c)** **~ qn** j-n kommandieren; j-m befehlen; F j-n herumkommandieren; **il n'aime pas qu'on le commande** er lässt sich (*dat*) nicht gern befehlen, F herumkommandieren **3** MIL **~ l'attaque, la retraite** den Angriff, den Rückzug befehlen; den Befehl zum Angriff, zum Rückzug geben; *par ext* **~ des mesures** Maßnahmen anordnen **4** (*dominer*) (durch s-e Lage) beherrschen; *forteresse, ville* **~ l'accès à qc** den Zugang zu etw beherrschen, kontrollieren **5** (*exiger*) *situation* **~ la patience, le courage** Geduld, Mut erfordern, verlangen **6** TECH betätigen; steuern; wirken auf (*+acc*); antreiben **II** *v/t/indir* **1** **~ à qn de** (*+inf*) j-m befehlen, den Befehl geben zu (*+inf*) **2** *fig* **~ à ses passions, sentiments** s-e Leidenschaften, Gefühle beherrschen **III** *v/i* befehlen; den Befehl, das Kommando haben, führen; **qui est-ce qui commande ici?** *a* wer gibt hier die Befehle? **IV** *v/pr sentiment* **ne pas se ~** sich nicht erzwingen lassen

commanderie [kɔmɑ̃dʀi] *f* HIST Komturei *f*

commandeur [kɔmɑ̃dœʀ] *m* **1** *de la Légion d'honneur* Komtur *m* (*a* HIST); Kommandeur *m* **2** ISLAM **~ des croyants** Beherrscher *m* der Gläubigen

commanditaire [kɔmɑ̃ditɛʀ] *m* COMM Kommanditist *m*; *schweiz* Kommanditär *m*; (*bailleur de fonds*) Geldgeber *m*

commandite [kɔmɑ̃dit] *f* COMM (**société** *f* **en**) **~** Kommanditgesellschaft *f* (*abr* KG)

commanditer [kɔmɑ̃dite] *v/t* COMM Kapital einbringen in (*+acc*); finanzieren

commando [kɔmɑ̃do] *m* Kommando *n*; *de terroristes a* Gruppe *f*; MIL **opération** *f* **de ~** Kommandounternehmen *n*

comme [kɔm] **I** *conj dans des comparaisons* wie; **tout ~** genau(so), ebenso, gerade(so) wie; **ce n'est pas terminé, mais c'est tout ~** es ist so gut wie fertig; **a)** *avec subst*: **~ son frère** (ebenso) wie sein Bruder; **et moi, ~ un idiot, …** F und ich, blöd wie ich bin, …; **blanc ~ neige** weiß wie Schnee; schneeweiß; *il oubliera cela* (**tout**) **~ le reste** (genauso) wie alles Übrige; ♦ *énumération*: *les animaux domestiques* **~ le chien, le chat** wie (zum Beispiel) der Hund, die Katze; ♦ *atténuation*: *j'ai entendu* **~ une explosion** so etwas wie e-e Explosion; **j'ai ~ une idée que …** ich habe so e-e Ahnung, (so) ein dunkles Gefühl, dass …; **b)** *avec pr*: **l'un ~ l'autre parlent …** der eine wie der andere spricht …; beide sprechen …; *un homme* **~ lui** wie er; F **~ qui dirait** sozusagen; in gewisser Weise; so etwas wie; (so) e-e Art; praktisch; fast wie; F **~ tout** äußerst; höchst; F unwahrscheinlich; → *a* **ça** *1*, **quoi** *II 1*; **c)** *avec adv et adj*: **~ autrefois** wie früher; *la ville était* **~ morte** wie ausgestorben; **d)** *avec conj*: *il fit un geste* **~ pour m'interrompre** als wollte er mich unterbrechen; als ob er mich unterbrechen wollte; **~ quand il fait de l'orage** so wie bei (e-m) Gewitter; **~ si** als ob; F als wenn; **~ s'il ne le savait pas** als ob er es nicht wüsste; **e)** *avec verbe*: **~ elle le croit** wie sie glaubt; **faites ~ il vous plaira** machen Sie es, wie Sie wollen; **~ vous voulez** *ou* **voudrez** wie Sie wollen **II** *conj* **1** *temporel* als; **~ nous partions** als wir aufbrachen **2** *causal* da; **~ je n'avais pas le temps** da ich keine Zeit hatte **III** *adv* **1** *surtout dans des exclamations* wie; wie sehr; F **~ vous y allez!** F na, Sie sind (vielleicht) gut!; **tu sais ~ il est** du weißt, wie er ist; **~ c'est laid!** wie hässlich das ist!; **Dieu sait ~!** weiß der Himmel *ou* Teufel, wie!; F **il faut voir ~!** das muss man gesehen haben!; aber wie! **2** (*en tant que*) als; **~ collègue**, *il est très agréable* als Kollege; **~ livres, il n'a que …** an Büchern hat er nur …; **~ metteur en scène et ~ acteur** sowohl als Regisseur wie auch als Schauspieler; **c'est très intéressant ~ travail** es ist e-e sehr interessante Arbeit

commedia dell'arte [kɔmedjadɛlaʀte] *f* THÉ Commedia dell'Arte *f*

commémoratif [kɔmemɔʀatif] *adj* ⟨-ive⟩ Gedenk…; Gedächtnis…; **cérémonie commémorative** Gedenk-, Gedächtnisfeier *f*; **journée commémorative** Gedenktag *m*; **monument ~** Denkmal *n*

commémoration [kɔmemɔʀasjõ] *f* **1** (*souvenir*) Gedenken *n*; *st/s* Gedächtnis *n*; **en ~ de** zum Gedenken an (*+acc*) **2** *cérémonie* Gedächtnis-, Gedenkfeier *f*

commémorer [kɔmemɔʀe] *v/t* (mit e-r Feier) gedenken (*+gén*); feierlich begehen

commençant [kɔmɑ̃sɑ̃] *m*, **commençante** *f* Anfänger(in) *m(f)*

commencement [kɔmɑ̃smɑ̃] *m* Anfang *m*; Beginn *m*; **~ d'incendie** beginnender Brand; **~ du monde** Entstehung *f* der Welt; **~ des temps** Beginn, Anfang der Zeiten; *loc/adv* **au ~** am Anfang; zu, bei Beginn; anfangs; anfänglich; BIBL *a* im Anfang; *loc/prép* **au ~ de** am Anfang (*+gén*); *loc/adv*: **du ~ à la fin** von Anfang bis Ende; vom Anfang bis zum Ende; **depuis le ~** von Anfang, Beginn an; seit dem Anfang, Beginn; **dès le ~** schon zu, bei Beginn, am Anfang; von Anfang an; **c'est le ~ de la fin** das ist der Anfang vom Ende; *prov* **il y a** (**un**) **~ à tout** aller Anfang ist schwer (*prov*); es ist noch kein Meister vom Himmel gefallen (*prov*)

commencer [kɔmɑ̃se] ⟨**-ç-**⟩ **I** *v/t* **1** *personne* **~ qc** (mit) etw beginnen, anfangen; **~ des, ses études** das, sein, mit dem Studium anfangen, beginnen; **nous avions commencé les 'hors-d'œuvre** wir waren gerade bei der Vorspeise; **~ la lecture d'un roman** mit der Lektüre e-s Romans beginnen, anfangen; **~ un roman** e-n Roman (zu lesen *ou* schreiben) beginnen, anfangen; mit e-m Roman beginnen; **~ qc par qc** etw mit etw beginnen, anfangen; **~ son discours par …** s-e Rede mit … beginnen, einleiten; **~ sa journée par …** den Tag mit … beginnen, anfangen **2** *chose* **~ qc** am Anfang e-r Sache (*gén*) stehen; den Auftakt zu etw bilden; etw einleiten; *mot* **~ une phrase** am Anfang e-s Satzes stehen **3** **~ un élève** e-m Schüler die Grundbegriffe beibringen **II** *v/t/indir* **~ à** *ou litt* **de** (*+inf*) anfangen, beginnen zu (*+inf*); F **je commence à en avoir as-**

C

sez F jetzt langt's mir allmählich; jetzt hab ich's allmählich satt; **~ à comprendre** beginnen, anfangen zu verstehen, begreifen; allmählich verstehen, begreifen; **il commençait à étouffer** er war dem Ersticken nahe, kurz vor dem Ersticken; F **ça commence à bien faire** F jetzt langt's aber allmählich; **~ à jouer** zu spielen anfangen, beginnen; MUS *a* einsetzen; **~ à manger** zu essen, mit dem Essen anfangen, beginnen; **~ à parler** zu reden, *a enfant* zu sprechen beginnen, anfangen; ♦ **~ par faire qc** zuerst, zunächst, anfangs etw tun; **commence par faire tes devoirs**, *tu joueras après* mach zuerst deine Aufgaben ...; **~ par qc** mit etw beginnen, anfangen; **par où ~?** wo(mit) (soll ich *ou* sollen wir) beginnen, anfangen?; **il commence par où il devrait finir** er tut den zweiten Schritt vor dem ersten; **le spectacle commence par** *un ballet* die Vorstellung beginnt mit ..., fängt mit ... an, wird von ... eingeleitet; **commençons par le commencement** beginnen wir am, beim, mit dem Anfang **III** *v/i* ⟨*Zustand* **être**⟩ anfangen; beginnen; *personne a* den Anfang machen; *production a* anlaufen; **l'été commence le** *21 juin* der Sommer beginnt am ...; F **ça commence mal**, *iron* **bien** F *iron* das fängt ja gut an; *les travaux* **(s)ont commencé(s)** haben begonnen; *dire* **en commençant** zu Beginn, am Anfang, anfangs **IV** *v/imp* **il commence à faire chaud** es wird allmählich warm; **il commence à pleuvoir** es beginnt, fängt an zu regnen

commensal [kɔmɑ̃sal] *m* ⟨*pl* **-aux**⟩ *litt* Tischgenosse *m*

commensurable [kɔmɑ̃syʀabl] *adj* MATH kommensurabel

comment [kɔmɑ̃] **I** *adv* wie; ♦ **~?** wie (bitte)?; *impoli* was?; **~!** *vous ne le saviez pas?* wie, ...?; was, ...?; ♦ **~ ça** *ou* **cela?** (*expliquez mieux*) wie denn das?; **~ donc** *ou* **diable**, *a-t-il pu faire?* wie zum Teufel ...?; *je peux en prendre?* - **mais ~ donc!** aber selbstverständlich, natürlich!; *pour renforcer* F **et ~!** und wie!; F **~ qu'on l'a eu!** F den haben wir ganz schön hereingelegt!; F **~ qu'elle est?** wie ist sie denn?; ♦ **~ allez-vous?** wie geht es Ihnen?; **~ faire?** wie soll man *ou* soll ich *ou* sollen wir das machen?; **~ y vas-tu?** wie kommst du hin?; *je ne sais pas* **~ il a fait** wie er es gemacht hat; **voilà ~ il faut faire** so muss man es, das machen **II** *subst* ⟨*inv*⟩ **le ~** das Wie

commentaire [kɔmɑ̃tɛʀ] *m* **1** *dans les médias*, JUR, BIBL *etc* Kommentar *m*; *d'un documentaire* (Begleit)Text *m*; **~ de presse** Pressekommentar *m*; *fig*: **pas de ~** kein Kommentar; *à un enfant* **pas de ~!** kein Wort mehr!; keine Widerrede!; **sans ~!** *ou* **cela se passe de ~(s)** Kommentar überflüssig! **2** (*propos malveillants*) **~s** *pl* Gerede *n*; Redereien *f/pl*; **faire des ~s sur qn, qc** über j-n, etw (abfällig) reden, abfällige Bemerkungen machen **3** ÉCOLE **~ (composé, de texte)** Textinterpretation *f*, -analyse *f*

commentateur [kɔmɑ̃tatœʀ] *m*, **commentatrice** *f* Kommentator *m*, Kommentatorin *f*

commenter [kɔmɑ̃te] *v/t* kommentieren; *adjt* **visite commentée** Führung *f*

commérages [kɔmeʀaʒ] *m/pl* Klatsch *m*; Gerede *n*; Redereien *f/pl*; F Tratsch *m*; Tratscherei *f*

commerçant [kɔmɛʀsɑ̃] **I** *adj* Handels...; Handel treibend; Geschäfts...; **rue ~e** Geschäftsstraße *f*; **il est très ~** er ist ein sehr guter Geschäftsmann **II** *subst* **~(e)** *m(f)* Kaufmann *m*, Kauffrau *f* (*a* JUR); *par ext* Geschäftsmann *m*, -frau *f*; **les petits ~s** die kleinen Kaufleute *pl*; die (kleinen) Einzelhändler *m/pl*; **~ de** *ou* **en gros** Großhändler *m*; Grossist *m*

commerce [kɔmɛʀs] *m* **1** Handel *m*; **~ extérieur, international** Außenhandel *m*; **~ intérieur** Binnenhandel *m*; **~ de détail** Einzel-, Detail-, Kleinhandel *m*; **~ de, en gros** Großhandel *m*; **chambre** *f*, **école** *f* **de ~** Handelskammer *f*, -schule *f*; **employé** *m* **de ~** kaufmännische(r) Angestellte(r); *loc/adv* **dans le ~** im Handel; **être dans le ~** *personne* im Handel tätig sein; Kaufmann sein; *chose* im Handel (erhältlich) sein; **cela est** *ou* **se trouve dans le ~** *a* das gibt es zu kaufen; **faire du ~** Handel treiben; **faire le ~ de qc** mit etw handeln; *fig* **faire ~ de ses charmes, de son corps** sich, ihren Körper verkaufen **2** (*magasin*) Geschäft *n*; Laden *m*; **tenir un ~** ein Geschäft haben, führen **3** (*commerçants*) **le ~** der Handel; **le petit ~** die kleinen Kaufleute *pl*; der Einzelhandel **4** *litt* **il est d'un ~ agréable** der Umgang mit ihm ist angenehm

commercer [kɔmɛʀse] *v/i* ⟨**-ç-**⟩ Handel treiben (**avec qn** mit j-m)

commercial [kɔmɛʀsjal] ⟨*m/pl* **-aux**⟩ **I** *adj* **1** Handels...; kaufmännisch; kommerziell; Geschäfts...; **entreprise ~e** Handelsunternehmen *n*; **français ~** Kaufmannsfranzösisch *n*; **locaux commerciaux** Geschäftsräume *m/pl*; gewerbliche Räume *m/pl*; **relations ~es** Handelsbeziehungen *f/pl* **2** *péj* nur dem Kommerz dienend; *par ext* reißerisch; **film** *etc* **~** Reißer *m* **II** *subst* **1** *m employé* kaufmännische(r) Angestellte(r) *m* **2** *m secteur* kaufmännischer, kommerzieller Bereich **3** *f* **~e** AUTO Kombi (-wagen) *m*

commercialisation [kɔmɛʀsjalizasjõ] *f* Vertrieb *m*; Vermarktung *f*; Kommerzialisierung *f* (*a péj du sport etc*); **il faut attendre la ~** man muss warten, bis es in den Handel kommt

commercialiser [kɔmɛʀsjalize] *v/t* in den Handel bringen; vermarkten; kommerzialisieren (*a fig et péj*)

commère [kɔmɛʀ] *f* **1** Klatschbase *f*, -weib *n* **2** *litt* Gevatterin *f*

commérer [kɔmeʀe] *v/i* ⟨**-è-**⟩ klatschen; F tratschen

commettre [kɔmɛtʀ] ⟨→ **mettre**⟩ **I** *v/t* begehen; **~ un crime** ein Verbrechen begehen, verüben; **~ une erreur** einen Fehler begehen; **~ une injustice** (**à l'égard de qn**) (j-m gegenüber) e-e Ungerechtigkeit begehen, ungerecht sein **II** *v/pr* **1** **se ~ avec qn** sich mit j-m einlassen **2** *sens passif* **il se commet** *des injustices etc ...* werden begangen, geschehen

comminatoire [kɔminatwaʀ] *adj st/s* (*menaçant*) drohend; Droh...

commis [kɔmi] **I** *m* **1** kaufmännische(r) Angestellte(r) *m*; Handlungsgehilfe *m*; **~ voyageur** Handlungsreisende(r) *m*; **~ aux écritures** Kontorist *m* **2** **les grands ~ de l'État** die hohen Staatsbeamten *m/pl* **3** *de ferme* Knecht *m*; **~ boulanger** Bäckergeselle *m* **II** *adj* JUR beauftragt; bestellt; **avocat ~ d'office** Pflicht-, Offizialverteidiger *m*

commisération [kɔmizeʀasjõ] *f* Mitleid *n*; **avoir, éprouver de la ~ pour qn** für j-n Mitleid empfinden

commissaire [kɔmisɛʀ] *m,f* **1** ~ (**de police**) Polizei-, Kriminalrat, -rätin *m,f* **2** ADM, POL Kommissar(in) *m,f*; *österr, schweiz* Kommissär(in) *m,f*; ~ ***européen*** EU-Kommissar *m*; COMM ~ ***aux comptes*** Rechnungs-, Wirtschaftsprüfer *m* **3** SPORTS Kampfrichter(in) *m(f)*

commissaire-priseur [kɔmisɛʀpʀizœʀ] *m* ⟨*pl* **commissaires-priseurs**⟩ Auktionator *m*; Versteigerer *m*

commissariat [kɔmisaʀja] *m* **1** ~ (**de police**) Polizeirevier *n*, -dienststelle *f* **2** ADM, POL Kommissariat *n*; ***Commissariat à l'énergie atomique*** → ***CEA***

commission [kɔmisjõ] *f* **1** (*message*) Auftrag *m*; (*course*) Besorgung *f*; ~**s** *pl* (*achats*) (tägliche) Einkäufe *m/pl*, Besorgungen *f/pl*; ***s'acquitter d'une*** ~ e-n Auftrag erledigen, ausführen; ***envoyer qn faire une*** ~ *ou* ***envoyer qn en*** ~ j-n zum Einkaufen schicken; j-n etw besorgen lassen; ***faire les*** ~***s*** die (täglichen) Einkäufe machen; einkaufen, F einholen (gehen); ***faire une*** ~ ***pour qn*** für j-n etw besorgen; für j-n e-n Auftrag erledigen; ***faire faire une*** ~ ***par qn*** j-n mit etw beauftragen; j-m e-n Auftrag geben; ***transmettre une*** ~ ***à qn*** j-m e-n Auftrag, e-e Nachricht übermitteln; j-m etw bestellen **2** *groupe* Kommission *f*; Ausschuss *m*; ~ ***parlementaire*** parlamentarischer Ausschuss; Parlamentsausschuss *m*; ~ ***de contrôle*** Kontrollausschuss *m*, -kommission *f*; ~ ***d'enquête*** Untersuchungs-, Ermittlungsausschuss *m*; Untersuchungskommission *f*; ÉCOLE ~ ***d'examen*** Prüfungskommission *f*, -ausschuss *m* **3** COMM Provision *f*; Vermittlungsgebühr *f*; ***faire la*** ~ Kommissionsgeschäfte machen, tätigen; ***toucher dix pour cent de*** ~ zehn Prozent Provision erhalten; ***travailler à la*** ~ auf Provisionsbasis arbeiten **4** *enf* ***faire sa grosse, sa petite*** ~ *enf* ein großes, kleines Geschäft verrichten **5** JUR ~ ***rogatoire*** → ***rogatoire***

commissionnaire [kɔmisjɔnɛʀ] *m* **1** COMM Kommissionär *m*; ~ ***en douane*** Zollagent *m* **2** (*coursier*) Bote *m*; Laufbursche *m*

commissionner [kɔmisjɔne] *v/t* ~ ***qn*** j-m e-n Auftrag geben, erteilen; COMM j-n mit e-m Kommissionsgeschäft betrauen; ***être commissionné pour*** (+*inf*) beauftragt werden, den Auftrag erhalten zu (+*inf*)

commissure [kɔmisyʀ] *f* ANAT ~ ***des lèvres*** Mundwinkel *m*

commode¹ [kɔmɔd] *adj* **1** bequem; *outil, moyen* praktisch; ***solution*** *f* ~ bequeme Lösung; ***trajet*** *m* ~ bequemer Weg; F ***ce serait trop*** ~ F das könnte dir *ou* ihm *etc* so passen; ***pas*** ~ ***à traduire*** *etc* schwer, schwierig zu übersetzen(d) *etc* **2** *personne* ***n'être pas*** ~ unzugänglich, schwierig, F ein schwieriger Kunde sein

commode² [kɔmɔd] *f* Kommode *f*

commodément [kɔmɔdemɑ̃] *adv* bequem

commodité [kɔmɔdite] *f* **1** Bequemlichkeit *f*; ***pour plus de*** ~ bequemlichkeitshalber; aus praktischen Gründen **2** ~***s*** *pl* (*facilités*) Komfort *m*; Annehmlichkeiten *f/pl* **3** *plais* ~***s*** *pl* (*W.-C.*) Toilette *f*; F Örtlichkeiten *f/pl*

commotion [kɔmɔsjõ] *f* MÉD Erschütterung *f*; ~ ***cérébrale*** Gehirnerschütterung *f*

commotionner [kɔmɔsjɔne] *v/t* in e-n Schockzustand versetzen

commuable [kɔmɥabl] *adj* JUR *peine* umwandelbar

commuer *v/t* JUR *peine* umwandeln (***en*** in +*acc*)

commun [kɔmɛ̃, -mœ̃] **I** *adj* ⟨**-une** [-yn]⟩ **1** (*collectif*) gemeinsam (*a* MATH); gemeinschaftlich; Gemeinschafts…; allgemein; Gemein…; JUR *des époux* ***biens*** ~***s*** *correspond à* Gesamtgut *n*; JUR ***droit*** ~ → ***droit¹*** *1*; ***fosse*** ~***e*** Massen-, Sammelgrab *n*; LING ***langue*** ~***e*** a) Gemeinsprache *f*; b) Grundsprache *f*; LING ***nom*** ~ Gattungsname *m*; Appellativ(um) *n*; ***salle*** ~***e*** Gemeinschaftsraum *m*; ***sens*** ~ gesunder Menschenverstand; ***vie*** ~***e*** gemeinsames *ou* gemeinsam, zusammen verbrachtes Leben; Zusammenleben *n*; ***volonté*** ~***e*** allgemeiner Wunsch, Wille; ♦ ***mur*** ~ ***à deux propriétés*** gemeinsame Mauer zweier Grundstücke; *loc/adj et loc/adv* ***en*** ~ gemeinsam; zusammen; gemeinschaftlich; Gemeinschafts…; ***transports*** *m/pl* ***en*** ~ öffentliche Verkehrsmittel *n/pl*; Massenverkehrsmittel *n/pl*; ***mettre en*** ~ zusammentun, -legen; ***travailler en*** ~ gemeinsam, zusammen arbeiten; ♦ ***n'avoir de*** ~ ***que …*** nur … miteinander gemein(sam) haben; ***il n'a rien de*** ~ ***avec …*** er hat nichts gemein(sam) mit …, keinerlei Ähnlichkeit mit …; ***avoir des intérêts*** ~***s*** gemeinsame Interessen haben (***avec qn*** mit j-m); ***c'est un point*** ~ ***entre eux*** das haben sie beide gemein(sam); das ist ihnen beiden gemein(sam); ***faire cause*** ~***e*** sich zusammentun, -schließen, gemeinsame Sache machen (***avec qn*** mit j-m) **2** (*ordinaire, banal*) gewöhnlich (*a péj*); alltäglich; *choses a* häufig; üblich; gebräuchlich; weitverbreitet; *péj* (*vulgaire*) *personne, voix* ordinär; ***lieu*** ~ Gemeinplatz *m*; ***peu*** ~ außergewöhnlich; nicht alltäglich; ***c'est une erreur très*** ~***e*** das ist ein häufiger, weitverbreiteter Irrtum **3** ZO, BOT gemein; ***mouche*** ~***e*** Gemeine Stubenfliege **II** *m* **1** ***le*** ~ ***des mortels*** das Gros; die große Masse (der Menschen); der gewöhnliche Sterbliche; *plais* der Normalverbraucher; *litt et péj* ***les gens du*** ~ das gemeine, niedere, einfache Volk **2** *œuvre, personnalité* ***'hors du*** ~ außergewöhnlich; hervorragend **3** ~***s*** *pl d'un château, couvent* Wirtschaftsgebäude *n/pl*

communal [kɔmynal] *adj* ⟨**-aux**⟩ kommunal; Kommunal…; Gemeinde…; gemeindlich; ***budget*** ~ Gemeindehaushalt *m*; ***école*** ~***e*** *ou subst* F ~***e*** *f* (fünfklassige) Volksschule

communard [kɔmynaʀ] *m*, **communarde** *f* HIST Mitglied *n*, Anhänger(in) *m(f)* der Pariser Kommune

communautaire [kɔmynotɛʀ] *adj* **1** Gemeinschafts… **2** POL der EG; EG-…; der EU; EU-…

communautarisme [kɔmynotaʀism] *m* POL, SOCIOLOGIE Kommunitarismus *m*

communauté [kɔmynote] *f* **1** (*caractère identique*) Gemeinsamkeit *f*; Übereinstimmung *f*; ~ ***de goûts*** gemeinsame, gleiche Neigungen *f/pl*; Gemeinsamkeit der Interessen **2** *coll* Gemeinschaft *f* (*a* POL, REL); ADM Gemeinwesen *n*; *de personnes vivant en commun* Wohngemeinschaft *f*; ***Communauté européenne*** Europäische Gemeinschaft; → *a* ***CEE***; *loc/adv* ***en*** ~ gemeinsam; gemeinschaftlich **3** JUR *de biens* Gütergemeinschaft *f*

commune [kɔmyn] *f* **1** ADM Gemeinde *f*; Kommune *f* **2** HIST ***la Commune de Paris*** die Pariser Kommune *f* **3** *en Grande- Bretagne* ***les Communes*** *ou* ***la Chambre des*** ~***s*** das Unterhaus **4** *en Chine* ~ ***po-***

C

pulaire Volkskommune *f*

communément [kɔmynemɑ̃] *adv* allgemein; gemeinhin; (für) gewöhnlich

communiant [kɔmynjɑ̃] *m*, **communiante** *f* ÉGL CATH Kommunikant(in) *m(f)*; ***premier communiant, première communiante*** Erstkommunikant(in) *m(f)*

communicable [kɔmynikabl] *adj* mitteilbar

communicant [kɔmynikɑ̃] *adj* miteinander in Verbindung stehend; PHYS ***vases ~s*** kommunizierende Röhren *f/pl*

communicatif [kɔmynikatif] *adj* ⟨**-ive**⟩ **1** *personne* mitteilsam; kontaktfreudig **2** *fou rire etc* ansteckend

communication [kɔmynikasjõ] *f* **1** (*contact*) Kommunikation *f* (*a sc*); Verbindung *f*; Verständigung *f*; Kontakt *m*; ***~ verbale*** verbale Kommunikation; ***être en ~ avec qn*** mit j-m in Verbindung stehen; ***mettre qn en ~ avec qn*** den Kontakt zwischen j-m und j-m herstellen **2 a)** (*action de communiquer*) Mitteilung *f*; Bekanntgabe *f*; Übermittlung *f*; ***avoir ~ de qc*** von etw Kenntnis haben *ou* erhalten; ***demander ~ d'un dossier*** Einsicht in e-e Akte verlangen; ***donner ~ de qc*** etw mitteilen, bekannt geben (***à qn*** j-m); ***prendre ~ de qc*** Einsicht in etw (*acc*) nehmen; **b)** (*message*) Mitteilung *f*; Nachricht *f*; *scientifique* (kurzer) Bericht *m* **3** (*liaison*) Verbindung *f*; ***~s*** *pl ou* ***voies*** *f/pl* ***de ~*** Verkehrsverbindungen *f/pl*, -wege *m/pl*; ***porte*** *f* ***de ~*** Verbindungstür *f* **4** TÉL Verbindung *f*; (*conversation*) Gespräch *n*; ***~ internationale, interurbaine, urbaine*** Auslands-, Fern-, Ortsgespräch *n*; ***~ radiophonique*** Funkverbindung *f*; ***~ téléphonique*** a) Telefon-, Ferngespräch *n*; b) Telefonverbindung *f*; ***~s téléphoniques*** *a* Fernsprech-, Telefonverkehr *m*; ***demander une ~*** ein Gespräch anmelden; ***donner une mauvaise ~*** falsch verbinden; ***donnez-moi la ~ avec …, s'il vous plaît*** verbinden Sie mich bitte mit …; ***prendre la ~*** das Gespräch annehmen; ans Telefon gehen

communier [kɔmynje] *v/i* **1** ÉGL CATH kommunizieren; die Kommunion empfangen; zur Kommunion gehen; PROT das Abendmahl nehmen **2** *st/s* sich innig verbunden, sich eins fühlen

communion [kɔmynjõ] *f* **1** ÉGL CATH Kommunion *f*; PROT Abendmahl *n*; ***~ privée*** Frühkommunion *f*; ***première ~*** *ou* ***~ solennelle*** Erstkommunion *f*; ***faire sa première ~*** zur Erstkommunion gehen, kommen; die erste heilige Kommunion empfangen **2** REL (*union*) ***~ des fidèles, des saints*** Gemeinschaft *f* der Gläubigen, der Heiligen **3** *fig et st/s* Übereinstimmung *f*; Ein-, Gleichklang *m*; Einssein *n*; ***être en ~ d'esprit avec qn*** mit j-m geistig übereinstimmen; ***être en ~ avec la nature*** sich mit der Natur eins fühlen

communiqué [kɔmynike] *m* Bekanntmachung *f*; Mitteilung *f*; Meldung *f*; POL Kommuniqué *n*; ***~ final*** Schlusskommuniqué *n*; ***~ de presse*** Pressemeldung *f*, -mitteilung *f*

communiquer [kɔmynike] **I** *v/t* **1** *renseignements, sentiments* mitteilen; *nouvelle a* bekannt geben; durchgeben; veröffentlichen; *dossier* übermitteln; ***~ qc à qn*** *a* j-n von etw in Kenntnis setzen **2** *maladie, enthousiasme*, PHYS: *mouvement* übertragen (***à*** auf +*acc*); *mouvement a* mitteilen (+*dat*); ***~ qc à qn*** j-n mit etw anstecken (*a fig*); ***le soleil communique sa chaleur à la Terre*** die Sonne vermittelt der Erde ihre Wärme **II** *v/i* **1** in Verbindung stehen *ou* treten (***entre eux*** miteinander; ***avec qn*** mit j-m); sich verständigen (***par signes*** mit Zeichen) **2** *pièces* ineinandergehen; miteinander in Verbindung stehen; ***faire ~*** miteinander verbinden **III** *v/pr* **1** ***se ~*** *feu etc* sich ausbreiten (***à*** auf +*acc*) **2** ***se ~ qc*** einander etw mitteilen, bekannt geben; etw austauschen

communisme [kɔmynizm] *m* Kommunismus *m*

communiste **I** *adj* kommunistisch **II** *m,f* Kommunist(in) *m(f)*

commutable [kɔmytabl] *adj* → ***commuable*** **commutateur** *m* ÉLECT Schalter *m*; Umschalter *m* **commutatif** *adj* ⟨**-ive**⟩ MATH kommutativ

commutation [kɔmytasjõ] *f* **1** MATH, LING Kommutation *f*; Vertauschung *f* **2** JUR ***~ de peine*** Strafumwandlung *f* **3** TÉLÉCOMM Schaltung *f*

commuter [kɔmyte] *v/t* MATH, LING kommutieren; vertauschen

Comores [kɔmɔʀ] ***les ~*** *f/pl* die Komoren *pl*

comorien [kɔmɔʀjɛ̃] **I** *adj* ⟨**~ne**⟩ komorisch **II** *subst* ***Comorien(ne)*** *m(f)* Komorer(in) *m(f)*

compacité [kõpasite] *f* Dichte *f*; Dichtigkeit *f*; Kompaktheit *f*

compact [kõpakt] **I** *adj* **1** (*dense*) dicht; fest; kompakt; *foule* dicht (gedrängt); ***poudre ~e*** Kompaktpuder *m* **2** (*peu encombrant*) kompakt; Kompakt…; Raum sparend; ***édition ~e*** klein gedruckte Ausgabe; ***voiture ~e*** Kompaktwagen *m* **II** *m* **1** *disque* CD *f* **2** *chaîne hi-fi* Kompakt(stereo)anlage *f*

compactage [kõpaktaʒ] *m* **1** TRAVAUX PUBLICS Verdichtung *f* (des Bodens) **2** INFORM Komprimieren *n*; Komprimierung *f*

compacter [kõpakte] *v/t* INFORM komprimieren

compagne [kõpaɲ] *f* **1** Gefährtin *f*; *d'un homme a* Lebensgefährtin *f*; ***~ de classe*** Schulkameradin *f*; ***~ d'infortune*** Leidensgenossin *f*, -gefährtin *f* **2** *fig* ***être la ~ de*** Hand in Hand gehen mit

compagnie [kõpaɲi] *f* **1** (*présence, société*) Gesellschaft *f*; Begleitung *f*; ***dame*** *f* ***de ~*** Gesellschafterin *f*; Gesellschaftsdame *f*; F ***salut la ~!*** F guten Tag zusammen!; *südd* grüß Gott miteinander!; ***avec la seule ~ de*** nur in Begleitung von (*ou* +*gén*); ***de ~ (avec)*** gemeinsam, zusammen (mit); ***aller de ~*** *personnes* zusammen (hin)gehen; *choses* Hand in Hand gehen (***avec*** mit); ***en ~ de*** gemeinsam, zusammen mit; in Begleitung, Gesellschaft von (*ou* +*gén*); ***se plaire en la ~ de qn*** gern(e) mit j-m zusammen sein; ***il est de bonne, c'est un homme de bonne ~, il est d'une ~ agréable*** er ist ein angenehmer Gesellschafter; es macht Freude, mit ihm zusammen zu sein; ***c'est un homme de mauvaise ~*** *a* er ist e-e etwas zwielichtige Figur; ***c'est une joyeuse ~*** es, das ist e-e fröhliche, lustige Gesellschaft, F ein fröhlicher, vergnügter Verein; ***fausser ~ à qn*** j-n plötzlich verlassen; ***tenir ~ à qn*** j-m Gesellschaft leisten **2** COMM Gesellschaft *f*; Firma *f*; ***… & Cie*** … & Co.; F ***… et ~*** … usw.; F … und Co.; ***~ aérienne, d'aviation*** Flug-, Luftfahrt-, Luftverkehrsgesellschaft *f*; ***~ d'assurances*** Versicherungsgesellschaft *f* **3** (*association*) Gesellschaft *f*; Vereinigung *f*; ***Compagnie de Jésus*** Jesuitenorden *m*; Gesellschaft Jesu; Societas Jesu *f* (*abr* SJ); ***~ de***

théâtre Theaterensemble *n* 4 MIL Kompanie *f*; → *a* ***CRS***
compagnon [kõpaɲõ] *m* 1 Gefährte *m*; Kamerad *m* (*a animal*); *st/s* Genosse *m*; *d'une femme a* Lebensgefährte *m*; ***joyeux ~*** lustiger Bruder; F fideles Haus; *st/s* ***~ d'armes*** *st/s* Kampfgefährte *m*; Waffenbruder *m*; ***~ de beuverie*** Zechgenosse *m*, -kumpan *m*; ***~ d'infortune*** Leidensgenosse *m*, -gefährte *m*; ***~ de voyage*** Reisegefährte *m* 2 *fig d'une chose* Begleiterscheinung *f*; ***être le ~ de*** *a* Hand in Hand gehen mit 3 *maçon, boulanger etc* Geselle *m*
compagnonnage [kõpaɲɔnaʒ] *m* HIST Gesellenbruderschaft *f*
comparable [kõpaʀabl] *adj* vergleichbar (***à, avec*** mit *ou +dat*); ***ne pas être ~ à*** *a* sich nicht vergleichen lassen, nicht verglichen werden können mit
comparaison [kõpaʀɛzõ] *f* Vergleich *m*; Gegenüberstellung *f*; *loc/prép* ***en ~ de, par ~ à*** *ou* ***avec*** im Vergleich zu; verglichen mit; *loc/adv* ***par ~*** im Vergleich; vergleichsweise; ***sans ~*** a) *loc/adj* unvergleichlich; nicht zu vergleichen (***avec*** mit); b) *loc/adv* eindeutig; unbestreitbar; ganz ohne Zweifel; ***il n'y a pas de ~ possible entre …*** es ist kein Vergleich zwischen (*+dat*); ***établir une ~ entre*** e-n Vergleich ziehen zwischen (*+dat*); ***faire la ~*** e-n Vergleich ziehen, anstellen (***avec*** mit); ***soutenir la ~*** den, jeden Vergleich aushalten (***avec*** mit); ***ne pas soutenir la ~*** *a* damit nicht zu vergleichen sein; → *a* ***degré*** *9*
comparaître [kõpaʀɛtʀ] *v/i* ⟨→ **connaître**⟩ JUR erscheinen (***en justice*** vor Gericht)
comparateur [kõpaʀatœʀ] *m* TECH Komparator *m*
comparatif [kõpaʀatif] **I** *adj* ⟨**-ive**⟩ vergleichend; Vergleichs…; GR ***proposition comparative*** Vergleichssatz *m*; ***tableau ~*** vergleichende Tabelle **II** *m* GR Komparativ *m*; *adjectif* ***mettre au ~*** steigern
comparatiste [kõpaʀatist] *m* Komparatist *m*; vergleichender Literatur- *ou* Sprachwissenschaftler
comparativement [kõpaʀativmã] *adv* vergleichsweise; damit verglichen; ***~ à*** verglichen mit; im Vergleich zu
comparé [kõpaʀe] *adj* 1 *science* vergleichend; ***littérature ~e*** vergleichende Literaturwissenschaft; Komparatistik *f* 2 ***~ à*** verglichen mit; im Vergleich zu *ou* mit
comparer [kõpaʀe] **I** *v/t* miteinander vergleichen; gegeneinanderhalten; einander gegenüberstellen; ***~ à, avec*** vergleichen mit **II** *v/pr* 1 ***se ~ à qn*** sich mit j-m vergleichen 2 *sens passif* ***se ~*** miteinander verglichen werden; *ces choses* ***ne peuvent se ~*** lassen sich, kann man nicht (miteinander) vergleichen
comparse [kõpaʀs] *m,f* 1 THÉ Komparse *m*, Komparsin *f* 2 *fig* Randfigur *f*; F kleiner Fisch
compartiment [kõpaʀtimã] *m* 1 *d'un tiroir, meuble* Fach *n*; *d'un espace* Abteil *n*; *d'un damier* Feld *n* 2 CH DE FER Abteil *n*
compartimentage [kõpaʀtimãtaʒ] *m fig* Abschottung *f*; Abkapselung *f*
compartimenter [kõpaʀtimãte] *v/t* 1 in Fächer, Abteile, Felder einteilen 2 *fig* (streng) aufgliedern; (gegeneinander) abschotten, abkapseln
comparution [kõpaʀysjõ] *f* JUR Erscheinen *n* (vor Gericht); ***mandat*** *m* ***de ~*** (Vor)Ladung *f*; ***faire acte de ~*** vor Gericht erscheinen
compas [kõpa] *m* 1 Zirkel *m*; ***~ d'épaisseur*** Greifzirkel *m*; Taster *m*; ***boîte*** *f* ***à ~*** Reißzeug *n*; *fig* ***avoir le ~ dans l'œil*** ein ausgezeichnetes Augenmaß haben 2 MAR, AVIAT Kompass *m*
compassé [kõpase] *adj* übertrieben gemessen; steif; gestelzt; gespreizt
compassion [kõpasjõ] *f* tiefes Mitgefühl, Mitleid (***pour*** mit); große Anteilnahme (für); ***plein de ~*** mitfühlend; teilnahmsvoll
compatibilité [kõpatibilite] *f* Vereinbarkeit *f*; Kompatibilität *f* (*a* INFORM); Verträglichkeit *f*
compatible [kõpatibl] *adj* (miteinander) vereinbar (*a fonctions*); kompatibel (*a* TECH, INFORM); ***difficilement ~ avec*** kaum vereinbar mit
compatir [kõpatiʀ] *v/t/indir* 1 ***~ à*** Anteil nehmen, teilnehmen an (*+dat*); mitfühlen mit 2 *litt* ***ne pas ~ avec*** unvereinbar sein mit; sich nicht vertragen mit
compatissant [kõpatisã] *adj* teilnahmsvoll; mitfühlend; ***être ~*** *a* ein mitfühlender Mensch sein
compatriote [kõpatʀijɔt] *m,f* Landsmann *m*, Landsmännin *f*; ***ils sont ~s*** sie sind Landsleute
compendium [kõpɛ̃djɔm] *litt m* Kompendium *n*; Abriss *m*
compensable [kõpãsabl] *adj* kompensierbar; JUR aufrechenbar
compensateur [kõpãsatœʀ] *adj* ⟨**-trice**⟩ ausgleichend; Ausgleichs…; Kompensations…; ***indemnité compensatrice*** Entschädigung *f* zum Ausgleich
compensation [kõpãsasjõ] *f* Ausgleich *m*; Kompensation *f* (*a* PSYCH, MÉD); Ersatz *m*; (*dédommagement*) Entschädigung *f*; (*indemnité*) Vergütung *f*; Abfindung *f*; COMM, JUR Aufrechnung *f*; FIN Verrechnung *f*; *loc/adv* ***en ~*** zum Ausgleich; als Ersatz; dafür; ***en ~ de*** zum Ausgleich, als Ersatz für; ***il y a ~*** das ist ein Ausgleich, Ersatz; das entschädigt dafür; das gleicht sich aus
compensatoire [kõpãsatwaʀ] *adj* kompensatorisch; Kompensations…; Ausgleichs…
compensé [kõpãse] *adj* ***semelle ~e*** Keilabsatz *m*
compenser [kõpãse] **I** *v/t* 1 ausgleichen; kompensieren (*a* PSYCH); wettmachen; aufwiegen; *abs*: ***pour ~*** als Ersatz, Entschädigung; zum Ausgleich; dafür; ***ça compensera*** das gilt als, ist e-e Entschädigung, ein Ausgleich, ein Ersatz 2 JUR ***~ les dépens*** die (Gerichts)Kosten gegeneinander aufheben; ***~ une dette*** e-e Schuld gegen e-e Forderung aufrechnen **II** *v/pr* ***se ~*** sich ausgleichen; sich ergänzen
compère [kõpɛʀ] *m* 1 *litt* Gevatter *m* 2 *fig* Kerl *m*; Bursche *m*; ***rusé ~*** Filou *m*; alter Fuchs 3 *péj d'un prestidigitateur* Helfershelfer *m*; Kumpan *m*; *d'un malfaiteur a* Komplize *m*
compère-loriot [kõpɛʀlɔʀjo] *m* ⟨*pl* **compères-loriots**⟩ MÉD Gerstenkorn *n*
compétence [kõpetãs] *f* 1 (*connaissances*) ***~(s)*** Fach-, Sachkenntnis(se) *f(pl)*; Sachverstand *m*; Kompetenz *f*; ***avec ~*** fach-, sachkundig; fachmännisch, -gerecht; sachverständig; ***avoir des ~s en la matière*** auf diesem Gebiet gute Kenntnisse haben, sehr beschlagen sein; ***cela dépasse mes ~s*** davon verstehe ich nicht genug; dafür bin ich nicht kompetent genug 2 (*ressort*) Zuständigkeit *f*, Kompetenz *f* (*a* JUR); Befugnis *f*; ***cela entre dans les ~s de, c'est de la ~ de, cela relève de la ~ de …*** das fällt in die Zuständigkeit von (*ou +gén*); dafür ist … zu-

C

ständig

compétent [kõpetɑ̃] *adj* **1** (*capable*) sachverständig; kompetent; fach-, sachkundig; maßgebend; maßgeblich **2** JUR *autorité* zuständig; kompetent; ***tribunal*** **~** zuständiges Gericht; *dans un contrat a* Gerichtsstand *m* **3** JUR ***âge*** **~** erforderliches Alter (***pour*** *+inf* um zu *+inf ou* für)

compétiteur [kõpetitœʀ] *m*, **compétitrice** *f* Mitbewerber(in) *m(f)* (**à** um); Konkurrent(in) *m(f)*

compétitif [kõpetitif] *adj* ⟨**-ive**⟩ konkurrenz-, wettbewerbsfähig

compétition [kõpetisjõ] *f* Wettbewerb *m*; ÉCON *a* Konkurrenzkampf *m*; **~** (***sportive***) Wettkampf *m*; ***esprit*** *m* ***de*** **~** Wetteifer *m*; Kampfgeist *m*; ***société*** *f* ***de*** **~** Leistungsgesellschaft *f*; ***sport*** *m* ***de*** **~** Leistungssport *m*; ***entrer en*** **~** in Wettbewerb treten (***avec*** mit); ***être en*** **~** miteinander konkurrieren; ***être en*** **~** ***avec qn*** mit j-m konkurrieren; SPORTS ***faire de la*** **~** an Wettkämpfen teilnehmen

compétitivité [kõpetitivite] *f* Konkurrenz-, Wettbewerbsfähigkeit *f*

Compiègne [kõpjɛɲ] *Stadt im Dep. Oise*

compilateur [kõpilatœʀ] *m* **1** *personne* Kompilator *m* (*a péj*) **2** INFORM Compiler [-ˈpaɪ-] *m* **compilation** *f* **1** Kompilation *f* (*a livre et péj*); Zusammentragen *n* von Quellen **2** MUS Best-of-Album *n* **3** INFORM Kompilieren *n*; Kompilierung *f*

compiler [kõpile] *v/t* **1** kompilieren (*a péj*); zusammentragen, -stellen **2** INFORM kompilieren

complainte [kõplɛ̃t] *f* (volkstümliches) Klagelied

complaire [kõplɛʀ] ⟨→ **plaire**⟩ **I** *v/t/indir litt* **~** ***à qn*** j-m gefällig sein **II** *v/pr* ***se*** **~** ***à*** (*+inf*) sich (*dat*) darin gefallen zu (*+inf*); sich (*dat*) ein Vergnügen, e-n Spaß daraus machen zu (*+inf*); ***se*** **~** ***dans qc*** sich in etw (*dat*) wohlfühlen; *p/fort* in etw (*dat*) schwelgen

complaisamment [cõplɛzamɑ̃] *adv* → ***complaisant***

complaisance [kõplɛzɑ̃s] *f* **1** (*amabilité*) Entgegenkommen *n*; Gefälligkeit *f*; Liebenswürdigkeit *f*; Freundlichkeit *f*; *loc/adj* ***de*** **~** Gefälligkeits…; ***certificat*** *m* ***de*** **~** Gefälligkeitsattest *n*; ***sourire*** *m* ***de*** **~** Höflichkeitslächeln *n*; *loc/adv* ***par*** **~** aus Gefälligkeit, Freundlichkeit **2** *péj* (*trop grande indulgence*) Duldsamkeit *f*; Willfährigkeit *f*; allzu große Nachsicht, Gefälligkeit **3** *péj* (*satisfaction*) Selbstgefälligkeit *f*; ***avec*** **~** selbstgefällig **4** ***avoir des*** **~*s*** ***pour qn*** ein Techtelmechtel mit j-m haben

complaisant [kõplɛzɑ̃] *adj* **1** (*prévenant*) **~** (***pour, envers qn***) entgegenkommend, gefällig (j-m gegenüber); liebenswürdig, freundlich (zu j-m, j-m gegenüber) **2** *péj* ***mari*** **~** allzu nachsichtiger, *iron* gefälliger, verständnisvoller Ehemann **3** *péj* (*satisfait*) selbstgefällig; ***elle se regarde d'un œil*** **~** sie findet sich wohl sehr hübsch

complément [kõplemɑ̃] *m* **1** Ergänzung *f*; Vervollständigung *f*; **~** ***d'information*** ergänzende, zusätzliche Information; **~** (***d'une somme***) fehlende Summe; Restsumme *f* **2** GR: *d'objet* Ergänzung *f*; *déterminatif* nähere Bestimmung; Attribut *n*; **~** ***circonstanciel, de circonstance*** Umstands-, Adverbialbestimmung *f*; adverbiale Bestimmung; Adverbial(e) *n*; **~** ***circonstanciel de lieu, de manière, de temps*** Umstandsbestimmung *etc* des Ortes, der Art und Weise, der Zeit; **~** ***d'agent*** Agens *n*; Urheber *m*; → *a* ***objet*** *4*; *adjt* ***nom*** **~** als Ergänzung stehendes Substantiv **3** MATH Komplementwinkel *m*

complémentaire [kõplemɑ̃tɛʀ] **I** *adj* ergänzend; Ergänzungs…; komplementär; Komplementär…; (*additionnel*) zusätzlich; Zusatz…; **~*s*** *a* sich, einander ergänzend; ***angle*** *m* **~** Komplement-, Ergänzungswinkel *m*; ***couleurs*** *f/pl* **~*s*** Komplementärfarben *f/pl*; ***retraite*** *f* **~** *ou* F *subst* **~** *f* zusätzliche Altersrente; Zusatzrente *f* **II** *m* MATH Komplement *n*

complémentarité [kõplemɑ̃taʀite] *f sc* Komplementarität *f*

complet [kõplɛ] **I** *adj* ⟨**-ète** [ɛt]⟩ **1** (*entier*) vollständig; vollkommen *ou* vollkommen; komplett; ganz; total; völlig; gesamt; ***aliment*** **~** Vollwertkost *f*; ***aveux*** **~*s*** volles, umfassendes Geständnis; ***destruction complète*** völlige, vollständige, totale Zerstörung; ***joie complète*** vollkommene, ungetrübte Freude; ***les œuvres complètes de X*** sämtliche, die gesammelten Werke *n/pl* von X; ***pain*** **~** Vollkornbrot *n*; ***série complète*** vollständige, komplette Serie; ***succès*** **~** voller Erfolg; ***à temps*** **~** *loc/adv* ganztags; ganztägig; *loc/adj* Ganztags…; ***dans la misère la plus complète*** im tiefsten Elend; *subst* ***au*** (***grand***) **~** vollzählig (versammelt); in voller Zahl; F alle Mann hoch; F ***c'est*** **~*!*** das hat gerade noch gefehlt!; ***la victoire était complète*** es war ein voller Sieg **2** (*achevé*) ***artiste*** **~** vielseitiger Künstler; ***athlète*** **~** Allroundsportler [oːlˈraund-] *m* **3** (*plein*) *hôtel, bus etc* (voll) besetzt; *hôtel a* (voll) belegt; *théâtre etc* ausverkauft; ***le théâtre affiche*** **~** das Theater, die Vorstellung ist ausverkauft; *hôtel* ***afficher*** **~** voll belegt, besetzt sein **II** *m* (Herren)Anzug *m*

complètement [kõplɛtmɑ̃] *adv* völlig; vollkommen *ou* vollkommen; vollständig; total; ganz; komplett

compléter [kõplete] ⟨**-è-**⟩ **I** *v/t* ergänzen; vervollständigen; vollzählig machen; komplettieren; **~** ***une œuvre*** ein Werk vollenden **II** *v/pr* ***se*** **~** **1** *sens réciproque* sich, einander ergänzen **2** *sens passif* vollständig, komplett werden; sich vervollständigen

complétif [kõpletif] *adj* ⟨**-ive**⟩ GR ***proposition complétive*** *ou subst* ***complétive*** *f* Ergänzungs-, Objektsatz *m*

complexe [kõplɛks] **I** *adj* vielschichtig; komplex (*a* MATH, CHIM); (*compliqué*) kompliziert; GR zusammengesetzt **II** *m* **1** *de bâtiments etc* Komplex *m*; **~** ***industriel*** Industriekomplex *m* **2** PSYCH Komplex *m*; **~** ***d'infériorité, d'Œdipe*** Minderwertigkeits-, Ödipuskomplex *m*; *loc/adv* ***sans*** **~*s*** ganz ungeniert; ohne Hemmungen; ***avoir, faire des*** **~*s*** Komplexe haben; an Komplexen leiden; ***ça me donne des*** **~*s*** da(von) bekomme ich Komplexe

complexé [kõplɛkse] *adj* F ***il est*** **~** er hat Komplexe; er ist gehemmt, verklemmt

complexer [kõplɛkse] *v/t* F ***ça le complexe*** F da(-von) kriegt er Komplexe

complexion [kõplɛksjõ] *litt f* Konstitution *f*

complexité [kõplɛksite] *f* Vielschichtigkeit *f*; Komplexität *f*; Kompliziertheit *f*

complication [kõplikasjõ] *f* **1** (*complexité*) Kompliziertheit *f* **2** (*difficulté*) Komplikation *f* (*a* MÉD); Verwicklung *f*; Schwierigkeit *f*; ***vous aimez, cherchez les*** **~*s*** Sie komplizieren die Dinge unnötig

complice [kõplis] **I** *adj personne* mitschuldig; ***re-***

gard *m* ~ verständnisinniger Blick; ***sourire*** *m* ~ verständnisinniges Lächeln; ***l'obscurité*** ~ im Schutz der Dunkelheit; ***être, se faire ~ de qc*** an etw (*dat*) teilnehmen; etw begünstigen; sich an etw (*dat*) mitschuldig machen **II** *m,f* Komplize *ou* Komplice *m*, Komplizin *f*; Helfershelfer(in) *m(f)*; Mitschuldige(r) *f(m)*; JUR *a* Mittäter(in) *m(f)*

complicité [kõplisite] *f* Komplizenschaft *f*; (geheimes) Einverständnis; Mitschuld *f*; JUR *a* Mittäterschaft *f*; Beihilfe *f* (***de*** zu); ***agir en*** ~ in geheimem Einverständnis handeln; ***il y a une grande ~ entre eux*** sie verstehen sich auf e-n Blick; ***il a joui de nombreuses ~s*** er hatte viele Helfershelfer

complies [kõpli] *f/pl* ÉGL CATH Komplet [-'ple:t] *f*

compliment [kõplimɑ̃] *m* **1** Kompliment *n*; Artigkeit *f*; (*félicitations*) Glückwunsch *m*; (***tous***) ***mes ~s!*** mein Kompliment!; (allen) Respekt!; alle Achtung!; ***faire des ~s à qn*** j-m Komplimente machen; ***faire ~ à qn de, sur qc*** j-m ein Kompliment machen über etw (*acc*); j-m gratulieren, j-n beglückwünschen zu etw; ***je ne te fais pas mes ~s!*** das hättest du wirklich besser machen können! **2** *message de politesse* Empfehlung *f*; ***avec les ~s de …*** mit den besten Empfehlungen (*+gén*) **3** *petit discours* Glückwunschansprache *f*; *l'enfant* ***récita son petit ~*** sagte sein Gedicht auf

complimenter [kõplimɑ̃te] *v/t* ~ ***qn*** j-m ein Kompliment, Komplimente machen (***sur*** über *+acc*); ~ ***qn pour qc*** j-m zu etw gratulieren; j-n zu etw beglückwünschen

complimenteur [kõplimɑ̃tœʀ] **I** *adj* ⟨**-euse**⟩ *péj* schmeichlerisch **II** *m péj* Lobhudler *m*

compliqué [kõplike] *adj* kompliziert (*a* TECH); verwickelt; schwierig; ***esprit*** ~ *ou* F *subst* ~ *m* F Umstandskrämer *m*; ***histoire ~e*** verwickelte Geschichte; ***vous êtes un ~*** *a* Sie komplizieren die Dinge unnötig

compliquer [kõplike] **I** *v/t* komplizieren; kompliziert(er), verwickelt(er) machen; *travail etc a* erschweren; behindern **II** *v/pr* **1** *sens passif* ***se ~*** sich komplizieren; kompliziert, schwierig(er) werden; *situation p/fort* sich zuspitzen; ***la maladie s'est compliquée d'une pneumonie*** zu der Krankheit kam noch e-e Lungenentzündung (hinzu) **2** ***elle ne se complique pas l'existence, la vie*** sie macht es sich (*dat*) zu leicht

complot [kõplo] *m* Komplott *n*; Verschwörung *f*; ***faire, ourdir, tramer un ~*** ein Komplott schmieden, e-e Verschwörung anzetteln (***contre*** gegen); ***être dans le, du ~*** ins Komplott verwickelt sein; mit im Komplott sein; *par ext* ***mettre qn dans le ~*** j-n einweihen

comploter [kõplɔte] **I** *v/t* **1** ~ ***de renverser le régime*** den Sturz des Regimes planen **2** F *fig* ~ ***qc*** F etw aushecken, ausbrüten **II** *v/t/indir et v/i* ein Komplott schmieden, sich verschwören (***contre*** gegen)

comploteur [kõplɔtœʀ] *m* Verschwörer *m*

compo [kõpo] *f* F *abr* → ***composition*** *2 a)*

componction [kõpõksjõ] *f* übertriebene Würde; Pose *f*; ***air*** *m* ***de*** ~ übertrieben würdevolle Miene; ***avec*** ~ übertrieben würdevoll; gestelzt

comportement [kõpɔʀtəmɑ̃] *m* Verhalten *n* (*a* PSYCH), Verhaltensweise *f*, Benehmen *n*, Betragen *n* (***avec, envers qn*** j-m gegenüber); Gebaren *n*

comporter [kõpɔʀte] **I** *v/t* **1** (*contenir*) enthalten; beinhalten; umfassen; (*se composer de*) bestehen aus; sich zusammensetzen aus **2** (*impliquer*) mit sich bringen; zur Folge haben; nach sich ziehen; bedeuten; ***avec tout ce que cela comporte de …*** mit allem, was dies an (*+dat*) mit sich bringt **II** *v/pr* ***se ~*** **1** *personne* sich verhalten, sich benehmen, sich betragen (***avec qn*** j-m gegenüber); *péj* sich aufführen; sich gebärden; *équipe sportive* ***se ~ bien*** sich bewähren **2** TECH sich verhalten; funktionieren; *voiture* ***se ~ bien*** ein gutes Fahrverhalten zeigen

composant [kõpozɑ̃] **I** *adj* CHIM ***corps ~*** Bestandteil *m*; Komponente *f* **II** *subst* **1** *m* CHIM, LING Bestandteil *m*; Komponente *f*; ÉLECTRON Bauelement *n*, -teil *n* **2** *f* ~***e*** MATH, PHYS, *fig* Komponente *f*

composé [kõpoze] **I** *adj* **1** zusammengesetzt (***de*** aus); ***intérêt(s) ~(s)*** Zinseszins(en) *m(pl)*; GR ***mot ~*** zusammengesetztes Wort; Kompositum *n*; Zusammensetzung *f*; GR ***temps ~*** zusammengesetzte Zeit **2** *fig* ***attitude ~e*** einstudierte Haltung **II** *m* **1** (*mélange*) Zusammensetzung *f*; Mischung *f* **2** ~ (***chimique***) (chemische) Verbindung (***de*** aus) **3** GR Kompositum *n*; Zusammensetzung *f*

composées [kõpoze] *f/pl* BOT Korbblütler *m/pl*; *sc* Kompositen *f/pl*

composer [kõpoze] **I** *v/t* **1** (*assembler*) zusammensetzen, -stellen, herstellen, (zu)bereiten (***de*** aus); ~ ***un menu*** ein Menü zusammenstellen; TÉL ~ ***un numéro*** eine Nummer wählen **2** (*constituer, former*) bilden; ausmachen **3** *poème etc* verfassen; schreiben; machen; MUS komponieren (*a abs*); ~ ***la musique pour un poème*** ein Gedicht vertonen; ~ ***des vers*** *a* dichten **4** ~ ***ses gestes*** unnatürlich, einstudiert wirkende Gebärden machen; ~ ***son visage*** ein undurchdringliches Gesicht machen; e-e ausdruckslose Miene aufsetzen **5** TYPO (ab)setzen **II** *v/t/indir et v/i* **1** (*s'arranger*) sich vergleichen, sich gütlich einigen, Kompromisse *ou* e-n Kompromiss schließen *ou* eingehen (***avec*** mit); ~ ***avec sa conscience*** nicht auf die Stimme des Gewissens hören **2** ÉCOLE e-e Klassenarbeit, Schulaufgabe machen, schreiben (***en latin*** in Latein) **III** *v/pr* **1** ***se ~ de*** (*consister en*) sich zusammensetzen, zusammengesetzt sein, bestehen aus **2** ***se ~ un personnage*** sich ganz anders geben, als man eigentlich ist; ***se ~ un visage de circonstance*** e-e dem Anlass entsprechende Miene aufsetzen

composite [kõpozit] *adj* **1** ARCH Komposit…; TECH Verbund…; ***matériau*** *m* ~ Verbundwerkstoff *m* **2** (*hétéroclite*) (bunt) zusammengewürfelt; (bunt) gemischt

compositeur [kõpozitœʀ] *m*, **compositrice** *f* **1** MUS Komponist(in) *m(f)*; ***compositeur d'opéra(s)*** Opernkomponist *m* **2** TYPO (Schrift)Setzer(in) *m(f)*

composition [kõpozisjõ] *f* **1** Zusammensetzung *f*, -stellung *f* (*action et résultat*); *d'un poème etc* Verfassen *n*; *d'un tableau*, PHOT Komposition *f*; *d'une assemblée* Zusammensetzung *f*; SPORTS ~ ***d'une équipe*** Mannschaftsaufstellung *f*; ***c'est un plat de ma ~*** dieses Gericht habe ich selbst erfunden, mir selbst ausgedacht **2** ÉCOLE **a)** Klassenarbeit *f*, *en Bavière* Schulaufgabe *f*, *österr* Schularbeit *f* (***de chimie*** in Chemie); **b)** ~ ***française*** (französischer) Aufsatz **3** MUS Komposition *f* (*a matière enseignée*); *st/s* Ton(setz)kunst *f*; *action a* Komponie-

C

ren *n* 4 *personne* ***être de bonne ~*** umgänglich sein 5 TYPO Setzen *n*; Satz *m*; ***~ informatisée*** Computersatz [-ˈpjuː-] *m*; ***frais*** *m/pl* ***de ~*** Satzkosten *pl*
compost [kõpɔst] *m* AGR Kompost *m* **compostage** *m* AGR Düngen *n* mit Kompost
composter [kõpɔste] *v/t* ***~ un billet*** eine Fahrkarte entwerten
composteur [kõpɔstœʀ] *m* Entwerter *m*
compote [cõpɔt] *f* 1 *en purée* Mus *n*; *au sirop* Kompott *n*; ***~ de pommes*** Apfelmus *n*, -kompott *n* 2 F *fig partie du corps* ***en ~*** zerschlagen; ***j'ai les pieds en ~*** die Füße tun mir scheußlich weh
compotier [kõpɔtje] *m* Obstschale *f*
compound [kõpund, kɔmpawnd] *adj* ⟨*inv*⟩ TECH Verbund...; Compound... [-ˈpaʊnd]
compréhensibilité [kõpʀeɑ̃sibilite] *f* Verständlichkeit *f*; Begreiflichkeit *f*; ***pour une plus grande ~*** zum besseren Verständnis; um e-r besseren Verständlichkeit willen
compréhensible [kõpʀeɑ̃sibl] *adj* verständlich; begreiflich; fassbar; fasslich; ***il est ~ que ...*** (*+subj*) es ist begreiflich, verständlich, zu verstehen, dass ...
compréhensif [kõpʀeɑ̃sif] *adj* ⟨**-ive**⟩ verständnisvoll
compréhension [kõpʀeɑ̃sjõ] *f* 1 (*indulgence*) Verständnis *n* (**pour, à l'égard de** für) 2 (*clarté*) Verständlichkeit *f*; ***~ d'un texte*** Textverständnis *n* 3 (*faculté de comprendre*) Begriffsvermögen *n*; Auffassungsgabe *f*, -kraft *f*, -vermögen *n*
comprendre [kõpʀɑ̃dʀ] ⟨→ **prendre**⟩ I *v/t* 1 (*saisir*) verstehen, begreifen (*a abs*); erfassen; auffassen; *abs* ***je comprends*** ich verstehe; (*j'y suis*) und ob; das will ich meinen; ***~ qn*** j-n verstehen, begreifen; ***~ qc*** etw verstehen, begreifen, erfassen; etw verständlich, begreiflich finden; ***tu y comprends qc?*** (*tu t'y connais?*) verstehst du (et)was davon?; (*tu saisis?*) verstehst, begreifst du das?; ***je comprends son attitude*** ich verstehe, begreife s-e Haltung; s-e Haltung ist mir verständlich, begreiflich; ***je n'y comprends rien*** ich verstehe, begreife (davon) nichts; ich werde nicht klug daraus; ***il ne comprend rien à rien*** er versteht, begreift überhaupt nichts (**à** von); ***je comprends que ...*** (*+subj ou ind*) ich verstehe, begreife, es ist (mir) verständlich, begreiflich, dass ...; ♦ *avec adv*: ***~ bien*** gut verstehen; gut begreifen; (*correctement*) richtig verstehen, auffassen; ***~ mal*** schlecht verstehen; (*de travers*) falsch verstehen, auffassen; (*à moitié*) nicht ganz begreifen, verstehen; ***je comprends mal qc*** *a* etw ist mir nicht recht verständlich; ***je ne comprends pas*** *a* es ist mir unverständlich, unbegreiflich (**que** *+subj* dass); ***~ vite*** schnell verstehen, begreifen, erfassen; *abs* schnell auffassen; e-e gute Auffassungsgabe haben; *plais* ***il comprend vite, mais il faut lui expliquer longtemps*** F er hat e-e lange Leitung; ♦ ***faire ~ qc à qn*** j-m etw begreiflich, verständlich machen, klarmachen, zu verstehen geben; ***se faire ~*** sich verständlich machen (**de, par qn** bei j-m); ***je me fais ~, j'espère?*** ich habe mich hoffentlich deutlich genug ausgedrückt 2 (*comporter*) umfassen; enthalten; in sich (*acc*) schließen; bestehen aus; ***la propriété comprend ...*** *a* zum Besitz gehört *ou* gehören ... 3 (*inclure*) *frais etc* mitrechnen, mitzählen (**dans** bei) II *v/pr* 1 *réciproquement* ***se ~*** sich, einander verstehen 2 ***cela se comprend*** (*c'est compréhensible*) das kann man verstehen; das ist verständlich, begreiflich; (*ça va de soi*) das versteht sich
compresse [kõpʀɛs] *f* MÉD Kompresse *f*; Umschlag *m*; ***~ humide*** feuchter Umschlag; ***~ de gaze*** Mullkompresse *f*; ***appliquer qc en ~*** etw als Kompresse auflegen; ***mettre une ~*** e-e Kompresse auflegen
compresser [kõpʀese] *v/t* 1 zusammendrücken, -pressen 2 INFORM komprimieren
compresseur [kõpʀɛsœʀ] *m* TECH 1 Kompressor *m*; Verdichter *m* 2 *adjt* ***rouleau*** *m* ***~*** Straßen-, F Dampfwalze *f*
compressibilité [kõpʀɛsibilite] *f* 1 PHYS Verdichtbarkeit *f*; Kompressibilität *f* 2 *des dépenses* Reduzierbarkeit *f* **compressible** *adj* 1 PHYS verdichtbar; kompressibel 2 *dépenses* reduzierbar
compressif [kõpʀɛsif] *adj* ⟨**-ive**⟩ 1 MÉD ***bandage ~*** Druck-, Kompressionsverband *m* 2 ***mesures compressives*** Einsparungsmaßnahmen *f/pl* (durch Personalabbau)
compression [kõpʀɛsjõ] *f* 1 PHYS, TECH Kompression *f*; Verdichtung *f* 2 *des dépenses etc* Senkung *f*; Reduzierung *f*; Herabsetzung *f*; ***~ des frais*** Kostensenkung *f*, -verringerung *f*, -einsparung *f*, -dämpfung *f*; ***~ du personnel*** Personalabbau *m*
comprimable [kõpʀimabl] *adj* → ***compressible***
comprimé [kõpʀime] I *adj* 1 TECH ***air ~*** Press-, Druckluft *f* 2 (*serré*) zusammengedrückt, -gepresst; *poitrine, taille* eingeschnürt, -gezwängt II *m* PHARM Tablette *f*; ***~ d'aspirine*** Aspirintablette *f*
comprimer [kõpʀime] I *v/t* 1 PHYS, TECH komprimieren; verdichten 2 INFORM komprimieren 3 (*serrer*) zusammendrücken; zusammenpressen; MÉD ***~ une artère*** eine Arterie zusammendrücken 4 *dépenses etc* reduzieren; vermindern; senken; zusammenstreichen 5 *larmes, colère* unterdrücken II *v/pr* ***se ~ la taille*** sich (*dat*) die Taille schnüren
compris [kõpʀi] I *adj* ⟨*vor dem subst inv*⟩ (**y**) ***~*** einschließlich; (mit) (e)inbegriffen; inklusive (*abr* inkl.); (mit) einbezogen; mitgerechnet; mitgezählt; ***~ dans*** inbegriffen in (*+dat*); einbezogen in (*+acc*); ***non ~*** nicht (e)inbegriffen; zuzüglich; ***service non ~*** ohne Bedienung; zuzüglich Bedienung; *le loyer est de 1000 euros*, ***charges*** (**y**) ***~es*** inklusive Nebenkosten; ***tout ~*** alles inbegriffen II *p/p* ⟨→ ***comprendre***⟩ 1 verstanden; ***~?*** verstanden? 2 *la partie du quartier* ***~e entre la rue X et l'avenue Y*** zwischen der X-Straße und der Y-Avenue
compromettant [kõpʀɔmɛtɑ̃] *adj* 1 kompromittierend; bloßstellend; ***situation ~e*** kompromittierende Situation; ***être ~ pour qn*** j-n kompromittieren, bloßstellen 2 ***ce n'est pas ~*** das verpflichtet zu nichts
compromettre [kõpʀɔmɛtʀ] ⟨→ **mettre**⟩ I *v/t* 1 schaden (*+dat*); gefährden; in Gefahr bringen; aufs Spiel setzen; beeinträchtigen; ***~ la santé, la réputation de qn*** j-s Gesundheit, j-s Ruf schaden, gefährden 2 ***~ qn*** j-n kompromittieren, bloßstellen II *v/pr* ***se ~*** 1 ***s'être compromis dans un scandale*** in e-n Skandal verwickelt sein 2 sich kompromittieren; s-m Ruf schaden
compromis [kõpʀɔmi] *m* 1 (*accord mutuel*) Kompromiss *m*; Vergleich *m*; ***faire un ~*** e-n Kompromiss schließen 2 (*intermédiaire*) Mittelding *n*, Zwischending *n* (**entre** zwischen *+dat*)

compromissions [kõpʀɔmisjõ] *f/pl* (*péj* faule) Kompromisse *m/pl*, Zugeständnisse *n/pl*; *péj* ***faire des ~*** Kompromisse mit s-m Gewissen schließen; gegen sein Gewissen handeln

compromissoire [kõpʀɔmiswaʀ] *adj* JUR ***clause f ~*** Schieds(vertrags)klausel *f*

comptabilisation [kõtabilizasjõ] *f* Verbuchung *f*; (buchmäßige) Erfassung **comptabiliser** *v/t* **1** COMM (ver)buchen **2** *par ext* zusammenrechnen

comptabilité [kõtabilite] *f* Buchführung *f*; Buchhaltung *f* (*a service*); Rechnungsführung *f*; Rechnungswesen *n*; ***~ nationale*** volkswirtschaftliche Gesamtrechnung; ***~ en partie double*** doppelte Buchführung; Doppik *f*; ***~ en partie simple*** einfache Buchführung; ***livres** m/pl **de ~*** Geschäftsbücher *n/pl*; ***tenir** ou **gérer la ~*** die Bücher führen

comptable [kõtabl] **I** *adj* **1** Buchungs…; Buch(führungs)…; ***agent** m **~*** Buchhalter *m*; Rechnungsführer *m*; ***pièce** f **~*** Buchungsbeleg *m* **2** *litt* ***être ~ de qc*** für etw Rechenschaft ablegen müssen **II** *m,f* Buchhalter(in) *m(f)*; Rechnungsführer(in) *m(f)*

comptage [kõtaʒ] *m* Zählen *n*, -ung *f*

comptant [kõtɑ̃] *adj* COMM bar; ***argent ~*** bares Geld; Bargeld; → *a* ***argent*** *2*; ***800 euros ~*** ⟨*inv*⟩ 800 Euro in bar, sofort; ♦ *loc/adj* ***au ~*** Bar…; *t/t* Kassa…; ***achat** m **au ~*** Barkauf *m*; ***paiement** m **au ~*** Barzahlung *f*; ♦ (*loc*)*adv* (***au***) ***~*** bar; gegen Barzahlung; gegen bar; in bar; *t/t* gegen Kasse; ***acheter*** (***au***) ***~*** gegen Barzahlung, gegen bar kaufen; ***payer*** (***au***) ***~*** (in) bar (be)zahlen

compte [kõt] *m* **1** Zählen *n*, -ung *f*; Rechnen *n*, -ung *f*; Berechnung *f*; ***~ rond*** runde Zahl, Summe; ***~ à rebours*** Count-down [kauntdaun] *m ou n*; ♦ *loc/adv*: ***à bon ~*** billig; preiswert; *litt* wohlfeil; ***il s'en est tiré à bon ~*** *punition* er ist billig weggekommen; *travail* er ist gut dabei weggekommen; *accident et fig* er ist mit e-m blauen Auge davongekommen; ***à ce ~-là*** wenn es, das so ist; um diesen Preis; ***à meilleur ~*** billiger; preiswerter; ***s'établir, s'installer, se mettre à son ~*** sich selbstständig machen; ***être à son ~*** selbstständig sein; ***prendre qc à son ~*** *responsabilité* die Verantwortung für etw übernehmen; F etw auf s-e Kappe nehmen; *frais* die Kosten für etw übernehmen; *les idées de qn* ***reprendre à son ~*** übernehmen; sich (*dat*) zu eigen machen; ***travailler à son ~*** selbstständig sein; ***publier à ~ d'auteur*** auf Kosten des Autors veröffentlichen; ***pour mon ~*** ich meinerseits; was mich betrifft; ***pour mon*** (***son***) ***propre ~*** für mich (sich) selbst; *vendre, acheter* ***pour son propre ~*** auf eigene Rechnung; ***pour le ~ de*** auf, für Rechnung von (*ou +gén*); im Auftrag von (*ou +gén*); BOXE ***être envoyé sur le tapis pour le ~*** ausgezählt werden; ***laisser pour ~*** *marchandise* nicht an-, abnehmen; *fig personne* links liegen lassen; sich nicht mehr kümmern um; F ***en prendre pour son ~*** F gehörig eins auf den Deckel, aufs Dach kriegen; ***sur le ~ de qn*** über j-n; ***dire qc sur le ~ de qn*** über j-n, von j-m etw sagen; j-m etw nachsagen; ***mettre qc sur le ~ de qc*** etw auf etw (*acc*) schieben, zurückführen; etw e-r Sache (*dat*) zuschreiben; ***prendre qc sur son ~*** für etw die Schuld, Verantwortung übernehmen; F etw auf s-e Kappe nehmen; ***vous pouvez être rassuré sur son ~*** Sie können seinetwegen unbesorgt sein; ***au bout du ~** ou **en fin de ~** ou **tout ~ fait*** schließlich; letztlich; letzten Endes; im Endeffekt; im Grunde genommen; genau genommen; alles in allem; *tu m'agaces*, ***à la fin du ~*** jetzt langt's mir aber!; F verflixt noch mal!; ♦ ***je n'arrive jamais au même ~*** es kommt immer e-e andere Zahl, etwas anderes heraus; F ***avoir son ~*** (*être ivre*) F blau, besoffen, voll (wie e-e Strandhaubitze) sein; F ***en avoir son ~ de qc*** F von etw die Nase voll haben; F ***il a eu son ~*** F der hat sein(en) Teil gekriegt, sein Fett weg; ***donner son ~ à qn*** j-n auszahlen; (*congédier*) j-n entlassen; j-m kündigen; F ***son ~ est bon*** F jetzt geht's ihm an den Kragen; ***être loin du ~*** sich stark verrechnet haben; von der Wirklichkeit weit entfernt sein; ***le ~ n'y est pas** ou **ça ne fait pas le ~*** es *ou* die Rechnung stimmt nicht; ***faire le ~ de*** (ab)zählen; zusammenzählen; berechnen; zusammenrechnen; ***faire le ~ de qc à qn*** j-m etw vorzählen, vorrechnen; ***faire, tenir ses ~s*** über s-e Ausgaben Buch führen; ***nous faisons nos ~s*** wir rechnen (miteinander) ab; *chose* ***faire le ~ de qn*** j-m zugutekommen; ***régler ses ~s*** s-e Schulden begleichen; ***régler son ~ à qn*** a) *employé* j-n auszahlen; (*congédier*) j-m kündigen; b) F *fig* mit j-m abrechnen; ***avoir un ~ à régler avec qn*** mit j-m noch eine Rechnung zu begleichen haben; F mit j-m ein Hühnchen zu rupfen haben; ***tenir ~ de qc*** etw berücksichtigen; e-r Sache (*dat*) Rechnung tragen; etw bedenken; ***ne tenir aucun ~ de qc*** etw gänzlich unbeachtet, außer Betracht lassen; *conseil* in den Wind schlagen; ***~ tenu de*** unter Berücksichtigung von (*ou +gén*); ***y trouver son ~*** auf s-e Kosten, Rechnung kommen; *prov* ***les bons ~s font les bons amis*** unter Freunden sollte man in Geldsachen genau sein; in Geldsachen hört die Freundschaft, F die Gemütlichkeit auf (*prov*) **2** *en banque*, COMM Konto *n*; ***~ chèque postal*** (*abr* ***CCP***) Postgirokonto [-ʒi-] *n*; Postscheckkonto *n*; ***~ courant*** laufendes Konto; Girokonto ['ʒi-] *n*; COMPTABILITÉ Kontokorrent *n*; laufende Rechnung; ***~ de dépôt, d'épargne*** Depositen-, Sparkonto *n*; ***~ d'épargne-logement*** Bausparkonto *n*; COMM ***~ de pertes et profits*** Gewinn-und-Verlust-Rechnung *f*; ***~ en banque*** Bankkonto *n*; ***ouvrir un ~ à la banque X*** ein Konto bei der Bank X eröffnen; ***passer en ~, sur le ~*** auf dem Konto verbuchen; buchen **3** ***~(s)*** (*explications*) Rechenschaft *f*; ***~ rendu*** Bericht *m*; *écrit a* Niederschrift *f*; *d'une séance* Protokoll *n*; *d'un livre* Rezension *f*; ÉCOLE Nacherzählung *f*; ***faire le ~ rendu de qc*** über etw (*acc*) berichten; ***demander des ~s à qn*** von j-m Rechenschaft fordern; ***devoir des ~s à qn*** j-m Rechenschaft schuldig sein, schulden, ablegen müssen; ***rendre des ~s*** Rechenschaft ablegen (***de*** über *+acc*); ***je n'ai pas de ~s à vous rendre*** ich bin Ihnen keine Rechenschaft schuldig; ich schulde Ihnen keine Rechenschaft; ***rendre ~ de qc*** über etw (*acc*) Bericht erstatten; ***se rendre ~ de qc*** sich (*dat*) über etw (*acc*) klar werden *ou* im Klaren sein; etw bemerken, feststellen; ***tu te rends ~!*** stell dir das mal vor!

compte-gouttes [kõtgut] *m* ⟨*inv*⟩ Tropfenzähler *m*; *loc/adv fig* ***au ~*** tröpfchen-, scheibchenweise; F kleckerweise; ***accorder, distribuer, donner qc au ~*** *a* mit etw knausern

compter [kõte] **I** *v/t* **1** (*dénombrer*) zählen; zusammenzählen; abzählen; (*inclure*) mit-, dazuzählen,

-rechnen; mit einrechnen, einbeziehen; *voix aux élections* (aus)zählen; *fig* **~ les heures, les jours** die Stunden, die Tage zählen; *fig* **ses jours sont comptés** s-e Tage sind gezählt; **on ne compte plus ses gaffes, succès** s-e Dummheiten, Erfolge sind nicht mehr zu zählen; **on peut ~ les lettres** *qu'il a écrites* man kann die Briefe … an den Fingern (e-r Hand) abzählen; **~ qc, qn au nombre des, parmi les meilleurs** etw, j-n zu den Besten zählen, rechnen; **on compte ce livre parmi …** *a* dieses Buch wird zu … gerechnet; ♦ **sans ~** (*+subst*) ohne (*+acc*); außer (*+dat*); abgesehen von (*+dat*); nicht (mit)gerechnet (*+acc*); **sans ~ que** abgesehen davon, dass; außerdem; obendrein; noch dazu **2** (*prévoir*) rechnen (mit); **~ cinq heures en voiture** mit dem Wagen fünf Stunden rechnen; **~ que …** damit rechnen, dass …; erwarten, annehmen, dass …; **ne pas ~ que …** (*+subj*) nicht damit rechnen, dass … **3** (*avoir l'intention*) **~** (*+inf*) beabsichtigen, vorhaben, hoffen, damit rechnen zu (*+inf*); wollen (*+inf*); **je compte aller vous voir la semaine prochaine** ich beabsichtige *etc*, Sie nächste Woche zu besuchen **4** **~ qc à qn** (*facturer*) j-m etw berechnen, in Rechnung stellen; (*verser*) j-m etw (aus)zahlen, bezahlen; (*savoir gré de*) j-m etw anrechnen, zugutehalten; F *avec parcimonie* j-m etw (spärlich) zuteilen; **tu nous, me les comptes** F die sind wohl abgezählt, rationiert **5** (*estimer*) schätzen; ansehen; **tu comptes pour rien le mal** *que je me suis donné* die Mühe … zählt für dich überhaupt nicht; du erachtest die Mühe … für nichts **6** (*avoir*) *tant d'années* zählen; *années de service* haben; *ville*: *habitants* haben; zählen; **il compte déjà vingt ans de service (dans l'armée)** er ist schon zwanzig Jahre in der Armee; er hat schon e-e Dienstzeit von zwanzig Jahren (in der Armee); *st/s ou iron* **~ dix-huit printemps** achtzehn Lenze zählen **II** *v/i* **1** (*calculer*) zählen; rechnen; **~ de tête** im Kopf rechnen; → *a* **doigt** *1*; ♦ *loc/adv* **sans ~** reichlich; großzügig; verschwenderisch; mit vollen Händen; *loc/prép* **à ~ de** von … ab, an; ab; **à ~ d'aujourd'hui** von heute ab, an; ab heute **2** (*avoir de l'importance*) zählen; wichtig, wesentlich sein; gelten; **cela ne compte pas** das zählt nicht; das hat nichts zu bedeuten; **son avis compte pour beaucoup** s-e Ansicht gilt viel, hat viel Gewicht; **son fils compte beaucoup pour lui** sein Sohn bedeutet ihm sehr viel; er hängt sehr an s-m Sohn; *le mal qu'il s'est donné* **compte pour rien** … zählt überhaupt nicht **3** **devoir ~** rechnen, Haus halten müssen **III** *v/t/indir personne* **~ avec qc** mit etw rechnen; etw bedenken; an etw (*acc*) denken; etw berücksichtigen; e-r Sache (*dat*) Rechnung tragen; **~ avec qn** mit j-m rechnen; j-n berücksichtigen; j-m Rechnung tragen; *personne, chose* **~ parmi** zählen, gehören zu; gezählt, gerechnet werden zu; **~ sans qc** etw vergessen, nicht bedenken, nicht berücksichtigen; **~ sans qn** nicht mit j-m rechnen; j-n vergessen; die Rechnung ohne j-n machen; **~ sur qc, qn** auf etw, j-n zählen, rechnen; mit etw, j-m rechnen; sich auf etw, j-n verlassen; **il vaut mieux ne ~ que sur soi** man soll(te) sich nur auf sich (*acc*) selbst verlassen; **j'y compte** ich rechne (fest) damit; ich verlasse mich darauf; F *iron* **comptes-y** *ou* **compte là-dessus** F ja denkste!; von wegen!; F **compte là-dessus et bois de l'eau** das schlag dir aus dem Kopf; F da kannst du warten, bis du schwarz wirst **IV** *v/pr* **se ~** gezählt werden (**par** nach); sich zählen lassen

compte rendu [kõtrɑ̃dy] *m* ⟨*pl* **comptes rendus**⟩ → **compte** *3*

compte-tours [kõttur] *m* ⟨*inv*⟩ TECH Drehzahlmesser *m*; Tourenzähler *m*

compteur [kõtœr] *m* TECH Zähler *m*; Zählwerk *n*, -apparat *m*; **~ bleu** Nachtstromzähler *m*; **~ électrique** Strom-, Elektrizitätszähler *m*; **~ Geiger** [ʒɛʒɛr] Geigerzähler *m*; **~ kilométrique** Kilometerzähler *m*; **~ à eau, à gaz** Wasser-, Gaszähler *m*, -messer *m*, -uhr *f*; **~ de taxi** Fahrpreisanzeiger *m*; Taxameter *m*; **~ (de vitesse)** Geschwindigkeitsmesser *m*; Tachometer *m ou n*; F Tacho *m*; **relever le ~** den Zähler ablesen

comptine [kõtin] *f* Abzählvers *m*, -reim *m*

comptoir [kõtwar] *m* **1 a)** *d'un bar* Theke *f*; Schanktisch *m*; Büfett *n*; Tresen *m*; **b)** *d'un magasin* Ladentisch *m*; (Laden)Theke *f* **2** *de la Banque de France* Zweigstelle *f*; ÉCON **~ de vente en commun** Gesellschaft *f* für Gemeinschaftsvertrieb **3** HIST (Handels)Kontor *n*; Handelsniederlassung *f*; Faktorei *f*

compulsation [kõpylsasjõ] *f* ADM Einsichtnahme *f* (**de** in *+acc*)

compulser [kõpylse] *v/t* (*consulter*) nachschlagen in (*+dat*); durchsehen; durchblättern

compulsif [kõpylsif] *adj* ⟨**-ive**⟩ PSYCH Zwangs…; zwangshaft **compulsion** *f* PSYCH Zwang(shandlung) *m*(*f*)

computation [kõpytasjõ] *f* (Zeit)Berechnung *f*

comte [kõt] *m* Graf *m*

comté [kõte] *m* **1** Grafschaft *f* **2** *fromage*: *Art Schweizer Käse aus der Franche-Comté*

comtesse [kõtɛs] *f* Gräfin *f*

comtois [kõtwa] → **franc-comtois**

con [kõ] P **I** *adj* ⟨*f inv od* **conne** [kɔn]⟩ P saudumm, -blöd, -doof **II** *subst* **1** **~, conne** *m,f* P Blödmann *m*, -hammel *m*; dumme Sau; *d'une femme* blöde Ziege; blöde Kuh; *injure* P Arschloch *n*; *loc/adj* **à la ~** P saublöd, -doof; **faire le ~** (*faire l'idiot*) F sich blöd, doof (an)stellen; (*faire des bêtises*) Blödsinn, Dummheiten machen; (*faire qc de stupide*) e-e stupide, stumpfsinnige, F blöde, doofe Arbeit machen müssen **2** *m obscène* Fotze *f*; Möse *f* (*Vulva*)

conard [kɔnar] P *m*, **conasse** [kɔnas] P *f* → **con** *II 1*

concassage [kõkasaʒ] *m de pierres* Brechen *n*; *de céréales* Schroten *n*

concassé [kõkase] *m* Schotter *m*

concasser [kõkase] *v/t* **~ de la glace** Eis zerkleinern; **~ du grain** Korn schroten; **~ des pierres** Steine brechen; **~ du poivre, du sucre** Pfeffer, Zucker zerstoßen

concasseur [kõkasœr] *m de pierres* Brecher *m*

concaténation [kõkatenasjõ] *f* PHILOS Verkettung *f*

concave [kõkav] *adj* konkav, Konkav… (*a* OPT); vertieft; **miroir** *m* **~** Konkav-, Hohlspiegel *m*

concavité [kõkavite] *f* **1** OPT Konkavität *f* **2** (*creux*) Vertiefung *f*; Einbuchtung *f*; Höhlung *f*

concéder [kõsede] *v/t* ⟨**-è-**⟩ **1** *droit* gewähren; einräumen; bewilligen; zugestehen **2** **~ que …** zugeben, einräumen, dass …; **~ à qn un point** j-m in e-m Punkt recht geben **3** SPORTS *but etc* hinnehmen, in Kauf nehmen, zulassen müssen (**à qn**

von j-m)
concélébrer [kõselebʀe] *v/i* ⟨-è-⟩ ÉGL CATH konzelebrieren
concentration [kõsɑ̃tʀasjõ] *f* 1 Konzentration *f*, Konzentrierung *f* (*a* CHIM, MIL); ÉCON *a* Zusammenschluss *m*; OPT *de rayons a* Bündelung *f*; **~ de la population** Konzentration, (Zusammen)Ballung *f* der Bevölkerung; **~ de(s) troupes** Truppenkonzentration *f*; Massierung *f* von Truppen; **camp** *m* **de ~** Konzentrationslager *n* (*abr* KZ); CHIM **degré** *m* **de ~** Konzentration *f*; **zone** *f* **de ~ urbaine** Ballungsraum *m*, -gebiet *n* 2 *fig de l'esprit* Konzentration *f*; Sammlung *f*; **faculté** *f* **de ~** Konzentrationsvermögen *n*
concentrationnaire [kõsɑ̃tʀasjɔnɛʀ] *adj* e-s Konzentrationslagers; KZ-…; **univers** *m* **~** Welt *f* der Konzentrationslager; *fig* KZ-Atmosphäre *f*
concentré [kõsɑ̃tʀe] **I** *adj* 1 CHIM konzentriert; **lait** *m* **~** Kondensmilch *f*; Dosenmilch *f* 2 *fig esprit, attention, personne* konzentriert; gesammelt **II** *m* Konzentrat *n*; **~ de tomates** Tomatenmark *n*; **en ~** konzentriert; in konzentrierter Form; als Konzentrat
concentrer [kõsɑ̃tʀe] **I** *v/t* 1 konzentrieren (*a* CHIM, MIL); *liquide a* eindicken; *troupes a* zusammenziehen; OPT **~ des rayons** Strahlen konzentrieren, bündeln, sammeln 2 *attention, efforts, énergie* **~ sur qn, qc** auf j-n, etw konzentrieren, richten; **~ toutes ses forces** alle s-e Kräfte anspannen, zusammennehmen **II** *v/pr* **se ~** 1 *regards etc* sich konzentrieren (**sur** auf +*acc*); *foule* sich ansammeln; *p/fort* sich (zusammen)ballen 2 *personne* sich konzentrieren (**sur** auf +*acc*); sich sammeln; sich vertiefen (in +*acc*)
concentrique [kõsɑ̃tʀik] *adj* konzentrisch
concept [kõsɛpt] *m* Begriff *m*; **~ fondamental** Grundbegriff *m*
conception [kõsɛpsjõ] *f* 1 (*idée*) Anschauung *f*; Auffassung *f*; Vorstellung *f*; Begriff *m*; **~ du monde** Weltanschauung *f*; Weltbild *n*; **~(s) sur qc** Ansicht(en) *f(pl)* über etw (*acc*); Auffassung(en) von etw; **nous n'avons pas la même ~ du travail** unsere Vorstellungen von der Arbeit sind nicht die gleichen, gehen auseinander 2 (*création*) Konzeption *f*; Entwurf *m*; Planung *f*; Gestaltung *f*; **d'une ~ 'hardie** kühn konzipiert; → *a* **CAO** 3 BIOL Empfängnis *f*; *sc* Konzeption *f*; REL **Immaculée Conception** Unbefleckte Empfängnis
conceptualiser [kõsɛptɥalize] *v/t* in Begriffe fassen
conceptuel [kõsɛptɥɛl] *adj* ⟨**~le**⟩ 1 begrifflich; Begriffs… 2 MARKETING Konzeptions…; Planungs…; konzeptuell
concernant [kõsɛʀnɑ̃] *prép* hinsichtlich (+*gén*); bezüglich (+*gén*); betreffend (+*acc*); ADM betreffs (+*gén*)
concerné [kõsɛʀne] *adj* betroffen; **être ~** betroffen sein (**par** von); **se sentir ~** sich betroffen fühlen
concerner [kõsɛʀne] *v/t* **~ qc, qn** etw, j-n betreffen, angehen; **en ce qui concerne …** was (+*acc*) betrifft, anbelangt, angeht; hinsichtlich, bezüglich (+*gén*); **en ce qui me concerne** was mich betrifft; ich meinerseits; **cela ne te concerne pas** das betrifft dich nicht; *remontrance* das geht dich nichts an
concert [kõsɛʀ] *m* 1 MUS Konzert *n* 2 *fig des oiseaux* Gesang *m*; *plais* (*pleurs*) Geheul(e) *n*; **~ d'avertisseurs** Hupkonzert *n*; **~ de lamentations** Klage-, Wehgeschrei *n*; **c'était un ~ de louanges** alle waren des Lobes voll 3 (*accord*) **~ des grandes puissances** *st/s* Konzert *n* der Großmächte; *loc/adv* **agir de ~** im Einvernehmen, im Einverständnis, in Übereinstimmung (**avec** mit); gemeinsam (mit)
concertant [kõsɛʀtɑ̃] *adj* **symphonie ~e** konzertante Sinfonie
concertation [kõsɛʀtasjõ] *f* Absprache *f*; Verständigung *f*; konzertierte Aktion
concerter [kõsɛʀte] **I** *v/t* vereinbaren; absprechen; verabreden; *adjt* **plan habilement concerté** *a* geschickt eingefädelter Plan **II** *v/pr* **se ~** sich (miteinander) verständigen; sich absprechen, abstimmen, bereden; (miteinander, sich) beraten
concertiste [kõsɛʀtist] *m,f* Instrumentalist(in) *m(f)*, der (die) Konzerte gibt
concerto [kõsɛʀto] *m* MUS Konzert *n* (*Komposition*); **~ pour piano et orchestre** Klavierkonzert *n*; Konzert für Klavier und Orchester
concessif [kõsɛsif] *adj* ⟨**-ive**⟩ GR konzessiv; einräumend; **proposition concessive** Konzessivsatz *m*
concession [kõsɛsjõ] *f* 1 ADM *d'un droit* Gewährung *f*; Einräumung *f*; *pour un terrain, une mine* Konzession *f*; **~ de travaux publics** Vergabe *f* von Bauarbeiten (der öffentlichen Hand) 2 *funéraire* Familiengrab *n*; **~ à perpétuité** Erbbegräbnis *n* 3 (*compromis*) Zugeständnis *n*; Konzession *f*; Entgegenkommen *n*; **faire des ~s à qn** j-m Zugeständnisse, Konzessionen machen
concessionnaire [kõsɛsjɔnɛʀ] *m,f* 1 ADM Konzessionär(in) *m(f)*; Konzessionsinhaber(in) *m(f)* 2 COMM *d'une marque* Vertragshändler(in) *m(f)*
concevable [kõsvabl] *adj* 1 (*imaginable*) vorstellbar; denkbar 2 (*compréhensible*) begreiflich; verständlich
concevoir [kõs(ə)vwaʀ] ⟨→ **recevoir**⟩ **I** *v/t* 1 (*comprendre*) begreifen; erfassen; verstehen; (*s'imaginer*) sich (*dat*) vorstellen; **je conçois mal que …** (+*subj*) ich begreife nicht, ich verstehe nicht, ich finde es unbegreiflich, dass …; **~ qc comme** etw begreifen, ansehen, auffassen als 2 *projet, ouvrage etc* entwerfen; konzipieren; planen; ersinnen; → *a* **conçu 1** 3 *st/s espoir* schöpfen; *aversion, rancune* fassen; **~ de l'amitié pour qn** j-n lieb gewinnen; **~ des doutes** Zweifel bekommen 4 BIOL empfangen (*a abs*) **II** *v/pr* **cela se conçoit** (*c'est compréhensible*) das ist begreiflich, verständlich; (*c'est imaginable*) das lässt sich denken
concierge [kõsjɛʀʒ] *m,f* Concierge *m,f*; Hausmeister(in) *m(f)*; Pförtner(in) *m(f)*; Portier *m*; *fig* **c'est une vraie ~** sie *ou* er ist e-e (richtige) Klatschbase
conciergerie [kõsjɛʀʒəʀi] *f* 1 Portiers-, Pförtner-, Hausmeisterwohnung *f* 2 *in Paris* **Conciergerie** *ehemaliges Staatsgefängnis*
concile [kõsil] *m* ÉGL CATH Konzil *n*
conciliable [kõsiljabl] *adj* miteinander vereinbar; **être ~s** *a* zu vereinbaren sein; sich miteinander vertragen
conciliabules [kõsiljabyl] *m/pl* Getuschel *n*; **tenir des ~** (die Köpfe zusammenstecken und) miteinander tuscheln
conciliaire [kõsiljɛʀ] *adj* ÉGL CATH Konzils…
conciliant [kõsiljɑ̃] *adj personne, caractère* entge-

C

genkommend; umgänglich; verbindlich; konziliant; gefällig; ***paroles ~es*** versöhnliche, konziliante Worte

conciliateur [kõsiljatœʀ] **I** *adj* ‹**-trice**› ausgleichend; vermittelnd; versöhnend **II** *subst* ~, ***conciliatrice*** *m,f* Schlichter(in) *m(f)*; Vermittler(in) *m(f)*

conciliation [kõsiljasjõ] *f* **1** Ausgleich *m*; Vergleich *m*; Vermittlung *f*; Schlichtung *f*; ***esprit*** *m* ***de ~*** Versöhnlichkeit *f* **2** JUR gütliche Einigung; ***procédure*** *f*, ***tentative*** *f* ***de ~*** Sühneverfahren *n*, -versuch *m*; ***citer en ~*** zum Sühnetermin laden

conciliatoire [kõsiljatwaʀ] *adj* Vergleichs…; vermittelnd; der Versöhnung dienend; POL ***procédure*** *f* ~ Vergleichsverfahren *n*

concilier [kõsilje] **I** *v/t* **1** *opinions, intérêts etc* in Einklang, Übereinstimmung bringen; ***peut-on ~ carrière et famille?*** *a* sind Beruf und Familie miteinander vereinbar?; ***chercher à tout ~*** versuchen, alles unter e-n Hut zu bringen **2** *litt personnes* zu e-m Vergleich, zu e-r Versöhnung bewegen **II** *v/pr* ***se ~ la bienveillance*** *etc* ***de qn*** j-s Wohlwollen *etc* gewinnen, erringen; sich *(dat)* j-s Wohlwollen *etc* erwerben

concis [kõsi] *adj style, rapport etc* prägnant *(a auteur)*; bündig; kurz gefasst; knapp; gedrängt; *sc* konzis; ***soyez ~!*** fassen Sie sich kurz!

concision [kõsizjõ] *f* Prägnanz *f*; Bündigkeit *f*; Knappheit *f*; Gedrängtheit *f*; Kürze *f*

concitoyen [kõsitwajɛ̃] *m*, **concitoyenne** *f* Mitbürger(in) *m(f)*

concitoyenneté [kõsitwajɛnte] *f* Mitbürgerschaft

conclave [kõklav] *m* ÉGL CATH Konklave *n*

concluant [kõklyɑ̃] *adj* überzeugend; schlüssig; stichhaltig; schlagend; bündig; beweiskräftig

conclure [kõklyʀ] ‹**je conclus, il conclut, nous concluons; je concluais; je conclus; je conclurai; que je conclue; concluant; conclu**› **I** *v/t* **1** *affaire, marché* abschließen; tätigen; *convention, pacte* schließen; ***~ la paix*** Frieden schließen; ***~ un traité*** einen Vertrag (ab)schließen; ***marché conclu!*** abgemacht! **2** *(clore)* beenden; abschließen; zu Ende bringen; *abs* ***concluez!*** kommen Sie zum Schluss!; ***ne pas savoir ~*** kein Ende finden; ***~ son allocution par …*** s-e Ansprache schließen, beenden mit … **3** *(déduire)* ***~ qc de qc*** etw aus etw schließen, folgern, ableiten; ***j'en conclus que …*** ich schließe, folgere daraus, dass …; ich ziehe daraus die Schlussfolgerung, den Schluss, dass … **II** *v/t/indir* **1** ***~ à qc*** auf etw *(acc)* schließen; ***l'enquête conclut à la mort par strangulation*** den Ermittlungen zufolge trat der Tod durch Erwürgen ein; ***~ de qc à qc*** von etw auf etw *(acc)* schließen **2** JUR *(décider)* ***~ à*** erkennen auf (+*acc*); sich aussprechen für

conclusif [kõklyzif] *adj* ‹**-ive**› konklusiv; *conjonction* konsekutiv

conclusion [kõklyzjõ] *f* **1** *d'un traité, d'une affaire etc* Abschluss *m*; ***~ d'un contrat*** Vertragsabschluss *m*; ***~ de la paix*** Friedensschluss *m* **2** *(fin)* Schluss *m*; Ende *n*; Abschluss *m*; *dans un discours* ***en ~*** abschließend; zum Abschluss; → *a* 3 **3** *(déduction)* Schluss(folgerung) *m(f)*; PHILOS Konklusion *f*; *advt* ***~, …*** Fazit, …; kurz, …; mit e-m Wort, …; *loc/adv* ***en ~, …*** folglich …; ***tirer des ~s*** Schlüsse, (Schluss-)Folgerungen ziehen (***de*** aus) **4** JUR ***~s*** Anträge *m/pl*; ***déposer des ~s*** Anträge stellen

concocter [kõkɔkte] *v/t plais* F aushecken; CUIS zusammenbrauen, -mixen; ***~ une surprise*** F eine Überraschung aushecken

concombre [kõkõbʀ] *m* BOT Gurke *f*; ***~s en salade ou salade*** *f* ***de ~s*** Gurkensalat *m*

concomitance [kõkɔmitɑ̃s] *f* Konkomitanz *f*

concomitant [kõkɔmitɑ̃] *adj* Begleit…

concordance [kõkɔʀdɑ̃s] *f* **1** *(analogie)* Übereinstimmung *f*; ***~ des témoignages*** Übereinstimmung der Zeugenaussagen; übereinstimmende Zeugenaussagen *f/pl*; ***la ~ de leurs vues*** die Übereinstimmung ihrer Ansichten **2** GR ***~ des temps*** Zeitenfolge *f* **3** ***~ de la Bible*** Bibelkonkordanz *f*

concordant [kõkɔʀdɑ̃] *adj* übereinstimmend; *projets* ***peu ~s avec la réalité*** … die nicht mehr viel mit der Wirklichkeit zu tun haben

concordat [kõkɔʀda] *m* **1** ÉGL CATH Konkordat *n* **2** JUR, COMM Vergleich *m*

concorde [kõkɔʀd] *f* Eintracht *f*; ***esprit*** *m* ***de ~*** Geist *m* der Eintracht

concorder [kõkɔʀde] *v/i* (miteinander) übereinstimmen; *caractères* miteinander harmonieren; zusammenpassen; *actions, efforts* das gleiche Ziel haben; in die gleiche Richtung gehen; ***~ avec*** übereinstimmen mit; in Einklang stehen mit; ***faire ~*** aufeinander abstimmen; in Übereinstimmung, Einklang bringen

concourant [kõkuʀɑ̃] *adj* MATH *droites* konvergent; konvergierend

concourir [kõkuʀiʀ] ‹→ **courir**› **I** *v/t/indir* **1** ***~ à qc*** beitragen zu etw; e-n Beitrag zu etw leisten; mitwirken an etw *(dat)*; gemeinsam hinwirken auf etw *(acc)*; ***~ à*** (+*inf*) dazu beitragen zu (+*inf*) **2** MATH *droites* ***~ en un point*** in e-m Punkt zusammenlaufen, konvergieren **II** *v/i concurrents* an e-m, am Wettbewerb teilnehmen (***pour un prix*** um e-n Preis); SPORTS ***~ pour un titre*** um e-n Titel kämpfen; ***être admis à ~*** zum Wettbewerb zugelassen werden

concours [kõkuʀ] *m* **1** *(compétition)* Wettbewerb *m*; Wettstreit *m*; *pour un emploi* Auswahlverfahren *n*; *dans l'enseignement* Prüfung *f*, Examen *n* im Auswahlverfahren, mit Wettbewerbscharakter; ÉQUITATION ***~ complet*** Military *f*; ***~ général*** jährlicher Leistungswettbewerb der besten Gymnasiasten; ***~ hippique*** Reit- und Fahrturnier *n*; ***~ publicitaire*** Preisausschreiben *n*; ***~ de beauté*** Schönheitswettbewerb *m*; ***~ d'entrée (aux grandes écoles)*** Aufnahmeprüfung im Auswahlverfahren für die „Grandes écoles"; ***~ de tir*** Wett-, Preisschießen *n*; ***par voie de ~*** im Auswahlverfahren; ***se présenter à un ~*** an e-m Wettbewerb, an e-m „concours" teilnehmen; → *a* ***'hors*** *I* **2** *(aide)* Unterstützung *f*; Hilfe *f*; *(collaboration)* Mitwirkung *f*; ***avec le ~ de qn*** mit j-s Hilfe, Unterstützung, Beistand; unter j-s Mitwirkung *(dat)*; ***apporter, prêter son ~ à qc*** e-n Beitrag zu etw leisten; sein(en) Teil zu etw beitragen; bei etw mitwirken **3** ***~ de circonstances*** Zusammentreffen *n* mehrerer Umstände

concret [kõkʀɛ] **I** *adj* ‹**concrète** [kõkʀɛt]› konkret; gegenständlich; ***avantage ~*** konkreter, *a* materieller Vorteil; ***exemple ~*** konkretes, anschauliches Beispiel; ***idée concrète*** konkrete Vorstellung; ***terme ~*** konkreter Begriff; ***avoir l'esprit ~*** konkret, praktisch denken **II** *m* ***le ~*** das Konkrete

concrètement [kõkʀɛtmɑ̃] *adv* (ganz) konkret

concrétion [kõkʀesjõ] *f* 1 *dans une poire etc* Körnchen *n* 2 GÉOL Konkretion *f* 3 MÉD Konkrement *n*
concrétisation [kõkʀetizasjõ] *f* Konkretisierung *f*; Veranschaulichung *f*; Vergegenständlichung *f*
concrétiser [kõkʀetize] I *v/t* konkretisieren; veranschaulichen; vergegenständlichen; verdeutlichen; *idée a* Gestalt geben (*+dat*); **~ une promesse** ein Versprechen erfüllen; SPORTS **~ son avantage en marquant des buts** s-n Vorteil in Tore umsetzen II *v/pr* **se ~** Gestalt, konkrete Formen annehmen; sich konkretisieren
conçu [kõsy] *p/p* → **concevoir** *et adj* 1 TECH konzipiert, angelegt, konstruiert, ausgelegt (**pour** für); **appartement bien, mal ~** gut, schlecht geschnittene Wohnung 2 (*rédigé*) **ainsi ~** mit folgendem Wortlaut; **être ~ en ces termes** folgendermaßen lauten
concubin [kõkybɛ̃] *m* Lebensgefährte *m*
concubinage [kõkybinaʒ] *m* Konkubinat *n*; wilde Ehe; ADM eheähnliches Verhältnis; eheähnliche Gemeinschaft; **vivre en ~** in wilder Ehe, in e-m eheähnlichen Verhältnis leben
concubine [kõkybin] *f* 1 Lebensgefährtin *f* 2 HIST Konkubine *f*
concupiscence [kõkypisɑ̃s] *f* (sinnliche, fleischliche) Begierde; Fleischeslust *f* **concupiscent** *adj* begehrlich; lüstern
concurremment [kõkyʀamɑ̃] *adv* (*ensemble*) gemeinsam; zusammen; (*simultanément*) gleichzeitig
concurrence [kõkyʀɑ̃s] *f* 1 **a)** Konkurrenz *f*, Wettbewerb *m*, Konkurrenzkampf *m* (*a* COMM); Wettstreit *m*; COMM **libre ~** freier Wettbewerb; COMM **prix** *m/pl* **défiant toute ~** konkurrenzlose Preise *m/pl*; **entrer en ~ avec qn** mit j-m in Wettbewerb treten; **être en ~ avec qn** mit j-m wetteifern, konkurrieren, rivalisieren; **faire ~ à qn** j-m Konkurrenz machen; mit j-m konkurrieren; **se faire ~** sich *ou* einander Konkurrenz machen; miteinander konkurrieren; **b)** COMM *coll* Konkurrenz *f*; **soutenir la ~** mit der Konkurrenz Schritt halten (können); konkurrenzfähig sein 2 *loc* **jusqu'à ~ de** *mille euros* bis zu …; bis zum Betrag, bis zu e-r Höhe von …
concurrencer [kõkyʀɑ̃se] *v/t* ⟨**-ç-**⟩ konkurrieren mit; Konkurrenz machen (*+dat*); im Wettbewerb stehen mit
concurrent [kõkyʀɑ̃] I *adj* konkurrierend; Konkurrenz…; **maison ~e** Konkurrenzfirma *f* II *subst* **~(e)** *m(f)* Konkurrent(in) *m(f)*; Mitbewerber(in) *m(f)*; Wettbewerber(in) *m(f)*; **~s à une compétition** Wettkampfteilnehmer *m/pl*; Wettkämpfer *m/pl*; **~s à un concours** Kandidaten *m/pl* e-s „concours"
concurrentiel [kõkyʀɑ̃sjɛl] *adj* ⟨**~le**⟩ Konkurrenz…; konkurrierend; **prix ~s** konkurrenzfähige Preise *m/pl*; **secteurs ~s** konkurrierende Bereiche *m/pl*
concussion [kõkysjõ] *f* JUR übermäßige Gebührenerhebung
condamnable [kõdanabl] *adj* tadelns-, verdammenswert; verwerflich; zu verurteilen(d)
condamnation [kõdanasjõ] *f* 1 JUR Verurteilung *f*; Aburteilung *f*; (*peine*) Strafe *f*; **~ à** (**la peine de**) **mort** Todesurteil *n*; Verurteilung zum Tode; **~ pour vol** Verurteilung wegen Diebstahls; **infliger une ~** e-e Strafe verhängen (**à qn** gegen j-n); **subir sa ~** s-e Strafe verbüßen 2 (*blâme*) Missbilligung *f*; Verwerfung *f*; Verurteilung *f*; Verdammung *f*
condamnatoire [kõdanatwaʀ] *adj* JUR **sentence** *f* **~** Verurteilung *f*
condamné [kõdane] I *adj* 1 JUR verurteilt; **innocent ~** unschuldig Verurteilte(r) *m* 2 *malade* unheilbar; (von den Ärzten) aufgegeben 3 *porte* zugemauert; (mit Brettern) vernagelt II *subst* **~(e)** *m(f)* Verurteilte(r) *f(m)*; **~ à mort** zum Tode Verurteilte(r) *m*; **la cigarette du ~** die letzte Zigarette (des Verurteilten) vor der Hinrichtung
condamner [kõdane] *v/t* 1 JUR verurteilen (**qn à une peine** j-n zu e-r Strafe; **~ qn à trois ans** (**de prison**), **à la déportation, à mort** j-n zu drei Jahren Freiheitsstrafe, zur Deportation, zum Tode verurteilen; **pour** wegen); aburteilen; *par ext* **la loi condamne l'usage de drogues** das Gesetz verbietet, untersagt den Genuss von Drogen 2 (*forcer*) **~ qn à qc** j-n zu etw verurteilen; **être condamné à l'inaction, à économiser** zur Untätigkeit, zum Sparen verurteilt, verdammt sein 3 (*blâmer*) missbilligen; verurteilen; verdammen; verwerfen; *d'un mot* **emploi condamné par l'Académie** Gebrauch, den die Académie verwirft; **son silence le condamne** durch sein Schweigen spricht er sich (*dat*) selbst sein Urteil 4 *malade* aufgeben 5 *porte* zumauern; (mit Brettern) vernageln; zu-, verstellen (**avec** mit); *fig* **~ sa porte à qn** j-m das Haus verbieten
condé [kõde] *m arg* (*policier*) *péj* Bulle *m*
condensateur [kõdɑ̃satœʀ] *m* ÉLECT Kondensator *m*
condensation [kõdɑ̃sasjõ] *f* PHYS Kondensation *f*; Kondensierung *f*; **~ électrique** Speicherung *f* elektrischer Ladungen; **~ de la vapeur sur la vitre** Beschlagen *n* der Fensterscheibe; **eau** *f* **de ~** Kondenswasser *n*
condensé [kõdɑ̃se] *adj* 1 **lait ~** Kondensmilch *f*; kondensierte Milch; Dosenmilch *f* 2 **texte ~** *ou subst* **~** *m* Kurzfassung *f*; Zusammenfassung *f*
condenser [kõdɑ̃se] I *v/t* 1 PHYS kondensieren 2 *fig* zusammenfassen; komprimieren; in gedrängter Form darstellen; *litt* **~ sa pensée** s-n Gedanken in prägnanter Form Ausdruck geben; **~ un texte** einen Text zusammenfassen II *v/pr vapeur* **se ~** kondensieren; sich niederschlagen (**sur** auf *+acc*)
condenseur [kõdɑ̃sœʀ] *m* 1 OPT Kondensor *m* 2 TECH Kondensator *m*
condescendance [kõdesɑ̃dɑ̃s] *f* Herablassung *f*; Gönnerhaftigkeit *f*; **air** *m* **de ~** Gönnermiene *f*
condescendant [kõdesɑ̃dɑ̃] *adj* herablassend; gönnerhaft
condescendre [kõdesɑ̃dʀ] *v/t/indir* ⟨→ **rendre**⟩ **~ à** (*+inf*) sich (dazu) herablassen zu (*+inf*); geruhen zu (*+inf*); so gnädig sein zu (*+inf*)
condiment [kõdimɑ̃] *m* Gewürz *n*; Würzstoff *m*; Würze *f* (*a fig*)
condisciple [kõdisipl] *m,f* Mitschüler(in) *m(f)*; Studienkollege, -kollegin *m,f*; Kommilitone, -tonin *m,f*
condition [kõdisjõ] *f* 1 Bedingung *f* (*a* JUR, COMM); Voraussetzung *f*; **~s** *pl* (*circonstances*) Verhältnisse *n/pl*; Umstände *m/pl*; (*situation*) Lage *f*; **~s atmosphériques** Wetter-, Witterungsverhältnisse *n/pl*; **~s économiques** wirtschaftliche Bedingungen, Verhältnisse; **~ féminine** Lage der Frau; **~s générales**

C

allgemeine Geschäftsbedingungen *f/pl*; **~ humaine** Stellung *f* und Schicksal *n* des Menschen innerhalb des Universums; MATH **~ nécessaire et suffisante** notwendige und hinreichende Bedingung; **~s d'admission** Aufnahme-, Zulassungsbedingungen *f/pl*; COMM **~s de livraison, de paiement** Liefer(ungs)-, Zahlungsbedingungen *f/pl*; Konditionen *f/pl*; **~s de travail** Arbeitsbedingungen *f/pl*; **~s de vie** Lebensbedingungen *f/pl*, -verhältnisse *n/pl*; ♦ *loc/conj* **à (la) ~ que** (+*subj ou futur*), **à ~ de** (+*inf*) unter der Voraussetzung, Bedingung, dass ...; vorausgesetzt (, dass) ...; (nur) wenn ...; *loc/adv*: **dans** *ou* F **à ces ~s** unter diesen Umständen, Bedingungen; **sans ~(s)** bedingungslos; **sous ~** bedingt; bedingungsweise; unter bestimmten Bedingungen; ♦ COMM **faire des ~s** Bedingungen einräumen (**à qn** j-m); **poser des ~s** Bedingungen stellen; **poser qc comme ~** etw zur Bedingung machen; **mettre une ~ à qc** e-e Bedingung an etw (*acc*) knüpfen **2** (*forme physique et intellectuelle*) Verfassung *f*; *d'un sportif* Kondition *f*; **être en bonne ~** in guter Verfassung sein; *sportif* in Form, in guter Kondition, fit sein; *candidat* alle Voraussetzungen mitbringen (**pour** für); gut vorbereitet sein; **mettre en ~** *sportif* in Form bringen; fit machen; *fig personne, opinion* bearbeiten; präparieren; *péj* manipulieren **3** (*rang social*) Stellung *f*; Position *f*; Stand *m*; Rang *m*; HIST **~ de noble** ad(e)liger Stand; **de ~ élevée** hochgestellt; **de ~ modeste** (von) bescheidener Herkunft; **en ma, sa** *etc* **~ de** (in meiner, s-r *etc* Position, Stellung) als

conditionné [kõdisjɔne] *adj* **1** (**à**) **air ~** (mit) Klimaanlage *f* **2** *personne* geformt, auf bestimmte Verhaltensweisen festgelegt (**par** durch); PSYCH **réflexe ~** bedingter Reflex **3** COMM *produit* ver-, abgepackt

conditionnel [kõdisjɔnɛl] *adj* ⟨**~le**⟩ **1** bedingt (*a* JUR); unter bestimmten Bedingungen (geltend, gültig); **son accord est ~** er stimmt nur bedingt zu **2** GR konditional; Konditional...; bedingend; **mode ~** *ou subst* **~** *m* Konditional *m*; **proposition ~le** Bedingungs-, Konditionalsatz *m*

conditionnement [kõdisjɔnmã] *m* **1** *d'un produit* Verpackung *f* und Aufmachung *f* **2** **~ (de l'air)** Klimatisierung *f* **3** TECH, PSYCH Konditionierung *f*; TEXT **établissement** *m* **de ~** Konditionieranstalt *f*

conditionner [kõdisjɔne] *v/t* **1** COMM *produit* (abpacken und) aufmachen **2** *air* klimatisieren **3** TECH konditionieren **4** (*être la condition de*) **~ qc** etw bedingen; die Ursache, Bedingung für etw sein **5** (*influencer*) **~ qn** j-n formen; j-n in e-e bestimmte Richtung lenken; j-n auf bestimmte Verhaltensweisen fixieren; *péj* j-n präparieren, manipulieren

conditionneur [kõdisjɔnœʀ] *m* Klimagerät *n*

condoléances [kõdɔleãs] *f/pl* Beileid(sbezeigung) *n(f)*; **mes sincères ~** (mein) herzliches *ou* aufrichtiges Beileid; **lettre** *f*, **message** *m* **de ~** Beileids-, Kondolenzbrief *m*, -schreiben *n*; **exprimer, faire, offrir, présenter ses ~ à qn** j-m sein Beileid aussprechen, ausdrücken, bekunden; j-m kondolieren

condom [kõdɔm] *m vieux, sc* Kondom *n*

condor [kõdɔʀ] *m* ZO Kondor *m*

Condroz [kõdʀo] **le ~** *Landschaft in Belgien*

conductance [kõdyktãs] *f* ÉLECT Leitwert *m*

conducteur [kõdyktœʀ] **I** *adj* ⟨**-trice**⟩ **1** PHYS leitend; **corps ~** Leiter *m* **2** *fig* **fil ~** roter Faden **II** *subst* **1** **~, conductrice** *m,f d'un véhicule* Fahrer(in) *m(f)*; *d'une machine* Aufseher(in) *m(f)*; Maschinenwärter(in) *m(f)*; **~ d'autobus** Busfahrer *m*; **~ de camion** Lastwagenfahrer *m*; Lkw-Fahrer *m*; **~ d'engin** Kran- *ou* Baggerführer *m*; **~ de train** Lokomotiv-, Lokführer *m* **2** *m* CONSTR **~ de travaux** Bauführer *m*, -leiter *m* **3** *m* PHYS Leiter *m*; **~ de la chaleur** Wärmeleiter *m*

conductibilité [kɔdyktibilite] *f* PHYS Leitfähigkeit *f*

conductible PHYS *adj* leitfähig

conduction [kõdyksjõ] *f* PHYS, PHYSIOL Leiten *n*; Leitung *f*

conductivité [kõdyktivite] *f* PHYS spezifische Leitfähigkeit

conduire [kõdɥiʀ] ⟨**je conduis, il conduit, nous conduisons; je conduisais; je conduisis; je conduirai; que je conduise; conduisant; conduit**⟩ **I** *v/t* **1** *personne, animal* führen; *personne a* geleiten; (*accompagner*) begleiten; *chargement* bringen; führen; *cortège* anführen; *entreprise* führen; leiten; lenken; *délégation* anführen; leiten; MIL (an)führen; befehligen; *par ext travaux, enquête* durchführen; *affaires* betreiben; **~ la main d'un enfant** e-m Kind die Hand führen; **~ des négociations** Verhandlungen führen; **~ un orchestre** ein Orchester dirigieren; **~ au désespoir** zur Verzweiflung treiben; **~ à l'école** zur, in die Schule bringen; **~ à sa ruine** zugrunde richten; **~ par la main** an der Hand führen; **se laisser ~ comme un enfant** sich wie ein Kind führen, lenken, leiten lassen **2** *chose* **~ à** führen zu (*a fig*); *route* (hin)führen nach, zu; **~ à** (+*inf*) dazu bringen zu (+*inf*); **~ sur les traces de qn** auf j-s Spur(en) (*acc*) führen; *fig* **cela peut nous ~ loin** das kann weitreichende Folgen für uns haben **3** *voiture* fahren (*a personne transportée*); *machine* steuern; *abs* (Auto) fahren; **savoir ~** fahren können; **permis** *m* **de ~** Führerschein *m* **4** PHYS *électricité, chaleur, canalisation: eau etc* leiten **II** *v/pr* **se ~** sich benehmen, sich verhalten, sich betragen, *a péj* sich aufführen (**en** wie ein[e]); **se ~ bien** sich gut benehmen, betragen

conduit [kõdɥi] *m* **1** TECH (Zu)Leitung *f*; (*tuyau*) Rohr *n*; Röhre *f*; **~ de fumée** Rauchabzug *m* **2** ANAT Gang *m*; **~ auditif, lacrymal** Gehör-, Tränengang *m*

conduite [kõdɥit] *f* **1** (*comportement*) Benehmen *n*; Verhalten *n* (*a* PSYCH); Betragen *n* (*a* ÉCOLE); PSYCH *a* Verhaltensweise *f*; JUR, MIL Führung *f*; F *fig* **acheter une ~** (nach außen hin) ehrbar werden; sich (*dat*) nichts mehr zuschulden kommen lassen; **adopter, observer, suivre la même ~** die gleiche Haltung einnehmen; sich gleich verhalten; **racheter sa ~ passée** s-n Lebenswandel ändern; anständig werden **2** AUTO **a)** *action* Fahren *n*; Lenken *n*; Steuern *n*; *façon* Fahrweise *f*; **~ en état d'ivresse** Trunkenheit *f* am Steuer; **~ en ville** Fahren in der Stadt; **leçons** *f/pl* **de ~** Fahrstunden *f/pl*, -unterricht *m*; **prendre des leçons de ~** Fahrstunden, -unterricht nehmen; **b) ~ à droite, à gauche** Rechts-, Linkssteuerung *f*; **c) ~ intérieure** Limousine *f* **3** (*direction*) Leitung *f*; Führung *f*; Lenkung *f*; (*accompagnement*) Begleitung *f*; Geleit *n*; *des travaux, d'une enquête* Durchführung *f*; *d'une affaire* Betreibung *f*; **sous la ~ de** unter der Führung, Leitung, MUS Stabführung von (*ou* +*gén*); **faire un bout, un brin de ~ à qn** j-n ein Stück(chen) Weges begleiten 4 TECH (*canalisation*) (Zu)Leitung *f*; ~ ***forcée*** Druckleitung *f*; ~ ***d'eau, de gaz*** Wasser-, Gasleitung *f*

condyle [kõdil] *m* ANAT Gelenkkopf *m*

cône [kon] *m* 1 Kegel *m* (*a* MATH); ~ ***volcanique*** Vulkankegel *m*; ~ ***de chantier*** Leitkegel *m*; ***en*** (***forme de***) ~ kegelförmig 2 BOT (Frucht)Zapfen *m*

confection [kõfɛksjõ] *f* 1 Herstellung *f*; Ver-, Anfertigung *f*; *d'un plat* Zubereitung *f*; ***c'est un gâteau de ma*** ~ den Kuchen habe ich (selbst) gemacht 2 (*prêt-à-porter*) (***industrie*** *f* ***de***) ~ Konfektion *f*; Bekleidungsindustrie *f*; ***magasin*** *m*, ***maison*** *f* ***de*** ~ Konfektionsgeschäft *n*; ***vêtements*** *m/pl* ***de*** ~ Konfektion(skleidung) *f*; Fertigkleidung *f*; ***s'habiller en*** ~ Konfektion(skleidung) tragen

confectionner [kõfɛksjɔne] *v/t* herstellen; ver-, anfertigen; *vêtements* konfektionieren; ~ ***un plat*** ein Gericht zubereiten

confectionneur [kõfɛksjɔnœʀ] *m* Hersteller *m* von Konfektion(skleidung); Konfektionär *m*

confédéral [kõfedeʀal] *adj* ⟨**-aux**⟩ der, e-r Konföderation

confédération [kõfedeʀasjõ] *f* 1 *d'États* Staatenbund *m*; Konföderation *f*; ***Confédération helvétique*** Schweizerische Eidgenossenschaft 2 *d'associations* Bund *m*; ***Confédération générale du travail*** → ***CGT***

confédéré [kõfedeʀe] I *adj* verbündet; ***États*** ~***s*** Staatenbund *m* II *m/pl* ~***s*** 1 *en Suisse* Eidgenossen *m/pl* 2 HIST U.S.A. Konföderierte(n) *m/pl*

confédérer [kõfedeʀe] *v/t* ⟨**-è-**⟩ zusammenschließen; verbünden

conférence [kõfeʀɑ̃s] *f* 1 (*réunion*) Konferenz *f*; Besprechung *f*; Beratung *f*; ~ ***au sommet*** Gipfelkonferenz *f*; ~ ***de Genève*** Genfer Konferenz; ~ ***de la paix*** Friedenskonferenz *f*; ~ ***de presse*** Pressekonferenz *f*; ***donner, tenir une*** ~ ***de presse*** e-e Pressekonferenz geben, abhalten; ~ ***sur le désarmement*** Abrüstungskonferenz *f*; ***être en*** ~ in *ou* bei e-r Besprechung, Konferenz sein; konferieren 2 (*exposé*) Vortrag *m*; Referat *n*; UNIVERSITÉ Vorlesung *f*; ***donner, faire une*** ~ e-n Vortrag halten (***sur*** über +*acc*)

conférencier [kõfeʀɑ̃sje] *m*, **conférencière** *f* (Vortrags)Redner(in) *m*(*f*); Vortragende(r) *f*(*m*); Referent(in) *m*(*f*)

conférer [kõfeʀe] ⟨**-è-**⟩ I *v/t* (*donner*) verleihen; *pleins pouvoirs* erteilen II *v/i* konferieren, beraten, sich besprechen (***avec qn*** mit j-m; ***de, sur*** über +*acc*)

confesse [kõfɛs] *f* ***aller à*** ~ zur Beichte gehen

confesser [kõfese] I *v/t* 1 ÉGL **a)** *ses péchés* beichten, bekennen (***à un prêtre*** e-m Priester); **b)** *prêtre* ~ ***qn*** j-m die Beichte abnehmen; j-s Beichte hören; *abs* die Beichte hören; **c)** ~ ***sa foi*** s-n Glauben bekennen 2 (*avouer*) ~ ***qc*** etw (ein)gestehen, zugeben, beichten 3 F (*faire parler*) ~ ***qn*** j-n aushorchen, ausholen, F ausquetschen II *v/pr* 1 ÉGL ***se*** ~ beichten; die Beichte ablegen 2 *fig* (*avouer*) ***se*** ~ ***de qc à qn*** j-m etw beichten

confesseur [kõfesœʀ] *m* ÉGL CATH Beichtvater *m*

confession [kõfesjõ] *f* 1 *de ses péchés* Beichte *f*; Sündenbekenntnis *n*; ~ ***publique*** öffentliche Beichte; ***entendre qn en*** ~ j-m die Beichte abnehmen; j-s Beichte hören; ***sans*** ~ ohne gebeichtet zu haben 2 ([*déclaration de*] *foi*) Konfession *f*; Bekenntnis *n*; ***de*** ~ ***protestante*** protestantischer Konfession 3 (*aveu*) Bekenntnis *n*; (Ein)Geständnis *n*

confessionnal [kõfesjɔnal] *m* ⟨*pl* **-aux**⟩ Beichtstuhl *m*

confessionnel [kõfesjɔnɛl] *adj* ⟨~**le**⟩ Konfessions…; Bekenntnis…; konfessionell

confetti [kõfeti] *m/pl* Konfetti *n*

confiance [kõfjɑ̃s] *f* Vertrauen *n* (***en, dans*** zu; in *ou* auf +*acc*); Zutrauen *n* (zu); *en l'avenir* Zuversicht *f*; *d'un enfant, animal* Zutraulichkeit *f*; ~ ***en soi*** Selbstvertrauen *n*; ***homme*** *m* ***de*** ~ Vertrauensmann *m*; ***maison*** *f* ***de*** ~ solide Firma; Geschäft *n*, in dem man reell bedient wird; ***personne*** *f* ***de*** ~ Vertrauensperson *f*; ***poste*** *m* ***de*** ~ Vertrauensstellung *f*; *loc/adv* ***de*** ~, ***en toute*** ~ vertrauensvoll; *loc/adj* ***plein de*** ~ vertrauensvoll; zuversichtlich; voller Zuversicht; *enfant, animal* zutraulich; ***avoir*** ~ ***en*** *ou* ***dans qn, qc*** Vertrauen, Zutrauen zu j-m, etw haben; j-m, e-r Sache vertrauen; ***avoir toute, pleine*** ~ ***en qn*** voll(st)es Vertrauen zu j-m haben; ***avoir*** ~ ***en l'avenir*** zuversichtlich, mit Zuversicht in die Zukunft blicken; ***avoir*** (***toute***) ***la*** ~ ***de qn*** j-s (vollstes) Vertrauen besitzen, genießen; ***donner*** ~ Vertrauen erwecken, einflößen; ***donner sa*** ~ ***à qn*** j-m (sein) Vertrauen schenken; j-m Vertrauen entgegenbringen; ***cela lui a donné*** ~ ***en elle-même*** das hat ihr Selbstvertrauen gegeben; ***faire*** ~ ***à qn, qc*** j-m, e-r Sache vertrauen; ***faire*** ~ ***à l'avenir*** zuversichtlich, mit Zuversicht in die Zukunft blicken; ***manquer de*** ~ kein Vertrauen haben (***en*** zu); ***vous pouvez me faire*** ~ *a* Sie können sich auf mich verlassen; ***mettre qn en*** ~ j-s Vertrauen gewinnen; ***rechercher la*** ~ ***de qn*** sich um j-s Vertrauen bemühen; danach trachten, j-s Vertrauen zu erringen; *iron* ***la*** ~ ***règne*** keiner traut mehr dem anderen; Vertrauen ist gut, Kontrolle ist besser; ***se sentir en*** ~ ***avec qn*** in j-s Gegenwart (*dat*) keine Befangenheit verspüren

confiant [kõfjɑ̃] *adj* vertrauensvoll; *en l'avenir* zuversichtlich; ***enfant, animal*** ~ zutrauliches Kind, Tier; ***trop*** ~ (zu) vertrauensselig; ~ ***dans sa bonne étoile*** im Vertrauen auf s-n guten Stern; ***il a un, est d'un naturel*** ~ er ist (zu) vertrauensselig; ***être*** ~ ***en, dans*** vertrauen auf (+*acc*); Vertrauen haben zu

confidence [kõfidɑ̃s] *f* 1 (*épanchement*) vertrauliche Mitteilung *f*; ***faire une*** ~ ***à qn*** j-m etw anvertrauen; ***faire des*** ~***s à qn*** j-m (im Vertrauen) sein Herz ausschütten 2 (*secret*) *loc/adv* ***en*** ~ im Vertrauen; vertraulich; ***être dans la*** ~ (ins Geheimnis) eingeweiht sein; Bescheid wissen; ***mettre qn dans la*** ~ j-n ins Vertrauen ziehen

confident [kõfidɑ̃] *m*, **confidente** *f* Vertraute(r) *f*(*m*) (*a* THÉ); ***prendre qn pour confident, confidente*** sich j-m anvertrauen

confidentialité [kõfidɑ̃sjalite] *f* Vertraulichkeit *f*

confidentiel [kõfidɑ̃sjɛl] *adj* ⟨~**le**⟩ vertraulich

confidentiellement [kõfidɑ̃sjɛlmɑ̃] *adv* vertraulich; im Vertrauen

confier [kõfje] I *v/t* 1 *secret* ~ ***à qn*** j-m anvertrauen 2 *aux soins de qn* ~ ***qn à qn*** j-n j-m anvertrauen; j-n in j-s Obhut (*acc*) geben; ~ ***qc à qn*** j-m etw anvertrauen, übertragen; j-n mit etw betrauen; ~ ***le gouvernement à qn*** j-m die Regierung übertragen II *v/pr* 1 (*faire des confidences*) ***se*** ~ aus sich herausgehen; ***se*** ~ ***à qn*** sich j-m anvertrauen; j-m sein

Herz öffnen; *st/s* sich j-m (er)öffnen; *réciproquement* ***se ~ qc*** einander, sich etw anvertrauen **2** *litt* (*avoir confiance*) ***se ~ à*** *ou* ***en*** vertrauen auf (+*acc*)

configuration [kõfigyʀasjõ] *f* Form *f*; Gestalt *f*; Konfiguration *f* (*a* CHIM, INFORM); ***~ des lieux*** Art *f*, Beschaffenheit *f* der Örtlichkeit

configurer [kõfigyʀe] *v/t* INFORM *logiciel, hardware* konfigurieren

confiné [kõfine] *adj* **1** *air* verbraucht; *atmosphère* stickig; dumpf **2** ***vivre ~ chez soi*** abgekapselt (von der übrigen Welt) leben

confinement [kõfinmɑ̃] *m* **1** *st/s* Abgeschlossenheit *f* von der Welt; Abkapselung *f* **2** NUCL Abschirmung *f*

confiner [kõfine] **I** *v/t* ***~ qn*** j-n verbannen, einsperren (***dans*** in +*acc*) **II** *v/t/indir st/s* ***~ à*** (an)grenzen an (+*acc*); heranreichen an (+*acc*); *fig* grenzen an (+*acc*) **III** *v/pr* ***se ~*** sich in die Einsamkeit zurückziehen; ***se ~ chez soi*** sich (von der übrigen Welt) abkapseln; *fig* ***se ~ dans qc*** sich auf etw (*acc*) beschränken, festlegen

confins [kõfɛ̃] *m/pl* (äußerste) Grenze; Rand *m*; *loc/prép* ***aux ~ de*** an der äußersten Grenze, am Rande (+*gén*); *fig* an der Grenze zu (+*dat*)

confire [kõfiʀ] *v/t* 〈*déf*: *nur inf u p/p* **confit**〉 ***~ des fruits*** Früchte kandieren

confirmand [kõfiʀmɑ̃] *m*, **confirmande** *f* ÉGL CATH Firmling *m*; PROT Konfirmand(in) *m(f)*

confirmation [kõfiʀmasjõ] *f* **1** Bestätigung *f* (*a* COMM, JUR); *p/fort* Bekräftigung *f*; COMM ***~ de commande*** Auftragsbestätigung *f*; ***donner ~ de qc*** etw bestätigen; ***j'ai reçu ~ de cela*** das wurde mir bestätigt; ich habe das bestätigt bekommen **2** ÉGL CATH Firmung *f*; PROT Konfirmation *f*; Einsegnung *f*

confirmé [kõfiʀme] *adj médecin, traducteur etc* erfahren

confirmer [kõfiʀme] **I** *v/t* **1** bestätigen; *p/fort* bekräftigen; ***~ une réservation, une nouvelle*** eine Reservierung, eine Nachricht bestätigen; ***~ qn dans ses fonctions*** j-n in s-m Amt bestätigen **2** ***~ qn dans son opinion, dans sa résolution*** j-n in s-r Meinung, in s-m Entschluss bestärken **3** ÉGL CATH firmen; PROT konfirmieren; einsegnen **II** *v/pr* ***se ~*** sich bestätigen; *v/imp* ***il se confirme que …*** es bestätigt sich, dass …

confiscation [kõfiskasjõ] *f* JUR, ADM Beschlagnahme *f*; Konfiszierung *f*; Konfiskation *f*; Einziehung *f*

confiserie [kõfizʀi] *f* **1** (*sucrerie*) Süßigkeit *f*; *coll a* Süßwaren *f/pl* **2** *fabrication* Süßwarenherstellung *f* **3** *magasin* Süßwarengeschäft *n*

confiseur [kõfizœʀ] *m*, **confiseuse** *f* Süßwarenfabrikant(in) *m(f)* *ou* -händler(in) *m(f)*; → *a* ***trêve*** *1*

confisquer [kõfiske] *v/t* **1** JUR, ADM beschlagnahmen; konfiszieren; *biens* einziehen **2** *à l'école* konfiszieren

confit [kõfi] **I** *adj* **1** ***fruits ~s*** kandierte Früchte *f/pl* **2** *fig mine* süßlich; ***être ~ en dévotion*** ein Frömmler, bigott sein **II** *m* CUIS ***~ d'oie*** Gänsestücke *n/pl*, die im eigenen Fett konserviert sind

confiture [kõfityʀ] *f* Marmelade *f*; Konfitüre *f*; ***~ de fraises*** Erdbeerkonfitüre *f*, -marmelade *f*

confiturier [kõfityʀje] *m* Konfitüre-, Marmeladenschale *f*, -dose *f*

conflagration [kõflagʀasjõ] *st/s f* Umsturz *m*; Umwälzung *f*; ***~ universelle*** *st/s* Weltenbrand *m*

conflictuel [kõfliktɥɛl] *adj* 〈**~le**〉 konfliktgeladen; ***situation ~le*** *a* Konfliktsituation *f*

conflit [kõfli] *m* **1** Konflikt *m* (*a* POL, JUR); Auseinandersetzung *f*; Streit(igkeit) *m(f)*; Widerstreit *m*; ***~ sanglant*** blutige Auseinandersetzung; ***~ social*** Tarifkonflikt *m*; ***~ d'intérêts*** Interessenkonflikt *m*, -kollision *f*; Widerstreit der Interessen; ***entrer en ~ avec qn*** mit j-m in Streit geraten **2** PSYCH Konflikt *m*; innerer Zwiespalt

confluence [kõflyɑ̃s] *f de rivières* Zusammenfluss *m*, -fließen *n*

confluent [kõflyɑ̃] *m* Zusammenfluss *m*; ***au ~ de la Saône et du Rhône*** am Zusammenfluss von Saône und Rhone

confluer [kõflye] *v/i* **1** *rivières* zusammenfließen; sich vereinigen **2** *fig et st/s inclination etc* ***~ à*** gerichtet sein auf (+*acc*); streben nach; zustreben (+*dat*)

confondant [kõfõdɑ̃] *adj* verblüffend; erstaunlich

confondre [kõfõdʀ] 〈→ **rendre**〉 **I** *v/t* **1** (*mélanger*) verwechseln (***qn, qc avec*** *ou* ***et*** j-n, etw mit, *a* und); *abs* es, alles durcheinanderbringen; ***~ deux choses*** zwei Dinge (miteinander) verwechseln, F durcheinanderwerfen **2** (*déconcerter*) ***~ qn*** j-n verwirren, verlegen machen; (*étonner*) j-n verblüffen; *st/s* ***vous me confondez*** *st/s* Ihre Güte beschämt mich; *adjt* ***confondu*** verwirrt; verblüfft; ***il est resté confondu*** *a* es war ihm peinlich **3** (*démasquer*) ***~ qn*** j-n widerlegen; j-n in die Enge treiben (***par*** durch); ***~ un menteur*** j-n als Lügner entlarven; j-n der Lüge (*gén*) überführen **II** *v/pr* ***se ~*** **1** (*se mélanger*) sich vermischen, verschmelzen (***avec*** mit); verschwimmen **2** ***se ~ en politesses, remerciements*** überströmen vor Höflichkeits-, Dankesbezeigungen

conformation [kõfɔʀmasjõ] *f* Form *f*; (Auf)Bau *m*; ***~ du squelette*** Knochenbau *m*

conforme [kõfɔʀm] *adj* ***~ à*** gemäß (+*dat*); entsprechend (+*dat*); übereinstimmend mit; *texte a* gleichlautend mit; ***être ~ à qc*** e-r Sache (*dat*) gemäß sein, entsprechen; ***~ au règlement*** vorschriftsmäßig; ***non ~ à la règle*** regelwidrig; ♦ ADM: ***certifié ~*** beglaubigt; ***pour copie ~*** für die Richtigkeit der Abschrift

conformé [kõfɔʀme] *adj enfant* ***bien ~*** ohne Missbildungen; ***mal ~*** mit e-r Missbildung

conformément [kõfɔʀmemɑ̃] *adv* ***~ à*** gemäß, entsprechend, laut, nach (+*dat*); in Übereinstimmung mit (+*dat*); nach Maßgabe (+*gén*)

conformer [kõfɔʀme] **I** *v/t* ***~ à*** anpassen (+*dat*); in Übereinstimmung bringen mit **II** *v/pr* ***se ~ à qc*** sich nach etw richten; sich an etw (*acc*) halten; sich e-r Sache (*dat*) fügen; e-r Sache (*dat*) nachkommen; etw beachten; ***se ~ aux ordres*** *a* den Befehlen Folge leisten

conformisme [kõfɔʀmism] *m* Konformismus *m*; allzu bereitwillige Anpassung

conformiste [kõfɔʀmist] **I** *adj* konformistisch; *morale* starr; traditionalistisch; ***les enfants sont souvent ~s*** die meisten Kinder wollen so sein wie die anderen **II** *m,f* Konformist(in) *m(f)*; Jasager(in) *m(f)*

conformité [kõfɔʀmite] *f* Gleichartigkeit *f*, -förmigkeit *f*; Übereinstimmung *f*; Konformität *f*; ***en ~ avec*** übereinstimmend, in Übereinstimmung mit; ***être en ~ avec qn, qc*** mit j-m, etw übereinstim-

C

men, konform gehen

confort [kõfɔʀ] *m* Bequemlichkeit *f*; Behaglichkeit *f*; Komfort *m*; **~ moderne** moderner, neuzeitlicher Komfort; **appartement** *m* **de grand ~** Luxuswohnung *f*; *loc/adj* **tout ~** mit allem Komfort ausgestattet; **aimer le ~** den Komfort lieben; **aimer son ~** s-e Bequemlichkeit lieben; **avoir tout le ~** mit allem Komfort ausgestattet sein

confortable [kõfɔʀtabl] *adj* 1 *voiture, appartement etc* bequem; komfortabel; *fauteuil a, fig situation* behaglich; **mener une vie ~** im Wohlstand leben 2 *revenus, avance etc* beachtlich; beträchtlich; ansehnlich; **majorité** *f* **~** komfortable, F satte Mehrheit

confortablement [kõfɔʀtabləmɑ̃] *adv* 1 *être assis, installé* bequem; behaglich 2 *vivre* sehr gut; im Wohlstand; *gagner* reichlich

conforter [kõfɔʀte] *v/t* stärken; festigen; **~ qn dans son opinion** j-n in s-r Meinung bestärken

confraternel [kõfʀatɛʀnɛl] *adj* ⟨**~le**⟩ kollegial; **rivalité ~le** Rivalität *f* unter Kollegen

confraternité [kõfʀatɛʀnite] *st/s f* gutes kollegiales Verhältnis

confrère [kõfʀɛʀ] *m* Kollege *m*

confrérie [kõfʀeʀi] *f* 1 REL Bruderschaft *f* 2 HIST Zunft *f*; Gilde *f*

confrontation [kõfʀõtasjõ] *f* Gegenüberstellung *f*; Konfrontation *f* (*a* JUR); *de textes* Gegeneinanderhalten *n*

confronter [kõfʀõte] *v/t témoins, opinions etc* einander gegenüberstellen; miteinander konfrontieren; *textes a* gegeneinanderhalten; **~ qc, qn avec qc, qn** etw, j-n mit etw, j-m konfrontieren; etw, j-n e-r Sache, j-m gegenüberstellen; *adjt* **être confronté avec, à qc** mit etw konfrontiert sein; e-r Sache (*dat*) gegenüberstehen

confucianisme [kõfysjanism] *m* PHILOS Konfuzianismus *m*

Confucius [kõfysjys] *m* PHILOS Konfuzius *m*

confus [kõfy] *adj* ⟨**-fuse** [-fyz]⟩ 1 *amas* wirr; unordentlich; ungeordnet; *forme* undeutlich; verschwommen; **bruit ~** unbestimmtes, unbestimmbares, undeutliches Geräusch 2 *fig souvenirs, idées, situation, affaire, style* unklar; konfus; verworren; wirr; *souvenirs, idées a* vage; dunkel; verschwommen; **esprit ~** Wirrkopf *m* 3 (*embarrassé*) verlegen; betreten; verwirrt; (*honteux*) beschämt; *excuse* **je suis ~** es ist mir peinlich; **il était ~ de sa méprise** dieses Versehen war ihm peinlich

confusément [kõfyzemɑ̃] *adv distinguer, voir* undeutlich; verschwommen; *fig comprendre* vage; **deviner ~** dunkel ahnen

confusion [kõfyzjõ] *f* 1 (*désordre*) Verwirrung *f*; Durcheinander *n*; Konfusion *f*; Verworrenheit *f*; *st/s* Wirrnis *f*; Wirrsal *n ou f*; **une ~ indescriptible** ein unbeschreibliches Durcheinander; ein unbeschreiblicher Wirrwarr; **~ des idées** Gedankenverwirrung *f*; Verworrenheit der Gedanken 2 (*embarras*) Verlegenheit *f*; Betretenheit *f*; Verwirrung *f*; **à ma grande ~** zu meiner großen Verlegenheit; **remplir qn de ~** j-n in Verlegenheit bringen; j-n verwirren 3 (*erreur*) Verwechs(e)lung *f*; **~ de noms** Namensverwechslung *f*; **vous faites** (**une**) **~** Sie irren sich 4 MÉD **~ mentale** Verwirrtheit *f*; Verstörtheit *f* 5 JUR **~ des peines** Anwendung *f* der Strafe für das schwerste Delikt; POL **~ des pouvoirs** Gewalteneinheit *f*

congé [kõʒe] *m* 1 (*vacances*) Urlaub *m*; **~ annuel** Jahresurlaub *m*; **~ parental** Erziehungsurlaub *m*; **~s payés** bezahlter Urlaub; *péj* **les ~s payés** das Volk im Urlaub; *pour fonctionnaire* **~ de longue durée** (länger dauernde) Beurlaubung; **~ de maladie** Krankheitsurlaub *m*; **~ de maternité** Mutterschaftsurlaub *m*; **~ de naissance** Sonderurlaub *m* für Väter nach der Geburt e-s Kindes; **avoir ~** freihaben *ou* freibekommen; **avoir un jour de ~** e-n freien, ÉCOLE e-n schulfreien Tag haben; e-n Tag freihaben, -bekommen; **donner ~ à qn** j-m freigeben; **être en ~** in, im, auf Urlaub sein; **prendre un ~** Urlaub nehmen 2 (*renvoi*) Kündigung *f*; *employé* **demander son ~** kündigen; *patron* **donner son ~ à qn** j-n entlassen; j-m, F j-n kündigen; **donner ~ à un locataire** e-m Mieter kündigen; **recevoir son ~** entlassen, gekündigt werden; die Kündigung erhalten 3 *avant de partir* **prendre ~** sich verabschieden, Abschied nehmen (**de** von)

congédiement [kõʒedimɑ̃] *m* Entlassung *f*; Kündigung *f*

congédier [kõʒedje] *v/t* 1 (*inviter à partir*) verabschieden; entlassen 2 *patron* **~ qn** j-n entlassen; j-m, F j-n kündigen

congelable [kõʒlabl] *adj* gefrierbar

congélateur [kõʒelatœʀ] *m bahut* Gefriertruhe *f*; (Tief)Kühltruhe *f*; *armoire* Gefrierschrank *m*; *adjt* **compartiment ~** Gefrierfach *n*; Tiefkühlfach *n*; Froster(fach) *m*(*n*)

congélation [kõʒelasjõ] *f* Gefrieren *n*; Erstarren *n*; *de denrées alimentaires* Ge-, Einfrieren *n*; Tiefkühlen *n*

congeler [kõʒle] ⟨**-è-**⟩ **I** *v/t* zum Gefrieren bringen; erstarren lassen; **~ des denrées alimentaires** Nahrungsmittel einfrieren, tiefkühlen, *t/t a* frosten; *adjt* **produits congelés** Tiefkühlkost *f*; Gefriergut *n*; **viande congelée** Gefrierfleisch *n* **II** *v/pr* **se ~** gefrieren

congénère [kõʒenɛʀ] *m,f* 1 BIOL Artgenosse, -genossin *m,f* 2 *fig* **lui et ses ~s** er und seinesgleichen

congénital [kõʒenital] *adj* ⟨**-aux**⟩ BIOL angeboren (*a fig*); *sc* kongenital

congère [kõʒɛʀ] *f* Schneeverwehung *f*

congestif [kõʒɛstif] *adj* ⟨**-ive**⟩ MÉD *d'un organe* **état ~** Schwellung *f*; Stauung *f*

congestion [kõʒɛstjõ] *f* 1 MÉD Blutandrang *m*; *sc* Hyperämie *f*; **~ cérébrale** Schlaganfall *m*; **~ pulmonaire** Lungenstauung *f* 2 *des routes* Überlastung *f*

congestionné [kõʒɛstjɔne] *adj* 1 MÉD gestaut; Stauungs…; **foie ~** geschwollene Leber 2 *visage* hochrot; blaurot

congestionner [kõʒɛstjɔne] **I** *v/t* 1 Blutandrang verursachen in (+*dat*); *toux, rire* **~ le visage** das Gesicht hochrot, blaurot färben; *adjt* **avoir le visage congestionné, être congestionné** ein hochrotes, blaurotes Gesicht haben 2 *route* verstopfen; überlasten **II** *v/pr* **se ~** *visage* sich hochrot, blaurot färben; hochrot, blaurot werden

conglomérat [kõglɔmeʀa] *m* GÉOL Konglomerat *n* (*a fig*) **conglomération** *st/s f* Zusammenballung *f*; *fig* Schmelztiegel *m* **conglomérer** ⟨**-è-**⟩ *st/s v/t* zusammenballen

conglutinant [kõglytinɑ̃] *ou* **conglutinatif** [kõgly-

tinatif] ⟨**-ive**⟩ *adj* konglutinierend
Congo [kõgo] ***le ~*** 1 *fleuve* der Kongo 2 *pays* der Kongo; Kongo *n*
congolais [kõgɔlɛ] I *adj* kongolesisch II *subst* 1 ***Congolais(e)*** *m(f)* Kongolese *m*, Kongolesin *f* 2 *m gâteau* Kokosmakrone *f*
congratulations [kõgʀatylasjõ] *plais f/pl* Gratulation(en) *f(pl)*
congratuler [kõgʀatyle] *plais* I *v/t* gratulieren (***qn*** j-m) II *v/pr* ***se ~*** sich (gegenseitig) Komplimente machen
congre [kõgʀ] *m* ZO Meeraal *m*
congrégation [kõgʀegasjõ] *f* REL Kongregation *f*
congrégationalisme [kõgʀegasjɔnalism] *m* ÉGL PROT Kongregationalismus *m*
congrès [kõgʀɛ] *m* 1 Kongress *m*; Tagung *f*; ***~ de médecins*** Ärztekongress *m*, -tagung *f*; ***~ d'un, du parti*** Parteitag *m* 2 *U.S.A.* ***le Congrès*** der Kongress 3 HIST ***le Congrès de Vienne*** der Wiener Kongress
congressiste [kõgʀesist] *m,f* Kongress-, Tagungsteilnehmer(in) *m(f)*
congru [kõgʀy] *adj* ***portion ~e*** minimale Menge (zum Lebensunterhalt); *fig* ***en être réduit à la portion ~e*** von e-m Existenzminimum leben müssen; sehr kurz gehalten werden; auf schmale Kost gesetzt (worden) sein
congruence [kõgʀyɑ̃s] *f* MATH Kongruenz *f*
congruent [kõgʀyɑ̃] *adj* MATH kongruent
conifère [kɔnifɛʀ] *m* BOT Nadelbaum *m*; Konifere *f*; ***~s*** *pl a* Nadelhölzer *n/pl*
conique [kɔnik] *adj* kegelförmig; Kegel...; konisch...; MATH ***section*** *f* ***~*** *ou subst* ***~*** *f* Kegelschnitt *m*
conjectural [kõʒɛktyʀal] *adj* ⟨**-aux**⟩ auf Vermutungen beruhend; spekulativ
conjecture [kõʒɛktyʀ] *f* Vermutung *f*; Mutmaßung *f*; ***~s sur*** Vermutungen, Spekulationen über (*+acc*); ***en être réduit aux ~s*** auf Vermutungen, Spekulationen angewiesen sein
conjecturer [kõʒɛktyʀe] *st/s v/t* mutmaßen; *abs* Vermutungen anstellen (***sur*** über *+acc*)
conjoint [kõʒwɛ̃] I *adj* ⟨**-jointe** [-ʒwɛ̃t]⟩ gemeinsam; (miteinander) verbunden II *subst* ***~(e)*** *m(f)* ADM Ehegatte, -gattin *m,f*; ***~s*** *pl* Ehegatten *m/pl*, -leute *pl*
conjointement [kõʒwɛ̃tmɑ̃] *adv* gemeinsam; gemeinschaftlich
conjonctif [kõʒõktif] *adj* ⟨**-ive**⟩ 1 ANAT ***tissu ~*** Bindegewebe *n* 2 GR ***locution conjonctive*** als Konjunktion gebrauchte Wendung; ***proposition conjonctive*** Konjunktionalsatz *m*
conjonction [kõʒõksjõ] *f* 1 GR Bindewort *n*; Konjunktion *f* 2 ASTR Konjunktion *f* 3 *st/s* (*rencontre*) Zusammentreffen *n*; Verbindung *f*
conjonctive [kõʒõktiv] *f* ANAT Bindehaut *f* **conjonctivite** *f* MÉD Bindehautentzündung *f*
conjoncture [kõʒõktyʀ] *f* 1 (*situation*) Lage *f*; Umstände *m/pl*; ***profiter de la ~*** sich (*dat*) die Umstände zunutze machen 2 ÉCON Konjunktur *f*; Wirtschaftslage *f*; ***sensible à la ~*** konjunkturanfällig, -empfindlich
conjoncturel [kõʒõktyʀɛl] *adj* ⟨**~le**⟩ ÉCON konjunkturell; konjunkturbedingt; ***politique ~le*** Konjunkturpolitik *f*
conjoncturiste [kõʒõktyʀist] *m* ÉCON Konjunkturexperte *m*, -forscher *m*
conjugable [kõʒygabl] *adj* GR konjugierbar
conjugaison [kõʒygɛzõ] *f* 1 GR Konjugation *f*; Abwandlung *f*, Beugung *f*, Flexion *f* (des Verbs); ***~ (ir)régulière*** (un)regelmäßige Konjugation 2 *d'efforts etc* Vereinigung *f*
conjugal [kõʒygal] *adj* ⟨**-aux**⟩ Ehe...; ehelich; Gatten...; ***amour ~*** eheliche Liebe; Gattenliebe *f*; ***conseiller ~*** Eheberater *m*; ***devoir ~*** eheliche Pflichten *f/pl*; ***domicile, foyer ~*** ehelicher Wohnsitz, Haushalt; ***liens conjugaux*** Band(e) *n(pl)* der Ehe; ***lit ~*** Ehebett *n*
conjugué [kõʒyge] *adj* 1 *forces etc* verein(ig)t; gemeinsam 2 zugeordnet; MATH konjugiert 3 BOT *feuille* paarig gefiedert
conjuguer [kõʒyge] I *v/t* 1 *efforts etc* verein(ig)en 2 GR *verbe* konjugieren; abwandeln; beugen II *v/pr* ***se ~*** GR konjugiert werden
conjuration [kõʒyʀasjõ] *f* 1 POL *et fig* Verschwörung *f*; *fig* ***mais c'est une ~!*** das ist ja e-e richtige Verschwörung! 2 *en magie* Beschwörung *f*
conjuré [kõʒyʀe] *m* Verschwörer *m*
conjurer [kõʒyʀe] I *v/t* 1 (*implorer*) ***~ qn de*** (*+inf*) j-n beschwören, anflehen zu (*+inf*); ***je vous en conjure*** ich flehe Sie an 2 *danger* abwenden; bannen 3 *mauvais esprits* bannen; beschwören II *v/pr* ***se ~ contre qn*** sich gegen j-n verschwören (*a fig sort*)
connaissable [kɔnɛsabl] *adj* erkennbar; zu erkennen(d)
connaissance [kɔnɛsɑ̃s] *f* 1 (*savoir*) Kenntnis *f*; Wissen *n*; ***~s*** *pl* Kenntnisse *f/pl*; Wissen *n*; ***~s élémentaires*** Grund-, Anfangskenntnisse *f/pl*; ***~s des affaires*** Geschäftskenntnisse *f/pl*; ***~s d'anglais*** Englischkenntnisse *f/pl*; ***~ du cœur humain*** Kenntnis des menschlichen Herzens; *st/s* Wissen um das menschliche Herz; ***~ des hommes*** Menschenkenntnis *f*; ***l'ensemble*** *m* ***des ~s*** das gesamte Wissen; *loc/adv*: ***à ma ~*** meines Wissens; soviel ich weiß; ***en ~ de cause*** in Kenntnis der Sache, Sachlage; mit Sachkenntnis; ***avoir ~ de qc*** Kenntnis von etw haben; (etwas) wissen über etw (*acc*), von etw; informiert sein über etw (*acc*); ***il a eu ~ de*** *l'incident a* er hat von ... erfahren; ***avoir, posséder des ~s de, sur qc*** Kenntnisse haben, besitzen in etw (*dat*); ***porter qc à la ~ de qn*** j-n von etw in Kenntnis setzen; j-m etw zur Kenntnis bringen; ***prendre ~ de*** Kenntnis nehmen von; *d'un dossier a* Einsicht nehmen in (*+acc*); ***qc est venu à sa ~*** er hat von etw Kenntnis erlangt; etw ist ihm zu Ohren gekommen; *st/s* er hat von etw Kunde erhalten 2 PHILOS Erkenntnis *f*; Erkennen *n*; ***théorie*** *f* ***de la ~*** Erkenntnistheorie *f* 3 (*conscience*) *loc*: ***sans ~*** bewusst-, besinnungslos; ohnmächtig; ***tomber sans ~*** in Ohnmacht fallen; ohnmächtig, bewusstlos werden; ***avoir toute sa ~*** bei vollem Bewusstsein sein; ***n'avoir plus sa ~*** nicht mehr bei Bewusstsein sein; ***perdre ~*** das Bewusstsein, die Besinnung verlieren; bewusstlos, ohnmächtig werden; ***reprendre ~*** wieder zu sich kommen; das Bewusstsein wiedererlangen 4 *personne* Bekannte(r) *f(m)*; Bekanntschaft *f*; F ***une vieille ~*** ein alter Bekannter; ***avoir beaucoup de ~s*** viele Bekannte, Bekanntschaften haben 5 (*action de connaître*) Bekanntschaft *f*; ***visage*** *m* ***de ~*** bekanntes Gesicht; ***être en pays de ~*** → ***pays***[1] *2*; ***faire ~***

avec qn, qc *ou* **faire la ~ de qn, qc** j-n, etw kennenlernen; mit j-m, etw bekannt werden; j-s Bekanntschaft machen; *surtout négatif* mit j-m, etw Bekanntschaft machen; *sujet au pl* **faire ~** einander, sich kennenlernen; **faire faire la ~ de qn à qn** j-n mit j-m bekannt machen; **lier ~ avec qn** mit j-m Bekanntschaft schließen

connaissement [kɔnɛsmɑ̃] *m* MAR Konnossement *n*

connaisseur [kɔnɛsœʀ] **I** *adj* ⟨*selten* **-euse**⟩ **coup d'œil ~** Kennerblick *m*; **d'un air ~** mit Kennermiene **II** *m* Kenner *m*; **fin ~** → **fin²** *I*; *loc/adv* **en ~** als Kenner; kennerisch; mit Sachkenntnis; **être ~ en …** ein Kenner in (*+dat*), von (*ou +gén*) sein; sich (ausgezeichnet) auskennen in (*+dat*); **être ~ en vins** (ein) Weinkenner sein

connaître [kɔnɛtʀ] ⟨**je connais, il connaît, nous connaissons; je connaissais; je connus; je connaîtrai; que je connaisse; connaissant; connu**⟩ **I** *v/t* **1** *personne* kennen; bekannt sein mit; *chose* kennen; (*savoir*) wissen; **~ l'anglais** Englisch können; **ne pas ~ de bornes, limites** keine Grenzen kennen (*a ambition etc*); **~ son métier** → **métier** *1*; **~ la misère** (die) Armut, Not kennen (*a pays*); **ne pas ~ de pitié** kein Mitleid, Erbarmen kennen; ♦ *avec pr et adv*: F **on la connaît celle-là!** F das kennt man!; ich lasse mich nicht drankriegen!; **je le connais** *a* er ist mir bekannt; **je l'ai connu pauvre** ich habe ihn gekannt, als er (noch) arm war; **je ne le connais ni d'Ève ni d'Adam** ich kenne ihn überhaupt nicht; er ist mir völlig unbekannt; **je le connais de nom, de vue** ich kenne ihn dem Namen nach, vom Sehen; **on lui connaît deux faiblesses** man kennt zwei Schwächen an ihm; **on ne lui connaissait pas d'ennemis** von irgendwelchen Feinden (, die er gehabt hätte,) war nichts bekannt; F **ça me connaît!** da(rin) kenne ich mich aus!; **tu ne me connais pas!** du kennst mich (noch) nicht!; da kennst du mich schlecht!; F **connais pas!** F kenn ich nicht!; nie gehört!; **il ne connaît que** *son travail* er kennt nur …; für ihn gibt es nur …; **je ne connais rien à …** ich verstehe nichts von …; **je n'y connais rien** ich verstehe nichts davon; ♦ **faire ~ qc** etw bekannt geben, machen; etw mitteilen; *son opinion* äußern; zum Ausdruck bringen; **faire ~ qn** j-n bekannt machen; **ce film l'a fait ~** *a* durch diesen Film ist er bekannt geworden; **faire ~ qn à qn** j-n mit j-m bekannt machen; **se faire ~** bekannt werden (**par, pour** durch) **2** (*faire la connaissance de*) kennenlernen (**qn, qc** j-n, etw); *réussite* haben; *sort a* erleben; erfahren; ÉCON **~ un essor** e-n Aufschwung erfahren, erleben; **il a connu des jours meilleurs** er hat (früher) bessere Tage gesehen, gekannt; **apprendre à ~** (allmählich) gut kennenlernen **II** *v/t/indir* JUR **~ de** erkennen, entscheiden in (*+dat*) **III** *v/pr* **se ~ 1** *réciproquement* sich, einander kennen *ou* kennenlernen **2** *soi-même* sich (selbst) kennen; **il ne se connaît plus** er ist außer sich, kennt sich nicht mehr vor Wut; PHILOS **connais-toi toi-même** erkenne dich selbst **3 s'y ~** sich darin auskennen; sich darauf verstehen; etwas davon verstehen; **s'y ~ en** sich auskennen in (*+dat*); etwas verstehen von

connard [kɔnaʀ] P *m*, **connasse** [kɔnas] P *f* → **con** *II 1*

connecter [kɔnɛkte] **I** *v/t* ÉLECT anschließen (**à** an *+acc*); verbinden (mit) **II** *v/pr* INFORM **se ~** (sich) einloggen

connecteur *m* TECH, ÉLECT Schalter *m*; Schaltgerät *n*; CH DE FER Verbindungsstück *n*

connerie [kɔnʀi] P *f* F Idiotie *f*; Quatsch *m*; Mist *m*; Stuss *m*; Krampf *m*; P Scheiße *f*; **dire une ~, des ~s** F Quatsch, Stuss reden; Mist verzapfen; **faire une ~, des ~s** F Mist machen, bauen; P Scheiße bauen

connétable [kɔnetabl] *m* HIST Konnetabel *m*

connexe [kɔnɛks] *adj* zusammenhängend (*a* JUR); (miteinander) verbunden, verknüpft

connexion [kɔnɛksjõ] *f* **1** (enge) Verbindung; Zusammenhang *m* **2** ÉLECT (Schalt)Verbindung *f*; Anschluss *m*

connivence [kɔnivɑ̃s] *f* heimliches Einverständnis; **sourire** *m* **de ~** verständnisinniges Lächeln; **être, agir de ~ avec qn** mit j-m unter einer Decke stecken

connotation [kɔnɔtasjõ] *f* LING Konnotation *f*

connu [kɔny] *p/p* → **connaître** *et adj* bekannt (**de, par qn** j-m); **qc, qn de ~** etw, j Bekanntes; **être ~ comme, pour** bekannt sein als, für; **c'est** (**bien**) **~!** das ist allgemein bekannt!

conque [kõk] *f* ZO Trompetenschnecke *f*; Tritonshorn *n*

conquérant [kõkeʀɑ̃] **I** *adj* eroberungslustig; *fig air* siegessicher, -gewiss **II** *m* Eroberer *m*; HIST **Guillaume le Conquérant** Wilhelm der Eroberer

conquérir [kõkeʀiʀ] ⟨→ **acquérir**⟩ *v/t* erobern (*a fig cœurs, femme*); *liberté, droit* erringen; *estime* sich (*dat*) erringen, erwerben; **~ un marché** einen Markt erobern, erschließen; **~ un pays** ein Land erobern; *terrain* **~ sur la mer** dem Meer abringen, abgewinnen; *fig* **~ qn** j-n für sich einnehmen; j-n gewinnen; **j'ai été conquis par sa gentillesse** s-e Liebenswürdigkeit hat mich für ihn eingenommen

conquête [kõkɛt] *f* **1** *d'un pays, du pouvoir, du marché etc, fig d'une femme* Eroberung *f*; *de la liberté, d'un droit* Erringung *f*; **~s** *pl* Eroberungen *f/pl*; eroberte Gebiete *n/pl*; F *fig personne* **c'est sa dernière ~** F das ist s-e neueste Eroberung; *fig* **faire la ~ de qn** j-n erobern; j-n für sich einnehmen, für sich gewinnen **2** (*réalisation technique, scientifique*) Errungenschaft *f*

conquis [kõki] *p/p* → **conquérir** *et adj* erobert; *fig* **se conduire comme en pays ~** sich benehmen, sich aufführen, als ob man der Herr sei, als ob einem alles gehöre

conquistador [kõkistadɔʀ] *m* ⟨*pl* **~es**⟩ HIST Konquistador *m*

consacré [kõsakʀe] *adj* **1** REL geweiht **2** *expression* üblich (geworden)

consacrer [kõsakʀe] **I** *v/t* **1** *son temps, énergie etc* widmen (**à qc, à qn** e-r Sache, j-m); *sa vie* **~ à qc, à qn** *st/s* e-r Sache, j-m weihen; **~ sa jeunesse à qn** j-m s-e Jugend opfern **2** REL weihen; CATH *a* konsekrieren; *par ext* **~ un enfant à la Vierge** ein Kind der Jungfrau Maria weihen **3** (*sanctionner*) sichtbar bestätigen; festigen; sanktionieren; **être consacré meilleur film de l'année** zum besten Film des Jahres erkoren werden **II** *v/pr* **se ~ à qc, à qn** sich e-r Sache, j-m widmen, *st/s* weihen; **se ~ au théâtre** sich dem Theater, der Bühne verschreiben

consanguin [kõsɑ̃gɛ̃] *adj* **1 frère ~, sœur ~e** Halbbruder *m*, -schwester *f* väterlicherseits **2** *par ext* blutsverwandt; **mariage ~** Verwandtenehe *f*

consanguinité [kõsɑ̃ginite, -gɥi-] *f* Blutsverwandt-

C

consciemment und die Adverbbildung

Viele französische Adverbien können regelmäßig aus Adjektiven abgeleitet werden. Dabei wird die Adverbendung -ment an die feminine Form des Adjektivs angehängt:

maskulines Adjektiv → feminines Adjektiv + -ment → Adverb
cordial → **cordiale** + **-ment** → **cordialement**

Enden Adjektive jedoch auf -ant oder -ent, so wird das Adverb durch -amment beziehungsweise -emment gebildet:

Il n'est pas toujours **conscient** de ce qu'il fait. Er ist sich nicht immer dessen bewusst, was er tut.	Il n'a pas fait ça **consciemment**. Er hat das nicht absichtlich gemacht.
une discussion **bruyante** eine laute Diskussion	La discussion s'est déroulée **bruyamment**. Die Diskussion verlief laut.

schaft *f*

consciemment [kõsjamã] *adv* bewusst

conscience [kõsjãs] *f* **1** *morale* Gewissen *n*; **~ *professionnelle*** Berufsethos *n*; berufliches Pflichtbewusstsein; *loc/adv*: ***en ~*** ganz ehrlich; *agir* ***selon sa ~*** wie man es für richtig hält; nach s-m Gewissen; *fig* ***acheter les ~s*** durch Bestechung die Meinungen zu s-n Gunsten beeinflussen; ***avoir bonne, mauvaise ~*** ein gutes *ou* reines, schlechtes Gewissen haben; ***il n'a pas la ~ tranquille*** er hat kein ganz reines, sauberes Gewissen; ***avoir la ~ en paix, en repos, être en paix avec sa ~*** ein ruhiges Gewissen haben; *par ext* ***il a, c'est une ~ droite*** er hat e-e aufrechte Gesinnung, ein aufrechtes Wesen; ***avoir qc, qn sur la ~*** etw, j-n auf dem Gewissen haben; ***dire tout ce qu'on a sur la ~*** sich (*dat*) alles, die ganze Last von der Seele reden; ***se donner bonne ~*** sein Gewissen beschwichtigen; sich (*dat*) (vor sich [*dat*] selbst) ein Alibi verschaffen; ***mettre beaucoup de ~ dans qc, à faire qc*** etw äußerst gewissenhaft tun, machen; ***soulager sa ~*** sein Gewissen erleichtern, entlasten **2** *psychologique* Bewusstsein *n* (*a* PHILOS); ***~ collective, de classe*** Kollektiv-, Klassenbewusstsein *n*; PHILOS ***~ du moi*** Selbstbewusstsein *n*; ***prise f de ~*** Bewusstwerden *n*, -ung *f*; ***avoir ~ de qc*** sich (*dat*) e-r Sache (*gén*) bewusst sein; ***avoir ~ que …*** sich (*dat*) dessen bewusst sein, dass …; ***perdre ~*** bewusstlos, ohnmächtig werden; ***perdre ~ de qc*** sich (*dat*) e-r Sache (*gén*) nicht mehr bewusst sein; jedes Gefühl für etw verlieren; ***prendre ~ de qc*** sich (*dat*) e-r Sache (*gén*) bewusst werden; ***reprendre ~*** wieder zu sich kommen

consciencieux [kõsjãsjø] *adj* ⟨**-euse**⟩ gewissenhaft; sorgfältig

conscient [kõsjã] **I** *adj acte* bewusst; *personne* (*pas évanoui*) bei Bewusstsein; PHILOS *un être* s-r selbst und s-r Umgebung bewusst; denkend; bewusst lebend; ***être ~ de qc*** sich (*dat*) e-r Sache (*gén*) bewusst sein; ***il est devenu ~ de qc*** *a* etw kam ihm zum Bewusstsein **II** *subst* PSYCH ***le ~*** das Bewusste

conscription [kõskripsjõ] *f* HIST MIL Aushebung *f*; Konskription *f*

conscrit [kõskri] *m* MIL Wehrpflichtige(r) *m*; (zum Wehrdienst) Einberufene(r) *m*; ***les ~s de la classe 1990*** die 1990 Einberufenen *m/pl*

consécration [kõsekrasjõ] *f* **1** REL Weihe *f*; Konsekration *f* **2** ÉGL CATH *pendant la messe* Wandlung *f*; ***paroles f/pl de la ~*** Einsetzungsworte *n/pl* **3** (*sanction*) (glänzende) Bestätigung; Sanktionierung *f*

consécutif [kõsekytif] *adj* ⟨**-ive**⟩ **1** aufeinanderfolgend; ***pendant trois jours ~s*** an drei aufeinanderfolgenden Tagen; drei Tage nach-, hintereinander; ***pour la troisième fois consécutive*** zum dritten Mal hintereinander **2** ***~ à*** als Folge von (*ou* +*gén*); ***être ~ à qc*** auf etw (*acc*) folgen; e-e Folge (von) e-r Sache sein **3** GR ***proposition consécutive*** Konsekutiv-, Folgesatz *m*

consécutivement [kõsekytivmã] *adv* nach-, hintereinander; ***~ à*** infolge (+*gén*)

conseigle [kõsɛgl] *m* AGR Mengkorn *n*; Gemengesaat *f*

conseil [kõsɛj] *m* **1** (*recommandation*) Rat(schlag) *m*; ***~ d'ami*** freundschaftlicher Rat; ***sur le ~ de qn*** auf j-s Rat (*acc*) (hin); ***demander (un) ~ à qn*** j-n um Rat fragen; ***donner un ~ à qn*** j-m e-n Rat (-schlag) geben, erteilen; ***être (homme) de bon ~*** immer (e-n guten) Rat wissen; ***prendre ~ de qn*** sich (*dat*) bei j-m Rat holen; j-n zu Rate ziehen; sich von j-m beraten lassen; ***tenir ~*** (sich) beraten (***avec qn*** mit j-m; ***sur qc*** über etw [*acc*]); beratschlagen; → *a* *3* **2** *personne* Berater *m*; ***~ fiscal*** Steuerberater *m*; JUR ***~ judiciaire*** Vormund *m*; ***~ juridique*** Rechtsberater *m*; Justitiar *m*; ***~ en entreprise*** Unternehmensberater *m* **3** *assemblée* Rat *m*; *par ext réunion* Ratssitzung *f*, -versammlung *f*; ***Conseil économique et social*** Wirtschafts- und Sozialrat *m*; ***Conseil européen*** Europäischer Rat; ***~ général*** Generalrat *m*; Departementsvertretung *f*; ***~ municipal*** Gemeinde-, Stadtrat *m*; Gemeindevertretung *f*; Stadtverordnetenversammlung *f*; *en Suisse* ***Conseil national*** Nationalrat *m*; ***Conseil œcuménique des Églises*** Ökumenischer Rat der Kirchen; Weltkirchenrat *m*; ***~ régional*** Regionalrat *m*; *d'une SA* ***~***

C

d'administration Vorstand *m*; ÉCOLE **~ *de classe*** Lehrerkonferenz *f*; **~ *d'établissement*** Schulbeirat *m*; ***Conseil d'État*** Staatsrat *m* (*in Frankreich juristisches Beratungsorgan der Regierung u oberstes Verwaltungsgericht*); ***Conseil de l'Europe*** Europarat *m*; **~ *de famille*** Familienrat *m*; **~ *de guerre*** Kriegsrat *m* (*a fig*); *tribunal* Kriegsgericht *n*; *fig* ***tenir un ~ de guerre*** Kriegsrat halten; **~ *des ministres*** Ministerrat *m*; MIL **~ *de révision*** Musterungsausschuss *m*; MIL ***passer (devant) le ~ de révision*** gemustert werden; *ONU* ***Conseil de sécurité*** (Welt-)Sicherheitsrat *m*; *d'une SA* **~ *de surveillance*** Aufsichtsrat *m*; *jusqu'en 1958* ***président m du ~*** Ministerpräsident *m*; ***tenir ~*** e-e Ratssitzung abhalten

conseiller[1] [kõseje] *v/t* **~ *qn*** j-n beraten; **~ *qc à qn*** j-m etw anraten; j-m zu etw raten; **~ *à qn de*** (*+inf*) j-m raten, empfehlen zu (*+inf*); ***il est conseillé de*** (*+inf*) es wird empfohlen zu (*+inf*); *adjt*: ***être bien, mal conseillé*** gut, schlecht beraten sein; COMM ***prix conseillé*** empfohlener Preis; Richtpreis *m*

conseiller[2] [kõseje] *m personne* Ratgeber *m*; Berater *m*; *membre d'un conseil* Rat *m*; **~ *économique*** Wirtschaftsberater *m*; **~ *général*** Mitglied *n* des „Conseil général"; **~ *juridique*** Rechtsberater *m*; **~ *municipal*** Gemeinderat(smitglied) *m*(*n*); Stadtrat(smitglied) *m*(*n*); Stadtverordnete(r) *m*; **~ *pédagogique*** pädagogischer Berater; **~ *à la Cour d'appel*** Richter *m* am Berufungsgericht; **~ *principal d'éducation*** → ***C.P.E.***; **~ *d'État*** Staatsrat *m*; Mitglied *n* des „Conseil d'État"

conseillère [kõsɛjɛʀ] *f* Beraterin *f*; Ratgeberin *f*; → *a* ***conseiller***[2]

conseilleur [kõsɛjœʀ] *m prov* ***les ~s ne sont pas les payeurs*** guter Rat kostet nichts; raten ist leichter als helfen

consensuel [kõsɑ̃sɥɛl] *adj* ⟨**~le**⟩ JUR durch beidseitige Willenserklärung rechtsgültig; ***contrat ~*** Konsensualvertrag *m*, -kontrakt *m*

consensus [kõsɛ̃sys, -sɑ̃-] *m* Konsens(us) *m*

consentant [kõsɑ̃tɑ̃] *adj* (bereit)willig; ***être ~*** einwilligen; einverstanden sein

consentement [kõsɑ̃tmɑ̃] *m* Einwilligung *f*; Zustimmung *f*; Einverständnis *n*; Zusage *f*; ***accorder, donner son ~*** s-e Zustimmung *etc* erteilen, geben; einwilligen; zustimmen

consentir [kõsɑ̃tiʀ] ⟨→ **sentir**⟩ **I** *v/t* **1** gewähren; einräumen; **~ *un délai, une remise à qn*** j-m eine Frist, einen Nachlass gewähren, einräumen **2** *litt* **~ *que …*** (*+subj*) damit einverstanden sein, dass … **II** *v/t/indir* **~ *à qc*** in etw (*acc*) einwilligen; e-r Sache (*dat*) zustimmen; ***elle y a consenti*** sie hat (darin) eingewilligt; sie hat zugestimmt; **~ *à ce que …*** (*+subj*) darin einwilligen, dass …; damit einverstanden sein, dass …

conséquemment [kõsekamɑ̃] *adv* daher; infolgedessen; dementsprechend

conséquence [kõsekɑ̃s] *f* **1** (*suite*) Konsequenz *f*; Folge *f*; (Aus)Wirkung *f*; **~*s graves, sérieuses*** ernste, schwerwiegende Folgen, Konsequenzen; **~ *indirecte*** mittelbare Folge; *loc/adj et loc/adv*: ***de peu de ~*** unbedeutend; unwichtig; ***en ~*** (dem)entsprechend; demgemäß; demnach; infolgedessen; ***agir en ~*** *a* die Konsequenzen daraus ziehen; ***sans ~*** ohne (jede) Bedeutung; (völlig) unwichtig; bedeutungslos; *loc/conj* ***par voie de ~*** infolgedessen; ***avoir pour ~*** zur Folge haben; ***cela ne tire pas à ~*** das hat nichts zu bedeuten; das ist ganz harmlos; das hat weiter keine Folgen, (weiter) nichts auf sich **2** (*déduction*) Folgerung *f*; Konsequenz *f*; ***tirer une ~, les ~s de qc*** e-e Folgerung, die Folgerungen *ou* Konsequenzen aus etw ziehen

conséquent [kõsekɑ̃] *adj* **1** (*logique*) konsequent; folgerichtig; ***être ~ avec ses principes*** s-n Grundsätzen gemäß, entsprechend leben **2** (*important*) bedeutend; wichtig; relevant **3** *loc/adv* ***par ~*** folglich; daher; infolgedessen

conservateur [kõsɛʀvatœʀ] **I** *adj* ⟨**-trice**⟩ konservativ *ou* konservativ (*a* POL) **II** *subst* **1** ADM **~, *conservatrice*** *m,f d'un musée* Konservator *m*, Konservatorin *f*; Kustos *m*; **~ *des eaux et forêts*** Forstmeister *m*; **~ *des hypothèques*** Grundbuchbeamte(r) *m* **2** POL **~, *conservatrice*** *m,f* Konservative(r) *f*(*m*); ***les ~s*** die Konservativen *m/pl* **3** *m pour aliments* Konservierungsmittel *n*

conservation [kõsɛʀvasjõ] *f* **1** Erhaltung *f*; Bewahrung *f*; BIOL **~ *de l'espèce*** Arterhaltung *f*; *monument etc* ***dans un bon état de ~*** gut erhalten **2** ADM **~ *des eaux et forêts*** Forstamt *n*; **~ *des hypothèques*** Grundbuchamt *n* **3** *des aliments* Haltbarmachung *f*; Konservierung *f*; ***produit m de ~*** Konservierungsmittel *n*; *adjt* ***lait m longue ~*** H-Milch *f*

conservatisme [kõsɛʀvatism] *m* POL Konservativismus *ou* Konservatismus *m*

conservatoire [kõsɛʀvatwaʀ] *adj* JUR Sicherungs…; ***mesure f ~*** Sicherungsmaßnahme *f*; vorsorgliche Maßnahme

Conservatoire [kõsɛʀvatwaʀ] *m* **~ (*de musique*)** Musikhochschule *f*; Konservatorium *n*; **~ *national d'art dramatique*** Staatliche Schauspielschule; **~ *national des arts et métiers*** *technisches Museum mit angeschlossener technischer u wirtschaftswissenschaftlicher Hochschule zur Weiterbildung für im Berufsleben Stehende*

conserve [kõsɛʀv] *f* **1** *d'aliments* Konserve *f*; Eingemachte(s) *n*; **~ *de légumes, de poisson*** Gemüse-, Fischkonserve *f*; ***boîte f de ~*** Konservenbüchse *f*, -dose *f*; *loc/adj* ***en ~*** aus der Dose, Büchse; Dosen…; Büchsen…; ***'haricots m/pl en ~*** Bohnen *f/pl* aus der Dose; *fig* ***musique f en ~*** F Musik *f* aus der Konserve; ***mettre en ~*** eindosen; ***faire des ~s (de légumes)*** (Gemüse) einmachen; *fig et plais* ***ils en font des ~s*** *ou* ***ils le mettent en ~*** die können sich davon nicht trennen; die heben das alles auf; ***se nourrir de ~s*** sich von Konserven ernähren **2** *loc/adv* ***de ~*** gemeinsam; zusammen

conservé [kõsɛʀve] *adj personne* ***bien ~*** gut erhalten

conserver [kõsɛʀve] **I** *v/t* **1** (*garder*) behalten; (auf)bewahren; aufheben; ***il a conservé ses cheveux*** er hat noch alle s-e Haare; **~ *son emploi*** seinen Arbeitsplatz behalten; **~ *une habitude*** eine Gewohnheit beibehalten; **~ *ses illusions*** sich (*dat*) s-e Illusionen bewahren; **~ *sa souplesse*** gelenkig bleiben; s-e Gelenkigkeit behalten; **~ *le souvenir de qc, qn*** etw, j-n in Erinnerung behalten; ***il a conservé (toute) sa tête*** er ist geistig noch ganz frisch; s-e geistigen Kräfte haben (überhaupt) nicht nachgelassen **2** *aliments* haltbar machen; konservieren; *p/p poisson etc* ***conservé dans l'huile*** in Öl konserviert, eingelegt **3** *monuments, objets*

C

d'art erhalten (und pflegen) **II** *v/pr* ***se ~ monument etc*** erhalten bleiben *ou* sein; *aliments* sich halten; haltbar sein; aufbewahrt werden können

conserverie [kõsɛʀvəʀi] *f* **1** *usine* Konservenfabrik *f* **2** *industrie* Konservenindustrie *f*

considérable [kõsideʀabl] *adj* beträchtlich; beachtlich; erheblich; ansehnlich; namhaft

considérablement [kõsideʀabləmɑ̃] *adv* beträchtlich; erheblich

considérant [kõsideʀɑ̃] *loc/conj* ADM ***~ que …*** in Anbetracht dessen, dass …

considération [kõnsideʀasjõ] *f* **1** *(réflexion)* Überlegung *f*; Erwägung *f*; *(attention)* Beachtung *f*; Rücksicht *f*; ***~s*** *pl a* Betrachtungen *f/pl*; ***prise*** *f* ***en ~*** Berücksichtigung *f*; *loc/adj* ***digne de ~*** zu bedenken(d); e-r Erwägung, Prüfung wert; → *a 3*; *loc/prép*: ***en ~ de*** in Anbetracht, Ansehung (*+gén*); mit Rücksicht auf (*+acc*); ***sans ~ de*** ohne Rücksicht auf (*+acc*); ***sans ~ de personne*** ohne Ansehen der Person; ***je ne peux entrer dans ces ~s*** ich kann darauf keine Rücksicht nehmen; ***se perdre en ~s oiseuses*** sich in müßigen Betrachtungen, Erwägungen ergehen; ***prendre qc en ~*** etw in Erwägung, Betracht ziehen; etw berücksichtigen; ***ne pas être pris en ~*** *a* außer Betracht bleiben **2** *(estime)* Achtung *f*; Ansehen *n*; Wertschätzung *f*; *loc/adj* ***digne de ~*** achtens-, schätzenswert; *loc/prép* ***par ~ pour*** aus Achtung vor (*+dat*); ***avoir la ~ de qn*** von j-m geschätzt, geachtet werden; ***avoir beaucoup de ~ pour qn*** große Achtung vor j-m haben; j-n sehr schätzen; → *a* ***agréer*** *I 1*

considérer [kõsideʀe] ⟨-è-⟩ **I** *v/t* **1** *(examiner)* bedenken; abwägen; erwägen; beachten; berücksichtigen; in Betracht, Erwägung ziehen; ***tout bien considéré*** alles in allem; wenn man es recht bedenkt; ***c'est à ~*** das ist mit zu berücksichtigen; das muss mit bedacht werden **2** *(penser)* ***je considère que …*** ich finde, ich bin der Meinung, meine Meinung ist, (dass) …; ***je considère que la question est réglée*** ich betrachte die Angelegenheit als erledigt **3** ***~ qn comme*** (*+subst*) j-n ansehen, betrachten als (*+acc*); ***~ qn, qc*** (***comme***) (*+adj*) j-n, etw für (*+adj*) halten; j-n, etw als (*+adj*) betrachten; ***être considéré comme*** *a* gelten als **4** *(regarder attentivement)* betrachten; eingehend mustern **5** *p/p* ***être considéré*** *(être estimé)* geschätzt, geachtet sein *ou* werden (***de*** von) **II** *v/pr* ***se ~*** (*+subst*) sich halten für (*+acc*)

consignataire [kõsiɲatɛʀ] *m* **1** JUR Verwahrer *m* **2** COMM Verkaufskommissionär *m*; Konsignatar *m*

consignation [kõsiɲasjõ] *f* **1** JUR Hinterlegung *f* **2** COMM Konsignation *f*

consigne [kõsiɲ] *f* **1** *(instruction)* (An)Weisung *f*; Verhaltensmaßregel *f*; Vorschrift(en) *f(pl)*; ***~ de grève*** Streikaufruf *m*; ***donner, passer la ~*** Weisung erteilen (***de*** *+inf* zu *+inf*); F *fig* ***manger la ~*** es vergessen; F es verschwitzen **2** *pour bagages* Gepäckaufbewahrung *f* (*a lieu*); ***~ automatique*** Schließfächer *n/pl*; ***mettre ses bagages à la ~*** sein Gepäck zur Aufbewahrung geben **3** *d'un emballage* Pfand(betrag) *n(m)* **4** *(retenue)* ÉCOLE Nachsitzen *n*; MIL Ausgehverbot *n*

consigner [kõsiɲe] *v/t* **1** *(mettre par écrit)* schriftlich niederlegen (***à, dans, sur*** in *+dat*), festhalten (in *+dat*) **2** *(interdire l'accès)* den Zutritt verbieten (***qc*** zu etw); sperren; ***~ sa porte à qn*** j-n nicht hereinlassen **3** *emballage* Pfand verlangen für; mit Pfand belegen; ***la bouteille est consignée*** für die Flasche ist ein Pfandbetrag berechnet; F auf der Flasche ist Pfand drauf; *adjt*: ***bouteille consignée*** Pfandflasche *f*; Mehrwegflasche *f*; ***non consigné*** keine Rücknahme, -gabe **4** *élève* nachsitzen lassen; *soldat* Ausgehverbot, Ausgangssperre anordnen für; *élève* ***il est consigné cet après-midi*** heute Nachmittag muss er nachsitzen **5** *bagages* zur (Gepäck)Aufbewahrung geben **6** JUR hinterlegen; COMM konsignieren

consistance [kõsistɑ̃s] *f* Konsistenz *f*; Beschaffenheit *f*; *(fermeté)* Festigkeit *f*; *d'une sauce a* Dickflüssigkeit *f*; *fig* ***sans ~*** *rumeur* haltlos; unverbürgt; unbestätigt; *personnage de roman etc* farblos; *caractère, esprit* ohne Substanz; oberflächlich; ***donner de la ~ à*** *substance* eindicken; *fig* Substanz verleihen (*+dat*); ***prendre*** (***de la***) ***~*** *substance* dick(flüssig)er, steif, fest werden; *fig rumeur* sich erhärten; *nouvelle* sich allmählich bestätigen

consistant [kõsistɑ̃] *adj* **1** *soupe, sauce* dick; ***plat ~*** nahrhaftes Gericht **2** *fig* ***argument ~*** stichhaltiges Argument

consister [kõsiste] *v/t/indir* ***~ en, dans*** bestehen aus, in (*+dat*); sich zusammensetzen aus; ***~ à*** (*+inf*) darin bestehen zu (*+inf*)

consistoire [kõsistwaʀ] *m* ÉGL Konsistorium *n*

consœur [kõsœʀ] *plais f* Kollegin *f*

consolable [kõsɔlabl] *adj* zu trösten(d) **consolant** *adj* tröstlich; tröstend; Trost bringend; trostreich

consolateur [kõsɔlatœʀ] **I** *st/s adj* ⟨**-trice**⟩ tröstend; trostreich **II** *subst litt* ***~, consolatrice*** *m,f* Tröster(in) *m(f)* (*a* REL); Trostspender(in) *m(f)*

consolation [kõsɔlasjõ] *f* Trost *m*; ***~s*** *pl* Tröstungen *f/pl*; *iron* ***belle ~!*** ein schöner Trost!; *cet enfant est* ***toute sa ~*** sein *ou* ihr einziger, ganzer Trost; ***paroles*** *f/pl* ***de ~*** tröstliche, tröstende, trostreiche Worte *n/pl*; Worte des Trostes; Trostworte *n/pl*; ***prix*** *m* ***de ~*** Trostpreis *m*; ***c'est une ~ de*** (*+inf*) es ist tröstlich, es tröstet zu (*+inf*); ***c'est une faible ~*** das ist ein schwacher Trost

console [kõsɔl] *f* **1** *table* Konsoltisch(chen) *m(n)* **2** ARCH Konsole *f*; Kragstein *m* **3** INFORM (Bedienungs)Konsole *f*; ***~ de visualisation*** Datensichtgerät *n* **4** ***~ de mixage*** Mischpult *n* **5** *d'un orgue* Spieltisch *m*

consoler [kõsɔle] **I** *v/t* trösten; Trost zusprechen, spenden (*+dat*); *peine* lindern; ***~ qn de qc*** j-n über etw (*acc*) (hinweg)trösten; ***cela me console!*** das ist immerhin ein Trost! **II** *v/pr* ***se ~*** sich trösten; ***se ~ de qc*** über etw (*acc*) hinwegkommen; sich über etw (*acc*) (hinweg)trösten; etw verschmerzen

consolidation [kõsɔlidasjõ] *f* **1** CONSTR Verstärkung *f*; Stützung *f*; Sicherung *f* **2** *fig* Festigung *f*; Stärkung *f*; Konsolidierung *f* **3** FIN Konsolidierung *f*; Konsolidation *f*

consolidé [kõsɔlide] *adj* **1** FIN *dette d'État* fundiert **2** MÉD *fracture* zusammengeheilt

consolider [kõsɔlide] *v/t* **1** *mur, bâtiment* verstärken; stützen; sichern **2** *fig position, alliance* festigen; stärken; konsolidieren **3** *dette, emprunt* konsolidieren; fundieren

consommable [kõsɔmabl] *adj* genießbar

consommateur [kõsɔmatœʀ] *m*, **consommatrice** *f*

Verbraucher(in) *m(f)*; Konsument(in) *m(f)*; *dans un café etc* Gast *m*; ***défense** f **du consommateur*** Verbraucherschutz *m*

consommation [kõsɔmasjõ] *f* 1 ÉCON Verbrauch *m*; Konsum *m*; *t/t* Konsumtion *f*; ***~ d'électricité*** Stromverbrauch *m*; ***article** m **de ~ courante*** Artikel *m* des täglichen Bedarfs; ***biens** m/pl **de ~*** Konsumgüter *n/pl*; *au sens strict* Verbrauchsgüter *n/pl*; ***société** f **de ~*** Konsumgesellschaft *f*; ***faire une grande ~ de** papier etc* viel (ver)brauchen; *d'aliments* viel verzehren, essen; *boissons* viel trinken 2 *d'une voiture* Benzinverbrauch *m* (***aux 100 km*** auf 100 km) 3 *dans un café* Getränk *n*; *tarif affiché* ***~s*** Getränkepreise *m/pl*; ***j'ai pris deux ~s*** ich habe zwei Getränke gehabt 4 JUR *du mariage* Vollzug *m* 5 *st/s* ***jusqu'à la ~ des siècles*** bis an das, zum Ende der Zeiten 6 JUR ***prêt** m **de ~*** Darlehen *n*

consommé [kõsɔme] **I** *adj* vollendet; perfekt **II** *m* CUIS Kraftbrühe *f*; Consommé *f ou n*

consommer [kõsɔme] *v/t* 1 *biens, énergie etc* verbrauchen; konsumieren; *aliments, provisions a* verzehren; *voiture* ***~ beaucoup d'essence*** viel Benzin verbrauchen 2 *dans un café abs* etwas verzehren 3 JUR *mariage* vollziehen; *crime* vollenden

consomption [kõsõpsjõ] *f* MÉD Auszehrung *f*

consonance [kõsɔnɑ̃s] *f* 1 *d'une langue, d'un nom* Klang *m*; ***nom** m **de ~ germanique*** deutsch klingender Name 2 MUS Konsonanz *f* 3 *du son final* Gleichklang *m*

consonant [kõsɔnɑ̃] *adj* 1 MUS konsonant 2 ***phrases ~es*** Sätze *m/pl* mit gleich klingenden Worten

consonantique [kõsɔnɑ̃tik] *adj* PHON konsonantisch; Konsonanten…; ***substitution** f **~*** Lautverschiebung *f*

consonantisme [kõsɔnɑ̃tism] *m* PHON Konsonantismus *m*

consonne [kõsɔn] *f* PHON Konsonant *m*; Mitlaut *m*

consort [kõsɔʀ] **I** *adj m* ***prince** m **~*** Prinzgemahl *m* **II** *m/pl* ***~s*** Mittäter *m/pl*; *souvent péj* ***Untel et ~s*** X und Konsorten *m/pl*

consortium [kõsɔʀsjɔm] *m* ÉCON Konsortium *n*

conspirateur [kõspiʀatœʀ] **I** *adj* ⟨**-trice**⟩ verschwörerisch; konspirativ **II** *subst* ***~, conspiratrice** m,f* Verschwörer(in) *m(f)*; ***air** m **de ~*** Verschwörermiene *f*

conspiration [kõspiʀasjõ] *f* 1 Verschwörung *f*; Konspiration *f* 2 *fig* Verschwörung *f*; ***~ du silence*** Mauer *f* des Schweigens

conspirer [kõspiʀe] *v/i* konspirieren, sich verschwören (***contre*** gegen)

conspuer [kõspɥe] *v/t* niederschreien; ausbuhen

constamment [kõstamɑ̃] *adv* (be)ständig; (an)dauernd

constance [kõstɑ̃s] *f* 1 (*persévérance*) Beständigkeit *f*; Beharrlichkeit *f*; Stetigkeit *f*; Ausdauer *f*; Konstanz *f*; *loc/adv* ***avec ~*** beständig; beharrlich; ausdauernd; mit viel Ausdauer; stetig; konstant; F ***tu en as de la ~*** du kannst wohl einfach nicht aufgeben; F du hast vielleicht ne (Engels)Geduld 2 *d'un phénomène* regelmäßiges Auftreten; regelmäßige Wiederkehr

Constance [kõstɑ̃s] 1 *ville* Konstanz *n*; ***le lac de ~*** der Bodensee 2 *f Vorname*

constant [kõstɑ̃] **I** *adj* 1 (*continuel*) (be)ständig; (an-, aus)dauernd; konstant; stet(ig) 2 *st/s* (*persévérant*) beständig; beharrlich; ausdauernd **II** *f* ***~e*** PHYS, MATH, *fig* Konstante *f*

Constantin [kõstɑ̃tɛ̃] *m Vorname*

Constantinople [kõstɑ̃tinɔpl] HIST Konstantinopel *n*

constat [kõsta] *m* 1 ADM, JUR Feststellung(sprotokoll) *f(n)*; (amtliches) Protokoll; AUTO ***~ amiable*** einvernehmliches Unfallprotokoll; ***faire le ~** (**d'un accident de voiture**)* e-n Verkehrsunfall aufnehmen 2 *fig* Feststellung *f*; Bilanz *f*; ***dresser un ~ d'échec*** e-e negative Bilanz ziehen

constatable [kõstatabl] *adj* feststellbar; festzustellen(d) **constatation** *f* Feststellung *f* (*a* JUR, ADM); Konstatierung *f*

constater [kõstate] *v/t* feststellen; konstatieren; ***~ le décès*** den Tod feststellen *ou* beurkunden; *abs* ***constatez** (**par**) **vous-même!*** überzeugen Sie sich, sehen Sie selbst!

constellation [kõstɛ(l)lasjõ] *f* 1 ASTR Sternbild *n*; Konstellation *f* 2 *fig et litt de poètes etc* glänzende Versammlung; ***~ de lumières*** Lichtermeer *n*

constellé [kõstɛ(l)le] *adj* übersät, besät (***de*** mit); *ciel* ***~ d'étoiles*** mit Sternen übersät; *st/s* gestirnt; *texte* ***~ de fautes*** mit Fehlern gespickt

consternant [kõstɛʀnɑ̃] *adj* bestürzend; erschreckend

consternation [kõstɛʀnasjõ] *f* Bestürzung *f*; Betroffenheit *f*; Erschrecken *n*; Erschütterung *f*; Fassungslosigkeit *f*; ***jeter la ~ dans l'assistance*** Bestürzung, Betroffenheit unter den Anwesenden hervorrufen

consterner [kõstɛʀne] *v/t* bestürzen; betroffen machen; *adjt* ***consterné*** bestürzt, betroffen, konsterniert, erschüttert, fassungslos (***par*** über *+acc*); ***air consterné*** bestürzte *etc* Miene

constipant [kõstipɑ̃] *adj* PHYSIOL (ver)stopfend (wirkend); zu Verstopfung führend **constipation** [kõstipasjõ] *f* PHYSIOL Verstopfung *f*

constipé [kõstipe] *adj* 1 PHYSIOL verstopft; ***être ~*** an Verstopfung leiden; verstopft sein 2 F (*embarrassé*) steif; verlegen; verklemmt

constiper [kõstipe] *v/t* Verstopfung verursachen (***qn*** [bei] j-m); zu Verstopfung führen, verstopfend wirken (***qn*** bei j-m); *abs a* stopfen

constituant [kõstitɥɑ̃] *adj* 1 ***élément ~, partie ~e*** *ou subst* ***~** m* Bestandteil *m* 2 ***assemblée ~e*** verfassunggebende, konstituierende Versammlung; HIST *subst* ***la Constituante*** *die verfassunggebende Nationalversammlung von 1789 bis 1791*

constitué [kõstitɥe] *adj* 1 *personne* ***être bien, mal ~*** von kräftiger, schwacher Konstitution sein 2 POL ***corps ~s*** von der Verfassung vorgesehene Gremien *n/pl*

constituer [kõstitɥe] **I** *v/t* 1 (*être*) bilden; ausmachen; darstellen; sein; bedeuten; ***~ un précédent*** e-n Präzedenzfall darstellen 2 (*créer*) *société commerciale, comité etc* bilden; konstituieren; gründen; *commission a* einsetzen; ***~ un dossier*** e-e Akte anlegen; (***se***) ***~ une collection, des réserves*** (sich [*dat*]) e-e Sammlung, Vorräte anlegen 3 JUR ***~ qn avocat*** j-n zum Anwalt bestellen; ***~ qn héritier*** j-n als Erben einsetzen; ***~ une rente à qn*** j-m e-e Rente aussetzen **II** *v/pr* 1 *société commerciale, comité etc* ***se ~*** sich konstituieren 2 JUR ***se ~ partie civile*** als Nebenkläger auftreten; ***se ~ prisonnier***

C

sich (der Polizei) stellen

constitutif [kõstitytif] *adj* ⟨-ive⟩ 1 grundlegend; wesentlich; konstitutiv; ***éléments ~s*** (Grund)Bestandteile *m/pl* 2 JUR ein Recht begründend

constitution [kõstitysjõ] *f* 1 POL ***Constitution*** Verfassung *f*; Konstitution *f*; *en Allemagne* Grundgesetz *n* 2 *(création) d'une société commerciale, d'un club etc* Bildung *f*; Gründung *f*; *d'une commission a* Einsetzung *f*; Konstituierung *f*; ***~ d'un dossier*** Anlegen *n* e-r Akte 3 *d'un individu* (physische) Konstitution, Verfassung, Beschaffenheit; ***avoir une forte, robuste ~*** e-e kräftige Konstitution haben 4 *(structure)* Aufbau *m*; Struktur *f*; Zusammensetzung *f*; Gliederung *f* 5 JUR *d'un avocat* Bestellung *f*; ***~ de partie civile*** Beitritt *m* als Nebenkläger

constitutionnaliser [kõstitysjɔnalize] *v/t* Verfassungscharakter geben (*+dat*); in die Verfassung aufnehmen **constitutionnalisme** *m* POL Konstitutionalismus *m* **constitutionnalité** *f* Verfassungsmäßigkeit *f*

constitutionnel [kõstitysjɔnɛl] *adj* ⟨~le⟩ 1 POL konstitutionell; Verfassungs…; *(conforme à la constitution)* verfassungsmäßig, -gemäß; *en France* ***Conseil ~*** Verfassungsgericht *n*; ***droit ~*** Verfassungsrecht *n*; ***monarchie ~le*** konstitutionelle Monarchie; ***ne pas être ~*** *a* verfassungswidrig sein 2 *maladie, faiblesse* konstitutionell

constricteur [kõstʀiktœʀ] *adj m* 1 ANAT ***muscle ~*** *ou subst* ~ *m* Schließmuskel *m*; *sc* Konstriktor *m* 2 ZO ***boa ~*** Abgott-, Königsschlange *f*; Boa constrictor *f*

constriction [kõstʀiksjõ] *f* Zusammenschnürung *f*, -ziehung *f* (*a* MÉD)

constrictor [kõstʀiktɔʀ] *m* ZO → ***constricteur*** *2*

constructeur [kõstʀyktœʀ] **I** *adj* ⟨-trice⟩ schöpferisch **II** *m* 1 TECH Konstrukteur *m*; *(bâtisseur)* Erbauer *m*; Baumeister *m*; ***~ d'automobiles, d'avions*** Kraftwagen-, Flugzeugkonstrukteur *m*, -bauer *m* 2 *fig d'un empire* (Be)Gründer *m*

constructible [kõstʀyktibl] *adj terrain* baureif

constructif [kõstʀyktif] *adj* ⟨-ive⟩ 1 *(positif)* konstruktiv 2 *(créateur)* kreativ; schöpferisch

construction [kõstʀyksjõ] *f* 1 CONSTR, TECH Bau *m* (*a résultat*); TECH *a* Konstruktion *f* (*a résultat*); *action a* Erbauung *f*; Errichtung *f*; *manière* Bauweise *f*, -art *f*; *par ext* Bautechnik *f*; *secteur* Bauwirtschaft *f*; ***~ automobile, navale*** Kraftfahrzeug-, Schiff(s)bau *m*; ***~s nouvelles*** Neubauten *m/pl*; ***~ de logements*** Wohnungsbau *m*; ***~ d'une maison*** Hausbau *m*; Bau e-s Hauses; ***~ en bois*** Holzbau(weise) *m(f)*; Holzkonstruktion *f*; ***~ en fer*** Eisenkonstruktion *f*; ***~ en pierre*** Steinbau *m*; ***défaut*** *m* ***de ~*** Konstruktionsfehler *m*; ***devis*** *m* ***de ~*** Baukostenvoranschlag *m*; ***jeu*** *m* ***de ~*** Baukasten *m*; *loc/adj* ***en ~*** im Bau (befindlich); ***être en ~*** im Bau sein; sich im Bau befinden 2 GR Konstruktion *f*; ***~ (de la phrase)*** Satzkonstruktion *f*, -bau *m* 3 GÉOMÉTRIE Konstruktion *f* 4 *fig* ***~ de l'esprit*** (reine) Hypothesen *f/pl*; geistige Konstruktionen *f/pl*

construire [kõstʀɥiʀ] *v/t* ⟨→ ***conduire***⟩ 1 CONSTR, TECH bauen; TECH *a* konstruieren; *édifice a* erbauen; errichten; *abs* ***on construit beaucoup à Paris*** in Paris wird viel gebaut; ***il fait ~*** er baut (sich [*dat*] ein Haus) 2 GR ***~ une phrase*** einen Satz bilden, konstruieren 3 *triangle etc* konstruieren 4 *fig intrigue, pièce etc* anlegen; gestalten; ***~ un système*** ein System entwerfen; ***~ une théorie*** eine Theorie aufstellen

consul [kõsyl] *m* 1 DIPL Konsul *m*; ***~ adjoint*** stellvertretender Konsul; ***~ général*** Generalkonsul *m*; ***~ de France à …*** französischer Konsul in (*+dat*) 2 HIST Konsul *m*

consulaire [kõsylɛʀ] *adj* 1 DIPL konsularisch; Konsular…; ***corps*** *m* ***~*** konsularisches Korps; ***représentation*** *f* ***~*** konsularische Vertretung 2 JUR ***juge*** *m* ***~*** Handelsrichter *m*

consulat [kõsyla] *m* 1 DIPL Konsulat *n*; ***~ général*** Generalkonsulat *n*; ***~ de France*** französisches Konsulat 2 HIST Konsulat *n*

consultable [kõsyltabl] *adj ouvrage de référence etc* ***être ~*** eingesehen werden können

consultant [kõsyltã] **I** *adj* beratend; ***avocat ~*** beratender Anwalt; ***médecin ~*** zur Beratung hinzugezogener Arzt; *t/t* Konsiliarius *m* **II** *m* Berater *m*

consultatif [kõsyltatif] *adj* ⟨-ive⟩ beratend; konsultativ; ***voix consultative*** beratende Stimme; *loc/adv* ***à titre ~*** um j-s Rat, Meinung zu hören

consultation [kõsyltasjõ] *f* 1 *(action de donner un avis)* Beratung *f*; Konsultation *f*; *avocat, expert etc* ***donner des ~s*** beratend tätig sein; Sprechstunde (ab)halten; → *a 3* 2 *(action de demander un avis)* Befragung *f*; Konsultation *f*; *d'un expert a* Anhörung *f*; Hinzuziehung *f*; ***après ~ de*** nach Anhören, Anhörung (*+gén*) 3 MÉD Sprechstunde *f*; ***heures*** *f/pl* ***de ~*** Sprechstunde(n) *f(pl)*; *dans un hôpital* ***services*** *m/pl* ***de ~*** Ambulanz *f*; Poliklinik *f*; (***service*** *m* ***de***) ***~ de nourrissons*** Mütterberatung(sstelle) *f*; ***aller à la ~*** in die Sprechstunde gehen; ***donner des ~s*** Sprechstunde (ab)halten, haben; *médecin* ***être en ~*** gerade e-n Patienten untersuchen 4 *d'un ouvrage* Nachschlagen *n* (***de*** in *+dat*)

consulter [kõsylte] **I** *v/t* 1 *personne* befragen, um Rat fragen, *médecin, avocat, expert* konsultieren, zurate ziehen, *expert a* anhören, hinzuziehen (***sur qc, au sujet de qc*** in e-r Sache [*dat*]); ***~ qn*** *a* sich von j-m beraten lassen 2 *ouvrage, manuel* nachschlagen, nachsehen in (*+dat*); zurate ziehen; konsultieren; *archives, documents* Einsicht nehmen in (*+acc*); ***~ le calendrier*** auf dem Kalender nachsehen; auf den Kalender sehen; ***~ l'horoscope*** das Horoskop befragen; ***~ sa montre*** auf die, s-e Uhr sehen **II** *v/i médecin* Sprechstunde haben **III** *v/pr* ***se ~*** einander befragen, konsultieren; miteinander beraten; ***se ~ du regard*** einander, sich fragend ansehen

consulteur [kõsyltœʀ] *m* ÉGL CATH *d'une congrégation de cardinaux* Konsultor *m*

consumer [kõsyme] **I** *v/t* 1 *feu: édifice* vernichten; *st/s* verzehren 2 *fig et st/s chagrin, passion* ***~ qn*** *st/s* j-n verzehren, aushöhlen **II** *v/pr* 1 *cigarette etc* ***se ~*** herunterbrennen 2 *personne st/s* ***se ~*** dahinsiechen; sich verzehren (***de chagrin*** vor Gram)

contact [kõtakt] *m* 1 *de deux choses* Kontakt *m* (*a* ÉLECT); Berührung *f*; ***~ fugitif*** flüchtige Berührung; ÉLECT ***mauvais ~*** Wackelkontakt *m*; AUTO ***clé*** *f* ***de ~*** Zündschlüssel *m*; *loc/prép* ***au ~ de*** durch die, bei der Berührung mit; ***au ~ de l'air*** *a* an der Luft; ***couper le ~*** ÉLECT den Kontakt unterbrechen; (den Apparat, die Maschine *etc*) ausschalten; AUTO die Zündung ausschalten; ***entrer en ~*** sich berühren; (miteinander) in Berührung kommen; ***établir le ~*** den Kontakt herstellen; ÉLECT *a* (den Apparat, die Maschine *etc*) einschalten; ***être en ~*** sich berühren; Kontakt haben; → *a 2*; AUTO ***mettre le ~*** die Zündung einschalten **2** *entre personnes* Kontakt *m*; Fühlung(nahme) *f*; Verbindung *f*; ***~s humains*** menschliche Kontakte; ***prise*** *f* ***de ~*** Kontaktaufnahme *f*; Fühlungnahme *f*; ***au ~ de qn*** durch den Kontakt, die Verbindung mit j-m; ***avoir des ~s avec qn*** mit j-m in Kontakt, Verbindung stehen; mit j-m Kontakt haben; ***entrer en ~*** (***avec***) in Kontakt, Verbindung kommen, treten (mit); Fühlung (auf)nehmen (mit); ***être en ~ avec qn*** mit j-m in Kontakt, Verbindung stehen, sein; ***être en ~ par radio*** in Funkverbindung stehen; ***mettre qn en ~ avec qn*** Kontakte, Beziehungen zwischen j-m und j-m herstellen; ***se mettre en ~ avec qn*** sich mit j-m in Verbindung setzen; ***prendre ~ avec qn*** mit j-m Kontakt, Verbindung aufnehmen; sich mit j-m ins Benehmen setzen **3** MÉD ***lentilles*** *f/pl*, ***verres*** *m/pl* ***de ~*** Kontaktlinsen *f/pl*; Haftschalen *f/pl* **4** *personne* Kontaktperson *f*

contacter [kõtakte] *v/t* ***~ qn*** mit j-m Kontakt aufnehmen; sich mit j-m in Verbindung setzen; j-n kontaktieren

contacteur [kõtaktœʀ] *m* ÉLECT Schütz *n*; Schalter *m*

contagieux [kõtaʒjø] **I** *adj* ⟨**-euse**⟩ *maladie* ansteckend (*a fig rire etc*); übertragbar; *t/t* kontagiös; ***être ~*** *maladie* anstecken(d sein); *personne* e-e ansteckende Krankheit haben; andere anstecken **II** *m* j, der e-e ansteckende Krankheit hat

contagion [kõtaʒjõ] *f* **1** MÉD Ansteckung *f*; Übertragung *f* **2** *fig* Ansteckung *f*; Ausbreitung *f*

container [kõtɛnɛʀ] *m* → ***conteneur***

contamination [kõtaminasjõ] *f* **1** (*pollution*) Verseuchung *f*; Kontamination *f*; (*infection*) Infektion *f*; ***~ alimentaire*** Infektion durch Nahrungsmittel; ***~ radioactive*** radioaktive Verseuchung **2** *fig* Ansteckung *f*; *p/fort* Verseuchung *f*

contaminer [kõtamine] *v/t* **1** (*infecter*) anstecken; infizieren; (*polluer*) verseuchen; *adjt* ***eau contaminée*** verseuchtes Wassser **2** *fig* anstecken; infizieren; *p/fort* verseuchen

conte [kõt] *m* Erzählung *f*; Geschichte *f*; *pour enfants* Märchen *n*; ***~ de fées*** (Feen)Märchen *n*; *fig* ***j'ai vécu un vrai ~ de fées*** es war wie im Märchen; ***livre*** *m* ***de ~s*** Märchenbuch *n*

contemplatif [kõtɑ̃platif] *adj* ⟨**-ive**⟩ **1** *vie etc* beschaulich; besinnlich; kontemplativ **2** ÉGL CATH ***ordre ~*** beschaulicher Orden; ***religieux ~*** *ou subst* ***~*** *m* Mitglied *n* e-s beschaulichen Ordens

contemplation [kõtɑ̃plasjõ] *f* **1** Betrachten *n*, -ung *f*; Anschauen *n*; ***rester en ~ devant qc*** etw voller Bewunderung betrachten **2** REL, PHILOS Kontemplation *f*

contempler [kõtɑ̃ple] *v/t* (aufmerksam, bewundernd) betrachten, anschauen

contemporain [kõtɑ̃pɔʀɛ̃] **I** *adj* **1** (*du même temps*) zeitgenössisch; ***être ~s*** Zeitgenossen sein; ***X était ~ de Voltaire*** X war ein Zeitgenosse Voltaires, lebte zur gleichen Zeit wie Voltaire **2** (*de notre temps*) zeitgenössisch; heutig; ***histoire ~e*** Neueste Geschichte (*ab 1789*); ***la langue française ~e*** das heutige Französisch; die französische Gegenwartssprache **II** *m* Zeitgenosse *m*

contempteur [kõtɑ̃ptœʀ] *litt m*, **contemptrice** *litt f* Verächter(in) *m(f)*

contenance [kõtnɑ̃s] *f* **1** *d'un récipient* Fassungsvermögen *n*; Kapazität *f* **2** *d'une personne* Haltung *f*; Verhalten *n*; (*sang-froid*) Gelassenheit *f*; ***se donner une ~*** sich (nach außen hin) gelassen geben; sich (äußerlich) gefasst zeigen; ***faire bonne ~*** Haltung bewahren; sich beherrschen; gelassen bleiben; ***perdre ~*** die Beherrschung *ou* Fassung verlieren

contenant [kõtnɑ̃] *m* Behältnis *n*

conteneur [kõtnœʀ] *m* Container [-'teː-] *m*; ***~ à vieux papiers*** Altpapiercontainer *m*; ***~ pour verre perdu*** Altglascontainer *m*; ***transport*** *m* ***par ~(s)*** Containertransport *m*

contenir [kõtniʀ] ⟨→ **venir**⟩ **I** *v/t* **1** (*renfermer*) enthalten; ***cette lettre contient …*** *a* in diesem Brief steht …, ist … enthalten; dieser Brief beinhaltet …; ***une valise contenant des livres*** ein Koffer *m* mit Büchern **2** (*avoir une capacité de*) fassen; ***ce récipient contient …*** *a* in diesen Behälter gehen … **3** (*retenir*) *émotions, colère* im Zaum halten; zügeln; ***~ la foule, les manifestants*** die Menge, die Demonstranten zurückhalten, in Schranken halten **II** *v/pr* ***se ~*** sich beherrschen; sich zusammennehmen

content [kõtɑ̃] **I** *adj* (*satisfait*) zufrieden; befriedigt; (*heureux*) erfreut; froh; ***~ de qc, qn*** zufrieden mit etw, j-m; befriedigt, erfreut, froh über etw (*acc*); ***~ de peu*** *a* genügsam; ***non ~ de*** (*+inf*) nicht zufrieden, nicht genug damit, dass …; ***être ~ de*** (*+inf*) *ou* ***que …*** (*+subj*) sich freuen zu (*+inf*); sich (darüber) freuen, dass …; *péj* ***être ~ de soi-même*** selbstzufrieden, selbstgefällig sein; ***je suis ~ pour vous*** ich freue mich für Sie; ***vous voilà ~!*** sind Sie jetzt zufrieden? (*a iron*) **II** *m en loc*: ***tout son ~*** nach Herzenslust; ***avoir*** (***tout***) ***son ~ de qc*** genug *ou* reichlich *ou* alles, was man sich (*dat*) wünscht, von etw bekommen; ***avoir dormi son ~*** ausgeschlafen haben

contentement [kõtɑ̃tmɑ̃] *m* **1** (*satisfaction*) Zufriedenheit *f*; Befriedigung *f*; (*joie*) Freude *f*; ***~ de soi-même*** Zufriedenheit mit sich selbst; *péj* Selbstzufriedenheit *f*; Selbstgefälligkeit *f* **2** *de ses désirs* Befriedigung *f*

contenter [kõtɑ̃te] **I** *v/t personne* zufriedenstellen; ***~ la curiosité de qn*** j-s Neugier(de) befriedigen; ***un rien la contente*** sie ist mit e-r Kleinigkeit zufrieden; sie freut sich über jede Kleinigkeit; ***vouloir ~ tout le monde*** es allen recht machen wollen **II** *v/pr* ***se ~ de qc*** sich mit etw zufriedengeben, begnügen, bescheiden; mit etw vorliebnehmen; ***se ~ de*** (*+inf*) sich damit begnügen, sich darauf beschränken zu (*+inf*); ***je me contenterai de vous dire ceci: …*** ich sage Ihnen nur (noch) eins *ou* dies: …

contentieux [kõtɑ̃sjø] JUR **I** *adj* ⟨**-euse**⟩ streitig; ***affaire contentieuse*** Streitsache *f* **II** *m* **1** (*litiges*) Streitsachen *f/pl* **2** *service d'une entreprise* Rechtsabteilung *f*

contenu [kõtny] **I** *adj émotion, colère* beherrscht; gezügelt **II** *m* Inhalt *m* (*a fig d'une lettre etc*)

conter [kõte] *v/t st/s et plais* (*raconter*) erzählen; *iron* ***en ~ de belles*** *iron* schöne, reizende Geschichten, Dinge erzählen; ***il ne faut pas lui en*** *ou* ***il ne***

C

s'en laisse pas ~ ihm kann man nichts vormachen, kein X für ein U vormachen
contestable [kõtɛstabl] *adj* bestreitbar; strittig; anfechtbar
contestataire [kõtɛstatɛʀ] **I** *adj* rebellisch; rebellierend; aufsässig; Protest...; ***étudiants*** *m/pl* **~s** protestierende, rebellierende Studenten *m/pl* **II** *m,f* Protestler(in) *m(f)*; Protestierende(r) *f(m)*; **~s** *pl* POL *a* Systemveränderer *m/pl*
contestation [kõtɛstasjõ] *f* **1** Bestreiten *n*, -ung *f*; Abstreiten *n*; JUR *d'un testament etc* Anfechtung *f*; *loc/adv* ***sans*** ~ unbestreitbar; ***élever une ~ sur qc*** etw bestreiten; etw infrage, in Abrede stellen; Einwände erheben gegen etw **2** POL Protest(bewegung) *m(f)* **3** *(discussion)* Disput *m*; Diskussion *f*
conteste [kõtɛst] *loc/adv* ***sans*** ~ unbestritten; unbestreitbar
contesté [kõtɛste] *adj* umstritten; strittig
contester [kõtɛste] **I** *v/t* bestreiten; abstreiten; in Abrede stellen; anfechten (*a* JUR); ~ ***la compétence de qn*** j-s Kompetenz bestreiten; ~ ***à qn le droit de*** *(+inf)* j-m das Recht abstreiten, streitig machen zu *(+inf)*; ~ ***que ...*** *(+subj)* bestreiten, dass ...; ***je ne conteste pas qu'il (n')ait raison*** ich bestreite nicht, dass er Recht hat **II** *v/i* POL (öffentlich) protestieren
conteur [kõtœʀ] *m* Erzähler *m*; *poète* Märchendichter *m*
contexte [kõtɛkst] *m* **1** *d'un texte* Kontext *m*; Zusammenhang *m*; *mot* ***'hors du, isolé de son*** ~ aus dem Zusammenhang gerissen **2** *par ext* Umstände *m/pl*; Hintergrund *m*; Background ['bɛkgraunt] *m*; Umfeld *n*; Zusammenhang *m*; Kontext *m*; ~ ***politique*** politische Umstände, Lage; politische Landschaft; ***dans le ~ économique actuel*** in der gegenwärtigen Wirtschaftslage
contextuel [kõtɛkstɥɛl] *adj* ⟨**~le**⟩ LING kontextuell
contigu [kõtigy] *adj* ⟨**-guë** [-gy]⟩ aneinandergrenzend, -stoßend; benachbart (*a fig*); *fig* ähnlich; verwandt; ~ ***à*** angrenzend an *(+acc)*; benachbart *(+dat)*; ***être ~ à*** (an)grenzen an *(+acc)*; benachbart sein *(+dat)*; sich berühren mit
contiguïté [kõtigɥite] *f* Aneinandergrenzen *n*, -stoßen *n*
continence [kõtinɑ̃s] *f* (sexuelle) Enthaltsamkeit
continent [kõtinɑ̃] *m* **1** Kontinent *ou* Kontinent *m*; Erdteil *m*; ***les cinq ~s*** die fünf Kontinente **2** ***le*** ~ *par rapport à une île* das Festland; *pour les Anglais* der Kontinent; das europäische Festland
continental [kõtinɑ̃tal] *adj* ⟨**-aux**⟩ Kontinental...; kontinental; festländisch; Festland...; ***climat*** ~ Kontinental-, Binnenklima *n*
contingence [kõtɛ̃ʒɑ̃s] *f* **1** **~s** *pl* prosaische Dinge *n/pl*; Banalitäten *f/pl*; ***les basses ~s matérielles*** die banalen, materiellen Dinge des Alltags **2** PHILOS Kontingenz *f*
contingent [kõtɛ̃ʒɑ̃] **I** *adj événement* zufällig eintretend; PHILOS kontingent **II** *m* **1** MIL (Jahrgang *m* der) Wehrdienstpflichtige(n) *m/pl* **2** ÉCON Kontingent *n*; Quote *f*; Anteil *m*; ~ ***de marchandises*** Warenkontingent *n* **3** *(contribution)* Beitrag *m*
contingentaire [kõtɛ̃ʒɑ̃tɛʀ] *adj* ÉCON die Kontingentierung betreffend; der Kontingentierung **contingentement** *m* ÉCON Kontingentierung *f*; Zuteilung *f* **contingenter** *v/t marchandises, importations etc* kontingentieren; zuteilen; bewirtschaften
continu [kõtiny] *adj* kontinuierlich; stetig; fortdauernd, -laufend; Dauer...; (an)dauernd; anhaltend; *série a* nicht abreißend; ÉLECT ***courant*** ~ Gleichstrom *m*; ***effort*** ~ kontinuierliche, stetige Leistung; MATH ***fonction ~e*** stetige Funktion; ***journée ~e*** durchgehende Arbeitszeit; ***pluie ~e*** Dauerregen *m*
continuateur [kõtinɥatœʀ] *m* ~ ***de qc, de qn*** j, der etw, j-s Werk fortsetzt, weiterführt
continuation [kõtinɥasjõ] *f* Fortsetzung *f*; Weiterführung *f*; Fortdauer *f*, -gang *m*; F ***bonne ~!*** weiterhin alles Gute!; F weiter viel Spaß, Vergnügen!; ~ ***du travail*** Weiterarbeit *f*
continuel [kõtinɥɛl] *adj* ⟨**~le**⟩ (be)ständig; (fort-, an)dauernd; fortwährend; ***efforts ~s*** ständige Bemühungen *f/pl*; ***pluies ~les*** Dauerregen *m*
continuellement [kotinɥɛlmɑ̃] *adv* ständig; (an)dauernd; immerfort, -zu; fortwährend
continuer [kõtinɥe] **I** *v/t* **1** *travail, politique etc* fortsetzen; weiterführen; ~ ***son chemin, sa route*** s-n Weg fortsetzen; ~ ***ses études*** s-e Studien fortsetzen; weiterstudieren; ♦ ~ ***à*** *ou* ***de*** *(+inf)* weiter... *(+inf)*; weiterhin *(+inf)*; ~ ***à boire*** weitertrinken; ~ ***de, à croire que ...*** weiterhin glauben, (dass) ... **2** *ligne, route* weiterführen; verlängern **II** *v/i* **1** *personne*: *à faire qc* weitermachen, -arbeiten; fortfahren (*a à parler*); *à marcher* weitergehen; *à rouler* weiterfahren; ***continuez!*** machen Sie weiter!; fahren Sie fort!; *fig* ~ ***dans cette même voie*** so weitermachen; auf diesem Weg weitergehen; ***... continua-t-il ...*** fuhr er fort **2** *spectacle, séance etc* (fort-, an)dauern; s-n Fortgang nehmen **3** ~ ***jusque*** *jardin etc* sich erstrecken, gehen, reichen bis; *route* führen, gehen bis
continuité [kõtinɥite] *f* Kontinuität *f*; Stetigkeit *f*; *d'une tradition, d'une espèce* Fortbestand *m*; *d'une action* Beständigkeit *f*
continûment [kõtinymɑ̃] *st/s adv* stetig; anhaltend; andauernd
contondant [kõtõdɑ̃] *adj* JUR ***arme ~e*** stumpfer Gegenstand
contorsion [kõtɔʀsjõ] *f* **1** *des membres* Verrenkung *f*; Verdrehung *f* **2** *fig* **~s** *pl* übertriebenes Getue; F Sichabzappeln *n*
contorsionner [kõtɔʀsjɔne] *v/pr* ***se*** ~ die Glieder verrenken, verdrehen **contorsionniste** *m* Schlangenmensch *m*; Kontorsionist *m*
contour [kõtuʀ] *m* Umriss *m*; *souvent pl* **~s** Umrisse *m/pl*; Konturen *f/pl*
contourné [kõtuʀne] *adj* **1** verkrümmt; verdreht **2** *raisonnement, style* gewunden; geschraubt **contournement** *m* Umgehen *n*; Umgehung *f*
contourner [kõtuʀne] *v/t* **1** *obstacle* herumgehen um; umgehen; *(en) voiture* herumfahren um; umfahren; *avion* herumfliegen um; umfliegen; *route* ~ ***qc*** um etw herumführen; ***le fleuve contourne la ville*** der Fluss fließt um die Stadt (herum) **2** *fig difficulté, règlement, loi* umgehen
contraceptif [kõtʀasɛptif] **I** *adj* ⟨**-ive**⟩ empfängnisverhütend; *sc* kontrazeptiv **II** *m* (Empfängnis)Verhütungsmittel *n*; *sc* Kontrazeptiv(um) *n*
contraception [kõtʀasɛpsjõ] *f* Empfängnisverhütung *f*; *sc* Kontrazeption *f*
contractant [kõtʀaktɑ̃] **I** *adj* vertragschließend; ***parties ~es*** vertragschließende Parteien *f/pl*; Vertragsparteien *f/pl* **II** *m/pl* **~s** Vertragspartner

C

m/pl; Kontrahenten *m/pl*

contracté [kõtʀakte] *adj* 1 *muscle*, *personne* verkrampft; ***visage ~*** verkrampftes, verzerrtes Gesicht 2 LING ***article ~*** mit e-r Präposition verschmolzener bestimmter Artikel

contracter [kõtʀakte] I *v/t* 1 *alliance* schließen; eingehen; ***~ une assurance*** eine Versicherung abschließen; ***~ des dettes*** Schulden machen; ADM ***~ mariage*** die Ehe schließen, eingehen; ***~ des obligations*** Verpflichtungen übernehmen, eingehen 2 *habitude*, *manie* annehmen; ***~ une maladie*** sich (*dat*) e-e Krankheit zuziehen; e-e Krankheit bekommen 3 *muscles* zusammenziehen; *sc* kontrahieren; spannen; *par ext* ***l'émotion lui contracta la gorge*** die Rührung schnürte ihm die Kehle zu II *v/pr* ***se ~*** *muscles* sich zusammenziehen; *sc* sich kontrahieren; *visage* sich verkrampfen; sich verzerren

contraction [kõtʀaksjõ] *f* PHYSIOL, LING Zusammenziehung *f*; *sc* Kontraktion *f*; *du visage* Verkrampfung *f*; Verzerrung *f*; ***~s utérines*** Uteruskontraktionen *f/pl*; Wehen *f/pl*; ***~ des muscles*** Muskelkontraktion *f*

contractuel [kõtʀaktɥɛl] I *adj* ⟨**~le**⟩ 1 vertraglich; vertragsgemäß; Vertrags…; kontraktlich 2 ***agent ~*** Angestellte(r) *m* im öffentlichen Dienst (mit Privatdienstvertrag) II *subst* **~(le)** *m(f)* Hilfspolizist(in), der (die) den ruhenden Verkehr überwacht; Politesse *f*

contracture [kõtʀaktyʀ] *f* 1 MÉD krankhafte Anspannung (der Muskeln); (bleibende) Kontraktur 2 ARCH *d'une tige de colonne* Verjüngung *f*

contradicteur [kõtʀadiktœʀ] *m* j, der widerspricht; Opponent *m*

contradiction [kõtʀadiksjõ] *f* Widerspruch *m* (*a* LOGIQUE); (*action de contredire*) *a* Widerrede *f*; ***esprit*** *m* ***de ~*** Widerspruchsgeist *m*; ***un tissu de ~s*** ein Netz von Widersprüchen, Widersprüchlichkeiten; ***il y a ~ entre ses principes et sa vie*** zwischen s-n Prinzipien und s-m Leben besteht, klafft ein Widerspruch; ***être en ~*** im, in Widerspruch zueinander stehen; widersprüchlich sein; ***être en ~ avec*** im, in Widerspruch stehen zu; ***être plein de ~s*** voller Widersprüche sein, stecken; widerspruchsvoll sein; ***mettre qn en ~*** j-m Widersprüche, widersprüchliche Aussagen nachweisen; ***porter la ~ dans une discussion*** in e-e Diskussion Gegenargumente einbringen

contradictoire [kõtʀadiktwaʀ] *adj* 1 *témoignages*, *tendances*, *récit etc* widersprüchlich; einander widersprechend; gegensätzlich; LOGIQUE kontradiktorisch 2 *débat*, *réunion* mit (anschließender) Diskussion **contradictoirement** *adv* JUR in Anwesenheit der Parteien

contraignant [kõtʀɛɲɑ̃] *adj* einengend; beengend; als lästiger Zwang empfunden

contraindre [kõtʀɛ̃dʀ] ⟨→ **craindre**⟩ I *v/t* ***~ qn*** j-n zwingen, nötigen (***à*** *+inf* zu *+inf*); ***être contraint de*** (*+inf*) gezwungen, genötigt sein zu (*+inf*); müssen (*+inf*) II *v/pr* ***se ~ à*** (*+inf*) sich (dazu) zwingen zu (*+inf*)

contraint [kõtʀɛ̃] *adj* 1 *air*, *mine* gezwungen; verkrampft; unnatürlich; steif 2 ***~ et forcé*** unter Zwang; gezwungen(ermaßen)

contrainte [kõtʀɛ̃t] *f* 1 Zwang *m*; Einengung *f*; Beschränkung *f*; ***~ morale, sociale*** moralischer, sozialer Zwang; *loc/adv*: ***par ~*** gezwungen; ***par la ~*** durch Zwang; unter Anwendung von Zwang; im Zwangswege; *parler*, *rire* ***sans ~*** ungezwungen; *agir* ***sous la ~*** unter Zwang, Druck; ***être soumis à des ~s*** Zwängen unterworfen sein 2 JUR Zwangsmittel *n*, -maßnahme *f*

contraire [kõtʀɛʀ] I *adj opinions*, *goûts*, *intérêts etc* gegensätzlich; konträr; entgegengesetzt; gegenteilig; Gegen…; ***vent*** *m* ***~*** Gegenwind *m*; ***vents*** *m/pl* ***~s*** MAR *a* widrige Winde *m/pl*; ***dans le cas ~*** andernfalls; im gegenteiligen Fall; entgegengesetztenfalls; MATH ***de signe ~*** mit umgekehrtem Vorzeichen; ***en sens ~*** *aller* in, *venir* aus entgegengesetzter Richtung; in *ou* aus der Gegenrichtung; ♦ ***~ à*** gegen; …widrig; (*nuisible*) nachteilig für; abträglich (*+dat*); zuwider (*+dat*); ***~ au règlement*** vorschriftswidrig; ***être ~ à qc*** im Widerspruch, Gegensatz zu etw stehen; e-r Sache (*dat*) entgegenstehen, zuwiderlaufen; ***la chance lui a été ~*** das Glück war ihm nicht hold II *m* 1 (*~ logique*) Gegenteil *n* (**de** von *ou* *+gén*); *loc/adv* ***au ~*** im Gegenteil; ***bien*** *ou* ***tout au ~*** ganz im Gegenteil; ***je ne dis pas le ~*** das leugne ich nicht, streite ich nicht ab; ***lui, c'est tout le ~ de son père*** er ist das genaue Gegenteil s-s Vaters 2 (*opposé*) Gegensatz *m*; *loc/prép* ***au ~ de*** im Gegensatz zu; ***les ~s s'attirent*** Gegensätze ziehen sich an

contrairement [kõtʀɛʀmɑ̃] *loc/prép* ***~ à*** im Gegensatz zu; entgegen, zuwider (*+dat*); ***~ à ses habitudes*** entgegen s-n Gewohnheiten; s-n Gepflogenheiten zuwider

contralto [kõtʀalto] *m* MUS Alt *m* (*a chanteuse*); ***voix*** *f* ***de ~*** Altstimme *f*

contrapontiste [kõtʀapõtist] *m* MUS Meister *m* des Kontrapunktes; Kontrapunktiker *m*

contrariant [kõtʀaʀjɑ̃] *adj* 1 (*ennuyeux*) ärgerlich; unangenehm; widerwärtig 2 ***avoir l'esprit ~, l'humeur ~e*** ein Widerspruchsgeist sein; sich immer widersetzen; ***il n'est pas ~*** er macht nie Schwierigkeiten; er ist verträglich, gutmütig

contrarié [kõtʀaʀje] *adj* 1 *amour* ver-, behindert; *projets* durchkreuzt 2 *air*, *personne* verstimmt; verärgert; ärgerlich

contrarier [kõtʀaʀje] *v/t* 1 (*gêner*) behindern; entgegenwirken (*+dat*); stören; *p/fort* zunichtemachen; ***~ les projets de qn*** j-s Pläne durchkreuzen 2 (*mécontenter*) (ver)ärgern; verstimmen; verdrießen; (*contredire*) widersprechen (***qn*** j-m); *cette histoire* ***me contrarie*** F *a* geht mir gegen den Strich

contrariété [kõtʀaʀjete] *f* 1 (*mécontentement*) Verärgerung *f*; Verstimmung *f* 2 (*ennui*) **~(s)** Ärger *m*; Unannehmlichkeit(en) *f(pl)*

contraste [kõtʀast] *m* Kontrast *m* (*a* OPT); Gegensatz *m*; ***~ saisissant*** auffallender Kontrast, Gegensatz; ***~ des couleurs*** Farbkontrast *m*; ***effet*** *m* ***de ~*** Kontrastwirkung *f*; MÉD ***produit*** *m* ***de ~*** Kontrastmittel *n*; *loc/prép* ***en ~ avec*** im Gegensatz zu; *loc/adv* ***par ~*** durch den Kontrast, Gegensatz; im Kontrast dazu; ***former*** (***un***) ***~ avec*** e-n Kontrast, Gegensatz bilden zu; im Gegensatz stehen zu; sich (scharf) abheben gegen; TV ***régler le ~*** den Kontrast einstellen

contrasté [kõtʀaste] *adj* kontrastreich; stark kontrastiert; gegeneinander abgehoben; starke Kont-

C

raste aufweisend
contraster [kõtʀaste] *v/i* kontrastieren; im Kontrast, Gegensatz zueinander stehen; gegensätzlich sein; **~ avec** im Kontrast, Gegensatz stehen zu; e-n Kontrast, Gegensatz bilden zu; abstechen gegen
contrastif [kõtʀastif] *adj* ⟨**-ive**⟩ LING kontrastiv
contrat [kõtʀa] *m* **1** JUR Vertrag *m*; Kontrakt *m*; **~ d'assurance, de location, de mariage, de travail** Versicherungs-, Miet-, Ehe-, Arbeitsvertrag *m*; *loc/adv* **par ~** vertraglich; durch Vertrag; **être sous ~** unter Vertrag stehen; **exécuter un ~** e-n Vertrag erfüllen; **passer, signer un ~ avec qn** e-n Vertrag mit j-m abschließen **2** BRIDGE Kontrakt *m* **3** *fig* **réaliser, remplir son ~** sein Versprechen halten; die in einen gesetzten Erwartungen erfüllen
contravention [kõtʀavɑ̃sjõ] *f* **1 a)** *au Code de la route* Verstoß *m* gegen die Straßenverkehrsordnung; **b)** *amende* gebührenpflichtige Verwarnung; Strafmandat *n*; F Strafzettel *m*; **j'ai eu, attrapé une ~** ich habe e-e gebührenpflichtige Verwarnung bekommen; **dresser une ~ à qn** j-n gebührenpflichtig verwarnen **2** JUR (*infraction*) Ordnungswidrigkeit *f*; Übertretung *f*; **être en ~** sich e-r Ordnungswidrigkeit schuldig gemacht haben
contre [kõtʀ] **I** *prép* **1 a)** *hostilité* gegen (+*acc*); *st/s* wider (+*acc*); **je n'ai rien ~ lui, ~ ce projet** ich habe nichts gegen ihn, gegen diesen Plan; **être en colère ~ qn** auf, über j-n zornig sein; **lutter ~ qn** gegen j-n kämpfen; **b)** *opposition* gegen (+*acc*); entgegen (+*dat*); *st/s* wider (+*acc*); **~ toute apparence** entgegen allem Anschein; **~ toute attente** wider alles Erwarten; entgegen allen Erwartungen; **c'est ~ mes principes** das ist gegen meine Grundsätze; das läuft meinen Grundsätzen zuwider; **c)** *protection* gegen (+*acc*); für (+*acc*); **sirop** *m* **~ la toux** Hustensaft *m*; **s'assurer ~ l'incendie** sich gegen Feuer, Brand versichern; **d)** *échange* für (+*acc*); gegen (+*acc*); **~ remboursement** gegen, per Nachnahme; **donner un bonbon ~ une cigarette** ein Bonbon für e-e Zigarette geben **2** *proximité, contact* an (+*dat ou acc*); nahe bei (+*dat*); **tout ~ l'église** dicht bei, neben der Kirche; **s'écraser ~ un arbre** gegen, an e-n Baum prallen; **sa maison est ~ la mienne** sein Haus stößt an meines (an); **pousser la table ~ le mur** den Tisch an die Wand rücken; **tenir ~ son cœur** ans Herz drücken **II** *adv* dagegen; **avoir qc ~** etw dagegen haben; **je n'ai rien ~** ich habe nichts dagegen; **être ~** dagegen sein; **voter ~** dagegen stimmen; ♦ *loc/adv* **par ~** andererseits; dafür; dagegen; hingegen; im Gegensatz dazu; wiederum **III** *m* **1 le pour et le ~** das Für und Wider **2** *aux cartes* Kontra *n* **3** SPORTS Konter *m*
contre-… [kõtʀ(ə)] *préfixe* ⟨*im pl inv*: **contre-accusations** *etc*⟩ Gegen…; Konter…; Kontra…; gegen…; → *les articles suivants*
contre-accusation [kõtʀakyzasjõ] *f* Gegenbeschuldigung *f* **contre-allée** *f* Seitenallee *f* **contre-amiral** *m* ⟨*pl* **contre-amiraux**⟩ MAR Flottillenadmiral *m* **contre-attaque** *f* Gegenangriff *m* (*a* MIL) **contre-attaquer** *v/t* e-n Gegenangriff führen (**qn** gegen j-n)
contrebalancer [kõtʀəbalɑ̃se] ⟨**-ç-**⟩ **I** *v/t* **1** ein Gegengewicht bilden (**qc** zu etw) **2** *fig* **~ qc** etw aufwiegen, ausgleichen **II** *v/pr* **1 se ~** einander ausgleichen, die Waage halten **2** F **je m'en contrebalance** F ich pfeif drauf; das ist mir schnurzegal, schnurzpiepe
contrebande [kõtʀəbɑ̃d] *f* Schmuggel *m*; Schmuggelei *f*; Schleichhandel *m*; (**marchandise** *f* **de**) **~** Schmuggelware *f*; Bannware *f*, -gut *n*; Konterbande *f*; *loc/adj* **de ~** geschmuggelt; **faire de la ~** Schmuggel treiben; schmuggeln; **faire la ~ d'alcool** Alkohol schmuggeln; **introduire en ~** einschmuggeln
contrebandier [kõtʀəbɑ̃dje] **I** *adj* ⟨**-ière**⟩ Schmuggler…; **navire ~** Schmugglerschiff *n* **II** *m* Schmuggler *m*
contrebas [kõtʀəbɑ] *loc/adv* **en ~** tiefer; weiter unten; *loc/prép* **en ~ de** unterhalb (+*gén*); **être en ~ de** tiefer liegen als
contrebasse [kõtʀəbɑs] *f* MUS **1** *instrument* Bassgeige *f*; (Kontra)Bass *m*; **il est à la ~** er spielt Kontrabass (*im Orchester*) **2** → **contrebassiste**
contrebassiste [kõtʀəbɑsist] *m,f* MUS Kontrabassist(in) *m(f)* **contrebasson** *m* MUS Kontrafagott *n*
contrebraquer [kõtʀəbʀake] *v/t* AUTO gegensteuern, -lenken
contrecarrer [kõtʀəkaʀe] *v/t projets de qn* behindern; hintertreiben; durchkreuzen; entgegenarbeiten, -wirken (+*dat*); konterkarieren
contrechamp [kõtʀəʃɑ̃] *m* CIN Gegeneinstellung *f*
contrecœur [kõtʀəkœʀ] *loc/adv* **à ~** widerwillig; mit Widerwillen
contrecoup [kõtʀəku] *m* Rück-, Nachwirkung *f*; indirekte Folge; **par ~** indirekt; als mittelbare, indirekte Folge
contre-courant [kõtʀəkuʀɑ̃] *m* MAR Gegenströmung *f*; *loc/adv* **à ~** gegen die Strömung; stromaufwärts; *fig* **aller à ~ de qc** *personne* e-r Sache (*dat*) zuwiderhandeln; *idée* e-r Sache (*dat*) zuwiderlaufen; *fig* **nager à ~** gegen den Strom schwimmen
contre-culture [kõtʀəkyltyʀ] *f* Subkultur *f*
contredanse [kõtʀədɑ̃s] *f* **1** F (*contravention*) F Strafzettel *m*; Knöllchen *n* **2** MUS Kontertanz *m*
contredire [kõtʀədiʀ] ⟨→ **dire**; *aber* **vous contredisez**⟩ **I** *v/t* **~ qn** j-m widersprechen; **~ les propos de qn** j-s Worten widersprechen; *fait, témoignage* **~ qc** e-r Sache (*dat*) widersprechen, nicht entsprechen; mit etw nicht übereinstimmen **II** *v/pr personne(s), témoignages* **se ~** sich (*dat*) widersprechen
contredit [kõtʀədi] *loc/adv* **sans ~** zweifelsohne; unbestritten; unstreitig
contrée [kõtʀe] *f* Gegend *f*; Landschaft *f*; Landstrich *m*; **dans nos ~s** in unserer Gegend; in unseren Breiten
contre-écrou [kõtʀekʀu] *m* TECH Gegenmutter *f* **contre-espionnage** *m* Gegenspionage *f*; Spionageabwehr *f*; Abwehrdienst *m* **contre-expertise** *f* Gegengutachten *n*
contrefaçon [kõtʀəfasõ] *f* (betrügerische) Nachahmung, Fälschung (*a objet imité*); **~ de marques** Nachahmung, -bildung von eingetragenen Marken; **~ des monnaies et billets de banque** Münz-, Geldfälschung *f*; *au sens strict* Falschmünzerei *f*
contrefaire [kõtʀəfɛʀ] ⟨→ **faire**⟩ *v/t* **1** *sa voix, son écriture* verstellen **2** *frauduleusement* nachmachen; fälschen **3** *voix, démarche de qn* nachmachen, -ahmen
contrefait [kõtʀəfɛ] *adj personne* missgestaltet
contre-feu [kõtʀəfø] *m* Gegenfeuer *n*

contreficher [kõtʀəfiʃe] *v/pr* F ***je m'en contrefiche*** F ich pfeif drauf; das ist mir schnurzegal, schnurzpiepe

contre-fil [kõtʀəfil] *loc/adv* TECH ***à ~*** gegen den Strich; quer zur Faser

contre-filet [kõtʀəfilɛ] *m* → ***faux-filet***

contrefort [kõtʀəfɔʀ] *m* **1** CONSTR Widerlager *n*; Strebepfeiler *m* **2** GÉOGR **~s** *pl* Vorberge *m/pl*; Ausläufer *m(pl)*

contrefoutre [kõtʀəfutʀ] *v/pr* P → ***foutre*** *II 1*

contre-haut [kõtʀəo] *loc/adv st/s* ***en ~*** darüber

contre-indication [kõtʀɛ̃dikasjõ] *f* MÉD Gegenanzeige *f*; Kontraindikation *f*

contre-indiqué [kõtʀɛ̃dike] *adjt* ***être ~*** MÉD kontraindiziert sein; *fig* nicht zu empfehlen, keineswegs empfehlenswert sein; sich verbieten

contre-jour [kõtʀəʒuʀ] *m* Gegenlicht *n*; PHOT (***photo prise à***) **~** Gegenlichtaufnahme *f*; ***éclairage*** *m* ***en ~*** Gegenlicht *n*; *loc/adv* ***à ~*** gegen das Licht; im Gegenlicht; ***se placer à ~*** sich mit dem Rücken zum Licht setzen; sich gegen das Licht setzen; ***prendre une photo à ~*** e-e Gegenlichtaufnahme machen

contremaître [kõtʀəmɛtʀ] *m* Vorarbeiter *m*; *en usine a* Werkmeister *m*; CONSTR (Maurer)Polier *m* **contremaîtresse** *f* Vorarbeiterin *f*

contre-manifestation [kõtʀəmanifɛstasjõ] *f* Gegendemonstration *f* **contre-manifester** *v/i* e-e Gegendemonstration veranstalten

contremarche [kõtʀəmaʀʃ] *f d'un escalier* Stufenhöhe *f*

contremarque [kõtʀəmaʀk] *f* **1** COMM nachträglich angebrachtes Markenzeichen; *sur de l'or etc* zweiter Stempel **2** THÉ *etc* Kontrollmarke *f*, -karte *f* (, die zum Wiedereintritt während der Vorstellung berechtigt)

contre-mesure [kõtʀəm(ə)zyʀ] *f* Gegenmaßnahme *f*

contre-offensive [kõtʀɔfɑ̃siv] *f* MIL Gegenoffensive *f* (*a fig*)

contre-ordre [kõtʀɔʀdʀ] → ***contrordre***

contrepartie [kõtʀəpaʀti] *f* **1** (*compensation*) Entschädigung *f*; Ausgleich *m* (***de*** für); Gegenleistung *f*; ***en ~*** dafür; zum Ausgleich; als Gegenleistung; ***avoir pour ~ qc*** etw zum Ausgleich haben **2** (*avis contraire*) entgegengesetzte, gegenteilige Meinung

contre-passation [kõtʀəpasasjõ] *f* COMM Berichtigung *f*; Stornierung *f* **contre-passer** *v/t* COMM berichtigen; stornieren; umbuchen

contre-pente *ou* **contrepente** [kõtʀəpɑ̃t] *f* Gegenhang *m*

contre-performance [kõtʀəpɛʀfɔʀmɑ̃s] *f* SPORTS (unerwartet) schlechte Leistung

contrepèterie *ou* **contrepetterie** [kõtʀəpɛtʀi] *f* Silbenvertauschung *f*; Schüttelreim *m*

contre-pied [kõtʀəpje] *m* **1** (*contraire*) Gegenteil *n*; ***prendre le ~ de qc*** das genaue Gegenteil von etw tun *ou* sagen **2** SPORTS ***prendre son adversaire à ~*** den Gegner auf dem falschen Fuß erwischen, täuschen, ins Leere laufen lassen

contreplaqué [kõtʀəplake] *m* Sperrholz *n*

contre-plongée [kõtʀəplõʒe] *f* CIN Aufnahme *f* von unten, aus der Froschperspektive

contrepoids [kõtʀəpwa] *m* **1** TECH Gegengewicht *n*; *d'une horloge* (Zug)Gewicht *n* **2** *fig* Gegengewicht *n*; ***faire*** (***le***) **~**, ***servir de ~ à qc*** das Gegengewicht, den Ausgleich zu etw bilden

contrepoint [kõtʀəpwɛ̃] *m* MUS *et fig* Kontrapunkt *m*; *fig* ***fournir un ~ à qc*** etw umrahmen (und hervorheben); den Hintergrund für etw bilden

contrepoison [kõtʀəpʀõ] *m* Gegengift *n*

contre-pression [kõtʀəpʀɛsjõ] *f* PHYS Gegendruck *m*; ***turbine*** *f* ***à ~*** Gegendruckdampfturbine *f*

contre-propagande [kõtʀəpʀɔpagɑ̃d] *f* Gegenpropaganda *f* **contre-proposition** *f* Gegenvorschlag *m*

contrer [kõtʀe] **I** *v/t* F **~ *qn, qc*** j-m, e-r Sache entgegentreten; j-n, etw kontern **II** *v/i aux cartes* Kontra geben, ansagen

Contre-Réforme [kõtʀəʀefɔʀm] *f* HIST REL Gegenreformation *f*

contre-révolution [kõtʀəʀevɔlysjõ] *f* POL Gegen-, Konterrevolution *f* **contre-révolutionnaire** **I** *adj* gegen-, konterrevolutionär **II** *m* Konterrevolutionär *m*

contreseing [kõtʀəsɛ̃] *m* JUR Gegenzeichnung *f*; Kontrasignatur *f*

contresens [kõtʀəsɑ̃s] *m* **1** *dans un texte* Fehldeutung *f*; Sinnwidrigkeit *f*; Widersinn *m* **2** *loc/adv* ***à ~*** *interpréter* sinnwidrig; falsch; verkehrt; *prendre une rue, rouler* in der entgegengesetzten, falschen, verkehrten, verbotenen (Fahrt)Richtung

contresigner [kõtʀəsiɲe] *v/t* **1** JUR gegenzeichnen; kontrasignieren **2** **~ *avec qn un roman*** (mit j-m) Mitautor e-s Romans sein

contretemps [kõtʀətɑ̃] *m* **1** (unerwartet eintretendes) Hindernis; widriger Umstand; ***sauf ~*** wenn nichts dazwischenkommt; ***il y a eu un ~*** es kam etwas dazwischen; ***j'ai été retenu par un ~*** es ist mir etwas dazwischengekommen **2** *loc/adv* ***à ~*** zur Unzeit; im ungünstigsten Moment

contre-terrorisme [kõtʀətɛʀɔʀism] *m* Gegenterror *m* **contre-torpilleur** *m* MAR MIL Zerstörer *m* **contre-valeur** *f* Gegenwert *m*

contrevenant [kõtʀəvnɑ̃] *m*, **contrevenante** *f* JUR Zuwiderhandelnde(r) *f(m)*

contrevenir [kõtʀəvniʀ] *v/t/indir* ⟨→ **venir**; *aber* **avoir**⟩ JUR **~ *à qc*** gegen etw verstoßen; etw übertreten; e-r Sache (*dat*) zuwiderhandeln

contrevent [kõtʀəvɑ̃] *m* Fensterladen *m*

contre-vérité *ou* **contrevérité** [kõtʀəveʀite] *f* Unwahrheit *f*; unwahre Behauptung

contre-visite [kõtʀəvizit] *f* MÉD Kontrolluntersuchung *f*

contre-voie [kõtʀəvwa] *loc/adv* ***descendre à ~*** auf der falschen Seite aussteigen

contribuable [kõtʀibɥabl] *m,f* Steuerzahler(in) *m(f)*, -pflichtige(r) *f(m)*

contribuer [kõtʀibɥe] *v/t/indir* **~ *à qc*** zu etw beitragen, beisteuern; s-n Beitrag zu etw leisten

contributif [kõtʀibytif] *adj* ⟨**-ive**⟩ JUR Steuer…

contribution [kõtʀibysjõ] *f* **1** (*part*) Beitrag *m* (***à*** zu); Anteil *m* (an +*dat*); ***apporter sa ~ à qc*** s-n Beitrag zu etw leisten; sein(en) Teil zu etw beitragen; ***mettre qn à ~*** j-s Dienste in Anspruch nehmen; j-n hinzuziehen **2** **a)** (*impôt*) Steuer *f*; Abgabe *f*; **~*s*** (***in***)***directes*** (in)direkte Steuern *f/pl*; **b)** *administration* **~*s*** *pl* Steuerbehörde *f*; ***fonctionnaire*** *m* ***des ~s*** Finanzbeamte(r) *m*

contrit [kõtʀi] *adj* zerknirscht; reumütig; reuig; reuevoll; REL ***pécheur ~*** reuiger, reumütiger Sünder

contrition [kõtʀisjõ] *f* REL Reue *f*; Zerknirschung *f*;

C

Bußfertigkeit *f*; ***acte** m **de ~*** Reueakt *m*, -gebet *n*

contrôlable [kõtʀolabl] *adj* kontrollierbar; nachprüfbar; überprüfbar

contrôle [kõtʀol] *m* **1** (*vérification*) Kontrolle *f*; (Über)Prüfung *f*; (*surveillance*) Überwachung *f*; *par ext lieu* Kontrollstelle *f*; Kontrolle *f*; ***~ fiscal*** Steuerprüfung *f*; JUR ***~ judiciaire*** Überwachung durch die Justizorgane (*statt Untersuchungshaft*); AUTO ***~ technique*** Hauptuntersuchung *f*; F TÜV *m*; ***~ des billets*** Fahrscheinkontrolle *f*; ***~ des changes*** Devisenbewirtschaftung *f*; ***~ d'identité*** Ausweiskontrolle *f*; ***~ des passeports*** Passkontrolle *f*; ***~ des prix*** Preiskontrolle *f*, -überwachung *f*; AVIAT ***liste** f **de ~*** Checkliste ['tʃ-] *f*; ***système** m **de ~*** Kontrollsystem *n* **2** (*maîtrise*) Kontrolle *f*; Herrschaft *f*; Beherrschung *f*; Gewalt *f*; ***~ de soi*** Selbstkontrolle *f*, -beherrschung *f*; ***~ des naissances*** Geburtenkontrolle *f*, -regelung *f*; ÉCON ***prise** f **de ~*** Übernahme *f* der Aktienmehrheit; ***perdre le ~ de son véhicule*** die Herrschaft, Kontrolle, Gewalt über sein Fahrzeug verlieren **3** ÉCOLE Klassenarbeit *f*; *en Bavière* Schulaufgabe *f*; *österr* Schularbeit *f*; ***~ continu*** (***des connaissances***) regelmäßige Leistungserhebungen *f/pl* (*statt Prüfungen*); studienbegleitende Leistungskontrollen *f/pl*; ***faire un ~*** e-e Klassenarbeit *etc* schreiben

contrôler [kõtʀole] **I** *v/t* **1** (*vérifier*) kontrollieren; (über)prüfen; nachprüfen; (*surveiller*) überwachen **2** (*dominer*) kontrollieren (*a* ÉCON, MIL); beherrschen; ***~ ses nerfs*** s-e Nerven in der Gewalt haben **II** *v/pr* ***se ~*** sich beherrschen; sich in der Gewalt haben

contrôle-radar [kõtʀolʀadaʀ] *m* ⟨*inv*⟩ Radarkontrolle *f*; ***~*** (***non signalé***) Radarfalle *f*

contrôleur [kõtʀolœʀ] *m* **1** *personne* Kontrolleur *m*; CH DE FER Schaffner *m*; ***~ aérien, de la navigation aérienne*** Flugleiter *m*, -lotse *m* **2** *appareil* Kontrollgerät *n* **contrôleuse** *f* Kontrolleurin *f*

contrordre [kõtʀɔʀdʀ] *m* Gegenbefehl *m*, -order *f*; Widerruf *m*; ***sauf ~*** vorbehaltlich Widerruf; ***il y a eu ~*** die Sache ist abgesagt, F abgeblasen worden

controuvé [kõtʀuve] *litt adj* erfunden; erdichtet

controverse [kõtʀɔvɛʀs] *f* Meinungsstreit *m*; Auseinandersetzung *f*; Kontroverse *f*; ***une vive ~ a opposé X et Y*** es gab e-e heftige Auseinandersetzung, Kontroverse zwischen X und Y

controversé [kõtʀɔvɛʀse] *adj* umstritten; strittig; kontrovers

contumace [kõtymas] *loc/adv* JUR ***être condamné par ~*** in Abwesenheit verurteilt werden

contusion [kõtyzjõ] *f* MÉD Prellung *f*; Quetschung *f*; *sc* Kontusion *f*

contusionner [kõtyzjɔne] *v/t* quetschen; *adjt* ***tout contusionné*** voller Prellungen

convaincant [kõvɛ̃kɑ̃] *adj* überzeugend

convaincre [kõvɛ̃kʀ] *v/t* ⟨→ **vaincre**⟩ **1** (*persuader*) überzeugen (***qn de qc*** j-n von etw); *abs* ***il sait ~*** er versteht (es) zu überzeugen **2** ***~ qn de mensonge, de vol*** *etc* j-n der Lüge, des Diebstahls *etc* überführen

convaincu [kõvɛ̃ky] *adj* überzeugt (***de qc*** von etw); ***il est ~ d'avoir raison*** er ist (davon) überzeugt, dass er recht hat *ou* recht zu haben

convalescence [kõvalesɑ̃s] *f* Genesung(szeit) *f*; Rekonvaleszenz *f*; ***maison** f **de ~*** Genesungs-, Erholungsheim *n*; ***entrer, être en ~*** auf dem Weg(e) der Genesung sein; sich auf dem Weg der Besserung befinden

convalescent [kõvalesɑ̃] **I** *adj* genesend; rekonvaleszent; ***il est encore ~*** er ist noch nicht ganz genesen, gesund **II** *subst* ***~(e)*** *m(f)* Genesende(r) *f(m)*; Rekonvaleszent(in) *m(f)*

convection [kõvɛksjõ] *f* PHYS Konvektion *f*

convenable [kõvnabl] *adj* **1** (*approprié*) passend; angemessen; entsprechend; korrekt; angebracht **2** (*acceptable, assez bon*) (recht) ordentlich; (ganz) annehmbar; zufriedenstellend; F anständig; ***un salaire ~*** ein ordentliches *etc* Gehalt **3** (*décent*) *tenue, manières etc* schicklich; anständig (*a personne*); ***être ~*** *a* sich schicken

convenablement [kõvnabləmɑ̃] *adv* ordentlich; angemessen; wie es sich gehört; ***~ chauffé*** gut geheizt; ***il s'exprime très ~ en anglais*** er kann sich recht gut, ordentlich auf Englisch verständigen; ***si vous vous y prenez ~***, *ça devrait fonctionner* wenn Sie es richtig anpacken, …

convenance [kõvnɑ̃s] *f* **1** ***~s*** *pl* (*bienséance*) Schicklichkeit *f*; Anstandsregeln *f/pl*; Konventionen *f/pl*; konventionelle Formen *f/pl*; ***contraire aux ~s*** unschicklich; gegen die Anstandsregeln; ***observer, respecter les ~s*** die Anstandsregeln, Konventionen beachten **2** (*ce qui convient*) ***qc à ma, sa*** *etc* ***~*** etwas Passendes; etwas Entsprechendes; etwas, was mir, ihm *etc* passt; etwas, was meinen, s-n *etc* Vorstellungen entspricht; ***congé** m **pour ~s personnelles*** Beurlaubung *f* aus persönlichen Gründen **3** ***mariage** m **de ~*** Vernunftehe *f*, -heirat *f*; standesgemäße Heirat

convenir [kõvniʀ] ⟨→ **venir**⟩ **I** *v/t/indir* **1** ⟨**avoir**⟩ ***~ à qc*** passen zu etw; e-r Sache (*dat*) angemessen sein, entsprechen; ***~ à qn*** j-m passen; j-m zusagen; j-m genehm sein; ***cela me convient parfaitement*** das passt mir sehr gut; *abs* ***cela convient*** das passt, ist angemessen; ***cela pourra ~*** das könnte passen **2** ⟨**avoir**; *st/s* **être**⟩ ***~ de qc*** (*s'accorder*) etw vereinbaren, verabreden, ab-, ausmachen; sich einigen, sich verständigen über etw (*acc*); ***~ de*** (*+inf*) *ou* ***~ que …*** vereinbaren, abmachen, übereinkommen zu (*+inf*) *ou*, dass …; ***comme convenu*** wie vereinbart, abgemacht; ***une date a été convenue*** ein Datum wurde vereinbart **3** ***~ de qc*** (*avouer*) etw zugeben, einräumen; ***~ que …*** zugeben, einräumen, dass … **II** *v/imp* **1** ***il convient de*** (*+inf*) *ou* ***que …*** (*+subj*) es empfiehlt sich zu (*+inf*); es wäre zweckmäßig zu (*+inf*); man sollte (*+inf*); es schickt sich zu (*+inf*) **2** ***il a été convenu que …*** es wurde vereinbart, dass …; man kam überein, dass …

convention [kõvɑ̃sjõ] *f* **1** (*accord*) Übereinkunft *f*; Übereinkommen *n*; Abkommen *n*; Vereinbarung *f*; Absprache *f*; Abmachung *f*; Konvention *f*; ***~ collective*** Tarifvertrag *m*; ***Convention européenne des Droits de l'Homme*** Europäische Menschenrechtskonvention; ***~ de Genève*** Genfer Konvention **2** ***~s*** *pl* Konventionen *f/pl*; Regeln *f/pl*; Normen *f/pl*; *loc/adj* ***de ~*** konventionell; herkömmlich **3** HIST *en France* ***la Convention*** der (National)Konvent **4** *U.S.A.* ***~ démocrate, républicaine*** (National)Konvent der Demokraten, Republikaner

conventionné [kovɑ̃sjɔne] *adj* ***clinique ~e*** mit Krankenkassen unter Vertrag stehende Klinik; ***mé-***

decin ~ Kassenarzt *m*
conventionnel [kõvɑ̃sjɔnɛl] **I** *adj* ⟨**~le**⟩ **1** *(conforme aux conventions)* konventionell *(a péj)*; herkömmlich; üblich; MIL ***armes ~les*** konventionelle Waffen *f/pl*; ***formule ~le de politesse*** Höflichkeitsfloskel *f* **2** *(résultant d'une convention)* Konventional...; vertraglich vereinbart; ***signe ~*** vereinbartes, festgelegtes Zeichen **II** *m* HIST Konventsmitglied *n*
conventionnellement [kõvɑ̃sjɔnɛlmɑ̃] *adv* **1** konventionell **2** durch Vereinbarung **conventionnement** *m des médecins* Gebührenordnung *f*
conventuel [kõvɑ̃tɥɛl] *adj* ⟨**~le**⟩ REL Kloster...; klösterlich
convenu [kõvny] *adj* vereinbart; abgemacht; abgesprochen; **(*entendu,*)** ***c'est chose ~e*** abgemacht!
convergence [kõvɛʀʒɑ̃s] *f* Konvergenz *f (a* PHYS, MATH, *fig)*; *de lignes a* Zusammenlaufen *n*, -treffen *n* (in e-m Punkt); *fig: des efforts* Streben *n* nach dem gleichen Ziel; *d'intérêts, de points de vue a* Übereinstimmung *f*
convergent [kõvɛʀʒɑ̃] *adj* PHYS, MATH, *fig* konvergierend; konvergent; *lignes a* in e-m Punkt zusammenlaufend; *fig a* dem gleichen Ziel zustrebend; ***lentille ~e*** Sammellinse *f*
converger [kõvɛʀʒe] *v/i* ⟨**-geons**⟩ **1** *lignes, routes etc* (in e-m Punkt) zusammenlaufen; demselben Punkt zustreben; konvergieren *(a* PHYS, MATH*)*; ***~ sur*** *regards* sich richten, sich konzentrieren auf (*+acc*); *routes etc* (strahlenförmig) zusammenlaufen auf (*+acc*) **2** *fig idées etc* sich einander nähern; demselben Ziel zustreben; *points de vue a* übereinstimmen; ***faire ~ ses efforts*** s-e Bemühungen auf dasselbe Ziel richten, konzentrieren
convers [kõvɛʀ] *adj* ⟨**converse** [kõvɛʀs]⟩ ÉGL CATH ***frère ~, sœur ~e*** Laienbruder *m*, -schwester *f*
conversation [kõvɛʀsasjõ] *f* Unterhaltung *f*; Gespräch *n*; Konversation *f*; ***~ téléphonique*** Telefongespräch *n*; Telefonat *n*; ***dans la ~ courante*** in der Umgangssprache; ***avoir une longue ~ avec qn*** ein langes Gespräch mit j-m haben, führen; sich lange mit j-m unterhalten; ***avoir de la ~*** gesprächig, unterhaltsam sein; gut Konversation machen können; ***il n'a pas de ~*** mit ihm ist keine Konversation möglich, kann man sich über nichts unterhalten; ***détourner la ~*** vom Thema ablenken; ***engager*** **(*la*)** ***~*** ein Gespräch, e-e Unterhaltung anknüpfen, beginnen, ins Gespräch kommen (***avec*** mit); ***faire la ~ avec***, F ***à qn*** sich mit j-m unterhalten; F mit j-m e-n Schwatz halten; ***ranimer la ~*** die Unterhaltung, das Gespräch wieder in Gang bringen
converser [kõvɛʀse] *st/s v/i* sich (miteinander) unterhalten
conversion [kõvɛʀsjõ] *f* **1** REL **a)** *à une autre religion* Konversion *f*; Übertritt *m* (***à*** zu); **b)** *d'un athée* Bekehrung *f* **2** *par ext à une idéologie* Bekehrung *f* (***à*** zu); Sinnesänderung *f* **3** FIN *d'un emprunt* Umwandlung *f*; Konversion *f*; *d'une dette* Umschuldung *f*; *d'une monnaie* Umtausch *m* **4** MATH *de fractions* Umwandlung *f* (***en*** in *+acc*); *d'unités de mesure* Umrechnung *f* (***en*** in *+acc*) **5** *(transformation)* Um-, Verwandlung *f* (***en*** in *+acc*) **6** SKI Spitzkehre *f* **7** MIL Schwenkung *f*; ***exécuter une ~*** e-e Schwenkung vollziehen
converti [kõvɛʀti] REL **I** *adj* bekehrt; konvertiert; übergetreten (***à*** zu) **II** *subst* **~*(e)*** *m(f)* Konvertit(in) *m(f)*; Bekehrte(r) *f(m)*; *fig* ***prêcher un ~*** bei j-m offene Türen einrennen
convertibilité [kõvɛʀtibilite] *f d'une monnaie* Konvertierbarkeit *f*; Konvertibilität *f*; *d'un emprunt, d'une dette etc* Umwandelbarkeit *f*
convertible [kõvɛʀtibl] *adj* **1** *monnaie* konvertierbar; konvertibel; umtauschbar; *emprunt, dette, rente* umwandelbar **2** ***canapé*** *m* ***~*** *ou subst* ***~*** *m* Schlafcouch [-kautʃ] *f*
convertir [kõvɛʀtiʀ] **I** *v/t* **1** REL *et fig* ***~ qn*** j-n bekehren (***à*** zu); *fig a* j-n zu e-r Sinnesänderung bewegen **2** FIN *emprunt* umwandeln; konvertieren; *dette* umschulden; konvertieren; umtauschen **3** MATH *fractions* umwandeln; *unités de mesure* umrechnen (***en*** in *+acc*); ***~ des euros en dollars*** Euros in Dollars umrechnen **4** *(transformer)* ver-, umwandeln (***en*** in *+acc*) **II** *v/pr* ***se ~*** **1** REL konvertieren; *a par ext* sich bekehren (***à*** zu); übertreten (zu) **2** ***se ~ en*** sich verwandeln in (*+acc*)
convertisseur [kõvɛʀtisœʀ] *m* **1** MÉTALL Konverter *m*; ***~ Bessemer*** [bɛsmɛʀ] Bessemerbirne *f* **2** TECH Wandler *m*; ÉLECT Umformer *m*; AUTO ***~ de couple*** Strömungswandler *m*; ÉLECTRON ***~ d'images*** Bildwandler *m*
convexe [kõvɛks] *adj* konvex, Konvex... *(a* OPT*)*; nach außen gewölbt; ***miroir*** *m* ***~*** Konvexspiegel *m*
convexité [kõvɛksite] *f* **1** OPT Konvexität *f* **2** *(courbure)* Gewölbtsein *n*; Wölbung *f*
conviction [kõviksjõ] *f* **1** *(certitude)* Überzeugung *f*; ***~s*** *pl (opinions)* Überzeugungen *f/pl*; Auffassungen *f/pl*; Ansichten *f/pl*; *loc/adv* ***avec ~*** überzeugt; mit Überzeugung; ***avoir la ~ que ...*** die feste Überzeugung haben, fest (davon) überzeugt sein, dass ... **2** F *(sérieux)* Ernsthaftigkeit *f*; Durchdrungenheit *f* **3** JUR ***pièce*** *f* ***à ~*** Beweisstück *n* (für e-e Straftat); Corpus Delicti *n*
convier [kõvje] *v/t* ***~ qn à qc*** j-n zu etw einladen *(a fig)*; *st/s* j-n zu etw laden, bitten; ***~ à*** (*+inf*) auffordern, ersuchen zu (*+inf*)
convive [kõviv] *st/s m,f* Gast *m*
convivial [kõvivjal] *adj* ⟨**-aux**⟩ **1** gastlich; einladend; gemütlich **2** INFORM benutzerfreundlich **convivialité** *f* **1** Gastlichkeit *f*; gesellige Gemütlichkeit **2** INFORM Benutzerfreundlichkeit *f*
convocation [kõvɔkasjõ] *f* **1** *d'une assemblée* Einberufung *f* **2** JUR, ADM Vorladung *f (a lettre)*; ***~ à l'examen*** (schriftliche) Aufforderung, sich zur Prüfung einzufinden; ***se rendre à une ~*** e-r Vorladung (*dat*) Folge leisten
convoi [kõvwa] *m* **1** *de véhicules* Kolonne *f*; Konvoi *m (a* MAR*)*; MAR *a* Geleitzug *m*; *de prisonniers* Transport *m*; ***~ exceptionnel*** Schwertransport *m* **2** **~ (*funèbre*)** Leichen-, Trauerzug *m* **3** *t/t* CH DE FER Zug *m*
convoiter [kõvwate] *st/s v/t* (heftig) begehren; gieren nach
convoitise [kõvwatiz] *f* Begehrlichkeit *f*; Gier *f*; *loc/adv* ***avec ~*** begehrlich; gierig
convoler [kõvɔle] *v/i plais* ***~ en justes noces*** heiraten; in den heiligen Stand der Ehe treten; *plais* in den Hafen der Ehe einlaufen; ***~ en secondes noces avec qn*** j-n in zweiter Ehe heiraten
convoquer [kõvɔke] *v/t* **1** *assemblée* einberufen; zusammenrufen; ***~ en session extraordinaire*** zu e-r außerordentlichen Sitzung einberufen **2** JUR,

ADM (vor)laden; *directeur* ~ ***un employé*** einen Angestellten rufen, kommen lassen, zu sich zitieren; *étudiant, élève* ~ ***à l'examen*** (schriftlich) auffordern, sich zur Prüfung einzufinden

convoyage [kõvwajaʒ] *m* AVIAT MIL Geleitschutzflug *m*; Überführung *f* **convoyer** *v/t* ⟨**-oi-**⟩ (zum Schutz) begleiten; geleiten; eskortieren

convoyeur [kõvwajœʀ] *m* **1** ~ ***de fonds*** Geldtransporteur *m* **2** MAR MIL Geleitschiff *n* **3** TECH (automatischer) Förderer

convoyeuse [kõvwajøz] *f* ~ ***de l'air*** Flugbegleiterin *f*

convulsé [kõvylse] *adj visage* verkrampft; verzerrt

convulser *v/t* (*et v/pr* ***se***) ~ (sich) verkrampfen; (sich) (krampfhaft) verzerren

convulsif [kõvylsif] *adj* ⟨**-ive**⟩ MÉD krampfhaft; konvulsiv(isch); *par ext* ***rire*** ~ krampfhaftes Lachen; Lachkrampf *m*

convulsion [kõvylsjõ] *f* **1** MÉD Krampf *m*; Zuckung *f*; ***être pris de*** ~***s*** von Krämpfen geschüttelt werden **2** *fig d'une révolution etc* ~***s*** *pl* Erschütterungen *f/pl*

convulsionner [kõvylsjɔne] *v/t* MÉD in Krämpfe, Zuckungen verfallen lassen; *adjt visage* ***convulsionné*** krampfhaft verzerrt, zuckend

convulsivement [kõvylsivmɑ̃] *adv* krampfhaft; konvulsiv(isch); ***rire*** ~ e-n Lachkrampf haben

cookie [kuki] *m* **1** CUIS Cookie ['kʊki] *m* (*Keks mit Schokoladen- oder Früchtestücken*) **2** INFORM Cookie ['kʊki] *m*

cool [kul] *adj* ⟨*inv*⟩ F *personne* cool [kuːl]; locker; ***c'est*** ~***!*** das ist echt cool!

coolie [kuli] *m* Kuli *m*

coopérant [kɔɔpeʀɑ̃] *m* Entwicklungshelfer *m*

coopérateur [kɔɔpeʀatœʀ] *m*, **coopératrice** *f* **1** (*collaborateur*) Mitarbeiter(in) *m(f)* **2** *d'une coopérative* Genossenschaftsmitglied *n*; Genossenschaft(l)er(in) *m(f)*

coopératif [kɔɔpeʀatif] *adj* ⟨**-ive**⟩ **1** kooperativ; zur Zusammenarbeit bereit **2** ÉCON genossenschaftlich; Genossenschafts…; ***société coopérative*** → ***coopérative***

coopération [kɔɔpeʀasjõ] *f* **1** (*collaboration*) Mitarbeit *f*, -wirkung *f*; Zusammenarbeit *f*, Kooperation *f* (*a* POL); ***apporter sa*** ~ ***à qc*** an etw (*dat*) mitarbeiten, -wirken **2** *au Tiers-Monde* Entwicklungshilfe *f* **3** ÉCON Genossenschaftswesen *n*

coopératisme [kɔɔpeʀatism] *m* ÉCON genossenschaftliches System

coopérative [kɔɔpeʀativ] *f* Genossenschaft *f*; ~ ***agricole*** landwirtschaftliche Genossenschaft; ~ ***artisanale*** Handwerkergenossenschaft *f*; ~ ***laitière*** Molkereigenossenschaft *f*; ~ ***vinicole*** Winzergenossenschaft *f*; ~ ***d'achat*** Einkaufsgenossenschaft *f*; ~ ***de production, de vente*** Produktions-, Absatzgenossenschaft *f*

coopérer [kɔɔpeʀe] ⟨**-è-**⟩ **I** *v/t/indir* ~ ***à qc*** an etw (*dat*) mitarbeiten, -wirken **II** *v/i* zusammenarbeiten, -wirken; kooperieren

cooptation [kɔɔptasjõ] *f* Hinzuwahl *f*; Kooptation *f*

coopter *v/t* hinzuwählen

coordinateur [kɔɔʀdinatœʀ] **I** *adj* ⟨**-trice**⟩ koordinierend; Koordinations… **II** *m* Koordinator *m*

coordination [kɔɔʀdinasjõ] *f* **1** Koordinierung *f*; Koordination *f* **2** GR Neben-, Beiordnung *f*; Koordination *f*; Parataxe *f*; ***conjonction*** *f* ***de*** ~ nebenordnende Konjunktion

coordonnateur [kɔɔʀdɔnatœʀ] → ***coordinateur***

coordonné [kɔɔʀdɔne] *adj* **1** koordiniert; aufeinander abgestimmt **2** GR *phrase* neben-, beigeordnet; *adjt* ***proposition coordonnée*** nebengeordneter Satz **3** CH DE FER *ligne* im Zuge der Rationalisierung stillgelegt

coordonnée [kɔɔʀdɔne] *f* **1** MATH, GÉOGR Koordinate *f*; (***système*** *m* ***de***) ~***s*** Koordinatensystem *n* **2** F ~***s*** *pl* Angaben *f/pl* zum Aufenthaltsort; Adresse *f*, Telefonnummer *f etc*; ***donnez-moi, laissez-moi vos*** ~***s*** wie kann ich Sie erreichen?

coordonner [kɔɔʀdɔne] *v/t* **1** koordinieren; aufeinander abstimmen **2** GR neben-, beiordnen

coordonnés [kɔɔʀdɔne] *m/pl habillement etc* Coordinates [-nɔts] *pl*

copain [kɔpɛ̃] F *m* Freund *m* (*a d'une femme*); F Kumpel *m*; *südd a* Spezi *m*; *péj* Kumpan *m*; ***petit*** ~ *a péj* Kumpan *m*; *adjt* ***être*** (***très***) ~ ***avec qn*** mit j-m (F dick) befreundet sein; (*s'entendre*) sich mit j-m (gut) vertragen, verstehen; ***nous sommes*** ~***s*** *a* wir vertragen uns gut

copain-copain [kɔpɛ̃kɔpɛ̃] *adjt* ⟨*inv*⟩ F ***ils ne sont pas*** ~ F sie sind nicht gerade dicke Freunde

copeau [kɔpo] *m* ⟨*pl* ~**x**⟩ Span *m*; ~***x d'acier, de bois*** Stahl-, Hobelspäne *m/pl*

Copenhague [kɔpɛnag] Kopenhagen *n*

Copernic [kɔpɛʀnik] *m* ASTR Kopernikus *m*

copiage [kɔpjaʒ] *m dans un examen etc* Abschreiben *n*; F Spicken *n*

copie [kɔpi] *f* **1** *d'un écrit* Kopie *f*; Abschrift *f*; Zweitschrift *f*; (*duplicata*) Durchschlag *m*; Durchschrift *f* **2** *d'une œuvre d'art* Kopie *f* (*a d'un film*); Nachbildung *f* **3** (*imitation*) Nachahmung *f*; *péj* Abklatsch *m*; ***pâle*** ~ schwacher Abklatsch **4** ÉCOLE **a**) *feuille* Blatt *n* (Papier); Bogen *m*; ***rendre*** (***une***) ~ ***blanche*** ein leeres Blatt abgeben; **b**) *devoir* (Klassen-, Haus)Arbeit *f* **5** (*article de journal*) Artikel *m*; Beitrag *m*; *journaliste* ***en mal de*** ~ dem nichts einfällt **6** TYPO Manuskript *n*; Satzvorlage *f*

copier [kɔpje] *v/t* **1** abschreiben (***dans un livre*** aus e-m Buch; *élève* ***sur son voisin*** von s-m Nachbarn); *abs* ***il a copié*** er hat abgeschrieben; *punition* ***vous me copierez 50 fois la phrase …*** ihr schreibt 50-mal den Satz … **2** (*imiter, reproduire*) nachahmen; nachmachen; kopieren **3** F *fig* ***vous me la copierez!*** F das ist doch allerhand, die Höhe, ein starkes Stück!

copieur [kɔpjœʀ] *m*, **copieuse** *f* **1** *élève* Abschreiber(in) *m(f)*; F Spicker(in) *m(f)* **2** *m appareil* Kopierer *m*; ***copieur couleur*** Farbkopierer *m*

copieusement [kɔpjøzmɑ̃] *adv* reichlich; ausgiebig

copieux [kɔpjø] *adj* ⟨**-euse**⟩ *repas* reichlich; reichhaltig; ***pourboire*** ~ großzügiges Trinkgeld

copilote [kopilɔt] *m* AVIAT Kopilot *ou* Copilot *m*

copinage [kɔpinaʒ] *m péj* Kumpanei *f*; Klüngelei *f*; Cliquenwirtschaft *f*

copine [kɔpin] F *f* Freundin *f* (*a d'un homme*)

copiner [kɔpine] *v/i* F Kumpane, Kumpel sein; ~ ***avec qn*** j-s Kumpan, Kumpel sein

copinerie [kɔpinʀi] *f* F Kumpanei *f* (*a coll*); *coll* Kumpane *m/pl*; Kumpel *m/pl*; *péj* → ***copinage***

copiste [kɔpist] *m* **1** HIST Kopist *m* **2** (*imitateur*) Nachahmer *m*

C

copra(h) [kɔpʀa] *m* Kopra *f*
coprésidence [kopʀezidɑ̃s] *f* Mitvorsitz *mf*
coproducteur [kopʀɔdyktœʀ] *m* CIN, TV Koproduzent *m* **coproduction** *f* CIN, TV Koproduktion *f*; Gemeinschaftsproduktion *f*
copropriétaire [kopʀɔpʀijetɛʀ] *m,f* Miteigentümer(in) *m(f)*
copropriété [kopʀɔpʀijete] *f* Miteigentum *n*; ***appartement*** *m*, ***logement*** *m* ***en ~*** Eigentumswohnung *f*; *immeuble* ***vendu en ~*** dessen Wohnungen einzeln, als Eigentumswohnungen verkauft werden
copte [kɔpt] **I** *adj* koptisch **II** *subst* **1** ***Copte*** *m,f* Kopte *m*, Koptin *f* **2** LING ***le ~*** das Koptische; Koptisch *n*
copulatif [kɔpylatif] *adj* ⟨**-ive**⟩ GR verbindend; anreihend; kopulativ
copulation [kɔpylasjõ] *f* BIOL Kopulation *f*; Begattung *f*
copule [kɔpyl] *f* GR Satzband *n*; Kopula *f*
copuler [kɔpyle] *v/i* sich begatten; kopulieren
copyright [kɔpiʀajt] *m* Copyright [-raɪt] *n*
coq [kɔk] *m* **1** ZO Hahn *m*; *südd a* Gockel *m*; *emblème* ***le ~ gaulois*** der gallische Hahn; CUIS ***~ au vin*** Hahn *ou* Huhn *n* in Rotweinsoße; ZO ***~ de bruyère*** Auerhahn *m*; *par ext* ***~ de clocher*** Turm-, Wetterhahn *m*; *fig d'un homme* ***mollets*** *m/pl* ***de ~*** dünne und sehnige Waden *f/pl*; ***rouge comme un ~*** puterrot; *fig*: ***être le ~ du village*** der umschwärmteste Bursche, Mann des Dorfes, des Viertels sein; ***être*** *ou* ***vivre comme un ~ en pâte*** sehr verwöhnt werden; von vorn und hinten, wie ein Pascha bedient werden; leben wie Gott in Frankreich; ***passer, sauter du ~ à l'âne*** → ***coq-à-l'âne*** **2** *adjt* BOXE, LUTTE ***poids*** *m* ***~*** Bantamgewicht(sklasse) *n(f)*; *sportif* Bantamgewichtler *m* **3** MAR (Schiffs)Koch *m*; F Smutje *m*
coq-à-l'âne [kɔkalɑn] *m* ⟨*inv*⟩ Gedankensprung *m*; ***faire des ~*** von e-m Thema zum anderen springen
coquard *ou* **coquart** [kɔkaʀ] F *m* blaues Auge; F Veilchen *n*
coque [kɔk] *f* **1** *d'amande, de noix, de noisette* Schale *f*; CUIS ***œuf*** *m* ***à la ~*** weiches, weich gekochtes Ei **2** *d'un navire, d'un avion* Rumpf *m*; *d'une voiture* selbsttragende Karosserie **3** ZO Herzmuschel *f* **4** *ancienne coiffure* (Haar)Tolle *f*; Rolle *f*
coquelet [kɔklɛ] *m* CUIS Hähnchen *n*; ***~ au vin blanc*** Hähnchen in Weißweinsoße
coquelicot [kɔkliko] *m* **1** BOT Klatschmohn *m* **2** *adjt* ⟨*inv*⟩ ***rouge ~*** leuchtend rot
coqueluche [kɔklyʃ] *f* **1** MÉD Keuchhusten *m* **2** *fig* ***être la ~ de qn*** j-s Idol, Liebling, F Schwarm sein
coquet [kɔkɛ] **I** *adj* ⟨**~te**⟩ **1** (*soigné*) adrett; schmuck; gepflegt; elegant; ansprechend; hübsch (anzusehen); *österr a* fesch; *logement a* gemütlich **2** (*cherchant à plaire*) kokett; *péj* gefallsüchtig **3** F (*considérable*) stattlich; ansehnlich; beträchtlich; ***~te somme*** *a* F *iron* hübsches Sümmchen **II** *f* **~te** kokette Frau; kokettes Mädchen; THÉ ***grande ~te*** verführerische Frau
coqueter [kɔkte] ⟨**-tt-**⟩ *litt v/i* **1** affektiert sein; sich zieren **2** kokettieren, liebäugeln (***avec*** mit)
coquetier [kɔktje] *m* Eierbecher *m*
coquetterie [kɔkɛtʀi] *f* **1** (*désir de plaire*) Koketterie *f*; Gefallsucht *f* **2** (*élégance*) Gepflegtheit *f*; Eleganz *f*; (*goût*) Geschmack *m* **3** (*affectation*) Koketterie *f*; Ziererei *f* **4** F *fig* ***~ dans l'œil*** F Silberblick *m*
coquillage [kɔkijaʒ] *m* **a)** *mollusque* Muschel *f*; **b)** *coquille* Muschel(schale) *f*
coquillard [kɔkijaʀ] *m* F ***je m'en tape, tamponne le ~*** F das ist mir (schnurz)piepe, piepegal
coquille [kɔkij] *f* **1** *des mollusques* Schale *f*; Muschel *f*; *d'un escargot* Gehäuse *n*; ***~ Saint-Jacques*** Jakobsmuschel *f*; ***~ d'escargot*** *a* Schneckenhaus *n*; *fig*: ***rentrer dans sa ~*** sich in sein Schneckenhaus zurückziehen; ***sortir de sa ~*** (ein wenig) aus sich herausgehen **2** *d'œufs, de noix* Schale *f*; ***~ de noix*** Nussschale *f* (*a fig embarcation*); ***~ d'œuf*** a) Eierschale *f*; b) *adjt* ⟨*inv*⟩ *couleur* eierschalenfarben **3** CUIS ***~ de beurre*** Butterröllchen *n*; ***~ de poisson*** kleine Portion Fisch (*in Muschelschälchen als Vorspeise*) **4** *ornement* muschelförmige Verzierung; Muschel *f* **5** TYPO Satzfehler *m* **6** MÉTALL ***moulage*** *m* ***en ~*** Kokillenguss *m*
coquillettes [kɔkijɛt] *f/pl* Hörnchen *n/pl* (*Teigware*)
coquin [kɔkɛ̃] **I** *adj* **1** *enfant* spitzbübisch; schelmisch; ***être ~*** ein Schlingel, Lausebengel, Spitzbube, Schelm sein **2** *histoire* pikant; frivol; *dessous féminins* neckisch; ***regards ~s*** frivole Blicke *m/pl* **II** *subst* **1** *enfant* (***petit***[***e***]) ***~***(***e***) (kleiner) Schelm; Spitzbube *m*, Spitzbübin *f*; Schlingel *m*; *d'un adulte* ***c'est un***(***e***) ***~***(***e***) er (sie) ist durchtrieben, F gerissen **2** F ***~ de sort!*** F verflixt (und zugenäht)!; hols der Teufel!
coquinerie [kɔkinʀi] *f* **1** (*malice*) Schelmerei *f*; Spitzbüberei *f* **2** (*ruse*) Durchtriebenheit *f*; F Gerissenheit *f*
cor [kɔʀ] *m* **1** MUS **a)** *instrument* Horn *n*; ***~ anglais*** Englischhorn *n*; ***~ à pistons*** *ou* ***chromatique*** Ventilhorn *n*; ***~ de chasse*** Jagd-, Hifthorn *n*; ***~ d'harmonie*** Waldhorn *n*; ***le ~ de Roland*** das Horn Rolands; *fig réclamer* ***à ~ et à cri*** ungestüm; lauthals; **b)** *musicien* Hornist *m*; Hornbläser *m* **2** ***~ (au pied)*** Hühnerauge *n* **3** CH ***un cerf (de) dix ~s*** *ou* ***un dix ~s*** ein Zehnender *m*
corail [kɔʀaj] *m* ⟨*pl* **-aux**⟩ **1** ZO *et bijouterie* Koralle *f*; ***~ rouge*** rote (Edel)Koralle; ***collier*** *m* ***de ~*** Korallenkette *f*; GÉOGR ***la mer de Corail*** das Korallenmeer; ***récif*** *m* ***de ~*** Korallenriff *n* **2** *fig* (***couleur***) ***~*** ⟨*inv*⟩ korallenfarbig, -rot **3** *des coquilles Saint-Jacques* rotes essbares Fleisch
corallien [kɔʀaljɛ̃] *adj* ⟨**~ne**⟩ Korallen…; ***récif ~*** Korallenriff *n*
corallifère [kɔʀalifɛʀ] *adj* Korallen … **coralline** *f* BOT Korallenkalkalge *f*; *sc* Korallina *f*
Coran [kɔʀɑ̃] *m* Koran *m*
coranique [kɔʀanik] *adj* des Korans; Koran …; koranisch; ***école*** *f* ***~*** Koranschule *f*
corbeau [kɔʀbo] *m* ⟨*pl* **~x**⟩ **1** ZO Rabe *m*; *loc/adj* (***couleur***) ***aile de ~, noir comme un ~*** tief-, blauschwarz; (kohl)rabenschwarz **2** ARCH Kragstein *m* **3** *fig* anonymer Briefschreiber
corbeille [kɔʀbɛj] *f* **1** *panier* Korb *m*; Körbchen *n*; ***~ à linge, à ouvrage, à pain, à papier*** Wäsche-, Näh- *ou* Handarbeits-, Brot-, Papierkorb *m*; ***~ de fleurs*** Blumenkorb *m*; ***~ de fruits*** Obstkörbchen *n*; *fig* ***~ de mariage*** Hochzeitsgeschenke *n/pl*; ***mettre qc dans la ~ de mariage*** etw zur Hochzeit schenken **2** INFORM Papierkorb *m* **3** THÉ Balkon- *ou* Rang-

C

loge *f* 4 BOURSE Maklerschranken *f/pl*; Ring *m* 5 BOT ~ ***d'argent*** (*Alyssum*) Steinkraut *n*; (*Iberis*) Schleifenblume *f*

Corbières [kɔʀbjɛʀ] 1 *f/pl Weingegend nordöstlich der Pyrenäen* 2 *m* ***corbières*** *Rotwein aus den Corbières*

corbillard [kɔʀbijaʀ] *m* Leichenwagen *m*

cordage [kɔʀdaʒ] *m* 1 MAR Tau(werk) *n*; Seil(werk) *n*; *t/t* Reep *n* 2 *d'une raquette* Bespannung *f*

corde [kɔʀd] *f* 1 Leine *f*; Strick *m*; *épaisse* Seil *n*; (*ficelle*) Schnur *f*; ~ ***à linge*** Wäscheleine *f*; ***échelle f de*** ~ Strickleiter *f*; ***semelles*** *f/pl* ***de*** ~ geflochtene Sohlen *f/pl*; Schnur-, Hanfsohlen *f/pl*; ***tapis*** *m* ***de*** ~ Bastteppich *m*; *fig* ***il pleut des*** ~***s*** es regnet Bindfäden; ***tirer sur une*** ~ an e-m Strick ziehen; e-n Strick anziehen, spannen 2 SPORTS Seil *n*; *du ring* ~***s*** *pl* Seile *n/pl*; ~ ***lisse*** Kletterseil *n*; *d'acrobates* ~ ***raide*** Drahtseil *n*; *fig* ***être, marcher sur la*** ~ ***raide*** sich auf ein riskantes Unternehmen einlassen; ~ ***à nœuds*** Knotenseil *n*; ~ ***à sauter*** Springseil *n*; ALPINISME ~ ***de rappel*** Doppelseil *n* zum Abseilen 3 *d'un arc* Sehne *f* (*a* GÉOMÉTRIE); *fig*: ***avoir plus d'une*** ~ *ou* ***plusieurs*** ~***s à son arc*** mehrere, verschiedene Talente, Qualifikationen haben; ***tirer trop sur la*** ~ den Bogen überspannen 4 *dans les hippodromes* Abgrenzungsseil *n* auf der Innenseite der Bahn; *voiture* ***prendre un virage à la*** ~ e-e Kurve so eng wie möglich fahren, nehmen 5 MUS Saite *f*; ~***s*** *pl a* Saiteninstrumente *n/pl*; *d'un orchestre* Streichinstrumente *n/pl*; Streicher *m/pl*; ***instrument*** *m* ***à*** ~***s*** Saiteninstrument *n*; ***instrument*** *m* ***à*** ~***s frottées, pincées*** Streich-, Zupfinstrument *n*; *fig* ***ce n'est pas dans mes*** ~***s*** dafür bin ich nicht zuständig; das kann ich nicht; ***mettre des*** ~***s à un instrument*** ein Instrument besaiten; *fig* ***faire vibrer, toucher la*** ~ ***sensible*** (***de qn***) j-n da packen, wo er zugänglich ist; an j-s Gefühle appellieren; F es auf die sentimentale Tour versuchen 6 *d'une raquette* Saite *f*; ~***s*** *pl* Bespannung *f* 7 *pour pendre qn* Strick *m*; Strang *m*; *fig* ***il mérite la*** ~ er gehört an den Galgen; ***mettre, passer à qn la*** ~ ***au cou*** j-m die Schlinge um den Hals legen; *fig* j-n einfangen; *pour le mariage* F sich (*dat*) j-n angeln; *fig*: ***se mettre la*** ~ ***au cou*** das Joch der Ehe auf sich (*acc*) nehmen; ***parler de la*** ~ ***dans la maison d'un pendu*** im Haus e-s Gehenkten vom Strick sprechen; ***il ne vaut pas la*** ~ ***pour le pendre*** er ist keinen Schuss Pulver wert 8 ***usé jusqu'à la*** ~ *vêtements* abgewetzt; fadenscheinig; *moquette* abgetreten; abgenutzt (*a fig*); *fig* abgedroschen 9 ANAT ~***s vocales*** Stimmbänder *n/pl*

cordé [kɔʀde] *adj st/s veines, tendons* stark hervortretend; *nuque etc* sehnig

cordeau [kɔʀdo] *m* ⟨*pl* ~***x***⟩ 1 *de jardinier etc* Schnur *f*; *arbres, salades etc* ***aligner au*** ~ mit Hilfe der Schnur, schnurgerade pflanzen, setzen; ***tiré, tracé au*** ~ schnurgerade; *fig* ganz regelmäßig; sehr ordentlich 2 TECH ~ ***détonant*** Sprengschnur *f*

cordée [kɔʀde] *f* ALPINISME Seilschaft *f*

cordelette [kɔʀdəlɛt] *f* dünne Schnur; dünner Bindfaden

cordelière [kɔʀdəljɛʀ] *f* Kordel *f*; *des moines* Strick *m*

cordeliers [kɔʀdəlje] *m/pl* 1 HIST REL Franziskaner(-Observanten) *m/pl* 2 HIST POL ***club*** *m* ***des Cordeliers*** *radikaler politischer Klub während der Frz Revolution*

corder [kɔʀde] *v/t* ~ ***une raquette*** einen Schläger bespannen

corderie [kɔʀdəʀi] *f* Seilerei *f*

cordial [kɔʀdjal] ⟨*m/pl* **-aux**⟩ I *adj* herzlich; *iron* ***'haine*** ~***e*** herzliche Feindschaft II *m* PHARM (Herz-)Stärkungsmittel *n*

cordialement [kɔʀdjalmɑ̃] *adv* herzlich; von Herzen; *formule épistolaire* ~ ***vôtre*** mit herzlichen Grüßen (Ihr); *iron* ***se détester*** ~ sich von Herzen verabscheuen

cordialité [kɔʀdjalite] *f* Herzlichkeit *f*; ***avec*** ~ herzlich

cordier [kɔʀdje] *m* Seiler *m*

cordillère [kɔʀdijɛʀ] *f* GÉOGR Kordillere *f*; Kettengebirge *n*; Gebirgskette *f*

cordon [kɔʀdõ] *m* 1 (*petite corde*) Schnur *f*; ~ ***de rideaux*** Vorhangschnur *f*; ~ ***de sonnette*** Klingelzug *m*, -schnur *f*; *fig* ***tenir les*** ~***s de la bourse*** allein über das (gemeinsame) Geld verfügen 2 *d'une décoration* Ordensband *n*; ***grand*** ~ ***de la Légion d'honneur*** (breites Band der Träger des) Großkreuz(es) *n* der Ehrenlegion 3 ANAT ~ ***ombilical*** Nabelschnur *f*; ***couper le*** ~ (***ombilical***) die Nabelschnur durchtrennen 4 *d'agents de police* (Posten)Kette *f*; Kordon *m*; Absperrung *f*; Sperrgürtel *m*; ~ ***sanitaire*** Cordon sanitaire *m* (*a* MIL) 5 *d'arbres* Reihe *f* 6 ~ ***littoral*** Küstenstreifen *m*

cordon-bleu [kɔʀdõblø] *m* ⟨*pl* **cordons-bleus**⟩ gute, ausgezeichnete Köchin; *homme* guter, ausgezeichneter Koch

cordonnerie [kɔʀdɔnʀi] *f* Schuhmacherei *f*; *atelier a* Schuster-, Schuhmacherwerkstatt *f*; *métier a* Schuhmacher-, Schusterhandwerk *n*

cordonnet [kɔʀdɔnɛ] *m* 1 *fil* Kordonett-, Knopflochseide *f* 2 *ruban* Schnürchen *n*; Bändchen *n*

cordonnier [kɔʀdɔnje] *m* Schuster *m*; Schuhmacher *m*; *prov* ***les*** ~***s sont toujours les plus mal chaussés*** der Schuster trägt immer die schlechtesten Stiefel (*prov*)

Cordoue [kɔʀdu] Córdoba *n*

Corée [kɔʀe] ***la*** ~ Korea *n*; ***la*** ~ ***du Nord, du Sud*** Nord-, Südkorea *n*

coréen [kɔʀeɛ̃] I *adj* ⟨~**ne**⟩ koreanisch II *subst* 1 ***Coréen***(***ne***) *m*(*f*) Koreaner(in) *m*(*f*) 2 LING ***le*** ~ das Koreanische; Koreanisch *n*

corégence [kɔʀeʒɑ̃s] *f* Mitregentschaft *f* **corégent** *m* Mitregent *m*

coreligionnaire [kɔʀəliʒjɔnɛʀ, -ʀe-] *m* Glaubensbruder *m*, -genosse *m*

coresponsabilité [koʀɛspõsabilite] *f* Mitverantwortung *f* **coresponsable** *adj* mitverantwortlich

Corfou [kɔʀfu] GÉOGR Korfu *n*

coriace [kɔʀjas] *adj* 1 ***viande*** *f* ~ zähes Fleisch 2 *fig personne* zäh; hartnäckig; ***être*** ~ ***en affaires*** F ein knallharter Geschäftsmann sein

coriandre [kɔʀjɑ̃dʀ] *f* BOT Koriander *m*

coricide [kɔʀisid] *m* PHARM Hühneraugenmittel *n*

corindon [kɔʀɛ̃dõ] *m* MINÉR Korund *m*

Corinne [kɔʀin] *f Vorname*

Corinthe [kɔʀɛ̃t] Korinth *n*

corinthien [kɔʀɛ̃tjɛ̃] I *adj* ⟨~**ne**⟩ ARCH korinthisch; ***colonne*** ~***ne, ordre*** ~ korinthische Säule, (Säulen-)Ordnung II *m* BIBL ***Corinthien*** Korinther *m*

cormier [kɔʀmje] *m* BOT Speierling *m*; Spierapfel *m*
cormoran [kɔʀmɔʀɑ̃] *m* ZO Kormoran *m*
cornac [kɔʀnak] *m* Elefantenführer *m*; Kornak *m*
cornaline [kɔʀnalin] *f* MINÉR Karneol *m*
cornard [kɔʀnaʀ] F → ***cocu***
corne [kɔʀn] *f* **1** *des chèvres, vaches etc* Horn *n*; **~s** *pl des escargots* Fühler *m/pl*; Hörner *n/pl*; *du diable* Hörner *n/pl*; MYTH **~ *d'abondance*** Füllhorn *n*; ***coup*** *m* ***de*** **~** Stoß *m* mit dem Horn **2** *substance* Horn *n*; *de l'épiderme humain* Hornhaut *f*; *loc/adj* ***de, en*** **~** aus Horn; hörnern; Horn…; ***peigne*** *m* ***de*** **~** Hornkamm *m* **3** *fig: mari, femme* ***avoir, porter des*** **~s** betrogen werden; *enfants* ***faire, montrer les*** **~*s à qn*** j-n verspotten (*indem man Zeige- u Mittelfinger über den Kopf hält*) **4** (*pointe*) Zacke *f*; Spitze *f*; Ecke *f*; *d'une page de livre* Eselsohr *n* **5** MUS Horn *n*; Signalhorn *n*; AUTO *autrefois* Hupe *f*; F Tute *f*; MAR **~ *de brume*** Nebelhorn *n* **6** *pâtisserie orientale* **~ *de gazelle*** (mit Mandeln, Marzipan *etc*) gefülltes Hörnchen
corné [kɔʀne] *adj* hornartig; Horn…
corned-beef [kɔʀn(ɛd)bif] *m* Corned Beef ['kɔrnət-'biːf] *n*
cornée [kɔʀne] *f* ANAT Hornhaut *f* (des Auges); *sc* Cornea *f*
cornéen [kɔʀneɛ̃] *adj* ⟨**~ne**⟩ MÉD Hornhaut…; ***lentilles*** **~*nes*** Kontaktlinsen *f/pl*
corneille [kɔʀnɛj] *f* ZO Krähe *f*; ***bayer aux*** **~s** F Maulaffen feilhalten
cornélien [kɔʀneljɛ̃] *adj* ⟨**~ne**⟩ **1** LITTÉRATURE Corneilles **2** *fig* schicksalhaft-tragisch; von tragischer Größe
cornemuse [kɔʀnəmyz] *f* MUS Dudelsack *m*; Sackpfeife *f*
corner[1] [kɔʀne] **I** *v/t page d'un livre, carte* e-e Ecke umknicken, umbiegen an (*+dat*); kniffen **II** *v/i* **1** AUTO *autrefois* hupen; F tuten **2** F **~ *aux oreilles de qn*** j-m in die Ohren trompeten, schreien
corner[2] [kɔʀnɛʀ] *m* FOOTBALL Eckball *m*; Ecke *f*; *coup a* Eckstoß *m*
cornet [kɔʀnɛ] *m* **1** *récipient* spitze Tüte; Tütchen *n*; **~ *de bonbons, de frites*** Tüte Bonbons, Pommes (frites); **~ *de glace*** Eistütchen *n*, -hörnchen *n*; CUIS **~ *de macédoine*** (***et jambon***) Schinkenröllchen *n* mit Gemüse- und Mayonnaisefüllung **2** MUS **~ *à pistons*** Kornett *n*; Piston *n* **3** *autrefois* **~ *acoustique*** Hörrohr *n* **4** **~ *à dés*** Würfel-, Knobelbecher *m* **5** ANAT **~ *du nez*** Nasenmuschel *f* **6** F ***n'avoir rien dans le*** **~** nichts im Magen haben; F e-n leeren Bauch haben
cornette [kɔʀnɛt] *f de religieuses* Flügelhaube *f*
cornettiste [kɔʀnɛtist] *m,f* MUS Kornettbläser(in) *m(f)*
corniaud [kɔʀnjo] *m* **1** *plais d'un chien* Promenadenmischung *f* **2** F (*imbécile*) F Doofkopp *m*; Dämlack *m*; *südd* Depp *m*; *adjt* dämlich; doof
corniche [kɔʀniʃ] *f* **1** (***route*** *f* ***en***) **~** kurvenreiche Küstenstraße an e-m felsigen Steilhang **2** ARCH, *ornement* Kranzgesims *n*; ARCH *a* Geison *n*
cornichon [kɔʀniʃõ] *m* **1** CUIS Essig-, Gewürzgurkchen *n*; Cornichon *n* **2** F (*bête*) F Dummerjan *m*; Dämlack *m*; *adjt* dämlich; doof
cornier [kɔrnje] *adj* ⟨**-ière**⟩ Eck…; ***poteau*** **~** Eckpfosten *m*
cornière [kɔʀnjɛʀ] *f* TECH Winkeleisen *n*
corniot [kɔʀnjo] *m* → ***corniaud***
corniste [kɔʀnist] *m,f* MUS Hornist(in) *m(f)*; Hornbläser(in) *m(f)*
Cornouaille [kɔʀnwaj] **1** ***la*** **~** *Landschaft in der Bretagne* **2** ***les*** **~*s*** *f/pl en Angleterre* Cornwall *n*
cornouiller [kɔʀnuje] *m* BOT Hartriegel *m*; Kornelkirsche *f* (*Strauch, Baum*)
cornu [kɔʀny] *adj bêtes* gehörnt; Horn…; *diable* mit Hörnern
cornue [kɔʀny] *f* CHIM Retorte *f*
Corogne (La) [lakɔʀɔɲ] La Coruña *n*
corollaire [kɔʀɔlɛʀ] *m* **1** LOGIQUE Korollarium *n* **2** *par ext* (*conséquence*) logische, unmittelbare Folge
corolle [kɔʀɔl] *f* BOT (Blumen)Krone *f*
Coromandel [kɔʀɔmɑ̃dɛl] ***la côte de*** **~** die Koromandelküste
coron [kɔʀõ] *m* (Haus *n* in e-r *ou* Häuser *n/pl* e-r) Bergarbeitersiedlung *f*
coronaire [kɔʀɔnɛʀ] *adj* ANAT (Herz)Kranz…; Koronar…; ***artères*** *f/pl* **~*s*** (Herz)Kranz-, Koronararterien *f/pl*
corporatif [kɔʀpɔʀatif] *adj* ⟨**-ive**⟩ **1** *mouvement, système* berufsständisch; ***esprit*** **~** Korpsgeist *m* **2** HIST Zunft…
corporation [kɔʀpɔʀasjõ] *f* **1** Berufsstand *m* **2** HIST Gilde *f*; Zunft *f*
corporatisme [kɔʀpɔʀatism] *m doctrine* Korporativismus *m*
corporel [kɔʀpɔʀɛl] *adj* ⟨**~le**⟩ körperlich; leiblich; → *a* ***châtiment***
corps [kɔʀ] *m* **1 a)** (*opposé à esprit*) Körper *m*; Leib *m* (*a* REL); ***garde*** *m* ***du*** **~** Leibwächter *m*; *loc/adv*: **~ *et âme*** [kɔʀzeɑm] mit Leib und Seele; ***se donner*** **~ *et âme à qc, qn*** sich e-r Sache, j-m ganz hingeben; sich e-r Sache mit Leib und Seele hingeben, verschreiben; **~ *à*** **~** [kɔʀakɔʀ] Mann gegen Mann; *subst* → ***corps-à-corps***; ***à son*** **~ *défendant*** widerwillig; ungern; ***à*** **~ *perdu*** ungestüm; blindlings; ***se jeter à*** **~ *perdu dans une entreprise, dans la mêlée*** sich mit Feuereifer, Elan in ein Unternehmen, sich blindlings in das Kampfgetümmel stürzen; ***jusqu'au milieu du*** **~** bis zur Taille; bis zum Gürtel; bis an die Hüften; *fig*: ***passer sur le*** **~ *de qn*** über j-s Leiche (*acc*) gehen; j-n skrupellos opfern; ***il faudra d'abord me passer sur le*** **~** nur über meine Leiche!; *nourriture* F ***ça tient au*** **~, *ça*** das hält lange vor; das macht für lange Zeit satt; **b)** (*cadavre*) Leiche *f*; Leichnam *m* **2** (*groupe*) Körperschaft *f*; Organ *n*; Gremium *n*; Korps *n* (*a* MIL); **~ *diplomatique*** diplomatisches Korps; **~ *électoral*** Wähler(schaft) *m/pl(f)*; **~ *enseignant*** Lehrerschaft *f*; Lehrkörper *m*; Lehrer *m/pl*; Erzieher *m/pl*; MIL ***Corps européen de Défense*** Eurokorps *n*; **~ *médical*** Ärzteschaft *f*; **~ *d'armée*** Armeekorps *n*; **~ *de ballet*** Ballettkorps *n*, -truppe *f*; Corps de Ballet *n*; *en France* ***grands*** **~ *de l'État*** *staatliche Organe mit besonderen Aufgaben* (*Conseil d'État, Cour des comptes etc*); **~ *de métier*** HIST (Handwerker)Zunft *f*; Handwerksgilde *f*; *aujourd'hui* Innung *f*; **~ *des officiers*** Offizierskorps *n*; ***esprit*** *m* ***de*** **~** Korpsgeist *m*; MIL ***rejoindre son*** **~** zu s-r Einheit, Truppe zurückkehren **3** (*partie principale*) Haupt(bestand)teil *m*; *d'une lettre, d'un article* (eigentlicher) Text; *d'un bâtiment* Haupt-, Mittelbau *m*, -trakt *m*; *d'un navire* Rumpf *m*; *t/t* Kasko *m*; MAR, ADM **~ *et biens*** [kɔʀzebjɛ̃]

Schiff n und Ladung f; navire perdu ~ et biens mit Mann und Maus untergegangenes Schiff 4 (objet, substance) Körper m; ~ céleste Himmelskörper m; CHIM ~ composé (chemische) Verbindung; MÉD et fig ~ étranger Fremdkörper m; ANAT ~ jaune Gelbkörper m; PHYS ~ noir schwarzer Strahler; CHIM ~ simple (chemisches) Element; Grundstoff m; JUR ~ du délit Corpus Delicti n; Beweisstück n; faire ~ (avec) nicht zu trennen sein (von); e-e Einheit bilden, fest zusammenhängen, verschmolzen sein, eins sein (mit); fig idée, projet prendre ~ Gestalt annehmen, gewinnen 5 (recueil de textes) (Text)-Sammlung f; sc Corpus ou Korpus n 6 TYPO ~ d'une lettre Schriftgrad m, -größe f 7 loc avoir du ~ vin vollmundig sein; Körper haben; körperreich sein; papier fest sein; sauce rund und würzig schmecken; fig donner (du) ~ à qc e-r Sache (dat) Gewicht verleihen

corps-à-corps [kɔʀakɔʀ] m ⟨inv⟩ 1 (mêlée) Handgemenge n 2 MIL Einzel-, Nahkampf m 3 BOXE Clinch [-tʃ] m

corpulence [kɔʀpylɑ̃s] f Beleibtheit f; Korpulenz f; de forte ~ von beträchtlichem Leibesumfang

corpulent [kɔʀpylɑ̃] adj beleibt; korpulent

corpus [kɔʀpys] m de textes, LING Korpus ou Corpus n

corpusculaire [kɔʀpyskylɛʀ] adj PHYS korpuskular; Korpuskular…; Teilchen…

corpuscule [kɔʀpyskyl] m 1 PHYS Korpuskel n ou f; Teilchen n 2 ANAT Körperchen n

corral [kɔʀal] m ⟨pl -als⟩ Pferch m (für Großvieh); Korral m

correct [kɔʀɛkt] adj 1 (sans fautes) richtig; fehlerfrei; einwandfrei; korrekt 2 personne, conduite korrekt; politiquement ~ politisch korrekt; il est très ~ er verhält sich tadellos, einwandfrei, sehr korrekt (avec qn j-m gegenüber); il est ~ en affaires sein Geschäftsgebaren ist korrekt, einwandfrei; in Geschäftsdingen ist er korrekt 3 prix, salaire angemessen; travail, repas, hôtel annehmbar; passabel

correctement [kɔʀɛktəmɑ̃] adv 1 (sans fautes) richtig; fehlerfrei; einwandfrei; korrekt 2 gagner ~ sa vie genug verdienen, um menschenwürdig leben zu können

correcteur [kɔʀɛktœʀ], **correctrice** I subst 1 m,f EXAMEN, TYPO Korrektor m, Korrektorin f 2 m TECH Regler m; correcteur de tonalité Tonblende f; Klangregler m 3 m, adjt blanc correcteur Korrekturflüssigkeit f; Tipp-Ex® n 4 m INFORM Rechtschreibkorrekturprogramm n II adj verres zur Korrektur e-s Brechungsfehlers der Augen

correctif [kɔʀɛktif] I adj ⟨-ive⟩ 1 gymnastique corrective Gymnastik f gegen Haltungsschäden; Ausgleichsgymnastik f 2 PHARM (die Wirkung) mildernd; (den Geschmack) verbessernd II m 1 PHARM Korrigens n 2 mesure Korrektiv n

correction [kɔʀɛksjõ] f 1 (amélioration) Verbesserung f; Korrektur f; Berichtigung f; Richtigstellung f; ÉCOLE ~s pl Korrigieren n (und Zensieren n); loc/adv sauf ~ wenn ich mich nicht täusche; mit Verlaub 2 TYPO Korrektur f; ~(s) d'auteur Autorkorrektur f; ~ des épreuves Korrekturlesen n; Fahnenkorrektur f; signes m/pl de ~ Korrekturzeichen n/pl; faire les ~s Korrektur lesen 3 (châtiment corporel) Tracht f Prügel; Schläge m/pl; recevoir une ~ Schläge, Hiebe bekommen 4 qualité a) d'une traduction etc Korrektheit f; Richtigkeit f; Fehlerfreiheit f; b) d'une personne korrektes Benehmen; Anstand m; Korrektheit f

correctionnel [kɔʀɛksjɔnɛl] adj ⟨~le⟩ JUR peine ~le Strafe f für ein Vergehen

correctionnelle [kɔʀɛksjɔnɛl] f JUR Landgericht n Abteilung Strafsachen; passer en ~ sich vor der Strafkammer verantworten müssen

Corrège [kɔʀɛʒ] le ~ PEINT Correggio [kɔ'rɛdʒo] m

corrélatif [kɔʀelatif] adj ⟨-ive⟩ korrelativ; (sich) wechselseitig (bedingend); GR mot ~ ou subst ~ m Korrelat n

corrélation [kɔʀelasjõ] f 1 MATH, GR Korrelation f 2 par ext Wechselbeziehung f; wechselseitige Beziehung; enger Zusammenhang; mettre en ~ in Beziehung zueinander setzen

correspondance [kɔʀɛspõdɑ̃s] f 1 ([échange de] lettres) Briefwechsel m; Schriftwechsel m, -verkehr m; Korrespondenz f; ~ commerciale Handelskorrespondenz f; enseignement m par ~ Fernunterricht m; vente f par ~ Versandhandel m, -geschäft n; avoir, entretenir une ~ avec qn mit j-m e-n Briefwechsel führen, in Briefwechsel stehen; dépouiller sa ~ s-e Post durchsehen 2 TRANSPORTS Anschluss m (pour nach); prendre la, une ~ umsteigen 3 (analogie) Übereinstimmung f; Entsprechung f; ~ de sentiments Übereinstimmung der Gefühle; übereinstimmende Gefühle n/pl 4 ÉCOLE carnet m de ~ Heft mit Eintragungen der Lehrer, das von den Eltern unterschrieben werden muss

correspondancier [kɔʀɛspõdɑ̃sje] m, **correspondancière** f COMM Korrespondent(in) m(f)

correspondant [kɔʀɛspõdɑ̃] I adj 1 (einander) entsprechend; übereinstimmend; (dazu) passend; MATH angles ~s Stufenwinkel m/pl 2 d'une société savante membre ~ korrespondierendes Mitglied II subst 1 ~(e) m(f) (à qui on écrit) Briefpartner(in) m(f); ÉCOLE Brieffreund(in) m(f) 2 ~(e) m(f) PRESSE Korrespondent(in) m(f); Berichterstatter(in) m(f); ~ de guerre Kriegsberichterstatter m 3 m TÉL Teilnehmer m; Gesprächspartner m 4 m d'un interne: Person, die sich um e-n Internatsschüler kümmert 5 → I 2

correspondre [kɔʀɛspõdʀ] v/i ⟨→ rendre⟩ 1 personnes (s'écrire) (miteinander) korrespondieren, in brieflicher Verbindung stehen, in Briefwechsel stehen, e-n Briefwechsel führen; ~ avec qn mit j-m korrespondieren etc 2 pièces (communiquer) miteinander in Verbindung stehen; ~ avec in Verbindung stehen mit 3 (être conforme à) sich, einander entsprechen; ~ à qc e-r Sache (dat) entsprechen; mit etw übereinstimmen

Corrèze [kɔʀɛz] la ~ Fluss u Departement in Frankreich

corrida [kɔʀida] f 1 Stierkampf m 2 F fig a) (agitation) lautes Durcheinander; Trubel m; b) (dispute bruyante) F Zirkus m; Theater n; faire une ~ F ein schreckliches Theater machen; sich furchtbar anstellen

corridor [kɔʀidɔʀ] m (enger, schmaler) Flur, Korridor, Gang

corrigé [kɔʀiʒe] m Musterlösung f; Schlüssel m

corriger [kɔʀiʒe] ⟨-geons⟩ I v/t 1 faute, erreur verbessern; korrigieren; berichtigen; richtigstellen; *professeur: copie etc* korrigieren; **~ qn** j-n korrigieren, verbessern; TYPO **~ des épreuves** Korrektur lesen; Fahnen korrigieren; **~ un texte** einen Text korrigieren 2 *fig:* **~ son mauvais caractère** umgänglicher werden; **~ les défauts de qn** j-m s-e Fehler abgewöhnen 3 *(atténuer)* mildern 4 *(battre)* schlagen; verhauen; **se faire ~** geschlagen, verhauen werden; Haue, Schläge bekommen II *v/pr* **se ~** sich bessern; **se ~ de qc** etw ablegen; sich *(dat)* etw abgewöhnen

corrigible [kɔʀiʒibl] *adj* verbesserungsfähig; zu verbessern(d); korrigierbar

corroborant [kɔʀɔbɔʀɑ̃] *adj* bekräftigend; bestätigend; zur Bekräftigung, Bestätigung **corroborer** *v/t* bekräftigen, bestätigen; erhärten

corrodant [kɔʀɔdɑ̃] I *adj* korrodierend; ätzend II *m* korrodierende, ätzende Substanz; Ätzmittel *n* **corroder** *v/t* ätzen; angreifen; zerfressen; nagen an (+*dat*); korrodieren

corrompre [kɔʀõpʀ] ⟨→ **rompre**⟩ I *v/t* 1 *jeunesse* (sittlich) verderben; **~ les mœurs** die Sitten verderben 2 *témoins, fonctionnaires etc* bestechen 3 *chaleur* **~ la viande** das Fleisch zersetzen 4 *litt* **~ un texte** einen Text verfälschen, entstellen, korrumpieren; **~ des mots** den Sinn von Wörtern entstellen, verfälschen 5 *litt plaisir* verderben II *v/pr* **se ~** 1 *bois, viande* faulen; *viande a* sich zersetzen; verwesen 2 *fig u st/s mœurs* in Verfall geraten

corrompu [kɔʀõpy] *adj* korrupt; *juge, témoin etc a* bestochen; *mœurs a* verdorben; *litt* verderbt

corrosif [kɔʀozif] I *adj* ⟨**-ive**⟩ 1 CHIM ätzend; korrosiv; zerfressend 2 *fig* **ironie corrosive** ätzende, beißende Ironie II *m* Ätzmittel *n*

corrosion [kɔʀozjõ, -ʀɔ-] *f* Korrosion *f (a* GÉOL*)*; Ätzen *n*

corroyage [kɔʀwajaʒ] *m du cuir* Zurichtung *f*

corroyer [kɔʀwaje] *v/t* ⟨**-oi-**⟩ *cuir* zurichten **corroyeur** *m ouvrier* Zurichter *m*

corrupteur [kɔʀyptœʀ] *st/s* I *adj* ⟨**-trice**⟩ (moralisch) verderblich II *subst* **~, corruptrice** *m,f* Verderber(in) *m(f)*

corruptible [kɔʀyptibl] *adj* 1 *fonctionnaire* bestechlich 2 *substance* zersetzbar; verderblich

corruption [kɔʀypsjõ] *f* 1 *morale* Korruption *f*; Korruptheit *f*; *litt* Verderbtheit *f*; **~ des mœurs** Sittenverderbnis *f*, -verfall *m* 2 *de témoins etc* Bestechung *f*; Korruption *f*; **~ électorale** Stimmenkauf *m*; Wahlbestechung *f*, -manipulation *f*; **~ de fonctionnaires** Beamtenbestechung *f*; **tentative** *f* **de ~** Bestechungsversuch *m* 3 *d'une substance* Zersetzung *f*; Fäulnis *f* 4 *du langage etc litt* Verderbnis *f*

corsage [kɔʀsaʒ] *m* **a)** *(chemisier)* Bluse *f*; **b)** *d'une robe* Oberteil *n ou m*

corsaire [kɔʀsɛʀ] *m* 1 HIST Freibeuter *m*; Korsar *m* 2 HIST **~** *ou adjt* **navire** *m* **~** Kaperschiff *n* 3 *adjt* **pantalon** *m* **~** Caprihose *f*

Corse [kɔʀs] **la ~** Korsika *n*

corse [kɔʀs] I *adj* korsisch II *subst* 1 **Corse** *m,f* Korse *m*, Korsin *f* 2 LING **le ~** das Korsische; Korsisch *n*

corsé [kɔʀse] *adj* 1 *vin* vollmundig; körperreich; **café ~** starker Kaffee; **plat ~** pikant, scharf gewürztes Gericht 2 *fig* **histoire ~e** schlüpfrige, gepfefferte Geschichte

Corse-du-Sud [kɔʀsədysyd] **la ~** *frz Departement auf Korsika*

corselet [kɔʀsəlɛ] *m* 1 *d'un costume folklorique* Mieder *n* 2 ZO *d'insecte* Brust(stück) *f(n)*

corser [kɔʀse] I *v/t* 1 *vin* mit Alkohol versetzen; **~ un plat, une sauce** ein Gericht, eine Soße scharf, pikant würzen 2 *fig récit etc* packend(er), spannend(er) gestalten II *v/pr affaire* **se ~** verwickelt, kompliziert, spannend werden; sich komplizieren

corset [kɔʀsɛ] *m* Korsett *n*; Mieder *n*; **~ orthopédique** (Stütz)Korsett *n*

corseter [kɔʀsəte] *v/t* ⟨**-è-**⟩ in ein Korsett stecken, zwängen; schnüren

corso [kɔʀso] *m* Korso *m*; Umzug *m*; **~ fleuri** Blumenkorso *m*

Corte [kɔʀte] *Stadt auf Korsika*

cortège [kɔʀtɛʒ] *m* 1 *(défilé)* Zug *m*; Umzug *m*; *d'un haut personnage* Gefolge *n*; **~ funèbre** Leichen-, Trauerzug *m*; Trauergefolge *n*; **~ nuptial** Hochzeitszug *m*; **~ de manifestants** Demonstrationszug *m*; **se former en ~** e-n Zug bilden; sich zu e-m Zug aufstellen, formieren 2 *fig* Gefolge *n*; Folge *f*; **la guerre et son ~ de misères** der Krieg und was er an Not mit sich bringt; der Krieg und was er an Elend im Gefolge hat

cortex [kɔʀtɛks] *m* ANAT **~ (cérébral)** (Groß)Hirnrinde *f*; *sc* Kortex *m*; **~ surrénal** Nebennierenrinde *f*

cortisone [kɔʀtizɔn] *f* PHARM Cortison *ou* Kortison *n*

corvéable [kɔʀveabl] *adj* 1 HIST zum Frondienst verpflichtet 2 *fig* → **taillable**

corvée [kɔʀve] *f* 1 lästige Arbeit, Aufgabe; Bürde *f*; Last *f*; MIL (bestimmter Sonder)Dienst; **~s ménagères** (lästige) Haushaltsarbeiten *f/pl*; P **~ des chiottes** Abort-, Latrinenreinigungsdienst *m*; F **~ de patates, de pluches** Kartoffelschälen *n*; *par ext* Küchendienst *m*; **être de ~** die Aufgabe übernehmen müssen; F dran sein; dran glauben müssen; **cette semaine je suis de ~ de vaisselle** diese Woche habe ich Geschirrspüldienst, F bin ich mit Geschirrspülen dran 2 HIST Fron(arbeit) *f*; Frondienst *m*

corvette [kɔʀvɛt] *f* MAR Korvette *f*

corvidés [kɔʀvide] *m/pl* ZO Rabenvögel *m/pl*

coryphée [kɔʀife] *m* 1 DANSE Angehörige der dritten Stufe der Rangordnung im frz Ballett 2 *fig et litt* Führer *m*

coryza [kɔʀiza] *m* MÉD Schnupfen *m*

cosaque [kɔzak] *m* Kosak *m*

cosignataire [kosiɲatɛʀ] *m,f* JUR Mitunterzeichner(in) *m(f)*

cosinus [kɔsinys] *m* MATH Kosinus *m*

cosmétique [kɔsmetik] I *adj* kosmetisch; Kosmetik…; **produits** *m/pl* **~s** Kosmetika *n/pl*; *fig* **réforme** *f* **~** kosmetische Reform II *m produit* Kosmetikum *n*

cosmétologie [kɔsmetɔlɔʒi] *f* Kosmetologie *f*

cosmique [kɔsmik] *adj* kosmisch; Weltraum…; des Weltalls; **rayons** *m/pl* **~s** kosmische Strahlung; Höhenstrahlung *f*

cosmogonie [kɔsmɔgɔni] *f* Kosmogonie *f* **cosmogonique** *adj* kosmogonisch

cosmographie [kɔsmɔgʀafi] *f* Kosmografie *f* **cosmographique** *adj* kosmografisch

cosmologie [kɔsmɔlɔʒi] *f* Kosmologie *f* **cosmolo-**

C

gique *adj* kosmologisch
cosmonaute [kɔsmɔnot] *m,f* Kosmonaut(in) *m(f)*; Raumfahrer(in) *m(f)*
cosmopolite [kɔsmɔpɔlit] **I** *adj* kosmopolitisch; weltbürgerlich; weltoffen; ***foule*** *f* **~** buntes Völkergemisch; ***quartier*** *m* **~** Stadtviertel *n* mit verschiedensten Bevölkerungsgruppen; ***ville*** *f* **~** Weltstadt *f*; ***mener une existence* ~** in den verschiedensten Ländern leben **II** *m* Kosmopolit *m*; Weltbürger *m*
cosmopolitisme [kɔsmɔpɔlitism] *m* Kosmopolitismus *m*; Weltbürgertum *n*
cosmos [kɔsmos] *m* **1** *extra-terrestre* Kosmos *m*; Weltall *n*; Weltraum *m* **2** PHILOS Kosmos *m*; Weltordnung *f*
Cosne [kon] *frz Ortsname*
cossard [kɔsaʀ] F **I** *adj* faul; ***il est drôlement* ~** F er ist stinkfaul; er stinkt vor Faulheit **II** *subst* **~(*e*)** *m(f)* Faulenzer(in) *m(f)*; F Faulpelz *m*, -tier *n*
cosse [kɔs] *f* **1** *de petits pois etc* Schote *f*; Hülse *f* **2** ÉLECT Kabelschuh *m* **3** F (*paresse*) Faulheit *f*; → *a* ***flemme***
cossu [kɔsy] *adj personne* wohlhabend; gut situiert; begütert; F betucht; ***maison* ~*e*** stattliches, ansehnliches Haus
costal [kɔstal] *adj* ⟨**-aux**⟩ ANAT Rippen…; *sc* kostal; ***vertèbre* ~*e*** Brustwirbel *m*
costard [kɔstaʀ] F *m* (Herren)Anzug *m*
Costa Rica [kɔstaʀika] ***le* ~** Costa Rica *n*
costaricien [kɔstaʀisjɛ̃] **I** *adj* ⟨**~*ne***⟩ costa-ricanisch **II** *subst* ***Costaricien(ne)*** *m(f)* Costa-Ricaner(in) *m(f)*
costaud [kɔsto] F **I** *adj* ⟨*f inv*⟩ **1** (*fort*) stämmig; untersetzt; vierschrötig **2** (*plein de santé*) robust; ***elle n'est pas* ~** sie ist nicht sehr kräftig; sie hat e-e zarte Konstitution **3** *objet, voiture* robust; *meuble* solide; haltbar; ***ce n'est pas* ~** das wird nicht lange halten **II** *m* stämmiger Kerl
costume [kɔstym] *m* **1** *pour hommes* (Herren)Anzug *m*; **~ *sur mesure*** Maßanzug *m* **2** THÉ, *déguisement* Kostüm *n*; **~ *folklorique, régional*** (Volks)Tracht *f*; **~ *national*** National-, Landestracht *f*; **~ *d'apparat*** Prunk-, Prachtgewand *n*; **~ *de bain*** Badeanzug *m*; **~ *de carnaval*** Faschings-, Karnevalskostüm *n*; *fig* ***en* ~ *d'Adam*** im Adamskostüm; splitter(faser)nackt
costumé [kɔstyme] *adj* kostümiert; ***bal* ~** Kostümball *m*
costumer [kɔstyme] *v/t* (*et v/pr* ***se***) **~** (sich) kostümieren, verkleiden (***en*** als *+acc*)
costumier [kɔstymje] *m*, **costumière** *f* **a)** *loueur* Kostümverleiher(in) *m(f)*; **b)** *fabricant* Kostümschneider(in) *m(f)*; **c)** THÉ Kostümbildner(in) *m(f)*; Gewandmeister *m*
cosy [kɔzi] *m meuble* Anbauliege *f*
cotangente [kɔtɑ̃ʒɑ̃t] *f* MATH Kotangens *m*
cotation [kɔtasjõ] *f* BOURSE (Börsen-, Kurs)Notierung *f*
cote [kɔt] *f* **1** BOURSE **a)** *action* Kursnotierung *f*; **b)** *bulletin* Kurszettel *m*, -bericht *m*, -blatt *n* **2** *par ext d'une voiture, d'une collection etc* Schätzpreis *m* **3** (*marque de classement*) (Kenn)Ziffer *f*; Signatur *f*; Aktenzeichen *n*; Nummer *f* **4** TOPOGRAPHIE Kartenpunkt *m*; Kote *f*; Höhe *f*; **~ *de niveau*** Höhenzahl *f*, -angabe *f* **5** **~ *d'alerte*** *d'un cours d'eau* Hochwassermarke *f*; *fig* kritischer Punkt **6** (*appréciation*) Bewertung *f*; **~ *de popularité*** Beliebtheitsgrad *m*; *d'ouvrages parus* **~ *des succès*** Bestsellerliste *f*; *fig* ***(ne pas) avoir la* ~** (nicht) sehr geschätzt werden, angesehen sein, hoch im Kurs stehen; ***avoir la* ~ *auprès de qn*** bei j-m gut angeschrieben sein, F e-n Stein im Brett haben; ***sa* ~ *baisse*** sein Stern ist im Sinken **7** TURF ***la* ~ *est à 10 contre 1*** die Gewinnchancen stehen 1 zu 10 **8** *d'un impôt* Anteil *m*; Quote *f*
côte [kot] *f* **1** *de la mer* Küste *f*; ***la Côte (d'Azur)*** die Côte d'Azur; die (französische) Riviera; ***la Côte d'Or*** *Landschaft in Burgund*; → *a* ***Côte-d'Or***; ***sur la* ~** an der *ou* die Küste; *navire* ***aller à la* ~** stranden; auflaufen; *fig personne* ***être à la* ~** am Hungertuch nagen; keinen Heller haben **2** (*montée*) Steigung *f*; Hang *m*; ***en 'haut d'une* ~** auf e-r Kuppe **3** (*coteau*) (Berg)Hang *m*; Lehne *f*; ***les* ~*s du Rhône*** die Hänge beiderseits der Rhone; → *a* ***côtes-du-Rhône*** **4** ANAT Rippe *f*; *loc/adv* **~ *à* ~** nebeneinander; Seite an Seite; F *fig* ***avoir les* ~*s en long*** F die Arbeit nicht erfunden haben; F ***se tenir les* ~*s (de rire)*** sich (*dat*) die Seiten, den Bauch halten vor Lachen; *fig* ***on lui voit les* ~*s*** man kann bei ihm die Rippen zählen; er hat nichts auf den Rippen **5** BOUCHERIE *d'agneau, de porc etc* Kotelett *n*; *de bœuf* Rippenstück *n* **6** *de certains légumes* Rippe *f* **7** *tissu, tricot* ***à* ~*s*** im Rippenmuster; gerippt; ***velours*** *m* ***à* ~*s*** Kord(samt) *m*
coté [kɔte] *adj* **1** (*apprécié*) geschätzt; begehrt; ***il est très* ~** er ist sehr angesehen; F er steht hoch im Kurs **2** *valeur* ***(non)* ~ *en Bourse*** an der Börse (nicht) notiert, gehandelt **3** *devoir* ***bien* ~** gut bewertet
côté [kote] **I** *m* Seite *f*; MATH *d'un angle* Schenkel *m*; ***bon* ~** richtige, *d'un tissu* rechte Seite; *fig de qn, de qc* gute Seite; *fig* ***prendre qc du bon* ~** etw von s-r guten Seite nehmen, ansehen; ***mauvais* ~** falsche, *d'un tissu* linke Seite; *fig* schlechte, schlimme Seite; *fig* ***ne voir que le mauvais* ~ *des choses*** nur die schlechte(n) Seite(n) der Dinge, nur das Schlechte sehen; MATH **~ *opposé à*** Gegenseite *f* von (*ou +gén*); ***les* ~*s ridicules de qn, de qc*** die lächerlichen Eigenschaften e-r Person; die lächerlichen Seiten e-r Sache; ***10 cm de* ~** 10 cm Seitenlänge; ♦ *loc/adj et loc/adv* ***à* ~** (*tout près*) nebenan; Neben…; (*à* **~** *du but*) daneben; ***pièce*** *f* ***à* ~** Nebenzimmer *n*; Zimmer *n* nebenan; ***il habite à* ~** er wohnt nebenan, *par ext* ganz in der Nähe, gleich um die Ecke; ***jeter, lancer à* ~** vorbeiwerfen; ***passons à* ~** gehen wir nach nebenan; ***le coup est passé à* ~** der Schlag ist danebengegangen; ***verser à* ~** danebengießen; ♦ ***les gens d'à* ~** die Leute von nebenan; ***la maison d'à* ~** das Nebenhaus; das Haus nebenan; ♦ *loc/prép* ***à* ~ *de*** (*près de*) neben (*+dat ou +acc*); *fig* (*en comparaison de*) neben (*+dat*); im Vergleich zu (*+dat*); verglichen mit (*+dat*); gegenüber (*+dat*); ***aux* ~*s de qn*** an j-s Seite (*dat*), j-m zur Seite, neben j-m (*a fig*); ***l'un à* ~ *de l'autre*** nebeneinander; F ***à* ~ *de ça*** allerdings; andererseits; ***assieds-toi à* ~ *de moi*** setz dich neben mich, zu mir; ***il était à* ~ *de moi*** er stand neben mir; ***il est petit à* ~ *de moi*** er ist klein im Vergleich zu mir, neben mir; *fig* ***vous êtes passé à* ~ *du sujet*** Sie haben das Thema verfehlt; ***vous avez répondu à* ~ *de la question*** Ihre Antwort geht an der Frage vorbei; ♦ *loc/adj et loc/adv* ***de* ~** (*à l'écart*) auf der *ou* die Seite; zur Seite; beiseite (*a fig*); (*de travers*) schräg;

faire un bond de ~ zur Seite springen; e-n Sprung zur Seite machen; ***jeter un regard de ~ à qn*** j-m e-n Seitenblick zuwerfen; j-n von der Seite ansehen; *fig* ***laisser qc de ~*** etw beiseitelassen; *sujet, détail a* etw nicht erwähnen; *fig* ***laisser qn de ~*** j-n links liegen lassen; j-n unbeachtet lassen; ***mettre de ~*** beiseitelegen; auf die Seite legen; zur Seite legen; *fig (réserver)* beiseitelegen; *argent a* auf die hohe Kante legen; *chapeau* ***posé de ~*** schräg, schief aufgesetzt; ♦ ***de l'autre ~*** *venir* von der ander(e)n Seite; *être, se trouver* auf der ander(e)n Seite; *aller* auf die andere Seite; *partir* nach der ander(e)n Seite; *fig* and(e)rerseits; auf der ander(e)n Seite; ***d'un ~ …, de l'autre ~ …*** einerseits …, andererseits …; ***de ce ~(-ci)*** von *ou* auf *ou* nach dieser Seite; *fig* ***de ce ~-là*** diesbezüglich; in dieser Hinsicht; ***de chaque ~*** von *ou* auf jeder Seite; ***des deux ~s*** von *ou* auf beiden Seiten; ***du ~ maternel, paternel*** mütterlicher-, väterlicherseits; ***du ~ opposé*** von *ou* auf *ou* nach der entgegengesetzten Seite; ***de tous (les) ~s*** *(de partout)* von allen Seiten; von überallher; *(dans toutes les directions)* nach allen Seiten; überallhin; *(partout)* auf allen Seiten; überall; ♦ *avec adj/poss*: ***de mon, son ~*** meiner-, seinerseits; ***je l'ai de mon ~*** ich habe ihn, er ist, er steht auf meiner Seite; ***mettre qn de son ~*** j-n auf s-e Seite ziehen; j-n für sich gewinnen; ***chacun est parti de son ~*** sie gingen auseinander; jeder ging s-r Wege; ♦ *loc/prép* ***du ~ de*** *(aux environs de)* in der Nähe von *(ou +gén)*; bei *(+dat)*; *(dans la direction de)* in Richtung auf *(+acc)*; ***il s'est installé du ~ de Lyon*** er hat sich in der Nähe von Lyon niedergelassen; *fig*: ***être du ~ de qn*** auf j-s Seite *(dat)* stehen; ***passer, se ranger du ~ de qn*** sich auf j-s Seite *(acc)* stellen; zu j-m übergehen; ***des deux ~s de*** beiderseits *(+gén)*; ♦ *loc/adv* ***par le ~*** von der Seite (her); ***on entre par le ~ gauche*** *a* der Eingang ist auf der linken Seite; *loc/adv* ***sur le ~*** auf, an der Seite; *mouvement* auf die Seite; *personne, navire, voiture* ***être couché sur le ~*** auf der Seite liegen **II** F *prép* was *(+acc)* angeht; in puncto *(+nominatif)*; F …mäßig; ***~ santé*** in puncto Gesundheit; gesundheitsmäßig

coteau [kɔto] *m* ⟨*pl* **~x**⟩ Anhöhe *f*; (sanfter) Hügel; Hang *m*

Côte-d'Ivoire [kotdivwaʀ] ***la ~*** die Elfenbeinküste

Côte-d'Or [kotdɔʀ] ***la ~*** *frz Departement*

côtelé [kotle] *adj* ***velours ~*** Kord(samt) *m*; Rippensamt *m*

côtelette [kotlɛt, kɔt-] *f* Kotelett *n*; ***~ de porc, de veau*** Schweine-, Kalbskotelett *n*

Cotentin [kɔtɑ̃tɛ̃] ***le ~*** *Halbinsel der Normandie*

coter [kɔte] *v/t* **1** *(marquer)* markieren; *(numéroter)* nummerieren **2** BOURSE notieren **3** *par ext* ***~ une voiture, un restaurant*** ein Auto, ein Restaurant bewerten **4** TECH *plan* mit Maßzahlen versehen

coterie [kɔtʀi] *st/s f* Klüngel *m*; Clique *f*

Côtes-d'Armor [kotdaʀmɔʀ], *bis 1990* **Côtes-du-Nord** [kotdynɔʀ] ***les ~*** *f/pl frz Departement*

côtes-du-Rhône [kotdyʀon] *m* ⟨*inv*⟩ *Rotwein aus dem südlichen Rhonetal*

cothurne [kɔtyʀn] *m* ANTIQUITÉ Kothurn *m*

côtier [kotje] *adj* ⟨**-ière**⟩ Küsten…; ***navigation, pêche côtière*** Küstenschifffahrt *f*, -fischerei *f*

cotillon [kɔtijõ] *m* **1** *loc* ***courir le ~*** jeder Schürze nachlaufen; ein Schürzenjäger sein **2** ***accessoires*** *m/pl* ***de ~*** Papierartikel *m/pl* für Partys *etc (Papierschlangen, Konfetti etc)*

cotisant [kɔtizɑ̃] **I** *adj* ***membre ~*** zahlendes Mitglied **II** *subst* **~(e)** *m(f)* Beitragszahler(in) *m(f)*

cotisation [kɔtizasjõ] *f* (Mitglieds)Beitrag *m* (***à*** an *+acc)*

cotiser [kɔtize] **I** *v/i* (s-n) Beitrag *ou* (s-e) Beiträge zahlen, entrichten (***à*** an *+acc)* **II** *v/pr* ***se ~*** (Beiträge, Geld) sammeln; zusammenlegen (***pour un cadeau*** für ein Geschenk)

coton [kɔtõ] *m* **1** Baumwolle *f*; *loc/adj* ***de ~*** Baumwoll…; baumwollen; aus Baumwolle; ***tissu*** *m* ***de ~*** Baumwollgewebe *n*, -stoff *m*; *fig*: ***avoir les jambes en ~*** weiche Knie haben; → *a* ***filer*** *I 1* **2** *fil* Baumwollgarn *n*; ***~ à broder, à repriser*** (Baumwoll)-Stick-, Stopfgarn *n* **3** ***~ (hydrophile)*** (Verband[s])-Watte *f*; ***(morceau*** *m* ***de) ~*** Wattebausch *m*; *fig*: ***il a du ~ dans les oreilles*** s-e Ohren sind zu; *enfant* ***élever dans du ~*** in Watte packen; verhätscheln; verzärteln **4** *adjt* F ***c'est ~!*** F das ist kniff(e)lig, verzwickt, vertrackt!

cotonnade [kɔtɔnad] *f* Baumwollgewebe *n*, -zeug *n*

cotonneux [kɔtɔnø] *adj* ⟨**-euse**⟩ **1** *brume* wie Watte; ***nuages*** *m/pl* ***~*** Wattewolken *f/pl*, -wölkchen *n/pl* **2** *feuille* flaumig **3** *fruit* mehlig **4** *bruit* gedämpft

cotonnier [kɔtɔnje] *adj* ⟨**-ière**⟩ Baumwoll…; ***industrie cotonnière*** Baumwollindustrie *f*

coton-tige® [kɔtõtiʒ] *m* ⟨*pl* **cotons-tiges**⟩ Wattestäbchen *n*

côtoyer [kotwaje] *v/t* ⟨**-oi-**⟩ **1** ***~ qn*** mit j-m zusammenkommen, in Verbindung, in Berührung kommen **2** *fig* ***~ qc*** mit etw in (enge) Berührung kommen; ***~ le ridicule*** *réaction etc* ans Lächerliche grenzen; *personne* sich ziemlich lächerlich machen **3** *route* ***~ la rivière*** sich am Fluss entlangziehen; am Fluss entlanglaufen

cottage [kɔtɛdʒ] *m* Cottage [-idʒ] *n*; kleines Landhaus

cotte [kɔt] *f* **1** HIST ***~ de mailles*** Kettenhemd *n*, -panzer *m* **2** *vêtement de travail* Latzhose *f*

cotutelle [kɔtytɛl] *f* JUR Mitvormundschaft *f* **cotuteur** *m* JUR Mitvormund *m*

cotylédon [kɔtiledõ] *m* BOT Keimblatt *n*

cou [ku] *m* **1** *d'une personne, d'un animal* Hals *m*; *fig*: ***~ de cygne*** Schwanenhals *m*; ***~ de taureau*** Stiernacken *m*; *loc/adv*: ***au ~*** am Hals; *porter* um den Hals; ***autour du ~*** um den Hals (geschlungen); ***jusqu'au ~*** bis zum Hals *(a fig)*; ***être endetté jusqu'au ~*** bis zum Hals, bis über die Ohren in Schulden stecken; ***se casser, se rompre le ~*** sich *(dat)* den Hals, das Genick brechen *(a fig)*; ***couper le ~ à qn*** j-m die Kehle, den Hals durchschneiden; ***se jeter, sauter au ~ de qn*** j-m um den Hals fallen; ***se pendre au ~ de qn*** sich an j-s Hals *(acc)* hängen; j-n umhalsen **2** *d'une bouteille* Hals *m*

couac [kwak] *m* falscher Ton; Misston *m*; ***faire des ~s*** falsch singen *ou* spielen

couard [kwaʀ] *st/s* **I** *adj* feig(e) **II** *m* Feigling *m*; *litt* Memme *f*

couardise [kwaʀdiz] *st/s f* Feigheit *f*

couchage [kuʃaʒ] *m des troupes* Unterbringung *f*; Übernachtung *f*; ***matériel*** *m* ***de ~*** Schlafausrüstung *f* für Camping *etc*; ***sac*** *m* ***de ~*** Schlafsack *m*

couchant [kuʃɑ̃] **I** *adj* **1** ***soleil ~*** untergehende Sonne **2** CH ***chien ~*** Vorstehhund *m* **II** *m* **1** *(ouest)*

C

st/s Abend *m* 2 *soleil* untergehende Sonne

couche [kuʃ] *f* 1 *(épaisseur)* Schicht *f* (*a* GÉOL, MÉTÉO, TECH); Lage *f*; MINES *a* Flöz *n*; TECH *a* Belag *m*; PEINT *a* Anstrich *m*; **~ protectrice** Schutzschicht *f*; GÉOL **~ d'argile** Tonschicht *f*; **~ de neige** Schneedecke *f*; **~ de peinture** Farbschicht *f*; F *fig* **il en a, tient une ~** F der ist ganz schön blöd, dämlich, vernagelt; der hat ein Brett vor dem Kopf 2 *fig* **~s sociales** Gesellschaftsschichten *f/pl*; soziale Schichten *f/pl* 3 JARD Mistbeet *n* 4 *pour bébés* Windel *f* 5 **a)** **fausse ~** Fehlgeburt *f*; *sc* Abort *m*; **avoir, faire une fausse ~** e-e Fehlgeburt haben; **b)** *st/s* **~s** *pl période* Wochenbett *n*; *(accouchement)* Entbindung *f*; *litt* Niederkunft *f*; **retour** *m* **de ~s** erste Menstruation nach der Entbindung; **femme** *f* **en ~s** Wöchnerin *f*; **être en ~s** im Wochenbett liegen; **mourir en ~s** im Wochenbett *ou* bei der Geburt sterben 6 *litt* Lager *n*; **~ nuptiale** Hochzeits-, Brautlager *n*

couché [kuʃe] *adj* 1 liegend; **être ~** *(étendu)* liegen; *au lit* im Bett sein; **il est déjà ~** *a* er schläft schon; er ist schon schlafen gegangen; **rester ~** liegen bleiben 2 *écriture* schräg; **pli ~** COUT einfache Falte; GÉOL liegende Falte

couche-culotte [kuʃkylɔt] *f* ⟨*pl* **couches-culottes**⟩ Höschenwindel *f*

coucher[1] [kuʃe] **I** *v/t* 1 **a)** **~ qn** j-n (hin)legen (**sur** auf +*acc*); *enfant, malade* ins Bett legen; *enfant a* zu Bett bringen; **b)** **~ qn** (**chez soi**) j-n (für die Nacht) beherbergen, (bei sich) unterbringen; j-n (bei sich) übernachten lassen 2 *objet* (waagrecht) legen; hinlegen; *pluie* **~ les blés** das Getreide umlegen; *tempête* **~ un navire** ein Schiff auf die Seite legen 3 **~ qc** (**par écrit**) etw schriftlich niederlegen; etw niederschreiben, zu Papier bringen; **~ qn sur son testament** j-n in s-m Testament bedenken 4 **~ en joue** → **joue** *1* **II** *v/i* 1 *(dormir)* schlafen; *(passer la nuit)* übernachten; nächtigen; **~ à l'hôtel** im Hotel übernachten; **~ avec qn** mit j-m zusammen (in e-m Zimmer *ou* Bett) schlafen; → *a II 2*; **~ sous les ponts** unter den Brücken schlafen; *fig* **nom** *m* **à ~ dehors** unaussprechlicher, schwer auszusprechender Name; Name, den man sich (*dat*) nicht merken kann 2 F **~ avec qn** *(avoir des rapports sexuels)* mit j-m schlafen 3 *à un chien* **allez** *ou* **va ~!** kusch! **III** *v/pr* **se ~** 1 **a)** *pour dormir* sich schlafen legen; sich niederlegen; schlafen gehen; ins, zu Bett gehen; **c'est l'heure de se ~** *a* es ist Zeit zum Schlafengehen; **b)** *(s'étendre)* sich hin-, nieder-, F flachlegen; **se ~ dans l'herbe, sur le divan** sich ins Gras, auf die Couch legen 2 *(se courber)* **se ~ sur qc** sich tief beugen über etw (*acc*) 3 *soleil, astre* untergehen

coucher[2] [kuʃe] *m* 1 *d'un astre* Untergang *m*; **(au) ~ du soleil** (bei) Sonnenuntergang *m* 2 *moment de la journée* Schlafengehen *n*; Schlafenszeit *f* 3 HIST **~ du roi** Abendaudienz *f* (beim König)

coucheries [kuʃʀi] *f/pl péj* Bettgeschichten *f/pl*

couche-tard [kuʃtaʀ] *m* ⟨*inv*⟩ Nachtarbeiter *m ou* -schwärmer *m* **couche-tôt** *m* ⟨*inv*⟩ j, der mit den Hühnern ins Bett geht

couchette [kuʃɛt] *f* 1 CH DE FER Platz *m* im Liegewagen; Liegeplatz *m*; **~s** *pl* Liegewagen *m* 2 MAR Kabinenbett *n*; Koje *f*

coucheur [kuʃœʀ] *m* **mauvais ~** Meckerer *m*; Nörgler *m*; Streithahn *m*, F -hammel *m*, *südd* -hans(e)l *m*; **c'est un mauvais ~** *a* mit ihm ist nicht gut Kirschen essen

coucheuse [kuʃøz] *f* FABRICATION DE PAPIER Gautschpresse *f*

couci-couça [kusikusa] *adv* F so lala; soso

coucou [kuku] **I** *m* 1 ZO Kuckuck *m* 2 *pendule* Kuckucksuhr *f* 3 BOT Schlüsselblume *f*; Himmelsschlüssel *m* 4 F *fig (vieil avion)* **(vieux) ~** F alte Kiste, Mühle **II** *int* kuckuck!; **~, me voilà!** kuckuck *ou* hallo, da bin ich!

coude [kud] *m* 1 Ell(en)bogen *m*; *loc/adv* **~ à ~** dicht nebeneinander, aneinandergedrängt; auf Tuchfühlung; Schulter an Schulter (*a fig*); Seite an Seite (*a fig*); *veste* **trouée aux ~s** mit durchlöcherten Ellbogen; mit Löchern an den Ellbogen; **donner un coup de ~ à qn, pousser qn du ~** j-n mit dem Ellbogen anstoßen; **jouer des ~s** die Ellbogen gebrauchen (*a fig*); F *fig* **lever le ~** F (gern) einen heben; *fig* **se serrer, se tenir les ~s** zusammenhalten 2 *d'une rivière* (starke) Krümmung, Biegung; Knie *n*; *d'un chemin* Knick *m* 3 TECH Knie *n*; Kröpfung *f*

coudée [kude] *f* **avoir les ~s franches** Handlungs-, Bewegungs-, Ellbogenfreiheit haben

cou-de-pied [kudpje] *m* ⟨*pl* **cous-de-pied**⟩ ANAT Spann *m*; (Fuß)Rist *m*

couder [kude] *v/t* TECH (zu e-m Knie, knieförmig) umbiegen; kröpfen; *adjt* **tuyau coudé** Knie *n*; Krümmer *m*

coudou [kudu] *m* ZO Kudu *m*

coudoyer [kudwaje] ⟨-oi-⟩ *v/t* 1 **~ qn** mit j-m in Berührung, Kontakt kommen; mit j-m zusammenkommen 2 *fig* **~ qc** an etw (*acc*) grenzen

coudre [kudʀ] *v/t* ⟨**je couds, il coud, nous cousons**; **je cousais**; **je cousis**; **je coudrai**; **que je couse**; **cousant**; **cousu**⟩ nähen (*a abs*); *bouton, manche etc* annähen (**à** an +*acc*); *pièce* aufnähen; *deux parties* zusammennähen; MÉD **~ une plaie** eine Wunde nähen; **~ à la machine** mit der (Näh)Maschine nähen

coudrier [kudʀije] *m* BOT Haselstrauch *m*, -busch *m*; **baguette** *f* **de ~** Haselrute *f*, -gerte *f*; *du sourcier* Wünschelrute *f*

couenne [kwan] *f* CUIS Speckschwarte *f*

Couesnon [kwenõ] **le ~** *Fluss in Westfrankreich*

couette [kwɛt] *f* 1 *(édredon)* Federbett *n* 2 *cheveux* seitlich zusammengehaltener Haarschopf; F Schwänzchen *n*

couffin [kufɛ̃] *m* strohgeflochtener Tragkorb *ou* strohgeflochtene Tragetasche (*für Babys*)

cougouar *ou* **couguar** [kugwaʀ] *m* ZO Kuguar *m*; Puma *m*

couic [kwik] *int* 1 *cri étranglé* quiek!; F *fig* **faire ~ à qn** F j-m den Hals umdrehen 2 F **n'y comprendre que ~** F nichts kapieren

couille [kuj] *f* V *(testicule)* Hoden *m*; **~s** *pl* P Eier *n/pl*; **~ molle** F Waschlappen *m*; P Schlappschwanz *m*; **casser les ~s à qn** P j-m auf den Sack gehen; **se faire des ~s en or** P viel, einen Haufen Kohle machen

couillon [kujõ] *m* F Dussel *m*; Blödmann *m*; Dämlack *m*

couillonner [kujɔne] *v/t* F **~ qn** j-n hereinlegen, F überfahren

couinement [kwinmɑ̃] F *m d'un petit animal* Quieken *n* **couiner** F *v/i petit animal* quieken; *enfant* flennen; *chariot, frein* quietschen

coulage [kulaʒ] *m* 1 TECH Gießen *n*; Guss *m* 2 F (*gaspillage*) Verschwendung *f*

coulant [kulɑ̃] I *adj* 1 *style* flüssig; ***nœud ~*** Schlinge *f*; ***vin ~*** süffiger Wein 2 F *personne* großzügig; entgegenkommend; F nicht pingelig II *m d'une ceinture* Schlaufe *f*

coule [kul] *loc/adj* F ***à la ~*** routiniert; F gewieft; ***être à la ~*** *a* Bescheid wissen; alle Tricks kennen

coulée [kule] *f* 1 MÉTALL **a)** *action* Gießen *n*; Guss *m*; Abstich *m*; **b)** *masse* Schmelzmasse *f* 2 GÉOL Strom *m*; ***~ de boue*** Schlammlawine *f*; Mure *f*; ***~ de lave*** Lavastrom *m*

couler [kule] I *v/t* 1 MÉTALL, TECH gießen; ***~ qc dans qc*** etw in etw (*acc*) gießen 2 *navire* versenken 3 *fig personne* erledigen; F fertigmachen; ***~ une entreprise*** ein Unternehmen ruinieren 4 ***~ un mot à l'oreille de qn*** j-m heimlich etwas ins Ohr flüstern; ***~ un regard vers qn, qc*** verstohlen, heimlich e-n Blick auf j-n, etw werfen 5 ***~ des jours heureux*** glückliche Tage verbringen, verleben II *v/i* 1 *liquides* fließen; rinnen; *p/fort* strömen; (her)auslaufen; *beurre* zerlaufen; *fromage, cire* laufen; *fig* ***l'argent lui coule entre les doigts*** das Geld zerrinnt ihm in, unter den Händen; ***faire ~ ses larmes*** Tränen vergießen; ***le sang a coulé*** es floss Blut; ***faire ~ le sang*** *personnes* Blut vergießen; *choses* Veranlassung zu Blutvergießen sein 2 *tonneau etc* lecken; undicht sein; auslaufen; *robinet, bougie* tropfen; *stylo* klecksen; ***mon nez coule*** mir läuft die Nase; meine Nase läuft 3 *st/s temps* verrinnen; verstreichen; *vie* ***~ doucement*** gemächlich verlaufen, dahinfließen 4 *navire* untergehen; (ver)sinken 5 ***~ tout seul*** *style* flüssig sein; *récit* flüssig geschrieben sein III *v/pr* 1 ***se ~ dans son lit*** ins, in sein Bett schlüpfen; ***se ~ dans une pièce*** sich in ein Zimmer schleichen 2 F ***se la ~ douce*** sich (*dat*) ein angenehmes Leben machen; sein Leben genießen; es sich (*dat*) wohl sein lassen

couleur [kulœʀ] *f* 1 Farbe *f*; ***~s fondamentales*** Grundfarben *f/pl*; ***~s spectrales, du spectre*** Spektralfarben *f/pl*; ♦ *adjt* ⟨*inv*⟩ ***~ chair*** fleischfarben; ***~ épinard*** spinatgrün; ***copie*** *f*, ***téléviseur*** *m* ***~*** Farbkopie *f*, -fernseher *m*; ♦ *loc/adj*: ***de ~*** farbig; Farb…; bunt; ***femme*** *f*, ***homme*** *m* ***de ~*** Farbige(r) *f*(*m*); ***gens*** *pl* ***de ~*** Farbige(n) *m/pl*; ***de plusieurs ~s*** farbig; bunt; ***d'une seule ~*** einfarbig; ***en ~s*** Farb…; Bunt…; ***photo*** *f* ***en ~s*** Farbfoto *n*; ***'haut en ~(s)*** *personne* mit hochrotem Gesicht; *foule, spectacle* farbenfroh, -freudig; bunt; *fig personnage* urwüchsig; *style, expression* sehr bildhaft; *p/fort* deftig; ♦ ***avoir de belles ~s*** e-e frische, gesunde Gesichtsfarbe, frische Farben haben; F *fig* ***en faire voir à qn de toutes les ~s*** j-m schwer zu schaffen machen; j-m das Leben sauer machen; *fig* ***passer par toutes les ~s*** abwechselnd rot und blass werden; ***perdre ses ~s*** blass werden; F *fig* ***vous n'en verrez plus la ~*** davon werden Sie nie mehr etwas zu sehen bekommen; F das werden Sie am Nimmerleinstag wiederbekommen 2 *substance* Farbe *f*; Farbstoff *m* 3 *fig* Farbe *f*; Färbung *f*; *du style a* Farbigkeit *f*; ***~ locale*** PEINT Lokalfarbe *f*; *fig* Lokalkolorit *n*; ***sans ~*** farblos; ***sous ~ de*** (*+inf*) unter dem Vorwand zu (*+inf*); *apparaître, voir* ***sous de toutes autres ~s*** in e-m ganz anderen Licht; *décrire* ***sous de belles ~s*** in rosigen Farben; in rosigem Licht 4 *pl* ***~s*** *d'un club etc* Farben *f/pl* 5 *pl* ***~s (nationales)*** Landes-, Nationalfarben *f/pl*; *par ext* (*drapeau*) Flagge *f*; ***les trois ~s*** die Trikolore *f* 6 JEUX DE CARTES Farbe *f*; ***annoncer la ~*** (Trumpf)Farbe ansagen; *fig* s-e Absichten bekannt geben; ROULETTE ***jouer la ~*** auf Farbe setzen; *aux cartes* ***jouer dans la ~*** Farbe bedienen, bekennen 7 *fig, surtout* POL Richtung *f*; Schattierung *f*; Färbung *f*; Couleur *f* 8 *linge* Buntwäsche *f*

Les couleurs

Verschiedene Farbadjektive kommen im Französischen auch in gebräuchlichen Wendungen vor:

passer une nuit **blanche** – eine Nacht durchmachen

avoir une peur **bleue** – schreckliche Angst haben

être **gris** – angeheitert sein

être **noir** – besoffen sein

être **rouge** comme une écrevisse – krebsrot sein

être **vert** de peur – ganz blass vor Angst sein

couleuvre [kulœvʀ] *f* ZO Natter *f*; *fig*: ***avaler des ~s*** (*subir des affronts*) allerhand, so manche Beleidigung einstecken, hinnehmen, F schlucken; (*être crédule*) sehr leichtgläubig sein; ***être paresseux comme une ~*** sehr faul, F stinkfaul, ein Faulpelz sein

coulis [kuli] I *adj* ***vent ~*** Zug(luft) *m*(*f*); Luftzug *m* II *m* CUIS ***~ d'écrevisses*** Krebssuppe *f*; ***~ de fraises*** passierte Erdbeeren *f/pl*; ***~ de tomates*** Tomatenpüree *n*, -mark *n*

coulissant [kulisɑ̃] *adj* Schiebe…; Gleit…; ***cloison, porte ~e*** Schiebewand *f*, -tür *f*

coulisse [kulis] *f* 1 THÉ *surtout pl* ***~s*** Seiten- und Hinterbühne(n) *f*(*pl*); *fig*: ***dans les ~s*** hinter den Kulissen; ***il connaît les ~s de la politique*** er weiß, was sich in der Politik hinter den Kulissen abspielt; ***se tenir dans la ~*** *ou* ***les ~s*** nach außen hin nicht in Erscheinung treten 2 (*glissière*) Führung(sschiene) *f*; Falz *m*; Fuge *f*; *loc/adj* ***à ~*** Schiebe…; ***pied*** *m* ***à ~*** Schieb-, Schublehre *f*; ***porte*** *f* ***à ~*** Schiebetür *f* 3 MUS ***trombone*** *m* ***à ~*** Zugposaune *f* 4 COUT Zugsaum *m* 5 *fig* ***regard*** *m* ***en ~*** verstohlener, heimlicher Blick 6 BOURSE Kulisse *f*; Freiverkehr *m*

coulisser [kulise] *v/i* in Schienen, in e-r Führung gleiten; sich (ver)schieben lassen

couloir [kulwaʀ] *m* 1 *d'un appartement, d'un train, du métro* Gang *m*; *d'un immeuble a* Korridor *m* (*a par ext*); *d'un appartement a* Flur *m*; SPORTS Bahn *f*; *d'une salle de séance*, THÉ *etc* ***~s*** *pl* Wandelgänge *m/pl*; AVIAT ***~ aérien*** Luftkorridor *m*; Flugschneise *f*; ***~ d'autobus*** Fahrspur *f* für Busse und Taxis; *fig* POL ***ce sont des bruits de ~s*** das wird in den Wandelgängen erzählt 2 GÉOL Furche *f*; ***~ rocheux*** Felsrinne *f*; ***~ d'avalanches*** Lawinengraben *m*, -gasse *f*; *österr* Lahngang *m*; Lahner *m*

C

coulomb [kulõ] *m* (*abr* ***C***) ÉLECT Coulomb *n* (*abr* C)
coulommiers [kulɔmje] *m ein Weichkäse*
Coulounieix-Chamiers [kulunjeʃamje] *Stadt im Dep. Dordogne*
coulpe [kulp] *f loc* ***battre sa ~*** sich (*dat*) an die Brust schlagen
coulure [kulyʀ] *f* **1** MÉTALL beim Gießen durch die Formfugen gedrungenes Metall **2** AGR Blütenfall *m*; Aus-, Verrieseln *n* **3** *en peinture, glaçure etc* heruntergelaufener Tropfen; F Nase *f*
coup [ku] *m* **1** Schlag *m* (*a fig*); Hieb *m*; (*choc*) Stoß *m*; *de couteau etc* Stich *m*; *d'une arme à feu* Schuss *m*; *fig* (*action*) Tat *f*; Coup *m*; F Stückchen *n*; ***~ bas*** BOXE Tiefschlag *m*; *fig* Schlag unter die Gürtellinie; CH ***double ~*** Doppeltreffer *m*; Dublette *f*; *fig* ***faire ~ double*** zwei Fliegen mit einer Klappe schlagen; *fig* ***~ dur*** harter, schwerer (Schicksals)-Schlag; FOOTBALL ***~ franc*** Freistoß *m*; F *fig* ***sale ~*** gemeiner, hinterhältiger Schlag, Streich; JUR ***~s et blessures*** *f/pl* Körperverletzung *f*; ♦ ***~ d'aile*** Flügelschlag *m*; MUS ***~ d'archet*** Bogenstrich *m*, -führung *f*; ***~s de bâton*** Stockschläge *m/pl*; ***donner des ~s de bâton à qn*** j-n verprügeln; ***~ de bêche*** Spatenstich *m*; MÉD ***~ de bistouri*** Schneiden *n*; Schnitt *m*; F ***~ de boule*** Kopfstoß *m*; ***~ de canon*** Kanonenschuss *m*; MÉD ***~ de chaleur*** Hitzschlag *m*; *fig* ***~ de chance*** Glücksfall *m*; ***~ de ciseaux*** Schnitt *m* (mit der Schere); ***~ de couteau*** Messerstich *m*; *fig* ***~ d'essai*** erster Versuch; Anfang *m*; ***pour un ~ d'essai, c'est un ~ de maître*** für e-n ersten Versuch *ou* dafür, dass es ein erster Versuch war, ist das e-e Meisterleistung; ***~ de feu*** Schuss *m*; *fig* ***c'est le ~ de feu*** es ist, herrscht Hochbetrieb; es ist Stoßzeit; ***tirer un ~ de feu*** schießen; e-n Schuss abfeuern, abgeben; TÉL F ***~ de fil*** Anruf *m*; ***~ de folie*** Anfall *m* von Wahnsinn; *fig* plötzliche Anwandlung; *p/fort* Moment *m* der Unzurechnungsfähigkeit; ***~ de force*** Gewaltstreich *m*; *fig* ***~ de génie*** genialer Einfall; Genie-, Geistesblitz *m*; *fig* ***~ de langue*** bissige, gehässige Bemerkung; *animal* ***donner un ~ de langue à qn*** j-m das Gesicht (ab)lecken; ***~ du lapin*** Töten *n* e-s Kaninchens durch Abknicken des Kopfes; *blessure* Schleudertrauma *n*; *fracture* Halswirbelbruch *m* (durch Peitscheneffekt); ***~ de main*** → ***main*** *1*; ***~ de maître*** Meisterleistung *f*; ***~ de marteau*** Hammerschlag *m*; ***~ d'œil*** → ***œil*** *1*; *fig* ***~ de patte*** kleiner Seitenhieb; ***~ de pied*** (Fuß)Tritt *m*; ***donner un ~ de pied à qn, à qc*** j-m, e-r Sache e-n (Fuß)Tritt geben, versetzen; ***recevoir un ~ de pied au derrière*** e-n Tritt in den Hintern bekommen; ***~ de pinceau*** Pinselstrich *m*; ***donner un ~ de pinceau*** flüchtig (über)streichen (***à qc*** etw); ***~ de pistolet*** Pistolenschuss *m*; ***~ de poing*** Faustschlag *m*, -hieb *m*; → *a* ***poing***, ***coup-de-poing***; ***~ de téléphone*** (Telefon)Anruf *m*; ***donner un ~ de téléphone à qn*** j-n anrufen; F ***~ de Trafalgar*** F Schlag *m* ins Kontor; → *a les subst correspondants*; ♦ *loc/adv et loc/prép*: ***à ~s de*** mit (Hilfe von *ou* +*gén*); durch (+*acc*); mittels (+*gén*); ***au premier ~*** auf Anhieb; (gleich) beim ersten Mal; ***à ~ sûr*** mit Sicherheit; ganz bestimmt, gewiss; ***à tous les ~s*** jedes Mal; bei jeder Gelegenheit; ***tout à ~*** mit einem Schlag; plötzlich; auf einmal; ***après ~*** hinterher; nachher; nachträglich; hinterdrein; im Nachhinein; F ***du ~*** deshalb; darum; aus diesem Grund; ***du même ~*** bei dieser Gelegenheit; ***du premier ~*** auf Anhieb; (gleich) beim ersten Mal; ***d'un*** (***seul***) ***~*** auf einmal; mit einem Schlag; → *a 2*; ***tout d'un ~*** plötzlich; auf einmal; mit einem Schlag; ***encore un ~*** noch einmal; wieder; ***pour le ~*** (für) diesmal; F *si elle sait qu'il est là*, ***c'est pour le ~ qu'elle ne viendra pas*** (dann) kommt sie erst recht nicht; ***sous le ~ de*** unter der (Ein)Wirkung, unter dem Eindruck *ou* unter der Drohung von (*ou* +*gén*); ***sous le ~ d'un choc*** unter Schockwirkung; ***sous le ~ de l'émotion*** im Affekt; ***il est sous le ~ d'une condamnation*** ihm droht e-e Verurteilung; ***tomber sous le ~ de la loi*** unter die Bestimmungen des Gesetzes, unter das Gesetz fallen; strafbar sein; ***~ sur ~*** Schlag auf Schlag; schnell hintereinander; ***sur le ~*** auf der Stelle; sofort; ***être tué sur le ~*** auf der Stelle, sofort tot sein; ***sur le ~ de dix heures*** etwa um, gegen zehn Uhr; ♦ *fig* ***accuser le ~*** Wirkung zeigen; ***il a accusé le ~*** *a* man hat es ihm angemerkt; F ***il a attrapé un mauvais ~*** F den hat's ganz schön erwischt; er hat ganz schön was abgekriegt; ***avoir un joli ~ de crayon*** gut zeichnen (können); F ***j'ai*** (***pris***) ***le ~*** F jetzt hab ich's heraus (*wie man es macht*); ***calculer son ~*** sich (*dat*) die Sache genau ausrechnen; e-n genauen Plan machen; *fig* ***compter les ~s*** nur Zuschauer sein; nicht daran beteiligt sein; ***donner un ~ de chiffon*** (***à qc***) (etw) flüchtig abstauben; mit dem Staubtuch darüberfahren (über etw [*acc*] fahren); F ***donner un ~ de gueule*** losbrüllen; ***se donner un ~*** sich (an)stoßen, anschlagen; F ***ce ~-ci, c'est le bon*** F diesmal muss es klappen; ***être noir, bleu de ~s*** überall blaue Flecken haben; F *fig* ***être aux cent ~s*** Todesängste ausstehen; entsetzlich, furchtbar aufgeregt sein; ***être dans le ~*** (*au courant*) auf dem Laufenden, im Bilde sein; Bescheid wissen; (*participer*) in die Sache (mit) verwickelt sein; (*à la mode*) aktuell, modisch, F in sein; F ***expliquer le ~*** (***à qn***) (j-m) die Sache erklären, auseinandersetzen; ***c'est lui qui a fait le ~*** das hat er gemacht, angerichtet, angestellt; ***tu ne vas pas nous faire le ~ de te dédire*** du wirst uns doch das nicht antun (und absagen); *malfaiteur* ***faire un*** (***mauvais***) ***~*** e-e Straftat begehen; F ein Ding drehen; ***faire un mauvais ~ à qn*** j-m übel mitspielen; F ***faire les quatre cents ~s*** übermütige, tolle Streiche verüben; sich austoben; F ***en ficher un ~*** F sich ins Zeug legen; tüchtig rangehen; ***on frappa trois ~s à la porte*** es klopfte dreimal (an die Tür); ***se libérer d'un ~ de reins*** sich (mit e-m Ruck) aus e-r Umklammerung befreien; ***marquer le ~*** → ***marquer*** *I 7*; F ***en mettre un ~*** F sich ins Zeug legen; tüchtig rangehen; ***mettre qn dans le ~*** (*faire participer*) j-n in die Sache (mit) hineinziehen; (*informer*) j-n ins Bild setzen; ***monter un ~*** e-n Coup vorbereiten, planen, F aushecken; ***c'est un ~ monté*** das ist e-e abgekartete Sache, ein abgekartetes Spiel; ***porter un ~ à qn*** j-m e-n Schlag versetzen (*a fig*); j-m e-n Hieb versetzen; ***porter un ~ à la réputation de qn*** j-s gutem Ruf schaden; j-s guten Ruf beeinträchtigen; ***le ~ a porté*** der Schlag, Hieb hat gesessen; F ***en prendre un*** (***bon***) ***~*** *personne, voiture* etwas dabei abbekommen, F abkriegen; *fig* ziemlich hart getroffen werden; e-n Stoß versetzt bekommen; *horloge* ***sonner six ~s*** sechsmal schlagen; ***tenir le ~*** aus-, durch-, standhalten; *chose*

C

(sich) halten; F ***valoir le ~*** sich lohnen; der Mühe wert sein **2** (*quantité bue*) Schluck *m*; *vider son verre* ***d'un seul ~*** auf einen Zug; F *fig* ***avoir un ~ dans le nez*** zu tief ins Glas geguckt haben; F ***boire un ~*** F einen trinken, heben; F ***boire un ~ de trop*** F einen über den Durst trinken **3** ÉCHECS (Spiel)Zug *m*

Tu peux me donner un coup de main?

Im gesprochenen Französisch wird le coup häufig mit de und einem weiteren Substantiv verwendet:

Donne-moi un **coup de fil** demain soir. – Ruf mich morgen Abend an.
Tu peux me donner un **coup de main**? – Kannst du mir mal helfen?
Jette un **coup d'œil** dans ce livre. – Wirf doch mal einen Blick in dieses Buch.
Pierre a donné un **coup de poing** / un **coup de pied** à Paul. – Pierre versetzte Paul einen Fausthieb / einen Fußtritt.
Marie a attrapé un **coup de soleil**. – Marie hat einen Sonnenbrand bekommen.

coupable [kupabl] **I** *adj personne* schuldig; *comportement* schuldhaft; *par ext* ***amour*** *m* ***~*** sündige, sündhafte Liebe; JUR ***non ~*** nicht schuldig; ***être ~ d'un crime*** e-s Verbrechens schuldig sein; ***être déclaré, reconnu ~*** für schuldig befunden, *a* JUR erklärt werden; JUR schuldig gesprochen werden; ***se rendre ~ de*** *accident etc* verschulden; *faute, délit* sich (*dat*) zuschulden kommen lassen; PSYCH ***se sentir ~*** sich schuldig fühlen **II** *m,f* Schuldige(r) *f(m)*; Täter *m*; ***le grand ~ de qc c'est …*** der Hauptschuldige an etw (*dat*) ist …; die Hauptschuld an etw (*dat*) trägt …; ***c'est moi le ~*** ich bin der Schuldige; ich bin schuld (daran)

coupage [kupaʒ] *m de vins* Verschnitt *m*

coupant [kupɑ̃] *adj* **1** *outil* schneidend; (scharf) geschliffen; ***bord ~*** scharfkantiger Rand **2** *fig* ***ton ~*** schneidender Ton

coup-de-poing [kudpwɛ̃] *m* ⟨*pl* **coups-de-poing**⟩ **1** ***~ (américain)*** Schlagring *m* **2** PRÉHISTOIRE Faustkeil *m*

coupe [kup] *f* **1** *récipient, contenu* Schale *f*; *à fruits a* Schüssel *f*; *petite* Schälchen *n*; Schüsselchen *n*; *précieuse* Pokal *m*; ***~ glacée*** Eisbecher *m*; ***~ à champagne*** Sektschale *f*; ***~ de cristal*** Kristallschale *f*, -schüssel *f*; *fig* ***boire la ~ jusqu'à la lie*** den Kelch bis zur Neige leeren; *prov* ***il y a loin de la ~ aux lèvres*** ein Versprechen geben und es halten *ou* e-n Plan machen und ihn durchführen ist zweierlei **2** SPORTS *prix* Pokal *m*; *compétition* Pokal(wettbewerb) *m*; ***~ Davis*** [-devis] Davis-Cup [de:viskap] *m*; Davis-Pokal *m*; ***~ d'Europe*** Europapokal *m*; ***~ de France de football*** französischer Fußballpokal (-wettbewerb); ***Coupe du monde*** Fußballweltmeisterschaft *f*; SKI Weltcup [-kap] *m* **3** (*action de couper*) Schneiden *n*; Schnitt *m*; ***~ (de cheveux)*** *résultat, manière* (Haar)Schnitt *m*; *action* Schneiden *n* **4** COUT **a)** *action* Zuschneiden *n*; Zuschnitt *m*; **b)** *résultat, manière* Schnitt *m*; **c)** (*coupon*) Coupon *m*; (Stück *n*) Stoff *m* **5** (*section*) Schnitt *m*; *dessin* Schnittzeichnung *f*; ***~ histologique*** Gewebsschnitt *m*; ***~ longitudinale, transversale*** Längs-, Querschnitt *m* **6** *loc* ***être, tomber sous la ~ de qn*** unter j-s Fuchtel (*dat*) sein; unter j-s Fuchtel (*acc*) fallen; völlig von j-m beherrscht werden **7** SYLVICULTURE Einschlag *m*; ***~ réglée*** Jahresschlag *m*; *fig* ***mettre qn en ~ réglée*** j-n regelmäßig schröpfen; *fig* ***~s sombres*** einschneidende Reduzierungen *f/pl*, Kürzungen *f/pl* (***dans le budget, dans le personnel*** des Budgets, beim Personal); ***faire, pratiquer des ~s sombres*** einschneidende Kürzungen vornehmen; den Rotstift ansetzen; ***faire des ~s sombres dans un texte*** e-n Text stark kürzen, zusammenstreichen **8** JEUX DE CARTES Abheben *n* **9** VERSIFICATION Zäsur *f*; LING ***~ syllabique*** Silbentrennung *f*

coupé [kupe] **I** *adj* **1** (ab)geschnitten; *cheveux* kurz (geschnitten); ***fleurs ~es*** Schnittblumen *f/pl*; *vêtement* ***mal ~*** schlecht (zu)geschnitten; → *a* ***couper*** *I 1* **2** *communications* abgeschnitten; unterbrochen; *route* unterbrochen; unpassierbar **3** *chat* kastriert; verschnitten **4** TENNIS ***balle ~e*** angeschnittener Ball **II** *m* AUTO Coupé *n*

coupe-choux [kupʃu] *m* ⟨*inv*⟩ F MIL kurzer Säbel

coupe-cigares *m* ⟨*inv*⟩ Zigarrenabschneider *m*

coupe-circuit *m* ⟨*inv*⟩ ÉLECT Sicherung *f* **coupe-coupe** *m* ⟨*inv*⟩ Buschmesser *n*; Machete *f*

coupée [kupe] *f* MAR ***échelle*** *f* ***de ~*** Fallreep *n*

coupe-faim [kupfɛ̃] *m* ⟨*inv*⟩ Appetitzügler *m*

coupe-feu [kupfø] ⟨*inv*⟩ **I** *adj* ***mur*** *m* ***~*** Brandmauer *f*; ***porte*** *f* ***~*** Feuerschutztür *f* **II** *m* **1** Brandschneise *f* **2** INFORM Firewall ['faɪərvo:l] *f*

coupe-file [kupfil] *m* ⟨*inv*⟩ Passierschein *m*; Sonderausweis *m* **coupe-gorge** *m* ⟨*inv*⟩ **1** *lieu, passage* üble, gefährliche, berüchtigte, verrufene Gegend **2** (*bar etc louche*) Spelunke *f*; Räuberhöhle *f*

coupelle [kupɛl] *f* TECH Kupelle *ou* Kapelle *f*

coupe-ongles [kupõgl] *m* ⟨*inv*⟩ Nagelschneider *m*, -zange *f* **coupe-papier** *m* ⟨*inv*⟩ Papiermesser *n*; Brieföffner *m*

couper [kupe] **I** *v/t* **1** schneiden; *en deux* zer-, durchschneiden; kappen (*a* MAR); (*découper*) zerschneiden; (*séparer d'un tout*) abschneiden; *plante, haie* beschneiden; *herbe, blés* (ab)mähen; schneiden; *cheveux* schneiden; *vêtement* zuschneiden; *arbres* fällen; hauen; *du bois avec une scie* sägen; *avec une hache* hacken; *branches* abschlagen; abhacken; abschneiden; ***~ qn*** j-n schneiden, verletzen; j-m e-e Schnittwunde beibringen; ***~ la gorge à qn*** j-m die Kehle, den Hals durchschneiden; ***~ une jambe à qn*** MÉD j-m ein Bein abnehmen; *lors d'un accident* j-m ein Bein abfahren; ***~ (les pages d')un livre*** ein Buch aufschneiden; ***~ une tranche*** e-e Scheibe abschneiden; *fig vent, froid* ***~ le visage*** ins Gesicht schneiden; ***se faire ~ les cheveux*** sich (*dat*) die Haare schneiden lassen; ♦ *adjt*: ***il a eu la jambe coupée*** ein Bein wurde ihm *lors d'un accident* abgetrennt, abgerissen, abgefahren, MÉD abgenommen; *fig de fatigue* ***j'ai les jambes coupées*** ich kann mich kaum aufrecht halten; die Beine wollen mich nicht tragen; *fig de peur* ***j'en ai eu les jambes coupées***

die Knie zitterten mir, wurden mir weich; ♦ *loc/adj brouillard* ***à ~ au couteau*** undurchdringlich; dicht; dick; ***il y avait une fumée à ~ au couteau*** die Luft war zum Schneiden; ♦ *avec loc/adv*: ***~ avec un couteau*** mit e-m Messer (ab-, durch)schneiden; ***~ avec les dents*** ab-, durchbeißen; ***~ avec une 'hache*** (ab-, zer)hacken; ***~ avec une scie*** (ab-, zer)sägen; ***~ en deux*** in zwei Teile schneiden; halbieren; ***~ une pièce en deux*** ein Zimmer in zwei Räume aufteilen; ***~ en morceaux*** in Stücke schneiden; entzweischneiden; zerschneiden **2** (*interrompre*) *passage*, *route* unterbrechen; versperren; unpassierbar machen; *neige*: *village*, MIL *retraite* abschneiden; *communications* unterbrechen; *gaz*, *eau*, *électricité*, *téléphone* sperren; abstellen; *électricité a* ausschalten; *circuit électrique* unterbrechen; *médicament*: *fièvre* senken; vertreiben; *électricité etc* ***être coupé*** *a* ausfallen; TÉL ***nous avons été coupés*** wir sind unterbrochen worden; ***être coupé du reste du monde*** von der Außenwelt abgeschnitten sein; F *fig* ***ça te la coupe*** F da bleibt dir die Spucke weg; da biste platt; da staunste; ***~ le crédit, les vivres à qn*** j-m den Geldhahn zudrehen; ***~ la matinée d'une récréation*** den Vormittag durch e-e Pause unterbrechen; MAR ***~ la vapeur*** die Maschine(n) abstellen, stoppen; ***~ le vent*** den Wind abhalten; Schutz vor dem Wind bieten; ***ça coupera le voyage*** das ist, wäre e-e (angenehme) Unterbrechung der Reise; → *a* ***souffle*** *2* **3** ***~ un passage d'un texte*** e-e Stelle aus e-m Text (heraus)streichen; ***~ (une scène, quelques scènes d')un film*** e-n Film kürzen; e-e Szene, einige Szenen aus e-m Film herausschneiden **4** *cartes* abheben **5** (*châtrer*) kastrieren; verschneiden **6** TENNIS *balle* (an)schneiden **7** *liquide* mischen; ***~ le lait*** die Milch mit Wasser verdünnen, mischen; F die Milch pan(t)schen; ***~ son vin d'eau*** den Wein mit Wasser mischen **8** (*croiser*) durchqueren; durchschneiden; MATH *ligne* schneiden; *route*: *une autre* schneiden; kreuzen; *en voiture* ***~ un virage*** eine Kurve schneiden **9** *phrase*, *vers* durch Einschnitte markieren **II** *v/t/indir* **1** F ***tu n'y couperas pas*** du wirst dich dem nicht entziehen können; F da kommst du nicht drum herum; da wirst du dran glauben müssen **2** ***~ court à qc*** etw (kurz) abschneiden, abbrechen; e-r Sache (*dat*) (auf einen Schlag) ein Ende machen **III** *v/i* **1** *couteau etc* schneiden; scharf sein **2** COUT zuschneiden **3** CARTES **a**) (*séparer les cartes*) abheben; **b**) (*prendre avec un atout*) (mit e-r Trumpfkarte) stechen **4** ***~ à travers champs*** querfeldein gehen *ou* laufen; ***~ par le bois*** (den kürzesten Weg) quer durch den Wald gehen **5** *prise de son*, *de vues* ***coupez!*** aus!; stopp!; TÉL ***ne coupez pas, s.v.p.*** (Fräulein,) ich spreche noch **IV** *v/pr* ***se ~*** **1** sich schneiden; ***je me suis coupé(e) le*** *ou* ***au doigt*** ich habe mich in den Finger geschnitten **2** *tissu* brüchig werden; Brüche bekommen **3** *routes* sich schneiden; sich kreuzen **4** *fig* (*se trahir*) sich verplappern

couperet [kupʀɛ] *m* **1** (*hachoir*) Hackbeil *n*, -messer *n*; *pour fines herbes* Wiegemesser *n* **2** *de la guillotine* Fallbeil *n*

couperose [kupʀoz] *f* erweiterte *ou* geplatzte Äderchen *n/pl* (in der Gesichtshaut)

couperosé [kupʀoze] *adj visage* mit erweiterten *ou* geplatzten Äderchen

coupeur [kupœʀ] *m* **1** *ouvrier* Zuschneider *m* **2** *fig* ***~ de cheveux en quatre*** Haarspalter *m*

coupeuse [kupøz] *f* **1** *ouvrière* Zuschneiderin *f* **2** *machine* Schneidemaschine *f*

coupe-vent [kupvɑ̃] *m* ⟨*inv*⟩ Windjacke *f*

couplage [kuplaʒ] *m* TECH, ÉLECT Kopp(e)lung *f*; ÉLECT *a* Schaltung *f*

couple[1] [kupl] *m* **1** **a**) (*homme et femme*) Paar *n*; Pärchen *n*; (*mari et femme*) Ehepaar *n*; ***~ d'amis*** befreundetes (Ehe)Paar; ***~ d'amoureux*** Liebespaar *n*, -pärchen *n*; **b**) *d'animaux* Paar *n*; *de petite taille* Pärchen *n* **2** PHYS Kräftepaar *n*; TECH (Dreh)Moment *n*; ÉLECT Element *n* **3** MAR Spant *n*; Rippe *f* **4** MATH Paar *n*

couple[2] [kupl] *f régional* ***une ~ de*** zwei

couplé [kuple] *adj* TURF ***pari ~*** Zwillingswette *f*

coupler [kuple] *v/t* TECH, ÉLECT koppeln; ÉLECT *a* schalten

couplet [kuplɛ] *m* (Lied)Strophe *f*; ***~s*** *pl a* Lied *n*; ***~s satiriques*** Couplet *n*; F *fig* ***il nous a ressorti son ~ sur …*** F er hat wieder mit der alten Leier über (*+acc*) angefangen

coupole [kupɔl] *f* **1** ARCH Kuppel *f* **2** *par ext* ***la Coupole*** das Institut de France mit der Académie française; ***être reçu sous la Coupole*** in die Académie française aufgenommen werden

coupon [kupõ] *m* **1** *d'étoffe* Stoffrest *m*; Kupon *m* **2** FIN Kupon *m*; Zinsschein *m* **3** *d'un ticket* Abschnitt *m*; (*bon*) Gutschein *m*; Kupon *m*

coupon-réponse [kupõʀepõs] *m* ⟨*pl* **coupons-réponse**⟩ ***~ international*** internationaler Antwortschein

coupure [kupyʀ] *f* **1** *blessure* Schnitt(wunde, -verletzung) *m(f)* (***au doigt, au visage*** am Finger, im Gesicht) **2** *fig* (*cassure*) Einschnitt *m*; *dans la vie de qn* einschneidendes Erlebnis **3** *de gaz*, *d'eau* Abstellen *n*; (Ab)Sperrung *f*; TÉL Unterbrechung *f*; ***~ de courant*** Stromsperre *f ou* -ausfall *m*; ***il y aura une ~ d'eau*** das Wasser wird abgestellt, (ab)gesperrt **4** ***~s dans un film*** Kürzung *f* e-s Films; Schnitte *m/pl* in e-m Film; ***~ dans un texte*** Kürzung *f* e-s Textes; Streichen *n* von Passagen in e-m Text; ***faire des ~s dans un texte*** e-n Text kürzen, zusammenstreichen **5** ***~ de journal*** Zeitungsausschnitt *m* **6** (*billet de banque*) Banknote *f*; (Geld)Schein *m* **7** INFORM ***~ automatique des mots*** automatische Silbentrennung

cour [kuʀ] *f* **1** *d'un bâtiment* Hof *m*; Hofraum *m*; ***~ intérieure*** Innenhof *m*; ***~ de ferme*** Hof e-s Bauernhauses; ***~ d'honneur*** Ehrenhof *m*; ***~ (de récréation)*** Schulhof *m*; Pausenhof *m*; → *a* ***miracle*** *5*; ♦ THÉ ***côté*** *m* ***~*** (auf der) linke(n) Seite der Bühne (*vom Schauspieler aus gesehen*) **2** *d'un souverain* (Königs-, Fürsten)Hof *m*; *par ext* Hofstaat *m* (*a fig*); *fig* ***~ d'admirateurs*** Schwarm *m*, Kreis *m* von Verehrern; Hofstaat *m*; ***~ de France*** französischer (Königs)Hof; *fig* ***homme*** *m* ***de ~*** übertrieben zeremonieller, höflicher Mensch; HIST ***noblesse*** *f* ***de ~*** Hofadel *m*; *loc/adv* ***à la ~*** bei Hofe; ***à la ~ d'Henri IV*** am Hofe Heinrichs IV.; ***avoir sa ~*** Hof halten; ***être bien (mal) en ~*** (HIST bei Hofe) in Gnade (Ungnade), in Gunst stehen; *fig a* (nicht) sehr angesehen sein; *fig* ***il lui faut une ~*** er *ou* sie muss immer im Mittelpunkt stehen; *fig* ***faire sa ~*** *ou* ***la ~ à qn*** j-n hofieren; ***faire la ~ à une femme*** e-r Frau den Hof machen **3** JUR **~** (***de justice***) Gericht(shof) *n(m)*; höheres Gericht; ***Cour européenne de justice*** Europäischer Gerichtshof; ***Cour européenne des droits de l'homme*** Europäischer Gerichtshof für Menschenrechte; *en France* ***'haute Cour*** (***de justice***) *parlamentarisches Sondergericht zur Aburteilung des Staatspräsidenten od von Regierungsmitgliedern*; ***Cour internationale de justice*** Internationaler Gerichtshof; ***Cour pénale internationale*** Internationaler Strafgerichtshof; **~ *d'appel*** Berufungsgericht *n*; **~ *d'assises*** Schwurgericht *n*; ***Cour de cassation*** Kassationshof *m*, -gericht *n*; ***Cour des comptes*** Rechnungshof *m*

courage [kuʀaʒ] *m* **1** (*bravoure*) (Wage)Mut *m*; Tapferkeit *f*; Unerschrockenheit *f*; Courage *f*; ***avec ~*** (wage)mutig; tapfer; unerschrocken; ***avoir du ~*** Mut haben, besitzen; mutig sein; ***avoir le ~ de ses opinions*** zu s-r Meinung stehen; Zivilcourage haben; ***n'écouter que son ~*** nicht an die Gefahr denken; *st/s* die Gefahr nicht achten; ***manquer de ~*** keinen Mut haben; ***prendre son ~ à deux mains*** s-n ganzen Mut zusammennehmen; sich (*dat*) ein Herz fassen; sein Herz in die Hand nehmen **2** (*énergie*) Mut *m*; Entschlossenheit *f*; Beherztheit *f*; Einsatz *m*; Eifer *m*; ***~!*** nur Mut!; Kopf hoch!; ***bon ~!*** mach's *ou* machen Sie's gut!; lass dich *ou* lassen Sie sich nicht unterkriegen!; ***avec ~*** beherzt; mutig; entschlossen; ***ne pas avoir le ~ de faire qc*** es nicht über sich (*acc*) bringen *ou* sich nicht dazu aufraffen können *ou* sich nicht entschließen können, etw zu tun; ***je n'ai pas eu le ~ de refuser*** ich hatte nicht das Herz *ou* ich brachte es nicht übers Herz abzulehnen; ***il a eu le ~ de me dire cela*** er hatte die Stirn, mir das zu sagen; (***re***)***donner ~*** (wieder) Mut machen, geben; ***reprendre ~*** wieder Mut fassen, schöpfen

courageux [kuʀaʒø] *adj* ⟨**-euse**⟩ **1** (*brave*) mutig; tapfer; unerschrocken; couragiert **2** (*énergique*) beherzt; entschlossen; *au travail* einsatzfreudig; eifrig

couramment [kuʀamɑ̃] *adv* **1** *parler une langue* fließend; geläufig **2** (*habituellement*) üblicherweise; häufig; oft

courant [kuʀɑ̃] **I** *adj* **1** (*habituel*) üblich; gebräuchlich; alltäglich; *dépenses, affaires* laufend; COMM ***article ~*** gängiger Artikel; ***compte ~*** laufendes Konto; Girokonto [ˈʒiː-] *n*; ***langage ~, langue ~e*** Gemeinsprache *f*; Normalsprache *f*; *fig* ***c'est monnaie ~e*** das ist gang und gäbe; das ist so üblich; ***mot ~*** übliches, gebräuchliches, geläufiges, gängiges Wort; ***prix ~*** (handels)üblicher, marktgängiger Preis; ***problème ~*** häufig vorkommendes, häufiges, alltägliches Problem; ***c'est ~*** das gibt es häufig; das kommt häufig, alle Tage vor; das ist e-e alltägliche Sache; ***c'est*** (***de pratique***) ***~(e)*** das ist (allgemein) so üblich **2** ***eau ~e*** fließendes Wasser; *österr* Fließwasser *n* **3** ***l'année ~e*** dieses, in diesem Jahr; COMM das laufende *ou* im laufenden Jahr **4** *d'un escalier* ***main ~e*** Handlauf *m* **5** CH ***chien ~*** Hetzhund *m* **II** *m* **1** ÉLECT Strom *m*; **~ *alternatif, continu*** Wechsel-, Gleichstrom *m*; ***le ~ ne passe plus*** es fließt kein Strom mehr; *fig* ***le ~*** (***ne***) ***passe*** (***pas***) sie finden (keinen) Kontakt zueinander; der Funke ist (nicht) übergesprungen **2** *d'un fluide* Strömung *f*; ***~s aériens, atmosphériques*** Luftströmungen *f/pl*; ***~ ascendant, descendant*** Auf-, Abwind *m*; **~ *marin*** Meeresströmung *f*; **~ *d'air*** Zug(luft) *m(f)*; Luftzug *m*; *fig* ***nom m à ~ d'air*** ellenlanger Name mit (meist gekauften) Adelsprädikaten; ***il y a un ~ d'air*** *ou* ***des ~s d'air ici*** hier zieht es; ***faire un ~ d'air pour aérer*** Durchzug machen (, um zu lüften); ***il y a du ~*** es herrscht e-e ziemlich starke Strömung; ***remonter le ~*** strom-, flussaufwärts fahren *ou* schwimmen; *fig* ***il remonte le ~*** es geht wieder aufwärts mit ihm; ***suivre le ~*** strom-, flussabwärts fahren *ou* schwimmen; *fig* mit dem Strom schwimmen **3** ***dans le ~ de la semaine*** im Laufe der, dieser Woche; COMM ***le dix ~*** (*abr* ***ct.***) der Zehnte *ou* am Zehnten dieses Monats (*abr* d. M.); ***fin ~*** Ende des laufenden, per Ende dieses Monats **4** COMM, POL **~ *des affaires*** laufende Geschäfte *n/pl* **5** *fig de personnes* Strom *m*; **~ *d'immigration, de population*** Einwanderer-, Bevölkerungsstrom *m* **6** *fig d'idées, de tendances* Strömung *f*; Richtung *f*; ***~s de pensée*** (philosophische) Richtungen **7** *loc/adv*: ***être au ~*** auf dem Laufenden sein, im Bilde sein, informiert sein, Bescheid wissen (***de*** über *+acc*); ***mettre au ~*** informieren, unterrichten, ins Bild setzen (***de*** über *+acc*); in Kenntnis setzen (von); *nouveau collaborateur etc* einarbeiten, einführen (in *+acc*); ***se mettre au ~*** sich informieren, sich unterrichten, sich orientieren (***de*** über *+acc*); (***se***) ***tenir au ~*** (sich) auf dem Laufenden halten

courante [kuʀɑ̃t] *f* F (*diarrhée*) Durchfall *m*; F Durchmarsch *m*

courbatu [kuʀbaty] *st/s adj* wie zerschlagen; wie gerädert

courbature [kuʀbatyʀ] *f* Gliederschmerzen *m/pl*; *due à un effort prolongé* Muskelkater *m*; ***avoir des ~s*** Gliederschmerzen, Muskelkater haben; sich wie zerschlagen fühlen

courbaturé [kuʀbatyʀe] *adj* wie zerschlagen; wie gerädert **courbaturer** *v/t* Muskelkater verursachen (*+dat*); ***cette escalade m'a courbaturé*** nach dieser Klettertour fühle ich mich wie zerschlagen

courbe [kuʀb] **I** *adj* gebogen; gekrümmt; geschwungen; krumm; ***ligne f ~*** gebogene, gekrümmte Linie; Kurve *f* (*a* MATH) **II** *f* **1** *d'une route, d'un fleuve* Kurve *f*; Krümmung *f*; Biegung *f*; *des sourcils* Bogen *m*; Wölbung *f* (*a des épaules*) **2** MATH Kurve *f*; **~ *fermée, plane*** geschlossene, ebene Kurve; STATISTIQUE **~ *des prix, des salaires*** Preis-, Lohnkurve *f*; MÉD **~ *de température*** Fieberkurve *f* **3** GÉOGR ***~s de niveau*** Höhen-, Niveaulinien *f/pl*

courbé [kuʀbe] *adj* **~ *en S*** S-förmig gekrümmt; **~ *par l'âge, par les ans*** altersgebeugt; vom Alter gebeugt; **~ *sous le poids*** unter der Last gebeugt; **~ *sur qc*** über etw (*acc*) gebeugt, gebückt

courber [kuʀbe] **I** *v/t* **1** biegen; krümmen; *vent* **~ *les arbres*** die Bäume schief wachsen lassen, krümmen; **~ *le dos*** (***sous les coups***) sich zusammenkrümmen (unter den Schlägen) **2** **~ *le front sur un livre*** sich über ein Buch beugen; den Kopf über ein Buch neigen **II** *v/pr* ***se ~*** **1** *branche etc* sich biegen; sich krümmen **2** *personne* **a**) (*se baisser*) sich bücken; sich (nieder)beugen; **b**) *par l'âge* krumm werden; gebeugt gehen; **c**) *fig et st/s* ***se ~ devant qn*** sich j-m beugen

courbette [kuʀbɛt] *f* tiefe Verneigung; Bückling *m*; *fig* ***faire des ~s à, devant qn*** vor j-m katzbuckeln;

vor j-m e-n Kotau machen

courbure [kuʀbyʀ] *f* Krümmung *f*; Biegung *f*; Wölbung *f*

coureur [kuʀœʀ] *m* 1 Läufer *m*; Rennfahrer *m*; ~ ***automobile, cycliste, motocycliste*** Auto(mobil)-renn-, Radrenn-, Motorradrennfahrer *m*; ~ ***de demi-fond, de fond*** Mittelstrecken-, Langstreckenläufer *m*; ~ ***de 110 mètres 'haies*** 110-m-Hürdenläufer *m* 2 *péj* ~ (***de jupons***) Schürzenjäger *m*; Casanova *m*; Frauen-, Weiberheld *m*; *adjt* ***il est*** ~ er ist ein Schürzenjäger *etc*

coureuse [kuʀøz] *f* 1 Läuferin *f* (*a* SPORTS) 2 *péj* (***petite***) ~ leichtes Mädchen; Flittchen *n*; *adjt* ***elle est*** ~ sie ist ein Flittchen

courge [kuʀʒ] *f* 1 BOT Kürbis *m* 2 F *fig* → ***gourde*** *I 2*

courgette [kuʀʒɛt] *f* BOT Zucchini [-'kiː-] *f*

courir [kuʀiʀ] ⟨**je cours, il court, nous courons; je courais; je courus; je courrai; que je coure; courant; couru**⟩ **I** *v/t* 1 ~ ***le danger, le risque de*** (*+inf*) Gefahr laufen zu (*+inf*); → *a* ***danger, risque*** 2 (*fréquenter*) ~ ***un endroit*** e-n Ort häufig besuchen; an e-r Stelle häufig sein *ou* herumstreifen; ~ ***les bals*** auf allen Bällen anzutreffen sein; ~ ***les magasins*** F die Geschäfte abklappern; ~ ***les mers*** die Meere befahren; ~ ***les théâtres*** ständig im Theater anzutreffen sein; ein Theaternarr, -fan [-fɛn] sein; dauernd ins Theater rennen 3 (*rechercher*) ~ ***qc*** F auf etw (*acc*) aus sein; ~ ***les filles*** hinter den Mädchen her sein; den Mädchen nachlaufen; ~ ***les honneurs*** sehr auf Ehrungen aus sein, erpicht sein 4 SPORTS ~ ***le cent mètres, le Grand Prix*** am 100-m-Lauf, am Großen Preis teilnehmen 5 F (*ennuyer*) ~ ***qn*** F j-m auf den Wecker, auf den Geist gehen 6 CH ~ ***un cerf*** einen Hirsch hetzen, jagen **II** *v/i* 1 laufen; rennen; eilen; ♦ *avec prép*: ***il a couru à la maison*** er ist nach Hause gelaufen, gerannt, geeilt; *fig* ~ ***à sa perte, ruine*** in sein Verderben rennen; s-m Ruin, Untergang entgegengehen; ~ ***à la porte*** zur Tür laufen; *gens* ~ ***à un spectacle*** sich zu e-r Vorstellung drängen; ~ ***après qc, qn*** hinter etw, j-m herlaufen; *fig* e-r Sache, j-m nachlaufen; hinter e-r Sache, j-m her sein; F scharf auf etw, j-n sein; *fig* ~ ***après l'argent*** (sehr) hinter dem Geld her sein; scharf aufs Geld sein; *fig* ~ ***après son argent*** hinter s-m Geld herlaufen; s-m Geld nachrennen; *fig* ~ ***après le bonheur*** hinter dem Glück herjagen; *fig* ~ ***après la gloire*** dem Ruhm nachjagen; F ***il lui court après*** er läuft hinter ihm *ou* ihr her; *fig* er läuft ihm *ou* ihr nach; ~ ***au-devant de qn*** auf j-n losrennen; *fig* ~ ***sur ses cinquante ans*** bald fünfzig Jahre (alt) sein; sich den Fünfzigern nähern; ~ ***vers qn, qc*** auf j-n, etw zulaufen; ♦ *avec adv*: ***il court encore*** *ou* ***toujours*** *malfaiteur* er läuft noch frei herum; er ist noch flüchtig; er konnte noch nicht gefasst werden; *de peur* der Schreck sitzt ihm immer noch in den Gliedern; ***j'y cours*** ich gehe sofort hin *ou* ich komme sofort; F ich fliege; ♦ *loc/adv* ***en courant*** eilig; hastig; in (aller) Eile; im Eiltempo; ***arriver en courant*** an-, herbeigelaufen, -gerannt kommen; ***entrer en courant*** herein- *ou* hineinlaufen; hereingerannt kommen; ***passer en courant*** vorbei-, vorüberlaufen; ***sortir en courant*** heraus- *ou* hinauslaufen; ♦ *avec verbe*: ~ ***chercher le médecin*** schnell den Arzt holen; ***faire*** ~ ***qn*** j-n herumhetzen (***pour rien*** für nichts und wieder nichts); F *fig* ***tu peux toujours*** ~ da kannst du lange warten; das kommt nicht infrage, F in die Tüte; P du kannst mich mal; *prov* ***rien ne sert de*** ~, ***il faut partir à point*** man muss rechtzeitig anfangen, durch Hetzen schafft man es (dann) nicht 2 *bruits, nouvelle* sich verbreiten; *bruits a* umlaufen; umgehen; in Umlauf sein; kursieren; ***le bruit court que ...*** es geht das Gerücht, dass ...; ***c'est un bruit qui court*** das ist (so) ein Gerücht; ***les ragots qui courent sur son compte*** der Klatsch, der über ihn *ou* sie verbreitet wird; ***faire*** ~ in Umlauf setzen; verbreiten; ausstreuen 3 SPORTS *sportif, cheval* ~ (***dans une compétition, course***) an e-m (Wett)Rennen, an e-m Lauf teilnehmen; ***faire*** ~ ***un cheval*** ein Pferd laufen haben 4 *eau, ruisseau* fließen; *nuages* ~ ***dans le ciel*** am Himmel entlangziehen; über den Himmel ziehen; ~ ***le long de qc*** *chemin, ruisseau* an etw (*dat*) entlanglaufen; ~ ***sur qc*** *ombres* über etw (*acc*) hinfliehen, (-)gleiten, (-)huschen; *vent* über etw (*acc*) hinwegstreichen, wehen; *plume* ~ ***sur le papier*** über das Papier gleiten; *les doigts du pianiste* ***couraient sur les touches*** glitten über die Tasten; F ***laisser*** ~ die Dinge laufen lassen; nichts unternehmen 5 MAR ~ ***vent arrière*** vor dem Wind segeln 6 *délai* laufen (***à partir de ...*** von ... an); ***le mois qui court*** der laufende Monat; ***les intérêts courent à partir de ...*** die Verzinsung beginnt am ...; *loc/adv* ***par les temps qui courent*** heutzutage; in heutiger Zeit

Courlande [kuʀlɑ̃d] GÉOGR ***la*** ~ Kurland *n*

courlis [kuʀli] *m* ZO Brachvogel *m*

Courmayeur [kuʀmajœʀ] *Ort im Aostatal*

couronne [kuʀɔn] *f* 1 *d'un roi etc* Krone *f* (*a fig*: *royauté*); ~ ***impériale*** Kaiserkrone *f*; *fig* ***la*** ~ ***d'Angleterre*** die englische Krone; REL ~ ***d'épines*** Dornenkrone *f*; ***discours*** *m*, ***héritier*** *m* ***de la*** ~ Thronrede *f*, -erbe *m* 2 *de fleurs* Kranz *m*; ~ ***funéraire, mortuaire*** Trauer-, Grabkranz *m*; ~ ***de fleurs d'oranger*** (Braut)Kranz aus Orangenblüten; ~ ***de laurier*** Lorbeerkranz *m* 3 ANAT, MÉD *d'une dent* Krone *f*; ***poser, mettre une*** ~ e-n Zahn überkronen 4 ASTR ~ ***solaire*** Korona *f* 5 TECH Zahnkranz *m* 6 *fig* (*objet de forme circulaire*) Kranz *m*; *loc/adj* ***en*** ~ Kranz...; kranzförmig; (***brioche*** *f* ***en***) ~ Kranzkuchen *m* 7 *autour de Paris* ***Petite, Grande Couronne*** innerer, äußerer Gürtel der Paris umgebenden Departements 8 *unité monétaire* Krone *f*

couronné [kuʀɔne] *adj* 1 *souverain* gekrönt; ***tête*** ~***e*** gekröntes Haupt 2 *ouvrage, auteur* preisgekrönt; ***lauréat*** ~ ***par le jury*** Preisträger *m* 3 *par ext* gekrönt (***de*** von); bedeckt (mit); ***colline*** ~***e de verdure*** mit Grün bedeckter Hügel; *fig* ~ ***de succès*** von Erfolg gekrönt 4 ***avoir les genoux*** ~***s*** aufgeschürfte Knie haben

couronnement [kuʀɔnmɑ̃] *m* 1 Krönung *f* (***d'un roi*** e-s Königs) 2 *fig d'une carrière* Krönung *f*; Vollendung *f* 3 ARCH Bekrönung *f*

couronner [kuʀɔne] *v/t* 1 *souverain* krönen; ***il a été couronné empereur*** er wurde zum Kaiser gekrönt 2 *ouvrage, auteur* mit e-m Preis auszeichnen; e-n Preis zuerkennen (*+dat*); ***on a couronné le lauréat*** dem Preisträger wurde der Preis überreicht 3 *st/s* ~ ***qn de fleurs*** j-n mit Blumen bekränzen 4 *fig* ~ ***une carrière, une œuvre*** eine Karriere, ein Werk krönen; *iron* **pour ~ le tout** um allem die Krone aufzusetzen; und was der Gipfel ist **5** *st/s diadème: front de qn, neige: cimes etc* krönen; bekrönen

courre [kuʀ] **chasse f à ~** Hetzjagd *f*; Parforcejagd *f*

courriel [kuʀjɛl] *m* INFORM E-Mail ['iːmeːl] *f*

courrier [kuʀje] *m* **1** (*lettres*) Post *f*; Postsachen *f/pl*; Korrespondenz *f*; INFORM **~ électronique** elektronische Post; E-Mail ['iːmeːl] *f*; *loc/adv* **par le même ~** mit gleicher Post; **faire son ~** s-e Korrespondenz erledigen; **porter le ~** die Post bringen, austragen **2** *dans un journal* Rubrik *f*; (regelmäßig erscheinender) Bericht; **~ du cœur** Briefkastenecke *f*; Kummerkasten *m*; **~ des lecteurs** Leserzuschriften *f/pl*, -briefe *m/pl* **3** HIST Kurier *m*

courriériste [kuʀjeʀist] *m,f* Redakteur(in) *m(f)*; **~ du cœur** Briefkastentante *f*, -onkel *m*

courroie [kuʀwa] *f* Riemen *m*; Gurt *m*; AUTO Keilriemen *m*; **~ de cuir** Lederriemen *m*, -gurt *m*; TECH **~ de transmission** Treibriemen *m*

courroucer [kuʀuse] *st/s* **I** *v/t* ⟨-ç-⟩ (heftig) erzürnen; in Harnisch bringen; *adjt* **courroucé** zornig; erzürnt **II** *v/pr* **se ~** sich (heftig) erzürnen; *poét éléments* wüten; toben

courroux [kuʀu] *st/s m* Zorn *m*; *st/s* Grimm *m*; *poét flots* **en ~** wütend; tobend

cours [kuʀ] *m* **1** (*suite de leçons*) Kurs *m*; Lehrgang *m*; (*leçon*) Unterrichtsstunde *f*; UNIVERSITÉ Vorlesung *f*; **~ élémentaire** (*abr* **CE₁, CE₂**) 2. und 3. Grundschulklasse *f*; *de langues etc* Anfängerkurs *m*; **~ élémentaire de français** Französisch *n* für Anfänger; Französisch *n* Grundstufe; **~ moyen** (*abr* **CM₁, CM₂**) 4. und 5. Grundschulklasse *f*; *de langues etc* Mittelstufe *f* (e-s Lehrgangs); → *a 3*; **~ préparatoire** (*abr* **CP**) erste Grundschulklasse; **~ privé** Privatschule *f*; **~ supérieur** Oberstufe *f* (e-s Lehrgangs); → *a 3*; **~ d'histoire** Geschichtsstunde *f*, -unterricht *m*; **~ du soir** Abendschule *f*, -lehrgang *m*, -kurs *m*, -unterricht *m*; **~ de vacances** Ferienkurs *m*; **~ par correspondance** Fernkurs *m*, -unterricht *m*; **donner des ~** Unterricht geben; Vorlesungen halten; Kurse abhalten; **faire un ~** e-e Stunde geben, halten; e-n Kurs abhalten; → *a* **suivre** *I 9* **2** *manuel* Lehrbuch *n*; **~ de physique** Physiklehrbuch *n*; Lehrbuch der Physik **3** *d'un fleuve* **a)** *longueur* Lauf *m*; **b)** *mouvement* Strömung *f*; **~ inférieur, moyen, supérieur** Unter-, Mittel-, Oberlauf *m*; **~ rapide** starke Strömung; **~ d'eau** Wasserlauf *m* **4** MAR **capitaine** *m* **au long ~** Kapitän *m* auf großer Fahrt; **navigation** *f*, **voyage** *m* **au long ~** große Fahrt **5** *des événements* Gang *m*; Lauf *m*; *des astres* (Um)Lauf *m*; *des saisons* Ablauf *m*; *d'une affaire* Verlauf *m*; **~ naturel des choses** natürlicher Lauf der Dinge; *loc/prép* **au ~ de** im Laufe (+*gén*); während (+*gén*); *loc/adj*: **en ~** laufend; **l'année en ~** das laufende *ou* im laufenden Jahr; **en ~ de construction** im Bau (befindlich); **en ~ d'élaboration** in Ausarbeitung begriffen; *loc/adv* **en ~ de route** unterwegs; **être en ~** *travaux, enquête etc* im Gange sein; laufen; **suivre son ~** *affaire* ihren (gewohnten) Gang gehen; normal verlaufen; *justice* ihren Lauf nehmen **6** **donner libre ~ à sa colère, à sa joie, à ses larmes** s-m Zorn freien Lauf lassen; s-r Freude Ausdruck geben; s-e Tränen ungehemmt fließen lassen **7** FIN Kurs *m*; BOURSE Notierung *f*; **~ de clôture, d'ouverture** Schluss-, Anfangskurs *m*; **~ du change** Wechselkurs *m*; **~ de l'or** Goldpreis *m*; *loc/prép* **au ~ de** zum Kurs von; **au ~ du jour** zum Tageskurs; **avoir ~** gültig sein; *fig* **cet usage n'a plus ~** dieser Brauch ist nicht mehr üblich, wird nicht mehr gepflegt **8** *dans des noms de rue* Avenue *f*

course [kuʀs] *f* **1** (*action de courir*) Lauf *m*; Laufen *n*; **en pleine ~** mitten im Lauf; *fig* **être à bout de ~** völlig erschöpft sein; **prendre sa ~** zu laufen beginnen **2** SPORTS *à pied* Lauf *m*; *de véhicules* Rennen *n*; **~ automobile** Autorennen *n*; **~ cycliste** Radrennen *n*; **~ à pied** Lauf *m*; *fig* **~ aux armements** Wettrüsten *n*; Rüstungswettlauf *m*; **~ au galop** Galopprennen *n*; *fig* **~ au pouvoir** Kampf *m* um die Macht; Machtkampf *m*; **~ contre la montre** CYCLISME (Einzel)Zeitfahren *n*; *fig* Wettlauf *m* mit der Zeit; **~s (de chevaux)** Pferderennen *n(pl)*; **jouer aux ~s** (bei Pferderennen) wetten; **~ de fond** ATHLÉTISME Langstreckenlauf *m*; SKI (Ski)Langlauf *m*; **~ de haies** ATHLÉTISME Hürdenlauf *m*; HIPPISME Hürdenrennen *n*; **~ de motos** Motorradrennen *n*; **~ de relais** Staffellauf *m*; **~ de taureaux** Stierkampf *m*; **~ de vitesse** Kurzstreckenlauf *m*; **~ de yachts** Segelwettbewerb *m* (von Jachten); **~ en sac** Sackhüpfen *n*; **~ par étapes** Etappenrennen *n*; CYCLISME **~ sur piste** Bahnrennen *n*; **~ sur route** CYCLISME Straßenrennen *n*; ATHLÉTISME Straßenlauf *m*; *fig* **être dans la ~** mit der Zeit Schritt halten (können); *enfants* **faire la ~** e-n Wettlauf machen; um die Wette laufen **3** **~ en montagne** Bergtour *f*, -besteigung *f*, -begehung *f* **4** *d'une voiture* **~ en taxi** Taxifahrt *f*; **la voiture acheva sa ~ folle dans un champ, contre un arbre** das Auto raste in ein Feld, gegen e-n Baum **5** **~s** *pl* **a)** (*commissions*) Besorgungen *f/pl*; (Boten)-Gänge *m/pl*; **b)** (*achats*) Einkäufe *m/pl*; **faire des ~s** Besorgungen machen, erledigen; Einkäufe machen **6** *st/s d'un astre* Bahn *f*; Lauf *m*; *des nuages* Ziehen *n*; *du temps* Verrinnen *n* **7** TECH Lauf *m*; AUTO **~ du piston** Kolbenhub *m*

course-croisière [kuʀsəkʀwazjɛʀ] *f* ⟨*pl* **courses-croisières**⟩ MAR Hochseerennen *n* **course-poursuite** *f* ⟨*pl* **courses-poursuites**⟩ Verfolgungsjagd *f*

coursier [kuʀsje] *m* **1** (*garçon de course*) Bote *m* **2** *litt* (*cheval de tournoi*) Turnierpferd *n*; (*cheval de bataille*) Streitross *n* **coursière** *f* Botin *f*

coursive [kuʀsiv] *f* MAR Gang *m*

court[1] [kuʀ] **I** *adj* ⟨**courte** [kuʀt]⟩ **1** *dans l'espace* kurz; **le chemin le plus ~** der kürzeste Weg; **herbe ~e** kurzes, niedriges Gras; **robe ~e** kurzes Kleid; **avoir les jambes ~es** *ou* **être ~ sur, de jambes** kurze Beine haben; kurzbeinig sein; **avoir la vue ~e** kurzsichtig sein (*a fig*) **2** *dans le temps* kurz; **à ~ terme** kurzfristig; **avoir la mémoire ~e** ein kurzes Gedächtnis haben; **avoir la respiration ~e, le souffle ~** kurzatmig sein; **le temps me sembla ~** die Zeit verging (mir) sehr schnell **3** (*insuffisant*) knapp **II** *adv* kurz; (*brusquement*) plötzlich; schnell; **tout ~** (ganz) einfach; **s'arrêter ~** plötzlich halten, stehen bleiben; *dans une activité* innehalten; *fig* **couper ~ à** → **couper** *II 2*; **cheveux coupés ~** kurz geschnittene Haare *n/pl*; **se faire couper les cheveux ~** sich (*dat*) die Haare kurz schneiden lassen; **s'habiller ~** kurze Kleider *ou* Röcke tragen; kurz tragen; *fig* **prendre qn de ~** j-n überrumpeln; *fig* **tourner ~** fehlschlagen; scheitern **III** *loc/prép* **à ~ de** ohne;

C

être à ~ d'argent kein Geld (mehr) haben; F knapp bei Kasse sein; ***être à ~ d'arguments*** keine Argumente mehr haben, finden; um Argumente verlegen sein

court[2] [kuʀ] *m* **~ (*de tennis*)** Tennisplatz *m*; ***~ central*** Centre-Court [-kɔːt] *m*

courtage [kuʀtaʒ] *m* **1** *activité* Maklertätigkeit *f*; (*vente par courtiers*) Vertrieb *m* durch Vertreter, Agenten, Makler; ***faire du ~*** Makler sein **2** *commission* Maklergebühr *f*, -provision *f*; BOURSE Courtage *f*; COMM Provision *f*

courtaud [kuʀto] *adj* gedrungen; untersetzt; stämmig

court-bouillon [kuʀbujõ] *m* ⟨*pl* **courts-bouillons**⟩ CUIS Sud *m* (für Fischgerichte)

court-circuit [kuʀsiʀkɥi] *m* ⟨*pl* **courts-circuits**⟩ ÉLECT Kurzschluss *m*

court-circuiter [kuʀsiʀkɥite] *v/t* **1** ÉLECT kurzschließen **2** *fig* ***~ qn, qc*** j-n, etw umgehen, übergehen, ausschalten

Courteline [kuʀtəlin] ***Georges ~*** *frz Schriftsteller*

courtepointe [kuʀtəpwɛ̃t] *f* Steppdecke *f* (als Tagesdecke)

courtier [kuʀtje] *m* COMM Makler *m*; Agent *m*; (*représentant*) Vertreter *m*; BOURSE Börsenmakler *m*; ***~ d'assurances*** Versicherungsvertreter *m*, -agent *m*; ***~ en vins*** Weinvertreter *m*

courtine [kuʀtin] *f* **1** (*rideau*) Vorhang *m* **2** FORTIF Kurtine *f*

courtisan [kuʀtizɑ̃] **I** *m* **1** HIST Höfling *m*; *péj* Hofschranze *f* **2** *fig et péj* Liebediener *m* **II** *adj péj* liebedienerisch

courtisane [kuʀtizan] *f* Kurtisane *f*

courtiser [kuʀtize] *v/t* **1** ***~ une femme*** e-r Frau (*dat*) den Hof machen **2** *péj* ***~ qn*** j-n hofieren; F um j-n herumscharwenzeln

courtois [kuʀtwa] *adj* **1** *personne* vollendet *ou* ausgesucht höflich; ***refus ~*** höfliche Ablehnung **2** *poésie, littérature* höfisch; ***amour ~*** Minne *f*

courtoisie [kuʀtwazi] *f* (ausgesuchte) Höflichkeit; ***visite*** *f* ***de ~*** Höflichkeitsbesuch *m*

court-vêtu [kuʀvety] *adj* ⟨*f* **court-vêtue**, *pl* **court-vêtu(e)s**⟩ in, mit kurzem Kleid; in e-m kurzen Kleid; *plais* kurz berockt

couru [kuʀy] *adj* **1** *spectacle* viel besucht; ***être ~*** großen Zulauf haben **2** F ***c'est ~*** F das ist todsicher

couscous [kuskus] *m* CUIS Kuskus *m*

couscoussier [kuskusje] *m* CUIS Kuskustopf *m*

cousette [kuzɛt] F *f* Nähmädchen *n*

cousin [kuzɛ̃] *m* **1** Vetter *m*; Cousin *m*; **~ (*éloigné*)** entfernter Vetter *ou* Onkel; ***nous sommes un peu ~s*** wir sind entfernte Verwandte, weitläufig miteinander verwandt, F um ein paar Ecken herum verwandt **2** zo Stechmücke *f*

cousine [kuzin] *f* Cousine *ou* Kusine *f*; Base *f*

coussin [kusɛ̃] *m* **1** Kissen *n*; *d'un fauteuil* Polster *n* **2** TECH ***~ d'air*** Luftkissen *n*

coussinet [kusinɛ] *m* **1** (*petit coussin*) kleines Kissen **2** TECH Lager(buchse) *n*(*f*); ***~ de rail*** Schienenlager *n* **3** *du chat* Sohlenballen *m*

cousu [kuzy] *p/p* → ***coudre*** *et adj* genäht; **~ (*à la*) *main*** handgenäht; *étiquette* Handarbeit; F *fig* ***c'est du ~ main*** F das ist ganz große Klasse; das passt haargenau; → *a* ***fil*** *1*

coût [ku] *m* Kosten *pl*; ***~ salarial*** Lohnkosten *pl*; ***~ de production*** Produktionskosten *pl*; ***~ de la vie*** Lebenshaltungskosten *pl*

coûtant [kutɑ̃] *adj* (***au***) ***prix ~*** (zum) Selbstkostenpreis *m*

couteau [kuto] *m* ⟨*pl* **~x**⟩ **1** Messer *n*; ***~ à beurre*** Buttermesser *n*; ***~ à cran d'arrêt*** Springmesser *n*; ***~ à découper*** Tranchiermesser *n*; ***~ à fromage*** Käsemesser *n*; ***~ à huîtres*** Austernbrecher *m*; ***~ à légumes*** Kartoffelschäler *m*; ***~ à poisson*** Fischmesser *n*; ***~ de boucher*** Fleischermesser *n*; ***~ de chasse*** Jagdmesser *n*; Hirschfänger *m*; ***~ de cuisine, de poche, de table*** Küchen-, Taschen-, Tafelmesser *n*; ***enfoncer, planter le ~ dans le ventre de qn*** j-m das Messer tief in den Bauch stoßen; *fig*: ***être à ~x tirés*** einander Spinnefeind sein; sich, einander nicht ausstehen können; ***jouer du ~*** das Messer locker sitzen haben; ***mettre le ~ sous*** *ou* ***sur la gorge à qn*** j-m die Pistole auf die Brust, das Messer an die Kehle setzen; → *a* ***plaie*** *1* **2** PEINT ***~ à palette*** Spachtel *m ou f* **3** *de balance* Schneide *f* **4** zo Gerade Messerscheide

couteau-scie [kutosi] *m* ⟨*pl* **couteaux-scies**⟩ Messer *n* mit Wellenschliff

coutelas [kutlɑ] *m* großes Küchenmesser

coutelier [kutəlje] *m* Schneidwaren-, Messerfabrikant *m*

coutellerie [kutɛlʀi] *f* **1** *industrie* Schneidwarenindustrie *f* **2** *produits* Schneidwaren *f/pl* **3** *usine* Schneidwaren-, Messerfabrik *f*

coûter [kute] **I** *v/t* *efforts, larmes etc* kosten (***à qn*** j-n); ***~ sa situation à qn*** j-n die, s-e Stellung kosten; ***~ la vie à qn*** j-n das Leben kosten; *v/imp st/s* ***il lui en coûta la vie*** das hat ihn das Leben gekostet **II** *v/i* kosten; F ***ça coûte*** das kostet viel Geld; das ist teuer; ***~ 100 euros*** 100 Euro kosten; ***~ cher***, F ***gros*** teuer sein; viel (Geld) kosten; *fig* ***~ cher à qn*** j-n teuer zu stehen kommen; *fig* ***une habitude qui coûte cher*** e-e kostspielige Gewohnheit; ***combien ça coûte?*** wie viel *ou* was kostet das?; F ***~ les yeux de la tête***, P ***la peau des fesses*** F e-e Stange Geld, ein Heidengeld, ein Sündengeld, P ein Schweinegeld kosten; ***ça coûtera ce que ça coûtera*** Kosten spielen da keine Rolle; das mag kosten, was es will; *fig* ***coûte que coûte*** koste es, was es wolle; um jeden Preis; unbedingt; ***ça ne coûte rien*** das kostet nichts (*a fig*); *v/imp fig* ***il m'en coûte de*** (+*inf*) es fällt mir schwer zu (+*inf*); es kostet mich große Überwindung zu (+*inf*)

coûteux [kutø] *adj* ⟨**-euse**⟩ teuer; kostspielig; aufwendig

coutil [kuti] *m* Drell *m*; Drillich *m*; Zwillich *m*

coutume [kutym] *f* **1** Brauch *m*; Sitte *f*; Gewohnheit *f*; *loc/adv*: ***de ~*** gewöhnlich; gewohntermaßen; ***comme de ~*** wie üblich; wie gewöhnlich; ***selon la ~*** wie es der Brauch ist *ou* war; ***selon la ~ orthodoxe*** nach orthodoxer Sitte; nach orthodoxem Brauch; ***selon sa ~*** wie gewohnt; wie üblich; ***avoir ~ de*** (+*inf*) die Gewohnheit haben zu (+*inf*); pflegen zu (+*inf*); ***la ~ veut que …*** (+*subj*) es ist Sitte, dass …; *prov* ***une fois n'est pas ~*** einmal ist keinmal (*prov*) **2** JUR Gewohnheitsrecht *n*

coutumier [kutymje] *adj* ⟨**-ière**⟩ **1** (*ordinaire*) gewohnt; gewöhnlich **2** ***il est ~ du fait*** er macht das nicht zum ersten Mal; er ist dafür bekannt **3** JUR ***droit ~*** Gewohnheitsrecht *n*

coûter cher

In der Konstruktion coûter cher ist cher unveränderlich:

Cette imprimante neuve, elle m'a **coûté** très **cher**. –
Dieser neue Drucker hat mich sehr viel Geld gekostet.
Ces médicaments ne **coûtent** même pas **cher**. –
Diese Medikamente sind nicht einmal teuer.

couture [kutyʀ] *f* 1 *action* Nähen *n*; Schneidern *n*; Näherei *f*; ***travaux*** *m/pl* ***de ~*** Näharbeiten *f/pl*; ***faire de la ~*** nähen; schneidern; *adjt* (***façon***) ~ maßgeschneidert 2 *profession* Kleider-, Modebranche *f*; ***'haute ~*** Haute Couture *f*; ***maison*** *f* ***de ~*** Modesalon *m*; ***être, travailler dans la ~*** in der Kleider-, Modebranche tätig sein 3 (*points*) Naht *f* (*a* MÉD *cicatrice*); ***~ anglaise*** Rechts-links-Naht *f*; *bas*: ***à ~*** mit Naht; ***sans ~*** nahtlos; *fig*: ***battre qn à plate(s) ~(s)*** j-m e-e vernichtende Niederlage bereiten; j-n haushoch schlagen; F j-n in die Pfanne hauen; ***examiner sous toutes les ~s*** genauestens prüfen
couturé [kutyʀe] *adj* ***visage ~*** von Narben zerfurchtes Gesicht
couturier [kutyʀje] *m* 1 Modeschöpfer *m*; ***grand ~*** (Haute) Couturier *m*; berühmter Modeschöpfer 2 ANAT Schneidermuskel *m*
couturière [kutyʀjɛʀ] *f* 1 Schneiderin *f*; Näherin *f* 2 THÉ (***répétition*** *f* ***des***) ***~(s)*** Kostümprobe *f*
couvain [kuvɛ̃] *m d'abeilles, d'insectes* Brut *f*
couvaison [kuvɛzõ] *f des oiseaux* Brutzeit *f*
couvée [kuve] *f* 1 *œufs* bebrütete Eier *n/pl*; Brut *f* 2 *petits* ausgeschlüpfte Küken *n/pl*; Brut *f* 3 F *fig* (*famille nombreuse*) Brut *f*
couvent [kuvɑ̃] *m* 1 (*monastère*) Kloster *n*; ***entrer au ~*** ins Kloster gehen, eintreten 2 *pensionnat* Klosterschule *f*
couver [kuve] **I** *v/t* 1 ***~ des œufs*** Eier aus-, bebrüten 2 *fig* ***~ qn*** j-n verhätscheln, verzärteln, in Watte packen; ***~ des yeux, du regard*** *avec complaisance* mit zärtlichen Blicken, *avec convoitise* mit begehrlichen Blicken verfolgen; zärtlich *ou* begehrlich anblicken 3 *fig maladie* ausbrüten; ***~ des projets de vengeance*** Rachepläne hegen **II** *v/i* 1 *oiseau* brüten 2 *feu* schwelen; glimmen; *fig révolte* unter der Oberfläche schwelen; sich zusammenbrauen
couvercle [kuvɛʀkl] *m* Deckel *m*
couvert [kuvɛʀ] **I** *p/p* → ***couvrir*** *et adj* 1 zugedeckt; bedeckt; *marché, quai, allée* überdacht; *temps* trüb(e); ***ciel ~*** bedeckter, verhangener Himmel; ***piscine ~e*** Hallen(schwimm)bad *n*; ***~ de*** bedeckt mit; voll(er) (*+subst*); ***~ de poussière*** mit Staub bedeckt; staubbedeckt; ***~ de sang*** blutverschmiert, -befleckt; ***la tête ~e*** mit bedecktem Kopf; *personne* ***être*** (***bien, très***) ***~*** (sehr) warm angezogen sein; ***rester ~*** den Hut aufbehalten, auf dem Kopf behalten, F auflassen 2 *fig dire qc, parler* ***à mots ~s*** durch die Blume; andeutungsweise 3 *fig* (*protégé*) ***être ~ par qn*** von j-m gedeckt werden, Rückendeckung erhalten **II** *m* 1 *à table* Gedeck *n*; *st/s* Kuvert *n*; ***table*** *f* ***de douze ~s*** Tisch *m* mit zwölf Gedecken; für zwölf Personen gedeckter Tisch; *fig* ***avoir son ~ mis chez qn*** bei j-m ein gern gesehener Gast sein; ***mettre un ~*** ein Gedeck auflegen; ***mettre, dresser le ~*** den Tisch decken 2 (*cuiller et fourchette*) Besteck *n*; ***~ d'argent*** Silberbesteck *n* 3 *litt* ***sous le ~ d'un chêne*** *etc* unter dem Blätterdach e-r Eiche *etc* 4 *loc/adv* ***à ~*** geschützt; sicher; COMM gedeckt; gesichert; *loc/prép* ***à ~ de*** geschützt, sicher vor (*+dat*); ***se mettre à ~*** sich unterstellen; Schutz suchen 5 *loc/prép* ***sous*** (***le***) ***~ de*** unter dem Vorwand, Anschein, Deckmantel von (*ou +gén*); ***sous le ~ de l'anonymat*** im Schutze der Anonymität 6 → ***vivre²*** *2*
couverte [kuvɛʀt] *f* TECH Glasur *f*
couverture [kuvɛʀtyʀ] *f* 1 *en tissu* Decke *f*; *de lit a* Bettdecke *f*; ***~ chauffante*** Heizdecke *f*; ***~ de laine*** Wolldecke *f*; *fig* ***tirer la ~ à soi*** auf s-n Vorteil bedacht sein; alles für sich beanspruchen 2 *d'un livre* Einband *m*; Deckel *m*; *d'un magazine* Cover ['kavər] *n*; (*enveloppe*) Umschlag *m* 3 CONSTR Bedachung *f*; Dach *n* 4 MIL Deckung *f*; Sicherung *f* 5 FIN, COMM Deckung *f*; Sicherheit *f*; ASSURANCES (Prozentsatz *m* der Kosten)Deckung *f*; ***~ sociale*** soziale Absicherung; soziales Netz 6 *fig pour dissimuler* Deckmantel *m*; Tarnung *f* 7 JOURNALISME (ausführliche) Berichterstattung (***de*** über *+acc*)
couveuse [kuvøz] *f* 1 MÉD Brutkasten *m* 2 *poule* Bruthenne *f*; Glucke *f*
couvoir [kuvwaʀ] *m* AGR **a)** Brutraum *m*, -stätte *f*; **b)** Brutanstalt *f*
couvrant [kuvʀɑ̃] *adj* deckend; Deck…; ***fond*** *m* ***de teint ~*** deckendes Make-up; ***peinture ~e*** Deckfarbe *f*
couvrante [kuvʀɑ̃t] *f* F (*couverture*) (Bett)Decke *f*
couvre-chef [kuvʀəʃɛf] *plais m* ⟨*pl* **couvre-chefs**⟩ Kopfbedeckung *f*
couvre-feu [kuvʀəfø] *m* ⟨*pl* **couvre-feux**⟩ Ausgangssperre *f*; ***décréter le ~*** e-e Ausgangssperre verhängen
couvre-lit [kuvʀəli] *m* ⟨*pl* **couvre-lits**⟩ Tagesdecke *f*
couvre-livre *m* ⟨*pl* **couvre-livres**⟩ Buchhülle *f*
couvre-pied(s) *m* ⟨*pl* **couvre-pieds**⟩ (gesteppte) Tagesdecke *f*
couvreur [kuvʀœʀ] *m* Dachdecker *m*
couvrir [kuvʀiʀ] ⟨**je couvre, il couvre, nous couvrons; je couvrais; je couvris; je couvrirai; que je couvre; couvrant; couvert**⟩ **I** *v/t* 1 zu-, bedecken (***de*** mit); *personne a* (*habiller*) warm anziehen; ***~ une table d'une nappe*** (auf e-n Tisch) ein Tischtuch auflegen; ***~ un toit de tuiles*** ein Dach mit Ziegeln decken; ***des décorations lui couvrent la poitrine*** s-e Brust ist mit Orden bedeckt; ***des nuages couvrent le ciel*** der Himmel ist bewölkt, verhangen, (von Wolken) bedeckt 2 *fig* überschütten, überhäufen (***de*** mit); ***~ de baisers*** mit Küssen bedecken; ***~ qn d'éloges*** j-n mit Lob überschütten; j-n überschwänglich loben; ***~ qn d'honneurs*** j-n mit Ehren überhäufen; ***~ qn de honte*** über j-n Schande bringen 3 MIL sichern; decken; Deckung geben (***qn*** j-m); *fig* ***~ qn*** j-n decken; j-m Rückendeckung geben; ***~ qn de son corps*** j-n mit s-m Körper decken

4 *distance* zurücklegen; *période* umfassen; ***l'émetteur couvre cette région*** der Sender strahlt in dieses Gebiet aus; der Sender kann in diesem Gebiet empfangen werden 5 *son, voix* übertönen; ***les applaudissements ont couvert la fin de son discours*** *a* das Ende s-r Rede ging im Applaus unter; ***~ la voix de qn*** *a* j-n überschreien 6 FIN, COMM *frais* decken; *emprunt, souscription* (voll) zeichnen; *assurance: risques* (ab)decken; absichern; *personne* ***~ ses frais*** die Unkosten wieder hereinbekommen; ***être couvert par une assurance*** versichert sein 7 *journaliste* ***~ un événement*** (ausführlich) über ein Ereignis berichten II *v/pr* ***se ~*** 1 (*s'habiller*) sich warm anziehen 2 (*mettre un chapeau*) den Hut aufsetzen 3 *fig* ***se ~ de gloire*** sich mit Ruhm bedecken; Ruhm ernten, erwerben; ***se ~ de ridicule*** sich lächerlich machen; sich blamieren 4 *ciel* sich (mit Wolken) bedecken; sich bewölken; sich beziehen; ***le temps se couvre*** es, das Wetter wird trüb; es trübt sich ein

cover-girl [kɔvœʀgœʀl] *f* ⟨*pl* **cover-girls**⟩ Covergirl ['kavərgøːrl] *n*

covoiturage [kovwatyʀaʒ] *m* Fahrgemeinschaft *f*

cow-boy [kobɔj] *m* ⟨*pl* **cow-boys**⟩ Cowboy ['kaubɔɪ] *m*

coxo-fémoral [kɔksofemɔʀal] *adj* ⟨**-aux**⟩ ANAT ***articulation ~e*** Hüftgelenk *n*

coyote [kɔjɔt] *m* ZO Kojote *m*; Präriewolf *m*

CP [sepe] *m abr* (*cours préparatoire*) erste Grundschulklasse

C.P.E. [sepeə] *m,f abr* (*conseiller* [*conseillère*] *principal*[*e*] *d'éducation*) ÉCOLE Beauftragte(r) *f*(*m*) für Disziplin, Verwaltung und Beratung

C.Q.F.D. [sekyɛfde] *abr* (*ce qu'il fallait démontrer*) q. e. d. (quod erat demonstrandum; was zu beweisen war)

crabe [kʀab] *m* ZO Krebs *m*; Krabbe *f*; *fig* ***panier m de ~s*** Gruppe *f*, Familie *f*, in der es immer wieder zu Streitigkeiten kommt; ***marcher en ~*** seitwärtsgehen

crabier [kʀabje] *m* ZO Krebsfresser *m*

crac [kʀak] *int* krach!; knack(s)!

crachat [kʀaʃa] *m* Auswurf *m*; Spucke *f*

craché [kʀaʃe] *adj* ***c'est son père tout ~*** er ist s-m Vater wie aus dem Gesicht geschnitten; ***c'est elle tout(e) ~(e)*** das sieht ihr wieder mal ähnlich; das ist typisch für sie; das ist sie, wie sie leibt und lebt

crachement [kʀaʃmɑ̃] *m* 1 Ausspucken *n*; ***~ de sang*** Blutspucken *n* 2 *par ext* ***~ de flammes*** Ausspeien *n* von Flammen; Flammenspeien *n* 3 *d'un haut-parleur etc* Knattern *n*; Geknatter *n*

cracher [kʀaʃe] I *v/t* 1 *bonbon etc* ausspucken; ***~ du sang*** Blut spucken 2 *par ext volcan: lave* auswerfen; (aus)spucken; ausspeien; *feu, flammes* speien 3 F *fig* ***~ (de l'argent, des sous)*** F Geld, Moneten ausspucken 4 *fig* ***~ des injures*** Beleidigungen, Beschimpfungen ausstoßen (***à qn*** j-m gegenüber) II *v/i* 1 (aus)spucken; *st/s* (aus)speien; ***~ à la figure de qn*** j-m ins Gesicht spucken; ***~ sur qn, qc*** j-n, etw anspucken; ***défense de ~!*** nicht auf den Boden spucken!; F *fig* ***c'est comme si je crachais en l'air*** das ist in den Wind gesprochen; es ist, als ob ich gegen e-e Wand spräche 2 F *fig* ***ne pas ~ sur qc*** etw nicht verachten; kein Kostverächter (von etw) sein 3 *stylo* klecksen; spritzen 4 *haut-parleur, radio* knattern

crachin [kʀaʃɛ̃] *m* Sprüh-, Nieselregen *m*

crachiner [kʀaʃine] *v/imp* nieseln

crachoir [kʀaʃwaʀ] *m* Spucknapf *m*; F *fig*: ***tenir le ~*** die ganze Zeit reden; keinen andern zu Wort kommen lassen; ***tenir le ~ à qn*** j-m zuhören müssen, ohne selber zu Wort zu kommen

crachotement [kʀaʃɔtmɑ̃] *m* 1 *action* häufiges Ausspucken 2 *bruit* Knattern; Geknatter *n*

crachoter [kʀaʃɔte] *v/i* 1 *personne* häufig (aus)spucken 2 *haut-parleur, radio* knattern

crack [kʀak] *m* 1 F (*as*) F Kanone *f*; Ass *n*; ***un ~ en math*** e-e Kanone, ein Ass in Mathe 2 *cheval* Crack [krɛk] *m*; ausgezeichnetes Rennpferd 3 *drogue* Crack [krɛk] *n*

cracking [kʀakiŋ] *m* CHIM Kracken *n*

Cracovie [kʀakɔvi] Krakau *n*

cracra [kʀakʀa] F *adj* ⟨*inv*⟩ *ou* **cradingue** [kʀadɛ̃g] F *adj ou* **crado** [kʀado] F *adj* ⟨*inv*⟩ schmutzig; schmuddelig

craie [kʀɛ] *f* Kreide *f* (*a* GÉOL)

craindre [kʀɛ̃dʀ] *v/t* ⟨**je crains, il craint, nous craignons; je craignais; je craignis; je craindrai; que je craigne; craignant; craint**⟩ 1 ***~ qn, qc*** j-n, etw fürchten; sich vor j-m, etw fürchten; vor j-m, etw Angst, Furcht haben; ***~ le pire*** das Schlimmste (be)fürchten; ***il ne craint pas le ridicule*** er fürchtet sich nicht davor, sich lächerlich zu machen; F *quelques gouttes de pluie*, ***je ne crains pas*** (das) macht mir nichts aus; *abs* ***~ pour qn*** um j-n, um j-s Leben fürchten, bangen; ***se faire ~*** sich (*dat*) Respekt verschaffen (***de qn*** bei j-m); ♦ ***~ de*** (*+inf*) sich fürchten, befürchten zu (*+inf*); ***ne pas ~ de*** (*+inf*) sich nicht scheuen zu (*+inf*); ***~ que ... (ne)*** (*+subj*) (be)fürchten, dass ...; ***il est à ~ que ... (ne)*** (*+subj*) es ist zu befürchten, dass ... 2 *choses, plantes* ***~ la chaleur, la gelée*** hitze-, frostempfindlich sein; Hitze, Frost nicht vertragen; ***ce tissu craint l'eau*** dieser Stoff verträgt kein Wasser, ist gegen Wasser empfindlich 3 F ***ça ne craint rien*** da besteht keine Gefahr; da kann gar nichts passieren 4 *abs* F ***ça craint*** F das ist mies

crainte [kʀɛ̃t] *f* Furcht *f*; Befürchtung *f*; Angst *f*; Bangen *n*; Scheu *f*; ***~s*** *pl* Befürchtungen *f/pl*; ***~ du gendarme*** Furcht, Angst vor der Polizei; *loc/prép* ***dans la ~ de*** *ou* ***de ~ de*** *ou* F ***~ de*** (*+inf ou +subst*) aus Angst, Furcht zu (*+inf*) *ou* vor (*+dat*); ***de ~ de manquer le train***, *j'ai pris un taxi* da ich befürchtete, den Zug zu verpassen, ...; ***n'ayez ~*** keine Sorge!; ***soyez sans ~*** seien Sie ohne Sorge; (be)fürchten Sie nichts

craintif [kʀɛ̃tif] *adj* ⟨**-ive**⟩ furchtsam; ängstlich; ***être d'un naturel ~*** von Natur aus ängstlich sein; ein furchtsames Wesen haben

cramer [kʀame] I *v/t rôti* anbrennen lassen II *v/i plat, lait* anbrennen; F ***la baraque a cramé*** F die Bude ist abgebrannt

cramoisi [kʀamwazi] *adj* hochrot; *teint a* F knallrot; *tissu a* leuchtend rot; karmesinrot

crampe [kʀɑ̃p] *f* Krampf *m*; ***~ des écrivains*** Schreibkrampf *m*; ***~ d'estomac*** Magenkrampf *m*

crampon [kʀɑ̃pɔ̃] *m* 1 TECH Klammer *f*; *de chaussures* Stollen *m*; Spike [spaɪk] *m*; ALPINISME ***~s à glace*** Steigeisen *n/pl* 2 F *fig* ***quel ~!*** F so e-e Klette!; *adjt* ***elle est ~*** sie ist e-e richtige Klette; man wird sie nicht los 3 BOT *~s pl* Haftwurzeln *f/pl*

cramponner [krɑ̃pɔne] I *v/t* 1 TECH verklammern 2 F *fig* **~ qn** F sich wie e-e Klette an j-n hängen II *v/pr* 1 **se ~ à qc** sich an etw (*acc*) klammern; **se ~ au bras, au cou de qn** sich an j-s Arm (*acc*) klammern; j-s Hals umklammern; *fig* **se ~ à un espoir, à la vie** sich an e-e Hoffnung, ans Leben klammern 2 F **se ~** F e-e Klette sein

cran [krɑ̃] *m* 1 (*entaille*) Einschnitt *m*; Kerbe *f*; Einkerbung *f*; Raste *f*; Stufe *f* (*a fig*); *d'une ceinture etc* Loch *n*; TECH **~ d'arrêt** Sperrklinke *f*; **couteau** *m* **à ~ d'arrêt** Springmesser *n*; *d'une arme à feu*: **~ de mire** Kimme *f*; **~ de sûreté** Sicherung *f*; *planche d'étagère etc* **baisser, 'hausser d'un ~** um ein Loch, e-e Stufe niedriger, höher einlegen; *fig* **baisser d'un ~ dans l'estime de qn** ein wenig in j-s Achtung (*dat*) sinken; *fig* **monter d'un ~ dans son métier** in s-m Beruf e-e Stufe höher kommen; **ouvrir sa ceinture d'un ~** s-n Gürtel um ein Loch weiter machen 2 F (*courage*) Mut *m*; Kühnheit *f*; F Schneid *m*; **avoir du ~** F Schneid haben 3 F *fig* **il est à ~** er ist äußerst gereizt; F er explodiert gleich; er ist auf hundert(achtzig) 4 *coiffure* **~s** *pl* scharf markierte Wellen *f/pl*

crâne [kʀɑn] *m* Schädel *m*; **~ chauve** kahler Schädel; Glatzkopf *m*; **j'ai mal au ~** mir tut der Schädel weh; F *fig* **se mettre qc dans le ~** sich (*dat*) etw in den Kopf, F Schädel setzen; → *a* **bourrer** *I 2*

crâner [kʀɑne] *v/i* F angeben; aufschneiden

crâneur [kʀɑnœʀ] *m*, **crâneuse** *f* F Angeber(in) *m(f)*; Aufschneider(in) *m(f)*; Großsprecher(in) *m(f)*; Prahlhans *m*; **faire le crâneur, la crâneuse** *ou adjt* **être ~** F angeben; aufschneiden; ein Angeber, e-e Angeberin sein

crânien [kʀɑnjɛ̃] *adj* ⟨**~ne**⟩ ANAT Schädel…; **boîte ~ne** Gehirnschädel *m*; Hirnschale *f*

cranter [kʀɑ̃te] *v/t couteau* mit Wellenschliff versehen; *cheveux* in starke Wellen legen

Craon [kʀɑ̃] *Ort im Dep. Mayenne*

crapahuter [kʀapayte] F *v/i* in schwierigem Gelände marschieren

crapaud [kʀapo] *m* 1 ZO Kröte *f* 2 *adjt* **fauteuil** *m* **~** kleiner Lehnsessel; (**piano** *m*) **~** kleiner Stutzflügel 3 *d'un diamant* kleine Unreinheit; kleiner Mangel

crapule [kʀapyl] *f péj* Lump *m*; Halunke *m*; F übler Bursche, Kunde, Patron **crapulerie** *f péj* Lumperei *f* (*a Eigenschaft*); dunkle, krumme Geschäfte *n/pl*

crapuleux [kʀapylø] *adj* ⟨**-euse**⟩ *action* schändlich; gemein; *existence* dunkel; zwielichtig; **crime ~** Raubmord *m*

craquage [kʀakaʒ] *m* CHIM Kracken *n*

craquant [kʀakɑ̃] *adj* F *personne, enfant* niedlich; F süß; allerliebst

craque [kʀak] F *f* Lüge(nmärchen) *f(n)*

craquelé [kʀakle] *adj* mit feinen Rissen; rissig; PEINT mit Krakelüren *ou* Craqueluren; **porcelaine ~e** Craqueléporzellan *n*

craqueler [kʀakle] ⟨**-ll-**⟩ I *v/t* rissig machen; **~ de la porcelaine** in der Glasur von Porzellan Haarrisse erzeugen II *v/pr terre, vernis* **se ~** rissig werden; (feine) Risse bekommen

craquelure [kʀaklyʀ] *f* feiner Riss; Haarriss *m*; *dans la porcelaine* Craquelé *n*; PEINT Krakelüre *f*; Craquelure *f*

craquement [kʀakmɑ̃] *m bruit sec* Knacken *n*; Knarren *n*; Knistern *n*; Knirschen *n*; *en éclatant* Krachen *n*; Bersten *n*

craquer [kʀake] I *v/t* 1 *allumette* anstreichen; anreißen 2 CHIM kracken II *v/i* 1 (*faire un bruit sec*) knacken; *vieux meuble, parquet* knarren; *biscotte* krachen; *feuilles* knistern; *neige* knirschen; **faire ~ ses doigts** mit den Fingern, Fingergelenken knacken 2 *en éclatant* krachen; brechen; bersten; *couture* platzen; **faire ~** sprengen; zum Bersten bringen; *fig* **plein à ~** zum Bersten, Brechen voll; brechend voll 3 *fig régime etc* ins Wanken geraten 4 F *personne* **a)** (*céder à la tentation*) F schwach werden; **~ pour qn, qc** F auf j-n, etw stehen; **b)** (*s'effondrer*) zusammenbrechen; **il a craqué** *ou* **ses nerfs ont craqué** er ist zusammengebrochen; er hat die Nerven verloren

craquètement [kʀakɛtmɑ̃] *m* 1 *bruit sec* Knistern *n* 2 *de la cigogne* Klappern *n*

craqueter [kʀakte] *v/i* ⟨**-tt-**⟩ 1 *bruit sec* knistern 2 *cigogne* klappern

craquettement → **craquètement**

crash [kʀaʃ] *m* AVIAT *atterrissage* Bauchlandung *f*; (*écrasement au sol*) Absturz *m*

crasse[1] [kʀas] *f* 1 (*saleté*) Schmutz *m*; F Dreck *m*; **couvert de ~** schmutzig; schmutzstarrend; F verdreckt; **vivre dans la ~** im Schmutz, F Dreck verkommen, ersticken 2 MÉTALL **~s** *pl* Gekrätz *n*; Krätze *f* 3 F *fig* **faire une ~ à qn** j-m gegenüber e-e Gemeinheit begehen, gemein handeln

crasse[2] [kʀas] *adj ignorance, bêtise* krass

crasseux [kʀasø] *adj* ⟨**-euse**⟩ verschmutzt; schmutzig; F verdreckt; dreckig

crassier [kʀasje] *m* MÉTALL Schlackenhalde *f*

cratère [kʀatɛʀ] *m* GÉOL, *de bombe* Krater *m*; **~ lunaire, volcanique** Mond-, Vulkankrater *m*; **lac** *m* **de ~** Kratersee *m*

cratériforme [kʀateʀifɔʀm] *adj* kraterförmig

cravache [kʀavaʃ] *f* Reitpeitsche *f*, -gerte *f*; *fig* **mener qn à la ~** j-n mit rücksichtsloser Strenge, Härte behandeln

cravacher [kʀavaʃe] I *v/t* **~ un cheval** ein Pferd mit der Peitsche antreiben II *v/i* F sich ranhalten

cravate [kʀavat] *f* Krawatte *f*; F Schlips *m*; **~ de commandeur de la Légion d'honneur** als Krawatte geschlungenes Ordensband der Kommandeure der Ehrenlegion; F *fig* **s'en jeter un derrière la ~** F (sich [*dat*]) einen hinter die Binde gießen

cravater [kʀavate] *v/t* 1 (*saisir par le cou*) **~ qn** j-n in den Würgegriff nehmen 2 F *voleur etc* **se faire ~** F geschnappt werden

crawl [kʀol] *m* SPORTS Kraul(stil) *n(m)*; Kraulen *n*; Kraulschwimmen *n*

crawler [kʀole] *v/i* SPORTS kraulen; *adjt* **dos crawlé** Rückenkraulen *n*

crayeux [kʀɛjø] *adj* ⟨**-euse**⟩ kreidig; kreidehaltig; Kreide…; **falaise crayeuse** Kreidefelsen *m*

crayon [kʀɛjɔ̃] *m* 1 *pour écrire ou dessiner* (Blei-, Farb-, Zeichen)Stift *m*; MÉD **~ hémostatique** blutstillender Stift; **~ noir** Bleistift *m*; INFORM **~ optique** Lichtstift *m*; **~ rouge** Rotstift *m*; PEINT Rötelstift *m*; **~ (à) bille** Kugelschreiber *m*; **~ à lèvres** Konturenstift *m* (für die Lippen); **~ à sourcils** Augenbrauenstift *m*; **~ de couleur** Farb-, Buntstift *m*; **dessin** *m* **au ~** Bleistiftzeichnung *f*; **écrire au ~** mit (dem) Bleistift schreiben 2 *dessin* Bleistiftzeichnung *f*

C

crayon-feutre [kʀɛjõføtʀ] *m* ⟨*pl* **crayons-feutres**⟩ Filz-, Faserschreiber *m*, -stift *m* **crayon-lecteur** *m* ⟨*pl* **crayons-lecteurs**⟩ Scanner [-ɛ-] *m*
crayonnage [kʀɛjɔnaʒ] *m* (Bleistift)Gekritzel *n*
crayonner [kʀɛjɔne] *v/t au crayon* (mit dem Bleistift) kritzeln; (*esquisser*) skizzieren
créance [kʀeɑ̃s] *f* 1 COMM, JUR Forderung *f*; **~s** *pl a* Außenstände *pl* 2 DIPL ***lettres*** *f/pl* ***de ~*** Beglaubigungsschreiben *n*
créancier [kʀeɑ̃sje] *m*, **créancière** *f* COMM, JUR Gläubiger(in) *m(f)*
créateur [kʀeatœʀ] I *adj* ⟨**-trice**⟩ schöpferisch; kreativ II *subst* 1 *m* ***Créateur*** Schöpfer *m* (*Gott*) 2 **~, *créatrice*** *m,f* Schöpfer(in) *m(f)*; Begründer(in) *m(f)*; THÉ **~, *créatrice d'un rôle*** erster Darsteller, erste Darstellerin e-r Rolle
créatif [kʀeatif] I *adj* ⟨**-ive**⟩ kreativ; erfinderisch II *m/pl* **~s** PUBLICITÉ kreativ tätige Werbefachleute *pl*
création [kʀeasjõ] *f* 1 REL **a)** ***la Création*** (*le monde créé*) die Schöpfung; **b)** **~ *du monde*** Erschaffung *f* der Welt 2 (*fondation*) Schaffung *f*; (Be)Gründung *f*; Errichtung *f*; COMM **~ *de capitaux*** Kapitalschöpfung *f*; **~ *de nouveaux emplois*** Schaffung neuer Arbeitsplätze; **~ *d'une nouvelle entreprise*** (Be)-Gründung, Errichtung e-s neuen Unternehmens 3 ART *activité* Schaffen *n*; *œuvre* Schöpfung *f*; **~ *artistique, littéraire*** künstlerisches, literarisches Schaffen; ***les ~s de Michel-Ange*** die Schöpfungen Michelangelos 4 THÉ *d'un rôle* Kreieren *n*; (*rôle créé*) kreierte Rolle; *d'une pièce* Erstinszenierung *f* 5 *des grands couturiers* Kreation *f*
créativité [kʀeativite] *f* Kreativität *f*
créature [kʀeatyʀ] *f* 1 REL Geschöpf *n*; Kreatur *f* 2 *surtout femme* Geschöpf *n*; Wesen *n*; ***quelle sotte ~!*** so e-e dumme Person! 3 *péj* (*protégé*) Kreatur *f*
crécelle [kʀesɛl] *f* 1 Rassel *f*; Schnarre *f*; Knarre *f*; Klapper *f* 2 *fig*: ***bruit*** *m* ***de ~*** Kreischen *n*; Schrillen *n*; Klappern *n*; Rasseln *n*; Schnarren *n*; ***voix*** *f* ***de ~*** kreischende, schrille Stimme
crèche [kʀɛʃ] *f* 1 BIBL Krippe *f*; **~ *de Noël*** Weihnachtskrippe *f* 2 *pour enfants* Kinderkrippe *f*
crécher [kʀeʃe] *v/i* ⟨**-è-**⟩ F (*habiter*) F hausen; (*passer la nuit*) übernachten
crédence [kʀedɑ̃s] *f* 1 ÉGL CATH Kredenz *f*; Seitentischchen *n* am Altar 2 *meuble* Kredenz *f*
crédibilité [kʀedibilite] *f* Glaubwürdigkeit *f*, -haftigkeit *f* **crédible** *adj* glaubwürdig, -haft
CREDIF [kʀedif] *m abr* (*Centre de recherche et d'étude pour la diffusion du français*) *sprachdidaktisches Forschungs- und Studieninstitut*
crédit [kʀedi] *m* 1 COMM Kredit *m*; **~ *bancaire*** Bankkredit *m*; **~ *documentaire*** Dokumenten-, Warenakkreditiv *n*; **~ *industriel et commercial*** gewerblicher Kredit; **~ *à la consommation*** Konsumenten-, Verbraucherkredit *m*; ***carte*** *f* ***de ~*** Kreditkarte *f*; *loc/adj et loc/adv* ***à ~*** Kredit…; auf Kredit, Borg, F Pump; ***achat*** *m* ***à ~*** Kreditkauf *m*; Kauf *m* auf Kredit; ***acheter à ~*** auf Kredit kaufen; F (*à tempérament*) auf Raten(zahlung), F auf Stottern kaufen; ***accorder un ~ à qn*** j-m e-n Kredit gewähren, bewilligen; ***avoir du ~*** Kredit haben (***chez*** bei); → *a 3*; ***avoir trois mois de ~*** drei Monate Kredit, Zahlungsfrist haben; ***faire ~ à qn*** j-m Kredit geben, gewähren, einräumen; ***obtenir un ~*** e-n Kredit erhalten; ***prendre un ~*** e-n Kredit aufnehmen 2 *nom de banque* Kreditanstalt *f*, -institut *n*; ***Crédit agricole*** *correspond à* Raiffeisenbank *f*; ***Crédit foncier*** Bodenkreditanstalt *f*; ***Crédit Lyonnais*** *frz Großbank*; **~ *municipal*** städtisches Leihamt 3 (*prestige*) Ansehen *n*; Kredit *m*; Reputation *f*; ***avoir du ~, être en ~*** (***auprès de qn***) (bei j-m) Ansehen genießen, angesehen sein; ***jouir d'un grand ~*** (***auprès de qn***) (bei j-m) sehr angesehen sein 4 (*confiance*) ***ne plus avoir de ~*** nicht mehr glaubwürdig sein; ***trouver*** (***du***) **~** (***auprès de qn***) (bei j-m) Glauben finden 5 *pl* **~s** (***budgétaires***) Haushaltsmittel *n/pl*; Kredite *m/pl* 6 COMPTABILITÉ Haben(seite) *n(f)*; ***porter une somme au ~ de qn*** j-m e-e Summe gutschreiben, kreditieren
crédit-bail [kʀedibaj] *m* Leasing ['li:-] *n*
crédité [kʀedite] *m* Kreditnehmer *m*
créditer [kʀedite] *v/t* **~ *un compte, qn d'une somme*** e-m Konto, j-m e-n Betrag gutschreiben, kreditieren
créditeur [kʀeditœʀ] I *adj* ⟨**-trice**⟩ ***compte ~*** Aktiv-, Vermögenskonto *n*; ***solde ~*** Aktiv-, Habensaldo *m* II *m* Kreditor *m*
credo [kʀedo] *m* 1 ÉGL ***Credo*** Kredo *n*; Glaubensbekenntnis *n* 2 *fig* Glaubensbekenntnis *n*; Kredo *n*; Prinzipien *n/pl*
crédule [kʀedyl] *adj* leichtgläubig **crédulité** *f* Leichtgläubigkeit *f*
créer [kʀee] I *v/t* 1 REL (er)schaffen 2 *œuvre artistique* schaffen; *produit, modèle, mode, rôle* kreieren; *spectacle* zum ersten Mal inszenieren; *abs* schöpferisch tätig sein 3 (*fonder*) (be)gründen; errichten; ins Leben rufen; **~ *des emplois*** Arbeitsplätze schaffen; **~ *de nouveaux marchés*** neue Märkte erschließen 4 **~ *des ennuis à qn*** j-m Unannehmlichkeiten, Ärger (ein)bringen, verursachen, bereiten II *v/pr* 1 ***se ~ qc*** sich (*dat*) etw aufbauen; ***se ~ une clientèle*** Kunden, e-n Kundenkreis gewinnen 2 ***se ~ des besoins*** sich (*dat*) (unnötige) Bedürfnisse schaffen; ***se ~ des ennuis*** sich (*dat*) Ärger einhandeln; Ärger bekommen
Creil [kʀɛj] *Stadt im Dep. Oise*
crémaillère [kʀemajɛʀ] *f* 1 Kesselhaken *m*; *fig* ***pendre la ~*** die neue Wohnung einweihen; s-n Einzug in die neue Wohnung, in das neue Haus feiern 2 TECH Zahnstange *f*; ***chemin de fer*** *m* ***à ~*** Zahnradbahn *f*
crémant [kʀemɑ̃] *m* leicht moussierender Wein
crémation [kʀemasjõ] *f* Kremation *f*; (Leichen)Verbrennung *f*; Einäscherung *f*
crématoire [kʀematwaʀ] *adj et subst m* (***four*** *m*) **~** Verbrennungsofen *m*; Krematorium *n*
crématorium [kʀematɔʀjɔm] *m* Krematorium *n*
crème [kʀɛm] I *f* 1 CUIS **a)** *matière grasse* Sahne *f*; *südd* Rahm *m*; **~ *Chantilly*** [ʃɑ̃tiji] *ou* **~ *fouettée*** Schlagsahne *f*; *südd* Schlagrahm *m*; *österr* Schlagobers *n*; **~ *fraîche*** (dicke) süße Sahne; Crème fraîche *f*; *adjt* ***café*** *m* **~** *ou elliptiquement* **~** *m* Milchkaffee *m*; **b)** *entremets* Creme *f*; Krem *f ou* F *m*; **~ *anglaise*** Eier-Milch-Creme *f*; **~ *glacée*** Eiscreme *f*; **~ *renversée*** gestürzter Pudding mit Karamellüberzug; **c)** *fromage* Schmelz-, Streichkäse *m*; **~ *de gruyère*** Schmelzkäse aus Emmentaler; **d)** *potage* sämige Suppe; **~ *d'asperges*** Spargelcremesuppe *f* 2 *produit de toilette* (Haut)Creme *f*; **~ *grasse*** Fettcreme *f*; **~ *solaire*** Sonnen(schutz)creme *f*; **~**

à raser, de beauté, de jour, de nuit Rasier-, Schönheits-, Tages-, Nachtcreme *f* 3 *liqueur* ~ ***de banane, de cacao*** Bananen-, Kakaolikör *m* 4 (*cirage*) Schuhcreme *f* 5 F ***la*** ~ (*les meilleurs*) die Creme (der Gesellschaft); ***la*** ~ ***de la*** ~ die (aller)feinsten Leute *pl*; F ***c'est la*** ~ ***des hommes*** er ist der gutmütigste Mensch II *adj* ⟨*inv*⟩ *couleur* cremefarben

crémerie [kʀɛmʀi] *f* Milchgeschäft *n*; F *fig* ***changer de*** ~ das Lokal wechseln

crémeux [kʀemø] *adj* ⟨**-euse**⟩ sahnig; cremig; sämig

crémier [kʀemje] *m*, **crémière** *f* Milchhändler(in) *m(f)*

Crémone [kʀemɔn] GÉOGR Cremona *n*

crémone [kʀemɔn] *f* TECH Treibriegelverschluss *m*

créneau [kʀeno] *m* ⟨*pl* ~**x**⟩ 1 FORTIF Zinne *f*; *fig* ***monter au*** ~ auf die Barrikaden gehen 2 AUTO Parklücke *f*; ***faire un*** ~ einparken; in e-e Parklücke hineinfahren 3 ~ (***horaire***) freier Augenblick, freie Zeit (im Terminplan); ESPACE ~ ***de lancement*** Startfenster *n* 4 ÉCON Marktlücke *f*, -nische *f*

crénelé [kʀenle] *adj tour, mur* zinnenbewehrt; mit Zinnen versehen

créneler [kʀenle] *v/t* ⟨**-ll-**⟩ TECH kerben; zähnen; ~ ***une pièce de monnaie*** ein Geldstück rändeln

créole [kʀeɔl] I *adj* kreolisch; ***parlers*** *m/pl* ~***s*** Kreolensprachen *f/pl* II *subst* 1 *m,f* Kreole *m*, Kreolin *f* 2 LING ***le*** ~ Kreol(isch) *n*; das Kreolische

crêpage [kʀɛpaʒ] *m* 1 *des cheveux* Toupieren *n* 2 F *fig* ~ ***de chignon*** Zank *m*; Streit *m*; Gezänk *n* 3 TEXT Kreppen *n*

crêpe[1] [kʀɛp] *m* 1 TEXT Krepp *m*; ~ ***georgette*** Crêpe Georgette *m*; ~ ***de Chine*** Crêpe de Chine *m*; ~ ***de laine, de soie*** Woll-, Seidenkrepp *m* 2 *en signe de deuil* Trauerflor *m*, -band *n*, -schleife *f* 3 ***semelles*** *f/pl* (**de**) ~ Kreppsohlen *f/pl*

crêpe[2] [kʀɛp] *f* CUIS (dünner) Pfann-, Eierkuchen *m*; Crêpe *f*; *österr* Palatschinke *f*; ~***s Suzette*** *mit Likörcreme angerichtete u flambierte Eierkuchen*; ~ ***de sarrasin*** Marmeladen-, Buchweizenpfannkuchen *m*; F *fig* ***retourner qn comme une*** ~ j-n vollkommen umstimmen, F herumkriegen

crêpeler [kʀɛple] I *v/t* 1 *cheveux* toupieren 2 TEXT kreppen II *v/pr* F → ***chignon***

crêperie [kʀɛpʀi] *f* Lokal *n*, Café *n*, in dem „crêpes" serviert werden

crépi [kʀepi] *m* CONSTR (rauer) (Ver)Putz; Rauputz *m*; Bewurf *m*

crêpier [kʀepje] *m*, **crêpière** *f* Crêpeverkäufer(in) *m(f)*

crépine [kʀepin] *f* 1 TECH Saugkorb *m*; Sieb *n* 2 BOUCHERIE Netz *n* **crépinette** *f* BOUCHERIE Netzkotelett *n* (*von Netz umhülltes Hackfleisch in Frikadellenform*)

crépir [kʀepiʀ] *v/t mur* verputzen; bewerfen; berappen **crépissage** *m* (Rau)Verputzen *n*

crépitation [kʀepitasjõ] *f* 1 Knistern *n*; Prasseln *n* 2 MÉD Krepitation *f*; Knistern *n*; *des poumons* Knistern *n*; Knisterrasseln *n*

crépitement [kʀepitmɑ̃] *m d'un feu de bois* Knistern *n*; Prasseln *n*; *d'une mitrailleuse* Knattern *n*; Rattern *n*

crépiter [kʀepite] *v/i feu de bois* knistern; prasseln; *applaudissements* aufbranden; aufbrausen; *mitrailleuse* knattern; rattern

crépon [kʀepõ] I *adj* ***papier*** *m* ~ Kreppapier *n* II *m* TEXT dicker, grober Krepp

CREPS [kʀɛps] *m abr* (*centre régional d'éducation physique et sportive*) *staatliche Ausbildungsstätte für Sportlehrer*; Sporthochschule *f*

crépu [kʀepy] *adj* kraus; ***cheveux*** ~***s*** Kraushaar *n*

crépusculaire [kʀepyskylɛʀ] *adj* ***lueur*** *f*, ***lumière*** *f* ~ Dämmerlicht *n*

crépuscule [kʀepyskyl] *m* 1 (Abend)Dämmerung *f*; Dämmerlicht *n*; ***au*** ~ *ou* ***à l'heure du*** ~ in der Abenddämmerung 2 *fig et litt* (*déclin*) Vergehen *n*; Untergang *m*; *Wagner* ***Le Crépuscule des dieux*** Die Götterdämmerung

crescendo [kʀeʃɛndo] I *adv* MUS crescendo [-'ʃɛn-]; *fig* ***aller*** ~ anschwellen; zunehmen II *m* MUS Crescendo *n*

cresson [kʀɛsõ, kʀə-] *m* BOT Kresse *f*; ~ ***de fontaine*** Brunnenkresse *f*

cressonnière [kʀɛsɔnjɛʀ] *f* Anpflanzung *f* von Brunnenkresse

Crest [kʀɛ] *Stadt im Dep. Drôme*

Crésus [kʀezys] *m* HIST Krösus *m*; *fig* ***il est riche comme*** ~ er ist ein Krösus

crésyl® [kʀezil] *m ein Desinfektionsmittel*

crétacé [kʀetase] GÉOL I *adj* Kreide… II *m* Kreide(zeitalter) *f(n)*

crête [kʀɛt] *f* 1 *du coq, de certains reptiles* Kamm *m*; (*huppe*) Schopf *m* 2 *d'une montagne* Kamm *m* 3 ~ ***d'une vague*** Wellenkamm *m*, -berg *m* 4 *d'un toit* First *m*; *d'une muraille* Krone *f* 5 ANAT ~ ***iliaque*** Darmbeinkamm *m* 6 ÉLECT ***puissance*** *f* ***de*** ~ Spitzenleistung *f*

Crète [kʀɛt] ***la*** ~ Kreta *n*

crêté [kʀete] *adj* zo mit Kamm *ou* Schopf

crête-de-coq [kʀɛtdəkɔk] *f* ⟨*pl* **crêtes-de-coq**⟩ 1 BOT **a)** Hahnenkamm-Esparsette *f*; **b)** Klappertopf *m* 2 *pl* MÉD spitze Kondylome *n/pl*; Feigwarzen *f/pl*

Créteil [kʀetɛj] *Stadt im Dep. Val-de-Marne*

crétin [kʀetɛ̃] I *adj* dumm; F blöd II *subst* ~**(e)** *m(f)* 1 *péj* Dummkopf *m*; Idiot *m*; F *d'une femme* dumme, blöde Kuh 2 MÉD Kretin *m*

crétinerie [kʀetinʀi] *f* Dummheit *f*; Blödsinn *m* **crétiniser** *v/t* verdummen **crétinisme** *m* 1 MÉD Kretinismus *m* 2 (*bêtise*) Dummheit *f*; Blödsinn *m*; Idiotie *f*

crétois [kʀetwa] I *adj* kretisch II *subst* 1 ***Crétois*(e)** *m(f)* Kreter(in) *m(f)* 2 LING ***le*** ~ das Kretische; Kretisch *n*

cretonne [kʀətɔn] *f* TEXT Cretonne *f ou m*; *österr* Kreton *m*

Creuse [kʀøz] ***la*** ~ *Fluss u Departement in Frankreich*

creusement [kʀøzmɑ̃] *m* Graben *n*; Aushöhlen *n*

creuser [kʀøze] I *v/t* 1 *dans la terre*: *trou, puits, tunnel* graben; *tunnel a* bohren; *fosse, tranchée* ausheben; MINES *galerie* vortreiben; (*rendre creux*) *roche etc* aushöhlen; *fig* ~ ***un abîme*** e-n Abgrund aufreißen (***entre*** zwischen +*dat*); ~ ***un canal*** einen Kanal bauen; ~ ***la terre*** die Erde aufgraben; in der Erde graben; *fig* ~ ***sa tombe, sa fosse*** sich (*dat*) sein eigenes Grab schaufeln, graben; ~ ***un trou dans qc*** *a* etw aushöhlen 2 *par ext*: *joues* aushöhlen; *yeux* einsinken lassen; ~ ***l'estomac*** hungrig machen; ***visage creusé de rides*** verrunzeltes, von Runzeln durchzogenes Gesicht 3 *fig sujet, question* vertiefen; sich eingehend befassen mit II *v/i* 1 *dans la* *terre* graben **2** F (*donner de l'appétit*) hungrig machen **III** *v/pr* **se ~** **1** (*devenir creux*) *dent, joues* hohl werden; *visage a* hohlwangig werden; *yeux* einsinken; *fig* **un fossé se creuse entre eux** ein Graben tut sich zwischen ihnen auf **2** *fig* (*réfléchir*) sich (geistig) anstrengen; **se ~ la cervelle, le cerveau, la tête** sich (*dat*) den Kopf zerbrechen; sich (*dat*) das Hirn zermartern

creuset [kʀøzɛ] *m* **1** *récipient* (Schmelz)Tiegel *m* **2** *d'un haut fourneau* Gestell *n* **3** *fig* Schmelztiegel *m*

Creusot (Le) [ləkʀøzo] *Stadt im Dep. Saône-et-Loire*

Creutzfeldt-Jakob [kʀøtsfɛltʒakɔb] **maladie** *f* **de ~** Creutzfeldt-Jakob-Krankheit *f*

creux [kʀø] **I** *adj* ⟨**creuse** [kʀøz]⟩ **1** hohl (*a dent*); Hohl...; *par ext*: *joues* hohl; eingefallen; *visage* hohl(wangig); *yeux* tief liegend; eingesunken; **assiette creuse** tiefer Teller; Suppenteller *m*; **chemin ~** Hohlweg *m*; MAR **mer creuse** hohle See; COUT **pli ~** Kellerfalte *f*; *fig* **j'ai le ventre, l'estomac ~** ich habe e-n leeren Magen, nichts im Magen; mir knurrt der Magen **2** *fig*: **classes creuses** geburtenschwache *ou* durch den Krieg dezimierte Jahrgänge *m/pl*; **heures creuses** CIRCULATION verkehrsschwache Zeiten *f/pl*; COMM Zeiten, in denen wenig Betrieb ist **3** *son* hohl **4** *fig phrases, discours* leer; hohl; inhalts-, gehaltlos **II** *adv* **sonner ~** hohl klingen (*a fig*) **III** *m* **1** Vertiefung *f*; (Aus)Höhlung *f*; Mulde *f*; *nordd a* Kuhle *f*; **~ de l'estomac** Magen-, Herzgrube *f*; *fig* **j'ai un ~ (dans l'estomac)** ich habe Hunger; ich bin hungrig; mir knurrt der Magen; **~ du genou** Kniekehle *f*; **~ de la main** hohle Hand; **~ d'une vague** Wellental *n*; *fig* **être dans le ~ de la vague** an e-m Tiefpunkt angelangt sein **2** COMM Flaute *f*

crevaison [kʀəvɛzõ] *f d'un pneu* Reifenpanne *f*; geplatzter Reifen; F Platte(r) *m*; Plattfuß *m*; *österr* Patschen *m*

crevant [kʀəvɑ̃] *adj* F **1** (*épuisant*) ermüdend; **c'est ~** F das macht einen fertig, kaputt **2** (*drôle*) F zum Totlachen, Schreien, Schießen; irrsinnig komisch

crevasse [kʀəvas] *f* **1** *d'un mur, dans le sol* (tiefer *ou* klaffender) Riss **2** *de la peau* **~s** *pl* Schrunden *f/pl*; Risse *m/pl*; **~s aux lèvres** aufgerissene, rissige Lippen *f/pl*; **~s des mains** Risse, Schrunden an den Händen **3** *d'un glacier* Gletscherspalte *f*

crevasser [kʀəvase] **I** *v/t froid*: *mains etc* aufspringen lassen; rissig machen, werden lassen; *adjt* **crevassé** rissig; **peau crevassée** rissige, aufgesprungene Haut **II** *v/pr* **se ~** Risse bekommen; rissig werden; aufreißen; aufspringen

crève [kʀɛv] F *f* **attraper la ~** F sich (*dat*) e-e Mordserkältung, sich (*dat*) den Tod holen; **avoir la ~** F mordsmäßig erkältet, *p/fort* P kurz vor dem Abkratzen sein

crevé [kʀəve] *adj* **1** (*éclaté*) ge-, zerplatzt; geborsten; **pneu ~** geplatzter Reifen; F Platte(r) *m*; Plattfuß *m*; *österr* Patschen *m* **2** *plante, animal* eingegangen; *animal a* verendet **3** F (*épuisé*) **être ~** F vollkommen fertig, erledigt, kaputt, völlig erschossen sein

crève-cœur [kʀɛvkœʀ] *m* ⟨*inv*⟩ Herzeleid *n*; Jammer *m*; **c'est un vrai ~ de voir ça** das ist ein herzzerreißender Anblick

crève-la-faim [kʀɛvlafɛ̃] *m* ⟨*inv*⟩ F Hungerleider *m*

crever [kʀəve] ⟨**-è-**⟩ **I** *v/t* **1** (*faire éclater*) platzen lassen; zum Platzen, Bersten bringen; *pneu avec un couteau* zerstechen; aufschlitzen; *sac en papier etc* durchbohren; ein Loch bohren, machen in (+*acc*); **~ un abcès** einen Abszess aufschneiden, aufstechen; *fig* **~ le cœur à qn** j-m das Herz zerreißen, brechen; **ça vous crève le cœur** *a* das ist herzzerreißend; *fig acteur* **~ l'écran** große Begeisterung auslösen; Furore machen; **~ un œil à qn** j-m ein Auge ausschlagen, ausstechen; *fig* **ça crève les yeux** das springt in die Augen; das ist sonnenklar; F das sieht doch ein Blinder; *objet égaré* **il te crève les yeux** es liegt direkt vor deiner Nase; F es wird dich gleich beißen **2** F (*épuiser*) **~ qn** F j-n kaputtmachen, fertigmachen, erledigen; **~ un cheval** ein Pferd zuschanden reiten **II** *v/i* **1** (*éclater*) (auf-, zer)platzen; bersten; *abcès* aufgehen; aufbrechen; *nuage* sich entladen; *pneu* platzen; *par ext* **j'ai crevé** ich habe e-e Reifenpanne, F e-n Platten, e-n Plattfuß, *österr* e-n Patschen (gehabt); *fig*: **~ de jalousie** vor Neid platzen; **~ d'orgueil** äußerst hochmütig sein; **~ de rire** vor Lachen platzen; F sich totlachen; **c'est à ~ de rire** F es ist zum Totlachen, Schießen **2** *animal, plante* eingehen; *animal a* verenden; F krepieren; P *personne* P krepieren; verrecken; F *fig* **~ de chaleur** F vor Hitze umkommen, vergehen; F *fig* **~ de faim** F vor Hunger vergehen; am Verhungern sein; F **chaleur** *f* **à ~** F Bullen-, Affen-, Bruthitze *f*; F **il fait une chaleur à ~** F es ist wahnsinnig heiß; **ça fait ~ les plantes** davon gehen die Pflanzen ein **III** *v/pr* **1** F **se ~ (au travail)** F sich zu Tode arbeiten, schinden, schuften; sich abschinden **2** **se ~ les yeux** sich (*dat*) die Augen verderben

crevette [kʀəvɛt] *f* zo Garnele *f*; CUIS Krabbe *f*; **~ grise** Sandgarnele *f*; Granat *m*; **~ rose** rosa Garnele

crevettier [kʀəvɛtje] *m* **1** Garnelen-, Krabbenfangboot *n*; Krabbenkutter *m* **2** Garnelen-, Krabbennetz *n*

cri [kʀi] *m* Schrei *m*, Ruf *m* (*a d'un animal*); **~s** *pl a* Geschrei *n*; Schreien *n*; *fig* **le dernier ~** der letzte Schrei; der Dernier cri; **long ~** lang gezogener Schrei; **~ d'alarme** Warnruf *m*; **~ de guerre** Schlachtruf *m*; **~ d'indignation** Schrei der Entrüstung; **~ de joie** Freudenschrei *m*; Jauchzer *m*; **~s de joie** Freudengeschrei *n*, -gebrüll *n*; Jubel *m*; Jauchzen *n*; **pousser des ~s de joie** in (ein) Freudengeschrei ausbrechen; jubeln; jauchzen; **~ du nouveau-né** erster Schrei des Neugeborenen; *fig* **les ~s des opprimés** die Schreie, das Schreien der Unterdrückten; HIST **~s de Paris** Rufe der Straßenhändler in Paris; **~s des vendeurs de journaux** Rufe der Zeitungsverkäufer; **au(x) ~(s) de ...** mit dem Ruf, Schrei ...; *loc/adv* **à grands ~s** mit lautem Geschrei; *fig* nachdrücklich; eindringlich; *fig* **c'est le ~ du cœur** das ist ganz echt, ganz spontan, nicht gespielt; das ist mir (*ou* dir *etc*) (wider Willen) entschlüpft

criaillement [kʀijɑjmɑ̃] *m* Kreischen *n*; Zetern *n*; Keifen *n*; Zetergeschrei *n*

criailler [kʀijɑje] *v/i* (*crier*) kreischen; (*se plaindre*) zetern; keifen

criailleries [kʀijɑjʀi] *f/pl* Gezeter *n*; Gekeife *n*

criant [kʀijɑ̃] *adj* **1** *injustice* (himmel)schreiend **2** (*manifeste*) eindeutig; ganz klar; **preuve ~e** eindeutiger, schlagender Beweis

criard [kʀijaʀ] *adj* **1** *voix* kreischend; ***enfant** ~* kreischendes, plärrendes Kind **2** *couleur* grell; schreiend

criblage [kʀiblaʒ] *m* TECH (Aus)Sieben *n*

crible [kʀibl] *m* (grobes) Sieb; *fig* ***passer au** ~* genau prüfen; unter die Lupe nehmen

criblé [kʀible] *adj corps* ~ ***de bleus*** mit blauen Flecken übersät; *visage* ~ ***de boutons*** mit Pickeln übersät; ~ ***de taches*** voller Flecken; *fig* ***être** ~ **de dettes*** völlig verschuldet sein; F bis über beide Ohren, bis an den Hals in Schulden stecken; mehr Schulden als Haare auf dem Kopf haben

cribler [kʀible] *v/t* **1** (*percer*) durchbohren; durchlöchern; ~ ***de balles*** mit Kugeln durchsieben **2** TECH (durch-, aus)sieben

cric [kʀik] *m* **a)** ~ (***d'automobile***) Wagenheber *m*; **b)** TECH Zahnstangenwinde *f*

cricket [kʀikɛt] *m* SPORTS Kricket *n*

cri-cri [kʀikʀi] *m* ⟨*inv*⟩ ZO Grille *f*

criée [kʀije] *f* (***vente** f **à la***) ~ öffentliche Versteigerung; Auktion *f*

crier [kʀije] **I** *v/t* **1** schreien; rufen; ~ ***qc à qn*** j-m etw zu- *ou* nachschreien, -rufen; ~ ***à qn de*** (*+inf*) j-m zurufen zu (*+inf*); ♦ *loc*: ~ ***grâce*** um Gnade flehen; ~ ***misère*** s-e Not, sein Elend klagen; jammern; ~ ***vengeance*** nach Rache schreien; ~ ***la vérité*** die Wahrheit hinausschreien; → *a* ***famine*** **2** *journal* ausrufen **II** *v/i* **1** *personne, animal* schreien; rufen; ~ ***au scandale*** es als Skandal bezeichnen; es e-n Skandal nennen; ~ ***au secours*** um Hilfe rufen, schreien; ~ ***au voleur*** „haltet den Dieb!“ *ou* „Hilfe, Diebe!“ schreien; F ~ ***après qn*** j-n anschreien; mit j-m (herum)schimpfen; ***il lui crie après*** er schreit ihn an *etc*; ~ ***de douleur, de peur*** vor Schmerzen, vor Angst schreien **2** *gonds d'une porte* quietschen

crieur [kʀijœʀ] *m* Straßenverkäufer *m*, -händler *m*; fliegender Händler; HIST ~ ***public*** Ausrufer *m*; ~ ***de journaux*** Zeitungsverkäufer *m*

CRIF [kʀif] *m abr* (*Conseil représentatif des institutions juives de France*) *Dachverband der jüdischen Organisationen in Frankreich*; *correspond à* Zentralrat *m* der Juden

crime [kʀim] *m* Verbrechen *n* (*a* JUR); (*meurtre*) Mord *m*; ~ ***parfait*** perfektes Verbrechen; ~ ***politique*** politisches Verbrechen; Staatsverbrechen *n*; ~ ***contre l'humanité*** Verbrechen gegen die Menschlichkeit; ~ ***de guerre*** Kriegsverbrechen *n*; ***arme** f **du*** ~ Tatwaffe *f*; ***victime** f **d'un*** ~ Opfer *n* e-s Verbrechens; *fig* ***ce n'est pas un** ~ **de*** (*+inf*) es ist doch kein Verbrechen zu (*+inf*); *prov* ***le** ~ **ne paie pas*** das Verbrechen lohnt sich nicht, zahlt sich nicht aus

Crimée [kʀime] ***la*** ~ die Krim

criminaliser [kʀiminalize] *v/t* JUR *affaire* als Verbrechen einstufen; zur Strafsache machen

criminaliste [kʀiminalist] *m* Kriminalist *m* **criminalistique** *f* Kriminalistik *f*

criminalité [kʀiminalite] *f* Kriminalität *f*

criminel [kʀiminɛl] **I** *adj* ⟨~**le**⟩ kriminell; verbrecherisch; Kriminal…; JUR *a* Straf…; ***acte*** ~ verbrecherische, kriminelle Handlung; Verbrechen *n*; Straftat *f*; ***affaire** ~**le*** Kriminalfall *m*; Strafsache *f*; ***droit*** ~ Strafrecht *n*; ***incendie*** ~ Brandstiftung *f*; ***intention** ~**le*** verbrecherische Absicht; ***juridiction** ~**le*** Strafgerichtsbarkeit *f*; F *fig* ***c'est** ~ **de*** (*+inf*) es ist verbrecherisch, ein Verbrechen zu (*+inf*) **II** *m* **1** Verbrecher *m* (*a* JUR); ***grand*** ~ Schwerverbrecher *m*; ~ ***de guerre*** Kriegsverbrecher *m* **2** *juridiction* Strafgerichtsbarkeit *f*; *loc/adv* ***au*** ~ strafrechtlich

criminellement [kʀiminɛlmɑ̃] *adv* **1** *agir* verbrecherisch; kriminell **2** JUR *poursuivre* strafrechtlich

criminologie [kʀiminɔlɔʒi] *f* Kriminologie *f*; Kriminalwissenschaft *f* **criminologiste** *m,f ou* **criminologue** *m,f* Kriminologe, -login *m,f*

crin [kʀɛ̃] *m* Rosshaar *n*; ~ ***végétal*** vegetabilisches, pflanzliches Rosshaar; ***matelas** m **de*** ~ Rosshaarmatratze *f*; *loc/adj fig* ***à tous** ~**s*** *ou* ***à tout*** ~ leidenschaftlich; mit Leib und Seele; reinsten Wassers

crincrin [kʀɛ̃kʀɛ̃] *m* **a)** schlechte Geige, Fiedel; **b)** Gekratze *n*, Kratzen *n* auf der Geige

crinière [kʀinjɛʀ] *f* Mähne *f* (*a* F *chevelure*)

crinoline [kʀinɔlin] *f* HIST Krinoline *f*; Reifrock *m*

crique [kʀik] *f* kleine Bucht (an e-r Felsküste)

criquet [kʀikɛ] *m* ZO Feldheuschrecke *f*; ~ ***migrateur, pèlerin*** Wanderheuschrecke *f*

crise [kʀiz] *f* **1** MÉD (*accès*) Anfall *m*; (*changement décisif*) Krisis *f*; Krise *f*; ~ ***cardiaque*** Herzanfall *m*; *mortelle* Herzschlag *m*; ~ ***d'appendicite*** akute Blinddarmentzündung; ~ ***d'asthme*** Asthmaanfall *m*; ~ ***de foie*** (akute) Leberbeschwerden *f/pl* **2** PSYCH Krise *f*; Anfall *m*; ~ ***de larmes*** Weinkrampf *m*; ~ ***de nerfs*** Nervenzusammenbruch *m*, -krise *f*; *iron* ***quelle** ~**!*** was für ein Drama!; ***avoir une, passer par une** ~ **de conscience*** mit s-m Gewissen ringen; F ***avoir sa*** ~ F wieder mal s-n Koller haben; ***être en*** ~ e-e Krise durchmachen; sich in e-r Krise befinden; F ***piquer une*** ~ F e-n Tobsuchtsanfall kriegen **3** POL, ÉCON Krise *f*; ~ ***économique, gouvernementale, ministérielle, monétaire, politique*** Wirtschafts-, Regierungs-, Kabinetts-, Währungs-, Staatskrise *f*; ~ ***de l'énergie*** Energiekrise *f*; ~ ***du logement*** Wohnungsnot *f*; Wohnraummangel *m*; ***économie** f **en*** ~ kritische Wirtschaftslage

crispant [kʀispɑ̃] *adj* unerträglich; auf die Nerven gehend

crispation [kʀispasjõ] *f* **1** *du visage etc* Verkrampfung *f* **2** (*irritation*) Gereiztheit *f*; Erregung *f*

crispé [kʀispe] *adj* verkrampft (*a personne*); verzerrt; ***sourire*** ~ verkrampftes Lächeln; ***le visage** ~ **par la douleur*** mit schmerzverzerrtem Gesicht

crisper [kʀispe] **I** *v/t* **1** verkrampfen; verzerren; krampfhaft zusammenziehen; ***la douleur crispait son visage*** sein Gesicht verzerrte, verkrampfte sich vor Schmerz **2** F *fig* ~ ***qn*** j-n nerven; F j-n auf die Palme bringen **II** *v/pr* ***se*** ~ sich verkrampfen (*a personne*); sich (krampfhaft) verzerren, verziehen

crissement [kʀismɑ̃] *m* Knirschen *n*; Rascheln *n*; *de pneus* Quietschen *n*; Kreischen *n*

crisser [kʀise] *v/i gravier, neige* knirschen; *feuilles sèches* rascheln; *pneus* quietschen; kreischen

cristal [kʀistal] *m* ⟨*pl* **-aux**⟩ **1** *verre* Kristall(glas) *n*; ***cristaux** pl* Kristallgeschirr *n*, -gläser *n/pl*, -vasen *f/pl*, -schalen *f/pl*, COMM -waren *f/pl*; ~ ***de Bohême*** böhmisches Kristall(glas); ***boule** f **de*** ~ Kristallkugel *f*; *loc/adj* ***en*** ~ aus Kristall; Kristall…; kristallen **2** CHIM, MINÉR Kristall *m*; COMM ***cristaux*** (***de soude***) Kristallsoda *f*; ***cristaux de neige*** Schneekristalle *m/pl*; ~ ***de roche*** Bergkristall *m* **3** ÉLECTRON ***cris-***

C

taux** pl **liquides Flüssigkristalle *m/pl*; ***affichage** m **à cristaux liquides*** Flüssigkristallanzeige *f*

cristallerie [kristalʀi] *f* 1 *fabrication* Kristall(glas)-herstellung *f* 2 *usine* Kristallglasfabrik *f* 3 *objets* Kristallglas *n*

cristallin [kristalɛ̃] I *adj* 1 *eaux, son, voix* kristallklar; *eaux **d'une transparence ~e*** kristallklar 2 MINÉR kristallin; ***roche ~e*** kristallines Gestein 3 CHIM Kristall…; ***système ~*** Kristallsystem *n* II *m* ANAT *de l'œil* Linse *f*

cristallisation [kristalizasjõ] *f* 1 CHIM **a)** *action* Kristallbildung *f*; Kristallisation *f*; Kristallisierung *f*; **b)** *résultat **~s** pl* Kristallformen *f/pl*, -bildungen *f/pl* 2 *fig et st/s* Konkretisierung *f*; Fixierung *f*

cristalliser [kristalize] I *v/t* CHIM kristallisieren lassen; in Kristalle umwandeln; *adjt* ***sucre cristallisé*** (grober) Kristallzucker II *v/i* (*et v/pr **se***) **~** 1 CHIM *substances* kristallisieren; Kristalle bilden; *dans une solution* auskristallisieren 2 *fig et st/s idées, sentiments, souvenirs* deutlich werden; Gestalt annehmen; sich konkretisieren; sich fixieren (***autour de*** auf *+acc*)

cristallisoir [kristalizwaʀ] *m* CHIM Kristallisierschale *f*; flache Glasschale

cristallographie [kristalɔgʀafi] *f* Kristallografie *f*

critère [kʀitɛʀ] *m* Kriterium *n*; Merkmal *n*; Maßstab *m*; ***~ d'adhésion, de convergence*** *de l'Union européenne* Beitritts-, Konvergenzkriterium *n*

critérium [kʀiteʀjɔm] *m* 1 CYCLISME, SKI Kriterium *n* 2 HIPPISME ***~ des deux ans*** klassisches Rennen der Zweijährigen

critiquable [kʀitikabl] *adj* tadelnswert; zu kritisieren(d)

critique [kʀitik] I *adj* 1 MÉD, PHYS, *par ext situation, instant* kritisch; ***âge** m **~*** kritisches Alter; kritische Jahre *n/pl*; *d'une femme a* Wechseljahre *n/pl*; ***jours** m/pl **~s*** kritische Tage *m/pl* (*a e-r Frau*); PHYS NUCL ***masse** f **~*** kritische Masse; ***phase** f **~*** kritische Phase; kritisches Stadium; PHYS ***point** m **~*** kritischer Zustand, Punkt 2 *jugement, examen etc* kritisch; ***esprit** m **~*** kritischer Geist (*a personne*); ***avoir l'esprit ~*** kritisch sein; e-n kritischen Verstand, e-e kritische Ader haben; ***remarque** f **~*** kritische Bemerkung II *subst* 1 *f* **a)** (*analyse*) Kritik *f*; *d'un livre* Besprechung *f*; Rezension *f*; ***~ dramatique, littéraire, musicale*** Theater-, Literatur-, Musikkritik *f*; ***~ d'art, de cinéma*** Kunst-, Filmkritik *f*; ***~ des textes*** Textkritik *f*; *auteur, ouvrage* ***avoir une bonne, mauvaise ~*** e-e gute, schlechte Kritik bekommen; ***faire la ~ d'un livre*** ein Buch besprechen, rezensieren; ***faire la ~ d'une œuvre*** e-e Kritik zu e-m Werk schreiben; ein Werk kritisch durchleuchten; **b)** *coll* Kritik *f*; Kritiker *m/pl*; **c)** (*désapprobation*) Kritik *f*; Kritisieren *n*; ***formuler des ~s*** Kritik üben; ***il a formulé deux ou trois ~s*** er kritisierte zwei oder drei Punkte; ***ne pas supporter la ~*** *ou* ***les ~s*** keine Kritik vertragen; *Destouches* ***la ~ est aisée, l'art est difficile*** Kritisieren ist leicht, Selbermachen ist schwer 2 *m* Kritiker(in) *m(f)*; ***~ dramatique, littéraire, d'art, de cinéma*** Theater-, Literatur-, Kunst-, Filmkritiker(in) *m(f)*

critiquer [kʀitike] *v/t* kritisieren; Kritik üben an (*+dat*); *abs* ***il faut toujours qu'il critique*** er muss immer kritisieren, kritteln

croassement [kʀɔasmɑ̃] *m du corbeau* Krächzen *n*

croasser *v/i* krächzen

croate [kʀɔat] I *adj* kroatisch II *subst* 1 ***Croate** m,f* Kroate *m*, Kroatin *f* 2 LING ***le ~*** das Kroatische; Kroatisch *n*

Croatie [kʀɔasi] ***la ~*** Kroatien *n*

croc [kʀo] *m* 1 *de certains animaux* Fangzahn *m*; F ***avoir les ~s*** F e-n Mordshunger haben; ***montrer les ~s*** *chien* die Zähne fletschen, blecken; *fig* die Zähne zeigen 2 *instrument* Haken(stange) *m(f)* 3 ***moustaches** f/pl **en ~s*** aufgezwirbelter Schnurrbart

croc-en-jambe [kʀɔkɑ̃ʒɑ̃b] *m* ⟨*pl* **crocs-en-jambe** [kʀɔkɑ̃ʒɑ̃b]⟩ Beinstellen *n*; ***faire un ~ à qn*** j-m ein Bein stellen (*a fig*)

croche [kʀɔʃ] *f* MUS Achtel(note) *n(f)*; ***double ~*** Sechzehntel(note) *n(f)*; ***triple ~*** Zweiunddreißigstel(note) *n(f)*; ***quadruple ~*** Vierundsechzigstel(note) *n(f)*

croche-patte [kʀɔʃpat] F *m* ⟨*pl* **croche-pattes**⟩ *ou* **croche-pied** *m* ⟨*pl* **croche-pieds**⟩ → ***croc-en-jambe***

crochet [kʀɔʃɛ] *m* 1 (*pièce de métal recourbé*) Haken *m*; *à vis* Schraubhaken *m*; *d'une fenêtre* Fensterhaken *m*; ***~ de boucherie*** Fleischerhaken *m*; ***~ de remorque*** Schlepp-, AUTO Abschlepphaken *m*; ***~ de serrurier*** Dietrich *m* 2 *aiguille* Häkelnadel *f*; ***travail** m **au ~*** Häkelarbeit *f*; ***faire du ~*** häkeln 3 BOXE Haken *m*; ***~ du droit, du gauche*** rechter, linker Haken; ***porter à qn un ~ à la mâchoire*** j-m e-n Kinnhaken versetzen 4 (*détour*) ***faire un ~*** *route* e-n Bogen machen; *personne* e-n Abstecher machen (***par Reims*** nach Reims; ***chez qn*** zu j-m) 5 *fig* ***vivre aux ~s de qn*** auf j-s Kosten (*acc*) leben; j-m auf der Tasche liegen 6 *ancienne émission* ***~ radiophonique*** vom Rundfunk veranstalteter Amateurwettbewerb für Sänger 7 TYPO ***~s** pl* eckige Klammern *f/pl*; ***mettre entre ~s*** in eckige Klammern setzen 8 MUS Fähnchen *n* 9 *des serpents venimeux* Giftzahn *m*

crochetage [kʀɔʃtaʒ] *m d'une serrure* Öffnen *n* mit e-m Dietrich

crocheter [kʀɔʃte] *v/t* ⟨-è-⟩ ***~ une serrure*** ein Schloss (mit e-m Dietrich) aufbrechen

crocheteur [kʀɔʃtœʀ] *m* Dieb, der mit e-m Dietrich arbeitet

crochu [kʀɔʃy] *adj* krumm; gebogen; hakenförmig; *fig* ***avoir les doigts ~s*** habgierig sein

croco [kʀɔko] *m abr* → ***crocodile*** *2*

crocodile [kʀɔkɔdil] *m* 1 ZO Krokodil *n* 2 *peau* Krokodilleder *n*; ***sac** m **en ~*** Krokotasche *f*; Krokodilleder(hand)tasche *f*

crocus [kʀɔkys] *m* BOT Krokus *m*

croire [kʀwaʀ] ⟨**je crois, il croit, nous croyons**; **je croyais**; **je crus**; **je croirai**; **que je croie**; **croyant**; **cru**⟩ I *v/t* ***~ qc*** etw glauben; ***~ qc de qn*** etw von j-m glauben; ***~ qn*** j-m glauben; j-m Glauben schenken; ***je vous crois*** ich glaube (es) Ihnen; F ***je te crois!*** *ou* ***je vous crois!*** (*je pense ainsi*) das will ich meinen!; ganz meine Meinung!; (*c'est évident*) selbstverständlich!; freilich!; F na klar!; ***le croira qui voudra*** das soll einer glauben; F wer's glaubt, wird selig; ♦ *avec attribut* halten für; ***on l'a cru mort*** man hielt ihn für tot; man glaubte, er sei tot; ***je vous crois capable de*** (*+inf*) ich halte Sie für fähig zu (*+inf*); ***on le croyait médecin*** man hielt

C

ihn für e-n Arzt; man glaubte, er sei Arzt; ♦ *avec inf*: ***elle croyait être guérie*** sie hielt sich für geheilt; sie glaubte, sie sei geheilt; ***il ne croit pas si bien dire*** er weiß nicht, wie wahr er spricht; ***~ bien faire*** es gut meinen; glauben, richtig zu handeln; ***j'ai cru mourir*** ich glaubte, ich würde sterben; ich meinte, ich müsste sterben; ♦ ***~ que …*** glauben, dass …; ***je crois que non, que oui*** ich glaube nein, ja; ***je crois qu'il viendra*** ich glaube, (dass) er kommt; ***je ne crois pas qu'il se soit trompé*** *ou* ***qu'il s'est trompé*** ich glaube nicht, dass er sich geirrt hat; ***on croirait que …, c'est à ~ que …*** man könnte meinen, (dass) …; ***je vous prie de ~ que …*** Sie können sich darauf verlassen, dass …; ich versichere Ihnen, dass …; ♦ ***en ~ qn*** j-m glauben; sich auf j-n verlassen; ***à l'en ~*** nach dem, was er sagt; wenn man ihm glauben kann, soll; ***si j'en crois ce qu'on raconte*** wenn ich dem, was man erzählt, glauben kann *ou* Glauben schenken kann; ***si vous m'en croyez*** wenn Sie auf mich hören; ***ne pas en ~ ses oreilles, ses yeux*** s-n Ohren, s-n Augen nicht trauen; ♦ ***faire ~ qc à qn*** j-m etw weismachen; ***faire ~ à qn que …*** j-m weismachen, dass …; ***il lui fait ~ tous ses mensonges*** er bringt ihn dazu, alle s-e Lügen zu glauben; ***laisser ~ qc à qn*** j-n im Glauben an etw (*acc*) lassen **II** *v/t/indir* ***~ à qc, à qn*** an etw, an j-n glauben; ***~ au diable, aux revenants*** an den Teufel, an Gespenster glauben; ***croyez-vous à l'éventualité du retour de X?*** glauben Sie, halten Sie es für möglich, dass X wiederkommt?; ***~ à la médecine*** an die Medizin glauben; zur Medizin Vertrauen haben; ***il crut à une pneumonie*** er hielt es für (e-e) Lungenentzündung; er glaubte, es sei (e-e) Lungenentzündung; ***c'est à ne pas y ~*** *ou* ***c'est à n'y pas ~*** man sollte es nicht für möglich halten; *formule épistolaire* ***je vous prie de ~*** *ou* ***veuillez ~, Monsieur, à l'expression de mes sentiments distingués*** mit vorzüglicher Hochachtung; ♦ ***~ en qn*** an j-n glauben; ***~ en Dieu*** an Gott glauben; ***~ en soi*** an sich (*acc*) selbst glauben; Selbstvertrauen haben; ***croyez en mon expérience*** vertrauen Sie auf meine Erfahrung **III** *v/i* glauben; REL *a* gläubig sein; F ***je crois bien!*** (*je pense ainsi*) das will ich meinen!; ganz meine Meinung!; (*c'est évident*) freilich!; natürlich!; F na klar! **IV** *v/pr* ***se ~*** (*être prétentieux*) eingebildet sein; sehr von sich selbst überzeugt sein; ***il se croit quelqu'un*** er hält sich für etwas Besonderes; F er meint, er sei wer; ***qu'est-ce qu'il se croit?*** was bildet er sich (*dat*) eigentlich ein?; für wen hält er sich eigentlich?; ♦ *avec attribut*: ***se ~ aimé*** glauben, geliebt zu werden; glauben, dass man geliebt wird; ***il se croit intelligent*** er hält sich für intelligent; er glaubt, er sei intelligent; ***il se croit obligé de*** (*+inf*) er hält es für s-e Pflicht zu (*+inf*); er fühlt sich verpflichtet zu (*+inf*); ***on se croyait à la veille d'un accord*** man glaubte, man stünde kurz vor dem Abschluss e-s Abkommens; ***il se croit en sécurité*** er glaubt, *st/s* wähnt sich in Sicherheit; er meint, er sei in Sicherheit

croisade [kRwazad] *f* HIST *et fig* Kreuzzug *m*; *fig* ***partir en ~ contre*** e-n Kreuzzug starten gegen

croisé [kRwaze] **I** *adj* gekreuzt; *jambes* übereinandergeschlagen; *loc/adv* ***les bras ~s*** mit verschränkten, gekreuzten Armen; *fig* ***rester les bras ~s*** die Hände in den Schoß legen; untätig sein, herumsitzen, -stehen; MIL ***feu(x) ~(s)*** Kreuzfeuer *n*; *fig* ***sous le feu ~ des critiques*** im Kreuzfeuer der Kritik; ANAT ***ligament ~*** Kreuzband *n*; ***mots ~s*** Kreuzworträtsel *n(pl)*; ***race ~e*** gekreuzte Rasse; Kreuzung *f*; ***veste ~e*** zweireihige Jacke **II** *m* HIST Kreuzritter *m*, -fahrer *m*

croisée [kRwaze] *f* **1** *loc fig* ***être, se trouver à la ~ des chemins*** am Kreuzweg, am Scheideweg stehen **2** *d'une fenêtre* Fensterkreuz *n*; (*fenêtre*) Fenster *n* **3** ARCH ***~ d'ogives*** Kreuzrippe *f*; ***~ du transept*** Vierung *f*

croisement [kRwazmã] *m* **1** *action* Kreuzen *n*; *de deux lignes a* Überschneiden *n*; *des bras* Verschränken *n*; Kreuzen *n*; *des jambes* Übereinanderschlagen *n* **2** (*carrefour*) Kreuzung *f* **3** *de deux véhicules* Begegnung *f*; Aneinander-Vorbei-Fahren *n* **4** BIOL Kreuzen *n*; Kreuzung *f*; ***~ de, entre races*** Rassenkreuzung *f*

croiser [kRwaze] **I** *v/t* **1** (*disposer en croix*) kreuzen; über Kreuz legen; kreuzweise legen, setzen, stellen; ***~ les bras*** die Arme verschränken, kreuzen; → *a III 2*; ***~ les jambes*** die Beine übereinanderschlagen; ***~ une veste, un manteau*** eine Jacke, einen Mantel vorne übereinanderschlagen **2** ***~ qn*** j-m begegnen; ***ma lettre a croisé la vôtre*** unsere Briefe haben sich gekreuzt; ***son regard croisa le mien*** sein Blick begegnete dem meinen; unsere Blicke begegneten sich; *voiture* ***~ un véhicule*** e-m (andern) Fahrzeug begegnen **3** *route*: *voie ferrée etc* kreuzen; sich kreuzen mit; überqueren **4** BIOL *animaux*, *plantes* kreuzen; ***~ une race avec une autre*** e-e Rasse mit e-r anderen kreuzen **5** ESCRIME ***~ le fer*** die Klinge(n) kreuzen **6** MIL *baïonnette* fällen **II** *v/i* **1** *vêtement* ***~ bien*** vorne weit übereinandergehen **2** MAR *navire* kreuzen **III** *v/pr* **1** ***se ~*** *chemins*, *routes*, *lettres* sich, einander kreuzen; *personnes*, *regards*, *véhicules* sich, einander begegnen; *voitures a* aneinander vorbeifahren **2** ***se ~ les bras*** die Arme verschränken, kreuzen; *fig* die Hände in den Schoß legen; untätig sein, herumsitzen, -stehen; ***se ~ les jambes*** die Beine übereinanderschlagen

croisette [kRwazɛt] *f* **1** Kreuzchen *n* **2** BOT **a)** Kreuzenzian *m*; **b)** Kreuzlabkraut *n*

croiseur [kRwazœR] *m* MAR MIL Kreuzer *m*

croisière [kRwazjɛR] *f* **1** *voyage* Kreuzfahrt *f* (***en***

croire und der Relativsatz

An das Verb croire kann lediglich ein einziges Objekt angeschlossen werden, an seine deutsche Entsprechung ‚glauben' zwei:

Seine Freunde wollten **ihm diese Geschichte** nicht glauben.

Wie gibt man nun ‚ihm' im Französischen wieder? Lösung: durch einen Relativsatz:

Ses amis ne voulaient pas croire **l'histoire qu'il avait racontée.**

C

Méditerranée auf dem Mittelmeer); ***vitesse*** *f* ***de ~*** MAR, AVIAT, AUTO Reisegeschwindigkeit *f*; *fig* fester Rhythmus **2** MAR *action* Kreuzen *n*; ***en ~*** kreuzend

croisillon [kʀwazijõ] *m* **1** *d'une fenêtre* (Fenster)-Sprosse *f* **2** *d'une croix* Querbalken *m* **3** ARCH *du transept* Kreuzarm *m*, -flügel *m*

croissance [kʀwasɑ̃s] *f* Wachstum *n*; BIOL *a* Wachsen *n*; BOT *a* Wuchs *m*; *d'une ville a* Anwachsen *n*; ***~ démographique, économique*** Bevölkerungs-, Wirtschaftswachstum *n*; ÉCON ***~ zéro*** Nullwachstum *n*; BIOL ***hormone*** *f* ***de ~*** Wachstumshormon *n*

croissant [kʀwasɑ̃] **I** *adj* wachsend; steigend; zunehmend; größer *ou* stärker werdend **II** *m* **1** CUIS Hörnchen *n*; Croissant *n* **2** ***~ (de lune)*** Mondsichel *f*; ***en ~*** sichelförmig **3** *emblème islamique* Halbmond *m*

croître [kʀwatʀ] *v/i* ⟨**je croîs, il croît, nous croissons; je croissais; je crûs; je croîtrai; que je croisse; croissant; crû, crue**⟩ **1** *plantes, animaux, st/s personnes* wachsen; *jeune fille* ***~ en beauté*** (mit zunehmendem Alter) immer schöner werden; ***~ en sagesse*** an Weisheit zunehmen; BIBL ***croissez et multipliez*** seid fruchtbar und mehret euch; ***ne faire que ~ et embellir*** zusehends, täglich größer und schöner werden; *iron* ***sa bêtise ne fait que ~ et embellir*** er wird immer dümmer **2** *(augmenter)* wachsen; anwachsen; zunehmen; größer *ou* stärker werden; sich steigern; ***~ en nombre*** an Zahl zunehmen; mehr werden

croix [kʀwa] *f* **1** REL, *objet, décoration, signe* Kreuz *n*; ***~ grecque*** griechisches Kreuz; ***~ de bois*** Holzkreuz *n*; ***~ de guerre*** Kriegsverdienstkreuz *n*; ***~ de la Légion d'honneur*** Kreuz der Ehrenlegion; ***~ de Lorraine*** Lothringer Kreuz; ***~ de Malte*** Malteserkreuz *n*; ***~ de Saint-André*** Andreaskreuz *n*; ***mystère*** *m*, ***sacrifice*** *m* ***de la Croix*** Opfertod *m* (Christi) am Kreuz; ***supplice*** *m* ***de la ~*** Kreuzestod *m*; Tod *m* am Kreuz; *loc/adj et loc/adv* ***en ~*** kreuzförmig, -weise; über Kreuz; in Kreuzform; gekreuzt; ***les bras*** *m/pl* ***en ~*** mit ausgebreiteten Armen; ***disposer en ~*** kreuzförmig anordnen; kreuzen; über Kreuz legen; *fig* ***c'est la ~ et la bannière*** *pour le faire manger, sortir etc* man muss s-e ganze Überredungskunst aufbieten …; F das ist (immer) ein furchtbares Theater, ein Riesentheater …; ***faire une ~*** *en guise de signature* ein Kreuz machen; *fig* ***faire une ~ à la cheminée*** es im Kalender rot anstreichen (müssen); *fig* ***tu peux faire une ~ dessus*** das siehst du nie wieder; das kannst du vergessen, abschreiben, in den Kamin schreiben; ***mettre qn en ~*** j-n ans Kreuz schlagen; ***mourir sur la ~*** am Kreuz sterben; *fig* ***porter sa ~*** sein Kreuz tragen (müssen) **2** ASTR ***Croix du Sud*** Kreuz *n* des Südens

Croix-Rouge [kʀwaʀuʒ] ***la ~*** das Rote Kreuz

Cro-Magnon [kʀomaɲõ] *vorgeschichtliche Fundstätte im Dep. Dordogne*

Cronos [kʀɔnos, -ɔs] *m* MYTH Kronos *m*

crooner [kʀunœʀ] *m* Crooner [-uː-] *m* (*amerikanischer sentimentaler Schlagersänger*)

croquant [kʀɔkɑ̃] **I** *adj biscuit etc* knusp(e)rig; knackig; *salade etc* krachig **II** *m* HIST *et péj* (*paysan*) Bauer *m*

croque au sel [kʀɔkosɛl] *loc/adj* ***à la ~*** nur mit Salz (gewürzt)

croquembouche [kʀɔkɑ̃buʃ] *m aus mehreren Etagen bestehende Torte*

croque-mitaine [kʀɔkmitɛn] *m* ⟨*pl* **croque-mitaines**⟩ schwarzer Mann; Kinderschreck *m*; F Buhmann *m*; ***c'est un vrai ~*** er ist ein, sieht aus wie ein richtiges Schreckgespenst

croque-monsieur [kʀɔkmøsjø] *m* ⟨*inv*⟩ CUIS getoastetes Schinken-Käse-Sandwich

croque-mort [kʀɔkmɔʀ] F *m* ⟨*pl* **croque-morts**⟩ **1** Sargträger *m* **2** *fig* ***c'est un vrai ~*** er ist ein unheimlicher Mensch, e-e makabre Figur

croquenots [kʀɔkno] *m/pl* F Quadratlatschen *m/pl*; Treter *m/pl*

croquer [kʀɔke] **I** *v/t* **1** *bonbon* zerbeißen; *biscuits, noisettes* knabbern; *pomme* mit großen Bissen essen; *chat* ***~ une souris*** eine Maus fressen; *v/t/indir* ***~ dans une pomme*** herzhaft in e-n Apfel beißen; F *fig* ***(joli, mignon) à ~*** F zum Anbeißen (hübsch); knusp(e)rig **2** *fig argent, héritage* verprassen; vergeuden; verschleudern; durchbringen **3** *(esquisser, décrire)* skizzieren; umreißen **II** *v/i salade, fruits* knacken; krachen; knirschen

croquet [kʀɔkɛ] *m* **1** *jeu* Krocket *ou* Krocket *n* **2** COUT Zackenlitze *f*

croquette [kʀɔkɛt] *f* CUIS Krokette *f*; ***~s de pommes de terre*** Kartoffelkroketten *f/pl*

croqueuse [kʀɔkøz] *f* ***~ de diamants*** kostspielige Mätresse

croquignolet [kʀɔkiɲɔlɛ] *adj* ⟨**~te**⟩ F, *a iron* reizend; F süß; goldig

croquis [kʀɔki] *m* Skizze *f*; *t/t* Kroki *n*; *fig* ***faire un rapide ~ de la situation*** die Lage kurz umreißen

Crosne [kʀon] *Ort im Dep. Essonne*

crosne [kʀon] *m* BOT Knollenziest *m*

cross(-country) [kʀɔs(kuntʀi)] *m* ⟨*pl* **cross-countries**⟩ SPORTS Geländelauf *m*; Crosscountry [-ˈkantri] *n*; *adjt* ***vélo*** *m* ***cross*** BMX-Rad *n*

crosse [kʀɔs] *f* **1** ***~ d'un fusil, d'un pistolet*** Gewehr-, Pistolenkolben *m*; ***à coups de ~*** mit Kolbenhieben; *fig* ***mettre la ~ en l'air*** (*se rendre*) sich (kampflos) ergeben; (*refuser de se battre*) sich weigern zu kämpfen **2** ÉGL Bischofs-, Krummstab *m* **3** SPORTS ***~ de criquet, de hockey*** Kricket-, Hockeyschläger *m* **4** ANAT ***~ de l'aorte*** Aortenbogen *m* **5** F ***chercher des ~s à qn*** mit j-m Streit, Händel suchen

crotale [kʀɔtal] *m* ZO Klapperschlange *f*

crotte [kʀɔt] **I** *f* **1** *excrément* Kot(kugel) *m(f)*; F Bohne *f*; Wurst *f*; *par ext* F *du nez* F (Nasen)Popel *m*; ***~ de chien*** Hundekot *m* **2** F *fig* ***~ de bique*** Plunder *m*; Ramsch *m*; F Tinnef *m* **3** ***~ de, en chocolat*** Praline *f* **II** *int* F verflixt!; verdammt!

crotté [kʀɔte] *adj chaussures etc* (stark) verschmutzt; F verdreckt; dreckig; ***tout ~*** *ou* ***~ des pieds à la tête*** von oben bis unten mit Schmutz bespritzt, F völlig verdreckt

crotter [kʀɔte] *v/pr* ***se ~*** sich schmutzig, F dreckig machen

crottin [kʀɔtɛ̃] *m* **1** *de cheval* Pferdeapfel *m*; *coll* Pferdeäpfel *m/pl*, -mist *m* **2** ***~ de Chavignol*** *kleiner runder Ziegenkäse*

croulant [kʀulɑ̃] **I** *adj murs* baufällig; altersschwach; *p/fort* verfallen **II** *m/pl* F ***les ~s*** die Alten *m/pl*; F die Gruftis *m/pl*

crouler [kʀule] *v/i* **1** *maison, mur* zusammen-, einstürzen; einfallen; *peu à peu* verfallen **2** *fig* ***~ sous les cadeaux*** *personne* fast zusammenbrechen, *ta-*

ble sich biegen unter den Geschenken; ***la salle croulait sous les applaudissements*** dröhnender Beifall erfüllte den Saal **3** *fig projets* scheitern

croup [kRup] *m* MÉD Krupp *m*; Kehlkopfdiphtherie *f*; ***faux ~*** Pseudokrupp *m*

croupe [kRup] *f* **1** *du cheval* Kruppe *f*; Kreuz *n*; ***en ~*** hinter dem Reiter, hinten sitzend; ***prendre qn en ~*** j-n hinten aufsitzen lassen **2** F *d'une femme* F (breiter) Hintern **3** *d'une colline* Kuppe *f*

croupetons [kRuptõ] *loc/adv* ***à ~*** (auf den Fersen) hockend, kauernd; ***être, se tenir à ~*** auf den Fersen hocken, kauern; ***se mettre à ~*** sich niederkauern

croupi [kRupi] *adj* ***eau ~e*** fauliges, brackiges Wasser

croupier [kRupje] *m* Croupier *m*

croupière [kRupjɛR] *f fig* ***tailler des ~s à qn*** j-m Schwierigkeiten bereiten

croupion [kRupjõ] *m de volaille* Bürzel *m*; Schwanzwurzel *f*; Sterz *m*; Steiß *m*

croupir [kRupiR] *v/i* **1** *eau* stehen und faulig sein *ou* werden **2** *personne* ***~ dans l'ignorance*** in Unwissenheit dahinvegetieren; ***~ dans la saleté*** im Schmutz verkommen

croupissant [kRupisɑ̃] *adj eau* faulig

CROUS [kRus] *m abr* (*centre régional des œuvres universitaires et scolaires*) *correspond à* Studentenwerk *n*

croustade [kRustad] *f* CUIS Mürbeteigtörtchen *n* (***aux champignons*** mit Pilzen)

croustillant [kRustijɑ̃] *adj* **1** *pain, biscuit etc* knusp(e)rig; *nordd a* kross **2** *fig* ***histoires ~es*** pikante Geschichten *f/pl*

croustiller [kRustije] *v/i pain, galette etc* knusp(e)rig sein

croûte [kRut] *f* **1** *du pain, d'un gratin etc* Kruste *f*; *du pain a, du fromage* Rinde *f*; ***~ du pain*** Brotrinde *f*, -kruste *f*; *pl* ***~s de pain*** trockene (Weiß)Brotscheiben *f/pl*, Brotreste *m/pl*; F *fig* ***gagner sa ~*** s-n Lebensunterhalt, F s-e Brötchen verdienen; → *a* ***casser*** *I 1* **2** CUIS **a)** ***~ aux champignons, au fromage*** in der Pfanne geröstete Brotscheibe mit Pilzsoße, mit Käse; **b)** (***pâté*** *m* ***en***) ***~*** Blätterteigpastete *f* **3** *sur une plaie* Schorf *m*; F Kruste *f*; *nordd* Borke *f*; MÉD ***~s de lait*** Milchschorf *m* **4** *de tartre etc* Schicht *f*; Belag *m* **5** GÉOL ***~ terrestre*** Erdkruste *f*, -rinde *f* **6** F *fig* (*mauvais tableau*) F Schinken *m* **7** TECH *cuir* Spaltleder *n* **8** F *fig* ***vieille ~*** bornierte(r), verknöcherte(r) Alte(r)

croûter [kRute] *v/i* F futtern

croûton [kRutõ] *m* **1** *de pain* (Brot)Kanten *m*; F Ranft *m*; Ränftchen *n*; Knust *m*; *österr* Scherzel *n* **2** CUIS gerösteter Brotwürfel; Croûton *m*; ***~s à l'ail*** mit Knoblauch eingeriebene, geröstete Brotwürfel *m/pl* **3** F *fig* ***vieux ~*** verknöcherte(r) Alte(r)

croyable [kRwajabl] *adj* ***à peine ~*** kaum glaublich; kaum zu glauben; ***ce n'est pas ~!*** das ist doch nicht zu glauben!

croyance [kRwajɑ̃s] *f* Glaube(n) *m* (***à*** an +*acc*); ***~(s) populaire(s)*** Volksglaube *m*; ***~s religieuses*** Glaubensüberzeugungen *f/pl*; religiöse Überzeugungen *f/pl*

croyant [kRwajɑ̃] REL **I** *adj* gläubig; religiös; ***très ~*** tiefgläubig, -religiös **II** *m* Gläubige(r) *m*

CRS [seɛRɛs] *abr* (*compagnies républicaines de sécurité*) *m* Bereitschaftspolizist *m*; ***les ~*** *m/pl* die Bereitschaftspolizei

cru[1] [kRy] **I** *adj* **1** *viande, légumes, lait* roh; ungekocht; TECH unverarbeitet; Roh…; ***cuir ~, soie ~e*** Rohleder *n*, -seide *f*; ***manger qc ~*** etw roh essen; F *fig* ***il ne va pas te manger tout ~*** F er wird dich schon nicht fressen **2** *couleur, lumière* grell **3** *propos, réponse* brutal; roh; grob; *vérité* schonungslos; hart; *description* ungeschminkt **4** *loc/adv* ***monter à ~*** ohne Sattel reiten **II** *adv* ***je vous le dis tout ~*** ich sage es Ihnen ganz ohne Umschweife, ganz brutal **III** *m* CUIS ***le ~ et le cuit*** Rohes *n* und Gekochtes *n*

cru[2] [kRy] *m* **1** (*vignoble*) Wein(bau)gebiet *n*; *par ext* (*vin*) Wein *m*; (***vin*** *m* ***de***) ***grand ~*** berühmter Wein; ***les grands ~s*** die besten, berühmtesten Weine *m/pl* **2** *loc/adj* ***du ~*** (*du terroir*) einheimisch; aus der Gegend **3** *fig* ***de mon, ton*** *etc* ***~*** von mir, dir *etc* erfunden; ***comme*** (***si c'était***) ***de son ~*** F *a* als wäre es auf seinem Mist gewachsen

cru[3] [kRy] *p/p* → ***croire***

crû [kRy] *p/p* → ***croître***

cruauté [kRyote] *f* Grausamkeit *f* (*a acte*); *du sort a* Härte *f*; ***~ mentale*** seelische Grausamkeit; ***avec ~*** grausam

cruche [kRyʃ] *f* **1** Krug *m*; ***~ à eau*** Wasserkrug *m*; *prov* ***tant va la ~ à l'eau*** (***qu'à la fin elle se casse***) *d'une personne* wer sich oft mutwillig in Gefahr begibt, kommt darin um; *d'une chose* der Krug geht so lange zum Brunnen, bis er bricht (*prov*) **2** F *d'une femme* F *péj* dumme Gans; dämliche Ziege; *adjt* ***avoir l'air ~*** F ganz schön dumm, dämlich aussehen

cruchon [kRyʃõ] *m* kleiner Krug; Krüglein *n*

crucial [kRysjal] *adj* ⟨**-aux**⟩ entscheidend; ausschlaggebend

crucifères [kRysifɛR] *f/pl* BOT Kreuzblütler *m/pl*; Kruziferen *f/pl*

crucifié [kRysifje] **I** *adj* **1** *litt cœur* gepeinigt; schmerzgequält **2** (*mis en croix*) gekreuzigt **II** *m* REL ***le Crucifié*** der Gekreuzigte

crucifiement [kRysifimɑ̃] *m supplice* Kreuzigung *f*

crucifier *v/t* kreuzigen

crucifix [kRysifi] *m* REL Kruzifix *n*

crucifixion [kRysifiksjõ] *f* BEAUX-ARTS Kreuzigung *f* (Christi)

cruciforme [kRysifɔRm] *adj* kreuzförmig; TECH ***tournevis*** *m*, ***vis*** *f* ***~*** Kreuzschlitzschraubenzieher *m*, -schraube *f*

cruciverbiste [kRysivɛRbist] *m,f* Kreuzworträtselfreund(in) *m(f)*

crudité [kRydite] *f* **1** ***~s*** *pl* Rohkost *f*; ***assiette*** *f* ***de ~s*** Salatplatte *f* **2** *des couleurs, de la lumière* Grelle *f*; Grellheit *f* **3** *de propos, d'une description* Brutalität *f*; Rohheit *f*; Schonungslosigkeit *f*

crue [kRy] *f* Hochwasser *n*; *rivière* ***en ~*** Hochwasser führend; ***être en ~*** Hochwasser führen

cruel [kRyɛl] *adj* ⟨**~le**⟩ **1** grausam; *personne, acte a* unmenschlich; *sort a* hart; *épreuve, perte* schmerzlich; schwer; hart; *remarque, ironie a* (zutiefst) verletzend; ***être ~ avec qn*** zu j-m grausam sein **2** *par ext*: ***~ embarras*** tödliche Verlegenheit; ***nous sommes dans la ~le nécessité de*** *nous séparer de lui* zu unserem tiefsten, schmerzlichen Bedauern müssen wir … **3** *litt femme* unerbittlich; grausam (*e-m Mann gegenüber*)

cruellement [kRyɛlmɑ̃] *adv* **1** *traiter qn* grausam; hart **2** *souffrir, faire défaut* sehr; ***se faire ~ sentir***

sich schmerzlich, sehr stark bemerkbar machen

crûment [kʀymɑ̃] *adv* **1** *dire* schonungslos; unverblümt; brutal **2** *éclairer* grell

crustacés [kʀystase] *m/pl* ZO, CUIS Krusten-, Krebstiere *n/pl*; Krebse *m/pl*

Crustacés à la carte

In vielen französischen Restaurants werden als Spezialität **les crustacés** angeboten. Les crustacés sind Krustentiere wie zum Beispiel **les crevettes** (relativ kleine Garnelen), **les crabes** (Krabben, deren helles Fleisch in den Beinen und Scheren sehr geschätzt wird), **les araignées de mer** (Meeresspinnen, die allerdings aussehen wie langbeinige Krabben ohne Scheren), **les langoustes** (Langusten), **les langoustines** (Scampi oder Kaisergranate) oder **le homard** (der Hummer).

cruzeiro [kʀusɛjʀo, kʀyzeʀo] *m monnaie brésilienne* Cruzeiro [-'zeiru] *m*

cryochirurgie [kʀijɔʃiʀyʀʒi] *f* MÉD Gefrier-, Kryochirurgie *f*

cryogène [kʀijɔʒɛn] *m* PHYS Kältemischung *f*

cryogénie [kʀijɔʒeni] *f* PHYS Kryogenik *f*

cryoscopie [kʀijɔskɔpi] *f* PHYS Kryoskopie *f* **cryoscopique** *adj* PHYS kryoskopisch

cryostat [kʀijɔsta] *m* TECH Kryostat *m* **cryothérapie** *f* MÉD Gefrierverfahren *n*; Kryotherapie *f*

crypte [kʀipt] *f* ARCH Krypta *f*

crypter [kʀipte] *v/t* INFORM kodieren; verschlüsseln; *adjt* TV ***chaîne cryptée*** Pay-TV ['peɪtiviː] *n*; Abonnement-, Bezahlfernsehen *n*

cryptogame [kʀiptɔgam] BOT **I** *adj* blütenlos **II** *m/pl* ***~s*** Kryptogamen *f/pl*

cryptogamique [kʀiptɔgamik] *adj* ***maladies*** *f/pl* ***~s*** Pilzkrankheiten *f/pl*

cryptogénétique [kʀiptɔʒenetik] *adj* MÉD *maladie* kryptogen; kryptogenetisch

cryptogramme [kʀiptɔgʀam] *m* Geheimtext *m* **cryptographie** *f* Geheimschrift *f*

cryptographique [kʀiptɔgʀafik] *adj* in Geheimschrift; ***caractères*** *m/pl* ***~s*** Geheimschrift *f*

csardas [ksaʀdas] *f* MUS Csardas *ou* Csárdás ['tʃardaʃ] *m*

CSG [seɛsʒe] *f abr* (*contribution sociale généralisée*) *Sozialsteuer zum Ausgleich des Defizits der Sécurité sociale*

ct. *abr* ([*du mois*] *courant*) COMM d. M. (dieses Monats)

Cuba [kyba] Kuba *n*

cubage [kybaʒ] *m* **1** *volume* Raum-, Kubikinhalt *m*; *d'une pièce* ***~ d'air*** Kubikmeterzahl *f* **2** *évaluation* Rauminhaltsberechnung *f*

cubain [kybɛ̃] **I** *adj* kubanisch **II** *subst* ***Cubain(e)*** *m(f)* Kubaner(in) *m(f)*

cube [kyb] *m* **1** GÉOMÉTRIE, *objet* Würfel *m*; *t/t* Kubus *m*; ***~ de bois*** Holzwürfel *m*; ***jeu*** *m* ***de ~s*** Bauklötzchen *n/pl*, -klötze *m/pl* **2** *adjt* Kubik…; ***centimètre*** *m* ***~*** (*abr* ***cm³***) Kubikzentimeter *m ou n* (*abr* cm³ *ou* ccm); ***mètre*** *m* ***~*** (*abr* ***m³***) Kubikmeter *m ou n* (*abr* m³ *ou* cbm) **3** MATH Kubikzahl *f*; Kubus *m*; ***le ~ de 2 est 8*** die Kubikzahl von 2 ist 8; ***élever un nombre au ~*** e-e Zahl in die dritte Potenz erheben **4** CUIS Suppenwürfel *m*; Fleischbrühwürfel *m* **5** F ***gros ~*** *moto* F schwere Maschine

cuber [kybe] **I** *v/t* **1** *volume* den Rauminhalt messen *ou* berechnen (***qc*** von etw *ou gén*) **2** MATH *nombre* in die dritte Potenz erheben; kubieren **II** *v/i* **1** *citerne etc* ***~ 500 litres*** e-n Rauminhalt von 500 Litern haben; 500 Liter fassen **2** F ***ça cube*** F das geht ganz schön ins Geld; das läppert sich ganz schön zusammen

cubique [kybik] *adj* **1** würfelförmig; *t/t* kubisch **2** MATH kubisch; in der dritten Potenz; ***racine*** *f* ***~*** Kubikwurzel *f*; dritte Wurzel

cubisme [kybism] *m* BEAUX-ARTS Kubismus *m* **cubiste** **I** *adj* kubistisch **II** *m,f* Kubist(in) *m(f)*

cubital [kybital] *adj* ⟨**-aux**⟩ ANAT kubital; Kubital…; Ell(en)bogen…

cubitus [kybitys] *m* ANAT Elle *f*

cucul [kyky] *adj* ⟨*inv*⟩ F ***~*** (***la praline***) *personne, histoire* einfältig; simpel; albern; läppisch; (allzu) bieder; F treudoof

cucurbitacées [kykyʀbitase] *f/pl* BOT Kürbisgewächse *n/pl*

cueillette [kœjɛt] *f* **1** *action* Pflücken *n*; Ernten *n*; *résultat* Ernte *f*; ***~ des fruits*** Obsternte *f* **2** ETHNOLOGIE Sammeln *n*; Sammlerkultur *f*

cueilleur [kœjœʀ] *m*, **cueilleuse** *f* Pflücker(in) *m(f)*

cueillir [kœjiʀ] *v/t* ⟨**je cueille, il cueille, nous cueillons**; **je cueillais**; **je cueillis**; **je cueillerai**; **que je cueille**; **cueillant**; **cueilli**⟩ **1** pflücken; ***~ un bouquet de marguerites*** e-n Strauß Margeriten pflücken; ***~ des fleurs*** Blumen pflücken; ***~ des fruits*** Obst pflücken, ernten; *fig* ***~ des lauriers*** Lorbeeren ernten **2** *st/s baiser* rauben **3** F ***~ qn*** (*passer le prendre*) j-n abholen; *police*: *malfaiteur* F j-n schnappen

cueilloir [kœjwaʀ] *m* Obstpflücker *m* (*Gerät*)

Cuers [kɥɛʀ] *Ort im Dep. Var*

Cuesmes [kɥɛm] *Stadt in Belgien*

cuesta [kwɛsta] *f* GÉOL Stufenland *n*

cui-cui [kɥikɥi] *int petits oiseaux* piep, piep!

cuiller *ou* **cuillère** [kɥijɛʀ] *f* **1** Löffel *m* (*a contenu*); ***petite cuiller*** *ou* ***cuillère*** Kaffee-, Teelöffel *m*; ***cuiller*** *ou* ***cuillère à café*** Kaffee-, Teelöffel *m*; ***cuiller*** *ou* ***cuillère à dessert*** Dessertlöffel *m*; ***cuiller*** *ou* ***cuillère à soupe*** Suppen-, Esslöffel *m*; ***cuiller*** *ou* ***cuillère d'argent*** Silberlöffel *m*; ***cuiller*** *ou* ***cuillère de bois*** Kochlöffel *m*; *loc/adv* F ***en deux*** *ou* ***trois coups de cuiller*** *ou* ***cuillère à pot*** im Handumdrehen; im Nu; in Windeseile; F *mise en garde*: *si tu …*, ***on pourra te ramasser à la petite cuiller*** *ou* ***cuillère*** F kann man dich (e-s Tages) auf der Kehrichtschaufel wegbringen **2** MÉD, TECH Löffel *m*; TECH *a* Kelle *f* **3** F *fig* ***serrer la cuiller*** *ou* ***cuillère à qn*** j-m die Hand, F die Flosse drücken **4** PÊCHE Spinner *m*

cuillerée [kɥij(e)ʀe] *f* Löffel *m* voll

cuir [kɥiʀ] *m* **1** Leder *n*; ***~ de Russie*** Juchten(leder) *n*; *loc/adj* **de, en ~** aus Leder; Leder…; ledern **2** ANAT ***~ chevelu*** Kopfhaut *f*; Haarboden *m* **3** ZO *des pachydermes* Haut *f* **4** F (*liaison fautive*) falsche Bindung (durch Einschub e-s Konsonanten); ***faire un ~*** falsch binden

cuirasse [kɥiʀas] *f* 1 HIST (Brust- und Rücken)Harnisch *m*; Kürass *m*; ***défaut*** *m* ***de la ~*** ungeschützte Stelle im Harnisch; *fig* schwacher Punkt; schwache Stelle; Schwäche *f* 2 MAR MIL Panzer(ung) *m(f)* 3 *fig* Panzer *m* (***d'indifférence*** aus Gleichgültigkeit)

cuirassé [kɥiʀase] I *adj* 1 MIL Panzer…; gepanzert 2 *fig* ***~ contre*** gefeit, abgehärtet, immun gegen II *m* MAR Schlachtschiff *n*; Panzerkreuzer *m*

cuirasser [kɥiʀase] I *v/t* ***~ un navire*** ein Schiff panzern II *v/pr fig* ***se ~ contre*** sich panzern, abhärten gegen

cuirassier [kɥiʀasje] *m* MIL **a)** HIST Kürassier *m*; **b)** *aujourd'hui* ***~s*** *pl Name einiger Panzereinheiten*

cuire [kɥiʀ] ⟨**je cuis, il cuit, nous cuisons; je cuisais; je cuisis; je cuirai; que je cuise; cuisant; cuit**⟩ I *v/t* 1 *légumes, viande: à l'eau* kochen; *pain, gâteau* backen; *viande etc à la poêle ou au four* braten; *à feu doux* garen; ***~ à l'eau*** (in Wasser) kochen; sieden; ***~ au four*** im Backofen backen *ou* braten; *pommes* ***à ~*** zum Kochen; ***chocolat*** *m* ***à ~*** Koch-, Blockschokolade *f* 2 TECH *poterie, porcelaine* brennen; ***~ des briques*** Ziegel brennen II *v/i* 1 *légumes, pâtes, soupe* kochen; *pain* backen; *viande* braten; ***faire*** *ou* ***laisser ~ qc*** etw kochen (lassen), backen, braten 2 *peau, coup de soleil etc* brennen; ***les yeux me cuisent*** mir brennen die Augen 3 F *fig* ***on cuit ici*** F das ist hier heiß wie in e-m Backofen; hier ist e-e Bruthitze III *v/imp fig* ***il lui en cuira*** das wird er bereuen; das wird ihm noch leidtun

cuisant [kɥizɑ̃] *adj douleur* brennend; *remords* quälend; *déception* tief; *échec* schmählich

cuisine [kɥizin] *f* 1 *pièce* Küche *f*; MAR Kombüse *f*; MIL ***~ roulante*** Feldküche *f*; *plais* Gulaschkanone *f* 2 *(art culinaire)* Küche *f*; *(plats préparés)* Kost *f*; ***bonne ~, ~ épicée*** gute, (gut) gewürzte Küche, Kost; ***~ fine, soignée*** feine, gepflegte Küche; ***~ française*** französische Küche; *restaurant* ***faire de la bonne, grande ~*** e-e gute, exquisite Küche haben 3 *(préparation des aliments)* Kochen *n*; ***~ au beurre, à l'huile*** Kochen mit Butter, mit Öl; ***faire la ~ au beurre*** mit Butter kochen; ***faire la ~*** kochen; das Essen (zu)bereiten 4 *fig et péj* üble Praktiken *f/pl*, Manipulationen *f/pl*, F krumme Touren *f/pl* (***électorale*** bei den Wahlen)

cuisiné [kɥizine] *adj* ***plat ~*** Fertiggericht *n*

cuisiner [kɥizine] I *v/t* 1 *mets* kochen; (zu)bereiten 2 F *fig (interroger)* ***~ qn*** F j-n ausquetschen, ausholen, bearbeiten II *v/i* kochen (können); ***elle cuisine bien*** sie kann gut kochen

cuisinette [kɥizinɛt] *f* Kochnische *f*

cuisinier [kɥizinje] *m* Koch *m*

cuisinière [kɥizinjɛʀ] *f* 1 *personne* Köchin *f* 2 *fourneau* (Küchen)Herd *m*; ***~ électrique, à gaz*** Elektro-, Gasherd *m*

cuissage [kɥisaʒ] *m* HIST ***droit*** *m* ***de ~*** Jus primae noctis *n*

cuissard [kɥisaʀ] *m* CYCLISME Rad(ler)hose *f*

cuissardes [kɥisaʀd] *f/pl* Anglerstiefel *m/pl*

cuisse [kɥis] *f* 1 ANAT (Ober)Schenkel *m*; F *fig d'une femme* ***avoir la ~ légère*** F mit jedem schlafen; F *fig* ***se croire sorti de la ~ de Jupiter*** sich für etwas Besonderes, etwas Besseres, F wer weiß was halten; furchtbar von sich eingenommen sein 2 CUIS *de volaille* Keule *f*; *südd a* Schlegel *m*; ***~s de grenouille*** Froschschenkel *m/pl*; ***~ de poulet*** Hühnerkeule *f*, -schlegel *m*

cuisseau [kɥiso] *m* ⟨*pl* **~x**⟩ Kalbskeule *f*, *südd a* -schlegel *m*

cuisson [kɥisõ] *f* 1 CUIS *d'un mets* Kochen *n*; *du pain, d'un gâteau* Backen *n*; *de la viande* Braten *n*; *à feu doux* Garen *n*; ***~ lente*** Kochen, Braten auf kleiner Flamme; Backen, Braten bei niedriger Temperatur; ***~ du pain*** Brotbacken *n*; ***temps*** *m* ***de ~*** Koch-, Gar-, Back-, Bratzeit *f* 2 TECH Brennen *n*; Brand *m*

cuissot [kɥiso] *m du (gros) gibier* Keule *f*; *südd a* Schlegel *m*

cuistance [kɥistɑ̃s] *f* F → ***cuisine*** *2, 3*

cuistot [kɥisto] F *m* Koch *m*; MIL F Küchenbulle *m*

cuistre [kɥistʀ] *litt m* Schulmeister *m (fig)*; *adjt* ***il est ~*** er muss immer schulmeistern

cuit [kɥi] *p/p* → ***cuire*** *et adj* 1 CUIS gekocht; gebacken; gebraten; (***assez***) ***~*** gar; *bifteck* ***bien ~*** gut durchgebraten; ***trop ~*** *légumes, viande* zerkocht; *gâteau* angebrannt; *bifteck* zu sehr, ganz durchgebraten; ***~ au beurre*** mit Butter gekocht; *à la poêle* in Butter gebraten; ***vin ~*** Wein *m* aus eingedampftem Most 2 POTERIE gebrannt; ***terre ~e*** Terrakotta *f* 3 F *fig de qn* ***il est ~*** jetzt gibt's für ihn kein Entrinnen; jetzt ist er erledigt; ***c'est ~*** da ist nichts mehr (dran) zu ändern; ***c'est du tout ~*** das ist völlig sicher; das kann gar nicht schiefgehen

cuite [kɥit] *f* F *(ivresse)* Rausch *m*; ***avoir sa ~*** F wieder mal besoffen sein; ***prendre une (bonne) ~*** F sich *(dat)* einen ansaufen; sich volllaufen lassen; ***tenir une bonne ~*** F e-n Mordsrausch haben

cuiter [kɥite] *v/pr* F ***se ~*** F sich besaufen; sich volllaufen lassen

cuivre [kɥivʀ] *m* 1 Kupfer *n*; ***~ jaune*** Messing *n*; Gelbguss *m*; ***~ rouge*** reines Kupfer; *loc/adj* ***de, en ~*** kupfern; Kupfer…; ***ustensiles*** *m/pl* ***en ~*** Kupfergeräte *n/pl* 2 *objets* ***~s*** *pl* Kupfergeschirr *n*, -geräte *n/pl*; ***faire les ~s*** das Kupfergeschirr putzen 3 MUS ***~s*** *pl* Blech(blas)instrumente *n/pl* 4 *gravure* Kupferstich *m*; Kupfer *n*

cuivré [kɥivʀe] *adj* 1 kupferfarbig; ***peau ~e*** rötlich braune Haut; ***reflet ~*** rötlicher Schimmer 2 *voix* volltönend; klangvoll

cuivrer [kɥivʀe] *v/t* TECH verkupfern

cul [ky] *m* 1 P *(derrière)* P Arsch *m*; *adjt* F ***papier*** *m* ***~*** F Klopapier *n*; P ***en avoir plein le ~*** F die Nase, P die Schnauze voll haben; P ***je l'ai au*** *ou* ***dans le ~*** P der kann mich am Arsch lecken; F der kann mir im Mondschein begegnen; F ***être comme ~ et chemise*** unzertrennlich sein; P *fig* ***se taper le ~ par terre*** F sich totlachen; sich *(dat)* vor Lachen den Bauch halten; P *fig* ***en tomber sur le ~*** F platt, baff sein; aus den Latschen kippen 2 *injure* F Blödmann *m*; Blödhammel *m*; P Arsch *m*; ***quel ~!*** so ein Blödmann *etc!*; *adjt* ***ce qu'il est ~!*** F ist der blöd, dämlich! 3 *d'une bouteille, casserole etc* Boden *m*; F *fig* ***faire ~ sec*** ex trinken; das Glas (mit einem Zug) leeren 4 F ***gros ~*** *(poids lourd)* F schwerer Brummer; *plais* Brummi *m* 5 COUT *autrefois* ***faux ~*** Tournüre *f* 6 MAR Gatt *n*; ***~ rond*** Rundgatt *n*

culasse [kylas] *f* 1 *d'une arme à feu* Verschluss *m* 2 *d'un moteur* Zylinderkopf *m*

culbute [kylbyt] *f* 1 *(galipette)* Purzelbaum *m*; ***faire une ~*** e-n Purzelbaum machen, schlagen, schießen 2 *(chute)* ***faire une, la ~, des ~s dans l'escalier*** die

C

Treppe (kopfüber) hinunterstürzen, -kollern; F *fig* **faire la ~** Bankrott, Pleite machen; *par ext ministère* stürzen 3 COMM **faire la ~** (*revendre au double*) e-n Gewinn, F e-n Schnitt, e-n Reibach von 100 Prozent machen

culbuter [kylbyte] I *v/t* 1 *objet* umwerfen; umstürzen; *personne* umwerfen; F über den Haufen rennen 2 *fig ennemi* überrennen; *ministère* stürzen II *v/i* umfallen; umstürzen; umkippen

culbuteur [kylbytœʀ] *m* 1 AUTO Kipphebel *m* 2 TECH Kippvorrichtung *f*

cul-de-bouteille [kydbutɛj] I *adj* ⟨*inv*⟩ flaschengrün II *m/pl* **culs-de-bouteille** Glasscherben *f pl* (auf e-r Mauer)

cul-de-four [kydfuʀ] *m* ⟨*pl* **culs-de-four**⟩ ARCH Halbkuppel *f*

cul-de-jatte [kydʒat] *m* ⟨*pl* **culs-de-jatte**⟩ Krüppel *m* ohne Beine

cul-de-lampe [kydlɑ̃p] *m* ⟨*pl* **culs-de-lampe**⟩ 1 ARCH Anhängling *m* 2 TYPO ornamentierte Schlussvignette

cul-de-poule [kydpul] *loc/adj* **bouche** *f* **en ~** verächtlich verkniffener Mund

cul-de-sac [kydsak] *m* ⟨*pl* **culs-de-sac**⟩ Sackgasse *f* (*a fig*)

culée [kyle] *f* ARCH Widerlager *n*

culinaire [kylinɛʀ] *adj* kulinarisch; Koch…; **art** *m* **~** Kochkunst *f*; **avoir des talents ~s** ausgezeichnet kochen (können)

culminant [kylminɑ̃] *adj* **point ~** ASTR Kulminationspunkt *m*; *d'une montagne* höchster Punkt; *fig* Höhepunkt *m*

culmination [kylminasjõ] *f* ASTR Kulmination *f*

culminer [kylmine] *v/i* *montagne* s-n höchsten Punkt haben (**à 3000 mètres** bei 3000 Metern); *fig* s-n Höhepunkt erreichen; kulminieren

culot [kylo] *m* 1 F (*effronterie*) Frechheit *f*; Unverfrorenheit *f*; Dreistigkeit *f*; Unverschämtheit *f*; Chuzpe ['xʊtspə] *f*; **en voilà du ~!** F ganz schön frech, unverschämt!; **y aller au ~** F e-e gehörige Portion Frechheit an den Tag legen; **avoir du, avoir un sacré ~, se payer de ~** F ganz schön frech, unverschämt sein 2 *d'une ampoule* Sockel *m*; *d'un obus* Bodenstück *n*

culottage [kylɔtaʒ] *m* 1 *de la pipe* Einrauchen *n* 2 Schwärzen *n*

culotte [kylɔt] *f* 1 *vêtement masculin* (kurze) Hose; *sous-vêtement féminin* Schlüpfer *m*; HIST Kniehose *f*; *parfois pl* **~s courtes, longues** kurze, lange Hose(n); **~ de cheval** Reithose *f*; Breeches ['brɪtʃəs] *pl*; *fig* Fettpolster *n/pl* an den Oberschenkeln und am Gesäß; **~ de golf** Golfhose *f*; Knickerbocker(s) *pl*; *fig et péj* (**vieille**) **~ de peau** Kommisshengst *m*; F *fig femme* **porter la ~** F die Hosen anhaben; F *fig* **trembler, faire dans sa ~** F die Hosen voll haben; in die Hosen machen 2 BOUCHERIE Hüfte *f*

culotté [kylɔte] *adj* 1 F (*effronté*) frech; unverfroren; dreist; unverschämt 2 **pipe bien ~e** gut eingerauchte Pfeife

culotter [kylɔte] *v/t* die Hose(n) anziehen (**qn** j-m)

Culoz [kyloz] *Ort im Dep. Ain*

culpabilisation [kylpabilizasjõ] *f* Erwecken *n* von Schuldgefühlen **culpabiliser** *v/t* Schuldgefühle erwecken, erzeugen (**qn** bei j-m); *adjt* **être, se sentir culpabilisé** Schuldgefühle haben

culpabilité [kylpabilite] *f* Schuld *f* (*a* JUR); PSYCH **sentiment** *m* **de ~** Schuldgefühl *n*; **établir la ~** die Schuld feststellen

culte [kylt] *m* 1 REL Kult *m*; **~ des morts** Totenkult *m*; **lieu** *m* **de ~** Kultstätte *f*; **rendre un ~ à une divinité** e-e Gottheit verehren 2 (*religion*) Religion *f ou* Konfession *f*; **~ catholique, protestant** katholische, protestantische Konfession; **~ musulman** islamische Religion 3 ÉGL PROT (*service religieux*) Gottesdienst *m* 4 *fig* Kult *m*; große Verehrung; **~ de la personnalité** Personenkult *m*; **avoir un ~ pour qn** j-n sehr verehren; **avoir le ~ de qc** vor etw (*dat*) die größte Hochachtung, Ehrfurcht haben; *péj* mit etw e-n Kult treiben; **vouer un ~ à qn** tiefe Ehrfurcht vor j-m haben 5 *adjt* Kult…

cul-terreux [kytɛʀø] *m* ⟨*pl* **culs-terreux**⟩ F *péj* Mist-, Dreckbauer *m*

cultivable [kyltivabl] *adj* AGR bebaubar; anbaufähig

cultivateur [kyltivatœʀ] *m* AGR 1 *personne* Landwirt *m* 2 *machine* Kultivator *m*; Grubber *m* **cultivatrice** *f* Landwirtin *f*

cultivé [kyltive] *adj* 1 *terre* bebaut; bestellt; Acker…; landwirtschaftlich genutzt; **fruits ~s** Gartenfrüchte *f/pl*; **plante ~e** Kulturpflanze *f*; **surface ~e** Anbaufläche *f* 2 (*instruit*) gebildet; **esprit ~** gebildeter Mensch

cultiver [kyltive] I *v/t* 1 *terre, champ* bebauen; bestellen; **~ des céréales, des légumes** Getreide, Gemüse anbauen; **~ des fleurs** Blumen züchten 2 *fig dons* pflegen; weiterentwickeln; **~ sa mémoire** sein Gedächtnis üben, trainieren; *péj* **~ le paradoxe** sich (*dat*) in Widersprüchen gefallen 3 *amitiés, relations* pflegen; **~ qn** den Kontakt mit j-m aufrechterhalten; F sich j-n warmhalten II *v/pr* **se ~** sich bilden; s-n Geist weiterbilden; an sich (*dat*) arbeiten

cultuel [kyltɥɛl] *adj* ⟨**~le**⟩ ADM Kult…

cultural [kyltyʀal] *adj* ⟨**-aux**⟩ AGR Anbau…

culture [kyltyʀ] *f* 1 AGR **a)** *d'une terre* Bebauung *f*; Bestellung *f*; Kultur *f*; *de légumes, de fruits etc* Anbau *m*; Züchten *n*; Zucht *f*; **~ du blé** Weizenanbau *m*; Anbau von Weizen; **~ de la vigne** Weinbau *m*; **faire la ~ de qc** etw anbauen; **b)** *pl* **~s** (*terres cultivées*) bebautes, bestelltes Land; Kulturland *n* 2 BIOL Kultur *f*; **~ microbienne, de tissus** Bakterien-, Gewebekultur *f* 3 *d'une personne* Bildung *f*; Kultur *f*; **~ classique** klassische, humanistische Bildung; **~ générale** Allgemeinbildung *f*; **grande** *ou* **vaste, solide ~** umfassende, gediegene Bildung 4 (*civilisation*) Kultur *f*; **~ occidentale** abendländische Kultur 5 **~ physique** Leibesübungen *f/pl*; Körperkultur *f*

culturel [kyltyʀɛl] I *adj* ⟨**~le**⟩ 1 (*relatif à la civilisation*) kulturell; Kultur…; **exception ~le** kulturelle Eigenständigkeit; **héritage ~** Kulturerbe *n*; **relations ~les** kulturelle Beziehungen *f/pl* 2 (*relatif à l'instruction*) Bildungs…; **voyage ~** Bildungsreise *f* II *m* Kulturbereich *m*

culturisme [kyltyʀism] *m* Bodybuilding [-bɪl-] *n* **culturiste** I *adj* Bodybuilding… II *m,f* Bodybuilder(in) *m(f)*

cumin [kymɛ̃] *m* BOT, CUIS Kreuzkümmel *m*

cumul [kymyl] *m* Häufung *f*; **~ de charges, de fonctions** Ämterhäufung *f*; **~ de plusieurs emplois** Innehaben *n* mehrerer Stellungen; **~ de traitements**

gleichzeitiger Bezug mehrerer Gehälter
cumulard [kymylaʀ] *péj m* Doppelverdiener *m*
cumulatif [kymylatif] *adj* ⟨**-ive**⟩ kumulativ
cumuler [kymyle] *v/t plusieurs fonctions* auf sich (*dat*) vereinigen; **~ *des droits*** mehrfachen Anspruch haben; **~ *deux salaires*** zwei Gehälter beziehen
cumulo-nimbus [kymylonɛ̃bys] *m* ⟨*inv*⟩ MÉTÉO Gewitterwolke *f*; *sc* Kumulonimbus *m* **cumulo-nimbus-stratus** *m* ⟨*inv*⟩ MÉTÉO Haufenschichtwolke *f*; *sc* Stratokumulus *m*
cumulus [kymylys] *m* **1** MÉTÉO Haufenwolke *f*; Kumulus *m* **2** (*réservoir d'eau chaude*) Boiler *m*
cunéiforme [kyneifɔʀm] *adj* ***écriture f*** **~** Keilschrift *f*
cupide [kypid] *adj* habgierig, -süchtig **cupidité** *f* Habgier *f*, -sucht *f*; Geldgier *f*
Cupidon [kypidõ] *m* MYTH Cupido *m*
cupro-alliage [kypʀoaljaʒ] *m* TECH Kupferlegierung *f*
cupule [kypyl] *f* BOT Fruchtbecher *m*
curabilité [kyʀabilite] *f* Heilbarkeit *f* **curable** *adj* heilbar
Curaçao [kyʀaso] **1** *île* Curaçao [kyra'saːo] *n* **2** *m* ***curaçao*** *liqueur* Curaçao *m*
curage [kyʀaʒ] *m de fossés, d'étangs etc* Reinigen *n*; Säubern *n*; Ausräumen *n*; Ausschlämmen *n*; *d'une pipe* Reinigen *n*
curare [kyʀaʀ] *m* Kurare *n*
curatelle [kyʀatɛl] *f* JUR Pflegschaft *f*
curateur [kyʀatœʀ] *m*, **curatrice** *f* JUR Pfleger(in) *m(f)*
curatif [kyʀatif] *adj* ⟨**-ive**⟩ Heil…; ***méthode curative*** Heilmethode *f*
curcuma [kyʀkyma] *m* BOT Kurkuma *f*; Gelbwurzel *f*
cure¹ [kyʀ] *f* **1** MÉD Kur *f*; ADM Heilverfahren *n*; **~ *d'air*** Klimakur *f*; **~ *de désintoxication*** Entziehungskur *f*; **~ *de raisin*** Traubenkur *f*; **~ *de repos*** Erholungs-, Liegekur *f*; **~ *de sommeil*** Schlafkur *f*; **~ *de vitamines*** Vitaminkur *f*; ***aller, partir en*** **~** in Kur gehen; ***faire une*** **~** e-e Kur machen **2** *loc* ***n'avoir*** **~ *de qc*** sich um etw nicht kümmern; sich (*dat*) aus etw nichts machen
cure² [kyʀ] *f* ÉGL CATH **1** *fonction* Pfarrstelle *f*; Amt *n* e-s Pfarrers **2** *résidence* Pfarrhaus *n*
curé [kyʀe] *m* ÉGL CATH **1** (Gemeinde-, Stadt)Pfarrer *m* **2** F ***les*** **~*s*** die Pfarrer *m/pl*; *péj* die Pfaffen *m/pl*; F *fig* ***bouffer du*** **~** F die Pfaffen gefressen haben
cure-dent [kyʀdɑ̃] *m* ⟨*pl* **cure-dents**⟩ Zahnstocher *m*
curée [kyʀe] *f* **1** CH Happen *m* (*vom erlegten Wild, mit dem man den Hund belohnt*); *par ext* Genossenmachen *n* **2** *fig* Jagd *f* (*nach Posten, Ehren etc*)
cure-ongle(s) [kyʀõgl] *m* ⟨*pl* **cure-ongles**⟩ Nagelreiniger *m* **cure-oreille** *m* ⟨*pl* **cure-oreilles**⟩ Ohrenreiniger *m* **cure-pipe** *m* ⟨*pl* **cure-pipes**⟩ Pfeifenreiniger *m*
curer [kyʀe] **I** *v/t fossé, citerne* reinigen; säubern; ausräumen; *étang* ausschlämmen; **~ *une pipe*** eine Pfeife reinigen **II** *v/pr* ***se*** **~ *les dents*** sich (*dat*) die Zähne reinigen; (sich [*dat*]) in den Zähnen (herum)stochern; ***se*** **~ *les ongles, les oreilles*** sich (*dat*) die Nägel, die Ohren reinigen, sauber machen
curetage [kyʀtaʒ] *m* MÉD Ausschabung *f* **cureter** *v/t* ⟨**-tt-**⟩ MÉD ausschaben
cureton [kyʀtõ] *m péj* Pfaffe *m*
curette [kyʀɛt] *f* **1** MÉD scharfer Löffel; Kürette *f* **2** TECH Schaber *m*; Schabeisen *n*
curie¹ [kyʀi] *f* ÉGL CATH Kurie *f*
curie² [kyʀi] *m* (*abr* ***Ci***) PHYS NUCL Curie *n* (*abr* Ci)
curieusement [kyʀjøzmɑ̃] *adv* seltsam(-), merkwürdig(-), sonderbar(erweise)
curieux [kyʀjø] **I** *adj* ⟨**-euse**⟩ **1** (*indiscret*) neugierig; ***enfant*** **~** neugieriges, vorwitziges Kind; ***être*** **~ *de connaître, savoir qc*** auf etw (*acc*) neugierig, gespannt sein; ***je suis*** **~ *de savoir si …*** ich bin neugierig, gespannt, ob … **2** (*intéressé*) wissbegierig; wissensdurstig; interessiert; ***esprit*** **~** wissbegieriger, interessierter Mensch; ***il est*** **~ *de physique*** er ist an Physik (sehr) interessiert; ihn interessiert Physik (sehr); **~ *de tout*** an allem interessiert; ***être*** **~ *de*** (*+inf*) daran interessiert sein zu (*+inf*) **3** (*bizarre*) seltsam; eigenartig; merkwürdig; sonderbar; wunderlich; kurios; ***par une curieuse coïncidence*** durch ein seltsames *etc* Zusammentreffen **II** *subst* **1** **~, *curieuse*** *m,f* Neugierige(r) *f(m)*; ***les*** **~** (*badauds*) die Neugierigen *m/pl*, Schaulustigen *m/pl*, Gaffer *m/pl*; F ***petit*** **~*!*** F schau an, so neugierig!; ***c'est un*** **~** er ist neugierig **2** ***le*** **~ *de la chose, c'est que …*** das Seltsame, Sonderbare, Merkwürdige daran *ou* an der Sache ist, dass …
curiosité [kyʀjozite] *f* **1** (*indiscrétion*) Neugier(de) *f*; *loc* ***la*** **~ *est un vilain défaut*** sei(d) *ou* seien Sie doch nicht so neugierig!; man soll nicht so neugierig sein **2** **~ (*d'esprit*)** Wissbegier *f*; Wissensdurst *m*, -drang *m*; Interesse *n* **3** *d'une ville* **~*s*** *pl* Sehenswürdigkeiten *f/pl* **4** (*objet rare*) Kuriosität *f*; Rarität *f*
curiste [kyʀist] *m,f* Kurgast *m* (*a d'une femme*)
curling [kœʀliŋ] *m* SPORTS Curling ['køːr-] *n*; Eis(stock)schießen *n*
curriculum (vitae) [kyʀikylɔm(vite)] *m* ⟨*inv*⟩ Lebenslauf *m*
curry [kyʀi] *m* Curry ['kœri] *n ou m*; **~ *de volaille*** Curryhuhn *n*; ***riz*** *m* ***au*** **~** Curryreis *m*
curseur [kyʀsœʀ] *m* **1** INFORM Cursor ['kœrsər] *m* **2** *sur une règle etc* Schieber *m*; Läufer *m*
cursif [kyʀsif] *adj* ⟨**-ive**⟩ **1** TYPO ***écriture cursive*** Schreibschrift *f* **2** *fig style, lecture* flüchtig; kursorisch
cursive [kyʀsiv] *f* TYPO Schreibschrift *f*
cursus [kyʀsys] *m* Studiengang *m*
curvimètre [kyʀvimɛtʀ] *m* Kurvenmesser *m*
custode [kystɔd] *f* AUTO ***glace f de*** **~** kleines hinteres Seitenfenster
cutané [kytane] *adj* Haut…; ***greffe*** **~*e*** Hauttransplantation *f*, -verpflanzung *f*
cuti [kyti] *f abr* (*cuti-réaction*) Tuberkulinprobe *f*; → *a* ***virer*** *I 3*
cuticule [kytikyl] *f* BOT, ANAT Häutchen *n*; *sc* Cuticula *f*
cuti-réaction [kytiʀeaksjõ] *f* ⟨*pl* **cuti-réactions**⟩ MÉD Kutanreaktion *f*; **~ (*à la tuberculine*)** Tuberkulinprobe *f*
cuvage [kyvaʒ] *m ou* **cuvaison** *f du vin* Gärenlassen *n*
cuve [kyv] *f* **1** *pour vinification* Gärbehälter *m* **2** (*grand récipient*) Wanne *f*; Bottich *m*; Bütte *f*; PHOT

C

~ **à développement** Entwicklertank *m*; ~ **à mazout** (Heiz)Öltank *m*; ~ **de teinturier** Färberbottich *m*

cuvée [kyve] *f* 1 *quantité* Inhalt *m* e-s Gärbehälters 2 (*produit d'une vigne*) (Jahres)Ertrag *m*; Jahrgang *m*

cuvelage [kyvlaʒ] *m* MINES 1 *action* (Schacht)Ausbau *m* 2 *tubes* Tübbings *m/pl* **cuveler** *v/t* ⟨-ll-⟩ MINES *puits* ausbauen

cuver [kyve] I *v/t* ~ **sa colère** s-n Zorn verrauchen lassen; ~ **son vin** s-n Rausch ausschlafen II *v/i vin* in der Kellerei gären

cuvette [kyvɛt] *f* 1 (*bassin portatif*) (Wasch)Schüssel *f*; *d'un lavabo* Waschbecken *n*; *de W.-C.* Klosettbecken *n*, -schüssel *f*; F Kloschüssel *f* 2 *d'un baromètre à mercure* Gefäß *n*; PHOT Entwicklerschale *f* 3 GÉOGR Kessel *m*

CV *abr* → **cheval** 5

CV [seve] *m abr* (*curriculum vitae*) Lebenslauf *m*

cyanhydrique [sjanidʀik] *adj* CHIM **acide** *m* ~ Blausäure *f*

cyanogène [sjanɔʒɛn] *m* CHIM Dicyan *n*

cyanose [sjanoz] *f* MÉD Blausucht *f*; Zyanose *f*

cyanure [sjanyʀ] *m* Zyanid *ou t/t* Cyanid *n*; ~ (**de potassium**) Zyankali *n*

cybercafé [sibɛʀkafe] *m* Internetcafé *n* **cybercriminalité** *f* Internetkriminalität *f* **cyberespace** *m* Cyberspace ['saɪbərspeːs] *m* **cybermarchand** *m* Internethändler *m*; E-Commerce-Händler ['iː-'kɔmɛrs-] *m* **cybermonde** *m* Cyberspace ['saɪbər-speːs] *m* **cybernaute** [-not] *m,f* Internet-Surfer(in) *m(f)*

cybernéticien [sibɛʀnetisjɛ̃] *m*, **cybernéticienne** *f* Kybernetiker(in) *m(f)*

cybernétique [sibɛʀnetik] I *f* Kybernetik *f* II *adj* kybernetisch

cybersexe [sibɛʀsɛks] *m* Cybersex ['saɪbər-] *m*

cyclable [siklabl] *adj* **piste** *f* ~ Rad(fahr)weg *m*

Cyclades [siklad] GÉOGR **les** ~ *f/pl* die Kykladen *pl*

cyclamen [siklamɛn] *m* 1 BOT Alpenveilchen *n*; *t/t* Zyklamen *n* 2 *adjt* ⟨*inv*⟩ (**couleur**) ~ zyklamenfarben, -farbig

cycle [sikl] *m* 1 Zyklus *m* (*a* ÉCON, ASTR); ~ (**économique**) Konjunkturzyklus *m*; zyklische Bewegung; ~ **solaire** Sonnenzyklus *m*; ~ **des saisons** stete Wiederkehr der Jahreszeiten 2 LITTÉRATURE Zyklus *m*; Sagenkreis *m* 3 PHYSIOL ~ **menstruel** (Menstruations)Zyklus *m* 4 CHIM, PHYS Zyklus *m*; Kreisprozess *m*; *dans la nature* Kreislauf *m*; *d'un moteur à explosion* ~ **à deux, à quatre temps** Zwei-, Viertaktverfahren *n*; ~ **de l'azote, du carbone** Stickstoff-, Kohlenstoffkreislauf *m* 5 ÉTUDES ~ **élémentaire** 1.-5. Volksschulklasse *f*; **premier** ~ *dans l'enseignement secondaire* 1.-4. Gymnasialklasse *f*; *à l'université* 1. und 2. Studienjahr *n* (*Abschluss „DEUG“*); Grundstudium *n*; **second** ~ *dans l'enseignement secondaire* 5.-7. Gymnasialklasse *f* (*Abschluss „baccalauréat“*); *à l'université* 3. Studienjahr (*Abschluss „licence“*) und 4. Studienjahr (*Abschluss „maîtrise“*); Hauptstudium *n*; **troisième** ~ Aufbau- und Promotionsstudium *n*

cycles [sikl] *m/pl* Fahrräder *n/pl* (und Mofas *n/pl*); ADM Zweiräder *n/pl*; **magasin** *m*, **marchand** *m* **de** ~ Fahrradgeschäft *n*, -händler *m*

cyclique [siklik] *adj* 1 zyklisch; **crise** *f* ~ zyklische Krise 2 CHIM **composés** *m/pl* ~**s** zyklische Verbindungen *f/pl*; Cycloverbindungen *f/pl*

cyclisme [siklism] *m* Radsport *m*

cycliste [siklist] I *adj* (Fahr)Rad...; **coureur** *m* ~ Radrennfahrer *m*; **course** *f*, **sport** *m* ~ Radrennen *n*, -sport *m* II *subst* 1 *m,f* Radfahrer(in) *m(f)*; F Radler(in) *m(f)* 2 *m vêtement* Radlerhose *f*

cyclo-cross [siklokʀɔs] *m* ⟨*inv*⟩ SPORTS Querfeldeinrennen *n*

cycloïde [siklɔid] *f* MATH Zykloide *f*; Radkurve *f*

cyclomoteur [siklomɔtœʀ] *m* Mofa *n*; Motorfahrrad *n*

cyclomotoriste [siklomɔtɔʀist] *m,f* Mofafahrer(in) *m(f)*

cyclone [siklon] *m* MÉTÉO **a)** *zone* Tief(druckgebiet) *n*; *t/t* Zyklone *f*; **b)** *tempête* Zyklon *m*; Wirbelsturm *m*; *fig personne* **arriver comme un** ~ wie ein Wirbelwind herangestürmt kommen

cyclonique [siklɔnik] *adj* mit Wirbelsturm (einhergehend)

cyclope [siklɔp] *m* MYTH Zyklop *ou* Kyklop *m*

cyclopéen [siklɔpeɛ̃] *adj* ⟨~**ne**⟩ zyklopisch; riesenhaft; *monument* Zyklopen...; **effort** ~ Riesenanstrengung *f*

cyclo-pousse [siklopus] *m* ⟨*pl* **cyclo-pousses**⟩ Fahrradrikscha *f*

cyclothymie [siklotimi] *f* MÉD Zyklothymie *f* **cyclothymique** *adj* MÉD zyklothym; *par ext* launenhaft; labil

cyclotourisme [sikloturism] *m* Radwandern *n*; Fahrradtourismus *m* **cyclotouriste** *m,f* Radwanderer *m*, -wand(r)erin *f*; Fahrradtourist(in) *m(f)*

cyclotron [siklotʀõ] *m* PHYS NUCL Zyklotron *n*

cygne [siɲ] *m* ZO Schwan *m*; *fig* **chant** *m* **du** ~ Schwanengesang *m*

cylindre [silɛ̃dʀ] *m* 1 MATH Zylinder *m* 2 TECH (rouleau) Walze *f* 3 **a)** *d'un moteur, d'une machine à vapeur* Zylinder *m*; **b)** *voiture* **une quatre, six** ~**s** ein Vier-, Sechszylinder *m*

cylindrée [silɛ̃dʀe] *f* AUTO **a)** *volume* Hubraum *m*; **b)** *par ext voiture* **grosse, petite** ~ Wagen *m* mit großem, kleinem Hubraum

cylindrer [silɛ̃dʀe] *v/t* TECH walzen

cylindrique [silɛ̃dʀik] *adj* zylindrisch; walzenförmig; Zylinder...; Walzen...

cymaise → **cimaise**

cymbalaire [sɛ̃balɛʀ] *f* BOT Zymbelkraut *n*; Efeublättriges Leinkraut

cymbale [sɛ̃bal] *f* MUS Becken *n*; **coup** *m* **de** ~ Beckenschlag *m*

cynégétique [sineʒetik] I *adj* Jagd...; weidmännisch II *f* Jagdkunst *f*; Weidwerk *n*

cynique [sinik] I *adj* zynisch II *m* 1 Zyniker *m* 2 PHILOS Kyniker *m*

cynisme [sinism] *m* Zynismus *m*

cynocéphale [sinɔsefal] *m* ZO Hundskopfaffe *m*

cyprès [sipʀɛ] *m* BOT Zypresse *f*

cyprin [sipʀɛ̃] *m* ZO ~ (**doré**) Giebel *m*; Silberkarausche *f*

cypriote [sipʀijɔt] → **chypriote**

Cyrénaïque [siʀenaik] GÉOGR **la** ~ die Cyrenaika

cyrillique [siʀilik] *adj* kyrillisch; **écriture** *f* ~ kyrillische Schrift

Cyrus [siʀys] *m* HIST Kyros *ou* Cyrus *m*

cystéine [sistein] *f* CHIM Cystein *n*

cysticerque [sistisɛʀk] *m* ZO Finne *f*

cystique [sistik] *adj* ANAT (Gallen)Blasen…; ***canal** m* **~** Gallenblasengang *m*
cystite [sistit] *f* MÉD Blasenentzündung *f*, -katarrh *m*
cystographie [sistɔgʀafi] *f* MÉD Zystogramm *n* **cystoscope** *m* MÉD Blasenspiegel *m*; *sc* Zystoskop *n* **cystoscopie** *f* MÉD Blasenspiegelung *f*; *sc* Zystoskopie *f*
cystotomie [sistɔtɔmi] *f* Zystotomie *f*
Cythère [sitɛʀ] Kythera *n*
cytise [sitiz] *m* BOT Goldregen *m*
cytogénétique [sitoʒenetik] *f* BIOL Zytogenetik *f* **cytologie** *f* Zytologie *f* **cytolyse** *f* Zytolyse *f* **cytoplasme** *m* Zytoplasma *n*; Zellplasma *n*
czar *etc* → ***tsar** etc*
czardas → ***csardas***
Czestochowa [ʃɛstɔkɔva] GÉOGR Tschenstochau *n*

D

D

D, d [de] *m* ⟨*inv*⟩ D, d *n*; F ***système** m* ***D*** Kniffe *m/pl*; Schliche *m/pl*; F Drehs *m/pl*
d' [d] → ***de***
DAB [dab] *m abr* (*distributeur automatique de billets*) Geldautomat *m*
dab(e) [dab] *arg m* Vater *m*; F Alte(r) *m*
d'abord [dabɔʀ] *loc/adv* → ***abord** 3*
d'acc(ord) [dak(ɔʀ)] *loc/adv* → ***accord** 2*
Dachau [daʃo] GÉOGR Dachau *n*
dacron® [dakʀõ] *m fibre synthétique* Dacron® *n*
dactyle [daktil] *m* **1** MÉTRIQUE Daktylus *m* **2** BOT Knäuelgras *n*
dactylo [daktilo] *f* **1** *personne* Schreibkraft *f*; Maschine(n)schreiberin *f*; F Tippfräulein *n*; *schweiz* Daktylo *f*; F *péj* Tippse *f* **2** (*dactylographie*) Maschine(n)schreiben *n*; ***apprendre la ~*** Maschine(n)-schreiben lernen **3** *adjt* ***chaise** f* **~** Drehstuhl *m*
dactylogramme [daktilɔgʀam] *m* Daktylogramm *n*; Fingerabdruck *m*
dactylographe [daktilɔgʀaf] *m,f* Maschine(n)-schreiber(in) *m(f)* **dactylographie** *f* Maschine(n)-schreiben *n* **dactylographier** *v/t* mit, auf der Maschine schreiben; (ab)tippen; *abs* Maschine schreiben; *adjt* ***dactylographié*** maschinenschriftlich; maschinengeschrieben; in Maschinenschrift; getippt **dactylographique** *adj* Schreibmaschinen…; maschinenschriftlich
dada [dada] *m* **1** *enf* (*cheval*) Pferd(chen) *n*; *enf* Hottepferd *n*; Hottehü *n*; ***à ~*** zu Pferd; reitend **2** F *fig* Lieblingsidee *f*, -thema *n*, *par ext* -beschäftigung *f*; Steckenpferd *n* **3** ART *adjt* ***mouvement** m* **~** → ***dadaïsme***
dadais [dadɛ] *m* (***grand***) **~** Tollpatsch *m*; Tölpel *m*; Dummerjan *m*
dadaïsme [dadaism] *m* ART Dadaismus *m*
dadaïste [dadaist] ART **I** *adj* dadaistisch **II** *m,f* Dadaist(in) *m(f)*
Dagobert [dagɔbɛʀ] *m Vorname*
dague [dag] *f* **1** *poignard* langer Dolch **2** *du cerf* Spieß *m*; *du sanglier* Hauer *m*
daguet [dagɛ] *m* CH (Schmal)Spießer *m*
dahlia [dalja] *m* BOT Dahlie *f*
dahoméen [daɔmeɛ̃] HIST **I** *adj* ⟨**~ne**⟩ dahomeisch **II** *subst* ***Dahoméen(ne)*** *m(f)* Dahomeer(in) *m(f)*
Dahomey [daɔmɛ] HIST ***le ~*** Dahome *n*
dahu [day] *m animal imaginaire* Wolpertinger *m*
daigner [deɲe] *v/t* **~** (+*inf*) die Güte haben zu (+*inf*); *iron* geruhen zu (+*inf*); *iron* ***il n'a pas daigné répondre*** *a* er ließ sich zu keiner Antwort herbei; er hat uns (*ou* ihn *etc*) keiner Antwort gewürdigt
d'ailleurs [dajœʀ] *loc/adv* → ***ailleurs***
daim [dɛ̃] *m* **1** ZO Damhirsch *m*; Damwild *n* (*coll*) **2** *cuir* Wildleder *n*; ***veste** f* ***de ~*** Wildlederjacke *f*
daine [dɛn] *f* ZO Damhirschkuh *f*
dais [dɛ] *m* Baldachin *m*
dalaï-lama [dalailama] *m* REL Dalai-Lama *m*
dallage [dalaʒ] *m* Plattenbelag *m*; Steinplatten *f/pl*
dalle [dal] *f* **1** CONSTR Steinplatte *f*; Fliese *f*; ***~ funéraire*** Grabplatte *f*; ***~ de béton, de granit, de marbre*** Beton-, Granit-, Marmorplatte *f* **2** F *loc*: ***avoir la ~*** F e-n Mordshunger haben; ***avoir la ~ en pente*** F gern einen heben; e-n guten Zug haben; ***se rincer la ~*** F einen heben, kippen; sich (*dat*) einen genehmigen **3** F ***que ~*** nichts; ***j'y comprends que ~, j'entrave que ~*** F ich kapiere nichts; ich verstehe nur Bahnhof
daller [dale] *v/t* CONSTR mit (Stein)Platten belegen, abdecken **dalleur** *m* Plattenleger *m*
dalmate [dalmat] **I** *adj* dalmatinisch; dalmatisch **II** *subst* ***Dalmate*** *m,f* Dalmatiner(in) *m(f)*
Dalmatie [dalmasi] ***la ~*** Dalmatien *n*
dalmatien [dalmasjɛ̃] *m chien* Dalmatiner *m*
daltonien [daltɔnjɛ̃] **I** *adj* ⟨**~ne**⟩ rotgrünblind; *par ext* farbenblind **II** *m* Rotgrünblinde(r) *m*; Farbenblinde(r) *m* **daltonisme** *m* Rotgrünblindheit *f*; *par ext* Farbenblindheit *f*
dam [dam, dɑ̃] *loc/prép* ***au grand ~ de*** zur großen Entrüstung, zum großen Missfallen, Unwillen (+*gén*)
damage [damaʒ] *m* TECH (Fest)Stampfen *n*
damas [dama] *m* **1** TEXT Damast *m* **2** MÉTALL Damaszenerstahl *m*
Damas [damas] Damaskus *n*
damasquinage [damaskinaʒ] *m* Tauschierung *f*; Tauschierarbeit *f* **damasquiner** *v/t métal* tauschieren
damassé [damase] **I** *adj* **1** TEXT Damast…; damastartig; ***tissu ~*** Damaststoff *m* **2** ***acier ~*** Damaszenerstahl *m* **II** *m* TEXT (Leinen-, Baumwoll)Damast *m*
damasser [damase] *v/t* **1** TEXT damastartig weben

2 *acier* damaszieren

dame[1] [dam] *f* **1** Dame *f*; Frau *f*; ***grande ~*** vornehme, feine, große Dame; ***la grande ~ du cinéma français*** *etc* die Grande Dame des französischen Films *etc*; F ***ma petite ~, ma bonne ~!*** liebe Frau!; F die Dame!; ***la première ~ de France*** Frankreichs First Lady [-fø:rst'le:di] *f*; ***~ de compagnie*** Gesellschafterin *f*; Gesellschaftsdame *f*; ***~ d'honneur, de la cour*** Hofdame *f*; ***~ de charité*** in e-m Wohltätigkeitsverein tätige Dame; *plais* ***la ~ de ses pensées*** die Dame s-s Herzens; s-e Angebetete; SPORTS ***100 mètres ~s*** 100 Meter Damen; TENNIS ***double*** *m* ***~s*** Damendoppel *n*; ***dis merci à la ~!*** sag der Dame, F der Tante danke schön! **2** (*femme mariée*) (verheiratete, Ehe)Frau *f*; F ***comment va votre ~?*** wie geht's Ihrer Frau? **3** REL Ordensfrau *f* **4** **a)** ÉCHECS *etc* Dame *f*; ***jeu*** *m* ***de ~s*** Damespiel *n*; ***aller à ~*** e-e Dame bekommen; ***jouer aux ~s*** Dame spielen; **b)** CARTES Dame *f*; *carte allemande* Ober *m*; ***~ de cœur, de pique*** Herz-, Pikdame *f*

dame[2] [dam] *int* allerdings!; natürlich!; *étonnement* Donnerwetter!; ***~ oui, non!*** aber ja, nein!

dame-jeanne [damʒan] *f* ⟨*pl* **dames-jeannes**⟩ Ballon(flasche) *m(f)*; große Korbflasche

damer [dame] *v/t* **1** *pion* zur Dame machen; → *a* ***pion*** *3* **2** TECH (fest)stampfen; *adjt* SKI ***piste damée*** präparierte Piste, Loipe

damier [damje] *m* **1** Damebrett *n* **2** *par ext* Schachbrett-, Würfelmuster *n*; *tissu* ***en ~*** gewürfelt

damnation [danasjõ] *f* Verdammung *f*; *état* Verdammnis *f*

damné [dane] **I** *m* REL *pl* ***les ~s*** die Verdammten *pl*; *fig*: ***souffrir comme un ~*** Höllenqualen leiden, ausstehen; ***travailler comme un ~*** arbeiten, schuften wie ein Besessener **II** *adj* **1** REL verdammt; *fig* ***être l'âme ~e de qn*** j-s böser Geist sein **2** F *fig* verdammt; verteufelt

damner [dane] **I** *v/t* **1** REL verdammen **2** *fig* ***faire ~ qn*** j-n rasend machen, zur Verzweiflung bringen **II** *v/pr* REL ***se ~*** s-e Verdammung bewirken

Damoclès [damɔklɛs] *m* HIST Damokles *m*

damoiseau [damwazo] *m* ⟨*pl* **~x**⟩ **1** MOYEN ÂGE Knappe *m* **2** *plais* Stutzer *m*; Geck *m* **damoiselle** *f* MOYEN ÂGE Edelfräulein *n*

Dampremy [dɑ̃ʀemi] *Stadt in Belgien*

dan [dan] *m* JUDO Meistergrad *m*; Dan *m*

Danaé [danae] *f* MYTH Danae *f*

dancing [dɑ̃siŋ] *m* Tanzlokal *n*, -diele *f*

dandinement [dɑ̃dinmɑ̃] *m* Schwanken *n*; Schaukeln *n*; *en marchant* Watscheln *n*

dandiner [dɑ̃dine] *v/pr* ***se ~*** sich hin und her bewegen; hin und her schwanken, schaukeln; *en marchant* watscheln; ***se ~ sur sa chaise*** *a* nicht ruhig sitzen können

dandy [dɑ̃di] *m* Dandy ['dɛndi] *m*

dandysme [dɑ̃dism] *m* Dandytum ['dɛndi-] *n*

Danemark [danmaʀk] ***le ~*** Dänemark *n*

danger [dɑ̃ʒe] *m* Gefahr *f*; ***~ de contagion, d'infection*** Ansteckungs-, Infektionsgefahr *f*; ***~ de guerre, d'incendie*** Kriegs-, Brand- *ou* Feuergefahr *f*; ***~ de mort*** Lebens-, Todesgefahr *f*; *loc/adj*: ***plein de ~s*** gefahrvoll; voller Gefahren; ***sans ~*** ungefährlich; gefahrlos; ***aimer le ~*** die Gefahr lieben; ***il y a du ~ à*** (+ *inf*) es ist gefährlich zu (+*inf*); ***il n'y a aucun ~ à*** (+*inf*) es ist völlig ungefährlich zu (+*inf*); F ***il n'y a pas de ~ qu'il vienne*** es ist ganz unwahrscheinlich *ou* völlig ausgeschlossen, dass er kommt; F ***quel ~ y a-t-il?*** was ist dabei gefährlich?; F ***pas de ~!*** F ausgeschlossen!; keine Spur!; das fällt mir, ihm nicht ein!; ich denke, er denkt nicht dran!; ***courir un ~*** sich in Gefahr begeben; sich e-r Gefahr (*dat*) aussetzen; ***courir le ~ de*** (+*inf*) Gefahr laufen zu (+*inf*); ***être en ~*** in Gefahr sein, schweben; gefährdet sein; ***sa vie est en ~*** er schwebt in Lebensgefahr; ***être 'hors de ~*** außer Gefahr sein; ***mettre en ~*** in Gefahr bringen; gefährden

dangereux [dɑ̃ʒʀø] *adj* ⟨**-euse**⟩ gefährlich; *entreprise a* gefahrvoll; ***~ criminel*** gefährlicher Verbrecher; *fig* ***jeu ~*** gefährliches Spiel; ***zone dangereuse*** Gefahrenzone *f*; ***il est ~ de*** (+*inf*) es ist gefährlich zu (+*inf*)

Daniel [danjɛl] *m Vorname*

Danièle *ou* **Danielle** [danjɛl] *f Vorname*

Daninos [daninɔs] ***Pierre ~*** *frz Schriftsteller*

danois [danwa] **I** *adj* dänisch **II** *subst* **1** ***Danois(e)*** *m(f)* Däne *m*, Dänin *f* **2** LING ***le ~*** das Dänische; Dänisch *n* **3** ZO *m* ***(grand) ~*** Deutsche Dogge

dans [dɑ̃] *prép* **1** *lieu*: **a)** *question « wo? »*: in (+ *dat*); ♦ ***~ les Alpes, le Massif central*** *etc* in den Alpen, im Zentralmassiv *etc*; ***~ le Cantal, le Haut-Rhin*** *etc* im Departement Cantal, Haut-Rhin *etc*; ***~ Paris*** *etc* in (der Stadt) Paris *etc*; innerhalb (der Stadtgrenzen von) Paris *etc*; ***~ toute la France, ~ le Paris de demain*** *etc* in ganz Frankreich, im Paris von morgen *etc*; ***~ le Midi*** in Südfrankreich; ***~ le Nord de l'Europe*** im Norden Europas; in Nordeuropa; ♦ ***~ un endroit ensoleillé*** an e-m sonnigen Ort; ***~ la foule*** in der Menge; ***~ le journal*** in der Zeitung; ***~ la rue*** auf der Straße; ***il est ~ sa chambre*** er ist in, auf s-m Zimmer; ***lire ~ un livre*** in e-m Buch lesen; ♦ ***boire ~ une tasse*** *etc* aus e-r Tasse *etc* trinken; ***découper un article ~ le journal*** e-n Artikel aus der Zeitung ausschneiden; ***manger ~ une assiette*** *etc* aus e-m Teller *etc* essen; ♦ ***~ le Cid de Corneille*** in Corneilles Cid; ***~ Sartre*** bei Sartre; ***~ tout ce qu'il fait*** bei allem, was er tut; ***c'est ~ ses habitudes*** (***de*** +*inf*) es gehört zu, es entspricht s-n Gewohnheiten (zu +*inf*); ***il est ~ le commerce, l'enseignement*** er ist im Handel, im Schulwesen tätig; → *a* ***être***[1] *II 1 d*); **b)** *question « wohin? »*: in (+*acc*); in … hinein; ***s'asseoir ~ un fauteuil*** sich in e-n Sessel setzen; ***entrer ~ la maison, la pièce*** ins Haus, ins Zimmer (hinein)gehen; ***monter ~ une voiture*** in ein Auto (ein)steigen; → *a subst et verbes correspondants* **2** *temps*: **a)** in (+*dat*); ***~ trois jours, une semaine*** in drei Tagen, e-r Woche; ***~ un instant, une minute*** augenblicklich; gleich; sofort; ***~ combien de temps reviendrez-vous?*** wann kommen Sie wieder?; **b)** innerhalb von (*ou* +*gén*); binnen (+*dat*); im Laufe von (*ou* +*gén*); während (+*gén*); in (+*dat*); ***~ les 24 heures*** innerhalb von, binnen 24 Stunden; ***~ l'année*** im Laufe des Jahres; ***~ les délais convenus*** frist-, termingemäß; ***~ son enfance*** in, während s-r Kindheit; ***~ le temps*** früher **3** *manière*: ***~ un accident*** bei e-m Unfall; ***~ l'attente de*** in Erwartung (+*gén*); ***~ ces circonstances*** unter diesen Umständen; ***~ sa colère*** in s-m Zorn; ***~ l'ensemble*** insgesamt; im Ganzen; alles in allem; ***~ l'espoir de*** (+*inf*) in der Hoffnung zu (+*inf*); ***~ le fond*** im Grunde (genommen); ***~ les règles*** vorschriftsmäßig; ordnungsgemäß **4** *approximation*: **~ les …** etwa; ungefähr; um die …; um (… herum); ***avoir ~ les cinquante ans*** etwa fünfzig (Jahre alt) sein; um die fünfzig sein

Der Gebrauch von dans und en

Für ganz konkrete Ortsangaben wird **dans** verwendet:

J'ai laissé mes clés **dans la voiture**. – Ich habe meine Schlüssel **im Auto** gelassen.

En wird unter anderem verwendet:

a) vor Ländern und Regionen, die feminin sind:

en Belgique – in Belgien
en Espagne – in Spanien
en Bourgogne – in Burgund
en Lorraine – in Lothringen

b) in feststehenden Wendungen:

en général – im Allgemeinen
en particulier – im Besonderen
en plein air – im Freien
en tout cas – auf jeden Fall

dansant [dɑ̃sɑ̃] *adj* **1** Tanz…; ***soirée ~e*** Tanzabend *m*; ***thé ~*** Tanztee *m* **2** tanzend; *fig*: *reflets* tanzend; ***flammes ~es*** züngelnde Flammen *f/pl*

danse [dɑ̃s] *f* **1** Tanz *m* (*a* MUS); ***la ~*** *a* das Tanzen; ***la ~ classique*** das klassische Ballett; ***~ folklorique, régionale*** Volkstanz *m*; ART ***Danse macabre, des morts*** Totentanz *m*; ***~ rythmique*** tänzerische Gymnastik; ***~ de salon*** Gesellschaftstanz *m*; ***~ du ventre*** Bauchtanz *m*; ***~ sur glace*** Eistanz *m*; ***chaussons*** *m/pl* ***de ~*** Ballettschuhe *m/pl*; ***cours*** *m* ***de ~*** *de salon* Tanzstunde *f*, -kurs *m*; *classique* Ballettunterricht *m*; ***pas*** *m* ***de ~*** Tanzschritt *m*; ***entrer dans la ~*** mittanzen; *fig* eingreifen; sich einschalten; mitmischen; ***exécuter une ~*** e-n Tanz aufführen; *fig et péj* ***mener la ~*** der Anführer, Rädelsführer sein; ***ouvrir la ~*** den Tanz eröffnen **2** MÉD ***~ de Saint-Guy*** Veitstanz *m*

danser [dɑ̃se] **I** *v/t* tanzen; ***~ la polka*** Polka tanzen; ***~ une valse*** e-n Walzer tanzen **II** *v/i* **1** tanzen; ***~ en mesure, sur un air*** im Takt, nach e-r Melodie tanzen; ***faire ~ qn*** mit j-m tanzen; ***voulez-vous ~ avec moi?*** *ou* ***vous dansez?*** darf ich bitten? **2** *fig barque* tanzen; *flammes* züngeln **III** *v/pr dans* ***se ~ bien*** sich gut tanzen lassen

danseur [dɑ̃sœʀ] *m*, **danseuse** *f* Tänzer(in) *m(f)*; ***danseurs*** *pl a* Tanzende *pl*; Tanzlustige *pl*; ***danseur, danseuse classique*** Balletttänzer(in) *m(f)*; ***danseur mondain*** Eintänzer *m*; Gigolo ['ʒiː-] *m*; ***danseur, danseuse de corde*** Seiltänzer(in) *m(f)*; ***danseuse du ventre*** Bauchtänzerin *f*; *fig* CYCLISME ***en danseuse*** im Wiegetritt; in den Pedalen stehend; *adjt* ***être bon danseur*** ein guter Tänzer sein

Dante Alighieri [dɑ̃taligjeʀi] *m écrivain italien* Dante Alighieri *m*

dantesque [dɑ̃tɛsk] *adj* dantisch

Danube [danyb] ***le ~*** die Donau

danubien [danybjɛ̃] *adj* ⟨**~ne**⟩ Donau…

d'après [dapʀɛ] *prép* → **après** *I 3*

dard [daʀ] *m d'un insecte* Stachel *m*

Dardanelles [daʀdanɛl] GÉOGR ***les ~*** *f/pl* die Dardanellen *pl*

darder [daʀde] *v/t* **1** *litt flèche* (ab)schießen; *lance etc* schleudern **2** *fig et st/s* ***le soleil darde ses rayons*** die Sonne sendet ihre glühenden Strahlen aus, brennt unbarmherzig, sengt; ***~ un regard sur qn*** j-n mit e-m Blick durchbohren

dare-dare [daʀdaʀ] F *loc/adv* in aller Eile; eiligst; unverzüglich; schnurstracks; F dalli, dalli

Dar es-Sala(a)m [daʀɛssalam] GÉOGR Daressalam *n*

darne [daʀn] *f* CUIS Fischsteak [-steːk] *n*; (Fisch-)Scheibe *f*; ***~ de saumon*** Lachssteak *n*

darse [daʀs] *f en Méditerranée* (geschütztes) Hafenbecken

dartre [daʀtʀ] *f* MÉD *souvent pl* ***~s*** (Haut)Flechten *f/pl*

dartreux [daʀtʀø] *adj* ⟨**-euse**⟩ MÉD **a)** flechtenartig; **b)** *personne* mit *ou* voller (Haut)Flechten

Darwin [daʀwin] *m* BIOL Darwin *m*

darwinien [daʀwinjɛ̃] *adj* ⟨**~ne**⟩ darwinsche(r, -s) **darwinisme** *m* BIOL Darwinismus *m* **darwiniste** **I** *adj* darwinistisch **II** *m* Darwinist *m*

Dassault [daso] *frz Flugzeugbauer*

datable [databl] *adj* datierbar **datage** *m* Datierung *f*

datation [datasjõ] *f* **1** *d'un document* Datierung *f*; Datumsangabe *f* **2** GÉOL *etc* Datierung *f*; Altersbestimmung *f*

date [dat] *f* **1** Datum *n*; ***~ de l'émission*** Ausstellungsdatum *n*; ***~ de naissance*** Geburtsdatum *n*; *lettre* ***en ~, à la ~ du dix mai*** (unter dem Datum) vom zehnten Mai; ***sans ~*** ohne Datum(sangabe); ***indiquer, mettre la ~*** das Datum angeben, einsetzen; ***porter la ~ du …*** das Datum vom … tragen **2** *par ext* Zeitpunkt *m*; COMM, ADM Termin *m*; ADM *a* Stichtag *m*; ***~ limite*** Schlusstermin *m*; letzter, äußerster Termin; ***~ limite de conservation*** Mindesthaltbarkeitsdatum *n*; ***~ de livraison*** Liefertermin *m*; ***~ de parution*** Erscheinungstermin *m*; *loc/adv et loc/adj*: ***à cette ~*** zu diesem Zeitpunkt; ***à la ~ convenue*** zum vereinbarten Zeitpunkt, Termin; COMM termingerecht; ***à ~ fixe*** zu e-m festen Termin; ***à quelle ~?*** an welchem Tag?; zu welchem Zeitpunkt?; ***à une ~ ultérieure*** zu e-m späteren Zeitpunkt, Termin; ***de fraîche ~*** neu; neueren Datums; ***de longue ~*** *loc/adv* seit Langem; seit langer Zeit; *loc/adj* seit Langem, schon lange bestehend; alt; langjährig; ***jusqu'à cette ~*** bis zu diesem Zeitpunkt, Tag; COMM bis dato; ***passé cette ~*** nach diesem Zeitpunkt, Termin; *fig* ***être le premier, dernier en ~*** der Erste, Letzte sein; zuerst, zuletzt kommen; ***fixer une ~*** e-n Termin anberaumen, festsetzen; ***prendre ~*** e-n Zeitpunkt, Termin vereinbaren, verabreden, ausmachen **3** HIST Datum *n*; Jahreszahl *f*; *par ext* markantes Ereignis; wichtiger Einschnitt; ***faire ~*** e-n bedeutenden Einschnitt darstellen;

Epoche machen

dater [date] **I** *v/t* **1** *document* datieren; mit dem Datum versehen; *adjt* **(non) daté** (un)datiert; ***une lettre datée du deux mai*** ein vom zweiten Mai datierter Brief **2** *œuvre d'art etc* datieren **II** *v/i* **1** ***~ de*** stammen, datieren aus; ***~ du 17e siècle*** aus dem 17. Jahrhundert stammen; ***~ de 1990*** von 1990 datieren; ***~ de vingt ans*** vor zwanzig Jahren entstanden, geschehen sein; *loc/prép* ***à ~ de*** ab …; von … an, ab; ***à ~ d'aujourd'hui*** ab heute; von heute ab, an; → *a* ***hier*** *2* **2** *(être démodé)* veraltet sein; aus der Mode gekommen sein; ***ne pas ~*** *a* zeitlos sein

dateur [datœʀ] *m* Datum(s)stempel *m*

datif [datif] *m* GR Dativ *m*; Wemfall *m*; dritter Fall

datte [dat] *f* Dattel *f* **dattier** *m* BOT ***~*** *ou adjt* ***palmier*** *m* ***~*** Dattelpalme *f*

daube [dob] *f* CUIS Schmoren *n*; *par ext* Schmorbraten *m*; ***bœuf*** *m* ***en ~*** Rinderschmorbraten *m*

dauber [dobe] *litt v/t* herabsetzen; schlechtmachen

Daumesnil [domenil] *frz General*

dauphin [dofɛ̃] *m* **1** ZO Delfin *m* **2** HIST ***Dauphin*** Dauphin *m*; französischer Thronfolger **3** *fig et plais* Kronprinz *m*; Thronfolger *m*; Nachfolger *m*

Dauphine [dofin] *f* HIST Gemahlin *f* des Dauphins

Dauphiné [dofine] ***le ~*** die Dauphiné *(historische Provinz in Südostfrankreich)*

dauphinois [dofinwa] **I** *adj* (aus) der Dauphiné **II** *subst* ***Dauphinois(e)*** *m(f)* Bewohner(in) *m(f)* der Dauphiné

daurade [dɔrad] *f* ZO Dorade *f*; Goldbrassen *m*; Rotbrassen *m*

d'autant [dotɑ̃] *loc/adv* → ***autant*** *I 1 e)*

davantage [davɑ̃taʒ] *adv* **1** (noch) mehr; ***je n'en dirai pas ~*** mehr sage ich nicht; ich will nichts weiter sagen; ***si vous voulez en savoir ~ …*** wenn Sie mehr darüber wissen wollen …; ***~ que*** mehr als; *avec subst:* ***~ de*** mehr **2** *temporel* (noch) länger; ***je ne m'attarderai pas ~ sur ce sujet*** ich will mich mit diesem Thema nicht länger aufhalten

David [david] *m Vorname*

davier [davje] *m* **1** DENTISTERIE Extraktionszange *f* **2** MAR (Seil)Scheibe *f*; *d'un câblier* (Kabel)Rolle *f*

Dax [daks] *Stadt im Dep. Landes*

DCA [desea] *f abr (défense contre avions)* Flak *f*

DDT [dedete] *m abr (dichloro-diphényl-trichloréthane)* DDT® *n*

de [d(ə)] ⟨*vor Vokal u stummem h* ***d'***; „*de le*" *wird zu* ***du***, „*de les*" *zu* ***des*** *zusammengezogen*⟩ **I** *prép* **1** *lieu:* **a)** *origine, point de départ* von; aus; von … her; von … aus; ♦ ***arriver, venir ~ Bordeaux*** von *ou* aus Bordeaux kommen; ***sortir d'une maison*** aus e-m Haus (heraus)kommen; ***tirer qc ~ sa poche*** etw aus der Tasche ziehen; ***venir ~ l'école, ~ l'étranger, ~ la gare*** aus der Schule, aus dem Ausland, vom Bahnhof kommen; ♦ ***~ Paris il y a 300 km*** von Paris (aus) sind es 300 km; ♦ ***~ … à*** von … nach, (bis) zu; ***aller ~ Paris à Marseille*** von Paris nach Marseille fahren; ***~ la porte à la fenêtre*** von der Tür zum Fenster; ***~ la tête aux pieds*** von Kopf bis Fuß; ♦ ***~ … en*** → ***en*** *I 6*; ♦ ***~ côté*** von der Seite; ***~ dessous, dessus*** von unten, oben; ***~ face*** von vorn; ***d'ici*** von hier aus; ***~ là*** von da, dort aus; ***~ loin*** von Weitem; aus der Ferne; ***d'où?*** woher?; ***d'où vient-il?*** wo kommt er her?; woher kommt er?; ***~ près*** aus der Nähe; ♦ ***venir ~ chez le dentiste*** vom Zahnarzt kommen; ♦ ***le consul d'Allemagne*** der deutsche Konsul; ***vent*** *m* ***du nord*** Nordwind *m*; ***vins*** *m/pl* ***~ France*** französische Weine *m/pl*; Weine aus Frankreich; ♦ *particule de noblesse* von; ♦ *par ext:* ***une lettre ~ Paul*** ein Brief von Paul; ***~ source sûre*** aus sicherer Quelle; ***être né ~ parents pauvres*** von armen Eltern kommen, abstammen; das Kind armer Eltern sein; ***revenir ~ vacances*** aus den Ferien zurückkehren; **b)** *direction* ♦ ***~ ce côté-ci*** *venir* von dieser Seite; *se trouver* auf dieser Seite; *partir* auf diese, nach dieser Seite; → *a* ***côté***; ♦ ***le passage du Rhin*** der Übergang über den Rhein; der Rheinübergang; ***le train ~ Paris*** der Zug von *ou* nach Paris **2** *temps* ***~ jour*** bei, am Tag(e); tagsüber; ***~ nos jours*** heutzutage; ***~ mémoire d'homme*** seit Menschengedenken; ***~ nuit*** in der, bei Nacht; nachts; ***~ son vivant*** zu, bei s-n Lebzeiten; ♦ *dans des phrases négatives: ne rien faire etc* ***~ (toute) la journée*** den ganzen Tag; ♦ ***~ … à*** von … bis; ***du début à la fin*** von Anfang bis Ende; vom Anfang bis zum Ende; ***~ lundi à jeudi*** von Montag bis Donnerstag; ***du matin au soir*** vom Morgen bis zum Abend; von morgens bis abends; ***du premier au quinze mai*** vom ersten bis (zum) fünfzehnten Mai; ♦ ***~ … en*** von … zu; ***~ jour en jour*** von Tag zu Tag; ♦ ***enfant*** *m,f* ***~ trois ans*** dreijähriges Kind; Kind von, mit drei Jahren; Dreijährige(r) *f(m)*; ***travail*** *m* ***~ dix ans*** Arbeit *f* von zehn Jahren; zehnjährige Arbeit **3** *appartenance* von; *plus souvent traduit par un génitif* ♦ ***l'amour ~ Dieu*** die Liebe Gottes; → *a 9*; ***la cathédrale ~ Cologne*** der Kölner Dom; ***la cathédrale ~ Chartres*** die Kathedrale von Chartres; ***la conviction ~ tous*** die Überzeugung aller; ***la couleur du ciel*** die Farbe des Himmels; ***crise*** *f* ***~ la puberté*** Pubertätskrise *f*; ***le livre ~ Pierre*** Peters Buch; das Buch von Peter; ***la maison ~ mon père*** das Haus meines Vaters; (meines) Vaters Haus; ***le prix du pain*** der Brotpreis; ♦ ***le meilleur ~ tous*** der Beste von allen; ***le seul ~ ses amis*** der Einzige s-r Freunde; ♦ ***c'est un***, *st/s* ***il est ~ mes amis*** er ist ein Freund von mir; ***pour ce qui est ~ lui*** was ihn betrifft, anbelangt; → *a* ***être***[1] *II 1 d) et les subst correspondants* **4** *cause* vor (+*dat*); wegen; an (+*dat*); über (+*acc*); ♦ *rouge* ***~ colère, honte*** vor Zorn, Scham; *trembler* ***~ froid*** vor Kälte; ♦ ***joie*** *f* ***~ vivre*** Lebensfreude *f*; ***peur*** *f* ***~ la mort*** Angst *f* vor dem Tod; Todesfurcht *f*, -angst *f*; ♦ *loc/conj:* ***~ ce que: je m'étonne ~ ce qu'il n'est*** *ou* ***ne soit pas venu*** ich wundere mich darüber, dass er nicht gekommen ist; ***~ crainte que … (ne)*** (+*subj*) aus Furcht davor, dass …; ♦ ***être atteint d'une maladie*** an e-r Krankheit leiden; ***être étonné, surpris ~ qc*** über etw (*acc*) erstaunt, überrascht sein; ***se plaindre ~ qn, qc*** sich über j-n, etw *ou* wegen j-m, etw beklagen; ♦ *agent du passif* von; ***accompagné ~ sa femme*** in Begleitung s-r Frau; ***aimé ~ ses parents*** von s-n Eltern geliebt **5** *matière* von; aus; ♦ *fig* ***cœur*** *m* ***~ pierre*** Herz *n* von Stein; ***plaque*** *f* ***~ marbre*** Marmorplatte *f*; Platte *f* aus Marmor; marmorne Platte; ♦ ***faire qc ~ rien*** aus nichts etw machen **6** *contenu: non traduit* ♦ ***un paquet ~ cigarettes*** e-e Schachtel, Packung Zigaretten; ***trois verres ~ vin*** drei Glas Wein; ♦ *par ext:* ***billet*** *m* ***~ cent euros*** Hundert-Euro-Schein *m*; ***collection*** *f* ***~ timbres*** Briefmarkensammlung *f*; ***comi-***

té m ~ ***cinq membres*** fünfköpfiger Ausschuss **7** *moyen, outil* mit; ♦ ***coup*** *m* ~ ***matraque*** Schlag *m* mit dem Gummiknüppel; ***coup*** *m* ~ ***pied*** Fußtritt *m*; ***coup*** *m* ~ ***revolver*** Revolverschuss *m*; ♦ ***chercher des yeux*** mit den Augen suchen; ***montrer qn du doigt*** mit dem Finger auf j-n zeigen; ♦ ***jouer du piano*** *etc* Klavier *etc* spielen; ♦ ***armé d'un couteau*** mit e-m Messer bewaffnet; ***se nourrir*** ~ ***riz*** sich von Reis ernähren; ***orner*** ~ ***fleurs*** mit Blumen schmücken **8** *sujet, thème* über (*+acc*); von; ***parler*** ~ ***qn, qc*** von j-m, etw, über j-n, etw sprechen; ***que pensez-vous*** ~ ***lui?*** was denken, halten Sie von ihm?; ***rêver*** ~ träumen von **9** *manière*: ♦ *manger* ~ ***bon appétit*** mit gutem Appetit; ~ ***beaucoup*** weitaus; bei Weitem; ***d'un bond*** mit e-m Sprung; ~ ***force*** mit Gewalt; ~ ***cette manière*** auf diese Weise; ~ ***mémoire*** aus dem Gedächtnis; ~ ***son mieux*** so gut er *ou* sie kann; ***d'un pas ferme*** mit festem Schritt; festen Schrittes; ~ ***soi-même*** (*ou* ~ ***lui-même, d'elle-même***) von selbst; von sich aus; aus sich selbst heraus; ♦ ~ ***plus en plus grand*** *etc* immer größer *etc*; ♦ ***amour*** *m* ~ ***Dieu*** Liebe *f* zu Gott; ***amour*** *m* ~ ***la patrie, du prochain*** Vaterlands-, Nächstenliebe *f*; ***homme*** *m* ~ ***génie*** genialer Mensch; ***livres*** *m/pl* ***d'enfants*** Kinderbücher *n/pl*; ***maison*** *f* ~ ***campagne*** Landhaus *n*; ***regard*** *m* ~ ***pitié*** mitleidiger Blick; ♦ *loc/adj*: ***père*** *m* ~ ***cinq enfants*** Vater *m* von fünf Kindern; ~ ***grand format*** großformatig; ~ ***première qualité*** erstklassig; ♦ ***être d'une bêtise incroyable*** von e-r unglaublichen Dummheit, unglaublich dumm sein; F ***le ciel est d'un bleu!*** F der Himmel ist unwahrscheinlich, sagenhaft blau!; ***être vêtu*** ~ ***noir*** schwarz gekleidet sein; ♦ ***qualifier un journal*** ~ ***tendancieux*** e-e Zeitung als tendenziös bezeichnen; ***traiter qn*** ~ ***menteur*** j-n e-n Lügner nennen **10** *fonction essentiellement syntaxique*: **a)** *après subst*: ***une chienne*** ~ ***vie*** ein Hundeleben *n*; ***une espèce*** ~ ***singe*** e-e Art Affe; ***le mois*** ~ ***mai*** der Monat Mai; ***le mot*** (~) ***liberté*** das Wort Freiheit; ***la principauté*** ~ ***Monaco*** das Fürstentum von Monaco; ***la profession*** ~ ***médecin*** der Arztberuf; der Beruf e-s Arztes; ***cette sorte*** ~ ***vin*** diese Sorte Wein; diese Weinsorte; ***la ville*** ~ ***Paris*** die Stadt Paris; **b)** *après adj*: ***amoureux*** ~ verliebt in (*+acc*); ***avide*** ~ gierig auf (*+acc*), nach; ***avide d'argent*** geldgierig; ***capable d'un crime*** zu e-m Verbrechen, *st/s* e-s Verbrechens fähig; ***étroit d'esprit*** engstirnig; ***large d'épaules*** breitschult(e)rig; breit in den Schultern; ***plein*** ~ ***contradictions*** voller Widersprüche; ♦ ***une drôle*** ~ ***voiture*** ein komisches Auto; ***pauvre*** ~ ***moi!*** ich Arme(r)!; **c)** *après des verbes*: ***avoir besoin*** ~ ***qn, qc*** j-n, etw brauchen; ***changer*** ~ ***chemise*** das Hemd wechseln; → *a verbes correspondants*; **d)** *après loc/prép*: ***autour*** ~, ***à cause*** ~, ***en dépit*** ~ *etc* → *les termes correspondants*; **e)** *mesures*: ***âgé*** ~ ***dix ans*** zehn Jahre alt; ***un mur*** ~ ***un*** *ou* ***d'un mètre*** ~ ***haut*** e-e ein(en) Meter hohe Mauer; e-e Mauer von einem Meter Höhe; ***avoir deux mètres*** ~ ***long***, ~ ***profondeur*** *ou* ***être long, profond*** ~ ***deux mètres*** zwei Meter lang, tief sein; ***avancer d'un pas*** e-n Schritt vortreten; ***diminuer*** ~ ***moitié*** um die Hälfte abnehmen; ***la hauteur est*** ~ ***trois mètres*** die Höhe beträgt drei Meter; ***raccourcir*** ~ ***dix centimètres*** (um) zehn Zentimeter verkürzen; *montre* ***retarder*** ~ ***cinq minutes*** fünf Minuten nachgehen; ♦ ***dix euros*** ~ ***l'heure*** zehn Euro pro, in der Stunde; ♦ ***plus*** ~ ***dix minutes*** mehr als zehn Minuten; ♦ F ***et*** ~ ***deux!*** das wären zwei!; **f)** *devant inf* zu; ♦ ***cesser*** ~ ***parler*** aufhören zu sprechen; ***demander à qn*** ~ ***partir*** j-n bitten zu gehen; ♦ *inf sujet*: ***comme si*** (~) ***pleurer servait à qc*** als ob Weinen etwas nützen würde; ***il est difficile, 'honteux*** ~ ***...*** es ist schwierig, e-e Schande zu ...; ♦ *inf de narration* ***et les enfants*** ~ ***sauter et*** ~ ***crier*** und nun fingen die Kinder an zu hüpfen und zu schreien; ♦ ***plutôt mourir que*** (*st/s* ~) ***céder*** lieber sterben als nachgeben; **g)** *devant adj, p/p et adv*: ♦ ***en voici une*** ~ ***terminée*** hier ist e-e fertig; ***avoir deux jours*** ~ ***libres*** zwei Tage freihaben; zwei freie Tage haben; ♦ ***personne d'autre*** niemand anders; sonst niemand; ***qc*** ~ ***beau*** etwas Schönes; ***qn*** ~ ***résolu*** jemand Entschlossenes; ***qui d'autre?*** wer sonst?; ***quoi*** ~ ***neuf?*** was gibt es Neues?; ***rien*** ~ ***grave*** nichts Ernstes; ♦ ***cinq minutes*** ~ ***moins***, ~ ***plus*** fünf Minuten weniger, mehr; **h)** ***si j'étais*** (***que***) ~ ***vous*** ich an Ihrer Stelle; wenn ich Sie wäre **II** *article partitif*: *souvent non traduit* **1** ~ ***l'eau, des épinards, du pain***, ~ ***la salade*** Wasser *n*, Spinat *m*, Brot *n*, Salat *m*; ***du porc, du veau*** Schweine-, Kalbfleisch *n*; F ***du solide*** etwas Solides; ♦ ***il y a du révolutionnaire en lui*** es steckt etwas von e-m Revolutionär in ihm; ***chausser du quarante*** Schuhgröße vierzig haben; ***écouter du Mozart*** Mozart hören; ***faire du cent*** (mit) hundert fahren; ***manger*** ~ ***tout*** alles essen; alles mögen; ***penser du bien*** ~ ***qn*** Gutes, gut von j-m denken; ♦ ***du très bon travail*** sehr gute Arbeit; ~ *ou* F ***des belles fleurs*** schöne Blumen *f/pl*; ♦ ***travailler pour*** ~ ***l'argent*** für Geld arbeiten **2** *seulement* **de**: **a)** *après indications de quantité*: ***assez, beaucoup, pas, peu, plus, tant, trop d'argent*** genug, viel, kein, wenig, mehr, so viel, zu viel Geld; ***combien*** ~ ***personnes?*** wie viel(e) Personen?; ***un litre*** ~ ***lait*** ein Liter Milch; ***une paire*** ~ ***gants*** ein Paar Handschuhe; ♦ *exception*: ***bien des gens*** (sehr) viele Leute; ***se faire bien du souci*** sich (*dat*) große Sorgen machen; *mais*: ***bien d'autres*** (sehr) viele andere; **b)** *dans une négation*: ***il n'a jamais eu*** ~ ***succès*** er hat nie Erfolg gehabt; ***sans faire*** ~ ***bruit*** ohne Lärm zu machen; ♦ *excepté après* **être**: ***ce n'est pas*** ~ ***la laine*** das ist keine Wolle

dé[1] [de] *m* **1** (Spiel)Würfel *m*; ***coup*** *m* ***de*** ~(***s***) Wurf *m* (beim Würfeln); *fig* Lotteriespiel *n*; Glückssache *f*; ***jeu*** *m* ***de*** ~***s*** Würfelspiel *n*; ***jeter le***(***s***) ~(***s***) würfeln; *fig* ***les*** ~***s sont jetés*** die Würfel sind gefallen; ***jouer aux*** ~***s*** Würfel spielen; würfeln; knobeln **2** CUIS Würfel *m*; ***couper en*** ~***s*** in Würfel schneiden

dé[2] [de] *m* **1** ~ (***à coudre***) Fingerhut *m* **2** *quantité* ***un*** ~ ***à coudre*** ein Fingerhut voll

dé... [de] *préfixe* ⟨**vor Vokal dés...**, *vor s meist* **des...**⟩ *souvent* ent...; Ent...; → *les articles suivants*

DEA [deəa] *m abr* (*diplôme d'études approfondies*) *Forschungsdiplom im Anschluss an die „maîtrise"*

dealer [dilœʀ] *m* Dealer ['di:-] *m*; Drogenhändler *m*

déambulatoire [deɑ̃bylatwaʀ] *m* ARCH Chorumgang *m*

déambuler [deɑ̃byle] *v/i* umhergehen, -schlendern

débâcle [debɑkl] *f* **1** *de la glace* Eisaufbruch *m*; Eisgang *m* **2** *fig* **a)** MIL wilde Flucht; Auflösung *f*; **b)** *d'une entreprise etc* Zusammenbruch *m*; Debakel *n*

débâcler [debɑkle] *v/i rivière* (*gelée*) aufbrechen;

Eis führen

déballage [debalaʒ] *m* 1 Auspacken *n* 2 (*étalage*) Warenauslage *f* 3 F *fig* (rückhaltloses) Geständnis; Beichte *f*; (Herzens)Erguss *m*

déballé [debale] F *adj* entmutigt; niedergeschlagen

déballer [debale] *v/t* 1 auspacken; **~ des marchandises** Waren auspacken 2 F *fig*: *savoir etc* von sich geben; anbringen; F auspacken; loswerden; *plaintes* F abladen

débandade [debɑ̃dad] *f* Auseinanderrennen *n*, -laufen *n*; *a* MIL wilde, regellose Flucht; Auflösung *f*; **ce fut la ~ générale** alles lief auseinander, davon; MIL alles war in Auflösung begriffen

débander [debɑ̃de] I *v/t* 1 die Binde, den Verband abnehmen (**une plaie** von e-r Wunde); **~ les yeux à qn** j-m die Binde von den Augen abnehmen 2 *arc etc* lockern II *v/i* F *pénis* schlaff werden; F *fig* **sans ~** unablässig; ohne Unterlass III *v/pr* **se ~** *manifestants* auseinanderlaufen; *armée* sich auflösen

débaptiser [debatize] *v/t* umbenennen; umtaufen; **~ une rue** eine Straße umbenennen

débarbouillage [debaʀbujaʒ] *m* (rasche) Gesichtswäsche

débarbouiller [debaʀbuje] I *v/t* **~ un enfant** e-m Kind das Gesicht (und die Hände) waschen, sauber machen II *v/pr* **se ~** sich (*dat*) (rasch) das Gesicht waschen

débarcadère [debaʀkadɛʀ] *m* MAR Landungsbrücke *f*, -steg *m*; Anlege-, Landeplatz *m*, -stelle *f*; Pier *m ou f*

débardage [debaʀdaʒ] *m* 1 MAR Ausladen *n*; Löschen *n* 2 *de bois, de pierres* Abtransport *m*; Abfuhr *f*

débarder [debaʀde] *v/t* MAR ausladen; löschen **débardeur** *m* 1 *ouvrier* Entlader *m*; Transportarbeiter *m*; MAR Hafenarbeiter *m*; Schauermann *m* 2 *vêtement* **a)** Pullunder *m*; **b)** *porté à même la peau* Achselshirt [-ʃœrt] *n*; Top *n*; *pour hommes a* Muscle-Shirt ['masəlʃœrt] *n*

débarquement [debaʀkəmɑ̃] *m* 1 *passagers* An-Land-Gehen *n*; Von-Bord-Gehen *n* (*a* AVIAT); Aussteigen *n* 2 *marchandises* Ausladen *n*, -ung *f*; MAR Löschen *n*, -ung *f*; Anlanden *n*, -ung *f*; Ausschiffen *n*, -ung *f* (*a passagers*) 3 MIL Landung *f*; HIST **le Débarquement** die Invasion (*1944*)

débarquer [debaʀke] I *v/t* 1 *marchandises* ausladen; MAR löschen; anlanden; **~ les marchandises** die Waren ausschiffen; **~ les passagers** die Passagiere ausschiffen, an Land setzen 2 F *fig* **~ qn** F j-n ausbooten II *v/i* 1 *passagers* MAR an Land gehen; sich ausschiffen; *d'un avion* von Bord gehen; aussteigen (**de** aus) 2 MIL landen 3 F *fig* **~ chez qn** F bei j-m hereingeschneit kommen, aufkreuzen 4 F *fig* **il débarque** man sieht, dass er neu ist *ou* dass er nicht auf dem Laufenden ist

débarras [debaʀa] *m* 1 F **bon ~!** F e-e wahre Erlösung!; den *ou* die *ou* das wären wir los, hätten wir vom Hals! 2 *lieu* Abstellraum *m*; Rumpelkammer *f*

débarrasser [debaʀase] I *v/t* befreien (**de** von); *place* frei machen; räumen; **~ le grenier** den Dachboden ausräumen, entrümpeln; **~ une pièce** ein Zimmer ausräumen; **~ (la table)** den Tisch abräumen; (den Tisch) abdecken; **~ qn de qc** j-n von etw befreien; **~ un enfant d'une mauvaise habitude** e-m Kind e-e Unart abgewöhnen, e-e schlechte Angewohnheit austreiben; **puis-je vous ~ de votre manteau?** darf ich Ihnen den Mantel abnehmen?; **~ qn d'un souci** j-m e-e Sorge abnehmen; j-n e-r Sorge (*gén*) entheben; **~ qn de qn** j-m j-n vom Halse schaffen; **être débarrassé de qn, qc** j-n, etw los sein, vom Halse haben II *v/pr* **se ~ de qc, de qn** sich e-r Sache, j-s entledigen; sich (*dat*) etw, j-n vom Halse schaffen; etw, j-n loswerden, beseitigen, *préjugé, défaut* ablegen, *actions* abstoßen

débat [deba] *m* 1 Debatte *f*; Erörterung *f*; Aussprache *f*; Diskussion *f*; Streitgespräch *n*; **~ télévisé** Fernsehdebatte *f*; **conférence suivie d'un ~** Vortrag *m* mit anschließender Diskussion, Aussprache 2 **~s** *pl* **a)** POL Debatte *f*; **~s parlementaires** Parlamentsdebatte *f*; **compte rendu des ~s** Parlamentsbericht *m*; **b)** JUR (Haupt)Verhandlung *f* 3 *fig* **~ intérieur** innerer Konflikt, Kampf

débâter [debɑte] *v/t* den Packsattel abnehmen (**une bête de somme** e-m Lasttier)

débattre [debatʀ] ⟨→ **battre**⟩ I *v/t* debattieren, diskutieren über (+*acc*); erörtern; *question* besprechen; durchsprechen; **~ un prix** einen Preis aushandeln; **prix** *m* **à ~** Preis *m* nach Vereinbarung II *v/pr* **se ~** 1 um sich schlagen; sich wehren; sich sträuben 2 *fig* sich herumschlagen (**contre** mit); sich abmühen; kämpfen; ringen

débauchage [deboʃaʒ] *m* (*licenciement*) Entlassung *f*; Abbau *m*

débauche [deboʃ] *f* 1 Ausschweifung *f*; JUR **excitation** *f* **de mineurs à la ~** Verführung *f*, Anstiftung *f* Minderjähriger zur Unzucht; **lieu** *m* **de ~** Ort *m* der Ausschweifung; **vie** *f* **de ~** ausschweifender, unsolider, liederlicher Lebenswandel; **vivre dans la ~** ein ausschweifendes, liederliches Leben führen 2 *fig* **une ~ de** e-e verschwenderische Fülle von

débauché [deboʃe] I *adj* ausschweifend lebend; lasterhaft; liederlich II *subst* **~(e)** *m(f)* Wüstling *m*; liederliches Frauenzimmer **débaucher** *v/t* 1 (*détourner de son travail*) (der Arbeit [*dat*]) abspenstig machen; von der Arbeit abbringen; abwerben 2 (*licencier*) entlassen; abbauen 3 F (*distraire*) verführen; verleiten

débecqueter *ou* **débecter** [debɛkte] *v/t* P (*dégoûter*) P ankotzen; **ça me débecquète** *ou* **débecte** das widert, P kotzt mich an

débet [debɛ] *m* FIN Passivsaldo *m*; Fehlbetrag *m*; Rückstand *m*

débile [debil] I *adj* 1 schwächlich 2 F blöd; doof; schwachsinnig II *m* 1 MÉD **~ mental** Schwachsinnige(r) *m* 2 F Blödmann *m*; Idiot *m*

débilitant [debilitɑ̃] *adj atmosphère* demoralisierend; deprimierend

débilité [debilite] *f* 1 Schwäche *f*; Schwächlichkeit *f*; **~ sénile** Altersschwäche *f* 2 **~ mentale** Schwachsinn *m*

débiliter [debilite] *v/t* 1 schwächen; entkräften 2 *fig* entmutigen; demoralisieren

débine [debin] *f* P → **dèche**

débiner [debine] F I *v/t* schlechtmachen; F in den Dreck ziehen II *v/pr* **se ~** F abhauen; verduften; sich dünn machen **débineur** F *m*, **débineuse** F *f* F Lästerzunge *f*, -maul *n*

débit [debi] *m* 1 *de marchandises* Absatz *m*; Vertrieb *m*; Verkauf *m*; Abgang *m*; Umsatz *m*; *loc/adj*:

produit ***d'un bon ~*** gut gehend, absetzbar; gängig; ***d'un faible ~*** schlecht gehend, absetzbar; schlechten Absatz findend **2** ***~ de boissons*** (Getränke)Ausschank *m*; ***~ de tabac*** Tabakladen *m*; *österr* (Tabak)Trafik *f* **3** (*manière de parler*) Sprech-, Redeweise *f*; Vortrag(sart) *m(f)*; ***il, elle a un de ces ~s*** er, sie redet wie ein Wasserfall **4** **a)** *d'un cours d'eau* Wasserführung *f*; Abflussmenge *f*; *d'une source* Schüttung *f*; Ergiebigkeit *f*; **b)** TECH Durchfluss(menge *f*, -strom *m*) *m*; *d'une machine* Ausstoß *m*; Mengenleistung *f*; Durchsatz *m*; *d'une rue etc* (Verkehrs)Leistung *f*; Kapazität *f* **5** COMM Soll *n*; Debet *n*; ***le ~ et le crédit*** Soll und Haben *n*; ***avis*** *m* ***de ~*** Lastschriftanzeige *f*; ***mettre une dépense au ~ de qn*** j-n mit e-r Ausgabe belasten

débitage [debitaʒ] *m du bois* Zuschneiden *n*; Zuschnitt *m*

débitant [debitɑ̃] *m* ***~ de boissons*** Schankwirt *m*; ***~ de tabac*** Tabakwaren(einzel)händler *m*; *österr* (Tabak)Trafikant *m*

débiter [debite] *v/t* **1** *marchandises* absetzen; vertreiben; umsetzen; ***~ des boissons*** Getränke verkaufen, ausschenken **2** *péj*: *sottises* von sich geben; F verzapfen; *par cœur* her(unter)leiern; herbeten; ***~ des mensonges*** Lügen erzählen, auftischen **3** *source*: *eau* liefern (***dix litres à la seconde*** zehn Liter in der, pro Sekunde); *pompe*: *liquide* fördern; *machine*: *produit* ausstoßen **4** *bois* zuschneiden; *animal* zerlegen **5** COMM ***~ qn, un compte d'une somme*** j-n, ein Konto mit e-m Betrag belasten

débiteur [debitœʀ], **débitrice** **I** *m,f* **1** FIN Schuldner(in) *m(f)*; COMM Debitor *m* **2** *fig* Schuldner(in) *m(f)*; ***je suis votre débiteur*** ich stehe, bin in Ihrer Schuld **II** *adj* ***compte débiteur*** Debetkonto *n*; ***pays débiteur*** Schuldnerland *n*; ***solde débiteur*** Passiv-, Debet-, Sollsaldo *m*

débitmètre [debimɛtʀ] *m* TECH Durchflussmesser *m*, -zähler *m*

déblaiement [deblɛmɑ̃] *m* **a)** *d'une rue* Freimachen *n*; Aufräumen *n*, -ung *f*; ***travaux*** *m/pl* ***de ~*** Aufräumungsarbeiten *f/pl*; **b)** *de terre etc* Beseitigung *f*; Wegschaffung *f*

déblatérer [deblateʀe] *v/t/indir* ⟨-è-⟩ ***~ contre qn, qc*** über j-n, etw los-, herziehen; auf j-n, etw schimpfen

déblayage [deblɛjaʒ] *m* → ***déblaiement***

déblayer [debleje] *v/t* ⟨**-ay-** *od* **-ai-**⟩ **1** **a)** *rue, entrée* frei machen; aufräumen; ***~ une pièce*** ein Zimmer frei machen, ausräumen; **b)** *décombres etc* beseitigen; wegschaffen; weg-, ab-, aufräumen **2** CONSTR *terrain* abtragen; abgraben; *terre* ausheben **3** *fig* ***~ le terrain*** den Weg ebnen; die Bahn frei machen; die Anfangsschwierigkeiten beseitigen; Hindernisse aus dem Weg räumen; die Vorfragen klären

déblocage [deblɔkaʒ] *m* **1** TECH Lösen *n*; Entriegeln *n*, -ung *f* **2** ÉCON Freigabe *f*; ***~ des prix, des salaires*** *a* Aufhebung *f* des Preis-, Lohnstopps

débloquer [deblɔke] **I** *v/t* **1** TECH lösen; *serrure* wieder gängig machen; *pièce d'une machine* entriegeln; die Arretierung lösen (+*gén*); ***~ les freins*** die Bremsen lösen **2** ÉCON *prix etc* freigeben; ***~ un compte*** die Sperre e-s Kontos aufheben; ***~ les salaires*** den Lohnstopp aufheben **II** F *v/i* Unsinn, Blödsinn, F Quatsch, Blech, Stuss reden; ***tu débloques?*** red keinen Unsinn *etc!*; F quatsch nicht so dämlich, blöd!

débobiner [debɔbine] *v/t* abwickeln; abspulen

déboires [debwaʀ] *m/pl* (bittere) Enttäuschungen *f/pl*; Verdruss *m*; Ärger *m*

déboisage [debwazaʒ] *m* MINES Rauben *n* (der Zimmerung) **déboisement** *m* Abholzen *n*, -ung *f* (des Waldes); Entwaldung *f* **déboiser** *v/t* (den Wald) abholzen; entwalden

déboîtement [debwatmɑ̃] *m* **1** MÉD Aus-, Verrenkung *f* **2** AUTO Ausscheren *n*

déboîter [debwate] **I** *v/t* **1** MÉD aus-, verrenken; auskugeln; ***se ~ l'épaule*** sich (*dat*) die Schulter aus-, verrenken, auskugeln **2** TECH herausnehmen; auseinandernehmen; ausbauen **II** *v/i* AUTO ausscheren

débonder [debõde] *v/t* den Spund herausziehen (***un tonneau*** aus e-m Fass)

débonnaire [debɔnɛʀ] *adj* gutmütig; HIST ***Louis le*** ♀ Ludwig der Fromme

Déborah [debɔʀa] *f* BIBL Debora *f*

débord [debɔʀ] *m* **1** COUT Vorstoß *m* **2** CH DE FER ***voie*** *f* ***de ~*** Freiladegleis *n*

débordant [debɔʀdɑ̃] *adj* **1** *joie etc* überströmend, -quellend, -schäumend; überschwänglich; *activité* rastlos; fieberhaft; ***imagination ~e*** blühende Fantasie **2** *personne* ***être ~ d'activité*** rastlos tätig sein; → *a* ***déborder*** *II 3* **3** MIL ***mouvement ~*** Umgehungs-, Umfassungsbewegung *f*

débordé [debɔʀde] *adj* ***être ~*** (***de travail***) (mit Arbeit) überlastet sein; ***être ~ de demandes, de visites*** mit Anträgen überhäuft, von Besuchern überlaufen sein

débordement [debɔʀdəmɑ̃] *m* **1** *d'un fleuve* Übertreten *n*; Überschwemmung *f*; *d'un récipient* Überlaufen *n*, -fließen *n* **2** *fig* ***~ d'enthousiasme*** Woge *f*, Welle *f* der Begeisterung; Begeisterungsausbruch *m*; ***~ d'injures*** Flut *f* von Beleidigungen; ***~ de joie*** Überschwang *m* der Freude **3** ***~s*** *pl* Exzesse *m/pl*; Ausschweifungen *f/pl* **4** MIL Umgehung *f*; Umfassung *f*

déborder [debɔʀde] **I** *v/t* **1** *chose* ***~ qc*** über (den Rand von) etw hinausgehen, -stehen, -ragen; ***~ le cadre du sujet*** den Rahmen des Themas sprengen **2** MIL umgehen; umfassen **3** *un lit* in Unordnung bringen; *personne* (halb) aufdecken **II** *v/i* **1** *fleuve etc* über die Ufer treten; übertreten; *liquide, récipient* überlaufen, -fließen; F überschwappen; ***plein à ~*** randvoll; zum Überlaufen voll; *pluie* ***faire ~ la rivière*** den Fluss über die Ufer treten lassen; *fig* ***faire ~ le vase*** das Maß vollmachen; das Fass zum Überlaufen bringen **2** *gens* ***~ sur la place*** bis auf den Platz hinausstehen; *linge* ***~ du tiroir*** aus der Schublade quellen **3** *fig* ***~ d'enthousiasme, de reconnaissance*** vor *ou* von Begeisterung, Dankbarkeit überströmen; ***~ d'esprit*** vor Geist sprühen; ***~ de santé*** vor *ou* von Gesundheit strotzen; ***~ de vie*** vor *ou* von Lebenslust, Temperament übersprudeln, überschäumen **III** *v/pr* ***se ~*** sich aufdecken; *bébé* sich frei strampeln

débotté [debɔte] *m litt loc/adv* ***au ~*** gleich bei der Ankunft; *fig* unversehens

débotter [debɔte] **I** *v/t* ***~ qn*** j-m die Stiefel ausziehen **II** *v/pr* ***se ~*** (sich [*dat*]) die Stiefel ausziehen

débouchage [debuʃaʒ] *m* **1** *d'une bouteille* Öffnen *n*; Aufmachen *n*; Entkorken *n* **2** → ***débouchement***

débouché [debuʃe] *m* **1** *d'une rue* Einmündung *f*;

d'une vallée Ausgang *m*; Mündung *f* 2 ÉCON Absatzmarkt *m*; ***ouvrir de nouveaux ~s*** neue Absatzmärkte erschließen 3 *pl* ***~s*** Berufsaussichten *f/pl*; ***n'offrir aucun ~*** keine Berufsaussichten eröffnen

D

débouchement [debuʃmɑ̃] *m d'un évier etc* Beseitigung *f* der Verstopfung; Freimachen *n*
déboucher [debuʃe] I *v/t* 1 *bouteille* aufmachen; öffnen; entkorken 2 *évier* die Verstopfung beseitigen (+*gén*); frei machen II *v/i* 1 ***~ de*** (heraus)kommen, *voiture a* (-)fahren aus; ***~ d'une rue transversale dans une grande artère*** aus e-r Querstraße in e-e Hauptverkehrsader kommen *ou* fahren 2 *chemin* ***~ dans*** (ein)münden in (+*acc*); ***~ sur une place*** auf e-n *ou* e-m Platz münden 3 *fig* ***~ sur*** einmünden in (+*acc*); führen zu; anlangen bei; *discussions* ***~ sur des négociations*** in Verhandlungen einmünden III *v/pr* ***se ~*** *tuyau etc* frei werden; aufgehen
débouchoir [debuʃwaʀ] *m* ***~ à ventouse*** Stampfer *m (zur Rohrreinigung)*
déboucler [debukle] *v/t* aufschnallen
déboulé [debule] *m* 1 SPORTS (Daher)Stürmen *n*; voller Lauf 2 DANSE Déboulé *n*
débouler [debule] *v/i* 1 (*a v/t*) ***~ (l'escalier*** die Treppe) hinunter-, hinab- *ou* herunter-, herabkullern, -purzeln 2 *lièvre etc* aufspringen und davonrennen
déboulonnage [debulɔnaʒ] *m* TECH Los-, Abschrauben *n*
déboulonner [debulɔne] *v/t* 1 TECH los-, abschrauben 2 F *fig* ***~ qn*** j-n aus s-r Stellung drängen; F j-n absägen
débourbage [debuʀbaʒ] *m* 1 *dans le traitement de minerais* Läutern *n*, -ung *f* 2 *dans la préparation du vin blanc* Vorklären *n (des Mostes)*
débourber [debuʀbe] *v/t* 1 vom Schlamm reinigen; entschlammen; ***~ un étang*** einen Weiher entschlammen 2 *minerai* läutern 3 VIT vorklären
débourrage [debuʀaʒ] *m* 1 TANNERIE *des peaux* Enthaaren *n*, -ung *f* 2 TEXT *d'une carde* Putzen *n*; Reinigen *n*, -ung *f* 3 *d'un cheval de selle* Grundausbildung *f*; Zureiten *n* **débourrement** *m partic* VIT Aufbrechen *n* der (Reben)Knospen **débourrer** I *v/t pipe* reinigen; ausklopfen II *v/i* P *(déféquer)* P kacken **débourreur** *m* TEXT *d'une carde* Wendewalze *f*; Wender *m*
débours [debuʀ] *m/pl* Auslagen *f/pl*; Ausgaben *f/pl*; Aufwendungen *f/pl*; Spesen *pl*
débourser [debuʀse] *v/t* ausgeben; aufwenden; ***sans rien ~, sans ~ un sou*** ohne etwas, ohne e-n Pfennig auszugeben
déboussoler [debusɔle] F *v/t* ***~ qn*** j-n aus der *ou* außer Fassung, aus dem Geleise bringen; *adjt* ***déboussolé*** völlig außer Fassung; rat-, hilflos
debout [d(ə)bu] *adv et adj* ⟨*inv*⟩ 1 stehend; aufrecht (stehend); TECH *a* hochkant; ***place f ~*** Stehplatz *m*; *int* ***~ (là-dedans)!*** (alles) aufstehen, aufgestanden!; auf!; ***être ~*** stehen; → *a 2, 3*; ***laisser qn ~*** j-n stehen lassen; ***manger ~*** im Stehen essen; ***mettre qc ~*** etw (aufrecht) stellen; etw aufstellen; TECH *a* etw hochkant stellen; → *a 3*; ***se mettre ~*** aufstehen; sich erheben; sich aufrecht hinstellen; ***rester ~*** stehen bleiben; → *a 2*; *personne* ***ne plus tenir ~*** sich nicht mehr auf den Beinen halten können; → *a 3*; ***se tenir ~*** (da)stehen 2 auf; aufgestanden; ***être ~*** *à six heures du matin …* aufsein, auf den Beinen sein; *malade* ***il est déjà ~*** er ist schon wieder auf; er kann schon wieder aufstehen; ***rester ~*** aufbleiben 3 *loc fig*: ***dormir ~*** im Stehen schlafen; zum Umfallen müde sein; *histoire* ***à dormir ~*** ganz unwahrscheinlich; ***être encore ~*** *maisons etc* noch stehen; *institution* noch Bestand haben; *affaire* ***mettre ~*** auf die Beine stellen; *argument etc* ***tenir ~*** Hand und Fuß haben; ***ne pas tenir ~*** weder Hand noch Fuß haben; keinen Sinn haben
débouté [debute] *m* JUR 1 Abweisung *f* der Klage 2 abgewiesener Kläger **déboutement** *m* JUR Abweisung *f* (e-r Klage)
débouter [debute] *v/t* JUR ***~ qn de sa demande*** j-s Klage abweisen
déboutonner [debutɔne] I *v/t* aufknöpfen II *v/pr* ***se ~*** 1 s-e Jacke *etc* aufknöpfen 2 *fig* sein Herz ausschütten; sich offen aussprechen 3 *vêtement* aufgehen; sich öffnen
débraillé [debʀɑje] I *adj* 1 *personne* nachlässig, schlampig, (allzu) salopp gekleidet; nicht ganz angezogen; F halb nackt; *vêtements* nachlässig; schlampig; (allzu) salopp; *allure* salopp; lässig 2 *fig manières* locker; lose; zu frei *(a propos)* II *m* nachlässige, allzu saloppe (Art der) Kleidung
débrailler [debʀaje] *v/pr* F ***se ~*** sich entblößen; F halb nackt herumlaufen
débranchement [debʀɑ̃ʃmɑ̃] *m* ÉLECT Ab-, Ausschalten *n*, -ung *f*
débrancher [debʀɑ̃ʃe] *v/t* den Stecker herausziehen (***la télévision*** des Fernsehers); *circuit etc* ab-, ausschalten; ***~ une batterie*** eine Batterie abklemmen
Debray [dəbʀɛ] ***Régis ~*** *frz Schriftsteller*
débrayage [debʀɛjaʒ] *m* 1 AUTO Auskuppeln *n*; ***double ~*** Schalten *n* mit Zwischengas 2 *fig* Arbeitsniederlegung *f*, -einstellung *f*; Ausstand *m*
débrayer [debʀeje] *v/i* ⟨**-ay-** *od* **-ai-**⟩ 1 AUTO auskuppeln; (auf) die Kupplung treten 2 *fig* die Arbeit niederlegen; in den Ausstand treten
Debrecen [debʀɛtsɛn] GÉOGR Debrezin *n*
débridé [debʀide] *adj passion* zügellos; ungezügelt; hemmungslos; entfesselt; ***imagination ~e*** blühende, ungezügelte Fantasie
débridement [debʀidmɑ̃] *m* Entfesselung *f*; Zügellosigkeit *f*
débrider [debʀide] *v/t* 1 *cheval* abzäumen; *fig* ***sans ~*** ohne Unterbrechung; pausenlos; in einem fort 2 CUIS die Fäden entfernen von
débris [debʀi] 1 *m/pl de vaisselle* Scherben *f/pl*; *d'une statue, d'un avion* Trümmer *pl*; ***~ de verre*** Glasscherben *f/pl* 2 *m/pl fig* Überreste *m/pl*; Überbleibsel *n/pl*; Trümmer *pl* 3 F *péj* ***un vieux ~*** F ein alter Knacker
débrouillard [debʀujaʀ] I *adj* pfiffig; findig; schlau; geschickt; wendig; F gewieft; ***un garçon ~*** *a* ein Bursche, der sich *(dat)* zu helfen weiß II *m* e-r, der sich *(dat)* zu helfen weiß; Schlaukopf *m*; findiger, wendiger, F gewiefter Bursche; F Pfiffikus *m*
débrouillardise [debʀujaʀdiz] *f* Pfiffigkeit *f*; Findigkeit *f*; Schlauheit *f*; Wendigkeit *f*; Improvisationskunst *f*; F Gewieftheit
débrouiller [debʀuje] I *v/t* 1 *fils etc* entwirren 2 *fig* entwirren; Ordnung, Klarheit, Licht bringen in (+*acc*); aufklären 3 F ***~ qn*** j-m die elementaren Kenntnisse, die Grundbegriffe beibringen; *adjt* ***il est déjà bien débrouillé*** *enfant* es ist schon sehr

selbstständig; *élève* er beherrscht schon gut die Grundbegriffe **II** *v/pr* **se ~** sich (*dat*) zu helfen wissen; zurechtkommen; e-n Ausweg finden; zurande kommen; sich aus der Affäre ziehen; F sich durchwursteln; ***débrouillez-vous!*** schauen Sie, wie Sie zurechtkommen!; ***qu'il se débrouille!*** soll er sehen, wie er zurechtkommt *ou* wo er bleibt!; ***se ~ bien, tout seul*** sich (*dat*) gut, allein zu helfen wissen; gut, allein zurechtkommen; ***se ~ avec ce qu'on a*** sich mit dem behelfen, was man hat; ***se ~ avec ses difficultés*** *a* mit s-n Schwierigkeiten fertig werden; ***savoir se ~*** sich (*dat*) zu helfen wissen

débroussailler [debʀusaje] *v/t* **1** das Gestrüpp entfernen (***qc*** von, aus, in etw [*dat*]) **2** *fig* Klarheit, Licht bringen in (+*acc*)

débureaucratiser [debyʀokʀatize] *v/t* entbürokratisieren

débusquer [debyske] *v/t* **1** *gibier* aufscheuchen, -jagen, -stöbern **2** *fig* **~ *qn*** j-n vertreiben, verdrängen; *de sa cachette* j-n aufstöbern

Debussy [dəbysi] ***Claude ~*** *frz Komponist*

début [deby] *m* **1** Anfang *m*; Beginn *m*; ***~ de l'année, du mois*** Jahres-, Monatsbeginn *m*; *loc/adv*: ***au ~*** anfangs; anfänglich; am, zu Anfang; zu Beginn; zuerst; ***tout au ~***, *st/s* ***au tout ~*** gleich zu Beginn, am *ou* zu Anfang; ***dès le ~*** von Anfang an; ***du ~ à la fin*** von Anfang bis Ende; vom Anfang bis zum Ende; *loc/prép*: ***~ mai*** Anfang Mai; ***au ~ de*** am Anfang, zu *ou* am *ou* bei Beginn (+*gén*); ***au ~ de l'année*** (am) Anfang des Jahres; ***au ~ du livre*** am Anfang des Buches; ***au ~ de la semaine prochaine*** Anfang nächster Woche; ***au ~ du spectacle*** zu, bei Beginn der Vorstellung; ***en ~ de semaine*** (am) Anfang, zu Beginn der Woche; ***en ~ de matinée*** am frühen Vormittag **2** *pl* **~*s*** *d'un acteur* Debüt *n*; erstes Auftreten (in der Öffentlichkeit); ***faire ses ~s*** sein Debüt geben (*a iron*); debütieren; zum ersten Mal (öffentlich) auftreten; ***faire ses ~s dans le monde*** in die Gesellschaft eingeführt werden **3** *pl* **~*s*** Anfänge *m/pl*; Anfang *m*; erste Schritte *m/pl*; ***les ~s de la photographie*** die Anfänge der Fotografie; ***n'en être qu'à ses ~s*** *personne* noch am Anfang stehen; die ersten Schritte tun; *chose* noch in den Kinderschuhen stecken

débutant [debytɑ̃] **I** *adj* angehend; ***pianiste ~*** angehender Pianist **II** *subst* **1** **~(*e*)** *m(f)* Anfänger(in) *m(f)*; Neuling *m*; *acteur a* Debütant(in) *m(f)*; ***cours*** *m* ***pour ~s*** Anfängerkurs *m*; *péj* ***comme un ~*** wie ein Anfänger **2** **~*e*** *f* Debütantin *f*; ***bal*** *m* ***des ~es*** Debütantinnenball *m*

débuter [debyte] *v/t et v/i* **1** anfangen; beginnen; ***~ à mille euros, comme sténodactylo*** mit tausend Euro, als Stenotypistin anfangen; ***~ dans la vie*** ins Leben treten; ***~ par des généralités*** mit allgemeinen Dingen beginnen **2** *artiste* debütieren; zum ersten Mal auftreten; sein Debüt geben

déca [deka] *m* F *abr* → ***décaféiné***

deçà [dəsa] **I** *adv litt* **~ (*et*) *delà*** bald hier(hin), bald da(hin) **II** *loc/prép* ***en ~ de*** [ɑ̃dsad(ə)] diesseits (+*gén*); *st/s* ***en ~ du Rhin*** diesseits des Rheins; *fig* ***rester en ~ de la vérité*** nicht bis zur Wahrheit vordringen

décacheter [dekaʃte] *v/t* ⟨-tt-⟩ ***~ une lettre*** einen Brief öffnen, aufmachen, aufreißen

décadaire [dekadɛʀ] *adj dans le calendrier républicain* Dekaden…

décade [dekad] *f* **1** (*dix jours*) Dekade *f* **2** *abus* (*décennie*) Jahrzehnt *n*

décadence [dekadɑ̃s] *f* Dekadenz *f*; Kulturverfall *m*; *d'un empire* Niedergang *m*; Verfall *m*; ***tomber en ~*** in Verfall geraten; verfallen

décadent [dekadɑ̃] **I** *adj* dekadent; dem Niedergang, Verfall preisgegeben; angekränkelt **II** *m/pl* ***les ~s*** die Dekadenzdichter *m/pl* (des ausgehenden 19. Jahrhunderts)

décaèdre [dekaɛdʀ] *m* MATH Dekaeder *n*; Zehnflächner *m*; Zehnflach *n*

décaféiné [dekafeine] *adj* koffeinfrei; entkoffeiniert; *subst m* ***du ~*** koffeinfreier Kaffee **décaféiner** *v/t* entkoffeinieren

décagonal [dekagɔnal] *adj* ⟨**-aux**⟩ MATH zehneckig; *prisme* zehnseitig

décagone [dekagon, -gɔn] MATH **I** *m* Zehneck *n*; Dekagon *n* **II** *adj* zehneckig

décagramme [dekagʀam] *m* (*abr* ***dag***) Dekagramm *n* (*abr* Dg, *österr* dkg); *österr a* Deka *n*

décaisser [dekese] *v/t* **1** *marchandise* aus der Kiste nehmen, auspacken **2** *argent* auszahlen; der Kasse entnehmen

décalage [dekalaʒ] *m* **1** Verschiebung *f*; Abstand *m*; Unterschied *m*; ***~ horaire*** Zeitunterschied *m* **2** *fig* Diskrepanz *f*, Unterschied *m*, Missverhältnis *n*, Kluft *f*, Spanne *f* (***entre … et*** zwischen [+*dat*] … und)

décalaminer [dekalamine] *v/t* AUTO entrußen; die Ölkohle entfernen von

décalcifiant [dekalsifjɑ̃] *adj* PHYSIOL Kalkmangel hervorrufend **décalcification** *f* MÉD Kalk-, Kalziumverlust *m*; Kalkmangel *m* **décalcifier** **I** *v/t* Kalk, Kalzium entziehen (***l'organisme*** dem Organismus) **II** *v/pr* ***se ~*** Kalk, Kalzium verlieren

décalcomanie [dekalkɔmani] *f* **1** *image* Abziehbild *n* **2** *procédé* Abziehbildverfahren *n*

décalé [dekale] *adj* abgehoben; F abgedreht

décaler [dekale] *v/t* verschieben; *dans l'espace a* versetzen; verstellen; *dans le temps a* verlegen; ***~ le repas d'une heure*** das Essen um e-e Stunde verschieben, verlegen

décalitre [dekalitʀ] *m* **1** Dekaliter *n ou m* **2** *récipient* Zehnliterbehälter *m*

décalogue [dekalɔg] *m* REL ***le ~*** der Dekalog; die Zehn Gebote *n/pl*

décalquage [dekalkaʒ] *m* (Ab-, Durch)Pausen *n*

décalque [dekalk] *m* **1** *d'un dessin* Pause *f* **2** *fig* Nachahmung *f*; *péj* Abklatsch *m*

décalquer [dekalke] *v/t* (ab-, durch)pausen

Décaméron [dekameʀõ] *Boccaccio* ***le ~*** das Dekameron *ou* Decamerone

décamètre [dekamɛtʀ] *m* Dekameter *n ou m*

décamper [dekɑ̃pe] *v/i* F sich aus dem Staub machen; Reißaus nehmen; abhauen; sich verziehen

décan [dekɑ̃] *m* ASTROLOGIE Dekade *f*

décanat [dekana] *m* ÉGL, UNIVERSITÉ Dekanswürde *f*

décaniller [dekanije] *v/i* F abhauen; verduften; sich verkrümeln; abzischen

décantage [dekɑ̃taʒ] *m* → ***décantation***

décantation [dekɑ̃tasjõ] *f* Klären *n* (durch Absetzenlassen); Dekantieren *n*; ***bassin*** *m* ***de ~*** Klärbecken *n*

D

D

décanter [dekɑ̃te] I *v/t* 1 *liquide* klären; dekantieren 2 *fig idées etc* sich abklären lassen II *v/pr* **se ~** 1 *liquide* sich klären; **laisser ~** absetzen lassen 2 *fig idées etc* sich abklären

décanteur [dekɑ̃tœʀ] *m* TECH Klärapparat *m*; Dekanter *m*; *d'une station d'épuration* Klär-, Absetzbecken *n*

décapage [dekapaʒ] *m* 1 *métal* Beizen *n*; Dekapieren *n*; Entzundern *n* 2 *peinture* Abbeizen *n*

décapant [dekapɑ̃] I *m* 1 Abbeizmittel *n* 2 *pour souder* Flussmittel *n*; Lötwasser *n* II *adj fig* **humour ~** ätzender Humor

décaper [dekape] *v/t* 1 *métal* (ab)beizen; dekapieren; entzundern 2 *peinture* abbeizen; **~ au chalumeau** abbrennen 3 *par ext* blank scheuern; putzen

décapeur [dekapœʀ] *m ouvrier* (Metall)Beizer *m*; Entroster *m* **décapeuse** *f* TRAVAUX PUBLICS Schrapper *m*

décapitation [dekapitasjõ] *f* Enthauptung *f*

décapiter [dekapite] *v/t* 1 *personne* enthaupten; köpfen 2 *arbre* köpfen; kappen 3 *fig* führerlos machen; das Haupt ausschalten (**une bande** e-r Bande)

décapodes [dekapɔd] *m/pl* ZO Zehnfußkrebse *m/pl*; Zehnfüßer *m/pl*; Dekapoden *m/pl*

décapotable [dekapɔtabl] *adj voiture* mit zurückklappbarem Verdeck; **voiture** *f* **~** *ou subst* **~** *f* Kabriolett *n* **décapoter** *v/t* das Verdeck zurückklappen (**une voiture** e-s Wagens)

décapsuler [dekapsyle] *v/t bouteille* öffnen; aufmachen **décapsuleur** *m* Flaschenöffner *m*

décarcasser [dekaʀkase] *v/pr* F **se ~** F sich abrackern, sich abplacken, sich abstrampeln (**pour** *+inf* um zu *+inf*)

décasyllabe [dekasi(l)lab] *m* MÉTRIQUE zehnsilbiger Vers; Zehnsilb(n)er *m* **décasyllabique** *adj* zehnsilbig

décathlon [dekatlõ] *m* SPORTS Zehnkampf *m*

décathlonien [dekatlɔnjɛ̃] *m* SPORTS Zehnkämpfer *m*

décati [dekati] *adj personne* verblüht; gealtert; abgelebt; verlebt

décatir [dekatiʀ] I *v/t* TEXT dekatieren; krumpfen II *v/pr* **se ~** *fig personne* verblühen; altern

décavé [dekave] *adj* F 1 *financièrement* ruiniert; F pleite; blank 2 *physiquement* angegriffen; mitgenommen

décéder [desede] *v/i* ⟨-è-; **être**⟩ ADM, JUR (ver)sterben; *adjt* **décédé** verstorben

décelable [deslabl] *adj* nachweisbar; feststellbar; erkennbar

décèlement [desɛlmɑ̃] *m* Nachweis *m*; Feststellung *f*; Aufdeckung *f*

déceler [desle] *v/t* ⟨-è-⟩ 1 *traces, influence etc* nachweisen; feststellen; **~ un complot** ein Komplott aufdecken 2 *chose* **~ qc** etw erkennen lassen; auf etw (*acc*) schließen lassen; etw verraten

décélération [deseleʀasjõ] *f* 1 PHYS, TECH Geschwindigkeitsabnahme *f*, -verringerung *f*; *d'un véhicule* Bremsverzögerung *f* 2 *fig* Verlangsamung *f*

décembre [desɑ̃bʀ] *m* Dezember *m*

décemment [desamɑ̃] *adv* 1 anständig; schicklich; geziemend; **s'exprimer ~** sich anständig *etc* ausdrücken 2 (*raisonnablement*) vernünftigerweise 3 annehmbar; **vivre ~** sein Auskommen haben

décence [desɑ̃s] *f* 1 (*bienséance*) Anstand *m*; Schicklichkeit *f*; **blesser, choquer la ~** den Anstand verletzen; **c'est contraire à la ~** das ist gegen den *ou* allen Anstand 2 (*tact*) Zurückhaltung *f*; Diskretion *f*; Takt *m*; **avoir la ~ de se taire** so taktvoll sein und schweigen

décennal [desenal] *adj* ⟨**-aux**⟩ **a)** *durée* zehnjährig; **b)** *répétition* zehnjährlich

décennie [deseni] *f* Jahrzehnt *n*; Dezennium *n*

décent [desɑ̃] *adj* 1 *tenue, propos etc* (wohl)anständig; schicklich; geziemend; *personne* anständig; gesittet; untadelig 2 *conditions, salaire etc* annehmbar; akzeptabel; brauchbar

décentralisateur [desɑ̃tʀalizatœʀ] I *adj* ⟨**-trice**⟩ dezentralisierend; Dezentralisations… II *m* Anhänger *m* der Dezentralisation **décentralisation** *f* Dezentralisation *f*; Dezentralisierung *f*

décentraliser [desɑ̃tʀalize] *v/t* dezentralisieren; *personnel* in die Provinz schicken; **~ l'administration** die Verwaltung dezentralisieren; **~ une entreprise** ein Unternehmen in die Provinz verlegen

décentrer [desɑ̃tʀe] *v/t* OPT, PHOT dezentrieren; exzentrisch verstellen

déception [desɛpsjõ] *f* Enttäuschung *f*; **causer une cruelle ~ à qn** j-m e-e bittere Enttäuschung bereiten

décernement [desɛʀnəmɑ̃] *m* Zuerkennung *f*; Verleihung *f*

décerner [desɛʀne] *v/t* 1 *récompense etc* zuerkennen; *fig* **~ la palme à qn** j-m den Sieg zuerkennen; **~ un prix à qn** j-m einen Preis zuerkennen, verleihen 2 JUR **~ un mandat d'arrêt** Haftbefehl erlassen

décès [desɛ] *m* ADM, JUR Ableben *n*; Tod *m*; Todesfall *m*; Sterbefall *m*; **acte** *m* **de ~** Sterbeurkunde *f*; **date** *f* **du ~** Sterbe-, Todesdatum *n*; **en cas de ~** im Todesfall; **assurance** *f* (**en cas de**) **~** Todesfallversicherung *f*; *partic dans l'assurance sociale* Sterbegeldversicherung *f*; **fermé pour cause de ~** wegen Todesfall(s) geschlossen; *adjt* **capital** *m* **~** Sterbegeld *n*

décevant [des(ə)vɑ̃] *adj* enttäuschend

décevoir [des(ə)vwaʀ] *v/t* ⟨→ **recevoir**⟩ **~ qn** j-n enttäuschen; **cet élève, ce livre, cette ville m'a déçu** dieser Schüler, dieses Buch, diese Stadt hat mich enttäuscht; **~ l'attente, la confiance de qn** j-s Erwartung, Vertrauen enttäuschen

déchaîné [deʃene] *adj* 1 *éléments, passions* entfesselt; *mer, passions a* aufgewühlt; **enthousiasme ~** stürmische Begeisterung 2 *personne* **a)** außer Rand und Band; nicht zu bändigen; **b)** **~ contre** aufgebracht gegen; wütend auf (*+acc*)

déchaînement [deʃɛnmɑ̃] *m de la tempête* Losbrechen *n*; Toben *n*; Wüten *n*; *des passions etc* Entfesselung *f*; Ausbruch *m*; *des éléments* Aufruhr *m*

déchaîner [deʃene] I *v/t éléments, passions etc* entfesseln; *hilarité* hervorrufen; *colère* auslösen; entfachen; **~ l'opinion contre qn** die öffentliche Meinung gegen j-n aufbringen II *v/pr* **se ~** 1 *tempête* losbrechen; toben; wüten; ausbrechen; *passions etc* ausbrechen 2 *personne* toben, F losziehen, loswettern (**contre** gegen)

déchanter [deʃɑ̃te] *v/i* zurückstecken; klein beigeben

décharge [deʃaʀʒ] *f* 1 ÉLECT Entladung *f*; **~ disruptive** Durchschlag *m*; **recevoir une ~** (**électrique**) e-n elektrischen Schlag bekommen; sich elektrisieren **2** **~ publique** Müll-, Schuttabladeplatz *m*; Müllkippe *f*; Deponie *f* **3** *d'une arme à feu* Abfeuern *n*; Abschießen *n*; (*salve*) Schüsse *m/pl*; Salve *f*; **~ de plombs** Ladung *f* Schrot; Schrotladung *f* **4** JUR Entlastung *f*; **témoin** *m* **à ~** Entlastungszeuge *m*; **à sa ~** zu s-r Entlastung **5** COMM Entlastung *f*; (*quittance*) Entlastungsbescheinigung *f*; Quittung *f* **6** ARCH **arc** *m* **de ~** Entlastungsbogen *m*

déchargement [deʃaʀʒ(ə)mɑ̃] *m* **1** *d'un véhicule, de marchandises* Entladen *n*, -ung *f*; Aus-, Abladen *n* **2** *d'une arme à feu* Entladen *n*

décharger [deʃaʀʒe] ⟨**-geons**⟩ **I** *v/t* **1** *véhicule, marchandise* entladen; ausladen; abladen; *personne* s-e Last abnehmen (+*dat*); **~ les bagages de la voiture** das Gepäck aus dem Auto ausladen; **~ qn d'une valise** j-m e-n Koffer abnehmen **2** *arme à feu* **a)** entladen; **b)** (*tirer*) abfeuern, abschießen (**sur** auf +*acc*) **3** *batterie etc* entladen **4** *fig* **~ qn** (**d'un travail**) j-n (in s-r Arbeit) entlasten; j-m Arbeit abnehmen; **~ qn de ses engagements** j-n von s-n Verpflichtungen entlasten **5** *fig* **a)** *son cœur* erleichtern; *sa conscience* entlasten; erleichtern; **b)** *sa colère etc* **~ sur qn** an j-m auslassen **6** JUR entlasten **7** COMM **~ un bon de livraison** einen Lieferschein quittieren; **~ un compte** ein Konto entlasten **II** *v/i tissu* abfärben **III** *v/pr* **1** **se ~ d'un travail** *etc* **sur qn** e-e Arbeit *etc* an j-n abgeben **2** *batterie* **se ~** sich entladen

déchargeur [deʃaʀʒœʀ] *m* TECH Entladegerät *n*; Entlader *m*

décharné [deʃaʀne] *adj visage* abgezehrt; *membres* mager; dürr; *personne* (zum Skelett) abgemagert

déchaussé [deʃose] *adj* **1** ohne Schuhe; **être ~** keine Schuhe anhaben **2** *dent* mit bloß liegendem Zahnhals; freigelegt; *mur* mit bloß liegendem Fundament

déchaussement [deʃosmɑ̃] *m* **1** Bloß-, Freilegen *n*; *état* Bloß-, Freiliegen *n* (der Wurzeln *ou* der Fundamente) **2** MÉD Bloß-, Freiliegen *n* der Zahnhälse und Zahnwurzeln; *processus* Zurückgehen *n* des Zahnfleischs; Zahnbettschwund *m*

déchausser [deʃose] **I** *v/t* **1** **~ qn** j-m die Schuhe ausziehen; *par ext* **~ ses skis** s-e Skier abschnallen **2** bloß legen, freilegen (**un arbre** die Wurzeln e-s Baumes; **un mur** das Fundament e-r Mauer) **II** *v/pr* **se ~** **1** (sich [*dat*]) die Schuhe ausziehen **2** *dent* locker, lose werden

dèche [dɛʃ] *f* F (Geld)Klemme *f*; F **il est dans la ~** F er ist in der Klemme; F es geht ihm dreckig

déchéance [deʃeɑ̃s] *f* **1** Verfall *m*; Niedergang *m*; Zerrüttung *f*; **~ intellectuelle, physique** geistiger, körperlicher Verfall **2** JUR Verlust *m*; Verwirkung *f*; Aberkennung *f*; **~ de la puissance paternelle** Aberkennung, Verwirkung der elterlichen Gewalt **3** *d'un souverain* Absetzung *f*

déchet [deʃɛ] *m* **1** *pl* **~s** Abfälle *m/pl*; Abfall *m*; **~s dangereux** Sondermüll *m*; **~s nucléaires** Atommüll *m*; **~s organiques** Biomüll *m*; **~s radioactifs** radioaktive Abfälle; Atommüll *m*; **~s de bois** Holzabfälle *m/pl*; Abfallholz *n*; **~s de viande** Fleischabfälle *m/pl* **2** COMM Abgang *m*; Verlust *m*; Schwund *m*; **~ de route** Abgang *etc* beim Transport; **il y a beaucoup de ~** es geht viel dabei verloren **3** *fig* **un ~ de l'humanité** ein heruntergekommenes Subjekt

déchetterie [deʃɛtʀi] *f* Müllsammelstelle *f*

déchiffrable [deʃifʀabl] *adj* entzifferbar **déchiffrage** *m* MUS Vom-Blatt-Spielen *n ou* Vom-Blatt-Singen *n*

déchiffrement [deʃifʀəmɑ̃] *m* Entzifferung *f*; Entschlüsselung *f*; Dechiffrierung *f*

déchiffrer [deʃifʀe] *v/t* **1** entziffern; *message secret* entschlüsseln; dechiffrieren; **~ une écriture, un texte** eine Schrift, einen Text entziffern **2** MUS *jouer* vom Blatt spielen; *chanter* vom Blatt singen **3** *fig* durchschauen; erraten; enträtseln

déchiquetage [deʃiktaʒ] *m* **1** Zerreißen *n*; Zerfetzen *n* **2** Auszacken *n*, -ung *f*

déchiqueter [deʃikte] *v/t* ⟨**-tt-**⟩ **1** in Stücke, Fetzen reißen; zerfetzen; zerstückeln; *fauve*: *proie* zerfleischen **2** *papier* auszacken; *adjt* **déchiqueté** *feuille, relief* gezackt; *côte* zerklüftet

déchiqueteur [deʃiktœʀ] *m ou* **déchiqueteuse** *f* TECH Zerkleinerer *m*

déchirant [deʃiʀɑ̃] *adj scène, adieux* herzzerreißend; **un cri ~** ein markerschütternder Schrei

déchiré [deʃiʀe] *adj* **1** zerrissen; *muscle* gerissen **2** *fig personne* **être ~** tiefen Schmerz empfinden **3** *fig pays etc* (innerlich) zerrissen; entzweit

déchirement [deʃiʀmɑ̃] *m* **1** Zerreißen *n* **2** *fig* tiefer (seelischer) Schmerz; **causer un ~ à qn** j-m das Herz zerreißen **3** *fig pl* **~s** (innere) Zerrissenheit; Zwietracht *f*

déchirer [deʃiʀe] **I** *v/t* **1** zerreißen; *p/fort* zerfetzen; *au bord* einreißen; **~ en deux** auseinanderreißen; entzwei-, durchreißen; **~ en morceaux** in Stücke reißen **2** *fig cri etc* **~ le silence** die Stille zerreißen; *bruit* **~ le tympan** das Trommelfell zerreißen; **~ le voile** die Wahrheit an den Tag bringen; den Schleier zerreißen **3** *fig* **~** (**le cœur de**) **qn** j-m das Herz zerreißen; j-m e-n Riss geben **4** *conflit* **~ un peuple** ein Volk entzweien, spalten **5** *fig* **~ qn à belles dents** j-n schlechtmachen, herabsetzen, F heruntermachen; kein gutes Haar, keinen guten Faden an j-m lassen **II** *v/pr* **1** **se ~** *robe, nuages etc* zerreißen; *corde, sachet, muscle* reißen; *couture* aufreißen; *au bord* einreißen; *au milieu* durchreißen; auseinanderreißen **2** **se ~ un muscle** sich (*dat*) e-n Muskelriss zuziehen

déchirure [deʃiʀyʀ] *f* Riss *m*; **~ musculaire** Muskelriss *m*

déchoir [deʃwaʀ] *v/i* ⟨*déf*: **je déchois, il déchoit, nous déchoyons**; **je déchus**; **je déchoirai**; **que je déchoie**; **déchu**; **avoir** *u* **être**⟩ *socialement* (ab)sinken; *physiquement, mentalement* verfallen; **~ de son rang** s-n Rang einbüßen, verlieren; *st/s* s-s Ranges verlustig gehen; **ce serait ~ ...** es hieße tief sinken …

déchristianisation [dekʀistjanizasjõ] *f* Entchristlichung *f* **déchristianiser** *v/t* entchristlichen; dem Christentum entfremden

déchu [deʃy] *p/p* → **déchoir** *et adj* **1** abgesunken; heruntergekommen; *st/s* s-s Ranges, s-r Stellung verlustig gegangen; *souverain* gestürzt; abgesetzt; entthront **2** **ange ~** gefallener Engel **3** **~ d'un droit** e-s Rechtes verlustig gegangen; **déclarer qn ~ d'un droit** j-m ein Recht aberkennen

de-ci [dəsi] *loc/adv* **~ de-là** hier und da

décibel [desibɛl] *m* PHYS Dezibel *n*

D

décidé [deside] *adj* 1 *personne, attitude* entschlossen; *attitude a, ton* entschieden; (sehr) bestimmt; ***être ~ à qc, à faire qc*** (fest) entschlossen sein zu etw, etw zu tun; ***~ à tout*** zu allem entschlossen; ***j'y suis ~*** ich bin (fest) dazu entschlossen; ***je suis ~ à ce qu'il parte*** ich werde entschieden darauf hinarbeiten, dass er geht 2 *chose* entschieden; beschlossen

décidément [desidemɑ̃] *adv* 1 (also) wirklich; wahrhaftig; wahrlich; ***~, il n'a pas de chance!*** (also) wirklich *ou* wahrhaftig, er hat doch gar kein Glück! 2 entschieden; ***~ trop cher, vieux*** *etc* entschieden zu teuer, alt *etc*

décider [deside] I *v/t* 1 ***~ qc*** etw beschließen; ADM, JUR *a* etw verfügen; ***~ de*** (+*inf*) *ou* ***que …*** (+*fut*) beschließen zu (+*inf*) *ou* dass …; ***~ l'envoi de secours*** *ou* ***d'envoyer des secours*** die Entsendung von Hilfsmannschaften beschließen *ou* beschließen, Hilfsmannschaften zu entsenden; ***sans rien ~*** ohne e-n Beschluss zu fassen 2 ***~ qn à qc*** j-n zu etw bestimmen, veranlassen, bewegen, drängen; ***~ qn à un voyage*** j-n zu e-r Reise veranlassen; ***~ qn à acheter*** j-n zum Kauf bestimmen, veranlassen II *v/t/indir personne, chose* ***~ de qc*** über etw (*acc*) entscheiden; etw bestimmen; *st/s*, ADM über etw (*acc*) befinden; ***~ de la paix et de la guerre*** über Krieg und Frieden entscheiden; ***le sort en a décidé autrement*** das Schicksal hat anders entschieden III *v/i* entscheiden; bestimmen; ***c'est moi qui décide*** hier entscheide, bestimme ich; ***à vous de ~*** die Entscheidung liegt bei Ihnen IV *v/pr* ***se ~*** 1 sich entschließen (***à qc*** zu etw; ***à faire qc*** etw zu tun); ***décidez-vous!*** entschließen Sie sich!; ***se ~ à une opération*** sich zu e-r Operation entschließen; ***se ~ à partir*** sich entschließen zu gehen; ***être prompt à se ~*** von schnellem Entschluss sein 2 *entre plusieurs possibilités* sich entscheiden (***pour*** für) 3 *question, issue, avenir etc* sich entscheiden; ***son avenir se décide aujourd'hui*** heute entscheidet sich s-e Zukunft

décideur [desidœʀ] *m* Entscheidungsträger *m*

décigramme [desigʀam] *m* (*abr* ***dg***) Dezigramm *n* (*abr* dg)

décile [desil] *m* STATISTIQUE Dezil *n*; Zehntelwert *m*

décilitre [desilitʀ] *m* (*abr* ***dl***) Deziliter *m ou n* (*abr* dl)

décimal [desimal] *adj* ⟨**-aux**⟩ Dezimal…; Zehner…; dekadisch; ***calcul ~*** Dezimalrechnung *f*; ***nombre ~*** Dezimalzahl *f*; ***numération ~e*** Dezimal-, Zehnersystem *n*; dekadisches System; ***système ~*** metrisches System der Maße und Gewichte

décimale [desimal] *f* MATH Dezimale *f*; Dezimalstelle *f*

décimalisation [desimalizasjõ] *f* Dezimalisierung *f*; Umstellung *f* auf das Dezimalsystem

décimation [desimasjõ] *f* Dezimierung *f*

décime [desim] 1 *f* HIST Décime *f* (*Abgabe des Klerus an die Krone*) 2 *m* DROIT FISCAL zehnprozentiger Steuerzuschlag

décimer [desime] *v/t* dezimieren

décimètre [desimɛtʀ] *m* 1 (*abr* ***dm***) Dezimeter *m ou n* (*abr* dm) 2 ***double ~*** Lineal *n* von 20 cm Länge

décimétrique [desimetʀik] *adj* RAD ***ondes*** *f/pl* ***~s*** Dezimeterwellen *f/pl*

décisif [desizif] *adj* ⟨**-ive**⟩ entscheidend; ausschlaggebend; maßgeblich; maßgebend; ***l'argument ~*** das ausschlaggebende Argument; ***bataille décisive*** Entscheidungsschlacht *f*; ***influence décisive*** maßgeblicher Einfluss; ***au moment ~*** im entscheidenden Augenblick; ***être ~*** entscheidend sein; den Ausschlag geben

décision [desizjõ] *f* 1 *acte* Entscheidung *f*; *d'un comité a* Beschlussfassung *f*; ***la ~ appartient à …*** die Entscheidung liegt bei …; ***soumettre une question à la ~ de qn*** j-m e-e Frage zur Entscheidung vorlegen 2 (*verdict*) Entscheidung *f*; *d'un comité a* Beschluss *m*; ADM, JUR *a* Entscheid *m*; ADM *a* Bescheid *m*; ***prendre une ~*** e-e Entscheidung treffen; e-n Beschluss fassen; → *a 3* 3 (*résolution*) Entschluss *m*; ***~ irrévocable*** unwiderruflicher Entschluss; ***forcer une ~*** e-n Entschluss erzwingen; ***prendre une ~*** e-n Entschluss fassen 4 *qualité* Entschiedenheit *f*; Bestimmtheit *f*; Entschlossenheit *f*; ***esprit*** *m* ***de ~*** Entschlusskraft *f*; ***agir avec ~*** mit aller Entschiedenheit, entschlossen handeln

décisionnel [desizjɔnɛl] *adj* ⟨**~le**⟩ Entscheidungs…; ***pouvoir ~*** Entscheidungsbefugnis *f*; ***processus ~*** Entscheidungsprozess *m*, -findung *f*

déclamation [deklamasjõ] *f* Deklamation *f*; Deklamieren *n* **déclamatoire** *adj péj* deklamatorisch; schwülstig; pathetisch

déclamer [deklame] *v/t* deklamieren (*a péj*)

déclarable [deklaʀabl] *adj à la douane* zu verzollen(d); ***revenu*** *m* ***~*** anzugebendes Einkommen

déclaratif [deklaʀatif] *adj* ⟨**-ive**⟩ 1 JUR feststellend; deklaratorisch 2 GR ***verbe ~*** Verb *n* des Sagens und Denkens

déclaration [deklaʀasjõ] *f* 1 Erklärung *f*; Aussage *f*; Feststellung *f*; Deklaration *f*; ***~ ministérielle*** Regierungserklärung *f*; ***~ à la presse*** Presseerklärung *f*; ***~ de guerre*** Kriegserklärung *f*; ***la Déclaration des droits de l'homme*** die Erklärung der Menschenrechte; ***~ d'intention*** Absichtserklärung *f*; ***~ de principe*** Grundsatzerklärung *f*; ***sur la ~ de deux témoins*** auf die Aussage zweier Zeugen hin; ***faire une ~*** e-e Erklärung abgeben 2 ***~ (d'amour)*** Liebeserklärung *f*; ***faire sa ~ à qn*** j-m e-e Liebeserklärung machen 3 ADM Anmeldung *f*; Angabe *f*; Anzeige *f*; Erklärung *f*; Deklaration *f*; ***~ d'état civil*** Erklärung vor dem, Anmeldung beim Standesamt; ***~ d'impôts*** Steuererklärung *f*; ***~ de naissance*** Anmeldung e-r Geburt beim Standesamt; ***~ de perte*** Verlustanzeige *f*; ***~ de (la) valeur*** Wertangabe *f*; ***~ en douane*** Zollerklärung *f*, -anmeldung *f*, -deklaration *f*

déclaré [deklaʀe] *adj* 1 *ennemi* erklärt; ***être l'ennemi ~ de qn, de qc*** ein erklärter Gegner j-s, e-r Sache sein 2 *colis etc* ***avec valeur ~e*** mit Wertangabe; Wert…

déclarer [deklaʀe] I *v/t* 1 erklären; ***~ son amour*** s-e Liebe erklären; ***~ la guerre*** → ***guerre***; ***~ ses intentions*** s-e Absichten aussprechen, äußern, bekannt geben; ***~ que …*** erklären, dass …; ***~ qn coupable*** j-n für schuldig erklären; j-n schuldig sprechen; ***~ la séance ouverte*** die Sitzung für eröffnet erklären 2 ADM (an)melden; angeben; anzeigen; COMM *a* deklarieren; *marchandises à la douane* verzollen; ***~ un décès, une naissance*** e-n Todesfall, e-e Geburt anmelden; ***~ un employé à la Sécurité sociale*** e-n Angestellten bei der Sozialversicherung anmelden; ***avez-vous qc à ~?*** haben Sie etwas zu verzollen?; ***~ ses revenus*** s-e Einkünfte (dem Finanzamt) angeben **II** *v/pr* ***se ~*** **1** *personne* sich äußern, Stellung nehmen (***sur un point*** zu e-m Punkt); ***se ~ contre, pour qn, qc*** sich gegen, für j-n, etw erklären; ***se ~ lésé*** *etc* sich für benachteiligt *etc* erklären **2** *amoureux* sich erklären; s-e Liebe erklären **3** *incendie, maladie* ausbrechen; *maladie a* zum Ausbruch kommen

déclassé [deklɑse] **I** *adj* deklassiert; abgesunken; zurückgesetzt **II** *m* Deklassierte(r) *m*

déclassement [deklɑsmɑ̃] *m* **1** Deklassierung *f*; Zurücksetzung *f*; Schlechterstellung *f* **2** *de personnel, d'hôtel etc* niedrigere Einstufung; Zurückstufung *f*

déclasser [deklɑse] **I** *v/t* **1** deklassieren; sozial erniedrigen, zurück-, herabsetzen **2** *personnel, hôtel* niedriger einstufen; zurück-, herabstufen; *fonctionnaire*, SPORTS zurückversetzen **3** *objets classés* in Unordnung bringen **II** *v/pr* ***se ~*** sich deklassieren; sich sozial erniedrigen, herabsetzen

déclenchement [deklɑ̃ʃmɑ̃] *m* **1** TECH Auslösen *n*, -ung *f* **2** *d'une crise etc* Auslösung *f*

déclencher [deklɑ̃ʃe] **I** *v/t* **1** TECH auslösen **2** *crise, évolution etc* auslösen; in Gang bringen **II** *v/pr* ***se ~*** ausgelöst werden; in Gang kommen; *crise, guerre* ausbrechen

déclencheur [deklɑ̃ʃœʀ] *m* TECH, PHOT Auslöser *m*; PHOT ***~ automatique*** Selbstauslöser *m*

déclic [deklik] *m* **1** TECH Auslöse-, Ausklinkvorrichtung *f*, -knopf *m* **2** *bruit* Klicken *n*; *fig* ***il y a eu un ~*** F da machte es klick

déclin [deklɛ̃] *m* **1** *d'une civilisation* Niedergang *m*; *des forces, de la popularité* Schwinden *n*; Nachlassen *n*; *des forces a* Abnehmen *n*; Verfall *m*; ***être sur son ~*** im Niedergang begriffen sein **2** *st/s* ***~ du jour*** Abenddämmerung *f*; ***le ~ de la vie*** der Lebensabend

déclinable [deklinabl] *adj* GR deklinierbar; deklinabel; beugbar **déclinaison** *f* **1** GR Deklination *f* **2** ASTR, PHYS Deklination *f* **déclinant** *adj gloire, forces* schwindend; nachlassend

décliner [dekline] **I** *v/t* **1** ablehnen; ***~ une offre, une invitation*** ein Angebot, eine Einladung ablehnen; ***~ toute responsabilité*** jede Verantwortung ablehnen; ADM keine Haftung übernehmen **2** *identité* angeben; ***~ ses nom, prénom, titres et qualités*** s-e Personalien angeben; Angaben zur Person machen **3** GR deklinieren; beugen; abwandeln **II** *v/i forces* nachlassen; abnehmen; schwinden; verfallen; *personne* schwächer werden; verfallen; *popularité* sinken; schwinden; *st/s jour* sich neigen **III** *v/pr* GR ***se ~*** dekliniert werden (können)

déclivité [deklivite] *f* Neigung *f*; Gefälle *n*

décloisonnement [deklwazɔnmɑ̃] *m* Abbau *m* von Trennendem **décloisonner** *v/t* das Trennende zwischen (+*dat*) abbauen

déclouer [deklue] *v/t planche* los-, abmachen, *caisse* aufmachen (durch Ausziehen der Nägel)

décocher [dekɔʃe] *v/t* **1** *flèche* abschießen; abschnellen **2** *fig remarque* fallen lassen; ***~ un regard à qn*** j-m einen Blick zuwerfen

décoction [dekɔksjõ] *f* Absud *m*; PHARM Dekokt *n*

décodage [dekɔdaʒ] *m* Dekodieren *n*, -ung *f* **décoder** *v/t* INFORM dekodieren; *par ext* entschlüsseln; entziffern **décodeur** *m* INFORM, TV Decoder *m*

décoffrage [dekɔfʀaʒ] *m* CONSTR Ausschalen *n*, -ung *f* **décoffrer** *v/t* CONSTR ausschalen

décoiffer [dekwafe] **I** *v/t* **1** ***~ qn*** j-s Frisur, Haare in Unordnung bringen; j-s Haare zerzausen; ***être décoiffé*** zerzaust sein; zerzaustes Haar haben **2** F *fig* ***ça décoiffe*** F das ist ne Wucht **II** *v/pr* ***se ~*** s-e Frisur, s-e Haare in Unordnung bringen

décoincer [dekwɛ̃se] *v/t* ⟨-ç-⟩ **1** losmachen; frei machen; die Verklemmung beseitigen (+*gén*) **2** F *fig* ***~ qn*** j-n lockerer, ungezwungener werden lassen

décolérer [dekɔleʀe] *v/i* ⟨-è-⟩ ***il ne décolère pas*** sein Zorn verraucht nicht; er ist immer noch wütend

décollage [dekɔlaʒ] *m* **1** AVIAT Start *m*; Abheben *n*; ***~ vertical*** Senkrechtstart *m*; ***piste f de ~*** Startbahn *f*; ***au ~*** beim Start **2** ÉCON Aufschwung *m*

décollé [dekɔle] *adj* ***oreilles ~es*** abstehende Ohren *n/pl*

décollement [dekɔlmɑ̃] *m* Ablösung *f*; MÉD ***~ de la rétine*** Netzhautablösung *f*

décoller [dekɔle] **I** *v/t* ablösen; abmachen; ***~ une enveloppe*** einen Umschlag aufmachen, öffnen; ***~ un timbre*** eine Briefmarke ablösen, abmachen **II** *v/i* **1** *avion* starten; abheben **2** F ***ne pas ~*** (***d'ici, d'un endroit***) nicht von der Stelle weichen; ***pas moyen de le faire ~*** es ist unmöglich, ihn loszuwerden **3** CYCLISME sich lösen (***du peloton*** vom Feld) **4** ÉCON e-n Aufschwung nehmen **5** F (*maigrir*) abmagern; F vom Fleisch fallen **III** *v/pr* ***se ~*** *affiche etc* sich ablösen; abgehen; *enveloppe* aufgehen; *meuble, livre* F aus dem Leim gehen

décolleté [dekɔlte] **I** *adj robe* (tief) ausgeschnitten; mit e-m Dekolletee; *femme* dekolletiert; ***très ~e*** tief dekolletiert **II** *m* Dekolletee *n*; (tiefer) Ausschnitt; ***~ profond*** tiefes Dekolletee; ***~ dans le dos*** Rückenausschnitt *m*; *femme* ***avoir un beau ~*** ein gutes Dekolletee haben; ***être en grand ~*** in großem Dekolletee erscheinen

décolleter [dekɔlte] ⟨-tt-⟩ *v/t* **1** COUT dekolletieren; *robe a* mit e-m Dekolletee versehen; tief ausschneiden **2** TECH abstechen; *par ext* auf dem Drehautomaten bearbeiten

décolonisation [dekɔlɔnizasjõ] *f* Entkolonialisierung *f* **décoloniser** *v/t* entkolonialisieren

décolorant [dekɔlɔʀɑ̃] **I** *adj* bleichend; Bleich... **II** *m* Bleichmittel *n*

décoloration [dekɔlɔʀasjõ] *f* Bleichen *n*; TECH *a* Entfärben *n*; ***se faire faire une ~*** sich (*dat*) das Haar bleichen lassen

décoloré [dekɔlɔʀe] *adj* **a)** *cheveux* gebleicht; *femme* ***être ~e*** gebleichtes Haar haben; **b)** *tissu* ausgeblichen; verblichen; verschossen; verblasst; **c)** *lèvres* farblos; blutleer

décolorer [dekɔlɔʀe] **I** *v/t* bleichen; TECH *a* entfärben; ***se faire ~*** sich (*dat*) das Haar bleichen lassen **II** *v/pr* **1** *femmes* ***se ~*** (***les cheveux***) sich (*dat*) das Haar bleichen **2** ***se ~*** *cheveux* bleichen; *tissu* (aus-, ver)bleichen; verschießen; verblassen

décombres [dekõbʀ] *m/pl* Trümmer *pl*; Schutt *m*

décommander [dekɔmɑ̃de] **I** *v/t marchandises* abbestellen; *invités* absagen (***qn*** j-m); ausladen; ***~ une invitation*** eine Einladung absagen **II** *v/pr* ***se ~*** absagen

décompactage [dekõpaktaʒ] *m* INFORM Dekomprimierung *f* **décompacter** *v/t* INFORM dekomprimie-

ren
décomplexé [dekõplɛkse] *adj* frei von Komplexen; ***être*** ~ keine Komplexe haben **décomplexer** *v/t* ~ ***qn*** j-n von s-n Komplexen befreien
décomposable [dekõpozabl] *adj* zerlegbar
décomposer [dekõpoze] **I** *v/t* **1** (in s-e Bestandteile) zerlegen; MATH ~ ***un nombre en facteurs premiers*** e-e Zahl in Primfaktoren zerlegen; GR ~ ***une phrase*** e-n Satz zerlegen **2** *visage* entstellen; verzerren; *adjt personne* ***décomposé*** bleich und mitgenommen aussehend **II** *v/pr* ***se*** ~ **1** *substance organique* sich zersetzen; verwesen **2** *visage* sich entstellen; sich verzerren
décomposition [dekõpozisjõ] *f* **1** Zerlegung *f* (***en*** in +*acc*) **2** *de substance organique* Zersetzung *f*; Verwesung *f*; ***en*** ~ in Verwesung befindlich, übergegangen
décompresser [dekõprese] **I** *v/t* INFORM dekomprimieren; entpacken **II** *v/i* F den Stress, den inneren Druck loswerden; relaxen [ri'lɛksən] **décompression** *f* **1** TECH, PHYSIOL Dekompression *f*; Druckabfall *m*; Druckverminderung *f* **2** INFORM Dekomprimierung *f*
décomprimer [dekõprime] *v/t* INFORM dekomprimieren
décompte [dekõt] *m* **1** (*déduction*) Abzug *m*; ***faire le*** ~ ***de qc*** etw in Abzug bringen; etw abrechnen **2** *d'un total* Abrechnung *f*; Aufschlüsselung *f*
décompter [dekõte] *v/t* abziehen; abrechnen
déconcentration [dekõsɑ̃trasjõ] *f* ADM Dekonzentration *f* **déconcentrer** *v/t* **1** ADM dekonzentrieren **2** ~ ***qn*** j-s Konzentration stören
déconcertant [dekõsɛrtɑ̃] *adj* verwirrend; beunruhigend; ***il est*** ~ bei ihm weiß man nicht, woran man ist
déconcerté [dekõsɛrte] *adj* verwirrt; verunsichert; außer Fassung
déconcerter [dekõsɛrte] *v/t* ~ ***qn*** j-n verwirren, verwirrt machen, durcheinanderbringen, verunsichern, ratlos machen, irritieren; j-n aus der Fassung bringen
déconfit [dekõfi] *adj mine, personne* betreten; enttäuscht
déconfiture [dekõfityr] *f* Scheitern *n*; Misserfolg *m*; Zusammenbruch *m*; Ruin *m*; F Pleite *f*; ***être en*** ~ pleite sein; ***tomber en*** ~ pleitegehen
décongélation [dekõʒelasjõ] *f* (Wieder)Auftauen *n*
décongeler [dekõʒle] *v/t* ⟨-è-⟩ (wieder) auftauen
décongestion [dekõʒɛstjõ] *f* (Verkehrs)Entlastung *f*
décongestionner [dekõʒɛstjɔne] *v/t* **1** PHYSIOL den Blutandrang herabmindern (***un organe*** in e-m Organ) **2** *fig route* entlasten; *circulation a* verdünnen
déconnecter [dekɔnɛkte] **I** *v/t* **1** TECH trennen; unterbrechen; ÉLECT *a* abschalten; abklemmen **2** *par ext* trennen (***de*** von) **II** *v/pr* INFORM ***se*** ~ (sich) ausloggen
déconner [dekɔne] F *v/i* **a)** (*dire des bêtises*) F Mist, Stuss, Käse reden, quatschen; **b)** (*faire des bêtises*) F Mist machen; P Scheiße bauen; **c)** *appareil* F spinnen
déconnexion [dekɔnɛksjõ] *f* TECH Trennung *f*; Unterbrechung *f*; ÉLECT *a* Abschaltung *f*
déconseiller [dekõseje] *v/t* ~ ***qc à qn*** j-m von etw abraten; ~ ***à qn de faire qc*** j-m davon abraten, etw zu tun; ***il me l'a déconseillé*** er hat mir davon abgeraten; ***c'est déconseillé*** davon ist abzuraten; das ist nicht ratsam
déconsidération [dekõsiderasjõ] *st/s f* Verruf *m*; Misskredit *m*
déconsidérer [dekõsidere] ⟨-è-⟩ **I** *v/t* in Verruf, Misskredit bringen **II** *v/pr* ***se*** ~ sich in Verruf bringen; in Verruf kommen
décontamination [dekõtaminasjõ] *f* NUCL Dekontamination *f*; Entseuchung *f*; Entgiftung *f* **décontaminer** *v/t* NUCL dekontaminieren; entseuchen; entgiften
décontenancer [dekõtnɑ̃se] ⟨-ç-⟩ **I** *v/t* ~ ***qn*** j-n aus der, außer Fassung bringen; ***se laisser*** ~ sich aus der Fassung bringen lassen; *adjt* ***être tout décontenancé*** ganz außer Fassung sein; fassungslos sein **II** *v/pr* ***se*** ~ die Fassung verlieren
décontracté [dekõtrakte] *adj* **1** *muscle etc* entspannt **2** *fig personne* locker; unbekümmert; selbstsicher; *péj* ohne Hemmungen; lässig; *fête, tenue* zwanglos **décontracter** *v/pr* ***se*** ~ sich entspannen
décontraction [dekõtraksjõ] *f* Unbekümmertheit *f*; Zwanglosigkeit *f*; *péj* Lässigkeit *f*
déconvenue [dekõvny] *f* Enttäuschung *f*
décor [dekɔr] *m* **1** Ausstattung *f*; Schmuck *m*; Zierrat *m*; Dekor *m ou n* **2** *pl* ~**s** THÉ Bühnenbild *n*; (Bühnen)Ausstattung *f*; Bühnendekoration *f*; Kulisse(n) *f(pl)*; Szenerie *f*; CIN Bauten *m/pl* **3** *fig* Umgebung *f*; Rahmen *m*; Hintergrund *m*; Szenerie *f*; F *voiture* ***rentrer dans le(s)*** ~**(s)** von der Fahrbahn abkommen; F im Graben landen
décorateur [dekɔratœr] *m*, **décoratrice** *f* **1** Dekorateur(in) *m(f)*; Raumausstatter(in) *m(f)*; *adjt*: ***peintre décorateur*** Dekorationsmaler *m*; ***tapissier*** ~ Tapezierer *m* **2** THÉ Bühnenbildner(in) *m(f)*
décoratif [dekɔratif] *adj* ⟨**-ive**⟩ **1** schmückend; der Ausschmückung, Dekoration dienend; ***arts décoratifs*** Kunstgewerbe *n* **2** (*qui décore bien*) dekorativ; *personne* etwas darstellend; repräsentabel
décoration [dekɔrasjõ] *f* **1** Ausschmückung *f*; Verzierung *f*; Dekoration *f*; Ausstattung *f*; Schmuck *m*; Zierrat *m*; ~ ***intérieure*** Innenausstattung *f*, -architektur *f*; Raumkunst *f* **2** (*insigne*) Auszeichnung *f*; Orden *m*; Ehrenzeichen *n*; ***remise*** *f* ***de*** ~**s** Verleihung *f* von Auszeichnungen; ***couvert de*** ~**s** ordengeschmückt
décoré [dekɔre] **I** *adj personne* (mit e-m Orden) ausgezeichnet, dekoriert **II** *subst* ~**(e)** *m(f)* Ordensträger(in) *m(f)*
décorer [dekɔre] *v/t* **1** **a)** (aus)schmücken, verzieren, *vitrine* dekorieren, *appartement* ausstatten (***de qc*** mit etw); **b)** *objet* ~ ***qc*** etw zieren, schmücken **2** auszeichnen, dekorieren (***d'une médaille*** mit e-r Medaille); ~ ***qn*** *a* j-m e-e Auszeichnung verleihen; ~ ***qn de qc*** *a* j-m etw verleihen
décorner [dekɔrne] *v/t loc* ***il fait un vent à*** ~ ***les bœufs*** es stürmt fürchterlich
décorticage [dekɔrtikaʒ] *m du riz etc* Schälen *n*; Enthülsen *n*; *d'un arbre* Entrinden *n*; (Ab)Schälen *n*
décortiquer [dekɔrtike] *v/t* **1** *graine, riz etc* schälen; enthülsen; ~ ***un arbre*** einen Baum entrinden, (ab)schälen **2** *fig* ~ ***un texte*** einen Text zerpflücken
décorum [dekɔrɔm] *m* Etikette *f*; Zeremoniell *n*;

Dekorum *n*; Schicklichkeit *f*
décote [dekɔt] *f* FIN (Kurs)Abschlag *m*; IMPÔTS (Steuer)Herabsetzung *f*, (-)Ermäßigung *f*
découcher [dekuʃe] *v/i* auswärts, nicht zu Hause schlafen
découdre [dekudʀ] ⟨→ **coudre**⟩ **I** *v/t* COUT auftrennen; *doublure* heraustrennen; **~ un bouton** einen Knopf abtrennen **II** *v/i fig* **en ~** sich schlagen; kämpfen **III** *v/pr* **se ~** *couture* aufgehen; aufplatzen; *bouton* abgehen
découler [dekule] *v/i* **~ de** herkommen, herrühren von; sich ab-, herleiten (lassen) aus, von; sich ergeben aus
découpage [dekupaʒ] *m* **1** Zerschneiden *n*; *de volailles* Tranchieren *n*; Zerlegen *n*; *de viande, de gâteau* Aufschneiden *n* **2** **~s** *pl* Ausschneidebilder *n/pl*; **faire des ~s** Bilder ausschneiden **3** TECH (Zu-, Aus)Schneiden *n* **4** ADM **~ électoral** Wahlkreiseinteilung *f* **5** CIN (kurbelfertiges) Drehbuch; Aufnahmeplan *m*
découpe [dekup] *f* COUT Passe *f*; Einsatz *m*
découpé [dekupe] *adj* ausgeschnitten; BOT *feuille* gesägt; gezähnt; *côte* zerklüftet
découper [dekupe] **I** *v/t* **1** (in Stücke) schneiden; zerschneiden; zerlegen; *rôti, gâteau* aufschneiden; *volaille* tranchieren; zerlegen **2** ausschneiden (**dans** aus); TECH *a* (zu)schneiden; **~ à la scie** aussägen; **~ une photo dans le journal** ein Bild aus der Zeitung ausschneiden **II** *v/pr* **se ~ sur** sich abheben von, gegen; abstechen von; sich abzeichnen gegen
découplage [dekuplaʒ] *m* ÉLECT Entkopp(e)lung *f*
découplé [dekuple] *adj homme* **bien ~** gut gebaut
découpler [dekuple] *v/t* TECH entkoppeln
découpures [dekupyʀ] *f/pl* gezackter Rand
décourageant [dekuʀaʒɑ̃] *adj* **a)** entmutigend; lähmend; deprimierend; **b)** **tu es ~** du nimmst mir allen Mut, Schwung
découragement [dekuʀaʒmɑ̃] *m* Mutlosigkeit *f*; Niedergeschlagenheit *f*; **se laisser aller au ~** sich e-r depressiven Stimmung hingeben
décourager [dekuʀaʒe] ⟨**-geons**⟩ **I** *v/t* **~ qn** j-n entmutigen; j-m den Mut, die Lust nehmen (**de qc** zu etw; **de faire qc** etw zu tun); j-n abbringen (**de qc** von etw; **de faire qc** etw zu tun); j-n abschrecken; *par ext*: **~ la bonne volonté** den guten Willen lähmen; ♦ *adjt* **être découragé** entmutigt, mutlos, niedergeschlagen sein; keinen Mut mehr haben **II** *v/pr* **se ~** den Mut verlieren; den Mut sinken lassen; mutlos werden; **ne te décourage pas si vite!** gib nicht so schnell auf!; F Kopf hoch!
décousu [dekuzy] **I** *adj* **1** COUT aufgetrennt; aufgeplatzt **2** *fig* unzusammenhängend; zusammenhang(s)los; abgerissen; wirr; konfus **II** *m* Zusammenhang(s)losigkeit *f*
découvert [dekuvɛʀ] **I** *adj* **1** unbedeckt; bloß; *terrain* frei; offen; *véhicule* offen **2** *fig* **à visage ~** offen; ohne Verstellung; **combattre, se montrer à visage ~** mit offenem Visier, ehrlich, fair [fɛːʀ] kämpfen **II** *loc/adj et loc/adv* **à ~** **1** ungedeckt; ungeschützt; offen; MIL ohne Deckung **2** *fig* offen; unverhohlen **3** FIN ungedeckt; ohne Deckung; Blanko ...; *compte* überzogen; **mettre à ~** überziehen **III** *m* COMM Defizit *n*; Fehlbetrag *m*; ungedeckter Betrag; *d'un compte* Überziehung *f*; **~ de caisse** Kassendefizit *n*, -fehlbetrag *m*, -manko *n*; **combler un ~** ein Defizit ausgleichen
découverte [dekuvɛʀt] *f* Endeckung *f*; *d'un complot* Aufdeckung *f*; **les ~s scientifiques** die wissenschaftlichen Entdeckungen, Errungenschaften *f/pl*; **la ~ de l'Amérique** die Entdeckung Amerikas; **la ~ de la radioactivité** die Entdeckung der Radioaktivität; **aller, partir à la ~** auf Entdeckungs-, Erkundungsreise gehen (*a fig*); *fig* **aller à la ~ de qc** sich nach etw umsehen; nach etw Ausschau halten
découvreur [dekuvʀœʀ] *m*, **découvreuse** *f* Entdecker(in) *m(f)*
découvrir [dekuvʀiʀ] ⟨→ **couvrir**⟩ **I** *v/t* **1** *panier* aufdecken; öffnen; *épaules* entblößen; **~ un enfant** ein Kind aufdecken **2** (*trouver*) entdecken; auffinden; herausfinden; ausfindig machen; **~ la cause de qc** den Grund, die Ursache von etw erkennen, herausfinden; **~ un complot** ein Komplott aufdecken; **~ un trésor** e-n Schatz entdecken; **~ un virus** ein Virus entdecken; **~ un visage dans la foule** ein Gesicht in der Menge entdecken, erblicken; *malfaiteur* **craindre d'être découvert** fürchten, entdeckt zu werden **3** *intention* offenbaren; enthüllen; verraten; *fig* **~ son jeu** s-e Karten aufdecken, (offen) auf den Tisch legen **4** MIL, ÉCHECS die Deckung abziehen (**qc** von etw); ungedeckt lassen **II** *v/pr* **se ~** **1** den Hut abnehmen, ziehen **2** *en dormant* sich aufdecken, entblößen **3** MIL die Deckung verlassen; BOXE, ESCRIME sich (*dat*) e-e Blöße geben **4** **le ciel se découvre** es klart auf
décrassage [dekʀasaʒ] *m ou* **décrassement** *m* Reinigung *f*; Säuberung *f*; TECH Entschlackung *f*
décrasser [dekʀase] **I** *v/t* **1** reinigen; säubern; vom groben Schmutz befreien **2** *fig* **~ qn** j-m Manieren *ou* Bildung *ou* das Nötigste beibringen; j-m Schliff geben **II** *v/pr fig* **se ~** bessere Manieren annehmen
décrêper [dekʀepe] *v/t cheveux* entkräuseln
décrépir [dekʀepiʀ] **I** *v/t* (den) Putz entfernen, abschlagen, abkratzen (**qc** von etw) **II** *v/pr* **le mur s'est décrépi** von der Mauer ist der Putz abgefallen
décrépit [dekʀepi] *adj* altersschwach; gebrechlich; hinfällig
décrépitude [dekʀepityd] *f* völliger Verfall
decrescendo [dekʀeʃɛndo] MUS **I** *adv* decrescendo [-'ʃɛndo] **II** *m* Decrescendo *ou* Dekrescendo *n*
décret [dekʀɛ] *m* Verordnung *f*; Erlass *m*; Dekret *n*; **~ (d'application)** Ausführungsbestimmung *f*, -verordnung *f*; Durchführungsbestimmung *f*
décréter [dekʀete] *v/t* ⟨**-è-**⟩ **1** anordnen; verfügen; dekretieren; verordnen; *blocus* verhängen **2** (*décider*) bestimmen; mit Bestimmtheit erklären
décret-loi [dekʀɛlwa] *m* ⟨*pl* **décrets-lois**⟩ JUR Verordnung *f* mit Gesetzeskraft
décrier [dekʀije] *litt v/t* in Verruf bringen; verunglimpfen; **être décrié** in Verruf stehen; verschrie(e)n sein
décrire [dekʀiʀ] *v/t* ⟨→ **écrire**⟩ **1** beschreiben; schildern; **~ un événement** ein Ereignis schildern, darstellen; **~ ses impressions** s-e Eindrücke beschreiben, schildern, wiedergeben **2** MATH beschreiben; *oiseau, avion* **~ des cercles** kreisen; Kreise beschreiben, ziehen; **~ une courbe** *route* e-e Kurve machen; *avion* e-e Kurve ziehen
décrispation [dekʀispasjõ] *f fig* Entkrampfung *f*
décrisper *v/t fig* entkrampfen
décrochage [dekʀɔʃaʒ] *m* **1** *de rideaux etc* Abneh-

D

men *n*; TECH Los-, Aushaken *n*; *d'un wagon* Abhängen *n*; Abkuppeln *n* 2 MIL Absetzbewegung *f*

décroche [dekʀɔʃ] *f* F *d'une drogue* Entwöhnung *f*

décrochement [dekʀɔʃmɑ̃] *m d'un mur* zurückversetzter Teil

décrocher [dekʀɔʃe] I *v/t* 1 *vêtement etc* vom Haken nehmen; *rideaux etc* abnehmen; TECH los-, aushaken; *remorque* abhängen; abkuppeln; TÉL (den Hörer) abnehmen, abheben 2 F *fig prix etc* erlangen; erringen; F sich (*dat*) holen; *place* F ergattern; sich (*dat*) angeln II *v/i* 1 MIL sich absetzen 2 F *fig dans un travail etc* aufhören; aufgeben; nicht durchhalten; F aufstecken

décrochez-moi-ça [dekʀɔʃemwasa] *plais m* ⟨*inv*⟩ Trödelladen *m*

décroiser [dekʀwaze] *v/t jambes* nebeneinanderstellen; *bras* aus der Verschränkung lösen; wieder fallen lassen

décroissance [dekʀwasɑ̃s] *f* Abnahme *f*; Abnehmen *n*; Rückgang *m*; Nachlassen *n* **décroissant** *adj* abnehmend; *tendance a* rückläufig; *taux* degressiv **décroissement** *m* Abnehmen *n* (*a der Tage, des Mondes*)

décroît [dekʀwa, -kʀwɑ] *m* ASTR Abnehmen *n* des Mondes

décroître [dekʀwatʀ] *v/i* ⟨→ **accroître**⟩ abnehmen; *eaux* zurückgehen; fallen; *forces, bruit a* nachlassen; schwächer werden; schwinden; *jours a* kürzer werden

décrottage [dekʀɔtaʒ] *m des chaussures etc* Reinigen *n*; Säubern *n*; Abkratzen *n* **décrotter** *v/t chaussures etc* reinigen; von grobem Schmutz säubern; den Schmutz abkratzen (***qc*** von etw) **décrottoir** *m* Kratzeisen *n*

décrue [dekʀy] *f d'un fleuve et fig* Rückgang *m* (des Hochwassers)

décrypter [dekʀipte] *v/t* entziffern; entschlüsseln

déçu [desy] *p/p* → ***décevoir*** *et adj* enttäuscht (***de*** von)

déculotter [dekylɔte] *v/t* (*et v/pr* ***se ~***) (sich [*dat*]) die Hose(n) ausziehen (***qn*** j-m)

déculpabiliser [dekylpabilize] *v/t* ***~ qn*** j-m das Schuldgefühl nehmen

décuple [dekypl] I *adj* zehnfach II *subst* ***le ~*** das Zehnfache; ***le ~ de la somme*** die zehnfache Summe

décuplement [dekypləmɑ̃] *m* Verzehnfachung *f*

décupler [dekyple] I *v/t* verzehnfachen II *v/i* sich verzehnfachen; auf das Zehnfache steigen

dédaignable [dedɛɲabl] *adj* ***ne pas être ~*** nicht zu verachten sein

dédaigner [dedeɲe] *v/t* 1 verachten; gering schätzen; verschmähen; ***~ les menaces de qn*** j-s Drohungen nicht beachten 2 ***~ de*** (*+inf*) es nicht der Mühe wert halten zu (*+inf*); es für unter s-r Würde halten zu (*+inf*)

dédaigneusement [dedɛnøzmɑ̃] *adv* herablassend; geringschätzig; verächtlich; ***traiter ~ qn*** j-n von oben herab behandeln

dédaigneux [dedɛɲø] *adj* ⟨**-euse**⟩ *air, réponse etc* herablassend; verächtlich; geringschätzig; *subst* ***faire le ~*** verächtlich, erhaben tun; die Nase rümpfen

dédain [dedɛ̃] *m* Verachtung *f*, Geringschätzung *f* (***pour, de*** für, gegenüber); ***répondre avec ~*** von oben herab antworten

dédale [dedal] *m* 1 Labyrinth *n*; Irrgarten *m*; Gewirr *n*; ***un ~ de ruelles*** ein Gewirr von Gässchen 2 *fig* Wirrwarr *m*; Durcheinander *n*

Dédale [dedal] *m* MYTH Dädalus *m*

dedans [d(ə)dɑ̃] I *adv* 1 darin; F drin; *dans un lieu* drinnen; *avec mouvement* hinein *ou* herein; F rein; ***être ~*** darin, F drin sein; ***jeter ~*** hinein-, F reinwerfen; F *fig* ***mettre, foutre, fiche(r) qn ~*** j-n betrügen, F reinlegen; F *fig* ***se mettre, se foutre, se fiche(r) ~*** sich gewaltig täuschen, irren; F reinfallen; ***une voiture m'est rentrée ~*** F ein Auto ist mir reingefahren; *fig* ***il va lui rentrer ~*** er wird gleich auf ihn losgehen 2 *loc/adv* ***de ~*** von drinnen; von innen; ***en ~*** nach innen; ***marcher les pieds en ~*** mit einwärtsgerichteten Füßen gehen; ***plier en ~*** nach innen falten, (um)biegen II *loc/prép litt* ***en ~ de*** innerhalb von (*ou +gén*); in (*+dat*) III *m* Innere(s) *n*

dédicace [dedikas] *f* 1 Widmung *f*; Zueignung *f* 2 REL Einweihung *f*; Weihe *f* **dédicacer** *v/t* ⟨**-ç-**⟩ *livre* mit e-r Widmung versehen; widmen (***à qn*** j-m)

dédicataire [dedikatɛʀ] *m,f* Person, der etw gewidmet ist

dédier [dedje] *v/t* 1 *église etc* ***~ à qn*** j-m weihen 2 *œuvre etc* ***~ à qn*** j-m widmen

dédire [dediʀ] ⟨→ **dire**, *aber* **vous dédisez**⟩ *v/pr* ***se ~*** sein Wort, das Gesagte zurücknehmen; ***se ~ (d'une invitation)*** (e-e Einladung) absagen; ***se ~ de*** *promesse* nicht einhalten, erfüllen; *affirmation* widerrufen

dédit [dedi] *m* JUR **a)** Abstandsgeld *n*; Konventionalstrafe *f*; Reugeld *n*; **b)** *par ext* ***en cas de ~*** im Falle des Rücktritts

dédommagement [dedɔmaʒmɑ̃] *m* Entschädigung *f*; Ersatzleistung *f*; ***en ~ de*** als Entschädigung für; ***à titre de ~*** als Entschädigung

dédommager [dedɔmaʒe] ⟨**-geons**⟩ I *v/t* entschädigen (***qn de qc*** j-n für etw) II *v/pr* ***se ~*** sich schadlos halten (***de*** für)

dédouanement [dedwanmɑ̃] *m* Verzollung *f*; zollamtliche Abfertigung **dédouaner** *v/t* 1 verzollen; zollamtlich abfertigen 2 *fig* ***~ qn*** j-n rein-, weißwaschen

dédoublage [dedublaʒ] *m de l'alcool* Verdünnen *n* (mit Wasser)

dédoublement [dedubləmɑ̃] *m* 1 Zweiteilung *f*; Halbierung *f*; ***~ d'une classe*** Teilung *f* e-r Klasse 2 PSYCH ***~ de la personnalité*** Persönlichkeitsspaltung *f*; Doppel-Ich *n*

dédoubler [deduble] I *v/t* halbieren; teilen; ***~ un groupe*** e-e Gruppe teilen; ***~ un train*** e-n Entlastungszug einsetzen II *v/pr* PSYCH ***se ~*** an Persönlichkeitsspaltung leiden

dédramatiser [dedʀamatize] *v/t* entdramatisieren; F herunterspielen

déductible [dedyktibl] *adj frais* abzugsfähig; absetzbar (***de*** von); anrechenbar (auf *+acc*) **déductif** *adj* ⟨**-ive**⟩ deduktiv; ableitend

déduction [dedyksjõ] *f* 1 COMM Abzug *m*; ***~ faite des frais*** nach, unter Abzug der Kosten; abzüglich der Kosten; ***toutes ~s faites*** nach Berücksichtigung aller Abzüge 2 IMPÔTS Abzug *m*; Absetzung *f*; Freibetrag *m* 3 (*conclusion*) Deduktion *f*; Ableitung *f*; Schluss *m*; (Schluss)Folgerung *f*

déduire [dedɥiʀ] ⟨→ **conduire**⟩ I *v/t* 1 COMM abziehen (**de** von); in Abzug bringen; *des impôts* absetzen **2** (*conclure*) deduzieren; schließen, folgern (**de** aus); her-, ableiten (**de** von) **II** *v/pr* **se ~ de** sich ab-, herleiten (lassen) aus, von

déesse [deɛs] *f* Göttin *f*

de facto [defakto] JUR *loc/adv* de facto; *loc/adj* De-facto-…

défaillance [defajɑ̃s] *f* **1** Schwäche(anfall) *f(m)*; ***avoir une ~*** e-n Schwächeanfall erleiden **2** *fig* Schwäche *f*; Ohnmacht *f*; ***~ de mémoire*** Gedächtnisschwäche *f*; *mémoire* ***sans ~*** zuverlässig **3** TECH Versagen *n*; Defekt *m*; Ausfall *m*

défaillant [defajɑ̃] *adj* **1** schwach; *personne a* geschwächt; kraftlos; ***mémoire ~e*** schwaches, lückenhaftes Gedächtnis; ***voix ~e d'émotion*** vor Erregung versagende Stimme **2** JUR nicht erschienen; säumig

défaillir [defajiʀ] *v/i* ⟨→ **assaillir**⟩ **1** e-n Schwächeanfall erleiden; schwach werden; ***elle était sur le point de ~*** sie war e-r Ohnmacht nahe **2** *fig* schwach werden; versagen; *mémoire* nachlassen; schwinden

défaire [defɛʀ] ⟨→ **faire**⟩ **I** *v/t* **1** ab-, wegmachen; auseinandernehmen; *cravate etc* abnehmen; *valise* auspacken; *nœud* lösen; aufbinden, -machen; *tricot* aufziehen; *coiffure* in Unordnung bringen; ***~ ses chaussures*** seine Schuhe aufschnüren, ausziehen; ***~ une couture*** eine Naht auftrennen; *fig* ***faire et ~ les gouvernements*** die Regierungen ein- und absetzen; ***~ le lit*** *pour changer les draps* das Bett abziehen; *mettre en désordre* das Bett durcheinanderbringen, *p/fort* zerwühlen; ***~ un paquet*** ein Paket aufmachen, aufschnüren **2** *st/s* ***~ qn de*** j-n befreien von; ***défaites-moi de ce gêneur!*** *a* schafft mir diesen lästigen Menschen vom Hals! **3** MIL besiegen; schlagen **II** *v/pr* **se ~ 1** *natte, couture etc* aufgehen; sich (auf)lösen; *coiffure* in Unordnung geraten; *paquet* aufgehen; *fig les amitiés* ***se font et se défont …*** werden geschlossen und wieder gelöst **2** ***se ~ de*** sich befreien von; sich entledigen (*+gén*); loswerden (*+acc*); *habitude* ablegen; *voiture etc* abstoßen; ***se ~ de qn*** *a* sich (*dat*) j-n vom Halse schaffen; sich von j-m trennen

défait [defɛ] *adj* ⟨**défaite** [defɛt]⟩ **1** *nœud etc* aufgegangen; aufgelöst; *cheveux* unordentlich; ungekämmt; *lit* nicht gemacht; ungemacht; *lit, coiffure* ***être ~*** in Unordnung sein **2** ***avoir la mine ~e, le visage ~*** mitgenommen aussehen

défaite [defɛt] *f* MIL *et fig* Niederlage *f*; ***~ électorale*** Wahlniederlage *f*; ***subir une ~*** e-e Niederlage hinnehmen müssen, erleiden; unterliegen

défaitisme [defetism] *m* Defätismus *m*; F Miesmacherei *f* **défaitiste I** *adj* defätistisch **II** *m,f* Defätist(in) *m(f)*; F Miesmacher *m*

défalcation [defalkasjõ] *f* COMM Abzug *m*

défalquer [defalke] *v/t* COMM abziehen, absetzen, in Abzug bringen (**de** von)

défaut [defo] *m* **1** (*absence*) Mangel *m* (**de** an *+dat*); Fehlen *n*; ***~ d'organisation*** fehlende, mangelnde Organisation; *loc/prép* ***à ~ de*** in Ermangelung von (*ou +gén*); mangels (*+gén*); F ***à ~ de quoi*** statt dessen; dafür; *loc/adv* ***à ~*** in Ermangelung e-s Besseren; notfalls; MATH ***par ~*** abgerundet; ***faire ~*** fehlen; ***le temps m'a fait ~*** die Zeit hat mir gefehlt **2** (*imperfection*) Fehler *m*; Mangel *m*; Schönheitsfehler *m*; ***~ de fabrication, de prononciation*** Fabrikations-, Aussprache- *ou* Sprachfehler *m* **3** (*vice*) Fehler *m*; Laster *n*; ***~ de caractère*** Charakterfehler *m*; ***sans ~*** ohne Laster; fehlerlos, -frei; makel-, tadellos; ***être en ~*** im Unrecht sein; ***prendre qn en ~*** j-n bei e-m Fehler, Verstoß, bei e-r Verfehlung ertappen **4** (*faiblesse*) Schwäche *f*; Unzulänglichkeit *f*; Unvollkommenheit *f* **5** JUR ***jugement*** *m* ***par ~*** Versäumnisurteil *n*; ***condamner par ~*** in Abwesenheit verurteilen **6** *fig* ***~ de la cuirasse*** schwacher Punkt; schwache Stelle **7** CH ***mettre en ~*** von der Fährte abbringen

D

défaveur [defavœʀ] *f* Ungunst *f*; Ungnade *f*; ***être en ~*** in Ungnade stehen, schlecht angeschrieben sein (***auprès de*** bei)

défavorable [defavɔʀabl] *adj* ungünstig; *personne* ***être ~ à qn*** j-m nicht wohlgesinnt sein; j-m nicht gewogen sein; ***être ~ à un projet*** *personne* e-m Vorhaben ablehnend gegenüberstehen; *mesure etc* e-m Vorhaben abträglich sein, zuwiderlaufen

défavoriser [defavɔʀize] *v/t* benachteiligen; schlechter stellen

Les milieux défavorisés

Sagt man im Französischen «Ce jeune homme vient d'un milieu **défavorisé**» (Dieser junge Mann kommt aus einem sozial schwachen Milieu), so bedeutet dies, dass der Betreffende aus gesellschaftlichen Verhältnissen stammt, die durch hohe Arbeitslosigkeit, Kriminalität, Drogen- und Alkoholkonsum gekennzeichnet sind.

Um diese unerfreulichen Umstände sprachlich zum Ausdruck zu bringen, will man aus verständlichen Gründen diskriminierende Adjektive wie zum Beispiel asocial (asozial) vermeiden. Folglich zieht man es vor, das Adjektiv favorisé zu verwenden, das positive Assoziationen weckt, und es mit dem verneinenden Präfix dé- zu versehen, um die erwünschte Bedeutung zu erhalten.

Défavorisé ist also ein beschönigender oder verhüllender Ausdruck (auf Französisch **euphémisme**), der insbesondere dann Verwendung findet, wenn man sich gegenüber bestimmten gesellschaftlichen Gruppen sprachlich korrekt beziehungsweise neutral verhalten will.

défécation [defekasjõ] *f* PHYSIOL Darmentleerung *f*; Stuhlgang *m*

défectif [defɛktif] *adj* ⟨**-ive**⟩ GR ***verbe ~*** defektives, unvollständiges Verb; Defektivum *n*

défection [defɛksjõ] *f* **1** POL Abfall *m*; Abtrünnigwerden *n*; *d'un parti a* Austritt *m* (**de** aus) **2** *dans* *une réunion* Fernbleiben *n*; Nichterscheinen *n*; ***faire ~*** fernbleiben; nicht erscheinen

défectueux [defɛktɥø] *adj* ⟨**-euse**⟩ fehler-, mangelhaft; ***machine défectueuse*** defekte Maschine; ***marchandise défectueuse*** fehlerhafte, schadhafte Ware

défectuosité [defɛktɥozite] *f* **a)** *état* Fehler-, Mangelhaftigkeit *f*; **b)** ***~s*** *pl* Fehler *m/pl*; Mängel *m/pl*

défendable [defɑ̃dabl] *adj* **1** vertretbar; *cette thèse* ***n'est pas ~*** ist nicht haltbar **2** MIL ***être ~*** verteidigt werden können; zu halten sein

défendeur [defɑ̃dœʀ] *m*, **défenderesse** [defɑ̃dʀɛs] *f* JUR Beklagte(r) *f(m)*

défendre [defɑ̃dʀ] ⟨→ **rendre**⟩ **I** *v/t* **1** *(prendre la défense)* verteidigen (***contre*** gegen); *cause, théorie etc* verfechten; vertreten; eintreten für; sich einsetzen für; *avocat: client* verteidigen; vertreten; F ***~ sa peau*** sich s-r Haut wehren **2** *(interdire)* verbieten, untersagen (***qc à qn*** j-m etw; ***à qn de faire qc*** j-m, etw zu tun); ***c'est défendu!*** das ist verboten! **3** *loc/adv* ***à son corps défendant*** widerwillig; ungern **4** *st/s* ***~ du*** *ou* ***contre le froid*** vor Kälte schützen **II** *v/pr* ***se ~*** **1** sich verteidigen, wehren (***contre*** gegen); ***se ~ à coups de poing*** sich mit Faustschlägen verteidigen, wehren; *fig* ***se ~ contre une accusation*** sich gegen e-e Anschuldigung wehren; e-e Anschuldigung zurückweisen **2** F *dans son métier etc* sich tapfer durchschlagen; ganz gut zurechtkommen **3** ***se ~ de critiquer*** *etc* sich der Kritik *etc* enthalten; ***il ne peut se ~ d'un sentiment de joie*** er kann sich e-s Gefühls der Freude nicht erwehren, nicht enthalten; ***ne pouvoir se ~ de*** *(+inf)* nicht umhinkönnen zu *(+inf)* **4** *sens passif* ***ça se défend*** das lässt sich vertreten; F das hat etwas für sich; ***cette opinion peut se ~*** diese Meinung lässt sich vertreten

défenestration [defənɛstʀasjõ] *f* Fenstersturz *m*

défenestrer [defənɛstʀe] *v/t* ***~ qn*** j-n aus dem Fenster stürzen

défense [defɑ̃s] *f* **1** SPORTS, MIL *etc* Verteidigung *f*; Abwehr *f*; *d'un idéal etc* Verfechtung *f*; Verteidigung *f*; Eintreten *n* (***de*** für); MIL ***~s*** *pl* Verteidigungsstellungen *f/pl*, -anlagen *f/pl*; JUR ***en état de légitime ~*** in Notwehr; *en France* ***Défense nationale*** Landesverteidigung *f*; ***~ passive*** (ziviler) Luftschutz; PHYSIOL ***la ~ de l'organisme*** die Abwehrkräfte *f/pl* des Organismus; ***arme*** *f* ***de ~*** Verteidigungswaffe *f*; MIL ***ligne*** *f* ***de ~*** Verteidigungslinie *f*; PSYCH ***mécanismes*** *m/pl* ***de ~*** Abwehrmechanismen *m/pl*; ***être sans ~*** schutzlos sein; ausgeliefert sein (***contre*** *dat*); ***prendre la ~ de qn*** j-n verteidigen, beschützen; für j-n eintreten **2** JUR Verteidigung *f*; ***assurer la ~ de qn*** j-s Verteidigung übernehmen; j-n verteidigen; ***la parole est à la ~*** das Wort hat die Verteidigung **3** *(interdiction)* Verbot *n*; ***~ absolue, expresse*** absolutes, ausdrückliches Verbot; ***~ d'afficher, d'entrer, de fumer*** Plakatankleben, Ein- *ou* Zutritt, Rauchen verboten!; ***~ de doubler*** Überholverbot *n* **4** ZO Stoßzahn *m*; *sanglier* Hauer *m*

défenseur [defɑ̃sœʀ] *m* **1** Verteidiger(in) *m(f)*; *fig d'une thèse etc* Verfechter(in) *m(f)*; Anhänger(in) *m(f)*; Vertreter(in) *m(f)*; SPORTS ***~ du titre*** Titelverteidiger(in) *m(f)* **2** JUR Verteidiger(in) *m(f)* **3** FOOTBALL Abwehrspieler *m*

La Défense

La Défense hat nichts – wie der Name vielleicht vermuten lässt – mit Verteidigung zu tun. La Défense ist vielmehr ein supermodernes Pariser Geschäftszentrum und Wohnviertel, das nordwestlich des Eiffelturms entstanden ist.
Besonders bekannt wurde ein Bauwerk namens **la Grande Arche** (der große Bogen), das in der Form eines riesigen Würfels gebaut wurde, der mehr als 100 Meter hoch und breit ist und in der Mitte eine Öffnung hat. In diesem Bauwerk haben vor allem verschiedene Behörden ihren Sitz.
Wegen der vielen Bürohochhäuser, in die vor allem Erdölkonzerne und Computerfirmen eingezogen sind, heißt dieser Stadtteil im Volksmund **le Manhattan de Paris**.

défensif [defɑ̃sif] *adj* ⟨**-ive**⟩ Verteidigungs…; defensiv; Defensiv…; Abwehr…; ***armes défensives*** Verteidigungs-, Defensiv-, Schutzwaffen *f/pl*

défensive [defɑ̃siv] *f* Defensive *f*; Verteidigungs-, Abwehrstellung *f*; ***être, se tenir sur la ~*** in der Defensive, in Verteidigungsstellung sein *(a fig)*

déféquer [defeke] *v/i* ⟨**-è-**⟩ PHYSIOL Stuhlgang haben

déférence [defeʀɑ̃s] *f* Achtung *f*; Ehrerbietung *f*; ***par ~ pour qn*** aus Achtung vor j-m

déférent [defeʀɑ̃] *adj* **1** ehrerbietig; respektvoll; ***se montrer ~ envers qn, à l'égard de qn*** sich j-m gegenüber respektvoll verhalten **2** ANAT ***canal ~*** Samenleiter *m*

déférer [defeʀe] ⟨**-è-**⟩ **I** *v/t* JUR ***~ qn à la justice*** j-n vor Gericht bringen, dem Gericht überantworten; ***~ une affaire à un tribunal*** e-e Sache vor Gericht bringen **II** *v/t/indir st/s* ***~ à qn*** j-m willfährig sein, (aus Achtung) beipflichten; ***~ à la décision de qn*** sich j-s Entscheidung *(dat)* (aus Respekt) unterwerfen, fügen

déferlant [defɛʀlɑ̃] *adj* ***vague ~e*** Brandungswelle *f*; sich brechende Welle

déferlement [defɛʀləmɑ̃] *m* **1** *des vagues* Brechen *n*; Brandung *f* **2** *fig* **a)** *d'une armée* Einfall *m*; Einbruch *m*; **b)** *de passions* Auflodern *n*; Aufbranden *n*; ***~ d'enthousiasme*** Welle *f*, Woge *f* der Begeisterung; aufbrandende Begeisterung

déferler [defɛʀle] **I** *v/t* MAR *voile* setzen; *pavillon* hissen **II** *v/i* **1** *vagues* sich brechen; *mer* branden **2** *fig* **a)** *foule* strömen; **b)** *haine etc* aufbranden; auflodern

déferrer [defɛʀe] *v/t* **a)** (die) Eisenbeschläge entfernen, lösen (***une caisse*** von e-r Kiste); **b)** ***~ un cheval*** e-m Pferd ein *ou* die Hufeisen abmachen; **c)** ***~ un prisonnier*** e-m Gefangenen die Ketten abnehmen

défi [defi] *m* **1** Herausforderung *f*; ***d'un air de ~*** mit herausfordernder Miene; ***accepter, relever un ~*** e-e Herausforderung annehmen; ***lancer un ~ à qn*** j-n herausfordern **2** *fig* ***~ au bon sens*** Herausforderung *f* des gesunden Menschenverstandes **3** ***mettre qn au ~ de faire qc*** wetten, dass j etw nicht tun kann *ou* wird

défiance [defjɑ̃s] *f* Argwohn *m*, Misstrauen *n* (***de*** gegen); ***mettre qn en ~*** j-n misstrauisch machen

défiant [defjɑ̃] *adj* argwöhnisch; misstrauisch

défibrage [defibʀaʒ] *m* TECH Zerfasern *n*

déficeler [defisle] *v/t* ⟨**-ll-**⟩ aufschnüren

déficience [defisjɑ̃s] *f* Schwäche *f*

déficient [defisjɑ̃] **I** *adj* **1** *organisme etc* schwach; ***enfant ~*** zurückgebliebenes, lernbehindertes Kind **2** *fig* ***argumentation ~e*** schwache Argumentation **II** *m* ***~ auditif, de la vue*** Hör-, Sehbehinderte(r) *m*

déficit [defisit] *m* Defizit *n*; Fehlbetrag *m* (***de deux millions*** von zwei Millionen); ***~ budgétaire*** Haushaltsdefizit *n*; ***~ de la balance des paiements*** Zahlungsbilanzdefizit *n*; ***combler un ~*** ein Defizit ausgleichen; ***être en ~*** ein Defizit aufweisen, haben; defizitär sein; ***se solder par un ~*** mit e-m Defizit (ab)schließen

déficitaire [defisitɛʀ] *adj* mit Verlust abschließend; defizitär; *balance commerciale* passiv; ***bilan*** *m* ***~*** *a* Unterbilanz *f*; ***entreprise*** *f* ***~*** Verlustunternehmen *n*

défier [defje] **I** *v/t* **1** ***~ qn*** j-n herausfordern (***à qc*** zu etw) **2** *fig* ***~ le danger*** der Gefahr (*dat*) trotzen; mit der Gefahr spielen **3** ***~ qn de faire qc*** wetten, dass j etw nicht tun kann *ou* wird **4** ***~ toute comparaison*** jeglichen Vergleich verbieten; *prix* ***~ toute concurrence*** konkurrenzlos niedrig sein **II** *v/pr st/s* ***se ~ de qn, qc*** gegen j-n, etw Argwohn hegen; j-m, e-r Sache misstrauen

défiguration [defigyʀasjõ] *f* Entstellung *f*; *d'un texte etc* verzerrte, entstellte Wiedergabe **défigurer** *v/t* **1** entstellen; verunstalten **2** *vérité, pensée etc* entstellen; verzerren; entstellt, verzerrt wiedergeben

défilé [defile] *m* **1** MIL Aufmarsch *m*; Parade *f*; Vorbeimarsch *m* (***devant*** an +*dat*) **2** *de gens* Andrang *m*; Zustrom *m*; *de voitures* endlose Reihe **3** ***~ de mode*** Mode(n)schau *f* **4** GÉOGR Engpass *m*; Durchbruch *m*

défiler [defile] **I** *v/i* **1** defilieren (*abs*); vorbeimarschieren, -ziehen, -fahren, -defilieren (***devant*** an +*dat*); aufmarschieren (vor +*dat*) **2** *clients etc* sich die Klinke in die Hand geben; *jours* dahingehen, -ziehen; *images* ***~ devant les yeux de qn*** vor j-s Augen (*dat*) vorbei-, vorüberziehen **3** *bande magnétique* ***faire ~*** ablaufen lassen **II** *v/pr* ***se ~*** F (*s'esquiver*) F sich drücken; kneifen

défini [defini] *adj* **1** bestimmt; genau abgegrenzt **2** *concept* ***bien, mal ~*** gut, schlecht definiert **3** GR ***article ~*** bestimmter Artikel; ***passé ~*** Passé simple *n*; historisches Perfekt

définir [definiʀ] *v/t* **1** *mot etc* definieren **2** *par ext* bestimmen; abgrenzen; *conditions etc* festlegen, -setzen; ***~ la politique*** die Richtlinien der Politik bestimmen **3** *personne* charakterisieren; *sentiment* genau beschreiben; ***~ son point de vue*** seinen Standpunkt erläutern

définissable [definisabl] *adj* definier-, bestimmbar

définitif [definitif] *adj* ⟨**-ive**⟩ **1** endgültig; definitiv **2** *loc/adv* ***en définitive*** schließlich; letzten Endes; letztlich

définition [definisjõ] *f* **1** Begriffsbestimmung *f*; Definition *f*; *loc/adv* ***par ~*** definitionsgemäß; wie das Wort schon sagt; per definitionem; *par ext* zwangsläufig; logischerweise **2** *par ext* Bestimmung *f*; Charakterisierung *f*; genaue Beschreibung **3** TV Zahl *f* der Zeilen und Bildpunkte; Fernsehnorm *f*; ***télévision*** *f* ***'haute ~*** hochauflösendes Fernsehen

définitivement [definitivmɑ̃] *adv* endgültig; definitiv

déflagration [deflagʀasjõ] *f* Explosion *f*; CHIM Deflagration *f*; Verpuffen *n*; explosionsartiges Verbrennen

déflation [deflasjõ] *f* ÉCON Deflation *f*

déflationniste [deflasjɔnist] *adj* ÉCON deflationär; deflationistisch; deflatorisch

déflecteur [deflɛktœʀ] *m* **1** AUTO Ausstellfenster *n* **2** NUCL Deflektor *m*

défleurir [deflœʀiʀ] *v/i* die Blüten verlieren; ver-, abblühen

déflexion [deflɛksjõ] *f* PHYS Ablenkung *f*

défloration [deflɔʀasjõ] *f* Defloration *f*; Entjungferung *f* **déflorer** *v/t* **1** entjungfern; deflorieren **2** *fig* den Reiz (der Neuheit), die Originalität nehmen (+*dat*)

défoliant [defɔljɑ̃] *adj et subst m* (***produit*** *m*) ***~*** Entlaubungsmittel *n* **défoliation** *f* **1** BOT Laub-, Blattfall *m* **2** *artificielle* Entlaubung *f* **défolier** *v/t* entlauben

défonce [defõs] *f arg* Turn [tœrn] *m*; Trip *m*

défoncer [defõse] ⟨**-ç-**⟩ **I** *v/t mur etc* eindrücken, -schlagen; *rue* tief ausfahren; stark beschädigen; *adjt rue* ***défoncé*** *a* voller Schlaglöcher **II** *v/pr* ***se ~*** **1** F *dans un travail* das Letzte hergeben; sich voll einsetzen **2** *arg* (*se droguer*) sich antörnen

déformable [defɔʀmabl] *adj* deformierbar; leicht verformbar; AUTO ***zone*** *f* ***~*** Knautschzone *f*

déformant [defɔʀmɑ̃] *adj* ***glace ~e*** Zerr-, Vexierspiegel *m*

déformation [defɔʀmasjõ] *f* **1** Verformung *f* (*a* TECH); Deformation *f* (*a* MÉD); Deformierung *f*; Formveränderung *f* **2** *fig* Verzerrung *f*; Entstellung *f*; *du goût* Verbildung *f*; ***c'est une ~ professionnelle*** der Beruf färbt aufs Privatleben ab; das sind die Folgen des Berufs

déformer [defɔʀme] **I** *v/t* **1** verformen; deformieren; *chaussures* austreten; ***~ une image*** ein Bild verzerren; ***~ un visage*** ein Gesicht verunstalten; *adjt* ***chaussée déformée*** unebene Fahrbahn **2** *réalité etc* verzerren; entstellen; *goût* verbilden **II** *v/pr* ***se ~*** sich verformen; die Form verlieren; *bois* sich verziehen; *vêtement* die Form, die Fasson verlieren

défoulement [defulmɑ̃] *m* PSYCH Abreaktion *f*; Sichabreagieren *n* **défouler** *v/pr* ***se ~*** **1** PSYCH sich abreagieren **2** *par ext* sich austoben

défraîchi [defʀeʃi] *adj* nicht mehr neu; getragen; ***robe ~e*** getragenes Kleid

défraîchir [defʀeʃiʀ] *v/pr* ***se ~*** *vêtement* das neue Aussehen verlieren; nicht mehr neu aussehen; *couleur* verblassen

défrayer [defʀeje] *v/t* ⟨**-ay-** *od* **-ai-**⟩ **1** die Kosten übernehmen (***qn*** für j-n); ***être défrayé de tout*** alles frei haben **2** *fig* ***~ la chronique*** von sich reden machen; im Mittelpunkt des Klatsches stehen

D

défrichage [defʀiʃaʒ] *m ou* **défrichement** *m* 1 Urbarmachung *f*; Roden *n*, -ung *f* 2 *fig* Beseitigung *f* der Anfangsschwierigkeiten
défricher [defʀiʃe] *v/t* 1 *terre* urbar machen; roden 2 *fig* die Anfangsschwierigkeiten beseitigen, die Vorarbeit leisten (***un domaine*** auf e-m Gebiet); *sujet* aufbereiten; in Angriff nehmen
défriper [defʀipe] *v/t vêtement* glätten; glatt streichen
défriser [defʀize] *v/t* 1 *cheveux* entkrausen 2 F *fig chose* **~ *qn*** j-n (ver)ärgern; ***ça te défrise?*** (ver)ärgert dich das?
défroisser [defʀwase] *v/t* glätten; glatt streichen; wieder glatt machen
défroque [defʀɔk] *f* abgelegte, alte Kleidungsstücke *n/pl*
défroqué(e) [defʀɔke] *m(f)* REL aus dem Orden ausgetretener Mönch, ausgetretene Nonne; ehemaliger Priester **défroquer** *v/i et v/pr* (***se***) **~** REL die Mönchskutte, das Nonnengewand, das Priestergewand ablegen
défunt [defɛ̃, -fœ̃], **défunte** [defɛ̃t, -fœ̃t] I *m,f* Verstorbene(r) *f(m)*; *st/s* Verblichene(r) *f(m)* II *adj* 1 verstorben; verschieden; selig 2 *fig et st/s* vergangen; verflossen
dégagé [degaʒe] *adj* 1 *nuque, front, vue* frei; ***ciel* ~** klarer, wolkenloser Himmel 2 *allure etc* ungezwungen; ungeniert [-ʒ-]; leger [-ˈʒɛːr]
dégagement [degaʒmɑ̃] *m* 1 Befreiung *f*; Herausholen *n*, -ziehen *n*, -bringen *n*; *de blessés* Bergung *f*; MIL Entsatz *m* 2 *d'une rue etc* Freimachen *n*; Räumung *f*; ***voie f de* ~** Umgehungs-, Entlastungsstraße *f* 3 ARCH Gang *m*; Flur *m* 4 *d'énergie* Freiwerden *n*; Entwicklung *f*; Abgabe *f*; Freisetzung *f*; *de gaz a* Ausströmen *n*; Entweichen *n*; **~ *de chaleur*** Wärmeabgabe *f*, -entwicklung *f*; **~ *de vapeur*** Dampfentwicklung *f* 5 ESCRIME Degagieren *n*; Umgehen *n*; FOOTBALL Befreiungsschlag *m* 6 *fig* Befreiung *f*, Entbindung *f* (***d'une promesse*** *etc* von e-m Versprechen *etc*); Lösung *f* (aus)
dégager [degaʒe] ⟨**-geons**⟩ I *v/t* 1 *blessés* befreien; *objets a* hervor-, herausziehen; herausholen, -bringen; *accidentés a* bergen (***des décombres*** aus den Trümmern) 2 *passage* frei machen; räumen; ***allons, dégagez!*** gehen *ou* fahren Sie weiter! 3 *cou, nuque* frei lassen 4 *énergie* entwickeln; abgeben; freisetzen; *chaleur a* ausstrahlen; *odeur* verströmen; verbreiten 5 *crédit* bereitstellen 6 ESCRIME degagieren (*abs*); umgehen; FOOTBALL **~** (***la balle***) klären 7 *fig morale, idée* herausstellen, -arbeiten; *conclusion* ziehen 8 *gage* ein-, auslösen 9 *fig responsabilité* ablehnen 10 **~ *qn de qc*** j-n von etw befreien, entbinden; j-n e-r Sache (*gén*) entheben; **~ *qn de toute responsabilité*** j-n aus der Verantwortung entlassen II *v/pr* ***se* ~** 1 *personne* sich befreien (***de*** aus) 2 *rue etc* frei, leer werden; *nez* wieder frei werden; ***le ciel, le temps se dégage*** es klart auf; der Himmel hellt sich auf 3 *énergie* sich entwickeln; frei werden; *gaz, vapeur a* ausströmen, entweichen (***de*** aus); *odeur* ausströmen (aus); *fumée* aufsteigen (aus) 4 *fig résultat etc* sich abzeichnen; hervortreten (***de*** aus); sich zeigen; zutage treten 5 *personne* sich lösen (***d'une contrainte*** aus e-m Zwang); sich frei machen (von)
dégaine [degɛn] *f* F (*allure*) (lächerliche) Haltung; (komischer) Gang; ***quelle* ~!** F wie der *ou* die daherkommt!
dégainer [degene] *v/t* blankziehen; *par ext* s-n Revolver ziehen
déganter [degɑ̃te] *v/pr* ***se* ~** s-e Handschuhe abstreifen, ablegen, ausziehen
dégarnir [degaʀniʀ] I *v/t* 1 *vitrine etc* ausräumen; den Schmuck entfernen (*qc* von etw); **~ *le réfrigérateur, un compte*** den Kühlschrank, ein Konto plündern; *adjt* ***front dégarni*** Stirnglatze *f* 2 MIL entblößen; ungedeckt lassen II *v/pr* ***se* ~** *tête, arbre* kahl werden; *rangs* sich lichten; ***il se dégarnit*** sein Haar wird lichter; er bekommt schütteres Haar; er wird kahl
Degas [dəga] *frz Maler*
dégât [dega] *m* Schaden *m*; Verwüstung *f*; **~*s matériels*** Sachschaden *m*; **~*s causés par le gel*** Frostschäden *m/pl*; ***causer de grands* ~*s*** großen Schaden anrichten (*a fig*); große Schäden verursachen; große Verwüstungen anrichten; *fig* ***limiter les* ~*s*** möglichst wenig Schaden anrichten; das Schlimmste verhüten
dégazage [degazaʒ] *m* 1 TECH Gasentzug *m*; Entgasen *n* 2 MAR *d'un pétrolier* Reinigung *f* von Ölrückständen **dégazer** *v/i pétrolier* Ölrückstände ins Meer ablassen
dégel [deʒɛl] *m* 1 (Auf)Tauen *n*; MÉTÉO Tauwetter *n* 2 *fig* POL Tauwetter *n* (***des relations politiques*** in den politischen Beziehungen)
dégelée [deʒle] *f* F Keile *f*; Dresche *f*
dégeler [deʒle] ⟨**-è-**⟩ I *v/t* 1 auftauen 2 *fig personne* aus s-r Reserve herauslocken; *public* mitreißen; *situation* entspannen 3 *crédits* freigeben II *v/i* auftauen; ***le lac a dégelé*** der See ist aufgetaut; ***faire* ~ *un produit congelé*** Tiefkühlkost auftauen (lassen) III *v/imp* ***il dégèle*** es taut IV *v/pr* ***se* ~** *fig personne* auftauen; warm werden
dégénéré [deʒeneʀe] *adj* degeneriert
dégénérer [deʒeneʀe] *v/i* ⟨**-è-**⟩ 1 BIOL degenerieren; entarten 2 *fig* ausarten (***en*** in *+acc*); **~ *en orgie*** in e-e Orgie ausarten; **~ *en bronchite*** sich zu e-r Bronchitis entwickeln
dégénérescence [deʒeneʀesɑ̃s] *f* MÉD, BIOL Degeneration *f*; Entartung *f*
dégingandé [deʒɛ̃gɑ̃de, deʒɛ̃-] *adj* F schlaksig
dégivrage [deʒivʀaʒ] *m* Abtauen *n*; Enteisung *f* (*a* AVIAT); Entfrostung *f*; *réfrigérateur* **à ~ *automatique*** mit Abtauautomatik
dégivrant [deʒivʀɑ̃] *adj* AUTO ***glace arrière* ~*e*** (be)heizbare Heckscheibe
dégivrer [deʒivʀe] *v/t réfrigérateur* abtauen; AVIAT enteisen; TECH entfrosten **dégivreur** *m* TECH Defroster(anlage) *m(f)*
déglacer [deglase] *v/t* ⟨**-ç-**⟩ CUIS **~ *la poêle, la sauteuse*** den Bratensatz ablöschen (***avec, à*** mit)
déglinguer [deglɛ̃ge] F I *v/t* kaputt machen; *adjt* ***déglingué*** klapp(e)rig II *v/pr* ***se* ~** kaputtgehen; klapp(e)rig werden
déglutir [deglytiʀ] *v/t* (hinunter)schlucken **déglutition** *f* PHYSIOL Deglutition *f*; Schluckakt *m*
dégobiller [degɔbije] *v/t et v/i* P kotzen
dégoiser [degwaze] F *péj* I *v/t sottises* F verzapfen II *v/i* schwatzen; F quatschen
dégommer [degɔme] *v/t* F *personne* hinauswerfen; F feuern

dégonflage [degõflaʒ] F *fig m* feiger Rückzieher
dégonflé [degõfle] **I** *adj* nicht aufgepumpt; nicht aufgeblasen; ***le pneu est ~*** im Reifen ist keine Luft; der Reifen hat Luft verloren; ***avoir un pneu ~*** F e-n Platten haben **II** *m* F Hasenfuß *m*; Schlappschwanz *m*; Waschlappen *m*
dégonflement [degõfləmɑ̃] *m* Verlieren *n*, Ablassen *n* der *ou* von Luft
dégonfler [degõfle] **I** *v/t* (die) Luft ab-, herauslassen (***qc*** aus etw) **II** *v/pr* ***se ~*** **1** *pneu etc* (die) Luft verlieren **2** F *fig* e-n feigen Rückzieher machen; F Bammel, P Schiss bekommen; ***ne te dégonfle pas!*** sei kein Feigling, F Schlappschwanz!
dégorgement [degɔʀʒəmɑ̃] *m* **1** *des égouts* Entleerung *f* **2** CUIS (Aus)Wässern *n*; *des escargots* Ausschwemmen *n*
dégorger [degɔʀʒe] ⟨**-geons**⟩ **I** *v/t conduite* die Verstopfung beseitigen (*+gén*); frei machen; reinigen; *égout* entleeren; (aus)spülen **II** *v/i* **1** CUIS ***faire ~*** wässern (lassen); *escargots* ausschwemmen (lassen); *concombres* Wasser ziehen lassen; entwässern **2** *a v/pr* (***se***) ***~*** sich ergießen; (ab)fließen; sich entleeren
dégot(t)er [degɔte] *v/t* F auftreiben; aufgabeln; ergattern; angeln
dégoulinade [degulinad] *f* (länglicher) Tropfen **dégoulinement** *m* Tröpfeln *n*; Rieseln *n*; Tropfen *n*
dégouliner *v/i* (herab)tropfen, (-)tröpfeln, (-)rieseln; *cheveux* triefen
dégoupiller [degupije] *v/t* ***~ une grenade*** eine (Hand)Granate entsichern
dégourdi [deguʀdi] **I** *adj* aufgeweckt; gewandt; geschickt; gewitzt; pfiffig; wendig **II** *subst* ***~(e)*** *m(f)* aufgeweckter *etc* Bursche; aufgewecktes *etc* junges Mädchen
dégourdir [deguʀdiʀ] **I** *v/t* **1** *membres* bewegen; lockern; *par ext* wärmen **2** *liquide* leicht erwärmen **3** *fig* ***~ qn*** j-n gewandter, gewitzter, aufgeweckter machen **II** *v/pr* **1** ***se ~ les jambes*** sich (*dat*) die Beine vertreten **2** *fig* ***se ~*** gewandter, gewitzter, aufgeweckter werden
dégoût [degu] *m* **1** Ekel *m*, Abscheu *m* (***pour*** vor *+dat*); Widerwille *m* (gegen); ***avoir, ressentir du ~ pour qn, qc*** j-n, etw verabscheuen; Widerwillen gegen j-n, etw haben, empfinden; ***inspirer du ~ à qn*** j-n anekeln, anwidern **2** Überdruss *m*; ***~ de la vie*** Lebensüberdruss *m*
dégoûtant [degutɑ̃] *adj* **1** *mets, lieu etc* ekelerregend; ekelhaft; ek(e)lig; widerlich; abscheulich **2** *personne, acte* abscheulich; *personne a* widerlich; ekelhaft; *acte a* empörend; F ***type ~*** *ou subst* ***~*** *m* widerlicher Kerl; Scheusal *n*; F Ekel *n*; ***c'est ~ de*** (*+inf*) es ist abscheulich *etc* zu (*+inf*) **3** *histoires* obszön; schmutzig
dégoûtation [degutasjõ] *f* F ***quelle ~!*** wie ek(e)lig, ekelhaft, abscheulich!
dégoûté [degute] *adj* **1** angeekelt; angewidert **2** *par ext* ***n'être pas ~*** nicht gerade wählerisch sein; *fig* nicht gerade zimperlich sein; *subst* ***faire le ~*** den Wählerischen spielen; wählerisch tun **3** ***~ de qn, de qc*** j-s, e-r Sache überdrüssig; von etw übersättigt; ***~ de la vie*** lebensüberdrüssig, *par ext* -müde; ***être ~ de qn, de qc*** *a* F j-n, etw satthaben
dégoûter [degute] **I** *v/t* **1** ***~ qn*** j-n anekeln, anwidern; ***ce plat me dégoûte*** *a* mir *ou* mich ekelt vor dieser Speise; ich ekle mich vor dieser Speise **2** ***~ qn de qc*** j-m etw verleiden; (***si vous n'aimez pas ça,***) ***n'en dégoûtez pas les autres!*** (wenn es Ihnen schon nicht schmeckt,) verderben Sie nicht noch den anderen den Appetit!; ***c'est à vous ~ de ce travail*** das verleidet einem ganz die Arbeit; das nimmt einem jede Lust an der Arbeit **II** *v/pr* **1** ***se ~ d'un plat*** sich (*dat*) e-e Speise überessen **2** ***se ~ de qc, de qn*** e-r Sache, j-s überdrüssig werden; F etw, j-n sattbekommen
dégoutter [degute] *v/i* (herab)tropfen
dégradant [degʀadɑ̃] *adj* erniedrigend; entwürdigend; degradierend
dégradation [degʀadasjõ] *f* **1** Degradierung *f*; Rangverlust *m*; ***~ civique*** Verlust *m*, Aberkennung *f* der bürgerlichen Ehrenrechte **2** *morale* Erniedrigung *f*; Ent-, Herabwürdigung *f*; Verfall *m* **3** *d'une construction* Beschädigung *f*; Verfall *m*; Verwitterung *f*; ***~s*** *pl* Schäden *m/pl* **4** *fig* Verschlechterung *f* **5** → ***dégradé*** *1*
dégradé [degʀade] *m* **1** *d'une couleur* Abstufung *f*; (Ab)Schattierung *f*; Abtönung *f*; Abschattung *f* **2** CIN Verlaufblende *f*
dégrader [degʀade] **I** *v/t* **1** MIL, JUR degradieren **2** *moralement* erniedrigen; ent-, herabwürdigen; moralisch sinken lassen **3** *mur etc* beschädigen **4** *couleurs* abstufen; abtönen; (ab)schattieren; abschatten; *des cheveux* ***coupe dégradée*** Stufenschnitt *m* **II** *v/pr* ***se ~*** **1** *fig situation, santé, temps* sich verschlechtern **2** *maison etc* verfallen; verkommen; verwittern
dégrafer [degʀafe] *v/t* los-, aufhaken
dégraissage [degʀɛsaʒ] *m* **1** CUIS Abschöpfen *n* des Fett(e)s; Degraissieren *n* **2** *de vêtements* Entfernung *f* der Fettflecken **3** TECH Entfettung *f* **4** *fig d'une entreprise* Verschlankung *f* **dégraissant** *m* Entfettungsmittel *n*; Fettlöser *m*
dégraisser [degʀese] *v/t* **1** CUIS das Fett abschöpfen (***qc*** von etw); degraissieren; ***~ la viande*** vom Fleisch das Fett abschneiden, entfernen, abtrennen **2** (die) Fettflecken entfernen (***un tissu*** aus e-m Stoff); *cheveux* entfetten **3** TECH entfetten **4** F *fig budget, entreprise* verschlanken; F abspecken
degré [dəgʀe] *m* **1** Grad *m*; Stufe *f*; ***le dernier ~*** *d'une maladie* das letzte Stadium; das Endstadium; ***le plus 'haut, bas ~*** *de l'échelle sociale* die höchste, tiefste *ou* niedrigste Stufe, Sprosse; ***~ de difficulté*** Schwierigkeitsgrad *m*; ***~ de perfection*** Grad der Vollkommenheit; *loc/adv*: (***jusqu'***) ***à un certain ~*** in e-m gewissen Maße, Grade; bis zu e-m gewissen, bestimmten Maß, Grad; ***par ~(s)*** stufenweise; schrittweise; nach und nach; ***au plus 'haut ~*** im höchsten Maß, Grad **2** *température* Grad *m*; ***32 ~s centigrades*** *ou* ***Celsius*** [sɛlsjys] 32 Grad Celsius; ***la fièvre a baissé d'un ~*** das Fieber ist um ein Grad gefallen **3** GÉOGR, GÉOMÉTRIE Grad *m*; ***~ de latitude, de longitude*** Breiten-, Längengrad *m*; ***angle*** *m* ***de trente ~s*** (***30°***) Winkel *m* von dreißig Grad (30°) **4** (Volum)Prozent *n*; ***~ d'alcool*** Alkoholgehalt *m*; ***alcool*** *m* ***à quatre-vingt-dix ~s*** (***90°***) neunzigprozentiger (90%iger) Alkohol; ***ce vin a 12 ~s*** dieser Wein hat 12 Prozent **5** ***~ de parenté*** Verwandtschaftsgrad *m*; ***être parents au deuxième ~*** im zweiten Grad miteinander verwandt sein **6** MÉD ***brûlure*** *f* ***du premier, second, troisième ~*** Ver-

D

brennung *f* ersten, zweiten, dritten Grades; ***être brûlé au troisième ~*** Verbrennungen dritten Grades (erlitten) haben **7** ***enseignement*** *m* ***du premier ~*** Grundschulwesen *n*; ***enseignement*** *m* ***du second ~*** höheres Schulwesen *n* **8** MATH ***équation*** *f* ***du premier, second ~*** Gleichung *f* ersten, zweiten Grades **9** GR ***~ de comparaison*** Steigerungsstufe *f*; ***~s*** *pl* ***de comparaison*** Steigerung *f*; Komparation *f* **10** *loc: prendre qc* ***au premier ~*** wortwörtlich; *humour* ***au second ~*** nicht wörtlich zu nehmen(d); übersteigert **11** *st/s d'un escalier* Stufe *f*

dégressif [degʀesif] *adj* ⟨**-ive**⟩ *tarif* degressiv; abnehmend

dégrèvement [degʀɛvmɑ̃] *m* Steuersenkung *f*, -ermäßigung *f*, -nachlass *m*

dégrever [degʀəve] *v/t* ⟨**-è-**⟩ die Steuern ermäßigen, senken, nachlassen (***qn*** j-m)

dégriffé [degʀife] *adj* COMM ohne Markenzeichen

dégringolade [degʀɛ̃gɔlad] F *f* **1** Sturz *m* **2** *fig d'actions etc* Kurssturz *m*; F Talfahrt *f*

dégringoler [degʀɛ̃gɔle] F **I** *v/t escalier etc* hinunter- *ou* herunter-, F runterstürzen, F -rasen, -sausen **II** *v/i* ⟨**être** *od* **avoir**⟩ **1** hinunter- *ou* herunter-, F runterpurzeln (***d'une échelle*** von e-r Leiter) **2** *fig actions* jäh, stark fallen; F purzeln

dégrisement [degʀizmɑ̃] *m* Ausnüchterung *f*; Ernüchterung *f* (*a fig*) **dégriser** *v/t* nüchtern machen; ernüchtern (*a fig*)

dégrossir [degʀosiʀ] **I** *v/t* **1** TECH grob bearbeiten; *pierre* grob behauen **2** *fig* ***~ le travail*** die Vorarbeit leisten; den Rohentwurf anfertigen; die Arbeit aufbereiten **3** ***~ qn*** j-m Schliff beibringen; *par ext* j-m die Anfangsgründe beibringen; *adjt* ***mal dégrossi*** ungehobelt; grob **II** *v/pr* ***se ~*** *personne* Schliff bekommen

dégrouiller [degʀuje] *v/pr* ***se ~*** F sich tummeln; sich ranhalten

déguenillé [deg(ə)nije] *adj* zerlumpt

déguerpir [degɛʀpiʀ] *v/i* F sich davonmachen; abhauen; türmen; ***faire ~ qn*** j-n vertreiben, verjagen; F j-m Beine machen

dégueu [degø] *adj* ⟨*inv*⟩ F *abr* → ***dégueulasse***

dégueulasse [degœlas] P *adj* ekelhaft; widerlich; abscheulich; *personne a* widerwärtig; ***pas ~*** F große Klasse; ganz toll; ***c'est ~!*** P *a* das ist zum Kotzen!

dégueuler [degœle] *v/t et v/i* P kotzen

dégueulis [degœli] *m* P Kotze *f*

déguisé [degize] *adj* **1** verkleidet **2** (*caché*) verschleiert; verstellt; versteckt

déguisement [degizmɑ̃] *m* Verkleidung *f*; ***sous ce ~*** in dieser Verkleidung

déguiser [degize] **I** *v/t* **1** verkleiden (***en*** als) **2** *voix etc* verstellen **3** *fig pensées, vérité* verschleiern; *sentiment* verbergen (***sous*** hinter +*dat*) **II** *v/pr* ***se ~*** sich verkleiden (***en*** als); *fig* ***se ~ en courant d'air*** sich in Luft auflösen

dégurgiter [degyʀʒite] *v/t* unverdaut wieder von sich geben (*a fig*)

dégustateur [degystatœʀ] *m* Weinprüfer *m*

dégustation [degystasjõ] *f* Kosten *n*; Probieren *n*; ***~ gratuite*** Ausgabe *f* von Gratisproben; *de boissons* kostenloser Probeausschank; ***~ de vins*** Weinprobe *f*

déguster [degyste] *v/t* **1** kosten; probieren; *vin a* beißen; *par ext* (*savourer*) genießen **2** F *fig coups* F abkriegen; *par ext* ***qu'est-ce qu'il a dégusté!*** was hat er alles durchgemacht!

déhanchement [deɑ̃ʃmɑ̃] *m* Wiegen *n* in den Hüften; Schwingen *n* der Hüften **déhancher** *v/pr* ***se ~*** sich in den Hüften wiegen; die Hüften schwingen

dehors [dəɔʀ] **I** *adv* **1** draußen; *avec déplacement* hinaus *ou* heraus; nach draußen; F raus; ***aller ~*** hinausgehen; nach draußen gehen; F rausgehen; *fig* ***mettre, jeter***, F ***flanquer, ficher***, P ***foutre qn ~*** j-n hinauswerfen, F rauswerfen, rausschmeißen **2** *loc/adv* ***de ~*** von draußen; ***en ~*** nach außen; ***marcher les pieds en ~*** mit nach außen gerichteten, auswärtsgerichteten Füßen gehen; *porte* ***s'ouvrir en ~*** sich nach außen öffnen (lassen); *fig* ***rester en ~*** sich nicht einmischen; sich heraus-, F raushalten **II** *loc/prép* ***en ~ de*** **1** außerhalb (+*gén*); ***il habite en ~ de la ville*** er wohnt außerhalb der Stadt; ***se pencher en ~ de la portière*** sich zur Tür hinauslehnen; *fig*: ***être en ~ du sujet*** nicht zum Thema, zur Sache gehören; ***se tenir en ~ d'une discussion*** sich bei e-r Diskussion heraushalten, F raushalten **2** außer (+*dat*); ***en ~ de cela, il y a encore …*** außerdem *ou* daneben gibt es noch … **III** *m* Äußere(s) *n*; *d'une personne* ***les ~*** *pl* das Äußere; ***sous des ~ gentils …*** hinter e-m freundlichen Äußeren …; ***avoir des ~ agréables*** ein angenehmes Äußeres haben; ***venir du ~*** von außen kommen

déhoussable [deusabl] **I** *adj canapé etc* mit abnehmbarem Schonbezug **II** *m* Sofa *n*, Couch *f* mit abnehmbarem Schonbezug

déification [deifikasjõ] *f* Vergottung *f*; Erhebung *f* zum Gott **déifier** *v/t* vergotten; zum Gott erheben, machen

déisme [deism] *m* PHILOS Deismus *m* **déiste** **I** *m* Deist *m* **II** *adj* deistisch

déité [deite] *st/s f* Gottheit *f*

déjà [deʒa] *adv* **1** schon; bereits; ***il est ~ parti*** er ist schon weg(gegangen) **2** *par ext*: ***comment s'appelle-t-il ~?*** wie heißt er doch gleich, noch (gleich)?; ***ce n'est ~ pas si mal*** das ist gar nicht so schlecht; ***c'est ~ ça*** das ist immerhin etwas; ***réussis ~ ton bac***, *après on verra* mach erst mal das Abi …; F ***~ que tu as le rhume …*** wenn du schon den Schnupfen hast …

déjanté [deʒɑ̃te] *adj* F durchgeknallt; ausgeflippt

déjanter [deʒɑ̃te] **I** *v/t pneu* von der Felge ziehen **II** *v/i* F *fig personne* F spinnen; verrücktspielen

déjection [deʒɛksjõ] *f* **1** PHYSIOL Darmentleerung *f*; ***~s*** *pl* Exkremente *n/pl* **2** *d'un volcan* ***~s*** *pl* Auswurfmassen *f/pl*; *d'un torrent* ***cône*** *m* ***de ~*** Schwemmkegel *m*

déjeté [deʒte, deʃte] *adj* verzogen; krumm

déjeuner [deʒøne, -ʒœ-] **I** *v/i* **1** *à midi* zu Mittag essen; das Mittagessen einnehmen; ***j'ai déjeuné d'un sandwich*** mein Mittagessen bestand aus e-m Sandwich **2** *le matin* frühstücken **II** *m* **1** Mittagessen *n*; ***~ d'affaires*** Geschäfts-, POL Arbeitsessen *n*; ***à l'heure du ~*** zur Zeit des Mittagessens; ***avoir qn à ~*** j-n zum Mittagessen dahaben **2** ***petit ~*** Frühstück *n* **3** (*tasse et soucoupe*) Frühstücksgedeck *n* **4** *fig* ***être un ~ de soleil*** *chose* kurzlebig sein; *sentiments* ein Strohfeuer sein; *entreprise* nicht von langer Dauer sein

déjouer [deʒwe] *v/t* vereiteln; *plans a* durchkreuzen; → *a* ***manœuvre***[1] *5*

déjuger [deʒyʒe] *v/pr* ⟨**-geons**⟩ ***se ~*** s-e Meinung, s-n Entschluss, sein Urteil ändern

delà [dəla] *loc/adv* ***en ~*** [ɑ̃dla] darüber hinaus; → *a* ***deçà***

délabré [delabʀe] *adj* 1 *maison* verfallen; baufällig; verkommen; F heruntergekommen 2 *fig santé* ruiniert; zerrüttet

délabrement [delabʀəmɑ̃] *m* 1 Baufälligkeit *f* 2 *fig* Zerrüttung *f*

délabrer [delabʀe] I *v/t fig* ***~ sa santé*** *ou* ***se ~ la santé*** s-e Gesundheit ruinieren, zerstören II *v/pr* ***se ~*** 1 *maison* verfallen; verkommen 2 *fig santé* sich verschlechtern; *affaires* immer schlechter gehen

délacer [delase] *v/t* ⟨**-ç-**⟩ aufschnüren, -binden; ***~ ses chaussures*** seine Schuhe aufschnüren, -binden

délai [delɛ] *m* 1 (*temps accordé*) Frist *f*; Zeit *f*; Zeitraum *m*; Termin *m*; JUR ***~ d'inscription*** Anmeldefrist *f*; ***~ de livraison*** Lieferfrist *f*, -zeit *f*; ***~ de paiement*** Zahlungsfrist *f*, -termin *m*; → *a 2*; ***~ de préavis*** Kündigungsfrist *f*; ***~ de réflexion*** Bedenkzeit *f*; ***à bref ~*** bald; kurzfristig; ***dans un ~ de dix jours*** innerhalb (von) zehn Tagen; binnen zehn Tagen; in(nerhalb) e-r Frist von zehn Tagen; ***dans les ~s*** fristgemäß; termingerecht; ***dans les plus brefs ~s*** in kürzester Frist, Zeit; ***dans le ~ fixé*** in der festgelegten Frist, Zeit; ***fixer un ~ à qn*** j-m e-e Frist setzen; ***observer, proroger un ~*** e-e Frist einhalten, verlängern; ***passé ce ~ …*** nach Ablauf dieser Frist, Zeit … 2 (*prolongation*) Aufschub *m*; ***~ de paiement*** Zahlungsaufschub *m*; Stundung *f*; ***sans ~*** unverzüglich; sofort; sogleich; auf der Stelle; ***accorder un ~*** e-n Aufschub gewähren

délai-congé [delɛkɔ̃ʒe] *m* ⟨*pl* **délais-congés**⟩ Kündigungsfrist *f*

délaissé [delese] *adj conjoint* verlassen; *enfant* vernachlässigt

délaissement [delɛsmɑ̃] *m* 1 Verlassenheit *f* 2 JUR ***~ d'enfant*** vorsätzliches Verlassen e-s Kindes in hilfloser Lage

délaisser [delese] *v/t* 1 verlassen, im Stich lassen (***pour qn d'autre*** wegen j-s anderen); F sitzen lassen 2 *études etc* aufgeben (***pour faire qc d'autre*** um etw anderes zu tun); ***~ les sciences pour les lettres*** von den Naturwissenschaften zu den Geisteswissenschaften überwechseln 3 (*négliger*) vernachlässigen 4 JUR abtreten; verzichten auf (+*acc*)

délassant [delasɑ̃] *adj* erholsam; entspannend

délassement [delasmɑ̃] *m* Erholung *f*; Entspannung *f*; ***être un ~ pour qn*** e-e Erholung, Entspannung für j-n sein

délasser [delase] I *v/t* entspannen; erquicken; *abs lecture etc* entspannen; der Entspannung dienen II *v/pr* ***se ~*** sich erholen, entspannen

délateur [delatœʀ] *m*, **délatrice** *f* Denunziant(in) *m(f)*; Spitzel *m*

délation [delasjõ] *f* Denunziation *f*; *par ext* Denunziantentum *n*

délavé [delave] *adj* verwaschen; *jeans* vorgewaschen; ***couleur ~e*** verwaschene, wässrige Farbe; ***tissu ~*** verwaschener Stoff

délaver [delave] *v/t* 1 *couleurs* (durch Wasser) aus-, verwischen 2 *sol, chemin* aufweichen

délayage [delɛjaʒ] *m* 1 *dans un liquide* Anrühren *n* 2 *fig* ***faire du ~*** sich in weitschweifigen, langatmigen, umständlichen Ausführungen ergehen

délayé [deleje] *m* → ***délayage*** *2*

délayer [deleje] *v/t* ⟨**-ay-** *od* **-ai-**⟩ 1 anrühren (***qc dans qc*** etw in etw [*dat*]) 2 *fig pensée etc* weitschweifig, umständlich, langatmig darlegen; verwässern

delco® [dɛlko] *m* AUTO Batteriezündanlage *f*

délectable [delɛktabl] *adj st/s mets, vin* köstlich

délectation [delɛktasjõ] *f* Genuss *m*; ***avec ~*** mit Genuss

délecter [delɛkte] I *st/s v/t* ergötzen, *st/s* delektieren (***de*** mit, durch) II *v/pr* ***se ~ à*** *ou* ***de qc*** sich an etw (*dat*) erfreuen, ergötzen; etw genießen; an etw (*dat*) Gefallen finden

délégation [delegasjõ] *f* 1 (*groupe*) Delegation *f*; Abordnung *f*; Vertretung *f*; ***~ commerciale*** Handelsdelegation *f*; ***~ syndicale*** Gewerkschaftsdelegation *f*; ***envoyer, recevoir une ~*** e-e Delegation, Abordnung entsenden, empfangen; ***venir en ~*** als Abordnung erscheinen, kommen 2 Entsendung *f*, Delegierung *f* (***d'un observateur à un congrès*** e-s Beobachters zu e-m Kongress) 3 Übertragung *f*, Delegierung *f*, Delegation *f* (***de pouvoirs à qn*** von Macht-, Amtsbefugnissen auf j-n) 4 (*mandat*) Auftrag *m*; Vollmacht *f*; ***par ~*** im Auftrag (*abr* i. A.)

délégué(e) [delege] *m(f)* Delegierte(r) *f(m)*; Delegationsmitglied *n*; Vertreter(in) *m(f)*; Beauftragte(r) *f(m)*; ***~ syndical*** Gewerkschaftsvertreter *m*; ÉCOLE ***~ de classe*** Klassensprecher *m*; ***~ du personnel*** Personal-, Arbeitnehmervertreter *m*

déléguer [delege] *v/t* ⟨**-è-**⟩ 1 *personne* entsenden; abordnen; delegieren; ***~ un représentant à un congrès*** e-n Vertreter zu e-m Kongress entsenden 2 übertragen; delegieren; ***~ ses pouvoirs à qn*** j-m s-e Befugnisse übertragen

Delémont [dəlemõ] GÉOGR Delsberg *n*

délestage [delɛstaʒ] *m* 1 MAR, AVIAT Abwerfen *n*, Abwurf *m* von Ballast 2 *élect* Stromabschaltung *f* 3 AUTO ***itinéraire*** *m* ***de ~*** Ausweich-, Entlastungsstrecke *f*, -route *f*

délester [delɛste] *v/t* 1 MAR, AVIAT Ballast abwerfen (***qc*** aus etw) 2 *fig* ***~ qn d'un travail*** j-n von e-r Arbeit entlasten; j-m e-e Arbeit abnehmen 3 *fig et iron* ***~ qn de son argent*** j-n um sein Geld erleichtern

délétère [deletɛʀ] *adj* 1 *émanations* (lebens)gefährlich; schädlich 2 *fig et st/s* ***influence*** *f* ***~*** schädlicher, verderblicher Einfluss

délibérant [delibeʀɑ̃] *adj* ***assemblée ~e*** beschlussfassende Versammlung; Beschlussorgan *n*

délibératif [delibeʀatif] *adj* ⟨**-ive**⟩ ***voix délibérative*** beschließende Stimme

délibération [delibeʀasjõ] *f* 1 *d'un jury etc* Beratung *f*; ***salle*** *f* ***des ~s*** Beratungszimmer *n*; ***mettre une question en ~*** e-e Frage zur Beratung stellen 2 (*décision*) Beschluss *m*; ***par ~ de*** durch Beschluss (+*gén*) 3 (*réflexion*) Überlegung *f*; ***après mûre ~*** nach reiflicher Überlegung

délibéré [delibeʀe] I *adj* 1 fest; entschlossen; entschieden; ***avoir l'intention ~e de*** (+*inf*) die feste Absicht haben zu (+*inf*) 2 *loc/adv* ***de propos ~*** absichtlich; mit Absicht; bewusst; willentlich II *m* JUR Beratung *f*

délibérément [delibeʀemɑ̃] *adv* 1 (*à dessein*) wohlüberlegt; bewusst; willentlich; absichtlich 2 (*résolument*) entschlossen

délibérer [delibeʀe] *v/i* ⟨-è-⟩ *jury etc* beraten, beratschlagen (***sur qc*** etw *ou* über etw [*acc*]); ***se retirer pour*** ~ sich zur Beratung zurückziehen

délicat [delika] *adj* 1 *traits, objet, fig palais, mets etc* fein; *mets a* delikat 2 *peau, fleur etc* zart; empfindlich; *santé* zart; anfällig; schwach; *enfant* zart; schwächlich; *subst* ***faire le*** ~ zimperlich sein; → *a* 5 3 *fig situation, opération etc* heikel; delikat; schwierig; *la broderie* ***est un travail*** ~ ... ist e-e Arbeit, die Geschicklichkeit verlangt 4 *personne, comportement* feinfühlig; zartfühlend; delikat; rücksichts-, taktvoll; ***choquer des oreilles*** **~es** zarte Ohren schockieren 5 *personne* (*difficile*) wählerisch; anspruchsvoll; *subst* ***faire le*** ~ sich allzu wählerisch, anspruchsvoll zeigen

délicatement [delikatmɑ̃] *adv* 1 ~ ***travaillé, ciselé*** fein gearbeitet, ziseliert 2 *agir* behutsam; vorsichtig; *par ext* taktvoll

délicatesse [delikatɛs] *f* 1 *des traits, fig du goût, des mets etc* Feinheit *f* 2 *de la peau etc* Zartheit *f*; Empfindlichkeit *f* 3 *d'une personne* Fein-, Zartgefühl *n*; Feinfühligkeit *f*; Rücksichtnahme *f*; Takt(gefühl) *m*(*n*); ***manque*** *m* ***de*** ~ Mangel *m* an Taktgefühl; Taktlosigkeit *f*

délice [delis] 1 *f/pl* **~s** *de l'amour etc* Wonnen *f/pl*; Freuden *f/pl*; *de la vie* Genüsse *m/pl*; ***lieu*** *m* ***de*** **~s** herrliches Fleckchen Erde; Paradies *n*; ***faire ses*** **~s** ***de qc*** sich an etw (*dat*) erfreuen; etw genießen; ***faire les*** **~s** ***du public*** dem Publikum große Freude bereiten 2 *m* Wonne *f*; Genuss *m*; Freude *f*; ***quel*** **~!** welch ein, was für ein Genuss!; ***avec*** ~ mit Wonne, Genuss; ***ce rôti est un vrai*** ~ dieser Braten ist ein wahrer Genuss, F ein Gedicht

délicieusement [delisjøzmɑ̃] *adv* köstlich; sehr angenehm

délicieux [delisjø] *adj* ⟨**-euse**⟩ 1 *mets* köstlich; lecker; wohlschmeckend; delikat; ***parfum*** ~ lieblicher Duft 2 *sensation* sehr angenehm; freudig; *femme, robe, histoire* entzückend; reizend; ***fraîcheur délicieuse*** wohltuende Frische 3 *iron* ***c'est vraiment*** **~!** das ist wirklich köstlich, lieblich!

délictueux [deliktɥø] *adj* ⟨**-euse**⟩ JUR strafbar; ***fait, acte*** ~ strafbare, unerlaubte Handlung; Straftat *f*; Delikt *n*

délié [delje] I *adj* 1 ***avoir la langue*** **~e** ein flinkes, gutes Mundwerk haben 2 *taille* fein; dünn 3 *fig esprit* scharf; klar II *m* ÉCRITURE Haar-, Aufstrich *m*

délier [delje] I *v/t* 1 aufbinden; losbinden; lösen; → *a* ***bourse*** *1*, ***langue*** *2* 2 ~ ***qn d'un engagement*** j-n von e-r Verpflichtung entbinden II *v/pr* ***se*** ~ *ruban, sachet etc* aufgehen

délimitation [delimitasjõ] *f* Abgrenzung *f*

délimiter [delimite] *v/t* 1 *territoire* ab-, begrenzen; Grenzen ziehen (***qc*** um etw) 2 *fig sujet etc* abgrenzen; *compétence etc* (voneinander) abgrenzen

délinquance [delɛ̃kɑ̃s] *f* Kriminalität *f*; Straffälligkeit *f*; ~ ***juvénile*** Jugendkriminalität *f*; ***petite*** ~ Kleinkriminalität *f*

délinquant [delɛ̃kɑ̃], **délinquante** I *m,f* Straftäter(in) *m*(*f*); Delinquent(in) *m*(*f*) II *adj* ***enfance délinquante*** straffällige Jugend(liche) *f*(*pl*)

déliquescence [delikesɑ̃s] *f* völliger Verfall; Auflösung *f*; Dekadenz *f* **déliquescent** *adj* 1 CHIM zerfließbar; stark hygroskopisch 2 *fig mœurs etc* dekadent; *vieillard* hinfällig

délirant [deliʀɑ̃] *adj joie, imagination etc* toll; übermäßig; ungeheuer; *joie a* wahnsinnig; unbändig; ***idées*** **~es** Wahnideen *f/pl*; ***joie*** **~e** *a* Freudenrausch *m*, -taumel *m*

délire [deliʀ] *m* 1 MÉD Delirium *n*; (Fieber)Wahn *m*; PSYCH ~ ***de*** (***la***) ***persécution*** Verfolgungswahn *m*; ***avoir le*** **~, *être en*** ~ im Delirium sein 2 *fig* Toben *n*; Raserei *f*; ***foule*** *f* ***en*** ~ tobende, rasende Menge 3 F *fig* Wahnsinn *m*; ***c'est du*** **~!** das ist Wahnsinn!

délirer [deliʀe] *v/i* 1 MÉD im Delirium sein; fantasieren 2 *fig* ~ ***de joie*** vor Freude rasen, toben, außer Rand und Band sein 3 F *fig* ***il délire*** er redet Unsinn, dummes Zeug; F er spinnt

delirium tremens [deliʀjɔmtʀemɛ̃s] *m* MÉD Delirium tremens *n*; Säuferwahnsinn *m*

délit [deli] *m* Delikt *n*; Vergehen *n*; ~ (***pénal***) strafrechtliches Delikt; Straftat *f*; ~ ***politique*** politisches Verbrechen; **~s** ***d'atteinte à l'environnement*** Umweltkriminalität *f*; ~ ***de fuite*** Fahrer-, Unfallflucht *f*; ***corps*** *m* ***du*** ~ Corpus Delicti *n*; Beweisstück *n*; ***commettre un*** ~ ein Delikt begehen; ***poursuivre qn pour*** ~ ***d'opinion*** j-n wegen s-r Überzeugungen verfolgen

délivrance [delivʀɑ̃s] *f* 1 Befreiung *f* 2 *fig* Erleichterung *f*; Erlösung *f*; ***ce serait une*** ~ ***pour lui*** das wäre e-e Erlösung für ihn 3 MÉD Nachgeburt *f*; *par ext* Entbindung *f* 4 *d'un passeport etc* Ausstellung *f*; Ausfertigung *f*; *de billets* Ausgabe *f*; *d'un brevet* Erteilung *f*

délivrer [delivʀe] *v/t* 1 befreien; ~ ***un prisonnier*** einen Gefangenen befreien 2 *fig* ~ ***qn de qc*** j-n von etw (*peur, souci*) befreien, erlösen; ***la mort l'a délivré de ses souffrances*** der Tod hat ihn von s-n Leiden erlöst; ~ ***qn d'un importun*** j-n von e-m lästigen Menschen befreien 3 *passeport etc* ausstellen; ausfertigen; *billets* ausgeben; *brevet* erteilen

délocalisation [delɔkalizasjõ] *f d'une entreprise etc* Ver-, Auslagerung *f*; Verlegung *f* **délocaliser** *v/t* ver-, auslagern; verlegen

déloger [delɔʒe] *v/t* ⟨**-geons**⟩ ausquartieren; *par ext* (*chasser*) verjagen, -treiben

Délos [delos], [delɔs] GÉOGR Delos *n*

déloyal [delwajal] *adj* ⟨**-aux**⟩ *adversaire* unfair [-ɛː-]; *attitude* unehrenhaft; unfair; unkorrekt; *commerçant* unredlich; unkorrekt; unreell; ***ami*** ~ treuloser, unaufrichtiger, unzuverlässiger Freund; ***concurrence*** **~e** unlauterer Wettbewerb

déloyauté [delwajote] *f* Unkorrektheit *f*; Unehrenhaftigkeit *f*; Unaufrichtigkeit *f*; Treulosigkeit *f*; ***faire acte, preuve de*** ~ sich unfair [-ɛː-], unkorrekt, unehrenhaft verhalten

Delphes [dɛlf] GÉOGR Delphi *n*

Delphine [dɛlfin] *f Vorname*

delta [dɛlta] *m* 1 Delta *n*; ~ ***du Rhône*** Rhonedelta *n* 2 *lettre* Delta *n*; ***en*** (***forme de***) ~ deltaförmig; Delta...; AVIAT ***aile*** *f* (***en***) ~ Deltaflügel *m*

deltaplane [dɛltaplan] *m* **a**) *engin* (Flug)Drachen *m*; Hängegleiter *m*; F Drachenflieger *m*; **b**) *sport* Drachenfliegen *n*; ***faire du*** ~ Drachenflieger sein

deltoïde [dɛltɔid] *adj et subst m* (***muscle*** *m*) ~ Deltamuskel *m*

déluge [delyʒ] *m* 1 BIBL ***Déluge*** Sintflut *f*; *a* Sündflut *f*; *fig* ***remonter au ~*** weit zurückliegen; uralt sein; *loc* ***après moi le ~!*** nach mir die Sintflut! 2 *pluie* sintflutartiger Regen 3 *fig de larmes* Strom *m*; *de paroles* Flut *f*; *de protestations* Hagel *m*

déluré [delyʀe] *adj* **a)** gewitzt; pfiffig; **b)** *péj* ungeniert; ungehemmt; kess

démago [demago] F *abr* → ***démagogue***

démagogie [demagɔʒi] *f* POL Demagogie *f*; Volksverhetzung *f*; ***faire de la ~*** Hetze betreiben; hetzen; (*flatter*) den Leuten nach dem Munde reden

démagogique [demagɔʒik] *adj* demagogisch; hetzerisch; ***discours*** *m* **~** demagogische, hetzerische Rede

démagogue [demagɔg] **I** *m,f* Demagoge, -gogin *m,f* **II** *adj personne* demagogisch

démailler [demaje] *v/pr* ***se ~*** *bas* Laufmaschen bekommen; *tricot* aufgehen

démailloter [demajɔte] *v/t bébé* auswickeln

demain [d(ə)mɛ̃] *adv* 1 morgen; ***~ matin, soir,*** **(*à*)** ***midi*** morgen früh *ou* Vormittag, Abend, Mittag; ***à ~!*** bis, auf morgen!; ***d'ici*** **(*à*)** **~** bis morgen; ***la journée de ~*** der morgige Tag; ***avoir tout ~ pour faire qc*** den ganzen morgigen Tag haben, um etw zu tun; F ***ce n'est pas pour ~*** *ou* ***ce n'est pas ~ la veille*** so schnell geht das nicht; F so schnell schießen die Preußen nicht 2 (*l'avenir*) ***le monde de ~*** die Welt von morgen; *nous ne savons pas* ***de quoi ~ sera fait*** was uns das Morgen bringen wird

démancher [demɑ̃ʃe] **I** *v/t* 1 *outil* den Stiel, den Griff abmachen (***qc*** von etw); *adjt* ***démanché*** *chaise etc* aus dem Leim, in die Brüche gegangen 2 F *bras etc* ver-, ausrenken; auskugeln **II** *v/pr* ***se ~*** 1 *outil* den Stiel, den Griff verlieren 2 F ***se ~ le bras*** sich (*dat*) den Arm ver-, ausrenken, auskugeln

demande [d(ə)mɑ̃d] *f* 1 Ersuchen *n*; Bitte *f*; Anfrage *f*; *écrite, officielle* Antrag *m*; Gesuch *n*; Eingabe *f*; ***~ d'admission*** Zulassungsantrag *m*, -gesuch *n*; ***~ d'autorisation*** Antrag auf Genehmigung; ***~ d'emploi*** Stellengesuch *n*; ***~ de renseignements*** Bitte, Ersuchen um Auskunft; ***à, sur la ~ de qn*** auf j-s Bitte, Ersuchen, Verlangen (hin); ***à la ~ générale*** auf allgemeinen Wunsch; ***sur ~*** auf Anfrage; auf Wunsch; auf Anforderung; ***faire une ~*** e-n Antrag stellen, ein Gesuch einreichen, e-e Eingabe machen (***à*** bei) 2 ***~ en mariage*** Heiratsantrag *m* 3 ÉCON Nachfrage *f* (***de qc*** nach etw) 4 JUR **~** (***en justice, judiciaire***) Klage *f*; (Klage)Antrag *m*; ***~ en divorce*** Scheidungsklage *f*; ***~ en, de dommages-intérêts*** Klage auf Schadenersatz; Schadenersatzklage *f*; ***~ en, de renvoi*** Verweisungsantrag *m*; ***former une ~*** e-e Klage erheben, einreichen, anstrengen 5 JEUX DE CARTES Bieten *n*; Reizen *n* 6 ***faire les ~s et les réponses*** Fragen stellen und sie gleich selbst beantworten

demandé [d(ə)mɑ̃de] *adj marchandise, personne* gefragt; begehrt; *personne a* beliebt

demander [d(ə)mɑ̃de] **I** *v/t* 1 (*solliciter*) bitten (***qc à qn*** j-n um etw); erbitten (etw von j-m); ersuchen (j-n um etw); ADM beantragen; ***~ aide, assistance à qn*** j-n um Hilfe, Beistand bitten; ***~ une augmentation de salaire*** um (e-e) Gehaltserhöhung bitten, nachsuchen; ***~ l'autorisation, la permission*** (***à qn***) (***de faire qc***) (j-n) um die Erlaubnis bitten, ADM (bei j-m) die Genehmigung einholen, um die Genehmigung nachsuchen(, etw tun zu dürfen); ***~ une faveur, un service à qn*** j-n um e-e Gefälligkeit, um e-n Gefallen bitten; ***~ la parole*** ums Wort bitten; sich zu Wort melden; ***~ des renseignements à qn*** j-n um Auskunft bitten, ersuchen; bei j-m Auskünfte einholen; ♦ ***~ à qn de faire qc*** j-n (darum) bitten, etw zu tun; ♦ ***~ à*** (*+inf*) bitten zu (*+inf*); ***~ à réfléchir*** um Bedenkzeit bitten; ***il a demandé à partir*** er hat (darum) gebeten, gehen zu dürfen; ♦ ***~ que …*** (*+subj*) (darum) bitten, dass …; ***j'ai demandé qu'il vienne*** ich habe (darum) gebeten, dass er kommt *ou* kommen möge 2 (*exiger*) verlangen, (an)fordern (***qc à qn*** etw von j-m); abverlangen (j-m etw); (*désirer*) wünschen, begehren (etw von j-m); TÉL ***~ une communication*** ein (Telefon)Gespräch anmelden; ♦ F ***il ne demande que ça*** darauf wartet er nur; das will er ja gerade; ***~ beaucoup à qn*** viel von j-m verlangen; j-m viel abverlangen, zumuten; ***je ne demande pas mieux!*** herzlich gern!; mit dem größten Vergnügen!; ***je ne demande pas mieux que de*** (*+inf*) ich wünsche mir nichts sehnlicher als zu (*+inf*); es ist mein sehnlichster Wunsch zu (*+inf*); ***~ trop à qn*** *a* j-m zu viel zumuten; j-n überfordern; ***c'est trop ~*** das ist zu viel verlangt; *iron* F ***il ne faut pas lui en ~ trop*** für ihn ist das schon viel; *dans une vente* ***~ trop cher*** zu viel verlangen, fordern; ***c'est tout ce que je demande*** *ou* ***je n'en demande pas plus*** mehr verlange ich (gar) nicht; ♦ ***~ à*** (*+inf*) verlangen, wünschen zu (*+inf*); ***je ne demande qu'à le croire*** ich möchte es gern glauben; ***~ à voir qc*** verlangen, wünschen, etw zu sehen; ♦ ***~ que …*** (*+subj*) verlangen, wünschen, dass … 3 *chose* ***~ qc*** etw verlangen, erfordern, benötigen, brauchen, in Anspruch nehmen; e-r Sache (*gén*) bedürfen; ***cela demande une explication*** das verlangt e-e Erklärung, bedarf e-r Erklärung; *travail, voyage* ***~ deux jours*** zwei Tage in Anspruch nehmen; *situation* ***~ réflexion*** Bedenkzeit erfordern; zum Nachdenken nötigen; *état de santé* ***~ un repos complet*** vollständige Ruhe erfordern, verlangen; *entreprise* ***~ du sang-froid*** Kaltblütigkeit, Beherrschtheit verlangen, erfordern; *malade, animal, plante* ***~ beaucoup de soins*** viel Pflege brauchen, benötigen; sorgfältiger Pflege bedürfen; ♦ ***~ à être*** (*+p/p*) … werden müssen; *plante* ***~ à être arrosé chaque jour*** täglich gegossen werden müssen; *résultat* ***~ à être vérifié*** geprüft werden müssen 4 ***~ qn*** j-n verlangen; ***~ un médecin, un prêtre*** e-n *ou* nach e-m Arzt, Priester verlangen; *offre d'emploi* ***on demande une secrétaire*** Sekretärin gesucht; ***on vous demande*** Sie werden verlangt; man wünscht Sie zu sprechen; ***~ qn au téléphone*** j-n am Telefon verlangen 5 *par question* fragen (***qc à qn*** j-n nach etw); ***~ son avis à qn*** j-n um s-e, nach s-r Meinung fragen; ***~ son chemin*** (***à qn***) (j-n) nach dem Weg fragen; ***il a demandé de vos nouvelles*** er hat nach Ihnen gefragt; er hat sich nach Ihnen erkundigt (***à qn*** bei j-m); ***~ à qn la raison de son retard*** j-n nach dem Grund s-r Verspätung, s-s Zuspätkommens fragen; F ***je vous le demande*** *ou* ***je vous demande*** (***un peu***)***!*** muss das sein!; ist das nötig!; ***~ comment, quand, pourquoi, si …*** fragen, wie, wann, warum, ob …; ***il ne faut pas ~ pourquoi!*** man braucht (gar) nicht zu fragen warum! 6 JUR klagen (***qc*** auf etw [*acc*]); e-e Klage einreichen; ***~ des dommages-intérêts*** auf Schadener-

D

satz klagen; ~ ***le divorce*** die Scheidung einreichen 7 ~ ***qn en mariage***, ~ ***la main de qn*** um j-n, um j-s Hand anhalten II *v/t/indir* F ~ ***après qn*** nach j-m fragen III *v/pr* ***se*** ~ sich fragen; ***je me demande la raison de ces mesures*** ich frage mich nach dem Grund dieser Maßnahmen; ***je me le demande*** *ou* ***c'est ce que je me demande*** das frage ich mich auch, möchte ich auch wissen; F ***c'est à se ~ si …*** man fragt sich, ob …

demandeur[1] [d(ə)mɑ̃dœʀ] *m*, **demanderesse** [d(ə)mɑ̃dʀɛs] *f* JUR Kläger(in) *m(f)*

demandeur[2] [d(ə)mɑ̃dœʀ] *m*, **demandeuse** *f*: ***demandeur, demandeuse d'asile*** Asylbewerber(in) *m(f)*; Asylant(in) *m(f)*; ***demandeur, demandeuse d'emploi*** Arbeit(s)-, Stellungssuchende(r) *f(m)*

démangeaison [demɑ̃ʒɛzõ] *f* Jucken *n*; Juckreiz *m*; ***j'ai une ~, des ~s*** es juckt mich

démanger [demɑ̃ʒe] *v/t et v/i* ⟨**-geait**⟩ 1 jucken (***qn*** *ou* ***à qn*** j-n); ***ça me démange dans le dos*** es juckt mich am Rücken 2 *fig* ***la langue lui démange de tout dire*** es brennt ihm auf der Zunge, alles zu sagen; ***la main me démange*** es juckt mir *ou* mich in den Fingern; ***cela le démange*** (***de*** *+inf*) F es kribbelt ihm in den Finger(spitze)n (zu *+inf*)

démantèlement [demɑ̃tɛlmɑ̃] *m* 1 Schleifen *n*; Niederreißen *n* 2 Zerschlagung *f*

démanteler [demɑ̃t(ə)le] *v/t* ⟨**-è-**⟩ 1 *forteresse* schleifen; niederreißen 2 *fig réseau etc* zerschlagen

démantibuler [demɑ̃tibyle] F I *v/t* kaputt machen, schlagen; *adjt* ***démantibulé*** kaputt; in die Brüche gegangen II *v/pr* ***se*** ~ kaputtgehen; in die Brüche gehen; entzweigehen

démaquillage [demakijaʒ] *m* Abschminken *n*

démaquillant [demakijɑ̃] I *adj* Abschmink…; Reinigungs…; ***crème ~e, lait ~*** Reinigungscreme *f*, -milch *f* II *m* Abschminke *f*; Abschminkmittel *n*

démaquiller [demakije] I *v/t* abschminken II *v/pr* ***se*** ~ sich abschminken

démarcage *m* → ***démarquage***

démarcation [demaʀkasjõ] *f* 1 Grenzziehung *f*; Abgrenzung *f*; ***ligne*** *f* ***de*** ~ Demarkations-, Grenzlinie *f* 2 *fig* Grenze *f*; Abgrenzung *f*; Trennung *f*

démarchage [demaʀʃaʒ] *m* COMM Kundenwerbung *f*; Akquisition *f*; ***faire du*** ~ als Kundenwerber, Akquisiteur, F Drücker tätig sein

démarche [demaʀʃ] *f* 1 (*façon de marcher*) Gang *m*; Art *f* des Gehens, zu gehen 2 *fig* Vorstoß *m*; *souvent pl* ***~s*** Schritte *m/pl*; ***faire des ~s*** Schritte unternehmen (***pour*** *+inf* um zu *+inf*); ***faire une ~ auprès de qn*** bei j-m vorsprechen; ***tenter une ~*** (***auprès de qn***) e-n Vorstoß (bei j-m) wagen 3 *de la pensée etc* Aufbau *m*; Weg *m*; Entwicklung *f*; Methode *f*

démarcheur [demaʀʃœʀ] *m*, **démarcheuse** *f* Kundenwerber(in) *m(f)*; Akquisiteur *m*; F Drücker *m*

démarquage [demaʀkaʒ] *m* 1 Nachahmung *f*; Kopierung *f*; *résultat* Plagiat *n*; Kopie *f* 2 SPORTS Freilaufen *n*, -spielen *n*

démarque [demaʀk] *f* COMM Entfernung *f* des Markenzeichens, der Markierung (***d'un article*** von e-m Artikel)

démarquer [demaʀke] I *v/t* 1 COMM das Markenzeichen, die Markierung entfernen, abmachen, *par ext* den Preis herabsetzen (***qc*** von etw) 2 *œuvre, auteur* nachahmen; kopieren; plagiieren 3 SPORTS *joueur* freispielen II *v/pr* ***se*** ~ 1 SPORTS sich freilaufen; sich freispielen 2 *fig* sich profilieren

démarrage [demaʀaʒ] *m* 1 Anfahren *n*; Starten *n*; *d'un moteur* Anlassen *n*; Anwerfen *n*; Starten *n*; Anspringen *n*; Start *m*; ~ ***en côte*** Anfahren am Berg; ~ ***en trombe*** Blitzstart *m* 2 *fig* Start *m*; Anfang *m*; Beginn *m*; Einleitung *f*; ÉCON Ankurbelung *f*; *par ext* Aufschwung *m* 3 SPORTS Start *m*; *a* Spurt *m*

démarrer [demaʀe] I *v/t* 1 *affaire, production* ankurbeln; in Gang bringen; *travail etc* beginnen; in die Wege leiten; einleiten; starten 2 INFORM *ordinateur, logiciel* starten II *v/i* 1 *véhicule* anfahren; starten; sich in Bewegung setzen; *bateau* ablegen; *moteur* anspringen; ***faire ~*** *moteur* anlassen; anwerfen; starten (*a véhicule*) 2 *fig affaire, travail etc* anlaufen; in Gang kommen; beginnen 3 SPORTS (los)spurten

démarreur [demaʀœʀ] *m* AUTO Anlasser *m*; Starter *m*

démasquer [demaske] I *v/t* 1 demaskieren; die Maske abnehmen (***qn*** j-m) 2 *fig criminel, traître* entlarven; demaskieren; *espion a* enttarnen; *intentions, fourberie etc* entlarven; enthüllen; ~ ***les intentions de qn*** *a* hinter j-s Absichten (*acc*) kommen; ~ ***son plan*** s-n Plan enthüllen, aufdecken II *v/pr* ***se*** ~ 1 sich demaskieren; s-e Maske abnehmen 2 *fig* sich entlarven, demaskieren; s-e Maske fallen lassen

démâtage [demataʒ] *m* MAR Entmasten *n*; Verlust *m* der Masten

démâter [demate] MAR I *v/t* entmasten II *v/i* entmastet werden; die Masten verlieren

dématérialisation [dematerjalizasjõ] *f* NUCL De-, Entmaterialisation *f*; Zerstrahlung *f*

d'emblée [dɑ̃ble] *loc/adv* → ***emblée***

démêlage [demɛlaʒ] *m* Entwirren *n*

démêlé [demele] *m* Streit *m*; Auseinandersetzung *f*; ***avoir des ~s avec*** Streit haben, in Streit liegen mit; *avec la police, la justice* zu tun haben mit

démêler [demele] *v/t* 1 *cheveux* auskämmen, -bürsten; *fils* entwirren 2 *fig* entwirren; aufklären; Licht bringen in (*+acc*) 3 *par ext* auseinanderhalten; unterscheiden; ~ ***le vrai du faux*** das Wahre vom Falschen unterscheiden

démembrement [demɑ̃bʀəmɑ̃] *m* (Auf)Teilung *f*; Zerstückelung *f*

démembrer [demɑ̃bʀe] *v/t empire etc* (auf)teilen; zerstückeln; zersplittern

déménagement [demenaʒmɑ̃] *m* Um-, Auszug *m*; ***camion*** *m* ***de*** ~ Möbelwagen *m*; ***entreprise*** *f* ***de*** ~ Umzugsfirma *f*; Möbelspedition *f*

déménager [demenaʒe] ⟨**-geons**⟩ I *v/t meubles etc* (aus e-r Wohnung in die andere) transportieren, schaffen II *v/i* 1 um-, ausziehen 2 F *fig* (*être fou*) F spinnen

déménageur [demenaʒœʀ] *m* 1 *ouvrier* Möbelpacker *m* 2 *entrepreneur* Möbeltransporteur *m*, -spediteur *m*

démence [demɑ̃s] *f* 1 MÉD, JUR Demenz *f*; erworbene Geistesschwäche; ~ ***précoce*** Dementia praecox *f*; Jugendirresein *n*; ~ ***sénile*** senile Demenz; Altersblödsinn *m* 2 *fig* Verrücktheit *f*; ***c'est de la ~!*** das ist Irrsinn!

démener [demne] *v/pr* ⟨**-è-**⟩ ***se*** ~ 1 (herum)toben 2 *fig* sich plagen; sich abmühen; sich abrackern

dément [demɑ̃] **I** *adj* **1** MÉD, JUR geistesschwach; schwachsinnig **2** *fig* irrsinnig; verrückt **II** *subst* **~(e)** *m(f)* MÉD, JUR Geistesschwache(r) *f(m)*; Schwachsinnige(r) *f(m)*

démenti [demɑ̃ti] *m* Dementi *n*; ***donner, opposer un ~*** ein Dementi herausgeben

démentiel [demɑ̃sjɛl] *adj* ⟨**~le**⟩ *projet etc* unsinnig; verrückt

démentir [demɑ̃tiʀ] ⟨→ **partir**⟩ **I** *v/t* **1** ***~ qn*** j-n (offiziell) widerlegen; j-m (offiziell) widersprechen **2** *nouvelle etc* dementieren; für falsch erklären **3** *chose* ***~ qc*** etw widerlegen, entkräften, Lügen strafen **II** *v/pr amitié etc* ***ne pas se ~*** nicht nachlassen, abflauen, aufhören

démerdard [demɛʀdaʀ] P *m et adj* → ***débrouillard***

démerder [demɛʀde] *v/pr* P ***se ~*** **1** → ***débrouiller*** *II* **2** (*se hâter*) F sich tummeln; sich ranhalten

démérite [demeʀit] *litt m* Verfehlung *f*; Fehler *m*; *par ext* Schuldhaftigkeit *f*

démériter [demeʀite] *v/i* ***~ aux yeux de qn*** sich in j-s Augen (*dat*) vergehen, schuldig machen; ***~ de son pays*** sich s-s Landes unwürdig erweisen; *abs* ***en quoi a-t-il démérité?*** worin besteht sein Vergehen, s-e Schuld?

démesure [deməzyʀ] *f* Maßlosigkeit *f*

démesuré [deməzyʀe] *adj* **1** immens; riesig **2** *fig appétit* maßlos; *exigence a* unmäßig; überzogen; ***ambition, fierté ~e*** maßloser Ehrgeiz, Stolz

démesurément [deməzyʀemɑ̃] *adv* maßlos; übermäßig; unendlich

démettre [demɛtʀ] ⟨→ **mettre**⟩ **I** *v/t* **1** *cheville, bras etc* ver-, ausrenken; *bras, épaule a* auskugeln **2** ***~ qn de ses fonctions*** j-n s-s Amtes entheben; j-n absetzen **II** *v/pr* **1** ***se ~ le bras*** sich (*dat*) den Arm ver-, ausrenken, auskugeln **2** ***se ~ (de ses fonctions)*** sein Amt niederlegen; (von s-m Amt) zurücktreten

demeurant [dəmœʀɑ̃] *loc/adv st/s* ***au ~*** im Übrigen; ansonsten

demeure [dəmœʀ] *f* **1** Wohnsitz *m*; *fig* ***accompagner qn à sa dernière ~*** j-n zu s-r letzten Ruhestätte geleiten **2** *loc/adv* ***à ~*** auf (die) Dauer; ständig **3** ***mise*** *f* ***en ~*** Mahnung *f*, Aufforderung *f* (, s-n Verpflichtungen nachzukommen); ***mettre qn en ~ de*** (*+inf*) j-n auffordern, mahnen zu (*+inf*); ***il (n')y a (pas) péril en la ~*** es ist (keine) Gefahr im Verzug

demeuré [dəmœʀe] **I** *adj* (geistig) zurückgeblieben; *péj* schwachköpfig **II** *subst* **~(e)** *m(f)* Schwachkopf *m*; F Depp *m*

demeurer [dəmœʀe] *v/i* **1** (*habiter*) wohnen (***à Paris, rue de la gare*** in Paris, in der Bahnhofstraße); ADM ***demeurant à Nice*** wohnhaft in Nizza **2** ⟨**être**⟩ (*rester*) bleiben; *intention etc* fortbestehen; ***~ étranger à qc*** bei, an etw (*dat*) unbeteiligt bleiben; ***en ~ là*** *personne* die Sache nicht weiterverfolgen; es dabei bewenden lassen; nicht weiter davon, darüber sprechen; *chose* nicht fortgesetzt werden; keine weiteren Folgen haben

demi [d(ə)mi] **I** *loc/adj* ***… et ~(e)*** [ɛdmi] …(ein)halb; ***un jour et ~*** anderthalb *ou* eineinhalb Tage *m/pl*; ***deux litres et ~*** zweieinhalb Liter *m/pl*; ***trois heures et ~e*** dreieinhalb Stunden *f/pl*; ***à trois heures et ~e*** um halb vier; ***à midi, minuit et ~(e)*** um halb eins (mittags, nachts) **II** *loc/adv* ***à ~*** halb; zur Hälfte; ***à ~ convaincu*** halb, zur Hälfte überzeugt; ***à ~ nu*** halb nackt; ***à ~ plein*** halb voll; zur Hälfte voll **III** *subst* **1** **~(e)** *m(f)* Halbe(r, -s) *f(m, n)*; *un pain entier c'est trop*, ***donnez-m'en un ~*** geben Sie mir ein Halbes **2** *m* MATH Halbe(s) *n* **3** ***un ~ (de bière)*** ein (kleines) Glas Bier **4** *m* FOOTBALL, HOCKEY Mittelfeldspieler *m*; RUGBY ***~ de mêlée, d'ouverture*** Gedränge-, Flügelhalbspieler *m* **5** *f* ***~e*** *heure*: ***à la ~e*** um halb; ***la ~e de sept heures*** halb acht

demi-… [d(ə)mi] *préfixe* ⟨*f u pl inv, z. B.* ***demi-bottes***⟩ halb…; Halb…; → *les articles suivants*

demi-botte [d(ə)mibɔt] *f* Halbstiefel *m* **demi-bouteille** *f* halbe *ou* kleine Flasche

demi-cercle [d(ə)misɛʀkl] *m* Halbkreis *m*; ***en ~*** im Halbkreis **demi-circulaire** *adj* halbkreisförmig; halbrund

demi-colonne [d(ə)mikɔlɔn] *f* **1** *de journal* halbe Spalte **2** ARCH Wand-, Halbsäule *f*

demi-deuil [d(ə)midœj] *m* Halbtrauer *f* **demi-dieu** *m* Halbgott *m* **demi-douzaine** *f* halbes Dutzend (*a approximation*); ***une ~ d'huîtres*** ein halbes Dutzend Austern

demi-droite [d(ə)midʀwat] *f* MATH Strahl *m*; Halbgerade *f*

demi-écrémé [d(ə)miekʀeme] *adj* ***lait ~*** Halbmilch *f*; Trockenmilch *f* mit geringerem Fettgehalt (*für Säuglinge*)

demi-fin [d(ə)mifɛ̃] *adj* halbfein

demi-finale [d(ə)mifinal] *f* SPORTS Halb-, Semifinale *n* **demi-finaliste** *m,f* SPORTS Teilnehmer(in) *m(f)* am Halb-, Semifinale; Semifinalist(in) *m(f)*

demi-fond [d(ə)mifɔ̃] *m* SPORTS Mittelstrecke *f*; ***coureur*** *m*, ***course*** *f* ***de ~*** Mittelstreckenläufer *m*, -lauf *m* **demi-frère** *m* Halb-, Stiefbruder *m* **demi-gros** *m* COMM Einzelhandel *m* im Großen **demi-heure** *f* halbe Stunde **demi-jour** *m* Dämmer-, Zwielicht *n*; Halbdunkel *n* **demi-journée** *f* halber Tag

démilitarisation [demilitaʀizasjɔ̃] *f* Ent-, Demilitarisierung *f* **démilitariser** *v/t* ent-, demilitarisieren

demi-litre [d(ə)militʀ] *m* halber Liter

demi-longueur [d(ə)milɔ̃gœʀ] *f* SPORTS halbe Länge; ***gagner d'une ~*** mit e-r halben Länge (Vorsprung) gewinnen

demi-lune [d(ə)milyn] *f* **1** FORTIF Außenwerk *n* **2** ARCH halbkreisförmiger, halbrunder Platz **3** *adjt* ⟨*inv*⟩ *meuble* halbkreisförmig; halbrund

demi-mal [d(ə)mimal] *m* ***il n'y a que ~*** es ist (nur) halb so schlimm

demi-mesure [d(ə)mim(ə)zyʀ] *f* halbe Sache; Halbheit *f*

demi-mondaine [d(ə)mimɔ̃dɛn] *f* Halbweltdame *f* **demi-monde** *m* Halbwelt *f* **demi-mort** *litt adj* halb tot

demi-mot *loc/adv* ***à ~*** [admimo] ohne viel Worte; aufgrund, mithilfe von Andeutungen; ***comprendre une lettre*** *etc* ***à ~*** *a* zwischen den Zeilen lesen (können)

déminage [deminaʒ] *m* MIL Minenräumung *f*; Entminung *f* **déminer** *v/t* MIL entminen; von Minen säubern; *abs* Minen räumen

déminéralisation [demineʀalizasjɔ̃] *f* MÉD Demineralisation *f*; Verarmung *f* an Mineralien **déminéraliser** *v/pr* ***se ~*** MÉD (die) Mineralien verlieren; an Mineralien verarmen

démineur [deminœʀ] *m* MIL Minenräumer *m*

demi-pause [d(ə)mipoz] *f* MUS halbe Pause

D

demi-pension [d(ə)mipɑ̃sjõ] *f* 1 *à l'hôtel* Halbpension *f* 2 ÉCOLE *en France* Ganztagsschule *f* (mit gemeinsamem Mittagessen) **demi-pensionnaire** *m* Ganztagsschüler *m*
demi-place [d(ə)miplas] *f* (um die Hälfte) ermäßigte Fahrkarte **demi-pointure** *f chaussures* Zwischengröße *f* **demi-portion** *f* F *et péj d'une personne* F halbe Portion **demi-queue** *adj et subst m* ⟨*inv*⟩ (**piano** *m*) ~ Stutzflügel *m* **demi-reliure** *f* Halbleder-, Halbfranzband *m* **demi-ronde** *f* TECH Halbrundfeile *f*
démis [demi] *p/p* → **démettre** *et adj articulation* verrenkt; ausgerenkt; *épaule, bras a* ausgekugelt
demi-saison [d(ə)misɛzõ] *f* Übergangszeit *f*; **manteau** *m* **de** ~ Übergangsmantel *m*
demi-sang [d(ə)misɑ̃] *m* ⟨*inv*⟩ *cheval* Halbblut *n* **demi-sec** *adj champagne* halbtrocken
demi-sel [d(ə)misɛl] I *adj beurre, fromage* leicht gesalzen II *m* ⟨*inv*⟩ leicht gesalzener Frischkäse
demi-siècle [d(ə)misjɛkl] *m* halbes Jahrhundert **demi-sœur** *f* Halb-, Stiefschwester *f* **demi-solde** *f* MIL halber Sold **demi-sommeil** *m* Halbschlaf *m*, -schlummer *m* **demi-soupir** *m* MUS Achtelpause *f*
démission [demisjõ] *f* 1 Rücktritt *m*; POL *a* Demission *f*; *d'un salarié* Kündigung *f*; **lettre** *f* **de** ~ Rücktrittsgesuch *n*; **donner sa** ~ den Rücktritt einreichen, erklären; s-e Entlassung einreichen; s-n Abschied nehmen; *salarié* kündigen 2 *fig* Verzicht *m*; Aufgabe *f*; *des parents etc* Versagen *n*
démissionnaire [demisjɔnɛʀ] *adj* 1 zurückgetreten 2 *parents etc* die aufgeben, versagen
démissionner [demisjɔne] *v/i* 1 zurücktreten; *d'une fonction* ausscheiden (**de** aus); *salarié* kündigen; *iron v/t* **on l'a démissionné** er ist gegangen worden 2 *fig* (es, alles, das Ganze) aufgeben
demi-tarif [d(ə)mitaʀif] *loc/adj billet* (**à**) ~ zum halben Preis; (um die Hälfte) ermäßigt
demi-teinte [d(ə)mitɛ̃t] *f* PEINT Halbton *m* (*a fig*) **demi-ton** *m* MUS Halbton *m*
demi-tour [d(ə)mituʀ] *m* Kehrtwendung *f*; MIL ~ (**à**) **droite!** rechtsum kehrt!; **faire** ~ kehrtmachen; umkehren
demi-vie [d(ə)mivi] *f* NUCL Halbwertszeit *f*
démobilisation [demɔbilizasjõ] *f* 1 MIL Demobilisation *f*; Demobilisierung *f* 2 *fig* Demotivation *f*
démobiliser [demɔbilize] *v/t* 1 MIL demobilisieren (*a abs*) 2 *fig* demotivieren; die Einsatzfreude nehmen (**qn** j-m); *adjt* **démobilisé** demotiviert; ohne Einsatzfreude
démocrate [demɔkʀat] I *m,f* Demokrat(in) *m(f)* II *adj* demokratisch; *aux États-Unis* **parti** ~ Demokratische Partei
démocrate-chrétien [demɔkʀatkʀetjɛ̃] *adj* ⟨**-ne**⟩ POL christlich-demokratisch
démocratie [demɔkʀasi] *f* Demokratie *f*; ~ **populaire** Volksdemokratie *f*; **être en** ~ in e-r Demokratie leben
démocratique [demɔkʀatik] *adj* demokratisch **démocratiquement** *adv* auf demokratische Weise; auf demokratischem Wege
démocratisation [demɔkʀatizasjõ] *f* Demokratisierung *f*
démocratiser [demɔkʀatize] I *v/t* 1 demokratisieren; ~ **un pays** ein Land demokratisieren 2 *par ext sports, voyages etc* demokratisieren; popularisieren; allen Bevölkerungsschichten zugänglich machen; ~ **l'enseignement** *a* gleiche Bildungschancen für alle schaffen II *v/pr* **se** ~ 1 POL demokratisch werden 2 *par ext* allen Bevölkerungsschichten zugänglich werden
Démocrite [demɔkʀit] *m* PHILOS Demokrit *m*
démodé [demɔde] *adj* altmodisch; unmodern; überholt
démoder [demɔde] *v/pr* **se** ~ unmodern, altmodisch werden; aus der Mode kommen
démographe [demɔgʀaf] *m,f* Demograf(in) *m(f)*; Bevölkerungsstatistiker(in) *m(f)*
démographie [demɔgʀafi] *f* Demografie *f*; Bevölkerungsstatistik *f*, -wissenschaft *f*; *par ext* ~ **galopante** sprunghafte Bevölkerungszunahme
démographique [demɔgʀafik] *adj* demografisch; Bevölkerungs…; **politique** *f* ~ Bevölkerungspolitik *f*
demoiselle [d(ə)mwazɛl] *f* 1 (*femme célibataire*) Fräulein *n* 2 *iron* (*jeune fille*) junge Dame; **ces** ~**s** die jungen Damen 3 ~ **d'honneur** Brautjungfer *f* 4 ~ **du téléphone** Telefonfräulein *n* 5 zo Wasserjungfer *f*
démolir [demɔliʀ] *v/t* 1 *construction* ein-, ab-, niederreißen; abbrechen 2 *instrument etc* kaputt machen; demolieren 3 *fig argumentation* zerstören; zunichtemachen (*a plan*); ~ **l'autorité de qn** j-s Autorität untergraben 4 F (*frapper*) ~ **qn** j-n nieder-, F zusammenschlagen; **se faire** ~ nieder-, F zusammengeschlagen werden 5 *fig* ~ **qn** j-n diffamieren, in Verruf bringen, F heruntermachen; *par la critique* j-n verreißen 6 *excès etc* ~ **qn** j-n (physisch) zugrunde richten 7 *événements* ~ **qn** j-n niedergeschlagen machen; *p/fort* F j-n fertigmachen
démolissage [demɔlisaʒ] *m d'un auteur, d'une œuvre* Verriss *m*; vernichtende Kritik (**de** an +*dat*) **démolisseur** *m* 1 CONSTR Abbrucharbeiter *m* 2 *fig* Zerstörer *m*; Vernichter *m*
démolition [demɔlisjõ] *f* 1 Abbruch *m*; Abriss *m*; **chantier** *m*, **entreprise** *f* **de** ~ Abbruchstelle *f*, -unternehmen *n* 2 *fig* Zerstörung *f* 3 ~**s** *pl* (Bau-)Trümmer *pl*
démon [demõ] *m* 1 REL Dämon *m*; Teufel *m*; **être possédé du** ~ vom Teufel, von e-m bösen Geist besessen sein 2 *fig personne* Teufel *m*; *enfant* **petit** ~ Wildfang *m* 3 *par ext* **le** ~ **de la jalousie** *etc* der Dämon Eifersucht *etc*; ~ **du jeu** Spielteufel *m*; ~ **de midi** Midlife-Crisis ['mɪdlaɪfkraɪzɪs] *f*; Johannistrieb *m*
démonétisation [demɔnetizasjõ] *f* Außerkurssetzung *f*; Einziehung *f*; Demonetisierung *f* **démonétiser** *v/t argent* außer Kurs setzen; aus dem Verkehr ziehen; einziehen; demonetisieren
démoniaque [demɔnjak] *adj* dämonisch; teuflisch
démonstrateur [demõstʀatœʀ] *m*, **démonstratrice** *f* Vorführer(in) *m(f)*; Vorführdame *f*; Demonstrator *m*; Werbeverkäufer(in) *m(f)*; Propagandist(in) *m(f)*
démonstratif [demõstʀatif] *adj* ⟨**-ive**⟩ 1 *personne* mitteilsam; überschwänglich; **peu** ~ zurückhaltend; verschlossen 2 GR **adjectif** ~ attributives Demonstrativpronomen; **pronom** ~ *ou subst* ~ *m* (allein stehendes) Demonstrativpronomen; hinweisendes Fürwort

démonstration [demõstʀasjõ] *f* **1** (*raisonnement*) Beweisführung *f*; (*preuve*) Beweis *m*; ***faire la ~ de qc*** etw beweisen, demonstrieren **2** *d'un appareil etc* Vorführung *f*; Demonstration *f*; ***faire une ~*** das Gerät, den Artikel *etc* vorführen **3** *de sentiments* Bekundung *f*; Bezeigung *f*; Äußerung *f*; ***~ de joie*** Freudenbezeigung *f*; *par ext* ***~ de force*** Demonstration *f* der Stärke (*a* MIL)
démontable [demõtabl] *adj* zerlegbar
démontage [demõtaʒ] *m* **1** Zerlegen *n*, -ung *f*; Auseinandernehmen *n*; Demontage *f*; Abbau(en) *m*(*n*) **2** *d'un pneu etc* Abmontieren *n*
démonté [demõte] *adj mer* aufgewühlt
démonte-pneu [demõtpnø] *m* ⟨*pl* **démonte-pneus**⟩ TECH Montierhebel *m*
démonter [demõte] **I** *v/t* **1** *machine, meuble etc* zerlegen; auseinandernehmen; demontieren (*a usine*); *tente* abbrechen; *tricot* aufziehen; ***~ un échafaudage*** ein Gerüst abbauen **2** *pièce de machine, roue etc* abmontieren; *pièce a* ausbauen; ***~ une porte*** eine Tür aushängen **3** *cheval*: *cavalier* abwerfen **4** *fig* ***~ qn*** j-n aus der Fassung bringen, verwirren, in Verwirrung stürzen, verunsichern **II** *v/pr* ***se ~*** **1** *appareil etc* zerfallen; auseinanderfallen **2** *personne* die Fassung verlieren; sich aus der Fassung bringen lassen; unsicher werden
démontrable [demõtʀabl] *adj* beweisbar
démontrer [demõtʀe] *v/t* **1** *principe, vérité etc* beweisen **2** *par ext* demonstrieren; aufzeigen; beweisen; hinweisen auf (+*acc*); vor Augen führen
démoralisant [demɔʀalizɑ̃] *adj* entmutigend; deprimierend; demoralisierend **démoralisateur** *adj* ⟨**-trice**⟩ demoralisierend; zersetzend
démoralisation [demɔʀalizasjõ] *f* **a**) *action* Demoralisierung *f*; Entmutigung *f*; **b**) *état* Mutlosigkeit *f*; Deprimiertheit *f*
démoraliser [demɔʀalize] **I** *v/t* demoralisieren; entmutigen; die Zuversicht nehmen (***qn*** j-m) **II** *v/pr* ***se ~*** den Mut, die Zuversicht verlieren
démordre [demɔʀdʀ] *v/t/indir* ⟨→ **rendre**⟩ ***ne pas ~ d'une opinion*** von e-r Meinung nicht abgehen; auf e-r Meinung beharren; ***il n'en démord pas*** er lässt sich nicht davon abbringen; er beharrt darauf; er lässt nicht locker
Démosthène [demɔstɛn] *m* HIST Demosthenes *m*
démotiver [demɔtive] *v/t* demotivieren
démoulage [demulaʒ] *m* Herausnehmen *n* aus der Form
démouler [demule] *v/t* aus der Form nehmen; ***~ un gâteau*** einen Kuchen aus der Form nehmen
démoustiquer [demustike] *v/t* von Mücken befreien; die Mücken vernichten (***un lieu*** an e-m Ort)
démultiplicateur [demyltiplikatœʀ] *m* TECH Untersetzungsgetriebe *n* **démultiplication** *f* TECH Übersetzung *f*; *t/t* Untersetzung *f*
démultiplier [demyltiplije] *v/t* TECH übersetzen; *t/t* untersetzen
démunir [demyniʀ] **I** *v/t* ***~ qn de qc*** j-m etw wegnehmen; j-n um etw bringen; *st/s* j-n e-r Sache (*gén*) berauben; ***être démuni*** (*sans argent*) ohne Geld, mittellos sein, dastehen; *fig* hilflos dastehen **II** *v/pr* ***se ~ de qc*** etw weg-, abgeben; sich e-r Sache (*gén*) entledigen
démystification [demistifikasjõ] *f* Aufklärung *f*; Desillusionierung *f* **démystifier** *v/t* **1** *personne* aufklären; desillusionieren **2** *chose* das Geheimnisvolle nehmen (+*dat*)
démythification [demitifikasjõ] *f* Entmythisierung *f* **démythifier** *v/t* entmythisieren; *par ext* realistisch, kritisch betrachten
dénasalisation [denazalizasjõ] *f* PHON Entnasalierung *f*
dénatalité [denatalite] *f* Geburtenrückgang *m*
dénationalisation [denasjɔnalizasjõ] *f* ÉCON, POL Reprivatisierung *f*; Rückführung *f* in Privathand **dénationaliser** *v/t* reprivatisieren; entnationalisieren
dénaturalisation [denatyʀalizasjõ] *f* Denaturalisation *f*; Ausbürgerung *f* **dénaturaliser** *v/t* denaturalisieren; ausbürgern
dénaturant [denatyʀɑ̃] *m* Denaturierungsmittel *n* **dénaturation** *f* TECH Denaturierung *f*
dénaturé [denatyʀe] *adj* **1** *goût, mœurs etc* entartet; ***mère ~e, père ~, parents ~s*** *a* Rabenmutter *f*, -vater *m*, -eltern *pl* **2** *produit* denaturiert; *alcool a* vergällt
dénaturer [denatyʀe] *v/t* **1** *faits, propos* entstellen; verfälschen; entstellt, falsch wiedergeben **2** *goût, parfum etc* verändern; verfälschen **3** TECH denaturieren; *alcool a* vergällen
dénazification [denazifikasjõ] *f* Entnazifizierung *f* **dénazifier** *v/t* entnazifizieren
dénégation [denegasjõ] *f* Verneinung *f*; Ab-, Bestreiten *n*; Leugnen *n*; ***geste*** *m* ***de ~*** Geste *f* der Verneinung, Ablehnung
déneigement [denɛʒmɑ̃] *m* Schneeräumung *f*
dengue [dɛ̃g] *f* MÉD Denguefieber *n*
déni [deni] *m* JUR ***~ de justice*** Rechts-, Justizverweigerung *f*
déniaiser [denjeze] *v/t jeunes gens* aufklären; gewitzter machen; (*dépuceler*) die Unschuld nehmen (***qn*** j-m)
dénicher [deniʃe] *v/t* **1** *œufs, oiseaux* aus dem Nest nehmen **2** *objet rare* aufstöbern (*a voleur*); ausfindig machen; auftreiben (*a personne*); F ergattern; aufgabeln
dénicheur [deniʃœʀ] *m*, **dénicheuse** *f* **1** j, der Nester ausnimmt **2** *fig* ***~ d'antiquités*** *etc* j, der Antiquitäten *etc* aufstöbert
dénicotinisation [denikɔtinizasjõ] *f* Nikotinentzug *m* **dénicotiniser** *v/t* das Nikotin entziehen (+*dat*); *adjt* ***dénicotinisé*** nikotinarm *ou* -frei
denier [dənje] *m* **1** HIST *à Rome* Denar *m*; *fig*, BIBL ***pour trente ~s*** für e-n Judaslohn; für dreißig Silberlinge **2** HIST *en France* Denier *m*; *correspond à* Heller *m* **3** ***~s publics*** öffentliche Gelder *n/pl*, Mittel *n/pl*; ***de ses ~s*** mit s-m eigenen Geld; aus eigener Tasche **4** ÉGL CATH *en France* ***~ du culte*** freiwillige Abgabe an die Kirche; *correspond à* Kirchgeld *n* **5** TEXT Denier *n*
dénier [denje] *v/t* **1** ***~ à qn le droit de*** (+*inf*) j-m das Recht verweigern, absprechen zu (+*inf*) **2** *st/s responsabilité* ab-, bestreiten; leugnen
dénigrant [denigʀɑ̃] *adj paroles, ton etc* herabwürdigend
dénigrement [denigʀəmɑ̃] *m* Herabwürdigung *f*; Verunglimpfung *f* **dénigrer** *v/t* anschwärzen; herabwürdigen, -setzen; schlechtmachen; verunglimpfen
Denis [dəni] *m* **1** *Vorname* **2** *saint* Dionysius *m*

Denise [dəniz] *f Vorname*
dénivelée [denivle] *f* Höhenunterschied *m* (*a beim Schießen*) **déniveler** *v/t* ⟨**-ll-**⟩ *sol, rue* uneben machen; senken
dénivellation [denivɛlasjõ] *f ou* **dénivellement** *m* Höhenunterschied *m*
dénombrable [denõbʀabl] *adj* zählbar
dénombrement [denõbʀəmɑ̃] *m* Zählung *f*
dénombrer [denõbʀe] *v/t* **1** *personnes, choses* zählen **2** (*énumérer*) aufzählen
dénominateur [denɔminatœʀ] *m* MATH Nenner *m*; **~ *commun*** gemeinsamer Nenner (*a fig*); ***réduire au même* ~** auf den gleichen Nenner bringen; gleichnamig machen
dénominatif [denɔminatif] *adj et subst m* (***mot*** *m*, ***verbe*** *m*) **~** Denominativ(um) *n*
dénomination [denɔminasjõ] *f* Bezeichnung *f*; Benennung *f*
dénommer [denɔme] *v/t* (be)nennen; bezeichnen; *adjt a* ***le dénommé Deschamps*** der besagte, bewusste Deschamps
dénoncer [denõse] *v/t* ⟨**-ç-**⟩ **1** *personne* anzeigen (***à la police*** bei der Polizei); *bassement* denunzieren **2** *fig abus etc* anprangern **3** *accord, contrat* (auf)kündigen
dénonciateur [denõsjatœʀ] *m*, **dénonciatrice** *f* **1** j, der Anzeige erstattet; *péj* Denunziant(in) *m(f)* **2** *adjt* ***lettre dénonciatrice*** schriftliche Anzeige; *péj* Denunzierungsschreiben *n*, -brief *m*
dénonciation [denõsjasjõ] *f* **1** Anzeige *f*; *péj* Denunziation *f*; Denunzierung *f*; **~ *anonyme*** anonyme Anzeige; JUR **~ *calomnieuse*** falsche Anschuldigung **2** *fig* Anprangerung *f* **3** JUR (Auf)-Kündigung *f*
dénoter [denɔte] *v/t* **~ *qc*** von etw zeugen; auf etw (*acc*) hindeuten; auf etw (*acc*) schließen lassen
dénouement [denumɑ̃] *m d'un drame, a* THÉ Ausgang *m*; *fig* Lösung *f*; *situation* ***avoir un heureux* ~** ein glückliches Ende, e-e glückliche Lösung finden; e-n glücklichen Ausgang nehmen
dénouer [denwe] **I** *v/t* **1** *nœud, cheveux etc* aufbinden, -machen; lösen; auf-, entknoten **2** *fig situation* entwirren; lösen; **~ *une crise*** eine Krise lösen, beheben **II** *v/pr* ***se* ~** **1** *lacets etc* aufgehen; sich lösen **2** *difficultés* sich lösen (*a* THÉ)
dénoyauter [denwajote] *v/t* entsteinen; entkernen
denrée [dɑ̃ʀe] *f* **1** (Ess)Ware *f*; *souvent pl* **~*s*** Lebensmittel *n/pl*; *pour animaux* Futtermittel *n/pl*; **~*s alimentaires*** Nahrungsmittel *n/pl*; **~*s périssables*** leicht verderbliche Lebensmittel **2** *fig* ***une* ~ *rare*** e-e Seltenheit, Rarität; etwas Seltenes
dense [dɑ̃s] *adj* **1** dicht (*a* PHYS); *foule* dicht gedrängt **2** *fig style, texte* gedrängt; verdichtet; komprimiert
densimètre [dɑ̃simɛtʀ] *m* PHYS Densimeter *n*
densité [dɑ̃site] *f* **1** Dichte *f*; **~ *de la population*** Bevölkerungsdichte *f* **2** PHYS (Massen)Dichte *f*; Dichtezahl *f*; Dichtigkeit *f*
dent [dɑ̃] *f* **1** Zahn *m*; ***fausse* ~** künstlicher, falscher Zahn; **~ *à, sur pivot*** Stiftzahn *m*; ***les* ~*s du bas, du haut*** die unteren, oberen Zähne; **~ *de lait, de sagesse*** Milch-, Weisheitszahn *m*; ***brosse*** *f* ***à* ~*s*** Zahnbürste *f*; ***coup*** *m* ***de* ~** Biss *m*; ***mal*** *m* ***de* ~*s*** Zahnschmerzen *m/pl*, -weh *n*; ***avoir mal aux* ~*s*** Zahnschmerzen, -weh haben; ♦ *loc/adv*: ***dévorer à belles* ~*s*** mit gesundem Appetit essen; F tüchtig reinhauen; ***mordre qc à belles* ~*s*** kräftig, herzhaft in etw (*acc*) hineinbeißen; → *a* ***déchirer*** *I 5*; ***entre les* ~*s*** undeutlich; vor sich (*acc*) hin; ***grommeler entre ses* ~*s*** in s-n Bart brummen; ***armé jusqu'aux* ~*s*** bis an die Zähne bewaffnet; ♦ ***se faire arracher une* ~** sich (*dat*) e-n Zahn ziehen lassen; F *fig* ***avoir la* ~** F e-n Mordshunger haben; *fig* ***avoir la* ~ *dure*** e-e spitze *ou* böse Zunge haben; *dans un écrit* e-e spitze Feder führen; *fig* ***avoir les* ~*s longues*** geldgierig *ou* ehrgeizig *ou* anspruchsvoll sein; *fig* ***avoir, garder une* ~ *contre qn*** e-n Groll gegen j-n hegen; *fig* ***se casser les* ~*s sur qc*** mit etw nicht zurechtkommen, nicht fertig werden; *fig* ***être sur les* ~*s*** in äußerster Anspannung, *police etc* im Großeinsatz sein; *bébé* ***faire, percer ses* ~*s*** s-e Zähne bekommen; zahnen; ***manger du bout des* ~*s*** ohne Appetit, F mit langen Zähnen essen; ***il mange tout ce qui lui tombe sous la* ~** er isst alles, was er bekommen kann *ou* was ihm vorgesetzt wird; ***n'avoir rien à se mettre sous la* ~** nichts zu beißen haben **2** *d'une fourchette* Zinke *f*; *d'un peigne, d'une roue, d'un timbre* Zahn *m*; *d'une scie* Zahn *m*; Zacke *f*; *südd a* Zacken *m*; ***en* ~*s de scie*** gezackt, gezahnt, gezähnt (wie e-e Säge); sägeförmig; *fig* in e-m ständigen Auf und Ab **3** *d'une montagne* Zacke *f*; Horn *n*
dentaire [dɑ̃tɛʀ] *adj* **a)** Zahn…; ***prothèse*** *f* **~** Zahnprothese *f*; **b)** zahnärztlich; ***cabinet*** *m* **~** Zahnarztpraxis *f*; ***soins*** *m/pl* **~*s*** zahnärztliche Behandlung
dental [dɑ̃tal] *adj* ⟨**-aux**⟩ *et subst f* PHON (***consonne*** *f*) **~*e*** Dental(laut) *m*; Zahnlaut *m*
denté [dɑ̃te] *adj* gezahnt; gezähnt; gezackt; TECH ***roue* ~*e*** Zahnrad *n*
dentelé [dɑ̃tle] *adj* (ungleichmäßig) gezahnt, gezähnt, gezackt
denteler [dɑ̃tle] *v/t* ⟨**-ll-**⟩ mit Zähnen *ou* Zacken versehen; auszacken
dentelle [dɑ̃tɛl] *f* **1** Spitze *f*; **~ *mécanique*** Maschinenspitze *f*; ***col*** *m* ***de* ~** Spitzenkragen *m* **2** *par ext* **~ *de papier*** Spitzenpapier *n* **3** *adjt* CUIS ***crêpes*** *f/pl* **~** hauchdünne Pfannkuchen *m/pl*
dentellier [dɑ̃təlje] **I** *adj* ⟨**-ière**⟩ Spitzen…; ***industrie dentellière*** Spitzenindustrie *f* **II** *f* ***dentellière*** (Spitzen)Klöpplerin *f*
dentelure [dɑ̃tlyʀ] *f* Auszackung *f*, -zahnung *f*
dentier [dɑ̃tje] *m* (künstliches) Gebiss; (Zahn)Prothese *f*
dentifrice [dɑ̃tifʀis] **I** *m* Zahncreme *f*, -pasta *f*; ***un tube de* ~** e-e Tube Zahncreme, -pasta **II** *adj* ***eau*** *f* **~** Mundwasser *n*; ***pâte*** *f*, ***poudre*** *f* **~** Zahncreme *f ou* -pasta *f*, -pulver *n*
dentine [dɑ̃tin] *f* ANAT Zahnbein *n*; Dentin *n*
dentiste [dɑ̃tist] *m,f* Zahnarzt, -ärztin *m,f*; ***aller chez le* ~** zum Zahnarzt gehen
dentisterie [dɑ̃tistəʀi] *f* Zahnmedizin *f*, -heilkunde *f*
dentition [dɑ̃tisjõ] *f* **1** (*dents*) (natürliches) Gebiss **2** (*formation des dents*) Dentition *f*; Zahnung *f*; ***première* ~** Zahnen *n*; Durchbruch *m* der Milchzähne
denture [dɑ̃tyʀ] *f* TECH *d'une scie etc* Zahnung *f*
dénucléariser [denykleaʀize] *v/t* zur kern-, atomwaffenfreien Zone erklären, machen; *adjt* ***zone dénucléarisée*** kern-, atomwaffenfreie Zone

dénudé [denyde] *adj bras, dos etc* nackt; entblößt; *arbre, paysage, crâne* kahl; *câble* blank
dénuder [denyde] *v/t bras etc* entblößen; ***~ un câble*** ein Kabel bloß legen, freilegen
dénué [denɥe] *adj* ***~ de qc*** ohne etw; …los; ***~ d'esprit*** geistlos; ***~ de fondement*** unbegründet; grundlos; ***être ~ de tout fondement*** jeglicher Grundlage entbehren; ***~ d'intérêt*** uninteressant; ohne Interesse; ***~ de sens*** sinnlos
dénuement [denymɑ̃] *m* Mittellosigkeit *f*; Ärmlichkeit *f*; Not *f*
dénuer [denɥe] *v/pr st/s* ***se ~ de tout pour qn*** sich für j-n aufopfern; das Letzte für j-n hingeben
dénutrition [denytʀisjõ] *f* MÉD **a)** (*assimilation insuffisante*) mangelhafte Nahrungsverwertung; **b)** (*nutrition insuffisante*) Mangelernährung *f*
déodorant [deɔdɔʀɑ̃] *m* Deodorant *n*
déontologie [deõtɔlɔʒi] *f* Berufsethos *n*; (Kodex *m* der) Berufs-, Standespflichten *f/pl*; *sc* Deontologie *f*
dép. *abr* **1** (*départ*) Abf. (Abfahrt) **2** (*député*) Abg. (Abgeordneter)
dépaillé [depaje] *adj* ***chaise ~e*** Stuhl, dessen Strohsitz sich auflöst
dépannage [depanaʒ] *m* **1** Pannenhilfe *f*; Reparatur *f*; Instandsetzung *f*; AUTO ***service*** *m* ***de ~*** Abschleppdienst *m* **2** F *fig* Hilfe(leistung) *f*
dépanner [depane] *v/t* **1** die Panne beheben (***la voiture*** am Auto); reparieren; instand setzen; *voiture a* abschleppen **2** F *fig* ***~ qn*** j-m aus der Verlegenheit, F aus der Patsche helfen; j-m aus-, weiterhelfen; F j-m unter die Arme greifen
dépanneur [depanœʀ] *m* Kunden-, Pannendienst *m*
dépanneuse *f* Abschleppwagen *m*
dépaqueter [depakte] *v/t* ⟨**-tt-**⟩ auspacken
dépareillé [depaʀeje] *adj* **1** *service, collection etc* unvollständig; nicht mehr vollständig, komplett; *gant etc* einzeln **2** *tasses etc* nicht zusammenpassend, zusammengehörend **dépareiller** *v/t collection* unvollständig machen
déparer [depaʀe] *v/t* verunstalten; entstellen; verschandeln; verunzieren; ***ce tableau ne dépare pas sa collection*** dieses Gemälde ist e-e Zierde s-r Sammlung, passt gut in s-e Sammlung
départ [depaʀ] *m* **1** *de personnes* Abreise *f*; Aufbruch *m*; *d'un train, bus, bateau* Abfahrt *f*; *d'un avion* Abflug *m*; CH DE FER ***~ … arrivée …*** ab … an …; ***heure*** *f* ***du ~*** Abfahrtszeit *f*; ***préparatifs*** *m/pl* ***de ~*** Reisevorbereitungen *f/pl*; ***être sur le ~*** im Begriff sein abzureisen; reisefertig sein **2** SPORTS Start *m*; ***faux ~*** Fehlstart *m*; ***ligne*** *f* ***de ~*** Startlinie *f*; ***donner le ~*** das Startzeichen geben (*a fig*) (***à*** für); ***prendre le ~*** starten; ***prendre un bon ~*** e-n guten Start haben (*a fig*); *fig* ***prendre un nouveau ~*** neu beginnen **3** (*début*) Anfang *m*; Beginn *m*; ***point*** *m* ***de ~*** Ausgangspunkt *m*; *fig a* Ansatzpunkt *m*; *loc/adv*: ***au ~*** am, zu Anfang; zu Beginn; anfangs; anfänglich; ***dès le ~*** von Anfang an **4** *d'un fonctionnaire etc* Abgang *m*; Rücktritt *m*; Ausscheiden *n* **5** *prép* COMM ab …; ***prix*** *m* ***~ usine*** Preis *m* ab Werk
départager [depaʀtaʒe] *v/t* ⟨**-geons**⟩ ***~ deux candidats*** zwischen zwei Kandidaten die Entscheidung herbeiführen; ***~ les jurés*** bei der Abstimmung der Geschworenen den Ausschlag geben; ***~ les votes*** die Stimmengleichheit aufheben
département [depaʀtəmɑ̃] *m* **1** Departement *n*; ***le ~ de l'Essonne*** das Departement Essonne **2** *dans une entreprise etc* Abteilung *f*; *USA* ***Département d'État*** State Department [steːtdiˈpɑːtmənt] *n*; Außenministerium *n* **3** *d'un fonctionnaire* Ressort *n*; Geschäfts-, Amtsbereich *m*

Les départements français

Frankreich ist in 100 Verwaltungsbezirke, **les départements**, eingeteilt. 96 Departements liegen in Frankreich und heißen somit auch **départements métropolitains** (Departements des Mutterlandes). Guadeloupe, Martinique, Guyane und La Réunion sind überseeische Departements, auf Französisch **départements d'outre-mer** oder kurz **DOM** [dɔm]. Ein Departement wird verwaltet von einem Präfekten (**le préfet**) und einem auf sechs Jahre gewählten Generalrat (**le conseil général**).

Die Departements tragen zumeist geografische Namen. So liegt Toulouse zum Beispiel im département de la Haute-Garonne, da es sich am Oberlauf des Flusses Garonne befindet. Clermont-Ferrand hingegen liegt am Fuße des Vulkans puy de Dôme und ist somit das wirtschaftliche und administrative Zentrum des département du Puy-de-Dôme.
Die Departements sind in alphabetischer Reihenfolge von 1 bis 95 durchnummeriert. Die Nummer des jeweiligen Departements erscheint in den ersten beiden Ziffern der fünfstelligen Postleitzahlen (zum Beispiel 34000 für Montpellier im département de l'Hérault) und in den beiden letzten Ziffern der Autonummern: Dies erklärt, wieso ein Fahrzeug aus Marseille die Nummer 13 trägt (département des Bouches-du-Rhône), ein Wagen aus Bordeaux hingegen die Nummer 33 (département de la Gironde).

départemental [depaʀtəmɑ̃tal] *adj* ⟨**-aux**⟩ Departements…; ***route ~e*** *ou subst* ***~e*** *f* Landstraße *f* (erster Ordnung)
départir [depaʀtiʀ] ⟨→ **partir**⟩ **I** *v/t st/s tâche* anvertrauen, übertragen (***à qn*** j-m); *faveurs* erweisen (***à qn*** j-m) **II** *v/pr* ***se ~ de qc*** etw aufgeben; ***sans se ~ de son calme*** ohne s-e Ruhe zu verlieren
dépassé [depɑse] *adj* überholt; veraltet
dépassement [depɑsmɑ̃] *m* **1** AUTO Überholen *n*; Überholvorgang *m*; ***~ dangereux*** gefährliches

Überholen 2 *de crédit etc* Überschreitung *f*; Überziehung *f* 3 *fig* ~ ***(de soi-même)*** Über-sich-selbst-Hinauswachsen *n*

dépasser [depɑse] I *v/t* 1 *personne, véhicule* überholen (*a abs*); SPORTS *a* ~ ***qn*** an j-m vorbeiziehen 2 *ligne d'arrivée etc* hinausgehen *ou* -fahren über (+*acc*); *cap* umfahren 3 *personne, maison etc* überragen; hinausragen über (+*acc*); ~ ***qn d'une tête*** j-n um Haupteslänge überragen 4 *somme, temps, quantité* überschreiten; übersteigen; überziehen; ***l'entretien ne dépassera pas dix minutes*** das Gespräch wird nicht länger als zehn Minuten dauern; COMM ***l'offre dépasse la demande*** das Angebot übersteigt die Nachfrage 5 *fig espoirs, prévisions* übertreffen; *compétences* überschreiten; ~ ***l'imagination*** die Vorstellungskraft übersteigen; ***cela dépasse mes forces*** das übersteigt meine Kräfte; das geht über meine Kräfte; ***les mots ont dépassé sa pensée*** s-e Worte waren heftiger als beabsichtigt; → *a* **borne** *3* 6 *fig* ***cela le dépasse*** (*c'est trop difficile*) das übersteigt s-e Fähigkeiten; da ist er überfordert; (*il ne comprend pas*) das geht ihm nicht in den Kopf hinein; er kann es nicht fassen; ***il est dépassé (par les événements)*** er wird der Dinge nicht mehr Herr; die Dinge wachsen ihm über den Kopf II *v/i* hinausragen (***de*** über +*acc*); herausragen, -stehen (aus); *robe* ~ ***du*** *ou* ***sous le manteau*** unter dem Mantel hervorschauen, F -gucken III *v/pr* 1 ***se*** ~ einander überholen; aneinander vorbeigehen *ou* -fahren 2 *fig* ***se*** ~ ***(soi-même)*** über sich (*acc*) selbst hinauswachsen; sich selbst übertreffen

dépassionner [depasjɔne] *v/t* entschärfen; versachlichen; ~ ***un débat*** eine Debatte entschärfen, versachlichen

dépatouiller [depatuje] *v/pr* F ***se*** ~ F sich (*dat*) selbst aus der Patsche helfen; sich aus dem Schlamassel ziehen

dépaver [depave] *v/t* ~ ***une rue*** das Pflaster e-r Straße aufreißen

dépaysement [depeizmɑ̃] *m* 1 Fremdsein *n*; Unvertrautsein *n*; Verloren-, Verlassenheit *f* 2 *positif* Orts-, F Tapetenwechsel *m*

dépayser [depeize] *v/t* ein Gefühl der Fremdheit geben (***qn*** j-m); *adjt* ***se sentir dépaysé*** sich (*dat*) fremd, verloren, verlassen vorkommen; sich nicht zu Hause fühlen

dépeçage [depəsaʒ] *m* Zerreißen *n*; Zerlegen *n*; Auseinandernehmen *n*

dépecer [depəse] *v/t* ⟨**-è-, -ç-**⟩ *proie* zerreißen; in Stücke reißen; *bœuf etc* auseinandernehmen; zerlegen

dépêche [depɛʃ] *f* Depesche *f*

dépêcher [depeʃe] I *v/t* ~ ***qn auprès de qn*** j-n schnell zu j-m schicken II *v/pr* ***se*** ~ sich beeilen (***de faire qc*** etw zu tun, mit etw); sich sputen; ***dépêche-toi!*** *a* mach schnell!; F ***dépêchons!*** schnell!; rasch!

dépeigner [depeɲe] *v/t* → ***décoiffer*** *I 1*

dépeindre [depɛ̃dʀ] *v/t* ⟨→ **peindre**⟩ beschreiben; schildern

dépenaillé [dep(ə)naje] *adj* zerlumpt; *tenue a* zerfetzt; zerschlissen

dépendance [depɑ̃dɑ̃s] *f* 1 Abhängigkeit *f* (*a d'une drogue*); ***être sous la*** ~ ***de qn*** in Abhängigkeit von j-m sein; sich in Abhängigkeit von j-m befinden 2 MÉD Pflegebedürftigkeit *f* 3 *souvent pl* ~***s*** Nebengebäude *n/pl*; dazugehörende Ländereien *f/pl*; *sg d'un hôtel* Dependance *f*

dépendant [depɑ̃dɑ̃] *adj* 1 abhängig; ***être*** ~ ***de qn*** von j-m abhängig sein 2 ***être*** ~ ***(d'une drogue)*** drogenabhängig, -süchtig sein 3 MÉD pflegebedürftig; ***personne*** ~***e*** *a* Pflegefall *m*

dépendeur [depɑ̃dœʀ] *m* F ***grand*** ~ ***d'andouilles*** F langer Lulatsch

dépendre [depɑ̃dʀ] ⟨→ **rendre**⟩ I *v/t tableau etc* abhängen; abnehmen II *v/t/indir* 1 *chose* ~ ***de qc, de qn*** von etw, von j-m abhängen; an etw, an j-m liegen; *abs* ***ça dépend*** das kommt d(a)rauf an; je nachdem; *impersonnel* ***il dépend de lui que ...*** (+*subj*) *ou* ***de*** (+*inf*) es hängt von ihm ab, es liegt an ihm, ob … *ou* zu (+*inf*) 2 *personne* ~ ***de qn*** von j-m abhängig sein; von j-m abhängen; auf j-n angewiesen sein 3 (*faire partie*) ~ ***de qc*** zu etw gehören; *territoire* ~ ***administrativement de la France*** verwaltungsmäßig zu Frankreich gehören

dépens [depɑ̃] *m/pl* 1 *loc/prép* ***aux*** ~ ***de qn, de qc*** auf j-s Kosten (*acc*), auf Kosten e-r Sache (*gén*) (*a fig*); ***à mes*** ~ auf meine Kosten; ***je l'ai appris à mes*** ~ ich bin durch Schaden klug geworden; ich habe dafür (mein) Lehrgeld bezahlt; ***vivre aux*** ~ ***d'autrui*** auf Kosten anderer leben 2 JUR Gerichtskosten *pl*; ***être condamné aux*** ~ zur Zahlung der Kosten verurteilt werden

dépense [depɑ̃s] *f* 1 Ausgabe *f*; Auslage *f*; Aufwendung *f*; ***faire une grosse*** ~, ***de grosses*** ~***s*** viel Geld ausgeben; ~***s publiques*** öffentliche Ausgaben *f/pl*; Staatsausgaben *f/pl*; ~***s du ménage*** Haushaltsausgaben *f/pl*; → *a* ***regarder*** *II 1* 2 *fig* Aufwand *m*; ~ ***nerveuse*** nervliche Belastung; ~ ***physique*** physische Anstrengung, Belastung; ~ ***de forces, de temps*** Aufwand an Kraft, Zeit; Kraft-, Zeitaufwand *m* 3 TECH Verbrauch *m*; ~ ***d'énergie*** Energieverbrauch *m*

dépenser [depɑ̃se] I *v/t* 1 *argent* ausgeben; aufwenden; verausgaben; ~ ***sans compter*** mit vollen Händen Geld ausgeben 2 *fig temps, énergie etc* aufwenden II *v/pr* ***se*** ~ 1 sich (physisch) verausgaben 2 *fig* sich anstrengen

dépensier [depɑ̃sje] I *adj* ⟨**-ière**⟩ verschwenderisch; ausgabenfreudig II *subst* ~, ***dépensière*** *m,f* Verschwender(in) *m(f)*

déperdition [depɛʀdisjõ] *f* Verlust *m*; Schwund *m*; ~ ***de chaleur, d'énergie*** Wärme-, Energieverlust *m*

dépérir [depeʀiʀ] *v/i* 1 *malade* dahinsiechen; *plante* verkümmern; eingehen; ***il dépérit*** *a* mit ihm geht es bergab 2 *fig industrie, civilisation etc* allmählich zugrunde gehen; *affaires* allmählich zum Erliegen kommen

dépérissement [depeʀismɑ̃] *m* 1 *d'un malade* Dahinsiechen *n*; *d'une plante* Verkümmern *n*; Eingehen *n*; ~ ***des forêts*** Waldsterben *n* 2 *fig* Niedergang *m*; Verfall *m*

dépersonnaliser [depɛʀsɔnalize] I *v/t* entpersönlichen; *pouvoir* den Händen e-s Einzelnen entziehen II *v/pr* ***se*** ~ *relations etc* unpersönlich werden

dépêtrer [depetʀe] I *v/t* 1 befreien, herausziehen, -holen (***de*** aus) 2 *fig* ~ ***qn*** j-n befreien, j-m heraushelfen (***de*** aus) II *v/pr* ***se*** ~ 1 sich befreien (***de qc*** aus etw) 2 *fig* loskommen, sich frei machen (***de qn,***

qc von j-m, etw)
dépeuplement [depœpləmɑ̃] *m* Entvölkerung *f*
dépeupler [depœple] **I** *v/t* **~ *une région*** eine Gegend entvölkern **II** *v/pr* ***se*** **~** sich entvölkern
déphasage [defazaʒ] *m* **1** PHYS Phasenverschiebung *f* **2** *fig* mangelnde Anpassung; Orientierungslosigkeit *f*
déphasé [defaze] *adj* **1** PHYS phasenverschoben **2** *fig* nicht angepasst; orientierungslos; ***être*** **~** sich nicht mehr zurechtfinden
dépiauter [depjote] F *v/t* **1** das Fell *ou* die Haut abziehen (+*dat*); ab-, enthäuten **2** *par ext* **~ *qc*** die Hülle von etw abreißen
dépilation [depilasjõ] *f* **1** MÉD Haarschwund *m*; Haarausfall *m* **2** → ***épilation***
dépilatoire [depilatwaʀ] **I** *adj* Enthaarungs… **II** *m* Enthaarungsmittel *n*
dépistage [depistaʒ] *m* MÉD Erkennung *f*; Nachweis *m*; Feststellung *f*; **~ *précoce*** Früherkennung *f*; Vorsorge *f*
dépister [depiste] *v/t* **1** *maladie, influence etc* nachweisen; feststellen; erkennen; herausfinden; **~ *une fraude*** einer Betrügerei auf die Spur kommen **2** *criminel etc* auf die Spur kommen (***qn*** j-m); aufspüren; ausfindig machen; *gibier* aufspüren
dépit [depi] *m* **1** Verdruss *m*; Verstimmung *f*; Missmut *m*; Unwille *m*; ***par*** **~** aus Trotz; aus verletzter Eitelkeit; ***avoir, éprouver du*** **~** verdrossen, verstimmt, missmutig, unwillig sein; ***causer du*** **~ *à qn*** j-m Verdruss bereiten; j-n verdrießen, verstimmen, verärgern **2** *loc/prép* ***en*** **~ *de*** trotz (+*gén*, *rarement* +*dat*); ungeachtet (+*gén*); ***en*** **~ *de mes conseils*** trotz meiner Ratschläge; meinen Ratschlägen zum Trotz; ***en*** **~ *du bon sens*** völlig planlos; schlampig
dépité [depite] *adj* verstimmt; verdrossen; missmutig; enttäuscht **dépiter** *v/t* verstimmen; verdrießen; verärgern
déplacé [deplase] *adj* **1** *propos, geste etc* unpassend; unangebracht; fehl am Platz; deplatziert; *par ext* taktlos **2** POL ***personne*** **~*e*** Vertriebene(r) *f*(*m*)
déplacement [deplasmɑ̃] *m* **1** Umstellen *n*, -ung *f*; Verrücken *n*; Verschieben *n*, -ung *f*; Bewegung *f* **2** Versetzung *f*; **~ *d'office*** Strafversetzung *f* **3** Reise *f*; Fahrt *f*; ***frais*** *m/pl* ***de*** **~** Reise-, Fahrtkosten *pl*, -spesen *pl*; ***être en*** **~** auf Reisen sein; *professionnellement* auswärts *ou* im Außendienst arbeiten; SPORTS auswärts spielen; ***cela vaut le*** **~** das ist e-e Reise wert **4** MAR Wasserverdrängung *f*
déplacer [deplase] ⟨**-ç-**⟩ **I** *v/t* **1** *objet* umstellen; verrücken; verschieben; *virgule* versetzen; **~ *un élève*** einen Schüler umsetzen; **~ *une entreprise*** ein Unternehmen verlagern, verlegen; **~ *un fonctionnaire*** einen Beamten versetzen **2** *fig* **~ *un problème*** ein Problem verlagern **3** (*reporter*) verlegen **4** MAR *navire* **~ *2000 tonnes*** 2000 Tonnen verdrängen; e-e Wasserverdrängung von 2000 Tonnen haben **5** *population* verschleppen; (zwangsweise) umsiedeln; vertreiben **II** *v/pr* ***se*** **~ 1** sich (fort)bewegen; *chose a* sich verschieben **2** (*voyager*) (ver)reisen **3** (*se déranger*) eigens kommen **4** ***il s'est déplacé une vertèbre*** bei ihm hat sich ein Wirbel verschoben
déplaire [deplɛʀ] ⟨→ **plaire**⟩ **I** *v/t/indir* **~ *à qn*** j-m missfallen, nicht gefallen, nicht zusagen; j-s Missfallen erregen; ***il ne me déplaît pas*** er missfällt mir nicht; er ist mir gar nicht so unsympathisch **II** *v/imp* ***il me déplaît de*** (+*inf*) es missfällt mir zu (+*inf*); *loc* ***ne vous en déplaise*** ob es Ihnen gefällt, passt oder nicht **III** *v/pr* ***se*** **~** sich nicht wohlfühlen
déplaisant [deplɛzɑ̃] *adj* **1** *personne* unsympathisch; widerwärtig **2** *bruit etc* unangenehm; störend; ***remarque*** **~*e*** unfreundliche, verletzende Bemerkung
déplaisir [deplezir] *m* Missfallen *n*; ***à mon grand*** **~** zu meinem großen Missfallen
déplanter [deplɑ̃te] *v/t* um-, verpflanzen; um-, versetzen
déplâtrer [deplɑtʀe] *v/t* MÉD den Gipsverband, F den Gips abnehmen (***un membre*** von e-m Glied; ***qn*** j-m)
dépliage [deplijaʒ] *m* Auseinander-, Entfalten *n*
dépliant [deplijɑ̃] *m* **1** (*prospectus*) Faltprospekt *m*, -blatt *n* **2** *dans un livre* Falttafel *f*, -blatt *n*
déplier [deplije] **I** *v/t* auseinanderfalten; entfalten **II** *v/pr* ***se*** **~** sich auseinanderfalten (lassen); sich öffnen
déplisser [deplise] **I** *v/t* die Falten entfernen (aus) **II** *v/pr* ***se*** **~** die Falten verlieren; wieder glatt werden
déploiement [deplwamɑ̃] *m* **1** Auseinander-, Entfalten *n*; *des ailes* Ausbreiten *n* **2** *fig de zèle, de courage etc* Entfaltung *f*; Aufbietung *f*; *de luxe, de puissance etc* Entfaltung *f*; Zurschaustellung *f*; Demonstration *f* **3** MIL Aufmarsch *m*; *de fusées* Stationierung *f*
déplorable [deplɔʀabl] *adj* **1** beklagens-, bedauernswert; bedauerlich (*a incident*); ***état*** *m* **~** beklagenswerter, jämmerlicher Zustand **2** *style, goût, comportement etc* miserabel; erbärmlich
déplorer [deplɔʀe] *v/t perte, victime etc* beklagen; **~ *un incident*** einen Zwischenfall bedauern
déployer [deplwaje] ⟨**-oi-**⟩ **I** *v/t* **1** (ganz) auseinanderfalten, entfalten; ausbreiten; *ailes* ausbreiten, -spannen; *filet* auslegen, -spannen; → *a* ***gorge*** *1* **2** *fig zèle, courage, éloquence etc* entfalten; entwickeln; aufbieten; *puissance, luxe etc* entfalten; zur Schau stellen; demonstrieren **3** MIL *troupes* aufmarschieren lassen; *fusées etc* stationieren **II** *v/pr* ***se*** **~ 1** sich entfalten; *parachute* aufgehen **2** MIL aufmarschieren
déplumé [deplyme] *adj* **1** F *personne* (fast) kahl (*a crâne*); kahl-, glatzköpfig **2** ***oiseau*** **~** Vogel, der s-e Federn verloren hat
déplumer [deplyme] *v/pr* ***se*** **~ 1** F *personne* kahl werden; F e-e Platte bekommen **2** *oiseau* s-e Federn verlieren
dépoétiser [depɔetize] *v/t* realistisch sehen; entzaubern
dépoitraillé [depwatʀaje] F *adj femme* F sehr offenherzig; *homme* mit weit offen stehendem Hemd
dépoli [depɔli] *adj* ***verre*** **~** Mattglas *n* **dépolir** *v/t* TECH mattieren; matt schleifen
dépolitisation [depɔlitizasjõ] *f* Entpolitisierung *f* **dépolitiser** *v/t* entpolitisieren
dépolluer [depɔlɥe] *v/t* die (Umwelt)Verschmutzung beseitigen (***les plages*** der Strände); sanieren; reinigen; entgiften

dépollution [depɔ(l)lysjõ] *f* Beseitigung *f* der Umweltverschmutzung; Reinigung *f*; Entgiftung *f*
déponent [depɔnɑ̃] *adj et subst m* GR (**verbe** *m*) ~ Deponens *n*
dépopulation [depɔpylasjõ] *f* Entvölkerung *f*; Bevölkerungsrückgang *m*

D

déportation [depɔʀtasjõ] *f* 1 POL Deportation *f*; Verschleppung *f* (in ein Konzentrationslager) 2 HIST Deportation *f*; Verbannung *f* **déporté(e)** *m(f)* Deportierte(r) *f(m)*
déportement [depɔʀtəmɑ̃] *m* Zur-Seite-gedrückt--Werden *n*; Ausscheren *n*
déporter [depɔʀte] I *v/t* 1 *vent etc*: *véhicule* abdrängen; aus der Fahrtrichtung, zur Seite drücken; hinaustragen (**dans un virage** aus e-r Kurve); *vent* ~ **un avion, un bateau** ein Flugzeug, ein Schiff abtreiben 2 *personne* deportieren; (in ein Konzentrationslager) verschleppen II *v/pr* **se** ~ *véhicule* von der Fahrtrichtung abkommen; abgedrängt werden; ausscheren
déposant [depozɑ̃] *m*, **déposante** *f* COMM Deponent(in) *m(f)*; Hinterleger(in) *m(f)*; *d'argent* Einzahler(in) *m(f)*
dépose [depoz] *f* TECH Ausbau(en) *m(n)*; Abmontieren *n*
déposé [depoze] *adj* COMM, JUR **marque ~e, nom** ~ eingetragene Marke; **modèle** ~ Gebrauchsmuster *n*
déposer [depoze] I *v/t* 1 *objet* ab-, nieder-, hin-, wegstellen, -legen; *couronne* niederlegen; *passager* absetzen; ~ **qc chez qn** etw bei j-m abgeben; ~ **les armes** die Waffen strecken, niederlegen; ~ **qn à la gare** j-n am Bahnhof absetzen; **défense de ~ des ordures!** Schutt-, Müllabladen verboten! 2 *en lieu sûr* deponieren; hinterlegen; in Verwahrung geben; ~ **de l'argent** Geld einzahlen; ~ **ses bagages** sein Gepäck deponieren, abgeben 3 *projet de loi* einbringen; *brevet* anmelden; *nom, marque* eintragen lassen; ~ **son bilan** Konkurs anmelden, beantragen; ~ **une plainte** Strafantrag stellen, (Straf)Anzeige erstatten (**contre qn** gegen j-n) 4 TECH ausbauen; abmontieren 5 *souverain etc* absetzen 6 *fleuve*: *alluvions etc* ablagern 7 ~ **un baiser sur le front de qn** j-m e-n Kuss auf die Stirn drücken II *v/i* 1 *au tribunal* aussagen 2 *liquide* e-n (Boden)Satz, Niederschlag bilden III *v/pr* **se** ~ *poussière* sich legen; *lie etc* sich absetzen; CHIM *a* sich niederschlagen; *boue etc* sich ablagern
dépositaire [depozitɛʀ] *m* 1 *de documents etc* Verwahrer *m*; FIN Depositar *m*; Depositär *m* 2 *par ext* Träger *m*; *d'un secret* Mitwisser *m* 3 COMM Auslieferer *m*; ~ **exclusif** Alleinauslieferer *m*
déposition [depozisjõ] *f* 1 JUR (Zeugen)Aussage *f*; ~ **des témoins** Zeugenaussage *f* 2 *d'un souverain etc* Absetzung *f* 3 PEINT **Déposition de Croix** Kreuzabnahme *f*
déposséder [depɔsede] *v/t* ⟨-è-⟩ ~ **qn** j-n enteignen; ~ **qn de qc** j-m das Besitzrecht an etw (*dat*) entziehen; j-m etw entziehen
dépossession [depɔsesjõ] *f* Enteignung *f*; Entzug *m*
dépôt [depo] *m* 1 *d'une couronne* Niederlegung *f*; *d'un testament, d'une somme etc* Hinterlegung *f*; ~ **légal** Ablieferung *f* der Pflichtexemplare; ~ **de bilan** Konkursanmeldung *f*, -antrag *m*; ~ **de brevet** Patentanmeldung *f*; ~ **de la demande** Antragstellung *f*; ~ **des ordures** Müll-, Schuttabladen *n*; ~ **de titres** Wertpapierdepot *n*, -verwahrung *f* 2 FIN ~ (**bancaire**) Einlage *f*; Spareinlage *f*; ~**s** *a* Depositen *pl*; ~ **à terme** Termingeld *n*; ~ **à vue** Sichteinlage *f*; **banque** *f* **de ~s** Depositenbank *f* 3 *objet* Depot *n*; aufbewahrter *ou* hinterlegter Gegenstand 4 *lieu* Depot *n* (*a* MIL); Aufbewahrungsort *m*; Lager *n*; *pour transports publics* Betriebshof *m*; Betriebswerk *n*; Depot *n*; ~ **de munitions** Munitionsdepot *n*, -lager *n*; ~ **d'ordures** Schuttablade-, Müllabladeplatz *m*; Müllkippe *f*; Deponie *f*; ~ **de pain** Brotverkauf(sstelle) *m(f)* 5 JUR Verwahrung *f*; **mandat** *m* **de** ~ Haftbefehl *m*; **conduire qn au** ~ j-n in Polizeigewahrsam nehmen; j-n in die Arrestzelle bringen 6 *dans un liquide* Bodensatz *m*; Rückstand *m*; *dans le vin a* Depot *n*; Ausscheidung *f*; CHIM Niederschlag *m*; GÉOL Ablagerung *f*; *de calcaire etc* Ansatz *m*; Ablagerung *f*
dépoter [depɔte] *v/t* umtopfen
dépotoir [depɔtwaʀ] *m* 1 Schutt-, Müllabladeplatz *m*; Müllkippe *f* 2 F *fig* **cette pièce est un vrai** ~ F in diesem Zimmer sieht es wie in e-m Schweinestall aus
dépouille [depuj] *f* 1 *d'un animal* abgezogene Haut; abgezogenes Fell; Balg *m*; *de reptiles, d'insectes* abgestreifte Haut; abgestreifter Panzer 2 *st/s* ~ (**mortelle**) sterbliche Hülle; sterbliche Überreste *pl* 3 ~**s** *pl* Beute *f*
dépouillé [depuje] *adj* 1 *style* streng; schmucklos; nüchtern 2 ~ **de qc** frei von etw; ohne etw; …los
dépouillement [depujmɑ̃] *m* 1 genaue Durchsicht; Prüfung *f*; Auswertung *f*; **procéder au ~ du scrutin** die Auszählung der Stimmen vornehmen 2 *du style* Strenge *f*; Schmucklosigkeit *f*
dépouiller [depuje] I *v/t* 1 *animal* das Fell abziehen (+*dat*); *poisson* ab-, enthäuten; *arbre* ~ (**de ses feuilles**) entblättern; entlauben 2 ~ **qn de qc** j-m etw wegnehmen; j-n e-r Sache (*gén*) berauben; ~ **qn** j-n be-, ausrauben 3 *documents etc* (genau) durchsehen (*a courrier*); prüfen; ~ **un questionnaire** einen Fragebogen auswerten; ~ **le scrutin** die Stimmen auszählen II *v/pr* 1 *arbre* **se ~ de ses feuilles** s-e Blätter, sein Laub verlieren 2 **se ~ (de ses biens) en faveur de qn** alles, sein ganzes Hab und Gut für j-n hingeben
dépourvu [depuʀvy] I *adj* ~ **de qc** ohne etw; …los; ~ (**d'argent, de ressources**) mittellos; ~ **d'intérêt** uninteressant; **être ~ de sens** sinnlos sein; keinen Sinn haben II *loc/adv* **prendre qn au** ~ j-n (völlig) überraschen; j-n unvorbereitet treffen, finden; **être pris au** ~ überrascht werden; unvorbereitet sein
dépoussiérage [depusjeʀaʒ] *m* Entstaubung *f*; TECH *a* Staubentfernung *f*, -abscheidung *f* **dépoussiérer** *v/t* ⟨-è-⟩ 1 abstauben; entstauben (*a* TECH) 2 *fig* frischen Wind bringen in (+*acc*)
dépravation [depʀavasjõ] *f* Verderbtheit *f*; Verderbnis *f*; ~ **des mœurs** Sittenverderbnis *f*, -verfall *m*
dépravé [depʀave] I *adj* 1 *personne* verdorben; lasterhaft; *mœurs* verderbt 2 *goût* abwegig II *subst* ~(**e**) *m(f)* moralisch verdorbener Mensch
dépraver [depʀave] *v/t* verderben; *goût a* irreleiten
dépréciatif [depʀesjatif] *adj* ⟨-ive⟩ LING pejorativ; abwertend **dépréciation** *f* Wertminderung *f*, -verlust *m*

déprécier [depʀesje] **I** *v/t* **1** den Wert mindern (+*gén*) **2** *fig œuvre*, *mérites* abwerten; gering schätzen; herabsetzen, -würdigen; *mérites a* schmälern; **~ qn** j-n gering schätzen **II** *v/pr* **1** **se ~** an Wert verlieren **2** **se ~ soi-même** sich selbst herabsetzen, -würdigen

déprédation [depʀedasjõ] *f st/s* **1** **~s** *pl* (*pillage*) Plünderungen *f/pl*; (*dégâts*) Schaden *m* **2** *de fonds publics* Veruntreuung *f* **3** ÉCOL Raubbau *m*

déprendre [depʀɑ̃dʀ] *v/pr* 〈→ **prendre**〉 *litt* **se ~ de** sich lösen von

dépressif [depʀesif] *adj* 〈**-ive**〉 PSYCH depressiv

dépression [depʀesjõ] *f* **1** GÉOGR Senkung *f*; Senke *f*; Vertiefung *f* **2** MÉTÉO **~** (**atmosphérique**) Fallen *n* des Luftdrucks; *par ext* Tief *n* **3** PSYCH Depression *f*; **~ nerveuse** nervöse Erschöpfung; Depressionen *f/pl*; depressiver Zustand; F **faire de la ~** an Depressionen leiden **4** ÉCON Depression *f*; Flaute *f*; Konjunkturtief *n*

dépressionnaire [depʀesjɔnɛʀ] *adj* MÉTÉO Tiefdruck…

dépressurisation [depʀesyʀizasjõ] *f* AVIAT, ESPACE Druckabfall *m*

déprimant [depʀimɑ̃] *adj* deprimierend; bedrückend

déprime [depʀim] F *f* Depression *f*; depressive Stimmung; **être en pleine ~** F ganz down [daʊn] sein

déprimer [depʀime] **I** *v/t* deprimieren; bedrückt machen; *adjt* **déprimé** deprimiert; bedrückt; niedergeschlagen **II** F *v/i* in e-r depressiven Stimmung, F down [daʊn] sein

dépt. *abr* (*département*) Departement *n*

dépuceler [depysle] F *v/t* 〈**-ll-**〉 entjungfern

depuis [d(ə)pɥi] **I** *prép* **1** *temps* seit (+*dat*); von (+*dat*) an; **~ ce moment-là** von da an; von diesem Augenblick an; **~ sa mort** seit s-m Tod(e); **~ vendredi** seit Freitag; **~ peu** seit Kurzem; **~ quand?** seit wann?; **~ toujours** schon immer; von jeher **2** *lieu* **a)** von … ab; **il a plu ~ Paris** von Paris ab hat es geregnet; **b)** von … aus; **~ ma fenêtre …** von meinem Fenster aus … **3** **~ … jusqu'à …** von … bis (zu) …; **~ le début jusqu'à la fin** von Anfang bis Ende; vom Anfang bis zum Ende; **~ le haut jusqu'en bas** von oben bis unten **II** *adv* seitdem; seither **III** *loc/conj* **~ que** seit(dem); **~ qu'il est parti …** seit(-dem) er abgereist ist …; **~ le jour où …** seit dem Tage, da *ou* an dem …; **~ le temps que je voulais te voir!** es ist ewig lange her, dass ich dich besuchen wollte!; **~ le temps que je le connais(, je devine sa réaction)** ich kenne ihn schon seit Langem (und errate s-e Reaktion); **tu devrais le savoir, ~ le temps!** das solltest du eigentlich schon längst wissen!

dépuratif [depyʀatif] PHARM **I** *adj* 〈**-ive**〉 blutreinigend; entschlackend **II** *m* blutreinigendes, entschlackendes Mittel

députation [depytasjõ] *f* **1** *action* Entsendung *f*; *groupe* Abordnung *f*; Deputation *f* **2** POL Abgeordnetenamt *n*, -würde *f*; **candidat** *m* **à la ~** Abgeordnetenkandidat *m*

député(e) [depyte] *m(f)* POL Abgeordnete(r) *f(m)*; **une femme ~** e-e Abgeordnete; **chambre** *f* **des ~s** Abgeordnetenkammer *f*, -haus *n*

député-maire [depytemɛʀ] *m* 〈*pl* **députés-maires**〉 Abgeordnete(r) und Bürgermeister *m*

députer [depyte] *v/t* (als Abgeordneten) entsenden; abordnen

déqualification [dekalifikasjõ] *f* Überqualifikation *f*

der [dɛʀ] F (*dernier*) **1** **la ~ des ~s** der Erste Weltkrieg **2** **le, la ~ des ~s** der, die, das Allerletzte

déraciné [deʀasine] **I** *adj personne* entwurzelt **II** *subst* **~(e)** *m(f)* Entwurzelte(r) *f(m)*

déracinement [deʀasinmɑ̃] *m* Entwurzelung *f* (*a fig*)

déraciner [deʀasine] *v/t* **1** *arbre* entwurzeln **2** *fig préjugés etc* (mit der Wurzel) ausrotten; mit Stumpf und Stiel ausrotten **3** *personne* entwurzeln

déraillement [deʀɑjmɑ̃] *m* CH DE FER Entgleisung *f*

dérailler [deʀɑje] *v/i* **1** CH DE FER entgleisen; aus den Gleisen springen; **faire ~** zum Entgleisen bringen **2** F *fig* **a)** *personne* F dummes Zeug faseln; Blech reden; **b)** *mécanisme* F spinnen; verrücktspielen

dérailleur [deʀɑjœʀ] *m* Ketten-, Gangschaltung *f*; **~ à trois vitesses** Dreigangschaltung *f*

déraison [deʀɛzõ] *st/s f* Unvernunft *f*; Unverstand *m*

déraisonnable [deʀɛzɔnabl] *adj* unvernünftig; unsinnig **déraisonner** *v/i* Unsinn reden

dérangement [deʀɑ̃ʒmɑ̃] *m* **1** (*désordre*) Unordnung *f* **2** TÉL Störung *f*; **être en ~** gestört, unterbrochen sein **3** MÉD **~ intestinal** Durchfall *m* **4** Störung *f*; **causer du ~ à qn** j-n stören; j-m Ungelegenheiten, Umstände machen; **occasionner de nombreux ~s** zahlreiche Laufereien verursachen

déranger [deʀɑ̃ʒe] 〈**-geons**〉 **I** *v/t* **1** *objets* in Unordnung bringen; durcheinanderbringen **2** *par ext: projets etc* durcheinanderbringen; umwerfen; **ce repas lui a dérangé l'estomac** an diesem Essen hat er sich (*dat*) den Magen verdorben; **avoir l'esprit dérangé** *ou* F **être dérangé** nicht ganz richtig im Kopf, geistesgestört sein **3** F **être dérangé** (*avoir la diarrhée*) Durchfall haben **4** **~ qn** j-n stören; **je vous dérange?** störe ich (Sie)?; komme ich ungelegen?; **excusez-moi de vous ~** entschuldigen Sie die Störung **II** *v/pr* **se ~** s-n Platz verlassen; sich persönlich bemühen; **ne vous dérangez pas!** bemühen Sie sich nicht (**pour moi** meinetwegen, um meinetwillen)!; lassen Sie sich nicht stören!

dérapage [deʀapaʒ] *m* **1** *d'un véhicule* Schleudern *n*; Rutschen *n*; Ausbrechen *n*; **faire un ~** ins Schleudern kommen, geraten **2** SKI Seitrutschen *n* **3** *fig* Außer-Kontrolle-Geraten *n*; Abgleiten *n*; *de langage* Entgleisung *f*; F Ausrutscher *m*

déraper [deʀape] *v/i* **1** *véhicule* schleudern; rutschen; *voiture a* ausbrechen **2** *fig* außer Kontrolle geraten; ins Rutschen kommen; abgleiten

dératé [deʀate] *m loc* **courir comme un ~** laufen *ou* rennen wie ein Wiesel; laufen *ou* rennen, was die Beine hergeben

dératisation [deʀatizasjõ] *f* Rattenvertilgung *f*, -vernichtung *f* **dératiser** *v/t* die Ratten vernichten, vertilgen (**un immeuble** in e-m Gebäude)

derby [dɛʀbi] *m* SPORTS Derby *n*

derechef [dəʀəʃɛf] *litt adv* abermals; wiederum

déréglé [deʀegle] *adj* gestört; nicht in Ordnung; *machine* unregelmäßig laufend, funktionierend; *balance* falsch anzeigend; *pendule* falsch, unregelmäßig gehend; *appétit* unregelmäßig; gestört; *par ext* **une vie ~e** ein unstetes, unregelmäßiges, *p/fort*

ausschweifendes Leben
dérèglement [deʀɛgləmɑ̃] *m* 1 unregelmäßiges Funktionieren; unregelmäßiger Lauf 2 *litt* lockerer, ausschweifender Lebenswandel
déréglementation [deʀɛgləmɑ̃tasjõ] *f* ÉCON Deregulierung *f*
dérégler [deʀegle] ⟨-è-⟩ I *v/t* in Unordnung bringen; stören II *v/pr* **se ~** *machine, pendule* unregelmäßig laufen
dérider [deʀide] I *v/t* **~ qn** j-n aufheitern, heiter stimmen II *v/pr* **se ~** heiter werden
dérision [deʀizjõ] *f* Spott *m*; *p/fort* Hohn *m*; **par ~** zum Spott; spöttisch; **tourner qc en ~** etw verspotten; über etw (*acc*) spotten; etw lächerlich machen
dérisoire [deʀizwaʀ] *adj* lächerlich; **arguments** *m/pl*, **résultats** *m/pl* **~s** lächerliche Argumente *n/pl*, Ergebnisse *n/pl*; **à un prix ~** spottbillig; zu e-m Spottpreis; für ein Spottgeld
dérivatif [deʀivatif] I *adj* ⟨**-ive**⟩ LING Ableitungs… II *m* Ablenkung *f* (**à** von)
dérivation [deʀivasjõ] *f* 1 Ableitung *f*; **canal** *m* **de ~** Seitenkanal *m* 2 LING Ableitung *f*; Derivation *f* 3 ÉLECT Abzweigung *f*; Nebenschluss *m*; Zweigleitung *f*
dérive [deʀiv] *f* 1 MAR, AVIAT Abtrift *f*; (Ab)Drift *f*; **aller à la ~** *bateau* treiben; driften; *fig personne* sich treiben lassen; **cette entreprise va à la ~** mit diesem Unternehmen geht es bergab 2 *dispositif* MAR Schwert *n*; AVIAT Seitenflosse *f* 3 GÉOL **~ des continents** Kontinentalverschiebung *f*
dérivé [deʀive] I *adj* LING abgeleitet; derivativ II *subst* 1 *m* LING abgeleitetes Wort; Ableitung *f*; Derivativ *n* 2 *m* CHIM Derivat *n* 3 **~e** *f* MATH Ableitung *f*
dériver [deʀive] I *v/t* 1 *cours d'eau* ableiten 2 MATH ableiten II *v/t/indir* **~ de** *mot etc* stammen, kommen aus; zurückgehen auf (+*acc*) III *v/i* 1 MAR, AVIAT abtreiben; abgetrieben werden 2 *fig* (vom Thema) abschweifen
dériveur [deʀivœʀ] *m* MAR Schwertboot *n*
dermato [dɛʀmato] F *abr* → **dermatologie**, **dermatologue**
dermatologie [dɛʀmatɔlɔʒi] *f* Dermatologie *f* **dermatologue** *m,f* Hautarzt, -ärztin *m,f*; *sc* Dermatologe, -login *m,f*
dermatose [dɛʀmatoz] *f* MÉD Dermatose *f*; Hautkrankheit *f*
derme [dɛʀm] *m* ANAT Lederhaut *f* **dermique** *adj* ANAT (Leder)Haut…
dernier [dɛʀnje] I *adj* ⟨**-ière**⟩ 1 letzte(r, -s); **~ étage** oberste Etage; **le ~ jour du mois** der Letzte des Monats; **les dernières volontés** der Letzte Wille; *loc/adv*: **en ~** (**lieu**) an letzter Stelle; zuletzt; schließlich; **pour la dernière fois** zum letzten Mal 2 äußerste(r, -s); höchste(r, -s); letzte(r, -s); *loc/adv*: **au ~ degré** im äußersten, höchsten Maß, Grad; äußerst; **être du ~ bien avec qn** sich bestens verstehen mit j-m; **être de la dernière importance** von höchster, äußerster Bedeutung sein 3 **être de dernière qualité** von äußerst schlechter Qualität sein; qualitativ sehr schlecht sein 4 letzte(r, -s); jüngste(r, -s); vorige(r, -s); **l'an ~, l'année dernière** a) das letzte, vorige, vergangene Jahr; b) *loc/adv* letztes, voriges, vergangenes Jahr; im letzten, vorigen, vergangenen Jahr; **le ~ cri** der letzte Schrei; der Dernier Cri; **~s événements** jüngste, letzte Ereignisse *n/pl*; **dernière mode** letzte, neueste Mode; **aux dernières nouvelles** nach den neuesten, letzten Meldungen; den neuesten, letzten Nachrichten zufolge; **information** *f* **de dernière minute** letzte, allerneueste Meldung; *elliptiquement* **connaissez-vous la dernière?** wissen Sie schon das Neueste? II *subst* 1 **le ~, la dernière** der, die, das Letzte; **petit ~** *dans une famille* Nesthäkchen *n*; **le ~ des imbéciles** der größte Dummkopf; **le ~ du mois** der Monatsletzte *ou* am Monatsletzten; COMM *a* Ultimo *m*; *adv* (per) ultimo; **être le ~ de sa classe** Klassenletzter sein; F **c'est le ~ des ~s** er ist der gemeinste Schuft, Schurke; **marcher le ~** als Letzter gehen; F **traiter qn comme le ~ des ~s** F j-n wie den letzten Dreck behandeln; **c'est le ~ sur qui on puisse compter** er ist der Letzte, auf den man sich verlassen kann 2 **ce ~, cette dernière** Letzterer, Letztere
dernièrement [dɛʀnjɛʀmɑ̃] *adv* kürzlich; vor Kurzem; letzthin; neulich; unlängst
dernier-né [dɛʀnjene] *m* ⟨*pl* **derniers-nés**⟩, **dernière-née** [dɛʀnjɛʀne] *f* ⟨*pl* **dernières-nées**⟩ 1 Letztgeborene(r, -s) *f(m, n)* 2 *fig* **dernier-né des avions** *etc* letztes, neuestes Flugzeugmodell *etc*
dérobade [deʀɔbad] *f* 1 *d'un cheval* Ausbrechen *n* 2 *fig* Ausweichen *n*; Ausweichmanöver *n*
dérobé [deʀɔbe] *adj* versteckt; verborgen; Geheim…; **porte ~e** Geheim-, *a* Tapetentür *f*; ♦ *loc/adv* **regarder qn à la ~e** verstohlene Blicke auf j-n werfen; j-n verstohlen ansehen, mustern
dérober [deʀɔbe] I *v/t* 1 *st/s* entwenden, stehlen (**qc à qn** j-m etw) 2 *fig* (weg)nehmen; entziehen; *secret* entlocken; *baiser* rauben; **~ qc aux regards** etw den Blicken entziehen; etw verbergen II *v/pr* 1 **se ~ à qc** sich e-r Sache (*dat*) entziehen; **se ~ à son devoir** sich s-r Pflicht entziehen; **se ~ à une question** sich der Beantwortung e-r Frage entziehen; die Beantwortung e-r Frage umgehen; **se ~ aux regards, à la vue de qn** sich j-s Blicken entziehen; *abs* **se ~** ausweichen 2 *sol etc* **se ~ sous** nachgeben, *p/fort* zusammenbrechen unter (+*dat*); **mes jambes se dérobent sous moi** die Beine versagen mir den Dienst 3 *cheval* **se ~** ausbrechen
dérogation [deʀɔgasjõ] *f* 1 JUR Abweichung *f* (**à** von); **par ~ à** in Abweichung von; abweichend von 2 *par ext* (*exception*) Ausnahme *f*; **obtenir une ~** e-e Ausnahmebefugnis, e-e Sondergenehmigung erhalten
dérogatoire [deʀɔgatwaʀ] *adj* JUR Abweichungs…; abweichend
déroger [deʀɔʒe] ⟨**-geons**⟩ I *v/t/indir* 1 abweichen (**à** von); zuwiderhandeln (+*dat*) 2 *par ext* e-e Ausnahme bilden, sein (**à** zu) 3 *st/s* **~ à son rang** s-m Stand zuwiderhandeln II *st/s v/i* sich erniedrigen
dérouillée [deʀuje] *f* F Dresche *f*; Senge *pl*; Keile *f*
dérouiller [deʀuje] I *v/t* 1 entrosten 2 *fig membres* wieder gelenkig, beweglich machen 3 F **~ qn** F j-n verdreschen, versohlen, verbimsen, vertrimmen, verwichsen II *v/i* F verdroschen, versohlt *etc* werden; e-e Abreibung bekommen (*a fig*) III *v/pr* **se ~ les jambes** sich (*dat*) die Beine vertreten
déroulement [deʀulmɑ̃] *m* 1 Abrollen *n*; Auf-, Entrollen *n*; Abwickeln *n* 2 *fig* Ver-, Ablauf *m*; **~ d'une maladie** Krankheitsverlauf *m*; **~ du travail** Arbeitsablauf *m*

dérouler [deʀule] **I** *v/t* **1** abrollen; *tapis, rouleau a* auf-, entrollen; *fil, pelote a* abwickeln **2** *fig souvenirs etc* ablaufen, abrollen, an sich (*dat*) vorbeiziehen lassen **II** *v/pr* ***se ~*** **1** *fil, ruban etc* sich abwickeln; sich aufrollen **2** *fig événements, vie, fête, maladie etc* verlaufen; *drame* sich abspielen; ***se ~ devant qn*** vor j-m ablaufen, abrollen; ***voir se ~ qc*** etw an sich (*dat*) vorbeiziehen, vor sich (*dat*) ablaufen sehen **3** *st/s paysage* sich hinziehen

dérouleur [deʀulœʀ] *m* INFORM ***~ de bande*** Magnetbandgerät *n*

déroutant [deʀutɑ̃] *adj* verwirrend

déroute [deʀut] *f* **1** wilde Flucht; ***mettre en ~*** in die Flucht schlagen **2** *fig* (völliger) Zusammenbruch; Ruin *m* (*a d'une personne*); *d'un parti* Desorganisation *f*; innere Auflösung

dérouté [deʀute] *adj* verwirrt; verunsichert; ***être ~*** *a* außer Fassung sein

déroutement [deʀutmɑ̃] *m* MAR, AVIAT Kursänderung *f*

dérouter [deʀute] *v/t* **1** ***~ qn*** j-n verwirren, verunsichern, durcheinanderbringen **2** den Kurs ändern (***un navire*** e-s Schiffes); umleiten

derrick [deʀik] *m* TECH Bohrturm *m*

derrière [dɛʀjɛʀ] **I** *prép* **1** hinter (*+dat question « wo? »; +acc question « wohin? »*); ***aller ~ la maison*** hinter das Haus gehen; ***marcher l'un ~ l'autre*** hintereinandergehen; *loc/prép* ***de ~*** hinter (*+dat*) hervor **2** *fig* hinter (*+dat*); ***~ les apparences*** hinter dem äußeren Schein; ***~ sa cordialité …*** hinter s-r Herzlichkeit …; ***il a qn ~ lui*** er hat j-n hinter sich (*dat*); j steht hinter ihm; j deckt ihn; ***avoir une idée ~ la tête*** e-n Hintergedanken haben; ***il faut toujours être ~ lui*** man muss immer hinter ihm her sein; ***laisser qn loin ~ soi*** j-n weit hinter sich (*dat*) (zurück)lassen; viel vor j-m voraushaben **II** *adv* hinten; *avec verbes de mouvement* hinterher…; ***loin ~*** weit hinten; ***regarder ~*** nach hinten schauen; ***venir ~*** hinterherkommen; *à un chien* ***~!*** (bei) Fuß!; ***par ~*** → ***par-derrière*** **III** *m* **1** *d'une maison etc* Hinterfront *f*; Rückseite *f* **2** ANAT Hinterteil *n*; F Hintern *m*; ***coup*** *m* ***de pied dans le ~*** F Tritt *m* in den Hintern; ***botter le ~ à qn*** j-n in den Hintern treten; → *a* ***taper*** *III 2* **3** *loc/adj* ***de ~*** Hinter…; hintere(r, -s); ***patte*** *f* ***de ~*** Hinterpfote *f*; ***poche*** *f* ***de ~*** Gesäßtasche *f*; ***porte*** *f* ***de ~*** Hintertür *f*, -eingang *m*

derviche [dɛʀviʃ] *m* REL Derwisch *m*

des [de] **I** *article défini* ⟨**zusammengezogen aus** *„de les"*⟩ der (*gén pl*); ***la mère ~ enfants*** die Mutter der Kinder; ***parler ~ détails*** über die Einzelheiten reden **II** *article indéfini* **1** *non traduit*: ***~ amis*** Freunde *m/pl*; F ***~ comme ça, ~ qui*** solche; ***il y en a ~ grands et ~ petits*** es gibt davon große und kleine **2** *temporel*: ***~ mois entiers*** monatelang; ***~ semaines*** wochenlang **3** *suivi d'un nom propre*: ***~ Napoléon*** ein Napoleon; j wie Napoleon **4** F *suivi d'un nombre*: ***se coucher à ~ deux heures du matin*** nicht vor zwei in der Frühe schlafen gehen; ***il soulève ~ cinquante kilos comme un rien*** F er hebt dir glatte *ou* s-e fünfzig Kilo wie nichts

dès [dɛ] **I** *prép* **1** *temps* schon, gleich in *ou* an (*+dat*); schon von … an; schon seit; ***~ l'aube*** schon in der Morgendämmerung; gleich mit Tagesanbruch; ***~ son enfance*** von Kindheit an; von klein auf; ***~ cette époque*** schon von dieser Zeit an; schon seit dieser Zeit; ***~ mon retour*** gleich bei meiner Rückkehr; ♦ ***~ aujourd'hui*** schon, gleich heute; schon von heute an; ***~ maintenant*** schon, gleich jetzt; schon von jetzt an; ♦ *loc/prép* ***~ avant*** schon vor (*+dat*); *loc/conj* ***~ avant de*** (*+inf*) schon ehe, bevor **2** *lieu* schon in, an, auf (*+dat*); ***~ l'entrée*** schon am Eingang; ***~ Strasbourg*** schon in Straßburg **3** *fig* (schon) ab; ***~ le deuxième échelon*** (schon) ab der zweiten (Gehalts- *etc*)Stufe **II** *conj* ***~ que*** sobald; sowie; ***~ qu'il sera arrivé …*** sobald, sowie er angekommen ist, …; → *a* ***lors***

des… *ou* **dés…** *préfixe* → ***dé…***

désabonnement [dezabɔnmɑ̃] *m* Abbestellung *f*, Auflösung *f* des Abonnements

désabonner [dezabɔne] **I** *v/t* ***~ qn*** j-s Abonnement abbestellen, lösen **II** *v/pr* ***se ~*** sein Abonnement abbestellen, lösen

désabusé [dezabyze] *adj* desillusioniert; enttäuscht; ernüchtert **désabuser** *v/t* ***~ qn*** j-n ernüchtern; j-m die Augen öffnen

désacclimater [dezaklimate] **I** *v/t* **1** *plante, animal* aus dem gewohnten Klimabereich nehmen **2** *fig* ***~ qn*** j-n aus s-r gewohnten Umgebung reißen **II** *v/pr* ***se ~*** s-e gewohnte Umgebung verlieren *ou* verlassen

désaccord [dezakɔʀ] *m* **1** Meinungsverschiedenheit *f*; Zerwürfnis *n*; Missklang *m*; Uneinigkeit *f*; Unstimmigkeit *f*; Misshelligkeit *f*; ***léger, sérieux, grave ~*** leichte, ernste, schwerwiegende Meinungsverschiedenheit; ***il y a*** (***un***) ***~ entre …*** es besteht Uneinigkeit, Unstimmigkeit, ein Missklang zwischen … (*+dat*); ***être en ~ avec qn*** mit j-m nicht einig, uneinig, uneins sein (***sur*** in *+dat ou* über *+acc*); mit j-m nicht e-r Meinung sein (über *+acc*); mit j-m nicht übereinstimmen (in *+dat*) **2** *entre des choses* Missverhältnis *n*; Diskrepanz *f*; Unstimmigkeit *f*

désaccordé [dezakɔʀde] *adj instrument de musique* verstimmt **désaccorder** *v/t instrument de musique* verstimmen

désaccoutumer [dezakutyme] *v/pr* ***se ~ de*** (*+inf*) sich (*dat*) etw abgewöhnen; ***je me suis désaccoutumé de fumer*** ich habe mir das Rauchen abgewöhnt

désacralisation [desakʀalizasjõ] *f* Verlust *m* des sakralen Charakters **désacraliser** *v/t* den sakralen Charakter, *par ext* s-n Nimbus nehmen (***qc*** e-r Sache [*dat*])

désactivation [dezaktivasjõ] *f* NUCL Abklingen (-lassen) *n*

désadapté [dezadapte] *adj* nicht (mehr) angepasst; unangepasst **désadapter** *v/pr* ***se ~*** s-e Anpassung verlieren

désaffectation [dezafɛktasjõ] *f* **1** *d'un bâtiment* **a)** Zweckentfremdung *f*; **b)** Nicht-mehr-Benutzen *n* **2** CH DE FER, MINES Stilllegung *f*

désaffecté [dezafɛkte] *adj* **a)** (*abandonné*) *bâtiment* nicht mehr benutzt; leer stehend; CH DE FER, MINES stillgelegt; **b)** (*utilisé autrement*) zweckentfremdet **désaffecter** *v/t* nicht mehr (für den vorgesehenen Zweck) benutzen; stilllegen

désaffection [dezafɛksjõ] *f* Nachlassen *n*, Verlust *m* der Zuneigung (***pour qn*** zu j-m); Abkehr *f* (***pour qc*** von etw); Desinteresse *n* (an *+dat*)

désagréable [dezagʀeabl] *adj* **1** unangenehm; *chose a* unerfreulich; unliebsam; ***odeur*** *f* ***~*** unangeneh-

D

mer Geruch; ***situation*** *f*, ***question*** *f* ~ unangenehme *ou* peinliche Situation, Frage; ***il est ~ de*** (*+inf*) es ist unangenehm zu (*+inf*) 2 ***être ~ avec qn*** unfreundlich zu j-m sein

D

désagrégation [dezagʀegasjõ] *f* 1 Zerfall *m*; Zerstörung *f*; Verwitterung *f* 2 *fig* Auflösung *f*; Zerfall *m*

désagréger [dezagʀeʒe] ⟨**-è-, -geons**⟩ I *v/t* zersetzen II *v/pr* ***se ~*** 1 *substance* sich zersetzen; zerfallen; *roche a* verwittern 2 *fig groupe* sich auflösen; *système, empire* zerfallen

désagrément [dezagʀemɑ̃] *m* Unannehmlichkeit *f*; ***causer du ~ à qn*** j-m Unannehmlichkeiten bereiten; ***éviter les ~s*** Unannehmlichkeiten vermeiden

désaimanter [dezɛmɑ̃te] *v/t* entmagnetisieren

désaisonnalisé [desɛzɔnalize] *adj* saisonbereinigt [zɛ'zõ:-, zɛ'zɔŋ-]

désaliéner [dezaljene] *v/t* ⟨**-è-**⟩ (von Zwängen) befreien, frei machen

désaltérant [dezalteʀɑ̃] *adj* durststillend

désaltérer [dezalteʀe] ⟨**-è-**⟩ I *v/i* den Durst stillen, löschen II *v/pr* ***se ~*** s-n Durst stillen, löschen

désamorçage [dezamɔʀsaʒ] *m* Entschärfung *f* (*a fig*)

désamorcer [dezamɔʀse] *v/t* ⟨**-ç-**⟩ 1 *bombe* entschärfen; *fig* ***~ un conflit*** einen Konflikt entschärfen 2 *pompe* leerlaufen lassen

désamour [dezamuʀ] *m* Abkehr *f*, Abwendung *f* (***pour*** von)

désappointé [dezapwɛ̃te] *adj* enttäuscht **désappointement** *m* Enttäuschung *f* **désappointer** *v/t* enttäuschen

désapprendre [dezapʀɑ̃dʀ] *v/t* ⟨→ **prendre**⟩ verlernen

désapprobateur [dezapʀɔbatœʀ] *adj* ⟨**-trice**⟩ *air, ton* missbilligend; tadelnd **désapprobation** *f* Missbilligung *f*

désapprouver [dezapʀuve] *v/t* ***~ qc*** etw missbilligen; etw nicht billigen; ***~ qn*** j-n tadeln; j-s Verhalten missbilligen

désarçonner [dezaʀsɔne] *v/t* 1 *cavalier* abwerfen; aus dem Sattel heben, werfen 2 *fig* aus dem Konzept, aus der Fassung bringen

désargenté [dezaʀʒɑ̃te] *adj* ohne Geld; mittellos **désargenter** *v/pr* ***se ~*** die Versilberung verlieren

désarmant [dezaʀmɑ̃] *adj naïveté etc* entwaffnend

désarmement [dezaʀməmɑ̃] *m* 1 POL, MIL Abrüstung *f* 2 MAR Auflegen *n*

désarmer [dezaʀme] I *v/t* 1 *personne* entwaffnen; die Waffen abnehmen (***qn*** j-m); *pays* abrüsten 2 *arme à feu* entladen *ou* sichern; ***~ une mine*** eine Mine entschärfen 3 MAR *navire* auflegen 4 *fig* entwaffnen; *adjt* ***être désarmé devant qc, qn*** etw, j-m gegenüber hilflos, machtlos sein II *v/i* 1 POL, MIL abrüsten 2 *fig* ***ne pas ~*** *haine, colère* nicht nachlassen; andauern; *personne* nicht nach-, aufgeben; sich nicht geschlagen geben

désarrimage [dezaʀimaʒ] *m* 1 MAR Verschiebung *f*, Verrutschen *n* der Schiffsladung 2 *d'engins spatiaux* Abkoppeln *n*, -ung *f*

désarroi [dezaʀwa] *m* Verwirrung *f*; Bestürzung *f*; ***être en plein, grand ~*** in großer Verwirrung, Bestürzung sein; völlig verwirrt, bestürzt sein

désarticuler [dezaʀtikyle] I *v/t membre* ausrenken; *adjt* ***pantin désarticulé*** Hampelmann *m* II *v/pr* ***se ~*** *acrobate* sich nach allen Seiten verrenken

désassembler [dezasɑ̃ble] *v/t* TECH auseinandernehmen

désassorti [dezasɔʀti] *adj service de table etc* nicht mehr vollständig, komplett

désastre [dezastʀ] *m* Katastrophe *f*; Desaster *n*; Unheil *n*; ***courir au ~*** e-r Katastrophe entgegengehen; *cette pièce de théâtre* ***a été un vrai ~*** war e-e wahre Katastrophe, ein echtes Fiasko

désastreux [dezastʀø] *adj* ⟨**-euse**⟩ katastrophal; verheerend; *idée, projet etc* verhängnis-, unheilvoll

désavantage [dezavɑ̃taʒ] *m* Nachteil *m*; ***à son ~*** zu s-m Nachteil; ***se montrer à son ~*** sich von s-r schlechten Seite zeigen; ***qc tourne à mon ~*** etw gereicht mir zum Nachteil

désavantager [dezavɑ̃taʒe] *v/t* ⟨**-geons**⟩ benachteiligen **désavantageux** *adj* ⟨**-euse**⟩ nachteilig; unvorteilhaft; ungünstig

désaveu [dezavø] *m* ⟨*pl* **~x**⟩ 1 *d'une déclaration* Widerrufung *f*; Widerruf *m* 2 *d'un acte* (Ab)Leugnung *f*; Nichtanerkennung *f*; JUR ***~ de paternité*** Anfechtung *f* der Ehelichkeit (e-s Kindes) 3 *fig* Missbilligung *f*

désavouer [dezavwe] *v/t* 1 widerrufen 2 *acte, œuvre* (ab)leugnen; in Abrede stellen; nicht als den Seinigen *ou* die, das Seinige anerkennen 3 *fig personne* desavouieren; ***~ la conduite, les paroles de qn*** j-s Verhalten, j-s Worte missbilligen

désaxé [dezakse] *adj et subst* → ***déséquilibré***

Descartes [dekaʀt] *frz Philosoph*

desceller [desele] I *v/t* 1 TECH herausreißen, -nehmen, -lösen 2 *document etc* entsiegeln; das Siegel entfernen (***qc*** von etw) II *v/pr* ***se ~*** *gonds etc* herausbrechen

descendance [desɑ̃dɑ̃s] *f* 1 Nachkommenschaft *f* 2 *st/s* ***être de ~ française*** *etc* französischer *etc* Herkunft *ou* Abstammung sein

descendant [desɑ̃dɑ̃] I *adj* absteigend; MUS: *gamme a* abwärtsgehend; *intervalle* fallend; GÉNÉALOGIE ***ligne ~e*** absteigende Linie; ***marée ~e*** Ebbe *f*; ***mouvement ~*** Abwärtsbewegung *f* II *subst* **~(e)** *m(f)* Nachkomme *m*; Abkömmling *m*

descendeur [desɑ̃dœʀ] *m*, **descendeuse** *f* SKI Abfahrtsläufer(in) *m(f)*

descendre [desɑ̃dʀ] ⟨→ **rendre**⟩ I *v/t* 1 *montagne, rue, escalier* hinunter- *ou* herunter-, hinab- *ou* herab-, F runtergehen, -steigen, -kommen; (*personne dans un*) *véhicule*: *montagne, rue* hinunter- *ou* herunter-, hinab- *ou* herab-, F runterfahren; ***~ un fleuve*** *a* stromab(wärts), flussabwärts fahren, *personne a* schwimmen; *personne a* e-n Fluss hinunter-, hinabschwimmen; *par ext* ***~ la gamme*** die Tonleiter abwärts singen *ou* spielen; *eau* ***~ le long du mur*** an der Wand herunter-, herablaufen, -fließen 2 *objet* hinunter- *ou* herunter-, hinab- *ou* herab-, F runterbringen, -tragen, -schaffen; herunter-, F runterholen; *de l'armoire etc* herunter-, F runternehmen, -holen; *tableau* tiefer, niedriger hängen; ***~ la table à la cave*** den Tisch in den Keller bringen, schaffen, tragen; ***~ la valise du grenier*** den Koffer vom Speicher holen 3 *avion, oiseau* abschießen; F herunterholen; *par ext* F *personne* F ab-, niederknallen II *v/i* ⟨**être**⟩ 1 herunter- *ou* hinunter-, herab- *ou* hinab-, F runtergehen, -steigen, -kommen; *d'un sommet a* absteigen (von); (*personne dans un*) *véhicule ou as-*

descendre und sein Gebrauch

Dieses Verb kann sowohl intransitiv als auch transitiv (mit direktem Objekt) verwendet werden:

intransitiver Gebrauch:

une route qui monte et qui descend	eine Straße, die bergauf und bergab geht
Les voyageurs **sont** descendu**s** du train.	Die Reisenden sind aus dem Zug ausgestiegen.

Die zusammengesetzten Zeiten werden hier mit **être** gebildet, das Partizip richtet sich in Geschlecht und Zahl nach dem Subjekt.

transitiver Gebrauch:

Michel **a** descendu l'escalier.	Michel ist die Treppe hinuntergestiegen.
Les valises qu'il **a** descendu**es** sont très lourdes.	Die Koffer, die er heruntergetragen hat, sind sehr schwer.

Hier werden die zusammengesetzten Zeiten mit **avoir** gebildet, das Partizip wird ans Subjekt angeglichen, wenn das direkte Objekt (im Beispiel durch **qu'** wiedergegeben) **vor** dem Verb steht.

censeur herunter- *ou* hinunter-, herab- *ou* hinab-, F runterfahren; *d'un véhicule* aussteigen (aus); *dans un hôtel* absteigen (in +*dat*); *dans le Midi* fahren *ou* fliegen (in +*acc*); *dans une mine* einfahren (in +*acc*); **~ à la cave** in den Keller (hinunter-, F runter)gehen, (-)steigen; **~ à pied** (zu Fuß) herunter- *ou* hinunter-, herab- *ou* hinab-, F runtergehen; **vous descendez à la prochaine?** steigen Sie bei der nächsten Station aus?; MAR **~ à terre** an Land gehen; *fig* **~ dans la rue** auf die Straße gehen; öffentlich demonstrieren; **~ de cheval** vom Pferd steigen; absitzen; **~ d'une estrade** von e-m Podium (herunter-, herab)treten; **~ d'une voiture** aus e-m Auto (aus)steigen; **~ en courant** herunter- *ou* hinunter-, herab- *ou* hinab-, F runterlaufen, -rennen; **~ en voiture** (mit dem Auto) herunter- *ou* hinunter-, herab- *ou* hinab-, F runterfahren; JUR **~ sur les lieux** e-n Lokaltermin abhalten **2** (*tenir son origine*) **~ de** abstammen von **3** *terrain* abfallen; *route* bergab, abwärtsgehen, -führen; *avion* tiefer gehen; *parachute etc* zur Erde gleiten; herunterkommen; *piston etc* abwärtsgehen; nach unten gehen; niedergehen; *thermomètre, niveau, fig prix* fallen; **la marée, la mer descend** das Wasser geht zurück; es ist Ebbe; *poét* **la nuit descend** die Nacht fällt ein, bricht herein; *par ext* **ma voix ne peut, je ne peux pas ~ plus bas** ich kann nicht tiefer singen; F ich komme nicht tiefer; *fleuve*: **~ de la montagne** aus den Bergen kommen; **~ vers la mer** zum Meer fließen; *route* **~ vers la plaine** in die Ebene hinunterführen **4** (*atteindre*) **~ (jusqu') à** (hinunter-, hinab)reichen bis zu, bis an *ou* in (+*acc*) **5** F *nourriture* verdaulich, bekömmlich sein; F runterrutschen; **pour faire ~** zur besseren Verdauung

descente [desɑ̃t] *f* **1** Abstieg *m*; Herunter- *ou* Hinunter-, Herab- *ou* Hinab-, F Runtergehen *n*, -steigen *n*, -kommen *n*; *dans un véhicule* Abwärtsfahrt *f*; Herunter- *ou* Hinunter-, Herab- *ou* Hinab-, F Runterfahren *n*; (*en*) *téléphérique* Talfahrt *f*; Ab(wärts)fahrt *f*; *dans la mine* Einfahrt *f*; *d'un avion* Sinken *n* (beim Landeanflug); MÉD *d'un organe* Senkung *f*; PEINT **Descente aux enfers** Höllenfahrt *f* Christi; JUR **~ de justice, ~ sur les lieux** Lokaltermin *m*; **~ de police** (Polizei)Razzia *f*; **~ en parachute** Fallschirm(ab)sprung *m*; **à la ~ de l'avion, du train** beim Aussteigen aus dem Flugzeug, Zug; F *fig* **avoir une bonne ~** F e-n ordentlichen Stiefel vertragen; e-e ausgepichte Kehle haben; F **faire une ~** *police* (e-e) Razzia machen; *groupe* (lärmend) gehen, F ziehen, einfallen (**dans** in +*acc*) **2** PEINT **Descente de Croix** Kreuzabnahme *f* **3** (*pente*) Gefällstrecke *f*; Abfahrt *f*; abschüssige Strecke, Straße **4** SKI Abfahrtslauf *m* **5** **~ de lit** Bettvorleger *m* **6** (**tuyau** *m* **de**) **~** Fallrohr *n*

descripteur [dɛskʀiptœʀ] *m* **1** Schilderer *m* **2** INFORM Deskriptor *m* **descriptible** *adj* beschreibbar **descriptif** **I** *adj* ⟨**-ive**⟩ beschreibend (*a style*); schildernd; darstellend (*a géométrie*); deskriptiv **II** *m* CONSTR Baubeschreibung *f*

description [dɛskʀipsjõ] *f* Beschreibung *f*; Schilderung *f*; Darstellung *f*; **faire la ~ de qc** e-e Beschreibung von etw geben; etw beschreiben

Desdémone [dɛsdemɔn] *f* THÉ Desdemona *f*

désembourber [dezɑ̃buʀbe] *v/t* **~ une voiture** ein Auto aus dem Schlamm, aus dem Dreck ziehen

désembouteiller [dezɑ̃buteje] *v/t* (vom Verkehr) entlasten; Verkehrsstauungen beseitigen (**l'autoroute** auf der Autobahn; **le centre** im Zentrum)

désembuer [dezɑ̃bɥe] *v/t vitre* frei machen

désemparé [dezɑ̃paʀe] *adj personne* hilf-, ratlos

désemparer [dezɑ̃paʀe] *loc/adv* **sans ~** unablässig; ununterbrochen

désemplir [dezɑ̃pliʀ] **I** *v/i* **ne pas ~** *restaurant etc* nicht leer werden; immer voll sein **II** *v/pr* **se ~** *salle*,

D

bouteille, porte-monnaie sich leeren
désenchanté [dezɑ̃ʃɑ̃te] *adj* desillusioniert; ernüchtert; enttäuscht **désenchantement** *m* Desillusion *f*; Ernüchterung *f*; Enttäuschung *f* **désenchanter** *litt v/t* desillusionieren; ernüchtern; enttäuschen
désenclaver [dezɑ̃klave] *v/t* **~ *une ville, un territoire*** eine Stadt, ein Gebiet an den Verkehr anschließen; die Verkehrsverbindungen einer Stadt, eines Gebietes verbessern
désencombrer [dezɑ̃kõbʀe] *v/t grenier etc* frei machen (***de qc*** von etw); *rue* (vom Verkehr) entlasten; *université etc* entlasten
désencrasser [dezɑ̃kʀase] *v/t* (vom Schmutz) säubern, reinigen
désendettement [dezɑ̃dɛtmɑ̃] *m* Entschuldung *f* **désendetter** *v/pr* ***se ~*** s-e Schulden bezahlen, abtragen
désenfler [dezɑ̃fle] *v/i* ⟨*Vorgang* **avoir**, *Ergebnis* **être**⟩ MÉD abschwellen
désengagement [dezɑ̃gaʒmɑ̃] *m* POL, MIL Disengagement [-ˈgeːdʒ-] *n*; Auseinanderrücken *n*
désengager [dezɑ̃gaʒe] ⟨**-geons**⟩ *v/pr* ***se ~*** (***d'une obligation***) sich von e-r Verpflichtung frei machen; sich aus e-r Verpflichtung lösen
désengorger [dezɑ̃gɔʀʒe] *v/t* ⟨**-geons**⟩ *conduite* wieder frei machen
désenneiger [dezɑ̃neʒe] *v/t* ⟨**-geons**⟩ von Schnee räumen, befreien
désennuyer [dezɑ̃nɥije] ⟨**-ui-**⟩ **I** *v/t* die Langeweile vertreiben (***qn*** j-m *ou abs*) **II** *v/pr* ***se ~*** sich (*dat*) die Langeweile, Zeit vertreiben
désensabler [dezɑ̃sable] *v/t canal etc* von Sand säubern; **~ *un bateau*** ein Schiff aus dem Sand befreien, herausholen
désensibilisant [desɑ̃sibilizɑ̃] *m* PHARM Desensibilisierungsmittel *n* **désensibilisateur** *m* PHOT Desensibilisator *m* **désensibilisation** *f* MÉD, PHOT Desensibilisierung *f*; Desensibilisation *f* **désensibiliser** *v/t* MÉD, PHOT desensibilisieren
désensorceler [dezɑ̃sɔʀsəle] *v/t* ⟨**-ll-**⟩ aus der Verzauberung befreien; entzaubern
désentortiller [dezɑ̃tɔʀtije] *v/t* auswickeln
désentraver [dezɑ̃tʀave] *v/t* von den Fesseln befreien (*a fig*)
désenvenimer [dezɑ̃vnime] *v/t situation* entschärfen; *atmosphère* entgiften
désépaissir [dezepesiʀ] *v/t sauce* verdünnen; *cheveux* ausschneiden; ausdünnen; effilieren
déséquilibre [dezekilibʀ] *m* **1** PSYCH seelische Störungen *f/pl* **2** *des forces etc* Unausgewogenheit *f*; Ungleichgewicht *n*; mangelndes, fehlendes Gleichgewicht **3** PHYS ungleichmäßige Gewichtsverteilung; ***en ~*** wack(e)lig
déséquilibré [dezekilibʀe] **I** *adj personne* seelisch gestört **II** *subst* **~(*e*)** *m*(*f*) seelisch Gestörte(r) *f*(*m*); Psychopath(in) *m*(*f*); Neurotiker(in) *m*(*f*)
déséquilibrer [dezekilibʀe] *v/t* **1** *objet* aus dem Gleichgewicht bringen **2** *personne* aus dem (seelischen) Gleichgewicht reißen, bringen
désert [dezɛʀ] **I** *adj* ⟨**-erte** [-ɛʀt]⟩ **1** *île etc* unbewohnt; einsam; verlassen; *région* öde **2** *rue etc* menschenleer; wie ausgestorben **II** *m* **1** Wüste *f*; **~ *de Gobi*** Wüste Gobi; **~ *de sable*** Sandwüste *f*; **~ *du Sahara*** Sahara *f* **2** *par ext* Einöde *f*; Wüstenei *f*; Wildnis *f*; *fig* ***prêcher dans le ~*** tauben Ohren predigen
déserter [dezɛʀte] **I** *v/t* **1** *lieu* (für immer) verlassen; *son poste* verlassen **2** *un parti etc* abtrünnig werden (+*dat*); abfallen von; im Stich lassen **II** *v/i* MIL desertieren; fahnenflüchtig werden; *par ext* zum Feind überlaufen **déserteur** *m* **1** MIL Deserteur *m*; Fahnenflüchtige(r) *m*; *par ext* Überläufer *m* **2** *fig et litt* Abtrünnige(r) *m*
désertification [dezɛʀtifikasjõ] *f* **1** GÉOGR Versteppung *f* **2** *par l'exode rural* Verödung *f*
désertion [dezɛʀsjõ] *f* **1** MIL Desertion *f*; Fahnenflucht *f*; **~ *à l'ennemi*** Überlaufen *n* zum Feind **2** *d'un parti etc* Abfall *m*; Abtrünnigwerden *n*
désertique [dezɛʀtik] *adj* **1** Wüsten…; ***climat*** *m* **~** Wüstenklima *n* **2** *paysage* wüstenartig; öde
désescalade [dezɛskalad] *f* POL, MIL Deeskalation *f*
désespérance [dezɛspeʀɑ̃s] *litt f* Hoffnungslosigkeit *f*
désespérant [dezɛspeʀɑ̃] *adj* **1** entmutigend; Verzweiflung hervorrufend; trostlos; ***cet enfant est ~*** dieses Kind ist ein hoffnungsloser Fall; ***c'est ~!*** das ist zum Verzweifeln! **2** *perfection etc* unnachahmlich; jeglichen Mut zur Nachahmung nehmend
désespéré [dezɛspeʀe] **I** *adj* **1** *personne* verzweifelt; untröstlich **2** *effort, combat etc* verzweifelt; ***acte ~*** Verzweiflungstat *f* **3** *situation* hoffnungs-, ausweglos; verzweifelt; ***c'est un cas ~*** a) MÉD sein *ou* ihr Zustand ist hoffnungslos; b) *iron* er *ou* sie ist ein hoffnungsloser Fall **II** *subst* **~(*e*)** *m*(*f*) Verzweifelte(r) *f*(*m*)
désespérément [dezɛspeʀemɑ̃] *adv* **1** hoffnungs-, trostlos; **~ *vide*** trostlos leer; **~ *seul*** hoffnungslos allein, einsam **2** *s'efforcer etc* verzweifelt
désespérer [dezɛspeʀe] ⟨**-è-**⟩ **I** *v/t* **~ *qn*** j-n zur Verzweiflung bringen, verzweifeln lassen **II** *v/t/indir* **1** **~ *de qc*** die Hoffnung auf etw (*acc*) aufgeben, verlieren; **~ *de la guérison de qn*** die Hoffnung auf j-s Heilung aufgeben, verlieren; **~ *de revoir qn*** die Hoffnung aufgeben *ou* verlieren, j-n wiederzusehen **2** **~ *du monde, de la vie*** an der Welt, am Leben verzweifeln **III** *v/i* verzweifeln; die Hoffnung aufgeben, verlieren **IV** *v/pr* ***se ~*** verzweifeln; sich der Verzweiflung überlassen
désespoir [dezɛspwaʀ] *m* Verzweiflung *f*; Hoffnungslosigkeit *f*; *loc/adv*: ***en ~ de cause*** als (aller)letztes Mittel; als letzter *ou* letzten Ausweg; ***avec l'énergie du ~*** mit dem Mut der Verzweiflung; ***s'abandonner au ~*** sich der Verzweiflung überlassen; ***être, faire le ~ de qn*** j-n zur Verzweiflung bringen; *succès etc* für j-n ein unerreichbares Vorbild sein; ***être au ~*** untröstlich sein (***de*** +*inf* dass …)
déshabillage [dezabijaʒ] *m* Entkleiden *n*, -ung *f*; Ausziehen *n*
déshabillé [dezabije] *m* Negligee *n*
déshabiller [dezabije] **I** *v/t* **~ *qn*** j-n ausziehen, entkleiden; **~ *qn du regard*** j-n mit (den) Blicken ausziehen **II** *v/pr* ***se ~*** sich ausziehen, entkleiden
déshabituer [dezabitɥe] **I** *v/t* **~ *qn de qc*** j-m etw abgewöhnen **II** *v/pr* ***se ~ de*** (+*inf*) sich (*dat*) etw abgewöhnen; *st/s* sich e-r Sache (*gén*) entwöhnen; ***se ~ de fumer*** sich (*dat*) das Rauchen abgewöhnen; ***se ~ de l'alcool*** sich (*dat*) das Trinken abgewöhnen
désherbage [dezɛʀbaʒ] *m* Unkrautvernichtung *f*, -bekämpfung *f*

désherbant [dezɛʀbɑ̃] *m* Unkrautvernichtungsmittel *n*
désherber [dezɛʀbe] *v/t* Unkraut vernichten, bekämpfen, beseitigen (*abs ou* in, auf *+dat*); (*sarcler*) (Unkraut) jäten
déshérence [dezeʀɑ̃s] *f* JUR Erbenlosigkeit *f*
déshérité [dezeʀite] **I** *adj* **1** enterbt **2** *fig personne etc* benachteiligt; ***région ~e*** benachteiligte Region **II** *subst* ***~(e)*** *m(f) fig* Benachteiligte(r) *f(m)*; Bedürftige(r) *f(m)*
déshériter [dezeʀite] *v/t* **1** enterben **2** *fig* benachteiligen; stiefmütterlich behandeln
déshonneur [dezɔnœʀ] *m* Unehre *f*; Schande *f*; *st/s* Schimpf *m*; ***il n'y a pas de ~ à*** (*+inf*) es ist keine Schande zu (*+inf*)
déshonorant [dezɔnɔʀɑ̃] *adj* unehrenhaft; entehrend; schimpflich; schändlich
déshonorer [dezɔnɔʀe] **I** *v/t* **1** Schande, Unehre machen (*+dat*); *le souvenir de qn* entehren; *une profession* in Misskredit bringen **2** *femme* entehren **3** *comportement etc* ***~ qn*** j-m zur Unehre gereichen; *calomnie* j-s Ehre angreifen; ***se croire déshonoré de*** (*+inf*) es für unter s-r Würde halten zu (*+inf*) **4** *façade etc* verunstalten; verunzieren **II** *v/pr* ***se ~*** sich mit Schande bedecken; s-e Ehre verlieren
déshumaniser [dezymanize] *v/t* entmenschlichen; enthumanisieren
déshydratation [dezidʀatasjõ] *f* **1** CHIM, TECH Wasserentzug *m*; Entwässerung *f*; Dehydratation *f* **2** PHYSIOL, MÉD Wasserverlust *m*
déshydraté [dezidʀate] *adj* **1** wasserfrei; ausgetrocknet; ***légumes ~s*** Trockengemüse *n* **2** F ***être complètement ~*** e-e ganz ausgedörrte Kehle, F e-n Mordsdurst, e-n Brand haben
déshydrater [dezidʀate] **I** *v/t* CHIM, TECH Wasser entziehen (*+dat*); entwässern; austrocknen; dehydratisieren **II** *v/pr* ***se ~*** *organisme* wasserarm werden; austrocknen
desiderata [dezideʀata] *m/pl* Wünsche *m/pl*; *par ext* Anliegen *n/pl*
design [dizajn] *m* Design [di'zaɪn] *n*; *adjt* ⟨*inv*⟩ ***meubles*** *m/pl*, ***mode*** *f* ***~*** Designermöbel *n/pl*, -mode *f*
désignation [deziɲasjõ] *f* **1** Bezeichnung *f*; Benennung *f* **2** *d'un successeur etc* Designation *f*; Designierung *f*; Bestimmung *f*; Bestellung *f*
designer [dizajnœʀ] *m,f* Designer(in) [di'zaɪnər(ɪn)] *m(f)*
désigner [deziɲe] *v/t* **1** bezeichnen; benennen; ***~ qn par son nom*** j-n beim, bei s-m Namen nennen **2** ***~ (de la main)*** (mit der Hand) zeigen, (hin)weisen auf (*+acc*); mit der Hand bezeichnen **3** *successeur etc* designieren; bestimmen; bestellen; ***~ qn pour qc*** j-n für etw bestimmen, zu etw ausersehen; *adjt* ***être tout désigné pour faire qc*** für etw geradezu prädestiniert, wie geschaffen sein **4** ***~ qn à l'attention de qn*** j-s Aufmerksamkeit auf j-n lenken
désillusion [dezi(l)lyzjõ] *f* Desillusion *f*; Enttäuschung *f*
désillusionner [dezi(l)lyzjɔne] *v/t* desillusionieren; die Illusion(en) nehmen (***qn*** j-m); enttäuschen; *adjt* ***être complètement désillusionné*** keine Illusionen mehr haben; völlig desillusioniert, enttäuscht sein
désincarné [dezɛ̃kaʀne] *adj* **1** *âme st/s* dem Körper entflohen **2** *a iron amour etc* wirklichkeitsfremd
désincrustant [dezɛ̃kʀystɑ̃] *m* **1** TECH Kesselsteinlösemittel *n* **2** COSMÉTIQUE Tiefenreinigungsmittel *n* **désincrustation** *f* **1** TECH Lösen *n* des Kesselsteins **2** *de la peau* Tiefenreinigung *f* **désincruster** *v/t* **1** TECH den Kesselstein lösen (***qc*** von etw) **2** *peau* bis in die Tiefe reinigen; porentief reinigen
désinence [dezinɑ̃s] *f* GR Endung *f*
désinfectant [dezɛ̃fɛktɑ̃] **I** *adj* desinfizierend; Desinfektions... **II** *m* Desinfektionsmittel *n* **désinfecter** *v/t* desinfizieren
désinfection [dezɛ̃fɛksjõ] *f* Desinfektion *f*
désinflation [dezɛ̃flasjõ] *f* ÉCON Rückgang *m* der Inflation
désinformation [dezɛ̃fɔʀmasjõ] *f* Desinformation *f*
désinstaller [dezɛ̃stale] *v/t* INFORM deinstallieren [deˀɪn-]
désintégration [dezɛ̃tegʀasjõ] *f* **1** Auflösung *f*; Zerfall *m*; Desintegration *f* **2** NUCL Atomzerfall *m*, -zertrümmerung *f*, -spaltung *f*
désintégrer [dezɛ̃tegʀe] ⟨**-è-**⟩ **I** *v/t* NUCL zertrümmern; spalten **II** *v/pr* ***se ~*** **1** *parti etc* sich auflösen; auseinanderfallen; zerfallen **2** NUCL zerfallen
désintéressé [dezɛ̃teʀese] *adj* **1** *personne, conseil etc* uneigennützig; selbstlos **2** *jugement etc* unparteiisch; objektiv
désintéressement [dezɛ̃teʀɛsmɑ̃] *m* Uneigennützigkeit *f*; Selbstlosigkeit *f*; ***avec ~*** uneigennützig; selbstlos
désintéresser [dezɛ̃teʀese] **I** *v/t* ***~ qn*** j-n auszahlen **II** *v/pr* ***se ~ de qc, qn*** das Interesse an etw, j-m verlieren; kein Interesse mehr für etw, j-n haben
désintérêt [dezɛ̃teʀɛ] *m* Uninteressiertheit *f*, Desinteresse *n* (***pour*** an *+dat*)
désintoxication [dezɛ̃tɔksikasjõ] *f* MÉD Entgiftung *f*; *de drogués* Entwöhnung *f*; ***cure*** *f* ***de ~*** Entziehungs-, Entwöhnungskur *f*
désintoxiquer [dezɛ̃tɔksike] *v/t* MÉD entgiften (*a fig*); *drogués* entwöhnen
désinvolte [dezɛ̃vɔlt] *adj* ungezwungen; *péj* lässig; (zu) frei; ungeniert
désinvolture [dezɛ̃vɔltyʀ] *f péj* (betonte *ou* verletzende) Lässigkeit; Ungeniertheit *f*; ***avec ~*** (betont) lässig; ganz ungeniert
désir [deziʀ] *m* **1** Wunsch *m* (***de qc*** nach etw *ou* ***de*** *+inf* zu *+inf*); *p/fort* Verlangen *n*, Sehnsucht *f* (***de qc*** nach etw); ***~ de paix*** Wunsch, *p/fort* Sehnsucht nach Frieden; ***~ de plaire*** Wunsch zu gefallen; ***éprouver un ~*** e-n Wunsch haben, verspüren; *p/fort* ein Verlangen haben, spüren; Sehnsucht haben; *plais* ***vos ~s sont des ordres*** Ihr Wunsch ist, sei mir Befehl; ***exprimer un ~*** e-n Wunsch äußern, aussprechen; ***prendre ses ~s pour des réalités*** s-e Wunschvorstellungen für Tatsachen halten; sich (*dat*) etw vormachen; ***il prend ses ~s pour des réalités*** *a* bei ihm ist der Wunsch der Vater des Gedankens **2** *pour qn* (sinnliche) Begierde, Lust
désirable [deziʀabl] *adj* **1** wünschenswert **2** *personne* begehrenswert
désiré [deziʀe] *adj* erwünscht; ***enfant ~*** Wunschkind *n*; ***non ~*** ungewollt; unerwünscht; *moment etc* ***tant ~*** (heiß) ersehnt
Désirée [deziʀe] *f Vorname*
désirer [deziʀe] *v/t* **1** (sich [*dat*]) wünschen; *p/fort* ersehnen; *st/s* begehren; ***que désirez-vous?*** was

wünschen Sie?; womit kann ich (Ihnen) dienen?; was darf es sein?; ♦ **~** (*+inf*) wünschen zu (*+inf*); gern(e) mögen (*+inf*); **~ que …** (*+subj*) (sich [*dat*]) wünschen *ou* gern(e) mögen, dass …; ***n'avoir plus rien à ~*** keine Wünsche mehr haben; wunschlos glücklich sein; (*tout avoir*) alles, was man sich (*dat*) wünschen kann, haben; ***se faire ~*** auf sich (*acc*) warten lassen; ***ne te fais pas trop ~!*** lass dich nicht so selten sehen!; F mach dich nicht so rar!; ***laisser à ~*** zu wünschen übrig lassen **2** *personne* begehren

désireux [deziʀø] *adj* ‹**-euse**› **~ de** (*+inf*) bestrebt, in dem Bestreben, *p/fort* begierig zu (*+inf*); ***être ~ de*** (*+inf*) *a* den Wunsch haben zu (*+inf*)

désistement [dezistəmɑ̃] *m* **1** POL Rücktritt *m*, Verzicht *m* (***en faveur de*** zugunsten von) **2** JUR **~ *d'action*** (Zu)Rücknahme *f*, Zurückziehung *f* der Klage

désister [deziste] *v/pr* **1** POL ***se ~ en faveur de qn*** zugunsten von j-m zurücktreten (von der Kandidatur), verzichten (auf die Kandidatur) **2** JUR ***se ~ de l'action*** die Klage zurücknehmen, -ziehen

Desnos [dɛsnɔs] ***Robert ~*** *frz Dichter*

désobéir [dezɔbeiʀ] *v/t/indir* **~ *à qn*** j-m nicht gehorchen; *enfant a* j-m nicht folgen; *abs a* ungehorsam sein; **~ *à la loi*** das Gesetz übertreten, verletzen; **~ *à un ordre*** sich e-m Befehl widersetzen; e-n Befehl verweigern

désobéissance [dezɔbeisɑ̃s] *f* Ungehorsam *m* (***à qn*** gegenüber j-m) **désobéissant** *adj* ungehorsam; *enfant a* unfolgsam; unartig; *animal a* unfolgsam

désobligeance [dezɔbliʒɑ̃s] *st/s f* Ungefälligkeit *f*

désobligeant [dezɔbliʒɑ̃] *adj personne* ungefällig; ***remarque ~e*** unfreundliche, *p/fort* verletzende Bemerkung

désobliger [dezɔbliʒe] *v/t* ‹**-geons**› **~ *qn*** j-n kränken; j-n vor den Kopf stoßen; ***vous me désobligeriez en n'acceptant pas mon invitation*** Sie würden mich kränken, wenn Sie meine Einladung nicht annehmen würden

désodorisant [dezɔdɔʀizɑ̃] *m* Deodorant *n* **désodoriser** *v/t* desodorieren; den unangenehmen Geruch beseitigen (***une pièce*** in e-m Raum)

désœuvré [dezœvʀe] **I** *adj* untätig; unbeschäftigt; *st/s* müßig **II** *subst* **~(e)** *m(f)* Untätige(r) *f(m)*; *st/s Müßiggänger(in) m(f)*

désœuvrement [dezœvʀəmɑ̃] *m* Untätigkeit *f*; Nichtstun *n*; *st/s* Müßiggang *m*; ***faire qc par ~*** etw tun, um die Zeit totzuschlagen

désolant [dezɔlɑ̃] *adj* **1** *nouvelle etc* (tief) betrüblich; traurig **2** *temps, spectacle* trostlos

désolation [dezɔlasjõ] *f* tiefe Betrübnis; ***plonger qn dans la ~*** j-n tief betrüben, sehr traurig machen

désolé [dezɔle] *adj* **1** tief betrübt, untröstlich (***de*** über *+acc*); ***je suis ~ de ce qui t'arrive*** ich bin tief betrübt über das, was du mitmachst; *formule de politesse*: (***je suis***) **~** (es) tut mir leid; (***je suis***) ***~ de vous avoir fait attendre*** (es) tut mir leid, dass ich Sie habe warten lassen **2** *région* öde; trostlos

désoler [dezɔle] **I** *v/t* **1** *échec, mort etc* **~ *qn*** j-n tief betrüben; j-n traurig machen, stimmen **2** *incident, retard etc* **~ *qn*** j-n bekümmern, verdrießen; j-m leidtun **II** *v/pr* ***se ~*** traurig, betrübt sein

désolidariser [desɔlidaʀize] *v/pr* ***se ~ de qn*** mit j-m nicht mehr solidarisch sein; sich von j-m distanzieren; ***se ~ de qc*** mit etw nicht mehr übereinstimmen; sich von etw distanzieren

désopilant [dezɔpilɑ̃] *adj* herzhaftes, lautes Lachen hervorrufend; urkomisch; *p/fort* zwerchfellerschütternd

désordonné [dezɔʀdɔne] *adj* **1** *personne, maison etc* unordentlich; F schlampig; *fuite, course* wild; ***mouvements ~s*** unkontrollierte Bewegungen *f/pl* **2** *vie, conduite* unordentlich; zügellos; ungezügelt; *p/fort* ausschweifend

désordre [dezɔʀdʀ] *m* **1** Unordnung *f*; Durcheinander *n*; ***quel ~!*** was für e-e, welch e-e Unordnung!; was für ein, welch ein Durcheinander!; *loc/adj* ***en ~*** in Unordnung; ungeordnet; *lieu* nicht aufgeräumt; unaufgeräumt; ***mettre en ~*** in Unordnung bringen; durcheinanderbringen; *objets* ***traîner en ~*** unordentlich herumliegen; ♦ F *adjt* ***il, elle est très ~*** er, sie ist sehr unordentlich, F schlampig **2** *des idées* Ungeordnetheit *f*; Durcheinander *n*; *des finances etc* Unordnung *f* **3** Unruhe *f*; Unfriede(n) *m*; Verwirrung *f*; ***causer du ~*** Unruhe, Unfrieden, Verwirrung stiften; ***semer le ~*** Unruhe verbreiten **4** *souvent pl* **~*s*** (*troubles*) (öffentliche) Unruhe; Aufruhr *m*; Unruhen *f/pl* **5** *tiercé* ***dans le ~*** in beliebiger Reihenfolge

désorganisation [dezɔʀganizasjõ] *f* Desorganisation *f*; Auflösung *f*; **~ *complète*** *a* Zerrüttung *f*

désorganiser [dezɔʀganize] **I** *v/t* desorganisieren; in Unordnung bringen; auflösen; zersetzen; zerrütten **II** *v/pr* ***se ~*** in Unordnung geraten; sich auflösen

désorienté [dezɔʀjɑ̃te] *adj* verwirrt; verunsichert; ***être ~*** *a* sich nicht mehr zurechtfinden

désorienter [dezɔʀjɑ̃te] *v/t* verwirren; verunsichern

désormais [dezɔʀmɛ] *adv* von nun an *ou* ab; von jetzt an *ou* ab; fortan; künftig

désosser [dezɔse] *v/t viande* von den Knochen lösen; entbeinen; *südd* auslösen, -beinen

désoxydant [dezɔksidɑ̃] *m* CHIM, TECH Desoxidationsmittel *n* **désoxyder** *v/t* CHIM, TECH desoxidieren

désoxyribonucléique [dezɔksiʀibɔnykleik] *adj* BIOL ***acide*** *m* **~** (*abr* ADN) Desoxyribonukleinsäure *f* (*abr* DNS)

desperado [dɛspeʀado] *m* Desperado *m*

despote [dɛspɔt] *m* **1** POL Despot *m*; Alleinherrscher *m*; *péj* Gewaltherrscher *m* **2** *fig* Despot *m*; Tyrann *m*; *adjt* despotisch; ***mari ~*** despotischer Ehemann

despotique [dɛspɔtik] *adj* despotisch

despotisme [dɛspɔtism] *m* **1** POL Despotismus *m*; Alleinherrschaft *f*; *péj* Despotie *f*; Gewaltherrschaft *f*; HIST **~ *éclairé*** aufgeklärter Absolutismus **2** *fig* Tyrannei *f*

desquamation [dɛskwamasjõ] *f* MÉD Abschuppung *f*; Abschilferung *f* **desquamer** *v/i* (*et v/pr* ***se***) **~ *peau*** sich (ab)schuppen; abschilfern

desquels, **desquelles** [dekɛl] *pr/rel et pr/int* → ***lequel***

DESS [deəɛsɛs] *m abr* (*diplôme d'études supérieures spécialisées*) *praxisorientiertes Diplom im Anschluss an die „maîtrise"*

dessaisir [desezіʀ] **I** *v/t* JUR **~ *un tribunal d'une affaire*** e-e Sache der Gerichtsbarkeit e-s Gerichtes entziehen; ein Gericht in e-r Sache für nicht zuständig erklären **II** *v/pr* ***se ~ de qc*** etw ab-, heraus-

geben, abtreten
dessalage [desalaʒ] *m ou* **dessalaison** *f ou* **dessalement** *m* Entsalzen *n*, -ung *f*
dessaler [desale] **I** *v/t* **1** entsalzen; CUIS weniger salzig *ou* milder machen; *hareng* wässern **2** *fig* **~ qn** j-m s-e Naivität *ou* Schüchternheit nehmen; *p/fort* j-n abgebrühter machen; *adjt* **dessalé** recht keck; *p/fort* abgebrüht; mit allen Wassern gewaschen **II** *v/i* CUIS **mettre à ~** wässern **III** *v/pr* **se ~** *fig* s-e Naivität *ou* Schüchternheit ablegen, verlieren; *p/fort* abgebrühter werden
desséchant [deseʃɑ̃] *adj* **1** *vent* trocken; der alles verdorren lässt **2** *fig études etc* trocken; abstumpfend
dessèchement [desɛʃmɑ̃] *m* **1** Austrocknen *n*; Vertrocknen *n*; Trockenheit *f* **2** *fig* **~ du cœur** Verhärtung *f*, Abstumpfung *f* der Gefühle; **~ de l'esprit** geistige Unbeweglichkeit; Verknöcherung *f*
dessécher [deseʃe] ⟨**-è-**⟩ **I** *v/t* **1** austrocknen; **~ le sol, la peau** den Boden, die Haut austrocknen **2** *fig* abstumpfen; **~ le cœur de qn** j-s Herz verhärten; j-n gefühlskalt *ou* hart machen; **~ l'esprit de qn** j-s geistige Beweglichkeit lähmen; j-n verknöchern lassen **II** *v/pr* **se ~ 1** *sol, peau, gosier etc* austrocknen; *végétation* vertrocknen; verdorren **2** *fig* abstumpfen; hart *ou* gefühlskalt werden; verhärten; *mentalement* die geistige Beweglichkeit verlieren; verknöchern **3** *vieillard* zusammenfallen; hager und faltig werden; verschrumpeln
dessein [desɛ̃] *st/s m* Absicht *f*; Plan *m*; Vorhaben *n*; *loc/adv* **à ~** absichtlich; mit Absicht; vorsätzlich; mit Fleiß; **dans le ~ de** (*+inf*) in der Absicht zu (*+inf*); *litt* **avoir le ~ de** (*+inf*) die Absicht hegen, sich mit der Absicht tragen zu (*+inf*); **son ~ est de** (*+inf*) s-e Absicht, sein Plan ist es zu (*+inf*); *litt* **nourrir de noirs ~s** dunkle Absichten hegen; etwas Böses im Schilde führen
desseller [desele] *v/t* **~ un cheval** ein Pferd absatteln
desserrage [desɛʀaʒ] *m* TECH Lockern *n*; *p/fort* Lösen *n* **desserrement** *m* **1** *d'une poignée* Lockerung *f* **2** *fig* Auflockerung *f*; Dezentralisierung *f*
desserrer [deseʀe] **I** *v/t* **1** *ceinture, nœud, vis etc* lockern; *ceinture a* weiter machen, schnallen; *frein* lösen **2** *fig* **ne pas ~ les dents** den Mund nicht auftun, -machen; kein Wort *ou* F Sterbenswörtchen sagen **II** *v/pr* **se ~** *nœud, vis etc* sich lockern
dessert [desɛʀ] *m* Dessert *n*; Nachtisch *m*, -speise *f*; **vin** *m* **de ~** Dessertwein *m*
desserte [desɛʀt] *f* **1** Abstell-, Beistell-, Serviertisch *m*; *à roulettes* Servier-, Teewagen *m* **2** Verkehrsverbindung *f* (**de** zu, nach); **~ (par voie) ferrée** Eisenbahnanschluss *m*, -verbindung *f*; **chemin** *m* **de ~** Stichstraße *f*
dessertir [desɛʀtiʀ] *v/t pierre précieuse* aus s-r Fassung nehmen
desservant [desɛʀvɑ̃] *m* ÉGL Pfarrverweser *m*
desservir [desɛʀviʀ] *v/t* ⟨→ **servir**⟩ **1** *bus, train* (regelmäßig) verkehren, fahren (**un village** zu e-m Dorf); bedienen; halten (**une gare** an e-m Bahnhof; **un village** in e-m Dorf); *bateau*: *île, port* (regelmäßig) anlaufen, anfahren; *avion*: *aéroport* anfliegen; *adjt lieu* **bien desservi** verkehrsmäßig gut erschlossen *ou* günstig gelegen **2** ÉGL seelsorgerisch betreuen **3 ~ (la table)** (den Tisch) abdecken, abräumen **4 ~ qn** j-m e-n schlechten Dienst, e-n Bärendienst erweisen; j-m schaden
dessiccatif [desikatif] *m* TECH, CHIM Trockenmittel *n* **dessiccation** *f* **a)** CHIM, TECH Trocknen *n*, -ung *f*; *de fruits, légumes a* Dörren *n*; **b)** *du sol etc* Austrocknen *n*
dessiller [desije] **I** *v/t* **~ les yeux à qn** j-m die Augen öffnen **II** *v/pr* **alors mes yeux se dessillèrent** da fiel es mir wie Schuppen von den Augen
dessin [desɛ̃] *m* **1** *résultat* Zeichnung *f*; **~ animé** Zeichentrickfilm *m*; **~ humoristique** Karikatur *f*; **~ à la plume** Federzeichnung *f*; **~ à main levée** Freihandzeichnung *f*; **~ d'architecture** Bauzeichnung *f*, -plan *m*; F *iron* **il faut te faire un ~?** F kapierst du denn nicht?; muss ich es dir denn erst lang und breit erklären? **2** *action* Zeichnen *n*; **~ industriel** technisches Zeichnen; **~ publicitaire** Werbegrafik *f*; *par ext* Gebrauchsgrafik *f*; **papier** *m* **à ~** Zeichenpapier *n*; **planche** *f* **à ~** Zeichen-, Reißbrett *n*; **professeur** *m* **de ~** Zeichenlehrer *m*; **doué pour le ~** zeichnerisch, für das Zeichnen begabt; **apprendre le ~** zeichnen lernen **3** *d'un tissu etc* Muster *n*; Dessin *n* **4** (*lignes*) Zeichnung *f*; Züge *m/pl*; Musterung *f*; *du bois* Maserung *f*
dessinateur [desinatœʀ] *m*, **dessinatrice** *f* Zeichner(in) *m(f)*; TEXT Dessinateur(in) *m(f)*; Musterzeichner(in) *m(f)*; **~ humoristique** Karikaturist *m*; Cartoonist [-tu-] *m*; **~ industriel** technischer Zeichner; **~ publicitaire** Werbegrafiker *m*; *par ext* Gebrauchsgrafiker *m*; **~ de mode** Modezeichner *m*
dessiner [desine] **I** *v/t* **1** zeichnen; **~ au crayon** mit dem Bleistift zeichnen; *adjt* **bande(s) dessinée(s)** Comic(s) *m(pl)* **2** *contours, formes* hervortreten lassen; unterstreichen; hervorheben; betonen **3** *route* **~ une courbe** e-e Kurve machen, beschreiben **4** *fig auteur* **~ le caractère de qn** j-s Charakter zeichnen **II** *v/pr* **se ~ 1** sich abzeichnen (**sur, à l'horizon** am Horizont) (*a fig*) **2** *projets* Gestalt annehmen, gewinnen
dessouder [desude] TECH **I** *v/t* auseinanderschweißen **II** *v/pr* **se ~** aufgehen; sich lösen
dessoûler [desule] **I** *v/t* **~ qn** j-n nüchtern machen **II** *v/i* nüchtern werden; ausnüchtern; **il ne dessoûle pas depuis trois jours** *a* er ist seit drei Tagen betrunken
dessous [d(ə)su] **I** *adv* **1** darunter *ou* F (unten)drunter **2** *loc/adv* **en ~** darunter *ou* F drunter; unten; an der Unterseite; F **par en ~** von unten her; *fig*: **agir** (F **par**) **en ~** nicht mit offenen Karten spielen; **regarder** (**qn**) (F **par**) **en ~** j-m nicht offen in die Augen sehen; *abs* keinen offenen Blick haben; **rire** (F **par**) **en ~** versteckt lachen; in sich (*acc*) hineinlachen **II** *loc/prép* **de ~** unter (*+dat*) hervor; **retirer de ~ les décombres** unter den Trümmern hervorziehen **III** *m* **1** *d'objets* Unterseite *f*; untere Seite **2** (**étage** *m* **du**) **~** untere Etage; unteres Stockwerk; **les gens du ~** die Leute, die e-e Etage tiefer wohnen **3** THÉ Unterbühne *f*; *fig* **être au trente-sixième ~** völlig deprimiert, ganz verzweifelt sein **4** *fig* **connaître, voir le ~ des cartes** die Hintergründe (der Angelegenheit) kennen; wissen, was dahinter steckt **5** *fig* **~ de table** Schmier-, Draufgeld *n* **6 ~ de bouteille** *etc* → **dessous-de-bouteille** *etc* **7** *loc* **avoir le ~** unterlegen sein **8 ~** *pl* Dessous *n/pl*; (Damen)Unterwäsche *f* **9** *fig* **~** *pl d'une affai-*

D

re etc Hintergründe *m/pl*

dessous-de-bouteille [d(ə)sudbutɛj] *m* ⟨*inv*⟩ Flaschenuntersatz *m*, -untersetzer *m* **dessous-de-bras** *m* ⟨*inv*⟩ COUT Arm-, Schweißblatt *n* **dessous-de-plat** *m* ⟨*inv*⟩ Schüsseluntersatz *m*, -untersetzer *m* **dessous-de-table** *m* ⟨*inv*⟩ → ***dessous*** *III 5* **dessous-de-verre** *m* ⟨*inv*⟩ Gläseruntersatz *m*, -untersetzer *m*

dessus [d(ə)sy] **I** *adv* **1** darauf; F (oben)drauf; ***tu peux t'asseoir ~*** du kannst dich daraufsetzen, F draufsetzen; *fig*: *ne comptez pas sur cet appartement*, ***quelqu'un est déjà ~*** es spekuliert schon j darauf; ***marcher ~*** *sur un tapis etc* darüber gehen; F drübergehen; *sur une pierre etc* drauftreten; *fig* ***mettre la main ~*** *police* zugreifen; *par ext* finden; ***il lui a tapé, tiré ~*** er hat auf ihn eingeschlagen, geschossen; ***il lui est tombé ~*** er hat sich auf ihn gestürzt; → *a* ***bras*** *1*, ***sens*** *4* **2** *loc/adv* ***en ~*** oben; auf der oberen Seite; F obendrauf **II** *loc/prép* ***de ~*** von … hoch; ***enlever qc de ~ la table*** etw vom Tisch nehmen **III** *m* **1** *d'objets* Oberseite *f*; obere Seite **2** (***étage*** *m* ***du***) **~** obere Etage; oberes Stockwerk; ***les gens du ~*** die Leute, die e-e Etage höher wohnen **3** THÉ Schnürboden *m* **4** MUS Diskant *m* **5** *fig* ***le ~ du panier*** die oberen zehntausend; die Creme der Gesellschaft; die High Society ['haɪsə'saɪəti] **6** *loc* ***avoir le ~*** überlegen sein; die Oberhand gewinnen; (***re***)***prendre le ~*** F sich (wieder) auf-, hochrappeln; wieder auf die Beine kommen

dessus-de-lit [d(ə)sydli] *m* ⟨*inv*⟩ Tagesdecke *f*

déstabilisation [destabilizasjõ] *f* POL Destabilisierung *f* **déstabiliser** *v/t régime etc* destabilisieren

déstalinisation [destalinizasjõ] *f* POL Entstalinisierung *f* **déstaliniser** *v/t* entstalinisieren

destin [dɛstɛ̃] *m* Schicksal *n*; *st/s* Geschick *n*; ***arrêt*** *m* ***du ~*** Schicksalsfügung *f*; Schickung *f*; *loc* ***on n'échappe pas à son ~*** s-m Schicksal kann man nicht entgehen; ***prendre son ~ en main*** sein Geschick selbst in die Hand nehmen

destinataire [dɛstinatɛʀ] *m,f* Empfänger(in) *m(f)*; Adressat(in) *m(f)*

destination [dɛstinasjõ] *f* **1** Bestimmung *f*; Verwendungszweck *m*; ***rendre une école à sa ~ première*** e-e Schule wieder ihrer ursprünglichen Bestimmung zuführen, übergeben **2** *lieu* Bestimmungsort *m*; Ziel *n*; ***gare*** *f* ***de ~*** Bestimmungs-, Zielbahnhof *m*; *train, avion* ***à ~ de Paris*** nach Paris; ***arriver à ~*** am Bestimmungsort, Ziel ankommen; ***partir pour une ~ inconnue*** mit unbekanntem Ziel aufbrechen

destinée [dɛstine] *f* Schicksal *n*; Los *n*; *st/s* Geschick *n*; ***être promis aux plus 'hautes ~s*** zu Höherem, zu Großem berufen sein; *st/s* ***unir sa ~ à celle de qn*** mit j-m den Bund fürs Leben schließen

destiner [dɛstine] **I** *v/t* **1** ***~ qn à qc*** j-n zu etw bestimmen, ausersehen; ***~ qn à une carrière militaire, au commerce*** j-n zu e-r militärischen Laufbahn, zu e-m kaufmännischen Beruf bestimmen, ausersehen **2** ***~ qc à qn*** etw für j-n bestimmen, ausersehen; *adjt* ***être destiné à qn*** für j-n bestimmt sein; j-m zugedacht sein; *remarque a* j-m gelten **3** ***~ qc à qc*** etw für etw bestimmen; ***être destiné à*** bestimmt sein für *ou* zu; sollen (+*inf*); *un titre* ***destiné à éveiller la curiosité*** der die Neugier wecken soll **II** *v/pr* ***se ~ à l'enseignement*** den Lehrberuf wählen

destituer [dɛstitɥe] *v/t* absetzen; ***~ qn de ses fonctions*** j-n aus s-m Amt entlassen; j-n s-s Amtes entheben

destitution [dɛstitysjõ] *f* Absetzung *f*; Dienstentlassung *f*; Amtsenthebung *f*

destrier [dɛstʀije] *m* HIST Streitross *n*

destroyer [dɛstʀwaje] *m* MAR Zerstörer *m*

destructeur [dɛstʀyktœʀ] **I** *adj* ⟨**-trice**⟩ zerstörerisch; *fig a* destruktiv **II** *subst* **~, *destructrice*** *m,f* Zerstörer(in) *m(f)*; Vernichter(in) *m(f)* **destructible** *adj* zerstörbar **destructif** *adj* ⟨**-ive**⟩ Zerstörungs…; zerstörerisch; *fig a* destruktiv

destruction [dɛstʀyksjõ] *f* **1** Zerstörung *f*; Vernichtung *f*; ***moyen*** *m* ***de ~ massive*** Massenvernichtungsmittel *n* **2** *de parasites etc* Vernichtung *f*; Vertilgung *f*

déstructurer [destʀyktyʀe] *v/t* die Struktur auflösen (+*gén*)

désuet [dezɥɛ, des-] *adj* ⟨**-ète** [-ɛt]⟩ aus der Mode gekommen; altmodisch; antiquiert

désuétude [dezɥetyd, des-] *f loc* ***tomber en ~*** außer Gebrauch, aus der Mode kommen; unüblich werden; veralten

désuni [dezyni] *adj* **1** entzweit; zerstritten **2** *sportif* aus dem Tritt, Rhythmus gekommen

désunion [dezynjõ] *f* Zwietracht *f*; Zwist(igkeit) *m(f)*; ***semer la ~*** Zwietracht säen, stiften

désunir [dezyniʀ] *v/t* entzweien; ***~ une famille*** eine Familie entzweien

détachable [detaʃabl] *adj* abreißbar; Abreiß…

détachage [detaʃaʒ] *m* (chemische) Fleck(en)entfernung (***de qc*** aus etw) **détachant** *m* Fleck(en)entfernungsmittel *n*, -entferner *m*; Fleckenwasser *n*

détaché [detaʃe] *adj* **1** ***pièce ~e*** Einzelteil *n*; (*pièce de rechange*) Ersatzteil *n* **2** *air etc* gleichgültig; unbeteiligt; uninteressiert; ***être détaché de qc*** an etw (*dat*) nicht mehr interessiert sein **3** *fonctionnaire* vorübergehend e-r anderen Dienststelle zugeteilt

détachement [detaʃmɑ̃] *m* **1** erloschenes Interesse ([***à l'égard***] ***de qc*** an etw [*dat*]); *par ext* Gleichgültigkeit *f*; ***avec ~*** gleichgültig **2** MIL (Sonder)Trupp *m*, (-)Abteilung *f*, (-)Kommando *n* **3** ***être en ~*** MIL abkommandiert sein; *par ext* abgestellt, abgeordnet sein; *fonctionnaire a* vorübergehend e-r anderen Dienststelle zugeteilt sein

détacher[1] [detaʃe] **I** *v/t* **1** lösen; los-, abmachen; los-, abreißen; abtrennen; *ceinture de sécurité* abnehmen; *lacets* aufbinden; *feuille* abreißen (***de*** von); ***~ une barque*** ein Boot losmachen, losbinden; ***~ un chien*** einen Hund losbinden; ***~ une remorque*** einen Anhänger abhängen; *sur des formulaires etc* (***à***) ***~ suivant le pointillé*** hier abtrennen!; (***ne pas***) ***arriver à ~ qc*** etw (nicht) los-, abbekommen, F -kriegen **2** *mots, syllabes* getrennt aussprechen; *lettres* getrennt schreiben; PEINT *motif* deutlich hervorheben **3** ***~ qn*** MIL j-n abkommandieren; *par ext* j-n abstellen, abordnen; *fonctionnaire* vorübergehend e-r anderen Dienststelle zuteilen **4** *fig* ***~ qn de qn*** j-n von j-m lösen, trennen; j-n j-m entfremden **5** ***ne pas pouvoir ~ ses yeux de qc*** s-e Augen nicht von etw losreißen, abwenden, lösen können **II** *v/pr* **1** ***se ~*** *rocher etc* sich lösen; abgehen; *chien* sich losmachen, -reißen; *feuille* abfallen (***de l'arbre*** vom Baum); *coureur* ***se ~ du peloton***

sich vom Hauptfeld lösen; das Hauptfeld hinter sich (*dat*) lassen 2 *fig* ***se ~ de qc*** sich nicht mehr für etw interessieren; sein Interesse an etw (*dat*) verlieren; *fig* ***se ~ de qn*** sich (gefühlsmäßig) von j-m lösen 3 ***se ~ sur qc*** sich scharf abzeichnen, abheben gegen etw

détacher² [detaʃe] *v/t* die Flecken entfernen (***qc*** aus etw)

détail [detaj] *m* 1 COMM (***commerce*** *m* ***de***) ~ Einzel-, Kleinhandel *m*; ***vente*** *f* ***au ~*** Verkauf *m* im Einzel-, Kleinhandel; Einzel-, Kleinverkauf *m*; ***vendre au ~*** in kleinen Mengen, einzeln verkaufen; ***prix*** *m* ***de ~*** Einzelhandelspreis *m* 2 Einzelheit *f*; Detail *n*; ***en ~*** im Einzelnen; ausführlich; ***raconter qc en ~, dans le ~*** etw im Einzelnen, in allen Einzelheiten, ganz ausführlich, lang und breit erzählen; ***entrer dans les ~s*** auf (die) Einzelheiten eingehen; ins Detail gehen; ***se perdre dans les ~s*** sich in (den) Einzelheiten verlieren; sich verzetteln 3 *d'un compte etc* ausführliche, detaillierte Aufstellung; ***~ des dépenses*** detaillierte Kostenaufstellung; F *fig* ***ne pas faire de*** *ou* ***le ~*** sich nicht mit Einzelheiten aufhalten; alles über einen Kamm scheren 4 (*vétille*) Kleinigkeit *f*; *loc/adj* ***de ~*** unwichtig; nebensächlich; unwesentlich; ***question*** *f* ***de ~*** unwichtige, nebensächliche Frage; ***c'est un ~*** das ist e-e Kleinigkeit; das ist ganz ohne Bedeutung

détaillant [detajɑ̃] *m*, **détaillante** *f* COMM Einzel-, Kleinhändler(in) *m(f)*; *adjt* ***épicier détaillant*** Lebensmitteleinzelhändler *m*

détaillé [detaje] *adj* detailliert; ausführlich; ins Einzelne gehend

détailler [detaje] *v/t* 1 COMM **a)** im, über den Einzelhandel verkaufen, vertreiben; **b)** in kleineren Mengen *ou* einzeln, stückweise verkaufen 2 ***~ qn des pieds à la tête*** j-n von Kopf bis Fuß eingehend mustern 3 *st/s* ***~ qc*** etw im Einzelnen ausführen; etw detaillieren

détaler [detale] *v/i* F abhauen; Reißaus nehmen; verduften

détartrage [detaʀtʀaʒ] *m* Entkalkung *f* **détartrant** *m produit* Entkalker *m*

détartrer [detaʀtʀe] *v/t* **a)** entkalken; **b)** den Zahnstein entfernen (***les dents*** von den Zähnen)

détaxation [detaksasjõ] *f ou* **détaxe** [detaks] *f* **a)** *réduction* Steuer-, Gebührenermäßigung *f*, -nachlass *m*; **b)** *suppression* Steuer-, Gebührenbefreiung *f*, -erlass *m*

détaxer [detakse] *v/t* ***~ qc*** die Steuer, mit der etw belegt ist, senken *ou supprimer* aufheben; *adjt* ***détaxé*** steuerermäßigt *ou* -frei

détecter [detɛkte] *v/t* 1 feststellen; registrieren; *fuite etc* auffinden; ausfindig machen; AVIAT, MAR orten 2 *fig réseau etc* aufspüren, -decken

détecteur [detɛktœʀ] *m* TECH Detektor *m* (*a* RAD); Anzeigegerät *n*; ***~ de gaz*** Gasspürgerät *n*; ***~ d'incendie*** automatischer Feuermelder; ***~ de mensonge*** Lügendetektor *m*; MIL ***~ de mines*** Minensuchgerät *n*

détection [detɛksjõ] *f* 1 Feststellung *f*; Auffindung *f*; AVIAT, MAR Ortung *f*; INFORM ***~ de virus*** Viruserkennung *f* 2 *fig* Aufspürung *f*, -deckung *f*

détective [detɛktiv] *m* ~ (***privé***) (Privat)Detektiv *m*; ***agence*** *f* ***de ~s privés*** Detektei *f*

déteindre [detɛ̃dʀ] *v/i* ⟨→ **peindre**⟩ 1 *tissu* aus-, verbleichen; verschießen; die Farbe verlieren 2 ***~ sur*** abfärben auf (+*acc*) (*a fig*)

dételer [detle] ⟨-ll-⟩ I *v/t* 1 *cheval etc* aus-, abspannen (*a voiture*); aus-, abschirren 2 CH DE FER abkuppeln II *v/i loc/adv fig* ***sans ~*** ohne aufzuhören; ununterbrochen

détendeur [detɑ̃dœʀ] *m* TECH Druckminderungsventil *n*

détendre [detɑ̃dʀ] ⟨→ **rendre**⟩ I *v/t* 1 *arc etc* entspannen; die Spannung vermindern, lockern (+*gén*) 2 *fig situation, relations, esprit* entspannen II *v/pr* ***se ~*** 1 *arc etc* die Spannung verlieren; erschlaffen; nachgeben 2 PHYS *fluide* expandieren; sich ausdehnen 3 *fig personne, situation* sich entspannen

détendu [detɑ̃dy] *adj* entspannt (*a fig personne, situation*); *corde a* locker; schlaff; *élastique* ausgeleiert

détenir [detniʀ] *v/t* ⟨→ **venir**⟩ 1 behalten; bewahren; besitzen; ***~ un document*** ein Dokument besitzen; im Besitz e-s Dokumentes sein 2 *fig pouvoir* besitzen; *poste, titre* innehaben; ***~ un record*** einen Rekord halten; ***~ un secret*** ein Geheimnis bewahren 3 ***~ qn*** j-n festhalten, gefangen halten, in Haft halten

détente [detɑ̃t] *f* 1 *d'une arme à feu* Abzug *m*; ***appuyer sur la ~*** auf den Abzug drücken; F *fig* ***être dur à la ~*** (*être avare*) geizig, F knick(e)rig sein; (*être obstiné*) stur sein; (*ne pas comprendre*) schwer von Begriff, F Kapee sein; F e-e lange Leitung haben 2 *d'un ressort etc* Entspannung *f*; Lockerung *f*; Erschlaffung *f* 3 *fig d'une personne, d'une situation etc* Entspannung *f*; ***politique*** *f* ***de ~*** Entspannungspolitik *f* 4 SPORTS Wurf- *ou* Sprungvermögen *n* 5 PHYS Entspannung *f*; Expansion *f*; Ausdehnung *f*

détenteur [detɑ̃tœʀ] *m*, **détentrice** *f* 1 Besitzer(in) *m(f)*; ***~ d'armes*** Waffenbesitzer *m* 2 *fig d'un poste etc* Inhaber(in) *m(f)*; *d'un secret* Bewahrer(in) *m(f)*; ***détenteur, détentrice d'un record, d'un titre*** Rekord-, Titelhalter(in) *m(f)*

détention [detɑ̃sjõ] *f* 1 Besitz *m*; ***~ d'armes*** Waffenbesitz *m* 2 Haft *f*; ***~ provisoire***, *autrefois* ***~ préventive*** Untersuchungshaft *f*

détenu [detny] I *adj* inhaftiert II *subst* ***~(e)*** *m(f)* Inhaftierte(r) *f(m)*; Häftling *m*

détergent [detɛʀʒɑ̃] I *adj* reinigend; Reinigungs...; waschaktiv II *m* Reinigungs-, Wasch-, Spülmittel *n*; ***~s*** *pl t/t* Tenside *n/pl*; Detergenzien *pl*; Netzmittel *n/pl*

détérioration [deteʀjɔʀasjõ] *f* 1 Beschädigung *f* 2 *fig* Verschlechterung *f*; Verschlimmerung *f*

détériorer [deteʀjɔʀe] I *v/t* 1 *objet* beschädigen 2 *fig situation, relations* verschlechtern; verschlimmern; *santé* schaden (+*dat*) II *v/pr* ***se ~*** 1 beschädigt, schadhaft werden; leiden; verlottern; verkommen 2 *fig* sich verschlechtern; sich verschlimmern

déterminable [detɛʀminabl] *adj* bestimmbar; festlegbar **déterminant** I *adj* bestimmend; entscheidend; ausschlaggebend II *m* 1 LING Begleiter *m* des Substantivs 2 MATH Determinante *f*

déterminatif [detɛʀminatif] *adj* ⟨**-ive**⟩ LING ***adjectif ~*** attributives Pronomen (und Zahlwort); ***complément ~*** nähere Bestimmung; Attribut *n*

détermination [detɛʀminasjõ] *f* 1 Bestimmung *f*; Festlegung *f*, -stellung *f*; Ermittlung *f*; MAR, AVIAT

D

~ de la position Standortbestimmung *f* 2 LING nähere Bestimmung 3 PHILOS Determiniertheit *f* 4 **a)** Entschluss *m*; Entscheidung *f*; ***prendre une ~*** e-n Entschluss fassen; e-e Entscheidung treffen; **b)** Entschlossenheit *f*; ***agir avec ~*** entschlossen handeln

déterminé [detɛʀmine] **I** *adj* 1 *quantité, lieu etc* bestimmt 2 PHILOS determiniert 3 *personne, air* entschlossen **II** *m* LING näher bestimmtes Substantiv

déterminer [detɛʀmine] **I** *v/t* 1 *distance, espèce etc* bestimmen; *lieu, date* festlegen; *cause* feststellen; ermitteln; *action commune etc* beschließen; festlegen 2 LING näher bestimmen 3 ***~ qn à*** (*+inf*) j-n bestimmen, bewegen, veranlassen zu (*+inf*) 4 *réaction etc* bewirken; hervorrufen 5 PHILOS determinieren **II** *v/pr* ***se ~*** (***à qc*** *ou* ***à*** *+inf*) sich entschließen, sich durchringen (zu etw *ou* zu *+inf*); sich entscheiden (für etw)

déterminisme [detɛʀminism] *m* PHILOS Determinismus *m* **déterministe** PHILOS **I** *adj* deterministisch **II** *m,f* Determinist(in) *m(f)*

déterré [deteʀe] *m loc* ***avoir une mine de ~*** leichen-, totenblass aussehen, sein

déterrer [deteʀe] *v/t* 1 ausgraben; ***~ une plante, un trésor*** eine Pflanze, einen Schatz ausgraben 2 *fig* ausgraben; ausfindig machen

détersif [detɛʀsif] *adj* ⟨**-ive**⟩ *et subst m* → ***détergent***

détestable [detɛstabl] *adj* verabscheuungswürdig; abscheulich; scheußlich

détester [detɛste] *v/t* 1 verabscheuen; hassen; nicht ausstehen können; ***~*** (*st/s* ***de***) ***faire qc*** es hassen, etw tun zu müssen; ***il se fait ~ de tout le monde*** er macht sich bei jedermann verhasst 2 ***ne pas ~*** ganz gern(e) mögen; ***ne pas ~ boire, danser*** *etc* ganz gern(e) einmal etwas trinken, einmal tanzen *etc*

détonant [detɔnɑ̃] *adj* explosiv; ***mélange ~*** explosives Gemisch

détonateur [detɔnatœʀ] *m* 1 Initialzünder *m*; Zündmittel *n*; Detonator *m* 2 *fig* auslösendes Element **détonation** *f* Detonation *f*; Knall *m*

détoner [detɔne] *v/i* detonieren

détonner [detɔne] *v/i* 1 MUS detonieren; unsauber, falsch singen *ou* spielen 2 *fig* nicht passen (***dans*** in *+acc*; ***avec*** zu); *abs a* aus dem Rahmen fallen

détordre [detɔʀdʀ] *v/t* ⟨→ **rendre**⟩ aufdrehen; *corde* aufdröseln

détortiller [detɔʀtije] *v/t* aufwickeln; aufdrehen

détour [detuʀ] *m* 1 Biegung *f*; Krümmung *f*; Windung *f*; ***les tours et les ~s de la rivière*** die vielen Windungen des Flusses; ***au ~ du chemin*** hinter, in der Wegbiegung, -krümmung 2 Umweg *m*; ***éviter, faire un ~*** e-n Umweg vermeiden, machen; ***valoir le ~*** e-n Umweg lohnen 3 *fig* Umweg *m*; Winkelzug *m*; Ausflucht *f*; ***sans ~(s)*** ohne Umschweife; ***personne*** *f* ***sans ~*** offene und ehrliche, biedere Person; ***parler sans ~(s)*** ohne Umschweife, freiheraus, geradeheraus, frei von der Leber weg reden

détourné [detuʀne] *adj* ***d'une façon ~e*** auf indirekte Weise; indirekt; ***par des moyens ~s, par des voies ~es*** auf Umwegen

détournement [detuʀnəmɑ̃] *m* 1 Umleitung *f* 2 ***~ d'avion*** Flugzeugentführung *f* 3 JUR ***~ de fonds*** Unterschlagung *f*, Veruntreuung *f* (von Geldern); ***~ de mineur*** Verführung *f* Minderjähriger

détourner [detuʀne] **I** *v/t* 1 *cours d'eau, circulation* umleiten 2 *avion* entführen 3 *tête, regard* ab-, wegwenden 4 *fig* ***~ qn de qc*** j-n von etw abbringen 5 *fig les soupçons de qn* zerstreuen; ***~ sur qn*** auf j-n lenken, wälzen; ***~ la conversation*** vom Thema ablenken 6 JUR ***~ des fonds*** Gelder unterschlagen, veruntreuen; ***~ un mineur*** e-n Minderjährigen verführen **II** *v/pr* ***se ~*** sich abwenden

détracteur [detʀaktœʀ] *m*, **détractrice** *f* Verleumder(in) *m(f)*

détraqué [detʀake] **I** *adj* 1 gestört; F kaputt 2 F *santé* angegriffen; *estomac* verdorben; F verkorkst; *nerfs* zerrüttet; *temps* schlecht; F mies; ***avoir le cerveau ~, être ~*** verrückt, F übergeschnappt sein; → *a* ***cinglé*** **II** *subst* F ***~(e)*** *m(f)* Verrückte(r) *f(m)*; F Übergeschnappte(r) *f(m)*

détraquement [detʀakmɑ̃] *m* Störung *f*; F Kaputtgehen *n*

détraquer [detʀake] **I** *v/t* 1 *mécanisme etc* F kaputt machen 2 F *santé* angreifen; *estomac* verderben; F verkorksen; *nerfs* zerrütten; ***cela lui a détraqué le cerveau*** F das hat ihn um den Verstand gebracht 3 F ***~ qn*** j-m nicht gut bekommen; F j-n fertigmachen **II** *v/pr* ***se ~*** 1 F kaputtgehen 2 F *temps* schlecht, F mies werden 3 F ***se ~ l'estomac*** sich (*dat*) den Magen verderben, F verkorksen

détrempe [detʀɑ̃p] *f* PEINT **a)** *couleur* Temperafarbe *f*; **b)** *œuvre* Temperamalerei *f*

détrempé [detʀɑ̃pe] *adj sol* aufgeweicht

détremper [detʀɑ̃pe] *v/t* 1 *couleurs, mortier* anrühren 2 *pluie* ***~ le sol*** den Boden aufweichen

détresse [detʀɛs] *f* 1 *sentiment* Verlorenheit *f*; Verzweiflung *f*; äußerste Not; ***cri*** *m* ***de ~*** Notschrei *m* 2 *situation* Not(lage) *f*; Bedrängnis *f*; (*misère*) Elend *n*; ***être dans la ~*** in Not, Bedrängnis, im Elend sein 3 MAR Seenot *f*; AUTO ***feux*** *m/pl* ***de ~*** Warnblinkanlage *f*, -blinklicht *n*; ***signal*** *m* ***de ~*** Notsignal *n*; *loc/adj* ***en ~*** in Seenot; *avion* in e-r Notsituation

détriment [detʀimɑ̃] *m loc/prép* ***au ~ de*** zum Schaden, Nachteil von (*ou +gén*); auf Kosten (*+gén*); ***à mon ~*** zu meinem Nachteil; auf meine Kosten; ***au ~ de la qualité*** auf Kosten der Qualität

détritus [detʀitys] *m/pl* Abfall *m*; Müll *m*

Detroit [detʀwa] GÉOGR Detroit [di'trɔyt] *n*

détroit [detʀwa] *m* Meerenge *f*; Straße *f*; ***~ de Béring*** Beringstraße *f*; ***~ de Gibraltar*** Straße, Meerenge von Gibraltar

détromper [detʀɔ̃pe] **I** *v/t* ***~ qn*** j-n von s-m Irrtum befreien, e-s Besseren belehren; j-n über s-n Irrtum aufklären **II** *v/pr* ***détrompez-vous!*** glauben Sie es nicht!

détrôner [detʀone] *v/t* entthronen (*a fig*)

détrousser [detʀuse] *v/t litt ou plais* überfallen und ausplündern

détruire [detʀɥiʀ] ⟨→ **conduire**⟩ **I** *v/t* 1 zerstören; ***~ une ville*** eine Stadt zerstören; ***~ de fond en comble*** völlig zerstören; dem Erdboden gleichmachen 2 *parasites, documents etc* vernichten; *parasites a* vertilgen; ***~ par le feu*** durch Feuer vernichten 3 *fig* zerstören; *santé* ruinieren; zerrütten; *espoirs, projets* zunichtemachen **II** *v/pr* ***se ~*** 1 *arguments etc* sich auflösen, -heben 2 (*se suicider*) s-m Leben ein Ende setzen

dette [dɛt] *f* 1 COMM Schuld *f*; ***~ publique*** Staatsschuld(en) *f(pl)*; Schulden der öffentlichen Hand; ***~ d'honneur*** Ehrenschuld *f*; ***~s de jeu*** Spielschulden *f/pl*; ***contracter, faire des ~s*** Schulden machen; ***payer ses ~s*** s-e Schulden bezahlen, begleichen; ***rembourser une ~*** e-e Schuld zurückzahlen; *prov* ***qui paye ses ~s s'enrichit*** wer s-e Schulden bezahlt, wird reich; → *a* ***criblé*** 2 *fig* Schuld *f*; (moralische) Verpflichtung; ***acquitter une ~ de reconnaissance*** e-e Dankesschuld abtragen; ***avoir une ~ envers qn*** in j-s Schuld (*dat*) stehen; ***payer sa ~ à la société*** s-e Strafe verbüßen

DEUG [døg] *m abr* (*diplôme d'études universitaires générales*) Abschlussprüfung *f*, -diplom *n* des „premier cycle" (*nach 2 Studienjahren*)

deuil [dœj] *m* 1 Trauer *f*; ***~ national*** Staatstrauer *f*; ***jour*** *m* ***de ~*** Trauertag *m*; ***plonger dans le ~*** in Trauer versetzen; ♦ F *fig* ***faire son ~ de qc*** F etw abschreiben, in den Mond, in den Schornstein schreiben 2 (***vêtement*** *m* ***de***) ***~*** Trauerkleidung *f*; ***être en ~*** in Trauer sein; ***porter le ~*** Trauer(kleider) tragen; ***porter le ~ de qn*** um j-n trauern; ***prendre le ~*** Trauer(kleidung) anlegen; ♦ F *fig* ***avoir les ongles en ~*** F Trauerränder an den Fingernägeln haben 3 (*décès*) Trauerfall *m*; ***avoir un ~ dans la famille*** e-n Trauerfall in der Familie haben 4 *durée* Trauerzeit *f*

deus ex machina [deysɛksmakina] *m* THÉ *et fig* Deus ex Machina *m*

DEUST [dœst] *m abr* (*diplôme d'études universitaires scientifiques et techniques*) *berufsqualifizierender Hochschulabschluss* (*nach zweijährigem Kurzstudium*)

deutérium [døteʀjɔm] *m* CHIM Deuterium *n*; schwerer Wasserstoff

deutsche mark [dœtʃmaʀk] *m* HIST D-Mark *f*

deux [dø] I *num/c* 1 zwei; ***les ~*** beide; die beiden; ***tous*** (***les***) ***~*** alle beide, zwei; *leurs enfants* ***et les ~ miens*** und meine beiden; ♦ ***Élisabeth II*** Elisabeth II. (die Zweite); ***le ~ mai*** der zweite *ou* am zweiten Mai; GR ***les ~ points*** der Doppelpunkt; ***tome*** *m* ***~*** Band *m* zwei; ♦ *loc/adj*: ***à ~ étages*** zweigeschossig, -stöckig; mit zwei Stockwerken, Etagen; ***enfant*** *m* ***de ~ ans*** zweijähriges Kind; Kind *n* von zwei Jahren; ***mère*** *f* ***de ~ enfants*** Mutter *f* zweier Kinder *ou* von zwei Kindern; ***voyage*** *m* ***de ~ jours*** zweitägige Reise; ***mot*** *m* ***de ~ syllabes*** zweisilbiges Wort; ♦ *loc/adv*: ***à ~*** zu zweit; zu zweien; ***à nous ~*** (***maintenant***)***!*** (*je m'occupe de vous*) und nun zu uns beiden!; *menaçant* ich habe mit dir *ou* Ihnen ein Wörtchen zu reden, F ein Hühnchen zu rupfen!; ***dans ~ ou trois mois*** in zwei bis drei Monaten; in zwei, drei Monaten; ***couper en ~*** in zwei Teile schneiden; ***partager en ~*** halbieren; ***entre les ~*** halb so, halb so; so ein Zwischen-, Mittelding; ***~ par*** *ou* ***à ~*** je zwei und zwei; immer zwei; paarweise; ***se mettre ~ par ~*** sich paarweise aufstellen; ♦ ***il est ~ heures*** es ist zwei (Uhr); *l'exactitude et lui*, ***cela fait ~*** das ist zweierlei; F das sind zwei Paar Stiefel; *fig* ***c'est clair comme ~ et ~ font quatre*** das ist doch sonnenklar; *prov* ***jamais ~ sans trois*** aller guten Dinge sind drei (*prov*) 2 *par ext*: ***à ~ pas d'ici*** ein paar Schritte von hier; F ***en moins de ~*** F in null Komma nichts; ***en ~ secondes*** in ein paar, in wenigen Sekunden; ***j'ai ~ mots à vous dire*** ich habe ein Wörtchen mit Ihnen zu reden; ***expliquer qc en ~ mots*** etw in, mit wenigen Worten *ou* mit ein paar Worten erklären II *m* Zwei *f*; *südd a* Zweier *m*; ***~ de cœur*** Herzzwei *f*; *aux dés* ***faire un ~*** e-e Zwei, zwei Augen würfeln; ♦ ***le ~*** (***du mois***) der Zweite *ou* am Zweiten (des Monats); TV F ***sur la ~*** im Zweiten (*Programm*); ***habiter au ~*** Hausnummer zwei wohnen; ***prendre le ~*** den Zweier(bus) *ou* die Zwei (*tramway*) nehmen

deuxième [døzjɛm] I *num/o* zweite(r, -s); ***occuper la ~ place*** den zweiten Platz belegen II *subst* 1 ***le, la ~*** der, die, das Zweite; ***arriver le ~*** als Zweiter ankommen 2 *m* zweiter Stock; zweite Etage; ***habiter au ~*** im zweiten Stock, F zwei Treppen hoch wohnen

deuxièmement [døzjɛmmɑ̃] *adv* zweitens

deux-mâts [dømɑ] *m* ⟨*inv*⟩ MAR Zweimaster *m* **deux-pièces** *m* ⟨*inv*⟩ 1 *maillot de bain* zweiteiliger Badeanzug; F Zweiteiler *m* 2 *costume* Jackenkleid *n*; Deuxpièces *n*; F Zweiteiler *m* 3 *appartement* Zweizimmerwohnung *f* **deux-places** *m* ⟨*inv*⟩ AUTO Zweisitzer *m* **deux-points** *m/pl* Doppelpunkt *m*

Deux-Ponts [døpõ] Zweibrücken *n*

deux-roues [døʀu] *m* ⟨*inv*⟩ Zweirad *n*

Deux-Sèvres [døsɛvʀ] ***les ~*** *f/pl frz Departement*

deux-temps [døtɑ̃] *m* ⟨*inv*⟩ Zweitakter *m*; Zweitaktmotor *m*

deuzio [døzjo] F *adv* zweitens

dévaler [devale] I *v/t personne*: *escalier etc* hinunter-, hinabeilen, -stürzen; *véhicule*: *pente* sehr schnell hinunter-, hinabfahren II *v/i rocher, torrent* hinunter-, hinabstürzen

dévaliser [devalize] *v/t* 1 ***~ qn*** j-n ausplündern, -rauben 2 *fig* ***~ un magasin*** ein Geschäft plündern, leer kaufen

dévalorisation [devalɔʀizasjõ] *f* COMM, FIN Entwertung *f*; Wertverlust *m*, -minderung *f*

dévaloriser [devalɔʀize] I *v/t* 1 *argent* entwerten; *marchandise etc* wertlos machen 2 *fig* den Wert schmälern, herabsetzen (*+gén*) II *v/pr* ***se ~*** s-n Wert verlieren; wertlos werden

dévaluation [devalɥasjõ] *f d'une monnaie* Abwertung *f* **dévaluer** *v/t* abwerten

devancement [dəvɑ̃smɑ̃] *m* 1 Zuvorkommen *n* 2 MIL ***~ d'appel*** vorzeitige Ableistung des (Grund)-Wehrdienstes

devancer [d(ə)vɑ̃se] *v/t* ⟨**-ç-**⟩ 1 ***~ qn, qc*** *dans le temps* vor j-m, e-r Sache kommen; j-m, e-r Sache vorangehen; *dans une tâche* j-m, e-r Sache zuvorkommen; *dans une compétition* ***~ qn de quelques pas*** j-m um einige Schritte voraus sein; ***~ une question*** e-r Frage zuvorkommen 2 *fig rival etc* übertreffen; überflügeln; voraus, überlegen sein (***qn*** j-m) 3 MIL ***~ l'appel*** den (Grund)Wehrdienst vorzeitig ableisten

devancier [dəvɑ̃sje] *m*, **devancière** *f* Vorgänger(in) *m*(*f*)

devant [d(ə)vɑ̃] I *prép* 1 *lieu et ordre* vor (*+dat question « wo? »*; *+acc question « wohin? »*); ***aller ~ la maison*** vor das Haus gehen; ***être ~ la maison*** vor dem Haus sein; ***passer ~ qn, qc*** vor, an j-m, etw vorbeigehen, -fahren, -kommen; etw passieren; ***regarde ~ toi!*** schau vor dich! 2 *fig* vor (*+dat*); angesichts (*+gén*); gegenüber (*+dat*); ***~ le danger*** angesichts der Gefahr; ***~ la loi*** vor dem Gesetz; ***l'avenir est ~ nous*** die Zukunft liegt vor uns; ***faire qc ~ qn*** etw vor j-m *ou* in j-s Gegenwart machen; ♦ ***aller droit ~ soi*** geradeaus gehen; *fig* s-n Weg unbeirrt

D

gehen; ***avoir de l'argent ~ soi*** e-e finanzielle Rücklage haben; Geld auf der hohen Kante haben; ***avoir du temps ~ soi*** genügend Zeit vor sich (*dat*) haben **II** *adv* vorn(e); *avec des verbes de mouvement* voraus…; voran…; ***loin ~*** weit vorn(e); ***aller, courir ~*** voraus-, vorangehen, -laufen; ***être assis deux rangs ~*** zwei Reihen weiter vorn(e) sitzen; ***monter ~*** vorn(e) einsteigen; ***passez ~!*** gehen Sie voran, voraus!; → *a* ***passer*** *II 1 d*); ***regarder ~*** nach vorn(e) schauen **III** *m* **1** Vorderfront *f*, -seite *f*; vorderer Teil; ***loger sur le ~*** zur Straße, nach vorn(e) (hinaus) wohnen **2** *loc* ***prendre les ~s*** voraus-, vorangehen, -eilen; *fig* j-m zuvorkommen; schneller als der andere sein **3** *loc/adj* ***de ~*** Vorder…; vordere(r, -s); ***patte*** *f* ***de ~*** Vorderpfote *f*

devanture [d(ə)vɑ̃tyʀ] *f* Schaufenster(front) *n(f)*; (*étalage*) Auslage *f*

dévastateur [devastatœʀ] *adj* ⟨**-trice**⟩ **1** *tempête etc* verheerend **2** *fig passion* zerstörerisch; unheilvoll **dévastation** *f* Verwüstung *f*; Verheerung *f*

dévaster [devaste] *v/t* **1** *région etc* verwüsten; verheeren; *récoltes* vernichten **2** *fig* zugrunde richten; *st/s* verwüsten

déveine [devɛn] F *f* Pech *n*

développé [devlɔpe] *m* HALTÉROPHILIE Drücken *n*

développement [devlɔpmɑ̃] *m* **1** BIOL Entwicklung *f*; *par ext des muscles* Kräftigung *f*; ***~ intellectuel*** geistige Entwicklung **2** *fig*, *a* ÉCON (Aufwärts)Entwicklung *f*; Aufschwung *m*; Entfaltung *f*; *de la production a* Steigerung *f*; Erweiterung *f*; *d'une entreprise a* Expansion *f*; *des sciences* (Weiter)Entwicklung *f*; *des relations* Ausbau *m*; *d'une maladie* Fortschreiten *n*; ***pays*** *m* ***en voie de ~*** Entwicklungsland *n*; *pays* ***être en plein ~*** e-n großen, bedeutenden Aufschwung nehmen, erleben **3** *d'un thème etc* Ausführung *f*; Erläuterung *f*; *dans une dissertation* Ausführung *f*; Hauptteil *m* **4** MUS Durchführung *f* **5** ***~s*** *pl d'une affaire* Folgen *f/pl* **6** PHOT Entwicklung *f*; Entwickeln *n*; ***appareil*** *m* ***photo à ~ instantané*** Sofortbildkamera *f* **7** *d'un vélo* Übersetzung *f*

développer [devlɔpe] **I** *v/t* **1** BIOL sich entwickeln lassen; *par ext muscles* ausbilden; kräftigen; *corps* stählen; ertüchtigen; *adjt*: ***être bien développé*** *muscles, corps* gut entwickelt sein; *muscles a* gut ausgebildet sein; ***poitrine très développée*** stark entwickelter Busen **2** *fig* entwickeln; entfalten; zur Entfaltung bringen; ÉCON *production etc* entwickeln; steigern; erweitern; *une industrie etc* entwickeln; e-n Aufschwung verleihen (+*dat*); *relations* ausbauen; entwickeln **3** *plan, idées, argument etc* näher ausführen; erläutern; entwickeln **4** PHOT entwickeln; ***donner à ~*** zum Entwickeln geben **5** *vélo* ***~ sept mètres*** bei e-r Pedalumdrehung sieben Meter zurücklegen **6** *moteur*: *puissance* entwickeln **7** *paquet* auspacken **II** *v/pr* ***se ~*** **1** BIOL sich entwickeln **2** *fig talent etc* sich entwickeln, entfalten; ÉCON sich aufwärtsentwickeln

devenir [dəvniʀ, dvəniʀ] **I** *v/i* ⟨→ **venir**; **être**⟩ **1** werden; ***~ célèbre*** berühmt werden; ***~ actrice*** Schauspielerin werden **2** *dans des interrogatives*: ***qu'allons-nous ~?*** was wird aus uns werden?; ***qu'est devenu votre projet?*** was ist aus Ihrem Plan geworden?; F ***que devenez-vous?, qu'est-ce que vous devenez?*** was machen, F treiben Sie denn (so)? **II** *m* PHILOS Werden *n*

dévergondage [devɛʀgɔ̃daʒ] *m* Zügellosigkeit *f*; Schamlosigkeit *f*; Ausschweifungen *f/pl*; zügel-, schamloses Verhalten

dévergondé [devɛʀgɔ̃de] **I** *adj personne, vie etc* zügellos; ausschweifend; *femme a* schamlos; *propos* frivol; schlüpfrig **II** *subst* ***~(e)*** *m(f)* j, der ein ausschweifendes, zu freies Leben führt; schamlose Person

dévergonder [devɛʀgɔ̃de] *v/pr* ***se ~*** ein ausschweifendes, zu freies Leben führen; *p/fort* alle Scham verlieren

déverrouillage [devɛʀujaʒ] *m* Ent-, Aufriegeln *n* **déverrouiller** *v/t* ent-, aufriegeln

devers [dəvɛʀ] → ***par-devers***

déversement [devɛʀsəmɑ̃] *m* Abfließen *n*; Ableiten *n*; Entleeren *n*

déverser [devɛʀse] **I** *v/t* **1** *eau etc* (ab)fließen lassen; ablassen; ableiten; entleeren; *par ext sable* ausschütten, -kippen **2** *fig train*: *voyageurs* F ausspucken; *produits* ***~ sur le marché*** auf den Markt werfen **3** *fig colère* entladen **II** *v/pr* ***se ~*** sich ergießen; abfließen

déversoir [devɛʀswaʀ] *m* Überlauf(vorrichtung) *m(f)*

dévêtir [devetiʀ] ⟨→ **vêtir**⟩ **I** *v/t* aus-, entkleiden; ausziehen **II** *v/pr* ***se ~*** sich aus-, entkleiden, ausziehen

déviance [devjɑ̃s] *f* SOCIOLOGIE normabweichendes Verhalten; Devianz *f* **déviant** *adj* von der Norm abweichend; deviant

déviation [devjasjɔ̃] *f* **1** *de la circulation* Umleitung *f*; ***prendre une ~*** e-e Umleitung fahren **2** PHYS Ablenkung *f* **3** *d'un projectile* Deviation *f*; Abweichung *f* **4** *d'un instrument de mesure* Ausschlag *m* **5** MÉD ***~ de la colonne vertébrale*** Rückgratverkrümmung *f* **6** *fig*, POL Abweichung *f* **7** *morale* Verirrung *f*

déviationnisme [devjasjɔnism] *m* POL mangelnde Linientreue; Abweichung *f* von der parteipolitischen Linie; Abweichlertum *n* **déviationniste** POL **I** *adj* nicht linientreu; abweichlerisch **II** *m,f* Abweichler(in) *m(f)*

dévider [devide] *v/t* abhaspeln; abwickeln **dévidoir** *m* **1** TEXT Haspel *f* **2** *pour tuyau d'arrosage* Schlauchrolle *f*

dévier [devje] **I** *v/t* **1** *circulation* umleiten **2** PHYS (***faire***) ***~*** ablenken **II** *v/i* **1** *projectile etc* (von s-r Richtung) abweichen; *aiguille d'un instrument de mesure* ausschlagen **2** *fig conversation* e-e andere Richtung nehmen; *doctrine* sich in e-e andere Richtung weiterentwickeln; vom ursprünglichen Ziel abweichen; *personne* ***~ de ses principes*** von s-n Prinzipien abweichen, abgehen

devin [dəvɛ̃] *m*, **devineresse** [dəvinʀɛs] *f* Wahrsager(in) *m(f)*; Hellseher(in) *m(f)*; ANTIQUITÉ Seher(in) *m(f)*; *fig* ***je ne suis pas devin*** ich bin (doch) kein Hellseher

devinable [d(ə)vinabl] *adj* erratbar; vorhersehbar

deviner [d(ə)vine] *v/t* **1** *énigme* raten; lösen; *pensées, intentions, secret* erraten; *avenir* ahnen; *abs*: ***devine!*** rate mal!; ***vous ne devinerez jamais*** Sie erraten es nie; Sie werden nie darauf kommen; ***j'avais deviné juste*** ich hatte richtig geraten, F getippt; ***je ne pouvais pas ~ qu'il viendrait*** ich konnte nicht ahnen, dass er kommt *ou* kommen würde **2**

st/s ~ ***qn*** j-n durchschauen
devineresse → ***devin***
devinette [d(ə)vinɛt] *f* **a)** Rätsel *n*; Rateaufgabe *f*; Scherzfrage *f*; ***poser une*** ~ ein Rätsel aufgeben; **b)** ~***s*** *pl* Ratespiel *n*; ***jouer aux*** ~***s*** ein Ratespiel spielen, machen
devis [d(ə)vi] *m* Kostenvoranschlag *m*; ***établir un*** ~ e-n Kostenvoranschlag machen, aufstellen
dévisager [devizaʒe] *v/t* ⟨**-geons**⟩ anstarren
devise [d(ə)viz] *f* **1** Devise *f*; Wahlspruch *m*; Motto *n*; ***c'est ma*** ~ das ist, so lautet meine Devise **2** FIN ausländisches Zahlungsmittel; fremde Geldsorte; ~***s*** *pl* Devisen *f/pl*; ~ ***forte*** harte Währung
deviser [dəvize] *st/s v/i* plaudern
dévissage [devisaʒ] *m* Ab-, Aufschrauben *n*
dévisser [devise] **I** *v/t bouchon* ab- *ou* aufschrauben; *tube* aufschrauben; *pièce vissée* ab-, losschrauben **II** *v/i alpiniste* abstürzen
de visu [devizy] *loc/adv* durch persönlichen Augenschein; aus eigener Anschauung
dévitaliser [devitalize] *v/t* MÉD den Nerv entfernen (***une dent*** e-s Zahnes); *sc* devitalisieren
dévoilement [devwalmɑ̃] *m* **1** Enthüllung *f* **2** *fig* Enthüllung *f*; Offenbarung *f*; *st/s* Entschleierung *f*
dévoiler [devwale] **I** *v/t* **1** enthüllen; ~ ***une statue*** eine Statue enthüllen **2** *fig intentions etc* verraten; enthüllen; offenbaren; kundgeben; ~ ***un secret*** ein Geheimnis verraten, enthüllen, lüften **3** TECH den Achter herausmachen (***une roue*** aus e-m Rad) **II** *v/pr* ***se*** ~ **1** *femme* den Schleier ablegen; *st/s* sich entschleiern **2** *fig* sich enthüllen; offenbar werden
devoir[1] [d(ə)vwaʀ] ⟨**je dois, il doit, nous devons, ils doivent; je devais; je dus; je devrai; que je doive; devant; dû, due**⟩ **I** *v/t* **1** (*somme d'*)*argent* schulden; schuldig sein (***à qn*** j-m); ***qu'est-ce que je vous dois?*** was bin ich (Ihnen) schuldig? **2** *fig explication, respect, obéissance etc* ~ ***à qn*** j-m schulden, schuldig sein; ***je lui dois bien cela*** das bin ich ihm wohl schuldig; → *a* ***dû*** **3** *situation, surnom, vie, découverte etc* ~ ***à qn*** j-m (zu) verdanken (haben); ***ne*** ~ ***rien à personne*** niemandem Dank schulden; ♦ ~ ***à qn, à qc de*** (+*inf*) es j-m, e-r Sache (zu) verdanken (haben), dass … *ou* zu (+*inf*); ***je lui dois d'avoir obtenu ce poste*** ich verdanke es ihm, dass ich diesen Posten erhalten habe **II** *v/aux avec inf* **1** **a)** *nécessité* müssen; ***cela devait arriver!*** das musste (ja) kommen, passieren!; **b)** *obligation* müssen; sollen; haben zu; ***ne pas*** ~ nicht dürfen, sollen; ***il devrait*** (***le***) ***lui dire*** er sollte, müsste es ihm sagen; ***le soldat doit obéir*** der Soldat hat zu, muss gehorchen; ***vous auriez dû me prévenir*** Sie hätten mich warnen müssen, sollen; ***les choses ne doivent pas en rester là*** man darf es nicht dabei bewenden lassen **2** *probabilité* müssen; wohl werden; ***il a dû avoir une panne*** er muss, wird wohl e-e Panne gehabt haben **3** *intention* vorhaben; willens sein; *je lui ai téléphoné*, ***il doit passer vous voir demain*** er hat vor, Sie morgen zu besuchen **4** *futur dans le passé* sollen; ***il devait mourir deux jours plus tard*** zwei Tage später starb er, sollte er sterben **5** *litt* ***dussé-je m'y ruiner***, *je ne renoncerai pas* sollte ich mich auch dabei ruinieren **III** *v/pr* **1** *impersonnel* ***comme il se doit*** wie es sich gehört, gebührt, geziemt **2** ***se*** ~ ***à qn, à sa patrie*** gegenüber j-m, dem Vaterland e-e Pflicht zu erfüllen haben **3** ***se*** ~ ***de faire qc*** es sich (*dat*) schuldig sein, etw zu tun
devoir[2] [d(ə)vwaʀ] *m* **1** Pflicht *f*; ~ ***de mémoire*** Pflicht *f* zur Erinnerung; historische Verpflichtung; (***sentiment*** *m* ***du***) ~ Pflichtgefühl *n*, -bewusstsein *n*; ***homme*** *m* ***de*** ~ Pflichtmensch *m*; pflichtbewusster Mensch; ***agir par*** ~ aus Pflichtgefühl, -bewusstsein handeln **2** Pflicht *f* (***envers qn*** gegenüber j-m); Schuldigkeit *f*; ~ ***conjugal*** eheliche Pflichten *f/pl*; ~ ***du citoyen*** Bürgerpflicht *f*; ***accomplir, faire, remplir son*** ~ s-e Pflicht erfüllen, tun; s-e Schuldigkeit tun; ***assumer un*** ~ e-e Pflicht auf sich (*acc*) nehmen, übernehmen; ***avoir le*** ~ ***de*** (+*inf*) die Pflicht haben zu (+*inf*); ***croire de son*** ~ ***de*** (+*inf*) es für s-e Pflicht halten zu (+*inf*); ***il est de mon*** ~ ***de*** (+*inf*) es ist meine Pflicht zu (+*inf*); ***se faire un*** ~ ***de*** (+*inf*) es als s-e Pflicht betrachten, es sich (*dat*) zur Pflicht machen zu (+*inf*); ***manquer à son*** ~ s-e Pflicht versäumen, verletzen, nicht erfüllen; ***se mettre en*** ~ ***de*** (+*inf*) sich anschicken zu (+*inf*); *litt* ***aller rendre ses*** ~***s à qn*** j-m s-e Aufwartung machen; ***rendre à qn les derniers*** ~***s*** j-m die letzte Ehre erweisen **3** (Schul)Aufgabe *f*; ~***s*** *pl* Hausaufgaben *f/pl*; ~ ***d'anglais*** Englischaufgabe *f*; ~***s de vacances*** Aufgabensammlung *f* für die Ferien; ~ ***sur table*** Klassenarbeit *f*; ***faire ses*** ~***s*** s-e Aufgaben machen
dévolter [devɔlte] *v/t* ÉLECT die Spannung herabsetzen, erniedrigen (***un circuit*** in e-m Stromkreis)
dévolu [devɔly] **I** *adj a* JUR übergegangen (***à*** an +*acc*); übertragen (+*dat*); zugefallen (+*dat*) **II** *m* ***jeter son*** ~ ***sur qc, qn*** sein Auge auf etw, j-n werfen; j-n auserwählen
dévorant [devɔʀɑ̃] *adj feu* verheerend; *passion* verzehrend; ***curiosité*** ~***e*** unersättliche Neugier; ***faim*** ~***e*** F Bären-, Mordshunger *m*
dévorer [devɔʀe] *v/t* **1** *animal*: *proie* fressen; verschlingen; *par ext* ***être dévoré par les moustiques*** von den Mücken ganz zerstochen werden *ou* sein **2** *personne*: *mets* verschlingen; hinunterschlingen; *abs* schlingen **3** *fig kilomètres* fressen; *économies* durchbringen; ~ ***un livre*** ein Buch verschlingen; *projet* ~ ***de grosses sommes*** große Summen verschlingen; ~ ***des yeux, du regard*** mit den Augen, Blicken verschlingen **4** *flammes*: *forêt etc* vernichten **5** *fig passion, souci, remords* ~ ***qn*** j-n verzehren
dévot [devo] **I** *adj* fromm; *péj* frömmelnd **II** *subst* ~***(e)*** *m(f)* Fromme(r) *f(m)*; *péj* Frömmler(in) *m(f)*
dévotement [devɔtmɑ̃] *adv* fromm; andächtig
dévotion [devosjõ] *f* **1** Frömmigkeit *f*; Andacht *f*; Gottergebenheit *f*; *péj* ***fausse*** ~ Frömmelei *f* **2** ~***s*** *pl* Andachtsübungen *f/pl*; ***faire ses*** ~***s*** s-n religiösen Pflichten nachkommen **3** *fig* ***avoir une véritable*** ~ ***pour qn, qc*** j-n, etw glühend verehren; ***être à la*** ~ ***de qn*** j-m völlig ergeben sein
dévoué [devwe] *adj* ergeben; ***être tout*** ~ ***à qn*** j-m ganz ergeben sein; *à la fin d'une lettre* ***votre*** (***tout***) ~ … Ihr sehr ergebener …
dévouement [devumɑ̃] *m* Ergebenheit *f*; *p/fort* Hingabe *f*; Aufopferung *f*; *par ext* Opferbereitschaft *f*, -sinn *m*; *a* Einsatzbereitschaft *f*; ~ ***à une noble cause*** Hingabe an, Aufopferung für e-e edle Sache; ~ ***d'un employé à son patron*** Ergebenheit e-s Angestellten s-m Chef gegenüber; ***avec*** ~ aufopfernd; aufopferungsvoll; hingebungsvoll

D

D

dévouer [devwe] *v/pr* **se ~** 1 (*se sacrifier*) sich aufopfern; **prêt à se ~** bereit, sich aufzuopfern; opferbereit 2 F *plais* sich opfern (**pour faire qc** und etw tun); **allons, dévoue-toi!** los, opfere dich! 3 **se ~ à une cause** sich e-r Sache (*dat*) ganz hingeben, widmen
dévoyé(e) [devwaje] *m(f)* auf die schiefe Bahn geratener Mensch
dévoyer [devwaje] ⟨**-oi-**⟩ *v/pr* **se ~** auf die schiefe Bahn geraten
dextérité [dɛksteʀite] *f* Fingerfertigkeit *f*; Geschicklichkeit *f*, Gewandtheit *f* (*a fig*)
dextre [dɛkstʀ] *f plais* (*main droite*) Rechte *f*
dextrine [dɛkstʀin] *f* CHIM Dextrin *n*
dextrose [dɛkstʀoz] *m* CHIM Dextrose *f*; Traubenzucker *m*
dézipper [dezipe] *v/t* INFORM entzippen; entpacken
dia [dja] *int* → **'hue**
diabète [djabɛt] *m* MÉD Zuckerkrankheit *f*; Diabetes *m*
diabétique [djabetik] I *adj* zuckerkrank; diabetisch; **coma** *m* **~** Zuckerkoma *n* II *m,f* Diabetiker(in) *m(f)*; Zuckerkranke(r) *f(m)*
diable [djɑbl] I *m* 1 REL, MYTH Teufel *m*; *fig*: **bruit** *m*, F **boucan** *m*, **potin** *m* **du ~** F Höllen-, Heidenlärm *m*; Höllenspektakel *m*; Mordskrach *m*; **faim** *f* **de tous les ~s** F Bären-, Mordshunger *m*; **vent** *m* **du ~** fürchterlicher Wind; ♦ *loc/adv*: **à la ~** flüchtig; oberflächlich; **au ~** *la prudence!* zum Teufel mit …!; **allez au ~!** F scheren Sie sich, gehen Sie zum Teufel!; **envoyer qn au ~, à tous les ~s** j-n zum Teufel jagen, schicken; *habiter* **au ~** (**vauvert**) → **vauvert**; *se démener* **comme un** (**beau**) **~, comme un ~ dans un bénitier** wie ein Verrückter, Wilder; wie wild, toll; **du ~ si …** ich will des Teufels sein, wenn …; **têtu** *etc* **en ~** schrecklich, F verdammt bockig *etc*; ♦ **avoir le ~ au corps** den Teufel im Leib haben; **le ~ m'emporte si …** der Teufel soll mich holen *ou* hol mich der Teufel, wenn …; **c'est bien le ~ si je ne trouve pas un café** es müsste mit dem Teufel zugehen, wenn ich kein Café fände; **ce n'est pas le ~** das ist nicht schwer; F das ist nicht die Welt; **faire le ~ à quatre** (wild, lärmend) herumtollen, (-)toben; **le ~ s'en mêle** hier hat der Teufel s-e Hand im Spiel; **tirer le ~ par la queue** kaum sein Auskommen haben; *p/fort* am Hungertuch nagen; **vendre son âme au ~** dem Teufel s-e Seele verschreiben 2 *int*: **~!** *étonné* ei der Teufel!; *admiratif* Teufel auch!; **que ~!** zum Teufel (auch)!; **où, pourquoi, qui** *etc* **~ …?** wo, warum, wer *etc* zum Teufel …? 3 *fig d'une personne* **a)** *péj* Teufel *m*; **b)** **bon ~** braver Kerl; F gute Haut; **grand ~** langer Kerl, F Lulatsch, Laban; **pauvre ~** F armer Teufel, Schlucker; **~ d'homme** F Teufelskerl *m* 4 *jouet* Springteufel *m* 5 *chariot* Sack-, Stechkarre *f* II *adj enfant* wild
diablement [djɑbləmɑ̃] *adv* F verteufelt; verdammt; verflucht
diablerie [djɑbləʀi] *f* Streich *m*; Schelmenstück *n*; Schelmerei *f*
diablesse [djɑblɛs] *f* 1 MYTH Teufelin *f*; weiblicher Teufel 2 F *fig* **c'est une** (**vraie**) **~** F das ist ein Teufelsweib
diablotin [djɑblɔtɛ̃, dja-] *m* 1 MYTH kleiner Teufel; Teufelchen *n* 2 *fig enfant* kleiner Teufel; Schlingel *m*; Schelm *m* 3 *bonbon* Knallbonbon *m ou n*
diabolique [djɑbɔlik, dja-] *adj* teuflisch; diabolisch
diabolo [djabɔlo] *m* 1 *jouet* Diabolo *n* 2 **~ menthe** Mischung *f* aus Limonade mit Pfefferminzsirup
diachronique [djakʀɔnik] *adj* LING diachron(isch)
diaconat [djakɔna] *m* ÉGL CATH Diakonat *n* **diaconesse** *f* ÉGL PROT Diakonisse *f ou* Diakonissin *f*
diacre [djakʀ] *m* ÉGL Diakon *m*
diacritique [djakʀitik] *adj* LING **signe** *m* **~** diakritisches Zeichen
diadème [djadɛm] *m* Diadem *n*; Stirnreif *m*
diagnostic [djagnɔstik] *m* 1 MÉD Diagnose *f*; **erreur** *f* **de ~** Fehldiagnose *f*; **émettre un ~** e-e Diagnose stellen 2 *fig* Diagnose *f*; Beurteilung *f*
diagnostiquer [djagnɔstike] *v/t* 1 MÉD diagnostizieren 2 *fig crise etc* diagnostizieren; feststellen
diagonal [djagɔnal] *adj* ⟨**-aux**⟩ diagonal
diagonale [djagɔnal] *f* 1 MATH Diagonale *f* 2 *loc/adv* **en ~** diagonal; schräg (laufend); *fig* **lire en ~** diagonal lesen
diagramme [djagʀam] *m* Diagramm *n*; **~ en arbre, en bâtons** Baum-, Stabdiagramm *n*
dialectal [djalɛktal] *adj* ⟨**-aux**⟩ mundartlich; Dialekt…; dialektal; **terme** *m* **~** Dialektausdruck *m*
dialecte [djalɛkt] *m* Dialekt *m*; Mundart *f*
dialecticien [djalɛktisjɛ̃] *m*, **dialecticienne** *f* Dialektiker(in) *m(f)*
dialectique [djalɛktik] I *adj* dialektisch; **matérialisme** *m* **~** dialektischer Materialismus; *abr* Diamat *m* II *f* Dialektik *f* (*a* PHILOS)
dialectologie [djalɛktɔlɔʒi] *f* LING Dialektologie *f*; Mundartenforschung *f*
dialogue [djalɔg] *m* Dialog *m* (*a* THÉ, CIN, INFORM); Zwiegespräch *n*; **établir le ~** den Dialog eröffnen
dialoguer [djalɔge] I *v/t* dialogisieren; in Dialogform bringen; **~ un roman** einen Roman dialogisieren, in Dialogform bringen II *v/i* **~ avec qn** mit j-m e-n Dialog, ein Gespräch führen **dialoguiste** *m,f* CIN Dialogautor(in) *m(f)*
dialyse [djaliz] *f* CHIM, MÉD Dialyse *f*; MÉD *a* Blutwäsche *f*; **être en ~** zur Dialyse, Blutwäsche müssen; Dialysepatient sein
diamant [djamɑ̃] *m* 1 Diamant *m* 2 TECH **~** (**de vitrier**) Glaserdiamant *m*; *par ext* Glasschneider *m*
diamantaire [djamɑ̃tɛʀ] *m* 1 *ouvrier* Diamantschleifer *m* 2 *négociant* Diamantenhändler *m*
diamétralement [djametʀalmɑ̃] *adv fig* **~ opposé** diametral entgegengesetzt
diamètre [djamɛtʀ] *m* Durchmesser *m*
diantre [djɑ̃tʀ] *litt int* zum Teufel!
diapason [djapazõ] *m* 1 MUS Stimmgabel *f*; Diapason *m ou n* 2 *fig* **être au ~ de qn** auf j-n eingestellt sein; mit j-m übereinstimmen; **se mettre au ~ de qn** sich auf j-n einstellen
diaphane [djafan] *adj* 1 durchscheinend; diaphan 2 *fig et litt mains, visage* durchscheinend
diaphragme [djafʀagm] *m* 1 ANAT Zwerchfell *n* 2 PHOT Blende *f* 3 TÉL, RAD Membran *f* 4 CONTRACEPTION Diaphragma *n*
diapo [djapo] *f* F *abr* (*diapositive*) F Dia *n*
diaporama [djapɔʀama] *m* Tonbildschau *f*
diapositive [djapozitiv] *f* PHOT Diapositiv *n*
diapré [djapʀe] *st/s adj* bunt schillernd
diarrhée [djaʀe] *f* MÉD Durchfall *m*; *sc* Diarrhö(e) *f*; **avoir la ~** Durchfall haben
diarrhéique [djaʀeik] *adj* durchfallartig; Durch-

fall…; *sc* diarrhöisch
diaspora [djaspɔʀa] *f* REL *et d'une ethnie* Diaspora *f*
diastole [djastɔl] *f* PHYSIOL Diastole *ou* Diastole *f*
diathermie [djatɛʀmi] *f* MÉD Diathermie *f*
diatomique [diatɔmik] *adj* CHIM zweiatomig
diatonique [djatɔnik] *adj* MUS diatonisch
diatribe [djatʀib] *f* heftige, beißende Kritik (***contre qn*** an j-m); ***se lancer dans une longue ~ contre qn*** gegen j-n heftig zu Felde ziehen
dico [diko] *m* F *abr* → ***dictionnaire***
dicotylédones [dikɔtiledɔn] *f/pl* BOT Zweikeimblättrige(n) *pl*; *sc* Dikotyledonen *f/pl*; Dikotylen *f/pl*
dictaphone® [diktafɔn] *m* Diktafon *n*; Diktiergerät *n*
dictateur [diktatœʀ] *m* Diktator *m* (*a fig*)
dictatorial [diktatɔʀjal] *adj* ⟨**-aux**⟩ diktatorisch (*a fig*)
dictature [diktatyʀ] *f* Diktatur *f* (*a fig*); ***~ militaire*** Militärdiktatur *f*; ***~ du prolétariat*** Diktatur des Proletariats
dictée [dikte] *f* Diktat *n* (*a* ÉCOLE); Diktieren *n*; ***écrire sous la ~*** nach Diktat schreiben
dicter [dikte] *v/t* **1** diktieren; ***~ une lettre*** (***à sa secrétaire***) (s-r Sekretärin) einen Brief diktieren **2** *fig paroles* eingeben, in den Mund legen (***à qn*** j-m); *conduite* vorschreiben (***à qn*** j-m); bestimmen **3** *conditions etc* diktieren; aufzwingen
diction [diksjõ] *f* Vortrags-, Sprechweise *f*; Diktion *f*
dictionnaire [diksjɔnɛʀ] *m* Wörterbuch *n*; Lexikon *n*; ***~ bilingue*** zweisprachiges Wörterbuch; ***~ encyclopédique*** Lexikon *n*; Enzyklopädie *f*; ***~ français-anglais*** französisch-englisches Wörterbuch; ***~ de la musique*** Musiklexikon *n*; ***consulter un ~*** in e-m Wörterbuch nachschlagen; *fig d'une personne* ***c'est un vrai ~*** er *ou* sie ist ein wandelndes Lexikon
dicton [diktõ] *m* sprichwörtliche Redensart; volkstümliche Weisheit; volkstümlicher Spruch
didacticiel [didaktisjɛl] *m* INFORM Lernsoftware *f*
didactique [didaktik] *adj* didaktisch; belehrend; lehrhaft
Didier [didje] *m Vorname*
Didon [didõ] *f* MYTH Dido *f*
dièdre [djɛdʀ] *m* **1** MATH Dieder *n* **2** AVIAT V-Stellung *f*; V-Form *f*; *ailes* ***en ~*** v-förmig abgewinkelt
diencéphale [diɑ̃sefal] *m* ANAT Zwischenhirn *n*; *sc* Diencephalon *n*
Dieppe [djɛp] *Stadt im Dep. Seine-Maritime*
dièse [djɛz] *m* MUS Kreuz *n*; Erhöhungszeichen *n*; ***double ~*** Doppelkreuz *n*; *adjt* ***do ~*** cis(*-Moll*) *ou* Cis(*-Dur*)
diesel [djezɛl] *m* TECH **1** *moteur* Dieselmotor *m*; F Diesel *m* **2** *véhicule* Dieselfahrzeug *n*; F Diesel *m* **3** *adjt* ***moteur*** *m*, ***camion*** *m* ***Diesel*** Dieselmotor *m*, -lastwagen *m*
diète¹ [djɛt] *f* (*jeûne*) Nulldiät *f*; (*régime*) Diät *f*; Schonkost *f*; ***~ absolue*** absolutes Fasten; ***être à la ~*** Diät leben (müssen); ***mettre à la ~*** Nulldiät verordnen (***qn*** j-m); auf Schonkost setzen
diète² [djɛt] *f* **a)** HIST Reichstag *m*; **b)** *aujourd'hui en Allemagne* Landtag *m*
diététicien [djetetisjɛ̃] *m*, **diététicienne** *f* Diätspezialist(in) *m(f)*; *profession* Diätassistent(in) *m(f)*
diététique [djetetik] **I** *adj* diätetisch; Diät…; ***aliments*** *m/pl*, ***produits*** *m/pl* ***~s*** Reformkost *f* **II** *f* Diätetik *f*; Ernährungslehre *f*; ***magasin*** *m* ***de ~*** Reformhaus *n*
Dieu [djø] *m* **1** REL Gott *m*; ♦ ***~!*** (o) Gott!; ***le bon ~*** der liebe Gott; *fig* ***on lui donnerait le bon ~ sans confession*** er sieht aus, als ob er kein Wässerchen trüben könnte; ***prier le bon ~*** zum lieben Gott beten; *juron* P ***bon ~!, nom de ~!*** F Herrgott noch mal!; *p/fort* P Herrgottsackerment!; Himmel, Arsch und Zwirn!; ***grand ~!*** F großer *ou* allmächtiger Gott!; du lieber Gott!; Allmächtiger!; ***mon ~!*** mein Gott!; ach Gott!; ***~ merci!, grâce à ~!*** Gott sei Dank!; F Gott sei's gedankt!; ***~ du ciel!*** Gott im Himmel!; ***devant ~ et devant les hommes je jure …*** vor Gott und den Menschen schwöre ich …; ♦ ***~ vous aide!*** Gott helfe Ihnen!; Gott mit Ihnen!; (***que***) ***~ ait son âme!*** Gott hab ihn selig!; ***~ vous bénisse!*** Gott segne Sie!; Gottes Segen (sei) mit Ihnen!; *fig* ***ne craindre ni ~ ni diable*** weder Gott noch den Teufel fürchten; vor nichts zurückschrecken; ***~ vous entende!*** Gott gebe es!; F ***c'est pas ~ possible!*** F das gibt's doch nicht!; ***~ m'est témoin que …*** Gott sei mein Zeuge, dass …; ***tous les jours que ~ fait*** *st/s* alle Tage, die Gott werden lässt; ***~ vous garde!*** Gott schütze Sie!; ***~ m'en garde!*** F Gott bewahre, behüte!; ***~ soit loué!*** gottlob!; Gott sei (Lob und) Dank!; ***paraître devant ~*** (*mourir*) vor Gott treten; *litt* ***~ me pardonne!*** Gott verzeih's!; Gott verzeih mir!; (***que***) ***~ vous le rende!*** vergelt's Gott!; ***~ seul le sait*** das wissen die Götter; das weiß der liebe Gott; ***~ sait pourquoi, quand*** *etc* Gott weiß warum, wann *etc*; weiß Gott, warum, wann *etc*; ***~ sait*** *si, que* … weiß Gott; ***~ sait si je l'avais prévenu*** ich hatte ihn weiß Gott gewarnt; ***à ~ vat!*** komme, was wolle!; ***~ le veuille!*** wollte Gott!; Gott gebe es!; ***si ~ le veut*** so Gott will **2** ⟨*pl* **dieux**⟩ MYTH ***dieu*** Gott *m*; ***Mars, dieu de la guerre*** Mars, der Gott des Krieges; *fig*: ***festin*** *m* ***des dieux*** F Göttermahl *n*; göttliches Mahl; ***être beau comme un*** (***jeune***) ***dieu*** schön sein wie ein junger Gott; *ce poète* ***est son dieu*** ist sein Abgott; ***jurer ses grands dieux*** Stein und Bein schwören
diffamant [difamɑ̃] *adj* diffamierend; ehrenrührig; verleumderisch
diffamateur [difamatœʀ] *m*, **diffamatrice** *f* Verleumder(in) *m(f)* **diffamation** *f* Diffamierung *f*; Verleumdung *f*; JUR üble Nachrede **diffamatoire** *adj* diffamatorisch; verleumderisch
diffamer [difame] *v/t* diffamieren; verleumden
différé [difeʀe] *m* RAD, TV ***émission*** *f* ***en ~*** Aufzeichnung *f*; ***diffuser en ~*** als Aufzeichnung, in e-r Aufzeichnung, zeitversetzt senden
différemment [difeʀamɑ̃] *adv* anders
différence [difeʀɑ̃s] *f* **1** Unterschied *m*; Verschiedenheit *f*; ***~ d'âge*** Altersunterschied *m*, -abstand *m*; ***~ d'opinions*** Unterschied in den Meinungen; *loc/prép* ***à la ~ de qn, qc*** im Unterschied zu j-m, etw; zum Unterschied von j-m, etw; anders als j, etw; *loc/conj* ***à la ~ que …*** *ou* ***à cette ~ près que …*** mit dem Unterschied, dass …; ***il y a une ~ entre …*** es besteht ein Unterschied zwischen (*+dat*); ***il y a deux ans de ~ entre eux*** zwischen ihnen besteht ein Altersunterschied von zwei Jahren; sie liegen altersmäßig zwei Jahre auseinander; ***faire, sentir, voir la ~*** e-n Unterschied feststellen, merken, sehen; ***ne pas faire la ~*** keinen Unterschied feststel-

len; nicht unterscheiden können; ***ne pas faire de ~*** keinen Unterschied machen; nicht unterscheiden; ***faire des ~s entre ses enfants*** e-n Unterschied zwischen s-n Kindern machen; s-e Kinder unterschiedlich behandeln; ***cela fait une ~*** das ist ein Unterschied **2** Differenz *f* (*a* MATH); Unterschied *m*; ***~ de longueur, de poids*** Längen-, Gewichtsunterschied *m*; ***~ de prix*** Preisdifferenz *f*, -unterschied *m*, -gefälle *n*; ***~ de température*** Temperaturunterschied *m*

différenciation [difeʀɑ̃sjasjõ] *f* **1** (*distinction*) Differenzierung *f*; Unterscheidung *f* **2** (*fait de se différencier*) Differenzierung *f*; Auseinanderentwicklung *f*

différencier [difeʀɑ̃sje] **I** *v/t* differenzieren (*a* MATH); unterscheiden **II** *v/pr* ***se ~*** sich differenzieren

différend [difeʀɑ̃] *m* Differenz *f*; Meinungsverschiedenheit *f*; Unstimmigkeit *f*; ***régler un ~*** e-e Differenz *etc* beilegen, schlichten

différent [difeʀɑ̃] *adj* **1** verschieden; unterschiedlich; anders(artig); ***espèce ~e*** abweichende Art; ***des opinions ~es*** unterschiedliche Meinungen *f/pl*; ***dans des conditions ~es*** unter anderen, andersartigen Bedingungen; ***~ de …*** verschieden von …; anders als …; ***c'est*** (***tout***) ***~*** das ist etwas (ganz) anderes **2** ⟨*nur pl u vorangestellt*⟩ ***~s*** verschiedene; mehrere; ***pour ~es raisons*** aus verschiedenen Gründen

différentiation [difeʀɑ̃sjasjõ] *f* MATH Differenzieren *n*; Differentiation *f*

différentiel [difeʀɑ̃sjɛl] **I** *adj* ⟨**~le**⟩ **1** MATH ***calcul ~*** Differenzialrechnung *f* **2** CH DE FER ***tarif ~*** Staffeltarif *m* **II** *subst* **1** *m* AUTO Ausgleichs-, Differenzialgetriebe *n*; Differenzial *n* **2** MATH ***~le*** *f* Differenzial *n*

différer [difeʀe] ⟨**-è-**⟩ **I** *v/t* auf-, ver-, hinausschieben; *paiement a* anstehen lassen **II** *v/i* **a)** ***~ de qc*** von etw abweichen; sich von etw unterscheiden (***par*** durch); anders sein als etw; **b)** *abs* voneinander abweichen; sich unterscheiden; *opinions a* differieren; auseinandergehen; ***~ du tout au tout*** völlig verschieden, grundverschieden sein

difficile [difisil] *adj* **1** schwierig; schwer; *exécution d'une tâche a* mühsam; *chemin* (*a fig*), *caractère* schwierig; *personne a* diffizil; schwer zu behandeln(d); *enfant a* schwer erziehbar; ***cela m'est ~*** das ist schwierig, schwer für mich; das fällt mir schwer; ♦ ***~ à dire*** schwierig, schwer zu sagen; ***un problème ~ à résoudre*** ein schwer lösbares, schwer *ou* schwierig zu lösendes Problem; ***il est ~ à vivre*** mit ihm ist schwer, schlecht, *p/fort* nicht auszukommen; ***c'est ~ à comprendre*** das ist schwer zu verstehen, schwer verständlich; ♦ ***il est ~ de*** (*+inf*) es ist schwer, schwierig zu (*+inf*); ***il m'est ~ d'en parler*** es ist schwer, schwierig für mich *ou* es fällt mir schwer, davon zu sprechen; ♦ *subst*: ***le*** (***plus***) ***~, c'est de*** (*+inf*) die (größte) Schwierigkeit dabei ist zu (*+inf*); ***le plus ~ est fait*** das Schwerste, Schwierigste ist geschafft, liegt hinter mir *ou* uns **2** *personne* heikel, wählerisch, diffizil (***sur la nourriture*** was das Essen angeht); *subst* ***faire le, la ~*** wählerisch sein; große Ansprüche stellen

difficilement [difisilmɑ̃] *adv* schwer; mit Mühe

difficulté [difikylte] *f* **1** Schwierigkeit *f*; ***sans ~*** ohne Schwierigkeit, Mühe; mühe-, reibungslos; ***aimer la ~*** immer den schwierigsten Weg vorziehen; ***avoir, éprouver de la ~ à comprendre qc*** Schwierigkeiten haben, etw zu verstehen **2** *souvent pl* ***~s*** Schwierigkeiten *f/pl*; ***~s financières*** finanzielle Schwierigkeiten; ***~s de paiement*** Zahlungsschwierigkeiten *f/pl*; ***avoir des ~s avec qn*** mit j-m Schwierigkeiten haben; ***être en ~*** in Schwierigkeiten sein, stecken; ***faire des ~s*** Schwierigkeiten machen, bereiten; *par ext* ***faire des ~s pour venir*** nur ungern kommen; ***cela ne fait aucune ~*** das macht, bedeutet (gar) keine Schwierigkeit; ***se heurter à de grosses ~s*** auf große Schwierigkeiten stoßen; ***surmonter les ~s*** die Schwierigkeiten überwinden

difforme [difɔʀm] *adj* difform; missgestaltet; (*gros*) unförmig **difformité** *f* Difformität *f*; Missgestalt *f*; Unförmigkeit *f*; (*malformation*) Missbildung *f*

diffraction [difʀaksjõ] *f* PHYS Beugung *f*; Diffraktion *f*

diffus [dify] *adj* ⟨**-use** [-yz]⟩ **1** diffus; zerstreut (*tous deux a* OPT); nicht scharf abgegrenzt; ***lumière ~e*** diffuses Licht **2** *fig* diffus; verschwommen

diffuser [difyze] **I** *v/t* **1** OPT (zer)streuen **2** RAD, TV ausstrahlen; senden; übertragen **3** *fig idées etc* verbreiten **II** *v/i* PHYS diffundieren **III** *v/pr* ***se ~*** *rumeur etc* sich verbreiten

diffuseur [difyzœʀ] *m* **1** AUTO Lufttrichter *m* **2** TECH Diffusor *m* **3** *d'une lampe* Licht(verteilungs)schirm *m*; Blendschutz *m*; Abdeckung *f*

diffusion [difyzjõ] *f* **1** PHYS, OPT Diffusion *f*; OPT *a* (Zer)Streuung *f* **2** RAD, TV Ausstrahlung *f*; Übertragung *f*; ***~ en direct*** Live- ['laɪf-], Direktübertragung *f* **3** *fig d'idées etc* Verbreitung *f*

digérer [diʒeʀe] *v/t* ⟨**-è-**⟩ **1** PHYSIOL verdauen; (*supporter*) vertragen; ***il digère mal*** ihm ist etw nicht bekommen; ihm liegt etw schwer im Magen; ***difficile à ~*** schwer verdaulich; schwer zu verdauen(d) **2** *fig livre etc* geistig verarbeiten; F verdauen **3** F ***~ qc*** etw hinnehmen, F einstecken, schlucken, verdauen

digest [diʒɛst, daj(d)ʒɛst] *m revue, résumé* Digest ['daɪdʒəst] *m ou n*

digeste [diʒɛst] *adj* leicht verdaulich; gut verträglich

digestif [diʒɛstif] **I** *adj* ⟨**-ive**⟩ **1** PHYSIOL Verdauungs…; ***appareil ~*** Verdauungsapparat *m*; ***sucs ~s*** Verdauungssäfte *m/pl* **2** *liqueur etc* verdauungsfördernd **II** *m* Digestif *m*; Verdauungstrank *m*

digestion [diʒɛstjõ] *f* Verdauung *f*

digicode [diʒikɔd] *m* elektronisches Türschloss

digital [diʒital] *adj* ⟨**-aux**⟩ **1** Finger…; ***empreinte ~e*** Fingerabdruck *m* **2** INFORM digital; Digital…; ***affichage ~*** Digitalanzeige *f*; ***montre ~e*** Digitaluhr *f*

digitale [diʒital] *f* BOT Fingerhut *m*; *sc* Digitalis *f*

digitalisation [diʒitalizasjõ] *f* INFORM Digitalisierung *f* **digitaliser** *v/t* INFORM digitalisieren

digitigrades [diʒitigʀad] *m/pl* ZO Zehengänger *m/pl*

digitopuncture [diʒitɔpõktyʀ] *f* MÉD Akupressur *f*

digne [diɲ] *adj* **1** wert; würdig (***de qc*** e-r Sache [*gén*] *ou* ***de faire qc*** etw zu tun); ***~ d'admiration*** bewundernswert, -würdig; bewunderungswürdig; ***~ de confiance*** vertrauenswürdig; ***~ de foi*** glaubwürdig; ***~ d'intérêt*** Interesse verdienend; ***être ~ de ce nom*** dieses Namens wert, würdig sein; diesen Na-

D

Les digestifs français

Nach einem guten Essen greift der Franzose gern zu einem **digestif**, einem alkoholischen Getränk, das die Verdauung anregen soll. Dazu zählen unter anderem **le calvados**, ein normannischer Apfelschnaps (43%), der in Eichenfässern gelagert wird, und **le cognac**, ein Branntwein, der aus Weißweinen hergestellt wird, die nur aus einem genau festgelegten Anbaugebiet um die Stadt Cognac stammen dürfen. Guter Cognac hat einen mehrjährigen Reifungsprozess in Fässern aus Limousin-Eiche hinter sich. Aus dem Elsass stammende digestifs sind **la framboise** (Himbeergeist), **le kirsch** (Kirschwasser) sowie **la quetsche** (Zwetschgenwasser).

men verdienen 2 **~ de qn, de qc** j-s, e-r Sache würdig, wert; e-r Sache (*dat*) angemessen; *un adversaire* **~ de lui** der seiner würdig, wert ist 3 (*comportement d'une*) *personne* würdig; würdevoll; **d'un air ~** mit würdevoller Miene; **rester ~** Würde bewahren 4 *iron* (ehren)wert

dignement [diɲmɑ̃] *adv* würdig; würdevoll (*a iron*)

dignitaire [diɲitɛʀ] *m* Würdenträger *m*

dignité [diɲite] *f* 1 (*fonction*) Würde *f*; Amt *n*; **~ de président** Präsidentenwürde *f* 2 *d'une personne, d'une tâche etc* Würde *f*; **manquer de ~** es an Würde fehlen lassen

digression [digʀɛsjõ] *f* Abschweifung *f*; Exkurs *m*; **faire une ~** e-n Exkurs machen

digue [dig] *f* 1 Deich *m*; Damm *m*; **~ de retenue** Staudamm *m* 2 *fig* Damm *m*; Schranke *f*

Dijon [diʒõ] *Stadt im Dep. Côte-d'Or*

diktat [diktat] *m* POL Diktat *n*

dilapidateur [dilapidatœʀ] *m*, **dilapidatrice** *f* Verschwender(in) *m(f)*; Vergeuder(in) *m(f)* **dilapidation** *f* Verschwendung *f*; Vergeudung *f*

dilapider [dilapide] *v/t fortune etc* verschwenden; vergeuden

dilatabilité [dilatabilite] *f* PHYS (Aus)Dehnbarkeit *f* **dilatable** *adj* PHYS (aus)dehnbar **dilatation** *f* 1 PHYS (Aus)Dehnung *f*; *sc* Dilatation *f* 2 PHYSIOL, MÉD Erweiterung *f*

dilater [dilate] I *v/t* 1 *chaleur: corps* (aus)dehnen 2 PHYSIOL erweitern; **~ les pupilles** die Pupillen erweitern; *par ext* **~ ses narines** die Nüstern blähen; die Nasenflügel weiten 3 *fig* **~ le cœur** das Herz weit machen, weit öffnen II *v/pr* **se ~** 1 PHYS sich (aus)dehnen 2 PHYSIOL, MÉD sich erweitern 3 *fig* **son cœur se dilata de joie** das Herz wurde ihm weit, *st/s* schwoll ihm vor Freude

dilatoire [dilatwaʀ] *adj* hinaus-, aufschiebend; verzögernd; **manœuvres** *f/pl* **~s** Verschleppungsmanöver *n/pl*; **réponse** *f* **~** hinhaltende Antwort

dilemme [dilɛm] *m* Dilemma *n*; **être devant un ~** in e-m Dilemma sein

dilettante [dilɛtɑ̃t] *m,f* Dilettant(in) *m(f)* (*souvent péj*); **faire qc en ~** etw dilettantisch, dilettantenhaft machen

dilettantisme [dilɛtɑ̃tism] *m* Dilettantismus *m*; Dilettantentum *n*; *péj a* Oberflächlichkeit *f*; **avec ~** dilettantisch; dilettantenhaft

diligence [diliʒɑ̃s] *f* 1 HIST Postkutsche *f* 2 *st/s* (*zèle*) Eifer *m*; Beflissenheit *f*; **faire ~** sich beeilen; nicht säumen

diligent [diliʒɑ̃] *adj st/s* eifrig; beflissen; emsig

diluant [dilɥɑ̃] *m* Verdünnungsmittel *n*

diluer [dilɥe] *v/t* 1 *liquide* verdünnen (**avec de l'eau** mit Wasser) 2 *médicament, sel etc* auflösen

dilution [dilysjõ] *f* 1 Verdünnung *f* (*a résultat*) 2 Auflösen *n*; *résultat* Lösung *f*

diluvien [dilyvjɛ̃] *adj* ⟨**~ne**⟩ **pluies ~nes** sintflutartige Regenfälle *m/pl*

dimanche [dimɑ̃ʃ] *m* 1 Sonntag *m*; **~ de Pâques** Ostersonntag *m*; **les ~s et jours fériés** an Sonn- und Feiertagen; **habits** *m/pl* **du ~** Sonntagskleider *n/pl*; *plais* Sonntagsstaat *m*; **s'habiller en ~** sich sonntäglich anziehen; → *a* **jeudi** 2 F *fig* **chauffeur** *m*, **peintre** *m* **du ~** Sonntagsfahrer *m*, -maler *m*

dîme [dim] *f* HIST Zehnt *m*; Zehnte(r) *m*

dimension [dimɑ̃sjõ] *f* 1 Abmessung *f*; Dimension *f*; Maß *n*; **~s** *pl d'une surface a* Größe *f*; Ausdehnung *f*; **à la ~ de qc** nach dem Maß von etw; **prendre les ~s de qc** das Maß von etw nehmen; etw ab-, aus-, vermessen 2 MATH, PHYS Dimension *f*; **la quatrième ~** die vierte Dimension; **à trois ~s** dreidimensional 3 *fig* Ausmaß *n*; Dimension *f*; Bedeutung *f*; Umfang *m*; Größe *f*; **donner une ~ à qc** e-r Sache (*dat*) e-e Bedeutung geben; **être à la ~ de qc** e-r Sache (*dat*) angemessen sein; **prendre la ~ de qc** das Ausmaß von etw annehmen; zu etw werden 4 *fig* Dimension *f*; Aspekt *m*; **~ historique, humaine** historische, menschliche Dimension

diminué [diminɥe] *adj* 1 *personne* (körperlich und geistig) geschwächt, gezeichnet 2 MUS vermindert

diminuer [diminɥe] I *v/t* 1 vermindern; verringern; *prix etc a* herabsetzen, senken, ermäßigen (**de** um); *dépenses, production a* einschränken; **~ le temps de travail** die Arbeitszeit verkürzen 2 *fig* verringern; *mérites a* schmälern; verkleinern; *souffrances a* mildern; *forces* schwächen; **~ l'enthousiasme** die Begeisterung dämpfen 3 **~ qn** (*dénigrer*) j-n herabwürdigen, -setzen, schlechtmachen 4 **~ qn** (*réduire le salaire*) j-s Gehalt *ou* Lohn kürzen, herabsetzen II *v/i* 1 *prix, provisions etc* sich vermindern, verringern; *prix a* heruntergehen, sinken, fallen (**de deux euros** um zwei Euro); *marchandise* billiger werden; *provisions, dettes etc* kleiner werden; abnehmen; *production* zurückgehen; *chaleur, pluies etc* nachlassen; schwächer werden; *pression* fallen; *jours* abnehmen; kürzer werden; *population* abnehmen; zurückgehen; *circulation* zurückgehen; schwächer werden; *prix, production* **aller en diminuant** rückläufig sein 2 *fig forces, enthousiasme etc* nachlassen; abnehmen; schwächer werden 3 *malade* abbauen 4 *en tricotant* abnehmen

diminutif [diminytif] LING I *adj* ⟨**-ive**⟩ Diminutiv…; Verkleinerungs…; diminutiv; verkleinernd; **suffixe ~** Diminutivsuffix *n* II *m* Diminutiv(um) *n*; Verkleinerungswort *n*; *d'un nom* Koseform *f*

diminution [diminysjõ] *f* 1 Verminderung *f*; Verringerung *f*; Herabsetzung *f*; Senkung *f*; Einschränkung *f*; Verkürzung *f*; *spontanée* Rückgang *m*; Fallen *n*; Sinken *n*; Abnahme *f*; **~ de prix** Preissenkung *f*, -nachlass *m*, -rückgang *m*; **~ de valeur** Wertminderung *f*, -verlust *m* **2** *fig* Abnahme *f*; Nachlassen *n*; *des performances* Abfall *m* **3** *dans un tricot* Abnehmen *n*

D

dinanderie [dinɑ̃dʀi] *f* Messinggeschirr *n*, -töpfe *m/pl*

dinar [dinaʀ] *m monnaie* Dinar *m*

dînatoire [dinatwaʀ] *adj* **goûter** *m* **~** vorgezogene Abendmahlzeit

dinde [dɛ̃d] *f* **1** zo Truthenne *f*; Pute *f*; CUIS *a* Truthahn *m*; Puter *m*; **~ rôtie** gebratener Truthahn, Puter; gebratene Pute **2** *fig* F dumme Pute, Gans

dindon [dɛ̃dõ] *m* **1** zo Truthahn *m*; Puter *m* **2** *fig* **être le ~ de la farce** der Dumme, Geprellte, F Gelackmeierte sein; das Nachsehen haben

dindonneau [dɛ̃dɔno] *m* ⟨*pl* **~x**⟩ zo kleiner, junger Truthahn, Puter; CUIS Babypute *f*

dîner [dine] **I** *v/i* zu Abend essen; das Abendessen einnehmen; *avec cérémonie* dinieren; **~ d'une salade** am Abend (nur) e-n Salat essen, zu sich nehmen; **avoir qn à ~** j-n als Gast zum Abendessen haben, F dahaben; **inviter qn à ~** j-n zum Abendessen einladen **II** *m* Abendessen *n*, -mahlzeit *f*, -brot *n*; (*soirée*) Diner *n*; **~ de gala** Galadiner *n*; **donner un ~** ein Essen geben; **faire un bon ~** gut zu Abend essen, speisen

dînette [dinɛt] *f* Puppengeschirr *n*; **jouer à la ~** mit der Puppenküche spielen

dîneur [dinœʀ] *m*, **dîneuse** *f dans un dîner* Gast *m*

ding [diŋ] *int sonnette* kling(e)ling!; **~, dong!** [diŋdõg] *carillon* bim, bam!

dingo [dɛ̃go] **I** *m* zo Dingo *m* **II** F *adj et subst* ⟨*f inv*⟩ → **dingue**

dingue [dɛ̃g] F **I** *adj* **a)** *personne* wahnsinnig; → *a* **cinglé**; **être ~ de** F verrückt, versessen sein auf (+*acc*); **b)** (*extraordinaire*) F toll; wahnsinnig; Wahnsinns… **II** *m,f* Wahnsinnige(r) *f(m)*; **~ de la télé** F Fernsehnarr *m*; **mener une vie de ~** ein gehetztes, hektisches Leben führen

dinguer [dɛ̃ge] *v/i* F → **valdinguer**

dinosaure [dinɔzɔʀ] *m* zo Dinosaurier *m* (*a fig*)

dinosauriens [dinɔzɔʀjɛ̃] *m/pl* zo Dinosaurier *m/pl*

diocésain [djɔsezɛ̃] ÉGL CATH **I** *adj* Diözesan…; **évêque ~** Diözesanbischof *m* **II** *m* Diözesan *m*

diocèse [djɔsɛz] *m* ÉGL CATH Diözese *f*

diode [djɔd] *f* ÉLECTRON Diode *f*

Diogène [djɔʒɛn] *m* PHILOS Diogenes *m*

Diomède [djɔmɛd] *m* MYTH Diomedes *m*

dionysiaque [djɔnizjak] *adj* Dionysos…; dionysisch

Dionysos [djɔnizos, -ɔs] *m* MYTH Dionysos *m*

dioptrie [djɔptʀi] *f* OPT Dioptrie *f*

Dior [djɔʀ] *frz Modeschöpfer*

dioxine [djɔksin] *f* CHIM Dioxin *n*

dioxyde [djɔksid, diɔ-] *m* CHIM Dioxid *n*

diphasé [difɑze] *adj* ÉLECT **courant ~** Zweiphasenstrom *m*

diphtérie [difteʀi] *f* MÉD Diphtherie *f* **diphtérique** *adj* Diphtherie…; diphtherisch

diphtongaison [diftõgɛzõ] *f* PHON Diphthongierung *f*

diphtongue [diftõg] *f* PHON Diphthong *m*; Doppellaut *m* **diphtonguer** *v/t* (*et v/pr* **se**) **~** PHON diphthongieren

diplodocus [diplɔdɔkys] *m* PALÉONTOLOGIE Diplodocus *m*

diplomate [diplɔmat] **I** *m* **1** Diplomat *m* (*a fig*); **femme** *f* **~** Diplomatin *f* **2** CUIS *Süßspeise aus mit Rum getränkten Biskuits, Konfitüre u Crème anglaise* **II** *adj fig personne* diplomatisch

diplomatie [diplɔmasi] *f* **1** Diplomatie *f*; *par ext carrière* Diplomatenlaufbahn *f*; diplomatische Laufbahn; *coll* diplomatischer Dienst; **entrer dans la ~** die Diplomatenlaufbahn, diplomatische Laufbahn einschlagen; in den diplomatischen Dienst treten **2** *fig* diplomatisches Geschick; Diplomatie *f*; **agir avec ~** diplomatisch handeln

diplomatique [diplɔmatik] *adj* **1** diplomatisch (*a fig*); **corps** *m* **~** diplomatisches Korps; **rompre les relations ~s** die diplomatischen Beziehungen abbrechen **2** F *fig* **maladie** *f* **~** vorgeschobene, POL politische Krankheit

diplôme [diplom] *m* Diplom *n*; Zeugnis *n*; **~ de bachelier** Abitur-, Reifezeugnis *n*; **~ d'études supérieures spécialisées** (*abr* **DESS**) *praxisorientiertes Diplom im Anschluss an die „maîtrise“*; **~ d'études universitaires générales** (*abr* **DEUG**) Abschlussprüfung *f* des „premier cycle“ (*nach zwei Studienjahren*); **~ d'infirmière, d'ingénieur** Krankenschwester-, Ingenieurdiplom *n*

diplômé [diplome] **I** *adj* diplomiert; Diplom… (*abr* Dipl.); staatlich geprüft; **dentiste ~ de la Faculté de médecine de Paris** Zahnarzt, der die Hochschulabschlussprüfung an der medizinischen Fakultät der Universität Paris bestanden hat; **infirmière ~e** staatlich geprüfte, examinierte Krankenschwester **II** *subst* **~(e)** *m(f)* Inhaber(in) *m(f)* e-s Diploms

diplômer [diplome] *v/t* das Diplom verleihen (**qn** j-m); diplomieren

dipsomane [dipsɔman] *m,f* MÉD Quartalssäufer(in) *m(f)*; *sc* Dipsomane *m,f*

diptères [diptɛʀ] *m/pl* zo Zweiflügler *pl*

diptyque [diptik] *m* **1** PEINT Diptychon *n* **2** LITTÉRATURE Werk *n* in zwei Teilen

dire[1] [diʀ] ⟨**je dis, il dit, nous disons, vous dites, ils disent; je disais; je dis; je dirai; que je dise; disant; dit**⟩ **I** *v/t* **1** sagen; *pensées* aussprechen; *événements* erzählen; **~ un nom, une raison** einen Namen, einen Grund nennen; *enfant* **~ un poème** ein Gedicht aufsagen; *acteur* **~ un texte** einen Text sprechen, vortragen; *expressions*: **a)** *avec subst*: **~ l'avenir** die Zukunft voraussagen; **~ la bonne aventure** wahrsagen; **~ du bien, du mal de qn** j-m Gutes, Schlechtes nachsagen; Gutes, Schlechtes über j-n sagen; **dites-lui bien des choses de ma part** richten Sie ihm *ou* ihr (bitte) viele Grüße von mir aus; grüßen Sie ihn *ou* sie vielmals (von mir); **~ sa leçon** s-e Lektion auf-, hersagen; **~ la messe** die Messe lesen; **b)** *avec une complétive*: **il dit qu'il est malade** er sagt, dass er krank sei *ou* wäre *ou* ist; er sagt, er sei *ou* wäre krank; **il a dit qu'il viendrait** er hat gesagt, er würde kommen *ou* er käme *ou* dass er kommen würde; **~ que …** wenn man bedenkt, dass …; **~ qu'il a pu faire une chose pareille!** wer hätte gedacht, dass er so etwas tun würde!; **je vous dis que non** ich sage Ihnen doch - nein; **~ à qn de faire qc** j-m sagen, dass er etw tun soll; **c)** *avec pr*: F **je ne**

te dis que ça! weiter brauche ich nichts zu sagen!; ***il dit ce qu'il pense*** er sagt, was er denkt; er nimmt kein Blatt vor den Mund; ***à ce qu'il dit*** nach dem *ou* demzufolge, was er sagt; s-n Worten nach; ***si le cœur vous en dit*** wenn Sie wollen; wenn Sie Lust dazu haben; ***vous l'avez dit!*** Sie sagen es!; ganz Ihrer Meinung!; so ist es!; ***disons-le, …*** sprechen wir es (ruhig) aus, …; ***à qui le dis-tu!*** wem sagst du das!; ***c'est moi qui vous le dis*** wenn ich es Ihnen sage; das können Sie mir ruhig glauben; ***c'est toi qui le dis*** das sagst d u so; das glaube ich nicht; ***qui l'eût dit?*** wer hätte das gedacht?; ***quand je vous le disais*** ich hab's Ihnen gesagt (, dass es so kommen würde); ***que dites-vous?, qu'est-ce que vous dites?*** *pour faire répéter* wie bitte?; *étonné* w a s sagen Sie (da)!; ***qu'est-ce que tu en dis?*** was sagst du dazu?; ***que diriez-vous d'une promenade?*** was würden Sie zu e-m Spaziergang sagen, von e-m Spaziergang halten?; F ***que tu dis!*** was du nicht sagst!; ob das auch stimmt?; *pour préciser* ***que dis-je, pas même …*** was sage ich da, nicht einmal …; ***qui dit*** *Anglais* ***dit*** *flegmatique* wer … sagt, meint auch …; **d)** *avec adj ou adv*: ***pour ainsi ~, autant ~*** sozusagen; gewissermaßen; ***~ qc tout bas, tout 'haut*** etw leise, laut sagen; ***c'est beaucoup ~*** das ist *ou* wäre zu viel gesagt, übertrieben; *cet acteur* ***dit bien, juste*** trägt gut vor, trifft genau den Ton; F ***comme dit l'autre*** wie man (so schön) sagt; wie es heißt; F ***comme qui dirait*** sozusagen; in gewisser Weise; so etwas wie; (so) e-e Art; praktisch; fast wie; ***elle a dit cela comme elle aurait dit autre chose*** sie hat das nur so dahingesagt; *en incise* ***comment dirais-je?*** wie soll ich sagen, mich ausdrücken?; ***comment dites-vous cela en anglais?*** wie sagen Sie dazu auf Englisch?; F ***dis, dites donc!*** F a) sag (doch) mal, sagen Sie (doch) mal!; b) he du, Sie!; du, Sie da!; F *avec étonnement* ***eh ben, dis donc!*** na *ou* nein so was!; F ***non, mais, dis!*** F he, du da!; he, sag mal!; ***pour mieux ~*** besser, richtiger gesagt; ***qui dit mieux?*** wer bietet mehr?; ***ne ~ ni oui ni non*** weder Ja noch Nein sagen; ***je ne dis pas non*** ich sage nicht Nein (dazu); ***il ne sait pas ~ non*** er kann nicht Nein sagen; ***ce n'est pas peu ~*** das will nicht wenig heißen; ***c'est trop peu ~*** das ist noch gelinde ausgedrückt; F ***vous m'en direz tant!*** nein *ou* na, so was!; ja, gibt's denn so was!; F da biste platt!; ***c'est tout ~*** das (be)sagt alles; damit ist alles gesagt; ***pour tout ~*** kurz (und gut); der langen Rede kurzer Sinn; → *a vrai II*; **e)** *avec des verbes*: ***cela va sans ~*** (das) versteht sich (von selbst); das ist selbstverständlich; ***j'irais jusqu'à ~ que …*** ich würde so weit gehen zu behaupten, sagen, dass …; ***je n'ai rien à ~ à cela*** dagegen habe ich nichts einzuwenden; ***il n'y a pas à ~*** man muss (es) zugeben, sagen; ***il y a beaucoup à ~ là-dessus*** dazu lässt sich (noch) viel sagen; ***il ne croit pas si bien ~*** er weiß gar nicht, wie wahr er spricht, wie recht er hat; ***c'est plus facile à ~ qu'à faire*** das ist leichter gesagt als getan; ***c'est ~ si …*** das besagt, dass …; ***est-ce à ~ que …?*** heißt, bedeutet das, dass …?; ***qu'est-ce à ~?*** das heißt, bedeutet?; F ***ce n'est pas pour ~, mais …*** verstehen Sie mich recht, aber…; ich will ja nichts gesagt haben, aber …; F ***ce n'est rien de le ~!*** das muss man gesehen haben!; dafür gibt es keine Worte!; JEUX DE CARTES ***c'est à vous de ~*** Sie sind (mit dem Reizen, Bieten) dran; ***ne pas se le faire ~ deux fois*** es sich (*dat*) nicht zweimal sagen lassen; ***je ne vous le fais pas ~*** das haben Sie gesagt!; ***il me fait ~ que …*** er lässt ausrichten, dass …; er behauptet, ich hätte gesagt, dass …; ***il faut vous ~ que …*** dazu müssen Sie wissen, dass …; → *a II 1*; ***il faut le ~ vite*** wenn man es nicht so genau nimmt; ***je me suis laissé ~ que …*** ich habe mir sagen lassen, dass …; ***laisse-le ~!*** lass ihn reden!; *prov* ***bien faire et laisser ~*** tue recht und scheue niemand (*prov*); *en incise* ***si j'ose (le) ~*** wenn ich so sagen darf; *p/fort* ich wage zu behaupten; ***vouloir ~*** → *5*; **f)** ***on dit que …*** man sagt, man behauptet, es heißt, es wird gesagt, es wird behauptet, dass …; ***on dit qu'il est déjà parti*** er soll schon abgereist sein; *en incise* ***dit-on*** sagt man; ***comme on dit*** wie man so sagt; wie es heißt; ***quoi qu'on dise*** was man auch immer sagen mag; trotz allem; ♦ ***on dirait*** man möchte meinen, sagen; ***on aurait dit qu'il allait pleuvoir*** man hätte meinen können, es würde regnen *ou* dass es regnen würde; ***on dirait un gangster*** man könnte ihn für e-n Gangster halten; ***on dirait de l'or*** man könnte es für Gold halten, ansehen; das könnte Gold sein; **g)** *absolument*: ***dis, dites*** sag, sagen Sie; *pour renforcer* nicht wahr?; *en incise* ***dit-il*** sagt er; ***disons*** (na,) sagen wir; *se promener débraillé à la campagne*, ***je ne dis pas, mais*** *en ville* … da sage ich ja nichts, aber … **2** *par ext journal, écrivain etc* sagen; schreiben; ***la loi dit que …*** in dem Gesetz heißt es, dass … **3** *visage, nom etc* ***~ qc à qn*** j-m etw sagen; j-m bekannt vorkommen; ***ne rien ~ à qn*** j-m nichts sagen, unbekannt sein; *st/s les traits de son visage* ***disaient sa lassitude*** verrieten s-e Erschöpfung, ließen s-e Erschöpfung erkennen **4** (*faire envie*) ***~ à qn*** j-m zusagen, gefallen; ***est-ce que cela vous dit?*** haben Sie dazu Lust?; würde Ihnen das gefallen?; ***cela ne me dit rien*** das reizt, lockt mich nicht; ***cela ne me dit rien de sortir*** ich habe keine Lust auszugehen **5** ***vouloir ~*** *personne* sagen wollen; meinen; *chose* bedeuten; heißen; ***que voulez-vous ~ par là?*** was meinen Sie damit?; was wollen Sie damit sagen?; ***ce n'est pas ce que je veux ~*** so ist es, habe ich es nicht gemeint; das will ich damit nicht sagen; ***ça ne veut rien ~*** das will gar nichts heißen, (be)sagen; das heißt, bedeutet gar nichts; ***qu'est-ce que cela veut ~?*** was bedeutet das?; was soll das heißen, bedeuten?; ***cela dit bien ce que cela veut ~*** das drückt das gut aus, was gemeint ist **II** *v/pr* **1** ***se ~*** (zu) sich (*dat*) sagen; ***je me suis dit que ce n'était pas si grave*** ich habe mir gesagt, dass es nicht so schlimm sei *ou* ist; *en incise* ***se disait-il*** sagte er (zu) sich (*dat*); ***dis-toi bien que …*** denk daran, dass …; ***il faut vous ~ que …*** dabei müssen Sie berücksichtigen, sich (*dat*) sagen, dass … **2** *expression* ***cela ne se dit plus*** das sagt man nicht mehr; das wird nicht mehr gesagt; F ***comment ça se dit en français?*** wie heißt das, wie sagt man dazu auf Französisch?; → *Info nächste Seite*

dire[2] [diʀ] *m* Aussage *f*; Sagen *n*; Reden *n*; *péj* Gerede *n*; ***d'après les ~s, au(x) ~(s) de qn*** nach j-s Aussage, Worten; j-s Aussagen zufolge

direct [diʀɛkt] **I** *adj* **1** direkt; gerade; GÉNÉALOGIE ***en ligne ~e*** in direkter, gerader Linie **2** *question, accusation etc* direkt; offen; ***d'une façon ~e*** gerade-

dire als Verb des Wollens

Drückt **dire** ein **Wollen** in Form einer Bitte, eines Befehls oder einer Aufforderung aus, so steht im **que**-Satz der **subjonctif**:

Dis-lui qu'il **fasse** vite. –
Sag ihm, er soll sich beeilen.

Wird dagegen ein **Sachverhalt** mitgeteilt, so folgt der **indicatif**:

Il dit qu'il est malade. –
Er sagt, dass er krank ist.

zu, -heraus 3 *contact, responsabilité, cause etc* direkt; unmittelbar; FIN ***impôt ~*** direkte Steuer; ***prendre une part ~e dans qc*** sich unmittelbar, direkt an etw (*dat*) beteiligen 4 GR ***complément ~*** direktes Objekt; Akkusativobjekt *n*; ***style, discours ~*** direkte, wörtliche Rede; → *a* ***objet*** *4* 5 CH DE FER ***train ~*** *ou subst* **~** *m* Eilzug *m*; ***voiture ~e*** Kurswagen *m*; durchgehender Wagen II *m* 1 BOXE Gerade *f*; **~ *du droit, du gauche*** rechte, linke Gerade 2 RAD, TV ***émission*** *f* ***en ~*** Livesendung ['laɪf-] *f*; Direktsendung *f*; Originalübertragung *f*; ***diffuser en ~*** live [laɪf] senden; direkt übertragen

directement [diʀɛktəmɑ̃] *adv* 1 direkt; geradewegs; auf direktem Wege 2 *fig* direkt; unmittelbar

directeur [diʀɛktœʀ] I *m* 1 Direktor *m*; Leiter *m*; **~ *artistique*** künstlerischer Leiter; **~ *commercial*** kaufmännischer Direktor, Leiter; **~ *sportif*** Sportfunktionär *m*; **~ *technique*** technischer Direktor, Leiter; *d'un journal* **~ *de la publication*** Herausgeber *m*; **~ *de succursale*** Filialleiter *m*; **~ *de théâtre*** Intendant *m*; Theaterdirektor *m* 2 **~ (*d'école*)** Rektor *m*; Schulleiter *m* 3 ADM **~ (*général*)** Ministerialdirektor *m*, -dirigent *m*; *en France* **~ *de cabinet*** Kabinettsdirektor *m* 4 ÉGL CATH **~ (*spirituel, de conscience*)** Spiritual *m*; Beichtvater *m* II *adj* ⟨**-trice**⟩ 1 leitend; ***comité ~*** Vorstand *m*; leitendes Gremium 2 *fig idée, principe* Leit... 3 TECH ***roue directrice*** lenkbares Rad

directif [diʀɛktif] *adj* ⟨**-ive**⟩ PÉD, PSYCH autoritär

direction [diʀɛksjõ] *f* 1 *action* Führung *f*; Leitung *f*; ***être chargé de la ~ d'un hôpital*** mit der Führung, Leitung e-s Krankenhauses betraut sein 2 *comité* Direktion *f*; Geschäftsführung *f*, -leitung *f*; Betriebsleitung *f*; Direktorium *n*; *par ext* **a)** *bureau* Direktionsbüro *n*; **b)** *fonction* Stelle *f* des Direktors; ***s'adresser à la ~*** sich an die Direktion, Geschäftsleitung wenden 3 *d'un ministère* **~ (*générale*)** Abteilung *f* 4 *mus* Dirigieren *n*; ***sous la ~ de*** unter der (musikalischen) Leitung von; unter der Stabführung von 5 TECH Lenkung *f*; Steuerung *f* 6 Richtung *f*; *panneau* ***toutes ~s*** Fernverkehr *m*; Gesamt(durchgangs)verkehr *m*; **~ *du vent*** Windrichtung *f*; ***changement*** *m* ***de ~*** Richtungsänderung *f*; ***dans toutes les ~s*** in alle Richtungen; nach allen Seiten; überallhin; ***le train en ~ de Nice*** der Zug nach Nizza; ***il marche dans la ~, en ~ de la gare*** er geht in Richtung Bahnhof; ***prendre une ~*** e-e Richtung einschlagen, nehmen; ***il a pris la ~ de l'hôtel*** er hat die Richtung zum Hotel eingeschlagen; ***prendre la ~ du sud*** in Richtung, nach Süden fahren 7 *fig* Richtung *f*; ***donner une nouvelle ~ à qc*** e-r Sache (*dat*) e-e neue Richtung geben

directionnel [diʀɛksjɔnɛl] *adj* ⟨**~le**⟩ TÉLÉCOMM ***antenne ~le*** Richtantenne *f*; Richtstrahler *m*

directive [diʀɛktiv] *f surtout pl* ***~s*** Direktiven *f/pl*; Richtlinien *f/pl*; Weisungen *f/pl*; ***donner des ~s*** Direktiven geben; Weisungen erteilen

directoire [diʀɛktwaʀ] *m* 1 HIST ***Directoire*** Directoire *n* (*a période*) 2 ART ***style*** *m* ***Directoire*** Directoire(stil) *n*(*m*); *adjt* ***commode*** *f* ***Directoire*** Directoirekommode *f* 3 *d'une S.A.* Vorstand *m*

directorial [diʀɛktɔʀjal] *adj* ⟨**-aux**⟩ des Direktors, Leiters; Direktions...

directrice [diʀɛktʀis] *f* Direktorin *f*; Leiterin *f*; *d'une école primaire* Rektorin *f*; Schulleiterin *f*; **~ *de succursale*** Filialleiterin *f*

dirham [diʀam] *m monnaie* Dirham *m*

dirigé [diʀiʒe] *adj* 1 *entreprise etc* ***bien, mal ~*** gut, schlecht geleitet, geführt 2 ÉCON ***économie ~e*** (staatlich) gelenkte Wirtschaft; Planwirtschaft *f*

dirigeable [diʀiʒabl] *adj et subst m* (***ballon*** *m*) **~** Luftschiff *n*; Zeppelin *m*

dirigeant [diʀiʒɑ̃] I *adj* führend; leitend; herrschend; ***les classes ~es*** die herrschenden Klassen *f/pl*; die führende Schicht II *subst* **~(*e*)** *m*(*f*) Führer(in) *m*(*f*); Leiter(in) *m*(*f*); *d'un pays* Machthaber *m*; *dans l'industrie* ***~s*** *pl* Führungskräfte *f/pl*; ***~s du parti*** Parteiführer *m/pl*, -führung *f*; Führungsspitze *f* der Partei

diriger [diʀiʒe] ⟨**-geons**⟩ I *v/t* 1 *travaux, débat* leiten; *entreprise, école* leiten; an der Spitze stehen (*+gén*); *personnes* führen; leiten; lenken; **~ *un journal*** eine Zeitung herausgeben; **~ *un orchestre*** ein Orchester leiten, dirigieren; **~ *un pays*** ein Land lenken, regieren; *abs* ***savoir ~*** Führungsqualitäten besitzen; führen können 2 *véhicule* lenken; steuern 3 *troupes* dirigieren; führen; schicken 4 *marchandises etc* schicken (***sur, vers*** nach) 5 *lampe etc* **~ *vers, sur qn, qc*** auf j-n, etw richten; **~ *ses regards, yeux vers qn, qc*** s-e Blicke, Augen auf j-n, etw richten 6 *fig accusation, paroles* richten (***contre*** gegen) II *v/pr* 1 ***se ~ vers qc*** *personne* auf etw (*acc*) zugehen, *voiture* zufahren; *avion, bateau* etw ansteuern; auf etw (*acc*) zusteuern; ***se ~ vers le sud*** in Richtung, nach Süden fahren *ou* fliegen 2 *fig* ***se ~ vers les sciences*** *etc* sich den Naturwissenschaften *etc* zuwenden 3 ***se ~*** *dans l'obscurité* sich zurechtfinden

dirigisme [diʀiʒism] *m* ÉCON Dirigismus *m*; staatliche Lenkung der Wirtschaft; Planwirtschaft *f* **dirigiste** *adj* dirigistisch

dirlo [diʀlo] *langage d'écolier m,f* Direktor *m*, Direktorin *f*

discal [diskal] *adj* ⟨**-aux**⟩ MÉD Bandscheiben...; ***'hernie ~e*** Bandscheibenvorfall *m*

discernable [disɛʀnabl] *adj* wahrnehmbar; erkennbar; unterscheidbar

discernement [disɛʀnəmɑ̃] *m* Unterscheidungsfähigkeit *f*, -kraft *f*, -vermögen *n*; Einsicht *f*; Urteilsfähigkeit *f*; ***manque*** *m* ***de ~*** mangelnde Einsicht, Urteilsfähigkeit; ***agir sans ~*** sich (*dat*) der Tragwei-

te s-r Handlungen nicht bewusst sein; ***il manque de ~*** es fehlt ihm an Einsicht, Unterscheidungsvermögen; *p/fort* er ist unzurechnungsfähig
discerner [disɛʀne] *v/t* 1 (*percevoir*) wahrnehmen; erkennen; unterscheiden 2 *fig* unterscheiden (***qc de qc*** *ou* ***d'avec qc*** etw von etw); *vérité, cause etc* erkennen
disciple [disipl] *m* Schüler *m*; Jünger *m* (*a* REL); *par ext* (*partisan*) Anhänger *m*
disciplinable [disiplinabl] *adj* ***être ~*** an Disziplin zu gewöhnen sein
disciplinaire [disiplinɛʀ] *adj* disziplinarisch; Disziplinar…; MIL ***bataillon*** *m* ~ Strafbataillon *n*; ***mesure*** *f* ~ disziplinarische Maßnahme; ***sanction*** *f* ~ Disziplinarstrafe *f*
discipline [disiplin] *f* 1 Disziplin *f*; Zucht *f*; ***~ militaire*** militärische Disziplin; POL ***~ de vote*** Fraktionszwang *m*; ***conseil*** *m* ***de ~*** ADM Disziplinargericht *n*; ÉCOLE Gremium, das über Disziplinarstrafen gegen Schüler entscheidet 2 (*matière*) Lehr-, Unterrichtsfach *n*; Disziplin *f*; Fachrichtung *f*; ***les ~s littéraires, scientifiques*** die geisteswissenschaftlichen, naturwissenschaftlichen Fächer, Disziplinen 3 SPORTS Disziplin *f*; Sportart *f*; ***~s olympiques*** olympische Disziplinen
discipliné [disipline] *adj* diszipliniert
discipliner [disipline] *v/t* 1 an Disziplin, Zucht gewöhnen; Disziplin beibringen (***qn*** j-m) 2 *sentiments, instincts* im Zaum halten; disziplinieren 3 *fig cheveux* bändigen
disc-jockey [diskʒɔkɛ] *m* ⟨*pl* **disc-jockeys**⟩ Discjockey [-dʒ-] *m*
disco [disko] *m* MUS Diskosound [-au-] *m*; *adjt* ***musique*** *f* ~ Diskomusik *f*
discographique [diskɔgʀafik] *adj* Schallplatten…
discontinu [diskõtiny] *adj* 1 *ligne* unterbrochen; gestrichelt 2 *fig mouvement, travail* nicht kontinuierlich; diskontinuierlich; zeitweilig unterbrochen
discontinuer [diskõtinɥe] *loc/adv* ***sans ~*** ohne Unterlass; unablässig; ununterbrochen
discontinuité [diskõtinɥite] *f d'un travail etc* fehlende, mangelnde Kontinuität; zeitweilige Unterbrechung; Diskontinuität *f*
disconvenir [diskõvniʀ] *v/t/indir* ⟨→ **venir**⟩ ***ne pas ~ de qc*** etw nicht in Abrede stellen, nicht leugnen
discophile [diskɔfil] *m,f* Schallplattenliebhaber(in) *m(f)*, -freund(in) *m(f)*, -fan [fɛn] *m*, -sammler(in) *m(f)*
discordance [diskɔʀdɑ̃s] *f* 1 *d'opinions etc* Nichtübereinstimmung *f*; Nichtzusammenpassen *n* (*a des couleurs*); Diskordanz *f*; ***~ entre*** *a* Diskrepanz *f*, fehlende Übereinstimmung zwischen (*+dat*) 2 MUS Diskordanz *f*; Disharmonie *f*; Missklang *m*
discordant [diskɔʀdɑ̃] *adj* 1 nicht übereinstimmend; nicht zusammenpassend 2 MUS diskordant; disharmonisch 3 *par ext voix, cris* misstönend
discorde [diskɔʀd] *f* Zwietracht *f*; Uneinigkeit *f*; Unfriede(n) *m*; *st/s* ***pomme*** *f* ***de ~*** Zankapfel *m*; ***semer la ~*** Zwietracht säen
discothèque [diskɔtɛk] *f* 1 *lieu* Diskothek *f* 2 *collection* Schallplattensammlung *f*
discount [diskawnt] *m* COMM Discount [-'kaunt] *m*; *adjt* ***magasin*** *m*, ***prix*** *m* ~ Discountgeschäft *n*, -preis *m*
discoureur [diskuʀœʀ] *m*, **discoureuse** *f* Schwätzer(in) *m(f)*
discourir [diskuʀiʀ] *v/i* ⟨→ **courir**⟩ schwatzen, lang und breit reden, schwadronieren
discours [diskuʀ] *m* 1 Rede *f*; Ansprache *f*; ***~ électoral*** Wahlrede *f*; ***~ inaugural, d'ouverture*** Eröffnungsrede *f*, -ansprache *f*; ***~ de clôture*** Schlussrede *f*, -ansprache *f*; ***faire, prononcer un ~*** e-e Rede halten 2 *péj* Geschwätz *n*; Gerede *n*; lange Reden *f/pl*; ***assez de ~!*** genug der Worte!; ***que de ~!*** was für ein Geschwätz!; was soll das lange Reden! 3 GR ***~ direct, indirect*** direkte *ou* wörtliche, indirekte *ou* abhängige Rede; ***parties*** *f/pl* ***du ~*** Wortarten *f/pl* 4 *traité* (theoretische) Abhandlung
discourtois [diskuʀtwa] *st/s adj* unhöflich
discrédit [diskʀedi] *m* Misskredit *m*; ***jeter le ~ sur qn*** j-n in Misskredit, Verruf bringen; ***tomber dans le ~*** in Misskredit, Verruf geraten
discréditer [diskʀedite] I *v/t* in Misskredit, Verruf bringen; diskreditieren II *v/pr* ***se ~*** sich in Misskredit bringen; sich diskreditieren; in Misskredit, Verruf geraten
discret [diskʀɛ] *adj* ⟨**-ète** [-ɛt]⟩ 1 *personne* taktvoll; diskret; rücksichtsvoll; *regard, couleur etc* diskret; unauffällig; unaufdringlich; *couleur, vêtement a* dezent; ***allusion discrète*** leise Anspielung 2 (*qui garde un secret*) diskret; verschwiegen 3 MATH diskret
discrètement [diskʀɛtmɑ̃] *adv* diskret; unauffällig; unaufdringlich
discrétion [diskʀesjõ] *f* 1 *d'une personne* Takt *m*; Diskretion *f*; Rücksichtnahme *f*; *d'une tenue* Unauffälligkeit *f*; Unaufdringlichkeit *f*; Dezenz *f*; *loc/adv*: ***avec ~*** *se retirer* diskret; taktvoll; rücksichtsvoll; *s'habiller* dezent; unauffällig; ***par ~*** aus Taktgefühl, Rücksichtnahme; ***manquer de ~*** es an Takt fehlen lassen 2 Diskretion *f*; Verschwiegenheit *f*; ***~ assurée*** Diskretion zugesichert; ***je m'en remets à votre ~*** ich verlasse mich auf Ihre Diskretion 3 *loc/adv* ***à ~*** *vin etc* nach Belieben; so viel man will 4 ***être à la ~ de qn*** j-m auf Gnade und Ungnade ausgeliefert sein
discrétionnaire [diskʀesjɔnɛʀ] *adj* JUR ***pouvoir*** *m* ~ (freies) Ermessen; Ermessensfreiheit *f*
discriminant [diskʀiminɑ̃] *m* MATH Diskriminante *f*
discriminateur *m* ÉLECT, RAD Diskriminator *m*
discrimination [diskʀiminasjõ] *f* 1 Unterscheidung *f*; Unterschied *m* 2 *entre catégories sociales* Diskriminierung *f*; unterschiedliche, ungleiche Behandlung; Ungleichbehandlung *f*; ***~ raciale*** Rassendiskriminierung *f*
discriminatoire [diskʀiminatwaʀ] *adj* diskriminierend; ***mesures*** *f/pl* ***~s*** diskriminierende Maßnahmen *f/pl*
discriminer [diskʀimine] *v/t* 1 *sc* (*distinguer*) unterscheiden 2 *socialement* diskriminieren
disculper [diskylpe] I *v/t* ***~ qn*** j-n (von s-r Schuld) reinwaschen; j-n entlasten II *v/pr* ***se ~*** s-e Unschuld beweisen (***auprès de, aux yeux de qn*** gegenüber j-m); sich (von Schuld) reinwaschen; sich rechtfertigen (vor j-m)
discursif [diskyʀsif] *adj* ⟨**-ive**⟩ PHILOS diskursiv
discussion [diskysjõ] *f* 1 Diskussion *f*, Aussprache *f* (***de*** über *+acc*); Erörterung *f*, Besprechung *f* (*+gén*); POL *a* Debatte *f* (über *+acc*); ***donner matière à ~, être sujet à ~*** umstritten, nicht bewiesen sein;

entamer, ouvrir une ~ e-e Diskussion, Aussprache einleiten, eröffnen; ***soulever une ~*** e-e Diskussion auslösen, hervorrufen; *prov* ***de la ~ jaillit la lumière*** erst durch das Gespräch gewinnt man Klarheit **2** Widerrede *f*; ***pas de ~!*** keine Widerrede! **3** (*dispute*) Auseinandersetzung *f*; Wortwechsel *m*, -gefecht *n* **4** F (*conversation*) Gespräch *n*; Unterhaltung *f*

discutable [diskytabl] *adj théorie, point de vue* anfechtbar; bestreitbar; ***c'est très ~*** das ist sehr fragwürdig; ***être d'un intérêt ~*** von fragwürdigem, zweifelhaftem Interesse, Wert sein

discutailler [diskytaje] *v/i* F *péj* palavern

discuté [diskyte] *adj* ***très ~*** viel diskutiert; umstritten

discuter [diskyte] **I** *v/t* **1** *problème etc* (durch)diskutieren; erörtern; besprechen; ***~ un prix*** einen Preis aushandeln; ***~ un projet de loi*** einen Gesetzentwurf behandeln; ***~ affaires, politique*** *etc* über Geschäfte, Politik *etc* diskutieren, reden, sprechen **2** *authenticité, autorité etc* in Zweifel ziehen; infrage stellen; anzweifeln **3** F ***~ le coup*** sich unterhalten; F e-n kleinen Schwatz halten **II** *v/t/indir* ***~ de, sur qc*** über etw (*acc*) diskutieren, sprechen, reden, debattieren **III** *v/i* **1** diskutieren (***avec qn*** mit j-m); *par ext* ***~ avec qn pour obtenir qc*** mit j-m (hin und her) verhandeln, um etw zu erreichen **2** Einspruch erheben; widersprechen; ***obéir sans ~*** widerspruchslos, wortlos gehorchen **IV** *v/pr sujet* ***se ~*** diskutiert, erörtert werden; ***cela peut se ~*** darüber lässt sich diskutieren, reden; das ist diskutabel

disert [dizɛʀ] *litt adj* ⟨**-erte** [-ɛʀt]⟩ redegewandt; beredt

disette [dizɛt] *f* Hunger(snot) *m(f)*; ***année f de ~*** Hungerjahr *n*

diseur [dizœʀ] *m*, **diseuse** *f* THÉ ***excellent diseur*** j, der ausgezeichnet vorzutragen versteht; Vortragskünstler *m*; ***diseuse de bonne aventure*** Wahrsagerin *f*; ***diseur de bons mots*** j, der gut Witze erzählen kann; Witzbold *m*

disgrâce [dizgʀɑs, dis-] *f* Ungnade *f*; ***tomber en ~*** in Ungnade fallen

disgracié [dizgʀasje, dis-] *adj* **1** in Ungnade gefallen **2** *fig et st/s visage etc* unschön; ***~ par la nature*** von der Natur stiefmütterlich behandelt **disgracier** *v/t* ***~ qn*** j-m s-e Gunst entziehen

disgracieux [dizgʀasjø, dis-] *adj* ⟨**-euse**⟩ anmutlos; ohne Anmut; ungraziös; unschön; plump

disjoindre [disʒwɛ̃dʀ, diz-] ⟨→ **joindre**⟩ **I** *v/t* **1** (voneinander) trennen; auseinandernehmen **2** *fig problèmes etc* voneinander trennen; gesondert behandeln **II** *v/pr* ***se ~*** aus den Fugen gehen; auseinandergehen

disjoint [disʒwɛ̃] *adj* ⟨**-jointe** [-ʒwɛ̃t]⟩ aus den Fugen gegangen; *dalles* mit weiten Fugen

disjoncter [disʒɔ̃kte] *v/i* F spinnen; ausrasten

disjoncteur [disʒɔ̃ktœʀ] *m* ÉLECT Sicherungsautomat *m*; (Sicherungs)Schutzschalter *m*

disjonctif [disʒɔ̃ktif] *adj* ⟨**-ive**⟩ GR, PHILOS disjunktiv

disjonction [disʒɔ̃ksjɔ̃] *f* Trennung *f*

dislocation [dislɔkasjɔ̃] *f* **1** Auseinanderbrechen *n*, -reißen *n*, -fallen *n* **2** *d'une articulation* Aus-, Verrenkung *f* **3** *fig d'un cortège* Auflösung *f*; *d'un empire* Auseinanderfallen *n*, -brechen *n*; Zerschlagung *f*

disloquer [dislɔke] **I** *v/t* **1** *machine, armoire etc* auseinanderbrechen, *chaîne etc* reißen **2** *membre* aus-, verrenken; auskugeln **3** *fig cortège* auflösen; *empire* auseinanderreißen; zerschlagen **II** *v/pr* ***se ~*** **1** *machine etc* auseinanderbrechen, -fallen **2** **a)** ***se ~ le bras*** *etc* sich (*dat*) den Arm *etc* ver-, ausrenken, auskugeln; **b)** *clown* sich verrenken **3** *fig cortège* sich auflösen; *empire* auseinanderfallen, -brechen

disparaître [dispaʀɛtʀ] *v/i* ⟨→ **connaître**; **avoir**, *selten* **être disparu**⟩ **1** verschwinden; *st/s* entschwinden; *personne dans la foule a* untertauchen; *objets a* abhandenkommen; verloren gehen; F ***ils n'ont tout de même pas disparu tout seuls*** F sie haben doch keine Beine bekommen; *personne* ***~ sans laisser de traces*** spurlos verschwinden **2** *tache* verschwinden; weggehen; *douleurs, soucis* vergehen; *mode, dialecte, espèce etc* aussterben; *civilisation* untergehen; ***avoir disparu*** *tache, douleur a* weg sein **3** (*mourir*) dahingehen; sterben; umkommen; ***~ en mer*** auf See, auf dem Meer umkommen **4** *personne, avion etc* ***avoir disparu*** vermisst werden **5** ***faire ~*** *personne* beseitigen; aus dem Weg(e) räumen, schaffen; *document etc* verschwinden lassen; *soucis, doutes* zerstreuen; *obstacle* aus dem Weg(e) räumen; beseitigen; *médicament*: *douleur* beseitigen; *produit*: *tache* entfernen; beseitigen; ***faire ~ qc dans sa poche*** etw in s-r Tasche verschwinden lassen

disparate [dispaʀat] *adj* nicht zusammenpassend; nicht aufeinander abgestimmt; uneinheitlich; ungleich; disparat

disparité [dispaʀite] *f* Ungleichheit *f*, Diskrepanz *f*, Disparität *f* (***entre*** zwischen +*dat*); ***~ des caractères*** Ungleichheit, Unterschiedlichkeit *f* der Charaktere

disparition [dispaʀisjɔ̃] *f* **1** Verschwinden *n*; ***signaler la ~ de qn*** e-e Vermisstenanzeige aufgeben; j-s Verschwinden melden **2** *d'une tache* Verschwinden *n*; Weggehen *n*; *de douleurs* Verschwinden *n*; Vergehen *n*; *d'une mode, d'une espèce, d'un dialecte etc* Aussterben *n*; *d'une civilisation* Untergang *m*; ***en voie de ~*** im Aussterben begriffen; aussterbend; ***être menacé de ~*** vom Aussterben bedroht sein **3** (*mort*) Hinscheiden *n*

disparu [dispaʀy] **I** *p/p* → ***disparaître*** *et adj personne* vermisst; verschollen (*a bateau, avion*); ***~ en mer*** auf See verschollen; ***être porté ~*** als vermisst gelten, gemeldet sein **II** *subst* ***~(e)*** *m(f)* **1** Vermisste(r) *f(m)* (*surtout en temps de guerre*); Verschollene(r) *f(m)* **2** (*défunt[e]*) Dahingegangene(r) *f(m)*; Verstorbene(r) *f(m)*

dispatcher [dispatʃœʀ] *m* CH DE FER, AVIAT *etc* Dispatcher [-ˈpɛtʃər] *m*

dispatching [dispatʃiŋ] *m dans les services de transport et d'approvisionnement* Überwachungszentrale *f*

dispendieux [dispɑ̃djø] *adj* ⟨**-euse**⟩ kostspielig; aufwendig *ou* aufwändig

dispensaire [dispɑ̃sɛʀ] *m* Ambulanz *f*, Ambulatorium *n* (*zur kostenlosen Behandlung*); Poliklinik *f*; *pour vaccinations et dépistage correspond à* Gesundheitsamt *n*

dispensateur [dispɑ̃satœʀ] *m*, **dispensatrice** *f litt* Spender(in) *m(f)*

dispense [dispɑ̃s] *f* Dispens *f ou m*; Dispensierung *f*, Befreiung *f* (**de** von); Ausnahmebewilligung *f*; ***~ d'âge*** Zulassung *f*, obwohl das vorgeschriebene Alter noch nicht erreicht ist; **~ d'éducation physique** Befreiung, Dispensierung vom Turnunterricht

dispenser [dispɑ̃se] **I** *v/t* **1** **~ qn de qc** j-n von etw befreien, entbinden, dispensieren; j-m etw erlassen; **~ qn de faire qc** *a* es j-m ersparen, etw tun zu müssen *ou* etw zu tun; **être dispensé de qc** von etw befreit, dispensiert sein; **se faire ~ de qc** sich von etw befreien, dispensieren lassen; *fig* **je vous dispense de vos commentaires** auf Ihren Kommentar kann ich verzichten; Ihren Kommentar können Sie sich (*dat*) schenken, sparen; verschonen Sie mich mit Ihrem Kommentar! **2** *bienfaits* erweisen; zuteilwerden lassen; *soins* zukommen lassen; *savoir* vermitteln; *soleil*: *lumière* spenden **II** *v/pr* **se ~ d'une obligation** sich e-r Verpflichtung (*dat*) entziehen; e-r Verpflichtung (*dat*) nicht nachkommen; **je m'en dispenserais bien** ich würde gern darauf verzichten

dispersé [dispɛʀse] *adj habitat, famille* weit verstreut

disperser [dispɛʀse] **I** *v/t* **1** zerstreuen; *vent*: *nuages etc a* verwehen; *police, pluie*: *foule a* auseinandertreiben; MIL *ennemis* zersprengen; *par ext collection etc* zersplittern; aufteilen **2** *fig son attention, ses forces* verzetteln **II** *v/pr* **se ~** **1** *foule* sich zerstreuen; auseinandergehen; sich verlaufen; *rapidement* auseinanderstieben **2** *personne* sich verzetteln

dispersion [dispɛʀsjõ] *f* **1** Zerstreuen *n*, -ung *f*; *état a* Verstreutsein *n*; *d'une foule a* Auseinandertreiben *n*; *d'une collection etc* Zersplitterung *f*; Aufteilung *f* **2** *fig de ses forces etc* Verzettelung *f* **3** PHYS Streuung *f*; Dispersion *f* **4** CHIM Dispersion *f* **5** STATISTIQUE Streuung *f*

disponibilité [disponibilite] *f* **1** *d'une personne* **a)** Verfügbarkeit *f*; Disponibilität *f*; **b)** *morale* innere Bereitschaft **2** FIN **~s** *pl* verfügbare, flüssige Mittel *n/pl*, Gelder *n/pl* **3** *de fonctionnaires* Beurlaubung *f*; **être en ~** beurlaubt sein

disponible [disponibl] *adj* **1** *personne* **a)** frei; abkömmlich; verfügbar; **être ~** *a* nichts vorhaben; Zeit haben; **ne pas être ~** *a* etwas vorhaben; keine Zeit haben; **b)** *moralement* bereit; offen; wach **2** *place etc* verfügbar; frei **3** FIN *capital, marchandise* verfügbar; disponibel; *argent a* flüssig; *marchandise a* greifbar; vorrätig

dispos [dispo] *adj* **frais et ~** ⟨**fraîche et dispose**⟩ frisch und munter; ausgeruht

disposé [dispoze] *adj* **1** *objets* angeordnet; arrangiert **2** *personne* **être bien, mal ~** gut, schlecht aufgelegt *ou* gelaunt sein; **être bien ~ à l'égard de qn, envers qn** j-m wohlgesinnt, gewogen sein; **être mal ~ à l'égard de qn, envers qn** j-m schlecht, übel gesinnt sein; schlecht, nicht gut auf j-n zu sprechen sein; **être ~ à l'indulgence** nachsichtig gestimmt sein **3** **être ~ à faire qc** bereit *ou* gewillt sein, etw zu tun

disposer [dispoze] **I** *v/t objets* anordnen, arrangieren, aufstellen (**sur la table** auf dem Tisch); **~ avec art, avec goût** kunst-, geschmackvoll anordnen, arrangieren **II** *v/t/indir* **1** **~ de qc** über etw (*acc*) verfügen; etw haben; **~ de peu de temps** über wenig Zeit verfügen; wenig Zeit haben **2** **~ de qn, de qc** über j-n, etw verfügen; **~ de son argent de poche** über sein Taschengeld (frei) verfügen; **droit** *m* **des peuples à disposer d'eux-mêmes** Selbstbestimmungsrecht *n* der Völker **III** *v/i à un inférieur* **vous pouvez ~** Sie können jetzt gehen **IV** *v/pr* **se ~ à faire qc** sich anschicken, etw zu tun; **je me disposais à partir quand …** ich wollte gerade abreisen, als …

dispositif [dispozitif] *m* **1** TECH Vorrichtung *f*; Anlage *f*; **~ d'alarme** Alarmanlage *f*; **~ de sûreté** Sicherheitsvorrichtung *f* **2** *par ext* Apparat *m*; **~ policier** Polizeiaufgebot *n*; **~ de contrôle** Kontrollsystem *n*, -apparat *m*; **~ de sécurité** Sicherheitsapparat *m*, -vorkehrungen *f/pl*

disposition [dispozisjõ] *f* **1** *d'objets* Anordnung *f* **2** Verfügung *f*; **avoir qc à sa ~** etw zu s-r Verfügung haben; **être à la ~ de qn** j-m zur Verfügung stehen; **je suis à votre entière ~** ich stehe ganz zu Ihrer Verfügung; **laisser qc à la ~ de qn** j-m etw zu s-r Verfügung überlassen; **mettre qc à la ~ de qn** j-m etw zur Verfügung stellen; **je le mets à sa ~** ich stelle es ihm zur Verfügung; **tenir qc à la ~ de qn** etw für j-n zur Verfügung halten; **se tenir à la ~ de qn** sich j-m zur Verfügung, zu j-s Verfügung halten **3** JUR Bestimmung *f*; Verfügung *f*; Anordnung *f*; Vorschrift *f*; **~ européenne** EU-Bestimmung *f*; **~s tarifaires** Tarifbestimmungen *f/pl* **4** **~s** *pl* Vorbereitungen *f/pl*; *face à un danger* Vorkehrungen *f/pl*; **prendre toutes les ~s nécessaires** alle notwendigen Vorbereitungen *ou* Vorkehrungen treffen; **prendre ses ~s pour partir** Anstalten, Vorbereitungen zur Abreise treffen **5** **~s** *pl* Stimmung *f*; Laune *f*; **être dans de bonnes, mauvaises ~s** gut, schlecht gelaunt sein **6** **~s** *pl* Anlagen *f/pl*; Begabung *f*; **avoir des ~s** gute Anlagen haben, zeigen; **avoir des ~s pour la musique** für Musik begabt sein; e-e Begabung für Musik haben; gute musikalische Anlagen haben; **il n'a aucune ~ pour les mathématiques** er hat, zeigt keinerlei Begabung für Mathematik

disproportion [dispʀɔpɔʀsjõ] *f* Missverhältnis *n*, Disproportion *f* (**de taille** *etc* in der Größe *etc*)

disproportionné [dispʀɔpɔʀsjɔne] *adj* **1** **~ avec, à qc** der, die, das in keinem Verhältnis, in e-m Missverhältnis zu etw steht **2** *membres etc* unproportioniert; übergroß

dispute [dispyt] *f* Streit *m*; Auseinandersetzung *f*; Wortwechsel *m*; Disput *m*; **avoir une ~ avec qn** mit j-m e-n Streit *etc* haben

disputer [dispyte] **I** *v/t* **1** **~ qc à qn** j-m etw streitig machen **2** SPORTS *match, épreuve* austragen; **~ un titre** um e-n Titel kämpfen **3** F **~ un enfant** ein Kind ausschimpfen, -schelten; F **se faire ~** ausgeschimpft werden; Schelte, F Schimpfe bekommen **4** **le ~ à qn en beauté** *etc* es mit j-m an Schönheit *etc* aufnehmen können **II** *v/pr* **1** **a)** **se ~** (sich, miteinander) streiten; sich zanken; **b)** **se ~ avec qn** (sich) mit j-m streiten; sich mit j-m zanken **2** **se ~ qc** sich um etw streiten, zanken; einander etw streitig machen (*a fig*) **3** SPORTS *épreuve* **se ~** ausgetragen werden

disquaire [diskɛʀ] *m,f* Schallplattenhändler(in) *m(f)*

disqualification [diskalifikasjõ] *f* SPORTS Disqualifizierung *f*; Disqualifikation *f*

disqualifier [diskalifje] **I** *v/t* SPORTS disqualifizieren **II** *v/pr* **se ~** *fig* sich disqualifizieren

disque [disk] *m* **1** Schallplatte *f*; *souvent abrégé* Platte *f*; **~ compact, laser** CD *f*; Compact Disc *f*; **~ microsillon de longue durée** Langspielplatte *f*;

D

~ **de jazz** Jazzplatte *f*; ~ **de musique classique** (Schall)Platte mit klassischer Musik; F *fig* **changer de** ~ F e-e andere Platte auflegen; **mettre, passer un** ~ e-e (Schall)Platte auflegen, laufen lassen *ou* (ab)spielen 2 TECH Scheibe *f*; AUTO ~ **d'embrayage** Kupplungsscheibe *f*; **frein** *m* **à** ~ Scheibenbremse *f* 3 SPORTS Diskus *m*; Wurfscheibe *f* 4 ANAT ~ **intervertébral** Bandscheibe *f* 5 AUTO ~ **de stationnement** Parkscheibe *f* 6 INFORM Platte *f*; ~ **dur** Festplatte *f*; ~ **magnétique** Magnetplatte *f*; ~ **souple** Floppy Disk *f*

disque-jockey *m* → **disc-jockey**

disquette [diskɛt] *f* INFORM Diskette *f*

dissection [disɛksjõ] *f* BIOL, MÉD Sezieren *n*; Sektion *f*; **salle** *f* **de** ~ Seziersaal *m*

dissemblable [disɑ̃blabl] *adj* unähnlich; ungleich

dissemblance *f* Unähnlichkeit *f*; Ungleichheit *f*; Verschiedenartigkeit *f*

dissémination [diseminasjõ] *f* 1 *de la semence* Ausstreuung *f*; (natürliche) Verbreitung 2 *de troupes, d'habitants etc* Verstreutsein *n*; Streuung *f* 3 *des armes atomiques* Verbreitung *f*; Weitergabe *f*

disséminer [disemine] I *v/t* 1 *vent*: *semence* aus-, verstreuen; verbreiten 2 *personnes* zerstreuen; hierhin und dahin stellen; *adjt* **être disséminé** verstreut sein 3 *armes atomiques* verbreiten; weitergeben II *v/pr* **se** ~ sich aus-, verbreiten

dissension [disɑ̃sjõ] *f surtout pl* ~**s** Streitigkeiten *f/pl*; Zwistigkeiten *f/pl*

dissentiment [disɑ̃timɑ̃] *m* Meinungsverschiedenheit *f*; Unstimmigkeit *f*

disséquer [diseke] *v/t* ⟨-è-⟩ 1 BIOL, MÉD sezieren 2 *fig* sezieren; genau untersuchen; auseinandernehmen

dissert [disɛʀt] *f langage d'écolier* → **dissertation**

dissertation [disɛʀtasjõ] *f* LYCÉE Erörterung *f*; Besinnungsaufsatz *m*; UNIVERSITÉ Seminar-, Hausarbeit *f* **disserter** *v/t/indir* ~ **sur, de qc** etw abhandeln, (ausführlich) behandeln, erörtern

dissidence [disidɑ̃s] *f* 1 *d'un parti etc* Spaltung *f*; **être en** ~ gespalten sein 2 *coll* Dissidenten *m/pl*; Dissidententum *n*

dissident [disidɑ̃] POL I *adj* andersdenkend II *subst* ~**(e)** *m(f)* Dissident(in) *m(f)*; Andersdenkende(r) *f(m)*; Regimekritiker(in) *m(f)*

dissimilitude [disimilityd] *sc f* Unähnlichkeit *f*; Unterschiedlichkeit *f*

dissimulateur [disimylatœʀ] *m*, **dissimulatrice** *f* Heuchler(in) *m(f)*

dissimulation [disimylasjõ] *f* 1 (*hypocrisie*) Verstellung(skunst) *f*; Heuchelei *f* 2 *de qc* Verheimlichung *f*; *de revenus etc* Verschleierung *f*

dissimulé [disimyle] *adj personne* heuchlerisch; falsch; unaufrichtig

dissimuler [disimyle] I *v/t* 1 verheimlichen, -hehlen, -bergen, -schleiern (**à qn** j-m); *abs* sich verstellen; ~ **des sentiments, des intentions** Gefühle, Absichten verheimlichen; **ne pas** ~ **à qn que …** j-m gegenüber kein(en) Hehl daraus machen, dass … 2 *objets* verbergen 3 *revenus etc* verschleiern II *v/pr* 1 **ne pas se** ~ **qc** sich (*dat*) über etw (*acc*) klar, im Klaren sein; sich keinen Illusionen über etw (*acc*) hingeben 2 *personne, objet* **se** ~ sich verbergen (**derrière** hinter +*dat*)

dissipation [disipasjõ] *f* 1 *d'une fortune* Verschwendung *f*; Vergeudung *f* 2 *d'un écolier* Unaufmerksamkeit *f*; Undiszipliniertheit *f*

dissipé [disipe] *adj* 1 *élèves* unaufmerksam; undiszipliniert 2 *st/s vie* locker; unsolide; ausschweifend

dissiper [disipe] I *v/t* 1 *nuages, brume* vertreiben; *fig* ~ **les fumées de l'alcool** den Kopf wieder klar machen 2 *fig* zerstreuen; *ennui* vertreiben; ~ **un malentendu** ein Missverständnis beseitigen, aufklären; ~ **des soucis, des doutes** Sorgen, Zweifel zerstreuen 3 *fortune* verschwenden; vergeuden; verschleudern; *fig* ~ **sa jeunesse** s-e Jugend vergeuden, leichtsinnig vertun 4 *élèves* ablenken; von der Arbeit abhalten II *v/pr* **se** ~ 1 *nuages, brume* sich auflösen 2 *fig soucis, peur etc* verfliegen; verschwinden; *espoirs, rêves* **se** ~ **en fumée** sich in Rauch auflösen; in Rauch aufgehen 3 *élèves* nicht mehr aufpassen; unaufmerksam werden

dissociable [disɔsjabl] *adj* voneinander trennbar

dissociation [disɔsjasjõ] *f* 1 CHIM, PSYCH Dissoziation *f* 2 *fig* Trennung *f*

dissocier [disɔsje] I *v/t* 1 CHIM dissoziieren 2 *fig* voneinander trennen; getrennt behandeln II *v/pr* **se** ~ 1 CHIM dissoziieren 2 *fig* sich trennen (**de** von); sich auflösen

dissolu [disɔly] *adj vie, mœurs* ausschweifend; lasterhaft; liederlich

dissolubilité [disɔlybilite] *f* POL Auflösbarkeit *f*

dissoluble [disɔlybl] *adj* POL *parlement etc* auflösbar

dissolution [disɔlysjõ] *f* 1 *d'une substance* Auflösen *n*, -ung *f* 2 *liquide* Lösung *f*; *colle* Gummilösung *f* 3 *fig d'un système etc* Auflösung *f*; Zerfall *m* 4 JUR Auflösung *f* 5 *st/s des mœurs* Zügellosigkeit *f*

dissolvant [disɔlvɑ̃] I *adj* CHIM auflösend II *m* 1 CHIM Lösungsmittel *n* 2 *pour vernis à ongles* Nagellackentferner *m*

dissonance [disɔnɑ̃s] *f* MUS *et fig* Dissonanz *f*; Misston *m* **dissonant** *adj* MUS dissonant; misstönend (*a fig*)

dissoudre [disudʀ] ⟨→ **absoudre**⟩ I *v/t* 1 *substance* auflösen 2 JUR, POL auflösen; ~ **un mariage, un parti** eine Ehe, eine Partei auflösen II *v/pr* **se** ~ sich auflösen (*a fig*)

dissous [disu], **dissoute** [disut] *p/p* → **dissoudre**

dissuader [disɥade] *v/t* ~ **qn de faire qc** j-m ausreden, j-n davon abbringen, etw zu tun

dissuasif [disɥazif] *adj* ⟨-**ive**⟩ abschreckend; Abschreckungs…

dissuasion [disɥazjõ] *f* POL Abschreckung *f*; **force** *f* **de** ~ Abschreckungsstreitmacht *f*

dissyllabe [disi(l)lab] I *adj* zweisilbig II *m* zweisilbiges Wort **dissyllabique** *adj* zweisilbig

dissymétrie [disimetʀi] *f* fehlende Symmetrie; Mangel *m* an Symmetrie **dissymétrique** *adj* unsymmetrisch

distance [distɑ̃s] *f* 1 Entfernung *f*; Abstand *m* (*a fig et* MATH); Distanz *f* (*a fig*); Strecke *f*; OPT ~ **focale** Brennweite *f*; ~ **parcourue** zurückgelegte Strecke, Entfernung; AUTO ~ **d'arrêt, de freinage** Bremsweg *m*; AUTO ~ **de visibilité** Sichtweite *f*; ~ **entre Paris et Lyon** Entfernung zwischen Paris und Lyon; *loc/adv*: **à** ~ aus der Ferne; *loc/adj* Fern…; **commande** *f* **à** ~ Fernsteuerung *f*; **à cette** ~ auf diese Entfernung; aus dieser Entfernung; **à une faible,**

grande ~ in geringer, großer *ou* weiter Entfernung (***de qn, qc*** von j-m, etw); in geringem, weitem *ou* großem Abstand (zu j-m, etw); ***à égale ~ de*** gleich weit entfernt, weg von; ***être à quelques mètres de ~ l'un de l'autre*** einige Meter voneinander entfernt sein; *fig* ***garder, tenir ses ~s*** Distanz, den nötigen Abstand wahren; ***prendre ses ~s*** GYMNASTIQUE Abstand nehmen; *fig* sich von j-m, von etw distanzieren; ***tenir qn à ~*** (***respectueuse***) j-n auf Distanz halten, sich (*dat*) j-n vom Leibe halten (*a fig*); ***se tenir à ~*** sich auf Distanz halten (*a fig*) **2** *dans le temps loc/adv*: ***à ~*** aus der Distanz; ***à quelques années de ~*** im Abstand von einigen Jahren **3** SPORTS Distanz *f*

distancer [distɑ̃se] *v/t* ⟨**-ç-**⟩ **1** SPORTS distanzieren **2** *par ext* hinter sich (*dat*) lassen; abschütteln; ***~ un concurrent*** einen Konkurrenten hinter sich (*dat*) lassen, abschütteln; ***être distancé*** *a* den Anschluss verlieren; ***se laisser ~*** *a* sich überholen lassen

distanciation [distɑ̃sjasjõ] *f* THÉ (***effet*** *m* ***de***) ~ Verfremdung(seffekt) *f*(*m*)

distancier [distɑ̃sje] *v/pr* ***se ~ de qn, qc*** sich von j-m, etw distanzieren

distant [distɑ̃] *adj* **1** entfernt (***de 2 km*** 2 km) **2** *fig personne, air* distanziert; reserviert; kühl; *personne* ***se montrer ~ avec qn*** sich j-m gegenüber distanziert zeigen

distendre [distɑ̃dʀ] ⟨→ **rendre**⟩ **I** *v/t* (stark) (aus)dehnen; überdehnen; ***~ un muscle, un tendon*** *a* einen Muskel, eine Sehne zerren; *adjt muscle etc* ***distendu*** gezerrt **II** *v/pr* ***se ~*** **1** sich (über)dehnen; *peau* schlaff werden **2** *fig liens* sich lockern

distension [distɑ̃sjõ] *f* (Über)Dehnung *f*; *d'un muscle a* Zerrung *f*

distillateur [distilatœʀ] *m* Destillateur *m*; Branntweinbrenner *m* **distillation** *f* Destillation *f*; Destillieren *n*; *du vin a* Brennen *n*

distiller [distile] *v/t* **1** *pétrole, eau* destillieren; ***~ du blé*** *etc* Schnaps *ou* Branntwein aus Getreide *etc* brennen; *adjt* ***eau distillée*** destilliertes Wasser **2** BOT, ZO ausscheiden; ausschwitzen **3** *fig personne* ***~ son venin*** sein Gift verspritzen; *st/s propos* ***~ l'ennui*** Langeweile verbreiten

distillerie [distilʀi] *f* (Branntwein)Brennerei *f*

distinct [distɛ̃] *adj* ⟨**-incte** [-ɛ̃kt]⟩ **1** *voix, trace etc* deutlich **2** (*différent*) unterschiedlich; verschieden (***de*** von); ***être ~ de qc*** sich von etw unterscheiden

distinctement [distɛ̃ktəmɑ̃] *adv* deutlich

distinctif [distɛ̃ktif] *adj* ⟨**-ive**⟩ Unterscheidungs…; ***caractère ~*** Unterscheidungsmerkmal *n*; ***marque distinctive, signe ~*** Kennzeichen *n*

distinction [distɛ̃ksjõ] *f* **1** *action* Unterscheidung *f* (***entre*** zwischen +*dat*); (*différence*) Unterschied *m*; ***sans ~*** unterschiedslos; ohne Unterschied; ***sans ~ d'origine*** *etc* ohne Unterschiede hinsichtlich der Herkunft *etc* zu machen; ohne Rücksicht auf die Herkunft *etc* **2** Auszeichnung *f*; ***décerner, obtenir une ~*** e-e Auszeichnung verleihen, erhalten **3** Vornehmheit *f*; ***avoir de la ~*** ein vornehmes, distinguiertes Benehmen haben

distingué [distɛ̃ge] *adj* **1** *personne, allure, comportement* vornehm; distinguiert; ***faire ~*** vornehm wirken **2** *personnalité* bedeutend; hervorragend **3** *à la fin d'une lettre* ***veuillez agréer l'expression de mes sentiments ~s, de ma considération ~e*** hochachtungsvoll; mit vorzüglicher Hochachtung; *moins cérémonieux* mit freundlichen Grüßen

distinguer [distɛ̃ge] **I** *v/t* **1** (*percevoir*) unterscheiden; erkennen; wahrnehmen; ***~ qn dans la foule*** j-n in der Menge erkennen **2** (*différencier*) unterscheiden (***qc de*** *ou* ***d'avec qc*** etw von etw; ***entre*** zwischen +*dat*); auseinanderhalten **3** (*honorer*) ***~ qn*** j-n auszeichnen (***par qc*** mit, durch etw) **4** *chose* ***~ qn, qc*** für j-n, etw kennzeichnend sein; j-n, etw verraten; ***~ qn, qc de qn, de qc*** j-n, etw von j-m, von etw unterscheiden **II** *v/pr* **1** ***se ~*** (*être différent*) sich unterscheiden (***par qc*** durch etw; ***de*** von) **2** ***se ~*** (*s'illustrer*) sich auszeichnen (***par*** durch) **3** ***se ~ à l'horizon*** *etc* sich am Horizont *etc* abzeichnen

distinguo [distɛ̃go] *m* (feine) Unterscheidung; ***faire le ~ entre …*** (fein) unterscheiden zwischen (+*dat*)

distique [distik] *m* POÉSIE Distichon *n*

distorsion [distɔʀsjõ] *f* OPT, TÉLÉCOMM, MÉD, *fig* Verzerrung *f*

distraction [distʀaksjõ] *f* **1** (*inattention*) Zerstreutheit *f*; Geistesabwesenheit *f*; Zerfahrenheit *f*; *p/fort* Gedankenlosigkeit *f*; *par ext* ***avoir des ~s*** F abschalten; geistig weggetreten sein **2** (*diversion*) Zerstreuung *f*; Ablenkung *f*; Abwechslung *f* **3** (*passe-temps*) Abwechslung *f*; Unterhaltung *f*; Vergnügung *f*; Freizeitbeschäftigung *f*

distraire [distʀɛʀ] ⟨→ **traire**⟩ **I** *v/t* **1** ***~ qn*** j-n ablenken (***de ses soucis, de son travail*** von s-n Sorgen, von s-r Arbeit) **2** *public* unterhalten; Abwechslung bieten (***qn*** j-m) **II** *v/pr* ***se ~*** sich ablenken; sich zerstreuen

distrait [distʀɛ] *adj* ⟨**-aite** [-ɛt]⟩ zerstreut; geistesabwesend; zerfahren; F geistig weggetreten; *élève a* unaufmerksam; ***regard ~*** zerstreuter Blick; ***écouter d'une oreille ~e*** mit halbem Ohr hinhören

distrayant [distʀɛjɑ̃] *adj* unterhaltsam; unterhaltend; Unterhaltungs…

distribué [distʀibɥe] *adj appartement* ***bien ~*** gut aufgeteilt, geschnitten

distribuer [distʀibɥe] *v/t* **1** (*donner, répartir*) ver-, austeilen, ausgeben (***à qn*** an j-n) **2** *poste*: *courrier* zustellen; *facteur*: *courrier* austragen **3** *gaz, eau etc* verteilen; weiterleiten; liefern **4** *fig* ***~ des poignées de main*** viele Hände schütteln; ***~ des sourires*** nach allen Seiten hin lächeln **5** THÉ ***~ les rôles*** die Rollen verteilen; *par ext* ***~ un film, une pièce*** e-n Film, ein Stück besetzen **6** *ordres, instructions* erlassen; erteilen **7** COMM vertreiben; verkaufen; verteilen

distributeur [distʀibytœʀ] **I** *m* **1** *personne* (*f* ***distributrice***) Verteiler(in) *m*(*f*) **2** ***~ de films*** Filmverleiher *m* **3** COMM Vertreiber *m* **4** ***~*** (***automatique***) Automat *m*; ***~ de cigarettes*** Zigarettenautomat *m*; ***~ de billets*** Geldautomat *m*; ***~ de savon*** Seifenspender *m*; ***~ de timbres*** Briefmarkenautomat *m* **5** AUTO (Zünd)Verteiler *m* **II** *adj* ⟨**-trice**⟩ Verteiler…; Verteilungs…; POSTE ***bureau ~*** Zustellpostamt *n*

distributif [distʀibytif] *adj* ⟨**-ive**⟩ LING, MATH distributiv; Distributiv…; ***adjectif numéral ~*** Distributivum *n*; Distributiv-, Verteilungszahlwort *n*

distribution [distʀibysjõ] *f* **1** Ver-, Austeilung *f*; Ausgabe *f*; ***~ des prix*** Preisverteilung *f* **2** *du courrier* Austragen *n*; Zustellung *f* **3** ***~ des eaux, de l'électricité, du gaz*** Wasser-, Strom-, Gasversorgung *f*; ***usine** f **de ~ des eaux*** Wasserwerk *n* 4 THÉ *des rôles* Verteilung *f*; *d'une pièce, d'un film* Besetzung *f* 5 CIN ***société** f **de ~ de films*** Filmverleih(gesellschaft) *m(f)* 6 ÉCON Distribution *f*; Waren- *ou* Einkommensverteilung *f*; *a* Vertrieb *m*; Absatz *m*; ***la grande ~*** die Verbrauchermärkte *m/pl*; der Verbrauchermarkt-Sektor; ***circuit** m **de ~*** Verteilernetz *n* 7 *d'un appartement* Aufteilung *f*; Schnitt *m*

district [distʀikt] *m* Distrikt *m*; (Verwaltungs)Bezirk *m*; Gebiet *n*

dit [di] *p/p* → ***dire¹*** *et adj* ⟨**dite** [dit]⟩ 1 gesagt; genannt; festgesetzt; ***à l'heure ~e*** zur festgesetzten Zeit, Stunde 2 (*surnommé*) genannt; mit Beinamen 3 *loc*: ***aussitôt ~, aussitôt fait*** gesagt, getan; ***autrement ~*** anders gesagt, ausgedrückt; mit anderen Worten; ***bien ~!*** gut gesagt!; richtig!; ***cela, ceci ~*** abgesehen davon; trotzdem; *loc/adj* ***proprement ~*** eigentlich; im engeren Sinne; ***tout est ~*** damit ist, wäre alles gesagt; ***c'est ~ une fois pour toutes*** das gilt ein für alle Mal; ***c'est vite ~*** das ist schnell gesagt; ***soit ~ en passant*** beiläufig, nebenbei gesagt; ***entre nous soit ~*** unter uns (gesagt); im Vertrauen gesagt; ***il ne sera pas ~ que ...*** man soll nicht sagen können, dass ...; ***tenez-vous-le*** *ou* ***tenez-le-vous pour ~!*** lassen Sie sich (*dat*) das gesagt sein!

dithyrambique [ditiʀɑ̃bik] *adj* dithyrambisch; *fig* überschwänglich (*a péj*)

diurétique [djyʀetik] *adj* (*et subst m*) harntreibend(es Mittel)

diurne [djyʀn] *adj* 1 ZO ***papillon** m, **rapace** m **~*** Tagfalter *m*, -raubvogel *m* 2 ASTR ***mouvement** m **~*** tägliche Umdrehung des Himmels

diva [diva] *f* gefeierte Sängerin; Diva *f*

divagations [divagasjõ] *f/pl* unzusammenhängende Worte *n/pl*; wirres Gerede; *par ext* Fantastereien *f/pl*; F Spinnereien *f/pl*

divaguer [divage] *v/i* 1 *malade* irrereden; fantasieren 2 *fig* ungereimtes, dummes Zeug (daher)reden

divan [divɑ̃] *m* Liege(sofa) *f(n)*; Diwan *m*; Chaiselongue *f ou n*

dive [div] *adj f plais* ***la ~ bouteille*** der Wein; *poét* der Rebensaft

divergence [divɛʀʒɑ̃s] *f* 1 Auseinanderlaufen *n*, -gehen *n*; Divergenz *f* (*a* MATH, OPT) 2 *fig* ***~ (de vues, d'opinions)*** Meinungsverschiedenheit *f*; Divergenz *f*; unterschiedliche Auffassung; *d'intérêts* Auseinanderlaufen *n*; *p/fort* Gegensätzlichkeit *f*

divergent [divɛʀʒɑ̃] *adj* 1 auseinanderlaufend, -gehend; divergierend, divergent (*a* MATH, OPT) 2 *fig opinions, intérêts* auseinandergehend, -laufend; divergierend; abweichend; *p/fort* gegensätzlich

diverger [divɛʀʒe] *v/i* ⟨**-geons**⟩ 1 *lignes, rayons, rues etc* auseinanderlaufen, -gehen 2 *fig opinions, intérêts* divergieren; voneinander abweichen; auseinandergehen 3 NUCL *réacteur* kritisch werden; die kritische Masse erreichen

divers [divɛʀ] *adj* ⟨**-erse** [-ɛʀs]⟩ 1 (*varié*) verschieden(artig); unterschiedlich; divers; mannigfaltig; *dans les journaux* ***fait ~*** Meldung *f* aus dem Polizeibericht; Lokalnachricht *f*; *pl* ***faits ~*** Vermischte(s) *n*; ***frais ~*** *ou subst* ***~*** *m/pl* diverse Kosten *pl*; Diverses *n*; Sonstiges *n*; *problèmes etc* ***d'intérêt ~*** von unterschiedlichem Interesse 2 (*plusieurs*) verschiedene; mehrere; diverse; ***en ~es occasions*** bei verschiedenen, mehreren Gelegenheiten; ***à ~es reprises*** mehrmals; zu wiederholten Malen

diversement [divɛʀsəmɑ̃] *adv* auf verschiedene Weise; verschieden; unterschiedlich

diversification [divɛʀsifikasjõ] *f* ÉCON Diversifikation *f*; Diversifizierung *f*; FIN ***~ des capitaux*** Anlagenstreuung *f*

diversifié [divɛʀsifje] *adj* vielfältig, -seitig, -gestaltig; mannigfaltig

diversifier [divɛʀsifje] I *v/t* 1 vielseitig(er) machen, gestalten; *programme* abwechslungsreicher gestalten 2 ÉCON diversifizieren II *v/pr* ***se ~*** vielseitiger, abwechslungsreicher werden

diversion [divɛʀsjõ] *f* Ablenkung *f*; Zerstreuung *f*; Abwechslung *f*; ***faire ~ à qc*** von etw ablenken; etw vergessen lassen; ***faire ~*** (e-e) Abwechslung, Zerstreuung bieten

diversité [divɛʀsite] *f* Verschiedenheit *f*; Verschiedenartigkeit *f*; Mannigfaltigkeit *f*; Vielfalt *f*; Vielseitigkeit *f*; Vielgestaltigkeit *f*

divertir [divɛʀtiʀ] I *v/t* ***~ qn*** j-n unterhalten, belustigen; j-m Spaß, Vergnügen machen, bereiten II *v/pr* ***se ~*** sich unterhalten, belustigen, vergnügen, *st/s* ergötzen

divertissant [divɛʀtisɑ̃] *adj* unterhaltend; unterhaltsam; vergnüglich; belustigend

divertissement [divɛʀtismɑ̃] *m* Unterhaltung *f*; Vergnügen *n*, -ung *f*; Belustigung *f*; ***~ favori*** Lieblingsbeschäftigung *f*; Hauptvergnügen *n*

dividende [dividɑ̃d] *m* 1 FIN Dividende *f* 2 MATH Dividend *m*

divin [divɛ̃] *adj* 1 göttlich; Gottes...; *Dante* ***La Divine Comédie*** Die Göttliche Komödie; HIST ***de droit ~*** von Gottes Gnaden; ***le ~ enfant*** [lədivinɑ̃fɑ̃] das Jesus-, Christkind; ***grâce, justice ~e*** göttliche Gnade, Gerechtigkeit; ***volonté ~e*** göttlicher Wille 2 *fig* göttlich; himmlisch (*a plais*); ***c'était ~!*** das war himmlisch!

divinateur [divinatœʀ] *adj* ⟨**-trice**⟩ (hell)seherisch

divination *f* Wahrsagen *n*; Weissagen *n*; *par ext* Hellsehen *n*

divinatoire [divinatwaʀ] *adj* Wahrsage...; Weissage...; ***art** m **~*** Wahrsagekunst *f*

divinement [divinmɑ̃] *adv* ***~ bien*** göttlich; himmlisch

divinisation [divinizasjõ] *f* Erhebung *f* zum Gott; Vergottung *f* (*a péj*) **diviniser** *v/t* zum Gott erheben; als Gott verehren; vergotten (*a péj*)

divinité [divinite] *f* 1 (*nature divine*) Göttlichkeit *f* 2 (*dieu*) Gottheit *f*

diviser [divize] I *v/t* 1 (ein)teilen (***en*** in +*acc*); gliedern (***en*** in +*acc*); *territoire etc* teilen 2 MATH dividieren; teilen; ***six divisé par deux fait trois*** sechs dividiert, geteilt durch zwei ist drei 3 *fig* trennen; spalten; entzweien; *adjt* ***divisé*** uneinig; gespalten; ***être divisé*** *a* geteilter Meinung sein (***sur*** über +*acc*); *prov* ***~ pour régner*** divide et impera! (*prov*); teile und herrsche! (*prov*) II *v/pr* 1 ***se ~*** sich teilen (***en*** in +*acc*); *le roman* ***se divise en trois parties*** ... gliedert sich in drei Teile 2 *fig* ***se ~ en deux camps*** *etc* sich in zwei Lager *etc* spalten

diviseur [divizœʀ] *m* MATH Divisor *m*; Teiler *m*; ***plus grand commun ~*** größter gemeinsamer Divisor, Teiler

divisibilité [divizibilite] *f* Teilbarkeit *f* **divisible** *adj* teilbar

division [divizjõ] *f* **1** (Ein)Teilung *f*; Gliederung *f*; *fig* Spaltung *f*; BIOL **~ cellulaire** Zellteilung *f*; *fig* **~ d'un parti en deux camps** Spaltung e-r Partei in zwei Lager; ÉCON **~ du travail** Arbeitsteilung *f* **2** MATH Dividieren *n*; Teilen *n*, -ung *f* **3** *d'un thermomètre etc* Einteilung *f* **4** MIL Division *f*; **~ blindée** Panzerdivision *f* **5** ADM **a)** **~ administrative** Verwaltungseinheit *f*, -bezirk *m*; **b)** *d'une administration* Abteilung *f*; **chef** *m* **de ~** Abteilungsleiter *m* **6** SPORTS Division *f*; Liga *f*; Spielklasse *f* **7** *fig* Uneinigkeit *f*; Zwietracht *f*; **~s** *pl* Unstimmigkeiten *f/pl*

divisionnaire [divizjɔnɛʀ] *adj* **1** MIL Divisions... **2** ADM Bezirks...; Abteilungs...

divorce [divɔʀs] *m* **1** (Ehe)Scheidung *f* (**d'avec qn** von j-m); **être en** (**instance de**) **~** in Scheidung leben, liegen **2** *fig* Bruch *m*, Kluft *f* (**entre** zwischen *+dat*)

divorcé [divɔʀse] **I** *adj* geschieden **II** *subst* **~(e)** *m(f)* Geschiedene(r) *f(m)*

divorcer [divɔʀse] *v/i* ⟨**-ç-**⟩ sich scheiden lassen (**d'avec qn** von j-m)

divulgateur [divylgatœʀ] *m*, **divulgatrice** *f d'un secret* Verbreiter(in) *m(f)* **divulgation** *f* Verbreitung *f*; Bekanntmachung *f*

divulguer [divylge] *v/t* verbreiten; bekannt machen; unter die Leute bringen

dix [dis, *vorKonsonant* di, *vor Vokal* diz] **I** *num/c* zehn; **Charles X** Karl X. (der Zehnte); BIBL **les ~ commandements** *m/pl* die Zehn Gebote *n/pl*; **le ~ mars** der zehnte *ou* am zehnten März; **page ~** Seite zehn; *loc/adv* **à ~** zu zehnt; *loc/adj*: **à ~ étages** zehnstöckig, -geschossig; mit zehn Stockwerken, Etagen; **enfant** *m* **de ~ ans** zehnjähriges Kind; Kind *n* von zehn Jahren; **absence** *f* **de ~ mois** zehnmonatige Abwesenheit; Abwesenheit *f* von zehn Monaten; **il est ~ heures** es ist zehn (Uhr); **il est deux heures ~** es ist zwei Uhr zehn; es ist zehn (Minuten) nach zwei; F **il est ~** F es ist zehn nach; F **il est moins ~** F es ist zehn vor; *par ext* **cela tient en ~ lignes** das hätte man auch kürzer ausdrücken können; F *fig* **ça vaut ~** F das ist (ja) zum Kugeln, Schießen, Totlachen, Piepen **II** *m* **1** *chiffre* Zehn *f*; *südd a* Zehner *m*; **le ~** (**du mois**) der Zehnte *ou* am Zehnten (des Monats); → *a* **deux** *II* **2** **a)** *note à l'école primaire* Eins *f*; **il a eu** (**un**) **~** er hat e-e Eins bekommen; **b)** *note au lycée* Vier *f*; **il a eu ~** (**sur vingt**) er hat e-e Vier bekommen

dix-huit [dizɥit] *num/c* achtzehn

dix-huitième [dizɥitjɛm] *num/o* achtzehnte(r, -s)

dixième [dizjɛm] **I** *num/o* zehnte(r, -s) **II** *subst* **1** **le, la ~** der, die, das Zehnte **2** *m* MATH Zehntel *n*; *fig* **les neufs ~s des gens** *etc* fast alle Leute *etc* **3** *m* zehnter Stock; zehnte Etage **4** *m* LOTERIE Zehntellos *n* **5** *f* MUS Dezime *f*

dixièmement [dizjɛmmɑ̃] *adv* zehntens

dix-neuf [diznœf] *num/c* neunzehn

dix-neuvième [diznœvjɛm] *num/o* neunzehnte(r, -s)

dix-sept [di(s)sɛt] *num/c* siebzehn

dix-septième [di(s)sɛtjɛm] *num/o* siebzehnte(r, -s)

dizain [dizɛ̃] *m* POÉSIE Zehnzeiler *m*

dizaine [dizɛn] *f* **1** (Gruppe *f*, Anzahl *f* von) zehn; **une ~ de personnes** *etc* etwa zehn, ungefähr zehn, an die zehn Personen *etc*; **des ~s de ...** dutzende *ou* Dutzende von ... **2** *dans les nombres* Zehner *m* **3** REL **~ de chapelet** Rosenkranzgesätz *n*

DJ [didʒi, didʒɛ] *m abr* (*disque-jockey*) DJ ['diːdʒeː] *m*

Djeddah [dʒeda] GÉOGR Dschidda *n*

djellaba [dʒɛlaba] *f robe* Dschellaba *f*

Djerba [dʒɛʀba] GÉOGR Djerba *n*

Djibouti [dʒibuti] Dschibuti *n*

djiboutien [dʒibusjɛ̃] **I** *adj* ⟨**~ne**⟩ dschibutisch **II** *subst* **Djiboutien**(**ne**) *m(f)* Dschibutier(in) *m(f)*

djihad [dʒi(j)ad] *m* REL Dschihad *m*; Heiliger Krieg (der Moslems)

djinn [dʒin] *m* MYTH Dschinn *m*

dl *abr* (*décilitre*[*s*]) dl (Deziliter)

dm *abr* (*décimètre*[*s*]) dm (Dezimeter)

Dniepr [dnjɛpʀ] GÉOGR **le ~** der Dnjepr

do [do] *m* ⟨*inv*⟩ MUS c *ou* C *n*; **~ bémol** ces *ou* Ces *n*; **~ dièse** cis *ou* Cis *n*

doberman [dɔbɛʀman] *m* ZO Dobermann *m*

Dobroudja [dɔbʀudʒa] GÉOGR **la ~** die Dobrudscha

docile [dɔsil] *adj* folgsam; fügsam; gefügig; willig; *par ext* **cheveux** *m/pl* **~s** schmiegsames, leicht frisierbares Haar

docilement [dɔsilmɑ̃] *adv* willig

docilité [dɔsilite] *f* Folgsam-, Fügsam-, Gefügig-, Willigkeit *f*

dock [dɔk] *m* **1** Hafenbecken *n*; **~ flottant** Schwimmdock *n* **2** **~s** *pl* Lagerhäuser *n/pl*; Magazine *n/pl*

docker [dɔkɛʀ] *m* Hafenarbeiter *m*; Docker *m*; **~s** *pl a* Schauerleute *pl*

docte [dɔkt] *adj péj* hochgelehrt; schulmeisterlich (-gelehrt)

docteur [dɔktœʀ] *m* **1** **~ en droit, en médecine, ès lettres, ès sciences** *correspond à* Doktor der Rechte, der Medizin, der Philosophie, der Naturwissenschaften **2** (*médecin*) Doktor *m*; Arzt *m ou* Ärztin *f*; **appeler le ~** den Doktor rufen; **bonjour, ~** guten Tag, Herr *ou* Frau Doktor **3** **~ de l'Église** Kirchenlehrer *m*

doctoral [dɔktɔʀal] *adj* ⟨**-aux**⟩ *péj* gelehrtenhaft; professoral; schulmeisterlich

doctorat [dɔktɔʀa] *m* **a)** **~ de troisième cycle** *correspond à* Promotion *f*; **~ en droit, ès sciences** Promotion an der juristischen, naturwissenschaftlichen Fakultät; **thèse** *f* **de ~** Doktorarbeit *f*; **b)** HIST **~ d'État** *correspond à* Habilitation *f*; **c)** **~ d'université** *correspond à* Promotion *f*

doctoresse [dɔktɔʀɛs] F *f* Ärztin *f*

doctrinaire [dɔktʀinɛʀ] **I** *adj* doktrinär (*a péj*) **II** *m* Doktrinär *m* (*a péj*); Ideologe *m* **doctrinal** *adj* ⟨**-aux**⟩ die Doktrin, Lehre betreffend

doctrine [dɔktʀin] *f* **1** Doktrin *f*; Lehre *f*; Lehrmeinung *f* **2** JUR Rechtslehre *f*; Lehrmeinung *f*

document [dɔkymɑ̃] *m* **1** Dokument *n*; Urkunde *f*; Schriftstück *n*; *au parlement* Drucksache *f*; **~s** *pl a* Unterlagen *f/pl* **2** (*preuve*) Dokument *n*; Beweis-, Belegstück *n* **3** COMM **~s** *pl* (Waren)Papiere *n/pl*

documentaire [dɔkymɑ̃tɛʀ] **I** *adj* **1** dokumentarisch; Dokumentar...; *loc/adv* **à titre ~, je vous signale ...** zu Ihrer Information teile ich Ihnen mit ... **2** COMM Dokumenten... **II** *m* CIN Dokumentar-, Kulturfilm *m*

documentaliste [dɔkymɑ̃talist] *m,f* Dokumentar(in) *m(f)*; Dokumentalist(in) *m(f)*; ÉCOLE (Schul)Bibliothekar(in) *m(f)*

D

documentariste [dɔkymɑ̃taʀist] *m,f* CIN Dokumentarfilmer(in) *m(f)*; Dokumentarist(in) *m(f)*
documentation [dɔkymɑ̃tasjõ] *f* Dokumentation *f*; Unterlagen(sammlung) *f/pl(f)*; Informationsmaterial *n*; ***service m de ~*** Dokumentationsstelle *f*
documenté [dɔkymɑ̃te] *adj* 1 *personne* ***bien ~*** gut informiert 2 *rapport etc* ***bien ~*** gut dokumentiert *ou* dokumentarisch belegt
documenter [dɔkymɑ̃te] I *v/t* 1 ***~ qn sur qc*** j-n über etw (*acc*) informieren 2 *thèse, ouvrage etc* dokumentarisch, durch Dokumente belegen; dokumentieren II *v/pr* ***se ~*** Dokumente sammeln; sich (*dat*) Unterlagen beschaffen; sich informieren
dodécaèdre [dɔdekaɛdʀ] *m* MATH Dodekaeder *n*; Zwölfflächner *m*
dodécagonal [dɔdekagɔnal] *adj* ⟨**-aux**⟩ zwölfeckig **dodécagone** [-gon, -gɔn] *m* MATH Zwölfeck *n*
Dodécanèse [dɔdekanɛz] GÉOGR ***le ~*** der Dodekanes
dodécaphonique [dɔdekafɔnik] *adj* ***musique f ~*** Zwölftonmusik *f*; Dodekafonie *f* **dodécaphonisme** *m* MUS Zwölftontechnik *f*; Dodekafonie *f*
dodeliner [dɔdline] *v/i* ***~ de la tête*** den Kopf hin und her wiegen, bewegen
dodo [dodo] *m* 1 *enf* (*sommeil*) Schlaf *m*; ***heure f du ~*** Schlafenszeit *f*; ***faire ~*** schlafen; *enf* heia machen; *int* ***~!*** du musst jetzt heia machen!; *berceuse* ***~, l'enfant do, l'enfant dormira bientôt*** schlaf, Kindchen, schlaf 2 *enf* (*lit*) *enf* Heia(bettchen) *f(n)*; ***aller au ~*** in die Heia gehen
dodu [dɔdy] *adj animal* fleischig; dick; *bébé, bras* rundlich; F pummelig
dogmatique [dɔgmatik] *adj* 1 REL, PHILOS dogmatisch 2 *fig personne* dogmatisch; stur; *ton* dogmatisch; lehrhaft
dogmatiser [dɔgmatize] *v/i* sich in e-m dogmatischen, entschiedenen, apodiktischen Ton äußern (***sur*** über +*acc*) **dogmatisme** *m péj* Dogmatismus *m*
dogme [dɔgm] *m* 1 REL Dogma *n*; Glaubenssatz *m*; *par ext* ***le ~ chrétien*** die christliche Glaubenslehre 2 *fig* Dogma *n*
dogue [dɔg] *m* zo Dogge *f*; *fig* ***être d'une humeur de ~*** bärbeißig, übel gelaunt sein
doigt [dwa] *m* 1 *de la main* Finger *m*; *chez certains animaux* ***~s*** *pl* Zehen *pl*; ♦ ***petit ~*** kleiner Finger; *soldat au garde-à-vous* ***le petit ~ sur la couture du pantalon*** Hände an der Hosennaht; *à un enfant* ***mon petit ~ me l'a dit*** Mutti, Vati *etc* sieht eben alles; das sagt mir mein kleiner Finger; *fig* ***ne pas lever, bouger le petit ~*** nicht den kleinen Finger rühren; F keinen Finger krumm machen; ♦ ***~ de pied*** Zehe *f ou* Zeh *m*; ***gros ~ de pied*** große Zehe *ou* großer Zeh; ♦ *loc/adv fig* ***au ~ et à l'œil***: ***mener qn, faire marcher qn au ~ et à l'œil*** j-n an der Kandare haben, halten; ***obéir au ~ et à l'œil*** aufs Wort gehorchen, F parieren; → *a* ***bout***[1] *1*; ♦ ***compter sur ses ~s*** mit Hilfe der Finger zählen; *fig amis, objets rares* ***on peut les compter sur les ~s*** man kann sie an den fünf Fingern (s-r Hand) abzählen; ***être comme les deux ~s de la main*** ein Herz und e-e Seele sein; unzertrennlich sein; ***elle n'a jamais rien fait de ses dix ~s*** sie hat nie in ihrem Leben gearbeitet, arbeiten müssen; F *fig* ***se ficher, se fourrer, se mettre le ~ dans l'œil*** (***jusqu'au coude***) sich gründlich irren; F sich (*dat*) in den Finger schneiden; schiefgewickelt sein; F *fig* ***gagner les ~s dans le nez*** spielend, mit Leichtigkeit, mühelos siegen; ÉCOLE ***lever le ~*** den Finger heben; sich melden; aufzeigen; *fig* ***mettre le ~ dans l'engrenage*** ins Räderwerk geraten; *fig* ***mettre le ~ sur qc*** den Kern, das Wesentliche e-r Sache (*gén*) treffen; ***tu as mis le ~ dessus*** *a* du hast den Nagel auf den Kopf getroffen; das ist des Pudels Kern; *fig* ***mettre le ~ sur la plaie*** den Finger auf die Wunde legen; ***montrer qn, qc du ~*** auf j-n, etw mit dem Finger zeigen, weisen; *fig* ***montrer qn du ~*** mit Fingern auf j-n zeigen; ***taper sur les ~s à qn*** j-m auf die Finger klopfen (*a fig*); *fig* ***faire toucher qc à qn du ~*** j-m etw handgreiflich vor Augen führen; → *a* ***filer*** *II 5*, ***glisser*** *II 1*, ***mordre*** *IV 2* 2 ***~ de gant*** (Handschuh)Finger *m*, (-)Fingerling *m* 3 **a)** *quantité* ***un ~ de vin*** *etc* ein Fingerhut voll Wein *etc*; ein ganz klein wenig Wein *etc*; **b)** *distance* Fingerbreit *m*; *rallonger une robe* ***de trois ~s*** um drei Fingerbreit; *loc/prép* ***à deux ~s, à un ~ de qc*** ganz nahe an etw (*dat*); *fig*: ***être à deux ~s du succès*** dem Erfolg ganz nahe sein; kurz vor dem Erfolg stehen; *projectile* ***passer à deux ~s de qc*** um Haaresbreite an etw (*dat*) vorbeigehen
doigté [dwate] *m* 1 Fingerspitzengefühl *n* (***dans qc*** bei etw; ***avec qn*** gegenüber j-m) 2 MUS Fingersatz *m*
doigtier [dwatje] *m* Fingerling *m*
dois, doit[1] [dwa] → ***devoir***[1]
doit[2] [dwa] *m* COMM Soll *n*; Debet *n*
doléances [dɔleɑ̃s] *f/pl* (*réclamations*) Beschwerden *f/pl*; (*plaintes*) Klagen *f/pl*; (*lamentations*) Jammern *n*; Gejammer *n*
dolent [dɔlɑ̃] *adj péj* wehleidig; Mitleid heischend; jammernd
dollar [dɔlaʀ] *m monnaie* Dollar *m*; ***~ canadien*** kanadischer Dollar; ÉCON ***zone f ~*** Dollarraum, -block *m*
dolmen [dɔlmɛn] *m* HIST Dolmen *m*
Dolomites [dɔlɔmit] ***les ~*** *f/pl* die Dolomiten *pl*
DOM [dɔm] *m abr* (*département d'outre-mer*) Übersee-Departement *n*
domaine [dɔmɛn] *m* 1 (*propriété*) (Land)Gut *n*; ***~s*** *pl a* Ländereien *f/pl* 2 JUR, ADM ***Domaine*** (***de l'État***) Staatsvermögen *n*, -besitz *m*; *par ext* ***le Domaine*** die Staatsvermögensverwaltung; ***~ aérien*** Luftraum *m*; *œuvre d'art* ***tomber dans le ~ public*** frei werden 3 *fig* Bereich *m*; Gebiet *n*; Domäne *f*; Sparte *f*; ***~ d'application*** Geltungs-, Anwendungsbereich *m*; ***dans tous les ~s*** auf allen Gebieten; ***dans le ~ de la politique*** auf dem Gebiet, im Bereich der Politik; ***être du ~ de qn*** in j-s Bereich, Kompetenz (*acc*) fallen 4 INFORM Domain [dɔ'meːn] *f*
domanial [dɔmanjal] *adj* ⟨**-aux**⟩ Staats…; staatlich; ***forêt ~e*** Staatsforst *m*
dôme [dom] *m* 1 ARCH Kuppel *f* 2 *en Italie* Dom *m* 3 *litt et fig* ***~ de feuillage*** Blätterdom *m*, -dach *n* 4 GÉOGR Kuppe *f*
domestication [dɔmɛstikasjõ] *f* 1 *d'animaux sauvages* Zähmung *f* 2 *fig* Bändigung *f*
domesticité [dɔmɛstisite] *litt f* Gesinde *n*; Dienerschaft *f*
domestique [dɔmɛstik] I *adj* 1 Haus…; häuslich; ***économie f ~*** Hauswirtschaft *f*; ***travaux m/pl ~s***

D

Les dolmens als Zeugen der Vorgeschichte

Die keltischen Wörter **dol** und **men** bedeuten so viel wie Tisch beziehungsweise Stein. Ein **dolmen** ist ein aus schweren Steinen bestehendes tischartiges Gebilde, bei dem senkrecht aufgestellte Steine eine Grabkammer bilden, die von einem riesigen Deckstein nach oben abgeschlossen wird. Man nimmt an, dass in den sogenannten Megalithkulturen (im ausgehenden 4. und 3. Jahrtausend vor Christus) in diesen dolmens Stammeshäuptlinge bestattet wurden. Der dolmen wurde zumeist mit einem mehrere Meter hohen Stein- oder Erdhügel (le tumulus) bedeckt. Die imposantesten dolmens sind an der Südküste der Bretagne zu bewundern (wie zum Beispiel la Table des marchands in Locmariaquer).

Hausarbeit *f* **2** ZO ***animal*** *m* **~** Haustier *n* **II** *m,f* Dienstbote *m*; Diener(in) *m(f)*; *autrefois* Bediente(r) *m*; *péj* Domestik(e) *m*

domestiquer [dɔmɛstike] *v/t* **1** *animaux sauvages* zähmen **2** *fig énergie atomique etc* bändigen; sich (*dat*) untertan machen

domicile [dɔmisil] *m* Wohnsitz *m*, -ort *m*; Wohnung *f*; Domizil *n*; **~ *légal*** fester, gesetzlicher Wohnsitz; JUR ***violation*** *f* ***de* ~** Hausfriedensbruch *m*; *loc/adv* ***à* ~** *livrer* ins Haus; *travailler* zu Hause; ***livrer à* ~** ins Haus liefern; ***travailler à* ~** *a* Heimarbeit machen; ***travail*** *m* ***à* ~** Heimarbeit *f*; *loc/adj* ***sans* ~ *fixe*** ohne festen Wohnsitz; ***abandonner le* ~ *conjugal*** die eheliche Wohnung verlassen; ***changer de* ~** den Wohnsitz, -ort wechseln; ***élire* ~** s-n Wohnsitz nehmen; sich niederlassen

domiciliaire [dɔmisiljɛʀ] *adj* JUR ***visite*** *f*, ***perquisition*** *f* **~** Haussuchung *f*

domicilié [dɔmisilje] *adj* **~ *à*** ansässig, wohnhaft, mit Wohnsitz in; ***être* ~ *à Paris*** *a* s-n Wohnsitz in Paris haben

domicilier [dɔmisilje] *v/t* FIN *traite* domizilieren

dominance [dɔminɑ̃s] *f* BIOL Dominanz *f*

dominant [dɔminɑ̃] *adj* **1** vor-, beherrschend; dominierend; Haupt…; *opinion* herrschend; ***raison* ~*e*** Hauptgrund *m*; ***trait* ~** dominierender, beherrschender Zug; ***vents* ~*s*** vorherrschende Winde *m/pl* **2** BIOL dominant

dominante [dɔminɑ̃t] *f* **1** dominierendes Merkmal; dominierender Zug; Dominante *f*; *couleur* dominierende Farbe **2** MUS Dominante *f*

dominateur [dɔminatœʀ] **I** *adj* ⟨**-trice**⟩ herrisch; gebieterisch; *personne a* herrschsüchtig **II** *m st/s* Beherrscher *m*

domination [dɔminasjõ] *f* Herrschaft *f* (***sur*** über *+acc*); **~ *étrangère*** Fremdherrschaft *f*; ***être sous la* ~ *de qn*** unter j-s Herrschaft (*dat*) stehen; *fig* ***exercer une* ~ *sur qn*** auf *ou* über j-n Macht ausüben; ***passer sous la* ~ *de qn*** unter j-s Herrschaft, Gewalt (*acc*) geraten

dominatrice [dɔminatʀis] *f* **1** *st/s* Beherrscherin *f* **2** *prostituée* Domina *f*

dominer [dɔmine] **I** *v/t* **1** *pays, peuple, marché* beherrschen; **~ *un pays*** über ein Land herrschen **2** *passions, instincts* beherrschen; zügeln; im Zaum halten; *sujet* beherrschen; **~ *une situation*** eine Situation meistern, bewältigen; mit einer Situation fertig werden **3** *concurrents* überlegen sein (***qn*** j-m); übertreffen; beherrschen **4** *bâtiment*: *ville, personne*: *foule* beherrschen; überragen; *bruit*: *autre bruit* übertönen; überlagern; *problème*: *un débat* beherrschen; *œuvre*: *une époque* beherrschen; entscheidend beeinflussen **II** *v/i* **1** SPORTS *équipe* dominieren **2** *personnes, qualité, couleur* überwiegen; vorherrschen; dominieren; vorherrschend, dominierend sein **III** *v/pr* ***se* ~** sich beherrschen; sich in der Gewalt haben

dominicain [dɔminikɛ̃], **dominicaine** **I** *m,f* **1** ÉGL CATH Dominikaner(in) *m(f)* **2** ***Dominicain, Dominicaine*** Dominikaner(in) *m(f)*; Einwohner(in) *m(f)* der Dominikanischen Republik **II** *adj* **1** ÉGL CATH Dominikaner… **2** dominikanisch; ***la République dominicaine*** die Dominikanische Republik

dominical [dɔminikal] *adj* ⟨**-aux**⟩ sonntäglich; Sonntags…; ***repos* ~** Sonntagsruhe *f*

Dominique [dɔminik] **1** *m,f Vorname* **2** *État* ***la* ~** Dominica *n*

domino [dɔmino] *m* **1 a)** Dominostein *m*; **b)** **~*s*** *pl* Domino(spiel) *n*; ***jouer aux* ~*s*** Domino spielen **2** *costume* Domino(kostüm) *m(n)* **3** ÉLECT Lüsterklemme *f*

dommage [dɔmaʒ] *m* **1** Schaden *m*; **~*s causés par la grêle*** Hagelschäden *m/pl*; **~ *corporel*** Personenschaden *m*; **~ *matériel*** materieller Schaden; Sach-, Vermögensschaden *m*; **~ *moral*** immaterieller, ideeller Schaden; **~*s de guerre*** a) Kriegsschäden *m/pl*; b) F *indemnité* Entschädigung *f* für Kriegsschäden; **~*s et intérêts*** Schadenersatz *m*; Entschädigung *f*; ***causer, réparer un* ~** e-n Schaden verursachen *ou* anrichten, wiedergutmachen *ou* ersetzen **2** ***c'est bien* ~** das ist sehr schade; ***c'est* ~, *quel* ~**, F **~ *que* …** (*+subj*) *ou* ***de*** (*+inf*) es ist schade, wie schade, schade, dass … *ou* zu (*+inf*); F **~*!*** schade!; F **~ *qu'il ne vienne pas*** schade, dass er nicht kommt; ***quel* ~ *de devoir partir si tôt*** wie schade, so früh gehen zu müssen

dommageable [dɔmaʒabl] *adj* **~ *à qn, à qc*** schädlich, nachteilig für j-n, für etw

dommages-intérêts [dɔmaʒɛ̃teʀɛ] *m/pl* Schadenersatz *ou* JUR Schadensersatz *m*; Entschädigung *f*

dompter [dõ(p)te] *v/t* **1** *animaux* bändigen **2** *rebelles* bezwingen; unterwerfen **3** *fig passions etc* bezähmen; bezwingen; im Zaum halten **dompteur** *m*, **dompteuse** *f* Dompteur *m*, Dompteuse *f*; Tierbändiger(in) *m(f)*

DOM-TOM [dɔmtɔm] *m/pl abr* (*départements et territoires d'outre-mer*) Übersee-Departements und -Territorien *pl*; → *Info nächste Seite*

Don [dõ] GÉOGR ***le* ~** der Don

don[1] [dõ] *m* **1** *action* Schenkung *f* (*a* JUR); *humanitaire* Spende *f*; *fig* **~ *de soi*** Selbstaufopferung *f*;

D

Zu den **DOM-TOM** zählen zum Beispiel die Inseln **la Guadeloupe**, **la Martinique** und **la Réunion**.

La Guadeloupe und **la Martinique** gehören zur Inselgruppe der Kleinen Antillen im Atlantischen Ozean. Die beiden Karibikinseln wurden von Kolumbus entdeckt, Guadeloupe im Jahre 1493, Martinique 1502. Sowohl Guadeloupe als auch Martinique werden immer wieder von tropischen Wirbelstürmen heimgesucht. Trotz des florierenden Tourismus ist die Arbeitslosenquote in beiden überseeischen Departements sehr hoch. Wirtschaftlich sind sie in hohem Maße von Paris abhängig.

La Réunion befindet sich östlich der Insel Madagaskar im Indischen Ozean. Diese tropische Insel wurde erst 1528 von portugiesischen Seefahrern entdeckt und gut hundert Jahre später von den Franzosen besetzt. Ihre wichtigsten Exportartikel sind Zucker und Rum.

Selbstlosigkeit *f*; ***faire ~ de qc à qn*** j-m etw schenken *ou* spenden **2** (*chose donnée*) Schenkung *f* (*a* JUR); Zuwendung *f*; Spende *f*; Gabe *f*; ***~ en argent, en nature*** Geld-, Sachspende *f*; ***faire un ~ à qn*** j-m e-e Schenkung machen; j-m e-e Spende zukommen lassen; ***recevoir des ~s*** Spenden, Gaben empfangen **3** *fig du sort etc* Gabe *f*; Geschenk *n*; ***~ de Dieu*** Gottesgabe *f*, -geschenk *n* **4** (*talent*) Gabe *f*; Begabung *f*; Talent *n*; Fähigkeit *f*; ***avoir un ~ ou des ~s pour qc*** für etw begabt sein; ***avoir le ~ de*** (*+inf*) **a)** *chose* geeignet, dazu angetan sein zu (*+inf*); **b)** *personne iron* die Gabe haben zu (*+inf*)

don² [dõ] *m titre espagnol* Don *m*

doña [dɔɲa, -na] *f titre espagnol* Doña [dɔnja] *f*

donataire [dɔnatɛʀ] *m,f* JUR Beschenkte(r) *f(m)*

donateur [dɔnatœʀ] *m*, **donatrice** *f* **1** Spender(in) *m(f)*; Stifter(in) *m(f)* (*a* ART) **2** JUR Schenker *m*

donation [dɔnasjõ] *f* JUR Schenkung *f*; ***~ entre vifs*** Schenkung unter Lebenden; ***faire une ~*** e-e Schenkung machen

donc [dõk] *conj* **1** *conséquence* also; folglich; demnach; demzufolge; *j'ai fini*, ***tu peux ~ partir*** du kannst also gehen **2** *reprise d'un sujet évoqué* also; ***il affirmait ~ que …*** er behauptete also, dass … **3** *dans des interrogatives* denn; also; ***que fait-il ~ là?*** was macht er denn dort?; ***pourquoi, qui*** *etc* ***~?*** warum, wer *etc* denn? **4** *avec impératif* doch; ***taisez--vous ~!*** halten Sie doch den Mund!; ***allons ~!*** was denn!; nanu!; → *a* ***aller¹*** *I 1 a*); F ***dites ~*** F sagen Sie (doch) mal!; → *a* ***dire¹*** *I 1 d*) **5** ***et moi ~!*** und ich erst!

dondon [dõdõ] *f* F ***grosse ~*** dicke Frau; F Maschine *f*; Dampfwalze *f*; Tonne *f*

döner [dønɛʀ] *m* CUIS Döner(kebab) *m*

Donets [dɔnɛts] GÉOGR ***le ~*** der Donez

donjon [dõʒõ] *m* Bergfried *m*

don Juan [dõʒɥɑ̃] *m fig* Casanova *m*; Frauenheld *m*; Don Juan *m*

donjuanesque [dõʒɥanɛsk] *adj* e-s Casanova, Frauenhelden

donnant [dɔnɑ̃] *loc* ***~ ~*** nichts ohne Gegenleistung; do ut des (*prov*)

donne [dɔn] *f* **1** JEUX DE CARTES Geben *n*; ***à vous la ~*** Sie geben; ***il y a fausse ~*** es ist falsch gegeben worden; *fig* die Voraussetzungen stimmen nicht **2** *fig* Konstellation *f*; Gesamtlage *f*; Ausgangssituation *f*; ***nouvelle ~ politique*** neue politische Lage

donné [dɔne] *adj* **1** gegeben (*a* MATH) **2** bestimmt; ***à un moment ~*** zu e-m bestimmten Zeitpunkt; (*soudain*) plötzlich **3** ***c'est ~*** das ist geschenkt, spottbillig; F ***c'est pas ~*** F das ist ganz schön teuer **4** *loc/prép* ***étant ~ qc*** in Anbetracht, wegen e-r Sache (*gén*); mit Rücksicht auf etw (*acc*); ***étant ~ la situation financière*** in Anbetracht, wegen der finanziellen Lage; *loc/conj* ***étant ~ que*** da (ja); in Anbetracht der Tatsache, dass

donnée [dɔne] *f* **1** *surtout pl* ***~s*** INFORM, SCIENCES, TECH Daten *n/pl*; *par ext* Angaben *f/pl*; Ausgangsmaterial *n*; Gegebenheiten *f/pl*; ***~s numériques*** → ***numérique*** *1*; ***~s statistiques*** statistische Daten, Angaben; ***banque*** *f* ***de ~s*** Datenbank *f* **2** MATH gegebene, bekannte Größe

donner [dɔne] **I** *v/t* **1** geben; ***~ qc à qn*** j-m etw geben; *expressions*: **a)** *employé absolument*: ***j'ai déjà donné*** ich habe schon (etwas) gegeben; *fig* ich habe schon genug dafür *ou* für ihn, sie *etc* getan; ***son plaisir c'est de ~*** Schenken, Geben macht ihm Freude; JEUX DE CARTES ***c'est à vous de ~*** Sie geben; **b)** *avec subst*: ***~ de l'appétit*** Appetit machen; ***~ son appui à qn*** j-m s-e Hilfe, Unterstützung gewähren; ***~ le bras à qn*** j-m den Arm geben, bieten, reichen; ***~ un concert*** ein Konzert geben; ***~ bonne, mauvaise conscience*** ein gutes, schlechtes Gewissen verursachen; ***~ un conseil*** e-n Rat geben; raten; ***~ un devoir*** e-e Aufgabe stellen; ***~ de l'élan*** Schwung geben, verleihen; ***~ des encouragements à qn*** j-n fördern, ermutigen; ***~ de l'espoir*** Hoffnung machen, *chose a* geben; ***~ un film*** e-n Film geben, spielen; ***~ un fils à son mari*** ihrem Mann e-n Sohn schenken, gebären; *arbre* ***~ des fruits*** Früchte tragen; ***~ le goût de qc à qn*** j-n an etw (*dat*) Geschmack finden lassen; *montre* ***~ l'heure*** die Zeit anzeigen; ***pourriez-vous me ~ l'heure?*** könnten Sie mir sagen, wie spät es ist?; ***~ des instructions*** Instruktionen erteilen, geben; ***~ de la joie*** Freude bereiten, machen; ***~ lieu, matière, sujet à qc*** Anlass, Veranlassung zu etw geben, bieten; *lampe* ***~ une lumière douce*** ein mildes Licht spenden, geben; ***cela me donne mal à la tête*** davon bekomme ich Kopfschmerzen; ***~ son manteau au vestiaire*** s-n Mantel an der Garderobe abgeben; ***~ la mort*** den Tod geben, bringen; töten (***à qn*** j-n); ***~ un mot d'ordre*** e-e Losung ausgeben; *radio* ***~ des nouvelles*** Nachrichten bringen; ***~ de ses nouvelles*** von sich hören lassen; ***~ l'occasion*** die Gelegenheit bieten, geben; ***~ de l'ombre*** Schatten spenden, geben; ***~ une permission*** e-e Erlaubnis erteilen; ***~ une pièce de théâtre*** ein Theaterstück bringen, geben; ***~ raison*** recht geben; ***~ des raisons*** Gründe angeben; ***~ un résultat*** ein Ergebnis bringen, zeitigen; *vigne* ***~***

un vin excellent e-n vorzüglichen Wein geben; → *a subst correspondants*; **c)** *avec adv ou pr*: *sol* **~ *beaucoup, peu*** sehr, wenig ertragreich sein; ***je me demande ce que ça va ~*** ich frage mich, was daraus werden soll, was dabei herauskommen wird, wohin das führt; ***combien m'en donnez-vous?*** wie viel geben, zahlen Sie mir dafür?; *les recherches* ***n'ont rien donné*** haben nichts gebracht *ou* ergeben; ***je donnerais tout au monde pour*** (*+inf*) ich gäbe alles in der Welt darum, wenn ich (*+subj II*); **d)** *avec prép*: ***je vous le donne en mille*** ich wette hundert zu eins, dass Sie es nicht erraten; ***je vous le donne pour ce que ça vaut*** ich gebe es Ihnen so weiter, wie ich es gehört habe; **e)** *avec* ***à*** *+inf*: **~ *à entendre à qn*** j-m zu verstehen, erkennen geben; j-m an-, bedeuten; **~ *à manger à qn, à un animal*** j-n, ein Tier füttern; j-m zu essen, e-m Tier zu fressen geben; **~ *à penser, à réfléchir à qn*** j-m zu denken geben; j-n nachdenklich machen, stimmen; **~ *son linge à laver*** s-e Wäsche zum Waschen, in die Wäscherei geben; **~ *qc à réparer*** etw zum Reparieren, zur Reparatur bringen; **f)** *impersonnel et st/s*: ***il m'a été donné de*** (*+inf*) es war mir (die Möglichkeit) gegeben zu (*+inf*) **2** **~ *trente ans à qn*** j-n auf dreißig Jahre schätzen; F j-m dreißig Jahre geben **3** F **~ *du directeur*** *etc* ***à qn*** j-n (mit) Herr Direktor *etc* titulieren; j-n mit Herr Direktor *etc* anreden **4** F **~ *un complice*** e-n Komplizen verraten, F verpfeifen **II** *v/i* **1** schlagen; stoßen; MIL angreifen; zuschlagen; *par ext soleil* brennen; *radio* **~ *à plein*** mit voller Lautstärke laufen, spielen; *soleil* **~ *dans la pièce*** ins Zimmer scheinen; **~ *de la tête contre le mur*** mit dem Kopf gegen die Wand schlagen, rennen; *fig* ***ne plus savoir où ~ de la tête*** nicht mehr wissen, wo einem der Kopf steht **2** *personne* **~ *dans qc*** in etw (*acc*) geraten, fallen; *fig* e-r Sache (*dat*) verfallen; sich e-r Sache (*dat*) er-, hingeben; **~ *dans le ridicule*** sich lächerlich machen; **~ *dans le snobisme*** dem Snobismus verfallen **3** **~ *sur la cour, sur la rue*** *fenêtre, pièce* auf den Hof *ou* nach dem Hof (hin), auf die Straße *ou* nach der Straße (hin) gehen; zum Hof (hin) *ou* auf der Hofseite, zur Straße (hin) *ou* auf der Straßenseite liegen; *porte* zum Hof, zur Straße führen, gehen **III** *v/pr* **1** ***se ~*** (***à fond***) sich (ganz) hingeben; sich (voll) einsetzen; ***se ~ à qc*** sich e-r Sache (*dat*) hingeben, widmen; *femme* ***se ~ à qn*** sich j-m hingeben; ***se ~ en spectacle*** den Leuten ein Schauspiel geben, bieten; sich zur Schau stellen; ***s'en ~ à cœur joie*** mit Leib und Seele dabei sein; F ***s'en ~*** sich verausgaben; F ganz dabei sein **2** **a)** *réfléchi*: ***se ~ du mal, de la peine*** sich (*dat*) Mühe geben; sich bemühen, anstrengen; ***se ~ du temps pour faire qc*** sich (*dat*) (dabei) Zeit lassen, etw zu tun; ***se ~ du bon temps*** sich (*dat*) schöne Tage machen; sich's (*dat*) gut gehen, sich's (*dat*) wohl sein lassen; **b)** *réciproque*: ***se ~ le bras*** sich unterfassen, -haken; untergehakt gehen; ***se ~ des coups*** sich (*dat*) Schläge geben, versetzen; **c)** *sens passif*: ***se ~*** *film, pièce* gegeben werden; *film a* laufen

donneur [dɔnœʀ] *m*, **donneuse** *f* **1** Geber(in) *m(f)*; COMM **~ *d'ordre*** Auftrag-, Ordergeber(in) *m,f* **2** *m* MÉD (Organ)Spender *m*; ***donneur universel*** Universalspender *m*; ***donneur de sang*** Blutspender *m*

Don Quichotte [dõkiʃɔt] *m héros de roman* Don Quichotte [dɔnki'ʃɔt] *m*

dont [dõ] *pr/rel* ⟨*vertritt Konstruktionen mit* **de**⟩ **1** *complément d'un subst*: dessen (*antécédent m ou n*); deren (*antécédent f ou pl*); *avec un sens partitif* von dem *ou* von der *ou* von denen; ***un chanteur ~ les disques*** *connaissent un grand succès* ein Sänger, dessen Platten …; ***des livres ~ trois sont reliés*** Bücher, von denen drei gebunden sind **2** *complément d'un verbe*: von dem, von welchem *ou* von der, von welcher *ou* von denen, von welchen; *selon la rection du verbe allemand a* an den, über den *etc*; *a* dessen *ou* deren; *se rapportant à un pronom neutre* wovon, woran, worüber *etc*; ***l'accident ~ on parle*** der Unfall, von dem *ou* über den man spricht; ***c'est un ami ~ je suis sûr*** das ist ein Freund, dessen ich sicher bin; ***la famille ~ je sors*** die Familie, aus der ich stamme; ***l'homme ~ je sais que …*** der Mann, von dem ich weiß, dass …; ***la maison ~ il a hérité*** das Haus, das er geerbt hat; ***la maladie ~ il est mort*** die Krankheit, an der er gestorben ist; ***monsieur X ~ je connais la fille*** Herr X, dessen Tochter ich kenne; ***les moyens ~ il se sert*** die Mittel, deren er sich bedient; ***ce ~ je parle*** (das,) wovon *ou* worüber ich spreche; ***voilà ce ~ il s'agit*** eben darum handelt es sich; ***la manière ~ il est habillé*** die Art, wie er gekleidet ist **3** *sans verbe*: unter ihnen; darunter *ou* darunter; *il avait six enfants*, **~ *cinq filles*** davon *ou* darunter fünf Mädchen

donzelle [dõzɛl] *f* F *d'une jeune fille, d'une femme* F launisches Ding

dopage [dɔpaʒ] *m* Dopen *n*; Doping *n*

dopamine [dɔpamin] *f* PHYSIOL Dopamin *n*

dopant [dɔpɑ̃] *m* Aufputschmittel *n*

dope [dɔp] *f* F (*drogue*) Droge *f*; F Stoff *m*; F Dope [doːp] *n*

doper [dɔpe] **I** *v/t* dopen **II** *v/pr* ***se ~*** sich dopen

doping [dɔpiŋ] *m* → ***dopage***

dorade *f* → ***daurade***

Dordogne [dɔʀdɔɲ] ***la ~*** *Fluss u Departement in Frankreich*

doré [dɔʀe] **I** *adj* **1** Gold…; golden; vergoldet; *reliure* **~ *sur tranche(s)*** mit Goldschnitt **2** *couleur* goldfarben; golden; Gold…; goldbraun; ***blond ~*** goldblond **3** CUIS goldbraun (gebraten *ou* gebacken) **4** *fig* ***jeunesse ~e*** Jeunesse dorée *f* **II** *m* Vergoldung *f*; goldene Farbe

dorénavant [dɔʀenavɑ̃] *adv* von nun *ou* jetzt an, ab; künftig(hin); fortan; in Zukunft

dorer [dɔʀe] **I** *v/t* **1** vergolden **2** CUIS mit Eigelb bestreichen **3** *fig* **~ *la pilule à qn*** j-m die bittere Pille versüßen **II** *v/i* CUIS goldbraun werden; ***faire ~ au four*** überbacken **III** *v/pr* ***se ~ au soleil*** sich von der Sonne bräunen lassen

d'ores et déjà [dɔʀzedeʒa] *loc/adv* schon jetzt; jetzt schon

doreur [dɔʀœʀ] *m*, **doreuse** *f* Vergolder(in) *m(f)*

Dorgelès [dɔʀʒəlɛs] ***Roland ~*** *frz Schriftsteller*

dorien [dɔʀjɛ̃] *adj* ⟨**~ne**⟩ HIST, MUS dorisch

dorique [dɔʀik] *adj et subst m* ARCH (***ordre*** *m*) **~** dorische Säulenordnung; ***colonne*** *f* **~** dorische Säule

dorloter [dɔʀlɔte] **I** *v/t* verhätscheln; verzärteln; ***se faire ~*** sich verhätscheln lassen **II** *v/pr* ***se ~*** sich (*dat*) das Leben angenehm machen

dormant [dɔʀmɑ̃] **I** *adj* ***eau ~e*** stehendes, ruhiges Wasser, Gewässer **II** *m* CONSTR Tür- *ou* Fensterein-

fassung *f*, -stock *m*; Zarge *f*
dormeur [dɔʀmœʀ] *m*, **dormeuse** *f* Schlafende(r) *f(m)*; Schläfer(in) *m(f)*; *par ext* **grand dormeur, grande dormeuse** F Schlafratte *f*
dormir [dɔʀmiʀ] *v/i* 〈**je dors, il dort, nous dormons; je dormais; je dormis; je dormirai; que je dorme; dormant; dormi**〉 **1** schlafen (*a fig*); **ne pas ~ de la nuit** die ganze Nacht nicht schlafen; **ne ~ que d'un œil** nicht tief, fest schlafen; unruhig schlafen; *fig et st/s* **~ de son dernier sommeil** den ewigen Schlaf schlafen; **~ d'un sommeil léger** nicht tief schlafen; unruhig schlafen; *a* F dösen; **~ d'un sommeil profond, ~ profondément** tief und fest schlafen; *fig* **il n'en dort plus** er findet (deshalb) keinen Schlaf mehr; *prov* **qui dort dîne** wer früh aufsteht, sein Brot verzehrt, wer lange schläft, den Gott ernährt (*prov*) **2** *par ext nature, ville* ruhen; schlafen **3** *fig affaire* ruhen; *capitaux* nicht arbeiten; **c'est de l'argent qui dort** das ist totes Kapital; **laisser ~ des capitaux** Gelder nicht arbeiten lassen
Dorothée [dɔʀɔte] *f Vorname*
dorsal [dɔʀsal] *adj* 〈**-aux**〉 Rücken...; ANAT **épine ~e** Rückgrat *n*
dorsalgie [dɔʀsalʒi] *f* MÉD Rückenschmerzen *m/pl*; *sc* Dorsalgie *f*
dortoir [dɔʀtwaʀ] *m* **1** Schlafsaal *m* **2** *adjt* **ville** *f* **~** Schlafstadt *f*
dorure [dɔʀyʀ] *f* **1** (*couche d'or*) Vergoldung *f*; goldener Überzug **2 ~s** *pl* Goldverzierung(en) *f(pl)* **3** *action* Vergolden *n*, -ung *f*
doryphore [dɔʀifɔʀ] *m* ZO Kartoffelkäfer *m*
dos [do] *m* **1** *d'un homme, d'un animal* Rücken *m*; **~ voûté** gebeugter, krummer Rücken; **~ d'âne** → **âne** *1*; ♦ *loc/adv*: **~ à ~** Rücken an Rücken; *fig* **renvoyer deux personnes ~ à ~** keinem der beiden recht geben; *transporter* **à ~ de chameau** auf Kamelrücken; auf Kamelen; *robe* **décolleté dans le ~** im Rücken, hinten ausgeschnitten; rückenfrei; **vu de ~** von hinten gesehen; ♦ *fig* **avoir bon ~** *personne* e-n breiten Rücken, F Buckel haben; *chose* ein bequemer Vorwand sein; F *fig* **en avoir plein le ~** F es gründlich satthaben; die Nase voll haben; *fig* **avoir qn sur le ~** ständig j-n hinter sich (*dat*) spüren, F auf der Pelle haben; **dormir sur le ~** auf dem Rücken schlafen; *fig* **être toujours sur le ~ de qn** j-m ständig auf die Finger sehen; **faire le gros ~** *chat* e-n Buckel machen; *fig* sich ducken; *fig* **faire qc dans, derrière le ~ de qn** etw hinter j-s Rücken (*dat*) tun; *fig* **mettre qc sur le ~ de qn** j-m etw in die Schuhe schieben; *fig* **se mettre qn à ~** j-n gegen sich aufbringen; sich (*dat*) j-n zum Feind machen; **porter les cheveux dans le ~** die Haare im Rücken offen tragen; F *fig* **tomber sur le ~ à qn** (*faire des reproches*) über j-n herfallen; *visiteur* j-n überfallen; *maladie etc* über j-n hereinbrechen; **tourner le ~ à qn, à qc** j-m, e-r Sache den Rücken zuwenden; mit dem Rücken zu j-m, zu etw stehen *ou* sitzen; *fig* j-m, e-r Sache den Rücken kehren; *la rue Racine?* - **vous lui tournez le ~** sie liegt, ist hinter Ihnen; **dès qu'il eut le ~ tourné ...** kaum hatte er den Rücken gekehrt, gewandt, da ... **2** *par ext d'un vêtement* Rücken(partie) *m(f)* **3** *fig d'objets* Rücken *m*; *d'une feuille, d'une enveloppe, d'un chèque* Rückseite *f*; *d'une chaise* Rückenlehne *f*; **~ d'une chaise** *a* Stuhllehne *f*; **~ d'un livre** Buchrücken *m*; **~ de la main, du pied** Hand-, Fußrücken *m*; F *fig* **ne pas y aller avec le ~ de la cuiller** nicht gerade zimperlich sein, vorgehen; **signer au ~ d'un chèque** auf der Rückseite e-s Schecks unterschreiben
dosage [dozaʒ] *m* **1** MÉD, PHARM Dosierung *f* **2** *fig d'ironie, de compliments etc* (maßvolle) Dosierung
dose [doz] *f* **1** MÉD, PHARM Dosis *f*; **à 'haute, faible ~** in hohen, schwachen Dosen; in starker, schwacher Dosierung; **augmenter, diminuer les ~s** die Dosen erhöhen, herabsetzen **2** *par ext* Dosis *f*; Menge *f*; **une bonne ~ de sucre** e-e ganze, gut bemessene Menge Zucker; reichlich Zucker; **forcer la ~** zu viel (von etw) nehmen; *fig* zu viel des Guten tun **3** *fig* **une forte, fameuse ~ de courage, de paresse** *etc* ein gerüttelt Maß, F e-e gehörige Portion *ou* Dosis Mut, Faulheit *etc*; **j'ai ma ~** ich bin eingedeckt; mir reichts; F **il a sa ~** F er hat einen sitzen, einen in der Krone; F **en avoir une bonne ~** F ganz schön blöd, dämlich sein; geistig minderbemittelt sein
doser [doze] *v/t* **1** MÉD, PHARM dosieren **2** *fig compliments, reproches etc* (maßvoll) dosieren; im richtigen Maß, Verhältnis zumessen
doseur [dozœʀ] *m* Dosier-, Abmessvorrichtung *f*; *adjt* **bouchon** *m* **~** Ausgießer *m*
dossard [dosaʀ] *m* SPORTS Start-, Rückennummer *f*
dossier [dosje] *m* **1** *d'un siège* Rückenlehne *f* **2** (*documents*) Akten *f/pl*; Akte *f*; Vorgang *m*; Unterlagen *f/pl*; **~ médical** Krankenblatt *n*; **~ numéro X** Aktenzeichen *n* X; **~ de candidature** Bewerbungsunterlagen *f/pl*; **constituer, établir un ~** e-e Akte anlegen; Unterlagen zusammentragen; **examiner le ~** die Akten, Unterlagen prüfen, durchsehen
Dostoïevski [dɔstɔjɛfski] *m écrivain russe* Dostojewski *m*
dot [dɔt] *f* Mitgift *f*; Aussteuer *f*
dotation [dɔtasjõ] *f* **1** (*revenus*) Dotierung *f* **2** (*équipement*) Ausstattung *f* (**en** mit)
doter [dɔte] *v/t* **1** *sa fille* e-e Aussteuer mitgeben, e-e Mitgift geben (**qn** j-m) **2** JUR, ADM dotieren; mit Einkünften versehen **3** (*équiper*) ausrüsten, ausstatten (**de qc** mit etw) **4** *par ext* **~ qn de qc** j-n mit etw ausstatten, versehen, bedenken; *adjt épreuve etc* **doté de prix** mit Preisverleihung
douairière [dwɛʀjɛʀ] *f* F *péj* reiche alte Schachtel
Douala [dwala] GÉOGR Duala *n*
douane [dwan] *f* **1 a)** ADM Zoll(behörde) *m(f)*; **formalités** *f/pl* **de ~** Zollformalitäten *f/pl*; **b)** *lieu* Zoll (-stelle) *m(f)*; **passer** (**à**) **la ~** den Zoll passieren, durchlaufen; durch den Zoll gehen **2** (**droit** *m* **de**) **~** Zoll(gebühr) *m(f)*
douanier [dwanje] **I** *m* Zollbeamte(r) *m*; F Zöllner *m* **II** *adj* 〈**-ière**〉 Zoll...; **tarif ~** Zolltarif *m*
doublage [dublaʒ] *m* **1** CIN Synchronisierung *f*; Synchronisation *f* **2** COUT Füttern *n*
double [dubl] **I** *adj* doppelt; Doppel...; zweifach; **~ consonne** *f* Doppelkonsonant *m*; **~ mètre** *m* Zentimetermaß *n* (von zwei Metern Länge); **~ nœud** *m* doppelter Knoten; Doppelknoten *m*; **~ whisky** *m* doppelter Whisky; *valise etc* **à ~ fond** mit doppeltem Boden; *mot, phrase* **à ~ sens** doppeldeutig, -sinnig; zweideutig; **en ~ exemplaire** in doppelter, zweifacher Ausfertigung; **l'avantage de cette solution est ~** diese Lösung hat zwei Vorteile; **faire coup ~** CH e-n Doppeltreffer machen; *fig* zwei Fliegen mit einer Klappe schlagen; **fermer** (**la porte**) **à**

*~ **tour** → **tour**² 3; fig **jouer (un) ~ jeu*** ein doppeltes Spiel spielen, treiben; ***mener une vie ~*** ein Doppelleben führen; → *a* ***emploi*** *3* **II** *adv* doppelt; ***voir ~*** doppelt sehen (*a fig*) **III** *m* **1** ***le ~*** das Doppelte; doppelt, zweimal so viel *ou* so groß; ***le ~ du prix*** der doppelte Preis; ***le ~ de travail*** das Doppelte an Arbeit; doppelt so viel Arbeit; ***augmenter du ~*** auf das Doppelte steigen; sich verdoppeln; ***jouer (à) quitte ou ~*** → ***quitte*** *4*; ***il a mis le ~ de temps pour*** *(+inf)* er hat die doppelte Zeit, doppelt so viel Zeit gebraucht, um zu *(+inf)* **2** *dans une collection etc* Dublette *f*; Doppelstück *n*; ***avoir qc en ~*** etw doppelt haben **3** *d'un document* Doppel *n*; Duplikat *n*; Zweitausfertigung *f*, -schrift *f*; *a* Kopie *f*; Durchschlag *m* **4** *d'une clé* Zweitschlüssel *m* **5** TENNIS Doppel *n*; ***~ dames, messieurs*** Damen-, Herrendoppel *n* **6** *fig personne* Geistes-, Seelenverwandte(r) *f(m)*

doublé [duble] **I** *adj* **1** verdoppelt **2** *vêtement, enveloppe* gefüttert **3** CIN synchronisiert **4** *fig* ***~ de*** und zugleich, gleichzeitig; *c'est un médecin* ***~ d'un poète*** und zugleich (ein) Dichter **II** *m* **1** ORFÈVRERIE Doublé *n*; Dublee *n* **2** SPORTS Doppelerfolg *m*, -sieg *m*; *fig* ***réussir un beau ~, faire un ~*** e-n Doppelerfolg erringen, verbuchen

double-as [dublas] *m* ⟨*pl* **doubles-as**⟩ DOMINO Einerpasch *m*

double-blanc [dubləblɑ̃] *m* ⟨*pl* **doubles-blancs**⟩ DOMINO Nullpasch *m*

double-clic [dubləklik] *m* ⟨*pl* **double-clics**⟩ INFORM Doppelklick *m* **double-cliquer** *v/i* INFORM doppelklicken (***sur*** auf *+acc*)

double-commande [dubləkɔmɑ̃d] *f* ⟨*pl* **doubles--commandes**⟩ AUTO doppelte Bremse und Kupplung; AVIAT Doppelsteuer(ung) *n(f)*; ***voiture*** *f* ***à ~*** Fahrschulauto *n*

double-crème [dubləkʀɛm] *m* ⟨*pl* **doubles-crèmes**⟩ Doppelrahmfrischkäse *m*

double-croche [dubləkʀɔʃ] *f* ⟨*pl* **doubles-croches**⟩ MUS Sechzehntelnote *f*

doublement [dubləmɑ̃] **I** *adv* doppelt; zweifach **II** *m* Verdopp(e)lung *f*

doubler [duble] **I** *v/t* **1** verdoppeln; *fig* ***~ le pas*** s-n Schritt, sein Tempo beschleunigen; e-n Schritt zulegen **2** *vêtement* (ab)füttern **3** *acteur* doubeln **4** *film* synchronisieren **5** *véhicule, piéton* überholen (*a abs*); SPORTS überrunden **6** F ***~ qn*** j-n hintergehen, F anschmieren **II** *v/i* sich verdoppeln **III** *v/pr* ***se ~ de qc*** von etw begleitet sein; mit etw verbunden sein

doublet [dublɛ] *m* **1** ORFÈVRERIE falscher (Edel-)Stein; Dublette *f* **2** LING Dublette *f*

doublon [dublõ] *m* **1** TYPO Hochzeit *f* **2** *autrefois piece d'or espagnole* Dublone *f*

doublure [dublyʀ] *f* **1** *d'un vêtement, d'un sac* Futter *n* **2** THÉ, CIN Double *n*; Ersatz *m* für e-n Schauspieler; ***les ~s*** *pl a* die Zweitbesetzung

Doubs [du] ***le ~*** *Fluss u Departement in Frankreich*

douce [dus] → ***doux***

douce-amère [dusamɛʀ] *f* BOT Bittersüß *n*; Bittersüßer Nachtschatten

douceâtre [dusɑtʀ] *adj goût, fruit* süßlich-fad(e)

doucement [dusmɑ̃] *adv* **1** sanft; sachte; behutsam; leise; ***marcher ~*** sanft *etc* auftreten; leise gehen; ***parler ~*** leise sprechen; ***poser ~ qc*** etw behutsam hinlegen, -stellen **2** (*lentement*) (***tout***) ***~*** langsam; allmählich **3** (*médiocrement*) mittelmäßig; leidlich; *comment allez-vous? -* ***tout ~*** so leidlich; soso lala; *affaires* ***aller tout ~*** mittelmäßig, (so) leidlich gehen **4** F ***ça me fait ~ marrer*** da muss ich im Stillen, heimlich lachen **5** *int* F ***~!*** immer sachte!; (nur immer) langsam!; F immer mit der Ruhe!

doucereux [dusʀø] *adj* ⟨**-euse**⟩ *paroles, voix* zuckersüß; süßlich; *personne* übertrieben freundlich; scheinheilig-liebenswürdig

doucettement [dusɛtmɑ̃] F *adv* in aller Ruhe; gemächlich; ganz langsam

douceur [dusœʀ] *f* **1** *d'un fruit, du miel* Süße *f* **2** ***~s*** *pl* (*friandises*) Leckereien *f/pl*; Schleckereien *f/pl* **3** *de la musique, de la voix* Sanftheit *f*; *de la lumière* Milde *f*; *de la peau* Zartheit *f*; Weichheit *f*; *du climat, du soir* Milde *f* **4** *fig* Annehmlichkeit *f*; angenehme Seite; ***les ~s de l'oisiveté*** das süße Nichtstun; ***la ~ de vivre*** ein angenehmes und friedliches Leben **5** ***~*** (***de caractère***) Sanftmut *f*, -heit *f*; (*indulgence*) Milde *f*; ***elle est d'une ~ angélique*** sie ist sanft wie ein Engel; ***employer la ~*** milde, nachsichtig sein; es mit Milde, auf gütlichem Wege versuchen; ***prendre qn par la ~*** j-n milde, sanft anfassen **6** *loc/adv* ***en ~*** (*doucement*) weich; sanft; (*en douce*) heimlich; unauffällig; ***atterrir en ~*** weich landen; AUTO ***démarrer en ~*** sanft anfahren; *séparation etc* ***se faire en ~*** sich allmählich, behutsam vollziehen

douche [duʃ] *f* **1** *action* Dusche *f*; Duschen *n*; Dusch-, Brausebad *n*; ***prendre une ~*** (sich) duschen **2** *installation* Dusche *f*; Brause *f*; ***~s*** *pl a* Duschraum *m*; ***chambre*** *f* ***avec ~*** Zimmer *n* mit Dusche; *à la piscine* ***passer à, sous la ~*** unter die Dusche gehen; duschen **3** *fig:* ***~ écossaise*** Wechselbad *n*; ***~ froide*** kalte Dusche; F ***quelle ~ pour lui!*** das ist *ou* war e-e kalte Dusche, F ein Schlag ins Kontor für ihn; ***prendre, recevoir une ~*** F eine (tüchtige) Abreibung bekommen

doucher [duʃe] **I** *v/t* **1** ***~ qn*** j-n (ab)duschen **2** *fig l'enthousiasme de qn* abkühlen; dämpfen; F ***cet accueil l'a douché*** dieser Empfang war für ihn e-e kalte Dusche, wirkte auf ihn wie e-e kalte Dusche; ***se faire ~*** (***par la pluie***) e-e (Regen)Dusche abbekommen, abkriegen; F ***il s'est fait ~ par son chef*** F er hat von s-m Chef e-e (tüchtige) Abreibung bekommen **II** *v/pr* ***se ~*** (sich) duschen; unter die Dusche gehen

doudou¹ [dudu] F *f* Frau *f* von den Antillen; F kaffeebraune Schönheit

doudou² [dudu] F *m* Schmusetuch *n*; Kuscheltier *n*; Knuddelkissen *n*

doudoune [dudun] F *f* Daunenjacke *f*

doué [dwe] *adj* **1** ***~ de qc*** ausgestattet, versehen mit etw; ***être ~ de raison*** mit Vernunft begabt sein **2** begabt (***pour qc*** für etw); ***~ pour les langues*** sprachbegabt; F ***il est vraiment pas ~!*** wie kann man sich bloß so ungeschickt anstellen!

douer [dwe] *v/t nature etc* ***~ qn de qc*** j-n mit etw versehen, ausstatten; j-m etw mitgeben

douille [duj] *f* **1** *d'une ampoule* Fassung *f* **2** *d'une cartouche* (Patronen)Hülse *f* **3** *d'un outil* Tülle *f*

douillet [dujɛ] *adj* ⟨**~te**⟩ **1** *lit, coussin etc* mollig (weich); F kuschelig **2** *confort, cadre de vie* behaglich; gemütlich; wohlig **3** *personne* überempfind-

D

lich; zimperlich
douillettement [dujɛtmɑ̃] *adv enfant* ***élever ~*** verweichlichen
douleur [dulœʀ] *f* **1** Schmerz *m*; ***cri*** *m* ***de ~*** Schmerzensschrei *m*; *hurler etc* ***de ~*** vor Schmerz(en) **2** *accouchement* ***~s*** *pl* (Geburts)Wehen *f/pl* **3** *morale* Schmerz *m*; Leid *n*; Weh *n*; *st/s* Pein *f*; ***il a eu la ~*** *de perdre son fils* ihm ist das tiefe Leid widerfahren …
Doullens [dulɑ̃] *Stadt im Dep. Somme*
douloureusement [duluʀøzmɑ̃] *adv* schmerzlich; ***ils ont été ~ éprouvés*** sie sind schmerzlich getroffen worden
douloureux [duluʀø] **I** *adj* ⟨**-euse**⟩ **1** *blessure, traitement* schmerzhaft; *partie du corps* schmerzend; ***point ~*** Schmerzstelle *f* **2** *regard, expression* schmerzvoll, -erfüllt, -bewegt; leiderfüllt **3** *fig* ***perte douloureuse*** schmerzlicher Verlust; ***souvenir ~*** schmerzliche Erinnerung **4** *par ext* ***problème ~*** peinigendes, quälendes Problem **II** *subst* F ***la douloureuse*** die Rechnung (*im Restaurant*)
Douma [duma] *f* POL Duma *f*
Douro [duʀo] GÉOGR ***le ~*** der Duero
doute [dut] *m* Zweifel *m*; Bedenken *n*; *loc/adv*: ***sans ~*** sicher(lich); gewiss; doch wohl; wahrscheinlich; ***tu es sans ~ très intelligent, mais …*** du bist gewiss, zwar sehr intelligent, aber …; ***sans aucun ~, sans nul ~*** zweifellos; ohne (jeden) Zweifel; ganz bestimmt; zweifelsohne; *loc/conj*: ***nul ~ que …*** (*+ind*) (es besteht) kein Zweifel, es steht ganz fest, dass …; ***avoir des ~s*** Zweifel, Bedenken haben, *st/s* hegen; ***avoir des ~s au sujet de qn, qc, sur qn, qc*** an j-m, etw zweifeln; j-m gegenüber, an etw (*dat*) Zweifel haben; etw bezweifeln; ***il n'y a pas de ~*** es besteht kein Zweifel (daran); ***être dans le ~*** im Zweifel sein (***au sujet de qc*** über etw [*acc*]); ***cela est 'hors de ~*** das steht außer Zweifel; ***cela ne fait aucun ~*** es besteht (gar) kein Zweifel (daran); ***laisser qn dans le ~*** j-n im Zweifel lassen (***au sujet de qc, sur qc*** über etw [*acc*]); ***mettre qc en ~*** etw in Zweifel ziehen; *prov* ***dans le ~, abstiens-toi*** im Zweifelsfall sollte man nichts unternehmen
douter [dute] **I** *v/i et v/t/indir* ***~ de qc*** an etw (*dat*) zweifeln; etw be-, anzweifeln; ***~ de qn*** an j-m zweifeln; j-m misstrauen; ***~ du succès*** am Erfolg zweifeln; den Erfolg bezweifeln; ***je doute de ce qu'il affirme*** ich zweifle an dem, was er behauptet; *iron* ***ne ~ de rien*** sich (*dat*) zu viel zutrauen; sich überschätzen; blind drauflosgehen; ***~ de tout*** an allem zweifeln; alles bezweifeln, infrage stellen; ***j'en doute fort*** ich zweifle sehr daran; das möchte ich stark bezweifeln; *loc/adv* ***à n'en pas ~*** ohne jeden Zweifel; zweifellos; ganz bestimmt; zweifelsohne; ***~ que …*** (*+subj*) daran zweifeln, dass *ou* ob …; bezweifeln, dass …; ***je doute qu'il vienne*** ich zweifle (daran), ob *ou* dass er kommt; ich bezweifle, dass er kommt **II** *v/pr* ***se ~ de qc*** etw ahnen, vermuten; ***je m'en doute*** das kann ich mir denken; ***je ne m'en serais jamais douté*** das hätte ich nie vermutet, gedacht; F das hätte ich mir nie träumen lassen; ***je ne me doutais de rien*** ich hatte nicht die geringste Ahnung; ***se ~ que …*** ahnen, vermuten, sich (*dat*) denken können, dass …
douteux [dutø] *adj* ⟨**-euse**⟩ **1** *résultat, victoire, faits* zweifelhaft; ungewiss; *sens* nicht eindeutig; ***c'est ~*** das ist zweifelhaft, fraglich; ***il n'est pas ~ que …*** (*+ind ou* [***ne***] *+subj*) es steht außer Zweifel, es steht fest, dass … **2** *péj réputation, goût etc* zweifelhaft; dubios; fragwürdig; *viande etc* nicht ganz einwandfrei, frisch; *vêtements, vaisselle* nicht ganz sauber; *linge* ***d'un blanc ~, d'une propreté douteuse*** nicht ganz weiß, sauber
douve [duv] *f* **1** *d'un tonneau* Daube *f* **2** *fossé* Wassergraben *m* **3** ZO, VÉT Leberegel *m*
Douvres [duvʀ] Dover *n*
doux [du] **I** *adj* ⟨**douce** [dus]⟩ **1** *fruit* süß; ***eau douce*** Süßwasser *n*; ***piment ~*** süßer Paprika; ***vin ~*** süßer, milder, lieblicher Wein; ***vin ~ (naturel)*** Süßwein *m* **2** *musique, murmure etc* sanft; *voix* sanft; (*basse*) leise; *température, soirée* mild; *nuit, soirée a* lau; *parfum* leicht; *savon, produit* mild; *technique, énergie* (*non polluant*) sanft; ***climat ~*** mildes Klima; ***drogue douce*** weiche Droge; ***lit ~*** weiches Bett; ***lumière douce*** mildes, sanftes, weiches Licht; ***peau douce*** weiche, zarte Haut; ***pente douce*** sanfter Hügel; CUIS ***à feu ~*** auf kleiner Flamme; bei schwacher Hitze; ***être ~ au toucher*** sich weich anfühlen; ***il fait ~*** es ist mild **3** *fig espoir, souvenir, émotion* angenehm; freudig; ***faire une douce folie*** e-e süße Torheit begehen; → *a* ***couler*** *III 2* **4** *personne, expression, regard* sanft(mütig); *geste* ruhig; *cheval* fromm; ***~ comme un agneau, mouton*** sanft, geduldig wie ein Lamm; lammfromm **5** (*amoureux*) ***billet ~*** Liebesbriefchen *n*; ***faire les yeux ~ à qn*** j-m schöne, verliebte Augen machen; j-m verliebte Blicke zuwerfen **II** *adv* **1** F ***en douce*** heimlich; unauffällig **2** F ***tout ~!*** nicht so hastig!; F immer mit der Ruhe! **3** → ***filer*** *II 6*
doux-amer [duzamɛʀ] *adj* ⟨**douce-amère** [dusamɛʀ]⟩ *fig et st/s* bittersüß
douzaine [duzɛn] *f* **1** Dutzend *n*; ***une ~ d'œufs*** ein Dutzend Eier; ***à la ~*** dutzendweise; im Dutzend **2** ***une ~*** etwa, ungefähr, an die zwölf; ***enfant*** *m* ***d'une ~ d'années*** Kind *n* von etwa zwölf Jahren
douze [duz] **I** *num/c* zwölf; ***le ~ mai*** der zwölfte *ou* am zwölften Mai; ***page ~*** Seite zwölf; ***Pie XII*** Pius XII. (der Zwölfte); ***enfant*** *m* ***de ~ ans*** zwölfjähriges Kind; Kind *n* von zwölf Jahren; ***voyage*** *m* ***de ~ jours*** zwölftägige Reise **II** *m* ⟨*inv*⟩ **1** Zwölf *f*; *südd a* Zwölfer *m*; ***le ~ (du mois)*** der Zwölfte *ou* am Zwölften (des Monats); → *a* ***deux*** *II* **2** ***l'Europe*** *f* ***des Douze*** das Europa der Zwölf
douzième [duzjɛm] **I** *num/o* zwölfte(r, -s) **II** *subst* **1** ***le, la ~*** der, die, das Zwölfte **2** *m* MATH Zwölftel *n*
douzièmement *adv* zwölftens
doyen [dwajɛ̃] *m*, **doyenne** [dwajɛn] *f* **1** *m* ÉGL Dekan *m*; Dechant *m* **2** *d'une faculté* Dekan *m* **3** *d'une assemblée* Rang-, Dienstälteste(r) *f(m)*; DIPL Doyen *m*; ***doyen, doyenne d'âge*** Alterspräsident(in) *m(f)* **4** *par ext d'un groupe, d'un village* Älteste(r) *f(m)*
D.P.L.G. *abr* (*diplômé par le gouvernement*) staatlich geprüft
Dr *abr* (*docteur*) Dr. (Doktor)
Drac [dʀak] ***le ~*** *Fluss in den frz Alpen*
drachme [dʀakm] *f* HIST *monnaie* Drachme *f*
draconien [dʀakɔnjɛ̃] *adj* ⟨**~ne**⟩ drakonisch
dragage [dʀagaʒ] *m* **1** *d'un chenal etc* (Aus)Baggern *n* **2** MAR MIL ***~ de mines*** Minenräumen *n*
dragée [dʀaʒe] *f* **1** (Zucker)Dragee *n*; Wiener

Mandel *f*; **~s de baptême** Wiener Mandeln, die anlässlich e-r Taufe verteilt werden; *fig* **tenir la ~ 'haute à qn** (*faire attendre*) j-n lange hinhalten; F j-n zappeln lassen; (*faire payer cher*) j-n teuer bezahlen lassen; (*tenir tête*) j-m Widerstand entgegensetzen **2** PHARM Dragee *n*; (Arznei)Pille *f*

dragéifié [dʀaʒeifje] *adj* dragiert [-ʒ-]; mit e-r Zuckerschicht überzogen

dragon [dʀagõ] *m* **1** MYTH, ART Drache(n) *m*; Lindwurm *m* **2** F *fig* (*femme autoritaire*) F Feldwebel *m*; Dragoner *m* **3** HIST MIL Dragoner *m*

dragonne [dʀagɔn] *f* **a)** *d'une épée* Quaste *f*; Portepee *n*; **b)** *d'un parapluie, bâton de ski* (Halte)-Schlaufe *f*

drague [dʀag] *f* **1** TECH (Schwimm)Bagger *m* **2** PÊCHE Dredsche *f* (*Schleppnetz*) **3** *fig* F Anmache *f*

draguer [dʀage] *v/t* **1** ausbaggern; **~ un chenal** eine Fahrrinne ausbaggern **2** MAR MIL *mines* räumen; *mer* entminen **3** PÊCHE mit der Dredsche fangen **4** F *fig personne* F anmachen; F anbaggern; *abs* auf Liebesabenteuer aus sein; **~ une fille** *a* F ein Mädchen aufreißen; **se faire ~** sich anmachen lassen

dragueur [dʀagœʀ] *m* **1** TECH Baggerschiff *n* **2** MAR MIL **~ de mines** Minensuch-, Minenräumboot *n* **3** F *fig* (*a* **dragueuse** *f*) F Anmacher(in) *m(f)*

drain [dʀɛ̃] *m* **1** AGR Drän(röhre) *m(f)*; Entwässerungsröhre *f* **2** MÉD Drain *m*

drainage [dʀɛnaʒ] *m* **1** AGR Dränierung *f*; Dränage *f*; Entwässerung *f* **2** MÉD Drainage *ou* Dränage *f* **3** *fig de capitaux etc* Zusammenziehung *f*

drainer [dʀene] *v/t* **1** AGR dränieren; entwässern **2** MÉD drainieren *ou* dränieren **3** *fig capitaux, main-d'œuvre* an sich (*acc*) ziehen; zusammenziehen

dramatique [dʀamatik] **I** *adj* **1** THÉ dramatisch; Schauspiel…; Bühnen…; Theater…; des Dramas; **art** *m* **~** dramatische Kunst; Schauspielkunst *f*; **auteur ~** → **dramaturge**; **critique** *f(m)* **~** Theaterkritik(er) *f(m)*; **genre** *m* **~** Drama *n*; Dramatik *f* **2** *fig situation, lutte etc* dramatisch; aufregend; **de façon ~** auf dramatische Weise; dramatisch **II** *f* TV Fernsehspiel *n*

dramatisation [dʀamatizasjõ] *f fig* Dramatisierung *f* **dramatiser** *v/t fig* dramatisieren

dramaturge [dʀamatyʀʒ] *m* THÉ Dramatiker *m*; Bühnenautor *m*, -schriftsteller *m*; Theaterdichter *m* **dramaturgie** *f* Dramaturgie *f*

drame [dʀam] *m* **1** THÉ Drama *n*; Schauspiel *n* **2** *fig* Drama *n*; **~ de la jalousie** Eifersuchtsdrama *n*; **cela fera des ~s** das wird böse Folgen haben; **faire (tout) un ~ de qc** etw dramatisieren; aus etw ein Drama machen

drap [dʀa] *m* **1** *text* Tuch *n* **2** **~ (de lit)** Betttuch *n*; (Bett)Laken *n*; **~s** *pl* Bettwäsche *f*, -zeug *n* (*ohne Kopfkissenbezug*); **~ de bain** Badetuch *n*; **~ de dessous** (Bett)Laken *n*; Betttuch *n*; **~ de dessus** Oberlaken *n*; *fig*: **être dans de beaux ~s** (schön) in der Klemme, F Patsche sitzen; **mettre qn dans de beaux ~s** j-n in die Klemme bringen; F j-n (ganz schön) hineinreiten; **se mettre dans de beaux ~s** F sich in die Tinte setzen; sich selbst hineinreiten

drapé [dʀape] *m* Drapierung *f*; Faltenwurf *m*

drapeau [dʀapo] *m* ⟨*pl* **~x**⟩ Fahne *f*; Flagge *f*; **petit ~** Fähnchen *n*; **~ tricolore** Trikolore *f*; *fig*: **être sous les ~x** Soldat sein; **être appelé sous les ~x** einberufen werden

draper [dʀape] **I** *v/t* **1** **a)** *personne, silhouette* mit Stoff umhüllen, behängen; drapieren; *adjt* **drapé dans une cape** in e-n Umhang (ein)gehüllt; **b)** *tissu, cape* **~ qn** j-n umhüllen **2** *tissu, vêtement etc* drapieren, in Falten legen (**sur qn** an j-m) **II** *v/pr* **se ~** **1** sich (ein)hüllen (**dans** in +*acc*) **2** *fig* **se ~ dans sa dignité** sich in beleidigtes Schweigen hüllen

draperie [dʀapʀi] *f* **1** PEINT, SCULP Faltenwurf *m*; Draperie *f* **2** *tenture* Stoffdekoration *f*, -draperie *f* **3** **a)** *fabrication* Tuchfabrikation *f*; **b)** *commerce* Tuchhandel *m*

drap-housse [dʀaus] *m* ⟨*pl* **draps-housses**⟩ Spannbetttuch *n*

drapier [dʀapje] *m*, **drapière** *f* **a)** *fabricant* Tuchfabrikant(in) *m(f)*, -macher *m*; **b)** *marchand* Tuchhändler(in) *m(f)*

drastique [dʀastik] *adj* **1** *purgatif* sehr wirksam; stark **2** *mesures etc* drastisch; energisch

Drave [dʀav] GÉOGR **la ~** die Drau

dravidien [dʀavidjɛ̃] *adj* ⟨**~ne**⟩ drawidisch

dreadlocks [dʀɛdlɔks] *f/pl* Rastalocken *f/pl*; Dreadlocks ['drɛt-] *pl*

drelin [dʀəlɛ̃] *int* **~, ~!** klingling!

Dresde [dʀɛzd] Dresden *n*

dressage [dʀɛsaʒ] *m* **1** *d'animaux* Dressur *f*; Dressieren *n*; Abrichten *n*; *de chevaux a* Zureiten *n* **2** *fig et péj d'enfants, de soldats* Dressur *f*; Drill *m* **3** TECH Richten *n*

dresser [dʀese] **I** *v/t* **1** *échelle, mât* aufstellen; *tente* aufschlagen; *tête* aufrichten; heben; *animal*: *ses oreilles* spitzen; aufrichten; hochstellen; **~ un monument** ein Denkmal errichten (**à qn** j-m); *fig personne* **~ l'oreille** die Ohren spitzen; *fig* **faire ~ les cheveux sur la tête à qn** j-m die Haare zu Berge stehen lassen **2** *plan, bilan, liste etc* aufstellen; *plan a* entwerfen; *liste a* anlegen; anfertigen; *procès-verbal, inventaire* aufnehmen; **~ un acte** eine Urkunde ausstellen, ausfertigen; **~ un contrat** einen Vertrag aufsetzen; **~ une facture** eine Rechnung ausstellen **3** **~ qn contre qn** j-n gegen j-n aufbringen, aufhetzen **4** *animaux* dressieren; abrichten (*surtout les chiens*); *chevaux a* zureiten **5** *fig et péj soldats, enfants* drillen; *enfants a* dressieren; F **ça le dressera** das wird ihm e-e Lehre sein **6** TECH richten; zurichten **7** CUIS *mets sur un plat* anrichten; dressieren **II** *v/pr* **se ~** **1** sich aufrichten; *animaux* **se ~ sur ses pattes de derrière** sich auf die Hinterpfoten, -beine stellen; **se ~ sur la pointe des pieds** sich auf die Zehenspitzen stellen **2** *montagne, tour, arbre* emporragen; sich erheben **3** *fig obstacle* **se ~ sur la route de qn** sich j-m entgegenstellen, in den Weg stellen; sich vor j-m aufbauen **4** *fig* **se ~ contre qn, qc** sich gegen j-n, etw auflehnen, empören

dresseur [dʀɛsœʀ] *m*, **dresseuse** *f* Dresseur *m*, Dresseuse *f* **dressoir** *m* Geschirrbord *n*

Dreyfus [dʀɛfys] *m officier français* Dreyfus ['draɪfuːs] *m*

dreyfusard [dʀɛfyzaʀ] *m*, **dreyfusarde** *f* HIST Dreyfus-Anhänger(in) *m(f)*

DRH [deɛʀaʃ] *f abr* (*direction des ressources humaines*) Personalabteilung *f*

dribble [dʀibl] *m* FOOTBALL Dribbling *n*

dribbler [dʀible] *v/t et v/i* FOOTBALL **~ (le ballon)** dribbeln; ~ ***l'adversaire*** den Gegner umspielen

drille¹ [dʀij] *m* ***joyeux*** ~ lustiger, fideler Kerl, Geselle; F fideles Haus

drille² [dʀij] *f* TECH Drillbohrer *m*

dring [dʀiŋ] *int téléphone etc* drr!

drive(u)r [dʀajvœʀ, dʀivœʀ] *m* INFORM Treiber *m*

drogue [dʀɔg] *f* 1 Droge(n) *f(pl)*; Rauschgift *n*; ~ ***douce, dure*** weiche, harte Droge; ***trafic*** *m* ***de*** (***la***) ~ Drogen-, Rauschgifthandel *m* 2 *fig* Droge *f*; Suchtmittel *n* 3 *péj* (*médicament*) Arznei *f*; F Mittelchen *n*

drogué [dʀɔge] I *adj* drogen-, rauschgiftsüchtig II *subst* ~(***e***) *m(f)* Drogen-, Rauschgiftsüchtige(r) *f(m)*

droguer [dʀɔge] I *v/t* ~ ***qn*** j-m Drogen, Rauschgift geben, verabreichen II *v/pr* ***se*** ~ 1 Drogen, Rauschgift nehmen; unter Drogen stehen 2 *malade* (zu) viele Arzneien nehmen

droguerie [dʀɔgʀi] *f* Drogerie *f* **droguiste** *m,f* Drogist(in) *m(f)*

droit¹ [dʀwa] *m* 1 ⟨*ohne pl*⟩ *sens objectif* Recht *n*; ~ ***administratif*** Verwaltungsrecht *n*; ~ ***civil*** bürgerliches Recht; Zivilrecht *n*; ~ ***commun*** gemeines Recht; ***prisonnier*** *m* ***de*** ~ ***commun*** Strafgefangene(r) *m*; *opposé à prisonnier politique* Kriminelle(r) *m*; ~ ***constitutionnel*** Verfassungsrecht *n*; Staatsrecht *n*; ~ ***international*** Völkerrecht *n*; internationales Recht; ~ ***pénal*** *ou* ***criminel*** Strafrecht *n*; ~ ***du travail*** Arbeitsrecht *n*; ~ ***du plus fort*** Recht des Stärkeren; Faustrecht *n*; *loc/adv*: ***à bon*** ~ mit vollem, gutem Recht; zu Recht; ***de plein*** ~ völlig rechtmäßig, zu Recht; *par ext* ganz selbstverständlich; ohne weiteres; HIST ***de*** ~ ***divin*** von Gottes Gnaden; ***s'adresser à qui de*** ~ sich an die zuständige Stelle, Person wenden 2 *science* Rechtswissenschaft *f*; Jura *n/pl*; Rechte *n/pl*; *österr* Jus *n*; ***faculté*** *f* ***de*** ~ rechtswissenschaftliche, juristische, *österr* juridische Fakultät; ***faire son*** ~ Jura, Rechtswissenschaft, *österr* Jus studieren 3 *sens subjectif* Recht *n*; Berechtigung *f*; Befugnis *f*; Anrecht *n*; Anspruch *m*; ~***s civiques*** bürgerliche Ehrenrechte *n/pl*; ~ ***au travail*** Recht auf Arbeit; ~ ***de grève*** Streikrecht *n*; ~***s de l'homme*** Menschenrechte *n/pl*; ~ ***de reproduction*** Vervielfältigungsrecht *n*; ~ ***de visite*** → ***visite*** *1*; ~ ***de vote*** Wahlrecht *n*; Stimmrecht *n*; ***de quel*** ~ *faites-vous cela?* mit welchem Recht …?; ***avoir le*** ~, ***être en*** ~ ***de faire qc*** das Recht haben, berechtigt sein, befugt sein, etw zu tun; etw tun dürfen; ***on a bien le*** ~ ***de téléphoner!*** man wird doch noch telefonieren dürfen!; ***ne pas avoir le*** ~ ***de faire qc*** kein Recht haben, nicht das Recht haben, nicht berechtigt sein, nicht befugt sein, etw zu tun; etw nicht tun dürfen; ***avoir*** ~ ***à qc*** ein (An)Recht, e-n Anspruch auf etw (*acc*) haben; ***avoir des*** ~***s sur qc*** Ansprüche auf etw (*acc*) haben; ***cela lui donne, confère le*** ~ ***de*** (*+inf*) das gibt ihm das Recht, berechtigt ihn zu (*+inf*); ***être dans son*** (***bon***) ~ (völlig) im Recht sein; ***c'est ton*** ~ das ist dein (gutes) Recht 4 (*taxe*) Gebühr *f*; Abgabe *f*; ~***s d'auteur*** Vergütung *f* aus dem Urheberrecht; Tantiemen *f/pl* (e-s Autors); ~ ***de douane*** Zoll(gebühr) *m(f)*; ~ ***d'inscription*** Einschreibungs-, Anmeldegebühr *f*

droit² [dʀwa] I *adj* 1 rechte(r, -s); SPORTS ***ailier*** ~ Rechtsaußen *m*; POL ***centre*** ~ gemäßigte Rechte; rechte Mitte; *loc/adv* ***à main*** ~***e*** rechter Hand; zur rechten Hand; *st/s* zur Rechten; *d'un fleuve* ***rive*** ~***e*** rechtes Ufer; *fig* ***être le bras*** ~ ***de qn*** j-s rechte Hand sein 2 *ligne, nez, mur etc* gerade; *écriture a* steil; MATH ***angle*** ~ rechter Winkel; TENNIS ***coup*** ~ Vorhandschlag *m*; COUT ***manteau*** ~ gerade geschnittener Mantel; COUT ***veston*** ~ einreihiges Jackett; *chapeau* ***bien*** ~ ***sur la tête*** gerade sitzend; *loc/adv* ***en ligne*** ~***e*** in gerader Linie; in Luftlinie; geradlinig; *personne* ~ ***comme un i*** kerzengerade; F gerade wie e-e Eins; *fig* ***s'écarter du*** ~ ***chemin*** vom rechten Weg abweichen; *fig* ***rester dans le*** ~ ***chemin*** auf dem rechten Weg bleiben; ***se tenir*** ~ sich gerade halten; gerade stehen *ou* sitzen 3 *fig personne* aufrecht; gerade; rechtschaffen; redlich II *adv aller, regarder etc* ~ ***devant soi*** geradeaus; *fig* ***aller*** ~ ***au but*** geradewegs aufs Ziel losgehen; direkt zur Sache kommen; ***aller*** ~ ***au fait*** ohne Umschweife, sofort zur Sache kommen; *entreprise* ***aller*** ~ ***à la faillite*** geradewegs auf den Konkurs zusteuern; ***écrire*** ~ steil, gerade schreiben; (***c'est***) ***tout*** ~ (es geht) immer geradeaus; ***marcher*** ~ gerade, aufrecht gehen; *fig* aufs Wort gehorchen; F spuren III *m* BOXE Rechte *f* (*a coup porté*); ***crochet*** *m* ***du*** ~ rechter Haken

droite [dʀwat] *f* 1 Rechte *f*; rechte Seite; ♦ *loc/adv*: ***à*** ~ rechts *ou* nach rechts; *fig* ***à*** ~ ***et à gauche*** überall *ou* überallhin; ***la deuxième rue à*** ~ die zweite Straße rechts; ***regarder à*** ~ nach rechts schauen; ***rouler à*** ~ rechts, auf der rechten Seite fahren; ***tourner à*** ~ rechts einbiegen; ***de la*** ~ von rechts; *fig* ***de*** ~ ***et de gauche*** von überallher; von allen Seiten; *automobilistes entre eux* ***et votre*** ~***!*** können Sie nicht rechts fahren!; ♦ *loc/prép*: ***à*** ~ ***de*** rechts von (*ou +gén*); ***à la*** ~ ***de qn*** rechts von j-m; *st/s* zu j-s Rechten; j-m zur Rechten; ***à*** *ou* ***sur votre*** ~ rechts von Ihnen; zu Ihrer Rechten; *à table* ***placer qn à sa*** ~ j-n zu s-r Rechten setzen; ***prendre sur la*** ~ rechts einbiegen; ***tenir sa*** ~ sich rechts halten; rechts fahren 2 POL ***la*** ~ die Rechte; ***l'extrême*** ~ die äußerste Rechte; *loc/adj* ***de*** ~ Rechts…; rechts stehend; ***journal*** *m* ***de*** ~ rechts stehende Zeitung; ***parti*** *m* ***de*** ~ Rechtspartei *f*; ***politique*** *f* ***de*** ~ rechtsgerichtete Politik; ***il est de*** ~ er steht rechts; F ***être*** (***très***) ***à*** ~ (stark) rechts eingestellt sein; F ***voter à*** ~ rechts wählen 3 MATH Gerade *f*

droitier [dʀwatje], **droitière** I *m,f* Rechtshänder(in) *m(f)* II *adj* rechtshändig; ***être droitier, droitière*** Rechtshänder(in) sein

droiture [dʀwatyʀ] *f* Geradheit *f*; Aufrichtigkeit *f*; Rechtschaffenheit *f*; Redlichkeit *f*; ***avec*** ~ redlich; rechtschaffen

drolatique [dʀɔlatik, dʀo-] *adj litt* tolldreist

drôle [dʀol] I *adj* 1 (*amusant*) lustig; spaßig; ulkig; drollig; ***ce n'est pas*** ~ das ist nicht gerade lustig; das macht nicht gerade Spaß; F *iron* ***vous êtes*** ~***!*** Sie sind aber gut!; Sie sind lustig!; Sie machen mir Spaß!; ***vous trouvez cela*** ~***?*** finden Sie das (etwa) lustig, komisch, zum Lachen? 2 (*bizarre*) komisch; seltsam; sonderbar; merkwürdig; ♦ *épithète* ~ ***de***: ***la*** ~ ***de guerre*** → ***guerre***; ***une*** ~ ***d'idée*** e-e komische, seltsame Idee, Vorstellung; ***un*** ~ ***de type*** ein komischer Kauz; ***avoir un*** ~ ***d'air*** seltsam, sonderbar aussehen; ***faire une*** ~ ***de tête*** das Gesicht verziehen; ein komisches Gesicht machen; ♦ *attri-*

but: ***cela me fait ~*** das berührt mich sonderbar, seltsam; dabei habe ich ein sonderbares, seltsames Gefühl; ***je me sens tout ~*** mir ist so komisch (zumute); ich fühle mich nicht ganz wohl **3** F ***~ de*** ungeheuer; enorm; F unheimlich; ***un ~ de courage*** ein ungeheurer *etc* Mut **II** *subst* ***un ~*** F e-e komische Type, Nummer; ***un mauvais ~*** ein übler Bursche; F ein sauberes Früchtchen

drôlement [dʀolmɑ̃] *adv* **1** *(bizarrement)* komisch; seltsam; sonderbar; merkwürdig **2** F *(beaucoup, très)* enorm; ungeheuer; F unheimlich

drôlerie [dʀolʀi] *f* Komik *f*; Lustigkeit *f*

dromadaire [dʀɔmadɛʀ] *m* ZO Dromedar *n*

Drôme [dʀom] ***la ~*** *Fluss u Departement in Frankreich*

Dropt [dʀo] ***le ~*** *Fluss in Südwestfrankreich*

drosser [dʀɔse] *v/t* MAR (ab)treiben

dru [dʀy] **I** *adj* dicht; ***cheveux ~s*** dichtes Haar; ***pluie ~e*** dichter Regen **II** *adv* ***pousser ~*** dicht wachsen; *pluie* ***tomber ~*** in dichten Tropfen fallen; prasseln

drugstore [dʀœgstɔʀ] *m* Drugstore ['dragstɔːr] *m*

druide [dʀɥid] *m* Druide *m* **druidique** *adj* druidisch; Druiden… **druidisme** *m* Druidentum *n*

dry [dʀaj] *adj boisson alcoolisée* dry [draɪ]; trocken

DST [deɛste] *f abr* (*Direction de la surveillance du territoire*) Spionageabwehrdienst *m*; Geheimdienst *m*

D.T.S. [deteɛs] *m/pl abr* (*droits de tirage spéciaux*) SZR *n/pl* (Sonderziehungsrechte)

du [dy] *article défini et article partitif* ⟨*zusammengezogen aus „de le“*⟩ → ***de*** *I et II*

dû [dy] **I** *p/p* → ***devoir***[1] *et adj* ⟨**due**⟩ **1** *somme d'argent* schuldig; geschuldet **2** JUR ***en bonne et due forme*** formgerecht; vorschriftsmäßig; ordnungsgemäß **3** *phénomène, événement* ***être ~ à qc*** e-r Sache (*dat*) zuzuschreiben, zu verdanken sein; auf etw (*acc*) zurückzuführen sein; ***être ~ au hasard*** dem *ou* e-m Zufall zu verdanken sein **4** *honneurs, rang* gebührend, zukommend (***à qn*** j-m); ***être ~ à qn*** j-m gebühren, zukommen; ***cela lui est ~*** das ist, was ihm gebührt; das hat er verdient **II** *subst* ***mon ~*** das mir Zukommende, Gebührende; das, was mir zukommt, gebührt; ***à chacun son ~*** jedem das Seine

dualisme [dɥalism, dya-] *m* Dualismus *m* **dualiste** **I** *adj* dualistisch **II** *m* Dualist *m* **dualité** *f* Dualität *f*; Zweiheit *f*

dubitatif [dybitatif] *adj* ⟨**-ive**⟩ Zweifel ausdrückend; zweifelnd; dubitativ

Dublin [dyblɛ̃] Dublin ['dablin] *n*

duc [dyk] *m* **1** Herzog *m* **2** ZO ***grand ~*** Uhu *m*

ducal [dykal] *adj* ⟨**-aux**⟩ Herzogs…; herzoglich

ducasse [dykas] *f en Belgique et dans le Nord de la France* Volksfest *n*; Kirmes *f*

ducat [dyka] *m* Dukaten *m*

duché [dyʃe] *m* Herzogtum *n*

duchesse [dyʃɛs] *f* **1** Herzogin *f* **2** *~ ou adjt* ⟨*inv*⟩ ***poire*** *f* ***~*** Butterbirne *f*

ductile [dyktil] *adj* TECH duktil; dehn-, streck-, verformbar

Dudelange [dyd(ə)lɑ̃ʒ] GÉOGR Düdelingen *n*

duègne [dɥɛɲ] *f* (ältere) Anstandsdame

duel [dɥɛl] *m* **1** Duell *n*; Zweikampf *m*; ***se battre en ~*** sich duellieren; ***provoquer qn en ~*** j-n zum Duell (heraus)fordern; ***tuer qn en ~*** j-n im Duell töten **2** *fig* ***~ oratoire*** Rededuell *n*; Wortgefecht *n* **3** GR Dual(is) *m*

duelliste [dɥelist] *m* Duellant *m*

duettiste [dɥetist] *m,f* MUS **a)** *qui chante* Duettsänger(in) *m(f)*; **b)** *qui joue* Duospieler(in) *m(f)*

duffle-coat [dœfœlkot] *m* Dufflecoat ['dafəlkoːt] *m*

Du Guesclin [dygeklɛ̃] *historische frz Gestalt*

Duhamel [dyamɛl] ***Georges ~*** *frz Schriftsteller*

dulcinée [dylsine] *f plais* Dulzinea *f*; Angebetete *f*

Dumas [dyma] *frz Schriftsteller*

dûment [dymɑ̃] *adv* **1** JUR vorschriftsmäßig; ordnungsgemäß **2** *(convenablement)* gebührend; wie es sich gebührt

dumping [dœmpiŋ] *m* COMM Dumping [-a-] *n*

dune [dyn] *f* Düne *f*

dunette [dynɛt] *f* MAR Poop *f*; Hütte *f*

Dunkerque [dɛ̃kɛʀk, dœ̃-] Dünkirchen *n*

duo [dyo] *m* MUS **a)** *vocal* Duett *n*; ***en ~*** im Duett; **b)** *instrumental* Duo *n (a fig et plais)*

duodécimal [dɥɔdesimal] *adj* ⟨**-aux**⟩ ***système*** *m* ***de numération ~e*** Duodezimal-, Zwölfersystem *n*

duodénal [dɥɔdenal] *adj* ⟨**-aux**⟩ ANAT Zwölffingerdarm…

duodénum [dɥɔdenɔm] *m* ANAT Zwölffingerdarm *m*

dupe [dyp] **I** *f* ***être la ~ de qn*** von j-m betrogen, geprellt, übers Ohr gehauen, zum Narren gehalten werden; ***c'est un marché de ~s*** das ist Betrug **II** *adj* ***être ~ de qc*** auf etw (*acc*) hereinfallen; sich von etw täuschen lassen; ***je ne suis pas ~*** darauf falle ich nicht herein; ich durchschaue die Sache

duper [dype] *v/t* betrügen; prellen; zum Narren halten

duperie [dypʀi] *f* Schwindel *m*; Betrug *m*

duplex [dyplɛks] *m* **1** TÉLÉCOMM Duplexbetrieb *m*; Gegensprechverkehr *m* **2** RAD, TV Konferenzschaltung *f* (mit zwei Teilnehmern) **3** *appartement* Maiso(n)nettewohnung *f*

duplicata [dyplikata] *m* ⟨*inv*⟩ Duplikat n; Zweitschrift *f*, -ausfertigung *f* **duplicateur** *m* Vervielfältigungsapparat *m*

duplicité [dyplisite] *f d'une personne* Doppelzüngigkeit *f*; Falschheit *f*

dupliquer [dyplike] *v/t* INFORM kopieren

duquel [dykɛl] *pr/rel et pr/int* → ***lequel***

dur [dyʀ] **I** *adj* **1** *(ferme) matériau, sol, siège etc* hart; *œuf* hart (gekocht); ***blé ~*** Hartweizen *m*; ***viande ~e*** zähes Fleisch; ***~ comme du bois*** steinhart; *fig* ***avoir la tête ~e*** ein Dickkopf, F -schädel sein **2** *par ext combats* hart; *sommeil* fest; F ***coup ~*** harter, schwerer (Schicksals)Schlag; ***drogue ~e*** harte Droge; ***~ à digérer*** schwer zu verkraften(d); ***être ~ à la tâche*** ein unermüdlicher Arbeiter sein; → *a* ***vie*** *1* **3** *(difficile)* schwer; schwierig; hart; *porte, levier etc* ***être ~*** schwer gehen; ***être ~ d'oreille***, F ***de la feuille*** schwerhörig sein; schwer hören; ***ce n'est pas ~*** das ist nicht schwer, schwierig; das fällt mir nicht schwer; ***les temps sont ~s*** es sind schwere, harte, schlechte Zeiten; ***mener la vie ~e à qn*** j-m das Leben schwer, sauer machen; → *a* ***détente*** *1* **4** *(sévère) voix, traits du visage etc* hart; *personne* hart; streng; *(inhumain)* hart(herzig); *loi, traitement, critique* hart; streng; ***être ~ avec qn*** gegen j-n, zu j-m hart sein **II** *adv* **1** F ***cogner, frapper ~*** hart, fest, kräftig (zu)schlagen; ***travailler ~*** hart arbeiten; *soleil* F ***ta-***

D

D

per ~ heiß brennen 2 *fig* ***croire à qc ~ comme fer*** (an) etw (*acc*) felsenfest glauben; von etw felsenfest überzeugt sein III *subst* 1 *personne* **a)** F ***un ~*** ein abgebrühter, F hartgesottener Bursche; ***jouer les ~s*** sich hart, abgebrüht geben; **b)** F ***un ~, une ~e à cuire*** j, mit dem *ou* mit der man schlecht fertig wird; **c)** (*intransigeant*) ***un ~*** ein harter, unnachgiebiger, kompromissloser Mensch; ***les ~s d'un parti*** die Kompromisslosen *m/pl*, Falken *m/pl* in e-r Partei 2 *m* ***construction f en ~*** Massivbau *m* 3 *loc/adv* ***être élevé à la ~e*** hart, streng, spartanisch erzogen werden *ou* sein 4 ***coucher sur la ~e*** auf der bloßen Erde schlafen

durabilité [dyʀabilite] *f* Dauerhaftigkeit *f*; Beständigkeit *f*; Nachhaltigkeit *f*

durable [dyʀabl] *adj* dauerhaft; beständig; ***développement m ~*** nachhaltige Entwicklung; ***effet m ~*** nachhaltige Wirkung; ***influence f ~*** nachhaltiger Einfluss

duralumin [dyʀalymɛ̃] *m* TECH Duralumin(ium) *n*; Dural *n*

durant [dyʀɑ̃] *prép* 1 während (*+gén*, F *a +dat*); ***~ l'été*** während des Sommers; den Sommer über; ***~ trois jours*** drei Tage (lang); während dreier Tage; ***~ la nuit*** während, in der Nacht; die Nacht über; ***~ tout ce temps*** während, in dieser ganzen Zeit 2 ⟨*nachgestellt*⟩ ***une heure ~*** e-e (ganze) Stunde lang; e-e geschlagene Stunde; ***des heures ~*** stundenlang; ***des mois ~*** monatelang; ***sa vie ~*** sein Leben lang

Duras [dyʀas] *frz Schriftstellerin*

duratif [dyʀatif] *adj* ⟨**-ive**⟩ LING durativ; die Dauer ausdrückend; ***aspect ~*** durative Aktionsart

durcir [dyʀsiʀ] I *v/t* 1 *matériau, sol etc* hart machen; hart werden lassen; *matériau a* (er)härten 2 *fatigue etc: visage* hart machen, erscheinen lassen; ***il a durci sa voix*** s-e Stimme wurde hart 3 *fig* ***~ sa position*** e-e unnachgiebigere Position einnehmen; ***~ la résistance*** den Widerstand verstärken II *v/i* hart werden; erhärten III *v/pr* ***se ~*** 1 hart werden (*a traits du visage etc*); *matériau a* erhärten 2 *fig positions, fronts* sich verhärten; *personne* hart(herzig) werden

durcissement [dyʀsismɑ̃] *m* 1 Hartwerden *n*; Erhärtung *f* 2 *fig des positions etc* Verhärtung *f* **durcisseur** *m* TECH Härter *m*; Härtungsmittel *n*

durée [dyʀe] *f* Dauer *f*; Zeit(dauer) *f*; Länge *f*; ***~ de construction, de cuisson*** Bau-, Kochzeit *f*; INFORM ***~ d'exécution*** Laufzeit *f*; ***~ du travail*** Arbeitszeit *f*, -dauer *f*; ***réduire la ~ du travail*** die Arbeitszeit verkürzen; ***~ de validité*** Gültigkeitsdauer *f*; *loc/adj*: ***de courte ~*** von kurzer Dauer; *phénomène a* kurzlebig; *loc/prép*: ***pendant la ~ de*** während (der Dauer) (*+gén*); ***pendant la ~ des travaux*** während der Bauarbeiten; ***pour la ~ de*** für die Dauer von (*ou +gén*); ***pour la ~ des vacances*** für die Dauer der Ferien; für die ganze Ferienzeit; ***pour une ~ illimitée*** auf unbegrenzte Zeit

durement [dyʀmɑ̃] *adv* 1 ***être ~ touché, éprouvé*** hart, schwer mitgenommen, getroffen, geprüft werden; Schweres durchmachen 2 *parler, répondre etc* hart; in hartem Ton

dure-mère [dyʀmɛʀ] *f* ANAT harte (Ge)Hirnhaut; *sc* Dura Mater *f*

durer [dyʀe] *v/i* 1 dauern; an-, fortdauern; anhalten; *st/s* währen; *beau temps* anhalten; sich halten; *mode, œuvre* sich halten; Bestand haben; *la conversation* ***dure encore*** dauert noch an; ***la tempête dure depuis deux jours*** der Sturm dauert schon zwei Tage; es stürmt schon seit zwei Tagen; ***cela a assez duré, cela n'a que trop duré*** das dauert nun lange genug; das hat schon allzu lange gedauert; jetzt reicht's!; ***cela ne peut ~*** das kann nicht so bleiben, weitergehen; ***pourvu que cela dure!*** wenn es doch nur so bliebe!; hoffentlich bleibt es so!; ♦ ***faire ~ qc*** etw hinausziehen, in die Länge ziehen, verlängern; *iron* ***faire ~ le plaisir*** den Spaß in die Länge ziehen 2 *objet, matériau* halten; ***faire ~ ses affaires*** s-e Sachen schonen, damit sie länger halten; F ***ça durera ce que ça durera*** das hält eben, solange es hält

dureté [dyʀte] *f* 1 *d'un matériau, d'un lit etc* Härte *f* 2 *fig du visage, de la voix etc* Härte *f*; *d'une personne* **a)** (*sévérité*) Härte *f*; Strenge *f*; **b)** (*inhumanité*) Hartherzigkeit *f*; Härte *f*; *d'une loi, d'une critique etc* Härte *f*; Strenge *f*

durillon [dyʀijɔ̃] *m* Schwiele *f*

durit® [dyʀit] *f* AUTO Kühlwasserschlauch *m*

Durkheim [dyʀkɛm] ***Émile ~*** *frz Soziologe*

dussé-je [dysɛʒ] → ***devoir***[1] *II 5*

DUT [deyte] *m abr* (*diplôme universitaire de technologie*) Abschlussdiplom *n* e-r Fachhochschule (→ IUT)

duvet [dyvɛ] *m* 1 Daunen *f/pl*; Flaumfedern *f/pl*; *oreiller* ***garni de ~*** mit Daunenfüllung 2 (*sac de couchage*) (Daunen)Schlafsack *m* 3 *des humains*, ZO, BOT Flaum(haare) *m(n/pl)* 4 *d'un jeune homme* Flaum(bart) *m*

duveter [dyvte] *v/pr* ⟨**-tt-**⟩ ***se ~*** Flaumhaare, e-n Flaum bekommen **duveteux** *adj* ⟨**-euse**⟩ flaumig; mit Flaum bedeckt; *tissu* flauschig

DVD [devede] *m abr* (*digital versatile disc*) DVD *f*

dynamique [dinamik] I *adj* dynamisch; *fig personne a* energiegeladen; tatkräftig II *f* 1 PHYS *fig* Dynamik *f* 2 PSYCH ***~ de(s) groupe(s)*** Gruppendynamik *f*

dynamiser [dinamize] *v/t* dynamisieren **dynamisme** *m* 1 *d'une personne, d'une évolution* Dynamik *f* 2 PHILOS Dynamismus *m*

dynamitage [dinamitaʒ] *m* Sprengen *n*, Sprengung *f* mit Dynamit

dynamite [dinamit] *f* 1 Dynamit *n*; ***attentat m à la ~*** Sprengstoffattentat *n*; ***faire sauter à la ~*** mit Dynamit sprengen 2 F *fig d'une personne* ***c'est de la ~*** F der *ou* die hat aber (ein) Temperament!

dynamiter [dinamite] *v/t* mit Dynamit sprengen

dynamo [dinamo] *f* ÉLECT Dynamo *m*; AUTO Lichtmaschine *f* **dynamo-électrique** *adj* ***machine f ~*** Dynamomaschine *f*

dynamomètre [dinamɔmɛtʀ] *m* Dynamometer *n*; Kraftmesser *m*

dynastie [dinasti] *f* Dynastie *f* (*a fig*); Herrscherhaus *n*, -geschlecht *n* **dynastique** *adj* dynastisch

dyne [din] *f* PHYS Dyn *n* (*symbole* dyn)

dysenterie [disɑ̃tʀi] *f* MÉD Ruhr *f*; ***~ amibienne*** Amöbenruhr *f*

dysfonctionnement [disfɔ̃ksjɔnmɑ̃] *m* MÉD Funktionsstörung *f*

dyslexie [dislɛksi] *f* Legasthenie *f* **dyslexique** I *adj* legasthenisch II *m,f* Legastheniker(in) *m(f)*

dyspepsie [dispɛpsi] *f* MÉD Verdauungsstörung *f*; *sc* Dyspepsie *f*

E

E

E, e [ə] ⟨*inv*⟩ E, e [e] *n*; ***l'e*** [lə ə, lə] das E; ***e dans l'o*** oe verschlungen (œ)

E. *abr* (*est*) O (Ost[en])

EAO [əao] *m abr* (*enseignement assisté par ordinateur*) computerunterstützter [-ˈpjuː-] Unterricht

eau [o] *f* ⟨*pl* **~x**⟩ 1 Wasser *n*; *pl* **~x** *a* GÉOGR Gewässer *n/pl*; (*sources thermales*) Heilquellen *f/pl*; ♦ ***basses ~x*** Niedrigwasser *n*; niedriger Wasserstand; ***~ chaude*** warmes, heißes Wasser; Warmwasser *n*; ***~ douce*** Süßwasser *n*; ***~ fraîche*** frisches Wasser; Frischwasser *n*; ***~ froide*** kaltes Wasser; Kaltwasser *n*; ***se laver à l'~ froide*** sich mit kaltem Wasser waschen; ***les grandes ~x de Versailles*** die Wasserkünste *f/pl* von Versailles; F *fig* ***c'est les grandes ~x*** F er *ou* sie heult wie ein Schlosshund; ***'hautes ~x*** Hochwasser *n*; hoher Wasserstand; ***~ minérale*** Mineralwasser *n*; Tafelwasser *n*; ***~x territoriales*** Hoheitsgewässer *n/pl*; ***~x thermales*** warme Quellen *f/pl*; Thermalquellen *f/pl*; ***~ de Cologne*** Kölnischwasser; ***~ de cuisson*** Kochwasser *n*; ***~x d'égout*** Abwasser *n*; Schmutzwasser *n*; ***~ de mer*** Meerwasser *n*; ***~ de parfum*** Eau de Parfum *n*; ***~ de pluie*** Regenwasser *n*; ***~ de riz*** Reisschleim *m*; ***~ du robinet*** Leitungswasser *n*; ***~ de source*** Quellwasser *n*; ***~ de toilette*** Eau de Toilette *n*; ***~ de vaisselle*** Abwasch-, Spülwasser *n*; *fig et péj* (*soupe trop claire*) dünne Brühe; ♦ *loc/adv*: ***au bord de l'~*** am Ufer; am Wasser; ***en ~ profonde*** in großer (Wasser)Tiefe; ***entre deux ~x*** in e-r gewissen Wassertiefe; *fig* ***nager entre deux ~x*** es mit keinem verderben wollen; geschickt lavieren; *loc/adj* (***cuit***) ***à l'~*** (in Wasser) gekocht; ***soluble dans l'~*** wasserlöslich; ♦ ***aller aux ~x*** e-e Badekur machen; ins Bad reisen; ***aller sur l'~*** auf dem Wasser fahren; *fig* ***amener de l'~ au moulin de qn*** Wasser auf j-s Mühle (*acc*) sein; F *fig* ***il y a de l'~ dans le gaz*** es kriselt; da ist Sand im Getriebe; ***le temps est à l'~*** es sieht nach Regen aus; ***être en ~*** in Schweiß gebadet sein; *fig* ***les ~x sont basses*** F es ist Ebbe (in meiner Kasse); MAR ***faire ~*** leck sein; lecken; ein Leck haben; ***se jeter à l'~*** sich ins Wasser stürzen; ins Wasser springen; *suicide* sich ertränken; ins Wasser gehen; *fig* (*oser*) den Stier bei den Hörnern packen; sich (*dat*) ein Herz fassen; ***laver à grande ~*** mit viel *ou* reichlich Wasser, gründlich waschen; ***mettre à l'~*** *canot* (*de sauvetage*) aussetzen; zu Wasser lassen, bringen; *bateau* (*lancer*) vom Stapel lassen; *fig* ***mettre de l'~ dans son vin*** zurückstecken; *fig* ***d'ici là il passera, coulera beaucoup d'~ sous les ponts*** bis dahin wird noch viel Wasser den Rhein (*ou* die Donau *etc*) hinunterfließen; ***passer à l'~*** CUIS abschrecken; *vaisselle etc* (kurz) abspülen; ***se passer les mains à l'~*** sich (*dat*) (kurz) die Hände waschen; *fig* ***pêcher en ~ trouble*** im Trüben fischen; *fig* ***porter de l'~ à la rivière*** Eulen nach Athen tragen; ***prendre les ~x*** e-e Trinkkur machen; Brunnen trinken; ***tenir l'~*** *récipient* wasserdicht sein; *bateau* schwimmfähig sein; ***tomber à l'~*** ins Wasser fallen (*a fig*); ***il tombe de l'~*** es regnet; ***cela me fait venir, me met l'~ à la bouche*** *ou* ***j'en ai l'~ à la bouche*** das Wasser läuft mir im Munde zusammen; das macht mir den Mund wässerig; ♦ *prov*: ***l'~ va toujours à la rivière*** Geld kommt immer zu Geld (*prov*); wo viel ist, kommt noch mehr hin (*prov*); ***il n'est pire ~ que l'~ qui dort*** stille Wasser sind, gründen tief (*prov*) 2 ***Eaux et Forêts*** *f/pl* Forstwesen *n*; ***administration f des Eaux et Forêts*** Forstverwaltung *f*; ***ingénieur m des Eaux et Forêts*** Diplomforstwirt *m* 3 MÉD **~x** *pl* Fruchtwasser *n*; ***perte f des ~x*** Fruchtwasserabgang *m*; ***poche f des ~x*** Fruchtblase *f* 4 *diamant* ***de la plus belle ~*** von erstem, reinstem Wasser; *fig* ***un escroc*** *etc* ***de la plus belle ~*** ein Schurke *etc* reinsten Wassers

eau-de-vie [odvi] *f* ⟨*pl* **eaux-de-vie**⟩ Branntwein *m*; Schnaps *m*; ***~ de vin*** Weinbrand *m*; ***cerises f/pl à l'~*** in Branntwein eingelegte Kirschen *f/pl*

eau-forte [ofɔʀt] *f* ⟨*pl* **eaux-fortes**⟩ 1 Radierung *f* (*technique et résultat*) 2 CHIM Scheidewasser *n*

Eauze [eoz] *Ort im Dep. Gers*

ébahir [ebaiʀ] I *v/t* verblüffen; *adjt* ***tout ébahi*** ganz verdutzt; bass erstaunt; sprachlos II *v/pr litt* ***s'~*** sich (ver)wundern; erstaunt, verblüfft sein (***de*** über +*acc*); s-n Augen nicht trauen; es nicht fassen können

ébahissement [ebaismɑ̃] *m* Verblüffung *f*

ébarber [ebaʀbe] *v/t* TECH ab-, entgraten; MÉTALL (guss)putzen; *plumes* reißen; schleißen; *papier* beschneiden

ébats [eba] *st/s et plais m/pl* Herumtollen *n*; (muntere) Spiele *n/pl*; ***~ amoureux*** Liebesspiele *n/pl*

ébattre [ebatʀ] *v/pr* ⟨→ **battre**⟩ *st/s* ***s'~*** sich herumtummeln; herumtollen

ébaubi [ebobi] *litt adj* sprachlos; verdutzt

ébauche [eboʃ] *f* 1 *de tableau, de roman, de lettre etc* (erster) Entwurf; Skizze *f*; Anlage *f*; Vorstufe *f*; Rohfassung *f* 2 *fig* (schwacher) Versuch; Andeutung *f*; ***~ d'un sourire*** Andeutung, Spur *f* e-s Lächelns 3 TECH Rohform *f*; Rohling *m*

ébaucher [eboʃe] I *v/t* 1 *tableau, roman etc* entwerfen; skizzieren; anlegen; SCULP aus dem Rohen, Groben arbeiten 2 *fig* ***~ un projet*** einen Plan entwerfen; ***~ un sourire, un salut*** ein Lächeln, einen Gruß andeuten 3 TECH roh bearbeiten II *v/pr* ***s'~*** sich andeuten; sich abzeichnen; allmählich Gestalt annehmen

ébauchoir [eboʃwaʀ] *m* SCULP Modellierstab *m*

ébaudir [ebodiʀ] *v/pr* ***s'~*** *litt* sich ergötzen

ébène [ebɛn] *f* Ebenholz *n*; *fig* ***cheveux m/pl d'~, noirs comme l'~*** Haare *n/pl* schwarz wie Ebenholz; ***meubles m/pl d'~*** Möbel *n/pl* aus Ebenholz; ***noir m***

d'~ tiefes Schwarz
ébénier [ebenje] *m* BOT Ebenholzbaum *m*; ***faux ~*** Goldregen *m*
ébéniste [ebenist] *m,f* (Kunst)Tischler(in) *m(f)*; Möbeltischler(in) *m(f)*
ébénisterie [ebenistəʀi] *f* **a)** Tischlerhandwerk *n*; (Kunst-, Möbel)Tischlerei *f*; **b)** (***ouvrage*** *m* ***d'***)~ (Kunst)Tischlerarbeit *f*
éberlué [ebɛʀlɥe] *adj* verdutzt
éblouir [ebluiʀ] *v/t* **1** *soleil etc* ***~ qn*** j-n blenden **2** *fig* **a)** (*émerveiller*) sehr beeindrucken; bezaubern; hinreißen; **b)** *péj* blenden; bluffen; täuschen; ***se laisser ~ par qc*** sich von etw blenden lassen
éblouissant [ebluisɑ̃] *adj* **1** *soleil etc* blendend; *neige* blendend weiß **2** *fig* blendend; *style* glänzend; *teint* schimmernd; strahlend; ***verve ~e*** sprühender Witz; ***être d'une beauté ~e*** strahlend, hinreißend schön sein
éblouissement [ebluismɑ̃] *m* **1** Blenden *n*, -ung *f* **2** ***j'ai des ~s*** es wird mir schwarz, es flimmert mir vor den Augen **3** *fig* bewunderndes Staunen; ***ce fut un ~*** es war wunderbar, herrlich
ébonite [ebɔnit] *f* Hartgummi *n ou m*; Ebonit *n*
éborgner [ebɔʀɲe] **I** *v/t* ***~ qn*** j-m ein Auge ausstechen, -schlagen, -stoßen **II** *v/pr* ***s'~*** sich (*dat*) ein Auge ausstechen, -schlagen, -stoßen
éboueur [ebwœʀ] *m* Arbeiter *m* bei der Müllabfuhr; *t/t* Müllwerker *m*; ***~s*** *pl* Müllabfuhrpersonal *n*
ébouillanter [ebujɑ̃te] **I** *v/t* abbrühen; überbrühen; CUIS *a* kurz in kochendes Wasser legen; ***~ une théière*** eine Teekanne heiß ausspülen, vorwärmen **II** *v/pr* ***s'~*** sich verbrühen
éboulement [ebulmɑ̃] *m* Erd-, Bergrutsch *m*; MINES Verschüttung *f*; Verbruch *m*; ***~ d'une falaise*** Einsturz *m* e-r Steilküste; ***~ de terrain, de terre*** Erdrutsch *m*
ébouler [ebule] *v/pr* ***s'~*** einstürzen; *talus* abrutschen
éboulis [ebuli] *m* Geröll *n*; Schutt *m*
ébouriffant [ebuʀifɑ̃] F *adj* haarsträubend; verblüffend; unglaublich; ***succès ~*** durchschlagender Erfolg
ébouriffé [ebuʀife] **I** *adj cheveux, personne* zerzaust; zerrauft; F strubbelig; *cheveux a* wirr; *moineau* aufgeplustert; ***tête ~e*** Strubbelkopf *m* **II** *m* Struwwelpeter *m*; Strubbelkopf *m*
ébouriffer [ebuʀife] *v/t* **1** ***~ les cheveux de qn*** j-m das Haar, die Haare zerzausen, zerraufen, F verstrubbeln **2** F *fig* verblüffen; verdutzen
ébrancher [ebʀɑ̃ʃe] *v/t* aus-, abästen; ausputzen; auslichten
ébranlement [ebʀɑ̃lmɑ̃] *m* **1** Erschütterung *f* **2** *fig de la confiance, du pouvoir* Erschütterung *f*; *de la santé* Zerrüttung *f*; *du trône* Wanken *n* **3** *psychique* Erschütterung *f*; Schock *m*
ébranler [ebʀɑ̃le] **I** *v/t* **1** *vitres, sol* erschüttern; erzittern lassen; *immeuble* ins Wanken bringen; *cris **~ l'air*** durch die Luft hallen **2** *fig* **a)** *confiance, pouvoir* erschüttern; ins Wanken bringen; ***~ les convictions de qn*** *a* j-n in s-r Überzeugung wankend machen; *ces arguments **l'ont ébranlé*** haben ihn unsicher gemacht; ***rien ne peut l'~*** ihn kann nichts erschüttern; **b)** *nerfs, santé* zerrütten; *adjt **ébranlé*** *a* angeschlagen **II** *v/pr* ***s'~*** *train* sich in Bewegung setzen; anfahren; *cortège* sich in Bewegung setzen; *armée* sich in Marsch setzen; *cloches* zu läuten beginnen, anheben
Èbre [ɛbʀ] GÉOGR ***l'~*** *m* der Ebro
ébréché [ebʀeʃe] *adj* **1** *lame* schartig; *tasse, verre* angeschlagen; *dent* ab-, ausgebrochen **2** F *fig fortune* stark angegriffen
ébrécher [ebʀeʃe] ⟨-è-⟩ **I** *v/t* **1** *lame* schartig machen; ***~ une assiette, un vase, un verre*** einen Teller, eine Vase, ein Glas anschlagen **2** F *fig fortune* angreifen **II** *v/pr* ***s'~*** schartig werden; ***s'~ une dent*** sich (*dat*) ein Stück von e-m Zahn ausbrechen
ébréchure [ebʀeʃyʀ] *f sur une lame* Scharte *f*; *sur une assiette etc* angeschlagene Stelle; Beschädigung *f*
ébriété [ebʀijete] *f* ADM Trunkenheit *f*; ***en état d'~*** in betrunkenem Zustand
ébrouement [ebʀumɑ̃] *m* Schnauben *n*; Prusten *n*
ébrouer [ebʀue] *v/pr* ***s'~*** **1** *animaux, personnes* sich schütteln; ***s'~ sous la douche*** prustend und sich schüttelnd duschen **2** *cheval* schnauben; prusten
ébruitement [ebʀɥitmɑ̃] *m* Ruchbarwerden *n*; Verbreitung *f*
ébruiter [ebʀɥite] **I** *v/t secret, nouvelle* verbreiten; unter die Leute bringen; ausplaudern **II** *v/pr* ***s'~*** bekannt, laut, ruchbar werden; sich herumsprechen
ébullition [ebylisjõ] *f* **1** (Auf)Kochen *n*; Sieden *n*; Aufwallen *n*; PHYS ***point*** *m* ***d'~*** Siedepunkt *m*; ***entrer en ~*** zu sieden, kochen beginnen; aufwallen; ***porter à ~*** zum Sieden bringen **2** *fig loc/adj **en ~*** in Aufregung; in Wallung; in Aufruhr
écaille [ekɑj, ekaj] *f* **1** ZO, BOT Schuppe *f*; ***~ de poisson*** Fischschuppe *f* **2** *par ext de l'ardoise, de peinture etc* Plättchen *n* **3** *de tortues* Schildpatt *n*; ***lunettes*** *f/pl* ***d'~*** Schildpattbrille *f*; *par ext* Hornbrille *f*; ***peigne*** *m* ***en ~*** Schildpattkamm *m* **4** ***~ d'huître*** Austernschale *f*
écailler¹ [ekaje] **I** *v/t* **1** *poisson* (ab)schuppen **2** *huîtres* aufmachen, -brechen; öffnen **II** *v/pr* ***s'~*** *peinture, vernis* abblättern; abspringen; abplatzen; *adjt **écaillé*** abgeblättert
écailler² [ekaje] *m*, **écaillère** *f* Austernhändler(in) *m(f)*
écailleux [ekajø] *adj* ⟨**-euse**⟩ *peau* schuppig; MINÉR blättrig **écaillure** *f de peinture etc* (abgefallenes) dünnes Blättchen
écale [ekal] *f de noix etc* (grüne) Schale **écaler** *v/t noix, œufs* schälen
écarlate [ekaʀlat] **I** *adj* scharlachrot, -farben; *visage* hochrot; stark gerötet; ***devenir ~*** feuerrot, puterrot werden (***de*** vor) **II** *f* **1** *couleur* Scharlachrot *n*, -farbe *f*; Scharlach *m* **2** *étoffe* scharlachroter Stoff
écarquiller [ekaʀkije] *v/t* ***~ les yeux*** die Augen (weit) aufreißen, aufsperren
écart [ekaʀ] *m* **1** (*distance*) Abstand *m*; Spielraum *m*; (*différence*) Unterschied *m*; Abweichung *f*; Spanne *f*; ***un ~ de dix jours*** ein Spielraum, e-e Spanne von zehn Tagen; ***~ de(s) prix*** Preisspanne *f*, -unterschied *m*; ***~s des prix*** Preisabweichungen *f/pl*, -gefälle *n*; ***~s de salaires*** Lohn-, Gehaltsunterschiede *m/pl*; Lohngefälle *n*; ***~s de température*** Temperaturunterschiede *m/pl*, -gefälle *n* **2** *fig* (*irrégularité*) Abweichung *f*; Verfehlung *f*; Verstoß *m*; Entgleisung *f*; F Ausrutscher *m*; ***~s*** (***de conduite***) Seitensprünge *m/pl*; ***~ de jeunesse*** Jugendverfehlung *f*, -sünde *f*; ***~ de langage*** sprachliche Entglei-

sung; ***se permettre des ~s de langage*** sich im Ton vergreifen; ***~ de régime*** Diätfehler *m* **3** (*brusque mouvement*) Sprung *m*, Schritt *m*, Wendung *f* zur Seite; ***faire un ~*** auf die Seite, zur Seite springen **4** SPORTS ***grand ~*** Spagat *m ou n*; ***faire le grand ~*** (e-n) Spagat machen **5** MATH, STATISTIQUE Abweichung *f*; TECH (Maß)Abweichung *f*; Toleranz *f* **6** JEUX DE CARTES **a)** Ablegen *n* (der Karten); **b)** abgelegte Karten *f/pl* **7** **a)** *loc/adv* ***à l'~*** beiseite; abseits; fern; ***s'asseoir à l'~*** sich abseits, auf die Seite setzen; ***rester à l'~*** abseits-, beiseitebleiben; auf der Seite bleiben; *fig* ***tenir qn à l'~*** j-n fernhalten (***de*** von); j-n übergehen; ***se tenir à l'~*** beiseitestehen; sich abseitshalten; *fig* sich fernhalten (***de*** von); wegbleiben; ***vivre à l'~*** zurückgezogen leben; **b)** *loc/prép* ***à l'~ de la route*** *etc* abseits der Straße *etc*; weit weg von der Straße *etc*

écarté [ekaʀte] **I** *adj* **1** *yeux, dents* (weit) auseinander stehend; SPORTS: ***bras ~s!*** Arme seitlich heben!; ***jambes ~es!*** Beine spreizen!; ***saut*** *m* ***jambes ~es*** Grätsche *f*; DANSE ***pose ~e*** Ekarté *n* **2** *lieu* (*isolé*) abgelegen; entlegen **II** *m jeu de cartes* Ekarté *n*

écartèlement [ekaʀtɛlmɑ̃] *m* **1** HIST Vierteilen *n* **2** *fig* Zerrissensein *n*, Hin-und-her-Gerissen-Sein *n* (***entre*** zwischen *+dat*)

écarteler [ekaʀtəle] *v/t* ⟨-è-⟩ **1** HIST ***~ qn*** j-n vierteilen **2** *fig* ***être écartelé*** hin und her gerissen werden *ou* sein (***entre*** zwischen *+dat*)

écartement [ekaʀtəmɑ̃] *m* **1** Abstand *m*; Entfernung *f*; lichte Weite; ***~ des essieux*** Achsstand *m*; ***~ des roues*** Spurweite *f*; ***~ des yeux*** Augenabstand *m* **2** CH DE FER Spurweite *f*

écarter [ekaʀte] **I** *v/t* **1** (*séparer*) *bras, jambes* auseinandernehmen, F -machen; *bras a* ausbreiten; *doigts, jambes* spreizen; *branchages* auseinanderbiegen; zur Seite biegen; ***~ la foule*** die Leute zur Seite schieben; SPORTS ***~ les jambes*** die Beine grätschen; ***~ les rideaux*** die Vorhänge (e-n Spalt) öffnen; die Vorhänge zur Seite schieben, beiseiteschieben **2** (*éloigner*) wegrücken, -schieben; zur Seite rücken, schieben; entfernen; *mèche de cheveux* zurückstreichen; *les curieux* zurückdrängen; zur Seite drängen; ***~ une table du mur*** e-n Tisch von der Wand rücken **3** *fig objection, critique* zurückweisen; *problème* zurückstellen; ausklammern; *idée* verwerfen; zur Seite schieben; fallen lassen; *danger* abwenden; vorbeugen (*+dat*); *soupçon* zerstreuen; *d'un concours* ausschließen (von); ***~ un adversaire*** einen Gegner kaltstellen, ausschalten; ***~ la candidature de qn*** j-s Bewerbung ablehnen; ***~ un obstacle*** ein Hindernis beseitigen, wegräumen; ***~ une solution, une proposition*** eine Lösung, einen Vorschlag ablehnen, verwerfen; ***~ qn d'un emploi*** j-n aus e-r Stellung entfernen **4** *du bon chemin etc* entfernen; abbringen; *fig*: ***~ qn du droit chemin*** j-n vom rechten Weg abbringen; ***~ qn de son devoir*** j-n von s-r Pflicht abhalten **5** *carte à jouer* ablegen **II** *v/pr* ***s'~*** **1** sich entfernen (***de*** von); auf die Seite, zur Seite gehen; beiseitegehen, -treten; weg-, abrücken (***de*** von); zur Seite rücken; *foule* sich teilen; zurückweichen; *lignes* auseinanderlaufen; sich öffnen; *nuages* aufreißen **2** ***s'~ du (bon) chemin*** vom Weg abkommen; sich verlaufen; *fig* ***s'~ du droit chemin*** vom rechten Weg abkommen; auf Abwege geraten; *fig* ***s'~ du but, d'une ligne politique*** *etc* vom Ziel, von e-m politischen Kurs *etc* abweichen; ***s'~ du sujet*** vom Thema abkommen, abschweifen; nicht bei der Sache bleiben

ecchymose [ekimoz] *f* MÉD blauer Fleck; blaues Mal

ecclésiastique [eklezjastik] **I** *adj* kirchlich; geistlich; Kirchen…; ***habit*** *m* ***~*** Kleidung *f* der Geistlichen; ***état*** *m* ***~*** geistlicher Stand; ***fonctions*** *f/pl* ***~s, charge*** *f* ***~*** geistliches Amt **II** *m* Geistliche(r) *m*; Kleriker *m*

écervelé [esɛʀvəle] **I** *adj* leichtsinnig; unbesonnen; gedankenlos; kopflos **II** *subst* **~(e)** *m(f)* leichtsinnige, gedankenlose, kopflose Person; ***une jeune ~e*** ein leichtsinniges Mädchen

échafaud [eʃafo] *m* HIST Schafott *n*; Blutgerüst *n*

échafaudage [eʃafodaʒ] *m* **1** CONSTR (Bau)Gerüst *n*; ***dresser un ~*** ein Gerüst aufbauen, aufstellen, aufschlagen **2** *fig de livres etc* Haufen *m*; Stapel *m*; Stoß *m* **3** *fig d'arguments etc* (Gedanken)Gebäude *n*

échafauder [eʃafode] **I** *v/t* **1** (*empiler*) (auf)stapeln; aufeinandersetzen, -stellen, -legen **2** *fig projets* entwerfen; arbeiten an (*+dat*); *système* aufbauen; *fortune* erwerben; zusammenbringen; ***~ une entreprise*** ein Unternehmen aufbauen; ***~ une théorie*** eine Theorie aufstellen **II** *v/i* CONSTR ein Gerüst aufbauen, aufstellen, aufschlagen

échalas [eʃala] *m* **1** VIT, JARD Pfahl *m* **2** F *fig d'une personne* ***un grand ~*** F e-e lange Stange, Latte; e-e Hopfen-, Bohnenstange

échalote [eʃalɔt] *f* BOT, CUIS Schalotte *f*

échancré [eʃɑ̃kʀe] *adj* **1** COUT ausgeschnitten; halsfern **2** *côte* buchtenreich; zerrissen; zerklüftet

échancrer *v/t* COUT ausbogen; ausschneiden; TECH schweifen

échancrure [eʃɑ̃kʀyʀ] *f* **1** COUT Ausschnitt *m*; *par ext* Dekolletee *n* **2** *de la côte* ***~s*** *pl* Einbuchtungen *f/pl*

échange [eʃɑ̃ʒ] *m* **1** Austausch *m*; Tausch *m*; Wechsel *m*; BIOL ***~s cellulaires*** Zellstoffwechsel *m*; ***~s (commerciaux)*** Warenaustausch *m*; Handelsverkehr *m*; ***~s culturels*** Kulturaustausch *m*; BIOL ***~s gazeux*** Gasaustausch *m*; ***~ scolaire*** Schüleraustausch *m*; ***~ de coups*** Schlägerei *f*; ***~ d'appartements*** Wohnungstausch *m*; ***~ de lettres*** Brief-, Schriftwechsel *m*; ***~ de poignées de main*** gegenseitiges Händeschütteln; gegenseitiger Händedruck; ***~ de politesses*** Austausch von Höflichkeiten; ***~ de prisonniers*** Gefangenenaustausch *m*; ***~ de professeurs*** Lehreraustausch *m*; ***vif ~ de propos*** heftiger Wortwechsel; ***~ de vues, d'idées*** Meinungs-, Gedankenaustausch *m*; ÉCON ***volume*** *m* ***des ~s*** Handelsvolumen *n*; ***faire un ~*** tauschen (***avec qn*** mit j-m); e-n Tausch machen **2** COMM Umtausch *m*; ***pour un ~*** zwecks Umtausch **3** ÉCHECS Abtausch *m*; ***faire un ~*** abtauschen **4** **a)** *loc/adv* ***en ~*** als Gegenleistung; als Ersatz dafür; ***donner, prendre en ~*** in Tausch, dafür geben, nehmen; **b)** *loc/prép* ***en ~ de*** für; als Ersatz für; statt (*+gén*); ***en ~ de son silence****, on lui avait promis …* für sein Schweigen …; ***en ~ de quoi?*** was bieten Sie *ou* bietest du dafür?

échangeable [eʃɑ̃ʒabl] *adj* austauschbar; ***article*** *m* ***non ~*** vom Umtausch ausgeschlossene Ware

E

E

échanger [eʃɑ̃ʒe] *v/t* ⟨-geons⟩ 1 *objet, poste, logement* tauschen; *souvenirs, politesses, idées, prisonniers* austauschen; *regards, lettres, paroles, alliances* wechseln; **~ des billes contre des bonbons** Murmeln gegen Bonbons tauschen; Murmeln für, gegen, in Bonbons eintauschen; **~ des cadeaux** einander, sich (gegenseitig) beschenken; **~ des coups** sich schlagen; aufeinander einschlagen; **~ un salut** sich grüßen; e-n Gruß wechseln; **~ avec qn un regard rapide** e-n kurzen Blick mit j-m wechseln; **~ un sourire** einander, sich (gegenseitig) zulächeln 2 *marchandises* umtauschen; *adjt* **ni échangé ni repris** vom Umtausch ausgeschlossen

échangeur [eʃɑ̃ʒœʀ] *m* 1 (kreuzungsfreier) Verkehrsknoten; Verkehrskreuz *n*; *d'autoroutes* Autobahnkreuz *n* 2 PHYS **~ de chaleur** Wärmeaustauscher *m*

échangisme [eʃɑ̃ʒism] *m* Partnertausch *m* **échangiste** *m* JUR Tauschpartner *m*; Tauschende(r) *m*

échanson [eʃɑ̃sõ] *m* 1 HIST Mundschenk *m* 2 *plais* **notre grand ~** unser Mundschenk, Getränkemeister *m*

échantillon [eʃɑ̃tijõ] *m* 1 COMM (Waren)Probe *f*; (Waren)Muster *n*; Probestück *n*; **~ de parfum** Probe Parfüm; **~ de tissu** Stoffmuster *n*, -probe *f*; **cahier** *m*, **carnet** *m* **d'~s** Musterheft *n*, -buch *n* 2 *par ext* Probe *f*; **prélever des ~s d'eau, du sol** Wasser-, Bodenproben entnehmen 3 *fig de talent, d'humour* Kostprobe *f* 4 STATISTIQUE Stichprobe *f*; repräsentative Auswahl; Sample [-pəl] *n*

échantillonnage [eʃɑ̃tijɔnaʒ] *m* 1 COMM Mustersammlung *f*, -kollektion *f*; *fig* Auswahl *f* 2 STATISTIQUE Stichprobenerhebung *f*; Repräsentativerhebung *f* 3 TECH Entnahme *f* von Proben; Probeentnahme *f*

échantillonner [eʃɑ̃tijɔne] *v/t* 1 COMM Proben zusammenstellen, e-e Probe anfertigen (**qc** von etw) 2 STATISTIQUE auswählen; e-e Auswahl treffen (von) 3 TECH Proben *ou* e-e Probe entnehmen (+*dat*)

échappatoire [eʃapatwaʀ] *f* Ausflucht *f*; Ausrede *f*; *par ext* Ausweg *m*

échappe [eʃap] **touche** *f* **~** Escape-Taste [ɪsˈkeːp-] *f*

échappé [eʃape] I *adj animal* entlaufen; *oiseau* entflogen II *m* F *fig* **un ~ (de l'asile)** ein Verrückter *m*

échappée [eʃape] *f* 1 CYCLISME Ausreißversuch *m*; Ausreißen *n* 2 (*perspective*) (schmaler) Durchblick (**sur** auf +*acc*)

échappement [eʃapmɑ̃] *m* 1 AUTO Auspuff *m*; **~ libre** ungedämpfter Auspuff; **pot** *m* **d'~** Auspufftopf *m* 2 HORLOGERIE Hemmung *f*

échapper [eʃape] I *v/t* **l'~ belle** noch einmal (so *ou* gut) davonkommen; mit dem Schrecken, mit heiler Haut davonkommen II *v/t/indir et v/i* ⟨**avoir**, *litt a* **être**⟩ 1 entkommen, entgehen, entfliehen, entrinnen, entwischen (**à** *dat*); **~ à sa condition** aus s-n Verhältnissen herauskommen; **~ à un danger** e-r Gefahr entkommen, entgehen, entrinnen; **~ à ses gardiens** s-n Wächtern entkommen, entwischen; **laisser ~ un prisonnier** e-n Gefangenen laufen, entwischen *ou* entkommen lassen 2 *parole, juron etc* entfahren, entschlüpfen, herausfahren (**à qn** j-m); **ce mot m'a échappé** dieses Wort ist mir entschlüpft; **un soupir lui échappa** er seufzte auf; **laisser ~** *cri, soupir, juron* ausstoßen; *protestation* laut werden lassen; *remarque* nicht unterlassen können 3 *nom etc* entfallen (sein) (**à qn** j-m); **son nom m'échappe** sein Name ist mir entfallen, fällt mir nicht ein 4 *faute, détail, héritage etc* entgehen (**à qn** j-m); **cela m'a échappé** das ist mir entgangen; das habe ich übersehen, überhört; **rien ne lui échappe** ihm entgeht nichts; **laisser ~ une occasion** sich (*dat*) e-e Gelegenheit entgehen lassen 5 *à une influence, aux regards, à une obligation etc* sich entziehen (**à** *dat*); **vous n'y échapperez pas!** Sie werden nicht darum herumkommen!; **elle sentait que son fils lui échappait** sie merkte, dass ihr Sohn sich ihrem Einfluss entzog, dass ihr Sohn ihr entglitt; **il sent que son autorité va lui ~** er merkt, dass er s-e Autorität verliert; **la raison de son acte m'échappe** die Gründe s-s Handelns entziehen sich mir; **~ à la règle** von der Regel abweichen; e-e Ausnahme bilden 6 *objet* **~ des mains** aus den Händen fallen, gleiten; entgleiten; **laisser ~ une assiette** e-n Teller fallen lassen III *v/pr* **s'~** 1 *prisonnier etc* entkommen; entlaufen; entfliehen; entspringen; entweichen; entwischen; *animal* entlaufen; *serpent* entweichen; *oiseau* entfliegen; *par ext personne* sich davonmachen; verschwinden; weggehen; CYCLISME **s'~ du peloton** sich vom Feld lösen; das Feld hinter sich (*dat*) lassen 2 *larmes, sang* rinnen, strömen (**de** aus); *vapeur, gaz, fumée* entweichen; ausströmen; dringen (**de** aus); *odeur* entströmen (**de** *dat*); *son* (heraus)kommen (**de** aus); *soupir* sich entringen (**de** *dat*); *maille de tricot* sich lösen

écharde [eʃaʀd] *f* Splitter *m*; *südd* Spreißel *m*; *österr a* Schiefer *m*

écharpe [eʃaʀp] *f* 1 (*cache-nez*) Schal *m*; Halstuch *n*; **~ de soie** Seidenschal *m* 2 *insigne* Schärpe *f*; **~ tricolore** Schärpe in den Farben der Trikolore 3 MÉD Schlinge *f*; (Arm)Binde *f*; **porter le** *ou* **un bras en ~** den *ou* e-n Arm in der Binde, Schlinge tragen 4 *véhicule* **prendre en ~** in die Seite fahren (+*dat*); (seitlich) rammen

écharper [eʃaʀpe] *v/t* 1 in Stücke reißen 2 F *fig* **~ qn** F j-n fertigmachen, in der Luft zerreißen; F *fig* **se faire ~** F fertiggemacht, in der Luft zerrissen werden

échasse [eʃas, eʃɑs] *f* 1 Stelze *f*; **marcher avec des ~s** auf Stelzen gehen; *enfants* Stelzen laufen 2 F *fig* **~s** *pl* (*jambes longues et maigres*) F Storch(en)beine *n/pl*

échassier [eʃasje] *m* zo Stelzvogel *m*

échauder [eʃode] *v/t* 1 CUIS brühen; überbrühen 2 (*brûler*) verbrühen 3 *fig* **se faire ~, être échaudé** sich (*dat*) die Finger verbrennen; e-e Enttäuschung erleben

échauffant [eʃofɑ̃] *adj boissons, nourriture* (ver)stopfend

échauffement [eʃofmɑ̃] *m* 1 Erwärmung *f*; *p/fort* Erhitzung *f*; TECH Heißlaufen *n*; AGR Selbsterhitzung *f* 2 SPORTS Aufwärmen *n* 3 *fig* Erregung *f*

échauffer [eʃofe] I *v/t* 1 erwärmen; *p/fort* erhitzen 2 *fig* **~ la bile, les oreilles à qn** j-n wütend machen, in Harnisch bringen; **~ les esprits** die Gemüter erhitzen, erregen, in Wallung bringen II *v/pr* **s'~** 1 SPORTS sich aufwärmen; sich warm laufen 2 *fig personne* sich erregen; in Feuer, Hitze geraten; sich ereifern; *esprits* sich erhitzen, erregen; *discussion* heftig, hitzig werden

échauffourée [eʃofuʀe] *f* Zusammenstoß *m*; Krawall *m*

échauguette [eʃogɛt] *f* FORTIF (Burg)Warte *f*

échéance [eʃeɑ̃s] *f* 1 COMM, JUR *d'un paiement* Fälligkeit *f*; Fälligkeitsdatum *n*, -termin *m*, -tag *m*; *d'une lettre de change etc* Verfall *m*; Verfallsdatum *n*, -termin *m*, -tag *m*; *payer une traite* ***avant l'~*** ... vor Verfall; ***arriver, venir à ~*** fällig werden; verfallen 2 *paiement* fällige Zahlung; ***l'~ du loyer est le premier du mois*** die Miete ist am Ersten des Monats fällig 3 *loc/adv et loc/adj*: ***à brève, longue ~*** auf kurze, lange Sicht; kurz-, langfristig; ***à plus ou moins longue ~*** über kurz oder lang; *obtenir des résultats* ***à brève ~*** in, binnen kurzer Zeit 4 *fig* ***~ fatale*** unausweichliches Schicksal; bitteres Ende

échéancier [eʃeɑ̃sje] *m* COMM Fälligkeitsverzeichnis *n*; *par ext* Terminplan *m*

échéant [eʃeɑ̃] *loc/adv* ***le cas ~*** gegebenenfalls

échec [eʃɛk] *m* 1 Misserfolg *m*; Misslingen *n*; *à un examen* Durchfallen *n*; F Durchfall *m*; *d'un spectacle* Durchfall *m*; *d'un projet, de négociations* Scheitern *n*; SPORTS *etc* Niederlage *f*; Schlappe *f*; *d'une entreprise* Fehlschlag *m*; ***aller au-devant d'un ~, courir à un ~ certain*** keine Aussicht auf Erfolg haben; e-r (sicheren) Niederlage entgegengehen; ***essuyer, subir un ~*** e-e Niederlage, Schlappe erleiden; e-n Fehlschlag hinnehmen müssen; ***faire ~ aux projets de qn*** j-s Pläne vereiteln, zum Scheitern bringen 2 **a)** ***~s*** *pl ou* ***jeu*** *m* ***d'~s*** Schachspiel *n*; ***joueur*** *m* ***d'~s*** Schachspieler *m*; ***battre qn aux ~s*** j-n beim Schachspiel besiegen; ***jouer aux ~s*** Schach spielen; **b)** *aux échecs* Schach *n*; ***~ à la reine!*** gardez!; ***~ au roi!*** Schach (dem König) !; ***~ et mat!*** Schach (und) matt!; *adjt* ***être ~ et mat*** (schach)matt sein; ***être en ~*** *ou adjt* ***être ~*** im Schach stehen; ***faire ~ et mat en dix coups*** in zehn Zügen matt setzen; ***mettre qn en ~*** j-m Schach bieten; ***mettre ~ et mat*** (schach)matt setzen; *fig* ***tenir qn en ~*** j-n in Schach halten

échelle [eʃɛl] *f* 1 Leiter *f*; ***~ coulissante, à coulisse*** Auszieh-, Schiebeleiter *f*; ***~ double*** Steh-, Bockleiter *f*; ***~ escamotable*** Falltreppe *f*; ***la grande ~*** die Feuerwehrleiter; ***~ à incendie*** Feuer-, Brandleiter *f*; ***~ de corde*** Strickleiter *f*; ***~ de meunier*** (kurze) Treppe; Treppenleiter *f*; ***faire la courte ~ à qn*** j-m Hilfestellung geben (beim Klettern); j-m hinaufhelfen; *fig* j-m den Steigbügel halten; j-m Hilfestellung leisten; *fig* ***il n'y a plus qu'à tirer l'~*** a) das ist nicht mehr zu überbieten; b) *iron* (das ist) verlorene Liebesmühe 2 *fig* **a)** *sur des bas* Laufmasche *f*; **b)** *coiffeur* ***faire des ~s*** Treppen *f/pl*, Stufen *f/pl* (ins Haar) schneiden 3 (*graduation*) Skala *f* (*a fig*); ÉCON ***~ mobile*** gleitende Skala; MÉTÉO ***~ de Beaufort*** Beaufortskala *f*; Windstärkenskala *f*; SÉISME ***~ de Richter*** [ʀiʃtɛʀ] Richterskala *f*; ***~ des salaires*** Lohnskala *f*, -tabelle *f*; ***~ des valeurs*** Wert(e)skala *f* 4 (*hiérarchie*) Rangordnung *f*; Stufenleiter *f*; ***~ sociale*** soziale Stufenleiter; gesellschaftliche Rangordnung; ***être en bas, en 'haut de l'~*** zur unteren, oberen Gesellschaftsschicht gehören; ***être arrivé au sommet de l'~*** an der Spitze der Gesellschaft stehen 5 (*rapport*) Maßstab *m*; ***carte*** *f* ***à l'~ de 1/10 000 (un dix-millième)*** Karte *f* im Maßstab 1:10 000 (eins zu zehntausend); ***carte*** *f* ***à grande ~*** Karte *f* in kleinem, stark verkleinertem Maßstab; ***à l'~*** maßstab(s) gerecht, -getreu; im richtigen Maßstab; *fig*: ***être à l'~ de*** entsprechen (+*dat*); angemessen sein (+*dat*); im (richtigen) Verhältnis stehen zu; ***à l'~ nationale*** auf nationaler Ebene; ***sur une grande, vaste ~*** in großem Maßstab, Stil; in großem *ou* größerem Umfang

échelon [eʃlõ] *m* 1 *d'une échelle* Sprosse *f* 2 *fig* Stufe *f*; Ebene *f*; *loc/adv*: ***à l'~ national*** *etc* auf nationaler *etc* Ebene; POL ***à l'~ le plus élevé*** auf höchster Ebene; ***à tous les ~s*** auf allen Ebenen; ***être au dernier ~*** auf der höchsten *ou* untersten Stufe stehen; ***gravir les ~s du succès*** die Stufenleiter des Erfolgs emporklettern 3 ADM Rang(stufe) *m(f)*; Dienstgrad *m*; *par ext* Dienstaltersstufe *f*; Gehalts-, Besoldungsgruppe *f*; ***s'élever d'~ en ~*** stufenweise aufsteigen, weiterkommen; ***gravir les ~s de la hiérarchie*** auf der Stufenleiter der Hierarchie aufsteigen, hochklettern; ***passer à un ~ supérieur*** in e-e höhere Gehaltsstufe, Besoldungsgruppe kommen; höher eingestuft werden 4 MIL (Gefechts)Staffel *f*

échelonnement [eʃlɔnmɑ̃] *m* *des paiements etc* Staffelung *f*; Verteilung *f* (***sur trois ans*** auf drei Jahre); ***~ des congés*** Staffelung der Urlaubszeit

échelonner [eʃlɔne] I *v/t* staffeln; abstufen; *paiements, travaux* verteilen (***sur un an*** auf, über ein Jahr); *adjt* ***versements échelonnés*** Ratenzahlungen *f/pl* II *v/pr* ***s'~*** *paiements etc* sich verteilen, erstrecken (***sur*** auf, über +*acc*); sich hinziehen (über +*acc*); *policiers etc* in bestimmten Abständen stehen, aufgestellt sein

écheniller [eʃnije] *v/t* (die) Raupen ablesen (***un arbre*** von e-m Baum)

écheveau [eʃvo] *m* ⟨*pl* ***~x***⟩ 1 *de laine etc* Strang *m*; Docke *f* 2 *fig* Wirrwarr *m*; ***démêler l'~ d'une situation*** *etc* e-e Situation *etc* entwirren

échevelé [eʃəvle] *adj* 1 *personne* mit zerzaustem, fliegendem Haar 2 *fig* ***danse ~e*** wilder, hemmungsloser Tanz; ***passion ~e*** heftige, zügellose Leidenschaft; ***style ~*** wirrer Stil

échevin [eʃ(ə)vɛ̃] *m* 1 *aux Pays-Bas et en Belgique* Beigeordnete(r) *m* des Bürgermeisters 2 HIST Magistratsbeamte(r) *m*; Schöffe *m*

échine [eʃin] *f* 1 ANAT Rückgrat *n*; Wirbelsäule *f*; *fig*: ***avoir l'~ souple*** kein Rückgrat haben; unterwürfig, ein Kriecher sein; ***courber, plier l'~*** sich unterordnen; katzbuckeln 2 CUIS ***~ de porc*** Schweinekamm *m*

échiner [eʃine] *v/pr* F ***s'~*** sich abplagen, F abrackern (***à*** +*inf* um zu +*inf*)

échinodermes [ekinɔdɛʀm] *m/pl* ZO Stachelhäuter *m/pl*; *sc* Echinodermen *m/pl*

échiquier [eʃikje] *m* 1 Schachbrett *n*; *loc/adv* ***en ~*** schachbrettartig 2 *fig* Schau-, Kampfplatz *m*; Schachbrett *n*; ***l'~ européen*** das europäische Kräftespiel 3 *en Angleterre* ***chancelier*** *m* ***de l'Échiquier*** Schatzkanzler *m*; Finanzminister *m*

écho [eko] *m* 1 *acoustique* Echo *n*; Widerhall *m*; RADAR Schattenbild *n*; (Radar)Echo *n*; TV Geisterbild *n*; MUS Echo *n*; *par ext* ***à tous les ~s*** in allen Richtungen; überall; ***il y a de l'~*** *ou* ***ça fait (de l')~*** es gibt ein Echo; es hallt wider 2 *fig* **a)** Echo *n*; Widerhall *m*; Resonanz *f*; Anklang *m*; ***~ dans***

E

le monde, dans la presse Welt-, Presseecho *n*; Echo, Reaktion *f* in der Welt, bei der Presse; *proposition etc* ***éveiller, trouver un vif ~*** ein lebhaftes Echo finden, auslösen; lebhafte Resonanz, großen Anklang finden; ***se faire l'~ de qn*** nachsagen, -beten, -plappern, was j sagt; ***se faire l'~ de certains bruits*** Gerüchte weitererzählen, -tragen; ***rester sans ~*** ohne Echo, Resonanz bleiben; **b)** (*rumeur*) ***avez-vous eu quelques ~s de cette affaire?*** haben Sie (etwas) davon gehört?; ist Ihnen etwas zu Ohren gekommen?; **c)** *rubrique de journal* ***~s*** *pl* Spalte *f*, Seite *f* mit Gesellschaftsnachrichten, -klatsch

échographie [ekogʀafi] *f* MÉD Ultraschalluntersuchung *f*; Sonografie *f*

échoir [eʃwaʀ] ⟨*déf*: **il échoit, ils échoient**; **il échut**; **il échoira**; **échéant**; **échu**; **être** *od* **avoir**⟩ **I** *v/t/indir* ***~ à qn*** j-m zufallen (***en héritage*** als, durch Erbschaft); *st/s* j-m anheimfallen; *destin* j-m zuteilwerden **II** *v/i* COMM *dette* fällig werden *ou* sein; *date* verfallen; *délai* ablaufen; ***intérêts*** *m/pl* ***à ~*** anfallende Zinsen *m/pl*; ***à terme échu*** nach dem Fälligkeitstermin

échoppe [eʃɔp] *f* (Verkaufs)Stand *m*; kleiner (Kram)Laden

échotier [ekɔtje] *m* für die Gesellschaftsnachrichten verantwortlicher Redakteur

échouage [eʃwaʒ] *m* MAR Stranden *n*; Auflaufen *n*

échouer [eʃwe] **I** *v/t bateau* auf Strand, auf Grund setzen; auflaufen lassen **II** *v/i* **1 a)** *bateau* stranden; auf Grund laufen; auflaufen; **b)** *fig* (*arriver*) *dans un café etc* landen **2** *personne* scheitern; Schiffbruch erleiden; *à un examen* durchfallen; *projet etc* scheitern; fehlschlagen; misslingen; F schiefgehen; ***~ à un examen*** in, bei e-r Prüfung durchfallen; durch e-e Prüfung fallen; e-e Prüfung nicht bestehen; ***~ dans son projet*** mit s-m Vorhaben scheitern, Schiffbruch erleiden; ***faire ~ qc*** etw vereiteln, zum Scheitern bringen, hintertreiben **III** *v/pr* ***s'~*** *bateau* → *II 1*

échu [eʃy] *p/p* → ***échoir***

écimer [esime] *v/t* ***~ des arbres*** Bäume kappen, köpfen

éclabousser [eklabuse] **I** *v/t* **1** bespritzen; vollspritzen; *adjt* ***être éclaboussé de sang*** mit Blut bespritzt sein **2** *fig* **a)** ***~ qn*** j-s Namen, Ehre beschmutzen, beflecken; j-n in Mitleidenschaft ziehen; **b)** ***~ qn par son luxe*** s-n Luxus vor j-m aufdringlich zur Schau stellen **II** *v/pr* ***s'~*** sich bespritzen, vollspritzen

éclaboussure [eklabusyʀ] *f* **1** Spritzer *m*; (Schmutz)Fleck(en) *m*; ***~s d'encre, de sang*** Tinten-, Blutspritzer *m/pl* **2** *fig* **a)** Fleck(en) *m*; Makel *m*; **b)** *dans une bagarre etc* ***recevoir quelques ~s*** etwas abbekommen, F abkriegen

éclair [eklɛʀ] *m* **1** *pendant l'orage* Blitz *m*; ***~(s) de chaleur*** Wetterleuchten *n*; *loc/adv*: ***avec la rapidité de l'~*** mit Blitzesschnelle; ***comme un ~*** *ou* ***rapide comme l'~*** blitzschnell, -artig; wie der *ou* ein Blitz; F wie ein geölter Blitz; ***il y a*** *ou* ***il fait un ~, des ~s*** es blitzt **2** PHOT Blitz(licht) *m(n)* **3** *fig* Aufblitzen *n*; Aufleuchten *n*; ***~ de génie*** Geistesblitz *m*; ***un ~ de malice*** (***dans ses yeux***) ein schalkhafter Blick; *diamant* ***jeter des ~s*** blitzen; strahlen; glitzern; ***ses yeux lançaient des ~s*** s-e Augen blitzten, funkelten, sprühten vor Zorn **4** *fig* (*bref moment*) (kurzer) Augenblick; ***~ de lucidité*** Augenblick der Klarheit; *tout comprendre* ***en un ~*** blitzartig; ♦ *adjt* ⟨*inv*⟩ Blitz…; ***fermeture*** *f* ***~*** Reißverschluss *m*; ***guerre*** *f* ***~*** Blitzkrieg *m*; ***voyage*** *m* ***~*** kurze, überraschende Reise; ***faire une visite ~*** e-n Blitzbesuch, F e-e Stippvisite machen **5** *gâteau* Eclair *n*; Liebesknochen *m*; ***~ au café, au chocolat*** Eclair mit Mokkacreme-, Schokoladencremefüllung

éclairage [eklɛʀaʒ] *m* **1** Beleuchtung *f*; PEINT Lichtverteilung *f*, -verhältnisse *n/pl*; ***~ indirect*** indirekte Beleuchtung; ***~ au néon*** Neonbeleuchtung *f*; ***~ de la scène*** Bühnenbeleuchtung *f*; ***~ des vitrines*** Schaufensterbeleuchtung *f* **2** *fig* Beleuchtung *f*; Licht *n*; ***sous cet ~*** in dieser Beleuchtung; in diesem Licht

éclairagiste [eklɛʀaʒist] *m,f* Beleuchtungstechniker(in) *m(f)*

éclairant [eklɛʀɑ̃] *adj* leuchtend; Leucht…; ***pouvoir ~*** Leuchtkraft *f*

éclaircie [eklɛʀsi] *f* **1** MÉTÉO (vorübergehende) Aufheiterung; Zwischenaufheiterung *f*; Aufhellung *f* **2** *fig* Lichtblick *m*; Silberstreif(en) *m* am Horizont

éclaircir [eklɛʀsiʀ] **I** *v/t* **1** *couleur* aufhellen; *sa voix* klar machen; *sauce etc* verdünnen; strecken; *plantes* vereinzeln; verziehen; *les rangs* lichten; ***~ une forêt*** einen Wald lichten, ausholzen, durchforsten; *suivre un régime* ***pour ~ le teint*** um e-n klaren, frischen Teint zu bekommen **2** *fig point* (auf)klären; klarstellen; Licht, Klarheit bringen in (+*acc*); *doute* beseitigen; *point de vue* klarmachen; ***~ un malentendu, une question*** ein Missverständnis, eine Frage (auf)klären; ***~ le sens d'un mot*** die Bedeutung eines Wortes erläutern, erklären; F ***cela vous éclaircira les idées*** davon bekommen Sie e-n klaren Kopf **II** *v/pr* ***s'~*** **1** *ciel* sich aufhellen, -heitern, -klären; *temps* aufklaren; *brouillard* sich lichten; *couleur* sich aufhellen; heller werden; *teint* klar werden; *voix* hell(er), klar(er) werden; *cheveux* sich lichten; dünner werden; *rangs* sich lichten; (***tousser pour***) ***s'~ la voix***, F ***la gorge*** sich räuspern **2** *fig difficultés* sich klären; *situation* sich bessern

éclaircissement [eklɛʀsismɑ̃] *m* Auf-, Erklärung *f*; Klarstellung *f*; Klärung *f*; Aufschluss *m*; Erläuterung *f*; *d'un doute* Beseitigung *f*; ***demander des ~s*** Aufschluss verlangen (***à qn sur*** von j-m über +*acc*); ***donner des ~s*** Aufschluss geben

éclairé [ekleʀe] *adj* **1** be-, erleuchtet; erhellt; ***mal ~*** schwach *ou* schlecht be-, erleuchtet; ***~ au néon*** mit Neonbeleuchtung **2** *fig* aufgeklärt; aufgeschlossen; ohne Vorurteile

éclairement [eklɛʀmɑ̃] *m* PHYS Beleuchtung *f*; Beleuchtungsstärke *f*

éclairer [ekleʀe] **I** *v/t* **1** ***~ qc*** etw be-, erleuchten; etw erhellen (*a fig sourire*: *visage*); ***deux larges baies éclairent la pièce*** zwei große Fenster erhellen den Raum; ***~ faiblement*** schwach beleuchten; → *a* ***éclairé*** *1* **2** ***~ qn*** j-m leuchten; ***~ qn pour descendre, sortir*** j-m hinunter-, hinausleuchten **3** *fig* ***~ qn*** j-n aufklären, j-m Aufschluss geben (***sur*** über +*acc*); ***~ qc*** etw aufklären, erklären, klarlegen **II** *v/i lumière, yeux etc* leuchten; ***cette lampe éclaire mal*** das Licht (dieser Lampe) ist zu schwach; die Lampe gibt ein schlechtes Licht **III** *v/pr* ***s'~*** **1** *pièce* etc hell werden; *fenêtre etc* sich erhellen; erhellt, erleuchtet werden; *fig visage* aufleuchten; sich auf-, erhellen **2** *fig problème, point* klar, geklärt, verständlich werden **3** ***s'~ à la bougie, au gaz, à l'électricité*** Kerzen-, Gasbeleuchtung, elektrische Beleuchtung haben; ***s'~ avec une lampe de poche*** mit e-r Taschenlampe leuchten

éclaireur [eklɛʀœʀ] *m* **1** MIL Aufklärer *m*; Kundschafter *m*; *fig* ***envoyer qn en ~*** (zur Erkundung) j-n vor(aus)schicken **2** *(scout)* Pfadfinder *m*

éclaireuse [eklɛʀøz] *f* Pfadfinderin *f*

éclat [ekla] *m* **1** *(fragment)* Splitter *m*; ***~ d'obus, d'os, de verre*** Granat-, Knochen-, Glassplitter *m*; ***voler en ~s*** zersplittern; zerspringen; in Stücke fliegen; ***faire voler en ~s*** zersplittern; zerschmettern **2** *(bruit soudain)* ***de grands ~s de joie*** Freudenausbrüche *m/pl*; unbändige Freude; ***~ de rire*** lautes Auflachen; ***de grands ~s de rire*** schallendes Gelächter; ***des ~s de voix*** heftige, erregte Stimmen *f/pl*; Stimmenlärm *m*; ***rire aux ~s*** schallend, aus vollem Halse, hellauf lachen **3** *(retentissement)* Aufsehen *n*; Skandal *m*; Eklat *m*; ***faire un grand ~*** großes Aufsehen erregen; ***intervenir avec ~ dans le débat*** lautstark in die Debatte eingreifen; ***provoquer un ~*** e-n Skandal hervorrufen; e-n Eklat verursachen **4** *du soleil, des flammes etc* Helligkeit *f*; *du métal* Glanz *m*; *des yeux, des pierres précieuses* Glanz *m*; Feuer *n*; Funkeln *n*; *des couleurs* Leuchtkraft *f*; Pracht *f*; strahlender Glanz; *st/s* Schmelz *m* *(a fig de la jeunesse)*; *fig d'une époque, d'une fête, d'un titre* Glanz *m*; Gepränge *n*; ***l'~ des fleurs*** die Blumenpracht; die leuchtenden Farben *f/pl* der Blumen; ***l'~ de son teint*** die Frische ihres Teints; ihr frischer, strahlender Teint; *fig* ***action*** *f* ***d'~*** Glanzleistung *f*; Bravourstück *n*; *fig* ***coup*** *m* ***d'~*** Geniestreich *m*; Glanzstück *n*; *loc/adj et loc/adv* ***sans ~*** glanzlos, matt *(a fig)*; *fig* ***aimer l'~*** Pomp, Prunk lieben; ***briller avec*** *ou* ***d'un vif ~*** in vollem Glanz erstrahlen *(a fig)*; blitzen; funkeln; ***être dans tout l'~ de sa beauté*** im vollen Glanz der Schönheit stehen; ***donner de l'~ (à)*** *objet* auf Glanz bringen *(+acc)*; polieren *(+acc)*; *fig à une fête etc* Glanz verleihen *(+dat)*; ***perdre son ~*** *objet* glanzlos, matt werden; *fig* s-n Glanz verlieren, einbüßen

éclatant [eklatɑ̃] *adj* **1** *rire, voix* (laut) schallend; *bruit* durchdringend; *fanfare* schmetternd **2** *soleil* (blendend) hell; strahlend; *couleur* leuchtend; strahlend; *teint* frisch; strahlend; *beauté, joie* strahlend; *santé* blühend; ***dents ~es*** blendend weiße Zähne **3** *fig vérité, mensonge* augenfällig; eklatant; ***succès ~*** glänzender Erfolg; ***victoire ~e*** glänzender Sieg

éclatement [eklatmɑ̃] *m* **1** *de pneus* Platzen *n*; *d'une bombe* Krepieren *n*; *de vitres* Bersten *n*; Zersplittern *n*; Zerspringen *n* **2** *fig d'une institution* Aufspaltung *f*; Aufteilung *f*; Zersplitterung *f*

éclater [eklate] **I** *v/i* **1** *pneu, conduite etc* platzen; *bombe* krepieren; explodieren; *chaudière* bersten; explodieren; *vitres* bersten; zersplittern; zerspringen; *un verre* (zer)springen; *bourgeons* aufspringen; *fig personne* ***il finira par ~*** bald platzt ihm der Kragen; *fig sa tête bourdonnante* ***était près d'~*** schien zu zerspringen; *gel* ***faire ~ les roches*** das Gestein sprengen; *eau bouillante* ***faire ~ les verres*** die Gläser zerspringen, zerplatzen lassen **2** *fig parti* sich aufspalten; zersplittern; *route* sich (auf)teilen (***en*** in *+acc*); *institution, commune* aufgeteilt, aufgegliedert werden **3** *coups de feu* knallen; krachen; *orage* losbrechen, sich entladen *(a fig)*; *tempête* losbrechen; *bois, châtaigne dans le feu* krachen; knacken; knallen; platzen; *rire, cris* erschallen; ertönen; *trompettes etc* (los)schmettern; *applaudissements* einsetzen; aufbrausen, -branden; *tonnerre d'applaudissements* losbrechen; ***sa colère éclata*** er brach in Zorn aus; sein Zorn brach aus ihm hervor; ***~ de rire*** in Gelächter, Lachen ausbrechen; schallend lachen; laut auflachen; ***~ en sanglots*** in Schluchzen ausbrechen; aufschluchzen **4** *maladie, guerre, incendie etc* ausbrechen; zum Ausbruch kommen; *troubles a* aufflackern; ***le scandale a éclaté*** es gab e-n Skandal **5** *(briller)* strahlen; glänzen; ***la joie éclatait sur son visage*** sein Gesicht strahlte vor Freude **6** *(se manifester)* sich zeigen; zum Ausdruck kommen; sprechen (***dans*** aus); ***laisser ~ sa joie*** s-e Freude zeigen **II** *v/pr* F ***s'~*** sich austoben; P die Sau rauslassen

éclateur [eklatœʀ] *m* ÉLECT Funkeninduktor *m*; Funkenstrecke *f*

éclectique [eklɛktik] **I** *adj* **1** PHILOS eklektisch **2** *par ext personne, goûts* vielseitig **II** *m* PHILOS Eklektiker *m*

éclectisme [eklɛktism] *m* **1** PHILOS Eklektizismus *m* **2** *par ext d'une personne* Vielseitigkeit *f*

éclipse [eklips] *f* **1** ASTR Sonnen- *ou* Mondfinsternis *f*; *sc* Eklipse *f*; ***~ partielle, totale*** partielle, totale Mond- *ou* Sonnenfinsternis; ***~ de Lune, de Soleil*** Mond-, Sonnenfinsternis *f* **2** *fig d'une personnalité* (zeitweiliges) Verschwinden; Abwesenheit *f*; *de popularité etc* (zeitweiliges) Verblassen, Schwinden, Nachlassen

éclipser [eklipse] **I** *v/t* **1** ASTR verdunkeln; verfinstern **2** *fig* in den Schatten stellen; den Rang ablaufen (***qn*** j-m); ausstechen; (j-s Ruhm) überstrahlen **II** *v/pr* ***s'~*** F *personne* verschwinden; F sich verziehen; sich verdrücken

écliptique [ekliptik] *m* ASTR Ekliptik *f*

éclisser [eklise] *v/t* **1** MÉD schienen **2** CH DE FER verlaschen

éclopé [eklɔpe] F **I** *adj* schlecht zu Fuß; gehbehindert **II** *m* Fußkranke(r) *m* *(a iron)*; F Hinkebein *n*

éclore [eklɔʀ] *v/i* ⟨*déf* **il éclôt** *od* **éclot, ils éclosent**; **éclos**; **être**, *manchmal* **avoir**⟩ **1** *poussin* ausschlüpfen, -kriechen; aus dem Ei schlüpfen, kriechen; ***les œufs éclosent*** die Küken schlüpfen aus; die Eier sind ausgebrütet **2** *fleurs* auf-, erblühen; zur Blüte kommen **3** *fig talents* sich entfalten; ***faire ~*** zur Entfaltung bringen; hervorbringen

éclosion [eklozjõ] *f* **1** *de poussins* ~ (***des œufs***) Ausschlüpfen *n*; Auskriechen *n* **2** *des fleurs* Aufblühen *n* **3** *fig d'idées, de talents* Entfaltung *f*; Entstehung *f*; *de projets* Entstehen *n*; Werden *n*

écluse [eklyz] *f* Schleuse *f*; *bateau* ***faire passer par l'~*** durchschleusen

écluser [eklyze] *v/t* **1** *péniche* (durch)schleusen **2** P *(boire)* P saufen; ***en ~ un*** F einen zischen, zwitschern

éclusier [eklyzje] *m*, **éclusière** *f* Schleusenwärter(in) *m(f)*

éco [eko] *adj abr (économique)* **1** F ***sciences*** *f/pl* ***~*** Wirtschaftswissenschaften *f/pl* **2** *d'une machine à* *laver* **touche** *f* ~ Spartaste *f*

écobuer [ekɔbɥe] *v/t* AGR *pour fertiliser le sol* abbrennen; absengen

écœurant [ekœʀɑ̃] *adj* 1 *odeur* widerlich; übel; ekelhaft; *mets* (*trop sucré*) widerlich süß; (*trop gras*) widerlich fett; **gâteau** ~ Kuchen, der einem leicht zuwider ist *ou* widersteht 2 *fig flatterie, comportement, spectacle* widerlich; widerwärtig; ekelhaft; ek(e)lig; *procédés* empörend; ~ **de banalité** abstoßend banal 3 *fig* (*décourageant*) entmutigend; *tout lui réussit*, **c'en est** ~**!** das demoralisiert einen!

écœurement [ekœʀmɑ̃] *m* 1 Übelkeit *f*; Ekel *m* 2 *fig* Ekel *m*; Abscheu *m*; Widerwillen *m*; Überdruss *m* 3 *fig* (*découragement*) Niedergeschlagenheit *f*

écœurer [ekœʀe] *v/t* 1 ~ **qn** *mets, odeur* j-n anekeln, anwidern; *sucreries etc* j-m (leicht) widerstehen, zuwider sein, F über werden; **vous allez vous** ~ es wird euch schlecht, übel davon werden 2 *fig* ~ **qn** *comportement, flatteries etc* j-n anekeln, anwidern; j-m zuwider sein; (*indigner*) j-n empören 3 *fig échec, résultats etc* ~ **qn** j-n entmutigen, demoralisieren

école [ekɔl] *f* 1 Schule *f* (*a coll*); *locaux a* Schulhaus *n*; ~ **commerciale** Handelsschule *f*; ~ **communale** Gemeindeschule *f*; **grande** ~ Elitehochschule *f* (*für e-e bestimmte Fachrichtung*); ~ **maternelle** Vorschule *f*; ~ **militaire** Militärakademie *f*; **École nationale d'administration** → **ENA**; **École nationale supérieure de chimie** *Hochschule für Chemie in Paris*; ~ **normale** → **normal** *I 2*; ~ **primaire** Grundschule *f*; ~ **d'architecture** Bauakademie *f*; Hochschule *f* für Baukunst; ~ **d'art dramatique** Schauspielschule *f*; ~ **des arts décoratifs** Hochschule *f* für Kunstgewerbe; ~ **de danse** Ballettschule *f*; ~ **de musique** Musikschule *f*; ~ **de secrétariat** Sekretärinnenschule *f*; ~ **de ski** Skischule *f*; ~ **de voile** Segelschule *f*; **années** *f/pl* **d'**~ Schulzeit *f*; **fréquentation** *f* **de l'**~ Schulbesuch *m*; *à Paris* **Quartier** *m* **des Écoles** Quartier latin *n*; **travail** *m* **d'**~ Arbeit *f* e-s Kunststudenten; **aller à l'**~ in die, zur Schule gehen; F *enf* **aller à la grande** ~ in die Schule kommen, gehen; **être en âge d'aller à l'**~ im schulpflichtigen Alter, schulpflichtig sein; **fréquenter une** ~ e-e Schule besuchen; *enfant* **mettre à l'**~ einschulen; in die Schule geben; *plais* **il faudrait le renvoyer à l'**~ er sollte sich (*dat*) sein Schulgeld wiedergeben lassen 2 ÉQUITATION **'haute** ~ Hohe Schule 3 *fig* Schule *f*; Lehre *f*; **l'**~ **de la vie** die Schule des Lebens; **être à bonne** ~ in e-r guten Schule, Lehre sein (*a iron*); **être à dure, à rude** ~ in e-r harten Schule, Lehre sein; **être un homme de la vieille** ~ ein Kavalier der alten Schule sein 4 PHILOS, PEINT *etc* Schule *f*; *par ext* **faire** ~ Schule machen; Nachahmer finden; sich durchsetzen

écolier [ekɔlje] *m*, **écolière** *f* 1 Schüler(in) *m(f)*; *fig* **prendre, suivre le chemin des écoliers** Umwege machen; nicht den direkten, kürzesten Weg gehen 2 *fig* Anfänger(in) *m(f)*; Neuling *m*

écolo [ekɔlo] F *abr* (*écologiste*) **I** *m,f* Grüne(r) *f(m)*; Umweltschützer(in) *m(f)* **II** *adj* grün; der Grünen; Umwelt(schutz) …

écologie [ekɔlɔʒi] *f* Ökologie *f*; *par ext* Umweltschutz *m*

écologique [ekɔlɔʒik] *adj* ökologisch; Umwelt…; *par ext* Umweltschutz…; **catastrophe** *f* ~ Umweltkatastrophe *f*; **équilibre** *m* ~ ökologisches Gleichgewicht; **mesure** *f* ~ Umweltschutzmaßnahme *f*

écologisme [ekɔlɔʒism] *m* Umweltbewegung *f*

écologiste [ekɔlɔʒist] *m,f* Ökologe, -login *m,f*; *par ext* Umweltschützer(in) *m(f)*

écologue [ekɔlɔg] *m,f* Ökologe, -login *m,f*

e-commerce [ikɔmɛʀs] *m* E-Commerce ['iː-'kɔmɛrs] *m*

écomusée [ekɔmyze] *m* Freilichtmuseum *n*; Heimatmuseum *n*

éconduire [ekõdɥiʀ] *v/t* ⟨→ **conduire**⟩ abweisen; wegschicken; die Tür weisen (**qn** j-m); hinauskomplimentieren; *soupirant* e-n Korb geben (**qn** j-m)

économat [ekɔnɔma] *m* 1 Verwaltungsstelle *f*, -büro *n*; (Wirtschafts)Verwaltung *f* 2 MIL heereseigene Verkaufsstelle

économe [ekɔnɔm] **I** *adj* sparsam; haushälterisch; wirtschaftlich; ökonomisch; **être** ~ sparsam, haushälterisch sein; gut wirtschaften, haushalten (können); *fig* **être** ~ **de ses louanges, de son temps** mit Lob, mit s-r Zeit geizen, sparsam umgehen **II** *m,f* Wirtschaftsdirektor(in) *m(f)*; Verwalter(in) *m(f)*

économie [ekɔnɔmi] *f* 1 Wirtschaft *f*; *science* Wirtschaftswissenschaft *f*; ~ **agricole** Agrarwirtschaft *f*; *science* Landwirtschaftswissenschaft *f*; ~ **capitaliste** kapitalistisches Wirtschaftssystem; ~ **libérale** freie (Markt)Wirtschaft; ~ **mixte** gemischtwirtschaftliches System; ~ **mondiale** Weltwirtschaft *f*; ~ **nationale** einheimische Wirtschaft; Volkswirtschaft *f*; ~ **politique** Volkswirtschaft(slehre) *f*; Nationalökonomie *f*; ~ **privée** Privatwirtschaft *f*; ~ **souterraine** Schattenwirtschaft *f*; ~ **d'entreprise** Betriebswirtschaft(slehre) *f*; ~ **de marché** (freie) Marktwirtschaft; **ministère** *m* **de l'Économie** Wirtschaftsministerium *n*; **vivre en** ~ **fermée** ein in sich (*dat*) geschlossenes Wirtschaftssystem haben 2 (*contraire: gaspillage*) Sparsamkeit *f*; Wirtschaftlichkeit *f*; Ökonomie *f*; **son esprit d'**~ s-e Sparsamkeit; *loc/adv*: **avec** ~ sparsam; **par** ~ aus Sparsamkeit(sgründen) 3 *d'argent* ~**s** *pl* Ersparnisse *f/pl*; Ersparte(s) *n*; F **petites** ~**s** Spargroschen *m*; **faire, réaliser des** ~**s** Ersparnisse machen; sparen; **vivre sur ses** ~**s** von s-n Ersparnissen leben; *prov* **il n'y a pas de petites** ~**s** wer den Pfennig nicht ehrt, ist des Talers nicht wert (*prov*); viele Wenig geben *ou* machen ein Viel (*prov*) 4 *de place, d'énergie etc* Einsparung *f*; Ersparnis *f*; ~ **d'essence** Benzinersparnis *f*; ~ **de temps** Zeitersparnis *f*, -gewinn *m*; **faire l'**~ **de qc** sich (*dat*) etw (er)sparen; etw vermeiden; *fig* **faire des** ~**s de bouts de chandelle** an lächerlichen Kleinigkeiten sparen; **ce sont des** ~**s de bouts de chandelle** das ist reine Knickerei, Knauserei 5 *d'une œuvre littéraire etc* (zweckmäßiger) Aufbau; sinnvolle (An)Ordnung, Gliederung

économique [ekɔnɔmik] *adj* 1 Wirtschafts…; wirtschaftlich; ökonomisch; **crise** *f* ~ Wirtschaftskrise *f*; **sciences** *f/pl* ~**s** (F **éco**) Wirtschaftswissenschaften *f/pl*; **secteur** *m* ~ Wirtschaftsbereich *m*; ökonomischer Sektor 2 *chauffage, voiture etc* wirtschaftlich; sparsam (im Verbrauch); *méthode etc a* ökonomisch; AVIAT **classe** *f* ~ Economyklasse *f*

économiquement [ekɔnɔmikmɑ̃] *adv* 1 wirtschaftlich; ökonomisch; **les** ~ **faibles** *m/pl* die sozial Schwachen *pl* 2 (*en dépensant peu*) sparsam; billig;

ökonomisch
économiser [ekɔnɔmize] *v/t* 1 *argent* (er)sparen; *énergie etc* sparen; *matériel, personnel* einsparen; **~ l'eau** Wasser sparen; mit Wasser sparen *ou* sparsam umgehen; **~ sur qc** an etw (*dat*) sparen; **~ sur la nourriture** am Essen sparen; **~ pour (faire) qc** auf, für etw sparen; **~ pour ses vieux jours** für s-e alten Tage, für das Alter sparen *ou* (etwas) zurücklegen 2 *fig* sparsam sein *ou* umgehen (**qc** mit etw); **~ une démarche** sich (*dat*) e-n Gang (er)sparen; **~ son temps, ses forces** mir s-r Zeit, s-n Kräften haushalten *ou* sparsam umgehen
économiseur [ekɔnɔmizœʀ] *m* INFORM **~ d'écran** Bildschirmschoner *m*
économisme [ekɔnɔmism] *m* Ökonomismus *m*
économiste *m,f* Wirtschaftswissenschaftler(in) *m(f)*; Wirtschaftler(in) *m(f)*; Volkswirt(schaftler) *m*; Nationalökonom *m*; *par ext* Wirtschaftsexperte *m*, -expertin *f*
écope [ekɔp] *f* MAR Wasserschöpfer *m*, -schaufel *f*
écoper [ekɔpe] *v/t* 1 *bateau* ausschöpfen, leer schöpfen 2 F **~ (de)** *punition* F aufgebrummt *ou* aufgeknallt kriegen; **il a écopé (de) cent euros d'amende** F man hat ihm hundert Euro Strafe aufgebrummt; *abs* **~ (pour les autres)** es ausbaden müssen; die Zeche bezahlen müssen
écorce [ekɔʀs] *f* 1 BOT Rinde *f*; *nordd* Borke *f* 2 *d'orange etc* Schale *f*; **~ de citron** Zitronenschale *f* 3 GÉOL **~ terrestre** Erdrinde *f*, -kruste *f*
écorcer [ekɔʀse] *v/t* ⟨-ç-⟩ 1 *arbre* entrinden 2 *orange, riz* schälen
écorché [ekɔʀʃe] *m* 1 PEINT, SCULP Muskelmann *m* 2 *fig* **il a une sensibilité d'~ vif** er ist von mimosenhafter Empfindlichkeit; er ist zartbesaitet, dünnhäutig
écorcher [ekɔʀʃe] **I** *v/t* 1 das Fell abziehen (+*dat*); enthäuten; **~ un lapin** einem Kaninchen das Fell abziehen; ein Kaninchen enthäuten; F **il crie comme si on l'écorchait** er schreit wie am Spieß 2 *blesser* aufschürfen; (ab)schürfen; *par frottement* aufscheuern; wund reiben; *adjt* **avoir les genoux écorchés** aufgeschürfte, wunde Knie haben 3 *fig sons* **~ les oreilles** in den Ohren wehtun; F **ça t'écorcherait la bouche de dire merci?** kannst du nicht danke sagen? 4 *mot, nom* entstellen; falsch aussprechen; F verhunzen; *langue* radebrechen **II** *v/pr* **s'~** sich aufschürfen, aufscheuern; **s'~ les pieds** sich (*dat*) (die Füße) wund laufen
écorchure [ekɔʀʃyʀ] *f* (kleine) Schürfwunde; Hautabschürfung *f*; Schramme *f*
écorner [ekɔʀne] *v/t* 1 *meuble, marche etc* die Ecken, Kanten abstoßen (**qc** an etw [*dat*]); **~ un livre** *a* Eselsohren *n/pl* in ein Buch machen 2 *fig réserves, économies* angreifen; anbrechen
écossais [ekɔsɛ] **I** *adj* schottisch; *fig* **douche ~e** Wechselbad *n*; **jupe ~e** Schottenrock *m*; **tissu ~** *ou subst* **~** *m* Schotten(stoff) *m* **II** *subst* 1 **Écossais(e)** *m(f)* Schotte *m*, Schottin *f* 2 LING **l'~** *m* das Schottische; Schottisch *n*
Écosse [ekɔs] **l'~** *f* Schottland *n*
écosser [ekɔse] *v/t petits pois, haricots* aus-, enthülsen; ausschoten
écosystème [ekɔsistɛm] *m* Ökosystem *n*
écot [eko] *m* Anteil *m* (*an der Zeche*)
écotaxe [ekɔtaks] *f* Ökosteuer *f* **écotourisme** *m* Ökotourismus *m*
Écouen [ekwɑ̃] *Ort im Dep. Val-d'Oise*
écoulement [ekulmɑ̃] *m* 1 *de liquide* Abfluss *m*; Abfließen *n*; Ab-, Auslaufen *n*; PHYSIOL Ausfluss *m*; Absonderung *f*; **tuyau** *m* **d'~** Abflussrohr *n*; Abfluss *m* 2 *d'une foule* Hinausströmen *n*; *de la circulation* Abwicklung *f*; Fluss *m*; *du temps* Ablauf *m*; Fluss *m*; Dahinfließen *n* 3 *de marchandises* Absatz *m*; Vertrieb *m*; *de fausse monnaie* Verbreitung *f*; In-Umlauf-Setzen *n*
écouler [ekule] **I** *v/t marchandises* absetzen; vertreiben; verkaufen; umsetzen; *fausse monnaie* in Umlauf setzen *ou* bringen; verbreiten **II** *v/pr* **s'~** 1 *liquide* ab-, auslaufen; abfließen; **laisser, faire (s')~ l'eau** das Wasser abfließen, ablaufen lassen 2 *foule* sich verlaufen; strömen (**de** aus); *temps* vergehen; verrinnen; verfließen; dahinfließen; **deux jours se sont écoulés** *depuis cet incident* … sind zwei Tage vergangen; **laisser s'~ un délai** e-e Frist verstreichen lassen; *adjt* **l'année écoulée** das abgelaufene Jahr 3 *marchandises* Absatz finden; gehen; **s'~ facilement** gut gehen; gängig sein
écourter [ekuʀte] *v/t voyage, séjour* abkürzen; *texte, discours, citation* kürzen; zusammenstreichen; (*tronquer*) sinnentstellend kürzen; verstümmeln
écoute[1] [ekut] *f* RAD Hören *n*; TÉL Abhören *n*; RAD, TV **heure** *f* **de grande ~** Hauptsendezeit *f*; **poste** *m* **d'~** Abhörstelle *f*; MIL Horchposten *m*; **table** *f* **d'~** Abhörgerät *n*; TÉL **mise** *f* **sur table d'~** Anzapfen *n*; **être à l'~ de qn** j-m zuhören; RAD **vous êtes à l'~ de …** hier ist …; Sie hören …; **être aux ~s** auf der Lauer sein, liegen; lauschen; *par ext* **être aux ~s de l'actualité** das Tagesgeschehen verfolgen; TÉLÉCOMM: **passer l'~ à qn** an j-n übergeben; **prendre l'~** auf Empfang gehen; RAD **restez à l'~ …** anschließend hören Sie …
écoute[2] [ekut] *f mar* Schot(e) *f*; Segelleine *f*
écouter [ekute] **I** *v/t* 1 *informations, disque, chanteur etc* (an)hören; *aux portes etc* horchen (*abs ou* auf +*acc*); MÉD battements de c œur etc abhören; abhorchen; **~ qn** j-m zuhören; j-m lauschen; *abs* **écoute** *ou* **écoutez!** hör *ou* hören Sie (doch) (ein)mal!; hör *ou* hören Sie zu!; pass *ou* passen Sie mal auf!; *avec reproche* na, hör *ou* hören Sie mal!; TÉL **allô, j'écoute** ja bitte?; **écoutez-moi bien!** hören Sie (mir) gut zu!; **~ attentivement** aufmerksam zuhören; gespannt lauschen; **~ le chant des oiseaux** dem Gesang der Vögel lauschen; **~ un concert à la radio** im Radio ein Konzert hören; sich (*dat*) ein Konzert im Radio anhören; **~ la radio** Radio hören; **~ aux portes** an der Tür, an den Türen lauschen, horchen; **savoir ~** zuhören können; *adjt* **une des émissions les plus écoutées** e-e der meistgehörten Sendungen 2 *avec bienveillance* **~ qn** j-n anhören; j-m Gehör schenken; **~ les doléances de qn** (sich [*dat*]) j-s Klagen anhören; j-s Klagen Gehör schenken; **savoir se faire ~** sich (*dat*) Gehör zu verschaffen wissen; Gehör finden; *adjt* **un des orateurs les plus écoutés** e-r der angesehensten, meistbeachteten Redner 3 (*suivre*) **~ qn** auf j-n hören; *p/fort* j-m folgen, gehorchen; **~ sa conscience** auf sein Gewissen hören; s-m Gewissen folgen; **~ les conseils de qn** auf j-s Rat(schläge) hören; j-s Rat(schläge) befolgen; **n'~ que son courage** nicht an die Gefahr denken; *st/s* die Gefahr nicht achten;

ne vouloir ~ personne sich (*dat*) nichts sagen lassen **II** *v/pr* **1** ***s'~ parler*** sich (selbst) gern reden hören **2** ***si je m'écoutais***, *je n'irais pas* wenn es nach mir ginge *ou* wenn ich meiner ersten Eingebung folgen würde … **3** ***s'~*** (***trop***) in übertriebener Weise auf s-e Gesundheit achten

écouteur [ekutœʀ] *m du téléphone, d'un casque* Hörer *m*; ***~s*** *pl* Kopfhörer *m/pl*

écoutille [ekutij] *f* MAR Luke *f*

écouvillon [ekuvijõ] *m* Flaschenbürste *f*

écrabouillage [ekʀabujaʒ] F *m ou* **écrabouillement** F *m* Zerquetschen *n*; Zermalmen *n*; F Zermatschen *n* **écrabouiller** F *v/t* zerquetschen; zermalmen; F zermatschen; *escargot* zertreten

écran [ekʀɑ̃] *m* **1** **a)** ***~*** (***de cheminée***) (Kamin-)Schirm *m*; **b)** *par ext* Schirm *m*; (Sicht)Blende *f*; (Schutz)Wand *f*; ***~ de verdure*** grüner Wall; grüne Wand; ***faire ~*** e-e Abschirmung bilden; ***se faire un ~ avec sa main*** mit der Hand die Augen abschirmen; **c)** TECH Schutzvorrichtung *f*; Abschirmung *f*; Schirm *m*; ***~ de protection*** Schutzschild *m* **2** **a)** CIN Leinwand *f*; ***grand ~*** *ou* ***~ panoramique*** Breitwand *f*; **b)** *par ext* (*le cinéma*) Film *m*; ***vedette f de l'~*** Filmstar *m*; ***porter à l'~*** *roman etc* verfilmen; auf die Leinwand bringen; **c)** *fig* ***le petit ~*** das Fernsehen **3** ÉLECTRON, TV Bildschirm *m*; MÉD *a* Röntgenschirm *m*; ***~ plat*** Flachbildschirm *m*; ***~ radar*** Radarschirm *m* **4** TYPO, PHOT Filter *m ou n*; ***~ coloré*** Farbfilter *m* **5** PARFUMERIE ***~ total*** Sonnencreme *f* mit höchstem Schutzfaktor; Sunblocker ['san-] *m*

écrasant [ekʀɑzɑ̃] *adj* **1** *poids* enorm; gewaltig **2** *fig preuves*, *majorité* erdrückend; überwältigend; *forces* weit überlegen; *supériorité* haushoch; *chaleur* (er)drückend; ***défaite ~e*** vernichtende Niederlage; ***succès ~*** überwältigender, durchschlagender Erfolg

écrasement [ekʀɑzmɑ̃] *m* **1** Zerdrücken *n*; Zermalmen *n*; Zerquetschen *n* **2** *fig d'une révolte* Niederschlagung *f*, -werfung *f*; *d'une armée* Vernichtung *f*; Zerschlagung *f*

écraser [ekʀɑze] **I** *v/t* **1** zerdrücken; zerquetschen; zermalmen; *ver etc exprès* zertreten; *involontairement* treten auf (+*acc*); *herbe* zer-, niedertreten; *véhicule*: *personne etc* überfahren; *pédale de frein, accélérateur* ganz durchtreten; ***~ l'accélérateur*** *a* Vollgas geben; ***~ une cigarette*** eine Zigarette ausdrücken; *par exagération* ***~ le pied de qn*** j-m auf den Fuß treten; ***~ qc avec un marteau*** etw mit dem Hammer zerschlagen, zerklopfen; ***être écrasé par un éboulement de rochers*** von herabstürzenden Steinen zerschmettert werden; ***se faire ~ par une voiture*** von e-m Auto überfahren werden; ♦ *adjt*: F ***rubrique f des chiens écrasés*** vermischte (Lokal)Nachrichten *f/pl*; ***nez écrasé*** platte, platt gedrückte Nase; F Boxernase *f* **2** *fig révolte* niederschlagen, -werfen; MIL vernichten; zerschlagen; SPORTS vernichtend schlagen; *adversaire*, *rival* weit, haushoch überlegen sein (+*dat*); an die Wand drücken; F zermalmen; ***elle écrase de luxe tout son entourage*** sie sticht mit ihrem Luxus alle aus; sie protzt mit ihrem Luxus; ***~ qn de son mépris*** j-n mit Verachtung strafen **3** *fig* ***~ qn*** *soucis*, *malheur etc* j-n (be-, er-, nieder)drücken, nieder-, zerschmettern; *travail* j-n (fast) erdrücken; *responsabilité* schwer auf j-m lasten; ***cet immeuble écrase tous ceux qui l'entourent*** dieses Gebäude erdrückt alle anderen in der Nähe **4** P ***en ~*** F wie ein Sack, Ratz schlafen **II** *v/pr* ***s'~*** **1** *fruits en tombant* zer-, aufplatzen; *vagues* sich brechen; *avion* ***s'~*** (***au sol***) abstürzen; am Boden zerschellen; ***s'~ contre une montagne*** an e-m Berg zerschellen; *voiture* ***s'~ contre un mur*** gegen e-e Mauer prallen **2** F *foule* sich drängen **3** P (*s'effacer*) klein beigeben; P die Klappe, die Schnauze halten; F ganz klein und hässlich werden; P ***écrase!*** P Schnauze!; F quatsch nicht!; halt die Klappe!

écraseur [ekʀɑzœʀ] *m* F Verkehrsrowdy [-raudi] *m*

écrémage [ekʀemaʒ] *m* Entrahmen *n*

écrémer [ekʀeme] *v/t* ⟨-è-⟩ **1** *lait* entrahmen; abrahmen; absahnen; *adjt* ***lait écrémé*** entrahmte Milch; Magermilch *f* **2** *fig* den Rahm abschöpfen, (sich [*dat*]) das Beste nehmen (***qc*** von etw)

écrémeuse [ekʀemøz] *f* Milchzentrifuge *f*; Entrahmer *m*

écrevisse [ekʀəvis] *f* ZO, CUIS (Fluss)Krebs *m*; *fig*: ***rouge comme une ~*** krebsrot; ***marcher, aller comme une ~*** im Krebsgang gehen; krebsen

écrier [ekʀije] *v/pr* ***s'~*** ausrufen; ***… s'écria-t-il*** … rief er (aus)

écrin [ekʀɛ̃] *m* (Schmuck)Kästchen *n*, (-)Kasten *m*; Etui *n*; Schatulle *f*

écrire [ekʀiʀ] ⟨**j'écris, il écrit, nous écrivons; j'écrivais; j'écrivis; j'écrirai; que j'écrive; écrivant; écrit**⟩ **I** *v/t* schreiben; (*noter*) auf-, niederschreiben; *abs écrivain* schreiben; schriftstellern; ***~ qc à qn*** j-m etw schreiben; an j-n etw schreiben; ***faire ~ une lettre à une secrétaire*** e-e Sekretärin e-n Brief schreiben lassen; ***~ un livre, un roman*** ein Buch, e-n Roman schreiben; ***~ un opéra, une sonate*** e-e Oper, e-e Sonate schreiben; ***~ beaucoup, lisiblement, mal, peu*** viel, leserlich, schlecht, wenig schreiben; ***~ fin*** fein schreiben; ***~ gros, petit*** groß, klein schreiben; ***~ au brouillon, au propre*** ins Konzept, ins Reine schreiben; ***~ à la craie, au crayon*** mit Kreide, mit Bleistift schreiben; ***~ à la machine, à la main*** mit der Maschine, mit der Hand schreiben; ***~ au tableau*** an die (Wand)Tafel schreiben; ***~ dans les journaux*** für, in Zeitungen schreiben; ***~ dans le sable*** in den Sand schreiben; ***~ d'une manière illisible*** unleserlich schreiben; ***~ de Paris*** aus Paris schreiben; ***~ en prose, en vers*** in Prosa, in Versen schreiben; ***~ sur*** *ou* ***dans un cahier*** in ein Heft schreiben; ***~ sur ses genoux*** auf den Knien schreiben; ***apprendre à ~*** schreiben lernen; ***savoir lire et ~*** lesen und schreiben können; → *a* ***écrit*** **II** *v/pr* ***s'~*** *sens passif* geschrieben werden; sich schreiben; *sens réciproque* sich (*Briefe*) schreiben; miteinander in Briefwechsel stehen; ***comment est-ce que ça s'écrit?*** wie schreibt man das?; wie wird das geschrieben?; ***son nom s'écrit avec ck*** er schreibt sich mit ck

écrit [ekʀi] **I** *p/p* → ***écrire*** *et adj* **1** schriftlich; geschrieben; *feuille* beschrieben; ***autorisation ~e*** schriftliche Genehmigung; ***droit ~*** geschriebenes Recht; ***le français ~*** das Schriftfranzösische; Schriftfranzösisch *n*; die französische Schriftsprache; ***langue ~e*** geschriebene Sprache; Schriftsprache *f*; ***~ à la machine, à la main*** maschine(n)-, handgeschrieben **2** ***être ~*** *dans un livre etc* stehen; BIBL *et st/s* geschrieben stehen; ***qu'est-ce qui était ~*** *ou*

qu'est-ce qu'il y avait d'~ sur cette feuille? was stand auf diesem Blatt?; *fig*: ***c'était ~*** es musste so kommen; das war Schicksal; ***la douleur était ~e sur son visage*** Schmerz stand ihm im Gesicht geschrieben **II** *m* **1** *ouvrage* Schrift *f*; ***~ politique, satirique*** politische, satirische Schrift **2** JUR (*document*) Schriftstück *n* **3** *examen* schriftliche Prüfung; Schriftliche(s) *n*; schriftlicher Teil (e-r Prüfung); ***échouer à l'~*** im Schriftlichen durchfallen **4** *loc/adv* ***par ~*** schriftlich; ***confirmer qc par ~*** etw schriftlich bestätigen; ***mettre qc par ~*** etw niederschreiben, zu Papier bringen

écriteau [ekʀito] *m* ⟨*pl* **~x**⟩ (Hinweis)Schild *n*; ***mettre un ~ sur une porte*** ein Schild an e-r Tür anbringen

écritoire [ekʀitwaʀ] *f autrefois* Schreibzeug *n*, -garnitur *f*

écriture [ekʀityʀ] *f* **1** Schrift *f*; *action, à l'école* Schreiben *n*; ***~ arabe, romaine*** arabische, lateinische Schrift; ÉCOLE ***une page d'~*** e-e Seite Schönschrift, Schönschreiben **2** *de qn* (Hand)Schrift *f*; ***avoir une belle ~*** e-e schöne (Hand)Schrift haben **3** COMM Buchung *f*; Eintragung *f*; ***~s*** *pl* Geschäftsbücher *n/pl*; geschäftliche Aufzeichnungen *f/pl*; ***employé*** *m* ***aux ~s*** (Kanzlei)Schreiber *m*; ***tenir les ~s*** die Buchführung machen; die Bücher führen **4** JUR Schriftstück *n*; Urkunde *f*; Dokument *n* **5** REL ***l'Écriture*** (***sainte***) *ou* ***les*** (***Saintes***) ***Écritures*** die (Heilige) Schrift

écrivailler [ekʀivaje] *v/t et v/i péj* viel zusammenschreiben; e-n Stiefel zusammenschreiben **écrivailleur** *m ou* **écrivaillon** *m* Schreiberling *m*; Skribent *m*; Vielschreiber *m*; Federfuchser *m*

écrivain [ekʀivɛ̃] *m*, *parfois* **écrivaine** *f* **1** Schriftsteller(in) *m(f)*; Dichter(in) *m(f)*; ***un grand écrivain*** ein großer Schriftsteller, Dichter **2** ***écrivain public*** Schreibkundige(r) *m*; öffentlicher Schreiber

écrivasser [ekʀivase] *v/t* → ***écrivailler***

écrou [ekʀu] *m* **1** TECH (Schrauben)Mutter *f*; ***serrer un ~*** e-e Mutter anziehen **2** JUR Inhaftierung *f*; Inhaftnahme *f*; ***levée*** *f* ***d'~*** Haftaufhebung *f*, -entlassung *f*; ***registre*** *m* ***d'~*** Haftregister *n*

écrouelles [ekʀuɛl] *f/pl* MÉD HIST Skrofeln *f/pl*

écrouer [ekʀue] *v/t* inhaftieren; einsperren; ins Gefängnis einliefern

écroulement [ekʀulmɑ̃] *m* **1** Einsturz *m*; Einstürzen *n*; Zusammenbrechen *n*; ***danger*** *m* ***d'~*** Einsturzgefahr *f* **2** *fig* Zusammenbruch *m*

écrouler [ekʀule] *v/pr* ***s'~*** **1** *maison, pont, échafaudage etc* einstürzen; zusammenbrechen; *maison a* in sich (*dat*) zusammenstürzen; *tribune* zusammenstürzen; *mur, tour* einfallen; umstürzen; ***faire ~*** zum Einsturz bringen; ***le plafond s'écroula sur les occupants*** die Decke stürzte, kam auf die Bewohner herunter **2** *fig empire, puissance, entreprise* zusammenbrechen; *projets, espoirs* sich zerschlagen; zunichtewerden; *théorie* in sich (*dat*) zusammenstürzen, -brechen **3** *fig personne* zusammenbrechen; ***être écroulé*** *après un malheur* zutiefst betroffen sein; *de fatigue* in sich (*dat*) zusammengesunken, F zusammengesackt sein **4** F *fig* sich fallen lassen (***sur son lit, dans un fauteuil*** auf sein Bett, in e-n Sessel) **5** F *fig de rire* ***être écroulé*** F sich krumm und bucklig lachen; sich kugeln vor Lachen

écru [ekʀy] *adj toile, coton* ungebleicht; naturfarben; ***soie ~e*** Ekrüseide *f*; Rohseide *f*

ecstasy [ɛkstazi] *f drogue* Ecstasy *f*

ectoplasme [ɛktɔplasm] *m* OCCULTISME Teleplasma *n*

écu [eky] *m* **1** HIST MIL Schild *m* **2** HÉRALDIQUE (Wappen)Schild *m ou n* **3** HIST monnaie Taler *m* **4** → ***ECU***

ECU [eky] *m abr* (*European currency unit*) Ecu *ou* ECU [eˈkyː] *m*

écueil [ekœj] *m* **1** Riff *n*; Klippe *f*; *bateau* ***se briser sur*** *ou* ***contre un ~*** an e-r Klippe zerschellen **2** *fig* Klippe *f*; ***éviter un ~*** e-e Klippe umschiffen

écuelle [ekɥɛl] *f pour animaux ou litt* **a)** Napf *m*; Schale *f*; **b)** *contenu* Napf *m* voll; (e-e) Schale voll

éculé [ekyle] *adj* **1** *chaussures, talons* abgelaufen; schief gelaufen, getreten **2** *fig plaisanterie etc* abgedroschen; abgegriffen; abgeleiert; *farce, truc* billig

écume [ekym] *f* **1** Schaum *m*; *sur les vagues a* Gischt *m ou f*; *des animaux* Geifer *m*; *des chevaux* Schaum *m*; Schweiß *m* **2** MINÉR ***~ de mer*** Meerschaum *m*; ***pipe*** *f* ***en ~ de mer*** Meerschaumpfeife *f*

écuménique [ekymenik] *adj* → ***œcuménique***

écumer [ekyme] **I** *v/t* **1** *bouillon, sirop etc* abschäumen; den Schaum abschöpfen (***qc*** von etw) **2** *fig* **a)** *pirates* ***~ les mers, les côtes*** Seeräuberei betreiben; **b)** *par ext* (*prendre le meilleur*) ausrauben; plündern; das Beste mitnehmen aus; **c)** *les librairies, cafés etc* F abklappern **II** *v/i* **1** schäumen; sich mit Schaum bedecken; *mer* Schaum bilden; Gischt aufwerfen, sprühen **2** *fig* ***~*** (***de colère, de rage***) vor Zorn, vor Wut schäumen

écumeux [ekymø] *adj* ⟨**-euse**⟩ schaumbedeckt; schäumend

écumoire [ekymwaʀ] *f* CUIS Schaumlöffel *m*, -kelle *f*; *fig* ***transformer en ~*** mit Kugeln durchsieben

écureuil [ekyʀœj] *m* ZO Eichhörnchen *n*; *fig personne* ***être vif, agile comme un ~*** flink wie ein Wiesel, wieselflink sein

écurie [ekyʀi] *f* **1** (Pferde)Stall *m*; HIST Marstall *m*; MYTH ***les ~s d'Augias*** [oʒjas] der Augiasstall; *cheval, fig personne* ***sentir l'~*** den Stall wittern; merken, dass es nach Hause, heimwärts geht **2** SPORTS Rennstall *m* **3** *fig d'un lieu sale* Schweinestall *m*

écusson [ekysõ] *m* **1** HÉRALDIQUE Wappenschild *m ou n* **2** *par ext* Schild *n*; *österr* Wapperl *n* **3** MIL Kragenspiegel *m* **4** ARCH Kartusche *f* mit Wappenschmuck

écuyer [ekɥije] *m* **1** **a)** (*cavalier*) (guter) Reiter; **b)** CIRQUE Kunstreiter *m*; **c)** (*professeur d'équitation*) Reitlehrer *m* **2** HIST **a)** *d'un chevalier* (Schild)-Knappe *m*; **b)** (*jeune noble*) (junger) Edelmann; **c)** (*intendant des écuries*) Stallmeister *m*

écuyère [ekɥijɛʀ] *f* **a)** Reiterin *f*; **b)** CIRQUE Kunstreiterin *f*; ***monter à l'~*** im Herrensitz reiten

eczéma [ɛgzema] *m* MÉD Ekzem *n*; Hautausschlag *m*

eczémateux [ɛgzematø] *adj* ⟨**-euse**⟩ MÉD ekzematös; ekzemartig

édam [edam] *m* CUIS Edamer (Käse) *m*

edelweiss [edɛlvajs, -vɛs] *m* BOT Edelweiß *n*

Éden [edɛn] *m* **1** BIBL ***l'~*** *ou* ***le jardin d'~*** der Garten Eden **2** *fig* ***éden*** Paradies *n*

E

édenté [edɑ̃te] *adj* zahnlos; *peigne* mit abgebrochenen Zähnen, Zinken
EDF [ədeɛf] *f abr* (*Électricité de France*) *staatliche frz Elektrizitätsgesellschaft*
Edgar [ɛdgaʀ] *m Vorname*
édicter [edikte] *v/t* verordnen; *loi* erlassen; *règles de conduite* vorschreiben
édicule [edikyl] *m* Häuschen *n*
édifiant [edifjɑ̃] *adj* **1** *sermon etc* erbaulich; ***lecture ~e*** Erbauungslektüre *f* **2** (*instructif*) lehrreich; aufschlussreich
édification [edifikasjõ] *f* **1** (*construction*) Errichtung *f*; Erbauung *f*; Bau *m*; Erstellung *f* **2** *des fidèles etc* Erbauung *f*; (*instruction*) Belehrung *f* **3** *fig d'un empire, d'une science etc* Aufbau *m*; Bau *m*; Schaffung *f*
édifice [edifis] *m* **1** Gebäude *n*; Bauwerk *n*; Bau *m*; JUR bauliche Anlage; ***~s publics*** öffentliche Gebäude *n/pl* **2** *fig* Bau *m*; Gebäude *n*; ***~ social*** Gesellschaftsordnung *f*; soziale Struktur
édifier [edifje] *v/t* **1** erbauen; errichten; erstellen; ***~ un palais, une cathédrale*** einen Palast, eine Kathedrale erbauen, errichten **2** *fig empire, société* begründen; aufbauen; schaffen; *théorie* aufstellen **3** *sermon: fidèles etc* erbauen; andächtig, besinnlich stimmen **4** *iron* (*instruire*) belehren; aufklären; ***je suis édifié sur son compte*** ich weiß über ihn Bescheid; ich bin über ihn im Bild(e)
édile [edil] *m* **1** HIST *à Rome* Ädil *m* **2** *d'une ville* ***~s*** *pl* Stadtväter *m/pl* (*airon*)
Édimbourg [edɛ̃buʀ] Edinburg(h) *n*
édit [edi] *m* HIST Edikt *n*; Erlass *m*; ***l'~ de Nantes*** das Edikt von Nantes
éditer [edite] *v/t* herausgeben; verlegen; herausbringen (*a disque*); edieren
éditeur [editœʀ], **éditrice** **1** *m,f* Verleger(in) *m(f)*; Herausgeber(in) *m(f)*; Verlag *m*; *d'un journal* ***éditeur responsable*** Herausgeber *m*; Verleger *m*; *par ext* ***éditeur, éditrice de disques, d'œuvres d'art*** Schallplatten-, Kunstverleger(in) *m(f)*; *adjt* ***société éditrice*** Verlag(sgesellschaft) *m(f)* **2** *m* INFORM Editor *m*
Édith [edit] *f Vorname*
édition [edisjõ] *f* **1** *de livres* Ausgabe *f* (*œuvre*); Edition *f*; *action* Herausgabe *f* (*a de disques*); ***~ brochée, reliée*** broschierte, gebundene Ausgabe; ***~ critique*** kritische Ausgabe; ***~ à tirage restreint, limité*** Ausgabe mit beschränkter, begrenzter Auflage(nziffer); ***~ de disque*** Schallplattenausgabe *f*; ***~ de luxe*** Luxus-, Prachtausgabe *f*; ***~ de poche*** Taschenbuchausgabe *f*; ***contrat*** *m* ***d'~*** Verlags-, Autorenvertrag *m*; ***maison*** *f*, ***société*** *f* ***d'~*** Verlag *m*; Verlagshaus *n*, -anstalt *f*; ***travailler dans l'~*** im Verlag(swesen) tätig sein **2** **a)** *de journaux* Ausgabe *f*; ***dernière ~*** neueste *ou* letzte Ausgabe; ***~ spéciale*** Extrablatt *n*; Sonderausgabe *f*; ***~ du soir*** Abendausgabe *f*; ***~ de Paris, de province*** Pariser Ausgabe *f*, Regionalausgabe *f*; **b)** RAD, TV *du journal parlé* Ausgabe *f* **3** (*tirage*) Auflage *f*; ***~ augmentée*** ergänzte, erweiterte Auflage; ***nouvelle ~*** Neuauflage *f*; ***~ revue et corrigée*** durchgesehene und verbesserte Auflage **4** ***~s*** *pl* Verlag *m*; *ce livre* ***est paru aux ~s X*** ist im Verlag X, bei X erschienen, herausgekommen **5** *fig d'un événement etc* ***nouvelle, deuxième ~*** Neuauflage *f*; Wiederholung *f*
éditorial [editɔʀjal] *m* ⟨*pl* **-aux**⟩ Leitartikel *m* **éditorialiste** *m,f* Leitartikler(in) *m(f)*
Edmond [ɛdmõ] *m Vorname*
Édouard [edwaʀ] *m Vorname*
édredon [edʀədõ] *m* Daunenbett *n*, -decke *f*; Federbett *n*; Plumeau *n*
éducable [edykabl] *adj* erziehungsfähig; erziehbar
éducateur [edykatœʀ], **éducatrice** **I** *m,f* Erzieher(in) *m(f)* **II** *adj* erzieherisch; Erzieher…
éducatif [edykatif] *adj* ⟨**-ive**⟩ erzieherisch; bildend; pädagogisch (wertvoll); belehrend; Erziehungs…; *österr a* erziehlich; ***film ~*** Lehrfilm *m*; ***jeux ~s*** erzieherische, pädagogisch wertvolle Spiele *n/pl*
éducation [edykasjõ] *f* **1** Erziehung *f*; Bildung *f*; ***~ mixte*** Koedukation *f*; ***~ permanente*** ständige Fort-, Weiterbildung; ***~ physique*** körperliche Ertüchtigung; ÉCOLE ***~ physique et sportive*** (*abr* ***EPS***) Sportunterricht *m*; Turnen *n*; ***professeur*** *m* ***d'~ physique*** Sportlehrer *m*; ***~ politique*** politische Bildung; ***~ religieuse*** religiöse Erziehung; ***~ sexuelle*** Sexualerziehung *f*, -pädagogik *f*; ***ministère*** *m* ***de l'Éducation nationale*** Erziehungs-, Unterrichtsministerium *n*; *en Allemagne* Kultusministerium *n*; ***avoir de l'~*** gut erzogen sein; ***ne pas avoir d'~*** kein (gutes) Benehmen, keine Bildung haben; schlecht erzogen sein; ***donner à qn une bonne ~*** j-m e-e gute Erziehung zuteilwerden lassen; ***avoir reçu une bonne ~*** e-e gute Erziehung genossen haben **2** *de la volonté, du goût etc* Schulung *f*; Ausbildung *f*; ***~ de la mémoire*** Gedächtnisschulung *f*
édulcorant [edylkɔʀɑ̃] *m* Süßstoff *m* **édulcorer** *v/t* **1** PHARM Süßstoff hinzufügen (***qc*** zu etw) **2** *fig texte, propos* mildern; entschärfen; abschwächen
éduquer [edyke] *v/t* **1** erziehen; bilden; *adjt* ***bien, mal éduqué*** wohlerzogen *ou* gut erzogen, schlecht erzogen **2** *la mémoire, le goût etc* schulen; ausbilden
Edwige [ɛdviʒ] *f Vorname*
effaçable [efasabl] *adj* (aus)löschbar
effacé [efase] *adj personne* unauffällig; unscheinbar; unbedeutend; *comportement* zurückhaltend; bescheiden
effacement [efasmɑ̃] *m* **1** **a)** *d'une chose écrite* (Aus)Löschen *n*; (Aus)Streichen *n*; Ausradieren *n*; Löschung *f*; Tilgung *f*; **b)** *d'un enregistrement* Löschen *n*, -ung *f* **2** *fig de souvenirs etc* Verblassen *n*; Zurücktreten *n*; Tilgung *f* **3** *d'une personne* ***~ (de soi-même)*** (bescheidenes) Zurücktreten; (bescheidene, bewusste) Zurückhaltung
effacer [efase] ⟨**-ç-**⟩ **I** *v/t* **1** *chose écrite* (aus)löschen; aus-, wegwischen; (*gommer*) aus-, wegradieren; *noms sur une liste* (aus-, weg-, durch)streichen; *tache* entfernen; *pli* glätten; *traces* verwischen; löschen; tilgen; ***~ des données, un enregistrement*** Daten, eine Aufnahme löschen; ***~ le tableau*** die Tafel abwischen **2** *fig souvenir etc* (aus)löschen; (aus)tilgen; *différences* ausmerzen; beseitigen; ***le temps efface tout*** alles ist vergänglich; ***~ de sa mémoire*** aus s-m Gedächtnis streichen **3** *fig* (*éclipser*) ausstechen; (bei weitem) übertreffen; in den Schatten stellen **4** *épaules, haut du corps* zurücknehmen **II** *v/pr* ***s'~*** **1** *chose écrite* sich aus-, wegwischen, (aus)radieren lassen; verwischen; *couleurs, encre* verblassen; *inscription etc* verblassen; vergehen; ausgelöscht werden **2** *fig*

souvenir verblassen; zurücktreten; *sentiments* erlöschen; nachlassen 3 *personne par politesse* **a)** zur Seite treten; zurücktreten (*um j-n vorbeizulassen*); **b)** *fig* zurückstehen (***devant qn*** hinter j-m); sich (bescheiden) zurückziehen, -halten; sich im Hintergrund halten

effaceur [efasœʀ] *m* Tintenkiller *m*

effarant [efaʀɑ̃] *adj ignorance etc* erschreckend; bestürzend; *prix* horrend; *vitesse* schwindelerregend

effaré [efaʀe] *adj* verwirrt; fassungslos; verstört; bestürzt **effarement** *m* Bestürzung *f*; Verwirrung *f*; Fassungslosigkeit *f*; Betroffenheit *f* **effarer** I *v/t* verwirren; bestürzen II *v/pr* ***s'~*** in Aufregung geraten; verwirrt werden *ou* sein

effarouchement [efaʀuʃmɑ̃] *m* Verschüchterung *f*

effaroucher [efaʀuʃe] I *v/t* 1 *gibier, oiseau* auf-, verscheuchen; verjagen; vertreiben 2 *fig* ein-, verschüchtern; ab-, erschrecken; *adjt* ***être effarouché*** verschüchtert, eingeschüchtert sein II *v/pr* ***s'~*** erschrecken, sich entsetzen (***de*** über +*acc*)

effectif [efɛktif] I *adj* ⟨-ive⟩ wirklich; tatsächlich (vorhanden); wirksam; echt; effektiv; real; ***dépense, recette effective*** Ist-Ausgabe *f*, Ist-Einnahme *f*; *d'une monnaie* ***valeur effective*** tatsächlicher Wert; *mesure etc* ***être ~ à partir de ...*** wirksam werden *ou* sein ab ... II *m ou* ***~s*** *pl* Personalbestand *m*; *d'une entreprise* (gesamte) Belegschaft(sstärke); *d'un parti* Mitgliederzahl *f*; *d'une école* Schülerzahl *f*; *d'une classe* Stärke *f*; Frequenz *f*; MIL (Truppen)-Stärke *f*; MIL ***les ~s engagés*** die Stärke der eingesetzten Truppen

effectivement [efɛktivmɑ̃] *adv* wirklich; tatsächlich; wahrhaftig; in der Tat

effectuer [efɛktɥe] I *v/t* aus-, durchführen; vornehmen; COMM *a* effektuieren; abwickeln; *paiements* leisten; *voyage, démarches* unternehmen; *parcours* zurücklegen; ***~ des achats*** Einkäufe tätigen II *v/pr* ***s'~*** erfolgen; sich vollziehen; vor sich (*acc*) gehen; durchgeführt werden

efféminé [efemine] *adj péj* weibisch; unmännlich; feminin; weichlich **efféminer** *v/t péj* weibisch, unmännlich machen; verweichlichen

effervescence [efɛʀvesɑ̃s] *f* 1 CHIM Aufbrausen *n*, -schäumen *n*, -wallen *n*; ***entrer en ~*** aufbrausen, -wallen 2 *fig* Erregung *f*; Wallung *f*; Gärung *f*; Unruhe *f*; ***tout le pays était en ~*** das ganze Land war in Wallung, Aufruhr; im ganzen Land gärte es

effervescent [efɛʀvesɑ̃] *adj* 1 CHIM (auf)brausend; (auf)schäumend; PHARM ***comprimé ~*** Brausetablette *f* 2 *fig foule* gärend; brodelnd; unruhig; erregt

effet [efɛ] *m* 1 Wirkung *f*; Effekt *m*; Erfolg *m*; Auswirkung *f*; THÉ Beleuchtungseffekt *m*; MÉD ***~ curatif*** Heilwirkung *f*; PHYS ***~ Doppler-Fizeau*** Dopplereffekt *m*; ***un ~ oratoire, théâtral*** ein rednerischer, theatralischer Effekt; JUR ***~ rétroactif*** rückwirkende Kraft; PHYS ***~ thermique*** Wärmewirkung *f*; TECH ***~ utile*** Nutzeffekt *m*; Nutzleistung *f*; Wirkungsgrad *m*; ***~ du hasard*** Zufallswirkung *f*, -effekt *m*; ***~s de lumière*** Lichteffekte *m/pl*; ÉCOL ***~ de serre*** Treibhauseffekt *m*; ***~ de surprise*** Überraschungseffekt *m*, -moment *n*; ♦ *loc/adv*: ***à cet ~*** zu diesem Zweck(e); dazu; ***en ~*** nämlich; denn; (*effectivement*) wirklich; tatsächlich; in der Tat; allerdings; freilich; *il ne pourra pas aller au théâtre*, ***il est, en ~, fortement enrhumé*** er ist nämlich stark erkältet; *vous souvenez-vous l'avoir vu sortir?* – ***oui, en ~ ...*** ja, tatsächlich; ja, stimmt; *loc/adj* ***sans ~*** unwirksam; wirkungslos; ohne Wirkung; ***rester sans ~*** wirkungslos bleiben; *loc/prép* ***sous l'~ de*** unter der Wirkung von (*ou* +*gén*); ***être sous l'~ de la morphine*** unter der Wirkung von Morphium stehen; (***agir***) ***sous l'~ de la colère, de la passion*** im Zorn, im Affekt (handeln); ♦ ***avoir, produire un ~ salutaire*** e-e heilsame Wirkung haben; heilsam, wohltuend wirken; ***avoir pour ~*** zur Folge haben; ***couper ses ~s à qn*** j-n um s-e Wirkung bringen; *st/s et iron* ***si c'était un ~ de votre bonté*** wenn Sie die Güte haben wollen; ***faire l'~ de*** den Eindruck (+*gén*) machen; wirken wie; ***il me fait l'~ d'un imbécile*** er macht auf mich den Eindruck e-s Dummkopfes; ***cette nouvelle a fait l'~ d'une bombe*** diese Nachricht hat wie e-e Bombe eingeschlagen; ***tu ne peux pas savoir l'~ que ça m'a fait*** du kannst dir nicht vorstellen, wie das auf mich gewirkt hat; *médicament etc* ***faire son ~*** s-e Wirkung tun; wirken; ***faire*** (***un***) ***bon, mauvais ~*** e-n guten, schlechten Eindruck machen (***sur*** auf +*acc*); ***c'est tout l'~ que cela te fait?*** das scheint dich nicht sehr, sonderlich zu beeindrucken; ***faire de l'~*** wirken; wirksam sein; s-e Wirkung tun; THÉ ***faire un ~*** e-n Effekt hineinbringen; e-e Pointe hinzufügen; ***l'acteur a manqué***, F ***raté son ~*** die Pointe (des Schauspielers) hat ihre Wirkung verfehlt, F ist nicht angekommen; ***ménager ses ~s*** s-e Pointen wirksam dosieren; s-e Wirkung wohl berechnen; JUR *loi etc* ***prendre ~*** in Kraft treten; wirksam werden; ***produire son petit ~*** sich interessant machen; ***rechercher l'~, viser*** (***à***) ***l'~*** auf Effekt aus sein; *chose* auf Effekt berechnet sein; ***ressentir les ~s de qc*** die Wirkung, die Auswirkungen von etw verspüren 2 COMM Wertpapier *n*; (*lettre de change*) Wechsel *m*; ***~s*** *pl* Effekten *pl*; Stücke *n/pl* 3 ***~s*** *pl* Kleider *n/pl*; Kleidungsstücke *n/pl*; Sachen *f/pl*; Habseligkeiten *f/pl*

effeuillage [efœjaʒ] *m* 1 AGR Abblatten *n*; Entlauben *n* 2 *fig* Striptease [-ti:z] *m ou n* **effeuillaison** *f* BOT Laubfall *m*; Abfallen *n* der Blätter **effeuillement** *m d'arbres* **a)** Laubfall *m*; Entlaubung *f*; **b)** Entlaubt-, Kahlsein *n*; *de fleurs* Ab-, Entblättern *n*; Abfallen *n* (*der Blütenblätter*)

effeuiller [efœje] I *v/t plantes* entblättern; AGR abblatten; entlauben; *fleur* die Blütenblätter auszupfen (+*gén*) II *v/pr* ***s'~*** die Blätter abwerfen; *fleurs* abblättern

effeuilleuse [efœjøz] *plais f* F Stripperin *f*

efficace [efikas] *adj* wirksam; wirkungsvoll; effektiv; effizient; *aide* tatkräftig; *slogan* zugkräftig; *personne* fähig; tüchtig; kompetent; erfolgreich; leistungsfähig **efficacement** *adv* wirksam; wirkungsvoll; *aider* tatkräftig; *intervenir* erfolgreich

efficacité [efikasite] *f* Wirksamkeit *f*; Wirkungskraft *f*, -vermögen *n*; Wirkung *f*; Effektivität *f*; (*rendement*) Effizienz *f*; *d'une personne* (Leistungs)Fähigkeit *f*; Tüchtigkeit *f*; *d'une entreprise* Leistungsfähigkeit *f*; TECH Wirkungsgrad *m*; (Arbeits)Leistung *f*; Nutzeffekt *m*; ***~ publicitaire*** Werbewirkung *f*

efficience [efisjɑ̃s] *f* Effizienz *f*; → *a* ***efficacité*** **efficient** *adj* effizient; → *a* ***efficace***

effigie [efiʒi] *f* 1 Bild *n*; Bildnis *n*; bildliche Darstel-

lung; Nachbildung *f*; ***brûler qn en ~*** j-n in effigie verbrennen **2** *sur une monnaie, une médaille* Kopfbild(nis) *n*; *pièce* ***à l'~ de*** mit dem Bildnis (*+gén*)
effilé [efile] **I** *adj* schmal; dünn; zugespitzt; spitz (zulaufend); spitzig; ***couteau ~*** langes spitzes Messer **II** *m* TEXT Franse *f*
effiler [efile] **I** *v/t bord d'un tissu* Fäden auszupfen, ausziehen (***qc*** aus etw); *cheveux* effilieren; gleichmäßig ausdünnen **II** *v/pr* ***s'~*** **1** *tissu* (aus)fransen; *fil de laine* sich auflösen; sich spalten **2** *objet* spitz zulaufen; sich verjüngen
effilochage [efilɔʃaʒ] *m* TEXT, FABRICATION DE PAPIER Reißen *n*; Zerkleinern *n*; Zerfasern *n*
effiloche [efilɔʃ] *f* TEXT Flockseide *f*
effilocher [efilɔʃe] **I** *v/t tissu, chiffons* zerfasern (*a fig vent: nuages*); zerkleinern; *avec les doigts* zerzupfen; *fil, ficelle* aufdröseln **II** *v/pr* ***s'~*** *étoffe usée* ausfransen (*a fig nuages*); fransig werden; *adjt* ***effiloché*** ausgefranst; fransig geworden
efflanqué [eflɑ̃ke] *adj* dürr; mager; ab-, ausgemergelt
effleurage [eflœʀaʒ] *m* MÉD Streichmassage *f* **effleurement** *m* Streifen *n*; leichte Berührung
effleurer [eflœʀe] *v/t* **1** streifen; leicht, flüchtig berühren; *de la main* streichen über (*+acc*) **2** *fig problème* streifen; antippen; anreißen **3** *idée etc* ***~ qn*** j-m kommen
efflorescence [eflɔʀesɑ̃s] *f* **1** CHIM, MINÉR Ausblühung *f*; Auswitterung *f*; Effloreszenz *f* **2** *litt et fig* Aufblühen *n* **efflorescent** *adj* **1** CHIM, MINÉR ausblühend; auswitternd **2** *litt et fig* aufblühend
effluent [eflyɑ̃] *m* ***~ urbain*** städtische Abwässer *n/pl*
effluve [eflyv] *m* **1** ***~s*** *pl* Ausdünstung *f*; *poét* Duft *m*; Aroma *n* **2** ***~ électrique*** Glimmentladung *f*
effondrement [efɔ̃dʀəmɑ̃] *m* **1** *d'un bâtiment etc* Einsturz *m*; Zusammenbrechen *n* **2** *fig d'un empire, d'une entreprise etc* Zusammenbruch *m* (*a physique et moral d'une personne*); rascher Zerfall; *de projets* Scheitern *n*; Fehlschlagen *n*; *d'une fortune* (plötzlicher) Verlust; Vernichtung *f*; ***~ des cours de la Bourse*** Kurssturz *m*, -einbruch *m* an der Börse; ***~ de la monnaie*** Währungszusammenbruch *m*, -zerfall *m*; ***~ des prix*** Preissturz *m*, -einbruch *m* **3** GÉOL (Ein)Bruch *m*
effondrer [efɔ̃dʀe] *v/pr* ***s'~*** **1** *plancher, toit, pont etc* einstürzen; einbrechen; zusammenbrechen; *maison, tribune a* (in sich [*dat*]) zusammenstürzen; *maison a* einfallen **2** *fig empire, cours, prix etc* zusammenbrechen; (rasch) zerfallen; *espoirs, projets* zunichtewerden; sich zerschlagen **3** *fig personne, a moralement* zusammenbrechen (*a accusé*); F zusammenklappen; ***s'~ dans un fauteuil*** sich in e-n Sessel fallen lassen; *adjt* ***être effondré*** völlig gebrochen, niedergeschlagen sein
efforcer [efɔʀse] *v/pr* ⟨**-ç-**⟩ ***s'~*** sich bemühen, sich anstrengen, sich (*dat*) Mühe geben, Anstrengungen machen (***de*** *+inf* zu *+inf*); *st/s* sich befleißigen; ***s'~ de parvenir à un compromis*** sich um e-n Kompromiss bemühen
effort [efɔʀ] *m* **1** ***~ (physique)*** körperliche Anstrengung; Kraftaufwand *m*, -anstrengung *f*, -anspannung *f*; ***~ excessif*** Überanstrengung *f*; ***~ musculaire*** Muskelanstrengung *f*; *soulever un fardeau* ***sans ~ apparent, sans le moindre ~*** scheinbar mühelos, ohne sich im Geringsten anzustrengen **2** *intellectuel ou moral* Anstrengung *f*; Bemühung *f*; Mühe *f*; Anspannung *f*; (Be)Streben *n*; ***~ intellectuel*** geistige Anstrengung, Anspannung; ***~ de volonté*** Willensanstrengung *f*; ***faire un ~ de volonté*** sich überwinden, zusammennehmen, aufraffen; *loc/adv*: ***après bien des ~s*** nach vieler Mühe; ***dans un suprême ~*** mit äußerster, letzter Kraft, Anstrengung; ***sans ~*** mühelos; ***demander des ~s à qn*** j-n Mühe kosten; ***demander un ~ de réflexion*** zum Nachdenken zwingen; *fig* ***être un partisan du moindre ~*** sich (*dat*) kein Bein ausreißen; den Weg des geringsten Widerstandes gehen; ***faire un ~*** a) sich anstrengen; es versuchen; b) F *financier* große Summen (aus)geben, aufwenden; *dans un marchandage* ***allez, faites encore un ~!*** F los, geben Sie sich (*dat*) noch e-n Ruck *ou* legen Sie noch etwas drauf!; ***faire un ~ sur soi-même*** sich (selbst) überwinden; sich zusammennehmen, F -reißen; ***faire tous ses ~s pour obtenir qc*** größte Anstrengungen machen *ou* sich (*dat*) jede erdenkliche Mühe geben *ou* s-e ganze Kraft einsetzen, um etw zu erreichen; ***ne faire aucun ~*** sich (*dat*) gar keine Mühe geben; sich überhaupt nicht anstrengen; keinerlei Anstrengungen machen; ***faire un ~ d'imagination, de mémoire*** s-e Fantasie, sein Gedächtnis anstrengen; ***ne reculer devant aucun ~*** keine Anstrengung, Mühe scheuen **3** PHYS, TECH Beanspruchung *f*
effraction [efʀaksjɔ̃] *f* JUR Einbruch *m*; ***vol*** *m* ***avec ~*** Einbruch(s)diebstahl *m*; ***pénétrer par ~ dans une maison*** in ein *ou* e-m Haus einbrechen; e-n Einbruch in ein Haus verüben
effraie [efʀɛ] *f* ZO Schleiereule *f*
effranger [efʀɑ̃ʒe] ⟨**-geons**⟩ **I** *v/t* ausfransen **II** *v/pr* ***s'~*** (aus)fransen; fransig sein *ou* werden; *adjt* ***effrangé*** ausgefranst; fransig
effrayant [efʀɛjɑ̃] *adj* **1** *spectacle etc* schrecklich; erschreckend; ***silence ~*** beängstigende, unheimliche Stille **2** F *appétit, chaleur etc* schrecklich; fürchterlich; furchtbar; *prix* horrend
effrayer [efʀeje] ⟨**-ay-** *od* **-ai-**⟩ **I** *v/t* erschrecken; in Schrecken, Angst versetzen; Angst machen (***qn*** j-m); ängstigen; *sens affaibli: prix etc* ***~ qn*** j-n abschrecken **II** *v/pr* ***s'~*** (sich) erschrecken (***de*** über *+acc ou* vor *+dat*); e-n Schreck bekommen
effréné [efʀene] *adj passion etc* zügellos; hemmungslos; wild; entfesselt; *joie, orgueil* unbändig; maßlos; *jalousie* wild; rasend; ***ambition ~e*** brennender, maßloser Ehrgeiz
effritement [efʀitmɑ̃] *m* **1** *des roches* Verwitterung *f*; Ab-, Zerbröckeln *n* **2** *fig* Zerfall *m*; Auflösung *f*; *des cours de la Bourse* Abbröckeln *n*; POL ***~ des voix*** Stimmenschwund *m*
effriter [efʀite] *v/pr* ***s'~*** **1** *roche etc* verwittern; ab-, zerbröckeln **2** *fig cours de la Bourse* abbröckeln; *parti, groupe* zerfallen; sich allmählich auflösen; *majorité etc* langsam zurückgehen, schwinden
effroi [efʀwɑ, efʀwa] *st/s m* Entsetzen *n*; Schrecken *m*; Grau(s)en *n*
effronté [efʀɔ̃te] **I** *adj* frech; unverschämt; unverfroren; dreist **II** *subst* ***petit ~*** frecher Kerl; (kleiner) Frechdachs; ***petite ~e*** freches Ding
effronterie [efʀɔ̃tʀi] *f* Frechheit *f*; Dreistigkeit *f*; Unverfrorenheit *f*; Unverschämtheit *f*
effroyable [efʀwajabl] *adj* entsetzlich, schrecklich, fürchterlich, furchtbar, grauenhaft, grässlich (*a* F

par exagération); F schauderhaft

effroyablement [efʀwajabləmɑ̃] *adv* → ***effroyable***; ***chanter ~ mal*** entsetzlich schlecht singen

effusion [efyzjõ] *f* **1** ***~ de sang*** Blutvergießen *n*; ***sans ~ de sang*** ohne Blutvergießen **2** *souvent pl* ***~s*** Gefühlsäußerungen *f/pl*, -ausbrüche *m/pl*; ***accueillir qn avec ~*** j-n auf das Herzlichste, überschwänglich empfangen

égailler [egaje, egeje] *v/pr* ***s'~*** *foule, groupe* sich zerstreuen; auseinandergehen, -laufen; sich verlaufen

égal [egal] ⟨*m/pl* **égaux**⟩ **I** *adj* **1** gleich; ***deux poids à peu près égaux*** zwei ungefähr gleich schwere Gewichte *n/pl*; ***troupes ~es en nombre*** zahlenmäßig gleich starke Truppen *f/pl*; *loc/adv*: ***à intervalles égaux*** in gleichen Abständen; im gleichen Abstand; ***à parts ~es*** zu gleichen Teilen; ***avoir des chances ~es*** gleiche Chancen haben; ***combattre à armes ~es*** mit (den) gleichen Waffen kämpfen (*a fig*); ***la partie est ~e*** die Gegner, Mannschaften sind gleich stark, einander ebenbürtig; ***être ~ à qc*** e-r Sache (*dat*) gleich sein (*a* MATH); ***être ~ à zéro*** gleich null sein (*a fig*); ***tous les citoyens sont égaux devant la loi*** alle Bürger sind vor dem Gesetz gleich; ***être égaux en droits*** gleichberechtigt sein; ***être de force ~e*** gleich stark sein; ***être de valeur ~e*** gleichwertig sein **2** (*constant*) *mouvement* gleichförmig; gleichmäßig; *humeur* gleichbleibend; ***il est toujours ~ à lui-même*** er ist immer der gleiche, F *a* derselbe; er bleibt sich (*dat*) immer gleich; ***être toujours d'une humeur ~e*** immer gleich aufgelegt sein; ausgeglichen sein **3** *terrain* flach; eben; platt **4** (*indifférent*) gleich(gültig); einerlei; egal; ***cela m'est (parfaitement) ~*** das ist mir (ganz, völlig) gleich(gültig), egal, einerlei; *loc/conj* F ***c'est ~*** trotzdem; jedenfalls; immerhin; ***c'est ~, j'aimerais mieux être ailleurs*** trotzdem wäre ich lieber woanders **5** GÉOMÉTRIE deckungsgleich; kongruent **II** *subst* ***n'avoir d'~ que …*** ⟨*meist inv*⟩ nur zu vergleichen sein mit …; ***son talent n'a d'~ que sa modestie*** er ist so bescheiden wie begabt; ***n'avoir point d'~*** nicht seinesgleichen haben; ***être l'~ de qn*** j-m gleich, ebenbürtig, gewachsen sein; ***il est mon ~*** er ist meinesgleichen, mir ebenbürtig *ou* gewachsen; ***il n'est rien d'~ à …*** es geht nichts über (*+acc*); es gibt nichts Besseres als …; ***trouver son ~*** e-n ebenbürtigen Gegner finden; ♦ *loc/prép* ***à l'~ de*** ⟨*inv*⟩ ebenso (sehr) wie; (so) wie; ***aimer qn à l'~ de soi-même*** j-n wie sich selbst lieben; *loc/adv* ***d'~ à ~*** ⟨*inv*⟩ wie (mit) seinesgleichen; ***traiter qn d'~ à ~*** j-n wie seinesgleichen, als gleichstehend behandeln; *loc/adj* ***sans ~*** ohnegleichen; unvergleichlich; einzigartig; ***être sans ~*** nicht seinesgleichen haben; ***il est d'une bravoure sans ~(e)*** s-e Tapferkeit ist ohnegleichen

égalable [egalabl] *adj* ***difficilement ~*** dem *ou* der schwer gleichzukommen ist

également [egalmɑ̃] *adv* **1** (*d'une manière égale*) gleich; gleichermaßen; in gleicher Weise; ***aimer ~ tous ses enfants*** (alle) s-e Kinder gleich gernhaben **2** (*aussi*) ebenfalls; gleichfalls; auch

égaler [egale] *v/t* **1** ***~ qc, qn*** e-r Sache, j-m gleichkommen, gleich sein; gleich sein wie etw, j; ***il n'est rien qui égale …*** es geht nichts über (*+acc*); es gibt nichts Schöneres *ou* Besseres als …; ***~ qn en beauté*** j-m an Schönheit gleichkommen, nicht nachstehen; ebenso schön sein wie j **2** MATH ***2 plus 3 égale(nt) 5*** 2 und *ou* plus 3 ist 5; ***2 multiplié par 3 égale 6*** 2 mal 3 ist (gleich) 6 **3** SPORTS *record* einstellen; egalisieren

égalisateur [egalizatœʀ] *adj* ⟨**-trice**⟩ ausgleichend; Ausgleichs…; SPORTS ***but ~*** Ausgleichstor *n*, -treffer *m*

égalisation [egalizasjõ] *f* Ausgleich *m*; Anpassung *f*; Angleichung *f*; SPORTS ***obtenir l'~*** den Ausgleich erzielen

égaliser [egalize] **I** *v/t* **1** *sol, terrain* ausgleichen; (ein)ebnen; planieren; *cheveux* gleich lang schneiden; gerade schneiden **2** *fig* ausgleichen; (einander) angleichen, anpassen; gleichmäßig verteilen; gleichmachen **II** *v/i* SPORTS ausgleichen; den Ausgleich erzielen; gleichziehen; egalisieren

égalitaire [egalitɛʀ] *adj* POL egalitär; auf (politische, soziale) Gleichheit aller gerichtet

égalitarisme [egalitaʀism] *m* POL Egalitarismus *m*

égalitariste *m* POL Vertreter *m*, Anhänger *m* des Egalitarismus

égalité [egalite] *f* **1** Gleichheit *f*; ***~ civile*** Rechtsgleichheit *f*; ***~ des chances*** Chancengleichheit *f*; ***~ des droits*** Gleichberechtigung *f*; ***~ des salaires*** Lohngleichheit *f*; ***~ devant l'impôt*** Steuergleichheit *f*; ***~ devant la loi*** Gleichheit vor dem Gesetz; GR ***comparatif*** *m* ***d'~*** Vergleichsform im Positiv; *loc/prép* ***à ~ de*** bei Gleichheit (*+gén*); bei gleichem, gleicher, gleichen …; SPORTS ***être à ~*** gleichstehen; punktgleich stehen; ***être sur un pied d'~ avec qn*** mit j-m auf gleichem Fuß stehen; ***traiter qn sur un pied d'~*** j-n wie seinesgleichen, als gleichstehend behandeln **2** *d'un mouvement* Gleichmäßigkeit *f*; Gleichförmigkeit *f*; ***~ d'âme*** Gleichmut *m*; Beherrschtheit *f*; Gelassenheit *f*; ***~ d'humeur, de caractère*** Ausgeglichenheit *f* **3** *d'un terrain* Ebenheit *f*; Flachheit *f* **4** TENNIS Einstand *m*; „40 beide“ **5** GÉOMÉTRIE Deckungsgleichheit *f*; Kongruenz *f*

égard [egaʀ] *m* **1** ***~s*** *pl* Rücksicht(nahme) *f*; Achtung *f*; Aufmerksamkeit *f*; ***un manque d'~s*** e-e Rücksichtslosigkeit; ***avoir de grands ~s, être plein d'~s pour qn*** j-m gegenüber sehr, äußerst rücksichtsvoll sein; (viel) Rücksicht auf j-n nehmen; ***manquer d'~s envers qn*** es an Rücksicht gegenüber j-m fehlen lassen **2** *loc/adv*: ***à cet ~*** in dieser Hinsicht, Beziehung; diesbezüglich; ***à beaucoup d'~s, à certains, maints ~s*** in vieler, gewisser, mancher Hinsicht, Beziehung; ***à plus d'un ~*** in mehrfacher Hinsicht, Beziehung, Weise; ***à tous ~s*** [atuzegaʀ] *ou* ***à tous les ~s*** in jeder Hinsicht, Beziehung; ♦ *loc/prép*: ***à l'~ de*** was (*+acc*) betrifft; gegenüber (***qn*** j-m); zu (***qn*** j-m); ***il a été injuste à votre ~*** er war Ihnen gegenüber, zu Ihnen ungerecht; ***eu ~ à*** im Hinblick auf (*+acc*); mit Rücksicht auf (*+acc*); in Anbetracht (*+gén*); unter Berücksichtigung (*+gén*); *il a été dispensé de venir*, ***eu ~ à son âge*** mit Rücksicht auf sein Alter; in Anbetracht s-s Alters; ADM ***eu ~ au fait que …*** unter Berücksichtigung des Umstandes, dass …; in Anbetracht dessen, dass …; ***par ~ à, pour*** mit Rücksicht auf (*+acc*); ***sans aucun ~, sans le moindre ~ (pour …)*** ohne (irgendwelche) Rücksicht, ohne auch nur im Geringsten Rücksicht zu nehmen (auf *+acc*)

égaré [egaʀe] *adj* **1** *personne, animal* verirrt; *objet*

E

verlegt; abhandengekommen; *colis postal* fehlgeleitet; verloren gegangen; *automobiliste* der sich verfahren hat; BIBL **brebis ~e** verirrtes, verlorenes Schaf **2** *(fou) air, regard* verwirrt; verstört; irr(e)

égarement [egaʀmɑ̃] *m* **1** *litt (dérèglement)* Verfehlung *f*; Verirrung *f* **2** *(folie)* geistige Verwirrung; ***dans un moment d'~*** in e-m Anfall geistiger Umnachtung

E

égarer [egaʀe] **I** *v/t* **1** *objets* verlegen; *marchandises* fehlleiten; *personne* irreleiten, irreführen, in die Irre führen *(a fig)* **2** *passion etc: esprit* verwirren; trüben **II** *v/pr* ***s'~*** **1** *personnes* sich verirren; sich verlaufen; vom richtigen, rechten Weg abkommen; *en voiture* sich verfahren; *animal* sich verlaufen; *objets* abhandenkommen; *colis postal* fehlgeleitet werden; verloren gehen **2** *orateur etc* abschweifen; vom Thema abkommen; auf Abwege geraten *(a discussion)*; ***ne nous égarons pas!*** bleiben wir beim Thema!

égayer [egeje] ⟨**-ay-** *od* **-ai-**⟩ **I** *v/t* **1** *personne, public* auf-, erheitern; heiter, froh stimmen **2** *choses* angenehm, freundlich machen, gestalten; beleben; *récit* auflockern **II** *v/pr litt* ***s'~*** sich belustigen (***aux dépens de qn*** auf j-s Kosten [*acc*])

Égée [eʒe] ***la mer ~*** das Ägäische Meer; die Ägäis

égérie [eʒeʀi] *f* Ratgeberin *f*; guter Geist; *d'un artiste* Muse *f*

égide [eʒid] *loc* ***sous l'~ de*** unter der Ägide, dem Schutz, der Leitung, der Schirmherrschaft von *(ou +gén)*

Égine [eʒin] GÉOGR Ägina *n*

églantier [eglɑ̃tje] *m* wilder Rosenstrauch **églantine** *f* Heckenrose *f*; wilde Rose

églefin [egləfɛ̃] *m* zo Schellfisch *m*

église [egliz] *f* **1** ***Église*** Kirche *f*; *abs* ***l'Église*** die (römisch-)katholische Kirche; ***l'Église catholique*** die katholische Kirche; ***l'Église protestante*** die protestantische, *en Allemagne plutôt* evangelische Kirche; ***l'Église de Rome*** die römische Kirche; ***appartenir à l'~*** zur katholischen Kirche gehören; katholisch sein; ***entrer dans l'~*** Geistlicher werden **2** *édifice* Kirche *f*; *st/s* Gotteshaus *n*; ***~ gothique, romane*** gotische, romanische Kirche; ***chant*** *m* ***d'~*** Kirchenlied *n*; ***aller à l'~*** in die, zur Kirche gehen; ***se marier à l'~*** sich kirchlich trauen lassen

ego [ego] *m* ⟨*inv*⟩ PHILOS, PSYCH Ego *n*; Ich *n*

égocentrique [egɔsɑ̃tʀik] **I** *adj* egozentrisch; ichbezogen **II** *m,f* Egozentriker(in) *m(f)* **égocentrisme** *m* Egozentrik *f*; Ichbezogenheit *f*

égoïne [egɔin] *f scie* Fuchsschwanz *m*

égoïsme [egɔism] *m* Egoismus *m*; Selbstsucht *f*; Eigennutz *m*; ***agir par ~*** aus Egoismus, egoistisch handeln; ***faire preuve d'~*** sich als Egoist erweisen

égoïste [egɔist] **I** *adj* egoistisch; selbstsüchtig; eigennützig **II** *m,f* Egoist(in) *m(f)*; ***se conduire en ~*** sich wie ein Egoist verhalten; egoistisch handeln; ***vivre en ~*** nur für sich selbst leben; egoistisch eingestellt sein

égorger [egɔʀʒe] *v/t* ⟨**-geons**⟩ die Kehle durchschneiden (***qn*** j-m) **égorgeur** *m* Mörder *m*

égosiller [egozije] *v/pr* ***s'~*** sich heiser schreien

égotisme [egɔtism] *m* Egotismus *m*

égout [egu] *m* (Abwasser-, Abzugs)Kanal *m*; Kloake *f (a fig)*; ***~s*** *pl* Kanalisation *f*; ***bouche*** *f* ***d'~*** Gully *m ou n*; ***réseau*** *m* ***d'~s*** Kanalisationsnetz *n*, -system *n*

égoutier [egutje] *m* Kanalreiniger *m*, -räumer *m*

égoutter [egute] **I** *v/t légumes, vaisselle etc* (***faire***) ***~*** abtropfen lassen **II** *v/pr* ***s'~*** *linge, vaisselle, eau de pluie* abtropfen; ***laisser*** (***s'***)***~ du linge*** Wäsche abtropfen lassen

égouttoir [egutwaʀ] *m à vaisselle* Abtropfgestell *n*, -ständer *m*, -körbchen *n*; *à bouteilles*, PHOT Trockenständer *m*

égratigner [egʀatiɲe] **I** *v/t* **1** *peau, jambes etc* zer-, aufkratzen; aufritzen; zerschrammen; *meuble, carrosserie etc* zerkratzen; e-e Schramme, e-n Kratzer machen in (*+acc*) **2** *fig (critiquer)* ***~ qn*** j-m zusetzen; j-n aufs Korn nehmen **II** *v/pr* ***s'~*** sich auf-, zerkratzen

égratignure [egʀatiɲyʀ] *f sur la peau* Kratzwunde *f*; *sur la peau, sur des objets* Kratzer *m*; Schramme *f*; ***se faire des ~s*** sich zer-, aufkratzen; zerkratzt werden; ***s'en tirer sans une ~*** nicht einmal e-e Schramme, e-n Kratzer abbekommen; mit heiler Haut davonkommen

égrener [egʀəne] ⟨**-è-**⟩ **I** *v/t* **1** *céréales* aus-, entkörnen; *raisins, groseilles* abbeeren; *österr* rebeln **2** *fig* ***~ son chapelet*** den Rosenkranz her-, abbeten; ***l'horloge égrena les douze coups de minuit*** die Turmuhr schlug zwölfmal hintereinander, es war Mitternacht **II** *v/pr* ***s'~*** **1** *blé etc* aus-, abfallen **2** *fig groupe* auseinandergehen; sich auflösen; *notes d'un instrument* hintereinander ertönen

égrillard [egʀijaʀ] *adj histoires, chansons etc* frech; gewagt; schlüpfrig; *personne, air* lüstern

égrotant [egʀɔtɑ̃] *litt adj vieillard* kränklich; kränkelnd

Égypte [eʒipt] ***l'~*** *f* Ägypten *n*

égyptien [eʒipsjɛ̃] **I** *adj* ⟨***~ne***⟩ ägyptisch **II** *subst* **1** ***Égyptien(ne)*** *m(f)* Ägypter(in) *m(f)* **2** LING ***l'~*** *m* das Ägyptische; Ägyptisch *n*

égyptologie [eʒiptɔlɔʒi] *f* Ägyptologie *f* **égyptologue** *m,f* Ägyptologe *m*, -login *f*

eh [e] *int appel* he!; heda!; hallo!; *étonnement* ach!; ah!; *douleur* au!; ***~! attendez un peu*** halt *ou* ach, warten Sie mal!; ***~ là! doucement!*** immer sachte!; langsam, langsam!; ***~! (vous) là-bas! venez par ici*** he *ou* hallo, (Sie da!) kommen Sie mal her!; → *a* ***bien***[1] *I 7*

éhonté [eõte] *adj* schamlos; unverschämt; frech; dreist

eider [ɛdɛʀ] *m* zo Eiderente *f*

Eiffel [ɛfɛl] *m frz Ingenieur*

éjaculation [eʒakylasjõ] *f* PHYSIOL Ejakulation *f*; Samenerguss *m*; MÉD ***~ précoce*** vorzeitiger Samenerguss; *sc* Ejaculatio praecox *f*

éjaculer [eʒakyle] *v/i* PHYSIOL ejakulieren; Samen ausspritzen

éjectable [eʒɛktabl] *adj* AVIAT ***siège*** *m* ***~*** Schleudersitz *m*

éjecter [eʒɛkte] **I** *v/t* **1** TECH auswerfen; ausstoßen; *par ext personne dans un accident* ***être éjecté*** (***de la voiture***) herausgeschleudert werden; aus dem Auto geschleudert werden **2** F *fig* ***~ qn*** j-n hinauswerfen, F rauswerfen, -schmeißen (***de*** aus); ***se faire ~*** *d'une école, d'un emploi* F rausgeworfen werden; F fliegen **II** *v/pr* ***s'~*** *pilote* sich mit dem Schleudersitz retten

éjection [eʒɛksjõ] *f* TECH Ausstoß(en) *m(n)*; Aus-

E

La tour Eiffel

Einer der berühmtesten französischen Ingenieure war Gustave Eiffel. Weltruhm erlangte er für seine spektakulären Metallkonstruktionen, die er in den 70er- und 80er-Jahren des 19. Jahrhunderts entwarf. Neben aus unzähligen Metallteilen bestehenden Brücken, wie sie zum Beispiel im portugiesischen Porto zu bestaunen sind, konstruierte Gustave Eiffel den nach ihm benannten Eiffelturm (**la tour Eiffel**), dessen 2,5 Millionen Metallstreben von über 300 Monteuren vernietet wurden. Dieser Turm war als Attraktion für die 1889 in Paris stattfindende Weltausstellung erbaut worden. Ursprünglich war vorgesehen, die 320 m hohe Stahlkonstruktion nach dem Ende der Weltausstellung wieder abzureißen.
Und obwohl der Eiffelturm alle sieben Jahre einen neuen Anstrich braucht, zu dem 52 Tonnen Farbe benötigt werden, wagte kein Präsident, ihn abreißen zu lassen. Man hatte seinen Wert als Telekommunikationsstation und vor allem als touristische Attraktion erkannt. Bald wurde er zum Wahrzeichen von Paris.

werfen *n*; *d'un pilote* Herausschleudern *n*

élaboration [elabɔʀasjõ] *f* 1 *d'un projet etc* Ausarbeitung *f*; Erarbeitung *f*; Erstellung *f* 2 PHYSIOL *de la bile etc* Bildung *f*

élaborer [elabɔʀe] I *v/t* 1 *projet, programme, livre etc* ausarbeiten; erarbeiten; erstellen; abfassen; verfassen 2 PHYSIOL *bile etc* bilden II *v/pr* **s'~** Gestalt, Form annehmen; entstehen

élagage [elagaʒ] *m* 1 *d'arbres* Auslichten *n*, -schneiden *n* 2 *fig* Kürzung *f*; Streichung *f*

élaguer [elage] *v/t* 1 *arbres* ausschneiden, -lichten 2 *fig superflu* streichen; **~ un discours, un texte** eine Rede, einen Text kürzen, zusammenstreichen

élan[1] [elɑ̃] *m* 1 Schwung *m*; SPORTS Anlauf *m*; SPORTS: **avec ~** mit Anlauf; → *a 2*; **sans ~** ohne Anlauf; aus dem Stand; **perdre son ~** den Schwung verlieren; **prendre de l'~, son ~** (e-n) Anlauf nehmen *ou* Schwung holen 2 *fig* Schwung *m*; Elan *m*; (*ardeur*) Feuer *n*; (*enthousiasme*) Begeisterung *f*; **~ d'affection** Aufwallung *f* von Zärtlichkeit (**vers qn** für j-n); **~ de générosité** Anwandlung *f* von Großzügigkeit; *loc/adv* **avec ~** mit Schwung *etc*; **briser l'~ de qn** j-m allen Schwung nehmen; **l'~ est donné** der Anfang ist gemacht; ÉCON **redonner de l'~** wieder in Schwung bringen (**à qc** etw)

élan[2] [elɑ̃] *m* ZO Elch *m*

élancé [elɑ̃se] *adj personne, silhouette* schlank; hoch aufgeschossen; rank; von schlankem Wuchs; *cou* schlank; lang; *tour, colonne* schlank

élancement [elɑ̃smɑ̃] *m* MÉD stechender Schmerz

élancer [elɑ̃se] ⟨-ç-⟩ I *v/i* MÉD stechende Schmerzen verursachen; heftig stechen II *v/pr* **s'~** 1 *personne* sich stürzen (**sur qn** auf j-n); *abs* los-, hervorstürzen; (her) vorstürmen; **s'~ à la poursuite de qn** j-m nachstürzen; j-s Verfolgung aufnehmen; **s'~ au secours de qn** j-m zu Hilfe eilen; **s'~ vers la sortie** dem Ausgang zustürzen; zum Ausgang stürzen, stürmen 2 *fig et litt* sich emporschwingen 3 *tour etc* **s'~ vers le ciel** (steil) emporragen; in die Höhe, in den Himmel ragen; hoch aufragen

élargir [elaʀʒiʀ] I *v/t* 1 **a)** *rue etc* verbreitern; breiter machen; *ouverture* (aus)weiten; erweitern; weiter, größer machen; *vêtement* weiter machen; *chaussure* (aus)weiten; (aus)dehnen; **b)** *vêtement*: *personne* dick(er) machen; auftragen (*abs*); *coiffure*: *visage* breiter, voller erscheinen lassen; **c)** *domaine* erweitern; ausdehnen 2 *fig connaissances etc* erweitern; vergrößern; (auf neue Gebiete) ausdehnen; *problème* weiter fassen; **~ son horizon** s-n Horizont erweitern; *adjt* POL **majorité élargie** breite Mehrheit II *v/pr* **s'~** *fleuve, rue* breiter werden; sich verbreitern; *vêtements, chaussures* sich ausweiten, ausdehnen; weiter werden

élargissement [elaʀʒismɑ̃] *m* 1 *d'une route etc* Verbreiterung *f*; *d'une ouverture* Erweiterung *f*; *de vêtements* Weitermachen *n* 2 *fig* Erweiterung *f*; Ausdehnung *f*; Vergrößerung *f* 3 JUR Freilassung *f*

élasticité [elastisite] *f* 1 PHYS, *de la peau etc* Elastizität *f*; Dehnbarkeit *f*; *d'un matelas* Federkraft *f* 2 *par ext du corps, de la démarche etc* Elastizität *f*; Spannkraft *f*; Federn *n* 3 *fig de principes etc* Dehnbarkeit *f*

élastique [elastik] I *adj* 1 PHYS, *peau, bretelle etc* elastisch; dehnbar 2 *par ext démarche, mouvements* elastisch; federnd; geschmeidig 3 *fig concept, règlement etc* dehnbar; elastisch; flexibel; **avoir une conscience ~** ein weites Gewissen haben II *m* 1 Gummi *n*; Gummiband *n*; *circulaire* Gummiring *m*; *dans un vêtement* Gummizug *m*; F *fig* **les lâcher avec un ~** F knick(e)rig, knaus(e)rig, filzig sein 2 TEXT Elastik *n*

élastomères [elastɔmɛʀ] *m/pl* CHIM Elastomere *n/pl*; Elaste *m/pl*

Elbe [ɛlb] 1 *fleuve* **l'~** *f* die Elbe 2 **l'île** *f* **d'~** Elba *n*

Elbourz [ɛlburz] GÉOGR **l'~** *m* der Elburs

Elbrouz [ɛlbʀuz] GÉOGR **l'~** *m* der Elbrus

eldorado [ɛldɔʀado] *m* Eldorado *n*; Traum-, Wunschland *n*

électeur [elɛktœʀ] *m*, **électrice** *f* 1 Wähler(in) *m(f)*; **~ inscrit** Wahlberechtigte(r) *m* 2 HIST **Électeur** Kurfürst *m*; **le Grand Électeur** der Große Kurfürst 3 *U.S.A.* **grands ~** Wahlmänner *m/pl*

électif [elɛktif] *adj* ⟨-ive⟩ 1 Wahl…; durch Wahl (bestimmt); *fonction* durch Wahl zu vergeben(d) 2 CHIM HIST **affinité élective** Wahlverwandtschaft *f* (*a fig*)

élection [elɛksjõ] *f* 1 POL Wahl *f*; **~s (législatives)** Parlamentswahlen *f/pl*; **~s municipales** Gemeinde-, Kommunalwahlen *f/pl*; **~s régionales** Regionalwahlen *f/pl*; **résultats** *m/pl* **des ~s** Wahlergebnis(se) *n(pl)*; **être candidat à une ~, se présenter aux ~s** (bei e-r Wahl) kandidieren 2 JUR **~ de domicile** Wahl *f* des Wohnsitzes 3 *fig* **d'~** auserwählt, erwählt (*a* REL); s-r Wahl; **terre** *f* **d'~** bevorzugtes

les élections	Wahlen
donner sa voix à un candidat	einem Kandidaten seine Stimme geben
voter pour le candidat du parti X	den Kandidaten der X-Partei wählen
s'abstenir	sich der Stimme enthalten
dépouiller le scrutin	die Stimmen auszählen
obtenir la majorité des suffrages	die Mehrheit der Stimmen erhalten
être élu président	zum Präsidenten gewählt werden
former le gouvernement	die Regierung bilden
former une coalition	eine Koalition bilden

E

Gebiet; *l'Italie fut pour Stendhal* ***la patrie d'~*** … seine Wahlheimat

électoral [elɛktɔʀal] *adj* ⟨**-aux**⟩ Wahl…; Wähler…; ***campagne ~e*** Wahlkampf *m*; ***liste ~e*** Wählerliste *f*; ***loi ~e*** Wahlgesetz *n*; ***manœuvres ~es*** Wahlmanöver *n/pl*; ***réunion ~e*** Wahlversammlung *f*

électoralisme [elɛktɔʀalism] *m* POL Wahltaktik *f*, -propaganda *f* **électoraliste** *adj* wahltaktisch

électorat [elɛktɔʀa] *m* **1** (*électeurs*) Wählerschaft *f*; Wähler *m/pl*; ***~ féminin*** weibliche Wählerschaft; ***~ de gauche*** Linkswähler *m/pl* **2** ADM (*droit de vote*) Wahlrecht *n* **3** HIST *territoire* Kurfürstentum *n*

électricien [elɛktʀisjɛ̃] *m* Elektriker *m*; Elektromonteur *m*, -installateur *m*, -techniker *m*; ***~ auto*** Autoelektriker *m*; *adjt* ***ingénieur, ouvrier ~*** Elektroingenieur *m*, -monteur *m*

électricité [elɛktʀisite] *f* Elektrizität *f*; elektrischer Strom; *par ext* F ***allumer, éteindre l'~*** das Licht an-, ausmachen; ***avoir l'~*** elektrischen Strom haben; F *fig* ***il y a de l'~ dans l'air*** es herrscht e-e gespannte Atmosphäre; F hier ist dicke Luft; ***couper l'~*** den Strom abschalten; ***faire installer, poser l'~*** elektrische Leitungen legen lassen; ***marcher à l'~*** elektrisch, mit Elektrizität betrieben werden; F elektrisch gehen, laufen; F ***payer son ~*** s-e Stromrechnung zahlen

électrification [elɛktʀifikasjõ] *f* CH DE FER Elektrifizierung *f*; *schweiz* Elektrifikation *f* **électrifier** *v/t* *ligne de chemin de fer* elektrifizieren; auf elektrischen Betrieb umstellen; *village etc* an die Stromversorgung, an das Stromnetz anschließen

électrique [elɛktʀik] *adj* **1** elektrisch; Elektro…; ***appareil*** *m* ***~*** elektrisches Gerät; Elektrogerät *n*; ***courant*** *m* ***~*** elektrischer Strom; ***cuisinière*** *f* ***~*** Elektroherd *m*; ***énergie*** *f* ***~*** elektrische Energie; ***gril*** *m* ***~*** Elektrogrill *m*; ***locomotive*** *f* ***~*** elektrische Lokomotive; E-Lok *f*; ***moteur*** *m* ***~*** Elektromotor *m* **2** *fig atmosphère* geladen; *tempérament* lebhaft; spontan; ***bleu*** *m* ***~*** lebhaftes, kräftiges (Hell)Blau

électriquement [elɛktʀikmɑ̃] *adv* elektrisch

électrisation [elɛktʀizasjõ] *f* Elektrisierung *f*; Ladung *f*

électriser [elɛktʀize] **I** *v/t* **1** elektrisieren; der Wirkung des elektrischen Stromes aussetzen; *adjt* ***électrisé*** elektrisch geladen **2** *fig public* elektrisieren; aufrütteln; begeistern; mitreißen **II** *v/pr* ***s'~*** sich elektrisch aufladen

électro-acoustique [elɛktʀoakustik] **I** *f* Elektroakustik *f* **II** *adj* elektroakustisch **électro-aimant** *m* Elektromagnet *m*

électrobiologie [elɛktʀɔbjɔlɔʒi] *f* Elektrobiologie *f*

électrocardiogramme [elɛktʀɔkaʀdjɔgʀam] *m* MÉD Elektrokardiogramm *n* (*abr* EKG)

électrochimie [elɛktʀɔʃimi] *f* Elektrochemie *f* **électrochimique** *adj* elektrochemisch

électrochoc [elɛktʀɔʃɔk] *m* MÉD Elektroschock *m*

électrocuté [elɛktʀɔkyte] *m* Starkstromverletzte(r) *m*; j, der e-n (tödlichen) elektrischen Schlag bekommen hat **électrocuter** **I** *v/t* durch elektrischen Strom töten **II** *v/pr* ***s'~*** e-n (tödlichen) elektrischen Schlag bekommen

électrocution [elɛktʀɔkysjõ] *f* **1** tödlicher elektrischer Schlag; tödliche Starkstromverletzung **2** *exécution* Tötung *f*, Hinrichtung *f* durch elektrischen Strom

électrode [elɛktʀɔd] *f* Elektrode *f*

électrodynamique [elɛktʀɔdinamik] **I** *f* Elektrodynamik *f* **II** *adj* elektrodynamisch

électro-encéphalogramme [elɛktʀoɑ̃sefalɔgʀam] *m* MÉD Elektroenzephalogramm *n* (*abr* EEG)

électrogène [elɛktʀɔʒɛn] *adj* Strom erzeugend; ***groupe*** *m* ***~*** Strom(erzeugungs)aggregat *n*

électrolyse [elɛktʀɔliz] *f* CHIM Elektrolyse *f* **électrolyser** *v/t* elektrolysieren

électrolyte [elɛktʀɔlit] *m* CHIM Elektrolyt *m* **électrolytique** *adj* elektrolytisch; Elektrolyt…

électromagnétique [elɛktʀɔmaɲetik] *adj* PHYS elektromagnetisch **électromagnétisme** *m* Elektromagnetismus *m*

électromécanicien [elɛktʀɔmekanisjɛ̃] *m* Elektromechaniker *m* **électromécanique** **I** *f* Elektromechanik *f* **II** *adj* elektromechanisch

électroménager [elɛktʀɔmenaʒe] **I** *adj* ***appareils*** *m/pl* ***~s*** Elektrogeräte *n/pl*; elektrische Haushaltsgeräte *n/pl* **II** *m* (Sektor *m* der) elektrische(n) Haushaltsgeräte *n/pl*

électromoteur [elɛktʀɔmɔtœʀ] *adj* ⟨**-trice**⟩ elektromotorisch; ***force électromotrice*** (*abr* ***f.é.m.***) elektromotorische Kraft (*abr* EMK)

électron [elɛktʀõ] *m* PHYS Elektron *n*

électronicien [elɛktʀɔnisjɛ̃] *m*, **électronicienne** *f* Elektroniker(in) *m(f)*

électronique [elɛktʀɔnik] **I** *adj* elektronisch; Elektronen…; ***adresse*** *f* ***~*** E-Mail-Adresse ['iːmeːl-] *f*; ***calculateur*** *m*, ***calculatrice*** *f* ***~*** Elektronenrechner *m*; ***commerce*** *m* ***~*** Electronic Commerce [ɪlɛk'trɔnɪk'kɔmɛrs] *m*; ***flash*** *m* ***~*** Elektronenblitz(gerät) *m(n)*; ***industrie*** *f* ***~*** Industrie *f* für elektronische Geräte; ***jeu*** *m* ***~*** Video-, Telespiel *n*; ***jeu*** *m* ***d'échecs ~*** Schachcomputer [-pjuː-] *m*; ***musique*** *f* ***~*** elektronische Musik **II** *f* Elektronik *f*

électrophone [elɛktʀɔfɔn] *m* Phonokoffer *m*; (*tourne-disque*) Plattenspieler *m*

électrostatique [elɛktʀɔstatik] PHYS **I** *adj* elektro-

statisch **II** *f* Elektrostatik *f* **électrotechnicien** *m* Elektrotechniker *m*
électrotechnique [elɛktʀɔtɛknik] **I** *adj* elektrotechnisch; ***industrie*** *f* **~** Elektroindustrie *f* **II** *f* Elektrotechnik *f*
électrothérapie [elɛktʀɔteʀapi] *f* MÉD Elektrotherapie *f*
élégamment [elegamɑ̃] *adv* → ***élégant***
élégance [elegɑ̃s] *f* **1** Eleganz *f*; *d'un meuble etc a* elegante Form; Formschönheit *f*; *de l'allure, des mouvements a* Anmut *f*; Grazie *f*; ***s'exprimer avec ~*** sich elegant, gewandt ausdrücken; ***s'habiller avec ~*** sich elegant, geschmackvoll kleiden **2** *par ext* Takt *m*; korrekte Haltung; ***savoir perdre avec ~*** mit Haltung verlieren können
élégant [elegɑ̃] **I** *adj* **1** *personne, vêtement, intérieur* elegant; *formes etc a* anmutig; *tenue, attitude* tadellos; gewandt; kultiviert; ***restaurant ~*** elegantes, feines Restaurant; ***style ~*** eleganter, gewandter Stil **2** *par ext procédé etc* elegant; geschickt; ***une façon ~e de se débarrasser de qn*** e-e elegante, geschickte Art, j-n loszuwerden; ***un procédé peu ~*** ein nicht sehr korrektes Verfahren **II** *subst* **~(e)** *m(f) plais* Stutzer *m*; Geck *m*; Modepuppe *f*
élégiaque [eleʒjak] **I** *adj* elegisch; wehmütig **II** *m* Elegiker *m*
élégie [eleʒi] *f* Elegie *f*
élément [elemɑ̃] *m* **1** *d'un tout* Element *n*; Teil *m ou n*; Bestandteil *m*; Einzelteil *n*; (*détail*) Einzelheit *f*; (*facteur*) Moment *n*; Faktor *m*; MIL Truppenteil *m*; Einheit *f*; COMPTABILITÉ Posten *m*; *d'un meuble* Anbauteil *m ou n*; ***les ~s*** *a* die verschiedenen *ou* einzelnen Teile; ***~ de base*** Grundbestandteil *m*, -element *n*; grundlegender Bestandteil; ***~s d'un radiateur*** Heizkörperrippen *f/pl*; ***meubles*** *m/pl* ***à ~s*** Anbaumöbel *n/pl*; ***l'enquête n'a apporté aucun ~ nouveau*** die Untersuchung hat keine neuen Einzelheiten, kein neues Moment erbracht; ***nous manquons d'~s d'appréciation*** es fehlen uns die Informationen, um uns ein Urteil bilden zu können **2** ***~s*** *pl* (*rudiments*) *d'une science etc* Elemente *n/pl*; Grundzüge *m/pl*; Anfangsgründe *m/pl*; Grundlagen *f/pl*; Grundbegriffe *m/pl*; *pour un sujet etc* Unterlagen *f/pl*; ***~s d'algèbre, de géométrie*** elementare Algebra, Geometrie **3** ***~s*** *pl* (*individus*) Elemente *n/pl* (*souvent péj*); Kräfte *f/pl*; ***bons, mauvais ~s*** gute, schlechte *ou* üble Elemente **4** CHIM Element *n* **5** ÉLECT *d'une pile* Element *n*; *d'une batterie* Zelle *f* **6** ***~s*** *pl* (*forces naturelles*) Elemente *n/pl*; Naturgewalten *f/pl* **7** (*milieu*) (Lebens)Element *n*; ***être dans son ~*** in s-m Element sein
élémentaire [elemɑ̃tɛʀ] *adj* **1** elementar; grundlegend; Elementar...; Grund...; Anfangs...; (*rudimentaire*) einfach(st); primitiv; mindest; ***notions*** *f/pl* ***~s*** Grund-, Elementarkenntnisse *f/pl*; elementare Kenntnisse *f/pl*; ***précaution*** *f* **~** einfach(st)e Vorsichtsmaßnahme; ***c'est ~*** das weiß jeder, jedes Kind; → *a* ***cours*** *1* **2** CHIM, PHYS Elementar...; ***particule*** *f* **~** Elementarteilchen *n*
éléphant [elefɑ̃] *m* ZO Elefant *m*; ***~ mâle*** Elefantenbulle *m*; ***~ de mer*** See-Elefant *m*; *fig d'une personne*: ***il a l'air d'un ~, c'est un ~*** er ist ein richtiger Elefant; **(*il est*)** ***comme un ~ dans un magasin de porcelaine*** (er benimmt sich) wie ein Elefant im Porzellanladen; ***avoir une mémoire d'~*** ein phänomenales Gedächtnis haben; sich (*dat*) alles merken (können); (*être rancunier*) nachtragend sein
éléphante [elefɑ̃t] *f* ZO Elefantenkuh *f* **éléphanteau** *m* ⟨*pl* **~x**⟩ ZO junger Elefant **éléphantesque** *adj* ungeheuer; riesig; mächtig
éléphantiasis [elefɑ̃tjazis] *m* MÉD Elefantiasis *f*
éléphantin [elefɑ̃tɛ̃] *adj* elefantenähnlich, –artig
élevage [elvaʒ] *m* Aufzucht *f*; Zucht *f*; Züchtung *f*; Haltung *f*; *abs* Viehzucht *f*; Viehwirtschaft *f*; ***~ des bovins, des chevaux, des moutons, des porcs*** Rinder-, Pferde-, Schaf-, Schweinezucht *f*; ***~ de poulets*** *a* Hühnerfarm *f*; *de poules* ***~ en batterie*** Batteriehaltung *f*; ***faire de l'~*** Tiere züchten; Tierzüchter sein; e-e Tierzucht haben; Viehzucht (be)treiben
élévateur [elevatœʀ] **I** *adj* ⟨**-trice**⟩ **1** TECH ***appareil ~*** *ou subst* **~** *m* Hebegerät *n*, -zeug *n*; *de grains* Elevator *m*; MAR Hebewerk *n*; ***chariot ~*** Gabelstapler *m*; *t/t* Hubkarren *m*; AUTO ***pont ~*** Hebebühne *f* **2** ANAT ***muscle ~*** Hebemuskel *m*; Levator *m* **II** *m* TECH Lastenaufzug *m*; Elevator *m*; Hebewerk *n*, -gerät *n*
élévation [elevasjõ] *f* **1** *d'un bras, d'une charge* (An)Heben *n*; TECH *a* Hub *m* **2** *fig* Erhebung *f*; ***~ à une dignité*** Erhebung in e-e Würde; ***~ de l'âme vers Dieu*** Erhebung der Seele zu Gott; ***une grande ~ de pensée*** ein hoher Gedankenflug **3** (*construction*) *d'un mur etc* Bau *m*; Errichtung *f* (*a d'un monument*) **4** *du niveau de l'eau, de la température etc* Erhöhung *f*; Anstieg *m*; *de la voix* (Er)Heben *n*; *d'un ballon* ***~ dans les airs*** Aufsteigen *n*; Aufstieg *m* **5** MATH ***~ au carré, à la puissance deux*** Erhebung *f* ins Quadrat, in die zweite Potenz **6** *de terrain* (Boden)Erhebung *f*; Anhöhe *f* **7** (*caractère noble*) Erhabenheit *f*; Größe *f*; Adel *m*; *du style* Gehobenheit *f*; Erhabenheit *f*
élève [elɛv] *m,f* Schüler(in) *m(f)*; *d'un internat a* Zögling *m*; *d'une grande école* Student(in) *m(f)*; ***bon, mauvais ~*** guter, schlechter Schüler; ***~ officier*** Offiziersanwärter *m* (*abr* OA); ***~ pilote*** Flugschüler(in) *m(f)*; ***~ du Conservatoire*** Schüler(in) *m(f)* am Konservatorium; Musikstudent(in) *m(f)*
élevé [elve] *adj* **1** (*haut*) hoch; *température* hoch; erhöht; *région* hoch gelegen; *pouls* beschleunigt; ***peu ~*** niedrig; ***poste ~*** hoher, leitender Posten **2** (*noble*) *pensées* erhaben; edel; *style* gehoben; erhaben **3** ***bien ~*** wohlerzogen; gut erzogen; ***mal ~*** schlecht erzogen; unerzogen; ungezogen; ***c'est mal ~ de dire cela*** es ist ungezogen, so etwas zu sagen; *subst* F ***c'est un mal ~*** (d)er ist schlecht erzogen, *p/fort* ein Flegel
élever [elve] ⟨**-è-**⟩ **I** *v/t* **1** *mur* errichten; aufführen; aufmauern; *cloison* hochziehen; *monument* errichten; aufstellen; ***~ une digue*** einen Deich aufschütten **2** REL CATH *hostie, calice* emporheben **3** *température* erhöhen; *niveau de culture, niveau de vie* (an) heben; erhöhen; heraufsetzen; ***~ aux plus 'hautes dignités*** zu den höchsten Würden erheben; ***~ qn au rang de ...*** j-n in den Rang e-s ... erheben **4** *protestation* erheben; einlegen; *objection, critique* erheben; vorbringen; ***~ la voix*** (*parler plus haut*) die Stimme heben; *fig* die Stimme erheben (***contre*** gegen); ***il n'ose plus ~ la voix*** er wagt nichts mehr zu sagen **5** MATH *nombre* ***~ à la puissance deux*** *etc* in die zweite *etc* Potenz erheben; ***~ au carré*** quad-

E

rieren; ins Quadrat erheben; MUS ~ ***d'un demi-ton*** um e-n halben Ton erhöhen **6** *enfants* großziehen; aufziehen; (*éduquer*) erziehen; ***ils ont été élevés ensemble*** sie sind zusammen aufgezogen worden, groß geworden; ~ ***un enfant au biberon*** ein Kind mit der Flasche groß-, aufziehen **7** *animaux* auf-, großziehen; züchten **II** *v/pr* ***s'~*** **1** *avion* (auf)-steigen; *poussière* sich erheben; *fumée* auf-, hochsteigen; in die Höhe steigen; *flammes* auf-, emporlodern; hoch aufschlagen; *température* (an)steigen; *tour, montagne* sich erheben; (hoch) aufragen; *édifices* stehen; sich erheben; *oiseau* ***s'~ dans le ciel*** hoch aufsteigen; *montagne* ***s'~ en pente douce*** sanft ansteigen; ***le clocher s'élève à une 'hauteur de vingt mètres*** der Turm erreicht e-e Höhe von zwanzig Metern **2** *fig personne* ***s'~ au-dessus de qc*** sich über etw (*acc*) erheben; über etw (*acc*) hinauswachsen; ***s'~ au-dessus des préjugés*** sich über Vorurteile hinwegsetzen **3** *voix, dispute, vacarme etc* sich erheben; *dispute a* ausbrechen **4** ***s'~ contre qn*** gegen j-n auftreten; sich gegen j-n erklären; ***s'~ contre les abus*** sich gegen Missstände wenden; gegen Missstände protestieren **5** (*parvenir à un rang supérieur*) hochkommen; vorwärtskommen; ***s'~ aux premières charges d'État*** es (bis) zu den höchsten Staatsämtern bringen; ***s'~ au rang des grandes puissances*** zu e-r Großmacht werden; ***s'~ au-dessus de sa condition sociale*** aus s-n sozialen Verhältnissen herauskommen **6** *nombre, somme, prix* ***s'~ à*** betragen (+*acc*); sich belaufen auf (+*acc*)

éleveur [elvœʀ] *m*, **éleveuse** *f* **1** Züchter(in) *m(f)*; ***éleveur de chevaux, de porcs*** Pferde-, Schweinezüchter *m* **2** ***éleveuse*** (***artificielle***) künstliche Glucke

elfe [ɛlf] *m* MYTH Elf(e) *m(f)*

Éliane [eljan] *f Vorname*

élider [elide] *v/t voyelle* elidieren; ausstoßen; weglassen; *adjt* ***article élidé*** bestimmter Artikel mit elidiertem e bzw. a

Élie [eli] *m* BIBL Elias *m*

éligibilité [eliʒibilite] *f* POL Wählbarkeit *f*; passives Wahlrecht

éligible [eliʒibl] *adj* wählbar; ***être ~*** *a* das passive Wahlrecht besitzen

élimé [elime] *adj* durchgescheuert; abgewetzt; fadenscheinig; abgetragen

élimination [eliminasjõ] *f* **1** Beseitigung *f*; Ausschaltung *f*; Eliminierung *f*; *de qn dans un concours* Ausscheiden *n*; Ausschluss *m*; ~ ***des déchets*** (Abfall)Entsorgung *f*; ***procéder par ~*** nach dem Ausschlussprinzip vorgehen **2** MATH Elimination *f* **3** PHYSIOL Ausscheidung *f*

éliminatoire [eliminatwaʀ] **I** *adj* den Ausschluss bedingend; Ausscheidungs…; SPORTS ***épreuve*** *f*, ***match*** *m* ~ Ausscheidungs(wett)kampf *m*, -spiel *n*; EXAMEN ***note*** *f* ~ den Ausschluss bedingende Note; ***zéro est une note ~*** *correspond à* mit e-r Sechs fällt man durch **II** *f/pl* ***~s*** Ausscheidungs(wett)-kämpfe *m/pl*

éliminer [elimine] *v/t* **1** *doute, possibilité* ausschalten; ausschließen; *déchets* entsorgen; *fautes, erreurs, abus* beseitigen; ausmerzen; eliminieren; *difficultés* beseitigen; ausräumen; *du superflu* ausscheiden; aussondern; ~ ***un adversaire, un concurrent*** einen Gegner, einen Konkurrenten ausschalten, eliminieren; ~ ***un obstacle*** ein Hindernis beseitigen, aus dem Weg räumen; *candidat, équipe* ***être éliminé*** ausscheiden (müssen) **2** MATH eliminieren **3** PHYSIOL ausscheiden

élire [eliʀ] *v/t* ⟨→ **lire**⟩ wählen; ~ ***qn président*** j-n zum Präsidenten wählen; ~ ***à la majorité absolue*** mit absoluter Mehrheit wählen; ***être élu au premier tour*** im ersten Wahlgang gewählt werden; → *a* ***domicile***

Élisabeth [elizabɛt] *f Vorname*

élisabéthain [elizabetɛ̃] *adj* HIST elisabethanisch

élision [elizjõ] *f d'une voyelle* Elision *f*

L'élision et l'apostrophe

Der bestimmte Artikel lautet le und la: le vélo, la voiture.
Ist der erste Laut des Substantivs ein Vokal, so fällt der Vokal des Artikels weg und es wird stattdessen ein Apostroph gesetzt:

l'ange *m*	der Engel
l'école *f*	die Schule
l'hôtel *m*	das Hotel

Dieser Vorgang, bei dem der Vokal des vorhergehenden Wortes ausgelassen wird, heißt **élision.**

Ausnahme:
Bei Wörtern, die mit **h aspiré** beginnen, kommt es nicht zur **élision**:

le haricot [ləaʀiko]	die Bohne
le héros [ləeʀo]	der Held

élite [elit] *f* Elite *f*; Auslese *f*; *loc/adj*: ***sujet*** *m* ***d'~*** hervorragender, glänzender Schüler; ***tireur*** *m* ***d'~*** Scharfschütze *m*

élitisme [elitism] *m* elitäres System; ***faire de l'~*** e-e elitäre Politik betreiben

élitiste [elitist] *adj* elitär

élixir [eliksiʀ] *m* PHARM Elixier *n*; Heiltrank *m*; ~ ***de longue vie*** Lebenselixier *n*; *par ext* F ***c'est un véritable ~*** das ist ein köstliches Getränk

elle [ɛl] *pr/pers de la 3e personne sg f* ⟨*pl* **elles**⟩ **1** *sujet d'un verbe* sie (*sg et pl*); ***~(s) arrive(nt)*** sie kommt *ou* kommen; *la maison,* ***~ est neuve*** es ist neu **2** **a)** *employé seul et souvent accentué* sie (*sg et pl*); ***~ non plus*** sie auch nicht; ***~ et sa sœur*** sie und ihre Schwester; ***je n'aime qu'~*** ich liebe nur sie; ***~, ~ n'a rien dit*** sie hat nichts gesagt; **b)** *avec prép* sie (*acc sg et pl*); ihr (*dat sg*); ihnen (*dat pl*); *réfléchi* sich; ***pour ~(s)*** für sie; ***avec ~*** mit ihr; ***avec ~s*** mit ihnen; ***~ ne pense qu'à ~*** sie denkt nur an sich (*acc*) **3** F (*histoire, fait*) ***~ est bien bonne!*** das ist ja gut!; ***~ est raide, celle-là!*** das ist (ja) ein starkes Stück!

ellébore [elebɔʀ] *m* BOT Nieswurz *f*
elle-même [ɛlmɛm] *pr/pers* ⟨*pl* **elles-mêmes**⟩ **1** *emphatique* (sie) selbst; ***elle l'a dit ~*** sie hat es selbst gesagt **2** *réfléchi* sich (selbst); ***d'~*** von sich aus; von selbst; aus eigenem Antrieb
elles [ɛl] *pr/pers* → ***elle***
ellipse [elips] *f* MATH, ASTR, GR Ellipse *f*
elliptique [eliptik] *adj* **1** MATH, ASTR elliptisch; ellipsenförmig **2** **a)** GR, RHÉT elliptisch; unvollständig; **b)** *fig allusions etc* rätselhaft; unverständlich
élocution [elɔkysjõ] *f* Sprech-, Redeweise *f*; Diktion *f*; Vortrag *m*; ***~ aisée, facile*** *ou* ***facilité*** *f* ***d'~*** Rede-, Sprachgewandtheit *f*; ***défaut*** *m* ***d'~*** Sprachfehler *m*
éloge [elɔʒ] *m* **1** (*louange*) Lob *n*; ***digne d'~s*** lobenswert; löblich; ***faire l'~ de qc, qn*** etw, j-n (sehr) loben; über etw, j-n des Lobes voll sein; ein Loblied auf etw, j-n anstimmen, singen; ***ne pas tarir d'~s sur qc, qn*** etw, j-n nicht genug loben können; F etw, j-n über den grünen Klee loben **2** *discours* Lobrede *f*; ***~ académique*** Rede *f* auf ein verstorbenes Akademiemitglied; ***~ funèbre*** Grabrede *f*; Nachruf *m*
élogieux [elɔʒjø] *adj* ⟨**-euse**⟩ lobend; anerkennend; (*flatteur*) schmeichelhaft; ***en termes ~*** mit lobenden Worten
Éloi [elwa] *m saint* Eligius *m*
éloigné [elwaɲe] *adj* **1** **a)** *dans l'espace* fern; (weit) entfernt; abgelegen; entlegen; **b)** *avenir, passé* fern; *époque* weit zurückliegend; längst vergangen **2** *parents* entfernt; weitläufig; ***ils sont parents ~s*** sie sind entfernt, weitläufig verwandt **3** *fig* ***être ~ de qc*** von etw weit entfernt *ou* weg sein; e-r Sache (*dat*) fernstehen; ***il n'était plus très ~ de croire que …*** er war nahe daran zu glauben, dass …
éloignement [elwaɲmɑ̃] *m* **1** *action* Entfernen *n*, -ung *f* **2** (*distance*) Entfernung *f*; Distanz *f*; Abstand *m* **3** *fig* Abwesenheit *f*, Fernsein *n* (**de** von)
éloigner [elwaɲe] **I** *v/t* **1** **a)** *objet, meuble* zur Seite rücken, schieben; wegrücken, (weiter) wegstellen (**de** von); fort-, weg-, beiseiteräumen; *personnes* wegbringen (**de** aus, von); entfernen, fernhalten (von); **b)** *dans le temps* entfernen (***qn de qc*** j-n von etw); *danger, échéance* auf-, hinausschieben; hinauszögern **2** *fig personne* entfremden (**de** *dat*); entfernen, abbringen (von); *pensées* von sich weisen; verwerfen; ***~ les enfants de leur mère*** die Kinder ihrer Mutter entfremden **II** *v/pr* ***s'~*** **1** sich entfernen (**de** von); *personne a* weg-, fortgehen (***de la ville*** aus der Stadt; ***de qn*** von j-m); *du chemin* abkommen; abgehen; abweichen; *orage a* abziehen; *bruit* sich in der Ferne verlieren; ***éloignez-vous*** treten Sie zurück; gehen Sie hier weg; ***ne t'éloigne pas trop!*** geh nicht zu weit weg! **2** *fig du sujet* abkommen; abweichen; abschweifen; *souvenirs* verblassen; in die Ferne rücken; *personne* ***s'~ de qn*** sich j-m entfremden
élongation [elõgasjõ] *f* MÉD **a)** *d'un muscle* Zerrung *f*; Überdehnung *f*; **b)** *de la colonne vertébrale* Dehnung *f*
éloquemment [elɔkamɑ̃] *adv* → ***éloquent***
éloquence [elɔkɑ̃s] *f* **1** Beredsamkeit *f*; Redegabe *f*; Beredtheit *f*; Eloquenz *f*; ***~ politique*** politische Rhetorik; parlamentarische Beredsamkeit; ***parler avec ~*** beredt, mit großer Beredsamkeit sprechen **2** *fig d'un regard, d'un geste etc* Beredtheit *f*; ***~ des chiffres*** deutliche Sprache der Zahlen
éloquent [elɔkɑ̃] *adj* **1** *personne* beredt; rede-, wort-, sprachgewandt; beredsam; eloquent; wortgewaltig; ***en termes ~s*** mit beredten Worten **2** *fig geste, silence* beredt; vielsagend; ***regard ~*** vielsagender, sprechender Blick; *chiffres* ***être ~*** für sich sprechen; e-e deutliche Sprache reden
Elsa [ɛlza] *f Vorname*
Elseneur [ɛlsənœʀ] GÉOGR Helsingör *n*
élu [ely] **I** *p/p* → ***élire*** *et adj* **1** POL gewählt **2** *fig* auserwählt (*a* REL); *poét* auserkoren **II** *subst* **1** ***~(e)*** *m(f) fig*, REL Auserwählte(r) *f(m)*; *poét, plais* Auserkorene(r) *f(m)*; *plais* ***l'~e de son cœur*** die Auserwählte s-s Herzens; s-e Auserkorene **2** POL ***les ~s*** *m/pl* die gewählten Vertreter *m/pl*
élucidation [elysidasjõ] *f* Aufklärung *f*; Erhellung *f*
élucider [elyside] *v/t énigme* aufklären; aufhellen; *texte, problème* erläutern; erklären; erhellen; ***~ une affaire*** Licht in e-e Sache bringen; e-e Angelegenheit klären
élucubrations [elykybʀasjõ] *f/pl péj* Hirngespinste *n/pl*
éluder [elyde] *v/t difficulté, problème* (geschickt) ausweichen, sich entziehen, aus dem Weg gehen (+*dat*)
Élysée [elize] **I** *m* ***l'~*** **1** POL das Elysee (*Sitz des Präsidenten der Republik in Paris*) **2** MYTH das Elysium **II** *adj* MYTH ***les champs ~s*** die elysischen, elysäischen Gefilde *n/pl*; → *a* ***Champs-Élysées***
élyséen [elizeɛ̃] *adj* ⟨**~ne**⟩ **1** MYTH elysäisch; elysisch **2** POL des Elysees; des Elyseepalastes
élytre [elitʀ] *m* ZO Flügeldecke *f*; Deckflügel *m*
émacié [emasje] *adj* abgezehrt; ausgemergelt
e-mail [imɛl] *m* INFORM E-Mail ['iːmeːl] *f*; *adjt* ***adresse*** *f* ***~*** E-Mail-Adresse *f*; ***par, via ~*** per E-Mail; ***envoyer un ~ à qn*** j-m e-e E-Mail schicken; j-m mailen ['meːlən]
émail [emaj] *m* ⟨*pl* **-aux**⟩ **1** **a)** Email *n*; Emaille *f*; Schmelz *m*; CÉRAMIQUE Glasur *f*; ***peinture*** *f* ***sur ~*** Email-, Schmelzmalerei *f*; **b)** *bijou* Emailschmuck *m*; **c)** TECH emailliertes Gusseisen, Blech; ***baignoire*** *f* ***en ~*** Emailwanne *f*; emaillierte (Bade)Wanne **2** ANAT ***~ (des dents)*** (Zahn)Schmelz *m*
émaillage [emajaʒ] *m* **a)** *action* Emaillieren *n*; CÉRAMIQUE Glasieren *n*; **b)** *résultat* Emaillierung *f*; Glasur *f*
émailler [emaje] *v/t* **1** emaillieren; *céramique, porcelaine* glasieren; *adjt* ***émaillé*** a) emailliert; b) glasiert **2** *fig texte, discours* (aus)schmücken, verzieren (***de citations*** mit Zitaten); *iron* ***émaillé de fautes*** mit Fehlern gespickt
émanation [emanasjõ] *f* **1** PHILOS, PHYS, CHIM Emanation *f* **2** *d'une usine etc* Ausdünstung *f*; *de gaz, de vapeurs* Ausströmen *n*; Aufsteigen *n* **3** *fig* Auswirkung *f*; Ausdruck *m*; Sichtbarwerden *n*
émancipateur [emɑ̃sipatœʀ] *adj* ⟨**-trice**⟩ emanzipatorisch; Emanzipations…
émancipation [emɑ̃sipasjõ] *f* **1** Emanzipation *f*; Emanzipierung *f*; Befreiung *f*; Gleichstellung *f*; Gleichberechtigung *f*; ***~ des femmes*** Emanzipation, Gleichberechtigung der Frauen **2** JUR Volljährigkeitserklärung *f*; Mündigsprechung *f*
émanciper [emɑ̃sipe] **I** *v/t* **1** emanzipieren; befreien; selbstständig, unabhängig machen; *femmes a*

(rechtlich) gleichstellen; *adjt* ***une femme émancipée*** e-e emanzipierte, sehr selbstständige, unabhängige Frau **2** JUR für volljährig, mündig erklären; mündig sprechen **II** *v/pr* ***s'~*** sich emanzipieren, befreien, frei machen; unabhängig, selbstständig werden

émaner [emane] *v/i* **1** *gaz, odeurs* ausströmen (**de** aus); *chaleur* ausgehen (von); *lumière, chaleur* ausgestrahlt werden; ***la chaleur qui émane du four*** die Hitze, die der Ofen ausstrahlt *ou* die vom Ofen ausgeht **2** *fig pouvoir etc* ausgehen (*a charme, dignité*), kommen, herrühren, sich ableiten (**de** von); ***un décret émanant du gouvernement*** ein von der Regierung herausgegebener Erlass, erlassenes Dekret

émargement [emaʀʒəmɑ̃] *m* Abzeichnung *f*; Unterschreiben *n*; ***feuille*** *f* ***d'~*** (*liste de présence*) Anwesenheitsliste *f*; (*liste de paye*) Gehalts-, Lohnquittungsliste *f*

émarger [emaʀʒe] ⟨**-geons**⟩ **I** *v/t* (am, auf dem Rand) abzeichnen; unterschreiben **II** *v/i* sein Gehalt, Geld empfangen, beziehen

émasculation [emaskylasjõ] *f* Entmannung *f*; Kastration *f* **émasculer** *v/t homme* entmannen; *animal* kastrieren

emballage [ɑ̃balaʒ] *m* **1** *action* Ver-, Einpacken *n*; Packen *n* **2** (*enveloppe*) Verpackung *f*; Verpackungsmaterial *n*; ***~ d'origine*** Original(ver)packung *f*; ***frais*** *m/pl* ***de port et d'~*** Porto- und Verpackungskosten *pl*; ***sans ~*** unverpackt; ohne Verpackung; offen

emballé [ɑ̃bale] *adj* **1** *cheval* scheu, wild geworden; scheuend **2** F *spectateur etc* ***être ~*** hingerissen sein; F (ganz) hin, weg sein

emballement [ɑ̃balmɑ̃] *m* **1** *d'un cheval* Scheuen *n*; Durchgehen *n* **2** (*enthousiasme*) vorschnelle Begeisterung; heftiges Gefühl (**pour** für) **3** *d'un moteur* Aufheulen *n*; *d'une machine* Durchgehen *n*, -drehen *n*

emballer [ɑ̃bale] **I** *v/t* **1** *marchandises, objets* ein-, verpacken; *marchandises a* einschlagen **2** *moteur* aufheulen lassen; hochjagen **3** F *public* hin-, mitreißen; begeistern; ***son discours nous a emballés*** wir waren ganz hingerissen, F ganz hin, ganz weg von s-r Rede; ***ça ne m'emballe pas*** das reizt, lockt mich nicht; F das reißt mich nicht vom Stuhl **4** F *criminel etc* F schnappen; hochgehen lassen **5** F ***~ une fille*** F ein Mädchen herumkriegen **6** F ***se faire ~*** F abgekanzelt werden; e-n Anpfiff bekommen **II** *v/pr* ***s'~*** **1** *cheval* scheuen; durchgehen; scheu, wild werden **2** *moteur* aufheulen; *machine* durchdrehen, -gehen **3** F *public, personne* **a)** (*s'enthousiasmer*) sich rasch begeistern; gleich Feuer und Flamme sein; schnell, rasch Feuer fangen; **b)** (*s'emporter*) aufbrausen; sich hinreißen lassen; heftig werden; sich ereifern; F hochgehen; ***ne t'emballe pas***, *ce n'est pas sûr!* reg dich nicht auf *ou* freu dich nicht zu früh, ...!

embarcadère [ɑ̃baʀkadɛʀ] *m* MAR Landungsbrücke *f*, -steg *m*; Pier *m ou f*; Lande-, Anlegeplatz *m*, -stelle *f*; *pour marchandises a* Verladeplatz *m*

embarcation [ɑ̃baʀkasjõ] *f* (kleines) (Segel-, Ruder-, Motor)Boot; Wasserfahrzeug *n*; *embarqué* Beiboot *n*; ***~ de sauvetage*** Rettungsboot *n*

embardée [ɑ̃baʀde] *f* **1** AUTO ***faire une ~*** plötzlich seitlich, nach der Seite ausweichen; e-e plötzliche Lenkbewegung, F e-n Schlenker machen **2** MAR Gieren *n*; Gierschlag *m*

embargo [ɑ̃baʀgo] *m* ÉCON Embargo *n*; Handelssperre *f*, -verbot *n*; ***~ sur les importations*** Einfuhrverbot *n*, -sperre *f*; ***~ sur les livraisons d'armes*** Waffenembargo *n*; ***frapper d'~*** mit e-m Embargo belegen; ***lever l'~*** das Embargo aufheben; ***mettre l'~ sur*** ein Embargo verhängen über (*+acc*)

embarquement [ɑ̃baʀkəmɑ̃] *m sur un bateau* Einschiffung *f*; *de troupes, marchandises a* Verschiffung *f*; *de troupes, marchandises: sur bateau, en train, en avion* Verladung *f*; *des passagers sur bateau, en avion* An-Bord-Gehen *n*; *des passagers dans tous véhicules* Einsteigen *n*; JUR ***~ clandestin*** unerlaubte, heimliche Einschiffung; ***frais*** *m/pl* ***d'~*** Verschiffungskosten *pl*; ***port*** *m* ***d'~*** Verschiffungs-, Verladehafen *m*

embarquer [ɑ̃baʀke] **I** *v/t* **1** *sur bateau* einschiffen; an Bord nehmen (*a en avion*); *troupes, marchandises a* verschiffen; *marchandises a* übernehmen; *par ext marchandises, troupes dans tous véhicules* ver-, einladen; ***~ qn dans sa voiture*** j-n in sein Auto einsteigen lassen; F j-n in sein Auto packen, verfrachten **2** F (*voler*) ***~ qc*** F etw mitgehen lassen **3** F *police* ***~ qn*** F j-n schnappen, einlochen, *österr* einkasteln **4** F ***~ qn dans une affaire*** j-n in e-e Angelegenheit verstricken, verwickeln, hineinziehen **II** *v/i* **1** *passagers* sich einschiffen; an Bord gehen (*a en avion*) **2** MAR *navire* Wasser übernehmen **III** *v/pr* ***s'~*** **1** sich einschiffen (**sur** auf *+dat*); an Bord gehen (*a en avion*); ***s'~ pour l'Angleterre*** sich nach England einschiffen **2** F ***s'~ dans*** *une affaire* sich verwickeln in (*+acc*); sich einlassen in *ou* auf (*+acc*); verwickelt, verstrickt werden in (*+acc*)

embarras [ɑ̃baʀa] *m* **1** unangenehme, schwierige, peinliche Lage *ou* Situation; Notlage *f*; *st/s* Bedrängnis *f*; F Klemme *f*; *par ext* ***~ (d'argent)*** (Geld-)Verlegenheit *f*; Geldnot *f*, -schwierigkeiten *f/pl*; ***être dans l'~*** in e-r unangenehmen *ou* schwierigen Lage, Situation sein; in e-r Notlage, in e-r Zwickmühle sein; ***mettre qn dans l'~*** j-n in e-e unangenehme *ou* schwierige Lage, *st/s* in Bedrängnis bringen; ***tirer qn d'~*** j-m aus e-r schwierigen Situation, aus der Verlegenheit, aus e-r Notlage, F aus der Klemme helfen; ***se tirer d'~*** aus e-r schwierigen Situation herauskommen; sich aus e-r Notlage befreien; *fig*: ***l'~ du choix*** die Qual der Wahl; ***n'avoir que l'~ du choix*** nur zu wählen brauchen **2** (*confusion*) Verlegenheit *f*; Verwirrung *f*; Befangenheit *f*; Unsicherheit *f*; Beschämung *f* **3** ***faire des ~*** Ungelegenheiten, Umstände machen; sich zieren **4** MÉD ***~ gastrique*** Magenverstimmung *f*, -beschwerden *f/pl*

embarrassant [ɑ̃baʀasɑ̃] *adj* **1** *situation, question, cas etc* unangenehm; peinlich; schwierig; verzwickt; unbequem; lästig; *question a* verfänglich; *situation a* misslich **2** *colis etc* hinderlich

embarrassé [ɑ̃baʀase] *adj* **1** *air, sourire etc* verlegen; betreten; befangen; ***explications ~es*** wirre, verworrene Erklärungen *f/pl*; *personne* ***être ~*** verlegen, verwirrt, peinlich berührt, beschämt, betreten sein; in Verlegenheit kommen; ***être bien ~ pour répondre*** um e-e Antwort verlegen sein; ***je serais bien ~ pour vous le dire*** das kann ich Ihnen beim besten Willen nicht sagen 2 ***avoir les mains ~es*** die Hände nicht frei haben; ***être ~ dans un long manteau*** *etc* durch e-n langen Mantel *etc* behindert sein

embarrasser [ɑ̃baʀase] I *v/t* 1 *vêtements, paquets etc* **~ *qn*** j-n behindern, stören; j-m hinderlich, lästig sein 2 *(déconcerter)* **~ *qn*** *personne, question* j-n in Verlegenheit bringen, verlegen machen, verwirren; *situation* für j-n peinlich, unangenehm sein 3 *(mettre dans une situation gênante)* **~ *qn*** j-n in e-e schwierige, unangenehme Situation bringen; j-m Ungelegenheiten machen; j-m lästig sein; j-m zu schaffen machen II *v/pr* ***s'~*** 1 *(s'encombrer)* sich belasten (***de*** mit) 2 *fig* *(se soucier de)* ***il ne s'embarrasse pas pour si peu*** das stört *ou* kümmert ihn nicht, wenig; ***ne pas s'~ de scrupules*** sich *(dat)* keine Skrupel machen

embastiller [ɑ̃bastije] *v/t* 1 HIST in die Bastille sperren 2 *plais* einsperren

embauchage [ɑ̃boʃaʒ] *m* *d'ouvriers* Ein-, Anstellung *f*

embauche [ɑ̃boʃ] *f* Ein-, Anstellung *f*; *travailleur* ***chercher de l'~*** e-e Anstellung, e-e Stelle, Arbeit suchen

embaucher [ɑ̃boʃe] *v/t* 1 *travailleur* ein-, anstellen; *abs* ***ici on embauche*** Stelle(n) frei; wir stellen ein …; ***se faire ~*** e-e Beschäftigung annehmen 2 F *fig* **~ *qn*** j-n anstellen, einspannen (***pour essuyer la vaisselle*** zum Geschirrabtrocknen); ***viens, je t'embauche*** komm, ich hab (e-e) Arbeit für dich

embauchoir [ɑ̃boʃwaʀ] *m* Schuhspanner *m*; Leisten *m*

embaumement [ɑ̃bommɑ̃] *m* Einbalsamierung *f*

embaumer [ɑ̃bome] I *v/t* 1 *cadavre* einbalsamieren 2 **a)** *pièce, jardin etc* mit Wohlgeruch, (angenehmem) Duft erfüllen; **b)** **~ *la violette*** *etc* Veilchenduft *etc* ver-, ausströmen, verbreiten; nach Veilchen duften II *v/i* duften (*a iron*); e-n angenehmen Duft verbreiten, aus-, verströmen

embaumeur [ɑ̃bomœʀ] *m* Einbalsamierer *m*

embellie [ɑ̃beli] *f* 1 MAR (vorübergehende) Windstille *ou* ruhige See 2 *(éclaircie)* (Zwischen)Aufheiterung *f*

embellir [ɑ̃beliʀ] I *v/t* 1 schön(er) machen; *personne, visage a* verschönen; *chose, lieu a* verschönern 2 *fig personnage, vérité etc* in e-m besseren Licht erscheinen lassen; *situation* beschönigen; schönfärben; **~ *un récit*** eine Erzählung ausschmücken II *v/i* ⟨*Vorgang* **avoir**, *Ergebnis* **être**⟩ schön(er), hübsch(er) werden; F sich herausmachen

embellissement [ɑ̃belismɑ̃] *m* Verschönerung *f*; *de la réalité* Ausschmückung *f*; Beschönigung *f*

emberlificoter [ɑ̃bɛʀlifikɔte] F I *v/t* **~ *qn*** F j-n beschwatzen, einseifen, einwickeln, herumkriegen; ***se laisser ~*** F sich herumkriegen lassen II *v/pr* ***s'~*** F sich verheddern (*a fig* ***dans ses explications*** in s-n Erklärungen)

embêtant [ɑ̃bɛtɑ̃] F *adj* 1 *(ennuyeux) film, livre etc* langweilig; fad; F blöd; doof; *personne, chose* ***être ~*** einem auf die Nerven gehen *ou* fallen; einem lästig werden *ou* fallen 2 *(fâcheux) incident etc* ärgerlich; unangenehm; F blöd; ***ça, c'est ~!*** so was Dummes, Blödes!; das ist dumm, unangenehm, ärgerlich, blöd!; *subst* ***l'~*** (***dans cette histoire***) ***c'est que …*** das Dumme daran *ou* an der Sache ist, dass …

embêtement [ɑ̃bɛtmɑ̃] F *m* Ärger *m*; Unannehmlichkeit *f*; F Schererei *f*

embêter [ɑ̃bete] F I *v/t* 1 *(lasser)* **~ *qn*** j-n langweilen; j-m auf die Nerven gehen *ou* fallen; j-m lästig fallen *ou* werden; F j-n anöden; j-m auf den Geist gehen; j-m auf den Wecker fallen 2 *(contrarier)* **~ *qn*** j-m Ärger, F Scherereien machen; j-m zu schaffen machen; j-n wurmen; ***ça m'embête vachement!*** das passt mir ganz und gar nicht!; F das stinkt mir!; *adjt* ***être embêté*** F in der Patsche, Klemme sein, sitzen, stecken; in der Tinte sitzen; ***je suis drôlement embêté!*** *a* F so was Blödes, Dummes!; ist das blöd, dumm, ärgerlich! 3 *(irriter)* **~ *qn*** j-n ärgern, belästigen, reizen; ***ne l'embête pas!*** lass ihn in Ruhe, zufrieden!; ***ne m'embête pas avec ça!*** bleib mir damit vom Hals!; lass mich damit in Ruhe!; komm mir nicht damit! II *v/pr* ***s'~*** 1 *(s'ennuyer)* sich langweilen; F sich mopsen 2 ***il ne s'embête pas*** er kann sich *(dat)* alles leisten 3 ***ne pas s'~ à faire qc*** sich *(dat)* nicht die Mühe machen, etw zu tun; F nicht so dumm *ou* blöd sein und etw tun; ***je ne vais pas m'~ avec ça*** F damit werde ich mich nicht herumschlagen; → *Info nächste Seite*

emblaver [ɑ̃blave] *v/t champ* (mit Weizen, Getreide) besäen

emblée [ɑ̃ble] *loc/adv* ***d'~*** sofort; gleich (zu Beginn); auf Anhieb; (gleich) beim ersten Versuch, Mal

emblématique [ɑ̃blematik] *adj* emblematisch; sinnbildlich

emblème [ɑ̃blɛm] *m* Emblem *n*; Sinnbild *n*; Wahrzeichen *n*; Attribut *n*

embobiner [ɑ̃bɔbine] *v/t* F **~ *qn*** F j-n beschwatzen, einwickeln

emboîtage [ɑ̃bwataʒ] *m d'un livre* Schuber *m*; Kassette *f*

emboîtement [ɑ̃bwatmɑ̃] *m* Ineinandergreifen *n*; TECH (Holz-, Metall)Verbindung *f*; Verband *m*; Verbund *m*

emboîter [ɑ̃bwate] I *v/t* 1 einpassen, einfügen (***qc dans qc*** etw in etw [*acc*]); *plusieurs choses* zusammensetzen, -fügen; ineinanderstecken; *chaussures* **~ *bien le pied*** gut, F wie angegossen passen 2 **~ *le pas à qn*** j-m auf dem Fuße folgen; hinter j-m hergehen; *fig* in j-s Fuß(s)tapfen *(acc)* treten; j-s Beispiel *(dat)* folgen; j-m nacheifern II *v/pr* ***s'~*** ineinanderpassen, -greifen, -stecken

embolie [ɑ̃bɔli] *f* MÉD Embolie *f*; **~ *cérébrale, pulmonaire*** Gehirn-, Lungenembolie *f*

embonpoint [ɑ̃bõpwɛ̃] *m* Korpulenz *f*; Körperfülle *f*; (Wohl)Beleibtheit *f*; ***avoir tendance à l'~*** zur Korpulenz neigen; ***prendre de l'~*** korpulent, dick, füllig werden

embouché [ɑ̃buʃe] *adj* F ***être mal ~*** grob, patzig, ausfällig werden

emboucher [ɑ̃buʃe] *v/t instrument à vent* ansetzen

embouchure [ɑ̃buʃyʀ] *f* 1 *d'un fleuve* Mündung *f*; ***l'~ de la Loire*** die Loiremündung 2 MUS Mundstück *n*; Ansatz *m*

embourber [ɑ̃buʀbe] I *v/t véhicule* in den Schlamm, Dreck, Morast fahren; ***être embourbé*** im Schlamm, Dreck, Morast feststecken, festgefahren sein II *v/pr* ***s'~*** 1 im Schlamm, Dreck, Morast stecken bleiben 2 *fig* sich verwickeln, verstricken (***dans*** in *+acc*)

embourgeoisement [ɑ̃buʀʒwazmɑ̃] *m* Verbürgerli-

embêter und die Umgangssprache

Der französische Wortschatz ist so vielschichtig, dass man ein- und denselben Sachverhalt ganz unterschiedlich ausdrücken kann. Dabei kommt es auch auf den Gesprächspartner und die Gesprächssituation an:

Geht ein Franzose nicht gern zu einem Treffen, so sagt er zum Beispiel

1. in lockerer Atmosphäre zu einem guten Bekannten:

Qu'est-ce que ça m'**embête** d'y aller. – Das passt mir ganz und gar nicht, dass ich da hingehen muss.

Das für diese Situation typische Verb embêter gehört zur Umgangssprache.

2. wenn er sich korrekt und eher neutral äußert:

Ça m'**ennuie** énormément d'y aller. – Ich habe absolut keine Lust da hinzugehen.

Ennuyer entspricht der normalen Ausdrucksweise.

3. zu Freunden, um seinem Unmut Luft zu machen:

Ça m'**emmerde** vachement d'y aller. – Es kotzt mich echt an, dass ich da hingehen muss.

Emmerder ist ein derber Ausdruck, den man bei anderen Gesprächspartnern vermeidet.

chung *f* **embourgeoiser** *v/pr* ***s'~*** verbürgerlichen; bürgerlich, *péj* spießig werden

embout [ɑ̃bu] *m* **1** *d'une canne, d'un parapluie* Zwinge *f*; Spitze *f* **2** *d'une seringue* Aufsatz *m*

embouteillage [ɑ̃butɛjaʒ] *m* **1** Verkehrsstockung *f*; (Verkehrs)Stau *m*; Verstopfung *f*; ***être pris dans un ~*** in e-n Stau geraten; *état* im Stau stecken **2** *par ext* Überfüllung *f*; Überlaufensein *n*; Andrang *m*; TÉL Überlastung *f*

embouteiller [ɑ̃buteje] *v/t voie de communication* verstopfen; *adjt* ***embouteillé*** *rue etc* verstopft; *par ext lignes téléphoniques* überlastet; *profession* überfüllt; überlaufen

embouti [ɑ̃buti] *m* TECH **1** Tiefziehteil *n ou m* **2** *d'une pompe, d'une presse* Manschette *f*; Dichtungsring *m* (aus Leder)

emboutir [ɑ̃butiʀ] **I** *v/t* **1** *aile, arrière de voiture etc* eindrücken; zerbeulen; demolieren; ***~ une voiture a*** auf e-n Wagen auffahren; ***je me suis fait ~ (l'arrière de ma voiture)*** F mir ist einer (hinten) rein-, draufgefahren **2** TECH tiefziehen; kümpeln **II** *v/pr* ***s'~*** zusammenstoßen, -prallen; ***s'~ contre un camion*** auf e-n Lastwagen auffahren

emboutissage [ɑ̃butisaʒ] *m* **1** *d'une aile etc* Eindrücken *n*; Zerbeulen *n* **2** TECH Tiefziehen *n*; Kümpeln *n*

embranchement [ɑ̃bʀɑ̃ʃmɑ̃] *m* **1** *de routes* Abzweigung *f*; Gabelung *f*; *de tuyaux* Verzweigung *f* **2** CH DE FER Abzweigung *f*; Zweig-, Nebenlinie *f*; Zweigbahn *f* **3** BIOL Stamm *m*

embrancher [ɑ̃bʀɑ̃ʃe] **I** *v/t route, voie ferrée* verbinden (***à ou sur la voie principale*** mit der Hauptstraße *ou* dem Hauptgleis); anschließen (an *+acc*) **II** *v/pr* ***s'~*** verbunden sein (***sur*** mit); angeschlossen sein (an *+acc*)

embrasement [ɑ̃bʀɑzmɑ̃] *m st/s* **1** *(incendie) st/s* Feuersbrunst *f* **2** *fig* Glut *f*; Feuer *n*

embraser [ɑ̃bʀɑze] *st/s* **I** *v/t soleil*: *ciel* in (rote) Glut tauchen; *soleil*: *paysage* versengen; brennen auf (*+acc*); *adjt* ***embrasé*** in Glut getaucht; glutrot; *personne* ***embrasé de passion*** *st/s* zu wilder Glut entfacht **II** *v/pr* ***s'~*** *ciel* sich rot färben; in Glut getaucht sein

embrassade [ɑ̃bʀasad] *f* heftige, stürmische (Begrüßungs)Küsse *m/pl*; (stürmische) Umarmung

embrasse [ɑ̃bʀas] *f d'un rideau* Raffhalter *m*

embrassé [ɑ̃bʀase] *adj* ***rimes ~es*** umarmende, umschließende Reime *m/pl*

embrassement [ɑ̃bʀasmɑ̃] *litt m* Umarmung *f*

embrasser [ɑ̃bʀase] **I** *v/t* **1** küssen; umarmen (und küssen); *enfants a st/s* herzen; ***~ qn tendrement*** j-n zärtlich umarmen, küssen; ***~ qn sur la bouche*** j-n auf den Mund küssen; ***se tenir embrassés*** sich umschlungen halten; *à la fin d'une lettre* ***je t'embrasse bien fort*** herzliche Grüße und Küsse **2** *fig et st/s* ***~ une carrière*** e-n Beruf ergreifen; e-e Laufbahn einschlagen; ***~ une cause*** für e-e Sache eintreten; sich für e-e Sache einsetzen; *prov* ***qui trop embrasse mal étreint*** wer zu viel anfängt, führt nichts richtig durch **3** *domaine, époque, question* umfassen; umschließen **4** *paysage, région etc* ***~ du regard*** überschauen, -blicken; ***~ d'un coup d'œil*** mit e-m Blick umfassen **II** *v/pr* ***s'~*** sich küssen

embrasure [ɑ̃bʀɑzyʀ] *f* CONSTR Fenster- *ou* Türöffnung *f*; Laibung *ou* Leibung *f*; ***se tenir dans l'~ de la porte*** in der Tür stehen

embrayage [ɑ̃bʀɛjaʒ] *m* **1** *mécanisme* Kupplung *f* **2** *action* Einkuppeln *n*

embrayer [ɑ̃bʀeje] ⟨**-ay-** *od* **-ai-**⟩ **I** *v/t* TECH einrücken, -kuppeln **II** *v/i* **1** AUTO (ein)kuppeln; die Kupplung kommen lassen **2** *fig* anfangen, beginnen (***sur*** mit)

embrigadement [ɑ̃bʀigadmɑ̃] *m* Einreihung *f*, Eingliederung *f* (***dans*** in *+acc*); Unterstellung *f* (unter *+acc*)

embrigader [ɑ̃bʀigade] *v/t* einreihen; eingliedern; einteilen, einsetzen (***pour faire qc*** zu etw); ***~ dans une organisation*** e-r Organisation (*dat*) unterstellen; in e-e Organisation einreihen, -gliedern

embringuer [ɑ̃bʀɛ̃ge] F **I** *v/t* ***~ qn dans une affaire*** j-n in e-e Affäre hineinziehen, verwickeln; ***se lais-***

ser, se faire ~ dans qc sich in etw (*acc*) hineinziehen lassen **II** *v/pr **s'~ dans qc*** in etw (*acc*) hineingeraten, F hineinschlittern

embrocher [ɑ̃bʀɔʃe] *v/t* **1** *volaille* an e-n, den (Brat)Spieß stecken **2** F *adversaire* durchbohren; F aufspießen **3** MÉD *os* nageln

embrouillamini [ɑ̃bʀujamini] F *m* Durcheinander *n*; Wirrwarr *m*

embrouille [ɑ̃bʀuj] F *f* Verwirrung *f*; verworrene Situation

embrouillé [ɑ̃bʀuje] *adj discours, explications etc* wirr; konfus; verworren **embrouillement** *m rarement* Verwirrung *f*; Verworrenheit *f*; Verwicklung *f*

embrouiller [ɑ̃bʀuje] **I** *v/t* **1** *fils* verwirren; *fils, papiers etc* durcheinanderbringen, in Unordnung bringen; F verwursteln **2** *fig situation, question* komplizieren; verwickelt machen; *faits* vernebeln; verschleiern **3** ***~ qn*** j-n verwirren; j-n durcheinanderbringen, in Verwirrung, aus dem Konzept bringen **II** *v/pr **s'~*** sich nicht mehr zurechtfinden, auskennen (***dans ses calculs*** in s-n Rechnungen); *en parlant* den Faden verlieren; aus dem Konzept kommen; F sich verheddern; ***s'~ dans ses explications*** sich in s-n Aussagen verstricken; wirre Erklärungen vorbringen

embroussaillé [ɑ̃bʀusaje] *adj chemin* von Gebüsch, Gestrüpp überwuchert; *cheveux, barbe* struppig; verfilzt

embrumer [ɑ̃bʀyme] **I** *v/t* **1** in Nebel, Dunst hüllen **2** *fig alcool*: *cerveau* be-, vernebeln; ***avoir l'esprit embrumé*** benommen, benebelt sein **II** *v/pr **s'~** fig regard* sich verschleiern

embruns [ɑ̃bʀɛ̃, ɑ̃bʀœ̃] *m/pl* Gischt *m ou f*; Sprühwasser *n*

embryologie [ɑ̃bʀijɔlɔʒi] *f* Embryologie *f* **embryologiste** *m* Embryologe *m*

embryon [ɑ̃bʀijõ] *m* **1** PHYSIOL Embryo *m*; (Leibes)Frucht *f*; BIOL Embryo *m*; Keimling *m* **2** *fig* Ansatz *m*, Keim(zelle) *m(f)* (***de solution*** e-r Lösung)

embryonnaire [ɑ̃bʀijɔnɛʀ] *adj* **1** PHYSIOL embryonal; Embryonal…; ***vie f ~*** embryonales Leben **2** *fig* (***en***) ***être à l'état, au stade ~*** im Ansatz, Keim vorhanden sein; im Anfangsstadium sein

embûches [ɑ̃byʃ] *f/pl* Fallstricke *m/pl*; Fallen *f/pl*; ***plein d'~** a* voller Tücken *f/pl*; ***tendre des ~ à qn*** j-m Fallstricke legen

embuer [ɑ̃bɥe] **I** *v/t vitres* anlaufen lassen; *adjt **vitre embuée*** beschlagene, angelaufene Fensterscheibe; *par ext yeux **embués de larmes*** voller Tränen; tränenfeucht **II** *v/pr **s'~** pare-brise etc* (sich) beschlagen; anlaufen

embuscade [ɑ̃byskad] *f* MIL Hinterhalt *m*; ***être, se tenir en ~*** im Hinterhalt liegen, lauern; ***tendre une ~ à qn*** j-m auflauern; j-m e-n Hinterhalt legen; ***tomber dans une ~*** in e-n Hinterhalt fallen, geraten

embusqué [ɑ̃byske] *m* MIL *et péj* Etappenhase *m*, -schwein *n*; Drückeberger *m*

embusquer [ɑ̃byske] *v/pr **s'~*** **1** sich in den Hinterhalt legen; *adjt*: ***tireur embusqué*** Heckenschütze *m*; ***se tenir embusqué*** im Hinterhalt lauern **2** MIL *et péj* sich drücken; ***se faire ~*** sich (*dat*) e-n Druckposten verschaffen

éméché [emeʃe] *adj* F beschwipst; angeheitert; angesäuselt; beduselt; benebelt

émeraude [emʀod] **I** *f* Smaragd *m*; GÉOGR ***la Côte d'~*** *die Küste bei St. Malo*; *poét **l'Île f d'~*** die Grüne Insel (*Irland*) **II** *adj* (***vert***) ***~*** ⟨*inv*⟩ smaragdgrün; smaragden

émergement [emɛʀʒəmɑ̃] *m* GÉOL *d'un continent* Emporkommen *n*, Auftauchen *n* aus dem Wasser

émergence [emɛʀʒɑ̃s] *f* **1** *d'un rayon, d'un liquide etc* Austritt *m*; Austreten *n* **2** *fig* Auftauchen *n*; Zutagetreten *n*

émergent [emɛʀʒɑ̃] *adj* ÉCON ***marchés ~s*** Emerging Markets [ɪ'mø:dʒɪŋ-] *pl*; Schwellenmärkte *m/pl*; dynamische Märkte *m/pl* der Schwellenländer; ***pays ~*** Schwellenland *n*

émerger [emɛʀʒe] *v/i* ⟨**-geait**⟩ **1** *île, rocher etc* auftauchen; hervorkommen; *définitivement* heraus-, hervorragen **2** *par ext* (*apparaître*) auftauchen, heraus-, hervorkommen (***de*** aus); sich zeigen; *vérité* zum Vorschein kommen; zutage treten; *édifice, travail etc* heraus-, hervorragen; sich herausheben **3** F *du sommeil* zu sich kommen

émeri [emʀi] *m* **1** MINÉR, TECH Schmirgel *m*; ***papier m*** (***d'***)***~*** Schmirgel-, Schleifpapier *n*; ***toile f*** (***d'***)***~*** Schmirgel-, Schleifleinen *n*; ***frotter, passer, polir à l'~*** (ab)schmirgeln **2** F *fig **être bouché à l'~*** stroh-, stockdumm, F vernagelt sein; ein Brett vor dem Kopf haben

émérite [emeʀit] *adj* **1** bedeutend; hervorragend; (*expérimenté*) erfahren; (*méritant*) verdient; verdienstvoll **2** *en Belgique*: *professeur* emeritiert

émerveillement [emɛʀvɛjmɑ̃] *m* (höchste) Verwunderung; (Er)Staunen *n*; (*admiration*) Bewunderung *f*; (*enchantement*) Entzücken *n*

émerveiller [emɛʀveje] **I** *v/t **~ qn*** j-n in (Er)Staunen, Verwunderung (ver)setzen; j-s Bewunderung erregen; *adjt **émerveillé*** staunend; voll(er) Bewunderung; entzückt **II** *v/pr **s'~*** staunen; verwundert sein; (*être enchanté*) in Entzücken geraten; entzückt sein

émétique [emetik] PHARM **I** *adj* Erbrechen erregend; *sc* emetisch **II** *m* Brechmittel *n*; *sc* Emetikum *n*

émetteur [emɛtœʀ] **I** *m* **1** RAD, TV Sender *m*; Sendeanlage *f*; ***~ de télévision*** Fernsehsender *m* **2** FIN Emittent *m* **II** *adj* ⟨**-trice**⟩ **1** RAD, TV Sende…; ***antenne, station émettrice*** Sendeantenne *f*, -station *f*; ***poste ~*** Sendegerät *n*; Sender *m* **2** FIN ***banque émettrice*** emittierende Bank **émetteur-récepteur** *m* ⟨*pl* **émetteurs-récepteurs**⟩ Sender-Empfänger *m*; Sende- und Empfangsgerät *n*; Funkgerät *n*

émettre [emɛtʀ] *v/t* ⟨→ **mettre**⟩ **1** TÉLÉCOMM *signaux, images* ausstrahlen; senden; ***~ sur ondes courtes*** auf Kurzwelle senden **2** FIN ausgeben; begeben; auflegen; emittieren; ***~ des actions*** Aktien ausgeben **3** PHYS *rayons, particules* aussenden; *lumière* ausstrahlen; *sons* von sich geben; PHON aussprechen **4** *fig opinion, hypothèse* äußern; aussprechen; von sich geben; vorbringen; *jugement* abgeben

émeu [emø] *m* ZO Emu *m*

émeute [emøt] *f* Aufruhr *m*; Krawall *m*; ***~s** pl* Unruhen *f/pl*; ***déclencher, provoquer une ~*** e-n Aufruhr auslösen; *personne a* Aufruhr stiften

émeutier [emøtje] *m* Aufrührer *m*; Unruhestifter *m*

émiettement [emjɛtmɑ̃] *m* **1** *d'un gâteau etc* Zerbröckeln *n*; Zerkrümeln *n* **2** *fig* Zerstückelung *f*;

Zersplitterung *f*
émietter [emjete] **I** *v/t* **1** *pain, gâteau* zerbröckeln; zerkrümeln **2** *fig* zersplittern; zerstückeln **II** *v/pr* **s'~** **1** *gâteau* zerbröckeln **2** *fig* (allmählich) dahinschwinden; abbröckeln
émigrant [emigʀɑ̃] *m* Auswanderer *m*
émigration [emigʀasjõ] *f* Auswanderung *f*; Abwanderung *f*; POL Emigration *f*; ***pays** m **à forte** ~* Land *n* mit e-r hohen Auswanderungsquote
E
émigré [emigʀe] *m* POL Emigrant *m*
émigrer [emigʀe] *v/i* **1** auswandern, POL emigrieren (***en Amérique*** nach Amerika); in die Emigration gehen; abwandern (***vers la ville*** in die Stadt) **2** *oiseaux* nach Süden ziehen; wegziehen
Émile [emil] *m Vorname*
Émilie [emili] *f Vorname*
émincer [emɛ̃se] *v/t* ⟨**-ç-**⟩ CUIS in dünne Scheiben schneiden
éminemment [eminamɑ̃] *adv* höchst; außerordentlich; ganz besonders
éminence [eminɑ̃s] *f* **1** *du terrain* (Boden)Erhebung *f*; Anhöhe *f* **2** ANAT Vorsprung *m*; Höcker *m* **3** ÉGL CATH ***Éminence*** Eminenz *f*; ***son Éminence*** S-e Eminenz; *fig* ***~ grise*** graue Eminenz
éminent [eminɑ̃] *adj savant etc* bedeutend; hervorragend; vorzüglich; *service rendu etc* außerordentlich; *qualité* hervor-, herausragend; hervorstechend
émir [emiʀ] *m* Emir *m*
émirat [emiʀa] *m* Emirat *n*; ***les Émirats arabes unis*** die Vereinigten Arabischen Emirate *n/pl*
émissaire [emisɛʀ] **I** *m* **1** Abgesandte(r) *m* mit geheimem Auftrag; Emissär *m* **2** TECH Ableitungs-, Abzugskanal *m* **II** *adj fig* ***bouc** m* ~ Sündenbock *m*
émission [emisjõ] *f* **1** RAD, TV Sendung *f*; ***~s enfantines*** Kinderfunk *m*; ***~ publique*** öffentliche Veranstaltung des Rundfunks; ***~ radiophonique*** Rundfunksendung *f*; ***~s scolaires*** Schulfunk *m*; ***~ télévisée, de télévision*** Fernsehsendung *f*; ***~ en couleurs*** Farbsendung *f*; Sendung in Farbe; ***~ en noir et blanc*** Schwarzweißsendung *f*; ***~s pour la jeunesse*** Jugendfunk *m*; ***nos ~s sont terminées*** unser Programm ist beendet **2** *d'obligations etc* Ausgabe *f*; Begebung *f*; Emission *f*; *de timbres* (Her)Ausgabe *f*; ***~ d'emprunt*** Anleihebegebung *f* **3** PHYS Emission *f*; Aussendung *f*; Ausstrahlung *f*
Emma [ema, ɛmma] *f Vorname*
emmagasinage [ɑ̃magazinaʒ] *m* **1** *de marchandises, de meubles etc* (Ein)Lagern *n*; Stapeln *n*; Speichern *n*; Lagerung *f* **2** Lagergebühr *f*, -kosten *pl*, -geld *n* **emmagasiner** *v/t* **1** *marchandises, objets* (ein)lagern; stapeln; speichern **2** *fig connaissances* sich (*dat*) erwerben; *souvenirs* sammeln
emmaillotement [ɑ̃majɔtmɑ̃] *m d'un petit enfant* Wickeln *n*
emmailloter [ɑ̃majɔte] **I** *v/t bébé* wickeln; *doigt blessé etc* umwickeln; verbinden **II** *v/pr* ***s'~ dans une couverture*** sich in e-e Decke wickeln
emmanchement [ɑ̃mɑ̃ʃmɑ̃] *m* **1** *d'un outil* Bestielen *n* **2** *par ext* TECH Einpassen *n*; Einsetzen *n*
emmancher [ɑ̃mɑ̃ʃe] **I** *v/t* **1** mit e-m Stiel versehen; e-n Stiel einpassen (***un balai*** in e-n Besen) **2** *par ext* TECH einpassen, -setzen **3** F *fig affaires, négociations* einfädeln; einleiten; beginnen; *adjt* ***l'affaire est bien, mal emmanchée*** die Sache lässt sich gut, schlecht an **II** *v/pr* F *fig affaire* ***s'~ bien, mal*** sich gut, schlecht anlassen; gut, schlecht anfangen
emmanchure [ɑ̃mɑ̃ʃyʀ] *f* COUT Ärmel-, Armausschnitt *m*; Armloch *n*; ***~ raglan*** Raglanschnitt *m*
Emmanuel [emanɥɛl] *m Vorname*
Emmanuelle [emanɥɛl] *f Vorname*
Emmaüs [emays] BIBL Emmaus *n*
emmêlement [ɑ̃mɛlmɑ̃] *m* **a)** *action* Verwirren *n*; Verwickeln *n*; **b)** *résultat* Wirrwarr *m*; Gewirr *n*
emmêler [ɑ̃mele] **I** *v/t* **1** *fils, cheveux etc* verwirren; verwickeln; durcheinanderbringen; F verfitzen; verwursteln; *adjt* ***cheveux emmêlés*** verwirrtes, wirres Haar **2** *fig histoire* durcheinanderbringen; komplizieren **II** *v/pr* **1** ***s'~*** *fils, cheveux* sich verwirren; F sich verfitzen **2** ***s'~ les pieds dans le tapis*** mit den Füßen am Teppich hängen bleiben; F *fig en parlant* ***s'~ les pieds, les pédales, les pinceaux*** ins Schwimmen, Stocken geraten; F sich verheddern
emménagement [ɑ̃menaʒmɑ̃] *m* Einzug *m*, Einziehen *n* (*in e-e Wohnung*) **emménager** *v/i* ⟨**-geons**⟩ einziehen (***dans*** in *+acc*)
emmener [ɑ̃mne] *v/t* ⟨**-è-**⟩ **1** *personnes, animaux, choses* mitnehmen; *personne a* wegbringen; ***~ un livre avec soi*** sich (*dat*) ein Buch mitnehmen; ***~ un prisonnier*** einen Gefangenen abführen; ***~ qn à la campagne*** j-n mit aufs Land nehmen; ***~ qn au cinéma*** mit j-m ins Kino gehen; j-n ins Kino mitnehmen; ***~ qn chez soi*** j-n mit nach Hause nehmen; ***~ qn en promenade, ~ qn promener*** j-n zu e-m, auf e-n Spaziergang mitnehmen; ***~ qn en voiture*** j-n im Auto mitnehmen **2** *fig*, SPORTS mitreißen
emmenthal [emɛ̃tal] *m* Emmentaler (Käse) *m*
emmerdant [ɑ̃mɛʀdɑ̃] P *adj problème etc* P beschissen; saublöd; *personne* lästig; unausstehlich; ***ça, c'est ~*** das ist beschissen, saublöd; *personne, chose* ***être ~*** F einem auf den Wecker fallen, auf den Geist gehen
emmerde [ɑ̃mɛʀd] *f* P → ***emmerdement***
emmerdement [ɑ̃mɛʀdəmɑ̃] P *m* F Schererei *f*; Mordsärger *m*; ***quel ~!*** P verdammte Scheiße!
emmerder [ɑ̃mɛʀde] P **I** *v/t* **1** ***~ qn*** *problème, travail etc* F j-m zum Hals heraushängen; j-m stinken; P j-n ankotzen; *personne* F j-m auf den Wecker fallen, auf den Geist gehen; j-n anöden; ***ça m'emmerde d'y aller*** F es stinkt mir, dass ich da hingehen soll *ou* muss; ***il vient nous ~ tout le temps*** P dauernd kommt er angeschissen **2** ***je t'emmerde!*** P leck mich am Arsch!; ***je l'emmerde!*** P (d)er kann mich am Arsch lecken!; *par euphémisme* (d)er kann mich mal (am Abend besuchen) ! **3** *adjt* ***être emmerdé*** F in der Patsche, in der Tinte, P in der Scheiße sitzen; ***je suis drôlement emmerdé***, *j'ai perdu mon portefeuille* P so ne Scheiße ... **II** *v/pr* ***s'~*** sich zu Tode langweilen; F sich mopsen; ***ce qu'on s'emmerde ici!*** F hier ist's stinkfad, -langweilig!; → *a* ***embêter*** *II 2, 3*
emmerdeur [ɑ̃mɛʀdœʀ] P *m*, **emmerdeuse** P *f* lästige Person; F Nervensäge *f*; ausgewachsenes Ekel; ***emmerdeur public*** F e-r, der allen auf den Wecker fällt
emmieller [ɑ̃mjele] *v/t euphémisme* → ***emmerder***
emmitoufler [ɑ̃mitufle] *v/t* (*et v/pr*) (***s'***)~ (sich) einmummen; (sich) warm, dick einhüllen, anziehen; *adjt* ***emmitouflé jusqu'au cou*** bis zur Nasenspitze eingemummt

emmouscailler [ɑ̃muskaje] *v/t* F → ***emmerder***
emmurer [ɑ̃myʀe] *v/t* einmauern; *mineurs accidentellement* ***être emmuré*** eingeschlossen werden *ou* sein
émoi [emwa] *m litt* **1** (*effervescence*) Aufregung *f*; Unruhe *f*; ***être, mettre en ~*** in Aufregung, Unruhe sein, versetzen **2** (*trouble intime*) Erregung *f*; beglückendes Gefühl
émollient [emɔljɑ̃] PHARM **I** *adj* lindernd **II** *m* linderndes Mittel
émoluments [emɔlymɑ̃] *m/pl* (*traitement*) (Dienst)-Bezüge *pl*; Einkünfte *pl*; Gehalt *n*; *pour une expertise etc* Gebühren *f/pl*; Vergütung *f*
émonder [emõde] *v/t* **1** *arbres* ausschneiden, -putzen **2** *graines* verlesen und reinigen
émoticone [emɔtikɔn] *m* INFORM Emoticon *n*
émotif [emɔtif] **I** *adj* ⟨**-ive**⟩ **1** *réaction etc* Gefühls…; affektiv; ***choc ~*** affektiver Schock; ***troubles ~s*** starke, heftige Gefühlsverwirrung **2** *personne* überempfindlich; feinfühlig; empfindsam; ***avoir un caractère, un tempérament ~*** überempfindlich sein **II** *subst* **~, *émotive*** *m,f* empfindsamer, affektiver Mensch
émotion [emosjõ] *f* **1** Rührung *f*; (Gemüts)Bewegung *f*; Ergriffenheit *f*; ***sans ~ (apparente)*** ohne (sichtbare) Bewegung, Rührung; (scheinbar) unbewegt, ungerührt; ***parler avec ~*** bewegt, gerührt, mit bewegter Stimme sprechen; ***ne pouvoir cacher son ~*** s-e Rührung nicht verbergen können; ***ne ressentir aucune ~*** keinerlei Rührung verspüren; nichts empfinden **2** (*affolement*) Aufregung *f*; Erregung *f*; (*bouleversement*) Erschütterung *f*; F ***aimer les ~s fortes*** den Nervenkitzel lieben; ***causer une vive ~*** e-e heftige Erschütterung auslösen; e-n Schock versetzen; F ***ça m'a*** *ou* ***tu m'as donné des ~s*** ich hab Ängste ausgestanden; ***l'~ a été trop forte pour lui*** die Aufregung war zu groß für ihn
émotionnel [emosjɔnɛl] *adj* ⟨**~le**⟩ Gefühls…; emotional; emotionell; gefühlsmäßig; ***réaction ~le*** Gefühlsreaktion *f*; emotionale Reaktion
émotionner [emosjɔne] F *v/t* (be)rühren; bewegen; (*bouleverser*) erschüttern; *adjt* ***être encore tout émotionné*** noch ganz erschüttert, F geschocktsein
émotivité [emɔtivite] *f* Überempfindlichkeit *f*; Empfindsamkeit *f*; PSYCH Emotivität *f*; erhöhte (Gemüts)Erregbarkeit
émouchet [emuʃɛ] *m* ZO Turmfalke *m*
émoulu [emuly] *adj* ***être frais ~*** (*f* ***fraîche ~e***) ***de l'université*** *etc* gerade, frisch von der Universität *etc* kommen; gerade sein Examen an der Universität *etc* gemacht haben
émousser [emuse] **I** *v/t* **1** *lame de couteau etc* abstumpfen; stumpf machen; *adjt* ***émoussé*** stumpf **2** *sentiments, sens etc* abstumpfen **II** *v/pr* ***s'~*** **1** *lame etc* abstumpfen; stumpf werden **2** *passion, désir etc* abstumpfen; nachlassen; schwächer werden
émoustillant [emustijɑ̃] *adj propos etc* anregend; pikant; *présence d'une femme etc* erregend
émoustiller [emustije] *v/t vin: convives etc* anregen; in angeregte Stimmung versetzen; *adjt* ***émoustillé*** in angeregter Stimmung; erregt (***à l'idée de faire qc*** beim Gedanken an etw [*acc*])
émouvant [emuvɑ̃] *adj* ergreifend; bewegend; rührend; *p/fort* erschütternd
émouvoir [emuvwaʀ] ⟨→ **mouvoir**; *aber p/p* **ému**⟩ **I** *v/t* **~ *qn*** *propos, orateur, spectacle etc* j-n rühren, ergreifen, (*bouleverser*) erschüttern; *propos a* j-m zu Herzen gehen; j-n bewegen; *spectacle a* j-m nahegehen; ***rien ne peut l'~*** ihn rührt, erschüttert nichts; ***se laisser ~*** sich rühren lassen **II** *v/pr* ***s'~*** sich erregen (***de*** über +*acc*); gerührt, *p/fort* erschüttert sein *ou* werden; ***sans s'~*** ruhig; gelassen; ohne ein Zeichen der Rührung, Bewegung
empaillage [ɑ̃pajaʒ] *m* **1** *de chaises* Bespannen *n* mit Stroh **2** *d'animaux* Ausstopfen *n* (mit Stroh)
empaillé [ɑ̃paje] *adj* F (*maladroit*) unbeholfen; linkisch; F täppisch
empailler [ɑ̃paje] *v/t* **1** *chaises* mit Stroh, mit e-m Strohgeflecht bespannen **2** *bouteilles, porcelaine* in Stroh ein-, verpacken **3** *animaux* ausstopfen
empailleur [ɑ̃pajœʀ] *m*, **empailleuse** *f* **1** Präparator(in) *m(f)*; Tierausstopfer(in) *m(f)* **2** *rempailleur, -euse* Stuhlflechter(in) *m(f)*
empalement [ɑ̃palmɑ̃] *m* **1** Aufspießen *n* **2** HIST *d'un criminel* Pfählen *n*
empaler [ɑ̃pale] **I** *v/t* **1** (*embrocher*) aufspießen **2** HIST *malfaiteur* pfählen **II** *v/pr* ***s'~*** aufgespießt werden; ***s'~ sur une fourche*** in e-e Gabel fallen
empanacher [ɑ̃panaʃe] *v/t* **1** *casque, chapeau* mit e-m Federbusch schmücken, verzieren **2** *fig discours* (aus)schmücken
empaquetage [ɑ̃paktaʒ] *m* Ein-, Verpacken *n* **empaqueter** *v/t* ⟨**-tt-**⟩ ein-, verpacken **empaqueteur** *m*, **empaqueteuse** *f* Packer(in) *m(f)*
emparer [ɑ̃paʀe] *v/pr* **1** *par la force* ***s'~ de qc, de qn*** etw, j-n in s-e Gewalt bringen; *st/s* sich e-r Sache, j-s bemächtigen; e-r Sache, j-s habhaft werden; ***s'~ de qc*** *a* etw in Besitz nehmen; von etw Besitz ergreifen **2** *illégalement* ***s'~ de qc*** sich (*dat*) etw (widerrechtlich) aneignen; etw an sich (*acc*) bringen, nehmen; F sich (*dat*) etw unter den Nagel reißen **3** *concrètement* ***s'~ de qc*** etw an sich (*acc*) reißen; *gardien de but* ***s'~ du ballon*** den Ball an sich (*acc*) reißen **4** *fig: journal* ***s'~ d'une affaire*** e-e Affäre aufgreifen; ***s'~ de la confiance de qn*** sich (*dat*) j-s Vertrauen erschleichen; ***s'~ de la conversation*** das Gespräch an sich (*acc*) ziehen **5** *sentiment, sommeil etc* ***s'~ de qn*** j-n überkommen, übermannen; *st/s* sich j-s bemächtigen; *pensée a* sich j-m aufdrängen
empâté [ɑ̃pɑte] *adj visage* dicklich; aufgedunsen; mit schlaffen Konturen
empâtement [ɑ̃pɑtmɑ̃] *m* Dicker-, Rundlich-, Schlaffwerden *n* **empâter** **I** *v/t bouche, langue* klebrig, pappig machen **II** *v/pr* ***s'~*** *personne* in die Breite gehen; auseinandergehen; dicker werden; *visage* dick, teigig, weich, schlaff werden
empathie [ɑ̃pati] *f* Empathie *f*
empattement [ɑ̃patmɑ̃] *m* **1** AUTO, CH DE FER Radstand *m*; Achsabstand *m* **2** *d'un mur* unterer (vorspringender) Absatz; Bankett *n*
empêché [ɑ̃peʃe] *adj* (am Erscheinen) verhindert
empêchement [ɑ̃pɛʃmɑ̃] *m* Hindernis *n*; Hinderungsgrund *m*; ADM ***en cas d'~*** im Verhinderungsfall; ***il a eu un ~*** er war verhindert; es ist ihm etwas dazwischengekommen; ***être retenu par un ~*** verhindert sein
empêcher [ɑ̃peʃe] **I** *v/t* **a)** **~ *qc*** etw verhindern, unterbinden, abwenden; F ***qu'est-ce que ça empêche?*** was macht das schon (aus)?; **b)** **~ *qn de faire qc*** j-n (daran) hindern, etw zu tun; j-n an etw (*dat*)

hindern; j-n von etw abhalten; j-m etw verwehren; ***~ qn de dormir, de travailler*** j-n am Schlafen, Arbeiten hindern; ***~ qn de s'enfuir*** j-s Flucht verhindern, vereiteln; ***ces difficultés ne l'ont pas empêché de réussir*** diese Schwierigkeiten konnten s-n Erfolg nicht verhindern; **c)** ***~ que …*** (*st/s* ***ne***) (+*subj*) verhindern, dass …; **d)** *loc/conj* (***il***) ***n'empêche que … ou cela n'empêche pas que …*** *ou abs* ***n'empêche*** trotz allem; trotzdem; dennoch; immerhin; jedenfalls; ***n'empêche que, sans lui, tu serais mort*** immerhin wärst du ohne ihn jetzt nicht mehr am Leben **II** *v/pr* ***je ne peux pas m'~ de*** (+*inf*) ich muss einfach (+*inf*); ich kann nicht anders, ich muss (einfach) (+*inf*); ich kann nicht umhin zu (+*inf*); ***je ne peux m'~ de penser que …*** ich werde den Gedanken nicht los, dass …

empêcheur [ɑ̃pɛʃœʀ] *m* ***~ de danser ou tourner en rond*** Spielverderber *m*

empeigne [ɑ̃pɛɲ] *f* **1** *d'une chaussure* Oberleder *n* **2** P *fig* ***gueule*** *f* ***d'~*** P blöde Fresse; dreckige Visage

empennage [ɑ̃pɛ(n)naʒ] *m* **1** AVIAT Leitwerk *n*; Stabilisierungsflächen *f/pl* **2** *d'une flèche* (Be)Fiederung *f*

empenner [ɑ̃pɛ(n)ne] *v/t flèche* befiedern

empereur [ɑ̃pʀœʀ] *m* Kaiser *m*

emperler [ɑ̃pɛʀle] *v/t fig* ***la sueur commençait à ~ son front*** Schweißperlen traten ihm auf die Stirn

empesage [ɑ̃pəzaʒ] *m du linge* Stärken *n*; Steifen *n*
empeser *v/t* ⟨-è-⟩ *linge* stärken; steifen; *adjt* ***empesé*** gestärkt; steif

empester [ɑ̃pɛste] *v/t* **1** (*empuantir*) verpesten; mit Gestank erfüllen; F verstänkern **2** (*puer*) stinken, riechen (***qc*** nach etw); *abs* stinken

empêtrer [ɑ̃petʀe] *v/pr* ***s'~*** **1** sich verwickeln (***dans*** in +*acc*); sich verfangen (in +*dat*); ***être empêtré dans un long manteau*** in e-m langen Mantel stecken; durch e-n langen Mantel behindert sein **2** *fig* sich verstricken (***dans*** in +*acc*)

emphase [ɑ̃faz] *f* Emphase *f* (*a* RHÉT, LING); *péj* Pathos *n*; Schwulst *m*

emphatique [ɑ̃fatik] *adj* emphatisch; *péj* pathetisch; hochtrabend; schwülstig

emphysème [ɑ̃fizɛm] *m* MÉD ***~*** (***pulmonaire***) (Lungen)Emphysem *n*

emphytéotique [ɑ̃fiteɔtik] *adj* JUR ***bail*** *m* ***~*** Erbpacht(vertrag) *f*(*m*)

empiècement [ɑ̃pjɛsmɑ̃] *m* COUT Einsatz *m*; Passe *f*

empierrement [ɑ̃pjɛʀmɑ̃] *m* **a)** *action* Beschottern *n*; **b)** *couche* Steinschüttung *f*; Packlage *f*

empierrer [ɑ̃pjɛʀe] *v/t* beschottern; ***~ un chemin, une route*** einen Weg, eine Straße beschottern

empiétement *ou* **empiètement** [ɑ̃pjɛtmɑ̃] *m* **1** Vordringen *n* (***sur*** in +*acc*) **2** *fig et* JUR (widerrechtlicher) Eingriff (***sur*** in +*acc*); Übergriff *m* (auf +*acc*)

empiéter [ɑ̃pjete] *v/t/indir* ⟨-è-⟩ ***~ sur*** **1** vordringen in (+*acc*); übergreifen auf (+*acc*); *sur un territoire* sich (*dat*) nach und nach aneignen (+*acc*); *mer* ***~ sur les terres*** ins Land vordringen **2** *sur des droits etc* (widerrechtlich) eingreifen in (+*acc*); übergreifen auf (+*acc*); antasten (+*acc*); beeinträchtigen (+*acc*); ***~ sur les attributions de qn*** in j-s Kompetenzbereich eingreifen

empiffrer [ɑ̃pifʀe] *v/pr* F ***s'~*** F sich vollstopfen, sich (*dat*) den Bauch vollschlagen, P sich vollfressen (***de*** mit)

empilable [ɑ̃pilabl] *adj chaises etc* stapelbar

empilage [ɑ̃pilaʒ] *m* (Auf)Stapeln *n*; Auftürmen *n*; (Auf)Schichten *n*; Stapelung *f*

empilement [ɑ̃pilmɑ̃] *m* **a)** *action* (Auf)Stapeln *n*; **b)** (*pile*) Stapel *m*

empiler [ɑ̃pile] **I** *v/t* (auf)stapeln; auftürmen; (auf)schichten **II** *v/pr* ***s'~*** sich stapeln, anhäufen, türmen

empire [ɑ̃piʀ] *m* **1** Kaiserreich *n*; *par ext* Weltreich *n*; Imperium *n*; Reich *n*; ***~ colonial*** Kolonialreich *n*; *fig* ***~ industriel*** weltweites Unternehmen; industrielles Imperium; HIST: ***l'Empire britannique*** das Empire ['ɛmpaɪə]; das Britische Weltreich; ***l'Empire*** (***colonial***) ***français*** das französische Kolonialreich; ***le Premier, le Second Empire*** das Erste, das Zweite Kaiserreich; ***l'Empire romain*** das Römische Reich; das Imperium Romanum; ***le Saint Empire romain germanique*** das Heilige Römische Reich Deutscher Nation; ***l'Empire du Milieu*** (*la Chine*) das Reich der Mitte; ***l'Empire du Soleil Levant*** (*le Japon*) das Land der aufgehenden Sonne; *fig* ***pas pour un ~!*** nicht um alles in der Welt!; ***bâtir, fonder un ~*** ein (Welt)Reich (be)gründen **2** HIST ***l'Empire*** das Erste Kaiserreich; ♦ *adjt* Empire… [ɑ̃'piːr] ***meuble*** *m* ***Empire*** Möbel *n* im Empirestil; Empiremöbel *n*; ***style*** *m* ***Empire*** Empire *n*; Empirestil *m* **3** (*influence*) Einfluss *m*; Wirkung *f*; Gewalt *f*; Macht *f*; (***agir***) ***sous l'~ de la boisson, de la colère*** unter dem Einfluss *ou* der Wirkung des Alkohols, im Zorn (handeln); ***avoir de l'~ sur qn*** j-n beherrschen, in der Hand, in der Gewalt haben

empirer [ɑ̃piʀe] **I** *v/t* verschlimmern; verschlechtern; schlimmer machen **II** *v/i* sich verschlimmern; sich verschlechtern; schlechter, schlimmer werden; ***ne faire qu'~*** immer schlimmer, nur noch schlimmer werden

empirique [ɑ̃piʀik] **I** *adj* empirisch; auf (der) Erfahrung beruhend; *péj a* unwissenschaftlich **II** *m* Empiriker *m*

empirisme [ɑ̃piʀism] *m* **1** PHILOS Empirismus *m* **2** *par ext* Empirie *f*; auf der Erfahrung beruhende Methode **empiriste** PHILOS **I** *m* Empirist *m* **II** *adj* empiristisch

emplacement [ɑ̃plasmɑ̃] *m* Stelle *f*; Platz *m*; (Stand)Ort *m*; *d'un terrain* Lage *f*; *réservé à une voiture* Stellplatz *m*; ***sur l'~ de l'ancien théâtre*** an der Stelle, wo das alte Theater stand

emplâtre [ɑ̃plɑtʀ] *m* **1** MÉD Salbenverband *m*; *fig* ***un ~ sur une jambe de bois*** → ***cautère*** **2** F *fig* (*empoté*) ***quel ~!*** F so ne Flasche! **3** F *fig aliment* ***être un vrai ~*** stopfen

emplette [ɑ̃plɛt] *f* Einkauf *m*; Kauf *m*; ***faire des ~s*** Einkäufe *m/pl*, Besorgungen *f/pl* machen; einkaufen

emplir [ɑ̃pliʀ] *st/s v/t* (*et v/pr*) (***s'***)***~*** (sich) füllen; → *a* ***remplir***

emploi [ɑ̃plwa] *m* **1** (*utilisation*) Gebrauch *m*; Anwendung *f*; Verwendung *f*; Benutzung *f*; ***~ du temps*** Zeitplan *m*; Terminkalender *m*; ÉCOLE Stundenplan *m*; ***avoir un ~ du temps très chargé*** e-n vollen Terminkalender haben; viele Dinge zu erledigen haben; ***faire un bon*** (***mauvais***) ***~ de son argent, de ses connaissances, de son temps*** sein Geld gut (schlecht) anlegen; von s-n Kenntnissen sinnvollen (schlechten) Gebrauch machen; s-e Zeit gut (schlecht) nützen; ***je n'en ai pas l'~*** ich habe keine Verwendung dafür **2** (*place, travail*) Beschäftigung *f*; Anstellung *f*; Stelle *f*; Arbeitsplatz *m*; Arbeitsverhältnis *n*; ÉCON ***l'~*** der Beschäftigtenstand; die Beschäftigungslage; ***plein ~*** Vollbeschäftigung *f*; ***~ à mi-temps, à temps partiel, à plein temps*** Halbtags-, Teilzeit-, Vollzeitbeschäftigung *f*; ***demande f d'~*** Stellengesuch *n*; ***marché m de l'~*** Arbeits-, Stellenmarkt *m*; ***politique f de l'~*** Beschäftigungspolitik *f*; ***sécurité f de l'~*** Sicherheit *f* des Arbeitsplatzes; ***situation f de l'~*** Lage *f* auf dem Arbeitsmarkt; ***avoir, occuper un ~*** e-e Stelle (inne)haben; Arbeit haben; ***il a la tête, le physique***, P ***la gueule de l'~*** man sieht ihm sein Gewerbe an; er sieht wie ein typischer Vertreter s-s Berufes aus; ***chercher un ~*** Arbeit, e-e Stelle, e-e Anstellung, e-e Beschäftigung suchen; ***être sans ~*** arbeitslos, stellenlos sein; keine Arbeit, Anstellung haben **3** *loc* ***faire double ~*** unnötig, überflüssig, überzählig, doppelt, F doppelt gemoppelt sein **4** THÉ Rollenfach *n*

employable [ɑ̃plwajabl] *adj* verwendbar; geeignet; infrage kommend

employé(e) [ɑ̃plwaje] *m(f)* Angestellte(r) *f(m)*; ***~(e) de banque*** Bankangestellte(r) *f(m)*; ***~(e) de bureau*** Büroangestellte(r) *f(m)*; Bürokraft *f*; Kontoristin *f*; ***employé du gaz*** Gasmann *m*; ***employée de maison*** Hausangestellte *f*

employer [ɑ̃plwaje] ⟨**-oi-**⟩ **I** *v/t* **1** *mot, ruse, outil etc* gebrauchen; benützen; anwenden; verwenden; *moyen* anwenden; einsetzen; aufbieten; *matériel, somme d'argent* verwenden; *violence* anwenden; ***~ un(e) après-midi à faire qc*** e-n Nachmittag darauf verwenden *ou* dazu (be)nützen, etw zu tun **2** ÉCON *main-d'œuvre* beschäftigen; Arbeit geben (***qn*** j-m); ***~ qn à (faire) qc*** j-n zu etw anstellen; ***être employé*** im Angestelltenverhältnis stehen; angestellt sein (***chez*** bei) **II** *v/pr* ***s'~*** **1** *mot, expression* gebraucht werden; *moyen* angewendet, angewandt, verwendet werden **2** ***s'~ à (faire) qc*** sich für etw einsetzen; sich um etw bemühen; ***il s'y emploie de son mieux*** er tut sein Möglichstes, Bestes

employeur [ɑ̃plwajœʀ] *m*, **employeuse** *f* Arbeitgeber(in) *m(f)*

emplumé [ɑ̃plyme] *adj* mit Federn versehen, verziert

empocher [ɑ̃pɔʃe] *v/t* F **1** *argent* einnehmen; F einstecken; einstreichen **2** *objet* in die Tasche stecken; F einstecken

empoignade [ɑ̃pwaɲad] F *f* heftige Auseinandersetzung; heftiger Wortwechsel

empoigne [ɑ̃pwaɲ] *f* F ***c'est une*** *ou* ***la foire d'~*** F es herrscht ein wüstes Gerangel, Gezerre

empoigner [ɑ̃pwaɲe] **I** *v/t* **1** *objet* (an)packen; (kräftig) anfassen; ergreifen; ***~ qn*** j-n packen (***par le bras*** am Arm) **2** *fig public* ergreifen; packen; erschüttern **II** *v/pr* ***s'~*** aneinandergeraten; Streit bekommen; F sich, einander in die Haare, in die Wolle geraten, kriegen

empois [ɑ̃pwa] *m* (Wäsche)Stärke *f*; TEXT Schlichte *f*

empoisonnant [ɑ̃pwazɔnɑ̃] *adj* F → ***embêtant***

empoisonnement [ɑ̃pwazɔnmɑ̃] *m* **1** Vergiftung *f*; *meurtre* Giftmord *m*; ***~ dû à des champignons vénéneux*** Pilzvergiftung *f*; ***~ du sang*** Blutvergiftung *f* **2** F *fig* ***~s pl*** Ärger *m*; Unannehmlichkeiten *f/pl*; F Scherereien *f/pl*

empoisonner [ɑ̃pwazɔne] **I** *v/t* **1** *homme, animal, aliment* vergiften; *homme, animal a* Gift geben (***qn*** j-m); *adjt* ***flèche empoisonnée*** Giftpfeil *m*; ***il est mort empoisonné*** er ist vergiftet worden **2** *pièce, région, atmosphère* verpesten; mit Gestank erfüllen; *abs* stinken; übel riechen **3** *fig vie, ambiance* vergiften; *vie a, joie* vergällen **4** F → ***embêter*** *1-3* **II** *v/pr* ***s'~*** **1** sich vergiften; Gift nehmen **2** F (*s'ennuyer*) F sich zu Tode langweilen; sich mopsen

empoisonneur [ɑ̃pwazɔnœʀ] *m*, **empoisonneuse** *f* **1** Giftmischer(in) *m(f)*; Giftmörder(in) *m(f)* **2** *fig* F Nervensäge *f*; ***quel ~!*** der geht einem auf die Nerven, F fällt einem auf den Wecker!

emporté [ɑ̃pɔʀte] *adj personne, caractère* (leicht) aufbrausend; heftig; hitzig; jähzornig

emportement [ɑ̃pɔʀtəmɑ̃] *m* Zornesausbruch *m*; Aufwallung *f* des Zorns

emporte-pièce [ɑ̃pɔʀtəpjɛs] *m* ⟨*inv*⟩ **1** TECH (Loch)Stanze *f* **2** *fig loc/adj* ***à l'~*** *expression, phrase* (sehr) deutlich; pointiert; zugespitzt; scharf; schneidend; *jugement* treffsicher; scharf; *caractère* gerade; offen

emporter [ɑ̃pɔʀte] **I** *v/t* **1** *objet* mitnehmen; *secret* ***~ dans la tombe*** mit ins Grab nehmen; ***donner qc à ~ à qn*** j-m etw mitgeben; ***pizza f à ~*** Pizza *f* zum Mitnehmen **2** *blessés etc* wegtragen, -schaffen, -bringen **3** ***~ qn*** *maladie* j-n dahin-, hinwegraffen; *courant* j-n fort-, mitreißen; *train etc* j-n bringen (***vers l'Italie*** nach Italien); ***~ qc*** *inondations etc* etw fortschwemmen, wegspülen, -schwemmen, -reißen; *vent* etw verwehen, weg-, fortwehen; *tempête* etw mit sich (fort) reißen, ab-, wegreißen; ***il a été emporté en quelques heures*** der Tod hat ihn in wenigen Stunden hinweggerafft; ***être emporté par le courant, par l'eau*** fort-, weggeschwemmt, -gespült werden **4** **a)** ***l'~*** den Sieg davontragen; siegen; sich durchsetzen; ***l'~ dans une compétition*** siegreich, erfolgreich aus e-m Wettbewerb hervorgehen; ***l'~ dans une discussion*** e-e Diskussion für sich entscheiden; ***l'~ sur qn, qc*** über j-n, etw siegen, den Sieg davontragen, die Oberhand gewinnen *ou* behalten; stärker sein als j, etw; j-n, etw übertreffen; ***cette opinion l'emporta*** diese Meinung drang durch, setzte sich durch; **b)** ***~ l'affaire*** das Geschäft machen; den Auftrag bekommen; ***~ la décision*** s-n Entschluss, s-e Entscheidung durchsetzen **5** ***se laisser ~ à faire qc*** sich zu etw hinreißen lassen; ***se laisser ~ par la colère*** sich in s-m Zorn hinreißen lassen (***à faire qc*** zu etw) **II** *v/pr* ***s'~*** (zornig) aufbrausen, -fahren, hochfahren; sich ereifern, erregen; in Zorn geraten; ***s'~ contre qn, qc*** gegen j-n, etw loswettern; sich über j-n, etw ereifern

empoté [ɑ̃pɔte] F **I** *adj* unbeholfen; schwerfällig; F dämlich **II** *subst* ***~(e)*** *m(f)* unbeholfener, schwerfälliger Mensch; F *a* Flasche *f*; F ***ne reste pas planté là comme un ~!*** steh nicht so dumm, F dämlich, blöd herum!

empourprer [ɑ̃puʀpʀe] **I** *v/t* **1** *soleil* ***~ le ciel*** den Himmel purpurn, purpurrot färben **2** *adjt* ***visage empourpré*** gerötetes, puterrotes Gesicht **II** *v/pr* ***s'~*** **1** *ciel* sich purpurn, purpurrot färben **2** *visage* sich röten; rot anlaufen; ***s'~ de honte*** vor Scham erglühen

empreindre [ɑ̃pʀɛ̃dʀ] ⟨→ **peindre**⟩ *st/s* **I** *v/t* prägen;

E

adjt: **empreint de** geprägt von; **un accueil empreint de la plus franche cordialité** ein überaus, ausgesprochen herzlicher Empfang **II** *v/pr* **s'~ de** geprägt sein *ou* werden von

empreinte [ɑ̃pʀɛ̃t] *f* **1** *d'un sceau, d'une serrure, d'un pied etc*, GÉOL Abdruck *m*; **~ digitale** Fingerabdruck *m*; **prendre les ~s digitales de qn** j-m die Fingerabdrücke abnehmen; von j-m Fingerabdrücke machen; *par ext* **~ génétique** genetischer Fingerabdruck; **l'~ des pas dans la neige** die Fußabdrücke, Fußspuren *f/pl* im Schnee; **laisser des ~s partout** überall Fingerabdrücke, Spuren hinterlassen, zurücklassen; **prendre l'~ de qc** *dans du plâtre etc* etw abdrücken **2** *fig* Gepräge *n*; Stempel *m*; Prägung *f*; *d'une maladie etc* Spuren *f/pl*; Zeichen *n/pl*; **marquer une époque de son ~** e-r Epoche das Gepräge geben, verleihen; e-e Epoche prägen

empressé [ɑ̃pʀese] *adj* **1** *admirateur, prétendant* eifrig; **il paraît fort ~ auprès d'elle** er scheint sich sehr um sie zu bemühen **2** *envers un client, un supérieur* (dienst)beflissen; diensteifrig, -fertig; eilfertig; geschäftig; **se montrer peu ~** sich wenig interessiert, begeistert zeigen

empressement [ɑ̃pʀɛsmɑ̃] *m* Dienstbeflissenheit *f*, -fertigkeit *f*, -eifer *m*; Bereitwilligkeit *f*; Eilfertigkeit *f*; (*zèle*) Eifer *m*; Geschäftigkeit *f*; Emsigkeit *f*; **avec ~** dienstbeflissen *etc*; **marquer, témoigner de l'~ à, envers qn** j-m gegenüber großen Diensteifer bezeigen, an den Tag legen; **montrer peu d'~ pour qc** wenig Interesse, Begeisterung für etw zeigen; sich nicht zu etw drängen

empresser [ɑ̃pʀese] *v/pr* **1** **s'~ auprès de qn** sich eifrig um j-n bemühen; **s'~ autour de qn** sich um j-n drängen **2** **s'~ de faire qc** sich beeilen, etw zu tun; sofort, unverzüglich, schleunigst etw tun; **il s'empressa d'ajouter que** … er beeilte sich hinzuzufügen, dass …

emprise [ɑ̃pʀiz] *f* (entscheidender) Einfluss; Wirkung *f*; Macht *f*; **sous l'~ de** unter dem Einfluss, unter der Wirkung von (*ou* +*gén*); im Banne (+*gén*); **être sous l'~ de qn** unter j-s Einfluss stehen; **avoir de l'~ sur qn** großen Einfluss auf j-n haben; j-n beherrschen

emprisonnement [ɑ̃pʀizɔnmɑ̃] *m* Gefängnisstrafe *f*; Haft(strafe) *f*; *action* Inhaftierung *f*; **il a été condamné à six mois d'~** er ist zu sechs Monaten Gefängnis verurteilt worden

emprisonner [ɑ̃pʀizɔne] *v/t* **1** ins Gefängnis stecken, schicken; inhaftieren; gefangen setzen; F einsperren **2** *fig* einschließen; einsperren; *adjt* **être emprisonné** *dans la carcasse de sa voiture etc* eingeschlossen sein; **être emprisonné dans la routine** Sklave s-r Gewohnheiten sein

emprunt [ɑ̃pʀɛ̃, ɑ̃pʀœ̃] *m* **1** Anleihe *f*; *action* Kreditaufnahme *f*; **~ national, public, d'État** Staatsanleihe *f*; **~ à 5%** 5%ige Anleihe; **contracter, faire un ~** e-e Anleihe, ein Darlehen, e-n Kredit aufnehmen; **émettre, lancer, ouvrir un ~** e-e Anleihe auflegen, ausgeben; **rembourser, restituer un ~** e-e Anleihe, ein Darlehen, geliehenes *ou* geborgtes Geld zurückzahlen **2** *loc/adj* **d'~** (*emprunté*) geliehen; geborgt; *fig* fremd; Schein…; **sous un nom d'~** unter e-m Decknamen, Pseudonym **3** LING Entlehnung *f*; Lehnwort *n* (**de, à** aus); **mot** *m* **d'~** Lehnwort *n*; **~ de l'espagnol** Lehnwort aus dem Spanischen **4** *fig à un auteur etc* Anleihe *f* (**à qn** bei j-m)

emprunté [ɑ̃pʀɛ̃te, -pʀœ̃-] *adj personne* linkisch; verlegen (*a air*); gehemmt

emprunter [ɑ̃pʀɛ̃te, -pʀœ̃-] *v/t* **1** **~ qc à qn** sich (*dat*) etw von j-m (aus)leihen, borgen, entleihen, F pumpen, *livres a* entlehnen (**à la bibliothèque** aus der Bibliothek); **~ de l'argent** sich (*dat*) Geld leihen; Geld aufnehmen; F **je vous emprunte votre crayon cinq minutes!** ich nehme kurz Ihren Bleistift!; ♦ *abs* Anleihen, e-e Anleihe aufnehmen **2** *fig* **a)** **~ qc à qn** etw von j-m übernehmen; **~ un mot à l'anglais** ein Wort aus dem Englischen entlehnen; **~ un motif à une légende** ein Motiv e-r Sage (*dat*) entnehmen; aus e-r Sage ein Motiv übernehmen; **b)** **~ l'allure de qn** j-s Benehmen annehmen, nachahmen **3** *chemin, itinéraire etc* benutzen; gehen; *en voiture* (be)fahren; **empruntez le passage souterrain!** Fußgänger bitte Unterführung benutzen!

emprunteur [ɑ̃pʀɛ̃tœʀ, pʀœ̃-] *m* Entleiher *m*; Kredit-, Darlehensnehmer *m*

empuantir [ɑ̃pɥɑ̃tiʀ] *v/t* verpesten; mit schlechtem, üblem Geruch erfüllen

ému [emy] *p/p* → **émouvoir** *et adj* bewegt; gerührt; ergriffen; **être très ~** tief bewegt, sehr gerührt, ganz ergriffen sein

émulation [emylasjõ] *f* Wetteifer *m*; Wettstreit *m*; Nacheiferung *f*

émule [emyl] *m,f* Nacheiferer *m*; **être l'~ de qn** *a* j-m nacheifern; mit j-m wetteifern

émulsifiant [emylsifjɑ̃] CHIM **I** *adj* emulgierend **II** *m* Emulgator *m*

émulsion [emylsjõ] *f* CHIM, PHOT Emulsion *f*

émulsionner [emylsjɔne] *v/t* emulgieren

en [ɑ̃], *vor Vokal u stummem h* [ɑ̃n] **I** *prép* **1** *lieu*: **a)** *question « wo? »*: in (+*dat*); ♦ *être, passer ses vacances etc* **~ Allemagne, Turquie** *etc* in Deutschland, in der Türkei *etc*; **~ Iran, Uruguay** *etc* im Iran, in Uruguay *etc*; **~ Normandie, Rhénanie** *etc* in der Normandie, im Rheinland *etc*; **~ Seine-et-Marne** *etc* im Departement Seine-et-Marne *etc*; **~ Corse** auf Korsika; *litt* **~ Avignon** in Avignon; ♦ **~ classe** in der Schule; *st/s* **~ l'église de la Madeleine** in der Madeleinekirche; **~ mer** auf dem Meer; **~ montagne** im Gebirge; **compte** *m* **~ banque** Bankkonto *n*; **de la viande ~ boîte** Büchsenfleisch *n*; **être ~ bonnes mains** in guten Händen sein; **habiter, travailler ~ ville** in der Stadt wohnen, arbeiten; → *a subst correspondants*; ♦ **~ moi(-même)** *etc* in mir *etc*; **il y a ~ lui qc de mystérieux** er hat etw Geheimnisvolles an sich (*dat*); **~ moi-même, je pensais …** ich dachte bei mir …; **~ elle-même, la chose a …** an und für sich hat die Sache …; **b)** *direction* (*question « wohin? »*): nach; in (+*acc*); *aller, envoyer, venir etc* **~ Allemagne, France, Normandie, Sicile, Turquie** *etc* nach Deutschland, nach Frankreich, in die Normandie, nach Sizilien, in die Türkei *etc*; **aller ~ ville** in die Stadt gehen; **mettre ~ bouteilles** in Flaschen (ab)füllen **2** *temporel* **a)** in (+*dat*); **~ 1945** (im Jahre) 1945; **~ l'an mille** im Jahr(e) tausend; **~ quelle année?** in welchem Jahr?; **~ janvier** *etc* im Januar *etc*; **~ été, automne, hiver** im Sommer, Herbst, Winter; **~ plein jour** am helllichten Tage; **b)** *durée* in (+*dat*); innerhalb von (*ou* +*gén*); **~ deux heures** in zwei Stunden; innerhalb von zwei Stunden; **~ une journée** an e-m Tag; innerhalb e-s Tages; **~**

deux jours innerhalb von zwei Tagen; an zwei Tagen **3** *fig domaine ou matière* in (*+dat ou acc*); **~ allemand, français** *etc* im Deutschen, Französischen *etc*; auf Deutsch, Französisch *etc*; ***traduire ~ allemand*** *etc* ins Deutsche *etc* übersetzen; ***~ mathématiques, politique*** *etc* in der Mathematik, Politik *etc*; ***étudiant*** *m* ***~ lettres*** Philologiestudent *m*; ***docteur*** *m* ***~ médecine*** Doktor *m* der Medizin; ***spécialiste*** *m* ***~ la matière*** Fachmann *m* auf dem Gebiet; *c'est* ***~ cela*** *qu'il se distingue des autres* darin, hierin … **4** *manière*: ***~ largeur, longueur*** in der Breite, Länge; der Breite, Länge nach; *le même article* ***~ rouge, vert*** *etc* in Rot, Grün *etc*; ♦ ***agir ~ ami*** als Freund handeln; ***aller ~ voiture*** mit dem Auto fahren; ***être ~ blanc, noir*** weiß, schwarz gekleidet sein; ***être ~ fleurs*** in Blüte stehen; blühen; ***cela fait ~ francs suisses …*** das macht in Schweizer Franken …; ***manger les carottes ~ salade*** die Möhren als Salat essen; ***teindre qc ~ rouge, bleu*** *etc* etw rot, blau *etc* färben; ♦ ***roman*** *m* ***~ trois volumes*** Roman *m* in drei Bänden; dreibändiger Roman; ***promenade*** *f* ***~ vélo, skis*** Radtour *f*, Skiwanderung *f*; ***voyage*** *m* ***~ avion, car*** Flug-, Busreise *f*; ♦ *forme*: ***~ cercle*** im Kreise; kreisförmig; ***~ croix*** gekreuzt; über Kreuz; ♦ *transformation*: ***changer, transformer qc ~ qc*** etw in etw (*acc*) verwandeln, umwandeln; ***se déguiser ~ pirate*** sich als Pirat verkleiden; ♦ *loc/adv*: ***~ arrière, ~ général, ~ vitesse*** *etc* → *mots correspondants* **5** *matériau* aus; ***~ fer*** *etc* aus Eisen *etc*; ***montre*** *f* ***~ or*** goldene Uhr; ***table*** *f* ***~ bois*** hölzerner Tisch; Holztisch *m* **6** ***de … en …*** von … zu …; ***d'année ~ année*** von Jahr zu Jahr; ***d'est ~ ouest*** von Ost(en) nach West(en); ***d'heure ~ heure*** von Stunde zu Stunde; ***de plus ~ plus*** immer mehr; ***de plus ~ plus bête*** immer dümmer; ***de ville ~ ville*** von Stadt zu Stadt **7** *introduisant un complément*: ***approvisionner qn, qc ~ qc*** j-n, etw mit etw versorgen; ***croire ~ Dieu*** an Gott glauben; ***pauvre, riche ~ qc*** arm, reich an etw (*dat*); *pays* ***pauvre ~ matières premières*** rohstoffarm; ***besoins*** *m/pl* ***~ énergie*** Energiebedarf *m*; Bedarf *m* an Energie **8** *gérondif*: **a)** *simultanéité*: ***parler ~ mangeant*** beim Essen, während des Essens sprechen; ***je l'ai vu ~ sortant de la maison*** ich habe ihn gesehen, als ich aus dem Haus ging; ***~ passant par là***, *vous éviterez de traverser la ville* wenn Sie so *ou* diese Strecke fahren …; **b)** *concession*: ***tout ~ l'admirant***, *il ne lui ménageait pas ses critiques* obwohl er ihn bewunderte …; **c)** *manière*: ***arriver ~ courant*** angelaufen kommen; ***répondre ~ souriant*** lächelnd antworten; **d)** *moyen*: *s'en tirer* ***~ mentant*** durch Lügen **II** *adv et pr* ⟨*vertritt Konstruktionen mit* **-de-**⟩ **1** *local* von dort; von da; daher; *vous allez à Paris?* ***j'~ reviens*** ich komme von dort; da komme ich gerade her; *une voiture s'arrêta* ***et un homme ~ descendit*** und ein Mann stieg aus; *st/s* dem ein Mann entstieg; ***s'~ aller*** (weg-, fort) gehen **2** *se rapportant à une chose* davon (*ou* darüber, daran *etc selon la rection des verbes en allemand*); *se rapportant à un être vivant* von ihm *ou* ihr *ou* ihnen; *vous avez vu ce film?* ***tout le monde ~ parle*** alle sprechen davon; *il a réussi* ***et il ~ est fier*** und er ist stolz darauf; ***qu'~ dites-vous?*** was sagen Sie dazu?; ***vous pouvez ~ être sûr*** da *ou* dessen können Sie sicher sein; F ***on s'~ souviendra, de ce voyage*** an diese Reise werden wir noch lange denken **3** *génitif partitif* welchen, welche, welches, *pl* welche; davon; *souvent non traduit*; *pl st/s* deren; ihrer; *j'ai des bonbons*, ***est-ce que tu ~ veux?*** willst du welche *ou* davon?; *prenez des gâteaux*, ***il y ~ a encore*** es sind noch (welche) da; *avez-vous des frères?* ***j'~ ai deux*** ja, zwei; ***les journaux ~ sont pleins*** die Zeitungen sind voll davon; *connaissez-vous des philatélistes?* ***moi, j'~ connais beaucoup*** ich kenne (*st/s ou iron* deren) viele; ♦ *sans antécédent*: ***il y ~ a*** *ou* ***il ~ est qui disent …*** es gibt welche *ou* es gibt Leute, die sagen …; manche sagen …; ***elle ~ aime un autre*** sie liebt e-n anderen **4** *possession* sein(e) *ou* ihr(e); *st/s* dessen *ou* deren; *c'est une belle maison*, ***qui ~ est le propriétaire?*** wer ist sein *ou* der Besitzer? **5** *cause* deswegen; deshalb; darum; *j'étais si pressé* ***que j'~ ai oublié*** *de réclamer ma monnaie* … dass ich darüber vergessen habe …; ***son succès n'~ est que plus impressionnant*** sein Erfolg ist deshalb umso *ou* desto eindrucksvoller **6** *dans des locutions verbales souvent non traduit*: ***ne pas ~ croire ses oreilles*** s-n Ohren nicht trauen; → *les verbes correspondants*

ENA [ena] *f abr* (*École nationale d'administration*) *Elitehochschule zur Ausbildung des Nachwuchses für hohe Staatsämter*

énamourer [enamuʀe] *ou* **enamourer** [ɑ̃namuʀe] *v/pr litt ou iron* ***s'énamourer*** *ou* ***s'enamourer de qn*** in Liebe zu j-m entflammen, entbrennen

énarque [enaʀk] *m,f* Absolvent(in) *m(f)*, ehemaliger Schüler, ehemalige Schülerin der ENA

encablure [ɑ̃kablyʀ] *f* MAR Kabel-, Taulänge *f*; *par ext* ***à quelques ~s de là*** nicht weit (davon) weg

encadré [ɑ̃kadʀe] *m dans un journal etc* Kasten *m*

encadrement [ɑ̃kadʀəmɑ̃] *m* **1** *d'un tableau etc* (Ein)Rahmen *n*; Einrahmung *f* (*a résultat*) **2** *d'une porte, d'une fenêtre* Einfassung *f*; Rahmen *m*; ***apparaître dans l'~ de la porte*** (plötzlich) in der Tür stehen, auftauchen **3** MIL Kader *m* **4** *par ext* Betreuungspersonal *n*; Betreuer *m/pl*

encadrer [ɑ̃kadʀe] **I** *v/t* **1 a)** *tableau, miroir* (ein)rahmen; ***faire ~*** rahmen lassen; **b)** *article, annonce* umranden; einkasteln; ***~ de*** *ou* ***en noir, rouge*** schwarz, rot umranden; *adjt* ***encadré de noir*** *a* mit Trauerrand **2** *fig cheveux*: *visage, montagnes*: *paysage* einrahmen; umrahmen; einfassen; ***~ qn*** j-n flankieren, einrahmen **3** MIL e-m Kader unterstellen **4** *par ext jeunes, visiteurs etc* betreuen; ***être encadré par qn*** j-m unterstellt sein **5** F *fig* → ***encaisser*** *I 3* **II** *v/pr* ***s'~ dans la porte*** in der Tür auftauchen

encadreur [ɑ̃kadʀœʀ] *m* **1** *artisan* Bildereinrahmer *m* **2** *entreprise* Bilderrahmengeschäft *n*; Fachgeschäft *n* für Einrahmungen

encager [ɑ̃kaʒe] *v/t* ⟨**-geons**⟩ in e-n Käfig sperren

encaissable [ɑ̃kɛsabl] *adj somme* einziehbar; einzuziehen(d); *chèque etc* einlösbar

encaisse [ɑ̃kɛs] *f* COMM, FIN Kassenbestand *m*; ***~ or*** Goldbestand *m*

encaissé [ɑ̃kese] *adj rivière etc* tief (ins Gestein) eingeschnitten; ***gorge ~e*** tiefe *ou* enge Felsschlucht; ***rue ~e*** Straßenschlucht *f*; ***vallée ~e*** tief eingeschnittenes Tal; Engtal *n*

encaissement [ɑ̃kɛsmɑ̃] *m* **1** COMM, FIN (Ein)Kassieren *n*; Einziehung *f*; Einzug *m*; Inkasso *n*; *d'un* *chèque, d'un bon* Einlösung *f*; ***remettre un chèque à l'~*** e-n Scheck zum Inkasso vorlegen **2** *d'une vallée etc* Einengung *f*

encaisser [ãkese] **I** *v/t* **1** COMM, FIN einziehen; (ein)kassieren; vereinnahmen; ***~ un chèque*** einen Scheck einlösen; ***~ le loyer*** die Miete einziehen **2** F *fig* SPORTS, *coups, injures, défaite, reproches* einstecken, hinnehmen (müssen); *coups a* kassieren; ***~ tout*** sich (*dat*) alles gefallen lassen; *abs boxeur* ***~ bien*** hart im Nehmen sein; *par ext* ***savoir ~*** einiges einstecken, hinnehmen können; F hart im Nehmen sein **3** F *fig* ***ne pas pouvoir ~ qn*** j-n nicht ausstehen, F riechen können **4** *montagnes: vallée* einengen; einschließen **II** *v/pr* ***s'~*** *vallée, route* eng werden; *fleuve* sich (tief) einschneiden

encaisseur [ãkɛsœʀ] *m* Inkassobeauftragte(r) *m*; Einkassierer *m*; Kassenbote *m*

encan [ãkã] *loc/adv* ***vendre qc à l'~*** etw versteigern; *fig* ***mettre à l'~*** meistbietend verkaufen

encanailler [ãkanaje] *v/pr* ***s'~*** sich mit den unteren Schichten des Volkes gemeinmachen

encapuchonné [ãkapyʃɔne] *adj* (ein)gehüllt, eingemummt (***dans une couverture*** in e-e Decke)

encart [ãkaʀ] *m* (eingeheftete) Beilage; ***~ publicitaire*** eingeheftete Werbeseiten *f/pl*; Werbebeilage *f*

encarter [ãkaʀte] *v/t* **1** TYPO *prospectus etc* einheften; *par ext* einlegen; beilegen (***dans un journal*** e-r Zeitung [*dat*]) **2** *épingles* einbriefen; *boutons* auf Karton befestigen

en-cas *ou* **encas** [ãka] *m* ⟨*inv*⟩ CUIS kalter Imbiss; kleine, kalte Mahlzeit

encastrable [ãkastʀabl] *m* Einbauelement *n*, -möbel *n*

encastrement [ãkastʀəmã] *m* TECH Einbau *m*; Einpassen *n*; Einfügen *n*; Einlassen *n*

encastrer [ãkastʀe] **I** *v/t* TECH einbauen, einpassen, einfügen, einlassen (***dans*** in *+acc*); *adjt* ***encastré dans un mur*** in e-e Mauer, Wand eingelassen **II** *v/pr* ***s'~*** **1** sich einfügen; (genau) passen; eingelassen sein **2** *fig voiture* ***s'~ sous un camion*** sich unter e-n Lastwagen schieben

encaustique [ãkɔstik] *f* (Bohner)Wachs *n*; (Möbel)Politur *f*; ***passer à l'~*** mit Politur behandeln; polieren

encaustiquer [ãkɔstike] *v/t parquet* (ein)wachsen; bohnern; *meuble* polieren

enceinte[1] [ãsɛ̃t] *adj f* schwanger; ***femme ~*** *souvent* Schwangere *f*; ***être ~ de quatre mois*** im fünften Monat (schwanger) sein; ***être ~ de qn*** von j-m schwanger sein; ***elle est ~ de son troisième enfant*** sie ist mit ihrem dritten Kind schwanger; ***mettre ~*** schwängern

enceinte[2] [ãsɛ̃t] *f* **1** **a)** FORTIF Ring-, Umfassungsmauer *f*; *d'une ville* Stadtmauer *f*; ***~ fortifiée*** Festungs-, Befestigungsgürtel *m*; **b)** *par ext* Umfried(ig)ung *f*; Einfried(ig)ung *f* **2** (*espace clos*) abgeschlossener Bereich, Raum; ***~ d'un tribunal*** Gerichtssaal *m*; ***dans l'~ de la ville*** auf dem Stadtgebiet; ***pénétrer dans l'~ de l'établissement*** in den Anstaltsbereich eindringen **3** *pour stéréo* ***~ (acoustique)*** (Lautsprecher)Box *f*; Lautsprechergruppe *f* **4** NUCL ***~ de confinement*** Sicherheitsbehälter *m*

encens [ãsã] *m* Weihrauch *m*; ***bâtons*** *m/pl* ***d'~*** Räucherstäbchen *n/pl*; ***brûler de l'~*** Weihrauch ver-, abbrennen

encensement [ãsãsmã] *m* REL Beräucherung *f*; Inzensation *f*

encenser [ãsãse] *v/t* **1** REL (mit Weihrauch) beräuchern **2** *fig* ***~ qn*** j-n beweihräuchern

encensoir [ãsãswaʀ] *m* (Weih)Rauchfass *n*; Räuchergefäß *n*; F *fig* ***manier l'~, donner des coups d'~*** Weihrauch streuen; lobhudeln

encéphale [ãsefal] *m* ANAT Gehirn *n*; *sc* Zerebrum *n*

encéphalite *f* MÉD Gehirnentzündung *f*; *sc* Enzephalitis *f*

encéphalogramme [ãsefalɔgʀam] *m* MÉD Enzephalogramm *n*

encéphalopathie [ãsefalɔpati] *f* MÉD Enzephalopathie *f*

encerclement [ãsɛʀkləmã] *m* Einkreisung *f*; Umzingelung *f*; MIL *a* Einschließung *f*; Einkesselung *f*; Umklammerung *f*

encercler [ãsɛʀkle] *v/t* einkreisen; umzingeln; MIL *a* einschließen; einkesseln; umklammern; umfassen

enchaîné [ãʃene] *m* CIN ***~*** *ou adjt* ***fondu ~*** Überblendung *f*

enchaînement [ãʃɛnmã] *m* **1** *d'idées, de phrases, de paragraphes* Verbindung *f*; Verknüpfung *f*; *de circonstances, d'événements* Verkettung *f*; *d'heures, d'années* Aufeinanderfolge *f*; Abfolge *f*; MUS Verbindung *f*; Aufeinanderfolge *f*; ***~ des idées*** Gedankenverbindung *f*, -kette *f*; ***l'~ de la violence*** die Spirale der Gewalt; ***par un ~ de circonstances malheureuses*** durch e-e Verkettung unglücklicher Umstände **2** *dans un spectacle etc* Überleitung *f*; verbindender Text

enchaîner [ãʃene] **I** *v/t* **1** *prisonnier* in Ketten legen; anketten (*a chien*) **2** *fig* **a)** ***~ qn à qc*** j-n an etw (*acc*) binden, ketten; **b)** *peuple* unterjochen; unterdrücken; *presse* an die Kandare nehmen; gleichschalten **3** *idées, parties d'un discours etc* verbinden; verknüpfen; aneinanderreihen; *adjt* MÉTRIQUE ***rimes enchaînées*** Kettenreime *m/pl* **II** *v/i dans la conversation* (rasch) fortfahren (***sur qc*** mit etw); die Gesprächspause überbrücken; THÉ den Dialog wieder aufnehmen; CIN überblenden **III** *v/pr* ***s'~*** *épisodes, parties d'un discours etc* ineinandergreifen; sich ineinanderfügen; miteinander verknüpft, verbunden, verkettet sein

enchanté [ãʃãte] *adj* **1** (*magique*) verzaubert; Zauber…; *Mozart* ***La Flûte ~e*** Die Zauberflöte; ***monde ~*** Zauber-, Wunderwelt *f* **2** *fig* **a)** ***être ~*** begeistert, entzückt sein (***de qc, qn*** von etw, j-m); hocherfreut, sehr froh sein (***de voir que …*** dass …); **b)** *lors de présentations* ***~ de faire votre connaissance*** sehr erfreut, Sie kennenzulernen; ich freue mich, Ihre Bekanntschaft zu machen; *elliptiquement* ***~!*** sehr erfreut!; (sehr) angenehm!

enchantement [ãʃãtmã] *m* Zauber *m*, Ver-, Bezauberung *f* (*a fig*); *fig a* Entzücken *n*; Wonne *f*; *loc/adv* ***comme par ~*** wie durch e-n Zauberschlag; wie durch ein Wunder; urplötzlich; *les douleurs* ***ont disparu comme par ~*** sind wie weggeblasen; *par ext* ***ce spectacle est un véritable ~*** das ist ein bezaubernder, zauberhafter, entzückender Anblick

enchanter [ãʃãte] *v/t surtout fig* ver-, bezaubern; *fig a* entzücken; begeistern; ***cela ne m'enchante guère*** ich bin davon nicht sehr begeistert, angetan

enchanteur [ãʃãtœʀ], **enchanteresse** [ãʃãtʀɛs] **I**

subst **1** *m,f* Zauberer *m*, Zauberin *f* **2** *m fig* Charmeur *m* **II** *adj* zauberhaft; bezaubernd; entzückend; *st/s* berückend
enchâssement [ɑ̃ʃɑsmɑ̃] *m* **a)** *de pierres précieuses* Fassen *n*; Fassung *f* (*a résultat*); **b)** *par ext* Einsetzen *n*, -passen *n*
enchâsser [ɑ̃ʃɑse] *v/t* **a)** *pierres précieuses* fassen (***dans l'or*** in Gold); **b)** *par ext* einsetzen, -passen (***dans*** in *+acc*)
enchère [ɑ̃ʃɛʀ] *f* **1** (*offre*) (Mehr)Gebot *n*; (höheres) Angebot; ***la plus forte ~*** das Höchst-, Meistgebot; ***~ minimum*** Mindestgebot *n*; ***couvrir une ~*** ein Angebot überbieten; ein höheres Angebot machen; ***faire une ~*** bieten; ein (An)Gebot machen **2** ***vente f aux ~s*** Versteigerung *f*; Auktion *f*; ***acheter qc à une vente aux ~s*** etw bei *ou* auf e-r Versteigerung, Auktion erstehen, kaufen; etw ersteigern; ***mettre qc aux ~s*** etw versteigern (lassen); etw zur Versteigerung bringen; ***vendre qc aux ~s*** etw versteigern, meistbietend verkaufen; etw verauktionieren; *lors d'une adjudication a* etw unter den Hammer bringen; ***être vendu aux ~s*** zur Versteigerung kommen; *a* unter den Hammer kommen **3** BRIDGE Bieten *n*; Reizen *n*
enchérir [ɑ̃ʃeʀiʀ] *v/t/indir* ***~ sur qn, sur une offre*** j-n, ein (An)Gebot überbieten; mehr bieten als j; *abs* ein höheres Angebot abgeben, machen
enchérisseur [ɑ̃ʃeʀisœʀ] *m* Bieter *m*; Steigerer *m*; ***le dernier ~*** der Meistbietende
enchevêtrement [ɑ̃ʃ(ə)vɛtʀəmɑ̃] *m* **1** *de branches, de fils, de ruelles* Gewirr *n*; (wirres) Durcheinander **2** *fig* Knäuel *m ou n*; Durcheinander *n*; *de circonstances etc* Verwicklung *f*; Verwirrung *f*; Komplikation *f*; *d'une intrigue a* Verflechtung *f*
enchevêtrer [ɑ̃ʃ(ə)vetʀe] **I** *v/t fils, pelote etc, fig* verwirren; verwickeln; durcheinanderbringen; *fils etc a* verschlingen; F verfitzen; *tôles etc* ineinander verkeilen; *intrigue a* komplizieren; verschachteln **II** *v/pr* ***s'~*** *branches, lierre etc* wild durcheinanderwachsen; ein dichtes Gewirr bilden; *fils etc, fig* sich verwirren, verwickeln, verfangen; durcheinandergeraten; *personne* ***s'~ dans qc*** sich in etw (*dat*) verwickeln, verfangen
enchifrené [ɑ̃ʃifʀəne] *adj* ***être ~*** e-n Stockschnupfen haben
enclave [ɑ̃klav] *f* **1** JUR, POL Enklave *f* **2** *terrain* von fremdem Gebiet umschlossenes Grundstück **3** GÉOL Einsprengsel *n*
enclavement [ɑ̃klavmɑ̃] *m* Einschluss *m*; Eingeschlossensein *n*
enclaver [ɑ̃klave] *v/t* **1** *territoire* einschließen; umschließen; ***être enclavé dans*** e-e Enklave bilden, sein in (*+dat*) **2** (*encastrer*) einpassen, -fügen
enclenchement [ɑ̃klɑ̃ʃmɑ̃] *m* TECH Einrücken *n*; Einklinken *n*; Einrasten *n*; Einschalten *n*
enclencher [ɑ̃klɑ̃ʃe] **I** *v/t* **1** TECH einklinken; einrücken; *vitesse* einschalten **2** *fig* in Gang bringen; ***une fois l'affaire enclenchée ...*** wenn die Sache einmal angelaufen, in Gang gekommen ist ... **II** *v/pr* ***s'~*** TECH einklinken; einrasten
enclin [ɑ̃klɛ̃] *adj* ***~ à qc*** zu etw neigend; ***être ~ à l'exagération*** zu Übertreibungen neigen; e-n Hang, e-e Neigung zu Übertreibungen haben; ***être ~ à pardonner qc*** geneigt sein, dazu neigen, etw zu verzeihen
enclore [ɑ̃klɔʀ] *v/t* ⟨→ **clore**⟩ *st/s* einfrieden; umfrieden
enclos [ɑ̃klo] *m* **1** *terrain* eingezäuntes, eingefriedetes Grundstück, Stück Land; *pour le bétail* eingezäunte Weide; Koppel *f* **2** (*clôture*) Einfriedung *f*; Umzäunung *f*
enclume [ɑ̃klym] *f* TECH Amboss *m* (*a* ANAT); *fig* ***être, se trouver entre l'~ et le marteau*** zwischen Hammer und Amboss geraten (sein)
encoche [ɑ̃kɔʃ] *f* Kerbe *f*; Ein-, Auskerbung *f*; Einschnitt *m* (*a d'un répertoire*)
encocher [ɑ̃kɔʃe] *v/t* **1** (ein-, aus)kerben **2** *flèche* auflegen
encodage [ɑ̃kɔdaʒ] *m* INFORM Kodieren *n*, -ung *f* **encoder** *v/t* kodieren **encodeur** *m* Kodierer *m*
encoignure [ɑ̃kɔɲyʀ, -kwa-] *f* Ecke *f*; Winkel *m*
encollage [ɑ̃kɔlaʒ] *m* TECH Leimen *n*, -ung *f*; Gummieren *n*, -ung *f*; TEXT Schlichten *n* **encoller** *v/t* TECH, *dos d'un livre* leimen; *enveloppes* gummieren; TEXT schlichten; *papier peint* einkleistern; *bois* verleimen **encolleuse** *f* TECH Leim-, Klebemaschine *f*; TEXT Schlichtmaschine *f*
encolure [ɑ̃kɔlyʀ] *f* **1** **a)** *surtout des chevaux* Hals *m*; **b)** HIPPISME Halslänge *f*; ***gagner d'une ~*** mit e-r Halslänge (Vorsprung) gewinnen **2** COUT **a)** (*tour de cou*) Hals-, Kragenweite *f*; **b)** *d'un vêtement* (Hals)Ausschnitt *m*
encombrant [ɑ̃kõbʀɑ̃] **I** *adj* **1** *paquet* sperrig; unhandlich; *meuble* sperrig; platzraubend; ***peu ~*** handlich; ***marchandises ~es*** Sperrgut *n*; sperrige Güter *n/pl* **2** *fig personne, présence* störend; lästig; ***passé ~*** belastende Vergangenheit **II** *m/pl* ***~s*** Sperrmüll *m*
encombre [ɑ̃kõbʀ] *loc/adv* ***sans ~*** unbehindert; glatt; ohne Zwischenfälle, Schwierigkeiten
encombrement [ɑ̃kõbʀəmɑ̃] *m* **1** *surtout pl* ***~s*** *de véhicules* Verkehrsstaus *m/pl*, -stockungen *f/pl*, -gewühl *n*, -getriebe *n*; *de personnes* (Menschen)Gewühl *n*; Gedränge *n* **2** *de marchandises* Überangebot *n*; *dans une profession* Überfüllung *f*; TÉL Überlastung *f*; ***~ du marché*** Marktüberfüllung *f*, -schwemme *f* **3** (*dimensions*) Abmessungen *f/pl*; *loc/adj* ***de faible ~*** platzsparend
encombrer [ɑ̃kõbʀe] **I** *v/t* **1** *route, couloir etc* versperren; *rue a* verstopfen; *table etc* überhäufen (***de livres*** mit Büchern); ***~ le passage*** *a* im Weg sein, stehen; *adjt* ***rue encombrée*** verstopfte Straße **2** *par ext marchandises: le marché etc* überfüllen; *adjt* ***encombré*** *profession* überlaufen; überfüllt; *ligne téléphonique* überlastet **II** *v/pr* ***s'~*** **1** sich belasten (***de qc, qn*** mit etw, j-m); ***s'~ de bagages*** *a* sich mit Gepäck abschleppen **2** *fig* sich belasten (***de scrupules*** *etc* mit Skrupeln *etc*); ***s'~ la mémoire*** sein Gedächtnis belasten
encontre [ɑ̃kõtʀ] *loc/prép* ***à l'~ de*** im Gegensatz zu; entgegen (*+dat*); ***aller à l'~ de qc*** im Gegensatz zu etw stehen; e-r Sache (*dat*) zuwiderlaufen
encor [ɑ̃kɔʀ] *adv poét* → ***encore***
encorbellement [ɑ̃kɔʀbɛlmɑ̃] *m* ARCH Auskragung *f*; Überhang *m*; Erker *m*; *loc/adj* ***en ~*** auskragend; ***balcon*** *m* ***en ~*** ausgekragter Balkon; ***maison*** *f* ***en ~*** Haus *n* mit vorspringenden Stockwerken
encorder [ɑ̃kɔʀde] *v/pr* ***s'~*** sich anseilen
encore [ɑ̃kɔʀ] **I** *adv* **1** *temporel* noch; immer noch; *êtes-vous prêt? - **pas ~!*** noch nicht!; ***c'est ~ l'hiver*** es

E

ist (immer) noch Winter; ***on en parlera ~ dans dix ans*** man wird noch in zehn Jahren davon sprechen; ***on en rit ~*** man lacht noch heute *ou* heute noch darüber; ***je ne l'avais ~ jamais vu*** ich hatte ihn noch nie gesehen **2** *(de nouveau)* wieder; nochmals; F noch mal; *int* **~!** schon wieder!; ***~ vous?*** Sie sind's schon wieder, noch mal?; ***~ une fois*** noch einmal; noch- mals; ***qu'est-ce qui se passe ~?*** was ist denn jetzt (schon) wieder los?; ***prenez ~ du gâteau*** nehmen Sie doch noch Kuchen! **3** *pour renforcer* **a)** *devant comp* noch; ***parlez ~ plus bas*** sprechen Sie noch leiser!; **b)** ***non seulement ... mais ~ ...*** nicht nur ... sondern auch, überdies, obendrein, außerdem (auch) noch ... **4** *restrictif* **a)** ***si ~ ...*** wenn wenigstens ...; ***si ~ il s'était excusé!*** wenn er sich wenigstens entschuldigt hätte!; **b)** *on vous en donnera tout juste cent euros,* ***et ~!*** höchstens!; und vielleicht (noch) nicht mal das!; **c)** *ce n'est pas loin,* ***~ faut-il connaître le chemin*** man muss allerdings, freilich den Weg kennen **5** *(en plus)* noch (mehr); noch dazu; ***et puis quoi ~?*** (und) was denn noch alles?; ***qu'est-ce qu'il y a ~?*** was gibt's denn jetzt noch?; *nous vous donnerons certains avantages -* ***mais ~?*** (und) darf ich fragen, welche? **II** *loc/conj litt* ***~ que*** (*+subj*) obschon; obgleich; obwohl

encorner [ɑ̃kɔʀne] *v/t* auf die Hörner nehmen; mit den Hörnern verletzen

encornet [ɑ̃kɔʀnɛ] *m* ZO Gemeiner Kalmar; Loligo *m*

encourageant [ɑ̃kuʀaʒɑ̃] *adj* ermutigend; er-, aufmunternd

encouragement [ɑ̃kuʀaʒmɑ̃] *m* **1** Ermutigung *f*; Er-, Aufmunterung *f*; Zuspruch *m*; ***cris*** *m/pl* ***d'~*** aufmunternde Rufe *m/pl*; ***parole*** *f* ***d'~*** Wort *n* der Ermutigung; aufmunterndes Wort **2** *de projets, de talents etc* Förderung *f*; Unterstützung *f*; ***mériter des ~s*** förderungswürdig sein **3** ÉCOLE ***~s*** *pl* Belobigung *f*; Lob *n*

encourager [ɑ̃kuʀaʒe] *v/t* ⟨**-geons**⟩ **1** ***~ qn*** j-n ermutigen; j-m Mut machen, zusprechen; SPORTS j-n anfeuern; ***~ qn à (faire) qc*** j-n zu etw ermutigen, ermuntern; j-m zu etw zureden, Mut machen; j-n in etw (*dat*) bestärken, unterstützen; *à mal faire* j-n zu etw verleiten, aufstacheln; ***~ qn à partir*** j-m zureden zu gehen; ***~ qn à persévérer*** j-n darin bestärken auszuharren; ***~ qn dans ses mauvaises habitudes*** j-n in s-n schlechten Gewohnheiten (noch) bestärken **2** *artiste, talent, industrie, projet etc* fördern; unterstützen; *économie, production a* ankurbeln; anregen

encourir [ɑ̃kuʀiʀ] *v/t* ⟨→ **courir**⟩ ***~ qc*** mit etw rechnen müssen; *st/s* etw zu gewärtigen haben; *blâme, punition, colère de qn a* sich (*dat*) etw zuziehen; ***~ une peine*** sich strafbar machen

encrage [ɑ̃kʀaʒ] *m* TYPO Einfärben *n*

encrassement [ɑ̃kʀasmɑ̃] *m* Verschmutzung *f*; Verunreinigung *f*; *par la suie* Verrußen *n*

encrasser [ɑ̃kʀase] **I** *v/t* verschmutzen; verunreinigen; F verdrecken; *adjt:* ***encrassé*** *cheminée,* AUTO *bougie* verrußt **II** *v/pr* ***s'~*** *moteur, arme etc* verschmutzen; dreckig, schmutzig werden; F verdrecken; AUTO *bougie* verrußen

encre [ɑ̃kʀ] *f* **1** Tinte *f*; ***~ à tampon*** Stempelfarbe *f*; ***gomme*** *f* ***à ~*** Tintengummi *m*; ***écrire à l'~*** mit Tinte schreiben; *fig* ***cette affaire a fait couler beaucoup d'~*** darüber ist schon viel Tinte verspritzt *ou* verschwendet worden, geflossen; *fig* ***il faisait une nuit d'~*** es war e-e raben-, pechschwarze Nacht **2** ***~ d'imprimerie*** Druckerschwärze *f*; Druckfarbe *f* **3** ***~ de Chine*** Tusche *f*

encrer [ɑ̃kʀe] *v/t* TYPO einfärben; schwärzen; Druckfarbe *ou* Druckerschwärze auftragen auf (*+acc*)

encreur [ɑ̃kʀœʀ] *adj* ⟨*m*⟩ ***tampon ~*** Stempelkissen *n*

encrier [ɑ̃kʀije] *m* Tintenfass *n*

encroûté [ɑ̃kʀute] *adj* **1** krustig; verkrustet **2** *fig* ***être ~*** verknöchert, verkalkt, abgestumpft sein; ***être ~ dans ses habitudes, préjugés*** in s-n Gewohnheiten, Vorurteilen festgefahren sein

encroûtement [ɑ̃kʀutmɑ̃] *m* **1** Verkrustung *f* **2** *fig* Verknöcherung *f*; Verkalkung *f*; Festgefahrensein *n* (***dans*** in *+dat*)

encroûter [ɑ̃kʀute] **I** *v/t* **1** mit e-r Kruste überziehen **2** *fig* verknöchern, abstumpfen lassen **II** *v/pr* ***s'~*** *fig* verknöchern; verkalken; abstumpfen; festgefahren sein (***dans*** in *+dat*)

enculé [ɑ̃kyle] *m injure* Arschloch *n*

enculer [ɑ̃kyle] *v/t injure* ***va te faire ~!*** P verpiss dich!; P ***se faire ~*** F reingelegt werden

enculeur [ɑ̃kylœʀ] *m* P ***~ de mouches*** P Korinthenkacker *m*

encyclique [ɑ̃siklik] *f* ÉGL CATH Enzyklika *f*

encyclopédie [ɑ̃siklɔpedi] *f* Enzyklopädie *f*; Konversationslexikon *n*; *pour un domaine donné* Reallexikon *n*; Sachwörterbuch *n*; *a* Handbuch *n*; ***l'Encyclopédie*** *die große französische Enzyklopädie von Diderot und d'Alembert*; *fig* ***c'est une ~ vivante*** er *ou* sie ist ein wandelndes Lexikon, F ein gelehrtes Haus

encyclopédique [ɑ̃siklɔpedik] *adj* enzyklopädisch; ***dictionnaire*** *m* ***~*** Lexikon *n*; Enzyklopädie *f*; *par ext* ***avoir des connaissances ~s*** ein enzyklopädisches, umfassendes Wissen haben

encyclopédiste [ɑ̃siklɔpedist] *m* **1** *au XVIIIe siècle* ***les ~s*** die Enzyklopädisten *m/pl* **2** Verfasser *m* e-r, Mitarbeiter *m* an e-r Enzyklopädie

endémie [ɑ̃demi] *f* MÉD Endemie *f*

endémique [ɑ̃demik] *adj* **1** MÉD endemisch **2** *fig* ständig; dauernd; ***chômage*** *m* ***~*** ständige Arbeitslosigkeit

endetté [ɑ̃dete] *adj* verschuldet (***de dix mille euros*** mit zehntausend Euro)

endettement [ɑ̃dɛtmɑ̃] *m* Verschuldung *f*

endetter [ɑ̃dete] *v/pr* ***s'~*** sich verschulden; Schulden machen

endeuiller [ɑ̃dœje] *v/t* in Trauer versetzen; *manifestation etc* ***être endeuillé par qc*** von etw überschattet sein *ou* werden

endiablé [ɑ̃djable] *adj* **1** ***enfant ~*** kleiner Teufel; Wildfang *m* **2** *course* wild; *rythme* wild; toll; leidenschaftlich

endiguement [ɑ̃digmɑ̃] *m d'un fleuve etc* Eindämmen *n*, -ung *f*; Eindeichen *n*, -ung *f*; *de terres* Eindeichen *n*, -ung *f*

endiguer [ɑ̃dige] *v/t* **1** *fleuve etc* eindämmen; eindeichen; *terres* eindeichen **2** *fig* hemmen; aufhalten; *revendications etc* in Grenzen halten; eindämmen; ***~ une foule*** eine Menschenmenge aufhalten, zurückdrängen; ***~ le progrès*** den Fortschritt hemmen, aufhalten

endimancher [ɑ̃dimɑ̃ʃe] *v/pr* ***s'~*** s-e Sonntagskleider anziehen; sich festlich kleiden; *adjt* **endimanché** festlich, sonntäglich gekleidet; im Sonntagsstaat

endive [ɑ̃div] *f* BOT, CUIS Chicorée *f ou m*

endocrine [ɑ̃dɔkʀin] *adj* PHYSIOL ***glandes** f/pl* **~s** endokrine, innersekretorische Drüsen *f/pl*

endocrinien [ɑ̃dɔkʀinjɛ̃] *adj* ⟨**~ne**⟩ PHYSIOL endokrin; der innersekretorischen Drüsen

endoctrinement [ɑ̃dɔktʀinmɑ̃] *m péj* Indoktrinierung *f*; Indoktrination *f*; ideologische Beeinflussung **endoctriner** *v/t péj* indoktrinieren; ideologisch beeinflussen

endogamie [ɑ̃dɔgami] *f* Endogamie *f*

endogène [ɑ̃dɔʒɛn] *adj* BOT, PHYSIOL, GÉOL endogen

endolori [ɑ̃dɔlɔʀi] *adj* schmerzend; ***j'ai le bras ~*** der Arm tut mir weh; ich habe Schmerzen im Arm

endommagement [ɑ̃dɔmaʒmɑ̃] *m* Beschädigung *f*

endommager [ɑ̃dɔmaʒe] *v/t* ⟨**-geons**⟩ beschädigen; *fig réputation* schädigen; schaden (+*dat*); *grêle etc* **~ *les récoltes*** der Ernte schaden; *adjt* ***endommagé*** beschädigt

endormant [ɑ̃dɔʀmɑ̃] *adj paroles, bruits* einschläfernd; *par ext discours, orateur* zum Einschlafen (langweilig)

endormi [ɑ̃dɔʀmi] *adj* **1** *personne, animal* schlafend; ***être encore tout ~*** noch ganz schläfrig, verschlafen, *st/s* schlaftrunken sein; ***être à moitié ~*** fast, (schon) halb schlafen; halb eingeschlafen sein **2** *fig personne* verschlafen; schläfrig; lahm; träge; F schlafmützig; *esprit, intelligence* träge; *subst* ***quel(le) ~(e)*** ! F *péj* so e-e Schlafmütze!

endormir [ɑ̃dɔʀmiʀ] ⟨→ **dormir**⟩ **I** *v/t* **1** *enfant* einschläfern; einlullen; **~ *un enfant (en le berçant)*** ein Kind in den Schlaf wiegen; *chaleur, boisson etc* **~ *qn*** j-n müde, schläfrig machen; auf j-n einschläfernd wirken; *musique, bruit a* j-n einschläfern **2** (*anesthésier*) betäuben; e-e Narkose geben (***qn*** j-m); ***on m'a endormi*** ich habe e-e Narkose bekommen; ich bin betäubt worden **3** *fig livre, film etc* **~ *qn*** auf j-n einschläfernd wirken; ***ce livre, ce film m'endort*** *a* bei diesem Buch, Film schlafe ich ein **4** *fig les soupçons etc de qn* einschläfern; einlullen **II** *v/pr* ***s'~*** **1** einschlafen; in Schlaf versinken (*a litt nature, ville*); *st/s* einschlummern; ***avant de s'~*** vor dem Einschlafen; ***s'~ au volant*** am Steuer einschlafen **2** *fig* F ***ce n'est pas le moment de s'~!*** das ist nicht der richtige Augenblick, um zu schlafen!; ***s'~ sur ses lauriers*** (sich) auf s-n Lorbeeren ausruhen; ***s'~ sur son travail*** über s-r Arbeit einschlafen; mit s-r Arbeit nicht fertig werden **3** *st/s* (*mourir*) ***s'~ paisiblement*** *st/s* sanft entschlafen; hinüberschlummern

endormissement [ɑ̃dɔʀmismɑ̃] *m* PSYCH Einschlafen *n*

endoscope [ɑ̃dɔskɔp] *m* MÉD Endoskop *n* **endoscopie** *f* MÉD Endoskopie *f*

endossable [ɑ̃dosabl] *adj* FIN indossierbar; übertragbar; girierbar [ʒ-]

endossataire [ɑ̃dosatɛʀ] *m* FIN Indossat *m*; Indossatar *m*; Girat [ʒ-] *m*; Giratar [ʒ-] *m*

endossement [ɑ̃dosmɑ̃] *m* FIN Indossament *n*; Giro [ʒ-] *n*; Übertragungsvermerk *m*; Indosso *n*; **~ *en blanc*** Blankoindossament *n*, -giro *n*

endosser [ɑ̃dose] *v/t* **1** *vêtement* anziehen; überziehen; *uniforme* anlegen; *fig* **~ *la soutane*** Geistlicher werden **2** *fig responsabilité* auf sich (*acc*) nehmen; **~ *les conséquences, une erreur*** die Folgen, einen Fehler auf s-e Kappe nehmen; für die Folgen, einen Fehler geradestehen; ***faire ~ qc à qn*** j-n für etw geradestehen lassen; j-m etw aufbürden **3** FIN indossieren; girieren [ʒ-]

endosseur [ɑ̃dosœʀ] *m* FIN Indossant *m*; Girant [ʒ-] *m*

endroit [ɑ̃dʀwa] *m* **1** Stelle *f* (*a d'un livre, du corps etc*); Ort *m*; Platz *m*; *par ext* (*localité*) Ortschaft *f*; **~ *pittoresque*** malerischer Ort; malerisches Plätzchen; ***les paysans de l'~*** die hiesigen *ou* dortigen Bauern; *loc/adv*: ***à l'~ où*** an der Stelle, wo; ***à quel ~?*** an welcher Stelle?; ***rire au bon ~*** an der richtigen Stelle lachen; ***par ~s*** stellenweise; an manchen, einigen Stellen; *loc/prép st/s* ***à l'~ de qn*** j-m gegenüber; ***son attitude à mon ~*** s-e Haltung mir gegenüber; *fig* ***toucher qn à l'~ sensible*** j-n an s-r schwachen, empfindlichen Stelle treffen **2** *d'un tissu, d'un tapis* rechte Seite; Oberseite *f*; *d'une photo* Vorderseite *f*; *loc/adv* ***à l'~*** auf der rechten Seite; rechts; ***mettre sa chemise à l'~*** sein Hemd auf die rechte Seite drehen

enduire [ɑ̃dɥiʀ] ⟨→ **conduire**⟩ **I** *v/t* bestreichen, überstreichen (***qc de qc*** etw mit etw); CONSTR *mur* bewerfen, verputzen (***de ciment*** *etc* mit Zement *etc*); CUIS **~ *de beurre*** mit Butter bestreichen; **~ *de crème*** eincremen; **~ *de graisse*** (ein)fetten; F einschmieren **II** *v/pr* ***s'~ (le corps, la peau) de qc*** sich (*dat*) (den Körper, die Haut) mit etw einreiben

enduit [ɑ̃dɥi] *m* **1** CONSTR Putz *m*; Verputz *m*; Bewurf *m*; *à la chaux* Anstrich *m* **2** (*revêtement*) Belag *m*; Überzug *m*

endurable [ɑ̃dyʀabl] *adj* erträglich

endurance [ɑ̃dyʀɑ̃s] *f* Ausdauer *f* (*a* SPORTS); Widerstandskraft *f*; Widerstandsfähigkeit *f*; Zähigkeit *f*; Durchhaltevermögen *n*; AUTO ***épreuve** f* **d'~** Zuverlässigkeitsfahrt *f*

endurant [ɑ̃dyʀɑ̃] *adj* ausdauernd; zäh; widerstandsfähig

endurci [ɑ̃dyʀsi] *adj* **1** *physiquement* abgehärtet; gestählt; **~ *à la fatigue*** gegen Strapazen abgehärtet **2** *fig cœur* verhärtet; *pécheur* verstockt; *criminel* abgebrüht; hartgesotten; ***célibataire ~*** eingefleischter Junggeselle

endurcir [ɑ̃dyʀsiʀ] **I** *v/t* **1** *climat etc* **~ *qn*** j-n abhärten, widerstandsfähig, unempfindlich machen (***à, contre qc*** gegen etw); **~ *son corps*** s-n Körper abhärten, stählen **2** *fig métier etc* **~ *qn*** j-n hart machen; j-n abstumpfen; **~ *son cœur*** sein Herz verhärten **II** *v/pr* ***s'~*** **1** sich abhärten (***au froid*** *etc* gegen Kälte *etc*) **2** *fig* hart *ou* gleichgültig werden, abstumpfen (***à la misère*** gegenüber dem Elend)

endurcissement [ɑ̃dyʀsismɑ̃] *m* **1** Abhärtung *f* (***à la douleur*** gegen den Schmerz) **2** *fig* **a)** **~ (*au malheur*)** Abstumpfung *f* (gegen das Unglück); **b)** *du cœur* Verhärtung *f*; Verstocktheit *f*

endurer [ɑ̃dyʀe] *v/t* ertragen; aushalten; *carences, fatigues a* auf sich (*acc*) nehmen; *souffrances, martyre a* erdulden; *coups, injures* einstecken; hinnehmen; sich (*dat*) gefallen lassen; **~ *la faim, le froid*** den Hunger, die Kälte ertragen, aushalten

Énée [ene] *m* MYTH Äneas *m*

énergétique [enɛʀʒetik] **I** *adj* **a)** PHYS energetisch; Energie…; ***politique** f* **~** Energiepolitik *f*; ***ressour-***

E

ces *f/pl* **~*s*** Energiequellen *f/pl*; **b)** PHYSIOL ***aliment*** *m* **~** Energiespender *m*; ***valeur*** *f* **~** Nährwert *m* **II** *f* PHYS, PHILOS Energetik *f*

énergie [enɛʀʒi] *f* **1** PHYS Energie *f*; **~ *atomique, nucléaire*** Atom-, Kernenergie *f*, -kraft *f*; **~ *solaire*** Sonnenenergie *f*; ***source*** *f* ***d'~*** Energiequelle *f*; ***transport*** *m* ***de l'~*** Energieübertragung *f*, -transport *m* **2** *d'une personne* Energie *f*; Tatkraft *f*; *protester etc* ***avec*** **~** energisch; nachdrücklich; mit Nachdruck; ***être plein d'~*** energiegeladen, voll(er) Energie sein; ***être sans*** **~** energielos, ohne Energie sein; ***manquer d'~*** keine Energie haben; energielos sein; ***protester avec*** **~** energisch, nachdrücklich, mit Nachdruck protestieren

énergique [enɛʀʒik] *adj personne* energisch; tatkräftig; *visage, action* energisch; *protestation, invitation* nachdrücklich; *poignée de main a* kraftvoll; kräftig; ***style*** *m* **~** kraftvoller Stil; ***prendre une décision*** **~** rasch e-e klare Entscheidung treffen; ***prendre des mesures*** **~*s*** energische Maßnahmen ergreifen; energisch durchgreifen

énergisant [enɛʀʒizɑ̃] *adj* belebend; Energie spendend; *boisson* erfrischend

énergumène [enɛʀgymɛn] *m,f* verrückter Kerl; überspannte Person; ***bande*** *f* ***d'~s*** F Bande *f* von Wahnsinnigen

énervant [enɛʀvɑ̃] *adj* entnervend; nervenaufreibend; zermürbend; ***manie*** **~*e*** Manie, die auf die Nerven geht *ou* nervös macht; ***c'est*** **~** *a* das geht einem auf die Nerven; F das macht einen wahnsinnig; ***ce qu'il peut être ~!*** der kann einem vielleicht auf die Nerven gehen!

énervé [enɛʀve] *adj* aufgeregt; nervös; erregt

énervement [enɛʀvəmɑ̃] *m* Erregung *f*; Erregtheit *f*; Aufregung *f*; Nervosität *f*

énerver [enɛʀve] **I** *v/t attente, bruit etc* **~ *qn*** j-n nervös, F wahnsinnig machen; j-m auf die Nerven gehen; j-n entnerven; F j-m den Nerv töten; *attente a* j-n zermürben; ***tu m'énerves!*** du gehst mir auf die Nerven!; ***ça m'énerve de*** (*+inf*) *ou* ***que …*** (*+subj*) es macht mich nervös *etc* zu (*+inf*) *ou* dass … **II** *v/pr* ***s'~*** **1** sich auf-, erregen; nervös werden; ***ne t'énerve pas!*** reg dich nicht auf! **2** F (*se dépêcher*) F sich tummeln, ranhalten

enfance [ɑ̃fɑ̃s] *f* **1** Kindheit *f*; Kinderzeit *f*; Kinderjahre *n/pl*; Kindesalter *n*; ***petite*** **~** frühe Kindheit; frühes Kindesalter; ***souvenirs*** *m/pl* ***d'~*** Kindheitserinnerungen *f/pl*; ***dans mon*** **~** in, während meiner Kindheit; ***dès l'~*** von Kind an *ou* auf; von Kindheit an; von klein auf; von Kindesbeinen an; ***avoir eu une*** **~ *heureuse*** e-e glückliche Kindheit gehabt haben; *vieillard* ***retomber en*** **~** (wieder) kindisch werden; ***être sorti de l'~*** den Kinderschuhen entwachsen sein **2** *coll* Kinder *n/pl*; JUR **~ *délinquante*** straffällige Jugend *f*, Jugendliche *m/pl*; ***protection*** *f* ***de l'~*** Kinder-, Jugendschutz *m* **3** *fig* Anfänge *m/pl*; ***être encore dans l'~*** noch in den Kinderschuhen stecken; F ***c'est l'~ de l'art*** das ist kinderleicht; das gehört zu den einfachsten Dingen

enfant [ɑ̃fɑ̃] **I** *m* **1** Kind *n*; **~ *adoptif*** Adoptivkind *n*; MÉD **~ *bleu*** Blue Baby [bluːˈbeːbi] *n*; **~ *espiègle*** Schelm *m*; **~ *insupportable*** unausstehliches Kind; ***petit*** **~** kleines Kind; Klein(st)kind *n*; Kindchen *n*; **~*s à charge*** Kinder, für deren Unterhalt man aufkommen muss; unterhaltsberechtigte Kinder; **~ *de l'amour*** Kind der Liebe; ÉGL CATH **~ *de chœur*** Ministrant *m*; Chorknabe *m*; *fig* ***ce n'est pas un ~ de chœur*** er *ou* sie ist auch kein Unschuldslamm; ihm *ou* ihr kann man nichts vormachen; **~ *en nourrice*** Pflegekind *n*; ***jardin*** *m* ***d'~s*** Kindergarten *m*; ***lit*** *m* ***d'~*** Kinderbett *n*; JUR ***juge*** *m* ***pour ~s*** Jugendrichter *m*; JUR ***tribunal*** *m* ***pour ~s*** Jugendgericht *n*; ***couple*** *m* ***sans ~s*** kinderloses Ehepaar; *appellatif* ***alors, les ~s, vous êtes prêts?*** seid ihr fertig, Kinder?; ***abandonner un*** **~** ein Kind aussetzen; F *fig en parlant d'adultes* ***les ~s s'amusent!*** wie die Kinder!; ***attendre un*** **~** ein Kind erwarten; F ***il n'y a plus d'~s!*** diese Jugend!; ***elle va avoir un*** **~** sie bekommt, F kriegt ein Kind; *fig* ***c'est un (grand)*** **~** er *ou* sie ist ein (großes) Kind, *péj* ein (großer) Kindskopf; F ***faire un ~ à une femme*** F e-r Frau ein Kind machen; ***faire des ~s*** Kinder in die Welt setzen; *fig* ***faire l'~*** sich wie ein Kind, kindisch, albern aufführen, gebärden; ***ne fais pas l'~!*** sei nicht kindisch!; ***mettre un ~ au monde*** ein Kind zur Welt bringen; ***prendre qn pour un*** **~** j-n für naiv halten; ***traiter qn comme l'~ de la maison*** j-n wie(s)ein eigenes Kind behandeln; → *a* ***terrible*** *1* **2** *st/s d'un pays etc* ***les ~s de …*** die Söhne *m/pl* (und Töchter *f/pl*) (*+gén*) **II** *f* kleines, junges Mädchen; ***ma chère ~!*** mein liebes Kind!; ***pauvre ~!*** arme Kleine!; **~ *de Marie*** ÉGL CATH (junges) Mädchen, das Mitglied e-r Marianischen Jungfrauenkongregation ist; *fig* Unschuldslamm *n* **III** *adjt* **1** ***bon*** **~** ⟨*inv*⟩ gutmütig; gutartig; *ambiance* gemütlich; ***avoir l'air bon*** **~** gutmütig aussehen; ***être bon*** **~** *a* ein guter Kerl sein **2** ***étant*** **~** *ou* ***tout*** **~** als Kind; ***lorsque j'étais*** **~** als ich ein Kind war; als ich klein war

enfantement [ɑ̃fɑ̃tmɑ̃] *m* **1** *litt* (*accouchement*) *litt* Niederkunft *f* **2** *fig et st/s* Geburt *f*; Entstehung *f*; Hervorbringung *f*

enfanter [ɑ̃fɑ̃te] *v/t* **1** *litt* (*accoucher*) gebären; *litt* niederkommen (mit); BIBL ***tu enfanteras dans la douleur*** unter Mühen, Schmerzen sollst du Kinder gebären **2** *fig et st/s* gebären; hervorbringen; (er)zeugen

enfantillage [ɑ̃fɑ̃tijaʒ] *m* Kinderei *f*; Alberei *f*; **~*s pl*** *a* kindisches, albernes Zeug

enfantin [ɑ̃fɑ̃tɛ̃] *adj* **1** kindlich; Kinder…; kindhaft; ***âme*** **~*e*** kindliches Gemüt; ***chanson*** **~*e*** Kinderlied *n*; ***langage*** **~** Kindersprache *f*; ***visage*** **~** Kindergesicht *n*; kindliches Gesicht **2** (*facile*) kinderleicht; ***c'est d'une simplicité ~e*** das ist kinderleicht **3** *péj* (*puéril*) kindisch

enfant-soldat [ɑ̃fɑ̃sɔlda] *m* ⟨*pl* **enfants-soldats**⟩ Kindersoldat *m*

enfariné [ɑ̃faʀine] *adj* THÉ (*poudré*) (weiß) gepudert; F *fig* ***arriver le bec*** **~**, P ***la gueule ~e*** (ohne Grund, naiv) siegessicher, siegesgewiss auftreten

enfer [ɑ̃fɛʀ] *m* **1** REL *et fig* Hölle *f*; *juron* **~ *et damnation!*** Tod und Teufel!; hol's der Teufel!; *loc/adj* ***d'~*** a) Höllen…; höllisch; b) F super; toll; klasse; *fig* ***bruit*** *m*, ***feu*** *m* ***d'~*** Höllenlärm *m*, -feuer *n*; ***rouler à un train d'~*** F ein Höllentempo draufhaben; F ***il est d'~*** F er ist fantastisch, super; ***aller en*** **~** in die Hölle kommen; *fig* ***ma vie est un*** **~** mein Leben ist die Hölle (auf Erden); *prov* ***l'~ est pavé de bonnes intentions*** der Weg zur Hölle ist mit guten Vorsätzen gepflastert (*prov*) **2** MYTH **~*s pl*** Unterwelt *f*

enfermer [ɑ̃fɛʀme] **I** *v/t* **1** **~ *qn*** j-n einschließen, einsperren (***dans*** in *+acc ou dat*); ~ ***qc*** etw einschließen (***dans*** in *+acc ou dat*); etw wegschließen, verschließen; *par ext* ***faire ~ qn*** j-n in e-e (Heil)Anstalt bringen, sperren; F ***il est bon à ~!*** er gehört in e-e Anstalt; F er ist reif fürs Irrenhaus 2 SPORTS *l'adversaire* abdrängen II *v/pr* ***s'~*** 1 sich einschließen 2 *fig* ***s'~ dans une attitude*** sich auf e-e Haltung zurückziehen; ***s'~ dans le silence*** sich in Schweigen hüllen

enferrer [ɑ̃fɛʀe] *v/pr* ***s'~*** 1 sich in die Waffe s-s Gegners stürzen 2 *fig* sich (immer mehr) in Widersprüche verwickeln; ***s'~ dans ses mensonges*** sich in s-m eigenen Lügengewebe verfangen

enfiévrer [ɑ̃fjevʀe] ⟨-è-⟩ I *v/t fig* (leidenschaftlich) erregen, erhitzen; fiebern lassen; *adjt* ***enfiévré*** (leidenschaftlich) erregt, erhitzt II *v/pr* ***s'~*** sich erhitzen, erregen; sich begeistern, ereifern (***pour qc*** für etw)

enfilade [ɑ̃filad] *f* lange, gerade Reihe; *de maisons, de salles, de rues* Flucht *f*; ***~ de colonnes*** lange Säulenreihe, Reihe von Säulen; ***~ de maisons*** Häuserflucht *f*, -zeile *f*; ***en ~*** in e-r langen, geraden Reihe

enfiler [ɑ̃file] I *v/t* 1 *perles etc* auffädeln; auf-, anreihen; ***~ une aiguille*** e-e Nadel, den Faden einfädeln; ***~ des anneaux sur une tringle*** Ringe auf e-e Stange schieben; *fig* ***ne pas être là pour ~ des perles*** nicht da sein, um Händchen zu halten 2 *par ext* hineinzwängen, -stecken (***dans*** in *+acc*) 3 *vêtement* (sich) rasch überziehen, überstreifen; hineinschlüpfen in (*+acc*); ***~ une jupe*** *a* rasch in e-n Rock schlüpfen II *v/pr* ***s'~*** 1 F **a)** *une bière etc* hinunter-, F runterkippen, -gießen; *nourriture* verschlingen; sich (*dat*) einverleiben; F verputzen; sich (*dat*) reinziehen; **b)** ***s'~ tout le chemin à pied*** F den ganzen Weg tippeln (müssen); ***s'~ tout le travail*** (wohl oder übel) die ganze Arbeit allein machen 2 ***s'~ dans une rue*** rasch in e-e Straße einbiegen

enfin [ɑ̃fɛ̃] *adv* 1 (*à la fin*) endlich; schließlich; zuletzt; ***~!*** endlich!; ***~ seul!*** endlich allein!; ***il a ~ fini par trouver un appartement*** endlich, schließlich, zuletzt hat er doch noch e-e Wohnung gefunden; ***viens ~!*** komm endlich! 2 *conclusion* kurz; kurzum; kurz gesagt; mit einem Wort; *il y avait les oncles, les tantes, les cousins,* ***~ toute la famille*** kurz *etc*, die ganze Familie 3 *résignation* nun (ja); F sei's drum; ***~, s'il est heureux, c'est l'essentiel*** nun ja, Hauptsache, er ist glücklich; F sei's drum, wenn er nur glücklich ist; ***~, nous verrons*** nun, wir werden ja sehen 4 *restriction* das heißt; *il n'a pas d'enfants,* ***~, pas que je sache*** wenigstens soviel ich weiß; *elle est rousse,* ***~ presque rousse*** das heißt, fast rothaarig 5 *c'était à vous de décider,* ***car ~, vous êtes son père!*** schließlich sind Sie ja der Vater!

enflammé [ɑ̃flame] *adj* 1 *bûche, flambeau etc* brennend; *bûche a* glühend 2 MÉD entzündet 3 *fig discours etc* zündend; flammend; mitreißend; ***lettre ~e*** glühender Liebesbrief; ***regards ~s*** feurige, glühende, flammende Blicke *f/pl*

enflammer [ɑ̃flame] I *v/t* 1 *bois, papier, édifice etc* anzünden; in Brand setzen, stecken; anbrennen; anstecken 2 MÉD ***~ une blessure, la peau*** *etc* e-e Entzündung hervorrufen 3 *fig visage* röten; ***~ qn*** *orateur etc* j-n hin-, mitreißen, begeistern; j-s Leidenschaft entzünden, entfachen; *passion, haine* j-n durchglühen; in j-m brennen, lodern; *st/s* ***~ les cœurs*** die Herzen entflammen II *v/pr* ***s'~*** 1 *bois etc* sich entzünden; in Brand geraten; Feuer fangen 2 *fig* in Feuer, Leidenschaft geraten; Feuer fangen; entflammen, sich begeistern (***pour qc*** für etw); *regard* feurig, leidenschaftlich werden; *st/s* ***s'~ d'amour*** in Liebe entflammen, entbrennen

enflé [ɑ̃fle] *adj pieds, mains, yeux etc* (an) geschwollen; dick; *visage a* aufgeschwollen

enfler [ɑ̃fle] I *v/t pieds etc, fig voix* anschwellen lassen II *v/i* ⟨*Vorgang* **avoir**, *Ergebnis* **être**⟩ (an)schwellen; dick werden; *bosse, visage a* aufschwellen; auflaufen III *v/pr* ***s'~*** *voix* anschwellen

enflure [ɑ̃flyʀ] *f* 1 Schwellung *f*; An-, Aufschwellung *f* 2 *fig* F Trottel *m*

enfoiré(e) [ɑ̃fwaʀe] *m(f) injure grossière* Arschloch *n*

enfoncement [ɑ̃fõsmɑ̃] *m* 1 *d'un clou* Einschlagen *n*; *d'un pieu* Einrammen *n* 2 *d'une porte etc* Eindrücken *n*; Einstoßen *n*; MIL Durch-, Einbruch *m* 3 (*creux*) Vertiefung *f*

enfoncer [ɑ̃fõse] ⟨-ç-⟩ I *v/t* 1 *clou etc* (hin)einschlagen; *vis* versenken; hineindrehen; *punaise, bouchon* hineindrücken; *pieu* einrammen; (hin)eintreiben; *aiguille* (hin)einstecken; ***~ son béret jusqu'aux oreilles*** s-e Mütze, sich (*dat*) die Mütze bis zu den Ohren, über die Ohren herunterziehen; ***~ son chapeau sur les yeux*** (sich [*dat*]) den Hut (tief) ins Gesicht drücken, ziehen; ***~ un clou dans le mur*** e-n Nagel in die Wand schlagen; ***~ ses mains dans ses poches*** die Hände (tief) in die Taschen stecken, in den Taschen vergraben; F *fig*: ***~ qc dans le crâne, dans la tête de qn*** j-m etw einhämmern, F einbläuen, eintrichtern; ***enfoncez-vous bien ça dans la tête!*** merken Sie sich (*dat*) das (genau, gut)!; *adjt clou* ***être bien enfoncé*** fest *ou* gerade sitzen; ***avoir les yeux enfoncés*** (***dans leurs orbites***) tief liegende Augen haben 2 **a)** *porte etc* eindrücken, -stoßen, -schlagen; *porte a* einrennen; ***il a eu la cage thoracique enfoncée*** ihm wurde der Brustkorb eingedrückt; **b)** MIL ***~ une armée*** die feindliche Front eindrücken, aufbrechen, durchbrechen; **c)** F *fig* ***~ qn*** (*battre*) j-n (haushoch) schlagen; (*surpasser*) j-n ausstechen, übertreffen II *v/i* einsinken; *p/p* ***enfoncé jusqu'aux genoux dans la neige*** bis zu den Knien im Schnee steckend III *v/pr* 1 ***s'~ une épine*** (***dans la peau***) sich (*dat*) e-n Dorn einziehen 2 *bateau* ***s'~*** (***dans les flots***) (in den Fluten) versinken; sinken; *personne* ***s'~ dans la neige*** im Schnee ein-, versinken; *fig* ***s'~ dans les dettes*** immer tiefer in Schulden geraten; *soleil* ***s'~ dans la mer*** im Meer versinken 3 *par ext* ***s'~ dans un fauteuil*** in e-m Sessel versinken 4 (*pénétrer*) ***s'~*** (tief, weit) hineingehen, vor-, eindringen (***dans une forêt*** in e-n Wald)

enfonceur [ɑ̃fõsœʀ] *m* ***~ de porte(s) ouverte(s)*** j, der offene Türen einrennt

enfouir [ɑ̃fwiʀ] I *v/t* **a)** *cadavre, trésor etc* ver-, eingraben; *cadavre a* ver-, einscharren; F *dans le sable etc* einbuddeln; **b)** *par ext livres etc* vergraben, verbergen (***au fond de l'armoire*** ganz unten, hinten im Schrank); **c)** *fig* ***~ dans son cœur*** in s-m Herzen begraben, verschließen II *v/pr* ***s'~ sous les couvertures*** sich unter den Decken verstecken, verkriechen, vergraben

enfouissement [ɑ̃fwismɑ̃] *m* Ver-, Eingraben *n*
enfourcher [ɑ̃fuʀʃe] *v/t* **~ un cheval, une bicyclette** ein Pferd, ein Fahrrad besteigen; auf ein Pferd, Fahrrad steigen; sich in den Sattel, auf ein Fahrrad schwingen; *fig* **~ son dada** sein Steckenpferd reiten
enfournage [ɑ̃fuʀnaʒ] *m ou* **enfournement** *m* **a)** *de pain* Einschießen *n*; **b)** *de céramiques* Einbau *m*; Einsetzen *n*; **c)** *dans un four à coke* Beschickung *f* (mit Kohle)
enfourner [ɑ̃fuʀne] **I** *v/t* **1** *pain etc* einschießen; in den Ofen schieben; *poteries* einsetzen **2** F *fig* (*avaler*) verschlingen; F verputzen **II** *v/pr* F **s'~ dans** *le métro etc* sich zwängen in (+*acc*)
enfreindre [ɑ̃fʀɛ̃dʀ] *v/t* ⟨→ **peindre**⟩ zuwiderhandeln (+*dat*); übertreten; verstoßen gegen
enfuir [ɑ̃fɥiʀ] *v/pr* ⟨→ **fuir**⟩ **s'~** **1** fliehen; flüchten; die Flucht ergreifen; entfliehen; (*se sauver*) davon-, weg-, fortlaufen; *chien etc* entlaufen; **s'~ à l'étranger** ins Ausland fliehen; sich ins Ausland absetzen; **s'~ de chez soi** von zu Hause fort-, weglaufen; F ausreißen **2** *fig et st/s bonheur* dahinschwinden; entschwinden; *temps* entschwinden; enteilen
enfumage [ɑ̃fymaʒ] *m d'abeilles* Ausräuchern *n*, -ung *f*
enfumé [ɑ̃fyme] *adj* verräuchert; verqualmt; voll(er) Rauch, Qualm; rauchig; **pièce ~e** verräuchertes, verqualmtes Zimmer
enfumer [ɑ̃fyme] *v/t* **1** *pièce etc* verräuchern; verqualmen; einräuchern; **~ qn** j-n einräuchern, durch Rauch belästigen; *plais a* j-n ausräuchern **2** *abeilles, renards* ausräuchern
Engadine [ɑ̃gadin] **l'~** *f* das Engadin
engagé [ɑ̃gaʒe] **I** *adj* **1** *écrivain, littérature* engagiert **2** MAR **navire ~** überliegendes, übergeholtes Schiff; Schiff, das überliegt *ou* gekrängt ist **II** *m* MIL Freiwillige(r) *m*; Zeitsoldat *m*; **~ volontaire par devancement d'appel** Soldat, der s-n Wehrdienst (freiwillig) vorzeitig ableistet; **~ (volontaire) pour la durée de la guerre** Kriegsfreiwillige(r) *m*
engageant [ɑ̃gaʒɑ̃] *adj sourire, air* gewinnend; *lieu* reizvoll; **offre ~e** verlockendes Angebot; **pas très ~** nicht sehr verlockend
engagement [ɑ̃gaʒmɑ̃] *m* **1** (*obligation*) Verpflichtung *f* (**envers qn** gegenüber j-m); bindende Zusage; Bindung *f*; COMM **~s** *pl* Verbindlichkeiten *f/pl*; (Zahlungs)Verpflichtungen *f/pl*; **~ contractuel** vertragliche Verpflichtung, Bindung; **~ moral** moralische Verpflichtung; **~ tacite** stillschweigendes Eingehen e-r Verpflichtung; **sans ~** unverbindlich; **être lié, tenu par ses ~s** an s-e Zusagen gebunden sein; **prendre un ~** e-e Verpflichtung, COMM Verbindlichkeit eingehen; e-e Verpflichtung übernehmen; **prendre l'~ de faire qc** sich verpflichten, die Verpflichtung übernehmen, etw zu tun **2** *de main-d'œuvre* Ein-, Anstellung *f*; THÉ Engagement *n*; MAR Anheuerung *f*; Anmusterung *f*; MIL freiwillige Verpflichtung; MIL **~ par devancement d'appel** (freiwillige) vorzeitige Ableistung des (Grund)-Wehrdienstes **3** *d'un écrivain etc* Engagement *n*; Einsatz *m* **4** (*mise en gage*) Verpfänden *n*, -ung *f*; Versetzen *n* **5** SPORTS (*inscription*) (An)Meldung *f*; TURF *a* Einschreibung *f* **6** *dans un passage etc* Hineinführen *n*, -fahren *n*, -manövrieren *n* **7** MIL **a)** *de troupes etc* Einsatz *m*; **b)** (*combat localisé*) Gefecht(sberührung) *n(f)*; Kampfhandlung *f* **8** SPORTS (*coup d'envoi*) Anstoß *m*
engager [ɑ̃gaʒe] ⟨**-geons**⟩ **I** *v/t* **1** **a)** (*mettre en gage*) verpfänden; versetzen; **b)** *fig sa parole* verpfänden; *sa responsabilité* übernehmen; *décision etc* **~ l'avenir** sich auf die Zukunft auswirken; die Weichen für die Zukunft stellen **2** **a)** (*obliger*) **~ qn (à qc)** j-n (zu etw) verpflichten; j-n (an etw [*acc*]) binden; **ce contrat vous engage** mit diesem Vertrag verpflichten Sie sich, gehen Sie Verpflichtungen ein; Sie sind an diesen Vertrag gebunden; **~ des dépenses** Ausgabenverbindlichkeiten eingehen; **cela n'engage à rien** das verpflichtet zu nichts; **b)** *par ext* (*exhorter*) **~ qn à qc** j-n zu etw anhalten, auffordern, ermahnen, veranlassen **3** *main-d'œuvre* an-, einstellen; in Dienst nehmen; anwerben; *tueur a* dingen; THÉ engagieren, verpflichten (**à un théâtre** an ein Theater); MAR anheuern; anmustern; *soldats, mercenaires* (an) werben; **~ qn dans un parti** j-n für e-e Partei werben, gewinnen; j-n in e-e Partei aufnehmen **4** TECH **~ qc dans qc** etw in etw (*acc*) eingreifen lassen, einführen, einlegen, *clé* hineinstecken **5** *véhicule* hineinfahren (lassen); hineinsteuern, -manövrieren; **mal ~ sa voiture (pour se garer)** schlecht einparken **6** *argent* hineinstecken (**dans** in +*acc*); investieren (in +*acc ou dat*); *fonds, capitaux a* einsetzen **7** **~ qn dans qc** j-n in etw (*acc*) hineinziehen, verwickeln; **~ qn dans une entreprise** j-n an e-m Unternehmen beteiligen; j-n für ein Unternehmen gewinnen **8** MIL *troupes etc* einsetzen **9** (*commencer*) *négociations* einleiten; aufnehmen; eintreten in (+*acc*); *conversation* anknüpfen; beginnen; anfangen; *discussion* eröffnen; eintreten in (+*acc*); JUR *procédure* einleiten; MIL *combat* einleiten; eröffnen; *fig* **~ la bataille, le combat** den Kampf aufnehmen **10** TURF einschreiben; (schriftlich) anmelden **II** *v/i* SPORTS den Anstoß ausführen **III** *v/pr* **s'~** **1** **a)** **s'~ à (faire) qc** sich zu etw verpflichten; sich verpflichten, etw zu tun; **ne pas s'~** sich nicht festlegen; sich nicht binden; keine bindende Zusage machen; **b)** *abs écrivain, homme politique etc* sich engagieren **2** **a)** MIL **s'~ (dans l'armée)** sich freiwillig verpflichten; **s'~ dans l'aviation** sich zur Luftwaffe melden; zur Luftwaffe gehen; **b)** (*entrer au service de qn*) e-e Stelle annehmen (**comme chauffeur** als Chauffeur); *domestique a* sich verdingen **3** *personne, véhicule* **s'~ dans qc** in etw (*acc*) einbiegen, hineinfahren; *train* **s'~ dans un tunnel** in e-n Tunnel fahren **4** TECH **s'~ dans qc** in etw (*acc*) eingreifen, sich einfügen **5** *fig* **s'~ dans qc** sich auf etw (*acc*) einlassen; in etw (*acc*) hineingeraten; **tu ne sais pas à quoi tu t'engages** du weißt nicht, worauf du dich einlässt **6** *combat, match etc* beginnen; anfangen; *discussion a* sich entspinnen; *dispute a* ausbrechen
engeance [ɑ̃ʒɑ̃s] *f péj* Sippschaft *f*; Gesindel *n*; Gelichter *n*; Brut *f*
engelure [ɑ̃ʒlyʀ] *f* Frostbeule *f*
engendrer [ɑ̃ʒɑ̃dʀe] *v/t* **1** *enfant* zeugen (*a* BIBL); erzeugen **2** *fig* erzeugen; hervorbringen; verursachen; *conséquences* zeitigen; nach sich ziehen **3** MATH erzeugen; **être engendré** entstehen
Enghien [ɑ̃gɛ̃] *Stadt in Belgien*
Enghien-les-Bains [ɑ̃gɛ̃lebɛ̃] *Stadt im Dep. Val-d'Oise*
engin [ɑ̃ʒɛ̃] *m* **1** Gerät *n*; Vorrichtung *f*; Maschine *f*;

~ ***spatial*** Raumfahrzeug *n*; **~s de levage** Hebezeuge *n/pl*, -vorrichtungen *f/pl*; ***~s de travaux publics*** Straßenbau-, Tiefbaumaschinen *f/pl* **2** F, *souvent péj* Ding *n*; Apparat *m*; ***quel drôle d'~!*** was für ein komisches Ding! **3** MIL Flugkörper *m*; Rakete *f*; ***~s blindés*** Panzer *m/pl*

engineering [endʒiniʀiŋ] *m* → ***ingénierie***

englober [ɑ̃glɔbe] *v/t* **1** umfassen; einschließen, einbeziehen (***dans*** in *+acc*) **2** *territoire etc* eingliedern (***dans*** in *+acc*); *frais etc* (mit) dazunehmen

engloutir [ɑ̃glutiʀ] *v/t* **1** *nourriture* (gierig) verschlingen, hinunterschlingen; in sich (*acc*) hineinschlingen; *abs* schlingen **2** *fig économies, héritage etc* verschwenden; verprassen; vergeuden; durchbringen; *projet: argent* verschlingen; *économies* ***être englouti*** verloren gehen; F draufgehen **3** *mer: bateau etc* verschlingen; in die Tiefe, in den Abgrund reißen; *séisme etc: ville etc* völlig zerstören, vernichten

engloutissement [ɑ̃glutismɑ̃] *m* Verschlingen *n*; Verschwinden *n*; Untergehen *n*; Versinken *n*

engluage [ɑ̃glyaʒ] *m ou* **engluement** *m* **a)** Bestreichen *n* mit Leim; **b)** Verschmieren *n*, Bestreichen *n* mit Baumwachs

engluer [ɑ̃glye] **I** *v/t* **1** *oiseau* mit (Vogel)Leim fangen **2** *enduire* mit e-r klebrigen Masse bestreichen **II** *v/pr* **1** ***s'~ les doigts*** sich (*dat*) die Finger klebrig machen **2** *fig* ***s'~ dans qc*** sich in etw (*dat*) festfahren

engoncer [ɑ̃gɔ̃se] *v/t* ⟨**-ç-**⟩ *manteau etc* ***~ qn*** j-n unförmig, plump machen; *p/p* ***engoncé dans une canadienne*** *etc* in e-r Lammfelljacke *etc* steckend; *adjt* ***il a le cou engoncé dans les épaules*** sein Kopf sitzt unmittelbar auf den Schultern; er zieht den Kopf ständig ein

engorgement [ɑ̃gɔʀʒəmɑ̃] *m* **1** *d'un conduit* Verstopfung *f* **2** MÉD *du foie etc* (An)Schwellung *f*; *des poumons, des reins etc* Stauung *f* **3** ÉCON *du marché* Überfüllung *f*; *des routes* Verstopfung *f*; Stau(ung) *m(f)*

engorger [ɑ̃gɔʀʒe] ⟨**-geons**⟩ **I** *v/t* **1** *conduit* verstopfen **2** MÉD verschleimen; verstopfen **II** *v/pr* ***s'~*** **1** *conduit* verstopft sein *ou* werden **2** MÉD sich mit Schleim füllen

engouement [ɑ̃gumɑ̃] *m* (rasch aufflammende, flüchtige) Begeisterung, Bewunderung; (übertriebene) Vorliebe; Schwärmerei *f*; Enthusiasmus *m*; ***~ passager*** Strohfeuer *n*; flüchtige Begeisterung

engouer [ɑ̃gwe] *v/pr* ***s'~ de*** *ou* ***pour qn, qc*** für j-n, etw schwärmen, sich begeistern, Feuer und Flamme sein

engouffrer [ɑ̃gufʀe] **I** *v/t* **1** F *nourriture* verschlingen; hinunterschlingen; F verdrücken; verputzen; *abs* schlingen **2** *argent etc* (in großen Mengen) hineinstecken (***dans*** in *+acc*) **II** *v/pr* ***s'~*** **1** *eau* sich ergießen, einbrechen (***dans*** in *+acc*); *vent:* ***s'~*** (***dans une cheminée***) sich (in e-m Kamin) verfangen; ***s'~ dans une rue*** durch e-e Straße fegen, pfeifen **2** *foule* strömen, sich ergießen, sich hineindrängen (***dans*** in *+acc*); *individus* verschwinden (***dans*** in *+dat*); ***s'~ dans un taxi*** sich in ein Taxi werfen

engourdi [ɑ̃guʀdi] *adj membres* gefühllos; taub; eingeschlafen; *de froid* klamm; starr; steif; *personne* ***tout ~ par la chaleur*** ganz schläfrig, träge, benommen von der Hitze; ***avoir les doigts ~s*** a abgestorbene Finger haben; kein Gefühl (mehr) in den Fingern haben; ***j'ai la jambe ~e*** mein Bein ist eingeschlafen

engourdir [ɑ̃guʀdiʀ] **I** *v/t* **1** *membres* gefühllos, taub machen; *par le froid* klamm, steif, starr werden lassen **2** *fig* träge, schlaff, benommen machen; erschlaffen lassen **II** *v/pr* ***s'~*** *membres* taub, gefühllos werden; einschlafen; *de froid* erstarren; absterben; klamm, steif, starr werden

engourdissement [ɑ̃guʀdismɑ̃] *m* **1** *des membres* Betäubung *f*; Einschlafen *n*; Gefühllosigkeit *f*; *par le froid* Erstarrung *f*; Steifwerden *n* **2** *fig* Betäubung *f*; Erschlaffung *f*; Benommenheit *f*; *dans la routine* Erstarrung *f*

engrais [ɑ̃gʀɛ] *m* Dünger *m*; Düngemittel *n*; Dung *m*; ***~ chimique*** Kunstdünger *m*

engraissage [ɑ̃gʀɛsaʒ] *m ou* **engraissement** *m* Mast *f*; Mästen *n*

engraisser [ɑ̃gʀese] **I** *v/t* **1** *animaux* mästen **2** *terres* düngen **II** *v/i hommes, animaux* dick, fett werden; Fett ansetzen **III** *v/pr fig* ***s'~*** sich bereichern

engraisseur [ɑ̃gʀɛsœʀ] *m* Viehmäster *m*; ***~ de porcs*** Schweinemäster *m*

engrangement [ɑ̃gʀɑ̃ʒmɑ̃] *m de la récolte etc* Einfahren *n*; Einbringen *n* **engranger** *v/t* ⟨**-geons**⟩ *récolte* einfahren; einbringen

engrenage [ɑ̃gʀənaʒ] *m* **1** TECH (Zahnrad)Getriebe *n*; Räderwerk *n* **2** *fig* Räderwerk *n*; Maschinerie *f*; Verkettung *f*; ***l'~ de la violence*** die Spirale der Gewalt; ***être pris, entraîné dans un ~*** von e-m Räderwerk, von e-r Maschinerie erfasst werden; in ein Räderwerk, in e-e Maschinerie geraten

engrener [ɑ̃gʀəne] *v/pr* ⟨**-è-**⟩ ***s'~*** *roues dentées* ineinandergreifen; sich verzahnen; ***s'~ sur, dans qc*** in etw (*acc*) eingreifen

engrosser [ɑ̃gʀose] P *v/t* F ein Kind machen, andrehen, anhängen (***qn*** j-m)

engueulade [ɑ̃gœlad] F *f* **1** F Anpfiff *m*; Rüffel *m*; Abreibung *f*; P Anschiss *m*; ***recevoir une ~*** F eins aufs Dach, auf den Deckel kriegen **2** (*dispute*) heftige Auseinandersetzung; F (Heiden)Krach *m*

engueuler [ɑ̃gœle] F **I** *v/t* ***~ qn*** j-n anfahren, *p/fort* anschreien, anbrüllen, F zusammenputzen, zusammenstauchen, runtermachen, anschnauzen; j-m eins auf den Deckel geben; ***~ qn*** (***comme du poisson pourri***) P j-n anscheißen, zusammenscheißen, zur Sau machen; ***se faire ~*** F eins aufs Dach, auf den Deckel kriegen **II** *v/pr* ***s'~*** sich anschreien, anbrüllen, F anschnauzen

enguirlander [ɑ̃giʀlɑ̃de] *v/t* **1** mit Girlanden schmücken **2** F *euphémisme pour* ***engueuler***

enhardir [ɑ̃aʀdiʀ] **I** *v/t* kühn, mutig machen; *p/p* ***enhardi par cette victoire …*** kühn, mutig geworden durch diesen Sieg … **II** *v/pr* ***s'~*** kühn(er), mutig(er) werden (***jusqu'à faire qc*** und etw tun); sich erkühnen (zu *+inf*)

énième [enjɛm] *adj* → ***nième***

énigmatique [enigmatik] *adj* rätselhaft; rätselvoll; dunkel; unergründlich; geheimnisvoll; ***caractère*** *m* ***~*** Rätselhaftigkeit *f*

énigme [enigm] *f* **1** Rätsel *n*; ***poser une ~ à qn*** j-m ein Rätsel aufgeben; ***résoudre une ~*** ein Rätsel lösen, raten **2** *fig* Rätsel *n*; Geheimnis *n*; ***l'~ de sa disparition*** sein rätselhaftes Verschwinden; ***cet***

homme est une ~ pour moi dieser Mensch ist mir ein Rätsel; aus diesem Menschen werde ich nicht klug; ***parler par ~s*** in Rätseln sprechen; ***se trouver devant une ~*** vor e-m Rätsel stehen

enivrant [ɑ̃nivʀɑ̃] *adj alcool, parfum* berauschend; zu Kopf steigend; *parfum a* betäubend; ***beauté ~e*** hinreißende, betörende Schönheit

enivrement [ɑ̃nivʀəmɑ̃] *m fig* Rausch *m*; Berauschtheit *f*; Trunkenheit *f*; Taumel *m*; ***~ du pouvoir, de la vitesse*** Macht-, Geschwindigkeitsrausch *m*

E

enivrer [ɑ̃nivʀe] **I** *v/t* **1** *alcool st/s* ***~ qn*** j-n berauschen; auf j-n berauschend wirken; *st/s* j-n trunken machen **2** *fig* berauschen; betören; zu Kopf steigen (*+dat*); *st/s* trunken machen; *p/p* ***enivré de joie*** freudetrunken **II** *v/pr* **1** ***s'~*** *st/s* sich berauschen **2** *fig* ***s'~ de qc*** sich an etw (*dat*) berauschen; in etw (*dat*) schwelgen

enjambée [ɑ̃ʒɑ̃be] *f* (großer, langer) Schritt; ***d'une seule ~*** mit einem Schritt; ***marcher à grandes ~s, faire de grandes ~s*** mit großen, langen, weit ausgreifenden Schritten gehen; große, lange Schritte machen; rasch, F tüchtig, kräftig ausschreiten

enjambement [ɑ̃ʒɑ̃bmɑ̃] *m* Enjambement *n*; Zeilensprung *m*

enjamber [ɑ̃ʒɑ̃be] **I** *v/t* **a)** ***~ qc, qn*** über etw, j-n hinweggehen, -steigen, -schreiten; ***~ un fossé, un ruisseau*** einen Graben, einen Bach überspringen; **b)** *pont: rivière etc* überspannen **II** *v/i* MÉTRIQUE *vers* übergreifen (***sur le vers suivant*** auf den nächsten Vers); durch (ein) Enjambement verbunden sein (mit)

enjeu [ɑ̃ʒø] *m* ⟨*pl* **~x**⟩ **1** *au jeu* Einsatz *m* **2** *fig d'un conflit* (Streit)Objekt *n*; (Streit)Gegenstand *m*; *par ext* Frage *f*, Sache *f* (, um die es geht); Problem *n*; Thema *n*

enjoindre [ɑ̃ʒwɛ̃dʀ] *v/t* ⟨→ **joindre**⟩ *litt ou* ADM ***~ à qn de*** (*+inf*) j-m (ausdrücklich) befehlen, vorschreiben zu (*+inf*)

enjôlement [ɑ̃ʒolmɑ̃] *m* Beschwatzen *n*; Schöntun *n*; Schmeicheln *n*

enjôler [ɑ̃ʒole] *v/t* ***~ qn*** j-n betören, umschmeicheln, einwickeln, beschwatzen; (*flatter*) j-m schöntun, um den Bart gehen

enjôleur [ɑ̃ʒolœʀ], **enjôleuse** **I** *m,f* Schönredner *m*; Schöntuer *m*; Betörer(in) *m(f)* **II** *adj* verführerisch; betörend

enjolivement [ɑ̃ʒɔlivmɑ̃] *m* **1** Verzierung *f*; Zierrat *m* **2** *fig* Ausschmückung *f*; Schnörkel *m*

enjoliver [ɑ̃ʒɔlive] *v/t* **1** *objet* (ver)zieren; schmücken **2** *fig récit, faits* ausschmücken; etwas hinzudichten (***qc*** zu etw) **enjoliveur** *m* AUTO Radkappe *f*

enjolivure *f* (kleine) Verzierung; Zierrat *m*; *sur un meuble, une écriture* Schnörkel *m*

enjoué [ɑ̃ʒwe] *adj personne, sourire, voix* heiter; fröhlich; liebenswürdig; *humeur* heiter; gelöst; unbeschwert; ***caractère ~ a*** sonniges Gemüt; ***conversation ~e*** zwanglose, scherzhafte Unterhaltung

enjouement [ɑ̃ʒumɑ̃] *m* Heiterkeit *f*; Unbeschwertheit *f*; Gelöstheit *f*; Frohsinn *m*; Frohmut *m*

enlacement [ɑ̃lasmɑ̃] *m* **1** *de rubans etc* Geflecht *n* **2** (*étreinte*) Umarmung *f*; Umschlingung *f*

enlacer [ɑ̃lase] ⟨**-ç-**⟩ **I** *v/t* **1** *lierre: arbre etc* umranken; umwinden; umschlingen **2** *personne* umarmen; umschlingen; *corps* umfassen; *adjt*: ***étroitement, tendrement enlacés*** eng, zärtlich umschlungen; ***des amoureux enlacés*** ein Liebespaar, das sich umschlungen hält **II** *v/pr* ***s'~*** **1** *amoureux etc* sich umarmen, umschlingen; sich umschlungen halten **2** *rubans* sich ineinanderschlingen; *lierre etc* sich schlingen, winden, ranken (***autour d'un arbre*** um e-n Baum)

enlaidir [ɑ̃ledir] **I** *v/t* entstellen; verunstalten; verschandeln **II** *v/i* hässlich, unansehnlich werden

enlaidissement *m* Entstellung *f*; Verunstaltung *f*; Verschandelung *f*

enlevé [ɑ̃lve] *adj musique, scène* lebhaft, schwungvoll, kühn gespielt *ou* vorgetragen

enlèvement [ɑ̃lɛvmɑ̃] *m* **1** *de bagages, de meubles etc* Abholung *f*; Mitnahme *f*; Abtransport *m*; Wegfahren *n*; Wegräumen *n*; *des blessés, cadavres etc* Wegschaffen *n*; Wegbringen *n*; *de déchets, de gravats* Abfuhr *f*; Beseitigung *f*; Entfernung *f*; ***~ des ordures (ménagères)*** Müllabfuhr *f*; ***~ à domicile*** Abholung vom Hause, in der Wohnung **2** JUR Entführung *f*; Raub *m*; ***~ d'enfant*** Kindesentführung *f*, -raub *m* **3** MIL Einnahme *f*; Eroberung *f*

enlever [ɑ̃lve] ⟨**-è-**⟩ **I** *v/t* **1** *bagages, marchandises etc* abholen; mitnehmen; abtransportieren; wegschaffen, -tragen, -fahren; fortbringen; *morts, blessés* abtransportieren; wegschaffen, -bringen; *objets gênants* wegschaffen, -nehmen, -räumen, -schieben, -stellen; *ordures, gravats* abfahren **2** *étiquette, panneau etc* abmachen; entfernen; F wegmachen; *tache* entfernen; beseitigen; F weg-, herausmachen; *objets*: *d'en haut* herunternehmen; *d'une boîte, d'une pièce* herausnehmen; *tableau d'un mur* ab-, wegnehmen; abhängen; F wegmachen; *saleté* auf-, wegputzen, -kehren, -wischen; *vêtement* ablegen; *chapeau* abnehmen; *gants* abstreifen; ausziehen; *casque* absetzen; *amygdales* herausnehmen, F -machen; *rein etc* entfernen; herausnehmen; *verrue* wegmachen; *membre* abnehmen; amputieren; *phrase, mot* streichen; weglassen; herausnehmen; *vis, ampoule* herausdrehen, F -machen; *clou etc* herausziehen, F -machen; *toit* abdecken; *chiffre* abziehen; *peau* abziehen; abschälen; F wegmachen; ***~ la couverture*** das Bett abdecken; ***~ la poussière*** Staub wischen; abstauben; ***~ à coups de marteau*** mit dem Hammer wegschlagen; ***~ qc d'une étagère*** etw aus e-m Regal nehmen; *porte* ***~ de ses gonds*** ausheben; aushängen; aus den Angeln heben; ***~ qc de la table*** etw vom Tisch (herunter-, weg) nehmen; ***enlève ta main!*** nimm deine Hand weg!; ***enlève tes jambes de (sur) la table!*** nimm deine Beine vom Tisch (herunter) ! **3** (*kidnapper*) entführen; rauben; *plais* ***je vous enlève votre fils pour ce soir*** ich entführe Ihnen für heute Abend Ihren Sohn **4** (*s'emparer de*) MIL *ville, position* erobern; (er)stürmen; (ein)nehmen; *la victoire* davontragen; erkämpfen; COMM ***~ l'affaire*** das Geschäft machen; sich (*dat*) das Geschäft sichern; SPORTS ***~ la première place*** den ersten Platz erringen; sich (*dat*) den ersten Platz erkämpfen; POL ***~ un siège*** e-n Sitz erringen, gewinnen **5** *mort, maladie* ***~ qn*** j-n dahin-, hinwegraffen; ***la mort nous l'a enlevé*** der Tod hat ihn uns genommen, entrissen **6** (*priver de*) *courage, espoir, illusions* nehmen, rauben (***à qn*** j-m); ***~ un poste, un titre à qn*** j-m e-e Stelle, e-n Titel entziehen; ***cela n'enlève rien à l'amitié que je te porte*** das tut unserer Freundschaft keinen Abbruch; ***cela n'enlève rien à ses mérites*** das schmälert s-e Verdienste nicht **II** *v/pr* ***s'~*** *peinture* abgehen; sich ablösen; *tache* heraus-, weggehen; *marchandises* F ***s'~ comme des petits pains*** reißenden Absatz finden; reißend weggehen

enlisement [ɑ̃lizmɑ̃] *m* **1** *dans le sable etc* Ein-, Versinken *n*; Steckenbleiben *n* **2** *fig* Stocken *n*; Erlahmen *n*; Unbeweglichkeit *f*; Stillstand *m*

enliser [ɑ̃lize] **I** *v/t* ***~ sa voiture*** mit dem Wagen einsinken, stecken bleiben **II** *v/pr* ***s'~*** **1** *dans le sable, la boue etc* ein-, versinken; *voiture a* stecken bleiben **2** *fig enquête etc* stecken bleiben; nicht vorwärtskommen; stocken; erlahmen; versanden

enluminer [ɑ̃lymine] *v/t* **1** *livre, manuscrit* (mit Farbe) ausmalen; illuminieren; kolorieren **2** *visage* röten; F ***avoir la trogne enluminée*** ein gerötetes Gesicht, F e-e Schnapsnase haben

enlumineur [ɑ̃lyminœʀ] *m*, **enlumineuse** *f* Buchmaler(in) *m(f)*; Miniaturmaler(in) *m(f)*; Illuminator *m* **enluminure** *f* **1** *art* Buchmalerei *f*; Miniaturmalerei *f* **2** *œuvre* Miniatur *f*; (Buch)Malerei *f*

enneigé [ɑ̃neʒe] *adj* schneebedeckt; verschneit; eingeschneit

enneigement [ɑ̃nɛʒmɑ̃] *m* Schneehöhe *f*; Schneeverhältnisse *n/pl*; ***faible ~*** geringe Schneehöhe; ***bulletin*** *m* ***d'~*** Schneebericht *m*

ennemi(e) [ɛnmi] **I** *m(f)* Feind(in) *m(f)*; Gegner(in) *m(f)*; Widersacher(in) *m(f)*; ***~ public numéro un*** Staatsfeind *m* Nummer eins; ***~(e) de l'alcool*** Feind(in) des Alkohols; Alkoholgegner(in) *m(f)*; *le tabac* ***l'~ de votre santé*** der Feind Ihrer Gesundheit; ***attaquer, battre, vaincre l'~*** den Feind angreifen, schlagen, besiegen; ***c'est son pire ~*** das ist sein ärgster, schlimmster Feind, sein Hauptfeind; ***se faire des ~s*** sich (*dat*) Feinde machen, schaffen; ***se faire un ~ de qn*** sich (*dat*) j-n zum Feind machen; ***passer à l'~*** (zum Feind) überlaufen; ***tomber aux, entre les mains de l'~*** in Feindeshand fallen; dem Feind in die Hände fallen; F *fig* ***c'est toujours ça de pris sur l'~*** das wäre erst, schon einmal gewonnen; das ist immerhin etwas **II** *adj* feindlich; gegnerisch; verfeindet; Feind...; ***frères ~s*** feindliche Brüder *m/pl*; ***positions ~es*** feindliche Stellungen *f/pl*; ***en pays, territoire ~*** im, in Feindesland; ***être ~(e) de qn, qc*** j-m, e-r Sache feind sein

ennième [ɛnjɛm] *adj* → ***nième***

ennoblir [ɑ̃nɔbliʀ] *v/t fig* adeln; auszeichnen

ennuagement [ɑ̃nɥaʒmɑ̃] *m* MÉTÉO Bewölkungsmenge *f* **ennuager** *v/pr* ⟨**-geait**⟩ ***s'~*** *ciel* sich bewölken; sich (mit Wolken) bedecken; sich beziehen

ennui [ɑ̃nɥi] *m* **1** *surtout pl* ***~s*** Ärger *m*; Unannehmlichkeiten *f/pl*; Schwierigkeiten *f/pl*; Ungelegenheiten *f/pl*; Widerwärtigkeiten *f/pl*; Verdruss *m*; F Scherereien *f/pl*; ***attirer, causer, faire des ~s à qn*** j-m Ärger *etc* machen, bereiten; ***avoir toutes sortes d'~s*** e-e Menge Ärger *etc* haben *ou* bekommen, F kriegen; ***avoir des ~s d'argent*** in Geldschwierigkeiten, in Geldverlegenheit sein; ***l'~, c'est que ...*** das Dumme, Ärgerliche (an der Sache) ist, dass ...; die Schwierigkeit liegt darin, dass ... **2** Langeweile *f*; *a* Langweile *f*; (*lassitude*) Überdruss *m*; ***mourir d'~*** vor Langeweile (fast) sterben, umkommen, vergehen; sich zu Tode langweilen

ennuyant [ɑ̃nɥijɑ̃] *adj rarement* → ***ennuyeux***

ennuyé [ɑ̃nɥije] *adj* **1** (*contrarié*) verstimmt; ärgerlich; verärgert **2** (*dans l'embarras*) ***je suis très ~*** es ist mir unangenehm, peinlich; ich bin in e-r unangenehmen, schwierigen Lage **3** (*soucieux*) besorgt; beunruhigt; bekümmert

ennuyer [ɑ̃nɥije] ⟨**-ui-**⟩ **I** *v/t* **1** (*contrarier*) ***~ qn*** j-n stören, belästigen ärgern, verdrießen; j-m lästig sein, werden, fallen; j-m auf die Nerven gehen; ***si cela vous ennuie, n'y allez pas*** wenn es Ihnen nicht passt *ou* lästig ist, gehen Sie nicht hin; ***il m'ennuie avec ses questions perpétuelles*** er fällt mir lästig mit s-n ewigen Fragen; F er geht mir auf die Nerven mit s-r (ewigen) Fragerei; ***cela m'ennuierait d'arriver en retard*** es wäre mir unangenehm *ou* nicht recht, wenn ich zu spät kommen würde; ***cela vous ennuierait-il d'attendre un moment?*** würde es Ihnen etwas ausmachen, e-n Augenblick zu warten? **2** (*lasser*) ***~ qn*** j-n langweilen; j-m Überdruss bereiten; ***~ qn à mourir*** F j-n zu Tode langweilen **3** (*préoccuper*) ***~ qn*** j-n beunruhigen, stören; j-m Sorgen, Kummer machen, keine Ruhe lassen **II** *v/pr* ***s'~*** **1** sich langweilen; Langeweile haben, verspüren, empfinden; ***s'~ avec qn, en la compagnie de qn*** sich mit j-m, in j-s Gesellschaft (*dat*) langweilen **2** ***s'~ de qn*** j-n vermissen; sich nach j-m sehnen; ***s'~ de Paris*** sich nach Paris sehnen

ennuyeux [ɑ̃nɥijø] *adj* ⟨**-euse**⟩ **1** (*désagréable*) ärgerlich; lästig; peinlich; unangenehm; unerquicklich; leidig; verdrießlich; fatal; ***c'est bien ~*** das ist sehr ärgerlich; ***c'est ~ à dire*** es ist unangenehm, das sagen zu müssen **2** (*inintéressant*) langweilig; fad; öde

énoncé [enõse] *m* Ausdruck *m*; Äußerung *f*; Darlegung *f*; LING Aussage *f*; *d'un verdict etc* Wortlaut *m*; Text *m*; JUR ***~ des faits*** Tatbestand *m*; Sachverhalt *m*; MATH ***~ du problème*** Aufgabenstellung *f*

énoncer [enõse] *v/t* ⟨**-ç-**⟩ ausdrücken, -sprechen; formulieren; zum Ausdruck bringen; *faits* darlegen; MATH *problème* stellen

énonciatif [enõsjatif] *adj* ⟨**-ive**⟩ GR ***proposition énonciative*** Aussagesatz *m*

énonciation [enõsjasjõ] *f* Darlegung *f*; Formulierung *f*; Aussage *f*

enorgueillir [ɑ̃nɔʀgœjiʀ] **I** *v/t* stolz, *péj* überheblich machen **II** *v/pr* ***s'~ de qc*** stolz sein auf etw (*acc*); *péj* sich (*dat*) etwas einbilden, zugutehalten auf etw (*acc*)

énorme [enɔʀm] *adj* enorm; ungeheuer (groß); gewaltig; mächtig; riesig; riesengroß; Riesen...; *erreur a* krass; *bêtise a* bodenlos; beispiellos; *crime, accusation* ungeheuerlich; *différence a* himmelweit; *succès, majorité a* überwältigend; ***masse*** *f*, ***quantité*** *f*, ***somme*** *f* ***~*** *a* Unmasse *f*, Unmenge *f*, Unsumme *f*; ***c'est ~!*** das ist enorm, erstaunlich, ungeheuer, allerhand!

énormément [enɔʀmemɑ̃] *adv* **1** enorm; ungeheuer; gewaltig; mächtig; riesig; ***cela me fait ~ plaisir*** das freut mich riesig **2** ***~ de*** (*+subst*) außerordentlich, sehr, F ungeheuer, unwahrscheinlich, schrecklich viel(e); ***je me suis donné ~ de mal*** F ich habe mich ungeheuer angestrengt, mir schrecklich viel Mühe gegeben

énormité [enɔʀmite] *f* **1** *d'un crime, d'une injure etc* Ungeheuerlichkeit *f*; *d'une tâche* gewaltiger Umfang; Größe *f* **2** *parole ou action* Ungeheuerlich-

E

keit *f*; *bêtise* Riesendummheit *f*

enquérir [ɑ̃keʀiʀ] *v/pr* ⟨→ **acquérir**⟩ *st/s* ***s'~ de qc*** sich nach etw erkundigen, sich über etw (*acc*) informieren, *st/s* etw erfragen (***auprès de qn*** bei j-m)

enquête [ɑ̃kɛt] *f* **1** ÉCON, POL *etc* Untersuchung *f*; Erhebung *f*; Umfrage *f*; Befragung *f*; Enquete *f*; PRESSE (ausführlicher) Bericht; Report *m*; *par ext* (*investigation*) Erkundigung *f*; Nachforschung *f*; ***~ d'opinion, par sondage*** Meinungsumfrage *f*, -befragung *f*; ***faire sa petite ~*** sich umhören; ***mener, effectuer, conduire une ~*** e-e Untersuchung *etc* durchführen; Erhebungen anstellen **2** JUR Ermittlungen *f/pl*; Untersuchung *f*; Beweisaufnahme *f*, -erhebung *f*; ***~ administrative*** behördliche Ermittlungen; ***~ judiciaire*** gerichtliche Untersuchung; ***~ parlementaire*** parlamentarische Untersuchung; ***~ préliminaire*** Voruntersuchung *f*; ***ouvrir une ~*** e-e Untersuchung einleiten; Ermittlungen aufnehmen

enquêter [ɑ̃kete] *v/t/indir* ***~ sur qc*** e-e Untersuchung, Erhebung durchführen, anstellen in e-r, über e-e Sache; in e-r Sache ermitteln; etw untersuchen

enquêteur [ɑ̃kɛtœʀ] *m* **1** JUR (*f* **~teuse**) Untersuchungsbeamte(r) *m*, -beamtin *f* **2** ÉCON *etc* (*f* **~trice**) Interviewer(in) [-ˈvjuː-] *m(f)*; Befrager(in) *m(f)*

enquiquinant [ɑ̃kikinɑ̃] F *adj* lästig; langweilig; → *a* ***embêtant***

enquiquinement [ɑ̃kikinmɑ̃] F *m surtout pl* **~s** Ärger *m*; F Scherereien *f/pl*

enquiquiner [ɑ̃kikine] F **I** *v/t* ***~ qn*** j-m lästig fallen, auf die Nerven gehen, F auf den Wecker fallen **II** *v/pr* ***ne pas s'~ à faire qc*** nicht so dumm, F blöd sein und etw tun; → *a* ***embêter***

enquiquineur [ɑ̃kikinœʀ] F *m*, **enquiquineuse** F *f* lästiger Mensch, lästige Person; F Nervensäge *f*

enracinement [ɑ̃ʀasinmɑ̃] *m* **1** BOT Einwurzeln *n*; Anwachsen *n* **2** *fig* Verwurzelung *f*; *état a* Verwurzelt-, Verwachsensein *n*

enraciner [ɑ̃ʀasine] **I** *v/t* ***~ qn dans un pays*** j-n in e-m Land heimisch werden lassen; ***~ qc dans l'esprit de qn*** j-m etw anerziehen; etw in j-n hineinlegen; *adjt* ***profondément enraciné*** *personne* fest verwurzelt, verbunden, verwachsen (***dans*** mit); *habitudes, sentiments, préjugés* tief eingewurzelt; ***être enraciné dans ses habitudes*** in s-n Gewohnheiten festgefahren sein **II** *v/pr* ***s'~*** **1** *plante* (sich) einwurzeln; Wurzeln schlagen; anwachsen **2** *fig personne* Wurzeln schlagen; *erreur, habitude etc* sich festsetzen; sich einbürgern; *mauvaise habitude a* einreißen

enragé [ɑ̃ʀaʒe] *adj* **1** VÉT tollwütig **2** *fig joueur, chasseur etc* leidenschaftlich; besessen; fanatisch; *subst* ***un(e) ~(e) de musique, de cinéma*** *etc* ein leidenschaftlicher Musikfan, Kinofan *etc* [-fɛn]

enrager [ɑ̃ʀaʒe] *v/i* ⟨**-geons**⟩ ***j'enrage de*** (*+inf*) es macht mich rasend, F ich könnte mich schwarzärgern, dass ich ...; ***faire ~ qn*** j-n ärgern, reizen

enraiement [ɑ̃ʀɛmɑ̃] *m* → ***enrayement***

enrayage [ɑ̃ʀɛjaʒ] *m d'une arme à feu* Ladehemmung *f* **enrayement** *m d'une épidémie, d'une crise etc* Eindämmung *f*

enrayer [ɑ̃ʀeje] ⟨**-ay-** *od* **-ai-**⟩ **I** *v/t crise, évolution* aufhalten; (ab)bremsen; Einhalt gebieten (*+dat*); *évolution a* hemmen; ***~ une augmentation de prix*** eine Preiserhöhung auffangen; ***~ une épidémie*** eine Epidemie eindämmen, unter Kontrolle bringen **II** *v/pr* ***s'~*** *arme à feu* Ladehemmung haben

enrégimenter [ɑ̃ʀeʒimɑ̃te] *v/t* eingliedern, einreihen (***dans*** in *+acc*)

enregistrable [ɑ̃ʀ(ə)ʒistʀabl] *adj faits etc* registrierbar; *concert etc* einspielbar

enregistrement [ɑ̃ʀ(ə)ʒistʀəmɑ̃] *m* **1** *de son, d'images* Aufnahme *f* (*a résultat*); Aufzeichnung *f*; *d'images a* Speicherung *f*; *de disques a* Einspielung *f*; *de mesures* Aufzeichnung *f*; Registrierung *f*; ***~ sur bande magnétique*** (Magnet)Bandaufnahme *f*, -aufzeichnung *f*; ***~ sur disque*** (Schall)Plattenaufnahme *f*; ***studio*** *m* ***d'~*** Aufnahmestudio *n* **2** JUR Eintragung *f*; Registrierung *f*; ***l'Enregistrement*** die Registrierbehörde, -stelle (*in Frankreich Behörde, bei der rechtlich wichtige Verhältnisse registriert werden müssen*) **3** *de données, d'observations etc* Verzeichnung *f*; Registrierung *f*; Vermerken *n*; Erfassung *f*; Verbuchung *f*; *d'une commande* Aufnahme *f* **4** ***~ des bagages*** Gepäckabfertigung *f*; Gepäckaufgabe(stelle) *f*; Gepäckannahme(stelle) *f*; AVIAT ***se présenter à l'~*** einchecken [-tʃɛkən]

enregistrer [ɑ̃ʀ(ə)ʒistʀe] *v/t* **1** *sur bande etc* aufnehmen; aufzeichnen; *images a* speichern; *disque a* einspielen; *mesures* registrieren; (selbsttätig) aufzeichnen; ***~ de la musique sur bande, sur disque*** Musik auf Band, auf Platte aufnehmen; ***ce pianiste n'a encore rien enregistré*** dieser Pianist hat noch keine (Platten)Aufnahmen gemacht, noch nichts eingespielt **2** *données, observations etc* ver-, aufzeichnen; registrieren; festhalten; vermerken; *données a* erfassen; *réclamations* entgegennehmen; *progrès, tendances* verzeichnen; *qc dans sa mémoire* sich (*dat*) merken, einprägen; registrieren; verbuchen; ***~ une commande*** eine Bestellung aufnehmen; ***on enregistre actuellement une tendance à la hausse*** zur Zeit ist e-e Auftriebstendenz zu verzeichnen; ***c'est enregistré*** ich denke bestimmt daran; ich habe es mir gemerkt; F ist gebongt **3 a)** JUR (in ein Register) eintragen; registrieren; einschreiben; **b)** COMM buchen; in ein Register eintragen **4 a)** *bagages* abfertigen; AVIAT einchecken [-tʃɛkən]; ***faire ~*** aufgeben; **b)** *personne* ***se faire ~*** einchecken [-tʃɛkən] [-tʃɛkən]

enregistreur [ɑ̃ʀ(ə)ʒistʀœʀ] **I** *adj* ⟨**-euse**⟩ aufzeichnend; Registrier...; ***caisse enregistreuse*** Registrierkasse *f* **II** *m* TECH ***~ DVD*** DVD-Rekorder *m*; ***~ de pression*** Druckschreiber *m*; AVIAT ***~ de vol*** Flugschreiber *m*

enrhumé [ɑ̃ʀyme] *adj* erkältet; verschnupft; ***être ~*** *a* e-e Erkältung, e-n Schnupfen haben

enrhumer [ɑ̃ʀyme] **I** *v/t* e-e Erkältung, e-n Schnupfen verursachen, auslösen (***qn*** bei j-m); ***le moindre courant d'air suffit à l'~*** beim geringsten Luftzug erkältet er sich, bekommt er Schnupfen **II** *v/pr* ***s'~*** sich erkälten; sich (*dat*) e-e Erkältung, e-n Schnupfen holen, zuziehen; e-e Erkältung, e-n Schnupfen bekommen

enrichir [ɑ̃ʀiʃiʀ] **I** *v/t* **1** ***~ qn*** j-n reich, wohlhabend machen; *adjt* ***enrichi*** reich geworden **2** *collection, langue etc* bereichern (***de qc*** um etw); *connaissances* bereichern; erweitern; vertiefen; ***~ son esprit*** s-n Horizont erweitern; ***~ son vocabulaire*** seinen Wortschatz erweitern **3** *minerai, terre* anreichern;

adjt ***uranium enrichi*** angereichertes Uran **II** *v/pr* ***s'~*** reich, wohlhabend werden; zu Geld, Reichtümern kommen; *péj* sich bereichern
enrichissant [ɑ̃riʃisɑ̃] *adj expérience, lecture etc* gewinnbringend; nutzbringend; lohnend
enrichissement [ɑ̃riʃismɑ̃] *m* **1** Reichwerden *n*; *péj* Bereicherung *f* (*a* JUR) **2** *d'une collection etc, des connaissances* Bereicherung *f*; Erweiterung *f*; *des connaissances a* Vertiefung *f* **3** TECH Anreicherung *f*
enrobage [ɑ̃rɔbaʒ] *m ou* **enrobement** *m* Umhüllung *f*; Ummantelung *f*; CUIS, PHARM Überziehen *n*; *de cigares* Umrollen *n* mit dem Deckblatt
enrober [ɑ̃rɔbe] *v/t* **1** umhüllen; ummanteln; mit e-r (Schutz)Hülle umgeben; *fruits* kandieren; PHARM *comprimés* mit Zuckermasse überziehen; *p/p* ***glace enrobée de chocolat*** Eis *n* mit Schokoladenüberzug **2** *fig reproches etc* einkleiden, verpacken (***de*** in +*acc*); verbrämen (mit)
enrôlement [ɑ̃rolmɑ̃] *m* **1** HIST MIL Anwerbung *f*; MAR Anheuerung *f*; Anmusterung *f* **2** *fig* Ein-, Beitritt *m*
enrôler [ɑ̃role] **I** *v/t* **1** HIST MIL anwerben; MAR anheuern; anmustern **2** *fig dans un parti etc* aufnehmen **II** *v/pr* ***s'~*** **1** HIST MIL Soldat werden; zu den Fahnen eilen **2** *fig* ***s'~ dans un parti*** ine-e Partei eintreten; e-r Partei (*dat*) beitreten
enroué [ɑ̃rwe] *adj voix, personne* heiser
enrouement [ɑ̃rumɑ̃] *m* Heiserkeit *f*
enrouer [ɑ̃rwe] *v/pr* ***s'~*** heiser werden; ***s'~ à force de crier*** sich heiser schreien
enroulement [ɑ̃rulmɑ̃] *m* **1** *action* Herumwickeln *n*; *de rubans etc* Aufrollen *n*; Aufwickeln *n* **2** ÉLECT Wicklung *f*
enrouler [ɑ̃rule] **I** *v/t papier, tapis etc* ein-, auf-, zusammenrollen; *fil, corde* aufwickeln; ***~ qc autour de qc*** etw um etw (herum) wickeln, schlingen; ***~ qc dans qc*** etw in etw (*acc*) (ein)wickeln, einschlagen; ***~ du fil sur une bobine*** Faden aufspulen, auf e-e Rolle, Spule wickeln; *adjt* ***serpent enroulé sur lui-même*** zusammengerollte Schlange **II** *v/pr* ***s'~*** sich ein-, auf-, zusammenrollen; sich aufwickeln; *copeaux etc* sich ringeln; ***s'~ autour de qc*** sich um etw (herum) wickeln, schlingen, winden, *lianes a* ranken; ***s'~ dans qc*** sich in etw (*acc*) (ein)wickeln
enrouleur [ɑ̃rulœr] *m* AUTO ***ceinture*** *f* ***à ~*** Automatikgurt *m*
enrubanner [ɑ̃rybane] *v/t* mit e-m Band, mit Bändern, mit e-r Schleife schmücken, verzieren
ensablement [ɑ̃sabləmɑ̃] *m d'un port etc* Versandung *f*; *par le vent* Sandverwehung *f*
ensabler [ɑ̃sable] *v/pr* ***s'~*** **1** *port etc* versanden; *adjt* ***estuaire ensablé*** versandende, versandete Mündung **2** *bateau* auf e-e Sandbank laufen; *voiture* im Sand einsinken, stecken bleiben; *coquillage* sich im Sand eingraben
ensacher [ɑ̃saʃe] *v/t ciment, grainsetc* in Säcke (ab)füllen, (ab)packen; *bonbons etc* in Tüten (ab)füllen, (ab)packen
ensanglanter [ɑ̃sɑ̃glɑ̃te] *v/t visage, linge etc* mit Blut verschmieren, beflecken, besudeln (*a fig*); *adjt* ***ensanglanté*** blutverschmiert, -befleckt; blutig; voll(er) Blut; *pays* mit Krieg, mit blutigen Wirren überzogen
enseignant [ɑ̃sɛɲɑ̃] **I** *adj* ***corps ~*** Lehrerschaft *f*; Lehrer *m/pl*; Erzieher *m/pl*; *d'une école* ***personnel ~*** Lehrkörper *m*; Lehrkräfte *f/pl*; Lehrerkollegium *n* **II** *subst* ***~(e)*** *m(f)* Lehrkraft *f*; Lehrer(in) *m(f)*
enseigne[1] [ɑ̃sɛɲ] *f* **1** (Aushänge-, Laden-, Firmen)-Schild *n*; ***~ (commerciale)*** Firmenschild *n*; ***~ publicitaire*** Reklameschild *n*; ***~ au néon*** Neonschild *n*, -reklame *f*; ***~ d'une auberge*** Gasthaus-, Wirtshausschild *n*; *fig* ***être logé(s) à la même ~*** im gleichen Boot sitzen; in der gleichen Lage sein **2** HIST MIL Feldzeichen *n* **3** *loc/conj litt* ***à telle ~ que*** sodass sogar
enseigne[2] [ɑ̃sɛɲ] *m* MAR MIL ***~ de vaisseau*** (Ober)-Leutnant *m* zur See
enseignement [ɑ̃sɛɲmɑ̃] *m* **1** Unterricht *m*; *activité a* Unterrichten *n*; *institution* Schul-, Unterrichtswesen *n*; ***~ commercial*** a) Handelsunterricht *m*; b) Handelsschulwesen *n*; ***~ général*** der Allgemeinbildung dienender Unterricht; ***~ libre*** *ou* ***privé*** Privatschulwesen *n*; ***~ obligatoire*** Schulpflicht *f*; ***~ primaire*** Grundschulwesen *n*; ***~ public*** staatliches Schulwesen; ***~ religieux*** Religionsunterricht *m*; ***~ secondaire*** höheres Schulwesen; ***~ supérieur*** Hochschulwesen *n*; Hochschulen *f/pl*; ***~ technique, professionnel*** a) Fach-, Berufsschulunterricht *m*; b) Fach-, Berufsschulwesen *n*; ***~ théorique, pratique, clinique*** theoretischer, praktischer, klinischer Unterricht; ***~ du dessin, des langues*** Zeichen-, Sprachunterricht *m*; ***~ par correspondance*** Fernunterricht *m*; ***programme*** *m* ***d'~*** Lehrplan *m*; Unterrichtsprogramm *n*; Lehrstoff *m* **2** (*métier d'enseignant*) Lehrberuf *m*; Lehrfach *n*; Schuldienst *m*; ***être dans l'~*** im Schuldienst, Lehrfach sein **3** (*leçon*) *surtout pl* ***~s*** Lehre(n) *f(pl)*; ***tirer des ~s de qc*** aus etw die Lehre ziehen
enseigner [ɑ̃seɲe] *v/t* ***~ qc à qn*** j-n etw lehren; j-n in etw (*dat*) unterrichten, unterweisen; F j-m etw beibringen; ***~ l'histoire*** Geschichte unterrichten, geben; *à l'université* Geschichte lehren, lesen; Vorlesungen in Geschichte halten; *à l'université* ***~ la médecine légale*** Gerichtsmedizin lehren, lesen; Vorlesungen in Gerichtsmedizin halten; ***~ avec la méthode X*** nach der Methode X unterrichten; *abs*: ***~ à la Sorbonne*** an der Sorbonne lehren, lesen, Vorlesungen halten; ***elle enseigne en province*** sie unterrichtet in der Provinz; *par ext* ***l'expérience nous enseigne que …*** die Erfahrung lehrt uns, dass …; *adjt* ***matière enseignée*** Lehr-, Unterrichtsfach *n*
ensemble [ɑ̃sɑ̃bl] **I** *adv* **1** zusammen; miteinander; beisammen; beieinander; (*en commun*) gemeinsam; ***tous ~*** alle zusammen *etc*; *personnes, choses* ***aller ~*** zusammenpassen; zueinanderpassen; zusammengehören; *personnes* ***être bien ~*** sich gut verstehen, vertragen; gut miteinander auskommen; ***faire qc ~*** etw zusammen, miteinander, gemeinsam tun; ***mettre qc ~*** etw zusammenlegen, -setzen, -stellen, -tun; *livres etc* ***être rangés ~*** beieinanderstehen; beisammenstehen **2** (*simultanément*) zugleich; gleichzeitig **II** *m* **1** (*totalité*) Ganze(s) *n*; Gesamtheit *f*; Ganzheit *f*; *de questions etc* Komplex *m*; ***l'~ des faits*** die Gesamtheit der Fakten; ***un ~ de faits*** ein Komplex von Fakten; ***l'~ des professeurs*** das Lehrerkollegium; die Lehrerschaft; *loc/adj* ***d'~*** Gesamt…; ***impression*** *f* ***d'~*** Gesamteindruck *m*; ***plan*** *m* ***d'~*** Gesamt-, Übersichtsplan *m*; ***vue*** *f* ***d'~*** Gesamtansicht *f*; Überblick *m*,

E

-sicht *f* (*a fig*); *loc/adv* **dans l'~** insgesamt; im (Großen und) Ganzen; alles in allem; im Allgemeinen; **dans son ~** in s-r Gesamtheit 2 (*harmonie*) Zusammenspiel *n*, -wirken *n*, -klang *m*; Übereinstimmung *f*; *œuvre* **manquer d'~** nicht ausgewogen, einheitlich, harmonisch sein 3 MUS Ensemble *n*; **~ instrumental, vocal** Instrumental-, Vokalensemble *n* 4 *d'édifices* Komplex *m*; Gruppe *f*; **grand ~** Groß-, Wohnsiedlung *f*; Trabantenstadt *f*; **~ industriel** Industrieanlage *f*, -komplex *m* 5 *de meubles etc* Garnitur *f*; Gruppe *f*; *dans les publicités* **l'~ 3000 euros** komplett 3000 Euro 6 COUT Ensemble *n*; Komplet [-'ple:] *n*; **~ de plage** Strandensemble *n* 7 MATH Menge *f*; **théorie** *f* **des ~s** Mengenlehre *f*

ensemblier [ɑ̃sɑ̃blije] *m* 1 *décorateur* Innenarchitekt *m* 2 CIN Ausstatter *m*

ensemencement [ɑ̃smɑ̃smɑ̃] *m* 1 Aus-, Einsaat *f*; Einsäen *n* 2 BIOL Beimpfen *n* **ensemencer** *v/t* ⟨-ç-⟩ 1 *champ* einsäen; besäen 2 *étang, rivière* mit Fischbrut besetzen 3 BIOL beimpfen

enserrer [ɑ̃sere] *v/t* (eng) umschließen (*a fig montagnes: village etc*); *p/fort taille etc* einschnüren

ensevelir [ɑ̃səv(ə)liʀ] I *v/t* 1 *litt* (*enterrer*) begraben; bestatten; (*envelopper dans un linceul*) in ein Leichentuch hüllen 2 *avalanche etc* **~ qn, qc** j-n, etw unter sich (*dat*) begraben; j-n, etw verschütten; **être enseveli (sous les décombres)** (unter den Trümmern) verschüttet, begraben werden *ou* sein 3 *fig secret, passé etc* verbergen; begraben; *silence etc* **~ qn** j-n einhüllen II *v/pr fig* **s'~ dans la solitude** sich (ganz) von der Welt zurückziehen

ensevelissement [ɑ̃səv(ə)lismɑ̃] *m* 1 *litt* (*enterrement*) Begräbnis *n*; Bestattung *f*; *litt* Grablegung *f*; *dans un linceul* Einhüllen *n* in ein Leichentuch 2 *d'une ville etc* Begraben-, Verschüttetwerden *n*

ensiler [ɑ̃sile] *v/t* AGR in e-m Silo einlagern; einsäuern; silieren

en-soi [ɑ̃swa] *m* PHILOS An-sich-Sein *n*

ensoleillé [ɑ̃sɔleje] *adj* sonnig; *endroit a* sonnenbeschienen; besonnt; *pièce a* sonnendurchflutet; **côté ~** Sonnenseite *f*; **être ~** *a* Sonne haben; in der Sonne liegen

ensoleillement [ɑ̃sɔlɛjmɑ̃] *m* Sonnenbestrahlung *f*, -einstrahlung *f*; Sonnenschein *m*; **durée** *f* **d'~** Sonnenscheindauer *f*; **journées** *f/pl* **d'~** Sonnentage *m/pl*

ensoleiller [ɑ̃sɔleje] *v/t fig vie, journée* erhellen; Glanz bringen in (+*acc*); verschönern

ensommeillé [ɑ̃sɔmeje] *adj* schläfrig (*a yeux*); verschlafen; schlaftrunken

ensorcelant [ɑ̃sɔʀsəlɑ̃] *adj* bezaubernd; betörend; *st/s* berückend

ensorceler [ɑ̃sɔʀsəle] *v/t* ⟨-ll-⟩ 1 (*envoûter*) verzaubern; verwünschen; ver-, behexen; *adjt* **ensorcelé** verhext; verzaubert; verwunschen 2 *fig* (*captiver*) bezaubern; betören; bestricken; in s-n Bann ziehen; e-n Zauber ausüben (**qn** auf j-n)

ensorceleur [ɑ̃sɔʀsəlœʀ] *m*, **ensorceleuse** *f* Verführer(in) *m(f)*; Hexe *f*

ensorcellement [ɑ̃sɔʀsɛlmɑ̃] *m* 1 (*sorcellerie*) Zauberei *f*; *état* Verzauberung *f*; Behexung *f* 2 *fig* Zauber *m*; Reiz *m*; Bezauberung *f*

ensuite [ɑ̃sɥit] *adv* 1 *temporel* dann; danach; darauf; nachher; hernach; hinterher; anschließend; *st/s* sodann; alsdann; **et ~?** und (was) dann?; was weiter?; *litt* **~ de quoi** worauf 2 *spatial* dann; dahinter; hinterher 3 *fig* (*de plus*) ferner; außerdem; (*en second lieu*) zweitens

ensuivre [ɑ̃sɥivʀ] ⟨→ **suivre**; *déf: nur inf u 3. Person sg u pl; in zusammengesetzten Zeiten wird* **en** *abgetrennt*⟩ *v/pr* **s'~** (*découler*) sich daraus ergeben; daraus resultieren, hervorgehen; (*suivre*) darauf folgen; sich anschließen; **jusqu'à ce que mort s'en-suive** bis der Tod eintritt; **et tout ce qui s'ensuit** und alles Folgende; und alles, was damit verbunden ist; *impersonnel* **il s'ensuit (de là) que ...** daraus, hieraus ergibt sich *ou* folgt *ou* geht hervor, dass ...; das hat zur Folge, dass ...

entacher [ɑ̃taʃe] *v/t st/s honneur, réputation etc* beflecken; besudeln; beschmutzen; **entaché d'erreurs** mit Fehlern behaftet; fehlerhaft

entaille [ɑ̃taj] *f* 1 Einschnitt *m*; Kerbe *f*; TECH *a* Raste *f*; **faire une ~ dans, à** e-e Kerbe machen in (+*acc*) 2 *blessure* (tiefe) Schnittwunde; **se faire une ~ dans le doigt** sich (*acc ou dat*) tief in den Finger schneiden

entailler [ɑ̃taje] I *v/t* TECH einschneiden; einkerben; einkehlen; *arbre a* anritzen II *v/pr* **s'~ le doigt** sich (*acc ou dat*) tief in den Finger schneiden, *avec une hache* hacken

entame [ɑ̃tam] *f* CUIS Anschnitt *m*

entamer [ɑ̃tame] *v/t* 1 *réserves, bouteille, paquet de cigarettes etc* anbrechen; *pain, rôti etc* anschneiden; *boîte de chocolats etc a* anreißen; *billet de banque* anbrechen; anfangen; *capital, héritage* angreifen; **~ une pomme** einen Apfel anbeißen; *fig* **la journée est déjà bien entamée** es ist nicht mehr früh am Tag 2 CHIM angreifen; *diamant: verre etc* ritzen; *rouille: fer etc* angreifen; zer-, anfressen; MIL *ligne ennemie* eindrücken; einbrechen in (+*acc*) 3 *fig conviction, optimisme* erschüttern; Abbruch tun (+*dat*); *honneur, réputation* antasten; angreifen 4 (*commencer*) beginnen, anfangen (**qc** etw *ou* mit etw); *discussion* einleiten; eröffnen; *négociations* einleiten; aufnehmen; *conversation* anknüpfen; *œuvre* in Angriff nehmen; **~ la lecture d'un livre** ein Buch anfangen, *a* anlesen

entartrage [ɑ̃taʀtʀaʒ] *m* Ansatz *m*, Ablagerung *f* von Kesselstein

entartrer [ɑ̃taʀtʀe] I *v/t* Kesselstein ablagern, bilden in, auf (+*dat*) II *v/pr* **s'~** Kesselstein ansetzen

entassement [ɑ̃tasmɑ̃] *m* 1 Auf-, Anhäufung *f*; *de terre etc* Aufschüttung *f*; *résultat a* Haufen *m*; Berg *m*; *péj* Wust *m*; Durcheinander *n*; **~ de papiers** Haufen, Wust von Papieren 2 *d'êtres vivants* Zusammenpferchen *n*; *état* Zusammengepferchtsein *n*, -gedrängtsein *n*; *de masses humaines* Zusammenballung *f*

entasser [ɑ̃tase] I *v/t* 1 auf-, anhäufen; (auf)stapeln; auftürmen; aufschichten; *terre, pommes de terre etc* aufschütten; *provisions* (*amasser*) horten; speichern; hamstern 2 *prisonniers etc* zusammenpferchen (**dans** in +*dat*); hineinpferchen (in +*acc*) II *v/pr* **s'~** 1 *marchandises, courrier etc* sich stapeln, türmen, (an) häufen, ansammeln 2 *personnes* sich (dicht zusammen) drängen; zusammengepfercht sein; dicht gedrängt stehen; *masses humaines* sich zusammenballen

entendement [ɑ̃tɑ̃dmɑ̃] *m* 1 (*faculté de comprendre*) Verständnis *n*; Begriffsvermögen *n*; Fassungskraft *f*; ***dépasser l'~*** die Fassungskraft übersteigen; unbegreiflich, unverständlich sein **2** (*intelligence*) Verstand *m* (*a* PHILOS); Urteilskraft *f*

entendeur [ɑ̃tɑ̃dœʀ] *m loc* ***à bon ~ salut!*** Sie wissen *ou* du weißt jetzt Bescheid!; Sie sind *ou* du bist gewarnt!

entendre [ɑ̃tɑ̃dʀ] ⟨→ **rendre**⟩ **I** *v/t* **1** (*percevoir par l'ouïe*) hören (*a abs*); vernehmen; verstehen; ***~ mal*** schlecht, schwer hören; *un orateur etc* schlecht verstehen; ***j'ai mal entendu*** ich habe mich verhört; ich habe falsch gehört; ***ne pas ~ qc*** etw überhören, nicht hören; ***on entend souvent cette locution*** man kann diese Wendung oft hören; ***à l'~*** wenn man ihn (F so) hört; s-n Reden nach; ***qu'est-ce que j'entends?*** was höre ich da?; was muss ich da hören?; ***~ que …*** hören, dass …; ♦ ***~ crier, parler*** *etc* schreien, sprechen *etc* hören; ***j'ai entendu dire que …*** ich habe gehört, dass …; ***d'après ce que j'ai entendu dire*** soviel ich gehört habe; ***~ qn dire qc*** j-n etw sagen hören; hören, wie j etw sagt; etw von j-m hören; ***~ parler de qn, de qc*** von j-m, von etw hören *ou* reden hören; ***j'en ai entendu parler*** ich habe davon gehört; ***il ne veut pas en ~ parler*** er will nichts davon hören; ***je n'ai plus entendu parler de lui depuis longtemps*** ich habe schon lange nichts mehr von ihm gehört; ***j'aime ~ parler français*** ich höre gern Französisch; ***je ne l'ai jamais entendu parler de cela*** ich habe ihn nie davon, darüber sprechen hören; ♦ F ***il va m'~!*** F der kriegt was (von mir) zu hören!; ***faire celui qui n'a pas entendu*** (absichtlich) etw überhören; ***faire ~*** *bruit, son* hören lassen; von sich geben; ***se faire ~*** zu hören sein; *personne* sich (*dat*) Gehör verschaffen; mit s-r Stimme durchdringen; *bruit etc* hörbar, vernehmbar werden; *rires a* erschallen; *musique a* erklingen; *sirène a* ertönen; F ***qu'est-ce qu'il ne faut pas ~!*** F was man da so alles hört!; was muss man da nicht alles hören!; ***il répète à qui veut l'~ que …*** er erzählt jedem, der es hören will, dass … **2** **a)** (*écouter*) (an) hören; Gehör schenken (*+dat*); *témoin, accusé* hören; vernehmen; ***~ une conférence*** sich (*dat*) e-n Vortrag anhören; ***après avoir entendu les parties*** nach Anhörung der Parteien; ***faire ~ raison à qn*** j-n zur Vernunft bringen; ***il ne veut rien ~*** er will nicht hören; **b)** *plaintes, prières* erhören; ***que Dieu vous entende!*** Gott gebe es! **3** **a)** (*comprendre*) verstehen; begreifen; ***ne rien ~ à qc*** von etw nichts verstehen; für etw kein Verständnis haben; ***j'entends bien*** ich verstehe gut; ich begreife; ich weiß wohl; es ist mir klar; ***donner à, laisser ~ qc (à qn)*** (j-m) etw zu verstehen, erkennen geben; (j-n) etw merken lassen; (bei j-m) etw durchblicken lassen; (j-m) etw andeuten, *st/s* bedeuten; *je te défends de sortir,* ***tu entends?*** verstanden?; **b)** (*vouloir dire*) ***~ par*** verstehen unter (*+dat*); meinen mit; ***qu'entendez-vous par là?*** was verstehen Sie darunter?; was meinen Sie damit?; was wollen Sie damit sagen? **4** *st/s* (*vouloir*) beabsichtigen; wollen; ***qu'entendez-vous faire maintenant?*** *st/s* was gedenken Sie jetzt zu tun?; ***faites comme vous l'entendez*** machen Sie es, wie es Ihnen beliebt; ***j'entends qu'on m'obéisse, j'entends être obéi*** ich verlange, erwarte Gehorsam **II** *v/pr* ***s'~*** **1** **a)** (*s'accorder*) ***s'~ (bien, mal) avec qn*** sich mit j-m (gut, schlecht) verstehen, vertragen; mit j-m (gut, schlecht) auskommen; *réciproque* ***s'~*** sich verstehen, vertragen; miteinander auskommen; ***entendons-nous bien!*** wohlverstanden!; damit wir uns recht verstehen!; **b)** (*se mettre d'accord*) ***s'~ avec qn, sur qc*** sich mit j-m, über etw (*acc*) einigen, verständigen; mit j-m, über etw (*acc*) einig werden; ***s'~*** *a* zu e-r Verständigung kommen; ***avec lui il y a moyen de s'~*** mit ihm kann man reden; er lässt mit sich reden; **c)** (*s'y connaître*) ***s'~ à qc*** sich auf etw (*acc*) verstehen; ***il s'y entend*** er versteht sich darauf; ***s'y ~ pour*** (*+inf*) sich darauf verstehen zu (*+inf*); es verstehen zu (*+inf*); **d)** (*être compris*) verstanden werden; ***cela s'entend*** (das) versteht sich; (das ist) selbstverständlich; ***ce mot peut s'~ de diverses manières*** das Wort kann man verschieden auffassen; *quand je dis jamais*, ***je m'entends …*** dann verstehe ich darunter, dann heißt das … **2** (*être perçu par l'ouïe*) **a)** *bruit etc* gehört werden; zu hören sein; ***ce mot s'entend encore*** dieses Wort kann man noch hören, hört man noch; ***cela s'entend tout de suite*** das hört man gleich; **b)** *personne(s)* sich hören; die eigene Stimme hören; F ***tu ne t'entends pas*** du merkst gar nicht, wie laut du bist; F ***on ne s'entend plus ici*** hier hört, versteht man ja sein eigenes Wort nicht mehr; ***aimer s'~ parler*** sich gern reden hören; **c)** ***s'~ dire, répondre que …*** die Antwort erhalten, dass …; ***s'~ condamner à …*** verurteilt werden zu …

entendu [ɑ̃tɑ̃dy] *adj* **1** (*convenu*) abgemacht; beschlossen; ***(c'est) ~!*** einverstanden!; abgemacht!; gut!; klar!; geht in Ordnung!; es bleibt dabei!; F ist gebongt!; ***étant ~ que …*** wobei als vereinbart gilt, dass …; *loc/adv* ***bien ~*** natürlich; selbstverständlich; selbstredend; das versteht sich; *concessif* wohlverstanden; wohlgemerkt; allerdings; F ***comme de bien ~*** F versteht sich!; na klar! **2** *air, sourire, regard* verständnisvoll; des Einverständnisses; e-s Komplizen

entente [ɑ̃tɑ̃t] *f* **1** *processus* Verständigung *f*; Einigung *f*; *résultat* Übereinkommen *n*; Abmachung *f*; Absprache *f* (*a* ÉCON); ***terrain*** *m* ***d'~*** Verständigungsgrundlage *f*; ***parvenir à une ~*** Einigung erzielen; zu e-m Übereinkommen gelangen; sich verständigen, einigen **2** POL Entente *f*; Bündnis *n*; HIST ***l'Entente (cordiale)*** die Entente cordiale **3** (*concorde*) Einvernehmen *n*; Eintracht *f*; Einigkeit *f*; gegenseitiges Verstehen; ***vivre en bonne ~*** in gutem Einvernehmen leben

enter [ɑ̃te] *v/t* (*greffer*) pfropfen

entérinement [ɑ̃teʀinmɑ̃] *m* JUR *d'une expertise etc* Bestätigung *f* (durch das Gericht) **entériner** *v/t* **1** JUR (gerichtlich) bestätigen **2** (*approuver*) billigen; gutheißen; akzeptieren

entérite [ɑ̃teʀit] *f* MÉD Darmkatarr(h) *m*; Dünndarmentzündung *f*; *sc* Enteritis *f*

enterrement [ɑ̃tɛʀmɑ̃] *m* **1** *d'un mort* Beerdigung *f*; Begraben *n*; Bestattung *f*; Beisetzung *f*; *d'un trésor etc* Ver-, Eingraben *n*; *de cadavres, d'animaux a* Verscharren *n* **2** *cérémonie* Beerdigung *f*; Begräbnis *n*; Bestattung *f*; Beisetzung *f*; *südd a* Leiche *f*; ***~ religieux*** kirchliches Begräbnis; F *fig* ***un ~ de première classe*** ein Begräbnis erster Klasse; ***tête*** *f* ***d'~*** Leichenbittermiene *f*; Trauermiene *f* **3** (*cortège funèbre*) Trauer-, Leichenzug *m*; Trauergefolge *n*; *a* Trauergemeinde *f* **4** *fig de projets, d'espoirs etc* Ende *n*; Begraben *n*

E

enterrer [ɑ̃teʀe] **I** *v/t* **1** *mort* beerdigen; begraben; bestatten; beisetzen; zu Grabe tragen; ***être enterré au cimetière de …*** auf dem Friedhof von … begraben sein, liegen; ***nous l'avons enterré hier*** wir haben ihn gestern zu Grabe getragen; ***il est mort et enterré*** er ist längst tot, unter der Erde; *fig* ***il nous enterrera tous*** er wird uns alle überleben **2** *cadavre, animal* vergraben; verscharren; *trésor, armes etc* ver-, eingraben; JARD eingraben; in die Erde stecken; TECH *conduites* unter der Erde, unterirdisch verlegen; *fig* ***~ la hache de guerre*** F das Kriegsbeil begraben **3** *par ext* ***être enterré sous les décombres*** unter den Trümmern verschüttet, begraben werden *ou* sein, (begraben) liegen **4** *fig secret* begraben, verschließen (***dans son cœur*** in s-m Herzen); *querelle, affaire, projets, espoirs* begraben; *espoirs a* zu Grabe tragen; ***~ sa vie de garçon*** den Abschied von s-m Junggesellenleben feiern **II** *v/pr* ***s'~*** *fig* sich zurückziehen (***en province*** in die Provinz); F sich vergraben (in der Provinz)

entêtant [ɑ̃tɛtɑ̃] *adj parfum* betäubend; schwer; zu Kopfe steigend; *air de musique* die einem nicht aus dem Kopf geht

en-tête [ɑ̃tɛt] *m* ⟨*pl* **en-têtes**⟩ **1** *de papier à lettres* Briefkopf *m* **2** INFORM Kopf *m*; Vorsatz *m*

entêté [ɑ̃tete] **I** *adj* eigensinnig; starrköpfig, -sinnig; halsstarrig; störrisch; F stur; dickköpfig, -schäd(e)lig **II** *subst* ***~(e)*** *m(f)* Starrkopf *m*; F Dickkopf *m*; Dickschädel *m*

entêtement [ɑ̃tɛtmɑ̃] *m* Eigensinn(igkeit) *m(f)*; Starrsinn *m*; Starrköpfigkeit *f*; Halsstarrigkeit *f*; F Sturheit *f*; Dickköpfigkeit *f*; Dickschädligkeit *f*

entêter [ɑ̃tete] *v/pr* ***s'~*** eigensinnig, starrköpfig, halsstarrig werden; F s-n Dickkopf aufsetzen; ***s'~ dans qc*** sich auf etw (*acc*) versteifen; eigensinnig auf etw (*dat*) beharren, an etw (*dat*) festhalten; sich auf etw (*acc*) kaprizieren; ***s'~ à faire qc*** sich darauf versteifen, etw zu tun; hartnäckig etw tun; ***s'~ dans une idée*** *a* sich in e-e Idee verrennen; ***s'~ dans son refus*** *a* sich hartnäckig weigern

enthousiasmant [ɑ̃tuzjasmɑ̃] *adj* begeisternd; hinreißend

enthousiasme [ɑ̃tuzjasm] *m* Begeisterung *f*; Enthusiasmus *m*; *loc/adv*: ***avec ~*** begeistert; mit Begeisterung; ***dans l'~ général*** in der allgemeinen Begeisterung; ***fête célébrée dans l'~*** begeistert, überschwänglich gefeiertes Fest

enthousiasmer [ɑ̃tuzjasme] **I** *v/t* begeistern; in Begeisterung versetzen; hinreißen; enthusiasmieren; *p/p* ***être enthousiasmé par qc, qn*** von etw, j-m begeistert sein **II** *v/pr* ***s'~*** sich begeistern (***pour*** für); in Begeisterung geraten (über +*acc*)

enthousiaste [ɑ̃tuzjast] *adj accueil, partisan etc* begeistert; enthusiastisch; *a péj* überschwänglich; schwärmerisch

entichement [ɑ̃tiʃmɑ̃] *m* Schwärmerei *f*; Vorliebe *f*; Neigung *f*

enticher [ɑ̃tiʃe] *v/pr* ***s'~ de qn, qc*** für j-n, etw schwärmen; sich für j-n, etw begeistern; sich in j-n, etw vernarren; ***être entiché de*** vernarrt sein in (+*acc*)

entier [ɑ̃tje] **I** *adj* ⟨**-ière**⟩ **1 a)** ganz; (***durant***) ***une année entière, des années entières*** ein ganzes, volles Jahr (lang), jahrelang; ***lait ~*** Vollmilch *f*; MATH ***nombre ~*** ganze Zahl; ***payer place entière*** den vollen Preis bezahlen; **b)** *advt* ***tout***⟨*inv*⟩***~*** ganz; völlig; vollständig; ganz und gar; über und über; ***tout ~ à son travail*** ganz in s-e Arbeit vertieft; ***avaler qc tout ~*** etw ganz (ver)schlucken; ***boire une bouteille tout entière*** e-e ganze Flasche (aus)trinken; ***se donner tout ~ à une tâche*** sich (*dat*) e-r Aufgabe voll und ganz widmen; **c)** *loc/adv* ***en ~*** ganz; vollständig; ***écrire son nom en ~*** s-n Namen (ganz) ausschreiben; ***lire un article en ~*** e-n Artikel ganz lesen **2** (*absolu*) *confiance, liberté* völlig; uneingeschränkt; absolut; *confiance a* unbedingt; *liberté a* vollkommen; *ignorance, indépendance* völlig; ***donner entière satisfaction à qn*** j-n voll und ganz, restlos zufriedenstellen **3** (*intact*) *vase etc* ganz; unversehrt; *fig réputation* unangetastet; ***rester ~*** *mystère, problème* ungelöst bleiben; *question* offenbleiben **4** *caractère, personne* gerade; unbeugsam; direkt; *péj a* eigensinnig; *caractère a* fest; ***être ~ dans ses opinions*** feste Ansichten haben **II** *m* **1** MATH Ganze(s) *n* **2** *loc/adv* ***dans, en son ~*** ganz; als Ganzes

entièrement [ɑ̃tjɛʀmɑ̃] *adv* ganz; völlig; vollständig; voll und ganz; ganz und gar; gänzlich; zur Gänze

entité [ɑ̃tite] *f* **1** PHILOS Entität *f*; Seinshaftigkeit *f*; Wesenheit *f* **2** *par ext* Wesen *n*; Gebilde *n*

entoiler [ɑ̃twale] *v/t* **1** *carte de géographie* auf Leinwand aufziehen **2** COUT mit Leinen, mit e-r Einlage versteifen

entôler [ɑ̃tole] *v/t* F reinlegen; anschmieren; übers Ohr hauen

entomologie [ɑ̃tɔmɔlɔʒi] *f* Insektenkunde *f*; *sc* Entomologie *f* **entomologique** *adj* entomologisch **entomologiste** *m,f* Insektenforscher(in) *m(f)*; *sc* Entomologe *m*, -login *f*

entonner [ɑ̃tɔne] *v/t mélodie* anstimmen; intonieren; *fig* ***~ les louanges de qn*** ein Loblied auf j-n anstimmen

entonnoir [ɑ̃tɔnwaʀ] *m* Trichter *m* (*a d'une bombe*); ***en*** (***forme d'***)***~*** trichterförmig

entorse [ɑ̃tɔʀs] *f* **1** MÉD Verstauchung *f*; ***se faire une ~ au pied*** sich (*dat*) den Fuß verstauchen **2** *fig* ***faire une ~ à*** *loi, vérité* verdrehen; *loi a, règlement* missachten; sich hinwegsetzen über (+*acc*); verletzen; verstoßen gegen; ***faire une ~ à ses habitudes*** (einmal) von s-n Gewohnheiten abgehen, gegen s-e Gewohnheiten verstoßen

entortiller [ɑ̃tɔʀtije] **I** *v/t* **1** *bonbons etc* (ein)wickeln (***dans*** in +*acc*); *mouchoir etc* (herum) wickeln (***autour de son doigt*** um den Finger) **2** *fig phrases* komplizieren; *adjt* ***entortillé*** wirr; verworren; konfus **3** F *fig* ***~ qn*** F j-n beschwatzen, einwickeln **II** *v/pr* ***s'~*** **1** *plantes, serpent* sich winden, sich wickeln, *plante a* sich ranken, *serpent a* sich ringeln (***autour de*** um) **2 a)** F ***s'~ dans ses draps*** sich in s-e Decken (ver)wickeln; **b)** *fig* sich verwickeln, verheddern (***dans*** in +*dat*)

entourage [ɑ̃tuʀaʒ] *m* **1** *d'une personne* Umgebung *f*; Kreis *m* (***de qn*** um j-n); *d'un souverain a* Gefolge *n* **2** *de choses* Einfassung *f*; Umrandung *f*

entouré [ɑ̃tuʀe] *adj* **a)** umgeben, umsäumt (***de qc*** von etw); eingesäumt, eingefasst (mit etw); ***entouré d'amis*** von Freunden umgeben; ***~ de légendes*** sagenumwoben; ***~ de suspicion*** von allen Seiten verdächtigt; **b)** *personne* (***très***) ***~*** viel, sehr umschwärmt; viel bewundert; ***être mal ~*** schlechte Ratgeber, nicht die richtigen Mitarbeiter haben

entourer [ɑ̃tuʀe] **I** *v/t* **1** ***~ de*** umgeben, einfassen, umschließen mit; ***~ qn de ses bras*** j-n umfassen; *fig* ***~ qn d'égards*** j-n rücksichtsvoll behandeln; ***~ qc d'une ficelle*** etw mit e-r Schnur umwickeln; ***~ de ses flots*** umspülen; umfluten; ***~ de, en rouge*** rot umranden **2** ***~ qc*** *choses* etw umgeben; *arbres*: *maison a* umstehen; *champs*: *ferme a* (rings) herumliegen um; *personnes* um etw herumstehen; sich um etw versammeln **3** ***~ qn*** *personnes* j-n umgeben; um j-n herum sein; *admirateurs, auditeurs* j-n umringen, umstehen; sich um j-n drängen, versammeln, scharen; *amis etc* j-m beistehen, zur Seite stehen (***dans son malheur*** im Unglück); sich um j-n kümmern; *dangers, tentations* auf j-n lauern; *soldats, police* ***~ qn, qc*** j-n, etw einkreisen, umzingeln **II** *v/pr* ***s'~ de*** sich umgeben mit; *de personnes a* um sich scharen, (ver)sammeln (*+acc*); → *a* ***mystère*** *1*, ***précaution***

entourloupette [ɑ̃tuʀlupɛt] F *f* (übler) Streich; ***faire une ~ à qn*** j-m übel mitspielen; j-m e-n Streich spielen

entournure [ɑ̃tuʀnyʀ] *f* **1** (*emmanchure*) Ärmelausschnitt *m* **2** *fig* ***être gêné aux ~s*** (*être mal à l'aise*) sich unbehaglich, unwohl fühlen; *financièrement* F knapp bei Kasse sein; keine großen Sprünge machen können

entracte [ɑ̃tʀakt] *m* **1** THÉ, CIN *etc* Pause *f* **2** *fig* Atempause *f*; kurze Ruhepause

entraide [ɑ̃tʀɛd] *f* (gegenseitige) Hilfe, Unterstützung; (gegenseitiger) Beistand; ***comité*** *m* ***d'~*** Hilfskomitee *n*

entraider [ɑ̃tʀede] *v/pr* ***s'~*** einander, sich (gegenseitig) helfen, unterstützen, beistehen

entrailles [ɑ̃tʀaj] *f/pl* **1** (*viscères*) Eingeweide *pl*; Gedärme *pl* **2** REL ***et le fruit de vos ~ est béni*** und gebenedeit ist die Frucht deines Leibes **3** *fig de la Terre* Innere(s) *n*; *litt* Schoß *m*; *d'un bateau* Bauch *m*; *livre etc* ***prendre qn aux ~*** j-n tief, bis ins Innerste aufwühlen

entrain [ɑ̃tʀɛ̃] *m* Schwung *m*; Temperament *n*; Feuer *n*; Begeisterung *f*; Lebendigkeit *f*; ***plein d'~*** *personne* temperamentvoll; aufgeräumt; glänzender Laune; vor Lebenslust sprühend; *musique* schwungvoll; mitreißend; ***avec ~*** mit Schwung, Lust, Begeisterung; ***sans ~*** lust-, schwunglos; ohne Schwung; ***manquer d'~*** *personne* keinen Schwung, kein Temperament, nichts Mitreißendes (an sich [*dat*]) haben; *a conversation etc* schwunglos, lustlos, träge sein; *fête etc* ***ça manque d'~*** da ist kein Leben, kein Schwung drin; ***mettre de l'~*** Leben, Schwung hineinbringen

entraînant [ɑ̃tʀɛnɑ̃] *adj musique* beschwingt; mitreißend; schwungvoll; ***marche ~e*** schwungvoller, schmissiger, flotter Marsch

entraînement [ɑ̃tʀɛnmɑ̃] *m* **1** Training ['trɛː-, 'treː-] *n* (*a* SPORTS); Ausbildung *f* (*a* MIL); Schulung *f*; Übung *f*; *physique* Ertüchtigung *f*; *de main-d'œuvre* Einarbeitung *f*; Anlernen *n*; MIL ***~ sévère*** *a* Drill *m*; Schliff *m*; MIL ***~ à la marche, au tir*** Marsch-, Schießausbildung *f*; ***manque*** *m* ***d'~*** Ungeübtheit *f*; mangelnde Übung; SPORTS ***match*** *m* ***d'~*** Trainings-, Übungsspiel *n*; ***à l'~*** beim Training; ***avoir de l'~*** Übung haben; trainiert, geschult sein; ***manquer d'~*** keine Übung, kein Training haben; nicht geübt, trainiert sein; aus der Übung sein **2** TECH Antrieb *m* **3** *fig* **a**) *de la passion etc* Macht *f*; **b**) (*impulsion*) Trieb *m*; Regung *f*

entraîner [ɑ̃tʀene] **I** *v/t* **1** ***~ qc*** a) *courant, avalanche etc* etw (mit sich) fortreißen; etw mit-, wegreißen; *eaux a* etw fort-, wegschwemmen, wegspülen, mit sich führen; b) TECH etw antreiben; ***~ au fond de l'eau*** auf den Grund ziehen; in die Tiefe reißen **2** *personne* ***~ qn*** j-n mitnehmen, -führen, -ziehen, *dans sa chute* mitreißen, *de force ou* F mitschleppen **3** *fig* **a**) *musique, passion etc* ***~ qn*** j-n mit-, hinreißen; **b**) *personne* ***~ qn dans qc*** (*engager*) j-n in etw (*acc*) (mit) hineinziehen, in etw (*acc*) verwickeln; (*pousser*) j-n zu etw veranlassen, verleiten, überreden; ***~ qn à faire qc*** j-n dazu bringen, veranlassen, bewegen, etw zu tun; ***il cherchait à m'~ avec lui*** er versuchte, mich zum Mitmachen zu überreden, verleiten; ***se laisser ~ dans une aventure*** sich in ein Abenteuer hineinziehen, zu e-m Abenteuer verleiten lassen; ***il a été entraîné sur une mauvaise pente*** er ist auf die schiefe Bahn geraten; ***cela nous entraînerait trop loin*** das würde (uns) zu weit führen **4** (*avoir pour conséquence*) nach sich ziehen; zur Folge, im Gefolge haben; mit sich bringen; ***~ la mort*** den Tod zur Folge haben, herbeiführen **5** (*exercer*) trainieren [trɛ-, tre-] (*a* SPORTS); schulen; üben; *son corps* ertüchtigen; *employés* einarbeiten; anlernen; *adjt* ***bien entraîné*** geübt; gut (durch)trainiert **II** *v/pr* ***s'~*** trainieren [trɛ-, tre-] (*a* SPORTS); sich üben (***à*** [***faire***] ***qc*** in etw [*dat*])

entraîneur [ɑ̃tʀɛnœʀ] *m* SPORTS Trainer ['trɛː-, 'treː-] *m*; *d'une femme* Trainerin *f* **entraîneuse** *f* Animierdame *f*, -mädchen *n*

entrant [ɑ̃tʀɑ̃] *adj élève etc* neu eintretend, hinzukommend

entrapercevoir [ɑ̃tʀapɛʀsəvwaʀ] *v/t* ⟨→ **recevoir**⟩ flüchtig sehen, erblicken

entrave [ɑ̃tʀav] *f* **1** *pour animaux* (Fuß)Fessel *f* **2** *fig* Fessel *f*; Hemmnis *n*; Hindernis *n*; Behinderung *f*; Beeinträchtigung *f*; JUR ***~ à la circulation*** Verkehrsbehinderung *f*; ***~ à la liberté de la presse*** Beeinträchtigung der Pressefreiheit; ***~ à la liberté du travail*** Behinderung von Arbeitswilligen

entraver[1] [ɑ̃tʀave] *v/t* **1** *animaux, prisonniers* (am Fuß) fesseln; e-e (Fuß)Fessel anlegen (*+dat*) **2** *fig circulation, évolution etc* behindern; beeinträchtigen; hemmen; erschweren; *projets etc a* entgegenwirken (*+dat*); *vêtement etc* ***~ la marche*** beim Gehen (be)hindern, stören, hinderlich sein; *adjt* ***jupe entravée*** Humpelrock *m*

entraver[2] [ɑ̃tʀave] *v/t arg* (*comprendre*) F kapieren; mitkriegen

entre [ɑ̃tʀ] *prép* **1** **a**) *spatial* zwischen (*+dat ou acc*); ***~ ces objets*** *etc a* dazwischen; *fig* ***être ~ les mains de qn*** in j-s Händen sein; ***laisser de la place ~ chaque mot*** nach jedem Wort Platz lassen; **b**) *temporel* zwischen; ***~ dix et onze heures*** zwischen zehn und elf Uhr; **c**) *rapport entre deux personnes ou deux choses* zwischen (*+dat*); ***match*** *m* ***~ deux équipes*** Spiel *n* zwischen zwei Mannschaften; *je vous assure qu'* ***il n'y a rien ~ nous*** wir haben nichts miteinander; es ist nichts zwischen uns **2** *entre plusieurs personnes ou choses* unter (*+dat*); von; ***amitié*** *f* ***~ frères et sœurs*** Freundschaft *f* unter Geschwistern; ***~ au-***

E

tres unter anderem; (***soit dit***) ~ ***nous*** unter uns, im Vertrauen (gesagt); ***dîner*** ~ ***amis*** im Freundeskreis essen; ***personnes qui parlent*** ~ ***elles*** Menschen, die miteinander sprechen; ***ils veulent rester*** ~ ***eux*** sie wollen unter sich bleiben; ♦ ***lequel d'***~ ***vous?*** wer von euch *ou* Ihnen?; ***la plupart d'***~ ***eux*** die meisten von ihnen; *choses* die meisten davon

E

entrebâillement [ɑ̃tʀəbɑjmɑ̃] *m* Spalt *m*; ***dans l'***~ ***de la porte*** im Türspalt

entrebâiller [ɑ̃tʀəbɑje] **I** *v/t porte, fenêtre* e-n Spalt (weit), ein wenig, *a* halb öffnen; anlehnen; *adjt* ***fenêtre entrebâillée*** angelehntes Fenster; Fenster, das e-n Spalt offen steht **II** *v/pr* ***s'***~ *fenêtre, porte* sich e-n Spalt (weit), ein wenig öffnen; e-n Spalt (weit) aufgehen

entrechat [ɑ̃tʀəʃa] *m* DANSE Entrechat *m*; Kreuzsprung *m*

entrechoquement [ɑ̃tʀəʃɔkmɑ̃] *m de vaisselle etc* Aneinander-, Gegeneinanderstoßen *n*, -schlagen *n*; Klappern *n*; Klirren *n*; *de verres a* Klingen *n*

entrechoquer [ɑ̃tʀəʃɔke] **I** *v/t vaisselle etc* aneinander-, gegeneinanderstoßen *ou* -schlagen; *verres en trinquant* klingen lassen **II** *v/pr* ***s'***~ *tasses etc* aneinander-, gegeneinanderstoßen *ou* -schlagen; klappern; *verres* klirren; *verres en trinquant* klingen; *wagons* zusammenstoßen

entrecôte [ɑ̃tʀəkot] *f* CUIS Rippenstück *n*; Entrecote *n*

entrecouper [ɑ̃tʀəkupe] **I** *v/t* unterbrechen (***qc de qc*** etw durch etw); *adjt*: ***récit entrecoupé de silences*** (ab und zu) durch Schweigen unterbrochener Bericht; ***il parla d'une voix entrecoupée de sanglots*** s-e Worte waren von Schluchzen unterbrochen **II** *v/pr* ***s'***~ *lignes etc* sich (über)schneiden

entrecroisement [ɑ̃tʀəkʀwazmɑ̃] *m de poutres etc* Kreuzung *f*

entrecroiser [ɑ̃tʀəkʀwaze] **I** *v/t rubans, fils* verflechten; ineinanderschlingen, flechten **II** *v/pr* ***s'***~ *lignes, rues etc* sich kreuzen; sich (über)schneiden; *adjt* ***lignes entrecroisées*** sich (über)schneidende Linien *f/pl*

entre-déchirer [ɑ̃tʀədeʃiʀe] *v/pr litt et fig* ***s'***~ einander bekriegen, *p/fort* zerfleischen

entre-deux [ɑ̃tʀədø] *m* ⟨*inv*⟩ **1** COUT (Spitzen)Einsatz *m* **2** BASKET Sprungball *m*; FOOTBALL Schiedsrichterball *m*

entre-deux-guerres [ɑ̃tʀədøgɛʀ] *m* ⟨*inv*⟩ Zeit *f* zwischen den zwei Weltkriegen

entre-deux-mers [ɑ̃tʀədømɛʀ] *m weißer Bordeauxwein*

entre-dévorer [ɑ̃tʀədevɔʀe] *v/pr* ***s'***~ einander verschlingen; sich gegenseitig auffressen

entrée [ɑ̃tʀe] *f* **1** *de personnes* Eintritt *m*; Eintreten *n*; Hereinkommen *n*; *en scène* Auftritt *m*; Auftreten *n*; *dans un pays* Einreise *f*; *de véhicules* Einfahren *n*; Einfahrt *f*; *de bateaux* Einlaufen *n* (***dans un port*** in e-n Hafen); MIL Einmarsch *m*; Einzug *m*; Einrücken *n*; MUS Einsatz *m*; Einsetzen *n*; ~ ***interdite!*** Eintritt, Zutritt, Eingang verboten!; kein Zugang, Eintritt, Eingang!; *fig* ~ ***dans le monde, dans la vie*** Geburt *f*; Geborenwerden *n*; ~ ***en action*** Tätigwerden *n*; Eingreifen *n*; ~ ***en fonctions*** Amtsantritt *m*, -übernahme *f*; *d'un train* ~ ***en gare*** Einfahrt *f*; ~ ***en guerre*** Kriegseintritt *m*; ~ ***en matière*** Einleitung *f*; Einführung *f*; *d'une loi etc* ~ ***en vigueur*** Inkrafttreten *n*; ***à son*** ~ bei s-m Ein- *ou* THÉ Auftreten; als er eintrat, hereinkam, auftrat; THÉ ***avoir son*** ~ beim ersten Auftritt, Auftreten Szenenapplaus bekommen; *fig* ***avoir ses*** ~***s chez qn*** bei j-m ein und aus gehen; ***faire son*** ~ s-n Einzug halten; *acteur* auftreten; ***faire une*** ~ ***discrète*** unauffällig, diskret hereinkommen; ***faire une*** ~ ***remarquée*** bei s-m Kommen viel beachtet werden, Aufsehen erregen; THÉ e-n viel beachteten Auftritt haben; *fig* ***faire son*** ~ ***dans le monde*** zum ersten Mal in der Gesellschaft erscheinen; in die Gesellschaft eingeführt werden; debütieren; SPORTS ***faire son*** ~ ***dans le stade*** ins Stadion einziehen, einlaufen, einfahren; THÉ ***manquer son*** ~ s-n Auftritt, Einsatz verpassen, F verpatzen **2** *endroit* **a)** *pour personnes* Eingang *m*; *dans les bus* Einstieg *m*; *pour véhicules* Einfahrt *f*; ~ ***latérale, principale*** Neben- *ou* Seiteneingang *m*, Haupteingang *m*; THÉ ~ ***des artistes*** Bühneneingang *m*; ~ ***de la cour*** Hofeingang *m*, -einfahrt *f*; ~ ***d'un défilé*** Zugang zu e-m Engpass; ~ ***du métro*** Metroeingang *m*; Eingang zur Metro; ~ ***du port*** Hafeneinfahrt *f*; ~ ***de service*** Dienstboten-, Lieferanteneingang *m*; ***porte*** *f* ***d'***~ Eingangstür *f*; **b)** *d'une manche etc* Öffnung *f*; Loch *n*; *d'un câble etc* Ein-, Zuführung *f*; ~ ***d'air*** Lufteintritt *m*, -zuführung *f*, -einlass *m* **3** *dans un parti etc* Eintritt *m*; Beitritt *m*; Aufnahme *f*; ~ ***au lycée*** Eintritt, Aufnahme ins Gymnasium; ~ ***d'un pays dans le marché commun*** Beitritt e-s Landes zum Gemeinsamen Markt; ***examen*** *m* ***d'***~ Aufnahmeprüfung *f* **4** (*prix d'entrée*) Eintritt *m*; Eintrittsgeld *n*; (*billet*) Eintrittskarte *f*; ***l'exposition a enregistré 2000*** ~***s*** bei der Ausstellung wurden 2000 Besucher gezählt **5** COMM **a)** *dans un pays* ~(***s***) (*pl*) Einfuhr *f*; **b)** *dans une entreprise* ~***s*** *pl* Eingänge *m/pl* **6** (*vestibule*) Diele *f*; Vorraum *m*; Flur *m* **7** CUIS erster Gang; Vorspeise *f* **8** INFORM Eingabe *f*; Input *m ou n* **9** LEXICOGRAPHIE Stichwort *n* **10** *loc/adv* ***d'***~ (***de jeu***) von Anfang an; gleich zu Beginn, am Anfang; von vornherein

entrefaite [ɑ̃tʀəfɛt] *loc/adv* ***sur ces*** ~***s*** in diesem Augenblick, Moment

entrefilet [ɑ̃tʀəfilɛ] *m dans un journal* kurze Notiz, Meldung; Pressenotiz *f*, -meldung *f*

entregent [ɑ̃tʀəʒɑ̃] *m* gewandtes Benehmen; ***avoir de l'***~ sehr gewandt, kontaktfreudig sein; mit (den) Leuten umgehen können

entrejambe(s) [ɑ̃tʀəʒɑ̃b] *m* COUT Schritt *m*

entrelacement [ɑ̃tʀəlasmɑ̃] *m* Ineinanderflechten *n*, -schlingen *n*; *résultat* Verflochtensein *n*

entrelacer [ɑ̃tʀəlase] ⟨**-ç-**⟩ **I** *v/t* ineinanderschlingen; umeinanderschlingen; (miteinander) verflechten; *adjt* ***entrelacé*** ineinander verschlungen; (ineinander) verflochten **II** *v/pr* ***s'***~ *plantes* sich verflechten; *a lignes, rubans* ineinander verschlungen, verflochten sein

entrelacs [ɑ̃tʀəlɑ] *m ornement* Flechtdekoration *f*; Flechtwerk *n*

entrelarder [ɑ̃tʀəlaʀde] *v/t* CUIS spicken

entremêler [ɑ̃tʀəmele] *v/t* **1** (ver)mischen; vermengen **2** *fig* ~ ***qc de qc*** etw mit etw vermischen

entremets [ɑ̃tʀəmɛ] *m* CUIS Süßspeise *f*; Nachtisch *m*

entremetteur [ɑ̃tʀəmɛtœʀ] *m* **a)** (*intermédiaire*) Mittelsmann *m*; **b)** *péj* (*proxénète*) Kuppler *m* **entremetteuse** *f péj* Kupplerin *f*

entremettre [ɑ̃tʀəmɛtʀ] *v/pr* ⟨→ **mettre**⟩ *st/s* ***s'~*** vermitteln; sich ins Mittel legen; vermittelnd eingreifen

entremise [ɑ̃tʀəmiz] *f* Vermittlung *f*; Fürsprache *f*; *loc/prép* ***par l'~ de*** durch die Vermittlung, Fürsprache (+*gén*)

entrepont [ɑ̃tʀəpõ] *m* MAR Zwischendeck *n*

entreposer [ɑ̃tʀəpoze] *v/t marchandises* (ein)lagern; *meubles etc* unter-, einstellen

entrepôt [ɑ̃tʀəpo] *m* **1** Lager *n*; Lagerhaus *n*, -halle *f*, -raum *m*; Warenlager *n*; Depot *n*; Lagerplatz *m*; ***~ frigorifique*** Kühlhaus *n*, -halle *f*; ***~ de carburants*** Treibstofflager *n* **2** ***~ (de douane)*** Zolllager *n*; Zollniederlage *f*

entreprenant [ɑ̃tʀəpʀənɑ̃] *adj* **1** unternehmend; unternehmungslustig; tatkräftig; tätig; einsatzfreudig; rührig **2** *auprès des femmes* draufgängerisch; *péj* auf-, zudringlich

entreprendre [ɑ̃tʀəpʀɑ̃dʀ] *v/t* ⟨→ **prendre**⟩ **1 a)** ***~ qc*** etw unternehmen; ***~ la construction d'un immeuble*** mit dem Bau e-s Hauses anfangen, beginnen; ***~ des recherches*** Nachforschungen anstellen; ***~ une tâche*** eine Aufgabe in Angriff nehmen; **b)** ***~ de faire qc*** versuchen, es unternehmen, sich (*dat*) zur Aufgabe machen, etw zu tun **2** ***~ qn*** j-n zu beeinflussen, zu überreden (ver)suchen; F sich an j-n heranmachen; ***~ qn sur un sujet*** anfangen, (mit j-m) über ein Thema zu sprechen; F von e-m Thema anfangen

entrepreneur [ɑ̃tʀəpʀənœʀ] *m* Unternehmer *m*; ***~ (de bâtiment)*** Bauunternehmer *m*; ***~ de maçonnerie*** selbstständiger Maurer(meister); ***~ de transports*** Transportunternehmer *m*; Spediteur *m*; ***~ de travaux publics*** (Tief)Bauunternehmer *m*

entrepreneuse [ɑ̃tʀəpʀənøz] *f* Unternehmerin *f*

entreprise [ɑ̃tʀəpʀiz] *f* **1** Unternehmen *n*, -ung *f*; Vorhaben *n*; ***~ téméraire*** *a* (kühnes) Unterfangen; ***avoir l'esprit d'~*** Unternehmungsgeist haben; unternehmungslustig sein **2** ÉCON Unternehmen *n*; Betrieb *m*; Firma *f*; Geschäft *n*; ***~ artisanale*** Handwerksbetrieb *m*; handwerklicher Betrieb; ***~ commerciale*** Handelsunternehmen *n*; kaufmännischer Betrieb; ***~ familiale*** Familienbetrieb *m*, -unternehmen *n*; ***grande ~*** Großunternehmen *n*, -betrieb *m*; ***~ industrielle*** Industriebetrieb *m*, -unternehmen *n*; *par ext* ***la libre ~*** das freie Unternehmertum; ***petites et moyennes ~s*** (*abr* ***PME***) Klein- und Mittelbetriebe *m/pl*; ***~ privée*** Privatbetrieb *m*, -unternehmen *n*; ***~ publique*** öffentliches Unternehmen; ***~ de transports*** Transport-, Verkehrsunternehmen *n*; Speditionsfirma *f*; ***direction*** *f* ***de l'~*** Betriebsführung *f*, -leitung *f* **3** ***contrat*** *m* ***d'~*** Werk(lieferungs)vertrag *m*

entrer [ɑ̃tʀe] **I** *v/t* INFORM eingeben **II** *v/i* ⟨**être**⟩ **1** *personnes* eintreten; herein- *ou* hinein- *ou* F reinkommen; hineingehen; betreten (***dans un restaurant*** *etc* ein Lokal *etc*); kommen, gehen (***dans*** in +*acc*); *touristes* einreisen (***dans un pays*** in ein Land); *armée* einziehen; einrücken; einmarschieren; *véhicules* hinein- *ou* herein- *ou* F reinfahren; *bateaux* einfahren; einlaufen; *eau* eindringen; hereinlaufen; *lumière, soleil* hereinkommen, -scheinen, -fallen; *oiseau* hinein- *ou* hereinfliegen; *serpent* hinein- *ou* hereinkriechen; ♦ *abs*: ***entrez!*** kommen Sie herein!; treten Sie ein!; *quand on frappe* herein!; ***défense*** *f* ***d'~*** Eintritt, Zutritt, Eingang, Einfahrt verboten; kein Eintritt, Zutritt; ***frappez avant d'~*** bitte (an)klopfen; ***à droite en entrant*** rechts vom Eingang; wenn man hereinkommt, rechts; ♦ *avec adv*: ***~ furtivement*** (sich) herein- *ou* hineinschleichen; ***~ précipitamment*** hereinstürmen, -stürzen; ♦ *avec prép et loc/adv*: (*en*) *voiture* ***~ au garage*** in die Garage fahren; ***~ à l'improviste*** hereinplatzen, F -schneien; *fig et litt* ***le malheur est entré chez lui*** Unglück ist über ihn gekommen; *argent* ***~ dans la caisse*** hereinkommen; ***~ dans la chair*** ins Fleisch (ein)schneiden, (ein)dringen; *marchandise* ***~ dans un pays*** in ein Land eingeführt werden; *lumière* ***~ dans une pièce*** in ein Zimmer dringen, fallen; ***~ en courant*** herein- *ou* hineinlaufen; ***~ en foule*** herein- *ou* hineinströmen, -drängen; ***~ en France*** nach Frankreich einreisen, kommen; französischen Boden betreten; THÉ ***~ en scène*** auftreten; ***~ par la fenêtre*** zum Fenster hinein- *ou* hereinsteigen, -kommen; ♦ *avec des verbes*: ***aider qn à ~*** j-m hinein- *ou* hereinhelfen; *st/s* ***donnez-vous la peine d'~*** *st/s* wollen Sie sich bitte hereinbemühen; ***empêchez-le d'~*** lassen Sie ihn nicht herein, F rein; ***faire, laisser ~ qn*** j-n herein- *ou* hinein- *ou* F reinlassen; ***faire ~*** *personnes* hereinholen; (mit) hereinbringen; *véhicules* hinein- *ou* hereinfahren; *meubles etc* hinein- *ou* hereinschaffen, -transportieren, -befördern; ***faites ~*** ich lasse bitten; bitten Sie ihn *ou* sie herein; ***je ne fais qu'~ et sortir*** ich schaue nur kurz vorbei, herein; ich gehe gleich wieder; ***faire signe à qn d'~*** j-n hereinwinken **2** *objets* (hinein)passen, (-)gehen (***dans*** in +*acc*); ***cela n'entre pas dans votre poche*** das geht, passt nicht in Ihre Tasche; ***faire ~ qc dans qc*** etw in etw (*acc*) hineinbringen, -stecken, -drücken, -zwängen **3** *dans une entreprise, une école, un parti, un club etc* eintreten; ***~ au collège*** ins, aufs Gymnasium kommen, gehen; ***~ à l'école*** in die, zur Schule kommen; ***~ au parti*** in die Partei eintreten; der Partei beitreten; ***~ chez Renault*** *etc* zu Renault *etc* gehen; bei Renault *etc* anfangen, beginnen; ***faire ~ qn chez Renault*** j-m e-e Stelle bei Renault vermitteln, verschaffen; j-n bei Renault unterbringen; ***~ dans l'enseignement*** in den Schuldienst, ins Lehrfach gehen; ***~ dans une famille*** in e-e Familie einheiraten; ***~ dans un métier*** sich e-m Beruf zuwenden; ***~ dans le monde*** debütieren; in die Gesellschaft eingeführt werden; ***~ dans la police*** zur Polizei gehen; Polizist werden **4** *par ext* (*changer d'état*) (ein)treten, kommen (***dans, en*** in +*acc*); ***~ dans l'âge mûr*** ins reif(er)e Alter kommen; ***~ dans un complot*** sich an e-r Verschwörung beteiligen; an e-r Verschwörung teilnehmen; ***~ dans l'histoire*** in die Geschichte eingehen; ***~ dans la mauvaise saison*** in die kalte Jahreszeit kommen; ***~ dans le sommeil*** zu schlafen beginnen; ***~ dans l'usage, les mœurs*** üblich werden; sich einbürgern, durchsetzen; TÉL ***~ en communication*** Verbindung bekommen; ***~ en communication avec qn*** mit j-m Verbindung aufnehmen; mit j-m in Verbindung treten; sich mit j-m in Verbindung setzen; ***~ en conversation avec qn*** mit j-m ins Gespräch kommen; ***~ en correspondance avec qn*** mit j-m in Briefwechsel treten; ***~ en guerre*** in den Krieg eintreten; **~ en lutte avec qn** mit j-m den Kampf aufnehmen; **~ en rivalité avec qn** mit j-m in Wettstreit treten; *machine* **~ en service** in Betrieb genommen werden **5** (*faire partie de*) ein Bestandteil sein, e-n Bestandteil bilden (**dans** von *ou* +*gén*); **~ dans une catégorie** zu e-r Kategorie gehören; **~ dans la fabrication de qc** zur Herstellung e-r Sache verwendet werden, dienen; **cela entre pour beaucoup dans ma décision** das spielt e-e große Rolle bei meiner Entscheidung; **~ dans le prix de revient** im Selbstkostenpreis (mit) enthalten, einkalkuliert sein; **~ en ligne de compte** in Betracht kommen; **faire ~ en ligne de compte** in Betracht ziehen; berücksichtigen; → *a les subst correspondants*

Neuanfang mit entrer

Das Verb **entrer** kommt in vielen feststehenden Wendungen vor, die eine Änderung oder den Beginn von etwas Neuem ausdrücken:

entrer dans les détails	ins Detail gehen
entrer dans le vif du sujet	zum Kern der Sache kommen
entrer en action	in Aktion treten
entrer en colère	wütend werden
entrer en compétition avec une entreprise	in Wettbewerb mit einem Unternehmen treten
entrer en contact avec quelqu'un	mit jemandem Kontakt aufnehmen
entrer en fonction	seine Tätigkeit aufnehmen
entrer en vigueur	in Kraft treten

entresol [ɑ̃tʀəsɔl] *m* Zwischen-, Halbgeschoss, *österr* -geschoß *n*

entre-temps [ɑ̃tʀətɑ̃] *adv* inzwischen; in der Zwischenzeit; unterdessen

entretenir [ɑ̃tʀətniʀ] ⟨→ **venir**⟩ **I** *v/t* **1** *température, pression etc* konstant, unverändert, auf dem gleichen Stand halten; *feu* unterhalten; nicht ausgehen lassen; *relations, correspondance* unterhalten; aufrechterhalten; *relations a* pflegen; *légende etc* pflegen; erhalten; bewahren; *troubles, révolte* (noch) unterstützen, schüren; **~ une atmosphère de gaieté** für e-e fröhliche Atmosphäre sorgen; **~ la conversation** das Gespräch in Fluss halten; Konversation machen; **~ une correspondance avec qn** *a* mit j-m im Briefwechsel stehen; **~ des rapports de bon voisinage avec qn** mit j-m gute Nachbarschaft halten **2** *vêtements, routes, maison etc* instand, in Ordnung, in gutem Zustand halten; *édifice a* erhalten; *édifice, stade etc a* unterhalten; TECH *machine etc* warten; *voiture a* pflegen; *outils etc a* pfleglich behandeln; sorgsam umgehen mit; *santé* erhalten; *beauté* pflegen; bewahren; erhalten; *mémoire, connaissances* üben; *mémoire a* trainieren; **~ sa forme (physique)** sich (körperlich) in Form halten **3** (*nourrir*) *famille, enfant* unterhalten; für den Unterhalt aufkommen (+*gén*); *armée* unterhalten; *animaux* (sich) halten; *péj femme, a homme* aushalten; **se faire ~** sich aushalten lassen **4** *st/s* **~ qn de qc** mit j-m über etw (*acc*) sprechen, reden, etw bereden, besprechen **II** *v/pr* **s'~ avec qn de qc** sich mit j-m über etw (*acc*) unterhalten; mit j-m etw besprechen; *réciproquement* **s'~** sich unterhalten; miteinander sprechen

entretenu [ɑ̃tʀətny] *adj* **1** **bien (mal) ~** *parc, maison, voiture* (nicht) gepflegt; in gutem (schlechtem) Zustand; *voiture, édifice a* (nicht) gut erhalten **2** *péj femme, homme* ausgehalten

entretien [ɑ̃tʀətjɛ̃] *m* **1** *de maisons, de rues etc* Unterhaltung *f*; Unterhalt *m*; Instandhaltung *f*; Pflege *f*; TECH *de machines etc* Wartung *f*; *d'édifices a* Erhaltung *f*; **frais** *m/pl* **d'~** Unterhalts-, Unterhaltungs-, Instandhaltungskosten *pl*; **service** *m* **d'~** Wartungsdienst *m*; **d'~ facile** pflegeleicht; **exiger trop d'~** im Unterhalt viel zu teuer sein **2** *d'une famille etc* (Lebens) Unterhalt *m*; *de troupes etc* Unterhalt *m*; *d'animaux* Haltung *f*; Unterhalt *m* **3** (*conversation*) Unterredung *f*; Besprechung *f*; Gespräch *n*; **~ d'embauche** Vorstellungsgespräch *n*; **accorder un ~ à qn** j-m e-e Unterredung gewähren; **avoir un ~ avec qn** mit j-m ein Gespräch, e-e Unterredung haben, führen

entre-tuer [ɑ̃tʀətɥe] *v/pr* **s'~** einander, sich gegenseitig umbringen, töten

entrevoie [ɑ̃tʀəvwa] *f* CH DE FER Gleisabstand *m*, -zwischenraum *m*

entrevoir [ɑ̃tʀəvwaʀ] *v/t* ⟨→ **voir**⟩ **1** flüchtig, undeutlich, (nur) kurz sehen; **laisser ~ qc** etw ahnen lassen, andeuten **2** (*pressentir*) **~ qc** etw ahnen, erraten, vermuten, durchschauen, erkennen; *difficultés* voraus-, vorhersehen; **laisser ~ qc à qn** j-m etw in Aussicht stellen, andeuten; bei j-m etw durchblicken lassen

entrevue [ɑ̃tʀəvy] *f* (*rencontre*) Begegnung *f*; Zusammenkunft *f*; Treffen *n*; (*entretien*) Unterredung *f*; Rücksprache *f*; **avoir une longue ~ avec qn** mit j-m e-e lange Unterredung haben

entropie [ɑ̃tʀɔpi] *f* PHYS, INFORM Entropie *f*

entrouvrir [ɑ̃tʀuvʀiʀ] ⟨→ **couvrir**⟩ **I** *v/t fenêtre, porte, yeux etc* halb, ein wenig, e-n Spalt (weit), Spaltbreit öffnen, aufmachen; *fenêtre, porte a* anlehnen; *vêtement* ein Stück weit aufknöpfen, aufmachen; *adjt*: **porte entrouverte** halb offene Tür; *dormir* **la bouche entrouverte** mit halb offenem Mund **II** *v/pr* **s'~** *porte etc* halb, ein wenig, e-n Spalt (weit), Spaltbreit aufgehen; sich halb *etc* öffnen

entubage [ɑ̃tybaʒ] *m* P Beschiss *m* **entuber** P *v/t* F übers Ohr hauen; reinlegen; anschmieren; P bescheißen

enturbanné [ɑ̃tyʀbane] *adj* mit e-m Turban (auf dem Kopf)

énumératif [enymeʀatif] *adj* ⟨**-ive**⟩ aufzählend; e-e Aufzählung enthaltend

énumération [enymeʀasjõ] *f* Aufzählung *f*; *de motifs a* Anführung *f*; *écrite* Aufstellung *f*; **faire l'~ de** aufzählen; e-e Aufstellung machen von

énumérer [enymeʀe] *v/t* ⟨-è-⟩ *faits etc* aufzählen; herzählen; hersagen; vorrechnen; *motifs, exemples a* an-, aufführen
énurésie [enyʀezi] *f* MÉD Bettnässen *n*; *sc* Enurese *f*
énurétique [enyʀetik] *adj* ***enfant*** *m* ~ *ou subst* ~ *m* Bettnässer *m*
envahir [ɑ̃vaiʀ] *v/t* 1 *territoire* einfallen, eindringen, einmarschieren (***un pays*** in ein Land); überfallen 2 *par ext insectes etc*: *région* herfallen, sich hermachen über (+*acc*); heimsuchen (*a fig visiteurs*: *qn*); *mauvaises herbes*: *jardin* überwuchern; hinwegwachsen über (+*acc*); *eau*: *endroit* überfluten; eindringen in (+*acc*); sich ergießen über (+*acc*); *feu*: *maison* erfassen; übergreifen auf (+*acc*); *produit*: *marché* überschwemmen; *nuages*: *ciel* völlig bedecken; überziehen; *foule* strömen (***la salle*** in den Saal; ***la place publique*** auf den Platz); überfluten; ~ ***le domaine privé*** auf den privaten Bereich übergreifen; *pièce* ***être envahi par la fumée*** voll Rauch, F verqualmt sein; ***être envahi par la pub*** von Werbung überflutet werden 3 *sentiment* ~ ***qn*** j-n erfüllen, überkommen, überwältigen, ergreifen; über j-n kommen; in j-m aufwallen, aufsteigen; ***il est envahi par le doute*** er ist, steckt voller Zweifel
envahissant [ɑ̃vaisɑ̃] *adj* 1 zu-, aufdringlich; ***voisin*** ~ zu-, aufdringlicher Nachbar 2 *mauvaises herbes etc* überhandnehmend; alles überwuchernd
envahissement [ɑ̃vaismɑ̃] *m* 1 Überfall *m* (***d'un pays*** auf ein Land); Einfall *m*, Einmarsch *m*, Eindringen *n* (in ein Land) 2 *fig* Überhandnahme *f*; Überhandnehmen *n*; *par les mauvaises herbes* Überwucherung *f*; *par l'eau, par la foule, par la pub* Überflutung *f*; *du marché* Überschwemmung *f*; *de la mer* Vordringen *n*
envahisseur [ɑ̃vaisœʀ] *m* Angreifer *m*; Aggressor *m*; Eindringling *m* (*a fig*); ~***s*** *pl a* Invasoren *m/pl*
envasement [ɑ̃vɑzmɑ̃] *m d'un port etc* Verschlammung *f*
envaser [ɑ̃vɑze] *v/pr* ***s'***~ 1 *canal etc* verschlammen 2 *bateau etc* im Schlamm versinken, stecken bleiben
enveloppant [ɑ̃vlɔpɑ̃] *adj* 1 einhüllend, umhüllend (*a* MATH); umfassend 2 *fig manières* einschmeichelnd; *a personne* bestrickend; verführerisch
enveloppe [ɑ̃vlɔp] *f* 1 *d'une lettre* (Brief) Umschlag *m*; Kuvert *n*; ~ ***à fenêtre*** Fensterbriefumschlag *m*; ***mettre dans une*** ~, ***sous*** ~ in e-n Umschlag stecken; *t/t* kuvertieren 2 (*revêtement*) Hülle *f*; Umhüllung *f*; Überzug *m*; Verkleidung *f*; TECH *a* Mantel *m*; Ummantelung *f*; *d'un pneu* (Lauf)Mantel *m*; Decke *f*; ~ ***protectrice*** Schutzhülle *f*, -mantel *m*; ~ ***de coussin*** Kissenbezug *m*, -überzug *m* 3 *fig* (*apparence*) Hülle *f*; Schale *f* 4 MATH Enveloppe *f*; Hüllkurve *f* 5 FIN (*somme*) **a)** ~ ***budgétaire*** Haushaltssumme *f*; **b)** ***toucher une*** ~ ein Draufgeld erhalten
enveloppé [ɑ̃vlɔpe] *adj* F ***bien*** ~ vollschlank; dicklich
enveloppement [ɑ̃vlɔpmɑ̃] *m* 1 Einwickeln *n*, -hüllen *n*, -packen *n*, -schlagen *n*; Verpacken *n*, -ung *f* 2 MÉD Umschlag *m*; Wickel *m* 3 MIL Umfassung *f*; Einkreisung *f*; Einschließung *f*
envelopper [ɑ̃vlɔpe] I *v/t* 1 **a)** einwickeln, einhüllen, ein-, verpacken, einschlagen (***dans*** in +*acc*); TECH *conduite etc* umwickeln, umhüllen (***dans qc*** mit etw); ~ ***qn dans une couverture*** j-n in e-e Decke hüllen, wickeln, F packen; **b)** *emballage etc* ~ ***qc*** etw umhüllen, umgeben 2 *fig* **a)** *vérité, pensées* verpacken, (ver)kleiden (***sous une forme agréable*** in e-e angenehme Form); *brouillard*: *montagne etc* verhüllen; *p/p*: ***enveloppé de mystère*** geheimnisumwittert; ***enveloppé de silence*** in Schweigen gehüllt; **b)** *st/s* ~ ***qn, qc du regard*** j-n, etw mit e-m zärtlichen, liebevollen Blick umfangen 3 MIL umfassen II *v/pr* 1 ***s'***~ sich hüllen, wickeln (***dans*** in +*acc*) 2 *fig* ***s'***~ ***dans une certaine réserve*** *etc* sich (*dat*) e-e gewisse Reserve *etc* auferlegen
envenimement [ɑ̃vnimmɑ̃] *m* MÉD 1 *d'une blessure, d'une plaie* Reizung *f*; Entzündung *f* 2 *par la morsure ou la piqûre d'animaux venimeux* Vergiftung *f*
envenimer [ɑ̃vnime] I *v/t* 1 MÉD infizieren; e-e Entzündung hervorrufen (***qc*** bei etw) 2 *fig atmosphère* vergiften; *situation* verschärfen; verschlimmern; verschlechtern; ~ ***une dispute*** einen Streit verschärfen II *v/pr* ***s'***~ 1 MÉD sich entzünden 2 *fig situation etc* sich verschärfen; *discussion a* böse, bösartig, gehässig werden
envergure [ɑ̃vɛʀgyʀ] *f* 1 *d'un avion, d'un oiseau* Spannweite *f* 2 *fig d'une personne* Format *n*; (geistige) Spannweite; Größe *f*; *homme politique etc* ***d'***~ von Format; ***avoir de l'***~, ***manquer d'***~ Format, kein Format haben 3 *fig d'une entreprise etc* Ausmaß *n*; Umfang *m*; Zuschnitt *m*; *loc/adj*: ***de grande*** ~ großen Umfangs; groß angelegt; Groß…; *œuvre* ***sans*** ~ mittelmäßig; ***prendre de l'***~ e-n größeren Umfang annehmen; (an) Bedeutung gewinnen
enverrai *etc* [ɑ̃vɛ(ʀ)ʀe] → ***envoyer***
envers[1] [ɑ̃vɛʀ] *prép* 1 gegenüber (+*dat*); gegen (+*acc*); ***être aimable*** ~ ***qn*** freundlich, liebenswürdig zu j-m sein; ***être ingrat*** ~ ***qn*** sich j-m gegenüber undankbar erweisen; ***être juste*** ~ ***tous*** gerecht sein gegen alle 2 *loc* ~ ***et contre tous*** *ou* ***tout*** allen Widersachern, Gegnern *ou* Widerständen, Schwierigkeiten zum Trotz; gegen jeden, jedermann, alle anderen
envers[2] [ɑ̃vɛʀ] *m* 1 Rückseite *f*; *d'un tissu a* linke Seite; Abseite *f*; BOT *d'une feuille* Unterseite *f*; ♦ *loc/adv* ***à l'***~ umgekehrt; verkehrt (herum); TEXT links; *tableau a* auf dem Kopf; *tableau* ***accrocher à l'***~ umgekehrt aufhängen; ***ton gilet est à l'***~ du hast die Weste verkehrt (herum) an; *iron* ***faire des progrès à l'***~ den Krebsgang gehen; *vêtement* ***mettre à l'***~ verkehrt (herum) anziehen; ***repasser à l'***~ (von) links bügeln 2 *fig* Kehrseite *f*; Schattenseite *f*; andere Seite; ***découvrir l'***~ ***du décor*** hinter die Kulisse, Fassade sehen
envi [ɑ̃vi] *loc/adv st/s* ***à l'***~ um die Wette
enviable [ɑ̃vjabl] *adj* beneidenswert
envie [ɑ̃vi] *f* 1 (*jalousie*) Neid *m*; Missgunst *f*; ***avec*** ~ neidisch; missgünstig; ***il est dévoré, rongé d'***~ er ist *ou* wird grün, gelb, blass vor Neid; der Neid frisst, nagt, zehrt an ihm; ***regarder qn, qc d'un œil d'***~ j-n, etw missgünstig, neidisch, mit e-m neidischen, scheelen Blick betrachten; ***c'est l'***~ ***qui le fait parler*** aus ihm spricht (doch nur) der Neid; *prov* ***il vaut mieux faire*** ~ ***que pitié*** besser beneidet als bemitleidet 2 (*désir*) Lust *f* (***de*** auf +*acc*, zu); Verlangen *n* (nach); *de femme enceinte* Gelüst(e) *n*; ~ ***de rire*** Lachlust *f*; ***avoir*** ~ ***de*** (***faire***) ***qc*** Lust haben auf etw (*acc*), zu etw, etw zu tun; etw gerne (tun, haben) wollen; ***avoir*** ~ ***d'un bifteck*** *a* Appetit auf ein Steak

haben; ***avoir ~ d'une femme*** e-e Frau begehren; F ***avoir des ~s de femme enceinte*** Gelüste wie e-e Schwangere haben; ***il a ~ de pleurer*** er möchte am liebsten weinen; ***avoir grande ~, une ~ folle de qc*** große, F wahnsinnig(e) Lust auf etw (*acc*) haben; ***je n'en ai pas ~*** ich habe keine Lust dazu, darauf, kein Verlangen danach; ***j'en avais ~ depuis longtemps*** das wollte ich schon lange einmal tun *ou* haben; das war schon seit Langem mein Wunsch; ***avoir ~ que …*** (*+subj*) gerne wollen, dass …; es gerne sehen, wenn …; ***brûler, mourir,*** F ***crever d'~ de faire qc*** etw für sein Leben gern tun wollen; darauf brennen, etw zu tun; brennend, F furchtbar gern etw tun wollen; ***cela me donne ~ d'y aller*** da(bei) bekomme ich Lust, dort hinzugehen, -fahren; *chose* ***faire ~ à qn*** j-n reizen; ***cette voiture me fait ~*** *a* den Wagen hätte ich gern; ***ce voyage me fait ~*** *a* da würde ich gern hingehen, hinfahren; ***ôter à qn l'~ de recommencer*** j-m die Lust nehmen, es noch einmal zu tun; ***passer son ~*** sich (*dat*) s-n Wunsch erfüllen; *st/s* s-e Gelüste befriedigen; ***l'~ lui en a passé, est passée*** ihm ist die Lust dazu, daran vergangen; ***faire passer l'~ de qc à qn*** j-m die Lust an etw (*dat*), zu etw nehmen; j-m etw austreiben; ***si l'~ lui prend*** wenn er darauf Lust hat; *st/s* wenn es ihn danach verlangt, gelüstet **3** (*besoin organique*) (natürliches) Bedürfnis; Drang *m*; ***avoir ~ d'aller aux toilettes,*** F ***de faire pipi*** auf die Toilette müssen; F mal müssen; ***avoir ~ de dormir*** schläfrig werden; (gern) schlafen wollen; ***j'ai ~ de vomir*** mir wird schlecht; ich verspüre e-n Brechreiz **4** *autour de l'ongle* Niednagel *m* **5** *sur la peau* Muttermal *n*

envier [ɑ̃vje] *v/t* ***~ qn*** j-n beneiden; auf j-n neidisch sein; ***~ le sort*** *etc* ***de qn*** j-n um sein Schicksal *etc* beneiden; *st/s* ***~ qc à qn*** j-n um etw beneiden; j-m etw neiden, missgönnen; ***je l'envie d'être si peu frileux*** ich beneide ihn darum, dass er so wenig kälteempfindlich ist; ***n'avoir rien à ~ à qn*** j-n nicht zu beneiden brauchen; j-m in nichts nachstehen; *adjt* ***envié*** *emploi etc* begehrt

envieux [ɑ̃vjø] **I** *adj* ⟨**-euse**⟩ neidisch (**de** auf *+acc*); missgünstig; *regard a* scheel **II** *m* Neider *m*; F Neidhammel *m*; ***faire des ~*** beneidet werden; sich (*dat*) Neider machen, schaffen

environ [ɑ̃viʀõ] *adv* ungefähr; etwa; rund; zirka; *avec prix ou âge a* so bei; so um die; um (die) … herum; ***il y a ~ deux ans*** *ou* ***deux ans ~*** vor ungefähr zwei Jahren

environnant [ɑ̃viʀɔnɑ̃] *adj* umliegend; in der Umgebung; ***la campagne ~e*** die ländliche Umgebung

environnement [ɑ̃viʀɔnmɑ̃] *m* **1** ÉCOL Umwelt *f*; ***protection*** *f* ***de l'~*** Umweltschutz *m* **2** (*entourage*) Umgebung *f*

environner [ɑ̃viʀɔne] **I** *v/t* umgeben (*a fig*); umschließen; umringen; ***environné de*** umgeben von **II** *v/pr* ***s'~ d'amis*** *etc* sich mit Freunden *etc* umgeben

environs [ɑ̃viʀõ] *m/pl* **1** *d'une ville etc* Umgebung *f*; Umgegend *f*; Umland *n*; ***dans les ~*** in der Umgebung *etc*; in dieser Gegend **2** *loc/prép* ***aux ~ de*** *temporel* um; gegen; *local* in der Nähe, Umgebung von; bei; *suivi d'un nombre, d'un montant* ungefähr, etwa; ***aux ~ de Noël*** um Weihnachten (herum); ***aux ~ de Bordeaux*** in der Nähe von Bordeaux; bei Bordeaux; ***aux ~ de mille euros*** *etc* ungefähr, etwa, so um die, rund tausend Euro *etc*

envisageable [ɑ̃vizaʒabl] *adj* in Betracht zu ziehen(d); denkbar

envisager [ɑ̃vizaʒe] *v/t* ⟨**-geons**⟩ **a)** ***~ qc*** etw im Auge haben, ins Auge fassen, in Aussicht nehmen; etw anvisieren; *possibilités, difficultés* in Betracht ziehen; berücksichtigen; vorhersehen; *mesures, conséquences, moyens a* erwägen; in Erwägung ziehen; *situation, danger, mort* ins Auge schauen, sehen (*+dat*); ***~ l'avenir avec optimisme*** zuversichtlich in die Zukunft blicken; der Zukunft zuversichtlich entgegensehen; ***~ le pire*** mit dem Schlimmsten rechnen; ***l'angle sous lequel il faut ~ la question*** der Blickwinkel, unter dem man die Frage sehen muss; *adjt* ***la solution actuellement envisagée*** *a* die Lösung, an die man zurzeit denkt; ***être envisagé*** *a* infrage kommen; **b)** ***~ de faire qc*** den Plan haben, die Absicht haben, beabsichtigen, vorhaben, daran denken, sich mit dem Gedanken tragen, etw zu tun

envoi [ɑ̃vwa] *m* **1** *action* Absendung *f*; Versendung *f*; Verschickung *f*; Zusendung *f*; Übersendung *f*; COMM Versand *m*; *de troupes etc* Entsendung *f*; *d'une lettre pour un concours etc* Einsendung *f*; ***~ par avion, par bateau, par chemin de fer*** Versand mit dem *ou* per Flugzeug, mit dem Schiff, mit der *ou* per Bahn; ***contre l'~ de*** gegen Einsendung von **2** (*paquet etc*) Sendung *f*; Ein-, Zusendung *f*; ***~ contre remboursement*** Nachnahmesendung *f* **3** SPORTS ***coup*** *m* ***d'~*** Anstoß *m*; ***donner le coup d'~*** den Anstoß ausführen; *fig* ***donner le coup d'~ à qc*** etw eröffnen, einleiten **4** *d'une ballade* Zueignungsstrophe *f*

envol [ɑ̃vɔl] *m* **1** *d'un oiseau* Auf-, Weg-, Davonfliegen *n*; Aufflattern *n* **2** *d'un avion* Abflug *m*; Start *m*

envolée [ɑ̃vɔle] *f* **1** *de l'inspiration* Aufschwung *m* (*a des prix*); Gedankenflug *m* **2** *au Canada* AVIAT (*vol*) Flug *m*

envoler [ɑ̃vɔle] *v/pr* ***s'~*** **1** *oiseau* auf-, weg-, davon-, fortfliegen; aufflattern; *st/s* sich in die Lüfte erheben, schwingen; F *fig* ***l'oiseau s'est envolé*** der Vogel ist ausgeflogen; ♦ *non réfléchi*: ***faire ~*** vertreiben; verscheuchen; verjagen; ***laisser ~ un oiseau*** e-n Vogel entfliegen, davonfliegen, entkommen lassen **2** *feuilles etc dans le vent* davon-, wegfliegen; *fumée* verfliegen; sich verziehen; *poussière* aufsteigen **3** *avion* abfliegen; starten; aufsteigen; *st/s* sich in die Luft erheben **4** F *objets* (*disparaître*) verschwinden; F Beine kriegen **5** *fig et litt temps, espérances* entschwinden; dahinschwinden; verfliegen

envoûtant [ɑ̃vutɑ̃] *adj* bezaubernd; verführerisch

envoûtement *m* **1** Ver-, Behexung *f*; Verzauberung *f*; Zauber *m* **2** *fig* Zauber *m*; Bann *m*; Verzauberung *f*

envoûter [ɑ̃vute] *v/t* **1** ver-, behexen; verzaubern **2** *fig* be-, verzaubern; behexen; in s-n Bann ziehen, schlagen; e-n Zauber ausüben (***qn*** auf j-n)

envoyé [ɑ̃vwaje] **I** *m* **1** *d'un journal* ***~ spécial*** Sonderberichterstatter *m*, -korrespondent *m* **2** (*délégué*) Abgesandte(r) *m*; POL Gesandte(r) *m* **II** *adj* F ***ça c'est ~!*** gut gesagt, geantwortet, gemacht!

envoyer [ɑ̃vwaje] ⟨**-oi-**; *Futur u Conditionnel* **j'enverrai(s)**⟩ **I** *v/t* **1** *personne* schicken; aus-, vor-, F vorbeischicken; *délégué* entsenden; abordnen; *député* schicken, entsenden, wählen (***à*** in *+acc*); *troupes* entsenden; schicken; ***~ un enfant à l'école, au lit*** ein Kind in die Schule, ins Bett schicken; ***~ des soldats à la mort*** Soldaten in den Tod schicken; ***~ qn aux nouvelles*** j-n (aus)schicken, um zu erfahren, was es Neues gibt; ***~ qn à la rencontre de qn*** j-n j-m entgegenschicken; ***~ qn en prison*** j-n ins Gefängnis schicken; ♦ *avec inf*: ***~ (qn) chercher qn, qc*** (j-n) nach j-m, etw schicken; (j-n) j-n, etw holen lassen; ***ma mère m'envoie dire que …*** meine Mutter lässt (Ihnen) sagen, ausrichten, dass …; meine Mutter schickt mich, ich soll Ihnen sagen, dass …; ***il ne le lui a pas envoyé dire*** er hat es ihm ins Gesicht gesagt; er hat (vor ihm) kein Blatt vor den Mund genommen; ***~ qn faire des courses*** j-n einkaufen schicken; → *a* ***promener*** *I 3* **2** *choses* (ab-, weg-, ver-, ein)schicken, (-)senden; *lettre, paquet a* aufgeben; *marchandises a* verfrachten; ***~ qc à qn*** *a* j-m etw zuschicken, zusenden, übersenden; ***M. Untel vous envoie le bonjour*** Herr Soundso lässt Sie grüßen; ***~ ses condoléances, ses félicitations à qn*** j-m ein Beileidsschreiben, Glückwünsche schicken, senden; ***~ une invitation à qn*** j-m e-e Einladung schicken; ***~ des invitations*** Einladungen verschicken; ***~ qc par la poste*** etw mit der Post® schicken; ***~ de l'argent par mandat*** Geld durch die Post® überweisen; ***~ un message par radio*** e-e Nachricht funken; ***~ des vivres par avion en Turquie*** Lebensmittel in die Türkei fliegen **3** *coup de feu* abgeben; abfeuern; *gifle* geben; verabreichen; *coup (de poing, de pied)* versetzen; F verpassen; *balle* werfen; *avec le pied* treten; stoßen; schießen; *un baiser de la main* zuwerfen; ***~ qc à, dans la figure de qn*** j-m etw ins Gesicht schleudern, werfen; ***il m'envoie sa fumée dans la figure*** er bläst mir s-n Rauch ins Gesicht; F *fig* ***~ à qn dans les dents, gencives*** F j-m eins auf den Deckel geben; ***le cœur envoie le sang dans les artères*** das Herz pumpt das Blut in die Arterien **II** *v/pr* ***s'~*** **1** *lettres etc* sich (*dat*) schicken; *lettres a* sich (*dat*) schreiben **2** F **a)** *verre de vin etc* trinken; F sich (*dat*) genehmigen; runterkippen; *repas* sich (*dat*) gönnen, einverleiben, F genehmigen, reinziehen; P *une fille* F vernaschen; P umlegen; ***qu'est-ce qu'il s'est envoyé!*** F dem hats aber geschmeckt!; der hat 'ne ganze Menge verdrückt!; **b)** *corvée* auf sich (*acc*) nehmen (müssen); ***s'~ tout le chemin à pied*** den ganzen Weg tippeln (müssen); ***je me suis envoyé tout le travail*** *a* die ganze Arbeit ist an mir hängen geblieben

envoyeur [ɑ̃vwajœʀ] *m* Absender *m*; ***retour à l'~*** zurück an Absender

enzyme [ɑ̃zim] *m ou f* BIOL Enzym *n*

enzymologie [ɑ̃zimɔlɔʒi] *f* Enzymologie *f*

Éole [eɔl] *m* MYTH Äolus *m*

éolien [eɔljɛ̃] **I** *adj* ⟨***~ne***⟩ Wind…; äolisch; ***énergie ~ne*** Windkraft *f*; ***'harpe ~ne*** Äols-, Windharfe *f* **II** *f* ***~ne*** TECH Windrad *n*; Windkraftanlage *f*

Éoliennes [eɔljɛn] ***les îles*** *f/pl* ~ die Äolischen *ou* Liparischen Inseln *f/pl*

éosine [eɔzin] *f* CHIM Eosin *n*

épagneul [epaɲœl] *m* ZO Spaniel *m*

épais [epɛ] *adj* ⟨**épaisse** [epɛs]⟩ **1** *mur, papier, tranche, couche etc* dick; *couche de neige* hoch; *personne* dick; beleibt; *silhouette* stark; gedrungen; ***doigts*** *m/pl* ***~*** dick(lich)e Finger *m/pl*; ***lèvres ~ses*** dicke, wulstige Lippen *f/pl*; ***mains ~ses*** dick(lich)e Hände *f/pl*; ***elle n'est pas ~se*** sie ist ziemlich dünn, mager; ***une planche ~se de 2 cm*** ein 2 cm dickes, starkes Brett **2** *brouillard, fumée* dicht; dick; stark; *cheveux, forêt etc* dicht; *sourcils* dicht; buschig; *obscurité* undurchdringlich; ***au feuillage ~*** dicht belaubt **3** *liquides* dick(flüssig); zäh; *soupe, sauce* dick; sämig **4** *fig plaisanterie etc* plump; grob

épaisseur [epɛsœʀ] *f* **1** Dicke *f*; Stärke *f*; TECH *a* Dickte *f*; *de la neige* Höhe *f*; ***un mur de 30 cm d'~*** e-e 30 cm dicke, starke Mauer **2** *du brouillard, de la fumée* Dichte *f*; Dicke *f*; *des cheveux, de la forêt etc* Dichte *f* **3** *d'une sauce etc* Dicke *f*

épaissir [epesiʀ] **I** *v/t* ein-, verdicken; einkochen; ***~ une sauce*** eine Soße einkochen, ein-, verdicken **II** *v/i peinture, sauce etc* dick(er), dickflüssig werden; *sauce a* sämig werden; ***sa taille, il*** *ou* ***elle a épaissi*** er, sie ist dicker geworden **III** *v/pr* ***s'~*** *sauce etc* dick(er), dickflüssig werden; sich verdicken; einkochen; *personne* dick(er), stärker werden; zunehmen; *brouillard* dichter, dicker, stärker werden; sich verdichten; *obscurité, mystère* (immer) undurchdringlicher werden

épaississant [epesisɑ̃] *m* Verdickungsstoff *m*

épaississement *m du brouillard etc* Dichter-, Dicker-, Stärkerwerden *n*; *de la peau etc* Verdickung *f*; *de la peinture etc* Eindickung *f* **épaississeur** *m appareil* Eindicker *m*

épanchement [epɑ̃ʃmɑ̃] *m* **1** MÉD Erguss *m* **2** *fig* Geständnis *n*; Erguss *m*; Herzensergießung *f*

épancher [epɑ̃ʃe] **I** *v/t st/s* ***~ son cœur*** sein Herz ausschütten **II** *v/pr* ***s'~*** **1** MÉD *sang etc* sich ergießen **2** *st/s* ***s'~ (auprès de qn)*** (j-m) sein Herz ausschütten; sich (bei j-m) aussprechen

épandage [epɑ̃daʒ] *m* **1** AGR Ausbreiten *n*, Verteilen *n* (des Düngers) **2** ***champ*** *m* ***d'~*** Rieselfeld *n*

épandre [epɑ̃dʀ] *v/t* ⟨→ **rendre**⟩ *fumier, engrais* ausbreiten; verteilen

épanoui [epanwi] *adj* **1** *fleur* aufgeblüht; erblüht; aufgegangen; entfaltet **2** *visage, sourire* (freude) strahlend; vergnügt; freudig; *personne* heiter und ausgeglichen **3** *corps, formes* (voll) entwickelt

épanouir [epanwiʀ] **I** *v/t* **1** *fleurs* auf-, erblühen lassen **2** *fig visage* erhellen; aufheitern; erstrahlen, aufleuchten lassen **3** ***~ qn*** j-n in s-r Entwicklung fördern; j-m zur Entfaltung s-r Persönlichkeit verhelfen **II** *v/pr* ***s'~*** **1** *fleur* sich entfalten; auf-, erblühen; aufgehen **2** *fig beauté, civilisation etc* sich entfalten; *a personne* aufblühen; *st/s* erblühen; *enfant* sich entfalten, entwickeln **3** *visage* (auf)leuchten; strahlen; sich aufhellen, aufheitern; *personne* (vor Freude) strahlen

épanouissement [epanwismɑ̃] *m* **1** *de fleurs* Auf-, Erblühen *n*; Aufgehen *n* **2** *fig du corps, du talent etc* (volle) Entfaltung, Entwicklung; *d'une civilisation* Aufblühen *n*; *st/s* Erblühen *n*; (höchste) Entfaltung; Blüte *f*; Höhepunkt *m* **3** *d'un visage* (Er)-Strahlen *n*; Aufheiterung *f*

épargnant [epaʀɲɑ̃] *m* Sparer *m*; ***les petits ~s*** *a* die Kleinsparer *m/pl*

épargne [epaʀɲ] *f* **1** *action* Sparen *n*; Sparwesen *n*, -tätigkeit *f*; ***caisse*** *f* ***d'~*** Sparkasse *f*; ***encourager l'~*** die Spartätigkeit fördern **2** *somme(s)* Spargelder

E

n/pl; Ersparnisse *f/pl* **épargne-logement** *f* Bausparen *n*
épargner [epaʀɲe] **I** *v/t* **1** *argent* sparen; zurücklegen **2** *fig temps, forces etc* sparen; sparsam umgehen mit; haushalten mit; (gut) einteilen; ***n'~ aucun effort*** keine Mühe scheuen **3** ***~ qc à qn*** j-m etw ersparen; j-n mit etw verschonen; ***~ qc*** *a* etw unnötig, überflüssig machen; ***rien ne lui a été épargné*** ihm ist nichts erspart geblieben; ***épargnez-moi vos explications*** verschonen Sie mich mit Ihren Erklärungen **4** (*ménager*) *choses, gens* verschonen; *adversaire a* schonend, milde behandeln; ***ne pas ~ qn*** *a* j-n heftig, scharf kritisieren; ***être épargné*** verschont bleiben; ***la maladie ne l'a pas épargné*** er ist von der Krankheit nicht verschont geblieben; ***immeuble épargné par l'incendie*** Gebäude, das bei, von dem Brand verschont geblieben ist **II** *v/pr* ***s'~ des ennuis*** *etc* sich (*dat*) Ärger *etc* (er)sparen
éparpillement [epaʀpijmɑ̃] *m* **1** *état* Verstreutsein *n*; Herumliegen *n*; *action* Verstreuen *n*; Herumstreuen *n* **2** *fig des efforts* Verzettelung *f*; Zersplitterung *f*
éparpiller [epaʀpije] **I** *v/t* **1** *objets, papiers* (unordentlich) verstreuen; herumstreuen; wahllos umherstreuen; ausbreiten; *vent* ***~ les feuilles*** die Blätter verwehen; ***être éparpillé*** herumliegen; verstreut sein, liegen **2** *personnes* (da und dort, an mehreren Stellen) verteilen; (*disperser*) zerstreuen; *adjt* ***colons éparpillés sur un vaste territoire*** über ein großes Gebiet verstreute, verteilte Siedler **3** *fig son énergie etc* verzetteln; zersplittern **II** *v/pr* ***s'~*** **1** *choses* verstreut, umhergestreut werden; *grâce au vent* verweht, in alle Richtungen geweht werden **2** *foule* sich verteilen, verlaufen, zerstreuen **3** *fig personne* sich verzetteln
épars [epaʀ] *adj* ⟨**éparse** [epaʀs]⟩ **1** (weit) verstreut; vereinzelt (auftretend, nachweisbar); *cheveux* aufgelöst; wirr; unordentlich; fliegend; ***pluies ~es*** strichweise Regen *m* **2** *fig souvenirs* lückenhaft; *fragments* zusammenhang(s) los; unzusammenhängend
épatant [epatɑ̃] *adj* F toll; klasse (*inv*); prima (*inv*); dufte; fantastisch
épate [epat] *f* F ***faire de l'~*** F Eindruck schinden (wollen); sich (groß) aufspielen
épaté [epate] *adj* **1** *nez* platt (gedrückt); stumpf; ***nez ~*** *a* Stumpfnase *f* **2** F ***être ~*** verblüfft, F platt, baff sein; nur so staunen
épatement [epatmɑ̃] *m* **1** *du nez* Plattheit *f* **2** F (*étonnement*) Verblüffung *f*; Erstaunen *n*
épater [epate] F *v/t* verblüffen; imponieren (***qn*** j-m); F Eindruck schinden (bei j-m); sich (groß) aufspielen (vor j-m); ***tu m'épateras toujours!*** du bist für jede Überraschung gut!; ***ça t'épate, hein?*** F da bist du baff *ou* platt, was?; ***ça m'épate que …*** (+*subj*) es verblüfft mich, F haut mich um, dass …
épaule [epol] *f* Schulter *f* (*a du cheval*); *du cheval, du bœuf, du chevreuil* Bug *m*; CUIS *a* Schulterstück *n*; CH Blatt *n*; *chez l'homme* F *a* Achsel *f*; ***largeur f d'~s*** Schulterbreite *f*; *fig* ***avoir la tête sur les ~s*** vernünftige Ansichten haben; vernünftig, ausgeglichen sein; *fig* ***donner un coup d'~ à qn*** j-m unter die Arme greifen; j-n unterstützen; ***être carré, large d'~s*** breite Schultern haben; breitschult(e)rig sein; *responsabilités* ***peser, reposer sur les ~s de qn*** auf j-s Schultern (*dat*) lasten, ruhen; ***porter un fusil, une pelle sur l'~*** ein Gewehr geschultert haben, e-e Schaufel auf der Schulter tragen
épaulé [epole] *m* HALTÉROPHILIE Umsetzen *n*
épaulé-jeté *m* Stoßen *n*
épauler [epole] *v/t* **1** anlegen (*a abs*); in Anschlag bringen; ***~ un fusil*** ein Gewehr anlegen, in Anschlag bringen **2** *fig* ***~ qn*** j-n unterstützen; j-m helfen; sich für j-n einsetzen, für j-n eintreten (***auprès de qn*** bei j-m)
épaulette [epolɛt] *f* **1** MIL Schulterstück *n*; Epaulette *f* **2** COUT Schulterpolster *n*
épave [epav] *f* **1** MAR **a)** *bateau* (Schiffs)Wrack *n*; **b)** (*débris sur le rivage*) Strandgut *n*; *sur la mer* Treibgut *n* **2** *par ext d'une voiture, d'un avion, fig d'une personne* Wrack *n*; ***n'être plus qu'une ~*** nur noch ein Wrack sein
épeautre [epotʀ] *m* BOT Dinkel *m*
épée [epe] *f* Schwert *n*; Degen *m* (*a d'officier et* ESCRIME); *fig* ***~ de Damoclès*** [-s] Damoklesschwert *n*; ***coup*** *m* ***d'~*** Schwertstreich *m*, -hieb *m*; Degenstich *m*; *fig* ***un coup d'~ dans l'eau*** ein Schlag ins Wasser
épeiche [epɛʃ] *f* ZO Buntspecht *m*
épeire [epɛʀ] *f* ZO Kreuzspinne *f*
épéisme [epeism] *m* SPORTS Degenfechten *n* **épéiste** *m* Degenfechter *m*
épeler [eple] *v/t* ⟨**-ll-**⟩ buchstabieren
épellation [epɛ(l)lasjõ] *f* Buchstabieren *n*
épépiner [epepine] *v/t* entkernen
éperdu [epɛʀdy] *adj* **1** außer sich; ***~ de bonheur*** überglücklich; ***~ de joie*** außer sich vor Freude; ***~ de reconnaissance*** überaus, unendlich dankbar **2** *amour, désir etc* leidenschaftlich; heftig **3** *regard, geste* verzweifelt; ***fuite ~e*** überstürzte Flucht
éperdument [epɛʀdymɑ̃] *adv* ***~ amoureux*** (un)sterblich, bis über die Ohren verliebt; ***je m'en moque ~*** das ist mir völlig gleichgültig; das lässt mich völlig kalt
éperlan [epɛʀlɑ̃] *m* ZO Stint *m*
Épernay [epɛʀnɛ] *Stadt im Dep. Marne*
éperon [epʀõ] *m* **1** Sporn *m*; ***piquer des ~s*** s-m Pferd die Sporen geben **2** BOT, ZO Sporn *m*; *du chien* Afterklaue *f* **3** GÉOL *rocheux* Vorsprung *m*
éperonner [epʀɔne] *v/t* **1** ***~ son cheval*** s-m Pferd die Sporen geben; sein Pferd anspornen **2** *fig* (***être***) ***éperonné par l'ambition*** *etc* vom Ehrgeiz *etc* angespornt, angestachelt (sein); von Ehrgeiz *etc* getrieben (sein)
épervier [epɛʀvje] *m* **1** ZO Sperber *m* **2** *fig et* POL Falke *m*
éphèbe [efɛb] *m* **1** ANTIQUITÉ Ephebe *m* **2** *iron* schöner Jüngling
éphémère [efemɛʀ] **I** *adj gloire, bonheur, puissance etc* vergänglich; vorübergehend; nur kurze Zeit dauernd; kurzlebig; ephemer; ***caractère*** *m* ***~*** Vergänglichkeit *f* **II** *m* ZO Eintagsfliege *f*
éphéméride [efemeʀid] *f* **1** *calendrier* Tages-, Abreißkalender *m* **2** *pl* ***~s*** ASTR Ephemeriden *f/pl*
Éphèse [efɛz] HIST Ephesus *n*
épi [epi] *m* **1** Ähre *f*; *de maïs* Kolben *m*; ***~ de blé, d'orge, de seigle*** Korn- *ou* Weizen-, Gersten-, Roggenähre *f* **2** *par ext* **a)** ***~*** (***de cheveux***) (Haar)Wirbel *m*; **b)** *protection du littoral* Buhne *f*; **c)** *loc/adv* ***en ~***

ährenförmig; AUTO ***stationnement*** *m* ***en ~*** Schrägparken *n*

épice [epis] *f* CUIS Gewürz *n*; ***pain*** *m* ***d'~(s)*** Honig-, Pfeffer-, Lebkuchen *m*

épicé [epise] *adj* CUIS gewürzt; würzig; pikant; scharf

épicéa [episea] *m* BOT Fichte *f*; Rottanne *f*

épicentre [episɑ̃tʀ] *m d'un séisme* Epizentrum *n*

épicer [epise] *v/t* ⟨**-ç-**⟩ CUIS würzen (*a fig*)

épicerie [episʀi] *f* **1** *magasin* Lebensmittelgeschäft *n*; *autrefois* Kolonialwarengeschäft *n*; *rayon de grande surface* Lebensmittelabteilung *f*; ***petite ~ du coin*** Tante-Emma-Laden *m* **2** *commerce* Lebensmittelhandel *m* **3** *produits* Lebensmittel *n/pl*; ***~ fine*** Feinkost *f*; Delikatessen *f/pl*

épicier [episje] *m*, **épicière** *f* Lebensmittelhändler(in) *m(f)*; Krämer *m*; *fig* ***mentalité*** *f* ***d'épicier*** spießbürgerliche Gesinnung; Engstirnigkeit *f*

Épicure [epikyʀ] *m* PHILOS Epikur *m*

épicurien [epikyʀjɛ̃] PHILOS *et fig* **I** *adj* ⟨**~ne**⟩ epikureisch **II** *m* Epikureer *m* **épicurisme** *m* PHILOS *et fig* Epikureismus *m*

épidémie [epidemi] *f* **1** Epidemie *f*; Seuche *f*; ***~ de grippe*** Grippeepidemie *f* **2** *fig* (*mode*) Seuche *f*; Epidemie *f*; *de suicides etc* Serie *f*; Welle *f*

épidémiologie [epidemjɔlɔʒi] *f* Epidemiologie *f*; Seuchenlehre *f*

épidémique [epidemik] *adj* epidemisch; seuchenartig

épiderme [epidɛʀm] *m* ANAT Epidermis *f*; Oberhaut

épidermique [epidɛʀmik] *adj* **1** ANAT der Epidermis; Oberhaut...; epidermal **2** *fig* (*superficiel*) oberflächlich

épier [epje] *v/t personne, agissements* (heimlich) beobachten, belauschen, belauern, überwachen; *bruits* hören, horchen auf (*+acc*); lauschen (*+dat*); ***~ qn*** *a* j-m nachspionieren; ***~ sa proie*** s-r Beute auflauern; auf s-e Beute lauern

épieu [epjø] *m* ⟨*pl* **~x**⟩ HIST, CH Spieß *m*

épigastre [epigastʀ] *m* ANAT Oberbauch *m*; *sc* Epigastrium *n*

épiglotte [epiglɔt] *f* ANAT Kehlkopfdeckel *m*; *sc* Epiglottis *f*

épigone [epigɔn] *m* Epigone *m*

épigramme [epigʀam] *f* Epigramm *n*

épigraphe [epigʀaf] *f* **1** (*inscription*) Epigraf *n*; Inschrift *f* **2** *en tête d'un chapitre* Motto *n*

épilateur [epilatœʀ] *m* **~** (***électrique***) Epiliergerät *n*; Epilierer *m*

épilation [epilasjõ] *f* Enthaarung *f*; Haarentfernung *f*; *sc* Epilation *f*

épilatoire [epilatwaʀ] *adj* Enthaarungs...; Haarentfernungs...; ***crème*** *f* **~** Enthaarungs-, Haarentfernungscreme *f*

épilepsie [epilɛpsi] *f* MÉD Epilepsie *f*; ***avoir une crise d'~*** e-n epileptischen Anfall haben *ou* bekommen

épileptique [epilɛptik] MÉD **I** *adj* epileptisch **II** *m,f* Epileptiker(in) *m(f)*

épiler [epile] **I** *v/t* enthaaren; die Haare entfernen von; *sc* epilieren; *sourcils* auszupfen; ***se faire ~ les jambes*** sich (*dat*) die Beinhaare entfernen lassen **II** *v/pr* ***s'~ les aisselles, les jambes*** sich (*dat*) die Achsel-, Beinhaare entfernen; ***s'~ les sourcils*** sich (*dat*) die Augenbrauen auszupfen

épilogue [epilɔg] *m* **1** Epilog *m*; Schlusswort *n*; THÉ *a* Nachspiel *n*; *d'un roman a* Nachwort *n* **2** *fig* (*dénouement*) Ende *n*; Ausgang *m*; (Auf)Lösung *f*

épiloguer [epilɔge] *v/t/indir* **~ *sur qc*** (hinterher) lange über etw (*acc*) diskutieren, reden; lange Kommentare über etw (*acc*) abgeben

épinard [epinaʀ] *m* **1** BOT Spinat *m*; *adjt* ***vert~*** ⟨*inv*⟩ spinatgrün **2** CUIS **~*s*** *pl* Spinat *m*

épine [epin] *f* **1** BOT Dorn *m*; Stachel *m* (*a du hérisson etc*); *fig* ***enlever, ôter, tirer à qn une ~ du pied*** j-m aus e-r schwierigen Lage, Notlage helfen; F j-m aus der Klemme, Patsche helfen **2** ANAT ***~ dorsale*** Rückgrat *n*

épinette [epinɛt] *f* **1** MUS Spinett *n* **2** BOT *au Canada* Fichte *f*; Rottanne *f*

épineux [epinø] *adj* ⟨**-euse**⟩ **1** BOT dornig; stach(e)lig (*a hérisson etc*) **2** *fig problème, situation* heikel; kniff(e)lig; misslich; schwierig

épinglage [epɛ̃glaʒ] *m* **1** Befestigen *n* mit Nadeln; Feststecken *n* **2** COUT Abstecken *n*

épingle [epɛ̃gl] *f* (Steck)Nadel *f*; *d'une broche etc* Nadel *f*; Verschluss *m*; ***~ à chapeau*** Hutnadel *f*; ***~ à cheveux*** Haarnadel *f*; ***virage*** *m* ***en ~ à cheveux*** Haarnadelkurve *f*; ***~ de cravate*** Krawattennadel *f*; ***~ de nourrice, de sûreté*** Sicherheitsnadel *f*; *fig* ***coup*** *m* ***d'~*** Nadelstich *m*; Stichelei *f*; ***attacher, fixer qc avec des ~s*** etw feststecken, mit Nadeln befestigen; *fig* ***monter qc en ~*** etw hochspielen, aufbauschen, groß herausstellen; ***se piquer avec une ~*** sich an e-r Nadel stechen; *fig* ***tirer son ~ du jeu*** sich geschickt aus der Affäre ziehen; rechtzeitig abspringen, aussteigen; *fig* ***être tiré à quatre ~s*** geschniegelt und gebügelt, wie aus dem Ei gepellt, F piekfein sein

épinglé [epɛ̃gle] *m* TEXT Epinglé *m*

épingler [epɛ̃gle] *v/t* **1** an-, feststecken; mit e-r Nadel, mit Nadeln feststecken, -machen, befestigen; COUT *ourlet etc* abstecken; *papiers etc* ***~ ensemble*** zusammenstecken; ***~ qc sur la poitrine de qn*** j-m etw anstecken, an die Brust stecken **2** F *fig* ***~ qn*** j-n (am Tatort) erwischen, F schnappen; ***se faire ~*** F sich erwischen lassen; erwischt, geschnappt werden

épinière [epinjɛʀ] *adj f* ANAT ***moelle*** *f* **~** Rückenmark *n*

épinoche [epinɔʃ] *f* ZO Stichling *m*

Épiphanie [epifani] *f* REL (Fest *n* der) Erscheinung *f* des Herrn; Epiphanias *n*

épiphyse [epifiz] *f* ANAT **1** *d'un os* Epiphyse *f* **2** *glande* Zirbeldrüse *f*; Epiphyse *f*

épique [epik] *adj* **1** episch; Helden...; ***genre*** *m*, ***poésie*** *f* **~** Epik *f*; ***poème*** *m* **~** Epos *n*; ***poète*** *m* **~** Epiker *m* **2** *sauvetage etc* abenteuerlich; *scène, discussion* theatralisch

Épire [epiʀ] GÉOGR ***l'~*** *f* Epirus *n*

épiscopal [episkɔpal] *adj* ⟨**-aux**⟩ bischöflich; Bischofs...; Episkopal...

épiscopat [episkɔpa] *m* ÉGL **1** *fonction* Episkopat *m ou n*; Bischofswürde *f*, -amt *n* **2** *coll* Episkopat *m ou n*; Bischöfe *m/pl*

épiscope [episkɔp] *m* **1** OPT Episkop *n* **2** *d'un blindé* Winkelspiegel *m*

épisode [epizɔd] *m* **1** (*événement*) Episode *f*; (flüchtige) Begebenheit; (nebensächliches) Erlebnis; Zwischenspiel *n* **2** (*action incidente*) *d'une piè-*

ce, d'un roman Neben-, Zwischenhandlung *f*; Episode *f*; Zwischenstück *n* **3** *(partie) d'un roman, d'un film* Abschnitt *m*; Teil *m*; ***film*** *m* ***à ~s*** Episodenfilm *m*; ***film*** *m* ***en cinq ~s*** Film *m* mit fünf Abschnitten, Episoden

épisodique [epizɔdik] *adj* episodisch; *événement etc* nebensächlich; vorübergehend; ***rôle*** *m* **~** Nebenrolle *f*

E

épissure [episyʀ] *f* MAR, TECH Spleißung *f*; Splissung *f*; Spleiß *m*; Spliss *m*

épistémologie [epistemɔlɔʒi] *f* PHILOS Epistemologie *f*; Erkenntnislehre *f*

épistolaire [epistɔlɛʀ] *adj* Brief...; brieflich; ***littérature*** *f* **~** Briefliteratur *f*

épitaphe [epitaf] *f* Grabinschrift *f*; Epitaph(ium) *n*

épithélium [epiteljɔm] *m* BIOL Epithel(ium) *n*; Epithelgewebe *n*

épithète [epitɛt] *f* **1** Epitheton *n*; Beiwort *n*; ***~s injurieuses*** Schimpfnamen *m/pl*, -wörter *n/pl* **2** GR **~** *ou adjt* ***adjectif*** *m* **~** attributives Adjektiv

épître [epitʀ] *f* **1** BIBL (Apostel)Brief *m*; Epistel *f* *(a à la messe)* **2** *iron (lettre)* Brief *m*; Epistel *f*

éploré [eplɔʀe] *adj* **a)** *visage* tränenüberströmt; verweint; *personne* in Tränen aufgelöst; ***voix ~e*** tränenerstickte Stimme; **b)** *par ext (affligé)* untröstlich; tief betrübt; schmerzerfüllt; ***veuve ~e*** trauernde Witwe

épluchage [eplyʃaʒ] *m* **1** *de pommes de terre etc* Schälen *n*; *de salades, de légumes* Putzen *n*; Verlesen *n* **2** *fig* strenge Kontrolle; genaue Prüfung, Durchsicht

épluche-légumes [eplyʃlegym] *m* ⟨*inv*⟩ Schälmesser *n*; Gemüseschäler *m*

éplucher [eplyʃe] *v/t* **1** *fruits, oignons etc* schälen; *radis, haricots, salade, légumes* putzen; *salade, légumes a* verlesen; **~ *des pommes de terre*** Kartoffeln schälen, pellen **2** *fig comptes etc* genau prüfen, kontrollieren; Punkt für Punkt durchgehen; *texte etc* unter die Lupe nehmen; zerpflücken; Fehler herausklauben (***qc*** aus etw)

éplucheur [eplyʃœʀ] *m* **a)** **~** *ou adjt* ***couteau*** *m* **~** Schälmesser *n*; **b)** Schälmaschine *f*

épluchures [eplyʃyʀ] *f/pl* (Obst-, Kartoffel)Schalen *f/pl*; *de légumes etc* Abfälle *m/pl*

EPO [øpeo] *f abr (érythropoïétine) hormone* Erythropoetin *n*; *dopant* Erythropoietin® *n*; Epo *n*

épointer [epwɛ̃te] *v/t aiguille, couteau, ciseaux* abstumpfen; stumpf machen; die Spitze abbrechen (+*gén*); **~ *un crayon*** einen Stift abschreiben, stumpf schreiben

éponge [epõʒ] *f* **1** Schwamm *m* *(a* ZO); CUIS **~ *métallique*** Topfkratzer *m*; **~ *naturelle, synthétique*** Natur-, Kunststoffschwamm *m*; **~ *végétale*** Luffaschwamm *m*; BOXE ***jeter l'~*** das Handtuch werfen *(a fig)*; *fig* ***passer l'~ sur qc*** großzügig über etw *(acc)* hinwegsehen; nicht mehr über etw *(acc)* sprechen; ***passons l'~!*** Schwamm drüber!; ***passer un coup d'~ sur la table*** den Tisch (mit e-m Schwamm) abwischen; *fig* ***presser l'~*** das Letzte herausholen (aus j-m) **2** *adjt* ***serviette*** *f* **~** Frottee-, Frottier(hand)tuch *n*; ***tissu*** *m* **~** Frottee *n ou m*; Frottierstoff *m*, -gewebe *n*

épongeage [epõʒaʒ] *m* Ab-, Aufwischen *n*

éponger [epõʒe] ⟨**-geons**⟩ **I** *v/t* **1** abwischen; **~ *la table*** den Tisch abwischen; **~ *une flaque, une tache*** eine Pfütze, einen Fleck aufwischen **2** ÉCON *excédent* abschöpfen **II** *v/pr* ***s'~*** sich *(dat)* abwischen, (ab)trocknen (***le front*** die Stirn)

épopée [epɔpe] *f* **1** (Helden)Epos *n*; Heldendichtung *f* **2** *fig* ***l'~ napoléonienne*** Frankreichs heroische Zeit unter Napoleon; *iron* ***une véritable ~*** e-e Serie von Abenteuern

époque [epɔk] *f* **1** *(période)* Epoche *f*; Zeit(alter) *f(n)* *(a* GÉOL); ***la Belle Époque*** die Belle Époque; die Zeit um die Jahrhundertwende; GÉOL **~ *carbonifère*** Karbon *n*; **~ *classique*** Klassik *f*; ***les grandes ~s de l'histoire*** die großen Geschichtsepochen *f/pl*; **~ *romane*** Romanik *f*; ***l'~ des grandes découvertes*** das Zeitalter der großen Entdeckungen; ***l'~ des grandes invasions*** die Zeit der Völkerwanderung; *loc/adj*: ***costume*** *m* ***d'~*** Kostüm *n* der Zeit; Originalkostüm *n*; THÉ *a* historisierendes Kostüm; ***meuble*** *m* ***d'~*** (echtes) Stilmöbel; ***être d'~*** *meuble etc* echt sein; *loc/adv* ***à l'~ de*** zur Zeit, im Zeitalter (+*gén*); ***à notre ~*** *a* in der heutigen Zeit; heutzutage; ***être de son ~, vivre avec son ~*** mit der Zeit gehen; in, mit s-r Zeit leben; ***faire ~*** Epoche machen; ***événement*** *m* ***qui fera ~*** Epoche machendes, epochales Ereignis **2** *(moment)* Zeit *f*; Zeitpunkt *m*; **~ *des vacances*** Ferienzeit *f*; **~ *des vendanges*** Zeit der Weinlese; *loc/adv*: ***à cette ~*** (***de l'année***) zu dieser, um diese (Jahres)Zeit; ***à l'~*** damals; ***l'an dernier à pareille ~, à la même ~*** letztes Jahr um diese, um die gleiche Zeit; ***à l'~ de notre mariage*** (damals) als wir heirateten; zur Zeit unserer Heirat

épouillage [epujaʒ] *m* Entlausung *f*

épouiller [epuje] **I** *v/t* (ent) lausen **II** *v/pr* ***s'~*** sich lausen

époumoner [epumɔne] *v/pr* ***s'~*** *en parlant* F sich *(dat)* die Seele aus dem Leib reden; sich *(dat)* den Mund fusselig reden; *en criant* F sich *(dat)* die Lunge aus dem Hals schreien

épousailles [epuzɑj] *f/pl plais ou litt (mariage)* Vermählung *f*; Verehelichung *f (a iron)*

épouse [epuz] *f* → ***époux***

épouser [epuze] *v/t* **1** **~ *qn*** j-n heiraten **2** *fig idées, opinions etc* annehmen; sich *(dat)* aneignen; sich *(dat)* zu eigen machen; *cause* sich einsetzen für; vertreten; **~ *la querelle de qn*** bei e-m Streit für j-n Partei ergreifen **3** *choses* sich anpassen, anschmiegen (***qc*** *dat*); **~ *les formes du corps*** *robe* sich dem Körper anpassen, anschmiegen; (eng) anliegen; *dossier* körpergerecht, dem Körper angepasst sein; *chaussures* **~ *la forme du pied*** *a* fußgerecht sein

époussetage [epustaʒ] *m* Abstauben *n*; Staubwischen *n*

épousseter [epuste] *v/t* ⟨**-tt-**⟩ abstauben; **~ *les meubles*** *a* Staub wischen

époustouflant [epustuflɑ̃] F *adj* verblüffend; höchst überraschend, erstaunlich **époustoufler** F *v/t* in Erstaunen versetzen; überraschen; verblüffen; verdutzen; ***être époustouflé*** F platt, baff sein

épouvantable [epuvɑ̃tabl] *adj* entsetzlich; schrecklich; grauenhaft, -voll; grauenerregend; grausig; F grässlich; ***colère*** *f* **~** schreckliche, furchtbare Wut; ***temps*** *m* **~** scheußliches Wetter; ***avoir une mine ~*** erschreckend *ou* entsetzlich schlecht, fürchterlich aussehen

épouvantablement [epuvɑ̃tabləmɑ̃] *adv* sehr; F

furchtbar; ~ ***laid*** abgrundhässlich; F potthässlich

épouvantail [epuvɑ̃taj] *m* 1 Vogelscheuche *f* 2 *fig d'une personne* ~ (***à moineaux***) Vogelscheuche *f* 3 *fig d'une chose* Schreckgespenst *n*; Popanz *m*

épouvante [epuvɑ̃t] *f* Entsetzen *n*; Grauen *n*; Grausen *n*; (Er)Schrecken *m(n)*; ***cris*** *m/pl* ***d'~*** Entsetzensschreie *m/pl*; ***film*** *m* ***d'~*** Horrorfilm *m*; ***vision*** *f* ***d'~*** Schreckensvision *f*, -bild *n*; ***saisi d'~*** von Entsetzen gepackt; ***jeter, semer l'~*** Schrecken verbreiten

épouvanter [epuvɑ̃te] I *v/t* ~ ***qn*** 1 j-m Schrecken, Furcht, Angst einjagen; j-n in Schrecken, Angst versetzen; *adjt*: ***épouvanté*** (zu Tode) erschrocken; voll(er) Entsetzen; entsetzt 2 (*inquiéter*) j-n ängstigen, beunruhigen; j-m Angst machen II *v/pr* F ***elle s'épouvante du déménagement*** *etc* es graut ihr, ihr graut vor dem Umzug *etc*

époux [epu] *m*, **épouse** [epuz] *f* (Ehe)Mann *m*, (Ehe)Frau *f*; JUR Ehegatte *m*; *st/s* Gatte *m*, Gattin *f*; Gemahl(in) *m(f)*; ***époux*** *pl* Ehegatten *pl*; Ehepaar *n*; Eheleute *pl*; ADM ***Mme Y, épouse X*** Frau X, geborene Y; ***les futurs époux*** die zukünftigen Ehegatten, -leute; das zukünftige (Ehe)Paar; ***les jeunes époux*** die Jungverheirateten *pl*; das junge, neuvermählte Paar; *st/s* die Neuvermählten *pl*; F ***le bonjour à votre épouse*** F grüßen Sie die *ou* Ihre Frau Gemahlin; Grüße an die Frau Gemahlin; ***prendre pour*** ~ zum Mann *ou* zur Frau nehmen; ehelichen (*a plais*)

éprendre [epʀɑ̃dʀ] *v/pr* ⟨→ **prendre**⟩ *st/s* ***s'~*** sich verlieben (***de qn*** in j-n)

épreuve [epʀœv] *f* 1 (*test*) Probe *f*, Test *m*, Prüfung *f* (*a* TECH); (Aus)Probieren *n*; Testen *n*; HIST ~ ***du feu*** Feuerprobe *f*; ~ ***de force*** Kraft-, Machtprobe *f*; JUR ***mise*** *f* ***à l'~*** Bewährung *f*; *loc/adj*: *amitié*, *patience etc* ***à toute*** ~ unbedingt (zuverlässig); bewährt; erprobt; *santé*, *nerfs* eisern; *santé a* robust; ***à l'~ de*** widerstandsfähig gegen; ***à l'~ des balles, des bombes, du feu*** kugel-, bomben-, feuersicher, -fest; ***beauté*** *f* ***à l'~ du temps*** zeitlose, unvergängliche Schönheit; ***mettre à l'~*** *personne* auf die Probe stellen; TECH erproben; prüfen; e-r Belastungsprobe aussetzen; ***mettre la patience de qn à rude*** ~ j-s Geduld auf e-e harte Probe stellen; j-n auf e-e harte Geduldsprobe stellen; ***résister aux ~s*** den Prüfungen standhalten 2 (*malheur*) (Schicksals)Prüfung *f*; Heimsuchung *f*; ***passer par de dures, rudes ~s*** schwere Prüfungen durchmachen; durch e-e schwere, harte Schule gehen 3 EXAMEN Prüfung(sarbeit) *f*; ***~s écrites, orales*** schriftliche, mündliche Prüfungen; ***~s de mathématiques*** Prüfungen, Prüfungsarbeiten in Mathematik 4 SPORTS Wettkampf *m*; Prüfung *f*; ***~s d'athlétisme*** Leichtathletikwettkämpfe *m/pl* 5 **a)** TYPO (Korrektur)Fahne *f*; Korrekturabzug *m*, -bogen *m*; Probeabzug *m*; ***corriger les ~s*** Korrektur lesen; **b)** GRAVURE *etc* Probedruck *m*; (Probe)Abzug *m*; **c)** PHOT Abzug *m*; ***faire tirer des ~s*** Abzüge machen lassen

épris [epʀi] *p/p* → ***éprendre*** *et adj* 1 ***être ~ de qn*** in j-n verliebt, *p/fort* vernarrt sein 2 ***être ~ de qc*** von etw begeistert, ganz besessen sein; für etw schwärmen

éprouvant [epʀuvɑ̃] *adj climat* hart; *chaleur* schwer zu ertragen(d); ***travail*** ~ strapaziöse, anstrengende, beschwerliche Arbeit

éprouvé [epʀuve] *adj* 1 *matériel* erprobt; bewährt; geprüft; *appareil* betriebssicher; zuverlässig 2 *ami* bewährt; erprobt; absolut zuverlässig; ***fidélité ~e*** absolute, unbedingte Treue 3 (*qui a souffert*) leidgeprüft; schwer geprüft; ***avoir l'air très*** ~ sehr mitgenommen aussehen

éprouver [epʀuve] *v/t* 1 (*tester*) prüfen, testen (*a mémoire, connaissances*); erproben; (aus)probieren; *courage*, *force* erproben; testen; *sincérité*, *fidélité*, *foi* auf die Probe stellen 2 (*faire souffrir*) *perte*, *maladie etc* ~ ***qn*** j-n (sehr) mitnehmen, schwer treffen; *guerre*, *épidémie* ~ ***un pays*** *a* ein Land heimsuchen; ***sa santé en a été très éprouvée*** s-e Gesundheit hat dadurch schwer gelitten 3 (*ressentir*) *joie*, *déception etc* erleben; *joie*, *mépris*, *peur*, *regret*, *dégoût*, *pitié*, *douleur* empfinden; *douleur*, *joie*, *amour* fühlen; spüren; *soulagement*, *curiosité*, *envie*, *désir* verspüren; ~ ***du bien-être*** Wohlbehagen verspüren, empfinden; ~ ***des difficultés*** Schwierigkeiten haben; auf Schwierigkeiten (*acc*) stoßen

éprouvette [epʀuvɛt] *f* 1 CHIM Reagenzglas *n*; ~ ***graduée*** Messzylinder *m* 2 *adjt* ***bébé*** *m* ~ Retortenbaby [-beːbi] *n*

EPS [əpeɛs] *f abr* (*éducation physique et sportive*) Sportunterricht *m*; Turnen *n*

épucer [epyse] ⟨**-ç-**⟩ *v/t* (*et v/pr* ***s'~*** sich) flöhen

épuisant [epɥizɑ̃] *adj travail*, *climat etc* kräftezehrend; anstrengend; ermüdend

épuisé [epɥize] *adj* 1 *source* versiegt; *filon* (völlig) abgebaut; ausgebeutet; *sol* ausgelaugt; ausgemergelt; *tirage* vergriffen; *réserves* verbraucht; erschöpft; *stock* ausverkauft; *sujet* erschöpfend behandelt; ***être*** ~ F *a* alle, aus sein 2 *personne* (völlig) erschöpft; entkräftet; kraftlos; ermattet; matt; abgespannt; abgekämpft; mitgenommen; ausgemergelt; ausgelaugt

épuisement [epɥizmɑ̃] *m* 1 *du sol* Ausmergelung *f*; Auslaugung *f*; *d'un filon* (vollständiger) Abbau; Ausbeutung *f*; *des réserves*, *des fonds etc* Erschöpfung *f*; *d'une source* Versiegen *n*; ***jusqu'à l'~ des stocks*** solange der Vorrat reicht 2 *d'une personne* (völlige) Erschöpfung (*a d'un pays*); Übermüdung *f*; Entkräftung *f*; Ermattung *f*; ***jusqu'à ~ complet*** bis zur völligen Erschöpfung; ***être dans un état d'~ extrême*** in e-m, im Zustand äußerster Erschöpfung sein

épuiser [epɥize] I *v/t* 1 *filon*, *carrière* (völlig) abbauen; ausbeuten; *sol* ausmergeln; auslaugen; *stock etc* ausverkaufen; restlos verkaufen; *réserves*, *moyens* erschöpfen; ausschöpfen; aufbrauchen; *sujet* erschöpfen; erschöpfend behandeln; *munitions* verschießen; verfeuern; ***notre stock est épuisé*** *a* wir sind ausverkauft 2 *maladie etc*: *personne*, *guerre etc*: *pays* erschöpfen; entkräften; mitnehmen; *forces* aufzehren; verbrauchen II *v/pr* ***s'~*** 1 *source* versiegen; *réserves*, *moyens* zu Ende, zur Neige gehen; ausgehen; dahinschwinden; zusammenschrumpfen; F alle werden 2 *malade* schwächer werden; Kräfte verlieren; ermatten; *forces* nachlassen; schwinden; schwächer werden; zu Ende gehen; ***s'~ en efforts inutiles*** sich vergeblich abmühen, anstrengen; ***s'~ à faire qc*** sich mit etw abmühen, abrackern; ***ma patience commence à s'~*** meine Geduld geht allmählich zu Ende, ist allmählich erschöpft

E

épuisette [epɥizɛt] *f* PÊCHE Kescher *ou* Käscher *m*; Fangnetz *n*
épurateur [epyʀatœʀ] *m* TECH Reiniger *m*; Reinigungsapparat *m*
épuration [epyʀasjõ] *f* **1** TECH, MÉD Reinigung *f*; *de liquides a* Klärung *f*; **~ des eaux d'égout** Abwasserreinigung *f*; **station** *f* **d'~** Kläranlage *f* **2** *fig* Reinigung *f*; Läuterung *f*; *du goût, de la langue* Verfeinerung *f* **3** POL Säuberung *f*
épure [epyʀ] *f* TECH Aufriss *m*; Skizze *f*; (Fertigungs-, Werk)Zeichnung *f*
épurement [epyʀmɑ̃] *m fig* Verfeinerung *f*; Veredelung *f*
épurer [epyʀe] *v/t* **1** TECH reinigen; *liquides a* klären **2** *fig* reinigen; läutern; veredeln; *goût, langue* verfeinern **3** POL säubern
équarrir [ekaʀiʀ] *v/t* **1** *bois* vierkantig (zu)schneiden; *t/t* abvieren; *adjt* **bois équarri** Kantholz *n* **2** *animal mort* beseitigen; abdecken
équarrissage [ekaʀisaʒ] *m* **1** *d'une poutre etc* Abvieren *n* **2** *de cadavres d'animaux* Tierkörperbeseitigung *f*; Abdecken *n* **équarrisseur** *m* Abdecker *m*
équateur [ekwatœʀ] *m* **1** GÉOGR Äquator *m*; *par ext* Äquatorzone *f* **2** *État* **l'Équateur** Ecuador *n*
équation [ekwasjõ] *f* MATH, CHIM Gleichung *f*; **~ algébrique** algebraische Gleichung; **~ à une inconnue** Gleichung mit einer Unbekannten; **poser, résoudre une ~** e-e Gleichung aufstellen, (auf)lösen
équatorial [ekwatɔʀjal] *adj* ⟨**-aux**⟩ äquatorial; Äquatorial…; Äquator…; **l'Afrique ~e** Äquatorialafrika *n*; **climat ~** äquatoriales Klima; **courants équatoriaux** Äquatorialströme *m/pl*; **zone ~e** Äquatorialzone *f*
équatorien [ekwatɔʀjɛ̃] **I** *adj* ⟨**~ne**⟩ ecuadorianisch **II** *subst* **Équatorien(ne)** *m(f)* Ecuadorianer(in) *m(f)*
équerre [ekɛʀ] *f* **1** Winkel(maß) *m(n)*; **double ~** *ou* **~ en T** Reißschiene *f*; **fausse ~** Schmiege *f*; Stellwinkel *m* **2** *loc/adj* **d'~, en ~** im rechten Winkel; rechtwink(e)lig; **ne pas être d'~** *a* schiefwink(e)lig sein; **mettre d'~** in den rechten Winkel bringen; rechtwinklig (zu)schneiden, stellen; SPORTS **les jambes en ~** mit waagrecht ausgestreckten Beinen **3** TECH Winkelband *n*, -eisen *n*
équerrer [ekeʀe] *v/t* in den Winkel bringen; winkelrecht zuschneiden
équestre [ekɛstʀ] *adj* **1** **statue** *f* **~** Reiterstandbild *n*, -statue *f* **2** Reit…; **promenade** *f*, **randonnée** *f* **~** Spazier-, Ausritt *m*
équeutage [ekøtaʒ] *m de fruits* Entstielen *n* **équeuter** *v/t fruits* entstielen
équidés [ekide, -kɥi-] *m/pl* ZO *famille* Pferde *n/pl*; Einhufer *m/pl*
équidistant [ekɥidistɑ̃] *adj* abstandsgleich; gleich weit entfernt **équilatéral** *adj* ⟨**-aux**⟩ MATH gleichseitig
équilibrage [ekilibʀaʒ] *m* **1** Ausbalancieren *n*; Ausgleichen *n* **2** TECH Auswuchten *n* **équilibration** *f* PHYSIOL Herstellen *n* des Gleichgewichts
équilibre [ekilibʀ] *m* **1** Gleichgewicht *n* (*a* PHYS); Balance *f*; PHYS *et fig* **~ des forces** Gleichgewicht der Kräfte; Kräftegleichgewicht *n*; PHYSIOL **sens** *m* **de l'~** Gleichgewichtssinn *m*; MÉD **troubles** *m/pl* **de l'~** Gleichgewichtsstörungen *f/pl*; *loc/adj* **en ~** im Gleichgewicht; **être en ~ instable** PHYS im labilen Gleichgewicht sein; *objets* auf der Kippe stehen; unsicher, wack(e)lig, nicht gut stehen; **marcher en ~ sur une poutre** über e-n Balken balancieren; **mettre qc en ~** etw ausbalancieren, ins Gleichgewicht bringen; **tenir qc en ~** etw balancieren; **se tenir en ~ sur un pied** auf e-m Bein balancieren; **garder l'~** die Balance, das Gleichgewicht halten; **perdre l'~** die Balance, das Gleichgewicht verlieren; aus der Balance, dem Gleichgewicht kommen; (um)kippen; **retrouver son ~** sein (inneres) Gleichgewicht wiederfinden, -erlangen, -gewinnen **2** *fig*, ÉCON, ÉCOL, POL Gleichgewicht *n*; *d'une personne* (seelisches, inneres) Gleichgewicht; Ausgeglichenheit *f*; *d'une œuvre d'art* Ausgewogenheit *f*; Harmonie *f*; **~ budgétaire** Haushaltsausgleich *m*; ausgeglichener Haushalt; **rompre, troubler l'~** das Gleichgewicht stören; aus dem Gleichgewicht bringen (**de qc, de qn** etw, j-n); **manquer d'~** unausgeglichen sein
équilibré [ekilibʀe] *adj personne* ausgeglichen; *caractère a* ausgewogen
équilibrer [ekilibʀe] **I** *v/t* **1** ausbalancieren; ins Gleichgewicht bringen; **~ un avion, un bateau** ein Flugzeug, ein Boot trimmen **2** TECH *roue* auswuchten **3** *par ext budget etc* ausgleichen; *dépenses et recettes* in Übereinstimmung bringen **II** *v/pr* **s'~** *charges, forces* sich ausgleichen; sich im Gleichgewicht befinden; sich, einander aufheben; *fig a* sich (*dat*) die Waage halten
équilibriste [ekilibʀist] *m,f* Balancierkünstler(in) *m(f)*; Äquilibrist(in) *m(f)*
équimultiple [ekimyltipl] *adj* MATH **nombres** *m/pl* **~s** *ou subst* **~s** *m/pl* Zahlen *f/pl* mit e-m gemeinsamen Faktor
équin [ekɛ̃] *adj* Pferde…
équinoxe [ekinɔks] *m* ASTR Tagundnachtgleiche *f*; *sc* Äquinoktium *n*; **~ d'automne, de printemps** Herbst-, Frühlings-Tagundnachtgleiche *f*; **tempêtes** *f/pl* **d'~** Äquinoktialstürme *m/pl*
équinoxial [ekinɔksjal] *adj* ⟨**-aux**⟩ äquinoktial; Äquinoktial…
équipage [ekipaʒ] *m d'un bateau, d'un avion* Besatzung *f*; Crew [kruː] *f*; Bemannung *f*; *d'un bateau a* Mannschaft *f*
équipe [ekip] *f* Mannschaft *f* (*a* SPORTS); Team [tiːm] *n*; Equipe *f*; *autour d'un chef* Stab *m*; *d'ouvriers* Kolonne *f*; Trupp *m*; Gruppe *f*; *en usine a* Schicht *f*; *de gymnastes* Riege *f*; **joyeuse ~** lustige, fröhliche Gesellschaft, Gruppe; **~ ministérielle** Regierungsmannschaft *f*; **~ d'amateurs, de professionnels** Amateur-, Profimannschaft *f*; **~ de chercheurs** Forscherteam *n*, -gruppe *f*; **~ de collaborateurs** Mitarbeiterstab *m*; **~ de bons copains** Gruppe guter Freunde; **~ de football** Fußballmannschaft *f*; **~ de France** französische Nationalmannschaft; **~ de jour, de nuit** Tag-, Nachtschicht *f*; **~ de secours** Hilfs-, Rettungsmannschaft *f*; SPORTS **capitaine** *m* **de l'~** Mannschaftskapitän *m*; **chef** *m* **d'~** Teamleiter *m*; *d'ouvriers* Vorarbeiter *m*; Kolonnenführer *m*; CONSTR Polier *m*; **faire ~ avec qn** mit j-m zusammenarbeiten, im Team arbeiten; **jouer en, par ~** in e-r Mannschaft spielen; **travailler en ~** im Team arbeiten
équipée [ekipe] *f* **1** Abenteuer *n*; Coup *m*; Unterfangen *n*; **une folle ~** ein wahnwitziges Unterfangen

2 *plais* (*sortie*) Ausflug *m*
équipement [ekipmɑ̃] *m* Ausrüstung *f* (*a* TECH, MIL, *d'un chasseur etc*); Ausrüstungsgegenstände *m/pl*, -material *n*; *d'une école, d'un hôpital, d'un café etc* Ausstattung *f*; Ausstattungsgegenstände *m/pl*; Einrichtung *f*; TECH *a* (technische) Einrichtung; Anlage(n) *f*(*pl*); Gerät *n* (*coll*); ADM **~s collectifs** Gemeinschaftseinrichtungen *f/pl*; **~ industriel** Industrieanlagen *f/pl*, -ausrüstung *f*; **~ de ski** Skiausrüstung *f*; **~ d'une voie ferrée** Streckenausrüstung *f*; **biens** *m/pl* **d'~** Ausrüstungsgüter *n/pl*
équiper [ekipe] **I** *v/t* TECH, MAR, MIL, *personne* ausrüsten (**de** mit); *école, café etc* ausstatten (mit); einrichten; TECH *a* bestücken (mit); *par ext* (*pourvoir*) versehen (mit); **~ d'un réseau routier** mit e-m Straßennetz überziehen, versehen; **~ en véhicules** mit Fahrzeugen ausrüsten, ausstatten; *adjt* **être bien, mal équipé** gut, schlecht ausgerüstet, ausgestattet sein; **cuisine tout équipée** komplett eingerichtete Küche **II** *v/pr* **s'~** sich ausrüsten, ausstatten, versehen (**de qc** mit etw)
équipier [ekipje] *m*, **équipière** *f* SPORTS Mannschaftsmitglied *n*, -angehörige(r) *f*(*m*); Spieler(in) *m*(*f*)
équitable [ekitabl] *adj* gerecht; *personne a* rechtschaffen; *jugement, solution, mesure a* angemessen; berechtigt; billig; **commerce** *m* **~** fairer Handel; Fair Trade ['fɛːr'treːt] *m*
équitation [ekitasjõ] *f* Reiten *n*; Reitsport *m*; Reitkunst *f*; **école** *f* **d'~** Reitschule *f*; **professeur** *m* **d'~** Reitlehrer *m*
équité [ekite] *f d'une personne* Gerechtigkeit *f*; Rechtschaffenheit *f*; *d'un jugement etc* Berechtigung *f*; Angemessenheit *f*; Rechtlichkeit *f*; Billigkeit *f*; **avec ~, en toute ~** gerecht(erweise); angemessen; billigerweise, -maßen; **pour des raisons d'~** aus Billigkeitsgründen
équivalence [ekivalɑ̃s] *f* **1** Gleichwertigkeit *f*; (Wert)Gleichheit *f*; MATH Äquivalenz *f* **2** UNIVERSITÉ Anerkennung *f* (e-s Diploms); **accorder une ~** ein Diplom (als gleichwertig) anerkennen
équivalent [ekivalɑ̃] **I** *adj* gleichwertig (**à** mit); entsprechend (+*dat*); *prix*, MATH gleich; *tournure* gleichbedeutend; bedeutungsgleich; MATH **figures ~es** flächengleiche Figuren *f/pl*; **être ~ à** entsprechen (+*dat*) **II** *m* Äquivalent *n* (*a* PHYS); Entsprechung *f* (*a* LING); Entsprechende(s) *n*; (gleichwertiger) Ersatz; Gegenwert *m*; **c'est sans ~** das ist ohnegleichen; es gibt nichts Gleichwertiges; **offrir l'~ à qn** j-m e-n gleichwertigen Ersatz, etw Gleichwertiges anbieten
équivaloir [ekivalwaʀ] ⟨→ **valoir**⟩ **I** *v/t/indir* **~ à** entsprechen, gleichkommen (+*dat*); bedeuten (+*acc*); so viel bedeuten, heißen wie; (eben) so gut sein wie; gleichwertig sein mit; **~ à un refus** e-r Ablehnung gleichkommen; **cela équivaudrait à tout abandonner** das hieße *ou* würde bedeuten, alles aufgeben **II** *v/pr* **s'~** gleich (gut *ou* schlecht) sein; **ça s'équivaut** das kommt aufs Gleiche heraus
équivoque [ekivɔk] **I** *adj termes, propos* zweideutig; doppel-, vieldeutig; doppelsinnig; *notion* mehrdeutig; missverständlich; *péj: rôle, milieu* zweifelhaft; *péj: personnage, passé, comportement* zwielichtig; dubios; suspekt; **sourire** *m* **~** hintergründiges Lächeln **II** *f* (*ambiguïté*) Doppelsinn *m*; Zweideutigkeit *f*; (*manque de clarté*) Unklarheit *f*; Unsicherheit *f*; **sans ~** eindeutig; unzweideutig; klar; unmissverständlich; **pour éviter toute ~** damit keine Unklarheiten entstehen; um Missverständnissen vorzubeugen
érable [eʀabl] *m* BOT Ahorn *m* (*a bois*)
éradication [eʀadikasjõ] *f d'une maladie* Ausrottung *f*
érafler [eʀafle] **I** *v/t peau* zer-, aufkratzen; (auf)ritzen; (zer)schrammen; (auf)schürfen; *bois, cuir, peinture etc* zerschrammen; zerkratzen; e-n Kratzer, e-e Schramme machen in (+*acc*); *balle* **~ qn** j-n streifen **II** *v/pr* **s'~** sich (*dat*) (die Haut) zer-, aufkratzen, (auf)ritzen, zerschrammen, (auf)schürfen; **s'~ le genou en tombant** sich (*dat*) das Knie aufschlagen
éraflure [eʀaflyʀ] *f* Kratzer *m*; Schramme *f*; Ritz *m*; *par un projectile* Streifschuss *m*
éraillé [eʀɑje] *adj* **1** *voix* heiser; krächzend; rau **2** *tissu* fadenscheinig; zerschlissen; abgenutzt **éraillement** *m de la voix* Heiser-, Rauwerden *n*, -sein *n*
érailler [eʀɑje] *v/pr* **s'~ la voix** e-e heisere, krächzende, raue Stimme bekommen
Érasme [eʀasm] *m Vorname*
ère [ɛʀ] *f* Ära *f*; Zeitalter *n*; Zeitrechnung *f*; *par ext* Zeit *f*; Epoche *f*; GÉOL Erdzeitalter *n*; Ära *f*; **~ atomique** Atomzeitalter *n*; **~ chrétienne** christliche Ära, Zeitrechnung; **~ nouvelle** neues Zeitalter; neue Ära; **l'an 800 avant notre ~** das Jahr 800 vor unserer Zeitrechnung *ou* vor der Zeitenwende
érecteur [eʀɛktœʀ] *adj* ⟨**-trice**⟩ PHYSIOL erigierend; Erektions…
érectile [eʀɛktil] *adj* PHYSIOL erektil; erigibel
érection [eʀɛksjõ] *f* **1** *d'un édifice etc* Errichtung *f*; Erstellung *f*; *d'une statue a* Aufstellung *f* **2** PHYSIOL Erektion *f*; **être en ~** erigiert, im Zustand der Erektion sein
éreintage [eʀɛ̃taʒ] *m* → **éreintement** *2* **éreintant** *adj* sehr anstrengend, ermüdend; aufreibend; kräftezehrend
éreinté [eʀɛ̃te] *adj* todmüde; **être ~** *a* (ganz) abgespannt, abgeschlagen, er-, zerschlagen, F völlig erledigt sein
éreintement [eʀɛ̃tmɑ̃] *m* **1** (*fatigue*) völlige Erschöpfung; Übermüdung *f*; Abgespanntheit *f* **2** (*critique*) unerbittliche, scharfe, boshafte, harte Kritik; F Verriss *m* **éreinter** **I** *v/t* **1** (*fatiguer*) überanstrengen; sehr ermüden; erschöpfen **2** (*critiquer*) scharf, hart, abfällig kritisieren; F verreißen; heruntermachen, -reißen **II** *v/pr* **s'~** sich abrackern, abmühen, F abplacken, abplagen, abschinden
érésipèle [eʀezipɛl] → **érysipèle**
Erevan [eʀevɑ̃] GÉOGR Eriwan *n*
erg[1] [ɛʀg] *m* GÉOGR Erg *m*; Sandwüste *f*
erg[2] [ɛʀg] *m* PHYS Erg *n* (*symbole* erg)
ergonome [ɛʀgɔnɔm] *m,f* Ergonom(in) *m*(*f*) **ergonomie** *f* Ergonomie *f*; Ergonomik *f* **ergonomique** *adj* ergonomisch **ergonomiste** *m,f* → **ergonome**
ergot [ɛʀgo] *m* **1** *du coq* Sporn *m*; *du chien* Afterkralle *f*, -klaue *f*; *fig* **monter, se dresser sur ses ~s** aggressiv werden; sich aufbäumen; sich auf die Hinterbeine stellen; die Krallen zeigen **2** AGR Mutterkorn *n* (*a* PHARM) **3** TECH Nase *f*; Dorn *m*; Haltestift *m*
ergotage [ɛʀgɔtaʒ] *m* Nörgelei *f*; Nörgeln *n*; Mäke-

lei *f*; Mäkeln *n*; F Gemecker *n*; Meckern *n*
ergoter [ɛʀgɔte] *v/i* nörgeln; kritteln; mäkeln; F meckern; **~ sur tout** an allem herumnörgeln, -mäkeln; alles bekritteln
ergoteur [ɛʀgɔtœʀ], **ergoteuse** I *m,f* Nörgler(in) *m(f)*; Krittler(in) *m(f)*; Kritikaster *m*; Mäkler *m*; F Meckerer *m* II *adj* nörglerisch; mäkelig
ergothérapeute [ɛʀgɔteʀapøt] *m,f* Beschäftigungs-, Ergotherapeut(in) *m(f)* **ergothérapie** *f* Beschäftigungs-, Arbeits-, Ergotherapie *f*
Éric *ou* **Érik** [eʀik] *m Vorname*
ériger [eʀiʒe] ⟨**-geons**⟩ I *v/t* 1 *édifice, statue* errichten; erstellen; *statue a* aufstellen 2 *tribunal, commission* einsetzen 3 **~ en** erheben, machen zu; **~ qc en principe** etw zum Prinzip erheben; **~ qc en système** ein System aus etw machen II *v/pr* **s'~ en** *personne* sich aufwerfen zu; sich aufspielen als
Erivan [eʀivɑ̃] GÉOGR Eriwan *n*
ermitage [ɛʀmitaʒ] *m* Einsiedelei *f* (*a fig lieu solitaire*)
ermite [ɛʀmit] *m* Einsiedler *m*; Eremit *m*; Klausner *m*; *fig* **vivre en ~** zurückgezogen, wie ein Einsiedler leben; ein Einsiedlerleben, -dasein führen
Ernest [ɛʀnɛst] *m Vorname*
éroder [eʀɔde] *v/t* GÉOL erodieren; *par l'eau a* auswaschen; *par le vent a* abtragen
érogène [eʀɔʒɛn] *adj* erogen; **zone** *f* **~** erogene Zone
éros [eʀos] *m* PSYCH Eros *m*
érosif [eʀozif] *adj* ⟨**-ive**⟩ GÉOL erosiv; Erosions…
érosion [eʀozjõ] *f* 1 GÉOL Erosion *f*; **~ marine** Abrasion *f*; Brandungserosion *f*; **~ du sol** Bodenerosion *f* 2 *fig* Abnutzung *f*; langsamer Zerfall; **~ monétaire** schleichende Geldentwertung
érotique [eʀɔtik] *adj* erotisch; Liebes… **érotisation** *f* Erotisierung *f* **érotiser** *v/t* erotisieren **érotisme** *m* Erotik *f*
érotomane [eʀɔtɔman] MÉD I *adj* erotoman II *m,f* Erotomane *m,f* **érotomanie** *f* MÉD Erotomanie *f*; Liebeswahn *m*
errance [ɛʀɑ̃s] *litt f* Irrfahrt *f*; Umherirren *n*, -schweifen *n*; Ruhelosigkeit *f*
errant [ɛʀɑ̃] *adj peuplade* umherziehend; nomadisch; Wander…; Nomaden…; *individu* umherziehend, -irrend, -schweifend; unstet; HIST **chevalier ~** fahrender Ritter; **chien ~** streunender Hund; **le Juif ~** der Ewige Jude; **regard ~** schweifender, unsteter, irrender Blick; **vie ~e** unstetes, ruheloses Leben; Wander-, Nomadenleben *n*
errata [ɛʀata] *m* ⟨*inv*⟩ TYPO Errata *n/pl*; Druckfehler(-verzeichnis) *m/pl(n)*
erratique [ɛʀatik] *adj* 1 *litt personne* unstet; ruhelos 2 MÉD *douleur* nicht lokalisierbar 3 GÉOL **bloc** *m* **~** erratischer Block; Findling *m*
erratum [ɛʀatɔm] *m* TYPO Druckfehler *m*; Erratum *n*
errements [ɛʀmɑ̃] *litt m/pl* Fehler *m/pl*; Irrtümer *m/pl*; Irrwege *m/pl*
errer [ɛ(ʀ)ʀe] *v/i* 1 umherirren, -laufen, -wandern, -schweifen, -ziehen; *animaux* streunen; **~ à travers le monde** durch die Welt ziehen; **~ dans les rues** durch die Straßen irren 2 *fig regard* (umher)schweifen; irren; *un sourire* **errait sur ses lèvres** spielte, huschte um s-e Lippen; **laisser ~ son imagination** s-r Fantasie freien Lauf lassen
erreur [ɛʀœʀ, e-] *f* Irrtum *m*; Fehler *m* (*a* MATH, PHYS); Versehen *n*; **~!** (du bist *ou* Sie sind im) Irrtum!; das stimmt nicht!; JUR **~ judiciaire** Justizirrtum *m*; INFORM **~ système** Systemfehler *m*; **~ d'appréciation** Fehleinschätzung *f*; **~ de calcul** Rechenfehler *m*; **~ de jeunesse** Jugendsünde *f*; **~ de jugement** Fehlurteil *n*; falsche Beurteilung; **~ de tactique** taktischer Fehler; JUR **~ sur la personne** Irrtum in der Person; ♦ *loc/adv*: **par ~** irrtümlich(erweise); fälschlich(erweise); versehentlich; aus Versehen; **par suite d'une ~** durch ein Versehen, e-n Fehler, e-n Irrtum, e-e Verwechslung; **sauf ~** wenn ich (mich) nicht irre; wenn ich mich nicht täusche; COMM Irrtum vorbehalten; ♦ **il y a ~** das muss ein Irrtum sein; da liegt ein Irrtum, Missverständnis vor; F da stimmt (et)was nicht; **il n'y a pas d'~** da ist jeder Irrtum ausgeschlossen; ganz ohne jeden Zweifel; (ich bin) ganz sicher; **commettre, faire une ~** e-n Fehler, Irrtum begehen; e-n Fehler machen; **être dans l'~** im Irrtum sein; sich im Irrtum befinden; **c'est une ~ de croire que …** es ist ein Irrtum anzunehmen *ou* zu glauben, dass …; **vous faites ~** Sie irren, täuschen sich; **laisser dans l'~** im Irrtum, im falschen Glauben lassen; *prov* **l'~ est humaine** Irren ist menschlich (*prov*)
erroné [eʀɔne, ɛ-] *adj* fehlerhaft; falsch; irrtümlich; irrig; irreführend; **adresse ~e** falsche Adresse; **conclusion ~e** Trug-, Fehlschluss *m*; falscher Schluss; **croyance ~e** Irrglaube *m*; **interprétation ~e** Missdeutung *f*; Fehlinterpretation *f*; **jugement ~** Fehlurteil *n*
ersatz [ɛʀzats] *m* Ersatz *m*; **~ de café, de savon** Kaffee-, Seifenersatz *m*
éructation [eʀyktasjõ] *f* PHYSIOL Aufstoßen *n*
éructer [eʀykte] I *v/t injures etc* hervorstoßen II *v/i* PHYSIOL aufstoßen
érudit [eʀydi] I *adj personne, ouvrage* gelehrt II *subst* **~(e)** *m(f)* Gelehrte(r) *f(m)*
érudition [eʀydisjõ] *f* Gelehrsamkeit *f*; Gelehrtheit *f*; **ouvrage** *m* **d'~** gelehrtes Werk; **avoir de l'~** gelehrt sein
éruptif [eʀyptif] *adj* ⟨**-ive**⟩ 1 MÉD eruptiv; mit e-m Ausschlag verbunden, einhergehend 2 GÉOL eruptiv; **roche éruptive** Eruptivgestein *n*
éruption [eʀypsjõ] *f* 1 MÉD Ausschlag *m*; *sc* Eruption *f* 2 GÉOL *d'un volcan* Ausbruch *m*; Eruption *f*; *de lave* Austreten *n*; Austritt *m*; **volcan** *m* **en ~** tätiger Vulkan; *volcan* **entrer en ~** ausbrechen; tätig, aktiv werden 3 *fig* **~ de colère, de joie** Zornes-, Freudenausbruch *m*
érysipèle [eʀizipɛl] *m* MÉD (Wund)Rose *f*; *sc* Erysipel *n*
érythème [eʀitɛm] *m* MÉD Erythem *n*
Érythrée [eʀitʀe] **l'~** *m* Eritrea *n*
érythréen [eʀitʀeɛ̃] I *adj* ⟨**~ne**⟩ eritreisch [-'treːɪʃ] II **Érythréen(ne)** *m(f)* Eritreer(in) *m(f)*
es [ɛ] → **être**[1]
ès [ɛs] *prép* **docteur** *m*, **licence** *f*, **licencié** *m* **~ lettres, ~ sciences** → **docteur** *1*, **licence** *1*, **licencié(e)** *1*; JUR **~ qualités** in amtlicher Eigenschaft
Ésaü [ezay] *m* BIBL Esau *m*
ESB [əɛsbe] *f abr* (*encéphalopathie spongiforme bovine*) BSE *f*
esbigner [ɛzbiɲe] *v/pr* **s'~** F sich davonmachen; sich aus dem Staub machen; Reißaus nehmen

esbroufe [ɛzbʀuf] *f* F Wichtigtuerei *f*; Angeberei *f*; ***à l'~*** durch Bluff, Blendung; ***faire de l'~*** F sich wichtigtun; angeben

esbroufer [ɛzbʀufe] F *v/t* blenden; bluffen **esbroufeur** F *m* Blender *m*

escabeau [ɛskabo] *m* ⟨*pl* **~x**⟩ **1** *siège* Schemel *m*; Hocker *m* **2** *échelle* Tritthocker *m*; (kleine) Bockleiter

escadre [ɛskadʀ] *f* MAR, AVIAT Geschwader *n*; AVIAT ***~ aérienne, de bombardement, de chasse, de reconnaissance, de transport*** Luft- *ou* Flieger-, Bomben-, Jagd(flieger)-, Aufklärungs-, Transportgeschwader *n*

escadrille [ɛskadʀij] *f* **1** AVIAT Staffel *f*; ***~ de chasse*** Jagdstaffel *f* **2** MAR leichtes Geschwader

escadron [ɛskadʀõ] *m* **1** MIL *de cavalerie* Schwadron *f*; *de blindés* Kompanie *f*; AVIAT Staffel *f* **2** *fig* Schar *f*; Menge *f*; F Geschwader *n*

ESCAE [ɛskaə] *f abr* (*École supérieure de commerce et d'administration des entreprises*) Hochschule *f* für Handel und Betriebswirtschaft

escalade [ɛskalad] *f* **1** **a)** *d'un mur etc* Übersteigen *n*; *d'une montagne* Besteigung *f*; Erklettern *n*; ***faire l'~ d'une montagne*** e-n Berg besteigen; **b)** SPORTS Klettern *n*; ***faire de l'~*** klettern **2** *fig*, MIL, POL Eskalation *f*; Eskalierung *f*; POL *a* Zuspitzung *f*; Verschärfung *f*; ***~ de la violence*** Eskalation, Eskalierung der Gewalt

escalader [ɛskalade] *v/t mur, portail etc* übersteigen; (hinüber)steigen, klettern über (+*acc*); ***~ une montagne*** einen Berg besteigen, erklimmen

escalator® [ɛskalatɔʀ] *m* Rolltreppe *f*

escale [ɛskal] *f* **1** MAR, AVIAT Zwischenlandung *f*; ***~ de quelques heures*** mehrstündiger Aufenthalt; ***vol*** *m* ***sans ~*** Direktflug *m*; Nonstopflug *m*; AVIAT ***faire ~ à Londres*** London anfliegen; in London zwischenlanden; ***faire ~ dans un port*** e-n Hafen anlaufen **2** *lieu* Zwischenstation *f*; MAR *a* Anlegeplatz *m*; AVIAT *a* Landeplatz *m*

escalier [ɛskalje] *m* Treppe *f*; *österr* Stiege *f*; ***~ roulant, mécanique*** Rolltreppe *f*; ***~ de la cave*** Kellertreppe *f*; ***~ d'honneur*** Ehrentreppe *f*; ***~ de secours*** Nottreppe *f*; ***~ de service*** Dienstboten-, Lieferantenaufgang *m*; ***dans l'~*** *ou* ***les ~s*** auf der Treppe; *fig* ***avoir l'esprit de l'~*** nicht schlagfertig sein; langsam reagieren; ***tomber en descendant l'~*** die Treppe hinunter-, herunterfallen

escalope [ɛskalɔp] *f* CUIS ***~ (de veau)*** (Kalbs)Schnitzel *n*

escamotable [ɛskamɔtabl] *adj train d'atterrissage* einziehbar; *machine à coudre, poignée* versenkbar; *antenne* ausziehbar; *meuble* zusammenklappbar; ***échelle*** *f* ***~*** Falltreppe *f*; ***lit*** *m* ***~*** Klapp-, Schrankbett *n*

escamotage [ɛskamɔtaʒ] *m* **1** *d'un objet* Verschwindenlassen *n*; Wegzaubern *n* **2** AVIAT *du train d'atterrissage* Einfahren *n*; Einziehen *n* **3** *fig d'une question, d'un problème* Umgehen *n*; (geschicktes) Ausweichen

escamoter [ɛskamɔte] *v/t* **1** *carte, mouchoir etc* verschwinden lassen; wegzaubern; *par ext* (*dérober*) *documents etc* verschwinden lassen; (heimlich) beiseite-, wegschaffen **2** AVIAT *train d'atterrissage* einfahren; einziehen **3** *fig* **a)** (*éluder*) ***~ qc*** etw umgehen; e-r Sache (*dat*) geschickt ausweichen; rasch über etw (*acc*) hinweggehen; **b)** *mot, note* überspringen; auslassen; unterschlagen

escamoteur [ɛskamɔtœʀ] *m* Taschenspieler *m*

escampette [ɛskɑ̃pɛt] *loc* ***prendre la poudre d'~*** davonlaufen; ausreißen

escapade [ɛskapad] *f* **1** Eskapade *f*; (unüberlegter) Streich; *d'homme marié* Seitensprung *m*; ***faire une ~*** sich (*dat*) e-e Eskapade leisten **2** (*sortie*) Ausflug *m*

escarbille [ɛskaʀbij] *f* Flugasche *f*

escarboucle [ɛskaʀbukl] *f* MINÉR Karfunkel(stein) *m*

escarcelle [ɛskaʀsɛl] *f autrefois ou plais* Geldkatze *f*

escargot [ɛskaʀgo] *m* Schnecke *f* (*mit Haus*); ***~ de Bourgogne*** Weinbergschnecke *f*; *fig* ***marcher comme un ~*** im Schneckentempo gehen; kriechen wie e-e Schnecke

Les escargots als Spezialität

Nicht überrascht sein sollte man, dass **les escargots** in Frankreich als kulinarische Spezialität gelten: Es handelt sich hierbei um Schnecken mit Häuschen (**coquille** *f*), die oft mit Butter, Knoblauch und Kräutern zubereitet und mit Baguette gegessen werden.

Im Unterschied zu **escargots à la bourguignonne** (Schnecken nach Burgunder Art) wird man **les limaces** nicht auf Speisekarten finden: So heißen die recht gefräßigen Nacktschnecken, die dem Gartenfreund eher ein Dorn im Auge sind.

escargotière [ɛskaʀgɔtjɛʀ] *f* **1** Schneckengarten *m*, -zucht *f* **2** CUIS Schneckenplatte *f*, -teller *m*

escarmouche [ɛskaʀmuʃ] *f* **1** MIL Scharmützel *n*; kleines Gefecht **2** *fig* (Wort)Geplänkel *n*; Plänkelei *f*; Wortgefecht *n*

escarpé [ɛskaʀpe] *adj rocher* schroff; steil (aufragend); jäh abfallend; *pente* steil (ansteigend, abfallend); *chemin* abschüssig; ***pente ~e*** Steilhang *m*

escarpement [ɛskaʀpəmɑ̃] *m* Steilhang *m*; steile Böschung

escarpin [ɛskaʀpɛ̃] *m* Pumps [pœmps] *m*

escarpolette [ɛskaʀpɔlɛt] *f autrefois* Schaukel *f*

escarre [ɛskaʀ] *f* MÉD auf-, wund gelegene Stelle; ***avoir une ~, des ~s*** sich aufliegen, wund liegen (***au dos*** den *ou* am Rücken)

Escaut [ɛsko] ***l'~*** *m* die Schelde

eschatologie [ɛskatɔlɔʒi] *f* REL Eschatologie [ɛsça-] *f* **eschatologique** *adj* eschatologisch [ɛsça-]

Eschyle [eʃil] *m* Äschylus *m*

escient [ɛsjɑ̃] *loc* ***à bon ~*** ganz bewusst; aus gutem Grund; (*avec raison*) zu Recht; mit vollem Recht

esclaffer [ɛsklafe] *v/pr* ***s'~*** schallend, laut, hellauf lachen; laut auflachen; in schallendes Gelächter ausbrechen

esclandre [ɛsklɑ̃dʀ] *m* Szene *f*; Auftritt *m*; Skandal

m; ***faire un ~*** e-e Szene, e-n Skandal machen
esclavage [ɛsklavaʒ] *m* **1** Sklaverei *f*; *st/s* Sklaventum *n*; ***réduire en ~*** versklaven **2** *fig* **a)** Sklaverei *f*; Knechtschaft *f*; Versklavung *f*; **b)** *par ext* ***~ des habitudes*** Zwang *m* der Gewohnheiten; ***~ des passions*** Beherrschtsein *n*, (völlige) Abhängigkeit von den Leidenschaften
esclavagisme [ɛsklavaʒism] *m* Sklaverei *f*; Sklavenhaltergesellschaft *f*

E

esclavagiste *m,f* HIST Verteidiger(in) *m(f)*, Anhänger(in) *m(f)* der (Neger)Sklaverei
esclave [ɛsklav] **I** *m,f* Sklave *m*, Sklavin *f* (*a fig*); ***révolte f des ~s*** Sklavenaufstand *m*; ***traiter qn en ~*** j-n wie e-n Sklaven behandeln; ***être vendu comme ~*** als Sklave verkauft werden **II** *adj* ***être ~ de qc*** Sklave e-r Sache (*gén*) sein; ***être ~ des convenances*** sich sklavisch an die Anstandsregeln halten; ***être ~ de son travail*** Sklave s-r Arbeit sein
escogriffe [ɛskɔgʀif] *m* F ***un grand ~*** ein großer, schlaksiger Kerl; ein Schlaks *m*; F ein langer Lulatsch
escompte [ɛskõt] *m* **1** FIN Diskont *m*; *opération* Diskontierung *f*; ***taux m d'~*** Diskontsatz *m* **2** COMM Skonto *m ou n*
escompter [ɛskõte] *v/t* **1** FIN *lettre de change* diskontieren **2** *fig* ***~ qc*** etw erwarten, erhoffen; sich (*dat*) etw erhoffen; auf etw (*acc*) hoffen; mit etw rechnen
escorte [ɛskɔʀt] *f* Eskorte *f* (*a* MAR); Geleit *n*; Begleitung *f*; Begleitmannschaft *f*; MIL *a* Bedeckung *f*; (*garde*) Bewachung *f*; Bewachungstrupp *m*, -mannschaft *f*; ***~ d'honneur*** Ehrengeleit *n*, -eskorte *f*; ***navire*** *m* ***d'~*** Geleit-, Begleitschiff *n*; *loc/adv* ***sous bonne ~*** unter scharfer, strenger Bewachung; unter starkem Geleitschutz; ***faire ~ à qn*** j-m das Geleit geben; → *a* ***escorter***
escorter [ɛskɔʀte] *v/t* eskortieren; geleiten; begleiten; (militärisches, polizeiliches) Geleit geben (+*dat*); *prisonniers etc a* bewachen; *par ext* ***~ qn, qc*** j-n, etw begleiten; mit j-m, etw mitgehen
escorteur [ɛskɔʀtœʀ] *m* MAR MIL Begleit-, Geleitschiff *n*
escouade [ɛskwad] *f* Gruppe *f*; Schar *f*; Trupp *m*
escrime [ɛskʀim] *f* SPORTS Fechten *n*; Fechtkunst *f*, -sport *m*; ***~ à l'épée, au fleuret, au sabre*** Degen-, Florett-, Säbelfechten *n*; ***tournoi*** *m* ***d'~*** Fechtturnier *n*; ***faire de l'~*** fechten; den Fechtsport betreiben
escrimer [ɛskʀime] *v/pr* ***s'~ à faire qc, sur qc*** sich abmühen, abquälen, abplagen, F herumschlagen, -quälen mit etw
escrimeur [ɛskʀimœʀ] *m*, **escrimeuse** *f* SPORTS Fechter(in) *m(f)*; Fechtsportler(in) *m(f)*
escroc [ɛskʀo] *m* Betrüger *m*; Gauner *m*; Schwindler *m*; Hochstapler *m*; ***~ au mariage*** Heiratsschwindler *m*
escroquer [ɛskʀɔke] *v/t* **a)** ***~ qc*** (sich [*dat*]) etw erschwindeln, ergaunern; ***~ qc à qn*** j-n um etw betrügen, bringen, prellen; **b)** ***~ qn*** j-n betrügen, begaunern
escroquerie [ɛskʀɔkʀi] *f* **1** Betrug *m* (*a* JUR); Gaunerei *f*; Schwindel *m*; Hochstapelei *f*; ***~s*** *pl a* Betrügereien *f/pl*; ***~ à l'assurance*** Versicherungsbetrug *m*; ***~ au mariage*** Heiratsschwindel *m* **2** *morale* (bewusste) Täuschung; Irreführung *f*
escudo [ɛskydo] *m* HIST *monnaie* Escudo *ou* Eskudo *m*
Esculape [ɛskylap] *m* MYTH Äskulap *m*
esgourde [ɛsguʀd] F *f* Ohr *n*; F Löffel *m*
Ésope [ezɔp] *m* Äsop *m*
ésotérique [ezɔteʀik] *adj* esoterisch **ésotérisme** *m* Esoterik *f*
espace [ɛspas] *m* **1** PHYS, MATH, PHILOS Raum *m*; AVIAT ***~ aérien*** Luftraum *m*; ***~ creux*** Hohlraum *m* **2** *extraterrestre* Weltraum *m*; ***conquête*** *f*, ***exploration f de l'~*** Eroberung *f*, Erforschung *f* des Weltraums; ***lancer une fusée dans l'~*** e-e Rakete in den Weltraum, ins All schießen **3** (*étendue*) Raum *m*; Platz *m*; ***~ libre, vide*** freier, leerer Platz, Raum; URBANISME ***~s verts*** Grünflächen *f/pl*, -anlagen *f/pl*; POL ***~ vital*** Lebensraum *m* **4** (*distance*) Zwischenraum *m*; Abstand *m*; Platz *m*; ***laisser, ménager un ~*** Platz, Abstand, e-n Zwischenraum lassen **5** ***~ (de temps)*** Zeitraum *m*, -spanne *f*; ***l'~ d'un an*** der Zeitraum, die Zeitspanne von e-m Jahr; ***en l'~ d'une heure*** in, innerhalb, binnen, im Lauf(e) e-r Stunde
espacement [ɛspasmɑ̃] *m* **1** *action* Auseinanderrücken *n*; (*intervalle*) Zwischenraum *m*; Abstand *m* **2** *des visites, paiements etc* Seltenerwerden *n*; allmähliche Einstellung
espacer [ɛspase] ⟨-ç-⟩ **I** *v/t* **1** Zwischenräume, Platz, Abstand lassen zwischen (+*dat*); auseinanderrücken; *adjt arbres, maisons etc* ***ne pas être assez espacé(e)s*** nicht weit genug auseinanderstehen *ou* -liegen; ***régulièrement espacés*** in regelmäßigen Abständen stehend **2** *visites, paiements etc* auf längere Zeiträume verteilen; immer seltener werden lassen; in immer größeren Abständen vornehmen; *adjt* ***visites espacées*** Besuche *m/pl* in großen Abständen **II** *v/pr* ***s'~*** **1** *maisons etc* in immer größeren Abständen stehen; immer weiter auseinanderliegen **2** *lettres etc* in immer größeren Abständen, immer seltener kommen; immer seltener werden
espace-temps [ɛspastɑ̃] *m* PHYS Raum-Zeit-Welt *f*; Raum-Zeit-Kontinuum *n*
espadon [ɛspadõ] *m* ZO Schwertfisch *m*
espadrille [ɛspadʀij] *f* Leinenschuh *m* (mit geflochtener Sohle)
Espagne [ɛspaɲ] ***l'~*** *f* Spanien *n*
espagnol [ɛspaɲɔl] **I** *adj* spanisch **II** *subst* **1** ***Espagnol(e)*** *m(f)* Spanier(in) *m(f)* **2** *m* LING ***l'~*** das Spanische; Spanisch *n*
espagnolette [ɛspaɲɔlɛt] *f* CONSTR Espagnolette (-verschluss) *f(m)*; Drehriegel *m*
espalier [ɛspalje] *m* **1** AGR Spalier *n*; ***arbres*** *m/pl* ***en ~*** Spalierbäume *m/pl* **2** SPORTS ***~s*** *pl* Sprossen-, Kletterwand *f*
espèce [ɛspɛs] *f* **1** *d'objets* Art *f*; Sorte *f*; Gattung *f*; *péj de gens* Sorte *f*; Art *f*; Schlag *m*; Spezies *f*; ***des gens de cette ~*** Leute dieses Schlags; solches Gesindel; ***cela n'a aucune ~ d'importance*** das hat keinerlei Bedeutung; ***être le seul, la seule de son ~*** einzigartig sein; der, die, das Einzige in s-r, ihrer Art sein **2** **a)** ***une ~ de …*** ⟨F *abus oft mit dem Genus des folgenden subst* ***un ~ de …***⟩ (so) e-e Art (von) …; etwas wie …; F ***un ~ de chapeau*** e-e Art Hut; *iron a* ein hutähnliches Gebilde; ***éprouver une ~ de répulsion*** e-e Art, etwas wie Abneigung empfinden; **b)** *péj*: ***~ d'imbécile!*** (Sie *ou* du) Dummkopf!;

E

L'espace et l'astronautique

Le compte à rebours a commencé.	Der Countdown hat begonnen.
La fusée a décollé à l'heure exacte.	Die Rakete ist pünktlich gestartet.
Les Européens veulent placer un satellite de télécommunications sur son orbite.	Die Europäer wollen einen Fernmeldesatelliten auf seine Umlaufbahn bringen.
La navette spatiale s'est amarrée à la station orbitale.	Die Raumfähre hat an die Raumstation angedockt.
Neil Armstrong fut le premier homme qui posa le pied sur la Lune.	Neil Armstrong war der erste Mensch, der seinen Fuß auf den Mond setzte.
Les astronautes américains ont amerri dans l'océan Pacifique.	Die amerikanischen Astronauten sind im Pazifik gelandet.
Les cosmonautes russes ont atterri dans le désert du Kazakhstan.	Die russischen Kosmonauten sind in der Wüste Kasachstans gelandet.

regardez-moi cette ~ d'abruti! schauen Sie mal diesen blöden Kerl an! 3 BIOL Art *f*; Spezies *f*; ***~ animale, végétale*** Tier-, Pflanzenart *f*; ***~ humaine*** Menschengeschlecht *n*; ***~ rare*** seltene Art; ***conservation*** *f* ***de l'~*** Arterhaltung *f*; ***disparition*** *f* ***de l'~*** Aussterben *n* der Art 4 JUR ***cas*** *m* ***d'~*** Sonderfall *m*; besonderer Fall; *par ext* ***c'est un cas d'~*** das ist ein (ganz) besonderer, spezieller Fall; ***en l'~*** im vorliegenden, in diesem Fall(e) 5 ÉGL *communier* ***sous les deux ~s*** in beiderlei Gestalt 6 COMM ***en ~s*** (in) bar; ***paiement*** *m* ***en ~s*** Barzahlung *f*; ***payer, régler en ~s*** bar zahlen

espérance [ɛsperɑ̃s] *f* Hoffnung *f*; Erwartung *f*; DÉMOGRAPHIE ***~ de vie*** Lebenserwartung *f*; ***anéantir, briser, détruire les ~s de qn*** j-s Hoffnungen zunichtemachen, zerstören; ***dépasser toutes les ~s*** alle Erwartungen übertreffen; ***le vert est la couleur de l'~*** Grün ist die Farbe der Hoffnung

espérantiste [ɛsperɑ̃tist] I *adj* Esperanto… II *m,f* Esperantist(in) *m(f)*

espéranto [ɛsperɑ̃to] *m* LING Esperanto *n*

espérer [ɛspere] *v/t et v/i* ⟨-è-⟩ ***~ qc*** auf etw (*acc*) hoffen; sich (*dat*) auf etw (*acc*) Hoffnungen machen; (sich [*dat*]) etw erhoffen; etw erwarten; ***~ qn*** j-n erwarten; mit j-m rechnen; *st/s* ***~ en qn, qc*** auf j-n, etw hoffen, vertrauen; ***n'espère de lui aucune aide*** erwarte von ihm keine Hilfe; ***~ un miracle*** auf ein Wunder hoffen; ***espérons-le!, je l'espère*** hoffentlich!; hoffen wir es!; ich hoffe es!; *abs* ***j'espère bien*** das will ich hoffen!; ***~ mieux, plus*** mehr erwarten, erhoffen; ***je n'en espérais pas tant*** mit so viel habe ich (gar) nicht gerechnet; ***je n'ai plus rien à ~*** ich habe nichts mehr zu erwarten, erhoffen; ***on ne vous espérait plus*** wir haben Sie nicht mehr erwartet; *abs* F ***il faut ~*** F hoffen wir's!; ***on lui a laissé ~ une réponse favorable*** man machte ihm Hoffnung auf e-n günstigen Bescheid; ***on n'osait plus l'~*** man wagte es nicht mehr zu hoffen; ♦ ***j'espère, espérons, il faut ~ que …*** ich hoffe, hoffen wir, dass …; hoffentlich …; ***espérons que non!*** hoffentlich nicht!; ***j'espère (bien) que non*** ich hoffe nicht; ***j'espère (bien) que oui*** ich hoffe (es); ***on est en droit d'~ que …*** man darf (wohl) annehmen, damit rechnen, dass …; *p/fort* man kann erwarten, verlangen, dass …; ♦ *avec inf* ***j'espère y arriver*** ich hoffe, dass ich es schaffe; ***j'espère avoir fait ce qu'il fallait*** ich hoffe, das Nötige getan zu haben *ou* dass ich das Nötige getan habe; ***il espérait vous voir*** er hoffte, Sie zu sehen

esperluette [ɛspɛʀlɥɛt] *f* Und-, Et-Zeichen *n*

espiègle [ɛspjɛgl] I *adj* schalkhaft; schelmisch; neckisch; mutwillig II *m,f d'un(e) enfant* Schelm *m*; Schalk *m*

espièglerie [ɛspjɛgləʀi] *f* 1 *caractère* Schalkhaftigkeit *f*; Schelmerei *f*; Mutwille *m* 2 (*farce*) Schelmenstreich *m*, -stück *n*; Eulenspiegelei *f*

espion [ɛspjõ] *m*, **espionne** [ɛspjɔn] *f* 1 Spion(in) *m(f)* 2 *adjt* Spionage…; ***espion industriel*** Werkspion *m*; ***avion*** *m*, ***navire*** *m*, ***satellite*** *m* ***espion*** Spionageflugzeug *n*, -schiff *n*, -satellit *m* 3 *m* (*miroir à la fenêtre*) Spion *m*

espion(n)ite [ɛspjɔnit] *f* Spionagekomplex *m*; Angst *f* vor Spionen; Spionenfurcht *f*

espionnage [ɛspjɔnaʒ] *m* Spionage *f*; Spionieren *n*; ***~ industriel*** Werk-, Wirtschaftsspionage *f*; ***affaire*** *f* ***d'~*** Spionageaffäre *f*, -fall *m*; ***roman*** *m* ***d'~*** Spionageroman *m*; ***service*** *m* ***d'~*** Spionage-, Agentendienst *m*; ***faire de l'~, se livrer à l'~*** Spionage treiben; spionieren

espionner [ɛspjɔne] *v/t* ***~ qn*** j-n ausspionieren, bespitzeln; j-m nachspionieren; ***~ les allées et venues de qn*** j-m ständig nachspionieren

esplanade [ɛsplanad] *f* Esplanade *f*; großer freier Platz

espoir [ɛspwaʀ] *m* 1 Hoffnung *f*; Hoffen *n*; Zuversicht *f*; ***~ de guérison, d'une récompense*** Hoffnung auf Genesung, auf e-e Belohnung; ***amour*** *m* ***sans ~*** hoffnungslose, aussichtslose Liebe; ***dans l'~ de*** (*+inf*) in der Hoffnung zu (*+inf*) (*a à la fin d'une lettre*); ***abandonner tout ~ de*** (*+inf*) jede, alle Hoffnung aufgeben, dass … *ou* zu (*+inf*); ***j'ai bon ~*** ich bin zuversichtlich; ich hoffe schon; *à l'examen* ***j'ai l'~ de réussir*** ich hoffe, dass ich Erfolg habe, durchkomme, bestehe; ***il y a encore de l'~*** es besteht noch Hoffnung; ***je n'ai plus d'~*** ich habe keine Hoffnung mehr; ***éveiller, faire naître, susciter des ~s*** Hoffnungen wecken, machen; ***garder un ~*** noch Hoffnung haben; immer noch hoffen; ***être riche d'~*** hoffnungsvoll, zuversichtlich, voll Hoffnung sein; ***c'est sans ~*** das ist hoffnungslos, aussichtslos; ***mettre tout son ~ en qc, qn*** s-e ganze Hoffnung auf etw, j-n setzen; ***ruiner tous les ~s*** alle Hoffnungen zerstören, zunichtemachen; ***susciter des ~s*** Hoffnungen (er)wecken, machen; ***il ne vit que dans l'~ que …*** er lebt ganz in der Hoffnung, dass …; *prov* ***l'~ fait vivre*** der Mensch lebt von der Hoffnung **2** *personne, chose* Hoffnung *f*; *personne a* Hoffnungsträger *m*; ***les jeunes ~s*** *de la chanson etc* die vielversprechenden jungen Talente *n/pl*; ***c'est, vous êtes mon dernier ~*** das ist, Sie sind meine letzte Hoffnung

esprit [ɛspʀi] *m* **1** *d'une personne, d'une œuvre, d'une époque*, PHILOS Geist *m*; *d'une personne a* Verstand *m*; Witz *m*; *d'une personne, d'une œuvre a* Geisteshaltung *f*; Gesinnung *f*; Sinn *m*; ***~ d'à-propos, de repartie*** Schlagfertigkeit *f*; ***~ de compétition*** Kampfgeist *m*; Wetteifer *m*; ***~ de contradiction*** Widerspruchsgeist *m*; ***~ de corps*** Korpsgeist *m*; ***~ d'équipe*** Team-, Mannschaftsgeist *m*; ***~ de famille*** Familiensinn *m*; ***~ de sacrifice*** Opferbereitschaft *f*, -mut *m*; ***homme*** *m* ***d'~*** Mann *m* von Geist; geistvoller, -reicher Mann; ***mot*** *m* ***d'~*** Witz(wort) *m*(*n*); witziger Einfall; ***pauvreté*** *f* ***d'~*** geistige Armut; ♦ *loc/adj* ***plein d'~*** geistreich, -voll; witzig; *loc/adv*: ***dans cet ~*** in diesem Sinn(e); ***dans un ~ de conciliation*** im Geist(e) der Versöhnung; in e-m versöhnlichen Geist(e); ***dans l'~ de la loi*** im Sinne des Gesetzes; ***dans mon ~*** meiner Ansicht nach; in meinen Augen; ***en ~, par l'~*** im Geiste; in Gedanken; ♦ ***avoir de l'~*** geistreich, -voll sein; Geist haben; ***avoir de l'~ jusqu'au bout des ongles*** höchst, äußerst geistreich, -voll sein; vor Geist sprühen; ***ne plus avoir tous ses ~s*** nicht mehr ganz richtig im Kopf sein; ***ne pas avoir l'~ à …*** keine Lust haben zu …; nicht aufgelegt sein zu …; keinen Kopf haben für …; ***je n'ai pas l'~ au jeu en ce moment*** *a* mir ist jetzt nicht nach Spielen zumute; ***avoir l'~, le bon ~ de faire qc*** klug genug sein, die gute Idee haben, etw zu tun; ***où avais-je l'~?*** wo hatte ich nur meinen Verstand?; wo war ich nur mit meinen Gedanken?; ***avoir l'~ ailleurs*** geistesabwesend sein; mit s-n Gedanken anderswo, ganz woanders sein; ***avoir l'~ critique*** kritisch sein; e-e kritische Ader, e-n kritischen Verstand haben; ***avoir l'~ logique*** logisch denken können; ***avoir mauvais ~, faire preuve de mauvais ~*** es am guten Willen fehlen lassen; aufsässig, widerspenstig sein; ***avoir l'~ préoccupé*** vieles im Kopf haben; Probleme, Sorgen haben; ***avoir l'~ mal tourné*** immer gleich Schlechtes denken, auf schlechte Gedanken kommen; ***avoir l'~ vif*** e-e rasche Auffassungsgabe haben; ***avoir l'~ d'analyse*** analytisch denken können; *péj* ***faire de l'~*** geistreich tun; den Geistreichen spielen; ***occuper l'~ de qn*** j-n ganz beschäftigen, beanspruchen; ***perdre l'~*** den Verstand verlieren; ***perdre ses ~s*** den Kopf verlieren; ***rendre l'~*** den Geist aufgeben; ***reprendre, retrouver ses ~s*** (*se ressaisir*) sich wieder fassen; (*reprendre connaissance*) wieder zu sich kommen; das Bewusstsein wiedererlangen; ***cela m'était (complètement) sorti de l'~*** das hatte ich (völlig) vergessen; daran hatte ich (überhaupt) nicht mehr gedacht; ***traverser l'~*** durch den Kopf, Sinn gehen; ***venir, se présenter à l'~*** in den Sinn kommen; einfallen; ***cela ne me serait même pas venu à l'~*** das wäre mir nicht einmal im Traum eingefallen **2** *personne* Geist *m*; Mensch *m*; Kopf *m*; ***~s*** *pl* Gemüter *n/pl*; ***bel ~*** Schöngeist *m*; ***~ fertile, ingénieux, inventif*** schöpferischer, erfinderischer Geist, Mensch; einfallsreicher Mensch; ***~ lent*** langsamer Mensch, Denker; ***~ lucide*** heller Kopf; ***~ noble, généreux*** edler Geist; ***~ terre à terre*** prosaischer Mensch; Banause *m*; ***calmer les ~s*** die Gemüter beruhigen, besänftigen; ***les ~s sont montés contre lui*** die Stimmung ist gegen ihn; *plais* ***les grands ~s se rencontrent*** zwei Seelen und ein Gedanke; große Geister finden sich immer **3** REL, MYTH Geist *m*; ***~ divin*** Geist Gottes; göttlicher Geist; ***~ frappeur*** Klopf-, Poltergeist *m*; ***pur ~*** reiner Geist; F *fig* ***ne pas être un pur ~*** nicht von der Luft leben können; realistisch, materialistisch denken, sein; ***l'Esprit saint*** der Heilige Geist; ***croire aux ~s*** an Geister glauben

esprit-de-vin [ɛspʀidvɛ̃] *m* Weingeist *m*; Spiritus *m*

esquif [ɛskif] *m litt* ***un frêle ~*** ein leichtes, schlankes Boot

esquille [ɛskij] *f* MÉD Knochensplitter *m*

esquimau[1] [ɛskimo] **I** *adj* ⟨**-aude**; *m/pl* **-aux**⟩ Eskimo…; eskimoisch **II** *subst* ***Esquimau(de)*** *m(f)* Eskimo(frau) *m(f)*

esquimau®[2] [ɛskimo] *m* Eis *n* am Stiel mit Schokoladenüberzug

esquintant [ɛskɛ̃tɑ̃] *adj* F sehr anstrengend; aufreibend; kräftezehrend; ***travail ~*** kräftezehrende, sehr anstrengende Arbeit

esquinter [ɛskɛ̃te] F **I** *v/t* **1** (*fatiguer*) überanstrengen; erschöpfen; F fertigmachen; erledigen **2** (*abîmer*) *objet* abnützen; beschädigen; F kaputt machen; ramponieren; *personne* F übel, bös zurichten; *adjt* ***esquinté*** F *a* ziemlich mitgenommen **3** (*critiquer*) *auteur, film etc* F heruntermachen, -reißen; verreißen **II** *v/pr* **1** ***s'~*** (***au travail***) sich abrackern, abschinden, abplagen, abmühen **2** *objets* ***s'~*** F kaputtgehen **3** ***s'~ la santé*** s-r Gesundheit (*dat*) schaden; ***s'~ la vue*** sich (*dat*) die Augen verderben, F kaputt machen

esquisse [ɛskis] *f* **1** PEINT Skizze *f*; Entwurf *m*; flüchtig hingeworfene Zeichnung; ***~ au crayon*** Bleistiftskizze *f* **2** *par ext d'un roman etc* Skizze *f*; Entwurf *m*; kurze Darstellung **3** *fig de sourire* Ansatz *m*; Andeutung *f*; Anflug *m*; Spur *f*

esquisser [ɛskise] **I** *v/t* **1** PEINT skizzieren; flüchtig hinwerfen **2** *roman etc* skizzieren; entwerfen **3** *geste, sourire* andeuten; ***~ un mouvement de recul*** leicht, kurz zurückschrecken, -zucken; ***~ un salut*** *a* flüchtig grüßen **II** *v/pr* ***s'~*** *solution etc* sich abzeichnen, andeuten

esquive [ɛskiv] *f* SPORTS Ausweichbewegung *f*; Ausweichen *n*
esquiver [ɛskive] **I** *v/t* **1** (geschickt) ausweichen (***un coup*** e-m Schlag) **2** *fig difficulté etc* (geschickt) ausweichen, aus dem Wege gehen, sich entziehen (*+dat*); umgehen **II** *v/pr* ***s'~*** (unauffällig) weggehen; verschwinden; sich davon-, wegschleichen; sich fortstehlen
essai [esɛ] *m* **1** Versuch *m* (*a* ATHLÉTISME, RUGBY); Probe *f*; Erprobung *f*; Ausprobieren *n*; Prüfung *f*; Test *m*; AUTO Probe-, Testfahrt *f*; COURSE AUTOMOBILE Trainingsrunde *f*; ***~ nucléaire*** Atomtest *m*; Kernwaffenversuch *m*; ***~ timide*** schüchterner Versuch, Ansatz; ***~ de contrôle*** Gegenprüfung *f*, -versuch *m*, -probe *f*; ***~ de laboratoire*** Laborversuch *m*, -test *m*; ***~ de machines*** Erprobung, Prüfung, Test von Maschinen; ***~ des matériaux*** Material-, Werkstoffprüfung *f*; ***~ en vol*** Flugerprobung *f*, -test *m*; ***ballon*** *m* ***d'~*** Versuchsballon *m* (*a fig*); *fig* ***coup*** *m* ***d'~*** (erster) Versuch; Anfang *m*; ***période*** *f* ***d'~*** Probezeit *f*; ***pilote*** *m* ***d'~*** Testpilot *m*; ***vol*** *m* ***d'~*** Probe-, Testflug *m*; *loc/adv* ***à l'~, à titre d'~*** auf, zur Probe; probe-, versuchsweise; ***embaucher, prendre qn à l'~*** j-n auf Probe einstellen, nehmen; e-n Versuch mit j-m machen; ***faire un ~, des ~s*** (***de qc***) e-e Probe, e-n Versuch, Proben, Versuche machen (mit etw); ***faire l'~ de qc*** etw erproben, ausprobieren, prüfen; ***faire faire un ~ à un candidat*** e-n Bewerber e-e Probe s-s Könnens ablegen lassen; CIN ***tourner un bout d'~*** Probeaufnahmen machen **2** LITTÉRATURE Essay ['ɛse:, ɛ'se:] *m ou n*
essaim [esɛ̃] *m* Schwarm *m* (*a fig d'enfants etc*); ***~ d'abeilles*** Bienenschwarm *m*
essaimage [esɛmaʒ] *m d'abeilles* **a)** Schwärmen *n*; **b)** Schwarmzeit *f*
essaimer [eseme] *v/i* **1** *abeilles* schwärmen **2** *fig famille* sich zerstreuen; *entreprise* Niederlassungen gründen
essayage [esɛjaʒ] *m* COUT Anprobe *f*; Anprobieren *n*; ***cabine*** *f*, ***salon*** *m* ***d'~*** Anprobe-, Umkleidekabine *f*, -raum *m*
essayer [eseje] ⟨**-ay-** *od* **-ai-**⟩ **I** *v/t* **a)** ***~ qc*** etw versuchen; e-n Versuch mit etw machen; es mit etw versuchen; TECH etw erproben, prüfen, testen, ausprobieren; *voiture* testen; e-e Probefahrt machen (***qc*** mit etw); Probe fahren; *vêtements, chaussures* anprobieren; *chapeau* aufprobieren; *coiffure, recette, marque, modèle* (aus)probieren; *boisson, mets, méthode, médicament* (aus)probieren; versuchen; ***~ les petites annonces*** es mit e-r Kleinanzeige versuchen, probieren; ***~ les coups, la douceur*** es mit Schlägen, Güte versuchen; ***~ sa force*** s-e Kraft erproben; ***~ l'un après l'autre tous les restaurants*** alle Restaurants aus-, durchprobieren; ***il a tout essayé***, *rien n'y fait* er hat alles (Mögliche) versucht, (aus)probiert; ***l'~, c'est l'adopter*** wer es probiert hat, bleibt dabei; **b)** *abs* es versuchen, probieren; ***essayez donc*** *ou* ***toujours!*** versuchen Sie es *ou* F Sie's doch, nur!; *dissuasif* ***essaye un peu*** (***pour voir***) ! versuch's, probier's nur!; das versuch, probier nur!; ***je vais ~*** ich werde es versuchen, probieren; F ich versuch's, probier's; ***il n'en coûte rien d'~*** probieren, versuchen, ein Versuch kostet nichts; **c)** ***~ de faire qc*** etw zu tun versuchen; versuchen, etw zu tun; ***~ de dormir*** versuchen zu schlafen; zu schlafen versuchen **II** *v/pr* ***s'~ à*** (***faire***) ***qc*** sich in, an etw (*dat*) versuchen; ***s'~ à la peinture*** sich im Malen versuchen
essayeur [esɛjœʀ] *m* **1** *de voitures* Testfahrer *m* **2** HIST Münzwardein *m* **essayeuse** *f* COUT Absteckerin *f* **essayiste** *m,f écrivain* Essayist(in) *m(f)*
esse [ɛs] *f* TECH s-förmiger Haken; S-Haken *m*
ESSEC [ɛsɛk] *f abr* (*École supérieure des sciences économiques et commerciales*) *Elitehochschule für Wirtschaft und Handel*
essence [esɑ̃s] *f* **1** Benzin *n*; F Sprit *m*; ***~ ordinaire*** Normalbenzin *n*; ***~ à briquet, à détacher*** Feuerzeug-, Waschbenzin *n*; ***~ sans plomb*** bleifreies Benzin; ***faire le plein d'~*** volltanken; auftanken; ***prendre de l'~*** tanken **2** CHIM Essenz *f*; ätherisches Öl; CUIS *a* Extrakt *m*; ***~ de roses, de térébenthine*** Rosen-, Terpentinöl *n* **3** PHILOS Essenz *f*; Wesen(-heit) *n(f)*; Sosein *n*; *loc/adv* ***par ~*** wesensmäßig; s-m Wesen, s-r Natur nach **4** BOT (Baum)Art *f*
essencerie [esɑ̃sʀi] *f au Sénégal* Tankstelle *f*
essentiel [esɑ̃sjɛl] **I** *adj* ⟨**~le**⟩ **1** wesentlich; wichtigste(r, -s); grundlegend; unabdingbar; PHILOS wesensmäßig; essenziell; essential; ***caractère ~*** Hauptmerkmal *n*; ***idée ~le*** Grund-, Hauptgedanke *m*; wesentlicher, wichtigster Gedanke; ***point ~*** Kernpunkt *m*; wesentlicher, wichtigster Punkt; ***être ~ à la vie*** lebenswichtig, -notwendig sein **2** CHIM ***huiles ~les*** ätherische Öle *n/pl* **II** *m* Wesentliche(s) *n*; Hauptsache *f*; Kern *m* der Sache; ***l'~ est de réussir*** wesentlich, entscheidend ist der Erfolg; ***arriver à l'~*** zum Kern der Sache, zum Wesentlichen kommen; ***tu es sain et sauf, c'est l'~!*** Hauptsache, dir ist nichts passiert!; ***oublier l'~*** die Hauptsache, das Wesentliche, Wichtigste vergessen
essentiellement [esɑ̃sjɛlmɑ̃] *adv* **1** (*principalement*) im Wesentlichen; in der Hauptsache **2** (*par essence*) s-m Wesen, s-r Natur nach; wesensmäßig
esseulé [esœle] *adj* einsam; vereinsamt; verlassen; (mutterseelen)allein
essieu [esjø] *m* ⟨*pl* **~x**⟩ TECH (Wagen-, Rad)Achse *f*; ***~ arrière, avant*** Hinter-, Vorderachse *f*
Essonne [esɔn] ***l'~*** *f Fluss u Departement in Frankreich*
essor [esɔʀ] *m* **1** *surtout* ÉCON Aufschwung *m*; Auftrieb *m*; Aufblühen *n*; ***~ économique*** wirtschaftlicher Aufschwung; Wirtschaftsaufschwung *m*; ***~ de la production*** Produktionsaufschwung *m*; *ville, pays, industrie* ***en plein ~*** aufstrebend; in vollem Aufschwung; in voller Blüte; ***prendre un ~*** e-n Aufschwung nehmen, erfahren; aufblühen **2** *poét oiseau* ***prendre son ~*** *poét* sich in die Lüfte schwingen; sich emporschwingen
essorage [esɔʀaʒ] *m du linge* Schleudern *n*; *à la main* Auswringen *n* **essorer** *v/t linge* schleudern; *à la main* auswringen, -winden **essoreuse** *f* (Wäsche-, Trocken)Schleuder *f*
essoufflement [esufləmɑ̃] *m* **1** Atemlosigkeit *f*; Kurzatmigkeit *f* **2** *fig* Nachlassen *n*; Erlahmen *n*
essouffler [esufle] **I** *v/t* außer Atem kommen lassen; ***cette course m'a essoufflé*** ich bin ganz außer Atem von dem Lauf; *adjt* ***essoufflé*** außer Atem; atemlos; abgehetzt; ***je suis essoufflé*** *a* mir ist der Atem ausgegangen **II** *v/pr* ***s'~*** **1** außer Atem kommen, geraten **2** *fig* nicht mehr mithalten kön-

nen; nachlassen; erlahmen; ***qn, l'économie*** *etc* ***s'essouffle*** *a* j-m, der Wirtschaft *etc* geht der Atem *ou* die Luft aus
essuie-glace [esɥiglas] *m* ⟨*pl* **essuie-glaces**⟩ AUTO Scheibenwischer *m* **essuie-mains** *m* ⟨*inv*⟩ Handtuch *n*
essuyage [esɥijaʒ] *m de verres, de vaisselle* Abtrocknen *n*; *de meubles* Abstauben *n*; Abwischen *n*; *de saleté* Auf-, Wegwischen *n*
essuyer [esɥije] ⟨**-ui-**⟩ **I** *v/t* **1** *vaisselle, mains* abtrocknen; *sueur, poussière, tableau, table* abwischen; *tache, sol* aufwischen; *tache a* wegwischen; *meuble* abstauben; abwischen; *lunettes* putzen; *larmes* abwischen; trocknen; ***~ la poussière*** abstauben; Staub wischen; ***prière d'~ ses pieds*** bitte Füße abtreten **2** *fig (subir) tempête etc* abbekommen; kommen in (*+acc*); F abkriegen; *défaite, reproches etc* einstecken, hinnehmen müssen; *pertes* erleiden; → *a* ***refus*** **II** *v/pr* ***s'~*** sich abtrocknen; ***s'~ la bouche, le front*** sich (*dat*) den Mund, die Stirn abwischen; ***s'~ les mains*** sich (*dat*) die Hände abtrocknen
est[1] [ɛst] **I** *m* **1** *point cardinal* (*abr* ***E.***) Ost(en) *m* (*abr* O); ***vent*** *m* ***d'~*** Ostwind *m*; *loc/adv* ***à l'~*** im Osten, östlich (***de*** von *ou +gén*); ***plus à l'~*** weiter *ou* mehr im Osten, östlich; ***en direction de l'~, vers l'~*** in östlicher Richtung; ostwärts; nach Osten **2** *d'un pays, d'une ville etc* ***l'Est*** der Osten; *loc/adj* ***de l'Est*** Ost…; ***l'Europe de l'Est*** Osteuropa *n*; ***dans l'Est parisien*** *ou* ***de Paris*** im Osten von Paris; im Pariser Osten; in Ostparis **3** *de la France* ***l'Est*** Ostfrankreich *n*; der Osten (Frankreichs); ***dans l'Est*** in Ostfrankreich **4** POL ***l'Est*** der Osten; ***l'Allemagne*** *f* ***de l'Est*** Ostdeutschland *n*; HIST die DDR; HIST ***les pays*** *m/pl* ***de l'Est*** die Ostblockstaaten *m/pl*; ***rapports*** *m/pl* ***entre l'Est et l'Ouest*** Ost-West-Beziehungen *f/pl* **II** *adj* ⟨*inv*⟩ östlich; Ost…; ***la banlieue ~ de Paris*** die östlichen Vororte *m/pl* von Paris; ***côte*** *f* ***~*** Ostküste *f*; GÉOGR ***longitude*** *f* ***~*** östliche Länge; POL ***relations*** *f/pl* ***~-ouest*** Ost-West-Beziehungen *f/pl*
est[2] [ɛ] → ***être***[1]
establishment [ɛstabliʃmɛnt] *m* Establishment [is'tɛbliʃ-] *n*
estafette [ɛstafɛt] *f* HIST Stafette *f*; MIL Meldegänger *m*; Melder *m*
estafilade [ɛstafilad] *f* Schnittwunde *f*; Schmarre *f*; Schmiss *m*
est-allemand [ɛstalmɑ̃] *adj* POL HIST DDR…; der DDR; ostdeutsch
estaminet [ɛstaminɛ] *m* Schänke *f*; Schankwirtschaft *f*
estampage [ɛstɑ̃paʒ] *m* **1** TECH Prägen *n*, -ung *f*; Stanzen *n*; Gesenkschmieden *n*, -drücken *n*; *de métal a* Pressen *n* **2** TYPO Präge-, Reliefdruck *m* **3** F *fig* Hereinlegen *n*; Gaunerei *f*
estampe [ɛstɑ̃p] *f* **1** TECH Prägestempel *m*, -form *f*; Stanze *f* **2** ART Grafik *f*; (Kupfer)Stich *m*; *a* Holzschnitt *m*; Lithografie *f*; ***~s japonaises*** japanische Grafiken
estamper [ɛstɑ̃pe] *v/t* **1** TECH prägen; stanzen **2** F ***~ qn*** F j-n reinlegen, übers Ohr hauen, begaunern
estampeur [ɛstɑ̃pœʀ] *m* **1** *ouvrier* Stanzer *m*; Presser *m* **2** → ***estampe*** *1* **3** F (*escroc*) Gauner *m*
estampillage [ɛstɑ̃pijaʒ] *m* Versehen *n* mit e-m Güte-, Echtheitszeichen, e-m (Zoll)Stempel; Abstempelung *f*
estampille [ɛstɑ̃pij] *f* Güte-, Echtheits-, Herkunfts-, Schutzzeichen *n*; Marke *f* **estampiller** *v/t* mit einem Güte-, Echtheitszeichen, Stempel versehen
est-ce que [ɛskə] *particule interrogative* ***~ tu viens?*** kommst du?

Die Frage mit est-ce que

Eine einfache und geläufige Art, Fragen zu stellen, ist die Umschreibung mit **est--ce que**:

Est-ce que Claude est partie pour le Sénégal? –
Ist Claude in den Senegal abgereist?

Die Frage wird gebildet, indem man est--ce que vor den Aussagesatz (hier: Claude est partie pour le Sénégal) setzt. Die Umschreibung mit est-ce que wird sowohl im gesprochenen wie im geschriebenen Französisch verwendet.

Estelle [ɛstɛl] *f Vorname*
ester[1] [ɛstɛʀ] *m* CHIM Ester *m*
ester[2] [ɛste] *v/i* JUR ***~ en justice*** vor Gericht auftreten; e-n Prozess führen
Esterel [ɛsteʀɛl] ***l'~*** *m Bergmassiv in der Provence*
Esther [ɛstɛʀ] *f Vorname*
esthète [ɛstɛt] *m* Ästhet *m* (*a péj*); Schöngeist *m*
esthéticien [ɛstetisjɛ̃] *m* Ästhetiker *m* **esthéticienne** *f* Kosmetikerin *f*
esthétique [ɛstetik] **I** *f* **1** (*science du beau*) Ästhetik *f* **2** *d'une œuvre etc* Schönheit *f*; Ästhetische(s) *n*; ästhetischer Charakter **II** *adj* **1** ästhetisch; schön; geschmackvoll; ***sens*** *m* ***~*** ästhetisches Empfinden; Schönheitssinn *m* **2** ***chirurgie*** *f* ***~*** kosmetische Chirurgie; Schönheitschirurgie *f*
esthétisme [ɛstetism] *m* Ästhetizismus *m*
estimable [ɛstimabl] *adj* schätzenswert; achtbar
estimatif [ɛstimatif] *adj* ⟨**-ive**⟩ auf Schätzung beruhend; ***devis ~*** Kostenvoranschlag *m*
estimation [ɛstimasjõ] *f* **1** (Ab-, Ein)Schätzung *f*; Bewertung *f*; Veranschlagung *f*; Taxierung *f*; (*calcul rapide*) Überschlag *m*; Überschlagen *n*; ***~ des dégâts*** Schätzung, Bewertung des Schadens; ***d'après mes ~s*** meiner Schätzung nach; ***faire une ~ de qc*** etw (ab-, ein)schätzen, bewerten, taxieren **2** ÉLECTIONS Hochrechnung *f*
estime [ɛstim] *f* (Hoch)Achtung *f*; Ansehen *n*; Wert-, Hochschätzung *f*; ***~ de soi*** Selbstachtung *f*; ***avoir l'~ de qn*** von j-m geachtet, geschätzt werden; bei j-m Ansehen genießen, angesehen sein; ***avoir de l'~ pour qn*** j-n achten, (hoch) schätzen; vor j-m Achtung haben; j-m Achtung entgegenbringen; ***avoir, tenir qn en grande, 'haute ~*** Hochachtung, große Achtung vor j-m haben; j-n hoch achten, sehr schätzen; viel von j-m halten; ***cela l'a fait baisser dans mon ~*** das hat ihn in meiner Achtung sinken lassen; ***forcer l'~ de qn*** j-m Ach-

tung abnötigen; ***remonter dans l'~ de qn*** in j-s Achtung (*dat*) steigen

estimer [ɛstime] **I** *v/t* **1** (*évaluer*) *objet*, *dommages etc* (ab-, ein)schätzen; bewerten; taxieren; den Wert ermitteln (+*gén*); *frais* veranschlagen; (*calculer approximativement*) überschlagen; *fig œuvre*, *personne* einschätzen; beurteilen; ***~ qc à un million*** etw auf e-e Million schätzen; ***être encore difficile à ~*** noch schwierig abzuschätzen, noch nicht abzusehen sein; ***faire ~ qc*** etw schätzen lassen **2** (*apprécier*) *personne* (hoch) achten; schätzen; respektieren; *qualités de qn* schätzen; ***se faire ~*** sich (*dat*) Achtung erwerben; *p/p et adjt*: *personne*, *œuvre* ***être très estimé*** (***de***, ***par qn***) hoch geachtet, sehr geschätzt, geachtet werden (von j-m); sehr beliebt, angesehen sein (bei j-m); ***notre très estimé collègue*** unser hoch geschätzter, allseits beliebter Kollege **3** **a)** ***~ que …*** der Ansicht sein, dass …; meinen, glauben, F schätzen, dass …; ***j'estime avoir fait mon devoir*** ich bin der Ansicht *etc*, meine Pflicht getan zu haben; **b)** ***~ qc convenable*** *etc* etw für angemessen *etc* halten, erachten; ***~ qn digne de qc*** j-n e-r Sache (*gén*) für würdig, wert halten, erachten, befinden; ***~ indispensable de faire qc*** es für unerlässlich halten, etw zu tun **II** *v/pr* ***s'~ heureux de*** (+*inf*) *ou* ***que …*** (+*subj*) sich glücklich schätzen, zu (+*inf*) *ou* dass …; von Glück sagen können, dass …; ***s'~ satisfait*** zufrieden sein (***de qc*** mit etw)

estivage [ɛstivaʒ] *m* AGR Sömmerung *f*

estival [ɛstival] *adj* ⟨**-aux**⟩ sommerlich; Sommer…; ***station ~e*** Sommerfrische *f*, -ferienort *m*, -urlaubsort *m*; ***température ~e*** sommerliche Temperatur

estivant [ɛstivɑ̃] *m*, **estivante** *f* Sommergast *m*; (Sommer)Feriengast *m*; Sommerfrischler(in) *m(f)*

est-nord-est [ɛstnɔʀɛst] *m* Ostnordost(en) *m*

estoc [ɛstɔk] *loc/adv* ***d'~ et de taille*** auf Hieb und Stoß

estocade [ɛstɔkad] *f* CORRIDA Todesstoß *m*

estomac [ɛstɔma] *m* Magen *m*; ***maux*** *m/pl* ***d'~*** Magenschmerzen *m/pl*, -beschwerden *f/pl*, -leiden *n*; F *fig* ***avoir de l'~*** dreist, ungeniert, unverfroren sein; F ***il a l'~ bien accroché*** ihm wird nicht so schnell schlecht; ***avoir mal à l'~*** Magenweh haben; F ***avoir l'~ dans les talons*** F e-n Bären-, Mordshunger haben; Kohldampf haben, schieben; F *fig* ***faire qc à l'~*** etw ganz kühn, dreist, unverfroren machen; *fig peur etc* ***prendre qn à l'~***, ***serrer l'~ à qn*** sich j-m auf den Magen schlagen; ***rester sur l'~*** schwer im Magen liegen (*a fig*)

estomaquer [ɛstɔmake] F *v/t* verblüffen; verdutzen; ***être estomaqué de tant d'insolence*** ganz verblüfft, verdutzt, F platt, baff sein über so viel Unverschämtheit

estompe [ɛstɔ̃p] *f* PEINT **1** Wischer *m* **2** (***dessin*** *m* ***à l'***)***~*** gewischte Zeichnung

estomper [ɛstɔ̃pe] **I** *v/t* **1** PEINT (ver)wischen **2** *par ext rides*, *contours* verwischen; mildern **II** *v/pr* ***s'~*** *contours* verschwimmen; *souvenirs* verblassen; *haine*, *douleur* nachlassen; schwinden

Estonie [ɛstɔni] ***l'~*** *f* Estland *n*

estonien [ɛstɔnjɛ̃] **I** *adj* ⟨***~ne***⟩ estnisch; estländisch **II** *subst* **1** ***Estonien(ne)*** *m(f)* Este *m*, Estin *f*; Estländer(in) *m(f)* **2** *m* LING ***l'~*** das Estnische; Estnisch *n*

estouffade [ɛstufad] *f* CUIS ***~ de bœuf*** geschmortes Rinderragout

estourbir [ɛstuʀbiʀ] F *v/t* bewusstlos schlagen; niederschlagen; ***être tout estourbi*** (***par le choc***) (von dem Schock) ganz betäubt, benommen sein

estrade [ɛstʀad] *f* Podium *n*; Podest *n*; Bühne *f*

estragon [ɛstʀagɔ̃] *m* BOT, CUIS Estragon *m*; ***moutarde*** *f* ***à l'~*** Estragonsenf *m*

Estrémadure [ɛstʀemadyʀ] GÉOGR ***l'~*** *f* Estremadura *n*

estropié [ɛstʀɔpje] **I** *adj* verstümmelt (*a fig*); verkrüppelt; versehrt **II** *m* Versehrte(r) *m*; Krüppel *m*

estropier [ɛstʀɔpje] **I** *v/t* **1** zum Krüppel machen **2** *fig texte*, *mot* verstümmeln; entstellen **II** *v/pr* ***s'~*** zum Krüppel werden

est-sud-est [ɛstsydɛst] *m* Ostsüdost(en) *m*

estuaire [ɛstɥɛʀ] *m* Trichtermündung *f*

estudiantin [ɛstydjɑ̃tɛ̃] *adj* studentisch; Studenten…; ***vie ~e*** Studentenleben *n*

esturgeon [ɛstyʀʒɔ̃] *m* ZO Stör *m*

et [e] *conj* **1** und; ***lui ~ son fils*** er und sein Sohn; ***deux ~ trois font cinq*** zwei und drei ist fünf; ***vingt ~ un*** einundzwanzig; ***il y a mensonge ~ mensonge*** es gibt solche und solche Lügen; ***il y a parfum ~ parfum*** Parfüm ist nicht gleich Parfüm; ♦ *en début de phrase*: ***~ moi?*** *vous m'oubliez!* und (wo bleibe) ich?; *vous êtes content?* - ***~ comment!*** und wie! **2** *st/s* ***~ … ~ …*** sowohl … als auch … **3** *non traduit*: ***climat sec ~ froid*** trockenes, kaltes Klima; ***plus j'écoute ~ moins je comprends*** je mehr ich hinhöre, desto weniger verstehe ich; ***deux heures ~ demie*** zweieinhalb Stunden; *heure* halb drei (Uhr)

ETA [ətea] *f abr* (*Euskadi ta Askatasuna*) POL ETA *f*

étable [etabl] *f* Stall *m*; ***~s*** *pl a* Stallungen *f/pl*

établi [etabli] *m* Werkbank *f*; ***~ de menuisier*** Hobelbank *f*

établir [etabliʀ] **I** *v/t* **1** *usine etc* ein-, errichten; (be)gründen; eröffnen; erstellen; *domicile* aufschlagen **2** *rapport*, *relation* herstellen; *programme*, *projets*, *principes*, *devis*, *record* aufstellen; *expertise* erstellen; *règles*, *frontières* festlegen; *prix*, *salaire*, *délai* festsetzen; *liste* auf-, zusammenstellen; TÉL ***~ la communication*** die Verbindung herstellen; verbinden; ***~ le contact*** den Kontakt herstellen; ÉLECT *a* einschalten; *fig* Kontakt, Verbindung aufnehmen; ***~ un contrat*** einen Vertrag abfassen; ***~ une facture***, ***une quittance*** eine Rechnung, eine Quittung ausstellen; ***~ un parallèle*** e-e Parallele ziehen (***entre*** zwischen +*dat*); ***~ des relations avec qn*** zu j-m Beziehungen aufnehmen; ♦ *adjt* ***établi*** *usage etc* bestehend; herrschend; ***ordre établi*** bestehende, herrschende Ordnung; ***avoir une réputation bien établie de …*** bekannt sein als …; im Ruf(e) e-s … stehen **3** (*démontrer*) feststellen; ermitteln; nachweisen; ***l'expertise a établi que …*** das Gutachten hat ergeben, dass …; ***il est établi que …*** es steht fest, es ist sicher, es ist bewiesen, dass … **II** *v/pr* ***s'~*** sich niederlassen, sich ansässig machen (***à Paris*** in Paris); *peuple a* sich ansiedeln

établissement [etablismɑ̃] *m* **1** *d'un empire etc* (Be)Gründung *f*; Errichtung *f*; *d'un domicile etc* Einrichtung *f* **2** *de populations* Niederlassung *f*; Ansied(e)lung *f* **3** (*installations*) Anstalt *f*; TECH (Werks-, Betriebs)Anlage *f*; (*entreprise*) Niederlassung *f*; Werk *n*; Betrieb *m*; ***les ~s X*** die Firma X; ***~ bancaire*** Bankinstitut *n*; ***~ commercial*** Handelsun-

E

ternehmen *n*; kaufmännischer Betrieb; **~ hospitalier** Krankenanstalt *f*, -haus *n*; **~ public** öffentlich-rechtliche Anstalt; Anstalt des öffentlichen Rechts; **~ scolaire** Lehr-, Unterrichts-, Bildungsanstalt *f*; **~ thermal** Kuranstalt *f*, -haus *n*; Thermalbad *n*; **chef** *m* **d'~** (Schul)Direktor *m* **4** *d'un programme, d'un devis, de projets* Aufstellung *f*; *d'une expertise, d'un rapport* Erstellung *f*; *d'une facture, d'un certificat* Ausstellung *f*; *d'un contrat* Abfassung *f*; *de prix etc* Festsetzung *f*; *de règles* Festlegung *f*; **~ du budget** Budgetierung *f*; Aufstellung e-s Budgets, Haushaltsplans **5** *de faits* Feststellung *f*; Ermittlung *f*

étage [etaʒ] *m* **1** Stock(werk) *m(n)*; Etage *f*; (Ober)Geschoss *ou österr* (-)Geschoß *n*; *d'une tour* Plattform *f*; Etage *f*; **dernier ~** oberstes Stockwerk; **immeuble** *m* **à, de quatre ~s** vierstöckiges, -geschossiges Wohnhaus; **habiter au troisième ~** im dritten Stock wohnen; F drei Treppen hoch wohnen; **habiter à l'~ au-dessus, en dessous** e-n Stock, F e-e Treppe höher, tiefer wohnen **2** *de fusées, turbines etc* Stufe *f*; **fusée** *f* **à (plusieurs) ~s** (Mehr)-Stufenrakete *f*; mehrstufige Rakete **3** GÉOL Stufe *f*; Abteilung *f* **4** *d'une armoire etc* Fach *n* **5** MINES Sohle *f* **6** *loc/adj fig* **de bas ~** niedrigstehend; minderwertig

étagement [etaʒmɑ̃] *m* Abstufung *f*

étager [etaʒe] ⟨**-geons**⟩ **I** *v/t maisons* stufenförmig anordnen; *jardin* terrassenförmig anlegen; terrassieren **II** *v/pr* **s'~** stufenförmig ansteigen

étagère [etaʒɛʀ] *f* **a)** *meuble* Regal *n*; Gestell *n*; **b)** *au mur* Wandbord *n*, -brett *n*; *à livres* Bücherbord *n*, -brett *n*

étai [etɛ] *m* CONSTR Stützbalken *m*, -holz *n*; Stütze *f*; Versteifung *f*; Strebe *f*; Spreize *f*

étain [etɛ̃] *m* **1** *métal* Zinn *n* **2** *objet* Zinnfigur *f*, -gerät *n*

étais, était [etɛ] → **être¹**

étal [etal] *m* ⟨*pl* **-als**⟩ **1** *sur le marché* (Markt)Stand *m* **2** *de boucher* Hack-, Fleischbank *f*

étalage [etalaʒ] *m* **1** *de marchandises* Ausstellen *n*, -ung *f*; Auslegen *n*; Ausbreiten *n* **2** *(devanture)* Auslage *f*; Schaufenster *n*; **être à l'~** ausgestellt, im Schaufenster, in der Auslage sein; **mettre à l'~** (im Schaufenster) ausstellen, auslegen **3** *fig* Zurschaustellung *f*; **faire ~ de qc** etw zur Schau stellen; mit etw prahlen

étalager [etalaʒe] *v/t* ⟨**-geons**⟩ (im Schaufenster) ausstellen, auslegen **étalagiste** *m,f* Schaufensterdekorateur(in) *m(f)*, -gestalter(in) *m(f)*

étale [etal] *adj* **a)** **la mer est ~** das Wasser hat s-n höchsten *ou* niedrigsten Stand erreicht, steigt *ou* fällt nicht mehr; **b)** MAR: *navire* stillstehend; *vent* gleichmäßig

étalement [etalmɑ̃] *m* **1** *dans le temps* Ver-, Aufteilung *f*; zeitliche Staffelung *(a des vacances)* **2** *dans l'espace* Ausbreiten *n*; Verteilen *n*

étaler [etale] **I** *v/t* **1** *marchandises* ausstellen; auslegen; ausbreiten; *carte, journal* ausbreiten; auseinanderfalten; entfalten; *cartes (au jeu)* aufdecken; (offen) auf den Tisch legen; *peinture, crème* verteilen; verstreichen; verreiben; **~ qc sur la table** etw auf dem Tisch ausbreiten; **~ du beurre sur le pain** Butter aufs Brot streichen; **~ du gravier sur la route** Kies auf der Straße verteilen, auf die Straße streuen **2** *dans le temps: paiements etc* ver-, aufteilen; (zeitlich) staffeln; **être étalé sur plusieurs années** sich über mehrere Jahre verteilen, erstrecken, hinziehen; über mehrere Jahre verteilt sein **3** *fig luxe, savoir* zur Schau stellen; prahlen (mit); *défaut* (offen) zeigen; enthüllen; aufdecken **II** *v/pr* **1** *titre de journal* **s'~ sur** sich erstrecken über (+*acc*); *peinture, crème* **s'~ bien, mal** sich gut, schlecht verteilen, verstreichen, verreiben lassen **2** *paiements, vacances* **s'~** sich verteilen; gestaffelt, aufgeteilt, verteilt sein; **s'~ sur trois mois** über drei Monate verteilt sein; sich über drei Monate verteilen, hinziehen, erstrecken **3** *fig luxe* **s'~** sich entfalten, ausbreiten; zur Schau gestellt werden **4** F **a)** **s'~** *(prendre de la place)* F sich breitmachen *(a fig)*; **b)** **s'~ de tout son long** *(tomber)* der Länge nach, lang hinfallen, F hinschlagen

étalon¹ [etalɔ̃] *m* (Zucht)Hengst *m*; Deckhengst *m*; Beschäler *m*

étalon² [etalɔ̃] *m* **1** Urmaß *n*; *adjt* **mètre** *m* **~** Urmeter *n* **2** *par ext* Eich-, Normal-, Prüfmaß *n*; Standard *m*; *adjt* Eich…; Normal… **3** ÉCON **~ (monétaire)** Währungsmetall *n*

étalonnage [etalɔnaʒ] *m ou* **étalonnement** *m* Eichen *n*, -ung *f*

étalonner [etalɔne] *v/t (instrument de) mesure* eichen

étalon-or [etalɔ̃ɔʀ] *m* ÉCON Goldstandard *m*, -währung *f*

étambot [etɑ̃bo] *m* MAR Hinter-, Achter-, Rudersteven *m*

étamer [etame] *v/t* **1** verzinnen **2** *glace* belegen; verspiegeln

étamine [etamin] *f* **1** BOT Staubgefäß *n*, -beutel *m*, -blatt *n* **2** TEXT E(s)tamin *n*; Etamine *f* **3** *(tissu à filtrer)* Beutel-, Siebtuch *n*

étanche [etɑ̃ʃ] *adj* (wasser-, luft)dicht; undurchlässig *(a fig)*; *montre* wasserdicht; *fig* hermetisch abgeschlossen; **cloison** *f* **~** MAR Schott *n*; *fig* unüberwindliche Schranke; **rendre ~** abdichten; dicht, undurchlässig machen

étanchéité [etɑ̃ʃeite] *f* Dichtheit *f*; Dichtigkeit *f*; Undurchlässigkeit *f*

étancher [etɑ̃ʃe] *v/t* **1** TECH, MAR (ab)dichten **2** *litt soif* löschen; *a sang* stillen

étançon [etɑ̃sɔ̃] *m* CONSTR Stützholz *n*, -balken *m*; Stütze *f*; MINES Stempel *m*

étang [etɑ̃] *m* **1** Teich *m*; Weiher *m* **2** GÉOGR Lagune *f*; Haff *n*

étant [etɑ̃] *p/pr* → **être¹**; **~ donné** → **donné** *4*

étape [etap] *f* **1** *distance* (Weg-, Teil)Strecke *f*; Etappe *f (a* SPORTS); CYCLISME: **~ de montagne** Bergetappe *f*; **~ contre la montre** Zeitfahren *n* über e-e Etappe; **vainqueur** *m* **de l'~** Etappensieger *m*; **classement** *m* **par ~s** Etappenwertung *f*; **parcourir une longue ~** e-e große, weite Strecke zurücklegen **2** *lieu* (Zwischen)Station *f*; (Zwischen)Aufenthalt *m*; *adjt* **ville** *f* **~** Zwischenstation *f*; **faire ~ à** (Zwischen)Station machen, e-n Zwischenaufenthalt einlegen in **3** *fig* Abschnitt *m*; Stufe *f*; Station *f*; Etappe *f*; Schritt *m*; **par ~s** schritt-, stufen-, etappenweise; in Etappen; **brûler les ~s** einige Stufen, Etappen überspringen; F *a* gleich aufs Ganze gehen

état [eta] *m* **1** Zustand *m*; Stand *m*; Verfassung *f*;

Status *m*; Beschaffenheit *f*; (*situation*) Lage *f*; Verhältnisse *n/pl*; PHYS Aggregatzustand *m*; ♦ **~ civil** Familien-, Personenstand *m*; (**bureau** *m* **de l'**)**~ civil** Standesamt *n*; PHYS **~ critique** kritischer Zustand; PHYS **~ gazeux, liquide, solide** gasförmiger, flüssiger, fester (Aggregat)Zustand; **~ général** Allgemeinzustand *m*, -befinden *n*; **~ naturel, de nature** natürlicher Zustand; Naturzustand *m*; **~ originel** Urzustand *m*; ursprünglicher Zustand; PSYCH **~ second** Bewusstseinstrübung *f*; *par ext* **être dans un ~ second** in e-r Art Schwebezustand sein; das Gefühl haben zu träumen; **~ stable** fester Zustand; **~ d'alerte** Alarmzustand *m*, -bereitschaft *f*; **~ d'âme** → **âme** *1*; **~ de choses** Sachlage *f*; Stand der Dinge; Zustände *m/pl*; **dans l'~ actuel des choses** beim derzeitigen, gegenwärtigen Stand (der Dinge); **~ de délabrement** Verfallszustand *m*; Baufälligkeit *f*; **~ d'esprit** (*mentalité*) Einstellung *f*; Denkweise *f*; Geisteshaltung *f*; (*disposition*) Geistesverfassung *f*; geistige Verfassung; **~ d'excitation** Erregungszustand *m*; Zustand der Erregung; **~ de fait** Sachlage *f*; Sachverhalt *m*; Tatbestand *m*; **l'~ de ses finances** s-e finanzielle Lage; **~ de grâce** REL Stand der Gnade; POL Schonfrist *f*; **~ de guerre** Kriegszustand *m*; **~ des routes** Straßenzustand *m*; **~ de santé** Gesundheitszustand *m*; Befinden *n*; **~ de siège** Belagerungszustand *m*; **~ d'urgence** Notstand *m*; Ausnahmezustand *m*; LING **verbe** *m* **d'~** Zustandsverb *n*; ♦ *loc/adv*: **à l'~ brut** im Rohzustand; roh; unverarbeitet; **à l'~ latent** latent (vorhanden); **dans un ~ de ...** in e-m Zustand, im Zustand (*+gén*); **dans un parfait ~ de conservation** tadellos erhalten; *iron* **dans un bel ~!** in e-m schönen Zustand!; in e-m Zustand!; **être dans un fichu, sale ~, un ~ lamentable** in einem jämmerlichen, kläglichen Zustand sein; **dans l'~ actuel de la science** beim gegenwärtigen Stand der Wissenschaft; **être dans tous ses ~s** in heller Aufregung, ganz aufgeregt, F ganz aus dem Häuschen sein; **ne vous mettez pas dans des ~s pareils!** regen Sie sich doch nicht so auf!; F kriegen Sie bloß keine Zustände!; **en ~ de ...** im Zustand (*+gén*); **en bon, mauvais ~** in gutem Zustand *ou* gut erhalten, in schlechtem Zustand; **être en bon ~** *a* gut im Stande, F gut im Schuss sein; **en tout ~ de cause** auf jeden Fall; in jedem Fall; in jeder Lage; **en ~ de marche** *machine* in betriebsfähigem Zustand; betriebsfähig, -bereit; *véhicule a* fahrbereit; JUR **être en ~ d'arrestation** verhaftet, inhaftiert, in Haft sein; **être en ~ de faire qc** imstande, in der Lage sein, etw zu tun; **mettre qn en ~ de faire qc** j-n instand setzen, in die Lage versetzen, etw zu tun; **remettre, tenir qc en ~** etw instand setzen, halten; **en l'~** im jetzigen, derzeitigen Zustand; **laisser les choses en l'~** die Dinge so lassen, wie sie sind; **être 'hors d'~ de faire qc** außerstande *ou* außerstande, nicht imstande, nicht in der Lage sein, etw zu tun; **je suis hors d'~ de ...** *a* ich fühle, sehe mich außerstande zu ...; **mettre qn hors d'~ de nuire** j-n unschädlich machen **2** **État** Staat *m*; **État agricole** Agrarstaat *m*; **État industriel, industrialisé** Industriestaat *m*; **État membre** Mitgliedsstaat *m*; **État membre de l'Union européenne** EU-Mitgliedsstaat *m*; Mitgliedsstaat *m* der EU, der Europäischen Union; **petits États** Kleinstaaten *m/pl*; **État satellite** Satellitenstaat *m*; **État de droit** Rechtsstaat *m*; **affaire** *f* **d'État** wichtige Staatsangelegenheit; *fig* **en faire une affaire d'État** e-e Staatsaffäre, e-e (Haupt- und) Staatsaktion daraus machen; **coup** *m* **d'État** Staatsstreich *m*; **diplôme** *m* **d'État** staatliches Diplom; Staatsdiplom *n*, -examen *n*; **homme** *m* **d'État** Staatsmann *m*; **secret** *m* **d'État** Staatsgeheimnis *n*; **diplômé d'État** staatlich geprüft; *Louis XIV* **l'État, c'est moi** der Staat bin ich; **former un État dans l'État** e-n Staat im Staate bilden **3** (*description*) Auf-, Zusammenstellung *f*; Liste *f*; Verzeichnis *n*; **~ comparatif** vergleichende Zusammenstellung; **~ de comptes** Kontenstand *m*; **~ de frais** Kostenaufstellung *f*, -berechnung *f*, -verzeichnis *n*; Spesenaufstellung *f*; **~ des lieux** *d'un appartement* Ortsbefund *m*; Zustandsfeststellung *f*; *pour fonctionnaires* **~s de services** Dienstzeitbescheinigung *f*; **faire ~ de qc** sich auf etw (*acc*) berufen; auf etw (*acc*) Bezug nehmen; etw anführen **4** HIST Stand *m*; **~s généraux** Generalstände *m/pl*; **le tiers ~** [-tjɛʀzeta] der dritte Stand **5** **de son ~** von Beruf; s-s Zeichens; **il est notaire de son ~** er ist Notar von Beruf; er ist s-s Zeichens Notar

étatique [etatik] *adj* staatlich; Staats... **étatisation** *f* Verstaatlichung *f*

étatiser [etatize] *v/t* verstaatlichen; *adjt* **étatisé** verstaatlicht; staatlich; Staats...

étatisme [etatism] *m* POL Etatismus *m*; Staatssozialismus *m*

état-major [etamaʒɔʀ] *m* ⟨*pl* **états-majors**⟩ **1** MIL Stab *m*; Führungsstab *m*; MAR *d'un navire* Offiziere *m/pl*; **~ (général des armées)** Generalstab *m*; **~ de l'armée de l'air, de terre** Führungsstab der Luftwaffe, des Heeres; **carte** *f* **d'~** Generalstabskarte *f* **2** *fig* **a)** *d'un ministre etc* (Mitarbeiter)Stab *m*; engste Mitarbeiter *m/pl*; **b)** *d'un parti, d'une entreprise* Führungsspitze *f*; Führungsstab *m*; Führung *f*; Leitung *f*

État-providence [etapʀɔvidɑ̃s] *m* Wohlfahrtsstaat *m*

États-Unis (d'Amérique) [etazyni(-dameʀik)] **les États-Unis (d'Amérique)** *m/pl* die Vereinigten Staaten (von Amerika) *m/pl*

étau [eto] *m* ⟨*pl* **~x**⟩ TECH Schraubstock *m*; *fig*: **être pris, serré (comme) dans un ~** eingeklemmt, eingezwängt sein (wie in e-m Schraubstock); **l'~ se resserre autour de qn** die Schlinge zieht sich um j-n zusammen

étayage [etɛjaʒ] *m ou* **étayement** *m d'un mur etc* (Ab)Stützen *n*, -ung *f*; Ab-, Versteifen *n*, -ung *f*; Verstreben *n*, -ung *f*

étayer [eteje] *v/t* ⟨**-ay-** *od* **-ai-**⟩ **1** *mur etc* (ab)stützen; ab-, versteifen; abspreizen **2** *fig raisonnement etc* stützen (**sur** auf *+acc*; mit); untermauern (mit)

etc. *abr* → **et cætera**

et cætera *ou* **et cetera** [ɛtseteʀa] *loc/adv* (*abr* **etc.**) und so weiter (*abr* usw.); et cetera (*abr* etc.); und so fort (*abr* usf.)

été[1] [ete] *m* Sommer *m*; **~ de la Saint-Martin** Nach-, Spät-, Altweibersommer *m*; **heure** *f* **d'~** Sommerzeit *f*; **tenue** *f* **d'~** Sommerkleidung *f*; -kleider *n/pl*, MIL -uniform *f*; **en ~, l'~** im Sommer

été[2] [ete] *p/p* → **être**[1]

éteignoir [etɛɲwaʀ] *m* Löschhütchen *n*

éteindre [etɛ̃dʀ] ⟨→ **peindre**⟩ **I** *v/t* **1** *feu, incendie* löschen; *feu a* auslöschen, -machen; *lumière, lampe* ausmachen; aus-, abschalten; (aus)löschen; F ausknipsen; *gaz, chauffage* ausmachen; aus-, abdrehen; *radio, téléviseur* ausmachen; aus-, abschalten; aus-, abdrehen; abstellen; *phares* ausmachen; **~ une allumette** ein Streichholz ausblasen; **~ une bougie** eine Kerze aumachen, -blasen; **~ une cigarette** eine Zigarette ausmachen, -drücken, -treten; F **éteins le bureau!** mach das Licht im Büro aus!; ♦ *abs* das Licht ausmachen **2** *fig soif* löschen; stillen; *passion* erlöschen, erkalten lassen; *dette* löschen; tilgen; *droit* zum Erlöschen bringen **II** *v/pr* **s'~** **1** *feu, lumière, chauffage* ausgehen; **laisser le feu s'~** das Feuer ausgehen lassen **2** *fig sentiment* erlöschen; erkalten; absterben; *bruit* verstummen; *souvenir* vergehen; verblassen; schwinden **3** *(mourir)* entschlummern; entschlafen; verscheiden; *race, famille* aussterben

éteint [etɛ̃] *adj* ⟨**éteinte** [etɛ̃t]⟩ **1** *feu, bougie* erloschen; ausgegangen; *chauffage* ausgegangen; abgestellt; *radio, téléviseur* ausgeschaltet; abgestellt; TECH **chaux ~e** gelöschter Kalk; **volcan ~** erloschener Vulkan; AUTO **circuler tous feux ~s** ohne Licht fahren; **être ~** *a* aus sein; F **toutes les fenêtres sont ~es** alle Fenster sind dunkel **2** *fig sentiment* erloschen; erkaltet; *st/s* erstorben; *regard* erloschen; glanzlos; *voix* erloschen; ton-, klanglos **3** *fig personne* abgespannt; schlapp; apathisch

étendage [etɑ̃daʒ] *m* **1** *du linge* Aufhängen *n* **2** *comme dispositif de séchage* Wäscheleine *f*

étendard [etɑ̃daʀ] *m* MIL Standarte *f*; Fahne *f*; *fig* **brandir, lever l'~ de la révolte** das Zeichen zum Aufstand geben

étendre [etɑ̃dʀ] ⟨→ **rendre**⟩ **I** *v/t* **1** *bras, jambes* (aus)strecken; *les bras a* ausbreiten; *ailes* ausbreiten; spannen; *tapis etc* ausbreiten, -legen; *pâte* ausrollen; *peinture etc* verteilen, -streichen; **~ le linge** die Wäsche aufhängen; **~ qc par terre** etw auf der Erde, auf dem Boden ausbreiten **2** *vin etc* verdünnen; strecken; *p/p* **étendu d'eau** mit Wasser verdünnt, gestreckt **3** **~ qn sur un lit** *etc* j-n auf ein Bett *etc* legen; F **~ qn (d'un coup de poing)** j-n (mit e-m Faustschlag) niederstrecken, zu Boden strecken; F *fig* **~ un candidat** e-n Prüfungskandidaten durchfallen, F -rasseln, -segeln lassen; F **se faire ~ à un examen** (bei e-m Examen) durchfallen, F -rasseln, -segeln **4** *empire, influence, action etc* ausdehnen (**à** auf +*acc*); vergrößern; erweitern **II** *v/pr* **s'~** **1** *vêtement, tissu* sich (aus)dehnen; *vêtement a* sich weiten, weiter werden (**au lavage** beim Waschen) **2** *épidémie* sich aus-, verbreiten; um sich greifen; *brouillard, silence* sich ausbreiten **3** *forêt, plaine, empire* sich erstrecken, ausdehnen (**jusqu'à** bis [zu]); **s'~ sur des kilomètres** sich kilometerweit, über Kilometer erstrecken; *fig* **mes connaissances ne s'étendent pas jusque-là** meine Kenntnisse gehen, reichen nicht so weit **4** *mesure etc* sich erstrecken (**à** auf +*acc*) **5** *personne* sich ausstrecken (**sur un lit** *etc* auf e-m Bett *etc*); sich hinlegen; F sich langlegen **6** **s'~ sur un sujet** sich über ein Thema auslassen, verbreiten

étendu [etɑ̃dy] *adj* **1** *bras, jambes* ausgestreckt; *ailes* ausgebreitet; **~ par terre** *personne* auf dem Boden hin-, ausgestreckt, *couverture etc* ausgebreitet **2** *propriété, forêt* ausgedehnt; *surface* weit **3** *connaissances etc* umfassend; umfangreich; groß; reich; *registre de voix* umfangreich

étendue [etɑ̃dy] *f* **1** *d'une région* Ausdehnung *f*; Größe *f*; Umfang *m*; *de terre, d'eau* Fläche *f*; Weite *f* **2** *d'une catastrophe etc* Ausmaß *n*; Umfang *m* (*a des connaissances*); **~ des dégâts** Schadensumfang *m*; MUS **~ d'une voix** Stimmumfang *m*

éternel [etɛʀnɛl] **I** *adj* ⟨**~le**⟩ **1** ewig (*a* REL); unvergänglich; zeitlos; **l'~ féminin** das Ewigweibliche; **neiges ~les** ewiger Schnee; *sur une tombe etc* **regrets ~s** in tiefer Trauer; REL **salut ~, vie ~le** ewiges Heil, Leben; **la Ville ~le** (*Rome*) die Ewige Stadt; **cette situation ne sera pas ~le** das wird nicht ewig so sein, ewig dauern; **je ne suis pas ~** ich werde nicht ewig leben; **la vie est un ~ recommencement** das Leben ist ein ständiger Neubeginn; **je lui en garderai une reconnaissance ~le** ich werde ihm dafür immer, ewig dankbar sein **2** (*continuel*) ewig; ständig; unaufhörlich; dauernd; **son ~le cigarette à la bouche** die unvermeidliche, obligate Zigarette im Mund; **c'est un ~ mécontent** er ist ständig, dauernd, ewig unzufrieden; **vêtu de son ~ manteau gris** wie immer in s-n grauen Mantel gekleidet; F in s-m ewigen grauen Mantel **II** *m* **l'Éternel** (*Dieu*) der Ewige

éterniser [etɛʀnize] **I** *v/t* ausdehnen; in die Länge ziehen; **~ une discussion, un procès** eine Diskussion, einen Prozess ausdehnen, in die Länge ziehen **II** *v/pr* **s'~** **1** *guerre, crise, discussion* sich in die Länge ziehen; sich ausdehnen; andauern; F ewig dauern **2** F *personne* sich festsetzen; lange, F ewig bleiben

éternité [etɛʀnite] *f* **1** Ewigkeit *f* (*a* REL) **2** *par exagération* Ewigkeit *f*; *loc/adv* **de toute ~** schon immer; seit eh und je; **il y a une ~ que je ne l'ai pas vu** F ich habe ihn e-e Ewigkeit, ewig nicht gesehen **3** (*caractère éternel*) Ewigkeit *f*; Unvergänglichkeit *f*

éternuement [etɛʀnymɑ̃] *m* Niesen *n*

éternuer [etɛʀnɥe] *v/i* niesen; **faire ~** zum Niesen reizen

êtes [ɛt] → **être**[1]

étêtage [etɛtaʒ] *m ou* **étêtement** *m d'arbres* Köpfen *n*; Kappen *n*; Verschneiden *n*

étêter [etete] *v/t* **a)** *arbre* köpfen; kappen; **b)** *poisson* den Kopf abschneiden (+*dat*)

éthane [etan] *m* CHIM Äthan *n*

éthanol [etanɔl] *m* CHIM Äthanol *n*

éther [etɛʀ] *m* PHILOS, CHIM, *poét* Äther *m*; **endormir qn à l'~** j-n mit Äther betäuben; j-m e-e Äthernarkose geben

éthéré [eteʀe] *adj litt créature, sentiments* ätherisch; zart; überirdisch; vergeistigt

Éthiopie [etjɔpi] **l'~** *f* Äthiopien *n*

éthiopien [etjɔpjɛ̃] **I** *adj* ⟨**~ne**⟩ äthiopisch **II** *subst* **Éthiopien(ne)** *m(f)* Äthiopier(in) *m(f)*

éthique [etik] **I** *adj* ethisch; sittlich; moralisch **II** *f* Ethik *f*; **~ professionnelle** Berufsethos *n*

ethnie [ɛtni] *f* Sprach-, Kulturgemeinschaft *f*; Ethnie *f* **ethnique** *adj* ethnisch; Volks…

ethnographe [ɛtnɔgʀaf] *m,f* Ethnograf(in) *m(f)* **ethnographie** *f* Ethnografie *f*; (beschreibende) Völkerkunde **ethnographique** *adj* ethnografisch **ethnologie** *f* Ethnologie *f*; (allgemeine) Völkerkunde **ethnologique** *adj* ethnologisch; völkerkundlich **ethnologue** *m,f* Ethnologe, -login *m,f*; Völkerkundler(in) *m(f)*

éthologie [etɔlɔʒi] *f* BIOL Verhaltensforschung *f*; Ethologie *f*

éthyle [etil] *m* CHIM Äthyl *n*

éthylène [etilɛn] *m* CHIM Äthylen *n*

éthylique [etilik] **I** *adj* **1** CHIM ***alcool*** *m* **~** Äthylalkohol *m* **2** MÉD alkoholisch **II** *m,f* MÉD Alkoholkranke(r) *f(m)*; Alkoholiker(in) *m(f)*

éthylisme [etilism] *m* MÉD Alkoholismus *m*

étiage [etjaʒ] *m* niedrigster Wasserstand; Niedrigwasser *n*

Étienne [etjɛn] *m* **1** *Vorname* **2** *saint* Stephanus *m*

étincelant [etɛ̃slɑ̃] *adj* funkelnd; glitzernd; blitzend; schimmernd; *poét* gleißend; *yeux* ***~s de colère*** vor Zorn funkelnd; ***~s de joie*** freudestrahlend

étinceler [etɛ̃sle] *v/i* ⟨**-ll-**⟩ *étoiles, yeux, bijou etc* funkeln; glitzern; blitzen; *yeux, étoiles a* strahlen; leuchten; *or etc* schimmern; *lumières* (auf)blitzen; *soleil, bijou etc poét* gleißen; *yeux* **~ *de haine*** vor Hass, hasserfüllt blitzen, funkeln

étincelle [etɛ̃sɛl] *f* Funke(n) *m*; *fig* **~ *de courage, de génie*** Funke(n) Mut, Talent; *fig* ***c'est l'~ qui a mis le feu aux poudres*** das war der Funke ins Pulverfass; ***faire des ~s*** a) Funken geben, sprühen; funken; b) F *fig personne* brillieren; glänzen; F ***ça va faire des ~s*** F es gibt Zunder, Krach

étincellement [etɛ̃sɛlmɑ̃] *m* Funkeln *n*; Glitzern *n*; Blitzen *n*; Strahlen *n*; Schimmern *n*

étiolement [etjɔlmɑ̃] *m* **1** *d'une plante* Vergeilung *f*; *t/t* Verspillerung *f* **2** *fig* Verkümmerung *f*

étioler [etjɔle] **I** *v/t* **1** *plante* vergeilen lassen; *t/t* etiolieren **2** *fig personne* verkümmern lassen; auszehren **II** *v/pr* ***s'~*** **1** *plante* vergeilen; *t/t* verspillern **2** *fig personne, intelligence etc* verkümmern; *malade a* dahinsiechen; *adjt* ***étiolé*** verkümmert

étique [etik] *adj* abgezehrt; dürr; mager

étiquetage [etiktaʒ] *m* Etikettieren *n*; *de marchandises* Auszeichnen *n*

étiqueter [etikte] *v/t* ⟨**-tt-**⟩ **1** mit e-m Etikett, Schild versehen, bekleben; etikettieren; *marchandises* auszeichnen **2** *fig* **~ *qn*** j-n einstufen, einordnen, *péj* etikettieren (***comme*** als); *péj a* j-n abstempeln (als, zum *ou* zur)

étiquette [etikɛt] *f* **1** Etikett *n*; (Preis)Schild *n*; **~ *à bagages*** Anhänger *m* **2** *fig* Bezeichnung *f*; Name *m*; Benennung *f*; Aushängeschild *n*; POL ***sans ~*** parteilos **3** (*protocole*) Etikette *f*; *par ext* Förmlichkeiten *f/pl*; ***manquer à l'~*** gegen die Etikette verstoßen

étirable [etiʀabl] *adj* dehn-, streckbar **étirage** *m* TECH Strecken *n*; Ziehen *n* **étirement** *m* Dehnen *n*; Strecken *n*

étirer [etiʀe] **I** *v/t métal* strecken; ziehen; *verre* ziehen **II** *v/pr* ***s'~*** **1** *tissu, vêtement* sich dehnen, ziehen; dehnbar sein; *au lavage etc* sich verziehen; weiter werden **2** *personne, animal* sich strecken, recken; *de bien-être* sich räkeln, rekeln **3** *par ext nuages, cortège etc* sich auseinanderziehen

Etna [ɛtna] ***l'~*** *m* der Ätna

étoffe [etɔf] *f* **1** COUT Stoff *m*; Gewebe *n*; **~ *de laine, de soie*** Woll-, Seidenstoff *m* **2** *fig* Stoff *m*; Zeug *n*; Fähigkeiten *f/pl*; ***l'~ dont sont faits les 'héros*** der Stoff, aus dem Helden gemacht sind; ***avoir l'~ d'un chef*** *etc* das Zeug zum Chef *etc* haben; *abs* ***il a de l'~*** das ist ein fähiger Kopf; er hat Fähigkeiten; F in ihm steckt etwas

étoffé [etɔfe] *adj travail* stoff-, gedankenreich; gehaltvoll; inhaltsreich

étoffer [etɔfe] **I** *v/t rapport, article* ausbauen; vertiefen; erweitern; *récit a* ausschmücken; *personnage etc* herausarbeiten; Farbe geben (*+dat*) **II** *v/pr* ***s'~*** *par le sport* kräftiger werden; Muskeln bekommen

étoile [etwal] *f* **1** ASTR Stern *m*; **~ *filante*** Sternschnuppe *f*; **~ *polaire*** Polarstern *m*; **~ *du berger*** Venus *f*; Morgen-, Abendstern *m*; **~ *du matin, du soir*** Morgen-, Abendstern *m*; *loc/adv* ***à la belle ~*** im Freien; unter freiem Himmel; ***passer la nuit à la belle ~*** F *a* bei Mutter Grün schlafen; *loc/adj* ***criblé, (par)semé d'~s*** mit Sternen besät, übersät; *fig*: ***avoir confiance, foi dans, en son ~*** an s-n Stern glauben; ***être né sous une bonne, mauvaise ~*** unter e-m günstigen, ungünstigen Stern *ou* Unstern geboren sein **2** *par ext* **a)** *dessin ou objet* Stern *m*; NAZISME **~ *jaune*** Judenstern *m*; **~ *à cinq branches*** Stern mit fünf Zacken; fünfzackiger Stern; **~ *de David*** David(s)stern *m*; ZO **~ *de mer*** Seestern *m*; ***un (hôtel) trois ~s*** ein Dreisternehotel *n*; ***général*** *m* ***à quatre ~s*** Viersternegeneral *m*; *loc/adj* ***en ~*** sternförmig; AVIAT ***moteur*** *m* ***en ~*** Sternmotor *m*; **b)** *sur un pare-brise etc* sternförmiger Bruch; sternförmige Risse *m/pl* **3** THÉ, CIN Stern *m*; Star *m*; **~ *montante (du théâtre français)*** aufsteigender Stern (am französischen Theaterhimmel); *adjt* ***danseur*** *m* **~** erster (Solo)Tänzer; ***danseuse*** *f* **~** Primaballerina *f*

étoilé [etwale] *adj* **1** *ciel* sternenbesät, -übersät; mit Sternen besät, übersät; *poét* be-, gestirnt; *nuit* sternklar, -hell; ***ciel ~*** *a* Stern(en)himmel *m*; *poét* ***voûte ~e*** *poét* Sternenzelt *n* **2** (*décoré d'étoiles*) mit Sternen besetzt, geschmückt, verziert; ***bannière ~e*** Sternenbanner *n* **3** (*en forme d'étoile*) sternförmig; *verre* sternförmig gesprungen

étoilement [etwalmɑ̃] *m* sternförmige Anlage, Anordnung

étoiler [etwale] **I** *v/t astres* **~ *le ciel*** am Himmel stehen **II** *v/pr* ***s'~*** **1** *ciel* sich mit Sternen bedecken **2** *verre* sternförmig springen

étole [etɔl] *f* ÉGL CATH, *fourrure* Stola *f*

Étolie [etɔli] GÉOGR ***l'~*** *f* Ätolien *n*

étonnamment [etɔnamɑ̃] *adv* → ***étonnant***

étonnant [etɔnɑ̃] *adj* erstaunlich (*a d'une personne*); erstaunenswert; verwunderlich; ***ce n'est pas ~*** *ou subst* ***cela n'a rien d'~, il n'y a rien d'~ à cela*** das ist kein Wunder; das ist nicht (weiter) erstaunlich, verwunderlich; ***il ne serait pas ~ que*** … (*+subj*) es wäre nicht verwunderlich, wenn …; ***je trouve ~ que …*** (*+subj*) ich finde es erstaunlich, dass …; *subst m* ***l'~ est que …*** (*+subj*) das Erstaunliche, Verwunderliche ist, dass …

étonné [etɔne] *adj* erstaunt, verwundert (***de*** über *+acc*); ***être ~*** *a* sich wundern; staunen; ***ne soyez pas ~ si …*** wundern Sie sich nicht, wenn …

étonnement [etɔnmɑ̃] *m* (Er)Staunen *n*; Verwunderung *f*; Befremden *n*; ***à mon grand ~*** zu meinem großen Erstaunen; zu meiner großen Verwunderung; ***frapper, remplir d'~*** in (Er)Staunen, Verwunderung versetzen

étonner [etɔne] **I** *v/t* erstaunen; (ver)wundern; in (Er)Staunen, Verwunderung versetzen; *p/fort* verblüffen; (*surprendre*) überraschen; ***cela m'étonne beaucoup*** das wundert, erstaunt, überrascht mich sehr; ***cela ne m'étonne pas*** das wundert, erstaunt, überrascht mich nicht; *st/s* das nimmt mich nicht wunder; ***ça m'étonnerait*** das würde mich wundern; *iron* ***tu m'étonnes!*** das ist kein Wunder!; *iron* was du nicht sagst! **II** *v/pr* ***s'~*** (er)staunen, sich wundern (***de*** über *+acc*); ***je m'étonne qu'il ne soit pas venu*** ich wundere mich *ou* es wundert mich, dass er nicht gekommen ist; ***ne t'étonne pas si …*** (*+ind*) wundere dich nicht *ou* du brauchst dich nicht zu wundern, wenn …

E

étouffant [etufɑ̃] *adj air* stickig; zum Ersticken; *temps* schwül; drückend; *chaleur* erstickend; drückend; *fig atmosphère* be-, erdrückend; ***chaleur ~e*** *a* Schwüle *f*

étouffé [etufe] *adj* **1** erstickt; ***mourir ~*** ersticken **2** *fig bruits* gedämpft; *cris, rires* unterdrückt; erstickt; gedämpft; ***d'une voix ~e*** (***par les larmes***) mit (tränen)erstickter Stimme

étouffe-chrétien [etufkʀetjɛ̃] F *m* ⟨*pl* **étouffe-chrétiens**⟩ Speise, die stopft

étouffée [etufe] *loc/adv* CUIS ***à l'~*** geschmort; gedämpft; gedünstet; ***cuire à l'~*** schmoren; dämpfen; dünsten

étouffement [etufmɑ̃] *m* **1** Ersticken *n*; Atemnot *f*; *crise* Erstickungsanfall *m*; ***éprouver une sensation d'~*** das Gefühl haben zu ersticken, keine Luft (mehr) zu bekommen; ***mourir d'~*** den Erstickungstod sterben **2** *de bruits* Dämpfung *f*; *du feu* Ersticken *n*; *d'un scandale* Vertuschung *f*; *d'une révolte etc* Ersticken *n*; Unterdrückung *f*

étouffer [etufe] **I** *v/t* **1** ***~ qn*** *tuer* j-n ersticken; (*gêner la respiration*) j-n ersticken; j-m den Atem nehmen; ***la chaleur m'étouffe*** ich ersticke vor Hitze, in dieser Hitze; ich komme um vor Hitze; ***les sanglots l'étouffaient*** Schluchzen erstickte ihre Stimme; *arbres etc* ***~ les autres plantes*** die anderen Pflanzen ersticken; ***~ qn de baisers*** j-n mit (s-n) Küssen (fast) ersticken; F *fig*: ***ça t'étoufferait de dire merci?*** du kannst wohl nicht danke sagen?; ***ce n'est pas la politesse qui l'étouffe*** er ist nicht gerade höflich; → *a* ***scrupule*** **2** *incendie* ersticken; *bruits* dämpfen; schlucken; *résistance, opinions, soupirs, cri, sentiments* unterdrücken; *révolte, résistance a* ersticken; ***~ un scandale*** einen Skandal vertuschen **II** *v/i* ersticken (*a fig*); keine Luft bekommen; ***~ de chaleur*** vor Hitze umkommen, ersticken; ***~ de rage*** vor Wut, Zorn ersticken; ***on étouffe ici*** es ist zum Ersticken hier; hier erstickt man ja **III** *v/pr* ***s'~*** ersticken; *en mangeant* sich verschlucken und ersticken; ***s'~ en avalant de travers*** sich verschlucken und ersticken

étoupe [etup] *f* Werg *n*; Hede *f*

étourderie [etuʀdəʀi] *f* **1** *caractère* Unbesonnenheit *f*; Unüberlegtheit *f*; Gedankenlosigkeit *f*; (*légèreté*) Leichtfertigkeit *f*; Leichtsinn *m*; (*oubli*) Vergesslichkeit *f*; ***agir avec, par ~*** unüberlegt, gedankenlos, leichtsinnig handeln **2** *faute* (unüberlegter) Streich; Unfug *m*; Dummheit *f*; ***commettre une ~*** etwas Unüberlegtes tun, sagen

étourdi [etuʀdi] **I** *adj personne* gedankenlos; unbesonnen; kopflos; (*léger*) leichtsinnig; leichtfertig; (*qui oublie facilement*) vergesslich; (*distrait*) zerstreut; ***réponse ~e*** unüberlegte, vorschnelle Antwort **II** *subst* ***~(e)*** *m(f)* gedankenloser, unbesonnener, leichtsinniger Mensch; Leichtfuß *m* **étourdiment** *adv* → ***étourdi***

étourdir [etuʀdiʀ] **I** *v/t par un coup etc* betäuben; *vacarme* ***~ qn*** j-n benommen machen, betäuben **II** *v/pr* ***s'~*** *fig* sich betäuben; Ablenkung, Zerstreuung suchen

étourdissant [etuʀdisɑ̃] *adj* **1** *bruit* ohrenbetäubend **2** *succès etc* überwältigend; außerordentlich; großartig

étourdissement [etuʀdismɑ̃] *m* Betäubung *f*; Schwindel(gefühl *n*, -anfall *m*) *m*; Benommenheit *f*, -sein *n*; Taumel *m*; ***avoir un ~, des ~s*** schwindlig werden; benommen, taumelig sein; e-n Schwindelanfall, Schwindelanfälle haben; ***j'ai un ~*** *a* mir ist, wird ganz schwind(e)lig

étourneau [etuʀno] *m* ⟨*pl* **~x**⟩ **1** zo Star *m* **2** *fig personne* Leichtfuß *m*; Springinsfeld *m*

étrange [etʀɑ̃ʒ] *adj* seltsam; sonderbar; merkwürdig; eigenartig; komisch; wunderlich; befremdend; befremdlich; fremdartig; absonderlich

étranger [etʀɑ̃ʒe] **I** *adj* ⟨**-ère**⟩ **1** (*d'une autre nation*) ausländisch; fremdländisch; Auslands…; Fremd…; ***accent ~*** ausländischer Akzent; ***langues étrangères*** Fremdsprachen *f/pl*; ***politique étrangère*** Außenpolitik *f*; ***ressortissant ~*** ausländische(r) Staatsangehörige(r); ***travailleur ~*** Gast-, Fremdarbeiter *m*; ausländischer Arbeitnehmer; → *a* ***affaire*** *1* **2** (*d'un autre groupe*) fremd; außen stehend; (*d'une autre ville*) ortsfremd; auswärtig; *visage etc* fremd; unbekannt; *choses* ohne Beziehung, nicht zugehörig (***à qc*** zu etw); ***étranger à un sujet*** sachfremd; MÉD *et fig* ***corps ~*** Fremdkörper *m*; ***élément ~*** fremdes Element; Fremdkörper *m*; ***pays ~s*** fremde Länder *n/pl*; *personne* ***être ~ à qn, qc*** j-m, e-r Sache fremd gegenüberstehen; mit j-m, etw nichts zu tun, zu schaffen haben; ***être ~ à qc*** *a* an etw (*dat*), bei etw nicht beteiligt, unbeteiligt sein; *chose* ***être ~ à qn*** j-m fremd, unbekannt sein **II** *subst* **1** ***~, étrangère*** *m,f* (*personne d'une autre nation*) Ausländer(in) *m(f)* **2** ***~, étrangère*** *m,f* (*personne d'un autre groupe social*) Fremde(r) *f(m)* **3** ***l'~*** *m* das Ausland; die Fremde; *loc/adj et loc/adv*: ***à l'~*** im *ou* ins Ausland; Auslands…; ***correspondant*** *m* ***à l'~*** Auslandskorrespondent *m*; ***voyage*** *m* ***à l'~*** Auslandsreise *f*; ***s'installer à l'~*** sich im Ausland niederlassen; ***partir à l'~*** ins Ausland gehen; ***relations*** *f/pl* ***avec l'~*** Auslandsbeziehungen *f/pl*; ***nouvelles*** *f/pl* ***de l'~*** Auslandsnachrichten *f/pl*; ***venir de l'~*** aus dem Ausland kommen

étrangeté [etʀɑ̃ʒte] *f* **1** Seltsamkeit *f*; Sonderbarkeit *f*; Merkwürdigkeit *f*; Eigenartigkeit *f*; Absonderlichkeit *f*; Wunderlichkeit *f*; Fremdartigkeit *f* **2** *litt* ***~s*** *pl* Absonderlichkeiten *f/pl*

étranglé [etʀɑ̃gle] *adj* **1** *voix* erstickt **2** *taille* eingeschnürt; eingeengt; MÉD *hernie* eingeklemmt

étranglement [etʀɑ̃gləmɑ̃] *m* **1** (*strangulation*) Erdrosseln *n*; Erwürgen *n* **2** **a)** *d'une route, d'un conduit etc* Verengung *f*; **b)** *d'une hernie* Einklemmung *f* **3** *fig des libertés etc* Unterdrückung *f*; Einschränkung *f*; *de la critique etc* Abwürgen *n*

étrangler [etʀɑ̃gle] **I** *v/t* **1** *être vivant* erdrosseln; erwürgen; strangulieren; *sans tuer* würgen; die Luft abschnüren (***qn*** j-m); *par ext émotion* ***~ qn*** j-m die Kehle zuschnüren **2** *fig presse, liberté* unterdrücken; einschränken; einengen; *critique etc* abwürgen **II** *v/pr* ***s'~*** 1 *se tuer* sich erdrosseln 2 *(s'étouffer)* keine Luft mehr bekommen; ersticken; ***s'~ avec une arête*** sich an e-r Gräte verschlucken 3 *voix* versagen

étrangleur [etRɑ̃glœR] *m* Würger *m*; *fig* ***des mains d'~*** grobe, brutale Hände

étrave [etRav] *f* MAR Vordersteven *m*; Bug *m*

être[1] [ɛtR] ⟨**je suis, tu es, il est, nous sommes, vous êtes, ils sont; j'étais; je fus; je serai; que je sois, qu'il soit, que nous soyons; sois, soyons, soyez; étant; avoir été**⟩ **I** *v/aux* 1 *de quelques v/i* sein; ***elle est arrivée*** sie ist (an)gekommen 2 *de tous les v/pr* haben; ***elle s'est blessée*** sie hat sich verletzt; ***ils se sont acheté des livres*** sie haben sich *(dat)* Bücher gekauft; ***ils se sont serré la main*** sie haben sich *(dat)* die Hand gegeben; ***cet article s'est bien vendu*** dieser Artikel hat sich gut verkaufen lassen, ist gut verkauft worden 3 *de la forme passive* werden; ***être aimé*** geliebt werden; ***il a été critiqué*** er ist kritisiert worden **II** *v/i* 1 *(exister)* sein; da sein; bestehen; existieren; *expressions*: **a)** *employé seul*: ***cela étant*** bei dieser Sachlage; da dem so ist; ***comme si de rien n'était*** als ob nichts vorgefallen, gewesen wäre; *litt* ***il n'est plus*** *(il est mort)* er ist nicht mehr; → *a* **soit**; **b)** *suivi d'un attribut*: ***~ bête, jeune*** *etc* dumm, jung *etc* sein; ***~ français*** *ou* ***Français*** (ein) Franzose sein; ***il n'est pas français*** *ou* ***Français*** er ist kein Franzose; *st/s* ***serait-il malade?*** sollte er etwa krank sein?; ***il n'est plus lui-même*** *ou* ***le même*** er ist gar nicht mehr er selbst; er ist nicht mehr derselbe; ***~ tout pour qn*** j-m alles bedeuten; ***si j'étais vous*** wenn ich Sie wäre; **c)** *avec adv*: ***en ~*** mit dabei sein; mitmachen; dazugehören; daran beteiligt sein; ***j'en suis*** ich mache mit; ***où en êtes-vous (dans votre travail)*** ? wie weit sind Sie (mit Ihrer Arbeit) ?; ***où en est-il de son procès?*** wie steht es mit s-m Prozess?; ***voilà où j'en suis*** so weit bin ich (jetzt); ***je n'en suis pas encore là*** so weit bin ich noch nicht; ***ne plus savoir où l'on en est*** nicht mehr wissen, woran man ist; ***on en est à se demander, à croire*** man muss sich fragen, man muss annehmen; man fragt sich, möchte meinen; ♦ ***je n'y suis pour personne*** ich bin für niemand(en) zu sprechen, zu Hause; *iron* ***va voir dehors si j'y suis!*** F mach gefälligst die Tür von draußen zu!; verschwinde hier!; ***pendant que vous y êtes*** wenn Sie gerade dabei sind; *fig* ***j'y suis*** jetzt hab ich's; ***vous n'y êtes pas du tout*** Sie liegen völlig falsch; ***nous y sommes?*** sind wir so weit?; alles bereit, fertig?; ***je n'y suis pour rien*** ich habe nichts damit zu tun, zu schaffen; ich kann nichts dafür; **d)** *avec prép*: ***il est à son travail*** er ist bei der Arbeit; ***il n'est pas à ce qu'il fait*** er ist nicht bei der Sache; MATH ***a est à x ce que b est à c*** a verhält sich zu x wie b zu c; F ***vous êtes là à causer,*** *mais vous ne faites rien* Sie stehen da und reden …; ***~ toujours à crier*** andauernd, fortwährend schreien; ***~ à louer, à vendre*** zu vermieten, zu verkaufen sein; ***~ après qn*** hinter j-m her sein; j-m (scharf) auf die Finger sehen; ***~ au-dessus des calomnies*** über den Verleumdungen stehen; ***~ avec qn*** *ensemble* bei j-m sein; mit j-m (zusammen) sein; *du côté de qn* zu j-m halten; es mit j-m halten; ***~ bien avec qn*** (sich) mit j-m gut stehen; ***~ contre qn, qc*** gegen j-n, etw sein; *abs* ***~ contre*** dagegen sein; ***~ dans sa cinquantième année*** im fünfzigsten Lebensjahr stehen; F ***il est dans les assurances*** er ist, arbeitet bei e-r Versicherung; F ***~ dans la police*** bei der Polizei sein; ***~ pour qc dans une affaire*** mit e-r Sache zu tun, zu schaffen haben; bei e-r Sache mitwirken, *péj* s-e Hand im Spiel haben; ***il est de Paris*** er ist aus *ou* von Paris; ***cet enfant est de lui*** dieses Kind ist von ihm; ***il est de mes amis*** er ist ein Freund von mir; ***~ de toutes les réunions*** auf allen Versammlungen sein; alle Versammlungen mitmachen; ***le prix est de 100 euros*** der Preis beträgt 100 Euro; ***~ d'une curiosité maladive*** von e-r krankhaften Neugier sein; krankhaft neugierig sein; ***~ de service*** Dienst haben; ***~ en argent*** aus Silber sein; ***~ en maillot de bain*** im Badeanzug sein; ***~ en promenade*** auf e-m Spaziergang sein; ÉCOLE ***~ en troisième*** in der Tertia sein; ***~ pour qn, qc*** für j-n, etw sein; *abs* ***~ pour*** dafür sein; *chose* ***~ pour qc*** zu etw dienen; ***j'étais pour partir, quand …*** ich war gerade dabei, im Begriff zu gehen, als …; ***vous n'êtes pas sans savoir que …*** Sie wissen sicherlich *ou* sehr wohl, dass …; ***~ sur une enquête*** an e-r Untersuchung arbeiten, sein 2 *(se trouver)* sein; sich befinden; stehen; liegen; sitzen; *personne, animal* ***~ allongé, couché*** liegen; ***~ assis*** sitzen; ***~ debout*** stehen; *tableau* ***~ au mur*** an der Wand hängen; ***il est chez lui, en prison*** er ist, F sitzt zu Hause, im Gefängnis; ***~ sur le bureau*** auf dem Schreibtisch *lampe* stehen, *journal* liegen; *clé* ***~ sur la porte*** stecken *(abs)* 3 *au passé composé (aller)* gehen; ***il a été à Paris*** er ist nach Paris gegangen, gefahren; ***j'ai été le voir*** *ami* ich habe ihn besucht; *supérieur* ich habe bei ihm vorgesprochen; *film* ich habe ihn mir angesehen 4 *(se sentir)* sich fühlen; sich befinden; ***on est mal dans cette voiture*** man sitzt nicht bequem in diesem Wagen; ***on était bien à X*** in X war es schön *ou* gut; ***il est mieux aujourd'hui*** es geht ihm heute besser 5 *indiquant la date* haben; ***quel jour sommes-nous aujourd'hui?*** was für e-n Tag *ou* den Wievielten haben wir heute?; ***nous sommes lundi*** wir haben Montag; ***le combien sommes-nous aujourd'hui?*** den Wievielten haben wir heute?; ***nous sommes le deux mars*** wir haben den zweiten März; heute ist der zweite März; ***nous sommes en hiver, en mai*** *ou* ***au mois de mai, en 1995*** wir haben Winter, Mai, das Jahr 1995 6 ***~ à*** *(appartenir)* gehören *(+dat)*; ***ce livre est à moi*** dieses Buch gehört mir; ***je suis à vous tout de suite*** ich stehe Ihnen sofort zu Diensten **III** *v/imp* 1 ***il est*** **a)** *st/s (il y a)* es gibt; ***il est des gens qui …*** es gibt Leute, die …; ***un coquin s'il en est*** *ou* ***s'il en fut*** ein wahrer Schurke; **b)** *avec un attribut*: ***il est difficile de*** *(+inf)* es ist schwierig zu *(+inf)*; ***il en est des hommes comme des animaux*** es verhält sich mit den Menschen wie mit den Tieren; **c)** *pour exprimer l'heure*: ***il est dix heures*** es ist zehn (Uhr); ***quelle heure est-il?*** wie viel Uhr ist es?; wie spät ist es?; ***il est temps de partir*** es ist Zeit zu gehen 2 ***c'est*** **a)** *pour présenter une personne ou une chose* das ist; es ist; *pour présenter une personne souvent* er *ou* sie ist; ***c'est exagéré*** das ist übertrieben; ***c'est difficile à dire*** es *ou* das ist schwer zu sagen; ***c'est mon ami*** das ist mein Freund; ***ce sont***, F ***c'est mes livres*** das sind meine Bücher; ***c'est moi*** ich bin es;

das bin ich; ***c'est le printemps*** es ist Frühling; ♦ *expressions*: ***c'est combien?*** was kostet das?; ***c'est trois euros*** das kostet drei Euro; ***... n'est-ce pas?*** ... nicht wahr?; F ... nicht?; ***n'est-ce pas que j'ai raison?*** habe ich nicht recht?; ***c'est que ...*** dann ...; weil ...; *(s')il n'est pas venu,* ***c'est qu'il est malade*** ... dann *ou* so ist er krank; ... weil er krank ist; ***ce n'est pas que ...*** (*+subj*) nicht etwa, dass ...; ***laissez-le-moi ne serait-ce*** *ou* ***ne fût-ce qu'un moment*** lassen Sie es mir, und sei es auch nur für e-n Augenblick; ***qui est-ce?***, F ***qui c'est?*** wer ist das?; ***c'était à qui parlerait le plus fort*** jeder wollte am lautesten reden; ***c'est à vous*** Sie sind dran; ***c'est à vous de décider*** es ist an Ihnen zu entscheiden; jetzt müssen Sie entscheiden; Sie haben zu entscheiden; die Entscheidung liegt bei Ihnen; ***c'est bien de lui*** das sieht ihm ähnlich; das ist typisch für ihn; ***pour ce qui est de ...*** was (*+acc*) (an)betrifft, an(be)langt; ***je sais ce que c'est*** ich weiß, was das bedeutet, heißt; ***voilà ce que c'est*** (***que***) ***de*** (*+inf*) so geht es *ou* das kommt davon, wenn man ...; → *a* ***ça*** *1*; **b)** *mise en relief* ***c'est ... qui*** *ou* ***que ...*** *non traduit et exprimé par l'accentuation adéquate*: ***c'est mon frère qui l'a fait*** mein Bruder hat es getan; ***c'est à Paris que je voudrais habiter*** in Paris möchte ich wohnen; **c)** *forme interrogative* ***est-ce que*** *rendu en allemand par l'inversion*; ***est-ce que tu viens?*** kommst du?

être² [ɛtʀ] *m* **1** (*être vivant*) (Lebe)Wesen *n*; ***~ humain*** Mensch *m*; ***~ vivant*** Lebewesen *n* **2** (*personne*) Mensch *m*; ***~ aimé, cher*** geliebter Mensch **3** *être bouleversé* ***au plus profond de son ~*** im Innersten; *désirer* ***de tout son ~*** von ganzem Herzen, aus tiefster Seele **4** PHILOS Sein *n*

étreindre [etʀɛ̃dʀ] ⟨→ **peindre**⟩ **I** *v/t* **1** ***~ qn*** j-n in die Arme schließen, (mit beiden Armen) umschließen, umschlingen, umarmen, umfangen, umfassen; *lutteur: adversaire* umklammern; ***~ qc*** etw umklammern; ***~ qn sur son cœur, sa poitrine*** j-n an sein Herz, s-e Brust drücken **2** *sentiment* ***~ qn*** j-n bedrücken, beklemmen **II** *v/pr* ***s'~*** sich, einander umarmen, umschlingen

étreinte [etʀɛ̃t] *f* **1** *dans ses bras* Umarmung *f*; *par ext* ***~ amoureuse*** Liebesakt *m* **2** *d'un adversaire, de la main* Umklammerung *f* **3** *fig* Beklemmung *f*; Druck *m*

étrenner [etʀene] **I** *v/t* ***~ qc*** etw zum ersten Mal, als Erster benutzen, in Gebrauch nehmen; F etw einweihen; *vêtements* zum ersten Mal tragen, anziehen, F anhaben **II** *v/i* (*écoper*) es ausbaden müssen; den Kopf hinhalten müssen

étrennes [etʀɛn] *f/pl* **a)** Neujahrsgeschenk(e) *n(pl)*; **b)** *pour les facteurs etc* Weihnachtsgeld *n*

Étretat [etʀəta] *Ort im Dep. Seine-Maritime*

étrier [etʀije] *m* Steigbügel *m* (*a* ANAT); *fig*: ***avoir le pied à l'~*** auf dem richtigen, besten Weg (zum Erfolg) sein; e-e gute Ausgangsbasis, ein Sprungbrett haben; ***mettre le pied à l'~ à qn*** j-m in den Sattel helfen; j-m den Steigbügel halten; ***boire le coup de l'~*** e-n Schluck zum Abschied trinken

étriller [etʀije] *v/t* **1** striegeln; ***~ un cheval*** ein Pferd striegeln **2** *fig* ***~ qn*** (*malmener*) j-n hart anfassen; F j-n striegeln; (*critiquer*) j-n kritisieren, F verreißen, heruntermachen; (*plumer*) F j-n neppen

étriper [etʀipe] **I** *v/t animaux* ausweiden; ausnehmen; (*éventrer*) den Bauch aufschlitzen (*+dat*) **II** *v/pr* F ***s'~*** sich, einander massakrieren

étriqué [etʀike] *adj* **1** *vêtements* zu eng; zu knapp; *personne* ***être ~ dans un complet*** in e-m zu engen Anzug stecken; in e-n Anzug gezwängt sein **2** *fig vie* kümmerlich; armselig; dürftig; ***esprit ~*** engstirniger, F kleinkarierter Mensch

étroit [etʀwa] *adj* ⟨**étroite** [etʀwat]⟩ **1** *ruban, épaules, fenêtre etc* schmal; *rue, passage, couloir, ouverture, chaussures* schmal; eng; *vêtements* eng; knapp; *taille* schlank; schmal; *fig terme* ***au sens ~*** im engeren Sinn **2** *péj esprit* kleinlich; borniert; beschränkt; klein; *opinions* engstirnig; borniert; ***~ d'esprit*** engstirnig; kleinlich; F kleinkariert **3** *liens, collaboration etc* eng; ***rester en rapports ~s avec qn*** mit j-m in enger, fester Verbindung bleiben **4** *loc/adv* ***à l'~*** (räumlich) beengt; gedrängt; ***être à l'~*** eng sitzen, stehen; (räumlich) beengt sein; ***être logé à l'~*** sehr beengt wohnen; auf engem Raum wohnen, leben; *fig* ***vivre à l'~*** in beschränkten Verhältnissen, eingeschränkt leben

étroitement [etʀwatmɑ̃] *adv liés etc* eng; *personne* ***être lié ~ à, avec qn*** mit j-m eng, fest verbunden sein; ***surveiller qn ~*** j-n scharf, streng, genau überwachen

étroitesse [etʀwatɛs] *f* **1** *d'une rue etc* Enge *f*; Schmalheit *f* **2** *fig* ***~*** (***d'esprit***) Engstirnigkeit *f*; Borniertheit *f*; Beschränktheit *f*; geistige Enge; F Kleinkariertheit *f*

étron [etʀõ] *m* Kothaufen *m*

étrusque [etʀysk] **I** *adj* etruskisch **II** *subst* **1** ***Étrusques*** *m/pl* Etrusker *m/pl* **2** LING ***l'~*** *m* das Etruskische; Etruskisch *n*

Ets *abr* (*établissements*) Werk(e); Fa. (Firma)

étude [etyd] *f* **1 a)** *abs* Lernen *n*; Studieren *n*; ***aimer l'~*** (lern)eifrig, strebsam, fleißig sein; **b)** *d'une langue etc* Erlernung *f*; *d'un rôle* Einstudierung *f*; *d'un morceau de musique* Einübung *f*; *d'un texte, d'un auteur, d'une science* Studium *n*; *d'un phénomène, d'un problème* Studium *n*; Erforschung *f*; Untersuchung *f*; Ergründung *f*; ***abandonner l'~ du piano*** den Klavierunterricht, das Klavierspielen aufgeben; **c)** ***~s*** *pl* Studium *n*; Studienzeit *f*; ***~s primaires*** (Volks)Schulzeit *f*; ***~s secondaires*** Schulzeit *f* im Gymnasium; Gymnasialzeit *f*; ***~s supérieures*** Studium *n*; ***~s de droit, de médecine*** *etc* Jura-, Medizinstudium *n etc*; ***diplôme*** *m* ***de fin d'~s*** Abschlussdiplom *n*; ***achever*** *ou* ***terminer, commencer ses ~s*** sein Studium beenden *ou* abschließen, beginnen; ***faire des ~s de médecine*** *etc* Medizin *etc* studieren; ***faire ses ~s*** studieren; ***avoir fait de bonnes ~s*** e-e gute Ausbildung, Schulbildung haben **2** *de propositions, de projets etc* Prüfung *f*; Studium *n*; *de dossiers a* Bearbeitung *f*; *de projets a* Planung *f*; Vorbereitung *f*; Entwurf *m*; ***~ d'impact sur l'environnement*** Umweltverträglichkeitsprüfung *f*; ***~ du marché*** Marktanalyse *f* (*a ouvrage*); ***bureau*** *m* ***d'~s*** → ***bureau*** *4*; ***voyage*** *m* ***d'~s*** Studienreise *f*; *loc/adv* ***à l'~*** zur Prüfung; in Bearbeitung, Vorbereitung; *projet etc* ***être à l'~*** geprüft werden; in Vorbereitung sein; ***mettre à l'~*** *dossier* bearbeiten; *projet* (eingehend) prüfen **3** *ouvrage* Studie *f* (*a* PEINT); Abhandlung *f*; Untersuchung *f*; Arbeit *f* **4** MUS Etüde *f*; Übungsstück *n* **5** ÉCOLE **a)** *salle* Arbeitsraum *m*, -saal *m*; **b)** *temps* Zeit *f* für Schularbeiten,

Hausaufgaben; ***avoir ~, être en ~*** s-e Schulaufgaben unter Aufsicht in der Schule machen 6 *de notaire, d'avocat* Kanzlei *f*; *par ext* Praxis *f*; ***~ de notaire*** *a* Notariat *n*

étudiant [etydjɑ̃], **étudiante** **I** *m,f* Student(in) *m(f)*; Studierende(r) *f(m)*; *iron* Studiosus *m*; ***étudiant, étudiante en droit*** Jurastudent(in) *m(f)*, *österr* Jusstudent(in) *m(f)* (*abr* stud. jur.); Jurist(in) *m(f)*; ***étudiant, étudiante en lettres*** Philologiestudent(in) *m(f)* (*abr* stud. phil.); Philologe *m*, Philologin *f*; ***étudiant, étudiante en médecine*** Medizinstudent(in) *m(f)* (*abr* stud. med.); Mediziner(in) *m(f)*; ***étudiant, étudiante en sciences*** Student(in) der Naturwissenschaften (*abr* stud. rer. nat.); Naturwissenschaftler(in) *m(f)* **II** *adj* studentisch; Studenten...; ***jeunesse étudiante*** studentische, studierende Jugend

étudié [etydje] *adj* 1 (*calculé*) (wohl)durchdacht; ausgearbeitet; ausgefeilt; *prix* scharf, knapp kalkuliert 2 (*affecté*) *style, geste etc* gekünstelt; gesucht; berechnet; unnatürlich; gezwungen

étudier [etydje] **I** *v/t* 1 *à l'université* studieren; *leçon etc* lernen; *langues* (er)lernen; THÉ *rôle* einstudieren; *instrument de musique* spielen lernen; *morceau de musique* (ein)üben 2 *phénomène, problème* studieren; erforschen; untersuchen; (zu) ergründen (suchen); *texte, auteur* studieren; genau, eingehend lesen; (*caractère, traits d'une*) *personne* studieren; genau beobachten; ***~ un problème*** *a* sich (gründlich, eingehend) mit e-m Problem befassen, beschäftigen 3 *proposition, projet etc* prüfen; studieren; *dossiers a* bearbeiten; *projet a* planen; vorbereiten **II** *v/pr* ***s'~*** sich mit sich selbst beschäftigen, befassen; sich selbst beobachten

étui [etɥi] *m* Etui *n*; Futteral *n*; Köcher *m*; *pour raquette etc* Hülle *f*; ***~ à cigares*** Zigarrentasche *f*; ***~ à cigarettes*** Zigarettenetui *n*; ***~ à lunettes*** Brillenetui *n*, -futteral *n*; ***~ à peigne*** Kammhülle *f*; ***~ à violon*** Geigenkasten *m*

étuvage [etyvaʒ] *m* TECH Trocknen *n* (*durch Wärmeeinwirkung*); *de pièces de béton* Warmbehandlung *f*

étuve [etyv] *f* 1 Schwitzbad *n*; Schwitzkasten *m*; *fig* ***quelle ~!*** hier ist e-e Hitze wie in e-m Brutkasten! 2 TECH Trockenofen *m*, -apparat *m*

étuvée [etyve] *loc/adv* CUIS ***à l'~*** gedämpft; gedünstet; geschmort; ***cuire à l'~*** dämpfen; dünsten; schmoren

étuver [etyve] *v/t* 1 TECH (durch Wärmeeinwirkung) trocknen 2 CUIS dämpfen; dünsten; schmoren

étymologie [etimɔlɔʒi] *f* Etymologie *f* **étymologique** *adj* etymologisch **étymologiste** *m,f* Etymologe, -login *m,f*

étymon [etimɔ̃] *m* LING Etymon *n*; Stammwort *n*

eu [y] *p/p* → ***avoir***[1]

Eu [ø] *Stadt im Dep. Seine-Maritime*

Eubée [øbe] GÉOGR ***l'~*** *f* Euböa *n*

eucalyptus [økaliptys] *m* BOT Eukalyptus *m*

eucharistie [økaristi] *f* ÉGL CATH Eucharistie *f*; Altarsakrament *n* **eucharistique** *adj* eucharistisch

euclidien [øklidjɛ̃] *adj* ⟨***~ne***⟩ ***géométrie (non) ~ne*** (nicht) euklidische Geometrie

eudémonisme [ødemɔnism] *m* PHILOS Eudämonismus *m*

Eugène [øʒɛn] *m Vorname*

Eugénie [øʒeni] *f Vorname*

eugénique [øʒenik] **I** *f* Eugenik *f*; Erbgesundheitslehre *f* **II** *adj* eugenisch **eugénisme** *m* → ***eugénique I*** **eugéniste** *m* Eugeniker *m*

euh [ø] *int* 1 *en cherchant ses mots* äh ... 2 *embarras, hésitation, incrédulité* oh!; ach!; so?; *c'est lui le coupable - **~! vous êtes sûr?*** ach (was) ? *ou* so? Sind Sie sicher? 3 *indécision* hm!; *alors, cela vous plaît? - **~! ~!*** hm!

eunuque [ønyk] *m* Eunuch *m*

euphémique [øfemik] *adj* euphemistisch; beschönigend; verhüllend **euphémisme** *m* Euphemismus *m*

euphonie [øfɔni] *f* MUS, LING Eufonie *f*; Wohlklang *m*; LING *a* Wohllaut *m* **euphonique** *adj* eufonisch

euphorbe [øfɔrb] *f* BOT Wolfsmilch *f*

euphorie [øfɔri] *f* Euphorie *f* (*a* MÉD); Hochstimmung *f*; Glücksgefühl *n*; ***dans l'~ de son succès*** im Hochgefühl s-s Erfolgs; ***être en pleine ~*** in Hochstimmung sein

euphorique [øfɔrik] *adj* euphorisch

euphorisant [øfɔrizɑ̃] **I** *adj* in e-n euphorischen Zustand versetzend; euphorisierend **II** *m* PHARM Euphorikum *n* **euphoriser** *v/t* in e-n euphorischen Zustand versetzen

Euphrate [øfrat] ***l'~*** *m* der Euphrat

eurafricain [ørafrikɛ̃] *adj* eurafrikanisch

eurasiatique [ørazjatik] *adj* GÉOGR eurasisch

Eurasie [ørazi] ***l'~*** *f* Eurasien *n*

eurasien [ørazjɛ̃] **I** *adj* ⟨***~ne***⟩ eurasisch **II** *subst* ***Eurasien(ne)*** *m(f)* Eurasier(in) *m(f)*

Euratom [øratɔm] *f* Euratom *f*

Eure [œr] ***l'~*** *f Fluss u Departement in Frankreich*

Eure-et-Loir [œrelwar] ***l'~*** *m frz Departement*

eurêka [øreka] *int* ich habs!; *litt* heureka!

eurent [yr] → ***avoir***[1]

Euripide [øripid] *m poète tragique grec* Euripides *m*

euristique [øristik] **I** *adj* heuristisch; ***principe*** *m* ***~*** heuristisches Prinzip **II** *f* Heuristik *f*

euro [øro] *m monnaie* Euro *m*; *adjt* ***zone*** *f* ***~*** Eurozone *f*, -land *n*

euro... [øro] *préfixe* Euro...; euro...

eurochèque [ørɔʃɛk] *m* Eurocheque *ou* -scheck *m*

eurocrate [ørokrat] *m,f péj* Eurokrat(in) *m(f)*

eurodéputé(e) [ørodepyte] *m(f)* Europaabgeordnete(r) *f(m)*

eurodollars [ørodɔlar] *m/pl* Eurodollars *m/pl*

euromarché [øromarʃe] *m* FIN Euromarkt *m*

euromissile [øromisil] *m* MIL eurostrategische Mittelstreckenrakete

euro-obligation [ørɔɔbligasjɔ̃] *f* FIN Eurobond *m*, -anleihe *f*

Europe [ørɔp] ***l'~*** *f* Europa *n*; ***l'~ verte*** der gemeinsame europäische Agrarmarkt; ***l'~ des Douze*** das Europa der Zwölf

européaniser [ørɔpeanize] **I** *v/t* europäisieren **II** *v/pr* ***s'~*** sich europäisieren; europäisch werden **européanisme** *m* Europäertum *n*; europäischer Charakter; europäisches Denken

européen [ørɔpeɛ̃] **I** *adj* ⟨***~ne***⟩ europäisch; Europa...; ***Commission ~ne*** Europäische Kommission; ***élections ~nes*** Europawahlen *f/pl*; ***Parlement ~*** Europäisches Parlament; ***idéal ~*** Ideal *n* e-s vereinten Europa **II** *subst* 1 ***Européen(ne)*** *m(f)* *habitant(e)* Europäer(in) *m(f)* 2 ***~(ne)*** *m(f)* POL Europä-

E

er(in) *m(f)*; Anhänger(in) *m(f)* e-s vereinten Europa; ~ ***convaincu*** überzeugter Europäer
Europol [øʀɔpɔl] *f* Europol *f*
euroscepticisme [øʀoseptisism] *m* Euroskepsis *f* **eurosceptique** **I** *adj* euroskeptisch **II** *m,f* Euroskeptiker(in) *m(f)*
eurosignal [øʀosiɲal] *m* TÉL Eurosignal *n*
eurotunnel [øʀotynɛl] *m* Euro-, Kanaltunnel *m*

E

L'eurotunnel – eine reife Leistung

L'eurotunnel heißt der Eisenbahntunnel unter dem Ärmelkanal, der England mit Frankreich verbindet.
Mehr als 200 Jahre lang wurden Pläne geschmiedet, um eine Verkehrsverbindung zwischen England und dem Kontinent herzustellen. 1987 wurde der Bau eines Tunnels unter dem Ärmelkanal beschlossen und ein französisch-britisches Konsortium mit der Durchführung des Großprojektes beauftragt. Sogenannte **tunneliers** (Tunnelvortriebsmaschinen) frästen eine etwa 50 km lange Röhre unter den Ärmelkanal. Trotz großer finanzieller Probleme konnte der Eurotunnel 1994 vom damaligen Präsidenten François Mitterrand und Queen Elizabeth II feierlich eröffnet werden. Etwa 40 m unter dem Ärmelkanal führt der Tunnel von Fréthun bei Calais auf der französischen Seite nach Cheriton bei Folkestone auf der englischen Seite. Die Beförderung von Autos, die auf Bahnwaggons verladen werden, dauert rund 35 Minuten.

Eurovision [øʀovizjõ] *f* TV Eurovision *f*; ***émission f en ~*** Eurovisionssendung *f*
Eurydice [øʀidis] *f* MYTH Eurydike *f*
eus [y] → ***avoir***[1]
eut, **eût** [y] → ***avoir***[1]
euthanasie [øtanazi] *f* Euthanasie *f*; Gnadentod *m*; Sterbehilfe *f* **euthanasier** *v/t personne* Sterbehilfe leisten (+ *dat*); *animal* einschläfern
eux [ø] *pr/pers de la 3e personne pl m* **1** *employé seul et souvent accentué* sie (*nom et acc*); ***~, ils n'ont rien dit*** sie haben nichts gesagt; ***il court aussi vite qu'~*** er läuft so schnell wie sie **2** *avec prép* sie (*acc*); ihnen (*dat*); *réfléchi* sich; ***pour ~*** für sie; ***avec ~*** mit ihnen; ***ils ne pensent qu'à ~*** sie denken nur an sich (*acc*)
eux-mêmes [ømɛm] *pr/pers* **1** *emphatique* (sie) selbst; ***ils l'ont promis ~*** sie haben es selbst versprochen **2** *réfléchi* sich (selbst)
évacuation [evakɥasjõ] *f* **1** PHYSIOL Ausscheidung *f*; Entleerung *f*; Abführung *f* **2** *de liquides, de gaz, de chaleur* Ableitung *f*; Abführung *f*; *de liquides a* Abfließen *n*; Abfluss *m*; Ablassen *n*; TECH Entleerung *f*; ~ ***d'air*** Entlüftung *f* **3** MIL *d'un territoire* Räumung *f*; *de la population* Evakuierung *f*; *de blessés* Abtransport *m*; *par ext d'une salle etc* Räumung *f*
évacué [evakɥe] *m* Evakuierte(r) *m*
évacuer [evakɥe] *v/t* **1** PHYSIOL ausscheiden; entleeren; abführen **2** *liquide, chaleur, gaz* ableiten; ab-, wegführen; *liquides a* abfließen, ablaufen lassen; ablassen; TECH entleeren **3** MIL *territoire, ville etc* räumen; *population* evakuieren; *troupes* verlegen; *blessés* abtransportieren; *par ext salle, stade* räumen; ~ ***par avion*** ausfliegen; ***faire ~ la salle*** den Saal räumen lassen
évadé [evade] **I** *adj* entflohen; flüchtig **II** *m* Ausbrecher *m*; Entflohene(r) *m*
évader [evade] *v/pr* ***s'~*** **1** **a)** *prisonnier etc* ausbrechen, (ent)fliehen, entkommen, entweichen (***d'une prison*** aus e-m Gefängnis); ***faire ~ qn*** j-m zur Flucht verhelfen; **b)** *par ext* sich heimlich davonmachen; sich wegstehlen **2** *fig de ses soucis, de la réalité* entfliehen (+*dat*); ***s'~ à la campagne*** sich aufs Land zurückziehen, flüchten
évaluable [evalɥabl] *adj* abschätzbar
évaluation [evalɥasjõ] *f de valeurs, d'objets* Schätzung *f*; Bewertung *f*; Taxierung *f*; Wertbestimmung *f*; *de distances* (Ab)Schätzen *n*; *de frais, de prix* Berechnung *f*; Ermittlung *f*; Überschlagen *n*; Veranschlagung *f*; ~ ***approximative*** ungefähre Schätzung; Näherungswert *m*; ***erreur f d'~*** Schätzungsfehler *m*
évaluer [evalɥe] *v/t valeur, objet* schätzen; bewerten; taxieren; den Wert ermitteln (+*gén*); *distance, volume* (ab)schätzen; *chances, risque* abschätzen; *frais, prix* überschlagen; ungefähr, im Voraus berechnen; veranschlagen; *dommages* schätzen; beurteilen; ermitteln; ***~ à 10 000 le nombre des manifestants*** die Zahl der Demonstranten auf 10 000 schätzen; ***faire ~ qc*** etw schätzen lassen; ***la maison est évaluée (à) un million*** das Haus ist auf e-e Million geschätzt worden, ist mit e-r Million veranschlagt
évanescence [evanesɑ̃s] *litt f* **a)** *d'un rêve etc* Verblassen *n*; Verschwinden *n*; Vergehen *n*; **b)** Verschwommenheit *f* **évanescent** *litt adj* verschwimmend; schwindend
évangélique [evɑ̃ʒelik] *adj* **1** (*conforme à l'Évangile*) dem Evangelium gemäß; evangelisch **2** (*protestant*) evangelisch; protestantisch
évangélisateur [evɑ̃ʒelizatœʀ] **I** *adj* ⟨**-trice**⟩ evangelisierend **II** *m* Verkünder *m* des Evangeliums **évangélisation** *f* Evangelisation *f*; Missionierung *f* **évangéliser** *v/t* evangelisieren; das Evangelium verkünden (***qn*** j-m); missionieren **évangéliste** *m* Evangelist *m* (*a* ÉGL PROT)
évangile [evɑ̃ʒil] *m* REL ***Évangile*** *et fig* Evangelium *n*; *fig* ***ce n'est pas parole d'~*** das ist kein Evangelium
évanoui [evanwi] *adj* **1** *personne* ohnmächtig; bewusstlos; ohne Bewusstsein **2** *rêve, bonheur* vergangen; entschwunden
évanouir [evanwiʀ] *v/pr* ***s'~*** **1** *personne* ohnmächtig, bewusstlos werden; in Ohnmacht fallen; das Bewusstsein verlieren **2** *apparition, image etc* sich (in nichts) auflösen; (in nichts) zerrinnen; (spurlos) verschwinden; sich verflüchtigen; *gloire, illusions, amour, peur etc* vergehen; schwinden; *gloire a* verblassen; *souvenir* verblassen; schwinden; *sons* ab-,

verklingen; *par ext personne* verschwinden; entfliehen

évanouissement [evanwismɑ̃] *m* **1** Ohnmacht *f*; Bewusstlosigkeit *f*; ***avoir un ~*** in Ohnmacht fallen; e-n Ohnmachtsanfall haben **2** *d'apparitions, d'espoirs etc* Schwinden *n*; Zerrinnen *n*; Vergehen *n*

évaporable [evapɔʀabl] *adj* CHIM flüchtig; leicht verdunstend, verdampfend; verdampfbar

évaporation [evapɔʀasjõ] *f* Verdunstung *f*; Verdampfung *f*

évaporé [evapɔʀe] **I** *adj* **1** verdunstet; verdampft **2** *fig* leichtfertig, -sinnig; flatterhaft; kopflos **II** *subst* **~(e)** *m(f)* Leichtfuß *m*; F Luftikus *m*; *d'une jeune fille* leichtsinniges, -fertiges Geschöpf, F Ding

évaporer [evapɔʀe] *v/pr* **s'~** **1** verdunsten; verdampfen; sich verflüchtigen; ***faire ~ qc*** etw verdunsten, verdampfen lassen **2** F *fig (disparaître) personne* F sich verdrücken, verdünnisieren, verflüchtigen; *chose* F sich verflüchtigen, in Luft auflösen

évasé [evaze, -vɑ-] *adj* sich erweiternd, verbreiternd; *jupe* ausgestellt **évasement** *m* Erweiterung *f*; (Auf)Weitung *f*

évaser [evaze, -vɑ-] **I** *v/t ouverture* erweitern; weiter machen; *tuyau* (auf)weiten **II** *v/pr* **s'~** *ouverture* sich weiten, erweitern; *manche, jupe* weiter werden; glockig fallen; *jupe* ausgestellt sein

évasif [evazif] *adj* ⟨**-ive**⟩ *réponse* ausweichend; *geste* vage; unbestimmt; ***rester ~*** ausweichend antworten; sich nicht festlegen

évasion [evazjõ] *f* **1** *d'un prisonnier etc* Ausbruch *m*; Flucht *f*; Entkommen *n* **2** *fig hors du quotidien, de la réalité* Flucht *f*; Entfliehen *n*; ***besoin m d'~*** Bedürfnis *n* nach Ablenkung, Abwechslung **3** ÉCON Flucht *f*; ***~ fiscale*** Steuerflucht *f*; ***~ des capitaux*** Kapitalflucht *f*, -abwanderung *f*

Ève [ɛv] *f Vorname*; *fig*: ***en tenue d'~*** im Evaskostüm; ***je ne le connais ni d'~ ni d'Adam*** ich kenne ihn überhaupt nicht; er ist mir völlig, gänzlich unbekannt

évêché [eveʃe] *m* **1** *territoire* Bistum *n* **2** *ville* Bischofssitz *m*

éveil [evɛj] *m* **1** *de l'intelligence, des sens etc* Erwachen *n*; Wachwerden *n*; ÉCOLE PRIMAIRE (***activités f/pl d'***)**~** Anregung *f* der geistigen Entwicklung durch Beschäftigung mit konkreten Dingen **2 a)** *loc/adj* ***en ~*** wach(sam); aufmerksam; *esprit a* aufnahmebereit; ***être en ~*** aufmerksam, wachsam, auf der Hut sein; aufpassen; sich vorsehen; ***tenir en ~*** wach halten; **b)** ***donner l'~ à qn*** j-n warnen, aufmerksam machen, aufhorchen lassen; j-m e-n Wink geben

éveillé [eveje] *adj* **1** wach; schlaflos; *par ext* ***rêve ~*** Wachtraum *m*; Tagtraum *m*; ***rêver tout ~*** mit offenen Augen träumen **2** *fig* aufgeweckt; (hell)wach; lebhaft; munter; regsam; ***enfant ~*** aufgewecktes Kind

éveiller [eveje] **I** *v/t* **1** *litt* ***~ qn*** j-n (auf)wecken **2** *désirs, sentiments* wachrufen; wecken; *soupçons, jalousie, méfiance, sympathie etc* erwecken; erregen; *curiosité a* wecken; anstacheln; *intelligence* anregen; entwickeln; fördern; ***~ qc en qn*** in j-m etw wachrufen **II** *v/pr* **s'~** **1 a)** *litt personne* erwachen; **b)** *poét nature, ville* (aus dem Schlaf) erwachen **2 a)** *sentiments, souvenirs, intelligence* erwachen; sich regen; geweckt werden; **b)** ***s'~ à l'amour*** zur Liebe erwachen

événement *ou* **évènement** [evɛnmɑ̃] *m* **a)** Ereignis *n*; Geschehnis *n*; Vorkommnis *n*; Begebenheit *f*; (*expérience*) Erlebnis *n*; ***heureux ~*** (*naissance*) freudiges Ereignis; ***les principaux ~s de la journée*** die wichtigsten Tagesereignisse *n/pl*; *loc/adj* ***chargé, riche en ~s*** ereignisreich; ***être au courant des ~s*** über das Geschehen auf dem Laufenden sein; ***ce fut pour lui un grand ~*** das war ein großes Erlebnis für ihn; *plais*: *il travaille*, ***c'est un ~*** das ist ein Ereignis; → *a* ***dépasser*** *I 6*; **b)** ***~s*** *pl* besondere Ereignisse *n/pl*, Umstände *m/pl*; ***en raison des ~s*** aufgrund der besonderen Ereignisse; *je ne l'avais pas revu* ***depuis les ~s*** seitdem …; **c)** POL ***~s*** *pl* (politische) Unruhen *f/pl*

événementiel [evɛnmɑ̃sjɛl] *adj* ⟨**~le**⟩ ***histoire ~le*** lediglich die Ereignisse schildernde Geschichtsschreibung

éventail [evɑ̃taj] *m* **1** Fächer *m* **2** *loc/adj et loc/adv* ***en ~*** fächerförmig, -artig; fächerig; wie ein ausgebreiteter Fächer; F *fig* ***doigts m/pl de pied en ~*** F alle viere von sich gestreckt; ***disposer en ~*** fächerförmig anordnen; (auf)fächern **3** *fig* Palette *f*; Spektrum *n*; Skala *f*; *de marchandises a* Angebot *n*; Auswahl *f*; ***~ des prix*** Preisskala *f*, -spektrum *n*; ***~ des salaires*** Lohnspanne *f*, -skala *f*; Staffelung *f* der Lohnsätze

éventailliste [evɑ̃tajist] *m* Fächerfabrikant *m*, -händler *m*, -maler *m*

éventaire [evɑ̃tɛʀ] *m* COMM Auslage *f* (*im Freien*); *d'un marchand ambulant* Bauchladen *m*

éventé [evɑ̃te] *adj* **1** *boisson* schal; abgestanden; *parfum* verduftet **2** *secret* offen; ***c'est un truc ~*** das ist ein alter Trick; den Trick kennt jeder **3** *lieu* (*venteux*) windig

éventer [evɑ̃te] **I** *v/t* **1** ***~ qn*** j-n fächeln; j-m Luft, Kühlung zufächeln **2** *complot, secret* auf-, entdecken; enthüllen; *secret a* lüften; *trahison* wittern **II** *v/pr* **s'~** **1** *personne* sich (*dat*) Luft, Kühlung zufächeln **2** *boisson* schal werden; *parfum* verduften; s-n Duft verlieren

éventration [evɑ̃tʀasjõ] *f* MÉD Bauchwandbruch *m*

éventrer [evɑ̃tʀe] **I** *v/t* **1** ***~ qn, un animal*** j-m, e-m Tier den Bauch aufschlitzen **2** *objets* (gewaltsam) aufreißen, -schlitzen, -schneiden, -brechen; *sol* aufwühlen **II** *v/pr* **s'~** sich (*dat*) den Bauch aufschlitzen

éventreur [evɑ̃tʀœʀ] *m* (Bauch)Aufschlitzer *m*; ***Jack l'Éventreur*** Jack the Ripper

éventualité [evɑ̃tɥalite] *f* Eventualität *f*; Möglichkeit *f*; möglicher Fall; Eventualfall *m*; ***dans l'~ de*** im Fall(e) (*+gén*); ***envisager l'~ d'une guerre*** mit der Möglichkeit e-s Krieges rechnen; ***être prêt à toute ~*** auf alle Eventualitäten vorbereitet sein

éventuel [evɑ̃tɥɛl] *adj* ⟨**~le**⟩ eventuell; etwaige(r, -s); möglich; Eventual…

éventuellement [evɑ̃tɥɛlmɑ̃] *adv* eventuell; möglicherweise; möglichenfalls; unter Umständen; vielleicht

évêque [evɛk] *m* Bischof *m*

Everest [ɛvʀɛst] ***l'~*** *m ou* ***le mont ~*** der Mount Everest [-maunt-]

évertuer [evɛʀtɥe] *v/pr* **s'~** sich (*dat*) alle, große Mühe geben, sich bemühen, sich anstrengen, *p/fort* sich abmühen (***à faire qc*** etw zu tun, mit etw)

éviction [eviksjõ] *f* **1** *hors d'un parti etc* Ausschluss *m*; Verdrängung *f*; *d'un rival etc* Ausschaltung *f*; Verdrängung *f* **2** JUR Eviktion *f*; Entwehrung *f*

évidé [evide] *adj* hohl; ausgehöhlt; vertieft

évidemment [evidamɑ̃] *adv* **1** (ganz) offensichtlich; offenbar **2** (*bien sûr*) selbstverständlich; natürlich

évidence [evidɑ̃s] *f* **1** Augenscheinlichkeit *f*; Offenkundigkeit *f*; Offensichtlichkeit *f*; Evidenz *f*; Deutlichkeit *f*; Eindeutigkeit *f*; ***force f de l'~*** Kraft *f* des Evidenten; *loc/adv* ***à l'~, de toute ~*** (ganz) offensichtlich, sicher; ***démontrer à l'~ que …*** schlüssig, eindeutig, klar beweisen, dass …; ***c'est l'~ même*** das ist doch ganz klar, eindeutig, offensichtlich; ***nier l'~*** die Tatsachen leugnen; leugnen, was klar zutage liegt, ganz offensichtlich ist; ***se rendre à l'~*** die Tatsachen anerkennen; sich den Tatsachen beugen; ***refuser de se rendre, se refuser à l'~*** sich den Tatsachen, der Wahrheit verschließen; die Sache nicht wahrhaben wollen **2** (*chose évidente*) augenscheinliche, offenkundige, offensichtliche, klare Tatsache; Selbstverständlichkeit *f* **3** *loc/adv* ***en ~*** gut, deutlich sichtbar; ***être en ~*** klar zutage treten; ins Auge fallen; ***mettre en ~*** zur Schau stellen; zeigen; *objet a* auffällig, gut sichtbar hinlegen; *fig* klar, deutlich hervorheben, herausstellen; herausstreichen; ***se mettre en ~*** die Aufmerksamkeit auf sich (*acc*) lenken, ziehen; sich in Szene setzen

évident [evidɑ̃] *adj* augenscheinlich; offenkundig; offensichtlich; offenbar; evident; klar (erkennbar); deutlich (sichtbar); eindeutig; einleuchtend; sinnfällig; ***preuve ~e*** klarer, eindeutiger, schlüssiger Beweis; ***c'est ~, c'est une chose ~e*** *a* das liegt klar auf der Hand; ***il est ~ qu'il a menti*** es ist ganz klar, dass er gelogen hat; er hat eindeutig, offensichtlich gelogen; ***ce n'est pas ~*** das ist gar nicht so selbstverständlich, einfach, leicht

évider [evide] *v/t* aushöhlen, -bohren, -kehlen

évier [evje] *m* Spüle *f*; Spülbecken *n*; Ausguss (-becken) *m(n)*

évincement [evɛ̃smɑ̃] *m rarement* → ***éviction***

évincer [evɛ̃se] *v/t* ⟨**-ç-**⟩ *d'un parti, d'un emploi etc* ausschließen; verdrängen; vertreiben; ***~ un rival*** einen Rivalen ausschalten, verdrängen

évitable [evitabl] *adj* vermeidbar

évitement [evitmɑ̃] *m* CH DE FER ***voie f d'~*** Ausweich-, Überholgleis *n*

éviter [evite] **I** *v/t* **1** *erreur, rencontre, accident etc* vermeiden; abwenden; *mets, boisson, lieu* meiden; *obstacle, difficulté etc* ausweichen, aus dem Weg gehen (+*dat*); umgehen; *corvée, tâche* sich entziehen, aus dem Weg gehen (+*dat*); ***~ la guerre*** e-n Krieg vermeiden, verhüten; es nicht zu e-m Krieg kommen lassen; ***~ le regard de qn*** j-s Blick ausweichen; ***~ une voiture de justesse*** e-m Wagen gerade noch ausweichen (können); ***réussir à ~ une corvée*** um e-e lästige Arbeit herumkommen; ***~ de faire qc*** es vermeiden, sich hüten, etw zu tun; ***~ que … (ne)*** (+*subj*) vermeiden, sich vorsehen, dass …; zusehen, dass nicht … **2** ***~ qn*** j-n meiden; j-m ausweichen, aus dem Weg gehen; sich von j-m fernhalten; F j-n schneiden **3** ***~ qc à qn*** j-m etw ersparen **II** *v/pr* ***s'~*** **1** *personnes* sich, einander meiden, aus dem Weg gehen **2** *sens passif* sich vermeiden lassen **3** ***s'~ qc*** sich (*dat*) etw ersparen

évocateur [evɔkatœʀ] *adj* ⟨**-trice**⟩ *image, parfum* Erinnerungen wachrufend; *geste* bedeutsam; bedeutungsvoll; vielsagend; *nom, titre* bezeichnend; beziehungsreich; *style, film* anschaulich

évocation [evɔkasjõ] *f* **1** *des esprits* (Geister)Beschwörung *f* **2** *d'un souvenir* Wachrufen *n*; Heraufbeschwören *n*; *d'un événement* Zurückrufen *n* in die Erinnerung; Erinnerung *f*, Zurückdenken *n* (**de** an +*acc*); ***pouvoir m d'~*** Aussage-, Suggestivkraft *f*

évolué [evɔlɥe] *adj peuple, pays* hoch entwickelt; zivilisiert; *personne* kultiviert; aufgeklärt; tolerant; *idées* fortschrittlich

évoluer [evɔlɥe] *v/i* **1** (*se mouvoir*) Bewegungen ausführen; *personnes* sich bewegen; hin und her gehen; kommen und gehen; *troupes* schwenken; die Stellung, Lage wechseln; *avion* umherfliegen; s-e Kreise ziehen; *la société* ***dans laquelle il évolue*** in der er verkehrt, sich bewegt **2** (*changer*) *science, conception etc* sich (weiter-, fort)entwickeln; *science a* Fortschritte machen; *opinion, situation* sich (ver)ändern, wandeln; *maladie* fortschreiten; ***il a beaucoup évolué*** s-e Einstellung hat sich grundlegend geändert; er hat sich zu s-m Vorteil entwickelt; ***~ favorablement*** sich günstig entwickeln; ***la situation évolue en faveur de …*** die Lage (ver)ändert, entwickelt sich zugunsten (+*gén*)

évolutif [evɔlytif] *adj* ⟨**-ive**⟩ sich entwickelnd, wandelnd; entwicklungs-, wandlungsfähig; *maladie* fortschreitend

évolution [evɔlysjõ] *f* **1 a)** ***~s*** *pl* Bewegungen *f/pl*; Vorführungen *f/pl*; *d'une danseuse a* Schritte *m/pl*; **b)** *de troupes* Schwenkung *f*; Bewegung *f*; Lage-, Stellungswechsel *m* **2** *d'une science, théorie etc* (Weiter-, Fort)Entwicklung *f*; Fortschritt *m*; Fortschreiten *n*; *des idées, du goût* Entwicklung *f*; (*changement*) Wandlung *f*; Änderung *f*; *d'une personne a* Werdegang *m*; *d'une langue* Entwicklung *f*; *d'une maladie* Fortschreiten *n*; Verlauf *m*; ***~ démographique*** Bevölkerungsentwicklung *f*; ***~ des prix*** Preisentwicklung *f*, -kurve *f*; ***civilisation f en pleine ~*** in der Entwicklung begriffene Kultur **3** BIOL Evolution *f*

évolutionnisme [evɔlysjɔnism] *m* BIOL Evolutionstheorie *f*; PHILOS Evolutionismus *m* **évolutionniste** **I** *adj* evolutionistisch **II** *m* Evolutionist *m*

évoquer [evɔke] *v/t* **1** *esprits* beschwören **2** *événement, personne* in Erinnerung, ins Gedächtnis rufen; erinnern, die Erinnerung wachrufen an (+*acc*); hinweisen auf (+*acc*); *mots* ***~ des idées*** Vorstellungen auslösen, hervorrufen; ***~ des souvenirs*** Erinnerungen wachrufen, wecken; *forme* ***~ une tête humaine*** an e-n menschlichen Kopf denken lassen, erinnern; ***cela n'évoquait rien pour lui*** das sagte ihm nichts; er konnte nichts damit verbinden **3** *par ext pays etc* vor Augen führen; e-e Vorstellung geben von; ***~ un problème*** ein Problem erwähnen, streifen, anschneiden

ex [ɛks] *m,f* F Exgatte *m*, -gattin *f*; Verflossene(r) *f(m)* (*a amant*)

ex. *abr* (*exemple*) Beispiel: …

ex-… [ɛks] *préfixe* Ex…; ehemalige(r, -s); frühere(r, -s); F gewesene(r, -s); *par exemple*: ***ex-ami*** früherer Freund; F Verflossene(r) *m*; Ehemalige(r) *m*; ***ex-***

directeur ehemaliger, früherer Direktor; ***ex-mari*** früherer Mann; F Exgatte *m*

exacerbation [ɛgzasɛʀbasjõ] *f* MÉD *et fig* Verschlimmerung *f*; Steigerung *f*

exacerber [ɛgzasɛʀbe] **I** *v/t douleur* schlimmer machen; verschlimmern; *désir, colère* steigern; *passions* aufstacheln; *adjt* ***exacerbé*** *sensibilité, désir, orgueil* übersteigert; *désir a* heftig **II** *v/pr* ***s'~*** *douleurs* sich verschlimmern; stärker, schlimmer werden; *sentiments* sich steigern; immer heftiger werden

exact [ɛgza(kt)] *adj* ⟨**exacte** [ɛgzakt]⟩ **1** *calcul, mesure, méthode etc* genau; exakt; *raisonnement, constatation* richtig; zutreffend; *réponse* richtig; korrekt; *expression a* treffend; *vérification* sorgfältig; eingehend; streng; ***heure ~e*** genaue Uhrzeit; ***reproduction ~e*** genaue Wiedergabe; ***les sciences ~es*** die exakten Wissenschaften *f/pl*; ***c'est ~*** das ist richtig; das stimmt; ***c'est l'~e vérité*** das ist die reine Wahrheit **2** *personne* pünktlich; ***être ~ au rendez-vous*** pünktlich bei der Verabredung sein

exactement [ɛgzaktəmɑ̃] *adv* genau; ***calculer ~*** exakt, richtig rechnen

exaction [ɛgzaksjõ] *f* **1** FIN übermäßige Forderung **2** *pl* ***~s*** (*abus de pouvoir*) Machtmissbrauch *m*; ***commettre des ~s*** Machtmissbrauch treiben

exactitude [ɛgzaktityd] *f* **1** *d'un calcul, d'une méthode etc* Genauigkeit *f*; Exaktheit *f*; *d'un raisonnement, d'une constatation* Richtigkeit *f*; Korrektheit *f*; *d'une enquête a* Sorgfältigkeit *f*; Sorgfalt *f*; ***avec ~*** genau; exakt; richtig; korrekt; sorgfältig **2** (*ponctualité*) Pünktlichkeit *f*; *prov* ***l'~ est la politesse des rois*** Pünktlichkeit ist die Höflichkeit der Könige (*prov*)

ex æquo [ɛgzeko] *loc/adv et loc/adj* gleich(rangig, -wertig); gleichstehend; *candidat* ***être premier ~ avec qn*** zusammen mit j-m Examensbester sein; ***être classé ~ avec*** gleich eingestuft, bewertet werden wie; gleichstehen mit

exagération [ɛgzaʒeʀasjõ] *f* Übertreibung *f*; Übersteigerung *f*; Aufbauschung *f*; ***sans ~,*** *on peut affirmer que* … ohne Übertreibung …; ***il est économe, sans ~*** er ist sparsam, ohne zu übertreiben *ou* aber nicht übertrieben; ***il y a beaucoup d'~ dans ce qu'il raconte*** es ist vieles übertrieben, was er erzählt

exagéré [ɛgzaʒeʀe] *adj* übertrieben; überzogen; *prix* überhöht; *exigence a* übersteigert; überspitzt; ***il n'est pas ~ de dire que …*** man kann ohne Übertreibung, ohne zu übertreiben sagen, dass …

exagérément [ɛgzaʒeʀemɑ̃] *adv* übertrieben; übermäßig; unangemessen

exagérer [ɛgzaʒeʀe] ⟨**-è-**⟩ **I** *v/t* übertreiben; aufbauschen; *importance* überbewerten; überschätzen **II** *v/i* **1** (*présenter comme plus grand*) übertreiben; F dick auftragen; ***sans ~*** ohne zu übertreiben; ohne Übertreibung **2** (*abuser*) übertreiben; zu weit gehen; es zu weit treiben; ***tu exagères!*** du übertreibst, gehst zu weit!; F (***il ne***) ***faut, faudrait pas ~!*** F das geht zu weit!; jetzt reicht's mir aber!; jetzt ist es mir aber zu dumm! **III** *v/pr* ***s'~ qc*** etw überschätzen, überbewerten

exaltant [ɛgzaltɑ̃] *adj* erhebend; begeisternd; mitreißend; ***ça n'a rien d'~*** das ist nicht gerade erhebend

exaltation [ɛgzaltasjõ] *f* **1** leidenschaftliche Erregung, Begeisterung; *péj* Überschwänglichkeit *f*; Überschwang *m*; Überspanntheit *f*; Schwärmerei *f*; Exaltiertheit *f* **2** *litt* (*glorification*) Verherrlichung *f*

exalté [ɛgzalte] **I** *adj personne, sentiments, souvent péj* überschwänglich; überspannt; schwärmerisch; exaltiert **II** *subst* ***~(e)*** *m(f)* Schwärmer(in) *m(f)*; Fantast(in) *m(f)*

exalter [ɛgzalte] **I** *v/t* **1** *personne* leidenschaftlich erregen; begeistern; mit-, hinreißen **2** *st/s* (*glorifier*) preisen; rühmen; verherrlichen **3** *sentiments, sensations etc* steigern; verstärken; erhöhen **II** *v/pr* ***s'~*** sich begeistern; sich leidenschaftlich erregen; in Schwärmerei geraten; *péj* sich exaltieren

exam [ɛgzam] *m abr* → ***examen 1***

examen [ɛgzamɛ̃] *m* **1** (*épreuves*) Prüfung *f*; Examen *n*; ***~ écrit, oral*** schriftliche, mündliche Prüfung; ***~ d'admission*** Zulassungs-, Aufnahmeprüfung *f*; ***~ d'entrée*** Aufnahmeprüfung *f*; ***~ de passage*** Versetzungsprüfung *f*; ***admettre qn à un ~*** j-n zu e-r Prüfung zulassen; ***échouer, être refusé,*** F ***collé, recalé à l'~*** durchs Examen fallen; im *ou* beim Examen, in *ou* bei der Prüfung durchfallen, F durchrasseln, -fliegen, -segeln; ***passer, subir un ~*** e-e Prüfung, ein Examen machen, ablegen; ***réussir à l'~, être reçu à l'~*** die Prüfung bestehen; durchkommen **2** (*contrôle*) Prüfung *f*; Überprüfung *f*; Untersuchung *f*; Studium *n*; Durchsicht *f*; Einsicht(nahme) *f* (***de*** in +*acc*); ***à l'~*** bei (der) Durchsicht, (Über)Prüfung; ***~ des empreintes digitales*** Untersuchung, Überprüfung der Fingerabdrücke; ***~ des faits*** (Über)Prüfung der Fakten; ***après ~*** nach Einsichtnahme; ***après plus ample ~*** bei näherer Prüfung; ***pour ~*** mit der Bitte um Prüfung; zur (Über)Prüfung, Einsichtnahme **3** ***~*** (***médical***) (ärztliche) Untersuchung; ***~ de sang*** Blutuntersuchung *f*, -bild *n*; ***se faire faire des ~s*** verschiedene Untersuchungen machen lassen **4** ***~ de conscience*** Gewissenserforschung *f* (*a* REL); ***faire son ~ de conscience*** sein Gewissen erforschen **5** JUR ***mise*** *f* ***en ~*** Eröffnung *f* e-s Ermittlungsverfahrens (***de qn*** gegen j-n); ***qn a été mis en ~*** gegen j-n wird ermittelt

examinateur [ɛgzaminatœʀ] *m*, **examinatrice** *f* Prüfer(in) *m(f)*; Prüfende(r) *f(m)*; Examinator *m*

examiner [ɛgzamine] **I** *v/t* **1** (*contrôler*) prüfen; untersuchen (*a* MÉD); überprüfen; studieren; e-r Prüfung, Untersuchung (*dat*) unterziehen; *dossier a* durchsehen, -gehen; *documents, papiers a* sichten; *proposition a* erwägen; ***~ les défauts de qc*** die Mängel e-r Sache prüfen; etw auf s-e Mängel prüfen **2** (*observer*) *personne, chose* mustern; genau, prüfend betrachten, anschauen, ansehen; *chose a* in Augenschein nehmen; *lieu* besichtigen **3** *candidat* prüfen; examinieren **II** *v/pr* ***s'~*** (***dans la glace***) sich (im Spiegel) genau betrachten

exaspérant [ɛgzaspeʀɑ̃] *adj* ärgerlich; auf die Nerven gehend, fallend; ***être ~*** *a* einen wütend, rasend machen; einen zur Raserei, Verzweiflung bringen

exaspération [ɛgzaspeʀasjo] *f* **1** (*irritation*) Verärgerung *f*; Ärger *m*; Gereiztheit *f*; Erbitterung *f* **2** *litt du désir, d'un sentiment* Steigerung *f*; Anwachsen *n*

exaspérer [ɛgzaspeʀe] ⟨**-è-**⟩ **I** *v/t* **1** (*irriter*) aufs Äußerste reizen; aufbringen; rasend machen; in

E

Wut bringen; erbittern; erbosen; *adjt* ***exaspéré*** wütend; gereizt; aufgebracht; erbittert; erbost **2** *souffrance* verschlimmern; *sentiments* (aufs Höchste) steigern; *colère* reizen **II** *v/pr* ***s'~*** *souffrance* sich verschlimmern; *désir* sich steigern

exaucement [ɛgzosmɑ̃] *m* Erhörung *f*

exaucer [ɛgzose] *v/t* ⟨-ç-⟩ **a)** *Dieu: une prière* erhören; ***~ qn*** j-n erhören; **b)** *souhait* erfüllen; *demande* gewähren

ex cathedra [ɛkskatedʀa] *loc/adv* ÉGL CATH ex cathedra (*a fig*)

excavateur [ɛkskavatœʀ] *m* TECH (großer) Bagger

excavation [ɛkskavasjõ] *f* Vertiefung *f*; (Aus)Höhlung *f*; Einbuchtung *f*; *dans le sol a* Mulde *f*; Senke *f*

excavatrice [ɛkskavatʀis] *f* → ***excavateur***

excaver [ɛkskave] *v/t* TECH ausbaggern; ausheben; ausschachten

excédant [ɛksedɑ̃] *adj la présence de qn etc* lästig; ärgerlich; unerträglich

excédent [ɛksedɑ̃] *m* Überschuss *m*; Mehrbetrag *m*; Überhang *m*; ***~ annuel*** Jahresüberschuss *m*; ***~ de bagages*** Übergepäck *n*; ***~ des exportations sur les importations*** Export-, Ausfuhrüberschuss *m*; ***~ de naissances*** Geburtenüberschuss *m*; ***~ de poids*** Mehr-, Übergewicht *n*; Überfracht *f*; ***~ de la production*** Produktionsüberschuss *m*; *loc/adj* ***en ~*** überschüssig; überzählig; ***balance*** *f* ***en ~*** aktive Bilanz

excédentaire [ɛksedɑ̃tɛʀ] *adj* überschüssig; überzählig; ***balance commerciale ~*** aktive Handelsbilanz

excéder [ɛksede] *v/t* ⟨-è-⟩ **1** *nombre, quantité, prix, niveau, durée* übersteigen; überschreiten; hinausgehen über (*+acc*); liegen über (*+dat*); höher sein (***qc*** als etw); *inconvénients: les avantages* überwiegen; größer sein als **2** *par ext pouvoirs* überschreiten; *moyens, attente, forces* übersteigen **3** (*agacer*) ***~ qn*** j-m lästig sein, fallen; j-n ärgern, belästigen, reizen, nervös machen; *p/p* ***je suis excédé par qc*** etw geht mir auf die Nerven; *adjt* ***d'un air excédé*** mit verärgerter, gereizter Miene

excellence [ɛksɛlɑ̃s] *f* **1** Vortrefflichkeit *f*; hervorragende Qualität; ÉCOLE ***prix*** *m* ***d'~*** Preis *m* für den Klassenbesten **2** *titre* ***Excellence*** Exzellenz *f*; ***Son, Votre Excellence*** Seine, Eure Exzellenz; ***Son Excellence l'ambassadeur*** Seine Exzellenz der Botschafter **3** *loc/adj* ***par ~*** schlechthin; par excellence; ***le sportif*** *etc* ***par ~*** der Sportler *etc* schlechthin, par excellence

excellent [ɛksɛlɑ̃] *adj* hervorragend; (ganz) ausgezeichnet; vortrefflich; vorzüglich; exzellent

excellentissime [ɛksɛlɑ̃tisim] *adj* ganz hervorragend, ausgezeichnet, exzellent

exceller [ɛksele] *v/i* ***~ dans, en qc*** sich auszeichnen, sich hervortun, glänzen, brillieren, hervorragend sein, ausgezeichnet sein in etw (*dat*); ***~ dans sa profession*** in s-m Beruf, Fach Hervorragendes leisten; ***~ en mathématiques*** (ganz) ausgezeichnet, hervorragend sein in Mathematik; in Mathematik glänzen; ***~ à faire qc*** etw ganz ausgezeichnet, hervorragend machen

excentration [ɛksɑ̃tʀasjõ] *f* PHYS, TECH Verlagerung *f* des Mittelpunkts; Mittenverlagerung *f* **excentrer** *v/t* TECH exzentrisch verstellen

excentricité [ɛksɑ̃tʀisite] *f d'une personne* exzentrisches Wesen; Überspanntheit *f*; Exzentrizität *f*; *d'un vêtement* Extravaganz *f*; ***faire des ~s*** sich (*dat*) Extravaganzen leisten

excentrique [ɛksɑ̃tʀik] **I** *adj* **1** *personne* exzentrisch; überspannt; *tenue* extravagant; ausgefallen; auffallend **2** MATH, TECH exzentrisch; TECH *a* aus-, außermittig **3** *quartier* abgelegen; weit vom Zentrum entfernt **II** *subst* **1** *m,f* exzentrischer, überspannter Mensch; Exzentriker(in) *m(f)* **2** *m* TECH Exzenter *m*

excepté [ɛksɛpte] *prép* ⟨*bei Nachstellung veränderlich*⟩ ausgenommen (*+cas régi par le verbe précédent*); mit Ausnahme von (*ou +gén*); bis auf (*+acc*); abgesehen von (*+dat*); außer (*+dat*); *il avait tout prévu,* ***~ ce cas*** ausgenommen diesen Fall, bis auf diesen Fall, nur nicht diesen Fall; ***eux ~s***, *personne n'a entendu parler de cela* außer ihnen, bis auf sie, sie ausgenommen ...; ♦ *loc/conj:* ***~ que ...*** davon abgesehen *ou* abgesehen davon, dass ...; außer *ou* nur dass ...; sieht man davon ab, dass ...; ***~ si ...*** außer (wenn) ...; es sei denn, dass ...; wenn nicht ...

excepter [ɛksɛpte] *v/t* ***~ qn, qc*** j-n, etw ausnehmen, beiseitelassen; von j-m, etw absehen; ***sans ~ personne*** ohne Ausnahme; ohne j-n auszunehmen

exception [ɛksɛpsjõ] *f* Ausnahme *f* (***à qc*** von etw); Ausnahme-, Sonderfall *m*; *loc/adj* ***d'~*** Ausnahme...; Sonder...; ***un être d'~*** ein außergewöhnlicher Mensch; ***loi*** *f* ***d'~*** Ausnahmegesetz *n*; ***mesure*** *f* ***d'~*** Sondermaßnahme *f*; außergewöhnliche Maßnahme; ***traitement*** *m* ***d'~*** Sonderbehandlung *f*; *loc/prép* ***à l'~ de, ~ faite de*** ausgenommen (*+cas régi par le verbe précédent*); mit Ausnahme von (*ou +gén*); bis auf (*+acc*); abgesehen von (*+dat*); außer (*+dat*); *loc/adv:* ***à une ~ près*** bis auf e-e, mit e-r Ausnahme; von e-r Ausnahme abgesehen; ***sans (aucune) ~*** ohne (jede) Ausnahme; (ganz) ausnahmslos; ***sans ~ d'âge ni de sexe*** ohne Rücksicht auf Alter und Geschlecht; ***constituer, être une ~, faire ~*** e-e Ausnahme bilden, sein; ***faire une ~ pour qn, en faveur de qn*** bei j-m e-e Ausnahme machen; *prov* ***c'est l'~ qui confirme la règle*** Ausnahmen bestätigen die Regel (*prov*)

exceptionnel [ɛksɛpsjɔnɛl] *adj* ⟨***~le***⟩ **1** Ausnahme...; Sonder...; außergewöhnlich; ***des circonstances ~les*** besondere, außergewöhnliche Umstände *m/pl*; ***congé ~*** Sonderurlaub *m*; ***mesure ~le*** Sondermaßnahme *f*; außergewöhnliche Maßnahme **2** *personne, réussite etc* außerordentlich; außergewöhnlich; ***occasion ~le*** einmalige Gelegenheit

exceptionnellement [ɛksɛpsjɔnɛlmɑ̃] *adv* **1** (*par exception*) ausnahmsweise **2** (*extraordinairement*) außerordentlich; außer-, ungewöhnlich

excès [ɛksɛ] *m* **1** Übermaß *n*; Unmaß *n*; Unmäßigkeit *f* (*de table surtout*); Maßlosigkeit *f*; Exzess *m*; ***~*** *pl* Exzesse *m/pl*; (*violences*) *a* Ausschreitungen *f/pl*; Gewalttätigkeiten *f/pl*; (*débauche*) *a* Ausschweifungen *f/pl*; ***un ~ de ...*** ein Übermaß an (*+dat*); ***~*** *pl* ***de langage*** sprachliche Entgleisungen *f/pl*; ***~ de précaution, de prudence*** übermäßige, übertriebene Vorsicht; ***~ de travail*** Arbeitsüberlastung *f*; ***~ de zèle*** Übereifer *m*; ***pécher par ~ de zèle*** übereifrig, (all) zu eifrig sein; *loc/adv:* ***à l'~, avec ~*** übermäßig; unmäßig; maßlos; im Übermaß; ohne

Maß; übertrieben; ***être méticuleux à l'~*** übergenau, übertrieben genau sein; ***jusqu'à l'~*** bis zum Exzess; ***pousser qc jusqu'à l'~*** etw bis zum Letzten, Äußersten treiben; ***faire des ~*** unmäßig sein (im Essen und Trinken); ***ne faites pas d'~*** leben Sie mäßig!; ***tomber dans l'~*** übertreiben; ***tomber dans l'~ inverse*** ins andere Extrem fallen **2** JUR ~ ***de pouvoir*** Überschreitung *f* der Amtsgewalt, der Dienstbefugnisse; ~ ***de vitesse*** Geschwindigkeitsüberschreitung *f* **3** *(excédent)* Überschuss *m*; Mehrbetrag *m*; Plus(differenz) *n(f)*; MATH ***par ~*** aufgerundet

excessif [ɛksesif] *adj* ⟨**-ive**⟩ **1** *(démesuré)* übermäßig; unmäßig; maßlos; exzessiv; *(exagéré)* übertrieben; überzogen; *prix, loyer, vitesse* überhöht; *prise de position* übertrieben; extrem; ***joie excessive*** übertriebene, ausgelassene, maßlose, unbändige Freude; ***d'une longueur excessive*** extrem, übertrieben lang **2** *(extraordinaire)* außerordentlich; außergewöhnlich

excessivement [ɛksesivmɑ̃] *adv* **1** *(trop)* übermäßig, unmäßig, maßlos viel **2** *(extrêmement)* äußerst; außerordentlich

excipient [ɛksipjɑ̃] *m* PHARM Grundmasse *f*

exciser [ɛksize] *v/t* MÉD (her)ausschneiden; *sc* exzidieren

excision [ɛksizjõ] *f* **1** MÉD Ausschneiden *n*; *sc* Exzision *f* **2** ETHNOLOGIE *d'une jeune fille* Beschneidung *f*; Genitalverstümmelung *f*

excitabilité [ɛksitabilite] *f* Erregbarkeit *f*, Reizbarkeit *f* *(a* PHYSIOL) **excitable** *adj* reizbar, erregbar *(a* PHYSIOL); empfindlich

excitant [ɛksitɑ̃] **I** *adj* erregend, aufreizend *(a sexuellement)*; *lecture etc* aufregend *(a beauté)*; *boisson etc* anregend; stimulierend **II** *m* Reiz-, Anregungsmittel *n*; Stimulans *n* *(a fig)*

excitation [ɛksitasjõ] *f* **1** *de l'appétit, de l'imagination* Anregung *f*; *des sens* Reiz(en) *m(n)*; *à la résistance etc* Aufstachelung *f*; Aufwiegelung *f*; Aufreizung *f*; Verleitung *f*; Anstiftung *f*; JUR ~ ***(de mineurs) à la débauche*** Verführung *f*, Anstiftung (Minderjähriger) zur Unzucht; ~ ***à la haine*** Verhetzung *f* **2** *état* Erregung *f* *(a sexuelle)*; Erregtheit *f*; Aufregung *f*; ***être dans un état d'extrême ~*** sich im, in e-m Zustand äußerster Erregung befinden **3** ÉLECT Erregung *f*; NUCL Anregung *f*

excité [ɛksite] **I** *adj* erregt; aufgeregt **II** *subst* ~***(e)*** *m(f)* Hitzkopf *m*; Heißsporn *m*

exciter [ɛksite] **I** *v/t* **1** *colère, jalousie, passion etc* erregen; aufstacheln; *courage* anspornen; anstacheln; ~ ***l'appétit, l'imagination*** den Appetit, die Fantasie anregen; ~ ***la douleur*** den Schmerz verstärken **2** *personne* erregen, aufreizen *(a sexuellement)*; in Wallung bringen; *personne a, animal (irriter)* reizen; ~ ***qn à qc*** j-n zu etw aufstacheln, anstiften; *abs* ~ ***à la révolte*** zum Aufruhr hetzen; ~ ***qn contre qn*** j-n gegen j-n aufhetzen; ~ ***son chien contre qn*** s-n Hund auf j-n hetzen **3** PHYSIOL *nerf etc* reizen; erregen; ÉLECT erregen **II** *v/pr* ***s'~*** erregt werden *(a sexuellement)*; in Wallung geraten; *(s'irriter)* sich erregen, aufregen (***sur*** über *+acc*)

exclamatif [ɛksklamatif] *adj* ⟨**-ive**⟩ GR Ausrufe…; Ausrufungs…; ***proposition exclamative*** Ausrufesatz *m*

exclamation [ɛksklamasjõ] *f* Ausruf *m*; ~ ***de surprise*** Ausruf der Überraschung; ***point*** *m* ***d'~*** Ausrufe-, Ausrufungszeichen *n*

exclamer [ɛksklame] *v/pr* ***s'~*** ausrufen; ***… s'exclama-t-il*** … rief er (aus)

exclu [ɛkskly] *p/p* → ***exclure*** *et adj* ausgeschlossen; ***c'est ~*** das ist ausgeschlossen; das scheidet aus; ***il n'est pas ~ que*** *(+subj)* es ist nicht ausgeschlossen, es kann durchaus sein, dass …; ***se sentir ~*** sich ausgeschlossen fühlen (***de*** von); sich nicht zugehörig fühlen (zu); *subst* ***les ~s*** die Ausgeschlossenen *pl*

exclure [ɛksklyʀ] ⟨→ **conclure**⟩ **I** *v/t* **1** ~ ***qn*** j-n ausschließen; ~ ***qn d'un parti*** j-n aus e-r Partei ausschließen, *p/fort* ausstoßen **2** *éventualité etc* ausschließen; nicht in Betracht ziehen; nicht ins Auge fassen; ***l'un n'exclut pas l'autre*** das eine schließt das andere nicht aus **II** *v/pr* ***s'~*** (***l'un l'autre, mutuellement***) sich (gegenseitig), einander ausschließen

exclusif [ɛksklyzif] *adj* ⟨**-ive**⟩ ausschließlich; Allein…; exklusiv; Exklusiv…; ***modèle ~*** Exklusivmodell *n*; ***privilège ~*** ausschließliches Vorrecht; ***représentant ~*** Alleinvertreter *m*; ***il est trop ~*** *dans ses goûts* er ist zu einseitig; *dans ses amitiés* er beansprucht ungeteilte Zuneigung

exclusion [ɛksklyzjõ] *f* Ausschluss *m* (***d'un parti*** aus e-r Partei); Ausschließung *f*; *d'un élève* Verweisung *f* (von der Schule); *sociale* Ausgrenzung *f*; *loc/prép* ***à l'~ de*** mit Ausnahme, *litt* mit Ausschluss von *(ou +gén)*; außer *(+dat)*

exclusive [ɛksklyziv] *f* Ausschluss *m*; Ausschließungsmaßnahme *f*

exclusivement [ɛksklyzivmɑ̃] *adv* ausschließlich; ***jusqu'au 20 mai ~*** bis zum 20. Mai ausschließlich, exklusive

exclusivité [ɛksklyzivite] *f* COMM Alleinverkauf(s-recht) *m(n)*; Alleinvertrieb *m*, -auslieferung *f*; Allein-, Exklusivvertretung *f*; Alleinherstellung(s-recht) *f(n)*; Alleinveröffentlichungsrecht *n*, -aufführungsrecht *n*; Exklusivrecht *n*; ***cinéma*** *m* ***d'~*** Erstaufführungskino *n*; ***contrat*** *m* ***d'~*** Exklusivvertrag *m*; *loc/adv* ***en ~*** ausschließlich; exklusiv; ***ce film passe en ~ au « Royal »*** dieser Film läuft exklusiv im „Royal“; ***publier en ~*** exklusiv, als Exklusivbericht veröffentlichen; ***avoir l'~ d'une marque*** e-e Marke im Alleinvertrieb haben; *publicité* ***c'est une ~ X*** ein X-Produkt; Alleinhersteller *ou* Alleinvertrieb X

excommunication [ɛkskɔmynikasjõ] *f* ÉGL CATH Exkommunikation *f*; Exkommunizierung *f*; ***être frappé d'~*** exkommuniziert werden

excommunier [ɛkskɔmynje] *v/t* ÉGL CATH exkommunizieren

excréments [ɛkskʀemɑ̃] *m/pl* PHYSIOL Exkremente *n/pl*; Kot *m*

excréter [ɛkskʀete] *v/t* ⟨**-è-**⟩ PHYSIOL ausscheiden; absondern

excrétion [ɛkskʀesjõ] *f* PHYSIOL **1** Exkretion *f*; Ausscheidung *f*; *d'une glande* Absonderung *f* **2** ~***s*** *pl* Exkrete *n/pl*; Ausscheidungen *f/pl*

excroissance [ɛkskʀwasɑ̃s] *f* MÉD Auswuchs *m*; Wucherung *f* *(a* BOT); Gewächs *n*

excursion [ɛkskyʀsjõ] *f* Ausflug *m*; ~ (***scientifique***) Exkursion *f*; ~ ***en montagne*** Ausflug ins Gebirge; ~ ***en voiture*** Autoausflug *m*, -fahrt *f*, -tour *f*; ***faire une ~*** e-n Ausflug machen

excursionner [ɛkskyʀsjɔne] *v/i* Ausflüge machen **excursionniste** *m,f* Ausflügler(in) *m(f)*
excusable [ɛkskyzabl] *adj* entschuldbar; zu entschuldigen(d); verzeihlich; ***il est ~*** man kann es ihm verzeihen
excuse [ɛkskyz] *f* Entschuldigung *f*; Entschuldigungsgrund *m*; (*prétexte*) Ausrede *f*; ***mauvaise ~*** faule Ausrede; ÉCOLE ***mot*** *m* ***d'~*** Entschuldigung *f*; Entschuldigungszettel *m*, -brief *m*; ***avoir toujours une bonne ~*** nie um e-e Ausrede verlegen sein; ***ce n'est pas une ~*** das ist keine Entschuldigung; ***être sans ~*** *erreur etc* unentschuldbar, unverzeihlich sein; *a personne* nicht zu entschuldigen sein; ***exiger des ~s de qn*** von j-m e-e Entschuldigung verlangen; ***faire ses*** *ou* ***des ~s à qn*** sich bei j-m entschuldigen, j-n um Entschuldigung bitten (***pour*** für, wegen); ***je vous fais toutes mes ~s*** ich möchte mich bei Ihnen entschuldigen; F ***faites ~!*** entschuldigen Sie!; ***prendre qc pour ~*** etw vorschützen; ***présenter ses ~s à qn*** sich bei j-m (in aller Form) entschuldigen
excuser [ɛkskyze] **I** *v/t* **a)** *comportement, erreur etc* entschuldigen; ***rien n'excuse une telle conduite*** nichts entschuldigt ein solches Verhalten; ***excusez ma mauvaise écriture*** entschuldigen Sie meine schlechte Schrift; **b)** ***~ qn*** j-n entschuldigen (*a pour son absence*); ***excusez-moi!***, *a* ***vous m'excuserez!*** entschuldigen, verzeihen Sie (bitte)!; Entschuldigung!; Verzeihung!; ***se faire ~*** (*de son absence*) sich entschuldigen (lassen); ***veuillez m'~ auprès de ...*** entschuldigen Sie mich bitte bei ...; ***vous êtes tout excusé*** Sie sind entschuldigt **II** *v/pr* ***s'~*** sich entschuldigen (***de qc auprès de qn*** bei j-m für *ou* wegen etw); ***je m'excuse*** entschuldigen Sie (bitte) (***de vous déranger*** die Störung); ***ma femme s'excuse***, *elle ne peut pas venir* meine Frau lässt sich entschuldigen ...
exécrable [egzekʀabl, ekse-] *adj* scheußlich; abscheulich **exécration** *f* Abscheu *m* **exécrer** *v/t* ⟨**-è-**⟩ verabscheuen
exécutable [egzekytabl] *adj* **1** aus-, durchführbar **2** MUS spielbar
exécutant [egzekytɑ̃] *m* **1** ausführendes Organ (*personne*); ***un simple ~*** *a* ein einfacher Befehlsempfänger **2** MUS Mitwirkende(r) *m*; Ausführende(r) *m*; Vortragende(r) *m*
exécuter [egzekyte] **I** *v/t* **1** *mission, ordre, mouvement, commande etc* ausführen; *projet, travail* durch-, ausführen; *œuvre d'art* ausführen; *abs* ausführendes Organ sein; ***~ un virage*** e-e Kurve AUTO fahren, AVIAT fliegen, ziehen; ***~ les dernières volontés de qn*** j-s Letzten Willen erfüllen **2** JUR *verdict, testament etc* vollstrecken; *verdict a* vollziehen; ***~ un contrat*** einen Vertrag erfüllen **3** MUS vortragen; spielen; aufführen **4** ***~ qn*** j-n hinrichten, exekutieren; *par ext* (*tuer*) j-n umbringen **II** *v/pr* ***s'~*** der Aufforderung *ou* dem Befehl *ou* s-n Verpflichtungen *etc* nachkommen; sich fügen
exécuteur [egzekytœʀ] *m* **1** JUR ***~ testamentaire*** Testamentsvollstrecker *m* **2** ***~ des 'hautes œuvres*** Scharfrichter *m*; Henker *m*
exécutif [egzekytif] *adj* ⟨**-ive**⟩ Exekutiv...; ***comité ~*** Exekutivausschuss *m*, -komitee *n*; ***le pouvoir ~*** *ou subst* ***l'~*** *m* die Exekutive; die Exekutivgewalt; die vollziehende (Staats)Gewalt
exécution [egzekysjõ] *f* **1** *d'un ordre, d'un mouvement etc* Ausführung *f*; *d'un projet, de travaux* Durch-, Ausführung *f*; F ***~!*** los, los!; schnell!; ***mettre à ~*** aus-, durchführen; *menace* wahr machen; ***passer à l'~*** an die Ausführung gehen **2** JUR *d'un verdict, d'un testament etc* Vollstreckung *f*; *d'un contrat* Erfüllung *f*; ***~ forcée*** Zwangsvollstreckung *f* **3** MUS Vortrag *m*; Spiel *n*; Aufführung *f* **4** ***~*** (***capitale***) Hinrichtung *f*; Exekution *f*; MIL Erschießung *f*
exécutoire [egzekytwaʀ] *adj* JUR vollstreckbar; rechtskräftig; Vollstreckungs...
exégèse [egzeʒɛz] *f* Exegese *f* (*surtout* BIBL); Auslegung *f*, -deutung *f*; (Text)Erklärung *f*; ***faire l'~ de qc*** etw auslegen, -deuten
exégète [egzeʒɛt] *m* Exeget *m*; Ausdeuter *m*; Erklärer *m*
exemplaire [egzɑ̃plɛʀ] **I** *adj conduite etc* mustergültig; musterhaft; vorbildlich; beispielhaft; *châtiment* exemplarisch; ***une mère ~*** e-e vorbildliche Mutter **II** *m* Exemplar *n*; Stück *n*; ***~ gratuit*** Freiexemplar *n*; *loc/adv*: ***à des milliers d'~s*** in Tausenden von Exemplaren; in großer Stückzahl; *écrire* ***en deux, trois ~s*** *ou* ***en double, triple ~*** in zweifacher *ou* doppelter, dreifacher Ausfertigung
exemplarité [ɛgzɑ̃plaʀite] *f* Mustergültigkeit *f*; Vorbildlichkeit *f*; Bespielhaftigkeit *f*; *d'un châtiment* exemplarischer Charakter
exemple [egzɑ̃pl] *m* Beispiel *n*; *en guise d'avertissement* Exempel *n*; *d'une personne a* Vorbild *n*; Muster *n*; ***un bel ~ de style gothique*** ein schönes Beispiel für den gotischen Stil; ***un ~ de ce qu'il ne faut pas faire*** ein abschreckendes Beispiel; ***un cas sans ~*** ein beispielloser, noch nie da gewesener Fall; *loc/prép* ***à l'~ de*** nach dem Beispiel, Vorbild von (*ou +gén*); *loc/adv*: ***par ~*** a) zum Beispiel (*abr* z. B.); beispielsweise; b) F (*pourtant*) allerdings; (je) doch; c) *int* F (na) so was!; nicht möglich!; Donnerwetter!; *une autre source d'énergie*, (***par***) ***~ le soleil*** zum Beispiel die Sonne; ***pour l'~*** um ein Exempel zu statuieren; ***citer, donner un ~*** ein Beispiel geben, anführen (***de qc*** für etw); ***citer qn, qc en ~*** j-n als Vorbild, etw als vorbildlich, mustergültig, beispielhaft hinstellen; ***donner l'~*** mit gutem Beispiel vorangehen; ein gutes Beispiel geben; ***donner le mauvais ~*** ein schlechtes Beispiel geben; ***faire un ~*** ein Exempel statuieren; ***prendre ~ sur qn*** sich (*dat*) an j-m ein Beispiel nehmen; ***servir d'~*** als Beispiel dienen; ***suivre l'~ de qn*** j-s Beispiel (*dat*) folgen
exempt [ɛgzɑ̃] *adj* ⟨**exempte** [ɛgzɑ̃t]⟩ frei, *personne a* befreit, dispensiert (***de*** von); ***pas ~ d'ironie*** nicht ohne Ironie; ***~ de tout souci*** sorgenfrei
exempter [ɛgzɑ̃te] **I** *v/t* befreien, ausnehmen, *personne a* freistellen, dispensieren (***de*** von); *adjt* ***exempté d'impôt(s)*** *chose* steuerfrei; *personne* von der Steuer befreit; ***exempté du service militaire*** vom Militärdienst befreit **II** *v/pr* ***s'~ de qc*** etw unterlassen, vermeiden
exemption [ɛgzɑ̃psjõ] *f* Befreiung *f*, Dispens *m*, Dispensierung *f* (***de*** von); ***~ d'impôt(s)*** Befreiung von der Steuer (von Steuern); Steuerfreiheit *f*; ***~ du service militaire*** Befreiung vom Militärdienst
exercé [ɛgzɛʀse] *adj œil, oreille* geübt
exercer [ɛgzɛʀse] ⟨**-ç-**⟩ **I** *v/t* **1** *pouvoir, influence*,

métier etc ausüben; *droit a* Gebrauch machen von; ~ ***un contrôle, une influence sur qn, qc*** e-e Kontrolle über j-n, etw, Einfluss auf j-n, etw ausüben; ~ ***un métier*** *a* ein Gewerbe betreiben; ~ ***une pression sur qn***, TECH ***sur qc*** e-n Druck auf j-n, auf etw ausüben; ~ ***son talent*** sein Talent ausüben, entfalten; ~ ***sa verve contre qn*** s-n Witz gegen j-n richten **2** (*entraîner*) *mémoire etc* üben; schulen **II** *v/i médecin* praktizieren; *avocat* als Anwalt tätig sein; ***il n'exerce plus*** *médecin* er praktiziert nicht mehr; *avocat* er ist nicht mehr als Anwalt tätig **III** *v/pr* ***s'~*** **1** (*s'entraîner*) üben; SPORTS *a* trainieren [trɛ-]; ***s'~ à faire qc*** sich in etw (*dat*) üben **2** *pouvoir, influence etc* ausgeübt werden (***sur qn*** auf j-n); *méchanceté etc* sich richten (***contre*** gegen)

exercice [ɛgzɛʀsis] *m* **1** *du pouvoir, d'un droit, d'un métier etc* Ausübung *f*; ~ ***illégal de la médecine*** unbefugte, illegale Ausübung der Medizin; ***libre ~ des cultes*** freie Religionsausübung; ***le président en ~*** der amtierende Präsident; ***dans l'~ de ses fonctions*** in Ausübung s-s Amtes; ***entrer en ~*** sein Amt antreten **2** SPORTS, ÉCOLE, MUS *etc* Übung *f*; ***~s au sol*** Bodenturnen *n*; ~ ***d'alerte*** Probealarm *m*; ***~s d'assouplissement*** Lockerungsübungen *f/pl*; ~ ***de grammaire*** Grammatikübung *f*; ***faire des ~s*** Übungen machen; *musicien, chanteur* üben **3** ~ (***physique***) (körperliche) Bewegung; ***faire de l'~*** sich (*dat*) Bewegung machen, verschaffen; ***manquer d'~*** nicht genügend Bewegung haben **4** COMM, FIN Geschäfts-, Rechnungs-, Wirtschaftsjahr *n* **5** MIL Exerzieren *n*

exergue [ɛgzɛʀg] *m* **1** *sur une médaille* Inschrift *f* **2** *par ext d'un texte* Motto *n*; ***mettre en ~*** als Motto voranstellen

exfoliant [ɛksfɔljɑ̃] *adj* ***crème ~e*** Peelingcreme ['piː-] *f*

exfoliation [ɛksfɔljasjõ] *f* Abblättern *n*; MÉD Exfoliation *f*

exfolier [ɛksfɔlje] *v/pr* ***s'~*** abblättern; sich ablösen

exhalaison [ɛgzalɛzõ] *f* Dunst *m*; Ausdünstung *f*; *agréable* Duft *m*

exhaler [ɛgzale] **I** *v/t* **1** *odeur etc* ausströmen; *st/s* aushauchen; *odeur désagréable a* ausdünsten (*a* PHYSIOL); *litt* ~ ***le dernier soupir*** s-n letzten Seufzer aushauchen, tun **2** *fig et litt joie etc* äußern; bekunden **II** *v/pr* ***s'~*** *litt odeur etc* ausströmen; aufsteigen, dringen (***de*** aus)

exhaussement [ɛgzosmɑ̃] *m* CONSTR Erhöhung *f*

exhausser [ɛgzose] *v/t mur etc* höher machen; erhöhen; *maison* ~ ***d'un étage*** (um e-e Etage) aufstocken

exhausteur [ɛgzostœʀ] *m* CHIM ~ (***de saveur, de goût***) Geschmacksverstärker *m*

exhaustif [ɛgzostif] *adj* ⟨**-ive**⟩ *étude, liste etc* erschöpfend

exhaustivement [ɛgzostivmɑ̃] *adv énumérer* detailliert; ***étudier qc ~*** sich eingehend mit etw beschäftigen

exhiber [ɛgzibe] **I** *v/t* **1** *document* vorzeigen; vorweisen; *animaux au cirque* vorführen **2** *ses décorations etc* zur Schau tragen; *savoir, richesse* zur Schau stellen; vorführen; prunken mit **II** *v/pr* ***s'~*** *péj* sich zeigen; sich zur Schau stellen

exhibition [ɛgzibisjõ] *f* **1** Vorzeigen *n*; Vorweisen *n*; *au cirque* Vorführung *f* **2** *de richesses etc* Zurschaustellung *f*; Zurschautragen *n*; Vorführung *f*

exhibitionnisme [ɛgzibisjɔnism] *m* **1** PSYCH Exhibitionismus *m* **2** *fig* Zurschaustellung *f* s-r Intimsphäre, s-s Privatlebens

exhibitionniste [ɛgzibisjɔnist] **1** *m,f* Exhibitionist(in) *m(f)* **2** *adjt par ext* ***être un peu ~*** sich gern nackt zeigen; *femme a* freigebig mit ihren Reizen sein; *fig* gern sein Privatleben zur Schau stellen

exhortation [ɛgzɔʀtasjõ] *st/s f* Ermahnung *f* (***à qc*** zu etw); ***~s*** *pl a* Zureden *n*

exhorter [ɛgzɔʀte] *v/t st/s* ~ ***qn*** j-n ermahnen, j-m zureden (***à faire qc*** etw zu tun); ~ ***qn à la patience*** j-n zur Geduld mahnen

exhumation [ɛgzymasjõ] *f* Exhumierung *f*; Ausgrabung *f*

exhumer [ɛgzyme] *v/t* **1** exhumieren (***un corps*** e-e Leiche) **2** *ruines etc* ausgraben **3** *fig souvenirs, vieux documents* ausgraben

exigeant [ɛgziʒɑ̃] *adj personne, caractère* anspruchsvoll; *chef* der viel verlangt; *activité* bei der viel verlangt wird; die hohe Anforderungen stellt

exigence [ɛgziʒɑ̃s] *f* **1** ***~s*** *pl* **a)** *de qn, d'un pays etc* Forderungen *f/pl*; Ansprüche *m/pl*; **b)** *de la situation, d'un métier etc* Erfordernisse *n/pl*; Anforderungen *f/pl*; ***ne pas répondre aux ~s*** den Anforderungen nicht genügen, *personne a* nicht gewachsen sein **2** *personne* ***il est d'une ~ incroyable*** er ist unglaublich anspruchsvoll

exiger [ɛgziʒe] *v/t* ⟨**-geons**⟩ **1** fordern, verlangen (***qc de qn*** etw von j-m); *dédommagement a* beanspruchen; ***qualités qu'on exige d'un ingénieur*** Eigenschaften, die von e-m Ingenieur verlangt werden; ~ ***que ...*** (*+subj*) fordern, verlangen, dass ...; ***on ne peut ~ de lui qu'il ...*** (*+subj*) *a* man kann ihm nicht zumuten, dass er ...; *adjt* ***diplômes exigés*** erforderliche Diplome *n/pl* **2** *chose* (*nécessiter*) ~ ***qc*** etw erfordern, erforderlich machen; *plante* ~ ***beaucoup d'eau*** viel Wasser brauchen; *travail* ~ ***beaucoup de temps*** viel Zeit erfordern, beanspruchen, in Anspruch nehmen

exigibilité [ɛgziʒibilite] *f d'une dette* Eintreib-, Einklagbarkeit *f*; *d'un paiement* Fälligkeit *f*; **exigible** *adj dette* eintreibbar; beitreibbar; einklagbar; *impôt, paiement etc* fällig

exigu [ɛgzigy] *adj* ⟨**-guë** [-gy]⟩ sehr klein; winzig; eng

exiguïté [ɛgzigɥite] *f* Kleinheit *f*; Winzigkeit *f*; Enge *f*

exil [ɛgzil] *m* **1** Exil *n*; Verbannung *f*; Emigration *f*; (***lieu*** *m* ***d'***)~ Exil *n*; Verbannungsort *m*; ***gouvernement*** *m* ***en ~*** Exilregierung *f*; ***condamner qn à l'~*** j-n verbannen; ***envoyer qn en ~*** j-n ins Exil, in die Verbannung schicken; ***être, vivre en ~*** im Exil sein, leben **2** *fig* Getrenntsein *n*, Trennung *f* von der Heimat, von zu Hause

exilé [ɛgzile] **I** *adj* im Exil lebend; Exil... **II** *subst* ***~(e)*** *m(f)* im Exil Lebende(r) *f(m)*; Verbannte(r) *f(m)*; Emigrant(in) *m(f)*

exiler [ɛgzile] **I** *v/t* **1** exilieren; ins Exil schicken; verbannen **2** *par ext* ~ ***qn en province*** *etc* j-n in die Provinz verbannen **II** *v/pr* ***s'~*** ins Exil gehen; emigrieren

existant [ɛgzistɑ̃] *adj* bestehend (*a lois, tarifs etc*); vorhanden; existierend; existent

existence [ɛgzistɑ̃s] *f* 1 Vorhandensein *n*; Bestehen *n*; Existenz *f*; ***l'~ de Dieu*** die Existenz Gottes; ***avoir un siècle d'~*** seit einem Jahrhundert bestehen, existieren; ***elle avait oublié jusqu'à son ~*** sie hatte ihn völlig vergessen; sie hatte sogar vergessen, dass er existierte 2 *(vie)* Dasein *n*; Leben *n*; Existenz *f*; ***moyens*** *m/pl* ***d'~*** Existenzmittel *n/pl*; Mittel *n/pl* zur Bestreitung des Lebensunterhalts; ***être las de l'~*** keinen Lebensmut mehr haben; ***mener une ~ misérable*** ein elendes Dasein fristen

existentialisme [ɛgzistɑ̃sjalism] *m* PHILOS Existenzialismus *m*; Existenzphilosophie *f* **existentialiste** PHILOS I *adj* existenzialistisch II *m,f* Existenzialist(in) *m(f)*

existentiel [ɛgzistɑ̃sjɛl] *adj* ⟨~le⟩ existenziell; Existenz…

exister [ɛgziste] I *v/i* existieren *(a vivre)*; vorhanden sein; bestehen; da sein; *cette coutume* ***existe encore*** besteht, existiert noch; gibt es noch; *ce monument* ***n'existe plus*** existiert nicht mehr; ist nicht mehr vorhanden, da; F ***la solidarité, ça existe!*** es gibt noch Solidarität! II *v/imp* ***il existe*** es gibt; es existiert; ***il en existe de plusieurs sortes*** es gibt, es existieren mehrere Sorten davon

exit [ɛgzit] *indication scénique* geht ab

ex-libris [ɛkslibʀis] *m* ⟨*inv*⟩ Exlibris *n*

exode [ɛgzɔd] *m* 1 BIBL ***l'Exode*** der Auszug aus Ägypten; der Exodus 2 *par ext* Massenauswanderung *f*; Abwanderung *f*; POL Massenflucht *f*; Fluchtwelle *f*; *st/s* Exodus *m*; ***~ rural*** Landflucht *f*; ÉCON ***~ des capitaux*** Kapitalabwanderung *f*, -flucht *f*; ***l'~ des vacanciers*** der Beginn der Urlaubsreisewelle

exonération [ɛgzɔneʀasjõ] *f* Befreiung *f*; Erlass *m*; ***~ fiscale, d'impôts*** Befreiung von der Steuer

exonérer [ɛgzɔneʀe] *v/t* ⟨-è-⟩ von Steuern, Gebühren *etc* befreien; ***~ qn de qc*** *a* j-m etw erlassen; *adjt* ***marchandises exonérées*** zollfreie Waren *f/pl*

exophtalmie [ɛgzɔftalmi] *f* MÉD Glotzauge *n*; *sc* Exophthalmus *m*

exorbitant [ɛgzɔʀbitɑ̃] *adj prix, loyer etc* übermäßig hoch; überhöht; horrend; *privilèges* zu weit gehend; ***exigences ~es*** maßlose, übermäßige Forderungen *f/pl*; ***loyers ~s*** *a* Mietwucher *m*

exorbité [ɛgzɔʀbite] *adj* ***yeux ~s*** vorstehende Augen *n/pl*; Glotzaugen *n/pl*; *d'étonnement* weit aufgerissene, *d'effroi* starre Augen *n/pl*

exorciser [ɛgzɔʀsize] *v/t* 1 REL die bösen Geister, den Teufel austreiben (***qn*** aus j-m); ***~ un démon*** e-n Dämon austreiben 2 *fig peur, haine* bannen

exorciseur [ɛgzɔʀsizœʀ] *m* → ***exorciste***

exorcisme [ɛgzɔʀsism] *m* REL Exorzismus *m*; Teufelsaustreibung *f* **exorciste** *m* Exorzist *m* (*a* ÉGL CATH)

exorde [ɛgzɔʀd] *m* RHÉT Exordium *n*; Einleitung *f* *(e-r Rede)*

exotique [ɛgzɔtik] *adj* exotisch; fremdländisch

exotisme [ɛgzɔtism] *m* Exotik *f*; exotisches Wesen; exotischer Charme

exp. *abr (expéditeur)* Abs. (Absender)

expansé [ɛkspɑ̃se] *adj* TECH geschäumt; ***polystyrène ~*** Styropor® *n*

expansible [ɛkspɑ̃sibl] *adj* PHYS ausdehnbar

expansif [ɛkspɑ̃sif] *adj* ⟨-ive⟩ 1 mitteilsam; offenherzig; ***un homme peu ~*** ein ziemlich verschlossener Mensch 2 PHYS Ausdehnungs…; Expansions…

expansion [ɛkspɑ̃sjõ] *f* 1 Ausdehnung *f (a d'une ville etc)*; Expansion *f (surtout* POL *et* ÉCON*)*; Ausweitung *f*; ***~ économique*** wirtschaftliche Expansion; wirtschaftliches Wachstum; ***une industrie en pleine ~*** e-e expansive Industrie 2 PHYS Ausdehnung *f*; Expansion *f* 3 TECH Schäumen *n*; Treiben *n* 4 *d'une personne* ***besoin*** *m* ***d'~*** Mitteilungsbedürfnis *n*

expansionnisme [ɛkspɑ̃sjɔnism] *m* Expansionspolitik *f*, -bestrebungen *f/pl* **expansionniste** *adj* POL expansionistisch; expansiv

expansivité [ɛkspɑ̃sivite] *f d'une personne* Mitteilsamkeit *f*; Offenherzigkeit *f*; Mitteilungsbedürfnis *n*

expatriation [ɛkspatʀijasjõ] *f* Verlassen *n* s-s Vaterlandes; Emigration *f*; Auswanderung *f*

expatrier [ɛkspatʀije] I *v/t capitaux* im Ausland anlegen II *v/pr* ***s'~*** sein (Vater)Land verlassen; emigrieren; auswandern

expectative [ɛkspɛktativ] *f* 1 ***être, rester dans l'~*** sich abwartend verhalten; abwarten 2 *litt* Erwartung *f*

expectorant [ɛkspɛktɔʀɑ̃] *adj* PHARM schleimlösend **expectoration** *f* 1 Ausspucken *n*, -husten *n* (von Schleim) 2 *(crachat)* Auswurf *m* **expectorer** *v/t* ausspucken, -husten; *abs* Schleim ausspucken, -husten

expédient [ɛkspedjɑ̃] *m* Ausweg *m*; Notlösung *f*; Notbehelf *m*; ***recourir à des ~s*** zu allerlei Tricks greifen (, um zu Geld zu kommen); ***vivre d'~s*** sich (so) durchlavieren, -schlagen, -bringen, -mogeln

expédier [ɛkspedje] *v/t* 1 *tâche, affaire* rasch, zügig erledigen; *affaires courantes* erledigen; *péj élève: ses devoirs* hinschludern; *repas* hinunterschlingen 2 *client, visiteur etc* rasch abfertigen 3 *(envoyer) colis, marchandises* versenden; verschicken; *lettre* ab-, wegschicken; absenden; aufgeben *(a télégramme)*; *par ext (transporter)* befördern 4 F *personne(s)* schicken, (weg-, fort)schaffen, F abschieben (***ses enfants chez leurs grands-parents*** s-e Kinder zu den Großeltern); *fig* ***~ qn dans l'autre monde*** j-n ins Jenseits befördern

expéditeur [ɛkspeditœʀ], **expéditrice** I *m,f* Absender(in) *m(f)*; ***retour à l'expéditeur*** zurück an Absender II *adj* ***gare expéditrice*** Versand-, Abgangsbahnhof *m*

expéditif [ɛkspeditif] *adj* ⟨-ive⟩ *personne* flink; fix; zügig, flott arbeitend; *méthode, solution* rasch zum Ziel führend; ***justice expéditive*** Schnelljustiz *f*, -verfahren *n*; ***être ~ en affaires*** die Geschäfte zügig erledigen

expédition [ɛkspedisjõ] *f* 1 *scientifique* Expedition *f*; Forschungsreise *f*; ***~ polaire*** Polarexpedition *f*; F *fig* ***c'est une véritable ~!*** das ist e-e wahre Expedition! 2 MIL Expedition *f*; Feldzug *m* 3 *des affaires* Erledigung *f*; ***être chargé de l'~ des affaires courantes*** mit der Erledigung, Führung der laufenden Geschäfte beauftragt sein 4 *(envoi) de marchandises, de colis* Versand *m*; Versendung *f*; Verschickung *f*; *d'une lettre etc* Absendung *f*; *d'un télégramme* Aufgabe *f*; *par ext* Beförderung *f*

expéditionnaire [ɛkspedisjɔnɛʀ] I *adj* MIL ***corps*** *m* ***~*** Expeditionskorps *n* II *m,f* COMM Expedient(in)

m(f)
expérience [ɛkspeʀjɑ̃s] *f* **1** Erfahrung *f*; *comme qualité a* Erfahrenheit *f*; **~ amoureuse, sentimentale** (Liebes)Erlebnis *n*; **~ professionnelle** Berufserfahrung *f*, -praxis *f*; **de longues années d'~** langjährige Erfahrung; *connaître, savoir* **par ~** aus Erfahrung; *débutant* **sans ~** ohne Erfahrung; unerfahren; **acquérir de l'~** Erfahrungen sammeln; **avoir de l'~** Erfahrung haben; über Erfahrung verfügen; **avoir l'~ des affaires** Geschäftserfahrung haben; geschäftserfahren sein; **avoir l'~ des hommes** Erfahrung im Umgang mit Menschen haben; **avoir l'~ du monde** Weltkenntnis haben; welterfahren sein; **avoir une certaine ~ de la vie** e-e gewisse Lebenserfahrung haben; **faire l'~ de qc** Erfahrungen mit etw machen; etw ausprobieren, kennenlernen, erleben; **j'en ai fait maintes fois l'~** diese Erfahrung habe ich häufig gemacht; **l'~ prouve, démontre que ...** die Erfahrung zeigt, dass ... **2** *(essai)* Experiment *n*; Versuch *m*; *par ext* **~ malheureuse** Fehlschlag *m*; **~ de chimie, de physique** chemischer, physikalischer Versuch; **à titre d'~** versuchsweise; **faire une ~** e-n Versuch, ein Experiment machen, anstellen; **faire des ~s (sur des animaux vivants)** Experimente (an lebenden Tieren) machen; (mit lebenden Tieren) experimentieren; **tenter l'~** den Versuch wagen, machen
expérimental [ɛkspeʀimɑ̃tal] *adj* ⟨**-aux**⟩ experimentell; Experimental ...; Versuchs ...; **à titre ~** versuchsweise; → *a* **science** *1*, **stade** *2*
expérimentalement [ɛkspeʀimɑ̃talmɑ̃] *adv* experimentell; im Experiment
expérimentateur [ɛkspeʀimɑ̃tatœʀ] *m*, **expérimentatrice** *f* Experimentator *m*, Experimentatorin *f*
expérimentation [ɛksperimɑ̃tasjõ] *f* Experimentieren *n*; **~ animale** Tierversuche *m/pl*
expérimenté [ɛkspeʀimɑ̃te] *adj* erfahren; routiniert; erprobt **expérimenter** *v/t* erproben, ausprobieren (**qc sur qn** etw an j-m)
expert [ɛkspɛʀ] **I** *adj* ⟨**-erte** [-ɛʀt]⟩ **1** sachverständig; sach-, fachkundig; **d'une main ~e** geschickt; routiniert; **être ~ en la matière** Fachmann auf dem Gebiet sein **2** INFORM **système ~** Expertensystem *n* **II** *m* (*a pour une femme*) **a)** *en art etc* Sachverständige(r) *f(m)*; Gutachter(in) *m(f)*; **~ agréé auprès des tribunaux** gerichtlicher Sachverständiger; **de l'avis des ~s** nach Meinung der Sachverständigen; **commission** *f* **d'~s** Sachverständigenausschuss *m*; Gutachterkommission *f*; Fachausschuss *m*; **avoir recours à, faire appel à, consulter un ~** e-n Gutachter, Sachverständigen hinzuziehen; **b)** *par ext (connaisseur)* Fachmann *m*; Experte *m*
expert-comptable [ɛkspɛʀkõtabl] *m* ⟨*pl* **experts-comptables**⟩ Wirtschafts-, Buch-, Rechnungsprüfer *m*
expertise [ɛkspɛʀtiz] *f rapport* (Sachverständigen)-Gutachten *n*; Expertise *f*; *(estimation)* Begutachtung *f* durch e-n Sachverständigen; **rapport** *m* **d'~** Sachverständigenbericht *m*, -gutachten *n*; **établir, faire une ~** ein Gutachten erstellen
expertiser [ɛkspɛʀtize] *v/t* (als Sachverständiger) begutachten; ein Gutachten abgeben über (*+acc*); **faire ~ qc** etw (durch e-n Sachverständigen) begutachten lassen
expiable [ɛkspjabl] *adj* sühnbar
expiation [ɛkspjasjõ] *f* Sühne *f*; REL *a* Buße *f*; **en ~ de** als Sühne für
expiatoire [ɛkspjatwaʀ] *adj* Sühne...
expier [ɛkspje] *v/t* **1** *faute, crime, péché* sühnen; (ab)büßen **2** *par ext* **~ qc** (für) etw büßen müssen
expirant [ɛkspiʀɑ̃] *adj* **1** *personne* sterbend **2** *fig* (ab)sterbend; **d'une voix ~e** mit verlöschender Stimme
expiration [ɛkspiʀasjõ] *f* **1** PHYSIOL Ausatmung *f* **2** *d'un délai, d'un contrat, d'une garantie etc* Ablauf *m*; Erlöschen *n*; **~ de la peine** Ablauf der Strafzeit; **date** *f* **d'~** Ablauf-, Verfallsdatum *n*; **à l'~ de ce délai** nach Ablauf dieser Frist; **arriver à ~** *délai etc* ablaufen; erlöschen; *passeport etc* ungültig werden; verfallen
expirer [ɛkspiʀe] **I** *v/t et abs* ausatmen **II** *v/i* **1** *(mourir)* verscheiden; sterben; *st/s* sein Leben aushauchen **2** *fig son* verhallen; *feu* erlöschen **3** ⟨*Ergebnis* **être**⟩ *délai, contrat, garantie etc* ablaufen; erlöschen; *délai a* verstreichen; *passeport etc* ungültig werden; verfallen; **laisser ~ un délai** e-e Frist verstreichen lassen, versäumen
explétif [ɛkspletif] GR **I** *adj* ⟨**-ive**⟩ **le « ne » ~** das funktionslose, fakultative „ne" **II** *m* Füll-, Flickwort *n*; *t/t* Expletiv *n*
explicable [ɛksplikabl] *adj* erklärlich; erklärbar
explicatif [ɛksplikatif] *adj* ⟨**-ive**⟩ erklärend; erläuternd; **note explicative** Erläuterung *f*; erläuternde Notiz; **notice explicative** Bedienungsanleitung *f*
explication [ɛksplikasjõ] *f* **1** Erklärung *f*; Erläuterung *f*; **~ de texte** *ou* **~ française** Textinterpretation *f*; **voilà l'~** das ist des Rätsels Lösung; **demander des ~s à qn** j-n um e-e Erklärung bitten; *(demander des comptes)* j-n zur Rede stellen (**sur qc** wegen etw); **je n'ai pas d'~ à vous donner** ich bin Ihnen keine Erklärung, Rechenschaft schuldig; **donner, fournir des ~s** *a* Aufschluss geben **2** *(discussion)* Auseinandersetzung *f*; **avoir une ~ avec qn** e-e Auseinandersetzung mit j-m haben
explicite [ɛksplisit] *adj déclaration, texte etc* eindeutig; klar; deutlich; unzweideutig; *clause, volonté* ausdrücklich; explizit; *personne* **être ~** sich eindeutig *etc* ausdrücken
explicitement [ɛksplisitmɑ̃] *adv* eindeutig; unzweideutig; ausdrücklich; *st/s* explizite **expliciter** *v/t* eindeutig formulieren, ausdrücken
expliquer [ɛksplike] **I** *v/t* erklären, erläutern (**qc à qn** j-m etw); **~ un auteur, un texte** einen Autor, einen Text interpretieren; **~ qc à qn en détail** *a* j-m etw auseinandersetzen; **cela explique pourquoi ...** das macht verständlich, warum ...; **expliquez-lui que nous comptons sur lui** machen Sie ihm klar, dass wir uns auf ihn verlassen; *adjt* **lecture expliquée** kommentierte Schullektüre **II** *v/pr* **1** **s'~** *(dire sa pensée)* sich äußern, auslassen, aussprechen, ausdrücken (**sur** über *+acc*); **je m'explique: ...** lassen Sie mich das näher erklären, ausführen: ...; **je ne sais pas si je me suis bien expliqué** ich weiß nicht, ob ich mich deutlich genug ausgedrückt habe **2** **a)** **s'~ avec qn** *(discuter)* sich mit j-m auseinandersetzen, aussprechen; **b)** F **s'~** *(se battre)* sich prügeln **3** **s'~ qc** *(comprendre)* sich *(dat)* etw erklären (können); **je ne m'explique pas comment ...** ich kann mir nicht erklären, wie ... **4** *sens passif*

E

E

sich (*dat*) erklären lassen; zu erklären sein; ***tout s'explique*** mir wird alles klar

exploit [ɛksplwa] *m* 1 (hervorragende) Leistung; Glanzleistung *f*; Großtat *f*; *surtout iron* Heldentat *f*, -stück *n* 2 JUR **~** (***d'huissier***) vom Gerichtsvollzieher zugestelltes Schriftstück

exploitable [ɛksplwatabl] *adj* verwertbar; *gisement* abbauwürdig, -fähig; erschließbar; *sol, forêt* nutzbar

exploitant [ɛksplwatɑ̃] *m* 1 **~** (***agricole***) Landwirt *m*; ***petit, gros ~*** Klein-, Großlandwirt *m* 2 *d'une salle de cinéma* Filmtheater-, Kinobesitzer *m*

exploitation [ɛksplwatasjõ] *f* 1 *d'une propriété, du sol* Bewirtschaftung *f*; *d'une forêt* Nutzung *f*; *d'une mine* Ausbeutung *f*; *d'un gisement de charbon, de minerai* Abbau *m*; *d'un gisement de pétrole* Ausbeutung *f*; Nutzung *f*; Erschließung *f*; *d'une ligne de bus etc*, TECH Betrieb *m*; *d'une ligne aérienne a* Befliegen *n*; *d'un brevet, de statistiques etc* Aus-, Verwertung *f*; *d'un brevet a* Nutzung *f*; MINES **~ *souterraine, à ciel ouvert*** Untertage-, Tagebau *m*; INFORM ***système*** *m* ***d'~*** Betriebssystem *n*; ***être en ~*** in Betrieb sein 2 (*entreprise*) Betrieb *m*; **~ *agricole*** landwirtschaftlicher Betrieb; **~ *familiale*** (bäuerlicher) Familienbetrieb; **~ *industrielle*** Industrie-, Gewerbebetrieb *m* 3 *d'une situation, d'un avantage etc* Ausnützung *ou* Ausnutzung *f* 4 *péj de travailleurs* Ausbeutung *f*; ***l'~ de l'homme par l'homme*** die Ausbeutung des Menschen durch den Menschen

exploiter [ɛksplwate] *v/t* 1 *ferme, terre* bewirtschaften; *forêt* nutzen; *mine* ausbeuten; *gisement de charbon, de minerai* abbauen; *gisement de pétrole* ausbeuten; nutzen; erschließen; *entreprise, commerce, ligne de bus etc* betreiben; *ligne de bus a* befahren; *ligne aérienne a* befliegen; **~ *des statistiques*** Statistiken aus-, verwerten 2 *situation, don, avantage, péj ignorance de qn etc* ausnützen; (aus)nutzen; sich (*dat*) zunutze machen 3 *péj main-d'œuvre* ausbeuten; aussaugen

exploiteur [ɛksplwatœʀ] *m*, **exploiteuse** *f péj* Ausbeuter(in) *m(f)*

explorateur [ɛksplɔʀatœʀ] *m* Forschungsreisende(r) *m*; *d'un continent etc* Erforscher *m*

exploration [ɛksplɔʀasjõ] *f* 1 *d'une région, d'un problème etc* Erforschung *f*; ***partir en ~*** e-e Forschungsreise unternehmen 2 MÉD Untersuchung *f* (der inneren Organe)

explorer [ɛksplɔʀe] *v/t* 1 erforschen; **~ *un continent, une mer, un problème*** einen Kontinent, ein Meer, ein Problem erforschen 2 *maison etc* gründlich ansehen; besichtigen; **~ *l'horizon, un terrain*** den Horizont, ein Gelände absuchen 3 MÉD untersuchen

exploser [ɛksploze] *v/i* 1 *bombe, gaz etc* explodieren; *pétard* zerplatzen; zerknallen; ***faire ~*** zur Explosion bringen; zünden 2 *fig colère* aus-, hervorbrechen; sich (*dat*) Luft machen; zum Ausbruch kommen; F ***il a explosé*** F er explodierte; er zerplatzte vor Wut; er ging in die Luft; ihm platzte der Kragen; F ***faire ~ qn*** F j-n auf die Palme bringen 3 *fig prix, ville etc* explosionsartig, rapide anwachsen; explodieren

explosible [ɛksplozibl] *adj* explosiv; leicht explodierend; explosibel

explosif [ɛksplozif] I *adj* ⟨**-ive**⟩ 1 explosiv; Spreng…; ***engin ~*** Sprengkörper *m*; ***mélange ~*** explosives Gemisch; ***onde explosive*** Explosionswelle *f* 2 *fig situation* spannungsgeladen; brisant; *tempérament* explosiv; *situation* ***devenir ~*** sich zuspitzen, verschärfen 3 PHON ***consonne explosive*** *ou subst* ***explosive*** *f* Verschluss-, Explosivlaut *m* II *m* Spreng-, Explosivstoff *m*; ***attentat*** *m* ***à l'~*** Sprengstoffattentat *n*

explosion [ɛksplozjõ] *f* 1 Explosion *f*; *bruit a* Knall *m*; **~ *de gaz*** Gasexplosion *f*; ***moteur*** *m* ***à ~*** Explosions-, Verbrennungsmotor *m*; ***entendre une ~*** *souvent* e-n Knall hören; ***faire ~*** explodieren 2 *fig* (*manifestation soudaine*) Ausbruch *m*; **~ *raciale*** Ausbruch von Rassenhass; **~ *d'enthousiasme*** Ausbruch der Begeisterung; **~ *de joie*** Freudenausbruch *m* 3 *fig* (*expansion soudaine*) explosionsartiges, rapides Ansteigen, Anwachsen; Explosion *f*; **~ *démographique*** Bevölkerungsexplosion *f*

expo [ɛkspo] *f* F *abr* (*exposition*) Ausstellung *f*

exponentiel [ɛkspɔnɑ̃sjɛl] *adj* ⟨**~le**⟩ MATH Exponential…; exponentiell (*a fig croissance*); ***fonction ~le*** *ou subst* ***~le*** *f* Exponentialfunktion *f*

exportable [ɛkspɔʀtabl] *adj* COMM ausführbar; exportierbar

exportateur [ɛkspɔʀtatœʀ] I *adj* ⟨**-trice**⟩ Ausfuhr…; Export…; exportierend; ***pays ~ de céréales*** Getreideausfuhrland *n* II *m* Exporteur *m*

exportation [ɛkspɔʀtasjõ] *f* **a)** *action* Ausfuhr *f*; Export *m*; **~ *de capitaux*** Kapitalexport *m*; ***maison*** *f* ***d'~*** Exportfirma *f*; **b)** ***~s*** *pl* Export(e) *m(pl)*; Ausfuhr(en) *f(pl)*; Ausfuhr-, Exportgüter *n/pl*, -artikel *m/pl*

exporter [ɛkspɔʀte] *v/t* 1 COMM ausführen; exportieren 2 *fig mode, doctrine etc* exportieren; im Ausland verbreiten

export-import [ɛkspɔʀɛ̃pɔʀ] *m* COMM Export-Import *m*

exposant [ɛkspozɑ̃] *m* 1 COMM Aussteller *m* 2 MATH Exponent *m*; Hochzahl *f*

exposé [ɛkspoze] *m* Darlegung *f*; Darstellung *f*; Bericht *m*; Überblick *m*; Exposee *n*; Referat *n*; **~ *de la situation*** Lagebericht *m*; ***faire l'~ d'un problème*** ein Problem darlegen; e-e Darstellung e-s Problems, e-n Überblick über ein Problem geben

exposer [ɛkspoze] I *v/t* 1 *marchandises, objets d'art* ausstellen; ***être exposé à la vue, aux regards de tous*** offen zur Schau gestellt sein; den Blicken der Leute ausgesetzt sein 2 *morts* aufbahren 3 (*soumettre*) aussetzen (***à*** *dat*); **~ *à l'air, à la flamme*** mit Luft, mit offenem Feuer in Berührung bringen; **~ *à la chaleur*** der Hitze aussetzen; *adjt* ***exposé au vent*** dem Wind ausgesetzt; windig 4 **~ *qn, qc*** (***au danger***) j-n, etw der Gefahr aussetzen, in Gefahr bringen; j-n, etw exponieren; *adjt* ***être à un poste exposé*** an exponierter Stelle stehen 5 *édifice* **~ *au sud*** nach Süden richten; in Südlage bauen; *adjt*: ***être exposé au sud*** *édifice, jardin etc* nach Süden liegen; *pièce a* nach Süden gehen; auf der Südseite liegen; ***maison bien exposée*** Haus *n* in sonniger Lage 6 PHOT belichten 7 *fait, problème, raisons etc* darlegen, -stellen; vortragen; *projet, idées a* entwickeln; auseinandersetzen II *v/pr* ***s'~*** sich aussetzen (***à*** *dat*); *abs* sich exponieren; ***s'~ à la critique, à un danger*** sich der Kritik, e-r Gefahr aussetzen; ***s'~***

(**au soleil**) sich der Sonne aussetzen; **s'~ à des reproches** sich Vorwürfen aussetzen

exposition [ɛkspozisjõ] *f* 1 *de marchandises, d'objets d'art* Ausstellen *n*, -ung *f* 2 (*présentation publique*) Ausstellung *f*; Schau *f*; (*foire*) Messe *f*; **~ (des œuvres de) Picasso** Ausstellung der Werke Picassos; Picassoausstellung *f*; **~ de peinture** Gemäldeausstellung *f*; **parc** *m* **des ~s** Ausstellungs-, Messegelände *n* 3 **~ au soleil** Sonnenbestrahlung *f* 4 *d'un édifice* Lage *f*; **~ au sud** Südlage *f* 5 PHOT Belichtung *f* 6 *de faits etc* Darlegung *f*; Darstellung *f* 7 MUS, *d'une pièce de théâtre* Exposition *f*

exposition-vente [ɛkspozisjõvɑ̃t] *f* ⟨*pl* **expositions-ventes**⟩ Verkaufsausstellung *f*

exprès[1] [ɛkspʀɛ] *adv* **a)** (*à dessein*) absichtlich; mit Absicht; bewusst; extra; **pardon, je ne l'ai pas fait ~** Entschuldigung, ich habe es nicht absichtlich getan; **il fait ~ de vous contredire** er widerspricht Ihnen absichtlich; **c'est fait ~** das ist absichtlich, extra, ganz bewusst so gemacht; **comme par un fait ~** [-t-] ausgerechnet; es ist wie verhext; **b)** (*spécialement*) extra; eigens; **il est venu ~ pour vous voir** er ist extra, eigens zu Ihnen gekommen

exprès[2] [ɛkspʀɛ(s)] *adj* 1 ⟨**expresse** [ɛkspʀɛs]⟩ ausdrücklich; **défense expresse de** (*+inf*) ausdrückliches Verbot zu (*+inf*) 2 [ɛkspʀɛs] ⟨*inv*⟩ *sur une lettre, un colis* **~** Eilzustellung *f*; durch Eilboten; **colis** *m* **~** Schnellpaket *n*; **lettre** *f* **~** Eilbrief *m*

express [ɛkspʀɛs] **I** *adj* ⟨*inv*⟩ Schnell...; **train** *m* **~** *ou subst* **~** *m* Schnellzug *m*; D-Zug *m*; **voie** *f* **~** Schnellstraße *f* **II** *m café* Espresso *m*

expressément [ɛkspʀesemɑ̃] *adv* ausdrücklich; **interdire qc ~** etw ausdrücklich verbieten; **recommander qc ~** etw dringend empfehlen

expressif [ɛkspʀesif] *adj* ⟨**-ive**⟩ ausdrucksvoll; ausdrucksstark; expressiv

expression [ɛkspʀɛsjõ] *f* 1 Ausdruck *m* (*a* MUS, ART *etc*); **liberté** *f* **d'~** (Recht *n* auf) freie Meinungsäußerung; Meinungsfreiheit *f*; *loc/adv et loc/adj*: **au-delà de toute ~** unbeschreiblich; über alle Maßen; **avec une ~ de désespoir** mit dem Ausdruck der Verzweiflung; **d'~ française** *pays* Französisch sprechend; französischsprachig; *auteur* Französisch schreibend; **sans ~** ausdruckslos; *formule épistolaire* **veuillez agréer l'~ de mes sentiments distingués** hochachtungsvoll; mit vorzüglicher Hochachtung 2 *dans la langue* Ausdruck *m*; (Rede)Wendung *f*; Redensart *f*; **~ argotique** Argotausdruck *m*; **~ imagée, populaire** bildhafter, volkstümlicher Ausdruck; **~ toute faite** feste (Rede)Wendung; stehende Redensart; Klischee *n* 3 MATH Ausdruck *m*; **réduire à sa plus simple ~** *fraction etc* kürzen; *fig* auf ein Minimum reduzieren; *données* auf die einfachste Formel bringen

expressionnisme [ɛkspʀɛsjɔnism] *m* Expressionismus *m* **expressionniste I** *adj* expressionistisch **II** *m,f* Expressionist(in) *m(f)*

expressivité [ɛkspʀesivite] *f* Ausdruckskraft *f*; Expressivität *f*

exprimable [ɛkspʀimabl] *adj* ausdrückbar

exprimer [ɛkspʀime] **I** *v/t* 1 ausdrücken; zum Ausdruck bringen; *sentiment a* Ausdruck geben, verleihen (*+dat*); *opinion, souhait a* äußern; artikulieren; *regard* **~ l'admiration** Bewunderung ausdrücken; **~ l'espoir que ...** der Hoffnung Ausdruck geben, dass ...; **~ ses remerciements** s-n Dank aussprechen, abstatten 2 *adjt* POL **suffrages exprimés** abgegebene Stimmen *f/pl* 3 *jus* ausdrücken, -pressen **II** *v/pr* **s'~** sich ausdrücken; sich artikulieren; **si je peux m'~ ainsi** wenn ich so sagen darf; **il s'exprime difficilement** er hat Mühe, sich auszudrücken; **s'~ en bon français** (ein) gutes Französisch sprechen; **s'~ par gestes** sich durch Gesten verständlich machen

E

expropriant [ɛkspʀɔpʀijɑ̃] *m* JUR Enteigner *m*

expropriation [ɛkspʀɔprijasjõ] *f* Enteignung *f*; **procédure** *f* **d'~** Enteignungsverfahren *n*

exproprier [ɛkspʀɔprije] *v/t* enteignen

expulsé [ɛkspylse] *m* Ausgewiesene(r) *m*; Vertriebene(r) *m*

expulser [ɛkspylse] *v/t* 1 *personne(s)* vertreiben, ausweisen, verweisen, entfernen (**de** aus); *d'un parti* ausstoßen; ausschließen; *étranger indésirable* ausweisen; abschieben; **~ un élève du lycée** e-n Schüler vom Gymnasium verweisen; SPORTS **~ un joueur** einen Spieler vom Platz, des Feldes verweisen 2 PHYSIOL ausstoßen

expulsion [ɛkspylsjõ] *f* 1 Ausweisung *f*; Vertreibung *f* (**de son pays** aus s-r Heimat); Ausstoßung *f*, Ausschluss *m* (**d'un parti** aus e-r Partei); *d'une salle* Entfernung *f*; *d'un élève* Verweisung *f* von der Schule; *d'un locataire* zwangsweise Ausweisung; *abs a* Zwangsräumung *f*; *d'étrangers* Ausweisung *f*; Abschiebung *f*; SPORTS Platz-, Feldverweis *m*; **arrêté** *m* **d'~** Ausweisungsverfügung *f ou* Räumungsbefehl *m* 2 PHYSIOL Ausstoßung *f*

expurger [ɛkspyʀʒe] *v/t* ⟨**-geons**⟩ die anstößigen Stellen streichen (**un livre** aus e-m Buch); von anstößigen Stellen säubern; *adjt* **édition expurgée** *a* zensierte Ausgabe

exquis [ɛkski] *adj* 1 auserlesen; ausgesucht; hervorragend; ausgezeichnet; exquisit; *mets a* köstlich; wohlschmeckend; **être d'une politesse ~e** von ausgesuchter Höflichkeit sein; ausgesucht höflich sein 2 *personne* anmutig; charmant

exsangue [ɛgzɑ̃g, ɛksɑ̃g] *adj* 1 blutleer, -los; **lèvres** *f/pl* **~s** blutleere, -lose Lippen *f/pl* 2 *blessé, fig pays* ausgeblutet 3 *fig littérature etc* kraftlos

exsudation [ɛksydasjõ] *f* MÉD, BOT Ausschwitzung *f*; *sc* Exsudation *f* **exsuder** MÉD, BOT **I** *v/t* ausschwitzen **II** *v/i* ausgeschwitzt werden

extase [ɛkstɑz, -taz] *f* REL *et fig* Ekstase *f*; Verzückung *f*; **être en ~ devant qn, qc** von j-m, etw ganz hingerissen sein; **tomber en ~** in Ekstase, Verzückung geraten

extasier [ɛkstazje, -tɑ-] *v/pr* **s'~** vor Entzücken außer sich geraten; in Entzücken ausbrechen (**devant, sur** über *+acc*); hell begeistert sein (von); *adjt* **extasié** verzückt; entzückt; hingerissen

extatique [ɛkstatik] *adj* ekstatisch; verzückt

extenseur [ɛkstɑ̃sœʀ] *m* 1 ANAT **~** *et adjt* **muscle ~** Streckmuskel *m*; Strecker *m* 2 SPORTS Expander *m*

extensibilité [ɛkstɑ̃sibilite] *f* Dehnbar-, Streckbarkeit *f* **extensible** *adj* dehn-, streckbar

extensif [ɛkstɑ̃sif] *adj* ⟨**-ive**⟩ 1 AGR **culture extensive** extensive Wirtschaft, Bodenbewirtschaftung 2 *sens d'un mot* erweitert

extension [ɛkstɑ̃sjõ] *f* 1 *d'un ressort etc* (Aus)Dehnung *f* 2 SPORTS, MÉD Strecken *n*; *jambe, bras* **en ~** gestreckt 3 *d'influence, de pouvoir etc* Ausdehnung *f*; Erweiterung *f*; Ausweitung *f*; *d'une épidémie, d'un incendie* Ausbreitung *f*; Umsichgreifen *n*; ***l'~ du français dans le monde*** die Verbreitung des Französischen in der Welt; ***prendre de l'~*** sich ausweiten; sich vergrößern; um sich greifen **4** LING Bedeutungserweiterung *f*; ***par ~*** im weiteren Sinne **5** INFORM Extension *f*

E

exténuant [ɛkstenɥɑ̃] *adj* sehr anstrengend, ermüdend; aufreibend; beschwerlich **exténuation** *f* Ermattung *f*; Entkräftung *f*

exténuer [ɛkstenɥe] **I** *v/t* sehr anstrengen; aufreiben; ermatten; entkräften; *adjt* ***être exténué*** ermattet, erschöpft, entkräftet sein **II** *v/pr* ***s'~ à faire qc*** etw bis zur Erschöpfung tun

extérieur [ɛksteʀjœʀ] **I** *adj* äußere(r, -s); Außen…; äußerlich; außerhalb befindlich, liegend; *sentiment* ***tout ~*** rein äußerlich; ***aspect ~*** äußerer Anblick; Äußere(s) *n*; ***boulevards ~s*** (äußere) Ringstraßen *f/pl*; ***bruit ~*** von außen kommender Lärm; ***commerce ~*** Außenhandel *m*; ***escalier ~*** Außentreppe *f*; ***monde ~*** Außenwelt *f*; ***politique ~e*** Außenpolitik *f*; ***impôt*** *m* ***sur les signes ~s de richesse*** Aufwandsteuer *f* **II** *m* **1** Äußere(s) *n* (*a d'une personne*); Außenseite *f*; (*monde ~*) Außenwelt *f*; ***peindre l'~ de qc*** die Außenseite (*+gén*) anmalen; etw außen anmalen; ♦ *loc/prép* ***à l'~ de*** außerhalb (*+gén*); *loc/adv*: ***à l'~*** (dr)außen; SPORTS ***jouer à l'~*** auswärts spielen; ***de l'~*** von außen; ***juger de l'~*** nach dem Äußeren (be)urteilen; ***regarder de l'~*** (von außen) hereinschauen, -sehen; ***vu de l'~*** von außen gesehen (*a fig*); *porte* ***s'ouvrir vers l'~*** nach außen aufgehen **2** CIN ***~s*** *pl* Außenaufnahmen *f/pl*

extérieurement [ɛksteʀjœʀmɑ̃] *adv* **1** (*au dehors*) äußerlich; von außen **2** (*apparemment*) äußerlich; nach außen hin; zum Schein

extériorisation [ɛksteʀjɔʀizasjõ] *f de sentiments* Äußerung *f*; Ausdruck *m* **extérioriser** **I** *v/t sentiments* äußern; ausdrücken; zeigen **II** *v/pr* ***s'~*** *sentiment* sich äußern; (äußerlich) sichtbar werden; *personne* aus sich herausgehen

exterminateur [ɛkstɛʀminatœʀ] *adj* ⟨**-trice**⟩ Ausrottungs…; Vernichtungs…; BIBL ***ange ~*** Würgengel *m*

extermination [ɛkstɛʀminasjõ] *f* Ausrottung *f*; Vernichtung *f*; ***camp*** *m* ***d'~*** Vernichtungslager *n*

exterminer [ɛkstɛʀmine] *v/t* ausrotten; vernichten; *vermine a* vertilgen

externat [ɛkstɛʀna] *m* **1** ÉCOLE Externat *n* **2** MÉD Tätigkeit *f* als „externe des hôpitaux"

externe [ɛkstɛʀn] **I** *adj* äußere(r, -s); äußerlich; Außen…; PHARM ***à usage ~*** äußerlich anzuwenden; zur äußerlichen Anwendung **II** *m,f* **1** Externe(r) *f(m)*; nicht im Internat wohnender Schüler, wohnende Schülerin **2** ***~ (des hôpitaux)*** *Medizinstudent(in), der (die) auf Grund e-r Auslese bereits vom 3. Studienjahr ab im Krankenhaus tätig ist*

exterritorialité [ɛksteʀitɔʀjalite] *f* DIPL Exterritorialität *f*

extincteur [ɛkstɛ̃ktœʀ] *m* Feuerlöscher *m*; Feuerlöschgerät *n*

extinction [ɛkstɛ̃ksjõ] *f* **1** *d'un incendie* Löschen *n*; *d'un feu* Auslöschen *n*; MIL ***~ des feux*** Zapfenstreich *m* **2** *d'une race, d'une famille etc* Aussterben *n*; Erlöschen *n* (*a d'un droit*); ***en voie d'~*** im Aussterben begriffen; aussterbend **3** ***~ de voix*** völlige Heiserkeit; Stimmlosigkeit *f*; ***avoir une ~ de voix*** völlig heiser, stimmlos sein

extirpation [ɛkstiʀpasjõ] *f* **1** *de mauvaises herbes* Ausreißen *n* **2** MÉD völlige Entfernung; *sc* Exstirpation *f* **3** *fig et st/s* Ausrottung *f*; Beseitigung *f*

extirper [ɛkstiʀpe] **I** *v/t* **1** *mauvaises herbes* (mit der Wurzel) ausreißen **2** MÉD völlig entfernen; *sc* exstirpieren **3** *st/s préjugé* ausrotten; *abus* beseitigen; abstellen **4** *renseignement etc* ***~ à qn*** j-m entlocken; aus j-m herauslocken **5** F ***~ qn de son lit*** j-n aus dem Bett jagen **II** *v/pr* F ***s'~ de son sac de couchage*** *etc* sich aus s-m Schlafsack *etc* befreien, F quälen

extorquer [ɛkstɔʀke] *v/t aveu, signature etc* erpressen, erzwingen (***à qn*** von j-m); abnötigen (j-m); ***~ de l'argent à qn*** von j-m Geld erpressen

extorsion [ɛkstɔʀsjõ] *f* Erpressung *f*; Erzwingung *f*; ***~ de fonds*** Erpressung von Geld

extra [ɛkstʀa] **I** *m* ⟨*inv*⟩ **1 a)** ***un ~*** etwas Außergewöhnliches, Besonderes (*surtout mets, boisson*); ***s'offrir un (petit) ~*** sich (*dat*) etwas Außergewöhnliches, Besonderes leisten; **b)** *serveur etc* ***faire des ~*** anderswo aushelfen **2** *serveur* Aushilfskellner *m* **II** F *adj* ⟨*inv*⟩ ausgezeichnet; F prima (*inv*); super (*inv*)

extra… [ɛkstʀa] *préfixe* außer…; extra…; → *a les articles suivants*

extrabudgétaire [ɛkstʀabydʒetɛʀ] *adj* außeretatmäßig **extracommunautaire** *adj* außerhalb der EG, der EU **extraconjugal** *adj* ⟨**-aux**⟩ außerehelich

extraction [ɛkstʀaksjõ] *adj* **1** *de charbon, minerai, pétrole etc* Förderung *f*; Gewinnung *f*; MINES *a* Abbau *m* **2** MÉD (operative) Entfernung; *d'une dent* Ziehen *n*; *sc* Extraktion *f* **3** MATH ***~ de la racine*** Wurzelziehen *n* **4** *litt* ***être de haute, basse ~*** von hoher, niederer Ab-, Herkunft sein

extrader [ɛkstʀade] *v/t* JUR ausliefern

extradition [ɛktʀadisjõ] *f* Auslieferung *f*; ***demande*** *f* ***d'~*** Auslieferungsersuchen *n*

extra-dry [ɛkstʀadʀaj] *adj* extra dry [draɪ] **extrafin** *adj* COMM extrafein

extrafort [ɛkstʀafɔʀ] **I** *adj* COMM extrastark **II** *m* COUT Kanten-, Eckenband *n*

extraire [ɛkstʀɛʀ] ⟨→ **traire**⟩ **I** *v/t* **1** *richesses minières* fördern; gewinnen; *charbon, minerai a* abbauen; *marbre, ardoise* brechen **2** MÉD (operativ) entfernen; herausziehen; ***~ une dent*** einen Zahn ziehen **3** *passages, textes etc* entnehmen (***d'un livre*** e-m Buch); exzerpieren, herausschreiben (aus e-m Buch) **4** MATH *racine* ziehen (***d'un nombre*** aus e-r Zahl) **II** *v/pr* F ***s'~ de sa voiture*** sich aus s-m Wagen zwängen, F quälen

extrait [ɛkstʀɛ] *m* **1** CHIM Extrakt *m*; Auszug *m*; ***~ de lavande*** Lavendelextrakt *m* **2** *d'un livre, d'un discours etc* Auszug *m*; *écrit* Exzerpt *n*; ***reproduire des ~s d'un discours*** e-e Rede in Auszügen, auszugsweise wiedergeben **3** JUR Auszug *m*; ***~ (d'acte) de naissance*** Geburtsurkunde *f*; ***~ de baptême*** Taufschein *m*; ***~ du casier judiciaire*** Auszug aus dem Strafregister; ***~ de mariage*** Trauschein *m*; Heiratsurkunde *f*

extralucide [ɛkstʀalysid] *adj* ***voyante f ~*** Hellseherin *f*; Wahrsagerin *f*

extra-muros [ɛkstʀamyʀos] *adv* außerhalb der

Stadt(mauern)
extraordinaire [ɛkstʀaɔʀdinɛʀ] *adj* 1 *séance, mesure etc* außerordentlich; außerplanmäßig; Sonder…; ***assemblée*** *f* **~** außerordentliche Versammlung; ***en mission*** **~** im Sonderauftrag; *loc/adv* ***par*** **~** wider Erwarten; ausnahmsweise 2 *aventure, nouvelle etc* außer-, ungewöhnlich; erstaunlich; merkwürdig 3 *succès, beauté, appétit, joie etc* außergewöhnlich (*a personne*); außerordentlich; *fortune* außergewöhnlich groß; F *vin etc* vorzüglich; ausgezeichnet; F ***ce film n'est pas*** **~**, ***n'a rien d'*****~** F dieser Film ist nicht besonders
extraparlementaire [ɛkstʀapaʀləmɑ̃tɛʀ] *adj* außerparlamentarisch
extrapolation [ɛkstʀapɔlasjõ] *f* 1 (voreilige) Schlussfolgerung, Verallgemeinerung 2 MATH Extrapolation *f*
extrapoler [ɛkstʀapɔle] *v/i* extrapolieren (*a* MATH); (voreilig) auf anderes schließen
extrascolaire [ɛkstʀaskɔlɛʀ] *adj* außerschulisch
extraterrestre [ɛkstʀatɛʀɛstʀ] **I** *adj* außerirdisch; *sc* extraterrestrisch **II** *m,f* Außerirdische(r) *f(m)*
extra-utérine [ɛkstʀayteʀin] *adj f* MÉD ***grossesse*** **~** Bauchhöhlenschwangerschaft *f*
extravagance [ɛkstʀavagɑ̃s] *f* 1 *d'une personne etc* Überspanntheit *f*; Extravaganz *f*; Verstiegenheit *f* 2 überspannte Idee; *parole* überspannte Äußerung; **~*s*** *pl a* Extravaganzen *f/pl*; ***il a encore fait quelque*** **~** er hat sich (*dat*) wieder etwas Ausgefallenes, Extravagantes geleistet
extravagant [ɛkstʀavagɑ̃] *adj* 1 *personne, comportement, idée* überspannt; extravagant; *idée a* verstiegen; *tenue* ausgefallen; extravagant; ***idée*** **~*e*** *a* Hirngespinst *n*; F Schnapsidee *f*; ***tenir des propos*** **~*s*** ungereimtes Zeug reden 2 *exigences* übermäßig; übertrieben; *prix* übermäßig hoch; horrend
extraversion [ɛkstʀavɛʀsjõ] *f* PSYCH Extravertiertheit *f*
extraverti [ɛkstʀavɛʀti] PSYCH **I** *adj* extravertiert **II** *subst* **~*(e)*** *m(f)* Extravertierte(r) *f(m)*
extrême [ɛkstʀɛm] **I** *adj* äußerste(r, -s); extrem (*a* MATH, *climat etc*); ***cas*** *m* **~** Extremfall *m*; POL ***l'*****~** ***droite, gauche*** die äußerste, extreme Rechte, Linke; **~** ***urgence*** äußerste, höchste Dringlichkeit; ***à l'*****~** ***limite*** an der äußersten *ou* an die äußerste Grenze (*a fig*); ***à l'*****~** ***pointe de la Bretagne*** an der äußersten Spitze der Bretagne; ***à l'*****~** ***rigueur*** im äußersten Notfall; ***avoir des opinions*** **~*s*** extreme Ansichten haben, vertreten; ***la plus*** **~** ***prudence est recommandée*** es wird äußerste, größte Vorsicht empfohlen **II** *m* 1 Extrem *n*; ***passer d'un*** **~** ***à l'autre*** von e-m Extrem ins andere fallen; *prov* ***les*** **~*s*** ***se touchent*** die Extreme berühren sich (*prov*) 2 *loc/adv* ***à l'*****~** bis zum Äußersten; ***pousser qc à l'*****~** etw bis zum Äußersten, auf die Spitze treiben
extrêmement [ɛkstʀɛmmɑ̃] *adv* äußerst; höchst; auf das Äußerste; **~** ***intelligent*** äußerst intelligent; hochintelligent
extrême-onction [ɛkstʀɛmõksjõ] *f* ÉGL CATH Krankensalbung *f*; Letzte Ölung
Extrême-Orient [ɛkstʀɛmɔʀjɑ̃] ***l'*****~** *m* der Ferne Osten; Fernost
extrême-oriental [ɛkstʀɛmɔʀjɑ̃tal] *adj* ⟨**-aux**⟩ fernöstlich
extrémisme [ɛkstʀemism] *m* POL Radikalismus *m*; Extremismus *m* **extrémiste** POL **I** *adj* radikal; extrem; extremistisch **II** *m,f* Radikale(r) *f(m)*; Extremist(in) *m(f)*
extrémité [ɛkstʀemite] *f* 1 äußerstes Ende; **~** ***du doigt*** Fingerspitze *f*; ***à la dernière*** **~** im allerletzten Augenblick; ***d'une*** **~** ***à l'autre*** von e-m Ende zum andern 2 **~*s*** *pl* Gliedmaßen *f/pl*; Extremitäten *f/pl* 3 *fig* ***en arriver aux pires*** **~*s*** zum Äußersten schreiten; *malade* ***il est à la dernière*** **~** es geht mit ihm zu Ende; F er liegt in den letzten Zügen; ***pousser qn à une fâcheuse*** **~** j-n zum Äußersten treiben; ***j'en suis réduit à cette pénible*** **~** ich bin leider zu dieser extremen Maßnahme gezwungen
extrinsèque [ɛkstʀɛ̃sɛk] *adj* äußerlich; äußere(r, -s)
extroverti [ɛkstʀɔvɛʀti] → ***extraverti***
exubérance [ɛgzybeʀɑ̃s] *f* 1 *de la végétation, des formes etc* Üppigkeit *f*; Fülle *f* 2 *d'une personne* Überschwänglichkeit *f*; (Gefühls)Überschwang *m*; ***avec*** **~** überschwänglich
exubérant [ɛgzybeʀɑ̃] *adj* 1 *végétation* üppig (wuchernd); *formes* üppig 2 *personnes, comportement, joie* überschwänglich
exultation [ɛgzyltasjõ] *f* Frohlocken *n* **exulter** *v/i* frohlocken
exutoire [ɛgzytwaʀ] *m* Ventil *n* (*fig*); ***trouver un*** **~** ***à sa colère*** s-m Zorn Luft machen
ex-voto [ɛksvɔto] *m* ⟨*inv*⟩ Votivbild *n*
eye-liner [ajlajnœʀ] *m* ⟨*pl* **eye-liners**⟩ Eyeliner ['aɪlaɪnər] *m*
Eyzies-de-Tayac (Les) [lezezidətajak] *Ort im Dep. Dordogne*

F

F[1], **f** [ɛf] *m* ⟨*inv*⟩ F, f *n*
F[2] *abr* (*franc[s]*) HIST F (Franc[s])
F$_2$, F$_3$, F$_4$ [ɛfdø, ɛftʀwa, ɛfkatʀ] *m abr* (*foyer*) Zwei-, Drei-, Vierzimmer(miet)wohnung *f*
°F *abr* (*degré[s] Fahrenheit*) °F (Grad Fahrenheit)
fa [fɑ, fa] *m* ⟨*inv*⟩ MUS f *ou* F *n*
Fabien [fabjɛ̃] *m Vorname*
Fabienne [fabjɛn] *f Vorname*
fable [fɑbl] *f* 1 Fabel *f* (*a fig*) 2 ***il est la*** **~** ***du quartier*** das ganze Viertel spottet, lacht über ihn
fabliau [fablijo] *m* ⟨*pl* **~x**⟩ *altfrz Verserzählung*
fabricant [fabʀikɑ̃] *m*, **fabricante** *f* 1 (*propriétaire d'usine*) Fabrikant(in) *m(f)*; Fabrikbesitzer(in) *m(f)* 2 (*producteur, productrice*) Hersteller(in)

m(f); Produzent(in) *m(f)*
fabrication [fabʀikasjõ] *f* Herstellung *f*; Fertigung *f*; An-, Verfertigung *f*; Fabrikation *f*; **~ artisanale** handwerkliche Fertigung; **produit** *m* **de ~ française** französisches Fabrikat; **~ en série** Serienfertigung *f*; **~ sur commande** Auftragsfertigung *f*; **être en cours de ~** in der Fertigung sein; F **c'est un plat de ma ~** F dieses Gericht ist mein eigenes Fabrikat
Fabrice [fabʀis] *m Vorname*
fabrique [fabʀik] *f* Fabrik *f*; Fabrikbetrieb *m*; **~ de chaussures, de meubles** Schuh-, Möbelfabrik *f*; **marque** *f* **de ~** Fabrikmarke *f*, -zeichen *n*
fabriquer [fabʀike] *v/t* **1** herstellen; fertigen; an-, verfertigen; (*produire*) erzeugen; produzieren (*a fig scientifiques etc*); F *péj* fabrizieren; **~ des meubles, des outils, des voitures** Möbel, Werkzeuge, Autos herstellen **2** F (*faire*) tun; machen; F treiben; **qu'est-ce que tu fabriques?** was machst, tust, treibst du denn da?; **qu'est-ce qu'il peut bien ~!** was macht, tut, treibt er bloß so lange! **3** *fig* **~ de toutes pièces** → **pièce** *1*
fabulateur [fabylatœʀ] **I** *adj* ⟨**-trice**⟩ fabulierend **II** *m* Fabulierer *m* **fabulation** *f* Fabulieren *n*
fabuler [fabyle] *v/i* fabulieren; Geschichten erfinden
fabuleux [fabylø] *adj* ⟨**-euse**⟩ **1** *somme, prix* märchen-, sagenhaft; fantastisch; unwahrscheinlich **2** Fabel...; **animal ~** Fabeltier *n*
fabuliste [fabylist] *m* Fabeldichter *m*
fac [fak] *f* F *abr* (*faculté*) F Uni *f*; **à la** *ou* **en ~** an der Uni
façade [fasad] *f* **1** ARCH Fassade *f*; Vorder-, Stirnseite *f*; (Vorder)Front *f* **2** *fig* Fassade *f*; Äußere(s) *n*; (äußerer) Anschein; **luxe** *m* **de ~** äußerer Luxus; glanzvolle Fassade; **ce n'est qu'une ~** das ist nur Fassade **3** F (*figure*) **démolir la ~ à qn** F j-m die Fassade polieren; *femme* **se refaire la ~** F sich wieder anmalen
face [fas] *f* **1** Gesicht *n*; *st/s* Angesicht *n*; Antlitz *n*; P *péj* **~ de rat** Fratze *f*; F Affengesicht *n*; **~ contre terre** mit dem Gesicht zur Erde; *fig* **changer la ~ du monde** das Gesicht, das Aussehen der Welt verändern; *fig* **perdre, sauver la ~** das Gesicht verlieren, wahren; *st/s ou iron* **se voiler la ~** sein Antlitz verhüllen **2** *avec prép* ♦ *loc/prép* **à la ~ de** vor (+*dat*); in Gegenwart von (*ou* +*gén*); **à la ~ du monde, de l'univers** vor aller Welt; vor der Weltöffentlichkeit; *loc/prép* **~ à** zu (+*dat*) hin; **~ à la mer** zum Meer hin (gelegen); **~ au public** zum Publikum hin, gewandt; *loc/adv* **~ à ~** Auge in Auge; von Angesicht zu Angesicht; **se trouver ~ à ~ avec qn** j-m Auge in Auge, von Angesicht zu Angesicht gegenüberstehen; *loc/adv* **de ~** von vorn; CH DE FER **coin** *m* (**de**) **~** Eckplatz *m* in Fahrtrichtung; THÉ **loge** *f* **de ~** Mittelloge *f*; **portrait** *m* **de ~** En-face-Bild *n*; Vorderansicht *f*; **avoir le vent de ~** Gegenwind haben; **photo prise de ~** von vorn aufgenommenes Foto; *loc/prép* **en ~ de** gegenüber (+*dat*); vor (+*acc ou dat*); **en ~ de cela** demgegenüber; andererseits; **être assis l'un en ~ de l'autre** einander, sich gegenübersitzen; **sa maison est en ~ de la vôtre** sein Haus liegt Ihrem gegenüber; *loc/adj* **d'en ~** gegenüberliegend; **la maison d'en ~** das gegenüberliegende Haus; das Haus gegenüber; *loc/adv* **en ~** ins Gesicht; **avoir le soleil en ~** die Sonne im Gesicht haben; **il le lui a dit en ~** er hat es ihm ins Gesicht gesagt; **regarder qn** (**bien**) **en ~** j-m (direkt) ins Gesicht schauen; *fig* **regarder la mort en ~** dem Tod ins Auge sehen; **voir les choses en ~** den Dingen ins Gesicht sehen; ♦ **faire ~ à la demande** die Nachfrage befriedigen; **faire ~ à une dépense** e-e Ausgabe bestreiten; **faire ~ à des difficultés** mit Schwierigkeiten fertig werden; **faire ~ à ses engagements** s-n Verpflichtungen nachkommen; **faire ~ à l'ennemi** dem Feind die Stirn, die Spitze, Trotz bieten; **faire ~ à la situation** die Lage meistern; *sa maison* **fait ~ à la mienne** liegt meinem gegenüber **3** *d'une pièce de monnaie* (*a* **côté** *m* **~**) Vorder-, Bildseite *f*; Avers *m* **4** *d'un solide* Fläche *f*; **à 'huit ~s** achtflächig; *par ext* **glace** *f* **à trois ~s** dreiteiliger Spiegel **5** ANAT, BOT, *de la lune, d'un disque* Seite *f*; **examiner qc sous toutes ses ~s** etw von allen Seiten betrachten
face-à-face [fasafas] *m* ⟨*inv*⟩ TV Fernsehduell *n*
face-à-main [fasamɛ̃] *m* ⟨*pl* **faces-à-main**⟩ Lorgnette *f*; Stielbrille *f*
facétie [fasesi] *f* Posse *f*; Schnurre *f*; Spaß *m*; Scherz *m*; **faire des ~s** Possen reißen
facétieux [fasesjø] *adj* ⟨**-euse**⟩ *personne* immer zu Späßen aufgelegt; *histoire etc* spaßig; spaß-, scherzhaft
facette [fasɛt] *f* **1** *d'un diamant etc* Facette *f* **2** ZO **yeux** *m/pl* **à ~s** Facetten-, Netzaugen *n/pl*
fâché [fɑʃe] *adj* **1** (*irrité*) verärgert; verstimmt; böse; F sauer; **je ne serais pas ~ de le voir partir** *ou* **qu'il parte** ich wäre nicht böse, wenn er ginge; **être ~ contre**, F **après qn** auf j-n böse sein **2** (*brouillé*) **être ~ avec qn** mit j-m verzankt, zerstritten, böse, F verkracht sein
fâcher [fɑʃe] **I** *v/t* **~ qn** j-n ärgern, verstimmen; (*mettre en colère*) j-n zornig, wütend machen **II** *v/pr* **1 se ~** böse, wütend, zornig werden; sich aufregen; sich ärgern; F sauer werden; **se ~ contre**, F **après qn** mit j-m *ou en son absence* auf j-n schimpfen **2 se ~ avec qn** sich mit j-m verzanken, zerstreiten, überwerfen, verfeinden; mit j-m Streit bekommen
fâcherie [fɑʃʀi] *f* Streit *m*; Zerwürfnis *n*
fâcheusement [fɑʃøzmɑ̃] *adv* → **fâcheux**
fâcheux [fɑʃø] *adj* ⟨**-euse**⟩ misslich; fatal; unangenehm; unerfreulich; peinlich; **contretemps ~** widriger Umstand; **~ événement** missliches *etc* Ereignis; **c'est ~** das ist misslich; das kommt sehr ungelegen
facho [faʃo] F *abr* → **fasciste**
facial [fasjal] *adj* ⟨**-aux**⟩ Gesichts...
faciès [fasjɛs] *m* Gesicht *n*; Gesichtszüge *m/pl*, -ausdruck *m*; Aussehen *n*
facile [fasil] *adj tâche, texte etc* leicht; *plaisanterie, critique* billig; *femme* leicht herumzukriegen(d); *enfant* leicht erziehbar; mit dem man keine Schwierigkeiten hat; *caractère* verträglich; **avoir la vie ~** ein leichtes Leben haben; **cela lui est ~** das ist leicht für ihn, für ihn ein Leichtes; das fällt ihm leicht; ♦ **~ à laver** bequem, leicht zu waschen(d); leicht waschbar; **~ à manier** leicht zu handhaben(d); handlich; **il est ~ à vivre** mit ihm ist gut auszukommen, kann man gut auskommen; er ist umgänglich, verträglich; **c'est ~ à comprendre** das ist leicht, unschwer zu verstehen, leicht verständlich; **c'est plus ~ à dire qu'à faire** das ist leich-

ter gesagt als getan

facilement [fasilmɑ̃] *adv* **1** leicht; mühelos; mit Leichtigkeit; ***se casser ~*** leicht brechen; ***il se vexe ~*** er ist leicht, schnell, gleich beleidigt **2** *il faut compter* ***~ deux heures*** mindestens, gut und gern zwei Stunden

facilité [fasilite] *f* **1** *d'une tâche etc* Leichtigkeit *f*; Mühelosigkeit *f*; ***solution*** *f* ***de ~*** bequem(st)e Lösung; Weg *m* des geringsten Widerstandes; *enfant* ***n'avoir aucune ~*** keine leichte Auffassungsgabe haben; sich (*acc ou dat*) schwertun beim Lernen; ***avoir des ~s*** leicht, mühelos lernen; keinerlei Lernschwierigkeiten haben; ***céder à la ~, choisir une solution de ~*** es sich (*dat*) leicht machen; den Weg des geringsten Widerstandes gehen; ***écrire avec ~*** mühelos, gewandt, mit leichter Hand schreiben **2** ***~s*** *pl* Erleichterungen *f/pl*; ***~s de paiement*** Zahlungserleichterungen *f/pl*; bequeme Zahlungsbedingungen *f/pl*; ***pour plus de ~s*** bequemlichkeitshalber; ***fournir, procurer à qn toutes ~s pour …*** j-m jegliche Hilfe gewähren, um zu …

faciliter [fasilite] *v/t* erleichtern; leichter machen; *digestion* fördern; *son entêtement* ***ne facilitera pas les choses*** … wird die Sache nicht gerade leichter machen; ***~ la tâche à qn*** j-m die, s-e Aufgabe erleichtern

façon [fasõ] *f* **1** Art *f*; Art und Weise *f*; Weise *f*; ***~ cachemire, cuir*** kaschmir-, lederartig; ***~ d'agir, de s'exprimer, de procéder*** Handlungs-, Ausdrucks-, Verfahrensweise *f*; ***~ d'être*** Art, sich zu geben; Auftreten *n*; Verhalten *n*; ***~ de voir (les choses)*** Ansicht *f* (über die Dinge); ***la ~ dont il s'est conduit*** die Art, wie er sich verhalten hat; ***je vais lui dire ma ~ de penser*** dem werde ich meine Meinung sagen; ♦ *loc/adv*: ***à ma, sa ~*** auf meine, seine Weise, Art; ***à la ~ de*** nach Art von (*ou +gén*); ***de cette ~*** auf diese Art, Weise, Art und Weise; so; ***de quelle ~*** wie; auf welche (Art und) Weise; ***de toute ~*** auf alle Fälle; auf jeden Fall; jedenfalls; sowieso; ***d'une ~ ou d'une autre*** auf die e-e oder andere Art; irgendwie; ***d'une ~ différente*** anders; ***d'une ~ générale*** allgemein; im Allgemeinen; *loc/conj* ***de (telle) ~ que …*** *ou* ***de ~ à ce que …*** (*+subj*) so …, dass …; ***s'y prendre de telle ~ que …*** es so anstellen, dass …; ***il se plaça de ~ à être vu*** er stellte *ou* setzte sich so, dass man ihn sehen konnte *ou* dass er gesehen wurde; ***en aucune ~*** in keiner Weise; keineswegs; durchaus nicht; mitnichten **2** ***~s*** *pl* Benehmen *n*; Manieren *f/pl*; Allüren *f/pl*; Gebaren *n*; Gehaben *n*; (*manières affectées*) Ziererei *f*; Gehabe *n*; Getue *n*; ***sans ~(s)*** zwanglos; ungezwungen; ***accepter sans ~*** ohne weiteres annehmen; ***non merci, sans ~!*** nein danke, bestimmt *ou* wirklich nicht!; ***sans plus de ~s*** ohne weiteres; ***je n'aime pas ses ~s*** ich mag sein Gehabe nicht; ***faire des ~s*** sich nötigen lassen; sich zieren; Umstände machen; F sich haben; sich anstellen; ***ne fais pas de ~s!*** zier dich nicht!; stell dich nicht so an!; hab dich nicht so!; tu doch nicht so! **3** COUT Fasson *f*; Ausführung *f*; Verarbeitung *f* **4** ÉCON ***travail*** *m* ***à ~*** Lohnvered(e)lung *f*; Arbeit *f* an geliefertem Material

faconde [fakõd] *litt f* Redseligkeit *f*

façonnage [fasɔnaʒ] *m* Formgebung *f*; Formung *f*; Gestaltung *f*; TECH *a* Bearbeitung *f*; Formarbeit *f*; Fassonieren *n*

façonné [fasɔne] *adj étoffe* gemustert; mit Webmuster

façonner [fasɔne] *v/t* **1** formen; gestalten; modeln; TECH *a* bearbeiten; fassonieren **2** *fig personne, esprit* formen; prägen

fac-similé [faksimile] *m* ⟨*pl* **fac-similés**⟩ Faksimile *n*

factage [faktaʒ] *m* **1** ***entreprise*** *f* ***de ~*** Rollfuhrunternehmen *n* **2** *prix* Rollgeld *n* **3** (*distribution du courrier*) (Post)Zustellung *f*

facteur [faktœʀ] *m* **1** (*préposé*) Briefträger *m*; Postbote *m* **2** MATH, BIOL, ÉCON, PSYCH Faktor *m*; MATH ***~ premier*** Primfaktor *m*; MATH ***mise*** *f* ***en ~s*** Zerlegung *f* in Faktoren **3** *par ext* Faktor *m*; Moment *n*; ***le ~ décisif, psychologique*** das entscheidende, psychologische Moment; ***le ~ chance, surprise*** das Glücks-, Überraschungsmoment; ***le ~ temps*** der Zeitfaktor; der Faktor Zeit; ***~ de sécurité*** Sicherheitsfaktor *m* **4** ***~ de pianos, d'orgues*** Klavier-, Orgelbauer *m*

factice [faktis] *adj* **1** nachgemacht, -gebildet; künstlich; ***article*** *m* ***~*** Attrappe *f*; ***bouteille*** *f* ***~*** (Flaschen)Attrappe *f*; ***étalage*** *m* ***~*** Schaupackungen *f/pl*; Attrappen *f/pl* **2** *fig sentiments* künstlich; ge-, erkünstelt; unecht; Schein…

factieux [faksjø] POL **I** *adj* ⟨**-euse**⟩ aufrührerisch; umstürzlerisch **II** *m* Aufrührer *m*; Aufwiegler *m*; Umstürzler *m*

faction [faksjõ] *f* **1** POL aufrührerische, umstürzlerische Partei, Gruppe **2** MIL ***être en*** *ou* ***de ~*** Wache stehen; *fig* Posten bezogen haben; sich postiert haben; ***mettre qn en ~*** j-n postieren

factitif [faktitif] GR **I** *adj* ⟨**-ive**⟩ kausativ; faktitiv **II** *m* Kausativ *n*; Faktitiv *n*

factoriel [faktɔʀjɛl] *adj* ⟨**~le**⟩ Faktoren…

factorielle [faktɔʀjɛl] *f* MATH Fakultät *f*

factotum [faktɔtɔm] *m* Faktotum *n*

factrice [faktʀis] *f* Briefträgerin *f*; Postbotin *f*

factuel [faktɥɛl] *adj* ⟨**~le**⟩ Tatsachen…; auf Fakten beruhend

facturation [faktyʀasjõ] *f* COMM **1** Ausstellung *f*, Ausfertigung *f* e-r Rechnung, von Rechnungen (**de** über *+acc*); Fakturierung *f* **2** *service* Rechnungsabteilung *f*

facture [faktyʀ] *f* **1** COMM (Waren)Rechnung *f*; Faktur *f*; ***établir, faire une ~*** e-e Rechnung ausstellen, ausschreiben **2** *d'un poème etc* Anlage *f*; (Auf)Bau *m* **3** *d'un instrument de musique* Bau *m*; Herstellung *f*

facturer [faktyʀe] *v/t marchandise* e-e Rechnung ausstellen für, über (*+acc*); fakturieren; (*compter*) berechnen; in Rechnung stellen; *article* ***facturé dix euros*** mit zehn Euro berechnet

facturier [faktyʀje] *m* **1** Fakturist *m* **2** *livre* Fakturenbuch *n* **facturière** *f* Fakturistin *f*

facultatif [fakyltatif] *adj* ⟨**-ive**⟩ fakultativ; nicht obligatorisch; ÉCOLE *matière* wahlfrei; *pourboire, présence, devoir* dem Einzelnen überlassen; jedem freigestellt; freiwillig; ***arrêt ~*** Bedarfshaltestelle *f*; ***matière facultative*** Wahlfach *n*

faculté [fakylte] *f* **1** Fähigkeit *f*; Vermögen *n*; ***~s intellectuelles*** geistige Fähigkeiten, Kräfte *f/pl*; ***~ d'adaptation*** Anpassungsfähigkeit *f*, -vermögen *n*; ***il a une grande ~ d'attention*** er kann gut aufpassen; ***ne plus jouir de toutes ses ~s*** nicht mehr im

Vollbesitz s-r geistigen Kräfte sein; nicht mehr ganz zurechnungsfähig sein **2** UNIVERSITÉ Fakultät *f*; ***la ~*** *souvent* die Universität; ***~ de droit, des lettres et sciences humaines, de médecine, des sciences*** juristische, philosophische, medizinische, naturwissenschaftliche Fakultät **3** *st/s* (*possibilité*) (Wahl)Freiheit *f*; Möglichkeit *f*; (*droit*) Befugnis *f*; ***avoir la ~ de faire qc*** die Freiheit haben, etw zu tun; etw tun können

fada [fada] F **I** *adj* ⟨*f inv*⟩ F verrückt; übergeschnappt; → *a* ***cinglé*** **II** *m* F Verrückte(r) *m*; Irre(r) *m*

fadaises [fadɛz] *f/pl* Albernheiten *f/pl*; abgeschmacktes, fades Zeug

fadasse [fadas] *adj* F *péj* → ***fade***

fade [fad] *adj* **1** *mets, boisson* fad(e); geschmacklos; ohne Geschmack; *boisson a* schal; ***d'un goût ~*** fad schmeckend; ***c'est ~*** das schmeckt fad(e), nach nichts **2** *fig* fad(e); geist-, witzlos; abgeschmackt; schal; langweilig; ***couleur f ~*** matte, stumpfe Farbe

fadeur [fadœʀ] *f* **1** Fadheit *f*; Geschmacklosigkeit *f* **2** *fig* Fadheit *f*; Geist-, Witzlosigkeit *f*; Abgeschmacktheit *f*; Schalheit *f*; Langweiligkeit *f*

fading [fadiŋ] *m* RAD Fading ['feː-] *n*; Schwund *m*

faf [faf] F → ***fasciste***

fafiot [fafjo] *arg m* Geldschein *m*

fagot [fago] *m* Reisigbündel *n*; *fig vin* ***de derrière les ~s*** erlesen; von der besten Sorte

fagoté [fagɔte] *adj* ***mal ~*** schlecht, geschmacklos angezogen

fagoter [fagɔte] *v/pr* ***se ~*** sich schlecht, geschmacklos anziehen

Fahrenheit [faʀɛnajt, -ʀən-] *adjt* Fahrenheit *n*; ***32 degrés ~*** 32 Grad Fahrenheit

faiblard [fɛblaʀ] F **I** *adj* (ziemlich) schwach (*a fig*); ***se sentir*** (***assez***) ***~*** sich ziemlich schwach, elend fühlen **II** *m* Schwächling *m*

faible [fɛbl] **I** *adj* **1** schwach (*a élève, lumière*); *personne a* (*sans énergie*) charakterschwach; energielos; zu nachsichtig; *bruit, voix a* leise; *dénivellation* leicht; sanft; *pluie etc* leicht; *argumentation* auf schwachen Füßen stehend; ***~ indice*** *m* schwaches Anzeichen; kleiner Hinweis; ***point*** *m* ***~*** *d'une démonstration etc* Schwachpunkt *m*, -stelle *f*; schwacher Punkt; schwache Stelle; *d'une personne* schwache Seite; Schwäche *f*; ***le latin est son point ~*** Latein ist s-e schwache Seite; MÉTÉO ***vent*** *m* ***~ à modéré*** schwacher bis mäßiger Wind; ***n'avoir qu'une ~ idée de qc*** nur e-e schwache Vorstellung von etw haben; ***avoir la vue ~*** schwache Augen haben; ***être de ~ constitution*** von schwacher Konstitution sein; ***être trop ~ avec ses enfants*** zu nachsichtig gegen s-e Kinder sein; ***être ~ en maths*** in Mathe schwach sein; ***se sentir ~*** sich schwach fühlen **2** *nombre, hauteur, poids, coût etc* gering; niedrig; *monnaie* weich; ***~ quantité*** *f* geringe Menge; ***~ rendement*** *m* geringer Ertrag; ***à une ~ profondeur*** in geringer Tiefe **II** *m* **1** Schwache(r) *m*; *péj* Schwächling *m*; ***les économiquement ~s*** die sozial Schwachen; ***un ~ d'esprit*** ein geistig Beschränkter; ***c'est un ~*** er ist ein schwacher Charakter, ein Schwächling **2** (*penchant*) Schwäche *f*; Faible *n*; ***avoir un ~ pour qn, qc*** e-e Schwäche, ein Faible für j-n, etw haben

faiblement [fɛbləmɑ̃] *adv* ***~ épicé*** leicht, schwach gewürzt; *pouls* ***battre ~*** schwach schlagen; ***critiquer ~*** vorsichtig kritisieren; *lampe* ***éclairer ~*** schwach leuchten; ***protester ~*** schwach protestieren

faiblesse [fɛblɛs] *f* **1** Schwäche *f*; Schwachheit *f*; ***~ de caractère*** Charakterschwäche *f*; ***dans un moment de ~*** in e-m schwachen Augenblick; in e-r schwachen Stunde; ***par ~*** aus Schwäche; ***si vous avez la ~ de lui céder ...*** wenn Sie so schwach sind und ihm nachgeben ...; ***être d'une grande ~ envers qn*** sehr nachsichtig gegen j-n sein **2** (*défaillance physique*) Schwäche *f*; Schwächeanfall *m* **3** (*point faible*) Schwäche *f*; schwache Seite **4** *des revenus, du coût etc* geringe Höhe

faiblir [febliʀ] *v/i pouls, vent* schwächer werden; *courage, vent* nachlassen; *cours boursiers* nachgeben; zurückgehen; sinken

faïence [fajɑ̃s] *f* Steingut *n*; *décorée* Fayence *f*; ***~s de Delft*** Delfter Fayencen; ***poêle*** *m* ***de*** *ou* ***en ~*** Kachelofen *m*; ***vaisselle*** *f* ***de ~*** Steingutgeschirr *n*

faïencerie [fajɑ̃sʀi] *f* Steingutfabrik *f*; Fayencemanufaktur *f* **faïencier** *m*, **faïencière** *f* Steingutfabrikant(in) *m(f)*, -händler(in) *m(f)*

faignant [fɛɲɑ̃] F → ***fainéant***

faille[1] [faj] *f* **1** GÉOL Spalte *f*; Verwerfung *f*; Bruch *m*; Sprung *m*; ***ligne*** *f* ***de ~*** Verwerfungs-, Bruchlinie *f* **2** *fig* Schwachstelle *f*; *loc/adj* ***sans ~*** *raisonnement, alibi* hieb- und stichfest; *amitié* unverbrüchlich

faille[2] [faj] → ***falloir***

failli [faji] COMM, JUR **I** *adj* in Konkurs geraten **II** *m* Gemeinschuldner *m*

faillible [fajibl] *adj* fehlbar

faillir [fajiʀ] *v/i* ⟨*déf*: **j'ai failli**; *passé simple* **je faillis**⟩ **1** ***j'ai failli tomber*** ich wäre beinahe, fast, F bald gefallen; es fehlte nicht viel, und ich wäre gefallen; ***elle a failli acheter ce manteau*** fast hätte sie diesen Mantel gekauft; sie war nahe daran, diesen Mantel zu kaufen **2** *st/s* ***~ à son devoir*** s-e Pflicht verletzen; gegen s-e Pflicht verstoßen; ***~ à ses engagements*** s-n Verpflichtungen nicht nachkommen

faillite [fajit] *f* **1** COMM, JUR Konkurs *m*; Bankrott *m*; ***être en ~*** sich im Konkurs befinden; bankrott, F pleite sein; ***faire ~*** Bankrott, F Pleite machen; Bankrott, F pleitegehen; Konkurs machen; in Konkurs geraten, gehen; → *a 2* **2** *fig d'une politique, d'un projet etc* Fehlschlag *m*; Scheitern *n*; Misserfolg *m*; Zusammenbruch *m*; F Pleite *f*; Bankrott *m*; ***faire ~*** scheitern

faim [fɛ̃] *f* **1** Hunger *m*; ***la ~ dans le monde*** der Hunger in der Welt; ***avoir*** (***très***) ***~*** (großen) Hunger haben; (sehr) hungrig sein; F ***avoir une ~ de loup*** F e-n Bären-, Wolfs-, Mordshunger haben; F ***j'ai une de ces ~s!*** F hab ich e-n Hunger!; ***calmer sa ~*** s-n Hunger stillen; ***cela donne ~*** dabei *ou* davon bekommt, F kriegt man Hunger; das macht Hunger, hungrig; ***laisser qn sur sa ~*** j-s Hunger ungestillt lassen; *fig* j-n unbefriedigt lassen; ***manger à sa ~*** sich satt essen; ***ne pas manger à sa ~*** Hunger leiden; hungern; ***mourir, crever de ~*** a) verhungern; an Hunger *ou st/s* hungers sterben; den Hungertod sterben; b) F *fig* am Verhungern sein; vor Hunger vergehen; ***se laisser mourir de ~*** freiwillig den Hungertod sterben; ***rester sur sa ~*** hungrig bleiben; nicht satt werden; *fig* nicht auf s-e Kosten kommen; in s-n Erwartungen enttäuscht werden **2**

fig et st/s Hunger *m* (**de** nach); ***avoir ~ de tendresse*** *etc st/s* nach Zärtlichkeit *etc* hungern, lechzen

faîne *ou* **faine** [fɛn] *f* BOT Buchecker *f*

fainéant [feneɑ̃] **I** *adj* faul; träge; *p/fort* F stinkfaul; HIST ***les Rois ~s*** *die letzten Merowinger* **II** *subst* **~(e)** *m(f)* Nichtstuer *m*; Faulenzer(in) *m(f)*; Tagedieb *m*; F Faulpelz *m*; Faultier *n*

fainéanter [feneɑ̃te] *v/i* nichts tun; faulenzen; F auf der faulen Haut liegen

fainéantise [feneɑ̃tiz] *f* Faulenzerei *f*; Faulheit *f*

faire [fɛʀ] ⟨**je fais, il fait, nous faisons** [f(ə)zõ], **vous faites, ils font**; **je faisais** [f(ə)zɛ]; **je fis**; **je ferai**; **que je fasse, que nous fassions**; **faisant** [f(ə)zɑ̃]; **fait**⟩ **I** *v/t et v/i* **1** machen; tun; *expressions*: **a)** *avec subst*: ***~ une bonne action*** e-e gute Tat vollbringen, F tun; ***~ des bénéfices*** Gewinne erzielen, F machen; ***~ ses chaussures*** s-e Schuhe putzen; ***~ la cuisine*** kochen; ***~ un excellent déjeuner*** *personne* ausgezeichnet essen; *mets* ein ausgezeichnetes Mittagessen ergeben; ***~ un gâteau*** e-n Kuchen backen, F machen; *chat* ***~ ses griffes*** die Krallen wetzen; ***~ du jardinage*** im Garten arbeiten; gärtnern; ***~ dix kilomètres à pied*** zehn Kilometer zu Fuß machen, zurücklegen; ***~ les lits*** die Betten machen; *oiseau* ***~ son nid*** nisten; sein Nest bauen; ***~ la paix*** Frieden schließen; ***~ une robe*** ein Kleid machen, schneidern; ***~ la salade*** den Salat anmachen; ***~ un tableau*** ein Bild malen; *jus etc* ***~ des taches*** Flecken machen, hinterlassen, verursachen; ***~ un tout homogène*** ein einheitliches Ganzes bilden, ergeben; ***~ un travail*** e-e Arbeit machen, tun, verrichten, erledigen; → *a 2-18 et les subst correspondants*; ♦ ***~ qn qc*** j-n zu etw machen; ***~ qn son héritier*** j-n zu s-m Erben machen; ***~ qn président*** j-n zum Präsidenten machen; ♦ ***~ qc de qn, de qc*** etw aus j-m, aus etw machen; ***cet événement a fait de lui un autre homme*** dieses Ereignis hat aus ihm e-n anderen Menschen gemacht; *d'un fils* ***on en fera un médecin*** wir wollen ihn Arzt werden lassen; **b)** *avec adj* wirken; aussehen; sich ausnehmen; *personne* ***~ jeune*** jung aussehen, wirken; ***ce tableau fait joli*** dieses Bild wirkt hübsch, nimmt sich hübsch aus; ♦ *adjt*: ***ces lunettes font vieille institutrice*** mit dieser Brille sehe ich, siehst du *etc* aus wie e-e alte Lehrerin; *vêtement* ***~ mode*** modisch wirken; *expression* ***~ dix-neuvième siècle*** nach neunzehntem Jahrhundert klingen; **c)** *avec adv*: F ***ça ne fait pas assez*** das ist nicht genug; das reicht nicht; F ***ça commence à bien ~*** F jetzt reicht's dann aber; *accessoire, bibelot etc* ***~ bien*** gut aussehen, wirken; sich gut ausnehmen, machen; F ***ça fait bien de parler anglais*** es macht sich gut, wenn man englisch spricht; ***il a bien fait*** er hat richtig gehandelt, recht getan (***de le lui dire*** es ihm zu sagen); *devise* ***bien ~ et laisser dire*** tue recht und scheue niemand; ***pour bien ~ il faudrait*** (*+inf*) das Richtige, Beste wäre zu (*+inf*); ***c'est bien fait*** das geschieht dir *ou* ihm *etc* recht; ***il ferait bien***, F ***pas mal de songer à l'avenir*** er täte gut daran, an die Zukunft zu denken; ***bien ~ les choses*** es gut meinen; großzügig sein; F sich nicht lumpen lassen; ***faites comme chez vous!*** tun Sie, als ob Sie zu Hause wären!; machen Sie es sich (*dat*) bequem!; ***comment avez-vous fait?*** wie haben Sie es angestellt?; *st/s* ***c'en est fait de lui, de qc*** es ist um ihn, um etw geschehen; es ist aus mit ihm, mit etw; ***vous feriez mieux de vous taire*** Sie täten besser daran, den Mund zu halten; ***ne ~ que ~ qc*** nur, bloß etw tun; ***il ne fait que commencer*** er fängt gerade erst an; ***il n'a fait qu'effleurer le sujet*** er hat das Thema nur gestreift; ***ne ~ qu'entrer et sortir*** nur kurz herein-, vorbeischauen; gleich wieder gehen; ***cela y fait beaucoup*** das macht viel aus; *st/s* ***rien n'y fit*** nichts wollte helfen; es war zwecklos; **d)** *avec pr*: ***ne fais pas ça!*** tu, mach das nicht!; ***fais ce que tu veux!*** mach *ou* tu, was du willst!; *loc* ***ce qui est fait est fait*** das Geschehene kann nicht ungeschehen machen; geschehen ist geschehen; ***ce n'est ni fait ni à ~*** das ist nichts Halbes und nichts Ganzes; ***ce faisant*** dabei; als ich, er *etc* das tat, machte; F ***on ne me la fait pas!*** F ich lasse mich nicht reinlegen, drankriegen!; F ***je le connais comme si je l'avais fait*** F ich kenne ihn in- und auswendig, wie meine Westentasche; ***que ~?*** was tun?; was kann man da machen?; ***qu'est-ce que vous faites là?*** was tun, machen, treiben Sie da?; ***mais qu'est-ce qu'ils font!*** was tun, machen sie bloß so lange!; ***qu'est-ce que vous faites dans la vie?*** welchen Beruf haben Sie?; was arbeiten Sie?; ***qu'est-ce que tu as fait de mes clefs?*** was hast du mit meinen Schlüsseln gemacht?; ***faites quelque chose!*** tun Sie (doch) (et)was!; ***~ qc pour qn*** für j-n etw tun; ***cela lui a fait qc*** das hat ihn (sehr) getroffen; das hat ihm e-n Stich gegeben; *d'un enfant* ***on en fera qc*** aus dem kann (et)was werden; F ***pour quoi ~?*** wozu?; wofür?; ***quoi qu'on fasse, il n'est jamais content*** man kann es ihm nie recht machen; ***il ne fait rien*** er tut, arbeitet nichts; ***il ne fait rien à l'école*** er leistet nichts in der Schule; ***je ne lui ai rien fait*** ich habe ihm nichts getan; ***cela ne fait rien*** das macht nichts; ***cela ne lui fait rien*** das macht ihm nichts aus; ***ça ne fait rien à l'affaire*** das ändert nichts an der Sache; F ***rien à ~!*** nichts zu machen!; nichts zu wollen!; *st/s* ***n'en faites rien!*** tun Sie das nicht!; *formule de politesse* ***je n'en ferai rien*** aber ich bitte Sie!; *prov* ***ne faites pas à autrui ce que vous ne voudriez pas que l'on vous fasse*** (***à vous-même***) was du nicht willst, dass man dir tu, das füg auch keinem andern zu (*prov*); **e)** *avec verbe*: ***j'ai à ~*** ich habe zu tun; ***avoir à ~ à*** zu tun, zu schaffen haben mit; *si tu …* ***tu auras à ~ à moi*** dann bekommst du es mit mir zu tun; ***le gouvernement a fort à ~*** [fɔʀtafɛʀ] ***avec les extrémistes*** die Radikalen machen der Regierung viel zu schaffen; F ***j'en ai rien à ~*** damit habe ich nichts zu tun, zu schaffen; das geht mich nichts an; ***il n'y a*** (***plus***) ***rien à ~*** es *ou* da ist nichts (mehr) zu machen; *st/s* ***n'avoir que ~ de qc*** etw entbehren können; *st/s* e-r Sache (*gén*) nicht bedürfen; F ***il faut le ~!*** das ist gar nicht so einfach!; das soll erst (ein)mal einer nachmachen!; (***se***) ***laisser ~*** → ***laisser*** *II et III*; ***je ne peux pas ~ autrement*** ich kann nicht anders; ***qu'est-ce que ça peut bien vous ~?*** was haben Sie damit zu tun?; was macht das Ihnen aus?; was interessiert Sie das?; F ***il ne peut jamais ~ comme tout le monde!*** er muss auch immer aus der Reihe tanzen!; ***on ne peut rien y ~*** da kann man nichts machen, tun; F ***savoir y ~*** sich darauf verstehen; ***qu'est-ce que vous voulez que j'en fasse?*** was soll ich damit anfangen?; **f)** *avec conj*: ***~ que …*** bewirken, zur Folge haben, dass …; ***sa maladie a fait qu'il***

F

n'a pas pu travailler s-e Krankheit hatte zur Folge, dass er nicht arbeiten konnte; F ***ça fait que …*** deshalb, deswegen, darum …; *il pleuvait à verse*, ***ça fait qu'on est resté*** deshalb sind wir geblieben; ***fasse le Ciel qu'il revienne bientôt!*** gebe (es) der Himmel, dass er bald zurückkommt!; *st/s* **~ *en sorte que …*** (*+subj*) es so einrichten, dass …; das Nötige veranlassen, damit …; **g)** *abs* (*uriner, déféquer*) (hin)machen; *jeune chien* **~ *partout*** überall hinmachen; **~ *dans sa culotte*** in die Hose machen; **h)** *abs* (***faites,***) ***faites!*** bitte!; **i)** *reprise d'un verbe précédent* tun; ***il répondit comme jamais son frère ne l'aurait fait*** er antwortete, wie es sein Bruder nie getan hätte **2** **~ *du sport*** Sport treiben; F sporteln; **~ *un sport*** e-e Sportart betreiben; **~ *de la natation, de la voile*** Schwimmsport, Segelsport betreiben; schwimmen, segeln; **~ *de la marche*** wandern; (Fuß)Wanderungen machen; **~ *du tennis*** Tennis spielen; F **~ *du vélo*** Rad fahren; F radeln; → *a les subst correspondants* **3** (*étudier*) *une matière* studieren; treiben; lernen; *une école* besuchen; durchlaufen; absolvieren; **~ *de l'anglais*** *à la fac* Englisch studieren; *à l'école* Englisch lernen; *seul* Englisch treiben, lernen, F machen; **~ *son droit, sa médecine*** Jura, Medizin studieren; ***il fait les Beaux-Arts*** *etc* er studiert an der Kunstakademie *etc* **4** (*visiter*) *région* bereisen; F abgrasen; *monument* besichtigen; F machen; *magasins* F abklappern **5** F *une maladie* haben; leiden an (*+dat*); F durchmachen; **~ *une angine*** e-e Angina durchmachen; **~ *du diabète*** Diabetes haben; an Diabetes leiden; **~ *de la fièvre*** Fieber haben **6** F *magasin*: *article* führen; haben; verkaufen **7** F (*cultiver*) *blé etc* anbauen **8** F (*cambrioler*) *banque etc* ausrauben; **~ *le portefeuille à qn*** j-m die Brieftasche leeren **9** (*devenir*) abgeben; werden; ***il fera un bon professeur*** er wird ein guter Lehrer werden, e-n guten Lehrer abgeben **10** (*chercher à passer pour*) sich … stellen; so tun, als ob …; markieren; machen; spielen; **~ *le malade*** sich krank stellen; so tun, als sei man krank *ou* als ob man krank wäre; den Kranken markieren, spielen **11** F CIN, THÉ *rôle* spielen; **~ *Harpagon*** den Harpagon spielen **12** *nombre aux dés* werfen; würfeln; **~ *un six*** e-e Sechs, sechs Augen werfen, würfeln **13** F (*vendre*) geben, verkaufen für; ***je vous le fais (à) dix euros*** ich geb's, lasse es Ihnen für zehn Euro **14** *en incise* sagen; erwidern; *sans doute*, ***fit-il***, *vous avez raison* erwiderte, sagte er; ***chut! fit-elle*** pst! machte sie **15** F (*durer*) *vêtement, objet* halten; *provisions* reichen; F vorhalten; *film, spectacle* dauern **16** (*servir de*) dienen als; ***un placard qui fait penderie*** ein Wandschrank, der als Kleiderschrank dient **17** GR bilden; « ***cheval*** » ***fait*** « ***chevaux*** » ***au pluriel*** „cheval" bildet den Plural „chevaux" **18** MATH, MESURES: ***quatre et trois font sept*** vier und drei ist, macht sieben; ***ce mur fait deux mètres*** diese Mauer hat zwei Meter (Höhe *ou* Länge); ***ce réservoir fait cinquante litres*** dieser Tank fasst fünfzig Liter; ***mon frère fait quatre-vingts kilos*** mein Bruder ist achtzig Kilo schwer, wiegt, F hat (s-e) achtzig Kilo; ***il fait un mètre quatre-vingt*** er ist eins achtzig groß; ***combien fais-tu?*** wie groß *ou* schwer bist du?; ***quelle pointure faites-vous?*** welche (Schuh-*etc*)Größe haben Sie?; ***je fais du quarante*** ich habe vierzig; AUTO **~ *du cent (à l'heure)*** *vitesse momentanée* mit hundert (Stundenkilometern) fahren; F hundert draufhaben; *vitesse maximale* hundert (Stundenkilometer) fahren, machen; ♦ *impersonnel* **a)** *en payant* ***ça fait cent euros*** das macht hundert Euro; F ***combien ça fait?*** was macht das?; **b)** *indication de temps* ***ça fait quinze jours que je ne l'ai pas vu*** ich habe ihn seit vierzehn Tagen nicht gesehen; es ist *ou* sind vierzehn Tage her, dass ich ihn nicht gesehen habe **II** *v/aux avec inf* lassen (*+inf*); veranlassen zu (*+inf*); bringen zu (*+subst*); **~ *adopter une motion*** e-n Antrag durchbringen, zur Annahme bringen; **~ *changer qn d'idée*** j-n umstimmen; j-n veranlassen, s-e Absicht zu ändern; ***ne me faites pas dire ce que je n'ai pas dit*** legen Sie mir nicht Worte in den Mund, die ich nicht gesagt habe; **~ *lire les élèves*** die Schüler lesen lassen; **~ *lire un texte aux élèves*** die Schüler e-n Text lesen lassen; **~ *manger*** *enfant, malade* füttern; ***il me*** (*obj/indir*) ***fait penser à mon oncle*** er erinnert mich an meinen Onkel; **~ *rire qn*** j-n zum Lachen bringen; j-n lachen machen; **~ *savoir (à qn) que …*** (j-m) mitteilen, dass …; **~ *traverser la rue à qn*** j-n über die Straße bringen; **~ *venir qn*** j-n kommen lassen; → *a les verbes correspondants* **III** *v/imp* sein; **a)** *temps, température*: ***il fait beau, mauvais*** es ist schön(es Wetter), schlechtes Wetter; das Wetter ist schön, schlecht; wir haben schönes, schlechtes Wetter; ***il fait chaud, froid*** *etc* es ist warm, kalt *etc*; ***il va ~ froid*** es wird kalt; wir bekommen, F kriegen kaltes Wetter; ***il fait du brouillard*** es ist neblig; wir haben, es herrscht Nebel; ***il fait une chaleur terrible*** es ist furchtbar heiß; wir haben e-e furchtbare Hitze; ***il fait trente degrés à l'ombre*** es sind, wir haben dreißig Grad im Schatten; ***il fait (du) soleil*** die Sonne scheint; ***quel temps fait-il?*** wie ist das Wetter?; ***par le temps qu'il fait*** bei dem Wetter; → *a* ***bon***[1] *II*; **b)** ***il fait jour, nuit*** es ist Tag, Nacht; ***il fait clair, sombre*** es ist hell, dunkel **IV** *v/pr* ***se ~*** **1 a)** *mariage, paix* zustande kommen; *silence* eintreten; *impersonnel* ***il se fit un (grand) silence*** es trat (e-e große) Stille ein; es wurde (ganz) still; **b)** *fromage* reifen; **c)** ***cet homme s'est fait seul*** dieser Mann hat sich aus eigener Kraft hochgearbeitet; **d)** *impersonnel*: ***il pourrait bien se ~ que …*** (*+subj*) es könnte sehr wohl sein, geschehen, der Fall eintreten, passieren, dass …; ***comment se fait-il qu'il parte déjà?*** wie kommt es, wie ist es möglich, dass er schon geht?; F ***comment (que) ça se fait?*** wie kommt das?; wie ist das möglich?; F wieso? **2** *sens passif* **a)** gemacht werden; erfolgen; ***le montage se fait dans cet atelier*** die Montage erfolgt in dieser Werkstatt; COMM ***se ~ en acajou, en bleu*** in Mahagoni, in Blau hergestellt werden, lieferbar sein; **b)** (*être courant*) üblich, Brauch, gang und gäbe, Mode sein; ***ça ne se fait pas!*** das *ou* so was tut man nicht! **3** *avec subst* sich (*dat*) … machen; ***se ~ des amis*** Freunde gewinnen; ***se ~ un peu d'argent de poche*** sich (*dat*) etwas Taschengeld verdienen; ***se ~ un devoir de*** (*+inf*) es sich (*dat*) zur Pflicht machen, es als s-e Pflicht ansehen, betrachten zu (*+inf*); ***se ~ des ennemis*** sich (*dat*) Feinde machen, schaffen; ***se ~ une opinion*** sich (*dat*) e-e (eigene) Meinung bilden; ***se ~ une situation*** sich (*dat*) e-e Position schaffen **4** *avec adj ou subst sans article*: **a)** werden; ***se ~ moine*** Mönch werden; ***se ~ rare*** selten werden; *personne* sich selten sehen lassen; F sich rarmachen; *impersonnel* ***il se fait tard*** es wird spät; ***se ~ vieux*** alt werden; altern; **b)** ***se ~ beau** ou **belle*** sich fein, schön machen; sich herausputzen; ***se ~ fort de*** (*+inf*) sich anheischig machen zu (*+inf*) **5** *avec inf*: **a)** sich (*dat*) ... lassen; ***se ~ couper les cheveux*** sich (*dat*) die Haare schneiden lassen; ***se ~ ~ un costume*** sich (*dat*) e-n Anzug machen lassen; ***se ~ maigrir*** e-e Abmagerungskur machen; **b)** *sens passif* werden; ***se ~ renverser par une voiture*** von e-m Auto umgefahren werden; ***se ~ sentir*** fühlbar, spürbar werden; sich bemerkbar machen **6** ***se ~ à*** sich gewöhnen an (*+acc*); ***se ~ à une idée*** *a* sich mit e-m Gedanken abfinden; ***s'y ~*** sich daran gewöhnen **7** *chaussures, jeans* ***se ~*** nachgeben; sich dehnen, weiten **8** F ***ne pas s'en ~*** (*ne pas s'inquiéter*) sich (*dat*) (deswegen) keine Sorgen machen; sich (*dat*) nichts daraus machen; sich (*dat*) deswegen keine grauen Haare wachsen lassen; (*ne pas se gêner*) keine Hemmungen haben; sich (*dat*) viel herausnehmen; ***(ne) t'en fais pas!*** nur keine Sorge!; ***il ne s'en fait pas*** F der kennt da nichts, keine Hemmungen; *iron* ***(il ne) faut pas vous en ~!*** Sie nehmen sich (*dat*) da ein bisschen viel raus!; F Sie haben vielleicht Nerven! **9** P (*coïter*) ***se ~ qn*** mit j-m ins Bett gehen; F j-n vernaschen **10** F ***il faut se le ~*** es ist nicht so einfach, mit ihm auszukommen, ihn zu ertragen

faire-part [fɛʀpaʀ] *m* ⟨*inv*⟩ (Familien)Anzeige *f*; ***~ de décès, de mariage, de naissance*** Todes- *ou* Trauer-, Heirats- *ou* Vermählungs-, Geburtsanzeige *f*; ***envoyer, faire imprimer des ~*** Anzeigen verschicken, drucken lassen

faire-valoir [fɛʀvalwaʀ] *m* ⟨*inv*⟩ AGR Bewirtschaftung *f*; ***~ direct*** Selbst-, Eigenbewirtschaftung *f*

fair-play [fɛʀplɛ] **I** *m* Fairness ['fɛːr-] *f*; Fair Play ['fɛːr'pleː] *n* **II** *adj* ⟨*inv*⟩ fair [fɛːr]; ***(ne pas) être ~*** (nicht *ou* un)fair sein, spielen, kämpfen

fais [fɛ] → ***faire***

faisabilité [fəzabilite] *f* Durchführbarkeit *f*

faisable [fəzabl] *adj* durchführbar; machbar; möglich; ***c'est (très) ~*** das lässt sich (gut) machen; das geht (gut, ohne weiteres)

faisan [fəzɑ̃] *m* **1** ZO Fasan *m*; ***~ doré*** Goldfasan *m* **2** *arg* Betrüger *m*; Gauner *m*

faisandage [fəzɑ̃daʒ] *m du gibier* Abhängen *n*, bis es den Hautgout annimmt

faisandé [fəzɑ̃de] *adj* CUIS ***viande ~e*** Fleisch *n* mit Hautgout, mit e-m Stich

faisandeau [fəzɑ̃do] *m* ⟨*pl* **~x**⟩ junger Fasan

faisander [fəzɑ̃de] *v/t* CUIS *gibier* abhängen lassen, bis es den Hautgout annimmt

faisanderie [fəzɑ̃dʀi] *f* Fasanerie *f*; Fasanengehege *n* **faisandier** *m* Fasanenzüchter *m*

faisane [fəzan] *f ou adjt* ***poule f ~*** Fasanenhenne *f*

faisceau [fɛso] *m* ⟨*pl* **~x**⟩ **1** *de brindilles* Bündel *n*; Bund *n* **2** MATH Bündel *n*; Büschel *n*; PHYS Strahl *m*; OPT Bündel *n*; ***~ électronique*** Elektronenstrahl *m*; TÉLÉCOMM ***~ hertzien*** Richtfunkstrecke *f*, -verbindung *f*; ***~ laser*** Laserstrahl ['leː-] *m*; ***~ lumineux*** Lichtkegel *m*; (Licht)Strahlenbündel *n* **3** ANAT Strang *m*; Bündel *n* **4** MIL Gewehrpyramide *f* **5** *fig* ***~ de preuves*** Kette *f* von Beweisen; Beweiskette *f*

faiseur [fəzœʀ] *m*, **faiseuse** *f* ***faiseur, faiseuse de ...*** ...macher(in) *m(f)*; ***faiseuse d'anges*** Engelmacherin *f*; ***faiseur d'embarras*** j, der anderen ständig Ungelegenheiten macht; F Stänker(er) *m*; ***faiseuse de mariage*** Ehestifterin *f*; F Kupplerin *f*

faisselle [fɛsɛl] *f* Abtropfsieb *n* (für Quark)

fait¹ [fɛ] *p/p* → ***faire** et adj* ⟨**faite** [fɛt]⟩ **1** *travail* gemacht; getan; fertig; erledigt; beendet; aus-, durchgeführt; *objet* beschaffen; gebildet (***de qc*** aus etw); *yeux* geschminkt; *ongles* lackiert; JUR *acte* ***~ le ...*** ausgefertigt, ausgestellt am ...; ***tout ~*** *travail* (fix und) fertig; ganz fertig; *expression* fest; stehend; stereotyp; ***des idées toutes ~es*** übernommene, überkommene Ansichten *f/pl*; Klischeevorstellungen *f/pl*; ***c'est ~*** das ist erledigt, gemacht, getan, fertig; ***voilà qui est ~*** das wäre erledigt, geschafft; ***c'est un grand pas de ~*** das ist ein großer Schritt vorwärts; das hat uns ein gutes Stück weitergebracht; ***c'est bien ~*** das geschieht dir, ihm *etc* recht; ♦ ***être ~ pour qn, qc*** für j-n, etw wie geschaffen sein; ideal, genau richtig für j-n, etw sein; ***ils sont ~s l'un pour l'autre*** sie sind füreinander bestimmt, (wie) geschaffen; ***il n'est pas ~ pour ce métier, pour être professeur*** er eignet sich nicht für diesen Beruf, zum Lehrer; F ***c'est ~ pour*** dazu ist es ja da **2** *fromage* reif; weich; F durch **3** *personne* ***bien ~*** gut gewachsen; F gut gebaut; ***être mal ~*** nicht gut gewachsen, F gebaut sein; ***un homme ~*** ein ausgewachsener, *südd* gestandener Mann **4** F ***être ~*** F dran, *p/fort* geliefert, verloren sein

fait² [fɛ(t)] *m* **1** (*réalité*) **a)** Tatsache *f*; Faktum *n*; ***~ nouveau*** Novum *n*; neue Tatsache (*a* JUR); ***le ~ de*** (*+inf*) *ou* ***que ...*** (*+ind ou subj*) die Tatsache, dass ...; ***le ~ de n'avoir rien répondu** ou **qu'il n'ait rien répondu*** (die Tatsache,) dass er nichts geantwortet hat; ***c'est un ~*** das ist e-e Tatsache, ein Faktum; das steht fest; ***le ~ est que vous avez raison*** Tatsache ist, dass Sie recht haben; tatsächlich haben Sie recht; ***le ~ est là**, il est trop tard* Tatsache ist ...; **b)** ***~s*** *pl* Sachverhalt *m*; Sachlage *f*; JUR Tatbestand *m* **2** (*acte*) Tat *f*; Handlung *f*; ***'hauts ~s*** große, denkwürdige Taten; Heldentaten *f/pl* (*a iron*); ***~ d'armes, de guerre*** (kriegerische) Heldentat; ***le ~ de parler, de s'en aller** etc* das Sprechen, Weggehen *etc*; ***prendre qn sur le ~*** j-n auf frischer Tat, in flagranti ertappen; ***surveiller les ~s et gestes de qn*** j-s Tun und Treiben überwachen **3** (*événement*) Ereignis *n*; Begebenheit *f*; Geschehnis *n*; Vorfall *m*; Vorkommnis *n*; (*phénomène*) Erscheinung *f*; ***~ divers*** → ***divers*** *1* **4** (*cause*) Sache *f*; Fall *m*; ***dire son ~ à qn*** j-m gründlich die Meinung sagen; j-m ordentlich Bescheid sagen; ***être sûr de son ~*** s-r Sache (*gén*) sicher sein; ***prendre ~ et cause pour qn*** für j-n Partei ergreifen; sich für j-n einsetzen; ***(en) venir au ~*** zur Sache, zum Kern der Sache kommen **5** *loc/adv* ***au ~*** [ofɛt] übrigens; dabei fällt mir ein; eigentlich; ***au ~, j'ai oublié de vous dire que ...*** übrigens, ich habe vergessen, Ihnen zu sagen, dass ...; ***au ~, que voulez-vous de moi?*** was wollen Sie eigentlich von mir?; ♦ *loc/adv et loc/adj* ***de ~*** [dəfɛt] faktisch; tatsächlich; in der Tat; wirklich; wahrhaftig; ***gouvernement** m **de ~*** De-facto-Regierung *f*; *il avait promis d'être à l'heure et*, ***de ~**, il y était* tatsächlich; in der Tat; wirklich; wahrhaftig; *loc/adv* ***de ce ~*** aus diesem Grund; deshalb; darum; auf Grund dieser Tatsache; *loc/prép et loc/conj* ***du ~***

de (+*subst*) *ou* ***que …*** (+*ind*) durch (+*acc*); infolge, als Folge, wegen (+*gén*); dadurch dass; da; weil; ***du seul ~ de son appartenance*** *ou* ***qu'il appartienne à un parti*** allein aufgrund s-r Parteizugehörigkeit; allein aufgrund der Tatsache, dass er e-r Partei angehört; ♦ *loc/adv* ***en ~*** [ɑ̃fɛt] in Wirklichkeit; im Grunde; *loc/prép* ***en ~ de*** was (+*acc*) (an)betrifft, an(be)langt, angeht; in puncto (+*subst sans article*); hinsichtlich (+*gén*); ♦ *loc/adv* ***tout à ~*** [tutafɛ] **a)** ganz (und gar); völlig; vollständig; vollkommen; gänzlich; **b)** F genau!; richtig!

faîtage [fɛtaʒ] *m* ARCH (Dach)First *m*

faîte [fɛt] *m* **1** *d'un toit, d'une maison* (Dach)First *m*; *d'une tour* Spitze *f* **2** *d'une montagne* Gipfel *m*; Kamm *m*; Grat *m*; *d'un arbre* Wipfel *m*; Gipfel *m*; Krone *f* **3** *fig* Glanz-, Höhepunkt *m*; Zenit *m*; ***être (parvenu) au ~ de la gloire*** auf der Höhe des Ruhmes stehen; den Gipfel, Höhepunkt des Ruhmes erreicht haben

fait-tout ⟨*inv*⟩ *ou* **faitout** [fɛtu] *m* (schwerer) Kochtopf

faix [fɛ] *m litt* (*fardeau*) Last *f*; *st/s* Bürde *f*

fakir [fakiʀ] *m* Fakir *m*

falaise [falɛz] *f* Steilküste *f*; (Fels)Klippe *f*; Felswand *f*

falbalas [falbala] *m/pl* (üppiger) Besatz; F *péj* Firlefanz *m*

Falkland [falklɑ̃d] ***les îles*** *f/pl* ***~*** die Falklandinseln *f/pl*

fallacieux [fa(l)lasjø] *adj* ⟨**-euse**⟩ trügerisch; irreführend

falloir [falwaʀ] *v/imp* ⟨**il faut**; **il fallait**; **il fallut**; **il a fallu**; **il faudra**; **qu'il faille**; **qu'il fallût**⟩ **1** müssen; nötig sein; sollen; dürfen; **a)** *avec inf*: ***il me faut*** (+*inf*) ich muss (+*inf*); ***il faut*** (+*inf*) man muss (+*inf*); ***il ne faut pas*** (+*inf*) man darf, soll nicht (+*inf*); ***il lui a fallu attendre*** er musste warten; ***il fallait me le dire*** du hättest *ou* Sie hätten es mir sagen müssen, sollen; ***faut-il être bête tout de même!*** wie kann man nur so dumm sein!; ***il ne faut pas mentir*** man darf, soll nicht lügen; (***il***) ***faut voir!*** das muss man gesehen haben!; das müssten Sie *etc* mal sehen!; **b)** ***il faut que je …*** (+*subj*) ich muss (+*inf*); ***il a fallu qu'il arrive juste à ce moment-là*** ausgerechnet in diesem Augenblick musste er kommen!; ***encore faut-il qu'il réussisse à son examen*** da, dazu muss er erst mal s-e Prüfung bestehen; ***il faut toujours qu'elle se trouve des excuses*** sie braucht immer e-e Ausrede; **c)** ***il le faut*** das, es muss sein; ***il faut ce qu'il faut*** was sein muss, muss sein; ***s'il le faut*** wenn es sein muss; wenn es nötig, erforderlich ist; *quand on reçoit un cadeau* ***il ne fallait pas!*** das wäre doch nicht nötig gewesen!; ***quand il faut*** wenn es angebracht ist; **d)** *loc/adv et loc/adj* ***comme il faut*** vorbildlich; musterhaft, -gültig; wie es sich, wie sich's gehört; ***des gens*** (***très***) ***comme il faut*** (sehr) anständige, ordentliche Leute *pl* **2** brauchen; benötigen; nötig haben; bedürfen (+*gén*); ***il me faut qc*** ich brauche etw; ***il lui faut qn pour l'aider*** er braucht jemand(en) zur Hilfe, der ihm hilft; ***il me le faut absolument*** ich brauche ihn *ou* es unbedingt; ich muss ihn *ou* es unbedingt haben; ***il faut beaucoup de soin*** es bedarf großer Sorgfalt; ***plus qu'il n'en faut*** mehr als genug **3** ***s'en ~*** fehlen; ***il s'en faut de beaucoup qu'elle soit heureuse*** sie ist alles andere *ou* nichts weniger als glücklich; sie ist weit davon entfernt, glücklich zu sein; ***il s'en faut de beaucoup qu'il soit aussi riche que son frère*** er ist bei weitem *ou* lange nicht so reich wie sein Bruder; ***il s'en faut de peu*** *ou* ***peu s'en faut que …*** (+ *subj*) es fehlt nicht viel *ou* nur wenig und (+*Konditional*); ***il est ruiné, ou peu s'en faut*** er ist so gut wie ruiniert; *il n'est pas bête*, ***tant s'en faut!*** weit gefehlt!

falot¹ [falo] *m* große (Hand)Laterne

falot² [falo] *adj personne* unscheinbar; unbedeutend; farblos; blass; unauffällig

falsificateur [falsifikatœʀ] *m*, **falsificatrice** *f* Fälscher(in) *m(f)*; Verfälscher(in) *m(f)* **falsification** *f d'aliments, d'un texte, de la vérité* Verfälschung *f*; *du vin, du lait a* Pan(t)schen *n*; Pan(t)scherei *f*

falsifier [falsifje] *v/t aliments, textes, vérité* verfälschen; *vin, lait a* pan(t)schen; *argent, document, signature, date, bilan* fälschen; *bilan a* verschleiern; F frisieren

falzar [falzaʀ] *m* F (*pantalon*) F Buxe *f*; Büx *f*

Famagouste [famagust] GÉOGR Famagusta *n*

famé [fame] *adj rue, café etc* ***mal ~*** verrufen; verschrie(e)n; berüchtigt; übel beleumundet

famélique [famelik] *adj personne* ausgehungert; ausgemergelt; abgezehrt; *animal* ausgehungert; mager

fameux [famø] *adj* ⟨**-euse**⟩ **1** (*renommé*) berühmt (***par, pour*** für); bekannt (wegen, durch); denkwürdig **2** *iron* viel zitiert; oft erwähnt; ***vos ~ principes*** Ihre viel, gern, oft zitierten Grundsätze *m/pl* **3** (*très grand*) riesig; gewaltig; F gehörig; tüchtig; ganz schön; ***une fameuse canaille*** e-e Erzkanaille; ***un ~ coup de soleil*** ein schlimmer, F ganz schöner Sonnenbrand; ***une fameuse gaffe*** e-e gewaltige Dummheit, F Riesendummheit **4** (*excellent*) ausgezeichnet; hervorragend; vorzüglich; vortrefflich; F ***pas ~*** F nicht berühmt; nicht besonders; nicht gerade berauschend

familial [familjal] **I** *adj* ⟨**-aux**⟩ Familien…; familiär; ***allocations ~es*** Kindergeld *n*; COMM ***boîte ~e, paquet ~*** Familienpackung *f*; ***liens familiaux*** Familienbande *n/pl*; familiäre Bindungen *f/pl* **II** *f* ***~e*** sechssitziger Kombi(wagen) *m*

familiariser [familjaʀize] **I** *v/t* ***~ qn avec qc*** j-n mit etw vertraut machen; j-n in etw (*acc*) einführen **II** *v/pr* ***se ~ avec qc*** sich mit etw vertraut machen; mit etw vertraut werden; sich an etw (*acc*) gewöhnen; ***se ~ avec les lieux*** sich an e-m Ort einleben; sich mit den Räumlichkeiten, Örtlichkeiten vertraut machen; ***se ~ avec sa nouvelle situation*** *a* sich in s-e neue Situation hineinfinden

familiarité [familjaʀite] *f* **1** (*intimité*) Vertrautheit *f*, Vertrautsein *n* (*a fig avec une langue etc*) **2** *du comportement* Vertraulichkeit *f*; Zwanglosigkeit *f*; Ungezwungenheit *f*; Familiarität *f*; ***traiter qn avec une ~ déplacée, excessive*** j-n mit e-r unangebrachten Vertraulichkeit, übertrieben vertraulich behandeln **3** *péj* ***~s*** *pl* Vertraulichkeiten *f/pl*; Zudringlichkeit *f*; ***se permettre des ~s avec qn*** sich (*dat*) Freiheiten, Vertraulichkeiten gegenüber j-m herausnehmen, erlauben

familier [familje] **I** *adj* ⟨**-ière**⟩ **1** (wohl)vertraut; *langue a* geläufig; *geste, attitude a* gewohnt; üblich **2** *péj comportement* (allzu) vertraulich, familiär; zudringlich; aufdringlich **3** *conversation etc* familiär; ungezwungen; zwanglos; frei **4** *tournure, expression* umgangssprachlich; familiär; ***langage ~*** Umgangssprache *f*; ***mot, terme ~*** Wort *n*, Ausdruck *m* der Umgangssprache **II** *m* häufiger Gast; Freund *m* (des Hauses); Vertraute(r) *m*

familièrement [familjɛʀmɑ̃] *adv* zwanglos; ungezwungen; familiär; ***comme on dit ~*** wie man umgangssprachlich sagt

famille [famij] *f* Familie *f* (*a* BOT, ZO, LING, *fig*); *par ext* Verwandtschaft *f*; (*lignée*) Geschlecht *n*; ***~ nombreuse*** kinderreiche Familie; *par ext* ***les deux cents ~s*** die reichsten Familien Frankreichs; *fig* ***les grandes ~s politiques*** die Parteien *f/pl* und Gruppierungen *f/pl* der politischen Grundrichtungen; LING ***~ de langues, de mots*** Sprach-, Wortfamilie *f*; ***~ d'ouvriers*** Arbeiterfamilie *f*; ***chef*** *m* ***de ~*** Familienoberhaupt *n*; ADM, JUR Haushaltsvorstand *m*; ***fils*** *m* ***de ~*** Sohn *m* aus reichem, gutem Hause (*a péj*); ***médecin*** *m* ***de ~*** Hausarzt *m*; ***situation*** *f* ***de ~*** Familien-, Personenstand *m*; *loc/adj et loc/adv*: ***de bonne ~*** aus gutem Hause; aus guter Familie; ***d'une vieille ~*** aus altem Geschlecht; F *distraction etc* ***des ~s*** gemütlich; harmlos; ***en ~*** im (engsten) Familienkreis; im Kreise der Familie; unter sich; ***on est en ~*** die Familie ist unter sich; ***ne pas avoir de ~*** keine Familie, kein Zuhause haben; ***c'est dans la, c'est de ~*** das liegt in der Familie; ***être de la même ~*** zur selben Familie gehören; aus derselben Familie stammen; F ***il fait partie de la ~*** er gehört zur Familie; F ***promener sa petite ~*** s-e Familie ausführen; e-n Familienspaziergang machen

famine [famin] *f* Hungersnot *f*; Hunger *m*; ***crier ~*** über Mangel, s-e geringen Mittel klagen; ***mon estomac crie ~*** mir knurrt der Magen

fan [fan] *m,f* Fan [fɛn] *m*

fana [fana] F *abr* (*fanatique*) **I** *adj* ⟨*f inv*⟩ ***il en est ~*** F er ist verrückt, scharf, wild darauf; ***je n'en suis pas ~*** *a* ich mache mir nichts draus **II** *m,f* Fan [fɛn] *m*; ***~ de foot*** Fußballfan *m*

fanage [fanaʒ] *m* AGR Heuwenden *n*

fanal [fanal] *m* ⟨*pl* **-aux**⟩ MAR Schiffs-, Positionslaterne *f*; *par ext* Laterne *f*; Windlicht *n*

fanatique [fanatik] **I** *adj* fanatisch **II** *m,f* **1** (*passionné*) Fanatiker(in) *m(f)*; begeisterter Anhänger, begeisterte Anhängerin; Fan [fɛn] *m*; (blinder) Bewunderer; ***~ du jazz*** a) Jazzfan *m*; b) begeisterter Jazzmusiker **2** POL, REL Fanatiker(in) *m(f)*; Eiferer *m*, Eiferin *f*

fanatiser [fanatize] *v/t* fanatisieren; aufpeitschen; aufhetzen; ***~ la foule, le peuple*** die Menge, das Volk fanatisieren

fanatisme [fanatism] *m* Fanatismus *m*; Besessenheit *f*; ***~ politique, religieux*** politischer, religiöser Fanatismus

fandango [fɑ̃dɑ̃go] *m danse* Fandango *m*

fane [fan] *f souvent pl* ***~s*** *de carottes etc* Kraut *n*; *de radis etc* Blätter *n/pl*

fané [fane] *adj* **1** *fleurs* welk; verwelkt; verblüht **2** *visage* welk; *beauté* verblüht; *couleur* verblasst; verblichen; *tissu* verblichen; verschossen; ausgeblichen

faner [fane] **I** *v/t* AGR *foin* wenden **II** *v/pr* ***se ~*** **1** *fleurs* (ver)welken; welk werden; verblühen **2** *couleur* verblassen; verbleichen; *tissu* ausbleichen; verbleichen; verschießen

fanfare [fɑ̃faʀ] *f* **1 a)** *orchestre* Blaskapelle *f*; Blechmusik(kapelle) *f*; ***~ municipale*** städtische Blaskapelle; F *fig* ***c'est un sale coup pour la ~*** F das ist ein Schlag ins Kontor; **b)** *musiciens* Blechbläser *m/pl* **2** *musique* Fanfare *f*; ***~s*** *pl* Trompetengeschmetter *n*; ***accueillir qn en ~*** j-n mit e-m Tusch begrüßen; F *fig*: ***réveil*** *m* ***en ~*** Wecken *n* mit viel Lärm, Getöse; ***réveiller qn en ~*** j-n mit viel Lärm, Getöse wecken, aus dem Schlaf reißen; j-n aus dem Schlaf trommeln

fanfaron [fɑ̃faʀõ] **I** *adj* ⟨**~ne**⟩ großsprecherisch; prahlerisch; aufschneiderisch; F angeberisch **II** *m* Aufschneider *m*; Prahler *m*; Prahlhans *m*; Wichtigtuer *m*; F Angeber *m*; ***faire le ~*** aufschneiden; prahlen; großtun; sich wichtigmachen; F angeben

fanfaronnade [fɑ̃faʀɔnad] *f* Prahlerei *f*; Großsprecherei *f*; Wichtigtuerei *f*; F Angeberei *f*; Angabe *f*

fanfaronner *v/i* prahlen; aufschneiden; sich wichtigmachen; F angeben; den Mund voll nehmen

fanfreluches [fɑ̃fʀəlyʃ] *f/pl* Flitterkram *m*; F Firlefanz *m*

fange [fɑ̃ʒ] *f* Schlamm *m*; Schmutz *m* (*a fig*)

fangeux [fɑ̃ʒø] *adj* ⟨**-euse**⟩ schlammig

fanion [fanjõ] *m* Wimpel *m*; Fähnchen *n*; Flagge *f*; Stander *m*; ***~ d'un club*** Vereinswimpel *m*

Fanny [fani] *f Vorname*

fanon [fanõ] *m* **1 a)** *du bœuf* Wamme *f*; **b)** *du dindon* Kehllappen *m* **2 a)** *de la baleine* Barte *f*; **b)** *substance* Fischbein *n*

fantaisie [fɑ̃tezi] *f* **1** (*caprice*) Laune *f*; Lust *f*; Verlangen *n*; (launischer, plötzlicher) Einfall; ***s'offrir, se payer une*** (***petite***) ***~*** sich (*dat*) etwas Besonderes, F Extras gönnen; ***il lui a pris la ~ de …*** plötzlich kam es ihm in den Sinn zu …; er hatte plötzlich Lust, das Verlangen zu …; es wandelte ihn die Lust an zu … **2** (*goût*) Geschmack *m*; Gutdünken *n*; Belieben *n*; ***selon sa ~*** nach eigenem Gutdünken; wie es einem gefällt, in den Sinn kommt **3** (*imagination*) schöpferische Fantasie; Einfallsreichtum *m*; Erfindungsgabe *f*; origineller Einfall; ***n'avoir aucune ~*** keinerlei originelle Einfälle, keine Fantasie haben; fantasielos sein; ***donner libre cours à sa ~*** s-r Fantasie, s-m schöpferischen Talent freien Lauf lassen; ***vie*** *f* ***qui manque de ~*** Leben *n* ohne Abwechslung; gleichförmiges Dasein **4** *adjt* (***de***) ***~*** Fantasie…; *tissu, bas etc* lebhaft gemustert; ***bijoux*** *m/pl* ***~*** Modeschmuck *m*; ***tissu*** *m* ***~*** *a* Fantasiedruck *m* **5** MUS Fantasie *f*

fantaisiste [fɑ̃tezist] **I** *adj* **1** *hypothèse etc* der Fantasie entstammend; aus der Luft gegriffen; *remède* nicht ernst zu nehmend **2** *personne* unkonventionell; *péj* unseriös **II** *m,f* **1** unkonventioneller, eigenwilliger, sprunghafter Mensch **2** *artiste* Unterhaltungskünstler(in) *m(f)*

fantasia [fɑ̃tazja] *f divertissement équestre de cavaliers arabes* Fantasia *f*

fantasmagorie [fɑ̃tasmagɔʀi] *f* Phantasmagorie *f*; fantastische Vision; Trugbild *n* **fantasmagorique** *adj* bizarr; geisterhaft; phantasmagorisch

fantasmatique [fɑ̃tasmatik] *adj* PSYCH phantasmatisch

fantasme [fɑ̃tasm] *m* Fantasie(bild, -gebilde) *f(n)*; Wunsch-, Trugbild *n*; PSYCH Phantasma *n*

fantasmer [fɑ̃tasme] *v/i* sich Fantasien (*dat*) hingeben; fantasieren; träumen

F

fantasque [fɑ̃task] *adj* wunderlich; launenhaft; seltsam; eigenwillig; kapriziös; unberechenbar
fantassin [fɑ̃tasɛ̃] *m* MIL Infanterist *m*
fantastique [fɑ̃tastik] **I** *adj* **1** fantastisch; unwirklich; übernatürlich; Fantasie…; ***cinéma*** *m* **~** Fantasyfilm ['fɛn-] *m*; ***histoire*** *f* **~** fantastische Geschichte **2** **a)** (*excellent*) *réussite etc* fantastisch; außerordentlich; großartig; **b)** (*incroyable*) *prix etc* fantastisch; enorm; unglaublich; F unwahrscheinlich **II** *subst* ***le ~*** das Fantastische
fantoche [fɑ̃tɔʃ] *m fig* Hampelmann *m*; Marionette *f*; *adjt* ***gouvernement*** *m* **~** Marionettenregierung *f*
fantomatique [fɑ̃tomatik] *adj* gespenster-, geister-, schemenhaft; gespenstisch
fantôme [fɑ̃tom] *m* **1** (*spectre*) Gespenst *n*; Geist *m*; Phantom *n*; Schemen *m*; *fig* ***les ~s du passé*** die Geister der Vergangenheit; ***maison 'hantée par les ~s*** Haus *n*, in dem es spukt; Spukhaus *n*; ***apparaître, disparaître*** *ou* ***s'évanouir comme un ~*** wie ein Gespenst auftauchen, verschwinden; **(*ne pas*) *croire aux ~s*** (nicht) an Gespenster, Geister glauben **2** (*chimère*) Fantasiegebilde *n*; Trugbild *n*; Phantom *n*; Hirngespinst *n* **3** *adjt* Gespenster…; Geister…; Phantom…; POL ***cabinet*** *m* **~** Schattenregierung *f*; MÉD ***douleurs*** *f/pl* **~s** Phantomschmerz *m*; MÉD ***membre*** *m* **~** Phantomglied *n*; ***train*** *m* **~** Geisterbahn *f*
fanzine [fɑ̃zin] *m ou f* Fanmagazin *n*; Fanzine ['fɛnziːn] *n*
faon [fɑ̃] *m* ZO *du chevreuil* (Reh)Kitz *n*; Rehkalb *n*; *du cerf* Hirschkalb *n*
Faou (Le) [ləfu] *Ort im Dep. Finistère*
far [faʀ] *m* CUIS **~** (***breton***) Milch-Eier-Auflauf *m* (mit Backpflaumen)
faramineux [faʀaminø] *adj* ⟨**-euse**⟩ F *prix, somme* enorm; F fantastisch; horrend
farandole [faʀɑ̃dɔl] *f provenzalischer Tanz*
faraud [faʀo] *m*, **faraude** *f* ***faire le faraud*** sich aufspielen; F (e-e Stange) angeben
farce[1] [faʀs] *f* **1** THÉ Farce *f* (*a fig*); Posse *f*; Schwank *m*; *fig* ***cela tourne à la ~*** das wird zur Farce **2** (*tour*) Streich *m*; Schabernack *m*; Ulk *m*; F Jux *m*; ***faire une ~ à qn*** j-m e-n Streich, e-n Schabernack spielen; ***faire des ~s*** Ulk, F Jux, Fez machen; Schabernack treiben **3** ***~s et attrapes*** *f/pl* Scherzartikel *m/pl*
farce[2] [faʀs] *f* CUIS Füllung *f*; Farce *f*
farceur [faʀsœʀ], **farceuse** **I** *m,f* Spaßvogel *m*, -macher(in) *m(f)*; Witzbold *m* **II** *adj* witzig; ulkig; ***il est très ~*** er ist sehr witzig, ein großer Spaßvogel
farci [faʀsi] *adj* **1** CUIS gefüllt; **~ *aux marrons*** mit Kastanienfüllung; ***tomates ~es*** gefüllte Tomaten *f/pl* **2** *fig* voll(er) (***de*** *gén*); vollgestopft, -gepfropft (mit)
farcir [faʀsiʀ] **I** *v/t* **1** CUIS füllen; farcieren **2** *fig tête* vollstopfen (***de*** mit); *livre* **~ *de citations*** mit Zitaten spicken **II** *v/pr* **1** ***se ~ la mémoire, la tête de qc*** sich (*dat*) das Gedächtnis, den Kopf mit etw vollpfropfen, -stopfen **2** F ***se ~ une corvée*** (sich an) e-e unangenehme Arbeit machen; ***se ~ 20 km à pied*** F 20 km tippeln; ***se ~ un bon repas*** F sich (*dat*) ein gutes Essen einverleiben, reinziehen; ***j'ai dû me ~ tout le travail*** ich musste die ganze Arbeit machen; F an mir blieb alles hängen; ***il faut se le ~!*** es ist nicht so einfach, mit ihm auszukommen, ihn zu ertragen
fard [faʀ] *m* **1** Schminke *f*; **~ *à paupière*** Lidschatten *m*; (***se***) ***mettre du ~*** Schminke auftragen; sich schminken **2** F *personne* ***piquer un ~*** rot anlaufen; ganz rot, F knallrot werden; F e-n roten Kopf kriegen **3** *loc/adj et loc/adv fig* ***sans ~*** ungeschminkt; unverblümt; ***parler sans ~*** die ungeschminkte, unverblümte Wahrheit sagen
fardeau [faʀdo] *m* ⟨*pl* **~x**⟩ Last *f*, *st/s* Bürde *f* (*a fig*)
farder [faʀde] **I** *v/t* **1** schminken; *adjt* ***fardé*** geschminkt **2** *fig ses mobiles etc* bemänteln; beschönigen; **~ *la vérité*** die Wahrheit vertuschen **II** *v/pr* ***se ~*** sich schminken, zurechtmachen
farfadet [faʀfadɛ] *m* Kobold *m*; Irrwisch *m*
farfelu [faʀfəly] F **I** *adj* F spinnig; verdreht **II** *subst* **~(*e*)** *m(f)* F komischer Typ; Spinner(in) *m(f)*
farfouiller [faʀfuje] F *v/i* F herumstöbern, -wühlen, -kramen, -schnüffeln (***dans*** in +*dat*)
fariboles [faʀibɔl] *f/pl* Belanglosigkeiten *f/pl*; Nichtigkeiten *f/pl*; belangloses Zeug
farigoule [faʀigul] *f provençal* **a)** Thymian *m*; **b)** Eau de Toilette *n* mit Thymiangeruch
farine [faʀin] *f* Mehl *n*; **~ *de blé*** *ou* ***de froment*** Weizenmehl *n*; *par ext* **~ *de poisson, de soja*** Fisch-, Sojamehl *n*; F *fig* ***se faire rouler dans la ~*** F reingelegt werden
farineux [faʀinø] **I** *adj* ⟨**-euse**⟩ **1** *aliments, fruits* mehlig; *par ext* (*féculent*) stärkehaltig **2** (*couvert de farine*) mehlig; mit Mehl bestäubt **II** *m* stärkehaltiges Gemüse
farniente [faʀnjɛnte, -njɑ̃t] *m* Dolcefarniente [dɔltʃe-] *n*; (süßes) Nichtstun
farouche [faʀuʃ] *adj* **1** *enfant, animal* scheu; *enfant a* schüchtern; ängstlich; *adulte* (menschen)scheu; ungesellig; ***pas ~*** *a* zutraulich; F *d'une femme* ***elle n'est pas ~*** sie ist (sehr) zugänglich **2** *haine* heftig; wild; *volonté* unbeugsam; fanatisch; *regard* wild; ***adversaire*** *m*, ***résistance*** *f* **~** erbitterter Gegner, Widerstand
farouchement [faʀuʃmɑ̃] *adv* sehr heftig, entschieden
fart [faʀt] *m* Skiwachs *n* **fartage** *m* Wachsen *n* **farter** *v/t skis* wachsen
Far West [faʀwɛst] ***le ~*** der Wilde Westen
fascicule [fasikyl] *m* Lieferung *f*; Heft *n*; Faszikel *m*; ***publié par ~s*** in (einzelnen) Lieferungen erscheinend
fascinant [fasinɑ̃] *adj* faszinierend; bezaubernd; fesselnd; reizvoll **fascination** *f* Faszination *f*; Zauber *m*; Reiz *m*; Anziehungskraft *f*
fasciner [fasine] *v/t* faszinieren; in s-n Bann schlagen; e-n unwiderstehlichen Reiz ausüben (***qn*** auf j-n); fesseln; bezaubern; ***se laisser ~ par*** sich faszinieren lassen von; ***être fasciné par qc*** von etw fasziniert sein
fascisant [faʃizɑ̃] *adj* POL faschistoid
fascisme [faʃism] *m* Faschismus *m*
fasciste [faʃist] **I** *adj* faschistisch **II** *m,f* Faschist(in) *m(f)*
fasse [fas] → ***faire***
faste[1] [fast] *m* Prunk *m*; Pracht(entfaltung) *f*; Gepränge *n*
faste[2] [fast] *adj* ***jour*** *m* **~** Glückstag *m*; günstiger Tag; ***être dans un jour ~*** e-n Glückstag haben
fast-food [fastfud] *m* ⟨*pl* **fast-foods**⟩ Fast-Food-Gaststätte *f*; Schnellimbiss *m*

fastidieux [fastidjø] *adj* ⟨**-euse**⟩ langweilig; lästig; ermüdend; stumpfsinnig; eintönig

fastoche [fastɔʃ] F *adj* ganz einfach; F kinderleicht

fastueusement [fastɥøzmɑ̃] *adv* mit großem Prunk; mit großer Pracht **fastueux** *adj* ⟨**-euse**⟩ prunk-, pracht-, glanzvoll; prächtig; *péj* pomphaft; pompös

fat [fa(t)] *litt* **I** *adj* blasiert; geckenhaft; überheblich; selbstgefällig; dünkelhaft **II** *m* Geck *m*; Laffe *m*

fatal [fatal] *adj* ⟨**-als**⟩ **1** (*fixé par le destin*) schicksalhaft; (*funeste*) verhängnisvoll; unheilvoll; *erreur, décision a* folgenschwer; ***femme ~e*** Femme fatale *f*; ***~ à, pour la santé*** für die Gesundheit verhängnisvoll; ***ça lui a été ~*** das wurde ihm zum Verhängnis; das war sein Verhängnis **2** (*mortel*) tödlich; ***porter le coup ~*** den Todesstoß, den tödlichen Hieb, Schlag versetzen **3** (*inévitable*) unabwendbar; zwangsläufig; unvermeidlich; unausweichlich

fatalement [fatalmɑ̃] *adv* unweigerlich; zwangsläufig

fatalisme [fatalism] *m* Fatalismus *m*; Schicksalsglaube *m* **fataliste** **I** *adj* fatalistisch; schicksalsgläubig **II** *m,f* Fatalist(in) *m(f)*

fatalité [fatalite] *f* **1** *de la mort etc* Unabwendbarkeit *f*; Zwangsläufigkeit *f*; Unausweichlichkeit *f*; Unvermeidbarkeit *f* **2** (*destin*) Schicksal *n*; Geschick *n*; Verhängnis *n*; Fatum *n*

fatidique [fatidik] *adj* schicksalhaft

fatigant [fatigɑ̃] *adj* **1** *activité* ermüdend; anstrengend; strapaziös; *journée* anstrengend; *voyage a* beschwerlich **2** *personne* lästig; störend

fatigue [fatig] *f* **1** Müdigkeit *f*; Ermüdung *f*; (*épuisement*) Abgespanntheit *f*; Erschöpfung *f*; Mattigkeit *f*; ***~ générale*** allgemeine Müdigkeit; ***~ intellectuelle*** geistige Überanstrengung, Überarbeitung; ***~ nerveuse*** nervöse Erschöpfung; ***éprouver une grande ~*** große Müdigkeit verspüren; ***être mort de ~*** todmüde sein; ***lutter contre la ~*** gegen die Müdigkeit ankämpfen; ***tomber de ~*** vor Müdigkeit umfallen; zum Umfallen müde sein **2** ***~s*** *pl* Strapazen *f/pl*; Anstrengungen *f/pl*; ***se reposer des ~s du voyage*** sich von den Strapazen der Reise erholen **3** TECH Ermüdung *f*

fatigué [fatige] *adj* müde; (*épuisé*) erschöpft; abgespannt; matt; ***voix ~e*** müde, matte Stimme; ***avoir l'air ~*** müde, angestrengt, abgespannt, mitgenommen aussehen; ***être ~ de conduire*** müde vom Fahren sein

fatiguer [fatige] **I** *v/t* **1** *personne* ermüden; müde machen; strapazieren; mitnehmen; anstrengen (*a yeux, cœur*); (*épuiser*) erschöpfen; *sol* erschöpfen; aussaugen; übermäßig beanspruchen; F *salade* umrühren; ***~ un cheval*** ein Pferd abreiten, müde reiten; ***~ les nerfs*** die Nerven beanspruchen; ***cet exercice fatigue le cœur*** bei dieser Übung wird das Herz beansprucht; diese Übung strengt das Herz an; ***~ l'organisme*** den Organismus beanspruchen **2** (*importuner*) ***~ qn*** j-n ermüden (***par*** durch); j-n belästigen, j-m lästig fallen *ou* werden, j-n stören (***par*** mit); ***~ ses auditeurs*** s-e Zuhörer ermüden, langweilen; F ***tu me fatigues*** *avec tes histoires* F du fällst, gehst mir auf die Nerven … **II** *v/i* **1** *moteur* Mühe haben **2** *poutre* nachgeben; sich (durch)biegen **III** *v/pr* ***se ~*** **1** ermüden; müde werden **2** ***se ~ de qc*** e-r Sache (*gén*) müde, überdrüssig werden; etw sattbekommen **3** F *et iron*: ***il ne s'est pas trop fatigué*** F er hat sich nicht gerade überanstrengt; ***(ne) te fatigue pas (à mentir), je sais tout*** du brauchst mir nichts zu erzählen, ich weiß alles; ***laisse tomber, (ne) te fatigue pas!*** lass doch *ou* gibs auf, das hat (doch) keinen Sinn!

fatras [fatʀa] *m* Wust *m*, Durcheinander *n* (***de*** von)

fatuité [fatɥite] *f* Blasiertheit *f*; Selbstgefälligkeit *f*; Dünkel *m*; Überheblichkeit *f*

fatwa [fatwa] *f* REL Fatwa *f ou n*

faubourg [fobuʀ] *m* **1** Vorstadt *f* **2** *in Namen von Pariser Stadtteilen (ehemalige Vorstädte)*

faubourien [fobuʀjɛ̃] *adj* ⟨**~ne**⟩ vorstädtisch; ***avoir l'accent ~*** den typischen Akzent der (Pariser) Vorstadtbewohner haben

fauchage [foʃaʒ] *m* AGR Mähen *n*; Mahd *f*

fauche [foʃ] *f* **1** F Klauen *n*; ***il y a de la ~ dans ce magasin*** in diesem Geschäft kommt viel weg, F wird viel geklaut **2** F *plus un sou*, ***c'est la ~*** F ich bin *ou* er ist *etc* völlig blank, abgebrannt, pleite

fauché [foʃe] **I** *adj* F ***être (complètement) ~, être ~ comme les blés*** F (völlig) blank, abgebrannt, pleite sein **II** *m* F j, der keine Piepen, keinen Kies hat

faucher [foʃe] *v/t* **1** AGR (ab)mähen; *abs* mähen **2** *fig voiture*: *piéton* umfahren; *footballeur*: *adversaire* F umsäbeln; *avec une mitrailleuse* niedermähen; *mort*: *personne* hinweg-, dahinraffen **3** F **a)** (*voler*) F klauen; ***on m'a fauché cent euros dans mon portefeuille*** F mir wurden hundert Euro aus der Brieftasche geklaut; **b)** *petit(e) ami(e)* abspenstig machen; F ausspannen; wegschnappen

faucheur [foʃœʀ] *m* **1** AGR Mäher *m*; Schnitter *m* **2** ZO Weberknecht *m*; Kanker *m* **faucheuse** *f* **1** AGR Mähmaschine *f* **2** ***Faucheuse*** *litt* (*la mort*) Sensenmann *m*

faucheux [foʃø] *m* ZO Weberknecht *m*; Kanker *m*

faucille [fosij] *f* **1** AGR Sichel *f* **2** *emblème* ***la ~ et le marteau*** Hammer *m* und Sichel *f*

faucon [fokõ] *m* ZO Falke *m* (*a* POL); ***~ pèlerin*** Wanderfalke *m*; ***chasse*** *f* ***au ~*** Falkenjagd *f*; (Falken)-Beize *f*; ***dresser un ~*** e-n Falken abrichten

fauconneau [fokɔno] *m* ⟨*pl* **~x**⟩ **1** ZO junger Falke **2** HIST MIL Falkonett *n*

fauconnerie [fokɔnʀi] *f* Falknerei *f* **fauconnier** *m* Falkner *m*; Falkenier *m*

faudra [fodʀa], **faudrait** [fodʀɛ] → ***falloir***

faufil [fofil] *m* COUT Heftfaden *m* **faufilage** *m* COUT Heften *n*

faufiler [fofile] **I** *v/t* COUT heften **II** *v/pr* ***se ~*** sich (hin)durchschlängeln (***dans, à travers la foule*** durch die Menge); sich (hin)einschleichen (***dans une maison*** in ein Haus); sich hineinschmuggeln, sich mit durchschmuggeln (***dans une réunion*** in e-e Versammlung); durchschlüpfen, sich (hin)-durchzwängen, -winden (***dans un passage étroit*** durch e-n engen Durchgang)

faune[1] [fon] *m* MYTH Faun *m*

faune[2] [fon] *f* **1** Fauna *f*; Tierreich *n*, -welt *f*; ***~ alpestre*** Alpenfauna *f* **2** *fig et péj d'un lieu* Typen *m/pl*; Volk *n*

faunesque [fonɛsk] *adj* faunisch; wie ein Faun; Fauns…

faussaire [fosɛʀ] *m,f* Fälscher(in) *m(f)*

faussement [fosmɑ̃] *adv* **1** *accuser* fälschlich(erweise); zu Unrecht **2** *raisonner etc* falsch; auf falsche Weise **3** *devant adj*: ***d'un air ~ modeste*** mit geheuchelter, gespielter Bescheidenheit; ***prendre une attitude ~ indifférente*** gleichgültig, gelassen tun

fausser [fose] *v/t* **1** *résultat, calcul* (ver)fälschen **2** *fig sens, pensée, texte* verfälschen; entstellen; verdrehen; *raisonnement* irreleiten; in e-e falsche Richtung lenken; verderben; ***~ l'esprit de qn*** j-n verbilden **3** *clé, serrure, lame* verbiegen **4** ***~ compagnie à qn*** j-n plötzlich verlassen; plötzlich von j-m weggehen; j-m entwischen

F

fausset [fosɛ] *m* **1** MUS Falsett *n*; *péj* ***voix f de ~*** Fistelstimme *f* **2** *d'un tonneau* Spund *m*; Zapfen *m*

fausseté [foste] *f* **1** *d'une information etc* Falschheit *f*; Unwahrheit *f*; Unrichtigkeit *f* **2** *d'une personne, d'un sentiment* Falschheit *f*; Unwahrhaftigkeit *f*; Unaufrichtigkeit *f*; Lügenhaftigkeit *f*

faut [fo] → ***falloir***

faute [fot] *f* **1** *(erreur)* Fehler *m* (*a* TENNIS); Verstoß *m*; FOOTBALL *etc* Foul [faʊl] *n*; TENNIS ***double ~*** Doppelfehler *m*; ***~ grossière*** grober Fehler; ***~ de calcul*** Rechenfehler *m*; ***~ de conduite*** fehlerhafte Fahrweise; ***~ d'étourderie, d'inattention*** Leichtsinns-, Flüchtigkeitsfehler *m*; ***~ de frappe*** Tippfehler *m*; ***~ de goût*** Verstoß gegen den guten Geschmack; Geschmacksverirrung *f*; ***~ de grammaire*** Grammatikfehler *m*; grammat(ikal)ischer Fehler; ***~ d'impression*** Druckfehler *m*; ***~ d'orthographe*** Rechtschreibfehler *m*; orthografischer Fehler; TENNIS ***~ de pied*** Fußfehler *m*; ***~ de prononciation*** Aussprachefehler *m*; ***sans ~(s)*** fehlerlos, -frei; ohne Fehler; → *a 4 b*); ***faire une ~*** e-n Fehler machen; *a* sich verschreiben, verrechnen *etc* **2** *(mauvaise action)* Fehler *m*; Verfehlung *f*; Fehltritt *m*; Verstoß *m*; Vergehen *n*; JUR Verschulden *n*; Verletzung *f*; Fahrlässigkeit *f*; JUR ***~ commune*** Mitverschulden *n*; ***~ professionnelle*** in Ausübung des Berufs begangener Fehler; MÉD Kunstfehler *m*; ***commettre une ~*** sich (*dat*) etwas zuschulden kommen lassen; e-n Fehler begehen; ***prendre qn en ~*** j-n bei e-m Fehler, Verstoß, bei e-r Verfehlung ertappen **3** *(responsabilité)* Schuld *f*; Verschulden *n*; ***à qui la ~?*** wer ist schuld (daran)?; wessen Schuld ist das?; wer hat Schuld, die Schuld?; wer trägt die Schuld?; wen trifft die Schuld?; an wem liegt es?; ***par sa ~*** durch s-e Schuld, sein Verschulden; ***c'est par sa ~ que …*** er ist schuld daran, es ist s-e Schuld, sein Fehler, dass …; ***c'est arrivé par la ~ de son frère*** sein Bruder ist schuld daran, es ist die Schuld s-s Bruders, dass es dazu gekommen ist; ***c'est (de) sa ~*** das ist s-e Schuld, sein Fehler; die Schuld liegt bei ihm; er ist schuld daran; ***c'est la ~ de son professeur, si …*** es ist die Schuld s-s Lehrers, wenn …; sein Lehrer ist schuld daran, dass …; ***tout est de ma ~*** das ist ganz *ou* allein meine Schuld; ich bin an allem schuld; alles ist meine Schuld; ***être en ~*** im Unrecht sein; ***imputer la ~ à qn*** j-m die Schuld geben; ***se sentir en ~*** sich schuldig, im Unrecht fühlen; *prov* ***~ avouée est à moitié pardonnée*** gebeichtet ist halb gebüßt; e-e eingestandene Schuld ist so gut wie vergeben **4** **a)** *loc/prép* ***~ de*** mangels (+*gén*); in Ermangelung von (*ou* +*gén*); aus Mangel an (+*dat*); ***~ d'argent*** aus Mangel an Geld; aus Geldmangel; ***~ de mieux*** in Ermangelung e-s Besseren; ***~ de preuves*** aus Mangel an Beweisen; mangels Beweisen; ***~ de quoi*** andernfalls; sonst; widrigenfalls; wenn nicht; ***~ de savoir si …*** da *ou* weil ich, er *etc* nicht wusste, ob …; ***ce n'est pas ~ d'avoir travaillé*** das liegt nicht daran, dass er nicht gearbeitet hätte; **b)** *loc/adv* ***sans ~*** ganz sicher, gewiss, bestimmt; auf jeden Fall; unbedingt; unweigerlich; **c)** ***ne pas se faire ~ de*** (+*inf*) nicht versäumen, es sich (*dat*) nicht versagen zu (+*inf*)

fauter [fote] *v/i* F *plais femme* e-n Fehltritt begehen, tun

fauteuil [fotœj] *m* Sessel *m*; Lehnsessel *m*, -stuhl *m*; Armsessel *m*, -stuhl *m*; ***~ roulant*** Rollstuhl *m*; ***~ à bascule*** Schaukelstuhl *m*; *fig* ***~ d'académicien*** Sitz *m* in der Académie française; ***~ de dentiste*** Zahnarztstuhl *m*; THÉ ***~ d'orchestre*** Platz *m*, Sitz *m* im vorderen Parkett; Orchestersessel *m*; *dans une compétition* F ***arriver dans un ~*** mühelos, spielend, überlegen gewinnen

fauteuil-couchette [fotœjkuʃɛt] *m* ⟨*pl* **fauteuils-couchettes**⟩ *dans un avion* Liegesessel *m*

fauteur [fotœʀ] *m* ***~ de guerre*** Kriegstreiber *m*, -hetzer *m*; ***~ de troubles*** Unruhestifter *m*

fautif [fotif] **I** *adj* ⟨**-ive**⟩ schuld(ig); ***être ~*** schuld(ig) sein; ***se sentir ~*** sich schuldig fühlen **II** *subst* ***~, fautive*** *m,f* Schuldige(r) *f(m)*

fauve [fov] **I** *adj* **1** fahlgelb, -rot; *st/s* falb; ***cheval*** *m* ***~*** Falbe(r) *m* **2** ***bêtes*** *f/pl* ***~s*** Raubtiere *n/pl*; wilde Tiere *n/pl* **3** PEINT zu den Fauves gehörend **II** *m* **1** *couleur* Fahlrot *n*, -gelb *n* **2** ZO Raubtier *n*; große Raubkatze; ***grands ~s*** *a* Großwild *n*; ***odeur f de ~*** Raubtiergeruch *m*; F ***ça sent le ~ ici*** hier riecht es wie in e-m Raubtierkäfig **3** PEINT ***les Fauves*** die Fauves *m/pl*; die Fauvisten *m/pl*

fauverie [fovʀi] *f* Raubtierhaus *n*, -gehege *n*

fauvette [fovɛt] *f* ZO Grasmücke *f*

fauvisme [fovism] *m* PEINT Fauvismus *m*

faux[1] [fo] *f* AGR Sense *f*; *poét de la mort* Hippe *f*

faux[2] [fo] **I** *adj* ⟨**fausse** [fos]⟩ *idée, promesse, soupçon, rumeur* falsch; unrichtig; *idée, conception a* verkehrt; *nouvelle, rapport a* erlogen; unwahr; *calcul etc* falsch; fehlerhaft; *personne* falsch; unaufrichtig; unwahrhaftig; *passeport, argent, cartes* falsch; gefälscht; *bijoux, perles* falsch; unecht; *piano etc* verstimmt; ARCH *porte, fenêtre* blind; ♦ ***fausse alerte*** falscher, blinder Alarm; LING ***~ amis*** Faux amis *m/pl*; ***fausse barbe*** falscher Bart; ***fausse candeur*** falsche, gespielte Treuherzigkeit; ***~ chignon*** falscher Knoten; ***fausse clé*** Nachschlüssel *m*; ***fausse déclaration*** falsche Angabe, Erklärung; SPORTS ***~ départ*** Fehlstart *m*; JUR ***fausse déposition*** Falschaussage *f*; ***fausse facture*** gefälschte Rechnung; ***~ jumeaux*** zweieiige Zwillinge *m/pl*; ***une fausse maigre*** e-e Frau, die schlanker, dünner wirkt, als sie ist; ***fausse modestie*** falsche Bescheidenheit; ***fausse monnaie*** Falschgeld *n*; ***~ nez*** Pappnase *f*; ***sous un ~ nom*** unter falschem Namen; ***fausse nouvelle*** Falschmeldung *f*; ARCH ***~ plafond*** Zwischendecke *f*; ***~ problème*** Scheinproblem *n*; ***fausses raisons*** Scheingründe *m/pl*; vorgeschobene Gründe *m/pl*; ***~ témoin*** falscher Zeuge; ***un ~ Picasso*** *etc* ein falscher Picasso *etc*; ♦ ***avoir l'air, un regard ~*** falsch aussehen, e-n falschen Blick haben; ***avoir des idées fausses sur qc*** falsche Vorstellungen von etw haben; sich (*dat*) falsche Vorstellungen über etw (*acc*) machen; ***être en porte à ~*** → ***porter***[1] *II 5*; ***c'est ~!*** das ist falsch, nicht wahr, nicht richtig, *p/fort* erlogen!; das stimmt nicht!; ***il est ~ que …*** (*+subj*) es ist falsch, nicht wahr, es stimmt nicht, dass …; ***être dans une situation fausse*** in e-r schiefen, peinlichen Situation sein; ***faire un ~ mouvement*** e-e ungeschickte Bewegung machen; THÉ ***faire une fausse sortie*** abgehen und gleich zurückkommen **II** *adv* falsch; nicht richtig; ***avoir tout ~*** ÉCOLE alles falsch haben; *par ext* sich völlig irren; ***chanter, jouer ~*** falsch singen, spielen **III** *m* **1** Falsche(s) *n*; ***plaider le ~ pour savoir le vrai*** etwas Falsches behaupten, um die Wahrheit zu erfahren **2** JUR, *d'une œuvre d'art* Fälschung *f*; *résultat a* Falsifikat *n*; ***~ en écriture*** Urkundenfälschung *f*; Fälschung *f* e-s Schriftstücks; *fig* ***s'inscrire en ~ contre qc*** etw dementieren, bestreiten; ***commettre un ~*** e-e Fälschung begehen; ***être condamné pour ~ et usage de ~*** wegen Fälschung und Gebrauch falscher, gefälschter Urkunden verurteilt werden; ***c'est du ~*** das ist unechter Schmuck; → *Info nächste Seite*

faux-filet [fofilɛ] *m* CUIS (Ochsen-, Rinder)Lende *f*

faux-fuyant [fofɥijɑ̃] *m* Ausflucht *f*; Ausrede *f*; ***chercher un ~*** Ausflüchte machen; e-e Ausrede suchen

faux-monnayeur [fomɔnɛjœʀ] *m* Falschmünzer *m*

favela [favela] *f* (*bidonville*) Favela *f*

faveur [favœʀ] *f* **1** (*avantage*) Vergünstigung *f*; Gunst *f*; Vorrecht *n*; THÉ ***billet*** *m* ***de ~*** Freikarte *f*; ***tarif*** *m* ***de ~*** Vorzugs-, Ausnahmetarif *m*; ***traitement*** *m*, ***régime*** *m* ***de ~*** Bevorzugung *f*, bevorzugte Behandlung (***accordé à qn*** j-s); ***jouir d'un traitement de ~*** bevorzugt behandelt werden; ***accorder, faire une ~ à qn*** j-m e-e Vergünstigung, e-e Gunst gewähren, e-n Vorteil verschaffen; j-n bevorzugt behandeln; *litt femme* ***accorder ses ~s à un homme*** e-m Mann ihre Gunst schenken; ***demander, solliciter une ~ à qn*** j-n um e-e Vergünstigung, e-n Gefallen bitten; *litt* ***refuser les dernières ~s à un homme*** e-m Mann das Letzte verweigern; ♦ *loc/prép*: ***à la ~ de*** begünstigt von (*+dat*), durch (*+acc*); unter dem Schutz (*+gén*); ***à la ~ de l'obscurité*** im Schutz(e) der Dunkelheit; ***en ~ de*** zugunsten von (*ou +gén*); für (*+acc*); ***en ma, ta*** *etc* ***~*** zu meinen, deinen *etc* Gunsten; ***se prononcer en ~ de qn, qc*** sich für j-n, etw aussprechen **2** (*considération*) Gunst *f*; Wohlwollen *n*; Gewogenheit *f*; (*protection*) Gönnerschaft *f*; ***~ du public*** Publikumsgunst *f*; *st/s* ***être en ~ auprès de qn*** bei j-m in Gunst stehen; sich j-s Gunst erfreuen **3** *ruban* (Seiden)Band *n*

favorable [favɔʀabl] *adj* **1** *personne* geneigt, gewogen, wohlgesinnt, freundlich gesinnt (***à qn, à qc*** j-m, e-r Sache); *accueil* freundlich; ***il a été ~ à mon projet*** er hat meinen Plan günstig, wohlwollend aufgenommen; ***recevoir un accueil ~*** freundlich, günstig, wohlwollend aufgenommen werden; (e-e) günstige Aufnahme finden **2** *instant, circonstances, temps* günstig; *conditions a* vorteilhaft; ***nombre*** *m* ***de votes ~s à …*** Anzahl *f* der Stimmen für …; ***le moment était ~ pour lui parler*** es war ein günstiger Augenblick, um mit ihm zu sprechen

favori [favɔʀi] **I** *adj* ⟨**favorite** [favɔʀit]⟩ **1** Lieblings…; bevorzugt; ***auteur ~*** Lieblingsautor *m*; ***lecture ~te*** Lieblingslektüre *f*; bevorzugte Lektüre; ***plat ~*** Leibspeise *f*, -gericht *n*; Lieblingsgericht *n* **2** SPORTS favorisiert; ***partir ~*** als Favorit ins Rennen gehen **II** *subst* **1** ***~(te)*** *m(f) du public* Liebling *m* (*a femme*); *d'un souverain* Günstling *m*; *femme* Favoritin *f*; bevorzugte Mätresse **2** ***~(te)*** *m(f)* SPORTS Favorit(in) *m(f)* **3** ***~s*** *m/pl* Backenbart *m* **4** *m* INFORM Favorit *m*

favoriser [favɔʀize] *v/t* begünstigen; *évolution, économie a* fördern; unterstützen; *contrebande, révolte a* Vorschub leisten (*+dat*); *candidat, parti* begünstigen; bevorzugen; e-e Be-, Vergünstigung zuteilwerden lassen (***qn*** j-m)

favorite → ***favori***

favoritisme [favɔʀitism] *m* Günstlingswirtschaft *f*

fax [faks] *m* **1** *message* Fax *n* **2** *appareil* Faxgerät *n*; F Fax *n* **faxer** *v/t* faxen

fayot [fajo] *m* F **1** CUIS weiße Bohne **2** *péj personne* Kriecher *m*

fayot(t)age [fajɔtaʒ] F *m* Kriecherei *f*

fayot(t)er [fajɔte] F *v/i* sich lieb Kind machen; F sich einkratzen

fazenda [fazɛnda] *f au Brésil* Fazenda [-ˈtsɛn-, -ˈzɛn-] *f*

FB *abr* (*franc[s] belge[s]*) HIST bfr (belgischer Franc) *ou* bfrs (belgische Francs)

féal [feal] *adj* ⟨**-aux**⟩ *litt* (*fidèle*) (ge)treu

fébrifuge [febʀifyʒ] PHARM *adj* (*et subst m*) fiebersenkend(es Mittel)

fébrile [febʀil] *adj* **1** fieb(e)rig; fiebernd; fieberkrank; Fieber…; ***état*** *m* ***~*** Fieberzustand *m*; fieberhafter Zustand **2** *fig* fieberhaft; fieb(e)rig; hektisch; ***agitation*** *f* ***~*** Hektik *f*

fébrilité [febʀilite] *f fig* Fieberhaftigkeit *f*; Betriebsamkeit *f*; Hektik *f*

fécal [fekal] *adj* ⟨**-aux**⟩ fäkal; kotig; ***matières ~es*** Fäkalien *pl*; Kot *m*

fèces [fɛs] *f/pl* PHYSIOL Kot *m*; Stuhl *m*; *sc* Fäzes *pl*

fécond [fekɔ̃] *adj* ⟨**féconde** [fekɔ̃d]⟩ **1** BIOL fruchtbar (*a sol*) **2** *fig esprit, auteur, idée* fruchtbar; fruchtbringend; produktiv; ***~ en*** reich an (*+dat*)

fécondabilité [fekɔ̃dabilite] *f* STATISTIQUE Empfängniswahrscheinlichkeit *f*

fécondation [fekɔ̃dasjɔ̃] *f* BIOL Befruchtung *f*; BOT *a* Bestäubung *f*; MÉD ***~ artificielle*** künstliche Befruchtung; ***~ in vitro*** In-vitro-Befruchtung *f*, -Fertilisation *f*

féconder [fekɔ̃de] *v/t* **1** BIOL befruchten; BOT *a* bestäuben; *animaux a* begatten **2** *par ext fleuve: terre etc* fruchtbar machen; *l'esprit* befruchten

fécondité [fekɔ̃dite] *f* **1** BIOL Fruchtbarkeit *f* (*a* AGR) **2** *fig d'un auteur etc* Fruchtbarkeit *f*; *d'un thème a* Ergiebigkeit *f*

fécule [fekyl] *f* CHIM *dans les plantes, aliments* Stärke *f*; *extraite des plantes* Stärkemehl *n*; ***~ de pommes de terre*** Kartoffelstärke *f*

féculent [fekylɑ̃] **I** *adj* stärkehaltig **II** *m* stärkehaltiges Nahrungsmittel

fédéral [fedeʀal] *adj* ⟨**-aux**⟩ **1** POL Bundes…; bundesstaatlich; *en Suisse a* eidgenössisch; ***l'Allemagne ~e*** die Bundesrepublik (Deutschland); *en Suisse* ***Assemblée ~e*** Bundesversammlung *f*; ***autorités ~es*** Bundesbehörden *f/pl*; ***chancelier ~*** Bundeskanzler *m*; *en Suisse* ***Conseil ~*** Bundesrat *m*; ***État ~*** Bundesstaat *m*; ***république ~e*** Bundesrepublik *f*

F

Vorsicht bei faux amis!

Es gibt eine Reihe von Ausdrücken, die sich im Französischen und Deutschen sehr ähnlich sind, aber ganz unterschiedliche Bedeutungen haben. Sie heißen **faux amis** (falsche Freunde), weil sie zu falschen Rückschlüssen auf die Bedeutung verleiten können.

Die folgende Übersicht enthält nur eine kleine Auswahl der wichtigsten faux amis. In der linken Spalte befindet sich das französische Stichwort, in der mittleren Spalte oben die richtige deutsche Übersetzung, darunter der faux ami, den man auf keinen Fall verwenden darf, und in der rechten Spalte die richtige französische Übersetzung des deutschen faux ami:

F

l'acte *m*	die Urkunde die Akte	**le dossier**
blâmable	tadelnswert blamabel	**lamentable**
le clavier	die Tastatur das Klavier	**le piano**
le dôme	die Kuppel der Dom	**la cathédrale**
l'endive *f*	der Chicorée die Endivie	**la chicorée**
la folie	die Verrücktheit die Folie	*Frischhaltefolie* **le film plastique**; *Arbeitsfolie* **le transparent**
le gymnase	die Turnhalle das Gymnasium	*bis 9. Klasse* **le collège**; *ab 10. Klasse* **le lycée**
l'infusion *f*	der Kräutertee die Infusion	**la perfusion**
la jalousie	die Eifersucht die Jalousie	**le store vénitien**
la marmelade	das Kompott, Mus die Marmelade	**la confiture**
ordinaire	gewöhnlich ordinär	**vulgaire**
planer	schweben planen	**projeter**
le quartier	das Stadtviertel das Quartier	**le logement**
le roller	der Inline-Skate der Roller	*Kinderroller* **la trottinette**; *Motorroller* **le scooter**
sortir	herausholen sortieren	**classer**
le trésor	der Schatz der Tresor	**le coffre-fort**
la veste	die Jacke die Weste	**le gilet**

2 *d'une fédération de sociétés* **bureau ~** oberste Leitung; Vorstand *m*; Präsidium *n*; **union ~e** Zentralverband *m*
fédéraliser [fedeʀalize] *v/t* föderalisieren; die Form e-r Föderation geben (*+dat*); in e-n Bundesstaat umwandeln
fédéralisme [fedeʀalism] *m* Föderalismus *m* **fédéraliste** I *adj* föderalistisch II *m* Föderalist *m*
fédératif [fedeʀatif] *adj* ⟨**-ive**⟩ föderativ
fédération [fedeʀasjõ] *f* 1 POL Föderation *f*; Bund *m* 2 *d'associations etc* (Zentral-, Spitzen)Verband *m*; Bund *m*; Dachorganisation *f*; *d'associations professionnelles a* Fach-, Berufsverband *m*; **Fédération française de football** *frz Fußballbund*; **Fédération nationale des syndicats d'exploitants agricoles** Französischer Bauernverband; **~ sportive** Sportverband *m*, -bund *m* 3 HIST **fête** *f* **de la Fédération** *in Frankreich am 14. Juli 1790 gefeiertes Fest*
fédéré [fedeʀe] I *adj* föderiert; vereinigt; verbündet II *m* HIST Soldat *m* der Pariser Kommune; Kommunarde *m*; **le mur des Fédérés** *auf dem Pariser Friedhof Père-Lachaise: Mauer, vor der die Kommunarden erschossen wurden*
fédérer [fedeʀe] ⟨**-è-**⟩ I *v/t* in e-r Föderation zusammenschließen, vereinigen II *v/pr* **se ~** sich föderieren, verbünden; sich zu e-r Föderation, zu e-m Bund zusammenschließen
fée [fe] *f* 1 MYTH Fee *f*; **bonne ~** gute Fee; **la ~ Carabosse** die böse Fee; **conte** *m* **de ~s** (Feen)Märchen *n* 2 *fig* guter Geist; **la ~ du logis** der gute Geist des Hauses, der Familie; **avoir des doigts de ~** (mit den Händen, Fingern) sehr geschickt sein; fingerfertig sein
feed-back [fidbak] *m* ⟨*inv*⟩ TECH Feedback ['fiːdbɛk] *n* (*a fig*); Rückmeldung *f*, -kopp(e)lung *f*
féerie [feeʀi] *f* 1 THÉ Feerie *f*; Feenstück *n*; Zauber-, Märchenspiel *n* 2 *fig* märchen-, zauberhaftes Schauspiel
féerique [feeʀik] *adj* zauber-, märchenhaft; wunderbar; feenhaft; **monde** *m* **~** Feen-, Märchenwelt *f*
feignant [fɛɲɑ̃] F → **fainéant**
feindre [fɛ̃dʀ] *v/t* ⟨→ **peindre**⟩ *étonnement, joie, tristesse* heucheln; vortäuschen; mimen; *maladie, malaise etc* vortäuschen; simulieren; *maladie a* vorschützen; *abs litt* sich verstellen; heucheln; **~ de** (*+inf*) (so) tun, als ob …; **~ de s'attendrir** Mitgefühl heucheln, vortäuschen; so tun, als hätte man Mitgefühl; **~ de ne rien comprendre** so tun, als ob man nichts verstehen würde; sich dumm stellen; **~ d'être malade** sich krank stellen; vorgeben, krank zu sein; Krankheit vortäuschen, vorschützen
feint [fɛ̃] *p/p* → **feindre** *et adj* ⟨**feinte** [fɛ̃t]⟩ *sentiment, douleur etc* vorgetäuscht; gespielt; geheuchelt; falsch; fingiert; erkünstelt
feinte [fɛ̃t] *f* SPORTS, *fig* Finte *f*; Täuschung *f*; *fig a* Täuschungsmanöver *n*; List *f*; Falle *f*
feinter [fɛ̃te] *v/t* 1 *adversaire* (durch e-e Finte) täuschen, ablenken 2 F **~ qn** F j-n reinlegen, drankriegen
feldspath [fɛldspat] *m* MINÉR Feldspat *m*
fêlé [fele] *adj* 1 (*objet de*) *porcelaine etc* gesprungen; rissig; mit e-m Sprung; mit Sprüngen, Rissen 2 *voix* brüchig 3 F *fig* **avoir le cerveau ~, être ~** F e-e Macke haben; → *a* **cinglé**
fêler [fele] I *v/t* e-n Sprung machen (**une tasse** in e-e Tasse) II *v/pr* **se ~** *porcelaine, verre etc* e-n Sprung, Sprünge,e-n Riss, Risse bekommen
félibrige [felibʀiʒ] *m neuprovenzalischer Dichterkreis*
félicitations [felisitasjõ] *f/pl* Glückwunsch *m*, -wünsche *m/pl*; Beglückwünschung *f*; Gratulation *f*; (*éloge*) Anerkennung *f*; Lob *n*; (**mes** *ou* **nos**) **~!** (ich) gratuliere! *ou* wir gratulieren!; **toutes mes ~** herzlichen Glückwunsch; herzliche Glückwünsche; UNIVERSITÉ **avec les ~ spéciales du jury** mit Auszeichnung; **lettre** *f*, **télégramme** *m* **de ~** Glückwunschschreiben *n*, -telegramm *n*; **adresser, présenter des, ses ~ à qn** j-m s-n Glückwunsch, (s-e) Glückwünsche aussprechen, übermitteln; j-m gratulieren; j-n beglückwünschen
félicité [felisite] *st/s f* Glückseligkeit *f*
Félicité [felisite] *f Vorname*
féliciter [felisite] I *v/t* **~ qn** j-n beglückwünschen; j-m gratulieren; j-m s-n Glückwunsch, s-e Glückwünsche aussprechen; *pour un exploit, une attitude a* j-m s-e Anerkennung aussprechen; **~ qn pour, de son succès** j-n zu s-m Erfolg beglückwünschen *etc* II *v/pr* **se ~ de qc** froh, glücklich sein über etw (*acc*); F sich (*dat*) gratulieren (können) zu etw
félidés [felide] *m/pl* ZO Katzen *f/pl* (*famille*)
félin [felɛ̃] I *adj* 1 ZO Katzen…; katzenartig 2 *fig allure, grâce* katzenartig, -haft II *m* ZO Katze *f* (*au sens large*); **grands ~s** Großkatzen *f/pl*; große Raubkatzen *f/pl*
Félix [feliks] *m Vorname*
fellag(h)a [fɛ(l)laga] *m* algerischer Partisan (*im Unabhängigkeitskrieg gegen Frankreich*)
fellah [fɛ(l)la] *m* Fellache *m*
fellation [fɛ(l)lasjõ] *f* Fellatio *f*
félon [felõ] MOYEN-ÂGE *et litt* I *adj* ⟨**~ne**⟩ eid-, treubrüchig II *m* Verräter *m*
félonie [felɔni] *litt f* Treubruch *m*
fêlure [fɛlyʀ] *f dans le verre, la porcelaine* Sprung *m*; Riss *m*
f.é.m. *abr* (*force électromotrice*) EMK (elektromotorische Kraft)
femelle [fəmɛl] I *f* 1 ZO Weibchen *n*; weibliches Tier 2 *péj* Weibsbild *n*, -stück *n*, -person *f* II *adj* 1 ZO, BOT weiblich 2 ÉLECT **fiche** *f* **~** Gerätestecker *m*
féminin [feminɛ̃] I *adj* 1 weiblich; fraulich; Frauen…; **charme ~** weiblicher Charme; SPORTS **équipe ~e** Frauen-, Damenmannschaft *f*; **mode ~e** Damenmode *f*; **succès ~s** Erfolg *m* bei Frauen; **c'est typiquement ~** das ist echt, typisch Frau 2 *d'un homme* feminin; weibisch 3 GR weiblich; feminin; **adjectif ~** weibliche Form des Adjektivs; **genre ~** Femininum *n*; weibliches Geschlecht; **nom ~** weibliches Substantiv; Femininum *n*; **rime ~e** weiblicher, klingender Reim II *m* 1 GR Femininum *n*; weibliches Geschlecht *ou* Substantiv; **au ~** in der weiblichen Form 2 **l'éternel ~** das Ewigweibliche
féminisation [feminizasjõ] *f* 1 BIOL Verweiblichung *f*; Feminierung *f* 2 *d'une profession* Zunahme *f* des Frauenanteils
féminiser [feminize] I *v/t* 1 BIOL verweiblichen; feminieren 2 GR in ein Femininum umwandeln II *v/pr* **se ~** 1 BIOL weibliche Züge annehmen; ver-

F

weiblichen **2** ***cette profession se féminise*** immer mehr Frauen üben diesen Beruf aus

féminisme [feminism] *m* Frauenbewegung *f*; Feminismus *m* **féministe** **I** *adj* feministisch; frauenrechtlerisch **II** *m,f* Feminist(in) *m(f)*; Frauenrechtler(in) *m(f)*

féminité [feminite] *f* Weiblichkeit *f*; Fraulichkeit *f*

femme [fam] *f* **1** Frau *f*; BIBL, *poét*, *péj* F Weib *n*; F ***une bonne ~*** e-e Frau; F *fig* ***une petite bonne ~*** ein kleines Mädchen; *péj* ***sa bonne ~*** F s-e Alte, Olle; *péj* ***les bonnes ~s*** die Weiber *n/pl*, Weibsleute *pl*; das Weibervolk; *adjt* ***rideaux*** *m/pl* ***bonne ~*** seitlich geraffte Gardinen *f/pl*; ***conte*** *m* ***de bonne ~*** Ammenmärchen *n*; ***remède*** *m* ***de bonne ~*** Hausmittel *n*; *iron* ***une faible ~*** ein schwaches, hilfloses Weib; ***jeune ~*** junge Frau; *Molière* ***Les Femmes savantes*** Die gelehrten Frauen; ***~ écrivain*** Schriftstellerin *f*; ***~ ingénieur*** Ingenieurin *f*; ***~ médecin*** Ärztin *f*; Medizinerin *f*; ***~ au foyer*** Hausfrau *f*; ***~ d'affaires*** Geschäftsfrau *f*; ***~ de chambre*** Zimmer-, Stubenmädchen *n*; HIST Kammerzofe *f*; ***~ d'esprit*** geistreiche, geistvolle Frau; ***~ d'intérieur*** gute, tüchtige Hausfrau; häusliche Frau; ***~ de lettres*** Schriftstellerin *f*; Literatin *f*; Belletristin *f*; ***~ de ménage*** Putz-, Reinemache-, Aufwarte-, Zugehfrau *f*; Raumpflegerin *f*; ***~ du monde*** Dame *f* von Welt; Weltdame *f*; ***~ du peuple*** einfache Frau; Frau aus dem Volk; ***~ de tête*** zielstrebige, zielbewusste Frau; ***~ de mauvaise vie*** liederliches Frauenzimmer; ***~ en couches*** Wöchnerin *f*; ***émancipation*** *f* ***de la ~*** Frauenemanzipation *f*; ***les ~s et les enfants d'abord!*** Frauen und Kinder zuerst!; ***devenir ~*** Frau werden; ***c'est la ~ de ma vie*** das ist die Frau meines Lebens; ***être ~ à*** (*+inf*) durchaus die Frau sein, die …; ganz der Typ sein, der …; ***elle est ~ à se venger*** sie ist ganz der Typ, der sich rächt; ***elle fait déjà très ~*** sie ist, wirkt schon sehr weiblich, fraulich; sie sieht schon wie e-e Frau aus; *prov* ***ce que ~ veut, Dieu le veut*** wenn e-e Frau sich etwas vornimmt, setzt sie es auch durch **2** (*épouse*) (Ehe)Frau *f*; ***prendre ~*** heiraten; ***prendre pour ~*** zur Frau nehmen

femme-enfant [famɑ̃fɑ̃] *f* ⟨*pl* **femmes-enfants**⟩ Kindfrau *f*

femmelette [famlɛt] *f d'un homme* Schwächling *m*; F Waschlappen *m*

fémoral [femɔʀal] *adj* ⟨**-aux**⟩ ANAT Oberschenkel…; ***artère ~e*** Oberschenkelschlagader *f*

fémur [femyʀ] *m* ANAT Oberschenkelknochen *m*; ***col*** *m* ***du ~*** Oberschenkelhals *m*; MÉD ***fracture*** *f* ***du col du ~*** Schenkelhalsbruch *m*; ***se casser le col du ~*** (sich [*dat*]) den Oberschenkelhals brechen

FEN [fɛn] *f abr* (*Fédération de l'éducation nationale*) Nationaler Erzieherverband (*Lehrergewerkschaft*)

fenaison [fənɛzõ] *f* AGR (Zeit *f* der) Heuernte *f*

fendant [fɑ̃dɑ̃] *m berühmter Schweizer Weißwein*

fendillement [fɑ̃dijmɑ̃] *m* **a)** Rissigwerden *n*; *de la peau a* Aufspringen *n*; **b)** *résultat* feiner Riss, Sprung

fendiller [fɑ̃dije] **I** *v/t* Risse, Sprünge hervorrufen, verursachen in (*+dat*); rissig machen; *peau a* aufspringen lassen; *adjt* **fendillé** rissig **II** *v/pr* ***se ~*** *plâtre, sol etc* Risse bekommen; rissig werden; *peau a* aufspringen

fendre [fɑ̃dʀ] ⟨→ **rendre**⟩ **I** *v/t* **1** *bois, pierre* spalten; *bois a* hacken; ***~ qc en deux*** etw durch-, entzweihauen; ***il gèle à pierre ~*** es friert Stein und Bein **2** *fig* ***~ l'âme, le cœur*** das Herz zerreißen; *loc/adv* ***à ~ l'âme*** herzzerreißend **3** *fig* zerteilen; *oiseau* ***~ l'air*** durch die Luft, Lüfte schießen; *navire* ***~ les flots*** die Fluten zerteilen; *personne* ***~ la foule*** sich (*dat*) e-n Weg durch die Menge bahnen **II** *v/pr* ***se ~*** **1** *rocher etc* sich spalten; bersten; *mur, récipient* Risse, Sprünge bekommen; rissig werden; *marrons au feu* (auf-, zer)platzen; ***se ~ le crâne*** sich (*dat*) ein Loch in den Kopf schlagen, stoßen **2** F ***se ~ de qc*** F etw herausrücken; ***il ne s'est pas fendu*** F er hat sich nicht (gerade) verausgabt, in Unkosten gestürzt **3** F ***se ~ la gueule, la pipe, la pêche*** F wiehern vor Lachen; sich (*dat*) e-n Ast lachen; sich schieflachen **4** ESCRIME e-n Ausfall machen

fendu [fɑ̃dy] *adj bois, crâne, lèvre* gespalten; *marbre, récipient* rissig; gesprungen; mit e-m Riss, Sprung; mit Rissen, Sprüngen; *vêtement* geschlitzt; mit (Geh)Schlitz; ***bouche ~e jusqu'aux oreilles*** Mund *m* bis zu den Ohren

Fénelon [fɛnlõ, fe-] *frz Schriftsteller*

fenêtre [f(ə)nɛtʀ] *f* **1** Fenster *n* (*a d'une enveloppe*, INFORM); ***~ basculante*** Kipp-, Schwingfenster *n*; ***~ à guillotine*** Fall-, Hebefenster *n*; *fig* ***une ~ sur le monde*** ein Tor zur Welt; ***jeter par la ~*** zum Fenster hinauswerfen, F -schmeißen (*a fig l'argent*); ***se mettre à la ~*** sich ans Fenster stellen; sich ins Fenster legen **2** ESPACE ***~ de tir*** Startfenster *n*

fenil [fənil] *m* Heuboden *m*

fennec [fenɛk] *m* ZO Fennek *m*; Wüstenfuchs *m*

fenouil [fənuj] *m* BOT, CUIS Fenchel *m*

fente [fɑ̃t] *f* **1** Spalte *f*; Spalt *m*; *dans la roche a* Kluft *f*; *dans le bois a* Sprung *m*; Riss *m*; *d'un vêtement, d'une boîte aux lettres, d'un volet* Schlitz *m* **2** ESCRIME Ausfall *m*

féodal [feɔdal] *adj* ⟨**-aux**⟩ feudal; lehnsrechtlich; Feudal…; Lehns…; feudalistisch; ***château ~*** Feudalsitz *m*; ***époque ~e*** Feudalzeit *f*; Zeit *f* des Feudalismus; ***État ~*** Feudalstaat *m*; ***régime ~*** Feudalsystem *n*, -wesen *n*; Lehnswesen *n*; ***société ~e*** Feudalgesellschaft *f*

féodalisme [feɔdalism] *m* Feudalcharakter *m*, -struktur *f* **féodalité** *f* HIST Feudalherrschaft *f*, -system *n*, -wesen *n*; Feudalismus *m*; Lehnswesen *n*

fer [fɛʀ] *m* **1** *métal* Eisen *n*; ***~ brut*** Roheisen *n*; *loc/adj* ***de, en ~*** Eisen…; eisern; aus Eisen; → *a* *2*; ***alliage*** *m*, ***plaque*** *f* ***de ~*** Eisenlegierung *f*, -platte *f*; *par ext* COMM ***transport*** *m* ***par ~*** Bahntransport *m*; *aliment etc* ***contenir du ~*** Eisen enthalten; eisenhaltig sein; *prov* ***il faut battre le ~ pendant qu'il est chaud*** man muss das Eisen schmieden, solange es heiß ist (*prov*) **2** *fig loc/adj* ***de ~*** *volonté, discipline, santé* eisern; *volonté a* stählern; *santé a* robust; ***le chancelier de ~*** der Eiserne Kanzler (*Bismarck*); ***avoir une poigne de ~*** e-e eiserne Hand, Faust haben **3** *outils* **a)** ***~s*** *pl* (*forceps*) (Geburts)Zange *f*; ***~ à friser*** Brennschere *f*; Lockenstab *m*; ***~ à souder*** Lötkolben *m*; **b)** ***~*** (***à repasser***) Bügeleisen *n*; *nordd a* Plätteisen *n*; ***~ électrique*** elektrisches Bügeleisen; ***donner un coup de ~*** (F über)bügeln (***à qc*** etw); F mit dem Bügeleisen drübergehen, -fahren (**à** über *+acc*); **c)** ***~ à cheval*** Hufeisen *n*; *loc/adj et loc/adv* ***en ~ à cheval*** hufeisenförmig; in Form e-s Hufeisens; Hufeisen…; ***mettre des ~s à un cheval*** e-m Pferd Hufeisen aufnageln; ein Pferd beschlagen; *cheval, fig personne* ***tomber les quatre ~s en l'air*** auf den Rücken fallen; **d)** *d'une pelle* Blatt *n*; **e)** *d'une flèche, d'une lance* Spitze *f*; *fig* ***~ de lance*** Speerspitze *f*; *d'un groupe* Stoßtrupp *m*; ***en ~ de lance*** spitz(ig); spitz zulaufend; lanzett-, spieß-, pfeil-, keilförmig; **f)** *sous les chaussures* Eisen *n* **4** ESCRIME Klinge *f*; ***croiser le ~*** die Klinge(n) kreuzen **5** ***~s*** *pl litt* (*chaînes*) Ketten *f/pl*; Eisen *n/pl*; ***mettre aux ~s*** in Ketten, Eisen legen, schließen

ferai [f(ə)ʀɛ], **fera(s)** [f(ə)ʀa] *etc* → ***faire***

fer-blanc [fɛʀblɑ̃] *m* ⟨*pl* **fers-blancs**⟩ (Weiß)Blech *n*; ***boîte f en ~*** Blechdose *f*

ferblanterie [fɛʀblɑ̃tʀi] *f* **1** *industrie* Blechwaren-, Klempnerwaren-, Eisenwarenherstellung *f ou commerce* -handel *m* **2** *ustensiles* Blech-, Klempner-, Eisenwaren *f/pl* **ferblantier** *m* Blechschmied *m*; Klempner *m*

férié [feʀje] *adj* ***jour ~*** Feiertag *m*

férir [feʀiʀ] *v/t loc* ***sans coup ~*** kampf-, mühelos; ohne auf Widerstand zu stoßen

fermage [fɛʀmaʒ] *m* AGR **a)** Pacht(wirtschaft) *f*; Verpachtung *f*; Grundpacht *f*; **b)** *loyer* Pachtzins *m*, -geld *n*

ferme[1] [fɛʀm] **I** *adj chair, terre* fest; *poitrine* fest; straff; *fruits* fest; hart; *pas, écriture* fest; sicher; *voix, ton* fest; sicher; entschieden; bestimmt; *personne* standhaft; beharrlich; unbeirrbar; *règlement* fest; *prix* fest; unveränderlich; gleichbleibend; COMM ***offre f ~*** Fest(an)gebot *n*; verbindliches, festes Angebot; ***prison f ~*** Gefängnis *n* ohne Bewährung; ***terre f ~*** Festland *n*; BOURSE ***valeur f ~*** fester, gleichbleibender, unveränderter Wert; *loc/adv* ***d'un pas ~*** mit festem Schritt; festen Schrittes; ***avoir la ~ intention de*** (*+inf*) die feste Absicht haben zu (*+inf*); BOURSE *cours* ***rester ~*** sich behaupten; unverändert, fest sein, bleiben **II** *adv* ***discuter ~*** heftig diskutieren; ***s'ennuyer ~*** F sich gewaltig langweilen; ***travailler ~*** tüchtig, hart, F feste arbeiten

ferme[2] [fɛʀm] *f* **1** (Bauern)Hof *m*; (Bauern-, Land)Gut *n*; Gehöft *n*; *maison* Bauernhaus *n*; ***~ avicole*** Geflügelfarm *f*; ***~ d'élevage*** Farm *f*; ***~ d'État*** Staatsgut *n* **2** AGR, JUR Pacht *f*; Verpachtung *f*; ***donner à ~*** verpachten; in Pacht geben; ***prendre à ~*** pachten; in Pacht nehmen

fermé [fɛʀme] *adj porte, magasin, yeux* geschlossen; zu (*attribut seulement*); *société, club etc* geschlossen; exklusiv; *visage* verschlossen; *syllabe, voyelle*, MATH *courbe* geschlossen; *loc/adv* ***les yeux ~s*** mit geschlossenen Augen; *fig* unbesehen; ohne zu prüfen; in blindem Vertrauen; ***être ~ à qc*** keinen Zugang haben zu etw; keine Begabung, kein Verständnis, keinen Sinn haben für etw; ***être ~ à la pitié*** sich dem Mitleid verschließen; kein Mitleid empfinden; ***être ~*** *porte, usine, magasin* geschlossen sein; zu sein; *magasin a* zuhaben; *entreprise a* stillgelegt sein; *porte, fenêtre* ***être mal ~*** *a* nicht (richtig, ganz) zu sein; ***être ~ à clef*** ab-, zugeschlossen, verschlossen, ab-, zugesperrt sein

fermement [fɛʀməmɑ̃] *adv tenir qc, croire à qc* fest; *inviter qn* nachdrücklich; energisch; ***être ~ décidé à*** (*+inf*) fest entschlossen sein zu (*+inf*); ***prier qn poliment mais ~ de*** (*+inf*) j-n höflich, aber bestimmt bitten zu (*+inf*)

ferment [fɛʀmɑ̃] *m* **1** CHIM Ferment *n*; Gärungserreger *m*; Gärstoff *m*; ***~s lactiques*** Milchsäurebakterien *f/pl* **2** *fig et litt* Keim *m* (***de discorde*** der Zwietracht)

fermentation [fɛʀmɑ̃tasjõ] *f* **1** CHIM Gärung *f*; Gärungsprozess *m*, -vorgang *m*; *du lait* Säuerung *f* **2** *fig* Gärung *f*; Aufruhrstimmung *f*

fermenter [fɛʀmɑ̃te] *v/i* **1** CHIM gären; *adjt*: *boisson* (***non***) ***fermenté*** (un)vergoren; ***lait fermenté*** vergorene Milch; ***commencer à ~*** in Gärung übergehen; ***faire ~*** zur Gärung bringen **2** *fig* sich in Gärung befinden; in Aufruhr(stimmung) sein

fermer [fɛʀme] **I** *v/t porte, volet, armoire, valise, magasin, musée, guichet* schließen; F zumachen; *école, casino* schließen; *entreprise, mine, ligne de chemin de fer* stilllegen; *yeux, main* schließen; *yeux a* zudrücken; F zumachen; *bouche* halten; F zumachen; *livre, couvercle* schließen; zuklappen; zuschlagen; F zumachen; *vêtement* zuknöpfen; F zumachen; *parapluie* zumachen; *canif* zuklappen; F zumachen; *rideaux* vor-, zuziehen; F zumachen; *passage, frontière* sperren; *appareil électrique* ausschalten; ausmachen; abschalten; abstellen; *radio, télé a* aus-, abdrehen; *lumière* ausmachen, -knipsen, -drehen, -schalten, -löschen; *robinet* aus-, ab-, zudrehen; abstellen; *abs* ***on ferme*** wir schließen; wir machen zu; es wird geschlossen; P ***ferme-la!*** *ou* ***la ferme!*** F (halt die) Klappe, Schnauze!; halt den Schnabel!; *p/fort* halt's Maul!; *fig* ***~ la carrière à qn*** j-m die Laufbahn verbauen; j-s Karriere verhindern; *fig* ***~ son cœur à la pitié*** sich dem Mitleid verschließen; ***je n'ai pas fermé l'œil de*** (***toute***) ***la nuit*** ich habe die ganze Nacht kein Auge zugetan; ***fermez la parenthèse!*** Klammer zu!; ***ferme***(***z***) ***la porte!*** Tür zu!; → *a* ***porte***[1] *1*; ***~ à clé*** ab-, zu-, verschließen; ab-, zusperren; ***~ au trafic*** für den Verkehr sperren **II** *v/i magasin* schließen; geschlossen haben; zuhaben; zu sein; F zumachen; *porte, boîte* ***~*** (***bien, mal***) (gut, schlecht *ou* nicht richtig) schließen, zugehen, zuzumachen sein; sich (...) schließen lassen; *clé* schließen; ***cette porte ne ferme pas à clé*** diese Tür kann man nicht abschließen **III** *v/pr* ***se ~*** **1** *réfléchi*: *porte* zugehen; ins Schloss fallen; *blessure* sich schließen; zuheilen; ***ses yeux se ferment*** ihm fallen die Augen zu; *personne* ***se ~ à qc*** sich e-r Sache (*dat*) verschließen; *pays* ***se ~ aux étrangers*** keine Ausländer hereinlassen **2** *sens passif*: *boîte etc* ***se ~*** (***bien, mal***) (gut, schlecht *ou* nicht richtig) schließen, zugehen, zuzumachen sein; sich (...) schließen lassen; *robe* zugemacht, geschlossen werden (***dans le dos*** auf dem Rücken, hinten)

fermeté [fɛʀməte] *f* **1** *de la chair etc* Festigkeit *f* **2** *de la voix* Festigkeit *f*; *du ton* Bestimmtheit *f*; *du style* Sicherheit *f*; Kraft *f*; *de caractère* Stärke *f*; Festigkeit *f*; *d'une personne* Festigkeit *f*; Entschlossenheit *f*; Bestimmtheit *f*; Entschiedenheit *f*; Standhaftigkeit *f*; Standfestigkeit *f*; Rückgrat *n*; ***faire preuve de ~*** Festigkeit *etc* beweisen, zeigen; ***répondre avec ~*** in festem, bestimmtem Ton, mit Bestimmtheit antworten

fermette [fɛʀmɛt] *f* (kleines) Bauern-, Landhaus (*als Zweitwohnung*)

fermeture [fɛʀmətyʀ] *f* **1** *dispositif* Verschluss *m*; *d'une porte, d'un coffre-fort* Schloss *n*; ***~ automatique*** automatischer Verschluss, Türschließer; ***~***

éclair® Reißverschluss *m* **2** *action: d'une porte etc* Schließen *n*; *d'un commerce etc* Schließung *f*; *d'une entreprise a* Stilllegung *f*; *de la chasse, de la pêche* Ende *n*; **~ *annuelle*** Betriebs-, Werksferien *pl*; **~ *des bureaux*** Büroschluss *m*; **~ *de la chasse*** *a* Beginn *m* der Schonzeit; **~ *des guichets*** Schalterschluss *m*; **~ *des magasins*** Ladenschluss(zeit) *m(f)*

fermier [fɛʀmje] *m*, **fermière** *f* **1** Landwirt *m*; Bauer *m*, Bäuerin *f*; *USA etc* Farmer *m*, Farmersfrau *f*; *adjt*: ***beurre*** *m* ***fermier*** Bauern-, Landbutter *f*; ***poulet*** *m* ***fermier*** auf dem Bauernhof im Freien aufgezogenes Hähnchen **2** JUR (Grund-, Land)Pächter(in) *m(f)* **3** HIST ***fermier général*** Generalsteuerpächter *m*

fermoir [fɛʀmwaʀ] *m d'un bijou, d'un livre, d'un sac à main* Verschluss *m*; Schließe *f*; *d'un sac à main a* Schloss *n*; *d'un livre a* Spange *f*

Fernand [fɛʀnɑ̃] *m Vorname*

Fernande [fɛʀnɑ̃d] *f Vorname*

féroce [feʀɔs] *adj animal* wild; reißend; *homme* grausam; unbarmherzig; unerbittlich; mitleid(s)-los; *regard, aspect* wild; schrecklich; grausam; grimmig; ***appétit*** *m* **~** unbändiger Appetit; ***joie*** *f* **~** grausame Lust

férocité [feʀɔsite] *f d'un animal* Wildheit *f*; *d'une personne, d'une mesure* Grausamkeit *f*; Härte *f*; Unmenschlichkeit *f*; Brutalität *f*; *d'une personne a* Unbarmherzigkeit *f*; Unerbittlichkeit *f*; Mitleid(s)losigkeit *f*

Féroé [feʀɔe] ***les îles*** *f/pl* **~** die Färöer *pl*

ferrage [fɛʀaʒ] *m* **1** *de chevaux* Beschlagen *n* **2** TECH *d'une porte* Metallbeschlag *m*, -beschläge *m/pl*

ferraillage [fɛʀajaʒ] *m* CONSTR Armierung *f*; Bewehrung *f*

ferraille [fɛʀɑj] *f* **1** Schrott *m*; Alteisen *n*; *par ext* Altmetall *n*; ***mise*** *f* ***à la*** **~** Verschrottung *f*; ***tas*** *m* ***de*** **~** Schrotthaufen *m* (*a fig voiture accidentée*); ***faire la récupération de la*** **~** Schrott, Altmetall, Alteisen sammeln; ***jeter, mettre à la*** **~** verschrotten; ***être bon à jeter, mettre à la ~, bon pour la ~*** schrottreif sein; nur noch Schrottwert haben; ***faire un bruit de*** **~** *vieux véhicule* scheppern; klappern; rattern; *chaînes* rasseln **2** F (*menue monnaie*) Klein-, Kupfergeld *n*; Münzen *f/pl*

ferrailler [fɛʀaje] *v/i autrefois* sich mit dem Säbel schlagen

ferrailleur [fɛʀajœʀ] *m* **1** *marchand* Schrott-, Alteisen-, Altmetallhändler *m* **2** CONSTR Eisenflechter *m*

Ferrare [fɛʀaʀ] GÉOGR Ferrara *n*

ferré [fɛʀe] *adj* **1** (mit Eisen) beschlagen; *canne* mit Metallspitze; ***voie ~e*** (Bahn)Gleis *n*; Bahnlinie *f*; Schienenstrang *m*; ***par voie ~e*** auf dem Schienenweg; per Bahn; per Schiene; mit der (Eisen)Bahn **2** *fig* ***être*** **~** (sehr) beschlagen sein, gut Bescheid wissen (***en histoire*** in Geschichte; ***sur une question*** über e-e Frage)

ferrer [fɛʀe] *v/t* **1** *chevaux* beschlagen; *chaussures* mit Eisen beschlagen **2** *pêcheur: le poisson* festhaken; anreißen

ferreux [fɛʀø] *adj* ⟨*m*⟩ eisenhaltig; ***métaux*** *m/pl* ***non*** **~** Nichteisenmetalle *n/pl*

ferrite [fɛʀit] *m* ÉLECTRON Ferrit *m*

ferro-alliage [fɛʀoaljaʒ] *m* ⟨*pl* **ferro-alliages**⟩ MÉTALL Ferro-, Eisenlegierung *f* **ferromagnétisme** *m* PHYS Ferromagnetismus *m*

ferronnerie [fɛʀɔnʀi] *f* **1** **~ (*d'art*)** *métier* Kunstschlosserei *f*; Kunstschlosser-, Kunstschmiedehandwerk *n*; *objets* Kunstschmiedearbeiten *f/pl* **2** CONSTR Eisen-, Metallbauteile *n/pl*

ferronnier [fɛʀɔnje] *m* **~ (*d'art*)** Kunstschlosser *m*, -schmied *m*

ferroviaire [fɛʀɔvjɛʀ] *adj* (Eisen)Bahn…; Schienen…; ***compagnie*** *f* **~** Eisenbahngesellschaft *f*; ***trafic*** *m* **~** (Eisen)Bahn-, Zugverkehr *m*; ***transport*** *m* **~** Bahn-, Schienentransport *m*

ferrugineux [fɛʀyʒinø] *adj* ⟨**-euse**⟩ *eau, roche* eisenhaltig

ferrure [fɛʀyʀ] *f d'une porte etc* (Eisen-, Metall)Beschlag *m*

ferry [fɛʀi] *m* ⟨*pl* **~s** *od* **ferries**⟩, **ferry-boat** [fɛʀibot] *m* ⟨*pl* **ferry-boats**⟩ Eisenbahnfähre *f*; Fährschiff *n*; (große) Fähre

fertile [fɛʀtil] *adj* **1** *sol* fruchtbar; ertragreich; ergiebig **2** *fig imagination etc* fruchtbar; **~ *en qc*** reich an etw (*dat*); *jour, époque* **~ *en événements*** ereignisreich

fertilisable [fɛʀtilizabl] *adj* fruchtbar zu machen(d)

fertilisant **I** *adj* fruchtbar machend **II** *m* Düngemittel *n* **fertilisation** *f du sol* Fruchtbarmachung *f*; Düngung *f* **fertiliser** *v/t terre* fruchtbar machen; düngen

fertilité [fɛʀtilite] *f du sol* Fruchtbarkeit *f* (*a fig de l'esprit, de l'imagination*); Ergiebigkeit *f*; Ertragfähigkeit *f*

féru [feʀy] *adj* ***être*** **~ *de qc*** (ganz) besessen sein von etw; sich begeistern für etw

férule [feʀyl] *f autrefois* (Zucht)Rute *f*; *fig et litt* ***être sous la ~ de qn*** unter j-s Zuchtrute, F Fuchtel (*dat*) stehen

fervent [fɛʀvɑ̃] **I** *adj croyant* eifrig; *prière* inbrünstig; *démocrate, partisan, amour* leidenschaftlich; glühend; *amour a* heiß **II** *m* begeisterter, leidenschaftlicher Anhänger, Verehrer

ferveur [fɛʀvœʀ] *f de la prière, de la foi* Inbrunst *f*; *d'une personne* Eifer *m*; *d'un sentiment* Glut *f*; Feuer *n*; ***écouter qn avec*** **~** j-m wie gebannt zuhören; ***remercier qn avec*** **~** j-m überschwänglich danken

Fès [fɛz] GÉOGR Fes *n*

fesse [fɛs] *f* Hinter-, Gesäß-, P Arschbacke *f*; Gesäßhälfte *f*; **~*s*** *pl* Gesäß *n*; Hinterteil *n*; F Hintern *m*; F ***histoire*** *f* ***de ~s*** Bettgeschichte *f*; F ***il a la police*** *etc* ***aux ~s*** er hat die Polizei *etc* im Nacken; die Polizei *etc* ist ihm auf den Fersen; ***botter les ~s à qn, donner un coup de pied aux ~s à qn*** j-m e-n Tritt in den Hintern geben; j-m in den Hintern treten; F ***ça coûte la peau des ~s*** F das ist sündhaft teuer; F ***poser ses ~s*** (*s'asseoir*) F sich auf s-n Hintern setzen; F *fig* ***serrer les ~s, avoir chaud aux ~s*** F es mit der Angst kriegen; Schiss, (e-n) Bammel haben

fessée [fese] *f* Schläge *m/pl* auf den Hintern; ***donner une*** **~ *à qn*** F j-m den Hintern vollhauen, versohlen; j-m die Hosen stramm ziehen; ***recevoir une*** (***bonne***) **~** F den Hintern voll, ein paar auf den Hintern kriegen

Fessenheim [fesɛnɛm] *Ort im Dep. Haut-Rhin*

fesser [fese] *v/t* **~ *qn*** F j-m den Hintern vollhauen, versohlen; j-m die Hosen stramm ziehen

fessier [fesje] **I** F *m* Hinterteil *n*; F Hintern *m* **II**

adj ⟨**-ière**⟩ ANAT Gesäß…; ***muscles ~s*** Gesäßmuskeln *m/pl*
fessu [fesy] *adj* F mit e-m breiten, dicken Hintern
festin [fɛstɛ̃] *m* Festessen *n*, -mahl *n*, -schmaus *m*; Bankett *n*
festival [fɛstival] *m* **1** Festspiele *n/pl*; Festival *n*; CIN Filmfestival *n*; ***le ~ de Cannes*** das Filmfestival von Cannes; ***le ~ de Salzbourg*** die Salzburger Festspiele **2** *fig* glänzende Demonstration s-s Könnens **festivalier** **I** *adj* ⟨**-ière**⟩ Festspiel… **II** *m* Festspielteilnehmer *m*
festivités [fɛstivite] *f/pl* (Fest)Veranstaltungen *f/pl*; Festlichkeiten *f/pl*; Feiern *f/pl*; *plais* Festivitäten *f/pl*
fest-noz [fɛstnoz] *m* ⟨*inv*⟩ *Fest mit traditionellen bretonischen Tänzen*
feston [fɛstõ] *m* ARCH, COUT Feston *n*; COUT ***point*** *m* ***de ~*** Langettenstich *m*
festonner [fɛstɔne] *v/t* COUT festonieren
festoyer [fɛstwaje] *v/i* ⟨**-oi-**⟩ festlich, gut essen, speisen; schlemmen
feta [feta] *f* CUIS Feta *m*
fêtard [fɛtaʀ] F *m* j, der gern feiert; F Nachtschwärmer *m*
fête [fɛt] *f* **1** Fest *n*; Fest-, Feiertag *m*; festliche Veranstaltung; Feier *f*; ***~ légale*** gesetzlicher Feiertag; ***~ nationale*** Nationalfeiertag *m*; ***~ de bienfaisance, de charité*** Wohltätigkeitsfest *n*, -veranstaltung *f*; ***~ de famille*** Familienfest *n*, -feier *f*; ***~s (de fin d'année)*** Weihnachten *n* und Neujahr *n*; ***~ des mères*** Muttertag *m*; ***~ de la moisson*** Ernte(dank)fest *n*; ***~ des pères*** Vatertag *m*; ***~ du travail*** Tag *m* der Arbeit; *fig* ***air*** *m* ***de ~*** festliches Aussehen; festliche Stimmung; ***jour*** *m* ***de ~*** (*persönlicher*) Fest-, Feiertag; *loc/adv* ***les dimanches et ~s*** an Sonn- und Feiertagen; *fig* ***en ~*** festlich; fröhlich; in festlicher Stimmung; *poét nature etc* im Festgewand; ***donner une ~ en l'honneur de qn*** j-m zu Ehren, für j-n ein Fest geben, veranstalten; *fig* ***être à la ~*** ganz in s-m Element sein; überglücklich sein; *fig* ***ne pas être à la ~*** sich nicht wohlfühlen in s-r Haut; *fig* ***il n'avait jamais été à pareille ~*** er hatte noch nie etwas so Herrliches erlebt; ***être de la ~*** beim Fest (dabei) sein; am Fest teilnehmen; mitfeiern; ***faire la ~*** F tüchtig, ordentlich feiern; *fig* ***se faire une ~ de qc*** sich sehr auf etw (*acc*) freuen; *fig* ***faire ~ à qn*** j-n freudig empfangen, begrüßen **2** (*jour du saint dont qn porte le nom*) Namenstag *m*; ***bonne ~!*** alles Gute, herzlichen Glückwunsch zum Namenstag!; F *fig* ***je vais lui faire sa ~!*** F der kann was erleben!; dem werd ich's zeigen!
Fête-Dieu [fɛtdjø] *f* ⟨*pl* **Fêtes-Dieu**⟩ Fronleichnam(sfest) *m*(*n*)
fêter [fete] *v/t fête, anniversaire, victoire, succès, vainqueur* feiern; *fête a* (festlich, feierlich) begehen; *vainqueur a* festlich, feierlich empfangen; F ***on va ~ ça!*** das muss gefeiert werden!
fétiche [fetiʃ] *m* REL *et fig* Fetisch *m* **fétichisme** *m* REL, PSYCH, *fig* Fetischismus *m* **fétichiste** **I** *adj* fetischistisch **II** *m,f* Fetischist(in) *m*(*f*)
fétide [fetid] *adj haleine, émanations* übel riechend; stinkend; ***odeur*** *f* ***~*** widerlicher, ekelerregender Geruch
fétu [fety] *m* ***~ (de paille)*** Strohhalm *m*; ***être emporté comme un ~*** vom Strom mitgerissen werden; ein Spielball der Wellen sein

La fête nationale

Am 14. Juli feiern die Franzosen **la fête nationale**, den französischen Nationalfeiertag. Der 14. Juli 1789 ist ein wichtiges Datum in der französischen Geschichte, da an diesem Tag die Pariser Bastille erstürmt wurde und damit die französische Revolution begann.
Daneben gibt es in Frankreich folgende Feiertage:

le 1er janvier:
le jour de l'An – der Neujahrstag
mars/avril:
Pâques (ohne Artikel) – Ostern
le 1er mai:
la fête du travail – Tag der Arbeit
le 8 mai:
le Jour de la Victoire – das Ende des Zweiten Weltkriegs
mai:
l'Ascension *f* – Christi Himmelfahrt
mai/juin:
la Pentecôte – Pfingsten
le 15 août:
l'Assomption *f* – Mariä Himmelfahrt
le 1er novembre:
la Toussaint – Allerheiligen
le 11 novembre:
l'Armistice *m* (= der Waffenstillstand) – das Ende des Ersten Weltkriegs
le 25 décembre:
Noël (ohne Artikel) – Weihnachten

feu[1] [fø] *m* ⟨*pl* **~x**⟩ **1** Feuer *n* (*a fig d'une personne, du regard, de l'amour*); *fig du regard, de la passion a* Glut *f*; (*incendie*) Brand *m*; CUIS Hitze *f*; Flamme *f*; *de mets épicés etc* Brennen *n*; *fig d'un diamant* ***~x*** *pl* Feuer *n*; ♦ ***~ sacré*** heiliges Feuer; *fig d'un artiste etc* ***avoir le ~ sacré*** von s-r Arbeit, s-m Beruf besessen sein; mit Leib und Seele bei s-r Arbeit sein; ***~ d'artifice*** Feuerwerk *n* (*a fig*); ***~ de Bengale*** bengalisches Feuer; ***~ de brousse*** Buschbrand *m*; ***~ de camp*** Lagerfeuer *n*; ***~ de cheminée*** Kaminfeuer *n*; *incendie* Kaminbrand *m*; ***~ de joie*** Freudenfeuer *n*; *fig* ***~ de paille*** Strohfeuer *n*; ***~ du rasoir*** Brennen *n* nach der Rasur; ***mise*** *f* ***à ~*** Zünden *n*, -ung *f* (*d'une fusée, d'explosifs*); GÉOGR ***Terre*** *f* ***de Feu*** Feuerland *n*; ♦ *int* ***au ~!*** Feuer!; es brennt!; ***crier au ~*** „Feuer!" rufen; *loc/adj* ***à trois ~x*** *cuisinière à gaz* mit drei Flammen; *cuisinière électrique* mit drei Kochplatten; *loc/adv*: CUIS ***à ~ doux, à grand ~, à ~ vif*** auf kleiner *ou* schwacher, starker Flamme; bei schwacher, starker Hitze; *fig* ***dans le ~ de l'action*** im Eifer, in der Hitze des Gefechts; ♦ *plat al-*

ler au ~ feuerfest sein; ***allumer le ~*** Feuer anmachen, anzünden, entfachen; *fumeur* ***avez-vous du ~?*** haben Sie Feuer?; ***il y a le ~*** es brennt; da brennt es; *fig* ***il n'y a pas le ~*** kein Grund zur Eile; warum so eilig?; F *fig* ***avoir le ~ au derrière***, P ***au cul*** F es brandeilig haben; *fig* ***avoir les joues en ~*** glühende, brennend rote Wangen haben; *fig* ***j'ai la bouche, la gorge en ~*** mein Mund, meine Kehle brennt wie Feuer; *diamants* ***briller de mille ~x*** herrlich strahlen, funkeln; ***être en ~*** in Brand, in Flammen stehen; brennen; *fig* ***être tout ~ tout flamme pour qc*** für etw Feuer und Flamme sein; *fig* ***être sans ~ ni lieu*** weder Haus noch Herd haben; obdachlos sein; *plat* ***être sur le ~*** aufgestellt sein; auf dem Feuer, Herd stehen; ***faire du ~*** Feuer machen; *fig* ***faire ~ de tout bois*** alle Mittel einsetzen; F alle Minen springen lassen; *diamant* ***jeter des ~x*** funkeln; Feuer haben; *fig* ***se jeter au ~ pour qn*** für j-n durchs Feuer gehen; *fig* ***jouer avec le ~*** mit dem Feuer spielen; ***mettre le ~ à qc*** etw in Brand stecken, anzünden, anstecken; Feuer legen an etw (*acc*); *pays, ville* ***mettre à ~ et à sang*** mit Feuer und Schwert verwüsten, verheeren; *fig* ***mettre le ~ aux poudres*** den Funken ins Pulverfass schleudern; der Funke im Pulverfass sein; CUIS ***mettre sur le ~*** aufstellen; aufsetzen; aufs Feuer, auf den Herd stellen; *fig* ***parler avec ~*** mit Feuer, Begeisterung sprechen; ***prendre ~*** Feuer fangen; in Brand geraten; sich entzünden; F *fig* ***il n'y voit que du ~*** F das merkt der gar nicht **2** (*lumière, signal lumineux*) *d'un bateau* Licht *n*; Laterne *f*; *d'un avion* Kennlicht *n*; CIRCULATION ***~(x)*** Ampel *f*; *sur un véhicule* ***~(x) arrière*** Rück-, Schlusslicht(er) *n(pl)*, -leuchte(n) *f(pl)*; *aux passages à niveau etc* ***~ clignotant*** Blinklicht (-anlage) *n(f)*; ***~x coordonnés*** grüne Welle; *titre dans la presse* ***pleins ~x sur …*** im Blickpunkt …; alles über (+*acc*); CIRCULATION ***~ rouge, orange, vert*** rotes, gelbes, grünes Licht; ***le ~ passe au vert*** die Ampel, es wird grün; *fig* ***donner, obtenir le ~ vert*** grünes Licht geben, bekommen; AUTO: ***~ stop*** Bremslicht *n*; ***~x de croisement*** Abblendlicht *n*; ***~x de détresse*** Warnblinkanlage *f*, -licht *n*; ***~x de position*** AUTO Standlicht *n*; MAR, AVIAT Positionslichter *n/pl*; THÉ ***~x de la rampe*** Rampenlicht *n*; AUTO ***~x de recul*** Rückfahrscheinwerfer *m/pl*; AUTO ***~x de route*** Fernlicht *n*; ***~x de signalisation*** Verkehrsampel *f*; AUTO ***~x de stationnement*** Parkleuchte *f*; *loc/adv* ***sous les ~x des projecteurs*** im Scheinwerferlicht (*a fig*); AUTO ***rouler tous ~x éteints*** ohne Beleuchtung, ohne Licht fahren **3** MIL (Gewehr-, Geschütz)Feuer *n*; *ordre* ***~!*** Feuer!; ***arme f à ~*** Feuer-, Schusswaffe *f*; ***coup m de ~*** Schuss *m*; → *a coup 1*; ***cessez le ~!*** Feuer einstellen!; ***être sous le ~ de l'ennemi*** unter (feindlichem) Beschuss, unter Feuer liegen; ***faire ~*** Feuer geben; feuern; *fig* ***faire long ~*** *projet* zu nichts führen; *sujet* nicht mehr ziehen; *fig* ***ne pas faire long ~*** *accord etc* nicht lange dauern; von kurzer Dauer sein; *personne à un poste etc* es nicht lange aushalten; nicht lange bleiben; *fig* ***être pris, se trouver entre deux ~x*** zwischen zwei Feuern stehen **4** F (*revolver*) F Kanone *f*; Schießeisen *n*

feu² [fø] *litt adj* ⟨*inv*⟩ verstorben; selig; ***~ son père*** sein verstorbener, seliger Vater; *südd a* sein Vater selig

feuillage [fœjaʒ] *m* **a)** *d'un arbre* Laub *n*; Blätter *n/pl*; **b)** (*rameaux coupés*) abgeschnittene grüne Zweige *m/pl*; abgeschnittenes grünes Laub

feuillaison [fœjɛzõ] *f des arbres* Belaubung *f*; Grünwerden *n*

feuillantine [fœjɑ̃tin] *f* Gebäck *n* aus Blätterteig

feuillants [fœjɑ̃] *m/pl* HIST **1** REL Feuillanten *m/pl* **2** POL *1791* Mitglieder *n/pl* des Klubs der Feuillants; gemäßigte Republikaner *m/pl*

feuillard [fœjaʀ] *m* Bandeisen *n*

feuille [fœj] *f* **1** BOT Blatt *n*; ***~s*** *pl a* Laub *n*; ***~s mortes*** welkes, dürres, trockenes Laub; welke, dürre, trockene Blätter; ***~ de chêne*** Eich(en)blatt *n*; Eichenlaub *n*; *salade* Eichblattsalat *m*; CUIS ***~s de laurier*** Lorbeerblätter *n/pl*; ***~ de marronnier, de menthe*** Kastanien-, Pfefferminzblatt *n*; ***~ de palmier*** Palm(en)blatt *n*, -wedel *m*, -zweig *m*; ***~ de tabac*** Tabakblatt *n*; ***~ de vigne*** Rebenblatt *n*; BEAUX-ARTS *et fig* Feigenblatt *n*; ***trèfle*** *m* ***à quatre ~s*** vierblätt(e)riges Kleeblatt; *fig* ***trembler comme une ~*** zittern wie Espenlaub **2** *papier* **a)** Blatt *n* (Papier); (Schreibpapier-, Packpapier)Bogen *m*; TYPO (Druck)Bogen *m*; ***~ double*** Doppelblatt *n*, -bogen *m*; ***une ~ de papier*** ein Blatt Papier; ***~ de papier à lettres*** Briefbogen *m*; ***~ de timbres*** Briefmarkenbogen *m*; **b)** *document* Schein *m*; ***~ d'impôt*** Steuerformular *n*; ***~ de maladie*** ärztliche Abrechnung, die der Patient zwecks Rückerstattung bei der Sécurité sociale einreicht; ***~ de paie*** Lohn-, Gehaltsstreifen *m*; ***~ de présence*** Anwesenheits-, Präsenzliste *f*; MIL ***~ de route*** Fahrbefehl *m*; ***~ de température*** Fiebertabelle *f*; **c)** (*journal*) Blatt *n*; F ***~ de chou*** F Käseblatt *n* **3** (*plaque mince*) (Metall)Folie *f*; *en bois* Platte *f* **4** F ***être dur de la ~*** schwerhörig sein; schwer hören

feuillée [fœje] *f* **1** *poét* Laubdach *n* **2** ***~s*** *pl* MIL Latrine *f*

feuille-morte [fœjmɔʀt] *adj* ⟨*inv*⟩ gelbbraun; rotbraun

feuillet [fœjɛ] *m* **1** *d'un cahier etc* Blatt *n* **2** *des ruminants* Blättermagen *m* **3** TECH dünne Platte; dünnes Brett

feuilletage [fœjtaʒ] *m* CUIS Zubereitung *f* von Blätterteig

feuilleté [fœjte] **I** *adj* blätt(e)rig; TECH ***pare-brise ~*** Verbundglasscheibe *f*; CUIS ***pâte ~e*** Blätterteig *m* **II** *m* CUIS Blätterteiggebäck *n*

feuilleter [fœjte] *v/t* ⟨**-tt-**⟩ **1** durchblättern; blättern in (+*dat*); ***~ un journal, un livre*** eine Zeitung, ein Buch durchblättern; in einer Zeitung, einem Buch blättern **2** CUIS ***~ de la pâte*** Blätterteig zubereiten

feuilleton [fœjtõ] *m dans un journal* Fortsetzungsroman *m*; TV, RAD Serie *f*; Sendereihe *f*

feuilletoniste [fœjtɔnist] *m* Autor *m*, Verfasser *m* von Fortsetzungsromanen, Serien

feuillu [fœjy] **I** *adj* **a)** (*touffu*) dicht belaubt; mit dichtem Laub-, Blätterwerk; **b)** (*qui porte des feuilles*) laubtragend **II** *m/pl* ***~s*** Laubbäume *m/pl*; ***forêt f de ~s*** Laubwald *m*

feuillure [fœjyʀ] *f* MENUISERIE Falz *m*

feulement [følmɑ̃] *m du tigre* Brüllen *n*; *du chat* Fauchen *n* **feuler** *v/i tigre* brüllen; *chat* fauchen

feutrage [føtʀaʒ] *m des vêtements* (Ver)Filzen *n*; Filzigwerden *n*

feutre [føtʀ] *m* **1** TEXT Filz *m* **2** *chapeau* Filzhut *m*;

F Filz *m* **3** *crayon* Filz-, Faserschreiber *m*, -stift *m*
feutré [føtʀe] *adj* **1** *laine, vêtement* verfilzt; filzig (geworden) **2** *bruit* gedämpft; dumpf; ***marcher à pas ~s*** auf leisen Sohlen, mit leisen Schritten gehen; ***vivre dans une atmosphère ~e*** abgeschirmt leben
feutrer [føtʀe] **I** *v/t* **1** TEXT filzen; zu Filz verarbeiten **2** (*garnir de feutre*) mit Filz unterlegen, auslegen **II** *v/i* (*et v/pr*) **(se)** ~ *laine, vêtements* (ver)filzen; filzig werden
feutrine [føtʀin] *f* TEXT Wollfilz *m*
fève [fɛv] *f* **1** BOT, CUIS **a)** Sau-, Puffbohne *f*; dicke Bohne; **b)** ***~ de cacao*** Kakaobohne *f* **2** ***~ (des Rois)*** am Dreikönigsfest in der „galette" versteckte Bohne *ou* kleine Figur
février [fevʀije] *m* Februar *m*; *österr* Feber *m*
Feydeau [fɛdo] ***Georges ~*** *frz Dramatiker*
fez [fɛz] *m coiffure* Fes *ou* Fez *m*
Fez [fɛz] GÉOGR Fes *n*
FF *abr* (*franc[s] français*) HIST FF; französischer Franc *ou* französische Francs
FFI [ɛfɛfi] *f/pl abr* (*Forces françaises de l'intérieur*) *Streitkräfte der frz Résistance im 2. Weltkrieg*
FFL [ɛfɛfɛl] *f/pl abr* (*Forces françaises libres*) *Streitkräfte des freien Frankreich im 2. Weltkrieg* (*de Gaulle*)
fi [fi] **1** *int litt* ~ **(*donc*)!** pfui! **2** *loc* ***faire ~ de*** verschmähen
fiabilité [fjabilite] *f* **1** TECH Zuverlässigkeit *f*; Betriebssicherheit *f* **2** *d'une personne* Vertrauenswürdigkeit *f*
fiable [fjabl] *adj* **1** TECH zuverlässig; betriebssicher **2** *personne* vertrauenswürdig; verlässlich
fiacre [fjakʀ] *m* (Pferde)Droschke *f*; Mietkutsche *f*; *österr* Fiaker *m*
fiançailles [f(i)jɑ̃saj] *f/pl* Verlobung *f*; *st/s* Verlöbnis *n*; *temps* Verlobungszeit *f*; ***rompre ses ~*** die Verlobung (wieder) lösen; sich entloben
fiancé(e) [f(i)jɑ̃se] *m(f)* Verlobte(r) *f(m)*; Bräutigam *m*, Braut *f*; ***les fiancés*** die Verlobten; das Brautpaar; die Brautleute *pl*
fiancer [f(i)jɑ̃se] ⟨**-ç-**⟩ **I** *v/t* verloben (**à** mit); ***~ sa fille à qn*** s-e Tochter mit j-m verloben **II** *v/pr* ***se ~*** sich verloben (***avec qn*** mit j-m)
fiasco [fjasko] *m* Fiasko *n*; Misserfolg *m*; F (glatter) Reinfall *m*; ***~ complet*** F glatter Reinfall; ***sa pièce a été un ~*** *a* er erlebte mit s-m Stück ein Fiasko
fiasque [fjask] *f* dickbauchige Korbflasche mit langem Hals
fibranne [fibʀan] *f* TEXT Zellwolle *f*
fibre [fibʀ] *f* **1** BIOL, TEXT *etc* Faser *f*; BIOL, ANAT *a* Fiber *f*; TEXT *a* Faserstoff *m*; ***~ animale*** tierische Faser; ***~s musculaires*** Muskelfasern *f/pl*; ***~ naturelle*** natürliche (Textil)Faser; TÉLÉCOMM ***~ optique*** Glasfaser *f*; ***~ synthétique*** Chemie-, Kunstfaser *f*; synthetische (Textil)Faser; ***~ textile*** Textilfaser *f*; ***~ végétale*** pflanzliche Faser; Pflanzenfaser *f*; ***~ de bois*** Holzfaser *f*; *pour emballages* Holzwolle *f*; ***~ de verre*** Glasfaser *f*, -wolle *f* **2** *fig*: ***avoir la ~ maternelle*** e-e gute Mutter abgeben, sein; ***avoir la ~ poétique*** e-e poetische Ader haben; ***faire jouer la ~ patriotique*** an die patriotischen Gefühle appellieren
fibreux [fibʀø] *adj* ⟨**-euse**⟩ fas(e)rig; Faser…
fibrillation [fibʀijasjõ] *f* MÉD Herzflimmern *n*
fibrille [fibʀij] *f* ANAT, BOT Fibrille *f*; BOT *a* Fäserchen *n*
fibrine [fibʀin] *f* PHYSIOL Fibrin *n*
fibrociment® [fibʀɔsimɑ̃] *m* CONSTR Asbestzement *m*; Eternit® *n ou m*
fibrome [fibʀom] *m* MÉD Fasergeschwulst *f*; Fibrom *n*
ficelage [fislaʒ] *m* (Ver-, Zu)Schnüren *n*; Verschnürung *f* (*a résultat*)
ficelé [fisle] *adj* **1** *paquet etc* verschnürt **2** F ***être mal ~*** komisch, geschmacklos angezogen sein
ficeler [fisle] *v/t* ⟨**-ll-**⟩ *paquet etc* ver-, zuschnüren; mit (e-r) Schnur, (e-m) Bindfaden umwickeln (*a* CUIS *rôti etc*); mit Schnur, Bindfaden zubinden; (*attacher*) festschnüren, -binden; mit Schnur, Bindfaden befestigen; ***~ qn, qc à qc*** j-n, etw an etw (*dat*) festbinden, anbinden
ficelle [fisɛl] *f* **1** Bindfaden *m*; Schnur *f*; Kordel *f*; ***~s*** *pl d'une marionnette* Fäden *m/pl*; ***attacher, lier avec de la ~*** mit Bindfaden, Schnur an-, fest-, zusammenbinden, befestigen; *fig* ***tirer les ~s*** die Fäden in der Hand haben; der Drahtzieher sein; ***c'est lui qui tire les ~s*** *a* bei ihm laufen alle Fäden zusammen **2** *pain* dünnes, langes Weißbrot **3** ***~s*** *pl d'un métier etc* Kniffe *m/pl*; Tricks *m/pl*; Finessen *f/pl*; Schliche *m/pl*; ***connaître toutes les ~s d'un métier*** alle Kniffe *etc* e-s Berufs kennen; *fig* ***la ~ est un peu grosse*** das ist zu plump, durchsichtig, offensichtlich; *adjt* F *méfiez-vous*, ***il est drôlement ~*** er ist (ganz) gerissen, durchtrieben, mit allen Wassern gewaschen
fiche[1] [fiʃ] *f* **1** ÉLECT ***~ (mâle, de prise de courant)*** Stecker *m*; Stöpsel *m*; ***~ femelle*** Gerätestecker *m* **2** (*feuille*) Zettel *m*; Blatt *n*; Bogen *m*; *d'un fichier* (Kartei)Karte *f*; ***~ médicale*** Krankenblatt *n*; ***~ technique*** technische Daten *n/pl*; ***~ de contrôle*** Kontrollzettel *m*, -karte *f*, -schein *m*; ***~ d'état civil*** Personenstandsurkunde *f*
fiche[2] [fiʃ] → ***ficher***[1]
ficher[1] [fiʃe] ⟨*inf a* **fiche**; *p/p* **fichu**⟩ F **I** *v/t* **1** (*faire*) machen; tun; ***il n'a rien fichu aujourd'hui*** er hat heute nichts getan **2** (*donner*) geben; *un coup* versetzen; ***ça me fiche le cafard*** das macht mich ganz elend, trübsinnig, krank; *a* da bekomme ich richtig Heimweh; ***fiche-moi la paix!*** lass mich in Ruhe, in Frieden, zufrieden! **3** (*jeter*) werfen; F schmeißen; ***~ le camp*** → ***camp*** *1*; ***elle a été fichue, elle s'est fait fiche à la porte*** F man hat sie rausgeworfen; sie ist (raus)geflogen; ***va te faire fiche!*** F mach, dass du fortkommst! **4** ***je t'en ficherai, moi***, *des voyages à l'étranger* das würde dir so passen …; das schlag dir aus dem Kopf …; *je croyais qu'il avait fini son discours, mais* ***je t'en fiche***, *il a encore parlé* F von wegen; denkste **II** *v/pr* **1** ***se ~ de qc, qn*** F auf etw, j-n pfeifen; ***je m'en fiche (pas mal)*** F das ist mir (völlig) egal, schnuppe, piepe; das kümmert, schert mich e-n Dreck; ***il se fiche du monde*** F der ist gut!; der hat Nerven! **2** ***se ~ de qn*** j-n auslachen, veralbern, F veräppeln; → *a les expressions sous* ***foutre***
ficher[2] [fiʃe] *v/t* **1** einrammen; einschlagen; ***~ un poteau*** einen Pfosten einrammen, einschlagen **2** (*mettre en fiche*) karteimäßig erfassen; registrieren; ***être fiché*** registriert sein; in e-r, der Kartei stehen
fichier [fiʃje] *m* **1** Kartei *f*; ***~ de clients*** Kundenkartei *f*; ***établir, tenir un ~*** e-e Kartei anlegen, führen **2** *boîte* Karteikasten *m*; Zettelkasten *m* **3** INFORM

F

Datei *f*

fichtre [fiʃtʀ] *int admirative, étonnée* F Donnerwetter!; so was!

fichtrement [fiʃtʀəmɑ̃] *adv* F unwahrscheinlich; unheimlich; verdammt

fichu[1] [fiʃy] *m* Schulter-, Busentuch *n*

fichu[2] [fiʃy] F *p/p* → **ficher**[1] *et adj* **1** *(détruit)* F kaputt; futsch; hin; im Eimer; P im Arsch; *personne* ***il est ~ financièrement etc*** F der ist erledigt, am Ende; *physiquement* F der macht's nicht mehr lange **2** *(désagréable)* F blöd; verdammt; verflixt; ***~ temps!*** F Sauwetter!; ***il a un ~ caractère*** F der kann ganz unangenehm werden **3** ***bien ~ femme*** gut gewachsen; F gut gebaut; *mécanisme etc* gut, geschickt gemacht, ausgedacht; ***être mal ~*** *personne* sich schlecht, elend, jämmerlich fühlen; F nicht auf dem Damm, Posten sein; nicht gut beieinander sein; *mécanisme etc* schlecht, nicht gut gemacht sein **4** *(capable de)* ***il est ~ de (le faire)*** F er ist imstand(e) und (macht's, tut's); ***il n'est pas ~ d'arriver à l'heure*** F der ist nie pünktlich

fictif [fiktif] *adj* ⟨**-ive**⟩ **1** *personnage etc* (frei) erfunden; erdacht; fiktiv; ***valeur fictive*** gedachter, angenommener, fiktiver Wert **2** *(faux, feint) scène, accord etc* vorgetäuscht; gespielt; fingiert; *facture* fingiert; Schein...; Pro-forma-...; ***contrat ~*** Scheinvertrag *m*; fingierter Vertrag; ***promesse fictive*** falsche, zum Schein abgegebene Versprechungen *f/pl*; ***vente fictive*** Pro-forma-Verkauf *m*

fiction [fiksjõ] *f* Fiktion *f*; Erdichtung *f*; Erfindung *f*; ***ouvrage m de ~*** Werk *n* der Dichtkunst; *loc* ***la réalité dépasse la ~*** die Wirklichkeit geht über alle Vorstellung hinaus

fidèle [fidɛl] **I** *adj* **1** *ami, partenaire, serviteur etc* treu; zuverlässig; *serviteur a* (treu) ergeben; *chien a* anhänglich; ***~ à son devoir*** pflichttreu; ***être, rester ~ à, envers qn*** j-m treu sein, bleiben; j-m die Treue halten; treu zu j-m halten; ***être, rester ~ à qc*** e-r Sache *(dat)* treu bleiben; an etw *(dat)* festhalten; ***être ~ à ses habitudes*** an s-n Gewohnheiten festhalten; s-n Gewohnheiten treu bleiben; ***rester ~ à soi-même*** sich *(dat)* selber, selbst treu bleiben **2** *reproduction, récit etc* genau; getreu; *reproduction a* originalgetreu; *traduction a* wortgetreu; *mémoire* zuverlässig; *mise en scène* ***~ à la conception de l'auteur*** ganz im Sinne des Autors **II** *m,f* **1** **a)** *(adepte)* Getreue(r) *f(m)*; **b)** *(client)* Stammkunde *m*, -kundin *f* **2** REL Gläubige(r) *f(m)*

fidèlement [fidɛlmɑ̃] *adv* (ge)treu; (ge)treulich; genau; zuverlässig; *fin de lettre, plais* ***~ vôtre ...*** in aller Treue Ihr ...; ***rapporter, reproduire ~*** genau, zuverlässig berichten, wiedergeben; ***traduire ~ un texte*** e-n Text wortgetreu übersetzen

fidéliser [fidelize] *v/t public* (auf Dauer) gewinnen; an sich *(acc)* binden; bei der Stange halten

fidélité [fidelite] *f* **1** Treue *f* (***à, envers qn*** zu j-m); Anhänglichkeit *f*; Festhalten *n* (***à qc*** an etw [*dat*]); ***~ conjugale*** eheliche Treue; ***~ à ses convictions*** Festhalten an s-n Überzeugungen; ***~ à une promesse*** Einhaltung *f* e-s Versprechens; ***serment m de ~*** Treueschwur *m*, -gelöbnis *n*; Treueid *m*; ***les époux se doivent ~*** die Ehegatten schulden einander Treue **2** *d'une traduction, d'un récit etc* Genauigkeit *f*; Zuverlässigkeit *f* (*a de la mémoire*); MUS ***'haute ~*** High Fidelity [haɪfi-] *f* (*abr* Hi-Fi); originalgetreue Wiedergabe; ***chaîne f 'haute ~*** Stereoanlage *f*; Hi-Fi-Anlage *f*

Fidji [fidʒi] ***les îles*** *f/pl* ***~*** die Fidschiinseln *f/pl*

fiduciaire [fidysjɛʀ] *adj* **1** JUR, ÉCON treuhänderisch; Treuhand...; *t/t* fiduziarisch; ***société f ~*** Treuhandgesellschaft *f* **2** ÉCON ***monnaie f ~*** Zeichengeld *n*; Papier- und Hartgeld *n*

fief [fjɛf] *m* **1** HIST Lehen *n*; Lehnsgut *n* **2** *fig* (ureigenstes Fach-, Wirkungs)Gebiet; (Fach)Bereich *m*; Domäne *f*; *d'un politicien* ***~ (électoral)*** Hochburg *f*; ***là, je suis dans mon ~*** *dans un quartier etc* da bin ich zu Hause; da kenne ich jeden Stein; *dans un domaine* da bin ich zu Hause; da kenne ich mich aus; ***c'est son ~*** das ist sein Bereich, s-e Domäne

fieffé [fjefe] *adj menteur etc* abgefeimt; ausgemacht; Erz...

fiel [fjɛl] *m* **1** *d'animaux de boucherie, de volaille* Galle *f* **2** *fig* Galle *f*; Bosheit *f*; Bitterkeit *f*; ***plein de ~*** boshaft; gehässig

fielleux [fjɛlø] *adj* ⟨**-euse**⟩ *propos, personne* gallig; gehässig; boshaft; *propos a* galle(n) bitter

fiente [fjɑ̃t] *f d'oiseaux* Kot *m*; Mist *m*; Dreck *m*

fienter [fjɑ̃te] *v/i oiseaux* Kot auswerfen; misten

fier[1] [fje] *v/pr* ***se ~ à qn*** sich auf j-n verlassen; j-m vertrauen, Vertrauen schenken; ***se ~ à qc*** sich auf etw *(acc)* verlassen; mit etw rechnen; ***on ne sait plus à qui se ~*** man kann niemand(em) mehr trauen, sich auf niemand(en) mehr verlassen

fier[2] [fjɛʀ] *adj* ⟨**fière** [fjɛʀ]⟩ **1** stolz; *péj* hochmütig; *personne a* eingebildet; ***~ comme Artaban*** stolz wie ein Spanier, Pfau; *litt* ***avoir fière allure*** e-e würdige Haltung haben; vornehm wirken; ***être ~ de qn, qc*** stolz auf j-n, etw sein; *péj* sich *(dat)* etwas einbilden auf j-n, etw; ***il n'y a pas de quoi être ~*** darauf brauchst du dir *ou* brauchen Sie sich *(dat)* gar nichts einzubilden; das ist kein Grund, stolz zu sein; ***il est trop ~ pour*** (*+inf*) er ist zu stolz, um zu (*+inf*); F ***ne pas être ~*** F ganz schön Angst haben; so klein sein; *subst* ***faire le ~*** stolz, hochmütig, eingebildet tun **2** F gewaltig; unwahrscheinlich; ***devoir une fière chandelle à qn*** j-m zu großem Dank verpflichtet sein; j-m viel, F eine ganze Menge zu verdanken haben; ***il a un ~ culot*** F der ist ganz schön frech, dreist, unverfroren

fier-à-bras [fjɛʀabʀa] *litt m* ⟨*pl* **fier(s)-à-bras**⟩ Prahlhans *m*; Bramarbas *m*

fiérot [fjeʀo] *adj* dummstolz; kindisch stolz; eingebildet

fierté [fjɛʀte] *f* Stolz *m*; *péj* Hochmut *m*; ***par ~*** aus Stolz; ***j'ai ma ~!*** ich habe auch meinen Stolz!; ***c'est sa ~*** das ist sein ganzer Stolz; ***il en tire une juste ~*** er ist mit Recht stolz darauf

fiesta [fjɛsta] F *f* Fest *n*; F Fete *f*

fièvre [fjɛvʀ] *f* **1** MÉD Fieber *n*; ***~ jaune*** Gelbfieber *n*; ***~ des marais*** Sumpffieber *n*; Malaria *f*; *yeux* ***brillant de ~*** fieberglänzend; *front* ***brûlant de ~*** fieberheiß, -glühend; ***avoir de la ~*** Fieber haben; fiebern; ***sa fièvre est tombée*** er hat kein Fieber mehr, ist fieberfrei **2** *fig* Fieber *n*; Erregung *f*; Aufregung *f*; Hektik *f*; ***~ des élections*** Wahlfieber *n*; ***dans la ~ du départ*** in der Hektik der Abreise; *discuter* ***avec ~*** eifrig, leidenschaftlich, hitzig, heftig

fiévreusement [fjevʀøzmɑ̃] *adv* fieberhaft; mit Feuereifer

fiévreux [fjevʀø] *adj* ⟨**-euse**⟩ **1** MÉD fieb(e)rig **2** *fig attente, activité* fieberhaft; fieb(e)rig; *activité a* hektisch

FIFA [fifa] *f abr* (*Fédération internationale de football association*) FIFA *f* (Internationaler Fußballverband)

fifille [fifij] *f* F *affectueux ou iron* Töchterchen *n*; F Kleine *f*; Schätzchen *n*

fifre [fifʀ] *m* **1** *flûte* Querpfeife *f* **2** *joueur* Querpfeifer *m*

fifty-fifty [fiftififti] F *loc/adv* F halbe-halbe; fifty-fifty; ***faire ~*** F halbe-halbe, fifty-fifty machen

figaro [figaʀo] *m* F *plais* (*coiffeur*) Friseur *m*; *plais* Figaro *m*

figé [fiʒe] *adj* **1** *huile, sauce* fest; steif; erstarrt **2** *fig regard, attitude, morale* starr; *sourire a* maskenhaft; GR ***expression, locution ~e*** feste, feststehende (Rede)Wendung; ***société ~e*** verknöcherte Gesellschaft; ***être ~ dans qc*** starr an etw (*dat*) festhalten; festgefahren sein in etw (*dat*); ***être ~ dans une attitude*** starr an e-r Einstellung festhalten

figer [fiʒe] ⟨**-geons**⟩ **I** *v/t* **1** *huile, sauce* fest werden lassen **2** *fig peur, stupeur* ***~ qn*** j-n erstarren lassen, lähmen **II** *v/pr* ***se ~*** **1** *huile, sauce* erstarren; fest, steif, *sauce a* dick werden **2** *fig personne* erstarren; *sourire* gefrieren; (zur Maske) erstarren; *litt* ***son sang se figea dans ses veines*** das Blut erstarrte, stockte ihm in den Adern

fignolage [fiɲɔlaʒ] *m* Ausfeilen *n*; letzter Schliff

fignoler [fiɲɔle] *v/t* sorgfältig, bis ins Letzte ausführen; die größte Sorgfalt verwenden auf (*+acc*); ausfeilen; den letzten Schliff geben (*+dat*); F bosseln an (*+dat*)

figue [fig] *f* BOT Feige *f*; ***~s fraîches, sèches*** frische, getrocknete Feigen; ***~ de Barbarie*** Kaktusfeige *f*

figuier [figje] *m* BOT Feigenbaum *m*; ***~ de Barbarie*** Feigenkaktus *m*

figurant [figyʀɑ̃] *m*, **figurante** *f* THÉ, CIN, *fig* Statist(in) *m(f)*; Komparse *m*, Komparsin *f*; *fig a* Randfigur *f*; ***rôle m de figurant, figurante*** Statisten-, Nebenrolle *f* (*a fig*)

figuratif [figyʀatif] *adj* ⟨**-ive**⟩ **1** *art, peinture, peintre* gegenständlich **2** *représentation* bildlich; bildhaft; figürlich

figuration [figyʀasjõ] *f* **1** THÉ, CIN **a)** *coll* Statisterie *f*; Komparserie *f*; **b)** ***faire de la ~*** Statisten-, Nebenrollen spielen **2** (*représentation*) bildliche Darstellung

figure [figyʀ] *f* **1** (*visage*) Gesicht *n*; ***ne plus avoir ~ humaine*** unkenntlich, vollkommen entstellt sein; nicht mehr wie ein Mensch aussehen; F ***casser la ~ à qn*** j-n verprügeln, F verdreschen, verhauen; F ***se casser la ~*** hinfallen; hinschlagen; stürzen; *fig* ***faire bonne ~*** e-e gute Figur machen; s-n Mann stehen; *sportif a* gut abschneiden; *fig* ***faire piètre ~*** e-e klägliche Figur machen; *sportif* schlecht abschneiden; *fig* ***jeter qc à la ~ de qn*** j-m etw vorhalten, -werfen, F an den Kopf werfen, unter die Nase reiben **2** ART, RHÉT, MUS, MATH, PATINAGE *etc* Figur *f*; ***~ géométrique*** geometrische Figur; ***~ de danse*** Tanz-, Ballettfigur *f*; PATINAGE: ***~s imposées*** Pflicht(figuren) *f(pl)*; ***~s libres*** Kür(lauf) *f(m)*; ***~ de style*** Stilfigur *f*; *fig projet* ***prendre ~*** Gestalt annehmen **3** (*personnalité*) (bedeutende, große) Persönlichkeit, Gestalt; ***les grandes ~s de l'histoire*** die großen Gestalten der Geschichte **4** ***faire ~ de qn, qc*** als j, etw *ou* für j-n, etw gelten, angesehen werden; für j-n, etw gehalten werden

figure und das Gesicht

Après son jogging, Anne avait la figure toute rouge.

Natürlich hatte Anne nach dem Joggen keine rote Figur, sondern sie war ganz rot im Gesicht.

Für die Übersetzung von **la figure** ist also der Zusammenhang von entscheidender Bedeutung.

Wie aber drückt man aus, dass Nicole eine gute Figur hat?
Nicole **est bien faite**.

figuré [figyʀe] *adj sens* figürlich; bildlich; übertragen; ***au sens ~*** im übertragenen, bildlichen Sinn(e); in übertragener Bedeutung; figürlich; *subst* ***au propre et au ~*** in der eigentlichen und übertragenen Bedeutung

figurer [figyʀe] **I** *v/t* (bildlich, figürlich) darstellen **II** *v/i sur une liste etc* stehen; (aufgeführt) sein; erscheinen; vorkommen; figurieren; *candidat* ***~ en bonne place*** gute Aussichten haben; in die engere Wahl kommen; ***~ parmi les dix premiers*** unter den ersten zehn sein; ***~ sur une photo*** auf e-m Foto (abgebildet, zu sehen, F drauf) sein; ***faire ~ dans le bilan*** in der Bilanz ausweisen; ***faire ~ sur une liste*** auf e-e Liste setzen **III** *v/pr* ***se ~ qc*** sich (*dat*) etw vorstellen; ***figure-toi que l'autre jour ...*** stell dir vor *ou* denk nur, kürzlich ...; ***s'il se figure que ...*** wenn er glaubt, meint, denkt, sich (*dat*) einbildet, dass ...; ***tu ne peux pas te ~ comme ...*** du glaubst nicht, kannst dir nicht vorstellen, machst dir keine Vorstellung, wie ...

figurine [figyʀin] *f* Figürchen *n*; kleine Figur, Statue; Figurine *f* **figuriste** *m,f* Gipsfigurengießer(in) *m(f)*

fil [fil] *m* **1** COUT, TEXT Faden *m* (*a fig de la conversation etc*); Garn *n*; *d'une corde, des haricots* Faser *f*; *d'un collier de perles* Schnur *f*; ***droit ~*** Fadenlauf *m*; Webrichtung *f*; *fig* ***être dans le droit ~ de qc*** ganz auf der Linie von etw liegen; ***gros ~*** grober, dicker Faden; Grobgarn *n*; ***~ à broder*** Stickgarn *n*; ***~ à coudre*** Nähfaden *m*, -garn *n*; ***~ à plomb*** Lot *n*; Senkblei *n*; ***~ d'araignée*** Spinnenfaden *m*; *fig* ***~ d'Ariane*** Ariadnefaden *m*; ***~ de canne à pêche*** Angelschnur *f*; *fig* ***~ de la conversation*** Gesprächsfaden *m*; ***~ de soie*** Nähseide *f*; Seidenfaden *m*, -garn *n*; ***~s de la Vierge*** Altweibersommer *m*; ♦ *loc/adj*: ***de ~*** leinen; ***en ~ d'Écosse, pur ~*** reinleinen; *prétexte etc* ***cousu de ~ blanc*** zu durchsichtig; leicht zu durchschauen(d); fadenscheinig; *haricots* ***pleins de ~s*** voller Fasern; fas(e)rig; *loc/adv* ***de ~ en aiguille*** im Lauf(e) des Gesprächs; ♦ *fig*: F ***avoir un ~ à la patte*** nicht frei sein; gebunden sein; F e-n

Klotz am Bein haben; ***être maigre comme un ~*** spindel-, klapperdürr sein; ***perdre le ~ (de ses pensées, idées)*** den Faden verlieren; aus dem Konzept kommen; ***suivre le ~ de ses idées, pensées*** s-n Gedanken nachhängen; s-e Gedanken weiterspinnen; *vie etc* ***ne tenir qu'à un ~*** an e-m (seidenen) Faden hängen; → *a* ***retordre*** 2 *métallique* Draht *m*; ÉLECT Leitung(sdraht) *f(m)*; *d'une lampe, de téléphone etc* Schnur *f*; Kabel *n*; *d'un câble a* Ader *f*; ***~ électrique*** Leitungsdraht *m*; elektrische Leitung; elektrisches Kabel; ***~ de fer*** Eisendraht *m*; ***clôture f en ~s de fer*** Drahtzaun *m*; ***~ de terre*** Erdleiter *m*, -leitung *f*; *fig* ***il n'a pas inventé le ~ à couper le beurre*** er hat das Pulver nicht erfunden 3 F (*fil téléphonique*) (Telefon)Leitung *f*; ***coup*** *m* ***de ~*** Anruf *m*; Telefongespräch *n*; ***donner, passer un coup de ~ à qn*** j-n anrufen; ***avoir qn au bout du ~*** mit j-m telefonieren; F j-n an der Strippe haben; ***il l'entendit rire au bout du ~*** er hörte ihn am anderen Ende lachen 4 *dans la viande etc* Faserrichtung *f*, -verlauf *m* 5 *d'un couteau, d'une lame* Schneide *f*; Schärfe *f* 6 *loc/adv* ***au ~ de l'eau*** mit dem Strom; ***au ~ des jours*** im Laufe der Zeit; mit der Zeit

filage [filaʒ] *m* TEXT Spinnen *n*

filaire[1] [filɛʀ] *f* ZO Fadenwurm *m*

filaire[2] [filɛʀ] *adj* TÉL schnurgebunden; Schnur…

filament [filamɑ̃] *m* 1 (pflanzliche, tierische) Faser; Faden *m* (*a de salive*) 2 ÉLECT Glühfaden *m*, -draht *m*; Wendel *f*; ***le ~ est grillé*** der Glühfaden ist durchgebrannt

filamenteux [filamɑ̃tø] *adj* ⟨**-euse**⟩ fas(e)rig; faserförmig

filandreux [filɑ̃dʀø] *adj* ⟨**-euse**⟩ 1 *viande, légume* fas(e)rig; voller Fasern; *viande a* zäh; sehnig 2 *fig discours* weitschweifig; langatmig; unklar; ***phrase filandreuse*** verschachtelter, endloser, wirrer Satz

filant [filɑ̃] *adj* 1 *liquide, sauce* dick; zähflüssig; Fäden ziehend 2 *pouls* sehr schwach 3 ***étoile ~e*** Sternschnuppe *f*

filasse [filas] *f* 1 TEXT Fasermasse *f*, -gut *n*; Werg *n* 2 *adjt* ***cheveux*** *m/pl* **(*blond*)** ***~*** Flachshaar *n*; flachs-, strohblonde Haare *n/pl*

filateur [filatœʀ] *m* Spinnereibesitzer *m*

filature [filatyʀ] *f* 1 TEXT **a)** *usine* Spinnerei *f*; **b)** *activité* Spinnen *n*; Spinnerei *f* 2 *par la police* Beschattung *f*; ***prendre qn en ~*** j-n beschatten

fildeferiste [fildəfeʀist] *m,f* Drahtseilkünstler(in) *m(f)*; Seilakrobat(in) *m(f)*

file [fil] *f de gens, de choses* Reihe *f*; *de gens, de voitures a* Schlange *f*; *de voitures a* Kolonne *f*; *d'une route* (Fahr)Spur *f*; ***~ d'attente*** Schlange *f* (wartender Menschen, Autos); ***~ de voitures*** Autokolonne *f*, -schlange *f*; *fig* ***chef*** *m* ***de ~*** Leiter *m*; (An)Führer *m*; führender Kopf; *loc/adv*: ***à la, en ~*** hintereinander (ausgerichtet); e-r, e-s hinter dem anderen; in einer Reihe; ***en ~ indienne*** im Gänsemarsch; ***se suivre à la ~*** (in einer Reihe) hintereinandergehen, hintereinander hergehen; e-r hinter dem anderen gehen; *personnes* ***se mettre à la, prendre la ~*** sich (hinten) anstellen; *stationner, stationnement* ***en double ~*** in zweiter, in der zweiten Reihe; ***prendre la ~ de droite*** sich in die rechte Fahrspur einordnen

filé [file] *m* 1 Webfaden *m*, -garn *n* 2 Metall-, Gold-, Silberfaden *m*

filer [file] I *v/t* 1 *coton, laine etc* (ver)spinnen; ***machine*** *f*, ***métier*** *m* ***à ~*** Spinnmaschine *f*; *ver à soie* ***~ son cocon*** sich einspinnen; *fig* ***~ un mauvais coton*** übel, schlecht, schlimm dran sein; ***il file un mauvais coton*** *a* es geht bergab mit ihm; *araignée* ***~ sa toile*** ihr Netz, ihre Fäden spinnen 2 TECH **a)** *métaux* strangpressen; **b)** *adjt* ***verre filé*** Fadenglas *n* 3 *bateau* ***~ 30 nœuds*** (mit) 30 Knoten fahren; 30 Knoten laufen, F machen 4 *fig* **a)** F ***~ le parfait amour*** F im sieb(en)ten Himmel sein; **b)** *litt métaphore* ausspinnen 5 ***~ qn***, F ***~ le train à qn*** j-n beschatten; j-m (unauffällig) folgen 6 F *argent etc* geben; F herausrücken (***qc*** mit etw); *gifle* versetzen II *v/i* 1 *sirop, fromage etc* Fäden ziehen; *sirop a* dick-, zähflüssig sein 2 *maille* laufen; ***son bas a filé*** ihr Strumpf hat *ou* bekam e-e Laufmasche 3 (*aller vite*) schnell laufen; rennen; (dahin)rasen, F (-)sausen; flitzen; *cheval* ***~ bon train*** schnell (dahin)galoppieren 4 F (*s'en aller*) F sich verziehen; abziehen; abzischen; ***allez file!*** geh jetzt!; F verschwinde!; ab mit dir!; ***~ à l'anglaise*** F sich französisch *ou* auf Französisch empfehlen; französisch Abschied nehmen 5 F *fig temps* verrinnen; verfliegen; ***le temps file à une allure!*** F die Zeit vergeht unwahrscheinlich schnell; ***l'argent lui file entre les doigts*** das Geld zerrinnt ihm (nur so) unter den Fingern, Händen; ***laisser ~ qc*** sich (*dat*) etw entgehen lassen; etw verpassen 6 F *personne* ***~ doux*** **(*avec qn*)** sich (j-m) fügen; F klein beigeben; kuschen

filet [filɛ] *m* 1 (*réseau*) Netz *n*; PÊCHE, CH *a* Fangnetz *n*; CH *a* Garn *n*; ***~ à bagages, à cheveux*** Gepäck-, Haarnetz *n*; ***~ (à provisions)*** Einkaufsnetz *n*; ***~ de pêche*** Fisch(er)netz *n*; ***~ de tennis*** Tennisnetz *n*; *fig* ***coup*** *m* ***de ~*** Fang *m*; Fischzug *m*; ***la police a réussi un beau coup de ~*** die Polizei hat e-n guten Fang gemacht; *fig* ***attirer, prendre qn dans ses ~s*** j-n in s-e Netze ziehen; j-n umgarnen; *ballon* ***envoyer dans le ~*** ins Netz schlagen *ou* werfen; ***travailler sans ~*** *acrobate* ohne Netz arbeiten; *fig* ein großes Risiko eingehen; große Gefahren auf sich (*acc*) nehmen 2 CUIS *de bœuf etc* Filet *n*; Lende(nstück) *f(n)*; Lendenbraten *m*; *de poisson* Filet *n*; ***faux ~*** (Ochsen-, Rinder)Lende *f*; ***~ mignon*** kleine runde Scheibe von der Filetspitze; ***~ de bœuf*** Rinderfilet *n*; ***~ de hareng*** Heringsfilet *n*; ***bifteck*** *m* ***dans le ~*** Filetsteak [fiˈleːsteːk] *n* 3 *de liquide* feiner, dünner Strahl; *quantité* Schuss *m*; kleine Menge; ***~ d'air*** schwacher Luftstrom, -zug; ***~ d'eau*** Rinnsal *n*; dünner Wasserstrahl; ***~ de lumière*** schmaler Lichtstreifen; dünner Lichtstrahl; *fig* ***~ de voix*** schwache, dünne Stimme 4 *d'une vis* Gewinde *n* 5 *de la langue, du prépuce* Bändchen *n*; *sc* Frenulum *n*

filetage [filtaʒ] *m* TECH Gewinde *n*

fileur [filœʀ] *m*, **fileuse** *f* TEXT Spinner(in) *m(f)*

filial [filjal] *adj* ⟨**-aux**⟩ kindlich; Kindes…; der Kinder; ***amour ~*** Liebe *f* der Kinder (zu den Eltern); *st/s* Kindesliebe *f*

filiale [filjal] *f* COMM Tochtergesellschaft *f*, -firma *f*; F Tochter *f*

filiation [filjasjõ] *f* 1 JUR Abstammung *f*; Filiation *f*; ***~ naturelle*** uneheliche Abstammung 2 *fig d'idées etc* Zusammenhang *m*; Aufeinanderfolge *f*; Verbindung *f*; ***~ des mots*** Herkunft *f*, Entwicklung *f* der Wörter

filière [filjɛʀ] *f* 1 TECH Zieheisen *n* 2 *fig* Stufenleiter *f*; UNIVERSITÉ Studiengang *m*; ***suivre la, passer par la ~*** die ganze Stufenleiter durchlaufen; *dans un métier a* von der Pike auf dienen 3 *d'un réseau secret* Linie *f*, Kette *f*, Reihe *f*, Netz *n* (von Mittelspersonen, Zwischenstationen); *de la drogue* Connection [kɔ'nɛkʃən] *f*; ***remonter la ~*** den Weg, die Linie zurückverfolgen; sich zum Ausgangspunkt vorarbeiten 4 NUCL Reaktortyp *m*
filiforme [filifɔʀm] *adj* fadenförmig; dünn (wie ein Faden); *personne* spindeldürr
filigrane [filigʀan] *m* 1 (***ouvrage*** *m* ***de, en***) ~ Filigran(arbeit) *n(f)* 2 *sur le papier, des billets de banque* Wasserzeichen *n*; *fig* ***apparaître en ~*** durchkommen; zu spüren sein
filigrané [filigʀane] *adj* 1 Filigran… 2 ***papier ~*** Papier *n* mit Wasserzeichen
filin [filɛ̃] *m* MAR Tau *n*; Trosse *f*
fille [fij] *f* 1 (*opposé à fils*) Tochter *f*; *appellatif* ***ma ~*** meine Tochter; F *a iron* meine Liebe; ***~ adoptive*** Adoptivtochter *f*; ***~ aînée*** älteste Tochter; ***~ cadette*** jüngste Tochter; F ***la ~ Un Tel*** (das) Fräulein Soundso, Soundso; *plais* ***~ d'Ève*** Evastochter *f*; ***~ de la maison*** Tochter des Hauses; *fig et litt* ***la jalousie, ~ du soupçon*** Eifersucht, die Tochter des Verdachts; F *fig* ***jouer la ~ de l'air*** (heimlich) verschwinden; F sich verziehen, dünnemachen; verduften 2 (*opposé à garçon*) Mädchen *n*; *südd a* Mädel *n*; ***jeune ~*** junges Mädchen; ***~ mère*** unverheiratete, ledige Mutter; ***petite ~*** kleines Mädchen; ***vieille ~*** alte Jungfer; ***c'est une chic ~*** F sie ist ein netter Kerl; *prov* ***la plus belle ~ du monde ne peut donner que ce qu'elle a*** keiner kann mehr geben, als er hat 3 ~ (***publique***) Dirne *f*; Prostituierte *f*; Strichmädchen *n*; ***~ de joie, des rues*** Freuden-, Straßenmädchen *n* 4 *dans des noms de métier* ***~ de cuisine*** Küchenhilfe *f*; ***~ de ferme*** Bauernmagd *f*; HIST ***~ d'honneur*** Hoffräulein *n*; ***~ de salle*** Stationsmädchen *n* (*à l'hôpital*) 5 REL Nonne *f* (*dans certains ordres*)
fillette [fijɛt] *f* 1 (kleines) Mädchen 2 (*demi-bouteille*) kleine Flasche
filleul(e) [fijœl] *m(f)* Patenkind *n*, -sohn *m ou* -tochter *f*
film [film] *m* 1 CIN, TV (Spiel)Film *m*; F Streifen *m*; ***~ comique*** Filmkomödie *f*; ***~ éducatif*** Lehrfilm *m*; ***~ muet*** Stummfilm *m*; ***~ parlant, sonore*** Tonfilm *m*; ***~ policier*** Kriminalfilm *m*; F Krimi *m*; ***~ publicitaire*** Werbefilm *m*; ***~ à grand spectacle*** Ausstattungs-, Monumentalfilm *m*; ***~ d'aventures, d'espionnage, de guerre, de propagande*** Abenteuer-, Spionage-, Kriegs-, Propagandafilm *m*; ***~ de science-fiction, d'anticipation*** Science-Fiction-Film *m*; ***~ en couleurs, en noir et blanc*** Farb-, Schwarzweißfilm *m*; ***~ en relief, en trois dimensions*** plastischer, dreidimensionaler Film; 3-D-Film *m* 2 (*pellicule photographique*) Film(streifen) *m*; ***~ fixe*** Stehbildstreifen *m*; ***~ de format réduit*** Schmalfilm *m* 3 *fig dans les médias* ***~ des événements de la semaine*** Chronik *f* der Woche 4 (*couche mince*) Film *m*; dünne Schicht; ***~ d'huile*** Ölfilm *m* 5 ***~ plastique*** Frischhaltefolie *f*
filmage [filmaʒ] *m* Filmen *n*
film-culte [filmkylt] *m* ⟨*pl* **films-culte**⟩ Kultfilm *m*
filmer [filme] *v/t scène, gens, animaux* filmen; *scène a* (ab)drehen; ***~ des scènes en extérieur, en studio*** Außen-, Studio- *ou* Innenaufnahmen drehen, machen
filmique [filmik] *adj* filmisch; Film…; ***œuvre*** *f* ~ Filmwerk *n*; filmisches Werk
filmographie [filmɔgʀafi] *f d'un metteur en scène, d'un genre* systematisches Filmverzeichnis **filmologie** *f* Filmwissenschaft *f*
filon [filõ] *m* 1 MINES Flöz *n*; Ader *f*; Gang *m* 2 F *fig* einträglicher *ou* bequemer Job [dʒɔb]; (*planque*) Druckposten *m*; ***avoir le ~*** e-n lukrativen Job haben
filou [filu] *m* 1 F *d'un enfant* Schelm *m*; Spitzbube *m* 2 (*escroc*) (gerissener) Dieb, Gauner
filouter [filute] *v/t* ***~ qc*** F etw stibitzen; ***~ qn*** F j-n beklauen
filouterie [filutʀi] *f* Betrügerei *f*
fils [fis] *m* Sohn *m*; ***Alexandre Dumas ~*** Alexandre Dumas der Jüngere; F ***le ~ Durand*** der Sohn der Durands; ***M. Durand ~*** Herr Durand junior; COMM ***Durand et ~*** Durand und Sohn; *appellatif* ***mon ~*** mein Sohn; ***~ adoptif*** Adoptivsohn *m*; ***~ aîné, cadet*** ältester, jüngster Sohn; *fig* ***~ spirituel*** geistiger Erbe; Schüler *m*; *péj* ***~ à papa*** verwöhnter Sohn reicher Eltern; REL ***le Fils de Dieu, de l'homme*** Gottes, des Menschen Sohn; der Gottes-, Menschensohn; ***~ de famille*** Sohn aus reichem, gutem Hause (*a péj*); ***~ de la maison*** Sohn des Hauses; *plais* Junior *m*; ***c'est bien le ~ de son père*** er ist ganz der Sohn s-s Vaters; *péj a* der Apfel fällt nicht weit vom Stamm (*prov*)
filtrable [filtʀabl] *adj* filtrierbar
filtrage [filtʀaʒ] *m* 1 Filtern *n*, -ung *f*; *t/t* Filtration *f*; Filtrierung *f* 2 *fig* genaue Kontrolle; *d'informations* Siebung *f*
filtrant [filtʀɑ̃] *adj* Filter…; Filtrier…; ***crème ~e*** Creme *f* mit Filterwirkung; OPT ***verre ~*** Filterglas *n*
filtrat [filtʀa] *m* Filtrat *n*
filtration [filtʀasjõ] *f* → ***filtrage*** *1*
filtre [filtʀ] *m* Filter *m*, *sc le plus souvent n*; PHOT ***~ jaune*** Gelbfilter *m*; ***~ à air*** Luftfilter *m*; ***~ à essence, à huile*** Kraftstoff- *ou* Benzin-, Ölfilter *n*; AUTO ***~ à particules*** Partikelfilter *m*; ♦ (***bout*** *m*) ~ Filter(mundstück) *m(n)*; ***cigarette*** *f* ***à bout ~*** Filterzigarette *f*; (***café*** *m*) ~ Filterkaffee *m*
filtrer [filtʀe] I *v/t* 1 *liquides, lumière etc* filtern; *liquides a* filtrieren; PHYS *a* aussieben 2 *fig personnes* genau, streng kontrollieren, überprüfen; *informations* sieben II *v/i* 1 *café* durchlaufen; *eau etc* durchsickern, -dringen; versickern (***à travers le sable*** im Sand); *lumière* durchdringen, -kommen, -scheinen (***à travers les volets*** durch die Fensterläden); *vitre etc* ***laisser ~ le jour*** Licht durchlassen 2 *fig informations, vérité* durchdringen, -sickern
fin[1] [fɛ̃] *f* 1 Ende *n* (*a de la vie*); Schluss *m*; Ausgang *m*; *d'une fête a* Ausklang *m*; *d'un empire* Ende *n*; Untergang *m*; ***~ prématurée*** vorzeitiges, (all) zu frühes Ende; *d'une personne a* (all) zu früher Tod; ***~ de l'année*** Jahresende *n*, -(ab)schluss *m*, -ausgang *m*; ***~ de citation*** Ende des Zitats; Zitatende *n*; so weit Zitat; ***~ du contrat*** Vertragsende *n*, -ablauf *m*; ***certificat*** *m*, ***diplôme*** *m* ***de ~ d'études*** Abschlusszeugnis *n*, -diplom *n*; ***~ du millénaire*** Jahrtausendwende *f*; ***~ du mois*** Monatsende *n*; F ***avoir des ~s de mois difficiles*** F am, gegen Monatsende knapp bei Kasse sein; ***~ du monde*** Weltuntergang *m*, -ende *n*; ***~ de semaine*** Wochenende

n; COMM **~ *de série*** Restposten *m*; auslaufende Serie; **~ *de siècle*** a) Jahrhundertwende *f*; b) *loc/adj* dekadent; (des) Fin de siècle; ♦ *loc/adv et loc/prép*: **~ *mai, juin*** Ende Mai, Juni; ***à la*** **~** am Ende, Schluss (***de*** *gén*); schließlich; zum Schluss; zuletzt; F ***j'en ai assez à la*** **~*!*** F jetzt reicht's mir allmählich, dann!; ***à la*** **~ *de l'année*** *ou* ***en*** **~ *d'année*** am Jahresende; am Ende, Schluss des Jahres; ***en*** **~ *d'après-midi*** am Spätnachmittag; ***en*** **~ *de compte*** schließlich; letztlich; letzten Endes; zu guter Letzt; im Endeffekt; ***en*** **~ *de liste*** am Ende, Schluss der Liste; (ganz) unten auf der Liste; ***en*** **~ *de semaine*** am Wochenende; ***jusqu'à la*** **~** bis zuletzt; bis zum Schluss, Ende; ***jusqu'à la*** **~ *des temps, des siècles*** bis ans Ende der Zeiten; *a loc/adj* ***sans*** **~** endlos (*a* TECH); ohne Ende; ♦ ***approcher de la*** **~** sich dem Ende nähern; dem Ende zugehen; ***la*** **~ *approche*** das Ende rückt näher; es geht dem Ende zu; *d'un mourant* es geht zu Ende mit ihm; *mourant* ***sentir sa*** **~ *approcher*** sein Ende nahen fühlen; ***être arrivé à la*** **~ *d'un livre*** ein Buch zu Ende gelesen, ausgelesen haben; F mit e-m Buch fertig sein; ***ne pas avoir de*** **~** kein Ende nehmen; ***commencer par la*** **~** das Pferd am Schwanz aufzäumen; ***c'est la*** **~ *de tout***, F ***des 'haricots*** jetzt ist alles aus, F ist's ganz aus; ***faire une*** **~** s-e Verhältnisse ordnen; ***mener à bonne*** **~** (glücklich) zu Ende führen; *affaire* zustande bringen; perfekt machen; ***mettre*** **~ *à qc*** e-r Sache (*dat*) ein Ende machen, bereiten, setzen; *fig* e-n Schlussstrich unter etw (*acc*) ziehen; ***mettre*** **~ *à ses jours*** s-m Leben ein Ende machen; sich (*dat*) das Leben nehmen; ***prendre*** **~** ein Ende nehmen, haben; zu Ende gehen; F aus sein; ***tirer, toucher à sa*** **~** *fête, jour, provisions* zu Ende gehen; *jour, provisions a st/s* zur Neige gehen; *fête a* sich dem Ende, s-m Ende zuneigen; dem Ende entgegengehen; *provisions a* ausgehen; F alle werden **2** (*but*) Ziel *n*; (End-)Zweck *m*; **~ *en soi*** Selbstzweck *m*; *loc/adv*: ***à cette*** **~*, à ces*** **~*s*** zu diesem Zweck; hierfür; hierzu; ***à toutes*** **~*s utiles*** für alle Fälle; ***à des*** **~*s de documentation*** zu Dokumentationszwecken; *loc/conj*: ***à seule*** **~ *de*** (+*inf*) nur zu dem Zweck, nur in der Absicht, zu dem einzigen Zweck, mit dem einzigen Ziel zu (+*inf*); nur um zu (+*inf*); ***aux*** **~*s de*** (+*inf*) zwecks (+*gén*); ***arriver, parvenir à ses*** **~*s*** sein(e) Ziel(e), s-n Zweck erreichen; s-n Willen durchsetzen; zum Ziel gelangen; *prov*: ***la*** **~ *justifie les moyens*** der Zweck heiligt die Mittel (*prov*); ***qui veut la*** **~ *veut les moyens*** wer den Zweck will, darf vor den Mitteln nicht zurückschrecken **3** → ***non-recevoir***

fin² [fɛ̃] **I** *adj* ⟨**fine** [fin]⟩ *sel, sable, poudre, visage, cheveux* fein; *vins, mets* fein; erlesen; *perception, sensibilité* fein; scharf; ausgeprägt; *mains, taille etc* schmal; schlank; *papier, verre, branche* fein; dünn; *écriture* fein; zierlich; *aiguille, plume, pinceau* fein; (sehr) spitz; dünn; *remarque* geistreich; witzig; *personne* raffiniert; **~ *connaisseur*** ausgezeichneter, hervorragender, feiner Kenner; ***épicerie*** **~*e*** Feinkost *f*; Delikatessen *f/pl*; *a* Feinkost-, Delikatessengeschäft *n*; **~ *gourmet***, F **~*e gueule*** Feinschmecker *m*; F Leckermaul *n*; **~*es herbes*** Küchenkräuter *n/pl*; ***lingerie*** **~*e*** Feinwäsche *f*; *fig* **~*e mouche*** F schlaues Weib; ***or*** **~** Feingold *n*; ***perle*** **~*e*** echte Perle; ***pierre*** **~*e*** Halbedelstein *m*; ***pluie*** **~*e*** feiner Regen; Sprühregen *m*; *loc/prép* ***au*** **~ *fond de*** ganz *ou* weit hinten in (+*dat*); tief im Innern, im tiefsten Innern, im entlegensten, fernsten Winkel (+*gén*); ***au*** **~ *fond des bois*** im tiefsten Wald; *iron* ***tu as l'air*** **~** *avec ce chapeau* du siehst wirklich intelligent aus …; ***avoir le nez*** **~** e-e feine, gute, die richtige Nase, F den richtigen Riecher haben; ***avoir l'oreille*** **~*e*** ein gutes Gehör haben; ein feines, scharfes Ohr, Gehör haben; ***il n'est pas très*** **~** er ist nicht sehr schlau, F helle; *iron* ***c'est*** **~ *ce que tu as fait là!*** da hast du was Schönes, Feines angerichtet! **II** *adv* **1** ***être*** **~ *prêt*** ganz fertig sein **2** ***moudre*** **~** fein mahlen **III** *m* **1** ***le*** **~ *du*** **~** das Feinste vom Feinen; das Allerfeinste **2** ***jouer au plus*** **~ *avec qn*** j-n zu überlisten suchen; schlauer sein wollen als j

final¹ [final] *adj* ⟨**-als**⟩ **1** End…; Schluss…; letzte(r, -s); abschließend; MUS ***accord*** **~** Schlussakkord *m*; ***point*** **~** Schlusspunkt *m*; *fig* ***mettre le, un point*** **~ *à qc*** etw beenden; e-r Sache (*dat*) ein Ende machen; unter etw (*acc*) e-n Schlussstrich ziehen; ***résultat*** **~** Endergebnis *n*; NAZISME ***solution*** **~*e*** Endlösung *f*; ***victoire*** **~*e*** Endsieg *m*; ***voyelle*** **~*e*** Endvokal *m*; auslautender Vokal **2** GR final; ***proposition*** **~*e*** Final-, Zwecksatz *m* **3** PHILOS ***cause*** **~*e*** Zweckursache *f*

final² *ou* **finale** [final] *m* MUS Finale *n*; *d'une symphonie a* Schlusssatz *m*

finale [final] *f* **1** SPORTS Finale *n*; Endspiel *n*; ***'huitième*** *m*, ***quart*** *m* ***de*** **~** Achtel-, Viertelfinale *n*; ***arriver en*** **~** ins Finale kommen, einziehen; ***remporter la*** **~** das Finale gewinnen **2** GR Endsilbe *f*; Auslaut *m*

finalement [finalmɑ̃] *adv* schließlich; endlich; am Ende; zu guter Letzt; letzten Endes

finaliser [finalize] *v/t* zum Abschluss bringen; den letzten Schliff geben (+ *dat*) **finalisme** *m* PHILOS Finalismus *m* **finaliste** *m,f* SPORTS Finalist(in) *m(f)*; Endspielteilnehmer(in) *m(f)* **finalité** *f* PHILOS Finalität *f*; Zweckbestimmtheit *f*

finance [finɑ̃s] *f* **1** *pl* **~*s*** Finanzen *f/pl*; Finanzwesen *n*; (*ressources pécuniaires*) Geldmittel *n/pl*; **~*s publiques*** öffentliche Finanzen; Staatsfinanzen *f/pl*; ***administration*** *f* ***des Finances*** Finanzverwaltung *f*; ***loi*** *f* ***de*** **~*s*** Haushaltsgesetz *n*; F ***l'état de mes*** **~*s*** meine finanzielle Lage; F meine Finanzen; F ***ses*** **~*s vont mal*** F es steht schlecht mit s-n Finanzen **2** **a)** Geldgeschäft(e) *n(pl)*; ***être dans la*** **~** im Geldgeschäft tätig sein; **b)** (***monde*** *m* ***de la***) **~** Finanzwelt *f*; ***'haute*** **~** Hochfinanz *f*; Finanz-, Geldaristokratie *f* **3** *loc/adv* ***moyennant*** **~** mit, mittels (Bar-)Geld

financement [finɑ̃smɑ̃] *m* Finanzierung *f*; Kapitalbeschaffung *f*; ***plan*** *m*, ***type*** *m* ***de*** **~** Finanzierungsplan *m*, -art *f*

financer [finɑ̃se] *v/t* ⟨**-ç-**⟩ finanzieren

financier [finɑ̃sje] **I** *adj* ⟨**-ière**⟩ **1** finanziell; geldlich; Finanz…; Geld…; ***accord*** **~** Finanzabkommen *n*; ***aide financière*** finanzielle Hilfe, Unterstützung; ***année financière*** Finanzjahr *n*; ***crise financière*** Finanzkrise *f*; finanzielle Krise; ***difficultés financières*** finanzielle Schwierigkeiten *f/pl*; Geldschwierigkeiten *f/pl*; ***équilibre*** **~** finanzielles Gleichgewicht; Finanzstabilität *f*; ***établissement*** **~** Geldinstitut *n*; ***groupe*** **~** Finanzgruppe *f*; ***marché*** **~** Kapitalmarkt *m*; ***moyens*** **~*s*** finanzielle Mittel *n/pl*; Geld-, Finanzmittel *n/pl*; ***opération finan-***

cière Geldgeschäft *n*; ***service ~*** Finanzabteilung *f*; ***situation financière*** Finanzlage *f*; finanzielle Lage; ***soucis ~s*** Geldsorgen *f/pl*; *dans la presse* ***la vie financière*** (der) Börsenbericht 2 CUIS ***sauce financière*** *ou subst* ***financière*** *f* Madeirasoße *f* mit Trüffelfond II *m* Finanzier *m*; Finanz-, Geldmann *m*; ***~s*** *pl a* Finanz-, Geldleute *pl*

financièrement [finɑ̃sjɛʀmɑ̃] *adv* finanziell (gesehen)

finasser [finase] *v/i* Winkelzüge machen; Tricks, Ausflüchte gebrauchen **finasserie** *f* Trick *m*; ***~s*** *pl* Winkelzüge *m/pl*

finaud [fino] I *adj* (bauern)schlau; pfiffig II *subst* ***~(e)*** *m(f)* F Schlaumeier *m*

finauderie [finodʀi] *f* (Bauern)Schläue *f*; Pfiffigkeit *f*; Gewitztheit *f*

fine [fin] *f* 1 *eau-de-vie* fein(st)er, erstklassiger Weinbrand 2 ***~ de claire*** → ***claire***

finement [finmɑ̃] *adv* fein; genau; bis in alle Einzelheiten; sehr sorgfältig

finesse [finɛs] *f* 1 Feinheit *f* (*a fig*); *de la taille a* Zierlichkeit *f*; Schmalheit *f*; *d'un pinceau a* Dünne *f*; *des sens a* Schärfe *f*; *du goût a* Erlesenheit *f*; Raffinement *n*; ***~ d'esprit*** Scharfsinn *m*; Schärfe *f* des Verstandes; ***~ d'exécution*** Feinheit, Sorgfalt *f* der Ausführung; *pensées, paroles* ***plein de ~*** scharfsinnig; geistreich 2 *pl* ***~s*** *d'un art etc* Feinheiten *f/pl*; Finessen *f/pl*; Raffinessen *f/pl*

finette [finɛt] *f* TEXT Finette *f*

fini [fini] I *adj* 1 *travail* fertig; abgeschlossen; beendet; ***produits ~s*** Fertigprodukte *n/pl*, -waren *f/pl*, -erzeugnisse *n/pl*; ***c'est ~ entre nous*** zwischen uns ist es aus; wir haben (miteinander) Schluss gemacht; ich habe mit ihm *ou* ihr Schluss gemacht; ***tout est ~*** es ist alles aus; ***est-ce que c'est ~!*** ist endlich Schluss damit!; hört das endlich auf!; Schluss jetzt! 2 *vêtements etc* ***bien ~*** gut, sorgfältig gearbeitet, gefertigt 3 *fig* ***il est ~, c'est un homme ~*** er ist erledigt, am Ende; mit ihm ist es aus, vorbei 4 *péj menteur etc* abgefeimt; ausgemacht; Erz…; ***ivrogne ~*** Erzsäufer *m* 5 PHILOS, MATH endlich II *m* 1 sorgfältige Verarbeitung, Ausführung 2 PHILOS Endlichkeit *f*; Endliche(s) *n*

finir [finiʀ] I *v/t* 1 *travail* beend(ig)en; abschließen; fertigstellen; fertig machen; zu Ende führen, bringen; vollenden; *sa vie* beschließen; beenden; *vêtements, chaussures* auftragen; *assiette* leer essen; aus-, ab-, aufessen; *verre* leer trinken; austrinken; *son pain etc* aufessen; *pipe, cigarette* aufrauchen; zu Ende, fertig rauchen; ***~ qc*** *a* mit etw aufhören; ***~ sa dernière année de droit*** im letzten Jahr Jura studieren; ***il a fini son apprentissage*** er hat ausgelernt, s-e Lehre beendet, abgeschlossen; ***avoir fini son devoir*** mit s-r (Schul)Aufgabe fertig sein; ***~ ses jours à la campagne*** s-n Lebensabend auf dem Land verbringen; ***avoir fini son service militaire*** s-n Militärdienst abgeleistet, F hinter sich (*dat*) haben; ♦ ***~ de faire qc*** aufhören, etw zu tun; mit etw aufhören; etw abschließen, zu Ende führen; ***ils finissaient de dîner*** *quand je suis arrivé* sie waren gerade mit dem Essen fertig …; ***vous n'avez pas fini de vous disputer?*** streitet ihr (euch) immer noch?; ***finissez de faire votre travail*** schließt eure Arbeit ab 2 (*parachever*) den letzten Schliff geben (+*dat*); TECH fein-, endbearbeiten; fertigstellen II *v/i* 1 *personne* aufhören; Schluss machen; ***avoir fini*** fertig sein; ♦ ***en ~*** ein Ende machen; damit Schluss machen; ***en ~ avec qn, qc*** mit j-m, e-r Sache Schluss machen; sich (*dat*) j-n, etw vom Hals schaffen; ***en ~ avec qn*** *a* sich j-s entledigen; j-n aus dem Weg räumen; ***en ~ avec qc*** *a* e-r Sache ein Ende machen; etw aus der Welt schaffen; ***pour en finir*** … um zum Ende, Schluss zu kommen …; um der Sache ein Ende zu machen …; um das abzuschließen …; ***il faut en ~*** das muss ein Ende haben, aufhören; *orateur* ***il n'en finit plus*** er findet kein Ende, hört überhaupt nicht mehr auf; F ***je n'en finirais pas de raconter mes aventures*** ich könnte Bände erzählen von meinen Erlebnissen 2 *manifestation* zu Ende gehen *ou* sein; aufhören; enden; F aus sein; *histoire* ausgehen; aufhören; enden; *rue* enden; zu Ende sein; aufhören; *contrat* ab-, auslaufen; *désagréments* ein Ende haben, nehmen; *malade, blessé* enden; den Tod finden; ***il est temps que cela finisse*** das muss (endlich) aufhören, ein Ende haben; damit muss (endlich) Schluss sein; ***~ bien, mal*** gut, schlimm *ou* böse enden; ein gutes, schlimmes *ou* böses Ende nehmen; gut, schlimm *ou* übel ausgehen; ***les films qui finissent bien*** Filme mit gutem Ausgang, mit Happy End; *prov* ***tout est bien qui finit bien*** Ende gut, alles gut (*prov*); *personne*: ***il finira mal*** es wird ein böses, schlimmes Ende mit ihm nehmen; ***~ clochard*** als Penner enden; ***~ directeur*** es am Ende zum Direktor bringen; ***~ à l'hôpital*** im Krankenhaus enden; *rue* ***~ en cul-de-sac*** als Sackgasse enden; F ***~ en beauté*** *sportif, acteur etc* s-e Karriere mit e-m Triumph beenden; sich (*dat*) e-n glänzenden Abgang verschaffen; *fête etc* e-n guten Abschluss finden; gegen Ende (noch) schön sein; ♦ ***n'en pas, plus ~*** kein Ende haben; endlos, sehr lang, F ellenlang sein; ***applaudissements*** *m/pl* ***à n'en plus ~*** nicht enden wollender, lang anhaltender Beifall; ***discussions*** *f/pl* ***à n'en plus ~*** endlose Diskussionen *f/pl*; ***des bras*** *m/pl* ***qui n'en finissent pas*** sehr lange Arme *m/pl* 3 ***~ par faire qc*** am Ende, schließlich, zum Schluss, zuletzt (doch) etw tun; ***~ par accepter*** am Ende, schließlich doch annehmen; ***il a fini par me persuader*** er hat mich schließlich überzeugt; ***ça finira par s'arranger*** das wird sich einrenken, geben; ***il finira par avoir un accident*** er wird früher oder später, e-s Tages e-n Unfall haben; es wird damit enden, dass er e-n Unfall hat; ***il finira bien par payer*** er wird am Ende doch, schon zahlen (müssen)

finish [finiʃ] *m* SPORTS Finish *n*; Endspurt *m*; ***l'emporter au ~*** im Endspurt siegen (*a fig*)

finissage [finisaʒ] *m* Fertig-, Endbearbeitung *f*; Fertigstellung *f* **finissant** *adj saison, époque* zu Ende gehend; sich dem Ende zuneigend; endend; *époque a* ausgehend **finisseur** *m*, **finisseuse** *f* 1 SPORTS Sportler(in) *m(f)* mit gutem Finish, Endspurt 2 INDUSTRIE Fertigbearbeiter(in) *m(f)*

Finistère [finistɛʀ] ***le ~*** *frz Departement*

finition [finisjõ] *f* 1 *action* **a)** Fertig-, Endbearbeitung *f*; Fertigstellung *f*; **b)** *pl* ***~s*** letzte Arbeiten *f/pl*; letzter Schliff; COUT Versäuberungsarbeiten *f/pl* 2 *résultat* Verarbeitung *f*; Ausführung *f*

finitude [finityd] *f* PHILOS Endlichkeit *f*

finlandais [fɛ̃lɑ̃dɛ] I *adj* finnisch; ***gouvernement ~*** finnische Regierung II *subst* ***Finlandais(e)*** *m(f)*

Finne *m*, Finnin *f*
Finlande [fɛ̃lɑ̃d] ***la ~*** Finnland *n*
finnois [finwa] **I** *adj* finnisch; ***culture, langue ~e*** finnische Kultur, Sprache **II** *subst* LING ***le ~*** das Finnische; Finnisch *n*
fiole [fjɔl] *f* **1** PHARM Phiole *f* **2** F *fig* (*tête*) F Birne *f*; ***se payer la ~ de qn*** F j-n durch den Kakao ziehen
Fionie [fjɔni] GÉOGR ***la ~*** Fünen *n*
fiord → ***fjord***
fioritures [fjɔʀityʀ] *f/pl* Verzierung(en) *f(pl)*; *péj* Verschnörkelung *f*; Schnörkel *m/pl*
firmament [fiʀmamɑ̃] *m litt* Firmament *n*; Himmelszelt *n*
firme [fiʀm] *f* COMM Firma *f*
fis [fi] → ***faire***
FIS [fis] *m abr* (*Front islamique du salut*) *en Algérie* Islamische Heilsfront
fisc [fisk] *m* Fiskus *m*; Staatskasse *f*; Steuerbehörde *f*; ***frauder le ~*** (die) Steuer hinterziehen
fiscal [fiskal] *adj* ⟨**-aux**⟩ steuerlich; Steuer…; fiskalisch; ***allégement ~*** Steuererleichterung *f*; ***charges ~es*** Steuerlast *f*; steuerliche Belastung(en); ***conseiller ~*** Steuerberater *m*; ***dégrèvement ~*** Steuernachlass *m*; ***réforme ~e*** Steuerreform *f*; ***timbre ~*** Gebührenmarke *f*
fiscalisation [fiskalizasjõ] *f* Besteuerung *f* **fiscaliser** *v/t* besteuern
fiscalité [fiskalite] *f* **1** *système* Steuersystem *n*, -wesen *n*; *lois* Steuergesetzgebung *f* **2** (*charges fiscales*) ***lourde ~*** hohe steuerliche Belastung
fish-eye [fiʃaj] *m* ⟨*pl* **fish-eyes**⟩ PHOT Fischauge(nobjektiv) *n*
Fismes [fim] *Ort im Dep. Marne*
fissa [fisa] *adv* F ***faire ~*** F schnell, fix machen
fissible [fisibl] *adj* NUCL spaltbar
fissile [fisil] *adj* MINÉR, NUCL spaltbar
fission [fisjõ] *f* NUCL (Kern)Spaltung *f*
fissuration [fisyʀasjõ] *f d'un mur etc* Rissigwerden *n*
fissure [fisyʀ] *f* **1** Spalt(e) *m(f)*; Riss *m*; *dans un récipient* Sprung *m* **2** *fig* Bruch *m*; Unstimmigkeit *f*
fissurer [fisyʀe] **I** *v/t* Risse, Spalten hervorrufen, verursachen in (*+dat*); *adjt* ***fissuré*** rissig; von Spalten durchzogen **II** *v/pr* ***se ~*** *sol, mur* rissig werden; Risse bekommen; *verre, porcelaine* springen; Sprünge bekommen
fiston [fistõ] *m* F (*fils*) F Filius *m*; *appellatif* Kleine(r) *m*
fistule [fistyl] *f* MÉD Fistel *f*
fit, fît [fi] → ***faire***
FIT [ɛfite] *f abr* (*Fédération internationale des traducteurs*) *internationaler Übersetzerverband*
FIV [fiv, ɛfive] *f abr* (*fécondation in vitro*) In-vitro-Fertilisation *f*; IVF *f*
fixage [fiksaʒ] *m* PHOT Fixieren *n*; Fixage *f*
fixateur [fiksatœʀ] *m* **1** PHOT Fixiermittel *n* **2** COIFFURE Haarfestiger *m* **3** PEINT Fixateur *m* (*Zerstäuber*)
fixatif [fiksatif] *m* PEINT Fixativ *n*
fixation [fiksasjõ] *f* **1** *d'un objet* Befestigen *n*, -ung *f*; Festmachen *n*; *dans un étau etc* Einspannen *n* **2** (***dispositif*** *m* ***de***) ***~*** Befestigung(svorrichtung) *f*; Halterung *f*; *sur des skis* Bindung *f*; ***~ de sécurité*** Sicherheitsbindung *f* **3** *d'un délai, des prix, des salaires etc* Festsetzung *f*; Festlegung *f*; Fixierung *f*; Bestimmung *f*; *d'un rendez-vous a* Anberaumung *f*; *d'un délai a* Bemessung *f* **4** *par écrit, dans la mémoire* Festhalten *n*; Fixierung *f* **5** PHOT, PEINT Fixieren *n*, -ung *f*; CHIM Bindung *f*; Anlagerung *f* **6** PSYCH Fixierung *f* (***sur qn*** auf j-n); Bindung *f* (an j-n); ***faire une ~ sur qn, qc*** auf j-n, etw fixiert sein
fixe [fiks] **I** *adj heure, date* fest; bestimmt; festgesetzt, -gelegt, -stehend; COMM fix; *regard* starr; unverwandt; *péj* stier; *objet* unbeweglich; unveränderlich; TECH stationär; ortsfest; SPORTS ***barre*** *f* ***~*** Reck *n*; ***étoile*** *f* ***~*** Fixstern *m*; ***fêtes*** *f/pl* ***~s*** unbewegliche Feste *n/pl*; ***frais*** *m/pl* ***~s*** Fixkosten *pl*; ***idée*** *f* ***~*** fixe Idee; Zwangsvorstellung *f*; ***point*** *m* ***~*** Fix-, Festpunkt *m*; fester Punkt; ***prix*** *m* ***~*** Festpreis *m*; fester, verbindlicher Preis; ***à prix ~*** zum Festpreis; ***revenu*** *m* ***~*** festes, fixes Einkommen; *loc/adv*: ***à heure ~*** zu e-r bestimmten Stunde, Zeit; immer zur gleichen Stunde, Zeit; ***sans domicile ~*** ohne festen Wohnsitz; ***avoir le regard ~*** e-n starren Blick haben; ins Leere starren **II** *m* Fixum *n*; festes, fixes Gehalt; ***toucher un ~*** ein Fixum bekommen **III** *int* MIL stillgestanden!
fixé [fikse] *adj* **1** ***je suis ~*** (***sur son compte***) ich weiß (über ihn) Bescheid; ich weiß, woran ich (bei ihm) bin, was ich von ihm zu halten habe; ***je ne suis pas encore ~*** ich habe mich noch nicht festgelegt, entschieden, entschlossen; ich bin noch nicht entschlossen, sicher **2** PSYCH ***~ à*** fixiert auf (*+acc*)
fixement [fiksəmɑ̃] *adv* ***regarder ~ qn, qc*** j-n, etw starr, unverwandt anschauen
fixer [fikse] **I** *v/t* **1** *objet* befestigen; festmachen; *insigne a* anstecken; *dans un étau etc* ein-, festspannen; ***~ qc au mur*** etw an der Wand festmachen, befestigen **2** *délai, prix, salaires, date etc* festsetzen, -legen; fixieren; bestimmen; *rendez-vous, date a* festmachen; anberaumen; *délai a* setzen; bemessen; ***~ des règles, des principes*** Regeln, Prinzipien aufstellen; ♦ *adjt*: ***au jour fixé*** am festgesetzten Tag; ***limites fixées par la loi*** durch das Gesetz *ou* gesetzlich festgelegte, gezogene Grenzen *f/pl*; ***il n'y a encore rien de fixé*** es steht noch nichts fest **3** *par écrit, dans la mémoire* festhalten; fixieren **4** ***~ qn, qc*** *ou* ***~ son regard, ses yeux sur qn, qc*** j-n, etw fixieren, anstarren, *péj* anstieren; j-n starr *ou* unverwandt anschauen; auf j-n, etw starren, *péj* stieren; den Blick, die Augen auf j-n, etw heften; j-n, etw fest ansehen, scharf ins Auge fassen **5** *meist adjt* **a)** ***je suis fixé*** (***sur son compte***) ich weiß (über ihn) (genau) Bescheid; ich weiß, woran ich (bei ihm) bin; **b)** ***je ne suis pas encore fixé*** ich habe mich noch nicht festgelegt, entschieden, entschlossen; ich bin noch nicht entschlossen, sicher **6** ***~ son attention sur qn, qc*** sich auf j-n, etw konzentrieren; s-e Aufmerksamkeit j-m, e-r Sache zuwenden; → *a* ***choix 1*** **7** PHOT, PEINT fixieren; CHIM binden; anlagern **II** *v/pr* **1** ***se ~*** (*s'établir*) sich niederlassen, festsetzen; s-n Wohnsitz aufschlagen **2** ***se ~ sur*** *regard* sich heften auf (*+acc*); *choix* fallen auf (*+acc*) **3** ***se ~ une ligne de conduite*** sich (*dat*) e-e Verhaltensweise zurechtlegen; sich auf e-e Verhaltensweise festlegen **4** (*trouver l'équilibre*) ***se ~*** sich stabilisieren; sich einpendeln
fixing [fiksiŋ] *m* BOURSE Fixing *n*
fixité [fiksite] *f* (*invariabilité*) Unveränderlichkeit *f*;

Unbeweglichkeit *f*; *d'un regard* Starre *f*; Starrheit *f*
fjord [fjɔʀ(d)] *m* Fjord *m*
FL *abr* (*franc[s] luxembourgeois*) HIST lfr(s) (Luxemburger Franc[s])
flac [flak] *int* patsch!; klatsch!
flaccidité [flaksidite] *f* Schlaffheit *f*
flacon [flakõ] *m* kleine Flasche; Fläschchen *n*; Flakon *n ou m*; **~ de parfum** Fläschchen, Flakon Parfüm
fla-fla [flafla] *m* F **faire des ~s** sich großtun, wichtigmachen; F angeben
flagada [flagada] *adj* ⟨*inv*⟩ F → **flapi**
flagellant [flaʒɛ(l)lɑ̃] *m* REL HIST Flagellant *m*; Geißelbruder *m*; Geißler *m* **flagellation** *f* Geißelung *f* (*a* REL)
flagelle [flaʒɛl] *m* BIOL Geißel *f*; *sc* Flagellum *n*
flageller [flaʒɛ(l)le] **I** *v/t* geißeln **II** *v/pr* **se ~** sich geißeln
flageolant [flaʒɔlɑ̃] *adj* (vor Schwäche) zitternd, schlotternd; **il a les jambes ~es** ihm zittern, schlottern, wanken die Knie; er hat weiche Knie; er ist schwach, wack(e)lig auf den Beinen
flageoler [flaʒɔle] *v/i* **~** (**sur ses jambes**) schwach, wack(e)lig auf den Beinen sein; **il a les jambes qui flageolent** → **flageolant**
flageolet[1] [flaʒɔlɛ] *m* BOT, CUIS kleine weißgrüne Bohne
flageolet[2] [flaʒɔlɛ] *m* MUS Flageolett *n*
flagorner [flagɔʀne] *v/t litt* liebedienern (**qn** vor j-m)
flagornerie [flagɔʀnəʀi] *f litt* Liebedienerei *f* **flagorneur** *m litt* Liebediener *m*
flagrant [flagʀɑ̃] *adj* **1** JUR (**prendre qn**) **en ~ délit** (j-n) in flagranti, auf frischer Tat (ertappen) **2** *injustice, contradiction etc* flagrant; offenkundig; schreiend; ins Auge fallend; *erreur, contradiction a* krass
flair [flɛʀ] *m* **1** *des chiens, du gibier* Witterung *f*; Geruchssinn *m* **2** *fig* Gespür *n*; Spürsinn *m*; F Riecher *m*; **avoir du ~** e-e feine, gute Nase, F den richtigen Riecher haben
flairer [fleʀe] *v/t* **1** *animal: nourriture etc* beschnuppern; beschnüffeln; beriechen; schnuppern, schnüffeln an (+*dat*); *gibier* wittern; aufspüren **2** *fig trahison, piège etc* wittern
flamand [flamɑ̃] **I** *adj* flämisch (*a* ART); flandrisch **II** *subst* **1** **Flamand(e)** *m(f)* Flame *m*, Flamin *ou* Flämin *f* **2** LING **le ~** das Flämische; Flämisch *n*
flamant [flamɑ̃] *m* ZO **~** (**rose**) Flamingo *m*
flambage [flɑ̃baʒ] *m de la volaille* (Ab)Sengen *n*; *d'aiguilles etc* Ausglühen *n*
flambant [flɑ̃bɑ̃] *adv* **~ neuf** ⟨*inv od* **~ neuve**⟩ ganz neu; F brandneu; (funkel)nagelneu
flambé [flɑ̃be] *adj* **1** CUIS flambiert **2** F *fig* erledigt; pleite
flambeau [flɑ̃bo] *m* ⟨*pl* **~x**⟩ **1** Fackel *f*; **retraite** *f* **aux ~x** Fackelzug *m* **2** *fig de la foi, du progrès etc* Fackel *f*; Fanal *n*; **passer le ~** die Fackel weiterreichen **3** (*candélabre*) (Kerzen-, Arm)Leuchter *m*; Flambeau *m*
flambée [flɑ̃be] *f* **1** (kurz auf)loderndes, aufflackerndes Feuer; **faire une ~** Feuer machen (um sich aufzuwärmen) **2** *fig de haine, de violence etc* Aufflammen *n*, -lodern *n*, -flackern *n* **3** ÉCON **~ des prix** starker Preisauftrieb
flamber [flɑ̃be] **I** *v/t* **1** *volaille* (ab)sengen; *cheveux* absengen; *aiguille etc* ausglühen; (kurz) in, über e-e Flamme halten **2** CUIS flambieren **II** *v/i* **1** *feu* (hell auf)lodern; aufflammen; *bois sec, paille* aufflammen; lichterloh brennen; in Flammen aufgehen **2** *fig prix* in die Höhe schießen **3** F *joueur* sehr hoch, mit hohem Einsatz spielen
flambeur [flɑ̃bœʀ] F *m* Spieler, der hohe Einsätze wagt
flamboiement [flɑ̃bwamɑ̃] *m des flammes* Flammenschein *m*; heller Schein; *du soleil* heller Glanz
flamboyant [flɑ̃bwajɑ̃] **I** *adj* **1** flammend; *épée etc* (in der Sonne) (auf)blitzend; funkelnd **2** *fig regard* **~** (**de colère, de haine**) flackernd, funkelnd, lodernd (vor Zorn, Hass) **3** ARCH spätgotisch; im Flamboyantstil; **gothique** *m* **~** Spätgotik *f*; Flamboyant(stil) *n(m)* **II** *m* **1** ARCH Spätgotik *f*; Flamboyant(stil) *n(m)* **2** BOT Flamboyant *m*
flamboyer [flɑ̃bwaje] *v/i* ⟨**-oi-**⟩ **1** *feu* aufflammen; (auf)lodern **2** *métal au soleil* (auf)blitzen; funkeln **3** *fig yeux: de haine etc* flackern; lodern
flamenco [flamɛnko] *m* MUS Flamenco *m*
flamingant [flamɛ̃gɑ̃] **I** *adj* Flämisch sprechend **II** *m* Anhänger *m* der flämischen Autonomiebewegung
flamme [flam, flɑm] *f* **1** Flamme *f*; F *fig* **descendre qn en ~s** j-n scharf kritisieren; F j-n herunterreißen; **être dévoré par les ~s** ver-, ab-, niederbrennen; **être en ~s** in Flammen stehen; (lichterloh) brennen; **jeter des ~s** aufflammen; (auf)lodern; **passer à la ~** (kurz) in, über die Flamme halten; *aiguille* ausglühen; *avion* **tomber en ~s** brennend abstürzen **2** *fig* **a)** *du regard, de l'enthousiasme etc* Feuer *n*; Glut *f*; (**parler**) **avec ~** feurig, mit Feuer (sprechen); *orateur etc* **plein de ~** feurig; leidenschaftlich; **être tout feu tout ~ pour qc** für etw Feuer und Flamme sein; **b)** *litt* **déclarer sa ~** e-e Liebeserklärung machen **3** POSTES Maschinenwerbestempel *m*
flammé [flame] *adj* geflammt
flammèche [flamɛʃ] *f* brennendes, glühendes Teilchen; Funke(n) *m*; **~s** *pl a* Funkenflug *m*
flan [flɑ̃] *m* **1** CUIS Pudding *m* **2** F **c'est du ~** das ist Quatsch **3** F **au ~** auf gut Glück; → *a* **rond** *III 1*
flanc [flɑ̃] *m des hommes, des animaux* Seite *f*; Weiche *f*; *des animaux*, MIL Flanke *f*; *d'une montagne* Flanke *f*; (Ab)Hang *m*; Seite *f*; (Berg)Lehne *f*; *d'un bateau* Seite *f*; **à ~ de coteau** am Hang e-s Hügels; F *fig* **être sur le ~** erschöpft, F erschlagen, (ganz) kaputt sein; **prêter le ~** MIL die Flanke ungedeckt lassen; *fig* e-e Angriffsfläche bieten (**à la critique** der Kritik); F *fig* **tirer au ~** sich (von, vor der Arbeit) drücken; faulenzen; F sich auf die faule Haut legen; → *a* **battre** *III 3*
flancher [flɑ̃ʃe] *v/i* F *personne* e-n Rückzieher machen; F kneifen; umfallen; schwach werden; *cœur* F streiken; nicht mehr mitmachen; *moral* schwanken; nachlassen; **ce n'est pas le moment de ~!** dies ist nicht der Moment aufzugeben!
flanchet [flɑ̃ʃɛ] *m du bœuf, du veau* Dünnung *f*; Bauchlappen *m*
Flandre [flɑ̃dʀ] **la ~** *ou* **les ~s** *f/pl* Flandern *n*
Flandre-Occidentale [flɑ̃dʀɔksidɑ̃tal] **la ~** Westflandern *n*
Flandre-Orientale [flɑ̃dʀɔʀjɑ̃tal] **la ~** Ostflandern *n*
flandrin [flɑ̃dʀɛ̃] *m* **grand ~** großer, schlaksiger Bur-

sche; F (langer) Lulatsch

flanelle [flanɛl] *f* TEXT Flanell *m*

flâner [flɑne] *v/i* (umher)schlendern; flanieren; F bummeln; **~ *le long des quais de la Seine*** am Seineufer entlangbummeln, -schlendern

flânerie [flɑnʀi] *f* (Umher)Schlendern *n*; F Bummeln *n*; (*promenade*) F Bummel *m* **flâneur** *m*, **flâneuse** *f* Spaziergänger(in) *m(f)*

flanquer[1] [flɑ̃ke] *v/t personne*, ARCH flankieren; *p/p* ***flanqué de*** flankiert von

flanquer[2] [flɑ̃ke] F **I** *v/t* **1** (*jeter*) werfen; F schmeißen; **~ *qn à la porte, dehors*** F j-n vor die Tür *ou* an die Luft setzen, rauswerfen, rausschmeißen, feuern; *vaisselle etc* **~ *par terre*** F runterwerfen, -schmeißen; *fig* ***ça flanque tout par terre!*** F das wirft, schmeißt alles über den Haufen! **2** (*donner*) geben; *une gifle etc* versetzen; F verpassen; **~ *la frousse à qn*** F j-m e-e Heidenangst einjagen; **~ *une volée***, F ***une raclée*** *etc* ***à qn*** j-n verprügeln, verhauen, F verdreschen, versohlen, verbimsen, verbläuen, vertrimmen, verwichsen, vermöbeln; F j-m e-e tüchtige Abreibung geben, das Fell gerben, die Hucke vollhauen, ein paar überziehen; → *a* ***gifle*** *1* **II** *v/pr* ***se* ~ *par terre*** hinschlagen, -fallen

flapi [flapi] *adj* F kaputt; fertig; erledigt; hunde-, todmüde

flaque [flak] *f* (Wasser)Pfütze *f*, (-)Lache *f*; ***marcher dans une* ~ *d'eau*** in e-e Pfütze treten

flash [flaʃ] *m* ⟨*pl* **~es** [flaʃ]⟩ **1** PHOT **a)** *lumière* Blitz(licht) *m(n)*; **b)** *dispositif* Blitzgerät *n* **2** CIN Flash [-ɛ-] *m* **3** PRESSE, RAD Kurznachrichten *f/pl*; kurze (wichtige) Meldung; **~ *publicitaire*** Werbespot *m*

flash-back [flaʃbak] *m* ⟨*inv*⟩ CIN Rückblende *f*

flasher [flaʃe] *v/i* F **~ *sur qn, qc*** F auf j-n, etw abfahren

flasque[1] [flask] *adj chair, peau* schlaff

flasque[2] [flask] *f* kleine flache Flasche

flatter [flate] **I** *v/t* **1** **a)** *personne* **~ *qn*** j-m schmeicheln; F j-m schöntun; ***vous me flattez!*** Sie schmeicheln (mir)!; **b)** *chose* **~ *qn*** j-m schmeicheln; ***être, se sentir flatté*** sich geschmeichelt fühlen (***de, par qc*** durch etw); ***être flatté dans son orgueil*** sich in s-m Stolz geschmeichelt fühlen; ***je suis flatté, ça me flatte*** ich fühle mich geschmeichelt, das schmeichelt mir; **c)** *portrait, coiffure* **~ *qn*** j-m schmeicheln **2** **~ *les défauts de qn*** j-s Fehler (noch) unterstützen **3** **~ *l'oreille, les yeux*** für das Ohr, Auge angenehm, wohltuend sein; ein Ohrenschmaus, e-e Augenweide sein; *mets* **~ *le palais*** den Gaumen kitzeln; etwas für den Feinschmecker sein **4** *animal* streicheln; tätscheln **II** *v/pr* ***se* ~ *de*** (+*inf*) sich (*dat*) einbilden, überzeugt sein, *st/s* sich (*dat*) schmeicheln zu (+*inf*); ***sans me* ~** ohne mir schmeicheln zu wollen

flatterie [flatʀi] *f* Schmeichelei *f*; F Schöntuerei *f*; *p/fort* Lobhudelei *f*

flatteur [flatœʀ], **flatteuse** **I** *m,f* Schmeichler(in) *m(f)*; F Schöntuer(in) *m(f)* **II** *adj* **1** *personne, propos* schmeichlerisch; F schöntuerisch **2** *comparaison, compliment* schmeichelhaft **3** *description* schmeichelhaft; beschönigend; zu günstig

flatulence [flatylɑ̃s] *f* MÉD (Darm)Blähung *f*; *sc* Flatulenz *f*

flatuosité [flatɥozite] *f* Darmgas *n*, -wind *m*

fléau [fleo] *m* ⟨*pl* **~x**⟩ **1** AGR (Dresch)Flegel *m* **2** *fig de la guerre, de la peste etc* Geißel *f*; Heimsuchung *f*; *de parasites etc* (Land)Plage *f*; F wahre Plage **3** *d'une balance* Waagebalken *m*

fléchage [fleʃaʒ] *m d'un parcours* Markierung *f* mit Pfeilen; Pfeilmarkierung *f*

flèche [flɛʃ] *f* **1** Pfeil *m* (*projectile et indicateur de direction*); *fig*, *a* SPORTS ***démarrage*** *m* ***en* ~** Blitzstart *m*; *partir* ***comme une* ~** wie ein Pfeil; pfeilschnell; ***dans le sens de la* ~** in Pfeilrichtung; *fig* ***décocher une* ~ *contre qn*** e-e spitze Bemerkung machen gegenüber j-m; *fig* ***faire* ~ *de tout bois*** alle Mittel einsetzen; F alle Minen springen lassen; ***monter en* ~** *avion* steil, im Steilflug aufsteigen, in die Höhe steigen; *prix, température* in die Höhe schnellen; jäh ansteigen **2** *d'une cathédrale* (Turm)Spitze *f* **3** TECH *d'une grue* Ausleger *m*

flécher [fleʃe] *v/t* ⟨-**è**-⟩ *parcours* mit Pfeilen markieren, kennzeichnen; beschildern

fléchette [fleʃɛt] *f* Wurfpfeil *m*; (***jeu*** *m* ***de***) **~*s*** Darts [daːrts] *n*; Dartspiel ['daːrt-] *n*; ***jouer aux* ~*s*** Darts spielen

fléchir [fleʃiʀ] **I** *v/t* **1** *genoux etc* beugen; **~ *le corps en avant, en arrière*** den Rumpf vor-, zurückbeugen, nach vorn(e), nach hinten beugen **2** *fig* **~ *qn*** j-n rühren; j-s Herz erweichen **3** *adjt* LING ***formes fléchies*** flektierte Formen *f/pl* **II** *v/i* **1** *poutre etc* sich (durch)biegen; *jambes* weich werden; nachgeben **2** *fig personne, détermination* nachlassen; wanken; *courage* dahinschwinden; *dans ses convictions, sa décision* wankend werden; *devant les prières de qn nachgeben*; *sich erweichen, rühren lassen* (***devant qc*** durch etw) **3** BOURSE *cours* sich abschwächen; nachgeben; abflauen; *prix* fallen; zurückgehen; sinken

fléchissement [fleʃismɑ̃] *m* **1** *des genoux etc* Beugen *n*; *d'une poutre etc* (Durch)Biegen *n* **2** *fig de sa détermination* Nachlassen *n*; Wanken *n*; Wankendwerden *n* **3** BOURSE Abschwächung *f*; Abflauen *n*; Nachgeben *n*; *des prix* Rückgang *m*; Fallen *n*; **~ *des cours*** *a* nachgebende Kurse *m/pl*; **~ *de la production*** Produktionsrückgang *m*; ***accuser, marquer un* ~** e-n Rückgang aufweisen, verzeichnen

fléchisseur [fleʃisœʀ] *adj et subst m* ANAT (***muscle*** *m*) **~** Beugemuskel *m*; Beuger *m*

flegmatique [flɛgmatik] *adj* gelassen; gleichmütig; *péj* phlegmatisch; ***être* ~** *a* nicht aus der Ruhe zu bringen sein

flegme [flɛgm] *m* Gelassenheit *f*; Gleichmut *m*; *péj* Phlegma *n*; ***faire perdre son* ~ *à qn*** j-n aus der Ruhe bringen

flegmon → ***phlegmon***

flemmard [flemaʀ] F **I** *adj* faul; träge **II** *subst* **~(*e*)** *m(f)* Faulenzer(in) *m(f)*; F Faulpelz *m*; Faultier *n*

flemmarder [flemaʀde] F *v/i* faulenzen; F auf der faulen Haut liegen

flemme [flɛm] F *f* Faulheit *f*; Trägheit *f*; ***avoir la, tirer sa* ~** faulenzen; F s-n faulen Tag haben; ***avoir la* ~ *de faire qc*** zu faul zu etw sein; zu faul sein, (um) etw zu tun

Flers [flɛʀ] *Stadt im Dep. Orne*

Flessingue [flesɛ̃g] GÉOGR Vlissingen *n*

flétan [fletɑ̃] *m* ZO Heilbutt *m*

flétri [fletʀi] *adj* **1** *plante* welk; verwelkt; *fleur a* verblüht **2** *fig peau, visage* welk; schlaff; ***beauté* ~*e***

verblühte Schönheit
flétrir[1] [fletʀiʀ] **I** *v/t* **1** *plante, fleur* (ver)welken lassen; verdorren, vertrocknen lassen **2** *fig et litt* den Glanz, die Frische nehmen (*+dat*) **II** *v/pr* ***se ~*** **1** *fleurs* (ver)welken; verblühen; welk werden; verdorren; vertrocknen **2** *beauté* verblühen; *visage* welk, schlaff werden
flétrir[2] [fletʀiʀ] *v/t le nom, la mémoire de qn* beschmutzen; in den Schmutz ziehen; schänden; beflecken
flétrissure [fletʀisyʀ] *f* **1** *d'une plante, de la peau* Welken *n*; Welksein *n*; *d'une fleur, fig de la beauté* Verblühen *n* **2** *fig et litt* Schmach *f*; Entehrung *f*
fleur[1] [flœʀ] *f* **1** BOT **a)** *plante* Blume *f*; ***~s de jardin*** Gartenblumen *f/pl*; *Baudelaire* ***Les ~s du mal*** Die Blumen des Bösen; *fig* ***~s de rhétorique*** poetische Bilder *n/pl*; *péj* schöne Floskeln *f/pl*; *adjt fig* ***~ bleue*** ⟨*inv*⟩ sentimental; gefühlvoll; romantisch; *loc/adj* ***à ~s*** *tissu, papier etc* mit Blumenmuster; geblümt; ***chapeau*** *m* ***à ~s*** blumengeschmückter Hut; *loc/adv* F *fig* ***comme une ~*** (spielend) leicht; mühelos; als ob nichts dabei wäre; *sur un faire-part* ***ni ~s ni couronnes*** von Blumen- und Kranzspenden bitten wir abzusehen; *fig* ***couvrir qn de ~s*** j-n mit Komplimenten überschütten; *fig d'une jeune fille* ***être fraîche comme une ~*** frisch wie der junge Morgen sein; F *fig* ***faire une ~ à qn*** j-m sehr entgegenkommen; ***on ne lui a pas fait de ~*** *a* ihm ist nichts geschenkt worden; *fig* ***jeter des ~s à qn*** j-m Komplimente machen; **b)** *partie d'une plante* Blüte *f*; ***~s d'oranger*** Orangenblüten *f/pl*; ***~ en bouton*** Blütenknospe *f*; ***arbre*** *m* ***en ~(s)*** blühender Baum; ***être en ~(s)*** blühen; in Blüte stehen; ***être tout en ~(s)*** in voller Blüte stehen **2** *fig* ***la (fine) ~*** *de la jeunesse, de la société etc* die Blüte; die Besten *m/pl*; *de la société a* die Creme; die Elite; ***~ de farine*** Auszugsmehl *n*; feinstes Mehl; ***mourir à la ~ de l'âge*** im blühendsten Alter, in der Blüte des Lebens sterben **3** CHIM ***~ de soufre*** Schwefelblüte *f*, -blume *f* **4** *pl* ***~s*** *sur le vin, le vinaigre* Kahm(haut) *m(f)*; Schimmel *m*
fleur[2] [flœʀ] **I** *loc/prép* ***à ~ de*** etwa auf gleicher Höhe, Ebene mit (*+dat*); an der Oberfläche (*+gén*); ***à ~ d'eau*** an der Wasseroberfläche; dicht über *ou* unter der Wasseroberfläche; *fig* ***sensibilité*** *f* ***à ~ de peau*** Überempfindlichkeit *f*; ***avoir les nerfs à ~ de peau*** überreizte, überempfindliche Nerven haben **II** *adjt* ***cuir*** *m* ***pleine ~*** genarbtes Leder
fleuraison [flœʀɛzõ] *f* → ***floraison***
fleurdelisé [flœʀdəlize] *adj drapeau* mit Lilien verziert
fleurer [flœʀe] *v/t et v/i* duften, riechen (***qc*** nach etw)
fleuret [flœʀɛ] *m* ESCRIME Florett *n*
fleurette [flœʀɛt] *f* Blümchen *n*; *fig* ***conter ~ à une femme*** e-r Frau den Hof machen, schöntun; Süßholz raspeln
fleurettiste [flœʀetist] *m,f* ESCRIME Florettfechter(in) *m(f)*
fleuri [flœʀi] *adj* **a)** *branche, arbre* blühend; *jardin, pré a* mit Blumen übersät; voll(er) Blumen; ***balcon ~*** blumengeschmückter Balkon; **b)** *tissu, papier peint etc* mit Blumenmuster; geblümt; **c)** *fig teint* blühend; frisch; rosig; ***style ~*** blumiger, bilderreicher Stil; ***l'empereur à la barbe ~e*** *Beiname Karls des Großen*
fleurir [flœʀiʀ] **I** *v/t* (mit Blumen) schmücken **II** *v/i* **1** *plantes* blühen; in (voller) Blüte stehen; ***faire ~*** zum Blühen bringen **2** ⟨*imparfait meist* **florissait**; *p/pr* **florissant**⟩ *fig arts etc* e-e Blütezeit, Glanzzeit, e-n Höhepunkt erleben; (er)blühen
fleuriste [flœʀist] *m,f* **a)** *marchand* Blumenhändler(in) *m(f)*; *boutique* Blumengeschäft *n*, -laden *m*; **b)** *métier* Blumenbinder(in) *m(f)*; Florist(in) *m(f)*
fleuron [flœʀõ] *m d'une couronne* stilisierte Blätter *n/pl* und Blumen *f/pl*; *fig d'une collection etc* ***le plus beau ~ (de la couronne)*** das Prunkstück; das beste, wertvollste Stück; das Kleinod
fleuve [flœv] *m* **1** (großer) Fluss; Strom *m* (*a fig de sang, de larmes, de gens*); ***~ de boue*** Schlammflut *f*; ***~ de lave*** Lavastrom *m*; ***lit*** *m* ***d'un ~*** Flussbett *n* **2** *fig et adjt article, discours etc* endlos lang; ***discours*** *m* ***~*** *a* F Marathonrede *f*; ***procès*** *m* ***~*** *a* Mammutprozess *m*; ***roman*** *m* ***~*** Romanzyklus *m*
flexibiliser [flɛksibilize] *v/t emploi, horaires, salaires etc* flexibilisieren; flexibel gestalten
flexibilité [flɛksibilite] *f* **1** *d'une branche etc* Biegsamkeit *f*; TECH *a* Biegbarkeit *f* **2** *fig* Flexibilität *f*; Anpassungsfähigkeit *f*
flexible [flɛksibl] **I** *adj* **1** *branche, lame d'acier etc* biegsam; geschmeidig; elastisch; TECH *a* biegbar; *matériau* schmiegsam; nachgiebig **2** *fig prix, emploi etc* flexibel; *caractère a* fügsam; anpassungsfähig **II** *m* TECH biegsame Welle
flexion [flɛksjõ] *f* **1** TECH (Durch)Biegung *f*; ***résistance*** *f* ***à la ~*** Biegefestigkeit *f* **2** *du bras, du genou etc* Beugen *n*; (Ab)Biegen *n*; SPORTS ***~ des bras, des genoux*** Arm-, Kniebeuge *f* **3** LING Flexion *f*; Beugung *f*
flexionnel [flɛksjɔnɛl] *adj* ⟨**~le**⟩ LING Flexions…; ***désinences ~les*** Flexionsendungen *f/pl*; ***langues ~les*** flektierende Sprachen *f/pl*
flibustier [flibystje] *m* HIST Freibeuter *m* (*a fig*)
flic [flik] F *m* Polizist *m*; *plais* Ordnungshüter *m*; ***~s*** *pl a* F Polente *f*; *fig* ***vingt-deux, voilà les ~s!*** Achtung, (es ist) Gefahr im Anzug!
flicaille [flikaj] *f* F *péj* Bullen *m/pl*; Polypen *m/pl*
flic flac [flikflak] *int* F pitsch, patsch!; klitsch, klatsch!
flingue [flɛ̃g] *m* F Knarre *f*; Schießprügel *m*
flinguer [flɛ̃ge] F **I** *v/t* F ab-, niederknallen; über den Haufen schießen **II** *v/pr* ***se ~*** sich erschießen; *fig* ***il y a de quoi se ~!*** es ist nicht zum Aushalten!
flipper[1] [flipe] F *v/i* **a)** (*être déprimé*) deprimiert, F down [daʊn] sein; **b)** (*paniquer*) F ausflippen; durchdrehen
flipper[2] [flipœʀ] *m* Flipper *m*
fliquer [flike] F *v/t* (polizeilich) überwachen
flirt [flœʀt] *m* **1** Flirt *m* (*a fig*); Liebelei *f* **2** *personne* Schwarm *m*; Flamme *f*
flirter [flœʀte] *v/i* flirten (*a fig*)
flirteur [flœʀtœʀ] *adj* ⟨**-euse**⟩ ***être ~*** gern flirten
FLN [ɛfɛlɛn] *m abr* (*Front de libération nationale*) Nationale Befreiungsfront (*im Algerienkrieg*)
floc [flɔk] *int* plumps!
flocon [flɔkõ] *m* Flocke *f*; CUIS ***~s d'avoine*** Haferflocken *f/pl*; ***~ de neige*** Schneeflocke *f*; *neige* ***tomber à gros ~s*** in dicken Flocken fallen
floconneux [flɔkɔnø] *adj* ⟨**-euse**⟩ flockig
flonflons [flõflõ] *m/pl* Klänge *m/pl*; Geschmetter *n*

F

flop [flɔp] *m* CIN, *THÉ* Flop *m*

flopée [flɔpe] F *f* Menge *f*; Schwarm *m*; F Haufen *m*; ***~ d'enfants*** Kinderschar *f*; Haufen Kinder

floraison [flɔʀɛzõ] *f* 1 Blüte *f*; Blühen *n*; *époque* Blüte(zeit) *f*; ***en pleine ~*** in voller Blüte (stehend) 2 *fig de talents etc* Aufblühen *n*

floral [flɔʀal] *adj* ⟨**-aux**⟩ 1 Blumen…; ***exposition ~e*** Blumenschau *f*, -ausstellung *f* 2 BOT Blüten…

floralies [flɔʀali] *f/pl* Blumenschau *f*, -ausstellung *f*

flore [flɔʀ] *f* Flora *f*; ***~ alpestre*** Alpenflora *f*; PHYSIOL ***~ intestinale*** Darmflora *f*

floréal [flɔʀeal] *m* HIST Floreal *m* (*8. Monat des frz Revolutionskalenders*)

Florence [flɔʀɑ̃s] 1 *ville* Florenz *n* 2 *f Vorname*

Florent [flɔʀɑ̃] *m Vorname*

florentin [flɔʀɑ̃tɛ̃] I *adj* florentinisch II *subst* ***Florentin(e)*** *m(f)* Florentiner(in) *m(f)*

florès [flɔʀɛs] *m litt* ***faire ~*** Erfolg haben

floricole [flɔʀikɔl] *adj insectes* Blüten bewohnend; auf Blüten lebend **floriculture** *f* Blumenzucht *f*

Floride [flɔʀid] ***la ~*** Florida *n*

florifère [flɔʀifɛʀ] *adj* BOT *tige, branche* Blüten tragend; *plante* blütenreich; mit vielen Blüten

florilège [flɔʀilɛʒ] *m* Blütenlese *f*

florin [flɔʀɛ̃] *m* HIST Gulden *m*

florissait [flɔʀisɛ] → ***fleurir*** *II 2*

florissant [flɔʀisɑ̃] *adj commerce etc* blühend; florierend; *pays, santé, teint* blühend; ***être ~*** blühen; florieren

flot[1] [flo] *m* 1 *pl* ***~s*** *de la mer, d'un lac, d'un fleuve* Flut(en) *f(pl)*; Wellen *f/pl*; Wogen *f/pl*; ***se laisser bercer, porter au gré des ~s*** sich von den Wellen wiegen, tragen, auf dem Wasser treiben lassen 2 (*courant*) Flut *f*; Strom *m* 3 *fig de larmes, de gens etc* Flut *f*; Strom *m*; *de sang* Strom *m*; *de lumière, de pensées etc* Flut *f*; Fülle *f*; *de paroles* Flut *f*; Schwall *m*; ***~s de dentelle*** Spitzengeriesel *n*; ***~ d'injures*** Flut von Schimpfwörtern; ***~ de voitures*** Fahrzeugstrom *m*; *loc/adv* ***à ~s*** in Strömen; *champagne, sang* ***couler à ~s*** in Strömen fließen; *soleil* ***entrer à ~s*** hereinfluten

flot[2] [flo] *loc/adj* MAR ***à ~*** flott; *bateau* ***être à ~*** flott sein; ***remettre à ~*** *bateau* (wieder) flottmachen (*a fig entreprise*); *fig a* wieder auf die Beine helfen (***qn*** j-m)

flottable [flɔtabl] *adj* 1 *bouée, bois etc* schwimmfähig 2 *cours d'eau* flößbar **flottage** *m* Flößen *n*; Flößerei *f*

flottaison [flɔtɛzõ] *f* 1 MAR ***ligne*** *f* ***de ~*** Wasserlinie *f* 2 ÉCON → ***flottement*** *3*

flottant [flɔtɑ̃] *adj* 1 schwimmend; treibend; Schwimm…; Treib…; ***ancre ~e*** Treibanker *m*; ***bois ~s*** Treibholz *n*; ***glaces ~es*** Treibeis *n*; ***grue ~e*** Schwimmkran *m* 2 *fig* **a)** *vêtement, drapeau, cheveux* flatternd; wehend; wallend; *vêtement a* fließend; *cheveux a* fliegend; *nuages* schwebend; treibend; ziehend; ***brume ~e*** Nebelschwaden *f/pl*; **b)** *caractère, esprit* schwankend; wankelmütig; unsicher; unstet; **c)** ANAT ***côtes ~es*** frei endende falsche Rippen *f/pl*; MÉD ***rein ~*** Wanderniere *f*; **d)** FIN ***capitaux ~s*** fluktuierende Gelder *n/pl*; Hot Money *n*; ***monnaie ~e*** floatende ['floː-] Währung; **e)** INFORM ***virgule ~e*** Fließkomma *n*

flotte [flɔt] *f* 1 MAR, AVIAT Flotte *f*; ***~ aérienne, pétrolière*** Luft-, Tankerflotte *f*; ***~ de commerce*** Handelsflotte *f*; ***la ~ de guerre*** *ou abs* ***la Flotte*** die Kriegsflotte 2 F (*eau*) Wasser *n*; ***boire de la ~*** Wasser trinken; ***il tombe de la ~*** → ***flotter*** *III*

flottement [flɔtmɑ̃] *m* 1 (*indécision*) Unschlüssigkeit *f*; Unentschlossenheit *f*; Zögern *n*; Schwanken *n* 2 TECH *des roues etc* Flattern *n* 3 ÉCON *d'une monnaie Floaten* ['floː-] *n*; Floating *n*

flotter [flɔte] I *v/t bois* flößen II *v/i* 1 *objet* schwimmen, treiben (***sur l'eau*** auf dem Wasser); ***~ à la dérive*** abgetrieben werden 2 *drapeau, vêtement, cheveux* flattern; wehen; *cheveux a* fliegen; *brume* wallen; wogen; *nuages* ziehen; treiben; *parfum* ***~ dans la pièce*** im Raum schweben, hängen; *sourire* ***~ sur ses lèvres*** um s-e Lippen spielen 3 TECH *roues etc* flattern; schlagen 4 ÉCON floaten ['floː-]; ***laisser ~ une monnaie*** den Wechselkurs e-r Währung freigeben; e-e Währung floaten lassen III *v/imp* F ***ça, il flotte*** es, das regnet, P schifft, pisst, F *p/fort* gießt, schüttet

flotteur [flɔtœʀ] *m* TECH Schwimmer *m*

flottille [flɔtij] *f* Flottille *f*

flou [flu] I *adj* 1 *photo* unscharf; verschwommen; *dessin* weich; zart; *robe* weich, locker, lose fallend; fließend; *coiffure* weich fließend; ***tout devint ~ autour d'elle*** alles verschwamm ihr vor den Augen 2 *fig pensée* unklar; unbestimmt; verschwommen II *m* PHOT Unschärfe *f*; Verschwommenheit *f*; *d'une coiffure, d'un vêtement* weiche, fließende Linie

flouer [flue] F *v/t* begaunern; F reinlegen

flouse [fluz] *m* F → ***fric***

fluctuant [flyktɥɑ̃] *adj* 1 *personne* schwankend; unsicher; unbeständig 2 *prix etc* fluktuierend; Schwankungen unterworfen

fluctuation [flyktɥasjõ] *f* Schwanken *n*, -ung *f*; Fluktuation *f*; ***~s de la conjoncture*** Konjunkturschwankungen *f/pl*; ***~s de la main-d'œuvre*** Fluktuation der Arbeitskräfte; ***~s du marché*** Marktbewegung *f*, -schwankung *f*, -veränderung *f*; ***~s des prix*** Preisschwankungen *f/pl*; Fluktuation der Preise; ***être sujet à des ~s*** Schwankungen (*dat*) unterworfen sein, unterliegen

fluctuer [flyktɥe] *v/i* fluktuieren; schwanken

fluet [flyɛ] *adj* ⟨**~te**⟩ *personne* schmächtig; zart; ***jambes ~tes*** dünne, dürre Beine *n/pl*; ***voix ~te*** zarte, schwache Stimme

fluide [flɥid, flyid] I *adj* 1 *huile etc* (dünn)flüssig; *par ext circulation* flüssig 2 *fig style* flüssig II *m* 1 PHYS flüssiger oder gasförmiger Körper; ***les ~s*** Flüssigkeiten *f/pl* und Gase *n/pl*; ***~s frigorifiques*** Kältemittel *n/pl* 2 (*rayonnement*) Fluidum *n*; Ausstrahlung *f*

fluidification [flɥidifikasjõ] *f* Verflüssigen *n*, -ung *f*; *par ext de la circulation* Flüssig(er)machen *n* **fluidifier** *v/t* verflüssigen; *par ext trafic routier* flüssig(er) machen

fluidité [flɥidite] *f* 1 *du sang etc* Dünnflüssigkeit *f*; *par ext du trafic* Flüssigkeit *f*; Fließen *n* 2 *fig du style* Flüssigkeit *f*

fluor [flyɔʀ] *m* CHIM Fluor *n*

fluorescence [flyɔʀɛsɑ̃s] *f* PHYS Fluoreszenz *f*

fluorescent [flyɔʀɛsɑ̃] *adj corps, lumière* fluoreszierend; ***écran ~*** Leuchtschirm *m*; ***lampe ~e, tube ~*** Leuchtstofflampe *f*, -röhre *f*

flûte [flyt] *f* 1 MUS Flöte *f*; ***~ traversière*** Querflöte *f*; ***~ à bec*** Block-, Schnabelflöte *f*; ***~ de Pan*** Panflöte *f*

2 *verre* Flöte *f*; **~ à champagne** Sektkelch *m*, -glas *n* **3** *pain* langes dünnes Brot **4** F **jouer, se tirer des ~s** F abhauen; verduften; sich verziehen; türmen **5** *int* **~!** verflixt!; zu dumm!

flûté [flyte] *adj voix* hoch; hell; schrill

flûteau [flyto] *ou* **flûtiau** [flytjo] *m* ⟨*pl* **~x**⟩ einfache (Hirten)Flöte

flûtiste [flytist] *m,f* Flötist(in) *m(f)*; Flötenspieler(in) *m(f)*, -bläser(in) *m(f)*

fluvial [flyvjal] *adj* ⟨**-aux**⟩ Fluss…; **navigation ~e** Flussschifffahrt *f*; **pêche ~e** Angeln *n*, Fischen *n* in Flüssen; **port ~** Binnenhafen *m*; **trafic ~** Binnenschiff(fahrt)sverkehr *m*

fluviomètre [flyvjɔmɛtʀ] *m* Wasserstandsmesser *m*; Pegel *m*

flux [fly] *m* **1** PHYSIOL Absonderung *f*; Ausfluss *m*; **~ menstruel** Menstruationsblutung *f* **2** MAR Flut *f*; **le ~ et le reflux** Ebbe *f* und Flut; *fig* das Hin und Her; das Auf und Ab **3** PHYS *et fig de la circulation, de capitaux etc* Fluss *m*; **~ monétaire** Geldstrom *m*

fluxion [flyksjõ] *f* MÉD **a)** **~ de poitrine** Lungen- und Rippenfellentzündung *f*; **b)** **~ dentaire** Zahnfleischinfektion *f*

FM [ɛfɛm] *f abr* (*frequency modulation, modulation de fréquence*) UKW *n* (Ultrakurzwelle)

FMI [ɛfɛmi] *m abr* (*Fonds monétaire international*) IWF *m* (Internationaler Währungsfonds)

FN [ɛfɛn] *m abr* (*Front national*) *rechtsextreme frz Partei*

FNAC [fnak] *f abr* (*Fédération nationale d'achats des cadres*) *Name e-r* (*auf Bücher, Tonträger, Fotoartikel spezialisierten*) *Warenhauskette*

FNSEA [ɛfɛnɛsəa] *f abr* (*Fédération nationale des syndicats d'exploitants agricoles*) Französischer Bauernverband

FO [ɛfo] *f abr* (*Force ouvrière*) *sozialdemokratisch orientierte frz Gewerkschaft*

foc [fɔk] *m* MAR Fock(segel) *f(n)*

focal [fɔkal] *adj* ⟨**-aux**⟩ OPT Brenn(punkts) …; fokal; Fokal…; **distance ~e** *ou subst* **~e** *f* Brennweite *f*

focalisation [fɔkalizasjõ] *f* PHYS *de rayons* Bündeln *n*, -ung *f*; Fokussierung *f* **focaliser** *v/t* **1** PHYS in e-m Punkt vereinigen; fokussieren **2** *fig attention etc* konzentrieren (**sur** auf +*acc*)

Foch [fɔʃ] *frz Marschall*

foehn [føn] *m* MÉTÉO Föhn *m*

fœtal [fetal] *adj* ⟨**-aux**⟩ MÉD fetal; fötal

fœtus [fetys] *m* MÉD Fetus *ou* Fötus *m*; *humain a* Leibesfrucht *f*

fofolle [fɔfɔl] *adj* → **foufou**

foi [fwa] *f* **1** Glaube(n) *m*; Vertrauen *n*; **bonne ~** guter Glaube (*a* JUR); Treu *f* und Glauben (*a* JUR); Aufrichtigkeit *f*; Ehrlichkeit *f*; **de bonne, en toute bonne ~** in gutem Glauben; gutgläubig; auf Treu und Glauben; bona fide; **être de bonne ~** gutgläubig sein; **abuser de la bonne ~ de qn** j-s guten Glauben, Gutgläubigkeit ausnützen, missbrauchen; **mauvaise ~** Böswilligkeit *f*; Unaufrichtigkeit *f*; Unehrlichkeit *f*; JUR böser Glaube; **de mauvaise ~** böswillig; unaufrichtig; unehrlich; ♦ *int* **ma ~ oui** aber ja; (aber) gewiss; ja, schon; **c'est ma ~ vrai!** ach ja, das ist wahr; ♦ *personne* **digne de ~** glaubwürdig; *loc/adv*: **avec la meilleure ~ du monde** in der besten Absicht; **sur la ~ de qn, qc** im Vertrauen auf, im Glauben an j-n, etw; **sur la ~ des témoins** auf Grund der Zeugenaussagen; **ajouter ~ à qc** e-r Sache (*dat*) Glauben schenken; **avoir ~, une ~ totale en qn** zu j-m Zutrauen, Vertrauen haben; j-m voll und ganz vertrauen; **avoir ~ en l'avenir** an die Zukunft glauben; Vertrauen in die Zukunft haben; JUR **faire ~** maßgebend, verbindlich, authentisch sein; **le cachet de la poste fait ~** es gilt das Datum des Poststempels; **mettre sa ~ en qn, qc** auf j-n, etw s-e Hoffnung setzen **2** REL Glaube(n) *m*; **avoir la ~** gläubig sein; **avoir la ~ du charbonnier** e-n Köhlerglauben haben; **n'avoir ni ~ ni loi** weder Glauben noch Moral besitzen; **il n'y a que la ~ qui sauve** der Glaube macht selig (*a fig*); **perdre la ~** den Glauben verlieren (*a fig*); BIBL *et fig* **la ~ soulève, transporte les montagnes** der Glaube versetzt Berge

foie [fwa] *m* Leber *f*; **~ gras** Gänse- *ou* Entenleber (-pastete) *f*; **~ de veau** Kalbsleber *f*; MÉD **crise** *f* **de ~** (akute) Leberbeschwerden *f/pl*; P *fig* **avoir les ~s** P Schiss haben

foin [fwɛ̃] *m* **1** AGR Heu *n*; MÉD **rhume** *m* **des ~s** Heuschnupfen *m*; F **il est bête à manger du ~** F er ist dumm wie Bohnenstroh, strohdumm; **faire les ~s** heuen; Heu machen **2** **~ d'artichaut** Artischockenbart *m*, -borsten *f/pl* **3** F Krach *m*; **faire du ~, un ~ du diable** F Krach machen; e-n Mordskrach machen; (*se fâcher*) Krach schlagen

foirade [fwaʀad] *f* F Pleite *f*; Fiasko *n*

foire [fwaʀ] *f* **1** (*exposition*) Messe *f*; Ausstellung *f*; **~ de Lyon** Lyoner Messe **2** (*marché*) (Jahr)Markt *m*; **~ aux bestiaux** Viehmarkt *m* **3** (*fête foraine*) Volksfest *n*; Kirmes *f* **4** F *fig* **a)** **c'est la ~ ici** F das ist ein Rummel hier; **b)** **faire la ~** F einen draufmachen; e-e Sause machen; sumpfen; **ils ont fait la ~ toute la nuit** sie haben die ganze Nacht durchgefeiert

foirer [fwaʀe] *v/i* **1** *vis* überdreht sein; *fusée* nicht zünden; verpuffen **2** F *projet etc* schiefgehen; platzen; **ça a foiré** das ist schiefgegangen **3** P (*avoir la diarrhée*) P Dünnschiss haben

foireux [fwaʀø] **I** *adj* ⟨**-euse**⟩ F *projet etc* faul **II** *m* P (*lâche*) P Hosenscheißer *m*

fois [fwa] *f* Mal *n*; **a)** *avec adj*: **une ~, deux ~, trois ~** einmal, zweimal, dreimal; *aux enchères* zum Ersten, zum Zweiten, zum Dritten; **une autre ~** ein anderes Mal; ein andermal; **une bonne ~, une ~ pour toutes** ein für alle Mal; **une seule ~** ein einziges Mal; **une ~ par an** einmal jährlich *ou* im Jahr; **une ~ sur deux** jedes zweite Mal; **en une ~** auf einmal; **encore une ~** noch einmal; nochmals; F noch mal; **pour une ~** (für) einmal; *dans les contes* **il était une ~ …** es war einmal …; *prov* **une ~ n'est pas coutume** einmal ist keinmal (*prov*); ♦ F **l'autre ~** letzthin; kürzlich; unlängst; **les autres ~** sonst; **cette ~, cette ~-ci, cette ~-là** dieses (eine) Mal; diesmal; **chaque ~** jedes Mal; **la dernière ~** das letzte Mal; voriges, das vorige Mal; **pour la dernière ~** zum letzten Mal; **la première ~** das erste Mal; **c'est la première et la dernière ~ que j'y vais** das ist das erste und das letzte Mal, dass ich da hingehe; **la prochaine ~** nächstes, das nächste Mal; **la seule et unique ~** das erste und einzige Mal; ♦ **bien des ~, de nombreuses ~** (sehr) oft; viele Male; F x-mal; **plus d'une ~** mehr als einmal; → *a* **maint, plusieurs**; ♦ **on n'a pas besoin de le lui dire deux**

~ man braucht es ihm nicht zweimal zu sagen; ***je vous ai dit vingt ~, cent ~ de*** *(+inf) ou* ***que ...*** ich habe Ihnen schon hundertmal gesagt, dass ...; **b)** MULTIPLICATION mal; ***trois ~ quatre (font) douze*** drei mal vier ist zwölf; ***cent ~ pire*** hundertmal schlimmer; ***deux ~ plus grand, petit*** doppelt, halb so groß; ***dix ~ plus*** zehnmal so viel; das Zehnfache; ***trois ~ centenaire*** dreihundert Jahre alt; ***c'est trois ~ rien*** das ist nicht der Rede wert; das ist doch gar nichts; **c)** *loc/adv*: ***à la ~*** zugleich; gleichzeitig; auf einmal; ***ne parlez pas tous à la ~!*** redet nicht alle zugleich *etc!*; ***à, par deux ~*** zweimal; ***y regarder à deux ~*** es sich *(dat)* zweimal überlegen; F ***des ~*** *(parfois)* manchmal; mitunter; *(par hasard)* zufällig; vielleicht; F ***non, mais des ~!*** was glauben Sie eigentlich!; **d)** *loc/conj*: ***autant de ~ que ...*** sooft ...; ***(à) chaque ~, toutes les ~ que ...*** jedes Mal, immer wenn ...; sooft ...; F ***des ~ que ...*** es könnte ja sein, dass ...; vielleicht ...; ***la première ~ que ...*** das erste Mal, als *ou* F wo ...; ***la prochaine ~ que ...*** nächstes, das nächste Mal, wenn ...; ***une ~ que ...*** wenn (erst) einmal, F mal ...; ***une ~ qu'il s'est mis qc dans la tête ...*** wenn er sich *(dat)* erst mal was in den Kopf gesetzt hat ...; ***pour une ~ que j'ai oublié ...*** wenn ich einmal ...; das einzige Mal, dass ...; ***une ~ dans le train****, vous pourrez vous reposer* wenn Sie (erst) einmal, F mal im Zug sind ...; ***une ~ parti****, il s'aperçut que* ... als er (schon) weg war ...

foison [fwazõ] *loc/adv* ***à ~*** in Hülle und Fülle; in großen, F rauen Mengen

foisonnant [fwazɔnɑ̃] *adj* ***~ de*** reich an *(+dat)*; ...reich

foisonnement [fwazɔnmɑ̃] *m* **1** *des plantes* Wuchern *n*; üppiges Wachstum **2** *fig d'idées* (Über)-Fülle *f*

foisonner [fwazɔne] *v/i* **1** *plantes* wuchern; üppig wachsen; *gibier etc* im Überfluss vorhanden sein; überhandnehmen **2** ***~ de, en*** überquellen, wimmeln von; Überfluss haben an *(+dat)*; reich sein an *(+dat)*; ***~ d'idées*** voller Einfälle stecken

fol [fɔl] *adj* → ***fou***

folâtre [fɔlɑtʀ] *adj* ausgelassen; lustig; fröhlich **folâtrer** *v/i* herumtollen, -toben; sich tummeln

foldingue [fɔldɛ̃g] **I** *m,f* F Verrückte(r) *f(m)*; Spinner(in) *m(f)* **II** *adj* F verrückt; durchgeknallt

folichon [fɔliʃõ] *adj* ⟨***~ne***⟩ ***pas (très) ~*** nicht (sehr) erfreulich; gar nicht lustig

folie [fɔli] *f* **1** MÉD Wahn(sinn) *m*; Irrsinn *m*; Verrücktheit *f*; geistige Umnachtung; ***~ furieuse*** Tobsucht *f*; ***~ des grandeurs*** Größenwahn *m*; ***avoir la ~ des grandeurs*** größenwahnsinnig sein; ***~ de la persécution*** Verfolgungswahn *m*; ***accès*** *m*, ***coup*** *m* ***de ~*** Anfall *m* von Wahnsinn; ***sombrer dans la ~*** dem *ou* in Wahnsinn verfallen **2** *par ext* Torheit *f*; Narrheit *f*; Tollheit *f*; F Verrücktheit *f*; Wahnsinn *m*; Irrsinn *m*; Riesendummheit *f*; ***~ de jeunesse*** Jugendtorheit *f*; ***aimer qn à la ~*** j-n bis zum Wahnsinn, F wahnsinnig lieben; ***vous n'aurez pas la ~ de faire ça*** Sie werden nicht so töricht sein, das zu tun; ***c'est de la (pure) ~, de la ~ furieuse*** das ist ja Irrsinn, heller Wahnsinn; F ***c'est de la ~ douce*** F das ist so e-e Spinnerei, so ein Spleen [-iː-]; ***c'est une vraie ~ en ce moment*** das ist zurzeit ganz große Mode; ***faire une ~*** e-e große Dummheit begehen; *dépense excessive* e-e unsinnige Geldausgabe machen; sich in Unkosten stürzen; ***s'offrir une petite ~*** sich *(dat)* etwas Besonderes leisten; ***il a passé l'âge des ~s*** er ist über dieses Alter hinaus

folio [fɔljo] *m d'un manuscrit* nummeriertes Blatt

foliole [fɔljɔl] *f* BOT Blättchen *n*

folk [fɔlk] *m* MUS Folk [foːk] *m*

folklo [fɔlklo] *adj* F *abr* → ***folklorique*** *2*

folklore [fɔlklɔʀ] *m* **1** Folklore *f*; *science a* Volkskunde *f* **2** F *fig, surtout péj* (Affen)Theater *n*; (reine) Schau

folklorique [fɔlklɔʀik] *adj* **1** folkloristisch; volkskundlich; Volks...; ***costume*** *m* ***~*** Tracht *f*; ***danse*** *f* ***~*** Volkstanz *m* **2** F *fig, surtout péj* (ein bisschen) komisch, bizarr, F spinnig

folkloriste [fɔlklɔʀist] *m* Volkskundler *m*; Folklorist *m*

folle [fɔl] *adj* → ***fou***

follement [fɔlmɑ̃] *adv* sehr; F irrsinnig; wahnsinnig; ***être ~ amoureux*** F (un)sterblich, wahnsinnig, bis über beide Ohren verliebt sein

follet [fɔlɛ] *adj* ⟨***~te***⟩ **1** ***esprit ~*** *ou subst* ***~*** *m* Kobold *m*; ***feu ~*** Irrlicht *n* **2** ***poil ~*** *des jeunes gens* (erster) Flaum *(a des poussins etc)*; Flaumbart *m*

folliculaire [fɔlikylɛʀ] *m litt et péj* Schreiberling *m*

follicule [fɔlikyl] *m* **1** BOT Samenhülle *f* **2** ANAT, PHYSIOL Follikel *m*; ***~ ovarien, de De Graaf*** graafscher Follikel; Bläschen-, Tertiärfollikel *m*

folliculine [fɔlikylin] *f* Follikelhormon *n*

fomentateur [fɔmɑ̃tatœʀ] *m*, **fomentatrice** *f* Anstifter(in) *m(f)*; Aufwiegler(in) *m(f)*

fomentation [fɔmɑ̃tasjõ] *f d'une dispute, d'une haine* Anstiftung *f* (**de** zu); *d'une révolte* Anzett(e)lung *f*

fomenter [fɔmɑ̃te] *v/t discorde, troubles* stiften; ***~ une conspiration, une révolte*** eine Verschwörung, einen Aufstand anzetteln; ***~ la haine*** Hass schüren

fonçage [fõsaʒ] *m* **1** *pour les tonneaux* Einsetzen *n* des Bodens **2** MINES Abteufen *n*, -ung *f*; Niederbringen *n*; *d'un puits* Graben *n*; Bohren *n* **3** *pour les papiers peints etc* Grundieren *n*, -ung *f*

foncé [fõse] *adj couleur, peau* dunkel; ***rouge ~*** ⟨*inv*⟩ dunkel-, tiefrot

foncement [fõsmɑ̃] *m* → ***fonçage*** *2*

foncer [fõse] ⟨**-ç-**⟩ **I** *v/t* **1** CUIS: *moule* mit Teig be-, auslegen; *casserole* mit Speckscheiben und Gemüse auslegen **2** *couleur* dunkler machen; *cheveux* dunkler färben **II** *v/i* **1** *tableau, bois* nachdunkeln; *cheveux* dunkler werden **2** ***~ sur qn*** sich auf j-n stürzen; über j-n herfallen; auf j-n losgehen **3** *(en) voiture* F (dahin)rasen, (-)sausen; *a pour terminer* ein hohes Tempo vorlegen; ***~ à cent à l'heure dans les virages*** F mit hundert Sachen in die Kurve gehen

fonceur [fõsœʀ] *m* Draufgänger *m* **fonceuse** *f pour les papiers peints etc* Grundiermaschine *f*

foncier [fõsje] *adj* ⟨**-ière**⟩ **1** Grund...; Boden...; ***bien ~*** Grundstück *n*; Liegenschaft *f*; ***Crédit ~ (de France)*** *Frz Bodenkreditanstalt*; ***impôt ~*** *ou subst* ***~*** *m* Grundsteuer *f*; ***propriétaire ~*** Grund(-stücks)-, Landbesitzer *m*, -eigentümer *m*; ***propriété foncière*** Grundeigentum *n*; Grund-, Landbesitz *m*; Grund *m* und Boden *m*; ***spéculation foncière*** Bodenspekulation *f* **2** *égoïsme, bonté etc* grundlegend; wesensmäßig; ***qualités foncières*** Grundeigenschaften *f/pl*

foncièrement [fõsjɛʀmɑ̃] *adv* von Grund auf; durch und durch; **~ *honnête*** grundehrlich; ***ne pas être ~ mauvais*** nicht durch und durch schlecht sein

fonction [fõksjõ] *f* **1** (*activité*) Funktion *f*; Amt *n*; Tätigkeit *f*; (*poste*) (Dienst)Stellung *f*; Posten *m*; (*obligation*) (Dienst)Obliegenheit *f*; Aufgabe *f*; **~*s*** *pl a* Amtsgeschäfte *n/pl*; **~ *publique*** öffentlicher Dienst (*a coll*); Staatsdienst *m*; ***employé*** *m* ***de la ~ publique*** Angestellte(r) *m* im öffentlichen Dienst; **~ *de directeur*** Amt, Posten e-s Direktors; ***appartement*** *m*, ***voiture*** *f* ***de ~*** Dienstwohnung *f*, -wagen *m*; ***en ~*** im Amt; ***entrer en ~(s)*** sein Amt antreten, übernehmen; *comité* s-e Tätigkeit aufnehmen; in Funktion treten; ***être en ~*** im Amt sein; amtieren; ***charger qn d'une ~, confier une ~ à qn*** j-m ein Amt übertragen, anvertrauen; ***exercer la ~, les ~s de ...*** das Amt, die Funktion e-s ... ausüben; als ... amtieren; ***faire ~ de*** fungieren, tätig sein, (stellvertretend) amtieren als; *choses* dienen als; ***laisser qn dans ses ~s*** j-n in s-m Amt, auf s-m Posten (be)lassen **2** BIOL, TECH, LING *etc* Funktion *f*; PHYSIOL *a* Tätigkeit *f*; CHIM **~ *acide*** Säurewirkung *f*; PSYCH **~*s supérieures*** höhere Funktionen **3** MATH Funktion *f*; **~ *algébrique*** algebraische Funktion **4** *loc/prép* ***en ~ de*** in Abhängigkeit von (*+dat*); entsprechend (*+dat*); je nach (*+dat*); aufgrund von (*ou +gén*); in Bezug auf (*+acc*); unter Berücksichtigung von (*ou + gén*); ***en ~ du contenu*** je nach dem Inhalt; ***en ~ du marché*** marktgerecht; ***agir en ~ de ses intérêts*** in s-m (eigenen) Interesse handeln; ***considérer qc en ~ de qc*** etw im Zusammenhang mit etw sehen; ***être ~ de qc*** von etw abhängen; e-e Funktion von etw sein

fonctionnaire [fõksjɔnɛʀ] *m,f* Beamte(r) *m*, Beamtin *f*; **~*s*** *pl a* Beamtenschaft *f*; ***'haut ~*** hoher Beamter

fonctionnalisme [fõksjɔnalism] *m* ARCH Funktionalismus *m*

fonctionnarisation [fõksjɔnaʀizasjõ] *f* **1** Verbeamtung *f*; Übernahme *f* ins Beamtenverhältnis **2** Bürokratisierung *f* **fonctionnariser** **I** *v/t* verbeamten; den Beamten gleichstellen **II** *v/pr* ***se ~*** verbürokratisieren **fonctionnarisme** *m péj* Bürokratie *f*

fonctionnel [fõksjɔnɛl] *adj* ⟨**~le**⟩ **1** funktionell (*a* BIOL, CHIM); funktional (*a* LING); MÉD ***troubles ~s*** Funktionsstörungen *f/pl*; funktionelle Erkrankungen *f/pl* **2** (*pratique*) zweckentsprechend, -mäßig; funktionell; funktional; *subst* ***le ~*** das Zweckmäßige

fonctionnement [fõksjɔnmɑ̃] *m* Funktionieren *n*; Arbeiten *n*; *d'une machine a* Lauf *m*; *d'une institution a* Betrieb *m*; **~ *d'une entreprise*** Betriebsablauf *m*; (***mode*** *m* ***de***) **~** Arbeitsweise *f*; ***en état de bon ~*** funktionsfähig, -tüchtig

fonctionner [fõksjɔne] *v/i machine, entreprise, organisation* funktionieren; arbeiten; *machine, appareil a* laufen; *organe* arbeiten; s-e Funktion erfüllen; ***faire ~*** in Gang setzen, bringen; bedienen; betätigen

fond [fõ] *m* **1** *d'un récipient, d'un violon* Boden *m*; *d'un lac etc* Grund *m*; *d'une vallée*, MINES Sohle *f*; *d'une pièce* Hintergrund *m*; entlegenster, hinterster Teil; *d'un bateau* Bauch *m*; Bilge *f*; *par ext* Unterste(s) *n*; Tiefste(s) *n*; Tiefe *f*; *abs* Meeresboden *m*, -grund *m*; ♦ ***grands ~s*** Tiefsee *f*; **~ *d'artichaut*** Artischockenboden *m*; **~ *de culotte*** Hosenboden *m*; COUT *a* Gesäß(partie) *n(f)*; ***user ses ~s de culotte sur les bancs de l'école*** die Schulbank drücken; **~ *de la mer*** Meeresboden *m*, -grund *m*; ANAT **~ *de l'œil*** Augenhintergrund *m*; **~ *de la vallée*** Talsohle *f*, -grund *m*; ***chambre*** *f* ***du ~*** hinteres Zimmer; ***mineur*** *m* ***de ~*** Untertagearbeiter *m*; ♦ *loc/adv* ***au ~*** hinten *ou* unten; MINES unter Tage; ***être assis au ~*** *dans une salle etc* hinten, *dans une voiture a* im Fond sitzen; *loc/prép* ***au ~ de*** im Inner(e)n, Innersten, Hintergrund (*+gén*); (ganz, weit) unten *ou* hinten in (*+dat*); ***au ~ de l'armoire*** ganz unten, hinten im Schrank; ***au ~ des bois, de l'eau*** tief im Wald, im Wasser; ***au ~ du couloir*** am Ende des Ganges; hinten im Gang; ***au ~ de ma poche*** ganz unten in meiner Tasche; ***au ~, dans le ~ d'un récipient*** auf dem Boden, Grund e-s Gefäßes; unten in e-m Gefäß; ***au ~ de la salle*** hinten im Saal; ***au ~ de la voiture*** hinten im Auto; im Fond des Wagens; ***regarder qn au ~ des yeux*** j-m prüfend, durchdringend in die Augen sehen; ***dans le ~ de la gorge*** hinten im Hals; *loc/adv* ***de ~ en comble*** [-fõtɑ̃-] von oben bis unten; *fig* von Grund auf *ou* aus; grundlegend; ganz und gar; völlig; ♦ ***il n'y a pas assez de ~ pour plonger*** es ist nicht tief genug zum Tauchen; *fig* ***racler les ~s de tiroir*** die letzten Pfennige, das letzte Geld zusammenkratzen; ***toucher le ~*** *bateau* Grundberührung haben; auf Grund geraten, stoßen; *personne* Grund haben; stehen können; *fig* s-n Tiefpunkt erreicht haben **2** *par ext dans une bouteille, un verre* Bodensatz *m*; Rest *m*; ***il en reste un ~*** es bleibt ein Rest, ein wenig, ein bisschen (davon) übrig **3** *en peinture etc* Untergrund *m*; TEXT *d'un tissu à motifs* Grund *m*; Fond *m*; *d'un tableau* Hintergrund *m*; CIN, RAD, TV **~ *sonore*** musikalische, akustische Untermalung; Geräuschkulisse *f*; akustischer Hintergrund; **~ *de robe*** Unterrock *m*, -kleid *n*; **~ *de teint*** Make-up [meːk'ap] *n*; ***bruit*** *m* ***de ~*** Geräusch *n*, Lärm *m* im Hintergrund; ***vert sur ~ rouge*** grün auf rotem Grund; ***se découper, se détacher sur un ~ sombre*** sich von e-m dunklen (Hinter)Grund abheben; F ***le ~ de l'air est frais*** die Luft selbst ist kühl **4** *fig* Grund(lage) *m(f)*; Kern *m*; Wesen *n*; Wesentliche(s) *n*; Eigentliche(s) *n*; Innerste(s) *n*; Tiefste(s) *n*; *d'un poème etc* Inhalt *m*; Gehalt *m*; ***le ~ du problème*** der Kern des Problems; ***article*** *m* ***de ~*** Leitartikel *m*; ♦ *loc/adv*: ***à ~*** gründlich; von Grund auf; eingehend; durch und durch; ***connaître qc à ~*** etw sehr genau, von Grund auf kennen; ***étudier qc à ~*** etw gründlich studieren; ***pousser une idée à ~*** e-n Gedanken zu Ende denken; ***respirer à ~*** tief durchatmen; ***je vous soutiendrai à ~*** ich werde Sie in allem, voll und ganz unterstützen; ***visser à ~*** festschrauben; ganz hineinschrauben; ***à ~ de train*** im Eiltempo; blitzschnell; ***au ~, dans le ~*** im Grunde (genommen); eigentlich; ***au ~, il a raison*** im Grunde (genommen), eigentlich hat er recht; ***au ~ de son cœur*** im Grunde s-s Herzens; ***au ~, jusqu'au ~ du cœur*** zutiefst; bis ins Innerste; ***du ~ du cœur*** von (ganzem) Herzen; aus ganzem, tiefstem Herzen; aus Herzensgrund; ♦ ***aller au ~ des choses*** den Dingen auf den Grund gehen; ***avoir un bon ~*** e-n guten Kern, Charakter haben; ***avoir un ~ d'honnêteté*** im Grunde ein ehrli-

F

cher Mensch sein; ***confier le ~ de sa pensée à qn*** j-m s-e geheimsten Gedanken anvertrauen; ***découvrir le ~ de son cœur*** sein Innerstes offenbaren; ***toucher au ~ du désespoir*** zutiefst verzweifelt sein; ***toucher au ~ de la misère*** in tiefste *ou* bitterste Not geraten **5** (***course*** *f* ***de***) ~ ATHLÉTISME Langstreckenlauf *m*; SKI (Ski)Langlauf *m*; → *a* ***ski*** *2*

fondamental [fõdamɑ̃tal] *adj* ⟨**-aux**⟩ **1** grundlegend; fundamental; wesentlich; Grund...; Haupt...; ***idée ~e*** Grundgedanke *m*; ***mépris ~*** tiefe Verachtung; ***question ~e*** Grundfrage *f*; ***recherche ~e*** Grundlagenforschung *f*; ***vocabulaire ~*** Grundwortschatz *m* **2** MUS ***accords fondamentaux*** Grundakkorde *m/pl*

fondamentalement [fõdamɑ̃talmɑ̃] *adv* grundlegend; von Grund auf; ganz und gar; ***~ opposé*** grundverschieden

fondamentaliste [fõdamɑ̃talist] REL **I** *adj* fundamentalistisch **II** *m,f* Fundamentalist(in) *m(f)*

fondant [fõdɑ̃] **I** *adj* **1** *glace* schmelzend; tauend **2** *dans la bouche* im Mund(e) zergehend; *poire a* weich und saftig; ***bonbon ~*** Fondant *m ou n* **II** *m* MÉTALL Schmelz-, Flussmittel *n*

fondateur [fõdatœʀ] *m*, **fondatrice** *f* (Be)Gründer(in) *m(f)*; *d'une œuvre de bienfaisance, d'un prix* Stifter(in) *m(f)*; *adjt* ***membre fondateur*** Gründungsmitglied *n*

fondation [fõdasjõ] *f* **1** CONSTR ***~s*** *pl* Fundament(e) *n(pl)*; Grundmauern *f/pl*; Unterbau *m*; *schweiz* Fundation *f*; ***faire, jeter les ~s*** das Fundament legen; das Fundament, die Grundmauern errichten **2** *d'une ville, d'un parti etc* (Be)Gründung *f* **3** *d'une œuvre de bienfaisance, d'un prix etc* Stiftung *f* (*a établissement*)

fondé [fõde] **I** *adj reproche, critique etc* begründet; berechtigt; gerechtfertigt; fundiert; *opinion* begründet; ***bien, mal ~*** wohlbegründet, schlecht *ou* unzureichend begründet; ***non ~*** nicht gerechtfertigt *etc*; ungerechtfertigt; unbegründet **II** *subst* ***~(e)*** *m(f)* ***de pouvoir(s)*** JUR, COMM (Handlungs)Bevollmächtigte(r) *f(m)*; Prokurist(in) *m(f)*

fondement [fõdmɑ̃] *m* **1** (*base*) Grundlage *f*; Fundament *n*; ***~ juridique*** Rechtsgrundlage *f*; *loc/adj* ***dénué de tout ~, sans ~*** *rumeur* haltlos; jeder Grundlage entbehrend; *affirmation* unhaltbar; unbegründet; ***jeter, poser les ~s de qc*** den Grund, das Fundament legen zu etw; die Grundlage(n) schaffen für etw **2** F (*derrière*) F Hintern *m*; (*anus*) After *m*

fonder [fõde] **I** *v/t* **1** *État, parti, entreprise, famille etc* (be)gründen; *prix, œuvre de bienfaisance etc* stiften; *mouvement littéraire etc* (be)gründen; ins Leben rufen **2** *fig* ***~ qc sur qc*** etw auf etw (*acc*) gründen; ***~ ses espoirs sur qc*** s-e Hoffnungen auf etw (*acc*) gründen; ***~ de grands espoirs sur qn, qc*** große Hoffnungen auf j-n, etw setzen; ***~ ses prétentions sur qc*** s-e Ansprüche aus etw ableiten; ***être fondé sur qc*** auf etw (*dat*) beruhen, basieren, fußen; ***être fondé en droit*** e-e Rechtsgrundlage haben; berechtigt sein **3** *personne* ***être fondé à*** (*+inf*) Grund haben zu (*+inf*) **II** *v/pr* ***se ~ sur qc*** *chose* sich auf etw (*acc*) stützen, gründen; auf etw (*dat*) fußen; *personne* sich auf etw (*acc*) stützen; ***sur quoi vous fondez-vous pour affirmer cela?*** worauf stützen Sie Ihre Behauptung?

fonderie [fõdʀi] *f* MÉTALL Gießerei *f* (*technique et usine*) **fondeur** *m* **1** MÉTALL Gießer *m* **2** SKI Langläufer *m*

fondre [fõdʀ] ⟨→ **rendre**⟩ **I** *v/t* **1** *métal, cire etc* schmelzen; (*vieux*) *métaux a* einschmelzen **2** FONDERIE gießen; ***~ une statue*** eine Statue gießen **3** *fig* (*mélanger*) verschmelzen, vereinigen (***avec, dans qc*** mit etw); *couleurs* ineinander übergehen, verschmelzen lassen **II** *v/i* **1** *glace, neige* (ab-, weg)schmelzen; (weg)tauen; *couche de glace* auftauen; *métal* schmelzen (***à ... degrés*** bei ... Grad); *glaçon, sucre* sich auflösen; zergehen; ***~ dans la bouche*** auf der Zunge, im Mund(e) zergehen; *fig* ***~ en larmes*** in Tränen zerfließen, ausbrechen; (ganz) in Tränen aufgelöst sein; ***faire ~*** zum Schmelzen bringen; *glace a* auftauen; CUIS *beurre etc* zerlassen; zergehen lassen; ***laisser ~*** zergehen, sich auflösen lassen **2** *fig argent etc* zusammenschmelzen; (dahin)schwinden; *personne* (*maigrir*) abnehmen; abmagern; dünner werden **3** ***~ sur*** (los)stürzen, sich stürzen auf (*+acc*); *malheur* hereinbrechen über (*+acc*) **III** *v/pr* ***se ~*** **1** (*se réunir*) verschmelzen; sich vereinigen; ***se ~ dans*** aufgehen in (*+dat*) **2** (*disparaître*) verschwinden, untertauchen (***dans*** in *+dat*)

fondrière [fõdʀijɛʀ] *f* Schlamm-, Wasserloch *n*

fonds [fõ] *m* **1** *pl* Geld(er) *n(pl)*; Kapital *n*; *sg* Fonds *m*; ***~ commun de placement*** Sammelanlagefonds *m*; ***Fonds monétaire international*** (*abr* ***FMI***) Internationaler Währungsfonds (*abr* IWF); ***Fonds national de solidarité*** (*abr* ***F.N.S.***) *staatlicher Hilfsfonds in Frankreich*; ***~ propres*** Eigenkapital *n*; ***~ publics, d'État*** Staatsgelder *n/pl*; öffentliche Mittel *n/pl*; Gelder der öffentlichen Hand; *titres* Staatspapiere *n/pl*; ***~ secret*** Geheim-, Reptilienfonds *m*; ***Fonds social européen*** Europäischer Sozialfonds; ***~ de roulement*** Betriebskapital *n*; Umlaufvermögen *n*; *loc/adv* ***à ~ perdu*** ohne Aussicht auf Gegenleistung oder Rückerhalt; auf Verlustkonto; *subvention* verloren; F ***être en ~*** F (gut) bei Kasse sein **2** ***~ de commerce*** (Handels)Geschäft *n* **3** *fig* Schatz *m*; Material *n*; Ausstattung *f*; *d'une bibliothèque etc* Bestand *m*; *de tableaux etc* Stiftung *f*

fondu [fõdy] **I** *adj* **1** geschmolzen; *beurre, graisse* zerlassen; ***fromage ~*** Schmelzkäse *m*; ***neige ~e*** Schneeregen *m* **2** *teintes* ineinander übergehend; verfließend **3** F ***~ de qc*** begeistert von etw; F verrückt nach etw **II** *m* **1** CIN ***~ enchaîné*** Überblendung *f*; ***faire un ~ enchaîné*** überblenden **2** PEINT Farbabstufung *f*

fondue [fõdy] *f* CUIS (Käse)Fondue *f ou n*; ***~ bourguignonne*** Fleischfondue *f ou n*

fongicide [fõʒisid] **I** *adj* fungizid; pilztötend **II** *m* Fungizid *n*

font [fõ] → ***faire***

fontaine [fõtɛn] *f* (Spring)Brunnen *m*; ***~ de Jouvence, de marbre, de Neptune*** Jung-, Marmor-, Neptunsbrunnen *m*; *prov* ***il ne faut jamais dire « Fontaine je ne boirai pas de ton eau »*** man soll niemals „nie" sagen (*prov*)

fontanelle [fõtanɛl] *f* ANAT Fontanelle *f*

fonte [fõt] *f* **1** *des glaces etc* Schmelze *f*; (Ab)Schmelzen *n*; Auftauen *n*; ***~ des neiges*** Schneeschmelze *f*; ***eaux*** *f/pl* ***de ~*** Schmelzwasser *n* **2** MÉTALL Gießen *n*; Guss *m*; VERRERIE Schmelze(n) *f(n)* **3** *fer* Guss-, Roheisen *n*; *loc/adj* ***en ~*** gussei-

F

sern; aus Gusseisen; ***cocotte*** *f* ***en ~*** gusseiserner Schmortopf

Fontenay [fõtnɛ] *frz Ortsname*

fonts [fõ] *m/pl* ***~ baptismaux*** Taufbecken *n*, -stein *m*; ***tenir un enfant sur les ~ baptismaux*** ein Kind aus der Taufe heben, über die Taufe halten

foot [fut] *m* F → ***football***

football [futbol] *m* SPORTS Fußball *m*; ***~ américain*** (American) Football ['futbɔːl] *m*; ***championnat*** *m*, ***terrain*** *m* ***de ~*** Fußballmeisterschaft *f*, -platz *m*; ***jouer au ~*** Fußball spielen

footballeur [futbolœʀ] *m*, **footballeuse** *f* Fußballspieler(in) *m(f)*; F Fußballer(in) *m(f)*

footing [futiŋ] *m* Fußmarsch *m*; *a* Jogging ['dʒɔ-] *n*; *dans la forêt* Waldlauf *m*; ***faire du ~*** joggen

for [fɔʀ] *m loc* ***en, dans mon, son*** *etc* ***~ intérieur*** im Innersten

forage [fɔʀaʒ] *m* TECH *d'une pièce* (Aus)Bohren *n*; *d'un puits* Bohrung *f*; ***~ pour le pétrole*** Bohrung nach Öl

forain [fɔʀɛ̃] **I** *adj* Jahrmarkts…; ***fête ~e*** Volksfest *n*; Jahrmarkt *m*; Kirmes *f*; ***marchand ~*** Jahrmarktshändler *m*; fliegender, ambulanter Händler **II** *m* Schausteller *m*; Budenbesitzer *m*

Forbach [fɔʀbak] *Stadt im Dep. Moselle*

forban [fɔʀbɑ̃] *m* **1** HIST Freibeuter *m* (*a fig*) **2** *fig* Schuft *m*; Schurke *m*

forçage [fɔʀsaʒ] *m* **1** CH Hetzen *n* **2** AGR Treiben *n*; Frühkultur *f*

forçat [fɔʀsa] *m* **1** HIST Galeeren-, Bagnosträfling *m* **2** (*condamné aux travaux forcés*) Zuchthäusler *m*; Zwangsarbeiter *m* **3** *fig*: ***travail*** *m* ***de ~*** Sklaven-, Fronarbeit *f*; ***travailler comme un ~*** arbeiten wie ein Pferd; F schuften

force[1] [fɔʀs] *f* **1** Kraft *f*; Stärke *f*; ♦ PHYS ***~ motrice*** Trieb-, Antriebskraft *f*; ***~ physique*** Körperkraft; PHILOS ***~ vitale*** Lebenskraft *f*; ***~ d'âme*** seelische Kraft, Stärke; Seelenstärke *f*; PHYS ***~ d'attraction*** Anziehungskraft *f*; ***~ de l'habitude*** Macht *f* der Gewohnheit; ***~ de loi*** Gesetzeskraft *f*; ***~s de la nature*** Naturkräfte *f/pl*; *fig personne* ***être une ~ de la nature*** voller Vitalität stecken; e-e Bärennatur haben; ***~ du vent*** Windstärke *f*; ***tour*** *m* ***de ~*** Kunststück *n*; Glanzleistung *f*; ***travail*** *m*, ***travailleur*** *m* ***de ~*** Schwerarbeit *f*, -arbeiter *m*; ♦ *loc/adv*: ***à ~s égales*** mit gleichen Kräften; in gleicher Stärke; ***à la ~ du poignet*** aus eigener Kraft; ***à bout de, sans ~*** kraftlos; völlig erschöpft; ***être à bout de ~*** mit s-r Kraft am Ende sein; ***dans la ~ de l'âge*** in den besten Jahren; *homme a* im besten Mannesalter; ***dans toute la ~ du terme*** im wahrsten Sinne des Wortes; in des Wortes wahrster Bedeutung; im vollen Wortsinn; *loc/adj* ***de première ~*** erstklassig; ausgezeichnet; Spitzen…; *loc/adv*: ***de toutes mes, ses*** *etc* ***~s*** aus Leibeskräften; mit aller Kraft; ***en ~*** a) mit (viel) Kraft(aufwand); b) → *3*; ♦ *loc/prép* ***à ~ de*** mit, durch viel(es) (*+subst*); ***à ~ de patience***, *il a réussi* mit viel Geduld; ***à ~ de chercher***, *il finira par trouver* durch vieles Suchen, wenn er lange genug sucht; *abs* ***à ~*** durch ständiges Bemühen; ♦ ***avoir de la ~*** Kraft haben; kräftig, stark sein; ***ne plus avoir la ~ de marcher*** zu kraftlos, schwach sein zum Gehen; ***être de ~ égale, être de la même ~*** gleich stark, kräftig sein; SPORTS gleich gut sein, spielen *etc*; ***ce travail est au-dessus de ses ~s*** diese Arbeit geht über s-e Kräfte, überfordert ihn; ***être de ~ à faire qc*** zu etw fähig, geeignet sein; fähig sein, etw zu tun; ***exiger qc avec ~*** etw nachdrücklich, mit Nachdruck fordern; ***s'exprimer avec ~*** e-n kraftvollen Stil schreiben; sich drastisch ausdrücken; ***ce qui fait sa ~, c'est …*** s-e Stärke ist …; MAR ***faire ~ de rames*** aus Leibeskräften *ou* mit aller Kraft rudern; ***ne pas, plus sentir sa ~*** nicht merken, wie stark man ist **2** (*contrainte*) Zwang *m*; Gewalt *f*; ***~ majeure*** höhere Gewalt; ***c'est un cas de ~ majeure*** hier liegt höhere Gewalt vor; ***~ des choses*** Zwangsläufigkeit *f*; Sachzwang *m*; ***par la ~ des choses*** zwangsläufig; unter dem Zwang der Verhältnisse; ♦ *loc/adv*: ***à toute ~*** unbedingt; mit aller

football: le match décisif

siffler le coup d'envoi du match	das Spiel anpfeifen
avoir le ballon	in Ballbesitz sein
passer à l'offensive	angreifen, in die Offensive gehen
tirer au but	aufs Tor schießen
dégager en touche	ins Aus klären
remettre le ballon en jeu	einwerfen
passer le ballon à l'ailier droit	den Ball zum Rechtsaußen spielen
feinter l'arrière	den Abwehrspieler austricksen
marquer le premier but	das erste Tor schießen
jouer la défensive	defensiv spielen
commettre une faute	foulen
sanctionner la faute d'un coup franc	das Foul mit einem Freistoß ahnden
égaliser	den Ausgleich erzielen
il y a main!	das war Hand!
transformer le penalty	den Elfmeter verwandeln
mener par 2 à 1	mit 2:1 führen
siffler la fin du match	das Spiel abpfeifen
remporter le championnat	die Meisterschaft gewinnen

F

Gewalt; ***avec ~, de ~, par (la) ~*** mit Gewalt; gewaltsam; ***de, par ~*** zwangsweise; ***enlever, prendre de ~ qc à qn*** j-m etw mit Gewalt wegnehmen; ***faire entrer de ~ qc dans qc*** etw in etw (*acc*) hineinzwängen; etw mit Gewalt in etw (*acc*) hineinstecken, -pressen; ***accepter par ~*** gezwungenermaßen, notgedrungen zustimmen; ♦ ***employer la ~, recourir à la ~*** Zwang, Gewalt anwenden; *st/s* ~ ***lui fut de*** (+*inf*) er musste (+*inf*) **3** *surtout pl* ***~s*** MIL Streitkräfte *f/pl*; ***~s aériennes*** Luftwaffe *f*; Luftstreitkräfte *f/pl*; ***~s armées*** Streitkräfte *f/pl*; Streitmacht *f*; ***~ publique*** öffentliche Gewalt; Polizei *f*; ***~ de frappe*** französische Atomstreitmacht; ***~s de l'ordre*** (Ordnungs)Polizei *f*; Ordnungskräfte *f/pl*; ***~s de police*** Polizeikräfte *f/pl*, -einheiten *f/pl*; ***en ~*** MIL mit starken Kräften; *fig* zahlreich; in großer Zahl **4** ÉLECT Strom *m*; Elektrizität *f* **5** ***Force ouvrière*** *sozialdemokratisch orientierte frz Gewerkschaft*

force² [fɔʀs] *litt adv* viel(e)

forcé [fɔʀse] *adj* **1** (*imposé*) erzwungen; Zwangs...; AVIAT ***atterrissage ~*** Notlandung *f*; ***faire un atterrissage ~*** notlanden; FIN ***cours ~*** Zwangskurs *m*; MIL ***marche ~e*** Gewalt-, Eilmarsch *m*; ***travaux ~s*** → ***travail*** *4*; ***vente ~e*** Zwangs-, Notverkauf *m*; zwangsweiser Verkauf; ***prendre un bain ~*** ein unfreiwilliges Bad nehmen **2** *sourire etc* gezwungen; forciert; unnatürlich **3** *conséquence* zwangsläufig; unvermeidlich; F ***il perdra, c'est ~*** er verliert auf jeden Fall, F garantiert, das ist ganz klar

forcement [fɔʀsəmɑ̃] *m d'une serrure* Aufbrechen *n*; *d'un passage* Erzwingung *f*

forcément [fɔʀsemɑ̃] *adv* zwangsläufig; notwendigerweise; notgedrungen; ***pas ~*** nicht unbedingt

forcené [fɔʀsəne] **I** *adj* (*fanatique*) leidenschaftlich; besessen; fanatisch; *travail* zäh; verbissen **II** *m* Rasende(r) *m*; Tobsüchtige(r) *m*; Besessene(r) *m*; ***s'agiter comme un ~*** sich wie toll gebärden; wild um sich schlagen; ***crier comme un ~*** wie verrückt, besessen, wie ein Besessener schreien; ***travailler comme un ~*** wie besessen arbeiten

forceps [fɔʀsɛps] *m* MÉD (Geburts)Zange *f*

forcer [fɔʀse] 〈-ç-〉 **I** *v/t* **1** *serrure, porte* aufbrechen; gewaltsam, mit Gewalt öffnen; sprengen; *coffre-fort a* F knacken; *résistance, blocus* brechen; *passage* erzwingen; ***~ un barrage*** e-e Polizeisperre durchbrechen; *fig* ***~ la porte de qn*** sich (*dat*) gewaltsam, mit Gewalt Zutritt verschaffen bei *ou* zu j-m; den Zutritt zu j-m erzwingen **2** *personne* zwingen; nötigen; Zwang antun, auferlegen (***qn*** j-m); ***~ la main à qn*** j-n zu etw zwingen, nötigen; j-m s-n Willen aufzwingen; j-m etwas aufdrängen; ***~ qn à (faire) qc*** j-n zu etw zwingen; j-n zwingen, etw zu tun; ***être forcé de faire qc*** gezwungen sein, sich gezwungen sehen zu etw, etw zu tun; etw tun müssen **3** *succès* erzwingen; ertrotzen; forcieren; *admiration, estime* abnötigen; *destin* meistern; bezwingen **4** *voix* überfordern; überanstrengen; *le pas, l'allure* beschleunigen; forcieren; *gibier* (zu Tode) hetzen; ***~ sa voix*** *a* sich überschreien; MUS forcieren **II** *v/i* sich (bis zum Äußersten) anstrengen; sich verausgaben; ***il a trop forcé*** er hat sich überanstrengt, zu sehr verausgabt; F ***il n'a pas forcé*** er hat sich nicht besonders angestrengt; F er hat sich (*dat*) kein Bein ausgerissen; ***sans ~*** mühelos; ohne sich besonders anzustrengen **III** *v/pr* ***se ~*** sich zwingen (***à faire qc*** etw zu tun)

forcing [fɔʀsiŋ] *m* SPORTS Forcierung *f* des Tempos; F *fig* ***faire le*** *ou* ***du ~*** alle Energie aufbieten; alles daransetzen; aufs Ganze gehen

forcir [fɔʀsiʀ] F *v/i* dicker, kräftiger, stark werden; zunehmen

Forclaz (La) [lafɔʀkla] *Alpenpässe*

forer [fɔʀe] *v/t* TECH **a)** *objet* (aus)bohren; ein Loch bohren in (+*acc*); **b)** *trou, puits, galerie* bohren

foresterie [fɔʀɛstəʀi] *f au Canada* Forstwirtschaft *f*

forestier [fɔʀɛstje] **I** *adj* 〈**-ière**〉 Wald...; Forst...; forstlich; forstwirtschaftlich; ***chemin ~*** Waldweg *m*; ADM Forstweg *m*; ***garde ~*** (Revier)Förster *m*; ***maison forestière*** Forst-, Försterhaus *n*; Försterei *f*; ***ouvrier ~*** Waldarbeiter *m*; ***région forestière*** Waldgebiet *n*; waldreiche Gegend **II** *m* Förster *m*; Forstbeamte(r) *m*

foret [fɔʀɛ] *m* TECH Bohrer *m*

forêt [fɔʀɛ] *f* **1** Wald *m*; Forst *m*; Waldung *f*; ***~ domaniale*** Staatsforst *m*; ***~ vierge*** Urwald *m*; ***~ de haute futaie*** Hochwald *m*; ***~ en taillis*** Niederwald *m*; ***incendie*** *m* ***de ~*** Waldbrand *m* **2** *fig d'antennes, de mâts etc* Wald *m*; Labyrinth *n* **3** *pl* ***les Eaux*** *f/pl* ***et Forêts*** das Forstwesen; → *a* ***eau*** *2*

Forêt-Noire [fɔʀɛnwaʀ] ***la ~*** der Schwarzwald

foreur [fɔʀœʀ] *m ouvrier* Bohrer *m* **foreuse** *f* TECH Bohrmaschine *f*, -gerät *n*

Forez [fɔʀɛ] ***le ~*** *Landschaft im Zentralmassiv*

forfait [fɔʀfɛ] *m* **1** *litt* (*crime*) Verbrechen *n*; Untat *f* **2** COMM Pauschalpreis *m*, -summe *f*; Pauschale *f*; ***~ vacances*** Pauschalurlaub *m*; Urlaubspaket *n*; ***voyage*** *m* ***à ~*** Pauschalreise *f*; ***acheter qc à ~*** etw zu e-m Pauschalpreis kaufen **3** ***déclarer ~*** SPORTS s-e Meldung zurückziehen; *fig* aufgeben; ausscheiden; sich zurückziehen

forfaitaire [fɔʀfɛtɛʀ] *adj* COMM pauschal; Pauschal...; ***estimation*** *f* ***~*** Pauschalbewertung *f*; Pauschalierung *f*; ***montant*** *m* ***~*** Pausch(al)betrag *m*; ***prix*** *m* ***~*** Pauschalpreis *m*; Pauschale *f*

forfaiture [fɔʀfetyʀ] *litt f* Unredlichkeit *f*; Pflichtvergessenheit *f*

forfanterie [fɔʀfɑ̃tʀi] *f* Prahlerei *f*; *st/s* Bramarbasieren *n*

forge [fɔʀʒ] *f* **1** Schmiede *f*; *fig* ***ronfler comme une ~*** fürchterlich schnarchen; F sägen; ***souffler comme une ~*** schwer schnaufen, keuchen **2** *souvent pl* ***~s*** MÉTALL (Eisen)Hütte *f*; Hüttenwerk *n*

forgé [fɔʀʒe] *adj* **1** *métal* geschmiedet; ***fer ~*** Schmiedeeisen *n*; ***de*** *ou* ***en fer ~*** schmiedeeisern; aus Schmiedeeisen **2** *fig histoire* ***~ de toutes pièces*** frei, von A bis Z erfunden; völlig aus der Luft gegriffen

forgeable [fɔʀʒabl] *adj* schmiedbar **forgeage** *m* Schmieden *n*

forger [fɔʀʒe] 〈**-geons**〉 *v/t* **1** *métal, objet* schmieden; *prov* ***c'est en forgeant qu'on devient forgeron*** Übung macht den Meister (*prov*) **2** *fig expression* bilden; prägen; *projet* schmieden; ***se ~ une réputation de ...*** sich (*dat*) den Ruf e-s ... erwerben

forgeron [fɔʀʒəʀɔ̃] *m* Schmied *m* **forgeur** *m* Schmied *m*; Arbeiter *m* in e-r Schmiede

forint [fɔʀint] *m monnaie* Forint *m*

formage [fɔʀmaʒ] *m* TECH Formen *n*; Formgebung *f*

formaldéhyde [fɔʀmaldeid] *m* CHIM Formaldehyd

m

formalisation [fɔʀmalizasjõ] *f* Formalisieren *n*, -ung *f*

formaliser [fɔʀmalize] **I** *v/t* formalisieren; systematisieren **II** *v/pr* ***se ~*** sich aufregen (***de*** über *+acc*; wegen); Anstoß nehmen, sich stoßen (an *+dat*); ungehalten sein (über *+acc*); ***il ne se formalise pas pour si peu*** er regt sich wegen e-r solchen Kleinigkeit nicht auf

formalisme [fɔʀmalism] *m* Formalismus *m* (*a* JUR, ART, PHILOS *et péj*); JUR *a* Formgebundenheit *f*; *péj a* Überbetonung *f* der Form, des Formalen, der Äußerlichkeiten

formaliste [fɔʀmalist] **I** *adj* formalistisch; *personne* förmlich; formell; (zu sehr) auf Formen, Äußerlichkeiten bedacht **II** *m* Formalist *m*

formalité [fɔʀmalite] *f* **1** JUR *et par ext* Formalität *f*; Formvorschrift *f*; Förmlichkeit *f*; ***~s*** *pl a* Formalien *f/pl*; ***~s administratives*** Verwaltungsformalitäten *f/pl*; ***~s de douane*** Zollformalitäten *f/pl*; ***~s d'usage*** übliche Formalitäten; ***sans autre ~*** ohne weitere Formalitäten **2** *sens atténué* Formsache *f*; Formalität *f*; ***ce n'est qu'une pure, simple ~*** das ist e-e reine, bloße Formsache, Formalität

format [fɔʀma] *m* Format *n*; Größe *f*; ***petit ~*** Kleinformat *n*; (***appareil*** *m* ***photographique de***) ***petit ~*** Kleinbildkamera *f*; ***en petit ~*** kleinformatig; im Kleinformat; ***~ standard*** Standard-, Normalformat *n*; ***~ du papier*** Papierformat *n*; ***~ de poche*** Taschenformat *n*

formatage [fɔʀmataʒ] *m* INFORM Formatierung *f*

formater *v/t* INFORM formatieren

formateur [fɔʀmatœʀ] *adj* ⟨**-trice**⟩ formend; bildend; gestaltend

formatif [fɔʀmatif] *adj* ⟨**-ive**⟩ formativ; → *a* ***formateur***

formation [fɔʀmasjõ] *f* **1** *de nuages, de mots, d'un gouvernement etc* Bildung *f*; *d'une nation, d'un projet* Entstehung *f*; *d'un contrat* Zustandekommen *n*; *d'un organe* Ausbildung *f*; Entwicklung *f*; PHYSIOL (***âge*** *m* ***de la***) ***~*** Entwicklungsjahre *n/pl*; ***mot*** *m* ***de ~ récente*** Neubildung *f*, -prägung *f*; ***être en cours, en voie de ~*** im Entstehen, Werden sein **2** *professionnelle* (Aus)Bildung *f*; Schulung *f*; *intellectuelle* Bildung *f*; ***~ accélérée*** Kurzausbildung *f*; ***~ permanente*** *ou* ***continue*** Fortbildung *f*; ständige Weiterbildung; ***~ professionnelle*** Berufs(aus)bildung *f*; berufliche (Aus)Bildung; ***~ professionnelle des adultes*** (*abr* ***F.P.A.***) berufsbezogene Aus- und Weiterbildung für Erwachsene; ***~ des maîtres*** Lehrerbildung *f*; ***congé*** *m* ***de ~*** Bildungsurlaub *m* **3** MIL **a)** Formation *f*; Formierung *f*; Aufstellung *f*; ***~ de marche*** Marschordnung *f*; ***en ~ serrée*** in geschlossener Formation; **b)** Verband *m*; Pulk *m*; ***~ aérienne, blindée*** Flugzeug-, Panzerverband *m* **4** *surtout* POL Gruppierung *f* **5** GÉOL Formation *f*

forme [fɔʀm] *f* **1** Form *f* (*a* GR, JUR, MATH, MUS, PHILOS); Gestalt *f* (*a d'un être humain*); SPORTS Form *f*; Verfassung *f*; Kondition *f*; ***~s*** *pl d'une femme* (Körper)Formen *f/pl*; ***~ poétique*** dichterische Form; dichterischer Ausdruck; ***~s rondes*** rundliche Gestalt; rundliche Formen; ***~ de civilisation*** Kulturform *f*; ***~ de gouvernement*** Regierungsform *f*; ***~ de pensée, de vie*** Denk-, Lebensform *f*; LITTÉRATURE ***la ~ et le fond*** Form und Inhalt *m*; ***beauté*** *f* ***d'une ~, des ~s*** Formschönheit *f*; Schönheit *f* der Form(en); PSYCH ***théorie*** *f* ***de la ~*** Gestalttheorie *f*; ♦ *loc/adv et loc/adj*: ***dans les ~s*** in aller Form; förmlich; ***dans les ~s prévues*** in der vorgesehenen Weise; ***de ~ constante*** formbeständig; ***de pure ~*** rein formal; COUT ***de ~ raglan*** im Raglanschnitt; ***de ~ sphérique*** kugelförmig; ***en ~ de*** in Form von (*ou +gén*); als; …förmig; ***en ~ de cœur*** herzförmig; ***en ~ de dialogue*** in Dialogform; in Form e-s Dialogs; ***en bonne*** (***et due***) ***~*** in gehöriger Form; formgerecht; vorschriftsmäßig; ordnungsgemäß; in aller Form; ***pour la ~*** formell; der Form halber, wegen; um die Form zu wahren; pro forma; zum Schein; *fig* ***sans autre ~ de procès*** kurzerhand; kurz entschlossen; mir nichts, dir nichts; F ohne lange zu fackeln; *d'une personne* ***sous la ~ de*** in (der) Gestalt (*+gén*); *d'une chose* ***sous*** (***la***) ***~ de*** in Form von; ***sous une ~ différente*** in anderer Form, Gestalt; ***la bêtise sous toutes ses ~s*** die Dummheit in all(en) ihren Erscheinungsformen; ***sous*** (***la***) ***~ de comprimés*** in Tablettenform; als Tabletten; ♦ F ***je n'ai pas la ~ aujourd'hui*** ich bin heute nicht in Form; ***donner sa ~ à qc*** e-r Sache (*dat*) Form geben, verleihen; ***donner à sa pensée une ~ nouvelle*** s-e Gedanken neu formulieren; s-e Gedanken in e-e neue Form kleiden; *vêtement* ***épouser, mouler les ~s*** die Formen betonen; eng anliegen; körpernah, -betont sein; → *a* ***épouser*** *3*; SPORTS *et fig*: ***être en ~*** in Form sein; fit sein; ***être dans une ~ éblouissante, en grande ~*** in blendender, großer Form sein; ***être en pleine ~*** (***pour faire qc***) in Hochform, Topform, Bestform, topfit sein (für etw); F ***tenir la*** (***grande***) ***~*** in Hochform sein; ***y mettre des ~s*** sich taktvoll ausdrücken; die Form wahren; ***en y mettant des ~s*** in höflicher Form; taktvoll; schonend; ***prendre ~*** (feste) Gestalt, Formen annehmen **2** (*moule, modèle*) **a)** TECH Form *f*; ***~ à fromage*** Käseform *f*; **b)** TYPO Druckform *f*; **c)** *pour chaussures* Leisten *m*; **d)** ***~ de modiste*** Hutform *f*

formé [fɔʀme] *adj fruit etc* ausgebildet; ausgewachsen; entwickelt; *jeune fille* (körperlich voll) entwickelt; *jugement* ausgereift; *goût* ausgeprägt

formel [fɔʀmɛl] *adj* ⟨**~le**⟩ **1** *déclaration, interdiction etc* ausdrücklich; nachdrücklich; *ordre a* strikt; streng; *refus* entschieden; ***preuve ~le*** unwiderlegbarer, eindeutiger Beweis; ***en termes ~s*** (ganz) entschieden; mit Bestimmtheit; *personne* ***être ~*** (s-r Sache) ganz sicher sein; sehr bestimmt sein **2** (*de pure forme*) formell; förmlich; (rein) äußerlich **3** (*relatif à la forme*) formal (*a* ART, MATH, PHILOS)

formellement [fɔʀmɛlmɑ̃] *adv* **1** aus-, nachdrücklich; auf das Entschiedenste; ***interdire qc ~*** etw strikt, streng verbieten; ***reconnaître qn ~*** j-n einwandfrei, ganz sicher erkennen **2** (*en considérant la forme*) formal; formell

former [fɔʀme] **I** *v/t* **1** bilden; formen; gestalten; *troupes* formieren; aufstellen; *train, cortège* zusammenstellen; bilden; *fleuve* ***~ une boucle*** e-e Schleife machen; ***~ une croûte*** e-e Kruste bilden; *par ext* ***~ le dessein de*** (*+inf*) den Plan fassen zu (*+inf*); ***~ une équipe*** e-e Mannschaft aufstellen; ein Team zusammenstellen, bilden; ***~ un gouvernement*** e-e Regierung bilden; ***bien ~ ses lettres*** s-e Buchstaben malen, sorgfältig schreiben; ***~ un pacte*** einen

F

Pakt schließen, eingehen; ~ ***une phrase, les temps d'un verbe*** e-n Satz, die Zeiten e-s Verbs bilden **2** (*constituer*) bilden; darstellen; ausmachen; ~ ***un ensemble, un tout*** ein Ganzes bilden **3** *esprit, caractère* bilden; formen; *goût, aptitudes* ausbilden; entwickeln; *apprenti, ouvrier, soldat* ausbilden; *spécialistes etc a* heranbilden **4** JUR *plainte* einreichen; anstrengen; erheben **II** *v/pr* ***se*** ~ *nuages, croûte, bouchon etc* sich bilden; entstehen; *être vivant* entstehen; *fruits* sich entwickeln, (aus)bilden; *relations, état* sich herausbilden; *troupes* sich formieren, aufstellen; *convoi* sich formieren, bilden; ***se*** ~ ***en cortège*** e-n Zug bilden; sich zu e-m Zug aufstellen, formieren

F

formica® [fɔʀmika] *m* Resopal® *n*; ***meubles*** *m/pl* ***en*** ~ Resopalmöbel *n/pl*

formidable [fɔʀmidabl] *adj* **1** *nombre, quantité* riesig; gewaltig; ungeheuer; enorm; *coup, détonation etc* gewaltig; furchtbar; fürchterlich **2** F **a)** *livre, film etc* F toll; klasse (*inv*); prima (*inv*); super (*inv*); e-e Wucht (*attribut seulement*); **b)** *iron* ***vous êtes*** ~ F Sie sind gut

formique [fɔʀmik] *adj* CHIM ***acide*** *m* ~ Ameisensäure *f*

formol [fɔʀmɔl] *m* CHIM Formalin *n*

Formose [fɔʀmoz] HIST Formosa *n*

formulable [fɔʀmylabl] *adj* formulierbar

formulaire [fɔʀmylɛʀ] *m* **1** *à remplir* Formular *n*; Formblatt *n*; Vordruck *m* **2** (*recueil de formules*) Formelsammlung *f*

formulation [fɔʀmylasjõ] *f* Formulieren *n*, -ung *f*

formule [fɔʀmyl] *f* **1** Formel *f* (*a* MATH, CHIM); ~ ***magique*** Zauberformel *f*, -spruch *m*; ~ ***toute faite*** (Brief-, Höflichkeits)Floskel *f*; feste Formulierung; floskelhafte Redewendung; Klischee *n*; ~ ***de politesse*** Höflichkeitsformel *f*, -floskel *f* **2** *par ext* Lösung *f*; Methode *f*; Modus *m*; Möglichkeit *f*; Art *f*; Typ *m*; ***une nouvelle*** ~ ***de vacances*** e-e neue Art, die Ferien zu verbringen; ***trouver une*** (***bonne***) ~ e-e (gute) Lösung *etc* finden **3** (*formulaire*) Formular *n*; Formblatt *n*; Vordruck *m* **4** SPORTS ~ ***1*** Formel *f* 1; ***courir en*** ~ ***1*** in der Formel 1 fahren

formuler [fɔʀmyle] *v/t* **1** *idée, message* formulieren; in Worte fassen; *par écrit a* abfassen **2** *vœux, craintes, prière etc* aussprechen; äußern; Ausdruck geben, verleihen (+*dat*); zum Ausdruck bringen; *accusation, objection* vorbringen; erheben; ~ ***des réserves*** Vorbehalte äußern, anmelden

fornication [fɔʀnikasjõ] *f* REL *ou plais* Unzucht *f*; Hurerei *f*

forniquer [fɔʀnike] *v/i* REL *ou plais* Unzucht treiben; huren

fors [fɔʀ] *loc* ***tout est perdu*** ~ ***l'honneur*** alles ist verloren, nur nicht die Ehre

forsythia [fɔʀsisja] *m* BOT Forsythie *f*

fort [fɔʀ] **I** *adj* ⟨**forte** [fɔʀt]⟩ **1** *personne, gouvernement, armée* stark; *personne a* kräftig; kraftvoll; *matériau* stark; haltbar; fest; kräftig; *vent, coup* stark; heftig; kräftig; *voix* kräftig; laut; volltönend; *dénivellation* stark; *pluie, fièvre, douleur* stark; heftig; *fièvre a* hoch; *impression, sentiment, accent* stark; *lumière* stark; grell; *odeur, goût, café, tabac, vin* stark; *sauce, moutarde, fromage* scharf; *monnaie* stark; hart; *litt* ***esprit*** ~ Freigeist *m*; POL ***l'homme*** ~ der starke Mann; ***mer*** ~***e*** hochgehende See; ***place*** ~***e*** Festung *f*; ***le sexe*** ~ das starke Geschlecht; ~***e tête*** Rebell *m*; aufsässiger Mensch; *loc/adj commando etc* ~ ***de 300 hommes*** 300 Mann stark; *loc/adv* ***à plus*** ~***e raison*** umso mehr, eher; mit umso größerem Recht; ***au sens*** ~ ***du mot*** im vollen Wortsinn; in des Wortes voller Bedeutung; *loc/prép* ~ ***de l'aide, de la protection de qn*** im Vertrauen auf j-s Hilfe, Unterstützung (*acc*); ***il y a de*** ~***es chances pour qu'il échoue*** er fällt mit großer Wahrscheinlichkeit durch; ***avoir une*** ~***e constitution*** kräftig (gebaut) sein; e-e kräftige Konstitution haben; ***ça a été plus*** ~ ***que moi*** das war stärker als ich; ich konnte nicht anders; das überkam mich; ***être*** ~ ***de qc*** sich stützen können, sich verlassen können, bauen können auf etw (*acc*); ***se faire*** ~ ⟨*inv*⟩ ***de*** (+*inf*) sich anheischig machen zu (+*inf*) **2** (*corpulent*) stark (*par euphémisme*); beleibt; korpulent; *femme* vollschlank; *poitrine* üppig; voll; *taille, hanche* stark; breit; ~ ***des 'hanches*** mit breiten Hüften **3** (*doué, capable*) gut; tüchtig; fähig; ***être*** ~ ***aux échecs*** gut Schach spielen; ein guter Schachspieler sein; ***être*** ~ ***à un exercice*** e-e Übung gut können; ***être*** ~ ***en anglais, en maths*** in Englisch, Mathe (sehr) gut sein; ***être*** ~ ***sur une question*** gut Bescheid wissen in e-r, über e-e Frage; ***il a trouvé plus*** ~ ***que lui*** er hat s-n Meister gefunden **4** *somme d'argent* hoch; bedeutend; groß; ansehnlich; ***payer le prix*** ~ den vollen Preis, ziemlich viel bezahlen **5** *expression, plaisanterie* stark; gewagt; *iron* ***le plus*** ~***, c'est que …*** das (Aller)Schönste ist, dass …; F ***elle est*** ~***e, celle-là!*** *ou* ***ça, c'est un peu*** ~ (***de café***)***!*** *ou* ***c'est trop*** ~***!*** das geht zu weit!; F das ist ja allerhand!; das ist ein starkes Stück!; das ist starker Tobak! **II** *adv* **1** stark; heftig; kräftig; fest; F *fig* ***y aller*** ~ übertreiben; zu weit gehen; *cœur* ***battre*** ~ stark, heftig, kräftig schlagen; ***crier, parler*** ~ laut schreien, sprechen; ***frapper*** ~ stark, heftig, laut klopfen; ***sentir*** ~ stark riechen, duften; ***serrer*** ~ fest drücken, pressen, anziehen; ***le vent souffle*** ~ es weht ein heftiger, starker Wind **2** (*très, beaucoup*) sehr; äußerst; ~ ***bien*** sehr gut; ***fait*** *m* ~ ***étrange*** sehr, äußerst seltsame, äußerst befremdliche Tatsache; ***il aura*** ~ ***à faire*** [fɔʀtafɛʀ] ***pour me convaincre*** es wird schwer für ihn sein *ou* es wird ihm nur schwer gelingen, mich zu überzeugen; ***j'en doute*** ~ ich zweifle sehr daran; das möchte ich stark bezweifeln; *st/s* ***j'en suis*** ~ ***aise*** [fɔʀtɛz] das freut mich sehr **III** *m* **1** Starke(r) *m*; *autrefois* ~ ***des 'halles*** Lastenträger *m* in den Pariser Markthallen; ***un*** ~ ***en anglais*** ein Ass *n* in Englisch; *iron ou péj* ***un*** ~ ***en thème*** ein Musterschüler *m* **2** *d'une personne* Stärke *f*; starke Seite; ***l'orthographe n'est pas son*** ~ Rechtschreibung ist nicht s-e Stärke **3** *loc/adv* ***au*** ~ ***de l'été, de l'hiver*** mitten im Sommer, Winter; im Hochsommer, im tiefsten, strengsten Winter; ***au plus*** ~ ***de la discussion*** mitten in, auf dem Höhepunkt der Diskussion **4** MIL Fort [foːr] *n*

forte [fɔʀte] *adv* MUS forte

fortement [fɔʀtəmɑ̃] *adv* stark; fest; sehr; kräftig; ***il est*** ~ ***question de*** (+*inf ou* +*subst*) es wird ernstlich erwogen zu (+*inf*); man denkt ernsthaft an (+*acc*); ~ ***marqué*** *contours* klar, scharf umrissen; *traits du visage* markant; scharf ausgeprägt

forteresse [fɔʀtəʀɛs] *f* MIL Festung *f*

fortiche [fɔʀtiʃ] *adj* F *personne* fähig; tüchtig; sehr gut (*en* in *+dat*)

fortifiant [fɔʀtifjɑ̃] **I** *adj* kräftigend; stärkend **II** *m* **a)** *médicament* Stärkungsmittel *n*; **b)** *aliment* Kraftnahrung *f*

fortification [fɔʀtifikasjõ] *f* MIL **a)** *action* Befestigung *f*; **b)** *ouvrages* **~s** *pl* Befestigungsanlagen *f/pl*, -bauten *m/pl*, -werke *n/pl*; Befestigung *f*

fortifier [fɔʀtifje] **I** *v/t* **1** **a)** *personne, organisme* kräftigen; stärken; **b)** *fig caractère, âme etc* stärken **2** MIL befestigen; *adjt* ***ville fortifiée*** befestigte Stadt **II** *v/pr* ***se ~*** sich kräftigen, stärken; kräftiger, stärker werden

fortin [fɔʀtɛ̃] *m* MIL kleines Fort [foːr]

fortissimo [fɔʀtisimo] MUS **I** *adv* fortissimo **II** *m* Fortissimo *n*

fortuit [fɔʀtɥi] *adj* (*par hasard*) zufällig; (*imprévu*) unvorhergesehen; unerwartet; ***suite ~e d'événements*** Reihe *f* unvorhergesehener Ereignisse

fortuitement [fɔʀtɥitmɑ̃] *adv* zufällig(erweise); durch Zufall

fortune [fɔʀtyn] *f* **1** *litt* (*destin*) Schicksal *n*; Geschick *n*; MYTH ***Fortune*** Fortuna *f*; Glücks-, Schicksalsgöttin *f*; ***revers*** *m* ***de ~*** Schicksalsschlag *m*; → *a 3*; ***roue*** *f* ***de la Fortune*** Glücksrad *n* (*a sur les foires*); *prov* ***la ~ sourit aux audacieux*** wer wagt, gewinnt (*prov*) **2** *d'une personne* (*destinée*) Schicksal *n*; (*chance*) Glück *n*; *d'une œuvre etc* Schicksal *n*; Weg *m*; ***avoir la bonne*** *ou* ***l'heureuse, la mauvaise ~ de*** (*+inf*) das große Glück, das Unglück *ou* Pech *ou* Missgeschick haben zu (*+inf*); ***chercher ~*** sein Glück suchen, machen wollen; ***connaître des ~s diverses*** die Höhen und Tiefen, das Auf und Ab des Lebens kennen; gute und schlechte Zeiten kennen; ***faire ~*** sein Glück machen; → *a 3*; *expression etc* sich durchsetzen; ankommen; Erfolg haben; ***faire contre mauvaise ~ bon cœur*** gute Miene zum bösen Spiel machen; ***inviter qn à manger à la ~ du pot*** j-n zum Essen einladen, ohne besondere Umstände zu machen **3** (*richesses*) Vermögen *n*; ***sans ~*** unvermögend; mittellos; ***avoir, posséder de la ~*** vermögend sein; Vermögen haben, besitzen; ***avoir connu des revers de ~*** sein Vermögen verloren haben; ***faire ~*** ein Vermögen erwerben; reich werden; ***cela a fait sa ~*** das hat ihm ein Vermögen eingebracht; damit hat er ein Vermögen gemacht; *prov* ***la ~ vient en dormant*** den Seinen gibt's der Herr im Schlaf (*prov*) **4** *loc/adj* ***de ~*** behelfsmäßig; Behelfs…; Not…; ***éclairage*** *m* ***de ~*** behelfsmäßige Beleuchtung; ***solution*** *f* ***de ~*** Notlösung *f*

fortuné [fɔʀtyne] *adj* vermögend; begütert; reich; wohlhabend

forum [fɔʀɔm] *m* **1** HIST Forum *n* **2** Symposium *n*; Forum *n*; öffentliche Aussprache; INFORM ***~ de discussion*** Diskussionsforum *n*; Newsgroup ['njuːsgruːp] *f*

fosse [fos] *f* **1** Grube *f*; SPORTS Sprunggrube *f*; AUTO Abschmiergrube *f*; ***~ septique*** Klärgrube *f*; ***~ aux lions*** BIBL Löwengrube *f*; *au zoo* Löwenzwinger *m*; ***~ aux ours*** Bärenzwinger *m*; THÉ ***~ d'orchestre*** Orchestergraben *m*, -raum *m* **2** (*tombe*) Grab *n*; ***~ commune*** Massen-, Sammelgrab *n* **3** GÉOL ***~ (océanique)*** Tiefseegraben *m* **4** ANAT Grube *f*; Höhle *f*; *sc* Fossa *f*; ***~s nasales*** Nasenhöhle *f*

fossé [fose] *m* **1** Graben *m*; Straßengraben *m*; *voiture* ***aller dans le ~*** in den Graben fahren **2** *fig* Kluft *f*; ***le ~ entre les riches et les pauvres*** die Kluft zwischen den Reichen und den Armen; ***il y a un ~ entre nous*** es besteht e-e Kluft zwischen uns; ***un ~ les sépare*** e-e Kluft trennt sie **3** GÉOL ***~ d'effondrement*** Graben(bruch) *m*

fossette [fosɛt] *f sur les joues, au menton* Grübchen *n*

fossile [fosil] **I** *adj* fossil (*a combustibles*); versteinert; urweltlich **II** *m* **1** GÉOL Fossil *n*; Versteinerung *f* **2** *fig et péj* ***un vieux ~*** F *péj* ein alter Knacker, Trottel

fossilisation [fɔsilizasjõ] *f* Fossilienbildung *f*

fossiliser [fɔsilize] *v/pr* ***se ~*** zu Fossilien werden; versteinern

fossoyeur [foswajœʀ] *m* Totengräber *m* (*a fig*)

Fos-sur-Mer [fɔssyʀmɛʀ] *Ort im Dep. Bouches-du-Rhône*

fou [fu] **I** *adj* ⟨*m vor Vokal u stummem h* **fol** [fɔl]; *f* **folle** [fɔl]⟩ **1** MÉD *et fig* irr(e); wahnsinnig; irrsinnig; F verrückt; MÉD *a* geistesgestört; *personne, idée a* töricht; närrisch; *espoir, tentative* sinnlos; töricht; wahnwitzig; *course, vitesse* rasend; irrsinnig; *chevauchée* wild; *personne a* (*furieux*) rasend; wütend; ***amour ~*** leidenschaftliche Liebe; JUR ***folle enchère*** leichtfertiges Angebot; ***folle gaieté*** ausgelassene Fröhlichkeit; Ausgelassenheit *f*; ***peur folle*** sinnlose, unsinnige Angst; ***regard ~*** irrer Blick; ***tireur ~*** Amokschütze *m*; ***devenir ~*** irre, F verrückt *etc* werden; den Verstand verlieren; ***il y a de quoi devenir ~*** F es ist zum Verrücktwerden; ***il est complètement ~*** *ou* ***~ à lier*** F er ist total verrückt, völlig übergeschnappt, reif fürs Irrenhaus; F ***il n'est pas ~*** der weiß schon, was er tut; F der ist gewieft; *d'une femme* F ***pas folle, la guêpe*** die ist schlau, raffiniert, F gerissen; ***il est à moitié ~*** er ist nicht recht bei Verstand, F nicht ganz bei Trost; ***être ~ de douleur*** fast, halb verrückt, wahnsinnig sein vor Schmerz; ***être ~ de colère*** vor Wut rasen, außer sich sein; rasend sein vor Zorn; ***être ~ de désir*** F ein wahnsinniges Verlangen verspüren; ***être ~ de joie*** außer sich sein vor Freude; F sich wahnsinnig freuen; ***il faut être ~ pour*** (*+inf*) man muss schön dumm sein, um zu (*+inf*); ***il n'est pas assez ~ pour*** (*+inf*) er ist nicht so verrückt *ou* dumm, dass er …; ***être pris d'un ~ rire*** furchtbar lachen müssen; F nicht mehr können vor Lachen **2** ***être ~ de qn*** in j-n vernarrt, F verschossen, verknallt sein; F nach j-m verrückt sein; an j-m e-n Narren gefressen haben; ***être ~ de qc*** auf etw (*acc*) ganz versessen, F verrückt sein; in etw (*acc*) ganz vernarrt sein; ***être ~ de musique*** musikbesessen sein; (ganz) versessen sein auf Musik; ein Musiknarr sein **3** F (*énorme*) F wahn-, irrsinnig; unsinnig; irr(e); enorm; riesig; ***argent ~*** F Heiden-, Schweinegeld *n*; irr(sinnig) es Geld; ***prix ~*** F irrsinniger, horrender Preis; ***succès ~*** F toller Erfolg; Bomben-, Riesenerfolg *m*; ***avoir un travail ~*** F wahnsinnig viel zu tun haben; ***il y avait un monde ~*** F es waren irr-, wahnsinnig viel Leute da; ***c'est ~ ce que c'est cher*** F das ist irr-, wahnsinnig, sündhaft teuer; ***mettre un temps ~*** F irrsinnig lange brauchen **4** **a)** TECH lose (auf e-r Achse laufend); beweglich; **b)** *herbes* wild (wachsend); *mèche de cheveux* lose; widerspenstig; **c)** F ***avoir une patte folle*** F ein Hinkebein, e-n Hinkefuß haben **II** *subst*

1 **~, folle** *m,f* MÉD *et fig* Irre(r) *f(m)*; Wahnsinnige(r) *f(m)*; F Verrückte(r) *f(m)*; **~ furieux** Tobsüchtige(r) *m*; **pauvre ~** F armer Irrer; **vieille folle** närrische, F verrückte Alte; *apostrophe* F verrücktes Weibsbild; **~ du volant** F Raser *m*; **maison** *f* **de ~s** Irrenhaus *n (a fig)*; Irrenanstalt *f*; F **vie** *f* **de ~** gehetztes Leben; F **courir comme un ~** F wie ein Irrer, Wahnsinniger, Verrückter laufen; F **c'est une histoire de ~s** das ist e-e unglaubwürdige *ou* völlig unverständliche Geschichte; *loc* **plus on est de ~s, plus on rit** je mehr Leute, umso lustiger wird es *ou* umso mehr wird gelacht; F **faire le ~** den Hanswurst, Narren spielen; F Faxen machen; *enfants* herumtollen, -toben; ausgelassen sein **2** *m* HIST (Hof)Narr *m* **3** *m* ÉCHECS Läufer *m* **4** *fig* **la folle du logis** die Fantasie, Einbildungskraft **5** F **une folle** *(un homosexuel)* F e-e Tunte **6** *m* ZO **~ de Bassan** Basstölpel *m*

fouace [fwas] *f Hefekuchen aus der Auvergne*

foucade [fukad] *f litt (caprice)* Laune *f*

foudre[1] [fudʀ] *f* **1** Blitz(schlag) *m*; **frappé par la ~** vom Blitz getroffen; **la ~ est tombée** der Blitz *ou* es hat eingeschlagen (**sur cette maison** in dieses Haus) **2** *fig* **coup** *m* **de ~** Liebe *f* auf den ersten Blick; *par ext* **avoir le coup de ~ pour qc** sofort begeistert sein von etw; gleich Feuer und Flamme sein für etw **3** *fig* **~s** *pl* Zorn *m*; Missbilligung *f*; **s'attirer les ~s de son chef** sich *(dat)* den Zorn s-s Chefs zuziehen

foudre[2] [fudʀ] *m* **1** *attribut de Jupiter* Blitzstrahl *m* **2** *iron* **~ de guerre** großer Kriegsheld

foudre[3] [fudʀ] *m* großes (Lager)Fass *(50-300 hl)*

foudroyant [fudʀwajɑ̃] *adj* **1** *succès* überwältigend; durchschlagend; *vitesse* rasend **2** *poison* (schnell) tödlich (wirkend); *maladie* blitzartig verlaufend; **mort ~e** plötzlicher Tod; **être emporté par un mal ~** von e-r tödlichen Krankheit dahingerafft werden **3** *regard* vernichtend

foudroyer [fudʀwaje] *v/t* ⟨-oi-⟩ **1** **être foudroyé** vom Blitz erschlagen werden **2** *fig* **~ qn** *avec une arme à feu* j-n (tödlich) treffen; *crise cardiaque* j-n dahinraffen; **~ qn du regard** j-m vernichtende Blicke zuwerfen

Fouesnant [fwenɑ̃] *Ort im Dep. Finistère*

fouet [fwɛ] *m* **1** Peitsche *f*; **coup** *m* **de ~** Peitschenhieb *m (a fig)*; **donner un coup de ~** e-n Peitschenhieb versetzen (**à** *dat*); *fig à l'organisme* aufputschen, aufpeitschen (*+acc*); **faire avancer à coups de ~** mit der Peitsche antreiben; *châtiment* **donner le ~** mit der Rute, Peitsche züchtigen, schlagen (**à** *acc*) **2** *loc/adv* **de plein ~** *frapper, heurter* mit voller Wucht **3** CUIS Schneebesen *m*

Fouettard [fwɛtaʀ] *adj* **père ~** Knecht *m* Ruprecht; *österr a* Krampus *m*; *pour faire peur aux enfants* schwarzer Mann

fouetter [fwete] **I** *v/t* **1** (aus)peitschen **2** CUIS schlagen; *adjt* **crème fouettée** Schlagsahne *f*, *südd* -rahm *m*, *österr* -obers *n* **3** *pluie, vagues* klatschen, schlagen (**qc** gegen etw); **la pluie me fouettait le visage** der Regen peitschte, schlug mir ins Gesicht **4** *fig ambition etc* aufpeitschen; aufputschen; anstacheln **II** *v/i* **1** *pluie, vagues* schlagen, klatschen (**contre qc** gegen etw) **2** P *(puer)* stinken (wie die Pest); F miefen

foufou [fufu] *adj* ⟨**fofolle** [fɔfɔl]⟩ ein bisschen verrückt, F spinnig; *par ext (écervelé)* leichtsinnig; kopflos

fougasse [fugas] *f* → **fouace**

fougeraie [fuʒʀɛ] *f* BOT Farnfeld *n*; mit Farn bewachsene Stelle

fougère [fuʒɛʀ] *f* BOT Farn *m*; Farnkraut *n*, -pflanze *f*; **branche** *f* **de ~** Farnwedel *m*

fougue [fug] *f* Ungestüm *n*; Feuer *n*; (mitreißender) Schwung; **avec la ~ de la jeunesse** mit jugendlichem Ungestüm; **plein de ~** voll(er) Schwung, Feuer; mitreißend

fougueux [fugø] *adj* ⟨**-euse**⟩ *caractère* ungestüm; heftig; aufbrausend; hitzig; **cheval ~** feuriges Pferd; **discours ~** feurige, mitreißende, begeisternde Rede

fouille [fuj] *f* **1** ARCHÉOLOGIE **~s** *pl* (Aus)Grabungen *f/pl* **2** *de gens, de bagages, de lieux* Durchsuchung *f*; F Filzen *n*; *d'une région a* Absuchen *n*; **~ corporelle** Leibesvisitation *f*; **~ des bagages** Gepäckdurchsuchung *f* **3** CONSTR Baugrube *f* **4** F *(poche)* Tasche *f*; *südd* Sack *m*; **s'en mettre plein les ~s** F in die eigene Tasche wirtschaften

fouillé [fuje] *adj étude etc* sorgfältig ausgearbeitet; detailliert

fouiller [fuje] **I** *v/t* **1** ARCHÉOLOGIE Ausgrabungen machen, (aus)graben (**un terrain** in e-m Gebiet) **2** *gens, bagages, lieu* durchsuchen; F filzen; *région a* absuchen **II** *v/i* durchsuchen, durchwühlen (**dans qc** etw); nachsuchen, (F herum)stöbern, (-)wühlen, (-)kramen (in *+dat*); *animal* (im Boden) wühlen; **~ dans sa mémoire** sich zu erinnern (ver)suchen; F in s-m Gedächtnis kramen **III** *v/pr* F **il peut toujours se ~** da kann er lange warten; F das kommt nicht in die Tüte

fouilleuse [fujøz] *f* **1** Beamtin, die Leibesvisitationen vornimmt **2** AGR Untergrundpflug *m*

fouillis [fuji] F *m* Durcheinander *n*; Wirrwarr *m*; F Wust *m*; Kuddelmuddel *m ou n*; **être en ~** in Unordnung sein; *affaires a* durcheinanderliegen

fouinard [fwinaʀ] F *adj et subst* → **fouineur**

fouine [fwin] *f* **1** ZO Steinmarder *m* **2** *fig d'une personne* **avoir une tête de ~** ein Fuchsgesicht haben; **être curieux comme une ~** sehr neugierig, vorwitzig sein

fouiner [fwine] *v/i* F herumschnüffeln; s-e Nase in alles hineinstecken; **ils ont fouiné dans ses affaires** sie haben in s-n Sachen herumgeschnüffelt

fouineur [fwinœʀ] F, **fouineuse** F **I** *m,f* F Schnüffler(in) *m(f)* **II** *adj* neugierig; zudringlich

fouir [fwiʀ] *v/t animal* wühlen, scharren (**le sol** im Boden)

fouisseur [fwisœʀ] *adj* ⟨**-euse**⟩ ZO Grab...; **animaux ~s** *ou subst* **~s** *m/pl* Grabtiere *n/pl*

foulage [fulaʒ] *m* **1** *du raisin* Zerquetschen *n*; Maischen *n* **2** TEXT Walken *n*

foulant [fulɑ̃] *adj* **1** TECH **pompe ~e** Druckpumpe *f* **2** F *travail* **pas très ~** nicht sehr anstrengend

foulard [fulaʀ] *m* **1** *(écharpe)* (Seiden)Kopftuch *n*; (Seiden)Schal *m* **2** *étoffe* (leichter) Seidenstoff; Foulard *m*

foule [ful] *f* **1** (Menschen)Menge *f*; Gedränge *n*; **~ compacte** dichte Menge; **~ grouillante** Gewühl *n*; Gewimmel *n*; **il y avait ~** es waren e-e Menge Leute da; F **il n'y a pas ~** es sind nicht gerade viel Leute da; **se mêler à la ~** sich unter die Menge, unters

Volk mischen 2 *la* ~ die Masse; der große Haufen 3 ***une*** ~ ***de*** *choses, de gens* e-e Menge, Unzahl, Vielzahl, Masse, ein Haufen *m, de gens a* e-e Schar, ein Schwarm *m* (von); *loc/adv* ***en*** ~ in Massen; massenweise; *de gens a* in Scharen; scharen-, haufenweise; in hellen Haufen

foulée [fule] *f* 1 *du cheval* **a)** Auftreten *n*; **b)** Galoppsprung *m* 2 SPORTS Schritt *m*; Laufstil *m*; ***allonger sa*** ~ längere Schritte machen 3 *fig loc/adv* ***dans la*** ~ unmittelbar danach; gleich im Anschluss (daran); gleich anschließend

fouler [fule] **I** *v/t* 1 *fig* ~ ***aux pieds*** mit Füßen, in den Staub treten; *litt* ~ ***le sol de son pays*** die Heimaterde betreten; den Fuß auf Heimaterde setzen 2 *raisins* zerquetschen; maischen 3 TECH *drap, cuir* walken **II** *v/pr* 1 ***se*** ~ ***la cheville*** sich (*dat*) den Knöchel verstauchen 2 F *fig* ***ne pas se*** ~ F sich (*dat*) kein Bein ausreißen

foulque [fulk] *f* ZO Blässhuhn *n*

foultitude [fultityd] *f* F ***une*** ~ ***de*** e-e Menge, F ein Haufen *m* (*+gén sans article*)

foulure [fulyʀ] *f* MÉD Verstauchung *f*

four [fuʀ] *m* 1 *du boulanger* (Back)Ofen *m*; *d'une cuisinière* Backofen *m*, -röhre *f*; Bratröhre *f*; ~ ***à micro-ondes*** Mikrowellenherd *m*; ***cuit au*** ~ gebraten; F *fig* ***c'est un*** ~ ***ici*** F hier ist e-e Hitze wie in e-m Backofen, e-e Affen-, Bullenhitze; F ***il fait noir comme dans un*** ~ es ist stockdunkel, -finster, pechschwarze Nacht; ***mettre au*** ~ in den (Back)Ofen schieben; F *fig en bâillant* ***ouvrir un*** (***grand***) ~ F den Mund (weit) aufreißen, aufsperren; *prov* ***on ne peut être à la fois au*** ~ ***et au moulin*** man kann nicht auf zwei Hochzeiten tanzen (*prov*) 2 TECH Ofen *m* 3 *pâtisserie* ***petits*** ~***s*** *pl* Petits Fours *pl* 4 THÉ *etc* Fiasko *n*; Misserfolg *m*; F Durchfall *m*; Reinfall *m*; ~ ***complet*** glatter Durchfall; ***faire un*** ~ ein Fiasko erleben, erleiden; F durchfallen

fourbe [fuʀb] *litt* **I** *adj* schurkisch; betrügerisch; arglistig **II** *m* Schurke *m*; Schuft *m*; Betrüger *m*

fourberie [fuʀbəʀi] *litt f* Schurkerei *f*; Schurkenstreich *m*; Betrügerei *f*

fourbi [fuʀbi] *m* 1 F (*affaires*) F Krempel *m*; Kram *m*; Zeug *n* 2 F (*fouillis*) F Wust *m*; Kuddelmuddel *m ou n*

fourbir [fuʀbiʀ] *v/t métal, arme* blank putzen; polieren

fourbu [fuʀby] *adj* müde; erschöpft; zerschlagen

fourche [fuʀʃ] *f* 1 AGR Gabel *f*; *nordd* Forke *f*; *d'un deux-roues, d'une route, d'une branche* Gabel *f*; *d'une route a* Gabelung *f*; ~ ***à foin, à fumier*** Heu-, Mistgabel *f*, -forke *f*; *chemin, tronc d'arbre* ***faire une*** ~ sich gabeln 2 *fig et litt* ***passer sous les*** ~***s caudines*** *litt* sich unter das Joch beugen müssen

fourcher [fuʀʃe] *v/i* 1 *cheveux* sich spalten 2 ***la langue lui a fourché*** er hat sich versprochen

fourchette [fuʀʃɛt] *f* 1 (Ess)Gabel *f*; ~ ***à dessert, à escargots, à gâteaux, à huîtres, à poisson*** Dessert-, Schnecken-, Kuchen-, Austern-, Fischgabel *f*; F ***avoir un bon*** *ou* ***joli coup de*** ~ kräftig, tüchtig zulangen; F (r)einhauen; spachteln; etwas verdrücken können 2 AUTO Schaltgabel *f* 3 ZO *des oiseaux* Gabelbein *n* 4 STATISTIQUES, COMM Spanne *f* (zwischen zwei extremen Werten); COMM *a* Marge *f*

fourchu [fuʀʃy] *adj* gabelförmig; sich gabelnd; gespalten; ***pied*** ~ *des ruminants* gespaltene Klaue; *d'un satyre* Bocksfuß *m*; *du diable* Pferdefuß *m*

fourgon [fuʀgõ] *m* 1 AUTO Kastenwagen *m*; geschlossener Lastwagen; ~ ***funèbre, funéraire, mortuaire*** Leichenwagen *m* 2 CH DE FER ~ (***à bagages***) Gepäckwagen *m*; ~ ***postal*** Postwagen *m*; ~ ***à bestiaux*** Viehwagen *m*

fourgonner [fuʀgɔne] *v/i* F (herum)wühlen, (-)stöbern (***dans*** in *+dat*)

fourgonnette [fuʀgɔnɛt] *f* Lieferwagen *m*; (kleiner) Kastenwagen

fourguer [fuʀge] *v/t* F (*vendre*) F verscheuern; ~ ***qc à qn*** F j-m etw andrehen

fourme [fuʀm] *f halbfester Schnittkäse aus der Auvergne*

fourmi [fuʀmi] *f* 1 ZO Ameise *f*; ~***s ailées*** geflügelte Ameisen; ~ ***rouge*** Rote Waldameise; *fig* ***avoir des*** ~***s dans les jambes*** ein (Ameisen)Kribbeln in den Beinen haben 2 *fig* ***c'est une vraie*** ~ er, sie ist e-e Arbeitsbiene, bienenfleißig; ***travail*** *m* ***de*** ~ mühsame Kleinarbeit

fourmilier [fuʀmilje] *m* ZO Ameisenbär *m* **fourmilière** *f* Ameisenhaufen *m* (*a fig*)

fourmi-lion [fuʀmiljõ] *m* ⟨*pl* **fourmis-lions**⟩ *ou* **fourmilion** *m* ZO Ameisenlöwe *m*

fourmillement [fuʀmijmɑ̃] *m* 1 *d'êtres vivants* Gewimmel *n*; Wimmeln *n*; *d'insectes a* Kribbeln *n* 2 *fig d'idées, d'événements* Fülle *f* 3 *dans les membres* (Ameisen)Kribbeln *n*; Ameisenlaufen *n*; ***j'ai des*** ~***s dans les jambes*** es kribbelt mich *ou* mir in den Beinen; ich habe, spüre ein Kribbeln in den Beinen

fourmiller [fuʀmije] *v/i êtres vivants* wimmeln; *insectes a* kribbeln; *chose* ~ ***de qc*** wimmeln, voll sein von etw; ***les fautes fourmillent dans ce texte*** *ou* ***ce texte fourmille de fautes*** der Text wimmelt von Fehlern; in dem Text wimmelt es von Fehlern

fournaise [fuʀnɛz] *f* 1 starkes, loderndes Feuer; Glut *f* 2 *fig endroit* Backofen *m*; Brutkasten *m*

fourneau [fuʀno] *m* ⟨*pl* ~***x***⟩ 1 TECH (Fabrik-, Schmelz)Ofen *m*; ***'haut*** ~ Hochofen *m* 2 ~ (***de cuisine***) (Küchen)Herd *m* 3 *d'une pipe* Kopf *m*

fournée [fuʀne] *f* 1 *de pain* Schub *m*; Ofen *m* voll 2 F *fig de gens* Schub *m*; *de touristes a* F Ladung *f*; Fuhre *f*; ***par*** ~***s*** schubweise

fourni [fuʀni] *adj* 1 ***bien*** ~ reichhaltig; gut ausgestattet; mit großer Auswahl 2 *chevelure, barbe* dicht; stark; üppig 3 *travail* geleistet; ***travail*** ~ *a* Arbeitsaufwand *m*

fournil [fuʀni] *m* Backstube *f*

fourniment [fuʀnimɑ̃] F *m* Ausrüstung *f*; F Krempel *m*

fournir [fuʀniʀ] **I** *v/t* 1 *client, commerce, restaurant* beliefern, versorgen (***en qc*** mit etw) 2 *marchandises* liefern, besorgen (***qc à qn*** j-m etw); *moyens financiers etc* beschaffen; aufbringen; zur Verfügung stellen; bereitstellen; *travail* geben; beschaffen; → *a 3*; *certificat etc* (bei)bringen; vorlegen; *preuve* liefern; erbringen; führen; antreten; *renseignements* erteilen; *raisons* anführen; angeben; *prétexte* liefern; *garantie* leisten; übernehmen; gewähren; geben; *caution* stellen; leisten; *aide* leisten; *arbre*: *fruits* hervorbringen; *au jeu*: *carte* (aus)spielen; *abs* Farbe bekennen; bedienen; ~ ***un alibi*** ein Alibi erbringen, nachweisen; ~ ***à qn l'occasion de*** (*+inf*)

F

j-m Gelegenheit geben zu (+*inf*) **3** *par ext travail* leisten; **~ un effort** e-e Anstrengung machen **II** *v/pr* **se ~ chez qn** s-e Einkäufe bei j-m tätigen; bei j-m kaufen

fournisseur [furnisœʀ] *m* **1** Lieferant *m*; Lieferfirma *f*; *adjt* **pays ~** Lieferland *n*; **pays ~s de matières premières** Rohstoffländer *n/pl*, -lieferanten *m/pl* **2** (*marchand*) Kaufmann *m*; Händler *m*; *vous trouverez ce produit* **chez votre ~ habituel** bei Ihrem Kaufmann **3** INFORM **~ (d'accès)** Internet-Provider [-provaɪdər] *m*

fourniture [furnityʀ] *f* **1** Lieferung *f* (*a marchandise fournie*) **2 ~s** *pl* Bedarf *m*; **~s scolaires** Schulbedarf *m*; Lernmittel *n/pl*; **~s de bureau** Bürobedarf *m* **3 ~s** *pl d'un artisan* Zutaten *f/pl*

fourrage [furaʒ] *m* (Vieh)Futter *n*; **~ sec, vert** Trocken-, Grünfutter *n*

fourrager[1] [furaʒe] *v/i* ⟨**-geons**⟩ F (hastig) (herum)wühlen, (-)stöbern (**dans** in +*dat*)

fourrager[2] [furaʒe] *adj* ⟨**-ère**⟩ AGR Futter…; **betterave fourragère** Futter-, Runkelrübe *f*

fourragère [furaʒɛʀ] *f* MIL Fangschnur *f*

fourré[1] [fure] *m souvent pl* **~s** Gestrüpp *n*; Dickicht *n*

fourré[2] [fure] *adj* **1** *gâteaux, bonbons* gefüllt (**à qc** mit etw); **~s aux amandes** mit Mandelfüllung **2** *manteau etc* pelzgefüttert; mit Pelzfutter; **bottes ~es** Pelzstiefel *m/pl* **3 coup ~** a) ESCRIME Doppeltreffer *m*; b) F *fig* Tücke *f*; Gemeinheit *f*

fourreau [furo] *m* ⟨*pl* **~x**⟩ **1** *d'un parapluie etc* Futteral *n*; Hülle *f*; *d'une épée* Scheide *f* **2** COUT **~** *ou adjt* **robe** *f* **~** Etuikleid *n*; hautenges Kleid

fourrer [fure] **I** *v/t* **1** F **a)** (*faire entrer*) (hinein)stecken, (-)stopfen (**qc dans qc** etw in etw [*acc*]); **~ son doigt, ses doigts dans son nez** in der Nase bohren; F popeln; *fig* **~ une idée dans la tête de qn** j-m e-n Floh ins Ohr setzen; **~ ses mains dans ses poches** die Hände in die Tasche stecken; *fig* **~ son nez partout** s-e Nase in alles (hinein)stecken; *fig* **~ son nez dans les affaires de qn** s-e Nase in j-s Angelegenheiten (*acc*) stecken; **~ qn en prison** j-n ins Gefängnis stecken; F j-n einlochen, einbuchten; ♦ **être tout le temps fourré au bistro** F dauernd in der Kneipe hocken, rumsitzen; **être sans arrêt fourré à l'église** F dauernd in die Kirche rennen; **être fourré dans les jupes de sa mère** an Mutters Rockzipfel hängen; **b)** (*placer sans soin*) hinlegen, -stellen, F -tun; **~ la valise sous l'armoire** den Koffer unter dem Schrank verstauen **2** *manteau etc* mit Pelz, Fell (ab)füttern **3** CUIS, *bonbons* füllen **II** *v/pr* **1** F **se ~** (*se cacher*) sich verkriechen; *fig* **ne plus savoir où se ~** (vor Verlegenheit, Scham) im Boden versinken mögen; F sich am liebsten in ein Mauseloch verkriechen (wollen) **2** F **se ~ dans qc** in etw (*acc*) hineingeraten; → *a* **pétrin** *2* **3** F *fig* **se ~ qc dans la tête** sich (*dat*) etw in den Kopf setzen; F *fig* **se ~ le doigt dans l'œil (jusqu'au coude)** → **doigt** *1*

fourre-tout [furtu] F *m* ⟨*inv*⟩ weite Handtasche

fourreur [furœʀ] *m* **a)** *artisan* Kürschner *m*; **b)** *commerçant* Pelzhändler *m*

fourrière [furjɛʀ] *f* **1** *pour voitures* Kfz-Verwahrstelle *f*; **emmener à la ~** *ou* **mettre en ~** kostenpflichtig abschleppen **2** *pour animaux* Tierasyl *n*, -heim *n*

fourrure [furyʀ] *f* **1** *vêtement* Pelz *m*; **~s** *pl a* Pelzwerk *n*; Pelz-, Rauchwaren *f/pl*; **bonnet** *m* **de ~** Pelzmütze *f*; (**manteau** *m* **de**) **~** Pelz(mantel) *m*; **doublé de ~** pelzgefüttert; mit Pelzfutter **2** (*pelage*) Pelz *m*; Fell *n*; **chasseur** *m* **de ~s** Pelz(tier)jäger *m*

fourvoiement [furvwamɑ̃] *litt m* Verirrung *f*

fourvoyer [furvwaje] ⟨**-oi-**⟩ **I** *litt v/t* irreführen; in die Irre führen **II** *v/pr* **se ~ 1** sich verirren (**dans** in +*acc*) **2** *fig* (sich) irren; fehlgehen; auf dem Holzweg sein

foutaise [futɛz] F *f* dummes Zeug; F Quatsch *m*; Quark *m* **foutoir** *m* P Saustall *m*

foutre [futʀ] ⟨**je fous, il fout, nous foutons**; **je foutais**; *kein Passé simple*; **je foutrai**; **que je foute**; **foutant**; **foutu**⟩ P **I** *v/t* **1** (*faire*) machen; tun; **qu'est-ce que j'en ai à ~?** *ou* **je n'en ai rien à ~** F das kümmert, schert mich e-n Dreck; das kratzt mich wenig; P das ist mir scheißegal; **qu'est-ce que ça fout?** was macht das (aus)?; **qu'est-ce que ça peut te ~?** was geht dich das an?; was kümmert, schert, F juckt, kratzt dich das?; das kann dir doch (P scheiß)egal sein; F das geht dich doch e-n Dreck, e-n feuchten Staub an!; **il ne fout rien de la journée** F der rührt den ganzen Tag keinen Finger, liegt den ganzen Tag auf der faulen Haut **2** (*donner*) geben; *un coup* versetzen; F verpassen; **je te fous une baffe** F ich hau dir eine runter; ich knall, kleb, lang dir eine; **ça me fout le cafard** das macht mich ganz trübsinnig, elend, krank; **~ son poing sur la gueule à qn** P j-m die Faust in die Fresse hauen **3** (*jeter*) F schmeißen; pfeffern; **~ qn à la porte** F j-n vor die Tür *ou* an die Luft setzen, rauswerfen, raussetzen, rausschmeißen, feuern; **elle a été foutue à la porte** *ou* **elle s'est fait ~ à la porte** F man hat sie rausgeworfen; sie ist (raus)geflogen; *fig* **~ qn dedans** j-n betrügen, F reinlegen, übers Ohr hauen; **~ qc en l'air** F etw weg-, rausschmeißen; **~ qn en colère** F j-n auf die Palme bringen; **~ qn en tôle** F j-n einlochen, einbuchten; **~ qc par terre** F etw runterschmeißen; *fig* **ça fout tout par terre** *ou* **en l'air** F das wirft, schmeißt alles über den Haufen; **va te faire ~!** F mach, dass du wegkommst!; hau (bloß) ab!; scher dich zum Teufel!; P verpiss dich!; → *a* **camp** *1* **4 ça la fout mal** das macht e-n schlechten Eindruck; das ist peinlich; F so was Blödes, Dummes! **II** *v/pr* **1 se ~ de qc, de qn** (*ne pas se soucier de*) F auf etw, j-n pfeifen, P scheißen; **je m'en fous** F das ist mir egal, wurst *ou* wurscht, schnuppe, schnurz, (schnurz)piepe, piepegal, P scheißegal; F ich pfeif, P scheiß drauf; **il s'en fout complètement** *a* F er kümmert *ou* schert sich e-n Dreck, den Teufel drum; **il se fout du monde!** F der ist gut!; der hat Nerven! **2 se ~ de qn** (*tourner en dérision*) sich über j-n lustig machen; j-n auslachen, veralbern, F verhohnepipeln, P verarschen **3 se ~ dedans** sich gewaltig irren, täuschen; F reinfallen; danebenhauen; sich verhauen **4 se ~ qc dans la tête** sich (*dat*) etw in den Kopf setzen; **se ~ dans une sale affaire** in e-e üble Sache hineingeraten; **se ~ en colère** wütend werden; F e-e Wut kriegen; *fig* **s'en ~ plein la lampe** F sich (*dat*) den Bauch vollschlagen

foutrement [futʀəmɑ̃] *adv* F verdammt; F total; extrem

foutu [futy] P *p/p* → **foutre** *et adj* → **fichu**[2]

fox [fɔks] *m* → **fox-terrier**

fox-terrier [fɔkstɛʀje] *m* ⟨*pl* **fox-terriers**⟩ ZO Foxterrier *m*; Fox *m*
fox-trot [fɔkstʀɔt] *m* ⟨*inv*⟩ Foxtrott *m*
foyer [fwaje] *m* **1** **a)** (*âtre*) Feuerstelle *f*, -stätte *f*; TECH *d'une chaudière* Feuerung *f*; Feuer(ungs)raum *m*; **b)** (*feu*) (Kamin)Feuer *n* **2** (*domicile familial*) Haushalt(ung) *m(f)*; Hausstand *m*; Heim *n*; häuslicher Herd; ***femme*** *f*, ***homme*** *m* ***au ~*** Hausfrau *f*, -mann *m*; ***fonder un ~*** e-e Familie, e-n Hausstand gründen; ***rentrer, renvoyer dans ses ~s*** nach Hause, in die Heimat zurückkehren, -schicken **3** (*lieu de réunion*) Heim *n*; ***~ d'étudiants*** Studentenheim *n* **4** THÉ *etc* Foyer *n*; Wandelgang *m*, -halle *f* **5** OPT, MATH Brennpunkt *m*; OPT *a* Fokus *m*; *lunettes* ***à double ~*** mit Bifokalgläsern **6** *d'incendie*, MÉD, *fig de révolte* Herd *m*; MÉD *a* Krankheitsherd *m*; *sc* Fokus *m*; *fig d'une civilisation etc* Zentrum *n*; Mittel-, Ausgangspunkt *m*; *fig et péj* Brutstätte *f*; ***~ d'épidémie(s)*** Brutstätte von Seuchen; ***~ d'incendie*** Brandherd *m*; MÉD ***~ d'inflammation*** Entzündungsherd *m*; POL ***~ de troubles*** Unruheherd *m*
F.P.A. [ɛfpea] *f abr* (*formation professionnelle des adultes*) berufsbezogene Aus- und Weiterbildung für Erwachsene
frac [fʀak] *m* Frack *m*
fracas [fʀaka] *m* Krach *m*; Getöse *n*; Gepolter *n*; Gedröhn(e) *n*; ***avec ~*** krachend; mit Getöse; mit lautem Krach; *fig* ***mettre qn à la porte avec perte et ~*** F j-n hochkant(ig), in hohem Bogen rausschmeißen
fracassant [fʀakasɑ̃] *adj* **1** *bruit* krachend; polternd; dröhnend **2** *fig nouvelle* verblüffend; aufsehenerregend
fracasser [fʀakase] **I** *v/t* zerschmettern; zertrümmern **II** *v/pr* ***se ~*** zerschellen (***contre*** an +*dat*); zerbrechen
fraction [fʀaksjõ] *f* **1** MATH Bruch *m*; ***~ décimale*** Dezimalbruch *m*, -zahl *f* **2** *d'un tout* (An)Teil *m*; Bruchteil *m*; ***en une ~ de seconde*** im Bruchteil e-r Sekunde; ***pendant une ~ de seconde*** e-n kurzen Augenblick, Moment lang **3** *dans un parti* Gruppierung *f*
fractionnaire [fʀaksjɔnɛʀ] *adj* MATH Bruch...; ***nombre*** *m* ***~*** Bruchzahl *f*
fractionnel [fʀaksjɔnɛl] *adj* ⟨**~le**⟩ POL zersetzend
fractionnement [fʀaksjɔnmɑ̃] *m* **1** (Auf)Teilung *f*; Zerlegung *f*; *d'un parti* (Auf)Spaltung *f*; Zersplitterung *f* **2** CHIM Fraktionierung *f*
fractionner [fʀaksjɔne] **I** *v/t* zerlegen; (auf-, zer)teilen; zersplittern; (auf)spalten **II** *v/pr* ***se ~*** *parti etc* sich (auf)spalten, aufsplittern
fractionnisme [fʀaksjɔnism] *m* POL Bildung *f* von Splittergruppen **fractionniste** POL **I** *adj* spalterisch **II** *m* Spalter *m*
fracture [fʀaktyʀ] *f* **1** MÉD (Knochen)Bruch *m*; *sc* Fraktur *f*; ***~ ouverte*** komplizierter, offener Bruch; ***~ simple*** einfacher, glatter Bruch; ***~ du crâne*** Schädelbruch *m*; ***réduire une ~*** e-n Bruch einrichten **2** GÉOL Bruch *m*; Verwerfung *f*; Sprung *m*
fracturer [fʀaktyʀe] **I** *v/t* **1** *os* brechen **2** *porte, serrure* aufbrechen **II** *v/pr* ***se ~ le bras*** *etc* sich (*dat*) den Arm *etc* brechen
fragile [fʀaʒil] *adj* **1** *verre etc* zerbrechlich (*a sur étiquettes*); brüchig; spröde; *par ext mécanisme* empfindlich; störanfällig **2** *personne* (sehr) zart; empfindlich; anfällig; *constitution* schwach; *cheveux* dünn; empfindlich; ***avoir l'estomac ~*** e-n empfindlichen Magen haben; ***avoir une santé ~*** von zarter Gesundheit, (gegen Krankheiten) empfindlich, anfällig sein **3** *fig bonheur etc* vergänglich; unbeständig; unsicher; *bonheur a* zerbrechlich; *autorité a* schwach; ***théorie*** *f* ***~*** fragliche, auf schwachen Beinen stehende Theorie
fragiliser [fʀaʒilize] *v/t* MÉD, PSYCH anfällig, empfindlich machen; schwächen
fragilité [fʀaʒilite] *f* **1** *du verre etc* Zerbrechlichkeit *f*; Sprödigkeit *f*; Brüchigkeit *f*; *par ext d'un mécanisme* Empfindlichkeit *f*; Störanfälligkeit *f* **2** *d'une personne, de l'organisme* Empfindlichkeit *f*; Anfälligkeit *f*; *d'une personne a* Zartheit *f*; Zerbrechlichkeit *f* **3** *fig du bonheur, d'un sentiment etc* Vergänglichkeit *f*; Unbeständigkeit *f*; Unsicherheit *f*; *du bonheur a* Zerbrechlichkeit *f*; *d'une théorie* Schwäche *f*; Fraglichkeit *f*
fragment [fʀagmɑ̃] *m* **1** *d'une œuvre d'art* Fragment *n*; Bruchstück *n* **2** *de rocher etc* Brocken *m*; Splitter *m*; ***~s d'os*** Knochensplitter *m/pl* **3** *d'une lettre, d'un discours etc* Auszug *m*; Passage *f*; Stelle *f*
fragmentaire [fʀagmɑ̃tɛʀ] *adj œuvre* fragmentarisch; bruchstückhaft; unvollendet; *connaissances* lückenhaft
fragmentation [fʀagmɑ̃tasjõ] *f* Zersplitterung *f*; Zerstück(e)lung *f*
fragmenter [fʀagmɑ̃te] *v/t* zerstückeln; zersplittern; aufteilen (***en plusieurs États*** in mehrere Staaten); *roman* einteilen (***en plusieurs épisodes*** in mehrere Episoden); ***~ la publication d'un ouvrage*** ein Werk in einzelnen, mehreren Teilen, Folgen veröffentlichen
fragrance [fʀagʀɑ̃s] *litt f* Wohlgeruch *m*; Duft *m*
frai [fʀɛ] *m* **1** **a)** *ponte* Laichen *n*; **b)** *période* Laichzeit *f*; **c)** *œufs* Laich *m* **2** (*alevins*) Fischbrut *f*
fraîche [fʀɛʃ] *adj* → ***frais***[1]
fraîchement [fʀɛʃmɑ̃] *adv* **1** (*récemment*) unlängst; (erst) vor Kurzem; frisch **2** *accueillir* kühl; frostig; unfreundlich
fraîcheur [fʀɛʃœʀ] *f* **1** *de l'air, de l'eau, de la nuit* Frische *f*; Kühle *f*; ***~ du soir*** Abendkühle *f*; ***chercher un peu de ~*** etwas Kühle, Kühlung suchen **2** *fig d'un accueil* Kühle *f*; Frostigkeit *f* **3** *d'aliments, d'une personne, du teint, de la jeunesse etc* Frische *f*; *d'impressions a* Neuheit *f*; Lebendigkeit *f*; *de sentiments* Reinheit *f*; Unschuld *f*
fraîchir [fʀɛʃiʀ] *v/i* **1** *vent* auffrischen; stärker, kräftiger werden **2** *temps* frischer, kühler werden
frais[1] [fʀɛ] **I** *adj* ⟨**fraîche** [fʀɛʃ]⟩ **1** *vent, nuit, eau* frisch; kühl; *cave, ruelle* kühl; ***petit air ~*** frisches, kühles Lüftchen **2** *fig accueil* kühl; frostig; unfreundlich **3** *aliment, traces, blessure, vêtement, personne, teint etc* frisch; *forces a* unverbraucht; *impressions a* neu; lebendig; ***'harengs ~*** grüne Heringe *m/pl*; ***légumes ~*** *a* Frischgemüse *n*; ***neige fraîche*** Neuschnee *m*; frisch gefallener Schnee; ***attention, peinture fraîche!*** Vorsicht, frisch gestrichen!; ***troupes fraîches*** frische, neue, ausgeruhte Truppen *f/pl*; *loc/adj* ***de fraîche date*** neueren Datums; *loc/adv* ***de ~*** frisch **4** F ***nous voilà ~!, nous sommes ~!*** F da haben wir den Schlamassel!; jetzt sitzen wir (ganz) schön in der Tinte, Patsche! **II** *adv* **1** frisch; kühl; ***boire, servir ~*** kühl, gekühlt, kalt trinken, ser-

vieren; **il fait ~** es ist frisch, kühl **2** ⟨*veränderlich*⟩ frisch; vor Kurzem; gerade; **des cerises fraîches cueillies** frisch gepflückte Kirschen; → *a* **émoulu** **III** *subst* **1** *m* Kühle *f*; Frische *f*; MAR **bon, grand ~** starker, steifer Wind; *aliments* **garder au ~** kühl, an e-m kühlen Ort aufbewahren; **mettre qc au ~** etw kalt stellen; F *fig* **on l'a mis au ~** F man hat ihn eingelocht, eingebuchtet; **prendre le ~** frische Luft schöpfen, F schnappen **2** *loc/adv* **à la fraîche** in der Morgenkühle

frais² [fʀɛ] *m/pl* Kosten *pl*; Unkosten *pl*; Spesen *pl*; (Kosten)Aufwand *m*; Ausgaben *f/pl*; Auslagen *f/pl*; **faux ~** Nebenkosten *pl*; zusätzliche Kosten; Spesen; *d'une entreprise* **~ généraux** allgemeine Unkosten; Gemeinkosten *pl*; **~ professionnels** Werbungskosten *pl*; **~ d'achat, d'acquisition** Anschaffungskosten *pl*; **~ de chauffage** Heizungskosten *pl*; **~ de déplacement** Reisespesen *pl*, -auslagen *pl*, -kosten *pl*; JUR **~ d'enregistrement** Eintragungs- *ou* Einschreibungskosten *pl*, -gebühr *f*; Registriergebühr *f*; **~ d'entretien** Unterhalts-, Unterhaltungs-, Instandhaltungskosten *pl*; **~ d'envoi** Versandkosten *pl*, -spesen *pl*; **~ d'exploitation** Betriebskosten *pl*; JUR **~ de justice** Gerichtskosten *pl*, -gebühren *f/pl*; **~ de main-d'œuvre** Lohn- *ou* Arbeitskosten *pl*; **~ de tenue de compte** Kontoführungsgebühr *f*; **établir la note de ~** die Spesen abrechnen; die Spesenabrechnung aufstellen; ♦ *loc/adv*: **aux ~ de qn** auf j-s Kosten (*acc*); **aux ~ de l'État** auf Staatskosten; **à grands ~** mit hohen Kosten, hohem Kostenaufwand; mit großer Mühe, Anstrengung; **à peu de, à moindres ~** mit wenig Kosten, geringen Kosten, geringem Kostenaufwand; ohne große Unkosten; *fig* mit geringem Aufwand; mit geringer, wenig Mühe; **tous ~ compris** alle Spesen inbegriffen; einschließlich aller Unkosten; **tous ~ payés** spesen-, kostenfrei; ♦ F *fig* **arrêtez les ~!** hören Sie auf damit!; *fig* **en être pour ses ~** sich umsonst bemüht haben; nichts erreichen; **faire des ~** *personne* (viel) Geld ausgeben; *chose* (Un)Kosten verursachen; **faire beaucoup de ~ pour** (+*inf*) große Ausgaben haben, viel ausgeben, um zu (+*inf*); **faire les ~ de qc** für etw aufkommen, die Kosten tragen müssen; *fig* **faire les ~ de la conversation** (*être le principal sujet*) das Gesprächsthema bilden; den Gesprächsstoff liefern; (*parler seul*) die Unterhaltung allein bestreiten; **se mettre en ~** sich in Unkosten stürzen; *fig* sich anstrengen; sich (*dat*) Mühe geben; *fig* **se mettre en ~ d'amabilité** sich sehr freundlich zeigen; sehr freundlich tun; **prendre les ~ à sa charge** die Kosten übernehmen, tragen; → *a* **rentrer** *II 2*

fraisage [fʀɛzaʒ] *m* TECH (Aus)Fräsen *n*; Fräsarbeit *f*

fraise¹ [fʀɛz] *f* **1** Erdbeere *f*; **~s des bois** Walderdbeeren *f/pl*; F *fig* **sucrer les ~s** F den Tatterich haben; ganz zitt(e)rig, F tatt(e)rig sein; (*être gâteux*) F ein Tattergreis sein; → *a* **ramener** *I 6* **2** *adjt* ⟨*inv*⟩ erdbeerfarben, -farbig

fraise² [fʀɛz] *f* **1 a)** *outil* Fräser *m*; Fräse *f*; **b)** *de dentiste* Bohrer *m* **2** COUT Halskrause *f* **3** *du dindon* Hautlappen *m* **4** *de veau* Gekröse *n*

fraiser [fʀeze] *v/t* TECH (aus)fräsen

fraiseraie [fʀɛzʀɛ] *f* Erdbeerpflanzung *f*, -plantage *f*

fraiseur [fʀɛzœʀ] *m ouvrier* Fräser *m* **fraiseuse** *f* **1** *ouvrière* Fräserin *f* **2** *machine* Fräsmaschine *f*

fraisier [fʀezje] *m* BOT Erdbeerpflanze *f*; Erdbeere *f*

framboise [fʀɑ̃bwaz] *f* **1** *fruit* Himbeere *f*; **sirop** *m* **de ~s** Himbeersirup *m* **2** *liqueur* Himbeerlikör *m*; *eau-de-vie* Himbeergeist *m*

framboisé [fʀɑ̃bwaze] *adj* mit Himbeergeschmack

framboisier *m* BOT Himbeerstrauch *m*; Himbeere *f*

franc¹ [fʀɑ̃] *m monnaie* **a)** *en Suisse* Franken *m*; **~ suisse** Schweizer Franken; **b)** HIST *en France, en Belgique, au Luxembourg* Franc *m*; **ancien ~** alter Franc; **~ belge, français, luxembourgeois** belgischer, französischer, Luxemburger Franc; **nouveau ~**, F **~ lourd** neuer Franc; ÉCON **zone ~** Franc-Zone *f*; Währungsgebiet *n* des Franc

franc² [fʀɑ̃] *adj* ⟨**franche** [fʀɑ̃ʃ]⟩ **1 a)** (*sincère*) frei(-mütig); offen(herzig); aufrichtig; gerade; geradeheraus (*attribut seulement*); **~ du collier** offen (*im Reden, Handeln*); *advt* **à parler ~** offen gesagt, gestanden; um offen zu sein; **je serai ~ avec vous** ich werde (ganz) offen mit Ihnen reden; **jouer ~ jeu** mit offenen Karten spielen; **b)** *par ext* **franche aversion, hostilité** offene Abneigung, Feindseligkeit; **c)** *couleur* klar; rein; **d)** **franche canaille** Erzkanaille *f* **2** (*libre*) frei; FOOTBALL **coup ~** Freistoß *m*; COMM: **port ~** Freihafen *m*; **zone franche** Freizone *f*; **~ de port** porto-, frachtfrei; franko

franc³ [fʀɑ̃] HIST **I** *adj* ⟨**franque** [fʀɑ̃k]⟩ fränkisch **II** *subst* **Franc, Franque** *m,f* Franke *m*, Fränkin *f*

français [fʀɑ̃sɛ] **I** *adj* französisch; **grammaire, langue, littérature ~e** französische Grammatik, Sprache, Literatur; **la République ~e** die Französische Republik; *loc/adj et loc/adv* **à la ~e** französisch; auf französische Art, auf Französisch; *advt* **acheter ~** (nur) französische Produkte kaufen; **cela n'est pas ~** das sagt man im Französischen nicht; das ist kein Französisch; **être ~** Franzose, französischer Staatsbürger, -angehöriger sein **II** *subst* **1** **Français(e)** *m(f)* Franzose *m*, Französin *f*; **Français moyen** Durchschnittsfranzose *m* **2** LING **le ~** das Französische; Französisch *n*; **l'ancien ~** das Altfranzösische; Altfranzösisch *n*; **le ~ moderne** das Neufranzösische; Neufranzösisch *n*; **le ~ parlé** das gesprochene Französisch; gesprochenes Französisch; **enseignement** *m* **du ~** Französischunterricht *m*; **professeur** *m* **de ~** Französischlehrer(in) *m(f)*; *loc/adv*: **en ~** auf Französisch; im Französischen; *livre* **paraître en ~** in Französisch erscheinen; *fig* **en bon ~, ça veut dire** *qu'il refuse* das heißt auf gut Deutsch ...; **traduire en bon ~** in gutes, korrektes Französisch übersetzen; **traduire de l'allemand en ~** aus dem Deutschen ins Französische übersetzen; **apprendre le ~** Französisch lernen; F *fig* **vous ne comprenez pas le ~?** Sie verstehen wohl kein Deutsch?; **ne pas savoir un mot de ~** kein *ou* nicht ein Wort Französisch können; *advt*: **parlez-vous ~?** sprechen Sie Französisch?; **parler couramment (le) ~** fließend Französisch sprechen; **on parle ~** hier wird Französisch gesprochen

franc-comtois [fʀɑ̃kõtwa] *adj* ⟨**franche-comtoise**⟩ (*et subst* **Franc-Comtois** Bewohner) der Franche-Comté

France [fʀɑ̃s] **1** **la ~** Frankreich *n*; **la ~ d'en bas** der von Politik und Wirtschaft enttäuschte Teil der französischen Bevölkerung; **la ~ d'en haut** der privilegierte Bevölkerungsteil Frankreichs; Frankreichs Privilegierte *m/pl* **2** *f Vorname*

France 2 [fʀɑ̃sdø] *zweites Programm des frz Fernsehens*
France 3 [fʀɑ̃stʀwa] *drittes Programm des frz Fernsehens (mit Regionalsendungen)*
francfort [fʀɑ̃kfɔʀ] *f saucisse* Frankfurter *f*
Francfort [fʀɑ̃kfɔʀ] Frankfurt *n*
francfortois [fʀɑ̃kfɔʀtwa] **I** *adj* Frankfurter **II** *subst* ***Francfortois(e)*** *m(f)* Frankfurter(in) *m(f)*
Francfort-sur-le-Main [fʀɑ̃kfɔʀsyʀləmɛ̃] Frankfurt *n* am Main
Francfort-sur-l'Oder [fʀɑ̃kfɔʀsyʀlɔdɛʀ] Frankfurt *n* an der Oder
Franche-Comté [fʀɑ̃ʃkõte] ***la ~*** **1** *frz Region* **2** HIST die Freigrafschaft Burgund
franchement [fʀɑ̃ʃmɑ̃] *adv* **1** *(sincèrement)* offen; aufrichtig; freimütig; gerade-, rundheraus; frank und frei; ***(à parler) ~***, … offen gestanden, gesagt, …; ***~, tu exagères!*** offen gesagt, F (ganz) ehrlich, du übertreibst!; ***dire qc ~*** etw offen, rundheraus sagen; ***parler ~ à qn*** mit j-m (ganz) offen reden **2** *(nettement)* (ganz) eindeutig; klar; deutlich; ***c'est ~ mauvais*** das ist (ganz) eindeutig schlecht **3** *(courageusement)* beherzt; entschieden; entschlossen
franchir [fʀɑ̃ʃiʀ] *v/t frontière, seuil* überschreiten; gehen über (+*acc*); *obstacle* übersteigen, -klettern, -springen; nehmen; überwinden (*a fig*); ***~ le cap de la cinquantaine*** die Fünfzig überschreiten; ***~ une distance*** eine Strecke zurücklegen; ***~ un fleuve, un pont*** einen Fluss, eine Brücke überqueren; *cheval* ***~ une 'haie*** e-e Hecke nehmen, überspringen; ***~ la ligne d'arrivée*** die Ziellinie passieren; durchs Ziel laufen, gehen, fahren; ***~ les limites de la décence*** den Anstand verletzen; ***~ le mur du son*** die Schallmauer durchbrechen; *fig* ***~ le pas*** sich zu e-m Entschluss durchringen
franchisage [fʀɑ̃ʃizaʒ] *m* COMM Franchise *ou* Franchising ['frɛntʃaɪz-] *n*
franchise [fʀɑ̃ʃiz] *f* **1** *(sincérité)* Offenheit *f*; Freimut *m*; Freimütigkeit *f*; Aufrichtigkeit *f*; Geradheit *f*; ***en toute ~*** in aller Offenheit; ganz offen, ehrlich **2** ÉCON (Abgaben-, Gebühren)Freiheit *f*; *dans une assurance* Franchise *f*; Selbstbehalt *m*, -beteiligung *f*; ***~ douanière*** Zollfreiheit *f*, -befreiung *f*; ***~ postale*** Postgebührenfreiheit *f*; ***en ~*** zoll-, gebühren-, portofrei
franchissable [fʀɑ̃ʃisabl] *adj* überschreitbar; *col de montagne* befahrbar; ***col m ~ en été*** im Sommer befahrbarer Pass
franchissement [fʀɑ̃ʃismɑ̃] *m d'un obstacle* Übersteigen *n*, -klettern *n*, -springen *n*; Überwindung *f*; *d'une frontière* Überschreitung *f*; *d'un fleuve* Überquerung *f*
francien [fʀɑ̃sjɛ̃] *m* LING ***le ~*** das Franzische; Franzisch *n*
francilien [fʀɑ̃siljɛ̃] *adj* ⟨***~ne***⟩ *(et subst* ***Francilien*** Bewohner) der Île-de-France
Francine [fʀɑ̃sin] *f Vorname*
francique [fʀɑ̃sik] LING ***le ~*** das Fränkische; Fränkisch *n*
Francis [fʀɑ̃sis] *m Vorname*
francisation [fʀɑ̃sizasjõ] *f* Franzö(si)sierung *f*
franciscain [fʀɑ̃siskɛ̃] REL **I** *adj* franziskanisch; Franziskaner… **II** *subst* ***~(e)*** *m(f)* Franziskaner(in) *m(f)*
franciser [fʀɑ̃size] *v/t* franzö(si)sieren
francisque [fʀɑ̃sisk] *f* Streitaxt *f* der Franken *(Emblem der Vichy-Regierung)*
francité [fʀɑ̃site] *f* Franzosentum *n*
franc-maçon [fʀɑ̃masõ] **I** *m* ⟨*pl* **francs-maçons**⟩ Freimaurer *m* **II** *adj* ⟨**franc-maçonne**⟩ freimaurerisch; Freimaurer…
franc-maçonnerie [fʀɑ̃masɔnʀi] *f* **1** Freimaurerei *f* **2** *fig* (Geheim)Bund *m* **franc-maçonnique** *adj* freimaurerisch
franco [fʀɑ̃ko] *adv* **1** COMM franko; (porto-, kosten-, fracht)frei; ***~ à domicile*** frei Haus **2** F frank und frei; gerade-, rundheraus
franco-… [fʀɑ̃ko] *adj* französisch-…; *exemples:* ***franco-allemand*** deutsch-französisch; ***franco-arabe*** französisch-arabisch; ***franco-espagnol*** französisch-spanisch
franco-français [fʀɑ̃kofʀɑ̃sɛ] *adj* innerfranzösisch; der Franzosen unter sich
François [fʀɑ̃swa] *m Vorname*
Françoise [fʀɑ̃swaz] *f Vorname*
Franconie [fʀɑ̃kɔni] ***la ~*** Franken *n*
franconien [fʀɑ̃kɔnjɛ̃] **I** *adj* ⟨***~ne***⟩ fränkisch **II** *subst* ***Franconien(ne)*** *m(f)* Franke *m*, Fränkin *f*
francophile [fʀɑ̃kɔfil] **I** *adj* frankreich-, franzosenfreundlich; frankophil **II** *m,f* Freund *m* Frankreichs; Frankophile(r) *f(m)* **francophilie** *f* Frankophilie *f*
francophobe [fʀɑ̃kɔfɔb] *adj* frankreich-, franzosenfeindlich; frankophob **francophobie** *f* Frankophobie *f*
francophone [fʀɑ̃kɔfɔn] *adj* Französisch sprechend; französischsprachig; frankofon **francophonie** *f* französische Sprachgemeinschaft; Frankofonie *f*

La francophonie dans le monde

Mindestens 65 Millionen Menschen sprechen Französisch als Muttersprache, etwa 170 Millionen Menschen insgesamt verwenden Französisch im täglichen Leben. Die Länder und Regionen, in denen Französisch Mutter-, Amts- oder Verkehrssprache ist, bezeichnet man als **la francophonie**.

In **Europa** wird Französisch gesprochen in Frankreich, in der französischen Schweiz, im wallonischen Teil Belgiens und in Brüssel, in Luxemburg, in Monaco, in Andorra, auf der Kanalinsel Jersey sowie im italienischen Aostatal.
In **Amerika** ist Französisch unter anderem in Haiti, Französisch-Guayana, Louisiana (USA) und in der kanadischen Provinz Quebec verbreitet.
In **Afrika** wird Französisch vor allem in arabischen Ländern wie Algerien, Marokko und Tunesien verwendet sowie in ehe-

maligen schwarzafrikanischen Kolonien wie zum Beispiel Kamerun, der Elfenbeinküste, Senegal und Burkina Faso.
In **Asien** spricht man in Kambodscha, Laos, Vietnam und im Libanon Französisch.
Und **Ozeanien**? In Neukaledonien und Französisch-Polynesien ist Französisch Landessprache.

F

franco-provençal [fʀɑ̃kopʀɔvɑ̃sal] *adj* ⟨**-aux**⟩ LING frankoprovenzalisch
franc-or [fʀɑ̃ɔʀ] *m* ⟨*pl* **francs-or**⟩ Goldfranc *m*, *schweiz* -franken *m*
franc-parler [fʀɑ̃paʀle] *m* Freimut *m*, Offenheit *f* im Reden; ***avoir son ~*** offen reden; frei, frisch von der Leber weg reden
franc-tireur [fʀɑ̃tiʀœʀ] *m* ⟨*pl* **francs-tireurs**⟩ **1** Freischärler *m* **2** *fig* Einzelgänger *m*
frange [fʀɑ̃ʒ] *f* **1** *bordure* Franse *f* **2** *~* (***de cheveux***) Pony(frisur) *m(f)* **3** *fig* kleine Minderheit; Randgruppe *f*
franger [fʀɑ̃ʒe] *v/t* ⟨**-geons**⟩ mit Fransen verzieren, versehen
frangin [fʀɑ̃ʒɛ̃] F *m* Bruder *m*; *plais* Bruderherz *n*
frangine F *f* Schwester *f*; *plais* Schwesterherz *n*
frangipane [fʀɑ̃ʒipan] *f* CUIS Mandelcreme *f*
franglais [fʀɑ̃glɛ] *m* mit Anglizismen durchsetztes Französisch
franquette [fʀɑ̃kɛt] *loc/adv* F ***à la bonne ~*** ohne besondere Umstände; ganz zwanglos, einfach
franquisme [fʀɑ̃kism] *m* POL *en Espagne* Franco-Regime *n* **franquiste** *m,f* Franco-Anhänger(in) *m(f)*
frappant [fʀapɑ̃] *adj* auffallend; überraschend; verblüffend; frappant; frappierend
frappe[1] [fʀap] *f* **1** **a)** (*action de taper à la machine*) Maschine(n)schreiben *n*; ***faute f de ~*** Tippfehler *m*; **b)** (*manière de frapper*) Anschlag *m* **2** *de la monnaie* Prägen *n*, -ung *f*; *résultat* Gepräge *n* **3** SPORTS Schlagkraft *f* **4** MIL ***force f de ~*** französische Atomstreitmacht
frappe[2] [fʀap] *f* F ***une petite ~*** F ein sauberes Früchtchen
frappement [fʀapmɑ̃] *m* Schlagen *n*; Klopfen *n*
frapper [fʀape] **I** *v/t* **1** schlagen; *d'un coup, d'un projectile* treffen; MUS *cordes* anschlagen; ***~ qn au visage*** j-n ins Gesicht schlagen, treffen; ***~ qn d'un coup de poignard*** j-m e-n Dolchstoß versetzen; *balle* ***~ qn en pleine poitrine*** j-n in die Brust treffen; *fig* ***~ un coup décisif, ~ un grand coup*** e-n entscheidenden Schlag führen; *horloge* ***~ les douze coups de minuit*** Mitternacht schlagen; THÉ ***~ les trois coups*** dreimal auf den Boden klopfen (*vor dem Öffnen des Vorhangs*); *projectile etc* ***~ le mur*** auf die Mauer auftreffen; ***~ le sol du pied*** mit dem Fuß aufstampfen; *pluie* ***~ les vitres*** an, gegen die Scheiben schlagen **2** *fig épidémie, catastrophe* ***~ qn*** j-n heimsuchen; *malheur a* j-n treffen; über j-n kommen; ***le grand malheur qui la frappait*** das große Unglück, von dem sie getroffen wurde **3** *loi, mesure* ***~ qn*** j-n (be)treffen; ***~ qn d'une amende*** j-n mit e-r Geldstrafe belegen; j-m e-e Geldstrafe auferlegen; ***~ qn, qc d'un impôt*** j-m e-e Steuer auferlegen; etw mit e-r Steuer belasten, belegen **4** (*étonner*) ***~ qn*** j-n überraschen, verblüffen, frappieren, erstaunen; j-m auffallen; *abs* ***cela frappe*** das fällt auf, ins Auge; ***ce qui frappe en entrant, c'est ...*** wenn man hereinkommt, beim Eintreten fällt auf ...; ***~ de terreur*** in Schrecken versetzen **5** *boisson* kalt stellen; kühlen; *adjt* ***frappé*** (eis)gekühlt **6** *monnaie* prägen; *drapeau* ***frappé d'une aigle*** mit aufgeprägtem Adler **II** *v/i* ***~ (à la porte)*** (an die Tür) klopfen; anklopfen; ***entrez sans ~*** (bitte) nicht anklopfen; ***on frappe*** es klopft; *fig* ***~ à la bonne, à la mauvaise porte*** sich an die richtige, an die falsche *ou* verkehrte Stelle, F Adresse wenden; *fig* ***~ à toutes les portes*** sich an alle Stellen wenden; F von Pontius zu Pilatus laufen; ***~ dans ses mains*** in die Hände klatschen **III** *v/pr* **1** ***se ~ le front*** sich (*dat*) an die Stirn tippen; ***se ~ la poitrine*** sich (*dat*) an die Brust schlagen **2** F *fig* (***ne***) ***te frappe pas*** mach dir deswegen keine Gedanken; reg dich darüber nicht auf; F lass dir deshalb keine grauen Haare wachsen; ***sans se ~*** völlig gelassen
frappeur [fʀapœʀ] *adj m* ***esprit ~*** Klopf-, Poltergeist *m*
frasque [fʀask] *f* Eskapade *f*; Streich *m*; Torheit *f*; Dummheit *f*; ***~ de jeunesse*** Jugendtorheit *f*, -streich *m*; ***faire des ~s*** *a* über die Stränge schlagen
fraternel [fʀatɛʀnɛl] *adj* ⟨**~le**⟩ brüderlich, Bruder... (*a fig*); (*entre frères et sœurs*) geschwisterlich; Geschwister...; ***baiser ~*** Bruderkuss *m*
fraternisation [fʀatɛʀnizasjõ] *f* Verbrüderung *f*; *avec l'ennemi* Fraternisierung *f* **fraterniser** *v/i* sich verbrüdern (***avec qn*** mit j-m); fraternisieren (mit

Le franglais et le bon français

Die 1964 durch die Satire «Parlez-vous franglais?» bekannt gewordene Wortschöpfung **le franglais** setzt sich aus **le fran(çais)** und **(l'an)glais** zusammen und bezeichnet ein Französisch, das mit vielen englischen Wörtern gemischt ist.

Englische Ausdrücke werden vor allem dann ins Französische übernommen, wenn es sich um neue Entwicklungen handelt, die oft aus dem angloamerikanischen Raum kommen wie zum Beispiel im Fall von l'e-mail (die E-Mail), le fax (das Fax) oder le hovercraft (das Luftkissenfahrzeug). In Frankreich gibt es starke Bestrebungen, diese Fremdwörter zu vermeiden und durch französische Bildungen wie le courrier électronique (für l'e-mail), la télécopie (für le fax) und l'aéroglisseur (für le hovercraft) zu ersetzen. Im offiziellen Sprachgebrauch überwiegen die französischen, in der Umgangssprache die englischen Begriffe.

j-m)
fraternité [fʀatɛʀnite] *f* 1 Brüderlichkeit *f*; Brüderschaft *f*; Zusammengehörigkeit *f* 2 REL Bruderschaft *f*
fratricide [fʀatʀisid] I *adj* brudermörderisch; ***guerre f ~*** Bruderkrieg *m* II *subst* 1 *m* JUR Bruder- *ou* Schwestermord *m* 2 *m,f* Bruder- *ou* Schwestermörder(in) *m(f)*
fraude [fʀod] *f* Betrug *m*; Betrügerei *f*; JUR, *lors d'un examen* Täuschung *f*; *d'un bilan* Verschleierung *f*; ***~ électorale*** Wahlbetrug *m*; ***~ fiscale, à l'impôt*** Steuerhinterziehung *f*; ***fabriquer qc en ~*** etw schwarz herstellen; ***passer qc en ~*** etw (ein-, heraus)-schmuggeln; ***prendre qn en ~*** j-n bei e-r Täuschung, e-m Betrug ertappen
frauder [fʀode] I *v/t* betrügen; täuschen; *bilan* verschleiern; ***~ le fisc*** Steuern hinterziehen II *v/i* betrügen; ***~ à*** *ou* ***dans l'examen*** bei der Prüfung täuschen, unerlaubte Hilfsmittel benutzen
fraudeur [fʀodœʀ] *m* Betrüger *m*; *de la douane* Schmuggler *m*; *du fisc* Steuerhinterzieher *m*
frauduleux [fʀodylø] *adj* ⟨**-euse**⟩ betrügerisch; ***banqueroute, faillite frauduleuse*** betrügerischer Bankrott; ***bilan ~*** gefälschte, verschleierte, F frisierte Bilanz
frayer [fʀeje] ⟨**-ay-** *ou* **-ai-**⟩ I *v/t* ***~ un passage*** e-n Weg bahnen (***à qn dans la foule*** j-m durch die Menge); *fig* ***~ la voie à qn, à qc*** j-m, e-r Sache den Weg bereiten, ebnen II *v/i* 1 ***~ avec qn*** mit j-m verkehren, Umgang *ou* Kontakt haben, pflegen 2 *poisson* laichen III *v/pr* ***se ~ un chemin, un passage*** sich (*dat*) e-n Weg bahnen (***à travers, dans la foule*** durchs Gedränge)
frayeur [fʀɛjœʀ] *f* Schrecken *m*; Angst *f*; Schauder *m*
fredaine [fʀədɛn] *f* Eskapade *f*; Streich *m*
Frédéric [fʀedeʀik] *m Vorname*
Frédérique [fʀedeʀik] *f Vorname*
fredonnement [fʀədɔnmɑ̃] *m* Summen *n*; Trällern *n*
fredonner *v/t* summen; trällern
free-lance [fʀilɑ̃s] I *adj* freiberuflich tätig; frei II *m,f* ⟨*pl* **free-lances**⟩ freie(r) Mitarbeiter(in); Freiberufler(in) *m(f)*
freesia [fʀezja] *m* BOT Freesie *f*
freeware [fʀiwɛʀ] *m* INFORM Freeware ['fri:vɛ:r] *f*
freezer [fʀizœʀ] *m* Gefrierfach *n*; Froster *m*
frégate [fʀegat] *f* 1 MAR Fregatte *f* 2 ZO Fregattvogel *m*
frein [fʀɛ̃] *m* 1 TECH Bremse *f*; ***~ avant, arrière*** Vorderrad-, Hinterradbremse *f*; ***~ moteur*** Motorbremse *f*; ***~ à disque, à main, à tambour*** Scheiben-, Hand-, Trommelbremse *f*; CH DE FER ***~ de secours*** Notbremse *f*; ***appuyer sur le ~*** auf die Bremse treten; ***donner un coup de ~*** kurz (ab)bremsen; *fig* ***coup de ~ donné à*** Einschränkung *f*, Drosselung *f* (+*gén*); ***les ~s ont lâché*** die Bremsen haben nachgegeben, versagt; ***mettre, serrer le ~*** die Bremse anziehen 2 *fig* Hemmschuh *m*; Zügel *m*; ***sans ~*** zügel-, schranken-, grenzenlos; ungezügelt; ***être un ~ à qc*** etw hemmen, bremsen; ein Hemmschuh sein für etw; ***mettre un ~ à qc*** etw zügeln, im Zaum halten; e-r Sache (*dat*) Zügel anlegen, e-n Riegel vorschieben; → *a* ***ronger*** *I 1* 3 ANAT Bändchen *n*; *sc* Frenulum *n*
freinage [fʀɛnaʒ] *m* 1 TECH Bremsen *n*, -ung *f*; Abbremsen *n*; ***bon, mauvais ~*** guter, schlechter Bremseffekt *m*; ***système*** *m*, ***trace*** *f* ***de ~*** Bremssystem *n*, -spur *f* 2 *fig des prix, de la production* Drosselung *f*; Dämpfung *f*
freiner [fʀene] I *v/t* hemmen, bremsen (*a fig*); *fig* behindern; ein Hemmschuh sein (***qc*** für etw); *conjoncture, exportation* bremsen; drosseln; dämpfen II *v/i* (ab)bremsen; ***~ brusquement, doucement*** scharf, weich bremsen
Fréjus [fʀeʒys] *Stadt im Dep. Var*
frelatage [fʀəlataʒ] *m de produits* (Ver)Fälschen *n*, -ung *f*; *du vin, du lait a* Pan(t)schen *n*
frelater [fʀəlate] *v/t marchandise* (ver)fälschen; *vin, lait a* pan(t)schen; *adjt* ***frelaté*** *fig vie, plaisirs* unnatürlich
frêle [fʀɛl] *adj* 1 (*délicat*) zierlich; feinglied(e)rig 2 (*faible*) schwach (*a voix*); schwächlich; ***voix f ~ de vieillard*** schwache Greisenstimme; ***tout reposait sur ses ~s épaules*** alles ruhte auf ihren schwachen Schultern
frelon [fʀəlõ] *m* ZO Hornisse *f*; ***nid*** *m* ***de ~s*** Hornissennest *n*
freluquet [fʀəlykɛ] *m péj* Laffe *m*; kleiner Geck
frémir [fʀemiʀ] *v/i* 1 *feuillage etc* rauschen; säuseln; zittern; *insectes* schwirren; *eau avant de bouillir* summen; singen 2 *personne* (er)zittern; (er)beben; schau(d)ern; ***~ de crainte, d'impatience, d'indignation*** vor Furcht, Ungeduld, Empörung zittern, beben; ***le froid le faisait ~*** er schauderte, bebte, F bibberte vor Kälte; *abs* ***c'est à faire ~*** das ist schauderhaft, abscheulich
frémissant [fʀemisɑ̃] *adj* zitternd, bebend (***de colère*** *etc* vor Zorn *etc*); vibrierend **frémissement** *m* 1 *des feuilles etc* Rauschen *n*; Säuseln *n*; Zittern *n* 2 *d'une personne* (Er)Zittern *n*; Beben *n*; Erschauern *n*
frênaie [fʀɛnɛ] *f* Eschenwald *m*
french cancan [fʀɛnʃkɑ̃kɑ̃] *m danse* Cancan *m*
frêne [fʀɛn] *m* Esche *f* (*arbre et bois*)
frénésie [fʀenezi] *f* Raserei *f*; Wahnsinn *m*; ***avec ~*** wie wahnsinnig; wie besessen; rasend
frénétique [fʀenetik] *adj rythme, applaudissements* frenetisch; rasend **frénétiquement** *adv applaudir* begeistert; *aimer* leidenschaftlich
fréquemment [fʀekamɑ̃] *adv* häufig; oft
fréquence [fʀekɑ̃s] *f* 1 Häufigkeit *f*; CH DE FER ***~ des trains*** Zugdichte *f* 2 PHYS Frequenz *f*; Schwingungszahl *f*
fréquent [fʀekɑ̃] *adj* häufig; ständig wiederkehrend; ***il est ~ de voir …*** man sieht oft, häufig …; ***ce n'est pas ~*** das kommt nicht oft vor, ist nicht üblich; ***faire un usage ~ de qc*** etw oft, häufig benützen
fréquentable [fʀekɑ̃tabl] *adj* ***individu m peu ~*** Person, der man aus dem Weg gehen sollte, mit der man nicht verkehren sollte
fréquentatif [fʀekɑ̃tatif] *adj et subst m* LING (***verbe***) ~ Frequentativ(um) *n*
fréquentation [fʀekɑ̃tasjõ] *f des musées etc* häufiger Besuch; *des gens* Umgang *m*, (häufiger) Verkehr, Zusammensein *n* (***de*** mit); ***~ scolaire*** Schulbesuch *m*; ***~ des théâtres*** häufiger Theaterbesuch; ***avoir de mauvaises ~s*** schlechten Umgang haben; ***bien choisir ses ~s*** die Leute, mit denen man verkehrt, gut aussuchen; ***ce n'est pas une ~ pour lui*** das ist kein Umgang für ihn

F

le fric: ohne Moos nix los!

Ähnlich wie im Deutschen gibt es fürs Geld eine ganze Reihe von umgangssprachlichen Ausdrücken, die die Franzosen gern in lockeren Gesprächssituationen und in Gegenwart guter Bekannter verwenden. Sie sprechen dann nicht von **l'argent**, sondern von **le fric**, **le pognon** oder **le blé**:

Je m'en fous de ton fric.	Ich pfeif auf deine Kohle.
À la Bourse, on peut faire du fric.	An der Börse kann man 'nen Haufen Kohle machen.
Jules, lui, il gagne plein de pognon.	Jules verdient 'ne Menge Holz.
Ce mec, il a vraiment du blé.	Der Typ hat wirklich Geld wie Heu.

F

fréquenté [fʀekɑ̃te] *adj route* stark, viel befahren; *rue a* belebt; *lieu* viel besucht; ***mal ~*** wo zweifelhafte Leute verkehren

fréquenter [fʀekɑ̃te] **I** *v/t* **1** *lieu, spectacle etc* häufig, regelmäßig besuchen; frequentieren **2** ***~ qn*** mit, bei j-m verkehren; mit j-m Umgang haben, pflegen; mit j-m oft, häufig zusammenkommen; ***~ une jeune fille*** mit e-m Mädchen gehen **II** *v/pr* ***se ~*** miteinander verkehren; oft, häufig zusammenkommen; ***ils ont cessé de se ~*** sie kommen nicht mehr zusammen

frère [fʀɛʀ] *m* **1** Bruder *m*; ***~(s) et sœur(s)*** *f(pl)* Geschwister *pl*; F ***petit ~*** kleiner Bruder; Brüderchen *n*; *nom d'entreprise* ***Durand ~s*** Gebrüder Durand; ***aimer qn comme un ~*** j-n wie e-n Bruder lieben; *La Fontaine* ***si ce n'est toi, c'est donc ton ~*** wenn es du nicht warst, dann dein Bruder **2** REL Bruder *m*; ***mes (bien chers) ~s!*** liebe Brüder (und Schwestern)!; liebe Gemeinde!; ***il a été élevé chez les ~s*** er ist in e-r (von Mönchen geleiteten) Klosterschule erzogen worden **3** *fig* Bruder *m*; *adjt* Bruder...; ***faux ~*** falscher Freund, F Fuffziger; F ***vieux ~*** F altes Haus; ***~s d'armes*** Waffenbrüder *m/pl*; *adjt* ***partis*** *m/pl* ***~s*** Schwesterparteien *f/pl*; ***peuples*** *m/pl* ***~s*** Brudervölker *n/pl*; ***c'est un ~ pour moi*** er ist wie ein Bruder für mich; ***partager en ~s*** brüderlich teilen; *couple* ***vivre comme ~ et sœur*** wie Bruder und Schwester leben; e-e Josephsehe führen **4** F *fig d'objets* Pendant *n*; F Zwilling *m*

frérot [fʀeʀo] F *m* kleiner Bruder; Brüderchen *n*; F Bruderherz *n*

frésia [fʀezja] *m* → ***freesia***

Fresnay [fʀenɛ, fʀɛ-] ***Pierre ~*** *frz Schauspieler*

Fresnes [fʀɛn] *Stadt im Dep. Val-de-Marne*

fresque [fʀɛsk] *f* **1** PEINT Fresko *n*; Freske *f*; ***peinture*** *f* ***à ~*** Freskomalerei *f* **2** *fig* (Monumental)Gemälde *n*, (-)Schilderung *f*

fret [fʀɛ] *m* **1** **a)** (*coût du transport*) Fracht *f*; Frachtkosten *pl*, -geld *n*, -preis *m*; **b)** MAR Schiffsmiete *f*; Schiffsmietpreis *m* **2** (*cargaison*) Fracht *f*; Frachtgut *n*; Ladung *f*; ***~ aérien, ferroviaire*** Luft-, Bahnfracht *f*

fréter [fʀete] *v/t* ⟨**-è-**⟩ **1** *véhicule* mieten **2** *navire* verchartern [-'ʃ-] **fréteur** *m* Schiffsvermieter *m*

frétillant [fʀetijɑ̃] *adj poisson* zappelnd; zuckend; *personne* lebhaft; quecksilb(e)rig; quirlig; ***être tout ~ d'impatience*** ganz zapp(e)lig sein vor Ungeduld

frétillement [fʀetijmɑ̃] *m* Zappeln *n*; Zucken *n*

frétiller [fʀetije] *v/i poisson* zappeln; zucken; *personne* zappeln (***d'impatience*** vor Ungeduld); *chien* ***~ de la queue*** mit dem Schwanz wedeln

fretin [fʀətɛ̃] *m* **1** wertlose kleine Fische *m/pl* **2** *fig* ***menu ~*** F kleine Fische *m/pl*

freudien [fʀødjɛ̃] **I** *adj* ⟨**~ne**⟩ freudianisch; Freuds **II** *subst* ***~(ne)*** *m(f)* Freudianer(in) *m(f)*

freudisme [fʀødism] *m* Lehre *f* Freuds und s-r Schüler

freux [fʀø] *m* ZO Saatkrähe *f*

Freyming [fʀɛmiŋ], [fʀɛmɛ̃] *Stadt im Dep. Moselle*

friabilité [fʀijabilite] *f des roches* Bröck(e)ligkeit *f*; Brüchigkeit *f*; *de la craie* Zerreibbarkeit *f*

friable [fʀijabl] *adj roche* bröck(e)lig; brüchig; *gâteau* bröck(e)lig; krüm(e)lig; *craie a* zerreibbar

friand [fʀijɑ̃] **I** *adj* ***être ~ de qc*** *d'un aliment* etw für sein Leben gern essen; große Lust auf etw (*acc*) haben; *fig de compliments etc* auf etw (*acc*) aus sein; *st/s* nach etw lüstern sein **II** *m* CUIS kleine Blätterteigpastete

friandise [fʀijɑ̃diz] *f souvent pl* ***~s*** Leckereien *f/pl*; *südd* Schleckereien *f/pl*

Fribourg [fʀibuʀ] Freiburg *n*

Fribourg-en-Brisgau [fʀibuʀɑ̃bʀisgo] Freiburg *n* im Breisgau

fric [fʀik] *m* F (*argent*) F Kohle *f*; Knete *f*; Zaster *m*; Kies *m*; Moneten *pl*; Pinke *f*; Pinkepinke *f*; Piepen *pl*; Kröten *f/pl*; Moos *n*; Mäuse *f/pl*; Eier *n/pl*

fricandeau [fʀikɑ̃do] *m* ⟨*pl* **~x**⟩ CUIS gespickte Kalbsnuss

fricassée [fʀikase] *f* **1** CUIS Frikassee *n*; ***~ de poulet*** Hühnerfrikassee *n* **2** F ***~ de museaux*** F endlose, allgemeine Küsserei

fricasser [fʀikase] *v/t* CUIS frikassieren

fricative [fʀikativ] *adj et subst f* PHON (***consonne***) ***~*** Frikativ-, Reibelaut *m*

fric-frac [fʀikfʀak] F *m* ⟨*pl* **fric-fracs**⟩ Einbruch *m*

friche [fʀiʃ] *f* AGR Brache *f*; Brachland *n*; *loc/adj* ***en ~*** *terre* brachliegend (*a fig dons, facultés*); unbestellt; *fig a* ungenutzt; *terre et fig* ***être (laisser) en ~*** brachliegen (lassen)

frichti [fʀiʃti] F *m* Essen *n*

fricot [fʀiko] F *m* Essen *n*

fricotage [fʀikɔtaʒ] F *m* dunkles, faules Geschäft; Schiebergeschäft *n*

fricoter [fʀikɔte] F **I** *v/t* ***~ qc*** etw im Schilde führen; F etw aushecken **II** *v/i* dunkle, faule Geschäfte machen **fricoteur** *m* F Schieber *m*

friction [fʀiksjɔ̃] *f* **1** Ab-, Einreiben *n*, -ung *f*; Frot-

tieren *n*; MÉD Friktion *f*; Reibmassage *f*; COIFFEUR Kopfmassage *f* **2** PHYS, TECH Reibung *f*; Friktion *f* **3** *fig* Reibung *f*; Reiberei *f*; ***cause** f* ***de ~*** Anlass *m* zu Reibereien; Reibungsfläche *f*; ***point** m* ***de ~*** Reibungs-, Streitpunkt *m*
frictionner [fʀiksjɔne] **I** *v/t* ein-, abreiben; frottieren **II** *v/pr* ***se ~*** sich ein-, abreiben, (ab)frottieren
fridolin [fʀidɔlɛ̃] *m* F *péj* Deutsche(r) *m*
frigidaire® [fʀiʒidɛʀ] *m* Kühlschrank *m*; F *fig projet etc* ***mettre au ~*** auf Eis legen; einfrieren
frigide [fʀiʒid] *adj femme* frigid(e) **frigidité** *f* Frigidität *f*
frigo [fʀigo] *m* F (*réfrigérateur*) Kühlschrank *m*
frigorifier [fʀigɔʀifje] *v/t* **1** *aliment* einfrieren **2** *adjt personne* F ***être frigorifié*** ganz durchgefroren *ou* durchfroren sein
frigorifique [fʀigɔʀifik] *adj* Kühl…; Gefrier…; Kälte…; ***camion** m*, ***chaîne** f* ***chambre** f* ***~*** Kühlwagen *m*, -kette *f*, -raum *m*; ***machine** f* ***~*** Kältemaschine *f*
frileux [fʀilø] *adj* ⟨**-euse**⟩ **1** *personne* kälteempfindlich; *attitude* fröstelnd; ***être ~*** leicht frieren, frösteln **2** *fig* ängstlich; zaghaft
frimas [fʀimɑ] *poét m/pl* (Rau)Reif *m*
frime [fʀim] *f* F Theater *n*; Mache *f*; ***pour la ~*** (nur) zum Schein; pro forma; ***c'est de la ~*** das ist doch alles nur Theater, Mache; er *etc* tut doch nur so
frimer [fʀime] *v/i* F sich groß aufspielen; angeben **frimeur** *m*, **frimeuse** *f* F Angeber(in) *m(f)*
frimousse [fʀimus] F *f* Gesicht(chen) *n*
fringale [fʀɛ̃gal] F *f* Heißhunger *m* (*a fig*); F Kohldampf *m*; ***j'ai une de ces ~s!*** F hab ich e-n Kohldampf!; *fig* ***avoir une ~ de lecture*** e-n Heißhunger auf Lektüre haben; lesehungrig sein
fringant [fʀɛ̃gɑ̃] *adj* **1** *cheval* feurig **2** *personne* flott; schneidig
fringuer [fʀɛ̃ge] F **I** *v/t* anziehen; *adjt* ***être bien fringué*** gut angezogen, F in Schale sein **II** *v/pr* ***se ~*** sich anziehen
fringues [fʀɛ̃g] *f/pl* F Klamotten *f/pl*
friper [fʀipe] *v/t tissu, vêtement* zerknittern, -knüllen, F -knautschen
friperie [fʀipʀi] *f* **1** (*vieux habits*) Altkleider *n/pl* **2** **a)** *commerce* Altkleiderhandel *m*; **b)** *boutique* Secondhandshop [-'hɛnt-] *m*
fripes [fʀip] F *f/pl* Altkleider *n/pl*; Secondhandkleidung [-'hɛnt-] *f*
fripier [fʀipje] *m*, **fripière** *f* Altkleiderhändler(in) *m(f)*; Trödler(in) *m(f)*
fripon [fʀipõ] F **I** *adj* ⟨**~ne**⟩ schelmisch; spitzbübisch **II** *subst* **~(*ne*)** *m(f) d'un enfant* Schelm *m*; Spitzbube *m*, -bübin *f*; ***petit ~*** kleiner Schelm
fripouille [fʀipuj] F *f* Lump *m*; Schuft *m*; Schurke *m*; Halunke *m*
friqué [fʀike] F *adj* reich; F betucht; ***être ~*** F gut betucht sein
frire [fʀiʀ] ⟨*déf*: **je fris, il frit**; **je frirai**; **frit**⟩ *v/t et v/i* (***faire***) ***~*** (in schwimmendem Fett) backen, braten; frittieren; ***pâte** f* ***à ~*** Ausbackteig *m*; ***poêle** f* ***à ~*** Bratpfanne *f*; → *a* ***frit***
frisant [fʀizɑ̃] *adj lumière* flach einfallend
frisbee [fʀizbi] *m jeu* Frisbee® *n*
frise[1] [fʀiz] *f* **1** **a)** ARCH Fries *m*; **b)** *décoration* (Ornament)Fries *m*; Zierstreifen *m* **2** THÉ Bühnenhimmel *m*
frise[2] [fʀiz] *f* MIL ***cheval** m* ***de ~*** ⟨*pl* **chevaux de ~**⟩ spanischer Reiter
Frise [fʀiz] ***la ~*** Friesland *n*
frisé [fʀize] **I** *adj* **1** *cheveux* lockig; gekräuselt; kraus; gelockt; wellig; *personne* mit gelocktem Haar; kraushaarig; ***cheveux ~s*** *a* Kraushaar *n*; ***être ~ comme un mouton*** → ***mouton*** *1* **2** *feuilles* kraus; gekraust; ***chou ~*** Wirsing *m* **II** *m* **1** *personne* Locken-, Krauskopf *m* **2** F → ***fritz***
Frise-Orientale [fʀizɔʀjɑ̃tal] ***la ~*** Ostfriesland *n*
friser [fʀize] **I** *v/t* **1** *cheveux* wellen; in Wellen legen; locken; kräuseln **2** (*frôler*) ***~ l'impertinence, le ridicule*** *etc* an Unverschämtheit, ans Lächerliche *etc* grenzen; ***il frise la soixantaine*** er ist bald, knapp, an die sechzig (Jahre alt) **II** *v/i cheveux* sich wellen, kräuseln, locken, (k)ringeln; wellig, lockig, kraus sein; *personne* Locken-, Kraushaar bekommen *ou* haben; ***~ naturellement*** von Natur gelocktes Haar haben; Naturwellen, -locken haben
frisette [fʀizɛt] *f* Löckchen *n*; kleine Locke; ***se faire des ~s*** sich (*dat*) Löckchen machen, drehen
frison [fʀizõ] **I** *adj* ⟨**~ne**⟩ friesisch **II** *subst* **1** ***Frison(ne)*** *m(f)* Friese *m*, Friesin *f* **2** LING ***le ~*** das Friesische; Friesisch *n*
Frisonnes [fʀizɔn] ***les îles** f/pl* ***~*** die Friesischen Inseln *f/pl*
frisottant [fʀizɔtɑ̃] *ou* **frisotté** *adj cheveux* sich kräuselnd, (k)ringelnd
frisotter [fʀizɔte] **I** *v/t* ***~ qn*** j-m Löckchen machen, drehen **II** *v/i cheveux* sich kräuseln, (k)ringeln
frisquet [fʀiskɛ] F *adj* ⟨**~te**⟩ frisch; kühl; ***il fait ~*** es ist kühl, frisch
frisson [fʀisõ] *m* Schauder *m*; *st/s* Schauer *m*; *de froid a* Frösteln *n*; Zittern *n*; *de peur, d'excitation a* (Er)Zittern *n*; *st/s* (Er)Beben *n*; *de peur a* Gruseln *n*; MÉD ***~s*** *pl* Schüttelfrost *m*; ***avoir un ~ de terreur*** vor Schrecken (er)zittern; ***donner le ~ à qn*** j-n schaudern, erschauern lassen; ***cela me donne le ~, j'en ai des ~s*** es schaudert mich (dabei); es gruselt mir (davor); es überläuft mich kalt (dabei); mich erfasst, ergreift, überfällt (dabei) ein Schauder
frissonnant [fʀisɔnɑ̃] *adj* schaudernd; erschauernd; (er)zitternd; *st/s* (er)bebend; *de froid a* fröstelnd **frissonnement** *m* Erschauern *n*; Schaudern *n*; (Er)Beben *n*; *de peur a* Gruseln *n*; *des feuilles* Rascheln *n*; Rauschen *n*
frissonner [fʀisɔne] *v/i* **1** erschauern; schaudern; *de froid a* frösteln; *de peur, d'émoi, de froid a* zittern; *st/s* beben; *d'effroi* sich gruseln; ***~ de plaisir*** vor Lust beben; ***faire ~ qn*** j-n erschauern lassen **2** *poét roseau etc* sich (leicht) bewegen, *eau* sich kräuseln (***sous le vent*** im Wind)
frisure [fʀizyʀ] *f des cheveux* Kräuselung *f*
frit [fʀi] *p/p* → ***frire*** *et adj* **1** (in schwimmendem Fett) gebacken, gebraten; frittiert; ***œuf ~*** in Öl gebratenes Spiegelei; ***pommes de terre ~es*** Pommes frites *pl* **2** F *fig* ***il est ~*** F er ist erledigt; es ist aus mit ihm
frite [fʀit] *f* F Fritte *f*; *surtout pl* ***~s*** Pommes frites *pl*; F Pommes ['pɔmɛs] *pl*; Fritten *f/pl*; ***steak** m* ***~s*** (Beef)Steak *n* mit Pommes frites; ***cornet** m* ***de ~s*** Tüte *f* (mit) Pommes frites; F *fig* ***avoir la ~*** in Form sein
friterie [fʀitʀi] *f* Pommes-frites-Stand *m* **friteuse** *f* CUIS Fritteuse *f*
friture [fʀityʀ] *f* **1** CUIS **a)** *action* Braten *n*, Backen *n* (in schwimmendem Fett); **b)** *graisse* (heißes) Aus-

F

backfett; Frittüre *f*; **c)** *poissons* (kleine) gebratene, gebackene Fische *m/pl* **2** RAD, TÉL Störgeräusch *n*; Knattern *n*

fritz [fʀits] *m* F *péj* Deutsche(r) *m*

frivole [fʀivɔl] *adj* **1** *personne* leichtfertig; leichtsinnig; oberflächlich; frivol **2** *lecture, prétexte etc* nichtssagend; *prétexte a* nichtig; *lecture a* leicht; oberflächlich; *spectacle a* gehaltlos

frivolité [fʀivɔlite] *f* **1** *d'une personne* Leichtfertigkeit *f*; Oberflächlichkeit *f*; Leichtsinn *m*; Frivolität *f* **2** *d'une chose* Oberflächlichkeit *f*; Nichtigkeit *f* **3** **~s** *pl* Accessoires *n/pl*; modisches Beiwerk

F

froc [fʀɔk] *m* **1** (Mönchs)Kutte *f*; *fig* ***jeter le ~ aux orties*** *moine* aus dem Orden austreten; *prêtre* den Priesterberuf aufgeben **2** F (*pantalon*) F Büx *f*; Buxe *f*

froid [fʀwa] **I** *adj* ⟨**froide** [fʀwad]⟩ **1** *temps, vent, eau, lieu etc* kalt; kühl; *moteur, mets* kalt; ***chambre ~e*** Kühlraum *m*; ***avoir les mains ~es*** kalte Hände haben; ***boire ~*** kalt, etwas Kaltes trinken; ***manger ~*** kalt essen **2** *personne* (gefühls)kalt; kühl; (*insensible*) gefühllos; kaltherzig; (*indifférent*) gleichgültig; ungerührt; *accueil etc* kühl; frostig; unfreundlich; *colère* kalt; verhalten; ***guerre ~e*** kalter Krieg; ***garder la tête ~e*** e-n kühlen Kopf, kaltes Blut bewahren; ***cela me laisse ~*** das lässt mich kalt; ***rester ~*** gleichgültig, ungerührt bleiben **3** *vêtement* dünn; luftig; leicht; ***être trop ~ pour l'hiver*** *a* für den Winter viel zu kalt sein **4** *loc/adv* ***à ~*** TECH kalt; ***démarrage*** *m* ***à ~*** Kaltstart *m*; *fig* ***s'emporter à ~ sur un sujet*** sich (ganz) plötzlich, unvermittelt über ein Thema ereifern; SPORTS *et fig* ***prendre son adversaire à ~*** s-n Gegner überfahren, überrumpeln, F kalt erwischen **II** *m* **1** Kälte *f*; ***~ artificiel, industriel*** künstliche Kälte; ***les premiers ~s*** die ersten kalten Tage *m/pl ou* Nächte *f/pl*; ***résistance*** *f* ***au ~*** *des êtres vivants* Widerstandsfähigkeit *f* gegen Kälte; TECH Kältebeständigkeit *f*; F ***~ de canard, de loup*** F Hunde-, P Saukälte *f*; F ***il fait un ~ de canard, de loup*** F es ist hunde-, P saukalt; ***vague f de ~*** Kälteeinbruch *m*, -welle *f*; ***attraper, prendre ~*** sich erkälten; F sich verkühlen; ***attraper un coup de ~*** sich (*dat*) e-e Erkältung holen, zuziehen; ***avoir ~*** frieren; ***j'ai ~*** ich friere, es friert mich, mich friert, mir ist kalt (***aux mains*** an den Händen); *fig* ***n'avoir pas ~ aux yeux*** Courage haben; *fig* ***battre ~ à qn*** j-m die kalte Schulter zeigen; j-n links liegen lassen; ***cela me donne ~*** davon *ou* dabei wird es mir (ganz) kalt; ***cela me donne ~ dans le dos*** dabei läuft es mir kalt den Rücken hinunter; F *fig* ***être en ~ avec qn*** auf gespanntem Fuß *ou* nicht gut mit j-m stehen; ***il fait ~*** es ist kalt, kühl; *fig* ***jeter un ~ dans l'assistance*** wie e-e kalte Dusche, ernüchternd, peinlich auf das Publikum wirken; ***mourir de ~*** erfrieren; an Unterkühlung sterben; F *fig* ***on meurt, crève de ~ ici*** F hier ist's hunde-, P saukalt; ***supporter le ~*** (die) Kälte (gut) ertragen **2** TECH Kältetechnik *f*

froidement [fʀwadmɑ̃] *adv* **1** (*avec réserve*) kühl; kalt; (*calmement*) unbewegt; gleichgültig; gelassen; ***accueillir qn ~*** j-n kühl, frostig, reserviert empfangen **2** *tuer qn* kaltblütig **3** *plais*: *comment allez-vous? - ~!* wies einem so geht bei dem Wetter

froideur [fʀwadœʀ] *f* (Gefühls)Kälte *f*; Kühle *f*; Frostigkeit *f*; Reserviertheit *f*; ***être d'une ~ incroyable*** unglaublich kalt, kühl sein

froidure [fʀwadyʀ] *litt f* (Winter)Kälte *f*

froissement [fʀwasmɑ̃] *m* **1** *d'un tissu* (Zer)Knittern *n* **2** *bruit* Rascheln *n*; Knistern *n* **3** MÉD Zerrung *f*; Quetschung *f* **4** *fig* **~s** *pl* Reibereien *f/pl*; Zusammenstöße *m/pl*

froisser [fʀwase] **I** *v/t* **1** *tissu, papier* zerknittern; *papier a* zerknüllen; *tissu a* zerdrücken; F zerknautschen; *adjt* ***tôle froissée*** Blechschaden *m* **2** MÉD *muscle etc* zerren; quetschen **3** *fig* ***~ qn*** j-n kränken, verletzen **II** *v/pr* ***se ~*** **1** *tissu, vêtement* knittern; knüllen; F knautschen **2** ***se ~ un muscle*** sich (*dat*) e-e Muskelzerrung, -quetschung zuziehen **3** *personne* gekränkt, beleidigt sein

frôlement [fʀolmɑ̃] *m* **1** (*effleurement*) Streifen *n*; leichte Berührung **2** *bruit* Knistern *n*; Rascheln *n*

frôler [fʀole] *v/t* **1** (*effleurer*) streifen; leicht berühren **2** (*raser*) (ganz) nahe vorbeigehen *ou* -fahren (***qn, qc*** an j-m, etw) **3** *fig* ***~ l'accident*** fast, um ein Haar e-n Unfall haben; ***~ la catastrophe, la mort*** knapp, mit knapper Not e-r Katastrophe, dem Tod entgehen

fromage [fʀɔmaʒ] *m* **1** Käse *m*; ***~ blanc*** Quark *m*; *österr* Topfen *m*; ***~ double crème*** Doppelrahmkäse *m*; ***~ fondu, frais*** Schmelz-, Frischkäse *m*; ***~ à pâte molle, à pâte pressée*** *ou* ***à pâte ferme*** Weich-, Hartkäse *m*; ***~ de brebis, de chèvre*** Schaf(s)-, Ziegenkäse *m*; ***soufflé*** *m* ***au ~*** Käseauflauf *m* **2** ***~ de tête*** Schweinskopfsülze *f* **3** F *fig*: ***avoir un bon ~*** an der Futterkrippe sitzen; ***en faire (tout) un ~*** die Sache mächtig aufbauschen

fromager [fʀɔmaʒe] **I** *adj* ⟨**-ère**⟩ Käse...; ***industrie fromagère*** Käseindustrie *f* **II** *m* **1** **a)** *marchand* Käsehändler *m*; **b)** *fabricant* Käsehersteller *m* **2** BOT Kapokbaum *m*

fromagerie [fʀɔmaʒʀi] *f* Käserei *f*

from(e)gi [fʀɔmʒi] *m* F (*fromage*) Käse *m*

froment [fʀɔmɑ̃] *m* Weizen *m*; ***farine*** *f* ***de ~*** Weizenmehl *n*

from(e)ton [fʀɔmtõ] *m* F (*fromage*) Käse *m*

fronce [fʀõs] *f* COUT Kräuselfalte *f*; Reihfältchen *n*

froncement [fʀõsmɑ̃] *m* ***~ des sourcils*** Stirnrunzeln *n*

froncer [fʀõse] *v/t* ⟨-ç-⟩ **1** ***~ les sourcils*** die Stirn runzeln **2** COUT kräuseln; fälteln; (an)reihen; zusammenziehen; *adjt* ***jupe froncée*** (an)gereihter, gereihtener Rock

frondaison [fʀõdɛzõ] *litt f* Laub-, Blattwerk *n*

fronde [fʀõd] *f* **1** Schleuder *f* **2** HIST ***la Fronde*** *Aufstand gegen Mazarin* **3** *par ext* ***esprit*** *m* ***de ~*** Geist *m* des Aufruhrs

frondeur [fʀõdœʀ] **I** *m* HIST *et fig* Frondeur *m*; *fig a* scharfer Kritiker der Regierung, der Autorität **II** *adj* ⟨**-euse**⟩ aufrührerisch; aufsässig; ***esprit ~*** Widerspruchsgeist *m*; aufrührerischer Geist; ***propos ~s*** kritische Reden *f/pl*

front [fʀõ] *m* **1** ANAT Stirn *f*; *loc/adv* ***le ~ baissé, 'haut*** gesenkten, erhobenen Hauptes; *st/s* ***avoir le ~ de faire qc*** die Stirn haben, sich erdreisten, sich unterstehen, etw zu tun; *fig*: ***courber le ~*** sich fügen, beugen, unterordnen, unterwerfen; ***faire ~ à qn, qc*** j-m die Stirn bieten; j-m, e-r Sache trotzen; sich j-m, e-r Sache widersetzen; gegen j-n, etw Front machen **2** MIL *et* POL Front *f*; ***Front islamique du salut*** Islamische Heilsfront; ***Front national***

rechtsextreme frz Partei; ***Front populaire*** Volksfront *f*; ***Front de libération nationale*** (*abr* ***FLN***) Nationale Befreiungsfront; ***guerre f sur deux, plusieurs ~s*** Zweifronten-, Mehrfrontenkrieg *m*; ***aller, monter au ~*** an die Front gehen; ***être au, sur le ~*** an der Front sein, stehen; ***mourir, tomber au ~*** an der Front fallen **3** MÉTÉO ***~ chaud, froid*** Warm-, Kaltfront *f* **4** *d'une construction* (Vorder)Front *f*; Stirn-, Vorderseite *f*; *par ext*: ***~ de mer*** am Meer entlangführende Straße; ***~ de Seine*** Häuserfront *f* an der Seine **5** *loc/adv* ***de ~*** frontal; von vorn; *fig* (ganz) direkt; ohne Umschweife; *marcher, rouler* nebeneinander; auf gleicher Höhe; *voitures* ***se heurter de ~*** frontal zusammenstoßen; e-n Frontalzusammenstoß haben; MIL ***attaque f de ~*** Frontalangriff *m*; ***aborder un problème de ~*** ein Problem direkt angehen; *voitures etc* ***rouler de ~*** nebeneinander, auf gleicher Höhe fahren; ***mener de ~*** gleichzeitig ausüben, betreiben

frontal [fʀõtal] *adj* ⟨**-aux**⟩ **1** ANAT Stirn…; ***os ~*** *ou subst* ***~ m*** Stirnbein *n* **2** ***collision ~e*** Frontalzusammenstoß *m*

frontalier [fʀõtalje] **I** *adj* ⟨**-ière**⟩ Grenz…; ***population frontalière*** Grenzbevölkerung *f*; ***trafic ~*** (kleiner) Grenzverkehr; ***travailleur ~*** Grenzgänger *m*; ***ville, zone frontalière*** Grenzstadt *f*, -gebiet *n ou* -land *n* **II** *m* Grenzbewohner *m*

frontière [fʀõtjɛʀ] *f* **1** Grenze *f*; ***~ linguistique*** Sprachgrenze *f*; ***~ naturelle*** natürliche Grenze; *fig* ***les ~s du savoir*** die Grenzen des Wissens; ***fermeture f des ~s*** Schließung *f* der Grenzen; Grenzsperre *f*; ***incident*** *m* ***de ~*** Grenzzwischenfall *m*; ***passage*** *m* ***de la ~*** Grenzübertritt *m*, -überschreitung *f*; *loc/adv*: ***à la ~*** an der Grenze; ***au-delà des ~s*** jenseits der Grenzen; ***dans nos ~s*** innerhalb unserer Grenzen; ***franchir, passer la ~*** über die Grenze gehen; die Grenze überschreiten, passieren; ***reconduire à la ~*** über die Grenze abschieben **2** *adjt* ⟨*inv*⟩ Grenz…; ***garde*** *m* ***~*** Grenzwache *f*, -posten *m*; Grenzer *m*; ***gare*** *f*, ***poste*** *m*, ***ville*** *f* ***~*** Grenzstation *f*, -übergang *m*, -stadt *f*

frontispice [fʀõtispis] *m* TYPO **1** Titelblatt *n* **2** Frontispiz *n*; Titelbild *n*

fronton [fʀõtõ] *m* **1** ARCH Giebeldreieck *n*, -feld *n*; Frontispiz *n* **2** PELOTE BASQUE Mauer *f*

frottage [fʀɔtaʒ] *m* Reiben *n*; Scheuern *n*; *du parquet* Bohnern *n*; Wienern *n*

frottement [fʀɔtmɑ̃] *m* **1** Reiben *n*; Reibung *f* (*a* PHYS, TECH); Aneinander-, Abreiben *n*; Frottieren *n*; ***usure f par ~*** Reibungsabnutzung *f*; Abnutzung *f* durch Reibung **2** *fig* ***~s*** *pl* Reibereien *f/pl*; Schwierigkeiten *f/pl*

frotter [fʀɔte] **I** *v/t* **1** (ab)reiben; frottieren; F (ab)rubbeln; *allumette* anzünden; anreißen; ***~ qc à l'émeri*** etw (ab)schmirgeln; ***~ son doigt sur la table*** mit dem Finger über den Tisch reiben; ***~ qn pour le réchauffer, sécher*** j-n warm reiben, trocken reiben; *adjt* ***instrument*** *m* ***à cordes frottées*** Streichinstrument *n* **2** *sol* scheuern; schrubben; *cuivre, vitres* blank reiben, putzen; ***~ le parquet*** das Parkett bohnern, wienern **II** *v/i* (aneinander)reiben; scheuern; ***roue f qui frotte contre l'aile*** am Kotflügel reibendes Rad **III** *v/pr* **1** **a)** ***se ~*** sich abreiben, frottieren; **b)** ***se ~ les mains, les yeux*** sich (*dat*) die Hände, die Augen reiben **2** *fig* **a)** ***se ~ à qn*** sich an j-m reiben; sich mit j-m anlegen; **b)** ***se ~ à qc*** sich e-e Zeit lang mit etw beschäftigen; F in etw (*acc*) hineinriechen; ***ne vous y frottez pas!*** lassen Sie die Finger davon!; *prov* ***qui s'y frotte s'y pique*** wer nicht hören will, muss fühlen (*prov*)

frottis [fʀɔti] *m* **1** PEINT dünner Farbauftrag **2** BIOL, MÉD Ausstrich *m*

frottoir [fʀɔtwaʀ] *m d'une boîte d'allumettes etc* Reibfläche *f*

frou-frou *ou* **froufrou** [fʀufʀu] *m d'une robe de soie etc* Rascheln *n*; Rauschen *n*; Knistern *n*; Froufrou *m ou n*

froufroutant [fʀufʀutɑ̃] *adj* raschelnd; knisternd

froufrouter *v/i* rascheln; rauschen; knistern

froussard [fʀusaʀ] F **I** *adj* ängstlich; bang(e); furchtsam; ***être ~*** F ein Angsthase sein **II** *subst* ***~(e)*** *m(f)* F Angsthase *m*; *nordd* Bangbüx(e) *f*

frousse [fʀus] *f* F Heidenangst *f*; Bammel *m*; P Schiss *m*; ***avoir la ~*** F (e-n) Bammel, (e-e) Heidenangst, P Schiss haben

fructifère [fʀyktifɛʀ] *adj* BOT fruchttragend; Frucht…

fructification [fʀyktifikasjõ] *f* BOT **1** Fruchtbildung *f*, -ansatz *m* **2** Fruchtstand *m* **3** *des cryptogames* Fortpflanzungsorgane *n/pl*

fructifier [fʀyktifje] *v/i* **1** *arbres etc* Früchte tragen (*a fig*), bilden, hervorbringen; *terre* ertragreich sein **2** COMM Zinsen abwerfen, bringen, tragen; ***faire ~ son argent*** sein Geld verzinslich, zinsbringend, gewinnbringend anlegen

fructose [fʀyktoz] *m* CHIM Fruchtzucker *m*; *sc* Fructose *f*

fructueux [fʀyktɥø] *adj* ⟨**-euse**⟩ *commerce, spéculation etc* einträglich; gewinnbringend; vorteilhaft; ***collaboration fructueuse*** fruchtbare, erfolgreiche Zusammenarbeit

frugal [fʀygal] *adj* ⟨**-aux**⟩ **1** *nourriture, repas* frugal; einfach; karg; kärglich **2** *personne* genügsam; mäßig; enthaltsam; anspruchslos; *vie* einfach; karg

frugalité *f* **1** *d'un repas etc* Einfachheit *f*; Kargheit *f*; Kärglichkeit *f*; Frugalität *f* **2** *d'une personne* Genügsamkeit *f*; Mäßigkeit *f*; Enthaltsamkeit *f*; Anspruchslosigkeit *f*

fruit [fʀɥi] *m* **1** Frucht *f*; *pl* ***~s*** *a* Obst *n*; BIBL *et fig* ***le ~ défendu*** die verbotene Frucht; ***l'attrait*** *m* ***du ~ défendu*** der Reiz des Verbotenen; ***~s secs*** Dörr-, Trocken-, Backobst *n*; *fig d'une personne* ***un ~ sec*** ein Versager *m*; F e-e Niete; e-e taube Nuss; ***~s tropicaux*** Südfrüchte *f/pl*; ***~ vert*** unreife, grüne Frucht; *fig* sehr junges Mädchen; ***~s à noyau, à pépins*** Stein-, Kernobst *n*; *prov* ***c'est au ~ qu'on connaît l'arbre*** an der Frucht erkennt man den Baum; BIBL an ihren Früchten sollt ihr sie erkennen **2** ***~s de mer*** Meeresfrüchte *f/pl*; Krusten- und Schalentiere *n/pl* **3** *fig* Frucht *f*; Folge *f*; Ergebnis *n*; *litt* ***~ de l'amour*** Frucht, Kind *n* der Liebe; ***~ de profondes réflexions*** Ergebnis gründlicher Überlegungen; ***le ~ d'une vie de travail*** die Früchte e-s arbeitsreichen Lebens; ***porter ses ~s*** Früchte tragen; Folgen zeitigen, haben

fruité [fʀɥite] *adj* mit Fruchtgeschmack; *vin* fruchtig; ***goût ~*** Fruchtgeschmack *m*

fruiterie [fʀɥitʀi] *f* Obstgeschäft *n*

fruitier [fʀɥitje] *adj* ⟨**-ière**⟩ Obst…; Frucht…; ***arbre ~*** Obstbaum *m*

F

fruitière [fʀɥitjɛʀ] *f dans le Jura et en Savoie* **a)** Milchverwertungs-, Molkereigenossenschaft *f*; **b)** Käserei *f*

frusques [fʀysk] F *f/pl* (alte) Kleider *n/pl*, F Klamotten *f/pl*

fruste [fʀyst] *adj* 1 *personne, manières* ungeschliffen; ungehobelt; grob; plump 2 *médaille* abgegriffen; ***statue*** *f* **~** verwitterte Statue

frustrant [fʀystʀɑ̃] *adj* frustrierend

frustration [fʀystʀasjõ] *f* 1 Frustration *f*; Frustriertheit *f*; F Frust *m*; *par ext* Enttäuschung *f* 2 *d'un héritier* Benachteiligung *f*

frustrer [fʀystʀe] *v/t* 1 frustrieren; (*décevoir*) enttäuschen; *espoirs* vereiteln; enttäuschen; ***~ qn dans ses espoirs*** j-n in s-n Erwartungen, j-s Erwartungen enttäuschen; *adjt* ***frustré*** frustriert 2 ***~ qn de qc*** j-n um etw bringen, betrügen

FS *abr* (*franc*[*s*] *suisse*[*s*]) Fr *ou* sFr *ou* sfr (*pl* sfrs) (Schweizer Franken)

fuchsia [fyʃja] *m* BOT Fuchsie *f*

fucus [fykys] *m* BOT Ledertang *m*

fuégien [fɥeʒjɛ̃] **I** *adj* ⟨**~ne**⟩ feuerländisch **II** *subst* ***Fuégien(ne)*** *m(f)* Feuerländer(in) *m(f)*

fuel [fjul] *m* Heizöl *n*

fugace [fygas] *litt adj* flüchtig; von kurzer Dauer; vergänglich **fugacité** *litt f* Flüchtigkeit *f*; kurze Dauer

fugitif [fyʒitif] **I** *adj* ⟨**-ive**⟩ 1 *personne* flüchtig 2 *pensée, impression, mouvement* flüchtig; *bonheur* (von) kurz(er Dauer); ***beauté fugitive*** vergängliche, rasch verblühende Schönheit; ***ombres fugitives*** fliehende Schatten *m/pl* **II** *subst* **~, *fugitive*** *m,f* Flüchtige(r) *f(m)*; Flüchtling *m*

fugue [fyg] *f* 1 MUS Fuge *f* 2 *d'enfant, d'adolescent* Ausreißen *n*; ***faire une ~*** ausreißen; weg-, fort-, davonlaufen

fugué [fyge] *adj* MUS in der Art e-r Fuge; fugiert

fuguer [fyge] *v/i* F ausreißen **fugueur** *m*, **fugueuse** *f* Ausreißer(in) *m(f)*

führer [fyʀœʀ] *m* POL Führer *m* (*Hitler*)

fuir [fɥiʀ] ⟨**je fuis, il fuit, nous fuyons; je fuyais; je fuis; je fuirai; que je fuie; fuyant; fui**⟩ **I** *v/t* ***~ qn, qc*** j-m, e-r Sache aus dem Weg(e) gehen; j-n, etw meiden; *st/s* j-n, etw fliehen; ***~ un danger*** e-r Gefahr ausweichen; ***~ un régime*** e-m Regime entfliehen; ***~ les responsabilités*** die Verantwortung scheuen **II** *v/i* 1 fliehen, flüchten (***devant qn*** vor j-m; ***devant le danger*** vor der Gefahr); ***faire ~ qn*** j-n vertreiben 2 *fig et litt beaux jours* dahineilen, -schwinden; verfliegen; *litt* fliehen 3 *liquide* (durch e-e undichte Stelle) rinnen, auslaufen, *gaz* ausströmen (***de*** aus) 4 *récipient* leck sein; lecken; e-e undichte Stelle haben; undicht sein; rinnen; *robinet* tropfen; *robinet de gaz* undicht sein 5 *lignes etc* in die Tiefe laufen; sich verjüngen

fuite [fɥit] *f* 1 Flucht *f* (***devant*** vor +*dat*); *fig* ***~ en avant*** Flucht nach vorn; JUR ***délit*** *m* ***de ~*** Fahrer-, Unfallflucht *f*; ***tentative*** *f* ***de ~*** Fluchtversuch *m*; *loc/adv* ***dans sa ~*** auf der Flucht; *loc/adj* ***en ~*** auf der Flucht; fliehend; *prisonnier* flüchtig; ***être en ~*** auf der Flucht *ou* flüchtig sein; ***mettre en ~*** in die Flucht schlagen; ***prendre la ~*** die Flucht ergreifen 2 *fig*: ÉCON ***~ des capitaux*** Kapitalflucht *f*; ***la ~ du temps*** die dahineilende, verfliegende Zeit 3 *de liquide* Auslaufen *n*, *de gaz* Ausströmen *n* (aus e-r undichten Stelle); ***il y a une ~ de gaz*** es strömt Gas aus 4 (*fissure*) undichte Stelle; Leck *n*; ***il y a une ~*** das Rohr ist nicht dicht 5 *fig* (*indiscrétion*) Indiskretion *f*; Geheimnisverrat *m*; ***il y a eu des ~s*** es gab Indiskretionen 6 *perspective* ***ligne*** *f* ***de ~*** Fluchtlinie *f*; ***point*** *m* ***de ~*** Fluchtpunkt *m*

Fuji Yama [fuʒijama] ***le ~*** der Fudschijama

fulgurant [fylgyʀɑ̃] *adj* 1 *regard* funkelnd; leuchtend; *clarté* gleißend; grell 2 *douleur* stechend 3 *réponse* blitzschnell und scharf; *vitesse, progrès* F rasant **fulguration** *f* 1 PHYS Wetterleuchten *n* 2 *fig et litt* Blitzen *n*; Funkeln *n*; Gleißen *n*

fuligineux [fyliʒinø] *adj* ⟨**-euse**⟩ rußig; Ruß…; *flamme* rußend

full [ful] *m au poker* Full House ['ful'haus] *n*

fulminant [fylminɑ̃] *adj* 1 *personne* wütend; tobend; ***lettre ~e*** wütender Brief; ***regard ~*** wütender, drohender Blick 2 CHIM Knall…

fulmination [fylminasjõ] *f* ÉGL CATH Schleudern *n* (*des Bannfluches*)

fulminer [fylmine] **I** *v/t reproches* ***~ contre qn*** j-m entgegenschleudern **II** *v/i* 1 *personne* wettern; toben; schimpfen (***contre*** auf +*acc*); F (los)donnern (gegen) 2 CHIM detonieren; explodieren

fumage [fymaʒ] *m ou* **fumaison** *f* 1 *d'aliments* Räuchern *n* 2 AGR Düngen *n* mit Mist

fumant [fymɑ̃] *adj* 1 *cendres, cheminée etc* rauchend; ***soupe ~e*** dampfende Suppe 2 F *fig* ***~ de colère*** kochend vor Zorn; wutschnaubend 3 F ***réussir un coup ~*** e-n tollen Coup landen; *malfaiteur* ein tolles Ding drehen

fumasse [fymas] *adj* F → ***furax***

Fumay [fymɛ] *Stadt im Dep. Ardennes*

fumé [fyme] *adj* 1 *aliment* geräuchert; Räucher…; ***jambon, lard ~*** geräucherter Schinken, Speck; Räucherschinken *m*, -speck *m* 2 ***verres ~s*** dunkle Brille(ngläser) *f(n/pl)*

fume-cigare [fymsigaʀ] *m* ⟨*inv*⟩ Zigarrenspitze *f*
fume-cigarette *m* ⟨*inv*⟩ Zigarettenspitze *f*

fumée [fyme] *f* 1 Rauch *m*; ***~ épaisse*** Qualm *m*; dicker, dichter Rauch; ***~ du tabac*** Tabakrauch *m*; *mur* ***noir de ~*** rauchgeschwärzt; *fig* ***s'en aller, se dissiper, s'évanouir en ~*** *projets* in Rauch aufgehen; *fortune* sich in nichts auflösen; zerrinnen; *fumeur* ***avaler la ~*** auf Lunge rauchen; Lungenzüge machen; ***la ~ ne vous dérange pas?*** stört es Sie, wenn ich rauche?; *prov* ***il n'y a pas de ~ sans feu*** wo Rauch ist, ist auch Feuer (*prov*); kein Rauch ohne Feuer (*prov*) 2 (*vapeur*) Dunst *m*; Dampf *m*

fumer [fyme] **I** *v/t* 1 *tabac, drogue* rauchen (*a abs*); ***~ une cigarette*** e-e Zigarette rauchen; ***~ la cigarette, le cigare, la pipe*** Zigaretten, Zigarren, Pfeife rauchen; ***défense de ~*** Rauchen verboten!; *voulez-vous une cigarette?* - ***merci, je ne fume pas*** danke, ich bin Nichtraucher; ***arrêter, cesser de ~*** das Rauchen aufgeben; sich (*dat*) das Rauchen abgewöhnen 2 *aliment* räuchern 3 AGR (mit Mist) düngen; misten **II** *v/i* 1 *cendres, cheminée etc* rauchen; *p/fort* qualmen 2 *soupe, cheval en nage etc* dampfen 3 F *personne* toben; schäumen, kochen vor Wut

fumerie [fymʀi] *f* Opiumhöhle *f*

fumerolle [fymʀɔl] *f* GÉOL Fumarole *f*

fûmes [fym] → ***être***[1]

fumet [fymɛ] *m* 1 CUIS Bratenduft *m* 2 *par ext*

(*odeur*) Duft *m*; Aroma *n*; Geruch *m* **3** CH Witterung *f*; Wildgeruch *m*

fumeur [fymœʀ] *m*, **fumeuse** *f* Raucher(in) *m(f)*; MÉD ***cancer*** *m* ***des fumeurs*** Raucherkrebs *m*; ***compartiment*** *m* **(*non*)** ***fumeurs*** (Nicht)Raucherabteil *n*

fumeux [fymø] *adj* ⟨**-euse**⟩ **1** *idées* verschwommen; nebulös; ***esprit ~*** Wirrkopf *m*; ***explications fumeuses*** verworrene Erklärungen *f/pl* **2** *flamme etc* rauchend

fumier [fymje] *m* **1** AGR (Stall)Mist *m*; Stalldünger *m*, -dung *m*; ***tas*** *m* ***de ~*** Mist-, Dunghaufen *m*; ***épandre du ~*** Mist streuen **2** *injure* P Mistvieh *n*; Miststück *n*; *pour un homme a* Mist-, Saukerl *m*

fumigateur [fymigatœʀ] *m* MÉD, AGR Räucherapparat *m* **fumigation** *f* MÉD, AGR Räuchern *n*; AGR *a* Begasung *f*; *d'un lieu* Ausräucherung *f*

fumigène [fymiʒɛn] *adj* Rauch entwickelnd; Rauch…; MIL ***bombe*** *f* **~** Rauch-, Nebelbombe *f*

fumiste [fymist] **1** *m ouvrier* Ofensetzer *m* **2** *m,f* ***c'est un*** **(*une*)** **~** er (sie) hält die Leute zum Narren; (*paresseux*) er (sie) reißt sich (*dat*) kein Bein aus

fumisterie [fymistəʀi] F *f* Bluff *m*; Schwindel *m*; ***une vaste ~*** ein aufgelegter Schwindel

fumivore [fymivɔʀ] **I** *adj* rauchverzehrend **II** *m* Rauchverzehrer *m*

fumoir [fymwaʀ] *m* **1** *pour aliments* Räucherkammer *f* **2** Rauchsalon *m*

funambule [fynɑ̃byl] *m,f* Seiltänzer(in) *m(f)*

funambulesque [fynɑ̃bylɛsk] *adj projets* verstiegen; ausgefallen

funèbre [fynɛbʀ] *adj* **1** Bestattungs…; Begräbnis…; Beerdigungs…; Trauer…; Leichen…; Toten…; ***cérémonie*** *f* **~** Bestattungs-, Beisetzungsfeier *f*; ***cortège*** *m* **~** Trauerzug *m*; ***pompes*** *f/pl* **~*s*** Bestattungs-, Beerdigungsinstitut *n*; ***veillée*** *f* **~** Totenwache *f* **2** *fig mine* traurig; *voix* unheimlich; *couleur, pensées* düster; ***air*** *m* **~** *a* Trauer-, Leichenbittermiene *f*

funérailles [fyneʀɑj] *f/pl* Bestattung *f*; Beisetzung *f*; Begräbnis *n*; Leichenbegängnis *n*; Beerdigung *f*; **~ *nationales*** Staatsbegräbnis *n*

funéraire [fyneʀɛʀ] *adj* **1** Grab…; ***dalle*** *f*, ***pierre*** *f*, ***urne*** *f* **~** Grabplatte *f*, -stein *m*, -urne *f* **2** Bestattungs…; Begräbnis…; ***drap*** *m* **~** Bahrtuch *n*

funérarium [fyneʀaʀjɔm] *m* Leichenhalle *f*

funeste [fynɛst] *adj conséquences, conseil, erreur* verhängnisvoll (**à** für); *st/s* unheilvoll; Unheil bringend; *influence* verderblich; **~ *pressentiment*** dunkle Vorahnung; *son audace* ***lui a été ~*** wurde ihm zum Verhängnis

funiculaire [fynikylɛʀ] *m* (Stand)Seilbahn *f*

fur [fyʀ] **a)** *loc/adv* ***au ~ et à mesure*** nach und nach; eins nach dem andern; **b)** *loc/conj* ***au ~ et à mesure que*** in dem Maße, wie; ***au ~ et à mesure que l'heure avançait …*** je weiter die Zeit vorrückte …; **c)** *loc/prép* ***au ~ et à mesure de*** je nach

furax [fyʀaks] F *adj* ⟨*inv*⟩ wütend; F wild; ***être ~*** *a* F (e-e) Wut im Bauch haben

furent [fyʀ] → ***être***[1]

furet [fyʀɛ] *m* **1** zo Frettchen *n* **2** *jeu de société* Taler, Taler, du musst wandern

fureter [fyʀte] *v/i* ⟨**-è-**⟩ (herum)schnüffeln; *dans une librairie* (herum)schmökern; **~ *partout*** überall herumschnüffeln

fureteur [fyʀtœʀ], **fureteuse** **I** *m,f* Schnüffler(in) *m(f)* **II** *adj* ***des yeux fureteurs*** neugierig blickende Augen *n/pl*

fureur [fyʀœʀ] *f* **1** Wut *f*; Raserei *f*; *des combats* Verbissenheit *f*; Heftigkeit *f*; *poét* ***la ~ des flots*** das Toben der Wogen; ***accès*** *m*, ***crise*** *f* ***de ~*** Wutanfall *m*, -ausbruch *m*; ***se battre avec ~*** verbissen kämpfen; ***il entra dans une ~ noire*** er bekam, es packte ihn e-e blinde, sinnlose Wut; er wurde maßlos wütend; er begann zu toben, rasen; ***être dans une ~ noire*** von e-r blinden, sinnlosen Wut gepackt sein; maßlos wütend sein **2** *fig* **~ *du jeu, de lire*** Spiel-, Lesewut *f*; **~ *de vivre*** Lebensgier *f*; *spectacle, chanson, mode* ***faire ~*** großen Erfolg haben; der (große) Schlager sein; Furore machen

furibard [fyʀibaʀ] *adj* F → ***furibond***

furibond [fyʀibõ] *adj* ⟨**-bonde** [-bõd]⟩ *personne, regard, air* wütend; zornig; grimmig; wild; *personne a* wutschnaubend; wutschäumend; wutentbrannt; ***rouler des yeux ~s*** wütend die Augen rollen

furie [fyʀi] *f* **1** MYTH *et fig d'une femme* Furie *f* **2** (*fureur*) (helle, unbändige) Wut; Raserei *f*; *loc/adj* ***en ~*** wütend; wild geworden; *poét mer* tobend; ***attaquer avec ~*** ungestüm, heftig, wütend angreifen

furieux [fyʀjø] *adj* ⟨**-euse**⟩ **1** *personne* wütend (*a animal*); zornig; aufgebracht; erbost; erbittert; *regard, air, geste* wütend; zornig; ***être ~ contre qn*** auf j-n wütend sein; ***il est ~ que …*** (*+subj*) er ist wütend *etc* darüber, dass … **2** *fig attaque* wütend; heftig; erbittert; *envie* heftig; ***appétit ~*** unbändiger Appetit **3** ***fou ~*** Tobsüchtige(r) *m*; ***folie furieuse*** Tobsucht *f*

furoncle [fyʀõkl] *m* Furunkel *m*

furonculeux [fyʀõkylø] *adj* ⟨**-euse**⟩ **1** furunkelartig; furunkulös **2** *personne* mit Furunkeln behaftet; an Furunkulose leidend **furonculose** *f* MÉD Furunkulose *f*

furtif [fyʀtif] *adj* ⟨**-ive**⟩ *regard, geste* verstohlen; heimlich; unauffällig; MIL ***avion ~*** Tarnkappenflugzeug *n*; ***sourire ~*** flüchtiges Lächeln; ***entrer d'un pas ~*** sich herein- *ou* hineinschleichen; ***glisser une main furtive dans qc*** heimlich in etw (*acc*) greifen

furtivement [fyʀtivmɑ̃] *adv* heimlich; ***s'en aller ~*** sich davonschleichen, -stehlen; ***regarder ~ qn*** j-n verstohlen ansehen

fus [fy] → ***être***[1]

fusain [fyzɛ̃] *m* **1** BOT Spindelbaum *m* **2** (*charbon pour dessiner*) (Zeichen)Kohle *f* **3** *dessin* Kohlezeichnung *f*

fusant [fyzɑ̃] *adj* MIL ***obus ~*** *ou subst* **~** *m* Brennzündergranate *f*

fuseau [fyzo] *m* ⟨*pl* **~x**⟩ **1** *pour filer* Spindel *f*; *loc/adj* ***en ~*** spindelförmig **2** ***dentelle*** *f* ***aux ~x*** Klöppelspitze *f* **3** **~** *ou adjt* ***pantalon*** *m* **~** Steg-, Keilhose *f* **4** GÉOGR **~ *horaire*** Zeitzone *f*

fusée [fyze] *f* **1** Rakete *f*; **~ *éclairante*** Leuchtrakete *f*; **~ *porteuse*** Trägerrakete *f*; ***rampe*** *f* ***de lancement de ~s*** Raketenabschussrampe *f* **2** AUTO Achsschenkel *m* **3** *d'une grenade, d'une bombe* Zünder *m*

fuselage [fyzlaʒ] *m* AVIAT Rumpf *m*

fuselé [fyzle] *adj* spindelförmig; *doigts, jambes* schlank (und wohlgeformt); AVIAT stromlinienförmig

fuser [fyze] *v/i* **1** *pièce de feu d'artifice* unter Zi-

F

schen abbrennen; *substances chimiques* knisternd verbrennen **2** *fig rires, cris* erschallen; ertönen; sich erheben; aufsteigen

fusible [fyzibl] **I** *adj* schmelzbar **II** *m* ÉLECT (Schmelz)Sicherung *f*

fusil [fyzi] *m* **1** MIL Gewehr *n*; HIST Flinte *f*; **~ mitrailleur** leichtes Maschinengewehr; **~ (à chargement) automatique** Selbstladegewehr *n*; Selbstlader *m*; **~ à air comprimé** Luftgewehr *n*; **~ à lunette** Gewehr mit Zielfernrohr; **~ de chasse** Jagdgewehr *n*; *à plomb* (Jagd)Flinte *f*; *à balles* Büchse *f*; **coup** *m* **de ~** a) Gewehr-, Büchsenschuss *m*; b) F *fig dans un restaurant etc* F gesalzene Rechnung; Nepp *m*; **tirer un coup de ~** e-n (Gewehr)Schuss abgeben; *fig* **changer son ~ d'épaule** umschwenken; s-e Ansicht, Pläne ändern; POL in das andere Lager überwechseln **2** *fig personne* **un excellent ~** ein ausgezeichneter Schütze

fusilier [fyzi(l)je] *m* MIL **~ marin** Marineinfanterist *m*

fusillade [fyzijad] *f* Schießerei *f*; Schusswechsel *m*; **une ~ a éclaté** es kam zu e-r Schießerei, zu e-m Schusswechsel

fusiller [fyzije] *v/t* **1** erschießen; **faire ~ qn** j-n erschießen lassen **2** *fig* **~ qn du regard** j-m vernichtende Blicke zuwerfen **3** F *fig machine, voiture* F kaputt machen

fusion [fyzjõ] *f* **1** PHYS, MÉTALL Schmelzen *n*; **point** *m*, **température** *f* **de ~** Schmelzpunkt *m*, -temperatur *f*; *loc/adj* **en ~** schmelzflüssig; in geschmolzenem Zustand; **entrer en ~** zu schmelzen beginnen; flüssig werden **2** NUCL **~ nucléaire** Kernfusion *f*, -verschmelzung *f* **3** ÉCON *d'entreprises* Fusion *f*; Zusammenschluss *m* (*a* POL *de partis*) **4** *fig de systèmes, de races etc* Verschmelzung *f*

fusionnement [fyzjɔnmɑ̃] *m* ÉCON Fusionierung *f*; Zusammenschluss *m* **fusionner** **I** *v/t surtout* ÉCON zusammenschließen, -legen **II** *v/i* fusionieren; sich zusammenschließen; ineinander aufgehen

fusse [fys] → **être**[1]

fustiger [fystiʒe] *v/t* ⟨**-geons**⟩ **1** HIST auspeitschen **2** *fig et litt* geißeln

fut, fût[1] [fy] → **être**[1]

fût[2] [fy] *m* **1** *d'un arbre* Stamm *m* **2** *d'une colonne* Schaft *m* **3** *d'un fusil* Schaft *m* **4** (*tonneau*) Fass *n*; **sentir le ~, avoir pris un goût de ~** nach (dem) Fass schmecken

futaie [fytɛ] *f* (**'haute**) **~** Hochwald *m*

futaille [fytɑj] *f* **1** Fass *n* **2** *coll* Fässer *n/pl*

futé [fyte] **I** *adj personne, air* pfiffig; schlau; verschmitzt; *personne a* gewitzt; gerissen; gerieben; durchtrieben; mit allen Wassern gewaschen **II** *subst* **~(e)** *m(f)* pfiffiger *etc* Bursche; schlauer Fuchs; F schlaues Weib; Schlauberger *m*; Schlaumeier *m*; **un petit ~** ein pfiffiges Kerlchen

fûtes [fyt] → **être**[1]

futile [fytil] *adj* **1** *conversation etc* belanglos; bedeutungslos; unwichtig; unwesentlich; *propos a* nichtssagend; leer; *raisons a* nichtig; **distractions** *f/pl* **~s** leerer, nutz-, wertloser Zeitvertreib; **prétexte** *m* **~** nichtiger Vorwand; **s'occuper de choses ~s** sich mit belanglosen, unbedeutenden, nebensächlichen Dingen beschäftigen **2** *personne* belanglosen, unwesentlichen Dingen zugetan; oberflächlich

futilité [fytilite] *f* **1** *des propos* Belanglosigkeit *f*; Bedeutungslosigkeit *f*; *des raisons* Nichtigkeit *f*; *d'une activité* Wertlosigkeit *f*; Nutzlosigkeit *f*; *d'une vie* Inhaltslosigkeit *f*; *d'une personne* Oberflächlichkeit *f* **2** *pl* **~s** Belanglosigkeiten *f/pl*; Nichtigkeiten *f/pl*; *propos* belangloses Zeug; nichtssagende Dinge *n/pl*; **dire des ~s** Belanglosigkeiten, belangloses Zeug, nichtssagende Dinge reden

futur [fytyʀ] **I** *adj* zukünftige(r, -s); künftige(r, -s); kommende(r, -s); spätere(r, -s); **générations ~es** künftige, kommende Generationen *f/pl*, Geschlechter *n/pl*; **~e mère** werdende Mutter; **temps ~s** (zu)künftige, kommende Zeiten *f/pl*; REL **vie ~e** zukünftiges Leben **II** *subst* **1** **~(e)** *m(f)* F (*fiancé[e]*) F Zukünftige(r) *f(m)* **2** *m* (*avenir*) Zukunft *f* **3** *m* GR Futur *n*; Zukunft *f*; **~ antérieur** zweites Futur; Futurum exactum *n*; vollendete Zukunft; **~ proche** nahe (mit dem Verb „aller" gebildete) Zukunft; **~ simple** (erstes) Futur; **~ du passé** Konditional *m* als Tempus in futurischen Nebensätzen; **être au ~** im Futur stehen

futurisme [fytyʀism] *m* Futurismus *m* **futuriste** *adj* futuristisch

futurologie [fytyʀɔlɔʒi] *f* Futurologie *f*; Zukunftsforschung *f* **futurologue** *m,f* Futurologe *m*, -login *f*; Zukunftsforscher(in) *m(f)*

fuyant [fɥijɑ̃] *adj menton, front* fliehend; *perspective* sich verjüngend; **regard ~** ausweichender Blick

fuyard [fɥijaʀ] *m* Fliehende(r) *m*; Flüchtige(r) *m*; *surtout* vor dem Feind fliehender Soldat

fuyons [fɥijõ] → **fuir**

G

G[1], **g**[1] [ʒe] *m* ⟨*inv*⟩ G, g [geː] *n*

G[2] *abr* (*gauss*) G (Gauß)

g[2] *abr* (*gramme[s]*) g (Gramm)

gabardine [gabaʀdin] *f* **1** *tissu* Gabardine *m ou f* **2** *vêtement* Gabardinemantel *m*

gabarit [gabaʀi] *m* **1** TECH Schablone *f*; Formlehre *f*; CH DE FER **~ de chargement** Lademaß *n*, -profil *n* **2** MAR Mall *n*; **salle** *f* **des ~s** Schnür-, Mallboden *m* **3** *par ext* Größe *f*; Größenordnung *f*; F *d'une personne* stattlicher Wuchs **4** *fig* (*type*) Art *f*; Sorte *f*; Schlag *m*; **ils sont du même ~** sie sind vom selben Schlag

gabegie [gabʒi] *f* Miss-, Lotterwirtschaft *f*; F Schlamperei *f*

gabelle [gabɛl] *f* HIST Salzsteuer *f*
gabelou [gablu] *péj ou iron m* Zöllner *m*
gabier [gabje] *m* MAR Rudergast *m*
gabion [gabjõ] *m* TECH Steinpackung *f* in Maschendraht
gable *ou* **gâble** [gabl, gɑ-] *m* ARCH Wimperg *m*; Ziergiebel *m*
Gabon [gabõ] ***le ~*** Gabun *n*
gabonais [gabɔnɛ] **I** *adj* gabunisch **II** *subst* ***Gabonais(e)*** *m(f)* Gabuner(in) *m(f)*
Gabriel [gabʀiɛl] *m Vorname*
Gabrielle [gabʀiɛl] *f Vorname*
gâchage [gɑʃaʒ] *m du plâtre etc* Anmachen *n*; Anrühren *n*
gâcher [gɑʃe] *v/t* **1** *plâtre, mortier* anmachen; anrühren; mischen **2** *fig* verderben; *travail, vie* verpfuschen; *occasion* schlecht, miserabel nutzen; *temps, argent, talent* vergeuden; ***~ le métier*** die Preise verderben; zu billig arbeiten; ***~ de la pellicule*** sehr viel Film verknipsen *ou* abdrehen; ***il m'a gâché mon plaisir*** er hat mir den Spaß verdorben
gâchette [gɑʃɛt, ga-] *f* **1** *d'une arme à feu* Abzug *m*; ***appuyer sur la ~*** abdrücken; ***avoir le doigt sur la ~*** den Finger am Abzug haben **2** *d'une serrure* Zuhaltung *f*
gâcheur [gɑʃœʀ] *m*, **gâcheuse** *f* Verschwender(in) *m(f)*
gâchis [gɑʃi] *m* **1** CONSTR (Gips)Mörtel *m* **2** *fig* **a)** (*gaspillage*) Verschwendung *f*; Vergeudung *f*; **b)** (*situation confuse*) F Schlamassel *m*
gadget [gadʒɛt] *m* technische Spielerei; F Apparätchen *n*
gadin [gadɛ̃] *m* F ***prendre, ramasser un ~*** hinfallen; hinschlagen
gadoue [gadu] *f* (Straßen)Schlamm *m*, (-)Dreck *m*
Gaël [gaɛl] *m Vorname*
gaélique [gaelik] **I** *adj* gälisch **II** *subst* LING ***le ~*** das Gälische; Gälisch *n*
Gaëlle [gaɛl] *f Vorname*
Gaète [gaɛt] GÉOGR Gaeta *n*
gaffe [gaf] *f* **1** F (*bourde, maladresse*) Fehler *m*; Dummheit *f*; F Schnitzer *m*; Patzer *m*; ***faire, commettre une ~*** e-n Fehler, Schnitzer, e-e Dummheit machen; F e-n Bock schießen **2** F ***faire ~*** aufpassen **3** MAR Bootshaken *m*
gaffer [gafe] F *v/i* e-n Fehler, Schnitzer, e-e Dummheit machen; F e-n Bock schießen
gaffeur [gafœʀ] *m*, **gaffeuse** *f* F Dussel *m*; *adjt* ungeschickt; F dusselig
gag [gag] *m* CIN *etc* Gag [-ɛ-] *m*
gaga [gaga] *adj* ⟨*f inv*⟩ F vertrottelt; verkalkt; ***devenir ~*** vertrotteln; verkalken; abbauen; ***il est complètement ~*** er ist völlig vertrottelt, verkalkt
gage [gaʒ] *m* **1** JUR Pfand *n*; Pfandgegenstand *m*; Faustpfand *n*; ***donner, laisser qc en ~*** etw als Pfand geben, hinterlassen; ***mettre qc en ~*** etw verpfänden, versetzen; ***prêter sur ~*** gegen Pfand leihen **2** JEUX Pfand *n* **3** *fig* Unterpfand *n*; Beweis *m*; Zeichen *n*; ***~ d'amitié*** Freundschaftsbeweis *m*; ***~ d'amour*** Unterpfand der Liebe; ***donner des ~s de sa bonne foi*** e-n Beweis für s-e Aufrichtigkeit geben **4** ***~s*** *pl* (*salaire*) Lohn *m*; ***tueur*** *m* ***à ~s*** Killer *m*; gedungener Mörder
gager [gaʒe] *v/t* ⟨**-geons**⟩ **1** (*parier*) ***~ que …*** wetten, dass … **2** JUR durch ein Pfand sichern; *adjt* ***emprunt gagé*** gedeckte, gesicherte Anleihe
gageure [gaʒyʀ], *abus* [gaʒœʀ] *f* unmögliches Unterfangen; gewagte Sache
gagiste [gaʒist] *m* ~ *ou adjt* ***créancier*** *m* ~ Pfandgläubiger *m*, -nehmer *m*
gagnant [gaɲɑ̃] **I** *adj* Gewinn…; *dans une compétition a* siegreich; JUR obsiegend; ***billet ~*** Gewinnlos *n*; Treffer *m*; ***numéro ~*** Gewinnzahl *f*; COURSES ***pari ~*** Siegwette *f*; ***jouer ~ et placé*** Sieg und Platz wetten; e-e Sieg- und Platzwette abschließen; ***donner un cheval ~*** ein Pferd als Sieger betrachten; ***vous serez ~*** Sie haben etwas davon; ***partir ~*** siegessicher, -gewiss sein **II** *subst* ***~(e)*** *m(f)* JEU Gewinner(in) *m(f)*; COMPÉTITION Sieger(in) *m(f)*
gagne-pain [gaɲpɛ̃] *m* ⟨*inv*⟩ Broterwerb *m*; ***perdre son ~*** brotlos werden
gagne-petit [gaɲpəti] *m* ⟨*inv*⟩ Kleinverdiener *m*
gagner [gaɲe] **I** *v/t* **1** *en travaillant* verdienen; ***~ de l'argent*** Geld verdienen; → *a* ***vie*** *5*; *adjt* ***repos bien gagné*** wohlverdiente Ruhe **2** *jeu, compétition, guerre, procès* gewinnen; F ***c'est toujours ça de gagné*** das ist immerhin, wenigstens etwas; besser als nichts **3** (*acquérir*) gewinnen; erwerben; ***~ des amis*** Freunde gewinnen; ***~ tous les cœurs*** alle Herzen gewinnen; ***~ qn à une cause*** j-n für e-e Sache gewinnen; ***vous n'y gagnerez rien de bon*** Sie gewinnen nichts dabei; ***tout ce que j'y ai gagné, c'est un rhume*** alles, was ich davon gehabt habe, war e-e Erkältung **4** *temps, place* gewinnen; (*économiser*) (ein)sparen; ***chercher à ~ du temps*** versuchen, Zeit zu gewinnen; ***cela nous fait ~ une heure*** dadurch gewinnen wir e-e Stunde; dadurch sparen wir e-e Stunde ein; ***~ plusieurs kilos*** mehrere Kilo zunehmen; ***~ du terrain*** MIL Bodengewinne erzielen; *fig*: *incendie* sich ausbreiten; sich ausdehnen; um sich greifen; *idées* (an) Boden gewinnen; *coureur* Boden gutmachen; aufholen (***sur son adversaire*** gegenüber s-m Gegner) **5** (*atteindre*) erreichen; gelangen zu; ***~ le large*** auf die offene See hinausfahren; ***~ la sortie*** zum Ausgang gelangen; den Ausgang erreichen; ***~ qn de vitesse*** schneller sein als j **6** *faim, fatigue, sommeil* ***~ qn*** j-n überkommen; *enthousiasme* ***~ qn*** auf j-n ansteckend wirken; j-n erfassen; *l'instruction* ***gagne toutes les couches de la population*** … erfasst allmählich alle Bevölkerungsschichten; … breitet sich in allen Bevölkerungsschichten aus; ***l'incendie gagne le premier étage*** der Brand greift auf den ersten Stock über **II** *v/i* **1** gewinnen; *dans une compétition a* siegen; ***~ à la loterie*** in der Lotterie gewinnen; ***~ aux points*** nach Punkten siegen; ***~ d'une longueur, d'une tête*** mit e-r Länge, mit e-r Nasenlänge siegen; ***~ par 2-0 (deux à zéro)*** (mit) 2:0 (zwei zu null) gewinnen; ***à tous les coups on gagne!*** jedes Los gewinnt!; ***jouer à qui perd gagne*** „Wer verliert, gewinnt" spielen **2** (*obtenir un avantage*) ***~ au change*** e-n guten Tausch machen; *fig* ***~ sur tous les tableaux*** überall Erfolge verbuchen können; ***vous y gagnerez*** es ist vorteilhafter für Sie **3** (*s'améliorer*) ***~ à être connu*** bei näherem Kennenlernen gewinnen; ***~ en poids, en précision*** *etc* an Bedeutung, an Präzision *etc* gewinnen
gai [ge] *adj* **1** fröhlich; heiter; lustig; vergnügt; fidel; *littérature, chanson* heiter; lustig; ***couleur ~e*** freundliche Farbe; ***pièce ~e*** freundliches Zimmer;

G

avoir le cœur ~ fröhlich, gut aufgelegt, guter Dinge sein; ***ne pas avoir une vie bien ~e*** kein sehr schönes Leben haben; *iron* ***eh bien, c'est ~!*** das ist ja heiter! **2** (*ivre*) ***être un peu ~*** angeheitert, beschwipst sein **3** → ***gay***

gaiement [gemɑ̃] *adv* fröhlich; lustig; F ***allons-y ~!*** F na, dann wollen wir mal!

gaieté [gete] *f* **1** Fröhlichkeit *f*; Heiterkeit *f*; Lustigkeit *f*; ***folle ~*** Ausgelassenheit *f*; ***ce n'est pas de ~ de cœur que …*** nur ungern, schweren Herzens … **2** *iron pl* ***les ~s de …*** die heiteren Seiten (*+gén*)

gaillard [gajaʀ] **I** *adj* **1** (*costaud*) (gesund und) munter; frisch; voller Schwung; *vieillard* ***encore ~*** noch rüstig **2** (*grivois*) etwas frei; locker **II** *m* **1** (kräftiger, strammer) Kerl, Bursche; ***un grand, solide ~*** ein großer, kräftiger Kerl; F ***attends un peu, mon ~!*** warte, du Bürschchen! **2** MAR ***~ d'arrière*** Schanze *f*; ***~ d'avant*** Back *f*

gaillarde [gajaʀd] *f* **1** TYPO *corps d'un caractère* Petit *f* **2** BOT Kokardenblume *f* **3** MUS HIST Gaillarde *f*

gaillardement [gajaʀdəmɑ̃] *adv* → ***gaillard*** *I 1* **gaillardise** *f* etwas freie, schlüpfrige Äußerung

gaîment → ***gaiement***

gain [gɛ̃] *m* **1** Gewinn *m*; (*profit*) Nutzen *m*; ÉCON ***~ spéculatif*** Spekulationsgewinn *m*; ***amour*** *m* ***du ~*** Gewinnstreben *n*, -sucht *f*; ***céder à l'appât du ~*** der Verlockung des Geldes erliegen; ***(re)tirer un ~ de qc*** Gewinn, Nutzen, Vorteil aus etw ziehen; → *a* ***âpre*** *3* **2** ***avoir, obtenir ~ de cause*** JUR recht bekommen; obsiegen *ou* obsiegen; *par ext* das Gewünschte, Geforderte bekommen; sich durchsetzen; gewinnen; siegen; ***donner ~ de cause à qn*** j-m recht geben; JUR *a* j-s Antrag (*dat*) stattgeben **3** (*salaire*) ***~s*** *pl* Verdienst *m*; (Arbeits)Einkommen *n*; ***perte*** *f* ***de ~s*** Verdienstausfall *m* **4** ***~ de temps, de place*** Zeit-, Raumgewinn *m*, -ersparnis *f*; *moteur* ***~ de puissance*** Leistungsgewinn *m*, -zunahme *f*

gainage [gɛnaʒ] *m* TECH Umhüllen *n*, -ung *f*

gaine [gɛn] *f* **1** *sous-vêtement* Mieder *n*; Hüfthalter *m*, -gürtel *m* **2** *d'une épée etc* Scheide *f* **3** ANAT Sehnenscheide *f* **4** TECH (Schutz)Hülle *f*; Mantel *m*; ***~ de ventilation*** Lüftungskanal *m* **5** *d'un buste* Hermenpfeiler *m*

gaine-culotte [gɛnkylɔt] *f* ⟨*pl* **gaines-culottes**⟩ Miederhose *f*

gainer [gene] *v/t* **1** TECH mit e-r Schutzhülle versehen; umhüllen **2** *fig* umhüllen; (*mouler*) modellieren; ***des jambes gainées de soie*** seidenbestrumpfte Beine *n/pl*

gaîté → ***gaieté***

gala [gala] *m* Fest-, Galaveranstaltung *f*; ***~ de bienfaisance*** Wohltätigkeitsfest *n*; ***~ de patinage artistique*** Schaulaufen *n*; ***habit*** *m* ***de ~*** Gala-, Festanzug *m*; Gala *f*; ***repas*** *m*, ***soirée*** *f* ***de ~*** Galadiner *n*, -abend *m*

galactique [galaktik] *adj* ASTR galaktisch; des Milchstraßensystems

galactogène [galaktɔʒɛn] *adj* PHYSIOL milchtreibend **galactomètre** *m* Galaktometer *n*; Milchwaage *f*

galamment [galamɑ̃] *adv* → ***galant***

galant [galɑ̃] **I** *adj* **1** *homme* galant; rücksichtsvoll, zuvorkommend, aufmerksam (gegenüber Damen); ritterlich; höflich; *propos* galant; artig; ***homme ~*** *a* Kavalier *m*; ***il (n')est (pas) ~*** *a* er ist (kein) Kavalier **2** *par ext* galant; Liebes…; ***aventure ~e*** galantes, amouröses Abenteuer; Liebesabenteuer *n*; ***rendez-vous ~*** Rendezvous *n*; ***en ~e compagnie*** in galanter Gesellschaft **3** *litt* ***~ homme*** Mann *m* von feiner Lebensart **II** *m plais* Galan *m*; Verehrer *m*; Liebhaber *m*; ***vert ~*** Weiberheld *m*; Schürzenjäger *m*

galanterie [galɑ̃tʀi] *f* Galanterie *f*; Zuvorkommenheit *f*, Rücksichtnahme *f* (gegenüber Damen); Ritterlichkeit *f*; ***la vieille ~ française*** Kavalierstum *n* der alten Schule

galantine [galɑ̃tin] *f Fleisch- od Geflügelsülze*

Galapagos [galapagos], [galapagɔs] ***les îles*** *f/pl* ***~*** die Galapagosinseln *f/pl*

galaxie [galaksi] *f* ASTR **a)** ***Galaxie*** Milchstraßensystem *n*; Galaxis *f*; **b)** *par ext* Galaxie *f*; Sternsystem *n*; Spiralnebel *m*

galbe [galb] *m* anmutig geschwungene, wohlgerundete Form *f*, Konturen *f/pl*

galbé [galbe] *adj* (anmutig, gefällig) geschwungen, geschweift, gerundet; *colonne* mit Entasis; ***des jambes bien ~es*** wohlgeformte Beine *n/pl*

galber [galbe] *v/t* **1** anmutig, harmonisch geschwungene, geschweifte Konturen verleihen (*+dat*) **2** TECH *tôles etc* leicht ausbauchen, wölben

gale [gal] *f* **1** MÉD Krätze *f*; ***~ du ciment*** (Berufs)-Ekzem *n* der Zementarbeiter; F *fig* ***bois dans mon verre, je n'ai pas la ~!*** trink aus meinem Glas, ich hab doch keine ansteckende Krankheit! **2** VÉT Räude *f* **3** *fig* (*personne méchante*) Giftnudel *f*; Giftspritze *f*

galéjade [galeʒad] *f Provence* Schwindelgeschichte *f*; Flunkerei *f* **galéjer** *v/i* ⟨**-è-**⟩ schwindeln; flunkern

galène [galɛn] *f* MINÉR Bleiglanz *m*

galère [galɛʀ] *f* **1** MAR HIST Galeere *f*; *loc*: ***que diable allait-il faire dans cette ~?*** was hatte er denn da zu suchen?; wie konnte er sich bloß darauf einlassen?; ***vogue la ~!*** hoffen wir das Beste! **2** HIST (***peine*** *f* ***des***) ***~s*** Galeerenstrafe *f*; *fig* ***quelle ~!*** so e-e Plagerei, Schinderei!

galérer [galeʀe] F *v/i* ⟨**-è-**⟩ sich abplagen, F abrackern, abschinden (müssen); es schwer haben

galerie [galʀi] *f* **1** ARCH Galerie *f*; *Versailles* ***~ des Glaces*** Spiegelsaal *m* **2** (*collection ou magasin d'art*) (Kunst)Galerie *f*; ***~ d'art, de peinture, de tableaux*** Kunst-, Gemälde-, Bildergalerie *f* **3** COMM ***~ marchande*** Einkaufspassage *f*; Ladengalerie *f* **4** ***~s*** *pl* THÉ Rang *m*; *fig* ***pour épater la ~*** aus Effekthascherei **5** (*couloir souterrain*) (unterirdischer) Gang; Stollen *m*; MINES Strecke *f*; Stollen *m*; ***~s de taupe*** Maulwurfsgänge *m/pl*; MINES ***creuser une ~*** e-n Stollen, e-e Strecke vortreiben **6** AUTO Dachgepäckträger *m* **7** ***~ pare-avalanche*** Lawinengalerie *f*

galérien [galeʀjɛ̃] *m* HIST **a)** Galeerensträfling *m*; **b)** Galeerensklave *m*

galeriste [galʀist] *m,f* Galerist(in) *m(f)*

galet [galɛ] *m* **1** Kiesel(stein) *m*; ***plage*** *f* ***de ~s*** Kies-, Geröllstrand *m* **2** TECH (Lauf)Rolle *f*; ***~ de guidage*** Führungsrolle *f*

galetas [galtɑ] *m* armselige Behausung; F Loch *n*

galette [galɛt] *f* **1** CUIS flacher runder Kuchen; Fladen *m*; *crêpe* (Buchweizen)Pfannkuchen *m*; ***~s bretonnes*** bretonische Butterplätzchen *n/pl*; ***~***

des Rois Dreikönigskuchen *m*; *fig* ***plat comme une ~*** platt, flach wie ein Pfannkuchen **2** F (*argent*) F Kies *m*; → *a* ***fric***

Une galette avec du cidre

Die Bretagne hat auch kulinarisch einiges zu bieten, zum Beispiel **les galettes**. Une galette ist eine Art Pfannkuchen, der im Gegensatz zu den crêpes aus Buchweizen (**le sarrasin**) hergestellt und nicht gezuckert, sondern gesalzen ist. Die Zutaten reichen je nach Rezept von Käse, Eiern, Wurst, Schinken bis hin zu Sardinen.
Das passende Getränk zur galette ist **le cidre**, der bretonisch-normannische Apfelwein, den man zumeist in einem **bol** (einer Trinkschale) serviert bekommt.

galeux [galø] *adj* ⟨**-euse**⟩ **1** *animal* räudig; ***brebis galeuse*** räudiges Schaf; *fig* schwarzes Schaf (***de la famille*** der Familie) **2** MÉD krätzig; F *fig* ***j'en mangerais sur la tête d'un ~*** das esse ich für mein Leben gern

galhauban [galobɑ̃] *m* MAR Pardun(e) *n(f)*

Galice [galis] ***la ~*** Galicien *n* (*in Spanien*)

Galicie [galisi] ***la ~*** Galizien *n* (*in Polen*)

galicien [galisjɛ̃] GÉOGR **I** *adj* ⟨**~ne**⟩ **1** *Espagne* galicisch **2** *Pologne* galizisch **II** *subst* ***Galicien(ne)*** *m(f)* **1** *en Espagne* Galicier(in) *m(f)* **2** *en Pologne* Galizier(in) *m(f)*

Galilée [galile] **1** *m* HIST Galilei *m* **2** GÉOGR ***la ~*** Galiläa *n*

galiléen [galileɛ̃] GÉOGR, HIST, BIBL **I** *adj* ⟨**~ne**⟩ galiläisch **II** *m* ***Galiléen*** Galiläer *m* (*a Bezeichnung für Christus*)

galimatias [galimatja] *m* Galimathias *m ou n*; verworrenes Gerede

galion [galjõ] *m* MAR HIST Galeone *ou* Galione *f*

galipette [galipɛt] F *f* Purzelbaum *m*; ***faire des ~s*** Purzelbäume machen, schlagen

galle [gal] *f* BOT (Pflanzen)Galle *f*; ***~ du chêne*** *ou* ***noix*** *f* ***de ~*** Gallapfel *m*; Knopper *f*

Galles [gal] ***le pays de ~*** Wales [weːls] *n*

gallican [ga(l)likɑ̃] *adj* ÉGL CATH gallikanisch

gallicanisme [ga(l)likanism] *m* ÉGL CATH Gallikanismus *m*

gallicisme [ga(l)lisism] *m* französische Spracheigentümlichkeit; Gallizismus *m*

gallinacés [ga(l)linase] *m/pl* zo Hühnervögel *m/pl*

gallois [galwa] **I** *adj* walisisch; von, aus Wales **II** *subst* ***Gallois(e)*** *m(f)* Waliser(in) *m(f)*

gallon [galõ] *m mesure de capacité* Gallone *f*

gallo-romain [galoRɔmɛ̃] HIST **I** *adj* galloromanisch **II** *m/pl* ***Gallo-Romains*** Galloromanen *m/pl*; romanisierte Gallier *m/pl*

gallo-roman [galoRɔmɑ̃] *m* LING ***le ~*** das Galloromanische; Galloromanisch *n*

galoche [galɔʃ] *f* Holzpantine *f*, -pantoffel *m*; F *fig* ***menton*** *m* ***en ~*** spitzes, vorspringendes Kinn

galon [galõ] *m* **1** COUT Borte *f*; Tresse *f*; Litze *f* **2** MIL Tresse *f*; *jusqu'au sergent-major a* Winkel *m*; *de certains officiers a* Ärmelstreifen *m*; ***~s de caporal*** Gefreitenwinkel *m/pl*; F ***lieutenant*** *m* ***deux ~s*** Oberleutnant *m*; MIL *et par ext* ***prendre du ~*** befördert werden; avancieren; aufrücken

galonné [galɔne] **I** *adj* betresst **II** *subst* F MIL ***un ~*** F ein Betresster *m* (*Offizier, Unteroffizier*)

galonner [galɔne] *v/t* COUT mit Borten, Tressen besetzen

galop [galo] *m* **1** Galopp *m*; ***grand, petit ~*** gestreckter, kurzer Galopp; ***~ d'essai*** Probe-, Aufgalopp *m*; *fig* Probelauf *m*; *loc/adv* ***au ~*** im Galopp (*a fig*); ***au ~!*** schnell!; F dalli, dalli!; ***cheval*** *m* ***au ~*** galoppierendes Pferd; ***lancer son cheval au ~*** sein Pferd in Galopp setzen; ***se mettre au ~, prendre le ~*** in Galopp übergehen, fallen; Galopp anschlagen; ***partir au ~*** davongaloppieren; F *fig* davon-, weg-, fortrennen **2** MUS, *danse* Galopp *m*

galopade [galɔpad] *f* **1** Galopp *m*; Galoppieren *n* **2** *fig* Getrappel *n*

galopant [galɔpɑ̃] *adj fig* galoppierend; ***inflation ~e*** galoppierende Inflation

galoper [galɔpe] *v/i* **1** galoppieren; im Galopp reiten **2** *fig* (herum)rennen; ***~ derrière qn*** hinter j-m herrennen

galopeur [galɔpœR] *m cheval* Galopper *m*

galopin [galɔpɛ̃] *m* Schlingel *m*; Lausbub *m*; F Bengel *m*

galuchat [galyʃa] *m* Haifisch- *ou* Rochenhaut *f*; Fischleder *n*

galure [galyR] *m ou* **galurin** [galyRɛ̃] *m* F (*chapeau*) Hut *m*; F Deckel *m*

galvanique [galvanik] *adj* ÉLECT, TECH galvanisch

galvanisation [galvanizasjõ] *f* **1** TECH Verzinkung *f* **2** MÉD Galvanisation *f*

galvaniser [galvanize] *v/t* **1** TECH verzinken; *adjt* ***galvanisé*** verzinkt **2** *fig orateur: la foule* begeistern; in s-n Bann schlagen; mitreißen; elektrisieren

galvanomètre [galvanɔmɛtR] *m* ÉLECT Galvanometer *n* **galvanoplastie** [-plasti] *f* TECH Galvanoplastik *f* **galvanotypie** [-tipi] *f* TYPO Galvanoplastik *f*; Elektrotypie *f*

galvauder [galvode] *v/t réputation* entwürdigen; kompromittieren; *talent* vergeuden; *expression* abnutzen; strapazieren

gamay [gamɛ] *m e-e Rebsorte*

gambade [gɑ̃bad] *f* Luftsprung *m*

gambader [gɑ̃bade] *v/i* hüpfen, Luftsprünge machen (***de joie*** vor Freude); *enfants* ***~ dans le jardin*** im Garten herumhüpfen

gambas [gɑ̃mbas] *f/pl Riesengarnelen*

gambe [gɑ̃b] *f* MUS → ***viole***

gamberge [gɑ̃bɛRʒ] F *f* Grübeln *n*; Grübelei *f* **gamberger** F *v/i* ⟨**-geons**⟩ überlegen; nachdenken; grübeln

gambette [gɑ̃bɛt] *f* F (*jambe*) Bein *n*; F *südd* Haxen *m*; ***jouer, tricoter des ~s*** F sich aus dem Staub machen; abhauen; verduften

Gambie [gɑ̃bi] ***la ~*** Gambia *n*

gambien [gɑ̃bjɛ̃] **I** *adj* ⟨**~ne**⟩ gambisch **II** *subst* ***Gambien(ne)*** *m(f)* Gambier(in) *m(f)*

gambille [gɑ̃bij] *f* F Schwof *m* **gambiller** *v/i* F schwofen

Gameboy® [gɛmbɔj] *m ou f* Gameboy® [ˈgɛːmbɔʏ] *m*

gamelle [gamɛl] *f* **1** Koch-, Essgeschirr *n* **2** F ***ramasser une ~*** F auf die Nase fallen (*a fig*)

gamète [gamɛt] *m* BIOL Gamet *m*; Keim-, Geschlechts-, Fortpflanzungszelle *f*

gamin [gamɛ̃], **gamine** **I** *m,f* **1** *garçon* kleiner Junge, *südd* Bub; F Bengel *m*; *fille* kleines Mädchen; F Göre *f*; ***~s*** *pl a* Kinder *n/pl*; F Gören *pl*; ***une bande de ~s*** e-e Kinderschar; ***se conduire comme un ~*** sich wie ein kleiner *ou* dummer Junge benehmen; ***c'est encore une ~e*** *ou adjt* ***elle est encore ~e*** sie ist noch ein kleines Mädchen **2** F (*fils, fille*) F Kleine(r) *f(m)*; ***c'est son ~*** das ist sein Kleiner **II** *adj* jungenhaft; lausbubenhaft; (*espiègle*) schelmisch; schalkhaft

gaminerie [gaminʀi] *f* Kinderei *f*; *p/fort* Dumme(r)-jungenstreich *m*

gamma [ga(m)ma] *m* **1** *lettre* Gamma *n* **2** PHYS ***rayons*** *m/pl* ***~*** Gammastrahlen *m/pl*

gamme [gam] *f* **1** MUS Tonleiter *f*; ***faire des ~s*** Tonleitern üben **2** *fig* (*série*) Skala *f*; COMM Palette *f*; (Waren)Angebot *n*; Sortiment *n*; Programm *n*; ***~ des couleurs*** Farbskala *f*; ***~ des prix*** Preisskala *f*; ***~ de produits*** Produktpalette *f*; ***toute la ~ des vins de Bordeaux*** sämtliche Bordeauxweine; ***éprouver toute la ~ des sentiments, des sensations*** e-e ganze Gefühlsskala durchleben; *loc/adj*: ***bas de ~*** der unteren Preisklasse; minderwertig; ***'haut de ~*** der gehobenen Preisklasse; Qualitäts…; ***produits*** *m/pl* ***haut de ~*** Qualitäts-, Spitzen-, Luxus-, Prestigeerzeugnisse *n/pl*

gammée [game] *adj f* ***croix ~*** Hakenkreuz *n*

ganache [ganaʃ] *f* F (***vieille***) ***~*** (alter) Esel

Gand [gɑ̃] Gent *n*

Gandhi [gɑ̃di] POL, PHILOS Gandhi

gandin [gɑ̃dɛ̃] *m* Geck *m*; Stutzer *m*

gandoura [gɑ̃duʀa] *f Hemd, das unter dem Burnus getragen wird*

gang [gɑ̃g] *m* (Verbrecher)Bande *f*; Gang [gɛŋ] *f*; ***chef*** *m* ***de ~*** Gangsterboss ['gɛŋ-] *m*

Gange [gɑ̃ʒ] ***le ~*** der Ganges

ganglion [gɑ̃glijõ] *m* ANAT ***~*** (***lymphatique***) Lymphknoten *m*; ***inflammation*** *f* ***des ~s*** Lymphknotenentzündung *f*; F ***avoir des ~s*** geschwollene Lymphknoten haben

gangrène [gɑ̃gʀɛn] *f* **1** MÉD Brand *m*; Gangrän *f ou n* **2** *fig* Krebsschaden *m*

gangrener [gɑ̃gʀəne] *v/pr* ⟨-è-⟩ MÉD ***se ~*** brandig werden; *adjt* ***gangrené*** brandig (geworden)

gangreneux [gɑ̃gʀənø] *adj* ⟨**-euse**⟩ brandig; gangränös

gangster [gɑ̃gstɛʀ] *m* **1** Gangster ['gɛŋ-] *m* **2** *fig* (*crapule*) Lump *m*; (*escroc*) Betrüger *m*

gangstérisme [gɑ̃gsteʀism] *m* Gangstertum *n*, -unwesen *n* ['gɛŋ-]; *par ext* Gangstermethoden *f/pl*

gangue [gɑ̃g] *f* **1** MINES Gangart *f* **2** *fig* Schale *f*; Verpackung *f*

ganse [gɑ̃s] *f* COUT Schnur *f*; Kordel *f*; Besatzband *n*; Paspel *f* **ganser** *v/t* mit Schnur, Band besetzen; einfassen; paspeln

gant [gɑ̃] *m* **1** Handschuh *m*; ***~ de boxe, d'escrime*** Box-, Fechthandschuh *m*; ***~s de caoutchouc, de laine, de peau*** Gummi-, Woll-, Leder- *ou* Glaceehandschuhe *m/pl*; ***~ de protection*** Schutzhandschuh *m*; ***une paire de ~s*** ein Paar *n* Handschuhe; ***aller à qn comme un ~*** *vêtement* (j-m) sitzen wie angegossen; *rôle* j-m auf den Leib geschrieben sein; *personne* ***être souple comme un ~*** sehr, überaus geschmeidig, wendig sein; *fig* ***jeter le ~ à qn*** j-m den Fehdehandschuh hinwerfen; j-n herausfordern; ***mettre des ~s*** Handschuhe an-, überziehen; F *fig*: ***prendre des ~s avec qn*** j-n mit Samt-, Glaceehandschuhen anfassen; F j-n wie ein rohes Ei behandeln; ***ne pas prendre de ~s pour dire à qn ce qu'on pense*** j-m unverblümt s-e Meinung sagen; ***sans prendre de ~s*** *a* ohne viel Federlesens; *fig* ***relever le ~*** den Fehdehandschuh aufnehmen; die Herausforderung annehmen **2** ***~*** (***de toilette***) Waschlappen *m*, -handschuh *m*; ***~ de crin*** Massagehandschuh *m*

ganté [gɑ̃te] *adj personne* mit Handschuhen; *main* behandschuht

gantelet [gɑ̃tlɛ] *m* TECH Handleder *n*

ganter [gɑ̃te] *v/pr st/s* ***se ~*** sich (*dat*) Handschuhe überziehen, überstreifen

ganterie [gɑ̃tʀi] *f* **a)** *industrie* Handschuhindustrie *f*; **b)** *commerce* Handschuhhandel *m*; **c)** *usine* Handschuhfabrik *f* **gantier** *m*, **gantière** *f* Handschuhmacher(in) *m(f)*

Gap [gap] *Stadt im Dep. Hautes-Alpes*

garage [gaʀaʒ] *m* **1** Garage *f*; *pour bicyclettes* Schuppen *m*; *pour avions* Halle *f*; *pour bateaux* Bootshaus *n*; ***~ en sous-sol*** Tiefgarage *f*; *inscription* ***sortie de ~!*** Ausfahrt freihalten!; ***mettre, rentrer sa voiture au ~*** s-n Wagen in die Garage bringen, fahren; s-n Wagen einstellen **2** *atelier* (Autoreparatur-, Kraftfahrzeug)Werkstatt *f*; ***~ Renault*** Renaultvertretung *f*; ***aller porter sa voiture au ~*** s-n Wagen in die Werkstatt bringen **3** CH DE FER Abstellen *n*; ***voie*** *f* ***de ~*** Abstellgleis *n*; → *a* ***voie*** *2*

garagiste [gaʀaʒist] *m,f* Auto-, Kraftfahrzeugmechaniker(in) *m(f)*; Inhaber(in) *m(f)* e-r Autoreparaturwerkstatt

garance [gaʀɑ̃s] *f* **1** BOT Färberröte *f*; Krapp *m* **2** *adjt* ⟨**inv**⟩ krapprot

garant [gaʀɑ̃] *m*, **garante** *f* **1** JUR Bürge *m*, Bürgin *f*; ***être garant, garante*** bürgen (***de*** für) **2** POL Garantiemacht *f*; Garant *m* **3** *loc* ***se porter garant, garante de qc*** sich für etw verbürgen; die Garantie, die Gewähr für etw übernehmen; für etw einstehen

garanti [gaʀɑ̃ti] *m* JUR Bürgschaftsnehmer *m*

garantie [gaʀɑ̃ti] *f* **1** COMM Garantie *f*; Gewährleistung *f*; ***bon*** *m*, ***certificat*** *m* ***de ~*** Garantieschein *m*; ***délai*** *m* ***de ~*** Garantiefrist *f*; *réparation* ***être couverte par la ~*** unter die Garantie fallen; F auf Garantie gehen; ***ma montre est encore sous*** (***la***) ***~*** auf meine Uhr habe ich noch Garantie; auf meiner Uhr ist noch Garantie **2** JUR Bürgschaft *f*; ***donner sa ~*** Bürgschaft leisten **3** *par ext* Garantie *f*; Gewähr *f*; Sicherheit *f*; ***sans ~*** ohne Gewähr; ***demander des ~s*** Garantien, Sicherheiten verlangen; ***offrir, présenter toutes les ~s*** jede Gewähr bieten; ***prendre des ~s*** sich absichern

garantir [gaʀɑ̃tiʀ] *v/t* **1** JUR bürgen für; *droits, liberté* garantieren; COMM Garantie geben auf (*+acc*); ***~ l'indépendance d'un pays*** die Unabhängigkeit e-s Landes garantieren; ***être garanti un an*** ein Jahr Garantie haben **2** (*certifier*) garantieren; gewährleisten; versichern; zusichern; zusagen; ***~ la livraison pour mardi*** die Lieferung für Dienstag zusichern, zusagen; ***~ le succès*** für den Erfolg garantieren; ***il m'a garanti que tout irait bien*** er hat mir versichert, dass alles gut gehen würde 3 (*protéger*) (ab)sichern (***contre un risque*** gegen ein Risiko); schützen (***de l'humidité*** vor, gegen Nässe)

garbure [garbyr] *f* CUIS Kohlsuppe *f* mit Speck

garce [gars] *f* F *péj* 1 *péj* Weibsbild *n*, -stück *n*; F Biest *n*; Luder *n* 2 *loc/adj* ***cette ~ de vie*** F dieses verdammte, verfluchte, P beschissene Leben

garçon [garsõ] *m* 1 *enfant* Junge *m*; *südd* Bub *m*; *st/s* Knabe *m*; ***jeune ~*** Halbwüchsige(r) *m*; junger Bursch(e); ***mon ~!*** mein Junge!; ***petit ~*** kleiner Junge; *fig* ***se sentir un petit ~ auprès de qn*** sich (*dat*) neben j-m klein vorkommen; ***traiter qn en petit ~*** j-n wie e-n kleinen *ou* dummen Jungen behandeln 2 (*jeune homme*) junger Mann; Bursche *m*; F Bursch *m*; Kerl *m*; ***un brave ~*** ein gutmütiger, braver Kerl; ***~ d'honneur*** Brautführer *m*; ***être beau ~*** ein schmucker Bursch sein 3 ***mauvais ~*** Ganove *m*; F schwerer Junge 4 ***vieux ~*** (älterer) Junggeselle 5 ***~ boucher, boulanger*** Fleischer- *ou* Metzger-, Bäckergeselle *m*; ***~ coiffeur*** Friseurgehilfe *m*; ***~ d'ascenseur*** Fahrstuhlführer *m*; Liftboy *m*; ***~ de bureau*** Bürodiener *m*; ***~ de courses*** Laufbursche *m*, -junge *m*; Bote *m*; ***~ d'écurie*** Stallbursche *m*; Pferdeknecht *m*; ***~ de ferme*** Knecht *m*; ***~ de laboratoire*** Laborgehilfe *m* 6 ***~*** (***de café, de restaurant***) Kellner *m*; Ober *m*; ***~ de cabine*** Steward ['stjuːərt] *m*

garçonne [garsɔn] *f* ***coiffure f à la ~*** Bubikopf *m*

garçonnet [garsɔnɛ] *m* 1 (kleiner) Junge 2 *adjt* COUT Knaben…; ***taille f ~*** Knabengröße *f*

garçonnier [garsɔnje] *adj* ⟨**-ière**⟩ jungenhaft **garçonnière** *f* Junggesellenwohnung *f*

Gard [gar] ***le ~*** *Fluss u Departement in Frankreich*

garde¹ [gard] *f* 1 (*surveillance*) Bewachung *f*; Beaufsichtigung *f*; Aufsicht *f* (***de*** über *+acc*); ***chien m de ~*** Wachhund *m*; ***faire bonne ~*** sehr wachsam sein; gut aufpassen 2 JUR ***~ judiciaire*** gerichtliche Verwahrung; ***~ à vue*** Polizeigewahrsam *m*; ***droit m de ~*** Sorgerecht *n*; ***avoir la ~ d'un enfant*** das Sorgerecht für ein Kind haben 3 (*attention*) ***~ à vous!*** → ***garde-à-vous***; ***mettre qn en ~*** j-n warnen (***contre qn, qc*** vor j-m, etw); ***mise f en ~*** Warnung *f*; ***prendre ~*** achtgeben, achthaben, aufpassen, achten (***à*** auf *+acc*); sich in Acht nehmen, sich hüten, auf der Hut sein, sich vorsehen (vor *+dat*); ***prenez ~ (à ce) qu'on ne vous entende pas!*** geben Sie acht *ou* passen Sie auf, dass man Sie nicht hört!; ***prends ~ de ne pas te salir!*** pass auf *ou* gib acht, dass du dich nicht schmutzig machst!; ***se tenir, être sur ses ~s*** auf der Hut sein; sich vorsehen 4 *service* Wachdienst *m*; Wache *f*; MÉD, PHARM (***service m de***) ***~*** Bereitschafts-, Notdienst *m*; Nacht- *ou* Sonntagsdienst *m*; ***~ de nuit*** Nachtwache *f*; ***médecin m de ~*** diensthabender Arzt; ***pharmacie f de ~*** dienstbereite Apotheke; MIL ***poste m de ~*** Wachlokal *n*; Wache *f*; MIL ***sentinelle f de ~*** wachhabender, Wache stehender Posten; MIL ***tour m de ~*** (turnusmäßiger) Wachdienst; ***être de ~*** MIL Wache *ou* Wachdienst haben; auf Wache sein; MÉD, PHARM Bereitschaftsdienst haben; MIL ***monter la ~*** Wache halten, F schieben; Posten stehen 5 (*soldats en faction*) Wache *f*; Wachmannschaft *f*; ***~ d'honneur*** Ehrenwache *f*; HIST ***corps m de ~*** Wache *f*; *fig* ***plaisanterie f de corps de ~*** deftiger, derber Witz 6 *corps de troupe* Garde *f*; Gardekorps *n*; HIST ***~ impériale*** Kaisergarde *f*; ***~ mobile*** Bereitschaftspolizei *f*; ***~ républicaine*** Republikanische Garde (*Gendarmeriekorps in Paris zur Bewachung der Regierungsgebäude u zum Ehrendienst*); *fig* ***la vieille ~*** die alte Garde 7 BOXE, ESCRIME Auslage *f*; Grund-, Ausgangsstellung *f* 8 *d'une épée* Stichblatt *n*; Glocke *f*; ***jusqu'à la ~*** bis zum Heft 9 ***page f de ~*** Vorsatzblatt *n* 10 AUTO ***~ au sol*** Bodenfreiheit *f*

garde² [gard] *m* 1 Wächter *m*; Wache *f* (*Person*); Aufseher *m*; Wärter *m*; MIL (Wach-, Wacht)Posten *m*; Wachsoldat *m*; ***~ champêtre*** Feldhüter *m*; ***~ forestier*** (Revier)Förster *m*; ***~ du corps*** Leibwächter *m*; ***~s du corps*** *pl a* Leibwache *f*; ***~ des Sceaux*** Justizminister *m*; HIST Siegelbewahrer *m* 2 MIL Gardist *m*; ***~ mobile*** Bereitschaftspolizist *m*; ***~ républicain*** Angehörige(r) der „garde républicaine"; *en Chine* ***les ~s rouges*** die Roten Garden *pl*

garde³ [gard] *f* (*garde-malade*) Krankenwärterin *f*

Garde [gard] ***le lac de ~*** der Gardasee

gardé [garde] *adj parking* bewacht; *passage à niveau* (***non***) ***~*** (un)beschrankt; ***chasse ~e*** (für Unbefugte verbotenes) Jagdrevier; *fig* Reservat *n*

garde-à-vous [gardavu] MIL **I** *commandement* ***~!*** stillgestanden!; *quand un officier entre* Achtung! **II** *m* ⟨*inv*⟩ stramme Haltung; Habachtstellung *f*; Strammstehen *n*; ***se mettre au ~*** strammstehen; (stramme) Haltung an-, einnehmen

garde-barrière [gardəbarjɛr] *m* ⟨*pl* **gardes-barrière(s)**⟩ Schranken-, Bahnwärter *m* **garde-boue** *m* ⟨*inv*⟩ Schutzblech *n* **garde-chasse** *m* ⟨*pl* **gardes-chasse(s)**⟩ Jagdaufseher *m*; Wildhüter *m*

garde-chiourme [gardəʃjurm] *m* ⟨*pl* **gardes-chiourme**⟩ 1 HIST Sträflingsaufseher *m* 2 *fig et péj* brutaler Aufseher; Antreiber *m*; KZ-Wächter *m*

garde-corps [gardəkɔr] *m* ⟨*inv*⟩ 1 MAR Manntau *n* 2 TECH (Schutz)Geländer *n*

garde-côte [gardəkot] *m* ⟨*pl* **garde-côte(s)**⟩ Küstenwachboot *n* **garde-feu** *m* ⟨*inv*⟩ Kamin-, Ofenschirm *m* **garde-fou** *m* ⟨*pl* **garde-fous**⟩ (Schutz)-Geländer *n* **garde-magasin** *m* ⟨*pl* **gardes-magasin(s)**⟩ MIL Kammerunteroffizier *m* **garde-malade** *m,f* ⟨*pl* **gardes-malades**⟩ Krankenwärter(in) *m(f)* **garde-manger** *m* ⟨*inv*⟩ Fliegenschrank *m* **garde-meuble** *m* ⟨*pl* **garde-meuble(s)**⟩ Lagerraum *m* für Möbel; Möbelspeicher *m*

gardénia [gardenja] *m* BOT Gardenie *f*

garden-party [gardɛnparti] *f* ⟨*pl* **garden-parties**⟩ Gartenfest *n*

garde-pêche [gardəpɛʃ] *m* ⟨*inv*⟩ ***~*** *ou adjt* ***vedette f ~*** Fischereikreuzer *m*, -schutzboot *n*

garder [garde] **I** *v/t* 1 bewachen; *personnes a* beaufsichtigen; aufpassen auf (*+acc*); *vaches etc* hüten; ***~ un bâtiment, un prisonnier*** ein Gebäude, einen Gefangenen bewachen; ***~ un enfant*** ein Kind hüten; auf ein Kind aufpassen; JUR ***~ qn à vue*** j-n in Polizeigewahrsam halten 2 *litt* ***~ qn de qc*** j-n vor etw (*dat*) behüten, bewahren 3 *provisions, documents etc* aufbewahren; aufheben; verwahren; *place* belegen (***à qn*** j-m, für j-n); ***~ le meilleur pour la fin*** das Beste bis zuletzt aufsparen 4 *objet trouvé etc* behalten; zurückbehalten (*a cicatrice*); *vêtement* anbehalten; F anlassen; *chapeau* aufbehalten; F auflassen; *foulard* umbehalten; *invité à dîner* dabehalten; COMM ~ ***un client*** e-n Kunden behalten; ~ ***une habitude*** eine Gewohnheit beibehalten; ~ ***un bon, mauvais souvenir de qn, de qc*** j-n, etw in guter, schlechter Erinnerung haben, behalten; *secret, réflexion* ~ ***pour soi*** für sich behalten **5** *dans tel ou tel état* halten; bewahren; *fortune, train de vie* erhalten; bewahren; *jeunesse, humour* bewahren; ~ ***l'équilibre*** das Gleichgewicht halten, *fig* bewahren; ~ ***toutes ses facultés*** noch im Vollbesitz s-r geistigen Kräfte sein; *suivre un régime* ***pour ~ la ligne*** um die schlanke Linie zu bewahren; ~ ***la mesure*** Maßhalten; ♦ *avec adj*: ~ ***les yeux baissés*** den Blick gesenkt halten; ~ ***la tête froide*** e-n kühlen Kopf bewahren; ~ ***les mains libres*** sich (*dat*) die Hände frei halten; ***l'affaire a été gardée secrète*** die Sache ist geheim gehalten worden **II** *v/pr* **1** ***se ~ de qc*** sich vor etw (*dat*) hüten, in Acht nehmen; ***se ~ de faire qc*** sich davor hüten *ou* in Acht nehmen, etw zu tun; ***je m'en garderai bien!*** ich werde mich hüten! **2** *aliments* ***se ~*** sich halten; haltbar sein; sich aufbewahren lassen

garderie [gaʀdəʀi] *f* ~ (***d'enfants***) Kinderhort *m*; Kinderbetreuungsstelle *f*; *péj* Kinderbewahranstalt *f*

garde-robe [gaʀdəʀɔb] *f* ⟨*pl* **garde-robes**⟩ **1** (*vêtements de qn*) Garderobe *f* **2** (*penderie*) Kleiderschrank *m*

gardeuse [gaʀdøz] *f* ~ ***d'oies*** Gänsehirtin *f*

garde-voie [gaʀdəvwa] *m* ⟨*pl* **gardes-voie(s)**⟩ CH DE FER Streckenwärter *m*

gardian [gaʀdjɑ̃] *m en Camargue* berittener Viehhirt

gardien [gaʀdjɛ̃] *m* **1** Aufseher *m*; Wärter *m*; Wächter *m*; *d'un parking* Parkwächter *m*; *d'un immeuble* Hauswart *m*, -meister *m*; SPORTS ~ ***de but*** Torhüter *m*, -wart *m*; MYTH ~ ***du Graal*** Gralshüter *m*; ~ ***de musée*** Museumswärter *m*; ~ ***de nuit*** Nachtwächter *m*; ~ ***de la paix*** Polizeibeamte(r) *m*; Polizist *m*; F Schutzmann *m*; ~ ***de phare*** Leuchtturmwärter *m*; ~ ***de prison*** Gefängnisaufseher *m*, -wärter *m*; Gefangenenwärter *m*; ~ ***de troupeaux*** Viehhirt *m* **2** *fig de la tradition etc* Hüter *m* **3** *adjt* ***ange*** ~ Schutzengel *m* (*a fig*)

gardiennage [gaʀdjɛnaʒ] *m* Aufseher-, Wärteramt *n*, -dienst *m*; *d'un immeuble* Hausmeisterei *f*; ***société*** *f* ***de*** ~ Wach- und Schließgesellschaft *f*

gardienne [gaʀdjɛn] *f* Aufseherin *f*; Wärterin *f*; *par ext* Hüterin *f*

gardon [gaʀdõ] *m* ZO Plötze *f*; Rotauge *n*; ***être frais comme un*** ~ wie das blühende Leben aussehen

gare¹ [gaʀ] *f* **1** CH DE FER Bahnhof *m*; ~ ***centrale*** Hauptbahnhof *m*; ~ ***maritime*** Hafenbahnhof *m*; ~ ***d'arrivée*** Ankunftsbahnhof *m*, -bahnsteige *m/pl*, -halle *f*; ~ ***de départ*** Abgangs-, *pour marchandises a* Aufgabebahnhof *m*; ~ ***de marchandises*** Güterbahnhof *m*; ~ ***de triage*** Verschiebe-, Rangierbahnhof *m*; ~ ***de voyageurs, en cul-de-sac*** Personen-, Sackbahnhof *m*; ***chef*** *m* ***de*** ~ Bahnhofs-, Stationsvorsteher *m*; ***à la*** ~ am *ou* auf dem Bahnhof; ***aller à la*** ~ zum Bahnhof gehen *ou* fahren; *train* ***entrer en*** ~ einfahren **2** ~ ***routière*** *pour autocars* Busbahnhof *m*; *pour camions* Autohof *m*

gare² [gaʀ] *int* **1** ~ ***à toi!*** nimm dich in Acht!; na warte!; ~ ***à tes fesses!*** pass auf, sonst gibt's eins hintendrauf!; ~ ***au premier qui rira!*** dass mir ja keiner lacht! **2** *loc/adv* ***sans crier*** ~ unvermutet; unerwartet; unvermittelt

> **Les gares de Paris**
>
> Fährt man als Deutscher zum Beispiel von München aus nach Paris, so kommt man in **la gare de l'Est** an und stellt fest, dass der Anschlusszug nach Bordeaux nicht vom selben Bahnhof abfährt. Also ist man gezwungen, entweder mit der Metro oder einem Taxi Paris zu durchqueren, um zu **la gare Montparnasse** zu gelangen, wo man in den Zug nach Bordeaux einsteigen kann.
>
> Will man in Richtung Norden (zum Beispiel nach Calais) fahren, so ist dies nur ab **la gare du Nord** möglich. Züge nach Westfrankreich verkehren ab **la gare de Montparnasse** beziehungsweise **la gare St. Lazare**, und in den Südwesten und Süden Frankreichs gelangt man von **la gare d'Austerlitz** und **la gare de Lyon** aus.

garenne [gaʀɛn] *f* Wildkaninchengehege *n*, -revier *n*; ***lapin*** *m* ***de*** ~ Wildkaninchen *n*

garer [gaʀe] **I** *v/t véhicule, avion* abstellen; *voiture a* parken; *adjt voiture* ***être garé*** geparkt sein; ***je suis mal garé*** mein Wagen ist schlecht geparkt **II** *v/pr* **1** ***se*** ~ parken; s-n Wagen abstellen; ***se ~ en marche arrière*** rückwärts einparken **2** ***se*** ~ (*éviter*) ausweichen

gargantuesque [gaʀgɑ̃tɥɛsk] *adj* e-s Gargantua würdig; *appétit* riesig; ***repas*** *m* ~ F Fressgelage *n*

gargariser [gaʀgaʀize] *v/pr* **1** ***se*** ~ gurgeln (***avec de ou à l'eau salée*** mit Salzwasser) **2** F *fig* ***se ~ de grands mots*** sich an großen Worten berauschen

gargarisme [gaʀgaʀism] *m* **1** PHARM Gurgelwasser *n*, -mittel *n* **2** *action* Gurgeln *n*; ***faire un ~, des ~s*** gurgeln

gargote [gaʀgɔt] *f péj* mieses Esslokal

gargouille [gaʀguj] *f* ARCH Wasserspeier *m*

gargouillement [gaʀgujmɑ̃] *m* **1** *d'eau* Plätschern *n*; Gurgeln *n* **2** *de l'estomac* ***~s*** *pl* Knurren *n*; Kollern *n*

gargouiller [gaʀguje] *v/i* **1** *eau* plätschern (*a fontaine*); gurgeln; gluckern; blubbern; sprudeln **2** *estomac* knurren; kollern

gargouillis [gaʀguji] *m* → ***gargouillement***

garnement [gaʀnəmɑ̃] *m* Schlingel *m*; Lausbub *m*; Galgenstrick *m*; F Bengel *m*

garni [gaʀni] *m* möblierte Unterkunft

garnir [gaʀniʀ] *v/t* **1** (*munir*) ausstatten, versehen, TECH verkleiden, belegen (**de** mit); *adjt*: ***un portefeuille bien garni*** e-e gut gefüllte, prall gefüllte, F dicke Brieftasche; ***une table bien garnie*** ein reich gedeckter Tisch **2** (*décorer*) (aus)schmücken, (ver)zieren (**de** mit) **3** CUIS garnieren (**de** mit); *adjt*: ***garni*** *a* mit Beilagen; ***choucroute garnie*** Sauerkraut *n* auf elsässische Art **4** COUT besetzen, gar-

G

nieren, verzieren, *de fourrure* verbrämen (**de** mit)
garnison [garnizõ] *f* MIL Garnison *f*; (**ville** *f* **de**) ~ Garnison(s)stadt *f*; Standort *m*; **être en ~, tenir ~** in Garnison liegen
garniture [garnityʀ] *f* **1** Ausstattung *f*; Ausrüstung *f*; Zubehör *n*; **~ de bureau** Schreibtischgarnitur *f* **2** (*décoration*) Verzierung *f*; **~ de cheminée** Kaminaufsatz *m* **3** CUIS Beilage *f*; *d'un vol-au-vent* Füllung *f* **4** COUT Besatz *m*; *en fourrure a* Verbrämung *f* **5** **~ périodique** (Damen-, Monats)Binde *f* **6** AUTO **~ d'embrayage, de frein** Kupplungs-, Bremsbelag *m*; **~ de piston** Kolbenring *m*
Garonne [garɔn] **la ~** *Fluss in Südwestfrankreich*
garrigue [gariɡ] *f immergrüne Strauchheide im Mittelmeerraum*
garrot [garo] *m* **1** MÉD Arterienabbinder *m*; Abschnürbinde *f*; **~ de fortune** Notaderpresse *f*; **poser, mettre un ~** die Arterie abbinden **2** *instrument de supplice* Ga(r)rotte *f*; Würgschraube *f* **3** *du cheval etc* Widerrist *m*
garrotter [garɔte] *v/t* fesseln
gars [ɡɑ] F *m* Bursche *m*; F Bursch *m*; Kerl *m*; **beau ~** stattlicher Bursche; **brave ~** solider junger Mann; **petit ~** junger Bursche; **les ~ de la marine** F die blauen Jungs *pl*; F **salut, les ~!** F (guten) Tag zusammen *ou* allerseits!; **eh les ~! venez voir** he, ihr Burschen *ou* Kerle, kommt mal her!
Gascogne [gaskɔɲ] **la ~** die Gaskogne (*Landschaft in Südwestfrankreich*); **le golfe de ~** die Biskaya; der Golf von Biskaya
gascon [gaskõ] **I** *adj* ⟨**~ne**⟩ gaskognisch; (aus) der Gaskogne **II** *subst* **Gascon(ne)** *m(f)* Gaskogner(in) *m(f)*
gasoil [gazwal] *m* Diesel(kraftstoff) *m*; Dieselöl *n*
gaspi [gaspi] *m* F *abr* → **gaspillage**
gaspillage [gaspijaʒ] *m* Verschwendung *f*; Vergeudung *f*
gaspiller [gaspije] *v/t* verschwenden; vergeuden; verschwenderisch umgehen mit; *fortune a* verschleudern; *argent, temps a* vertun; **~ son talent** sein Talent vergeuden
gaspilleur [gaspijœʀ], **gaspilleuse** **I** *m,f* Verschwender(in) *m(f)* **II** *adj* verschwenderisch; **il est gaspilleur** er ist ein Verschwender
gastéropodes [gasteʀɔpɔd] *m/pl* ZO Schnecken *f/pl*; *sc* Gastropoden *m/pl*
Gaston [gastõ] *m Vorname*
gastrique [gastʀik] *adj* Magen…; *sc* gastrisch; **suc** *m* **~** Magensaft *m*
gastrite [gastʀit] *f* MÉD Magenschleimhautentzündung *f*; *sc* Gastritis *f*
gastro-entérite [gastʀoɑ̃teʀit] *f* MÉD ⟨*pl* **gastro-entérites**⟩ Brechdurchfall *m*; Magen-Darm-Entzündung *f*; *sc* Gastroenteritis *f*
gastro-entérologie [gastʀoɑ̃teʀɔlɔʒi] *f* MÉD Gastroenterologie *f* **gastro-entérologue** *m* Facharzt *m* für Magen- und Darmleiden; *sc* Gastroenterologe *m*
gastro-intestinal [gastʀoɛ̃tɛstinal] *adj* ⟨**-aux**⟩ MÉD Magen-Darm-…; *sc* gastrointestinal; **troubles gastro-intestinaux** Magen-Darm-Beschwerden *f/pl*
gastronome [gastʀɔnɔm] *m,f* Feinschmecker(in) *m(f)* **gastronomie** *f* Kochkunst *f*; Gastronomie *f*; Esskultur *f*
gastronomique [gastʀɔnɔmik] *adj* Feinschmecker…; gastronomisch; kulinarisch; **menu** *m* **~** Menü *n* für Feinschmecker; Feinschmeckermenü *n*; **restaurant** *m* **~** Feinschmeckerlokal *n*
gastroscope [gastʀɔskɔp] *m* MÉD Gastroskop *n* **gastroscopie** *f* MÉD Magenspiegelung *f* (mit dem Gastroskop); *sc* Gastroskopie *f*
gâté [gɑte] *adj* **1** *fruit* verdorben; **dent ~e** fauler Zahn **2** *enfant* verwöhnt; verzogen; **enfant ~** *a* Hätschel-, Schoßkind *n*
gâteau [gɑto] *m* ⟨*pl* **~x**⟩ **1** CUIS Kuchen *m*; *a* (Creme)Torte *f*; **petits ~x** Kleingebäck *n*; **~x secs** Teegebäck *n*; Plätzchen *n/pl*; Kekse *m/pl*; **~ aux amandes** Mandelkuchen *m ou* -torte *f*; **~ d'anniversaire** Geburtstagskuchen *m*, -torte *f*; **~ de riz, de semoule** Reis-, Grießpudding *m ou* -auflauf *m*; F *fig* **c'est du ~** das ist kinderleicht, e-e Kleinigkeit; das schaffe ich *ou* schafft er *etc* spielend; *fig*: **partager le ~** den Gewinn teilen; **vouloir sa part du ~** sein Stück vom Kuchen haben wollen **2** **~ de cire, de miel** (Bienen-, Honig)Wabe *f* **3** *adjt* F **papa** *m* (**maman** *f*) **~** F Opa *m* (Oma *f*), der (die) gern Kinder verwöhnt; Kindernarr *m*
gâter [gɑte] **I** *v/t* **1** **~ qn** j-n verwöhnen; *enfant a* verziehen; verzärteln; *c'était magnifique*, **vous nous avez gâtés** Sie haben uns wirklich verwöhnt; *quel beau temps*, **nous sommes gâtés** wir haben wirklich Glück; *iron* **aujourd'hui je suis gâté** F heute bin ich bedient **2** *pluie*: *séjour, accident*: *vacances* verderben; *elle est jolie et de plus riche*, **ce qui ne gâte rien** was nichts schaden kann **II** *v/pr* **se ~** *temps, situation* sich verschlechtern; **les choses se gâtent** *a* die Sache geht schief; **le temps se gâte** *a* wir bekommen schlechtes Wetter; F **attention! ça va se ~** pass auf, das wird nicht gut gehen *ou* F das wird schiefgehen!
gâterie [gɑtʀi] *f* **1** (*petit cadeau*) Kleinigkeit *f* **2** (*friandise*) Leckerei *f*
gâte-sauce [gɑtsos] *m* ⟨*inv*⟩ *plais* Küchenjunge *m*
gâteux [gɑtø] **I** *adj* ⟨**-euse**⟩ kindisch (geworden); trottelig; F verkalkt; vertrottelt; **devenir ~** abbauen; kindisch werden; F verkalken; vertrotteln **II** *m* **un vieux ~** ein kindischer Alter; F *a* ein alter Knacker
gâtisme [gɑtism] *m* Altersabbau *m*; Verfall *m* der geistigen Kräfte; F Verkalkung *f*
GATT [gat] *m* ÉCON GATT *n*
gauche [goʃ] **I** *adj* **1** linke(r, -s) (*a* POL); **côté** *m* **~** linke Seite; **main** *f* **~** linke Hand; *loc/adv* **à main ~** linker Hand; *st/s* zur Linken; *fig* **il s'est levé du pied ~** er ist mit dem linken Fuß zuerst aufgestanden; ♦ *loc/adv*: **à ~** links *ou* nach links; MIL **à ~, ~!** linksum!; **la première rue à ~** die erste Straße links; **doubler à ~** links überholen; POL **être à ~** links stehen; *fig* **mettre de l'argent à ~** *ou* **en mettre à ~** etwas auf die hohe Kante legen; F *fig* **passer l'arme à ~** P ins Gras beißen; abkratzen; **regarder à ~** nach links schauen; **tourner à ~** (nach) links abbiegen; **de ~ à droite** von links nach rechts; ♦ *loc/prép* **à ~ de** links von (*ou* +*gén*) **2** (*maladroit*) linkisch; unbeholfen **3** *poutre etc* verzogen; verbogen; MATH **courbe** *f* **~** Raumkurve *f* **II** *subst* **1** *f* Linke *f*; linke Seite; *loc/adv*: **à la ~ de qn** links von j-m; zur Linken (+*gén*); j-m zur Linken; **à** *ou* **sur notre ~** links (von uns); zu unserer Linken; **de la ~** von links; F *fig* **jusqu'à la ~** völlig; bis zum Letzten; **être en-**

G

detté jusqu'à la ~ F bis an den Hals in Schulden stecken; ***tenir sa ~*** sich links halten; links fahren **2** POL ***la ~*** die Linke; ***l'extrême ~*** die äußerste Linke; *loc/adj* ***de ~*** Links...; links stehend; ***gouvernement*** *m* ***de ~*** Linksregierung *f*; ***avoir des opinions de ~*** linksorientiert, links eingestellt sein **3** *m* BOXE **a)** Linke *f*; linke Faust; ***crochet*** *m* ***du ~*** linker Haken; **b)** *coup* Linke *f*

gauchement [goʃmɑ̃] *adv* linkisch; unbeholfen

gaucher [goʃe], **gauchère** **I** *m,f* Linkshänder(in) *m(f)* **II** *adj* linkshändig; ***être gaucher, gauchère*** Linkshänder(in) sein

gaucherie [goʃʀi] *f d'une personne* linkisches, unbeholfenes Wesen *ou* Benehmen; linkische, unbeholfene Art; *a de gestes etc* Unbeholfenheit *f*

G

gauchir [goʃiʀ] **I** *v/t humidité: le bois etc* verziehen; verbiegen **II** *v/i (et v/pr* ***se****)* ~ sich verziehen; sich (ver)werfen; sich verbiegen

gauchisant [goʃizɑ̃] *adj* POL nach links tendierend **gauchiser** *v/pr* ***se ~*** POL sich nach links orientieren **gauchisme** *m* POL Linksextremismus *m*, -radikalismus *m*

gauchissement [goʃismɑ̃] *m du bois etc* Verziehen *n*; Verbiegung *f*; Verwerfung *f*

gauchiste [goʃist] POL **I** *adj* linksextrem, -radikal **II** *m,f* Linksextreme(r) *f(m)*, -radikale(r) *f(m)*

gaucho [goʃo] *m* Gaucho [-tʃ-] *m*

gaudriole [godʀijɔl] *f* **1** *(plaisanterie leste)* loser, etwas freier Scherz **2** *(amour physique)* Sinnengenuss *m*; ***ne penser qu'à la ~*** immer auf Liebesabenteuer aus sein; nur Frauen *ou* Männer im Kopf haben

gaufrage [gofʀaʒ] *m* TECH **a)** *de tissu, de papier* Gaufrieren *n*; Gaufrierung *f* *(a Ergebnis)*; **b)** TYPO Präge-, Reliefdruck *m*

gaufre [gofʀ] *f* CUIS Waffel *f*

gaufrer [gofʀe] *v/t* TEXT, *papier* gaufrieren; mit e-m Präge-, Reliefdruck versehen

gaufrette [gofʀɛt] *f gâteau sec* Waffel *f*; *a* Eiswaffel *f*

gaufrier [gofʀije] *m* CUIS Waffeleisen *n*

gaufrure [gofʀyʀ] *f* (Präge)Muster *n*; Prägung *f*

Gaule [gol] HIST ***la ~*** Gallien *n*

gaule [gol] *f* **1** *(longue perche)* (lange) Stange **2** *(canne à pêche)* Angelrute *f*

gauler [gole] *v/t* **1** *noix etc* herunterschlagen **2** *arg* ***se faire ~*** F geschnappt werden

Gaulle (de) [dəgol] *frz Staatsmann*

gaullien [goljɛ̃] *adj* ⟨**~ne**⟩ POL de Gaulles; de-gaullesche(r, -s)

gaullisme [golism] *m* POL Gaullismus *m* **gaulliste** POL **I** *adj* gaullistisch **II** *m,f* Gaullist(in) *m(f)*

gaulois [golwa] **I** *adj* **1** *(de la Gaule)* gallisch; *symbole national de la France* ***le coq ~*** der gallische Hahn; ***moustache*** *f* ***à la ~e*** herabhängender Schnauzbart **2** *propos, plaisanterie* derb; frech; anstößig; locker; schlüpfrig; F saftig; deftig; ***esprit ~*** derbe *etc* Art, Mentalität **II** *subst* **1** ***Gaulois(e)*** *m(f)* Gallier(in) *m(f)* **2** ***~e*** *f frz Zigarettenmarke*

gauloiserie [golwazʀi] *f* derber, schlüpfriger, anstößiger, F deftiger, saftiger Witz; Zote *f*

gauss [gos] **I** *m* PHYS Gauß *n* **II** **Gauss** *n/pr* STATISTIQUE ***la loi de Gauss*** das gaußsche Fehlergesetz

gausser [gose] *v/pr litt* ***se ~ de qn*** j-n auslachen; sich über j-n lustig machen

Gaut(h)ier [gotje] *m Vorname*

gavage [gavaʒ] *m* Nudeln *n*; Stopfen *n*

gave [gav] *m* Gieß-, Sturzbach *m (in den Pyrenäen)*

gaver [gave] **I** *v/t* **1** *oies, canards* nudeln; stopfen **2** *fig* ***~ qn*** j-n vollstopfen, überfüttern (***de*** mit) **II** *v/pr* ***se ~*** sich vollstopfen (***de*** mit) *(a fig)*

gavotte [gavɔt] *f* MUS, *danse* Gavotte *f*

gavroche [gavʀɔʃ] **I** *m* (witzig-frecher, aufgeweckter) Pariser Straßenjunge **II** *adj* witzig-frech; aufgeweckt

gay [gɛ] **I** *adj* ⟨*inv*⟩ Schwulen... **II** *m* Gay [geː] *m*; Schwule(r) *m*

gaz [gɑz] *m* **1** CHIM, TECH Gas *n*; ***~ carbonique*** Kohlendioxid *n*; ***~ combustible*** Brenngas *n*; ***~ naturel*** Erdgas *n*; ***~ pauvre*** Arm-, Schwachgas *n*; ***~ rare*** Edelgas *n*; ***~ riche*** Reichgas *n*; ***~ d'éclairage*** Leuchtgas *n*; ***~ de pétrole liquéfié*** Flüssig-, Autogas *n*; ***~ de ville*** Stadtgas *n*; ***~ en bouteilles*** Flaschengas *n*; ***chauffage*** *m* ***au ~*** Gasheizung *f*; ***avez-vous le ~ chez vous?*** haben Sie Gasanschluss?; ***se suicider au ~*** F den Gashahn aufdrehen **2** *partic* MIL ***~ lacrymogène(s)*** Tränengas *n*; ***~*** *pl* ***de combat*** Kampfgase *n/pl*; chemische Kampfstoffe *m/pl*; ***alerte*** *f* ***aux ~*** Gasalarm *m* **3** *pl d'un moteur* Gas *n*; ***~*** *pl* ***d'échappement*** Auspuffgase *n/pl*; Abgase *n/pl*; *loc/adv* F (***à***) ***pleins ~*** mit Vollgas; ***rouler à pleins ~*** mit Vollgas fahren; AVIAT ***couper, mettre les ~*** das Gas wegnehmen, Gas geben **4** *pl* PHYSIOL Blähungen *f/pl*; ***avoir des ~*** Blähungen haben

gazage [gɑzaʒ] *m* TEXT Gasieren *n*; Sengen *n*

gaze [gɑz] *f* **1** TEXT Gaze *f* **2** PHARM (Verband)Mull *m*; (***bande*** *f* ***de***) ***~*** Mullbinde *f*

gazé [gɑze] *m de la guerre de 14-18* Gaskriegsversehrte(r) *m*

gazéification [gazeifikasjõ] *f* TECH Vergasen *n*, -ung *f* **gazéifier** *v/t* **1** CHIM, TECH vergasen; in Gas umwandeln **2** *boisson* mit Kohlensäure versetzen

gazelle [gazɛl] *f* ZO Gazelle *f*; *fig* ***yeux*** *m/pl* ***de ~*** Rehaugen *n/pl*; ***courir comme une ~*** laufen wie ein Wiesel

gazer [gɑze] **I** *v/t* **1** **a)** *exterminer* vergasen; **b)** MIL durch Giftgas kampfunfähig machen **2** TEXT gasieren; sengen **II** *v/i* F ***ça gaze*** F es klappt; es haut hin; ***salut, ça gaze?*** grüß dich, gehts gut?

gazette [gazɛt] *f autrefois* Zeitung *f*; Gazette *f*

gazeux [gɑzø] *adj* ⟨**-euse**⟩ **1** CHIM gasförmig; ***corps, fluide ~*** gasförmiger Körper; ***état ~*** gasförmiger (Aggregat)Zustand **2** *boisson* mit Kohlensäure versetzt; kohlensäurehaltig; ***eau gazeuse*** *a* Sprudel *m*; ***eau minérale non gazeuse*** Mineralwasser *n* ohne Kohlensäure; F stilles Wasser; ***eau gazeuse naturelle*** natürliche Kohlensäure enthaltendes Mineralwasser

gazier [gɑzje] *m* Arbeiter *m*, Angestellte(r) *m* e-r Gasgesellschaft

gazinière [gazinjɛʀ] *f* Gasherd *m*

gazoduc [gazɔdyk] *m* TECH Ferngasleitung *f* **gazogène** *m* TECH (Gas)Generator *m*

gazole [gazɔl] *m* Diesel(kraftstoff) *m*

gazomètre [gazɔmɛtʀ] *m* Gaskessel *m*, -behälter *m*; Gasometer *m*

gazon [gazõ] *m* Rasen *m*

gazonner [gazɔne] *v/t* Rasen anlegen auf (*+dat*); mit Rasen bepflanzen

gazouillement [gazujmɑ̃] *m* **1** *d'oiseaux* Zwitschern *n*; Gezwitscher *n* **2** *d'un ruisseau* Murmeln

n; Plätschern 3 *d'un bébé* Lallen *n*; Plappern *n*
gazouiller [gazuje] *v/i* 1 *oiseau* zwitschern 2 *ruisseau* murmeln; plätschern 3 *bébé* lallen; plappern
gazouillis [gazuji] *m* → ***gazouillement***
Gdańsk [gdɑ̃sk] Danzig *n*
g.d.b. [ʒedebe] *f* F *abr* (*gueule de bois*) → ***gueule*** *2*
GDF [ʒedeɛf] *m abr* (*Gaz de France*) *staatliches frz Gasversorgungsunternehmen*
geai [ʒɛ] *m* ZO (Eichel)Häher *m*
géant [ʒeɑ̃], **géante** I *m,f* 1 MYTH *et d'une personne* Riese *m*, Riesin *f*; *homme a* Hüne *m*; ***à pas de ~*** mit Riesenschritten; ***avoir une force de ~*** Riesenkräfte haben 2 *fig*, POL, ÉCON Gigant *m* II *adj* riesig; riesengroß, -haft; Riesen… (*a* BIOL); gigantisch; *homme a* hünenhaft; ***entreprise ~e*** gigantisches Unternehmen; Riesenunternehmen *n*; ASTR ***étoile ~e*** Riese(nstern) *m*; COMM ***paquet ~*** Großpackung *f*; SPORTS ***slalom ~*** Riesenslalom *m*; ZO ***tortue ~e*** Riesenschildkröte *f*
gecko [ʒeko] *m* ZO Gecko *m*
gégène [ʒeʒɛn] *arg f* Folter *f* (durch Elektroschocks)
geignard [ʒɛɲaʀ] F I *adj personne, ton* jammernd; wehleidig; weinerlich II *subst* *~(e)* *m(f)* j, der dauernd jammert
geindre [ʒɛ̃dʀ] *v/i* ⟨→ **peindre**⟩ 1 stöhnen; *faiblement* wimmern; *animal* klagen 2 *péj* (dauernd, immerzu) jammern, klagen, lamentieren 3 *fig girouette etc* ächzen
geisha [gɛʃa] *f* Geisha ['ge:-] *f*
gel [ʒɛl] *m* 1 Frost *m*; ***période f de ~*** Frostperiode *f* 2 *fig des crédits etc* Einfrieren *n* 3 *substance* Gel [g-] *n*
gélatine [ʒelatin] *f* Gelatine *f* (*a* CUIS); Gallerte *f ou* Gallert *n* (*a* BIOL)
gélatineux [ʒelatinø] *adj* ⟨**-euse**⟩ **a)** gallertartig; gelatinös; F schwabbelig; **b)** CUIS geleeartig; ***sauce gélatineuse*** *a* Soße, die geliert hat
gélatino-bromure [ʒelatinobʀɔmyʀ] *m* PHOT ***~ d'argent*** Bromsilbergelatine *f*
gelé [ʒ(ə)le] *adj* 1 *eau* gefroren; *lac, cours d'eau* zugefroren; *canalisation* eingefroren; *membres, fleurs* erfroren; ***il a eu les pieds ~s*** ihm sind die Füße erfroren; er hat sich (*dat*) die Füße erfroren 2 *personne* ***être ~*** (schrecklich, entsetzlich, F jämmerlich, wie ein Schneider) frieren; ***je suis ~*** *a* mich friert *ou* es friert mich schrecklich; ***être complètement ~*** *ou* ***être ~ jusqu'aux os*** ganz durchgefroren *ou* durchfroren sein; ***avoir les mains ~es*** eiskalte Hände haben 3 *fig crédits etc* eingefroren
gelée [ʒ(ə)le] *f* 1 Frost *m*; ***~ blanche*** Reif *m*; ***~ matinale, nocturne*** Nachtfrost *m*; ***les premières ~s*** die ersten Fröste 2 CUIS **a)** *de viande* Gelee *n*; Aspik *m*; Sülze *f*; *loc/adj* ***en ~*** in Gelee; in Aspik; **b)** *de fruits* Gelee *n*; ***~ de pommes*** Apfelgelee *n* 3 ***~ royale*** Gelee royale *n*
geler [ʒ(ə)le] ⟨**-è-**⟩ I *v/t* 1 *eau, sol* gefrieren lassen; zum Gefrieren bringen; *membres, fleurs* erfrieren lassen; MÉD Erfrierungen verursachen an (*+dat*) 2 *fig* einfrieren; ***~ des crédits*** Kredite einfrieren II *v/i* 1 *eau* gefrieren; *cours d'eau, lac* zufrieren; *canalisation* einfrieren; *membres, fleurs etc* erfrieren; ***les blés ont gelé*** das Getreide ist erfroren 2 *personne* frieren; ***on gèle ici*** man friert hier; es friert einen hier; F hier ist es eiskalt, kommt man um vor Kälte, erfriert man (fast) III *v/imp* ***il gèle*** es friert; es herrscht Frost; ***il gèle à pierre fendre*** es friert Stein und Bein IV *v/pr* ***se ~*** *personne* frieren; ***on se gèle ici*** *a* F man kommt hier vor Kälte um
gélifiant [ʒelifjɑ̃] *adj* Gelier…; ***sucre ~*** Gelierzucker *m*
gélification [ʒelifikasjõ] *f* CHIM Gelbildung *f*; Gelatinierung *f* **gélifier** CHIM I *v/t* gelatinieren; zum Gelatinieren bringen II *v/pr* ***se ~*** gelatinieren; ein Gel bilden; CUIS gelieren
gélinotte [ʒelinɔt] *f* ZO Haselhuhn *n*
gélule [ʒelyl] *f* PHARM Gelatinekapsel *f*
gelure [ʒ(ə)lyʀ] *f* MÉD Erfrierung *f*
Gémeaux [ʒemo] *m/pl* ASTR ***les ~*** die Zwillinge *m/pl*; ***être ~*** ein Zwilling sein
gémellaire [ʒemɛ(l)lɛʀ] *adj* MÉD Zwillings…; ***grossesse f ~*** Zwillingsschwangerschaft *f*
gémellité [ʒemɛ(l)lite] *f* MÉD Vorkommen *n*, Auftreten *n* von Zwillingen
gémination [ʒeminasjõ] *f* Verdopp(e) lung *f*; BIOL Paarigkeit *f*; LING Silbenverdoppelung *f*; *de consonnes* Gemination *f*
géminé [ʒemine] *adj* Zwillings…; Doppel..; ARCH *colonnes a* gekuppelt; BIOL paarig; PHON geminiert; ***consonne ~e*** *a* Geminate *f*
gémir [ʒemiʀ] *v/i* 1 stöhnen (***de douleur*** vor Schmerzen); *sous un fardeau a* ächzen; *animal blessé* klagen 2 *par ext vent* heulen; *porte* ächzen; knarren 3 *fig* (*se plaindre*) seufzen, klagen, jammern (***sur*** über *+acc*)
gémissant [ʒemisɑ̃] *adj voix* klagend; jammernd
gémissement [ʒemismɑ̃] *m* 1 Stöhnen *n*; Ächzen *n*; Klagelaut *m*; ***~ de douleur*** (Auf)Stöhnen *n* vor Schmerz; ***pousser des ~s*** stöhnen; Klagelaute ausstoßen 2 *par ext du vent* Heulen *n*; *d'une porte* Ächzen *n*; Knarren *n*
gemmage [ʒɛ(m)maʒ] *m* AGR Anzapfen *n* (von Nadelbäumen)
gemme [ʒɛm] *f* 1 MINÉR Edelstein *m* 2 *adjt* ***sel m ~*** Steinsalz *n*
gemmer [ʒɛ(m)me] *v/t pins* anzapfen
gémonies [ʒemɔni] *f/pl litt* ***vouer qn aux ~*** j-n der Schmach preisgeben
gênant [ʒɛnɑ̃] *adj objet* hinderlich; *bruit* störend; *personne, présence de qn* lästig; unbequem; ***situation ~e*** peinliche Situation; ***devenir ~*** (j-m) lästig fallen *ou* werden, im Wege stehen; ***c'est ~*** das ist lästig, ärgerlich
gencive [ʒɑ̃siv] *f* ANAT *surtout pl* ***~s*** Zahnfleisch *n*; F *fig* ***en prendre un coup dans les ~s*** Kritik, e-e Niederlage hinnehmen, F einstecken müssen
gendarme [ʒɑ̃daʀm] *m* 1 Gendarm *m*; *par ext* ***la peur du ~*** die Angst vor der Polizei, vor (der) Strafe; *fig et péj* ***c'est un ~*** sie *ou* er ist ein Feldwebel; F *fig* ***faire le ~*** den Polizisten, den Aufpasser spielen; ***jouer au(x) ~(s) et au(x) voleur(s)*** Räuber und Gendarm spielen 2 F ***~ couché*** Boden-, Fahrbahnschwelle *f*; Aufpflasterung *f* 3 **a)** *saucisse* Landjäger *m*; **b)** (*hareng saur*) Bückling *m* 4 ALPINISME (Berg)Zinne *f*
gendarmer [ʒɑ̃daʀme] *v/pr* ***se ~*** e-n energischen Ton anschlagen
gendarmerie [ʒɑ̃daʀməʀi] *f* 1 Gendarmerie *f*; ***~ maritime*** Hafenpolizei *f*; ***~ mobile*** Bereitschaftspolizei *f*; ***~ nationale*** *amtliche Bezeichnung der frz*

Gendarmerie; ~ ***de l'air*** Flughafenpolizei *f* **2** **a)** *bureaux* Gendarmerie(behörde) *f*; **b)** *caserne* Gendarmeriekaserne *f*

gendre [ʒɑ̃dʀ] *m* Schwiegersohn *m*

gêne [ʒɛn] *f* **1** *physique* Enge *f*; Beklemmung *f*; Beschwerden *f/pl*; ~ ***à respirer*** Atembeklemmung *f* **2** (*désagrément*) (lästiger) Zwang; Last *f*; ***je ne voudrais vous causer aucune*** ~ ich möchte Ihnen nicht lästig fallen; *prov* ***où*** (***il***) ***y a de la*** ~, (***il n'***)***y a pas de plaisir*** wo es gezwungen zugeht, fühlt man sich nicht wohl **3** *financière* Geldverlegenheit *f*; F (Geld)Klemme *f*; ***être dans la*** ~ in Geldverlegenheit, in der Klemme sein **4** *psychique* Gehemmtheit *f*, -sein *n*; Hemmungen *f/pl*; Verlegenheit *f*; Betretenheit *f*; Befangenheit *f*; ***éprouver de la*** ~ sich genieren, Hemmungen haben (***devant qn*** vor j-m; ***à raconter qc*** etw zu erzählen); ***j'éprouve de la*** ~ ***à*** (*+inf*) *a* es ist mir peinlich zu (*+inf*); ♦ *loc/adj* ***sans*** ~ ungeniert; *p/fort* frech; dreist; unverfroren; rücksichtslos; ***être sans*** ~ *a* keine Hemmungen haben, kennen; → *a* ***sans-gêne***

gène [ʒɛn] *m* BIOL Gen *n*

gêné [ʒene] *adj* **1** *personne, air, sourire* verlegen; betreten; befangen; *personne a* gehemmt; peinlich berührt; ***avoir l'air*** ~ verlegen, betreten dreinschauen **2** *financièrement* in Geldverlegenheit; ***je me trouve un peu*** ~ F ich bin gerade etwas knapp bei Kasse

généalogie [ʒenealɔʒi] *f* **1** (*filiation*) Abstammung *f*; Geschlechter-, Ahnenfolge *f* **2** *science* Genealogie *f*; Geschlechterkunde *f*; Ahnenforschung *f*

généalogique [ʒenealɔʒik] *adj* genealogisch; ***arbre*** *m* ~ Stammbaum *m*; Ahnentafel *f*

généalogiste [ʒenealɔʒist] *m,f* Genealoge, -login *m,f*

gêner [ʒene] **I** *v/t* **1** *vêtements* ~ ***qn*** j-n behindern, *chaussures* drücken **2** (*entraver*) behindern; im Wege stehen (*+dat*); *évolution* hemmen; stören; ~ ***la circulation*** den Verkehr behindern; ~ ***les intérêts de qn*** j-s Interessen im Wege stehen **3** (*déranger*) ~ ***qn*** j-m lästig fallen, werden; j-n stören, genieren; ***est-ce que la fumée vous gêne?*** stört es Sie, wenn ich rauche?; *abs* ***il a toujours peur de*** ~ er hat immer Angst zu stören **4** (*embarrasser*) ~ ***qn*** j-n in Verlegenheit bringen, verlegen machen; j-n peinlich berühren; ***ça me gêne de vous demander ça*** es ist mir peinlich, Sie darum zu bitten; → *a* ***gêné 1*** **II** *v/pr* **1** ***se*** ~ sich (*dat*) Zwang antun, auferlegen; sich genieren (***avec qn*** vor j-m); ***ne pas se*** ~ *a* keine Hemmungen haben, kennen (***avec qn*** j-m gegenüber); ***ne vous gênez pas!*** a) tun Sie sich (*dat*) keinen Zwang an!; fühlen Sie sich wie zu Hause!; b) *iron* tun Sie Ihren Gefühlen keinen Zwang an!; ***il aurait tort de se*** ~***!*** warum sollte er sich genieren? **2** ***se*** ~ (***mutuellement***) sich (gegenseitig), einander behindern *ou* stören *ou* lästig fallen

général¹ [ʒeneʀal] *adj* ⟨**-aux**⟩ allgemein; generell; Allgemein…; General…; Gesamt…; Haupt…; ***amnistie*** ~***e*** Generalamnestie *f*; ***conditions*** ~***es*** allgemeine Geschäfts- *ou* Versicherungsbedingungen *f/pl*; ***culture*** ~***e*** Allgemeinbildung *f*; *d'un chapitre etc* ***idée*** ~***e*** Grundidee *f*; ***impression*** ~***e*** Gesamteindruck *m*; ***médecine*** ~***e*** Allgemeinmedizin *f*; ***moyenne*** ~***e*** Gesamtdurchschnitt *m*; THÉ ***répétition*** ~***e*** *ou subst* ~***e*** *f* Generalprobe *f* (*a fig*); Hauptprobe *f*; ***secrétaire*** ~ Generalsekretär *m*; ***tendance*** ~***e*** (allgemeiner) Trend; ***vue*** ~***e*** Gesamtansicht *f*; ***l'indignation était*** ~***e*** die Empörung war allgemein; ♦ *loc/adv*: ***à la surprise*** ~***e*** zur allgemeinen Überraschung; ***dans l'intérêt*** ~ im allgemeinen Interesse; im Interesse der Allgemeinheit; im Gesamtinteresse; *travail* ***d'intérêt*** ~ von allgemeinem Interesse; allgemein interessierend; ***d'une manière*** ~***e*** allgemein; ***en*** ~ im Allgemeinen; gewöhnlich; meist (-ens); ***c'est en*** ~ ***ce qui arrive*** so geht es meist; ***parler en*** ~ im Allgemeinen sprechen; ♦ *subst* ***conclure du particulier au*** ~ vom Besonderen auf das Allgemeine schließen

général² [ʒeneʀal] *m* ⟨*pl* **-aux**⟩ **1** MIL General *m*; ***les généraux*** *a* die Generalität; ~ ***d'aviation, d'infanterie*** Luftwaffen-, Infanteriegeneral *m*; ~ ***de brigade, de division, de corps d'armée, d'armée*** Brigadegeneral *m*, Generalmajor *m*, Generalleutnant *m*, General; ~ ***en chef*** Oberbefehlshaber *m*; Oberkommandierende(r) *m* **2** HIST Feldherr *m* **3** ÉGL CATH ~ ***des Jésuites*** Jesuitengeneral *m*

générale [ʒeneʀal] *f* ***la*** ~ ***X*** die Frau des Generals X

généralement [ʒeneʀalmɑ̃] *adv* **a)** allgemein; generell; ~ ***parlant*** allgemein gesprochen; **b)** (*en général*) im Allgemeinen; meist(ens)

généralisable [ʒeneʀalizabl] *adj mesure, méthode* allgemein anwendbar; *déclaration* die sich verallgemeinern lässt

généralisateur [ʒeneʀalizatœʀ] *adj* ⟨**-trice**⟩ ***esprit*** ~ j, der gern verallgemeinert *ou* der zu Verallgemeinerungen neigt

généralisation [ʒeneʀalizasjõ] *f* **1** *d'une méthode etc* allgemeine Anwendung, Verbreitung, Einführung; *d'un conflit* Ausweitung *f* **2** *en raisonnant* Verallgemeinerung *f*

généraliser [ʒeneʀalize] **I** *v/t* **1** *mesure, méthode* allgemein anwenden; *méthode a* allgemein verbreiten, einführen; allgemeine Geltung verschaffen (*+dat*); *adjt*: ***cancer généralisé*** Krebs, der Metastasen gebildet hat; ***crise généralisée*** allgemeine Krise **2** *observation, cas* verallgemeinern; generalisieren; *abs*: ***il a tendance à*** ~ er neigt zu Verallgemeinerungen; ***il ne faut pas*** ~ man darf nicht verallgemeinern **II** *v/pr* ***se*** ~ sich allgemein verbreiten; *fléau* sich ausbreiten; *conflit* sich ausweiten; *instruction a* (All)Gemeingut werden

généralissime [ʒeneʀalisim] *m* MIL Oberbefehlshaber *m*; Oberkommandierende(r) *m*; Generalissimus *m*

généraliste [ʒeneʀalist] *m,f* praktischer Arzt, praktische Ärztin; Allgemeinmediziner(in) *m(f)*; *adjt* ***médecin*** *m* ~ praktischer Arzt; Allgemeinmediziner *m*

généralité [ʒeneʀalite] *f* **1** *d'une affirmation etc* allgemeiner Charakter; Allgemeingültigkeit *f* **2** ~***s*** *pl* allgemeine Darlegungen *f/pl*, Erläuterungen *f/pl*; Allgemeine(s) *n*

générateur [ʒeneʀatœʀ] **I** *adj* ⟨**-trice**⟩ **1** BIOL Zeugungs… **2** *par ext* ~ ***de*** … auslösend; bewirkend **II** *m* ÉLECT Generator *m*

génératif [ʒeneʀatif] *adj* ⟨**-ive**⟩ LING ***grammaire générative*** generative Grammatik

génération [ʒeneʀasjõ] *f* **1** Generation *f*; *st/s* Geschlecht *n*; *espace de temps a* Menschenalter *n*; ***la*** ~ ***actuelle*** die heutige Generation; ***les*** ~***s futures***

die kommenden Generationen; ***la jeune, nouvelle ~*** die junge Generation; *immigrés* ***de la deuxième ~*** der zweiten Generation; ***de ~ en ~*** von Generation zu Generation; von Geschlecht zu Geschlecht **2** *par ext* TECH Generation *f*; ***ordinateur*** *m* ***de la troisième ~*** Computer *m* der dritten Generation **3** BIOL Zeugung *f*; Fortpflanzung *f*; ***~ spontanée*** Urzeugung *f*; ***alternance*** *f* ***des ~s*** Generationswechsel *m* **4** MATH, LING Erzeugung *f*; LING *a* Generierung *f*

génératrice [ʒeneʀatʀis] *f* ÉLECT (Gleichstrom)Generator *m*

générer [ʒeneʀe] *v/t* ⟨**-è-**⟩ **1** *troubles, conflit* hervorrufen; auslösen; bewirken **2** LING *phrases* generieren; erzeugen

généreux [ʒeneʀø] *adj* ⟨**-euse**⟩ **1** (*magnanime*) edel(mütig); hochherzig; nobel; ***sentiments ~*** edle Gesinnung; ***vainqueur ~*** großmütiger Sieger **2** (*large*) großzügig; freigebig; großherzig; generös; F nobel; *subst* ***faire le ~*** (demonstrativ) den Großzügigen spielen **3** (*riche*) *poitrine* üppig; *sol* ertragreich; fruchtbar; *vin* feurig

générique [ʒeneʀik] **I** *adj* Gattungs…; ***terme*** *m* ***~*** Gattungs-, Oberbegriff *m* **II** *m* CIN, TV Vorspann *m*; *à la fin* Nachspann *m*

générosité [ʒeneʀozite] *f* **1** (*noblesse de caractère*) Edelmut *m*; Hochherzigkeit *f*; *envers le vaincu* Großmut *f* **2** (*libéralité*) Großzügigkeit *f*; Freigebigkeit *f*; Generosität *f*

Gênes [ʒɛn] Genua *n*

genèse [ʒənɛz] *f* **1** BIBL (***le livre de***) ***la Genèse*** die Genesis; das erste Buch Mose; die Schöpfungsgeschichte **2** (*formation*) Entstehung(sgeschichte) *f*; Genese *f*

Genet [ʒənɛ] ***Jean ~*** *frz Schriftsteller*

genêt [ʒ(ə)nɛ] *m* BOT Ginster *m*

généticien [ʒenetisjɛ̃] *m*, **généticienne** *f* Genetiker(in) *m(f)*

génétique [ʒenetik] **I** *adj* genetisch; Gen…; ***code*** *m* ***~*** genetischer Kode; ***manipulations*** *f/pl* ***~s*** Genmanipulation *f*; ***profil*** *m* ***~*** DNA-Profil *n*; genetisches Profil; ***test*** *m* ***~*** Gentest *m* **II** *f* Genetik *f*; Vererbungslehre *f*

génétiquement [ʒenetikmɑ̃] *adv* gentechnisch; ***~ modifié*** gentechnisch verändert

genette [ʒ(ə)nɛt] *f* ZO Ginsterkatze *f*; Genette *f*

gêneur [ʒɛnœʀ] *m*, **gêneuse** *f* lästiger Mensch; lästige Person; Störenfried *m*

Genève [ʒ(ə)nɛv] Genf *n*

Geneviève [ʒənvjɛv] *f Vorname*

genevois [ʒənvwa] **I** *adj* Genfer **II** *subst* ***Genevois(e)*** *m(f)* Genfer(in) *m(f)*

genévrier [ʒənevʀije] *m* BOT Wacholder(strauch) *m*

Gengis Khan [ʒɛ̃ʒiskɑ̃] *m* HIST Dschingis Khan *m*

génial [ʒenjal] *adj* ⟨**-aux**⟩ genial; F ***c'est ~!*** einfach genial!; F das ist toll, klasse, dufte, ne Wucht!

génialité [ʒenjalite] *f rarement* Genialität *f*

génie [ʒeni] *m* **1** (*esprit*) Geist *m*; *allégorie* Genius *m*; ***bon, mauvais ~*** guter, böser Geist (*a fig d'une personne*); ***~ tutélaire*** Schutzgeist *m*; Genius *m* **2** *d'un peuple, d'une langue etc* Geist *m*; Wesen *n* **3** (*talent exceptionnel*) Genie *n*; Genialität *f*; ***~ musical*** musikalisches Genie; ***le ~ de Shakespeare*** das Genie Shakespeares; *loc/adj* ***de ~*** genial; ***un homme, peintre de ~*** ein genialer Mensch, Maler; ***une idée de ~*** e-e geniale (*a iron*), großartige, glänzende, *iron* glorreiche, gloriose Idee; ***avoir du ~*** Genie besitzen **4** (*personne géniale*) Genie *n*; genialer Kopf; ***un ~ méconnu*** ein verkanntes Genie; *iron* ***c'est un petit ~*** er ist ein Neunmalkluger; ***ce n'est pas un ~*** er ist keine große Leuchte **5** MIL Pioniertruppe *f*; Pioniere *m/pl*; *schweiz* Genietruppe *f*; ***~ militaire*** Pionierwesen *n*; ***soldat*** *m* ***du ~*** Pionier *m* **6** TECH Ingenieurwesen *n*; ***~ chimique*** Verfahrenstechnik *f*; ***~ civil*** Bau(ingenieur) wesen *n*; Hoch- und Tiefbau *m*; ***~ génétique*** Gentechnologie *f*

genièvre [ʒənjɛvʀ] *m* **1** *arbrisseau* Wacholder (-strauch) *m* **2** *baie* Wacholderbeere *f* **3** *eau-de--vie* Wacholder(schnaps *m*, -branntwein *m*) *m*; Genever *m*

génique [ʒenik] *adj* BIOL Gen…; MÉD ***thérapie*** *f* ***~*** Gentherapie *f*

génisse [ʒenis] *f* AGR Färse *f*; Kalbe *f*

génital [ʒenital] *adj* ⟨**-aux**⟩ Geschlechts…; genital; Genital…; ***appareil ~*** Geschlechtsapparat *m*; ***organes génitaux, parties ~es*** Geschlechtsorgane *n/pl*, -teile *n/pl ou m/pl*; Genitalien *pl*

géniteur [ʒenitœʀ] *m* **1** *plais* (*père*) Erzeuger *m* **2** ZO männliches Zuchttier

génitif [ʒenitif] *m* GR Genitiv *m*; Wesfall *m*; zweiter Fall

génito-urinaire [ʒenitoyʀinɛʀ] *adj* ANAT urogenital; ***appareil*** *m* ***~*** Urogenitalsystem *n*; Harn- und Geschlechtsorgane *n/pl*

Genlis [ʒɑ̃lis] *Ort im Dep. Côte-d'Or*

Gennevilliers [ʒənvilje] *Stadt im Dep. Hauts-de--Seine*

génocide [ʒenɔsid] *m* Völkermord *m*; Genozid *m ou n*

génois [ʒenwa] **I** *adj* genuesisch; Genueser **II** *subst* **1** ***Génois(e)*** *m(f)* Genuese *m*, Genuesin *f* **2** CUIS ***~e*** *f* Tortenbiskuit *n*

génome [ʒenom] *m* BIOL Genom *n* **génomique** *f* MÉD, TECH Genomforschung *f*; Genomik *f*

génothérapie [ʒenoteʀapi] *f* MÉD Gentherapie *f*

génotype [ʒenotip] *m* BIOL Genotyp(us) *m*; ***banque*** *f* ***de ~s*** Genbank *f*

genou [ʒ(ə)nu] *m* ⟨*pl* ***~x***⟩ **1** ANAT Knie *n* (*a d'un pantalon*); *du cheval* Fußwurzel *f*; *jupe, robe*: ***au ~*** knielang; ***au-dessous du ~*** das Knie bedeckend; ***au--dessus du ~*** kniefrei; *loc/adv* ***à ~x*** kniend; auf (den) Knien; ***à ~x!*** auf die Knie!; *fig* ***demander à ~x*** kniefällig, auf Knien bitten; ***(s')enfoncer jusqu'aux ~x*** bis zu den Knien einsinken; ***être à ~x*** knien; *fig* auf den Knien liegen (***devant qn*** vor j-m); ***se mettre à ~x*** niederknien; sich hinknien; F *fig* ***c'est à se mettre à ~x devant*** das ist einfach herrlich, himmlisch; *fig* ***tomber aux ~x de qn*** e-n Kniefall vor j-m machen; vor j-m auf die Knie fallen; *fig* ***être sur les ~x*** todmüde, wie zerschlagen, wie gerädert sein; ***faire du ~ à une femme*** e-e Frau mit dem Knie anstoßen, berühren; ***mettre un ~ en terre*** sich auf ein Knie niederlassen; ***prendre sur ses ~x*** auf den Schoß nehmen; *pantalon* ***usé aux ~x*** mit abgewetzten Knien **2** TECH Kugelgelenk *n*

genouillère [ʒ(ə)nujɛʀ] *f* **1** SPORTS Knieschützer *m*; MÉD Kniebandage *f*; *d'une armure* Kniekachel *f*, -buckel *m* **2** TECH *d'un tuyau* Knie(stück) *n*

genre [ʒɑ̃ʀ] *m* **1** (*espèce*) Art *f* (*a d'une personne*); ***ce ~ de lunettes*** diese Art (von) Brille; ***~ de vie*** (Art der) Lebensführung *f*; Lebensweise *f*; *on ne fait pas mieux* **dans le ~** in dieser, der Art; **de ce ~** (in) dieser Art; derartige(r, -s); solche(r, -s); **des plaisanteries de ce ~** Scherze dieser Art; derartige, solche Scherze; **du même ~** von derselben Art; **en, dans son ~** in s-r Art; **il est unique en son ~** er ist einzig in s-r Art; **en tout ~** *ou* **en tous ~s** aller Art; allerlei; **je n'aime pas son ~** ich mag s-e Art nicht; **avoir le ~ artiste** etwas vom Künstler an sich (*dat*) haben; wie ein Künstler aussehen; **avoir un drôle de ~** e-e komische Art haben; **avoir (un) mauvais ~** e-e vulgäre Art haben; **se donner un ~, faire du ~** sich affektiert benehmen; *il fait ça* **pour se donner un ~** um aufzufallen; aus Angabe; **ce n'est pas mon ~** das ist nicht nach meinem Geschmack; F das ist nicht mein Fall; **il, elle n'est pas mon ~** er, sie ist nicht mein Typ **2** **le ~ humain** das Menschengeschlecht **3** GR Genus *n*; Geschlecht *n*; **~ grammatical, naturel** grammatisches, natürliches Geschlecht; *adjectif* **des deux ~s** mit gleicher Form für Maskulinum und Femininum; *accord* **en ~ et en nombre** in Geschlecht und Zahl **4** BIOL Gattung *f* **5** LITTÉRATURE, ART Gattung *f*; Genre *n*; **~ littéraire** literarische Gattung; Literaturgattung *f* **6** PEINT **peinture** *f*, **tableau** *m* **de ~** Genremalerei *f*, -bild *n*

gens [ʒɑ̃] *m/pl* ⟨*unmittelbar vorangehendes adj steht in der Form des f/pl*⟩ **1** Leute *pl*; Menschen *m/pl*; **jeunes ~** junge Leute; (*jeunes hommes*) junge Männer *m/pl*; **les petites ~** die kleinen Leute; der kleine Mann; **sales ~** übles Volk; **vieilles ~** alte Leute; **des ~ comme toi** (*ou* **vous**) **et moi** Menschen wie du (*ou* Sie) und ich; **~ de la campagne** Leute vom Land; **~ du Midi, du Nord** Leute aus dem Süden, Norden; Süd-, Nordfranzosen *m/pl*; **~ du peuple** Leute aus dem Volk **2** **~ d'Église** Geistliche(n) *m/pl*; **~ de lettres** Literaten *m/pl*; Schriftsteller *m/pl*; **~ de maison** Hauspersonal *n*; **~ de mer** Seeleute *pl*, -fahrer *m/pl* **3** JUR **droit** *m* **des ~** Völkerrecht *n*

gent [ʒɑ̃] *f litt* **la ~ trotte-menu** das Mäusevolk

gentiane [ʒɑ̃sjan] *f* BOT *et alcool* Enzian *m*

gentil [ʒɑ̃ti] *adj* ⟨**gentille** [ʒɑ̃tij]⟩ **1** *personne, comportement* nett; freundlich; liebenswürdig; lieb; *robe, intérieur etc* nett; reizend; entzückend; **il a eu un mot ~ pour tout le monde** er hatte für jeden ein freundliches Wort; *personne* **être ~ comme un cœur** sehr, wirklich, äußerst, F furchtbar nett sein; **vous êtes trop ~** Sie sind zu liebenswürdig; **être ~ avec qn** nett zu j-m sein; **vous seriez ~ de** (*+inf*) es wäre nett von Ihnen, wenn Sie … würden; **c'est ~ comme tout**, F **~ tout plein** ist das aber nett, lieb!; **c'est ~ à vous (d'être venu)** das ist nett von Ihnen (, dass Sie gekommen sind) **2** *enfant* (*sage*) lieb; artig; brav **3** *somme d'argent* nett; hübsch; **une ~le somme** *a* ein nettes, hübsches Sümmchen **4** *péj* **c'est ~, mais** *ça n'a rien d'extraordinaire* das ist ja ganz nett, aber …; **c'est bien ~ tout ça, mais …** das ist alles schön und gut, aber …

gentilhomme [ʒɑ̃tijɔm] *m* ⟨*pl* **gentils-hommes** [ʒɑ̃tizɔm]⟩ HIST Edelmann *m* **gentilhommière** *f* vornehmes, feudales Landhaus

gentillesse [ʒɑ̃tijɛs] *f* **1** Freundlichkeit *f*; Liebenswürdigkeit *f*; Nettigkeit *f*; **avoir la ~ de** (*+inf*) die Freundlichkeit haben zu (*+inf*); so nett, freundlich sein zu (*+inf*); **il est d'une ~!** er ist von e-r Liebenswürdigkeit, Herzlichkeit! **2** *surtout* **~s** *pl* Freundlichkeiten *f/pl* (*a iron*)

gentillet [ʒɑ̃tijɛ] *adj* ⟨**~te**⟩ ganz nett, hübsch

Gentilly [ʒɑ̃tiji] *Stadt im Dep. Val-de-Marne*

gentils [ʒɑ̃ti] *m/pl* REL HIST Heiden *m/pl*

gentiment [ʒɑ̃timɑ̃] *adv* **1** (*aimablement*) nett; freundlich; liebenswürdig **2** (*sagement*) lieb; artig; brav

gentleman [dʒɛntləman], F [ʒɑ̃-] *m* ⟨*pl* **gentlemen** [dʒɛntləmɛn]⟩ Gentleman ['dʒ-] *m*; **se conduire en ~** sich wie ein, als Gentleman verhalten

gentleman-farmer [dʒɛntləmanfaʀmœʀ] *m* ⟨*pl* **gentlemen-farmers**⟩ vornehmer Gutsbesitzer

génuflexion [ʒenyflɛksjõ] *f* REL Kniebeuge *f*

géo [ʒeo] *f* F *abr* → **géographie**

géodésie [ʒeɔdezi] *f* Geodäsie *f*; Vermessungskunde *f*; Landesvermessung *f* **géodésique** *adj* geodätisch

géographe [ʒeɔgʀaf] *m,f* Geograf(in) *m(f)*

géographie [ʒeɔgʀafi] *f* **1** Geografie *f*; *matière scolaire a* Erdkunde *f*; **~ économique** Wirtschaftsgeografie *f*; **~ humaine** Anthropo-, Kulturgeografie *f*; **~ linguistique** Sprachgeografie *f*; **~ régionale** Länderkunde *f*; **professeur** *m* **de ~** Erdkundelehrer *m* **2** *manuel* Erdkunde-, Geografiebuch *n*

géographique [ʒeɔgʀafik] *adj* geografisch; erdkundlich; **carte** *f* **~** Landkarte *f*; *en France* **Institut ~ national** staatliches Vermessungsamt

geôle [ʒol] *f litt* Kerker *m*

geôlier [ʒolje] *m litt* Kerkermeister *m*

géologie [ʒeɔlɔʒi] *f* Geologie *f*

géologique [ʒeɔlɔʒik] *adj* geologisch; erdgeschichtlich; **coupe** *f* **~** geologisches Profil; **formation** *f* **~** geologische Formation

géologue [ʒeɔlɔg] *m,f* Geologe, -login *m,f*

géomagnétique [ʒeɔmaɲetik] *adj* erdmagnetisch **géomagnétisme** *m* Erdmagnetismus *m*

géomètre [ʒeɔmɛtʀ] *m* **~** *ou adjt* **arpenteur** *m* **~** Geometer *m*; Vermessungsingenieur *m*; **~ expert** *correspond à* Vermessungsingenieur *m*

géométrie [ʒeɔmetʀi] *f* **1** Geometrie *f*; Raumlehre *f*; **~ analytique, descriptive** analytische, darstellende Geometrie; **~ plane** ebene Geometrie; Geometrie der Ebene; **~ dans l'espace** Geometrie des Raumes; AVIAT **avion** *m* **à ~ variable** Schwenkflügelflugzeug *n*; *fig politique, justice* **à ~ variable** den jeweiligen Gegebenheiten angepasst; pragmatisch; **figure** *f* **de ~** geometrische Figur **2** *manuel* Geometriebuch *n*

géométrique [ʒeɔmetʀik] *adj* **1** geometrisch (*a ornement*); **figure** *f* **~** geometrische Figur **2** *fig précision etc* mathematisch

géomorphologie [ʒeɔmɔʀfɔlɔʒi] *f* Geomorphologie *f* **géophysicien** *m* Geophysiker *m* **géophysique** **I** *adj* geophysikalisch **II** *f* Geophysik *f* **géopolitique** **I** *adj* geopolitisch **II** *f* Geopolitik *f*

Georges [ʒɔʀʒ] *m Vorname*

Géorgie [ʒeɔʀʒi] **la ~** **1** Georgien *n* **2** *U.S.A.* Georgia ['dʒɔːdʒə] *n*

géorgien [ʒeɔʀʒjɛ̃] **I** *adj* ⟨**~ne**⟩ georgisch **II** *subst* **1** **Géorgien(ne)** *m(f)* Georgier(in) *m(f)* **2** LING **le ~** das Georgische; Georgisch *n*

géorgique [ʒeɔʀʒik] *adj poésie* vom Landbau handelnd; *subst Vergil* **les Géorgiques** *f/pl* die Georgica *n/pl*

géostationnaire [ʒeɔstasjɔnɛʀ] *adj satellite* geosta-

tionär; Synchron… **géothermique** *adj* geothermisch
Gérald [ʒeʀald] *m Vorname*
gérance [ʒeʀɑ̃s] *f d'un commerce* Geschäftsführung *f*; *d'immeubles* Verwaltung *f*; ***exploiter une affaire en ~*** e-n Pachtbetrieb führen; ***mettre en ~*** verpachten; in Pacht geben; ***prendre en ~*** pachten; in Pacht nehmen
géranium [ʒeʀanjɔm] *m* BOT Geranie *f*
gérant [ʒeʀɑ̃] *m*, **gérante** *f d'une société* Geschäftsführer(in) *m(f)*; *d'un magasin a* Pächter(in) *m(f)*; *d'immeubles* Verwalter(in) *m(f)*; ***gérant, gérante d'une succursale*** *a* Filialleiter(in) *m(f)*
Gérard [ʒeʀaʀ] *m Vorname*
Gérardmer [ʒeʀaʀme] *Stadt im Dep. Vosges*
gerbe [ʒɛʀb] *f* **1** AGR Garbe *f* **2** ~ (***de fleurs***) (Blumen)Strauß *m*; Bukett *n* **3** FEU D\146ARTIFICE Funkengarbe *f*, -büschel *n*, -regen *m* **4** ***~ d'eau*** Fontäne *f* **5** MIL Geschossgarbe *f*
gerber [ʒɛʀbe] **I** *v/t* TECH stapeln **II** *v/i* P (*vomir*) P kotzen
gerboise [ʒɛʀbwaz] *f* ZO Wüstenspringmaus *f*
gercé [ʒɛʀse] *adj peau* aufgesprungen; rissig; schrundig; ***lèvres ~es*** aufgesprungene Lippen *f/pl*
gercer [ʒɛʀse] ⟨**-ç-**⟩ **I** *v/t* rissig werden lassen, machen **II** *v/i* (*et v/pr* ***se***) ~ *peau, lèvres* aufspringen; *peau a* rissig, schrundig werden
gerçure [ʒɛʀsyʀ] *f* (Haut)Riss *m*; Schrunde *f*
gérer [ʒeʀe] *v/t* ⟨**-è-**⟩ *affaires* führen; *un commerce, ses biens etc* verwalten; *par ext sa carrière etc, iron la crise* F managen ['mɛnɪdʒən]; ***~ une société*** mit der Geschäftsführung e-r Gesellschaft beauftragt sein; *adjt* ***affaire bien, mal gérée*** gut, schlecht geführtes Geschäft
gerfaut [ʒɛʀfo] *m* ZO Gerfalke *m*
gériatrie [ʒeʀjatʀi] *f* MÉD Geriatrie *f*; Altersheilkunde *f* **gériatrique** *adj* MÉD geriatrisch
germain[1] [ʒɛʀmɛ̃] *adj* ***cousin*** ~ *ou* ***cousine ~e*** Vetter *m*, Cousin *m ou* Cousine *f* (ersten Grades); ***cousins issus de ~s*** Vettern zweiten Grades
germain[2] [ʒɛʀmɛ̃] HIST **I** *adj* germanisch **II** *m/pl* ***Germains*** Germanen *m/pl*
Germaine [ʒɛʀmɛn] *f Vorname*
Germanie [ʒɛʀmani] HIST ***la ~*** Germanien *n*
germanique [ʒɛʀmanik] *adj* **1** HIST germanisch; LING ***langues*** *f/pl* ***~s*** germanische Sprachen *f/pl* **2** (*allemand*) deutsch; ***pays*** *m/pl* ***~s*** Länder *n/pl* deutscher Sprache und Kultur; HIST ***le Saint Empire romain ~*** das Heilige Römische Reich Deutscher Nation
germanisant [ʒɛʀmanizɑ̃] **I** *adj* mit e-r Vorliebe für deutsche Kultur **II** *subst* ~(***e***) *m(f)* **1** Liebhaber(in) *m(f)* der deutschen Kultur **2** → ***germaniste***
germanisation [ʒɛʀmanizasjõ] *f* Germanisierung *f*; Eindeutschung *f* **germaniser** *v/t* germanisieren; eindeutschen (*a mots, noms*) **germanisme** *m* deutsche Spracheigentümlichkeit; Germanismus *m*
germaniste *m,f* Germanist(in) *m(f)*
germanitude [ʒɛʀmanityd] *f* Deutschtum *n*
germanium [ʒɛʀmanjɔm] *m* CHIM Germanium *n*
germano-… [ʒɛʀmano] *adj* deutsch-…; *exemples:* ***germano-américain*** deutsch-amerikanisch; ***germano-polonais*** deutsch-polnisch; ***germano-tchèque*** deutsch-tschechisch
germanophile [ʒɛʀmanɔfil] **I** *adj* deutschfreundlich **II** *m,f* Person *f* mit deutschfreundlicher Haltung **germanophilie** *f* Deutschfreundlichkeit *f*
germanophobe [ʒɛʀmanɔfɔb] **I** *adj* deutschfeindlich **II** *m,f* Deutschenhasser(in) *m(f)* **germanophobie** *f* Deutschfeindlichkeit *f*; *p/fort* Deutschenhass *m*
germanophone [ʒɛʀmanɔfɔn] *adj* deutschsprachig; Deutsch sprechend
germe [ʒɛʀm] *m* BIOL, MÉD, *fig* Keim *m*; *dans un œuf* Keimscheibe *f*; Hahnentritt *m*; ***~s pathogènes*** Krankheitskeime *m/pl*; ***~s de blé*** Weizenkeime *m/pl*; MÉD ***porteur*** *m* ***de ~s*** Keim-, Bazillenträger *m*; *fig* ***contenir qc en ~*** etw im Keim enthalten; den Keim von etw in sich (*dat*) tragen
germer [ʒɛʀme] *v/i* BOT keimen (*a fig idée etc*); *pommes de terre* auskeimen; ***faire ~*** zum Keimen bringen; *adjt* ***pommes de terre germées*** ausgekeimte Kartoffeln *f/pl*
germicide [ʒɛʀmisid] *adj* keimtötend
germinal [ʒɛʀminal] **I** *adj* ⟨**-aux**⟩ BIOL Keim… **II** *m* HIST Germinal *m* (*7. Monat des frz Revolutionskalenders*)
germinatif [ʒɛʀminatif] *adj* ⟨**-ive**⟩ BIOL Keim… **germination** *f* BIOL Keimen *n*, -ung *f*
gérondif [ʒeʀõdif] *m* GR Gerundium *n*; *en français a* Gérondif *m*

G

Die Eleganz des gérondif

Der **gérondif** wird aus **en** + **Partizip Präsens** gebildet, lautet also

zu travailler:	**en travaillant**
zu boire:	**en buvant**

Verwendet wird er

1. um die **Art und Weise** wiederzugeben, in der die Verbhandlung abläuft:

Elle a répondu **en pleurant**. – Sie antwortete weinend.

2. um **Gleichzeitigkeit** auszudrücken:

En sortant de la boulangerie, j'ai rencontré Monique. – Als ich aus der Bäckerei hinausging, traf ich Monique.

3. um eine **Vermutung** oder **Hypothese** aufzustellen:

En prenant l'autoroute, nous arriverons plus tôt à Rennes. – Wenn wir die Autobahn nehmen, kommen wir schneller in Rennes an.

Der gérondif wirkt stilistisch eleganter als andere Konstruktionen:

Il travaille **en chantant** (Er singt beim Arbeiten). Il travaille et en même temps il chante (Er arbeitet und singt dabei).

In der Regel hat der gérondif dasselbe Subjekt wie der übergeordnete Satz.

Ausnahme:

L'appétit vient en mangeant. – Der Appetit kommt beim Essen.

G

Gérone [ʒeʀɔn] GÉOGR Gerona *n*
gérontocratie [ʒeʀõtɔkʀasi] *f* POL Gerontokratie *f*
gérontologie *f* Gerontologie *f*; Altersforschung *f*
gérontologue *m,f* Gerontologe, -login *m,f*
Gers [ʒɛʀ], *regional* [ʒɛʀs] ***le ~*** *Fluss u Departement in Frankreich*
gésier [ʒezje] *m des oiseaux* (Muskel-, Kau)Magen *m*
gésir [ʒeziʀ] *st/s v/i* ⟨*déf*: **il gît, ils gisent**; **il gisait**; **gisant**⟩ (da) liegen; *fig* ***c'est là que gît la difficulté*** da(rin) liegt die Schwierigkeit; F da liegt der Hase im Pfeffer; da liegt der Hund begraben
gesse [ʒɛs] *f* BOT Platterbse *f*
gestaltisme [gəʃtaltism] *m* PHILOS, PSYCH Gestalttheorie *f*, -psychologie *f*
gestation [ʒɛstasjõ] *f* **1** ZO Trächtigkeit *f*; *sc de la femme* Schwangerschaft *f*; ***durée*** *f* ***de la ~*** *chez les animaux* Tragezeit *f*; Trächtigkeitsdauer *f*; *chez la femme* Schwangerschaftsdauer *f* **2** *fig* Entstehung *f*; *loc/adj* ***en ~*** im Entstehen (begriffen)
geste[1] [ʒɛst] *m* **1** (Hand)Bewegung *f*; Gebärde *f*; Geste *f*; ***~ brusque*** plötzliche (Hand)Bewegung; ***au moindre ~*** bei der geringsten Bewegung; ***avoir un ~ malheureux*** e-e unglückliche (Hand)Bewegung machen; ***se faire comprendre par ~s*** sich durch Gebärden, Gesten verständlich machen; ***faire un ~*** (***de la main***) e-e Handbewegung machen; ***faire des grands ~s*** lebhaft gestikulieren; ***ne pas faire un ~*** sich nicht rühren (*a fig*); F *fig* ***il n'a qu'un ~ à faire pour*** (*+inf*) er braucht bloß den kleinen Finger zu rühren, um zu (*+inf*) **2** *par ext* Geste *f*; ***~ de générosité*** großzügige, F noble Geste; F *fig* ***faire un ~*** s-m Herzen e-n Stoß geben; F etwas springen lassen; ***joindre le ~ à la parole*** s-n Worten die Tat folgen lassen
geste[2] [ʒɛst] *f* **1** ***les faits et ~s de qn*** j-s Tun und Treiben *n* **2** ***chanson*** *f* ***de ~*** Heldenlied *n*, -epos *n*
gesticulation [ʒɛstikylasjõ] *f* Gestikulation *f*; Gestikulieren *n*
gesticuler [ʒɛstikyle] *v/i* gestikulieren; F mit den Händen, Armen in der Luft herumfuchteln
gestion [ʒɛstjõ] *f* **1** *d'une entreprise* Geschäftsführung *f*; *de biens, d'immeubles* Verwaltung *f*; ***~ budgétaire*** Haushaltsführung *f*; ***~ financière*** Finanzplanung *f*; ***~ de la production*** Produktionsleitung *f* **2** *matière* ***~*** (***d'entreprise***) Betriebswirtschaft(slehre) *f*
gestionnaire [ʒɛstjɔnɛʀ] **I** *adj* Geschäftsführungs…; Verwaltungs…; betriebswirtschaftlich **II** *m,f* Geschäftsführer(in) *m(f)*; Verwalter(in) *m(f)*; Manager(in) [ˈmɛnɪdʒər(ɪn)] *m(f)*; Betriebswirt(in) *m(f)*
gestuel [ʒɛstɥɛl] **I** *adj* ⟨**~le**⟩ Gesten…; Gebärden…; ***langage ~*** Gebärdensprache *f* **II** *f* ***~le*** Gestik *f*
Gets (Les) [leʒɛ] *Wintersportort in den frz Alpen*
Gex [ʒɛks] *Stadt im Dep. Ain*
geyser [ʒezɛʀ] *m* Geysir *m*; Geiser *m*
Ghana [gana] ***le ~*** Ghana *n*
ghanéen [ganeɛ̃] **I** *adj* ⟨**~ne**⟩ ghanaisch **II** *subst* ***Ghanéen(ne)*** *m(f)* Ghanaer(in) *m(f)*
ghetto [geto, gɛ-] *m* G(h)etto *n*
ghetto-blaster [getoblastɛʀ] *m* ⟨*pl* **ghetto-blasters**⟩ G(h)ettoblaster *m*
ghettoïsation [getoizasjõ] *f* G(h)ettoisierung *f*
Ghislaine [ʒislɛn] *f Vorname*
G.I.A. [ʒeia] *m abr* (*Groupe islamique armé*) *en Algérie* Bewaffnete Islamische Gruppe
gibbon [ʒibõ] *m* ZO Gibbon *m*
gibbosité [ʒibozite] *f* MÉD *et par ext* Buckel *m*; Höcker *m*
gibecière [ʒibsjɛʀ] *f* **1** CH Jagdtasche *f* **2** *sac de femme* (sportliche) Umhängetasche **3** *sac d'écolier* Schulranzen *m*, -tasche *f*
gibelotte [ʒiblɔt] *f* CUIS ***~ de lapin*** Kaninchenfrikassee *n* in Weißwein
giberne [ʒibɛʀn] *f autrefois* Patronentasche *f*
gibet [ʒibɛ] *m* Galgen *m*
gibier [ʒibje] *m* **1** Wild *n*; ***gros ~*** Hoch-, Schalenwild *n*; ***menu, petit ~*** Niederwild *n*; ***~ à fourrure*** jagdbare Pelztiere *n/pl*; ***~ à plume(s)*** Feder-, Flugwild *n*; ***~ à poil*** Haarwild *n*; ***~ d'eau*** jagdbare Wasservögel *m/pl* **2** CUIS Wildbret *n*; Wild *n* **3** *fig* F ***un ~ facile*** e-e leichte Beute; ***~ de potence*** Galgenvogel *m*
giboulée [ʒibule] *f* (Regen-, Graupel)Schauer *m*; ***~s de mars*** Aprilschauer *m/pl*, -wetter *n*
giboyeux [ʒibwajø] *adj* ⟨**-euse**⟩ wildreich
Gibraltar [ʒibʀaltaʀ] Gibraltar *n*
gibus [ʒibys] *m* Klappzylinder *m*; Chapeau claque *m*
giclée [ʒikle] *f* Spritzer *m*
giclement [ʒikləmɑ̃] *m* (Heraus)Spritzen *n*
gicler [ʒikle] *v/i* (heraus-, auf)spritzen; *sang* ***~ de la blessure*** aus der Wunde spritzen
gicleur [ʒiklœʀ] *m* AUTO Vergaserdüse *f*
GIE [ʒeiə] *m abr* (*groupement d'intérêt économique*) JUR COMM wirtschaftliche Interessengemeinschaft (*frz Unternehmensform*)
Gien [ʒjɛ̃] *Stadt im Dep. Loiret*
Gier [ʒiɛʀ] ***le ~*** *Nebenfluss der Rhone*
gifle [ʒifl] *f* **1** Ohrfeige *f*; Backpfeife *f*; ***donner*** *ou* F ***flanquer une ~ à qn*** j-m e-e Ohrfeige geben *ou* verabreichen; j-n ohrfeigen; F j-m eine knallen, runterhauen, kleben, schmieren, langen, verpassen, schallern; F ***flanquer une paire de ~s à qn*** F j-m rechts und links eine runterhauen; ***recevoir une ~*** e-e Ohrfeige bekommen; F eine geklebt, geschmiert, geknallt, gelangt, verpasst, geschallert kriegen **2** *fig* Schlag *m* ins Gesicht; Ohrfeige *f*
gifler [ʒifle] *v/t* **1** ***~ qn*** j-n ohrfeigen **2** *fig vent, pluie* ***~ le visage de qn*** j-m ins Gesicht peitschen
giga[1] [ʒiga] *adj* F *abr* (*gigantesque*) F super; spitze; geil
giga[2] [ʒiga] *m* F *abr* → ***gigaoctet***

gigahertz [ʒigaɛʀts] *m* (*abr* **GHz**) PHYS Gigahertz *n* (*abr* GHz)
gigantesque [ʒigɑ̃tɛsk] *adj* 1 *taille* riesig; riesenhaft; gigantisch; Riesen... 2 *entreprise* gigantisch; gewaltig; Riesen...
gigantisme [ʒigɑ̃tism] *m* 1 MÉD Riesenwuchs *m*; *sc* Gigantismus *m* 2 *fig* übermäßiges Wachstum; Hypertrophie *f*; *état* Riesenhaftigkeit *f*
gigaoctet [ʒigaɔktɛ] *m* Gigabyte [-baɪt] *n*
G.I.G.N. [ʒeiʒeɛn] *m abr* (*Groupe d'intervention de la Gendarmerie nationale*) *correspond à* GSG 9 *f*
gigogne [ʒigɔɲ] *adj* **fusée** *f* ~ Mehrstufenrakete *f*; **lit** *m* ~ ausziehbares Doppelbett; **poupée** *f* ~ russische Puppen *f/pl*; **table** *f* ~ Satztisch(e) *m(pl)*
gigolo [ʒigɔlo] *m* Gigolo *m* (*junger ausgehaltener Geliebter*)
gigot [ʒigo] *m* 1 CUIS ~ (**de mouton**) Hammelkeule *f*, *südd a* -schlegel *m*; ~ **d'agneau** Lammkeule *f* 2 *adjt* **manches** *f/pl* ~ Keulen-, Schinkenärmel *m/pl*
gigoter [ʒigɔte] F *v/i* zappeln; *bébé* strampeln
gigue [ʒig] *f* 1 MUS, *danse* Gigue [ʒiːk] *f* 2 F *fig* **une grande** ~ F e-e Hopfenstange
Gilbert [ʒilbɛʀ] *m Vorname*
gilet [ʒilɛ] *m* 1 *d'un costume* Weste *f*; F *fig* **venir pleurer dans le** ~ **de qn** j-m sein Leid klagen 2 *tricoté* Strickjacke *f*, -weste *f* 3 ~ **de sauvetage** Schwimmweste *f* 4 ~ **de corps** Unterhemd *n*, -jacke *f*
Gilles [ʒil] *m* 1 *Vorname* 2 *saint* Ägidius *m*
gin [dʒin] *m* Gin [dʒ-] *m*
gingembre [ʒɛ̃ʒɑ̃bʀ] *m* BOT, CUIS Ingwer *m*
gingival [ʒɛ̃ʒival] *adj* ⟨**-aux**⟩ ANAT Zahnfleisch...
gingivite *f* MÉD Zahnfleischentzündung *f*
ginkgo [ʒɛ̃ko] *m* BOT Ginkgo(baum) *m*
ginseng [ʒinsɑ̃g] *m* BOT, PHARM Ginseng *m*
Giono [ʒjɔno] **Jean** ~ *frz Schriftsteller*
girafe [ʒiʀaf] *f* 1 ZO Giraffe *f*; *fig* **cou** *m* **de** ~ langer, dürrer Hals; F *fig* **peigner la** ~ e-e sinnlose Arbeit machen 2 F *péj d'une personne* F lange Latte; langes Laster 3 CIN, TV (Mikrofon)Galgen *m*
girafeau [ʒiʀafo] *m* ⟨*pl* **~x**⟩ ZO junge, kleine Giraffe; Giraffenjunge(s) *n*
girandole [ʒiʀɑ̃dɔl] *f* 1 FEU D\146ARTIFICE Feuerrad *n* 2 *chandelier* mehrarmiger Leuchter 3 (*guirlande lumineuse*) Lichtgirlande *f*
giratoire [ʒiʀatwaʀ] *adj* kreisend; Dreh...; Kreis...; **sens** *m* ~ Kreisverkehr *m*
giravion [ʒiʀavjõ] *m* AVIAT Drehflügelflugzeug *n*
girofle [ʒiʀɔfl] *m* BOT, CUIS **clou** *m* **de** ~ (Gewürz)-Nelke *f*
giroflée [ʒiʀɔfle] *f* 1 BOT Goldlack *m* 2 F *fig* ~ (**à cinq feuilles**) (Spuren *f/pl* e-r) schallende(n) Ohrfeige
girolle [ʒiʀɔl] *f* BOT Pfifferling *m*; *österr* Eierschwamm *m*
giron [ʒiʀõ] *m* Schoß *m*; **le** ~ **familial, de l'Église** der Schoß der Familie, der Kirche
girond [ʒiʀõ] *adj* ⟨**-ronde** [-rõd]⟩ F (*bien fait*) F gut gebaut; (*bien en chair*) mollig
Gironde [ʒiʀõd] **la** ~ *Mündungstrichter der Garonne u Departement in Frankreich*
girondin [ʒiʀõdɛ̃] I *adj* 1 (aus, von) der Gironde 2 HIST girondistisch II *m/pl* **Girondins** HIST Girondisten *m/pl*
girouette [ʒiʀwɛt] *f* Wetterfahne *f* (*a fig d'une personne*); *fig* **c'est une vraie** ~ *a* er wechselt die Meinung wie das Hemd
gisant [ʒizɑ̃] I *p/pr* → **gésir** II *m* SCULP liegende Figur
Giscard d'Estaing [ʒiskaʀdɛstɛ̃] **Valéry** ~ *frz Staatspräsident*
Gisèle [ʒizɛl] *f Vorname*
gisement [ʒizmɑ̃] *m* Lagerstätte *f*; Vorkommen *n*; ~ **de houille, de pétrole, d'uranium** (Stein)Kohle(n) -, Erdöl-, Uranvorkommen *n*, -lagerstätte *f*
gît [ʒi] → **gésir**
gitan [ʒitɑ̃] I *subst* 1 **Gitan(e)** *m(f)* Zigeuner(in) *m(f)* 2 **~e** *f frz Zigarettenmarke* II *adj* Zigeuner...
gîte[1] [ʒit] *m* 1 Unterkunft *f*; Quartier *n*; ~ **rural** Ferienquartier *n* auf dem Land; **le** ~ **et le couvert** Unterkunft und Verpflegung *f* 2 *du gibier* Lager *n*; *du lièvre a* Sasse *f* 3 MINÉR Lagerstätte *f*; ~ **aurifère** Goldlagerstätte *f*, -vorkommen *n* 4 BOUCHERIE Hinterhesse *f*; ~ **à la noix** Oberschale *f*
gîte[2] [ʒit] *f* MAR Schlagseite *f*; Krängung *f*; **donner de la** ~ Schlagseite haben; krängen
gîter [ʒite] *v/i* MAR Schlagseite haben
givrage [ʒivʀaʒ] *m* AVIAT Vereisung *f*
givrant [ʒivʀɑ̃] *adj* **brouillard** ~ Raureif bildender Nebel; *sur la route* überfrierende (Nebel)Nässe
givre [ʒivʀ] *m* (Rau)Reif *m*; **cristaux** *m/pl* **de** ~ Eisblumen *f/pl*
givré [ʒivʀe] *adj* 1 *arbres etc* bereift; mit Raureif überzogen, bedeckt 2 *vitre* zugefroren; vereist (*a* AVIAT) 3 CUIS **orange ~e** Orangensorbet(t) *m ou n* in der Schale serviert; *pour un cocktail* **verre** ~ Glas *n* mit Zuckerrand 4 F (*fou*) F bescheuert; behämmert; → *a* **cinglé**
givrer [ʒivʀe] I *v/t* 1 mit Raureif überziehen, bedecken 2 *fig* mit e-m (Zucker)Überzug versehen, garnieren II *v/i* (*et v/pr* **se**) ~ vereisen; *vitre a* zufrieren
glabre [glabʀ] *adj* glatt rasiert; bartlos
glaçage [glasaʒ] *m* 1 TECH Glänzen(dmachen) *n*; *résultat* Hochglanz *m*; TEXT Glanzappretur *f* 2 CUIS Glasieren *n*; *résultat* Glasur *f*; Zuckerguss *m*
glace [glas] *f* 1 Eis *n*; **~s** *pl* Eismassen *f/pl*; Eis *n*; ~ **artificielle** Kunsteis *n*; **couche** *f* **de** ~ Eisschicht *f*, -decke *f*; **cristaux** *m/pl* **de** ~ Eiskristalle *m/pl*; **Mer** *f* **de** ~ *Gletscher im Montblanc-massiv*; *loc/adj*: *bateau* **pris dans les ~s** im Eis festsitzend; eingefroren; **couvert de** ~ eisbedeckt; *fig* **il a été, il est resté de** ~ er blieb eiskalt; *fig*: **rompre, briser la** ~ das Eis brechen, zum Schmelzen bringen; **la** ~ **est rompue** das Eis, der Bann ist gebrochen 2 (*crème glacée*) (Speise)Eis *n*; *österr* Gefrorene(s) *n*; *schweiz* Glace *f*; **deux ~s** zwei (Portionen) Eis; ~ **à l'italienne** Softeis *n*; ~ **à la vanille** Vanilleeis *n* 3 (*miroir*) Spiegel *m*; ~ **de poche** Taschenspiegel *m* 4 AUTO Wagen-, Autofenster *n*; (Auto)Scheibe *f* 5 *verre* Spiegelglas *n*; *d'une porte vitrée* (Glas)Scheibe *f* 6 CUIS Glasur *f*; Zuckerguss *m*; *adjt* **sucre** *m* ~ Staub-, Puderzucker *m*; → *Info nächste Seite*
glacé [glase] *adj* 1 (*gelé*) vereist; **neige ~e** vereister Schnee 2 CUIS Eis...; **bombe ~e** Eisbombe *f*; **chocolat** ~ → **esquimau**®[2]; **coupe, crème ~e** Eisbecher *m*, -creme *f*; **thé** ~ Eistee *m* 3 *eau, pluie, vent, pièce* eiskalt; eisig; *boisson a* eisgekühlt; **eau, pluie ~e** *a* Eiswasser *n*, -regen *m*; **avoir les pieds ~s** eiskalte Füße haben; *personne* **être** ~ durchgefroren *ou*

G

G

Voulez-vous une glace?

La glace ist Speiseeis, das aus viel Milch und verschiedenen Geschmack gebenden Zutaten und Aromastoffen hergestellt wird. Beim Eisverkäufer, im Supermarkt oder im Eiscafé ist das Angebot meist so groß, dass für fast jeden Geschmack etwas dabei ist:

une glace à l'abricot – ein Aprikoseneis
une glace à la fraise – ein Erdbeereis
une glace à la framboise – ein Himbeereis
une glace à la pêche – ein Pfirsicheis
une glace à la pistache – ein Pistazieneis
une glace à la vanille – ein Vanilleeis
une glace au café – ein Mokkaeis
une glace au chocolat – ein Schokoladeneis
une glace au citron – ein Zitroneneis
une glace panachée – ein gemischtes Eis
une glace pralinée – ein Eis mit Krokantsplittern

durchfroren sein; steif, starr vor Kälte sein; CUIS ***servir*** ~ eiskalt servieren **4** *fig accueil, regard* eisig; frostig **5** *(lustré) étoffe* glanzappretiert; ***gants** m/pl **en chevreau*** ~ Glaceehandschuhe *m/pl*; ***papier*** ~ Glanzpapier *n*; ***riz*** ~ polierter Reis **6** CUIS ***marrons*** ~***s*** kandierte Kastanien *f/pl*

glacer [glase] ⟨**-ç-**⟩ **I** *v/t* **1** *fig* ~ ***qn*** j-n erstarren lassen, lähmen; ~ ***le sang dans les veines*** das Blut in den Adern erstarren lassen **2** TECH glänzen(d machen); mit Hochglanz versehen; TEXT glanzappretieren **3** CUIS glasieren **4** PEINT lasieren **II** *v/pr* ***se*** ~ *fig sourire* gefrieren; eisig werden; ***son sang se glaça dans ses veines*** das Blut erstarrte ihm in den Adern

glacerie [glasʀi] *f* **1** Spiegelglasindustrie *f ou* -handel *m* **2** Spiegel(glas)fabrik *f*

glaceuse [glasøz] *f* PHOT Trockenpresse *f*

glaciaire [glasjɛʀ] *adj* Eis…; Gletscher…; *sc* glazial; ***période*** *f* ~ Eiszeit *f*

glacial [glasjal] *adj* ⟨**-aux** *od* **-als**⟩ **1** *pluie, vent* eisig; eiskalt; ***froid*** ~ eisige Kälte **2** GÉOGR ***océan*** ~ Eismeer *n*; ***zone*** ~***e*** kalte Zone **3** *fig personne* eiskalt; eisig; abweisend; ***accueil*** ~ eisiger, frostiger Empfang; ***regard*** ~ eisiger Blick; ***silence*** ~ eisiges Schweigen

glaciation [glasjasjõ] *f* GÉOL Vereisung *f*; Vergletscherung *f*

glacier [glasje] *m* **1** GÉOGR Gletscher *m* **2 a)** *pâtissier* Eiskonditor *m*; **b)** *(marchand de glace)* Eisverkäufer *m*

glacière [glasjɛʀ] *f* **1** Eisschrank *m*; *portable a* Kühltasche *f* **2** F *fig (pièce très froide)* Eiskeller *m*

glaciologie [glasjɔlɔʒi] *f* Gletscherkunde *f*; *sc* Glaziologie *f*

glacis [glasi] *m* **1** FORTIF Glacis *n* **2** *fig* POL strategisches Vorfeld **3** PEINT Lasur *f*

glaçon [glasõ] *m* **1** Stück *n* Eis; Eisklumpen *m*; *pour une boisson* Eiswürfel *m*; *dans une rivière* Eisscholle *f*; *sur une gouttière* Eiszapfen *m*; *rivière* ***charrier des*** ~***s*** Eis führen **2** F *fig personne* Eisberg *m*

gladiateur [gladjatœʀ] *m* Gladiator *m*

glaïeul [glajœl] *m* BOT Gladiole *f*

glaire [glɛʀ] *f* PHYSIOL (zäher) Schleim

glaireux [glɛʀø] *adj* ⟨**-euse**⟩ schleimig

glaise [glɛz] *f* ~ *ou adjt* ***terre*** *f* ~ Lehm *m*; Ton *m*; Letten *m*

glaiseux [glɛzø] *adj* ⟨**-euse**⟩ lehmig **glaisière** *f* Lehmgrube *f*

glaive [glɛv] *m* HIST, *litt* Schwert *n*; *litt* ***le*** ~ ***de la justice, de la loi*** das Schwert der Gerechtigkeit

gland [glɑ̃] *m* **1** BOT Eichel *f* **2** ANAT Eichel *f* **3** *décoratif* Troddel *f*; Quaste *f* **4** F Trottel *m*

glande [glɑ̃d] *f* **1** ANAT Drüse *f* **2** F ***avoir des*** ~***s*** geschwollene Drüsen (= *Lymphknoten*) haben **3** P *fig* ***foutre les*** ~***s à qn*** F j-n auf die Palme bringen

glander [glɑ̃de] *ou* **glandouiller** [glɑ̃duje] *v/i* F herumstehen, -sitzen, -lungern

glandulaire [glɑ̃dylɛʀ] *adj* ANAT Drüsen…; ***troubles*** *m/pl* ~***s*** Drüsenstörungen *f/pl*

glaner [glane] *v/t* **1** *abs* Ähren lesen **2** *fig* (auf)sammeln; zusammentragen

glaneur [glanœʀ] *m*, **glaneuse** *f* Ährenleser(in) *m(f)*

glapir [glapiʀ] *v/i* **1** *renard* bellen; *lapin* durchdringend pfeifen; klagen; *chien* kläffen; *oiseau* kreischen **2** ⟨*a v/t*⟩ *fig personne*(: *des injures*) kreischen

glapissant [glapisɑ̃] *adj* ***voix*** ~***e*** kreischende Stimme

glapissement [glapismɑ̃] *m* **1** *d'un renard* Bellen *n*; *d'un chien* Kläffen *n*; Gekläff *n* **2** *fig d'une personne* ~***s*** *pl* Kreischen *n*; Gekreisch *n*

Glaris [glaʀis] GÉOGR Glarus *n*

glas [glɑ] *m* Totengeläut(e) *n*; Totenglocke *f*; ***sonner le*** ~ die Totenglocke läuten; *fig d'une époque, d'espérances* das Ende ankündigen; *Hemingway* ***Pour qui sonne le*** ~ Wem die Stunde schlägt

glasnost [glasnɔst] *f* HIST Glasnost *f*

glaucome [glokom] *m* MÉD grüner Star; *sc* Glaukom *n*

glauque [glok] *adj* **1** *mer* blau-, graugrün; *yeux* meergrün **2** *par ext lumière etc* trüb(e); düster; *(sinistre)* unheimlich

glaviot [glavjo] P *m* Auswurf *m*; F Spucke *f*; *nordd* Qualster *m*

glèbe [glɛb] *f litt* Scholle *f*

glénoïde [glenɔid] *adj* ANAT ***cavité*** *f* ~ Gelenkpfanne *f*

glissade [glisad] *f* **1** (Aus)Gleiten *n*; (Aus)Rutschen *n*; Schlittern *n*; F Rutschpartie *f*; ***faire des*** ~***s*** (***sur la glace***) (auf dem Eis) schlittern, F glitschen, *südd a* schleifen **2** AVIAT Abrutschen *n*, F Abschmieren *n* nach innen **3** DANSE Gleitschritt *m*; Glissade *f*

glissant [glisɑ̃] *adj* rutschig; glatt; schlüpfrig; F glitschig; *panneau* ***chaussée*** ~***e*** Schleudergefahr *f*

glisse [glis] *f des skis* Gleitfähigkeit *f*; *d'un skieur* Gleiten *n*; Gleitgeschwindigkeit *f*

glissé [glise] *adj et subst m* DANSE (***pas** m*) **~** Gleitschritt *m*
glissement [glismɑ̃] *m* **1** Gleiten *n*; Rutschen *n*; *par ext bruit* Gleitgeräusch *n* **2** GÉOL **~ *de terrain*** Erd-, Bergrutsch *m* **3** *fig* Verschiebung *f*; Verlagerung *f*; POL **~ *à droite*** *ou* ***vers la droite*** Rechtsruck *m*; *d'un mot* **~ *de sens*** Bedeutungsverschiebung *f*
glisser [glise] **I** *v/t* **1** schieben, stecken (***dans*** in *+acc*); **~ *une pièce à qn*** j-m ein Geldstück zustecken; **~ *un pourboire dans la main de qn*** j-m ein Trinkgeld in die Hand drücken; **~ *le courrier sous la porte*** die Post unter der Tür durchschieben **2** *fig* **~ *qc à l'oreille de qn*** j-m etw zuflüstern; **~ *un mot dans un discours*** ein Wort in e-e Rede einfließen lassen; ***en* ~ *un mot à qn*** die Sache bei j-m zur Sprache bringen **II** *v/i* **1** gleiten (*a* TECH); *sans le vouloir* rutschen; ins Rutschen kommen; schlittern; F glitschen; *personne a* (*tomber*) ausrutschen; ausgleiten; F ***ça glisse*** es ist rutschig, glatt; ***son pied a glissé*** er ist (mit dem Fuß) ausgerutscht; ***le verre m'a glissé des mains*** das Glas ist mir aus der Hand gerutscht, *st/s* ist meinen Händen entglitten; F *fig* ***il lui a glissé entre les doigts*** er ist ihm entwischt, entschlüpft; **~ *le long d'une pente*** e-n Abhang herab-, herunter- *ou* hinab-, hinunterrutschen; *barque* **~ *sur l'eau*** auf dem Wasser dahingleiten; ***se laisser* ~ *de sa chaise*** vom Stuhl (herab) rutschen **2** *fig* **~ *sur un sujet*** rasch über ein Thema hinweggehen; ***laisser* ~ *le regard sur qc*** den Blick über etw (*acc*) (hin)gleiten lassen **3** *reproches, injures* **~ *sur qn*** an, von j-m abgleiten **4** POL **~ *à gauche*** e-n Linksruck erfahren **III** *v/pr* ***se* ~** **1** *personne, animal* (sich) schleichen, schlüpfen (***dans*** in *+acc*); ***se* ~ *dans ses draps*** ins Bett schlüpfen **2** *fig erreur* sich einschleichen (***dans les calculs*** in die Berechnungen); *inquiétude, doute* ***se* ~ *en qn*** j-n beschleichen
glissière [glisjɛʀ] *f* TECH Gleit-, Lauf-, Führungsschiene *f*; **~ *de sécurité*** Leitplanke *f*; ***fermeture** f* ***à* ~** Reißverschluss *m*
glissoire [gliswaʀ] *f* Schlitter-, F Rutsch-, Glitschbahn *f*; *südd a* Schleifbahn *f*
Gliwice [glivitse] GÉOGR Gleiwitz *n*
global [glɔbal] *adj* ⟨**-aux**⟩ **1** gesamt; Gesamt…; global; Global…; pauschal; Pauschal…; ***somme* ~*e*** Gesamtsumme *f* **2** *pour apprendre à lire* ***méthode* ~*e*** Ganzheitsmethode *f*
globalement [glɔbalmɑ̃] *adv* global; in s-r Gesamtheit; im Ganzen (genommen); ***condamner qc* ~** etw global, pauschal, in Bausch und Bogen verurteilen
globalité [glɔbalite] *f* Gesamtheit *f*; Totalität *f*
globe [glɔb] *m* **1** **~ (*terrestre*)** Erdkugel *f*, -ball *m* **2** (*mappemonde*) **~ (*terrestre*)** Globus *m*; **~ *céleste*** Himmelsglobus *m*; **~ *lumineux*** Leuchtglobus *m* **3** *pour recouvrir qc* Glassturz *m*, -glocke *f* **4** *d'une lampe* Glaskugel *f*, -glocke *f*; *lampe* Kugelleuchte *f* **5** ANAT **~ *oculaire, de l'œil*** Augapfel *m*
globe-trotter [glɔbtʀɔtœʀ, -tɛʀ] *m,f* ⟨*pl* **globe-trotters**⟩ Weltenbummler(in) *m(f)*; Globetrotter(in) *m(f)*
globulaire [glɔbylɛʀ] *adj* MÉD ***numération** f* **~** (Aus-)Zählung *f* der Blutkörperchen
globule [glɔbyl] *m* **~ (*du sang*)** Blutkörperchen *n*; **~*s blancs, rouges*** weiße, rote Blutkörperchen
globuleux [glɔbylø] *adj* ⟨**-euse**⟩ *yeux* hervortretend; vorquellend; vorstehend
globuline [glɔbylin] *f* BIOL Globulin *n*
glockenspiel [glɔkɛnspil] *m* MUS Glockenspielklavier *n*; Klaviaturglockenspiel *n*
gloire [glwaʀ] *f* **1** (*grande renommée*) Ruhm *m*; ***à la* ~ *de*** zum Ruhme von (*ou +gén*); ***avide de* ~** ruhmsüchtig; ***avoir son heure de* ~** s-e Glanz-, Blütezeit erleben; in hohem Ansehen stehen; ***se couvrir de* ~** Ruhm erwerben, ernten; sich mit Ruhm bedecken; ***faire qc pour la* ~** etwa aus Idealismus tun **2** (*personne célèbre*) Berühmtheit *f*; ***il fut une des* ~*s de son pays*** er zählte zu den Berühmtheiten s-s Landes **3** (*splendeur*) Glanz *m*; Herrlichkeit *f*; Glorie *f* **4** *st/s* ***rendre* ~ *à Dieu*** Gott (lob) preisen, rühmen, verherrlichen; **~ *à Dieu*** Ehre sei Gott; *par ext* ***rendre* ~ *à qn*** j-n ehren **5** (*auréole*) Glorienschein *m*; Gloriole *f*; Aureole *f*; Strahlenkranz *m*; ***Christ en* ~** von e-m Glorienschein *etc* umgebener Christus
gloria [glɔʀja] *m* ⟨*inv*⟩ ÉGL CATH Gloria *n*
gloriette [glɔʀjɛt] *f* ARCH Gloriette *f*
glorieux [glɔʀjø] *adj* ⟨**-euse**⟩ ruhmreich; rühmlich; rühmenswert; glorreich; *personne* ruhmreich; ruhmbedeckt; ***exploit* ~** Ruhmestat *f*; ***journée glorieuse*** Ruhmestag *m*
glorificateur [glɔʀifikatœʀ] *litt* **I** *adj* ⟨**-trice**⟩ verherrlichend **II** *m* Verherrlicher *m* **glorification** *f* Verherrlichung *f*; Glorifizierung *f*
glorifier [glɔʀifje] **I** *v/t* verherrlichen; rühmen; preisen; glorifizieren **II** *v/pr* ***se* ~ *de qc*** stolz sein auf etw (*acc*); sich e-r Sache (*gén*) rühmen
gloriole [glɔʀjɔl] *f péj* (kleinliche, armselige) Eitelkeit, Selbstgefälligkeit; *raconter ses succès* ***par pure* ~** F … aus reiner Angeberei
glose [gloz] *f* Glosse *f*
gloser [gloze] *v/t texte* glossieren; mit Glossen versehen
glossaire [glɔsɛʀ] *m* Glossar *n*; Wörterverzeichnis *n* (mit Erklärungen)
glotte [glɔt] *f* ANAT Stimmritze *f*; *sc* Glottis *f*; PHON ***coup** m* ***de* ~** Kehlkopfverschlusslaut *m*; Stimmritzenverschlusslaut *m*; Knacklaut *m*; harter Vokaleinsatz
glouglou [gluglu] *m* **1** F *d'un liquide* Gluckern *n*; Glucksen *n*; ***faire* ~** F gluck, gluck machen **2** *du dindon* Kollern *n*
glouglouter [gluglute] *v/i* **1** *liquide* gluckern; glucksen **2** *dindon* kollern
gloussement [glusmɑ̃] *m* **1** *d'une poule* Glucken *n* **2** *fig* Glucksen *n*; glucksendes Lachen
glousser [gluse] *v/i* **1** *poule* glucken **2** *fig* glucksen; glucksend lachen
glouton [glutõ] **I** *adj* ⟨**~ne**⟩ gefräßig; (fress) gierig **II** *m* **1** gieriger Esser; Vielfraß *m* **2** ZO Vielfraß *m*
gloutonnement [glutɔnmɑ̃] *adv* ***manger*** (***qc***) **~** (etw) gierig essen; (etw hinunter) schlingen
gloutonnerie [glutɔnʀi] *f* Gefräßigkeit *f*; (Fress-)Gier *f*
gloxinia [glɔksinja] *m* BOT Gloxinie *f*
glu [gly] *f* **1** CH *autrefois* Vogelleim *m* **2** F *fig personne* ***quelle* ~!** F er *ou* sie ist die reinste Klette
gluant [glyɑ̃] *adj* klebrig; F pappig
glucides [glysid] *m/pl* CHIM Kohle(n)hydrate *n/pl*
Gluck [glyk] *m* MUS Gluck *m*
glucomètre [glykɔmɛtʀ] *m* VIT Mostwaage *f*
glucose [glykoz] *m* CHIM Traubenzucker *m*; *sc* Glu-

G

cose *f*
glutamate [glytamat] *m* CHIM, CUIS Glutamat *n*
glutamine [glytamin] *f* CHIM Glutamin *n*
glutamique [glytamik] *adj* CHIM ***acide*** *m* **~** Glutaminsäure *f*
gluten [glytɛn] *m* CHIM Gluten *n*
glycémie [glisemi] *f* PHYSIOL Blutzucker *m*; *sc* Glykämie *f*
glycérine [gliseʀin] *f* CHIM Glyzerin *n*; *t/t* Glycerin *n*
glycine [glisin] *f* BOT Glyzinie *f*; Glyzine *f*
glycogène [glikɔʒɛn] *m* BIOCHIMIE Glykogen *n*; tierische Stärke
glycol [glikɔl] *m* CHIM Glykol *n*
glycosurie [glikɔzyʀi] *f* MÉD Ausscheidung *f* von Zucker im Urin; *sc* Glykosurie *f*
glyptique [gliptik] *f* Steinschneidekunst *f*; Glyptik *f*
glyptothèque [gliptɔtɛk] *f* Glyptothek *f*
gnangnan [ɲɑ̃ɲɑ̃] F *adj* ⟨*inv*⟩ energie-, willenlos; schlafmützig; verschlafen; F lahm; tranig; ***être*** **~** ***a*** F e-e Tranfunzel, Schlafmütze sein
gnaule [ɲol] *f* → ***gnôle***
gneiss [gnɛs] *m* MINÉR Gneis *m*
gniole [ɲol] *f* → ***gnôle***
gnocchi [ɲɔki] *m/pl Gericht aus überbackenen Klößchen*
gnognote [ɲɔɲɔt] *f* F ***c'est de la*** **~** das ist wertloses Zeug; F ***c'est pas de la*** **~** das ist schon was Besonderes
gnôle [ɲol] F *f* Schnaps *m*
gnome [gnom] *m* Gnom *m* (*a fig d'un homme*)
gnon [ɲõ] F *m* Schlag *m*; Hieb *m*; ***recevoir un*** **~** F eins verpasst kriegen
gnose [gnoz] *f* REL, PHILOS Gnosis *f*; Gnostik *f*
gnosticisme [gnɔstisism] *m* REL Gnostizismus *m*
gnostique REL, PHILOS **I** *adj* gnostisch **II** *m* Gnostiker *m*
gnou [gnu] *m* ZO Gnu *n*
go [go] *loc/adv* ***tout de*** **~** ohne weiteres; ohne Umschweife; schlankweg; rundweg; geradeheraus; F glatt
GO *abr* (*grandes ondes*) LW (Langwelle[n])
gobelet [gɔblɛ] *m* Becher *m* (*a pour jouer aux dés*); **~** ***en plastique*** Plastikbecher *m*
gobelin [gɔblɛ̃] *m* echter Gobelin
gobe-mouches [gɔbmuʃ] *m* ⟨*inv*⟩ ZO Fliegenschnäpper *m*
gober [gɔbe] *v/t* **1** *œuf* austrinken; ausschlürfen; *huître* schlürfen; *insecte* schnappen; verschlingen; *fig* **~** ***les mouches*** untätig herumsitzen, -stehen **2** F (*croire*) **~** ***qc*** etw (naiv) glauben; F etw schlucken **3** F ***ne pas pouvoir*** **~** ***qn*** j-n nicht ausstehen, F nicht riechen können
goberger [gɔbɛʀʒe] *v/pr* ⟨**-geons**⟩ ***se*** **~** fröhlich schmausen; sichs wohl sein lassen
Gobi [gɔbi] ***le désert de*** **~** die Wüste Gobi
gobie [gɔbi] *m* ZO (Meer)Grundel *f*
godailler [gɔdaje] *v/i péj* → ***goder***
godasse [gɔdas] *f* F (*chaussure*) F Latschen *m*; Treter *m*
Godefroi [gɔdfʀwa] *m Vorname*; HIST **~** ***de Bouillon*** Gottfried von Bouillon
godelureau [gɔdlyʀo] *m* ⟨*pl* **~x**⟩ *péj* Stutzer *m*; Laffe *m*
godemiché [gɔdmiʃe] *m* Dildo *m*
goder [gɔde] *v/i* COUT (sich) bauschen; Falten werfen
godet [gɔdɛ] *m* **1** *récipient* kleiner Napf; Näpfchen *n*; PEINT Farbnäpfchen *n* **2** TECH (Förder)Becher *m*; Eimer *m*; ***chaîne*** *f* ***à*** **~*s*** Eimerkette *f* **3** COUT eingesetzte Falte; Glockenfalte *f*; Godet *n*; ***jupe*** *f* ***à*** **~*s*** Glockenrock *m* **4** F (*verre*) Glas *n*
godiche [gɔdiʃ] F **I** *adj* linkisch; unbeholfen; tollpatschig; täppisch; F tapsig; *p/fort* dämlich; doof **II** *f* linkische *etc* Person; Tollpatsch *m*; F Taps *m*
godille [gɔdij] *f* **1** MAR Wrigg-, Wrickriemen *m*; ***naviguer à la*** **~** → ***godiller 1*** **2** SKI Wedeln *n*; ***faire la*** **~** wedeln **3** *loc/adj et loc/adv* F ***à la*** **~** miserabel; F schlampig
godiller [gɔdije] *v/i* **1** MAR wriggen; wricken **2** SKI wedeln
godillot [gɔdijo] *m* F *surtout pl* **~*s*** F Quadratlatschen *m/pl*; MIL Knobelbecher *m/pl*
godiveau [gɔdivo] *m* ⟨*pl* **~x**⟩ CUIS Kalbsbrät *n*
godron [godʀõ] *m* eiförmiges Ornament
goéland [gɔelɑ̃] *m* ZO (große) Möwe
goélette [gɔelɛt] *f* MAR Schoner *m*
goémon [gɔemõ] *m* BOT Tang *m*
Goethe [gøt] *m* Goethe *m*
gogo[1] [gogo] *loc/adv* F ***à*** **~** so viel man will; in Hülle und Fülle; massenhaft; F jede Menge; in rauen Mengen
gogo[2] [gogo] *m* F Einfaltspinsel *m*
gogol [gɔgɔl] *adj* F bescheuert; bekloppt; doof
goguenard [gɔgnaʀ] *adj* spöttisch; ironisch
goguenardise [gɔgnaʀdiz] *f propos* Spott *m*; *d'une personne* spöttische, ironische Art
goguette [gɔgɛt] *loc/adj* F ***en*** **~** (*émoustillé*) angeheitert; F angesäuselt; F ***être en*** **~** F auf e-r Sauftour sein; einen draufmachen
goinfre [gwɛ̃fʀ] *péj* **I** *m* Vielfraß *m*; F Fresssack *m* **II** *adj* gefräßig; fressgierig; F verfressen
goinfrer [gwɛ̃fʀe] *v/pr péj* ***se*** **~** F fressen; sich vollfressen; sich (*dat*) den Bauch vollschlagen; ***il ne mange pas, il se goinfre*** er isst nicht, er frisst
goinfrerie [gwɛ̃fʀəʀi] *f péj* Gefräßigkeit *f*; Fressgier *f*; Verfressenheit *f*
goitre [gwatʀ] *m* MÉD Kropf *m*
goitreux [gwatʀø] MÉD **I** *adj* ⟨**-euse**⟩ kropfartig; *personne* mit e-m Kropf behaftet; kropfig **II** *m* mit e-m Kropf behaftete Person
Golan [gɔlɑ̃] *m* ***plateau*** *m* ***du*** **~** Golanhöhen *f/pl*
golden [gɔldɛn] *f* ⟨*inv*⟩ *pomme* Golden Delicious [-de'lɪʃəs] *m*
golf [gɔlf] *m* SPORTS Golf *n*; **~** ***miniature*** Mini-, Kleingolf *n*; ***club*** *m* ***de*** **~** Golfklub *m*; ***pantalon*** *m* ***de*** **~** Golfhose *f*; Knickerbocker(s) *pl*; ***terrain*** *m* ***de*** **~** Golfplatz *m*
golfe [gɔlf] *m* GÉOGR Golf *m*; Meerbusen *m*
golfeur [gɔlfœʀ] *m*, **golfeuse** *f* Golfspieler(in) *m(f)*; Golfer(in) *m(f)*
Golgotha [gɔlgɔta] BIBL ***le*** **~** Golgatha *ou* Golgotha *n*
goménol® [gɔmenɔl] *m* PHARM Niauliöl *n*; Gomenol *n*
gominé [gɔmine] *adj* pomadisiert
gommage [gɔmaʒ] *m* **1** *du papier*, TEXT Gummierung *f* **2** *avec une gomme* (Aus-, Weg)Radieren *n* **3** *fig* Entfernung *f*; Tilgung *f* **4** SOINS DE BEAUTÉ Peeling ['piː-] *n*
gomme [gɔm] *f* **1** *pour effacer* Radiergummi *m*;

Gummi *m* **2** BOT Gummi *n ou m*; Gummiharz *n* **3** F *fig* ***mettre la ~*** F sich ranhalten **4** *loc/adj* F ***à la ~*** *idée etc* wertlos; unseriös; *promesse* leer; ***un chanteur*** *etc* ***à la ~*** F e-e Niete, Null **5** MÉD Gumma *n*

gomme-gutte [gɔmgyt] *f* ⟨*pl* **gommes-guttes**⟩ Gummigutt *n*

gommer [gɔme] *v/t* **1** *mot etc* weg-, ausradieren; *abs* radieren **2** *timbres etc* gummieren; *adjt* ***papier gommé*** gummiertes Papier **3** TEXT gummieren **4** *fig* beseitigen; entfernen; (aus)tilgen; auslöschen; ausradieren **5** *rides etc* durch Peeling ['piː-] entfernen

gomme-résine [gɔmʀezin] *f* ⟨*pl* **gommes-résines**⟩ Gummiharz *n*

gommeux [gɔmø] **I** *adj* ⟨**-euse**⟩ *substance* gummi(harz)artig; *arbre* Gummi(harz) liefernd **II** *m litt* Stutzer *m*

gommier [gɔmje] *m* BOT Gummi(harz) liefernder Baum

Gomorrhe [gɔmɔʀ] BIBL Gomorrha *n*

gonade [gɔnad] *f* BIOL Geschlechts-, Keimdrüse *f*; *sc* Gonade *f*

gond [gõ] *m* **1** (Tür-, Fenster)Angel *f* **2** *fig* ***mettre qn 'hors de*** *ou* ***faire sortir qn de ses ~s*** j-n wütend machen, in Harnisch bringen; ***sortir de ses ~s*** (vor Zorn, Wut) außer sich geraten; in Harnisch geraten

gondolage [gõdɔlaʒ] *m du papier etc* Sichwellen *n*; *du bois* Sichwerfen *n*; *résultat* Wellung *f*; Verwerfung *f*

gondolant [gõdɔlɑ̃] *adj* F zum Totlachen, Kugeln, Piepen, Schießen

gondole [gõdɔl] *f* **1** *barque* Gondel *f* **2** COMM Warenstand *m*

gondolement [gõdɔlmɑ̃] *m* → ***gondolage***

gondoler [gõdɔle] *v/i et v/pr* **1** (***se***) ***~*** *papier, carton* sich wellen; *bois, planche* sich (ver)werfen, verziehen; *adjt* ***gondolé*** wellig **2** F ***se ~*** F sich biegen, kugeln vor Lachen; sich schieflachen

gondolier [gõdɔlje] *m* Gondoliere *m*

gonfanon [gõfanõ] *m* HIST Banner *n*

gonflable [gõflabl] *adj* aufblasbar **gonflage** *m* Aufpumpen *n*; Aufblasen *n* **gonflant** *adj* P → ***chiant***

gonflé [gõfle] *adj* → ***gonfler***

gonflement [gõfləmɑ̃] *m* **1** → ***gonflage*** **2** *par ext* Anschwellen *n*; Aufblähung *f* (*a* ÉCON)

gonfler [gõfle] **I** *v/t* **1** *pneu* aufpumpen; *ballon, joues* aufblasen; *aérostat* füllen; *vent* ***~ les voiles*** die Segel (auf)blähen; ***être gonflé à bloc*** a) *pneu* hart aufgepumpt sein; b) F *fig personne* energiegeladen, zu allem entschlossen sein **2** *par ext* anschwellen, (auf)quellen lassen; *muscles* spannen; ÉCON *circulation des billets etc* aufblähen; ***~ un moteur*** einen Motor frisieren; P ***tu nous les gonfles!*** P du fällst uns auf den Sack!; *adjt*: ***éponge gonflée d'eau*** mit Wasser vollgesogener Schwamm; ***torrent gonflé par la pluie*** durch den Regen angeschwollener Wildbach; ***yeux gonflés de larmes*** (vom Weinen) verquollene Augen *n/pl*; ***avoir l'estomac gonflé*** ein Völlegefühl im Magen haben **3** *fig* (*exagérer*) aufbauschen; übertreiben **4** *fig sentiments* ***~*** (***le cœur de***) ***qn*** j-n erfüllen; *adjt* ***être gonflé d'orgueil*** aufgeblasen, hochnäsig, überheblich sein **5** F *fig personne* ***être gonflé*** (*audacieux*) draufgängerisch, nicht bange sein; (*effronté*) dreist, frech sein; vor nichts zurückschrecken, haltmachen; ***c'est gonflé!*** das geht zu weit! **II** *v/i bois humide etc* (auf-, ver) quellen; *fleuve, partie du corps* anschwellen; *pâte* aufgehen **III** *v/pr* ***se ~*** *poitrine, voile* schwellen; *voile a* sich (auf)blähen

gonfleur [gõflœʀ] *m pour matelas pneumatique* Blasebalg *m*

gong [gõg] *m* Gong *m*; ***coup*** *m* ***de ~*** Gongschlag *m*

goniomètre [gɔnjɔmɛtʀ] *m* **1** TECH Goniometer *n*; Winkelmesser *m* **2** MAR, AVIAT Funkpeilgerät *n*

gonocoque [gɔnɔkɔk] *m* MÉD Gonokokkus *m*

gonzesse [gõzɛs] *f* F (*femme*) F Weib *n*; F (*jeune femme*) F Mieze *f*

gordien [gɔʀdjɛ̃] *adj m loc* ***trancher le nœud ~*** den gordischen Knoten durchhauen

gore [gɔʀ] *adj* ⟨*inv*⟩ *film, roman* blutrünstig

goret [gɔʀɛ] *m* Ferkel *n* (*a fig*)

goretex® [gɔʀtɛks] *m* Goretex® ['goːrtɛks] *n*

gorge [gɔʀʒ] *f* **1** Kehle *f*; Hals *m*; Gurgel *f*; *gosier a* Schlund *m*; Rachen *m*; ***mal*** *m* ***de ~*** Halsschmerzen *m/pl*, -weh *n*; *loc/adv* ***à ~ déployée*** aus vollem Hals; aus voller Kehle; lauthals; ***j'ai la ~ sèche*** mir klebt die Zunge am Gaumen; ***avoir mal à la ~*** Halsschmerzen, -weh haben; *fig* ***faire des ~s chaudes de qc*** über etw (*acc*) schadenfroh lachen *ou* reden; sich offen über etw (*acc*) lustig machen; ***un sanglot lui monta à la ~*** er schluchzte auf; *fumée, odeur* ***prendre qn à la ~*** sich j-m auf die Brust legen; ***rendre ~*** zu Unrecht Erworbenes heraus-, zurückgeben; *fig* ***faire rentrer à qn ses mots dans la ~*** j-n zwingen, s-e Worte zurückzunehmen; *os, fig remarque* ***rester dans la ~ de qn*** j-m in der Kehle, im Hals stecken bleiben; ***saisir qn à la ~*** j-n an, bei der Kehle, Gurgel packen; ***l'angoisse le saisit à la ~, lui serra la ~*** (die) Angst schnürte ihm die Kehle zu; ***sauter à la ~ de qn*** j-m an die Kehle, Gurgel springen, fahren; → *a* ***pris*** 2, ***serré*** 2 **2** *litt* (*poitrine de femme*) Busen *m*; Brust *f* **3** GÉOGR ***~s*** *pl* Schlucht *f* **4** ARCH Hohlkehle *f* **5** TECH (*rainure*) Rille *f*

gorge-de-pigeon [gɔʀʒdəpiʒõ] *adj* ⟨*inv*⟩ taubenblau

gorgée [gɔʀʒe] *f* Schluck *m*; ***une ~ d'eau*** ein Schluck Wasser; ***boire à petites ~s*** schlückchenweise trinken

gorger [gɔʀʒe] *litt v/t* ⟨**-geons**⟩ *de nourriture* überfüttern; (über) sättigen; (*imprégner*) (durch) tränken; *adjt* ***terre gorgée d'eau*** mit Wasser durchtränkte Erde

gorgonzola [gɔʀgõzɔla] *m* CUIS Gorgonzola *m*

gorille [gɔʀij] *m* **1** ZO Gorilla *m* **2** F *fig* Leibwächter *m*; F Gorilla *m*

Gorizia [gɔʀitsja] GÉOGR Görz *n*

gosier [gozje] *m* ANAT Schlund *m*; Rachen *m*; Kehle *f*; Hals *m*; *loc/adv* ***à plein ~*** *chanter* aus voller Kehle, Brust; *crier* aus vollem Hals; ***avoir le ~ sec*** e-e trockene, ausgetrocknete Kehle (*Durst*) haben

gospel [gɔspɛl] *m* Gospel *m ou n*; Gospelsong *m*

gosse [gɔs] *m,f* F **1** (*enfant*) Kind *n*; F Kleine(s) *n*; *westdeutsch* F Blag *n*; *nordd* F Gör *n*; *m a* (kleiner) Junge; *südd* Bub *m*; F Kleine(r) *m*; *f a* (kleines) Mädchen; F Kleine *f*; *péj* ***un sale ~*** F ein elender Lausebengel; ein Rotzbengel; *adjt* ***j'étais tout ~ quand …*** ich war noch klein, ein Kind, ein kleiner Junge, als … **2** *d'adultes* ***un beau ~*** F ein hübscher Junge; ein schmucker Bursch; ***une belle ~*** ein hüb-

sches Mädchen; *adjt* ***être beau ~*** gut aussehen; ***c'est une vraie ~*** sie ist noch richtig kindlich
gothique [gɔtik] **I** *adj* **1** gotisch; ***art*** *m*, ***cathédrale*** *f* **~** gotische Kunst, Kathedrale **2** TYPO ***caractères*** *m/pl* ***~s***, ***écriture*** *f* **~** Fraktur *f* **II** *m* Gotik *f*; gotischer Stil; gotische Kunst
Goths [go] *m/pl* HIST Goten *m/pl*
gotique [gɔtik] *m* LING ***le ~*** das Gotische; Gotisch *n*
gouache [gwaʃ] *f* PEINT **1** *matière* Guaschfarbe *f*; Deckfarbe *f*; deckende Wasserfarbe; ***peinture*** *f* ***à la ~*** Guasch(malerei) *f*; Gouache *f* **2** *tableau* Guasch *ou* Gouache *f*
gouaille [gwaj] *f* Spottlust *f*
gouailler [gwaje] *v/i* spotten; spötteln; sich mokieren **gouaillerie** *f* Spottlust *f* **gouailleur** *adj* ⟨**-euse**⟩ *mine*, *sourire*, *ton* spöttisch
goualante [gwalɑ̃t] P *f* (melancholisches) Lied
gouape [gwap] F *f* Lump *m*; Halunke *m*
gouda [guda] *m* CUIS Gouda ['gauda] *m*
goudron [gudʀõ] *m* Teer *m*
goudronnage [gudʀɔnaʒ] *m* Teeren *n*
goudronner [gudʀɔne] *v/t* teeren; *adjt* ***route goudronnée*** geteerte Straße; Teerstraße *f*
goudronneur [gudʀɔnœʀ] *m* Teerarbeiter *m* **goudronneuse** *f* Teer(spritz)maschine *f* **goudronneux** *adj* ⟨**-euse**⟩ teerig
gouffre [gufʀ] *m* **1** Abgrund *m*; *st/s* Schlund *m*; *fig* ***être au bord du ~*** am Rand des Abgrunds stehen **2** GÉOL (*aven*) Höhle *f* **3** *fig* (*chose ruineuse*) Fass *n* ohne Boden
gouge [guʒ] *f* TECH Hohlmeißel *m*
gougelhof [gugɛlɔf] *m* → ***kouglof***
gougère [guʒɛʀ] *f* *Käsegebäck aus Brandteig*
gouine [gwin] *f* P (*lesbienne*) F Lesbe *f*
goujat [guʒa] *m* *péj* Rüpel *m*; Flegel *m*; Grobian *m*; ***manières*** *f/pl* ***de ~*** rüpel-, flegelhaftes Benehmen
goujaterie [guʒatʀi] *f* Rüpel-, Flegelhaftigkeit *f*
goujon [guʒõ] *m* **1** ZO Gründling *m* **2** TECH Stift *m*; Bolzen *m*
goulache *ou* **goulasch** [gulaʃ] *f ou m* CUIS Gulasch *n ou m*
goulag [gulag] *m* Straflager *n*
goulée [gule] F *f* großer Schluck; Mundvoll *m*
goulet [gulɛ] *m* **1** MAR enge Hafenzufahrt **2** *en montagne* Engpass *m* **3** *fig* ***~ d'étranglement*** → ***goulot*** 2
gouleyant [gulejɑ̃] *adj* *vin* süffig
goulot [gulo] *m* **1** *d'une bouteille* (Flaschen) Hals *m*; ***boire au ~*** aus der Flasche trinken **2** *fig* ***~ d'étranglement*** CIRCULATION Engpass *m*; Nadelöhr *n*; Flaschenhals *m*; ÉCON Engpass *m* **3** P ***repousser du ~*** aus dem Mund riechen, stinken
goulu [guly] **I** *adj* gierig **II** *m* gieriger Esser
goulûment [gulymɑ̃] *adv* gierig
Gounod [guno] ***Charles ~*** *frz Komponist*
goupil [gupi(l)] *m* *litt* Reineke Fuchs *m*
goupille [gupij] *f* TECH Stift *m*; ***~ fendue*** Splint *m*
goupiller [gupije] **I** *v/t* **1** TECH mit e-m Stift *ou* Splint befestigen; versplinten **2** F ***~ qc*** F etw deichseln, schaukeln; *adjt* ***c'est bien goupillé*** F das hat er *ou* sie gut hingekriegt **II** F *v/pr* ***comment tout ça s'est goupillé?*** wie ist das alles so gekommen, so geworden?; ***ça s'est bien*** (***mal***) ***goupillé*** F das hat (nicht) geklappt, hingehauen
goupillon [gupijõ] *m* **1** ÉGL CATH Weih(wasser) wedel *m* **2** *brosse* Flaschenbürste *f*
gourance [guʀɑ̃s] P *f* Irrtum *m*
gourbi [guʀbi] *m* elende, armselige Hütte, Behausung; F Loch *n*
gourd [guʀ] *adj* ⟨**gourde** [guʀd]⟩ *membre* steif, starr vor Kälte; klamm
gourde [guʀd] **I** *f* **1** *récipient* Feldflasche *f* **2** *fig* F Dussel *m*; Flasche *f*; Trottel *m*; ***quelle ~!*** so ein Dussel *etc!* **II** F *adj* unbeholfen; schwerfällig; F doof; dusselig
gourdin [guʀdɛ̃] *m* Knüppel *m*; Knüttel *m*; Prügel *m*
gourer [guʀe] *v/pr* F ***se ~*** sich irren; sich täuschen; F sich vertun; falschliegen; schiefgewickelt sein; reinfallen; ***se ~ de route*** den Weg verfehlen; *en voiture* sich verfahren; → *a* ***tromper II***
gourgandine [guʀgɑ̃din] *f* *litt ou plais* liederliches Frauenzimmer
gourmand [guʀmɑ̃] **I** *adj* **1** esslustig; schlemmerhaft; *de sucreries* naschhaft; ***~ de qc*** gierig nach etw, auf etw (*acc*); ***être ~*** gern essen; ein Schlemmer sein; *de sucreries* gern naschen, schlecken **2** *fig* (*avide*) hab-, geld-, profitgierig **II** *subst* **1** ***~(e)*** *m(f)* Schlemmer *m*; Gourmand *m*; *de sucreries* Nascher(in) *m(f)*; F Naschkatze *f*; Leckermaul *n* **2** *m* *branche* wilder Trieb; Wasserschoss *m*, -reis *n*
gourmander [guʀmɑ̃de] *litt* *v/t* streng rügen, zurechtweisen
gourmandise [guʀmɑ̃diz] *f* **1** Esslust *f*; *à propos de sucreries* Naschhaftigkeit *f*; ***manger avec ~*** gierig essen **2** ***~s*** *pl* Leckerbissen *m/pl*; *sucrées* Leckereien *f/pl*; Schleckereien *f/pl*
gourme [guʀm] *f* *loc* ***jeter sa ~*** sich (*dat*) die Hörner abstoßen, ablaufen; sich austoben
gourmé [guʀme] *litt* *adj* steif; förmlich
gourmet [guʀmɛ] *m* Feinschmecker *m*; Gourmet *m*
gourmette [guʀmɛt] *f* **1** *bijou* Gliederarmband *n* (mit Namensplakette) **2** *du mors* Kinnkette *f*
gourou [guʀu] *m* REL Guru *m* (*a fig*)
gousse [gus] *f* **1** BOT Hülse *f*; Schote *f* (*a de vanille*) **2** CUIS ***~ d'ail*** Knoblauchzehe *f*
gousset [gusɛ] *m* **1** *de gilet* Westentasche *f*; *de pantalon* Uhrentasche *f* **2** TECH Knagge *f*
goût [gu] *m* **1** PHYSIOL Geschmack(ssinn) *m*; ***organe*** *m* ***du ~*** Geschmacksorgan *n* **2** (*saveur*) Geschmack *m*; ***~ de citron*** Zitronengeschmack *m*; ***avoir un ~*** merkwürdig, F komisch schmecken; ***ne pas avoir de ~*** nach nichts schmecken; ***quel ~ a ce vin?*** wie schmeckt dieser Wein?; ***avoir un ~ amer*** e-n bitteren Geschmack haben, bitter schmecken (*a fig souvenir etc*); ***avoir bon ~*** gut schmecken; schmackhaft sein; → *a* 3; ***avoir un*** (***léger***) ***~ de vanille*** e-n (leichten) Vanillegeschmack haben; (leicht) nach Vanille schmecken; ***prendre un mauvais ~*** e-n schlechten Geschmack annehmen **3** (*jugement esthétique*) Geschmack *m*; ***bon ~*** guter Geschmack; *loc/adj* ***de bon ~*** geschmackvoll; ***avoir bon ~*** e-n guten Geschmack haben; ***mauvais ~*** schlechter Geschmack; *d'une chose a* Geschmacklosigkeit *f*; *loc/adj* ***de mauvais ~*** geschmacklos; unpassend; *souvenirs etc a* kitschig; ***plaisanterie*** *f* ***de mauvais ~*** schlechter, übler Scherz; ***un homme de ~*** ein Mann mit Geschmack; *loc/adv*: ***à mon ~*** für meinen Geschmack; (*à mon avis*) nach meinem Dafürhalten; meines Erachtens; ***avec, sans ~*** geschmackvoll, -los; mit, ohne Geschmack; ***être ha-***

billé avec ~ geschmackvoll, mit Geschmack gekleidet sein; ***avoir du ~*** Geschmack haben; ***être au*** *ou* ***du ~ de qn*** (nach) j-s Geschmack sein; ***c'est, elle est à mon ~*** das ist, sie ist ganz mein Geschmack, nach meinem Geschmack, F mein Fall; ***ce n'est pas du ~ de tout le monde*** das ist nicht (nach) jedermanns Geschmack; das ist nicht jedermanns Sache; ***manquer de ~*** keinen Geschmack haben; ***trouver qn à son ~*** j-n nach s-m Geschmack finden; *prov*: ***des ~s et des couleurs (on ne discute pas)*** über den Geschmack lässt sich (nicht) streiten (*prov*); ***tous les ~s sont dans la nature*** die Geschmäcker sind verschieden (*prov*); ***chacun ses ~s*** die Geschmäcker sind verschieden (*prov*) **4** (*envie*) Lust *f* (***de, pour*** zu); (*plaisir*) Gefallen *n*, Spaß *m*, Vergnügen *n*, Freude *f* (an *+dat*); (*penchant*) Sinn *m*, Vorliebe *f* (für); Neigung *f* (zu); ***~ des responsabilités*** Verantwortungsfreudigkeit *f*; ***~ du risque*** Risikofreudigkeit *f*, -bereitschaft *f*; Wagemut *m*; ***~ du sensationnel*** Sensationslust *f*; ***avoir le ~ des langues, des livres*** Sinn für Sprachen, Bücher haben; ***n'avoir, ne trouver ~ à rien*** zu nichts Lust haben; ***faire qc par ~*** etw zum Vergnügen tun; ***faire passer, faire perdre à qn le ~ de qc*** j-m die Lust, den Spaß, die Freude, den Geschmack an etw (*dat*) verderben; j-m etw verleiden, verekeln; ***prendre ~ à qc*** Gefallen, Geschmack an etw (*dat*) finden; e-r Sache (*dat*) Geschmack abgewinnen; ***y prendre ~*** *a* auf den Geschmack kommen; ***prendre (du) ~ à faire qc*** Gefallen, Geschmack daran finden, etw zu tun **5** ***~s*** *pl* (*préférences*) Neigungen *f/pl*; ***avoir des ~s bizarres*** absonderliche Neigungen haben; ***avoir des ~s simples, de luxe*** das einfache Leben, den Luxus lieben **6** *d'une époque* Geschmack *m*; Stil *m*; Manier *f*; Art *f*; ***au ~ du jour*** nach heutigem Geschmack; im Zeitgeschmack; modisch; aktuell; ***se mettre au ~ du jour*** mit der Zeit gehen

goûter [gute] **I** *v/t* **1** (*déguster*) versuchen; kosten; probieren; ***~ une sauce, un vin*** e-e Soße, e-n Wein versuchen *etc*; ***je n'en ai jamais goûté*** ich habe noch nie davon versucht *etc*; ***goûtez-y!*** versuchen, probieren, kosten Sie mal! **2** *fig bonheur, calme etc* genießen; ***~ une réussite*** einen Erfolg auskosten **3** *fig et litt* (*apprécier*) schätzen; lieben **II** *v/t/indir* ***~ de*** (*faire l'expérience de*) kennenlernen; ausprobieren; F hineinriechen in (*+acc*) **III** *v/i enfants* (am Nachmittag) e-n Imbiss einnehmen, ein Butterbrot, *nordd* e-e Stulle essen; *südd* vespern; *österr* jaus(n) en **IV** *m* (Nachmittags)Imbiss *m*; Butterbrot *n*, *nordd* Stulle *f* (mit Kakao *etc*); *südd* Vesper(brot) *n*; *österr* Jause *f*

goutte[1] [gut] **I** *f* **1** Tropfen *m*; ***~ d'eau*** Wassertropfen *m*; *fig*: ***c'est une ~ d'eau dans la mer*** das ist (nur) ein Tropfen auf den heißen Stein; ***c'est la ~ d'eau qui fait déborder le vase*** das bringt das Fass zum Überlaufen; das ist zu viel; was zu viel ist, ist zu viel; das Maß ist voll; ***se ressembler comme deux ~s d'eau*** sich gleichen wie ein Ei dem andern; ***~ de pluie*** Regentropfen *m*; ***il n'est pas tombé une ~ de pluie depuis des mois*** seit Monaten ist kein Tropfen Regen gefallen; ***~ de rosée*** Tautropfen *m*; ***~ de sang*** Tropfen Blut; Blutstropfen *m*; ***~ de sueur*** Schweißtropfen *m*; *loc/adv*: ***~ à ~*** tropfenweise; ***couler ~ à ~*** tropfen; tröpfeln; ***verser ~ à ~*** träufeln; ***jusqu'à la dernière ~*** bis zum letzten Tropfen; ***il a la ~ au nez*** ihm tropft die Nase; ***il n'y en a plus une ~*** es ist kein Tropfen mehr da; ***il sue à grosses ~s*** der Schweiß bricht ihm aus allen Poren; er schwitzt stark; er trieft von *ou* vor Schweiß; ***il tombe des ~s*** es tröpfelt; *pluie* ***tomber à grosses ~s*** in dicken, großen Tropfen fallen **2** PHARM ***~s*** *pl* Tropfen *m/pl*; ***~s pour les yeux*** Augentropfen *m/pl*; ***prendre ses ~s*** s-e Tropfen einnehmen **3** *par ext* ***une ~ de café*** *etc* ein klein wenig, ein Schluck, ein Schlückchen Kaffee *etc* **4** F *fig* ***boire la ~*** ein Gläschen *n* Schnaps, e-n Schnaps trinken **II** *adv litt ou plais* ***n'y entendre ~*** nicht das Geringste, kein Wort davon verstehen; ***n'y voir ~*** überhaupt nichts, nicht die Hand vor den Augen sehen

goutte[2] [gut] *f* MÉD Gicht *f*; ***attaque*** *f* ***de ~*** Gichtanfall *m*

goutte-à-goutte [gutagut] *m* ⟨*inv*⟩ MÉD Tropf *m*; ***être au ~*** am Tropf hängen

gouttelette [gutlɛt] *f* Tröpfchen *n*

goutter [gute] *v/i* tropfen

goutteux [gutø] MÉD **I** *adj* ⟨**-euse**⟩ **1** *personne* gichtkrank, -leidend **2** (*dû à la goutte*) Gicht… **II** *m* Gichtkranke(r) *m*

gouttière [gutjɛʀ] *f* **1** Dachrinne *f*; ***chat*** *m* ***de ~*** ganz gewöhnliche Katze; F Dachhase *m* **2** MÉD Schiene *f*

gouvernail [guvɛʀnaj] *m* MAR, AVIAT Ruder *n*; AVIAT: ***~ de direction*** Seitenruder *n*; ***~ de profondeur*** Höhenruder *n*; *fig*: ***saisir le ~*** ans Ruder kommen; ***tenir le ~*** das Steuer (fest) in der Hand halten; am Ruder sein

gouvernante [guvɛʀnɑ̃t] *f* **1** *d'enfants* Gouvernante *f*; Erzieherin *f* **2** *d'un célibataire* Haushälterin *f*

gouvernants [guvɛʀnɑ̃] *m/pl* POL ***les ~*** die Regierenden *m/pl*

gouverne [guvɛʀn] *f* **1** AVIAT ***~s*** *pl* Steuerflächen *f/pl*; Leitwerk *n* **2** *loc* ***pour votre ~*** als Verhaltens(maß)regel; zu Ihrer Orientierung

gouvernement [guvɛʀnəmɑ̃] *m* **1** Regierung *f*; ***~ central*** Zentralregierung *f*; ***~ fédéral*** Bundesregierung *f*; ***changement*** *m* ***de ~*** Regierungswechsel *m*; ***chef*** *m* ***de ~*** Regierungschef *m*; ***siège*** *m* ***du ~*** Regierungssitz *m*; ***constituer, former le ~*** die Regierung bilden; ***présenter son ~*** s-e Regierung vorstellen **2** (*régime*) Regierungsform *f*; ***~ démocratique, monarchique, parlementaire, républicain*** demokratische, monarchische, parlamentarische, republikanische Regierungsform **3** (*fait de gouverner*) Regierung *f*; Herrschaft *f*; ***confier le ~ à qn*** j-m die Regierung übertragen

gouvernemental [guvɛʀnəmɑ̃tal] *adj* ⟨**-aux**⟩ **1** Regierungs…; ***équipe ~e*** Regierungsmannschaft *f* **2** *presse* regierungsfreundlich; der Regierung nahestehend

gouverner [guvɛʀne] *v/t* **1** regieren (*a abs*); ***~ un pays, un peuple*** ein Land, ein Volk regieren **2** *fig intérêts, argent* ***~ qc*** etw regieren, beherrschen **3** MAR steuern **4** GR regieren

gouverneur [guvɛʀnœʀ] *m* ADM, MIL Gouverneur *m*; HIST *a* Statthalter *m*; ***~ de la Banque de France*** *correspond à* Bundesbankpräsident *m*

goyave [gɔjav] *f fruit* Guajave *f*

GPL [ʒepeɛl] *m abr* (*gaz de pétrole liquéfié*) Flüssig-, Autogas *n*

Graal [gʀal] *m* MYTH ***le ~*** der Gral

grabat [gʀaba] *m* ärmliches Bett
grabataire [gʀabatɛʀ] *adj vieillard* bettlägerig
grabuge [gʀabyʒ] F *m* Zank *m* und Streit *m*; F Krach *m*; Knatsch *m*; Krawall *m*; ***il va y avoir du ~*** F es wird Krach geben
grâce [gʀɑs] **I** *f* **1** *(faveur)* **a)** Gnade *f*; Gunst *f*; Gnaden-, Gunstbeweis *m*; *st/s* Huld *f*; HIST *titre* ***Votre Grâce*** Euer Gnaden; ***de ~!*** ich bitte Sie!; ich flehe Sie an!; ***être en ~ auprès de qn*** bei j-m in Gunst stehen; *st/s ou iron* in j-s Huld stehen; ***faire à qn la ~ de*** *(+inf)* j-m den Gefallen erweisen zu *(+inf)*; *iron* die Gnade haben zu *(+inf)*; ***obtenir une ~*** e-n Gunst-, Gnadenbeweis erhalten; ***rentrer en ~ auprès de qn*** von j-m wieder in Gnaden aufgenommen werden; ***trouver ~ devant qn, aux yeux de qn*** vor j-m, vor j-s Augen Gnade finden; **b)** ***bonnes ~s*** Gunst *f*; Wohlwollen *n*; Gewogenheit *f*; ***être dans les bonnes ~s de qn*** bei j-m in Gunst stehen; j-s Gunst, Wohlwollen genießen; F bei j-m gut angeschrieben sein; F bei j-m e-n Stein im Brett haben; **c)** ***bonne ~*** Bereitwilligkeit *f*; ***mauvaise ~*** Widerwillen *m*; ***faire qc de bonne (mauvaise) ~*** etw gern, bereitwillig (ungern, widerwillig, mit Widerwillen) tun **2** JUR Begnadigung *f*; Gnade *f*; *par ext* ***coup*** *m* ***de ~*** Gnaden-, Todesstoß *m* *(a fig)*; *avec une arme à feu* Gnadenschuss *m*; ***donner, porter le coup de ~*** den Gnadenstoß geben *(a fig)*; COMM ***délai*** *m* ***de ~*** Nachfrist *f*; ***droit*** *m* ***de ~*** Begnadigungsrecht *n*; ***recours*** *m* ***en ~*** Gnadengesuch *n*; *int litt* ***~!*** Gnade!; ***demander ~*** um Gnade bitten; ***faire ~ à qn de qc*** *de dettes, d'une punition* j-m etw erlassen; *fig* j-m etw erlassen, ersparen, schenken; j-n mit etw verschonen; ***je vous fais ~ des détails*** die Einzelheiten möchte ich Ihnen ersparen; *iron* ***faites-moi ~ de vos observations!*** verschonen Sie mich mit Ihren Bemerkungen!; schenken Sie sich *(dat)* Ihre Bemerkungen!; ***refuser la ~*** das Gnadengesuch ablehnen **3** REL Gnade *f*; *fig* ***à la ~ de Dieu!*** hoffen wir das Beste!; HIST *roi* ***par la ~ de Dieu*** von Gottes Gnaden; *Je vous salue, Marie,* ***pleine de ~*** voll der Gnade; *litt ou iron* ***en l'an de ~ …*** im Jahre des Heils, des Herrn …; ***avoir la ~*** die Gnade besitzen; *fig artiste* begnadet sein; ***être en état de ~*** im Stande der Gnade sein **4** *(charme)* Anmut *f*; Grazie *f*; *st/s* Liebreiz *m*; ***avec ~*** anmutig; graziös; ***plein de ~*** voller Anmut, Liebreiz; anmut(s)voll; ***avoir de la ~*** Anmut besitzen; anmutig, graziös sein; *st/s* ***il aurait mauvaise ~ à se plaindre*** es stünde ihm schlecht an, sich zu beklagen; ***faire des ~s à qn*** übertrieben freundlich zu j-m sein **5** MYTH ***les trois Grâces*** die drei Grazien *f/pl* **6** REL ***~s*** *pl* Dank-, Tischgebet *n* (nach dem Essen); ***action f de ~(s)*** Danksagung *f*; *par ext* ***~ à Dieu!*** Gott sei Dank!; gottlob!; REL *et par ext* ***rendre ~(s)*** danken, Dank sagen (***à Dieu, à qn*** Gott, j-m) **II** *loc/prép* ***~ à*** dank *(+dat ou gén)*; durch *(+acc)*; aufgrund *(+gén)*; ***c'est ~ à lui*** *que j'ai réussi* ihm verdanke ich …
gracier [gʀasje] *v/t* begnadigen
gracieusement [gʀasjøzmɑ̃] *adv* **1** *(gratuitement)* gratis; unentgeltlich; kostenlos; umsonst **2** *(avec grâce)* anmutig; voller Anmut; graziös **gracieusetés** *f/pl iron* Liebenswürdigkeiten *f/pl*
gracieux [gʀasjø] *adj* ⟨**-euse**⟩ **1** *(charmant)* anmutig; graziös; *st/s* liebreizend; *poét* hold(selig) **2** *(aimable)* freundlich; liebenswürdig **3** *loc/adv* ***à titre ~*** unentgeltlich; gratis; kostenlos **4** JUR ***juridiction gracieuse*** freiwillige Gerichtsbarkeit
gracile [gʀasil] *adj* zierlich; zart; grazil **gracilité** *f* Zierlichkeit *f*; Zartheit *f*; Grazilität *f*
gradation [gʀadasjõ] *f* Abstufung *f* *(a* PEINT); (stufenweise) Steigerung *f* *(a* MUS); Gradation *f* *(a* RHÉT *et* PHOT)
grade [gʀad] *m* **1** MIL, ADM Dienstgrad *m*; MIL *a* Rang *m*; Charge *f*; ***~ militaire*** militärischer Dienstgrad; ***~ de capitaine*** Rang e-s Hauptmanns; Hauptmannsrang *m*; ***monter en ~*** aufrücken; avancieren; befördert werden; ***passer par tous les ~s*** von der Pike auf dienen; F *fig* ***en prendre pour son ~*** F gehörig eins auf den Deckel, aufs Dach kriegen **2** ***~ universitaire*** akademischer Grad; akademische Würde; ***~ de docteur ès lettres*** Grad e-s (habilitierten) Doktors der Philosophie **3** MATH *(abr* ***gr****)* Neugrad *m*; Gon *n* *(abr* g)
gradé [gʀade] *m* MIL unterer Dienstgrad *(Person)*; *adjt* ***être ~*** e-m der unteren Dienstgrade angehören
gradient [gʀadjɑ̃] *m sc* Gradient *m*
gradin [gʀadɛ̃] *m* **1** *d'un amphithéâtre, d'un stade etc* ***~s*** *pl* (ansteigende) Sitzreihen *f/pl*; (Zuschauer)Ränge *m/pl* **2** *d'un terrain* Stufe *f*; Absatz *m*; MINES Strosse *f*; ***en ~s*** stufenförmig (ansteigend)
graduation [gʀadɥasjõ] *f* Maßeinteilung *f*; Skala *f*; *d'un thermomètre* Gradeinteilung *f*; *d'une règle* Zentimetereinteilung *f*
gradué [gʀadɥe] *adj* **1** *instrument de mesure* mit (e-r) Skala, Gradeinteilung (versehen); ***échelle ~e*** Skala *f*; ***règle ~e*** Lineal *n* mit Zentimetereinteilung **2** *exercices etc* (im Schwierigkeitsgrad) abgestuft
graduel [gʀadɥɛl] *adj* ⟨**~le**⟩ allmählich; graduell; stufen-, schrittweise (erfolgend)
graduellement [gʀadɥɛlmɑ̃] *adv* allmählich; nach und nach; graduell; stufen-, schrittweise
graduer [gʀadɥe] *v/t* **1** *difficultés etc* abstufen; allmählich, stufen-, schrittweise steigern **2** *instrument de mesure* mit e-r Skala, Gradeinteilung versehen; graduieren
graffiter [gʀafite] *v/t* mit Graffiti besprühen **graffiteur** *m*, **graffiteuse** *f* Sprayer(in) [ˈʃpreːər(ɪn)] *m(f)*
graffiti [gʀafiti] *m/pl* Kritzeleien *f/pl* (an Wänden); *artistiques* Graffiti *pl*; *les murs* ***sont couverts de ~*** … sind vollgekritzelt
graille [gʀɑj] *f* F → ***bouffe***[1]
graillon [gʀɑjõ] *m* **1** ***odeur f de ~*** Geruch *m* von, nach angebranntem Fett; ***sentir le ~*** nach angebranntem Fett riechen **2** ***~s*** *pl* angebrannte Fettreste *m/pl* **3** P *(crachat)* (schleimiger) Auswurf
graillonner [gʀɑjɔne] *v/i* **1** nach angebranntem Fett riechen **2** P *(cracher)* Schleim aushusten, -spucken
grain [gʀɛ̃] *m* **1** *des céréales* Korn *n*; *coll* ***le ~*** das Korn; ***~ de blé, de riz*** Weizen-, Reiskorn *n*; ***alcool m, eau-de-vie f de ~s*** Kornbranntwein *m*; F Korn *m* **2** *de raisin, de groseille* Beere *f*; *de café* Bohne *f*; ***~ de café*** Kaffeebohne *f*; ***~ de poivre*** Pfefferkorn *n*; ***~ de raisin*** Weinbeere *f*; *café, poivre* ***en ~s*** ungemahlen; ***'haricots*** *m/pl* ***en ~s*** weiße Bohnen *f/pl* **3** *d'un collier, d'un chapelet* Perle *f* **4** *de sable, de sel etc* Korn *n*; Körnchen *n*; ***~ de pollen*** Pollenkorn *n*; ***~ de poussière*** Staubkorn *n*, -teilchen *n*; Stäubchen *n*; ~

de sel Salzkorn *n*; Körnchen Salz; *fig* ***mettre***, F ***fourrer son ~ de sel*** F s-n Senf dazugeben 5 ***~ de beauté*** Leberfleck *m* 6 *d'une surface* körnige Struktur; *d'un papier*, PHOT Korn *n*; *d'un cuir* Narbe *f*; Narben *m*; ***~ de la peau*** Oberflächenbeschaffenheit *f*, Feinporigkeit *f* der Haut; *loc/adj*: ***à ~ fin*** PHOT *etc* feinkörnig; *cuir* fein genarbt; ***à gros ~s*** grobkörnig; *peau* großporig 7 *fig* ***n'avoir pas un ~ de bon sens*** keinen Funken, kein Quäntchen gesunden Menschenverstand haben; ***avoir un (petit) ~*** F e-n Sparren (zu viel), e-n (leichten) Stich, nicht alle Tassen im Schrank haben 8 MÉTÉO (Regen)Schauer *m*; *fig* ***veiller au ~*** auf der Hut sein; sich vorsehen; aufpassen

graine [gʀɛn] *f* 1 BOT Samenkorn *n*; Samen *m* (*a coll*); PHARM ***~ de lin*** Leinsamen *m*; ***~s de tournesol*** Sonnenblumenkerne *m/pl*; F *fig* ***casser la ~*** → ***casser*** *I 1*; *plante* ***monter en ~*** (in Samen) schießen; *fig* ***en prendre de la ~*** sich (*dat*) daran ein Beispiel nehmen 2 *fig et péj* ***mauvaise ~*** F sauberes Früchtchen; *plais* Schlingel *m*; Racker *m*; *coll* Bagage *f*; Rasselbande *f*; ***c'est de la ~ de voyou*** aus dem wird einmal ein Strolch, Lump

graineterie [gʀɛntʀi] *f* **a)** *magasin* Samenhandlung *f*; **b)** *commerce* Samenhandel *m*

grainetier [gʀɛntje] *m*, **grainetière** *f* Samen- und Futtermittelhändler(in) *m(f)*

graissage [gʀɛsaʒ] *m* TECH (Ab)Schmieren *n*; Schmierung *f*; ***huile*** *f* ***de ~*** Schmieröl *n*; ***faire faire le ~ de sa voiture*** s-n Wagen abschmieren lassen

graisse [gʀɛs] *f* 1 PHYSIOL Fett *n*; Fettansatz *m*; ***couche*** *f* ***de ~*** Fettschicht *f* 2 CHIM, CUIS Fett *n*; ***~ alimentaire*** Speisefett *n*; ***~s animales*** tierische Fette; ***~ fondue*** Schmalz *n*; ***~s végétales*** pflanzliche Fette; Pflanzenfette *n/pl*; ***~ d'oie*** Gänsefett *n*; ***odeur*** *f* ***de ~*** Fettgeruch *m* 3 TECH Schmierfett *n*; Schmiere *f*; ***~s minérales*** Mineralfette *n/pl* 4 *du vin* Zähwerden *n*

graisser [gʀese] **I** *v/t* 1 (ein)fetten; TECH schmieren; AUTO abschmieren; ***~ des bottes, un moule*** Stiefel, eine Backform einfetten 2 *salir* fettig machen **II** *v/i vin* zäh werden

graisseur [gʀɛsœʀ] *m* TECH Schmiergerät *n*, -vorrichtung *f*

graisseux [gʀɛsø] *adj* ⟨**-euse**⟩ 1 (*gras*) fettig; schmierig; speckig; mit Fettflecken 2 PHYSIOL Fett…

graminée [gʀamine] *f* BOT Gras *n*; ***~s*** *pl* Gräser *n/pl*

grammaire [gʀa(m)mɛʀ] *f* 1 Grammatik *f* (*a manuel*); Sprachlehre *f*; ***faute*** *f* ***de ~*** Grammatikfehler *m* 2 *fig d'un art* Regelwerk *n*

grammairien [gʀa(m)mɛʀjɛ̃] *m*, **grammairienne** *f* Grammatiker(in) *m(f)*

grammatical [gʀa(m)matikal] *adj* ⟨**-aux**⟩ grammatikalisch; grammatisch; Grammatik…; ***mot ~*** Strukturwort *n*

grammaticalisation [gʀa(m)matikalizasjõ] *f* Grammatikalisation *f* **grammaticaliser** *v/t* grammatikalisieren

gramme [gʀam] *m* 1 (*abr* **g**) Gramm *n* (*abr* g) 2 ***1 ~ 6 d'alcoolémie*** 1,6 Promille Blutalkohol 3 *fig* ***il n'a pas un ~ de bon sens*** er hat keinen Funken, kein Quäntchen gesunden Menschenverstand

Grammont [gʀamõ] GÉOGR Geraardsbergen *n*

grand [gʀɑ̃], *in der Bindung* [gʀɑ̃t] **I** *adj* ⟨**grande** [gʀɑ̃d]⟩ groß; **a)** *taille*: ***~ et fort*** groß und kräftig; ***~ arbre*** [gʀɑ̃taʀbʀ] großer, hoher Baum; ***une ~e femme*** *ou* ***une femme ~e*** e-e große Frau; ***~ format*** Großformat *n*; ***un homme ~*** ein großer, groß gewachsener, hochgewachsener Mann; → *a d*); ***~es jambes*** lange Beine *n/pl*; ***~ nez*** große Nase; RAD ***~es ondes*** Langwelle(n) *f(pl)*; ***le ~ Paris*** Groß-Paris *n*; ***~s pieds*** große Füße *m/pl*; ♦ *loc/adj et loc/adv*: ***à ~s carreaux*** groß kariert; ***à une ~e profondeur*** in großer Tiefe; ***~ comme la main*** handgroß; ***de ~e largeur*** von großer Breite; ***de ~e taille*** hochgewachsen; von hohem Wuchs; **b)** (*plus âgé, adulte*) ***son ~ frère*** sein großer Bruder; ***les ~es personnes*** die Großen, Erwachsenen *pl*; ***quand tu seras ~*** wenn du groß bist; ***je suis assez ~ pour*** (*+inf*) in bin groß, alt genug, um zu (*+inf*); **c)** *quantité, intensité*: ***~ âge*** [-t-] hohes Alter; ***le ~ air*** [-t-] die frische Luft; ***au ~ air*** an, in der frischen Luft; im Freien; ***~ blessé*** Schwerverletzte(r) *m*; ***~ bruit*** lautes Geräusch; großer Lärm; ***~ buveur*** starker Trinker; ***~ choix*** reiche Auswahl; ***~ cri*** lauter Schrei; ***~es dépenses*** große Ausgaben *f/pl*; ***~e foule*** große Menschenmenge; ***~ froid*** große, starke Kälte; ***~ fumeur*** starker Raucher; ***deux ~es heures*** volle, ganze, geschlagene zwei Stunden *f/pl*; ***~ malade*** Schwerkranke(r) *m*; ***~e marée*** Springflut *f*; ***~ soupir*** schwerer, tiefer Seufzer; ***~ travailleur*** unermüdlicher Arbeiter; ♦ *loc/adj et loc/adv*: ***au ~ complet*** vollzählig; ***en ~*** im Großen; in großem Stil, Umfang, Ausmaß; ***en ~e toilette*** in großer Toilette; ♦ ***avoir ~ besoin de qc*** etw dringend brauchen, benötigen; ***être de ~s amis*** eng miteinander befreundet sein; F dicke Freunde sein; ***il est ~ temps de*** (*+inf*) es ist höchste Zeit zu (*+inf*); ***faire ~ tort à qn*** j-m sehr schaden; **d)** (*important, célèbre*) ***~es actions*** große Taten *f/pl*; ***~e âme*** große, hochherzige Seele; *c'est* ***du ~ art*** hohe Kunst; ÉCOLE ***les ~es classes*** die oberen Klassen *f/pl*; ***~ dignitaire*** hoher Würdenträger; ***un ~ esprit*** [-t-] ein großer Geist; HIST ***la Grande Guerre*** der Erste Weltkrieg; ***un ~ homme*** [-t-] ein großer, berühmter Mann; ***~e industrie*** Großindustrie *f*; CH DE FER ***~e ligne*** Fern-, Hauptstrecke *f*; ***le ~ monde*** die große, vornehme Welt; ***un ~ nom*** ein großer Name; ***la ~e nouvelle*** die große Neuigkeit; ***~ peintre*** großer Maler; ***~ foncier, terrien*** Großgrundbesitzer *m*; ***~s vins*** berühmte Weine *m/pl*; ♦ HIST ***Alexandre le Grand*** Alexander der Große; ***Louis le Grand*** Ludwig XIV. **II** *adv* **a)** ***voir ~*** in großem Stil handeln; *péj* große, hochfliegende Pläne haben; hoch hinauswollen; ***voir trop ~*** *a* des Guten zu viel tun; **b)** ⟨*veränderlich*⟩ ***~ ouvert*** [-t-] weit offen, geöffnet; ***les yeux ~(s) ouverts*** mit weit aufgerissenen Augen; ***la porte était ~e ouverte*** *a* die Tür stand sperrangelweit offen; ***ouvrir la fenêtre toute ~e*** das Fenster weit aufmachen **III** *subst* 1 *d'enfants* ***le ~***, ***la ~e*** der, die Große; ÉCOLE ***les ~s*** die Großen; F ***mon ~!*** lieber Junge!; ***ma ~e!*** liebes Kind! 2 (*adulte*) ***les ~s*** die Großen, Erwachsenen *pl*; ***(les) petits et (les) ~s*** Groß und Klein; ***tout seul comme un ~*** ganz allein wie ein Großer 3 (*puissant*) ***un ~ de l'industrie automobile*** ein Großer der Autoindustrie; ***les ~s de ce monde*** die Großen *pl* dieser Welt; POL ***les quatre Grands*** die vier Großen, Großmächte *f/pl* 4 *m* ***~ (d'Espagne)*** (spanischer) Grande 5 ***le ~*** das Große; MATH ***l'infiniment***

G

~ das unendlich Große
grand-angle [gʀɑ̃tɑ̃gl] *m* ⟨*pl* **grands-angles** [gʀɑ̃zɑ̃gl]⟩ Weitwinkelobjektiv *n*
grand-chose [gʀɑ̃ʃoz] **I** *pr/ind* ***pas ~*** nicht viel; ***il n'en sortira pas ~ de bon*** dabei kommt nicht viel Gutes heraus; ***cela ne vaut pas ~*** das ist nicht viel wert **II** *subst* F ***un, une pas ~*** ein Nichtsnutz *m*
grand-croix [gʀɑ̃kʀwa] ⟨*pl* **grand(s)-croix**⟩ **1** *f décoration* Großkreuz *n* **2** *m dignitaire* Träger *m* des Großkreuzes
grand-duc [gʀɑ̃dyk] *m* ⟨*pl* **grands-ducs**⟩ **1** Großherzog *m* **2** HIST *en Russie* Großfürst *m* **3** ZO Uhu *m* **grand-duché** *m* ⟨*pl* **grands-duchés**⟩ Großherzogtum *n*
Grande-Bretagne [gʀɑ̃dbʀətaɲ] ***la ~*** Großbritannien *n*
grande-duchesse [gʀɑ̃ddyʃɛs] *f* ⟨*pl* **grandes-duchesses**⟩ Großherzogin *f*
grandelet [gʀɑ̃dlɛ] F *adj* ⟨**~te**⟩ schon ziemlich, recht groß
grandement [gʀɑ̃dmɑ̃] *adv* **1** (*beaucoup*) in hohem Maße; sehr; ***vous vous trompez ~*** Sie täuschen sich gewaltig **2** (*largement*) reichlich
grandeur [gʀɑ̃dœʀ] *f* **1** *d'un personnage, d'une œuvre d'art etc* Größe *f*; Erhabenheit *f*; *d'un sacrifice* Größe *f*; ***~ d'âme*** Seelengröße *f*, -adel *m* **2** *d'un danger etc* Größe *f*; ***ordre*** *m* ***de ~*** Größenordnung *f*; *loc/adj photo, statue* ***~ nature*** in natürlicher Größe; in Lebensgröße; lebensgroß **3** PHYS, MATH Größe *f*
grand-faim [gʀɑ̃fɛ̃] *loc* ***avoir ~*** großen Hunger haben; sehr hungrig sein
grand-guignolesque [gʀɑ̃giɲɔlɛsk] *adj* (übertrieben, unwahrscheinlich) schauerlich; haarsträubend
grandiloquence [gʀɑ̃dilɔkɑ̃s] *f* hochtrabende Ausdrucksweise; Bombast *m* **grandiloquent** *adj* hochtrabend; hochtönend; bombastisch; schwülstig
grandiose [gʀɑ̃djoz] *adj* großartig; grandios; überwältigend
grandir [gʀɑ̃diʀ] **I** *v/t* **1** *chaussures etc* ***~ qn*** j-n größer machen, größer erscheinen lassen **2** *fig* Größe verleihen (+*dat*); erhöhen; ***sortir grandi d'une épreuve*** gestärkt aus e-r Bewährungsprobe hervorgehen **II** *v/i* **1** (*pousser*) wachsen; größer *ou* groß werden; ***~ de dix centimètres*** zehn Zentimeter wachsen; (um) zehn Zentimeter größer werden; ***comme tu as grandi!*** bist du aber gewachsen, groß geworden! **2** (*s'intensifier*) wachsen; zunehmen; (immer) größer werden; *bruit* (immer) lauter, stärker werden **3** *fig* ***~ en sagesse*** an Weisheit zunehmen **III** *v/pr* ***se ~*** sich größer machen
grandissant [gʀɑ̃disɑ̃] *adj* wachsend; zunehmend; (immer) größer werdend
grandissime [gʀɑ̃disim] *plais adj* sehr groß; gewaltig
grand-maman [gʀɑ̃mamɑ̃] *f* ⟨*pl* **grand(s)-mamans**⟩ F Großmama *f*; Oma *f*
grand-mère [gʀɑ̃mɛʀ] *f* ⟨*pl* **grand(s)-mères**⟩ **1** Großmutter *f*; ***du temps de nos grands-mères*** zu Großmutters Zeiten; als der Großvater die Großmutter nahm; F *fig* ***il ne faut pas pousser ~ dans les orties*** man darf nicht übertreiben; F man muss die Kirche im Dorf lassen **2** F (*vieille femme*) F Oma *f*
grand-messe [gʀɑ̃mɛs] *f* ⟨*pl* **grand(s)-messes**⟩ ÉGL CATH Hochamt *n*
grand-oncle [gʀɑ̃tɔ̃kl] *m* ⟨*pl* **grands-oncles**⟩ Großonkel *m*
grand-papa [gʀɑ̃papa] *m* ⟨*pl* **grands-papas**⟩ F Großpapa *m*; Opa *m*
grand-peine [gʀɑ̃pɛn] *loc/adv* ***à ~*** mit Müh und Not; mit großer Mühe; F mit Ach und Krach
grand-père [gʀɑ̃pɛʀ] *m* ⟨*pl* **grands-pères**⟩ **1** Großvater *m* **2** F (*vieillard*) F Opa *m*
grand-peur [gʀɑ̃pœʀ] *loc* ***avoir ~ que ... ne*** (+*subj*) sehr fürchten, dass ...
grand-route [gʀɑ̃ʀut] *f* ⟨*pl* **grand(s)-routes**⟩ Landstraße *f*
grand-rue [gʀɑ̃ʀy] *f* ⟨*pl* **grand(s)-rues**⟩ Hauptstraße *f*
Grands Lacs [gʀɑ̃lak] ***les ~*** *m/pl* die Kanadischen *ou* Großen Seen *m/pl*
grand-soif [gʀɑ̃swaf] *loc* ***avoir ~*** großen Durst haben; sehr durstig sein
grands-parents [gʀɑ̃paʀɑ̃] *m/pl* Großeltern *pl*
grand-tante [gʀɑ̃tɑ̃t] *f* ⟨*pl* **grand(s)-tantes**⟩ Großtante *f*
grand-voile [gʀɑ̃vwal] *f* ⟨*pl* **grand(s)-voiles**⟩ MAR Großsegel *n*
grange [gʀɑ̃ʒ] *f* Scheune *f*
Granges [gʀɑ̃ʒ] GÉOGR Grenchen *n*
granit(e) [gʀanit] *m* MINÉR Granit *m*; ***bloc*** *m* ***de granit(e)*** Granitblock *m*; ***en granit(e)*** aus Granit; graniten; *fig* ***un cœur de granit(e)*** ein Herz von Stein
granité [gʀanite] *adj* körnig; gekörnt; *tissu* kreppig; kreppartig **graniteux** *adj* ⟨**-euse**⟩ MINÉR granithaltig **granitique** *adj* Granit...
granivore [gʀanivɔʀ] *adj* ZO körnerfressend
granny [gʀani] *f*, **granny smith** [gʀanismis] *f* ⟨*inv*⟩ *pomme* Granny Smith ['grɛni'smɪs] *m*
granulat [gʀanyla] *m* CONSTR Zuschlag(stoffe) *m(pl)*
granulation [gʀanylasjõ] *f* **1** ***~s*** *pl* Körnung *f*; körnige Struktur **2** TECH Körnen *n*; Granulieren *n*
granule [gʀanyl] *m* **1** Körnchen *n* **2** PHARM Granulum *n*
granulé [gʀanyle] **I** *adj* körnig; gekörnt **II** *m/pl* ***~s*** PHARM Granulat *n*
granuler [gʀanyle] *v/t* TECH körnen; granulieren
granuleux [gʀanylø] *adj* ⟨**-euse**⟩ körnig; gekörnt; MÉD *a* granulös
graphème [gʀafɛm] *m* LING Graphem *n*
grapheur [gʀafœʀ] *m* INFORM Grafikprogramm *n*
graphie [gʀafi] *f* LING Schreibung *f*; Schreibweise *f*; Grafie *f*
graphique [gʀafik] **I** *adj* **1** grafisch; zeichnerisch; ***arts*** *m/pl* ***~s*** Grafik *f*; grafische Künste *f/pl*; *secteur* grafisches Gewerbe; ***représentation*** *f* ***~*** grafische, zeichnerische Darstellung **2** Schrift...; ***signe*** *m* ***~*** Schriftzeichen *n* **II** *m* grafische Darstellung; Grafik *f*; Schaubild *n*; Diagramm *n*
graphisme [gʀafism] *m* Handschrift *f*; Schriftzüge *m/pl*; (individuelles) Schriftbild; *d'un dessinateur* Führung *f* des Zeichenstiftes
graphiste [gʀafist] *m,f* Grafiker(in) *m(f)*
graphite [gʀafit] *m* MINÉR Grafit *m*
graphité [gʀafite] *adj* TECH ***lubrifiant ~*** Grafitschmieröl *n*
graphologie [gʀafɔlɔʒi] *f* Grafologie *f* **graphologique** *adj* grafologisch **graphologue** *m,f* Grafologe, -login *m,f*; ***expert*** *m* ***~*** Schriftsachverständige(r) *m*

grappa [gʀapa] *f* Grappa *m*
grappe [gʀap] *f* 1 BOT Traube *f*; **~ de raisin** Weintraube *f* 2 *fig* Traube *f*; Knäuel *m ou n*; Klumpen *m*; **~ humaine** Menschentraube *f*
grappillage [gʀapijaʒ] *m* 1 VENDANGES Nachlese *f* 2 *fig* kleine, unlautere Gewinne *m/pl*, Vorteile *m/pl*
grappiller [gʀapije] I *v/t* 1 *fruits* hier und da (ab)pflücken 2 *fig petits profits, avantages* herausschlagen, -schinden; *informations* hier und da auflesen; F zusammenstoppeln II *v/i* VENDANGES Nachlese halten
grappin [gʀapɛ̃] *m* 1 MAR **a)** (*crochet d'abordage*) Enterhaken *m*; F *fig* **mettre le ~ sur qn** j-n mit Beschlag belegen; **b)** *ancre* Draggen *m*; Dregge *f* 2 TECH Greifer *m*
gras [gʀɑ] I *adj* ⟨**grasse** [gʀɑs]⟩ 1 *nourriture* fett; fetthaltig, -reich; *personne, animal* fett; feist; CHIM **acides ~ (in)saturés** (un)gesättigte Fettsäuren *f/pl*; CHIM **corps** *m/pl* **~** Fette *n/pl*; fette Öle *n/pl*; **crème ~se** Fettcreme *f*; **fromage ~** Fettkäse *m*; *dans la nourriture* **matières ~ses** Fett *n*; **être ~ comme un moine** dick und fett sein; F ein Fettkloß sein 2 (*enduit de graisse*) *peau, cheveux* fett(ig); *papier, vêtements etc* fettig; schmierig; *vêtements a* speckig 3 *fig terre* fett; schwer; *pâturage* fett; fruchtbar; üppig; *récompense* hoch; reichlich; F fett; TYPO **caractères ~** Fettdruck *m*; **en caractères ~** fett gedruckt; **crayon ~** weicher Bleistift; BOT **plantes ~ses** Sukkulenten *pl*; Fettpflanzen *f/pl*; **rire ~** lautes, ordinäres Lachen; **toux ~se** Husten *m* mit Auswurf; **vin ~** zäh gewordener Wein II *adv* REL **faire ~** Fleisch essen III *subst* **le ~** das Fett(e); **le ~ de la jambe** die Wade; **aimer le ~** die fetten Stücke (vom Fleisch) mögen; F *fig*: **il n'y a pas ~ à manger** es gibt nicht viel zu essen; **discuter le bout de ~** F e-n kleinen Schwatz machen
gras-double [gʀɑdubl] *m* ⟨*pl* **gras-doubles**⟩ CUIS Kaldaunen *f/pl*, Kutteln *f/pl* (vom Rindermagen); Ochsenpansen *m*
grassement [gʀasmɑ̃] *adv* reichlich
grasseyer [gʀaseje] *v/i* das Zäpfchen-R sprechen
grassouillet [gʀasujɛ] *adj* ⟨**~te**⟩ dicklich; rundlich; *femme a* mollig
gratifiant [gʀatifjɑ̃] *adj activité etc* (innerlich) befriedigend
gratification [gʀatifikasjõ] *f* 1 Gratifikation *f*; Sonderzuwendung *f*; **~ de fin d'année** Weihnachtsgratifikation *f* 2 PSYCH Befriedigung *f*; Erfüllung *f*
gratifier [gʀatifje] *v/t* 1 **~ qn de qc** j-m etw zukommen lassen, zuwenden, zuteilwerden lassen; j-n mit etw bedenken, beehren 2 *iron* **~ qn d'une gifle** *etc* j-m e-e Ohrfeige *etc* verpassen; j-n mit e-r Ohrfeige *etc* bedenken 3 PSYCH **~ qn** j-n befriedigen, erfüllen
gratin [gʀatɛ̃] *m* 1 CUIS **a)** *loc/adj* **au ~** überbacken; gratiniert; **chou-fleur** *m* **au ~** überbackener Blumenkohl; **b)** überbackenes Gericht; **~ dauphinois** überbackener Kartoffelauflauf; **plat** *m* **à ~** feuerfeste Form 2 F *fig* **le ~** die Creme der Gesellschaft; die Hautevolee; die oberen zehntausend
gratiné [gʀatine] *adj* 1 CUIS überbacken; gratiniert 2 F *fig* außergewöhnlich; unglaublich; F toll; enorm
gratinée [gʀatine] *f* CUIS mit Käse überbackene Zwiebelsuppe *f*
gratiner [gʀatine] *v/t* CUIS **faire ~** überbacken; überkrusten; gratinieren
gratis [gʀatis] F *adv* umsonst; gratis; kostenlos; *adjt* Gratis...; Frei...
gratitude [gʀatityd] *f* Dankbarkeit *f*; Erkenntlichkeit *f*; **dire sa ~ à qn** j-m Dank sagen; **témoigner sa ~ à qn** sich j-m gegenüber dankbar, erkenntlich zeigen, erweisen
grattage [gʀataʒ] *m* (Ab-, Aus)Kratzen *n*; (Ab)Schaben *n*; LOTERIE Rubbeln *n*
gratte [gʀat] *f* F **faire de la ~** → **gratter** *I 5*
gratte-ciel [gʀatsjɛl] *m* ⟨*inv*⟩ Wolkenkratzer *m*
gratte-cul *m* ⟨*pl* **gratte-cul(s)**⟩ Hagebutte *f*
gratte-dos *m* ⟨*inv*⟩ Rückenkratzer *m*
grattement [gʀatmɑ̃] *m* Kratzen *n*, Scharren *n* (*a bruit*)
gratte-papier [gʀatpapje] *m* ⟨*pl* **gratte-papier(s)**⟩ *péj* Federfuchser *m*; Schreiberling *m*
gratter [gʀate] I *v/t* 1 *surface* abkratzen; (ab)schaben; *nordd a* (ab)schrap(p)en; *chaussures* abkratzen; *carottes* schaben; *casserole* auskratzen; TECH schaben; TEXT rauen; **~ une cicatrice** eine Narbe aufkratzen; **~ la neige, le sol** den Boden, den Schnee aufscharren; *plume* **~ (le papier)** (auf dem Papier) kratzen; **~ le sable** im Sand scharren 2 (*enlever*) ab-, wegkratzen; abschaben; *inscription* auskratzen; (*gommer*) aus-, wegradieren; *abs* LOTERIE rubbeln; **~ la boue des chaussures** den Schmutz von den Schuhen (ab)kratzen 3 (*démanger*) kratzen; *fumée* **~ la gorge** im Hals kratzen; F **ça me gratte** es juckt mich 4 F *fig et* SPORTS **~ un concurrent** einen Konkurrenten überholen, hinter sich (*dat*) lassen 5 ⟨*a v/i*⟩ F *fig* (*faire de petits profits*) F (kleine, unlautere Gewinne) herausholen, -schlagen, -schinden; **une affaire où il n'y a pas grand-chose à ~** F ein Geschäft, bei dem nicht viel zu holen ist II *v/i* 1 kratzen; scharren; **~ à la porte** *personne* leise an die Tür klopfen, pochen; *chien* an der Tür kratzen, scharren 2 F **~ de la guitare** F auf der Gitarre klimpern 3 F (*travailler*) F werke(l) n; schaffen; *p/fort* schuften III *v/pr* 1 **se ~** sich kratzen; **se ~ l'oreille, la tête** sich hinterm Ohr, am *ou* den Kopf kratzen; **se ~ jusqu'au sang** sich blutig, wund kratzen 2 P *fig* **tu peux toujours te ~** F das kommt nicht in die Tüte; denkste!; von wegen!; P du kannst mich mal
grattoir [gʀatwaʀ] *m* TECH Schaber *m*; Schab-, Kratzeisen *n*; Kratze(r) *f(m)*; *nordd a* Schrape *f*; Schrapper *m*
grattouiller [gʀatuje] *v/t* F → **gratter** *I 3, II 2*
gratuit [gʀatɥi] *adj* 1 (*non payant*) kostenlos; unentgeltlich; (kosten)frei; Frei...; Gratis...; **billet ~** Freikarte *f*; **échantillon ~** Gratisprobe *f*; **entrée ~e** freier Eintritt; *panneau* Eintritt frei; **prêt ~** zinsloses, unverzinsliches Darlehen; **à titre ~** → **gratuitement** *1* 2 *hypothèse, accusation etc* unbegründet; grundlos; unmotiviert; willkürlich; **acte ~** unmotivierte Handlung
gratuité [gʀatɥite] *f* 1 Unentgeltlichkeit *f*; **~ de l'enseignement** Schulgeldfreiheit *f*; **~ des transports publics** Nulltarif *m* (der öffentlichen Verkehrsmittel) 2 *d'une accusation etc* Unbegründetheit *f*; Grundlosigkeit *f*; Willkürlichkeit *f*
gratuitement [gʀatɥitmɑ̃] *adv* 1 (*sans payer*) kostenlos; unentgeltlich; ohne Entgelt; gratis; um-

sonst **2** (*sans motif*) ohne Grund, Motiv; grundlos; (*arbitrairement*) willkürlich

Graulhet [gʀoʒɛ] *Stadt im Dep. Tarn*

gravats [gʀava] *m/pl* Bauschutt *m*

grave [gʀav] **I** *adj* **1** *air, ton, propos, personne* ernst; *attitude* gemessen; würdevoll **2** *problème, sujet, décision* ernst; schwerwiegend; *situation, symptôme* ernst; bedenklich; bedrohlich; schlimm; *faute, erreur* schwer(wiegend); gravierend; schlimm; ***blessé*** *m* **~** Schwerverletzte(r) *m*; ***blessure*** *f*, ***maladie*** *f* ***opération*** *f* **~** schwere Verletzung, Krankheit, Operation; ***de ~s ennuis*** *m/pl* ernste, ernstliche Schwierigkeiten *f/pl*; ***de ~s nouvelles*** *f/pl* schlimme Nachrichten *f/pl*; ***avoir des motifs, raisons ~s pour*** (*+inf*) ernsthafte, ernst zu nehmende, schwerwiegende Gründe haben zu (*+inf*); ***ce n'est pas ~*** das ist nicht schlimm; das macht nichts; *maladie* es ist nichts Schlimmes; ***son état est ~*** sein Zustand ist ernst, bedenklich, besorgniserregend **3** *voix* tief; dunkel; *son, note* tief **4** ***accent*** *m* **~** *en français* Accent grave *m*; LING Gravis *m* **II** *m/pl* MUS ***les ~s*** die tiefen Töne *m/pl*

graveleux [gʀavlø] *adj* ⟨**-euse**⟩ zotig; anstößig; schlüpfrig

gravelle [gʀavɛl] MÉD HIST *f* Harngrieß *m*

gravement [gʀavmɑ̃] *adv* **1** (*dignement*) ernst; würdevoll; gemessen; gravitätisch **2** (*dangereusement*) ernstlich; schwer; **~** ***malade*** schwer krank; ernstlich erkrankt

graver [gʀave] *v/t* **1** *inscription, signe* einschneiden, einritzen, *sur du bois a* einschnitzen (***sur*** in *+acc*) **2** *pour reproduire* (ein)gravieren, (ein)schneiden, (ein)graben, *sur métal a* stechen (***sur*** in *+acc*); *disque, tampon* schneiden; **~** ***sur bois*** in Holz schneiden; **~** ***sur pierre*** in Stein schneiden, gravieren, *st/s* (ein)graben; *par ext*: ***faire ~ des cartes de visite*** Visitenkarten drucken lassen; ***faire ~ un nom sur une bague*** e-n Namen in e-n Ring eingravieren lassen **3** *CD, DVD* brennen **4** *fig*: *cette image* ***est restée gravée dans mon cœur, dans mon souvenir*** … hat sich mir tief ins Herz, ins Gedächtnis (ein)gegraben, hat sich meiner Erinnerung tief eingeprägt; *souvenir etc* ***est gravé dans ma mémoire*** hat sich mir tief ins Gedächtnis (ein)gegraben, eingeprägt; *les soucis* ***sont gravés sur son front*** … stehen ihm auf der Stirn geschrieben

graves [gʀav] *m ein Bordeauxwein*

graveur [gʀavœʀ] *m*, **graveuse** *f* **1** Graveur(in) *m(f)*; **~** ***à l'eau-forte*** Radierer *m*; **~** ***en taille-douce*** Kupferstecher *m*; **~** ***sur bois*** Holz-, Formschneider *m*; **~** ***sur métaux*** (Kupfer-, Stahl)Stecher *m* **2** *m* TECH **~** ***de CD, DVD*** CD-, DVD-Brenner *m*

gravide [gʀavid] *adj* MÉD *sc* gravid

gravier [gʀavje] *m* **1** Kies *m*; ***allée*** *f* ***de ~*** Kiesweg *m* **2** (*caillou*) (kleiner) Kiesel(stein)

gravillon [gʀavijɔ̃] *m* Splitt *m*; *panneau* ***~s!*** Rollsplitt!

gravir [gʀaviʀ] *v/t* **1** *montagne etc* erklimmen; erklettern; ersteigen; (hinauf)klettern auf (*+acc*) **2** *fig les échelons d'une hiérarchie* emporklettern, -steigen; erklimmen

gravissime [gʀavisim] *adj maladie* sehr schwer; ***erreur*** *f*, ***faute*** *f* **~** äußerst gravierender Irrtum, Fehler

gravitation [gʀavitasjɔ̃] *f* PHYS, ASTR Gravitation *f*; Massenanziehung *f*; ***loi*** *f* ***de la ~ universelle*** Gravitationsgesetz *n*

gravitationnel [gʀavitasjɔnɛl] *adj* ⟨**~le**⟩ PHYS Gravitations…; ***champ ~*** Gravitations-, Schwerefeld *n*

gravité [gʀavite] *f* **1** (*sérieux*) (feierlicher) Ernst; Würde *f*; Gemessenheit *f*; Gravität *f* **2** *de la situation* Ernst *m*; Bedrohlichkeit *f*; *d'un problème* Gewicht *n*; Bedeutung *f*; *d'une maladie, d'une erreur* Schwere *f*; *accident* ***sans ~*** leicht **3** *d'un son* Tiefe *f* **4** PHYS Schwere *f*; ***centre*** *m* ***de ~*** Schwerpunkt *m* (*a fig*); ***force*** *f* ***de ~*** Schwerkraft *f*

graviter [gʀavite] *v/t/indir* **1** ASTR **~** ***autour du Soleil*** *etc* um die Sonne *etc* kreisen; sich um die Sonne *etc* drehen; die Sonne *etc* umkreisen **2** *fig* **~** ***autour de qn*** ständig um j-n sein; **~** ***dans l'orbite de qn*** sich in j-s Machtbereich, Bannkreis (*dat*) befinden

gravure [gʀavyʀ] *f* **1** (*art de graver*) Grafik *f*; Gravierkunst *f*; **~** ***à l'eau-forte*** Radieren *n*; **~** ***sur acier*** Stahlstechkunst *f*; Stahlstich *m*; **~** ***sur bois*** Holzschneidekunst *f*; Holzschnitt *m* **2** *ouvrage, reproduction* Grafik *f*; *sur métal* (Kupfer-, Stahl)Stich *m*; *sur bois* Holzschnitt *m* **3** *par ext* (*image, illustration*) (Kunst)Druck *m*; Kunstblatt *n*; **~** ***en couleurs*** Farbdruck *m*, -reproduktion *f* **4** (*action de graver*) (Ein)Gravieren *n*, -ung *f*; Schneiden *n* (*a d'un disque*)

gré [gʀe] *m* **1** *loc/prép et loc/adv*: ♦ ***au ~ de qn*** *agir, faire qc* nach j-s Belieben, Wunsch, Gutdünken; wie es j-m gefällt; ***à mon ~*** nach Belieben; nach (meinem) Gutdünken; (*à mon avis*) meiner Meinung nach; meines Erachtens; ***il trouve cela à son ~*** er findet das nach s-m Geschmack; das sagt ihm zu, gefällt ihm; ♦ ***au ~ de qc*** in Abhängigkeit von etw; ***au ~ des circonstances, événements*** je nach den Umständen, Ereignissen; ***au ~ de sa fantaisie*** nach Lust und Laune; ***se laisser aller au ~ de son imagination*** sich von s-r Fantasie fortreißen lassen; *drapeau, cheveux* ***flotter au ~ du vent*** im Wind wehen; ♦ ***contre le ~ de qn*** gegen, wider j-s Willen; *il a obéi* ***contre son ~*** widerwillig, wider Willen; ♦ ***de bon ~*** bereitwillig; gern; ***de son plein ~*** (ganz) freiwillig; aus freien Stücken; COMM *vente* ***de ~ à ~*** freihändig; ***de ~ ou de force*** gutwillig oder gezwungen; so oder so; wohl oder übel; ***bon ~ mal ~*** wohl oder übel; ob man will oder nicht; nolens volens **2** *st/s* ***savoir ~ à qn de qc*** j-m für etw dankbar sein, verbunden sein, *st/s* Dank wissen; *dans des lettres* ***je vous saurais ~ de bien vouloir*** ich wäre Ihnen dankbar, wenn Sie … (würden)

grèbe [gʀɛb] *m* ZO Lappentaucher *m*; **~** ***huppé*** Haubentaucher *m*

grec [gʀɛk] **I** *adj* ⟨**grecque** [gʀɛk]⟩ griechisch; ***i ~*** Ypsilon *n*; ***les îles grecques*** die griechischen Inseln *f/pl*; *par ext* ***nez ~*** griechische Nase **II** *subst* **1** ***Grec, Grecque*** *m,f* Grieche *m*, Griechin *f*; ***les Grecs de l'Antiquité*** die alten Griechen **2** LING ***le ~*** das Griechische; Griechisch *n*; ***le ~ ancien, moderne*** das Alt-, Neugriechische; Alt-, Neugriechisch *n* **3** CUIS ***à la grecque*** mit Öl und Gewürzen (zubereitet)

Grèce [gʀɛs] ***la ~*** Griechenland *n*

Greco [gʀeko] ***le ~*** *peintre* El Greco *m*

gréco-latin [gʀekolatɛ̃] *adj* griechisch-lateinisch

gréco-romain *adj* griechisch-römisch (*a lutte*)

grecque [gʀɛk] *f ornement* Mäander(band) *m(n)*

gredin [gʀədɛ̃] *m* Schurke *m*; Halunke *m*; F ***petit ~***

Lausebengel *m*; Schlingel *m*
gréement [gʀemɑ̃] *m* MAR Takelage *f*; Takelung *f*; Takelwerk *n*; Rigg *n*
Green [gʀin] ***Julien ~*** *Schriftsteller*
gréer [gʀee] *v/t* MAR (auf-, be)takeln
Grées [gʀe] ***les Alpes ~*** *f/pl* die Grajischen Alpen *pl*
greffage [gʀɛfaʒ] *m* ARBORICULTURE Pfropfen *n*; Veredeln *n*
greffe[1] [gʀɛf] *m* JUR Geschäftsstelle *f* des Gerichts
greffe[2] [gʀɛf] *f* **1** MÉD Transplantation *f*; Verpflanzung *f*; Übertragung *f*; ***~ osseuse*** Knochentransplantation *f*; ***~ du cœur*** Herztransplantation *f*, -verpflanzung *f*; ***~ de cornée*** Hornhautübertragung *f*; ***~ de peau, cutanée*** Hauttransplantation *f*, -verpflanzung *f*; ***~ d'un rein*** Nierentransplantation *f* **2** BOT **a)** (*greffon*) Edel-, Pfropfreis *n*; **b)** → ***greffage***
greffer [gʀefe] **I** *v/t* **1** *arbre* pfropfen; veredeln **2** MÉD verpflanzen; übertragen; *sc* transplantieren **II** *v/pr fig* ***se ~ sur qc*** zu etw hinzukommen; etw überlagern
greffier [gʀefje] *m* JUR Urkundsbeamte(r) *m* (der Geschäftsstelle); *en Suisse* Gerichtsschreiber *m*
greffon [gʀɛfõ] *m* **1** BOT Edel-, Pfropfreis *n* **2** MÉD Transplantat *n*
grégaire [gʀegɛʀ] *adj* Herden…; ***animal*** *m* ***~*** Herdentier *n*; ***instinct*** *m* ***~*** Herdentrieb *m*
grégarisme [gʀegaʀism] *m* ZO Herdentrieb *m*, -leben *n*
grège [gʀɛʒ] *adj* **1** TEXT ***soie*** *f* ***~*** Roh-, Grègeseide *f* **2** *couleur* rohseidenfarben; gelblich weiß; hellbeige [-beːʃ]
grégeois [gʀeʒwa] *adj* HIST MIL ***feu ~*** griechisches Feuer
Grégoire [gʀegwaʀ] *m Vorname*
grégorien [gʀegɔʀjɛ̃] *adj* ⟨**~ne**⟩ ***calendrier ~*** gregorianischer Kalender; ***chant ~*** gregorianischer Gesang, Choral
grêle[1] [gʀɛl] *f* **1** Hagel *m*; ***ravagé par la ~*** verhagelt; ***il tombe de la ~*** es hagelt **2** *fig* Hagel *m*; ***~ de balles*** Kugelhagel *m*; ***~ d'injures*** Hagel, Flut *f* von Schimpfwörtern
grêle[2] [gʀɛl] *adj* **1** dünn; schmal; zerbrechlich; *membres a* dürr; mager **2** *voix, son* dünn; *voix a* F piepsig **3** ***intestin*** *m* ***~*** Dünndarm *m*
grêlé [gʀele] *adj* pockennarbig
grêler [gʀele] **I** *v/imp* hageln; ***il grêle*** es hagelt **II** *v/t* ***être grêlé*** Hagelschaden erleiden
grêlon [gʀɛlõ] *m* Hagelkorn *n*; Schloße *f*
grelot [gʀəlo] *m* Schelle *f*; Glöckchen *n*
grelottant [gʀəlɔtɑ̃] *adj* zitternd; schlotternd **grelottement** *m* Zittern *n*; Schlottern *n*
grelotter [gʀəlɔte] *v/i* (vor Kälte) zittern, schlottern; ***~ de fièvre*** vom Fieber geschüttelt werden; ***~ de peur*** vor Angst zittern, schlottern
greluche [gʀəlyʃ] *f* F (*fille sotte*) F (dumme) Zicke, Ziege
grenade [gʀənad] *f* **1** BOT Granatapfel *m* **2** MIL (Hand)Granate *f*; ***~ sous-marine*** Wasserbombe *f*; ***~ à main*** Handgranate *f*
Grenade [gʀənad] **1** *en Espagne* Granada *n* **2** *aux Petites Antilles* Grenada *n*
grenadier [gʀənadje] *m* **1** BOT Granatapfelbaum *m* **2** HIST MIL Grenadier *m*
grenadille [gʀənadij] *f fruit* Grenadille *f*
grenadin [gʀənadɛ̃] *m* CUIS gespicktes Kalbsfilet
grenadine [gʀənadin] *f* Granatapfelsirup *m*; Grenadine *f*
grenaille [gʀənaj] *f* **1** Metallkörner *n/pl*; ***~ de plomb*** (Blei)Schrot *m ou n* **2** *en Belgique* (Roll)Splitt *m*
grenat [gʀəna] *m* **1** MINÉR Granat *m* **2** *adjt* ⟨*inv*⟩ granatfarben
grenier [gʀənje] *m* **1** *d'une maison* Speicher *m*; Dachboden *m*; Bodenraum *m* **2** AGR Speicher *m*; ***~ à blé*** Getreide-, Kornspeicher *m*; *fig d'un pays* Kornkammer *f*; ***~ à foin*** Heuboden *m*
Grenoble [gʀənɔbl] *Stadt im Dep. Isère*
grenoblois [gʀənɔblwa] *adj* (*et subst* **Grenoblois** Einwohner) von Grenoble
grenouillage [gʀənujaʒ] *m* POL unsaubere Machenschaften *f/pl*
grenouille [gʀənuj] *f* ZO Frosch *m*
grenouillère [gʀənujɛʀ] *f* Strampelanzug *m*
grenu [gʀəny] *adj* körnig; gekörnt; ***cuir ~*** genarbtes Leder
grès [gʀɛ] *m* **1** *roche* Sandstein *m*; ***~ rose, rouge*** Buntsandstein *m* **2** *céramique* Steinzeug *n*; *loc/adj* ***en, de ~*** Stein(zeug) …; ***pot*** *m* ***en ~*** Steintopf *m*; ***poterie(s)*** *f(pl)* ***de, en ~*** Steinzeug *n*
gréseux [gʀezø] *adj* ⟨**-euse**⟩ Sandstein…
grésil [gʀezil] *m* MÉTÉO Graupeln *f/pl*; ***il tombe du ~*** es graupelt
grésillement [gʀezijmɑ̃] *m* CUIS Brutzeln *n*; TÉL, RAD Knistern *n*; Rauschen *n*
grésiller [gʀezije] *v/i friture etc* brutzeln; TÉL, RAD knistern; rauschen
grève [gʀɛv] *f* **1** Streik *m*; Ausstand *m*; Arbeitsniederlegung *f*; ***~ bouchon*** Schwerpunktstreik *m*; ***~ générale*** Generalstreik *m*; ***~ des dockers*** Hafenarbeiterstreik *m*; ***~ de la faim*** Hungerstreik *m*; ***faire la ~ de la faim*** in den Hungerstreik treten; im Hungerstreik sein; ***~ des transports*** Streik der öffentlichen Verkehrsmittel; ***~ du zèle*** Dienst *m* nach Vorschrift; Bummelstreik *m*; ***~ sur le tas, des bras croisés*** Sitzstreik *m*; *loc/adj* ***en ~*** streikend; ***être en ~, faire ~*** streiken; sich im Ausstand befinden; ***lancer un ordre de ~*** zum Streik aufrufen; ***se mettre en ~*** in den Ausstand, Streik treten **2** *plage* (Sand-, Kies)Strand *m*; sandiger Uferstreifen
grever [gʀəve] *v/t* ⟨**-è-**⟩ FIN belasten (***de*** mit)
gréviste [gʀevist] *m,f* Streikende(r) *f(m)*
gribouillage [gʀibujaʒ] *m* (*écriture illisible*) Gekritzel *n*; Kritzelei *f*; F Gekrakel *n*; *a* (*mauvais dessin*) F Gesudel *n*; Sudelei *f*; Geschmier *n*; Schmiererei *f*
gribouille [gʀibuj] *m péj* Tölpel *m*; F Einfaltspinsel *m*; Schlaumeier *m* (*iron*)
gribouiller [gʀibuje] **I** *v/t* hinkritzeln, F -sudeln, -schmieren **II** *v/i* kritzeln; F sudeln; schmieren **gribouilleur** *m*, **gribouilleuse** *f* F Sudler(in) *m(f)*; Schmierer(in) *m(f)*; Schmierfink *m*
gribouillis [gʀibuji] *m* → ***gribouillage***
grief [gʀijɛf] *m* (Grund *m*, Anlass *m* zur) Klage *f*, Beschwerde *f*; ***~s (in)justifiés*** (un)begründete Klagen, Vorwürfe *m/pl*; ***avoir des ~s contre qn*** Anlass, Grund zur Klage (j-m gegenüber) haben; Beschwerden gegen j-n vorzubringen haben; ***exposer, formuler ses ~s*** s-e Beschwerden vorbringen; ***faire ~ de qc à qn*** j-m etw vorwerfen, zum Vorwurf machen
grièvement [gʀijɛvmɑ̃] *adv* ***~ blessé*** schwer ver-

G

letzt; *soldat* schwer verwundet

griffe [gʀif] *f* 1 ZO Kralle *f* (*a par ext ongle trop long*); Klaue *f* (*a fig*); **donner un coup de ~ à qn** j-m e-n Krallen-, *fauve* Prankenhieb versetzen; *chat a* j-n kratzen; *fig* j-m e-n Seitenhieb versetzen; *fig* **montrer les ~s** die Krallen zeigen; **rentrer ses ~s** die Krallen einziehen; *fig* friedlich, versöhnlich werden; *chat et fig* **sortir ses ~s** die Krallen zeigen; *fig* **tomber sous la ~, dans les ~s de qn** j-m in die Klauen geraten 2 ADM Unterschrifts-, Namensstempel *m*; Namenszeichen *n*; COMM Namenszug *m*; Markenzeichen *n* 3 *fig d'un auteur etc* Stempel *m*; Gepräge *n*; Handschrift *f*; *œuvre* **porter la ~ de son auteur** den Stempel s-s Verfassers tragen 4 TECH Klaue *f*; Kralle *f*; Haken *m*; Greifer *m*

griffé [gʀife] *adj vêtements* mit dem Markenzeichen e-s berühmten Couturiers versehen

griffer [gʀife] *v/t* **~ qn** j-n kratzen; **~ qn au visage** j-m das Gesicht zerkratzen

griffon [gʀifõ] *m* 1 *chien* Griffon *m* 2 MYTH Greif *m*

griffonnage [gʀifɔnaʒ] *m* Gekritzel *n*; Kritzelei *f*

griffonnement *m* SCULP Modell *n* (aus Wachs, Ton)

griffonner [gʀifɔne] *v/t* (hin)kritzeln; (*écrire à la hâte*) flüchtig niederschreiben; hinwerfen; **~ son nom sur un bout de papier** s-n Namen auf e-n Zettel kritzeln

grif(f)ton [gʀiftõ] *m* → **griveton**

griffu [gʀify] *adj* krallenbewehrt

griffure [gʀifyʀ] *f* Kratzer *m*; Schramme *f*

grignotage [gʀiɲɔtaʒ] *m* 1 → **grignotement** 2 *fig d'un héritage* allmähliche Aufzehrung; *de droits etc* schrittweiser Abbau; Aushöhlung *f* **grignotement** *m* Knabbern *n*

grignoter [gʀiɲɔte] *v/t* 1 (*manger petit à petit*) knabbern (*a abs*); (*enlever*) abknabbern; (*entamer*) anknabbern; **~ qc** *a* an etw (*dat*) (herum) knabbern 2 *fig héritage* allmählich aufzehren; *droits, libertés etc* schritt-, stückchenweise abbauen; aushöhlen

grigou [gʀigu] F *m* Geizhals *m*; F Geizkragen *m*; Knauser *m*

gri-gri [gʀigʀi] *m* ⟨*pl* **gris-gris**⟩ Amulett *n*; Talisman *m*

gril [gʀil] *m* 1 CUIS Brat-, Grillrost *m*; **cuit sur le ~** auf dem Rost gebraten; gegrillt; F *fig* **être sur le ~** wie auf glühenden Kohlen sitzen 2 TECH Rost *m* 3 THÉ Schnürboden *m*

grillade [gʀijad] *f* CUIS Grillgericht *n*; Grillade *f*

grillage [gʀijaʒ] *m* 1 (*treillis*) (Draht)Gitter *n*; Drahtgeflecht *n*; Maschendraht *m*; *clôture* Drahtzaun *m* 2 (*action de griller*) Rösten *n*; *de viande a* Grillen *n*

grillager [gʀijaʒe] *v/t* ⟨**-geons**⟩ vergittern; *adjt* **fenêtre grillagée** vergittertes Fenster; Gitterfenster *n*

grille [gʀij] *f* 1 *d'une fenêtre etc* Gitter *n* (*a barrière*); *d'une cellule* Sprechgitter *n*; *d'un égout* Gitterrost *m*; **~ du jardin** (eisernes) Gartentor 2 *d'un poêle* (Feuer)Rost *m* 3 ÉLECTRON Gitter *n* 4 (*carton de lecture*) gelochte Schablone; Patrone *f* 5 *de mots croisés etc* Kästchen *n/pl*; Felder *n/pl* 6 *par ext* (*tableau*) Übersicht *f*; Tabelle *f*; Schema *n*; RAD, TV **~ des programmes** Programmübersicht *f*; **~ des salaires** Lohn- und Gehaltsstaffel *f*, -tabelle *f*; Tariftabelle *f*

grille-pain [gʀijpɛ̃] *m* ⟨*inv*⟩ Toaster ['toː-] *m*; Brotröster *m*

griller [gʀije] **I** *v/t* 1 *viande* (auf dem Rost) braten; grillen; *pain, marrons, café* rösten; *adjt*: **amandes grillées** gebrannte Mandeln *f/pl*; **marrons grillés** geröstete Kastanien *f/pl*; *österr* heiße Maroni *f/pl*; **pain grillé** Toast [toːst] *m*; Röstbrot *n* 2 *par ext chaleur*: *visage etc* ausdörren; versengen; verbrennen; *gel*: *plantes* vernichten 3 F **~ une cigarette** e-e Zigarette rauchen, F qualmen; **en ~ une** F eine qualmen 4 ÉLECT durchbrennen lassen; *adjt* **grillé** durchgebrannt 5 *fig* **~ un feu rouge** ein Rotlicht überfahren; bei Rot durchfahren; *bus etc* **~ un arrêt** durchfahren 6 F *fig* **~ qn** SPORTS j-n überholen, -runden, -spurten; *par ext* j-m zuvorkommen; j-n ausstechen 7 F *fig* **être grillé** F erledigt, geliefert, unten durch sein **II** *v/i* 1 *viande* (auf dem Rost) braten; *pain etc* geröstet werden 2 *ampoule électrique* durchbrennen 3 *par ext* F *personne* vor Hitze vergehen; F braten 4 *fig* **~ (d'envie) de** (+*inf*) darauf brennen zu (+*inf*); **~ d'impatience** vor Ungeduld brennen

grillon [gʀijõ] *m* ZO Grille *f*; **~ domestique** Heimchen *n*

grill-room [gʀilʀum] *m* ⟨*pl* **grill-rooms**⟩ Grillroom [-ruːm] *m*

grimaçant [gʀimasɑ̃] *adj visage* (fratzenhaft) verzerrt

grimace [gʀimas] *f* 1 Grimasse *f*; Fratze *f*; **~ de dégoût** angewiderte Miene; **~ de douleur** schmerzverzerrtes Gesicht; **faire des ~s** Grimassen machen, schneiden, ziehen; Fratzen, Gesichter schneiden; **faire la ~** ein (schiefes, saures) Gesicht ziehen, machen 2 *fig vêtement* **faire des ~s** (unerwünschte) Falten machen, werfen 3 *par ext* **~s** *pl* (*manières*) Ziererei *f*; F Gehabe *n*; Getue *n*

grimacer [gʀimase] *v/i* ⟨**-ç-**⟩ 1 das Gesicht (zu e-r Grimasse, Fratze) verziehen, verzerren 2 → **grimace** *2*

grimage [gʀimaʒ] *m* THÉ **a)** *action* Schminken *n*; **b)** *résultat* Maske *f*

grimer [gʀime] *v/t* (*et v/pr*) THÉ, CIN **(se) ~** (sich) schminken

grimoire [gʀimwaʀ] *m* 1 (*livre de magie*) Zauberbuch *n* 2 (*ouvrage obscur*) unverständliches, obskures Werk; (*écrit illisible*) unleserliches Schriftstück; F Hieroglyphen *f/pl*

grimpant [gʀɛ̃pɑ̃] **I** *adj* BOT kletternd; Kletter…; **plante ~e** Kletter-, Schlingpflanze *f*; **rosier ~** Kletterrose *f* **II** *m/pl* **~s** F (*pantalon*) F Buxe(n) *f(pl)*; Büx *f*

grimpée [gʀɛ̃pe] *f* beschwerlicher Aufstieg; Kletterei *f*

grimper [gʀɛ̃pe] **I** *v/i* 1 (hinauf)klettern, *par ext* (*monter*) (hinauf)steigen (**sur, à** auf +*acc*); *plante* in die Höhe klettern; sich emporranken (**à** an +*dat*); *transitivement* **~ les escaliers** die Treppen hinaufsteigen, erklimmen; **~ à, sur un arbre** auf e-n Baum klettern; (auf) e-n Baum, an e-m Baum hinaufklettern; **~ à, sur une échelle** auf e-e Leiter klettern, steigen; e-e Leiter hinaufklettern, -steigen; **~ sur un tabouret** auf e-n Hocker steigen 2 *par ext chemin* steil ansteigen; sich emporwinden; F *prix, température* in die Höhe klettern **II** *m* SPORTS Klettern *n*

grimpereau [gʀɛ̃pʀo] *m* ⟨*pl* **~x**⟩ ZO Baumläufer *m*

grimpette [gʀɛ̃pɛt] F *f* kurzer, steiler Weg; Steig *m*

grimpeur [grɛ̃pœr] *m*, **grimpeuse** *f* **1** *alpiniste* Kletterer *m*, Kletterin *f* **2** *m* CYCLISME Kletterer *m* **3** ZO *adjt* ***oiseau grimpeur*** Klettervogel *m*

grinçant [grɛ̃sɑ̃] *adj* **1** *porte*, *par ext son* knarrend; quietschend **2** *fig compliments* gezwungen, widerwillig gemacht; ***humour ~*** galliger Humor

grincement [grɛ̃smɑ̃] *m* **1** *d'une porte* Knarren *n*; Quietschen *n* (*a de freins*, *de pneus*) **2** ***~ de dents*** Zähneknirschen *n*

grincer [grɛ̃se] *v/i* ⟨**-ç-**⟩ **1** *porte*, *ressorts etc* knarren; *porte*, *freins*, *pneus* quietschen; *freins a* kreischen **2** ***~ des dents*** mit den Zähnen knirschen; *pour un bruit strident* ***cela*** (***me***) ***fait ~ des dents*** das geht mir durch Mark und Bein, durch und durch

grincheux [grɛ̃ʃø] **I** *adj* ⟨**-euse**⟩ mürrisch; griesgrämig; verdrießlich; nörglerisch; *südd a* F grantig; *enfant* F quengelig **II** *subst* ***~, grincheuse*** *m,f* Griesgram *m*; Nörgler(in) *m(f)*; F Quengler(in) *m(f)*; *südd a* F Grantler(in) *m(f)*

gringalet [grɛ̃galɛ] *m* schmächtiges Männchen, Kerlchen

griot [grijo] *m en Afrique* umherziehender Sänger und Magier

griotte [grijɔt] *f* Sauer-, Weichselkirsche *f*

grippage [gripaʒ] *m* TECH Festfressen *n*

grippal [gripal] *adj* ⟨**-aux**⟩ MÉD Grippe…; *sc* grippal

grippe [grip] *f* **1** MÉD Grippe *f*; ***épidémie*** *f* ***de ~*** Grippeepidemie *f*; ***avoir la ~*** (die) Grippe haben **2** ***prendre qn, qc en ~*** Abneigung gegen j-n, etw fassen; j-n, etw nicht mehr ausstehen können

grippé [gripe] *adj* MÉD an Grippe erkrankt; grippekrank; ***être ~*** (die) Grippe haben

gripper [gripe] *v/i* (*et v/pr* ***se***) ***~*** **1** TECH sich festfressen **2** *fig* sich festfahren; stocken

grippe-sou [gripsu] *m* ⟨*pl* **grippe-sou(s)**⟩ Pfennigfuchser *m*; *adjt* ***être ~*** ein Pfennigfuchser sein

gris [gri] **I** *adj* ⟨**grise** [griz]⟩ **1** grau; ***~ anthracite*** ⟨*inv*⟩ anthrazitfarben; ***~ ardoise, fer, perle, souris*** ⟨*inv*⟩ schiefer-, stahl-, perl-, mausgrau; ***cheveux ~*** graue Haare *n/pl*; ***aux cheveux ~*** grauhaarig; ***poivre ~*** schwarzer Pfeffer; ***vin ~*** blassroter Wein; ***~ de poussière*** staubbedeckt **2** *temps* trüb; *ciel* grau; ***il fait ~*** es ist trüb(es Wetter) **3** *fig existence* eintönig; öde; grau; trübselig; ereignislos; uninteressant; → *a* ***mine***[1] *1 a*) **4** *fig* (*éméché*) angeheitert; F beschwipst; benebelt **II** *m* **1** Grau *n*; ***~ ardoise, clair*** Schiefer-, Hellgrau *n* **2** F *tabac* gewöhnlicher Tabak; F Knaster *m*

grisaille [grizaj] *f* **1** *de l'existence* Eintönigkeit *f*; Öde *f*; ***la ~ quotidienne*** der graue Alltag **2** PEINT Grisaille *f*; Grau-in-grau-Malerei *f*

grisant [grizɑ̃] *adj musique*, *succès* berauschend; ***parfum ~*** betäubender Duft

grisâtre [grizɑtr] *adj* **1** *couleur* gräulich; ins Graue spielend; *ciel*, *jour* grau; trüb **2** *fig* eintönig; öde; grau

grisbi [grizbi] *m arg* (*argent*) F Moos *n*; Kohle(n) *f(pl)*; → *a* ***fric***

grisé [grize] *m* Azureelinien *f/pl*; Schraffierung *f*

griser [grize] **I** *v/t* **1** *alcool* ***~ qn*** j-m die Sinne benebeln; j-m zu Kopf steigen **2** *fig* ***~ qn*** *air vif*, *parfum*, *vitesse* j-n benommen machen, betäuben; *succès* j-n berauschen, *st/s* trunken machen; ***il est grisé par son succès*** *st/s* sein Erfolg hat ihn trunken gemacht; ***se laisser ~ par la vitesse*** dem Geschwindigkeitsrausch verfallen **II** *v/pr fig* ***se ~*** sich berauschen (***de*** an +*dat*); ***se ~ d'air pur*** sich mit reiner Luft vollsaugen

griserie [grizri] *f fig* Rausch *m*; Taumel *m*

grisette [grizɛt] *f autrefois* Grisette *f* (*leichtlebige junge Putzmacherin in Paris*)

gris-gris → ***gri-gri***

grison [grizõ] **I** *adj* ⟨**~ne**⟩ graubündnerisch **II** *subst* ***Grison***(***ne***) *m(f)* Graubündner(in) *m(f)*

grisonnant [grizɔnɑ̃] *adj cheveux*, *tempes* leicht ergraut (*a personne*); grau meliert

grisonner [grizɔne] *v/i cheveux*, *personne* ergrauen; grau werden; *personne a* graue Haare, graues Haar bekommen

Grisons [grizõ] ***les ~*** *m/pl* Graubünden *n*

grisou [grizu] *m* MINES Grubengas *n*; schlagende Wetter *n/pl*; Schlagwetter *n*; ***coup*** *m* ***de ~*** Schlagwetterexplosion *f*

grive [griv] *f* ZO Drossel *f*; *fig* ***soûl comme une ~*** stockbetrunken; F sternhagelvoll; *prov* ***faute de ~s on mange des merles*** in der Not frisst der Teufel Fliegen (*prov*)

grivèlerie [grivɛlri] *f* JUR Zechprellerei *f*

griveton [grivtõ] F *m* einfacher Soldat

grivois [grivwa] *adj* schlüpfrig; locker; frei; anzüglich

grivoiserie [grivwazri] *f* Schlüpfrigkeit *f* (*a propos*)

grizzli *ou* **grizzly** [grizli] *m* ZO Grislibär *m*

Groenland [grɔɛnlɑ̃d] ***le ~*** Grönland *n*

groenlandais [grɔɛnlɑ̃dɛ] **I** *adj* grönländisch **II** *subst* ***Groenlandais***(***e***) *m(f)* Grönländer(in) *m(f)*

grog [grɔg] *m* Grog *m*

groggy [grɔgi] *adj* ⟨*f inv*⟩ *boxeur* groggy (*a* F *fig*); angeschlagen

grognard [grɔɲar] *m* HIST alter Haudegen der napoleonischen Garde

grogne [grɔɲ] *f* POL Murren *n*; Unzufriedenheit *f*; Unmut *m*

grognement [grɔɲmɑ̃] *m* **1** *d'une personne* Murren *n*; Gemurre *n* **2** *d'un cochon* Grunzen *n*; Gegrunze *n*; *d'un ours* Brummen *n*; Gebrumm(e) *n*

grogner [grɔɲe] **I** *v/t injures*, *réponse* (vor sich [*acc*] hin) knurren, brummen **II** *v/i* **1** *personne* murren (***contre*** gegen); knurren; brummen; F maulen; *enfant* F quengeln **2** *cochon* grunzen; *ours* brummen; *chien* knurren

grognon [grɔɲõ] **I** *adj* ⟨*f inv*⟩ *personne*, *air* mürrisch; *personne a* knurrig; F brummig; *enfant* F quengelig **II** *m* Brummbär *m*, -bart *m*; ***vieux ~*** alter Brummbär

groin [grwɛ̃] *m du porc*, *du sanglier* Rüssel *m*

grol(l)e [grɔl] *f* F (*soulier*) F Latschen *m*

grommeler [grɔmle] *v/t et v/i* ⟨**-ll-**⟩ ***~*** (***entre ses dents***) (vor sich [*acc*] hin, in s-n Bart) brummen, brummeln, murmeln

grommellement [grɔmɛlmɑ̃] *m* Gebrumm(e) *n*; Gemurmel *n*

grondement [grõdmɑ̃] *m* **1** *du tonnerre* Grollen *n*; Rollen *n*; *du canon* Donner *m*; *d'un moteur* Brummen *n*; Dröhnen *n*; *d'un torrent* Tosen *n* **2** *d'un chien* Knurren *n*

gronder [grõde] **I** *v/t* schelten; ausschimpfen; F schimpfen (***qn*** mit j-m); ***si tu …, tu vas te faire ~*** wenn du …, gibt es *ou* kriegst du Schelte, F

Schimpfe **II** *v/i* **1** *tonnerre* grollen; rollen; *canon* donnern; *moteur* brummen; dröhnen; *torrent* tosen **2** *chien, fauve* knurren; *ours* brummen **3** *fig révolte* drohen; ***l'émeute gronde*** *a* es gärt, brodelt im Volk

gronderie [gʀɔ̃dʀi] *f* Schelte *f*; F Schimpfe *f* **grondeur** *adj* ⟨**-euse**⟩ *ton, voix* scheltend; tadelnd

grondin [gʀɔ̃dɛ̃] *m poisson* Knurrhahn *m*

Groningue [gʀɔnɛ̃g] GÉOGR Groningen *n*

groom [gʀum] *m* (Hotel)Page *m*, (-)Boy *m*

gros [gʀo] **I** *adj* ⟨**grosse** [gʀos]⟩ **1** (*volumineux*) groß; dick; mächtig; massig; ~ ***arbre*** großer, mächtiger Baum; ~ ***bâton*** dicker Prügel; AGR ~ ***bétail*** Großvieh *n*; ~ ***chat*** große, dicke Katze; ~ ***chien*** großer Hund; ~***se écriture*** große Schrift; ANAT ~ ***intestin*** Dickdarm *m*; ~ ***nuage*** dicke Wolke; ~ ***os*** *pl* starke, kräftige Knochen *m/pl*; ~***se pierre*** großer Stein; ~***se vague*** große, mächtige Welle; ~***se valise*** großer Koffer; ♦ *loc/adj et loc/adv*: ~ ***comme le bras*** *en employant un titre* übertriebener, schmeichelhafter geht es nicht mehr; ~ ***comme une maison, comme moi*** *mensonge* faustdick; *erreur* gewaltig; ~ ***comme le poing*** faustgroß; ~ ***comme une tête d'épingle*** von der Größe e-s Stecknadelkopfes; CIN ***en*** ~ ***plan*** in Großaufnahme **2** (*corpulent*) dick; *personne a* dickleibig; beleibt; stark; ~ ***et gras*** dick und fett; ~***se*** (F ***bonne***) ***femme*** dicke Frau; ~***ses joues*** volle, dicke, runde Backen *f/pl*; ~***se poitrine*** volle, üppige Brust; ~ ***ventre*** dicker Bauch **3** (*important*) groß; bedeutend; *mangeur, fumeur etc* stark; *orage, tempête, bruit* stark; heftig; *dégâts* schwer; groß; *erreur, faute* schwer; groß; grob; *somme, dépense* hoch; *affaire* gut; einträglich; lukrativ; ~ ***commerçant*** reicher, wohlhabender Kaufmann; Großkaufmann *m*; ~ ***consommateur*** Großverbraucher *m*; ~ ***fainéant*** großer Faulenzer; Erzfaulenzer *m*; ~ ***fermier*** Großbauer *m*; ~***se fortune*** großes Vermögen; ~ ***industriel*** Großindustrielle(r) *m*; ~***se réparation*** große Reparatur; Großreparatur *f*; ~ ***rhume*** starker, heftiger Schnupfen; starke, schwere Erkältung; ~ ***soucis*** *pl* große, schwere Sorgen *f/pl*; ~ ***soupir*** schwerer, tiefer Seufzer; F *fig* ~***se tête*** F gelehrtes Haus; ~ ***tirage*** hohe Auflage; Massenauflage *f*; ~***se voix*** dröhnende, laute, tiefe Stimme; → *a* ***voix*** *1* **4** (*grossier*) grob; derb; ~***ses chaussures*** derbe Schuhe *m/pl*; grobes Schuhwerk; ~ ***drap*** grobes Tuch; ~ ***mensonge*** grobe Lüge; ~ ***mot*** unanständiges, hässliches Wort; ~ ***peigne*** grober, weiter Kamm; ~***se plaisanterie*** derber Scherz; ~ ***rire*** lautes, schallendes Lachen; F ~ ***rouge*** gewöhnlicher Rotwein; ~ ***sel*** grobes Salz; Grobsalz *n*; ~ ***bon sens*** einfacher, gerader Verstand; ~ ***travaux*** grobe Arbeiten *f/pl* **5** MAR ~***se mer*** schwere, raue, grobe See; ***la mer est*** ~***se*** die See geht hoch; es herrscht hoher, starker See-, Wellengang; ~ ***temps*** stürmisches Wetter **6** *litt* (*enceinte*) schwanger; *loc/adj fig* ~ ***de conséquences*** folgenschwer **II** *adv* **1** groß; ***écrire*** ~ groß schreiben; e-e große Schrift haben **2** (*beaucoup*) viel; ***je donnerais*** ~ ***pour savoir ...*** ich würde viel darum geben, wenn ich wüsste …; ***gagner*** ~ viel, gut, F groß verdienen; ***jouer*** ~ mit hohem Einsatz, hoch spielen; ***risquer*** ~ viel riskieren, aufs Spiel setzen; → *a* ***parier*** *I 1*, ***cœur*** *2* **3** *loc/adv* ***en*** ~ groß; (*grosso modo*) in großen, groben Zügen, Umrissen; im Wesentlichen; COMM im Großen; in großen Mengen; en gros; ***c'est écrit en*** ~ das steht groß da; ***voici en*** ~ ***de quoi il s'agit*** es handelt sich im Wesentlichen, ungefähr darum; ***achat*** *m*, ***vente*** *f* ***en*** ~ Großeinkauf *m*, -vertrieb *m* **III** *subst* **1** ~(***se***) *m*(*f*) (*personne grosse*) Dicke(r) *f*(*m*); F ***mon*** ~**!** Dickerchen!; mein Lieber!; ***un petit*** ~ ein kleiner Dicker **2** F ***les*** ~ *m/pl* (*les riches*) die Reichen *pl*; F die Geldsäcke *m/pl* **3** *m* COMM Großhandel *m*; ***le*** ~ ***et le détail*** der Groß- und Einzelhandel; ***commerçant*** *m*, ***marchand*** *m* ***de*** *ou* ***en*** ~ Großhändler *m*; Grossist *m*; ***commerce*** *m* ***de*** *ou* ***en*** ~ Großhandel *m*; ***au prix de*** ~ zum Großhandelspreis; ***faire le*** ~ Großhandel treiben **4** ***le*** ~ ***de ...*** der größte Teil, der Hauptteil, die Hauptmasse, das Gros (+*gén*); ***le*** ~ ***du travail*** die Hauptarbeit; ***le plus*** ~ ***est fait*** das Gröbste ist geschafft; ***le*** (***plus***) ~ ***de l'hiver est passé*** den größten Teil des Winters, das Schlimmste vom Winter haben wir hinter uns

gros-bec [gʀobɛk] *m* ⟨*pl* **gros-becs**⟩ ZO Kernbeißer *m*

groschen [gʀɔʃɛn] *m* HIST *monnaie* Groschen *m*

groseille [gʀozɛj] *f* Johannisbeere *f*; *österr* Ribisel *f*; ~ ***blanche, rouge*** Weiße, Rote Johannisbeere; ~ ***à maquereau*** Stachelbeere *f*

groseillier [gʀozeje] *m* Johannisbeerstrauch *m*; ~ ***à maquereau*** Stachelbeerstrauch *m*

gros-grain [gʀogʀɛ̃] *m* ⟨*pl* **gros-grains**⟩ TEXT Seidenripsband *n*

Gros-Jean [gʀoʒɑ̃] *loc* ***être*** ~ ***comme devant*** so klug sein wie zuvor

gros-porteur [gʀopɔʀtœʀ] *m* ⟨*pl* **gros-porteurs**⟩ AVIAT Großraumflugzeug *n*

grosse [gʀos] *f* **1** JUR vollstreckbare Ausfertigung **2** COMM (*douze douzaines*) Gros *n*

grossesse [gʀosɛs] *f* Schwangerschaft *f*; ***interruption*** *f* ***de*** ~ Schwangerschaftsunterbrechung *f*; ***robe*** *f* ***de*** ~ Umstandskleid *n*; ***mener une*** ~ ***à terme*** ein Kind austragen

grosseur [gʀosœʀ] *f* **1** Größe *f*; Dicke *f*; Umfang *m*; ***de la*** ~ ***du poing*** faustgroß **2** MÉD Geschwulst *f*; Schwellung *f*

grossier [gʀosje] *adj* ⟨**-ière**⟩ **1** *tissu, outil etc* grob; derb; *travail* plump; grob ausgeführt; *erreur, faute* grob; krass; schwer; ***ignorance grossière*** krasse Unwissenheit; ***ruse grossière*** plumpe List; ***traits*** ~***s*** grobe Gesichtszüge *m/pl*; ***je n'en ai qu'une idée grossière*** ich habe nur e-e grobe Vorstellung davon **2** *personne, comportement* grob; ungeschliffen; ungehobelt; flegel-, rüpel-, lümmelhaft; ~ ***personnage*** Grobian *m*; Flegel *m*; Rüpel *m*; Lümmel *m*; F grober Klotz; ***être*** ~ ***avec, envers qn*** grob zu j-m sein **3** *mot, plaisanterie, geste* derb; unanständig; vulgär; unflätig; nicht salonfähig; wüst

grossièrement [gʀosjɛʀmɑ̃] *adv* **1** (*en gros*) grob; in großen, groben Zügen, Umrissen; ~ ***esquissé*** grob skizziert **2** (*lourdement*) ***se tromper*** ~ sich gröblich, schwer, stark, F gewaltig täuschen **3** (*de façon impolie*) grob; flegel-, rüpelhaft

grossièreté [gʀosjɛʀte] *f* **1** (*caractère rudimentaire, lourd*) Grobheit *f*; Plumpheit *f* **2** **a)** *d'une personne* Grobheit *f*; Flegel-, Rüpelhaftigkeit *f*; **b)** *action* Flegelei *f*; Rüpelei *f* **3** **a)** *d'une plaisanterie etc* Derbheit *f*; Unanständigkeit *f*; **b)** *propos, mot* derber, unanständiger Ausdruck; ***dire des*** ~***s*** derbe, unanständige Worte gebrauchen

grossir [gʀosiʀ] **I** *v/t* **1** *vêtements* ~ ***qn*** j-n dick(er) machen, erscheinen lassen; *abs a* auftragen; *abs* ***le blanc grossit*** Weiß macht dick **2** OPT ~ ***qc*** etw vergrößern; *abs* ~ ***mille fois*** tausendfach vergrößern **3** (*augmenter*) vergrößern; verstärken; vermehren; *pluie*: *torrent* anschwellen lassen **4** *fig* (*exagérer*) übertreiben; aufbauschen **II** *v/i* **1** *personne* dick(er) werden; zunehmen (***d'un kilo*** [um] ein Kilo) **2** (*augmenter*) größer werden; sich vergrößern; zunehmen; *bruit* sich verstärken; stärker, lauter werden; *rivière* anschwellen

grossissant [gʀosisɑ̃] *adj* ***miroir, verre*** ~ Vergrößerungsspiegel *m*, -glas *n*

grossissement [gʀosismɑ̃] *m* **1** OPT Vergrößerung *f*; ***à fort*** ~ mit starker Vergrößerung; stark vergrößernd **2** (*augmentation*) Vergrößerung *f*; Größerwerden *n*; Zunahme *f*; Anschwellen *n* **3** *fig* (*exagération*) Übertreibung *f*; Aufbauschung *f*

grossiste [gʀosist] *m,f* COMM Grossist(in) *m(f)*; Großhändler(in) *m(f)*

grosso modo [gʀosomodo] *loc/adv* in großen, groben Zügen, Umrissen; ungefähr

grotesque [gʀɔtɛsk] **I** *adj* grotesk; wunderlich; bizarr; F komisch; ulkig **II** *subst* **1** ***le*** ~ das Groteske; ***c'est d'un*** ~***!*** das ist wirklich grotesk! **2** *ornement* ~***s*** *f/pl* Groteske(n) *f(pl)*

grotte [gʀɔt] *f* Höhle *f*; *artificielle* Grotte *f*

grouillant [gʀujɑ̃] *adj* wimmelnd (***de*** von); ***foule*** ~***e*** Gewimmel *n*; Gewühl *n*; ***place*** ~***e de monde*** von Menschen wimmelnder Platz; Platz, auf dem es von Menschen (nur so) wimmelt

grouillement [gʀujmɑ̃] *m* Wimmeln *n*

grouiller [gʀuje] **I** *v/i* **1** *foule* sich drängen; wogen; *enfants* durcheinanderrennen; sich tummeln **2** *endroit* wimmeln (***de*** von); ***la rue grouille de monde*** *a* auf der Straße wimmelt es von Menschen **II** *v/pr* F ***se*** ~ sich beeilen; F sich tummeln; sich ranhalten; ***grouille-toi!*** F mach schneller!; (los,) Beeilung!

groupage [gʀupaʒ] *m* COMM (Zusammenstellung *f* zu e-r) Sammelladung *f*

groupe [gʀup] *m* **1** *de personnes* Gruppe *f*; ~ ***artistique, littéraire*** Künstler-, Literatengruppe *f*, -kreis *m*; ~ ***ethnique*** Volksgruppe *f*; ~ ***professionnel*** Berufsgruppe *f*; ~ ***social*** gesellschaftliche Gruppe; MÉD ~ ***à risques*** Risikogruppe *f*; INFORM ~ ***de discussion*** Diskussionsforum *n*; Newsgroup ['nju:sgru:p] *f*; ~ ***de travail*** Arbeitsgruppe *f*, -kreis *m*, -gemeinschaft *f*; ***cabinet*** *m* ***de*** ~ Gemeinschaftspraxis *f*; ***photo*** *f* ***de*** ~ Gruppenfoto *n*, -bild *n*, -aufnahme *f*; ***en*** ~ *loc/adv* in der, als Gruppe; *loc/adj* Gruppen…; ***travail*** *m* ***en*** ~ Gruppenarbeit *f*; ***voyage*** *m* ***en*** ~ Gesellschafts-, Gruppenreise *f*; *loc/adv* ***par, en*** ~***s*** in Gruppen; gruppenweise; ***par petits*** ~***s*** in kleinen Gruppen; grüppchenweise **2** ÉCON, POL ~ ***industriel*** Unternehmensgruppe *f*; ~ ***parlementaire*** (Parlaments)Fraktion *f*; ~ ***de pression*** Interessengruppe *f*, -verband *m*; Pressure-Group ['prɛʃər-] *f* **3** MUS Band [bɛnt] *f*; ~ ***de rock*** Rockband *f*, -gruppe *f* **4** MIL Gruppe *f*; ~ ***franc*** Stoßtrupp *m*; ~ ***d'armées*** Heeresgruppe *f* **5** (*ensemble*) Gruppe *f*; ~ ***scolaire*** Schulzentrum *n*; ~ ***d'arbres, de maisons*** Baum-, Häusergruppe *f* **6** TECH Aggregat *n*; Maschinensatz *m*; ~ ***électrogène*** Strom(erzeugungs)aggregat *n* **7** BIOL ~ ***sanguin*** Blutgruppe *f*; ~ ***0*** [o] Blutgruppe 0 [nʊl]

groupé [gʀupe] *adj* Sammel…; gemeinsam; COMM ***achat*** ~***, commande*** ~***e, envoi*** ~ Sammeleinkauf, -bestellung *f*, -sendung *f*

groupement [gʀupmɑ̃] *m* **1** (*groupe*) Gruppierung *f*; Zusammenschluss *m*; Gruppe *f*; *par ext* Organisation *f*; Verband *m*; ~ ***politique*** politische Gruppierung; ~ ***professionnel*** Berufsverband *m*, -organisation *f*; berufsständische Vereinigung; Fachgruppe *f*; MIL ~ ***tactique*** Kampfgruppe *f*, -verband *m*; JUR COMM ~ ***d'intérêt économique*** wirtschaftliche Interessengemeinschaft (*frz Unternehmensform*) **2** *action* Zusammenfassung *f*, -stellung *f*

grouper [gʀupe] **I** *v/t personnes, États etc* zusammenfassen, -schließen; *objets, faits* zusammenstellen; (*comprendre*) umfassen **II** *v/pr* ***se*** ~ sich zusammenschließen, -tun; ***se*** ~ ***autour d'un chef*** sich um e-n Anführer scharen, gruppieren

groupuscule [gʀupyskyl] *m* POL Splittergruppe *f*

gruau [gʀyo] *m* ⟨*pl* ~***x***⟩ **1** Grütze *f* **2** ***farine*** *f* ***de*** ~ feinstes Weizenmehl

grue [gʀy] *f* **1** ZO Kranich *m*; *fig* ***faire le pied de*** ~ lange warten (müssen); F sich (*dat*) die Beine in den Bauch stehen **2** F (*prostituée*) F Nutte *f* **3** TECH Kran *m*; ~ ***de chantier*** Baukran *m*; CIN ~ ***de prise de vues*** Kamerakran *m*

gruger [gʀyʒe] *v/t* ⟨***-geons***⟩ ~ ***qn*** j-n hereinlegen, ausnehmen

grume [gʀym] *f* ***bois*** *m* ***de, en*** ~ noch nicht entrindetes (Lang)Holz

grumeau [gʀymo] *m* ⟨*pl* ~***x***⟩ CUIS Klumpen *m*; Klümpchen *n*; ***faire des*** ~***x*** klumpen; Klumpen bilden

grumeleux [gʀymlø] *adj* ⟨***-euse***⟩ **1** klumpig; ***sauce grumeleuse*** klumpige Soße **2** *peau* uneben

grutier [gʀytje] *m* Kranführer *m*

gruyère [gʀyjɛʀ] *m* Schweizer Käse *m*; Emmentaler *m*

Guadeloupe [gwadlup] ***la*** ~ Guadeloupe *n*

guadeloupéen [gwadlupeɛ̃] *adj* ⟨~***ne***⟩ (*et subst* ***Guadeloupéen*** Bewohner *m*) von Guadeloupe

guanaco [gwanako] *m* ZO Guanako *n*

guano [gwano] *m engrais* Guano *m*

Guatemala [gwatemala] ***le*** ~ Guatemala *n*

guatémalien [gwatemaljɛ̃] ⟨~***ne***⟩ *ou* **guatémaltèque** [gwatemaltɛk] **I** *adj* guatemaltekisch **II** ***Guatémalien(ne)*** *m(f) ou* ***Guatémaltèque*** *m,f* Guatemalteke, -tekin *m,f*

gué¹ [ge] *m* Furt *f*; ***passer, traverser à*** ~ *ou* ***un*** ~ durch e-e Furt fahren *ou* waten

gué² [ge] *int* ***ô*** ~ juchhe; juchheirassa

Guebwiller [gɛbvilɛʀ] GÉOGR Gebweiler *n*

guède [gɛd] *f* BOT (Färber)Waid *m*

guéguerre [gegɛʀ] F *f* POL *et fig* Kleinkrieg *m*

Gueldre [gɛldʀ] GÉOGR ***la*** ~ Geldern *n*; Gelderland *n*

guelte [gɛlt] *f* COMM Verkaufsprovision *f*

guenilles [gənij] *f/pl* Lumpen *m/pl*; zerrissene Kleider *n/pl*; ***en*** ~ zerlumpt; in Lumpen (gehüllt)

guenon [gənõ] *f* **1** ZO Affenweibchen *n*; Äffin *f* **2** F *fig* (*femme laide*) F Eule *f*; Vogelscheuche *f*

guépard [gepaʀ] *m* ZO Gepard *m*

guêpe [gɛp] *f* ZO Wespe *f*; ***nid*** *m* ***de*** ~***s*** Wespennest *n*; *fig* ***taille*** *f* ***de*** ~ Wespentaille *f*; F *fig* ***pas folle, la*** ~***!*** der *ou* die ist aber schlau, raffiniert, F gerissen!

guêpier [gepje] *m* **1** Wespennest *n*; *fig* ***tomber, se fourrer dans un*** ~ sich in e-e schlimme Lage bringen;

G

sich in die Nesseln setzen **2** zo Bienenfresser *m*
guêpière [gepjɛʀ] *f* die Taille einengendes Mieder
guère [gɛʀ] *adv* **a)** ***ne … ~*** (*pas beaucoup*) kaum; nicht sehr, gerade, viel; (*pas longtemps*) nicht lange; (*pas souvent*) fast nie; ***il ne va ~ mieux*** es geht ihm nicht viel, kaum besser; ***elle n'a ~ plus de soixante ans*** sie ist knapp (über) sechzig; ***vous n'êtes ~ raisonnable*** Sie sind nicht sehr, nicht gerade vernünftig; **b)** ***ne … plus ~*** kaum noch; **c)** ***ne … ~ que*** fast nur; höchstens; ***il n'y a ~ que vous qui puissiez*** *faire ce travail* höchstens Sie können …
guéri [geʀi] *adj* **1** *personne* wieder gesund; geheilt; *st/s* genesen; *maladie* ausgeheilt; *blessure* verheilt; zugeheilt; ***le voilà enfin ~*** endlich ist er wieder gesund **2** *fig* ***être ~ d'un préjugé*** *etc* von e-m Vorurteil *etc* kuriert, geheilt sein
guéridon [geʀidõ] *m* kleiner runder Tisch (mit einem Bein)
guérilla [geʀija] *f* Guerilla(krieg) *f(m)*
guérillero [geʀijeʀo] *m* Guerillakämpfer *m*; Guerillero *m*
guérir [geʀiʀ] **I** *v/t* **1** **a)** *malade* heilen, kurieren (***d'une maladie*** von e-r Krankheit); gesund machen; **b)** *maladie* (aus)heilen **2** *fig* ***~ qn de qc*** j-n von etw kurieren, heilen, befreien **II** *v/i* **1** *malade* (wieder) gesund werden, gesunden; *st/s* genesen **2** *blessure* (ver-, zu) heilen; *a eczéma* abheilen; *grippe, rhume* ausheilen; weggehen **III** *v/pr* **1** ***se ~*** → *II* **2** *fig* ***se ~ de qc*** etw ablegen, aufgeben; von etw loskommen; sich (*dat*) etw abgewöhnen; sich von etw befreien; ***se ~ de sa timidité*** s-e Schüchternheit ablegen
guérison [geʀizõ] *f* **1** *d'un malade* Genesung *f*; Gesundung *f*; Heilung *f* (*a* BIBL) **2** *d'une maladie, d'une blessure* (Aus)Heilung *f* **3** *fig* Heilung *f*; Befreiung *f* (***de*** von)
guérissable [geʀisabl] *adj* heilbar **guérisseur** *m* Heilpraktiker *m*; Heilkundige(r) *m*; *péj* Quacksalber *m*
guérite [geʀit] *f* **1** MIL Schilderhaus *n* **2** (*baraque*) Bretterbude *f*; CONSTR Baubaracke *f*
Guernesey [gɛʀnəzɛ] GÉOGR Guernsey [ˈgøːʀnzi] *n*
guerre [gɛʀ] *f* Krieg *m*; *fig a* Kampf *m*; Fehde *f*; Streit *m*; Zwist *m*; ***~ atomique, aérienne, civile*** Atom-, Luft-, Bürgerkrieg *m*; ***la drôle de ~*** *der Zweite Weltkrieg vor der Invasion Frankreichs im Mai 1940*; *fig* ***~ économique*** Wirtschaftskrieg *m*; ***~ froide*** kalter Krieg; ***la Grande Guerre*** der Erste Weltkrieg; ***la Première, Seconde Guerre mondiale*** der Erste, Zweite Weltkrieg; ***~ navale, maritime*** Seekrieg *m*; ***~ ouverte*** offener Krieg; *fig* offene Feindschaft; ***mener une ~ ouverte contre qn, qc*** j-n, etw offen bekämpfen; ***petite ~*** Geplänkel *n*; Scheinkrieg *m*; *fig* Kleinkrieg *m*; ***~ psychologique*** psychologische Kriegführung; ***la ~ de 14*** der Erste Weltkrieg; der Krieg 14/18; ***la ~ de 70*** der Siebzigerkrieg; ***la ~ d'Algérie*** der Algerienkrieg; ***la ~ de Trente, Cent ans*** der Dreißigjährige, Hundertjährige Krieg; POL ***~ des étoiles*** Krieg der Sterne; ***~ d'indépendance, de libération*** Unabhängigkeits-, Befreiungskrieg *m*; *fig* ***~ des nerfs*** Nervenkrieg *m*; ***~ de religion*** Religions-, Glaubenskrieg *m*; ***~ d'usure*** Abnützungs-, Zermürbungskrieg *m*; ***crime*** *m*, ***prisonnier*** *m etc* ***de ~*** Kriegsverbrechen *n*, -gefangene(r) *m etc*; ♦ *loc/adv*: *fig* ***à la ~ comme à la ~*** das geht nun einmal nicht anders; man muss auch so zurechtkommen; *fig* ***de ~ lasse*** um des lieben Friedens willen; nach langem Sträuben; *loc/adj* ***en ~*** *État* im Kriegszustand; im Krieg befindlich; ***entrer en ~*** in den Krieg eintreten; ***être en ~*** sich im Krieg befinden, im Krieg stehen (***avec un pays*** mit e-m Land); *fig* ***être, vivre en ~ avec qn*** mit j-m im Streit, in Fehde liegen, Streit haben; ***en cas de ~*** im Kriegsfall; ***pendant, durant la ~*** während des Krieges; im Krieg; ♦ ***déclarer la ~*** den Krieg erklären (***à un pays*** e-m Land); *fig* den Kampf ansagen (***à qn, qc*** j-m, e-r Sache); *fig* ***c'est de bonne ~*** das ist durchaus rechtens; das ist sein, ihr *etc* gutes Recht; das ist nicht unfair [-fɛːr]; ***faire la ~*** Krieg führen (***à*** mit, gegen); ***se faire la ~*** sich bekriegen (*a fig*); *personne* ***avoir fait la ~*** im Krieg gewesen sein; *fig* ***faire la ~ à qn*** (***à propos de qc***) e-n ständigen Kampf gegen j-n führen (wegen etw); *fig* ***faire la ~ à qc*** etw bekämpfen, bekriegen, gegen etw kämpfen, e-n Kampf führen; ***gagner la ~*** den Krieg gewinnen; ***mourir à la ~*** (im Krieg) fallen; ***partir pour la ~*** in den Krieg, Kampf ziehen; *fig* ***partir en ~ contre qc*** gegen etw zu Felde ziehen; ***perdre la ~*** den Krieg verlieren
guerrier [gɛʀje], **guerrière** **I** *m,f* Krieger(in) *m(f)* **II** *adj* **1** (*belliqueux*) kriegerisch **2** *litt* (*de la guerre*) Kriegs…
guerroyer [gɛʀwaje] *litt v/i* ⟨**-oi-**⟩ Krieg führen; e-e Fehde austragen
Guesde [gɛd] ***Jules ~*** *frz Politiker*
guet [gɛ] *loc* ***faire le ~*** auf der Lauer liegen *ou* sich auf die Lauer legen; *complice* F Schmiere stehen
guet-apens [gɛtapɑ̃] *m* ⟨*pl* **guets-apens** [gɛtapɑ̃]⟩ Hinterhalt *m* (*a fig*); ***attirer qn dans un ~*** j-n in e-n Hinterhalt locken; ***tomber dans un ~*** in e-n Hinterhalt geraten
guêtre [gɛtʀ] *f* Gamasche *f*; F *fig* ***traîner ses ~s*** F sich herumtreiben
guetter [gete] *v/t* **1** (*épier*) lauern (*abs ou* ***qn*** auf j-n); auflauern (***qn*** j-m); belauern (j-n); ***~ l'ennemi, le gibier*** dem Feind, dem Wild auflauern; auf den Feind, das Wild lauern **2** (*attendre*) ungeduldig, gespannt warten auf (*+acc*); F spannen, lauern auf (*+acc*); *occasion, signal* abwarten; abpassen; ***~ le facteur*** den Briefträger abpassen; ***~ la sortie de qn*** (ab)warten, bis j herauskommt **3** *fig maladie etc* ***~ qn*** j-n bedrohen; *mort, danger a* auf j-n lauern
guetteur [gɛtœʀ] *m* Beobachtungsposten *m* (*a* MIL); Späher *m*; Aufpasser *m*; HIST Turmwächter *m*; Türmer *m*
gueulante [gœlɑ̃t] F *f* Geschrei *n*; Gebrüll *n*; ***pousser une ~*** losbrüllen; aufschreien
gueulard [gœlaʀ] **I** *adj* F (*braillard*) laut; schreiend **II** *subst* **1** F ***~(e)*** *m,f* Schreier(in) *m(f)*; F Schreihals *m* **2** *m* TECH Gicht(öffnung) *f*
gueule [gœl] *f* **1** *de certains animaux* Maul *n*; *fig* ***se jeter dans la ~ du loup*** sich leichtsinnig in Gefahr bringen **2** F (*bouche*) F Maul *n*; Klappe *f*; Schnauze *f*; P Fresse *f*; *südd a* Gosche(n) *f*; *par ext* ***une fine ~*** ein Feinschmecker *m*, F Leckermaul *n*; ***une grande ~, un fort en ~*** F ein Großmaul *n*; e-e Großschnauze; ein Maulheld *m*; ***coup*** *m* ***de ~*** Protestgeschrei *n*; ***avoir une grande ~, être fort en ~*** F ein großes Maul, e-e große Klappe, Schnauze haben; das Maul, die Klappe aufreißen; ein Maulheld

sein; ***avoir la ~ de bois*** F e-n Kater haben; verkatert sein; P ***crever la ~ ouverte*** P verrecken, ohne dass sich j darum kümmert; P ***ça emporte la ~*** das brennt wie Feuer auf der Zunge; P **(*ferme*) *ta ~!*** P halts Maul!; (halt die) Schnauze!; halt die Klappe, *p/fort* die Fresse!; ***s'en mettre plein la ~*** P sich vollfressen **3** F (*figure*) Gesicht *n*; F Visage *f*; P Fresse *f*; *par ext* ***~ cassée*** Gesichtsverletzte(r) *m*; ***~s noires*** Kumpel *m/pl* (*Bergarbeiter*); ***~ d'amour*** Liebling *m* (der Frauen); Herzensbrecher *m*; ***avoir une bonne ~*** sympathisch aussehen, wirken; ***avoir une jolie petite ~*** reizend, süß aussehen; P ***se casser la ~*** hinfallen, -schlagen; verunglücken; *fig* F auf die Nase fallen; e-n Reinfall erleben; P ***casser la ~ à qn*** P j-m in die Fresse hauen, die Fresse polieren; P ***se faire casser la ~*** P eins in die Fresse kriegen; (*mourir*) P draufgehen; ***faire la ~*** F ein schiefes Gesicht machen, ziehen; eingeschnappt sein; maulen; ***faire une ~ d'enterrement*** e-e Leichenbittermiene aufsetzen; P ***c'est bien fait pour ta ~*** das geschieht dir ganz recht; P ***se foutre de la ~ de qn*** P j-n verarschen; → *a* ***sale*** *I 4* **4** F (*aspect, allure*) Aussehen *n*; Wirkung *f*; Eindruck *m*; ***avoir de la ~*** großen Eindruck machen; apart, interessant wirken; F toll, nicht übel, nach etwas aussehen; ***avoir une drôle de ~*** F komisch aussehen **5** *d'un canon* Mündung *f*

gueule-de-loup [gœldəlu] *f* ⟨*pl* **gueules-de-loup**⟩ BOT Löwenmaul *n*, -mäulchen *n*

gueulement [gœlmɑ̃] F *m souvent pl* ***~s*** Gebrüll *n*; Geschrei *n*

gueuler [gœle] F *péj* **I** *v/t* (hinaus)brüllen, (-)schreien; ***~ des ordres*** Befehle brüllen, schnauzen **II** *v/i* **1** (*hurler*) (F in der Gegend herum)brüllen, (-)schreien; F krakeelen **2** (*protester*) (laut) schimpfen; poltern; ***~ contre qc*** auf etw (*acc*) schimpfen; gegen etw losziehen, F wettern; ***~ pour un rien*** wegen e-r Kleinigkeit losbrüllen, -schreien, F toben, wettern **3** *fig poste de radio, télé* mit voller Lautstärke laufen

gueuleton [gœltõ] F *m* (Fest)Schmaus *m*; Festessen *n*; ***un bon petit ~*** ein leckeres Mahl; ***faire un ~*** e-n Festschmaus veranstalten, halten

gueuletonner [gœltɔne] F *v/i* e-n Festschmaus halten; schmausen

gueuse[1] [gøz] *f* MÉTALL Massel *f*

gueux [gø] *m*, **gueuse**[2] [gøz] *f litt* (*mendiant[e]*) Bettler(in) *m(f)*; ***mener une vie de gueux*** ein Bettlerdasein führen

gueuze [gøz] *f* → ***lambic(k)***

gui [gi] *m* BOT Mistel *f*; ***au ~ l'an neuf!*** viel Glück im neuen Jahr!

Gui [gi] *m Vorname*

guibol(l)e [gibɔl] F *f* (*jambe*) Bein *n*; F Haxe *f*; ***ne plus tenir sur ses ~s*** sich nicht mehr auf den Beinen halten können

guiches [giʃ] *f/pl* Stirn-, Schmachtlocken *f/pl*

guichet [giʃɛ] *m* **1** Schalter *m*; ***~ automatique*** Geldautomat *m*; ***~ de la banque, de la poste*** Bank-, Postschalter *m*; ***on joue à ~s fermés*** die Vorstellungen sind für lange Zeit ausverkauft **2** *dans une porte* kleine Öffnung; Türchen *n*; Klappe *f*

guichetier [giʃtje] *m*, **guichetière** *f* Schalterbeamte(r) *m*, -beamtin *f*

guidage [gidaʒ] *m* TECH Führung *f*; AVIAT Steuerung *f*; Lenkung *f*

guide[1] [gid] **1** *m,f personne* (Fremden)Führer(in) *m(f)*; ***~ de*** **(*haute*)** ***montagne*** Bergführer *m*; ***~ d'un musée*** Museumsführer(in) *m(f)*; ***n'oubliez pas le ~!*** denken Sie an den Fremdenführer! (*Bitte um Trinkgeld*); ***prendre un ~*** sich (*dat*) e-n Führer nehmen; ***servir de ~ à qn*** den Fremdenführer für j-n machen; j-n führen **2** *m livre* (Reise)Führer *m*; *par ext* Ratgeber *m*; Wegweiser *m*; kleines Handbuch; ***~ touristique*** Reiseführer *m*; ***~ de camping*** Campingführer *m*; ***~ de l'étudiant*** Studienführer *m*; ***~ des hôtels et des restaurants*** Hotel- und Gaststättenführer *m* **3** *m fig* **a)** *personne* Führer *m*; Lenker *m*; Lehrmeister *m*; Ratgeber *m*; **b)** *chose* Richtschnur *f*; *st/s* Leitstern *m*

guide[2] [gid] *f* SCOUTISME Pfadfinderin *f*

guider [gide] **I** *v/t* **1** *touristes, aveugle* führen; ***~ un cheval*** ein Pferd lenken; *par ext étoiles etc* ***~ qn*** j-m den Weg weisen; *adjt* ***visite guidée*** Führung *f* **2** *fig* (*orienter*) lenken; leiten; ***se laisser ~ par qc*** sich von etw leiten lassen **3** TECH führen; AVIAT steuern; lenken **II** *v/pr* ***se ~ sur*** sich richten nach; folgen (*+dat*)

guides [gid] *f/pl d'un cheval* Zügel *m/pl*

guidon [gidõ] *m* **1** *d'un vélo, d'une moto* Lenker *m*; Lenkstange *f* **2** *d'une arme à feu* Korn *n* **3** MAR (Doppel)Stander *m*

Guiers [gjɛʀ] ***le ~*** *Nebenfluss der Rhone*

guigne [giɲ] *f* **1** *cerise* kleine saftige Süßkirsche; F *fig* ***se soucier de qn, de qc comme d'une ~*** sich überhaupt nicht, F e-n Dreck um j-n, etw kümmern **2** F Pech(strähne) *n(f)*; ***avoir la ~*** Pech, e-e Pechsträhne haben

guigner [giɲe] *v/t poste, héritage etc* schielen nach; es abgesehen haben auf (*+acc*); spekulieren auf (*+acc*); liebäugeln mit

guignol [giɲɔl] *m* **1** ***Guignol*** Kasper *m*; *südd* Kasperle *n ou m*; *österr* Kasperl *m* **2** *théâtre* Kasper(le)theater *n*; *österr* Kasperltheater *n*; *fig* ***c'est du ~*** das ist die reinste Farce **3** *fig* Kasper *m*; Hanswurst *m*; ***faire le ~*** den Hanswurst spielen; kaspern; → *Info nächste Seite*

guignolet [giɲɔlɛ] *m* Kirschlikör *m*

guignon [giɲõ] *m* F → ***guigne*** *2*

guilde [gild] *f* COMM Gilde *f*

guili-guili [giligili] *int* killekille!; F ***faire ~ à qn*** F bei j-m killekille machen

Guillaume [gijom] *m Vorname*; HIST ***~ le Conquérant*** Wilhelm der Eroberer; → *Info nächste Seite*

guilledou [gijdu] *loc* F *litt* ***courir le ~*** auf die Pirsch gehen; auf der Pirsch sein (*beide fig*)

guillemets [gijmɛ] *m/pl* Anführungszeichen *n/pl*, -striche *m/pl*; F Gänsefüßchen *n/pl*; ***entre ~*** in Anführungszeichen, -strichen (*a fig*); ***mettre qc entre ~*** etw in Anführungszeichen, -striche setzen; ***ouvrez, fermez les ~!*** Anführungszeichen (unten, oben) !

guillemot [gijmo] *m* ZO Lumme *f*

guilleret [gijʀɛ] *adj* ⟨***~te***⟩ fröhlich; munter; F fidel; aufgekratzt

guillocher [gijɔʃe] *v/t* guillochieren; mit Guillochen verzieren

guillotine [gijɔtin] *f* **1** Guillotine *f*; Fallbeil *n*; ***envoyer qn à la ~*** j-n auf die Guillotine, unter das Fallbeil schicken **2** ***fenêtre*** *f* ***à ~*** Fall-, Hebefenster *n*

guillotiner [gijɔtine] *v/t* durch die Guillotine, durch

Allez, on va au guignol!

Ende des 18. Jahrhunderts gründete Laurent Mourguet in Lyon ein Marionetten- und Handpuppentheater, dessen Hauptfigur **Guignol** in etwa dem Kasper in unserem Kasperletheater entspricht.
Die Figur geht auf den Lyoner Seidenweber Guignol zurück, der sich mit der Obrigkeit anlegte und durch seine Aufmüpfigkeit und deftige Sprache Berühmtheit erlangte.
Von der gesellschaftlichen Brisanz der historischen Person ist im Guignol von heute kaum etwas übrig geblieben: Er dient vor allem der Unterhaltung und Belustigung der Kinder.
Als **guignol** werden auch das Puppentheater und die Aufführungen bezeichnet, in denen Guignol Hauptdarsteller und Held ist:

La semaine prochaine, elle mènera ses enfants **au guignol**. – Nächste Woche geht sie mit ihren Kindern ins Kasperletheater.

das Fallbeil hinrichten; guillotinieren

guimauve [gimov] *f* 1 BOT Eibisch *m* 2 (***pâte** f **de***) ~ weiche Bonbonmasse; Marshmallow *n*; Schaumzucker *m* 3 *fig et péj* ***à la*** ~ süßlich; sentimental; kitschig

guimbarde [gɛ̃baʀd] *f* 1 F (*vieille voiture*) F alte Karre; Kiste *f*; Klapperkasten *m* 2 MUS Maultrommel *f*

guimpe [gɛ̃p] *f* 1 *d'une religieuse* Haube *f* 2 *corsage* hochgeschlossene ärmellose Bluse 3 *plastron* Rüschen-, Spitzenumrandung *f*

guincher [gɛ̃ʃe] *v/i* F (*danser*) F schwofen

guindé [gɛ̃de] *adj* steif; unnatürlich; gezwungen; gestelzt; ***style*** ~ geschraubter Stil

guindeau [gɛ̃do] *m* 〈*pl* **~x**〉 MAR Ankerwinde *f*, -winsch *f*

guinder [gɛ̃de] *v/t* MAR, TECH hieven; hochziehen, -winden

Guinée [gine] ***la*** ~ Guinea [gi-] *n*

Guinée-Bissau [ginebiso] ***la*** ~ Guinaea-Bissau *n*

Guinée-Équatoriale ***la*** ~ Äquatorialguinea *n*

guinéen [gineɛ̃] I *adj* 〈**~ne**〉 guineisch II *subst* ***Guinéen(ne)*** *m(f)* Guineer(in) *m(f)*

guingois [gɛ̃gwa] *loc/adv* F ***de*** ~ schief

guinguette [gɛ̃gɛt] *f* volkstümliches (Tanz)Lokal im Grünen; Ausflugslokal *n*

guiper [gipe] *v/t* 1 TEXT mit Seide umspinnen; ***fil guipé*** Gimpe *f* 2 ÉLECT *fil* umspinnen; umhüllen

guipure [gipyʀ] *f dentelle* Gipüre *f*

guirlande [giʀlɑ̃d] *f* Girlande *f* (*a* ARCH, PEINT); ~ ***lumineuse*** Lichtergirlande *f*; ~ ***de fleurs*** Blumengirlande *f*

Guillaume le Conquérant und der Teppich von Bayeux

Im Jahre 1066 überquerte Guillaume, Herzog der Normandie und Anwärter auf den englischen Thron, mit seinem Heer den Ärmelkanal, landete an der Südküste Englands und besiegte in der Schlacht von Hastings die englische Armee unter Führung von Harold. Noch im selben Jahr wurde **Guillaume le Conquérant**, wie der erfolgreiche Normannenherzog daraufhin genannt wurde, am Weihnachtstag zum König Englands gekrönt.

Szenen dieses historischen Siegeszuges sind auf über 70 Metern Länge auf Stickereien festgehalten, die den ‚Teppich von Bayeux' (la tapisserie de Bayeux) zieren.
Bayeux, ein gerade mal 15000 Einwohner zählendes Städtchen in der Normandie, ist dadurch weit über die Grenzen Frankreichs hinaus bekannt geworden.

Der Triumph von **Guillaume le Conquérant** hatte auch Auswirkungen auf die englische Sprache: Es kam in der Folgezeit zu zahlreichen Entlehnungen aus dem Französischen (zum Beispiel *to finish*, *government*, *officer*, *fashion*, *jealous*).

guise [giz] *f* 1 *loc/adv* ***à ma*** (***ta*** *etc*) ~ auf meine (deine *etc*) Weise; nach meiner (deiner *etc*) Fasson; wie es mir (dir *etc*) passt; ***à votre*** ~ wie es Ihnen beliebt 2 *loc/prép* ***en*** ~ ***de*** (*comme*) als; (*au lieu de*) (an)statt, anstelle (+*gén*); ***en*** ~ ***de récompense*** als (ganze) Belohnung

Guise[1] [gɥiz] *Stadt im Dep. Aisne*

Guise[2] [giz] *frz Herzogsfamilie*

guitare [gitaʀ] *f* Gitarre *f*; ~ ***électrique*** elektrische Gitarre; ***jouer de la*** ~ Gitarre spielen

guitariste [gitaʀist] *m,f* Gitarrist(in) *m(f)*; Gitarrenspieler(in) *m(f)*

guitoune [gitun] *f* F (*tente*) Zelt *n*; (*cabane*) Hütte *f*

gulden [gyldɛn] *m monnaie* Gulden *m*

Gulf Stream [gœlfstʀim] *m* Golfstrom *m*

gunite [gynit] *f* CONSTR Spritzbeton *m*

guppy [gypi] *m* ZO Guppy *m*

gus [gys] F *m* Kerl *m*; F Heini *m*

gustatif [gystatif] *adj* 〈**-ive**〉 PHYSIOL Geschmacks…; ***nerf*** ~ Geschmacksnerv *m*

Gutenberg [gytɛ̃bɛʀ] *m* TYPO Gutenberg *m*

gutta-percha [gytapɛʀka] *f* Guttapercha *f ou n*

guttural [gytyʀal] *adj* 〈**-aux**〉 1 *voix* kehlig; guttural 2 PHON ***consonne*** **~e** *ou subst* **~e** *f* Guttural *m*; Gaumenlaut *m*

Guy [gi] *m Vorname*

Guyana [gɥijana] ***la*** ~ Guyana *n*

guyanais [gɥijanɛ] **I** *adj* guayanisch **II** *subst* ***Guyanais(e)*** *m(f)* Guayaner(in) *m(f)*
Guyane [gɥijan] ***la ~*** *ou* ***les ~s*** *f/pl* Guayana *n*; ***la ~ française*** Französisch-Guayana *n*
Guyenne [gɥijɛn] ***la ~*** *historische Provinz in Südwestfrankreich*
Guyon [gɥijõ] ***madame ~*** *frz Mystikerin*
gym [ʒim] *f* F *abr* → ***gymnastique***
gymkhana [ʒimkana] *m* Gymkhana *n*; Geschicklichkeitswettbewerb *m*
gymnase [ʒimnɑz] *m* **1** Turnhalle *f* **2** *en Suisse, en Allemagne* Gymnasium *n*
gymnaste [ʒimnast] *m,f* Turner(in) *m(f)*; ***équipe*** *f* ***de ~s*** (Turner)Riege *f*
gymnastique [ʒimnastik] *f* **1** Gymnastik *f*; *discipline scolaire* Turnen *n*; ***~ artistique*** Kunstturnen *n*; ***~ médicale*** Heilgymnastik *f*; ***~ rythmique*** rhythmische Gymnastik; ***cours*** *m* ***de ~*** Gymnastikkurs *m*; ÉCOLE Turnstunde *f*; ***pas*** *m* ***de ~*** Laufschritt *m*; ***professeur*** *m* ***de ~*** Turnlehrer(in) *m(f)*; ***faire de la ~*** Gymnastik machen, treiben; turnen **2** *fig* turnerische Leistung; ***~ de l'esprit*** geistige Übung, Anstrengung; Geistestraining [-treː-] *n*
gymnospermes [ʒimnɔspɛʀm] *f/pl* BOT Nacktsamer *m/pl*; *sc* Gymnospermen *pl*
gymnote [ʒimnɔt] *m* ZO Zitteraal *m*
gynéco [ʒineko] *m,f* F *abr* → ***gynécologue***
gynécologie [ʒinekɔlɔʒi] *f* MÉD Frauenheilkunde *f*; *sc* Gynäkologie *f* **gynécologique** *adj* gynäkologisch; frauenärztlich **gynécologue** *m,f* Frauenarzt, -ärztin *m,f*; *sc* Gynäkologe, -login *m,f*
Györ [djœʀ] GÉOGR Raab *n*
gypaète [ʒipaɛt] *m* ZO Bart-, Lämmergeier *m*
gypse [ʒips] *m* MINÉR (natürlicher) Gips
gyrophare [ʒiʀɔfaʀ] *m* *d'une voiture prioritaire* Blaulicht *n* **gyropilote** *m* AVIAT Flugregler *m*; Autopilot *m* **gyroscope** *m* PHYS, TECH Kreisel *m*
gyroscopique [ʒiʀɔskɔpik] *adj* Kreisel…; ***compas*** *m* ***~*** Kreiselkompass *m*

H

H¹, h¹ [aʃ] *m* ⟨*inv*⟩ **1** H, h [haː] *n*; ***~ aspiré, muet*** aspiriertes, stummes H **2** ***bombe H*** H-Bombe *f*; Wasserstoffbombe *f* **3** MIL *et fig* ***l'heure H*** die Stunde X; → *Info nächste Seite*
H² *abr* (*henry*) H (Henry)
h² *abr* (*heure[s]*) h; *exemple*: ***à 5 h*** um 5 h *ou* 5h (fünf Uhr)
ha¹ *abr* (*hectare[s]*) ha (Hektar)
'ha² [(h)ɑ] *int* *rire* ***~, ~!*** haha!; → *a* ***ah***
hab [ab] *f* F *abr* (*habitude*) ***comme d'~*** wie immer, üblich
habile [abil] *adj* **1** geschickt; gewandt; *péj a* raffiniert; ***être ~ à faire qc*** etw geschickt tun, zu tun verstehen; geschickt in etw (*dat*) sein **2** JUR fähig; ***~ à tester*** testierfähig
habileté [abilte] *f* (*adresse*) Geschick(lichkeit) *n(f)*; Geschicktheit *f*; Gewandtheit *f*
habilitation [abilitasjõ] *f* JUR Ermächtigung *f*; Verleihung *f* der Fähigkeit; Erteilung *f* der Befugnis
habilité [abilite] *adj* JUR befugt; ***non ~*** unbefugt; ***personne non ~e*** Unbefugte(r) *m*; Nichtberechtigte(r) *m*
habiliter [abilite] *v/t* JUR ***~ qn*** j-n ermächtigen, j-m die Fähigkeit verleihen, j-m die Befugnis erteilen (***à faire qc*** etw zu tun)
habillage [abijaʒ] *m* **1** Anziehen *n*; Ankleiden *n* **2** TECH **a)** *d'une montre* Zusammenfügen *n*, -montieren *n*; **b)** *de bouteilles etc* Verkleidung *f*
habillé [abije] *adj* **1** angezogen, (an)gekleidet; ***se coucher tout ~*** mit, in den Kleidern zu Bett gehen; ***être bien, mal ~*** gut, schlecht angezogen, gekleidet sein; ***être ~ en, de noir*** schwarz gekleidet sein **2** *vêtements* festlich (wirkend); ***cela fait ~*** das wirkt festlich, feierlich
habillement [abijmɑ̃] *m* **1** *action* Einkleiden *n*, -ung *f* **2** (*vêtements*) (Be)Kleidung *f*; ***dépenses*** *f/pl* ***d'~*** Ausgaben *f/pl* für Kleidung
habiller [abije] **I** *v/t* **1** *enfant etc* anziehen; ankleiden; *militaires etc* einkleiden **2** COUT ***~ qn*** für j-n arbeiten, nähen **3** (*aller à*) ***~ qn bien*** j-n gut kleiden; j-m gut stehen; ***un rien l'habille*** ihr steht alles; sie kann alles tragen **4** TECH **a)** *montre* zusammenfügen, -montieren; **b)** (*recouvrir*) verkleiden (***de*** mit) **II** *v/pr* ***s'~*** **1** (*mettre des vêtements*) sich anziehen, ankleiden **2** *d'une certaine façon* sich anziehen, kleiden; ***s'~ court*** kurz tragen; kurze Kleider *ou* Röcke tragen; ***s'~ à la mode*** sich modisch anziehen, kleiden; mit der Mode gehen **3** (*mettre une tenue habillée*) sich festlich kleiden **4** (*acheter des vêtements*) ***s'~ chez qn*** bei j-m s-e Kleidung kaufen; ***s'~ de neuf*** sich neu einkleiden; ***s'~ sur mesure*** (sich [*dat*]) s-e Kleidung nach Maß arbeiten lassen
habilleur [abijœʀ] *m*, **habilleuse** *f* THÉ Garderobier *m*, Garderobiere *f*
habit [abi] *m* **1** ***~s*** *pl* (*vêtements*) Kleidung *f*; Kleider *n/pl*; ***~s du dimanche*** Sonntagskleidung *f* **2** *propre à une époque, à une fonction* Kleid *n*; Gewand *n*; *d'un ordre religieux* Ordenstracht *f*, -gewand *n*; ***~ vert*** Ornat *m* der Mitglieder der Académie française; ***prendre l'~*** Mönch werden; die Kutte nehmen; *prov* ***l'~ ne fait pas le moine*** der Schein trügt **3** (*costume de cérémonie*) Frack *m*; ***en ~*** im Frack
habitabilité [abitabilite] *f* **1** Bewohnbarkeit *f* **2** *d'un véhicule etc* Geräumigkeit *f*
habitable [abitabl] *adj* bewohnbar; ***surface*** *f* ***~*** Wohnfläche *f*
habitacle [abitakl] *m* **1** MAR Kompasshaus *n* **2** AVIAT Pilotenkanzel *f*; *d'un engin spatial* Kommandokap-

H

Le h aspiré

Das Französische kennt in der Regel keinen h-Laut [h], wie er im Deutschen zum Beispiel in ‚Haus' oder ‚holpern' vorkommt. Französische Wörter mit dem Anfangsbuchstaben **h** werden so ausgesprochen, als würde das Wort mit dem folgenden Vokal anfangen:

haricot [aʀiko]	Bohne	**heure** [œʀ]	Stunde
hibou [ibu]	Eule	**homme** [ɔm]	Mensch

Das **h** in heure und homme heißt **le h muet** („stummes" **h**), das **h** in haricot und hibou dagegen **le h aspiré** („aspiriertes" oder „behauchtes" **h**). Anders als beim h muet unterbleibt beim h aspiré sowohl die **élision** (siehe Info-Fenster bei ‚élision') als auch die **Bindung** (siehe Info-Fenster bei ‚liaison'):

le haricot [le aʀiko]	die Bohne	*aber*: l'heure [lœʀ]	die Stunde
les haricots [le aʀiko]	die Bohnen	*aber*: les heures [lezœʀ]	die Stunden
le hibou [lə ibu]	die Eule	*aber*: l'homme [lɔm]	der Mensch
les hiboux [le ibu]	die Eulen	*aber*: les hommes [lezɔm]	die Menschen

Die Wörter mit **h aspiré** sollte man sich gut merken. Zur besseren Unterscheidung sind in diesem Wörterbuch alle Stichwörter, die mit **h aspiré** beginnen, mit dem Zeichen **'** gekennzeichnet: **'hasard**, **'héros**, **'héroïne**, **'honte** usw.

sel *f*; AUTO Fahrgastraum *m*, -zelle *f*

habitant [abitɑ̃] *m*, **habitante** *f* **1** *d'un pays, d'une ville* Einwohner(in) *m(f)*; *d'un pays, d'une île a* Bewohner(in) *m(f)*; ***habitant, habitante d'Europe centrale*** Mitteleuropäer(in) *m(f)*; ***habitant, habitante d'une grande, petite ville*** Groß-, Kleinstädter(in) *m(f)*; ***nombre** m **d'habitants*** Einwohnerzahl *f*; ***loger chez l'habitant*** privat wohnen; ein Privatquartier haben **2** *d'un immeuble* Bewohner(in) *m(f)*

habitat [abita] *m* **1** (*mode de peuplement*) Siedlung(sweise *f*, -wesen *n*) *f* **2** (*conditions de logement*) Wohnverhältnisse *n/pl*; *par ext* (*logement*) Wohnung *f*; *coll* ***l'~ ancien*** Altbauwohnungen *f/pl* **3** BOT, ZO Standort *m*

habitation [abitasjõ] *f* Wohnung *f*; ***~ à loyer modéré*** (*abr* ***HLM***) Sozialwohnung *f*; *pl a* sozialer Wohnungsbau; ***conditions** f/pl*, ***maison** f **d'~*** Wohnverhältnisse *n/pl*, -haus *n*; *locaux* ***à usage d'~*** zu Wohnzwecken

habité [abite] *adj* **1** *maison, village* bewohnt **2** *engin spatial* bemannt

habiter [abite] **I** *v/t* **1** bewohnen; wohnen in (+*dat*); ***~ Paris, la campagne, la ville*** in Paris, auf dem Land, in der Stadt wohnen **2** *fig peur, passion* ***~ qn*** j-n beherrschen; *st/s* in j-m wohnen **II** *v/i* wohnen; ***~ à Paris, à la campagne, en ville*** in Paris, auf dem Land, in der Stadt wohnen; ***~ au quatrième*** im vierten Stock, in der vierten Etage, vier Treppen hoch wohnen; *par ext* ***aller ~ en province*** in die Provinz ziehen

habitude [abityd] *f* Gewohnheit *f*; Gepflogenheit *f*; Angewohnheit *f*; ***mauvaise ~*** schlechte Angewohnheit; Unart *f*; ÉCON ***~s de consommation*** Konsumgewohnheiten *f/pl*; ♦ *loc/adv*: ***comme à son ~, selon son ~, suivant son ~*** wie es s-e Gewohnheit ist; wie es s-r Gewohnheit entspricht; wie gewöhnlich; ***d'~*** gewöhnlich; normalerweise; sonst; ***comme d'~*** wie gewöhnlich, üblich, sonst, immer; ***par ~*** aus (alter) Gewohnheit; gewohnheitsmäßig; ♦ ***avoir l'~ de faire qc*** die Gewohnheit haben, etw zu tun; etw zu tun pflegen; gewöhnlich etw tun; (*être habitué*) (es) gewohnt *ou* (daran) gewöhnt sein, etw zu tun; ***j'en ai l'~*** ich bin daran gewöhnt; ich bin es gewohnt; ***avoir l'~ de qc, de qn*** sich mit etw, mit j-m auskennen; mit etw, mit j-m umzugehen verstehen; an etw (*acc*) gewöhnt sein; ***il a ses petites ~s*** er ist ein bisschen schrullig; ***entrer dans les ~s de qn*** j-m zur Gewohnheit werden; ***cela n'est pas** ou **n'entre pas dans ses ~s*** das ist nicht s-e Gewohnheit; das macht er nie; ***c'est une question d'~*** das ist Gewohnheitssache; ***être esclave de ses ~s*** ein Sklave s-r Gewohnheiten sein; F ein Gewohnheitstier sein; ***perdre l'~ de*** (+*inf*) es sich (*dat*) abgewöhnen zu (+*inf*); ***avoir perdu l'~ de*** (+*inf*) es nicht mehr gewohnt sein zu (+*inf*); ***prendre l'~ de*** (+*inf*) (es) sich (*dat*) angewöhnen, die Gewohnheit annehmen, es sich (*dat*) zur Gewohnheit machen zu (+*inf*); ***perdre une mauvaise ~*** e-e schlechte Gewohnheit ablegen, aufgeben; ***il a pris des ~s de paresse*** er ist (mit der Zeit) bequem geworden; ***faire prendre l'~ à qn de*** (+*inf*) es j-m angewöhnen, j-n daran gewöhnen zu (+*inf*); *prov* ***l'~ est une seconde nature*** Gewohnheit wird zur zweiten Natur

habitué(e) [abitɥe] *m(f) d'un lieu public* Stammgast *m* (*a femme*); COMM Stammkunde *m*, -kundin *f*; ***c'est un habitué de la maison*** er ist ein regelmäßiger Gast in unserem Haus; er geht bei uns ein und aus

habituel [abitɥɛl] *adj* ⟨**~le**⟩ üblich; gewöhnlich; gewohnt; zur Gewohnheit geworden; ***client ~*** Stammkunde *m*; ***au sens ~ du mot*** im üblichen, gebräuchlichen Sinn des Wortes

habituellement [abitɥɛlmɑ̃] *adv* gewöhnlich; im Allgemeinen; in der Regel

habituer [abitɥe] **I** *v/t* ***~ qn à*** (+*inf*) j-n daran gewöhnen zu (+*inf*); j-m angewöhnen zu (+*inf*); *adjt* ***être habitué à qc*** *ou* ***à*** (+*inf*) an etw (*acc*) gewöhnt sein *ou* (daran) gewöhnt sein zu (+*inf*); etw gewohnt sein *ou* (es) gewohnt sein zu (+*inf*); ***j'y suis habitué*** ich bin daran gewöhnt; ich bin es gewohnt **II** *v/pr* ***s'~ à qc, à qn*** sich an etw, an j-n gewöhnen; ***s'~ à*** (+*inf*) sich daran gewöhnen zu (+*inf*)

'hâblerie [ɑbləʀi] *f* Prahlerei *f*; Aufschneiderei *f*

'hâbleur, 'hâbleuse **I** *m,f* Prahler(in) *m(f)*; Prahlhans *m*; Aufschneider(in) *m(f)*; F Großmaul *n*, -schnauze *f* **II** *adj* prahlerisch; aufschneiderisch; F großschnauzig

'Habsbourg [apsbuʀ] *m/pl* HIST Habsburger *m/pl*

'hachage [aʃaʒ] *m* CUIS *de la viande, des légumes* Hacken *n*; Zerkleinern *n*; *à l'aide d'un hachoir* Durchdrehen *n*; AGR *de la paille* Häckseln *n*

'hache [aʃ] *f* Axt *f*; Beil *n*; ***~ de guerre*** Kriegsbeil *n*; *fig* ***déterrer, enterrer la ~ de guerre*** das Kriegsbeil ausgraben, begraben; ***à coups de ~*** mit Axtschlägen, Beilhieben; *fig visage* ***taillé à coups de ~*** grob (geschnitten)

'haché [aʃe] *adj* **1** CUIS ***steak ~*** *cru* Tatar(beefsteak) *n*; *cuit* Hacksteak [-steːk] *n*; ***viande ~e*** Hackfleisch *n*; Gehackte(s) *n* **2** *fig style, débit* abgehackt

'hache-légumes [aʃlegym] *m* ⟨*inv*⟩ CUIS Gemüseschneider *m*, -zerkleinerer *m*

'hacher [aʃe] *v/t* CUIS *à la main* hacken; zerkleinern; *avec un appareil* durchdrehen; AGR ***~ la paille*** das Stroh häckseln; ***~ fin, menu*** fein hacken; wiegen; ***~ gros*** grob hacken; *fig* ***il se ferait plutôt ~ que de*** (+*inf*) er ließe sich eher in Stücke reißen als zu (+*inf*)

'hachette [aʃɛt] *f* (kleines) Beil; kleine Axt

'hache-viande [aʃvjɑ̃d] *m* ⟨*inv*⟩ CUIS Fleischwolf *m*

'hachis [aʃi] *m* CUIS klein gehacktes Fleisch *ou* Geflügel *ou* Gemüse; klein gehackter Fisch; *mets* Haschee *n*; ***~ Parmentier*** *Hackbraten, der mit Kartoffelbrei umgeben u im Ofen überbacken wird*

'hachisch [aʃiʃ] *m* Haschisch *n*

'hachoir [aʃwaʀ] *m* CUIS *pour la viande* **a)** *appareil* Fleischwolf *m*; **b)** *couteau* Hackbeil *n*, -messer *n*; *pour les légumes* Gemüsezerkleinerer *m*, -schneider *m*; (*couperet*) Wiegemesser *n*

'hachure [aʃyʀ] *f souvent pl* ***~s*** Schraffierung *f*; Schraffur *f*; Strichelung *f* **'hachurer** *v/t* schraffieren; stricheln

'haddock [adɔk] *m* CUIS geräucherter Schellfisch

Hadrien [adʀijɛ̃] *m römischer Kaiser* Hadrian *m*

'Hændel *ou* **'Haendel** [ɛndɛl] *m* MUS Händel *m*

'hagard [agaʀ] *adj air etc* verstört; verängstigt

'Haguenau [agno] GÉOGR Hagenau *n*

'haie [ɛ] *f* **1** ***~ (vive)*** Hecke *f* **2** SPORTS Hürde *f*; ***course f de ~s*** Hürdenlauf *m*; HIPPISME Hürdenrennen *n*; ***le 110 m ~s*** der 110-m-Hürdenlauf **3** *fig* (*rangée de personnes*) Spalier *n*; ***~ d'honneur*** Ehrenspalier *n*; ***faire, former la ~*** (ein) Spalier bilden

Haïfa [aifa] GÉOGR Haifa *n*

'haillon [ajɔ̃] *m surtout pl* ***~s*** Lumpen *m/pl*; Fetzen *m/pl*; ***en ~s*** zerlumpt; in Lumpen; ***vêtu de ~s*** in Lumpen gehüllt, gekleidet

'Hainaut [ɛno] ***le ~*** der Hennegau

'haine [ɛn] *f* Hass *m* (***pour qn***, *a* ***de qn, de qc*** gegen, auf j-n, auf etw); ***~ de la médiocrité*** Hass auf alles Mittelmäßige; *loc/prép* ***par ~ de qn, de qc*** aus Hass gegen j-n, auf etw (*acc*); ***éprouver de la ~ pour qn*** Hass auf j-n empfinden; ***nourrir une ~ contre qn, vouer une ~ à qn*** Hass gegen j-n hegen

'haineux [ɛnø] *adj* ⟨**-euse**⟩ hasserfüllt; gehässig

'haïr [aiʀ] ⟨**je hais** [ɛ], **il hait** [ɛ], **nous haïssons, ils haïssent**; **je haïssais**; **je haïs**; **je haïrai**; **que je haïsse**; **haïssant**; **haï**⟩ **I** *v/t* ***~ qn, qc*** j-n, etw hassen **II** *v/pr* ***se ~*** einander, sich hassen

'haïssable [aisabl] *adj* hassenswert

Haïti [aiti] Haiti *n*

'haïtien [aisjɛ̃] **I** *adj* ⟨**~ne**⟩ haitianisch; *a* haitisch **II** *subst* **'Haïtien(ne)** *m(f)* Haitianer(in) *m(f)*; *a* Haitier(in) *m(f)*

'halage [alaʒ] *m* MAR Treideln *n*; ***chemin*** *m* ***de ~*** Treidelweg *m*, -pfad *m*; Leinpfad *m*

'hâle [ɑl] *m* (Sonnen-, Wetter)Bräune *f*

'hâlé [ɑle] *adj* (sonnen-, wetter)gebräunt

haleine [alɛn] *f* Atem *m*; ***~ fraîche*** frischer Atem; *loc/adv et loc/adj*: ***il a couru à perdre ~*** er ist so (schnell, lange) gerannt, dass er ganz außer Atem war; *fig* ***ils ont discuté à perdre ~*** sie haben endlos (lang) diskutiert; *fig travail* ***de longue ~*** langwierig; ***'hors d'~*** atemlos; außer Atem; ***avoir (une) mauvaise ~*** e-n üblen, unangenehmen Mundgeruch haben; aus dem Mund riechen; ***reprendre ~*** wieder zu Atem kommen; F (sich) verschnaufen, verpusten; *fig* Atem holen, schöpfen; *fig* ***tenir qn en ~*** j-n in Atem halten

'haler [ale] *v/t bateau* treideln; MAR *cordage* (ver-, an)holen

'hâler [ɑle] *v/t* bräunen

'haletant [altɑ̃] *adj personne* keuchend; schnaufend; nach Luft ringend; F japsend; ***cheval ~*** schnaubendes Pferd; ***chien ~*** japsender Hund; *par ext* ***souffle ~*** keuchender Atem; ***d'une voix ~e*** mit keuchender Stimme

'halètement [alɛtmɑ̃] *m* Keuchen *n*; Schnaufen *n*; F Japsen *n*; *d'un chien* Japsen *n*; *d'un cheval* Schnauben *n*

'haleter [alte] *v/i* ⟨**-è-**⟩ keuchen; schnaufen; nach Luft ringen; F japsen; *chien* japsen; *cheval* schnauben

'hall [ol] *m* (Eingangs)Halle *f*; ***~ d'exposition, de gare, d'hôtel*** Ausstellungs-, Bahnhofs-, Hotelhalle *f*

hallali [alali] *m* CH Halali *n* (*a fig*); ***sonner l'~*** das Halali blasen

'halle [al] *f* **1** Markthalle *f*; ***~ aux vins*** Weinmarkt *m* **2** HIST ***les 'Halles*** die Pariser Markthallen *f/pl* (*heu-*

H

tiges Stadtviertel)

'hallebarde [albaʀd] *f* HIST Hellebarde *f*; *fig* ***il tombe, pleut des ~s*** es gießt in Strömen, F wie aus *ou* mit Eimern *ou* Kübeln; F es regnet Bindfäden

halloween [alɔwin] *f* Halloween [hɛlo'viːn] *n*

hallucinant [a(l)lysinɑ̃] *adj ressemblance* verblüffend; *spectacle* grauenhaft; grauenerregend

hallucination [a(l)lysinasjõ] *f* MÉD Halluzination *f*; Sinnestäuschung *f*; *par ext* ***avoir des ~s*** Halluzinationen, Wahnvorstellungen haben; Hirngespinste sehen

hallucinatoire [a(l)lysinatwaʀ] *adj* MÉD halluzinatorisch; *par ext apparition, forme* halluzinationsartig

halluciné [a(l)lysine] **I** *adj personne* an Halluzinationen leidend; *par ext regard, expression* verwirrt; geistesabwesend; *p/fort* irr(e) **II** *subst* **~(e)** *m(f)* an Halluzinationen Leidende(r) *f(m)*

H

halluciner [a(l)lysine] *v/i* Halluzinationen haben; halluzinieren

hallucinogène [a(l)lysinɔʒɛn] **I** *adj* Halluzinationen hervorrufend **II** *m* Halluzinogen *n*

'halo [alo] *m* **1** ASTR Hof *m*; *sc* Halo *m* **2** PHOT Lichthof *m* **3** *effet lumineux* (verschwommener) Lichtkreis (**de** um) **4** *fig* **~ *de gloire*** Gloriole *f*; Glorienschein *m*

halogène [alɔʒɛn] **I** *adj* **1** CHIM Halogen...; halogen; Salz bildend **2** ÉLECT ***lampe ~*** Halogenlampe *f* **II** *m* CHIM Halogen *n*; Salzbildner *m*

'halte [alt] **I** *f* **1** Halt *m*; Rast *f*; ***faire (une) ~*** haltmachen **2** CH DE FER kleine (Eisenbahn)Station; Haltepunkt *m* **II** *int* MIL halt!; *fig* **~ *au gaspillage!*** Schluss mit der Verschwendung!; ***~-là!*** MIL halt!; stehen bleiben!; *fig* halt!; genug!

'halte-garderie [altəgaʀdəʀi] *f* ⟨*pl* **haltes-garderies**⟩ *d'un grand magasin etc* Kinderkrippe *f*, -hort *m* (für kurzzeitige Betreuung)

haltère [altɛʀ] *m abus f* SPORTS Hantel *f*; ***les poids et ~s*** das Gewichtheben

haltérophile [alteʀɔfil] *m,f* SPORTS Gewichtheber(in) *m(f)* **haltérophilie** *f* SPORTS Gewichtheben *n*

'Ham [am] *Ort im Dep. Somme*

'hamac [amak] *m* Hängematte *f*

hamamélis [amamelis] *m* BOT Hamamelis *f*; Zaubernuss *f*

'Hambourg [ɑ̃buʀ] Hamburg *n*

'hambourgeois [ɑ̃buʀʒwa] **I** *adj* Hamburger; hamburgisch **II** *subst* ***'Hambourgeois(e)*** *m(f)* Hamburger(in) *m(f)*

'hamburger [ɑ̃buʀgœʀ] *m* CUIS Hamburger *m*

'hameau [amo] *m* ⟨*pl* **~x**⟩ Weiler *m*

hameçon [amsõ] *m* Angelhaken *m*; *fig* ***mordre à l'~*** sich ködern lassen; F anbeißen

'hammam [amam] *m* Hammam *m*; türkisches Dampfbad

'hampe [ɑ̃p] *f* **1** *d'une lance, d'un drapeau* Schaft *m*; *d'un drapeau a* Stange *f*; *d'un pinceau* Stiel *m* **2** BOT Schaft *m* **3** *d'une lettre* senkrechter Hauptstrich **4** BOUCHERIE Bauchfleisch *n* (vom Rind)

'hamster [amstɛʀ] *m* ZO Hamster *m*

'han [(h)ɑ̃] *int en faisant un effort* haa!

'hanap [anap] *m* Humpen *m*

'hanche [ɑ̃ʃ] *f* Hüfte *f*; ***~s étroites, larges*** schmale, breite Hüften; ***tour*** *m* ***de ~s*** Hüftumfang *m*, -weite *f*; ***mettre les poings sur les ~s*** die Arme in die Hüften, Seiten stemmen; ***rouler des*** *ou* ***les ~s*** sich in den Hüften wiegen

'handball [ɑ̃dbal] *m* SPORTS Handball *m* **'handballeur** *m*, **'handballeuse** *f* Handballspieler(in) *m(f)*; F Handballer(in) *m(f)*

'handicap [ɑ̃dikap] *m* **1** SPORTS **a)** *désavantage* Handikap ['hɛndikɛp] *n*; Vorgabe *f*; **b)** *épreuve* Handikaprennen *n*, -wettkampf *m*; HIPPISME *a* Ausgleichsrennen *n* **2** *fig* Handikap *n*; Nachteil *m*; Benachteiligung *f*; ***c'était un sérieux ~ pour lui*** das war für ihn ein schweres Handikap **3** MÉD Behinderung *f*

'handicapé [ɑ̃dikape] **I** *adj* behindert **II** *subst* **~(e)** *m(f)* Behinderte(r) *f(m)*; **~ *mental*** geistig Behinderter; **~ *moteur*** spastisch Gelähmter *m*; Spastiker *m*; **~ *physique*** Körperbehinderter *m*

'handicaper [ɑ̃dikape] *v/t* **1** SPORTS handikapen ['hɛndikɛpən] **2** *fig* handikapen; benachteiligen; behindern; *adjt* ***être handicapé par qc*** durch etw gehandikapt sein

'handisport [ɑ̃dispɔʀ] *adj* ⟨*f inv*⟩ Behinderten...; ***Jeux*** *m/pl* ***olympiques ~s*** Behindertenolympiade *f*; Paralympics *pl*

'hangar [ɑ̃gaʀ] *m* Schuppen *m*; AVIAT Flugzeughalle *f*, -schuppen *m*; Hangar *m*; MAR Bootshaus *n*

'hanneton [antõ] *m* ZO Maikäfer *m*; → *a* ***piqué*** *I 2*

'Hanoi [anɔj] Hanoi *n*

'Hanovre [anɔvʀ] Hannover *n*

'Hanse [ɑ̃s] *f* HIST ***la ~*** die Hanse

'hanséatique [ɑ̃seatik] *adj* hanseatisch; ***ville*** *f* **~** Hansestadt *f*

'hanté [ɑ̃te] *adj* Spuk...; Geister...; ***château ~*** Spukschloss *n*; ***maison ~e*** Haus, in dem es spukt

'hanter [ɑ̃te] *v/t* **1** *fantôme* **~ *une maison*** in e-m Haus spuken, umgehen; ***le château est hanté*** im Schloss spukt es **2** *fig souvenir etc* **~ *qn*** j-m keine Ruhe lassen; j-n umtreiben, quälen; *soucis* **~ *toutes ses pensées*** sein ganzes Denken beherrschen

'hantise [ɑ̃tiz] *f* **~ *de qc*** (ständige) Angst, Grauen *n* vor etw (*dat*); *p/fort* Zwangsvorstellung *f* (*+gén*); ***j'en ai la ~*** mir grau(s)t davor; *p/fort* ich werde die Angst davor nicht los

'happening [ap(ə)niŋ] *m* Happening ['hɛ-] *n*

'happer [ape] *v/t* **1** schnappen; erhaschen **2** *fig* ***être happé par une voiture*** von e-m Auto erfasst, mitgerissen werden

'happy end [apiɛnd] *m ou f* Happy End [hɛpi-] *n*

'hara-kiri [aʀakiʀi] *m* Harakiri *n*; ***faire ~*** Harakiri begehen, machen (*a iron*)

'harangue [aʀɑ̃g] *f* Rede *f*; Ansprache *f* **'haranguer** *v/t* e-e Rede, Ansprache halten (***la foule*** an die Menge)

'haras [aʀa, aʀɑ] *m* Gestüt *n*

'harassant [aʀasɑ̃] *adj* ermüdend; aufreibend

'harasser [aʀase] *v/t* übermüden; erschöpfen; *adjt* ***harassé*** (völlig) übermüdet; erschöpft; F kaputt

'harcèlement [aʀsɛlmɑ̃] *m* Stören *n*; Bedrängen *n*; **~ *moral*** Mobbing *n*; **~ *sexuel*** sexuelle Belästigung; MIL *et fig* ***guerre*** *f* ***de ~*** Kleinkrieg *m*; MIL ***tir*** *m* ***de ~*** Störfeuer *n*

'harceler [aʀsəle] *v/t* ⟨**-è-**⟩ **1** MIL Feind beunruhigen **2** *fig* **~ *qn*** j-n bedrängen; **~ *qn de questions*** j-n mit Fragen bedrängen, bestürmen, attackieren; j-m mit Fragen zusetzen

'harde [aʀd] *f* **1** *de bêtes sauvages* Rudel *n* **2** CH Koppel *f* Hunde **3** **~s** *pl péj* (*vêtements*) abgetragene Kleidungsstücke *n/pl*, Sachen *f/pl*
'hardi [aʀdi] **I** *adj personne* kühn; unerschrocken; beherzt; mutig; *péj* kühn; unverfroren; *projet*, *entreprise* kühn; mutig; *expression* gewagt; (*original*) kühn **II** *int* **~!** nur zu!; nur Mut!; los!
'hardiesse [aʀdjɛs] *f d'une personne* Kühn-, Unerschrocken-, Beherztheit *f*; Mut *m*; *d'un projet etc* Kühnheit *f*
'hardiment [aʀdimɑ̃] *adv* → **'hardi**
'hardware [aʀdwɛʀ] *m* INFORM Hardware ['haːrdvɛːr] *f*
'harem [aʀɛm] *m* Harem *m* (*a plais*)
'hareng [aʀɑ̃] *m* ZO, CUIS Hering *m*; **~ frais** grüner Hering; **~ saur** Bückling *m*; → *a* **saur**; F *fig* **être serrés comme des ~s** wie die Heringe (zusammengepresst) sitzen *ou* stehen
'harengère [aʀɑ̃ʒɛʀ] *f* **crier comme une ~** wie ein Marktweib schreien
'hargne [aʀɲ] *f* Bissigkeit *f*; *p/fort* Gehässigkeit *f* **'hargneux** *adj* ⟨**-euse**⟩ bissig; zänkisch; *p/fort* gehässig
'haricot [aʀiko] *m* **1** BOT, CUIS Bohne *f*; **~s beurre** Wachsbohnen *f/pl*; **~s blancs, verts** weiße, grüne Bohnen *f/pl*; **~s nains, à rames, d'Espagne** Busch-, Stangen-, Feuerbohnen *f/pl*; F *fig* **courir sur le ~ à qn** F j-m auf den Wecker gehen, fallen; F *fig* **c'est la fin des ~s** jetzt ist alles aus **2** CUIS **~ de mouton** Hammelragout *n* mit Kartoffeln und weißen Bohnen
'haridelle [aʀidɛl] *f* Klepper *m*; Schindmähre *f*
'harki [aʀki] *m ehemaliger algerischer Hilfssoldat der frz Armee*
harmonica [aʀmɔnika] *m* MUS Mundharmonika *f*
harmonie [aʀmɔni] *f* **1** MUS **a)** Harmonie *f*; **b)** *science* Harmonielehre *f*; Harmonik *f*; **c)** *dans un orchestre* Blasinstrumente *n/pl*; *par ext* (*fanfare*) Harmonieorchester *n*; Blaskapelle *f* **2** LITTÉRATURE Harmonie *f*; Wohlklang *m* **3** *des couleurs*, *des formes* Harmonie *f*; Zusammenpassen *n* **4** *des sentiments etc* Harmonie *f*; Einklang *m*; Übereinstimmung *f*; **être en ~ avec qc** mit etw in Einklang stehen, übereinstimmen; **vivre en ~ avec qn** mit j-m in Harmonie, Einklang, Übereinstimmung leben
harmonieux [aʀmɔnjø] *adj* ⟨**-euse**⟩ **1** harmonisch; wohlklingend **2** *fig* harmonisch; wohlausgewogen
harmonique [aʀmɔnik] *adj* **1** MUS, PHYS **son** *m* **~** *ou subst* **~** *m ou f* Oberton *m* **2** MATH harmonisch; **division** *f* **~** harmonische Teilung
harmonisation [aʀmɔnizasjõ] *f* Harmonisierung *f*; Angleichung *f*
harmoniser [aʀmɔnize] **I** *v/t* **1** *tarifs*, *goûts etc* aufeinander abstimmen (*a couleurs*); (einander) angleichen; harmonisieren **2** MUS harmonisieren; *un chant* mit e-r Begleitung versehen **II** *v/pr* **s'~** übereinstimmen, harmonieren (**avec** mit); *abs* miteinander harmonieren; gut zueinanderpassen
harmoniste [aʀmɔnist] *m* MUS Harmoniker *m*
harmonium [aʀmɔnjɔm] *m* MUS Harmonium *n*
'harnachement [aʀnaʃmɑ̃] *m* **1** *action* Anschirren *n* **2** (*harnais*) (Pferde)Geschirr *n*, Sattel- und Zaumzeug *n* **3** *fig* (*accoutrement*) Ausstaffierung *f*; Aufzug *m*
'harnacher [aʀnaʃe] *v/t* **1** *cheval etc* (an)schirren **2** *fig personne* **être harnaché de qc** mit etw ausstaffiert sein
'harnais [aʀnɛ] *m* **1** *d'un cheval etc* Geschirr *n* **2** *d'un parachutiste* Gurte *m/pl*
'harnois [aʀnwa] *m* HIST Harnisch *m*; *fig* **blanchi sous le ~** im Dienst ergraut
'haro [aʀo] *m loc* **crier ~ sur qn** j-n anprangern; sich laut über j-n entrüsten; gegen j-n wettern
harpagon [aʀpagõ] *m* Geizhals *m*, -kragen *m*
'harpe [aʀp] *f* MUS Harfe *f*
'harpie [aʀpi] *f* **1** MYTH, ZO Harpyie *f* **2** *fig* (*femme méchante*) Xanthippe *f*
'harpiste [aʀpist] *m,f* MUS Harfenist(in) *m(f)*; Harfenspieler(in) *m(f)*
'harpon [aʀpõ] *m* **1** PÊCHE Harpune *f* **2** CONSTR (Metall)Haken *m*
'harponnage [aʀpɔnaʒ] *m* Harpunieren *n* **'harponner** *v/t* **1** harpunieren **2** F *fig* **~ qn** F j-n schnappen **'harponneur** *m* Harpunier(er) *m*; Harpunenwerfer *m*
'hasard [azaʀ] *m* Zufall *m*; **~s** *pl a* Zufälligkeiten *f/pl*; **heureux ~** glücklicher Zufall; **pur ~** reiner, purer Zufall; **jeu** *m* **de ~** Glücksspiel *n*; *loc/adv*: **au ~** aufs Geratewohl; auf gut Glück; **se connaître au ~ d'une rencontre** sich anlässlich e-r zufälligen Begegnung kennenlernen; **à tout ~** für alle Fälle; **par ~** zufällig(erweise); durch Zufall; F per Zufall; (*éventuellement*) vielleicht; etwa; **auriez-vous par ~ l'intention de** (*+inf*)*?* haben Sie etwa, vielleicht vor zu (*+inf*)*?*; **si par ~ vous le rencontrez** falls Sie ihn zufällig, vielleicht treffen (sollten); **comme par ~** wie zufällig; so, als ob es unbeabsichtigt sei; **le ~ fait bien les choses** der Zufall fügt die Dinge wohl; **ne rien laisser au ~** nichts dem Zufall überlassen; **le ~ a voulu que …** (*+subj*) der Zufall hat (es) gewollt, fügte es, dass …
'hasardé [azaʀde] *adj* → **hasardeux**
'hasarder [azaʀde] **I** *v/t* **1** *démarche*, *question etc* wagen; riskieren **2** *litt* (*risquer*) riskieren; aufs Spiel setzen **II** *v/pr* **se ~** sich wagen, sich trauen (**dans la rue** auf die Straße); **se ~ à faire qc** es wagen, sich trauen, etw zu tun
'hasardeux [azaʀdø] *adj* ⟨**-euse**⟩ *entreprise* gewagt; riskant; mit unsicherem Ausgang; **affirmation hasardeuse** gewagte, willkürliche Behauptung
'hasch [aʃ] *m* F (*haschisch*) F Hasch *n*
'haschisch [aʃiʃ] *m* Haschisch *n*
'hase [ɑz, az] *f* CH Häsin *f*
'hâte [ɑt] *f* Eile *f*; Hast(igkeit) *f*; *loc/adv*: **à la ~** (zu) hastig, eilig; überstürzt; **travail fait à la ~** *a* flüchtige Arbeit; **en ~** in Eile; (sehr) hastig, schnell; eilends; **en toute ~** in aller, größter Eile; schleunigst; **sans ~** ohne Eile, Hast; ohne sich sonderlich zu beeilen; **avoir ~ de** (*+inf*) *ou* **que …** (*+subj*) es kaum erwarten können, ungeduldig darauf warten, zu (*+inf*) *ou* dass …; **je n'ai qu'une ~, c'est de partir** *ou* **qu'il parte** ich habe nur das e-e Verlangen, schnell wegzugehen *ou* dass er schnell weggeht; **mettre peu de ~ à faire qc** es mit etw nicht sehr eilig haben
'hâter [ɑte] **I** *v/t* **1** *départ*, *évolution* beschleunigen; vorantreiben; *mort* beschleunigen; schneller eintreten lassen; → *a* **pas**[1] *1* **2** AGR *plante* treiben; *fruits* früh zur Reife bringen **II** *v/pr* **se ~** sich beeilen; F sich eilen; **se ~ de faire qc** sich beeilen, etw zu tun; *péj* etw zu schnell, zu hastig tun; **ne**

H

pas se ~ de faire qc keine Eile haben, sich nicht beeilen, etw zu tun; *prov* ***hâte-toi lentement*** eile mit Weile (*prov*)

'hâtif [ɑtif, a-] *adj* ⟨**-ive**⟩ **1** *développement* (zu) hastig; übereilt; überstürzt; *travail* flüchtig; zu hastig gemacht; oberflächlich; ***conclusion hâtive*** vorschnelle Schlussfolgerung **2** AGR Früh…; ***fruits, légumes ~s*** Frühobst *n*, -gemüse *n*

'hauban [obɑ̃] *m* **1** MAR Want *f*; ***~s de misaine*** Fockwanten *f/pl* **2** TECH Verspannungskabel *n*, -glied *n*

'hausse [os] *f* **1** ÉCON Steigen *n*; Anstieg *m*; Steigerung *f*; Erhöhung *f*; *des prix a* Anziehen *n*; Auftrieb *m*; ***~ illicite de l'essence*** Preistreiberei *f* bei Benzin; ***~ des cours*** Kursanstieg *m*; Hausse *f*; ***en ~*** steigend; ***être en ~*** (an)steigen; *prix a* anziehen; *fig* ***ses actions sont en ~*** s-e Aktien steigen; BOURSE ***jouer à la ~*** auf das Steigen der Kurse, auf Hausse spekulieren **2** MÉTÉO Anstieg *m*; Ansteigen *n*; ***~ de la température*** Temperaturanstieg *m*; ***le baromètre est en ~*** das Barometer steigt **3** *d'une arme à feu* Visier *n*; *d'un canon a* Aufsatz *m*

'haussement [osmɑ̃] *m* ***~ d'épaules*** Achselzucken *n*

'hausser [ose] **I** *v/t* **1** *le ton, la voix* heben; → *a* **ton²** *2* **2** ***~ les épaules*** mit den Achseln, die Achseln, mit den Schultern, die Schultern zucken **II** *v/pr* ***se ~ sur la pointe des pieds*** sich auf die Zehenspitzen stellen

'haussier [osje] *m* BOURSE Haussier *m*

'haussière [osjɛʀ] *f* MAR Trosse *f*

Haussmann [osman] *städtebaulicher Erneuerer von Paris*

'haut [o] **I** *adj* ⟨**haute** [ot]⟩ **1** *dans l'espace* hohe(r, -s) (*épithète*); hoch (*attribut*); Hoch…; Ober…; *silhouette* groß; ***plus ~*** höher; ♦ *d'une table* ***le ~ bout*** das obere Ende; ***~es eaux*** Hochwasser *n*; hoher Wasserstand; ***front ~*** hohe Stirn; ***~e montagne*** Hochgebirge *n*; ***montagne ~e*** hoher Berg; ♦ *loc/adj*: ***chapeau ~ de forme*** Zylinder(hut) *m*; ***arbre ~ de dix mètres*** zehn Meter hoher Baum; Baum *m* von zehn Meter(n) Höhe; ***de ~e taille*** groß; hochgewachsen; von hohem Wuchs; *loc/adv* ***la tête ~e*** → **tête** *1*; ♦ *fig* ***avoir la ~e main sur qc*** maßgebenden, entscheidenden Einfluss auf etw (*acc*) haben; ***être ~ de deux mètres*** zwei Meter hoch sein; ***la rivière est ~e*** der Fluss hat, führt Hochwasser; ***le soleil est ~ dans le ciel*** die Sonne steht hoch am Himmel **2** *dans une hiérarchie, échelle de valeurs* hohe(r, -s); Hoch…; führend; ♦ ***~e bourgeoisie*** Großbürgertum *n*; ***la ~e couture*** die Haute Couture; die führenden Mode schaffenden Häuser *n/pl*; ***~s faits*** große, denkwürdige Taten *f/pl*; Heldentaten *f/pl*; ***~e finance*** Hochfinanz *f*; Geld-, Finanzaristokratie *f*; ***~ fonctionnaire*** hoher Beamter; ***la ~e société*** die (feine, gute, vornehme) Gesellschaft; die Oberschicht; ***les ~es sphères de la politique*** die führenden politischen Kreise *m/pl*; ♦ ***avoir une ~e idée, opinion de qn, de qc*** e-e hohe Meinung von j-m, von etw haben; ***avoir une ~e idée de soi-même*** e-e hohe Meinung von sich haben; von sich selbst überzeugt sein; selbstbewusst sein (*a péj*); ein gesundes Selbstbewusstsein besitzen **3** *température, salaire, cours, précision, valeur etc* hohe(r, -s) (*épithète*); hoch (*attribut*); Hoch…; ÉLECT ***~e tension*** Hochspannung *f*; *loc/adj*: ***de la plus ~e importance*** von höchster, größter Wichtigkeit, Bedeutung; ***~ en couleur(s)*** → **couleur** *1*; *loc/adv*: ***au plus ~ point*** in höchstem Maße; im höchsten Grade **4** *dans le temps* ***la plus ~e antiquité*** uralte Zeiten *f/pl*; die graue Vorzeit; ***le ~ Moyen Âge*** das frühe Mittelalter **5** GÉOGR Ober…; ***la ~e Seine*** die obere Seine; der Oberlauf der Seine **6** LING ***le ~ allemand*** das Ober- und Mitteldeutsche; Ober- und Mitteldeutsch *n*; ***le moyen, vieux ~ allemand*** das Mittel-, Althochdeutsche; Mittel-, Althochdeutsch *n* **7** MUS ***note ~e*** hoher Ton; *loc/adv* ***à voix ~e*** laut; mit lauter Stimme; *fig*: ***n'avoir jamais une parole plus ~e que l'autre*** im Gespräch niemals laut werden; ***pousser les ~s cris*** in großes Geschrei ausbrechen; F sich aufregen **II** *adv* **1** *dans l'espace et fig* hoch; ***plus ~*** höher; weiter oben (*a dans un texte*); ***~ les cœurs!*** Kopf hoch!; ***~ les mains!*** Hände hoch!; *fig* ***~ la main*** ohne Mühe; spielend; mit Leichtigkeit; ***l'emporter, gagner ~ la main*** überlegen siegen; haushoch gewinnen; ***être pendu ~ et court*** gehängt, gehenkt werden; ***personnage ~ placé*** hochgestellte Persönlichkeit; ***voir plus ~*** siehe oben; ***voler ~*** hoch fliegen **2** *dans le temps* ***remonter plus ~ (dans le temps)*** weiter ausholen **3** *à propos d'un son* laut; MUS hoch; ***chanter ~*** hoch singen; ***lire tout ~*** laut lesen; MUS ***monter ~*** hohe Töne singen; ***parler plus ~*** lauter sprechen; ***penser tout ~*** laut denken **4** *loc/adv*: ***de ~*** von oben (*a fig*); ***le prendre de ~*** von oben herab tun; ***tomber de ~*** aus großer Höhe fallen; *fig* (*a* ***tomber de son ~***) (wie) aus allen Wolken fallen; ***voir les choses de ~*** a) die Dinge insgesamt sehen; b) *péj* sich nicht mit Kleinigkeiten abgeben; ***de ~ en bas*** [dəotɑ̃bɑ] von oben nach unten; ***en ~*** oben; *avec mouvement* nach oben; aufwärts; hinauf; ***tout en ~*** ganz oben *ou* ganz nach oben; ***être en ~*** oben sein; *chemin* ***mener en ~*** nach oben führen; aufwärtsführen; hinaufführen; ***regarder en ~*** nach oben sehen; hinaufsehen; ***d'en ~*** von oben (her, herab) (*a fig*); ***les voisins d'en ~*** die Nachbarn von oben; ***l'ordre vient d'en ~*** der Befehl kommt von oben; ***par en ~*** oben entlang, herum; F oben lang, rum; ♦ *loc/prép* ***en ~ de qc*** oben auf etw (*dat ou acc*); ***en ~ de la page 10*** auf Seite 10 oben; ***arriver en ~ de la montagne*** oben auf dem Berg ankommen; ***mettre qc en ~ de l'armoire*** etw oben auf den Schrank legen **III** *m* **1** oberer Teil; *inscription sur une caisse* ***~*** oben; ***dans le ~ du tableau*** oben auf dem Gemälde; ***dans le tiroir du ~*** in der obersten Schublade; ***les voisins du ~*** die Nachbarn von oben; ♦ *loc/prép* ***du ~ de qc*** von etw herunter *ou* hinunter, herab *ou* hinab, F runter; von etw aus; ***du ~ du balcon***, *il me salua* vom Balkon herunter, herab, F runter **2** ***avoir dix mètres de ~*** zehn Meter hoch sein **3** *fig* ***les ~s et les bas*** die Höhen *f/pl* und Tiefen *f/pl*; das Auf und Ab; ***il a connu dans sa vie des ~s et des bas*** er ist in s-m Leben durch Höhen und Tiefen gegangen

'hautain [otɛ̃] *adj* hochmütig; stolz

'hautbois [obwɑ] *m* MUS **1** Oboe *f* **2** *musicien* Oboist *m*

'hautboïste [obɔist] *m,f* MUS Oboist(in) *m(f)*

'haut-commissaire [okɔmisɛʀ] *m* ⟨*pl* **hauts-commissaires**⟩ Hochkommissar *m* **'haut-commissariat** *m* ⟨*pl* **hauts-commissariats**⟩ Hochkommissariat *n* **'haut-de-chausse(s)** *m* ⟨*pl* **hauts-de-chausse(s)**⟩ HIST Oberschenkelhose *f* **'haut-de-forme** *m*

⟨*pl* **hauts-de-forme**⟩ Zylinder(hut) *m*
'haute [ot] *f* F ***les gens de la ~*** die Hautevolee; F die oberen zehntausend
'Haute-Autriche [ototʀiʃ] ***la ~*** Oberösterreich *n*
'Haute-Corse [otkɔʀs] ***la ~*** *frz Departement auf Korsika*
'Haute-Égypte [otɛʒipt] ***la ~*** Oberägypten *n*
'haute-fidélité [otfidelite] *f* → ***fidélité 2***
'Haute-Garonne [otgaʀɔn], **'Haute-Loire**, **'Haute-Marne** ***la ~*** *frz Departements*
'hautement [otmɑ̃] *adv* **1** hoch...; überaus; ***~ qualifié*** hoch qualifiziert **2** *(ouvertement)* gerade-, freiheraus; klar und deutlich
'Haute-Normandie [otnɔʀmɑ̃di] ***la ~*** *frz Region*
'Hautes-Alpes [otzalp] ***les ~*** *f/pl frz Departement*
'Haute-Saône [otson], **'Haute-Savoie** ***la ~*** *frz Departements*
'Hautes-Pyrénées [otpiʀene] ***les ~*** *f/pl frz Departement*
'hauteur [otœʀ] *f* **1** Höhe *f*; ***~ vertigineuse*** schwindelnde, schwindelerregende Höhe; SPORTS ***saut m en ~*** Hochsprung *m*; *loc/adv*: ***à ~ variable*** höhenverstellbar; ***à ~ d'homme*** in Menschenhöhe; ***à la ~ de la table*** in Tischhöhe; ***avoir une ~ de deux mètres*** e-e Höhe von zwei Meter(n) haben; zwei Meter hoch sein; *personne* ***tomber de toute sa ~*** der Länge nach hinfallen **2** *fig* *(arrogance)* Hochmut *m*; Arroganz *f* **3** MATH, ASTR Höhe *f*; ***~ du soleil*** Sonnenhöhe *f*, -stand *m* **4** *d'un son* Höhe *f* **5** GÉOGR (An)Höhe *f*; Erhöhung *f* **6** *loc/prép* ***à la ~ de qn, de qc*** auf gleicher Höhe mit j-m, mit etw; ***à ma ~*** auf gleicher Höhe mit mir; *bateau* ***être à la ~ des Açores*** auf der Höhe der Azoren sein **7** *fig*: ***être à la ~ de qc*** e-r Sache *(dat)* gewachsen sein; *abs* F ***il n'est pas à la ~*** er ist der Sache nicht gewachsen; er ist unfähig; ***se montrer à la ~ de la situation*** sich der Lage, Situation gewachsen zeigen; *loc/adj* F ***un type à la ~*** F ein fähiger, tüchtiger Typ, Kerl
'Haute-Vienne [otvjɛn] ***la ~*** *frz Departement*
'Haute-Volta [otvɔlta] ***la ~*** HIST Obervolta *n*
'haut-fond [ofõ] *m* ⟨*pl* **hauts-fonds**⟩ Untiefe *f*; seichte Stelle
'haut-le-cœur [olkœʀ] *m* ⟨*inv*⟩ **1** Übelkeit *f*; Brechreiz *m*; ***j'ai un ~*** mir ist übel, schlecht; ***donner des ~ à qn*** (bei) j-m Übelkeit verursachen **2** *fig* Abscheu *m*, Ekel *m* (***devant*** vor +*dat*); ***il a eu un ~ devant ce spectacle*** *a* ihm wurde ganz übel von, bei diesem Anblick
'haut-le-corps [olkɔʀ] *m* ⟨*inv*⟩ ***avoir un ~*** auf-, hochschrecken, -fahren
'Haut-Palatinat [opalatina] ***le ~*** die Oberpfalz
'haut-parleur [opaʀlœʀ] *m* ⟨*pl* **haut-parleurs**⟩ Lautsprecher *m*
'Haut-Rhin [oʀɛ̃] ***le ~*** *frz Departement* das Oberelsass
'Hauts-de-Seine [odsɛn] ***les ~*** *m/pl frz Departement*
'hauturier [otyʀje] *adj* ⟨**-ière**⟩ MAR Hochsee...; ***navigation hauturière*** Hochseeschifffahrt *f*
'havanais [avanɛ] **I** *adj* von Havanna **II** *subst* **1** ***'Havanais(e)*** *m(f)* Einwohner(in) *m(f)* von Havanna **2** *m chien* Havaneser *m*
'Havane (La) [laavan] Havanna *n*
'havane [avan] **I** *m* **a)** Havanna(tabak) *m*; **b)** Havanna(zigarre) *f* **II** *adj* ⟨*inv*⟩ havannabraun, -farben; gelbbraun
'hâve [ɑv] *adj* *(pâle)* fahl; bleich; *(émacié)* eingefallen
'havre [ɑvʀ] *m st/s* Zufluchtsort *m*; Insel *f*; Hafen *m*; ***~ de paix*** Insel des Friedens
'Havre (Le) [ləɑvʀ] *Stadt im Dep. Seine-Maritime*
'havresac [avʀəsak] *m* MIL Tornister *m*
Hawaï [awaj] Hawaii *n*; ***les îles*** *f/pl* ***~*** die Hawaii-Inseln *f/pl*
hawaïen [awajɛ̃] **I** *adj* ⟨**~ne**⟩ hawaiisch; Hawaii...; MUS ***guitare ~ne*** Hawaiigitarre *f* **II** *subst* ***Hawaïen(ne)*** *m(f)* Hawaiianer(in) *m(f)*
'Haye (La) [laɛ] Den Haag *n*
Haÿ-les-Roses (L') [laileʀoz] *Stadt im Dep. Val-de-Marne*
'hayon [ajõ, ɛjõ] *m* AUTO Hecktür *f*, -klappe *f*
'hé [(h)e] *int* **1** he(da)!; ***~! vous, là-bas*** he, Sie da! **2** ***~! ~!*** nun (ja)!; → ***a eh***
'heaume [om] *m* HIST Helm *m* (*a* HÉRALDIQUE)
hebdo [ɛbdo] *m* F *abr* → ***hebdomadaire II***
hebdomadaire [ɛbdɔmadɛʀ] **I** *adj* wöchentlich; Wochen....; *revue* wöchentlich erscheinend **II** *m* Wochenblatt *n*, -schrift *f*, -zeitschrift *f*
hébergement [ebɛʀʒəmɑ̃] *m* **a)** Unterbringung *f*; Beherbergung *f*; ***centre m d'~ pour réfugiés*** Flüchtlingsaufnahmezentrum *n*, -lager *n*; **b)** *(logement)* Unterkunft *f*
héberger [ebɛʀʒe] *v/t* ⟨**-geons**⟩ ***~ qn*** j-n beherbergen; (bei sich) unterbringen, *réfugiés* aufnehmen
hébété [ebete] *adj* **a)** *air, regard* stumpf(sinnig); **b)** *personne* benommen, wie betäubt (***de qc*** von etw)
hébétement [ebɛtmɑ̃] *m* **a)** *du regard etc* Stumpfheit *f*; **b)** *d'une personne* Benommenheit *f*; *a* Stumpfsinn *m*
hébétude [ebetyd] *f litt* Stumpfsinn *m*
hébraïque [ebʀaik] *adj* hebräisch
hébreu [ebʀø] **I** *adj* ⟨*nur m, pl* **~x**⟩ hebräisch **II** *m* **1** *pl* ***Hébreux*** Hebräer *m/pl* **2** LING ***l'~*** das Hebräische; Hebräisch *n*; *fig* ***c'est de l'~*** das sind für mich böhmische Dörfer; das ist unverständlich
Hébrides [ebʀid] ***les îles*** *f/pl* ***~*** die Hebriden *pl*
'H.E.C. [aʃəse] *abr* ([*École des*] *Hautes études commerciales*) *(führende) Wirtschaftshochschule in Jouy-en-Josas bei Paris*
hécatombe [ekatõb] *f* **1** *(massacre)* Blutbad *n*; Gemetzel *n*; Hekatombe *f*; ***faire une ~*** ein Blutbad anrichten **2** *plais à un examen* ***quelle ~!*** *ou* ***c'était une vraie ~*** da blieben viele auf der Strecke
hectare [ɛktaʀ] *m* (*abr* ***ha***) Hektar *n ou m* (*abr* ha)
hecto [ɛkto] *m abr* → ***hectolitre***
hectogramme [ɛktogʀam] *m* (*abr* ***hg***) Hektogramm *n* (*abr* hg) **hectolitre** *m* (*abr* ***hl***) Hektoliter *n ou m* (*abr* hl) **hectomètre** *m* (*abr* ***hm***) Hektometer *n ou m* (*abr* hm)
'Hedjaz [ɛdʒaz] GÉOGR ***le ~*** der Hedschas
hédonisme [edɔnism] *m* PHILOS Hedonismus *m*
hégélianisme [egeljanism] *m* PHILOS Hegelianismus *m* **hégélien** **I** *adj* ⟨**~ne**⟩ hegelianisch; hegelsche(r, -s) **II** *subst* **~(*ne*)** *m(f)* Hegelianer(in) *m(f)*
hégémonie [eʒemɔni] *f* POL Hegemonie *f*; Vorherrschaft *f*; Vormachtstellung *f*
hégire [eʒiʀ] *f* ISLAM Hedschra *f*
'hein [ɛ̃] *int* F **~?** **1** *pour faire répéter* F hm?; was? **2** *demande d'approbation* nicht (wahr)?; F hm?; *südd* gelt? **3** *surprise* F na(nu)!; was!

H

Heine [ɛn] ***Henri ~*** Heinrich Heine

'hélas [elɑs] *int* ach!; o weh!; leider!; ***~! non*** leider nein!

'héler [ele] *v/t* ⟨**-è-**⟩ her(an)-, herbeirufen

hélice [elis] *f* **1** AVIAT Propeller *m*; Luftschraube *f*; MAR (Schiffs)Schraube *f* **2** MATH Schrauben-, Schneckenlinie *f* **3** ARCH ***escalier*** *m* ***en ~*** Wendeltreppe *f*

hélico [eliko] *m* F *abr* → ***hélicoptère***

hélicoïdal [elikɔidal] *adj* ⟨**-aux**⟩ TECH schrauben-, schneckenförmig; Schrauben…; Schnecken…; Spiral…; ***engrenage ~*** Schrauben(rad)getriebe *n*

hélicoptère [elikɔptɛʀ] *m* AVIAT Hubschrauber *m*; Helikopter *m* (*surtout en Suisse*); MIL ***~ de combat*** Kampfhubschrauber *m*

héligare [eligaʀ] *f* AVIAT Abfertigungsgebäude *n* für Hubschrauberpassagiere

hélio [eljo] *f abr* → ***héliogravure***

héliogravure [eljogʀavyʀ] *f* TYPO Tiefdruck *m*

héliomarin [eljomaʀɛ̃] *adj* MÉD ***cure ~e*** auf Sonnenbestrahlung und Seeluft basierende Heilkur

héliotrope [eljɔtʀɔp] *m* **1** BOT Heliotrop *n*; Sonnenwende *f* **2** MINÉR Heliotrop *m* **héliotropisme** *m* BOT Heliotropismus *m*

héliport [elipɔʀ] *m* AVIAT Hubschrauberlandeplatz *m*; Heliport *m*

héliporté [elipɔʀte] *adj* mit Hubschrauber(n) befördert; *par ext* ***opération ~e*** Hubschrauberaktion *f*

hélium [eljɔm] *m* CHIM Helium *n*

hélix [eliks] *m* ANAT Helix *f*; umgebogener Rand der Ohrmuschel

hellène [elɛn, ɛllɛn] HIST *ou st/s* **I** *adj* hellenisch; griechisch **II** *m,f* ***Hellène*** Hellene *m*, Hellenin *f*

hellénique [ɛ(l)lenik] *adj* HIST *ou st/s* hellenisch; griechisch **hellénisme** *m* HIST Hellenismus *m*

helléniste [ɛ(l)lenist] *m,f* Gräzist(in) *m(f)* **hellénistique** *adj* HIST hellenistisch

Helsinki [ɛlsiŋki] Helsinki *n*

Helvètes [ɛlvɛt] *m/pl* HIST Helvetier *m/pl*

helvétique [ɛlvetik] *adj* Schweizer; schweizerisch; helvetisch; ***Confédération*** *f* ***~*** Schweizerische Eidgenossenschaft

helvétisme [ɛlvetism] *m* LING Helvetismus *m*; schweizerische Spracheigentümlichkeit

Hem [ɛm] *Stadt im Dep. Nord*

hématie [emasi] *f* BIOL rotes Blutkörperchen

hématite [ematit] *f* MINÉR Hämatit *m*

hématologie [ematɔlɔʒi] *f* Hämatologie *f*; Lehre *f* vom Blut

hématome [ematom] *m* MÉD Bluterguss *m*; *sc* Hämatom *n*

hématurie [ematyʀi] *f* MÉD Blutharnen *n*; *sc* Hämaturie *f*

hémicycle [emisikl] *m d'un théâtre, d'une salle* Halbrund *n*; *abs* ***l'~*** die (Sitzreihen *f/pl* der französischen) Nationalversammlung; ***en ~*** halbkreisförmig; im Halbrund

hémiplégie [emipleʒi] *f* MÉD halbseitige Lähmung; *sc* Hemiplegie *f* **hémiplégique** *m,f* MÉD halbseitig Gelähmte(r) *f(m)*

hémisphère [emisfɛʀ] *m* **1** Halbkugel *f*; Hemisphäre *f*; *de la Terre* ***~ nord*** *ou* ***boréal, sud*** *ou* ***austral*** nördliche, südliche Halbkugel *ou* Hemisphäre; Nord-, Südhalbkugel *f* **2** ANAT ***~ cérébral*** Großhirnhälfte *f*

hémisphérique [emisfeʀik] *adj* halbkugelförmig; in Form e-r Halbkugel

hémistiche [emistiʃ] *m* VERSIFICATION Halbvers *m*; Hemistichion *n*

hémoglobine [emɔglɔbin] *f* Hämoglobin *n*; Blutfarbstoff *m*

hémophile [emɔfil] *m* MÉD Bluter *m* **hémophilie** *f* MÉD Bluterkrankheit *f*; *sc* Hämophilie *f*

hémorragie [emɔʀaʒi] *f* **1** MÉD Blutung *f*; ***~ cérébrale*** Hirnblutung *f*; ***~ interne*** innere Blutung **2** *fig* (*perte de vies humaines*) Aderlass *m*; *de capitaux* Schwund *m*; Abwanderung *f*

hémorroïdal [emɔʀɔidal] *adj* ⟨**-aux**⟩ MÉD hämorr(ho)idal; Hämorr(ho)idal…

hémorroïdes [emɔʀɔid] *f/pl* MÉD Hämorr(ho)iden *f/pl*

hémostase [emɔstɑz] *f* MÉD Blutstillung *f* **hémostatique** *adj* (*et subst m*) MÉD blutstillend(es Mittel)

Hendaye [ɑ̃daj] *Stadt im Dep. Pyrénées-Atlantiques*

'henné [ene, ɛ(n)ne] *m* **a)** BOT Hennastrauch *m*; **b)** *colorant* Henna *f ou n*

'hennin [enɛ̃, ɛ(n)nɛ̃] *m* HIST burgundische Haube

'hennir [eniʀ] *v/i* wiehern **'hennissement** *m* Wiehern *n*; Gewieher *n*

Henri [ɑ̃ʀi] *m* **1** *Vorname* **2** HIST Heinrich *m*

'hep [(h)ɛp] *int* he!; hallo!

hépatique [epatik] **I** *adj* ANAT, MÉD Leber…; ***colique*** *f* ***~*** Gallenkolik *f* **II** *m,f* Leberkranke(r) *f(m)*

hépatite [epatit] *f* MÉD Hepatitis *f*; Leberentzündung *f*

heptathlon [ɛptatlɔ̃] *m* SPORTS Siebenkampf *m*

héraldique [eʀaldik] **I** *adj* heraldisch; Wappen… **II** *f* Heraldik *f*; Wappenkunde *f* **héraldiste** *m,f* Heraldiker(in) *m(f)*; Wappenforscher(in) *m(f)*

Hérault [eʀo] ***l'~*** *Fluss u Departement in Frankreich*

'héraut [eʀo] *m* HIST ***~ (d'armes)*** Herold *m*

herbacé [ɛʀbase] *adj* BOT krautartig; ***plante ~e*** Kraut *n*; krautige *ou* nicht verholzende Pflanze

herbage [ɛʀbaʒ] *m* Weide *f*; ***~s*** *pl a* Weideland *n*

herbager [ɛʀbaʒe] *v/t* ⟨**-geons**⟩ *bétail* auf die Weide treiben

herbe [ɛʀb] *f* **1** *coll* Gras *n*; ***'hautes ~s*** hohes Gras; ***mauvaise ~*** Unkraut *n*; ***brin*** *m* ***d'~*** Grashalm *m*; *loc/adj blé* ***en ~*** noch grün; *fig* ***c'est un pianiste en ~*** aus ihm könnte ein großer Pianist werden; er hat die Anlagen zu e-m großen Pianisten; *fig* ***couper l'~ sous le pied de qn*** j-m den Rang ablaufen; j-n ausstechen; j-m den Wind aus den Segeln nehmen; ***marcher dans, sur l'~*** durch das Gras gehen **2** BOT Kraut *n*; krautiges Gewächs; ***~s aromatiques*** Gewürz-, Küchen-, Duftkräuter *n/pl*; CUIS ***fines ~s*** Küchenkräuter *n/pl*; feine (grüne) Kräuter *n/pl*; ***omelette*** *f* ***aux fines ~s*** Kräuteromelett *n*; PHARM ***~s médicinales, officinales*** Heilkräuter *n/pl*; ***~ de la Saint-Jean*** Johanniskraut *n* **3** *arg* (*drogue*) *arg* Grass *n*

herbeux [ɛʀbø] *adj* ⟨**-euse**⟩ grasbewachsen

herbicide [ɛʀbisid] **I** *adj* Unkraut vertilgend **II** *m* Unkrautvertilgungs-, Unkrautbekämpfungsmittel *n*; Herbizid *n*

herbier [ɛʀbje] *m* Herbarium *n*

herbivore [ɛʀbivɔʀ] ZO **I** *adj* pflanzenfressend **II** *m* Pflanzenfresser *m*

herboriser [ɛʀbɔʀize] *v/i* botanisieren; Pflanzen, Kräuter sammeln

herboriste [ɛʀbɔʀist] *m,f* (Heil)Kräuterhändler(in)

m(f)

herboristerie [ɛrbɔristəri] *f* **a)** *commerce* (Heil)-Kräuterhandel *m*; **b)** *magasin* (Heil)Kräuterhandlung *f*

Hercule [ɛrkyl] *m* 1 MYTH Herkules *m*; Herakles *m* 2 *fig* ***hercule*** wahrer Herkules; ***bâti, taillé en hercule*** wie (ein) Herkules *ou* herkulisch gebaut

herculéen [ɛrkyleɛ̃] *adj* ⟨**~ne**⟩ herkulisch; ***force ~ne*** Bärenkraft *f*

'hère [ɛr] *m* ***pauvre ~*** armer Kerl, Teufel, Tropf

héréditaire [ereditɛr] *adj* 1 BIOL Erb...; erblich; erbbedingt; ***caractères*** *m/pl* ***~s*** Erbanlagen *f/pl*; ***maladie*** *f* ***~*** Erbkrankheit *f*; erbliche Krankheit 2 JUR Erb...; erblich; *titre etc a* vererblich; vererbbar; ***monarchie*** *f* ***~*** Erbmonarchie *f* 3 *fig* Erb...; ***ennemi*** *m* ***~*** Erbfeind *m*

hérédité [eredite] *f* BIOL 1 *transmission* Vererbung *f*; ***lois*** *f/pl* ***de l'~*** Vererbungsgesetze *n/pl* 2 (*caractères héréditaires*) Erbgut *n*, -anlagen *f/pl*; ***avoir une lourde ~*** erblich belastet sein

hérésie [erezi] *f* REL *et fig* Häresie *f*; Ketzerei *f*; Irrlehre *f*

hérétique [eretik] REL *et fig* I *adj* häretisch; ketzerisch II *m,f* Häretiker(in) *m(f)*; Ketzer(in) *m(f)*

'hérissé [erise] *adj* 1 *plumes, poils, cheveux* gesträubt; *cheveux a* hochstehend 2 ***~ de qc*** bedeckt, gespickt mit etw; *fig* ***~ de difficultés*** voller Schwierigkeiten; F mit Schwierigkeiten gespickt; *parcours* ***~ d'obstacles*** mit vielen Hindernissen

'hérissement [erismɑ̃] *m des plumes etc* Sträuben *n*

'hérisser [erise] I *v/t* 1 *animal*: *ses plumes ou ses poils* sträuben 2 *fig* ***~ qn*** j-n zornig machen, erzürnen II *v/pr* ***se ~*** 1 *cheveux, poils, plumes* sich sträuben 2 *fig personne* zornig, böse, aggressiv werden

'hérisson [erisõ] *m* 1 ZO Igel *m* 2 *du ramoneur* Sonne *f* 3 AGR Stachelwalze *f* 4 MIL Igelstellung *f*

héritage [eritaʒ] *m* 1 Erbe *n*; Erbschaft *f*; ***~ paternel*** väterliches Erbe; ***oncle*** *m*, ***tante*** *f* ***à ~*** Erbonkel *m*, -tante *f*; ***faire un ~*** e-e Erbschaft machen; ***laisser qc en ~*** etw vererben; *fig* etw hinterlassen 2 *fig* Erbe *n*; Erbteil *n*; Hinterlassenschaft *f* (*a péj*); ***~ culturel*** kulturelles Erbe

hériter [erite] *v/t, v/t/indir et v/i* erben (*a fig*); ***~ une maison de son père*** ein Haus von s-m Vater erben; ***~ (de) qc*** etw erben (***de qn*** von j-m); ***~ d'une fortune*** ein Vermögen erben; ***~ de qn*** j-n beerben

héritier [eritje] *m* 1 JUR *et fig* Erbe *m*; ***~ du trône*** Thronerbe *m*; *adjt* ***prince ~*** Erbprinz *m*; Kronprinz *m*; Thronfolger *m* 2 *plais* (*enfant*) F *plais* Sprössling *m*; Spross *m*

héritière [eritjɛr] *f* JUR *et fig* Erbin *f*

hermaphrodite [ɛrmafrɔdit] I *m* 1 MYTH Hermaphrodit *m* 2 BIOL Zwitter *m*; *sc* Hermaphrodit *m* II *adj* BIOL zweigeschlechtig; zwittrig

herméneutique [ɛrmenøtik] REL, PHILOS I *adj* hermeneutisch II *f* Hermeneutik *f*

hermétique [ɛrmetik] *adj* 1 *fermeture* hermetisch; luft- und wasserdicht; *par ext boîte* hermetisch verschlossen 2 *fig* (*difficile à comprendre*) schwer verständlich; undurchschaubar; geheimnisvoll; *a style* hermetisch; *visage* verschlossen **hermétiquement** *adv* ***~ fermé*** hermetisch verschlossen

hermétisme [ɛrmetism] *m* 1 ALCHIMIE in den hermetischen Schriften enthaltene Lehre 2 LITTÉRATURE Hermetismus *m*

hermine [ɛrmin] *f* 1 ZO Hermelin *n* 2 *fourrure* Hermelin(pelz) *m*

Hermon [ɛrmõ] ***l'~*** *m* der Hermon; das Hermongebirge

'herniaire [ɛrnjɛr] *adj* MÉD Bruch...; ***bandage*** *m* ***~*** Bruchband *n*

'hernie [ɛrni] *f* MÉD **a)** (Eingeweide)Bruch *m*; **b)** ***~ discale*** Bandscheibenvorfall *m*

héroïne[1] [erɔin] *f* 1 Heldin *f*; Heroin *f*; ***~ nationale*** Nationalheldin *f* 2 *d'un roman, film etc* Heldin *f*; *d'une fête etc* Hauptperson *f*, -figur *f*

héroïne[2] [erɔin] *f drogue* Heroin *n*

héroïnomane [erɔinɔman] I *adj* heroinsüchtig II *m,f* Heroinsüchtige(r) *f(m)*

héroïque [erɔik] *adj* 1 *personne, combat etc* heldenhaft, -mütig; heroisch 2 *ère* der Helden, Heroen; heroisch; *par ext* ***âge*** *m* ***~*** Pionierzeit *f* 3 LITTÉRATURE Helden...; heroisch; ***poème*** *m* ***~*** Heldengedicht *n*

héroïquement [erɔikmɑ̃] *adv* heldenhaft, -mütig; heroisch

héroïsme [erɔism] *m d'une personne* Heldenmut *m*, -tum *n*; Heroismus *m*; *d'un comportement* Heroismus *m*; Heldenhaftigkeit *f*; ***acte*** *m* ***d'~*** heroische Tat; Heldentat *f*; *iron* ***c'est de l'~!*** das ist der reinste Heroismus!; das ist ja geradezu heroisch!

'héron [erõ] *m* ZO Reiher *m*; ***~ cendré*** Fisch-, Graureiher *m*

'héros [ero] *m* 1 Held *m*; Heros *m*; Heroe *m*; ***~ national*** Nationalheld *m*; ***mourir en ~*** als Held, wie ein Held sterben 2 *d'un roman, film etc* Held *m*; *d'un événement* Hauptperson *f*, -figur *f*; ***~ du jour*** Held *m* des Tages

herpès [ɛrpɛs] *m* MÉD Bläschenausschlag *m*; *sc* Herpes *m*

herpétologie [ɛrpetɔlɔʒi] *f* Herpetologie *f*; Lehre *f* von den Kriechtieren

'herse [ɛrs] *f* 1 AGR Egge *f* 2 FORTIF Fallgatter *n*

'herser [ɛrse] *v/t* AGR eggen

hertz [ɛrts] *m* (*abr* ***Hz***) PHYS Hertz *n* (*abr* Hz)

hertzien [ɛrtsjɛ̃] *adj* ⟨**~ne**⟩ RAD ***ondes ~nes*** hertzsche Wellen *f/pl*

Hervé [ɛrve] *m Vorname*

Herzégovine [ɛrzegɔvin] GÉOGR ***l'~*** *f* die Herzegowina

'Hesbaye [ɛsbɛ] GÉOGR ***la ~*** der Haspengau

Hesdin [edɛ̃] *Ort im Dep. Pas-de-Calais*

hésitant [ezitɑ̃] *adj* zögernd; zaudernd; *personne a* unschlüssig; schwankend; *voix a* stockend

hésitation [ezitasjõ] *f* Zögern *n*; Zaudern *n*; Unschlüssigkeit *f*; Schwanken *n* (***entre*** zwischen +*dat*); ***après bien des ~s*** nach langem Zögern, Zaudern; nach langem Hin und Her; ***obéir sans ~*** auf der Stelle, ohne Zögern gehorchen

hésiter [ezite] *v/i* 1 zögern, zaudern (***à faire qc*** etw zu tun); ***il hésitait à répondre*** er zögerte mit der Antwort; ***sans ~*** ohne zu zögern, zaudern; ohne Zögern, Zaudern; ***il n'y a pas à ~*** da gibt es kein Zögern; da braucht man nicht lange zu überlegen 2 ***~ sur qc*** (sich [*dat*]) über etw (*acc*) unschlüssig sein; sich (*dat*) über etw (*acc*) im Unklaren sein 3 ***~ entre diverses choses*** zwischen verschiedenen Dingen schwanken 4 *en parlant* stocken; F stecken bleiben

'Hesse [ɛs] ***la*** **~** Hessen *n*
hétéroclite [eteʀɔklit] *adj* verschieden-, ungleichartig; bunt zusammengewürfelt
hétérogène [eteʀɔʒɛn] *adj* heterogen; verschieden-, ungleichartig
hétérogénéité [eteʀɔʒeneite] *f* Heterogenität *f*; Verschiedenartig-, Ungleichartigkeit *f*
hétérosexualité [eteʀɔsɛksɥalite] *f* Heterosexualität *f* **hétérosexuel** *adj* ⟨**~le**⟩ heterosexuell
'hêtraie [ɛtʀɛ] *f* Buchenhain *m*, -wald *m*
'hêtre [ɛtʀ] *m* **1** BOT Buche *f* **2** *bois* Buche(nholz) *f(n)*; ***en*** **~** buchen; aus Buchenholz
'heu [ø] *int* → ***euh***
heur [œʀ] *m iron* ***ne pas avoir l'~ de plaire à qn*** nicht das Glück haben, j-m zu gefallen
heure [œʀ] *f* **1** *(60 minutes)* Stunde *f*; ♦ ***une petite ~*** e-e knappe Stunde; ein Stündlein, Stündchen; ***~ supplémentaire*** Überstunde *f*; ***deux ~s de route*** zwei Stunden Fahrt; *course automobile* ***les 24 ~s du Mans*** das 24-Stunden-Rennen von Le Mans; ***~ de cours*** Unterrichtsstunde *f*; ***~s de travail*** Arbeitszeit *f*; ***quart*** *m* ***d'~*** Viertelstunde *f*; → *a* ***quart*** *I 3*; ♦ *loc/adv*: ***deux ~s plus tôt, plus tard*** zwei Stunden früher, später; *revenez* ***dans trois ~s*** in drei Stunden; *faire qc* ***en trois ~s*** in drei Stunden; innerhalb von drei Stunden; ***vingt-quatre ~s sur vingt-quatre*** rund um die Uhr; ♦ F ***voilà*** *ou* ***ça fait une ~ qu'on t'attend*** wir warten schon e-e Ewigkeit auf dich; ***Lyon est à deux ~s de Paris par le train*** Lyon liegt zwei Zugstunden von Paris entfernt; ***être payé à l'~*** Stundenlohn bekommen; stundenweise bezahlt werden; ***faire du cent à l'~, rouler à cent à l'~*** (mit) hundert (Stundenkilometern) fahren; ***gagner, toucher quinze euros l'~***, F ***de l'~*** fünfzehn Euro die Stunde, pro Stunde verdienen **2** *division du temps* (Uhr)Zeit *f*; *après un chiffre* Uhr; ♦ ***~ exacte*** genaue Uhrzeit; ***~ locale*** Orts-, Lokalzeit *f*; MAR ***~ de bord*** Bordzeit *f*; ***~ d'été*** Sommerzeit *f*; ***~ de l'Europe centrale*** mitteleuropäische Zeit (*abr* MEZ); ♦ ***deux ~s dix*** zwei Uhr zehn; zehn (Minuten) nach zwei; ***deux ~s et quart, deux ~s un quart*** (ein) Viertel nach zwei; viertel drei; ***dix ~s et demie*** halb elf; ***une ~ moins le quart*** Viertel vor eins; drei viertel eins; ***trois ~s moins cinq*** fünf (Minuten) vor drei; ***neuf ~s du matin*** neun Uhr morgens *ou* vormittags; ♦ *loc/adv*: ***à l'~*** pünktlich; ***être à l'~*** *personne* pünktlich sein; *montre* richtig, genau gehen; ***à ~ fixe*** zu e-r bestimmten Stunde, Zeit; immer zur gleichen Stunde, Zeit; ***à deux ~s juste*** genau, pünktlich um zwei (Uhr); ***à quelle ~?*** um wie viel Uhr?; um welche Zeit?; ***sur le coup de dix ~s*** Schlag zehn (Uhr); ***après l'~*** nach der vereinbarten Zeit; später; zu spät; ***avant l'~*** vor der Zeit; vorzeitig; F *loc* ***avant l'~ c'est pas l'~, après l'~ c'est plus l'~*** zu früh ist zu früh und zu spät ist zu spät; man soll nie zu früh und nie zu spät kommen; ♦ ***vous avez l'~?*** haben Sie die genaue Uhrzeit?; ***ne pas avoir d'~*** keine festen Zeiten kennen; sich an keine festen Zeiten halten; ***demander l'~*** fragen, wie viel Uhr *ou* wie spät es ist; F *fig* ***je ne te demande pas l'~ qu'il est*** ich habe dich nicht um deine Meinung gefragt; misch dich nicht ein!; ***quelle ~ est-il?*** wie spät ist es?; wie viel Uhr ist es?; ***il est 'huit ~s*** es ist acht (Uhr) **3** *(moment)* Zeit(punkt) *f(m)*; Stunde *f*; Augenblick *m*; *par ext (époque)* Zeitalter *n*; ♦ ***l'~ de l'informatique*** das Zeitalter der Informatik; ***l'~ de la liberté*** die Stunde der Freiheit; ***~s de pointe*** → ***pointe*** *10*; ***~s des repas*** Essens-, Tischzeiten *f/pl*; ***problèmes*** *m/pl* ***de l'~*** aktuelle, akute, anstehende Probleme *n/pl*; ♦ *loc/adv et loc/adj*: ***à l'~ qu'il est, à l'~ actuelle***, F ***à cette ~*** [astœʀ] jetzt; zu, in dieser Zeit, Stunde; zu diesem Zeitpunkt; gegenwärtig; zurzeit; in der heutigen Zeit; *int* ***à la bonne ~!*** (das ist aber) schön, prächtig!; *iron* nun schön!; ***à la première ~*** zu früher Stunde; sehr früh; *il est poète* ***à ses ~s*** zu s-r Zeit; bisweilen; wenn er dazu aufgelegt ist; ***à toute ~*** jederzeit; zu jeder Tageszeit; *magasin* ***ouvert à toute ~*** ganztägig geöffnet; ***tout à l'~*** a) (so)eben; gerade; vorhin; b) (so)gleich; sofort; ***à tout à l'~!*** bis gleich, nachher, später, bald!; ***la conversation de tout à l'~*** das Gespräch von eben, von vorhin; ***d'~ en ~*** von Stunde zu Stunde; mit jeder Stunde; stündlich; ***d'une ~ à l'autre*** von e-r Stunde zur anderen; jeden Augenblick; ***de bonne ~*** *(tôt le matin)* früh (am Tage); *par ext* frühzeitig; ***nouvelle*** *f* ***de (la) dernière ~*** allerneueste Meldung; *elliptiquement* ***Dernière ~*** die allerneuesten Meldungen; *iron militant etc* ***de la dernière ~*** der sich erst kurz vor Torschluss anschließt; *partisan etc* ***de la première ~*** der ersten Stunde; ***sur l'~*** auf der Stelle; sogleich; sofort; unverzüglich; ♦ ***il a cru sa dernière ~ arrivée*** er glaubte, sein letztes Stündlein habe (schon) geschlagen; ***l'~ est grave*** die Stunde, der Augenblick ist ernst; ***c'est son ~*** das ist s-e *ou* ihre Zeit, Stunde; das ist die Zeit, zu der er *ou* sie gewöhnlich kommt; ***c'est l'~ de*** (*+inf*) es ist die Zeit zu (*+inf*); ***sa dernière ~*** *ou* ***son ~ a sonné*** sein letztes Stündlein, s-e letzte Stunde hat geschlagen; ***sa dernière ~*** *ou* ***son ~ est venue*** s-e letzte Stunde ist gekommen; ***son ~ viendra*** s-e Stunde, Zeit wird (noch) kommen **4** REL ***(livre*** *m* ***d')~s*** Stundenbuch *n*
heureusement [øʀøzmɑ̃, œʀøz-] *adv* **1** *(par bonheur)* glücklicherweise; zum Glück; erfreulicherweise; ***~ (que) nous sommes indemnes*** glücklicherweise, zum Glück sind wir unverletzt; ***~ pour lui (que) …*** (es ist) ein Glück für ihn, dass … **2** *(de façon avantageuse)* glücklich; gut; ***l'affaire s'est terminée ~*** die Sache hat ein glückliches Ende gefunden
heureux [øʀø, œʀø] **I** *adj* ⟨**-euse**⟩ **1** *(content, ravi)* glücklich; ***bonne et heureuse année!*** glückliches neues Jahr!; ***~ caractère, heureuse nature*** glückliche Natur; glückliches Naturell; ***~ événement*** *(naissance)* freudiges Ereignis; ***~*** *(st/s* ***celui) qui …*** glücklich (ist), wer …; ***être ~ de qc*** sich freuen, glücklich sein über etw *(acc)*; ***j'en suis ~*** das freut mich; ***être ~ de*** (*+inf*) *ou* ***que …*** (*+subj*) sich freuen, glücklich sein zu (*+inf*) *ou*, dass …; ***je suis ~ de vous revoir*** *a* es freut mich, Sie wiederzusehen; ***nous sommes ~ que vous soyez venu*** *a* es freut uns, dass Sie gekommen sind; ***être ~ en ménage*** e-e glückliche Ehe führen; ***rendre qn ~*** j-n glücklich machen **2** *(chanceux)* glücklich; ***~ gagnant*** glücklicher Gewinner; ***avoir la main heureuse*** e-e glückliche Hand haben; ***s'estimer ~ de*** (*+inf*) *ou* ***que …*** (*+subj*) sich glücklich schätzen, von Glück sagen können, zu (*+inf*) *ou* dass …; ***être ~ au jeu, en affaires*** beim Spiel, bei s-n Geschäften Glück haben; *prov* ***~ au jeu, malheureux en amour*** Glück im

Spiel, Unglück in der Liebe (*prov*); ***c'est ~ pour vous*** das ist ein Glück für Sie; da haben Sie Glück; ***encore ~ que …*** (*+subj*) es ist noch ein Glück, dass … **3** *expression, formule* gut; treffend; trefflich; glücklich; gelungen **II** *subst* **~, heureuse** *m,f* Glückliche(r) *f*(*m*); ***faire un ~*** j-n *ou* ihn glücklich machen

'heurt [œʀ] *m* Reiberei *f*; Zusammenstoß *m*

'heurté [œʀte] *adj couleurs* stark kontrastierend; *p/fort* nicht zusammenpassend; sich beißend; *style* (zu) kontrastreich; *discours* abgehackt; nicht fließend

'heurter [œʀte] **I** *v/t* **1** **~ *qc*** an etw (*acc*) *ou* gegen etw stoßen; an etw (*acc*) anstoßen; *en tombant* auf etw (*acc ou dat*) aufschlagen; *véhicule* etw streifen; gegen etw fahren; auf etw (*acc*) aufprallen; ***sa tête a heurté l'armoire*** er ist mit dem Kopf an, gegen den Schrank gestoßen **2** **~ *qn*** j-n (versehentlich) anstoßen; *en voiture* j-n anfahren; ***il a été heurté par une voiture*** er ist von e-m Auto angefahren worden **3** *fig personne* verletzen; vor den Kopf stoßen; brüskieren; *les idées de qn* erschüttern; ***~ de front qn, qc*** j-n, etw offen, rücksichtslos angreifen **II** *v/t/indir* **1** ***~ contre qc*** gegen etw stoßen **2** ***~ à la porte*** an die Tür klopfen, schlagen **III** *v/pr* **se ~** **1** *réfléchi* **a)** ***se ~ à un obstacle*** *etc* auf ein Hindernis *etc* stoßen, treffen; ***se ~ contre qc*** gegen *ou* an etw (*acc*) stoßen; **b)** *fig* ***se ~ à l'incompréhension de qn*** auf j-s Unverständnis (*acc*) stoßen; ***se ~ à une forte opposition*** auf starken Widerstand stoßen **2** *réciproque* **a)** *véhicules* zusammenstoßen; aufeinander-, gegeneinanderprallen; **b)** *fig personnes* zusammenstoßen; aneinandergeraten; **c)** *couleurs* nicht zusammenpassen; sich beißen

'heurtoir [œʀtwaʀ] *m* Türklopfer *m*

hévéa [evea] *m* BOT Kautschukbaum *m*; *sc* Hevea *f*

hexaèdre [ɛgzaɛdʀ] *m* MATH Sechsflächner *m*; Hexaeder *n*

hexagonal [ɛgzagɔnal] *adj* ⟨**-aux**⟩ **1** sechseckig; *prisme* sechsseitig; TECH Sechskant… **2** *fig* französisch; das französische Mutterland betreffend

hexagone [ɛgzagon, -gɔn] *m* **1** Sechseck *n* **2** ***l'Hexagone*** (Kontinental)Frankreich *n*; das französische Mutterland

L'Hexagone und die Landkarte

Mit etwas Fantasie betrachtet, weist Frankreich auf der Landkarte die Form eines unregelmäßigen Sechsecks (**hexagone**) auf. So ist der bildliche Ausdruck **l'Hexagone** entstanden, der gerne verwendet wird, wenn das französische Mutterland im Gegensatz zu den ehemaligen französischen Kolonien in Übersee oder anderen französischsprachigen Ländern gemeint ist.

hexamètre [ɛgzamɛtʀ] *adj et subst m* (***vers*** *m*) **~** Hexameter *m*

'Hezbollah [ɛzbɔla] *m* Hisbollah *f*

'hi [(h)i] *int* **~, ~, ~!** *rire* hihi(hi)!; *pleurs* huhu!

hiatus [jatys] *m* **1** PHON Hiat(us) *m* **2** *fig* Unterbrechung *f*; Kluft *f*, Graben *m* (***entre*** zwischen *+dat*)

hibernal [ibɛʀnal] *adj* ⟨**-aux**⟩ ZO ***sommeil ~*** Winterschlaf *m*

hibernation [ibɛʀnasjõ] *f* **1** ZO Winterschlaf *m* **2** MÉD ***~ artificielle*** künstlicher Winterschlaf; Hibernation *f* **3** *fig* ***en ~*** ruhend; stillliegend

hiberner [ibɛʀne] *v/i animal* Winterschlaf halten

hibiscus [ibiskys] *m* BOT Hibiskus *m*

'hibou [ibu] *m* ⟨*pl* **~x**⟩ ZO Eule *f*

'hic [ik] F *m* Hauptschwierigkeit *f*; F Haken *m*; ***voilà le ~, c'est là le ~*** F da liegt *ou* sitzt der Haken; da liegt der Hase im Pfeffer; da liegt der Hund begraben

hidalgo [idalgo] *m en Espagne* Hidalgo *m*

'hideur [idœʀ] *litt f* Abscheulichkeit *f*; Scheußlichkeit *f*; Grauenhaftigkeit *f* **'hideux** *adj* ⟨**-euse**⟩ abscheulich; scheußlich; grauenerregend; grauenhaft; gräulich

hier [ijɛʀ, jɛʀ] *adv* **1** gestern; ***~ matin, (à) midi, (au) soir*** gestern früh *ou* Morgen *ou* Vormittag, Mittag, Abend; ***la journée d'~*** der gestrige Tag; *je m'en souviens* ***comme si c'était ~*** als wenn es gestern gewesen wäre **2** *par ext* gestern; früher; ***cela ne date pas d'~*** das ist schon alt, nicht neu; das gibt es schon lange; F ***ne pas être né d'~*** F nicht von gestern sein

'hiérarchie [jeʀaʀʃi] *f* **1** ADM, MIL *etc* Hierarchie *f*; Rangordnung *f*, -folge *f* **2** *fig* Rangordnung *f*; (rangmäßige) Staffelung, Stufenfolge; ***~ des valeurs*** Rangordnung der Werte; Werteskala *f*

'hiérarchique [jeʀaʀʃik] *adj* hierarchisch; ADM Dienst…; ***ordre*** *m* **~** Rangordnung *f*; ***supérieur*** *m* **~** Dienstvorgesetzte(r) *m*; ***voie*** *f* **~** Dienst-, Instanzenweg *m*

'hiérarchisation [jeʀaʀʃizasjõ] *f* hierarchische Gliederung; (rangmäßige) Einstufung; Abstufung *f*; Staffelung *f* **'hiérarchiser** *v/t société* hierarchisch gliedern; *valeurs* in e-e Rangordnung bringen; nach dem Rang einstufen

hiératique [jeʀatik] *litt adj* gemessen(-feierlich)

hiéroglyphe [jeʀɔglif] *m* Hieroglyphe *f* (*a fig*) **hiéroglyphique** *adj* hieroglyphisch; Hieroglyphen…

'hi-fi [ifi] *f* MUS High Fidelity [haɪfi-] *f* (*abr* Hi-Fi); originalgetreue Wiedergabe; ***chaîne*** *f* **~** Stereoanlage *f*; Hi-Fi-Anlage *f*

'hi-han [iɑ̃] **I** *int âne* iah! **II** *m* ***pousser des ~s*** iah schreien; iahen

hilarant [ilaʀɑ̃] *adj* **1** CHIM ***gaz ~*** Lachgas *n* **2** *histoire* belustigend; erheiternd; vergnüglich; zum Lachen

hilare [ilaʀ] *adj* vergnügt; heiter; fröhlich **hilarité** *f* Heiterkeit *f*; Lachen *n*; ***~ générale*** allgemeine Heiterkeit; allgemeines Gelächter

'hile [il] *m* ANAT Hilus *m*

Himalaya [imalaja] ***l'~*** *m* der Himalaja

'hindi [indi] *m* LING Hindi *n*

hindou [ɛ̃du] *surtout* REL **I** *adj* Hindu…; hinduistisch; *abus* indisch **II** *subst* ***Hindou(e)*** *m(f)* Hindu *m*, Hindufrau *f*; *abus* Inder(in) *m(f)* **hindouisme** *m* REL Hinduismus *m* **hindouiste** *adj* REL hinduistisch

'hip [ip] *int* **~, ~, ~, *hourra!*** hipp, hipp, hurra!

'hip-hop [ipɔp] *m* ⟨*inv*⟩ MUS Hip-Hop *m*

'hippie [ipi] **I** *m,f* Hippie *m*; Blumenkind *n* **II** *adj* Hippie…

hippique [ipik] *adj* Pferde(sport) …; Reit…; ***con-***

cours *m* ~ Reit- und Fahrturnier *n*; **sport** *m* ~ Pferdesport *m*
hippisme [ipism] *m* Pferdesport *m*
hippocampe [ipɔkɑ̃p] *m* zo Seepferdchen *n*
Hippocrate [ipɔkʀat] *m* MÉD Hippokrates *m*
hippodrome [ipodʀom] *m* (Pferde)Rennbahn *f*, (-)Rennplatz *m*; Hippodrom *m ou n*
hippomobile [ipɔmɔbil] *adj* **véhicule** *m* ~ Pferdefuhrwerk *n*, -wagen *m*
hippophagique [ipɔfaʒik] *adj* **boucherie** *f* ~ Pferdemetzgerei *f*; Pferde-, Rossschlachterei *f*
hippopotame [ipɔpɔtam] *m* **1** zo Nil-, Flusspferd *n* **2** F *fig d'une personne* Koloss *m*; F Fleischberg *m*
hirondelle [irõdɛl] *f* zo Schwalbe *f*; ~ **de mer** Seeschwalbe *f*; *prov* **une ~ ne fait pas le printemps** e-e Schwalbe macht noch keinen Sommer (*prov*)
'Hiroshima [iʀɔʃima] Hiroschima *n*
hirsute [iʀsyt] *adj* struppig
hispanique [ispanik] **I** *adj* spanisch **II** *subst* **Hispanique** *m U.S.A.* spanischsprachiger Einwanderer
hispanisant [ispanizɑ̃] *m*, **hispanisante** *f* Hispanist(in) *m(f)*
hispanisme [ispanism] *m* Hispanismus *m*; spanische Spracheigentümlichkeit **hispaniste** *m,f* Hispanist(in) *m(f)*
hispano-… [ispano] *adj* spanisch-…
hispano-américain [ispanoameʀikɛ̃] **I** *adj* **1** spanisch-amerikanisch **2** hispanoamerikanisch **II** *subst* **1** **Hispano-Américain(e)** *m(f)* Hispanoamerikaner(in) *m(f)* **2** *m* LING amerikanisches Spanisch
hispano-arabe [ispanoaʀab] *ou* **hispano-mauresque** *adj* ART spanisch-maurisch
hispanophone [ispanɔfɔn] *adj* spanischsprachig; Spanisch sprechend
'hisse [is] *int* **oh ~!** hau ruck!
'hisser [ise] **I** *v/t* **1** *drapeau, voile* hissen; aufziehen; *voile a* setzen **2** *fardeau* hoch-, herauf-, hinaufziehen, -winden; in die Höhe ziehen; F (hoch)hieven **II** *v/pr* **se ~** sich hoch-, emporziehen, in die Höhe ziehen
histamine [istamin] *f* BIOCHIMIE Histamin *n*
histocompatibilité [istokõpatibilite] *f* BIOL Gewebsverträglichkeit *f*; *sc* Histokompatibilität *f*
histoire [istwaʀ] *f* **1** *science* Geschichte *f*; *a* Geschichtswissenschaft *f*; ~ **moderne** neuere Geschichte; ~ **naturelle** Naturgeschichte *f*; **la petite ~** die kleinen Ereignisse *n/pl* am Rande der Weltgeschichte; ~ **de l'art** Kunstgeschichte *f*; ~ **de France** Geschichte Frankreichs; französische Geschichte; ~ **des idées** Ideen-, Geistesgeschichte *f*; ~ **de la littérature** Literaturgeschichte *f*; ~ **d'une personne** Lebensgeschichte *f* e-r Person; ~ **d'un peuple** Geschichte e-s Volkes; (**livre** *m* **d'**)~ Geschichtsbuch *n*; **professeur** *m* **d'**~ Geschichtslehrer *m* **2** (*récit*) Geschichte *f*; Erzählung *f*; (*anecdote comique*) Witz *m*; ~ **drôle** lustige Geschichte; **~s marseillaises** Witze (voller Übertreibungen), die in Marseille spielen; ~ **à dormir debout** ganz unwahrscheinliche, völlig unglaubwürdige Geschichte; Räubergeschichte *f*, F -pistole *f*; ~ **d'amour** Liebesgeschichte *f*; **ce sont des ~s** das sind Märchen; das ist nicht wahr; **il nous raconte des ~s** er erzählt uns Märchen; er tischt uns Lügen auf **3** (*affaire*) Geschichte *f*; Sache *f*; Angelegenheit *f*; *par ext* **~s** *pl* (*ennuis*) Unannehmlichkeiten *f/pl*; Scherereien *f/pl*; ~ **d'argent, de femmes** Geld-, Frauengeschichte *f*; ~ **de fous** ganz verrückte, unglaubliche Geschichte, Sache; *loc/adj* F **sans ~** einfach; unauffällig; **avoir des ~s avec qn** mit j-m Streit haben; mit j-m etwas haben; **il m'est arrivé une drôle d'~, une sale ~** mir ist e-e komische, üble *ou* unangenehme Geschichte *ou* Sache passiert; **chercher des ~s à qn** mit j-m Streit, Händel suchen; **c'est une autre ~** das steht auf e-m anderen Blatt; das ist e-e ganz andere Sache, Geschichte; **c'est toujours la même ~** es ist immer (wieder) das Gleiche, die gleiche Geschichte; **c'est toute une ~** a) das ist e-e lange Geschichte; b) das ist e-e Riesenaffäre; **en faire toute une ~** daraus e-e Riesenaffäre, F e-e Staatsaktion machen; **faire des ~s** sich zieren; F ein großes Getue machen; sich haben; **faire des ~s à qn** j-m Unannehmlichkeiten, Scherereien machen; **je ne veux pas d'~s** ich will keine Scherereien, keinen Streit (haben) **4** *loc/conj* F ~ **de** (*+inf*) um zu (*+inf*); ~ **de rire** aus, zum, im Spaß, Scherz
histologie [istɔlɔʒi] *f* BIOL Histologie *f*; Gewebelehre *f* **histologique** *adj* histologisch
historicité [istɔʀisite] *f* historische Wahrheit, Zuverlässigkeit
historié [istɔʀje] *adj* ART mit Figuren *ou* Szenen *ou* Ornamenten geschmückt; ARCH **chapiteau ~** Figurenkapitell *n*
historien [istɔʀjɛ̃] *m*, **historienne** *f* Historiker(in) *m(f)* (*a étudiant[e] en histoire*); Geschichtsforscher(in) *m(f)*, -wissenschaftler(in) *m(f)*, -schreiber(in) *m(f)*
historiette [istɔʀjɛt] *f* Histörchen *n*; Anekdote *f*
historiographe [istɔʀjɔgʀaf] *m* (offizieller) Historiograf, Geschichtsschreiber **historiographie** *f* (offizielle) Historiografie, Geschichtsschreibung
historique [istɔʀik] **I** *adj* historisch; geschichtlich; Geschichts…; **citation** *f* ~ denkwürdiges, berühmtes Zitat; **événement** *m* ~ historisches, denkwürdiges Ereignis; Ereignis *n* von historischer Bedeutung; **monument (classé)** ~ unter Denkmalschutz stehendes Bauwerk; **personnage** *m* ~ historische Persönlichkeit; GR **présent** *m* ~ historisches Präsens; **roman** *m* ~ historischer Roman **II** *m* geschichtlicher, chronologischer Überblick; *d'un mot* Geschichte *f*; **faire l'~ de qc** e-n geschichtlichen Überblick über etw (*acc*) geben; etw in s-m geschichtlichen Zusammenhang darstellen
histrion [istʀijõ] *litt et péj m* schlechter Schauspieler
hitlérien [itleʀjɛ̃] *adj* ⟨**~ne**⟩ Hitler…; Nazi…; nazistisch **hitlérisme** *m* Nazismus *m*
'hit-parade [itpaʀad] *m* Hitparade *f*
'hittite [itit] HIST **I** *adj* hethitisch **II** *subst* **'Hittites** *m/pl* Hethiter *m/pl*
'HIV [aʃive] *m abr* (*human immunodeficiency virus*) HIV *n*
hiver [ivɛʀ] *m* Winter *m*; ~ **doux, rude** milder, strenger Winter; **blé** *m* **d'**~ Wintergetreide *n*; **sports** *m/pl* **d'**~ Wintersport *m*; **en ~, l'~** im Winter
hivernage [ivɛʀnaʒ] *m* Überwintern *n*, -ung *f*
hivernal *adj* ⟨**-aux**⟩ winterlich; Winter…; **froid ~** winterliche Kälte; **température ~e** Wintertemperatur *f*
hivernant [ivɛʀnɑ̃] *m*, **hivernante** *f* (Winter)Ferien-

HLM und die Wortbildung

Wenn aus dem mehrgliedrigen Ausdruck **habitation à loyer modéré** (Sozialwohnung) die Abkürzung **HLM** wird, so ist dies kein Einzelfall, sondern typisch für die Wortbildung im Französischen. Hier weitere Beispiele für diese häufig anzutreffenden, aus den Anfangsbuchstaben mehrerer Wörter gebildeten Abkürzungen:

la bande dessinée	→ **la BD** [labede]	der Comic
les compagnies républicaines de sécurité	→ **les CRS** [leseɛʀɛs] *m/pl*	die Bereitschaftspolizei
l'Organisation des Nations Unies	→ **l'ONU** [lɔny] *f*	die Uno
le sans domicile fixe	→ **le SDF** [ləɛsdeɛf]	der Obdachlose
le train à grande vitesse	→ **le TGV** [ləteʒeve]	der Hochgeschwindigkeitszug
le vélo tout terrain	→ **le VTT** [ləvetete]	das Mountainbike

gast *m*

hiverner [ivɛʀne] *v/i* überwintern

hl *abr* (*hectolitre[s]*) hl (Hektoliter)

'HLM [aʃɛlɛm] *m ou f abr* (*habitation à loyer modéré*) Sozialwohnung *f*

'ho [(h)o] *int pour appeler* he(da)!

'hobby [ɔbi] *m* ⟨*pl* **hobbies**⟩ Hobby *n*

'hobereau [ɔbʀo] *m* ⟨*pl* **~x**⟩ (Land)Junker *m*; *péj* Krautjunker *m*

'hochement [ɔʃmɑ̃] *m* **~ de tête** Kopfschütteln *n*, -wiegen *n*; *a* zögerndes Kopfnicken

'hocher [ɔʃe] *v/t* **~ la tête** den Kopf schütteln, wiegen; *approbation* zögernd mit dem Kopf nicken

'hochet [ɔʃɛ] *m* Rassel *f*; Klapper *f*

'Hô Chi Minh [oʃimin] *m* POL Ho Chi Minh *m*

'hockey [ɔkɛ] *m* SPORTS **~ (sur gazon)** (Feld)Hockey [-keː] *n*; **~ sur glace** Eishockey *n*

'hockeyeur [ɔkɛjœʀ] *m*, **'hockeyeuse** *f* Hockeyspieler(in) *m(f)*

'holà [ɔla] **I** *int pour appeler* he(da)!; *pour arrêter* halt! **II** *m* **mettre le ~ à qc** e-r Sache (*dat*) Einhalt gebieten, e-n Riegel vorschieben

'holding [ɔldiŋ] *m* ÉCON Holding(gesellschaft) *f*

'hold-up [ɔldœp] *m* ⟨*inv*⟩ (bewaffneter) Raubüberfall (**d'une banque** auf e-e Bank)

'hollandais [ɔlɑ̃dɛ] **I** *adj* holländisch; CUIS **sauce ~e** Sauce hollandaise *f* **II** *subst* **1** **'Hollandais(e)** *m(f)* Holländer(in) *m(f)* **2** LING **le ~** das Holländische; Holländisch *n*

'Hollande [ɔlɑ̃d] **la ~** Holland *n*

'hollande [ɔlɑ̃d] *m* **1** Edamer(käse) *m* **2** Luxuspapier *n* mit Wasserzeichen

'Hollande-Méridionale [ɔlɑ̃dmeʀidjɔnal] **la ~** Südholland *n*

'Hollande-Septentrionale [ɔlɑ̃dsɛptɑ̃tʀijɔnal] **la ~** Nordholland *n*

'hollywoodien [ɔliwudjɛ̃] *adj* ⟨**~ne**⟩ an (den Luxus von) Hollywood erinnernd; Hollywood...

holocauste [ɔlɔkost] *m* **1** HIST REL Brandopfer *n* **2** *fig* Holocaust *m*; Massenvernichtung *f* **hologramme** *m* OPT Hologramm *n* **holographie** *f* OPT Holografie *f*

'homard [ɔmaʀ] *m* ZO, CUIS Hummer *m*; *fig* **être rouge comme un ~** krebsrot sein

'home [om] *m* **~ d'enfants** Kinderheim *n*

homélie [ɔmeli] *litt f* (langweilige) Moralpredigt

homéopathe [ɔmeɔpat] *adj et subst m,f* (**médecin** *m*) **~** Homöopath(in) *m(f)* **homéopathie** *f* Homöopathie *f* **homéopathique** *adj* homöopathisch

homéotherme [ɔmeɔtɛʀm] ZO **I** *adj* warmblütig **II** *m* Warmblüter *m*

Homère [ɔmɛʀ] *m* Homer *m*

homérique [ɔmeʀik] *adj* homerisch; **rire** *m* **~** homerisches, schallendes Gelächter

'home-trainer [omtʀɛnœʀ] *m* ⟨*pl* **home-trainers**⟩ SPORTS Home- ['hoːm-], Heimtrainer [-treː-] *m*

homicide [ɔmisid] **I** *m* Tötung *f*; JUR: **~ involontaire** fahrlässige Tötung; **~ volontaire** vorsätzliche Tötung **II** *adj* Mord...; mörderisch; todbringend; **guerre** *f* **~** mörderischer Krieg

hominidés [ɔminide] *m/pl ou* **hominiens** [ɔminjɛ̃] *m/pl* Hominiden *m/pl*; Menschenartige(n) *m/pl*

hommage [ɔmaʒ] *m* **1** Huldigung *f*; Ehrerbietung *f*; **mes ~s, Madame** guten Tag, gnädige Frau!; *a* meine Verehrung!; *formule épistolaire* (**daignez agréer, Madame,**) **mes respectueux ~s** Ihr sehr ergebener; **en ~ de ma reconnaissance** als Ausdruck meiner Dankbarkeit; (**présentez**) **mes ~s à Madame** bitte empfehlen Sie mich Ihrer Frau Gemahlin; **rendre ~ à qn** j-m huldigen, Huldigungen darbringen, Ehre erweisen; j-n ehren; **rendre ~ à qc** etw würdigen; e-r Sache (*dat*) Anerkennung zollen **2** **~ d'auteur, d'éditeur** Widmungsexemplar *n* (des Autors, Verlegers) **3** HIST Huldigung *f*; **foi** *f* **et ~** Lehnseid *m*

hommasse [ɔmas] *adj péj* **femme** *f* **~** Mannweib *n*

homme [ɔm] *m* **1** (*être humain*) Mensch *m*; **~ des cavernes** Höhlenmensch *m*; **~ de Néanderthal** Neandertaler *m*; **ce n'est qu'un ~** er ist auch nur ein Mensch; REL **le Christ s'est fait ~** Christus ist Mensch geworden; *prov* **l'~ propose, Dieu dispose** der Mensch denkt, Gott lenkt (*prov*); **l'~ est un loup pour l'~** homo homini lupus; der Mensch ist der Feind des Menschen **2** (*individu mâle*) Mann *m*; F Mannsbild *n*, -person *f*; *un groupe* **de cinq ~s** von fünf Mann; *le caporal et* **ses ~s** s-e Männer *m/pl*, Leute *pl*, *iron* Mannen *m/pl*; ♦ **grand ~** großer, berühmter Mann; **jeune ~** junger Mann; *plais* Jüngling *m*; F **eh, jeune ~! ...** he, junger Mann! ...; F **votre jeune ~** Ihr Sohn; **~ politique** Politiker *m*; **~ à femmes** Frauen-, F Weiberheld *m*; Schürzenjäger

H

m; ~ ***à principes*** Mann mit, von Prinzipien; *péj* Prinzipienreiter *m*; ~ ***d'action*** Mann der Tat; ~ ***d'affaires*** Geschäftsmann *m*; **~*s d'affaires*** Geschäftsleute *pl*; ~ ***de couleur*** Farbige(r) *m*; ~ ***d'Église*** Kirchenmann *m*; ~ ***d'équipe*** Arbeiter *m* e-r Kolonne; ~ ***d'esprit*** Mann von Geist; geistvoller, -reicher Mann; ~ ***d'État*** Staatsmann *m*; ~ ***de génie*** genialer Mensch, Mann; ~ ***de goût*** Mann mit Geschmack; ~ ***d'honneur*** Ehrenmann *m*; Mann von Ehre; ~ ***de lettres*** Schriftsteller *m*; Literat *m*; ~ ***de loi*** Jurist *m*; *péj* ~ ***de main*** Handlanger *m*; Helfershelfer *m*; ~ ***du monde*** Mann von Welt; Weltmann *m*; *fig* ~ ***de paille*** Strohmann *m*; ~ ***du peuple*** Mann aus dem Volk(e); ***l'~ de la rue*** der Mann auf der Straße; der kleine Mann; ~ ***de science*** Wissenschaftler *m*; ♦ *loc/adj* ***d'~*** Männer…; ***chemise*** *f* ***d'~*** Herrenhemd *n*; ***métier*** *m* ***d'~*** Männerberuf *m*; ***parole*** *f* ***d'~*** Manneswort *n*; ***voix*** *f* ***d'~*** Männerstimme *f*; männliche Stimme; *loc/adv*: ***comme un seul ~*** wie e i n Mann; geschlossen; ***d'~ à ~*** von Mann zu Mann; ganz offen; ♦ ***voilà mon ~!, c'est l'~ qu'il me faut*** das ist mein Mann!; das ist der richtige Mann für mich; das ist der Mann, den ich brauche, suche; MAR ***un ~ à la mer!*** Mann über Bord!; ***je suis votre ~*** ich bin bereit, das (für Sie) zu machen; ich mache das; ***c'est l'~ de la situation*** das ist der richtige Mann in dieser Situation; ***être (un) ~ à*** (+*inf*) imstande, fähig sein zu (+*inf*); *vas-y*, ***si tu es un ~*** wenn du ein Mann bist; ***vous êtes un ~ mort*** Sie sind ein Kind, Mann des Todes; *fig* ***c'est un ~ mort*** er ist ein toter Mann; ***trouver son ~*** den richtigen Mann, s-n Mann finden **3** F ***son ~*** der Mann, F Kerl, mit dem sie zusammenlebt

homme-grenouille [ɔmgʀənuj] *m* ⟨*pl* **hommes-grenouilles**⟩ Froschmann *m* **homme-orchestre** *m* ⟨*pl* **hommes-orchestres** [ɔmɔʀkɛstʀ]⟩ **1** MUS Einmannorchester *n* **2** *fig* Allroundman [ɔːl'raʊndmɛn] *m*; F Hansdampf *m* in allen Gassen **homme-sandwich** *m* ⟨*pl* **hommes-sandwich(e)s**⟩ Sandwichmann ['zɛntvɪtʃmɛn] *m*; Plakatträger *m*

homo [omo] *m* F *abr* (*homosexuel*) F Homo *m*

homogène [ɔmɔʒɛn] *adj* **1** *substance* homogen; ***pâte*** *f* ~ glatter Teig **2** *groupe* homogen; gleichartig (zusammengesetzt); *œuvre* einheitlich; homogen

homogénéisation [ɔmɔʒeneizasjõ] *f* Homogenisierung *f* **homogénéiser** *v/t* CHIM, TECH homogenisieren; *adjt* ***lait homogénéisé*** homogenisierte Milch

homogénéité [ɔmɔʒeneite] *f* Homogenität *f*; Gleichartigkeit *f*; Einheitlichkeit *f*

homographe [ɔmɔgʀaf] *m* LING Homograph *n*

homologation [ɔmɔlɔgasjõ] *f* **1** SPORTS *d'un record* offizielle Anerkennung **2** *des prix* (staatliche) Genehmigung

homologue [ɔmɔlɔg] **I** *adj* **1** *grade etc* entsprechend; *personne* in gleicher Stellung **2** BIOL, MATH, CHIM homolog; ANAT sich (*dat*) entsprechend **II** *m* (Amts)Kollege *m*

homologuer [ɔmɔlɔge] *v/t* **1** SPORTS *record* offiziell anerkennen **2** *prix* (staatlich) genehmigen

homonyme [ɔmɔnim] **I** *adj* LING gleichlautend; homonym **II** *m* **1** LING Homonym *n* **2** *personne* Namensvetter *m* **homonymie** *f* LING Homonymie *f*

homoparental [ɔmɔpaʀɑ̃tal] *adj* ⟨**-aux**⟩ ***famille ~e*** Familie *f* mit gleichgeschlechtlichen Eltern

homoparentalité [ɔmɔpaʀɑ̃talite] *f* gleichgeschlechtliche Elternschaft

homophobe [ɔmɔfɔb] *adj propos* homosexuellenfeindlich; *sc* homophob; ***agression*** *f* ~ Übergriff *m* auf eine(n) Homosexuelle(n) *ou* auf Homosexuelle; *sc* homophober Übergriff

homophobie [ɔmɔfɔbi] *f aversion* Abneigung *f* gegen Homosexuelle; *comportement* homosexuellenfeindliches Verhalten; *sc* Homophobie *f*

homophone [ɔmɔfɔn] *m* LING Homofon *n* **homophonie** *f* MUS Homofonie *f*

homosexualité [ɔmɔsɛksɥalite] *f* Homosexualität *f*

homosexuel **I** *adj* ⟨**~le**⟩ homosexuell; gleichgeschlechtlich **II** *subst* **~(le)** *m(f)* Homosexuelle(r) *f(m)*

'Honduras [õdyʀas] ***le ~*** Honduras *n*

'hondurien [õdyʀjɛ̃] **I** *adj* ⟨**~ne**⟩ honduranisch **II** *subst* **'Hondurien(ne)** *m(f)* Honduraner(in) *m(f)*

'Hong-Kong [õŋkõg] Hongkong *n*

'hongre [õgʀ] *adj et subst m* (***cheval*** *m*) ~ Wallach *m*

'Hongrie [õgʀi] ***la ~*** Ungarn *n*

'hongrois [õgʀwa] **I** *adj* ungarisch **II** *subst* **1** **'Hongrois(e)** *m(f)* Ungar(in) *m(f)* **2** LING ***le ~*** das Ungarische; Ungarisch *n*

honnête [ɔnɛt] *adj* **1** *personne, conduite, intentions* ehrlich; aufrichtig; anständig; korrekt; redlich; *personne a* rechtschaffen; bieder; ***les ~s gens*** *m/pl* die anständigen, ehrlichen, *a* biederen, rechtschaffenen Leute *pl*; HIST ~ ***homme*** *m* allseitig gebildeter Weltmann; ***homme*** *m* ~ ehrlicher, aufrichtiger Mann **2** *résultat, travail etc* recht, ganz gut; befriedigend; anständig; *prix* angemessen; anständig

honnêtement [ɔnɛtmɑ̃] *adv* **1** **a)** (*sans voler*) auf ehrliche, anständige (Art und) Weise; **b)** (*loyalement*) anständigerweise; ***il m'a ~ mis en garde*** er hat mich anständigerweise gewarnt; **c)** (*franchement*) (ganz) ehrlich; ~, *qu'est-ce que vous en pensez?* ganz ehrlich *ou* sagen Sie mir ehrlich … **2** (*passablement*) ganz gut, anständig; nicht schlecht

honnêteté [ɔnɛtte] *f* Ehrlichkeit *f*; Aufrichtigkeit *f*; Anständigkeit *f*; Korrektheit *f*; Redlichkeit *f*; Rechtschaffenheit *f*; Biederkeit *f*; ***ayez l'~ de le reconnaître*** seien Sie so ehrlich, es zuzugeben

honneur [ɔnœʀ] *m* **1** Ehre *f*; ***garçon*** *m* ***d'~*** Brautführer *m*; ***parole*** *f* ***d'~*** Ehrenwort *n*; → *a* ***parole*** 2; ***place*** *f* ***d'~*** Ehrenplatz *m*; ***président*** *m* ***d'~*** Ehrenpräsident *m*; ~ ***à ceux qui …*** Ehre denen, die …; *au jeu*: ***à vous l'~*** Sie dürfen anfangen; ~ ***aux vaincus*** der Verlierer darf anfangen; ♦ *loc/adv*: ***à son ~*** zu s-r Ehre(nrettung); ***avec ~*** ehrenvoll; mit Ehren; ***en tout bien (et) tout ~*** in (allen) Ehren; ***pour l'~*** um der Ehre willen; nur um die Ehre; *st/s* ***sauf votre ~*** mit Verlaub; bei allem Respekt Ihnen gegenüber; *jurer, attester* ***sur l'~, sur son ~*** bei s-r Ehre; ♦ *loc/prép* ***en l'~ de qn*** zu j-s Ehren; ***en son ~*** ihm *ou* ihr zu Ehren; *iron* ***en quel ~?*** zu wessen Ehren?; warum denn nur?; aus welchem besonderen Anlass?; ♦ ***avoir l'~ de faire part de qc*** die Ehre haben, sich beehren, etw bekannt zu geben; ***je n'ai pas l'~ de vous connaître*** ich habe nicht die Ehre, Sie zu kennen; ***à qui ai-je l'~?*** mit wem habe ich die Ehre?; *iron* ***j'ai bien l'~ de vous saluer*** ich empfehle mich; ***c'est comme j'ai l'~ de vous le dire*** es ist so, wie ich sage; das können Sie mir glauben; ***c'est beaucoup,***

trop d'~ que vous me faites Sie tun mir e-e große, zu viel Ehre an (*a iron*); *cette action* ***est (toute) à son ~*** gereicht ihm zur Ehre; ***être, rester en ~*** in Mode sein, bleiben; sich großer Beliebtheit erfreuen; (weiterhin) beliebt sein; ***faire un (grand) ~ à qn*** j-m e-e (große) Ehre erweisen; ***c'est lui faire trop d'~*** damit erweist man ihm zu viel Ehre; diese Ehre hat er nicht verdient; ***faire à qn l'~ de*** (*+inf*) j-m die Ehre erweisen, antun zu (*+inf*); ***faire ~ à qn*** j-m Ehre machen; COMM ***faire ~ à ses obligations, engagements*** s-n Verpflichtungen nachkommen; s-e Verpflichtungen einhalten, erfüllen; ***faire ~ à sa signature*** e-e durch s-e Unterschrift anerkannte Verpflichtung erfüllen, einhalten; F ***faire ~ à un plat*** e-m Gericht fleißig, tüchtig, wacker zusprechen; sich (*dat*) ein Gericht gut schmecken lassen; ***je n'ai pas mérité cet ~*** diese Ehre habe ich nicht verdient; ***mettre son point d'~ à faire qc, se faire un point d'~ de faire qc*** s-e Ehre darein-, daransetzen, etw zu tun; ***il s'en est fait un point d'~*** *a* das war Ehrensache für ihn; ***sauver l'~ de la famille, du nom*** die Ehre der Familie, des Namens retten 2 ***~s*** *pl* Ehren *f/pl*; Ehrungen *f/pl*; Ehrenerweisung(en) *f(pl)*, -bezeigung(en) *f(pl)*; (*dignités*) Würden *f/pl*; ***~s militaires*** militärische Ehren; MIL ***les ~s de la guerre*** freier Abzug; *fig* ***avec les ~s de la guerre*** in (allen) Ehren; glimpflich; ***avec tous les ~s dus à son rang*** mit allen s-m Rang, s-r Stellung gebührenden Ehren; *fig* ***avoir les ~s de la première page*** auf der ersten Seite erscheinen; ***faire les ~s de la maison (à qn)*** j-n willkommen heißen (und durch das Haus führen); die Honneurs [-s] machen; ***rendre à qn les derniers ~s*** j-m die letzte Ehre erweisen 3 HIST Anrede ***Votre Honneur*** Euer Gnaden 4 ***~s*** *pl* BRIDGE Honneurs [-s] *pl*

'honnir [ɔniʀ] *v/t litt surtout p/p* ***honni de*** *ou* ***par qn*** verabscheut von j-m; *devise* ***honni soit qui mal y pense*** ein Schelm, wer Arges dabei denkt

Honolulu [ɔnɔlyly] Honolulu *n*

honorabilité [ɔnɔʀabilite] *f* Achtbarkeit *f*; Ehrenhaftigkeit *f*; Ehrbarkeit *f*

honorable [ɔnɔʀabl] *adj* 1 *personne, famille* ehren-, achtenswert; achtbar; ***conduite*** *f* ***~*** ehrenhaftes Verhalten; ***métier*** *m* ***~*** ehrbarer Beruf; → *a* ***amende*** 2 2 (*distingué*) ***le discours de mon ~ collègue*** die Rede des verehrten *ou* geschätzten Herrn Kollegen; *plais* ***l'~ compagnie*** *f* die erlauchte Gesellschaft 3 *appréciation* ***mention*** *f* ***~*** ehrenvolle, rühmliche, lobende Erwähnung; Belobigung *f*; Auszeichnung *f* 4 (*convenable, moyen*) achtbar; anerkennenswert; *note d'examen* ganz gut; befriedigend; ***fortune*** *f* ***~*** ansehnliches Vermögen

honorablement [ɔnɔʀabləmɑ̃] *adv* → ***honorable***; ***~ connu*** als ehrenhaft, achtbar bekannt

honoraire [ɔnɔʀɛʀ] I *adj* Ehren…; ***membre*** *m*, ***président*** *m* ***~*** Ehrenmitglied *n*, -vorsitzende(r) *m*; ***professeur*** *m* ***~*** emeritierter Professor II *m/pl* ***~s*** Honorar *n*; ***verser des ~s pour qc*** ein Honorar für etw bezahlen; etw honorieren

honoré [ɔnɔʀe] I *adj* 1 ***mon ~ collègue*** der verehrte *ou* mein verehrter Herr Kollege 2 ***je suis très ~*** ich fühle mich sehr geehrt (***par qc*** durch etw) II *f* ***~e*** COMM ***votre ~e du 2 mai*** Ihr (sehr) geehrtes Schreiben vom 2. Mai

Honoré [ɔnɔʀe] *m Vorname*

honorer [ɔnɔʀe] I *v/t* 1 (*traiter avec respect*) ehren; *la mémoire de qn* in Ehren halten; ***~ qn de sa confiance, de sa présence*** j-n durch sein Vertrauen ehren, mit s-r Anwesenheit beehren 2 (*faire honneur*) ehren; Ehre machen (*+dat*); ***cette franchise vous honore*** diese Offenheit ehrt Sie, macht Ihnen Ehre 3 COMM *lettre de change* honorieren; einlösen; *par ext* ***~ un contrat*** einen Vertrag einhalten, erfüllen; ***~ une promesse*** ein Versprechen einlösen II *v/pr* ***s'~ de qc*** sich durch etw geehrt fühlen; auf etw (*acc*) stolz sein; ***s'~ de*** (*+inf*) (darauf) stolz sein, sich rühmen (dürfen) zu (*+inf*)

honorifique [ɔnɔʀifik] *adj* Ehren…; ehrenamtlich; ***titre*** *m* ***~*** Ehrentitel *m*; ***à titre ~*** ehrenamtlich

honoris causa [ɔnɔʀiskoza] *loc/adj* ***docteur*** *m* ***~*** Doktor *m* honoris causa (*abr* h. c.); Ehrendoktor *m*

'Honshu [ɔnʃu] GÉOGR Honschu *n*

'honte [õt] *f* 1 (*déshonneur*) Schande *f*; Schmach *f*; ***quelle ~!*** was für e-e, welche Schande, Schmach!; ***~ à ceux qui …*** Schande, Schmach über die, die …; ***il n'y a pas de ~ à cela*** das ist keine Schande; man braucht sich deshalb nicht zu schämen; ***j'avoue à ma grande ~ que …*** zu meiner Schande muss ich gestehen, dass …; ***se couvrir de ~*** sich mit (Schimpf und) Schande bedecken; *moins fort* sich blamieren; ***être couvert de ~*** mit (Schimpf und) Schande bedeckt sein; ***c'est une ~!*** das ist e-e Schande!; ***être la ~ de la famille*** der Schandfleck der Familie sein; ***faire ~ à qn*** j-m Schande machen, bereiten; *moins fort* j-n blamieren; → *a* 2 2 (*sentiment d'humiliation*) Scham(gefühl) *f(n)*; ***sans ~*** ohne sich zu schämen; ***sans fausse ~*** ohne falsche Scham; ***avoir ~*** sich schämen (***de qn*** für j-n; ***de qc*** für etw *ou st/s* e-r Sache [*gén*]; ***d'avoir fait qc*** etw getan zu haben); ***tu n'as pas ~!*** (pfui,) schäm dich!; schämst du dich nicht!; ***tu devrais avoir ~!*** du solltest dich schämen!; ***faire ~ à qn*** (*faire des reproches*) j-m ins Gewissen reden; (*être un sujet de honte*) j-n beschämen; ***mourir de ~*** sich zu Tode schämen; ***avoir toute ~ bue*** alles, jegliches Schamgefühl, alle Scham verloren haben

'honteusement [õtøzmɑ̃] *adv* **a)** (*de manière déshonorante*) mit (Schimpf und) Schande; **b)** (*de manière révoltante*) schändlich; auf schändliche Weise

'honteux [õtø] *adj* ⟨**-euse**⟩ 1 (*déshonorant, méprisable*) schändlich; beschämend; schimpflich; schmählich; ***capitulation honteuse*** schmachvolle Kapitulation; ***il est ~ de*** (*+inf*) es ist schändlich, e-e Schande zu (*+inf*) 2 (*qui a honte*) verschämt; schamhaft; ***être ~ de qc*** sich e-r Sache (*gén*) schämen 3 *vieilli ou plais* ***maladie honteuse*** Krankheit *f* der Geschlechtsorgane; ***parties honteuses*** Schamteile *n/pl*

'hop [(h)ɔp] *int pour stimuler, faire sauter* hopp!; *enf* hopsa!; ***allez, ~!*** los, los!; auf geht's!; schnell!; *pour transcrire un geste rapide* ***~ là!*** husch!; wuppdich!; schwupp(diwupp)!

hôpital [ɔpital] *m* ⟨*pl* **-aux**⟩ Krankenhaus *n*; Klinik *f*; Hospital *n*; *österr, schweiz* Spital *n*; ***~ militaire*** Lazarett *n*; ***~ pour enfants*** Kinderklinik *f*; ***lit*** *m* ***d'~*** Krankenhausbett *n*; ***médecin*** *m* ***des hôpitaux*** Krankenhausarzt *m*

'hoquet [ɔkɛ] *m* Schluckauf *m*; ***avoir le ~*** den Schluckauf haben

'hoqueter [ɔkte] *v/i* ⟨**-tt-**⟩ 1 (*sangloter*) laut schluch-

zen **2** *fig moteur* stottern
horaire [ɔʀɛʀ] **I** *adj* **1** Stunden…; ***salaire*** *m*, ***vitesse*** *f* **~** Stundenlohn *m*, -geschwindigkeit *f* **2** GÉOGR ***fuseau*** *m* **~** Zeitzone *f* **II** *m* **1** *des transports publics* Fahrplan *m*; AVIAT Flugplan *m*; **~ *des chemins de fer*** Eisenbahnfahrplan *m* **2** (*emploi du temps*) Zeitplan *m*; ÉCOLE Stundenplan *m*; ***avoir un* ~ *chargé*** e-n vollen Terminkalender haben; viel zu erledigen haben **3** **~ *mobile, variable, à la carte*** gleitende Arbeitszeit; Gleitzeit *f*
'horde [ɔʀd] *f* **1** Horde *f*; Bande *f*; **~ *de gamins*** Horde, Bande von Kindern **2** HIST Horde *f*
'horions [ɔʀjõ] *st/s m/pl* heftige Schläge *m/pl*
horizon [ɔʀizõ] *m* **1** Horizont *m*; AVIAT **~ *artificiel*** künstlicher Horizont; ***ligne*** *f* ***d'~*** Horizontlinie *f*; ***à l'~*** am Horizont **2** *par ext d'une personne* Aussicht *f*; Blickfeld *n*; *fig* Gesichtskreis *m*; Horizont *m*; ***avoir pour tout* ~ *un mur*** nur auf e-e Mauer sehen können; *fig* ***changer d'~*** aus der gewohnten Umgebung herauskommen; F e-n Tapetenwechsel vornehmen; *interlocuteurs* ***venir d'~s divers*** aus verschiedenen Bereichen kommen **3** *fig* Horizont *m*; Perspektive *f*; ***tour*** *m* ***d'~*** Überblick *m*; Bestandsaufnahme *f*; ***faire un tour d'~*** e-n Überblick geben (***de*** über +*acc*); e-e Bestandsaufnahme machen; die gegenseitig interessierenden Fragen durchsprechen; ***ouvrir des ~s nouveaux*** neue Horizonte, Möglichkeiten, Perspektiven eröffnen
horizontal [ɔʀizõtal] **I** *adj* ⟨**-aux**⟩ waag(e)recht; horizontal; Horizontal… **II** *f* **~*e*** Waag(e)rechte *f*; Horizontale *f*; ***à l'~e*** in der Horizontalen *ou* in die Horizontale
horizontalement [ɔʀizõtalmɑ̃] *adv* waag(e)recht; horizontal **horizontalité** *f* waagerechte Lage
horloge [ɔʀlɔʒ] *f* (öffentliche) Uhr; Turmuhr *f*; Normaluhr *f*; **~ *atomique*** Atomuhr *f*; **~ *murale*** Wanduhr *f*; RAD, TÉL **~ *parlante*** Zeitansage *f*; **~ *de la gare*** Bahnhofsuhr *f*; *fig*: ***une heure d'~*** e-e ganze, volle, geschlagene Stunde; ***il est réglé comme une ~*** er führt ein pedantisch geregeltes Leben
horloger [ɔʀlɔʒe] **I** *adj* ⟨**-ère**⟩ Uhren…; ***industrie horlogère*** Uhrenindustrie *f* **II** *subst* **~, *horlogère*** *m,f* Uhrmacher(in) *m(f)*; **~ *bijoutier*** Uhrmacher und Juwelier *m*
horlogerie [ɔʀlɔʒʀi] *f* **1** **a)** *fabrication* Uhrmacherei *f*; Uhrmacherkunst *f*; **b)** *industrie* Uhrenindustrie *f*; **c)** *commerce* Uhrenhandel *m*; **d)** *magasin* Uhrengeschäft *n* **2** *coll* Uhren *f/pl*
'hormis [ɔʀmi] *st/s prép* außer (+*dat*); mit Ausnahme von (*ou* +*gén*)
hormonal [ɔʀmɔnal] *adj* ⟨**-aux**⟩ hormonal; Hormon…; ***traitement* ~** Hormonbehandlung *f*
hormone [ɔʀmɔn] *f* BIOL Hormon *n*
'Horn [ɔʀn] ***le cap* ~** Kap Hoorn *n*
horodateur [ɔʀɔdatœʀ] *m* TECH Datum- und Uhrzeitstempler *m*; AUTO Parkscheinautomat *m*
horokilométrique [ɔʀɔkilɔmetʀik] *adj* ***compteur*** *m* **~** Tachometer *m*
horoscope [ɔʀɔskɔp] *m* Horoskop *n*; ***consulter son* ~** sein Horoskop befragen
horreur [ɔʀœʀ] *f* **1** Entsetzen *n*; Grauen *n*; Grausen *n*; Schauder *m*; Abscheu *m*; Horror *m*; Schrecken *m*; ***'hurlement*** *m* ***d'~*** Entsetzensschrei *m*; ***frappé, saisi d'~*** von Entsetzen *etc* gepackt; ***avoir* ~ *de qc, qn, avoir qc, qn en* ~** etw, j-n verabscheuen, entsetzlich *ou* schrecklich finden; e-n Horror vor etw, j-m haben; *moins fort* etw, j-n nicht mögen; ***j'en ai* ~** *a* mir graut davor; ***avoir* ~ *d'écrire*** schreibfaul sein; ***avoir une sainte* ~ *de qc*** e-n ausgesprochenen Abscheu vor etw haben; *chose* ***faire* ~** Entsetzen *etc* hervorrufen (***à qn*** bei j-m); in Schrecken versetzen (j-n); ***prendre qn, qc en* ~** j-n, etw verabscheuen; Abscheu gegen j-n, etw bekommen; *moins fort* j-n, etw nicht mehr mögen **2** *d'un crime etc* Abscheulich-, Entsetzlich-, Grauenhaftigkeit *f*; ***film*** *m* ***d'~*** Horrorfilm *m*; ***vision*** *f* ***d'~*** Schreckensvision *f*; ***dans toute son* ~** in all s-r Abscheulichkeit *etc* **3** *fig* **a)** (*chose laide*) Scheußlichkeit *f*; ***quelle* ~!** wie entsetzlich, scheußlich, schrecklich!; *par ext* (*personne laide*) F ***c'est une* ~** sie, *a* er ist ein wahres Scheusal, abstoßend hässlich; **b)** **~s** *pl* (*aspects, choses horribles*) Abscheulichkeiten *f/pl*; Scheußlichkeiten *f/pl*; ***les ~s de la guerre*** die Schrecken des Krieges; **c)** **~s** *pl* (*propos malveillants*) üble Dinge *n/pl*; Beschimpfungen *f/pl*; Verleumdungen *f/pl*; (*propos obscènes*) obszöne Dinge *n/pl*; Zoten *f/pl*
horrible [ɔʀibl] *adj* **1** (*effroyable*) grauenhaft, -voll; entsetzlich; abscheulich; fürchterlich; schauderhaft **2** (*très laid*) scheußlich; schrecklich; fürchterlich **3** (*extrême*) *chaleur, soif etc* entsetzlich; fürchterlich; wahnsinnig
horriblement [ɔʀibləmɑ̃] *adv* → ***horrible***
horrifiant [ɔʀifjɑ̃] *adj* Grauen, schreckenerregend
horrifié *adj* entsetzt (***de, par*** über +*acc*)
horripilant [ɔʀipilɑ̃] *adj* nervenaufreibend; nervtötend; unausstehlich **horripiler** *v/t* nervös, gereizt machen; F den (letzten) Nerv töten (***qn*** j-m)
'hors [ɔʀ] **I** *prép dans des loc* **~ *ligne*** außergewöhnlich; hervorragend; INFORM offline [-laɪn]; INFORM ***mode*** *m* **~ *ligne*** Offlinebetrieb *m*; AUTO *dimensions* **~ *tout*** über alles; ***être* ~ *concours*** (wegen s-r Überlegenheit) außer Konkurrenz teilnehmen; *par ext* F fantastisch, konkurrenzlos sein; SPORTS ***être* ~ *jeu*** abseitsstehen; → *a* ***pair***[2] *1*, ***série*** *1*, ***taxe*** *3* **II** *loc/prép* **~ *de*** außerhalb (+*gén*); aus (+*dat*) heraus *ou* hinaus; außer (+*dat*) (*a fig*); **~ *de danger*** außer Gefahr; **~ *d'haleine*** außer Atem; atemlos; **~ *d'ici!*** hinaus!; F raus!; ***c'est* ~ *du sujet*** das gehört nicht zum Thema; ***être* ~ *de soi*** außer sich sein; ***mettre qn* ~ *de soi*** j-n aufbringen, wütend machen, empören, aus der Fassung bringen; ***se précipiter* ~ *de sa chambre*** aus s-m Zimmer hinausstürzen; → *a subst correspondants*
'hors-bord [ɔʀbɔʀ] *m* ⟨*inv*⟩ Boot *n* mit Außenbordmotor *m*; F Außenborder *m*; *adjt* ***moteur*** *m* **~** Außenbordmotor *m*
'hors-d'œuvre [ɔʀdœvʀ] *m* ⟨*inv*⟩ CUIS (kalte) Vorspeise; Horsd'œuvre *n*; **~ *variés*** verschiedene Vorspeisen *f/pl*
'hors-jeu [ɔʀʒø] *m* ⟨*inv*⟩ SPORTS Abseits *n*
'hors-la-loi [ɔʀlalwa] *m* ⟨*inv*⟩ **1** HIST für vogelfrei Erklärte(r) *m* **2** Gesetzlose(r) *m*; Verfemte(r) *m*
'hors-texte [ɔʀtɛkst] *m* ⟨*inv*⟩ TYPO Einschaltbild *n*
hortensia [ɔʀtɑ̃sja] *m* BOT Hortensie *f*
horticole [ɔʀtikɔl] *adj* Gartenbau…; ***exposition*** *f* **~** Gartenbauausstellung *f*; Gartenschau *f*
horticulteur [ɔʀtikyltœʀ] *m*, **horticultrice** *f* Gärtner(in) *m(f)*
horticulture [ɔʀtikyltyʀ] *f* Gartenbau *m*; Gärtnerei *f*; Gartenkunst *f*

H

hosanna [ɔzana] REL **I** *int* hosianna! **II** *m* Hosianna *n*
hospice [ɔspis] *m* **1** (*asile*) (Alten)Pflegeheim *n*; *fig* ***finir à l'~*** im Armenhaus enden **2** REL von Mönchen geführte Herberge; Hospiz *n*
hospitalier [ɔspitalje] *adj* ⟨**-ière**⟩ **1** (*accueillant*) gastfreundlich; gastlich; gastfrei **2** (*relatif aux hôpitaux*) Krankenhaus…; Pflege…; ***centre ~ universitaire*** (*abr* ***CHU***) Klinikum *n*; Universitätskliniken *f/pl*; ***établissement ~*** Krankenanstalt *f*; ***personnel ~*** Krankenhaus-, Pflegepersonal *n*
hospitalisation [ɔspitalizasjõ] *f* **a)** *admission* Einweisung *f*, Einlieferung *f*, Aufnahme *f* in ein Krankenhaus; **b)** *séjour* Krankenhausaufenthalt *m*; stationäre Behandlung; ***frais*** *m/pl* ***d'~*** Krankenhauskosten *pl*
hospitaliser [ɔspitalize] *v/t* in ein Krankenhaus einweisen, einliefern; ***être hospitalisé*** ins Krankenhaus eingeliefert werden; *adjt* ***hospitalisé*** in stationärer Behandlung (befindlich)
hospitalité [ɔspitalite] *f* Gastfreundschaft *f*; Gastlichkeit *f*; ***donner l'~ à qn*** j-m Gastfreundschaft gewähren, bieten
hospitalo-universitaire [ɔspitaloyniveʀsitɛʀ] *adj* ***centre*** *m* ***~*** (*abr* ***CHU***) Universitätsklinikum *n*
hostellerie [ɔstɛlʀi] *f* (gutes) Hotel *ou* Restaurant (mit erstklassiger Küche)
hostie [ɔsti] *f* REL Hostie *f*
hostile [ɔstil] *adj* feindlich; feindselig; ***être ~ à qn, qc*** j-m, etw feindlich, feindselig gegenüberstehen
hostilité [ɔstilite] *f* **1** Feindseligkeit *f*, Feindschaft *f* (***envers, contre, à l'égard de qn*** gegenüber j-m); ***~ à qc*** feindliche, feindselige Einstellung gegenüber e-r Sache (*dat*) **2** MIL ***~s*** *pl* Feindseligkeiten *f/pl*; Kampfhandlungen *f/pl*
hosto [ɔsto] *m* F *abr* → ***hôpital***
'hot-dog [ɔtdɔg] *m* CUIS Hot Dog *n ou m*
hôte [ot] *m* **1** (*celui qui reçoit*) Gastgeber *m* **2** (*invité*) Gast *m* (*a femme*); ***~ payant*** zahlender Gast; ***~ de marque*** hoher Gast; ***~ de passage*** auf der Durchreise befindlicher Gast **3** ***table*** *f* ***d'~*** Tisch *m* für Hotel-, Pensions-, Stammgäste **4** BIOL *d'un parasite* Wirt *m*
hôtel [otɛl] *m* **1** Hotel *n*; Gasthof *m*, -haus *n*; ***chambre*** *f* ***d'~*** Hotelzimmer *n*; ***maître*** *m* ***d'~*** *dans un restaurant* Oberkellner *m*; *dans des maisons riches* Butler ['bat-] *m* **2** ***~*** (***particulier***) herrschaftliches Stadthaus; Palais *n* **3** ***~ des ventes*** Versteigerungs-, Auktionsgebäude *n*; ***~ de ville*** Rathaus *n*
hôtel-Dieu [otɛldjø] *m* ⟨*pl* **hôtels-Dieu**⟩ (Zentral)-Krankenhaus *n*
hôtelier [otəlje] **I** *adj* ⟨**-ière**⟩ Hotel…; ***école hôtelière*** Hotelfachschule *f*; ***industrie hôtelière*** → ***hôtellerie*** *1* **II** *subst* ***~, hôtelière*** *m,f* Hotelbesitzer(in) *m(f)*; Hotelier *m*; Gastwirt(in) *m(f)*
hôtellerie [otɛlʀi] *f* **1** Hotel(- und Gaststätten)gewerbe *n*; Beherbergungs(- und Gaststätten)gewerbe *n*; Hotellerie *f* **2** → ***hostellerie***
hôtel-restaurant [otɛlʀɛstoʀɑ̃] *m* ⟨*pl* **hôtels-restaurants**⟩ Hotel *n* mit Restaurant
hôtesse [otɛs] *f* **1** Gastgeberin *f* **2** ***~*** (***d'accueil***) Hostess *f*; AVIAT ***~*** (***de l'air***) Stewardess ['stjuːərdɛs] *f*
'hotte [ɔt] *f* **1** Tragkorb *m*; VIT *a* Butte *f*; *nordd* Kiepe *f*; ***~ du père Noël*** Sack *m* des Weihnachtsmanns **2** ***~*** (***de cheminée***) Rauchfang *m*; ***~*** (***filtrante***) Dunstabzugshaube *f*
'hottentot [ɔtɑ̃to] **I** *adj* hottentottisch **II** *subst* ***'Hottentot(e)*** *m(f)* Hottentotte *m*, Hottentottin *f*
'hou [(h)u] *int pour faire peur* hu!; *pour faire honte* pfui!
'houblon [ublõ] *m* BOT Hopfen *m*
'houe [u] *f* AGR Hacke *f*; *südd a* Haue *f*
'houille [uj] *f* Steinkohle *f*; *fig* ***~ blanche*** weiße Kohle
'houiller [uje] *adj* ⟨**-ère**⟩ Steinkohlen…; steinkohlenhaltig; ***bassin ~*** Steinkohlenbecken *n*, -revier *n*
'houillère [ujɛʀ] *f* (Stein)Kohlenbergwerk *n*, -zeche *f*, -grube *f*
'houle [ul] *f* **1** MAR Dünung *f*; Seegang *m*; ***il y a de la ~*** es herrscht Seegang **2** *fig* ***~ humaine*** wogende Menschenmenge
'houlette [ulɛt] *f* Hirtenstab *m*; *fig* ***sous la ~ de*** unter der Führung von (*ou +gén*)
'houleux [ulø] *adj* ⟨**-euse**⟩ **1** *mer* bewegt; unruhig; *p/fort* stürmisch; ***la mer est houleuse*** es herrscht Seegang **2** *fig réunion* sehr lebhaft; erregt; bewegt (verlaufend); ***la salle était houleuse*** im Saal herrschte Unruhe
'houligan [uligan] *m* Hooligan ['huː-] *m*; Rowdy ['raʊ-] *m* **'houliganisme** *m* Rowdytum *n*
'houp [(h)up] *int* → ***'hop***
Houphouët-Boigny [ufwɛbwaɲi] *Politiker der Elfenbeinküste*
'houppe [up] *f* (*touffe*) Quaste *f*; *de cheveux* Haarbüschel *n*; Tolle *f*; ***Riquet à la ~*** *Märchenfigur von Perrault*
'houppelande [uplɑ̃d] *f* mantelartiger Überwurf
'houppette [upɛt] *f à poudre* Puderquaste *f*
'hourdis [uʀdi] *m* CONSTR Fachwerkausriegelung *f*; Ausmauerung *f*
'hourra [uʀa] **I** *int* hurra! **II** *m* Hurra *n*; ***~s*** *pl* Hurrarufe *m/pl*
'houspiller [uspije] *v/t* ausschimpfen; ausschelten; ***se faire ~*** ausgeschimpft werden
'housse [us] *f* (Schutz)Hülle *f*; *pour meubles* Schoner *m*; Schonbezug *m* (*a pour sièges de voiture*); ***~ à vêtements*** Schutzhülle für Kleidung
'houx [u] *m* BOT Stechpalme *f*; Ilex *f ou m*
'hovercraft [ɔvœʀkʀaft] *m* MAR Luftkissenfahrzeug *n*; Hovercraft *n*
'HS [aʃɛs] *abr* (*hors service*) *adjt* F ***être ~*** *appareil, personne* kaputt sein; ***être complètement ~*** völlig kaputt, F hinüber sein
H.T. *abr* (*hors taxe*) ohne Steuern und Abgaben; *marchandise importée* zollfrei
HTML [aʃteɛmɛl] *m abr* (*hypertext markup language*) INFORM HTML *f*
'hublot [yblo] *m* **1** MAR Bullauge *n* **2** AVIAT (kleines rundes) Fenster **3** *d'une machine à laver* Schauglas *n*; Sichtfenster *n*
'huche [yʃ] *f* Brotkasten *m*, -schrank *m*
Hudson [ytsɔn] GÉOGR ***l'~*** *m* der Hudson ['hadsən]
'hue [y] *int* hü!; *fig* ***l'un tire à ~ et l'autre à dia*** der eine sagt hü und der andere hott
'huées [ɥe, ye] *f/pl* Buhrufe *m/pl*; Protestgeschrei *n*; Missfallenskundgebungen *f/pl*; Hohngelächter *n*
'huer [ɥe, ye] **I** *v/t abs* buh rufen; buhen; ***~ un orateur*** einen Redner ausbuhen **II** *v/i chouette* schreien

H

Hugo [ygo] ***Victor* ~** *frz Dichter*
'huguenot [ygno] **I** *adj* hugenottisch **II** *subst* **~(e)** *m(f)* Hugenotte *m*, Hugenottin *f*
Hugues [yg] *m Vorname*
huilage [ɥilaʒ] *m* TECH Ölen *n*
huile [ɥil] *f* **1** Öl *n*; *de poissons* Tran *m*; **~ *alimentaire*** Speiseöl *n*; **~ *minérale*** Mineralöl *n*; **~ *moteur*** Motorenöl *n*; **~ *solaire*** Sonnenöl *n*; **~ *végétale*** Pflanzenöl *n*; pflanzliches Öl; **~ *de foie de morue*** Lebertran *m*; **~ *de graissage*** Schmieröl *n*; **~ *d'olive*** Olivenöl *n*; **~ *de table*** Tafelöl *n*; ***faire la cuisine à l'~*** mit Öl kochen **2** PEINT (***peinture*** *f* ***à l'***)**~** *art* Ölmalerei *f*; *tableau* Ölgemälde *n*; Ölbild *n* **3** *fig* ***mer*** *f* ***d'~*** spiegelglatte See; spiegelglattes Meer; F ***baigner dans l'~*** (*se dérouler parfaitement*) F wie geschmiert gehen; F ***ça baigne dans l'~*** (*tout va bien*) F es ist alles in Butter; ***jeter de l'~ sur le feu*** Öl ins Feuer gießen; F ***mettre de l'~ de coude*** Energie, Kraft aufwenden; ***mettre de l'~ dans les rouages*** wieder für e-n reibungslosen Ablauf sorgen; den Apparat wieder funktionsfähiger machen; → *a* ***tache*** *1* **4** F *fig* (*personnalité importante*) wichtige Persönlichkeit; F hohes, großes Tier
huilé [ɥile] *adj* **1** ölgetränkt; ***papier* ~** Ölpapier *n* **2** CUIS ***salade trop ~e*** Salat, der mit zu viel Öl angemacht ist **3** *fig* ***bien* ~** reibungslos funktionierend
huiler [ɥile] *v/t* (ein)ölen; (mit Öl) schmieren **huilerie** *f* **1** *usine* Ölmühle *f* **2** *commerce* Ölhandel *m*
huileux [ɥilø] *adj* ⟨**-euse**⟩ ölig; ölhaltig; *par ext* ***cheveux*** *m/pl* **~** fettige Haare *n/pl*; ***peau huileuse*** fettige Haut
huilier [ɥilje] **I** *adj* ⟨**-ière**⟩ Öl... **II** *m* Menage *f*; Ständer *m* mit Gefäßen für Essig und Öl
'huis clos [ɥiklo] *m* JUR Ausschluss *m* der Öffentlichkeit; *loc/adj* **à ~** *audience* unter Ausschluss der Öffentlichkeit
Huisne [ɥin] ***l'~*** *f Fluss in Westfrankreich*
huisserie [ɥisʀi] *f* CONSTR Tür- *ou* Fenstereinfassung *f*, -rahmen *m*, -zarge *f*
huissier [ɥisje] *m* **1** JUR **~ (*de justice*)** Gerichtsvollzieher *m* **2** ADM Amtsdiener *m*
'huit [ɥit], *vor Konsonant* [ɥi] **I** *num/c* acht; ***le* ~ *avril*** der achte *ou* am achten April; ***chapitre* ~** Kapitel acht; ***Henri VIII*** Heinrich VIII. (der Achte); ♦ **~ *jours*** acht Tage; e-e Woche; *arriver* ***dans* ~ *jours*** in acht Tagen; *elliptiquement* ***mardi en* ~** Dienstag in acht Tagen; *fig* ***donner ses* ~ *jours à qn*** j-n entlassen; j-m kündigen; ♦ *loc/adv* **à ~** zu acht; *loc/adj*: *enfant* ***de* ~ *ans*** achtjährig; von acht Jahren; ***journée*** *f* ***de* ~ *heures*** Achtstundentag *m*; ***voyage*** *m* ***de* ~ *jours*** achttägige Reise **II** *m* ⟨*inv*⟩ **1** *chiffre* Acht *f*; *südd a* Achter *m*; ***le* ~ (*du mois*)** der Achte *ou* am Achten (des Monats); ***faire des* ~** Achten beschreiben, machen; (*zigzaguer*) Schlangenlinien beschreiben; → *a* ***deux*** *II* **2** ***grand* ~** Achterbahn *f* **3** ÉCON ***faire les trois* ~** in drei Schichten (zu acht Stunden) arbeiten **4** AVIRON Achter *m*
'huitaine [ɥitɛn] *f* **1** ***une* ~** etwa, ungefähr acht (***de personnes*** *etc* Personen *etc*) **2** ***une* ~** etwa, ungefähr acht Tage; etwa, ungefähr e-e Woche; ***sous* ~** binnen acht Tagen; ***remettre qc à* ~** etw um acht Tage, um e-e Woche verschieben
'huitante [ɥitɑ̃t] *num/c en Suisse* achtzig
'huitième [ɥitjɛm] **I** *num/o* achte(r, -s); ***la* ~ *partie*** der achte Teil **II** *subst* **1** ***le, la* ~** der, die, das Achte **2** *m* MATH Achtel *n* **3** *m étage* achter Stock; achte Etage **4** *m* SPORTS **~ *de finale*** Achtelfinale *n*
'huitièmement [ɥitjɛmmɑ̃] *adv* achtens
huître [ɥitʀ] *f* ZO Auster *f*
huîtrier [ɥitʀije] **I** *adj* ⟨**-ière**⟩ Austern...; ***industrie huîtrière*** Austernzucht *f* **II** *m* ZO Austernfischer *m*
huîtrière [ɥitʀijɛʀ] *f* Austernpark *m*
'hulotte [ylɔt] *f* ZO Waldkauz *m*
'hululement [ylylmɑ̃] *m des oiseaux de nuit* Schrei *m* **'hululer** *v/i hibou etc* schreien
'hum [(h)œm] *int* hm!
humain [ymɛ̃] **I** *adj* **1** (*de l'homme*) menschlich; Menschen...; *manger* ***de la chair* ~*e*** Menschenfleisch *n*; ***la condition* ~*e*** Stellung *f* und Schicksal *n* des Menschen innerhalb des Universums; *Malraux* So lebt der Mensch; ***corps* ~** menschlicher Körper; ***dignité* ~*e*** Menschenwürde *f*; Würde *f* des Menschen; ***espèce* ~*e*, *genre* ~** Menschengeschlecht *n*; ***géographie* ~*e*** Anthropo-, Kulturgeografie *f*; ***nature* ~*e*** menschliche Natur; Natur *f* des Menschen; ***sciences* ~*es*** Humanwissenschaften *f/pl*; ***ne plus avoir figure* ~*e*** nicht mehr wie ein Mensch, nicht mehr menschlich aussehen; unkenntlich, vollkommen entstellt sein **2** (*bon*) menschlich; human; menschenfreundlich **3** *comportement*, *erreur* menschlich (verständlich); ***c'est* ~** das ist menschlich **II** *m* **1** *st/s* ***les* ~*s*** *pl* die Menschen *m/pl* **2** ***l'~*** das Menschliche
humainement [ymɛnmɑ̃] *adv* **1** **~ *parlant*** nach menschlichem Ermessen; ***faire tout ce qui est* ~ *possible*** das Menschenmögliche tun **2** ***traiter* ~ *qn*** j-n menschlich, wie e-n Menschen, als Menschen behandeln
humanisation [ymanizasjõ] *f* Humanisierung *f*; menschenwürdige Gestaltung
humaniser [ymanize] **I** *v/t conditions de vie etc* menschlicher, humaner, menschenwürdiger gestalten, machen; humanisieren **II** *v/pr* ***s'~*** menschlicher, humaner werden
humanisme [ymanism] *m* HIST, PHILOS Humanismus *m* **humaniste I** *adj* HIST, PHILOS humanistisch **II** *m,f* **1** HIST, PHILOS Humanist(in) *m(f)* **2** *lettré* Kenner(in) *m(f)* der alten Sprachen
humanitaire [ymanitɛʀ] *adj* humanitär; menschenfreundlich; dem Wohl der Menschen dienend; *organisation a* wohltätig
humanitarisme [ymanitaʀism] *m péj* Humanitätsduselei *f*
humanité [ymanite] *f* **1** (*genre humain*) Menschheit *f* **2** (*bonté*) Menschlichkeit *f*; Humanität *f*; Menschenfreundlichkeit *f*, -liebe *f*; ***avec* ~** menschlich; human **3** (*nature humaine*) menschliche Natur **4** ***faire ses* ~*s*** ein humanistisches Gymnasium besuchen
humble [ɛ̃bl, œ̃-] **I** *adj* **1** (*modeste*) demütig; ergeben; devot; untertänig; unterwürfig; ***à mon* ~ *avis*** nach meiner unmaßgeblichen, bescheidenen Meinung; *litt* ***votre très* ~ *serviteur*** Ihr ergebenster, untertänigster Diener **2** *st/s* (*de condition sociale modeste*) einfach; niedrig; *demeure*, *vie*, *cadeau* bescheiden; einfach **II** *m/pl st/s* ***les* ~*s*** die einfachen Leute
humblement [ɛ̃bləmɑ̃, œ̃-] *adv* demütig; *iron* ***je vous fais* ~ *remarquer que ...*** darf ich Sie in aller Bescheidenheit darauf aufmerksam machen, dass

…?

humecter [ymɛkte] **I** *v/t* an-, befeuchten; *st/s* (be)netzen; *linge a* einsprengen **II** *v/pr* ***s'~ les lèvres*** sich (*dat*) die Lippen befeuchten; ***ses yeux s'humectèrent*** er *ou* sie bekam feuchte Augen; *fig* ***s'~ le gosier*** sich (*dat*) die Kehle anfeuchten

'humer [yme] *v/t parfum, air* einatmen; einsaugen; inhalieren; ***~ un plat*** sich (*dat*) den Geruch e-r Speise in die Nase steigen lassen

humérus [ymerys] *m* ANAT Oberarmknochen *m*

humeur [ymœr] *f* **1** (*disposition momentanée*) Stimmung *f*; Laune *f*; ***bonne*** *ou a* ***belle ~, mauvaise*** *ou a plais* ***méchante ~*** gute, schlechte Laune; ***être de bonne, mauvaise ~*** gut, schlecht gelaunt *ou* aufgelegt sein; gute, schlechte Laune haben; (in) guter, schlechter Laune *ou* Stimmung sein; ***~ noire*** → ***noir*** *I 5*; ***mettre qn de bonne, mauvaise ~*** j-n in gute, schlechte Laune *ou* Stimmung versetzen; j-n gut, schlecht gelaunt machen; ***selon l'~ du moment*** je nach momentaner Stimmung, Laune; ***être, se sentir d'~ à*** (*+inf*) in der Stimmung, Laune sein zu (*+inf*); ***je ne suis pas, je ne me sens pas d'~ à plaisanter*** mir ist nicht nach Scherzen zumute; ich bin nicht zu Scherzen aufgelegt **2** (*irritation*) schlechte Laune; Gereiztheit *f*; ***dans un mouvement d'~*** in e-r Anwandlung von schlechter Laune; *litt* ***avec ~*** verstimmt **3** (*tempérament*) Gemüt(sart) *n(f)*; Wesen *n*; ***incompatibilité*** *f* ***d'~*** Unvereinbarkeit *f* der Charaktere; ***sautes*** *f/pl* ***d'~*** Stimmungswechsel *m/pl*, -umschwünge *m/pl* **4** ANAT ***~ aqueuse*** (Augen)Kammerwasser *n*

humide [ymid] *adj* feucht; *p/fort* nass; ***chaleur*** *f* ***~*** feuchte Wärme, Hitze; ***froid*** *m* ***~*** feuchte Kälte; ***c'est un froid ~*** es ist nasskalt; ***herbe*** *f* ***~ de rosée*** taufeuchtes Gras; ***regard*** *m* ***~*** (tränen)feuchter Blick; ***yeux*** *m/pl* ***~s*** (***de larmes***) (tränen)feuchte Augen *n/pl*

humidificateur [ymidifikatœr] *m* TECH ***~*** (***d'air***) Luftbefeuchter *m* **humidification** *f* TECH Be-, Anfeuchtung *f*; ***~ d'air*** Luftbefeuchtung *f* **humidifier** *v/t* be-, anfeuchten

humidité [ymidite] *f* Feuchtigkeit *f*; *st/s* Feuchte *f*; *p/fort* Nässe *f*; ***~ de l'air*** Luftfeuchtigkeit *f*; ***tache*** *f* ***d'~*** Stockfleck *m*

humiliant [ymiljɑ̃] *adj* demütigend; erniedrigend

humiliation [ymiljasjõ] *f* Demütigung *f*; Erniedrigung *f*; ***infliger une ~ à qn*** j-m e-e Demütigung zufügen

humilier [ymilje] **I** *v/t* demütigen; erniedrigen; *adjt* ***humilié*** gedemütigt; erniedrigt; ***se sentir humilié par, de qc*** sich durch etw gedemütigt fühlen **II** *v/pr* ***s'~*** sich demütigen, erniedrigen (***devant qn*** vor j-m)

humilité [ymilite] *f* Demut *f*; (*déférence*) tiefe Ergebenheit; Unterwürfigkeit *f*; ***avec ~*** demütig; ***en toute ~*** in aller Bescheidenheit (*a iron*); ***éprouver de l'~ devant qn*** Demut vor, gegenüber j-m empfinden

humoriste [ymɔrist] **I** *m,f* Humorist(in) *m(f)* **II** *adj* humoristisch **humoristique** *adj* humoristisch; ***histoire*** *f* ***~*** *a* Humoreske *f*

humour [ymur] *m* Humor *m*; ***~ noir*** schwarzer Humor; ***avoir*** (***le sens***) ***de l'~*** (Sinn für) Humor haben

humus [ymys] *m* Humus *m*; ***couche*** *f* ***d'~*** Humusschicht *f*

'hune [yn] *f* MAR Mars *m*; Mastkorb *m*; ***mât*** *m* ***de ~*** Marsstenge *f*

'hunier [ynje] *m* Marssegel *n*

'Huningue [ynɛ̃g] GÉOGR Hüningen *n*

'Huns [ɛ̃, œ̃] *m/pl* HIST Hunnen *m/pl*

'huppe [yp] *f* **1** (*touffe de plumes*) Haube *f*; Schopf *m* **2** *oiseau* Wiedehopf *m*

'huppé [ype] *adj* **1** ZO Hauben…; ***alouette ~e*** Haubenlerche *f* **2** F *fig* (F stink)vornehm, (-)reich; F nobel

'hure [yr] *f* **1** *du sanglier, de certains poissons* (abgetrennter) Kopf **2** CUIS Schweinskopf *m*

'hurlant [yrlɑ̃] *adj foule* brüllend; schreiend; *meute de loups* heulend

'hurlement [yrləmɑ̃] *m* **1** *d'une personne* Schrei *m*; ***~s*** *pl* Brüllen *n*; Gebrüll *n*; Schreien *n*; Geschrei *n*; Heulen *n*; Geheul *n*; ***~s de douleur*** Schmerzgebrüll *n*; Schmerzensschreie *m/pl*; ***~s de joie*** Freudengeschrei *n*, -geheul *n*; ***~ de rage*** Wutgebrüll *n*, -geheul *n* **2** *d'un animal, d'une sirène, du vent* Heulen *n*

'hurler [yrle] **I** *v/t* hinausschreien, -brüllen; ***~ sa douleur, sa rage*** seinen Schmerz, seine Wut hinausschreien, -brüllen **II** *v/i* **1** *personne* (auf)brüllen, (-)schreien, (-)heulen (***de douleur*** vor Schmerz) **2** *chien, loup* heulen; ***~ à la lune*** den Mond anbellen; *fig* ***~ avec les loups*** mit den Wölfen heulen **3** *sirène, vent* heulen; *freins* kreischen **4** *fig couleurs* sich beißen

'hurleur [yrlœr] *adj et subst m* ZO (***singe*** *m*) ***~*** Brüllaffe *m*

hurluberlu [yrlybɛrly] **I** *m* komischer Kauz; F Spinner *m* **II** *adj* verschroben; F spinnig

'Huron [yrõ] ***le lac ~*** der Huronsee

'huron [yrõ] **I** *adj* ⟨***~ne***⟩ huronisch **II** *m/pl* ***'Hurons*** Huronen *m/pl*

'hussard [ysar] *m* HIST MIL Husar *m*

'hussarde [ysard] *loc/adv* ***à la ~*** brutal; draufgängerisch

'hutte [yt] *f* Hütte *f*

'Huy [ɥi] *Stadt in Belgien*

Huysmans [ɥismɑ̃s] *frz Dichter*

hyacinthe [jasɛ̃t] *f* MINÉR Hyazinth *m*

hybridation [ibridasjõ] *f* BIOL Bastardierung *f*; Artenkreuzung *f*; Hybridisierung *f*

hybride [ibrid] **I** *adj* **1** BIOL hybrid; Bastard…; ***plante*** *f* ***~*** Bastardpflanze *f* **2** AUTO Hybrid…; mit Hybridantrieb; ***voiture*** *f* ***~*** Hybridauto *n*; Auto *n* mit Hybridantrieb **3** *fig* Zwitter…; zwitterhaft; Misch…; gemischt; hybrid **II** *m* BIOL Hybride *f ou m*; Bastard *m*

hydracide [idrasid] *m* CHIM Wasserstoffsäure *f*

hydratant [idratɑ̃] *adj* Feuchtigkeits…; feuchtigkeitsspendend; ***crème ~e*** Feuchtigkeitscreme *f*

hydratation [idratasjõ] *f* CHIM Hydra(ta)tion *f*

hydrate [idrat] *m* CHIM Hydrat *n*; ***~ de carbone*** Kohle(n)hydrat *n*

hydrater [idrate] **I** *v/t* **1** CHIM mit Wasser verbinden; hydratisieren; *adjt* ***hydraté*** wasserhaltig; ***chaux hydratée*** Löschkalk *m* **2** *produits de beauté* ***~ la peau*** der Haut (*dat*) Feuchtigkeit zuführen **II** *v/pr* ***s'~*** CHIM ein Hydrat bilden; Wasser aufnehmen

hydraulique [idrolik] **I** *adj* **1** Wasser(kraft) …; ***énergie*** *f* ***~*** Wasserkraft *f* **2** TECH hydraulisch; Flüssigkeits…; ***frein*** *m* ***~*** hydraulische Bremse; ***presse*** *f* ***~*** hydraulische Presse **II** *f* Hydraulik *f*

hydravion [idʀavjõ] *m* Wasserflugzeug *n*
hydre [idʀ] *f* MYTH *et fig* Hydra *f*
hydrocarbure [idʀɔkaʀbyʀ] *m* CHIM Kohlenwasserstoff *m*
hydrocéphale [idʀɔsefal] MÉD **I** *adj* mit e-m Wasserkopf **II** *m,f* Mensch *m* mit e-m Wasserkopf **hydrocéphalie** *f* MÉD Wasserkopf *m*
hydrocuté [idʀɔkyte] *adj* (durch plötzlichen Kontakt mit kaltem Wasser) ertrunken
hydrocution [idʀɔkysjõ] *f* MÉD Ertrinken *n* durch Bewusstloswerden in kaltem Wasser; Herzschlag *m* nach e-m Sprung ins kalte Wasser
hydrodynamique [idʀɔdinamik] PHYS **I** *adj* hydrodynamisch **II** *f* Hydrodynamik *f* **hydro-électricité** *f* durch Wasserkraft erzeugte Elektrizität **hydro-électrique** *adj* hydroelektrisch; ***centrale*** *f* ~ Wasserkraftwerk *n*
hydrofoil [idʀɔfɔjl] *m* MAR Tragflächen-, Tragflügelboot *n*
hydrogénation [idʀɔʒenasjõ] *f* CHIM, TECH Hydrieren *n*, -ung *f*; ~ ***du charbon*** Kohlehydrierung *f*
hydrogène [idʀɔʒɛn] *m* CHIM Wasserstoff *m*; MIL ***bombe*** *f* ***à*** ~ Wasserstoffbombe *f*
hydrogéné [idʀɔʒene] *adj* CHIM Wasserstoff…; wasserstoffhaltig **hydrogéner** *v/t* ⟨-è-⟩ CHIM, TECH hydrieren
hydroglisseur [idʀɔglisœʀ] *m* Gleitboot *n*; Hydroplan *m*
hydrographie [idʀɔgʀafi] *f* **1** *science* Hydrografie *f*; Gewässerkunde *f* **2** (*cours d'eau et lacs*) Gewässer *n/pl*
hydrolat [idʀɔla] *m* PARFUMERIE mit destilliertem Wasser versetztes ätherisches Öl
hydrologie [idʀɔlɔʒi] *f* Hydrologie *f*
hydrolyse [idʀɔliz] *f* CHIM Hydrolyse *f*
hydromel [idʀɔmɛl] *m* Met *m*
hydrophile [idʀɔfil] *adj* Wasser anziehend, aufnehmend; hydrophil; ***coton*** *m* ~ Verband(s)-, Saugwatte *f*
hydrophobe [idʀɔfɔb] *adj* MÉD (krankhaft) wasserscheu **hydrophobie** *f* MÉD (krankhafte) Wasserscheu
hydropique [idʀɔpik] *adj* MÉD wassersüchtig; an Wassersucht leidend **hydropisie** [-pizi] *f* MÉD Wassersucht *f*
hydropulseur [idʀɔpylsœʀ] *m* Munddusche *f*
hydrosphère [idʀɔsfɛʀ] *f* GÉOGR Hydrosphäre *f*
hydrostatique [idʀɔstatik] PHYS **I** *adj* hydrostatisch **II** *f* Hydrostatik *f*
hydrothérapie [idʀɔteʀapi] *f* MÉD Hydrotherapie *f*; Wasserheilverfahren *n*, -heilkunde *f* **hydrothérapique** *adj* MÉD hydrotherapeutisch; Wasserheil…; ***cure*** *f* ~ Kneippkur *f*
hydroxyde [idʀɔksid] *m* CHIM Hydroxid *n*
hydrure [idʀyʀ] *m* CHIM Hydrid *n*
hyène [jɛn] *f* ZO Hyäne *f* (*a fig*)
Hyères [jɛʀ] *Stadt im Dep. Var*
hygiaphone® [iʒjafɔn] *m à un guichet* (hygienisch gestaltete) Sprechöffnung
hygiène [iʒjɛn] *f* Hygiene *f*; Gesundheitslehre *f*, -pflege *f*; ~ ***alimentaire*** Lebensmittelhygiene *f*; ~ ***corporelle*** Körperpflege *f*, -hygiene *f*; ~ ***publique*** öffentliche Gesundheitspflege; ~ ***de la bouche, de la peau*** Mund-, Hautpflege *f*; ~ ***du travail*** Arbeitshygiene *f*; ***soins*** *m/pl* ***d'***~ Gesundheitspflege *f*; ***manquer d'***~ *personne* es an Hygiene fehlen lassen; *lieu* unhygienisch, nicht sauber sein
hygiénique [iʒjenik] *adj* hygienisch; der Gesundheit dienend; ***papier*** *m* ~ Toiletten-, Klosett-, F Klopapier *n*; ***seau*** *m* ~ Toiletteneimer *m*; ***serviette*** *f* ~ (Damen-, Monats)Binde *f*; ***soins*** *m/pl* ~***s*** Gesundheitspflege *f*
hygiéniste [iʒjenist] *m,f* Hygieniker(in) *m(f)*
hygromètre [igʀɔmɛtʀ] *m* MÉTÉO Hygrometer *n*; Luftfeuchtigkeitsmesser *m* **hygrométrique** *adj* MÉTÉO ***état*** *m* ~ (***de l'air***) (Luft)Feuchtigkeitsgehalt *m* **hygroscopique** *adj* CHIM hygroskopisch; Wasser anziehend
hymen [imɛn] *m* **1** ANAT Jungfernhäutchen *n*; *sc* Hymen *n* **2** *poét* (*mariage*) Vermählung *f*, Ehe *f*
hyménée [imene] *m poét* → ***hymen*** *2*
hyménoptères [imenɔptɛʀ] *m/pl* ZO Hautflügler *m/pl*
hymne [imn] **1** *m* Hymne *f*; Hymnus *m*; preisendes Gedicht; ~ ***national*** Nationalhymne *f*; ~ ***à la nature*** Hymne an die Natur **2** *f* REL (geistlicher) Lobgesang; Hymnus *m*
hyper… [ipɛʀ] *préfixe* Hyper…; hyper…; Über…; über…; → *les mots suivants*
hyperacidité [ipɛʀasidite] *f* MÉD übermäßig hoher Säuregehalt des Magensaftes; *sc* Super-, Hyperacidität *f*
hyperactif [ipɛʀaktif] *adj* hyperaktiv **hyperactivité** *f* Hyperaktivität *f*
hyperbole [ipɛʀbɔl] *f* **1** MATH Hyperbel *f* **2** RHÉT Hyperbel *f*; *par ext* Übertreibung *f*
hypercorrect [ipɛʀkɔʀɛkt] *adj* LING hyperkorrekt **hypercritique** *adj* hyperkritisch; überkritisch, -streng **hyperémotivité** *f* PSYCH übermäßige Emotivität, Empfindsamkeit **hyperesthésie** *f* MÉD Überempfindlichkeit *f* (der Haut) **hyperglycémie** *f* MÉD vermehrter Blutzuckergehalt; *sc* Hyperglykämie *f* **hyperlien** *m* INFORM Hyperlink ['haɪpər-] *m*
hypermarché [ipɛʀmaʀʃe] *m* Verbrauchermarkt *m* (*mit mehr als 2500 m² Verkaufsfläche*)
hypermétrope [ipɛʀmetʀɔp] **I** *adj* weitsichtig **II** *m,f* Weitsichtige(r) *f(m)* **hypermétropie** *f* Weit-, Übersichtigkeit *f*
hypernerveux [ipɛʀnɛʀvø] *adj* ⟨**-euse**⟩ übernervös; *subst* ***c'est un*** ~ er ist übernervös
hypersensibilité [ipɛʀsɑ̃sibilite] *f* Überempfindlichkeit *f* **hypersensible** *adj* überempfindlich
hypersustentateur [ipɛʀsystɑ̃tatœʀ] *adj et subst m* AVIAT (***dispositif*** *m*) ~ Hochauftriebsmittel *n*; Auftriebshilfe *f*
hypertendu [ipɛʀtɑ̃dy] MÉD **I** *adj* an zu hohem Blutdruck leidend **II** *subst* ~(***e***) *m(f)* an zu hohem Blutdruck Leidende(r) *f(m)* **hypertension** *f* MÉD erhöhter Blutdruck; Bluthochdruck *m*; *sc* Hypertonie *f*
hypertexte [ipɛʀtɛkst] *m* INFORM Hypertext ['haɪpər-] *m*
hypertrophie [ipɛʀtʀɔfi] *f* **1** MÉD übermäßige Vergrößerung; übermäßiges Wachstum; *sc* Hypertrophie *f* **2** *fig du moi* Übersteigerung *f*; *d'un système* übermäßiges Wachstum
hypertrophié [ipɛʀtʀɔfje] *adj* **1** MÉD (durch Zellenwachstum) übermäßig vergrößert; *sc* hypertroph(isch) **2** *fig* übersteigert; übermäßig entwi-

ckelt; aufgebläht **hypertrophier** *v/pr* **s'~** 1 MÉD sich (übermäßig) vergrößern; übermäßig wachsen 2 *fig* sich übermäßig entwickeln; übermäßig anwachsen **hypertrophique** *adj* MÉD hypertroph(isch)

hypnose [ipnoz] *f* Hypnose *f*

hypnotique [ipnɔtik] I *adj* hypnotisch; *personne* hypnotisierbar II *m* PHARM Hypnotikum *n*; Schlafmittel *n*

hypnotiser [ipnɔtize] I *v/t* 1 hypnotisieren; in Hypnose versetzen 2 *fig* in s-n Bann schlagen; fesseln; *p/p* ***être hypnotisé par qc*** durch, von etw (wie) hypnotisiert, wie gebannt, wie geblendet sein II *v/pr* ***s'~ sur qc*** von etw besessen sein, verfolgt werden

hypnotiseur [ipnɔtizœʀ] *m* Hypnotiseur *m* **hypnotisme** *m* **a)** *procédés* hypnotische Praktiken *f/pl*; **b)** *science* Hypnotismus *m*

hypoallerg(én)ique [ipoalɛʀʒ(en)ik] *adj* antiallergisch

hypo-cagne → ***hypo-khâgne***

hypocalorique [ipɔkalɔʀik] *adj* kalorienarm **hypocentre** *m* GÉOL Hypozentrum *n*; Erdbebenherd *m*

hypocondriaque [ipɔkõdʀijak] I *adj* hypochondrisch II *m* Hypochonder *m*; eingebildete(r) Kranke(r) **hypocondrie** *f* MÉD Hypochondrie *f*

hypocrisie [ipɔkʀizi] *f* Heuchelei *f*; Verstellung *f*; Scheinheiligkeit *f*; *sa conduite est* ***pure ~*** … reine, pure Heuchelei

hypocrite [ipɔkʀit] I *adj* heuchlerisch; scheinheilig II *m,f* Heuchler(in) *m(f)*; ***faire l'~*** heucheln; sich verstellen; scheinheilig tun

hypodermique [ipɔdɛʀmik] *adj* MÉD subkutan

hypogastre [ipɔgastʀ] *m* ANAT Unterbauchgegend *f*

hypoglycémie [ipɔglisemi] *f* MÉD verminderter Blutzuckergehalt; F Unterzuckerung *f*; *sc* Hypoglykämie *f*

hypo-khâgne [ipɔkaɲ] F *f* Klasse *f* vor der „khâgne" (→ ***khâgne***)

hypophyse [ipɔfiz] *f* ANAT Hypophyse *f*; Hirnanhangsdrüse *f*

hypo-taupe [ipotop] F *f* Klasse *f* vor der „taupe" (→ ***taupe*** *3*)

hypotendu [ipɔtɑ̃dy] I *adj* an zu niedrigem Blutdruck leidend II *subst* **~(e)** *m(f)* an zu niedrigem Blutdruck Leidende(r) *f(m)* **hypotenseur** *adj* (*et subst m*) PHARM blutdrucksenkend(es Mittel) **hypotension** *f* MÉD zu niedriger Blutdruck; *sc* Hypotonie *f*

hypoténuse [ipɔtenyz] *f* MATH Hypotenuse *f*

hypothécable [ipɔtekabl] *adj* hypothekarisch belastbar

hypothécaire [ipɔtekɛʀ] *adj* hypothekarisch; Hypotheken…; ***prêt*** *m* **~** hypothekarisch gesichertes Darlehen

hypothèque [ipɔtɛk] *f* 1 JUR Hypothek *f*; ***grever qc d'une ~*** etw mit e-r Hypothek belasten; ***lever l'~*** die Hypothek abtragen 2 *fig* Hypothek *f*; (schwere) Belastung; ***prendre une ~ sur l'avenir*** e-e Hypothek auf die Zukunft aufnehmen; die Zukunft belasten

hypothéquer [ipɔteke] *v/t* ⟨**-è-**⟩ 1 JUR **a)** *grever* mit e-r Hypothek belasten; **b)** *garantir* hypothekarisch, durch e-e Hypothek sichern 2 *fig* (vorweg, im Voraus) belasten; mit e-r Hypothek belasten

hypothermie [ipɔtɛʀmi] *f* MÉD Unterkühlung *f*; *sc* Hypothermie *f*

hypothèse [ipɔtɛz] *f* 1 Hypothese *f*; Annahme *f*; **~ *de travail*** Arbeitshypothese *f*; ***faire, formuler une ~*** e-e Hypothese aufstellen; ***faire des ~s sur qc*** Vermutungen über etw (*acc*) anstellen; ***en être réduit aux ~s*** auf Vermutungen angewiesen sein 2 (*éventualité*) Möglichkeit *f* (***d'un accident*** e-s Unfalls); *loc/conj* ***dans l'~ où …*** im Fall(e), dass …

hypothétique [ipɔtetik] *adj* 1 (*supposé*) hypothetisch; nur angenommen 2 (*douteux*) zweifelhaft; fraglich; unsicher; ungewiss

hysope [izɔp] *f* BOT Ysop *m*

hystérectomie [isteʀɛktɔmi] *f* MÉD operative Entfernung der Gebärmutter; *sc* Hysterektomie *f*

hystérie [isteʀi] *f* MÉD *et fig* Hysterie *f*; **~ *collective*** Massenhysterie *f*; ***c'est de l'~*** das ist Wahnsinn

hystérique [isteʀik] I *adj* hysterisch II *m,f* Hysteriker(in) *m(f)*

hystérographie [isteʀɔgʀafi] *f* MÉD Röntgenbild *n* der Gebärmutter; *sc* Hysterogramm *n*

Hz *abr* (*hertz*) Hz (Hertz)

I

I, i [i] *m* ⟨*inv*⟩ I, i *n*; ***i grec*** Ypsilon *n*; *fig* ***mettre les points sur les i*** sich klar und deutlich erklären; es klipp und klar sagen; *personne* ***droit comme un I*** kerzengerade; gerade wie e-e Eins

Iakoutsk [jakutsk] GÉOGR Jakutsk *n*

iambe [jɑ̃b] *m* VERSIFICATION Jambus *m*; Jambe *f*

Ibadan [ibadan] GÉOGR Ibadan *n*

Ibères [ibɛʀ] *m/pl* HIST Iberer *m/pl*

ibérique [ibeʀik] *adj* iberisch; ***péninsule*** *f* **~** Iberische Halbinsel; Pyrenäenhalbinsel *f*

ibidem [ibidɛm] *adv* (*abr* ***ibid., ib.***) ibidem; ebenda

ibis [ibis] *m* ZO Ibis *m*

Icare [ikaʀ] *m* MYTH Ikaros *ou* Ikarus *m*

iceberg [ajsbɛʀg, isbɛʀg] *m* Eisberg *m*

ichtyologie [iktjɔlɔʒi] *f* Fischkunde *f*; *sc* Ichthyologie *f* **ichtyologiste** *m,f* Ichthyologe, -login *m,f*

ichtyose [iktjoz] *f* MÉD Fischschuppenkrankheit *f*; *sc* Ichthyose *f*

ici [isi] *adv* 1 *désignant le lieu* hier *ou* hierher; *à un chien* **~!** hierher!; TÉL **~ *Monsieur X*** hier (ist) X; RAD **~ *Paris*** hier ist Paris; ***Monsieur X, ~ présent****, va vous l'expliquer* der hier anwesende Herr X …; **~ *et là*** hier und da; bald hierhin, bald dorthin; ***il y a une faute ~*** hier, an dieser Stelle ist ein Fehler;

on est bien ~ hier fühlt man sich wohl; *sur une pierre tombale* ***~ repose …*** hier ruht …; ***viens ~!*** komm (hier)her!; ♦ *avec prép*: ***d'~*** von hier; *loc/adj* hiesige(r, -s); ***la population d'~*** die hiesige Bevölkerung; ***d'~ (à) la gare, il y a cent mètres*** (von hier) bis zum Bahnhof sind es hundert Meter; ***il n'est pas d'~*** er ist nicht von hier; ***c'est loin, près d'~*** das ist weit von hier (entfernt), ganz in der Nähe; ***d'~ on voit …*** von hier (aus) sieht man …; ***jusqu'~*** bis hier(her, -hin); ***par ~*** a) hier entlang, F hier lang *ou* hier hinauf, F hier rauf *ou* hier hinunter, F hier runter; hierhin *ou* hierher; b) hier (in der Gegend); ***par ~ la sortie*** hier entlang *etc* (geht es) zum Ausgang; ***il est passé par ~*** er ist hier vorbeigekommen; ***il séjourne par ~*** er hält sich hier in der Gegend auf **2** *temporel* ***d'~*** von jetzt, heute an; ***d'~ (à) un an*** übers Jahr; in Jahresfrist; ***d'~ (à) demain, (à) deux jours, (à) la semaine prochaine*** bis morgen, heute in zwei Tagen, bis zur nächsten Woche; ***d'~ là*** bis dahin; inzwischen; ***d'~ peu*** binnen Kurzem; in Kürze; bald; *loc/conj* ***d'~ (à ce) que …*** (+*subj*) bis (F dass) …; ***d'~ (à ce) qu'il vienne****, il sera deux heures* bis er kommt; ***jusqu'~*** bis jetzt; bisher; bislang

ici-bas [isibɑ] *loc/adv* hier unten; auf dieser Erde; im Diesseits; *poét* hienieden; *loc/adj* ***d'~*** irdisch; diesseitig

icône [ikon] *f* **1** PEINT Ikone *f* **2** INFORM Symbol *n*; Icon ['aɪkən] *n*

iconoclaste [ikɔnɔklast] **I** *m* Bilderstürmer *m*; Ikonoklast *m* **II** *adj* bilderstürmerisch; ikonoklastisch

iconographe [ikɔnɔgʀaf] *m* Wissenschaftler *m* auf dem Gebiet der Ikonografie; Ikonograf *m* **iconographie** *f* **1** *science* Ikonografie *f* **2** *d'un livre* Bebilderung *f*; Illustrationen *f/pl* **iconographique** *adj* ikonografisch

ictère [iktɛʀ] *m* MÉD Gelbsucht *f*; *sc* Ikterus *m*

idéal [ideal] **I** *adj* ⟨**-aux** *od* **-als**⟩ **1** (*parfait en son genre*) ideal; vollkommen; dem Ideal entsprechend; ***beauté ~e*** vollkommene, ideale Schönheit **2** F (*rêvé, parfait*) ideal; vollkommen; perfekt; Ideal…; ***mari ~*** idealer Ehemann; ***solution ~e*** ideale Lösung; Ideallösung *f* **3** (*imaginaire*) ideal; gedacht; in der Vorstellung vorhanden; ***ligne ~e*** ideale, gedachte Linie **II** *m* ⟨*pl* **idéaux** *od* **idéals**⟩ **1** Ideal *n*; ***~ de beauté*** Schönheitsideal *n*; ***homme m sans ~*** Mensch *m* ohne Ideale; ***avoir des idéaux*** Ideale haben **2** ***l'~*** das Ideale, Günstigste, Beste; ***l'~ (pour qn), c'est de*** *ou* ***que …*** (+*subj*) das Ideale (für j-n) ist, zu (+*inf*) *ou* wenn …; ***l'~ serait que tu viennes lundi*** das Ideale wäre (es), wenn du Montag kommen würdest; ***ce n'est pas l'~(, mais …)*** das ist nicht das Ideale (, aber …)

idéalisation [idealizasjõ] *f* Idealisierung *f* **idéaliser** *v/t* idealisieren; verklären **idéalisme** *m* Idealismus *m* **idéaliste** **I** *adj* idealistisch **II** *m,f* Idealist(in) *m(f)*

idée [ide] *f* **1** PHILOS Idee *f*; Urbild *n*; reiner Begriff **2** (*pensée*) Idee *f*; Gedanke *m*; Vorstellung *f*; (*pensée originale*) Einfall *m*; (*notion*) Begriff *m*; ***~s*** *pl* (*opinion*) Auffassung *f*; Meinung *f*; ***bonne ~*** gute Idee; guter Einfall, Gedanke; ***~ directrice*** Leit-, Grund-, Hauptgedanke *m*; ***~ fixe*** fixe Idee; Zwangsvorstellung *f*; ***~s noires*** trübe Gedanken; ***avoir des ~s noires*** trüben Gedanken nachhängen; ***quelle ~!*** was für e-e Idee, Vorstellung!; was für ein Einfall, Gedanke!; wo denken Sie hin!; ***~ reçue*** überkommene Vorstellung; ***l'~ du refus*** *lui faisait peur* der Gedanke e-r, an e-e Ablehnung; ***~ de derrière la tête*** Hintergedanke *m*; ***plein d'~s*** ideenreich; voller (guter) Ideen, Einfälle; ***être plein d'~s*** voller Ideen, Einfälle stecken; ***en voilà une ~!*** was für e-e (verrückte) Idee!; ♦ ***à mon ~*** für meine Begriffe; nach meinen (eigenen) Vorstellungen; ***il fait à son ~*** er macht es (so), wie er es für richtig hält; ***à l'~ d'un échec …*** bei dem Gedanken an e-n Misserfolg …; ***à l'~ d'échouer*** *ou* ***qu'il pourrait échouer …*** bei dem Gedanken (daran), scheitern zu können *ou* dass er scheitern könnte …; ♦ ***avoir une ~*** e-e Idee, e-n Gedanken, e-n Einfall haben; ***avoir des ~s*** Ideen haben; ***avoir de l'~*** einfallsreich, erfinderisch sein; F etwas loshaben; ***il y a de l'~ dans ce plan*** dieser Plan ist nicht dumm; ***avoir une ~ de qc*** e-e Vorstellung, Idee, Ahnung, e-n Begriff von etw haben; ***je n'en ai aucune ~*** ich habe keine Ahnung (davon); ***n'avoir pas la moindre ~ de qc*** nicht den geringsten Begriff, die leiseste Ahnung, die mindeste Vorstellung von etw haben; ***avoir l'~ de*** (+*inf*) die Idee *ou* den Gedanken haben, auf die Idee *ou* den Gedanken kommen zu (+*inf*); ***avoir l'~ de qc*** die Idee zu etw haben; etw ersinnen; ***avoir ~ que …, avoir dans l'~ que …*** sich (*dat*) vorstellen *ou* denken können, dass …; vermuten, dass …; ***on n'a pas ~!*** *ou* ***a-t-on ~!*** das ist unglaublich, unvorstellbar, unmöglich!; ***j'ai mon ~*** ich habe meine eigene Vorstellung, Meinung, Idee (***sur*** über +*acc*; von); ***avoir ses ~s*** s-e eigenen Vorstellungen, Ideen, Ansichten haben (***sur*** über +*acc*); ***avoir une 'haute ~ de qn, qc*** e-e hohe Meinung von j-m, etw haben; ***avoir des ~s de droite, de gauche*** rechts, links eingestellt sein; ***changer d'~*** s-e Meinung, Absicht ändern; sich anders besinnen; ***changer les ~s à qn*** j-n auf andere Gedanken bringen; ***donner à qn une ~ de qc*** j-m e-e Idee, e-e Vorstellung, ein Bild von etw geben, vermitteln; ***donner à qn l'~ de faire qc*** j-n auf die Idee, auf den Gedanken bringen, etw zu tun; F ***ça pourrait donner des ~s aux enfants*** das könnte die Kinder auf dumme Gedanken bringen; ***tiens, c'est une ~!*** halt, das ist e-e Idee!; das wäre was!; ***c'est son ~*** das entspricht s-r Vorstellung; das ist sein Gedanke; ***c'était dans mon ~ de*** (+*inf*) es war meine Absicht zu (+*inf*); ***cela n'est pas dans mes ~s*** das entspricht nicht meinen Vorstellungen, Auffassungen, meiner Überzeugung; ***se faire une ~ de qc*** sich (*dat*) e-e Vorstellung, e-n Begriff von etw machen; ***se faire des ~s*** sich (*dat*) falsche Gedanken, falsche Hoffnungen machen; sich (*dat*) etwas vormachen; ***se faire à une ~*** sich an e-n Gedanken, e-e Idee, e-e Vorstellung gewöhnen; sich mit e-m Gedanken, e-r Idee, e-r Vorstellung abfinden; ***ôter, enlever à qn une ~ de la tête*** j-n von e-m Gedanken abbringen; j-m e-n Gedanken ausreden; ***ôtez-vous cette ~ de l'esprit*** schlagen Sie sich (*dat*) diesen Gedanken aus dem Kopf, Sinn; ***on ne m'ôtera, m'enlèvera pas cela de l'~*** man wird mich nicht davon abbringen können; man wird mir das nicht ausreden können; ***cela m'est sorti de l'~*** das ist mir entfallen; ***il me vient une ~*** mir kommt e-e Idee, ein Gedanke; ***l'~ me vint de*** (+*inf*) *ou* ***que …*** mir kam die Idee zu (*+inf*) *ou*, dass …; ***il ne me viendrait pas à l'~ de*** (*+inf*) ich käme nicht auf den Gedanken, auf die Idee zu (*+inf*); es würde mir nicht einfallen, in den Sinn kommen zu (*+inf*)

idée-force [idefɔʀs] *f* ⟨*pl* **idées-forces**⟩ Leitgedanke *m*

idem [idɛm] *adv* (*abr* **id.**) **1** idem; der-, dasselbe **2** F (*de même*) ebenso; desgleichen

identifiable [idɑ̃tifjabl] *adj* identifizierbar

identification [idɑ̃tifikasjõ] *f* **1** *d'une personne, d'un avion etc* Identifizierung *f*; Identifikation *f* **2** (*assimilation*) Identifizierung *f*, Gleichsetzung *f* (**à, avec** mit) **3** PSYCH Sichidentifizieren *n*, Identifikation *f* (**à, avec** mit)

identifier [idɑ̃tifje] **I** *v/t* **1** identifizieren; die Identität feststellen (*+gén*); ~ ***un cadavre*** eine Leiche identifizieren **2** (*reconnaître*) wiedererkennen; (erkennen und) einordnen **3** (*assimiler*) identifizieren, gleichsetzen (***qc avec, à qc*** etw mit etw) **II** *v/pr* ***s'~ avec*** *ou* ***à qn, qc*** sich mit j-m, etw identifizieren

identique [idɑ̃tik] *adj* identisch (*a* MATH); (völlig) gleich; ein und der- *ou* die- *ou* dasselbe; übereinstimmend; ***opinions*** *f/pl* ***~s*** übereinstimmende Meinungen *f/pl*; ***demeurer ~ à soi-même*** immer derselbe bleiben; sich (*dat*) selbst treu bleiben; ***être ~ à qc*** mit etw identisch sein

identité [idɑ̃tite] *f* **1** (völlige) Gleichheit, Übereinstimmung; Identität *f*; PSYCH ***~ du moi*** Ich-Identität *f*; ***~ des points de vue*** Übereinstimmung der Standpunkte **2** *d'une personne* Identität *f*; *par ext* ***~ judiciaire*** Erkennungsdienst *m*; ***carte*** *f* ***d'~*** Personalausweis *m*; ***photo*** *f* ***d'~*** Passbild *n*, -foto *n*; Lichtbild *n*; ***pièce*** *f* ***d'~*** Ausweis(papier) *m*(*n*); ***vérification*** *f* ***d'~*** Überprüfung *f* der Personalien; ***établir l'~ de qn*** j-s Personalien feststellen; ***voyager sous une fausse ~*** unter falschem Namen reisen

idéogramme [ideɔgʀam] *m* LING Ideogramm *n*; Begriffszeichen *n*

idéologie [ideɔlɔʒi] *f* **1** Ideologie *f* **2** *péj* reine Theorie **idéologique** *adj* ideologisch

idéologue [ideɔlɔg] *m,f* **1** Ideologe, -login *m,f* **2** *péj* wirklichkeitsfremder Theoretiker, wirklichkeitsfremde Theoretikerin

IDHEC [idɛk] *m abr* (*Institut des hautes études cinématographiques*) (staatliche) Filmhochschule

idiolecte [idjɔlɛkt] *m* LING Idiolekt *m*

idiomatique [idjɔmatik] *adj* LING idiomatisch; ***expression*** *f* ***~*** idiomatische Redewendung

idiome [idjom] *m* Idiom *n*

idiot [idjo] **I** *adj* **1** (sehr) dumm; töricht; F blöd(-sinnig); idiotisch; ***ce serait ~ de*** (*+inf*) es wäre dumm, töricht zu (*+inf*); ***il est complètement ~*** F er ist ein Vollidiot **2** MÉD idiotisch **II** *subst* **~(e)** *m*(*f*) **1** Dummkopf *m*; F Trottel *m*; Idiot(in) *m*(*f*); *südd* Depp *m*; ***~ du village*** Dorftrottel *m*; ***espèce d'~!, quel ~!*** (du, Sie) Idiot!; ***faire l'~*** (*simuler la bêtise*) sich dumm stellen; (*faire des bêtises*) F Faxen machen; ***prendre qn pour un ~*** j-n für dumm verkaufen (wollen); j-n für e-n Idioten *ou* für dumm halten **2** MÉD Idiot(in) *m*(*f*); hochgradig Schwachsinnige(r) *f*(*m*)

idiotie [idjɔsi] *f* **1** *d'une personne* Dummheit *f*; Torheit *f*; F Blödheit *f*; Idiotie *f*; *d'une réponse etc* F Blödsinnigkeit *f* **2** *parole, action* Dummheit *f*; Torheit *f*; F dummes Zeug; Blödsinn *m*; Idiotie *f*; ***dire des ~s*** Dummheiten, Blödsinn, idiotische Sachen sagen **3** MÉD Idiotie *f*; Idiotismus *m*; hochgradiger Schwachsinn

idiotisme [idjɔtism] *m* LING Spracheigenheit *f*; Idiom *n*

idoine [idwan] *adj* geeignet; tauglich

idolâtre [idɔlatʀ] **I** *adj* götzendienerisch (*a fig*); *fig* abgöttisch **II** *m,f* Götzendiener(in) *m*(*f*) **idolâtrer** *v/t* abgöttisch verehren, lieben **idolâtrie** *f* **1** Götzendienst *m* **2** *fig* abgöttische Verehrung, Liebe; Abgötterei *f*

idole [idɔl] *f* **1** REL Götze(nbild) *m*(*n*); Idol *n* **2** *fig* Abgott *m*; Idol *n*; Kultfigur *f*; ***c'est l'~ des jeunes*** er *ou* sie ist das Idol der Jugend

idylle [idil] *f* **1** romantische, zarte Liebe; Romanze *f* **2** *poème* Idylle *f*

idyllique [idilik] *adj* idyllisch; ***faire un tableau ~ de qc*** ein idyllisches Bild von etw entwerfen

Iéna [jena] Jena *n*

Ienisseï [jenisei] GÉOGR ***l'~*** *m* der Jenissei

I.E.P. [iəpe] *m abr* (*Institut d'études politiques*) Hochschule *f* für Politikwissenschaft

if [if] *m* BOT Eibe *f*; Taxus *m*

IFOP [ifɔp] *m abr* (*Institut français d'opinion publique*) französisches Meinungsforschungsinstitut

igloo *ou* **iglou** [iglu] *m* Iglu *m ou n*

Ignace [iɲas] *m* **1** *Vorname* **2** *saint* Ignatius *m*; ***~ de Loyola*** [-lɔjɔla] Ignatius von Loyola

igname [iɲam] *f* BOT Jams-, Yamswurzel *f*

ignare [iɲaʀ] *péj* **I** *adj* völlig unwissend, ungebildet **II** *m,f* Ignorant(in) *m*(*f*); Nichtswisser(in) *m*(*f*)

igné [iɲe, igne] *adj* GÉOL ***roche ~e*** Vulkangestein *n*

ignifuge [iɲifyʒ, igni-] *ou* **ignifugeant** [iɲifyʒɑ̃, igni-] *adj et subst m* (***produit*** *m*) ***ignifuge*** *ou* ***ignifugeant*** Feuerschutzmittel *n*

ignifuger [iɲifyʒe, igni-] *v/t* ⟨**-geons**⟩ TECH feuerfest, feuersicher machen; feuersicher imprägnieren

ignition [iɲisjõ, igni-] *f* CHIM Brennen *n*; Verbrennung *f*

ignoble [iɲɔbl] *adj* **1** (*abject*) gemein; schändlich; niederträchtig **2** (*sordide*) widerlich; abscheulich; ekelhaft

ignominie [iɲɔmini] *f* **1** (*déshonneur*) Schande *f*; Schmach *f*; *st/s* Schimpf *m* **2** (*caractère infamant*) Schändlichkeit *f* **3** *acte* Schandtat *f*; Schändlichkeit *f*

ignominieux [iɲɔminjø] *adj* ⟨**-euse**⟩ schändlich; schimpflich; schmachvoll

ignorance [iɲɔʀɑ̃s] *f* **1** Unkenntnis *f*; ***dans l'~ des faits*** in Unkenntnis der Tatsachen; ***être dans l'~ de qc*** in Unkenntnis über etw (*acc*) sein; ***tenir qn dans l'~ de qc*** j-n in Unkenntnis über etw (*acc*) lassen **2** Unwissenheit *f*; Ignoranz *f*; mangelndes Wissen, mangelnde Kenntnisse *f/pl* (***dans ce domaine*** auf diesem Gebiet); (*manque de culture*) Unbildung *f*

ignorant [iɲɔʀɑ̃] **I** *adj* **1** ***être ~ de qc*** etw nicht kennen; über etw (*acc*) nicht informiert sein, nicht Bescheid wissen **2** unwissend, ungebildet (***en histoire*** in Geschichte) **II** *subst* **~(e)** *m*(*f*) Unwissende(r) *f*(*m*); Unkundige(r) *f*(*m*); Ignorant *m*; Ungebildete(r) *f*(*m*); ***faire l'~*** sich dumm stellen

ignoré [iɲɔʀe] *adj* unbeachtet (***de qn*** von j-m); (*méconnu*) verkannt

ignorer [iɲɔʀe] **I** *v/t* **1** nicht wissen; *viendra-t-il?* ***je l'ignore*** ich weiß (es) nicht; ***vous ne l'ignorez pas*** Sie wissen es genau; ***j'ignore tout de cette affaire*** ich weiß überhaupt nichts von dieser Sache; *loc* ***afin que nul ne l'ignore*** zur allgemeinen Beachtung; damit jedermann es wisse; ***il ignorait avoir gagné*** er wusste nicht, dass er gewonnen hatte; ***~ que ...*** (*+ind ou subj*) nicht wissen, dass ...; ***j'ignorais qu'il était*** *ou st/s* ***fût malade*** ich wusste nicht, dass er krank war; ***ne pas ~ que ...*** (*+ind*) genau, sehr wohl wissen, dass ... **2** nicht kennen; ***~ les difficultés de la vie*** die Schwierigkeiten des Lebens nicht kennen; ***il ignore le mensonge*** er kennt keine Lüge **3** ***~ qn, qc*** j-n, etw ignorieren, nicht kennen wollen, nicht beachten **II** *v/pr* ***s'~*** **1** ***c'est un poète qui s'ignore*** er ist ein Dichter, ohne es zu wissen; er ist ein Dichter und weiß es nicht **2** *réciproque* ***s'~*** sich *ou* einander nicht kennen

iguane [igwan] *m* ZO Leguan *m*; Kammeidechse *f*; Iguana *f*

ikebana [ikebana] *m* Ikebana *n*

il [il], F *vor Konsonanten* [i] **1** *pr/pers* er; ***~ lit*** er liest; ***est-il sorti?*** ist er ausgegangen? **2** *impersonnel* es; ***~ fait froid*** es ist kalt; ***~ arriva des gens*** es kamen Leute; ***il y a*** → ***avoir***[1] *III*; ***~ faut*** → ***falloir***

île [il] *f* **1** Insel *f*; *poét* Eiland *n*; ***l'~ de Beauté*** die Insel der Schönheit (*Korsika*); ***l'~ de Malte*** die Insel Malta **2** *loc/adj* ***des ~s*** a) von den Antillen; b) exotisch **3** CUIS ***~ flottante*** Eierschnee *m* auf Vanillesoße

Île-de-France [ildəfʀɑ̃s] ***l'~*** *f frz Region* (*Paris u Umgebung*)

iléon [ileõ] *m* ANAT Krummdarm *m*; *sc* Ileum *n*

iliaque [iljak] *adj* ANAT ***os*** *m* ***~*** Hüftknochen *m*, -bein *n*

îlien [iljɛ̃] *m*, **îlienne** *f* Inselbewohner(in) *m(f)*

ilion [iljõ] *m ou* **ilium** [iljɔm] *m* ANAT Darmbein *n*

Ille-et-Vilaine [ilevilɛn] ***l'~*** *f frz Departement*

illégal [i(l)legal] *adj* ⟨**-aux**⟩ gesetz-, rechtswidrig; illegal; ungesetzlich; widerrechtlich **illégalité** *f* **1** Gesetz-, Rechtswidrigkeit *f*; Illegalität *f*; Ungesetzlichkeit *f*; Widerrechtlichkeit *f* **2** *acte* gesetzwidrige *etc* Handlung

illégitime [i(l)leʒitim] *adj* **1** unrechtmäßig; illegitim; ***enfant*** *m* ***~*** uneheliches, außereheliches Kind **2** *fig craintes etc* ungerechtfertigt; unberechtigt

illégitimité [i(l)leʒitimite] *f* Unrechtmäßigkeit *f*; Illegitimität *f*; *d'un enfant* Un-, Außerehelichkeit *f*

illettré [i(l)letʀe] **I** *adj* des Lesens und Schreibens unkundig **II** *subst* ***~(e)*** *m(f)* Analphabet(in) *m(f)*

illettrisme [i(l)letʀism] *m* Analphabetismus *m*

illicite [i(l)lisit] *adj* unerlaubt; unzulässig; unstatthaft; ***concurrence*** *f* ***~*** unlauterer Wettbewerb

illico [i(l)liko] *adv* F ***~ (presto)*** auf der Stelle; sofort; unverzüglich

illimité [i(l)limite] *adj* unbegrenzt; *dans le temps a* unbefristet; ***confiance ~e*** grenzenloses Vertrauen; ***responsabilité ~e*** unbeschränkte Haftung

Illinois [ilinwa] GÉOGR ***l'~*** *m* Illinois [ili'nɔi(s)] *n*

illisibilité [i(l)lizibilite] *f* **1** *d'une écriture* Unleserlichkeit *f* **2** *fig d'un roman etc* Unlesbarkeit *f* **illisible** *adj* **1** *écriture* unleserlich **2** *ouvrage* unlesbar

illogique [i(l)lɔʒik] *adj* unlogisch; *personne* ***être ~*** nicht logisch sein

illogisme [i(l)lɔʒism] *m* Mangel *m* an Logik

illumination [i(l)lyminasjõ] *f* **1** *d'un monument* (Fest)Beleuchtung *f*; Illumination *f*; *avec des projecteurs* Anstrahlung *f*; ***les ~s du 14 Juillet*** die Festbeleuchtung am 14. Juli **2** (*inspiration subite*) Erleuchtung *f*; Geistesblitz *m* **3** REL Illumination *f*; Erleuchtung *f*

illuminé [i(l)lymine] *m péj* wirklichkeitsfremder Schwärmer; Illusionist *m*

illuminer [i(l)lymine] **I** *v/t* **1** *monument, ville etc* (festlich) beleuchten; illuminieren; *avec des projecteurs* anstrahlen; *éclair* ***~ le ciel*** den Himmel erhellen **2** *par ext joie: le visage* erhellen; ***yeux illuminés de bonheur*** glückstrahlende Augen *n/pl* **II** *v/pr* ***s'~*** erstrahlen (***de joie*** vor Freude); ***son visage s'illumina d'un sourire*** ein Lächeln erhellte sein Gesicht

illusion [ilyzjõ] *f* **1** *des sens* (Sinnes)Täuschung *f*; *st/s* Gaukelspiel *n*; THÉ Illusion *f*; ***~ d'optique*** optische Täuschung; *fig* Fehleinschätzung *f*; ***donner l'~ de qc*** die Illusion von etw erwecken, vermitteln; etw vorspiegeln, vortäuschen **2** (*croyance erronée*) Illusion *f*; falsche Hoffnung; Wahn *m*; ***faire ~*** den Leuten etwas vormachen, vorgaukeln; ***se faire des ~s*** sich (*dat*) Illusionen machen; sich Selbsttäuschungen hingeben; sich (*dat*) etwas vormachen; ***ne vous faites pas d'~s*** machen Sie sich (*dat*) (darüber) keine Illusionen; machen Sie sich (*dat*) nichts vor

illusionner [ilyzjɔne] **I** *v/t* ***~ qn*** j-m etwas vorgaukeln **II** *v/pr* ***s'~ sur qn, qc*** sich über j-n, etw Illusionen hingeben; sich (*dat*) über j-n, etw etwas vormachen

illusionnisme [ilyzjɔnism] *m* Zauberkunst *f* **illusionniste** *m,f* Zauberkünstler(in) *m(f)*; Illusionist(in) *m(f)*

illusoire [i(l)lyzwaʀ] *adj* illusorisch; trügerisch; ***il est ~ de*** (*+inf*) es ist illusorisch zu (*+inf*)

illustrateur [ilystʀatœʀ] *m*, **illustratrice** *f* Illustrator *m*, Illustratorin *f*

illustratif [ilystʀatif] *adj* ⟨**-ive**⟩ illustrativ; veranschaulichend

illustration [ilystʀasjõ] *f* **1** *action* Illustrierung *f*; Bebilderung *f* **2** *résultat* **a)** Illustration *f*; Abbildung *f*; **b)** *coll* Illustrationen *f/pl*; Bebilderung *f* **3** *fig* Illustration *f*; Veranschaulichung *f*; Erläuterung *f*

illustre [i(l)lystʀ] *adj* illuster; erlaucht; berühmt; *plais* ***un ~ inconnu*** ein ganz und gar Unbekannter; F ein unbeschriebenes Blatt

illustré [ilystʀe] **I** *adj* illustriert; bebildert; ***affiche ~e*** Bildplakat *n*; ***carte postale ~e*** Ansichtskarte *f*; ***livre ~*** illustriertes, bebildertes Buch **II** *m* Illustrierte *f*

illustrer [ilystʀe] **I** *v/t* **1** *livre etc* illustrieren; mit Illustrationen versehen; bebildern **2** *fig* ***~ qc*** etw illustrieren, veranschaulichen, erläutern **II** *v/pr* ***s'~ par, dans qc*** sich durch etw auszeichnen; mit etw berühmt werden

illustrissime [i(l)lystʀisim] *adj iron* erlauchteste(r, -s)

îlot [ilo] *m* **1** kleine Insel **2** *fig*: ***~ de calme*** Insel *f* der Ruhe; ***~ de verdure*** kleine Grünanlage; ***~ de résistance*** Widerstandsnest *n* **3** (*groupe de maisons*) Häuserblock *m*

îlotier [ilɔtje] *m agent de police* Kontakt(bereichs)-beamte(r) *m*

ils [il] *pr/pers m/pl* sie; *elle et lui*, ***ils en savent davantage*** sie wissen mehr darüber
image [imaʒ] *f* **1** Bild *n* (*a* OPT, TV, CIN, PHOT); ***~ floue, nette*** unscharfes *ou* verschwommenes, scharfes *ou* klares Bild; REL ***~s pieuses*** Andachtsbilder *n/pl*; ***~ d'Épinal*** Bilderbogen *m* von Epinal (*volkstümliche Bildergeschichten*); *fig* naives Klischee; ***livre*** *m* ***d'~s*** Bilderbuch *n*; *enfant* ***sage comme une ~*** sehr artig, brav; ***regarder son ~ dans la glace*** sein Bild im Spiegel betrachten **2** (*ce qui évoque qc ou qn*) (Ab)Bild *n*; BIBL ***Dieu créa l'homme à son ~*** Gott schuf den Menschen ihm zum Bilde; ***donner une ~ fidèle de qc*** ein wahrheitsgetreues Bild von etw entwerfen; ***être l'~ fidèle de qc*** das getreue Abbild von etw sein; ***être à l'~ de qn*** j-s Charakter widerspiegeln; ***offrir l'~ du bonheur*** Glück ausstrahlen **3** (*vision mentale*) Bild *n*; Vorstellung *f*; PSYCH ***~ du père*** Vaterbild *n*; ***cette ~ me suit partout*** dieses Bild *ou* diese Vorstellung *ou* die Erinnerung daran verfolgt mich überall **4** RHÉT Bild *n*; ***riche en ~s*** bilderreich; ***s'exprimer par des ~s*** in Bildern sprechen **5** ***~*** (***de marque***) Image ['ɪmɪtʃ] *n*; ***~ d'une société*** Firmenimage *n*; ***soigner son ~ de marque*** sein Image pflegen
imagé [imaʒe] *adj style, langage* bilderreich; bildhaft
imagerie [imaʒʀi] *f* Bilder *n/pl* (*e-r Epoche, e-s Stils etc*); ***~ populaire*** volkstümliche Bilderbogen *m/pl*
imaginable [imaʒinabl] *adj* vorstellbar; denkbar; ***par tous les moyens possibles et ~s*** mit allen erdenklichen, mit allen nur denkbaren Mitteln
imaginaire [imaʒinɛʀ] *adj* imaginär; erdacht; nicht wirklich; nur in der Einbildung vorhanden; MATH ***nombre*** *m* ***~*** imaginäre Zahl; ***c'est un malade ~*** er ist ein eingebildeter Kranker
imaginatif [imaʒinatif] **I** *adj* ⟨**-ive**⟩ fantasievoll, -begabt; einfallsreich **II** *subst* ***~, imaginative*** *m,f* fantasievoller *etc* Mensch; ***c'est un ~*** *a* er besitzt viel Fantasie
imagination [imaʒinasjõ] *f* **1** Einbildungskraft *f*; Vorstellungskraft *f*, -vermögen *n*; Fantasie *f*; Einbildung *f*; ***en ~*** in Gedanken; in der Fantasie, Einbildung, Vorstellung; ***avoir de l'~*** viel Fantasie haben; → *a 2*; ***cela n'existe que dans ton ~*** das existiert nur in deiner Fantasie, Einbildung; ***manquer d'~*** keine Fantasie besitzen; fantasielos sein **2** (*faculté d'inventer*) Erfindungsgabe *f*; Fantasie *f*; Einfallsreichtum *m*; ***avoir de l'~*** einfallsreich, erfinderisch sein
imaginer [imaʒine] **I** *v/t* **1** ***~ qc*** sich (*dat*) etw vorstellen, denken, ausmalen (können); *vous viendrez aussi*, ***j'imagine*** denke ich; ***cela dépasse tout ce qu'on peut ~*** das übersteigt jegliches Vorstellungsvermögen; ***vous n'imaginez pas comme c'est difficile*** Sie können sich (*dat*) nicht vorstellen, wie schwer das ist; ***~ que ...*** (*+ind ou subj*) sich (*dat*) vorstellen, denken (können), dass ... **2** (*inventer*) ***~ qc*** sich (*dat*) etw einfallen lassen, ausdenken; ***~ une histoire*** sich (*dat*) e-e Geschichte ausdenken; ***~ de*** (*+inf*) auf die (merkwürdige) Idee verfallen zu (*+inf*) **II** *v/pr* ***s'~*** **1** (*se figurer*) sich (*dat*) vorstellen; ***imagine-toi!*** stell dir vor!; ***s'~ qn, qc autrement*** sich (*dat*) j-n, etw anders vorstellen **2** (*croire à tort*) sich (*dat*) einbilden; ***qu'est-ce qu'il s'imagine!*** was bildet er sich (*dat*) ein!

imam [imam] *m* REL Imam *m*
imbattable [ɛ̃batabl] *adj personne* unschlagbar; *record* nicht zu überbieten(d); COMM *prix* nicht zu unterbieten(d)
imbécile [ɛ̃besil] **I** *adj* dumm; einfältig; F idiotisch; blöd **II** *m,f* Dummkopf *m*; Schwachkopf *m*; F Esel *m*; Blödian *m*; Einfaltspinsel *m*; Idiot(in) *m(f)*; *südd* Depp *m*; ***~ heureux*** glücklicher Trottel; ***quel ~!, espèce d'~!*** (du, Sie) Dummkopf! *etc*; ***il me prend pour un ~!*** F ich lasse mich nicht für dumm verkaufen!
imbécillité [ɛ̃besilite] *f* **1** Dummheit *f*; Torheit *f*; Einfältigkeit *f*; F Blödheit *f*; Idiotie *f* **2** ***~s*** *pl* Dummheiten *f/pl*; Torheiten *f/pl*
imberbe [ɛ̃bɛʀb] *adj* (noch) bartlos
imbiber [ɛ̃bibe] **I** *v/t* **1** (durch)tränken (***de qc*** mit etw); (*tremper*) durchnässen **2** F *fig adjt* ***complètement imbibé*** F stink-, stockbesoffen **II** *v/pr* ***s'~*** **1** sich vollsaugen (***de qc*** mit etw) **2** F *fig* ***s'~ d'eau-de-vie*** F sich (*dat*) mit Schnaps vollaufen lassen
imbrication [ɛ̃bʀikasjõ] *f* **1** CONSTR sich überschneidende *ou* schuppenförmige Anordnung **2** *fig* Überschneidung *f*; Verschachtelung *f*
imbriqué [ɛ̃bʀike] *adj* **1** CONSTR sich überschneidend; schuppenförmig angeordnet **2** *fig* ineinander verschachtelt; sich überschneidend; ineinander übergreifend, verzahnt
imbriquer [ɛ̃bʀike] *v/pr problèmes etc* ***s'~*** sich überschneiden, vermischen; ineinander übergreifen; ***s'~ dans qc*** sich mit etw überschneiden, vermischen; ***s'~ les uns dans les autres*** ineinander übergreifen
imbroglio [ɛ̃bʀɔglijo, ɛ̃bʀɔljo] *m* Wirrwarr *m*; Durcheinander *n*; Verwicklung *f*
imbu [ɛ̃by] *adj* ***~ de qc*** von etw durchdrungen; ***être ~ de soi, de sa supériorité*** von sich eingenommen, überzeugt sein
imbuvable [ɛ̃byvabl] *adj* **1** *boisson* ungenießbar; nicht trinkbar **2** F *fig* (*insupportable*) ungenießbar; unmöglich; *personne a* unausstehlich
imitable [imitabl] *adj* nachahmbar
imitateur [imitatœʀ] *m*, **imitatrice** *f* Nachahmer(in) *m(f)*; *artiste de variétés* Imitator *m*
imitatif [imitatif] *adj* ⟨**-ive**⟩ nachahmend
imitation [imitasjõ] *f* **1** Nachahmung *f*; Imitation *f*; Imitieren *n*; ***don*** *m*, ***talent*** *m* ***d'~*** Imitationsgabe *f*, -talent *n*; ***à l'~ de qn*** nach j-s Vorbild, Art; in j-s Nachahmung (*dat*) **2** (*œuvre imitée*) Nachahmung *f*, -bildung *f*; Imitation *f*; Kopie *f* **3** COMM Imitation *f*; ***~ vison*** Nerzimitation *f*; imitierter Nerz; *sac etc* ***c'est en ~ cuir*** das ist e-e Lederimitation, aus imitiertem Leder **4** REL ***l'~ de Jésus-Christ*** die Nachfolge Christi
imité [imite] *adj* nachgeahmt; imitiert
imiter [imite] *v/t* **1** *personne, geste, voix, signature etc* nachahmen, -machen; imitieren; *modèle, héros* nacheifern, -streben (***qn*** j-m); (*s'inspirer de*) (sich [*dat*]) zum Vorbild nehmen; ***il se leva et tous l'imitèrent*** er erhob sich, und alle folgten s-m Beispiel **2** *matière* ***~ qc*** genauso aussehen wie etw; *instrument de musique* ***~ qc*** sich genauso anhören wie etw; ***cette pierre imite le topaze*** dieser Stein sieht genauso aus wie ein Topas, ist e-e Topasimitation
immaculé [i(m)makyle] *adj* **1** REL ***Immaculée Con-***

I

ception Unbefleckte Empfängnis 2 *fig* makellos rein; *neige*, *linge* strahlend weiß

immanent [i(m)manɑ̃] *adj* immanent (*a* PHILOS); innewohnend (***à qn, qc*** j-m, e-r Sache); enthalten (in etw [*dat*]); ***justice ~e*** immanente Gerechtigkeit

immangeable [ɛ̃mɑ̃ʒabl] *adj* ungenießbar; nicht zu essen(d)

immanquable [ɛ̃mɑ̃kabl] *adj* 1 (*inévitable*) unausbleiblich; ***c'était ~*** *a* das musste so kommen 2 *cible* nicht zu verfehlen(d)

immatériel [i(m)mateʀjɛl] *adj* ⟨***~le***⟩ 1 PHILOS immateriell; unkörperlich; unstofflich 2 *finesse*, *légèreté* ätherisch; vergeistigt; erdentrückt

immatriculation [i(m)matʀikylasjõ] *f* Eintragung *f*; Einschreibung *f*; Registrierung *f*; AUTO Zulassung *f*; ***numéro*** *m* ***d'~*** AUTO amtliches, F polizeiliches Kennzeichen; Zulassungsnummer *f*; SÉCURITÉ SOCIALE Sozialversicherungsnummer *f*; ***plaque*** *f* ***d'~*** Nummernschild *n*

immatriculer [i(m)matʀikyle] *v/t* eintragen; einschreiben; registrieren; AUTO zulassen; *adjt* ***voiture immatriculée dans la Somme*** im Departement Somme zugelassener Wagen

immature [i(m)matyʀ] *adj* PSYCH unreif **immaturité** *f* PSYCH Unreife *f*

immédiat [i(m)medja] I *adj* 1 *successeur*, *voisinage etc* unmittelbar; direkt; ***cause ~e*** (unmittelbarer) Anlass 2 *départ*, *effet*, *livraison etc* sofortig; unverzüglich II *m loc/adv* ***dans l'~*** im, für den Augenblick; zunächst

immédiatement [i(m)medjatmɑ̃] *adv* 1 unmittelbar; direkt; ***~ après, avant le croisement, le départ*** unmittelbar nach, vor der Kreuzung, der Abfahrt 2 (*tout de suite*) sofort; unverzüglich; auf der Stelle

immédiateté [i(m)medjatte] *f* 1 PHILOS Unmittelbarkeit *f* 2 HIST Reichsunmittelbarkeit *f*

immémorial [i(m)memɔʀjal] *adj* ⟨***-aux***⟩ uralt; *loc/adv* ***de temps ~*** von alters her; seit uralten Zeiten; seit Menschengedenken

immense [i(m)mɑ̃s] *adj espace*, *foule*, *fortune*, *fig succès etc* unermesslich (groß); unendlich groß; immens; *océan*, *plaine a* unermesslich, unendlich weit

immensément [i(m)mɑ̃semɑ̃] *adv* ***~ riche*** unermesslich, immens reich; steinreich

immensité [i(m)mɑ̃site] *f* Unermesslichkeit *f*; unermessliche, unendliche Größe; (*vaste étendue*) unermessliche, unendliche Weite

immergé [i(m)mɛʀʒe] *adj* im, unter Wasser befindlich; *terre* im Meer versunken; überflutet

immerger [i(m)mɛʀʒe] ⟨***-geons***⟩ I *v/t* versenken (***dans la mer*** im Meer); eintauchen II *v/pr* ***s'~*** untertauchen

immérité [i(m)meʀite] *adj* unverdient

immersion [i(m)mɛʀsjõ] *f* Versenken *n*; Unter-, Eintauchen *n*

immettable [ɛ̃mɛtabl] *adj vêtement* nicht (mehr) tragbar

immeuble [i(m)mœbl] I *adj* JUR unbeweglich; ***biens*** *m/pl* ***~s*** unbewegliche Sachen *f/pl*; Immobilien *f/pl*; Liegenschaften *f/pl* II *m* 1 Gebäude *n*; Haus *n*; ***~ de bureaux*** Bürogebäude *n*; ***~ de six étages*** sechsstöckiges, -geschossiges Gebäude; ***~ de rapport*** Rendite-, Mietshaus *n* 2 JUR unbewegliche Sache; Grundstück *n*

immigrant [i(m)migʀɑ̃] *m*, **immigrante** *f* Einwanderer *m*, Einwand(r)erin *f*; Immigrant(in) *m(f)* **immigration** *f* Einwanderung *f*; Immigration *f*

immigré [i(m)migʀe] I *adj* eingewandert; ***travailleur ~*** Gastarbeiter *m*; ausländischer Arbeitnehmer II *subst* ***~(e)*** *m(f)* Einwanderer *m*, Einwand(r)erin *f*; ***~s*** *pl a* Zuwanderer *m/pl*; *travailleurs* Gastarbeiter *m/pl*

immigrer [imigʀe] *v/i* einwandern; immigrieren

imminence [i(m)minɑ̃s] *f d'un départ etc* unmittelbares, nahes Bevorstehen; *d'un conflit a* drohendes Bevorstehen; Drohen *n* **imminent** *adj départ etc* unmittelbar, nahe bevorstehend; *danger*, *crise a* drohend; ***être ~*** unmittelbar, nahe bevorstehen; drohen; in Kürze zu erwarten sein

immiscer [i(m)mise] *v/pr* ⟨***-ç-***⟩ ***s'~ dans qc*** sich in etw (*acc*) einmischen

immixtion [i(m)miksjõ] *f* Einmischung *f* (***dans*** in +*acc*)

immobile [i(m)mɔbil] *adj* 1 unbeweglich; bewegungslos; regungslos; immobil; ***mer*** *f*, ***visage*** *m* ***~*** unbewegtes Meer, Gesicht 2 *fig* (geistig) unbeweglich

immobilier [i(m)mɔbilje] I *adj* ⟨***-ière***⟩ 1 Grundstücks…; Immobilien…; ***agence immobilière*** Maklerbüro *n*; ***société immobilière*** Grundstücks-, Immobiliengesellschaft *f* 2 JUR unbeweglich; ***biens ~s*** unbewegliche Sachen *f/pl*; Immobilien *f/pl*; Liegenschaften *f/pl* II *m* Immobilien-, Grundstückshandel *m*

immobilisation [i(m)mɔbilizasjõ] *f* 1 *de la circulation etc* Blockierung *f* 2 MÉD *d'un membre* Ruhigstellung *f* 3 FIN **a)** *de capitaux* (feste) Anlage; Festlegung *f*; **b)** ***~s*** *pl* Anlagevermögen *n*

immobiliser [i(m)mɔbilize] I *v/t* 1 *circulation*, *véhicule* blockieren; zum Stehen bringen 2 MÉD *membre* ruhig stellen 3 FIN *capitaux* fest anlegen; festlegen 4 *affaires etc* lähmen II *v/pr* ***s'~*** (unbeweglich) stehen bleiben, liegen bleiben; sich nicht mehr bewegen

immobilisme [i(m)mɔbilism] *m* Immobilismus *m*; geistige Unbeweglichkeit; Fortschrittsfeindlichkeit *f* **immobiliste** *adj* geistig unbeweglich; fortschrittsfeindlich **immobilité** *f* Unbeweglichkeit *f* (*a fig*); Bewegungslosigkeit *f*; Regungslosigkeit *f*; *du visage* Unbewegtheit *f*

immodéré [i(m)mɔdeʀe] *adj* unmäßig **immodérément** *adv* unmäßig; ***boire ~*** im Trinken unmäßig sein

immolation [i(m)mɔlasjõ] *f* REL *et fig litt* Opferung *f*

immoler [i(m)mɔle] *v/t* REL *et fig litt* opfern; zum Opfer (dar)bringen

immonde [i(m)mõd] *adj* 1 (*dégoûtant*) sehr unsauber, schmutzig 2 (*ignoble*) schmutzig; schändlich

immondices [i(m)mõdis] *f/pl* Unrat *m*

immoral [i(m)mɔʀal] *adj* ⟨***-aux***⟩ unmoralisch; unsittlich; sittenwidrig; (*indécent*) unanständig **immoralisme** *m* Immoralismus *m* **immoraliste** I *adj* immoralistisch II *m* Immoralist *m* **immoralité** *f* Immoralität *f*; Unsittlichkeit *f*; Sittenwidrigkeit *f*

immortaliser [i(m)mɔʀtalize] I *v/t* unsterblich machen; *nom a* verewigen II *v/pr* ***s'~*** unsterblich werden **immortalité** *f* Unsterblichkeit *f*

immortel [i(m)mɔʀtɛl] I *adj* ⟨***~le***⟩ 1 unsterblich (*a fig*) 2 *principe*, *passion etc* unvergänglich; unauslöschlich II *subst* 1 ***~s*** *m/pl litt* (*dieux*) Unsterbli-

che(n) *m/pl* **2** ***Immortel*** *m* Unsterbliche(r) *m* (*Mitglied der Académie française*)
immortelle [i(m)mɔʀtɛl] *f* BOT Immortelle *f*; Strohblume *f*
immotivé [i(m)mɔtive] *adj* unmotiviert
immuabilité [i(m)mɥabilite] *f* → ***immutabilité*** **immuable** *adj* unveränderlich; unwandelbar; unentwegt
immunisant [i(m)mynizɑ̃] *adj* MÉD immunisierend; Immun…; ***sérum ~*** Immunserum *n* **immunisation** *f* MÉD Immunisierung *f*
immuniser [i(m)mynize] *v/t* **1** MÉD immunisieren; *adjt* ***être immunisé contre une maladie*** gegen e-e Krankheit immun sein **2** *fig* immun machen; *adjt* ***être immunisé contre qc*** gegen etw immun, unempfänglich, gefeit sein
immunitaire [i(m)mynitɛʀ] *adj* MÉD ***réaction f ~*** Abwehr-, Immunreaktion *f*
immunité [i(m)mynite] *f* **1** JUR, POL, DIPL Immunität *f*; ***levée f de l'~*** Aufhebung *f* der Immunität **2** MÉD Immunität *f* (***à*** gegen)
immunocompétent [i(m)mynokõpetɑ̃] *adj* BIOL immunkompetent **immunogénétique** *f* BIOL Immungenetik *f*
immunologie [i(m)mynɔlɔʒi] *f* MÉD Immunologie *f*; Immunitätsforschung *f*
immunothérapie [i(m)mynoteʀapi] *f* MÉD Immun(o)therapie *f*
immutabilité [i(m)mytabilite] *f* Unveränderlichkeit *f*; Unwandelbarkeit *f*
impact [ɛ̃pakt] *m* **1** *de la foudre* Einschlag *m*; *d'un projectile* (***point m d'***)***~*** Einschlag(stelle) *m(f)*; Aufschlagstelle *f* **2** *fig* (nachhaltiger) Einfluss, (nachhaltige) Wirkung, Einwirkung, Auswirkung (***sur*** auf *+acc*); *d'une publicité etc* ***force f d'~*** Zugkraft *f*; Durchschlagskraft *f*; ***sous l'~ de qc*** unter dem Einfluss e-r Sache (*gén*); ***avoir de l'~, un ~*** sehr wirkungsvoll sein; e-e starke Wirkung haben (***sur*** auf *+acc*)
impair [ɛ̃pɛʀ] **I** *adj nombre* ungerade; ***jours ~s*** ungerade Tage *m/pl* **II** *m* (dummer, ungeschickter) Fehler; Ungeschicklichkeit *f*; Dummheit *f*; F Schnitzer *m*; ***commettre un ~*** e-e Ungeschicklichkeit begehen; e-n Fehler machen
impalpable [ɛ̃palpabl] *adj* nicht greifbar (*a fig*); nicht fassbar
imparable [ɛ̃paʀabl] *adj coup* unabwendbar; FOOTBALL *etc*: *tir* unhaltbar
impardonnable [ɛ̃paʀdɔnabl] *adj faute, erreur* unverzeihlich; unentschuldbar; ***vous êtes ~ de ne pas être venu*** es ist unverzeihlich von Ihnen, dass Sie nicht gekommen sind
imparfait [ɛ̃paʀfɛ] **I** *adj* ⟨**-faite** [-fɛt]⟩ unvollkommen; unzulänglich; mangelhaft; *connaissances a* lückenhaft; ***guérison ~e*** unvollständige Heilung **II** *m* GR Imperfekt *n*; erste Vergangenheit
impartial [ɛ̃paʀsjal] *adj* ⟨**-aux**⟩ unparteiisch **impartialité** *f* Unparteilichkeit *f*
impartir [ɛ̃paʀtiʀ] *v/t* **1** JUR, ADM ***~ un délai*** e-e Frist bewilligen; *adjt* ***les délais impartis par la loi*** die gesetzlich bewilligten Fristen *f/pl* **2** *st/s dons* zuteilen (***à qn*** j-m); ausstatten mit (***à qn*** j-n)
impasse [ɛ̃pas] *f* **1** Sackgasse *f*, -straße *f* **2** *fig* Sackgasse *f*; ***être dans une ~*** in e-r Sackgasse stecken; *négociations a* an e-m toten Punkt angelangt sein **3** FIN, POL ***~ budgétaire*** Haushaltsdefizit *n*, -fehlbetrag *m*, -lücke *f* **4** BELOTE, BRIDGE ***faire une ~*** schneiden **5** *pour un examen* ***faire une ~ sur un sujet*** darauf spekulieren, dass ein Thema nicht drankommt; ein Thema ausklammern
impassibilité [ɛ̃pasibilite] *f d'une personne* Unbewegtheit *f*; Gefasstheit *f*; *du visage* Unbewegtheit *f*; Undurchdringlichkeit *f*; ***garder son ~*** die *ou* s-e Fassung bewahren
impassible [ɛ̃pasibl] *adj* **1** *personne* unbewegt, gefasst (***devant*** angesichts *+gén*); unerschütterlich; ***être ~ a*** s-e Gefühle, Regungen nicht zeigen **2** *visage* unbewegt; undurchdringlich
impatiemment [ɛ̃pasjamɑ̃] *adv* ungeduldig
impatience [ɛ̃pasjɑ̃s] *f* Ungeduld *f*; ***attendre qn avec ~*** j-n mit Ungeduld, ungeduldig, sehnlich(st) erwarten; ***brûler d'~*** vor Ungeduld vergehen; ***il meurt d'~ de savoir si …*** er möchte brennend gern wissen, ob …
impatient [ɛ̃pasjɑ̃] **I** *adj* ungeduldig; ***être ~ de*** (*+inf*) begierig darauf sein, darauf brennen zu (*+inf*) **II** *subst* ***~(e)*** *m(f)* Ungeduldige(r) *f(m)*
impatienter [ɛ̃pasjɑ̃te] **I** *v/t* ***~ qn*** j-n ungeduldig machen; (*énerver*) j-m auf die Nerven gehen **II** *v/pr* ***s'~*** ungeduldig werden; die Geduld verlieren; (*s'énerver*) sich aufregen (***contre, de*** über *+acc*)
impavide [ɛ̃pavid] *litt adj* furchtlos; unerschrocken
impayable [ɛ̃pɛjabl] *adj* F köstlich; unbezahlbar; gottvoll
impayé [ɛ̃peje] **I** *adj* unbezahlt; *facture a* unbeglichen; *traite* nicht eingelöst **II** *m* nicht bezahlte Rechnung *ou* nicht eingelöster Wechsel
impec [ɛ̃pɛk] *adj* F *abr* → ***impeccable***
impeccable [ɛ̃pekabl] *adj* tadellos; einwandfrei; *personne* äußerst korrekt aussehend; ***parler un français ~*** ein einwandfreies, tadelloses, fehlerfreies Französisch sprechen; (***c'est***) ***~!*** tadellos!; ausgezeichnet!
impédance [ɛ̃pedɑ̃s] *f* ÉLECT Impedanz *f*; Scheinwiderstand *m*
impénétrable [ɛ̃penetʀabl] *adj* **1** *forêt* undurchdringlich **2** *intentions, secret etc* unergründlich; unerforschlich; *personne* undurchschaubar; undurchsichtig; ***visage m ~*** undurchdringliches Gesicht
impénitence [ɛ̃penitɑ̃s] *f* REL Unbußfertigkeit *f*
impénitent [ɛ̃penitɑ̃] *adj* **1** unverbesserlich; ***buveur, fumeur ~*** unverbesserlicher Trinker, Raucher **2** REL unbußfertig; *pécheur* verstockt
impensable [ɛ̃pɑ̃sabl] *adj* undenkbar; unvorstellbar
imper [ɛ̃pɛʀ] *m* F *abr* → ***imperméable*** *II*
impératif [ɛ̃peʀatif] **I** *adj* ⟨**-ive**⟩ **1** (*obligatoire*) zwingend; bindend; imperativ; JUR ***disposition impérative*** Mussvorschrift *f*; POL ***mandat ~*** imperatives Mandat **2** (*autoritaire*) befehlend; Befehls…; imperativ; *geste* gebieterisch; ***ton ~*** Befehlston *m* **3** (*urgent*) vordringlich; dringend erforderlich, geboten **4** GR imperativisch; Befehls…; ***proposition impérative*** Befehls-, Imperativsatz *m* **II** *m* **1** GR Imperativ *m*; Befehlsform *f* **2** *surtout pl* ***~s*** (unabdingbare) Notwendigkeiten *f/pl*, Erfordernisse *n/pl*; ***les ~s de l'heure*** das Gebot der Stunde
impératrice [ɛ̃peʀatʀis] *f* Kaiserin *f*
imperceptible [ɛ̃pɛʀsɛptibl] *adj* **1** (*non perceptible*) nicht wahrnehmbar **2** (*à peine perceptible*) kaum wahrnehmbar, merklich; unmerklich; winzig

I

imperdable [ɛ̃pɛʀdabl] *adj partie, match* schon im Voraus gewonnen
imperfection [ɛ̃pɛʀfɛksjõ] *f* 1 Unvollkommenheit *f* 2 **~s** *pl* Unvollkommenheiten *f/pl*; Schwächen *f/pl*; Mängel *m/pl*
impérial [ɛ̃peʀjal] I *adj* ⟨**-aux**⟩ 1 kaiserlich; Kaiser... 2 *fig* majestätisch; hoheitsvoll 3 CUIS ***pâté* ~** Frühlingsrolle *f* II *f* **~e** *d'un bus* Oberdeck *n*; obere Etage
impérialisme [ɛ̃peʀjalism] *m* POL Imperialismus *m* **impérialiste** I *adj* imperialistisch II *m,f* Imperialist(in) *m(f)*
impérieux [ɛ̃peʀjø] *adj* ⟨**-euse**⟩ 1 *ton etc* herrisch; gebieterisch 2 *besoin etc* (vor)dringlich; ***nécessité impérieuse*** zwingende Notwendigkeit
impérissable [ɛ̃peʀisabl] *adj œuvre, gloire* unvergänglich; ***garder un ~ souvenir de qn, qc*** j-n, etw in bleibender Erinnerung behalten
imperméabilisation [ɛ̃pɛʀmeabilizasjõ] *f d'un tissu* Imprägnierung *f* **imperméabiliser** *v/t tissu* imprägnieren; wasserdicht machen **imperméabilité** *f* Wasserundurchlässigkeit *f*
imperméable [ɛ̃pɛʀmeabl] I *adj* 1 undurchlässig (**à** für); **~** (***à l'eau***) wasserundurchlässig; ***tissu m ~*** wasserdichter, imprägnierter Stoff 2 *fig* (*insensible*) unempfänglich, unzugänglich (**à** für) II *m* Regen-, Wettermantel *m*
impersonnalité [ɛ̃pɛʀsɔnalite] *f d'un entretien etc* Unpersönlichkeit *f*
impersonnel [ɛ̃pɛʀsɔnɛl] *adj* ⟨**~le**⟩ 1 unpersönlich; ***atmosphère ~le*** unpersönliche Atmosphäre; ***entretien ~*** unpersönliches Gespräch 2 GR unpersönlich; ***verbes ~s*** unpersönliche Verben *n/pl*
impertinence [ɛ̃pɛʀtinɑ̃s] *f* Ungehörigkeit *f*, Frechheit *f*, Unverschämtheit *f* (*a parole, action*); Impertinenz *f*
impertinent [ɛ̃pɛʀtinɑ̃] I *adj* ungehörig; frech; unverschämt; impertinent II *subst* ***petit(e) ~(e)*** *m(f)* Frechdachs *m*; *fille* freches Ding
imperturbabilité [ɛ̃pɛʀtyʀbabilite] *f* Unerschütterlichkeit *f*
imperturbable [ɛ̃pɛʀtyʀbabl] *adj* unerschütterlich
impétigo [ɛ̃petigo] *m* MÉD Eiterflechte *f*; *sc* Impetigo *f*
impétrant [ɛ̃petʀɑ̃] *m*, **impétrante** *f* ADM Empfänger(in) *m(f)* (*e-s Diploms etc*)
impétueux [ɛ̃petɥø] *st/s adj* ⟨**-euse**⟩ 1 *caractère, personne* ungestüm; heftig; stürmisch 2 *flots, torrent* reißend; ***vent ~*** heftiger Wind
impétuosité [ɛ̃petɥozite] *st/s f d'une personne* Ungestüm *n*; *d'une passion* Heftigkeit *f*
impie [ɛ̃pi] *litt adj* gottlos
impitoyable [ɛ̃pitwajabl] *adj* mitleid(s)los; unerbittlich; schonungslos; erbarmungslos; unbarmherzig
implacable [ɛ̃plakabl] *adj* 1 *ennemi* unversöhnlich 2 *logique* unerbittlich; *mal* unaufhaltsam
implant [ɛ̃plɑ̃] *m* MÉD Implantat *n*; **~ *dentaire*** Zahnimplantat *n*
implantation [ɛ̃plɑ̃tasjõ] *f* 1 *d'une entreprise, d'un groupe ethnique* Ansied(e)lung *f*; *de traditions* Einbürgerung *f* 2 MÉD Implantation *f*
implanter [ɛ̃plɑ̃te] I *v/t* 1 *entreprise* ansiedeln; *mode* einführen; *adjt* ***implanté*** *traditions, doctrine* verwurzelt 2 MÉD implantieren II *v/pr* ***s'~*** *entreprise, groupe ethnique* sich niederlassen; sich ansiedeln; *traditions, doctrine* sich festsetzen; sich einbürgern
implication [ɛ̃plikasjõ] *f* 1 JUR Verwicklung *f* (***dans*** in +*acc*) 2 (*conséquence*) (implizite) Auswirkung, Folge
implicite [ɛ̃plisit] *adj* mit enthalten; mit inbegriffen; implizit; stillschweigend **implicitement** *adv* implizite
impliquer [ɛ̃plike] *v/t* 1 (*mêler*) **~ *qn dans qc*** j-n in etw (*acc*) verwickeln; ***il est impliqué dans un scandale*** er ist in e-n Skandal verwickelt 2 (*comporter*) **~ *qc*** etw mit enthalten, mit einschließen, implizieren; (*supposer*) **~ *que ...*** (+*ind ou subj*) (logischerweise) bedeuten, voraussetzen, dass ...
implorant [ɛ̃plɔʀɑ̃] *adj* flehend; flehentlich **imploration** *litt f* Flehen *n*
implorer [ɛ̃plɔʀe] *v/t* 1 **~ *qn*** j-n anflehen; **~ *Dieu*** zu Gott flehen 2 **~ *qc*** um etw flehen, flehentlich bitten; etw erflehen
imploser [ɛ̃ploze] *v/i téléviseur* implodieren **implosion** *f* PHYS Implosion *f*
impoli [ɛ̃pɔli] I *adj* unhöflich; ***il est ~ de*** (+*inf*) es ist unhöflich zu (+*inf*) II *subst* **~(*e*)** *m(f)* unhöflicher Mensch
impolitesse [ɛ̃pɔlitɛs] *f* Unhöflichkeit *f* (*a acte*)
impondérable [ɛ̃põdeʀabl] *adj* unwägbar; unberechenbar; ***facteurs*** *m/pl* **~s** *ou subst* **~s** *m/pl* Unwägbarkeiten *f/pl*; Imponderabilien *pl*
impopulaire [ɛ̃pɔpylɛʀ] *adj mesure, personnalité* unpopulär; *chef, collègue etc* unbeliebt (***parmi, auprès de*** bei)
impopularité [ɛ̃pɔpylaʀite] *f* Unpopularität *f*; Unbeliebtheit *f*
importable [ɛ̃pɔʀtabl] *adj* 1 *vêtement* nicht (mehr) tragbar 2 ÉCON einführ-, importierbar
importance [ɛ̃pɔʀtɑ̃s] *f* 1 Bedeutung *f*; Wichtigkeit *f*; ***d'~*** a) *loc/adv* (*très fort*) tüchtig; kräftig; b) *loc/adj* wichtig; von Bedeutung; ***nouvelle f d'~*** wichtige Nachricht; Nachricht *f* von Bedeutung; ***accorder, attacher, donner de l'~ à qc*** e-r Sache (*dat*) Bedeutung, Gewicht beimessen, -legen; Gewicht auf etw (*acc*) legen; ***avoir de l'~*** von Bedeutung, Wichtigkeit sein; (***cela n'a***) ***aucune ~*** das hat keinerlei Bedeutung; das ist völlig unwichtig; (***cela n'a***) ***pas d'~*** das hat keine Bedeutung, ist nicht von Bedeutung, hat nichts zu bedeuten; ***être de la plus 'haute ~*** von größter, höchster Bedeutung, Wichtigkeit sein; höchst bedeutsam sein; ***être de peu d'~*** von geringer Bedeutung, Wichtigkeit sein; ***être sans ~*** ohne Bedeutung, bedeutungslos, belanglos, unwichtig sein 2 *d'une personne* Wichtigkeit *f*; ***se donner de l'~, prendre des airs d'~*** sich wichtigmachen, -tun; sich aufspielen 3 *d'une somme* Größe *f*; Höhe *f*
important [ɛ̃pɔʀtɑ̃] I *adj* 1 *affaire, problème, rôle etc* wichtig; bedeutend; ***il est ~ de*** (+*inf*) *ou* ***que ...*** (+*subj*) es ist wichtig, zu (+*inf*) *ou* dass ...; ***c'est ~ à savoir*** das ist wichtig zu wissen; das muss man wissen 2 *personne* wichtig; einflussreich; *péj* ***se donner des airs ~s*** sich wichtigmachen, -tun; sich aufspielen 3 *retard, dégâts* groß; beträchtlich; ***somme ~e*** große, beträchtliche, hohe Summe; ***peu ~*** geringfügig II *subst* 1 ***faire l'~(e)*** *m(f)* sich aufspielen; sich wichtigtun, -machen 2 *m* ***l'~ c'est de*** (+*inf*) *ou* ***que ...*** (+*subj ou ind*) das Wichtige, die Hauptsache

(dabei) ist, zu (*+inf*) *ou* dass …

importateur [ɛ̃pɔʀtatœʀ] **I** *adj* ⟨**-trice**⟩ Einfuhr…; Import…; importierend; ***pays ~ de pétrole*** Öleinfuhrland *n*; Öl importierendes Land **II** *m* Importeur *m*; ***~ de vin*** Weinimporteur *m*

importation [ɛ̃pɔʀtasjõ] *f* **1** COMM **a)** Einfuhr *f*; Import *m*; ***l'~ de légumes en provenance de la France*** die Gemüseeinfuhr aus Frankreich; ***articles*** *m/pl* ***d'~*** Importartikel *m/pl*, -güter *n/pl*; **b)** ***~s*** *pl* (*marchandises importées*) Importe *m/pl*; Einfuhr-, Importwaren *f/pl* **2** (*introduction*) Einführung *f*; *d'une épidémie* Einschleppung *f*; *d'une mode etc* Übernahme *f* (aus dem Ausland)

importer[1] [ɛ̃pɔʀte] *v/t* **1** COMM einführen; importieren **2** (*introduire*) (zum ersten Mal) einführen; *mode, doctrine etc* (aus dem Ausland) übernehmen; importieren; ***~ une épidémie*** eine Seuche einschleppen

importer[2] [ɛ̃pɔʀte] *v/i et v/imp* bedeuten, wichtig sein (***à qn*** j-m); von Bedeutung, Belang sein (für j-n); ***cela (m')importe peu*** das bedeutet (mir) wenig; das ist (für mich) von geringer Bedeutung; ***la seule chose qui importe*** (***, c'est …***) das Einzige, was zählt, worauf es ankommt, was wichtig, von Belang, von Bedeutung ist (, ist …); ♦ ***il importe de*** *ou* ***que …*** (*+subj*) es ist wichtig, es kommt darauf an, zu (*+inf*) *ou* dass …; ♦ ***qu'importe!*** was bedeutet das schon!; was liegt daran!; was soll's!; ***qu'importe qu'il vienne ou non*** was bedeutet es schon, ob er kommt oder nicht; ♦ ***peu importe!*** das ist nicht so wichtig; das hat wenig zu bedeuten; ***peu m'importe son avis*** s-e Meinung bedeutet mir wenig, ist mir nicht so wichtig; ***peu importe que tu viennes*** es ist nicht so wichtig, dass du kommst; ♦ *avec ou sans glace?* - ***n'importe!*** das ist gleichgültig, egal; *c'est très cher,* ***n'importe****, ça se vend bien!* einerlei; und trotzdem; ♦ *pr/ind et loc/adv* ***n'importe qui, quoi, où, quand*** *etc* irgendjemand, irgendetwas, irgendwo(hin), irgendwann *etc*; egal *ou* gleichgültig *ou* ganz gleich wer, was, wo(hin), wann *etc*; *travailler* ***n'importe comment*** ohne Methode; unüberlegt; oberflächlich; *la jeep peut rouler* ***n'importe où*** überall; ***n'importe qui*** *peut le faire* jeder (x-Beliebige); ***il n'est pas n'importe qui*** er ist nicht irgendwer; ***acheter, dire n'importe quoi*** irgendetwas, F irgendwas (Unsinniges) kaufen, daherreden; ***à n'importe quel prix*** zu jedem Preis

import-export [ɛ̃pɔʀɛkspɔʀ] *m* COMM Import-Export *m*; ***société*** *f* ***d'~*** Import-Export-Firma *f*

importun [ɛ̃pɔʀtɛ̃, -tœ̃] **I** *adj* ⟨**-une** [-yn]⟩ lästig; zudringlich; aufdringlich; *visiteur a* ungelegen **II** *m* lästiger, zudringlicher, aufdringlicher Mensch

importuner [ɛ̃pɔʀtyne] *v/t* ***~ qn*** j-n belästigen, behelligen (***par, de*** mit); j-m lästig fallen, lästig werden, zur Last fallen; ***être importuné par le bruit*** vom Lärm belästigt werden

importunité [ɛ̃pɔʀtynite] *f* Zu-, Aufdringlichkeit *f*; Lästigkeit *f*; *d'une visite* Ungelegenheit *f*

imposable [ɛ̃pozabl] *adj revenu* steuerpflichtig; zu versteuern(d)

imposant [ɛ̃pozɑ̃] *adj* **1** (*impressionnant*) imposant; imponierend; beeindruckend; eindrucksvoll; *personne a* stattlich **2** (*considérable*) beträchtlich; ansehnlich; ziemlich groß; imponierend

imposé [ɛ̃poze] *adj* **1** vorgeschrieben; PATINAGE ***figures ~es*** Pflicht(figuren) *f(pl)*; COMM ***prix ~*** gebundener, vorgeschriebener, festgesetzter Preis; ***prix ~s*** *a* Preisbindung *f* **2** *revenu* besteuert

imposer [ɛ̃poze] **I** *v/t* **1** ***~ à qn*** *conditions, tâche, règle, date* j-m vorschreiben; *devoirs, privations, punition* j-m auferlegen; *volonté, opinion, régime, nouveau chef etc* j-m aufdrängen; *p/fort* j-m aufzwingen; (bei j-m) durchsetzen; ***~ le respect*** Respekt, Achtung einflößen **2** FIN besteuern; mit e-r Steuer belegen; *contribuable a* (steuerlich, zur Steuer) veranlagen **3** REL, *guérisseur* ***~ les mains*** die Hände auflegen **II** *v/i* ***en ~ à qn*** j-m imponieren; auf j-n großen Eindruck machen; ***s'en laisser ~*** sich beeindrucken lassen **III** *v/pr* **1** ***s'~ qc ou de faire qc*** sich (*dat*) etw auferlegen, aufbürden; etw auf sich (*acc*) nehmen; sich (*dat*) etw zur Pflicht machen *ou* sich (*dat*) zur Pflicht machen, etw zu tun **2** *décision, solution, mesure etc* ***s'~*** (zwingend) geboten sein; sich aufdrängen; ***une vérification s'impose*** das bedarf der Nachprüfung; e-e Überprüfung ist angezeigt **3** *personne, produit etc dans un domaine* ***s'~*** sich durchsetzen; sich behaupten **4** ***s'~*** (*imposer sa présence*) sich aufdrängen; ***je ne voudrais pas m'~*** ich möchte mich nicht aufdrängen

imposition [ɛ̃pozisjõ] *f* **1** FIN Besteuerung *f*; *d'un contribuable a* (Steuer)Veranlagung *f*; ***double ~*** Doppelbesteuerung *f* **2** REL ***~ des mains*** Handauflegung *f*

impossibilité [ɛ̃pɔsibilite] *f* **1** Unmöglichkeit *f*; ***il est dans l'~ de venir*** es ist ihm unmöglich, er ist außerstande zu kommen **2** (*chose impossible*) Unmöglichkeit *f*; unmögliche Sache

impossible [ɛ̃pɔsibl] **I** *adj* **1** unmöglich; ***~!*** unmöglich!; ausgeschlossen!; ***projet*** *m* ***~ à réaliser*** Plan, der unmöglich zu realisieren ist; unmöglich realisierbarer Plan; ***cela m'est ~*** das ist mir unmöglich; ***il est ~ de*** (*+inf*) es ist unmöglich zu (*inf*); ***il est ~ qu'il soit parti*** es ist unmöglich, dass er abgereist ist **2** F (*insupportable*) F unmöglich; ***rendre la vie ~ à qn*** j-m das Leben unerträglich, F unmöglich machen **3** F (*bizarre*) F unmöglich; *rentrer* ***à une heure ~*** zu e-r unmöglichen Zeit **II** *m* Unmögliche(s) *n*; ***vous me demandez l'~*** Sie verlangen Unmögliches von mir; ***nous ferons l'~*** wir werden das *ou* alles Menschenmögliche tun; *prov* ***à l'~ nul n'est tenu*** man kann von niemandem Unmögliches verlangen

imposte [ɛ̃pɔst] *f* **1** ARCH Kämpfer(gesims) *m(n)* **2** CONSTR Oberlicht *n*

imposteur [ɛ̃pɔstœʀ] *m* Hochstapler *m*; Betrüger *m*; Schwindler *m* **imposture** *f* Hochstapelei *f*; Betrug *m*; Schwindel *m*

impôt [ɛ̃po] *m* FIN Steuer *f*; Abgabe *f*; ***~s directs*** direkte Steuern; ***~ foncier*** Grundsteuer *f*; ***~s indirects*** indirekte Steuern; ***~s locaux*** Gemeinde- und Departementsteuern *f/pl*; ***~ sur les*** (***bénéfices des***) ***sociétés*** Körperschaftssteuer *f*; ***~ sur le chiffre d'affaires*** Umsatzsteuer *f*; *autrefois* ***~ sur les grandes fortunes*** Vermögenssteuer *f*; ***~ sur le revenu*** Einkommen(s)steuer *f*; ***déclaration*** *f* ***d'~s*** Steuererklärung *f*

impotence [ɛ̃pɔtɑ̃s] *f* MÉD Bewegungsunfähigkeit *f*; gehemmte Bewegungsfähigkeit; Unbeweglichkeit *f* **impotent** *adj* MÉD bewegungsunfähig; unbeweglich

impraticable [ɛ̃pratikabl] *adj* 1 *chemin* nicht begehbar; *route* unbefahrbar; unpassierbar; *terrain de sports* unbespielbar 2 *solution, idée* undurchführbar

imprécation [ɛ̃pʀekasjõ] *litt f* Verwünschung *f*; Fluch *m*

imprécis [ɛ̃pʀesi] *adj indications* ungenau; unpräzis(e); *idées, style* unklar; verschwommen; ***contours*** *m/pl* **~** undeutliche Umrisse *m/pl*

imprécision [ɛ̃pʀesizjõ] *f* Ungenauigkeit *f*; Unklarheit *f*; Undeutlichkeit *f*

imprégnation [ɛ̃pʀeɲasjõ] *f* 1 TECH (Durch)Tränken *n*; Sättigen *n*; Imprägnierung *f*; **~ *du bois*** Holzimprägnierung *f* 2 *fig* Beeinflussung *f* (***par qc*** durch etw)

imprégner [ɛ̃pʀeɲe] ⟨-è-⟩ I *v/t* 1 TECH (durch)tränken, sättigen (***de qc*** mit etw); *bois* imprägnieren; *par ext odeur tenace* sich festsetzen in (*+dat*); *par ext vêtement, cheveux etc* ***être imprégné de l'odeur de pipe*** *etc* nach Pfeifenrauch *etc* riechen; den Pfeifengeruch *etc* angenommen haben 2 *fig* **~ *qn*** j-n erfüllen; ***être imprégné d'une idée, de préjugés*** von e-r Idee, von Vorurteilen durchdrungen sein; *adjt* ***imprégné d'ironie, de tristesse*** voller Ironie, Traurigkeit II *v/pr* ***s'~*** 1 *tissu, substance* sich vollsaugen (***de qc*** mit etw); in sich (*dat*) aufnehmen (etw); *par ext* ***s'~ d'une odeur*** e-n Geruch annehmen 2 *fig* ***s'~ de qc*** etw in sich (*dat*) aufnehmen; ***s'~ d'une langue*** sich (*dat*) e-e Sprache aneignen

imprenable [ɛ̃pʀənabl] *adj* 1 *forteresse* uneinnehmbar; unbezwingbar 2 *vue* unverbaubar

imprésario *ou* **impresario** [ɛ̃pʀezaʀjo] *m* Impresario *m*

imprescriptible [ɛ̃pʀɛskʀiptibl] *adj* JUR unverjährbar; *par ext droits* immer geltend; unantastbar

impression [ɛ̃pʀɛsjõ] *f* 1 Eindruck *m*; *st/s* Impression *f*; ***~s de voyage*** Reiseeindrücke *m/pl*; ***avoir l'~ de*** (*+inf*) *ou* ***que ...*** den Eindruck, das Gefühl haben, zu (*+inf*) *ou* dass ...; ***donner une ~ de qc*** e-n Eindruck von etw vermitteln, geben; ***donner l'~ de*** (*+inf*) den Eindruck machen, erwecken (***à qn*** bei j-m), scheinen zu (*+inf*); ***quelle est votre ~?*** was ist Ihr Eindruck?, was für e-n Eindruck haben Sie? (***sur lui*** von ihm); ***faire*** (***grande***) **~** (sehr) eindrucksvoll sein; ***faire*** (***une***) ***bonne, mauvaise ~*** e-n guten, schlechten Eindruck machen (***à, sur qn*** auf j-n); ***quelle ~ vous fait-il?*** welchen, was für e-n Eindruck macht er auf Sie?; ***ressentir une ~ de tristesse*** Traurigkeit empfinden 2 *de tissus etc* Bedrucken *n*; TEXT Zeug-, Stoffdruck *m* 3 TYPO Drucken *n*; (Buch)Druck *m*; ***faute*** *f* ***d'~*** Druckfehler *m*

impressionnable [ɛ̃pʀɛsjɔnabl] *adj* empfindlich; sensibel

impressionnant [ɛ̃pʀɛsjɔnɑ̃] *adj* eindrucksvoll; beeindruckend

impressionner [ɛ̃pʀɛsjɔne] *v/t* 1 **~ *qn*** j-n beeindrucken; nachhaltig auf j-n wirken; ***se laisser ~ par qc*** sich von etw beeindrucken lassen 2 PHYSIOL, PHOT einwirken auf (*+acc*)

impressionnisme [ɛ̃pʀɛsjɔnism] *m* Impressionismus *m* **impressionniste** I *adj* impressionistisch II *m,f* Impressionist(in) *m(f)*

imprévisible [ɛ̃pʀevizibl] *adj* unvorhersehbar; *personne* unberechenbar

imprévoyance [ɛ̃pʀevwajɑ̃s] *f* Sorglosigkeit *f*; Gedankenlosigkeit *f*; Kurzsichtigkeit *f* **imprévoyant** *adj* sorglos; gedankenlos; kurzsichtig; nicht vorausplanend

imprévu [ɛ̃pʀevy] I *adj* unvorhergesehen II *m* Unvorhergesehene(s) *n*; ***sauf ~*** unvorhergesehene Umstände ausgenommen; wenn nichts dazwischenkommt; ***en cas d'~*** falls etwas dazwischenkommt

imprimable [ɛ̃pʀimabl] *adj* druckreif; druckfähig

imprimante [ɛ̃pʀimɑ̃t] *f* INFORM Drucker *m*; **~ *couleur, matricielle*** Farb-, Matrixdrucker *m*; **~ *à jet d'encre*** Tintenstrahldrucker *m*; **~ (*à*) *laser*** Laserdrucker ['le:-] *m*

imprimé [ɛ̃pʀime] I *adj livre etc* gedruckt; ***en-tête ~*** aufgedruckter Briefkopf; ***formulaire ~*** vorgedrucktes Formular; ***papier ~*** bedrucktes Papier; ***tissu ~*** bedruckter Stoff II *m* 1 POSTE Drucksache *f*; *depuis 1993* Infopost *f* 2 *livre, brochure etc* Gedruckte(s) *n*; Druckwerk *n* 3 (*formulaire*) Formular *n*; Vordruck *m*; Formblatt *n* 4 TEXT bedruckter Stoff; Druck *m*; Imprimé *m*; **~ *à fleurs*** geblümter Druck

imprimer [ɛ̃pʀime] I *v/t* 1 *livre etc, auteur* drucken; *extraits d'un livre* abdrucken; ***faire ~*** drucken lassen; ***se faire ~*** sein Werk drucken lassen 2 *tissu, papier etc* bedrucken; *motif* aufdrucken; **~ *des fleurs sur un tissu*** ein Blumenmuster auf e-n Stoff drucken; e-n Stoff mit e-m Blumenmuster bedrucken 3 *cachet* **~ *sur qc*** auf etw (*acc*) drücken; *fig et litt souvenir* ***être imprimé dans la mémoire*** im Gedächtnis eingeprägt sein 4 (*communiquer*) mitteilen, verleihen (***à*** *dat*); **~ *une direction à qc*** e-r Sache (*dat*) e-e Richtung geben II *v/pr* 1 TYPO ***s'~*** gedruckt werden; sich im Druck befinden 2 *fig et litt souvenir* ***s'~ dans la mémoire de qn*** sich j-m einprägen

imprimerie [ɛ̃pʀimʀi] *f* 1 *entreprise* (Buch)Druckerei *f* 2 *technique* Buchdruck(erkunst) *m(f)*

imprimeur [ɛ̃pʀimœʀ] *m* 1 *propriétaire* Druckereibesitzer *m* 2 **~** *ou adjt* ***ouvrier*** *m* **~** (Buch)Drucker *m* **imprimeur-éditeur** *m* ⟨*pl* **imprimeurs-éditeurs**⟩ Drucker *m* und Verleger *m*

improbabilité [ɛ̃pʀɔbabilite] *f* Unwahrscheinlichkeit *f*

improbable [ɛ̃pʀɔbabl] *adj* unwahrscheinlich; kaum anzunehmen(d); ***il est ~ que ...*** (*+subj*) es ist unwahrscheinlich, dass ...

improductif [ɛ̃pʀɔdyktif] *adj* ⟨**-ive**⟩ unproduktiv; unergiebig; unwirtschaftlich; ***capital ~*** totes Kapital

improductivité [ɛ̃pʀɔdyktivite] *f* Unproduktivität *f*; Unergiebigkeit *f*

impromptu [ɛ̃pʀõ(p)ty] I *adj visite* überraschend; ***concert ~*** improvisiertes Konzert; ***discours ~*** Stegreifrede *f*; Rede *f* aus dem Stegreif II *m* MUS Impromptu *n*

imprononçable [ɛ̃pʀɔnõsabl] *adj* unaussprechbar

impropre [ɛ̃pʀɔpʀ] *adj* 1 *mot, expression* unpassend; falsch gewählt; sinnentstellend 2 **~ *à qc*** ungeeignet für etw; *aliment* **~ *à la consommation*** nicht zum Verzehr geeignet

improprement [ɛ̃pʀɔpʀəmɑ̃] *adv* fälschlicherweise

impropriété [ɛ̃pʀɔpʀijete] *f* 1 *d'un mot* falscher Gebrauch 2 (*expression impropre*) falsch gebrauchtes, gewähltes Wort

improvisateur [ɛ̃pʀɔvizatœʀ] *m*, **improvisatrice** *f*

Improvisator *m*, Improvisatorin *f*; ***talent*** *m* ***d'improvisateur*** Improvisationstalent *n*
improvisation [ɛ̃pʀɔvizasjõ] *f* **1** *action* Improvisieren *n* **2** *résultat* Improvisation *f*; Stegreifdarbietung *f* **3** MUS Improvisation *f*; JAZZ **~ *collective*** Jam-Session ['dʒɛmsɛʃən] *f*
improviser [ɛ̃pʀɔvize] **I** *v/t discours, fête etc* improvisieren; *discours a* aus dem Stegreif halten; *adjt* ***discours improvisé*** Stegreifrede *f* **II** *v/i* MUS improvisieren (***au piano*** auf dem, am Klavier) **III** *v/pr* ***s'~ arbitre*** *etc* als Schiedsrichter *etc* einspringen, aushelfen; ***on ne s'improvise pas médecin*** man wird nicht von e-m Tag auf den anderen Arzt
improviste [ɛ̃pʀɔvist] *loc/adv* ***à l'~*** unerwartet; unvermutet; unversehens; unverhofft; plötzlich; überraschend
imprudemment [ɛ̃pʀydamɑ̃] *adv* → ***imprudent***
imprudence [ɛ̃pʀydɑ̃s] *f* **1** (*manque de prudence*) Unvorsichtigkeit *f*; Unklugheit *f*; Unbesonnenheit *f*; Unbedachtsamkeit *f* **2** (*action imprudente*) Unvorsichtigkeit *f*; ***commettre, faire une ~*** e-e Unvorsichtigkeit begehen; ***ne faites pas d'~s sur la route*** fahren Sie vorsichtig **3** JUR Fahrlässigkeit *f*; ***homicide*** *m* ***par ~*** fahrlässige Tötung
imprudent [ɛ̃pʀydɑ̃] **I** *adj* unvorsichtig; unklug; unbedacht; unbesonnen; *conducteur a* leichtsinnig **II** *subst* **~*(e)*** *m(f)* unvorsichtiger *etc* Mensch
impubère [ɛ̃pybɛʀ] *adj* noch nicht geschlechtsreif; JUR noch nicht ehemündig
impubliable [ɛ̃pyblijabl] *adj* nicht druckreif, -fähig
impudence [ɛ̃pydɑ̃s] *f* Unverschämtheit *f*; Schamlosigkeit *f*; ***avec ~*** unverschämt; schamlos
impudent [ɛ̃pydɑ̃] *st/s adj* unverschämt; schamlos
impudeur [ɛ̃pydœʀ] *f* Mangel *m* an Scham(gefühl); Schamlosigkeit *f*
impudicité [ɛ̃pydisite] *f* Unkeuschheit *f*; Unzüchtigkeit *f* **impudique** *adj* unkeusch; unzüchtig
impuissance [ɛ̃pɥisɑ̃s] *f* **1** (*faiblesse*) Unvermögen *n*, Machtlosigkeit *f*, Ohnmacht *f* (***devant*** gegenüber *+dat*; angesichts *+gén*; ***à*** *+inf* zu *+inf*); *régime etc* ***être frappé d'~*** zur Ohnmacht, Machtlosigkeit verurteilt sein; ***réduire qn à l'~*** j-m die Macht nehmen; j-n s-r Macht (*gén*) berauben **2** (*inutilité*) Vergeblichkeit *f* **3** *sexuelle de l'homme* Impotenz *f*
impuissant [ɛ̃pɥisɑ̃] *adj* **1** machtlos; ohnmächtig; ***être ~ devant qc*** bei etw machtlos sein; ***être ~ à*** (*+inf*) nicht imstande sein zu (*+inf*) **2** *efforts* vergeblich; ***rage ~e*** ohnmächtige Wut **3** *sexuellement* impotent
impulsif [ɛ̃pylsif] **I** *adj* ⟨**-ive**⟩ impulsiv **II** *subst* **~, *impulsive*** *m,f* impulsiver Mensch
impulsion [ɛ̃pylsjõ] *f* **1** PHYS Impuls *m*; ÉLECT Stromstoß *m* **2** *fig* (*élan*) Auftrieb *m*; Anstoß *m*; Impuls *m*; ***donner une ~ à qc*** *a* etw ankurbeln, in Schwung bringen **3** PSYCH Impuls *m*; (plötzliche) Eingebung; innerer Drang; ***sous l'~ de la jalousie*** von Eifersucht getrieben; ***céder à ses ~s*** s-n Impulsen folgen, nachgeben
impulsivité [ɛ̃pylsivite] *f* Impulsivität *f*
impunément [ɛ̃pynemɑ̃] *adv* ungestraft
impuni [ɛ̃pyni] *adj* unbestraft; ungestraft; straflos, -frei; ***laisser un crime ~*** ein Verbrechen ungestraft, ungesühnt lassen
impunité [ɛ̃pynite] *f* Straffreiheit *f*; Straflosigkeit *f*; ***en toute ~*** völlig ungestraft
impur [ɛ̃pyʀ] *adj* **1** *liquide, air etc* unsauber; unrein **2** REL unrein **3** *st/s* (*impudique*) unkeusch; unzüchtig
impureté [ɛ̃pyʀte] *f* **1** Unsauberkeit *f*; Unreinheit *f* **2** **~*s*** *pl d'un liquide* Verunreinigungen *f/pl*; *dans un cristal, sur la peau* Unreinheiten *f/pl* **3** *st/s* (*impudicité*) Unkeuschheit *f*; Unzüchtigkeit *f*
imputable [ɛ̃pytabl] *adj* **1** ***être ~ à qc*** e-r Sache (*dat*) zuzuschreiben sein; auf etw (*acc*) zurückzuführen sein **2** FIN ***être ~ sur qc*** auf etw (*acc*) anzurechnen sein; zulasten von etw gehen
imputation [ɛ̃pytasjõ] *f* **1** Beschuldigung *f*, Bezichtigung *f* (***de vol*** des Diebstahls) **2** FIN Anrechnung *f* (***à, sur*** auf *+acc*); Verrechnung *f*
imputer [ɛ̃pyte] *v/t* **1** **~ *qc à qn*** j-n für etw verantwortlich machen; j-m etw zur Last legen, anlasten; **~ *un accident à la fatigue*** e-n Unfall auf Übermüdung zurückführen **2** FIN *somme* **~ *à, sur qc*** auf etw (*acc*) anrechnen; *à un certain budget* bei etw verbuchen, unterbringen
imputrescible [ɛ̃pytʀɛsibl] *adj* unverweslich; nicht verfaulend
in [in] *adj* ⟨*inv*⟩ F (*à la mode*) F in; ***être ~*** in sein; ***une boîte ~*** ein Lokal, das gerade in ist
in... [ɛ̃], *vor Vokal u stummem h* [in] *préfixe indiquant la négation* un...; in...; Un...; In...; → *les articles suivants*
inabordable [inabɔʀdabl] *adj* **1** *prix* unerschwinglich **2** *rivage* unzugänglich **3** *personnage* unnahbar; unzugänglich
inaccentué [inaksɑ̃tɥe] *adj* unbetont
inacceptable [inaksɛptabl] *adj* unannehmbar; inakzeptabel; unzumutbar
inaccessibilité [inaksesibilite] *f* **1** *d'un sommet d'une montagne, d'un but, d'un idéal etc* Unerreichbarkeit *f*; *d'une montagne a* Unbezwingbarkeit *f* **2** *d'une personne* Unnahbarkeit *f*
inaccessible [inaksesibl] *adj* **1** *sommet, fig but etc* unerreichbar (***à qn*** für j-n); *sommet a* unbezwingbar; *lieu* unzugänglich **2** *personne* unnahbar; unzugänglich **3** **~ *à la pitié*** *etc* für Mitleid *etc* unempfänglich
inaccompli [inakõpli] *adj* **1** *clause* nicht erfüllt **2** *litt projet, tâche etc* nicht ausgeführt; nicht zu Ende geführt; *souhait* nicht erfüllt
inaccoutumé [inakutyme] *adj* ungewohnt; ungewöhnlich
inachevé [inaʃve] *adj* unbeendet; unvollendet; unfertig
inachèvement [inaʃɛvmɑ̃] *m* Unfertigkeit *f*
inactif [inaktif] *adj* ⟨**-ive**⟩ **1** untätig; tatenlos; inaktiv; ***vie inactive*** untätiges Leben; ***rester ~*** untätig bleiben **2** ***population inactive*** nicht erwerbs-, berufstätige Bevölkerung **3** *Bourse* matt **4** *remède* unwirksam
inaction [inaksjõ] *f* Untätigkeit *f*; Nichtstun *n*
inactivité [inaktivite] *f* **1** Untätigkeit *f*; Tatenlosigkeit *f*; Inaktivität *f* **2** ADM, MIL ***en ~*** inaktiv; im einstweiligen Ruhestand
inactuel [inaktɥɛl] *adj* ⟨**~le**⟩ unzeitgemäß; nicht zeitnah; inaktuell
inadaptation [inadaptasjõ] *f* PSYCH mangelnde Anpassung(sfähigkeit); *d'enfants* Verhaltensgestörtheit *f*; **~ *sociale*** mangelnde soziale Anpassung
inadapté [inadapte] PSYCH **I** *adj* **a)** nicht anpas-

sungsfähig; **b)** *enfant* verhaltensgestört; schwer erziehbar **II** *subst* **~(e)** *m(f)* Verhaltensgestörte(r) *f(m)*
inadéquat [inadekwa] *adj* unangemessen; nicht passend; nicht entsprechend; inadäquat
inadmissible [inadmisibl] *adj* **1** unzulässig; inakzeptabel; indiskutabel; ***il est ~ que …*** (+*subj*) *a* es kann nicht hingenommen werden, dass … **2** *candidat à un examen* nicht zugelassen
inadvertance [inadvɛʀtɑ̃s] *loc/adv* ***par ~*** aus Versehen; versehentlich
inaliénable [inaljenabl] *adj* JUR unveräußerlich; nicht übertragbar
inaltérable [inalteʀabl] *adj* **1** unveränderlich, -bar; ***~ à l'air, à la chaleur*** luft-, hitzebeständig **2** *fig bonne humeur, principes* unwandelbar; unveränderlich; *amitié a* unverbrüchlich
inamical [inamikal] *adj* ⟨**-aux**⟩ unfreundlich
inamovible [inamɔvibl] *adj* JUR unabsetzbar; unkündbar; nicht versetzbar
inanimé [inanime] *adj* leblos; *matière* unbelebt; ***corps ~*** lebloser Körper; ***tomber ~*** leblos zu Boden fallen
inanition [inanisjõ] *f* Entkräftung *f*; ***mourir d'~*** an Entkräftung sterben; *fig* ***tomber d'~*** vor Hunger sterben, F umkommen
inaperçu [inapɛʀsy] *adj loc* ***passer ~*** unbemerkt bleiben; nicht auffallen; *événement* unbemerkt vorübergehen; *invention* (in der Öffentlichkeit) keine Beachtung finden
inappétence [inapetɑ̃s] *f* **1** MÉD Appetitlosigkeit *f* **2** PSYCH ***~ sexuelle*** sexuelle Lustlosigkeit; *sc* verminderte sexuelle Appetenz
inapplicable [inaplikabl] *adj* unanwendbar; ***mesures*** *f/pl* ***~s*** undurchführbare Maßnahmen *f/pl*
inappliqué [inaplike] *adj* **1** *élève* unaufmerksam; faul **2** *loi etc* nicht angewandt
inappréciable [inapʀesjabl] *adj* **1** (*précieux*) unschätzbar; außerordentlich groß **2** (*minime*) verschwindend klein, gering
inapprivoisable [inapʀivwazabl] *adj animal* unzähmbar
inapte [inapt] *adj* untauglich, ungeeignet, unbrauchbar (**à** für); MIL wehruntauglich; ***~ au travail*** arbeitsunfähig
inaptitude [inaptityd] *f* Untauglichkeit *f*, Ungeeignetheit *f*, Unbrauchbarkeit *f* (***à qc*** für etw; ***à*** +*inf* zu +*inf*); MIL Wehruntauglichkeit *f*; ***~ (physique) au travail*** Arbeitsunfähigkeit *f*
inarticulé [inaʀtikyle] *adj* unartikuliert; undeutlich
inassimilable [inasimilabl] *adj individus dans un groupe* nicht assimilierbar
inassouvi [inasuvi] *litt adj* ungestillt
inattaquable [inatakabl] *adj* unangreifbar; *théorie etc a* unanfechtbar
inattendu [inatɑ̃dy] *adj* unerwartet; unvermutet; unverhofft; überraschend; ***c'est ~ de sa part*** damit war bei ihm nicht zu rechnen; das hatte man von ihm nicht erwartet
inattentif [inatɑ̃tif] *adj* ⟨**-ive**⟩ unaufmerksam; unachtsam; achtlos
inattention [inatɑ̃sjõ] *f* Unaufmerksamkeit *f*; Unachtsamkeit *f*; ***faute*** *f*, ***erreur*** *f* ***d'~*** Flüchtigkeitsfehler *m*; *cela s'est passé* ***dans un moment d'~*** in e-m Augenblick der Unaufmerksamkeit
inaudible [inodibl] *adj* **1** (*non audible*) unhörbar **2** (*peu audible*) kaum hörbar, vernehmbar **3** *péj musique etc* nicht anzuhören(d)
inaugural [inogyʀal] *adj* ⟨**-aux**⟩ Eröffnungs…; Einweihungs… **inauguration** *f* Einweihung *f*; (feierliche) Eröffnung
inaugurer [inogyʀe] *v/t* **1** *monument, bâtiment, plaque* einweihen; ***~ une autoroute, une exposition*** eine Autobahn, eine Ausstellung (feierlich) eröffnen **2** *fig politique, période* einleiten; ***~ une méthode*** eine Methode einführen **3** *plais* (*utiliser pour la première fois*) einweihen
inauthenticité [inotɑ̃tisite] *f* Unechtheit *f* **inauthentique** *adj document* unecht; *fait* unverbürgt
inavouable [inavwabl] *adj intentions, mœurs* die man nicht nennen, eingestehen kann
inavoué [inavwe] *adj* uneingestanden
inca [ɛ̃ka] **I** *adj* ⟨*inv*⟩ Inka…; ***Empire*** *m* ***~*** Inkareich *n* **II** *m/pl* ***Incas*** Inkas *m/pl*
incalculable [ɛ̃kalkylabl] *adj* **1** *risques, conséquences* unberechenbar **2** *nombre* unermesslich groß
incandescence [ɛ̃kɑ̃desɑ̃s] *f* (Weiß)Glühen *n*; Weißglut *f*
incandescent [ɛ̃kɑ̃desɑ̃] *adj* (weiß) glühend
incantation [ɛ̃kɑ̃tasjõ] *f* **a)** Bezauberung *f*; Beschwörung *f*; **b)** (*paroles magiques*) Zauberworte *n/pl*, -formel *f*
incantatoire [ɛ̃kɑ̃tatwaʀ] *adj* Zauber…; Beschwörungs…; ***formule*** *f* ***~*** Zauberformel *f*, -spruch *m*
incapable [ɛ̃kapabl] **I** *adj* **1** unfähig; untauglich; ***~ de*** (+*inf*) unfähig, nicht in der Lage, außerstande, nicht imstande zu (+*inf*); ***être ~ de faire qc*** *a* etw nicht tun können; ***être ~ d'agir*** *a* handlungsunfähig sein; ***~ de qc*** zu etw unfähig, nicht imstande, nicht fähig, nicht in der Lage; ***je le crois ~ d'un tel acte*** ich halte ihn e-r solchen Tat für nicht fähig **2** JUR unfähig (***de*** +*inf* zu +*inf*); *par ext* geschäftsunfähig **II** *subst* **1** *m,f* Unfähige(r) *f(m)*; ***c'est un ~*** er ist (völlig) unfähig **2** *m* JUR Geschäftsunfähige(r) *m*
incapacité [ɛ̃kapasite] *f* **1** Unfähigkeit *f* (***de*** +*inf* zu +*inf*); ***être dans l'~ de*** (+*inf*) unfähig, außerstande, nicht imstande, nicht in der Lage sein zu (+*inf*) **2** ***~ (de travail)*** Arbeits-, Berufs-, Erwerbsunfähigkeit *f*; ***~ partielle*** Erwerbsminderung *f*, -beschränkung *f*; Teilinvalidität *f* **3** JUR ***~ (d'exercice)*** Geschäftsunfähigkeit *f*
incarcération [ɛ̃kaʀseʀasjõ] *f* Inhaftierung *f*; Inhaftnahme *f*; Gefangensetzung *f* **incarcérer** ⟨**-è-**⟩ *v/t* inhaftieren; in Haft nehmen; gefangen setzen
incarnat [ɛ̃kaʀna] **I** *adj* blut-, fleischrot **II** *m* blut-, fleischrote Farbe
incarnation [ɛ̃kaʀnasjõ] *f* **1** REL Inkarnation *f*; Fleisch-, Menschwerdung *f* **2** *fig* Verkörperung *f*; Inkarnation *f*
incarné [ɛ̃kaʀne] *adj* **1** REL ***le Verbe ~*** das fleischgewordene Wort **2** *fig* ***c'est la bonté ~e*** er *ou* sie ist die verkörperte Güte, die Güte in Person **3** ***ongle ~*** eingewachsener Nagel
incarner [ɛ̃kaʀne] **I** *v/t* verkörpern (*a* THÉ *personnage*) **II** *v/pr* ***s'~*** **1** REL Fleisch, Mensch werden; sich inkarnieren **2** *espoirs etc* sich verkörpern (***en qn*** in j-m)
incartade [ɛ̃kaʀtad] *f* Dummheit *f*; Streich *m*; Torheit *f*; ***à la moindre ~***, *il était puni* bei dem geringsten Verstoß (gegen die Ordnung, Disziplin)

incassable [ɛ̃kasabl] *adj* unzerbrechlich; ***fil** m* **~** unzerreißbarer Faden; ***vaisselle** f* **~** unzerbrechliches Geschirr

incendiaire [ɛ̃sɑ̃djɛʀ] **I** *adj* **1** Brand…; ***bombe** f* **~** Brandbombe *f* **2** *fig* Hetz…; aufrührerisch; ***article** m* **~** Hetzartikel *m*; ***propos** m/pl* **~s** Hetzreden *f/pl*; Hetze *f* **3** *œillade* aufreizend **II** *m,f* Brandstifter(in) *m(f)*

incendie [ɛ̃sɑ̃di] *m* Brand *m*; Feuersbrunst *f*; (Schaden-, Groß)Feuer *n*; JUR **~ *volontaire*** Brandstiftung *f*; **~ *de forêt*** Waldbrand *m*; ***bouche** f* ***d'~*** Hydrant *m*; ***foyer** m* ***d'~*** Brandherd *m*

incendié [ɛ̃sɑ̃dje] *adj* **1** *maison, forêt* abgebrannt **2** *personne* brandgeschädigt

incendier [ɛ̃sɑ̃dje] *v/t* **1** (*mettre le feu à*) in Brand stecken; anzünden **2** (*irriter*) **~ *la gorge à qn*** j-m in der Kehle brennen **3** *poét* feuerrot färben **4** F **~ *qn*** F j-n rüffeln, abkanzeln

incertain [ɛ̃sɛʀtɛ̃] *adj* **1** *futur, origine, succès* unsicher; ungewiss; zweifelhaft; *temps* unbeständig; veränderlich **2** *démarche* unsicher **3** *contours* ungenau; unbestimmt; verschwommen **4** *personne* unentschlossen; unschlüssig; unsicher

incertitude [ɛ̃sɛʀtityd] *f* **1** Unsicherheit *f*; Ungewissheit *f*; ***être dans l'~*** nichts Genaues wissen **2** **~*s*** *pl* Unsicherheiten *f/pl*; Unsicherheitsfaktoren *m/pl* **3** PHYS ***principe** m* ***d'~*** Unschärfe-, Unbestimmtheitsrelation *f*

incessamment [ɛ̃sesamɑ̃] *adv* gleich; sogleich; unverzüglich **incessant** *adj* unaufhörlich; unablässig; ständig; dauernd; stetig

incessible [ɛ̃sesibl] *adj* JUR nicht übertragbar; nicht abtretbar

inceste [ɛ̃sɛst] *m* Blutschande *f*; Inzest *m*

incestueux [ɛ̃sɛstɥø] *adj* ⟨**-euse**⟩ **a)** blutschänderisch; inzestuös; **b)** *enfant* in Blutschande gezeugt

inchangé [ɛ̃ʃɑ̃ʒe] *adj* unverändert

inchavirable [ɛ̃ʃaviʀabl] *adj* MAR unkenterbar; kentersicher

incidemment [ɛ̃sidamɑ̃] *adv* nebenbei; beiläufig

incidence [ɛ̃sidɑ̃s] *f* **1** (*conséquence*) Folge *f* (***sur*** für); (*répercussion*) (Rück-, Aus) Wirkung *f* (auf *+acc*); ***avoir une ~ sur qc*** sich auf etw (*acc*) auswirken; e-e Rückwirkung auf etw (*acc*) haben **2** PHYS ***angle** m* ***d'~*** Einfallswinkel *m*

incident [ɛ̃sidɑ̃] **I** *adj* **1** Zwischen…; ***question ~e*** Zwischenfrage *f* **2** PHYS *rayon* einfallend **3** GR ***proposition ~e*** → *II 3* **II** *subst* **1** *m* Zwischenfall *m*; (unerwarteter) Vorfall; NUCL Störfall *m*; **~ *diplomatique*** diplomatischer Zwischenfall; **~ *technique*** Betriebsstörung *f*; technische Panne; SPORTS *et fig* **~ *de parcours*** Panne *f*; Missgeschick *n*; Pech *n*; ***sans ~*** ohne Zwischenfall; reibungslos; ***l'~ est clos*** der Zwischenfall ist erledigt; der Streit ist beigelegt **2** *m* JUR Inzidentklage *f*; Zwischenfeststellungsklage *f* **3** GR **~*e*** *f* eingeschobener Satz

incinérateur [ɛ̃sineʀatœʀ] *m* Müllverbrennungsofen *m*

incinération [ɛ̃sineʀasjɔ̃] *f* **1** Verbrennung *f* (zu Asche); ***usine** f* ***d'~ des ordures ménagères*** Müllverbrennungsanlage *f* **2** **~ (*des morts*)** Feuerbestattung *f*; Einäscherung *f*; Verbrennung *f* der Toten

incinérer [ɛ̃sineʀe] *v/t* ⟨**-è-**⟩ **1** *ordures* (zu Asche) verbrennen **2** *mort* einäschern; verbrennen

incise [ɛ̃siz] *f* GR **~** *ou adjt* ***proposition** f* **~** eingeschobener Satz

inciser [ɛ̃size] *v/t* MÉD, *arbre* e-n Schnitt machen in (*+acc*); einschneiden

incisif [ɛ̃sizif] *adj* ⟨**-ive**⟩ *ton* schneidend; bissig; ***critique, ironie incisive*** beißende Kritik, Ironie

incision [ɛ̃sizjɔ̃] *f* (Ein)Schnitt *m*

incisive [ɛ̃siziv] *f* ANAT Schneidezahn *m*

incitation [ɛ̃sitasjɔ̃] *f* Anreizen *n*, Anreiz *m*, Anregen *n*, -ung *f*, *p/fort* An-, Aufstachelung *f*, Aufreizung *f*, *a* JUR Verführung *f*, Verleitung *f*, Anstiftung *f* (***à qc*** zu etw); JUR **~ *à la débauche*** Anstiftung zur Unzucht; **~ *à la révolte*** Aufwiegelung *f*

inciter [ɛ̃site] *v/t* **~ *qn à*** (*+inf*) *ou* ***à qc*** j-n anreizen, anregen, *p/fort* an-, aufstacheln, aufreizen, *a* JUR verführen, verleiten, anstiften zu (*+inf*) *ou* zu etw; **~ *à la révolte*** aufwiegeln; ***cela m'incite à penser que …*** das bewegt mich zu der Annahme, das macht mich glauben, dass …

incivil [ɛ̃sivil] *litt adj* unhöflich; ungesittet **incivilité** *f* unsoziales Verhalten, Handeln

inclément [ɛ̃klemɑ̃] *litt adj climat, temps* rau; unfreundlich

inclinaison [ɛ̃klinɛzɔ̃] *f* **1** *d'un plan* Neigung *f*; *d'une route* Gefälle *n*; *d'un mur* Schräge *f*; Schrägheit *f*; ***angle** m* ***d'~*** Neigungswinkel *m* **2** (*position penchée*) Schrägstellung *f*, -lage *f*; *de la tête, du buste* geneigte Haltung **3** PHYS **~ (*magnétique*)** Inklination *f*

inclination [ɛ̃klinasjɔ̃] *f* **1** *du corps* Verneigung *f*; Verbeugung *f*; **~ *de tête*** Kopfnicken *n* **2** *st/s* (*penchant*) Neigung *f*, Vorliebe *f* (***pour*** für); *litt* ***avoir de l'~ pour qn*** e-e (Zu)Neigung zu j-m hegen

incliné [ɛ̃kline] *adj* geneigt; schräg; abfallend; PHYS ***plan ~*** schiefe Ebene; ***tête légèrement ~e*** leicht geneigter Kopf

incliner [ɛ̃kline] **I** *v/t* **1** (*pencher*) neigen; schräg halten, stellen **2** (*rendre enclin*) **~ *qn à*** (*+inf*) j-n geneigt machen, dazu bringen zu (*+inf*); ***cela m'incline à lui pardonner*** *a* das veranlasst mich, ihm zu verzeihen **II** *v/i* **~ *à*** (*+inf*) dazu neigen zu (*+inf*); ***j'incline à croire que …*** ich neige zu der Auffassung, dass … **III** *v/pr* ***s'~*** **1** (*se courber*) *branche etc* sich neigen; *personne* sich verneigen, verbeugen (***devant*** vor *+dat*) **2** *fig* (*rendre hommage*) ***s'~ devant qn, qc*** sich vor j-m, etw verbeugen; j-m, etw Respekt, Bewunderung zollen **3** *fig* (*se soumettre*) sich beugen, fügen (***devant qn, qc*** j-m, e-r Sache); ***s'~ devant les faits*** sich den Tatsachen beugen

inclure [ɛ̃klyʀ] *v/t* ⟨→ **conclure**; *p/p* **inclus**⟩ **1** **~ *qc dans une lettre*** etw in e-n Brief (hinein)legen, e-m Brief beifügen, beilegen; *disposition* **~ *dans un contrat*** in e-n Vertrag aufnehmen, einbeziehen, einfügen **2** (*impliquer*) einschließen; enthalten; ***cela inclut que …*** das bedeutet, dass …

inclus [ɛ̃kly] *p/p* → ***inclure*** *et adj* ⟨**-use** [-yz]⟩ einschließlich; ***jusqu'à la page deux ~e*** bis Seite zwei einschließlich; → *a* ***ci-inclus***

inclusion [ɛ̃klyzjɔ̃] *f* Einbeziehung *f*; Einschließung *f*; Einschluss *m*

inclusivement [ɛ̃klyzivmɑ̃] *adv* einschließlich

incoercible [ɛ̃kɔɛʀsibl] *adj litt rire, toux* nicht zu unterdrücken(d)

incognito [ɛ̃kɔɲito] **I** *adv* inkognito **II** *m* Inkognito *n*; ***garder l'~*** das Inkognito wahren

incohérence [ɛ̃kɔeʀɑ̃s] *f* 1 Zusammenhang(s)losigkeit *f*; mangelnder Zusammenhang; Inkohärenz *f* 2 **~s** *pl idées, propos* unzusammenhängende Gedanken *m/pl ou* Worte *n/pl* **incohérent** *adj* unzusammenhängend; zusammenhang(s)los; inkohärent

incollable [ɛ̃kɔlabl] *adj* 1 F (*imbattable*) unschlagbar; ***il est ~ a*** er kann alle Fragen beantworten 2 *riz* der nicht anhängt

incolore [ɛ̃kɔlɔʀ] *adj* farblos (*a fig style*)

incomber [ɛ̃kõbe] *v/t/indir responsabilité, tâche* **~ à qn** j-m obliegen, zukommen; ***les frais vous incombent*** Sie haben für die Kosten aufzukommen; *impersonnel* ***il vous incombe de*** (+*inf*) es obliegt Ihnen *ou* es liegt Ihnen ob zu (+*inf*)

incombustible [ɛ̃kõbystibl] *adj* feuerfest; unverbrennbar; nicht brennbar

incommensurabilité [ɛ̃kɔ(m)mɑ̃syʀabilite] *f* MATH Inkommensurabilität *f*

incommensurable [ɛ̃kɔmɑ̃syʀabl] I *adj* 1 MATH inkommensurabel 2 *fig* (*démesuré*) maßlos II *m* **l'~** das Unermessliche

incommodant [ɛ̃kɔmɔdɑ̃] *adj* lästig; störend

incommode [ɛ̃kɔmɔd] *adj* (*peu pratique*) unpraktisch; unzweckmäßig; *outil a* unhandlich; (*inconfortable*) unbequem

incommoder [ɛ̃kɔmɔde] *v/t* **~ qn** j-n belästigen, stören

incommodité [ɛ̃kɔmɔdite] *f* Unzweckmäßigkeit *f*; Unbequemlichkeit *f*

incommunicable [ɛ̃kɔmynikabl] *adj* 1 *émotion etc* nicht mitteilbar 2 *deux univers etc* unvereinbar

incomparable [ɛ̃kõpaʀabl] *adj* unvergleichlich; unübertrefflich

incompatibilité [ɛ̃kõpatibilite] *f* 1 Unvereinbarkeit *f*; ***~ de caractère, d'humeur*** Unvereinbarkeit der Charaktere 2 JUR, MÉD, INFORM Inkompatibilität *f*

incompatible [ɛ̃kõpatibl] *adj* 1 unvereinbar (**avec** mit); ***être ~ avec qc*** *a* nicht zu etw passen 2 JUR *fonctions*, MÉD *groupes sanguins*, INFORM inkompatibel

incompétence [ɛ̃kõpetɑ̃s] *f* 1 Inkompetenz *f*; Unkenntnis *f*; Unzulänglichkeit *f* 2 JUR Inkompetenz *f*; Un-, Nichtzuständigkeit *f*

incompétent [ɛ̃kõpetɑ̃] *adj* 1 inkompetent; ***être ~*** nicht kompetent sein, sich nicht auskennen (***en musique*** in der Musik) 2 *tribunal etc* nicht zuständig; unzuständig; inkompetent

incomplet [ɛ̃kõplɛ] *adj* ⟨**-ète** [-ɛt]⟩ unvollständig; *connaissances a* lückenhaft

incompréhensible [ɛ̃kõpʀeɑ̃sibl] *adj* unverständlich; unbegreiflich; schleier-, rätselhaft; ***il est ~ que ...*** (+*subj*) es ist unverständlich *etc*, dass ...

incompréhensif [ɛ̃kõpʀeɑ̃sif] *adj* ⟨**-ive**⟩ kein Verständnis zeigend; ohne Einfühlungsvermögen

incompréhension [ɛ̃kõpʀeɑ̃sjõ] *f* Unverständnis *n*; Mangel *m* an Einfühlungsvermögen, an (gegenseitigem) Verständnis

incompressible [ɛ̃kõpʀɛsibl] *adj* 1 PHYS inkompressibel; nicht zusammendrückbar 2 FIN *dépense* nicht einschränkbar; nicht reduzierbar

incompris [ɛ̃kõpʀi] I *adj* unverstanden (*a iron*); verkannt II *subst* **~(e)** *m(f)* unverstandener Mensch; Unverstandene(r) *f(m)*

inconcevable [ɛ̃kõs(ə)vabl] *adj* unbegreiflich; unfassbar, -lich; unvorstellbar; ***il est ~ que ...*** (+*subj*) es ist unbegreiflich *etc*, dass ...

inconciliable [ɛ̃kõsiljabl] *adj* unvereinbar (**avec** mit)

inconditionnel [ɛ̃kõdisjɔnɛl] I *adj* ⟨**~le**⟩ bedingungslos; uneingeschränkt; *appui a* an keine Bedingung geknüpft II *m* bedingungsloser Anhänger

inconduite [ɛ̃kõdɥit] *f* schlechter, lasterhafter Lebenswandel

inconfort [ɛ̃kõfɔʀ] *m* mangelnder Komfort

inconfortable [ɛ̃kõfɔʀtabl] *adj* 1 *maison, siège etc* unkomfortabel; unbequem 2 *fig position, situation* unbequem; unangenehm

incongru [ɛ̃kõgʀy] *adj remarque, question etc* unpassend; unschicklich; *p/fort* ungehörig; ungebührlich

inconnaissable [ɛ̃kɔnɛsabl] I *adj* nicht erkennbar (**à qn** für j-n); unergründbar II *m* **l'~** das Unergründbare

inconnu [ɛ̃kɔny] I *adj* unbekannt (**à, de qn** j-m); ***la tombe, le tombeau du Soldat ~*** das Grab(mal) des Unbekannten Soldaten; ***sa voix ne m'était pas ~e*** s-e Stimme kam mir bekannt vor; ADM *enfant* ***né de père ~*** Vater unbekannt II *subst* 1 **~(e)** *m(f)* Unbekannte(r) *f(m)*; ***la belle ~e*** die schöne Unbekannte; ***ne parlez pas à des ~s*** sprechen Sie nicht mit Fremden 2 JUR ***déposer une plainte contre ~*** Strafanzeige gegen unbekannt erstatten 3 **l'~** *m* (*ce qui n'est pas connu*) das Unbekannte 4 MATH **~e** *f* Unbekannte *f* (*a fig*); ***équation f à deux ~es*** Gleichung *f* mit zwei Unbekannten

inconsciemment [ɛ̃kõsjamɑ̃] *adv* unbewusst; unwillkürlich

inconscience [ɛ̃kõsjɑ̃s] *f* 1 Unüberlegtheit *f*; Unbedachtsamkeit *f*; Leichtfertigkeit *f*; *p/fort* Leichtsinn *m*; ***c'est de l'~*** das ist Leichtsinn 2 MÉD Bewusstlosigkeit *f*; Bewusstseinstrübung *f*; Dämmerzustand *m*

inconscient [ɛ̃kõsjɑ̃] I *adj* 1 *personne* unüberlegt; unbedacht; leichtfertig; ***il est ~ a*** er weiß nicht, was er tut 2 *geste, réaction* unbewusst; *personne* ***être ~ du danger*** sich (*dat*) der Gefahr (*gén*) nicht bewusst sein 3 MÉD bewusstlos II *subst* 1 **~(e)** *m(f)* Leichtfertige(r) *f(m)*; *p/fort* Leichtsinnige(r) *f(m)* 2 PSYCH **l'~** *m* das Unbewusste; das Unterbewusstsein; das Unterbewusste

inconséquence [ɛ̃kõsekɑ̃s] *f* Inkonsequenz *f*; Widersprüchlichkeit *f*; Folgewidrigkeit *f* **inconséquent** *adj attitude, personne* inkonsequent; widersprüchlich; *raisonnement a* folgewidrig

inconsidéré [ɛ̃kõsideʀe] *adj* unüberlegt; unbesonnen; unbedacht; übereilt

inconsistance [ɛ̃kõsistɑ̃s] *f d'une argumentation, d'une théorie etc* Unhaltbarkeit *f*; mangelnde Stichhaltigkeit; *d'un thème, d'un personnage etc* Substanzlosigkeit *f*

inconsistant [ɛ̃kõsistɑ̃] *adj* 1 *argumentation, théorie etc* haltlos; nicht stichhaltig; *programme, scénario etc* substanzlos 2 *personne, caractère* unbeständig; haltlos

inconsolable [ɛ̃kõsɔlabl] *adj* untröstlich

inconstance [ɛ̃kõstɑ̃s] *f* Unbeständigkeit *f*; Unstetigkeit *f*; Wankelmut *m*; *en amour* Treulosigkeit *f*; Untreue *f* **inconstant** *adj humeur, personne* unbeständig, unstet, wankelmütig (***dans ses amitiés*** in

Bezug auf s-e Freundschaften); *en amour* treulos; untreu
inconstitutionnel [ɛ̃kõstitysjɔnɛl] *adj* ⟨~le⟩ verfassungswidrig
incontestable [ɛ̃kõtɛstabl] *adj* unbestreitbar; unstreitig; unstrittig; ***il est ~ que …*** es ist unbestreitbar, dass …; ***c'est ~*** *a* das ist (ganz) offensichtlich, sicher
incontestablement [ɛ̃kõtɛstabləmɑ̃] *adv* ganz offensichtlich, sicher; mit Sicherheit
incontesté [ɛ̃kõtɛste] *adj* unbestritten; (allgemein) anerkannt
incontinence [ɛ̃kõtinɑ̃s] *f* MÉD Inkontinenz *f*; ***~ d'urine*** *a* unwillkürlicher Harnabfluss
incontinent [ɛ̃kõtinɑ̃] *adj* MÉD an Inkontinenz leidend
incontournable [ɛ̃kõturnabl] *adj* unumgänglich; ***qc est ~*** *a* an etw (*dat*) kommt niemand vorbei; etw ist nicht zu umgehen; ***qn est ~*** an j-m führt kein Weg vorbei
incontrôlable [ɛ̃kõtrolabl] *adj* unkontrollierbar; nicht nachprüfbar
incontrôlé [ɛ̃kõtrole] *adj* unkontrolliert; sich der Kontrolle entziehend
inconvenance [ɛ̃kõvnɑ̃s] *f* Unschicklichkeit *f*; Ungebührlichkeit *f* **inconvenant** *adj* unschicklich; ungebührlich; *p/fort a* unanständig
inconvénient [ɛ̃kõvenjɑ̃] *m* Nachteil *m*; nachteilige Folge; ***sans ~*** problemlos; ***avoir des ~s*** Nachteile haben; ***il n'y a pas d'~ à*** (*+inf*) es ist nichts dabei, es spricht nichts dagegen zu (*+inf*); ***je n'y vois pas d'~*** ich habe nichts dagegen
inconvertible [ɛ̃kõvɛrtibl] *adj monnaie* nicht konvertierbar; inkonvertibel
incoordination [ɛ̃kɔɔrdinasjõ] *f* MÉD ***~ motrice*** Koordinationsstörungen *f/pl*
incorporation [ɛ̃kɔrpɔrasjõ] *f* **1** *d'une substance* Vermengung *f* (***dans*** *ou* ***à qc*** mit etw) **2** *par ext* Einverleibung *f*, Eingliederung *f* (***dans*** in *+acc*) **3** MIL Einziehung *f*, Einberufung *f* (zum Wehrdienst)
incorporel [ɛ̃kɔrpɔrɛl] *adj* ⟨~le⟩ JUR ***biens ~s*** unkörperliche Güter *n/pl*
incorporer [ɛ̃kɔrpɔre] **I** *v/t* **1** ***~ une substance dans*** *ou* ***à qc*** e-e Substanz e-r Sache (*dat*) beimengen, -mischen, zusetzen; *adjt* TECH ***incorporé*** eingebaut **2** *par ext* ***~ dans qc*** e-r Sache (*dat*) einverleiben; *a personne* in etw (*acc*) eingliedern, aufnehmen; ***~ dans une commune*** eingemeinden **3** MIL einziehen, einberufen (***dans*** zu) **II** *v/pr* **1** *substance* ***s'~ dans*** *ou* ***à qc*** sich mit etw vermengen **2** *passage dans un texte, personne dans un groupe* ***s'~ à*** *ou* ***dans qc*** sich in etw (*acc*) eingliedern
incorrect [ɛ̃kɔrɛkt] *adj* **1** *expression etc* un-, inkorrekt; ungenau; unrichtig **2** *manières, tenue etc* un-, inkorrekt; nicht angemessen; ***politiquement ~*** politisch inkorrekt **3** *personne* nicht korrekt (***avec qn*** j-m gegenüber); unhöflich, grob (zu j-m); *en affaires* nicht korrekt; unreell
incorrection [ɛ̃kɔrɛksjõ] *f* **1** *d'une expression etc*, (*faute*) Un-, Inkorrektheit *f*; Ungenauigkeit *f*; Unrichtigkeit *f* **2** (*manque de savoir-vivre*) Un-, Inkorrektheit *f*; *p/fort* Unhöflichkeit *f*; Grobheit *f*; *en affaires* unkorrektes, unreelles Gebaren
incorrigible [ɛ̃kɔriʒibl] *adj* unverbesserlich
incorruptible [ɛ̃kɔryptibl] *adj* **1** *fonctionnaire* unbestechlich **2** *matière* unvergänglich; unzersetzbar
incrédibilité [ɛ̃kredibilite] *f* Unglaubhaftigkeit *f*; Unglaubwürdigkeit *f*
incrédule [ɛ̃kredyl] *adj* ungläubig; skeptisch; ***avoir l'air ~*** ungläubig dreinschauen; nicht überzeugt zu sein scheinen
incrédulité [ɛ̃kredylite] *f* Unglaube(n) *m*; Ungläubigkeit *f*; Skepsis *f*
incrément [ɛ̃kremɑ̃] *m* INFORM Inkrement *n*
increvable [ɛ̃krəvabl] *adj* **1** F (*infatigable*) unermüdlich; F nicht totzukriegen(d) **2** *pneu* schlauchlos; pannensicher
incriminer [ɛ̃krimine] *v/t personne* be-, anschuldigen; inkriminieren; ***~ le comportement de qn*** j-s Verhalten beanstanden; *adjt livre etc* ***incriminé*** *a* inkriminiert
incrochetable [ɛ̃krɔʃtabl] *adj serrure* einbruch(s)-sicher; mit e-m Dietrich nicht zu öffnen(d)
incroyable [ɛ̃krwajabl] **I** *adj* **1** (*invraisemblable*) unglaublich; unglaubhaft; kaum glaubhaft; unglaubwürdig; ***~, mais vrai!*** unglaublich, aber wahr!; ***il est ~ que …*** (*+subj*) es ist unglaublich *etc*, dass … **2** (*fantastique*) unglaublich; unwahrscheinlich; außerordentlich **3** (*inouï*) unglaublich; unerhört; empörend; ***c'est ~!*** das ist ja unglaublich!; *d'une personne* ***il est vraiment ~!*** er ist einfach unmöglich! **II** *subst* **1** *m* ***l'~ c'est que …*** (*+subj*) es ist unglaublich, kaum zu glauben, dass … **2** ***les Incroyables*** *m/pl exzentrische Modenarren zur Zeit des Directoire*
incroyance [ɛ̃krwajɑ̃s] *f* REL Unglaube(n) *m* **incroyant** REL **I** *adj* ungläubig **II** *subst* ~(**e**) *m*(*f*) Ungläubige(r) *f*(*m*)
incrustation [ɛ̃krystasjõ] *f* **1** **a)** *technique décorative* Einlegen *n*; **b)** *ornement* Einlegearbeit *f*; Intarsien *f/pl*; Inkrustation *f* **2** GÉOL Sinter *m*; TECH (*tartre*) Kesselstein *m*
incruster [ɛ̃kryste] **I** *v/t* **1** ART mit Einlegearbeiten, Intarsien verzieren; inkrustieren; *adjt* ***incrusté de nacre*** mit Perlmuttintarsien (verziert) **2** TECH *adjt* ***incrusté de tartre*** mit Kesselsteinablagerungen **II** *v/pr* ***s'~*** **1** GÉOL sich mit Sinter, TECH sich mit Kesselstein überziehen **2** *corps étranger* sich eindrücken (***dans*** in *+acc*); sich festsetzen (in *+dat*) **3** *visiteur* sich einnisten (***chez qn*** bei j-m)
incubateur [ɛ̃kybatœr] *m* MÉD Brutkasten *m*; Inkubator *m*
incubation [ɛ̃kybasjõ] *f* **1** zo Brüten *n*; Bebrütung *f* **2** MÉD (***période*** *f* ***d'***)~ Inkubation(szeit) *f* **3** *fig d'une révolte* latentes Vorstadium
incuber [ɛ̃kybe] *v/t* zo bebrüten
inculpation [ɛ̃kylpasjõ] *f* JUR Be-, Anschuldigung *f*
inculpé [ɛ̃kylpe] JUR **I** *adj* beschuldigt; angeschuldigt **II** *subst* ~(**e**) *m*(*f*) Beschuldigte(r) *f*(*m*); Angeschuldigte(r) *f*(*m*) **inculper** *v/t* JUR be-, anschuldigen (***d'un crime*** e-s Verbrechens)
inculquer [ɛ̃kylke] *v/t* ***~ qc à qn*** j-m etw beibringen, *p/fort* einschärfen, einhämmern
inculte [ɛ̃kylt] *adj* **1** AGR unbebaut; brachliegend; ***terre*** *f* ***~*** Brachland *n* **2** *personne* ungebildet **3** *cheveux, barbe* ungepflegt
inculture [ɛ̃kyltyr] *f* Mangel *m* an Bildung; Unbildung *f*
incurable [ɛ̃kyrabl] *adj* **1** *maladie* unheilbar; *malade* unheilbar krank **2** *fig* (*incorrigible*) unverbesserlich

incurie [ɛ̃kyʀi] *f* Fahrlässigkeit *f*; (grobe) Nachlässigkeit
incursion [ɛ̃kyʀsjõ] *f* 1 MIL Einfall *m* 2 *fig* Abstecher *m*; ***faire une ~ dans un domaine inconnu*** *a* sich vorübergehend auf ein unbekanntes Gebiet vorwagen
incurvé [ɛ̃kyʀve] *adj* gekrümmt; gebogen **incurver** *v/pr* ***s'~*** sich krümmen, biegen
indatable [ɛ̃databl] *adj* undatierbar
Inde [ɛ̃d] ***l'~*** *f* Indien *n*
indécence [ɛ̃desɑ̃s] *f* Unschicklichkeit *f*; Anstößigkeit *f*; *p/fort* Unanständigkeit *f*; ***avoir l'~ de faire qc*** die Unverschämtheit besitzen, etw zu tun
indécent [ɛ̃desɑ̃] *adj* 1 *tenue, geste, propos* unschicklich; anstößig; *p/fort* unanständig 2 *luxe etc* unverschämt
indéchiffrable [ɛ̃deʃifʀabl] *adj* 1 nicht zu entziffern(d); *écriture a* schwer leserlich 2 *fig personnage* rätselhaft; ***regard*** *m* ***~*** unerklärlicher Blick
indéchirable [ɛ̃deʃiʀabl] *adj* unzerreißbar
indécis [ɛ̃desi] I *adj* 1 *personne, caractère* unentschlossen; schwankend; *personne a* unschlüssig 2 *problème* unentschieden; ungelöst; ***la victoire demeura ~e*** der Kampf blieb unentschieden 3 (*vague*) unbestimmt; ungenau II *subst* ***~(e)*** *m(f)* Unentschlossene(r) *f(m)*
indécision [ɛ̃desizjõ] *f* Unentschlossenheit *f*; Unschlüssigkeit *f*; Unentschiedenheit *f*
indéclinable [ɛ̃deklinabl] *adj* GR undeklinierbar
indécomposable [ɛ̃dekõpozabl] *adj* unzerlegbar
indécrottable [ɛ̃dekʀɔtabl] F *adj* unverbesserlich
indéfectible [ɛ̃defɛktibl] *litt adj* unvergänglich; unwandelbar
indéfendable [ɛ̃defɑ̃dabl] *adj* 1 MIL nicht zu verteidigen(d); unhaltbar 2 *fig* unhaltbar; unvertretbar; ***thèse*** *f* ***~*** unhaltbare These
indéfini [ɛ̃defini] *adj* 1 GR unbestimmt; indefinit; ***adjectif ~*** attributives Indefinitpronomen; ***article ~*** unbestimmter Artikel; ***pronom ~*** (allein stehendes) Indefinitpronomen, unbestimmtes Fürwort 2 (*vague*) *sentiment* unbestimmt; *durée, quantité* unbegrenzt **indéfiniment** *adv* auf unbestimmte Zeit; unbegrenzt; F ewig
indéfinissable [ɛ̃definisabl] *adj couleur, odeur, saveur* undefinierbar; unbestimmbar; *sentiment, charme* unerklärlich; unbegreiflich
indéformable [ɛ̃defɔʀmabl] *adj* TEXT formbeständig; formtreu
indéfrisable [ɛ̃defʀizabl] *f autrefois* Dauerwelle *f*
indélébile [ɛ̃delebil] *adj* nicht zu entfernen(d); unauslöschlich (*a fig*); ***encre*** *f* ***~*** Wäschetinte *f*; ***rouge*** *m* ***à lèvres ~*** kussechter Lippenstift
indélicat [ɛ̃delika] *adj* 1 (*sans tact*) rücksichts-, taktlos 2 (*malhonnête*) unredlich; unehrlich
indélicatesse [ɛ̃delikatɛs] *f* 1 (*manque de tact*) Rücksichts-, Taktlosigkeit *f* 2 (*procédé malhonnête*) Unredlichkeit *f*; unredliches Gebaren
indémaillable [ɛ̃demajabl] TEXT I *adj* maschenfest II *loc/adj* ***en ~*** aus maschenfestem Gewebe
indemne [ɛ̃dɛmn] *adj* unverletzt; unversehrt; ***sortir ~ d'un accident*** bei e-m Unfall unverletzt bleiben, davonkommen
indemnisable [ɛ̃dɛmnizabl] *adj personne* entschädigungsberechtigt; *dommage* entschädigungsfähig; vergütbar **indemnisation** *f* Entschädigung *f*; Vergütung *f*; Abfindung *f*
indemniser [indɛmnize] *v/t* 1 ***~ qn*** j-n entschädigen, j-m Schaden(s)ersatz leisten (***de qc*** für etw); j-n abfinden 2 *dommage, perte* vergüten; e-e Entschädigung gewähren für
indemnité [ɛ̃dɛmnite] *f* (*dédommagement*) Entschädigung *f*; Schaden(s)ersatz *m*; Abfindung(ssumme) *f*; Vergütung *f*; (*prime*) Zulage *f*; SÉCURITÉ SOCIALE ***~ journalière*** Krankengeld *n*; ***~ kilométrique*** Kilometergeld *n*; ***~ parlementaire*** Diäten *pl*; ***~ de déplacement*** Reisekostenvergütung *f*; ***~ de guerre*** Kriegsentschädigung *f*; ***~ de licenciement*** Abfindung(ssumme) bei Kündigung; ***~ de résidence*** Ortszuschlag *m*, -zulage *f*
indémontable [ɛ̃demõtabl] *adj* unzerlegbar
indémontrable [ɛ̃demõtʀabl] *adj* unbeweisbar
indéniable [ɛ̃denjabl] *adj* unleugbar; nicht zu (ver)leugnen(d)
indépendamment [ɛ̃depɑ̃damɑ̃] *loc/prép* ***~ de*** (*sans égard à*) unabhängig von (+*dat*); ungeachtet (+*gén*); (*en plus de*) zusätzlich zu (+*dat*)
indépendance [ɛ̃depɑ̃dɑ̃s] *f* Unabhängigkeit *f*; Selbstständigkeit *f*; POL *a* Freiheit *f*; ***guerre*** *f* ***d'~*** Unabhängigkeitskrieg *m*
indépendant [ɛ̃depɑ̃dɑ̃] *adj* 1 *personne, peuple* unabhängig (***de qn, qc*** von j-m, etw); selbstständig (*a travailleur*); frei; freiheitsliebend; *péj* eigenwillig 2 *choses* ***~ de*** unabhängig von; ***pour des raisons ~es de notre volonté*** aus Gründen, die von unserem Willen unabhängig sind 3 ***chambre ~e*** Separatzimmer *n*; Zimmer *n* mit eigenem Eingang 4 AUTO ***roue ~e*** einzeln aufgehängtes Rad 5 GR ***proposition ~e*** *ou subst* ***~e*** *f* unabhängiger (Haupt)Satz
indépendantiste [ɛ̃depɑ̃dɑ̃tist] POL I *adj* ***mouvement ~*** Unabhängigkeitsbewegung *f* II *m,f* Mitglied *n* der Unabhängigkeitsbewegung; Freiheitskämpfer(in) *m(f)*
indéracinable [ɛ̃deʀasinabl] *adj* unausrottbar
indéréglable [ɛ̃deʀeglabl] *adj* TECH nie versagend
indescriptible [ɛ̃dɛskʀiptibl] *adj* unbeschreiblich
indésirable [ɛ̃deziʀabl] I *adj* unerwünscht (*a personne*); nicht wünschenswert II *m,f* unerwünschte Person
indésiré [ɛ̃deziʀe] *adj* unerwünscht
indestructibilité [ɛ̃dɛstʀyktibilite] *f* Unzerstörbarkeit *f* **indestructible** *adj* unzerstörbar
indéterminable [ɛ̃detɛʀminabl] *adj* unbestimmbar
indétermination [ɛ̃detɛʀminasjõ] *f* 1 (*indécision*) Unentschlossenheit *f*; Unschlüssigkeit *f* 2 (*imprécision*) Unbestimmtheit *f*
indéterminé [ɛ̃detɛʀmine] *adj* unbestimmt
indétraquable [ɛ̃detʀakabl] *adj* F narren-, idiotensicher
index [ɛ̃dɛks] *m* 1 ANAT Zeigefinger *m* 2 (*table alphabétique*) Register *n*; Namen(s)-, Sach-, Stichwortverzeichnis *n*; Index *m* 3 TECH Zeiger *m* 4 ÉGL CATH ***Index*** Index *m*; ***être à l'Index*** auf dem Index stehen; ***mettre à l'Index***, *fig* ***à l'~*** auf den Index setzen (*a fig*) 5 STATISTIQUE ***~ de mortalité*** Mortalitätsziffer *f*, -quote *f*
indexation [ɛ̃dɛksasjõ] *f* ÉCON Indexierung *f*; Indexbindung *f*
indexer [ɛ̃dɛkse] *v/t* 1 ÉCON indexieren; ***~ qc sur l'indice du coût de la vie*** etw an den Lebenshaltungsindex binden; *adjt* ***indexé*** Index…; indexge-

bunden **2** INFORM indexieren

indic [ɛ̃dik] *m* F *abr* (*indicateur*) Spitzel *m*

indicateur [ɛ̃dikatœʀ] **I** *adj* ⟨**-trice**⟩ Anzeige…; Hinweis…; anzeigend; ***panneau* ~** Hinweisschild *n*, -tafel *f*; ***poteau* ~** Wegweiser *m* **II** *m* **1** ~ (***des chemins de fer***) Kursbuch *n*; **~ *immobilier*** Immobilienanzeiger *m* **2** (*mouchard*) (Polizei)Spitzel *m* **3** TECH Anzeiger *m*; Indikator *m*; AVIAT **~ *d'altitude*** Höhenmesser *m*; AUTO **~ *de changement de direction*** Fahrtrichtungsanzeiger *m* **4** CHIM Indikator *m*; **~ *coloré*** Farbindikator *m*; **~ *radioactif*** Radioindikator *m* **5** ÉCON Indikator *m*

indicatif [ɛ̃dikatif] **I** *adj* ⟨**-ive**⟩ **1** anzeigend; informatorisch; ***prix* ~** Richtpreis *m*; ***signe* ~** Anzeichen *n*; Merkmal *n*; Hinweis *m*; ***à titre* ~** zur Information, Kenntnisnahme, Orientierung; (nur) als Hinweis (dienend) **2** GR ***mode* ~** → *II 1* **II** *m* **1** GR Indikativ *m*; Wirklichkeitsform *f*; ***être à l'*~** im Indikativ stehen **2** *d'une émission* Kenn-, Erkennungsmelodie *f*; Indikativ *n* **3** TÉL **~** (***téléphonique***) Vorwahl (-nummer) *f*; ADM Ortsnetzkennzahl *f* **4** *d'un poste émetteur-récepteur* **~ *d'appel*** Rufzeichen *n*

indication [ɛ̃dikasjõ] *f* **1** (*renseignement*) Angabe *f*; Hinweis *m*; Auskunft *f*; (*directive*) Anweisung *f*; **~s *scéniques*** Regieanweisungen *f/pl*; COMM **~ *d'origine*** Ursprungsbezeichnung *f*, -angabe *f*; COMM **~ *de prix*** Preisangabe *f*, -auszeichnung *f*; **~ *d'un virage*** Hinweis auf e-e Kurve; ***sauf* ~ *contraire*** wenn nichts anderes angegeben ist **2** (*indice*) Hinweis *m*; Anzeichen *n* **3** MÉD **~** (***thérapeutique***) Indikation *f*

indice [ɛ̃dis] *m* **1** (*signe*) (An-, Kenn)Zeichen *n*; Indiz *n*; Merkmal *n*; Anhaltspunkt *m*; Hinweis *m* **2** JUR Indiz *n*; *souvent pl* **~s** Indizien *n/pl* **3** ÉCON Index(ziffer) *m*(*f*); Mess-, Kennziffer *f*; **~ *du coût de la vie, des prix, de la production*** Lebenshaltungs-, Preis-, Produktionsindex *m* **4** MATH Index *m* **5** TV **~ *d'écoute*** Einschaltquote *f* **6** CHIM **~ *d'octane*** Oktanzahl *f*

indicible [ɛ̃disibl] *adj* unsagbar; unsäglich; unaussprechlich; namenlos

indien [ɛ̃djɛ̃] **I** *adj* ⟨**~ne**⟩ **1** indisch; ***l'océan Indien*** der Indische Ozean **2** indianisch; Indio…; ***à la, en file* ~*ne*** im Gänsemarsch; SPORTS ***nage à l'*~*ne*** Seitenschwimmen *n*; Hand-über-Hand-Schwimmen *n* **II** *subst* **1** ***Indien*(*ne*)** *m*(*f*) *de l'Inde* Inder(in) *m*(*f*) **2** ***Indien*(*ne*)** *m*(*f*) *d'Amérique du Nord* Indianer(in) *m*(*f*); *d'Amérique latine* Indio(frau) *m*(*f*) **3** **~*ne*** *f* gemusterter kattunähnlicher Baumwollstoff

indifféremment [ɛ̃difeʀamɑ̃] *adv* unterschiedslos; in gleicher Weise

indifférence [ɛ̃difeʀɑ̃s] *f* Gleichgültigkeit *f*; Teilnahmslosigkeit *f*; Unbeteiligtheit *f*; Indifferenz *f*; Desinteresse *n*; **~ *pour, à qc*** Gleichgültigkeit *etc* gegenüber etw

indifférencié [ɛ̃difeʀɑ̃sje] *adj* undifferenziert

indifférent [ɛ̃difeʀɑ̃] **I** *adj* **1** (*peu intéressé*) gleichgültig; teilnahmslos; unbeteiligt; indifferent; desinteressiert; *p/fort* gefühllos; kalt; ***être* ~ *à qc*** für etw kein Interesse, keine Teilnahme zeigen; e-r Sache (*dat*) gleichgültig gegenüberstehen; ***laisser qn* ~** j-n gleichgültig lassen **2** (*sans importance*) gleichgültig; belanglos; unwichtig; unwesentlich; ***âge, salaire* ~** Alter, Gehalt spielt keine Rolle; ***être* ~ *à qn*** j-m gleichgültig sein; *à propos de sentiments* ***il ne m'est pas* ~** er ist mir nicht gleichgültig; ***il est* ~ *que …*** (*+subj*) es ist gleich(gültig), F egal, ob … **3** PHYS ***équilibre* ~** indifferentes Gleichgewicht **II** *subst* **~(*e*)** *m*(*f*) Gleichgültige(r) *f*(*m*); *p/fort* gefühlloser, kalter Mensch

indifférer [ɛ̃difeʀe] *v/t* ⟨**-è-**⟩ ***cela m'indiffère*** das ist mir gleich(gültig), F egal

indigence [ɛ̃diʒɑ̃s] *f* Bedürftigkeit *f*; Armut *f*; Not *f*

indigène [ɛ̃diʒɛn] **I** *adj* **1** (*autochtone*) eingeboren; Eingeborenen… **2** (*local*) einheimisch **II** *m,f* **1** *d'une* (*ancienne*) *colonie* Eingeborene(r) *f*(*m*) **2** *plais* Einheimische(r) *f*(*m*)

indigent [ɛ̃diʒɑ̃] **I** *adj* **1** bedürftig; Not leidend; arm; unbemittelt **2** *fig végétation, imagination* dürftig; kümmerlich; spärlich **II** *subst* **~(*e*)** *m*(*f*) Bedürftige(r) *f*(*m*); Notleidende(r) *f*(*m*)

indigeste [ɛ̃diʒɛst] *adj* schwer verdaulich; unverdaulich

indigestion [ɛ̃diʒɛstjõ] *f* **1** Magenverstimmung *f*; verdorbener Magen **2** *fig* ***avoir une* ~ *de qc*** von etw genug haben; e-r Sache (*gén*) überdrüssig sein; ***j'en ai une* ~** *a* ich habe es satt; F es steht mir bis oben; es hängt mir zum Hals raus

indignation [ɛ̃diɲasjõ] *f* Entrüstung *f*; Empörung *f*; Unwille(n) *m*

indigne [ɛ̃diɲ] *adj* **1** **~ *de qn, de qc*** j-s, e-r Sache unwürdig, nicht würdig *ou* wert; ***cela est* ~ *de lui*** das ist seiner unwürdig **2** (*odieux*) nichts-, unwürdig; schändlich; erbärmlich; ***parents*** *m/pl* **~s** Eltern *pl*, die dieses Namens nicht würdig sind; Rabeneltern *pl*

indigné [ɛ̃diɲe] *adj* entrüstet, empört (***par*** *ou* ***de qc*** über etw [*acc*]); unwillig; indigniert; *personne a* aufgebracht

indigner [ɛ̃diɲe] **I** *v/t* **~ *qn*** j-n aufbringen, empören, in Empörung versetzen **II** *v/pr* ***s'*~** sich entrüsten, sich empören (***contre qn, de qc*** über j-n, etw); ***s'*~ *de*** (*+inf*) *ou* (***de ce***) ***que …*** (*+subj*) sich darüber entrüsten, empören, zu (*+inf*) *ou* dass …

indignité [ɛ̃diɲite] *f* Nichts-, Unwürdigkeit *f*; Schändlichkeit *f*; Erbärmlichkeit *f*

indigo [ɛ̃digo] *m* **1** Indigo *m ou n* **2** *adjt* ⟨*inv*⟩ ***bleu*** *m* **~** Indigoblau *n*

indiqué [ɛ̃dike] *adj* **1** (*déterminé*) angegeben; ***à l'endroit* ~** am angegebenen Ort; ***à l'heure* ~*e*** zur angegebenen, festgesetzten Zeit, Stunde **2** (*conseillé*) angebracht; angezeigt; ratsam; MÉD indiziert; ***ce n'est pas du tout* ~** das ist ganz und gar nicht angebracht **3** ***être* ~** (*être écrit*) stehen (***dans, sur*** in, auf *+dat*); *le prix* ***est* ~ *sur l'emballage*** steht auf der Verpackung

indiquer [ɛ̃dike] *v/t* **1** (*montrer*) zeigen, (hin)weisen, deuten auf (*+acc*); *chemin* zeigen; weisen; **~ *la direction, la température*** die Richtung, die Temperatur anzeigen, angeben; *aiguille d'une montre* **~ *midi*** auf zwölf Uhr zeigen, weisen; *boussole* **~ *le nord*** nach Norden weisen, zeigen **2** (*faire connaître*) **~ *qc*** (***à qn***) (j-n) auf etw (*acc*) hinweisen; (j-m) etw angeben, nennen, sagen; *dictionnaire*: *sens d'un mot* angeben; **~ *une adresse*** e-e Adresse angeben, nennen; **~ *les conséquences, dangers*** auf die Folgen, Gefahren hinweisen; **~ *un bon restaurant, un spécialiste*** ein gutes Restaurant, e-n Spezialisten nennen; ***pouvez-vous m'*~ *la gare?*** können Sie mir sagen, wie ich zum Bahnhof komme?

I

3 (*signaler*) *indice etc* **~ qc** etw (an)zeigen, auf etw (*acc*) hinweisen, hindeuten, schließen lassen; ***tout indique qu'il est parti*** alles deutet darauf hin *ou* lässt darauf schließen *ou* spricht dafür, dass er verreist ist **4** PEINT **~ qc** etw (nur) andeuten

indirect [ɛ̃diʀɛkt] *adj* **1** indirekt; *cause, effet a* mittelbar; *critique a* versteckt; ***éclairage* ~** indirekte Beleuchtung; ***impôt* ~** indirekte Steuer **2** GR (***complément*** *m* ***d'*)*objet* ~** Präpositionalobjekt *n*; ***interrogation* ~*e*** indirekte Frage; ***style, discours* ~** indirekte, abhängige, nicht wörtliche Rede; ***style* ~ *libre*** erlebte Rede; ***verbe transitif* ~** Verb *n* mit Präpositionalobjekt

indirectement [ɛdiʀɛktəmɑ̃] *adv* indirekt; mittelbar

indiscernable [ɛ̃disɛʀnabl] *adj* nicht zu unterscheiden(d)

indiscipline [ɛ̃disiplin] *f* Undiszipliniertheit *f*; Disziplinlosigkeit *f*

indiscipliné [ɛ̃disipline] *adj* undiszipliniert; disziplinlos; *fig* ***cheveux* ~*s*** widerspenstiges Haar

indiscret [ɛ̃diskʀɛ] **I** *adj* ⟨**-ète** [-ɛt]⟩ **1** (*qui manque de tact*) indiskret; taktlos; auf-, zudringlich **2** (*bavard*) nicht verschwiegen; indiskret **II** *subst* **~, *indiscrète*** *m,f* indiskreter Mensch; indiskrete Person

indiscrétion [ɛ̃diskʀesjɔ̃] *f* **1** (*manque de discrétion, de tact*) Indiskretion *f*; Taktlosigkeit *f*; Auf-, Zudringlichkeit *f*; ***sans* ~**, *vous travaillez ici depuis longtemps?* ohne indiskret sein zu wollen… **2** *acte ou parole* Indiskretion *f*; ***commettre une* ~** e-e Indiskretion begehen

indiscutable [ɛ̃diskytabl] *adj* unbestreitbar; ganz klar

indispensable [ɛ̃dispɑ̃sabl] **I** *adj* unerlässlich; unentbehrlich; unbedingt notwendig; *personne* unentbehrlich; ***il est* ~ *que …*** (*+subj*) es ist unerlässlich, dass …; (***seulement***) ***si c'est* ~** (nur) wenn es (gar) nicht anders geht; (nur) wenn es unbedingt sein muss **II** ***l'*~** *m* das Allernotwendigste, Unentbehrliche

indisponibilité [ɛ̃dispɔnibilite] *f* Nichtverfügbarkeit *f* **indisponible** *adj* nicht verfügbar; nicht zur Verfügung stehend; *personne a* unabkömmlich

indisposé [ɛ̃dispoze] *adj* indisponiert; unpässlich; *femme* unwohl

indisposer [ɛ̃dispoze] *v/t* **1** (*rendre malade*) **~ *qn*** j-s Wohlbefinden stören, beeinträchtigen **2** *fig* (*déplaire à*) **~ *qn*** j-n verstimmen, verärgern

indisposition [ɛ̃dispozisjɔ̃] *f* Indisposition *f*; Unpässlichkeit *f*; *d'une femme* Unwohlsein *n*

indissociable [ɛ̃disɔsjabl] *adj* untrennbar (miteinander verbunden)

indissoluble [ɛ̃disɔlybl] *adj* un(auf)lösbar; unauflöslich

indistinct [ɛ̃distɛ̃(kt)] *adj* ⟨**-incte** [-ɛ̃kt]⟩ undeutlich; unklar

indistinctement [ɛ̃distɛ̃ktəmɑ̃] *adv* **1** (*confusément*) undeutlich; unklar **2** (*indifféremment*) unterschiedslos; ohne Unterschied

individu [ɛ̃dividy] *m* **1** Individuum *n*; BIOL *a* Einzelwesen *n*; (*être humain*) *a* Einzelperson *f*, -mensch *m*; ***l'*~** *a* der Einzelne **2** *péj* Individuum *n*; Subjekt *n*; Kerl *m*; **~ *suspect*** verdächtiges Individuum

individualisation [ɛ̃dividɥalizasjɔ̃] *f* Individualisation *f*; Individualisierung *f* **individualiser** *v/t* individualisieren; (*personnaliser*) individuell gestalten; individuell, jeweils auf den Einzelfall abstimmen

individualisme *m* Individualismus *m* **individualiste** **I** *adj* individualistisch **II** *m,f* Individualist(in) *m(f)*

individualité [ɛ̃dividɥalite] *f* **1** (*particularité*) Individualität *f*; Eigenart *f*; Eigenartigkeit *f*; Einzigartigkeit *f* **2** (*personnalité*) Individualität *f*; Persönlichkeit *f* **3** (*individu*) Individuum *n*; Einzelwesen *n*

individuel [ɛ̃dividɥɛl] *adj* ⟨**~le**⟩ **1** (*propre à l'individu*) individuell; (rein) persönlich; Eigen…; ***initiative* ~*le*** Eigeninitiative *f*; ***liberté* ~*le*** persönliche, individuelle Freiheit; ***maison* ~*le*** Einfamilienhaus *n*; Eigenheim *n*; ***responsabilité* ~*le*** Eigenverantwortlichkeit *f* **2** (*concernant une seule personne*) individuell; Einzel…; ***cas* ~** Einzelfall *m*

indivis [ɛ̃divi] *adj* JUR *propriété* ungeteilt; gemeinschaftlich; ***cohéritiers*** *m/pl* **~** Erbengemeinschaft *f*; *loc/adv* ***par* ~** gemeinschaftlich

indivisible [ɛ̃divizibl] *adj* unteilbar

indivision [ɛ̃divizjɔ̃] *f* JUR Miteigentum *n*; Gesamthandsgemeinschaft *f*

indo-… [ɛ̃do] *adj* indisch-…; *exemple*: ***indo-pakistanais*** indisch-pakistanisch

Indochine [ɛ̃dɔʃin] HIST ***l'*~** *f* Indochina *n*; ***guerre*** *f* ***d'*~** Indochinakrieg *m*

indochinois [ɛ̃dɔʃinwa] **I** *adj* indochinesisch; Indochina… **II** *subst* ***Indochinois(e)*** *m(f)* Indochinese *m*, Indochinesin *f*

indocile [ɛ̃dɔsil] *st/s adj* widerspenstig; unlenksam; ungehorsam **indocilité** *st/s f* Widerspenstigkeit *f*; Unlenksamkeit *f*; Ungehorsam *m*

indo-européen [ɛ̃doœʀɔpeɛ̃] **I** *adj* ⟨**~ne**⟩ LING indogermanisch, -europäisch **II** *subst* **1** ***Indo-Européens*** *m/pl* Indogermanen *m/pl*, -europäer *m/pl* **2** LING ***l'*~** *m* das Indogermanische; Indogermanisch *n*

indolence [ɛ̃dɔlɑ̃s] *f* Trägheit *f*; Indolenz *f* **indolent** *adj* träg(e); indolent; apathisch

indolore [ɛ̃dɔlɔʀ] *adj* schmerzlos

indomptable [ɛ̃dɔ̃tabl] *adj* **1** *animal* un(be)zähmbar **2** *fig* unbeugsam; ***adversaire*** *m*, ***caractère*** *m*, ***volonté*** *f* **~** unbeugsamer Gegner, Charakter, Wille

indompté [ɛ̃dɔ̃te] *adj* **1** *animal* ungezähmt; ungebändigt **2** *fig et st/s volonté* ungebeugt

Indonésie [ɛ̃dɔnezi] ***l'*~** *f* Indonesien *n*

indonésien [ɛ̃dɔnezjɛ̃] **I** *adj* ⟨**~ne**⟩ indonesisch **II** *subst* **1** ***Indonésien(ne)*** *m(f)* Indonesier(in) *m(f)* **2** LING ***l'*~** *m* das Indonesische; Indonesisch *n*

indoor [indɔʀ] *adj* ⟨*inv*⟩ SPORTS Hallen…

Indre [ɛ̃dʀ] ***l'*~** *f Fluss u Departement in Frankreich*

Indre-et-Loire ***l'*~** *f frz Departement*

indu [ɛ̃dy] *adj* **1** ***à une heure* ~*e*** zu unpassender, ungehöriger Stunde, Zeit **2** *réclamation, créance* unberechtigt; unbegründet; ungerechtfertigt

indubitable [ɛ̃dybitabl] *adj* unzweifelhaft; ***c'est* ~** das ist über jeden Zweifel erhaben

inducteur [ɛ̃dyktœʀ] ÉLECT **I** *adj* ⟨**-trice**⟩ induzierend; Induktions…; Erreger… **II** *m* Feldmagnet *m*

inductif [ɛ̃dyktif] *adj* ⟨**-ive**⟩ PHILOS induktiv

induction [ɛ̃dyksjɔ̃] *f* ÉLECT, PHILOS, BIOL Induktion *f*

induire [ɛ̃dɥiʀ] *v/t* ⟨→ **conduire**⟩ **1** **~ *en erreur*** irreführen, -leiten; zu Fehlern verleiten **2** ÉLECT induzieren

induit [ɛ̃dɥi] *adj* ÉLECT induziert; Induktions…; ***courant ~*** Induktionsstrom *m*; ***circuit ~*** *ou subst ~ m* Anker *m*

indulgence [ɛ̃dylʒɑ̃s] *f* **1** Nachsicht *f*; Milde *f*; ***avec, sans ~*** nachsichtig, unnachsichtig; ***avoir, montrer de l'~ pour qn, qc*** Nachsicht mit j-m, etw haben **2** ÉGL CATH Ablass *m*

indulgent [ɛ̃dylʒɑ̃] *adj* nachsichtig; mild(e)

indûment [ɛ̃dymɑ̃] *adv* unberechtigt; unbegründet; ungerechtfertigt

induration [ɛ̃dyʀasjõ] *f* MÉD Verhärtung *f*; *sc* Induration *f*

Indus [ɛ̃dys] GÉOGR ***l'~*** *m* der Indus

industrialisation [ɛ̃dystʀijalizasjõ] *f* Industrialisierung *f* **industrialiser** **I** *v/t* industrialisieren **II** *v/pr* ***s'~*** industrialisiert werden **industrialisme** *m* Industrialismus *m*

industrie [ɛ̃dystʀi] *f* **1** Industrie *f*; ***grande ~, ~ lourde, petite ~*** Groß-, Schwer-, Kleinindustrie *f*; ***~ textile*** Textilindustrie *f*; ***~ de base*** Grundstoffindustrie *f*; ***~ du bâtiment*** Bauindustrie *f*, -wirtschaft *f*, -gewerbe *n*, -handwerk *n* **2** (*secteur d'activité*) Industrie(zweig) *f(m)*; Gewerbe *n*; ***~ du tourisme*** Fremdenverkehrsgewerbe *n*

industriel [ɛ̃dystʀijɛl] **I** *adj* ⟨**~le**⟩ **1** industriell; Industrie…; gewerblich; Gewerbe…; ***dessinateur ~*** technischer Zeichner; ***eaux ~les*** Brauchwasser *n*; ***espionnage ~*** Werk-, Industriespionage *f*; ***produit ~*** Industrieprodukt *n*, -erzeugnis *n*; ***révolution ~le*** industrielle Revolution **2** Industrie…; industriell entwickelt; ***centre ~, ville ~le, région ~le*** Industriezentrum *n*, -stadt *f*, -gebiet *n* **3** (*contraire*: *artisanal*) industriell; ***élevage ~*** Massentierhaltung *f* **4** F *fig* ***en quantité ~le*** in sehr großer Menge; massenweise, -haft **II** *m* Industrielle(r) *m*; ***grand ~*** Großindustrielle(r) *m*

industrieux [ɛ̃dystʀijø] *st/s adj* ⟨**-euse**⟩ geschickt; gewandt

inébranlable [inebʀɑ̃labl] *adj* unerschütterlich (*a fig*)

inédit [inedi] **I** *adj* **1** (*non publié*) (noch) unveröffentlicht; nicht im Druck erschienen **2** (*nouveau*) ganz neu; noch nicht da gewesen **II** *m* **1** Neuheit *f*; ***c'est de l'~*** das ist etwas ganz Neues **2** (noch) unveröffentlichtes Werk

ineffable [inefabl] *adj st/s* unsagbar; unaussprechlich; ***bonheur*** *m* ***~*** unsagbares Glück; ***joie*** *f* ***~*** unsagbare Freude

ineffaçable [inefasabl] *adj* unauslöschlich; unzerstörbar

inefficace [inefikas] *adj* unwirksam; wirkungslos; *personne* leistungsschwach **inefficacité** *f* Unwirksamkeit *f*; Wirkungslosigkeit *f*; *d'une personne* Leistungsschwäche *f*

inégal [inegal] *adj* ⟨**-aux**⟩ **1** ungleich (*a* MATH); ***conditions ~es*** ungleiche Bedingungen *f/pl*; ***lutte ~e*** ungleicher Kampf; ***être de force ~e*** ungleich stark sein **2** (*irrégulier*) ungleichförmig; ***pouls ~*** unregelmäßiger Puls; ***respiration ~e*** unregelmäßige Atmung; ***être d'humeur ~e*** nicht immer gleich aufgelegt sein; unausgeglichen sein **3** *sol, surface* uneben

inégalable [inegalabl] *adj* unerreichbar

inégalé [inegale] *adj* unerreicht

inégalement [inegalmɑ̃] *adv* ungleich; ***~ réparti*** ungleich verteilt

inégalité [inegalite] *f* **1** Ungleichheit *f* (*a* MATH); ***~ sociale*** soziale Ungleichheit **2** (*irrégularité*) Ungleichförmigkeit *f*; *du pouls, de la respiration* Unregelmäßigkeit *f*; ***~s d'humeur*** Stimmungsschwankungen *f/pl* **3** *du sol* Unebenheit *f*

inélégant [inelegɑ̃] *adj* **1** nicht elegant; unelegant **2** (*indélicat*) taktlos

inéligibilité [ineliʒibilite] *f* Nichtwählbarkeit *f* **inéligible** *adj* nicht wählbar

inéluctable [inelyktabl] *adj* unvermeidlich; unabwendbar; unausweichlich

inemployé [inɑ̃plwaje] *adj* un(aus)genutzt

inénarrable [inenaʀabl] *adj* unbeschreiblich komisch

inepte [inɛpt] *adj* albern; dumm

ineptie [inɛpsi] *f* **1** Albernheit *f*; Dummheit *f* **2** ***~s*** *pl* albernes, dummes Zeug, Geschwätz; Unsinn *m*

inépuisable [inepɥizabl] *adj* unerschöpflich; nie versiegend; ***source*** *f* ***~*** unerschöpfliche Quelle

inéquation [inekwasjõ] *f* MATH Ungleichung *f*

inerte [inɛʀt] *adj* **1** (*immobile*) leb-, bewegungs-, reg(ungs)los; PHYS träge **2** *fig* (*apathique*) passiv; untätig; unbeweglich; energielos

inertie [inɛʀsi] *f* **1** PHYS Trägheit *f*; ***force*** *f* ***d'~*** Beharrungsvermögen *n*; *fig* ***opposer la force d'~ à qc*** e-r Sache (*dat*) passiven Widerstand entgegensetzen **2** *fig d'une personne, de l'administration* Passivität *f*; Untätigkeit *f*; Unbeweglichkeit *f*

inespéré [inɛspeʀe] *adj* unverhofft; unerwartet

inesthétique [inɛstetik] *adj* unästhetisch

inestimable [inɛstimabl] *adj* unschätzbar (*a fig*)

inévitable [inevitabl] *adj* **1** unvermeidlich, -bar; nicht zu verhindern(d); *subst m* ***accepter l'~*** sich ins Unvermeidliche schicken **2** *plais* ***avec son ~ cigare*** *etc* mit s-r obligaten, unvermeidlichen Zigarre *etc*

inexact [inɛgza(kt)] *adj* ⟨**-acte** [-akt]⟩ **1** *renseignement, réponse etc* ungenau; nicht ganz richtig; *p/fort* unrichtig; fehlerhaft; falsch; ***c'est ~*** das ist nicht ganz richtig; *p/fort* das ist falsch **2** *personne* unpünktlich

inexactitude [inɛgzaktityd] *f* **1** (*manque de précision*) Ungenauigkeit *f*; *p/fort* Unrichtigkeit *f* **2** (*erreur*) Ungenauigkeit *f* **3** (*manque de ponctualité*) Unpünktlichkeit *f*

inexcusable [inɛkskyzabl] *adj faute etc* unentschuldbar; unverzeihlich; ***vous êtes ~ de n'y avoir pas pensé*** es ist unverzeihlich (von Ihnen), dass Sie nicht daran gedacht haben

inexécutable [inegzekytabl] *adj* unausführbar; undurchführbar

inexistant [inegzistɑ̃] *adj* **1** (*absent*) nicht vorhanden; inexistent **2** (*sans efficacité*) wert-, bedeutungslos

inexistence [inegzistɑ̃s] *f* Nichtvorhandensein *n*

inexorable [inegzɔʀabl] *adj* unerbittlich; *personne* ***être ~*** *a* sich nicht erweichen lassen (***à qc*** durch etw)

inexpérience [inɛkspeʀjɑ̃s] *f* Unerfahrenheit *f* (***du métier*** im Beruf)

inexpérimenté [inɛkspeʀimɑ̃te] *adj* **1** *personne* unerfahren; ungeübt **2** *procédé* nicht erprobt

I

inexpiable [inɛkspjabl] *adj* unsühnbar; nicht zu sühnen(d)
inexplicable [inɛksplikabl] *adj* unerklärlich
inexpliqué [inɛksplike] *adj* ungeklärt; nicht aufgeklärt
inexploitable [inɛksplwatabl] *adj invention etc* nicht verwertbar; *gisement* nicht abbauwürdig
inexploité [inɛksplwate] *adj* nicht verwertet; *gisement* nicht abgebaut
inexploré [inɛksplɔʀe] *adj* unerforscht
inexplosible [inɛksplozibl] *adj* explosionssicher
inexpressif [inɛkspʀɛsif] *adj* ⟨**-ive**⟩ ausdruckslos; nichtssagend
inexprimable [inɛkspʀimabl] *adj* unaussprechlich; nicht auszudrücken(d); unbeschreiblich
inexprimé [inɛkspʀime] *adj* unausgesprochen
inexpugnable [inɛkspygnabl] *adj* MIL uneinnehmbar
inextensible [inɛkstɑ̃sibl] *adj* nicht (aus)dehnbar
in extenso [inɛkstɛ̃so] *loc/adv* in voller Länge; in vollem Wortlaut; ausführlich; in extenso
inextinguible [inɛkstɛ̃gibl] *litt adj* unstillbar
in extremis [inɛkstʀemis] *loc/adv* **1** (*à l'article de la mort*) auf dem Sterbebett **2** *fig* in letzter Minute
inextricable [inɛkstʀikabl] *adj* unentwirrbar (*a fig*); ***affaire*** *f* **~** verzwickte Angelegenheit
infaillibilité [ɛ̃fajibilite] *f* Unfehlbarkeit *f*; ÉGL CATH **~ *pontificale*** Unfehlbarkeit des Papstes
infaillible [ɛ̃fajibl] *adj* **1** *personne* unfehlbar **2** *remède* unfehlbar; ***instinct*** *m* **~** untrüglicher Instinkt
infailliblement [ɛ̃fajibləmɑ̃] *adv* unweigerlich; ganz sicher
infaisable [ɛ̃fəzabl] *adj* undurchführbar; unmöglich; nicht machbar
infalsifiable [ɛ̃falsifjabl] *adj* ADM fälschungssicher
infamant [ɛ̃famɑ̃] *adj* ehrenrührig; entehrend
infâme [ɛ̃fɑm] *adj* **1** *trahison, mensonge etc* infam; niederträchtig; schändlich **2** *taudis etc* schmutzig; abstoßend; ***odeur*** *f* **~** abstoßender Geruch
infamie [ɛ̃fami] *f* **1** *d'un crime etc* Infamie *f*; Niedertracht *f*; Schändlichkeit *f* **2** *action* Schandtat *f*; *a parole* Schändlichkeit *f*; Infamie *f*
infant [ɛ̃fɑ̃] *m*, **infante** *f* HIST *Espagne, Portugal* Infant(in) *m(f)*
infanterie [ɛ̃fɑ̃tʀi] *f* MIL Infanterie *f*; **~ *de marine*** Marineinfanterie *f*; ***régiment*** *m* ***d'*~** Infanterieregiment *n*
infanticide [ɛ̃fɑ̃tisid] **1** *m,f personne* Kindesmörder(in) *m(f)*; *adjt* ***mère*** *f* **~** Kindesmörderin *f* **2** *m acte* Kindesmord *m*
infantile [ɛ̃fɑ̃til] *adj* **1** MÉD Kinder…; ***maladie*** *f* **~** Kinderkrankheit *f*; ***mortalité*** *f* **~** Säuglings-, *par ext* Kindersterblichkeit *f* **2** PSYCH infantil **3** *péj comportement* kindisch; infantil
infantilisme [ɛ̃fɑ̃tilism] *m* **1** PSYCH Infantilismus *m* **2** *péj* kindische Art; kindisches Benehmen
infarctus [ɛ̃faʀktys] *m* MÉD Infarkt *m*; **~ *du myocarde*** Herzinfarkt *m*
infatigable [ɛ̃fatigabl] *adj* unermüdlich
infatuation [ɛ̃fatɥasjõ] *st/s f* Selbstgefälligkeit *f*
infatué [ɛ̃fatɥe] *adj st/s* ***être* ~ *de sa personne*** selbstgefällig, sehr von sich überzeugt *ou* eingenommen sein
infécond [ɛ̃fekõ] *adj* ⟨**-onde** [-õd]⟩ BIOL unfruchtbar
infécondité [ɛ̃fekõdite] *f* Unfruchtbarkeit *f*

infect [ɛ̃fɛkt] *adj* **1** *nourriture, odeur, temps etc* scheußlich; abscheulich **2** *personnage* ekelhaft; widerlich
infecter [ɛ̃fɛkte] **I** *v/t* **1** MÉD infizieren; anstecken **2** *air* verpesten; verseuchen **II** *v/pr* ***s'*~** *plaie* sich infizieren
infectieux [ɛ̃fɛksjø] *adj* ⟨**-euse**⟩ MÉD infektiös; ansteckend; Infektions…; ***maladie infectieuse*** Infektionskrankheit *f*
infection [ɛ̃fɛksjõ] *f* **1** MÉD Infektion *f*; Infizierung *f*; Ansteckung *f*; ***foyer*** *m* ***d'*~** Infektionsherd *m* **2** (*puanteur*) scheußlicher Geruch; ***c'est une* ~** es stinkt scheußlich
inféodé [ɛ̃feɔde] *adj* ***être* ~ *à un parti*** in der Abhängigkeit e-r Partei stehen
inféoder [ɛ̃feɔde] **I** *v/t* HIST belehnen **II** *v/pr* ***s'*~ *à un parti*** sich in die Abhängigkeit e-r Partei begeben
inférence [ɛ̃feʀɑ̃s] *f* (Schluss)Folgerung *f* **inférer** *v/t* ⟨**-è-**⟩ folgern, schließen (***de*** aus)
inférieur [ɛ̃feʀjœʀ] **I** *adj* **1** *dans l'espace* untere(r, -s); Unter…; *d'une rivière* ***cours* ~** Unterlauf *m*; ***les étages* ~*s*** die unteren Stockwerke *n/pl*; ***lèvre, mâchoire* ~*e*** Unterlippe *f*, -kiefer *m*; ***la partie* ~*e de qc*** der untere Teil, der *ou* das Unterteil e-r Sache; ***la vallée* ~*e du Rhin*** das untere Rheintal **2** *dans une hiérarchie* **a)** niedere(r, -s); ***animaux* ~*s*** niedere Tiere *n/pl*; ***classes* ~*es de la société*** niedere, untere Gesellschaftsklassen *f/pl*; ***position* ~*e*** niedere, untergeordnete Position; **b)** **~ *à qc*** niedriger als etw; ***note* ~*e à la moyenne*** unter dem Durchschnitt liegende, unterdurchschnittliche Note; ***température* ~*e à la normale*** niedrigere als die Normaltemperatur; ***être* ~ *à*** stehen unter (*+dat*); tiefer stehen als; *niveau* liegen unter (*+dat*) **3** *en quantité ou en qualité* unterlegen (***à qn, à qc*** j-m, e-r Sache); ***qualité* ~*e*** mindere Qualität; ***être* ~ *à qn, à qc*** *a* hinter j-m, e-r Sache zurückbleiben; schlechter, minderwertiger sein als etw; ***être* ~ *en nombre*** zahlenmäßig, an Zahl unterlegen sein; in der Minderzahl sein **4** MATH **~ *à*** kleiner als **II** *subst* **~*(e)*** *m(f)* Untergebene(r) *f(m)*
infériorité [ɛ̃feʀjɔʀite] *f* Unterlegenheit *f*; Minderwertigkeit *f*; Inferiorität *f*; **~ *intellectuelle*** geistige Unterlegenheit; **~ *numérique, en nombre*** zahlenmäßige Unterlegenheit; GR ***comparatif*** *m* ***d'*~** Komparativ *m* des niedrigeren Grades; mit „moins" gebildeter Komparativ; ***complexe*** *m*, ***sentiment*** *m* ***d'*~** Minderwertigkeitskomplex *m*, -gefühl *n*
infernal [ɛ̃fɛʀnal] *adj* ⟨**-aux**⟩ **1** MYTH Höllen…; ***puissances* ~*es*** Höllenmächte *f/pl* **2** (*diabolique*) infernal(isch); teuflisch; höllisch; ***machine* ~*e*** Höllenmaschine *f* **3** F (*insupportable*) unerträglich; unausstehlich; F infernalisch; ***vacarme* ~** Höllenlärm *m*
infertile [ɛ̃fɛʀtil] *adj* unfruchtbar (*a fig*); *thème* unergiebig **infertilité** *f* Unfruchtbarkeit *f* (*a fig*)
infester [ɛ̃fɛste] *v/t animaux ou plantes nuisibles: région* befallen; heimsuchen; *pirates: côte* unsicher machen; heimsuchen; ***maison infestée de rats*** von Ratten befallenes Haus; ***mer infestée de requins*** von Haien verseuchtes Meer
infidèle [ɛ̃fidɛl] **I** *adj* **1** *ami* treulos; *en amour* untreu; *récit, traduction* ungenau; ***mémoire*** *f* **~** unzuverlässiges Gedächtnis; ***être* ~ *à sa parole*** sein Wort

nicht halten **2** REL ungläubig **II** *m,f* REL Ungläubige(r) *f(m)*
infidélité [ɛ̃fidelite] *f d'un ami* Treulosigkeit *f*; *en amour* Untreue *f*; Seitensprung *m*; *d'un récit, d'une traduction* Ungenauigkeit *f*; *de la mémoire* Unzuverlässigkeit *f*; ***faire des ~s à son mari*** ihrem Mann untreu sein *ou* werden; *plais* ***faire des ~s à son fournisseur habituel*** s-m alten Kaufmann untreu werden; *épouse* ***pardonner une ~*** e-n Seitensprung verzeihen
infiltration [ɛ̃filtʀasjõ] *f* **1** *de liquides* Eindringen *n*; Einströmen *n*; Ein-, Durch-, Versickern *n* **2** MÉD Infiltration *f* **3** *fig d'espions etc* Infiltration *f*; Eindringen *n*; Einschleichen *n*; Unterwanderung *f*
infiltrer [ɛ̃filtʀe] *v/pr* **1** *liquide, gaz, lumière* ***s'~*** **(*dans*)** eindringen, einströmen (in *+acc*); *liquide a* einsickern (in *+acc*); versickern (in *+dat*); durchsickern **2** *fig provocateurs, idées etc* ***s'~*** **(*dans*)** eindringen (in *+acc*); infiltrieren, unterwandern (*+acc*); *personnes a* sich einschleichen (in *+acc*); ***s'~ au travers des lignes ennemies*** durch die feindlichen Linien dringen
infime [ɛ̃fim] *adj* winzig (klein)
infini [ɛ̃fini] **I** *adj* **1** unendlich (*a* MATH); endlos **2** *fig* unendlich; ***confiance ~e*** unendliches, grenzenloses Vertrauen; ***patience ~e*** unendliche, grenzenlose Geduld; ***prendre d'~es précautions*** unendlich vorsichtig, behutsam sein **II** *m* ***l'~*** das Unendliche (*a* PHILOS); ***à l'~*** (bis) ins Unendliche; (bis) ins Endlose; unendlich; endlos; MATH ***de zéro à l'~*** von null bis unendlich; ***s'étendre à l'~*** sich ins Unendliche, bis ins Endlose, unendlich weit, endlos weit erstrecken, ausdehnen; PHOT ***régler sur l'~*** auf unendlich stellen
infiniment [ɛ̃finimɑ̃] *adv* **1** MATH ***~ grand, petit*** unendlich groß, klein **2** (*beaucoup*) unendlich; ***il est ~ plus intelligent*** er ist unendlich viel intelligenter; ***~ reconnaissant*** außerordentlich, unendlich dankbar; ***je regrette ~*** (ich) bedaure unendlich, außerordentlich
infinité [ɛ̃finite] *f* **1** Unendlichkeit *f*; Endlosigkeit *f* **2** ***une ~ de*** e-e sehr große Menge, e-e Unmenge, Unzahl, Unmasse von (*ou +gén*)
infinitésimal [ɛ̃finitezimal] *adj* ⟨**-aux**⟩ MATH infinitesimal; ***calcul ~*** Infinitesimalrechnung *f*
infinitif [ɛ̃finitif] GR **I** *adj* ⟨**-ive**⟩ ***mode ~*** Infinitiv *m*; ***proposition infinitive*** Infinitivsatz *m* **II** *m* Infinitiv *m*; ***~ substantivé*** substantivierter Infinitiv; ***verbe m à l'~*** Verb *n* im Infinitiv
infinitude [ɛ̃finityd] *f* PHILOS Unendlichkeit *f*
infirmatif [ɛ̃fiʀmatif] *adj* ⟨**-ive**⟩ JUR *arrêt* aufhebend
infirmation *f* JUR Aufhebung *f*; Entkräftung *f*
infirme [ɛ̃fiʀm] **I** *adj* verkrüppelt; (körper) behindert **II** *m,f* Krüppel *m*; Körperbehinderte(r) *f(m)*
infirmer [ɛ̃fiʀme] *v/t* **1** (*démentir*) entkräften **2** JUR *jugement* aufheben
infirmerie [ɛ̃fiʀməʀi] *f* Krankenabteilung *f*, -zimmer *n*, -saal *m*; MIL Krankenrevier *n*
infirmier [ɛ̃fiʀmje] *m* Krankenpfleger *m*; MIL Sanitäter *m*
infirmière [ɛ̃fiʀmjɛʀ] *f* Krankenschwester *f*, -pflegerin *f*
infirmité [ɛ̃fiʀmite] *f* Behinderung *f*; Gebrechen *n*
inflammable [ɛ̃flamabl] *adj* entzündbar; feuergefährlich; leicht brennbar; entflammbar
inflammation [ɛ̃flamasjõ] *f* MÉD Entzündung *f*
inflammatoire *adj* MÉD entzündlich; Entzündungs…
inflation [ɛ̃flasjõ] *f* **1** ÉCON Inflation *f* **2** *fig* Inflation *f*, Überhandnehmen *n* (***de*** von *ou gén*)
inflationniste [ɛ̃flasjɔnist] *adj* ÉCON inflationär; inflationistisch; Inflations…
infléchir [ɛ̃fleʃiʀ] **I** *v/t politique etc* e-e andere Richtung geben (*+dat*) **II** *v/pr* ***s'~*** **1** *route, cours d'un fleuve* e-e Biegung machen (***vers*** nach) **2** *fig politique* e-e andere Richtung nehmen
infléchissement [ɛ̃fleʃismɑ̃] *m* (kaum merkliche) Änderung
inflexibilité [ɛ̃flɛksibilite] *f* Unbeugsamkeit *f*; Unnachgiebigkeit *f*
inflexible [ɛ̃flɛksibl] *adj personne, caractère* unbeugsam (*a volonté*); unnachgiebig; *décision* unerbittlich; ***rester ~ dans sa résolution*** auf s-m Entschluss beharren
inflexion [ɛ̃flɛksjõ] *f* **1** Biegung *f*; Krümmung *f*; *du corps, de la tête* Beugung *f* **2** MATH ***point m d'~*** Wendepunkt *m* **3** *de la voix* Tonfall *m* **4** LING Umlaut *m*
infliger [ɛ̃fliʒe] *v/t* ⟨**-geons**⟩ ***~ à qn*** *punition, amende* j-m auferlegen; gegen j-n verhängen; *leçon* j-m erteilen; *pertes* j-m zufügen, beibringen; *défaite* j-m beibringen; *humiliation* j-m zufügen; *sa présence* j-m aufdrängen; ***~ un démenti à qn*** j-n (nachdrücklich) widerlegen; ***~ une peine à qn*** *a* j-n mit e-r Strafe belegen; j-n zu e-r Strafe verurteilen
inflorescence [ɛ̃flɔʀesɑ̃s] *f* BOT Blütenstand *m*
influençable [ɛ̃flyɑ̃sabl] *adj* (leicht) beeinflussbar, zu beeinflussen(d)
influence [ɛ̃flyɑ̃s] *f* **1** Einfluss *m*; Einwirkung *f*; ***bonne, mauvaise ~ de qn*** j-s guter, schlechter Einfluss (***sur*** auf *+acc*); JUR ***trafic m d'~*** passive Bestechung; ***sous l'~ de qn, de qc*** unter j-s Einfluss, unter dem Einfluss *ou* der Einwirkung e-r Sache; ***avoir de l'~ sur*** Einfluss haben auf (*+acc*); großen Einfluss besitzen; einflussreich sein; ***exercer une ~ sur*** e-n Einfluss ausüben auf (*+acc*); ***~ exercée par qc sur qn*** j-s Beeinflussung durch etw; ***subir l'~ de qn*** unter j-s Einfluss (*dat*) stehen **2** PHYS Influenz *f*
influencer [ɛ̃flyɑ̃se] *v/t* ⟨**-ç-**⟩ ***~ qn, qc*** j-n, etw beeinflussen; ***~ qn dans sa décision*** j-n bei s-r Entscheidung beeinflussen; ***se laisser ~*** sich beeinflussen lassen
influent [ɛ̃flyɑ̃] *adj* einflussreich
influer [ɛ̃flye] *v/i* ***~ sur qc*** Einfluss haben *ou* ausüben auf etw (*acc*); (sich aus)wirken auf etw (*acc*)
influx [ɛ̃fly] *m* PHYSIOL ***~ nerveux*** Nervenleitung *f*
info [ɛ̃fo] *f* F *abr* → ***information*** *2*
in-folio [infɔljo] TYPO **I** *adj* ⟨*inv*⟩ Folio… **II** *m* **1** ⟨*inv*⟩ Folioband *m*; Foliant *m* **2** Folio(format) *n*
informateur [ɛ̃fɔʀmatœʀ] *m*, **informatrice** *f* Informant(in) *m(f)*
informaticien [ɛ̃fɔʀmatisjɛ̃] *m*, **informaticienne** *f* Informatiker(in) *m(f)*; EDV-Fachmann *m*, -frau *f*
information [ɛ̃fɔʀmasjõ] *f* **1** *action* Information *f*; Unterrichtung *f*; Informierung *f*; ***journal m d'~*** Informationsblatt *n*; ***voyage m d'~*** Informationsreise *f*; ***à titre d'~*** zur Information, Unterrichtung, Kenntnisnahme; ***pour votre ~*** zu Ihrer Information *etc* **2** (*renseignement*) Information *f*; Auskunft *f*; Mitteilung *f*; (*nouvelle*) Nachricht *f*; PRESSE, RAD, TV *a* Meldung *f*; ***~s sportives*** Sportnachrichten *f/pl*, -meldungen *f/pl*; ***~s télévisées*** Fernseh-

I

nachrichten *f/pl*; ***aller aux ~s*** Erkundigungen einziehen; Nachrichten, Informationen sammeln; sich (*dat*) Aufschluss verschaffen; ***écouter, regarder les ~s*** die Nachrichten hören, ansehen 3 INFORM Information *f*; ***traitement*** *m* ***de l'~*** Datenverarbeitung *f* 4 JUR Ermittlungen *f/pl*; ***ouvrir une ~*** ein Ermittlungsverfahren einleiten

informatique [ɛ̃fɔʀmatik] I *adj* Datenverarbeitungs…; EDV-…; Computer… [-ˈpjuː-] II *f* **a)** *science* Informatik *f*; **b)** *techniques* EDV *f*; elektronische Datenverarbeitung; ***commission f ~ et libertés*** Datenschutzkommission *f*

informatisation [ɛ̃fɔʀmatizasjõ] *f* Umstellung *f* auf EDV; Computerisierung [-pjuː-] *f*

informatiser [ɛ̃fɔʀmatize] I *v/t* auf EDV umstellen; computerisieren [-pjuː-]; mit Computern ausstatten; *adjt* ***informatisé*** Computer… II *v/pr* ***s'~*** *entreprise etc* auf EDV umstellen

informe [ɛ̃fɔʀm] *adj* 1 *masse* formlos; unförmig; ungestaltet; *vêtement* ***être ~*** keine Form haben 2 *fig projet* nicht genügend durchgearbeitet; unvollkommen

informé [ɛ̃fɔʀme] I *adj* informiert, unterrichtet (***sur qn, de*** *ou* ***sur qc*** über j-n, etw); ***milieux bien ~s*** gut unterrichtete Kreise *m/pl* II *m loc* ***jusqu'à plus ample ~*** bis weitere Informationen vorliegen

informel [ɛ̃fɔʀmɛl] *adj* ⟨**~le**⟩ 1 informell; formlos; ***rencontre ~le*** informelles Treffen 2 PEINT informell

informer [ɛ̃fɔʀme] I *v/t* ***~ qn de qc*** j-n über etw (*acc*) unterrichten, informieren; j-n von etw in Kenntnis setzen, benachrichtigen; ***~ qn que …*** j-n darüber unterrichten, informieren, j-n davon in Kenntnis setzen, verständigen, benachrichtigen, j-m mitteilen, Bescheid geben, dass … II *v/i* JUR ***~ contre qn*** gegen j-n ermitteln (***sur, de*** wegen) III *v/pr* ***s'~*** sich informieren, unterrichten (***de qc auprès de qn*** über etw [*acc*] bei j-m)

informulé [ɛ̃fɔʀmyle] *adj* unausgesprochen

infortune [ɛ̃fɔʀtyn] *st/s f* Unglück *n*; Missgeschick *n*; ***~s*** *pl* Schicksalsschläge *m/pl*; Unglücksfälle *m/pl*; ***compagnon*** *m* ***d'~*** Leidensgenosse *m*, -gefährte *m*

infortuné [ɛ̃fɔʀtyne] *st/s* I *adj* unglücklich; leidgeprüft II *subst* **~(e)** *m(f)* Unglückliche(r) *f(m)*

infra [ɛ̃fʀa] *adv* ***voir ~*** siehe unten (*abr* s. u.)

infraction [ɛ̃fʀaksjõ] *f* Zuwiderhandlung *f*; Verstoß *m* (**à** gegen); Übertretung *f*, Verletzung *f* (**à** *gén*); ***~ au code de la route*** Verstoß gegen die Verkehrsregeln; ***être en ~*** sich e-s Verstoßes schuldig gemacht haben

infranchissable [ɛ̃fʀɑ̃ʃisabl] *adj* unüberwindlich, -bar; ***obstacle*** *m* ***~*** unüberwindliches Hindernis (*a fig*)

infrarouge [ɛ̃fʀaʀuʒ] PHYS I *adj* infrarot II *m* Infrarot *n*; ***chauffage*** *m* ***par ~*** Infrarotheizung *f*

infrastructure [ɛ̃fʀastʀyktyʀ] *f* 1 ÉCON Infrastruktur *f* 2 *d'un aéroport* Bodenorganisation *f* 3 *ferroviaire, routière* Unterbau *m*

infréquentable [ɛ̃fʀekɑ̃tabl] *adj* ***personne f ~*** Person, mit der man nicht verkehren kann

infroissable [ɛ̃fʀwasabl] *adj* TEXT knitterfrei

infructueux [ɛ̃fʀyktɥø] *adj* ⟨**-euse**⟩ frucht-, erfolg-, ergebnis-, nutzlos

infuse [ɛ̃fyz] *adj loc iron* ***avoir la science ~*** F die Weisheit mit Löffeln gefressen haben; die Weisheit für sich gepachtet haben; ***je n'ai pas la science ~*** ich kann ja nicht alles wissen

infuser [ɛ̃fyze] *v/t* 1 *tisane etc* ***laisser, faire ~*** aufgießen; aufbrühen; ziehen lassen 2 *litt et fig* einflößen; ***~ un sang nouveau à*** *st/s* neues Leben einhauchen (+*dat*)

infusette [ɛ̃fyzɛt] *f* Aufgussbeutel *m*

infusion [ɛ̃fyzjõ] *f* 1 (*tisane*) (Kräuter)Tee *m*; Aufguss *m*; ***~ de menthe*** Pfefferminztee *m* 2 *action* Aufgießen *n*; Ziehenlassen *n*

ingénier [ɛ̃ʒenje] *v/pr* ***s'~ à*** (+*inf*) s-n Geist, Verstand anstrengen, um zu (+*inf*)

ingénierie [ɛ̃ʒeniʀi] *f* TECH **a)** *d'un projet industriel* Globalplanung *f*; **b)** *discipline* Engineering [ɛndʒɪˈniːrɪŋ] *n*

ingénieur [ɛ̃ʒenjœʀ] *m,f* Ingenieur(in) *m(f)*; ***~ agronome*** Diplomlandwirt *m*; ***~ civil*** in der Privatwirtschaft tätiger Ingenieur; ***~ diplômé*** Diplomingenieur *m*; ***~ technico-commercial*** Vertriebs-, Verkaufsingenieur *m*; ***~ d'études*** Entwicklungsingenieur *m*; ***~ des mines*** Bergingenieur *m*; ***~ du son*** Toningenieur *m*, -meister *m*; ***~ des travaux publics*** Tiefbauingenieur *m*; ***femme f ~*** Ingenieurin *f*

ingénieur-conseil [ɛ̃ʒenjœʀkõsɛj] *m* ⟨*pl* **ingénieurs-conseils**⟩ **a)** (selbstständiger) beratender Ingenieur; **b)** JUR Patentanwalt *m*

ingénieux [ɛ̃ʒenjø] *adj* ⟨**-euse**⟩ *personne* erfinderisch; findig; einfallsreich; *idée, explication* geist-, sinnreich; sinnig; geschickt

ingéniosité [ɛ̃ʒenjozite] *f d'une personne* Erfindungsgabe *f*; Findigkeit *f*; Einfallsreichtum *m*; *d'une idée* Sinnigkeit *f*; Durchdachtheit *f*; *d'une explication* Geschicktheit *f*; ***faire preuve d'~*** erfinderisch sein

ingénu [ɛ̃ʒeny] I *adj* treu-, offenherzig; naiv; unschuldig; arglos; unbefangen II *f* ***~e*** THÉ Naive *f*; ***jouer les ~es*** die Naive spielen

ingénuité [ɛ̃ʒenɥite] *f* Treu-, Offenherzigkeit *f*; Naivität *f*; Arglosigkeit *f*; Unbefangenheit *f*

ingénument [ɛ̃ʒenymɑ̃] *adv* → ***ingénu***

ingérable [ɛ̃ʒeʀabl] *adj situation* nicht *ou* kaum zu bewältigend; ***être ~*** nicht *ou* kaum zu bewältigen sein

ingérence [ɛ̃ʒeʀɑ̃s] *f* Einmischung *f* (**dans** in +*acc*)

ingérer [ɛ̃ʒeʀe] ⟨**-è-**⟩ I *v/t aliments* aufnehmen; ***~ un médicament*** ein Medikament einnehmen II *v/pr* ***s'~*** sich einmischen (**dans** in +*acc*)

ingestion [ɛ̃ʒɛstjõ] *f* PHYSIOL Nahrungsaufnahme *f*

ingouvernable [ɛ̃guvɛʀnabl] *adj* unregierbar

ingrat [ɛ̃gʀa] I *adj* 1 *personne* undankbar (***envers qn*** j-m gegenüber) 2 *tâche* undankbar; nicht lohnend 3 *visage* ungefällig; ***elle a un physique ~*** die Natur hat sie stiefmütterlich behandelt 4 ***âge ~*** Pubertätsalter *n*; Entwicklungsjahre *n/pl*; *pour les garçons a* Flegeljahre *n/pl* II *subst* **~(e)** *m(f)* Undankbare(r) *f(m)*

ingratitude [ɛ̃gʀatityd] *f* Undank(barkeit) *m(f)*

ingrédient [ɛ̃gʀedjɑ̃] *m* Zutat *f*; Ingredienz *f*

Ingres [ɛ̃gʀ] *frz Maler*

inguérissable [ɛ̃geʀisabl] *adj* unheilbar (*a fig*); ***malade m,f ~*** unheilbar Kranke(r) *f(m)*

inguinal [ɛ̃ginal] *adj* ⟨**-aux**⟩ ANAT Leisten…; ***'hernie ~e*** Leistenbruch *m*

ingurgiter [ɛ̃gyʀʒite] *v/t* 1 *nourriture* gierig ver-

schlingen, hinunterschlingen; *boisson* hinunterstürzen **2** *fig des connaissances* F pauken
inhabile [inabil] *st/s adj* ungeschickt
inhabitable [inabitabl] *adj* unbewohnbar
inhabité [inabite] *adj* unbewohnt; ***maison ~e*** unbewohntes, leer stehendes Haus
inhabituel [inabitɥɛl] *adj* ⟨**~le**⟩ ungewohnt; ungewöhnlich
inhalateur [inalatœʀ] *m* MÉD Inhalationsapparat *m*
inhalation [inalasjõ] *f* **1** Einatmen *n*, Inhalieren *n* (***de gaz*** von Gas) **2** MÉD Inhalation *f*; ***faire des ~s*** inhalieren
inhaler [inale] *v/t* einatmen; inhalieren (*a* MÉD)
inhérence [ineʀɑ̃s] *f* PHILOS Inhärenz *f* **inhérent** *adj* innewohnend, anhaftend (***à qc*** e-r Sache [*dat*]); unzertrennlich verbunden (mit etw)
inhibé [inibe] *adj* PSYCH gehemmt **inhiber** *v/t* PSYCH, PHYSIOL hemmen
inhibiteur [inibitœʀ] **I** *adj* ⟨**-trice**⟩ PSYCH, PHYSIOL hemmend **II** *m* CHIM Hemmstoff *m*; *sc* Inhibitor *m*
inhibition [inibisjõ] *f* PSYCH, PHYSIOL Hemmung *f*; PSYCH *a* Gehemmtheit *f*
inhospitalier [inɔspitalje] *adj* ⟨**-ière**⟩ ungastlich; ***région inhospitalière*** ungastliche, unwirtliche Gegend
inhumain [inymɛ̃] *adj* unmenschlich; inhuman; *traitement a* menschenunwürdig
inhumanité [inymanite] *f* Unmenschlichkeit *f*; Inhumanität *f*
inhumation [inymasjõ] *f* Bestattung *f*; Beisetzung *f*; Beerdigung *f*; Begräbnis *n*
inhumer [inyme] *v/t* bestatten; beisetzen; beerdigen; begraben; ***permis*** *m* ***d'~*** Totenschein *m*
inimaginable [inimaʒinabl] *adj* unvorstellbar; undenkbar
inimitable [inimitabl] *adj* unnachahmlich
inimitié [inimitje] *st/s f* Feindschaft *f*
ininflammable [inɛ̃flamabl] *adj* nicht entzündbar, brennbar; feuerfest
inintelligence [inɛ̃teliʒɑ̃s] *f* Intelligenzmangel *m*; Unklugheit *f*; Unverständnis *n* (***d'un problème*** für ein Problem) **inintelligent** *adj* nicht intelligent
inintelligibilité [inɛ̃teliʒibilite] *f* Unverständlichkeit *f* **inintelligible** *adj* unverständlich
inintéressant [inɛ̃teʀɛsɑ̃] *adj* uninteressant
ininterrompu [inɛ̃tɛʀõpy] *adj* ununterbrochen
inique [inik] *st/s adj* ungerecht; *st/s* unbillig **iniquité** *st/s f* Ungerechtigkeit *f*; *st/s* Unbill *f*
initial [inisjal] *adj* ⟨**-aux**⟩ **1** Anfangs…; anfänglich; Initial…; ***cause ~e*** anfänglicher Grund; ***position ~e*** Ausgangsstellung *f* (*a* GYMNASTIQUE); ***vitesse ~e*** Anfangsgeschwindigkeit *f* **2** ***lettre ~e*** *ou subst* ***~e*** *f* Anfangsbuchstabe *m*; Initiale *f*
initiateur [inisjatœʀ] *m*, **initiatrice** *f* Initiator *m*, Initiatorin *f*; Urheber(in) *m(f)*; Anreger(in) *m(f)*; (*précurseur*) Wegbereiter(in) *m(f)*; (*maître*) Lehrmeister(in) *m(f)*
initiation [inisjasjõ] *f* **1** *à un culte, à des choses secrètes* Einweihung *f* (***à*** in *+acc*) **2** (*instruction*) Einführung *f* (***à*** in *+acc*)
initiatique [inisjatik] *adj* REL, SOCIOLOGIE Initiations…; ***rites*** *m/pl* ***~s*** Initiationsriten *m/pl*
initiative [inisjativ] *f* **1** Initiative *f*; ***~ privée*** Privatinitiative *f*; ***esprit*** *m* ***d'~*** Unternehmungsgeist *m*, -lust *f*; Initiative *f*; ***de sa propre ~*** aus eigener Initiative; aus eigenem Antrieb, Entschluss; von sich aus; ***sur*** *ou* ***à l'~ de qn*** auf j-s Initiative (*acc*) hin; ***prendre l'~*** die Initiative ergreifen (***de qc*** zu etw) **2** POL Initiative *f*; ***~ législative*** Gesetzesinitiative *f*; ***droit*** *m* ***d'~*** Initiativrecht *n* **3** ***syndicat*** *m* ***d'~*** Fremdenverkehrsamt *n*; Verkehrsverein *m*
initié(e) [inisje] *m(f)* Eingeweihte(r) *f(m)*; Insider [ˈɪnsaɪdər] *m*; BOURSE ***délit*** *m* ***d'initié*** Insidergeschäft *n*, -verstoß *m*
initier [inisje] **I** *v/t* einweihen, einführen (***à qc*** in etw [*acc*]); ***~ qn aux secrets de la Bourse*** j-n in die Geheimnisse der Börse einweihen; ***~ qn à l'informatique*** j-n in die Informatik einführen **II** *v/pr* ***s'~ à qc*** sich mit etw vertraut machen
injectable [ɛ̃ʒɛktabl] *adj* MÉD injizierbar
injecté [ɛ̃ʒɛkte] *adj yeux* ***~*** (***de sang***) blutunterlaufen
injecter [ɛ̃ʒɛkte] *v/t* **1** MÉD injizieren, (ein)spritzen (***dans*** in *+acc*) **2** TECH einspritzen (***dans*** in *+acc*)
injecteur [ɛ̃ʒɛktœʀ] **I** *adj* ⟨**-trice**⟩ MÉD Injektions… **II** *m* **1** MÉD Injektionsinstrument *n* **2** AUTO Einspritzdüse *f*
injection [ɛ̃ʒɛksjõ] *f* **1** MÉD Injektion *f*; Einspritzung *f*; *action a* (Ein)Spritzen *n*; Injizieren *n*; ***~ intramusculaire, intraveineuse*** intramuskuläre, intravenöse Injektion; ***faire une ~ de qc à qn*** j-m etw injizieren, (ein)spritzen **2** TECH Einspritzung *f*; Injektion *f*; ***moteur*** *m* ***à ~*** Einspritzmotor *m*
injonctif [ɛ̃ʒõktif] *adj* ⟨**-ive**⟩ GR → ***impératif*** *I 4*
injonction [ɛ̃ʒõksjõ] *f* (ausdrücklicher) Befehl
injouable [ɛ̃ʒwabl] *adj* **1** MUS, THÉ unspielbar **2** *terrain de sports* unbespielbar
injure [ɛ̃ʒyʀ] *f* **1** (*insulte*) Beleidigung *f* (*a* JUR); Beschimpfung *f*; Verunglimpfung *f*; (*gros mot*) Schimpfwort *n*; ***bordée*** *f*, ***chapelet*** *m*, ***flot*** *m* ***d'~s*** Schimpfkanonade *f*; Flut *f*, Hagel *m* von Beleidigungen, Beschimpfungen; ***accabler d'~s*** mit Schimpfworten, Beleidigungen überhäufen; ***dire des ~s à qn*** j-n beschimpfen, verunglimpfen, mit Worten beleidigen; ***faire ~ à qn*** j-n beleidigen; ***faire ~ à la réputation*** *etc* ***de qn*** j-n beleidigen, indem man s-n guten Ruf *etc* in Zweifel zieht; ***faire ~ à qn en faisant qc*** j-n beleidigen, indem man etw tut **2** *litt* ***l'~ du temps, des ans*** der Zahn der Zeit
injurier [ɛ̃ʒyʀje] **I** *v/t* beleidigen; beschimpfen; verunglimpfen **II** *v/pr* ***s'~*** einander beleidigen; sich gegenseitig beschimpfen
injurieux [ɛ̃ʒyʀjø] *adj* ⟨**-euse**⟩ beleidigend
injuste [ɛ̃ʒyst] *adj* ungerecht (***envers, avec, à l'égard de, pour qn*** j-m gegenüber, zu j-m)
injustice [ɛ̃ʒystis] *f* **1** *caractère* Ungerechtigkeit *f*; ***~ sociale*** soziale Ungerechtigkeit **2** *acte* Unrecht *n*; Ungerechtigkeit *f*; ***réparer une ~*** ein Unrecht wiedergutmachen
injustifiable [ɛ̃ʒystifjabl] *adj* nicht zu rechtfertigen(d)
injustifié [ɛ̃ʒystifje] *adj* ungerechtfertigt; unberechtigt
inlassable [ɛ̃lasabl] *adj* unermüdlich
inné [i(n)ne] *adj* angeboren; PHILOS ***idées ~es*** angeborene Ideen *f/pl*
innervation [inɛʀvasjõ] *f* ANAT Versorgung *f* mit Nerven; *sc* Innervation *f*
innocemment [inɔsamɑ̃] *adv* → ***innocent***
innocence [inɔsɑ̃s] *f* **1** *d'une personne non coupa-*

I

ble Unschuld *f*; Schuldlosigkeit *f*; ***protester de son ~*** s-e Unschuld beteuern 2 (*candeur*) Unschuld *f*; Unverdorbenheit *f*; (*naïveté*) Naivität *f*; ***en toute ~*** in aller Unschuld

innocent [inɔsɑ̃] I *adj* 1 (*non coupable*) unschuldig (***de qc*** an etw [*dat*]); schuldlos 2 (*candide*) unschuldig; unschuldsvoll; (*pur*) rein; unverdorben; ***air ~*** Unschuldsmiene *f*; ***~ comme l'enfant qui vient de naître*** unschuldig wie ein neugeborenes Kind, wie ein Lamm 3 (*naïf*) naiv; einfältig; leichtgläubig; ***il est bien ~ de croire*** *que* … er ist recht naiv zu glauben … 4 *jeux etc* harmlos; *plaisirs a* unschuldig II *subst* **~(e)** *m(f)* 1 Unschuldige(r) *f(m)* 2 BIBL ***massacre*** *m* ***des Innocents*** Kindermord *m* zu Bethlehem 3 *fig* Unschuldslamm *n*; Naivling *m*; *prov* ***aux ~s les mains pleines*** den Seinen gibts der Herr im Schlaf (*prov*); die dümmsten Bauern haben die größten Kartoffeln (*prov*)

innocenter [inɔsɑ̃te] I *v/t* ***~ qn*** j-n für unschuldig erklären; *déposition* j-n entlasten II *v/pr* ***s'~*** s-e Unschuld beweisen

innocuité [inɔkɥite] *f* Unschädlichkeit *f*

innombrable [i(n)nõbʀabl] *adj* zahllos; unzählig; ***foule*** *f* ***~*** unübersehbare Menschenmenge

innommable [i(n)nɔmabl] *adj péj* unbeschreiblich; scheußlich; ekelhaft; ***conduite*** *f* ***~*** sehr hässliches Benehmen

innovateur [inɔvatœʀ] I *adj* ⟨**-trice**⟩ neue Wege beschreitend; ***esprit ~*** auf Neuerungen sinnender Geist II *subst* **~, innovatrice** *m,f* Neuerer *m*; Wegbereiter(in) *m(f)*

innovation [inɔvasjõ] *f* 1 *action* Einführung *f* von Neuerungen; TECH Innovation *f* 2 *chose* Neuerung *f*; ***~ technique*** technische Neuerung

innover [inɔve] *v/i* Neuerungen einführen (***en matière de mode*** in der Mode); *a v/t* ***ne rien ~*** keine Neuerungen einführen

inoccupation [inɔkypasjõ] *f d'une personne* Untätigkeit *f*; Unbeschäftigtsein *n*

inoccupé [inɔkype] *adj* 1 (*désœuvré*) untätig; unbeschäftigt 2 (*vide*) *maison* unbewohnt; leer stehend; *siège, poste* unbesetzt; ***compartiment ~*** leeres Abteil

in-octavo [inɔktavo] TYPO I *adj* ⟨*inv*⟩ Oktav… II *m* ⟨*inv*⟩ Oktavband *m*

inoculation [inɔkylasjõ] *f* MÉD Inokulation *f*; (Ein)-Impfung *f*; Übertragung *f*

inoculer [inɔkyle] *v/t* 1 MÉD inokulieren; (ein)impfen; übertragen 2 *fig passion du jeu etc* ***~ à qn*** j-m weitergeben; auf j-n übertragen

inodore [inɔdɔʀ] *adj* geruchlos

inoffensif [inɔfɑ̃sif] *adj* ⟨**-ive**⟩ harmlos; ungefährlich

inofficiel [inɔfisjɛl] *adj* ⟨**~le**⟩ inoffiziell

inondation [inõdasjõ] *f* 1 Überschwemmung *f* (*a plais dans une salle de bains*); Hochwasser *n*; Wasserflut *f*; *d'un terrain a* Überflutung *f* 2 *fig* Überschwemmung *f*; Überflutung *f*; ***~ de produits sur le marché*** Überschwemmung *f*, -flutung *f* des Marktes mit Produkten

inondé [inõde] *p/p et adj* 1 *région* überschwemmt, -flutet 2 *par ext visage* ***~ de larmes*** tränenüberströmt; *front* ***~ de sueur*** schweißgebadet 3 *fig* ***~ de lumière, de soleil*** *paysage* licht-, sonnenüberflutet; *pièce* licht-, sonnendurchflutet; *personne* ***être ~ de lettres*** mit Briefen überhäuft, -schwemmt werden; *région* ***être ~ de touristes*** von Touristen überflutet sein; *marché* ***être ~ de produits*** von Produkten überschwemmt, -flutet sein

inonder [inõde] I *v/t* 1 *fleuve*: *région* überschwemmen, -fluten; unter Wasser setzen 2 *par ext*: F ***~ la salle de bains*** das Badezimmer unter Wasser setzen; im Badezimmer e-e Überschwemmung anrichten; *larmes, sueur* ***~ le visage*** über das Gesicht strömen 3 *fig* überschwemmen, überfluten, überhäufen (***de*** mit); ÉCON ***~ le marché de produits bon marché*** den Markt mit Billigprodukten überschwemmen, -fluten 4 *joie* ***~ qn*** j-n überkommen II *v/pr* ***s'~ les cheveux de parfum*** zu viel Parfüm auf sein Haar spritzen

inopérable [inɔpeʀabl] *adj* MÉD nicht operierbar; inoperabel

inopérant [inɔpeʀɑ̃] *adj* unwirksam; wirkungslos

inopiné [inɔpine] *adj* unerwartet; unvermutet; unverhofft **inopinément** *adv* → ***inopiné***

inopportun [inɔpɔʀtɛ̃, -tœ̃] *adj* ⟨**-une** [-yn]⟩ unpassend; unangebracht; unzweckmäßig; ungelegen; inopportun; *moment a* ungünstig, falsch (gewählt)

inopportunité [inɔpɔʀtynite] *litt f* Unangebrachtheit *f*; Unzweckmäßigkeit *f*; Inopportunität *f*

inorganique [inɔʀganik] *adj* anorganisch

inorganisé [inɔʀganize] *adj* 1 unorganisiert 2 *travailleurs* nicht gewerkschaftlich organisiert

inoubliable [inublijabl] *adj* unvergesslich

inouï [inwi] *adj* unerhört; unglaublich; beispiellos; F ***il est ~*** F *critique* er ist unmöglich; *compliment* er ist unwahrscheinlich

inox [inɔks] *m abr* → ***inoxydable*** *II*

inoxydable [inɔksidabl] I *adj* nicht oxidierend; rostfrei II *m* nicht oxidierendes, rostfreies Metall

in petto [inpeto] *loc/adv* bei sich; im Herzen; im Stillen

inqualifiable [ɛ̃kalifjabl] *adj* unqualifizierbar; unglaublich; unerhört

in-quarto [inkwaʀto] TYPO I *adj* ⟨*inv*⟩ Quart… II *m* ⟨*inv*⟩ Quartband *m*

inquiet [ɛ̃kjɛ] *adj* ⟨**-ète** [-ɛt]⟩ *personne, regard* unruhig; besorgt; ängstlich; ***être ~ de qc*** besorgt sein über, um etw (*acc*); ***je suis ~ pour lui*** ich bin um ihn besorgt; ich mache mir Sorgen um ihn; ***être ~ que …*** (*+subj*) unruhig, besorgt sein, weil …

inquiétant [ɛ̃kjetɑ̃] *adj* 1 (*alarmant*) beunruhigend; besorgniserregend 2 (*peu rassurant*) unheimlich

inquiéter [ɛ̃kjete] ⟨**-è-**⟩ I *v/t* 1 ***~ qn*** j-n beunruhigen, besorgt machen; ***vous m'inquiétez*** Sie machen mir Sorge(n) 2 *fisc, police* ***~ qn*** j-n belästigen; hinter j-m her sein II *v/pr* 1 ***s'~*** sich sorgen, sich (*dat*) Sorgen *ou* Gedanken machen (***pour qn*** um j-n; ***de qc*** um etw); sich beunruhigen, ängstigen (wegen etw); ***ne vous inquiétez pas!*** machen Sie sich (*dat*) keine Sorgen!; ***il n'y a pas de quoi s'~*** es besteht kein Grund *ou* Anlass zur Sorge; ***s'~ de ne pas voir rentrer qn*** sich (*dat*) Sorgen machen, weil j nicht nach Hause kommt 2 (*se préoccuper*) ***s'~ de qc*** sich um etw kümmern; ***sans s'~ des conséquences*** ohne sich um die Folgen zu kümmern

inquiétude [ɛ̃kjetyd] *f* Unruhe *f*; Sorge *f*; Besorgnis *f*; ***avoir beaucoup de sujets d'~*** viel Anlass zur Sorge haben; ***donner de l'~ à qn*** j-n beunruhigen; j-m

Sorgen machen, bereiten; **être dans l'~** unruhig, in Sorge sein; **soyez sans ~!** seien Sie unbesorgt!

inquisiteur [ɛ̃kizitœʀ] **I** *adj* ⟨**-trice**⟩ *regard* inquisitorisch; streng forschend **II** *m* HIST Inquisitor *m*

Inquisition [ɛ̃kizisjõ] *f* HIST Inquisition *f* (*a fig*); **tribunal** *m* **de l'~** Inquisitionstribunal *n*

insaisissable [ɛ̃sezisabl] *adj* **1** JUR unpfändbar **2** *ennemi, fugitif* nicht zu ergreifen(d); nicht zu fassen(d) **3** *nuance* kaum wahrnehmbar

insalubre [ɛ̃salybʀ] *adj bâtiment, climat* ungesund; gesundheitsschädlich, -schädigend; *climat a* der Gesundheit unzuträglich; **îlot** *m* **~** Komplex *m* baufälliger Häuser; *par ext* Elendsviertel *n*, -quartiere *n/pl*

insalubrité [ɛ̃salybʀite] *f* Gesundheitsschädlichkeit *f*; *du climat a* Unzuträglichkeit *f*

insanité [ɛ̃sanite] *f* **1** Unsinnigkeit *f* **2** *propos* **~s** *pl* Unsinn *m*; unsinniges Zeug

insatiabilité [ɛ̃sasjabilite] *f* Unersättlichkeit *f* **insatiable** *adj* unersättlich

insatisfaction [ɛ̃satisfaksjõ] *f* Unbefriedigtheit *f*; Unzufriedenheit *f*

insatisfait [ɛ̃satisfɛ] **I** *adj* ⟨**-faite** [-fɛt]⟩ *envie, désir* unbefriedigt; *personne* unzufrieden **II** *subst* **un éternel ~** ein ewig Unzufriedener

inscription [ɛ̃skʀipsjõ] *f* **1** *gravée* Inschrift *f*; *imprimée* Aufschrift *f*; Beschriftung *f*; **~ funéraire** Grabinschrift *f* **2** *action* Eintragung *f*, Einschreibung *f* (**sur une liste** in e-e Liste); (An)Meldung *f*; **~ à un cours** Anmeldung zu e-m Kurs; Belegung *f* e-s Kurses; **~ à** *ou* **dans une faculté** Immatrikulation *f*, *österr* Inskription *f* (an e-r Hochschule); **~ à l'ordre du jour** Aufnahme *f* in die Tagesordnung; **date** *f* **d'~** Einschreibungs-, (An)Meldedatum *n*, -termin *m*; **droits** *m/pl* **d'~** Einschreibungs-, Anmeldegebühren *f/pl* **3** MAR **~ maritime** Registrierung *f* beim Seemannsamt **4** JUR **~ en faux** Fälschungsklage *f*; Bestreitung *f* der Echtheit e-r Urkunde

inscrire [ɛ̃skʀiʀ] ⟨→ **écrire**⟩ **I** *v/t* **1** eintragen (**sur, dans un registre, sur un agenda** in ein Register, in ein Notizbuch); **~ à l'ordre du jour** auf die Tagesordnung setzen; **~ sur une liste** *a* auf e-e Liste setzen, schreiben; (**faire**) **~** anmelden (**à une école** in e-r Schule); **se faire ~** sich anmelden **2** MATH einbeschreiben **II** *v/pr* **s'~** **1** sich eintragen, -schreiben (**sur une liste** in e-e Liste); sich (an)melden (**à un concours** zu e-m Wettbewerb); **s'~ à un cours** *a* e-n Kurs belegen; **s'~ à une faculté** sich (an e-r Hochschule) immatrikulieren lassen, *österr* inskribieren; **s'~ à un parti** e-r Partei beitreten **2** *événement etc* **s'~ dans la mémoire de qn** sich j-m tief ins Gedächtnis eingraben **3** *fig* (*s'insérer*) **s'~ dans qc** in Verbindung, Zusammenhang mit etw stehen; **s'~ dans le cadre de qc** im Rahmen e-r Sache (*gén*) erfolgen **4** *fig* **s'~ en faux contre qc** etw dementieren, bestreiten

inscrit [ɛ̃skʀi] **I** *adj* **1** *personne* eingeschrieben; angemeldet; **député non ~** fraktionsloser Abgeordneter; **être ~ à un parti** (eingetragenes) Mitglied e-r Partei sein **2** MATH einbeschrieben **II** *subst* **1** **~(e)** *m(f)* Eingeschriebene(r) *f(m)*; Angemeldete(r) *f(m)* **2** POL **~s** *m/pl* Wahlberechtigte(n) *m/pl* **3** MAR **~** *m* **maritime** beim Seemannsamt registrierter Seemann

inscrivant [ɛ̃skʀivɑ̃] *m* JUR Hypothekenantragsteller *m*

insécable [ɛ̃sekabl] *adj* unteilbar

insecte [ɛ̃sɛkt] *m* ZO Insekt *n*; Kerbtier *n*

insecticide [ɛ̃sɛktisid] **I** *adj* Insekten vertilgend, tötend; **poudre** *f* **~** Insektenpulver *n* **II** *m* Insektenvertilgungsmittel *n*; Schädlingsbekämpfungsmittel *n*; Insektizid *n*

insectivore [ɛ̃sɛktivɔʀ] ZO **I** *adj* insektenfressend **II** *m/pl* **~s** Insektenfresser *m/pl*

insécuriser [ɛ̃sekyʀize] *v/t* verunsichern **insécurité** *f* Unsicherheit *f*

INSEE [inse] *m abr* (*Institut national de la statistique et des études économiques*) Nationales Institut für Statistik und Wirtschaftsplanung

insémination [ɛ̃seminasjõ] *f* **~** (**artificielle**) künstliche Besamung; *sc* Insemination *f* **inséminer** *v/t* künstlich besamen

insensé [ɛ̃sɑ̃se] *adj* unsinnig; verrückt; sinnlos

insensibilisation [ɛ̃sɑ̃sibilizasjõ] *f* MÉD Betäubung *f* **insensibiliser** *v/t* MÉD betäuben; unempfindlich machen

insensibilité [ɛ̃sɑ̃sibilite] *f* **1** PHYSIOL Unempfindlichkeit *f*; Gefühllosigkeit *f*; **~ à la douleur** Schmerzunempfindlichkeit *f* **2** *morale* (Gefühls)-Kälte *f*; Gefühllosigkeit *f*; **~ à qc** Gleichgültigkeit *f* gegenüber etw

insensible [ɛ̃sɑ̃sibl] *adj* **1** PHYSIOL unempfindlich, gefühllos (**à** gegenüber); **~ au froid** kälteunempfindlich **2** *moralement* (gefühls)kalt; gefühllos; **être ~ à qc** e-r Sache (*dat*) gleichgültig gegenüberstehen; sich von etw nicht beeindrucken lassen **3** (*imperceptible*) unmerklich; kaum *ou* nicht wahrnehmbar

insensiblement [ɛ̃sɑ̃sibləmɑ̃] *adv* unmerklich

inséparable [ɛ̃sepaʀabl] *adj* **1** **~** (**de qc**) untrennbar (mit etw verbunden) **2** *personnes* unzertrennlich; **deux amis ~s** zwei unzertrennliche Freunde

insérer [ɛ̃seʀe] ⟨**-è-**⟩ **I** *v/t* **1** (*introduire*) (hinein)legen (**dans** in *+acc*) **2** *dans un texte* einfügen, -schieben, -streuen (**dans** in *+acc*); *clause dans un contrat* aufnehmen, einsetzen (in *+acc*); *article* bringen (**dans un journal** in e-r Zeitung); **prière d'~** *m ou f* Waschzettel *m*; **faire ~ une annonce dans le journal** → **annonce** 2 **II** *v/pr* **s'~ dans qc** **1** (*s'inscrire*) in Zusammenhang, Verbindung mit etw stehen **2** (*s'intégrer*) sich einfügen, einordnen, eingliedern in etw (*acc*)

INSERM [insɛʀm] *m abr* (*Institut national de la santé et de la recherche médicale*) *frz Institut für Gesundheit und medizinische Forschung*

insertion [ɛ̃sɛʀsjõ] *f* **1** *action* Einführung *f*, -schiebung *f*, -streuung *f*, -setzung *f* (**dans, à** in *+acc*); JUR **~ légale** gesetzlich vorgeschriebene Bekanntgabe durch Anzeige in e-r Zeitung **2** *dans un groupe* Sicheinfügen *n*; Einordnung *f*; Eingliederung *f* **3** ANAT, BOT Ansatz(stelle) *m(f)*

insidieux [ɛ̃sidjø] *adj* ⟨**-euse**⟩ *question* verfänglich; *odeur* sich allmählich durchsetzend, verbreitend; **fièvre insidieuse** heimtückisches, schleichendes Fieber; **maladie insidieuse** heimtückische, schleichende Krankheit; **promesses insidieuses** hinterhältige Versprechungen *f/pl*

insigne[1] [ɛ̃siɲ] *m* Abzeichen *n*; HIST **~s** *pl* Insignien *n/pl*

insigne[2] [ɛ̃siɲ] *adj* bemerkenswert (*a iron*); **faveur** *f*

~ ganz besondere Gunst
insignifiance [ɛ̃siɲifjɑ̃s] *f* Bedeutungslosigkeit *f*; Belanglosigkeit *f*; Unbedeutendheit *f* (*a d'une personne*) **insignifiant** *adj* bedeutungslos; belanglos; unbedeutend (*a personne*); unwichtig; unerheblich; *visage* nichtssagend
insinuant [ɛ̃sinɥɑ̃] *adj* schmeichlerisch; einschmeichelnd **insinuation** *f* Andeutung *f*; Anspielung *f*; Einflüsterung *f*; *p/fort* Verdächtigung *f*; Unterstellung *f*
insinuer [ɛ̃sinɥe] **I** *v/t* (geschickt) zu verstehen geben; einflüstern; ***qu'est-ce que vous insinuez?*** was wollen Sie damit sagen? **II** *v/pr* ***s'~*** *personne* sich einschmeicheln; *idées* ***s'~ dans l'esprit de qn*** sich allmählich bei j-m festsetzen; ***s'~ dans les bonnes grâces de qn*** sich (*dat*) j-s Gunst erschleichen
insipide [ɛ̃sipid] *adj* **1** (*fade*) fad(e); unschmackhaft; geschmacklos **2** *fig conversation, œuvre* langweilig; fad(e) **insipidité** *f* Geschmacklosigkeit *f*; Fadheit *f* (*a fig*); *fig a* Langweiligkeit *f*
insistance [ɛ̃sistɑ̃s] *f* Beharrlichkeit *f*; Hartnäckigkeit *f*; Inständigkeit *f*; Eindringlichkeit *f*; Nachdruck *m*; PHON ***accent*** *m* ***d'~*** emphatische, der Hervorhebung dienende Betonung; ***avec ~*** beharrlich *etc*
insistant [ɛ̃sistɑ̃] *adj* beharrlich; hartnäckig; inständig; eindringlich; nachdrücklich
insister [ɛ̃siste] *v/i* **1** ***~ sur qc*** Nachdruck, Gewicht, den Akzent auf etw (*acc*) legen **2** ***~ auprès de qn*** in j-n dringen; ***~ pour*** (+*inf*) *ou* ***que …*** (+*subj*) darauf dringen, bestehen, beharren, zu (+*inf*) *ou* dass … **3** *abs* weitermachen; beharren; nicht lockerlassen; darauf bestehen; *il a commencé à apprendre l'anglais*, ***mais il n'a pas insisté*** aber er hat nicht weitergemacht; *elle a menti*, ***insista-t-il*** beharrte er, behauptete er hartnäckig (weiter); *s'il n'est pas d'accord*, ***insistez*** lassen Sie nicht locker, bestehen Sie darauf, bleiben Sie hartnäckig *ou* beharrlich; *il n'acceptera jamais*, ***n'insistons pas*** lassen wir davon ab; bestehen wir nicht darauf
insolateur [ɛ̃sɔlatœʀ] *m* TECH solare Warmwasserbereitungsanlage
insolation [ɛ̃sɔlasjõ] *f* **1** MÉD Sonnenstich *m*; *sc* Insolation *f*; ***attraper une ~*** e-n Sonnenstich bekommen **2** MÉTÉO Sonneneinstrahlung *f*; *a* Sonnenscheindauer *f*
insolemment [ɛ̃sɔlamɑ̃] *adv* → ***insolent***
insolence [ɛ̃sɔlɑ̃s] *f* **1** **a)** (*impertinence*) Frechheit *f*; Unverschämtheit *f*; **b)** (*arrogance*) Arroganz *f*; Anmaßung *f* **2** *propos, action* Frechheit *f*; Unverschämtheit *f*
insolent [ɛ̃sɔlɑ̃] **I** *adj* **1** **a)** (*impertinent*) frech; unverschämt; **b)** (*arrogant*) arrogant; anmaßend **2** *veine* F unverschämt **II** *subst* ***~(e)*** *m(f)* frecher, unverschämter Mensch; freche, unverschämte Person; F *a* Frechdachs *m*
insolite [ɛ̃sɔlit] *adj* ungewöhnlich
insoluble [ɛ̃sɔlybl] *adj* **1** CHIM unlöslich; ***~ dans l'eau*** wasserunlöslich **2** *problème* unlösbar
insolvabilité [ɛ̃sɔlvabilite] *f* ÉCON Zahlungsunfähigkeit *f*; Insolvenz *f* **insolvable** *adj* ÉCON zahlungsunfähig; insolvent
insomniaque [ɛ̃sɔmnjak] **I** *adj* an Schlaflosigkeit leidend; schlaflos **II** *m,f* an Schlaflosigkeit Leidende(r) *f(m)*
insomnie [ɛ̃sɔmni] *f* Schlaflosigkeit *f*; ***avoir des ~s*** schlaflose Nächte haben; an Schlaflosigkeit leiden
insondable [ɛ̃sõdabl] *adj* **1** *gouffre* unergründlich **2** *fig désespoir etc* unermesslich; unendlich; ***mystère*** *m* ***~*** unergründliches Geheimnis
insonore [ɛ̃sɔnɔʀ] *adj* schalldicht, -schluckend, -dämmend **insonorisation** *f* CONSTR Schalldämmung *f*; *d'un studio d'enregistrement* schalldichte Abschirmung
insonoriser [ɛ̃sɔnɔʀize] *v/t* schalldicht machen, abschirmen; *adjt* ***insonorisé*** schalldicht; *appartement* ***mal insonorisé*** hellhörig
insouciance [ɛ̃susjɑ̃s] *f* Sorglosigkeit *f*; Unbekümmertheit *f*; *péj* Leichtsinn *m*
insouciant [ɛ̃susjɑ̃] *adj* sorglos; unbesorgt; unbekümmert; *péj* leichtsinnig; ***être ~ de qc*** sich um etw nicht kümmern, scheren; sich (*dat*) keine Sorgen um etw machen
insoumis [ɛ̃sumi] *adj* **1** *tribu, région* nicht unterworfen; *caractère* aufsässig; widerspenstig **2** *soldat* der s-r Einberufung (*dat*) nicht Folge leistet
insoumission [ɛ̃sumisjõ] *f* **1** Aufsässigkeit *f*; Widerspenstigkeit *f*; Widerstand *m* (***à*** gegen) **2** MIL Nichtbefolgung *f* des Einberufungsbefehls
insoupçonnable [ɛ̃supsɔnabl] *adj* über jeden Verdacht erhaben
insoupçonné [ɛ̃supsɔne] *adj* ungeahnt; unvermutet
insoutenable [ɛ̃sutnabl] *adj* **1** *argument* unhaltbar **2** *spectacle, violence* unerträglich; nicht auszuhalten(d)
inspecter [ɛ̃spɛkte] *v/t* inspizieren (*a* MIL); in Augenschein nehmen; mustern; genau *ou* prüfend betrachten; (*surveiller*) beaufsichtigen; (*contrôler*) kontrollieren
inspecteur [ɛ̃spɛktœʀ] *m* **1** Aufsichtführende(r) *m*; Inspektor *m*; Kontrolleur *m* **2** *fonctionnaire correspond à* (Ober)Regierungsrat *m*; ***~ pédagogique régional*** (für ein Fach zuständiger) Oberschulrat; ***~ (de l'enseignement) primaire*** *correspond à* Schulrat *m*; ***~ d'académie*** *correspond à* Oberschulrat *m*; ***~ des finances*** Finanzinspekteur *m*; ***~ de police*** Polizeikommissar *m*; ***~ du travail*** Gewerbeaufsichtsbeamte(r) *m* **3** *fig* ***~ des travaux finis*** j, der erst kommt, wenn die Arbeit von anderen getan ist
inspection [ɛ̃spɛksjõ] *f* **1** (*examen*) Inspektion *f*; Aufsicht *f*; Kontrolle *f*; genaue Betrachtung, Besichtigung **2** (*administration*) Aufsichtsbehörde *f*, -stelle *f*, -amt *n*; ***~ académique*** Schulaufsichtsbehörde *f*; ***~ générale des Finances*** Generalinspektion der Finanzen; Oberste Finanzaufsichtsbehörde; ***Inspection du travail et de la main-d'œuvre*** Gewerbeaufsichtsamt *n*
inspectorat [ɛ̃spɛktɔʀa] *m charge* Stelle *f*, Amt *n ou durée* Amtszeit *f* e-s „inspecteur“
inspectrice [ɛ̃spɛktʀis] *f* **1** Aufsichtführende *f*; Inspektorin *f* **2** *fonctionnaire correspond à* (Ober)-Regierungsrätin *f*; ***~ (de l'enseignement) primaire*** *correspond à* Schulrätin *f*; → *a* ***inspecteur*** *2*
inspirant [ɛ̃spiʀɑ̃] *adj* inspirierend; anregend; anfeuernd; begeisternd
inspirateur [ɛ̃spiʀatœʀ] *m*, **inspiratrice** *f* Inspirator *m*, Inspiratorin *f*; Anreger(in) *m(f)*; *péj* Anstifter(in) *m(f)*
inspiration [ɛ̃spiʀasjõ] *f* **1** PHYSIOL Einatmung *f* **2** Inspiration *f* (*a* REL); Anregung *f*; Eingebung *f*; Er-

leuchtung *f*; Einfall *m*; ***l'~ du moment*** die Inspiration, Eingebung des Augenblicks; *loc/adj œuvre* ***d'~ cubiste, orientale*** *etc* vom Kubismus, vom Orient *etc* inspiriert; ***avoir une*** (***heureuse***) ~ e-e (glückliche) Erleuchtung haben; ***j'ai eu la mauvaise ~ d'accepter*** ich hatte den dummen Einfall, zu akzeptieren; ***ça ne s'est pas fait par l'~ du Saint-Esprit*** das kommt nicht von allein; j hat dabei die Hand im Spiel gehabt; ***suivre son ~*** s-r Eingebung (*dat*) folgen

inspiré [ɛ̃spiʀe] *adj* **1** *œuvre, poète* voller Inspiration; *poète* inspiriert; erleuchtet (*a* REL); *péj* ***prendre des airs ~s*** so tun, als ob einem e-e Erleuchtung käme **2** ***il a été bien, mal ~ de*** (*+inf*) es war ein guter, schlechter Einfall von ihm zu (*+inf*) **3** *œuvre, mode* ***~ de qn, qc*** von j-m, etw inspiriert **4** ***être ~ par la peur, la pitié*** *etc* sich von Furcht, Mitleid *etc* leiten lassen

inspirer [ɛ̃spiʀe] **I** *v/t* **1** PHYSIOL einatmen (*a abs*) **2** *artiste* inspirieren; ***~ qc à qn*** j-n zu etw inspirieren, anregen; *par ext* F ***cela ne m'inspire pas*** da fällt mir nichts dazu ein; das sagt mir nichts **3** (*susciter*) ***~ un acte à qn*** j-n zu e-r Tat veranlassen, anregen, anfeuern; ***~ un sentiment à qn*** in j-m ein Gefühl erwecken, erregen, wachrufen; ***~ de l'amour, de la peur, de la pitié*** *etc* ***à qn*** j-s Liebe, Furcht, Mitleid *etc* erwecken, erregen, wachrufen; ***~ confiance à qn*** j-m Vertrauen einflößen; e-n vertrauenerweckenden Eindruck auf j-n machen; *spectacle* ***~ de l'horreur à qn*** j-m Grauen, Abscheu einflößen; *santé* ***~ de l'inquiétude à qn*** j-m Anlass, Grund zur Besorgnis geben **II** *v/pr artiste* ***s'~ de qn, de qc*** sich von j-m, von etw inspirieren, anregen lassen; *personne* ***s'~ du conseil, de l'exemple de qn*** sich nach j-s Rat, Beispiel richten; sich von j-s Rat, Beispiel leiten lassen; *mode, style* ***s'~ de qc*** von etw inspiriert werden; sich an etw (*acc*) anlehnen

instabilité [ɛ̃stabilite] *f* **1** *de caractère* Labilität *f* **2** *d'une situation, d'un régime etc* mangelnde Stabilität; Unstabilität *f*; Unbeständigkeit *f*; *des prix, des cours a* Unsicherheit *f* **3** PHYS Labilität *f*; Instabilität *f*

instable [ɛ̃stabl] **I** *adj* **1** *caractère* labil **2** *temps* unbeständig; *paix, cours, prix etc* unsicher; unbeständig; *situation, régime a* unstabil; nicht stabil; labil **3** PHYS instabil; *équilibre* labil; → *a* ***équilibre*** *1* **4** *population* nomadenhaft; unstet **II** *m,f* ***c'est un*** (***une***) ~ er (sie) ist ein labiler Charakter

installateur [ɛ̃stalatœʀ] *m* (Elektro-, Gas-, Heizungs)Installateur *m*

installation [ɛ̃stalasjõ] *f* **1** TECH *du gaz etc* Installierung *f*; Installation *f*; Einrichtung *f* **2** *équipement* Anlage *f*; Einrichtung *f*; Vorrichtung *f*; Installation *f*; ***~ électrique*** elektrische Anlage(n); ***~s industrielles, portuaires*** Industrie-, Hafenanlagen *f/pl*; ***~s sanitaires*** sanitäre Anlagen **3** *du mobilier* Aufstellung *f*; *d'un appartement* Einrichtung *f*; Ausstattung *f*; (*emménagement*) Einzug *m*; ***~ provisoire, de fortune*** behelfsmäßige Einrichtung **4** *d'un fonctionnaire* ~ (***dans ses fonctions***) Amtseinweisung *f*, -einführung *f*, -einsetzung *f*; Bestallung *f*

installer [ɛ̃stale] **I** *v/t* **1** *eau, gaz, électricité, téléphone etc* installieren; ***~ un appareil*** ein Gerät installieren, einbauen **2** *cuisine etc* einrichten; ausstatten; ***~ un échafaudage, une tente*** ein Gerüst, ein Zelt aufstellen **3** ***~ qn*** j-n unterbringen; ***~ un blessé sur une civière*** e-n Verletzten auf e-e Trage legen; ***~ un enfant sur son siège*** ein Kind auf s-n Stuhl setzen; ***ils ont installé leur fille dentiste*** sie haben ihrer Tochter e-e Zahnarztpraxis eingerichtet **4** ADM *fonctionnaire* einweisen, -führen, -setzen (***dans ses fonctions*** in sein Amt); bestallen **II** *v/pr* ***s'~*** **1 a)** (*se loger, s'établir*) sich einrichten; sich niederlassen; ***s'~ à la campagne*** sich auf dem Land niederlassen; aufs Land ziehen; **b)** ***s'~ à son compte*** sich selbstständig machen; **c)** *sur un siège, par terre* sich niederlassen; ***s'~ dans un fauteuil*** es sich (*dat*) in e-m Sessel bequem machen **2** *fig sentiments, doute etc* ***s'~ dans le cœur de qn*** sich in j-s Herzen (*dat*) festsetzen, einnisten; *pays* ***s'~ dans la crise*** in e-e Dauerkrise geraten

instamment [ɛ̃stamɑ̃] *adv prier* inständig

instance [ɛ̃stɑ̃s] *f* **1** ***~s*** *pl* inständige, dringende Bitten *f/pl*; ***sur les ~s de qn*** auf j-s inständiges, dringendes Bitten (*acc*) hin **2** JUR **a)** Instanz *f*; ***première ~*** erste Instanz; ***tribunal*** *m* ***d'~*** *correspond à* Amtsgericht *n*; ***tribunal*** *m* ***de grande ~*** *correspond à* Landgericht *n*; **b)** ***introduire une ~*** Klage erheben **3** ***être en ~*** JUR anhängig sein; *par ext* zur Entscheidung anstehen; noch unerledigt sein; vorliegen; ***courrier*** *m* ***en ~*** unerledigte Post; *train* ***être en ~ de départ*** im Begriff sein abzufahren; ***être en ~ de divorce*** in Scheidung leben, liegen **4** (*autorité*) Instanz *f*; (zuständige) Stelle; ***~s gouvernementales*** Regierungsinstanzen *f/pl*

instant[1] [ɛ̃stɑ̃] *m* Augenblick *m*; Moment *m*; ***~ propice*** günstiger Augenblick, Moment; ***~s de bonheur*** Augenblicke des Glücks; ♦ *loc/adj* ***de tous les ~s*** dauernd; ständig; *loc/adv*: ***un ~*** e-n Augenblick, Moment lang; ***un ~!*** e-n Augenblick, Moment(, bitte)!; ***pas un seul ~*** nicht e-n einzigen Augenblick, Moment lang; ***à l'~*** gerade; (so)eben; im Augenblick; ***à chaque ~, à tout ~*** alle Augenblicke; fortwährend; ständig; (an)dauernd; ***au même ~*** im gleichen Augenblick, Moment; ***dans un ~*** im Augenblick, Moment; gleich; sofort; ***d'~ en ~*** mit jeder Minute; von Minute zu Minute; ständig; ununterbrochen; ***en un ~*** im Nu; im Handumdrehen; in ganz kurzer Zeit; ***par ~s*** von Zeit zu Zeit; zeitweise; dann und wann; mitunter; gelegentlich; ***pour l'~*** für den Augenblick; im Augenblick, Moment; vorerst; vorläufig; einstweilen; *loc/conj*: ***à l'~ où*** in dem Augenblick, Moment, als; ***dès l'~ où, que*** (*dès que*) sobald; sowie; (*puisque*) da

instant[2] [ɛ̃stɑ̃] *adj litt prière* inständig

instantané [ɛ̃stɑ̃tane] **I** *adj* **1** augenblicklich; sofortig; unverzüglich **2** *café etc* Instant… **II** *m* PHOT Momentaufnahme *f*; Schnappschuss *m* **instantanéité** *f* **1** Augenblicklichkeit *f* **2** kurze Zeitdauer

instantanément *adv* augenblicklich; sofort; unverzüglich

instar [ɛ̃staʀ] *litt loc/prép* ***à l'~ de*** nach Art (*+gén*); nach dem Beispiel, Muster (*+gén*)

instaurateur [ɛ̃stɔʀatœʀ] *m*, **instauratrice** *f* Begründer(in) *m(f)* **instauration** *f* Begründung *f*; Errichtung *f*; Einführung *f*

instaurer [ɛ̃stɔʀe] *v/t régime politique* begründen; errichten; ***~ une réforme*** eine Reform einführen

instigateur [ɛ̃stigatœʀ] *m*, **instigatrice** *f* Anführer(in) *m(f)*; Hauptmacher(in) *m(f)*

instigation [ɛ̃stigasjõ] *f loc/prép* ***à ou sous l'~ de qn*** auf j-s Anregung, Anraten (*acc*) hin

instinct [ɛ̃stɛ̃] *m* **1** Instinkt *m*; (angeborener) Trieb; Naturtrieb *m*; ***~ maternel*** Mutterinstinkt *m*; mütterlicher Instinkt; ***~ sexuel*** Geschlechtstrieb *m*; ***~ de conservation*** Selbsterhaltungstrieb *m*; *péj* ***céder à ses (mauvais) ~s*** s-n Trieben, niederen Instinkten nachgeben **2** *par ext* Instinkt *m*, Gespür *n*, (richtiges) Gefühl (**de** für); ***~ des affaires*** Geschäftssinn *m*; *loc/adv* ***d'~*** instinktiv

instinctif [ɛ̃stɛ̃ktif] *adj* ⟨**-ive**⟩ instinktiv; instinktmäßig; unwillkürlich; *personne* instinktiv handelnd; spontan; *péj* triebhaft; ***acte ~*** *a* Instinkthandlung *f*; ***c'est ~*** das geschieht instinktiv

instinctivement [ɛ̃stɛ̃ktivmɑ̃] *adv* instinktiv; unwillkürlich

instit [ɛ̃stit] *m,f* F *abr* (*instituteur, -trice*) (Grundschul)Lehrer(in) *m(f)*

instituer [ɛ̃stitɥe] **I** *v/t* **1** *règlement etc* (neu) einführen **2** JUR ***~ qn héritier*** j-n zum Erben einsetzen **II** *v/pr* **1** ***s'~*** *habitude* sich einbürgern; *relations* sich herausbilden **2** ***s'~ l'ardent défenseur*** *etc* ***de qc*** sich zum glühenden Verteidiger *etc* e-r Sache (*gén*) machen

institut [ɛ̃stity] *m* **1** Institut *n*; Lehr-, Forschungsstätte *f*; ***Institut catholique de Paris*** katholische Universität von Paris; ***~ français*** Französisches Kulturinstitut (*im Ausland*); ***~ médico-légal*** gerichtsmedizinisches Institut; ***Institut national agronomique*** (*abr* ***I.N.A.***) landwirtschaftliche Hochschule; ***~ universitaire de technologie*** (*abr* ***IUT***) *correspond à* Fachhochschule *f* **2** ***Institut (de France)*** französische Akademie der Wissenschaften **3** ***~ de beauté*** Schönheits-, Kosmetiksalon *m*

instituteur [ɛ̃stitytœʀ] *m*, **institutrice** *f* (Grundschul)Lehrer(in) *m(f)*

institution [ɛ̃stitysjõ] *f* **1** *d'un règlement etc* Einführung *f*; JUR ***~ d'héritier*** Erbeinsetzung *f* **2** (*organisme*) Institution *f*; Einrichtung *f*; ***~s internationales, politiques*** internationale, politische Institutionen; *iron* ***élever la corruption à la hauteur d'une ~*** die Korruption zu e-r festen Einrichtung machen **3** ***~ religieuse*** kirchliche (private) Lehranstalt

institutionnalisation [ɛ̃stitysjɔnalizasjõ] *f* Institutionalisierung *f* **institutionnaliser** **I** *v/t* institutionalisieren; zu e-r festen Einrichtung machen **II** *v/pr* ***s'~*** sich institutionalisieren; zu e-r festen Einrichtung werden **institutionnalisme** *m* Institutionalismus *m*

institutionnel [ɛ̃stitysjɔnɛl] *adj* ⟨**~le**⟩ institutionell

instructeur [ɛ̃stʀyktœʀ] **I** *m* MIL Ausbilder *m* **II** *adj m* **1** MIL ***officier ~*** Ausbildungsoffizier *m* **2** JUR ***juge ~*** Untersuchungsrichter *m*

instructif [ɛ̃stʀyktif] *adj* ⟨**-ive**⟩ instruktiv; lehr-, aufschlussreich; belehrend

instruction [ɛ̃stʀyksjõ] *f* **1** (*enseignement*) Unterricht *m*; Unterrichten *n*; Ausbildung *f*; Unterweisung *f*; Belehrung *f*; ***~ civique*** Gemeinschafts-, Staatsbürgerkunde *f*; ***~ militaire*** militärische Ausbildung; ***~ publique*** staatliches Schul-, Unterrichtswesen; ***~ religieuse*** Religionsunterricht *m* **2** (*connaissances*) Wissen *n*; Kenntnisse *f/pl*; Schulbildung *f*; ***sans ~*** ohne großes Wissen; ungebildet; ***avoir de l'~*** ein großes Wissen, viele Kenntnisse besitzen; gebildet sein **3** (*directive*) (An)Weisung *f*; Instruktion *f*; Vorschrift *f*; ÉGL CATH ***~ pastorale*** Hirtenbrief *m*; *loc/adv* ***conformément aux ~s*** weisungsgemäß **4** (*mode d'emploi*) ***~s*** *pl* (Betriebs)-Anleitung *f*; Gebrauchsanweisung *f* **5** INFORM Befehl *m* **6** JUR Untersuchung *f*; strafrechtliche Voruntersuchung; ***juge*** *m* ***d'~*** Untersuchungsrichter *m*

instruire [ɛ̃stʀɥiʀ] ⟨→ **conduire**⟩ **I** *v/t* **1** (*enseigner*) ***~ qn*** j-n unterweisen, unterrichten, ausbilden (*a* MIL), anleiten (***dans qc*** in etw [*dat*]); j-n belehren (***sur qc*** über etw [*acc*]); ♦ *abs* Wissen, Kenntnisse vermitteln; belehren **2** *fig p/p* ***instruit par l'expérience*** durch Erfahrung klug geworden **3** *st/s* (*informer*) ***~ qn de qc*** j-n über etw (*acc*) unterrichten, instruieren, von etw in Kenntnis setzen **4** JUR ***~ une affaire, un procès*** die strafrechtliche Voruntersuchung einleiten, durchführen; ***~ contre qn*** die strafrechtliche Voruntersuchung gegen j-n durchführen **II** *v/pr* ***s'~*** sich (*dat*) Kenntnisse *ou* Wissen aneignen, sich bilden (***dans une science*** in e-m Wissenschaftszweig); ***s'~ de, sur qc*** sich über etw (*acc*) unterrichten

instruit [ɛ̃stʀɥi] *adj* großes Wissen, viele Kenntnisse besitzend; mit großem Wissen; gebildet

instrument [ɛ̃stʀymɑ̃] *m* **1** Instrument *n*; Gerät *n*; Werkzeug *n*; ***~ tranchant*** Schneidwerkzeug *n*; ***~ de chirurgie*** chirurgisches Instrument; ***~ de mesure*** Messinstrument *n*, -gerät *n*; ***~ de précision*** Präzisionsinstrument *n*; HIST *et fig plais* ***~ de torture*** Folter-, Marterwerkzeug *n*, -instrument *n*; ***~ de travail*** Arbeitsgerät *n*; Hilfsmittel *n*; AVIAT ***vol*** *m* ***aux ~s*** Instrumenten-, Blindflug *m* **2** MUS ***~ (de musique)*** (Musik)Instrument *n*; ***~ à clavier, à cordes*** Tasten-, Saiteninstrument *n*; ***~ à cordes frottées, pincées*** Streich-, Zupfinstrument *n*; ***~ à percussion, à vent*** Schlag-, Blasinstrument *n*; ***jouer d'un ~*** ein Instrument spielen **3** *fig* Instrument *n*; Mittel *n*; *personne* Werkzeug *n*; ***~ de propagande*** Propagandamittel *n*, -instrument *n*

instrumental [ɛ̃stʀymɑ̃tal] *adj* ⟨**-aux**⟩ MUS Instrumental…; ***musique ~e*** Instrumentalmusik *f*

instrumentation [ɛ̃stʀymɑ̃tasjõ] *f* MUS Instrumentation *f*; Instrumentierung *f*

instrumenter [ɛ̃stʀymɑ̃te] **I** *v/t* TECH mit automatischen Kontrollgeräten ausstatten **II** *v/i* JUR e-e Urkunde, ein Dokument ausstellen, ausfertigen

instrumentiste [ɛ̃stʀymɑ̃tist] *m,f* MUS Instrumentalist(in) *m(f)*

insu [ɛ̃sy] *loc/prép* ***à l'~ de qn*** ohne j-s Wissen; ***à mon ~*** ohne mein Wissen; ohne dass ich es wusste

insubmersible [ɛ̃sybmɛʀsibl] *adj* unsinkbar

insubordination [ɛ̃sybɔʀdinasjõ] *f* Gehorsamsverweigerung *f*; MIL *a* Befehlsverweigerung *f*

insubordonné [ɛ̃sybɔʀdɔne] *adj* ungehorsam; widerspenstig; *st/s* unbotmäßig; ***soldat ~*** Befehlsverweigerer *m*

insuccès [ɛ̃syksɛ] *m* Misserfolg *m*; Misslingen *n*; Scheitern *n*; *d'une pièce, à un examen* Durchfall *m*; *d'un projet a* Fehlschlag *m*

insuffisamment [ɛ̃syfizamɑ̃] *adv* nicht genügend, genug

insuffisance [ɛ̃syfizɑ̃s] *f* **1** Unzulänglichkeit *f*; ***~ de personnel*** Personalmangel *m*; ***~ de ressources*** nicht ausreichende, unzureichende Mittel *n/pl*; *travail* ***présenter des ~s*** Unzulänglichkeiten aufweisen **2** MÉD ***~ cardiaque*** Herzschwäche *f*, -insuffizi-

enz *f*
insuffisant [ɛ̃syfizɑ̃] *adj* ungenügend; unzureichend; unzulänglich
insuffler [ɛ̃syfle] *v/t* 1 MÉD einblasen 2 *fig vie* einhauchen; *courage etc* einflößen; *désir* erwecken (***à qn*** bei, in j-m)
insulaire [ɛ̃sylɛʀ] I *adj* Insel…; insular II *m,f* Inselbewohner(in) *m(f)*; Insulaner(in) *m(f)*
insularité [ɛ̃sylaʀite] *f* Insellage *f*; Inselcharakter *m*
insuline [ɛ̃sylin] *f* MÉD Insulin *n*
insultant [ɛ̃syltɑ̃] *adj* beleidigend
insulte [ɛ̃sylt] *f* 1 Beleidigung *f*; Beschimpfung *f* 2 *par ext* **~ *à la misère*** Beleidigung angesichts des Elends; ***être une ~ à qc*** → ***insulter*** *II*
insulter [ɛ̃sylte] I *v/t* beleidigen; beschimpfen; ***se faire, se laisser ~*** sich beleidigen, beschimpfen lassen (***par qn*** von j-m) II *v/t/indir st/s* **~ *à qc*** ein Hohn auf etw (*acc*) sein; e-r Sache (*dat*) ins Gesicht schlagen, hohnsprechen III *v/pr* ***s'~*** einander, sich gegenseitig beleidigen, beschimpfen
insupportable [ɛ̃sypɔʀtabl] *adj* unerträglich; *personne a* unausstehlich
insurgé [ɛ̃syʀʒe] I *adj* aufständisch; aufrührerisch II *m* Aufständische(r) *m*
insurger [ɛ̃syʀʒe] *v/pr* ⟨**-geons**⟩ ***s'~*** sich auflehnen, erheben, empören (***contre*** gegen) (*a fig*); aufstehen (gegen)
insurmontable [ɛ̃syʀmõtabl] *adj* unüberwindlich
insurpassable [ɛ̃syʀpasabl] *adj* unübertrefflich
insurrection [ɛ̃syʀɛksjõ] *f* Aufstand *m*; (bewaffnete) Erhebung, Empörung; Insurrektion *f*; **~ *populaire*** Volksaufstand *m*
insurrectionnel [ɛ̃syʀɛksjɔnɛl] *adj* ⟨**~le**⟩ Aufstands…; ***gouvernement ~*** von Aufständischen gebildete Regierung; ***mouvement ~*** Aufstandsbewegung *f*
intact [ɛ̃takt] *adj* 1 *objet* unbeschädigt; ganz; heil; intakt; *somme d'argent* unberührt; vollständig 2 *fig réputation* einwandfrei; untadelig; *honneur a* unbefleckt
intangibilité [ɛ̃tɑ̃ʒibilite] *f* Unantastbarkeit *f* **intangible** *adj* unantastbar
intarissable [ɛ̃taʀisabl] *adj* 1 *source, imagination etc* nie versiegend; unversiegbar; *larmes* nicht versiegen wollend 2 *personne* unerschöpflich (***sur ce sujet*** auf diesem Gebiet)
intégral [ɛ̃tegʀal] I *adj* ⟨**-aux**⟩ 1 *changement, somme etc* vollständig; *remboursement a* in voller Höhe; *bronzage* nahtlos; Ganzkörper…; ***casque ~*** Integralhelm *m*; ***édition ~e*** vollständige, ungekürzte Ausgabe; ***texte ~*** vollständiger, ungekürzter Text 2 MATH ***calcul ~*** Integralrechnung *f* II *f* **~e** 1 MATH Integral *n* 2 MUS Gesamtausgabe *f*, -aufnahme *f*; **~e *des quatuors à cordes*** sämtliche Streichquartette *n/pl*
intégralement [ɛ̃tegʀalmɑ̃] *adv* vollständig; ganz; in vollem Umfang
intégralité [ɛ̃tegʀalite] *f* Vollständigkeit *f*; *loc/adv* ***dans son ~*** vollständig; ganz
intégrant [ɛ̃tegʀɑ̃] *adj* ***partie ~e*** integrierender, wesentlicher, unerlässlicher Bestandteil; ***faire partie ~e de qc*** ein integrierender Bestandteil e-r Sache sein; unbedingt zu e-r Sache (dazu) gehören
intégration [ɛ̃tegʀasjõ] *f* 1 Integration *f*; Integrierung *f*; POL, ÉCON *a* Zusammenschluss *m*; *dans un ensemble a* Eingliederung *f*, Einbeziehung *f* (***dans*** in +*acc*); **~ *raciale*** Aufhebung *f* der Rassentrennung; **~ *sociale*** soziale Integration 2 MATH Integrieren *n*; Integration *f*
intégrationniste [ɛ̃tegʀasjɔnist] *m,f* Verfechter(in) *m(f)* rassischer Gleichberechtigung; Integrationist(in) *m(f)*
intègre [ɛ̃tɛgʀ] *adj* integer; moralisch sauber; rechtschaffen; unbescholten
intégrer [ɛ̃tegʀe] ⟨**-è-**⟩ I *v/t* 1 integrieren, (als Bestandteil) einfügen, eingliedern, einbeziehen, einbinden (***dans, à*** in +*acc*) 2 MATH integrieren II *v/i arg universitaire* **~ *à*** *une grande école* eintreten in (+*acc*) III *v/pr* ***s'~*** sich integrieren, einfügen (***dans, à*** in +*acc*); *adjt* ***être intégré*** integriert sein
intégrisme [ɛ̃tegʀism] *m* REL Fundamentalismus *m*; ÉGL CATH Integralismus *m* **intégriste** REL I *adj* fundamentalistisch; ÉGL CATH integralistisch II *m* Fundamentalist *m*; ÉGL CATH Integralist *m*
intégrité [ɛ̃tegʀite] *f* 1 *d'un territoire etc* Vollständigkeit *f*; Unversehrtheit *f*; Integrität *f*; ***conserver l'~ de ses facultés intellectuelles*** noch im Vollbesitz s-r geistigen Fähigkeiten sein 2 (*probité*) Integrität *f*; moralische Sauberkeit; Rechtschaffenheit *f*; Unbescholtenheit *f*
intellect [ɛ̃telɛkt] *m* Intellekt *m*; Verstand *m*; Vernunft *f*
intellectualisation [ɛ̃telɛktɥalizasjõ] *f* Intellektualisierung *f*; intellektuelle, geistige Umformung, Verarbeitung **intellectualiser** *v/t* intellektualisieren; intellektuell, geistig umformen, verarbeiten **intellectualisme** *m* PHILOS *et par ext* Intellektualismus *m* **intellectualiste** *adj* intellektualistisch **intellectualité** *f* Geistigkeit *f*; Verstandesmäßigkeit *f*
intellectuel [ɛ̃telɛktɥɛl] I *adj* ⟨**~le**⟩ 1 geistig; Geistes…; intellektuell; verstandesmäßig; ***facultés ~les*** geistige Fähigkeiten *f/pl*, Kräfte *f/pl*; ***quotient ~*** Intelligenzquotient *m*; ***travail ~*** geistige Arbeit; Kopfarbeit *f*; ***vie ~le*** Geistesleben *n* 2 *personne* intellektuell; geistig orientiert II *subst* **~(*le*)** *m(f)* Intellektuelle(r) *f(m)*
intelligemment [ɛ̃teliʒamɑ̃] *adv* → ***intelligent***
intelligence [ɛ̃teliʒɑ̃s] *f* 1 (*facultés mentales*) Intelligenz *f*; Verstandeskraft *f*; Geist *m*; Einsicht *f*; Klugheit *f*; **~ *artificielle*** künstliche Intelligenz; ***test m d'~*** Intelligenztest *m*; ***avec ~*** intelligent; klug; ***il a eu l'~ de ne pas lui répondre*** er war so klug, ihm nicht zu antworten; ***mettre de l'~ dans qc*** etw intelligent, klug machen 2 (*compréhension*) Verständnis *n*, Sinn *m* (***de qc*** für etw); ***pour l'~ du texte …*** zum besseren Verständnis des Textes … 3 (*personne intelligente*) überdurchschnittlich intelligenter Mensch; geistige Größe; ***une ~ normale*** ein mit normaler Intelligenz begabter Mensch 4 (*entente*) Einvernehmen *n*; (*complicité*) (geheimes) Einverständnis; ***regard m d'~*** verständnisinniger Blick; ***être d'~ avec qn*** sich mit j-m im Einvernehmen, in geheimem Einverständnis befinden; F mit j-m unter e-r Decke stecken; ***vivre en bonne, en mauvaise ~ avec qn*** mit j-m in gutem, schlechtem Einvernehmen leben 5 **~*s*** *pl* (*complicités secrètes*) (geheime) Verbindungen *f/pl* (***avec qn*** zu j-m); ***avoir des ~s dans la place*** (an der zuständigen Stelle) s-e Informanten haben; ***entretenir des ~s avec l'ennemi*** geheime Verbindungen zum Feind unter-

I

halten
intelligent [ɛ̃teliʒɑ̃] *adj* intelligent; klug; gescheit; verständig
intelligentsia [ɛ̃teli(d)ʒɛntsja] *f* Intelligenz(schicht) *f*; Intellektuelle(n) *m/pl*; Intelligenzija *f*
intelligibilité [ɛ̃teliʒibilite] *f* Verständlichkeit *f*
intelligible [ɛ̃teliʒibl] *adj* **1** verständlich; vernehmbar, -lich; ***parler à 'haute et ~ voix*** laut und deutlich sprechen **2** (*compréhensible*) verständlich; klar; ***rendre qc ~ à qn*** j-m etw klarmachen **3** PHILOS intelligibel
intello [ɛ̃telo] *m,f* F *abr* (*intellectuel*[*le*]) Intelligenzler(in) *m(f)*
intempérance [ɛ̃tɑ̃peʀɑ̃s] *st/s f* Unmäßigkeit *f*; *par ext* ***~ de langage*** maßlose, ungezügelte Worte *n/pl*, Reden *f/pl*
intempérant [ɛ̃tɑ̃peʀɑ̃] *st/s adj* unmäßig; maßlos
intempéries [ɛ̃tɑ̃peʀi] *f/pl* Unbilden *pl* der Witterung; ungünstige Witterungseinflüsse *m/pl*; ***résistant aux ~*** wetterbeständig, -fest
intempestif [ɛ̃tɑ̃pɛstif] *adj* ⟨**-ive**⟩ unangebracht; unpassend; ***zèle ~*** blinder Eifer
intemporalité [ɛ̃tɑ̃pɔʀalite] *litt f* Zeitlosigkeit *f* **intemporel** *litt adj* ⟨**~le**⟩ zeitlos
intenable [ɛ̃t(ə)nabl] *adj* **1** MIL unhaltbar **2** (*insupportable*) unerträglich; F nicht zum Aushalten
intendance [ɛ̃tɑ̃dɑ̃s] *f* **1** *d'un lycée* Verwaltung *f*; Verwaltungsstelle *f*, -büro *n* **2** MIL **~** (***militaire***) (Wirtschafts)Verwaltungsbehörde *f* **3** POL ***l'~*** die wirtschaftlichen Aufgaben *f/pl* des Staates; *loc* ***l'~ suivra*** die Wirtschaft bleibt der Politik untergeordnet
intendant [ɛ̃tɑ̃dɑ̃] *m*, **intendante** *f* **1** *d'un lycée* Verwaltungsdirektor(in) *m(f)* **2** (*régisseur*) Verwalter(in) *m(f)* **3** MIL ***intendant militaire*** Leiter *m* e-r Verwaltungsbehörde des Heeres **4** *m* HIST *dans les provinces françaises* Intendant *m*
intense [ɛ̃tɑ̃s] *adj douleur, émotion, froid, lumière, couleur* stark; intensiv; ***circulation f ~*** starker, dichter, lebhafter Verkehr
intensément [ɛ̃tɑ̃semɑ̃] *adv* intensiv
intensif [ɛ̃tɑ̃sif] *adj* ⟨**-ive**⟩ **1** *apprentissage, cours* intensiv; ***travail ~*** intensive, angestrengte Arbeit **2** AGR ***culture intensive*** intensive Bodenbewirtschaftung; Intensivanbau *m*; ***élevage ~*** Intensivhaltung *f* **3** LING verstärkend; Verstärkungs…; ***préfixe ~*** Verstärkungspräfix *n*
intensification [ɛ̃tɑ̃sifikasjõ] *f* Intensivierung *f*; Verstärkung *f*; Steigerung *f* **intensifier** **I** *v/t* intensivieren; verstärken; *production* steigern; *échanges a* ausbauen **II** *v/pr* ***s'~*** stärker, intensiver werden
intensité [ɛ̃tɑ̃site] *f* **1** Intensität *f*; Stärke *f*; OPT ***~ lumineuse*** Lichtstärke *f*; ***~ de la circulation*** Verkehrsdichte *f*, -aufkommen *n*; ÉLECT ***~ d'un courant électrique*** elektrische Stromstärke; PHYS ***~ du son*** Lautstärke *f*; *froid, tempête etc*: ***augmenter d'~*** (an Intensität, Stärke, Heftigkeit) zunehmen; stärker, heftiger werden; ***diminuer d'~*** nachlassen; schwächer werden **2** *d'un sentiment, d'un regard* Intensität *f*; Eindringlichkeit *f*; ***~ dramatique*** dramatische Dichte **3** PHON ***accent m d'~*** dynamischer Akzent; Tonstärke *f*
intenter [ɛ̃tɑ̃te] *v/t* JUR ***~ une action, un procès à*** *ou* ***contre qn*** j-n verklagen; e-e Klage, e-n Prozess gegen j-n anstrengen; gegen j-n gerichtlich vorgehen
intention [ɛ̃tɑ̃sjõ] *f* Absicht *f*; Vorsatz *m*; Intention *f*; ***~ délibérée*** feste Absicht; fester Vorsatz; ***~s secrètes*** geheime Absichten; ***~s de vote*** voraussichtliche (Zahl der) Wählerstimmen *f/pl*; *loc/prép*: ***à l'~ de qn*** *cadeau, livre, film* (speziell) für j-n; *fête* j-m zu Ehren; *dire une messe* ***à l'~ d'un défunt*** für e-n Toten; ***avec, dans l'~ de*** (+*inf*) in der Absicht zu (+*inf*); ***avoir l'~ de*** (+*inf*) die Absicht haben, beabsichtigen, vorhaben, sich mit der Absicht tragen zu (+*inf*); ***n'avoir nullement l'~ de*** (+*inf*) keineswegs, -falls die Absicht haben, gar nicht daran denken zu (+*inf*); ***avoir de bonnes ~s envers, à l'égard de qn*** es gut mit j-m meinen; ***avoir de mauvaises ~s*** böse Absichten haben; Böses im Schilde führen; *loc* ***c'est l'~ qui compte*** der gute Wille zählt; ***il n'est pas dans mes ~s de*** (+*inf*) es liegt nicht in meiner Absicht zu (+*inf*); ***faire qc dans une bonne, mauvaise ~*** etw in guter, böser Absicht tun; → *a* ***procès*** *2*
intentionné [ɛ̃tɑ̃sjɔne] *adj* ***bien, mal ~*** wohlmeinend *ou* -gesinnt, übel gesinnt
intentionnel [ɛ̃tɑ̃sjɔnɛl] *adj* ⟨**~le**⟩ absichtlich; beabsichtigt; vorsätzlich
inter [ɛ̃tɛʀ] *m* **1** (*interurbain*) TÉL Fernamt *n* **2** (*intérieur*) SPORTS Halbstürmer *m*; ***~ droit, gauche*** Halbrechte(r) *m*, -linke(r) *m*
inter… [ɛ̃tɛʀ] *préfixe* inter…; Inter…; zwischen…; Zwischen…; → *les articles suivants*
interactif [ɛ̃tɛʀaktif] *adj* ⟨**-ive**⟩ interaktiv; INFORM *a* Dialog…
interaction [ɛ̃tɛʀaksjõ] *f* Wechselwirkung *f*; PSYCH *a* Interaktion *f*
interactivité [ɛ̃tɛʀaktivite] *f* INFORM Interaktivität *f*
interallemand [ɛ̃tɛʀalmɑ̃] *adj* HIST inner-, gesamtdeutsch; deutsch-deutsch **interallié** *adj* interalliiert
interarmes *adj* ⟨*inv*⟩ MIL mehrere *ou* alle Waffengattungen betreffend
intercalaire [ɛ̃tɛʀkalɛʀ] **I** *adj* **1** eingeschoben, -gelegt, -gefügt **2** ASTR ***jour m ~*** Schalttag *m* **II** *m* eingelegtes Blatt; Trennblatt *n*
intercaler [ɛ̃tɛʀkale] *v/t* einschieben, -legen, -fügen, -schalten
intercéder [ɛ̃tɛʀsede] *v/i* ⟨**-è-**⟩ sich einsetzen, sich verwenden (***pour, en faveur de qn*** für j-n; ***auprès de qn*** bei j-m)
intercellulaire [ɛ̃tɛʀselylɛʀ] *adj* BIOL interzellular
intercepter [ɛ̃tɛʀsɛpte] *v/t* **1** *message, avion, bateau, ballon* abfangen; ***~ une communication téléphonique*** ein Telefongespräch abhören; ***~ une lettre*** einen Brief abfangen, unterschlagen **2** *lumière, chaleur* ab-, zurückhalten
intercepteur [ɛ̃tɛʀsɛptœʀ] *m* AVIAT MIL Abfangjäger *m* **interception** *f* **1** Abfangen *n* (*a* MIL); *d'une lettre* Unterschlagen *n*; TÉL Abhören *n* **2** *de lumière, de chaleur* Ab-, Zurückhalten *n*
intercesseur [ɛ̃tɛʀsesœʀ] *m* REL, *litt* Fürsprecher *m* **intercession** *f* REL, *litt* Fürsprache *f*
interchangeable [ɛ̃tɛʀʃɑ̃ʒabl] *adj* (untereinander) austauschbar, auswechselbar
interclasse [ɛ̃tɛʀklɑs] *m* ÉCOLE kurze Pause (*zwischen zwei Unterrichtsstunden*)
interclubs [ɛ̃tɛʀklœb] *adj* ⟨*inv*⟩ *tournoi* zwischen mehreren Klubs, Vereinen **intercommunal** *adj* ⟨**-aux**⟩ mehrere Kommunen, Gemeinden betreffend **interconnexion** *f* TECH, ADM Verbund *m*

intercontinental [ɛ̃tɛʀkõtinɑ̃tal] *adj* ⟨**-aux**⟩ interkontinental; Interkontinental…; ***fusée ~e*** Interkontinentalrakete *f*

intercostal [ɛ̃tɛʀkɔstal] *adj* ⟨**-aux**⟩ ANAT zwischen den Rippen (liegend); *sc* interkostal

interdépartemental [ɛ̃tɛʀdepaʀtmɑ̃tal] *adj* ⟨**-aux**⟩ mehrere Departements betreffend

interdépendance [ɛ̃tɛʀdepɑ̃dɑ̃s] *f* gegenseitige Abhängigkeit *f*; Wechselbeziehung *f*; Interdependenz *f*; Verflechtung *f* **interdépendant** *adj* voneinander abhängend; interdependent

interdiction [ɛ̃tɛʀdiksjõ] *f* **1** Verbot *n*; ***~ de sortir, de stationner*** Ausgeh-, Parkverbot *n* **2** JUR **a)** ~ (***judiciaire***) Entmündigung *f*; **b)** ~ ***légale*** Aberkennung *f* der bürgerlichen Rechte; ***~ de séjour*** Aufenthaltsverbot *n* **3** *concernant l'exercice de fonctions* Amtsenthebung *f*; Berufsverbot *n*

interdire [ɛ̃tɛʀdiʀ] ⟨→ **dire**; *aber* **vous interdisez**⟩ **I** *v/t* **1** ~ ***qc*** etw verbieten, untersagen (***à qn*** j-m); ***~ à qn de faire qc*** j-m verbieten, untersagen, etw zu tun; ***son état de santé lui interdit de*** (*+inf*) sein Gesundheitszustand verbietet es ihm zu (*+inf*) **2** JUR ~ ***qn*** j-n entmündigen **3** *fonctionnaire* s-s Amtes entheben **4** ÉGL CATH mit dem Interdikt belegen **II** *v/pr* ***s'~ qc ou de faire qc*** sich (*dat*) etw verbieten, versagen *ou* es sich (*dat*) verbieten, versagen, etw zu tun

interdisciplinaire [ɛ̃tɛʀdisiplinɛʀ] *adj* mehrere Unterrichtsfächer, Disziplinen, Fachrichtungen betreffend; interdisziplinär; fächerübergreifend

interdit [ɛ̃tɛʀdi] **I** *adj* **1** verboten; untersagt; ***passage ~*** Durchgang, -fahrt verboten; ***reproduction ~e*** Nachdruck verboten; ***~ aux moins de 18 ans*** für Jugendliche unter 18 Jahren verboten; *route* ***~ aux véhicules*** für Fahrzeuge gesperrt; ***il est ~ de*** (*+inf*) es ist verboten zu (*+inf*); *par ext espoir, bonheur* ***être ~ à qn*** j-m versagt sein **2** JUR entmündigt; ***~ de séjour*** mit e-m Aufenthaltsverbot belegt **3** (*très étonné*) bestürzt; verblüfft; wie vor den Kopf geschlagen; sprachlos **II** *subst* **1** ~(***e***) *m(f)* JUR Entmündigte(r) *f(m)*; ***~ de séjour*** von e-m Aufenthaltsverbot Betroffene(r) *m* **2** *m* ÉGL CATH Interdikt *n*; *fig* ***jeter l'~ sur*** ausschließen; ächten; in Acht und Bann tun **3** *m* (*tabou*) (gesellschaftliches, religiöses, moralisches) Verbot, Tabu; ***braver les ~s*** sich über Verbote, Tabus hinwegsetzen

interentreprises [ɛ̃tɛʀɑ̃tʀəpʀiz] *adj* ⟨*inv*⟩ überbetrieblich

intéressant [ɛ̃teʀɛsɑ̃] **I** *adj* **1** interessant; reizvoll; anregend; beachtenswert; aufschlussreich; (***ne pas***) ***être ~*** *a* (kein) Interesse, (keine) Beachtung verdienen; *péj* ***chercher à se rendre ~*** sich interessant machen wollen **2** (*avantageux*) interessant; vorteilhaft; lohnend **3** *plais* ***être dans une position ~e*** (*être enceinte*) in anderen Umständen sein **II** *subst péj* ***faire l'~(e)*** *m(f)* sich interessant machen; F sich aufspielen; angeben

intéressé [ɛ̃teʀese] **I** *adj* **1** (*qui est en cause*) betreffend; beteiligt; infrage kommend; betroffen; interessiert **2** (*recherchant son intérêt*) eigennützig; *personne a* auf s-n Vorteil bedacht **3** ***être ~ à, par une question*** *etc* an e-r Frage *etc* interessiert sein **4** ÉCON ***être ~ aux bénéfices*** am Gewinn beteiligt sein **II** *subst* ~(***e***) *m(f)* Betreffende(r) *f(m)*; Beteiligte(r) *f(m)*; Betroffene(r) *f(m)*; Interessierte(r) *f(m)*

intéressement [ɛ̃teʀɛsmɑ̃] *m dans une entreprise* Gewinnbeteiligung *f*

intéresser [ɛ̃teʀese] **I** *v/t* **1** ~ ***qn*** j-n interessieren, j-s Interesse wecken (***à qn, qc*** für j-n, etw); ***cela m'intéresse beaucoup*** das interessiert mich sehr; *iron* ***cause toujours*** *ou* ***continue, tu m'intéresses!*** red du nur! **2** (*concerner*) ~ ***qc, qn*** etw, j-n betreffen, angehen; für etw, j-n wichtig, interessant sein **3** ÉCON ~ ***qn*** j-n beteiligen (***aux bénéfices*** am Gewinn) **II** *v/pr* ***s'~ à qn, qc*** sich für j-n, etw interessieren; an j-m, etw interessiert sein; für j-n, etw *ou* an j-m, etw Interesse haben; ***s'~ au sort de qn*** *a* an j-s Schicksal (*dat*) Anteil nehmen

intérêt [ɛ̃teʀɛ] *m* **1** (*attention*) Interesse *n*; (geistige) Anteilnahme; Aufmerksamkeit *f*; Beachtung *f*; ***avec ~*** mit Interesse; interessiert; ***éveiller l'~ de qn*** j-s Interesse wecken; ***manifester de l'~ pour qn, qc*** Interesse für j-n, etw zeigen, bekunden; ***porter de l'~ à qn*** j-m Interesse entgegenbringen; ***prendre ~ à qc*** e-r Sache (*dat*) Interesse entgegenbringen; für etw Interesse bekommen, aufbringen **2** (*importance*) Interesse *n*; Reiz *m*; Bedeutung *f*; *livre, sujet etc* (***plein***) ***d'~*** (sehr) interessant, bedeutend; *sujet, problème* ***d'~ général*** von allgemeinem Interesse; allgemein interessierend; ***du plus grand ~*** von größtem Interesse; sehr interessant; ***sans ~, dénué d'~*** uninteressant; ***avoir, présenter de l'~*** von Interesse sein (***pour qn*** für j-n); ***quel est l'~ de ce film?*** worin liegt eigentlich die Bedeutung, der Reiz dieses Films?; was ist eigentlich an diesem Film so interessant?; F was ist eigentlich an diesem Film dran?; ***manquer d'~*** uninteressant, reizlos sein **3** (*avantage*) Interesse *n*; Vorteil *m*; Nutzen *m*; ***~s*** *pl a* Belange *m/pl*; ***~s matériels*** materielle Interessen, Belange; ***~ national*** nationales Interesse; ***groupement*** *m* ***d'~s*** Interessengemeinschaft *f*, -gruppe *f*; ***dans l'~ de qn*** in j-s Interesse (*dat*); zu j-s Bestem, Nutzen; ***dans son ~*** in s-m Interesse; ***dans l'~ général*** im allgemeinen Interesse; im Interesse der Allgemeinheit; ***il a*** (***tout***) ***~ à faire qc*** es ist, liegt (ganz) in s-m Interesse, dass er etw tut; ***il y a ~ à*** (*+inf*) es ist von Vorteil *ou* Nutzen, es ist gut zu (*+inf*); ***les ~s particuliers doivent céder le pas à l'~ général*** Gemeinnutz geht vor Eigennutz; ***c'est dans votre propre ~*** das liegt in Ihrem eigenen Interesse; ***prendre soin des ~s de qn*** j-s Interessen, Belange wahrnehmen, vertreten **4** (*avantage personnel*) Eigennutz *m*; ***mariage*** *m* ***d'~*** vorteilhafte Partie; ***faire qc par ~*** etw aus Eigennutz tun **5** FIN Zins *m*; *souvent pl* ***~s*** Zinsen *m/pl*; ***~(s) composé(s)*** Zinseszins(en) *m(pl)*; ***prêt*** *m* ***à ~*** verzinsliches Darlehen; ***taux*** *m* ***de l'~*** Zinsfuß *m*, -satz *m*; ***sans ~*** zinslos; ***payer les ~s de qc*** etw verzinsen; ***demander un ~ de dix pour cent*** zehn Prozent Zinsen verlangen; ***rapporter des ~s*** sich verzinsen; Zinsen bringen, tragen **6** ÉCON ***avoir des ~s dans une affaire*** an e-m Geschäft beteiligt sein **7** JUR ***dommages et ~s*** *pl* Schaden(s)ersatz *m*; Entschädigung *f*

interface [ɛ̃tɛʀfas] *f* INFORM Interface [-feːs] *n*; Schnittstelle *f*; ***~ utilisateur*** Benutzeroberfläche *f*

interférence [ɛ̃tɛʀfeʀɑ̃s] *f* **1** PHYS Interferenz *f*; Überlagerung *f* (*a fig*) **2** (*intervention*) Einmischung *f*, Eingriff *m* (***dans*** in *+acc*) **interférer** *v/i* ⟨**-è-**⟩ **1** PHYS interferieren; sich überlagern (*a fig*) **2** (*intervenir*) eingreifen (***dans*** in *+acc*)

interféron [ɛ̃tɛʀfeʀõ] *m* MÉD Interferon *n*
intergalactique [ɛ̃tɛʀgalaktik] *adj* ASTR intergalaktisch **interglaciaire** *adj* GÉOL zwischeneiszeitlich; *sc* interglazial **intergouvernemental** *adj* ⟨-aux⟩ zwischen den Regierungen **intergroupe(s)** *adj* POL interfraktionell
intérieur [ɛ̃teʀjœʀ] **I** *adj* innere(r, -s); Innen…; innerlich; innerhalb befindlich, liegend; POL ***affaires ~es*** innere Angelegenheiten *f/pl*; ***commerce ~*** Binnenhandel *m*; AUTO ***conduite ~e*** Limousine *f*; ***cour ~e*** Innenhof *m*; ***marché ~*** (ein)heimischer Markt; Inland(s)-, Binnenmarkt *m*; ***mer ~e*** Binnenmeer *n*; ***navigation ~e*** Binnen-, Flussschifffahrt *f*; ***poche ~e*** Innentasche *f*; ***politique ~e*** Innenpolitik *f*; ***vie ~e*** Innenleben *n*; AVIAT ***vol ~*** Inlandflug *m* **II** *m* **1** Innere(s) *n* (*a fig*); *d'un pays* Inland *n*; ***l'~ du pays*** das Landesinnere, Binnenland; ***antenne f d'~*** Zimmer-, Innenantenne *f*; ***les ennemis m/pl de l'~*** die inneren Feinde *m/pl*; ***ministère m de l'Intérieur*** Ministerium *n* des Innern; Innenministerium *n*; ♦ *loc/prép* ***à l'~ de*** innerhalb, im Innern (+*gén*); (innen) in (+*dat*); ***à l'~ d'un groupe*** innerhalb, in e-r Gruppe; *loc/adv*: ***à l'~*** (dr)innen; drin; im Inner(e)n; *favoriser l'industrialisation* ***à l'~*** im Landesinnern; *le taux de change* ***à l'~*** im Inland; ***de l'~*** von innen heraus **2** (*chez-soi*) (Da)Heim *n*; Zuhause *n*; ***femme f d'~*** gute, tüchtige Hausfrau; Frau, die in ihrem Zuhause aufgeht; häusliche Frau; ***veste f d'~*** Hausjoppe *f*, -jacke *f* **3** CIN ***~s*** *pl* Innenaufnahmen *f/pl* **4** PEINT (***tableau*** *m* ***d'***)***~*** Interieur *n*
intérieurement [ɛ̃teʀjœʀmɑ̃] *adv* innerlich (*a fig*); im Inner(e)n; innen
intérim [ɛ̃teʀim] *m* **1** Zwischen-, Übergangszeit *f*; Interim *n*; ***par ~*** in der Zwischen-, Übergangszeit; zeitweilig; in Vertretung; Interims…; ***gouvernement*** *m* ***par ~*** Interimsregierung *f*; ***assurer l'~ de qn*** j-s Vertretung übernehmen; j-n vertreten **2** (*travail temporaire*) Zeitarbeit *f*; ***agence*** *f*, ***société f d'~*** Zeitarbeitagentur *f*, -firma *f*
intérimaire [ɛ̃teʀimɛʀ] **I** *adj* zeitweilig; vorläufig; vorübergehend; interimistisch; ***personnel*** *m* ***~*** Aushilfspersonal *n*; ***travail*** *m* ***~*** Zeitarbeit *f* **II** *m,f* **a)** *remplaçant* Vertreter(in) *m(f)*; Vertretung *f* (*Person*); **b)** *travailleur* Zeitarbeiter(in) *m(f)*
intérioriser [ɛ̃teʀjɔʀize] *v/t émotion* nicht äußern; nicht nach außen hin zeigen; ***~ un conflit*** einen Konflikt in s-m Innern austragen
interjectif [ɛ̃tɛʀʒɛktif] *adj* ⟨**-ive**⟩ LING interjektionell; ***locution interjective*** als Interjektion gebrauchte Wendung
interjection [ɛ̃tɛʀʒɛksjõ] *f* LING Interjektion *f*; Ausrufe-, Empfindungswort *n*
interleukine [ɛ̃tɛʀløkin] *f* BIOL Interleukin *n*
interligne [ɛ̃tɛʀliɲ] *m* Zwischenraum *m* (zwischen den Zeilen); TYPO Durchschuss *m*
interlocuteur [ɛ̃tɛʀlɔkytœʀ] *m*, **interlocutrice** *f* Gesprächspartner(in) *m(f)*; *en vue de négociations* Verhandlungspartner(in) *m(f)*
interlope [ɛ̃tɛʀlɔp] *adj* **1** *milieu* zweideutig; anrüchig; verrufen **2** ***commerce*** *m* ***~*** Schleich-, Schwarzhandel *m*
interloqué [ɛ̃tɛʀlɔke] *adj* verdutzt; verwirrt; verblüfft **interloquer** *v/t* aus der Fassung bringen; verwirren; verblüffen
interlude [ɛ̃tɛʀlyd] *m* Zwischenspiel *n*, -musik *f*; MUS Interludium *n*; TV Pausenfüller *m*
intermaxillaire [ɛ̃tɛʀmaksilɛʀ] *adj* ANAT Zwischenkiefer…; *sc* Intermaxillar…
intermède [ɛ̃tɛʀmɛd] *m* **1** THÉ Zwischenspiel *n*, -akt *m*; Einlage *f*; Intermezzo *n* **2** *fig* Intermezzo *n*; Zwischenspiel *n*
intermédiaire [ɛ̃tɛʀmedjɛʀ] **I** *adj* dazwischenliegend; Zwischen…; Mittel…; intermediär; ***couleur f ~*** Zwischenfarbe *f*; ***époque f ~*** Übergangsepoche *f*, -zeit *f*; ***espace m ~*** Zwischenraum *m*; ***partie f ~*** Zwischen-, Mittelteil *n*; ***position f ~*** mittlere Position; Mittelstellung *f*; ***produit m ~*** Zwischenprodukt *n* **II** *subst* **1** *m,f* Mittelsmann *m*, -person *f*; Vermittler(in) *m(f)* **2** *m,f* COMM Zwischenhändler(in) *m(f)* **3** *loc/prép* ***par l'~ de qn*** (auf dem Wege) über j-n; durch j-s Vermittlung
interminable [ɛ̃tɛʀminabl] *adj* endlos; unendlich lang; ***applaudissements*** *m/pl* ***~s*** nicht enden wollender Applaus
interministériel [ɛ̃tɛʀministeʀjɛl] *adj* ⟨**~le**⟩ interministeriell
intermittence [ɛ̃tɛʀmitɑ̃s] *f* zeitweiliges Aussetzen; Unregelmäßigkeit *f*; *loc/adv* ***par ~*** in Abständen, Intervallen; ***travailler par ~*** unregelmäßig, nicht kontinuierlich arbeiten
intermittent [ɛ̃tɛʀmitɑ̃] **I** *adj* zeitweilig aussetzend; mit Unterbrechungen erfolgend; intermittierend; *lumière* periodisch unterbrochen; *travail* nicht kontinuierlich; MÉD ***fièvre ~e*** Wechselfieber *n*; intermittierendes Fieber; ***fontaine, source ~e*** zeitweise versiegende, intermittierende Quelle; *a* Hungerbrunnen *m*, -quelle *f*; ***pouls ~*** unregelmäßiger Puls **II** *subst* ***~(e)*** *m(f)* ***du spectacle*** *nicht fest angestellte(r) Beschäftigte(r) in den Bereichen Theater, Kino, Fernsehen etc.*
intermusculaire [ɛ̃tɛʀmyskylɛʀ] *adj* ANAT zwischen den Muskeln befindlich
internat [ɛ̃tɛʀna] *m* **1** *établissement* Internat *n* **2** MÉD **a)** *fonction* Tätigkeit *f* als Assistenzarzt; **b)** *concours* Prüfung *f* zur Zulassung als Assistenzarzt
international [ɛ̃tɛʀnasjɔnal] ⟨*m/pl* **-aux**⟩ **I** *adj* international; zwischenstaatlich; ***droit ~*** (***public***) Völkerrecht *n*; internationales Recht; ***langue ~e*** Weltsprache *f*; SPORTS ***match ~*** Länderspiel *n*; ***organisations ~es*** internationale Organisationen *f/pl*; ***politique ~e*** *a* Weltpolitik *f*; ***relations ~es*** internationale, zwischenstaatliche Beziehungen *f/pl*; ***trafic ~*** grenzüberschreitender Verkehr **II** *subst* **1** *m* SPORTS Nationalspieler *m*; Mitglied *n* der Nationalmannschaft **2** ***Internationale*** *f hymne, association* Internationale *f*
internationalisation [ɛ̃tɛʀnasjɔnalizasjõ] *f d'un conflit* internationale Ausweitung **internationaliser** *v/t* **1** *port etc* internationalisieren **2** *conflit* international ausweiten **internationalisme** *m* Internationalismus *m*
internaute [ɛ̃tɛʀnot] *m,f* Internetsurfer(in) *m(f)*
interne [ɛ̃tɛʀn] **I** *adj* innere(r, -s); innerlich; Innen…; intern; ***causes*** *f/pl* ***~s*** innere Ursachen *f/pl*; ***face f ~*** Innenseite *f*; ***oreille f ~*** inneres Ohr; Innenohr *n*; ANAT ***organe*** *m* ***~*** inneres Organ; PHYSIOL ***sécrétion*** *f* ***~*** innere Sekretion; PHARM ***à usage ~*** innerlich anzuwenden; zur innerlichen Anwendung **II** *m,f* **1** Internatsschüler(in) *m(f)* **2** ***~*** (***des hôpitaux***) Assistenzarzt, -ärztin *m,f*

Internet – le réseau des réseaux

l'accès à Internet	der Zugang zum Internet
s'acheter un microordinateur	sich einen PC kaufen
souscrire un abonnement auprès d'un fournisseur d'accès	einen Vertrag mit einem Provider abschließen
se connecter	sich einloggen
entrer le mot de passe	das Passwort eingeben
entrer sur Internet	ins Internet gehen
quelques applications	**einige Anwendungen**
envoyer un e-mail à quelqu'un	jemandem eine E-Mail schicken / jemandem mailen
joindre un fichier à un message	eine Datei an eine Mail anhängen
naviguer sur Internet	im Internet surfen
utiliser un moteur de recherche	eine Suchmaschine benutzen
faire une recherche sur Internet	im Internet suchen
aller sur le site Internet de quelqu'un	jemanden auf seiner Website besuchen
cliquer sur un lien	auf einen Link klicken
télécharger un fichier texte	eine Textdatei herunterladen
gérer ses fichiers à l'aide d'un navigateur	seine Dateien mit einem Browser verwalten

interné(e) [ɛ̃tɛʀne] *m(f)* **a)** POL Internierte(r) *f(m)*; **b)** MÉD (in e-e geschlossene Anstalt) Eingewiesene(r) *f(m)*

internement [ɛ̃tɛʀnəmɑ̃] *m* **a)** POL Internierung *f*; ***camp*** *m* ***d'~*** Internierungslager *n*; **b)** MÉD Einweisung *f* (in e-e geschlossene Anstalt)

interner [ɛ̃tɛʀne] *v/t* **a)** POL internieren; **b)** MÉD (in e-e geschlossene Anstalt) einweisen

Internet [ɛ̃tɛʀnɛt] *m* Internet *n*; *adjt* ***adresse*** *f*, ***connexion*** *f* ***~*** Internetadresse *f*, -anschluss *m*; ***via ~*** über das Internet; per Internet; ***naviguer sur ~*** im Internet surfen

interparlementaire [ɛ̃tɛʀpaʀləmɑ̃tɛʀ] *adj* interparlamentarisch

interpellation [ɛ̃tɛʀpelasjɔ̃] *f* **1** POL parlamentarische Anfrage; Interpellation *f* **2** *(apostrophe)* (laute, brüske) Anrede **3** *par la police* (Festnahme *f* zur) Überprüfung *f* der Personalien

interpeller [ɛ̃tɛʀpəle] *v/t* **1** POL interpellieren *(abs)*; ***~ qn*** an j-n e-e Anfrage richten **2** *(apostropher)* ***~ qn*** j-n (laut) anreden, ansprechen; *péj* j-n anfahren; j-m ins Wort fallen **3** *police* die Personalien überprüfen (***des suspects*** der Verdächtigen); ***être interpellé par la police*** *a* von der Polizei (zur Überprüfung der Personalien) festgenommen werden **4** *chose* ***~ qn*** j-n beschäftigen

interpénétration [ɛ̃tɛʀpenetʀasjɔ̃] *f* gegenseitige Durchdringung; Verflechtung *f* **interpénétrer** *v/pr* ⟨-è-⟩ ***s'~*** sich gegenseitig durchdringen, verflechten

interphone® [ɛ̃tɛʀfɔn] *m* Sprechanlage *f*

interplanétaire [ɛ̃tɛʀplanetɛʀ] *adj* interplanetar(isch)

interpolation [ɛ̃tɛʀpɔlasjɔ̃] *f* MATH, *d'un texte* Interpolation *f* **interpoler** *v/t* MATH, *texte* interpolieren

interposé [ɛ̃tɛʀpoze] *adj* ***par enfants ~s, par nations ~es*** *etc* durch die Kinder, Nationen *etc*; mithilfe der Kinder, Nationen *etc*; sich der Kinder, Nationen *etc* als Mittelspersonen bedienend; ***par personne ~e*** durch e-e Mittelsperson, e-n Mittelsmann; *par ext* ***par … ~*** durch Vermittlung, mithilfe (+*gén*)

interposer [ɛ̃tɛʀpoze] **I** *v/t* **1** ***~ qc*** etw dazwischenlegen, -setzen, -stellen; ***~ qc entre qc*** etw zwischen etw *(acc)* setzen, legen, stellen **2** *fig* einsetzen; verwenden; ***~ sa médiation entre*** vermitteln zwischen (+*dat*) **II** *v/pr* ***s'~*** *(intervenir)* dazwischentreten; eingreifen; einschreiten; *comme médiateur* vermitteln (***entre*** zwischen +*dat*); ***s'~ dans une dispute*** in e-n Streit eingreifen

interposition [ɛ̃tɛʀpozisjɔ̃] *f* **1** Dazwischenlegen *n*, -setzen *n*, -stellen *n* **2** Dazwischentreten *n*; Eingreifen *n*; Einschreiten *n*

interprétable [ɛ̃tɛʀpʀetabl] *adj* interpretier-, auslegbar

interprétariat [ɛ̃tɛʀpʀetaʀja] *m* Dolmetscherwesen *n*, -beruf *m*; ***école*** *f* ***d'~*** Dolmetscherschule *f*

interprétation [ɛ̃tɛʀpʀetasjɔ̃] *f* **1** *(explication)* Interpretation *f*; Auslegung *f*; Deutung *f*; Erklärung *f*; ***~ d'une loi*** Gesetzauslegung *f*; ***~ des rêves, des songes*** Traumdeutung *f*; ***erreur*** *f* ***d'~*** Interpretationsfehler *m* **2** THÉ, MUS Interpretation *f*; (künstlerische) Wiedergabe, THÉ *a* Darstellung; *d'un rôle a* Verkörperung *f*; CIN ***prix*** *m* ***de la meilleure ~ féminine, masculine*** Preis *m* für die beste Darstellung e-r weiblichen, männlichen Filmrolle **3** *(traduction)* Dolmetschen *n*; ***~ consécutive, simultanée, de conférence*** Konsekutiv-, Simultan-, Konferenzdolmetschen *n* **4** MÉD ***délire*** *m* ***d'~*** aus der Umdeutung von Wahrnehmungen entstehende Wahnidee

interprète [ɛ̃tɛʀpʀɛt] *m,f* **1** *(traducteur)* Dolmetscher(in) *m(f)*; ***servir d'~, faire l'~*** dolmetschen; F den Dolmetscher machen **2** THÉ, MUS Interpret(in) *m(f)*; THÉ *a* Darsteller(in) *m(f)* **3** *d'un texte* Interpret(in) *m(f)*; Ausleger(in) *m(f)*; **~ des rêves, des songes** Traumdeuter(in) *m(f)* **4** *fig (porte-parole)* Dolmetsch *m*; Fürsprecher(in) *m(f)*; **se faire l'~ de qn** sich zum Dolmetsch für j-n machen; **se faire l'~ de qc** sich zum Sprachrohr e-r Sache machen

interpréter [ɛ̃tɛʀpʀete] *v/t* ⟨-è-⟩ **1** *(expliquer)* interpretieren; auslegen; deuten; erklären; **~ un rêve** einen Traum deuten **2** THÉ, MUS (künstlerisch) wiedergeben; interpretieren; **~ un rôle** eine Rolle darstellen, verkörpern

interprofessionnel [ɛ̃tɛʀpʀɔfɛsjɔnɛl] *adj* ⟨**~le**⟩ mehrere Berufsgruppen umfassend; **salaire minimum ~ de croissance** (dynamischer) Mindestlohn (für alle Berufssparten)

interracial [ɛ̃tɛʀasjal] *adj* ⟨**-aux**⟩ zwischen den Rassen **interrègne** *m* HIST, *fig* Interregnum *n*

interro [ɛ̃tɛʀo] *f* F ÉCOLE *abr (interrogation écrite)* schriftlicher Test

I

interrogateur [ɛ̃tɛʀɔgatœʀ] **I** *adj* ⟨**-trice**⟩ fragend **II** *subst* **~, interrogatrice** *m,f* Prüfer(in) *m(f)*; Prüfende(r) *f(m)*; Examinator *m*, Examinatorin *f*

interrogatif [ɛ̃tɛʀɔgatif] **I** *adj* ⟨**-ive**⟩ **1** fragend **2** GR Frage…; Interrogativ…; interrogativ; **adjectif ~** attributives Interrogativpronomen; **adverbe ~** Frage-, Interrogativadverb *n*; **pronom ~** (allein stehendes) Interrogativpronomen, Fragefürwort; **proposition interrogative** Frage-, Interrogativsatz *m* **II** *subst* **1** *m* GR Fragewort *n* **2** *f* GR **interrogative (directe, indirecte)** (direkter, indirekter) Frage-, Interrogativsatz

interrogation [ɛ̃tɛʀɔgasjõ] *f* **1** GR Frage(form) *f*; **point** *m* **d'~** Fragezeichen *n (a fig)* **2** Befragung *f*; *(question)* Frage *f*; ÉCOLE **~ écrite** schriftlicher Test; **~ orale** Abfragen *n* des Lehrstoffs

interrogatoire [ɛ̃tɛʀɔgatwaʀ] *m* JUR (gerichtliche) Vernehmung; Verhör *n (a fig)*; *österr, schweiz* Einvernahme *f*; **subir un ~** vernommen, verhört werden; **faire subir un ~ à qn** j-n vernehmen, verhören; j-n ins Verhör nehmen *(a fig)*; *fig* **subir un ~ en règle** e-m regelrechten Verhör unterzogen werden

interroger [ɛ̃tɛʀɔʒe] ⟨**-geons**⟩ **I** *v/t* **1** **~ qn** j-n be-, ausfragen, j-m Fragen stellen (**sur** über *+acc*); j-n fragen (nach); JUR j-n vernehmen, verhören; *élève* abfragen; *(examiner)* prüfen; **~ qn du regard** j-n fragend, mit e-m fragenden Blick ansehen **2** *conscience* befragen; prüfen; *faits* zu Rate ziehen; **~ le ciel** den Himmel prüfend betrachten; **~ sa mémoire** sich zu erinnern versuchen **3** INFORM abfragen **II** *v/pr* **s'~** sich *(dat)* Fragen stellen; sich fragen

interrompre [ɛ̃tɛʀõpʀ] ⟨→ **rompre**⟩ **I** *v/t* **1** **~ qc** etw unterbrechen *(a* ÉLECT*)*; *entretien, voyage a* abbrechen; **~ le travail** *a* mit der Arbeit aussetzen **2** **~ qn** *(couper la parole)* j-n unterbrechen; j-m ins Wort fallen **3** **~ qn dans sa lecture, dans son travail** *etc* j-n bei der Lektüre, bei der Arbeit *etc* stören **II** *v/pr* **s'~** **1** *personne* innehalten (**dans son travail** in *ou* bei s-r Arbeit; **pour** *+inf* um zu *+inf*) **2** *émission* unterbrochen werden; *conversation* stocken

interrupteur [ɛ̃tɛʀyptœʀ] *m* ÉLECT (Licht)Schalter *m*; TECH Unterbrecher *m*

interruption [ɛ̃tɛʀypsjõ] *f* **1** Unterbrechung *f (a* ÉLECT, JUR*)*; **~ volontaire de grossesse** Schwangerschaftsabbruch *m*; **sans ~** ohne Unterbrechung; ununterbrochen; **ouvert sans ~** durchgehend geöffnet **2** *paroles* Zwischenruf *m*

intersection [ɛ̃tɛʀsɛksjõ] *f* **1** MATH Schnittpunkt *m*, -linie *f*, -fläche *f*; **point** *m* **d'~** Schnittpunkt *m* **2** *(croisement)* Kreuzungspunkt *m*, -stelle *f*; Kreuzung *f*

interstellaire [ɛ̃tɛʀstɛ(l)lɛʀ] *adj* ASTR interstellar; **matière** *f* **~** interstellare Materie

interstice [ɛ̃tɛʀstis] *m* (kleiner) Zwischenraum; Spalt *m*

interstitiel [ɛ̃tɛʀstisjɛl] *adj* ⟨**~le**⟩ ANAT im Zwischengewebe liegend; *sc* interstitiell **intersyndical** *adj* ⟨**-aux**⟩ mehrere Gewerkschaften betreffend, umfassend **intertitre** *m* CIN eingeblendeter Zwischentext **intertropical** *adj* ⟨**-aux**⟩ GÉOGR zwischen den Wendekreisen befindlich

interurbain [ɛ̃tɛʀyʀbɛ̃] TÉL **I** *adj* Fern…; **communication ~e** Ferngespräch *n* **II** *m* Fernamt *n*

intervalle [ɛ̃tɛʀval] *m* **1** *dans le temps* Zwischenzeit *f*; Zeitabstand *m*, -spanne *f*, -raum *m*; Intervall *n*; **à deux jours d'~** nach zweitägiger Unterbrechung, Pause; **à ~s réguliers** in regelmäßigen Abständen; **dans l'~** in der Zwischenzeit; inzwischen; unterdessen; **par ~(s)** dann und wann; hin und wieder; von Zeit zu Zeit **2** *dans l'espace* Zwischenraum *m*, Abstand *m* (**entre** zwischen *+dat*); **~ de sécurité** Sicherheitsabstand *m*; **par ~(s)** hier und da; in Abständen **3** MUS Intervall *n*

intervenant [ɛ̃tɛʀvənɑ̃] *m*, **intervenante** *f* Diskussionsteilnehmer(in) *m(f)*

intervenir [ɛ̃tɛʀvəniʀ] *v/i* ⟨→ **venir**⟩ **1** einschreiten; eingreifen, sich einschalten (**dans qc** in etw *[acc]*); intervenieren (**auprès de qn** bei j-m); MIL **~ dans un pays** in e-m Land intervenieren; **~ en faveur de qn** zugunsten j-s, für j-n intervenieren; sich für j-n einsetzen, verwenden; ein gutes Wort für j-n einlegen; MIL **faire ~ la force armée** bewaffnete Streitkräfte einsetzen **2** MÉD e-n (chirurgischen) Eingriff vornehmen **3** *événement* eintreten; geschehen; sich ereignen; dazwischenkommen; vorkommen; stattfinden; *facteur* e-e Rolle spielen; *accord* zustande kommen; erzielt werden; *décision* fallen **4** JUR intervenieren; e-m Prozess beitreten

intervention [ɛ̃tɛʀvɑ̃sjõ] *f* **1** Einschreiten *n*; Eingreifen *n*; Eingriff *m*; Intervention *f*; MIL **~ armée** bewaffnete Intervention **2** *(prise de parole)* Stellungnahme *f* **3** MÉD **~ (chirurgicale)** (chirurgischer) Eingriff **4** *d'un fait* Eintreten *n*; Dazwischenkommen *n*; *(rôle)* Rolle *f* **5** JUR Beteiligung *f* e-s Dritten an e-m Prozess

interventionnisme [ɛ̃tɛʀvɑ̃sjɔnism] *m* **a)** ÉCON Interventionismus *m*; **b)** POL Interventionspolitik *f* **interventionniste** *m,f* **a)** ÉCON Interventionist(in) *m(f)*; **b)** POL Befürworter(in) *m(f)* e-r Einmischung, Intervention

interversion [ɛ̃tɛʀvɛʀsjõ] *f* Umstellung *f*; Vertauschung *f*

intervertir [ɛ̃tɛʀvɛʀtiʀ] *v/t* umstellen; **~ des mots** Wörter umstellen; **~ les rôles** die Rollen vertauschen

interview [ɛ̃tɛʀvju] *f* Interview [-ˈvjuː] *n*; **accorder, donner une ~** ein Interview gewähren, geben

interviewer[1] [ɛ̃tɛʀvjuve] *v/t* **~ qn** j-n interviewen [-ˈvjuː-]

interviewer[2] *ou* **intervieweur** [ɛ̃tɛʀvjuvœʀ] *m*, **in-**

tervieweuse *f* Interviewer(in) [-'vjuː-] *m(f)*

interville [ɛ̃tɛʀvil] *adj* ⟨*inv*⟩ CH DE FER Intercity-… [-'si-]

intestat [ɛ̃tɛsta] *adj* ⟨*a f*⟩ JUR ohne (ein) Testament (zu hinterlassen)

intestin [ɛ̃tɛstɛ̃] I *adj querelle etc* intern; ***guerre ~e*** Bürgerkrieg *m*; ***luttes ~es*** innere Kämpfe *m/pl*, Auseinandersetzungen *f/pl* II *m* ANAT Darm *m*; ***~s*** *pl* Gedärm(e) *n(pl)*; Eingeweide *n(pl)*; ***~ grêle*** Dünndarm *m*; ***gros ~*** Dickdarm *m*

intestinal [ɛ̃tɛstinal] *adj* ⟨**-aux**⟩ Darm…; ***grippe ~e*** Darmgrippe *f*; ***occlusion ~e*** Darmverschluss *m*

intestine [ɛ̃tɛstin] *adj* ⟨*nur f*⟩ *st/s* ***querelles ~s*** innere, interne Streitigkeiten *f/pl*

intifada [intifada] *f* POL Intifada *f*

intimation [ɛ̃timasjõ] *f* JUR Ladung *f* (*vor e-e höhere Instanz*)

intime [ɛ̃tim] I *adj* 1 intim; innig; (*étroit*) eng; (*familier*) vertraut; ***ami m ~ a*** Busenfreund *m*; Intimus *m*; ***être ~ avec qn*** mit j-m eng befreundet, mit j-m vertraut, intim sein 2 (*privé*) ganz persönlich; intim; ***journal m ~*** Tagebuch *n*; ***vie f ~*** Privatleben *n* 3 (*sexuel*) intim; ***rapports m/pl ~s, relations f/pl ~s*** intime Beziehungen *f/pl*; ***toilette f ~*** Intimpflege *f* 4 *cérémonie, mariage* im engsten (Familien)-Kreis; im intimen, *poét* trauten Kreis 5 *atmosphère* intim; gemütlich; behaglich; traulich 6 ***avoir la conviction ~ que …*** im Innersten, innerlich (davon) überzeugt sein, dass …; ***avoir le sentiment ~ de qc*** ein sicheres Gefühl, Gespür für etw haben II *m,f* enger Freund, Vertrauter; enge Freundin, Vertraute

intimement [ɛ̃tim(ə)mɑ̃] *adv* 1 eng; innig; ***être ~ lié avec qn*** mit j-m eng, innig befreundet sein; j-m sehr nahestehen 2 ***être ~ convaincu de qc*** im Innersten, innerlich von etw überzeugt sein

intimer [ɛ̃time] *v/t* 1 ***~ l'ordre à qn de*** (*+inf*) j-m den Befehl erteilen zu (*+inf*) 2 JUR (vor e-e höhere Instanz) laden

intimidant [ɛ̃timidɑ̃] *adj* Furcht einflößend **intimidation** *f* Einschüchterung *f*

intimider [ɛ̃timide] *v/t* ***~ qn*** j-n einschüchtern; ***être intimidé a*** gehemmt, unsicher sein; ***ne pas se laisser ~*** sich nicht einschüchtern lassen

intimiste [ɛ̃timist] *m* PEINT Maler *m* von Interieurs

intimité [ɛ̃timite] *f* 1 Intimität *f*; Innigkeit *f*; (*familiarité*) Vertrautheit *f*; ***vivre dans l'~ avec qn*** zu j-s Vertrauten gehören, zählen; zum engsten Kreis um j-n gehören 2 (*vie privée*) Privatleben *n*, -sphäre *f*; ***dans l'~*** im Privatleben 3 *cérémonie* ***avoir lieu dans la plus stricte ~*** im engsten (Familien)Kreis stattfinden; ***les obsèques ont eu lieu dans l'~*** die Beisetzung fand in aller Stille statt 4 (*atmosphère intime*) intimer Charakter; Gemütlichkeit *f*; Behaglichkeit *f*; Traulichkeit *f*

intitulé [ɛ̃tityle] *m* 1 Überschrift *f*; Titel *m* 2 JUR Eingangsformel *f*; Rubrum *n*

intituler [ɛ̃tityle] I *v/t* betiteln; überschreiben; mit e-m Titel, e-r Überschrift versehen; ***intitulé …*** mit dem Titel … II *v/pr* ***s'~*** 1 *œuvre* den Titel, die Überschrift tragen 2 *personne* sich (*dat*) den Titel … geben, beilegen

intolérable [ɛ̃tɔleʀabl] *adj* 1 (*insupportable*) unerträglich; nicht auszuhalten(d) 2 (*inadmissible*) unzulässig; den, die, das man nicht dulden darf **intolérance** *f* 1 Intoleranz *f*; Unduldsamkeit *f* 2 MÉD Intoleranz *f* (***à*** gegen) **intolérant** *adj* intolerant; unduldsam

intonation [ɛ̃tɔnasjõ] *f* Intonation *f* (*a* MUS *et* PHON); Tonfall *m*; ***~ fausse, juste*** unreine, saubere Intonation

intouchable [ɛ̃tuʃabl] I *adj personnage haut placé etc* unantastbar II *m,f en Inde* Unberührbare(r) *f(m)*

intox(e) [ɛ̃tɔks] *f* F *abr* → ***intoxication*** *2*

intoxication [ɛ̃tɔksikasjõ] *f* 1 Vergiftung *f*; *sc* Intoxikation *f*; ***~ alcoolique, alimentaire*** Alkohol-, Nahrungsmittelvergiftung *f*; ***~ par le(s) gaz*** Gasvergiftung *f* 2 *fig* Beeinflussung *f*; Indoktrinierung *f*; F Berieselung *f*

intoxiqué(e) [ɛ̃tɔksike] *m(f)* Süchtige(r) *f(m)* (*a fig*)

intoxiquer [ɛ̃tɔksike] I *v/t* 1 vergiften; ***être intoxiqué par le tabac*** e-e Nikotinvergiftung haben 2 *fig* beeinflussen; indoktrinieren; F berieseln; ***se laisser ~ par la pub*** sich von der Werbung beeinflussen *etc* lassen II *v/pr* ***s'~*** sich vergiften

intracellulaire [ɛ̃tʀaselylɛʀ] *adj* BIOL intrazellular, -zellulär **intracommunautaire** *adj* im Rahmen, innerhalb der EG, der EU; innergemeinschaftlich **intradermique** *adj* MÉD intrakutan

intradermo [ɛ̃tʀadɛʀmo] *f* F *abr* → ***intradermo-réaction***

intradermo-réaction [ɛ̃tʀadɛʀmoʀeaksjõ] *f* MÉD Intrakutantest *m*; Hauttestprobe *f* mit e-r intrakutanen Injektion

intrados [ɛ̃tʀado] *m* ARCH innere Wölbfläche; Laibung *f*; Leibung *f*

intraduisible [ɛ̃tʀadɥizibl] *adj* 1 unübersetzbar 2 *fig* nicht wiederzugeben(d)

intraitable [ɛ̃tʀɛtabl] *adj* unnachgiebig, unerbittlich, kompromisslos (***sur*** in Bezug auf *+acc*); ***être ~ sur qc a*** über etw (*acc*) nicht mit sich reden lassen

intra-muros [ɛ̃tʀamyʀos] *loc/adv* innerhalb der Stadt(mauern) **intramusculaire** *adj* MÉD intramuskulär

Intranet [ɛ̃tʀanɛt] *m* INFORM Intranet *n*

intransigeance [ɛ̃tʀɑ̃ziʒɑ̃s] *f* Unnachgiebigkeit *f*; Starrsinn *m*; Unversöhnlichkeit *f*; Kompromisslosigkeit *f* **intransigeant** *adj* unnachgiebig; starrsinnig; unversöhnlich; kompromisslos

intransitif [ɛ̃tʀɑ̃zitif] GR I *adj* ⟨**-ive**⟩ intransitiv; nichtzielend II *m* intransitives Verb; Intransitiv(um) *n*

intransmissible [ɛ̃tʀɑ̃smisibl] *adj* nicht übertragbar; BIOL *a* nicht vererblich

intransportable [ɛ̃tʀɑ̃spɔʀtabl] *adj* nicht transportabel; nicht transportierbar; *malade* nicht transportfähig

intra-utérin [ɛ̃tʀaytεʀɛ̃] *adj* MÉD innerhalb der Gebärmutter liegend *ou* erfolgend; *sc* intrauterin **intraveineux** MÉD I *adj* ⟨**-euse**⟩ intravenös II *f* ***intraveineuse*** intravenöse Injektion

intrépide [ɛ̃tʀepid] *adj* unerschrocken; furchtlos; kühn **intrépidité** *f* Unerschrockenheit *f*; Furchtlosigkeit *f*; Kühnheit *f*

intrication [ɛ̃tʀikasjõ] *f* 1 *de branches, de racines* Gewirr *n* 2 *fig* Vermischung *f*; Verflechtung *f*

intrigant [ɛ̃tʀigɑ̃] I *adj* intrigant; ränkesüchtig II *subst* ***~(e)*** *m(f)* Intrigant(in) *m(f)*; Ränkeschmied *m*

intrigue [ɛ̃tʀig] *f* 1 Intrige(nspiel) *f(n)*; Ränkespiel n; **~s** *pl a* Machenschaften *pl*; Ränke *pl*; Umtriebe *pl*; **~s politiques** politische Intrigen **2** THÉ Intrige *f*; Knoten *m* (der Handlung); Verwicklung *f*; Plot *m*; **comédie** *f* **d'~** Intrigenstück *n*

intriguer [ɛ̃tʀige] **I** *v/t* **~ qn** j-s Neugier wecken; j-n aus der Ruhe bringen, aufhorchen lassen, aufmerksam werden lassen, stutzig machen; **être intrigué** stutzig werden **II** *v/i* intrigieren; Ränke schmieden; Intrigen spinnen

intrinsèque [ɛ̃tʀɛ̃sɛk] *adj* eigentlich; wahr; echt

intriqué [ɛ̃tʀike] *adj* sich überschneidend; kreuz und quer liegend

introducteur [ɛ̃tʀɔdyktœʀ] *m*, **introductrice** *f* Einführer(in) *m(f)*

introductif [ɛ̃tʀɔdyktif] *adj* ⟨**-ive**⟩ einleitend; Einleitungs…

introduction [ɛ̃tʀɔdyksjõ] *f* **1** *d'une personne* Einführung *f* (**dans un milieu** in e-n Kreis); *d'un visiteur* Hinein- *ou* Hereinführen *n* (**auprès de qn** zu j-m); **lettre** *f* **d'~** Empfehlungsschreiben *n* **2** MÉD *d'une sonde etc* Einführen *n*, -ung *f* (**dans** in +*acc*) **3** *d'une mode, d'un produit etc* Einführen *n*, -ung *f* **4** (*initiation*) Einführung *f* (**à** in +*acc*); **~ à l'étude de** Einführung ins Studium (+*gén*) **5** (*préface*) Einleitung *f* **6** INFORM **~ des données** Dateneingabe *f* **7** JUR **~ d'instance** Klageerhebung *f*

introduire [ɛ̃tʀɔdɥiʀ] ⟨→ **conduire**⟩ **I** *v/t* **1 ~ qn** a) j-n hinein- *ou* hereinführen (**auprès de qn** zu j-m); b) j-n einführen (**auprès de qn** bei j-m; **dans sa famille** in s-e Familie); **on m'introduisit dans son bureau** ich wurde in sein Büro geführt; *adjt* **être bien introduit dans un milieu** in e-m Kreis sehr gut eingeführt sein **2** *objet* hineinführen, -stecken, -schieben; *jeton, pièce* einwerfen; hineinstecken; MÉD *sonde* einführen; **~ la clé dans la serrure** den Schlüssel ins Schloss stecken **3** *mode, idées, marchandises etc* einführen; *usage, mode a* aufbringen; **~ en fraude** einschmuggeln; **~ qc sur le marché** etw auf den Markt bringen **4** *corrections* anbringen (**dans un ouvrage** in *ou* an e-m Werk); *citation* aufnehmen (**dans** in +*acc*) **5** JUR **~ une instance** Klage erheben **II** *v/pr* **s'~ 1** *personne* **a)** (*pénétrer*) eindringen, sich einschleichen, sich (*dat*) Zutritt verschaffen (**dans une maison** in ein Haus); **b)** (*se faire admettre*) sich eindrängen, sich (*dat*) Einlass verschaffen (**dans un milieu** in e-n Kreis) **2** *méthode, usage etc* aufkommen; sich einbürgern

introït [ɛ̃tʀɔit] *m* ÉGL Introitus *m*

intronisation [ɛ̃tʀɔnizasjõ] *f* Inthronisation *f*; Inthronisierung *f*; Thronerhebung *f* **introniser** *v/t pape, souverain* inthronisieren; feierlich einsetzen

introspectif [ɛ̃tʀɔspɛktif] *adj* ⟨**-ive**⟩ PSYCH introspektiv **introspection** *f* PSYCH Introspektion *f*; Selbstbeobachtung *f*

introuvable [ɛ̃tʀuvabl] *adj* unauffindbar; COMM nicht aufzutreiben(d)

introversion [ɛ̃tʀɔvɛʀsjõ] *f* PSYCH Introversion *f*; Introvertiertheit *f*

introverti [ɛ̃tʀɔvɛʀti] PSYCH **I** *adj* introvertiert **II** *subst* **~(e)** *m(f)* Introvertierte(r) *f(m)*

intrus [ɛ̃tʀy] *m*, **intruse** [-yz] *f* Eindringling *m*; ungebetener Gast

intrusion [ɛ̃tʀyzjõ] *f* Eindringen *n* (**dans un milieu** *etc* in e-n Kreis *etc*); **faire ~** eindringen; sich eindrängen

intuitif [ɛ̃tɥitif] **I** *adj* ⟨**-ive**⟩ intuitiv; **connaissance intuitive** intuitive Erkenntnis **II** *subst* **~, intuitive** *m,f* intuitiver Mensch

intuition [ɛ̃tɥisjõ] *f* Intuition *f* (*a* PHILOS); (*pressentiment*) (Vor)Ahnung *f*; Vorgefühl *n*; **avoir de l'~** Intuition besitzen; e-e feine, gute Nase haben; **avoir l'~ que …** (voraus)ahnen, dass …

inusable [inyzabl] *adj* unverwüstlich; nicht abzunutzen(d)

inusité [inyzite] *adj* ungebräuchlich; **mot ~** ungebräuchliches Wort

inutile [inytil] **I** *adj* **1** unnütz; nutzlos; unnötig; überflüssig; *efforts a* vergeblich; *mesure a* sinn-, zwecklos; (**il est**) **~ de** (+*inf*) *ou* **que …** (+*subj*) es ist unnötig *ou* überflüssig, es erübrigt sich, zu (+*inf*) *ou* dass …; **~ d'insister** es lohnt sich nicht *ou* es hat keinen Zweck, Sinn, F Wert weiterzumachen **2** *personne* unnütz (**à la société** für die Gesellschaft); überflüssig; **bouche** *f* **~** unnützer Esser **II** *m,f* unnützer Mensch; Unnütze(r) *f(m)*

inutilement *adv* unnütz; unnötig; umsonst; *argent* **dépensé ~** sinnlos, unnütz ausgegeben

inutilisable [inytilizabl] *adj* unbrauchbar; unbenutzbar; *véhicule a* nicht mehr fahrbereit

inutilisé [inytilize] *adj* ungenützt; ungenutzt

inutilité [inytilite] *f* Nutz-, Sinn-, Zwecklosigkeit *f*

invaincu [ɛ̃vɛ̃ky] *adj* unbesiegt

invalidable [ɛ̃validabl] *adj* als Invalidität anrechenbar

invalidation [ɛ̃validasjõ] *f* JUR, POL Ungültigkeitserklärung *f*; Annullierung *f*; *par ext* **~ d'un député** Ungültigkeitserklärung, Annullierung der Wahl e-s Abgeordneten

invalide [ɛ̃valid] **I** *adj* invalid(e); arbeits-, erwerbs-, berufsunfähig; dienstuntauglich **II** *m* **1** Invalide *m*; **~ de guerre** Kriegsinvalide *m*; **~ du travail** (durch Arbeitsunfall, Berufskrankheit) Arbeitsunfähige(r) *m*, Dienstuntaugliche(r) *m*; Frührentner *m* **2** **l'hôtel** *m* **des Invalides** *ou* **les Invalides** *in Paris*: *Grab Napoleons, Armeemuseum u Heim für Kriegsinvaliden*

invalider [ɛ̃valide] *v/t* JUR, POL für ungültig erklären; annullieren; *par ext* **~ un député** die Wahl e-s Abgeordneten für ungültig erklären, annullieren

invalidité [ɛ̃validite] *f* Invalidität *f*; Arbeits-, Erwerbs-, Berufsunfähigkeit *f*, Dienstuntauglichkeit *f* (durch Arbeitsunfall, Berufskrankheit); **assurance** *f* **~** Invalidenversicherung *f*

invariabilité [ɛ̃vaʀjabilite] *f* Unveränderlichkeit *f*

invariable *adj* unveränderlich (*a* GR); *habitude a* (stets) gleichbleibend

invariance [ɛ̃vaʀjɑ̃s] *f* MATH Unveränderlichkeit *f*; Invarianz *f* **invariant** MATH, PHYS **I** *adj* unveränderlich; invariant **II** *m* Invariante *f*

invasion [ɛ̃vazjõ] *f* **1** Invasion *f*; (feindlicher) Einfall; (gewaltsames) Eindringen; HIST **~s barbares, grandes ~s** Völkerwanderung *f* **2** *fig* Invasion *f*; massenhaftes Auftreten; Überhandnehmen *n*, -nahme *f*; **~ de rats** *a* Rattenplage *f*

invective [ɛ̃vɛktiv] *f* Beschimpfung *f*; Schmährede *f*; *st/s* Invektive *f*; **se répandre en ~s contre qn** sich in Beschimpfungen gegen j-n ergehen

invectiver [ɛ̃vɛktive] *v/t* **~ qn** j-n beschimpfen, schmähen

invendable [ɛ̃vɑ̃dabl] *adj* unverkäuflich

invendu [ɛ̃vɑ̃dy] **I** *adj* unverkauft **II** *m/pl* **~s** unverkaufte Artikel *m/pl*; *journaux* unverkaufte Exemplare *n/pl*
inventaire [ɛ̃vɑ̃tɛʀ] *m* **1** *opération* Bestandsaufnahme *f*; *liste* Inventar *n*; Verzeichnis *n*; Aufstellung *f*; JUR **~ d'une succession** Nachlassinventar *n*; **dresser, faire un ~** e-e Bestandsaufnahme machen; das Inventar aufnehmen; **faire l'~, procéder à l'~ de qc** e-e Bestandsaufnahme von etw machen; e-e Aufstellung über etw (*acc*) machen **2** COMM Inventur *f*; **~ de fin d'année** Jahresinventur *f*; **fermé pour cause d'~** wegen Inventur geschlossen
inventer [ɛ̃vɑ̃te] **I** *v/t* **1** *qc de nouveau* erfinden **2** (*imaginer*) *excuse etc* sich (*dat*) ausdenken; ersinnen; *histoire fausse* erfinden; erdichten; **~ de** (+*inf*) darauf verfallen zu (+*inf*); **~ qc de toutes pièces** etw völlig frei erfinden; etw von A bis Z erfinden **II** *v/pr* **ce sont des choses qui ne s'inventent pas** das ist nicht erfunden; das ist tatsächlich wahr
inventeur [ɛ̃vɑ̃tœʀ] *m*, **inventrice** *f* **1** Erfinder(in) *m(f)*; **un grand ~** ein großer Erfinder **2** JUR *d'un trésor* Entdecker(in) *m(f)*
inventif [ɛ̃vɑ̃tif] *adj* ⟨**-ive**⟩ erfinderisch; findig
invention [ɛ̃vɑ̃sjõ] *f* **1** Erfindung *f*; **brevet** *m* **d'~** Patent *n* **2** (*chose imaginée*) Erfindung *f*; Erdichtung *f*; **c'est une ~** das ist (frei) erfunden; **c'est de son ~** das hat er erfunden **3** *don* Erfindungsgabe *f* **4** MUS Invention *f* **5** JUR *d'un trésor* Entdeckung *f*; Auffindung *f*
inventivité [ɛ̃vɑ̃tivite] *f* Findigkeit *f*; Erfindungsgeist *m*, -gabe *f*
inventorier [ɛ̃vɑ̃tɔʀje] *v/t* inventarisieren
invérifiable [ɛ̃veʀifjabl] *adj* nicht nachprüfbar; nicht beweisbar
inverse [ɛ̃vɛʀs] **I** *adj* **1** umgekehrt; entgegengesetzt; **dans l'ordre ~** in umgekehrter Reihenfolge; → *a* **sens** 4 **2** MATH **fonction** *f* **~** Umkehrfunktion *f*; **nombre** *m* **~** Kehrwert *m*; **en rapport ~ de** in umgekehrtem Verhältnis zu **II** *m* **1** Gegenteil *n*; **c'est justement l'~!** das ist genau das Gegenteil!; **il fait l'~ de ce qu'on lui dit** er macht das Gegenteil dessen *ou* von dem, was man ihm sagt **2** *loc/adv* **à l'~** umgekehrt; hingegen; dagegen; *loc/prép* **à l'~ de qc** im Gegensatz zu etw
inversement [ɛ̃vɛʀsəmɑ̃] *adv* **1** umgekehrt; hinwieder(um) **2** MATH **~ proportionnel** umgekehrt proportional (**à** zu)
inverser [ɛ̃vɛʀse] *v/t* **1** *ordre* umkehren; **~ les rôles** die Rollen vertauschen **2** ÉLECT umkehren; **~ les pôles** umpolen (**de qc** etw)
inversible [ɛ̃vɛʀsibl] *adj* PHOT **film** *m* **~** Umkehrfilm *m*
inversion [ɛ̃vɛʀsjõ] *f* **1** GR Inversion *f*; Umkehrung *f* der üblichen Wortstellung **2** ÉLECT Umkehrung *f* **~ des pôles** Umpolung *f*; AVIAT **~ de poussée** Schubumkehr *f* **3** MÉD, CHIM Inversion *f*; MÉTÉO **~ thermique** Inversion(swetterlage) *f* **4** **~** (**sexuelle**) Umkehrung *f* des Geschlechtstriebs
invertébré [ɛ̃vɛʀtebʀe] ZO **I** *adj* wirbellos **II** *m/pl* **~s** Wirbellose(n) *pl*
inverti [ɛ̃vɛʀti] **I** *adj* CHIM **sucre ~** Invertzucker *m* **II** *subst* **~(e)** *m(f)* Invertierte(r) *f(m)*; Homosexuelle(r) *f(m)*
investigateur [ɛ̃vɛstigatœʀ] **I** *adj* ⟨**-trice**⟩ forschend; Forscher... **II** *subst* **~, investigatrice** *m,f* Forscher(in) *m(f)*
investigation [ɛ̃vɛstigasjõ] *f* (Nach)Forschung *f*; Untersuchung *f*
investir [ɛ̃vɛstiʀ] *v/t* **1** **~ qn** (**d'une charge**) j-n (in ein Amt) einsetzen; *fig et st/s* **~ qn de sa confiance** j-m sein (volles) Vertrauen schenken; **~ qn d'un droit** j-m ein Recht verleihen; HIST **~ qn d'un fief** j-n belehnen; **~ qn de pouvoirs extraordinaires** j-n mit außerordentlichen Vollmachten ausstatten **2** POL *candidat* aufstellen **3** ÉCON investieren (**dans** in +*acc*); anlegen (in +*dat*) **4** *fig énergie etc* investieren (**dans** in +*acc*) **5** MIL einschließen; umzingeln
investissement [ɛ̃vɛstismɑ̃] *m* **1** ÉCON **a)** *action* Investieren *n*, -ung *f*; Anlage *f*; **société** *f* **d'~** Investmentgesellschaft *f*; **b)** (*capitaux investis*) Investition *f*; (Kapital)Anlage *f*; **~ brut, net** Brutto-, Nettoinvestition *f*; **~s privés, publics** privat(wirtschaftlich)e, öffentliche Investitionen; **politique** *f* **d'~s** Investitionspolitik *f*; **c'est un bon ~** das ist e-e gute Geldanlage **2** MIL Einschließung *f*; Umzingelung *f*
investisseur [ɛ̃vɛstisœʀ] *m* ÉCON Investor *m*; Anleger *m*
investiture [ɛ̃vɛstityʀ] *f* **1** HIST Investitur *f*; (feierliche) Einsetzung; **querelle** *f* **des Investitures** Investiturstreit *m* **2** *d'un candidat à des élections* Aufstellung *f*
invétéré [ɛ̃veteʀe] *adj habitude* eingefleischt; tief eingewurzelt; **alcoolique, buveur ~** Gewohnheitstrinker *m*; **menteur ~** unverbesserlicher Lügner
invincibilité [ɛ̃vɛ̃sibilite] *f* Unbesiegbarkeit *f*; Unschlagbarkeit *f*; Unbezwingbarkeit *f*
invincible [ɛ̃vɛ̃sibl] *adj adversaire, armée* unbesiegbar; unschlagbar; unbezwingbar; *attirance, répugnance* unüberwindlich; *courage* unerschütterlich; *obstacle* unbezwingbar
inviolabilité [ɛ̃vjɔlabilite] *f* Unverletzlichkeit *f*; Unantastbarkeit *f* **inviolable** *adj droit* unverletzlich; *diplomate* unantastbar
inviolé [ɛ̃vjɔle] *adj* unverletzt; *tombeau* ungeschändet; *serment* ungebrochen; *sommet* unbezwungen
invisibilité [ɛ̃vizibilite] *f* Unsichtbarkeit *f*
invisible [ɛ̃vizibl] *adj* **1** unsichtbar **2** *fig danger* unsichtbar; verborgen **3** *personne* nicht anzutreffen(d); **être ~** *a* sich nicht blicken lassen; **être ~ pour qn** für j-n nicht zu sprechen sein
invitation [ɛ̃vitasjõ] *f* **1** Einladung *f* (**à** zu); **carte** *f* **d'~** Einladungskarte *f*; **faire une ~ à qn** j-n einladen **2** *par ext* Einladung *f*; Einladungsschreiben *n*, -karte *f*; **envoyer les ~s** die Einladungen verschicken **3** (*incitation*) Aufforderung *f*; **sur l'~ de qn** auf j-s Aufforderung (*acc*) hin
invite [ɛ̃vit] *f* Wink *m*; auffordernde Geste; **~ discrète** diskreter Wink
invité(e) [ɛ̃vite] *m(f)* Gast *m* (*a d'une femme*); **vous êtes mon ~(e)** ich lade Sie ein; Sie sind mein Gast
inviter [ɛ̃vite] **I** *v/t* **1** (*convier*) einladen (**qn à qc** j-n zu etw); **~ qn au cinéma, à dîner** j-n ins Kino, zum Abendessen einladen; **~ qn à danser** j-n zum Tanz auffordern; *le beau temps* **invite à la promenade** lädt zum Spaziergang ein **2** (*inciter*) **~ qn à** (+*inf*) j-n auffordern zu (+*inf*) **II** *v/pr* **s'~** sich selbst einladen; ungebeten erscheinen
in vitro [invitʀo] *loc/adv* im Reagenzglas (durchge-

I

führt); in vitro; MÉD ***fécondation*** *f* ~ In-vitro-Fertilisation *f*

invivable [ɛ̃vivabl] *adj* **1** F *personne* unerträglich; unausstehlich; ***il est*** ~ mit ihm kann man einfach nicht auskommen **2** *atmosphère, situation* unerträglich

in vivo [invivo] *loc/adv* am lebenden Objekt (beobachtet *ou* durchgeführt); in vivo

invocation [ɛ̃vɔkasjõ] *f* REL Anrufung *f* (***à un saint*** e-s Heiligen); *par ext* ~ ***aux Muses*** Anrufung der Musen

invocatoire [ɛ̃vɔkatwaʀ] *adj* REL Anrufungs…; ***formule*** *f* ~ Anrufungsformel *f*

involontaire [ɛ̃vɔlõtɛʀ] *adj* **1** unabsichtlich; ungewollt; unfreiwillig; unbewusst; PHYSIOL unwillkürlich; JUR ***homicide*** *m* ~ fahrlässige Tötung **2** *témoin* unfreiwillig

invoquer [ɛ̃vɔke] *v/t* **1** REL anrufen; *par ext* ~ ***les Muses*** die Musen anrufen **2** *par ext l'aide de qn* flehen, bitten um; erflehen **3** (*avoir recours à*) sich berufen, stützen auf (+*acc*); heranziehen; geltend machen; *argument a* anführen; *excuse* benutzen; ***invoquant le fait que …*** unter Berufung darauf, dass …

invraisemblable [ɛ̃vʀɛsɑ̃blabl] *adj* **1** *histoire, nouvelle* unwahrscheinlich; unglaublich **2** *chapeau, tenue* unmöglich

invraisemblance [ɛ̃vʀɛsɑ̃blɑ̃s] *f* **a)** *d'une nouvelle etc* Unwahrscheinlichkeit *f*; **b)** *récit, témoignage* ***plein d'~s*** voller Unwahrscheinlichkeiten, Ungereimtheiten

invulnérabilité [ɛ̃vylneʀabilite] *f* Unverwundbarkeit *f*; Unverletzlichkeit *f* (*a fig*) **invulnérable** *adj* **1** unverwundbar **2** *fig* unverwundbar; unverletzlich; ~ ***à qc*** gefeit gegen etw

iode [jɔd] *m* CHIM Jod *n*; AUTO ***phare*** *m* ***à*** ~ Halogenscheinwerfer *m*; PHARM ***teinture*** *f* ***d'~*** Jodtinktur *f*

iodé [jɔde] *adj* CHIM jodhaltig **ioder** *v/t* jodieren **iodique** *adj* Jod…

iodler [jɔdle] *v/i* jodeln

iodure [jɔdyʀ] *m* CHIM Jodid *n*; PHOT ~ ***d'argent*** Silberjodid *n*; Jodsilber *n*

ion [jõ] *m* PHYS Ion *n*

Ionesco [jɔnɛsko] ***Eugène*** ~ *frz Dramatiker*

ionien [jɔnjɛ̃] *adj* ⟨~***ne***⟩ HIST ionisch; GÉOGR: ***les îles Ioniennes*** die Ionischen Inseln *f/pl*; ***la mer Ionienne*** das Ionische Meer

ionique [jɔnik] *adj* ARCH ionisch; ***ordre*** *m* ~ ionische Säulenordnung

ionisation [jɔnizasjõ] *f* PHYS Ionisation *f*; Ionisierung *f*

ioniser [jɔnize] *v/t* PHYS ionisieren

ionosphère [jɔnɔsfɛʀ] *f* Ionosphäre *f*

iota [jɔta] *m lettre* Jota *n*; *fig* ***sans changer un*** ~ ohne auch nur ein Jota zu ändern

ipéca [ipeka] *m* BOT Brechwurz(el) *f*

I.P.R. [ipeɛʀ] *m abr* (*inspecteur pédagogique régional*) (für ein Fach zuständiger) Oberschulrat

ipso facto [ipsofakto] *loc/adv* JUR ipso facto; durch die Tat selbst; *par ext* automatisch

irai [iʀɛ], **ira(s)** [iʀa] *etc* → ***aller***[1]

Irak [iʀak] → ***Iraq***

irakien [iʀakjɛ̃] → ***iraq(u)ien***

Iran [iʀɑ̃] ***l'~*** *m* Iran *n ou* der Iran

iranien [iʀanjɛ̃] **I** *adj* ⟨~***ne***⟩ iranisch **II** *subst* **1** ***Iranien(ne)*** *m(f)* Iraner(in) *m(f)* **2** LING ***l'~*** *m* das Iranische; Iranisch *n*

Iraq [iʀak] ***l'~*** *m* Irak *n ou* der Irak

iraq(u)ien [iʀakjɛ̃] **I** *adj* ⟨~***ne***⟩ irakisch **II** *subst* **1** ***Iraq(u)ien(ne)*** *m(f)* Iraker(in) *m(f)* **2** LING ***l'~*** *m* das Irakische; Irakisch *n*

irascibilité [iʀasibilite] *f* Jähzorn *m* **irascible** *adj* jähzornig

ire [iʀ] *litt f* Zorn *m*

iridié [iʀidje] *adj* TECH ***platine*** ~ Platin-Iridium-Legierung *f*

iridium [iʀidjɔm] *m* CHIM Iridium *n*

iris [iʀis] *m* **1** BOT Schwertlilie *f*; Iris *f* **2** ANAT Iris *f*; Regenbogenhaut *f* **3** PHOT ***diaphragme*** *m* (***à***) ~ Irisblende *f* **4** MINÉR ***pierre*** *f* ***d'~*** Regenbogenquarz *m*

irisation [iʀizasjõ] *f* Irisieren *n*; Schillern *n* in den Regenbogenfarben

irisé [iʀize] *adj* irisierend; regenbogenfarbig (schillernd); MÉTÉO ***nuage*** ~ irisierende Wolke

iriser [iʀize] **I** *v/t* irisieren, in den Regenbogenfarben schillern lassen **II** *v/pr* ***s'~*** irisieren; in den Regenbogenfarben schillern

Irkoutsk [iʀkutsk] GÉOGR Irkutsk *n*

irlandais [iʀlɑ̃dɛ] **I** *adj* irisch; irländisch **II** *subst* **1** ***Irlandais(e)*** *m(f)* Ire *m*, Irin *f*; Irländer(in) *m(f)* **2** LING ***l'~*** *m* das Irische; Irisch *n*

Irlande [iʀlɑ̃d] ***l'~*** *f* Irland *n*; ***l'~ du Nord*** Nordirland *n*

ironie [iʀɔni] *f* Ironie *f*; feiner *ou* versteckter Spott; ~ ***socratique*** sokratische Ironie; ~ ***du sort*** Ironie des Schicksals

ironique [iʀɔnik] *adj* ironisch

ironiser [iʀɔnize] **I** *v/t/indir* ~ ***sur qn, qc*** j-n, etw ironisieren, mit Ironie behandeln **II** *v/i* ironische Bemerkungen machen; ironisch sein *ou* werden

ironiste [iʀɔnist] *m,f* Ironiker(in) *m(f)*

iroquois [iʀɔkwa] **I** *adj* irokesisch; *punk* ***coiffure*** *f* ***à l'~*** Irokesenschnitt *m* **II** *subst* ***Iroquois(e)*** *m(f)* Irokese *m*, Irokesin *f*

irradiation [iʀadjasjõ] *f* **1** PHYS (Aus)Strahlung *f* **2** PHYSIOL ~ (***douloureuse***) Ausstrahlen *n* des Schmerzes **3** MÉD, NUCL Bestrahlung *f*

irradier [iʀadje] **I** *v/t* MÉD, NUCL bestrahlen; Strahlen (*dat*) aussetzen; *accidentellement* verstrahlen **II** *v/i* **1** PHYS (aus)strahlen **2** *douleur* ausstrahlen (***dans l'épaule*** in die Schulter) **3** *fig* (*se propager*) ausstrahlen (***de*** von)

irraisonné [iʀɛzɔne] *adj* verstandesmäßig nicht kontrollierbar *ou* erklärbar; ***peur*** ~***e*** sinnlose, unsinnige Angst

irrationalisme [iʀasjɔnalism] *m* PHILOS Irrationalismus *m* **irrationalité** *f* Irrationalität *f*

irrationnel [iʀasjɔnɛl] **I** *adj* ⟨~***le***⟩ **1** verstandesmäßig nicht fassbar; vernunftwidrig; unberechenbar; irrational **2** MATH ***nombre*** ~ irrationale Zahl **II** *m* ***l'~*** das Irrationale

irréalisable [iʀealizabl] *adj* nicht zu verwirklichen(d); nicht realisierbar

irréalisme [i(ʀ)ʀealism] *m* mangelnder Realismus; mangelnde Wirklichkeitsnähe **irréaliste** *adj* unrealistisch; wirklichkeitsfremd **irréalité** *f* Irrealität *f*; Nicht-, Unwirklichkeit *f*

irrecevabilité [i(ʀ)ʀəsəvabilite] *f* JUR Unzulässigkeit *f* **irrecevable** *adj* JUR *demande* unzulässig

irréconciliable [i(ʀ)ʀekõsiljabl] *adj* unversöhnlich

irrécouvrable [i(ʀ)ʀekuvʀabl] *adj créance* nicht ein-, beitreibbar

irrécupérable [i(ʀ)ʀekypeʀabl] *adj* **1** *déchets* nicht mehr brauchbar, verwertbar **2** *personne* nicht wieder eingliederungsfähig; nicht resozialisierbar

irrécusable [i(ʀ)ʀekyzabl] *adj* **1** JUR *témoignage, juge* nicht ablehnbar **2** *preuve* nicht anfechtbar; unwiderlegbar

irrédentisme [iʀedɑ̃tism] *m* HIST Irredentismus *m*

irréductibilité [iʀedyktibilite] *f* Nichtzurückführbarkeit *f*; Nichtreduzierbarkeit *f* **irréductible** *adj* **1** *ennemi, opposition* unbeugsam; nicht kleinzukriegen(d) **2** MATH *fraction* der sich nicht mehr kürzen lässt; nicht mehr zu kürzen(d) **3** CHIM nicht reduzierbar **4** MÉD *fracture, luxation* nicht wieder in die normale Lage zurückzubringen(d); *sc* irreponibel

irréel [i(ʀ)ʀeɛl] **I** *adj* ⟨**~le**⟩ **1** irreal; unwirklich; nicht wirklich **2** GR irreal; ***mode ~*** *ou subst* **~** *m* Irreal(is) *m* **II** *m* ***l'~*** das Irreale

irréfléchi [i(ʀ)ʀefleʃi] *adj comportement, geste* unüberlegt; *a personne* unbesonnen; unbedacht; gedankenlos

irréflexion [i(ʀ)ʀeflɛksjõ] *f* Unüberlegtheit *f*; Unbesonnenheit *f*; Gedankenlosigkeit *f*

irréfragable [iʀefʀagabl] *adj preuve, alibi* unabweislich, -bar; unwiderlegbar

irréfutabilité [iʀefytabilite] *st/s f* Unwiderlegbarkeit *f* **irréfutable** *adj argument, preuve* unwiderlegbar

irrégularité [iʀegylaʀite] *f* **1** *de formes, d'un rythme, d'un travail* Unregelmäßigkeit *f*; Regellosigkeit *f*; *d'une physionomie a* Unebenmäßigkeit *f* **2** **a)** *d'une situation* Regel-, Ordnungswidrigkeit *f*; Irregularität *f*; **b)** **~s** *pl* Unregelmäßigkeiten *f/pl*, Regel-, Ordnungswidrigkeiten *f/pl* (***dans une élection*** bei e-r Wahl) **3** *d'une personne dans son travail* Ungleichmäßigkeit *f* (in der Leistung); ungleichmäßige Leistung

irrégulier [iʀegylje] *adj* ⟨**-ière**⟩ **1** *forme, rythme, travail, visites* unregelmäßig; regellos; *traits a* unebenmäßig; ***écriture irrégulière*** unregelmäßige Schrift; GR ***verbe ~*** unregelmäßiges Verb **2** *situation, opération* regel-, ordnungswidrig; irregulär; CIRCULATION ROUTIÈRE ***dépassement ~*** regelwidriges Überholen **3** *personne dans son travail* mit ungleichmäßigen Leistungen; Leistungsschwankungen (*dat*), SPORTS *a* Formschwankungen (*dat*) unterworfen

irrégulièrement [iʀegyljɛʀmɑ̃] *adv* unregelmäßig

irréligieux [i(ʀ)ʀeliʒjø] *adj* ⟨**-euse**⟩ nicht religiös; religionslos; irreligiös **irréligion** *f* Irreligiosität *f*; Unglaube *m*

irrémédiable [i(ʀ)ʀemedjabl] *adj mal, vice* nicht behebbar; unheilbar; ***faute*** *f* **~** nicht wieder gutzumachender Fehler; ***perte*** *f* **~** unersetzbarer Verlust

irrémissible [i(ʀ)ʀemisibl] *st/s adj* unverzeihlich

irremplaçable [i(ʀ)ʀɑ̃plasabl] *adj* unersetzbar, -lich

irréparable [i(ʀ)ʀeparabl] *adj* **1** *objet, voiture* nicht zu reparieren(d); nicht wiederherstellbar **2** *faute, bévue* nicht wieder gutzumachen(d); irreparabel; ***perte*** *f* **~** unersetzbarer, unersetzlicher Verlust

irrépréhensible [i(ʀ)ʀepʀeɑ̃sibl] *st/s adj* untad(e)lig

irrépressible [i(ʀ)ʀepʀɛsibl] *adj* nicht zu unterdrücken(d); nicht zurückzudrängen(d)

irréprochable [iʀepʀɔʃabl] *adj personne, comportement, mœurs* untad(e)lig; mustergültig; *tenue* tadellos; einwandfrei

irrésistible [iʀezistibl] *adj* **1** *charme, penchant, personne* unwiderstehlich **2** (*très amusant*) zum Lachen herausfordernd; hinreißend komisch

irrésolu [i(ʀ)ʀezɔly] *adj* unentschlossen; unschlüssig **irrésolution** *f* Unentschlossenheit *f*; Unschlüssigkeit *f*

irrespect [i(ʀ)ʀɛspɛ] *m* Respektlosigkeit *f*; Unehrerbietigkeit *f*

irrespectueux [i(ʀ)ʀɛspɛktɥø] *adj* ⟨**-euse**⟩ respektlos; unehrerbietig

irrespirable [i(ʀ)ʀɛspiʀabl] *adj* **1** *air* nicht (ein)atembar; irrespirabel **2** *fig atmosphère* unerträglich

irresponsabilité [iʀɛspõsabilite] *f* **1** *morale* Verantwortungslosigkeit *f* **2** JUR Schuldunfähigkeit *f* **irresponsable** *adj* **1** (*qui agit à la légère*) verantwortungslos **2** JUR schuldunfähig

irrétrécissable [iʀetʀesisabl] *adj tissu* nicht einlaufend, eingehend

irrévérence [i(ʀ)ʀeveʀɑ̃s] *st/s f* Unehrerbietigkeit *f*; Respektlosigkeit *f*

irrévérencieux [i(ʀ)ʀeveʀɑ̃sjø] *adj* ⟨**-euse**⟩ unehrerbietig; respektlos

irréversibilité [iʀevɛʀsibilite] *f* **1** Unumkehrbarkeit *f*; Irreversibilität *f* **2** TECH *d'un mécanisme* Selbsthemmung *f* **irréversible** *adj* nicht umkehrbar; unumkehrbar; nicht rückgängig zu machen(d); irreversibel (*a* CHIM, BIOL)

irrévocabilité [iʀevɔkabilite] *f* JUR Unwiderruflichkeit *f*; Nichtzurückziehbarkeit *f* **irrévocable** *adj* unwiderruflich

irrigable [iʀigabl] *adj* (leicht) zu bewässern(d) **irrigateur** *m* **1** AGR Beregnungsgerät *n* **2** MÉD Spülapparat *m*; Irrigator *m*

irrigation [iʀigasjõ] *f* **1** AGR Bewässerung *f*; ***~ par déversement, par ruissellement*** Berieselung *f*; ***canal*** *m* ***d'~*** Bewässerungskanal *m* **2** PHYSIOL Durchblutung *f*

irriguer [iʀige] *v/t* **1** AGR bewässern **2** PHYSIOL durchbluten

irritabilité [iʀitabilite] *f* Reizbarkeit *f*; Erregbarkeit *f* **irritable** *adj* reizbar; (leicht) erregbar; (über)empfindlich

irritant [iʀitɑ̃] *adj* **1** *attitude etc* aufreizend; enervierend; ärgerlich **2** MÉD Reiz…

irritation [iʀitasjõ] *f* **1** *d'une personne* Gereiztheit *f*; Erregung *f*; Verärgerung *f* **2** MÉD Reizung *f*; leichte Entzündung

irrité [iʀite] *adj* **1** *geste, regard, personne* gereizt; erregt; ungehalten; verärgert; ***avoir un air ~*** ein ärgerliches Gesicht machen **2** MÉD gereizt; leicht entzündet

irriter [iʀite] **I** *v/t* **1** ***~ qn*** j-n reizen, verärgern, ungehalten *ou* ärgerlich machen **2** MÉD reizen **II** *v/pr* **1** ***s'~ contre qn, de qc*** sich über j-n, etw aufregen **2** ***s'~*** sich leicht, ein wenig entzünden

irruption [iʀypsjõ] *f* Eindringen *n*; MIL *a* Einfall *m*; ***faire ~*** (gewaltsam) eindringen (***dans*** in +*acc*); ***faire ~ dans une salle*** F *a* in e-n Saal hineinplatzen

Isabelle [izabɛl] *f Vorname*

isabelle [izabɛl] *adj* isabellfarben, -farbig; bräunlich gelb

isard [izaʀ] *m* ZO Gämse *f* (*in den Pyrenäen*)

Isère [izɛʀ] ***l'~*** *f Fluss u Departement in Frankreich*
Iseu(l)t [isø] *f* MYTH Isolde *f*
islam [islam] *m* **1** REL Islam *m* **2** *par ext* ***l'Islam*** die islamische Welt; die islamischen Völker *n/pl* **islamique** *adj* islamisch **islamisation** *f* Islamisierung *f* **islamiser** *v/t* islamisieren; den Islam ausbreiten in (+*dat*) **islamisme** *m* Islamismus *m*; (islamischer) Fundamentalismus **islamiste** **I** *adj* islamistisch **II** *m,f* Islamist(in) *m(f)*
islamophobe [islamɔfɔb] *adj* POL islamfeindlich; islamophob
islandais [islɑ̃dɛ] **I** *adj* isländisch **II** *subst* **1** ***Islandais(e)*** *m(f)* Isländer(in) *m(f)* **2** LING ***l'~*** *m* das Isländische; Isländisch *n*
Islande [islɑ̃d] ***l'~*** *f* Island *n*
Isle [il] ***l'~*** *f Fluss in Mittelfrankreich*
Isle-Adam (L') [iladɑ̃] *Stadt im Dep. Val-d'Oise*
ISO [izo] *adj abr* (*International Standardization Organization*) ***norme*** *f* **~** ISO-Norm *f*
isobare [izɔbaʀ] *f* MÉTÉO Isobare *f*
isocèle [izɔsɛl] *adj* MATH gleichschenklig **isochromatique** *adj partic* PHOT isochromatisch
isohypse [izɔips] *adj et subst f* GÉOGR (***ligne*** *f*) **~** Höhenlinie *f*
isolable [izɔlabl] *adj* isolierbar
isolant [izɔlɑ̃] **I** *adj* **1** ÉLECT, PHYS, CONSTR isolierend; Isolier…; CONSTR *a* (schall-, wärme)dämmend; ***ruban ~*** Isolierband *n* **2** LING ***langues ~es*** isolierende Sprachen *f/pl* **II** *m* TECH Isolierstoff *m*; Isolator *m*; **~ *acoustique, thermique*** Schall-, Wärmedämmstoff *m*
isolateur [izɔlatœʀ] *m* ÉLECT Isolator *m*
isolation [izɔlasjõ] *f* ÉLECT, PHYS, CONSTR Isolation *f*; Isolierung *f*; **~ *acoustique*** Schalldämmung *f*; **~ *thermique*** Wärmeisolation *f*, -dämmung *f*, -schutz *m*
isolationnisme [izɔlasjɔnism] *m* POL Isolationismus *m* **isolationniste** POL *adj* isolationistisch
isolé [izɔle] **I** *adj* **1** *endroit* abgelegen; entlegen; einsam (gelegen) **2** *arbre, bâtiment* frei, allein stehend; ARCH ***colonne ~e*** frei stehende Säule **3** (*individuel*) einzeln; Einzel…; abgesondert; vereinzelt; ***bruits ~s*** einzelne, vereinzelte Geräusche *n/pl*; ***cas ~*** Einzelfall *m*; ***mot ~*** einzelnes, aus dem Zusammenhang gerissenes Wort **4** *personne* isoliert (***de*** von); allein; einsam; vereinsamt; ***se sentir ~*** sich isoliert, allein, einsam fühlen **5** ÉLECT, PHYS, CONSTR isoliert **II** *m* **1** (*individu*) Einzelperson *f*; Einzelne(r) *m* **2** (*personne seule*) einsam, isoliert Lebende(r) *m*; Vereinsamte(r) *m*
isolement [izɔlmɑ̃] *m* **1** *d'un endroit* Abgelegenheit *f*; Entlegenheit *f*; Einsamkeit *f*; Abgeschiedenheit *f* **2** *d'une personne* (*solitude*) Isolation *f*; Alleinsein *n*; Einsamkeit *f*; Vereinsamung *f*; Abkapselung *f* **3** *d'un malade, d'un détenu* Isolierung *f*; Isolation *f*; Absonderung *f*; **~ *cellulaire*** Isolier-, Einzelhaft *f* **4** ÉLECT Isolierung *f* **5** POL Isolation *f*; Isolierung *f*; politische Absonderung
isolément [izɔlemɑ̃] *adv* einzeln; isoliert; ***chacun pris ~*** jeder für sich genommen
isoler [izɔle] **I** *v/t* **1** ÉLECT, PHYS, CONSTR, CHIM, BIOL isolieren **2** *endroit* abschneiden (***du monde extérieur*** von der Außenwelt) **3** *fait, mot* isoliert, für sich betrachten; für sich nehmen **4** *malade, détenu* isolieren **II** *v/pr* ***s'~*** sich isolieren, sich absondern (***de qn*** von j-m); sich zurückziehen (***dans un lieu*** an e-n Ort); sich abkapseln
isoloir [izɔlwaʀ] *m* POL Wahlzelle *f*, -kabine *f*
isomère [izɔmɛʀ] CHIM **I** *adj* isomer **II** *m* Isomer(e) *n*
isomérie [izɔmeʀi] *f* CHIM Isomerie *f*
isométrique [izɔmetʀik] *adj* MINÉR, MATH, MÉTRIQUE isometrisch
isomorphe [izɔmɔʀf] *adj* CHIM, *MATH* isomorph **isomorphisme** *m* CHIM, *MATH* Isomorphismus *m*
isotherme [izɔtɛʀm] *adj et subst f* MÉTÉO (***ligne*** *f*) **~** Isotherme *f*
isotope [izɔtɔp] *m* PHYS NUCL Isotop *n*; ***~s radioactifs*** radioaktive Isotope
Israël [isʀaɛl] ⟨*ohne Artikel*⟩ Israel *n*; ***l'État d'~*** der Staat Israel
israélien [isʀaeljɛ̃] **I** *adj* ⟨**~ne**⟩ israelisch **II** *subst* ***Israélien(ne)*** *m(f)* Israeli *m,f*
israélite [isʀaelit] **I** *adj* israelitisch **II** *m,f* Israelit(in) *m(f)*
israélo-arabe [isʀaeloaʀab] *adj* israelisch-arabisch
issu [isy] *adj* **1** **~ *de*** abstammend von; hervorgegangen, entsprossen aus; ***cousins ~s de germains*** Vettern *m/pl* zweiten Grades **2** *fig* **~ *de*** hervorgegangen, entstanden aus
issue [isy] *f* **1** Ausgang *m*; **~ *de secours*** Notausgang *m*; ***rue*** *f*, ***voie*** *f* ***sans ~*** Sackgasse *f*, -straße *f* **2** *fig* (*solution*) Ausweg *m* (***à une situation*** aus e-r Situation); ***sans ~*** ausweg-, aussichts-, hoffnungslos **3** *fig* (*fin*) Ausgang *m*; Ende *n*; **~ *fatale*** tödlicher Ausgang; *loc/prép* ***à l'~ de*** am Ende, am Schluss, nach Abschluss (+*gén*); *cette affaire* ***a eu une heureuse ~*** hat e-n glücklichen Ausgang genommen, ist gut ausgegangen
Istanbul [istɑ̃bul] Istanbul *n*
isthme [ism] *m* **1** GÉOGR Landenge *f*; Isthmus *m*; **~ *de Corinthe*** Isthmus von Korinth; **~ *de Panama*** Landenge von Panama **2** ANAT enge Stelle; *sc* Isthmus *m*
isthmique [istmik] *adj dans la Grèce antique* ***jeux*** *m/pl* ***Isthmiques*** Isthmische Spiele *n/pl*
Istrie [istʀi] GÉOGR ***l'~*** *f* Istrien *n*
italianiser [italjanize] *v/t* italianisieren; italienisieren **italianisme** *m* LING Italianismus *m*; italienische Spracheigentümlichkeit
Italie [itali] ***l'~*** *f* Italien *n*
italien [italjɛ̃] **I** *adj* ⟨**~ne**⟩ italienisch; THÉ ***comédie ~ne*** Commedia dell'arte *f*; ***à l'~ne*** nach italienischer Art; italienisch **II** *subst* **1** ***Italien(ne)*** *m(f)* Italiener(in) *m(f)* **2** LING ***l'~*** *m* das Italienische; Italienisch *n*
italique [italik] **I** *adj* **1** TYPO ***caractère*** *m* **~** Kursivbuchstabe *m* **2** HIST italisch; LING ***langues*** *f/pl* ***~s*** italische Sprachen *f/pl* **II** *m* TYPO Kursive *f*; Kursivschrift *f*; Schrägschrift *f*, -druck *m*; ***en ~*** kursiv
italo-… [italo] *adj* italienisch-…; *exemple*: ***italo-libyen*** italienisch-libysch
item [itɛm] **I** *adv* COMM ebenso; desgleichen **II** *m* Item ['aɪtəm] *n*; Punkt *m*; Element *n*
itératif [iteʀatif] *adj* ⟨**-ive**⟩ GR iterativ; ***verbe ~*** Iterativ(um) *n*
Ithaque [itak] GÉOGR Ithaka *n*
itinéraire [itineʀɛʀ] *m* (Reise)Route *f*, (-)Weg *m*; (Fahr)Strecke *f*; AVIAT Flugstrecke *f*; **~ *bis*** [-bis] Ausweichstrecke *f*, -route *f*

itinérant [itinerɑ̃] *adj* Wander…; DIPL ***ambassadeur* ~** fliegender Botschafter; ***exposition* ~*e*** Wanderausstellung *f*; ***personnel* ~** *ou subst* **~*s*** *m/pl* CH DE FER Zugbegleitpersonal *n*
itou [itu] *adv plais* ***moi* ~** ich auch
IUFM [iyɛfɛm] *m abr (institut universitaire de formation des maîtres) Ausbildungsstätte für Grundschul- u Gymnasiallehrer*
iule [jyl] *m* **1** BOT *d'un noisetier* Kätzchen *n* **2** ZO Julus *m*
IUT [iyte] *m abr (institut universitaire de technologie)* Fachhochschule *f*
Ivanhoé [ivanɔe] *m héros du roman* Ivanhoe ['aɪvənhoː] *m*
IVG [iveʒe] *f abr (interruption volontaire de grossesse)* Schwangerschaftsabbruch *m*
ivoire [ivwaʀ] *m* **1** Elfenbein *n*; ***d'*~, *en* ~** aus Elfenbein; elfenbeinern; Elfenbein…; → *a* ***tour***[1] **2** *objet d'art* Elfenbeinstück *n*, -schnitzerei *f* **3** ANAT Zahnbein *n*
ivoirien [ivwaʀjɛ̃] **I** *adj* ⟨**~*ne***⟩ der *ou* von Elfenbeinküste; ivorisch **II** *subst* ***Ivoirien(ne)*** *m(f)* Staatsangehörige(r) *f(m)* der *ou* von Elfenbeinküste; Ivorer(in) *m(f)*
ivraie [ivʀɛ] *f* BOT Lolch *m*; Raigras *n*; *fig* ***séparer le bon grain de l'*~** die Spreu vom Weizen sondern
ivre [ivʀ] *adj* **1** betrunken; **~ *mort*** völlig betrunken; F stockbesoffen **2** *fig* **~ *de qc*** trunken von *ou* vor etw; ganz erfüllt von etw; **~ *de bonheur, de fatigue, de joie*** wonne-, schlaf-, freudetrunken
Ivrée [ivʀe] GÉOGR Ivrea *n*
ivresse [ivʀɛs] *f* **1** Trunkenheit *f*; Rausch *m*; ***conduite*** *f* ***en état d'*~** Trunkenheit am Steuer **2** *fig* Taumel *m*; Rausch *m*; **~ *des sens*** Sinnenrausch *m*, -taumel *m*; **~ *du triomphe, de la victoire*** Siegestaumel *m*, -rausch *m*
ivrogne [ivʀɔɲ] **I** *adj* trunksüchtig; dem Trunk ergeben, verfallen **II** *m,f* Säufer(in) *m(f)*; Trunkenbold *m*; *fig* ***serment*** *m* ***d'*~** leere Versprechungen *f/pl*
ivrognerie [ivʀɔɲʀi] *f* Trunksucht *f*
ivrognesse [ivʀɔɲɛs] F *f* Säuferin *f*

J

J

J, j [ʒi] *m* ⟨*inv*⟩ J, j [jɔt] *n*; ***le jour J*** der *ou* am Tag X
J *abr (joule)* J (Joule)
j' [ʒ] → ***je***
jabot [ʒabo] *m* **1** ZO Kropf *m* **2** COUT Jabot *n*; **~ *de dentelle*** Spitzenjabot *n*
jacassement [ʒakasmɑ̃] *m* **1** *de la pie* Schreien *n* **2** → ***jacasserie*** **jacasser** *v/i* **1** *pie* schreien **2** F *fig* schwatzen; F plappern; schnattern **jacasserie** F *f* Schwatzen *n*; F Geplapper *n*; Geschnatter *n* **jacasseur** F *adj* ⟨**-*euse***⟩ geschwätzig
jachère [ʒaʃɛʀ] *f* AGR Brachliegen *n*; *par ext* (***terre*** *f* ***en***) **~** Brache *f*; Brachland *n*, -feld *n*; ***mise*** *f* ***en* ~** Flächenstilllegung *f*; ***être, rester en* ~** brachliegen; ***laisser, mettre en* ~** brachliegen lassen
jacinthe [ʒasɛ̃t] *f* BOT Hyazinthe *f*
jack [(d)ʒak] *m* TÉL (Schalt)Klinke *f*
jackpot [(d)ʒakpɔt] *m* Jackpot ['dʒɛk-] *m*; ***toucher le* ~** den Jackpot gewinnen, F knacken
jacobin [ʒakɔbɛ̃] **I** *m* **1** HIST ***Jacobin*** Jakobiner *m* **2** *fig* leidenschaftlicher Republikaner, Demokrat **II** *adj* jakobinisch; Jakobiner…
jacobinisme [ʒakɔbinism] *m* Jakobinertum *n*
jaco(t) → ***jacquot***
jacquard [ʒakaʀ] *m* TEXT **1** **~** *ou adjt* ***métier*** *m* ***Jacquard*** Jacquardwebstuhl *m*; Jacquardmaschine *f* **2** **~** *ou adjt* ***chandail*** *m* **~** jacquardgemusterter Pullover
Jacqueline [ʒaklin] *f Vorname*
jacquerie [ʒakʀi] *f* HIST Bauernaufstand *m*
Jacques [ʒɑk] *m* **1** *Vorname* **2** HIST **~** (***Bonhomme***) (französischer) Bauer **3** F ***faire le* ~** den Hanswurst spielen
jacquet [ʒakɛ] *m jeu de dés* Tricktrack *n*; Puff(spiel) *n*; Backgammon *n*
jacquot [ʒako] *m* **1** ZO Jako *m*; Graupapagei *m* **2** *nom de perroquet* Lora *f*; Jakob *m*
jactance [ʒaktɑ̃s] *f* **1** *litt* (*vanité*) Prahlerei *f*; Großtuerei *f* **2** F (*bavardage*) Gequassel *n*; Gequatsche *n* **jacter** *v/i* F quasseln; quatschen
jacuzzi® [ʒakyzi] *m* Whirlpool® ['vœrlpuːl] *m*
jade [ʒad] *m* **1** MINÉR Jade *m ou f*; ***statuette*** *f* ***de* ~** Jadefigürchen *n* **2** *objet* Gegenstand *m* aus Jade
jadéite [ʒadeit] *f* MINÉR Jadeit *m*; Jadestein *m*
jadis [ʒadis, ʒɑ-] *adv* einst(mals); früher (einmal); ehemals; vorzeiten; ***de* ~** von einst; von früher; *adjt* ***au temps* ~** in alten, früheren Zeiten; vor langer Zeit
jaguar [ʒagwaʀ] *m* ZO Jaguar *m*
jaillir [ʒajiʀ] *v/i* **1** *liquide* herausspritzen (***de*** aus); heraus-, empor-, hochschießen; hervorquellen, -sprudeln; *source* entspringen; *sang* spritzen, quellen (***d'une blessure*** aus e-r Wunde); *larmes* schießen, quellen (***des yeux*** aus den Augen); *gaz naturel, pétrole* ausströmen; *flammes* empor-, hochschlagen; *étincelles* sprühen *ou* ÉLECT überspringen; *lumière* aufblitzen; *cris, rire* hervorbrechen; plötzlich erschallen; *bourgeons* hervorbrechen *ou poét* sprießen **2** *fig vérité, idées* hervorgehen, -brechen; aufblitzen; ***faire* ~ *la vérité*** der Wahrheit zum Sieg verhelfen
jaillissant [ʒajisɑ̃] *adj* sprudelnd; ***source* ~*e*** Springquelle *f*
jaillissement [ʒajismɑ̃] *m* **1** *d'un liquide* (Auf)-Spritzen *n*; Empor-, Hochschießen *n*; Sprudeln *n*; *d'une flamme* Empor-, Hochschlagen *n*; *d'étincelles* Sprühen *n*; ÉLECT Überspringen *n*; *de la lumière* Aufblitzen *n* **2** *fig de la vérité etc* Hervorbrechen *n*; Aufblitzen *n*

jais [ʒɛ] *m* MINÉR Gagat *m*; Jett *m ou n*; Pechkohle *f*; ***perles*** *f/pl* ***de ~*** Jettperlen *f/pl*; *fig* ***yeux*** *m/pl* ***de ~*** tiefschwarze, kohl(raben)schwarze Augen *n/pl*

jaja [ʒaʒa] *m arg* (*vin*) Wein *m*

jalon [ʒalõ] *m* 1 ARPENTAGE Fluchtstab *m*; Absteckpfahl *m* 2 *fig* Anhaltspunkt *m*; ***~s*** *pl* Richtlinien *f/pl*; Leitfaden *m*; ***poser, planter des ~s*** den Weg bereiten *ou* vorzeichnen, die Richtung weisen (***de qc*** für etw)

jalonnement [ʒalɔnmɑ̃] *m* ARPENTAGE Abstecken *n*; Ausfluchten *n*

jalonner [ʒalɔne] I *v/t* 1 *terrain etc* abstecken; ausfluchten; markieren; kennzeichnen 2 (*border*) *arbres* ***~ la route*** die Straße entlang stehen; die Straße säumen 3 *fig* ***~ le chemin, la voie*** den Weg bereiten, vorzeichnen; die Richtung weisen; die Grundlagen schaffen; ***~ la vie de qn*** j-s Leben durchziehen, prägen; *adjt* ***jalonné de qc*** reich an etw (*dat*); voller (+*gén*) II *v/i* Fluchtstäbe, Absteckpfähle stecken

jalousement [ʒaluzmɑ̃] *adv* → ***jaloux***; ***garder ~ un secret*** ein Geheimnis ängstlich hüten

jalouser [ʒaluze] I *v/t* ***~ qn, qc*** auf j-n, etw eifersüchtig sein; j-n beneiden II *v/pr* ***se ~*** aufeinander eifersüchtig, neidisch sein

jalousie [ʒaluzi] *f* 1 (*envie*) Neid *m*; Missgunst *f*; ***~s mesquines*** kleinlicher Neid; ***exciter la ~ de qn*** j-n neidisch machen; j-s Neid erregen 2 *en amour* Eifersucht *f* 3 *persienne* Jalousie *f*

jaloux [ʒalu] I *adj* ⟨***jalouse*** [ʒaluz]⟩ 1 (*envieux*) neidisch; missgünstig; ***être ~ de qn, qc*** auf j-n, etw neidisch sein; j-n beneiden; ***être ~ du succès, de la réussite de qn*** j-n um s-n Erfolg beneiden; auf j-s Erfolg neidisch sein; j-m den Erfolg missgönnen, nicht gönnen; ***je n'en suis pas ~*** ich bin nicht neidisch; ich gönne es ihm (*ou* ihr, ihnen); ***rendre qn ~ de qc*** j-n auf etw (*acc*) neidisch machen; *loc/adv* ***d'un œil ~*** missgünstig; neidisch; scheelen Blickes 2 *en amour* eifersüchtig; ***terriblement ~, ~ comme un tigre*** schrecklich, entsetzlich eifersüchtig; ***être ~ de qn*** auf j-n eifersüchtig sein 3 (*très attaché à*) ***être ~ de qc*** ängstlich auf etw (*acc*) bedacht sein; *loc/adv* ***avec un soin ~*** mit ängstlicher Sorgfalt II *subst* ***~, jalouse*** *m,f* 1 Neider *m*; F Neidhammel *m*; ***son succès lui a fait des ~*** der Erfolg hat ihm Neider gebracht, hat Neid erregt 2 Eifersüchtige(r) *f(m)*

jamaïquain [ʒamaikɛ̃] I *adj* jamaikanisch II *subst* ***Jamaïquain(e)*** *m(f)* Jamaikaner(in) *m(f)*

Jamaïque [ʒamaik] ***la ~*** Jamaika *n*

jamais [ʒamɛ] *adv* 1 *sens positif* je(mals); ***a-t-on ~ vu pareille chose?*** hat man je so (et)was gesehen?; ***(c'est) pire que ~*** (das ist) schlimmer denn je; ***aujourd'hui, plus que ~*** heute mehr denn je; *avec un « ne » explétif* ***plus que je n'ai ~ espéré*** mehr als ich je gehofft habe; *avec un « si » hypothétique* ***si ~ je te revois*** wenn ich dich je wiedersehen sollte; *loc/adv* ***à (tout) ~*** für immer; auf ewig; für alle Zeiten 2 *sens négatif* **a)** ***ne … ~***, *pl/fort* ***~ … ne*** nie(mals); ***je ne l'oublierai ~*** ich werde es nie vergessen; *st/s* ***~ secret ne fut mieux gardé*** niemals wurde ein Geheimnis besser gewahrt; ***on n'a ~ rien vu de pareil*** man hat noch nie so (et)was gesehen; ***il n'en fait ~ d'autres*** er macht immer solche Dummheiten; ***on ne sait ~*** man kann nie wissen; **b)** ***ne … plus ~, ne … ~ plus*** nie mehr; nie wieder; ***je ne le ferai plus ~*** ich werde es nie mehr tun, nie wieder tun; ***on ne l'a plus ~ revu*** man hat ihn nie wieder gesehen; **c)** ***sans ~ …*** ohne je(mals) …; ***il m'écoute sans ~ s'impatienter, sans s'impatienter ~*** er hört mir zu, ohne jemals ungeduldig zu werden; **d)** ***ne … ~ que …*** immer nur; schließlich nur; ***il n'a ~ fait que s'amuser*** er hat sich immer nur amüsiert; ***ce n'est ~ qu'un enfant*** das ist schließlich nur ein Kind; **e)** *sans « ne »*: *l'avez-vous déjà vu? -* ***~!*** nie!; *le feriez-vous encore? -* ***~ plus!*** nie wieder!; ***~ de la vie!*** nie und nimmer!; nie im Leben!; ***c'est le moment ou ~!, c'est maintenant ou ~!*** jetzt oder nie!; **f)** *subst* ***~, au grand ~*** nie und nimmer

jambage [ʒɑ̃baʒ] *m* 1 *des lettres m, n, u, p, q* Grund-, Abstrich *m* 2 CONSTR Stützglied *n*; gemauerter Pfosten

jambe [ʒɑ̃b] *f* 1 Bein *n* (*a d'un pantalon*); *opposé à cuisse* Unterschenkel *m*; CH Lauf *m*; ***~ artificielle*** (Bein)Prothese *f*; ***~ d'un bas*** Beinling *m* (*e-s Strumpfs*); ***~ de bois*** Holzbein *n*; Stelzfuß *m*; ***~ de derrière*** *d'un cheval etc* Hinterbein *n*; CH Hinterlauf *m*; ***~ de devant*** Vorderbein *n*; CH Vorderlauf *m*; ***~ de soutien, d'appui*** Standbein *n*; ♦ *loc/adv*: ***à toutes ~s***: ***courir à toutes ~s*** laufen, was man kann *ou* was s-e Beine hergeben; ***partir, s'enfuir à toutes ~s*** Hals über Kopf davonlaufen, -rennen; *fig faire qc* ***par-dessous*** *ou* ***par-dessus la ~*** nachlässig; flüchtig; oberflächlich; obenhin; ***traiter qn par-dessus la ~*** j-m nicht genügend Beachtung schenken; j-n links liegen lassen; ♦ ***allonger, étendre la ~*** das Bein vor-, ausstrecken; ***avoir les ~s arquées, en cerceau*** O-Beine haben; ***avoir les ~s cagneuses, en X*** X-Beine haben; ***avoir encore de bonnes ~s***, F ***avoir des ~s de vingt ans*** noch gut zu Fuß sein; noch junge Beine haben; *fig* ***n'avoir plus de ~s*** vor Müdigkeit nicht mehr laufen können, kaum noch stehen können; ***avoir les ~s longues, être 'haut de*** *ou* ***sur ~s*** lange Beine haben; hochbeinig sein; ***avoir les ~s molles, en coton*** weiche Knie haben; F ***avoir dix kilomètres dans les ~s*** zehn Kilometer gelaufen sein; ***mes ~s se dérobent sous moi, refusent de me porter*** meine Beine lassen mich im Stich, wollen (mich) nicht mehr (tragen); *peur* ***donner des ~s*** Beine machen; ***être solide sur ses ~s*** sicher, fest auf den Beinen, Füßen stehen; ***être dans les ~s de qn*** j-m im Wege sein, in die Quere kommen, vor den Füßen herumlaufen, F -tanzen; F *fig* ***cela me fait une belle ~!*** was nützt mir das!; das bringt mir nichts ein!; F dafür kann ich mir nichts kaufen!; ***plier la ~*** das Knie beugen; *fig* ***prendre ses ~s à son cou*** Hals über Kopf davonlaufen, -rennen; F die Beine in die Hand, unter den Arm nehmen; ***ne plus tenir sur ses ~s*** sich nicht mehr auf den Beinen halten können; F *fig* ***tenir la ~ à qn*** j-n durch sein Gerede aufhalten; *fig* ***tirer dans les ~s de qn*** j-n auf arglistige Weise angreifen; j-n hinterrücks überfallen; j-m in den Rücken fallen; ***traîner la ~*** ein Bein nachziehen; lahmen; *fig* sich nur noch mit Mühe weiterschleppen; kaum noch gehen können 2 *d'un compas* Schenkel *m* 3 CONSTR Mauerverstärkung *f*; ***~ de force*** Strebe *f* 4 AVIAT Bein *n*

jambière [ʒɑ̃bjɛʀ] *f* 1 SPORTS (Schien)Beinschutz *m*, -schützer *m* 2 HIST *d'une armure* Beinschiene *f* 3

en laine Legwarmer [-wɔː-] *m*
jambon [ʒɑ̃bɔ̃] *m* 1 Schinken *m*; **~ blanc, cuit, de Paris** gekochter Schinken; **~ cru, fumé** roher, geräucherter Schinken; **~ de Bayonne** roher, leicht gesalzener Schinken; **~ d'York** gekochter und leicht angeräucherter Schinken; **omelette** *f* **au ~** Schinkenomelett *n* 2 F (*cuisse*) F Schinken *m*
jambonneau [ʒɑ̃bɔno] *m* ⟨*pl* **~x**⟩ Eisbein *n*; Schweinshachse *ou* -haxe *f*
jamboree [ʒɑ̃bɔʀe, -ʀi] *m* internationales Pfadfindertreffen; Jamboree [dʒɛmbɔ'riː] *n*
janissaire [ʒanisɛʀ] *m* HIST Janitschar *m*
jansénisme [ʒɑ̃senism] *m* REL Jansenismus *m*; *par ext* große Sittenstrenge **janséniste** I *adj* REL jansenistisch; *par ext* (sitten)streng II *m,f* Jansenist(in) *m(f)*
jante [ʒɑ̃t] *f* TECH Felge *f*; **~ en acier** Stahlfelge *f*
janvier [ʒɑ̃vje] *m* Januar *m*; *österr* Jänner *m*; **en ~, au mois de ~** im (Monat) Januar; F **du premier ~ à la Saint-Sylvestre** *ou* **au trente et un décembre** das ganze Jahr über, hindurch
Japon [ʒapɔ̃] **le ~** Japan *n*
japon [ʒapɔ̃] *m* 1 japanisches Porzellan 2 Japanpapier *n*
japonais [ʒapɔnɛ] I *adj* japanisch II *subst* 1 **Japonais(e)** *m(f)* Japaner(in) *m(f)* 2 LING **le ~** das Japanische; Japanisch *n*
japonaiserie [ʒapɔnɛzʀi] *f* japanischer Kunstgegenstand; *bibelot* japanische Nippsache
japonisant [ʒapɔnizɑ̃] *m*, **japonisante** *f* Japanologe, -login *m,f*
jappement [ʒapmɑ̃] *m d'un chien* Kläffen *n*; Gekläff(e) *n* **japper** *v/i chien* kläffen; *chacal* heulen
jaquette [ʒakɛt] *f* 1 **a)** *pour hommes* Cut(away) ['kœt(əveː)] *m*; **b)** *pour femmes* taillierte (Kostüm)Jacke 2 *d'un livre* Schutzumschlag *m*; **sous ~** im Schutzumschlag 3 *d'une dent* Jacketkrone ['dʒɛkət-] *f*
jardin [ʒaʀdɛ̃] *m* 1 Garten *m* (*a fig d'une région agricole riche*); **~ anglais** englischer Garten; Landschaftsgarten *m*; **~ botanique** botanischer Garten; **~ classique, à la française** französischer Garten; **~ japonais** japanischer Garten; **~ ouvrier** Schreber-, Kleingarten *m*; **~ potager, maraîcher** Gemüsegarten *m*; **~ public** öffentliche Anlage; **~ zoologique** zoologischer Garten; Tierpark *m*; **~ d'acclimatation** (botanischer und zoologischer) Versuchsgarten *m*; BIBL **le ~ d'Éden** der Garten Eden; **~ d'hiver** Wintergarten *m*; BIBL **le ~ des Oliviers** der Ölberg; **Jardin des Plantes** Botanischer Garten in Paris; **architecture** *f*, **art** *m* **des ~s** Gartenkunst *f*; **aménager, faire un ~** e-n Garten anlegen; **faire son ~** s-n Garten bestellen; im Garten arbeiten; *Voltaire* **il faut cultiver notre ~** wir müssen unseren Garten bestellen; gehen wir lieber unserer Arbeit nach, anstatt uns in Spekulationen zu verlieren 2 **~ d'enfants** Kindergarten *m* 3 THÉ **côté** *m* **~** (auf der) rechte(n) Seite der Bühne (*vom Schauspieler aus gesehen*) 4 **le ~ secret de qn** j-s tiefstes Inneres
jardinage [ʒaʀdinaʒ] *m* Gartenarbeit *f*; Gartenbau *m*; **amateur** *m* **de ~** Gartenfreund *m*; **outils** *m/pl* **de ~** Gartengeräte *n/pl*
jardiner [ʒardine] *v/i* im Garten arbeiten; gärtnern; s-n Garten bestellen
jardinerie [ʒaʀdinʀi] *f* Gartencenter *n*
jardinet [ʒaʀdinɛ] *m* Gärtchen *n*; Gärtlein *n*
jardinier [ʒaʀdinje] I *m* Gärtner *m*; **~ fleuriste, maraîcher, paysagiste** Blumen-, Gemüse-, Landschaftsgärtner *m*; **~ pépiniériste** (Obst)Baumzüchter *m*; Baumschulgärtner *m* II *adj* ⟨**-ière**⟩ Garten…; **culture jardinière** Gartenbau *m*; SYLVICULTURE **exploitation jardinière** Femel-, Plenterwirtschaft *f*; Femel-, Plenterbetrieb *m*
jardinière [ʒaʀdinjɛʀ] *f* 1 Gärtnerin *f* 2 **~ d'enfants** Kindergärtnerin *f* 3 (*bac à fleurs*) Blumenkasten *m*; *meuble* Blumenständer *m* 4 CUIS gemischtes Gemüse
jargon [ʒaʀgɔ̃] *m* 1 Fach-, Berufssprache *f*; Jargon *m*; **~ de la publicité, du sport** Werbe-, Sportjargon *m* 2 *péj* (*charabia*) Kauderwelsch *n*
jargonner [ʒaʀgɔne] *v/i* 1 e-n Jargon sprechen 2 e-e unverständliche Sprache sprechen; Kauderwelsch reden; kauderwelschen; *dans une langue étrangère* radebrechen 3 *oie* schnattern
Jarnac [ʒaʀnak] **coup** *m* **de ~** gemeiner, hinterhältiger Schlag, Streich
jarre [ʒaʀ] *f* großer Tonkrug; große Kruke
jarres [ʒaʀ] *m/pl* Stichel-, Grannenhaar *n*
jarret [ʒaʀɛ] *m* 1 Kniekehle *f*; *d'un cheval* Sprunggelenk *n*; *fig* **avoir du ~, avoir des ~s d'acier** unermüdlich sein; *marcheur* gut zu Fuß sein; *danseur* ein unermüdlicher Tänzer sein 2 CUIS *de porc, de veau* Hachse *f*; *südd* Haxe *f*; *de bœuf* Hesse *f*; **~ de veau** Kalbshachse *f*
jarretelle [ʒaʀtɛl] *f* Strumpfhalter *m*; Straps *m*
jarretière [ʒaʀtjɛʀ] *f* Strumpfband *n*; *décoration anglaise* (**ordre** *m* **de la**) **Jarretière** Hosenbandorden *m*
jars [ʒaʀ] *m* ZO Gänserich *m*; *nordd* Ganter *m*
jaser [ʒaze] *v/i* schwatzen, klatschen, F herziehen (**de, sur** über +*acc*); **on jase** die Leute reden darüber; **ça fera ~** man wird darüber reden
jaseur [ʒazœʀ] *adj* ⟨**-euse**⟩ schwatzhaft; geschwätzig; klatschhaft
jasmin [ʒasmɛ̃] *m* BOT (Echter) Jasmin
jaspe [ʒasp] *m* MINÉR Jaspis *m*; **~ noir** schwarzer Jaspis
jatte [ʒat] *f* Schale *f*; Napf *m*; *nordd* Satte *f*
jauge [ʒoʒ] *f* 1 *instrument* Messstab *m*; TECH Lehre *f*; Kaliber *n*; **~ de carburant** Kraftstoffmesser *m*, -anzeiger *m*; **~ d'épaisseur** Dick(t)enlehre *f*; AUTO **~ d'essence** Benzinuhr *f*; AUTO **~** (**de niveau**) **d'huile** Ölmessstab *m*; Ölstandanzeiger *m* 2 MAR Rauminhalt *m*; Tonnengehalt *m*; Tonnage *f*; **~ brute, nette** Brutto-, Nettoraumgehalt *m*, -tonnengehalt *m*
jaugeage [ʒoʒaʒ] *m* 1 *de récipients* (Aus)Messen *n*, -ung *f* 2 MAR Tonnagebestimmung *f*
jauger [ʒoʒe] ⟨**-geons**⟩ I *v/t* 1 (*mesurer*) (aus-, ver)messen 2 MAR die Tonnage bestimmen (**un navire** e-s Schiffes) 3 *fig* (*évaluer*) ab-, einschätzen II *v/i* MAR **a)** e-e Tonnage, e-n Tonnengehalt haben von; **~ 1200 tonneaux** 1200 Tonnen haben; **b) ~ trois mètres** (**de tirant d'eau**) drei Meter Tiefgang haben; e-n Tiefgang von drei Metern haben
jaunâtre [ʒonɑtʀ] *adj* gelblich
jaune [ʒon] I *adj* gelb; **~ canari, citron, clair, paille** ⟨*inv*⟩ kanarien-, zitronen-, hell-, strohgelb; **~ d'or** ⟨*inv*⟩ goldgelb; PHOT **filtre** *m* **~** Gelbfilter *m*; GÉOGR **le fleuve Jaune** der Gelbe Fluss; **la mer Jaune** das Gelbe Meer; **or** *m* **~** Gelbgold *n*; *fig* **le péril ~** die

gelbe Gefahr; ***race** f* ~ gelbe Rasse **II** *adv fig* ***rire*** ~ gezwungen lachen **III** *m* **1** *couleur* Gelb *n*; ~ ***citron*** Zitronengelb *n*; ***tourner au*** ~ gelb werden; vergilben **2** *colorant* gelber Farbstoff; gelbe Farbe; ~ ***de chrome*** Chromgelb *n* **3** CUIS ~ ***d'œuf*** (Ei)Dotter *m ou n*; Eigelb *n* **4** *personne* ***Jaune*** *m,f* Gelbe(r) *f(m)* **5** *péj* Streikbrecher *m*

jaunet [ʒonɛ] *m autrefois* Goldstück *n*

jaunir [ʒoniʀ] **I** *v/t* gelb färben **II** *v/i* gelb werden; *papier a* vergilben; *feuilles a* sich (gelb) färben; *adjt* ***jauni*** vergilbt; gelb (gefärbt, geworden)

jaunissant [ʒonisɑ̃] *adj feuillages* (sich) gelb färbend; ***papier*** ~ vergilbendes Papier

jaunisse [ʒonis] *f* MÉD Gelbsucht *f*; F *fig* ***en faire une*** ~ sich krank-, F schwarzärgern

jaunissement [ʒonismɑ̃] *m* Gelbfärbung *f*; Gelbwerden *n*; Vergilben *n*

Jaurès [ʒɔʀɛs] *frz Politiker*

Java [ʒava] Java *n*

java [ʒava] *f* **1** *für den „bal musette" typischer Tanz* **2** F *fig* ***faire la*** ~ F e-e tolle Sause veranstalten; einen draufmachen

javanais [ʒavanɛ] **I** *adj* javanisch **II** *subst* **1** ***Javanais(e)*** *m(f)* Javaner(in) *m(f)* **2** LING ***le*** ~ das Javanische; Javanisch *n* **3** *argot conventionnel, correspond à* B-Sprache *f*

Javel [ʒavɛl] CHIM ***eau** f* ***de*** ~ Eau de Javel *n ou f*; Chlor-, Bleichwasser *n*

javelle [ʒavɛl] *f* AGR Schwade(n) *f(m)*

javellisant [ʒavelizɑ̃] *adj produit récurant* mit großer Bleichkraft **javellisation** *f* Keimfreimachen *n* mit Eau de Javel; Chloren *n* **javelliser** *v/t* mit Eau de Javel keimfrei machen; chloren; *adjt eau* ***très javellisée*** stark gechlort

javelot [ʒavlo] *m* **1** HIST Wurfspieß *m*; Ger *m* **2** SPORTS Speer *m*; *par ext discipline* Speerwerfen *n*

jazz [dʒaz] *m* MUS Jazz [dʒɛs] *m*

jazz-band [dʒazbɑ̃d, -bɛnd] *m* ⟨*pl* **jazz-bands**⟩ Jazzband ['dʒɛsbɛnt] *f*

jazzman [dʒazman] *m* ⟨*pl* **~s** *ou* **jazzmen** [dʒazmɛn]⟩ Jazzmusiker ['dʒɛs-] *m*; Jazzer ['dʒɛsər] *m*

J.-C. *abr* (*Jésus-Christ*) Chr. (Christus)

Jdanov [ʒdanɔf] *m* POL Schdanow *m*

je [ʒ(ə)] **I** *pr/pers* ⟨*vor Vokal u stummem h* ***j'***⟩ ich; ~ ***parle*** ich spreche; ***j'entends*** ich höre; ~ ***hais*** ich hasse; ***j'habite à Paris*** ich wohne in Paris; ***où suis-~?*** wo bin ich?; *renforcé par « moi »* ***mais moi,*** ~ ***sais*** aber i c h weiß **II** *m* Ich *n* (*a* PHILOS); Ichform *f*; ***employer le*** ~ ***dans un récit*** in e-r Erzählung die Ichform benutzen

Jean [ʒɑ̃] *m* **1** *Vorname* **2** *saint, pape,* BIBL Johannes *m*

jean [dʒin] *m* **1** *étoffe* Jeansstoff ['dʒiːns-] *m*; ***veste** f* ***en*** ~ Jeansjacke *f* **2** *pantalon* ~ *ou pl* **~s** [dʒins] Jeans [dʒiːns] *f ou f/pl*; ~ *ou pl* **~s** ***couture*** Designerjeans [di'zaɪnər-] *f ou f/pl*

Jean-Baptiste [ʒɑ̃batist] *m* BIBL ***saint*** ~ Johannes der Täufer

jean-foutre [ʒɑ̃futʀ] P *m* ⟨*inv*⟩ Taugenichts *m*; Nichtsnutz *m*

Jeanine [ʒanin] *f Vorname*

Jeanne [ʒan] *f* Johanna *f*; HIST ~ ***d'Arc*** die heilige Johanna; ***coiffure** f*, ***coupe** f* ***à la*** ~ ***d'Arc*** Pagenfrisur *f*, -kopf *m*

Jeannette [ʒanɛt] *f Vorname*

jeannette [ʒanɛt] *f* **1** Ärmel(plätt)brett *n* **2** christliche Pfadfinderin (*8-11 Jahre*); Wölfling *m*

jeep® [dʒip] *f* Jeep® [dʒiːp] *m*

Jéhovah [ʒeɔva] *m* BIBL Jehova *m*

je-m'en-fichisme [ʒmɑ̃fiʃism] F *m* Gleichgültigkeit *f*; F Wurstigkeit *ou* Wurschtigkeit *f* **je-m'en-fichiste** F **I** *adj* gleichgültig; F wurstig *ou* wurschtig **II** *m,f* Person *f*, der alles gleichgültig, F wurst *ou* wurscht ist

je-m'en-foutisme [ʒmɑ̃futism] F *m* Gleichgültigkeit *f*; F Wurstigkeit *ou* Wurschtigkeit *f* **je-m'en-foutiste** F **I** *adj* gleichgültig; F wurstig *ou* wurschtig **II** *m,f* Person *f*, der alles gleichgültig, F wurst *ou* wurscht ist

je-ne-sais-quoi *ou* **je ne sais quoi** [ʒənsekwa] *m* ⟨*inv*⟩ ***un je-ne-sais-quoi*** *ou* ***un je ne sais quoi*** ein gewisses Etwas

jérémiade [ʒeʀemjad] *f* F *surtout pl* **~s** Jeremiade(n) *f(pl)*; Klagelied(er) *n(pl)*; F Gejammer *n*; Geklage *n*

Jérémie [ʒeʀemi] *m prophète* Jeremia(s) *m*

jerez → ***xérès***

Jéricho [ʒeʀiko] Jericho *n*

jéroboam [ʒeʀɔbɔam] *m* große Champagnerflasche

Jérôme [ʒeʀom] *m Vorname*

jerricane *ou* **jerrycan** [(d)ʒeʀikan] *m* (Benzin)Kanister *m*

Jersey [ʒɛʀzɛ] Jersey ['dʒœːrzɪ] *n*

jersey [ʒɛʀzɛ] *m* **1** TEXT Jersey ['dʒ-] *m*; ~ ***de soie, de laine*** Seiden-, Wolljersey *m*; TRICOT ***point** m* ***de*** ~ Rechts-links-Muster *n*; ***au point de*** ~ glatt rechts (gestrickt) **2** *corsage* eng anliegende Jerseybluse; *tricot* eng anliegender Jerseypullover

Jérusalem [ʒeʀyzalɛm] Jerusalem *n*

jésuite [ʒezɥit] **I** *m* **1** ÉGL CATH Jesuit *m* **2** *fig péj* raffinierter Heuchler **II** *adj* **1** Jesuiten…; ***père** m* ~ Jesuitenpater *m* **2** *fig péj* heuchlerisch; falsch; verschlagen **jésuitisme** *m péj fig* Heuchelei *f*; Falschheit *f*; Verschlagenheit *f*

Jésus [ʒezy] *m* REL Jesus *m*; ***l'enfant*** ~, ***le petit*** ~ das Jesuskind, Christkind(lein); ÉGL CATH ***la Compagnie, la Société de*** ~ die Gesellschaft Jesu; *int* ***~!, doux ~!,*** ~ ***Marie!*** Jesses!; herrje(mine)!; Jesus Maria!

jésus [ʒezy] *m* **1** *représentation* Jesuskind *n* **2** *fig enfant* ***un petit*** ~ ein süßes Kind; ***mon ~!*** mein Liebling, Liebes, Süßes! **3** TYPO (Papier)Format *n* 56 × 76 cm; ***petit*** ~ (Papier)Format *n* 56 x 72 cm **4** *saucisson* kurze, dicke Salami

Jésus-Christ [ʒezykʀi] *m* REL Jesus Christus *m*; ***avant, après*** ~ vor, nach Christus; vor, nach Christi Geburt; ***d'avant, d'après*** ~ vor-, nachchristlich

jet[1] [ʒɛ] *m* **1** (*action de jeter*) Wurf *m*; Werfen *n*; *d'un filet* Auswerfen *n*; *fig* ***le premier*** ~ der erste Entwurf; ***du premier*** ~ auf Anhieb; ~ ***de pierre*** Steinwurf *m*; ***à un*** ~ ***de pierre*** e-n Steinwurf weit (entfernt) **2** *d'un fluide* Strahl *m*; ~ ***d'eau*** Wasserstrahl *m*; *vertical* Fontäne *f*; ~ ***d'encre, de flammes, de lumière, de sable, de sang, de vapeur*** Tinten-, Feuer-, Licht-, Sand-, Blut-, Dampfstrahl *m*; F *fig* ***à*** ~ ***continu*** unaufhörlich; in einem fort; ununterbrochen **3** MÉTALL Einguss *m* (*in die Form*); ***d'un seul*** ~ aus e-m Guss; *fig*: ***d'un*** (***seul***) ~ in e-m Zug; ***écrit d'un*** (***seul***) ~ in e-m Zug niedergeschrieben

jet[2] [dʒɛt] *m* AVIAT Jet [dʒɛt] *m*; Düsenverkehrsmaschine *f*; Düsenflugzeug *n*

jetable [ʒətabl] *adj* Wegwerf…; Einmal…; ***briquet*** *m* **~** Wegwerffeuerzeug *n*

jeté [ʒ(ə)te] *m* **1** DANSE Jeté *n* **2** HALTÉROPHILIE Drücken *n* **3** TRICOT Umschlag(en) *m(n)* **4** **~** ***(de table)*** Tischläufer *m*; **~** ***de lit*** Tagesdecke *f*

jetée [ʒ(ə)te] *f* MAR Mole *f*; Pier *m ou f*; Hafendamm *m*; **~** ***flottante*** schwimmende Landungsbrücke

jeter [ʒ(ə)te] ⟨**-tt-**⟩ **I** *v/t* **1** *(lancer) ballon, pierre etc* werfen; schleudern; F schmeißen; *filet, ligne de pêche* auswerfen; *objets* hinwerfen, -schleudern, F -schmeißen; *avec violence* schmettern; *terre* schütten; *liquide* gießen; schütten; **~** ***l'ancre*** den Anker auswerfen; vor Anker gehen; ankern; ♦ *avec adv*: **~** ***çà et là*** umherwerfen; **~** ***dehors*** hinauswerfen; F rauswerfen, -schmeißen; **~** ***en arrière*** zurückwerfen; **~** ***sa tête en avant*** den Kopf nach vorn werfen; ♦ *avec prép*: **~** ***qc à qn*** j-m etw zuwerfen; *nourriture à un animal* vor-, hinwerfen; **~** ***des pierres à qn*** j-n mit Steinen bewerfen; Steine auf j-n werfen; mit Steinen nach j-m werfen; → *a* ***pierre*** *1*; *fig* **~** ***un regard à qn*** j-m e-n Blick zuwerfen; *fig* **~** ***qc à la figure, au visage de qn*** j-m etw an den Kopf werfen, ins Gesicht schleudern; F j-m etw unter die Nase reiben; **~** ***qc à la tête de qn*** j-m etw an den Kopf werfen (*a fig reprocher*); **~** ***des citations à la tête des gens*** mit Zitaten um sich werfen; **~** ***les bras autour du cou de qn*** j-m um den Hals fallen; **~** ***contre le mur*** gegen *ou* an die Wand schleudern; *troupes* **~** ***dans la bataille*** in die Schlacht werfen; **~** ***en l'air*** in die Luft, in die Höhe werfen; hochwerfen; **~** ***en prison*** ins Gefängnis werfen, stecken; **~** ***en tas*** auf e-n Haufen werfen; in Haufen schütten; **~** ***qc par-dessus son épaule*** etw über die Schulter werfen; **~** ***un manteau sur ses épaules*** sich (*dat*) e-n Mantel umwerfen, über-, umhängen; **~** ***sur le marché*** auf den Markt werfen; **~** ***sur le rivage*** ans Ufer spülen **2** *pour s'en débarrasser* fort-, wegwerfen; F wegschmeißen; *liquide* aus-, weggießen; aus-, wegschütten; *fardeau, carte au jeu* abwerfen; **(*bon*) *à*** **~** zum Wegwerfen; **~** ***ses cartes*** die Karten hinwerfen; zu spielen aufhören; **~** ***à l'eau, au feu*** ins Wasser, Feuer werfen; **~** ***à la mer, par-dessus bord*** auswerfen; über Bord werfen; **~** ***à la poubelle*** in den Mülleimer werfen; *personne* F ***se faire*** **~** F rausgeschmissen werden **3** *(émettre) lumière, fig panique* verbreiten; *lumière a, ombre* werfen (***sur*** auf *+acc*); *cris* ausstoßen; *étincelles* sprühen; F ***en*** **~** Eindruck machen; etwas darstellen; F viel hermachen; **~** ***le désordre*** Unruhe stiften; **~** ***une lueur*** aufblitzen, -leuchten; **~** ***le trouble, la confusion dans les esprits*** in den Köpfen Verwirrung stiften **4** BOT **~** ***des bourgeons*** ausschlagen; Knospen treiben; knospen; sprießen; **~** ***des racines*** Wurzeln schlagen, treiben **5** CONSTR **~** ***les fondations (d'un édifice)*** das Fundament (zu e-m Gebäude), die Grundmauern (e-s Gebäudes) errichten; *fig* **~** ***les bases, fondements de qc*** den Grund, das Fundament zu etw legen; **~** ***un pont*** e-e Brücke schlagen (***sur*** über *+acc*) **II** *v/pr* **1** ***se*** **~** (sich) stürzen; ♦ *avec adv*: ***se*** **~** ***à plat ventre*** sich flach hinwerfen; ***se*** **~** ***à terre, par terre*** sich hin-, niederwerfen; ***se*** **~** ***de côté*** beiseitespringen; zur *ou* auf die Seite springen; ***se*** **~** ***dehors*** hinaus-, herausstürzen; ***se*** **~** ***en arrière*** zurückspringen; ***se*** **~** ***en avant*** vorstürzen, -springen; ♦ *avec prép*: ***se*** **~** ***à l'assaut, à l'attaque*** stürmen; angreifen; ***se*** **~** ***au cou de qn*** j-m um den Hals fallen; ***se*** **~** ***à l'eau*** → ***eau*** *1*; ***se*** **~** ***aux pieds de qn*** sich j-m zu Füßen werfen; sich vor j-m niederwerfen; *fig* ***se*** **~** ***à la tête de qn*** sich j-m an den Hals werfen; sich j-m aufdrängen; ***se*** **~** ***au travers, en travers de qc*** sich e-r Sache (*dat*) in den Weg stellen; *accident* ***se*** **~** ***contre un arbre*** gegen e-n Baum prallen, geschleudert werden; F *fig* ***il y aurait de quoi se*** **~** ***la tête contre le mur!*** das ist zum Verzweifeln, F Auswachsen!; ***se*** **~** ***dans une bouche de métro*** in e-m U-Bahn-Eingang verschwinden; ***se*** **~** ***dans un travail*** sich in e-e Arbeit stürzen; ***se*** **~** ***entre les deux adversaires*** sich zwischen die (beiden) Streitenden werfen, stellen; ***se*** **~** ***par la fenêtre*** sich aus dem Fenster stürzen; zum Fenster hinausspringen; ***se*** **~** ***sur qn*** (*se précipiter*) auf j-n zuspringen, zustürzen; sich auf j-n stürzen; (*agresser*) über j-n herfallen; sich auf j-n werfen, stürzen; ***se*** **~** ***sur le lit*** sich aufs Bett werfen, fallen lassen; ***se*** **~** ***sur la nourriture*** über die Nahrung herfallen; sich über die Nahrung hermachen **2** *fleuve* ***se*** **~** ***dans*** münden, fließen, *poét* sich ergießen in (*+acc*)

jeteur [ʒ(ə)tœʀ] *m* **~** ***de sort*** mit dem bösen Blick behafteter Mensch

jeton [ʒ(ə)tõ] *m* **1** Marke *f*; Münze *f*; *au jeu* Spielmarke *f*; Jeton *m*; **~** ***de contrôle*** Kontrollmarke *f*; **~*s*** ***(de présence)*** Sitzungs-, Tagegeld *n*; **~** ***de téléphone*** Telefonmarke *f*; Jeton *m* **2** F *fig* (*personne hypocrite*) ***un faux*** **~** [foʃtõ] F ein falscher Fuffziger **3** F (*coup*) Schlag *m*; F Macke *f* (*a fig*) **4** F ***avoir les*** **~*s*** F Manschetten, P Schiss haben

jet set *ou* **jet-set** [dʒɛtsɛt] *m ou f* ⟨*pl* **jet-sets**⟩ Jetset [ˈdʒɛt-] *m*

jeu [ʒø] *m* ⟨*pl* **~x**⟩ **1** Spiel *n* (*a comme objet, fig*); Spielen *n*; MOYEN ÂGE Schauspiel *n*; ♦ **~*x*** ***amoureux, érotiques*** Liebesspiel *n*; *fig* **~** ***parlementaire*** parlamentarisches Spiel; **~** ***à treize, quinze*** Dreizehner-, Fünfzehnerrugby *n*; **~*x*** ***d'action, de*** *ou* ***en plein air*** Bewegungs-, Freiluft-, Rasenspiele *n/pl*; Spiele im Freien; **~** ***d'adresse, de balle*** Geschicklichkeits-, Ballspiel *n*; **~*x*** ***de*** *ou* ***en plein air*** Freiluft-, Rasenspiele *n/pl*; Spiele im Freien; **~** ***de cartes*** Kartenspiel *n*; HIST **~*x*** ***du cirque*** Zirkusspiele *n/pl*; ÉCON ***le*** **~** ***de la libre concurrence*** der freie Wettbewerb; **~** ***de construction*** Baukasten *m*; **~** ***de dames, de dés, d'échecs*** Dame-, Würfel-, Schachspiel *n*; **~** ***d'enfant*** Kinderspiel *n* (*a fig*); *fig* ***c'est un*** **~** ***(d'enfant)*** das ist ein Kinderspiel, e-e Kleinigkeit, ein Leichtes; **~** ***d'équipe*** Mannschafts-, Zusammenspiel *n*; **~** ***des sept familles*** Quartett *n*; **~** ***de hasard*** Glücksspiel *n*; **~** ***de mots*** Wortspiel *n*; **~** ***de piste*** Schnitzeljagd *f*; **~** ***de société*** Gesellschaftsspiel *n*; ♦ *loc/adv*: ***au*** **~** beim Spiel(en); ***gagner, perdre au*** **~** beim Spiel(en) gewinnen, verlieren; SPORTS ***'hors*** **~** abseits; ***par*** **~** aus *ou* zum Vergnügen; → *a 6*; ♦ *fig* ***entrer dans le*** **~** mitmachen; darauf eingehen; ***entrer en*** **~** ins Spiel kommen; *fig* eingreifen; sich einschalten; in Funktion treten; *facteur* wirksam werden; *fig* ***faire entrer en*** **~** ins Spiel bringen; *fig* ***ne pas faire entrer en*** **~** aus dem Spiel lassen; *fig* ***c'est le*** **~** das ist die (Spiel)-Regel; das ist nun einmal so üblich; ***ce n'est pas de*** **~** das ist gegen die Spielregel; das war nicht ab-, ausgemacht; das gilt nicht; das ist unfair; *fig*

J

être en ~ auf dem Spiel stehen; ***votre vie est en ~*** *a* es geht um Ihr Leben; *fig* ***faire le ~ de qn*** j-m (unbeabsichtigt) in die Hände arbeiten; *fig* ***se faire un ~ de qc*** a) etw spielend meistern; b) *péj* sein Vergnügen an etw (*dat*) haben, finden; sich (*dat*) aus etw ein Vergnügen machen; ***jouer à un ~*** ein Spiel spielen; ***jouer le ~*** sich an die Spielregeln halten (*a fig*); fair spielen; *fig* ***jouer un ~ dangereux*** ein gefährliches, gewagtes Spiel spielen, treiben; *fig* ***jouer (un) double ~*** ein doppeltes Spiel spielen, treiben; *fig* ***jouer le grand ~*** alles aufbieten, einsetzen; F alle Register ziehen; *fig* ***jouer le ~ de qn*** mit j-m gemeinsame Sache machen; *fig* ***mener le ~*** Herr der Lage sein; ***mettre en ~*** (*miser*) setzen; *fig* (*se servir de*) aufbieten; einsetzen; (*risquer*) aufs Spiel setzen; *ballon* ***remettre en ~*** einwerfen; ***le ~ n'en vaut pas la chandelle*** das, es lohnt sich nicht; das ist der *ou* die Mühe nicht wert; *prov* ***~(x) de main, ~(x) de vilain*** dieses Spiel wird noch böse enden **2** JEUX DE CARTES (Spiel)Karten *f/pl*; ***~ entier*** (Karten)Spiel *n* mit 52 Karten; ***abattre son ~*** s-e Karten aufdecken, (offen) auf den Tisch legen (*a fig*); ***avoir (un) beau ~, du ~*** gute Karten, ein gutes Blatt haben; ***je n'ai pas de ~*** ich habe schlechte Karten, ein schlechtes Blatt; *fig* ***avoir beau ~*** leichtes, gewonnenes Spiel haben; *fig* ***jouer franc ~*** mit offenen Karten spielen **3** (*mise*) Einsatz *m*; ***faites vos ~x!*** setzen Sie!; *fig* ***les ~x sont faits*** die Würfel sind gefallen; ***jouer gros ~*** (sehr) hoch spielen, setzen; mit (sehr) hohem Einsatz spielen (*a fig*) **4** (*terrain de jeu*) Spielfeld *n*, -platz *m*, -gelände *n*; ***un ~ de boule ombragé*** ein schattiger Platz zum Boulespielen; *ballon* ***sortir du ~*** ins Aus gehen **5** THÉ, CIN, *fig* Spiel *n*; MUS *a* Vortrag *m*; F *fig adjt* ***vieux ~*** altmodisch; unmodern; ***~ d'eau*** Wasserspiel *n* (*a l'installation*); SPORTS ***~ de jambes*** Beinarbeit *f*; ***avoir un bon ~ de jambes*** gute Beinarbeit leisten; ***~ de lumière*** Lichterspiel *n*; ***~ de physionomie*** Mienenspiel *n*; THÉ ***~ de scène*** Bühnenspiel *n*; ***jouer le ~ du désespoir*** Verzweiflung mimen; die (den) Verzweifelte(n) spielen; *fig*: ***bien jouer son ~*** sich gut verstellen können; ***percer le ~ de qn, lire, voir clair dans le ~ de qn*** j-s Spiel durchschauen; ***se prendre au ~*** (plötzlich) Gefallen, Geschmack an der Sache finden; nicht lockerlassen, nachgeben; ***se laisser prendre au ~ de qn*** j-m in die Falle gehen; ***être pris à son propre ~*** sich in der eigenen Schlinge fangen; → *a* ***prendre*** *IV 2* **6** (*plaisanterie*) Scherz *m*; Spaß *m*; *loc/adv* ***par ~*** aus *ou* zum Scherz, Spaß; ***ce n'est qu'un ~*** das ist nur ein Scherz, Spaß **7** TECH (*série*) Satz *m*; Garnitur *f*; ***~ de clefs*** Satz Schlüssel; MAR ***~ de voiles*** Satz, Stell *m* Segel **8** TECH (*mouvement*) Spiel *n*; *fig a* Spielraum *m*; ***~ des pistons*** Spiel der Kolben; ***avoir du ~*** Spiel, Luft haben; *fig* ***laisser plus de ~ aux négociations*** für die Verhandlungen mehr Spielraum lassen **9** ***~ d'orgue*** MUS Register *n*; THÉ Bühnenlichtregler *m* **10** COMM ***~ d'écritures*** Buchung(svorgang) *f(m)*; Umbuchung *f*

jeudi [ʒødi] *m* Donnerstag *m*; REL ***~ saint*** Gründonnerstag *m*; F *fig* ***la semaine des quatre ~s*** der *ou* am Sankt- Nimmerleins-Tag; *loc/adv*: ***il vient ~*** er kommt (am) Donnerstag; ***un ~*** an e-m Donnerstag; ***le ~*** donnerstags; am Donnerstag; ***tous les ~s*** jeden Donnerstag; ***~ prochain*** (am) nächsten, kommenden Donnerstag; ***~ soir*** Donnerstag Abend *ou* am Donnerstagabend; ***le ~ soir*** donnerstagabends; donnerstags abends

jeun [ʒɛ̃, ʒœ̃] *loc/adv* ***à ~*** nüchtern; mit nüchternem Magen; auf nüchternen Magen (*a fig*); ***être à ~*** nüchtern sein (*a alcoolique*); nichts gegessen haben; *médicament* ***prendre à ~*** nüchtern (ein)nehmen

jeune [ʒœn] **I** *adj* **1** jung; ***tout ~*** blutjung; ganz jung; ***plus ~ que moi de deux ans*** zwei Jahre jünger als ich; ***le ~ Dubois*** der junge Dubois; ***~ âge*** *m* Jugend(zeit) *f*; Jugendalter *n*; ***dans mon ~ âge, temps*** in meiner Jugend(zeit); in jungen Jahren; ***dès son plus ~ âge*** von früh(e)ster Jugend an; ***~ fille*** *f* (junges) Mädchen; ***~ génération*** *f* junge Generation; ***~ homme*** *m* junger Mann; → *a* ***homme*** *2*; ***un homme (assez) ~*** ein jüngerer Mann; *par ext* ***~ industrie*** *f* junge Industrie; ***~ personne*** *f* junges Mädchen; junge Dame; BOT ***~ pousse*** *f* junger Trieb; THÉ ***~ premier*** *m* jugendlicher Held, Liebhaber; ***~ première*** *f* jugendliche Heldin; ***~ travailleur*** *m* Jungarbeiter *m*; jugendlicher Arbeitnehmer; *par ext* ***vin*** *m* ***~*** junger Wein; ***nous avons été ~s avant vous!*** wir sind schließlich älter und haben mehr Erfahrung!; ***on sait ce que c'est que d'être ~*** wir sind auch einmal jung gewesen; ***se marier ~*** jung heiraten **2** (*juvénile*) jugendlich (*a coiffure*); ***être ~ de caractère*** ein jugendliches Wesen haben; (im Wesen) jung geblieben sein; ***être ~ de visage*** jugendlich aussehen; ein jugendliches Aussehen haben; ***ils font ~s*** *ou* *advt* ***~*** sie sehen jung, jugendlich aus; sie haben ein jugendliches Aussehen; ***s'habiller ~*** sich jugendlich kleiden, anziehen **3** (*nouveau*) **a)** ***trop ~*** zu unerfahren, unreif; ***mon Dieu qu'il est ~!*** mein Gott, was ist er doch für ein Kind!; mein Gott, wie naiv!; F ***être ~ dans le métier*** ein Anfänger, Neuling sein; **b)** ***~s mariés*** Jungverheiratete(n) *pl*; junges, neuvermähltes Paar **II** *m,f* Jugendliche(r) *f(m)*; ***les ~s*** die jungen Leute; die Jugendlichen; die Jugend; die Jungen; *dans une entreprise etc* der Nachwuchs; ***les ~s d'aujourd'hui*** die Jugend, die jungen Leute von heute; ***former des ~s*** Nachwuchs heranbilden; ***place aux ~s!*** Platz den Jungen, dem Nachwuchs!; ***~s et vieux*** Jung und Alt; ***nous serons entre ~s*** wir Jungen werden unter uns sein; ***bande*** *f* ***de ~s*** Jugendbande *f*; ♦ *adjt réduction etc* ***~s*** für Jugendliche; Jugend…

jeûne [ʒøn] *m* Fasten *n* (*a* REL); ***jour*** *m* ***de ~*** Fasttag *m*

Jeune-Allemagne [ʒœnalmaɲ] *f* HIST ***la ~*** das Junge Deutschland

jeûner [ʒøne] *v/i* fasten (*a* REL)

jeunesse [ʒœnɛs] *f* **1** Jugend(zeit) *f*; Jugendjahre *n/pl*; ***prime, première ~*** frühe(ste) Jugend; ***dès ma première ~*** von früh(e)ster Jugend an; ***n'être plus de la première ~*** nicht mehr der *ou* die Jüngste sein; die besten Jahre hinter sich (*dat*) haben; über die erste Jugend hinaus sein; ***seconde ~*** zweite Jugend; Johannistrieb *m*; ***rêve*** *m* ***de ~*** Jugendtraum *m*; ***au temps de ma ~, dans ma ~*** in meiner Jugend(zeit); *prov* ***il faut que ~ se passe*** Jugend muss sich austoben (*prov*) **2** (*les jeunes*) Jugend *f*; junge Leute *pl*; ***~ agricole, ouvrière*** Land-, Arbeiterjugend *f*; HIST ***Jeunesse dorée*** Jeunesse dorée *f* (*a fig*); ***auberge*** *f* ***de (la) ~*** Jugendherberge *f*; F ***ça va, la ~?*** na, ihr jungen Leute, wie geht's?; *prov* ***si ~ savait, si vieillesse pouvait*** Jugend weiß nicht,

Alter kann nicht; wenn die Jugend wüsste und das Alter könnte **3** *d'animaux, de plantes, de choses* geringes Alter **4** *qualité* Jugendlichkeit *f*; Frische *f*; **~ d'esprit** geistige Frische; **air** *m* **de ~** jugendliches Aussehen **5** *plais* **une ~** ein junges Ding, Blut
jeunet [ʒœnɛ] F *adj* ⟨**~te**⟩ sehr, reichlich jung
jeûneur [ʒønœʀ] *m*, **jeûneuse** *f* Fastende(r) *f(m)*
jeunot [ʒœno] *m* F **un petit ~** F ein junger Spund; ein Bürschchen *n*
jihad [dʒiad] *m* → **djihad**
jingle [dʒingœl] *m* Jingle ['dʒɪŋgəl] *m*
jiu-jitsu [ʒyʒitsy] *m* Jiu-Jitsu [dʒ-] *n*
JO [ʒio] **1** *m abr* (*Journal officiel*) Amts-, Gesetzblatt *n*; *correspond à* BGBl. (Bundesgesetzblatt) **2** *m/pl abr* (*jeux Olympiques*) Olympische Spiele *n/pl*
joaillerie [ʒɔajʀi] *f* **a)** *art* Juwelierkunst *f*; **b)** *magasin* Juweliergeschäft *n*; **c)** *articles* Juwelierwaren *f/pl*; Schmuck(waren) *m(f/pl)*; **d)** *commerce* Juwelenhandel *m*
joaillerie-orfèvrerie [ʒɔajʀiɔʀfɛvʀəʀi] *f* ⟨*pl* **joailleries-orfèvreries**⟩ Juwelier- und Goldwarengeschäft *n*
joaillier [ʒɔaje] *m*, **joaillière** *f* Juwelier *m*; Juwelenhändler(in) *m(f)*
joaillier-orfèvre [ʒɔajeɔʀfɛvʀ] *m* ⟨*pl* **joailliers-orfèvres**⟩ Juwelier *m* und Goldschmied *m*
job [dʒɔb] *m* F Job [dʒ-] *m*
Job [ʒɔb] *m* BIBL Hiob *m*; Job *m*; *loc*: **pauvre comme ~** bettelarm; arm wie e-e Kirchenmaus; **être comme ~ sur son fumier** im tiefsten Elend leben
jobard [ʒɔbaʀ] **I** *adj* einfältig; leichtgläubig **II** *subst* **~(e)** *m(f)* Leichtgläubige(r) *f(m)*; Gimpel *m*; F Einfaltspinsel *m*
jobarderie [ʒɔbaʀd(ə)ʀi] *f ou* **jobardise** *f* Leichtgläubigkeit *f*; Einfalt *f*
JOC [ʒiose] *f abr* (*Jeunesse ouvrière chrétienne*) Christliche Arbeiterjugend
Jocelyne [ʒɔslin] *f Vorname*
jociste [ʒɔsist] *m,f* Mitglied *n*, Angehörige(r) *f(m)* der JOC
jockey [ʒɔkɛ] *m* Jockei *ou* Jockey ['dʒɔke] *m*; F *fig* **être au régime ~** e-e Abmagerungs-, Fasten-, Hungerkur machen
Joconde [ʒɔkõd] **la ~** PEINT die Mona Lisa
jodler [ʒɔdle] *v/i* jodeln
Joël [ʒɔɛl] *m Vorname*
Joëlle [ʒɔɛl] *f Vorname*
joggeur [dʒɔgœʀ] *m*, **joggeuse** *f* **1** Jogger(in) ['dʒ-] *m(f)* **2** *m chaussure* Sport-, Turnschuh *m* (mit dicker Profilsohle)
jogging [dʒɔgiŋ] *m* **1** *sport* Jogging ['dʒ-] *n*; **faire du ~** joggen ['dʒ-] **2** *vêtement* Jogginganzug *m*
joie [ʒwa] *f* Freude *f*; **~s de l'amour** Liebesfreuden *f/pl*; **~s de l'existence** Freuden des Lebens; *iron* **les ~s du mariage** die Freuden des Ehelebens; *iron* **les ~s de la voiture** die Freuden des Autofahrens; **~ d'offrir** Freude am Schenken; **~ de vivre** Lebensfreude *f*, -lust *f*; Daseinsfreude *f*; ♦ *loc/adv*: **à ma grande ~** zu meiner großen Freude; **à cœur ~** nach Herzenslust; **s'en donner à cœur ~** mit Leib und Seele dabei sein; **avec ~** mit Freuden; **de ~** vor Freude; **pleurer de ~** vor Freude weinen; Freudentränen vergießen; **sauter de ~** Freudensprünge machen; **pour la plus grande ~ de** zum größten Vergnügen, zum Ergötzen, zur größten Freude (*+gén*); **sans ~** freudlos; ♦ **quand aurai-je la ~ de vous revoir?** wann habe ich das Vergnügen, Sie wiederzusehen?; **avoir le cœur en ~** im Innern jubeln, frohlocken; sich zutiefst freuen; **faire, laisser éclater sa ~** in Jubel ausbrechen; **c'était une fausse ~** er (*ou* sie *etc*) hat sich zu früh gefreut; **être la seule ~, toute la ~ de qn** j-s einzige, ganze Freude sein; **être en ~** fröhlich, vergnügt, ausgelassen sein; **faire la ~ de qn** j-s ganze Freude sein; **il fait ma ~, il est ma ~** *a* ich freue mich an ihm, über ihn; ich habe meine Freude an ihm; **se faire une ~ de faire qc** sich (*dat*) ein Vergnügen daraus machen, etw zu tun; **mettre en ~** erheitern; fröhlich stimmen, machen

La Joconde de Léonard de Vinci

Wer kennt es nicht, das berühmte Lächeln der Mona Lisa? Das weltbekannte Gemälde von Leonardo da Vinci ist ein Porträt von Mona Lisa, der Gattin des florentinischen Edelmanns Francesco del Giocondo (daher auch der französische Titel la Joconde). Es wurde in der Zeit von 1503–1507 geschaffen und dem Künstler vom französischen König François Ier abgekauft. Das bekannteste Porträt der Kunstgeschichte ist heutzutage im Louvre in Paris zu bewundern.

joignable [ʒwaɲabl] *adj personne* erreichbar
joindre [ʒwɛ̃dʀ] ⟨**je joins** [ʒwɛ̃], **il joint, nous joignons** [ʒwaɲõ]; **je joignais**; **je joignis**; **je joindrai**; **que je joigne**; **joignant**; **joint**⟩ **I** *v/t* **1** (*mettre ensemble*) aneinanderfügen, -legen, -setzen, -stellen; ineinanderfügen; zusammenfügen, -setzen; miteinander verbinden; *st/s musique etc* **~ les cœurs** die Herzen verbinden, zusammenführen; F *fig* **~ les deux bouts** (mit s-m Geld) gerade so auskommen, F über die Runden kommen; **~ deux cours d'eau par un canal** zwei Wasserläufe durch e-n Kanal verbinden; **~ ses efforts** gemeinsame Anstrengungen machen; **~ les mains** die Hände falten **2** (*ajouter*) **~ à** hinzufügen (*+dat*); dazulegen, -stellen, -tun zu; *à une lettre etc* beilegen, -fügen; **~ qc à une lettre** *a* etw in e-m Brief mitschicken; **~ le geste à la parole** s-n Worten die Tat folgen lassen; **~ ses prières à celles de qn** j-s Bitten unterstützen; **~ sa voix à** einstimmen in (*+acc*); ADM **en y joignant** unter Hinzufügung, Beifügung (**qc** *gén*) **3** **~ qn** j-n erreichen, treffen; mit j-m zusammentreffen; **~ qn par téléphone** j-n telefonisch, per Telefon erreichen; **où puis-je le ~?** wo kann ich ihn erreichen, treffen?; wo ist er erreichbar?; **vous pouvez me ~ n'importe quand** ich bin jederzeit erreichbar, zu erreichen **II** *v/i planches etc* **~ bien** (**mal**) (un)genau anliegen; *porte, fenêtre a* (nicht) dicht sein; gut (schlecht) schließen **III** *v/pr* **1** **se ~** sich miteinander verbinden; sich vereinigen (**à** mit); sich treffen; zusammenstoßen **2** **se ~ à qn** sich j-m anschließen; sich zu j-m gesellen; mit j-m mitmachen; **se ~ à qc** sich e-r Sache (*dat*) anschließen; bei etw mitmachen; **se ~ à la discussion** an der Diskussion teilnehmen

joint [ʒwɛ̃] **I** *adj* ⟨**jointe** [ʒwɛ̃t]⟩ **1** aneinander-, ineinandergefügt; zusammengefügt; verbunden, vereinigt (**à** mit); *document* beigefügt, beigelegt (**à** *dat*); *porte, fenêtre* **être bien** (**mal**) ~ gut (schlecht) schließen; (nicht) dicht sein; ***les mains ~es*** mit gefalteten Händen; ADM, COMM ***pièces ~es*** Anlagen *f/pl*; ***sauter à pieds ~s*** mit geschlossenen Füßen, aus dem Stand springen; SPORTS e-n Schlusssprung machen **2** INFORM ***fichier ~, pièce ~e*** Attachment [ə'tɛtʃmənt] *n*; ***en fichier ~, pièce ~e*** als Attachment **II** *m* **1** TECH, ANAT Gelenk *n*; ***~ de cardan*** Kardangelenk *n*; *fig* ***chercher le ~*** e-n Weg, ein Mittel, e-e Lösung suchen; ***trouver le ~*** e-n Weg, ein Mittel, e-e Lösung finden; Mittel und Wege finden; F auf den Dreh kommen **2** TECH *de robinet etc* Dichtung *f*; AUTO ***~ de culasse*** Zylinderkopfdichtung *f* **3** TECH (*endroit de jonction*) Verbindungsstelle *f*; Stoß(stelle) *m(f)*; SOUDAGE Naht(stelle) *f* **4** CONSTR Fuge *f*; ***~ de dilatation*** Dehnungsfuge *f* **5** F (*cigarette de haschisch*) Joint [dʒɔɪnt] *m*

jointif [ʒwɛ̃tif] *adj* ⟨**-ive**⟩ CONSTR aneinandergesetzt; fugendicht

jointoyer [ʒwɛ̃twaje] *v/t* ⟨**-oi-**⟩ CONSTR aus-, verfugen

jointure [ʒwɛ̃tyʀ] *f* **1** ANAT Gelenk *n*; *d'un cheval* Fessel(gelenk) *f(n)*; ***~ des doigts*** Fingergelenk *n*, -knöchel *m*; ***~ du genou, du poignet*** Knie-, Handgelenk *n* **2** CONSTR, TECH Verbindungsstelle *f*; Fuge *f*

joint venture [dʒɔjntvɛntʃœʀ] *m* ⟨*pl* **joint ventures**⟩ ÉCON Joint Venture *n*

jojo [ʒoʒo] F **I** *adj* ⟨*inv*⟩ ***c'est pas très ~*** das ist nicht sehr schön, nett **II** *m* ***un affreux ~*** *enfant* F ein unmögliches Kind; *adulte* ein unangenehmer Kerl; ein Ekel *n*

joker [ʒɔkɛʀ] *m carte à jouer* Joker *m*

joli [ʒɔli] *adj* **1** hübsch; nett; ***~e fille*** hübsches Mädchen; ***~ comme un cœur*** bildhübsch; *fig* ***faire le ~ cœur*** den Charmeur spielen; sich wie ein Geck benehmen **2** *somme, bénéfices* F (ganz) hübsch, beachtlich; ***une ~e somme*** *a* F ein nettes Sümmchen; ***une ~e situation*** e-e gute, F prima Stellung; ***c'est bien ~, mais …*** das ist alles ganz schön und gut, aber …; ***le plus ~ de l'affaire, de l'histoire, c'est que …*** das Schönste an *ou* bei der Geschichte ist, dass … **3** *iron* sauber; nett; reizend; ***un ~ monsieur*** ein übler Bursche, Patron, Kunde; F ein sauberes, nettes Früchtchen; *subst* ***c'est du, en voilà du ~!*** das ist ja reizend!; das ist e-e schöne Geschichte, F Bescherung!

joliesse [ʒɔljɛs] *litt f* hübsches Aussehen; Anmut *f*

joliment [ʒɔlimɑ̃] *adv* **1** hübsch **2** F ***je me suis ~ trompé*** F da habe ich mich ganz schön getäuscht **3** *iron* ***vous voilà ~ arrangé*** Sie sehen ja reizend aus

Jonas [ʒɔnas] *m* BIBL Jonas *m*

Jonathan [ʒɔnatɑ̃] *m* BIBL Jonathan *m*

jonc [ʒɔ̃] *m* **1** BOT Binse *f*; ***~ marin*** Stechginster *m*; ***canne*** *f* ***de ~*** Rohrstock *m* **2** *bague, bracelet* (Finger-, Arm)Reif *m*

jonchée [ʒɔ̃ʃe] *f* ***~ de fleurs*** gestreute Blumen *f/pl*; *par ext* ***~ de papiers*** *etc* auf dem Boden herumliegende Papiere *n/pl etc*

joncher [ʒɔ̃ʃe] *v/t* **a)** bestreuen, bedecken (***de qc*** mit etw); ***~ le sol de fleurs*** Blumen auf den Boden streuen; **b)** *choses* herum-, umherliegen, verstreut liegen (***le sol*** auf dem Boden); ***des feuilles mortes jonchent le sol*** der Boden liegt voller Laub; ***jonché de*** bedeckt, übersät, besät mit

jonchet [ʒɔ̃ʃɛ] *m* Mikadostäbchen *n*; ***jouer aux ~s*** Mikado spielen

jonction [ʒɔ̃ksjɔ̃] *f* Verbindung *f* (*a* TECH, ÉLECT); Vereinigung *f*; JUR ***~ des causes*** Prozessverbindung *f*; ÉLECT ***bloc*** *m* ***de ~*** Lüsterklemme *f*; CH DE FER ***gare*** *f* ***de ~*** Anschluss-, Knotenpunktbahnhof *m*; (***point*** *m* ***de***) ***~ de deux routes*** Stelle *f*, wo zwei Straßen zusammenlaufen; *les deux armées* ***ont opéré leur ~*** haben sich vereinigt

jonglage [ʒɔ̃glaʒ] *m* Jonglieren *n*

jongler [ʒɔ̃gle] *v/i* jonglieren (***avec*** mit) (*a fig*); *fig* ***~ avec les chiffres*** mit Zahlen jonglieren

jongleur [ʒɔ̃glœʀ] *m* **1** *artiste de cirque* Jongleur *m* **2** (*ménestrel*) fahrender Sänger

jonque [ʒɔ̃k] *f* MAR Dschunke *f*

jonquille [ʒɔ̃kij] **I** *f* BOT Gelbe Narzisse; Osterglocke *f* **II** *adj* ⟨*inv*⟩ narzissengelb

Jordanie [ʒɔʀdani] ***la ~*** Jordanien *n*

jordanien [ʒɔʀdanjɛ̃] **I** *adj* ⟨**~ne**⟩ jordanisch **II** *subst* ***Jordanien(ne)*** *m(f)* Jordanier(in) *m(f)*

Joseph [ʒozɛf] *m Vorname*

joseph [ʒozɛf] *adj* ⟨*inv*⟩ CHIM ***papier ~*** Filtrier-, Filterpapier *n*

Josette [ʒɔzɛt] *f Vorname*

Josué [ʒozɥe] *m* BIBL Josua *m*

jouable [ʒwabl] *adj* spielbar; aufführbar

joubarbe [ʒubaʀb] *f* BOT Hauswurz *f*

joue [ʒu] *f* **1** ANAT, ZO Backe *f* (*a* BOUCHERIE); *st/s* Wange *f*; ***~s creuses*** hohle Wangen; ***~s pendantes*** Hängebacken *f/pl*; *loc/adv* ***~ à*** *ou* ***contre ~*** Wange an Wange; MIL ***en ~!*** legt - an!; ***coucher, mettre le fusil en ~*** das Gewehr anlegen, in Anschlag bringen; ***coucher, mettre, tenir qn en ~*** auf j-n anlegen, zielen; F ***se caler les ~s*** tüchtig drauflosessen; F spachteln; reinhauen; *malade* ***reprendre des ~s, de bonnes ~s*** wieder runde, dicke Backen bekommen; BIBL *et fig* ***tendre, présenter l'autre ~*** auch die andere Backe hinhalten, darbieten **2** TECH Seitenfläche *f*, -wand *f*

jouer [ʒwe] **I** *v/t* **1** spielen; *carte, couleur* ausspielen; *pion* setzen; ziehen (***un pion*** mit e-m Stein); *somme* **a)** (*miser*) setzen (***sur*** auf +*acc*); **b)** (*perdre*) verspielen; *fig réputation etc* aufs Spiel setzen; riskieren; ***~ la belle*** um die Entscheidung spielen; ***~ un cheval*** auf ein Pferd setzen; ***~ une partie d'échecs*** e-e Partie Schach spielen; ***~ un*** (***mauvais***) ***tour à qn*** j-m e-n (bösen, üblen) Streich spielen; *fig* ***~ le tout pour le tout, son va-tout*** alles auf eine Karte setzen; Vabanque spielen; → *a* ***jeu*** *1, 3, 5* **2** *morceau de musique* spielen; ***~ qc à qn*** j-m etw vorspielen; ***~ qc au violon*** etw auf der Geige (vor)spielen; ***~*** (***du***) ***Mozart*** Mozart spielen; F ***~ un disque à qn*** j-m e-e Platte vorspielen **3** THÉ, CIN, *rôle* spielen; *pièce, film a* aufführen; geben; zur Aufführung bringen; ***qu'est-ce qu'on joue au cinéma?*** was wird im Kino gespielt, gegeben?; *fig* ***~ le désespoir, l'étonnement*** Verzweiflung, Erstaunen mimen, heucheln; THÉ ***~ les ingénues*** die Naive spielen; *fig* ***elle joue les innocentes*** sie spielt, markiert die Unschuldige; ***~ Néron*** den Nero spielen; F ***se la ~*** F angeben; *adjt* ***l'auteur le plus joué*** der meistgespielte Autor; → *a rôle 1* **4** *st/s* ***~ qn*** j-n täuschen, narren **II** *v/i et v/t/indir* **1** spielen; ***à qui de ~?*** wer ist dran, an der Reihe?; ***~ bien, mal*** gut, schlecht spielen; *fig* ***bien joué!*** gut so!; gut gemacht!; MUS ***~ faux*** falsch spielen; ♦ *avec prép*: ***~ aux cartes, aux échecs*** *etc* Karten, Schach *etc* spielen; ***~ aux courses*** (bei Pferderennen) wetten; ***~ au football, au tennis*** *etc* Fußball, Tennis *etc* spielen; ***~ à la guerre*** Krieg spielen; FIN ***~ à la hausse, à la baisse*** auf Hausse, Baisse spekulieren; ***~ aux indiens*** Indianer spielen; ***~ au loto*** im Lotto spielen; ***~ aux quilles*** kegeln; ***~ avec qn, qc*** mit j-m, etw spielen; ***~ avec une balle*** (mit e-m) Ball spielen; *fig* ***~ avec les cœurs*** mit der Liebe spielen; *fig* ***~ avec sa santé*** mit s-r Gesundheit spielen; ***~ dans un film, une pièce*** in e-m Film, (Theater)Stück spielen; ***~ de la flûte, du piano, du violon*** *etc* Flöte, Klavier, Violine *etc* spielen; ***~ du cor*** Horn blasen; ***~ sur le cours des devises***, *fig* ***sur la crédulité des gens*** *etc* auf den Devisenkurs, *fig* auf die Leichtgläubigkeit der Leute *etc* spekulieren; ***~ sur les mots*** Wortspielereien machen **2** *(utiliser)* ***~ de qc*** etw einsetzen, ausnutzen; ***~ de son charme*** s-n Charme einsetzen, aufbieten; ***~ de son infirmité*** s-e Behinderung ausnutzen **3** *(entrer en jeu)* e-e Rolle spielen; zum Tragen kommen; ***ça ne joue pas*** das ist nicht wichtig; das gilt nicht; *argument, mesure etc* ***~ à plein*** voll durchschlagen; sich voll auswirken; voll zum Tragen kommen; *circonstances etc* ***~ contre qn*** gegen j-n sein **4** *(fonctionner)* ***faire ~*** in Gang bringen; ausprobieren; ***faire ~ la clef dans la serrure*** (aus)probieren, ob der Schlüssel schließt; ***faire ~ ses muscles*** s-e Muskeln spielen lassen **5** *bois* sich werfen; verziehen **6** TECH Spiel, Luft haben **III** *v/pr* **1** ***se ~*** THÉ, MUS gespielt werden; *fig drame* sich abspielen; ***son avenir se joue aujourd'hui*** heute geht es um, entscheidet sich s-e Zukunft; MUS ***morceau*** *m* ***qui se joue à quatre mains*** Stück *n* für vier Hände **2** ***se ~ de qn*** sein Spiel mit j-m treiben; j-n zum Besten, zum Narren haben *ou* halten; ***se ~ des difficultés*** die Schwierigkeiten spielend überwinden, meistern; mit den Schwierigkeiten spielend fertig werden

jouet [ʒwɛ] *m* **1** Spielzeug *n*; ***~s*** *pl* Spielzeug *n* *(coll)*; Spielsachen *f/pl*, COMM -waren *f/pl*; ***~s éducatifs*** Lehrspielzeug *n*; ***industrie*** *f* ***du ~*** Spielzeug-, Spielwarenindustrie *f* **2** *fig* ***être le ~ de qn*** j-m ausgeliefert sein; *navire* ***être le ~ des flots*** ein Spielball der Wellen sein; ***être le ~ d'une illusion*** *etc* das Opfer e-r Illusion *etc* sein; ***être le ~ d'une mystification*** a) der Genarrte, Hereingelegte sein; b) *péj* das Opfer e-r Täuschung sein; irregeführt worden sein

joueur [ʒwœʀ], **joueuse** **I** *m,f* Spieler(in) *m(f)*; ***~ de boules, de football*** Boule-, Fußballspieler *m*; ***~ de cartes*** Kartenspieler *m*; ***~ de cornemuse*** Dudelsackpfeifer *m*; ***~ de flûte*** Flötist *m*; Flötenspieler *m*; ***c'est un ~*** er ist ein Spieler, Hasardeur; ***c'est un, il est beau, mauvais ~*** er ist ein guter, schlechter Verlierer *(a fig)*; ***se montrer beau ~*** gut, mit Anstand verlieren können *(a fig)* **II** *adj* **1** *enfant, chat* verspielt; ***enfant ~*** *a* F Spielratte *f*; ***avoir un tempérament ~*** gern spielen **2** *(qui a la passion du jeu)* ***être ~*** dem Spiel verfallen sein; ein Spieler sein; spielen

joufflu [ʒufly] *adj* pausbäckig, -backig; ***un bébé ~*** *a* F ein Pausback *m*

joug [ʒu] *m* **1** AGR Joch *n* **2** *fig et st/s* Joch *n*; *de la loi* Zwang *m*; ***~ du mariage*** Ehejoch *n*; *mari* ***être sous le ~ de sa femme*** F unter dem Pantoffel stehen; ***mettre qn sous le ~*** j-n unterjochen, ins Joch spannen; ***secouer le ~*** das Joch abschütteln; ***tomber sous le ~ de qn*** unter j-s Gewalt *(acc)* geraten

jouir [ʒwiʀ] **I** *v/t/indir* ***~ de qc*** **1** *(tirer plaisir de)* etw genießen, auskosten; ***~ de l'embarras de qn*** sich an j-s Verwirrung *(dat)* weiden; ***~ de sa victoire, de son triomphe*** s-n Sieg, Triumph genießen, auskosten **2** *(posséder)* etw genießen, besitzen, haben; sich e-r Sache *(gén)* erfreuen; im Besitz von etw sein; ***~ de la considération générale*** allgemeines Ansehen genießen; sich allgemeinen Ansehens erfreuen; ***~ d'un droit*** ein Recht genießen, haben, besitzen; *région* ***~ d'une douce température*** ein mildes Klima haben; ***cet appartement jouit d'une belle vue*** von dieser Wohnung aus hat man, genießt man e-n schönen Blick **3** JUR den Nießbrauch, die Nutzung, die Nutznießung von etw haben **II** *v/i* *(éprouver l'orgasme)* e-n Orgasmus haben; F kommen; fertig werden; *par ext* F ***ça le fait ~*** er hat s-n Spaß daran; er genießt es; *iron*: *on m'a arraché une dent* ***ça m'a fait ~*** F ich hörte die Engel im Himmel singen

jouissance [ʒwisɑ̃s] *f* **1** Genuss *m*; Lust *f*; ***~s matérielles, de l'esprit*** materielle, geistige Genüsse; ***~s des sens*** Sinnengenuss *m*, -lust *f*; ***avoir, éprouver une ~ à faire qc*** etw mit Genuss, *p/fort* Wollust tun **2** JUR Nutzung *f*; Nutzungsrecht *n*; Nießbrauch *m*; ***avoir la ~ d'un droit*** ein Recht genießen, haben, besitzen; ***avoir la pleine ~ de ses facultés mentales*** voll zurechnungsfähig sein; im Vollbesitz s-r geistigen Kräfte sein **3** F *(orgasme)* Orgasmus *m*

jouisseur [ʒwisœʀ] *m*, **jouisseuse** *f* Genießer(in) *m(f)*; Genussmensch *m*

jouissif [ʒwisif] *adj* ⟨**-ive**⟩ großartig; hervorragend; ***être ~*** *a* ein Genuss sein

joujou [ʒuʒu] *m* ⟨*pl* ***~x***⟩ *enf* **1** Spielzeug *n* *(a fig)*; ***~x*** *pl* Spielsachen *f/pl* **2** ***faire ~*** spielen

joule [ʒul] *m* *(abr* ***J****)* PHYS Joule [dʒuːl] *n* *(abr* J); ***la loi de Joule*** das Joule-Gesetz

jour [ʒuʀ] *m* **1** Tag *m*; ***les beaux ~s*** die schönen Tage; die Sommertage *m/pl*; ***le plus beau ~ de ma vie*** der schönste Tag meines Lebens; HIST ***les Cent ~s*** die Hundert Tage; ***~ fixe*** fester Tag, Termin; ***mauvais ~s*** schlechte, schlimme Zeiten *f/pl*, Tage; F ***il a sa tête des mauvais ~s*** er hat heute s-n schlechten Tag; ***~ de l'An*** Neujahrstag *m*; ***~ d'automne, d'été, d'hiver, de printemps*** Herbst-, Sommer-, Winter-, Frühlingstag *m*; ***~ de classe*** Schultag *m*; ***~ de départ, d'arrivée*** Abreise-, Ankunftstag *m*; ***~ de deuil*** Trauertag *m*; FIN ***~ d'émission*** Ausgabetag *m*; ***~ d'expiration*** Verfall(s)tag *m* *(e-s Gutscheins, Ausweises)*; ***~ de fermeture*** Tag, an dem ein Geschäft, e-e Behörde *etc* geschlossen hat; F ***~ de guigne, de déveine*** Unglücks-, F Pechtag *m*; BIBL ***le ~ du Jugement dernier*** der Jüngste Tag; der Tag des Jüngsten Gerichts; ***~ de marché*** Markttag *m*; ***~ de paie*** Zahl-, Lohntag *m*; ***~ de pluie, de soleil*** Regen-, Sonnentag *m*; ***~ de réception*** *ou litt* ***~*** Empfangstag *m*; Jour fixe *m*; ***~ de repos*** Ruhe-, Rasttag *m*; ***~ des Rois*** Dreikönigstag *m*; Heilige Drei Könige; POL ***~ de scrutin*** Wahltag *m*; REL ***~ du Sei-***

J

gneur Tag des Herrn; ~ ***de semaine, de travail*** Wochen-, Arbeitstag *m*; ~ ***de sortie*** Tag, an dem man Ausgang hat; LOTERIE ~ ***de tirage*** Ziehungstag *m*; ♦ *loc/adj*: ***de chaque*** ~ täglich; ***de tous les*** ~***s*** alltäglich; Alltags…; *robe, costume* ***des grands*** ~***s*** Festtags…; ***public*** *m* ***des grands*** ~***s*** Premierenpublikum *n*; ***bébé*** *m* ***de huit*** ~***s*** acht Tage alter Säugling; ***bonheur*** *m* ***d'un*** ~ kurzes Glück; ***caprice*** *m* ***d'un*** ~ Laune *f*; plötzlicher Einfall; ***gloire*** *f* ***d'un*** ~ vergänglicher Ruhm; ***conversation*** *f* ***du*** ~ Tagesgespräch *n*; ***mode*** *f* ***du*** ~ herrschende Mode; Mode von heute; MIL ***officier*** *m* ***de*** ~ diensthabender Offizier; Offizier *m* vom Dienst; ***beau comme le*** ~ bildschön; ***long comme un*** ~ ***sans pain*** ewig lang; ♦ *loc/adv*: ***le*** ~, ***pendant le*** ~ tagsüber; am Tag(e); während des Tages; *österr, schweiz* untertags; ***le*** ~ ***et la nuit, nuit et*** ~, ~ ***et nuit*** Tag und Nacht; ***le*** ~ ***d'après, suivant*** am nächsten, folgenden Tag; am Tag danach, darauf; tags darauf; anderentags; ***le*** ~ ***d'avant, précédent*** am vorhergehenden Tag; am Vortag; am Tag vorher, zuvor; tags zuvor; ***l'autre*** ~ neulich; unlängst; kürzlich; vor Kurzem; letzthin; ***le même*** ~ am selben, gleichen Tag; ***le*** ~ ***de …*** am Tag (*+gén*); ***le*** ~ ***où …*** an dem Tag, an dem *ou* F wo …; ***un*** ~ e-s Tages; einmal; ***venez donc me voir un*** ~***!*** kommen Sie mich doch einmal besuchen!; ***un*** ~ ***que je …*** als ich einmal, e-s Tages …; ***si un*** ~ ***…*** wenn je …; ***un autre*** ~ an e-m anderen Tag; ein and(e)res Mal; ein andermal; ***un beau*** ~ e-s schönen Tages; ***un*** ~ ***ou l'autre*** früher oder später; über kurz oder lang; ***un*** ~ ***sur deux, tous les deux*** ~***s*** alle zwei Tage; jeden zweiten Tag; ***ce*** ~***(-ci)*** am heutigen Tag; ***ce*** ~***-là*** an dem, diesem, jenem Tag; ***ces*** ~***s-ci*** in diesen Tagen; dieser Tage; ***un de ces*** ~***s*** demnächst; bald einmal; ***chaque*** ~ jeden Tag; ***tout le (long du)*** ~ den ganzen Tag (lang, über); ***tous les*** ~***s*** alle Tage; jeden Tag; tagtäglich; ***à*** ~ auf dem Laufenden; auf dem neuesten Stand; ***mettre à*** ~ aufs Laufende, auf den neuesten Stand bringen; aufarbeiten; *courrier* erledigen; ***tenir à*** ~ auf dem Laufenden halten; ***au*** ~ ***le*** ~ von Tag zu Tag; regelmäßig; ***vivre au*** ~ ***le*** ~ von der Hand in den Mund leben; in den Tag hinein leben; F ***au*** ~ ***d'aujourd'hui*** am heutigen Tag; heute; ***au*** ~ ***dit*** am, zum vereinbarten Tag, Termin; ~ ***après*** ~, ~ ***par*** ~ Tag für Tag; tagaus, tagein; tagtäglich; ***dans quelques*** ~***s*** in einigen Tagen; ***de*** ~ am Tag(e); tagsüber; ***de*** ~ ***en*** ~ von Tag zu Tag; mit jedem Tag; ***de nos*** ~***s*** heutzutage; in unseren Tagen; ***d'un*** ~ ***à l'autre*** von e-m Tag zum ander(e)n, auf den ander(e)n; jeden Tag; ***du*** ~ ***au lendemain*** von heute auf morgen; über Nacht; ***de ce*** ~ ***…*** seit jenem Tag …; ***du*** ~ ***où …*** seit dem Tag, da *ou* an dem …; ***en peu de*** ~***s*** in wenigen Tagen; ***jusqu'à nos*** ~***s*** bis in unsere Tage (hinein); ***par*** ~ täglich; pro, am Tag; ~ ***pour*** ~ auf den Tag (genau); ♦ ***quel*** ~ ***sommes-nous?*** welchen Tag *ou* den Wievielten haben wir heute?; welcher Tag *ou* der Wievielte ist heute?; ***c'est à un*** ~ ***de train*** man fährt, braucht mit dem Zug e-n Tag bis dorthin; ***c'est mon*** ~ heute habe ich Dienst; ich bin heute an der Reihe; ***il est dans un*** *ou* ***son bon*** ~ er hat heute s-n guten Tag; ***être comme le*** ~ ***et la nuit*** grundverschieden sein; ***c'est le*** ~ ***et la nuit*** das ist ein Unterschied wie Tag und Nacht, ein himmelweiter Unterschied; ***il ne se passe pas un*** ~ ***sans que … ne*** (*+subj*) es vergeht kein Tag, ohne dass …; ***un*** ~ ***viendra où …*** es wird ein Tag kommen, an dem *ou* F wo …; *prov*: ***à chaque*** ~ ***suffit sa peine*** jeder Tag hat s-e Plage (*prov*); ***Paris ne s'est pas fait en un*** ~ Rom wurde auch nicht an einem Tag erbaut (*prov*); gut Ding will Weile haben (*prov*); ***les*** ~***s se suivent et ne se ressemblent pas*** kein Tag gleicht dem ander(e)n (*prov*) **2** Tageslicht *n*; Licht *n*, Beleuchtung *f* (*a* PEINT); ~ ***artificiel*** künstliches Licht; künstliche Beleuchtung; ***faux*** ~ schlechtes Licht; ungünstige Beleuchtung; Zwielicht *n*; ♦ *loc/adv*: ***au*** ~ bei Tageslicht; ***au grand*** ~ am helllichten Tag(e); mitten am Tag; *fig* vor aller Augen; in aller Öffentlichkeit; ***éclater au grand*** ~ an den Tag, ans Tageslicht kommen; ***étaler qc au grand*** ~ etw offen zur Schau stellen; ***avant le*** ~ vor Tagesanbruch; in aller Herrgottsfrühe; ***en plein*** ~ am helllichten Tag(e); mitten am Tag; ***il faisait clair comme en plein*** ~ es war taghell; *fig*: ***montrer qc sous son vrai*** ~ etw ins rechte Licht stellen; etw im rechten Licht zeigen; ***se montrer sous son vrai*** ~ sein wahres Gesicht zeigen; ***il fait*** ~ es ist Tag, hell; ***il fait grand*** ~ es ist taghell; es ist helllichter Tag; ***il commence à faire*** ~ es wird Tag, hell; *fig* ***se faire*** ~ *idée* zum Durchbruch kommen; *vérité* ans Licht, an den Tag kommen; zutage treten; *fig* ***mettre au, à*** ~ (*révéler*) ans Tageslicht, an den Tag bringen; *fouilles* ausgraben; *fig* ***voir le*** ~ *personne* das Licht der Welt erblicken; zur Welt kommen; *idée, mode* aufkommen; *mouvement politique etc* entstehen; sich bilden **3** (*la vie*) *souvent pl* ***les*** ~***s*** das (*menschliche*) Leben; ***donner le*** ~ ***à un enfant*** e-m Kind das Leben schenken; ein Kind zur Welt bringen; ***finir ses*** ~***s à la campagne*** s-n Lebensabend auf dem Land verbringen; ***mettre fin à ses*** ~***s*** s-m Leben ein Ende machen; sich (*dat*) das Leben nehmen **4** CONSTR Öffnung *f*; ***à*** ~ durchbrochen **5** COUT ~ (***à fils tirés***) Hohlsaum *m*; ***faire des*** ~***s à qc*** etw mit Hohlsaum verzieren

jour – oder etwa doch journée?

Elle prend le métro **tous les jours**. – Sie fährt jeden Tag mit der U-Bahn.

Wird der Tag als Zeiteinheit von 24 Stunden betrachtet, so verwendet man **le jour**. Betont man bei einem Tag hingegen dessen Verlauf, so nimmt man **la journée**:

Vous avez passé **une belle journée** à Dijon? –
Haben Sie einen schönen Tag in Dijon verbracht?

Jourdain [ʒuʀdɛ̃] ***le*** ~ der Jordan

journal [ʒuʀnal] *m* ⟨*pl* **-aux**⟩ **1** (Tages)Zeitung *f*; Blatt *n*; (*périodique*) Zeitschrift *f*; ~ ***local, régional*** Lokal-, Provinzzeitung *f*, -blatt *n*; ~ ***à cancans, à scandales*** Klatsch-, Skandal-, Revolverblatt *n*; ~ ***de droite, de gauche*** rechts-, linksgerichtete Zeitung; ~ ***du dimanche*** Sonntagszeitung *f*, -blatt *n*;

~ d'information Nachrichten-, Informationsblatt *n*; **~ du matin, du soir** Morgen-, Abendzeitung *f*, -blatt *n*; **~ de mode** Mode(n)zeitschrift *f*; Modejournal *n*; *adjt* **papier** *m* **~** Zeitungspapier *n*; **lire qc dans**, F **sur le ~** etw in der Zeitung lesen **2** (*bulletin d'information*) RAD **~ parlé** (Rundfunk)Nachrichten *f/pl*; TV **~ télévisé** (Fernseh)Nachrichten *f/pl* **3** Tagebuch *n*; **~ intime** (persönliches) Tagebuch; MAR **~ de bord** Logbuch *n*; Schiffstagebuch *n*; Journal *n*; **~ de voyage** Reisetagebuch *n*; **tenir un ~** ein Tagebuch führen **4** COMM (**livre** *m*) **~** Journal *n*

Les journaux français

In der französischen Presselandschaft sind überregionale Tageszeitungen von zentraler Bedeutung:
Die angesehenste Tageszeitung ist zweifelsohne **Le Monde**, die überwiegend von Leuten mit guter Schulbildung und konservativer bis liberaler politischer Gesinnung gelesen wird.
Ein harter Konkurrent ist **Libération**, kurz **Libé** genannt, ein liberales, politisch eher linksgerichtetes Blatt, das durch seine peppige Aufmachung auffällt.
Le Figaro ist für Leute mit konservativbürgerlicher Gesinnung und hat einen ausführlichen, gern gelesenen Wirtschaftsteil.
Darüber hinaus gibt es eine ganze Reihe wichtiger Tageszeitungen, die sich ausführlicher mit den Problemen einzelner Regionen Frankreichs beschäftigen und deshalb eher regional verbreitet sind, zum Beispiel **Ouest France** (Westfrankreich), **La Dépêche du Midi** (Languedoc-Roussillon, Midi-Pyrénées), **Le Dauphiné Libéré** (Rhonetal), **Nice-Matin** (Nizza) und **Les Dernières Nouvelles d'Alsace** (Ostfrankreich).

journalier [ʒuʀnalje] **I** *adj* ⟨**-ière**⟩ täglich; Tage(s)…; **travail ~** tägliche Arbeit **II** *subst* **~, journalière** *m,f* Tagelöhner(in) *m(f)*
journalisme [ʒuʀnalism] *m* Journalismus *m*; Journalistik *f*; Publizistik *f*; **faire du ~** sich publizistisch betätigen; (Artikel) für Zeitungen schreiben
journaliste [ʒuʀnalist] *m,f* Journalist(in) *m(f)*; Publizist(in) *m(f)*
journalistique [ʒuʀnalistik] *adj* journalistisch; publizistisch; Zeitungs…; **style** *m* **~** Zeitungsstil *m*; journalistischer Stil
journée [ʒuʀne] *f* **1** (*jour*) Tag *m*; **bonne ~!** schönen Tag!; **~ d'été** Sommertag *m*; **la ~ d'hier** der gestrige Tag; **~ de repos** Ruhetag *m*; **il y a deux ~s de voyage, de marche** es sind zwei Tage(s)reisen, -märsche bis dahin; *loc/adv*: **à la ~** tageweise; pro Tag; nach Tagen; → *a 2*; **au cours de la ~** im Laufe des Tages; **à n'importe quel moment de la ~** zu jeder Tageszeit; **toute la ~** den ganzen Tag (lang, über); **je ne l'ai pas vu de toute la ~** ich habe ihn den ganzen Tag über nicht gesehen; **toute la sainte ~** den lieben langen Tag; **des ~s entières** tagelang; **passer des ~s entières à (faire) qc** ganze Tage mit etw verbringen (damit verbringen, etw zu tun); **en fin de ~** am Abend; **pendant la ~** tagsüber; während des Tages; *österr, schweiz* untertags; **par une belle ~** an e-m schönen Tag(e); **perdre sa ~** e-n ganzen Tag verlieren, vertun **2** **~ (de travail)** Arbeitstag *m*; *salaire* Tag(e)lohn *m*; **~ continue** durchgehende Arbeitszeit; **faire, avoir la ~ continue** durcharbeiten; **~ de huit heures** Achtstundentag *m*; **faire des ~s de huit, dix heures** acht, zehn Stunden pro Tag arbeiten; **faire des ~s, travailler à la ~** im Tag(e)lohn arbeiten; *iron* **aujourd'hui j'ai gagné ma ~** heute war ein schwarzer Tag für mich
journellement [ʒuʀnɛlmɑ̃] *adv* täglich; alle Tage; tagaus, tagein; Tag für Tag
joute [ʒut] *f* **1** MOYEN ÂGE Tjost *f ou m* **2** **~ nautique** Fischerstechen *n* **3** *fig* **~ oratoire** Wortgefecht *n*; Rededuell *n*
jouteur [ʒutœʀ] *m* FÉODALITÉ (Turnier)Kämpfer *m*
jouvence [ʒuvɑ̃s] *f* **fontaine** *f* **de ~**, *fig a* **bain** *m* **de ~** Jungbrunnen *m*
jouvenceau [ʒuvɑ̃so] *m* ⟨*pl* **~x**⟩ *plais* Jüngling *m*
jouvencelle *f plais* Jungfrau *f*; Maid *f*
jouxter [ʒukste] *v/t* ADM **~ qc** *terrain etc* neben etw (*dat*) liegen
Jouy-en-Josas [ʒwiɑ̃ʒɔzas] *Stadt im Dep. Yvelines*
jovial [ʒɔvjal] *adj* ⟨**-aux** *od* **-als**⟩ fröhlich; heiter; frohsinnig **jovialité** *f* Fröhlichkeit *f*; Heiterkeit *f*; Frohsinn *m*
joyau [ʒwajo] *m* ⟨*pl* **~x**⟩ Juwel *n ou m* (*a fig*); Kleinod *n* (*a fig*); **~x de la couronne** Kronjuwelen *pl*, -schatz *m*; F *fig en parlant d'une femme* **un petit ~** F ein Juwel, Goldstück *n*
joyeux [ʒwajø] *adj* ⟨**-euse**⟩ lustig; fröhlich; vergnügt; heiter; F fidel; **nouvelle joyeuse** frohe, erfreuliche Nachricht; **surprise joyeuse** freudige Überraschung; **joyeuse(s) fête(s), ~ Noël!** frohes Fest!; frohe Feiertage!; fröhliche *ou* frohe Weihnachten!
joystick [dʒɔjstik] *m* INFORM Joystick ['dʒɔystɪk] *m*
JT [ʒite] *m abr* (*journal télévisé*) Fernsehnachrichten *f/pl*
Juan-les-Pins [ʒɥɑ̃lepɛ̃] *Badeort an der Côte d'Azur*
jubarte [ʒybaʀt] *f* ZO Buckelwal *m*
jubé [ʒybe] *m* ARCH Lettner *m*
jubilation [ʒybilasjõ] *f* Jubel *m*; Frohlocken *n*; unbändige Freude
jubilé [ʒybile] *m* **1** fünfzigjähriges (Dienst)Jubiläum **2** REL *chez les Juifs* Jubel-, Halljahr *n*; ÉGL CATH Jubeljahr *n*; Heiliges Jahr
jubiler [ʒybile] *v/i* (innerlich) frohlocken; sich unbändig, F mächtig freuen
juché [ʒyʃe] *adj* hoch oben (liegend, sitzend, stehend); *personne* **~ en 'haut de l'échelle** hoch oben auf der Leiter (stehend, sitzend); *enfant* **~ sur les épaules de son père** (hoch oben) auf den Schultern s-s Vaters (sitzend); *maison etc* **~ au sommet d'une colline** auf e-r Hügelkuppe (gelegen); *oiseau* **être ~ sur une branche** (hoch oben) auf e-m Zweig sitzen

J

jucher [ʒyʃe] **I** *v/t* (hoch) hinaufstellen, -legen, -setzen, -hängen **II** *v/pr* ***se** ~ oiseau* sich setzen (***sur*** auf *+acc*)

juchoir [ʒyʃwaʀ] *m* (Sitz)Stange *f*; Hühnerstange *f*

judaïque [ʒydaik] *adj* jüdisch; ***la loi** ~* das mosaische Gesetz

judaïsme [ʒydaism] *m* Judentum *n*; Judaismus *m*; jüdische Religion

Judas [ʒyda] *m* **1** BIBL Judas *m* **2** *fig* Verräter *m*; ***baiser** m **de** ~* Judaskuss *m* **3** ***judas*** Guckloch *n*, -fenster *n*; Spion *m*

Judée [ʒyde] ***la** ~* Judäa *n*

judéo-... [ʒydeo] *adj* jüdisch-... **judéo-allemand** *adj* LING jiddisch **judéo-chrétien** *m* Judenchrist *m* **judéo-christianisme** *m* Judenchristentum *n*

judiciaire [ʒydisjɛʀ] *adj* gerichtlich; Gerichts...; richterlich; Rechts...; Justiz...; ***acte** m ~* gerichtliche Urkunde; Gerichtsurkunde *f*; ***aide** f ~* Prozesskostenhilfe *f*; *autrefois* ***assistance** f ~* Armenrecht *n*; ***conseil** m ~* Vormund *m*; ***enquête** f ~* gerichtliche Untersuchung; ***erreur** f ~* Justizirrtum *m*; ***liquidation** f ~* Zwangsliquidation *f*; ***police** f ~* (*abr* ***P.J.***) Kriminalpolizei *f* (*abr* Kripo *f*); ***pouvoir** m ~* richterliche Gewalt; ***vente** f ~* Zwangsversteigerung *f*; gerichtlich angeordneter Verkauf; ***par voie** ~* auf dem Rechtsweg(e)

judiciairement [ʒydisjɛʀmɑ̃] *adv* gerichtlich

judicieusement [ʒydisjøzmɑ̃] *adv* → ***judicieux***; ***il a** ~ **fait remarquer que ...*** er bemerkte sehr richtig, dass ...

judicieux [ʒydisjø] *adj* ⟨**-euse**⟩ klug; gescheit; vernünftig; ***critique judicieuse*** scharfsinnige Kritik; ***esprit** ~* kluger Kopf; ***il serait très** ~ **de*** (*+inf*) es wäre ganz klug, sinnvoll zu (*+inf*)

judo [ʒydo] *m* Judo *n*; ***prise** f **de** ~* Judogriff *m*

judoka [ʒydɔka] *m,f* Judoka *m*; Judosportler(in) *m(f)*

juge [ʒyʒ] *m,f* JUR Richter(in) *m(f)* (*a fig*); SPORTS Schiedsrichter(in) *m(f)*; ***~s** pl a* Gericht *n*; ***femme** f ~* Richterin *f*; ***~ administratif, des tribunaux administratifs*** Verwaltungsrichter *m*; ***~ civil, pénal*** Zivil-, Strafrichter *m*; ***~ consulaire, du tribunal de commerce*** Handelsrichter *m*; *fig* ***souverain ~, ~ suprême*** oberster, höchster Richter (*Gott*); ***~ suppléant*** Stellvertreter *m*; stellvertretender Richter; ***~ au tribunal d'instance, au tribunal de grande instance*** *correspond à* Amts-, Landgerichtsrat *m*; ***~ d'appel*** Berufungsrichter *m*; ***~ d'un concours*** Preisrichter *m*; ***~ de la cour d'assises*** Richter beim Schwurgericht; SPORTS ***~ des courses*** Kampfrichter *m*; ***~ d'instruction*** Untersuchungsrichter *m*; TENNIS ***~ de ligne***, FOOTBALL *etc* ***~ de touche*** Linienrichter *m*; ***~ de paix*** Friedensrichter *m*; ***~ des tutelles*** Vormundschaftsrichter *m*; ***~ pour enfants*** Jugendrichter *m*; ***aller devant les ~s*** vor Gericht gehen; *fig*: ***être (à la fois) ~ et partie*** Richter in eigener Sache sein; ***être bon, mauvais ~ en la matière*** die Sache gut, schlecht beurteilen können; ***il est seul ~ de ce qu'il doit faire*** er allein kann entscheiden, was er zu tun hat; ***faire qn ~, prendre qn pour ~ dans une affaire*** j-n in e-r Sache als Richter anrufen; ***je vous fais ~!*** finden Sie nicht auch?; ***se faire ~, s'ériger en ~*** sich zum Richter aufwerfen

jugé [ʒyʒe] *m loc/adv* ***au** ~* ungefähr; nach Augenmaß; F nach Gefühl; ***estimer au** ~ a* über den Daumen peilen; ***tirer au** ~* ungefähr in der Zielrichtung schießen

jugeable [ʒyʒabl] *adj* aburteilbar

juge-arbitre [ʒyʒaʀbitʀ] *m* ⟨*pl* **juges-arbitres**⟩ SPORTS Schiedsrichter *m*

jugement [ʒyʒmɑ̃] *m* **1** JUR (Gerichts)Urteil *n*; (Urteils)Spruch *m*; richterliche Entscheidung; *österr* Erkenntnis *n*; *d'un accusé* Aburteilung *f*; Urteilsverkündung *f*; ***~ arbitral*** Schiedsspruch *m*; ***~ civil*** Urteil im Zivilprozess; BIBL ***Jugement dernier, universel*** Jüngstes Gericht; Weltgericht *n*; ***~ exécutoire par provision** ou **nonobstant appel*** vorläufig vollstreckbares Urteil; ***~ pénal*** Strafurteil *n*; ***~ de Dieu*** HIST Gottesurteil *n*; *fig* Ratschluss *m* Gottes; MYTH ***le ~ de Pâris*** das Urteil des Paris; *fig* ***~ de Salomon*** salomonisches Urteil; ***~ du tribunal*** Gerichtsurteil *n*; gerichtliches Urteil; ***~ en premier, dernier ressort*** Urteil in erster, letzter Instanz; ***~ par défaut*** Versäumnisurteil *n*; ***confirmer, prononcer, rendre un ~*** ein Urteil bestätigen, verkünden, fällen; ***passer en ~*** abgeurteilt werden **2** *fig* Urteil *n* (*a* PHILOS); Urteilsvermögen *n*, -kraft *f*, -fähigkeit *f*; *a* Beurteilung *f*; ***~ de valeur*** Werturteil *n*; ***défaut** m **de** ~* mangelndes Urteilsvermögen; mangelnde Urteilsfähigkeit, -kraft; ***homme** m **de** ~* urteilsfähiger Mensch; ***avoir du ~*** ein sicheres Urteil haben; ***quel est votre ~ sur lui?*** was halten Sie von ihm?; wie beurteilen Sie ihn?; ***manquer de ~*** kein Urteil haben; unkritisch sein; ***soumettre un livre au ~ des lecteurs*** die Leser über ein Buch urteilen lassen; ***je soumets cela à votre ~*** ich überlasse das Ihrem Urteil

jugeote [ʒyʒɔt] *f* F Grips *m*; Köpfchen *n*

juger [ʒyʒe] ⟨**-geons**⟩ **I** *v/t* **1** JUR richten; zu Gericht sitzen, das Urteil sprechen (***qn*** über j-n); aburteilen; entscheiden (***qc*** in e-r Sache); befinden (***qc*** über etw [*acc*]); *abs*: ***le tribunal jugera*** das Gericht wird darüber befinden, wird das Urteil sprechen; *fig* ***la postérité jugera*** die Nachwelt wird das Urteil sprechen; *adjt* ***chose jugée*** abgeurteilte Sache; ***autorité** f, **force** f **de chose jugée*** Rechtskraft *f*; ***passer en, acquérir force de chose jugée*** Rechtskraft erlangen; rechtskräftig werden **2** *fig* urteilen (*abs ou* ***qn, qc*** über j-n, etw); beurteilen; ermessen (***qc*** etw); ***~ un différend*** e-n Streit schlichten; ***~ (qn, qc) favorablement*** (j-n, etw) günstig (be)urteilen; ***vous me jugez mal si ...*** Sie kennen mich schlecht, wenn ...; ***cela vous permettra de mieux ~*** das wird Ihnen die Beurteilung erleichtern; ***~ autrui d'après soi-même*** von sich auf andere schließen; ***~ d'après des** ou **sur les critères européens*** *etc* mit europäischen *etc* Maßstäben messen **3** *par ext* (*considérer*) meinen; glauben; sich (*dat*) denken, vorstellen; *avec adj* für ... halten, erachten; als ... ansehen; ***vous jugez bien que ...*** Sie können sich (*dat*) leicht denken, vorstellen, dass ...; ***jugez combien** ou **si j'ai été surpris*** stellen Sie sich (*dat*) meine Überraschung vor; Sie können sich (*dat*) denken, wie überrascht ich war; ***~ qc bon*** etw für gut, richtig halten *ou* erachten; ***~ nécessaire de faire qc*** es für notwendig halten *ou* erachten, etw zu tun; ***~ qu'une demande n'est pas opportune*** e-e Bitte für unangebracht halten; ***il juge qu'on l'a trompé*** er ist der Meinung, er glaubt, dass man ihn betrogen hat **II** *v/t/indir* ***~ de*** urteilen, entscheiden über (+*acc*); beurteilen, ermessen (+*acc*); *la joie, surprise de qn* sich (*dat*) vorstellen, denken (können); ***si j'en juge par sa réaction*** *ou* ***à en ~ par sa réaction…*** nach s-r Reaktion zu urteilen…; ***jugez-en par vous-même*** überzeugen Sie sich selbst (davon); ***autant qu'on puisse en ~*** soweit sich das beurteilen lässt; nach menschlichem Ermessen **III** *v/pr* **a)** *réfléchi* ***se ~*** (***soi-même***) sich (selbst) beurteilen; ***se ~ perdu*** sich verloren wähnen, glauben; **b)** *réciproque* ***ils se jugent faits l'un pour l'autre*** sie glauben, füreinander geschaffen zu sein; **c)** *sens passif* ***se ~*** beurteilt, gemessen werden; JUR ***se ~*** zur Entscheidung, Aburteilung kommen; *procès* ***se ~ à l'automne*** im Herbst stattfinden **IV** *loc/adv* ***au ~*** → ***jugé***

jugulaire [ʒygylɛʀ] **I** *adj* ANAT ***veines*** *f/pl* ***~s*** Drosselvenen *f/pl*, -adern *f/pl* **II** *f* Sturm-, Kinnriemen *m*

juguler [ʒygyle] *v/t inflation etc* eindämmen; *passion* zügeln; bändigen; ***~ une épidémie*** einer Epidemie Einhalt gebieten; ***~ une révolte*** einen Aufstand unterdrücken, im Keim ersticken

juif [ʒɥif] **I** *adj* ⟨**juive** [ʒɥiv]⟩ jüdisch; Juden…; ***année juive*** Jahr *n* des jüdischen Kalenders; jüdisches Mondjahr **II** *subst* **1** **~, *juive*** *m,f* Jude *m*, Jüdin *f*; ***persécutions subies par les ~s*** Judenverfolgungen *f/pl* **2** ANAT ***petit ~*** Musikantenknochen *m*

juillet [ʒɥijɛ] *m* Juli *m*; ***le quatorze Juillet*** der vierzehnte Juli (*frz Nationalfeiertag*); HIST ***journées*** *f/pl*, ***révolution*** *f* ***de Juillet*** Julitage *m/pl*, -revolution *f*

juin [ʒɥɛ̃] *m* Juni *m*

jujube [ʒyʒyb] *m* **1** BOT Jujube *f*; Brustbeere *f* **2** PHARM Brustbeerensaft *m* **jujubier** *m* BOT Jujube *f*

juke-box [(d)ʒukbɔks] *m* ⟨*pl* **juke-boxes**⟩ Musikbox *f*, -automat *m*; Jukebox ['dʒuːk-] *f*

Jules [ʒyl] *m* **1** *Vorname* **2** ***jules*** **a)** F (*amant*) F Kerl *m*; Galan *m*; **b)** F (*mari*) F Gatterich *m*; **c)** F (*souteneur*) Zuhälter *m*; F Kerl *m*; Louis *m* **3** ***jules*** F (*vase de nuit*) F Mitternachtsvase *f*; Pinkelpott *m*

Julie [ʒyli] *f Vorname*

Julien [ʒyljɛ̃] *m Vorname*

julien [ʒyljɛ̃] *adj* ⟨**~ne**⟩ ***calendrier ~*** julianischer Kalender

Juliénas [ʒyljena(s)] *Weinort im Beaujolais*

julienne [ʒyljɛn] *f* **1** BOT Nachtviole *f* **2** CUIS Julienne *f* (*dünne Gemüsestreifen*); *potage* Juliennesuppe *f*

Juliers [ʒylje] Jülich *n*

Juliette [ʒyljɛt] *f Vorname*; ***Roméo et ~*** Romeo und Julia

jumbo(-jet) [dʒœmbo(dʒɛt)] *m* ⟨*pl* **jumbo-jets**⟩ AVIAT Jumbo(-Jet) [-dʒɛt] *m*

jumeau [ʒymo] **I** *adj* ⟨**-elle**; *m/pl* **~x**⟩ Zwillings…; Doppel…; ***frère ~, sœur jumelle*** Zwillingsbruder *m*, -schwester *f*; ***lits ~x*** Doppel-, Ehebett *n*; ***maisons jumelles*** Doppelhaus *n* **II** *subst* **~, *jumelle*** *m,f* Zwilling *m*; Zwillingsbruder *m*, -schwester *f*; ***~x, jumelles*** Zwillinge *m/pl*; Zwillingspaar *n*, -pärchen *n*; ***vrais, faux ~x*** eineiige, zweieiige Zwillinge *m/pl*

jumelage [ʒymlaʒ] *m* **1** TECH Verbindung *f*; Kopp(e)lung *f* **2** *de villes* Städtepartnerschaft *f*

jumelé [ʒymle] *adj* Zwillings…; Doppel…; ***billets de loterie ~s*** Doppellos *n*; ARCH ***colonnes ~es*** gekuppelte Säulen *f/pl*; Doppelsäule *f*; ***pari ~*** Sieg- und Platzwette *f*; ***roues ~es*** Zwillingsreifen *m*; Doppelrad *n*; ***villes ~es*** Partnerstädte *f/pl*

jumeler [ʒymle] *v/t* ⟨**-ll-**⟩ **1** TECH miteinander verbinden; koppeln; kuppeln; MAR *mât* durch Mastbacken verstärken **2** *deux villes* zu Partnerstädten erklären; durch e-e Partnerschaft verbinden; ***Paris est jumelé à*** *ou* ***avec Rome*** Paris ist mit Rom durch e-e (Städte)Partnerschaft verbunden; Paris und Rom sind Partnerstädte

Vous êtes jumelés avec une ville française?

So wird man gefragt, ob man eine französische Partnerstadt hat.
Um die deutsch-französische Verständigung zu verbessern und einen noch stärkeren Erfahrungsaustausch zu ermöglichen, wird seit den Fünfzigerjahren die Bildung von Städtepartnerschaften gefördert. Eine derartige Städtepartnerschaft nennt man **le jumelage**, eine Partnerstadt **une ville jumelée**:

Augsbourg et Bourges sont des villes jumelées.

jumelle [ʒymɛl] *f* **1** OPT *souvent pl* ***~s***, *abus* ***paire*** *f* ***de ~s*** Fernglas *n*; Feldstecher *m*; ***~ marine*** Fernglas *n*; ***~s de spectacle, de théâtre*** Theaterglas *n*; Opernglas *n*, F -gucker *m*; ***regarder avec les ~s*** durch das Fernglas sehen, gucken **2** → ***jumeau*** *II*

jument [ʒymɑ̃] *f* ZO Stute *f*

jumping [dʒœmpiŋ] *m* ÉQUITATION Jagdspringen *n*

jungle [ʒɛ̃gl, ʒœ̃-, ʒɔ̃-] *f* Dschungel *m* (*a fig*); ***loi*** *f* ***de la ~*** Gesetz *n* des Dschungels, der Wildnis

junior [ʒynjɔʀ] **I** *adj* ⟨*f inv*⟩ **1** SPORTS Junioren…; ***catégorie*** *f*, ***équipe*** *f* ***~*** Juniorenklasse *f*, -mannschaft *f*; *par ext* ***mode*** *f* ***~*** Mode *f* für Junioren, für die Jugend **2** COMM *ou plais* ***Durand ~*** a) der jüngere Durand (*le frère*); b) Durand junior (*le fils*) **II** *m,f* SPORTS Junior *m*, Juniorin *f*; *pl* ***~s*** Junioren *m/pl*

junker [juŋkɛʀ] *m surtout péj* Junker *m*

junkie [dʒœ̃ki] *m,f* Junkie ['dʒaŋkiː] *m*; Drogenabhängige(r) *f(m)*

junte [ʒɛ̃t, ʒœ̃t] *f* POL Junta [x-] *f*; ***~ militaire*** Militärjunta *f*

jupe [ʒyp] *f* Rock *m*; ***~ droite, en forme, étroite, large*** gerader, ausgestellter, enger, weiter Rock; ***~ à plis*** Faltenrock *m*; *fig* ***être*** (***fourré***) ***dans les ~s de sa mère*** sich an Mutters Rockzipfel klammern

jupe-culotte [ʒypkylɔt] *f* ⟨*pl* **jupes-culottes**⟩ Hosenrock *m*

jupette [ʒypɛt] *f* Röckchen *n*; ***~ de tennis*** Tennisröckchen *n*

Jupiter [ʒypitɛʀ] **1** ASTR (der) Jupiter; ***satellites*** *m/pl* ***de ~*** Jupitermonde *m/pl* **2** *m* MYTH Jupiter *m*; → ***a cuisse*** *1*

jupon [ʒypɔ̃] *m* **1** Unterrock *m*; ***~ de soie, de nylon***

J

Unterrock aus Seide, Nylon; seidener Unterrock, Nylonunterrock *m* 2 *fig* ***courir le ~*** ein Schürzenjäger sein; F hinter jeder Schürze her sein, herlaufen

Jura [ʒyʀa] ***le ~*** 1 *montagnes* der Jura 2 *frz Departement* 3 *en Suisse* ***le canton du ~*** der Kanton Jura

jurançon [ʒyʀɑ̃sõ] *m ein frz Weißwein*

jurassien [ʒyʀasjɛ̃] GÉOGR **I** *adj* ⟨***~ne***⟩ Jura…; des Jura; jurassisch; GÉOL ***relief ~*** Jurarelief *n* **II** *subst* ***Jurassien(ne)*** *m(f)* Bewohner(in) *m(f)* des Jura; Jurassier(in) *m(f)*

jurassique [ʒyʀasik] GÉOL **I** *adj* Jura…; ***période f ~*** Jura *m* **II** *m* Jura *m*; Juraformation *f*; ***~ supérieur, moyen, inférieur*** weißer, brauner, schwarzer Jura

juré [ʒyʀe] **I** *adj* ***ennemi ~*** geschworener, erklärter Feind; Tod-, Erzfeind *m* **II** *m* JUR Geschworene(r) *m*; Schöffe *m*; Laienrichter *m*

jurer [ʒyʀe] **I** *v/t* schwören (*a abs*); *par ext* (*promettre*) geloben; (*assurer*) versichern; ***~ solennellement, devant Dieu*** feierlich, vor Gott geloben (***de faire qc*** etw zu tun); ***~ fidélité, obéissance à qn*** j-m Treue, Gehorsam schwören, geloben; ***~ par tous les saints, par tout ce qui est le plus sacré*** bei allem, was heilig ist, schwören; *fig* ***on ne jure plus que par lui*** man schwört auf ihn; man hält große Stücke auf ihn; ***~ sur la Bible, sur son honneur, sur la tête de qn*** auf die Bibel, bei s-r Ehre, bei j-m schwören; ***~ de faire qc*** schwören, geloben, etw zu tun; ***~ de ne pas recommencer*** Besserung geloben; ***~ de se venger*** Rache schwören; ***il ne faut ~ de rien*** man kann nie wissen (, was dazwischenkommt); man soll nicht zu viel versprechen; ***j'en jurerais*** ich könnte darauf schwören; F darauf kannst du *ou* können Sie Gift nehmen; ***~ ses grands dieux que …*** Stein und Bein schwören, dass …; ***on jurerait que c'est lui*** man könnte glauben, meinen, dass er es ist *ou* das ist er; ***je jure que non*** ich schwöre, dass ich es nicht getan habe; ***je vous jure*** das kann ich Ihnen sagen, versichern; F ***ah, je vous jure!*** das ist doch nicht zu fassen, nicht zu glauben! **II** *v/i* 1 (*dire des jurons*) fluchen; ***~ comme un charretier*** fluchen wie ein Droschkenkutscher 2 *objets, couleurs* nicht zueinanderpassen; *couleurs a* sich beißen; ***~ avec qc*** nicht zu etw passen; sich nicht mit etw vertragen **III** *v/pr* **a)** *réciproque* ***se ~ un amour éternel*** sich, einander ewige Liebe schwören; **b)** *réfléchi* ***se ~ de faire qc*** sich (*dat*) fest vornehmen, etw zu tun

juridiction [ʒyʀidiksjõ] *f* Rechtsprechung *f*; Rechtspflege *f*; Gerichtsbarkeit *f*; Jurisdiktion *f*; (*tribunal*) Gericht *n*; ***~ administrative, civile, commerciale, pénale*** Verwaltungs-, Zivil-, Handels-, Strafgerichtsbarkeit *f*; ***~ correctionnelle*** Strafgerichtsbarkeit *f* (*für Vergehen*); ***~ ecclésiastique, laïque*** *ou* ***séculière*** kirchliche, weltliche Gerichtsbarkeit; ***~ de droit commun*** ordentliche Gerichtsbarkeit; ***~ d'exception*** Sonder-, Ausnahmegerichtsbarkeit *f*; ***~ d'instance, de jugement*** erkennendes Gericht; ***avoir recours à la ~ supérieure*** die höhere Instanz anrufen; ***exercer la ~*** die Gerichtsbarkeit ausüben; Recht sprechen

juridictionnel [ʒyʀidiksjɔnɛl] *adj* ⟨***~le***⟩ richterlich; Gerichts…; ***pouvoir ~*** richterliche Gewalt

juridique [ʒyʀidik] *adj* 1 (*relatif au droit*) rechtlich; juristisch; Rechts…; ***acte*** *m* ***~*** Rechtsgeschäft *n*, -handlung *f*; ***études f/pl ~s*** Jurastudium *n*; juristisches Studium; ***formation*** *f* ***~*** juristische Ausbildung; ***statut*** *m* ***~*** Rechtsstellung *f*; rechtlicher Status; ***vocabulaire*** *m*, ***langue*** *f* ***~*** Rechtsvokabular *n*, -sprache *f* 2 (*devant la justice*) gerichtlich; ***action*** *f* ***~*** gerichtliche Klage; Klage *f* vor Gericht

juridiquement [ʒyʀidikmɑ̃] *adv* 1 rechtlich; juristisch; ***être ~ dans son tort*** vom Standpunkt des Rechts aus gesehen *ou* juristisch gesehen unrecht haben, im Unrecht sein 2 gerichtlich; vor Gericht

jurisconsulte [ʒyʀiskõsylt] *m* Jurist *m*; Rechtskundige(r) *m*

jurisprudence [ʒyʀispʀydɑ̃s] *f* Rechtsprechung *f*; ***la ~ de la Cour de cassation*** die Spruchpraxis des Kassationshofs; ***recueil*** *m* ***de ~*** Sammlung *f* von gerichtlichen Entscheidungen; ***faire ~*** zum Präzedenzfall werden

juriste [ʒyʀist] *m,f* Jurist(in) *m(f)*

juron [ʒyʀõ] *m* Fluch *m*

jury [ʒyʀi] *m* 1 JUR Geschworene(n) *m/pl*; Geschworenenbank *f* 2 *d'un prix littéraire etc*, SPORTS Jury [ʒy'riː] *f*; ***~ (d'examen)*** Prüfungskommission *f*, -ausschuss *m*; ***~ de concours*** Preisgericht *n*, -richter *m/pl*; *a* Prüfungsausschuss *m*

jus [ʒy] *m* 1 Saft *m*; ***~ de fruit*** Obst-, Fruchtsaft *m*; ***~ de pommes, de raisin, de tomates*** Apfel-, Trauben-, Tomatensaft *m*; CUIS ***~ de rôti*** Bratensaft *m*; Jus [ʒyː] *f*; CUIS ***carottes f/pl au ~*** Karotten *f/pl* in Fleischsaft; F *fig* ***cuire dans son ~*** im eigenen Saft schmoren; F *fig* ***laisser qn cuire, mijoter dans son ~*** j-n im eigenen Saft schmoren lassen; F *fig* ***ça valait le ~*** es hat sich gelohnt 2 F (*café*) Kaffee *m*; *péj* ***~ de chaussette*** F Blümchenkaffee *m*; Brühe *f*; *nordd* Plörre *f* 3 F (*courant électrique*) F Saft *m*; ***il n'y a plus de ~!*** kein Saft mehr!; ***recevoir un coup de ~*** e-n elektrischen Schlag kriegen

jusant [ʒyzɑ̃] *m* MAR Ebbe *f*; Tidenfall *m*; ***courant*** *m* ***de ~*** Ebbestrom *m*

jusqu'au-boutisme [ʒyskobutism] *m* Durchhalten *n* bis zum Ende, um jeden Preis; POL *a* Durchhaltepolitik *f* **jusqu'au-boutiste** *m* POL Durchhaltepolitiker *m*; *par ext* Unentwegte(r) *m*

jusque [ʒysk] **I** *prép* ⟨*vor Vokal* ***jusqu'***⟩ 1 ***jusqu'à*** *lieu* bis nach; bis zu; bis an; *temps* bis; ***jusqu'à Paris*** bis nach Paris; ***rempli jusqu'au bord*** bis an den Rand gefüllt; randvoll; ***~s et y compris la page vingt*** bis einschließlich Seite zwanzig; ***jusqu'à aujour-d'hui*** *ou* ***jusqu'aujourd'hui*** bis heute; ***jusqu'à demain*** bis morgen; ***jusqu'à quand?*** bis wann?; wie lange noch?; ***jusqu'à la mort*** bis zum Tod; ***jusqu'à ce jour*** bis auf diesen, bis auf den heutigen Tag; ***jusqu'au 17 décembre inclus*** bis einschließlich 17. Dezember *fig* ***jusqu'au dernier (homme)*** bis auf den letzten Mann; ***s'attendrir jusqu'aux larmes*** zu Tränen gerührt sein 2 *avec d'autres prép*: **a)** *lieu*: ***accompagner qn ~ chez lui*** j-n bis nach Hause begleiten; **b)** *temps*: ***demeurer jusqu'après Pâques*** bis nach, bis über Ostern bleiben; ***jusqu'en avril*** bis zum April *ou* bis in den April hinein; ***attendre ~ vers onze heures*** bis gegen elf (Uhr) warten 3 *avec adv*: ***jusqu'alors*** bisher; bislang; bis jetzt; ***jusqu'à présent*** bis jetzt; ***jusqu'ici*** *lieu* bis hier(her); *temps* bis jetzt; bisher; ***~-là*** *lieu* bis dahin, dorthin; so weit (*a fig*); *temps* bis dahin; F *fig* ***en avoir ~-là*** es satthaben; F es dicke haben; F ***j'en ai ~-là*** *a* F mir steht's bis hierhin; es hängt mir zum Hals raus; **~ minuit passé** bis nach Mitternacht; **~ tard dans la nuit** bis spät in die Nacht (hinein) **III** *adv* sogar; selbst; **il regarda ~ sous le lit** er sah sogar unter dem Bett nach; **il est allé jusqu'à prétendre que ...** er ging so weit zu behaupten, er verstieg sich zu der Behauptung, dass ... **III** *conj* **jusqu'à ce que ...** (*+subj*) bis; **restez jusqu'à ce que je revienne** bleiben Sie, bis ich zurückkomme

jusquiame [ʒyskjam] *f* BOT Bilsenkraut *n*

justaucorps [ʒystokɔʀ] *m* Gymnastikanzug *m*

juste [ʒyst] **I** *adj* **1** (*équitable*) *personne, punition, colère, note* gerecht; **indemnisation** *f*, **récompense** *f* **~** angemessene Entschädigung, Belohnung; **~ ciel!** gerechter Himmel, Gott!; **par un ~ retour des choses** als gerechte Strafe; als gerechter Ausgleich; als ausgleichende Gerechtigkeit; **être ~ à l'égard de, pour, envers qn** j-m gegenüber gerecht sein; gerecht gegen j-n sein; **soyons ~s!** seien wir gerecht!; **ce n'est que trop ~** das ist nur recht und billig; das ist nicht mehr als recht und billig **2** (*justifié*) *revendication, reproche, craintes* berechtigt; **doutes** *m/pl* **~s** berechtigte, begründete Zweifel *m/pl*; **avoir de ~s raisons de s'alarmer** allen Anlass, guten *ou* allen Grund zur Beunruhigung haben; **à ~ titre** mit vollem Recht; zu Recht; mit Fug und Recht **3** (*exact*) *balance, mesure, heure* genau; *montre* richtig, genau gehend; MUS *note* rein; **expression** *f* **~** passender, treffender Ausdruck; **~ milieu** *m* richtige, goldene Mitte; goldener Mittelweg; **mot** *m* **~** passendes, treffendes Wort; **réponse** *f*, **solution** *f* **~** richtige Antwort, Lösung; **tir** *m* **~** Treffer *m*; **au sens le plus ~ du terme** im wahrsten Sinne des Wortes; **très ~!** sehr richtig!; ganz recht!; **rien de plus ~!** das ist nur zu richtig!; **avoir le coup d'œil, l'oreille ~** ein gutes Auge, Ohr *ou* Gehör haben; **estimer qc à son ~ prix, qn à sa ~ valeur** etw, j-n nach s-m wahren Wert einschätzen, beurteilen; **être ~** *addition, réponse etc* stimmen; **c'est ~** das ist richtig; das stimmt; **c'est assez ~** das stimmt ziemlich genau **4** (*serré*) **trop ~** *vêtement* zu eng, knapp; *quantité* knapp, wenig; **prix le plus ~** knapp, scharf kalkulierter Preis; **c'est un peu ~** *vêtement a* das spannt; *trois minutes pour changer de train*, **ce sera ~** das wird knapp werden **II** *adv* **1** (*exactement*) genau; richtig; **~ autant** ebenso viel; **~ au coin de la rue** genau, direkt an der Straßenecke; **~ l'opposé, le contraire** das genaue Gegenteil; gerade das Gegenteil; **arriver ~ à l'heure** ganz pünktlich (an)kommen; **à six heures ~** genau um, Punkt sechs Uhr; **chanter ~** richtig singen; **c'est ~ ce qu'il faut** das ist genau das, was wir brauchen; **mesurer ~** genau messen; **penser ~** (folge)richtig denken; **tirer, viser ~** richtig, genau zielen; **tomber ~** *calcul, partage* aufgehen; (*deviner*) es erraten; das Richtige treffen; *loc/adv*: **au ~** eigentlich; genau; **que veux-tu au ~?** was willst du eigentlich?; **comme de ~** wie nicht anders zu erwarten; **comme de ~, il n'était pas là** er war natürlich wieder nicht da **2** (*de justesse*) gerade (F grade) noch; knapp; nur; **~ à côté** direkt nebenan, daneben; *tir etc* knapp daneben; **arriver ~ pour voir le bus démarrer** g(e)rade noch zurechtkommen, um den Bus abfahren zu sehen; **avoir ~ de quoi vivre** sein knappes Auskommen haben; g(e)rade so aus-, hinkommen; **on a ~ le temps** die Zeit reicht g(e)rade noch; wir schaffen es g(e)rade noch; **compter, prévoir un peu trop ~** ein bisschen zu knapp rechnen, kalkulieren; **rester ~ le temps de faire qc** nur so lange bleiben, bis man etw getan hat; *loc/adv*: **au plus ~** ganz knapp; **calculer au plus ~** ganz knapp, F knappstens kalkulieren; **tout ~** g(e)rade noch; ganz knapp; F **il a eu le train tout ~** F er kriegte den Zug mit knapper Not, mit Müh und Not; **c'est tout ~ passable** das geht g(e)rade noch; das geht so eben **III** *m* **1** Gerechte(r) *m*; **les ~s** die Gerechten (*a* BIBL) **2** **le sentiment du ~ et de l'injuste** das Gefühl für Recht und Unrecht

justement [ʒystəmɑ̃] *adv* **1** (*précisément*) gerade (F grade); eben; **~ le voici!** da kommt er ja g(e)rade!; **c'est ~ ce qu'il ne fallait pas faire** das war g(e)rade das Verkehrte; **il a choisi ~ ce moment** er wählte ausgerechnet diesen Augenblick **2** (*avec justesse*) richtig; **comme on l'a dit si ~** wie ganz richtig gesagt wurde **3** (*à bon droit*) zu, mit Recht; **faire ~ remarquer que ...** mit, zu Recht darauf hinweisen, dass ...

juste-milieu [ʒystəmiljø] *m fig, partic* POL goldene Mitte; goldener Mittelweg

justesse [ʒystɛs] *f* **1** *d'une montre, balance etc* Genauigkeit *f*; *d'une comparaison, expression etc* Richtigkeit *f*; *d'un son* Reinheit *f*; *de l'oreille, du raisonnement* Schärfe *f*; **~ du coup d'œil** gutes Augenmaß; **~ du tir** Treffsicherheit *f*; **remarque** *f* **d'une grande ~** scharfsinnige Bemerkung **2** *loc/adv* **de ~** gerade (F grade) noch; mit knapper Not; **échapper de ~ à la mort** um Haaresbreite, mit knapper Not dem Tod entrinnen; **gagner de ~** knapp, mit e-m knappen Vorsprung gewinnen, siegen

justice [ʒystis] *f* **1** (*équité*) Gerechtigkeit *f*; Recht *n*; **la Justice** Justitia *f*; die Göttin der Gerechtigkeit; **~ sociale** soziale Gerechtigkeit; **en bonne ~** mit gutem Recht; mit Fug und Recht; **avoir la ~ de son côté, pour soi** das Recht auf s-r Seite haben; **demander, obtenir ~** Gerechtigkeit, sein Recht fordern, erlangen *ou* erhalten; **on lui doit cette ~** das muss man ihm lassen; **c'est ~** das ist gerecht; **ce n'est que ~** das ist nur recht und billig; das ist nicht mehr als recht und billig; **faire ~ de qc** (*récuser*) etw verwerfen; (*réfuter*) etw widerlegen; **faire, rendre ~ à qn** j-m Gerechtigkeit widerfahren lassen **2** (*juridiction*) Justiz *f*; Rechtswesen *n*; Gerichtsbarkeit *f*; *par ext* (*tribunal*) Gericht *n*; *par ext* (*police judiciaire*) Kriminalpolizei *f*; **~ administrative, civile** Verwaltungs-, Zivilgerichtsbarkeit *f*; **~ internationale** internationale Rechtsprechung; **~ militaire** Militärgerichtsbarkeit *f*, -justiz *f*; *loc/adv* **en ~** vor Gericht; **assigner, citer en ~** vor Gericht laden; vorladen; **passer en ~** vor Gericht kommen; **déférer qn à la ~, traduire qn en ~** j-n gerichtlich belangen, vor Gericht stellen *ou* bringen; **être brouillé avec la ~** mit dem Gesetz in Konflikt geraten sein; **se faire ~** (**soi-même**) (*se tuer*) sich selbst richten; (*se venger*) sich (*dat*) selbst Recht verschaffen; **relever de la ~ d'un pays** der Gerichtsbarkeit e-s Landes unterstehen; **rendre la ~** Recht sprechen; Gericht halten

justiciable [ʒystisjabl] *adj* JUR e-r Gerichtsbarkeit, der Zuständigkeit e-s Gerichts unterliegend, unterstehend, unterworfen

J

justicier [ʒystisje] *m*, **justicière** *f* Verfechter(in) *m(f)* der Gerechtigkeit; *personnage de roman etc* für das Recht eintretender Held; Rächer *m*; *iron* Weltverbesserer *m*; ***s'ériger en ~*** sich zum Richter aufwerfen

justifiable [ʒystifjabl] *adj* vertretbar; zu rechtfertigen(d)

justificateur [ʒystifikatœʀ] *adj* ⟨**-trice**⟩ rechtfertigend; Rechtfertigungs…

justificatif [ʒystifikatif] *adj* ⟨**-ive**⟩ **1** rechtfertigend; Rechtfertigungs…; JUR ***fait~*** Rechtfertigungsgrund *m* **2** (*qui prouve*) beweiskräftig; Beweis…; COMM Beleg…; ***exemplaire~*** *ou subst* ~ *m* Belegexemplar *n*; ***pièce justificative*** Beweisstück *n*; Beweis *m*; COMM Beleg *m*; (Rechnungs) Unterlage *f*

justification [ʒystifikasjõ] *f* **1** Rechtfertigung *f*; ***qu'avez-vous à dire pour votre ~?*** was haben Sie zu Ihrer Rechtfertigung zu sagen? **2** (*preuve*) Nachweis *m*, Beweis *m*, COMM Beleg *m* (***de qc*** für etw); ***~ d'un paiement*** Zahlungsbeleg *m* **3** TYPO **a)** *des lignes* Ausschließen *n*; ***machine f à écrire à ~*** Schreibmaschine *f* mit Randausgleich; **b)** (*longueur d'une ligne*) Zeilenlänge *f*; Satzbreite *f*

justifier [ʒystifje] **I** *v/t* **1** rechtfertigen; *conduite, critiques etc a* begründen; ***~ une affirmation*** eine Behauptung beweisen; ***~ l'emploi des sommes reçues*** über die Verwendung der empfangenen Gelder Rechenschaft ablegen; ***il éprouvait une joie que rien ne justifiait*** er empfand e-e Freude, die durch nichts begründet war; *adjt reproche, craintes etc* ***justifié*** berechtigt; begründet; ***ne pas être justifié*** unbegründet sein **2** (*confirmer*) bestätigen; *cet événement* ***justifia ses craintes, son opinion*** bestätigte s-e Befürchtungen, s-e Meinung **3** TYPO ausschließen **II** *v/t/indir* ~ ***de qc*** für etw den Beweis liefern, den Nachweis erbringen; etw beweisen, nachweisen, belegen; ***~ de son identité*** sich ausweisen, legitimieren; *reçu* ~ ***d'un paiement*** e-e Zahlung belegen **III** *v/pr* ***se~*** a) sich rechtfertigen (***auprès de qn*** vor j-m); b) *craintes* sich als begründet, gerechtfertigt erweisen; ***se ~ de qc devant qn*** sich vor j-m für etw verantworten; ***se ~ d'une accusation*** sich von e-r Anschuldigung reinwaschen

jute [ʒyt] *m* TEXT Jute *f*

juteux [ʒytø] **I** *adj* ⟨**-euse**⟩ **1** *fruit* saftig **2** F *fig* ***affaire juteuse*** einbringliches, einträgliches Geschäft; F Bombengeschäft *n* **II** *m arg militaire* (*adjudant*) Hauptfeldwebel *m*; F Spieß *m*

Jutland [ʒytlɑ̃d] ***le ~*** Jütland *n*

juvénile [ʒyvenil] *adj allure, grâce* jugendlich; JUR ***délinquance*** *f* ~ Jugendkriminalität *f*

juxtaposable [ʒykstapozabl] *adj pour des meubles modulables* ***éléments*** *m/pl* ***~s*** Anbauelemente *n/pl*

juxtaposé [ʒykstapoze] *adj* nebeneinandergestellt, -gelegt, -gesetzt; GR ***propositions ~es*** unverbundene Satzreihe; asyndetische Parataxe

juxtaposer [ʒykstapoze] **I** *v/t* nebeneinanderstellen, -legen, -setzen; ***~ des mots*** Wörter aneinandersetzen; ***~ des phrases*** Sätze (aneinander)reihen; ***~ des textes*** Texte gegenüberstellen **II** *v/pr* ***se ~*** nebeneinanderstehen

juxtaposition [ʒykstapozisjõ] *f* Nebeneinanderstellen *n*; LING Juxtaposition *f*

K

K, k [kɑ] *m* ⟨*inv*⟩ K, k *n*

K7 [kasɛt] *f* Kassette *f*

kabbale [kabal] *f* → ***cabale***

Kaboul [kabul] Kabul *n*

kabuki [kabuki] *m théâtre japonais* Kabuki *n*

kabyle [kabil] **I** *adj* kabylisch **II** *subst* ***Kabyle*** *m,f* Kabyle *m*, Kabylin *f*

Kabylie [kabili] ***la ~*** die Kabylei

kafkaïen [kafkajɛ̃] *adj* ⟨**~ne**⟩ kafkaesk

kahoua [kawa] F *m* Kaffee *m*

Kairouan [kɛʀwɑ̃] GÉOGR Kairuan *n*

kaiser [kajzɛʀ, kɛ-] *m* HIST (deutscher) Kaiser (*1871-1918*)

kakatoès → ***cacatoès***

kaki[1] [kaki] **I** *adj* ⟨*inv*⟩ khakibraun, -farben; ***chemise*** *f* ~ Khakihemd *n* **II** *m* Khaki *n*; Khakibraun *n*, -farbe *f*

kaki[2] [kaki] *m fruit* Kaki *f*

kalachnikov [kalaʃnikɔf] *f* MIL Kalaschnikow *f*

Kalahari [kalaaʀi] ***le ~*** die Kalahari

kaléidoscope [kaleidɔskɔp] *m* Kaleidoskop *n* (*a fig*)

Kalmouks [kalmuk] *m/pl* Kalmücken *m/pl*

kamikaze [kamikaz] *m* **1** MIL Kamikazeflieger *m* **2** (*auteur d'un attentat suicide*) Selbstmordattentäter *m* **3** *fig* verwegener Bursche; Draufgänger *m*; *adjt* (geradezu) selbstmörderisch

Kanak(e) [kanak] *m(f)* Kanake *m*, Kanakin *f*

kangourou [kɑ̃guʀu] *m* ZO Känguru *n*

kantien [kɑ̃tjɛ̃] *adj* ⟨**~ne**⟩ PHILOS kantsche(r, -s); von Kant **kantisme** *m* PHILOS Lehre *f*, Philosophie *f* Kants

kaolin [kaɔlɛ̃] *m* MINÉR Kaolin *n ou m*; Porzellanerde *f*

kapok [kapɔk] *m* TEXT Kapok *m* **kapokier** *m* BOT Kapokbaum *m*

Karachi [kaʀaʃi] GÉOGR Karatschi *n*

karaoké [kaʀaɔke] *m* **1** *action* Karaoke *n* **2** *appareil* Karaokeanlage *f*

karaté [kaʀate] *m* Karate *n*

karité [kaʀite] *m* BOT Sheabutterbaum [ˈʃiː-] *m*; ***beurre*** *m* ***de ~*** Sheabutter *f*

Karlovy Vary [kaʀlɔvivaʀi] Karlsbad *n*

karma [kaʀma] *ou* **karman** [kaʀmɑ̃] *m* REL Karma *n*

karst [kaʀst] *m* GÉOL Karst(landschaft) *m(f)* **karstique** *adj* GÉOL Karst…

kart [kaʀt] *m* **1** SPORTS Gokart *m* **2** *pour enfants* Kettcar® *m*
karting [kaʀtiŋ] *m* Gokartsport *m*; Karting *n*
kascher [kaʃɛʀ] *adj* ⟨*inv*⟩ koscher
Katanga [katɑ̃ga] GÉOGR ***le*** ~ Katanga *n*
Katmandou [katmɑ̃du] GÉOGR Katmandu *n*
Katowice [katɔvitse], [katɔvis] GÉOGR Kattowitz *n*
kayak *ou* **kayac** [kajak] *m* Kajak *m*; ***faire du kayak*** *ou* ***du kayac*** Kajak fahren
kayakiste [kajakist] *m,f* Kajakfahrer(in) *m(f)*
kazakh [kazak] **I** *adj* kasachisch **II** *subst* **1** *m/pl* ***Kazakhs*** Kasachen *m/pl* **2** LING ***le*** ~ das Kasachische; Kasachisch *n*
Kazakhstan [kazakstɑ̃] ***le*** ~ Kasachstan *n*
kcal *abr* (*kilocalorie[s]*) kcal (Kilokalorie[n])
kebab [kebab] *m* CUIS Kebab *m*
kéfir [kefiʀ] *m boisson* Kefir *m*
kelvin [kɛlvin] *m* (*abr* ***K***) PHYS Kelvin *n* (*abr* K)
kendo [kɛndo] *m* SPORTS Kendo *n*
Kenya [kenja] ***le*** ~ Kenia *n*
kényan [kenjɑ̃] **I** *adj* kenianisch **II** *subst* ***Kényan(e)*** *m(f)* Kenianer(in) *m(f)*
képhir [kefiʀ] *m boisson* Kefir *m*
képi [kepi] *m* Schirmmütze *f* (*der frz Offiziere u Polizisten*)
kératine [keʀatin] *f* BIOCHIMIE Keratin *n*
kératite [keʀatit] *f* MÉD Hornhautentzündung *f*; *sc* Keratitis *f*
kératoplastie [keʀatɔplasti] *f* MÉD Hornhautüberpflanzung *f*; *sc* Keratoplastik *f*
Kerguelen [kɛʀgelɛn] ***les îles*** *f/pl* ~ die Kerguelen
kermesse [kɛʀmɛs] *f* **1** (*fête de charité*) Wohltätigkeitsfest *n* **2** (*fête foraine*) Kirmes *f*; Kirchweih(-fest) *f(n)*
kérosène [keʀozɛn] *m carburant* Kerosin *n*
ketchup [kɛtʃœp] *m* CUIS Ketschup ['kɛtʃap] *m ou n*
kg *abr* (*kilogramme[s]*) kg (Kilogramm)
khâgne [kaɲ] *f* F *Klasse, in der man sich nach dem Baccalauréat zur Aufnahmeprüfung für die „École normale supérieure (lettres)" vorbereitet*
khâgneux [kaɲø] F *m*, **khâgneuse** F *f* Student(in), der (die) die „khâgne" besucht
Khartoum [kaʀtum] Khartum *n*
khmer [kmɛʀ] **I** *adj* ⟨**khmère**⟩ der Khmer; Khmer… **II** *m/pl* ***Khmers*** Khmer *m/pl*; ***les Khmers rouges*** die Roten Khmer
khôl [kol] *m* (*fard à paupières*) Kajal *n*
Khrouchtchev [kʀutʃɛf] *m homme politique soviétique* Chruschtschow *m*
kHz *abr* (*kilohertz*) kHz (Kilohertz)
kibboutz [kibuts] *m* ⟨*pl* ~ *od* **~im** [-im]⟩ Kibbuz *m*
kick [kik] *m* Kickstarter *m*
kidnapper [kidnape] *v/t* kidnappen [-nɛ-]; entführen **kidnappeur** *m*, **kidnappeuse** *f* Kidnapper [-nɛ-] *m*; Entführer(in) *m(f)*
kidnapping [kidnapiŋ] *m* Kidnapping [-nɛ-] *n*; Entführung *f*
Kiev [kjɛf] Kiew ['kiːɛf] *n*
kif¹ [kif] *m* → ***kif-kif***
kif² [kif] *m* Kif *m* (*nordafrikanisches Rauschgift*)
kif(f)er [kife] F **I** *v/i* sich amüsieren; Spaß haben; ***qn, qc fait*** ~ ***qn*** j, etw gefällt j-m, F törnt j-n an, P macht j-n an; ***qc fait*** ~ ***qn a*** etw macht j-m Spaß **II** *v/t* ~ ***qn, qc*** j-n, etw mögen; F auf j-n, etw stehen, abfahren
kif-kif [kifkif] *adj* ⟨*inv*⟩ F ***c'est*** ~ (**bourricot**), *subst* ***c'est du kif*** das ist gleich, egal, ein und dasselbe; F das ist Jacke wie Hose; das ist gehupft wie gesprungen
kiki [kiki] *m* **1** F (*gorge*) Gurgel *f*; Kehle *f*; ***serrer le*** ~ ***à qn*** j-m die Gurgel, Kehle zudrücken **2** F ***c'est parti, mon*** ~ F und los geht's; und schon läuft die Sache
Kikouyous *ou* **Kikuyus** [kikuju] *m/pl peuple africain* Kikuju *m/pl*
kil [kil] P *m* Liter *n ou m*; ***un*** ~ ***de rouge*** ein Liter Rotwein
Kilimandjaro [kilimɑ̃dʒaʀo] ***le*** ~ der Kilimandscharo
kilo [kilo] *m* Kilo *n*; ***cinq*** **~*s*** fünf Kilo
kiloampère [kilɔɑ̃pɛʀ] *m* (*abr* ***kA***) ÉLECT Kiloampere *n* (*abr* kA) **kilocalorie** *f* (*abr* ***kcal***) Kilokalorie *f* (*abr* kcal) **kilogramme** *m* (*abr* ***kg***) Kilogramm *n* (*abr* kg) **kilohertz** *m* (*abr* ***kHz***) RAD Kilohertz *n* (*abr* kHz) **kilojoule** *m* (*abr* ***kJ***) ÉLECT Kilojoule *n* (*abr* kJ)
kilométrage [kilɔmetʀaʒ] *m* **1** *d'une route etc* Kilometrieren *n*, -ung *f* **2** (*nombre de km parcourus*) Kilometerzahl *f*; *d'un compteur* Kilometerstand *m*
kilomètre [kilɔmɛtʀ] *m* (*abr* ***km***) Kilometer *m* (*abr* km); ~ ***carré*** (*abr* ***km²***) Quadratkilometer *m* (*abr* km² *ou* qkm); ***faire des*** **~*s*** kilometerweit, viele Kilometer laufen *ou* fahren; ***faire 130*** **~*s à l'heure*** mit 130 Stundenkilometern fahren **kilomètre-heure** *m* ⟨*pl* **kilomètres-heure**⟩ (*abr* ***km/h***) Stundenkilometer *m* (*abr* km/h)
kilométrique [kilɔmetʀik] *adj* Kilometer…; in Kilometern; kilometrisch; ***borne*** *f* ~ Kilometerstein *m*; AUTO ***compteur*** *m* ~ Kilometerzähler *m*; ***distance*** *f* ~ Entfernung *f* in Kilometern; CH DE FER ***point*** *m* ~ Kilometerpunkt *m*
kilo-octet [kilɔɔktɛ] *m* ⟨*pl* **kilo-octets**⟩ (*abr* ***Ko***) INFORM Kilobyte [-'baɪt] *n* (*abr* KB *ou* kByte)
kilotonne [kilɔtɔn] *f* (*abr* ***kt***) PHYS NUCL Kilotonne *f* (*abr* kt) **kilovolt** *m* (*abr* ***kV***) ÉLECT Kilovolt *n* (*abr* kV) **kilovoltampère** *m* (*abr* ***kVA***) ÉLECT Kilovoltampere *n* (*abr* kVA) **kilowatt** *m* (*abr* ***kW***) ÉLECT Kilowatt *n* (*abr* kW) **kilowattheure** *m* (*abr* ***kWh***) ÉLECT Kilowattstunde *f* (*abr* kWh)
kilt [kilt] *m* Kilt *m*; Schottenrock *m*
kimono [kimɔno] *m* Kimono *ou* Kimono *m*; *adjt* ***manches*** *f/pl* ~ Kimonoärmel *m/pl*
kiné [kine] F *abr* → ***kinésithérapeute***, ***kinésithérapie***
kinésithérapeute [kineziteʀapøt] *m,f* Heil-, Krankengymnast(in) *m(f)* **kinésithérapie** *f* Heil-, Krankengymnastik *f*
kinesthésie [kinɛstezi] *f* PHYSIOL Kinästhesie *f* **kinesthésique** *adj* kinästhetisch
Kinshasa [kinʃasa] Kinshasa *n*
kiosque [kjɔsk] *m* **1** Kiosk *m*; ~ ***à journaux*** Zeitungskiosk *m*, -stand *m* **2** (Garten)Pavillon *m*; ~ ***à musique*** Musikpavillon *m* **3** MAR *d'un sous-marin* Turm *m*; ~ ***de la timonerie*** Ruderhaus *n*
kipper [kipœʀ] *m* CUIS Räucherhering *m*
kir [kiʀ] *m* Kir *m*; ~ ***royal*** Kir *m* royal; → *Info nächste Seite*
kirghiz [kiʀgiz] **I** *adj* kirgisisch **II** *m/pl* ***Kirghiz*** Kirgisen *m/pl*
Kirghizistan [kiʀgizistɑ̃] ***le*** ~ Kirgisien *n*

K

Le kir royal

Man mag sich schon die Frage gestellt haben, woher das Wort **kir** eigentlich kommt. Der ehemalige Bürgermeister von Dijon, Félix-Adrien Kir (1876–1968), gab einem Getränk seinen Namen, das weit über die Grenzen Burgunds hinaus Bekanntheit und Beliebtheit erlangt hat.
Ein **kir** ist ein Aperitif, der aus Schwarzem Johannisbeerlikör (**crème de cassis**) und trockenem Burgunder Weißwein im Verhältnis 1:4 gemischt wird.
Wer es prickelnder mag, nimmt statt Weißwein Sekt oder Champagner. Ein derart königliches Getränk nennt sich dann **kir royal**.

kirsch [kiʀʃ] *m* Kirsch *m*; Kirschwasser *n*
kit [kit] *m* Bausatz *m*; ***en ~*** zum Zusammenbauen
kitchenette [kitʃənɛt] *f* kleine Küche; Kochnische *f*
kitsch [kitʃ] **I** *adj* ⟨*inv*⟩ kitschig; Kitsch… **II** *m* Kitsch *m*
kiwi [kiwi] *m* **1** *fruit* Kiwi *f* **2** *oiseau* Kiwi *m*
klaxon® [klaksɔn] *m* Hupe *f*; ***donner un coup de ~*** (kurz) hupen
klaxonner [klaksɔne] **I** *v/t* ***~ qn*** j-n anhupen **II** *v/i* hupen; ***interdiction f de ~*** Hupen verboten
Kléber [klebɛʀ] *frz General*
klebs → ***clebs***
Klein [klɛ̃] ***Yves ~*** *frz Maler*
kleptomane [klɛptɔman] **I** *adj* kleptomanisch **II** *m,f* Kleptomane, -manin *m,f* **kleptomanie** *f* Kleptomanie *f*
km *abr* (*kilomètre[s]*) km (Kilometer)
km² *abr* (*kilomètre[s] carré[s]*) km² (Quadratkilometer)
km³ *abr* (*kilomètre[s] cube[s]*) km³ (Kubikkilometer)
km/h *abr* (*kilomètres-heure*) km/h (Stundenkilometer, Kilometer je Stunde)
Knesset [knesɛt] *f* POL Knesset(h) *f*
knock-out [(k)nɔkawt, -kut] (*abr* ***K.-O.***) BOXE **I** *adj* knock-out [nɔk'aʊt] (*abr* k. o.); ***mettre qn ~*** j-n knock-out, k. o. schlagen **II** *m* ⟨*inv*⟩ Knock-out *m* (*abr* K. o.); ***battu par ~*** durch K. o. besiegt
knout [knut] *m* Knute *f*
Ko *abr* (*kilo-octet*) KB (Kilobyte)
K.-O. [kɑo] *abr* (*knock-out*) **I** *adj* ⟨*inv*⟩ **1** BOXE k. o.; ***mettre qn ~*** j-n k.o. schlagen **2** F *fig* ***être complètement ~*** F völlig k. o. *ou* kaputt sein **II** *m* BOXE K. o. *m*
koala [kɔala] *m* ZO Koala *m*; Beutelbär *m*
kobold [kɔbɔld] *m* Kobold *m*
kola [kɔla] *m* BOT (***noix f de***) **~** Kolanuss *f*
kolkhoz(e) [kɔlkoz] *m* Kolchose *f*; Kolchos *m*
kolkhozien [kɔlkozjɛ̃] *m*, **kolkhozienne** *f* Kolchosbauer *m*, -bäuerin *f*
konzern [kõzɛʀn, -tsɛʀn] *m* ÉCON Konzern *m*
kopeck [kɔpɛk] *m* Kopeke *f*; *fig* ***il n'a plus un ~*** er hat keinen Pfennig, F keinen roten Heller mehr
korrigan [kɔʀigɑ̃] *m*, **korrigane** *f dans les légendes bretonnes* Kobold *m*; Wichtelmännchen *n*
Kosovar(e) [kɔsɔvaʀ] *m(f)* Kosovare *m*, Kosovarin *f*
Kosovo [kɔsɔvo] ***le ~*** der *ou* das Kosovo
Koufra [kufʀa] GÉOGR Kufra
kouglof [kuglɔf] *m* CUIS Napf-, Topfkuchen *m*; *südd* Gugelhupf *ou* Gugelhopf *m*
kouing-amann [kuiɲaman] *m* ⟨*inv*⟩ *bretonischer Kuchen aus Brotteig, Butter und Karamellzucker*
Kouriles [kuʀil] ***les ~*** *f/pl* die Kurilen *pl*
Koweït [kɔwɛjt] ***le ~*** Kuwait *n*
koweïtien [kɔwɛjtjɛ̃] **I** *adj* ⟨***~ne***⟩ kuwaitisch **II** *subst* ***Koweïtien(ne)*** *m(f)* Kuwaiter(in) *m(f)*
krach [kʀak] *m* ÉCON Börsenkrach *m*
kraft [kʀaft] *m ou adjt* ***papier m ~*** Packpapier *n*
Kremlin [kʀɛmlɛ̃] ***le ~*** der Kreml
krill [kʀil] *m* ZO Krill *m* (*e-e Garnele*)
krypton [kʀiptõ] *m* CHIM Krypton *n*
Kuala Lumpur [kwalalumpuʀ] Kuala Lumpur *n*
kummel [kymɛl] *m alcool* Kümmel *m*
kumquat [kumkwat] *m* BOT Kumquat *f*
kung-fu [kuŋfu] *m* ⟨*inv*⟩ SPORTS Kung-Fu *n*
kurde [kyʀd] **I** *adj* kurdisch **II** *subst* ***Kurde*** *m,f* Kurde *m*, Kurdin *f*
Kurdistan [kyʀdistɑ̃] ***le ~*** Kurdistan *n*
kW *abr* (*kilowatt[s]*) kW (Kilowatt)
kWh *abr* (*kilowattheure[s]*) kWh (Kilowattstunde[n])
kyrie (eleison) [kiʀje(eleisɔn)] *m* ⟨*inv*⟩ REL, MUS Kyrie(eleison) *n*
kyrielle [kiʀjɛl] *f* ***~ d'enfants*** Schar *f*, Schwarm *m* von Kindern; ***~ de reproches*** lange Reihe von Vorwürfen
kyste [kist] *m* MÉD, BOT Zyste *f*
Kyushu [kjuʃu] GÉOGR Kiuschu *n*

L

L, l [ɛl] *m* ⟨*inv*⟩ L, l *n*
l *abr* (*litre[s]*) l (Liter)
l' [l] → ***le***
la¹ [la] *article et pr/pers* → ***le***
la² [la] *m* MUS a *ou* A *n*; ***donner le ~*** das A angeben; *fig* den Ton angeben
là [la] **I** *adv* **1** *lieu*: da; dort; dahin; dorthin; ***ces gens-~*** diese Leute da; *st/s* jene Leute; ***~ où …*** da, wo …; ***asseyez-vous ~!*** setzen Sie sich hier-, da-, dorthin!; ***~, il interrompit son récit*** an dieser

Stelle unterbrach er s-n Bericht; ***qui va ~?*** wer da?; ***être ~*** da sein; F *fig* ***être un peu ~*** ziemlich groß, gewichtig, auffällig sein; ***il est un peu ~*** *a* mit ihm muss man rechnen; ***les faits sont ~*** das sind (nun einmal) Tatsachen; ***c'est ~ que je voudrais aller*** dorthin möchte ich gern fahren, reisen; ***c'est bien ~ qu'est la difficulté*** darin liegt ja gerade die Schwierigkeit; ***j'en étais ~ de ma lettre lorsque …*** bis hierhin, so weit war ich mit meinem Brief gekommen, als …; ***rester ~*** dableiben; da, hier stehen bleiben; ♦ ***de ~*** von da, dort; von dorther; *causalité* daher; ***de ~ au village*** *il y a deux kilomètres* von da *ou* dort bis zum Dorf; *il est allé à Paris* ***et (à partir) de ~ en Angleterre*** und von da aus nach England; *il n'a pas assez travaillé*, ***de ~ son échec*** daher sein Misserfolg; ***mais de ~ à prétendre que …*** aber deswegen gleich behaupten zu wollen, dass …; ***tout près de ~*** ganz in der Nähe; ♦ ***par ~*** da, dort (entlang *ou* hindurch *ou* hinein *ou* herein); da-, dorthin; *a* dort in der Gegend; ***montez par ~!*** gehen Sie da-, dorthinauf; ***sors par ~!*** geh dorthinaus!; *fig* ***que faut-il entendre par ~?*** was soll man darunter verstehen? 2 *temps*: ***à quelque temps, à quelques jours de ~*** einige Zeit, Tage danach *ou* darauf; ***d'ici ~***, *je serai rentré* bis dahin 3 *marque d'insistance, souvent non traduit*: ***c'est ~ une chose importante*** das ist e-e wichtige Sache; ***est-ce ~ l'homme qui …?*** ist das der Mann, der …?; ***elle est ~ qui pleure*** sie (sitzt *ou* steht da und) weint; ***c'est ~ votre erreur!*** da irren Sie sich!; ***qu'allez-vous penser ~!*** wie können Sie nur so etwas denken!; ***que dites-vous ~?*** was sagen Sie da? 4 *fig*: ***je n'en suis pas encore (arrivé) ~*** *par rapport à un travail* ich bin noch nicht so weit; *par rapport à la situation* dahin *ou* so weit ist es noch nicht mit mir gekommen; ***restons-en ~, tenons-nous-en ~!*** wir wollen es dabei bewenden lassen! II *int* ***~, ~, calmez-vous!*** na *ou* nun *ou* schon gut, beruhigen Sie sich!; ***'hé ~!*** heda!; ***oh! ~ ~!*** ach je!; oje!

là-bas [laba] *loc/adv* da drüben; da; dort; da hinten; dorthin; dahin

label [labɛl] *m* COMM Warenkennzeichen *n*; ***~ vert*** Umweltzeichen *n*; ***~ (de garantie)*** Garantiezeichen *n*; ***~ d'origine*** Hersteller-, Ursprungszeichen *n*; ***~ de qualité*** Gütezeichen *n*, -siegel *n* (*a fig*)

labeur [labœʀ] *m* 1 *st/s* (*travail pénible*) (langwierige, mühsame) Arbeit 2 TYPO Werkdruck *m*

labiacées [labjase] *f/pl* BOT Lippenblütler *m/pl*

labial [labjal] *adj* ⟨**-aux**⟩ Lippen…; Labial…; PHON ***consonne ~e*** *ou subst* ***~e*** *f* Labial(laut) *m*; Lippenlaut *m*; ANAT ***muscle ~*** Lippenmuskel *m*

labié [labje] BOT I *adj* lippenförmig; Lippen…; ***fleur ~e*** Lippenblüte *f* II *f/pl* ***~es*** → ***labiacées***

labile [labil] *adj* CHIM *combinaison* instabil

labiodental [labjɔdɑ̃tal] *adj* ⟨**-aux**⟩ PHON ***consonne ~e*** *ou subst* ***~e*** *f* Labiodental(laut) *m*

labo [labo] *m* F *abr* (*laboratoire*) Labor *n*

La Boétie [labɔesi] *frz Schriftsteller*

laborantin [labɔʀɑ̃tɛ̃] *m*, **laborantine** *f* Laborant(in) *m(f)*

laboratoire [labɔʀatwaʀ] *m* Labor(atorium) *n*; ***~ spatial*** *ou* ***orbital*** Raumlabor *n*; ***~ d'analyses médicales*** diagnostisches Laboratorium; ***~ de langues*** Sprachlabor *n*; ***animaux*** *m/pl* ***de ~*** Versuchstiere *n/pl*; ***examen*** *m* ***de ~*** Laboruntersuchung *f*

laborieux [labɔʀjø] *adj* ⟨**-euse**⟩ 1 mühsam; mühselig; ***négociations laborieuses*** schwierige, langwierige Verhandlungen *f/pl*; ***recherches laborieuses*** mühsame, mühselige Nachforschungen *f/pl*; ***style ~*** umständlicher, schwerfälliger Stil; ***c'est ~!*** das geht nicht gerade schnell!; das dauert aber lange! 2 *personne* fleißig; arbeitsam; ***les classes laborieuses*** die arbeitenden Klassen *f/pl*; ***une vie laborieuse*** ein arbeitsreiches Leben

labour [labuʀ] *m* AGR 1 (*labourage*) Pflügen *n*; Ackern *n*; *par ext* Bodenbearbeitung *f*; Feldbestellung *f*, -arbeit *f*; ***cheval*** *m* ***de ~*** Ackerpferd *n*, F -gaul *m* 2 ***~s*** *pl* (bestelltes) Feld; Ackerland *n*

labourable [labuʀabl] *adj* bestellbar; kultivierbar; ***terre*** *f* ***~*** Ackerland *n*, -boden *m*

labourage [labuʀaʒ] *m* (Um)Pflügen *n*; Ackern *n*; *par ext* Feldbestellung *f*; (*agriculture*) Ackerbau *m*; *Sully* ***~ et pâturage sont les deux mamelles de la France*** Ackerbau und Viehzucht sind die Mutterbrust Frankreichs

labourer [labuʀe] I *v/t* 1 *terre* (um)pflügen; *abs* pflügen; ackern; *par ext champ a* bestellen; ***~ au tracteur*** mit dem Traktor pflügen 2 *fig*: *sabots des chevaux*: *le terrain* auf-, umwühlen; *visage* ***~ de coups de griffes*** zerkratzen; *adjt* ***visage labouré de rides*** zerfurchtes Gesicht; von Falten, Runzeln durchfurchtes Gesicht II *v/pr* ***se ~ le visage avec les ongles*** sich (*dat*) das Gesicht mit den Nägeln zerkratzen

laboureur [labuʀœʀ] *m* Pflüger *m*; *litt* Landmann *m*

Labrador [labʀadɔʀ] 1 ***le ~*** Labrador *n* 2 ***labrador*** *m* ZO Labrador(hund) *m*

labyrinthe [labiʀɛ̃t] *m* Labyrinth *n* (*a* ARCH, ANAT *et fig*); *jardin d'agrément a* Irrgarten *m*; *fig a* Gewirr *n*; *fig* ***un ~ de ruelles*** ein Labyrinth, Gewirr von Gassen

labyrinthique [labiʀɛ̃tik] *adj* labyrinthisch; labyrinthartig; *fig a* verschlungen

lac [lak] *m* See *m*; ***~ artificiel*** künstlicher See; ***~ de cratère*** Kratersee *m*; ***~ de retenue*** Stausee *m*; F *fig projet* ***tomber dans le ~*** F ins Wasser fallen

laçage [lasaʒ] *m* Schnüren *n*

lacer [lase, lɑ-] ⟨**-ç-**⟩ *v/t chaussures* zubinden; zuschnüren; *corset* schnüren

lacération [laseʀasjõ] *f* Zer-, Abreißen *n*

lacéré [laseʀe] *adj* BOT *feuille, calice d'une fleur* gefranst

lacérer [laseʀe] *v/t* ⟨**-è-**⟩ *vêtements etc* zerreißen; zerfetzen; ***~ une affiche*** ein Plakat abreißen

lacet [lasɛ, lɑ-] *m* 1 Schnürsenkel *m*; Schuhband *n*; Schnürband *n* (*a pour un vêtement*) 2 *d'une route* ***~s*** *pl* Serpentinen *f/pl*; Kehren *f/pl*; Windungen *f/pl*; Schleifen *f/pl*; ***chemin*** *m* ***en ~(s)*** Serpentine *f*; ***route*** *f* ***en ~(s)*** Serpentinenstraße *f*; ***faire des ~s*** sich schlängeln; ***monter en ~(s)*** in Serpentinen ansteigen 3 CH Schlinge *f*; *pour les oiseaux* Dohne *f*; ***prendre au ~*** in *ou* mit der Schlinge fangen 4 (*cordon de passementerie*) (geflochtenes) Band; Lacetband *n*; ***broderie*** *f* ***à ~*** Durchzugarbeit *f*; ***dentelle*** *f* ***au ~*** Bändchenspitze *f* 5 AVIAT Gierbewegung *f*

lâchage [lɑʃaʒ] *m* 1 Loslassen *n* 2 F *fig de qn* Fallenlassen *n*

lâche [lɑʃ] *adj* 1 *corde, ressort, nœud* locker; schlaff; *nœud a* lose; ***filet*** *m* ***~*** weitmaschiges Netz; ***maille*** *f* ***~***

weite Masche **2** *fig style* kraftlos **3** *(couard)* feige; *subst* ***le ~!*** dieser Feigling! **4** *(méprisable) procédés* gemein; schändlich; niederträchtig

lâcher[1] [lɑʃe] **I** *v/t* **1** *(cesser de tenir) objet, main etc* loslassen; *verre, vaisselle a* fallen lassen; *animal* (frei) laufen lassen; loslassen; *österr* auslassen; *pigeons* auflassen; MAR ***~ les amarres*** die Haltetaue losmachen; ***~ un ballon*** einen Ballon aufsteigen lassen; ***~ une bombe*** eine Bombe abwerfen; ***~ son chien sur qn*** s-n Hund auf j-n hetzen; F *fig* ***ne pas les ~*** F auf s-m Geld sitzen; knaus(e)rig sein; → *a* ***élastique*** *II 1*; ***~ pied*** → ***pied*** *1* **2** *fig bêtise, remarque* fallen lassen; äußern; F von sich geben; ***~ un juron*** einen Fluch ausstoßen; F ***~ le morceau*** F auspacken; ***lâchons le mot!*** sprechen wir es aus!; sagen wir es!; ***voilà le grand mot lâché!*** nun ist es heraus! **3** *(laisser partir)* ***~ qn*** j-n (nach Hause) gehen lassen; ***ne pas ~ qn*** nicht von j-s Seite weichen; *créanciers* j-m auf den Fersen sein; j-n bedrängen; *par ext migraine etc* nicht weichen, weggehen; → *a* ***semelle*** *1* **4** F *(abandonner) copain* fallen lassen; im Stich lassen; *petite amie* sitzen lassen; *place, poste* aufgeben; *par ext appareil* ***~ qn*** j-n im Stich lassen **5** CYCLISME ***~ le peloton*** das Feld abhängen **6** *(desserrer)* locker lassen; ***~ la bride*** die Zügel lockern, *p/fort* schießen lassen (***à*** *dat*) (*a fig*); ***~ la ligne*** mehr Schnur geben **II** *v/i corde* reißen; *freins* nachgeben; versagen

lâcher[2] [lɑʃe] *m de pigeons* Auflassen *n*; *de ballons* (Auf)Steigenlassen *n*

lâcheté [lɑʃte] *f* **1** *(couardise)* Feigheit *f* **2** *(bassesse)* Niedertracht *f*

lâcheur [lɑʃœʀ] F *m*, **lâcheuse** F *f* F treulose Tomate

lacis [lasi, lɑ-] *m* Lacis *n*; netzartiges Gewebe; *fig* Netz *n*; Gewirr *n*

laconique [lakɔnik] *adj réponse* lakonisch; kurz (und bündig); *personne* wortkarg; einsilbig; kurz angebunden; ***style*** *m* ***~*** knapper, straffer, gedrängter Stil

laconisme [lakɔnism] *m* gedrängte Kürze; Knappheit *f*; Bündigkeit *f*

Lacq [lak] *Ort im Dep. Pyrénées-Atlantiques*

lacryma-christi [lakʀimakʀisti] *m* ⟨*inv*⟩ *vin* Lacrimae Christi *m*

lacrymal [lakʀimal] *adj* ⟨**-aux**⟩ ANAT Tränen…; ***glande ~e*** Tränendrüse *f*; ***sac ~*** Tränensack *m*

lacrymogène [lakʀimɔʒɛn] *adj* ***gaz*** *m* ***~*** Tränengas *n*; ***grenade*** *f* ***~*** Tränengasgranate *f*

lacs [lɑ, la] *m* CH Schlinge *f*; *fig et litt* Fallstrick *m*

lactaire [laktɛʀ] *m* BOT Milchling *m*; Reizker *m*

lactalbumine [laktalbymin] *f* CHIM Milcheiweiß *n*; *sc* Laktalbumin *n*

lactation [laktasjõ] *f* PHYSIOL Milchabsonderung *f*; *sc* Laktation *f*

lacté [lakte] *adj* Milch…; milchig; *litt* ***blanc ~*** milchiges Weiß; ***farine ~e*** Kindermehl *n*; BOT, PHYSIOL ***sécrétion ~e*** Milchabsonderung *f*; ASTR ***Voie ~e*** Milchstraße *f*

lactifère [laktifɛʀ] *adj* Milch…; milchhaltig; ANAT ***conduits*** *m/pl* ***~s*** Milchgänge *m/pl*

lactique [laktik] *adj* CHIM ***acide*** *m* ***~*** Milchsäure *f*; ***fermentation*** *f* ***~*** Milchsäuregärung *f*; ***ferments*** *m/pl* ***~s*** Milchsäurebakterien *f/pl*

lacto(densi)mètre [laktɔ(dɑ̃si)mɛtʀ] *m* Lakto(densi)meter *n*; Galaktometer *n*; Milchwaage *f*

lactose [laktoz] *m* CHIM Milchzucker *m*; *sc* Laktose *f*

lacunaire [lakynɛʀ] *adj* lückenhaft; unvollständig; ANAT, MÉD, BOT lakunär; MINÉR *cristal* mit Fehl-, Leerstellen

lacune [lakyn] *f* Lücke *f* (*a en législation*); ***sans ~s*** lückenlos; ***avoir, présenter des ~s*** lückenhaft sein; Lücken aufweisen; ***combler une ~*** e-e Lücke ausfüllen, schließen

lacustre [lakystʀ] *adj plantes etc* in Seen vorkommend; ***cité*** *f*, ***village*** *m* ***~*** Pfahlbauten *m/pl*; Pfahldorf *n*

lad [lad] *m* Stallbursche *m*

là-dedans [lad(ə)dɑ̃] *loc/adv* darin (*a fig*); F da drin(-nen); *indiquant un mouvement* dahinein; F da rein; *fig*: ***il y a du vrai ~*** da ist etwas Wahres dran; F ***il y en a, ~!*** F Köpfchen, Köpfchen!

là-dessous [lad(ə)su] *loc/adv* darunter; F da drunter; *fig* ***on ne sait pas ce qui se cache ~*** man weiß nicht, was sich dahinter verbirgt

là-dessus [lad(ə)sy] *loc/adv* darauf; darüber; F da drauf; da drüber; *fig*: ***~ il s'en alla*** und damit ging er weg; ***nous sommes d'accord ~*** darüber *ou* darin sind wir (uns) einig

Ladislas [ladislas] *m* HIST *en Hongrie* Ladislaus *m*; *en Pologne et en Bohême* Wladislaw *m*

ladite [ladit] *adj* → ***ledit***

Ladoga [ladɔga] ***le lac ~*** der Ladogasee

ladre [lɑdʀ] *adj* **1** *litt* geizig **2** VÉT finnig

ladrerie [lɑdʀəʀi] *f* **1** *litt* schmutziger Geiz **2** VÉT Finnenkrankheit *f*

La Fayette [lafajɛt] *frz Staatsmann*; *frz Schriftstellerin*

lagon [lagõ] *m* Lagune *f*

lagopède [lagɔpɛd] *m* ZO Schneehuhn *n*

Lagos [lagos], [lagɔs] GÉOGR Lagos *n*

lagune [lagyn] *f* Lagune *f*

là-haut [lao] *loc/adv* da oben, dort oben (*a fig*: *au ciel*); (da) droben; *avec mouvement* dahinauf

Lahore [laɔʀ] GÉOGR Lahore *n*

lai [lɛ] *m poème au Moyen Âge* Lai *n*

laïc [laik] *m* ÉGL Laie *m*

laiche *ou* **laîche** [lɛʃ] *f* BOT Segge *f*

laïcisation [laisizasjõ] *f* Befreiung *f* von religiöser, kirchlicher Bindung **laïciser** *v/t enseignement* entkonfessionalisieren; bekenntnisneutral gestalten **laïcisme** *m* Laizismus *m* **laïcité** *f* religiöse, bekenntnismäßige Neutralität des Staates; Trennung *f* von Kirche und Staat

laid [lɛ] **I** *adj* ⟨**laide** [lɛd]⟩ **1** *personne, visage, ville* hässlich; unschön; ***~ comme un pou, comme un singe, comme les sept péchés capitaux, à faire peur*** hässlich wie die Nacht, wie die Sünde; abstoßend, furchtbar hässlich **2** *moralement*: *action* hässlich; *à un enfant* ***c'est ~ de mentir*** das ist gar nicht schön, wenn man lügt **II** *subst* ***le ~*** das Hässliche

laideron [lɛdʀõ] *m* hässliches Mädchen; hässliche junge Frau; F hässliches Entlein

laideur [lɛdœʀ] *f* Hässlichkeit *f* (*physique et morale*)

laie [lɛ] *f* ZO Wildsau *f*; Bache *f*

lainage [lɛnaʒ] *m* **1** *(étoffe de laine)* Wollgewebe *n*, -stoff *m*; ***robe*** *f* ***de ~*** Wollkleid *n* **2** *chandail* Pullover *m*; *gilet* Woll-, Strickjacke *f*; ***~s*** *pl* Wollsachen

Le laïcisme en France

Le laïcisme ist eine Doktrin, die eine strikte Trennung von Staat und Kirche vorsieht. Konkret bedeutet das, dass die Kirche keinerlei Einfluss auf Politik, Verwaltung und Schulen nehmen soll.
Die staatlichen Schulen in Frankreich sind sogenannte **écoles laïques**: Sie sind frei von kirchlichen Einflüssen, an ihnen wird kein Religionsunterricht erteilt, und sie haben sich gegenüber allen Konfessionen neutral zu verhalten.

f/pl; COMM Wollwaren *f/pl* **3** TEXT Rauen *n*

laine [lɛn] *f* **1** Wolle *f*; COMM ***pure ~ vierge*** reine Schurwolle; ***~ à repriser, à tricoter*** Stopf-, Strickwolle *f*; TECH ***~ de verre*** Glaswolle *f*; *loc/adj* ***de ou en ~*** wollen; aus Wolle; Woll…; ***vêtements*** *m/pl* ***en ~*** Woll-, Strickkleidung *f*; *fig* ***se laisser manger la ~ sur le dos*** sich (*dat*) alles gefallen lassen; alles mit sich machen lassen; F ein gutmütiges Schaf sein **2** F ***petite ~*** → ***lainage*** *2*

lainer [lene] *v/t* TEXT *tissu, drap* rauen

laineux [lɛnø] *adj* ⟨**-euse**⟩ wollig; wollartig; BOT wollig; behaart

lainier [lɛnje] *adj* ⟨**-ière**⟩ Woll…; ***industrie lainière*** Wollindustrie *f*

laïque [laik] **I** *adj* **1** ÉGL Laien…; weltlich; ***état*** *m* **~** Laienstand *m*; ***habit*** *m* **~** weltliche Kleidung **2** bekenntnisneutral, -frei; ohne kirchliche, konfessionelle Bindung; laizistisch; ***école primaire ~*** konfessionslose, staatliche Volksschule; ***enseignement*** *m* **~** bekenntnisfreies (staatliches) Unterrichtswesen; ***État*** *m* **~** bekenntnisneutraler Staat **II** *m,f* ⟨*m* ***a laïc***⟩ ÉGL Laie *m*

laisse [lɛs] *f* Leine *f*; ***mener, tenir en ~*** *chien* an der Leine führen, haben, halten; *fig* am Gängelband führen

laissées [lese] *f/pl* CH Losung *f*

laissé-pour-compte *ou* **laissé pour compte** [lesepuʀkõt] **1** *m* COMM nicht angenommene, nicht abgeholte Ware; ***laissés-pour-compte*** *ou* ***laissés pour compte*** *pl a* Retouren *f/pl*; Rückwaren *f/pl* **2** *fig* ***les laissé(e)s-pour-compte*** *ou* ***les laissé(e)s pour compte*** *m/pl* (*f/pl*) die Stiefkinder *n/pl*; die Zu-kurz-Gekommenen *pl*; F die, die nicht mitgekommen sind *ou* die den Anschluss verpasst haben

laisser [lese] **I** *v/t* **1** (*ne pas emmener*) *personne, objet* (zurück)lassen; *par ext* (*oublier*) liegen lassen; ***~ ses bagages à la consigne*** sein Gepäck in der Handgepäckaufbewahrung lassen; ***~ ses enfants à la maison*** s-e Kinder zu Hause lassen; ***~ qn loin derrière soi*** j-n weit hinter sich (*dat*) lassen (*a fig*) **2** (*quitter*) verlassen; ***~ un logement*** eine Wohnung aufgeben; ***elle a laissé son mari*** sie hat ihren Mann verlassen; F ***je te ou vous laisse*** ich gehe jetzt; ich muss jetzt gehen **3** (*garder*) (übrig) lassen; ***laisse un morceau de gâteau à ton frère!*** lass deinem Bruder ein Stück Kuchen übrig!; ***~ le meilleur pour la fin*** das Beste für den Schluss aufheben; ***laissez ça pour demain!*** lassen Sie das für morgen!; ***~ à désirer*** zu wünschen übrig lassen **4** (*perdre*) *argent, fortune* verlieren; ***y ~ sa vie*** sein Leben lassen **5** *traces, dépôt, goût, adresse etc* hinterlassen (*a en héritage*); zurücklassen **6** ***~ qc à qn*** j-m etw überlassen; (*céder*) ***~ sa place à qn*** j-m s-n Platz überlassen; (*confier*) ***~ les enfants à la grand-mère*** die Kinder der Großmutter überlassen, anvertrauen; ***ne rien ~ au hasard*** nichts dem Zufall überlassen; (*vendre*) ***il lui a laissé sa voiture pour mille euros*** er hat ihm s-n Wagen für tausend Euro überlassen, abgelassen **7** ***~ qc à qn*** (*ne pas enlever*) j-m etw lassen; ***~ à qn ses illusions, sa liberté*** j-m s-e Illusionen, s-e Freiheit lassen; ***~ à qn le temps de réfléchir*** j-m Bedenkzeit, Zeit zum Überlegen lassen; *il est courageux*, ***il faut lui ~ cela*** das muss man ihm lassen **8** (*ne pas s'occuper de*) (unter)lassen; ***laissez donc!*** lassen Sie (doch)!; bitte nicht!; ***laisse ça!*** lass das (bleiben, sein)! **9** (*ne pas modifier un état, une situation*) (be)lassen; *fautes dans un texte* stehen lassen; ***~ la lumière allumée*** das Licht brennen lassen; das Licht anlassen; ***~ qn indifférent*** j-n gleichgültig lassen; ***~ qn pour mort*** j-n für tot halten und liegen lassen; ***~ la porte ouverte*** die Tür offen lassen; ***~ une route à droite*** e-e Straße rechts liegen lassen; ***~ qn à son travail, à ses occupations*** j-n bei s-r Arbeit, bei s-n Beschäftigungen lassen; ***~ qn dans le doute*** j-n im Zweifel lassen; ***~ qn dans la misère*** j-n in der Not sitzen lassen; ***~ qc***, *fig* ***qn de côté*** etw beiseitelassen; *fig* j-n links liegen lassen; ***~ en liberté*** auf freiem Fuß lassen; ***~ en plan*** im Stich lassen **II** *v/aux* ***~ aller*** gehen lassen; ***~ tout aller*** alles (so) laufen lassen; ***ne pas ~ les choses aller si loin*** die Dinge nicht so weit kommen lassen; ***~ entrer*** herein-, hineinlassen; ***~ faire qn*** j-n gewähren lassen; ***~ faire qc à qn*** j-n etw tun lassen; j-m etw überlassen; ***laisse-moi faire!*** lass mich nur machen!; lass mich das tun!; ***~ faire le temps*** die Zeit wirken lassen; die Zeit ihre Wirkung tun lassen; ***il laisse faire*** er lässt alles geschehen; *fig* ***~ mûrir*** reifen lassen; ***~ partir*** gehen lassen; fortlassen; ***n'en rien ~ voir*** sich (*dat*) nichts anmerken lassen **III** *v/pr* ***se ~ aller*** sich gehen lassen; sich vernachlässigen; ***se ~ aller à faire qc*** sich dazu hinreißen lassen, etw zu tun; ***se ~ attendrir*** sich rühren lassen; ***ce vin se laisse boire*** dieser Wein lässt sich trinken, ist nicht übel; ***se ~ faire*** sich (*dat*) alles gefallen lassen; ***laissez-vous faire une douce violence***, F ***laissez-vous faire!*** lassen Sie sich verführen!; ***se ~ gagner de vitesse*** SPORTS sich überholen, *fig* sich überrunden lassen; ***cela se laisse manger*** das schmeckt nicht übel; ***se ~ prendre à qc*** sich von etw blenden lassen; auf etw (*acc*) herein-, F reinfallen

laisser-aller [leseale] *m* **1** *péj* (*absence de soin*) Sich-gehen-Lassen *n*; Nachlässigkeit *f*; *dans le travail* F Schlendrian *m* **2** (*désinvolture*) Ungezwungenheit *f*; Zwanglosigkeit *f* **laisser-faire** *m* Gewährenlassen *n*; Laisser-faire *n*

laissez-passer [lesepase] *m* ⟨*inv*⟩ Passierschein *m*

lait [lɛ] *m* **1** Milch *f*; ***~ de brebis, de chèvre, de vache*** Schaf-, Ziegen-, Kuhmilch *f*; CUIS ***~ de poule*** Eiermilch *f*; ***~ en poudre*** Milchpulver *n*; Trockenmilch *f*; ***frère*** *m*, ***sœur*** *f* ***de ~*** Milchbruder *m*, -schwester *f* **2** BOT Milch(saft) *f*(*m*); ***~ d'amandes***

L

Mandelmilch *f*; ~ ***de coco*** Kokosmilch *f*
laitages [lɛtaʒ] *m/pl* Milchprodukte *n/pl*
laitance [lɛtɑ̃s] *f ou* **laite** [lɛt] *f des poissons* Milch *f*
laité [lete] *adj* ZO ***poisson*** ~ Milch(n)er *m*
laiterie [lɛtʀi] *f* Molkerei *f*
laiteux [lɛtø] *adj* ⟨**-euse**⟩ *couleur, lumière, peau* milchig; ***d'un blanc*** ~ milchweiß; BOT ***suc*** ~ Milchsaft *m*
laitier [lɛtje] **I** *adj* ⟨**-ière**⟩ Milch…; Molkerei…; ***beurre*** ~ Molkereibutter *f*; ***coopérative laitière*** Molkereigenossenschaft *f*; ***industrie laitière*** Milchwirtschaft *f*; ***vache laitière*** *ou subst* ***laitière*** *f* Milchkuh *f* **II** *subst* **1** ~, ***laitière*** *m,f* Milchmann *m*, -frau *f* **2** *m* MÉTALL (Hochofen)Schlacke *f*
laiton [lɛtõ] *m* Messing *n*; *loc/adj* ***de*** ~ Messing…; messingen; ***fil*** *m* ***de*** ~ Messingdraht *m*
laitue [lety] *f* Kopfsalat *m*; grüner Salat; Gartensalat *m*; BOT Lattich *m*; ***cœurs de*** ~ ***braisés*** in Bratensoße gedämpfte Salatherzen *n/pl*; (***salade*** *f* ***de***) ~ grüner Salat
laïus [lajys] F *m* (lange, endlose, wortreiche) Rede, Ansprache; ***faire un*** ~ F e-e Rede schwingen
lallation [lalasjõ] *f* **1** MÉD Lambdazismus *m* **2** *d'un nourrisson* Lallen *n*; Lallstadium *n*
lama[1] [lama] *m* ZO Lama *n*; ***en laine de*** ~ aus Lamawolle
lama[2] [lama] *m* REL Lama *m*
lamantin [lamɑ̃tɛ̃] *m* ZO Lamantin *m* (*e-e Seekuh*)
lamaserie [lamazʀi] *f* REL Lamakloster *n*
lambada [lɑ̃bada] *f danse* Lambada *m ou f*
Lambaréné [lɑ̃baʀene] GÉOGR Lambarene *n*
lambda [lɑ̃bda] *m* **1** *lettre de l'alphabet grec* Lambda *n* **2** ANAT kleine Fontanelle **3** PHYS ***point*** *m* ~ Lambdapunkt *m*
lambeau [lɑ̃bo] *m* ⟨*pl* **~x**⟩ **1** Fetzen *m*; Stofffetzen *m*; ~ ***de chair, de papier*** Fleisch-, Papierfetzen *m*; ***en*** **~x** in Fetzen; zerfetzt; zerrissen; *vêtements* zerschlissen; abgerissen; ***mettre en*** **~x** zerfetzen; in Fetzen, Stücke reißen; ***tomber en*** **~x** in Fetzen gehen; brüchig werden **2** *fig* **~x** *pl* Fetzen *m/pl*; Bruchstücke *n/pl*; **~x *de conversation*** Gesprächsfetzen *m/pl*
lambic(k) [lɑ̃bik] *m bière belge* Lambic *n*; Krickenbier *n*
lambin [lɑ̃bɛ̃] F *adj* F trödelig; bumm(e)lig; ***être*** ~ F ein Trödelfritze *ou* e-e Trödelliese sein
lambiner [lɑ̃bine] *v/i* F trödeln; bummeln
lambourde [lɑ̃buʀd] *f* CONSTR Streif-, Streichbalken *m*; *d'un parquet* Lagerholz *n*
lambrequin [lɑ̃bʀəkɛ̃] *m* Lambrequin *m*; drapierter Querbehang
lambris [lɑ̃bʀi] *m décorant les murs* Lambris *m*, *österr f*; Wandverkleidung *f*; *en bois a* Täfelung *f*; Paneel *n*; *au plafond* Deckentäfelung *f*; ~ ***de chêne*** Eichentäfelung *f*; ~ ***de marbre*** Marmorverkleidung *f*
lambrisser [lɑ̃bʀise] *v/t* verkleiden (***de marbre*** mit Marmor); *avec des boiseries a* täfeln; paneelieren
lame [lam] *f* **1** *d'un couteau, d'une épée* Klinge *f*; *d'un rabot, d'un burin* Messer *n*; Schneide *f*; ~ ***à deux tranchants*** zweischneidige Klinge; ~ ***de rasoir*** Rasierklinge *f*; ~ ***de scie*** Sägeblatt *n*; *fig* ***visage*** *m* ***en*** ~ ***de couteau*** schmales, hageres Gesicht; *d'un escrimeur* ***c'est une bonne, fine*** ~ er schlägt, führt e-e gute Klinge **2** (*bande plate et mince*) Plättchen *n*; dünne Platte; Streifen *m*; *d'une jalousie* Lamelle *f*; ~ ***de parquet*** Parkettstab *m*; Riemen *m*; *österr* Parkette *f* **3** (*vague forte*) Woge *f*; Welle *f*; MAR See *f*; ~ ***de fond*** Grundsee *f*
lamé [lame] TEXT **I** *adj* mit Metallfäden, mit Lamee durchwirkt; ~ ***or*** golddurchwirkt **II** *m* Lamee *m*; ***robe*** *f* ***en*** ~ Lameekleid *n*
lamelle [lamɛl] *f* dünnes Plättchen, Scheibchen; Lamelle *f* (*a d'un champignon*); *pour examen microscopique* Deckglas *n*; ~ ***de mica, de verre*** Glimmer-, Glasplättchen *n*; *légumes* ***découper en*** **~s** in (dünne) Scheibchen schneiden
lamellé [lamɛ(l)le] *m* TECH ~ ***collé*** lamelliertes Holz; Schicht-, Lagenholz *n*
lamellibranches [lamɛ(l)libʀɑ̃ʃ] *m/pl* ZO Muscheln *f/pl*
lamentable [lamɑ̃tabl] *adj état, résultats, échec* jämmerlich; kläglich; erbärmlich; ***sort*** *m* ~ beklagenswertes, bejammernswertes Schicksal; *litt* ***voix*** *f* ~ klägliche, wehleidige Stimme; ***il a été*** ~ er hat kläglich, jämmerlich versagt
lamentations [lamɑ̃tasjõ] *f/pl* Jammern *n*; Klagen *n*; *st/s* Wehklage *f*; Wehklagen *n*; F Gejammer *n*; Lamento *n*; BIBL ***les Lamentations de Jérémie, le livre des Lamentationss*** die Klagelieder *n/pl* Jeremias; *à Jérusalem* ***Mur*** *m* ***des*** ~ Klagemauer *f*
lamenter [lamɑ̃te] *v/pr* ***se*** ~ jammern, klagen (*a poét: vent*); *st/s* wehklagen, F lamentieren (***sur*** über *+acc*)
lamento [lamɛnto] *m* MUS Lamento *n*
lamier [lamje] *m* BOT Taubnessel *f*
lamifié [lamifje] *m* TECH Schichtpressstoff *m*; Laminat *n*
laminage [laminaʒ] *m* MÉTALL Walzen *n*; ~ ***à chaud, à froid*** Warm-, Kaltwalzen *n*
laminaire[1] [laminɛʀ] *f* BOT Blatttang *m*
laminaire[2] [laminɛʀ] *adj* **1** MINÉR plattig; blätt(e)rig **2** PHYS laminar; AVIAT ***profil*** *m* ~ Laminarprofil *n*
laminé [lamine] **I** *adj* gewalzt; Walz…; ***acier*** ~ Walzstahl *m* **II** *m* Walz(werk)erzeugnis *n*
laminer [lamine] *v/t* **1** MÉTALL walzen **2** *fig* niederwalzen; erdrücken
lamineur [laminœʀ] **I** *m* Walzwerkarbeiter *m* **II** *adj* ***cylindre*** ~ Walzzylinder *m*; Walze *f*
laminoir [laminwaʀ] *m* MÉTALL Walzwerk *n*; ***train*** *m* ***de*** **~s** Walzstraße *f*
lampadaire [lɑ̃padɛʀ] *m* **1** *de voie publique* Laternenpfahl *m*; Lichtmast *m*; (*réverbère*) Straßenlaterne *f* **2** *d'appartement* Stehlampe *f*; Standleuchte *f*
lampant [lɑ̃pɑ̃] *adj* ***pétrole*** ~ Leuchtöl *n*, (-)Petroleum *n*; *schweiz a* Petrol *n*
lamparo [lɑ̃paʀo] *m* Laterne *f* (*zum Fischfang*); ***pêche*** *f* ***au*** ~ Fischfang *m* mit Laternen
lampe [lɑ̃p] *f* **1** Lampe *f*; Leuchte *f*; (*ampoule*) Glühlampe *f*, -birne *f*; ~ ***tempête*** Sturmlaterne *f*; ~ ***à arc*** Bogenlampe *f*; ~ ***à bronzer*** Höhensonne *f*; ~ ***à halogène*** Halogenlampe *f*; ~ ***à incandescence*** Glühlampe *f*; ~ ***au néon*** Neonlampe *f*, -röhre *f*; ~ ***à pétrole*** Petroleumlampe *f*; ~ ***à rayons infrarouges*** Infrarotstrahler *m*; ~ ***à rayons ultraviolets*** Ultraviolettlampe *f*; Höhensonne *f*; LITTÉRATURE ***la Lampe d'Aladin*** Aladins Wunderlampe *f*; ~ ***de bureau*** Schreibtischlampe *f*, -leuchte *f*; ~ ***de chevet*** Nachttischlampe *f*, -leuchte *f*; MINES ~ ***de mineur*** Grubenlampe *f*, -licht *n*; Geleucht *n*; ~ ***de poche***

Taschenlampe *f*; ÉGL CATH ***la ~ du Saint-Sacrement*** das ewige Licht; die ewige Lampe; ***~ en verre dépoli*** Mattglaslampe *f*; F *fig* ***s'en mettre plein la ~*** F sich (*dat*) den Bauch vollschlagen **2** TECH ***~ à souder*** Lötlampe *f* **3** RAD Röhre *f*

lampée [lɑ̃pe] *f* F tüchtiger Schluck; *boire* ***à grandes ~s*** in langen Zügen; ***d'une seule ~*** in einem Zug

lamper [lɑ̃pe] *v/t* gierig, in langen Zügen trinken

lampion [lɑ̃pjõ] *m* Lampion *m ou n*; *fig* ***demander, réclamer sur l'air des ~s*** im Sprechchor fordern

lampiste [lɑ̃pist] *m* **1** CH DE FER *etc* Lampenwärter *m*; THÉ Beleuchter *m* **2** *fig* kleiner Angestellter, kleiner Mann (*der etw ausbaden muss*)

lamproie [lɑ̃pʀwa] *f* ZO Neunauge *n*; Lamprete *f*; ***~ marine*** Meerneunauge *n*; Meerpricke *f*

lance [lɑ̃s] *f* **1** Lanze *f*; ***coup*** *m* ***de ~*** Lanzenstoß *m*, -stich *m*; *fig* ***rompre une ~, des ~s avec*** *ou* ***contre qn*** ein Wortgefecht, e-n Wortstreit mit j-m haben, austragen; mit j-m e-n Strauß ausfechten; → *a* ***fer*** *3 d)* **2** ***~ (à eau)*** Strahlrohr *n*; Spritzdüse *f*; Schlauchmundstück *n*; *par ext* Spritze *f*; ***~ d'arrosage*** Spritzdüse *f*; ***~ d'incendie*** Strahlrohr *n*

lancé [lɑ̃se] *adj* **1** *artiste* arriviert; bekannt **2** (*sur sa lancée*) in Schwung, in Fahrt (*a fig*); SPORTS ***départ ~*** fliegender Start; F ***le voilà ~***, *il ne s'arrêtera plus* F jetzt ist er so richtig in Fahrt; *véhicule* ***être ~ à toute vitesse*** in voller Fahrt sein; *pays* ***être ~ à fond dans la course aux armements*** mit allen Kräften am Wettrüsten beteiligt sein

lancée [lɑ̃se] *f* Schwung *m*; ***sur sa ~*** solange man noch im Schwung ist; ***continuer sur sa ~*** *coureur* weiterlaufen; *véhicule* weiterrollen; *fig* weitermachen, solange man noch im Schwung ist

lance-flammes [lɑ̃sflam] *m* ⟨*inv*⟩ MIL Flammenwerfer *m* **lance-fusées** *m* ⟨*inv*⟩ MIL Raketenwerfer *m* **lance-grenades** *m* ⟨*inv*⟩ MIL Granatwerfer *m*

lancement [lɑ̃smɑ̃] *m* **1** *d'une pierre, d'une balle etc* Werfen *n*; Schleudern *n*; *d'une fusée* Abschuss *m*; *d'un satellite* Start *m*; *d'une torpille* Ausstoßen *n*; SPORTS ***~ du disque*** *etc* → ***lancer²*** *1* **2** *d'un navire* Stapellauf *m* **3** *d'une campagne publicitaire* Einleitung *f*; Entfesselung *f*; *d'un artiste* Lancierung *f*; Förderung *f*; *d'une nouvelle mode* Aufbringen *n*; *d'un nouveau produit* Einführung *f*; *d'un emprunt* Auflegung *f*; Ausgabe *f*; Begebung *f*

lance-missiles [lɑ̃smisil] *m* ⟨*inv*⟩ MIL Raketenabschussvorrichtung *f*; *adjt* ***sous-marin*** *m* ***nucléaire ~*** mit Atomraketen ausgerüstetes Unterseeboot

lance-pierres [lɑ̃spjɛʀ] *m* ⟨*inv*⟩ Steinschleuder *f*; F *fig*: ***manger avec un ~*** hastig essen; schlingen; ***payer qn avec un ~*** j-n schlecht bezahlen

lancer¹ [lɑ̃se] ⟨**-ç-**⟩ **I** *v/t* **1** *pierre, balle etc* werfen; schleudern; *p/fort* schmettern; F schmeißen; *javelot, disque, marteau* werfen; *poids* stoßen; ***~ une bombe*** eine Bombe abwerfen; ***~ un filet*** ein Netz auswerfen; ***~ une flèche, une fusée*** einen Pfeil, eine Rakete abschießen; ***~ un satellite*** einen Satelliten starten; *sous-marin* ***~ une torpille*** einen Torpedo ausstoßen; ***~ qc à qn*** j-m etw zuwerfen, *balle avec raquette* zuschlagen; ***~ des pierres à qn*** j-n mit Steinen bewerfen; Steine auf j-n werfen; mit Steinen nach j-m werfen, F schmeißen; ***~ qc à la tête de qn*** j-m etw an den Kopf werfen (*a fig*); ***~ en l'air*** in die Luft werfen; hochwerfen **2** *juron, cri* ausstoßen; *insultes* entgegenschleudern, ins Gesicht schleudern (***à qn*** j-m); *gros mots* sagen; F von sich geben; *plaisanterie* machen; *coup de pied, gifle* geben; versetzen; *regard* zuwerfen (***à qn*** j-m); *j'en ai horreur*, ***lança-t-elle*** stieß sie hervor **3** *artiste* lancieren; zum Erfolg verhelfen (+*dat*); fördern; *affaire* in Gang bringen; lancieren; ankurbeln; einfädeln; *projet a* in Schwung bringen; *nouveau produit* einführen; auf den Markt bringen; *emprunt* auflegen; aus-, begeben; *campagne publicitaire* einleiten; starten; *mode, bruits* aufbringen; *bruits a, nouvelle* in Umlauf bringen, setzen; verbreiten; *proclamation, mandat d'arrêt* erlassen; *appel* ergehen lassen; richten (***à qn*** an j-n); *ultimatum* stellen; *invitation* ergehen lassen; ausschicken; ***~ l'ordre de grève*** e-n Streik ausrufen; ***~ son fils dans les affaires*** s-n Sohn e-e kaufmännische Laufbahn einschlagen lassen; ***~ son pays dans une aventure*** sein Land in ein Abenteuer stürzen **4** *moteur* anlassen; anwerfen **5** *navire* vom Stapel (laufen) lassen **6** *chiens* hetzen (***sur un lièvre*** auf e-n Hasen); ***~ les troupes à l'assaut*** die Truppen stürmen lassen; F ***~ qn sur un sujet*** j-n auf ein (Gesprächs)Thema bringen **II** *v/i* MAR ***~ dans le vent*** gegen den Wind fahren **III** *v/pr* **1** *emploi réfléchi* **a)** ***se ~ à la poursuite de qn*** j-s Verfolgung aufnehmen; ***se ~ dans le vide*** sich in die Tiefe stürzen; **b)** *fig* ***se ~ dans l'aventure, dans des dépenses*** *etc* sich ins Abenteuer, in Ausgaben *etc* stürzen; ***se ~ dans des explications confuses*** sich in verworrenen Erklärungen ergehen; ***se ~ dans la lecture d'un livre difficile*** sich an e-e schwierige Lektüre wagen; ***se ~ dans la politique*** in der Politik sein Glück versuchen; F ***tant pis, je me lance!*** egal, ich wag's! **2** *emploi réciproque*: *regards, balle* ***se ~*** sich zuwerfen

lancer² [lɑ̃se] *m* **1** SPORTS, *de grenades etc* Werfen *n*; Wurf *m*; ***~ du disque, du javelot, du marteau*** Diskus-, Speer-, Hammerwerfen *n*; ***~ du poids*** Kugelstoßen *n*; ***épreuves*** *f/pl* ***de ~*** Wettkämpfe *m/pl* in den Wurf- und Stoßdisziplinen **2** (***pêche*** *f* ***au***) ***~*** Spinn-, Flugangeln *n*; ***canne*** *f* ***à ~*** Spinnrute *f*

lance-roquettes [lɑ̃sʀɔkɛt] *m* ⟨*inv*⟩ Raketenwerfer *m* **lance-torpilles** *m* ⟨*inv*⟩ Ausstoßrohr *n*

lancette [lɑ̃sɛt] *f* **1** MÉD Lanzette *f* **2** ARCH ***arc*** *m* ***en ~*** Lanzettbogen *m*

lanceur [lɑ̃sœʀ] *m*, **lanceuse** *f* **1** SPORTS Werfer(in) *m(f)*; ***lanceur, lanceuse de disque, de javelot*** Diskus-, Speerwerfer(in) *m(f)*; ***lanceur de marteau*** Hammerwerfer *m*; ***lanceur, lanceuse de poids*** Kugelstoßer(in) *m(f)* **2** *m fusée* Trägerrakete *f*

lancier [lɑ̃sje] *m* HIST Lanzenreiter *m*

lancinant [lɑ̃sinɑ̃] *adj douleur* stechend; *sc* lanzinierend; *regrets* schmerzlich; ***musique ~e*** aufdringliche Musik; ***souvenirs ~s*** quälende Erinnerungen *f/pl*

lanciner [lɑ̃sine] **I** *v/t fig* quälen **II** *v/i* e-n stechenden Schmerz verursachen; MÉD lanzinieren

lançon [lɑ̃sõ] *m* ZO Sandaal *m*

land [lɑ̃d] *m* ⟨*pl* **länder** [lɛndɛʀ]⟩ *en Allemagne et en Autriche* (Bundes)Land *n*

landais [lɑ̃dɛ] **I** *adj* GÉOGR der Landes **II** *subst* ***Landais(e)*** *m(f)* Bewohner(in) *m(f)* der Landes

landau [lɑ̃do] *m* Kinderwagen *m*

lande [lɑ̃d] *f* **1** Heide *f*; Heideland *n* **2** ***les Landes*** *Landschaft u Departement in Südwestfrankreich*

Landerneau [lɑ̃dɛʀno] *Stadt im Dep. Finistère*

langage [lɑ̃gaʒ] *m* Sprache *f*; Rede-, Sprech-, Ausdrucksweise *f*; ~ ***administratif, technique*** Verwaltungs-, Fachsprache *f*; TÉLÉCOMM ~ ***chiffré, convenu*** chiffrierte Sprache; Chiffreschrift *f*; ~ ***clair*** offene Sprache; Klartext *m*; ~ ***cru*** derbe Sprache, Ausdrucksweise; INFORM ~ ***machine*** Maschinensprache *f*; ~ ***populaire*** (derbe) Volkssprache; Volksmund *m*; ~ ***secret*** Geheimsprache *f*; ~ ***des animaux*** *ou* ~ ***animal*** Tiersprache *f*; ~ ***du cœur, de la raison*** Sprache des Herzens, der Vernunft; ~ ***des fleurs*** Blumensprache *f*; INFORM ~ ***de programmation*** Programmiersprache *f*; ~ ***des sourds-muets*** Taubstummensprache *f*; ~ ***par gestes, par signes*** Zeichensprache *f*; ***trouble*** *m* ***du*** ~ Sprachstörung *f*; ***surveiller son*** ~ auf s-e Sprache, Ausdrucksweise achten; ***tenir un autre*** ~ ***à qn*** e-e andere Sprache mit j-m sprechen; e-n anderen Ton mit j-m anschlagen; ***tenir, adopter un*** ~ ***circonspect*** sich vorsichtig, zurückhaltend äußern, ausdrücken

langagier [lɑ̃gaʒje] *adj* ⟨**-ière**⟩ sprachlich

lange [lɑ̃ʒ] *m* Wickeltuch *n*; (*couche*) Windel *f*

langer [lɑ̃ʒe] *v/t* ⟨**-geons**⟩ *bébé* wickeln; ***table*** *f* ***à*** ~ Wickeltisch *m*

langoureux [lɑ̃guʀø] *adj* ⟨**-euse**⟩ *air, regard* schmachtend; ***musique langoureuse*** schmalzige Musik; ***prendre une pose langoureuse*** e-e verführerische Pose einnehmen

langouste [lɑ̃gust] *f* ZO Languste *f*

langoustier [lɑ̃gustje] *m* Fischerboot *n* für den Langustenfang **langoustine** *f* ZO Kaisergranat *m*; COMM Krabbe *f*

langue [lɑ̃g] *f* **1** ANAT Zunge *f*; CUIS ~ ***de bœuf, de veau*** Rinder- *ou* Ochsen-, Kalbszunge *f*; ***tirer la*** ~ a) die Zunge herausstrecken (***à qn*** j-m); *au médecin* die Zunge zeigen; *chien* die Zunge heraushängen lassen; b) F *fig* (*s'appliquer*) sich anstrengen; sich abmühen; (*être dans le besoin*) F fast blank sein; auf dem letzten Loch pfeifen; *de soif* ***il tire la langue*** F die Zunge hängt ihm zum Hals heraus **2** *fig* (*personne médisante*) ***mauvaise*** ~, ~ ***de vipère*** böse Zunge; F Lästermaul *n*, -zunge *f*; ***elle est mauvaise*** ~ *ou* ***c'est une mauvaise*** ~, ***elle a une*** ~ ***de vipère*** *ou* ***c'est une*** ~ ***de vipère*** *a* sie hat e-e böse, spitze, scharfe Zunge; ♦ *loc*: ***as-tu avalé, perdu ta*** ~***?*** *à un enfant* kannst du deinen Mund nicht auftun?; hast du die Sprache verloren?; ***avoir la*** ~ ***trop longue*** den Mund nicht halten können; nicht schweigen, F dichthalten können; ***avoir la*** ~ ***bien pendue*** ein tüchtiges, großes, gutes Mundwerk haben; zungenfertig sein; ***ne pas avoir sa*** ~ ***dans sa poche*** nicht auf den Mund gefallen sein; ***délier la*** ~ ***à qn*** j-n zum Reden, Sprechen bringen; *vin* j-m die Zunge lösen; ***donner sa*** ~ ***au chat*** es (*das Raten*) aufgeben; ***se mordre la*** ~ sich (*dat*) auf die Zunge beißen (*a fig*); ***tenir sa*** ~ s-e Zunge im Zaum halten; den Mund halten; *prov* ***il faut tourner sa*** ~ ***sept fois dans sa bouche avant de parler*** man muss jedes Wort auf die Goldwaage legen, sich (*dat*) jedes Wort zweimal überlegen, ehe man es ausspricht **3** Sprache *f*; ~***s anciennes, modernes, romanes*** alte, neuere, romanische Sprachen; ~ ***nationale, du pays*** Landessprache *f*; ~ ***verte*** Gaunersprache *f*; Rotwelsch *n*; ~ ***de bois*** Apparatschiksprache *f*; Funktionärssprache *f*; ***connaissance*** *f* ***des*** ~***s*** Sprachkenntnisse *f/pl*; ***don*** *m* ***des*** ~***s*** Sprachbegabung *f*; ***avoir le don des*** ~***s, être doué pour les*** ~***s*** sprachbegabt sein **4** GÉOL ~ ***glaciaire*** Gletscherzunge *f*; GÉOGR ~ ***de terre*** Landzunge *f*

langue-de-bœuf [lɑ̃gdəbœf] *f* ⟨*pl* **langues-de-bœuf**⟩ BOT Leberpilz *m*, -reischling *m*

langue-de-chat [lɑ̃gdəʃa] *f* ⟨*pl* **langues-de-chat**⟩ *Gebäck in der Form wie „Katzenzungen"*

Languedoc [lɑ̃gdɔk] ***le*** ~ das *ou* die Languedoc

languedocien [lɑ̃gdɔsjɛ̃] **I** *adj* ⟨~**ne**⟩ GÉOGR des Languedoc **II** *subst* **1** ***Languedocien(ne)*** *m(f)* Bewohner(in) *m(f)* des Languedoc **2** *m* Dialekte *m/pl* des Languedoc

Languedoc-Roussillon [lɑ̃gdɔkʀusijõ] ***le*** ~ *frz Region*

languette [lɑ̃gɛt] *f* **1** *d'une chaussure* Zunge *f*; Lasche *f*; *d'une balance* Zunge *f*; *de pain etc* schmaler Streifen **2** MENUISERIE Feder *f*

langueur [lɑ̃gœʀ] *f* **1** (*mélancolie*) Schmachten *n*; leise Wehmut; ~ ***amoureuse*** Liebessehnen *n* **2** (*indolence*) Trägheit *f*; träge Gleichgültigkeit

languir [lɑ̃giʀ] **I** *v/i* **1** *personne* schmachten; ~ ***d'amour pour qn*** sich in Liebe nach j-m verzehren; ~ ***d'ennui*** vor Langeweile vergehen; F ***faire*** ~ ***qn*** j-n warten, F schmachten, zappeln lassen **2** *conversation* stocken; ins Stocken geraten; erlahmen; sich dahinschleppen **II** *v/pr régional* ***se*** ~ ***de qn*** sich nach j-m sehnen; nach j-m schmachten

languissant [lɑ̃gisɑ̃] *adj* **1** *conversation* stockend; schleppend **2** *litt ou plais regard* sehnsüchtig; schmachtend

lanière [lanjɛʀ] *f* langer, schmaler (Leder)Riemen; ***découper en*** ~***s*** in Streifen schneiden

lanoline [lanɔlin] *f* Lanolin *n*

lanterne [lɑ̃tɛʀn] *f* **1** Laterne *f*; ~ ***magique*** Laterna magica *f*; ~ ***rouge*** Schlussleuchte *f*; Schlusslicht *n* (*a fig*); *fig a* rote Laterne; ~ ***vénitienne*** Lampion *m ou n*; *fig* ***éclairer la*** ~ ***de qn*** j-n aufklären **2** ARCH Laterne *f*

lanterneau [lɑ̃tɛʀno] *m* ⟨*pl* ~**x**⟩ → ***lanternon***

lanterner [lɑ̃tɛʀne] *v/i* ***faire*** ~ ***qn*** j-n warten, F zappeln lassen; ***on ne lanterne pas!*** etwas schneller *ou* rascher, bitte!; F etwas Beeilung, bitte!

lanternon [lɑ̃tɛʀnõ] *m* ARCH **1** kleine Laterne **2** (*cage vitrée*) Oberlicht *n*

Laon [lɑ̃] *Stadt im Dep. Aisne*

Laonnois [lanwa] ***le*** ~ *Gegend um Laon*

Laos [laɔs] ***le*** ~ Laos *n*

laotien [laɔsjɛ̃] **I** *adj* ⟨~**ne**⟩ laotisch **II** *subst* ***Laotien(ne)*** *m(f)* Laote *m*, Laotin *f*

Lao-Tseu [laɔtsø] *m* PHILOS Laotse *m*

lapalissade [lapalisad] *f* Binsenwahrheit *f*, -weisheit *f*

lapement [lapmɑ̃] *m d'un chien, chat* Schlecken *n*; F Schlabbern *n* **laper** *v/t chien, chat*: *lait etc* schlecken; F schlabbern

lapereau [lapʀo] *m* ⟨*pl* ~**x**⟩ ZO junges, kleines Kaninchen, Karnickel

lapidaire[1] [lapidɛʀ] *adj style, formule* kurz und bündig; lapidar

lapidaire[2] [lapidɛʀ] **I** *m* **1** *artisan* Steinschneider *m*; Edelsteinschleifer *m*, -graveur *m* **2** *commerçant* Edelsteinhändler *m* **II** *adj* ***musée*** *m* ~ Glyptothek *f*; Lapidarium *n*

lapidation [lapidasjõ] *f* Steinigung *f* **lapider** *v/t* **1** *tuer* steinigen **2** (*jeter des pierres sur*) mit Steinen bewerfen

lapin [lapɛ̃] *m* 1 ZO, CUIS Kaninchen *n*; Karnickel *n*; **~ domestique** Hauskaninchen *n*; Stallhase *m*; **~ de garenne** Wildkaninchen *n* 2 F *fig* **chaud ~** F geiler Bock; **mon (petit) ~** F mein Häschen; **courir comme un ~** sausen; F flitzen; **poser un ~ à qn** F j-n versetzen

lapine [lapin] *f* ZO weibliches Kaninchen, Karnickel; Häsin *f*; F *fig* **mère f ~** kinderreiche Frau

lapis(-lazuli) [lapis(lazyli)] *m* ⟨*inv*⟩ MINÉR Lapislazuli *m*; Lasurstein *m*

lapon [lapõ] **I** *adj* ⟨**lapone** [lapɔn]⟩ lappländisch; lappisch **II** *subst* 1 **Lapon(e)** *m(f)* Lappländer(in) *m(f)*; Lappe *m*, Lappin *f* 2 LING **le ~** das Lappische; Lappisch *n*

Laponie [lapɔni] **la ~** Lappland *n*

laps [laps] *m* **~ de temps** (gewisse) Zeit; Zeitraum *m*, -abschnitt *m*; **après un court ~ de temps** nach kurzer Zeit

lapsus [lapsys] *m* Lapsus *m*; Fehler *m*; **~ linguae** Lapsus Linguae *m*; Sichversprechen *n*; **faire un ~** sich versprechen

laquage [lakaʒ] *m* Lacken *n*; Lackieren *n*, -ung *f*

laquais [lakɛ] *m* Lakai *m* (*a fig*)

laque[1] [lak] *f* 1 BOT Lack(saft) *m* 2 (echter) Lack; **~ rouge, noire** Rot-, Schwarzlack *m*; **~ de Chine, du Japon** China-, Japanlack *m* 3 CHIM Lack *m*; Lackfarbe *f*; Emaillack *m* 4 *pour les cheveux* Haarspray [-eː] *n ou m*

laque[2] [lak] *m objet d'art* Lackarbeit *f*

laqué [lake] *adj* 1 gelackt; lackiert; Lack…; **table ~e** Lacktisch *m* 2 CUIS **canard ~** Pekingente *f*

Laquedives [lakdiv] **les îles** *f/pl* **~** die Lakkadiven *pl*

laquelle → **lequel**

laquer [lake] *v/t* lacken; lackieren

larbin [larbɛ̃] *péj m* Diener *m*; *péj* Domestik(e) *m*

larcin [larsɛ̃] *m* kleiner Diebstahl; kleine Dieberei; **faire, commettre un ~** e-n kleinen Diebstahl begehen; etwas entwenden, stehlen, verschwinden lassen, mitgehen lassen

lard [lar] *m* Speck *m*; F *fig* **gros ~** Dickwanst *m*; **~ maigre** magerer, durchwachsener Speck; **~ de poitrine** Bauchspeck *m*; F *fig* **tête f de ~** Dickkopf *m*, F -schädel *m*; F **faire du ~** F Speck ansetzen; fett werden; F *fig* **ne pas savoir, se demander si c'est du ~ ou du cochon** nicht wissen, woran man ist

larder [larde] *v/t* 1 CUIS spicken 2 *fig texte* **~ de citations** mit Zitaten spicken; **~ qn de coups de couteau** j-n mit Messerstichen durchbohren

lardon [lardõ] *m* 1 CUIS **a)** *pour larder* Speckstreifen *m*; **b)** *qu'on fait revenir* ausgelassenes Speckstückchen 2 F (*petit enfant*) F Balg *n ou m*; Gör(e) *n(f)*

largable [largabl] *adj* AVIAT abwerfbar; Abwurf…; **réservoir m ~** Abwurftank *m*

largage [largaʒ] *m de bombes* Abwurf *m*; Abwerfen *n*; *de parachutistes* Absetzen *n*

large [larʒ] **I** *adj* 1 *avenue, porte, carrure etc* breit; *vêtements* weit; **~ sourire m** breites Lächeln; **tranche f ~** dicke Scheibe; **~ de hanches** breit in den Hüften; *terme* **au sens ~** im weiteren Sinn; **décrire un ~ cercle** e-n weiten Kreis beschreiben, ziehen; **être ~ de cent mètres** hundert Meter breit sein 2 *fig* (*important*) groß; *facilités de paiement, crédit* großzügig; *pouvoirs a* beachtlich; *part a* bedeutend; erheblich; *responsabilités, concessions* weitgehend; *entreprise, projet* **de ~ envergure** groß angelegt 3 **avoir l'esprit ~, les** *ou* **des idées ~s, être ~ d'idées** großzügig, liberal, vorurteilsfrei, freisinnig sein; großzügig, liberal denken; großzügige, liberale Anschauungen haben; *péj* **conscience f ~** weites Gewissen 4 (*généreux*) *personne* freigebig; großzügig **II** *adv* 1 weit; **fenêtres ~(s) ouvertes** weit geöffnete Fenster *n/pl*; **s'habiller ~** weite Kleider tragen; *fig* **ne pas en mener ~** sich in s-r Haut nicht wohlfühlen; ängstlich, besorgt, kleinlaut sein 2 **mesurer, calculer ~** großzügig messen, kalkulieren; **voir ~** große Pläne haben; hoch hinauswollen **III** *m* 1 Breite *f*; **de dix mètres de ~** zehn Meter breit; von zehn Metern Breite; **avoir dix mètres de ~** zehn Meter breit sein; e-e Breite von zehn Metern haben; *loc/adv*: **de long en ~** auf und ab; hin und her; *fig* **en long et en ~** lang und breit; des Langen und Breiten 2 F **du ~!** Platz da!; Platz machen!; **être au ~** viel Platz, Bewegungsfreiheit haben; **être au ~ dans son appartement** *a* e-e geräumige Wohnung haben 3 MAR hohe, offene See; offenes Meer; **vent m du ~** Seewind *m*; *loc/adv* **au ~** auf hoher See; **au ~ de Cherbourg** vor der Küste, auf der Höhe von Cherbourg; **gagner, prendre le ~** in die offene See, aufs offene Meer hinausfahren; F *fig* **prendre le ~** das Weite suchen; F ausreißen; Reißaus nehmen; abhauen; türmen

largement [larʒəmɑ̃] *adv* 1 weit; *fleuve* **~ déborder sur les rives** weit über die Ufer treten; *fenêtre* **~ ouvert** weit geöffnet; weit offen stehend (*a col*) 2 (*amplement*) reichlich; **avoir ~ de quoi vivre** sein reichliches, gutes Auskommen haben; reichlich zum Leben haben; **il est ~ trois heures** es ist längst drei Uhr (vorbei)

largesse [larʒɛs] *f* 1 *qualité* Freigebigkeit *f*; Großzügigkeit *f* 2 *cadeau* **~s** *pl* großzügige Geschenke *n/pl*

largeur [larʒœr] *f* 1 Breite *f*; **~ de la chaussée** Fahrbahnbreite *f*; CH DE FER **~ de la voie** Spurweite *f*; **étoffe f en grande ~** Stoff, der 120-140 cm breit liegt; **étoffe f en petite ~** Stoff, der 60-90 cm breit liegt; *loc/adv* **dans le sens de la ~** der Breite nach; F *fig* **dans les grandes ~s** restlos; gründlich; **tu te trompes dans les grandes ~s** da täuschst du dich gründlich; F da bist du schiefgewickelt 2 *fig* **~ d'esprit, d'idées, de vues** Großzügigkeit *f* im Denken; liberale Gesinnung; Liberalität *f*; Vorurteilslosigkeit *f*; Freisinnigkeit *f*

largo [largo] MUS **I** *adv* largo **II** *m* Largo *n*

larguer [large] *v/t* 1 *bombes* abwerfen; *parachutistes* absetzen 2 F *fig*: **~ qn** j-n fallen lassen, F abhängen; j-m den Laufpass geben; **être largué** F nicht mehr mitkommen 3 MAR *amarres* losmachen; *t/t* loswerfen; **larguez!** los!

larme [larm] *f* 1 Träne *f*; **~s de colère, de joie** Tränen des Zorns, der Freude; Freudentränen *f/pl*; *fig* **~s de crocodile** Krokodilstränen *f/pl*; **crise f de ~s** Weinkrampf *m*; *visage* **baigné, inondé de ~s** tränenüberströmt; *loc/adv* **les ~s aux yeux** mit Tränen in den Augen; **avec des ~s dans la voix** mit tränenerstickter Stimme; **avoir les ~s aux yeux** Tränen in den Augen haben; **elle avait les ~s aux yeux** *a* die Tränen standen ihr in den Augen; **avoir toujours la ~ à l'œil** leicht zu Tränen gerührt sein; F nah ans

Wasser gebaut haben; ***être au bord des ~s*** den Tränen nahe sein; ***être (tout) en ~s*** in Tränen aufgelöst sein; ***être ému jusqu'aux ~s*** zu Tränen gerührt sein; *fumée, émotion* ***faire venir des ~s aux yeux*** die Tränen in die Augen treiben; *fig* ***mêler ses ~s à celles de qn*** j-s Schmerz teilen; ***pleurer à chaudes ~s*** heiße Tränen vergießen; bitterlich weinen; ***rire aux ~s*** Tränen lachen; *fig* ***sécher, essuyer les ~s de qn*** j-s Tränen trocknen; j-n trösten; *st/s* ***verser, pleurer des ~s de sang*** blutige, bittere Tränen weinen; ***verser toutes les ~s de son corps, des torrents de ~s*** Ströme von Tränen vergießen; F sich (*dat*) die Augen ausweinen **2** *fig* ***une ~ de cognac*** *etc* ein paar Tropfen, ein ganz klein wenig Kognak *etc*

larmoiement [laʀmwamɑ̃] *m* **1** *des yeux* Tränen *n* **2** (*pleurnicherie*) Jammern *n*; F Flennen *n*

larmoyant [laʀmwajɑ̃] *adj* **1** *yeux* tränend **2** *voix* weinerlich **3** *histoire, pièce* rührselig; HIST ***comédie ~e*** Rührstück *n*

larmoyer [laʀmwaje] *v/i* ⟨**-oi-**⟩ **1** *yeux* tränen **2** *personne* weinerlich tun; jammern; F flennen

larron [laʀõ] *m* **1** *autrefois* Dieb *m*; Spitzbube *m*; *fig* ***un troisième ~*** der lachende Dritte; *fig* ***ils s'entendent comme ~s en foire*** sie halten zusammen wie Pech und Schwefel; sie stecken unter e-r Decke **2** BIBL Schächer *m*; ***le bon et le mauvais ~*** die beiden Schächer am Kreuz

Laruns [laʀɛ̃s], [laʀœ̃s] *Ort im Dep. Pyrénées-Atlantiques*

larvaire [laʀvɛʀ] *adj* ZO ***état*** *m* **~** Larvenstadium *n*

larve [laʀv] *f* **1** ZO Larve *f*; **~ *d'insecte*** Insektenlarve *f* **2** *fig et péj* Jammergestalt *f*

larvé [laʀve] *adj* **1** *conflit etc* latent; verkappt; verborgen; versteckt **2** MÉD larviert

laryngal [laʀɛ̃gal] PHON **I** *adj* ⟨**-aux**⟩ Kehl(kopf)… **II** *f* **~e** Kehl(kopf)laut *m*; Laryngal *m*

laryngé [laʀɛ̃ʒe] *adj* ANAT Kehlkopf…; *sc* laryngeal

laryngite [laʀɛ̃ʒit] *f* MÉD Kehlkopfentzündung *f*; *sc* Laryngitis *f*

laryngologie [laʀɛ̃gɔlɔʒi] *f* Laryngologie *f* **laryngologue** *m,f* Laryngologe, -login *m,f* **laryngoscope** *m* MÉD Kehlkopfspiegel *m*; *sc* Laryngoskop *n* **laryngoscopie** *f* MÉD Kehlkopfspiegelung *f*; *sc* Laryngoskopie *f*

laryngotomie [laʀɛ̃gɔtɔmi] *f* MÉD Kehlkopfschnitt *m*; *sc* Laryngotomie *f* **laryngo-trachéite** *f* VÉT Kehlkopf-Luftröhren-Entzündung *f*

larynx [laʀɛ̃ks] *m* ANAT Kehlkopf *m*; *sc* Larynx *m*

las[1] [lɑ] *adj* ⟨**lasse** [lɑs]⟩ **1** *st/s* (*fatigué*) müde; abgespannt **2** *fig* ***~ de qc*** e-r Sache (*gén*) müde, überdrüssig; ***être ~ de qc*** *a* etw leid sein; ***~ d'attendre*** des Wartens müde; *loc/adv* ***de guerre lasse*** um des lieben Friedens willen; nach langem Sträuben

las[2] [lɑs] *int litt* ***~!*** ach!

lasagnes [lazaɲ] *f/pl* CUIS Lasagne *pl*

lascar [laskaʀ] *m* F ***un drôle de ~*** ein schlauer, alter Fuchs; ein schlauer Kerl, Bursche

lascif [lasif] *adj* ⟨**-ive**⟩ lasziv; lüstern; sinnlich

laser [lazɛʀ] *m* PHYS Laser ['leː-] *m*; ***~ à gaz, à rubis*** Gas-, Rubinlaser *m*; ***imprimante*** *f* ***à ~*** Laserdrucker *m*; ♦ *adjt*: ***rayon*** *m*, ***faisceau*** *m* **~** Laserstrahl *m*; ***platine*** *f* **~** CD-Player [-pleː-] *m*; CD-Spieler *m*; ***spectacle*** *m* **~** Lasershow [-ʃoː] *f*

lasérothérapie [lazeʀɔteʀapi] *f* MÉD Behandlung *f* mit Laserstrahlen ['leː-]

lassant [lɑsɑ̃] *adj* ermüdend; langweilig

lasser [lɑse] **I** *v/t* ermüden; langweilen; überstrapazieren; auf die Nerven gehen (***qn*** j-m); zermürben; ***~ la patience de qn*** j-s Geduld überstrapazieren **II** *v/pr* ***se ~ de qc*** e-r Sache (*gén*) müde, überdrüssig werden; etw leid werden; ***se ~ d'attendre qn*** des Wartens auf j-n müde, überdrüssig werden; ***ne pas se ~ de faire qc*** nicht müde werden, etw zu tun; *loc/adv* ***sans se ~*** unermüdlich; unverdrossen; ohne zu ermüden

lassis [lɑsi] *m* TEXT **1** Flockseide *f* **2** Stoff *m* aus Flockseide

lassitude [lɑsityd] *f* **1** (*fatigue*) Müdigkeit *f*; Ermüdung *f*; Mattigkeit *f*; Abgespanntheit *f* **2** (*ennui*) Überdruss *m*; (*abattement*) Mutlosigkeit *f*; Niedergeschlagenheit *f*

lasso [laso] *m* Lasso *n ou m*

lastex® [lastɛks] *m* Lastex® *n*

latence [latɑ̃s] *f* MÉD, PSYCH Latenz *f*

latent [latɑ̃] *adj* latent (*a* MÉD, PSYCH, PHYS); heimlich; verborgen; versteckt; MÉD ***à l'état ~*** im latenten Stadium; ***demeurer à l'état ~*** MÉD latent, *fig* verborgen bleiben

latéral [lateʀal] *adj* ⟨**-aux**⟩ seitlich; Seiten…; Neben…; *sc* lateral; ***airbag ~*** Seitenairbag [-ɛ̃ɛːrbɛk] *m*; ***chapelle, nef ~e*** Seitenkapelle *f*, -schiff *n*; ***porte ~e*** Seitentür *f*; ***rue ~e*** Seiten-, Nebenstraße *f*

latérite [lateʀit] *f* MINÉR Laterit(boden) *m*

latex [latɛks] *m* BOT Latex *m*

latin [latɛ̃] **I** *adj* **1** lateinisch; ***l'alphabet ~*** das lateinische Alphabet; ***l'Amérique ~e*** Lateinamerika *n*; ***de l'Amérique ~e*** lateinamerikanisch; ***Quartier ~*** Quartier latin *n* (*Pariser Studentenviertel*) **2** romanisch; ***langues ~es*** romanische Sprachen *f/pl*; ***peuples ~s*** romanische Völker *n/pl* **II** *subst* **1** LING ***le ~*** das Latein(ische); Latein(isch) *n*; ***bas ~*** Spät-, Mittellatein *n*; ***~ classique*** klassisches Latein; ***~ populaire*** Vulgärlatein *n*; *péj* ***~ de cuisine*** Küchenlatein *n*; *fig* ***être au bout de son ~, y perdre son ~*** mit s-m Latein, mit s-r Weisheit am Ende sein; ***c'est à y perdre son ~!*** jetzt verstehe ich überhaupt nichts mehr!; ***c'est du ~ pour moi*** F das ist für mich chinesisch; das sind für mich böhmische Dörfer **2** ***Latins*** *m/pl* Romanen *m/pl*

latiniser [latinize] *v/t* latinisieren **latinisme** *m* LING Latinismus *m* **latiniste** *m,f* Latinist(in) *m(f)* **latinité** *f* lateinische Welt, Zivilisation

latino-américain [latinoameʀikɛ̃] *adj* lateinamerikanisch

latitude [latityd] *f* **1** (geografische) Breite; ***50 degrés de ~ nord, sud*** 50 Grad nördlicher, südlicher Breite; ***sous nos (douces) ~s*** in unseren (gemäßigten) Breiten; ***sous toutes les ~s*** in *ou* auf allen Breiten; überall auf der Welt **2** *fig* ***avoir toute ~ de, pour faire qc*** völlige Freiheit *ou* völlig freie Hand haben, etw zu tun; ***donner, laisser toute ~ à qn*** j-m freie Hand lassen

Latium [lasjɔm] GÉOGR ***le ~*** Latium *n*

Latran [latʀɑ̃] *m* HIST ***conciles*** *m/pl* ***du ~*** Laterankonzilien *n/pl*, -synoden *f/pl*

latrines [latʀin] *f/pl* Latrine *f*

latte [lat] *f* Latte *f*; ***~ de plancher*** Fußboden-, Dielenbrett *n*

latté [late] *m* Tischlerplatte *f*

latter [late] *v/t* CONSTR verlatten; mit Latten ver-

schlagen; Latten anbringen (***qc*** an etw [*dat*])
lattis [lati] *m* CONSTR Lattenwerk *n*; Latten *f/pl*; (Be)Lattung *f*; ***~ de plancher*** Fußboden-, Dielenbretter *n/pl*
laudanum [lodanɔm] *m* PHARM Opiumtinktur *f*; Laudanum *n*
laudatif [lodatif] *adj* ⟨**-ive**⟩ lobend; Lob…; ***discours ~*** Lobrede *f*
lauracées [lɔʀase] *f/pl* BOT Lorbeergewächse *n/pl*
lauréat [lɔʀea] *m*, **lauréate** *f* Preisträger(in) *m(f)*; *d'une compétition* Sieger(in) *m(f)*; ***lauréat du prix Nobel*** Nobelpreisträger *m*
Laurence [lɔʀɑ̃s, lo-] *f Vorname*
Laurent [lɔʀɑ̃, lo-] *m Vorname*
laurier [lɔʀje] *m* **1** BOT Lorbeer(baum) *m* **2** *fig* ***~s*** *pl* Lorbeeren *m/pl*; Ruhm *m*; ***~s de la victoire*** Siegeslorbeeren *m/pl*; ***être chargé, couvert de ~s*** mit Lorbeeren überhäuft werden; ***s'endormir, se reposer sur ses ~s*** sich auf s-n Lorbeeren ausruhen
laurier-cerise [lɔʀjes(ə)ʀiz] *m* ⟨*pl* **lauriers-cerises**⟩ BOT Kirschlorbeer *m*; Lorbeerkirsche *f* **laurier-rose** *m* ⟨*pl* **lauriers-roses**⟩ BOT Oleander *m* **laurier-sauce** *m* ⟨*pl* **lauriers-sauce**⟩ BOT Edler Lorbeer **laurier-tin** *m* ⟨*pl* **lauriers-tins**⟩ BOT Laurus Tinus *m* der Gärtner; Steinlorbeer *m*
lavable [lavabl] *adj* waschbar; *tissu a* waschecht; *peinture etc* abwaschbar; ***~ en machine*** maschinenwaschbar
lavabo [lavabo] *m* **1** Waschbecken *n* **2** ***~s*** *pl* Toilette *f*; Klosett *n* **3** ÉGL CATH Handwaschung *f*; Lavabo *n* (*a prière*)
lavage [lavaʒ] *m* **1** *du linge, d'une voiture etc* Waschen *n*; Wäsche *f*; *de carreaux, de peinture* Abwaschen *n*; *du sol* (feuchtes) Aufwischen; *des vitres* Putzen *n*; *d'une plaie, d'une tache* Auswaschen *n*; *fig* ***~ de cerveau*** Gehirnwäsche *f*; ***~ du linge*** Wäschewaschen *n*; *couleur, tissu* ***ne pas déteindre au ~*** waschecht, farbecht sein **2** TECH *d'un minerai, d'un gaz etc* Waschen *n*; Wäsche *f*; *d'un minerai a* nassmechanische Aufbereitung **3** MÉD Spülung *f*; ***~ d'estomac*** Magenspülung *f*; ***faire un ~ d'estomac*** *a* den Magen auspumpen
lavallière [lavaljɛʀ] *f* Künstlerschleife *f*; locker gebundene Seidenschleife
lavande [lavɑ̃d] *f* BOT Lavendel *m*; *parfum* Lavendel(-wasser) *n*; *adjt* ***bleu ~*** ⟨*inv*⟩ lavendelblau
lavandière [lavɑ̃djɛʀ] *poét f* Waschfrau *f*; Wäscherin *f*
lavandin [lavɑ̃dɛ̃] *m* BOT Lavandinpflanze *f*
lavasse [lavas] *f* F (*soupe etc*) F (dünne) Brühe; (*mauvais café*) *a* Blümchenkaffee *m*
lavatory [lavatɔʀi] *m* ⟨*pl* **lavatories**⟩ Bedürfnisanstalt *f*
lave [lav] *f* **1** GÉOL Lava *f*; ***champ*** *m* ***de ~*** Lavafeld *n* **2** CONSTR Lavastein *m*
lavé [lave] *adj* **1** *couleur* verwaschen; ***bleu ~*** verwaschenes Blau **2** PEINT ***dessin ~*** lavierte Zeichnung
lave-glace [lavglas] *m* ⟨*pl* **lave-glaces**⟩ AUTO Scheibenwaschanlage *f*
lave-linge [lavlɛ̃ʒ] *m* ⟨*inv*⟩ Waschmaschine *f*
lavement [lavmɑ̃] *m* MÉD Klistier *n*; Einlauf *m*; ***faire un ~ à qn*** j-m ein Klistier geben; j-m e-n Einlauf machen; j-n klistieren
lave-phares [lavfaʀ] *m* ⟨*inv*⟩ AUTO Scheinwerferwaschanlage *f*
laver [lave] **I** *v/t* **1** *mains, visage, linge, voiture etc* waschen; *peinture* abwaschen; ***~ un chien*** einen Hund baden; ***~ une plaie, une tache*** eine Wunde, einen Fleck auswaschen; ***~ le sol*** den Boden (feucht) (auf)wischen; ***~ la vaisselle*** (das Geschirr) spülen; ab-, aufwaschen; den Abwasch, Aufwasch machen; ***~ les vitres*** die Fenster putzen **2** *fig* reinwaschen; reinigen; ***~ les péchés*** von den Sünden reinwaschen; *affront, injure* ***~ dans le sang*** mit Blut abwaschen, rächen; ***~ qn d'une accusation, d'un soupçon*** j-n von e-r Anklage, von e-m Verdacht reinwaschen **3** TECH *minerai, gaz etc* waschen; *minerai a* nassmechanisch aufbereiten **4** MÉD *estomac etc* (durch)spülen **5** PEINT *couleur* verwaschen; verwischen **II** *v/pr* ***se ~*** **1** sich waschen; ***se ~ les dents*** sich (*dat*) die Zähne putzen; ***se ~ la figure, les mains*** sich (*dat*) das Gesicht, die Hände waschen; *fig* ***je m'en lave les mains*** ich wasche meine Hände in Unschuld **2** *fig* sich reinwaschen (***d'une accusation*** von e-r Anklage)
laverie [lavʀi] *f* **1** ***~ (automatique)*** Waschsalon *m* **2** TECH Waschanlage *f*
lavette [lavɛt] *f* **1** Spültuch *n*, -lappen *m*; Abwasch-, Aufwaschlappen *m* **2** F *fig* (*homme mou*) ***une (vraie) ~*** F ein (richtiger) Waschlappen
laveur [lavœʀ] *m* **1** Wäscher *m*; ***~ de carreaux, vitres*** Fensterputzer *m* **2** TECH *appareil* Wäscher *m* **3** ZO *adjt* ***raton*** *m* ***~*** Waschbär *m*
laveuse [lavøz] *f* Wäscherin *f*; Waschfrau *f*
lave-vaisselle [lavvɛsɛl] *m* ⟨*inv*⟩ Geschirrspülmaschine *f*, -automat *m*; F Geschirrspüler *m*; *adjt vaisselle* spülmaschinenfest
lavis [lavi] *m* PEINT **1** *procédé* Tuschen *n*; Lavieren *n*; ***au ~*** getuscht; laviert **2** *dessin* Tuschzeichnung *f*
lavoir [lavwaʀ] *m* ***~ (municipal, public)*** öffentlicher Waschplatz; öffentliches Waschhaus
laxatif [laksatif] **I** *adj* ⟨**-ive**⟩ leicht abführend; ***tisane laxative*** Abführtee *m* **II** *m* leichtes Abführmittel; Laxativ(um) *n*; MÉD Laxans *n*
laxisme [laksism] *m* Laxheit *f*; Prinzipienlosigkeit *f*; zu große Nachgiebigkeit **laxiste** *adj attitude* lax; prinzipienlos
Laxou [laksu], *regional* [laʃu] *Stadt im Dep. Meurthe-et-Moselle*
layette [lɛjɛt] *f* Babywäsche *f*, -ausstattung *f*
Lazare [lazaʀ] *m* BIBL Lazarus *m*
lazaret [lazaʀɛ] *m* Quarantänestation *f*
lazzi [lazi, ladzi] *m* ⟨*pl* **lazzi(s)**⟩ *st/s surtout pl* ***~(s)*** Spott *m*; Gespött *n*; Spötteleien *f/pl*
le [l(ə)] *m*, **la** [la] *f* ⟨*beide vor Vokal u stummem h* **l'**⟩, *pl* **les** [le] **I** *article défini* **1** *m* der (*acc* den), *f* die, *n* das; *pl* die; ***le chien*** der Hund; ***la femme*** die Frau; ***la maison*** das Haus; ***l'ami*** der Freund; ***l'homme*** der Mensch, Mann; ***les élèves*** die Schüler *m/pl* **2** *démonstratif*: ***de la sorte*** auf diese, solche Weise; ***l'ingrat!*** dieser Undankbare!; ***oh, le beau chien!*** was für ein schöner Hund!; ***approchez, les enfants!*** kommt mal her, (ihr) Kinder! **3** *déterminatif*: ***le célèbre Lamartine*** der berühmte Lamartine; ***le Paris du 20e siècle*** das Paris des 20. Jahrhunderts **4** *déterminatif de temps*: ***le jour*** am Tage; tagsüber; ***le premier lundi du mois*** am ersten Montag des Monats; ***le 20 juillet*** am 20. Juli; ***les 4 et 5 mai*** am 4. und 5. Mai; ***le mardi*** dienstags **5** *distributif*: ***dix euros la pièce*** zehn Euro das *ou* pro *ou* je Stück; ***quatre eu-***

L

ros le mètre vier Euro das *ou* der Meter **6** *possessif*: ***le bras droit me fait mal*** mein rechter *ou* der rechte Arm tut mir weh **7** *modal*: ***la mine allongée*** mit langem Gesicht **8** *non traduit en allemand*: ***vive la France!*** es lebe Frankreich!; ***les Durand viennent ce soir*** heute Abend kommen Durands; ***la Pentecôte*** Pfingsten; ***le manger et le boire*** Essen und Trinken; ***la nature et l'étendue des contrôles*** Art und Umfang der Kontrollen; ***vers les trois heures*** gegen drei (Uhr); ***avoir les yeux bleus*** blaue Augen haben; ***l'or est plus cher que l'argent*** Gold ist teurer als Silber; ***les deux tiers des députés*** zwei Drittel der Abgeordneten; ***l'article trois du Code civil*** Artikel drei des Code civil **II** *pr/pers* **1** *m* ihn, *f* sie, *n* es; *pl* sie; ***je le connais*** ich kenne ihn *ou* es; ***je la vois*** ich sehe sie; ***je l'entends*** ich höre ihn *ou* sie *ou* es; ***je les ai rencontré(e)s hier*** ich habe sie gestern getroffen; ***regardez-les!*** seht sie an! **2** *neutre* ***le*** es; **a)** *représentant une phrase*: *c'est une idée stupide*, ***je le sais*** ich weiß es; **b)** *représentant un subst ou un adj*: ***ils sont amis et ils le seront toujours*** sie sind Freunde und werden es immer bleiben; *êtes-vous satisfait?* - ***je le suis*** ich bin es; **c)** *dans une proposition comparative*: ***il n'est pas si pauvre qu'on le pense*** er ist nicht so arm, wie man denkt; ***il est plus intelligent qu'on ne le croit*** er ist klüger, als man glaubt

lé [le] *m* **1** (*largeur d'une étoffe*) Breite *f* **2** (*panneau, bande*) Bahn *f*

leader [lidœʀ] *m* **1** POL (Partei)Führer *m*; ***~ de l'opposition*** Oppositionsführer *m* **2** SPORTS Spitzenreiter *m* (*a* ÉCON *entreprise*); Erste(r) *m*; ***être ~ du classement général*** FOOTBALL Tabellenführer *m* sein; die Tabelle anführen; *pour toute compétition* an der Spitze der Gesamtwertung liegen

leadership [lidœʀʃip] *m* POL Führerschaft *f*; Führung *f*

leasing [liziŋ] *m* ÉCON Leasing ['liː-] *n*; ***société f de ~*** Leasinggesellschaft *f*; ***acheter en ~*** leasen ['liː-]

léchage [leʃaʒ] *m* **1** ***~ de bottes*** Speichelleckerei *f*; Kriecherei *f*; Liebedienerei *f* **2** *d'un dessin* übertrieben sorgfältige Ausarbeitung, -führung; *d'un texte* übertriebenes Feilen

lèche [lɛʃ] *f* F ***faire de la ~ (à qn)*** ein Kriecher, Speichellecker sein; (vor j-m) kriechen, liebedienern; j-m um den Bart gehen

lèche-bottes [lɛʃbɔt] *m et adjt* ⟨*inv*⟩ F (***il est***) ***~*** (er ist ein) Speichellecker *m*, Kriecher *m*

lèche-carreaux [lɛʃkaʀo] F *m* → ***lèche-vitrines***

lèche-cul [lɛʃky] *m et adjt* ⟨*inv*⟩ P (***il est***) ***~*** P (er ist ein) Arschkriecher *m*, Schleimscheißer *m*

lèchefrite [lɛʃfʀit] *f* CUIS Auffangschale *f*; Abtropfpfanne *f*

lécher [leʃe] ⟨**-è-**⟩ **I** *v/t* **1** lecken; schlecken; *plat* auslecken; *cuillère, assiette* ablecken; *animal*: *qc du sol* auflecken; *objet* belecken; *fig*: *flammes* (empor) züngeln (***qc*** an etw [*dat*]); *vagues*: *sable etc* umspülen; bespülen; *poét vagues, mer* ***~ la côte*** die Küste umspülen, bespülen **2** *fig* ***~ les vitrines*** → ***lèche-vitrines*** **3** F *fig* ***~ les bottes***, P ***le cul à qn*** vor j-m kriechen, liebedienern; P j-m in den Arsch kriechen **4** *adjt* ***trop léché*** *dessin, tableau* zu sorgfältig ausgearbeitet, ausgeführt; *texte* zu sehr ausgefeilt **II** *v/pr animal* ***se ~*** sich lecken; ***se ~ les doigts*** (sich [*dat*]) die Finger ablecken; → *a* ***babine*** *2*

léchette [leʃɛt] F *f* Scheibchen *n*; Stückchen *n*

lécheur [leʃœʀ] *m péj* Speichellecker *m*; Kriecher *m*

lèche-vitrines [lɛʃvitʀin] *m* ⟨*inv*⟩ ***faire du ~*** e-n Schaufensterbummel machen; die Schaufenster ansehen, F begucken

lécithine [lesitin] *f* BIOL Lezithin *n*

leçon [l(ə)sõ] *f* **1** (Unterrichts-, Lehr)Stunde *f*; *d'un manuel scolaire* Lektion *f*; ***~s*** *pl* Unterricht *m*; ***~s de chant, d'équitation, de français*** Gesangs-, Reit-, Französischunterricht *m*, -stunden *f/pl*; ***~ de choses*** Anschauungsunterricht *m*; *dans le primaire* Sachkunde *f*; ***donner des ~s à qn*** j-m Stunden geben, Unterricht erteilen; ***prendre des ~s avec qn*** bei j-m Stunden, Unterricht nehmen **2** *à apprendre* Lektion *f*; (mündliche) Aufgabe; → *a* ***réciter*** **3** *fig* Lehre *f*; ***je vous dispense de vos ~s de morale*** Sie können sich (*dat*) Ihre weisen Lehren, Ratschläge sparen, schenken; ***donner, infliger une ~ à qn*** j-m e-e heilsame Lehre erteilen, F e-n Denkzettel geben; ***cela lui donnera une bonne ~*** das wird ihm e-e gute, heilsame Lehre sein; ***faire la ~ à qn*** j-m e-e Lektion erteilen; j-m die Leviten lesen; j-m den Kopf zurechtrücken, -setzen; ***que cela lui serve de ~!*** möge ihm das e-e Lehre, Warnung sein!; ***tirer la ~ de qc*** aus etw e-e Lehre ziehen

Leconte de Lisle [ləkõtdəlil] *frz Dichter*

lecteur[1] [lɛktœʀ] *m*, **lectrice** *f* **1** Leser(in) *m(f)*; *d'un dictionnaire* Benutzer *m*; ***lecteurs*** *m/pl* Leser *m/pl*; Leserschaft *f*; ***lecteur, lectrice de journaux, de romans*** Zeitungs-, Romanleser(in) *m(f)* **2** *à l'université, dans une maison d'édition* Lektor *m*, Lektorin *f* **3** (*qui lit à haute voix*) Vorleser(in) *m(f)*

lecteur[2] [lɛktœʀ] *m appareil* Abtastgerät *n*; *pour le son* Abspielgerät *n*; ***~ optique*** Scanner ['skɛ-] *m*; ***~ de cassettes*** Kassettenrekorder *m*; ***~ de CD*** CD-Player [-pleːər] *m*; ***~ de CD-ROM*** CD-ROM-Laufwerk [-'rɔm-] *n*; ***~ de disquettes*** Diskettenlaufwerk *n*; ***~ de DVD*** a) DVD-Player [-pleːər] *m*; b) DVD-Laufwerk *n*

lecture [lɛktyʀ] *f* **1** (*action de lire*) Lesen *n*; Lektüre *f*; *d'une lettre, d'un texte a* Durchlesen *n*; ÉCOLE Lesen *n*; ***livre m de ~*** Lesebuch *n*; ***à la première ~*** beim ersten (Durch)Lesen; bei der ersten Lektüre **2** *à haute voix* Vorlesen *n*; *d'un testament, d'un jugement etc* Verlesung *f*; ***donner, faire*** (***la***) ***~ de qc*** etw vorlesen, verlesen; ***faire la ~ à qn*** j-m vorlesen **3** (*texte, livre à lire*) Lektüre *f*; Lesestoff *m*; (*texte d'un manuel scolaire*) *a* Lesestück *n*; ***c'est (d')une ~ facile*** das ist e-e leichte Lektüre; das liest sich leicht; ***je vous ai apporté de la ~*** ich habe Ihnen Lektüre, Lesestoff, etwas zum Lesen, etwas zu lesen mitgebracht **4** *d'un projet de loi* Lesung *f*; ***adopté en première, en seconde ~*** in erster, zweiter Lesung angenommen **5** (*interprétation*) Lesart *f*; Deutung *f* **6** *d'un appareil de mesure* Ablesen *n*, -ung *f*; *d'un calculateur électronique* ***~ magnétique, optique*** magnetisches, optisches Zeichenlesen **7** ÉLECTRON, INFORM Abtasten *n*, -ung *f*; *d'un disque, d'une bande magnétique* Abspielen *n*; ***bras m de ~*** Tonarm *m*; ***table f de ~*** Plattenspieler *m*; ***tête f de ~*** Wiedergabe-, Abtastkopf *m*

LED [ɛlǝde] *f abr* (*light emitting diode*; *diode électroluminescente*) ÉLECTRON LED *f*

ledit [lədi] *adj* ⟨*f* **ladite** [ladit]; *m/pl* **lesdits** [ledi], *f/pl* **lesdites** [ledit]⟩ JUR besagte(r, -s); der, die, das genannte, vorerwähnte; ***le prix dudit terrain*** der Preis des besagten Grundstücks; ***audit lieu*** an besagtem Ort

légal [legal] *adj* ⟨**-aux**⟩ gesetzlich; legal; rechtmäßig; ***âge ~*** (gesetzlich) vorgeschriebenes Alter; ***dispositions ~es*** gesetzliche Bestimmungen *f/pl*; ***médecine ~e*** Gerichtsmedizin *f*; ***monnaie ~e*** gesetzliches Zahlungsmittel; ***moyens légaux*** gesetzliche Mittel *n/pl*; Rechtsmittel *n/pl*; ***pays ~*** Gesamtheit *f* der Bürger, die im Genuss der politischen Rechte sind; ***tuteur ~*** gesetzlicher Vormund

légalement [legalmɑ̃] *adv* gesetzlich; legal; auf gesetzlichem, legalem Wege

légalisation [legalizasjõ] *f* Legalisierung *f*; *d'un document, d'une signature* amtliche Beglaubigung; Legalisation *f*

légaliser [legalize] *v/t* legalisieren; *document, signature* amtlich beglaubigen; legalisieren; ***faire ~ sa signature*** s-e Unterschrift amtlich beglaubigen lassen

légalisme [legalizm] *m* Legalismus *m* **légaliste** *m* Legalist *m*

légalité [legalite] *f* Gesetzlichkeit *f*; Legalität *f*; Rechtmäßigkeit *f*; ***sortir de la ~*** den Boden der Legalität verlassen

légat [lega] *m* ÉGL CATH päpstlicher Legat

légataire [legatɛʀ] *m,f* JUR Vermächtnisnehmer(in) *m(f)*; Legatar *m*; ***~ universel*** Allein-, Universalerbe *m*

légation [legasjõ] *f* DIPL Gesandtschaft *f* (*a résidence*); ***secrétaire*** *m* ***de ~*** Legations-, Gesandtschaftssekretär *m*

légendaire [leʒɑ̃dɛʀ] *adj* **1** (*fabuleux, mythique*) legendär; Legenden…; sagenhaft; Sagen…; Fabel…; ***personnage*** *m* ***~*** Sagengestalt *f* **2** (*célèbre*) *exploit, acteur etc* berühmt; ***sa distraction devenue ~*** s-e sprichwörtlich gewordene Zerstreutheit

légende [leʒɑ̃d] *f* **1** Legende *f*; Sage *f*; ***~ du Graal, de Roland, de Faust*** Grals-, Roland-, Faustsage *f*; ***entrer dans la ~*** in die Legende eingehen; zur Legende, legendär werden **2** *d'une médaille, monnaie* Beschriftung *f*; *d'un dessin, d'une illustration* Bildunterschrift *f*; Bildtext *m*; *d'une carte, d'un plan* Zeichenerklärung *f*; Legende *f*

légender [leʒɑ̃de] *v/t* mit e-r Legende versehen; ***~ une carte, un plan*** eine Karte, einen Plan mit einer Legende versehen

léger [leʒe] *adj* ⟨**-ère**⟩ **1** *objet, poids, bagages etc* leicht; MIL ***armes légères*** leichte Waffen *f/pl*; ***cavalerie, infanterie légère*** leichte Kavallerie, Infanterie; ***huile légère, métal ~*** Leichtöl *n*, -metall *n*; *subst* ***les plus ~s que l'air*** die Luftfahrzeuge *n/pl* leichter als Luft **2** *vin, parfum etc* leicht; *thé, café a* dünn; schwach; *plat, repas* leicht (verdaulich) **3** *sommeil, coup, douleur, peine, tristesse, ironie etc* leicht; *contact physique a* leise; zart; *mouvement, bruit a* leise; schwach; *vent a* sanft; *faute, erreur a* unbedeutend; harmlos; geringfügig; ***blessé ~*** Leichtverletzte(r) *m*; ***différence légère*** geringfügiger, feiner, kleiner Unterschied; ***~ doute*** leichter, leiser Zweifel **4** *couche* dünn; *vêtement, étoffe* leicht; dünn; luftig; ***brouillard ~*** leichter, dünner Nebel; ***légère couche de neige*** dünne Schneedecke; ***dentelle légère*** zarte Spitze; ***une légère prise de sel*** e-e kleine Prise Salz **5** *pas* leicht; *démarche a* anmutig; *taille* schlank; dünn; ***le cœur ~*** leichten Herzens; unbeschwert; ***avoir la main légère*** e-e leichte Hand haben; ***d'un pas, pied ~*** leichtfüßig; *tableau* ***peint par touches légères*** mit leichten (Pinsel)Strichen gemalt; (wie) hingehaucht **6** *personne, caractère* leichtfertig; leichtsinnig; *propos, histoire* schlüpfrig; gewagt; frivol; ***femme légère*** leichtes Mädchen; ***mœurs légères*** lockere, lose, freie Sitten *f/pl*; ***musique légère*** leichte Musik; Unterhaltungsmusik *f*; *loc/adv* ***à la légère*** leichtfertig(erweise); leichtsinnig(erweise); ***parler à la légère*** leichtfertig, unüberlegt reden; gedankenlos daherreden; ***prendre les choses à la légère*** die Dinge leichtnehmen, auf die leichte Schulter nehmen; ***il a été bien ~*** *de lui confier ce dossier* es war sehr leichtsinnig von ihm … **7** MUS ***soprano ~*** hoher, beweglicher Sopran; ***ténor ~*** hoher, lyrischer Tenor

légèrement [leʒɛʀmɑ̃] *adv* **1** leicht; ***~ vêtu*** leicht gekleidet; leicht, dünn angezogen; ***manger ~*** leichte Kost zu sich nehmen **2** (*un peu*) leicht; ein wenig; ein bisschen; ***~ blessé*** leicht verletzt; F *iron* ***elle est ~ prétentieuse*** sie ist ziemlich eingebildet **3** (*à la légère*) leichtfertig; leichtsinnig; ***parler ~ de qc*** leichtfertig, gedankenlos über etw (*acc*) reden

légèreté [leʒɛʀte] *f* **1** *d'un objet* Leichtheit *f*; Leichtigkeit *f*; geringes, kleines Gewicht **2** *d'un plat, repas* Bekömmlichkeit *f*; leichte Verdaulichkeit **3** *d'un coup, d'une punition* Harmlosigkeit *f*; *d'une erreur a* Geringfügigkeit *f* **4** *d'un vêtement, d'une étoffe* Leichtheit *f*; Leichtigkeit *f*; Luftigkeit *f* **5** *des mouvements* Leichtigkeit *f*; Anmut *f*; ***marcher avec ~*** leichtfüßig dahinschreiten **6** *d'une personne* Leichtfertigkeit *f*; Leichtsinn *m*; ***il a fait preuve de ~ dans ses propos*** s-e Worte waren *ou* was er sagte, war unüberlegt, leichtfertig, leichtsinnig

légiférer [leʒifeʀe] *v/i* ⟨**-è-**⟩ Gesetze erlassen, machen; ***pouvoir*** *m* ***de ~*** gesetzgeberische Gewalt

légion [leʒjõ] *f* **1** MIL, HIST Legion *f*; ***Légion*** (***étrangère***) Fremdenlegion *f*; ***s'engager dans, entrer à la Légion*** in die Fremdenlegion gehen, eintreten **2** *fig* ***une ~ de …*** ein Heer, e-e Schar, e-e Unzahl von …; ***être ~*** Legion, sehr zahlreich sein **3** ***Légion d'honneur*** *ordre honorifique* Ehrenlegion *f*; *par ext décoration* Kreuz *n* der Ehrenlegion; ***avoir la Légion d'honneur*** Mitglied der Ehrenlegion sein

légionellose [leʒjɔneloz] *f* MÉD Legionärskrankheit *f*

légionnaire [leʒjɔnɛʀ] *m* **1** MIL Fremdenlegionär *m* **2** HIST (römischer) Legionär

législateur [leʒislatœʀ] *m* Gesetzgeber *m*; ***les intentions du ~*** die Absicht des Gesetzgebers

législatif [leʒislatif] *adj* ⟨**-ive**⟩ **1** gesetzgebend; legislativ; ***assemblée législative*** gesetzgebende Versammlung; HIST ***l'Assemblée législative*** *ou subst* ***la Législative*** die Legislative (*1791-92*); ***corps ~*** gesetzgebende Körperschaft; ***le pouvoir ~*** *ou subst* ***le ~*** die gesetzgebende Gewalt; die Legislative **2** *par ext* ***acte ~*** gesetzgeberischer Akt **3** ***élections législatives*** *ou subst* ***législatives*** *f/pl* Parlamentswahlen *f/pl*

législation [leʒislasjõ] *f* Gesetzgebung *f*; Rechtsvorschriften *f/pl*; ***~ aérienne, maritime*** Luft-, Seerecht *n*; ***~ civile, criminelle*** Zivil-, Strafrecht *n ou*

-gesetzgebung *f*; ~ ***électorale*** (*objektives*) Wahlrecht; ~ ***d'exception*** Ausnahmerecht *n*, -gesetze *n/pl*; ~ ***du travail*** Arbeitsgesetzgebung *f*

législature [leʒislatyʀ] *f* Legislaturperiode *f*

légiste [leʒist] *adj* ***médecin*** *m* ~ Gerichtsarzt *m*, -mediziner *m*

légitimation [leʒitimasjõ] *f* 1 JUR *d'un enfant naturel* Ehelichkeitserklärung *f*; Legitimation *f* 2 *st/s* (*justification*) Rechtfertigung *f*

légitime [leʒitim] I *adj* 1 rechtmäßig; gesetzlich anerkannt; legitim; *enfant, naissance, père* ehelich; ***descendants*** *m/pl* ~***s*** eheliche Nachkommen *m/pl*; ***femme*** *f* ~ Ehefrau *f*; ***union*** *f* ~ rechtmäßige Ehe 2 JUR ~ ***défense*** *f* Notwehr *f*; ***être en état de*** ~ ***défense*** in Notwehr handeln 3 *fig colère, récompense, excuse* gerecht(fertigt); berechtigt; ***rien de plus*** ~ ***que cette demande*** diese Forderung ist nur recht und billig II F *f* Ehefrau *f*; F *plais* Eheweib *n*; angetrautes Weib

légitimer [leʒitime] *v/t* 1 JUR *enfant naturel* für ehelich erklären; legitimieren 2 *élection, pouvoir* rechtlich anerkennen; für rechtmäßig erklären; legitimieren 3 *fig conduite* rechtfertigen

légitimistes [leʒitimist] *m/pl* POL, HIST Legitimisten *m/pl*

légitimité [leʒitimite] *f* 1 *d'un pouvoir, d'une mesure* Rechtmäßigkeit *f*; Legitimität *f*; *d'un enfant* Ehelichkeit *f*; eheliche Geburt 2 *fig d'une revendication etc* Berechtigung *f*; Billigkeit *f*

Legnica [legnika, legnitsa] GÉOGR Liegnitz *n*

legs [lɛg] *m* 1 JUR Vermächtnis *n*; Legat *n*; ***bénéficiaire*** *m* ***du*** ~ Vermächtnisnehmer *m*; ***faire un*** ~ ein Vermächtnis aussetzen 2 *st/s et fig* Erbe *n*

léguer [lege] *v/t* ⟨-è-⟩ 1 JUR (testamentarisch) vererben; vermachen; hinterlassen 2 *fig* vererben; hinterlassen; ~ ***une œuvre à la postérité*** der Nachwelt ein Werk hinterlassen; ***légué de père en fils*** *tradition* vom Vater dem Sohn vererbt, weitergegeben; *réputation* vom Vater auf den Sohn übertragen

légume [legym] 1 *m* Gemüse *n*; ~***s frais, verts*** frisches Gemüse; Frischgemüse *n*; ~***s secs*** Hülsenfrüchte *f/pl*; ***marché*** *m* ***aux*** ~***s*** Gemüsemarkt *m* 2 F *fig* ***une grosse*** ~ F ein hohes Tier; ein Bonze *m*; *südd a* ein Großkopfeter *m*; ***les grosses*** ~***s du parti*** die Parteibonzen *m/pl*

légumier [legymje] *m* Gemüseschüssel *f*

légumineuse [legyminøz] *adj et subst f* BOT (***plante***) ~ Hülsenfrucht *f*; Hülsenfrüchtler *m*; *sc* Leguminose *f*

légumineux [legyminø] *adj* ⟨**-euse**⟩ BOT Hülsen…; hülsentragend

leitmotiv [lajtmɔtif, lɛt-] *m* ⟨*pl* ~***e*** *ou* ~***s***⟩ 1 MUS Leitmotiv *n* 2 *fig* ständig wiederkehrende Formel, Idee; Dauerthema *n*

Léman [lemã] ***le lac*** ~ der Genfer See

lémurien [lemyʀjɛ̃] *m* ZO Lemur(e) *m*; Maki *m*

lendemain [lãdmɛ̃] *m* 1 nächster, folgender Tag; ***le*** ~ am nächsten, folgenden Tag; am Tag darauf, danach; tags darauf; ***le*** ~ ***matin*** am anderen, nächsten, folgenden Morgen; am Morgen darauf, danach; ***le*** ~ ***de son arrivée*** am Tage nach s-r Ankunft; ***au*** ~ ***de la guerre, de son mariage*** kurz nach dem Krieg, s-r Heirat; ***remettre qc au*** ~ etw auf den nächsten, folgenden, anderen Tag verschieben; *prov* ***il ne faut jamais remettre au*** ~ ***ce qu'on peut faire le jour même*** verschiebe nicht auf morgen, was du heute kannst besorgen (*prov*) 2 (*avenir*) Morgen *n*; Zukunft *f*; ***sans*** ~ ohne Dauer; ***bonheur*** *m* ***sans*** ~ flüchtiges Glück; Glück *n* von kurzer Dauer; *st/s* ***des*** ~***s qui chantent*** e-e glückliche Zukunft 3 ~***s*** *pl* (*conséquences*) Folgen *f/pl*

lénifiant [lenifjã] *adj* 1 MÉD (schmerz)lindernd; mildernd 2 *fig et st/s* beruhigend; besänftigend **lénifier** *v/t* 1 MÉD lindern; mildern 2 *fig et st/s* beruhigen; besänftigen

léninisme [leninism] *m* POL Leninismus *m* **léniniste** I *adj* leninistisch II *m,f* Leninist(in) *m(f)*

Lens [lãs] *Stadt im Dep. Pas-de-Calais*

lent [lã] *adj* ⟨**lente** [lãt]⟩ langsam; *esprit* träge; schwerfällig; *poison* schleichend; ***véhicule*** ~ langsam fahrendes Fahrzeug; ***voix*** ~***e*** schleppende Stimme; ***avoir l'esprit*** ~ schwer von Begriff sein; begriffsstutzig sein; ***il est*** ~ ***à agir, à se décider*** es dauert lange, bis er handelt, bis er sich entscheidet; ***être*** ~ ***à comprendre*** schwer begreifen; schwer von Begriff sein; ***marcher à pas*** ~***s*** langsam, gemächlich gehen

lente [lãt] *f* ZO Nisse *f*

lentement [lãtmã] *adv* langsam

lenteur [lãtœʀ] *f* Langsamkeit *f*; *des travaux* langsames Vorangehen; ~***s*** *pl a* Umständlichkeit *f*; ~ ***à comprendre*** schweres Begriffsvermögen; ~ ***d'esprit*** geistige Trägheit, Schwerfälligkeit; ~***s de l'administration*** umständliches, langsames Arbeiten der Verwaltung; F Amtsschimmel *m*; *loc/adv* ***avec*** ~ langsam; ***agir avec une sage*** ~ sich (*dat*) bewusst Zeit nehmen

lentigo [lãtigo] *m* Leberfleck *m*; *sc* Lentigo *f*

lentille [lãtij] *f* 1 BOT Linse *f*; CUIS ~***s*** *pl* Linsen *f/pl*; ~ ***d'eau*** Wasserlinse *f* 2 OPT Linse *f*; ~ ***concave*** Konkavlinse *f*; konkave Linse; ~***s de contact*** Kontaktlinsen *f/pl*; ~ ***de verre*** gläserne Linse; Linse aus Glas

lentisque [lãtisk] *m* BOT Mastixstrauch *m*; Lentiske *f*

lento [lɛnto] MUS I *adv* lento II *m* Lento *n*

Léon [leõ] *m Vorname*

Léonard [leɔnaʀ] *m Vorname*; ~ ***de Vinci*** [-vɛ̃si] Leonardo da Vinci [-vɪntʃi]

léonin [leɔnɛ̃] *adj* 1 löwenartig; Löwen…; *fig* ***tête*** ~***e*** Löwenkopf *m* 2 *fig* ***contrat*** ~ leoninischer Vertrag

léopard [leɔpaʀ] *m* ZO Leopard *m*; Panther *m*

LEP [lɛp] *m abr* (*lycée d'enseignement professionnel*) Fachoberschule *f*

lépidoptères [lepidɔptɛʀ] *m/pl* ZO Schmetterlinge *m/pl*; Falter *m/pl*

lépiote [lepjɔt] *f* BOT Schirmpilz *m*

lépisme [lepism] *m* ZO Silberfischchen *n*

lèpre [lɛpʀ] *f* 1 MÉD Lepra *f*; Aussatz *m* 2 *fig d'un mur* Flecke *m/pl*; verwitterte Stellen *f/pl* 3 *fig et litt* (um sich greifendes) Übel; Krebsschaden *m*

lépreux [lepʀø] I *adj* ⟨**-euse**⟩ 1 MÉD leprakrank; aussätzig; leprös; lepros 2 *fig mur, façade* fleckig; verwittert; zerfressen II *subst* ~, ***lépreuse*** *m,f* Leprakranke(r) *f(m)*; Aussätzige(r) *f(m)*

léproserie [lepʀozʀi] *f* Lepraheim *n*, -krankenhaus *n*

lepton [lɛptõ] *m* PHYS NUCL Lepton *n*

lequel [l(ə)kɛl] ⟨*f* ***laquelle*** [lakɛl]; *m/pl* ***lesquels*** [lekɛl], *f/pl* ***lesquelles***⟩ **I** *pr/rel* **1** *suivant une prép*: der, die, das, *pl* die; *st/s* welche(r, -s), *pl* welche; ***le milieu dans lequel il vit*** das Milieu, in dem, in welchem er lebt; ***c'est un point auquel vous n'avez pas pensé*** das ist ein Punkt, an den Sie nicht gedacht haben; ***le pays à l'avenir duquel je pense*** das Land, an dessen Zukunft ich denke; *il rencontra plusieurs parents*, ***parmi lesquels son cousin Jean*** unter ihnen auch s-n Vetter Jean; ***les amis avec le concours desquels il*** *a monté cette affaire* die Freunde, mit deren Hilfe er … **2** *sujet*: ***le portail de la cathédrale, lequel a été restauré*** das Portal der Kathedrale, das, welches restauriert wurde; JUR *après un certain temps*, ***lequel ne peut jamais excéder trente ans*** Letztere darf jedoch niemals dreißig Jahre überschreiten **3** *adjt*: ***… auquel cas*** … in welchem Fall **II** *pr/int* **1** *avec* ***de***: welche(r, -s)?, *pl* welche?; ***lequel de vos enfants?*** welches Ihrer Kinder?; welches, wer von Ihren Kindern?; ***lequel des deux gagnera?*** wer, welcher von (den) beiden wird gewinnen?; ***laquelle d'entre vous veut lui écrire?*** wer von euch will ihm schreiben?; ***dans laquelle de ces deux maisons habite-t-il?*** in welchem der beiden Häuser, in welchem von beiden Häusern wohnt er? **2** *sans complément ni verbe*: *votre ami est venu* - ***lequel?*** wer, welcher (ist es) denn?; *dans cette phrase il y a une faute* - ***laquelle?*** was für e-r?; *j'ai rencontré quelques anciens amis* - ***lesquels?*** wen denn alles?; *nous avons visité un château de la Loire* - ***duquel parlez-vous?*** von welchem sprechen Sie?

Lérins [leʀɛ̃s] ***les îles*** *f/pl* ***de ~*** *Inseln vor der Côte d'Azur*

lérot [leʀo] *m* ZO Gartenschläfer *m*

les [le] → ***le***

lesbien [lɛsbjɛ̃] *adj* ⟨***~ne***⟩ lesbisch

lesbienne [lɛzbjɛn] *f* Lesbierin *f*; F Lesbe *f*

lèse-majesté [lɛzmaʒɛste] *f* ***crime*** *m* ***de ~*** Majestätsbeleidigung *f* (*a fig*)

léser [leze] *v/t* ⟨***-è-***⟩ **1** benachteiligen; beeinträchtigen; ***~ les droits de qn*** j-s Rechte verletzen; j-n in s-n Rechten beeinträchtigen; ***être lésé dans un partage*** bei e-r Teilung benachteiligt werden **2** MÉD verletzen; schädigen

lésiner [lezine] *v/t/indir* ***~ sur qc*** an etw (*dat*) sparen; mit etw geizen, knausern; ***~ sur les repas*** am Essen sparen; *abs*: *le jour du mariage de son fils*, ***il n'a pas lésiné*** … hat er nicht gespart, F hat er sich nicht lumpen lassen

lésion [lezjõ] *f* MÉD Verletzung *f*; Schädigung *f*; ***~ cérébrale, du cerveau*** Gehirnverletzung *f*, -schädigung *f*; ***~ corporelle*** Körperverletzung *f*; ***~ interne*** innere Verletzung; ***~ de la moelle épinière*** Rückenmarksverletzung *f*

lésionnel [lezjɔnɛl] *adj* ⟨***~le***⟩ MÉD ***signe ~*** (An)Zeichen *n* für e-e Verletzung

Lesneven [lɛsnəvɛ̃] *Ort im Dep. Finistère*

Lesotho [lezoto] ***le ~*** Lesotho *n*

lesquel(le)s [lekɛl] → ***lequel***

Lesseps [lesɛps] ***Ferdinand de ~*** *Erbauer des Suezkanals*

lessivable [lesivabl] *adj* waschecht, -fest

lessivage [lesivaʒ] *m* **1** *d'un plancher* Wischen *n*; Scheuern *n*; Schrubben *n*; *de murs* Abwaschen *n*; Abseifen *n* **2** GÉOL Auswaschung *f*; Auslaugung *f*

lessive [lesiv] *f* **1** *produit* Waschmittel *n*, -pulver *n*; Seifenpulver *n* **2** (*lavage*) Waschen *n*; Wäsche *f*; ***eau*** *f* ***de ~*** (Wasch-, Seifen)Lauge *f*; *couleur* ***aller à la ~*** waschecht sein; ***faire la ~*** (Wäsche) waschen; große Wäsche haben **3** (*linge*) (gewaschene) Wäsche **4** CHIM Lauge *f*

lessivé [lesive] *adj* **1** F ***être ~*** F kaputt, völlig erschlagen, völlig erschossen sein **2** GÉOL ***sol ~*** ausgewaschener, ausgelaugter Boden

lessiver [lesive] *v/t* **1** *plancher* wischen; scheuern; schrubben; *murs* abwaschen; abseifen **2** CHIM auswaschen; auslaugen **3** F ***se faire ~*** *au jeu* F sich ausnehmen lassen; *dans une compétition* ausscheiden müssen

lessiveuse [lesivøz] *f* Wäsche(koch)topf *m*; Waschkessel *m*

lest [lɛst] *m* **1** MAR Ballast *m*; *d'un aérostat* (Sand)-Ballast *m*; ***navire*** *m* ***sur ~*** unbefrachtetes, Ballast führendes Schiff; ***lâcher du ~*** Ballast abwerfen; *fig* teilweise nachgeben; Konzessionen machen **2** *pour une ligne, un filet de pêche* Senker *m* **3** PHYSIOL ***aliment*** *m* ***de ~*** Ballaststoff *m*

lestage [lɛstaʒ] *m d'un bateau, d'un ballon* Beladen *n* mit Ballast

leste [lɛst] *adj* **1** (*agile*) flink; behänd(e); gewandt; beweglich; *d'une personne âgée* ***être encore ~*** noch recht beweglich sein; ***marcher d'un pas ~*** mit leichtem, raschem, beschwingtem Schritt gehen; *fig* ***avoir la main ~*** e-e lockere Hand haben; ein lockeres, loses Handgelenk haben; ***il a la main ~*** *a* ihm rutscht die Hand leicht aus **2** (*cavalier*) *manières* ungehörig; respektlos; frech **3** (*grivois*) *propos* frivol; pikant; schlüpfrig; anzüglich; lose

lestement [lɛstəmɑ̃] *adv* **1** behänd(e); gewandt **2** *fig* ***mener ~ une affaire*** e-e Sache mit Schwung leiten

lester [lɛste] *v/t* **1** *navire, aérostat* mit Ballast beladen **2** *filet de pêche, ligne* mit Senkern beschweren

let [lɛt] *adj* ⟨*inv*⟩ TENNIS (*DE TABLE*) ***balle*** *f* ***~*** Netzball *m*; ***~!*** Netz!

létal [letal] *adj* ⟨***-aux***⟩ BIOL, MÉD *sc* letal; Letal…; tödlich; ***gène ~*** letal wirkendes Gen

letchi [letʃi] → ***litchi***

léthargie [letaʀʒi] *f* **1** MÉD Lethargie *f*; Erstarrung *f*; Scheintod *m* **2** *fig* Teilnahmslosigkeit *f*; Interesselosigkeit *f*; Gleichgültigkeit *f*; Stumpfheit *f*; Erstarrung *f*; Lethargie *f*; ***arracher qn à, tirer qn de sa ~*** j-n aus s-r Teilnahmslosigkeit *etc* aufrütteln, herausreißen; ***sortir, s'éveiller de sa ~*** aus s-r Teilnahmslosigkeit *etc* erwachen; ***tomber en ~*** teilnahmslos, gleichgültig, stumpf werden

léthargique [letaʀʒik] *adj* **1** MÉD *sommeil* lethargisch **2** *fig personne* teilnahmslos; interesselos; gleichgültig; stumpf; lethargisch

letton [lɛtõ] **I** *adj* ⟨***~ne***⟩ lettisch **II** *subst* **1** ***Letton(ne)*** *m(f)* Lette *m*, Lettin *f* **2** LING ***le ~*** das Lettische; Lettisch *n*

Lettonie [lɛtɔni] ***la ~*** Lettland *n*

lettre [lɛtʀ] *f* **1** (*caractère*) Buchstabe *m*; Schriftzeichen *n*; TYPO Letter *f*; Type *f*; TYPO ***~ capitale*** Großbuchstabe *m*; Versal(buchstabe) *m*; F ***les cinq ~s*** (= *merde*) F Scheibenhonig *m*, -kleister *m*; Schiet *m*; TYPO ***~s cursives, italiques*** Kursivschrift *f*; ***~s gothiques*** gotische Schrift; *fig* ***~ morte*** toter Buchsta-

L

be; ***tous vos conseils sont restés ~ morte*** alle Ihre Ratschläge waren umsonst; ***~s d'imprimerie*** Block-, Druckschrift *f*; *fig* ***la ~ et l'esprit d'une loi*** (der) Geist und Buchstabe e-s Gesetzes; *loc/adv*: ***à la ~, au pied de la ~*** (wort)wörtlich; im wörtlichen, buchstäblichen Sinn; ***il ne faut pas prendre ça à la ~*** *a* das ist nicht so genau zu nehmen; *il était futuriste* ***avant la ~*** ehe es diesen Begriff überhaupt gab; ***en toutes ~s*** *mot, date* ausgeschrieben; *chiffre* in Worten, Buchstaben; ***écrire qc en toutes ~s*** etw ausschreiben; *fig* ***dire, écrire qc en toutes ~s*** etw deutlich, ganz offen, unmissverständlich, unumwunden sagen, schreiben; ***être écrit en ~s d'or*** in *ou* mit Goldbuchstaben, *fig* goldenen Lettern geschrieben stehen **2** (*missive*) Brief *m*; COMM, ADM Schreiben *n*; ***~ exprès*** Eilbrief *m*; ***~ d'adieux, d'amour, d'affaires*** Abschieds-, Liebes-, Geschäftsbrief *m*; COMM ***~ de change*** Wechsel *m*; ***~ de condoléances*** Beileids-, Kondolenzbrief *m*, -schreiben *n*; DIPL ***~s de créance*** Beglaubigungsschreiben *n*; COMM ***~ de crédit*** Kreditbrief *m*; Akkreditiv *n*; ***~ de démission*** Rücktrittsgesuch *n*; ***~ d'excuse*** Entschuldigungsbrief *m*, -schreiben *n*; ***~ de licenciement*** Kündigungsschreiben *n*; schriftliche Kündigung; ***~ de menaces*** Drohbrief *m*; ***~ de rappel*** Mahnschreiben *n*; DIPL ***~s de rappel*** Abberufungsschreiben *n*; ***~ de remerciement(s)*** Dankbrief *m*, -schreiben *n*; COMM ***~ de transport aérien*** Luftfrachtbrief *m*; COMM ***~ de voiture*** Frachtbrief *m*; ***~ par avion*** Luftpostbrief *m*; *loc/adv* ***par ~(s)*** brieflich; F ***passer comme une ~ à la poste*** glattgehen; reibungslos gehen, verlaufen; *excuse* ohne weiteres geglaubt, abgenommen werden **3** ***~s*** *pl* (*culture littéraire*) schöne Literatur; Belletristik *f*; ***homme*** *m*, ***femme*** *f* ***de ~s*** Literat(in) *m(f)*; Schriftsteller(in) *m(f)*; Belletrist(in) *m(f)*; ***avoir des ~s*** gebildet sein **4** ***~s*** *pl* (*opposé à « sciences »*) Sprach- und Literaturwissenschaft *f* (*ou* Philologie *f*) und Philosophie *f*; *par ext* Geisteswissenschaften *f/pl*; ***~s classiques*** Französisch *n* in Verbindung mit klassischer Philologie, mit Altphilologie; ***~s modernes*** Neuphilologie *f*; ***faculté*** *f* ***des ~s et sciences humaines*** philosophische Fakultät; ***professeur*** *m* ***de ~s*** Lehrer *m* für Französisch (, Latein und Griechisch); ***étudiant*** *m* ***en ~s*** Philologiestudent *m*; Philologe *m*; ***docteur*** *m* ***ès ~s*** Doktor *m* der Philosophie

lettré [letʀe] **I** *adj* gebildet **II** *m* Gebildete(r) *m*

lettrine [letʀin] *f* TYPO **1** *d'un dictionnaire* lebender Kolumnentitel **2** *au début d'un chapitre* Initiale *f*; Zierbuchstabe *m*

leu[1] [lø] *m* ⟨*pl* **lei** [lɛ]⟩ *monnaie* Leu *m* (*pl* Lei)

leu[2] [lø] → ***queue*** *1*

leucémie [løsemi] *f* MÉD Leukämie *f*; Blutkrebs *m*

leucémique **I** *adj* leukämisch **II** *m,f* an Leukämie Erkrankte(r) *f(m)*

leucocytaire [løkɔsitɛʀ] *adj* MÉD ***formule*** *f* ***~*** Leukozytenformel *f*

leucocyte [løkɔsit] *m* BIOL *surtout pl* ***~s*** weiße Blutkörperchen *n/pl*; *sc* Leukozyten *m/pl*

leucome [løkom] *m* MÉD weißer Hornhautfleck; Leukom *n*

leucorrhée [løkɔʀe] *f* MÉD Weißfluss *m*; *sc* Leukorrhö(e) *f*

leur [lœʀ] **I** *pr/pers* ⟨*inv*⟩ ihnen; ***je ne ~ ai pas donné ce livre*** ich habe ihnen das Buch nicht gegeben; ***je ~ en parlerai*** ich werde mit ihnen darüber sprechen; ***donnez-~ à manger!*** gebt ihnen zu essen!; ***prêtez-la-~!*** leiht sie ihnen! **II** *adj/poss* ⟨**f inv**; *pl* **~s**⟩ ihr(e); *pl* ihre; ***ils aiment ~ métier*** sie lieben ihren Beruf; ***ces enfants ont perdu ~ mère*** diese Kinder haben ihre Mutter verloren; ***elles ont mis ~(s) chapeau(x)*** sie haben ihre Hüte aufgesetzt **III** *pr/poss* ⟨*f inv*⟩ **1** ***le ~, la ~*** der, die, das ihr(ig)e *ou* Ihr(ig)e, ihre(r, -s); *pl* ***les ~s*** die ihr(ig)en *ou* Ihr(ig)en; ihre; *ma maison est bien modeste*, ***mais la ~ est magnifique*** aber das ihr(ig)e ist prächtig; ***mes enfants et les ~s*** meine und ihre Kinder; meine Kinder und die ihren *ou* und ihre **2** *adjt* ***ils ont fait ~s mes revendications*** sie haben meine Forderungen zu den ihr(ig)en gemacht; ***cette richesse qui était ~*** der Reichtum, den sie den ihren nannten **3** *subst* **a)** ***le ~*** das Ihr(ig)e; ***ils y ont mis du ~*** sie haben das Ihre getan, ihren Teil dazu beigetragen; **b)** ***les ~s*** die Ihr(ig)en; ihre Familie; ihre Angehörigen; *par ext* ihre Freunde; ***j'étais un des ~s*** ich war e-r der Ihren; *par ext* ich war dabei; ***j'étais des ~s dimanche dernier à dîner*** ich war letzten Sonntag bei ihnen zum Abendessen

leurre [lœʀ] *m* **1** PÊCHE künstlicher Köder; CH (künstlicher) Lockvogel **2** *fig* Köder *m*; Lockmittel *n*; Augenwischerei *f*

leurrer [lœʀe] **I** *v/t* ködern (*a* CH), (an)locken (**par** mit); ***se laisser ~*** sich täuschen lassen **II** *v/pr* ***se ~*** sich (*dat*) Illusionen machen; sich (*dat*) etwas vormachen

levage [l(ə)vaʒ] *m* TECH Heben *n*; ***appareil*** *m* ***de ~*** Hebevorrichtung *f*, -zeug *n*

levain [l(ə)vɛ̃] *m* **1** CUIS *pour pâte levée* Hefestück *n*; Vorteig *m*; *pour le pain* Sauerteig *m*; ***pain*** *m* ***sans ~*** ungesäuertes Brot **2** *fig* Keim *m*

levant [l(ə)vɑ̃] **I** *adj* ⟨*m*⟩ ***soleil ~*** aufgehende Sonne **II** *m* **1** (*orient*) *st/s* Morgen *m*; ***du ~ au couchant*** von Morgen bis Abend **2** HIST ***le Levant*** die Levante; das Morgenland

levantin [l(ə)vɑ̃tɛ̃] **I** *adj* levantinisch; morgenländisch **II** *subst* ***Levantin(e)*** *m(f)* Levantiner(in) *m(f)*

levé [l(ə)ve] **I** *adj* **1** *bras, tête etc* erhoben; → ***a main*** *1*, ***pied*** *1* **2** (*sorti du lit*) auf(gestanden); ***déjà ~?*** schon auf(gestanden)? **3** *pain* ***bien ~*** locker; ***pâte ~e*** Hefeteig *m* **II** *m de terrain* Aufnahme *f*; *par ext* (*plan*) (Lage)Plan *m*

levée [l(ə)ve] *f* **1** *d'un siège, d'une interdiction, d'une punition, d'une séance* Aufhebung *f*; ***~ d'écrou*** Haftentlassung *f*, -aufhebung *f*; JUR ***~ des scellés*** Entfernung *f*, Abnahme *f* der Siegel; Entsiegelung *f* **2** *du courrier* Leerung *f*; ***heures f/pl des ~s*** Leerungszeiten *f/pl*; ***faire la ~*** den Briefkasten leeren **3** *d'un impôt* Erhebung *f* **4** MIL *de troupes* Einziehung *f*; HIST Aushebung *f*; ***~ en masse*** Massenaushebung *f*, -aufgebot *n* **5** CARTES Stich *m*; ***faire une ~*** e-n Stich machen **6** (*digue*) Aufschüttung *f*; Damm *m*; Deich *m*; ***~ de terre*** Erddamm *m*, -wall *m* **7** COMM ***~ d'option*** Ausübung *f* des Optionsrechtes **8** ***~ du corps*** *action* Abholung *f* des Toten; *cérémonie* Aussegnung *f* **9** *fig* ***~ de boucliers*** starke Opposition; starker, heftiger Widerstand; einstimmiger Protest

lève-glaces [lɛvglas] *m* ⟨*inv*⟩ AUTO Fensterheber *m*

lever[1] [l(ə)ve] ⟨**-è-**⟩ **I** *v/t* **1** *main, poing, jambe, tête* (hoch)heben; in die Höhe heben; *objet st/s* emporheben; *voile* lüften; MAR *ancre* lichten; *fig* **~ les bras au ciel** die Hände über dem Kopf zusammenschlagen; **~ les enfants** die Kinder aus dem Bett holen und anziehen; *en voiture etc* **~ les glaces** die Fenster schließen, F hochmachen, -kurbeln; **~ la main sur qn** die Hand gegen j-n erheben; → *a* **main** *1*; **~ les pieds** die Füße heben; THÉ **~ le rideau** den Vorhang auf-, hochziehen; **~ son verre à la santé de qn** sein Glas auf j-s Gesundheit erheben; **~ les yeux sur** *ou* **vers qn** j-n anblicken, -sehen; **~ les yeux de son livre** von s-m Buch aufblicken, -sehen; *travailler* **sans ~ les yeux** ohne aufzublicken, aufzusehen **2** JUR **~ les scellés** die Siegel entfernen, abnehmen; entsiegeln (**de qc** etw) **3** *interdiction etc* aufheben; *siège a* abbrechen; *séance* aufheben; schließen; beenden; → *a* **camp** *1* **4** *impôt* erheben **5** *troupes* einziehen; HIST ausheben **6** *plan d'un terrain* aufnehmen **7** CH *gibier* (**faire**) **~** aufscheuchen, -jagen; F **~ une femme** F e-e Frau aufgabeln, aufreißen **8** COMM **~ une option** e-e Option ausüben **II** *v/i pâte* gehen; *semis* aufgehen; sprießen **III** *v/pr* **se ~ 1** *personne* **a)** *de son siège* aufstehen; sich erheben; **faire ~ qn** j-n aufstehen heißen; **se ~ de table** vom Tisch, Essen aufstehen; **b)** *du lit* aufstehen; BIBL **lève-toi et marche!** stehe auf und wandle! **2** *astre* aufgehen; *jour* anbrechen **3** *vent* sich erheben; aufkommen; *tempête* losbrechen **4** *temps* sich aufklären, -hellen; *brouillard* sich auflösen **5** *mains etc*, THÉ *rideau* sich heben; hochgehen; *rideau a* aufgehen; sich öffnen

lever[2] [l(ə)ve] *m* **1** **~ du jour** Tagesanbruch *m*; **~ du soleil** Sonnenaufgang *m* **2** *du lit* Aufstehen *n*; HIST *du roi* Lever *n*; **au ~, à son ~** beim Aufstehen **3** THÉ **~ du rideau** Auf-, Hochgehen *n* des Vorhangs **4** TOPOGRAPHIE → **levé** *II*

lève-tard [lɛvtaʀ] *m* ⟨*inv*⟩ Langschläfer *m* **lève-tôt** *m* ⟨*inv*⟩ Frühaufsteher *m*

levier [l(ə)vje] *m* TECH, PHYS Hebel *m*; AUTO **~ de changement de vitesse** Schalthebel *m*; **~ de commande** Schalt-, Steuerhebel *m*; *fig* **être aux ~s de commande** an den Schalthebeln der Macht sitzen; das Steuer in der Hand haben; F am Drücker sitzen; *fig ambition etc* **être un puissant ~** ein mächtiger, starker Hebel sein

lévitation [levitasjõ] *f* OCCULTISME Levitation *f*

levraut [ləvʀo] *m* ZO junger Hase

lèvre [lɛvʀ] *f* **1** Lippe *f*; **~ inférieure, supérieure, pendante** Unter-, Ober-, Hängelippe *f*; *loc/adv* **du bout des ~s** gezwungen; widerstrebend; mit Widerwillen; widerwillig; **manger du bout des ~s** mit Widerwillen essen; **sourire du bout des ~s** gezwungen lächeln; **avoir la cigarette aux ~s** die Zigarette im Mund haben; **avoir le sourire aux ~s** ein Lächeln auf den Lippen haben; **lire sur les ~s** vom Mund, von den Lippen ablesen; **porter aux ~s, à ses ~s** zum Mund führen; an die Lippen setzen; → *a* **mordre** *IV 2* **2** *de la vulve* **grandes, petites ~s** große, kleine Schamlippen *f/pl* **3** ZO, BOT Lippe *f* **4** MÉD **~s** *pl* Wundränder *m/pl*

levrette [ləvʀɛt] *f* ZO **1** Windhündin *f* **2** Italienisches Windspiel

lévrier [levʀije] *m* ZO Windhund *m*; *petit* Windspiel *n*; **~ afghan** Afghane *m*; Afghanischer Windhund; **course** *f* **de ~s** Windhundrennen *n*

levure [l(ə)vyʀ] *f* CUIS Hefe *f*; BOT Hefepilz *m*; **~ chimique** Backpulver *n*; **~ de bière** Bierhefe *f*

lexème [lɛksɛm] *m* LING Lexem *n*

lexical [lɛksikal] *adj* ⟨**-aux**⟩ lexikalisch **lexicalisation** *f* lexikografische Erfassung **lexicaliser** *v/t* lexikalisieren; lexikografisch erfassen

lexicographe [lɛksikɔgʀaf] *m,f* Lexikograf(in) *m(f)* **lexicographie** *f* Lexikografie *f* **lexicographique** *adj* lexikografisch

lexicologie [lɛksikɔlɔʒi] *f* LING Lexikologie *f* **lexicologique** *adj* lexikologisch **lexicologue** *m,f* Lexikologe, -login *m,f*

lexie [lɛksi] *f* LING lexikologische Einheit

lexique [lɛksik] *m* **1** *dictionnaire* (kleines) Wörterbuch; Glossar *n* **2** (*vocabulaire*) Wortschatz *m*, -gut *n*; Vokabular *n*

Leyde [lɛd] Leiden *n* (*Stadt in den Niederlanden*)

lézard[1] [lezaʀ] *m* **1** ZO Eidechse *f*; **~ vert** Smaragdeidechse *f*; F *fig* **faire le ~** sich sonnen; F sich in der Sonne aalen **2** *peau* Eidechsenleder *n*; **en ~** aus Eidechsenleder

lézard[2] [lezaʀ] *m* F (**il n'**)**y a pas de ~** kein Problem!

lézarde [lezaʀd] *f dans un mur* Riss *m*; Ritze *f*; Ritz *m*

lézardé [lezaʀde] *adj mur* rissig; voller Risse

lézarder [lezaʀde] **I** *v/t* Risse hervorrufen (**un mur** in e-r Wand) **II** F *v/i* sich sonnen; F sich in der Sonne aalen **III** *v/pr* **se ~** Risse bekommen; rissig werden

Lhasa [lasa] GÉOGR Lhasa *n*

liaison [ljɛzõ] *f* **1** **~** (**amoureuse**) Liebschaft *f*; (Liebes)Verhältnis *n*; Liaison *f*; *Choderlos de Laclos* **Les ~s dangereuses** Die gefährlichen Liebschaften; **avoir une ~** e-e Liebschaft, ein (Liebes)Verhältnis haben **2** (*contact*) Verbindung *f*; **en ~ avec qn** mit j-m zusammen; **être en ~ avec qn** mit j-m in Verbindung stehen; **travailler en ~ étroite avec qn** mit j-m eng zusammenarbeiten **3** (*rapport*) Zusammenhang *m*; Verbindung *f*; **établir, faire la ~ entre deux événements** zwei Ereignisse miteinander in Verbindung, Zusammenhang bringen **4** (*communication*) Verbindung *f*; **~ aérienne, ferroviaire, maritime, postale, radio, routière, téléphonique** Flug-, Bahn-, Schiffs-, Post-,Funk-, Straßen-, Telefonverbindung *f*; **agent** *m*, **officier** *m* **de ~** Verbindungsmann *m*, -offizier *m* **5** GR **a)** Bindung *f*; Liaison *f*; **faire la ~** binden; **b)** **mots** *m/pl* **de ~** Konjunktionen *f/pl* und Präpositionen *f/pl* **6** CHIM, PHYS, CUIS Bindung *f*; **~ chimique** chemische Bindung **7** MUS Bogen *m*; → *Info nächste Seite*

liane [ljan] *f* BOT Liane *f*; Kletterpflanze *f*

liant [ljɑ̃] **I** *adj personne* kontaktfreudig; gesellig **II** *m* CONSTR, PEINT Bindemittel *n*

liard [ljaʀ] *m alte frz Kupfermünze*

lias [ljɑs] *m* GÉOL Lias *m ou f*

liasse [ljas] *f de papiers, de documents* Bündel *n*; Pack(en) *m*; Stoß *m*; **~ de billets, de lettres** Bündel Banknoten, Briefe; **mettre en ~** zu e-m Bündel zusammenschnüren, -binden

Liban [libɑ̃] **le ~** der Libanon

libanais [libanɛ] **I** *adj* libanesisch **II** *subst* **Libanais(e)** *m(f)* Libanese *m*, Libanesin *f*

libations [libasjõ] *f/pl* ANTIQUITÉ Trankopfer *n*; *fig* **faire des ~** ein Zechgelage veranstalten

libelle [libɛl] *m* Schmäh-, Spottschrift *f*

L

La liaison – eine ganz besondere Bindung

Der Artikel les wird vor Konsonant [le] ausgesprochen, das geschriebene -s bleibt stumm:

les guêpes [legɛp] – die Wespen

Vor einem Vokal wird jedoch das -s gesprochen:

les abeilles [lezabɛj] – die Bienen

Dieser Vorgang, bei dem ein in der Schreibung vorhandener Endkonsonant mit dem Anfangsvokal des folgenden Wortes lautlich verbunden wird, heißt **liaison** (Bindung). Weitere Informationen zur liaison sind in diesem Wörterbuch auf Seite 14 zu finden.

libellé [libɛ(l)le] *m* Wortlaut *m*; Text *m*; Fassung *f*

libeller [libɛ(l)le] *v/t contrat, écrit officiel* aufsetzen; abfassen; ausfertigen; *demande, lettre* abfassen; formulieren; **~ un chèque, un virement** einen Scheck, eine Überweisung ausstellen, -schreiben; *p/p* **libellé au nom de …, en dollars** auf den Namen …, auf Dollars lautend; *texte* **ainsi libellé** folgenden Wortlauts

libellule [libɛ(l)lyl] *f* ZO Libelle *f*; Wasserjungfer *f*

liber [libɛr] *m* BOT Bast *m*

libérable [liberabl] *adj* **militaire** *m* **~** (*nach Ableistung s-s Wehrdienstes*) zu entlassender Soldat; **permission** *f* **~** dem Soldaten noch zustehender Urlaub, der zu s-r früheren Entlassung führt

libéral [liberal] ⟨*m/pl* **-aux**⟩ **I** *adj* **1** POL liberal; *personne a* freiheitlich gesinnt; **économie ~e** freie (Markt)Wirtschaft; **parti ~** liberale Partei **2** (*tolérant*) *personne, attitude* liberal; tolerant; großzügig **3** *médecin etc* freiberuflich; **professions ~es** freie Berufe *m/pl* **II** *subst* **~(e)** *m(f)* POL Liberale(r) *f(m)*

libéralement [liberalmɑ̃] *adv* großzügig

libéralisation [liberalizasjõ] *f* ÉCON, POL Liberalisierung *f* **libéraliser** *v/t* liberalisieren

libéralisme [liberalism] *m* **1** POL, ÉCON Liberalismus *m* **2** (*attitude libérale*) Liberalität *f*; Toleranz *f*; Großzügigkeit *f*

libéralité [liberalite] *f st/s* **1** Freigebigkeit *f*; Großzügigkeit *f* **2** **~s** *pl* großzügige Geschenke *n/pl*, Gaben *f/pl*, Spenden *f/pl*

libérateur [liberatœr] **I** *adj* ⟨**-trice**⟩ befreiend (*a fig humour etc*); **guerre libératrice** Befreiungskrieg *m*; **rire ~** befreiendes Lachen **II** *subst* **~, libératrice** *m,f* Befreier(in) *m(f)*

libération [liberasjõ] *f* **1** *d'un prisonnier*, POL *d'un pays* Befreiung *f*; *des femmes a* Emanzipation *f*; *d'un détenu* (*mise en liberté*) Freilassung *f*; Entlassung *f* (aus der Haft); **la Libération** die Befreiung (Frankreichs im 2. Weltkrieg); JUR **~ conditionnelle** bedingte Haftentlassung **2** MIL Entlassung *f* (*nach abgeleistetem Wehrdienst*) **3** *d'une obligation* Entbindung *f*, Entlastung *f*, Befreiung *f* (**de** von) **4** ÉCON Freigabe *f*; **~ des échanges** Liberalisierung *f* des Warenaustausches **5** FIN **~ d'une action** Einzahlung *f* des Aktienbetrages **6** PHYS, CHIM Freisetzung *f*; Abgabe *f*; **~ d'énergie** Freisetzung von Energie; Energieabgabe *f*; **~ de neutrons** Freisetzung von Neutronen **7** ESPACE **vitesse** *f* **de ~** Fluchtgeschwindigkeit *f*

libératoire [liberatwar] *adj* FIN **prélèvement** *m* **~** Abgeltungssteuer *f*

libéré [libere] **I** *adj pays* befreit; *femme a* emanzipiert; *détenu* freigelassen; entlassen; *jeune homme* **~ des obligations militaires** der s-n Wehrdienst abgeleistet hat **II** *m* aus der Haft Entlassene(r) *m*

libérer [libere] ⟨**-è-**⟩ **I** *v/t* **1** *pays, prisonnier* befreien; *femmes a* emanzipieren; *détenu* (*mettre en liberté*) (aus der Haft) entlassen; freilassen; freigeben; auf freien Fuß setzen **2** MIL (*nach abgeleistetem Wehrdienst*) entlassen **3** *d'une obligation, d'une servitude* entbinden (**de** von); entlasten (von); *de liens a* befreien (von) **4** ÉCON *prix* freigeben; *échanges* liberalisieren; *montant d'une action* einzahlen **5** *passage* frei machen; freigeben **6** CHIM, PHYS *énergie etc* freisetzen; abgeben **7** *fig sa conscience* entlasten; *ses instincts* freien Lauf lassen (+*dat*) **II** *v/pr* **se ~** *de son travail etc* sich freimachen (**de** von); *d'obligations, d'une étreinte a* sich befreien (**de** von *ou* aus); **se ~ d'une dette** e-e Schuld ab-, bezahlen, tilgen, abtragen; **je peux me ~ lundi** *a* Montag bin ich frei, habe ich Zeit

Libéria *ou* **Liberia** [liberja] **le Libéria** *ou* **le Liberia** Liberia *n*

libérien [liberjɛ̃] **I** *adj* ⟨**~ne**⟩ liberianisch **II** *subst* **Libérien(ne)** *m(f)* Liberianer(in) *m(f)*

libéro [libero] *m* FOOTBALL Libero *m*

libertaire [libɛrtɛr] *adj* POL anarchistisch

liberté [libɛrte] *f* Freiheit *f*; **~ civile** staatsbürgerliche Freiheit; **~ économique** Gewerbefreiheit *f*; **~ individuelle** persönliche, individuelle Freiheit; PHILOS **~ morale** sittliche, innere Freiheit; **~ politique** politische Freiheit; **~s publiques** Grund-, Freiheitsrechte *n/pl*; **~ religieuse** Religionsfreiheit *f*; JUR *pour un jeune* **~ surveillée** Freilassung *f* mit Bewährungsaufsicht; **Liberté, Égalité, Fraternité** Freiheit, Gleichheit, Brüderlichkeit; **~ d'action, de mouvement** Handlungs-, Bewegungsfreiheit *f*; **donner, laisser à qn toute ~ d'action** j-m volle Handlungsfreiheit, völlig freie Hand geben, lassen; **~ d'association** Vereinigungs-, Assoziations-, Koalitionsfreiheit *f*; **~ de conscience** Gewissensfreiheit *f*; **~ du commerce et de l'industrie** Handels- und Gewerbefreiheit *f*; **~ du culte** Glaubensfreiheit *f*; **~ des échanges, du commerce** Handelsfreiheit *f*; **~ de l'enseignement** Lehrfreiheit *f*; **~ d'établissement** Niederlassungsfreiheit *f*; **~s de langage** ungehörige, dreiste Redeweise; **~ de mœurs** freie, lockere Sitten *f/pl*; **~ d'opinion** Meinungsfreiheit *f*; Recht *n* auf freie Meinungsäußerung; **~ de la presse** Pressefreiheit *f*; **~ de réunion** Versammlungsfreiheit *f*; **~ du travail** Freiheit der Arbeit; **heures** *f/pl* **de ~** Freizeit *f*; **moment** *m* **de ~** freier Augenblick; **mise** *f* **en ~** Freilassung *f*; **statue** *f* **de la ~** Freiheitsstatue *f* (*im Hafen von New York*); *loc/adv* **en**

toute ~ völlig frei, ungehindert; ***agir en toute ~, avoir toute ~*** volle Handlungsfreiheit, völlig freie Hand haben; in s-n Handlungen völlig frei sein; ***être en ~*** frei herumlaufen; auf freiem Fuß sein; ***s'exprimer avec une grande ~*** sich sehr frei, offen ausdrücken; ***laisser qn en ~*** j-n auf freiem Fuß lassen; ***laisser trop de ~ à qn*** j-m zu viel Freiheit lassen; ***mettre qn en ~*** j-n freilassen, freigeben, auf freien Fuß setzen, in Freiheit setzen; ***prendre la ~ de faire qc*** sich (*dat*) die Freiheit nehmen, etw zu tun; ***prendre des ~s avec qn*** sich (*dat*) j-m gegenüber Freiheiten herausnehmen; j-m gegenüber frech, dreist, zudringlich werden; ***prendre des ~s avec un texte*** mit e-m Text sehr frei umgehen

libertin [libɛʀtɛ̃] **I** *adj personne* ausschweifend; liederlich; zügellos; *ouvrage* sehr frei; *propos a* locker; schlüpfrig **II** *m* 1 liederlicher, zügelloser Mensch; *litt* Libertin *m* 2 *litt* (*libre penseur*) Freigeist *m*

libertinage [libɛʀtinaʒ] *m* Ausschweifung *f*; Liederlichkeit *f*; Zügellosigkeit *f*

libidineux [libidinø] *adj* ⟨**-euse**⟩ lüstern; wollüstig

libido [libido] *f* PSYCH Libido *f*

libraire [libʀɛʀ] *m,f* Buchhändler(in) *m(f)*; *t/t* Sortimentsbuchhändler(in) *m(f)* **libraire-éditeur** *m* ⟨*pl* **libraires-éditeurs**⟩ Verlagsbuchhändler *m*

librairie [libʀɛʀi] *f* 1 *magasin* Buchhandlung *f*; ***~ universitaire*** Universitätsbuchhandlung *f*; ***~ de gare*** Bahnhofsbuchhandlung *f*; ***~ d'occasion*** modernes Antiquariat 2 *commerce* Buchhandel *m*; Büchermarkt *ou* Buchmarkt *m*; ***en ~*** im Buchhandel; auf dem Büchermarkt; ***on ne trouve plus ce livre en ~*** dieses Buch ist im Buchhandel vergriffen, nicht mehr zu haben 3 *profession* Buchhändlerberuf *m*

librairie-papeterie [libʀɛʀipapɛtʀi] *f* ⟨*pl* **librairies-papeteries**⟩ Buch- und Schreibwarenhandlung *f*

libre [libʀ] *adj* frei; *personne* (*sans obligation familiale*) *a* ungebunden; *attitude* allzu, sehr frei; *propos a* locker; lose; ♦ ***accès*** *m* ***~*** freier Zugang; ***après-midi*** *m* ***~*** Nachmittag *m* zur freien Verfügung; *à l'université* ***auditeur*** *m* ***~*** Gasthörer *m*; ***école*** *f* ***~*** (private) Konfessionsschule; (private) katholische Schule; ***élections*** *f/pl* ***~s*** freie Wahlen *f/pl*; ***entrée*** *f* ***~*** freier Ein-, Zutritt; GYMNASTIQUE ***exercices*** *m/pl* ***~s*** Kür(übungen) *f(pl)*; PATINAGE ***figures*** *f/pl* ***~s*** Kür(lauf) *f(m)*; ***heures*** *f/pl* ***~s, temps*** *m* ***~*** Freizeit *f*; freie Zeit; ***avez-vous une chambre ~?*** haben Sie ein Zimmer frei?; *pendant la Seconde Guerre mondiale* ***la France ~*** das freie Frankreich; ***vous avez une heure de ~?*** haben Sie e-e Stunde Zeit?; POL ***monde*** *m* ***~*** freie Welt; ADM (*opposé à timbré*) ***papier*** *m* ***~*** einfaches, gewöhnliches, stempelfreies Papier; ***passage*** *m* ***~*** freie (Durch)Fahrt; ***presse*** *f* ***~*** freie Presse; ***prix*** *m* ***~*** freier, unverbindlicher, ungebundener Preis; JOURNALISME ***~s propos*** *m/pl* Kommentar *m*; TECH ***roue*** *f* ***~*** Freilauf *m*; ***union*** *f* ***~*** wilde Ehe; ***ville*** *f* ***~*** freie Stadt; ***voie*** *f* ***~*** freie Bahn; CH DE FER freies Gleis; *comme signal* freie Fahrt; ***zone*** *f* ***~*** freie, unbesetzte Zone (Frankreichs im 2. Weltkrieg); ♦ ***~ à vous de*** (*+inf*) es steht Ihnen frei, es steht in Ihrem Belieben zu (*+inf*); ***~ comme l'air*** frei wie der Vogel in der Luft; ***à l'air ~*** in *ou* an der freien Luft; *médicament* ***en vente ~*** frei verkäuflich; rezeptfrei; ♦ ***avoir les mains ~s*** freie Hand haben; ***êtes-vous ~ ce soir?*** sind Sie heute Abend frei?; ***être très ~ avec qn*** ungezwungen, in familiärem Ton mit j-m verkehren; ein familiäres Verhältnis zu j-m haben; *st/s* ***être ~ de qc*** frei von etw sein; ***je suis ~ d'agir comme je l'entends*** es steht mir frei zu handeln, wie ich will

libre-échange [libʀeʃɑ̃ʒ] *m* ÉCON Freihandel *m*; ***zone*** *f* ***de ~*** Freihandelszone *f*

libre-échangisme [libʀeʃɑ̃ʒism] *m* Freihandel *m*; Freihandelspolitik *f* **libre-échangiste** ⟨*pl* **libre-échangistes**⟩ **I** *adj* Freihandels… **II** *m* Anhänger *m* des Freihandels, e-r Freihandelspolitik

librement [libʀəmɑ̃] *adv* 1 frei; ***circuler ~*** *personne* sich frei bewegen; *marchandises* frei zirkulieren; ***traduire ~*** frei übersetzen 2 (*avec franchise*) offen 3 ***sacrifice ~ consenti*** freiwillig gebrachtes Opfer

libre-penseur [libʀəpɑ̃sœʀ] *m* ⟨*pl* **libres-penseurs**⟩ Freidenker *m*; Freigeist *m*

libre-service [libʀəsɛʀvis] *m* ⟨*pl* **libres-services**⟩ 1 *principe* Selbstbedienung *f* 2 *magasin* Selbstbedienungsladen *m*, -geschäft *n*

librettiste [libʀɛ(t)tist] *m,f* (Opern)Textdichter(in) *m(f)*; Librettist(in) *m(f)*

libretto [libʀɛ(t)to] *m* ⟨*pl* **libretti** [libʀɛ(t)ti] *od* **~s**⟩ Operntext *m*; Textbuch *n*; Libretto *n*

Libye [libi] ***la ~*** Libyen *n*

libyen [libjɛ̃] **I** *adj* ⟨**~ne**⟩ libysch **II** *subst* ***Libyen(ne)*** *m(f)* Libyer(in) *m(f)*

lice [lis] *f* 1 HIST Turnier-, Kampfplatz *m*; *fig* ***entrer en ~*** die Arena betreten; auf dem Plan erscheinen 2 → ***lisse***[2]

licence [lisɑ̃s] *f* 1 *grade universitaire français* Licence *f*; *correspond à* Staatsexamen *n*; ***~ en droit, ès lettres, ès sciences*** Licence in Rechts-, Geistes-, Naturwissenschaften; ***faire une ~ d'allemand*** *a* Germanistik studieren 2 COMM, JUR Lizenz *f*; Konzession *f*; Genehmigung *f*; Bewilligung *f*; Erlaubnis *f*; ***~ de débit de boissons*** Schankkonzession *f*, -erlaubnis *f*; ***~ d'exploitation*** Lizenz zur Nutzung e-s Patents; ***~ d'importation, d'exportation*** Ein-, Ausfuhrbewilligung *f*, -genehmigung *f*, -erlaubnis *f*, -lizenz *f*; Import-, Exportlizenz *f*; ***titulaire*** *m* ***d'une ~*** Lizenzinhaber *m* 3 SPORTS Lizenz *f* (***de tennis*** die zur Teilnahme an Tenniswettkämpfen berechtigt) 4 (*liberté*) Freiheit *f*; ***~ grammaticale, orthographique*** eigenwillige Grammatik, Rechtschreibung; ***~ poétique*** dichterische Freiheit 5 *litt* (*liberté excessive*) Zügellosigkeit *f*; Ausschweifung *f*; ***~ des mœurs*** Sittenlosigkeit *f*; → *Info nächste Seite*

licencié(e) [lisɑ̃sje] *m(f)* 1 ***~(e) ès lettres, ès sciences*** Hochschulabsolvent(in), der (die) die Licence ès lettres, ès sciences besitzt; *adjt* ***professeur licencié*** Lehrer am Gymnasium, der e-e Licence hat 2 SPORTS Lizenzinhaber(in) *m(f)*

licenciement [lisɑ̃simɑ̃] *m* Entlassung *f* **licencier** *v/t* entlassen

licencieux [lisɑ̃sjø] *litt adj* ⟨**-euse**⟩ unanständig; anstößig; frivol

lichen [likɛn] *m* 1 BOT Flechte *f* 2 MÉD Knötchenflechte *f*; *sc* Lichen *m*

licher [liʃe] *v/t* F süffeln; picheln

lichette [liʃɛt] F *f* Stückchen *n*; Scheibchen *n*

licite [lisit] *adj* erlaubt; zulässig; statthaft

licorne [likɔʀn] *f* MYTH Einhorn *n*

licou [liku] *m* Halfter *m ou n*

L

La licence – ein wichtiger Abschluss

Wer an einer französischen Universität das dritte Studienjahr erfolgreich absolviert, erhält mit **la licence** einen Abschluss, mit dem er bereits ins Berufsleben überwechseln kann. Hochschulabsolventen, die zum Beispiel eine licence in Jura haben, nennt man **les licenciés en droit**. Sie erfüllen damit die Voraussetzung zur Niederlassung als Rechtsanwalt.

lie [li] *f* 1 **~ de vin** Weinhefe *f*; *adjt* **~ de vin** *ou* **~-de-vin** [-dvɛ̃] ⟨*inv*⟩ dunkelrot; weinrot; *fig* **boire le calice, la coupe jusqu'à la ~** den Kelch bis zur Neige leeren 2 *litt et fig* Abschaum *m*; *st/s* Hefe *f*

Liechtenstein [liʃtɛnstajn] **le ~** Liechtenstein *n*

lied [lid] *m* ⟨*pl* **~s** *ou* **~er** [-ɛr]⟩ (das deutsche) Lied

liège [ljɛʒ] *m* BOT Kork *m*; **~ aggloméré** Presskork *m*; **bouchon** *m* **de ~** Korken *m*; Korkpfropfen *m*

Liège [ljɛʒ] Lüttich *n*

liégeois [ljeʒwa] **I** *adj* von Lüttich; Lütticher; CUIS **café ~** Eiskaffee *m* **II** *subst* **Liégeois(e)** *m(f)* Lütticher(in) *m(f)*

lien [ljɛ̃] *m* 1 Band *n* 2 *fig* Band *n*; Bindung *f*; **~ conjugal** Band der Ehe; **~s de l'amitié, de famille, de parenté** Freundschafts-, Familien-, Verwandtschaftsbande *n/pl*; **~s du sang** Blutsbande *n/pl*; **nouer des ~s étroits avec qn** enge Bindungen mit j-m eingehen; **servir de ~ entre deux personnes** das Bindeglied zwischen zwei Menschen sein 3 *entre des faits, des idées* Verbindung *f*; Zusammenhang *m* 4 INFORM Link *m ou n*; **créer un ~ vers qc** auf etw (*acc*) verlinken

lier [lje] **I** *v/t* 1 binden (**à** an +*acc*); *plusieurs choses* zusammenbinden; *fig contrat, promesse* **~ qn** j-n binden; für j-n verbindlich sein; **~ les mains à qn** j-m die Hände binden, fesseln; *fig* j-m jede Handlungsmöglichkeit nehmen; *fig* **j'ai les mains liées** mir sind die Hände gebunden; *fig* **être fou à ~** F total verrückt sein; reif fürs Irrenhaus sein 2 *lettres en écrivant* (mit e-m Haarstrich) verbinden; *en français: deux mots*, MUS *des notes* binden 3 CUIS *sauce* binden; andicken; sämig machen; legieren 4 *fig intérêts, sentiments: personnes* miteinander verbinden; **~ amitié avec qn** mit j-m Freundschaft schließen; **être lié d'amitié avec** *ou* **à qn** mit j-m befreundet sein; mit j-m in Freundschaft verbunden sein; **~ conversation avec qn** mit j-m ein Gespräch anknüpfen; **avoir partie liée avec qn** mit j-m gemeinsame Interessen haben; **être lié avec, à qn** mit j-m verbunden, befreundet, liiert sein; j-m nahestehen; **ils sont très liés** sie sind eng befreundet, liiert 5 *idées, événements etc* miteinander, untereinander verbinden, verknüpfen; in e-n logischen Zusammenhang bringen; **~ à qc** mit etw verbinden, verknüpfen; **être lié à qc** *a* in Zusammenhang mit etw stehen; **~ la cause à l'effet** *a* e-n Kausalzusammenhang herstellen; **ces deux crimes sont étroitement liés** zwischen den beiden Verbrechen besteht ein enger Zusammenhang; diese beiden Verbrechen stehen in e-m engen Zusammenhang **II** *v/pr* 1 **se ~** (**par un contrat**) sich (vertraglich) binden; *fig* **se ~ les mains** sich (*dat*) selbst die Hände binden 2 **se ~ d'amitié avec qn** mit j-m Freundschaft schließen; sich mit j-m anfreunden; *abs* **il ne se lie pas facilement** er schließt sich nicht so schnell, leicht an

Lierre [ljɛr] GÉOGR Lier *n*

lierre [ljɛr] *m* BOT Efeu *m*

liesse [ljɛs] *f* **en ~** jubelnd; **foule** *f* **en ~** jubelnde Menge

lieu[1] [ljø] *m* ⟨*pl* **~x**⟩ 1 Ort *m*; Platz *m*; Stelle *f*; *st/s* Stätte *f*; ♦ *fig* **~ commun** Gemeinplatz *m*; MATH **~ géométrique** geometrischer Ort; **'haut ~** *historiquement célèbre* berühmter Schauplatz; *en art* berühmte Stätte; *par ext* Hochburg *f*; Mittelpunkt *m*; Zentrum *n*; **haut ~ touristique** Hochburg *etc* des Tourismus; *fig* **en haut ~** höheren Orts; an höherer, maßgeblicher Stelle; **mauvais ~** verrufenes Haus, Lokal; **~ public** jedermann zugänglicher Ort; öffentlicher Ort; **~ saint** heiliger Ort; heilige Stätte; **les Lieux saints** die Heiligen Stätten; **~ sûr** sicherer Ort; **mettre en ~ sûr** an e-n sicheren Ort bringen; in Sicherheit bringen; JUR **~ d'exécution** Erfüllungsort *m*; **~ d'expédition** Versand-, Aufgabeort *m*; **~ de naissance** Geburtsort *m*; **~ de pèlerinage** Wallfahrtsort *m*; **~ de travail** Arbeitsort *m*, -stätte *f*, -stelle *f*, -platz *m*; GR **adverbe** *m* **de ~** Ortsadverb *n*; ♦ *loc/prép*: **au ~ de** anstelle (+*gén*); (an)statt (+*gén*, F +*dat*); **au ~ de cela** stattdessen; **au ~ de vous lamenter ...** (an)statt zu klagen ...; ADM **en ~ et place de qn** stellvertretend für j-n; an j-s Stelle, statt; *loc/adv*: **en dernier ~** an letzter Stelle; zuletzt; schließlich; **en premier ~** an erster Stelle; in erster Linie; zuerst; zunächst; primär; **en tous ~x** überall; *st/s* allerorts; ♦ **avoir ~** stattfinden; geschehen; sich ereignen; sich zutragen; passieren; *réunion* **ne pas avoir ~** *a* ausfallen; **avoir ~ de faire qc** Grund, Anlass haben, etw zu tun; **il n'y a pas ~ de s'inquiéter pour le moment** im Moment besteht kein Grund, Anlass zur Beunruhigung; **s'il y a ~** gegebenenfalls; **donner ~ à qc** Anlass, Veranlassung zu etw geben; ADM **donner ~ à une demande** e-m Gesuch stattgeben; **tenir ~ de qc** etw ersetzen; an die Stelle von etw treten; die Stelle von etw einnehmen 2 **~x** *pl* Örtlichkeit *f*; *d'un appartement, d'une maison* Räume *m/pl*; Räumlichkeiten *f/pl*; *par ext* Wohnung *f*; Haus *n*; **dresser, faire l'état des ~x** schriftlich niederlegen, in welchem Zustand sich die Räume befinden; **faire une reconnaissance des ~x** die örtlichen Verhältnisse erkunden; **quitter, vider les ~x** die Wohnung, das Haus räumen; ausziehen 3 JUR **~x** *pl* **du crime** Tatort *m*; *loc/adv* **sur les ~x** an Ort und Stelle; JUR *a* am Tatort; JUR **descente** *f* **sur les ~x** Lokaltermin *m*; Augenscheinseinnahme *f*; **se rendre sur les ~x** sich an Ort und Stelle, JUR an den Tatort begeben

lieu[2] [ljø] *m* ZO **~ jaune** Pollack *m*; COMM heller Seelachs; **~ noir** Köhler *m*; COMM Seelachs *m*

lieu-dit [ljødi] *m* ⟨*pl* **lieux-dits**⟩ *ou* **lieudit** *m* ⟨*pl* **lieudits**⟩ Ort, der e-n Flurnamen trägt; **l'autocar s'arrêta au ~ des «trois chênes»** der Autobus hielt an der Stelle, die „Drei Eichen" heißt

lieue [ljø] *f ancienne mesure* Meile *f* (*etwa 4 km*); Wegstunde *f*; **bottes** *f/pl* **de sept ~s** Siebenmeilenstiefel *m/pl*; *fig* ***j'étais à cent*** *ou* ***mille ~s de supposer cela*** ich war meilenweit davon entfernt, so etwas zu vermuten

lieutenant [ljøtnɑ̃] *m* **1** MIL Oberleutnant *m*; MAR **~ *de vaisseau*** Kapitänleutnant *m* **2** HIST **~ *général du royaume*** Reichsverweser *m* **lieutenant-colonel** *m* ⟨*pl* **lieutenants-colonels**⟩ MIL Oberstleutnant *m*

lièvre [ljɛvʀ] *m* ZO, CUIS Hase *m*; ***courir comme un ~*** laufen wie ein Wiesel; *fig* ***courir deux ~s à la fois*** zwei Dinge auf einmal betreiben; zwei Ziele auf einmal verfolgen; ***être peureux comme un ~*** ein Angsthase, Hasenfuß sein; *fig* ***(sou)lever un ~*** e-e heikle Frage stellen, aufwerfen; ein heikles Thema berühren, anschneiden

lifter [lifte] *v/t* ***se faire ~*** sich liften lassen

liftier [liftje] *m* Liftboy *m*; Fahrstuhlführer *m*

lifting [liftiŋ] *m* Lifting *n*; ***se faire faire un ~*** sich liften lassen

ligament [ligamɑ̃] *m* ANAT Band *n*; *sc* Ligament(um) *n*; **~ *articulaire*** Gelenkband *n*

ligamenteux [ligamɑ̃tø] *adj* ⟨**-euse**⟩ ANAT bandartig; bänderartig; mit Bändern versehen

ligature [ligatyʀ] *f* **1** MÉD Unterbindung *f*; Ligatur *f*; **~ *des trompes*** Tubenligatur *f* **2** JARD Band *n*; Schnur *f*; Strick *m*

ligaturer [ligatyʀe] *v/t* MÉD unterbinden

lige [liʒ] *adj* HIST ***homme m ~*** Lehnsmann *m*; *fig* ***être l'homme ~ de qn*** j-m blind ergeben, j-m hörig sein

ligne [liɲ] *f* **1** Linie *f*; Strich *m*; *sur une route* **~ *blanche, jaune*** weiße, gelbe Markierungslinie; weißer, gelber Markierungsstrich; **~ *droite*** gerade Linie; gerader Strich; MATH Gerade *f*; ***en ~ droite*** in gerader Linie; in Luftlinie; geradlinig; SPORTS **~ *d'arrivée*** Ziellinie *f*; Ziel *n*; ***franchir la ~ d'arrivée*** durchs Ziel gehen; **~ *de but*** FOOTBALL *etc* Tor-, RUGBY Malllinie *f*; **~ *de cœur, de vie, de la main*** Herz-, Lebens-, Handlinie *f*; MAR **~ *d'eau*** Wasserlinie *f*; MIL **~ *de mire, de visée, de tir*** Visier-, Ziel-, Schusslinie *f*; GÉOL **~ *de partage des eaux*** Wasserscheide *f*; TENNIS **~ *de service*** Aufschlaglinie *f*; FOOTBALL *etc* **~ *de touche*** Seitenlinie *f*; *fig* ***expliquer dans ses grandes ~s*** in großen Zügen, Umrissen erklären; umreißen **2** ÉLECT, TÉL Leitung *f*; TÉL **~*s groupées*** Sammel(ruf)nummer *f*; **~ *à 'haute tension*** Hochspannungsleitung *f*; TÉL: ***avoir qn en ~*** j-n am Apparat, F an der Strippe haben; ***il y a qn sur la ~*** es ist j in der Leitung; ***être en ~*** am Telefon, am Apparat sein; ***vous êtes en ~, parlez*** Sie sind verbunden, sprechen Sie **3** INFORM ***en ~*** online [-laɪn]; Online…; ***'hors ~*** offline [-laɪn]; ***achat** m **en ~*** Onlinekauf *m*; ***banque** f **en ~*** Online-Banking [-bɛŋkɪŋ] *n*; ***shopping** m **en ~*** Online-Shopping *n*; ***vente** f **en ~*** Onlineverkauf *m* **4** TRANSPORTS Linie *f*; Strecke *f*; CH DE FER ***grandes ~s*** Fernstrecken *f/pl*; **~ *maritime, de navigation*** Schifffahrtslinie *f*; AVIAT, MAR **~ *régulière*** planmäßig beflogene *ou* befahrene Strecke; CH DE FER: **~ *secondaire*** Nebenstrecke *f*, -linie *f*, -bahn *f*; **~ *à double voie, à voie unique*** zweigleisige, eingleisige Strecke; **~ *d'autobus, de tramway*** Autobus-, Straßenbahnlinie *f*; **~ *de banlieue*** Vorortstrecke *f*, -linie *f*, -bahn *f*; **~ *de chemin de fer*** Eisenbahnlinie *f*, -strecke *f*; **~ *de métro*** U-Bahn-Linie *f*; ***vol** m **de ~*** Linienflug *m* **5** MIL Linie *f*; Front *f*; **~*s adverses, ennemies*** feindliche Linien, Stellungen; HIST **~ *Maginot*** Maginotlinie *f*; **~ *Siegfried*** Westwall *m*; **~*s de défense*** Abwehrfront *f*; MAR ***bâtiment** m **de ~*** Schlachtschiff *n*; *loc/adv* ***en ~*** im Einsatz; in der vordersten Linie; vorn; ***monter en ~*** zum Einsatz, an die Front kommen; in die vorderste Linie einrücken; *fig* ***sur toute la ~*** auf der ganzen Linie **6** *dans un texte*, TV Zeile *f*; *dictée* ***à la ~!*** neue Zeile!; Absatz!; ***aller à la ~*** e-e neue Zeile anfangen; ***être payé à la ~*** pro Zeile bezahlt werden; *fig*: ***lire entre les ~s*** zwischen den Zeilen lesen; ***résumer en deux ~s*** kurz zusammenfassen **7** (*suite alignée*) Reihe *f*; **~ *d'arbres*** Baumzeile *f*, -reihe *f*; FOOTBALL *etc* **~ *d'avants*** Stürmerreihe *f*; *loc/adv* ***en ~*** in e-r Reihe; MIL in Linie; ***mettre en ~*** in e-r Reihe aufstellen; in e-e Reihe stellen; MIL ***en ~ sur deux rangs*** in Linie zu zwei Gliedern; *intelligence, personnalité* ***'hors ~*** hervorragend; außergewöhnlich; *fig* ***entrer en ~ de compte*** in Betracht kommen; *arbres* ***plantés à la ~*** schnurgerade gepflanzt; ***être rangés sur deux ~s*** in zwei Reihen hintereinander aufgestellt sein **8** MAR Leine *f*; **~ *de loch, de sonde*** Log-, Lotleine *f* **9** PÊCHE Angelschnur *f*, -leine *f*; *par ext* Angel *f*; **~ *de fond*** Grundangel *f*; ***pêche** f **à la ~*** Angeln *n* **10** *fig* (*règle*) Linie *f*; **~ *directrice*** Leitlinie *f*; **~ *de conduite*** Verhaltensmaßregeln *f/pl*; Richtschnur *f*; **~ *du parti*** Parteilinie *f*; ***être dans la ~ du parti*** linientreu sein **11** (*contour, tracé*) Linie *f*; *d'une voiture, d'un visage a* Form *f*; Schnitt *m*; *personne* ***avoir la ~*** e-e schlanke Figur haben; ***garder la** ou **sa ~*** s-e schlanke Linie bewahren **12** GÉNÉALOGIE Linie *f*; ***descendre en ~ directe de qn*** in direkter, gerader Linie von j-m abstammen **13** MAR ***baptême** m **de la ~*** Linien-, Äquatortaufe *f*; ***passer la ~*** die Linie, den Äquator passieren

lignée [liɲe] *f* Nachkommenschaft *f*; Geschlecht *n*; Stamm *m*; **~ *d'ancêtres*** Ahnenreihe *f*; *fig* ***se situer dans la ~ de qn*** in j-s Nachfolge (*dat*) stehen

ligner [liɲe] *v/t* linieren; liniieren; *adjt* ***papier ligné*** lin(i)iertes Papier; Linienpapier *n*

ligneux [liɲø] *adj* ⟨**-euse**⟩ holzig; Holz…; ***plante ligneuse*** Holzgewächs *n*

lignification [liɲifikasjõ] *f* BOT Verholzung *f* **lignifier** *v/pr* ***se ~*** verholzen

lignite [liɲit] *m* MINÉR Braunkohle *f*

ligoter [ligɔte] *v/t* **1** *personne* fesseln **2** *fig* **~ *qn*** j-n s-r Freiheit (*gén*) berauben

ligue [lig] *f* Liga *f*; Bund *m*; Bündnis *n*; ***Ligue arabe*** Arabische Liga; ***Sainte Ligue allemande*** Katholische Liga; ***Ligue des droits de l'homme*** Liga für Menschenrechte; **~ *contre l'alcoolisme*** Liga, Bund zur Bekämpfung des Alkoholismus

liguer [lige] **I** *v/t* (zu e-m Bund) zusammenschließen; ***avoir tout le monde ligué contre soi*** alle gegen sich haben **II** *v/pr* ***se ~*** sich verbünden, zusammenschließen (***avec qn*** mit j-m); ***se ~ contre qn*** sich gegen j-n verbünden

ligure [ligyʀ] *adj* HIST ligurisch

Ligurie [ligyʀi] ***la ~*** Ligurien *n*

lilas[1] [lilɑ] *m* BOT Flieder *m*; *arbuste* Fliederstrauch *m*

lilas[2] [lilɑ] **I** *adj* ⟨*inv*⟩ lila; fliederfarben **II** *m couleur* Lila *n*

liliacées [liljase] *f/pl* BOT Liliengewächse *n/pl*

Lille [lil] *Stadt im Dep. Nord*

Lillers [lilɛʀ] *Stadt im Dep. Pas-de-Calais*

L

lilliputien [lilipysjɛ̃] I *adj* ⟨**~ne**⟩ liliputanisch II *subst* **~(ne)** *m(f)* Liliputaner(in) *m(f)*
lillois [lilwa] *adj* (*et subst* **Lillois** Einwohner) von Lille
limace [limas] *f* 1 ZO Nacktschnecke *f*; **~ noire, rouge** Schwarze, Rote Wegschnecke; F *fig* **quelle ~!** so ein Trödelfritze!; so e-e Trödelliese! 2 *arg* (*chemise*) Hemd *n*
limaçon [limasõ] *m* 1 ZO Schnecke *f* (mit Haus) 2 ANAT Schnecke *f*
limage [limaʒ] *m* TECH Feilen *n*
limaille [limaj] *f* Feilspäne *m/pl*, -staub *m*; **~ de fer** Eisenfeilspäne *m/pl*
limande [limɑ̃d] *f* ZO Kliesche *f*; Scharbe *f*; F **elle est plate comme une ~** F sie ist platt, flach wie e-e Flunder
limande-sole [limɑ̃dsɔl] *f* ZO Rotzunge *f*; Limande *f*
limbe [lɛ̃b] *m* 1 BOT Blattspreite *f* 2 *d'un sextant etc* Grad-, Teilkreis *m*; Limbus *m* 3 REL CATH **~s** *pl* Vorhölle *f*; Limbus *m*; *fig projet* **être encore dans les ~s** noch keine Gestalt angenommen haben; noch im Werden sein; noch nicht ausgereift sein
Limbourg [lɛ̃buʀ] **le ~** Limburg *n* (*Provinzen in Belgien u in den Niederlanden*)
lime [lim] *f* 1 TECH Feile *f*; **~ à ongles** Nagelfeile *f* 2 BOT saure Limette (*fruit*)
limer [lime] *v/t* TECH feilen (*a ongles*); *enlever* abfeilen; *barreau* durchfeilen
limette [limɛt] *f* BOT süße Limette (*fruit*)
limier [limje] *m* 1 CH Stöberhund *m* 2 F *fig policier, détective* **un fin ~** ein guter Spürhund
liminaire [liminɛʀ] *adj* einleitend; einführend; Eingangs…; Anfangs…
limitatif [limitatif] *adj* ⟨**-ive**⟩ die Grenzen festlegend; einschränkend; *énumération* erschöpfend
limitation [limitasjõ] *f* Beschränkung *f*; Einschränkung *f*; Begrenzung *f*; **~ des naissances** Geburtenbeschränkung *f*; **~ de la vitesse** Geschwindigkeitsbeschränkung *f*, -begrenzung *f*; **sans ~ de temps** zeitlich unbegrenzt; ohne zeitliche Beschränkung
limite [limit] *f* 1 Grenze *f*; *d'un territoire a* Grenzlinie *f*; *d'une période* Ende *n*; COMM, *d'une quantité* Limit *n*; **~s** *pl souvent* Begrenzung *f*; *d'un terrain de jeu* Begrenzungslinien *f/pl*; *dans le temps* **dernière ~** letzter, äußerster Termin (**pour qc** für etw); **~ maximale** Höchstgrenze *f*; oberste Grenze; **~ d'âge** Altersgrenze *f*; *pour des candidats a* Höchstalter *n*; TECH **~ d'élasticité** Elastizitäts-, Fließgrenze *f*; **~ d'endurance** Ermüdungsgrenze *f*; **~ des neiges éternelles** Schneegrenze *f*; *loc/adv* **à la ~** äußerstenfalls; *loc/prép* **dans les ~s de** im Rahmen (+*gén*); **dans les ~s de nos moyens** soweit es unsere Mittel erlauben; **dans les ~s du possible** in den Grenzen, im Rahmen des Möglichen; *loc/adj confiance etc* **sans ~s** grenzenlos; unbegrenzt; uneingeschränkt; **assigner, fixer des ~s à qc** e-r Sache (*dat*) Grenzen setzen; **atteindre ses ~s** s-e Grenzen erreichen; *patience* **avoir des ~s** Grenzen haben; **il y a des ~s, une ~** (**à tout**) alles hat s-e Grenzen; BOXE **gagner avant la ~** vor Ablauf der vereinbarten Runden siegen 2 MATH Grenzwert *m*; *sc* Limes *m* 3 *adjt* Grenz…; Höchst…; **âge** *m* **~** Höchstalter *n*; Altersgrenze *f*; **cas** *m* **~** Grenzfall *m*; **charge** *f* **~** Höchstlast *f*; **date** *f* **~** letzter äußerster Termin; Schlusstermin *m*; **valeur** *f* **~** Grenzwert *m*; **vitesse** *f* **~** zulässige Höchstgeschwindigkeit
limité [limite] *adj* begrenzt, beschränkt (**à** auf +*acc*); eingeschränkt; **~ dans le temps** zeitlich begrenzt; befristet; F *fig* **il est assez ~** er ist ziemlich beschränkt
limiter [limite] I *v/t* begrenzen, beschränken (**à** auf +*acc*); *quantité, prix a* limitieren; *frais a* drosseln; *le pouvoir, la liberté de qn a* beschneiden; einengen; **~ les dégâts** → **dégât** II *v/pr* **se ~** sich einschränken; sich beschränken (**à** auf +*acc*); **se ~ à faire qc** sich darauf beschränken, etw zu tun
limiteur [limitœʀ] *m* TECH Begrenzer *m*; **~ de vitesse** Geschwindigkeitsbegrenzer *m*
limitrophe [limitʀɔf] *adj* angrenzend (**de** an +*acc*); benachbart (**de** *dat*); Grenz…
limogeage [limɔʒaʒ] *m* F Kaltstellung *f*; Abhalfterung *f* **limoger** *v/t* ⟨**-geons**⟩ *haut fonctionnaire, officier* F kaltstellen; abhalftern; absägen
Limoges [limɔʒ] *Stadt im Dep. Haute-Vienne*
limon [limõ] *m* 1 Schlamm *m*; Schlick *m* 2 *d'un attelage* Deichselbaum *m*, -stange *f* 3 *d'un escalier* Lichtwange *f*
limonade [limɔnad] *f* Limonade *f*; F Limo *f* **limonadier** *m* 1 Limonadenhersteller *m* 2 ADM (*cafetier*) Schankwirt *m*
limoneux [limɔnø] *adj* ⟨**-euse**⟩ schlammig; schlickig; Schlamm…; Schlick…; **eaux limoneuses** *d'un fleuve* schlammhaltiges Wasser
Limousin [limuzɛ̃] **le ~** das Limousin (*Region in Mittelfrankreich*)
limousin [limuzɛ̃] I *adj* aus dem Limousin II *subst* **Limousin(e)** *m(f)* Bewohner(in) *m(f)* des Limousin
limousinage [limuzinaʒ] *m* CONSTR Bruchsteinmauerwerk *n*
limousine [limuzin] *f ancien modèle de voiture* (große) Limousine
limpide [lɛ̃pid] *adj* 1 *eau, ciel, air, cristal* klar; **âme** *f* **~** reine, lautere Seele; **regard** *m* **~** offener Blick 2 *explication etc* klar; **c'est ~** das ist sehr klar (und verständlich); F das ist sonnenklar
limpidité [lɛ̃pidite] *f* Klarheit *f*; Reinheit *f*; Lauterkeit *f*
lin [lɛ̃] *m* 1 BOT Flachs *m*; Echter Lein; **~ sauvage** Leinkraut *n*; *fig* **cheveux** *m/pl* **de ~** Flachshaar *n*; flachsblondes Haar; **fibre** *f* **de ~** Flachsfaser *f*; **huile** *f* **de ~** Leinöl *n* 2 TEXT Leinen *n*; Leinwand *f*; *poét* Linnen *n*
linceul [lɛ̃sœl] *m* Leichentuch *n*
Line [lin] *f Vorname*
linéaire [lineɛʀ] *adj* 1 linear; Linear…; **dessin** *m* **~** Linearzeichnung *f*; MATH **équation** *f* **~** lineare Gleichung; **mesures** *f/pl* **~s** Längenmaße *n/pl* 2 *fig récit* eindimensional; geradlinig
linéament [lineamɑ̃] *litt m* Grundzug *m*, -linie *f*
linge [lɛ̃ʒ] *m* 1 Wäsche *f*; Wäschestücke *n/pl*; **~ blanc** Weißwäsche *f*; **~ fin** feine, zarte Unterwäsche; **~ hygiénique** waschbare Damenbinde; **~ sale** schmutzige Wäsche; *fig* **laver son ~ sale en famille** s-e schmutzige Wäsche nicht in der Öffentlichkeit waschen; **~** (**de corps**) Leib-, Unterwäsche *f*; **~ de couleur** Buntwäsche *f*; **~ de maison, de table** Haus(halts)-, Tischwäsche *f*; (**avoir du**) **~ de rechange** Wäsche zum Wechseln (haben) 2 (*chiffon*) (sauberes) Tuch; (sauberer) Lappen; *fig* **être blanc comme un ~** leichenblass, kreidebleich sein; weiß

wie e-e *ou* die Wand sein

lingère [lɛ̃ʒɛʀ] *f dans un hôtel etc* Wäschebeschließerin *f*

lingerie [lɛ̃ʒʀi] *f* **1** Damen(unter)wäsche *f*; ***rayon** m **de** ~* Abteilung *f* für Damenwäsche **2** *dans un hôtel etc* Wäschekammer *f*, -zimmer *n*

lingette [lɛ̃ʒɛt] *f* Feuchtreinigungstuch *n*

lingot [lɛ̃go] *m* MÉTALL (Roh)Block *m*; *de métaux précieux* Barren *m*; ~ ***d'or*** Goldbarren *m*

lingual [lɛ̃gwal] *adj* ⟨**-aux**⟩ **1** ANAT Zungen...; ***muscle*** ~ Zungenmuskel *m* **2** PHON ***consonne*** ~***e*** *ou subst* ~***e*** *f* Zungenlaut *m*; Lingual(laut) *m*

linguiste [lɛ̃gɥist] *m,f* Sprachwissenschaftler(in) *m(f)*, -forscher(in) *m(f)*; Linguist(in) *m(f)*

linguistique [lɛ̃gɥistik] **I** *adj* **1** *études, théorie etc* sprachwissenschaftlich; linguistisch **2** *(relatif à la langue)* Sprach(en)...; ***atlas*** *m* ~ Sprachatlas *m*; ***bain*** *m* ~ *längerer Auslandsaufenthalt, bei dem man seine Fremdsprachenkenntnisse vertieft*; ***séjour*** *m* ~ Sprachaufenthalt *m* **II** *f* Sprachwissenschaft *f*, -forschung *f*; Linguistik *f*; ~ ***appliquée, descriptive, générale, historique*** angewandte, deskriptive, allgemeine, historische Sprachwissenschaft

liniment [linimɑ̃] *m* PHARM Liniment *n*; Mittel *n* zum Einreiben

lino [lino] *m abr* → ***linoléum***

linoléum [linɔleɔm] *m* Linoleum *n*; ***gravure*** *f* ***sur*** ~ Linolschnitt *m*

linon [linõ] *m* TEXT feinstes Leinen(gewebe)

linotte [linɔt] *f* **1** ZO Hänfling *m* **2** F *fig* ***tête*** *f* ***de*** ~ vergesslicher, gedankenloser Mensch; F Schussel *m*

linotype [linɔtip] *f* TYPO Linotype® ['laɪnotaɪp] *f*; Setz- und Zeilengießmaschine *f* **linotypiste** *m* TYPO Linotypesetzer *m*

linteau [lɛ̃to] *m* ⟨*pl* ~**x**⟩ CONSTR Sturz *m*; ~ ***de fenêtre, de porte*** Fenster-, Türsturz *m*

lion [ljõ] *m* **1** ZO Löwe *m*; ~ ***de mer*** Seelöwe *m*; ***chasse*** *f* ***au*** ~ Löwenjagd *f*; ***courageux comme un*** ~ mutig wie ein Löwe; ***il est courageux comme un*** ~***, c'est un*** (***vrai***) ~ *a* er besitzt e-n Löwenmut; ***se battre comme un*** ~ wie ein Löwe kämpfen; F *fig* ***il a bouffé du*** ~ er hat e-e ungewöhnliche Energie, e-n ungewöhnlichen Schwung **2** ASTR ***Lion*** Löwe *m* **3** GÉOGR ***le golfe du Lion*** *Golf zwischen Rhonedelta u spanischer Grenze*

lionceau [ljõso] *m* ⟨*pl* ~**x**⟩ ZO junger Löwe

Lionel [lyɔnɛl] *m Vorname*

lionne [ljɔn] *f* ZO Löwin *f*

Lipari [lipaʀi] ***les îles*** *f/pl* ~ die Liparischen Inseln *f/pl*

lipides [lipid] *m/pl* CHIM Fette *n/pl*; *sc* Lipide *n/pl*

lipoïde [lipɔid] CHIM **I** *adj* fettähnlich; *sc* lipoid **II** *m* Lipoid *n*

lipome [lipom] *m* MÉD Fettgeschwulst *f*; *sc* Lipom *n*

liposuccion [liposy(k)sjõ] *f* MÉD Fettabsaugung *f*

lippe [lip] *f* ***faire la*** ~ schmollen; F e-e Schippe machen

lippu [lipy] *adj lèvre* wulstig; dick; ***bouche*** ~***e*** wulstige Lippen *f/pl*

liquéfaction [likefaksjõ] *f* TECH Verflüssigung *f*; *sc* Liquefaktion *f*

liquéfiable [likefjabl] *adj gaz* das verflüssigt werden kann **liquéfiant** *adj* die Verflüssigung bewirkend

liquéfier [likefje] **I** *v/t gaz* verflüssigen **II** *v/pr* ***se*** ~ **1** *glace* schmelzen; flüssig werden *(a gaz)* **2** *fig* F schlappmachen; allen Mumm verlieren

liquette [likɛt] F *f* Hemd *n*

liqueur [likœʀ] *f* Likör *m*

liquidateur [likidatœʀ] *m* JUR ~ ***judiciaire*** gerichtlich bestellter Liquidator

liquidatif [likidatif] *adj* ⟨**-ive**⟩ Liquidations...

liquidation [likidasjõ] *f* **1** JUR *d'une société, d'une succession* Liquidation *f*; Auflösung *f*; ***bilan*** *m* ***de*** ~ Liquidationsbilanz *f*; ***entrer en*** ~ in Liquidation treten **2** COMM ~ (***du stock***) Räumungsverkauf *m*; Ausverkauf *m*; ~ ***pour cause de cessation de commerce*** Total-, Räumungsausverkauf *m* wegen Geschäftsaufgabe **3** F *d'une personne* Liquidierung *f*; Beseitigung *f* **4** PSYCH ~ ***d'un transfert*** Ablösung *f* e-r Übertragung **5** ~ ***des dépens, de l'impôt*** Kosten-, Steuerfestsetzung *f*

liquide [likid] **I** *adj* **1** *substance, air, état* flüssig; CUIS *sauce* ***trop*** ~ zu dünn; *litt* ***l'élément*** *m* ~ das nasse, feuchte Element **2** FIN flüssig; bar; liquid; ***argent*** *m* ~ Bargeld *n*; ***avoir*** *m* ~ Barvermögen *n* **3** PHON ***consonne*** *f* ~ *ou subst* ~ *f* Liquida *f* **II** *m* **1** Flüssigkeit *f*; ~ ***pour freins*** Bremsflüssigkeit *f* **2** PHYSIOL (Körper)Flüssigkeit *f*; *sc* Liquor *m*; ~***s organiques*** *a* Körpersäfte *m/pl* **3** FIN Bargeld *n*, -mittel *n/pl*; flüssige Mittel *n/pl*; ***payer en*** ~ bar (be)zahlen

liquider [likide] *v/t* **1** JUR *société, succession* liquidieren; auflösen **2** FIN *actions etc* verkaufen; liquidieren **3** COMM: *marchandises* ausverkaufen; (billig) abstoßen; *stock a* abbauen **4** F *affaire, travail* erledigen; zum Abschluss bringen; abwickeln; ***c'est liquidé, n'en parlons plus!*** das ist erledigt, sprechen wir nicht mehr darüber! **5** F *restes d'un repas* aufessen; F wegputzen **6** F *adversaire* liquidieren; beseitigen; aus dem Weg räumen

liquidité [likidite] *f* FIN Liquidität *f*; ~***s*** *pl* flüssige, liquide Mittel *n/pl*; Barmittel *n/pl*

liquoreux [likɔʀø] *adj* ⟨**-euse**⟩ ***vin*** ~ Likörwein *m*; Süßwein *m*

lire[1] [liʀ] ⟨**je lis, il lit, nous lisons; je lisais; je lus; je lirai; que je lise; lisant; lu**⟩ **I** *v/t* lesen; *à voix haute* vorlesen; *jugement etc* verlesen; INFORM (ein)lesen; abtasten; ~ ***qc à qn*** j-m etw vorlesen; ~ ***tout un auteur*** alles von e-m Autor lesen; e-n Autor ganz lesen; ~ ***tout Gide*** *a* den ganzen Gide lesen; ~ ***un discours*** (e-e Rede) ablesen; TYPO ~ ***des épreuves*** Korrektur lesen; ~ ***un graphique*** e-e Grafik lesen, deuten; ♦ ~ ***entièrement, d'un bout à l'autre*** ganz (durch)lesen; ~ (***l'avenir***) ***dans les cartes, les lignes de la main*** die Zukunft aus den Karten, Handlinien deuten; aus der Hand lesen; ~ ***dans le cœur de qn*** (***comme à livre ouvert***) in j-s Herz (wie in e-m aufgeschlagenen Buch) lesen; ~ ***dans le jeu de qn*** j-s Spiel durchschauen; ~ ***dans les pensées de qn*** j-s Gedanken lesen, erraten; ~ ***la haine dans les yeux de qn*** den Hass in j-s Augen (*dat*) lesen, sehen; ~ ***qc sur le visage de qn*** j-m etw an der Miene, am Gesicht ablesen; ♦ ***apprendre à*** ~ lesen lernen; ***savoir*** ~ lesen können; *à la fin d'une lettre* ***dans l'espoir de vous*** ~ ... in Erwartung Ihrer Nachricht, Ihrer Antwort ...; ***en lisant cette lettre*** beim Lesen dieses Briefes; ***lu et approuvé*** (vor)gelesen und genehmigt **II** *v/pr* ***se*** ~ gelesen werden; sich lesen lassen;

L

cela se lit facilement das liest sich leicht; ***se ~ sur le visage de qn*** j-m auf der Stirn, im Gesicht geschrieben stehen
lire[2] [liʀ] *f* HIST *monnaie* Lira *f*; ***mille ~s*** tausend Lire
lis[1] [lis] *m* 1 BOT Lilie *f* 2 ***fleur*** *f* ***de ~*** Lilie *f* (*Emblem der frz Könige*)
lis[2] [li] → ***lire***[1]
Lisbonne [lizbɔn] Lissabon *n*
Lise [liz] *f Vorname*
liseré [lizʀe] *ou* **lisér|é** [lizeʀe] *m* COUT Paspel *f*; Borte *f*; Biese *f*; Litze *f* **liserer** *v/t* ⟨-è-⟩ COUT paspelieren; mit e-r Paspel, Borte *etc* einfassen
liseron [lizʀõ] *m* BOT Winde *f*
liseur [lizœʀ] *m*, **liseuse**[1] *f* ***c'est un grand liseur, une grande liseuse*** er, sie liest viel und gern; F er, sie ist e-e Leseratte
liseuse[2] [lizøz] *f* 1 (*couvre-livre*) Buchhülle *f* 2 *vêtement* Bettjäckchen *n*
lisibilité [lizibilite] *f* Lesbarkeit *f*; Leserlichkeit *f*
lisible [lizibl] *adj* lesbar; leserlich
lisiblement [liziblәmɑ̃] *adv* → ***lisible***; ***écrire ~*** leserlich, deutlich schreiben
lisier [lizje] *m* AGR Jauche *f*; Gülle *f*
lisière [lizjɛʀ] *f* 1 TEXT Webkante *f*; Salkante *f*, -leiste *f*, -band *n* 2 ***~ d'un bois*** Waldrand *m*; *st/s* Waldsaum *m*; ***~ d'un champ*** Feldrain *m*
lissage [lisaʒ] *m* TECH Glätten *n*
lisse[1] [lis] *adj* glatt; ***cheveux*** *m/pl* ***~s*** glatte Haare; ARCH ***colonne*** *f* ***~*** Säule *f* mit glattem Schaft; ANAT ***muscles*** *m/pl* ***~s*** glatte Muskeln *m/pl*; ***peau*** *f*, ***surface*** *f* ***~*** glatte Haut, Oberfläche
lisse[2] [lis] *f* TEXT Helfe *f*; ***métier*** *m* ***de basse ~*** Flachwebstuhl *m*; Basselissestuhl *m*; ***métier*** *m* ***de haute ~*** Hochwebstuhl *m*; Hautelissestuhl *m*
lissé [lise] I *adj* 1 geglättet; *cheveux* glatt 2 CUIS *amandes* glasiert; kandiert II *m* CUIS starke Zuckerlösung, die Fäden zieht
lisser [lise] *v/t* 1 *cheveux, moustache* glatt streichen; glätten 2 TECH *papier etc* glätten
listage [listaʒ] *m* → ***listing***
liste [list] *f* Liste *f*; Verzeichnis *n*; *d'un chef d'État* ***~ civile*** Zivilliste *f*; ***~ électorale, des électeurs*** Wählerliste *f*; ***~ noire*** schwarze Liste; ***~ nominative, de noms*** Namenliste *f*, -verzeichnis *n*; namentliches Verzeichnis; TÉL ***~ rouge*** Liste der Teilnehmer, die e-e Geheimnummer haben; ***~ des abréviations*** Abkürzungsverzeichnis *n*; ***~ des absents*** Liste der Abwesenden; Abwesenheitsliste *f*; ***~ d'attente*** Warteliste *f*; POL ***~ des candidats*** Wahlliste *f*; INFORM ***~ de diffusion*** Mailingliste ['meːlɪŋ-] *f*; ***~ des inscriptions*** Melde-, Bewerberliste *f*; ***~ des marchandises*** Warenliste *f*, -verzeichnis *n*; ***~ de mariage*** Geschenkliste *f* (e-s Brautpaars); Wunschliste *f* (für Hochzeitsgeschenke); ***~ des numéros gagnants*** Gewinnliste *f*; ***~ de présence*** Anwesenheitsliste *f*; POL ***scrutin*** *m* ***de ~*** Listenwahl *f*; POL ***tête*** *f* ***de ~*** Spitzenkandidat *m*; ***être sur une ~*** auf e-r Liste stehen; *fig*: ***la ~ de ses mérites est longue*** er hat e-e ganze Reihe von Vorzügen; ***grossir la ~ des mécontents*** die Zahl der Unzufriedenen vermehren
listel [listɛl] *m* 1 ARCH Stab *m* 2 HÉRALDIQUE Spruch-, Devisenbinde *f*
lister [liste] *v/t* INFORM ausdrucken
listériose [listeʀjoz] *f* MÉD, VÉT Listeriose *f*
listing [listiŋ] *m* INFORM (Computer)Ausdruck [-'pjuː-] *m*
lit[1] [li] *m* 1 Bett *n*; *cadre* Bettstelle *f*; Bettgestell *n*; ***~ clos*** bretonisches Schrankbett; ***~ à baldaquin*** Himmelbett *n*; ***~ de camp*** Feldbett *n*; Campingliege *f*; ***~ d'enfant*** Kinderbett *n*; ***~ de fer*** eiserne Bettstelle; ***~ de mort*** Sterbebett *n*, -lager *n*; Totenbett *n*; ***sur son ~ de mort*** auf dem Sterbebett; ***être sur son ~ de mort*** im Sterben liegen; ***~ de repos*** Ruhebett *n*; ***aller, se mettre au ~*** ins *ou* zu Bett gehen; schlafen gehen; ***être au ~*** im *ou* zu Bett liegen; ***faire le ~*** das Bett machen; ***garder le ~*** das Bett hüten; bettlägerig sein; *enfant* ***mettre au ~*** ins Bett bringen; schlafen legen; *prov* ***comme on fait son ~ on se couche*** wie man sich bettet, so liegt, schläft man (*prov*) 2 *par ext* Lager *n*; ***~ de douleur, de paille*** Schmerzens-, Strohlager *n* 3 ***enfant*** *m* ***du premier, second ~*** Kind *n* aus erster, zweiter Ehe 4 *d'un cours d'eau* Bett *n*; ***~ fluvial*** Flussbett *n*; *fleuve* ***sortir de son ~*** über die Ufer treten 5 (*couche*) Lage *f*; Schicht *f*; CUIS *saumon etc* ***sur ~ d'épinards*** auf Spinat 6 MAR ***~ du courant*** Stromstrich *m*; ***~ du vent*** Windrichtung *f* 7 HIST ***~ de justice*** Thronsessel *m*; *par ext* großer Gerichtstag
lit[2] [li] → ***lire***[1]
litanie [litani] *f* 1 REL ***~s*** *pl* Litanei *f*; ***~s des saints*** Allerheiligenlitanei *f* 2 *fig* ***~ de plaintes*** Litanei *f* von Klagen; ***~ de reproches*** lange Reihe von Vorwürfen; ***c'est toujours la même ~*** das ist immer die alte Leier, das alte Lied, dieselbe Litanei
lit-cage [likaʒ] *m* ⟨*pl* **lits-cages**⟩ (*metallenes*) Klappbett
litchi [litʃi] *m* BOT Litschi(pflaume) *f*
liteau [lito] *m* ⟨*pl* **~x**⟩ CONSTR Holzleiste *f*
literie [litʀi] *f* Bettzeug *n*; Bettwäsche *f*; Betten *n/pl* und Matratzen *f/pl*
litharge [litaʀʒ] *f* CHIM Bleiglätte *f*, -asche *f*
lithiase [litjɑz] *f* MÉD Steinleiden *n*; *sc* Lithiasis *f*
lithiné [litine] *adj* ***eaux minérales ~es*** Lithiumwässer *n/pl*
lithium [litjɔm] *m* CHIM Lithium *n*
litho [lito] *f abr* → ***lithographie***
lithographe [litɔgʀaf] *m* TYPO, *artiste* Lithograf *m* **lithographie** *f procédé, feuille* Lithografie *f*; Steindruck *m* **lithographier** *v/t* in Steindruck wiedergeben; lithografieren
lithographique [litɔgʀafik] *adj* lithografisch; ***encre*** *f* ***~*** lithografische Tusche; ***pierre*** *f* ***~*** Steindruckplatte *f*
lithosphère [litɔsfɛʀ] *f* GÉOL Erdkruste *f*; *sc* Lithosphäre *f*
lithotri(p)teur [litɔtʀi(p)tœʀ] *m* MÉD Lithotripter *m*
litière [litjɛʀ] *f* 1 Streu *f*; Strohschütte *f* 2 *autrefois* Sänfte *f*
litige [litiʒ] *m* Streit *m*; JUR *a* Streitfall *m*; Rechtsstreit *m*; ***~s*** *pl* Streitigkeiten *f/pl*; *loc/adj* ***en ~*** Streit…; strittig; umstritten; ***cas*** *m* ***en ~*** Streitfall *m*; ***point*** *m* ***en ~*** Streitpunkt *m*
litigieux [litiʒjø] *adj* ⟨**-euse**⟩ strittig; umstritten; ***affaire litigieuse*** Streitsache *f*; strittige Angelegenheit
litorne [litɔʀn] *f* ZO Wacholderdrossel *f*; Krammetsvogel *m*
litote [litɔt] *f* RHÉT Litotes *f*
litre [litʀ] *m* 1 (*abr* **l**) Liter *n ou m* (*abr* l); ***un ~ de lait*** ein Liter Milch 2 *récipient* Litermaß *n*; *bouteille*

Literflasche *f*

litron [litʀõ] F *m* Liter *m* Wein

littéraire [liteʀɛʀ] **I** *adj œuvre, milieux, revue* literarisch; Literatur…; *par ext études* geisteswissenschaftlich; ***histoire*** *f* ~ Literaturgeschichte *f*; ***langue*** *f* ~ Literatur-, Schriftsprache *f*; ***personnage*** *m* ~ Gestalt *f* aus der Literatur; ***soirée*** *f* ~ Vortrags-, Rezitationsabend *m*; ***talent*** *m* ~ literarisches, schriftstellerisches Talent **II** *m,f* literarisch, *par ext* geisteswissenschaftlich interessierter *ou* gebildeter Mensch

littéral [liteʀal] *adj* ⟨**-aux**⟩ **1** wörtlich; buchstäblich; ***traduction*** ~***e*** wörtliche, buchstäbliche Übersetzung; ***au sens ~ du mot*** im wörtlichen, eigentlichen Sinne des Wortes **2** LING ***l'arabe*** ~ die arabische Schriftsprache; das Schriftarabische

littéralement [liteʀalmɑ̃] *adv* **1** ***traduire*** ~ wörtlich übersetzen **2** F *fig* buchstäblich; wirklich; ***il était ~ 'hors de lui*** er war buchstäblich außer sich

littérateur [liteʀatœʀ] *souvent péj m* Literat *m*

littérature [liteʀatyʀ] *f* **1** Literatur *f*; Schrifttum *n*; ***la ~ française*** die französische Literatur; ~ ***spécialisée*** Fachliteratur *f*; ~ ***d'évasion*** Unterhaltungsliteratur *f*; ~ ***pour enfants, pour la jeunesse*** Kinder-, Jugendliteratur *f* **2** *(travail d'écrivain)* Schriftstellerei *f* **3** *péj* welt-, wirklichkeitsfremde Ansicht, Theorie; Bücherweisheit *f*

littoral [litɔʀal] **I** *adj* ⟨**-aux**⟩ Küsten…; *sc* litoral; ***faune, flore ~e*** Litoralfauna *f*, -flora *f* **II** *m* Küstenstrich *m*, -streifen *m*; Küste *f*

Lituanie [litɥani] ***la*** ~ Litauen *n*

lituanien [litɥanjɛ̃] **I** *adj* ⟨**~ne**⟩ litauisch **II** *subst* **1** ***Lituanien(ne)*** *m(f)* Litauer(in) *m(f)* **2** LING ***le*** ~ das Litauische; Litauisch *n*

liturgie [lityʀʒi] *f* ÉGL Liturgie *f*

liturgique [lityʀʒik] *adj* liturgisch; ***calendrier*** *m* ~ christlicher Kalender; ***fête*** *f* ~ kirchliches Fest; ***réforme*** *f* ~ Liturgiereform *f*

livarot [livaʀo] *m Weißschimmelkäse aus der Normandie*

livèche [livɛʃ] *f* BOT Liebstöckel *n ou m*

livide [livid] *adj teint, visage* (asch)fahl; aschgrau

lividité [lividite] *f* Fahlheit *f*; (asch)fahle, aschgraue Farbe; MÉD ~ ***cadavérique*** Totenflecke *m/pl*

living [liviŋ] *m* Wohnzimmer *n*

Livourne [livuʀn] Livorno *n*

livrable [livʀabl] *adj* lieferbar

livraison [livʀɛzõ] *f* **1** (An)Lieferung *f*; Zustellung *f*; ~ ***à domicile*** Lieferung ins Haus; ***payable à la ~*** zahlbar bei Lieferung; ***prendre ~ de qc*** etw in Empfang nehmen; etw annehmen, entgegennehmen **2** *d'un ouvrage* Lieferung *f*; ***paraître par ~s*** in Lieferungen erscheinen

livre[1] [livʀ] *m* Buch *n*; POL ***Livre blanc, bleu*** *etc* Weiß-, Blaubuch *n etc*; ~***s classiques*** Klassiker *m/pl*; COMM ***grand ~*** Hauptbuch *n*; POL ***le petit Livre rouge*** das Rote Buch; F die Maobibel; ~ ***scolaire*** Schulbuch *n*; ~ ***spécialisé*** Fachbuch *n*; ~ ***d'arithmétique*** Rechenbuch *n*; ~ ***d'art*** Kunstband *m*; MAR ~ ***de bord, de loch*** Logbuch *n*; Schiffstagebuch *n*; Journal *n*; ~ ***de caisse*** Kassen-, *österr* Kassabuch *n*; ~ ***de chevet*** Lieblingsbuch *n*; ~ ***de classe*** Schulbuch *n*; COMM ~ ***des commandes*** Bestell-, Auftragsbuch *n*; ~***s de commerce*** (Geschäfts)Bücher *n/pl*; ~ ***de comptes*** Kontobuch *n*; ~ ***de cuisine*** Kochbuch *n*; REL ~ ***d'heures*** Stundenbuch *n*; ~ ***d'images*** Bilderbuch *n*; ~ ***de lecture*** Lesebuch *n*; ~ ***de médecine*** medizinisches Buch; ~ ***de messe*** Messbuch *n*; ~ ***d'occasion*** antiquarisches Buch; ***Livre d'or*** Goldenes Buch; ~ ***de poche*** Taschenbuch *n*; ~ ***de prières*** Gebetbuch *n*; COMM ~ ***des recettes et dépenses*** Einnahmen- und Ausgabenbuch *n*; COMM ~ ***des sorties, des ventes*** Warenausgangsbuch *n*; ~ ***pour les enfants, pour la jeunesse*** Kinder-, Jugendbuch *n*; ***amateur*** *m* ***de ~s*** Bücherliebhaber *m*, -freund *m*; Bibliophile(r) *m*; ***industrie*** *f* ***du ~*** Buchgewerbe *n*; ***écrire, faire un ~*** ein Buch schreiben; COMM ***inscrire aux ~s*** *ou* ***dans les ~s*** in die Bücher eintragen; (ver)buchen; ***parler comme un ~*** sich gewählt ausdrücken; *péj* geschwollen daherreden; ***traduire à ~ ouvert*** mühelos, fließend übersetzen

livre[2] [livʀ] *f* **1** *(demi-kilo)* Pfund *n*; ***une ~ de fruits*** ein Pfund Obst **2** *unité monétaire* Pfund *n*; ~ ***anglaise, turque*** *etc* englisches, türkisches *etc* Pfund; ~ ***sterling*** Pfund Sterling

livre-cassette [livʀəkasɛt] *m* ⟨*pl* **livres-cassettes**⟩ Hörbuch *n*

livrée [livʀe] *f* **1** *(uniforme)* Livree *f*; ***en ~*** in Livree; livriert **2** CH (charakteristisches) Haarkleid *ou* Federkleid

livrer [livʀe] **I** *v/t* **1** *marchandises, commande* (an-, ab)liefern; *en voiture a* ausfahren; ~ ***qc à qn*** j-m etw liefern; ~ ***qn*** j-n beliefern; ~ ***à domicile, en gare*** ins Haus, bahnlagernd liefern **2** *coupable, criminel* ausliefern (***à qn*** j-m *ou* an j-n); ***à la vengeance*** der Rache [*dat*]); überantworten (***à qn*** j-m); *complice, secret* preisgeben (***à qn*** j-m); verraten (an j-n); *pays* ~ ***à l'anarchie*** der Anarchie preisgeben; ~ ***qn à la police*** *(remettre)* j-n der Polizei ausliefern; *(dénoncer)* j-n an die Polizei verraten; ***il est livré à lui-même*** er ist sich (*dat*) selbst überlassen **3** ~ ***(une) bataille*** e-e Schlacht schlagen, liefern; ~ ***passage à qn*** j-n durch-, vorbeilassen; j-m den Weg frei machen **II** *v/pr* **1** *criminel* ***se ~*** sich stellen (***à la police*** der Polizei [*dat*]) **2** ***se ~ à qc*** sich e-r Sache (*dat*) hingeben, widmen; ***se ~ à un commerce illicite*** unerlaubten Handel treiben; ***se ~ à une enquête, à des essais*** Nachforschungen, Versuche anstellen; ***se ~ aux excès*** Exzesse begehen **3** ***se ~*** *(se confier)* von sich reden; mitteilsam sein; ***se ~ à qn*** sich j-m anvertrauen

livresque [livʀɛsk] *adj péj* Buch…; Bücher…; ***connaissances*** *f/pl* ~***s*** Buchwissen *n*; ***savoir*** *m* ~ Bücherweisheit *f*

livret [livʀɛ] *m* **1** kleines Buch; Heft *n*; ~ ***médical*** *correspond à* Gesundheitspass *m* *(der Soldaten)*; ~ ***militaire*** Wehrpass *m*; ~ ***scolaire*** Zeugnis(heft) *n*; ~ ***de caisse d'épargne*** Spar(kassen)buch *n*; ~ ***de famille*** Familienstammbuch *n*; ~ ***de pension*** *en France: Heft mit Quittungsabschnitten für den Empfang des Ruhegehalts* **2** *d'un opéra* Libretto *n*; Textbuch *n*

livreur [livʀœʀ] *m* (Aus)Fahrer *m*; Auslieferer *m*

Ljubljana [ljublijana] Ljubljana *n*; Laibach *n*

loader [lodœʀ] *m* TECH Eimerkettenbagger *m* mit Bandausleger

lob [lɔb] *m* TENNIS Lob *m*; Hochschlag *m* (*a* FOOTBALL *etc*)

lobby [lɔbi] *m* ⟨*pl* **lobbies**⟩ POL Lobby *f*

lobe [lɔb] *m* **1** ANAT Lappen *m*; ~ ***du cerveau*** (Ge)-

L

Hirnlappen *m*; ~ ***de l'oreille*** Ohrläppchen *n*; ~ ***du poumon*** Lungenlappen *m* **2** BOT, ZO Lappen *m* **3** ARCH Pass *m*; ***... à trois ~s*** Dreipass...

lobé [lɔbe] *adj* **1** ANAT, BOT gelappt; lappig **2** ARCH aus Kreisbögen gebildet

lober [lɔbe] **I** *v/t* FOOTBALL ~ ***un adversaire*** den Ball über e-n Gegenspieler hinwegheben **II** *v/i* TENNIS lobben; e-n Lob schlagen; e-n Hochschlag ausführen

lobotomie [lɔbɔtɔmi] *f* MÉD *sc* Lobotomie *f ou* Leukotomie *f*

lobule [lɔbyl] *m* ANAT Läppchen *n*

local [lɔkal] ⟨*m/pl* **-aux**⟩ **I** *adj* örtlich; Orts...; lokal; Lokal...; einheimisch; MÉD ***anesthésie ~e*** örtliche Betäubung; Lokalanästhesie *f*; ***autorité ~e*** örtliche Behörde; Orts-, Lokalbehörde *f*; ***averses ~es*** örtliche Schauer *m/pl*; *d'un journal* ***chronique ~e*** Lokalnachrichten *f/pl*; Lokalteil *m*; Lokale(s) *n*; ADM ***collectivités ~es*** Gebietskörperschaften *f/pl*; ***couleur ~e*** PEINT Lokalfarbe *f*; *fig a* Lokalkolorit *n*; ***faire très couleur ~e*** typisch (*bretonisch etc*) sein; ***coutumes ~es*** örtliche, einheimische Bräuche *m/pl*; ***produit ~*** einheimisches Produkt **II** *m* Raum *m*; Lokal *n*; Lokalität *f*; *pl* ***locaux*** *a* Räumlichkeiten *f/pl*; ***locaux administratifs*** Büroräume *m/pl*; ***locaux commerciaux*** Geschäftsräume *m/pl*; gewerbliche Räume *m/pl*

localement [lɔkalmɑ̃] *adv* örtlich; ***temps ~ brumeux*** stellenweise Nebel

localisable [lɔkalizabl] *adj* lokalisierbar

localisation [lɔkalizasjõ] *f* **1** *d'un bruit etc*, MÉD Lokalisation *f*; Lokalisierung *f*; örtliche Zuordnung; *d'un avion, navire* Orts-, Lagebestimmung *f* **2** *d'un conflit, incendie etc* Lokalisierung *f*; Begrenzung *f* (***dans une région*** auf ein Gebiet); Eindämmung *f*

localiser [lɔkalize] **I** *v/t* **1** lokalisieren; ~ ***un bruit, une maladie*** ein Geräusch, eine Krankheit lokalisieren **2** *conflit, incendie, épidémie* lokalisieren; eindämmen **II** *v/pr conflit* ***se ~*** lokalisiert werden (können)

localité [lɔkalite] *f* Ort *m*; Ortschaft *f*

locataire [lɔkatɛʀ] *m,f* Mieter(in) *m(f)*; ***être ~*** zur Miete wohnen

locatif[1] [lɔkatif] *adj* ⟨**-ive**⟩ Miet...; Mieter...; ***charges locatives*** Mietnebenkosten *pl*; ***logement ~*** Mietwohnung *f*; ***réparations locatives*** zulasten des Mieters gehende Reparaturen *f/pl*; ***risques ~s*** Mieterhaftung *f*; ***valeur locative*** Mietwert *m*

locatif[2] [lɔkatif] *m* GR Lokativ *m*

location [lɔkasjõ] *f* **1** *d'une maison, d'un appartement par le locataire* (ADM An)Mieten *n*; *par le propriétaire* Vermieten *n*; Vermietung *f*; *de voitures* Mieten *n ou* Vermietung *f*; *de barques, vélos etc* Verleih *m*; *écriteaux*: ~ ***de skis, de vélos*** Ski-, Fahrradverleih *m*; ~ ***de voitures*** Autovermietung *f*; Mietwagen *m/pl*; ***mettre en ~*** vermieten **2** THÉ Vorverkauf *m*; CH DE FER, AVIAT (Platz)Reservierung *f* **3** *pour les vacances* (gemietetes) Ferienhaus *ou* (gemietete) Ferienwohnung

location-vente [lɔkasjõvɑ̃t] *f* ⟨*pl* **locations-ventes**⟩ Mietkauf *m*

loch [lɔk] *m* MAR Log *n*; ***livre*** *m* ***de ~*** Logbuch *n*; Schiffstagebuch *n*; Schiffsjournal *n*

loche [lɔʃ] *f* ZO ~ ***de rivière*** Steinbeißer *m*

Loches [lɔʃ] *Stadt im Dep. Indre-et-Loire*

lock-out [lɔkawt] *m* ⟨*inv*⟩ Aussperrung *f*; ***lever le ~*** die Aussperrung beenden

lock-outer [lɔkawte] *v/t ouvriers* aussperren

locomoteur [lɔkɔmɔtœʀ] *adj* ⟨**-trice**⟩ *muscles, organes* der Fortbewegung dienend; *sc* lokomotorisch

locomotion [lɔkɔmɔsjõ] *f* Fortbewegung *f*; ***moyens*** *m/pl* ***de ~*** Fortbewegungsmittel *n/pl*

locomotive [lɔkɔmɔtiv] *f* **1** CH DE FER Lokomotive *f*; Lok *f*; ~ ***électrique*** elektrische Lokomotive; E-Lok *f*; ~ ***(à moteur) diesel*** Diesellok(omotive) *f*; ~ ***à vapeur*** Dampflok(omotive) *f*; F *fig* ***fumer comme une ~*** F rauchen wie ein Schlot **2** *fig personne* Motor *m*; treibende Kraft; Zugpferd *n*; SPORTS Schrittmacher *m*

locomotrice [lɔkɔmɔtʀis] *f* CH DE FER Triebwagen *m*

locotracteur *m* CH DE FER kleine Dieselrangierlok *f*

locuteur [lɔkytœʀ] *m* LING Sprecher *m*

locution [lɔkysjõ] *f* GR Redewendung *f*; Redensart *f*; Wendung *f*

loden [lɔdɛn] *m* **1** *tissu* Loden *m* **2** *manteau* Lodenmantel *m*

lœss [løs] *m* GÉOL Löss(-)*ou* Löß(boden) *m*

lof [lɔf] *m* MAR Luv(seite) *f*; ***aller, venir au ~*** (an)luven; ***virer ~ pour ~*** halsen; vor dem Wind wenden

lofer [lɔfe] *v/i* MAR (an)luven

loft [lɔft] *m logement* Loft *m*

logarithme [lɔgaʀitm] *m* MATH Logarithmus *m*; ***table*** *f* ***de ~s*** Logarithmentafel *f*

logarithmique [lɔgaʀitmik] *adj* logarithmisch

loge [lɔʒ] *f* **1** ~ ***du concierge*** Pförtner-, Hausmeisterwohnung *f* **2** THÉ Loge *f*; ***première ~, ~ de balcon*** Balkonloge *f*; Loge im ersten Rang; *fig* ***être aux premières ~s*** es, etw aus nächster Nähe miterleben, sehen; ~ ***d'avant-scène*** Orchester-, Proszeniumsloge *f*; ~ ***de corbeille*** vordere Seitenloge im ersten Rang; ~ ***de côté, de face*** Seiten-, Mittelloge *f* **3** THÉ *d'un acteur* Garderobe *f* **4** *des francs-maçons* Loge *f*; ***Grande Loge de France*** Großloge *f* von Frankreich **5** ARCH Loggia [-dʒa] *f*

logeable [lɔʒabl] *adj* bewohnbar

logement [lɔʒmɑ̃] *m* **1** Wohnung *f*; Wohnraum *m*; *pour les vacances etc* Quartier *n*; Unterkunft *f*; ~ ***meublé*** möblierte Wohnung; ~ ***ouvrier*** Arbeiterwohnung *f*; ~ ***provisoire*** Übergangs-, Notwohnung *f*; ~ ***social*** Sozialwohnung *f*; ~ ***de deux pièces*** Zweizimmerwohnung *f*; ~ ***d'entreprise, de service*** Werks-, Dienstwohnung *f*; ~ ***en copropriété*** Eigentumswohnung *f* **2** TECH Lager *n*; Lagerung *f*

loger [lɔʒe] ⟨**-geons**⟩ **I** *v/t* **1** *personnes* beherbergen; unterbringen; aufnehmen; *soldats* einquartieren; ***être logé et nourri*** freie Kost und Logis haben; ***être bien, mal logé*** gut, schlecht untergebracht sein; e-e gute, schlechte Wohnung haben **2** *par ext des affaires dans un placard etc* unterbringen; ~ ***la balle dans la cible*** die Zielscheibe mit der Kugel treffen; ***il lui a logé la balle en plein cœur*** er hat ihm die Kugel mitten durchs Herz gejagt; er hat ihn (mit der Kugel) mitten ins Herz getroffen **II** *v/i* wohnen; logieren; Wohnung nehmen; *à l'hôtel a* absteigen; ~ ***chez qn*** bei j-m wohnen; ~ ***chez l'habitant*** *vacancier etc* privat wohnen; MIL im Privatquartier liegen **III** *v/pr* **1** ***trouver où*** *ou* ***à se ~*** e-e Wohnung, Unterkunft finden **2** ***se ~ une balle dans la tête*** sich (*dat*) e-e Kugel in den Kopf schießen **3**

balle ***se ~*** stecken bleiben (***dans le bras*** im Arm)

logeur [lɔʒœʀ] *m*, **logeuse** *f* (Zimmer)Vermieter(in) *m(f)*; (Zimmer)Wirt(in) *m(f)*; Quartiergeber(in) *m(f)*

loggia [lɔdʒja] *f* ARCH Loggia [-dʒa] *f*

logiciel [lɔʒisjɛl] *m* INFORM Software [-vɛːr] *f*; ***~s*** *pl* Softwareprogramme *n/pl*

logicien [lɔʒisjɛ̃] *m*, **logicienne** *f* PHILOS, *fig* Logiker(in) *m(f)*

logique [lɔʒik] **I** *f* Logik *f*; ***manquer de ~*** der Logik entbehren; nicht logisch, unlogisch sein; *personne a* nicht logisch denken können **II** *adj argument, conséquence etc* logisch; GR ***analyse*** *f* ***~*** Satzanalyse *f*; ***être, rester ~ avec soi-même*** konsequent sein, bleiben

logiquement [lɔʒikmɑ̃] *adv* logisch; *en début de phrase ou en incise* logischerweise; ***raisonner ~*** logisch argumentieren; ***~, tu devrais recevoir la lettre demain*** du müsstest den Brief logischerweise morgen bekommen

logis [lɔʒi] *m* **1** *litt* Behausung *f*; ***maître*** *m* ***du ~*** Hausherr *m* **2** MIL ***maréchal*** *m* ***des ~*** Unteroffizier *m* **3** ARCH ***corps*** *m* ***de ~*** Hauptbau *m*, -trakt *m* **4** *fig* ***la folle du ~*** die Fantasie, Einbildungskraft

logisticien [lɔʒistisjɛ̃] *m*, **logisticienne** *f* MIL, ÉCON, PHILOS Logistiker(in) *m(f)*

logistique [lɔʒistik] **I** *adj* MIL, ÉCON logistisch; Versorgungs…; ***base*** *f* ***~*** Versorgungsbasis *f*, -stützpunkt *m* **II** *f* **1** MIL, ÉCON Logistik *f* **2** PHILOS mathematische Logik

logo [logo] *m* COMM Logo *n ou m*; Firmen-, Markenzeichen *n*

logopédie [lɔgɔpedi] *f* Sprachheilkunde *f*; *sc* Logopädie *f*

loi [lwa] *f* Gesetz *n*; ***~ biologique*** biologisches Gesetz; ***~ civile*** Zivilgesetz *n*; ***~ économique*** ökonomisches Gesetz; ***~ fiscale*** Steuergesetz *n*; MIL ***~ martiale*** Standrecht *n*; ***~ pénale*** Strafgesetz *n*; ***~ physique*** physikalisches Gesetz; PHYS ***~ de la chute des corps*** Fallgesetz *n*; ***~ d'exception*** Ausnahmegesetz *n*; ***~ du plus fort*** Recht *n* des Stärkeren; Faustrecht *n*; BIOL ***les ~s de Mendel*** [mɛ̃dɛl] die mendelschen Gesetze; ***~ du milieu, de la pègre*** Gesetz der Unterwelt; REL ***la ~ de Moïse, de l'Ancien Testament*** das mosaische Gesetz; ***~ de la nature*** Naturgesetz *n*; ÉCON ***~ de l'offre et de la demande*** Gesetz von Angebot und Nachfrage; PHYS ***~ de la pesanteur*** Gesetz der Schwerkraft, Schwere; ***~ en vigueur*** geltendes Gesetz, Recht; ***~ sur la presse*** Pressegesetz *n*; ***force*** *f* ***de ~*** Gesetzeskraft *f*; ♦ *loc/adj*: ***conforme à la ~*** gesetzlich; gesetzmäßig; ***contraire à la ~*** ungesetzlich; gesetz-, rechtswidrig; ***'hors la ~*** vogelfrei; ***mettre 'hors la ~*** für vogelfrei erklären; *loc/adv*: ***d'après la ~*** nach dem Gesetz; ♦ ***avoir la ~ pour soi*** das Recht auf s-r Seite haben; ***dicter, faire la ~ à qn*** j-m befehlen, Vorschriften machen, s-n Willen aufzwingen; ***faire la ~*** befehlen; Vorschriften machen; ***vous ne ferez pas la ~ chez moi!*** in meinem Hause haben Sie nicht zu befehlen!; ***nul n'est censé ignorer la ~*** Unkenntnis des Gesetzes schützt nicht vor Strafe; ***tomber sous le coup de la ~ …*** unter das Gesetz … fallen; *abs* strafbar sein

loi-cadre [lwakadʀ] *f* ⟨*pl* **lois-cadres**⟩ Rahmen-, Mantelgesetz *n*

Verbverbindungen mit la loi

abolir une loi – ein Gesetz abschaffen
amender une loi – ein Gesetz ändern
appliquer une loi – ein Gesetz anwenden
approuver une loi – einem Gesetzesentwurf zustimmen
contourner une loi – ein Gesetz umgehen
promulguer une loi – ein Gesetz verkünden
proposer une loi – eine Gesetzesvorlage einbringen
respecter une loi – ein Gesetz achten, beachten
transgresser une loi – gegen ein Gesetz verstoßen
violer une loi – ein Gesetz verletzen
voter une loi – ein Gesetz verabschieden

loin [lwɛ̃] *adv* **1** *distance et fig* weit (weg), fern, weit entfernt (***de*** von); ***plus ~*** weiter; ***deux kilomètres plus ~*** zwei Kilometer weiter; ***plus ~ dans le texte*** weiter unten (im Text); ***aller ~*** weit gehen, fahren; *fig événement, scandale* weitreichende Folgen haben; weite Kreise ziehen; *personne* ***il ira ~*** er wird es weit bringen; ***ne pas aller ~*** nicht weit gehen, fahren; *fig* nicht weit kommen (***avec qc*** mit etw); *malade* es nicht mehr lange machen; *fig* ***il n'ira pas ~ avec cent euros*** *a* mit hundert Euro kann er keine großen Sprünge machen; ***aller plus ~*** weiter gehen, fahren; (*fig*) weitergehen; *fig* ***j'irai même plus ~*** (***et je dirai que …***) ich gehe sogar noch weiter (und sage, dass …); ***aller trop ~*** zu weit gehen (*a fig*), fahren; *fig* ***vous allez trop ~ dans vos reproches*** Sie gehen zu weit mit Ihren Vorwürfen; ***il y a ~ d'ici jusqu'à*** *ou* ***à la gare*** es ist weit von hier bis zum Bahnhof; *fig* ***il y a ~ d'un projet à sa réalisation*** von e-m Plan bis zu s-r Verwirklichung ist (es) ein weiter Weg; e-n Plan haben und ihn ausführen ist zweierlei; *fig* ***ne cherchez pas si ~*** Sie brauchen (*die Erklärung, Gründe*) nicht so weit zu suchen; ***est-ce encore ~?*** ist es noch weit?; ***vous êtes trop ~***, *rapprochez-vous!* Sie sind *ou* stehen zu weit weg …; ***les fuyards sont déjà ~*** die Ausreißer sind längst über alle Berge; *fig* ***être ~*** abwesend sein; mit s-n Gedanken weit weg sein; *fig* ***il a été trop ~ dans ses critiques*** er ist mit s-r Kritik zu weit gegangen; ***remonter ~ dans l'histoire*** *événement* weit in der Geschichte zurückliegen; *personne dans ses explications* weit in der Geschichte zurückgehen, -greifen; *fig* ***voir ~*** weitblickend *ou* weit blickend, vorausschauend sein; Weitblick haben; *fig* ***ne pas voir plus ~ que*** (***le bout de***) ***son nez*** → ***bout***[1] *1* **2** *temps* weit; fern; ***le temps n'est pas ~ où …*** die Zeit ist nicht mehr fern, wo …; *en évoquant le passé* es ist noch nicht lange her, dass … **3** *loc/adv* ***au ~*** in der *ou* in die Ferne; weit weg; ***au ~, on voyait déjà le bateau*** in der Ferne sah man schon das Schiff; ***partir au ~*** in die Ferne ziehen; weit weg reisen; ***de ~*** aus der Ferne; von fern; von Weitem; von weit her; *fig* bei Weitem; mit Ab-

L

stand; ***c'est de ~ son meilleur livre*** das ist bei Weitem sein bestes Buch; *personne gravement malade* ***revenir de ~*** noch einmal davongekommen sein; ***suivre de ~ les événements*** die Ereignisse aus der Ferne verfolgen; ***je l'ai vu venir de ~*** *prévu* ich habe es längst kommen sehen; *remarqué* ich habe längst gemerkt, worauf er hinauswill; ***de ~ en ~*** ab und zu; von Zeit zu Zeit; hin und wieder; *a pour localiser* in großen Abständen **4** *loc/prép* ***~ de*** weit (weg) von; ***pas ~ de, non ~ de*** unweit, unfern (*+gén*); ***~ d'ici*** weit (weg) von hier; *fig* ***~ de là!*** weit davon entfernt!; im Gegenteil!; ***~ de moi cette idée!*** dieser Gedanke liegt mir völlig fern; das sei fern von mir!; *fig* ***tu en es (bien) ~!*** weit gefehlt!; *fig* ***nous en sommes encore ~*** davon sind wir noch weit entfernt; so weit sind wir noch lange nicht; ***être ~ d'être parfait*** noch lange nicht *ou* alles andere als vollkommen sein; ***il n'est pas ~ de dix heures*** es ist kurz vor, es ist fast zehn Uhr; ***être (bien) ~ de faire qc*** weit, himmelweit davon entfernt sein, etw zu tun; ***je suis ~ d'y penser*** ich denke nicht im Entferntesten daran; ***je suis ~ de le faire*** *ou* ***j'en suis ~!*** ich denke gar nicht daran, es zu tun!; das fällt mir nicht im Traum ein!; ***cela ne fait pas ~ de cent euros*** das macht fast hundert Euro **5** *loc/conj* ***d'aussi ~ que, du plus ~ que …*** (*+ind ou subj*) sobald; soweit; ***d'aussi ~, du plus ~ qu'il nous vit …*** sobald er uns sah …; ***d'aussi ~, du plus ~ que je m'en souvienne …*** so weit ich (zurück)denken kann …

L

lointain [lwɛ̃tɛ̃] **I** *adj* fern; ***époque ~e*** weit zurückliegende Epoche; ***pays ~*** fernes Land; ***dans un avenir ~*** in ferner Zukunft; *fig* ***avoir l'air, le regard ~*** abwesend aussehen, blicken; *fig* ***il n'y a qu'un rapport ~ entre ces deux événements*** diese beiden Ereignisse stehen nur in indirekter, loser Beziehung zueinander **II** *m* **1** Ferne *f*; ***dans le ~*** in der Ferne **2** ***~s*** *pl* PEINT Hintergrund *m*

loi-programme [lwapʀɔgʀam] *f* ⟨*pl* **lois-programmes**⟩ Rahmengesetz *n*

loir [lwaʀ] *m* ZO Siebenschläfer *m*; *fig* ***dormir comme un ~*** schlafen wie ein Murmeltier, wie ein Ratz

Loir [lwaʀ] ***le ~*** *Fluss in Westfrankreich*

Loire [lwaʀ] ***la ~*** *Fluss u Departement in Frankreich*

Loire-Atlantique [lwaʀatlɑ̃tik] ***la ~*** *frz Departement*

Loiret [lwaʀɛ] ***le ~*** *Fluss u Departement in Frankreich*

Loir-et-Cher [lwaʀeʃɛʀ] ***le ~*** *frz Departement*

loisible [lwazibl] *adj* ***il vous est (il m'est, il lui est*** *etc*) ***~ de faire qc*** es steht Ihnen (mir, ihm *etc*) frei, etw zu tun

loisir [lwaziʀ] *m* **1** Muße *f*; (freie) Zeit; ***~s*** *pl* Freizeit *f*; ***civilisation*** *f* ***des ~s*** Freizeitgesellschaft *f*; ***heures*** *f/pl*, ***moments*** *m/pl* ***de ~*** Mußestunden *f/pl*; *loc/adv* ***(tout) à ~*** in (aller) Ruhe; mit Muße; ***avoir le ~ de faire qc*** Zeit, Muße haben, etw zu tun; ***avoir beaucoup de ~s*** viel Freizeit haben; ***il aura tout le ~ de réfléchir*** er wird genügend Zeit, Muße zum Nachdenken haben **2** ***~s*** *pl occupations* Freizeitbeschäftigungen *f/pl*

lokoum [lɔkum] *m* → ***loukoum***

lolo [lolo] *m enf* (*lait*) Milch *f*

lombago [lõbago] *m* → ***lumbago***

lombaire [lõbɛʀ] *adj* ANAT Lenden…; MÉD ***ponction*** *f* ***~*** Lumbalpunktion *f*; ***région*** *f* ***~*** Lendengegend *f*; ***vertèbre*** *f* ***~*** Lendenwirbel *m*

lombalgie [lõbalʒi] *f* MÉD Lendenschmerz *m*; *sc* Lumbalgie *f*

lombard [lõbaʀ] **I** *adj* lombardisch **II** *subst* **1** ***Lombard(e)*** *m(f)* Lombarde *m*, Lombardin *f* **2** HIST ***Lombards*** *m/pl* Langobarden *m/pl*

Lombardie [lõbaʀdi] ***la ~*** die Lombardei

lombes [lõb] *m/pl* ANAT Lenden *f/pl*; Lendengegend *f*

lombric [lõbʀik] *m* ZO Regenwurm *m*

l'on [lõ] → ***on***

londonien [lõdɔnjɛ̃] **I** *adj* ⟨**~ne**⟩ Londoner **II** *subst* ***Londonien(ne)*** *m(f)* Londoner(in) *m(f)*

Londres [lõdʀ] London *n*

long [lõ] **I** *adj* ⟨**longue** [lõg]⟩ *espace, temps* lang; *détour, intervalle* groß; *voyelle* lang; *visage* länglich; *cri* lang gezogen; ***moins ~*** kürzer; ***plus ~*** länger; ***chaise longue*** Liegestuhl *m*; ***une longue suite de …*** e-e lange Reihe von …; *loc/adj*: MAR ***au ~ cours*** auf großer Fahrt; COMM ***à ~ terme*** langfristig; ***de longue date*** → ***date*** *2*; *travail* ***de longue haleine*** langwierig; *loc/adv* ***à la longue*** auf die Dauer; mit der Zeit; ***avoir une longue habitude de qc*** seit Langem an etw (*acc*) gewöhnt sein; *réunion etc* ***être ~*** lange dauern; ***être ~ de trois mètres*** drei Meter lang sein; ***ce qu'il est ~!*** *ou* ***ce qu'elle est longue!*** braucht der *ou* die aber lang!; so ein Trödelfritze *ou* so e-e Trödelliese!; *d'un orateur* er findet gar kein Ende!; ***être ~ à faire qc*** lange brauchen, um etw zu tun; ***ce serait trop ~ à raconter*** *a* es würde zu weit führen, das zu erzählen; *réponse, personne* ***être ~ à venir*** lange auf sich (*acc*) warten lassen; lange ausbleiben; *fig* ***faire ~ feu*** → ***feu***[1] *3* **II** *adv attitude, regard, silence* ***en dire ~*** vielsagend sein; Bände sprechen; ***en dire ~ sur qn, qc*** viel über j-n, etw sagen, erzählen; ***en savoir ~*** gut, genau Bescheid wissen (***sur*** über *+acc*); ***s'habiller ~*** lange Kleider *ou* Röcke tragen; lang tragen **III** *m* Länge *f*; ***de dix mètres de ~*** von zehn Metern Länge; zehn Meter lang; ***avoir dix mètres de ~*** zehn Meter lang sein; e-e Länge von zehn Metern haben; ♦ *loc/adv*: ***de tout son ~*** der Länge nach; ***étendu de tout son ~*** lang, der Länge nach hingestreckt; ***tomber de tout son ~*** der Länge nach hinfallen, -schlagen; ***de ~ en large*** auf und ab; hin und her; ***en ~*** in der Länge; der Länge nach; *fig* ***en ~ et en large*** lang und breit; des Langen und Breiten; ♦ *loc/prép* **a)** *espace* ***(tout) le ~ de, (tout) au ~ de qc*** (immer) längs (*+gén*); (immer) an etw (*dat*) entlang; ***le ~, au ~ du bois*** längs des Waldes; am Wald entlang; ***tout le ~ du chemin*** auf dem ganzen Weg; *abs*: *en m'accompagnant*, ***il a chanté tout du ~*** … hat er auf dem ganzen Weg, hat er die ganze Zeit über gesungen; **b)** *temps* ***tout au ~*** *ou* ***tout le ~ de l'année*** das ganze Jahr über, lang, hindurch

long-courrier [lõkuʀje] *m* ⟨*pl* **long-courriers**⟩ **1** AVIAT Langstreckenflugzeug *n*; *adjt* ***vol*** *m* ***~*** Langstreckenflug *m* **2** MAR Übersee-, Ozeandampfer *m*

longe [lõʒ] *f* **1** CUIS *de veau, de chevreuil* Lendenstück *n*, -braten *m*; ***~ de veau*** *a* Kalbsnierenbraten *m* **2** *corde* Longe *f*; Laufleine *f*

longer [lõʒe] *v/t* ⟨**-geons**⟩ ***~ qc*** an etw (*dat*) entlanggehen, -laufen, *en voiture, bateau* -fahren; *voie ferrée, chemin, route* an etw (*dat*) entlangführen, -laufen; *forêt, chaîne montagneuse* sich an etw (*dat*)

entlangziehen; sich erstrecken längs (*+gén*)
longeron [lõʒʀõ] *m* TECH Längsträger *m*
longévité [lõʒevite] *f* **a)** (*longue durée de la vie*) Langlebigkeit *f*; **b)** (*durée de la vie*) Lebensdauer *f*
longiligne [lõʒiliɲ] *adj* langglied(e)rig
longitude [lõʒityd] *f* (geografische) Länge; ***40 degrés de ~ est, ouest*** 40 Grad östlicher, westlicher Länge
longitudinal [lõʒitydinal] *adj* ⟨**-aux**⟩ der Länge nach; in der Längsrichtung; Längs…; ***coupe ~e*** Längsschnitt *m*
longtemps [lõtɑ̃] *adv* lange (Zeit); ***vivre ~*** lange leben; ***~ après sa mort*** lange nach s-m Tod; ***bien ~ avant leur mariage*** schon lange vor ihrer Hochzeit; ***ne reste pas trop ~!*** bleib nicht zu lange weg!; ♦ ***il y a ~*** vor langer Zeit; schon lange *ou* längst; ***il n'y a pas ~*** vor kurzer Zeit; unlängst; ***il y a ~ que …*** es ist schon lange her, dass …; ***y a-t-il ~ que vous êtes ici?*** sind Sie schon lange hier?; ***avant ~*** bald; binnen Kurzem; F ***dans ~?*** bald?; ***depuis ~*** seit langer Zeit; seit Langem; schon lange; schon längst; ***pendant ~*** lange Zeit (über, hindurch); ***pour ~*** für *ou* auf lange Zeit; ***il y en a encore pour ~?*** dauert es noch lange?; ***je n'en ai pas pour ~*** ich brauche nicht lange; es dauert nicht lange; ***il n'en a plus pour ~*** er hat nicht mehr lange zu leben; F er wird es nicht mehr lange machen; ♦ *loc/conj* ***aussi ~ que*** solange; ***reste aussi ~ que tu veux*** bleib, solange du willst
longue [lõg] → ***long I***
longuement [lõgmɑ̃] *adv* lange; ***s'étendre ~ sur un sujet*** sich lang und breit über ein Thema auslassen; ***parler ~*** lange sprechen
longuet [lõgɛ] F *adj* ⟨**~te**⟩ etwas, ein bisschen (zu) lang (*dimension ou durée*)
longueur [lõgœʀ] *f* **1** Länge *f*; *durée a* lange Dauer; *d'un ouvrage a* Umfang *m*; *de négociations* Langwierigkeit *f*; PHYS, RAD ***~ d'onde*** Wellenlänge *f*; F *fig* ***(ne pas) être sur la même ~ d'onde*** F (nicht) auf derselben Wellenlänge sein, liegen; ***pièce f tout en ~*** langes, schmales Zimmer; F Schlauch *m*; SPORTS ***saut*** *m* ***en ~*** Weitsprung *m*; *loc/adv* ***en ~, dans le sens de la ~*** in der Länge; in der Längsrichtung; der Länge nach; ***à ~ d'année, de journée, de semaine*** das ganze Jahr, den ganzen Tag, die ganze Woche über *ou* hindurch; ***avoir la même ~*** dieselbe Länge haben; gleich lang sein; ***tirer, faire traîner qc en ~*** etw in die Länge ziehen; etw verschleppen **2** TURF Länge *f*; ***gagner de deux ~s*** mit zwei Längen Vorsprung siegen **3** *d'un texte, d'un film* ***~s*** *pl* Längen *f/pl*; ***avoir des ~s*** Längen haben
longue-vue [lõgvy] *f* ⟨*pl* **longues-vues**⟩ OPT Fernrohr *n*; Teleskop *n*
Longvic [lõvi] *Ort im Dep. Côte-d'Or*
Longwy [lõwi] *Stadt im Dep. Meurthe-et-Moselle*
Lons-le-Saunier [lõnl(ə)sonje] *Stadt im Dep. Jura*
look [luk] *m* Look [luk] *m*; Aussehen *n*
looping [lupiŋ] *m* AVIAT Looping ['lu:-] *m ou n*
Loos [los] *Stadt im Dep. Nord*
lopette [lɔpɛt] *f* F *péj* Waschlappen *m*
lopin [lɔpɛ̃] *m* ***un ~ de terre*** ein kleines Stück Erde, Land
loquace [lɔkas] *adj* redselig; gesprächig; ***il n'est pas très ~ aujourd'hui*** *a* er ist heute nicht sehr zum Reden aufgelegt
loquacité [lɔkasite] *f* Redseligkeit *f*; Gesprächigkeit *f*
loque [lɔk] *f* **1** ***~s*** *pl* Lumpen *m/pl*; Fetzen *m/pl*; ***être vêtu de ~s*** in Lumpen gekleidet, gehüllt sein; zerlumpt sein; *vêtement* ***tomber en ~s*** in Fetzen gehen **2** *fig personne* Wrack *n*
loquet [lɔkɛ] *m* Schnappschloss *n*; Schnäpper *ou* Schnepper *m*
loqueteux [lɔktø] *adj* ⟨**-euse**⟩ zerlumpt
lord [lɔʀ(d)] *m* Lord *m*; ***~ Chancelier*** Lordkanzler *m*; ***la Chambre des ~s*** das Oberhaus
lord-maire [lɔʀ(d)mɛʀ] *m* ⟨*pl* **lords-maires**⟩ Lord Mayor ['lɔrt'me:ər] *m*
lorgner [lɔʀɲe] *v/t* **1** *une femme* anschielen; begehrliche, unverschämte (Seiten)Blicke zuwerfen (***qn*** j-m) **2** *fig* ***~ qc*** nach etw schielen; ***~ une place*** *a* mit e-m Posten liebäugeln
lorgnette [lɔʀɲɛt] *f* kleines Fern-, Opernglas *n*; *fig* ***voir les choses par le petit bout de la ~*** die Dinge zu einseitig sehen; engstirnig sein; e-n begrenzten, engen Horizont haben
lorgnon [lɔʀɲõ] *m* **a)** (*pince-nez*) Zwicker *m*; Kneifer *m*; **b)** (*face-à-main*) Stielbrille *f*; Lorgnon *n*; Lorgnette *f*; **c)** F *plais* (*lunettes*) Brille *f*
Lorient [lɔʀjɑ̃] *Stadt im Dep. Morbihan*
loriot [lɔʀjo] *m* ZO Pirol *m*
lorrain [lɔʀɛ̃] **I** *adj* lothringisch **II** *subst* ***Lorrain(e)*** *m(f)* Lothringer(in) *m(f)*
Lorraine [lɔʀɛn] ***la ~*** Lothringen *n*
lors [lɔʀ] *adv* **1** ***depuis ~*** seitdem; seither; seit der Zeit; von der Zeit an; von da an; ***depuis ~ je n'ai plus eu de ses nouvelles*** … seitdem *etc* habe ich nichts mehr von ihm *ou* ihr gehört; ***dès ~*** seitdem; seither; seit der Zeit; von der Zeit an; von da an; (*en conséquence*) folglich; infolgedessen; also; *litt* ***pour ~*** daher; deshalb **2** *loc/prép* ***~ de*** bei; als (*suivi d'une phrase*); zur Zeit (*+gén*); ***~ de mon mariage*** bei meiner Heirat; als ich heiratete **3** *loc/conj* ***dès ~ que*** (*dès l'instant où*) sobald; (*puisque*) da … (ja); *litt* ***~ même que*** (*+conditionnel*) selbst wenn
lorsque [lɔʀsk] *conj* ⟨*vor Vokal* **lorsqu'**⟩ **1** *récit au passé* als; ***j'allais sortir ~ vous avez téléphoné*** ich war gerade im Begriff wegzugehen, als Sie anriefen **2** *avec présent ou futur* wenn; ***~ vous y penserez,*** *rapportez-moi mon livre* wenn Sie daran denken …
losange [lɔzɑ̃ʒ] *m* MATH Raute *f*; Rhombus *m*; ***en ~*** rautenförmig
Los Angeles [lɔsɑ̃ʒlɛs] Los Angeles [lɔs'ɛndʒələs] *n*
lot [lo] *m* **1** LOTERIE Gewinn *m*; Treffer *m*; ***gros ~*** Hauptgewinn *m*, -treffer *m*; *fig* ***gagner le gros ~*** das große Los ziehen; ***~ de consolation*** Trostpreis *m* **2** JUR Anteil *m*; Teil *m ou n*; ***~ de succession*** Erbteil *m ou n*; ***diviser, morceler, partager en ~s*** *bien, terre* aufteilen; *terre a* parzellieren; in Parzellen aufteilen; *terre* ***vendre par ~s*** parzellenweise verkaufen **3** COMM Los *n*; Posten *m*; Partie *f*; ***~ de marchandises*** Warenposten *m*, -partie *f*; ***un ~ de chemises*** ein Los, ein Posten, e-e Partie Hemden **4** *litt* (*sort*) Los *n*; ***la mort est le ~ de l'humanité*** der Tod ist das Los der Menschheit, aller Menschen
Lot [lɔt] ***le ~*** *Fluss u Departement in Frankreich*
loterie [lɔtʀi] *f* **1** Lotterie *f*; ***~ foraine*** Glücksbude *f*; ***Loterie nationale*** (französische) Staatslotterie **2** *fig* Lotteriespiel *n*; ***c'est une ~*** das ist ein Lotterie-

L

spiel; das ist (reine) Glückssache

Lot-et-Garonne [lɔtegaʀɔn] ***le ~*** *frz Departement*

Lothaire [lɔtɛʀ] *m* HIST Lothar *m*

loti [lɔti] *adj* ***être bien, mal ~*** gut, schlecht dran sein; *iron* ***le voilà bien ~!*** *a* da ist er aber gut bedient!

lotion [losjõ] *f* Gesichtswasser *n*; Lotion *f*; ***~ capillaire*** Haar-, Kopfwasser *n*; ***~ tonique*** Gesichtswasser *n*

lotionner [losjɔne] *v/t* einreiben

lotir [lɔtiʀ] *v/t biens d'une succession etc* aufteilen; *terrain a* parzellieren; in Parzellen aufteilen

lotissement [lɔtismɑ̃] *m* 1 (*partage*) Aufteilung *f*; *d'un terrain a* Parzellierung *f* 2 (*terrain morcelé*) (Grundstücks)Parzelle *f*; *ensemble* Siedlung *f*; ***~ jardin*** Gartenparzelle *f*; *ensemble* Kleingartenanlage *f*

loto [lɔto] *m* Lotto *n*; ***~ sportif*** Fußballtoto *n*; ***bulletin*** *m* ***de ~*** Lottoschein *m*; ***jouer au ~*** im Lotto spielen

lotte [lɔt] *f* ZO Quappe *f*; Rutte *f*; ***~ de mer*** Seeteufel *m*

lotus [lɔtys] *m* 1 BOT Lotos *m*; Lotosblume *f* ***~ bleu*** blaue Ägyptische Lotosblume 2 ARCH ***fleur*** *f* ***de ~*** Lotosblüte *f*

louable[1] [lwabl] *adj* lobenswert; löblich; rühmlich; anerkennenswert; ***peu ~*** unrühmlich

louable[2] [lwabl] *adj* vermietbar; ***difficilement ~*** schwer zu vermieten(d)

louage [lwaʒ] *m* JUR Miete *f*; Vermietung *f*; (***contrat*** *m* ***de***) ***~ de services*** Dienstvertrag *m*; ***voiture*** *f* ***de ~*** Mietwagen *m*

louange [lwɑ̃ʒ] *f souvent pl* ***~s*** Lob *n*; Belobigung *f*; *poét*, REL Lobpreis *m*; Lobpreisung *f*; ***à la ~ de qn*** zu j-s Lob, Ehre; ***discours*** *m* ***à la ~ de qn*** Rede, die j-s Verdienste würdigt; ***chanter les ~s de qn*** j-s Lob singen; ein Loblied auf j-n singen, anstimmen

loubar(d) [lubaʀ] F *m* Rocker *m*; F Halbstarke(r) *m*; ***bande*** *f* ***de loubar(d)s*** Rockerbande *f*

Les loubards

Tu les as vus, ces loubards avec leurs chiens? – Hast du sie gesehen, diese halbstarken Typen mit ihren Hunden?

Der Ausdruck **le loubard** wird in der Umgangssprache häufig für junge Männer verwendet, die in Großstädten und Vororten herumhängen, zumeist arbeitslos sind und zur Kleinkriminalität neigen.

louche[1] [luʃ] *adj affaire, attitude, milieux, individu etc* undurchsichtig; verdächtig; fragwürdig; zweifelhaft; *manœuvres, histoire a* anrüchig; *passé a* dunkel; *subst* ***il y a du ~ dans cette histoire*** an der Geschichte, Sache ist etwas faul, verdächtig; ***c'est ~!*** da stimmt etwas nicht!; da ist etwas faul!; ***fréquenter des milieux ~s*** in fragwürdigen, zweifelhaften Kreisen verkehren

louche[2] [luʃ] *f* CUIS Schöpflöffel *m*; Suppenkelle *f*

loucher [luʃe] *v/i* 1 schielen 2 F *fig* ***~ sur qc, qn*** nach etw, j-m schielen; begehrliche Blicke auf etw, j-n werfen

louer[1] [lwe] I *v/t* loben; rühmen; preisen; ***~ Dieu*** Gott loben, lobpreisen; ***~ les efforts, les mérites de qn*** j-s Anstrengungen, Verdienste würdigen; ***~ qn de*** *ou* ***pour qc*** j-n für etw loben; ***Dieu soit loué!*** gottlob!; Gott sei (Lob und) Dank! II *v/pr* ***se ~ de qc, qn*** mit etw, j-m zufrieden sein; sich (*dat*) zu etw, j-m gratulieren können; ***se ~ d'avoir fait qc*** froh sein, etw getan zu haben

louer[2] [lwe] I *v/t* 1 *propriétaire: maison, appartement etc* vermieten; ***à ~*** zu vermieten; ***chambre à ~*** Zimmer frei 2 *locataire, utilisateur: appartement, garage, voiture, bateau etc* mieten; *locaux* ADM *a* anmieten 3 ***~ une place*** THÉ e-e Karte vorbestellen; e-e Karte reservieren lassen; CH DE FER e-e Platzkarte bestellen; AVIAT e-n Flug reservieren II *v/pr* ***se ~*** 1 *appartement etc* vermietet werden 2 *journalier* sich verdingen

loueur [lwœʀ] *m*, **loueuse** *f* Vermieter(in) *m(f)*; ***loueur de voitures*** Autovermieter *m*

loufiat [lufja] *m* P (*garçon de café*) Kellner *m*

loufoque [lufɔk] F I *adj* verrückt; *personne* → *a* ***cinglé*** II *m,f* Verrückte(r) *f(m)*

loufoquerie [lufɔkʀi] F *f* Verrücktheit *f* (*a acte*)

Louhans [luɑ̃] *Stadt im Dep. Saône-et-Loire*

louis [lwi] *m ancienne pièce d'or* Louisdor *m*

Louis [lwi] *m* 1 *prénom* Ludwig *m*; HIST ***saint ~*** Ludwig der Heilige 2 *adjt* ART ***style*** *m* ***~ XIV, XV, XVI*** Louis-quatorze(-), Louis-quinze(-), Louis-seize(-Stil) *n(m)*

Louise [lwiz] *f Vorname*

louise-bonne [lwizbɔn] *f* ⟨*pl* **louises-bonnes**⟩ *variété de poire* Gute Luise

Louisiane [lwizjan] ***la ~*** Louisiana *n*

Louis-Philippe [lwifilip] *adjt* ***style*** *m* ***~*** *en Allemagne correspond à* Biedermeier *n*

loukoum [lukum] *m confiserie orientale* Rachat Lokum *n*

loulou [lulu] *m* 1 ZO Spitz *m*; ***~ de Poméranie*** Pommernspitz *m* 2 ⟨*f* ***louloutte*** [lulut]⟩ F *terme d'affection* Liebling *m*; Schatz *m*; Schätzchen *n*; Herzchen *n* 3 (*jeune voyou*) Halbstarke(r) *m*

loup [lu] *m* 1 ZO Wolf *m*; *fig*: ***faim*** *f* ***de ~*** F Wolfs-, Bären-, Mordshunger *m*; ***enfermer le ~ dans la bergerie*** den Bock zum Gärtner machen; ***être connu comme le ~ blanc*** bekannt sein wie ein bunter Hund; ***'hurler avec les ~s*** mit den Wölfen heulen; *prov*: ***les ~s ne se mangent pas entre eux*** e-e Krähe hackt der andern kein Auge aus (*prov*); ***quand on parle du ~, on en voit la queue*** wenn man den Esel nennt, kommt er gerennt; Lupus in fabula 2 *fig* ***jeune ~*** ehrgeiziger junger Mann 3 F ***mon ~*** → ***loulou*** *2* 4 F ***~ de mer*** F (alter) Seebär 5 *masque* schwarze Halbmaske 6 ZO ***~*** (***de mer***) Wolfsbarsch *m*

loupage [lupaʒ] F *m* F Verpatzen *n*; Verpfuschen *n*; P Versauen *n*

loup-cervier [lusɛʀvje] *m* ⟨*pl* **loups-cerviers**⟩ ZO (Nord)Luchs *m*

loupe [lup] *f* 1 OPT Lupe *f*; Vergrößerungsglas *n*; ***examiner qc à la ~*** etw mit der Lupe, mit dem Vergrößerungsglas prüfen; *fig* ***regarder qc à la ~*** etw unter die Lupe nehmen 2 *sur le bois d'un arbre* Knorren *m*; *par ext bois* knorriges Holz 3 MÉD Grützbeutel *m*; Balggeschwulst *f*

louper [lupe] F **I** *v/t* **1** *travail* F verpfuschen; verpatzen; P versauen; *composition* F verhauen; **~ son examen** F durchfallen **2** *train, bus, occasion* verpassen; versäumen; *qn à un rendez-vous* verfehlen; verpassen; *fig* **~ le coche** die Gelegenheit verpassen **II** *v/i* **ça n'a pas loupé** das musste ja so kommen

loup-garou [lugaRu] *m* ⟨*pl* **loups-garous**⟩ Werwolf *m*

loupiot [lupjo] *m*, **loupiotte** *f* F (*enfant*) F Gör *n*; Göre *f*; Balg *m ou n*

loupiote [lupjɔt] F *f* Lämpchen *n*; Lichtlein *n*; *péj* Funzel *f*

lourd [luR] **I** *adj* ⟨**lourde** [luRd]⟩ **1** *objet, pas, parfum, vin, charge, responsabilité, tâche* schwer; *charge fiscale* drückend; *nourriture* schwer (verdaulich); *sommeil, jambes* schwer; bleiern; MIL **artillerie ~e** schwere Artillerie; CHIM **eau ~e** schweres Wasser; JUR **faute ~e** grobes, schweres Verschulden; schwere, schwerwiegende Verfehlung; **frais ~s** hohe (Un)Kosten *pl*; **huile ~e** Schweröl *n*; **industrie ~e** Schwerindustrie *f*; **neige ~e** Pappschnee *m*; **poids ~** Last(kraft)wagen *m*; Lkw *m*; F Laster *m*; SPORTS → **poids** *3*; **terrain ~** aufgeweichter, schwerer Boden; *subst* **les plus ~s que l'air** die Flugzeuge *n/pl*; ♦ *loc/adj*: MAR, AVIAT **~ de l'arrière, de l'avant** hecklastig, bug- *ou* kopflastig; *décision etc* **~ de conséquences** folgenschwer; *phrase* **~ de sous-entendus** voller Anspielungen; ♦ **elle a le cœur ~** das Herz ist ihr schwer; ihr ist schwer ums Herz; **en avoir ~ sur le cœur** sich (*dat*) es, etw zu Herzen nehmen; **j'ai l'estomac ~** mir liegt etw schwer im Magen; ich habe Magendrücken; **avoir la main ~e** hart, fest zuschlagen; *fig* hart, schwer bestrafen; **avoir la main ~e en salant la soupe** die Suppe zu stark salzen; **avoir la tête ~e** e-n schweren Kopf haben; e-n Druck im Kopf haben; **il avait les yeux ~s de sommeil** ihm fielen (vor Müdigkeit) die Augen zu **2** *temps, air* schwül; drückend; *chaleur a* feuchtwarm; *fig silence, atmosphère* beklemmend; bedrückend; dumpf; **il fait ~** es ist schwül, drückend **3** FIN **marché ~** flaue, lustlose, rückläufige Börse **4** *personne, caractère, démarche, style* schwerfällig; unbeholfen; plump; *esprit* schwerfällig; **compliment ~** plumpes Kompliment; **plaisanterie ~e** plumper Scherz **II** *adv* **1** *objet* **peser ~** schwer sein; *fig*: **ne pas peser ~** kein Gewicht haben; **cela ne pèsera pas ~ dans la balance** das wird nicht sehr ins Gewicht, nicht schwer in die Waagschale fallen **2** F *fig d'une somme* **ça ne fait pas ~** das ist nicht viel; *employé etc* **ne pas en faire ~** nicht viel tun; **ne pas en savoir ~** nicht viel wissen; *des survivants?* - **y en avait pas ~** es gab nicht viele

lourdaud [luRdo] **I** *adj* schwerfällig; unbeholfen; ungeschickt; plump; tölpelhaft **II** *m* schwerfälliger, unbeholfener, ungeschickter, plumper Mensch; Tölpel *m*; Tollpatsch *m*

lourde [luRd] *f arg* (*porte*) Tür *f*

lourdement [luRdəmɑ̃] *adv* **1** schwer; *véhicule* **~ chargé** schwer beladen; *dépenses* **grever ~ le budget** das Budget schwer belasten; *fig* **peser ~ sur** schwere, schlimme Folgen haben für; **tomber ~** wie ein Klotz, Sack fallen; *fig* **se tromper ~** sich schwer täuschen **2** *fig* schwerfällig; unbeholfen; plump

lourder [luRde] *arg* F *v/t* **1** (*licencier*) F feuern; **se faire ~** F gefeuert werden **2** *par ext fiancé(e) etc* **~ qn** mit j-m Schluss machen; F j-m den Laufpass geben; **elle s'est fait ~ par son petit ami** ihr Freund hat mit ihr Schluss gemacht, F hat ihr den Laufpass gegeben

lourdeur [luRdœR] *f* **1** *fig d'une charge* Schwere *f*; **~ des impôts** drückende Steuerlast; **~s d'estomac** Magendrücken *n*; **~ de tête** Benommenheit *f* **2** *fig des formes, d'un style* Plumpheit *f*; *de l'esprit, a d'un style* Schwerfälligkeit *f*; **s'exprimer avec ~** sich ungeschickt, unbeholfen, plump ausdrücken

lourdingue [luRdɛ̃g] F *adj et subst* → **lourdaud**

loustic [lustik] *m* **1** (*farceur*) Spaßmacher *m*; Witzbold *m* **2** F *péj* (*type*) Kerl *m*; F Type *f*; F *péj* Knilch *m*; **un drôle de ~** ein komischer Knilch

loutre [lutR] *f* ZO Fischotter *m*; **~ de mer** Seeotter *m*

Louvain [luvɛ̃] Löwen *n* (*Stadt in Belgien*)

louve [luv] *f* ZO Wölfin *f*

louveteau [luvto] *m* ⟨*pl* **~x**⟩ **1** ZO junger Wolf **2** (*jeune scout*) Wölfling *m*

louvoiement [luvwamɑ̃] *m surtout pl* **~s** Lavieren *n*; Winkelzüge *m/pl*

louvoyer [luvwaje] *v/i* ⟨**-oi-**⟩ **1** MAR kreuzen **2** *fig* lavieren; ausweichen; Winkelzüge machen

lover [lɔve] **I** *v/t* MAR *cordage* aufschießen **II** *v/pr* **se ~** *serpent* sich zusammenrollen

loyal [lwajal] *adj* ⟨**-aux**⟩ **1** *adversaire* anständig; fair [fɛːr]; ehrenhaft; **ami ~** treuer, aufrichtiger Freund; **loyaux services** treue Dienste *m/pl*; **serviteur ~** loyaler, treuer, redlicher Diener; *loc/adv* F **à la ~e** anständig; fair **2** COMM **concurrence ~e** ehrlicher, lauterer Wettbewerb **3** *au cirque* **Monsieur Loyal** der Conférencier

loyalement [lwajalmɑ̃] *adv* anständig; fair [fɛːr]; ehrenhaft; **accepter ~ sa défaite** mit Anstand verlieren

loyalisme [lwajalism] *m* **1** POL Loyalität *f*; Regierungs-, Staatstreue *f* **2** (treue) Ergebenheit (**envers un parti** gegenüber e-r Partei)

loyauté [lwajote] *f* Anständigkeit *f*; Fairness ['fɛːr-] *f*; Ehrenhaftigkeit *f*; Rechtschaffenheit *f*; Redlichkeit *f*; Loyalität *f*; (Pflicht)Treue *f*; **reconnaître avec ~ son erreur** s-n Irrtum ehrlich, offen zugeben

loyer [lwaje] *m* **1** Miete *f*; Mietpreis *m*; *österr, schweiz* Mietzins *m* **2** FIN **~ de l'argent** Zins(satz) *m*

Lozère [lɔzɛR] **la ~** *frz Departement*

LSD [ɛlɛsde] *m drogue* LSD *n*

lu [ly] *p/p* → **lire**[1]

lubie [lybi] *f* Schrulle *f*; Grille *f*; Marotte *f*; **avoir des ~s** Schrullen, Grillen im Kopf haben; **il lui prend parfois la ~** *de faire qc* er kommt manchmal auf den komischen Einfall …

lubricité [lybRisite] *f* Geilheit *f*; Lüsternheit *f*

lubrifiant [lybRifjɑ̃] TECH **I** *adj* Schmier… **II** *m* Schmiermittel *n*

lubrification [lybRifikasjɔ̃] *f* TECH (Ab)Schmieren *n*; Schmierung *f* **lubrifier** *v/t* TECH (ab)schmieren

lubrique [lybRik] *adj* geil; lüstern; lasziv

Luc [lyk] *m* **1** *Vorname* **2** BIBL Lukas *m*

lucane [lykan] *m* ZO Hirschkäfer *m*

lucarne [lykaRn] *f* **1** ARCH Dachfenster *n* **2** *par ext* kleines Fenster; Luke *f*

Lucerne [lysɛRn] Luzern *n*

L

lucide [lysid] *adj esprit, raisonnement* klar; scharf; *personne* scharfblickend; hellsichtig; ***esprit** m* **~** klarer, heller Kopf; **être ~** scharfblickend, hellsichtig sein; klarsehen; *mourant* **être encore ~** noch bei klarem Verstand, Bewusstsein sein

lucidement [lysidmɑ̃] *adv* **envisager ~ qc** e-r Sache (*dat*) mit klarem Blick entgegensehen

lucidité [lysidite] *f de l'esprit, d'une analyse etc* Klarheit *f*; *d'une personne* Scharfblick *m*; Hellsichtigkeit *f*; *malade mental* **avoir des moments de ~** lichte Augenblicke, Momente haben; **garder sa pleine ~** bei klarem Verstand, Bewusstsein bleiben; *dans une situation difficile* e-n kühlen, klaren Kopf bewahren; **juger avec ~** ein klares Urteil haben

Lucien [lysjɛ̃] *m Vorname*

Lucienne [lysjɛn] *f Vorname*

Lucifer [lysifɛʀ] *m* REL Luzifer *m* **luciferien** *adj* ⟨**~ne**⟩ luziferisch

luciole [lysjɔl] *f* ZO Leuchtkäfer *m*; Glühwürmchen *n*

Luçon [lysõ] **1** *île* Luzon [-ˈsɔn] *n* **2** *Stadt im Dep. Vendée*

lucratif [lykʀatif] *adj* ⟨**-ive**⟩ einträglich; einbringlich; gewinnbringend; (finanziell) lohnend; lukrativ; JUR: **association** *f* **à but ~** wirtschaftlicher Verein; **association** *f* **sans but ~** Idealverein *m*

lucre [lykʀ] *st/s et péj m* Gewinn *m*; **passion** *f* **du ~** Gewinnsucht *f*

ludiciel [lydisjɛl] *m* INFORM Software [-vɛːr] *f* für Computerspiele

ludique [lydik] *adj* Spiel…; PSYCH **activité** *f* **~** Spielen *n*

ludothèque [lydɔtɛk] *f* Spielsachenverleih *m*; Spiel(i)othek *f*

Ludovic [lydɔvik] *m Vorname*

luette [lɥɛt] *f* ANAT Zäpfchen *n*

lueur [lɥœʀ] *f* **1** (*lumière faible*) (Licht)Schein *m*; (Licht)Schimmer *m*; (schwaches) Licht; **à la ~ du clair de lune** bei Mondlicht; **à la ~ des flambeaux** im Fackelschein; im Schein, Licht der Fackeln **2** *du regard* Aufblitzen *n*; **une ~ de désir illumina ses yeux** s-e Augen funkelten begehrlich; **une ~ de colère passa dans ses yeux** in s-n Augen blitzte es zornig auf **3** *fig* Funke(n) *m*; **~ d'espoir** Funke(n) Hoffnung; Hoffnungsschimmer *m*, -strahl *m*; *chez un fou* **~ de raison** lichter Augenblick

Lugano [lygano] Lugano *n*; **le lac de ~** der Luganer See

luge [lyʒ] *f* (Rodel)Schlitten *m*; *österr* Rodel *f*; **piste** *f* **de ~** Rodelbahn *f*; **faire de la ~** Schlitten fahren; rodeln

lugubre [lygybʀ] *adj atmosphère, air* düster; traurig; trübselig; **bâtiment** *m* **~** trostloses, düsteres, finster wirkendes Gebäude; **mine** *f* **~** Trauermiene *f*; **pensées** *f/pl* **~s** düstere, trübe Gedanken *m/pl*

lui [lɥi] *pr/pers* **1** ⟨*m et f*⟩ **a)** *obj/indir* ihm (*m et n*); ihr (*f*); **je ~ parlerai de vous** ich werde mit ihm *ou* ihr über Sie sprechen; **remettez-~ ce livre!** geben Sie ihm *ou* ihr dieses Buch zurück!; **b)** *avec la fonction d'obj/dir* ihn (*m*); sie (*f*); es (*n*); **faites-~ recommencer ce travail** lassen Sie ihn *ou* sie *ou* es diese Arbeit noch einmal machen; **je ~ ai laissé lire cette lettre** ich habe ihn *ou* sie *ou* es diesen Brief lesen lassen **2** ⟨*m*⟩ **a)** *sujet* er; **~ non plus n'a rien compris** auch er hat nichts verstanden; **c'est tout à fait ~** das ist er, wie er leibt und lebt; **toi, tu te reposes et ~, il travaille** du ruhst dich aus, und er arbeitet; **c'est ~ qui sera content de vous voir** gerade er wird sich freuen, Sie zu sehen; **b)** *obj/dir* ihn; *qui avez-vous choisi?* **~** ihn; **c)** *avec prép* ihm (*dat*); ihn (*acc*); **à ~ seul** (er) allein; **il n'y arrivera jamais à ~ tout seul** ganz allein wird er das nie schaffen; *loc/adj* **bien à ~** ihm eigen; typisch für ihn; **il a des idées bien à ~** er hat so s-e eigenen Ideen; **chez ~** bei ihm (zu Hause); **de ~** von ihm; **parler de ~** von ihm, über ihn sprechen; **à cause de ~** seinetwegen; **se souvenir de ~** sich an ihn erinnern; *st/s* sich s-r erinnern; *apprendre* **par ~** durch ihn; **d)** *réfléchi* sich; **il est content de ~** er ist mit sich zufrieden

lui-même [lɥimɛm] *pr/pers* **1** *emphatique* (er) selbst; **il l'a dit ~** er hat es selbst gesagt; **~ n'en sait rien** er selbst weiß nichts davon *ou* darüber **2** *réfléchi* sich (selbst); **la bonne opinion qu'il a de ~** die gute Meinung, die er von sich (selbst) hat; **il a agi de ~** er hat von sich aus, aus eigenem Antrieb gehandelt; **il a confiance en ~** er hat Selbstvertrauen; **il se rendra compte de la situation par ~** er wird sich selbst, persönlich, mit eigenen Augen von der Lage überzeugen **3** TÉL Monsieur X? **~!** am Apparat!

luire [lɥiʀ] *v/i* ⟨→ **conduire**; *aber p/p* **lui**⟩ *st/s* **1** *soleil* scheinen; strahlen; *métal* glänzen; blinken; schimmern; leuchten; *poét* gleißen **2** *fig* **un espoir luit encore** es gibt noch e-n Hoffnungsschimmer, -strahl

luisant [lɥizɑ̃] *adj* **1** *métal* blank; glänzend; blinkend; schimmernd; leuchtend; *poét* gleißend; *peau grasse* glänzend **2** ZO **ver ~** Glüh-, Johanniswürmchen *n*; Leuchtkäfer *m*

lumbago [lõbago, lɛ̃-] *m* MÉD Hexenschuss *m*; *sc* Lumbago *f*

lumen [lymɛn] *m* (*abr* **lm**) PHYS Lumen *n* (*abr* lm)

lûmes [lym] → **lire**[1]

lumière [lymjɛʀ] *f* **1** Licht *n*; **~ électrique** elektrisches Licht; **~ du jour** Tageslicht *n*; AUTO **~ des phares** Scheinwerferlicht *n*; **~ du soleil, solaire** Sonnenlicht *n*; **les ~s de la ville** die Lichter der Stadt; *adjt* **la ville ~** die Lichterstadt an der Seine (*Paris*); **habit** *m* **de ~** bestickte Stierkämpfertracht; (**spectacle** *m*) **son et ~** → **son**[2] *4*; *loc/adv* **à la ~** (**du jour**) bei (Tages)Licht; **sous la ~ des projecteurs** im Scheinwerferlicht; **faire de la ~** Licht machen; **il y a encore de la ~ chez le voisin** beim Nachbarn brennt, ist noch Licht; **donner, faire de la ~ à qn** j-m leuchten; BIBL **que la ~ soit!** es werde Licht! **2** *fig* (*éclaircissement*) Licht *n*; **faire** (**toute**) **la ~ sur une affaire** Licht in e-e Sache bringen; e-e Sache (völlig) aufklären; **la ~ se fit dans son esprit** ihm ging ein Licht auf; **jeter une ~ nouvelle sur qc** ein neues Licht auf etw (*acc*) werfen; **mettre qc en** (**pleine**) **~** auf etw (*acc*) aufmerksam machen, hinweisen **3** *fig* (*personne très intelligente*) Leuchte *f*; *iron* **ce n'est pas une ~** er *ou* sie ist kein großes (Kirchen)Licht, keine große Leuchte **4** *loc/prép* **à la ~ de** aufgrund (der Ergebnisse) (+*gén*); anhand (+*gén*); wie … gezeigt haben *ou* lehren **5** **~s** *pl* Wissen *n*; Kenntnisse *f/pl*; Können *n*; **le siècle des ~s** das Jahrhundert, Zeitalter der Aufklärung; *plais* **j'ai besoin de vos ~s** ich brauche Ihre Hilfe, Ihre guten Einfälle **6** TECH (*ouverture*) Öffnung *f*; (*fen-*

te) Schlitz *m*

lumignon [lymiɲõ] *m* Lämpchen *n*; Lichtlein *n*; *péj* Funzel *f*

luminaire [lyminɛʀ] *m* Beleuchtungskörper *m*; Leuchte *f*

luminescence [lyminesɑ̃s] *f* PHYS Lumineszenz *f* **luminescent** *adj* PHYS lumineszierend

lumineux [lyminø] *adj* ⟨**-euse**⟩ **1** Leucht…; Licht…; ***affiche lumineuse*** Lichtreklame *f*; Leuchtschrift *f*; ***enseigne lumineuse*** Leuchtschild *n*; ***fontaine lumineuse*** beleuchteter Springbrunnen; ***point ~*** Lichtpunkt *m*; ***publicité, réclame lumineuse*** Lichtreklame *f*, -werbung *f*; Leuchtwerbung *f*; ***rayon ~*** Lichtstrahl *m*; ***regard ~*** leuchtender Blick; ***source lumineuse*** Lichtquelle *f*; ***teint ~*** schimmernder Teint **2** *fig* klar; einleuchtend; F ***c'est une idée lumineuse!*** das ist e-e glänzende Idee!

luminosité [lyminozite] *f* **1** *du ciel* strahlende Helle; Glanz *m*; *poét* ***la ~ de son regard*** sein strahlender Blick **2** ASTR *d'un astre* Leuchtkraft *f*; Helligkeit *f*

lump [lɛ̃p, lœ̃p] *m* ZO Seehase *m*; ***œufs m/pl de ~*** Seehasenrogen *m*; deutscher Kaviar

lunaire [lynɛʀ] *adj* Mond…; ASTR ***année f ~*** Mondjahr *n*; *fig* ***face f ~*** Vollmondgesicht *n*; ASTR ***mois m ~*** Mondmonat *m*; ***orbite m ~*** Mondbahn *f*; *fig* ***paysage m ~*** Mondlandschaft *f*

lunaison [lynɛzõ] *f* ASTR Mondumlaufzeit *f*; *sc* Lunation *f*

lunatique [lynatik] **I** *adj personne* launisch; launenhaft; *humeur* wechselnd; ***être ~*** *a* Launen haben **II** *m,f* launischer, launenhafter Mensch

lunch [lœntʃ, lɛ̃ʃ] *m* kaltes Büfett

lundi [lɛ̃di, lœ̃-] *m* Montag *m*; ***~ de Pâques, de (la) Pentecôte*** Oster-, Pfingstmontag *m*; → *a* ***jeudi***

lune [lyn] *f* **1** (ASTR ***Lune***) Mond *m*; ***~ croissante, décroissante*** zunehmender, abnehmender Mond; ***nouvelle ~*** Neumond *m*; ***pleine ~*** Vollmond *m*; ***à la nouvelle, pleine ~*** bei Neu-, Vollmond; ***la ~ est nouvelle, pleine*** es ist, wir haben Neu-, Vollmond; ***~ rousse*** Zeit *f* der späten Nachtfröste im April/Mai; ***atterrir, se poser sur la Lune*** auf dem Mond landen, aufsetzen; *fig*: ***aller décrocher la ~ pour qn*** Unmögliches für j-n tun; für j-n die Sterne vom Himmel holen; ***demander la ~*** Unmögliches verlangen; P ***être con comme la ~*** P saudumm, -blöd sein; ***être dans la ~*** nicht bei der Sache sein; geistesabwesend sein; mit s-n Gedanken ganz woanders sein; ***promettre la ~ à qn*** j-m Unmögliches versprechen; ***tomber de la ~*** F aus allen Wolken fallen **2** ***~ de miel*** Honigmond *m*, Flitterwochen *f/pl* (*a fig*) **3** F (*derrière*) F (nackter) Hintern, Po **4** ZO ***~ de mer*** *ou* ***poisson m ~*** Mondfisch *m*

luné [lyne] *adj* ***bien, mal ~*** gut, schlecht gelaunt; froh gestimmt, missgestimmt; froh gelaunt, missgelaunt; ***être bien, mal ~*** *a* (bei) guter, schlechter Laune sein

Lunebourg [lyn(ə)buʀ] Lüneburg *n*; ***les landes f/pl de ~*** die Lüneburger Heide

lunetier [lyntje], **lunetière** **I** *m,f* **a)** Brillen-, Augenoptiker(in) *m(f)*; **b)** *fabricant(e)* Brillenfabrikant(in) *m(f)* **II** *adj* ⟨*f*⟩ ***industrie ~*** Brillenindustrie *f*

lunette [lynɛt] *f* **1** ***~s*** *pl* Brille *f*; ***~s de plongée*** Taucherbrille *f*; ***~s de protection*** Schutzbrille *f*; ***~s de soleil*** Sonnenbrille *f*; ***branche f de ~s*** Brillenbügel *m*; ***une nouvelle paire de ~s*** e-e neue Brille; *loc/adj* ***à ~s*** mit Brille; bebrillt; ***mettre des ~s*** e-e Brille aufsetzen; F *fig* ***mets tes ~s!*** sieh besser *ou* genauer hin!; ***porter des ~s*** e-e Brille tragen; Brillenträger sein **2** OPT ***~ (d'approche)*** Fernrohr *n*; Teleskop *n*; ***~ astronomique*** astronomisches *ou* keplersches Fernrohr **3** AUTO ***~ (arrière)*** Rück- *ou* Heckfenster *n*, -scheibe *f* **4** ARCH Stichkappe *f*; runde Öffnung **5** (*siège d'aisances*) (Klosett)Brille *f*

lunetterie [lynɛtʀi] *f* **a)** *commerce* Brillenhandel *m*; **b)** *industrie* Brillenherstellung *f*

lunule [lynyl] *f de l'ongle* (Nagel)Möndchen *n*; *sc* Lunula *f*

lupanar [lypanaʀ] *litt m* Bordell *n*; Freudenhaus *n*

lupin [lypɛ̃] *m* BOT Lupine *f*

lupus [lypys] *m* MÉD Lupus *m*; ***~ tuberculeux*** Hauttuberkulose *f*

lurent [lyʀ] → ***lire[1]***

lurette [lyʀɛt] *f loc* F ***il y a belle ~*** es ist schon lange, F e-e Ewigkeit her

luron [lyʀõ] *m*, **luronne** *f* ***un gai, joyeux luron*** ein lustiger, fideler Kerl, Geselle, Kumpan; F ein fideles Haus

lus [ly] → ***lire[1]***

Lusace [lyzas] GÉOGR ***la ~*** die Lausitz

Lusaka [luzaka] GÉOGR Lusaka *n*

Lusitanie [lyzitani] HIST ***la ~*** Lusitanien *n*

lusitanien [lyzitanjɛ̃] *adj* ⟨**~ne**⟩ **1** HIST lusitanisch **2** portugiesisch

lustrage [lystʀaʒ] *m* Glänzendmachen *n*; TEXT Lüstrieren *n*

lustral [lystʀal] *litt adj* ⟨**-aux**⟩ Reinigungs…

lustre [lystʀ] *m* **1** *luminaire* Kronleuchter *m*; Lüster *m*; ***~ de cristal*** Kristalllüster *m*, -leuchter *m* **2** (*éclat*) Glanz *m* (*a fig*); ***donner du ~ à qc*** e-r Sache Glanz verleihen, geben; etw glänzend machen; *fig* *à une ville etc* ***redonner du ~*** neuen Glanz verleihen **3** *litt* ***depuis des ~s*** seit langer Zeit; seit Langem

lustré [lystʀe] *adj* **1** *vêtement* blank gescheuert, gewetzt **2** *poil, cheveux, étoffe* glänzend

lustrer [lystʀe] *v/t* **1** glänzend machen; Glanz geben (+*dat*); TEXT lüstrieren **2** *par l'usure* blank scheuern, wetzen

lustrine [lystʀin] *f* TEXT Lüster *m*

lut [ly] → ***lire[1]***

Lutèce [lytɛs] HIST (*Paris*) Lutetia *n*

lûtes [lyt] → ***lire[1]***

lutétium [lytesjɔm] *m* CHIM Lutetium *n*

luth [lyt] *m* MUS Laute *f*; ***joueur m de ~*** Lautenspieler *m*

luthéranisme [lyteʀanism] *m* REL Luthertum *n*

lutherie [lytʀi] *f* Geigenbau *m*; Bau *m* von Saiteninstrumenten

luthérien [lyteʀjɛ̃] REL **I** *adj* ⟨**~ne**⟩ lutherisch; ***Église ~ne*** (evangelisch-)lutherische Kirche **II** *subst* **~(ne)** *m(f)* Lutheraner(in) *m(f)*

luthier [lytje] *m* Geigenbauer *m* **luthiste** *m,f* Lautenspieler(in) *m(f)*

lutin [lytɛ̃] *m* **1** Kobold *m*; Wichtel-, Heinzelmännchen *n* **2** *fig d'un enfant* Wildfang *m*; Schelm *m*

lutiner [lytine] *v/t* ***~ une femme*** mit e-r Frau schäkern

lutrin [lytʀɛ̃] *m* Noten-, Chorpult *n*

L

lutte [lyt] *f* **1** (*combat*) Kampf *m*; Ringen *n*; (*conflit*) Auseinandersetzung *f*; (*action soutenue*) Bekämpfung *f* (*contre gén*); **~ *finale*** Endkampf *m*; ***~s religieuses*** Religionskämpfe *m/pl*; religiöse Auseinandersetzungen; **~ *contre l'alcoolisme*** Kampf gegen den Alkoholismus; Bekämpfung des Alkoholismus; **~ *contre le bruit, le cancer*** Lärm-, Krebsbekämpfung *f*; **~ *des classes*** Klassenkampf *m*; **~ *d'intérêts*** Interessenkonflikt *m*; **~ *pour le pouvoir*** Machtkampf *m*; Kampf, Ringen um die Macht; **~ *pour la vie, pour l'existence*** Kampf ums Dasein; Existenz-, Daseins-, Lebenskampf *m*; *loc/adv* ***de haute ~*** nach hartem Kampf, Ringen; ***mener la ~ contre qc, qn*** etw, j-n bekämpfen; den Kampf gegen etw, j-n führen; ***sortir vainqueur de la ~*** als Sieger aus dem Kampf hervorgehen **2** SPORTS Ringen *n*; Ringkampf *m*; **~ *gréco-romaine*** griechisch-römisches Ringen; **~ *libre*** Freistilringen *n*

lutter [lyte] *v/i* kämpfen; ringen (*a* SPORTS, *fig*); **~ *contre qc, qn*** gegen etw, j-n kämpfen; etw, j-n bekämpfen; **~ *contre la mort*** mit dem Tod(e) ringen; **~ *contre le sommeil*** mit dem Schlaf kämpfen; gegen den Schlaf ankämpfen; **~ *contre la tempête*** gegen den Sturm ankämpfen; **~ *pour qc*** für *ou* um etw kämpfen

lutteur [lytœʀ] *m*, **lutteuse** *f* **1** ⟨*m*⟩ SPORTS Ringer *m*; Ringkämpfer *m* **2** *fig* Kämpfer(in) *m(f)*

lux [lyks] *m* PHYS Lux *n*

luxation [lyksasjõ] *f* MÉD Verrenkung *f*; *sc* Luxation *f*; **~ *de l'épaule, de la hanche*** Schulter-, Hüft(gelenk)verrenkung *f*

L

luxe [lyks] *m* **1** Luxus *m*; Pracht *f*; Aufwand *m*; Verschwendung *f*; *loc/adj* ***de ~*** Luxus…; ***article*** *m*, ***objet*** *m* ***de ~*** Luxusartikel *m*, -gegenstand *m*; ***édition*** *f* ***de ~*** Pracht-, Luxusausgabe *f*; ***faire étalage de ~*** s-n Reichtum zur Schau stellen; ***c'est du ~!*** so ein Luxus!; das ist reiner Luxus, reine Verschwendung!; ***ce n'est pas du ~!*** das ist wirklich kein Luxus!; das ist unerlässlich!; ***c'est mon seul ~*** das ist der einzige Luxus, den ich mir leiste; *fig* ***se payer le ~ de dire, de faire qc*** es sich (*dat*) leisten *ou* erlauben, etw zu sagen, zu tun **2** *fig* ***un ~ de*** (zu) viele; reichlich viele; ***raconter une histoire avec un ~ de détails*** e-e Geschichte mit e-r Fülle von Einzelheiten erzählen

luxé [lykse] *adj* MÉD ausgerenkt; verrenkt; ausgekugelt

Luxembourg [lyksɑ̃buʀ] *ville* **~**, *pays* ***le ~*** Luxemburg *n*

luxembourgeois [lyksɑ̃buʀʒwa] **I** *adj* luxemburgisch **II** *subst* ***Luxembourgeois(e)*** *m(f)* Luxemburger(in) *m(f)*

luxer [lykse] *v/pr* ***se ~ le bras*** *etc* sich (*dat*) den Arm *etc* ausrenken, verrenken, auskugeln

luxmètre [lyksmɛtʀ] *m* PHYS Luxmeter *n*

luxueux [lyksɥø] *adj* ⟨**-euse**⟩ luxuriös; prunkvoll; F feudal

luxure [lyksyʀ] *litt f* Wollust *f*; Sinnenlust *f*, -genuss *m*; Unkeuschheit *f*; ***vie*** *f* ***de ~*** ausschweifendes Leben

luxuriance [lyksyʀjɑ̃s] *f* **1** *de la végétation* Üppigkeit *f* **2** *fig* Fülle *f*; *dans un poème etc* ***~ des images*** Fülle von Bildern

luxuriant [lyksyʀjɑ̃] *adj* **1** *végétation* üppig; *plante* ***être ~*** *a* üppig wachsen; wuchern **2** *fig imagination* blühend; üppig

luxurieux [lyksyʀjø] *litt adj* ⟨**-euse**⟩ wollüstig; lüstern; unkeusch; BIBL ***~ point ne seras*** ÉGL PROT du sollst nicht ehebrechen; ÉGL CATH du sollst nicht Unkeuschheit treiben

luzerne [lyzɛʀn] *f* BOT Luzerne *f*

Lvov [lvɔf] GÉOGR Lemberg *n*

lx *abr* (*lux*) lx (Lux)

Lyautey [ljotɛ] *frz Marschall*

lycaon [likaõ] *m* ZO Hyänenhund *m*

lycée [lise] *m* Gymnasium *n* (*ab der 10. Klasse*)

Le lycée et le bac

In Frankreich kommt jeder Schüler nach fünf Jahren Grundschule (**école primaire**) an das **collège**, wo er weitere vier Jahre absolvieren muss.

Nach dem obligatorischen neunten Schuljahr können die begabteren Schüler ans **lycée** wechseln und nach drei Schuljahren **le baccalauréat** (das Abitur), kurz **le bac** machen. Das lycée entspricht also in etwa der gymnasialen Oberstufe in Deutschland.
Der Leiter eines lycée wird **le proviseur** genannt.

lycéen [liseɛ̃] *m*, **lycéenne** *f* Oberschüler(in) *m(f)*; Gymnasiast(in) *m(f)*

lychnis [liknis] *m* BOT Lichtnelke *f*

lycra® [likʀa] *m* TEXT Lycra® *n*

Lydie [lidi] *f Vorname*

lymphangite [lɛ̃fɑ̃ʒit] *f* MÉD Lymphgefäßentzündung *f*; *sc* Lymphangitis *f*

lymphatique [lɛ̃fatik] **I** *adj* **1** ANAT, MÉD Lymph…; lymphatisch; ***constitution*** *f* **~** lymphatische Konstitution; ***ganglion*** *m* **~** Lymphknoten *m*; ***vaisseaux*** *m/pl* ***~s*** Lymphgefäße *n/pl* **2** *fig personne* träge; phlegmatisch; ***tempérament*** *m* **~** Trägheit *f*; Phlegma *n* **II** *m,f* träger, phlegmatischer Mensch

lymphe [lɛ̃f] *f* PHYSIOL Lymphe *f*

lymphocyte [lɛ̃fɔsit] *m surtout pl* ***~s*** Lymphozyten *m/pl* **lymphographie** *f* MÉD Lymphografie *f*

lynchage [lɛ̃ʃaʒ] *m* Lynchen *n*; Lynchjustiz *f* **lyncher** *v/t* lynchen

lynx [lɛ̃ks] *m* ZO Luchs *m*; *fig* ***avoir des yeux de ~*** Augen wie ein Luchs haben

Lyon [ljõ] *Stadt im Dep. Rhône*

lyonnais [ljɔnɛ] **I** *adj* Lyoner; von, aus Lyon **II** *subst* ***Lyonnais(e)*** *m(f)* Lyoner(in) *m(f)*

lyophile [ljɔfil] *adj* CHIM lyophil **lyophilisation** *f* TECH Gefriertrocknung *f*; Lyophilisation *f*

lyophiliser [ljɔfilize] *v/t* TECH gefriertrocknen; *adjt* ***lyophilisé*** gefriergetrocknet

lyre [liʀ] *f* MUS Lyra *f*; Leier *f*; *fig et litt* ***accorder, prendre sa ~*** *litt* den Pegasus besteigen

lyrique [liʀik] **I** *adj* **1** lyrisch; ***genre*** *m*, ***poésie*** *f* **~** lyrische Dichtung; Lyrik *f*; ***poète*** *m* **~** Lyriker(in)

m(f) **2** MUS ***artiste*** *m,f* ~ Opern-, Operettensänger(in) *m(f)*; ***comédie*** *f* ~ Operette *f*; komische Oper; ***théâtre*** *m* ~ Operettentheater *n* **3** *fig* lyrisch; gefühlvoll **II** *m* Lyriker *m*
lyrisme [liʀism] *m* **1** *(genre lyrique)* Lyrik *f*; ***le ~ romantique*** die Lyrik der Romantik **2** *(caractère lyrique)* Lyrik *f*; Lyrismus *m*; ***s'exprimer avec ~*** sich lyrisch ausdrücken
Lys [lis] ***la ~*** die Leie *(Fluss in Frankreich u Belgien)*
lys [lis] *m* → ***lis¹***

M

M, m [ɛm] *m* ⟨*inv*⟩ M, m *n*
m *abr (mètre[s])* m (Meter)
M. *abr (monsieur)* Herr
m' [m] → ***me***
m² *abr (mètre[s] carré[s])* m² (Quadratmeter)
m³ *abr (mètre[s] cube[s])* m³ (Kubikmeter)
ma → ***mon***
mA *abr (milliampère[s])* mA (Milliampere)
Maastricht [mastʀik(t)] Maastricht *n*
maboul [mabul] *adj* F meschugge; plemplem; → ***a cinglé***
mac [mak] *m arg* → ***maquereau*** *2*
macabre [makɑbʀ] *adj* makaber; grausig; unheimlich; PEINT ***Danse ~*** Totentanz *m*; ***humour*** *m* ~ a) schwarzer Humor; b) Galgenhumor *m*
macache [makaʃ] *adv arg (rien du tout)* **~!** F (ja,) Pustekuchen!; ja, Kuchen!
macadam [makadam] *m* Makadam *m ou n*; Makadamdecke *f* **macadamiser** *v/t* makadamisieren
macaque [makak] *m* **1** ZO Makak *m*; ***~ rhésus*** Rhesusaffe *m* **2** F *fig* ***ce vieux ~*** dieser hässliche Kerl
macareux [makaʀø] *m* ZO ~ ***(moine)*** Papageitaucher *m*
macaron [makaʀõ] *m* **1** *gâteau sec* Makrone *f* **2** *coiffure* Schnecke *f* **3** F *insigne* (rundes) Abzeichen; Plakette *f*
macaroni [makaʀɔni] *m* **1** CUIS ***~(s)*** *pl* Makkaroni *pl* **2** P *péj (Italien)* P Spag(h)ettifresser *m*
macchabée [makabe] *m* P *(cadavre)* Leiche *f*
macédoine [masedwan] *f* CUIS ~ ***de fruits*** Frucht-, Obstsalat *m*; ~ ***de légumes*** Mischgemüse *n*; gemischtes Gemüse
Macédoine [masedwan] ***la ~*** Makedonien *ou* Mazedonien *n*
macédonien [masedɔnjɛ̃] **I** *adj* ⟨**~ne**⟩ makedonisch *ou* mazedonisch **II** *subst* ***Macédonien(ne)*** *m(f)* Makedonier(in) *ou* Mazedonier(in) *m(f)*
macérateur [maseʀatœʀ] *m* BRASSERIE, FABRICATION D\146EAU DE VIE Maischbottich *m* **macération** *f* **1** PHARM, CHIM Mazeration *f* **2** CUIS Einlegen *n*
macérer [maseʀe] ⟨**-è-**⟩ *v/t et v/i* PHARM, CHIM mazerieren; CUIS *p/p* ***macéré dans du cognac*** in Kognak eingelegt; ***faire, laisser ~*** PHARM, CHIM mazerieren, ausziehen lassen; CUIS liegen, (aus)ziehen lassen
Mach [mak] PHYS, AVIAT ***nombre*** *m* ***de ~*** Machzahl *f*; ***voler à ~ 2*** mit (e-r Geschwindigkeit von) Mach 2 fliegen
mâche [mɑʃ] *f* BOT Feldsalat *m*; Rapunze(l) *f*
mâchefer [mɑʃfɛʀ] *m* TECH Schlacke *f*
mâcher [mɑʃe] *v/t* **1** kauen *(a abs)*; zerkauen **2** *fig* ***~ qc à qn*** F j-m etw vorkauen; ***~ la besogne, le travail à qn*** schon die halbe Arbeit für j-n machen; ***ne pas ~ ses mots, son opinion*** kein Blatt vor den Mund nehmen; unverblümt s-e Meinung sagen **3** *adjt* ***papier mâché*** Papp-, Papiermaschee *n*; *fig* ***avoir une figure, une mine de papier mâché*** sehr schlecht, angegriffen, mitgenommen, elend, F wie Braunbier und Spucke aussehen
machette [maʃɛt] *f* Buschmesser *n*; Machete *f*
Machiavel [makjavɛl] *m* HIST Machiavelli *m*
machiavélique [makjavelik] *adj* POL *et fig* machiavellistisch; *par ext* diabolisch; perfide **machiavélisme** *m* POL *et fig* Machiavellismus *m*
mâchicoulis [mɑʃikuli] *m* FORTIF Pechnase *f*
machin [maʃɛ̃] F *m* **1** *(chose)* F Dings *n*; Dingsda *n*; Dingsbums *n*; ***~s*** *pl* F Zeug(s) *n* **2** *(personne)* ***Machin, Machine*** *m,f* der, die Dingsda *ou* Dingsbums; ***monsieur Machin*** Herr Dingsda, -bums
machinal [maʃinal] *adj* ⟨**-aux**⟩ *réaction, geste* mechanisch; automatisch; *mouvement a* unwillkürlich; *sourire a* gedankenlos
machination [maʃinasjõ] *f* Ränkespiel *n*; ***~s*** *pl* Machenschaften *f/pl*; Ränke *m/pl*; Umtriebe *m/pl*
machine [maʃin] *f* **1** TECH Maschine *f*; ***~ à calculer*** Rechenmaschine *f*; ***~ à coudre, à laver*** Näh-, Waschmaschine *f*; ***~ à laver la vaisselle*** Geschirrspülmaschine *f*, -automat *m*; ***~ à sous*** Spielautomat *m*; ***~ à vapeur*** Dampfmaschine *f*; ***~ de bureau*** Büromaschine *f*; HIST ***~s de guerre*** Kriegsmaschinen *f/pl*; *loc/adj* ***fait à la ~*** maschinell hergestellt **2** MAR ***~s*** *pl* Maschinen *f/pl*; ***faire ~ arrière*** rückwärtsfahren; *fig* e-n Rückzieher machen; es sich *(dat)* anders überlegen **3** ~ ***(à écrire)*** (Schreib)Maschine *f*; *loc/adj* ***écrit à la ~*** maschinegeschrieben; ***écrire une lettre à la ~*** e-n Brief mit der Maschine schreiben **4** THÉ ***~s*** *pl* Bühnenmaschinerie *f* **5** *(locomotive, moto, vélo)* Maschine *f* **6** *fig* Maschinerie *f*; Räderwerk *n*; Getriebe *n*; ***~ administrative, économique, politique*** Maschinerie, Räderwerk der Verwaltung, Wirtschaft, Politik **7** *fig et péj d'une personne* Maschine *f*; Roboter *m*; ***~ à faire des enfants*** Gebärmaschine *f* **8** → ***machin*** *2*
machine-outil [maʃinuti] *f* ⟨*pl* **machines-outils**⟩ TECH Werkzeugmaschine *f*
machiner [maʃine] *v/t* anzetteln
machinerie [maʃinʀi] *f* **1** *coll* Maschinen *f/pl*; Maschinenpark *m* **2** MAR Maschinenraum *m*, -haus *n*
machinisme [maʃinism] *m* Maschinenbetrieb *m*; maschinelle Arbeitsweise **machiniste** *m,f* **1** THÉ Bühnenarbeiter(in) *m(f)* **2** ADM *(conducteur,*

M

-trice) Fahrer(in) *m(f)*
machisme [ma(t)ʃism] *m péj* (männlicher) Chauvinismus; Machismo *m*; Männlichkeitskult *m* **machiste** **I** *adj* chauvinistisch; Chauvi… **II** *m* Chauvinist *m*; → *a* ***macho***
macho [matʃo] *m* F *péj* Chauvi *m*; Macho *m*
mâchoire [mɑʃwaʀ] *f* **1** ANAT Kiefer *m*; ***~s*** *pl a* Kinnbacken *f/pl ou m/pl*, -lade *f*; ***~ inférieure, supérieure*** Unter-, Oberkiefer *m* **2** TECH *d'un étau etc* Backe *f*; AUTO ***~ de frein*** Bremsbacke *f*
mâchonnement [mɑʃɔnmɑ̃] *m* **1** *(langsames, ausdauerndes)* Kauen; *péj* Gekaue *n*; F Mümmeln *n* **2** MÉD krankhafte Kaubewegung
mâchonner [mɑʃɔne] *v/t* **1** *(mâcher)* (lange) kauen; F mümmeln; ***~ son crayon*** an s-m Bleistift kauen **2** *(marmonner)* murmeln; brummen; F brummeln
mâchouiller [mɑʃuje] *v/t* F ***~ qc*** dauernd an etw *(dat)* kauen
mâchurer [mɑʃyʀe] *v/t* **1** *visage, vêtement* schmutzig, schwarz machen **2** TYPO unsauber abziehen
macis [masi] *m* CUIS Muskatblüte *f*
Mac-Mahon [makmaõ] *frz Marschall u Staatspräsident*
maçon [masõ] *m* **1** Maurer *m* **2** → ***franc-maçon***
maçonner [masɔne] *v/t* mauern; *(revêtir)* ausmauern
maçonnerie [masɔnʀi] *f* **1** CONSTR **a)** *ouvrage* Mauerwerk *n*; ***~ de briques*** Ziegelmauerwerk *n*; **b)** *travail* Mau(r)erarbeit *f*; ***grosse ~*** Rohbau *m*; ***petite ~*** Verputz- und Gipsarbeiten *f/pl* **2** → ***franc-maçonnerie***
maçonnique [masɔnik] *adj* freimaurerisch; Freimaurer…; ***loge*** *f* ***~*** Freimaurerloge *f*
macramé [makʀame] *m* Makramee *n*
macreuse [makʀøz] *f* **1** ZO ***~ brune, noire*** Samt-, Trauerente *f* **2** *morceau de bœuf* mageres Schulterstück
macro [makʀo] *f* INFORM Makro *n*
macrocéphale [makʀɔsefal] *adj* MÉD großköpfig; *sc* makrozephal
macrocosme [makʀɔkɔsm] *m* Makrokosmos *m* **macrocosmique** *adj* makrokosmisch; *par ext* (welt)umfassend **macroéconomie** *f* Makroökonomie *f* **macroéconomique** *adj* makroökonomisch **macro-instruction** *f* INFORM Makrobefehl *m* **macromoléculaire** *adj* CHIM makromolekular **macromolécule** *f* CHIM Makromolekül *n* **macrophotographie** *f* Makrofotografie *f* **macroscopique** *adj* mit bloßem Auge sichtbar; *sc* makroskopisch **macrostructure** *f de métaux et d'alliages* Makrogefüge *n*
maculature [makylatyʀ] *f* TYPO **a)** Schmutzbogen *m/pl*; Makulatur *f*; **b)** grobes Packpapier; **c)** → ***macule*** *1 a)*
macule [makyl] *f* **1** TYPO **a)** Bogen, der zwischen frische Druckbogen gelegt wird; **b)** Vorlaufbogen *m*; **c)** grobes Packpapier **2** MÉD roter Fleck *(auf der Haut)* **3** ASTR Sonnenfleck *m*
maculer [makyle] *v/t* **1** *st/s* beflecken (**de** mit); *p/p*: *papier* ***maculé d'encre*** voller Tintenflecke, -kleckse; *vêtement* ***maculé de sang*** blutbefleckt **2** TYPO verschmutzen; *adjt* ***feuille maculée*** Schmutzbogen *m*
Madagascar [madagaskaʀ] Madagaskar *n*
madame [madam] *f* *(abr* ***Mme****)* ⟨*pl* **mesdames** [medam] *(abr* ***Mmes****)*⟩ **1** **a)** *avec un nom* Frau *f*; ***~ Une telle*** Frau Sowieso, Soundso; ***~ X, née Y*** *ou* ***~ Y, épouse X*** Frau X, geborene Y; ***Madame votre mère*** Ihre Frau Mutter; **b)** *pour s'adresser à une femme* ***Madame*** Frau (+ *nom de famille)!*; *très formel* gnädige Frau!; F die Dame!; ***Mesdames!*** meine Damen!; ***Mesdames,*** (***Mesdemoiselles,***) ***Messieurs!*** meine Damen und Herren!; *à un public a* verehrte Anwesende!; *parfois non traduit*: (***bonjour,***) ***Madame!*** guten Tag! *ou* guten Tag, Frau (+ *nom de famille)!*; **c)** *au début d'une lettre* ***Madame*** Sehr geehrte Frau (+*nom de famille*); ***Mesdames, Messieurs*** Sehr geehrte Damen und Herren; **d)** *avec un titre*: ***Madame le Maire, la Présidente*** die Frau Bürgermeister(in), Präsidentin; *en s'adressant à cette personne* Frau Bürgermeister(in), Präsidentin! **2** *en s'adressant au mari* ***comment va Madame Dubois?*** wie geht es Ihrer Gattin, *très formel* Ihrer Frau Gemahlin? **3** *(maîtresse de maison)* ***Madame*** die gnädige Frau *(a iron)*; ***Madame est sortie*** die gnädige Frau ist ausgegangen
Madeleine [madlɛn] *f Vorname*; F *fig* ***pleurer comme une ~*** F heulen wie ein Schlosshund
madeleine [madlɛn] *f* CUIS e-e Art Sandplätzchen
Madelon [madlõ] *f Vorname*
mademoiselle [madmwazɛl] *f* *(abr* ***Mlle****)* ⟨*pl* **mesdemoiselles** [medmwazɛl] *(abr* ***Mlles****)*⟩ **a)** *avec un nom* Fräulein *n* *(abr* Frl.); ***~ X*** Fräulein X; ***Mademoiselle votre fille*** Ihr Fräulein Tochter; **b)** *pour s'adresser à une jeune fille / femme* ***Mademoiselle*** Fräulein (+ *nom de famille ou prénom)!*; *très formel* gnädiges Fräulein!; *parfois non traduit*: (***bonjour,***) ***Mademoiselle!*** guten Tag! *ou* guten Tag, Fräulein (+ *nom de famille ou prénom)!*; ***Mesdemoiselles!*** meine Damen!; **c)** *au début d'une lettre* ***Mademoiselle*** Sehr geehrtes Fräulein (+ *nom de famille ou prénom)!*; **d)** *iron* ***Mademoiselle n'est pas contente*** das gnädige Fräulein ist nicht zufrieden
Madère [madɛʀ] Madeira *ou* Madera *n*
madère [madɛʀ] *m* Made(i)ra(wein) *m*; ***verre*** *m* ***à ~*** Süßweinglas *n*; *adjt* CUIS ***sauce*** *f* ***~*** Made(i)rasoße *f*
madone [madɔn] *f* **1** PEINT, SCULP Madonna *f*; Madonnenbild *n*, -figur *f*; *Raffael* ***Madone de saint Sixte*** Sixtinische Madonna; *fig* ***visage*** *m* ***de ~*** Madonnengesicht *n* **2** ***la Madone*** die Jungfrau Maria; die Muttergottes
madras [madʀas] *m* **1** TEXT Madras *m* **2** *coiffure* Turban *m* *(aus Madrasstoff)*
madré [madʀe] *adj* (bauern)schlau; gerieben; gerissen; pfiffig; durchtrieben
Madrid [madʀid] Madrid *n*
madrier [madʀije] *m* Bohle *f*; ***~ de chêne*** Eichenbohle *f*
madrigal [madʀigal] *m* ⟨*pl* **-aux**⟩ MUS, POÉSIE Madrigal *n*
madrilène [madʀilɛn] **I** *adj* von Madrid; Madrider **II** *m,f* ***Madrilène*** Madrider(in) *m(f)*
maelstrom [ma(ɛ)lstʀɔm] *m* MAR Mahlstrom *m*
maestria [maɛstʀija] *f* Meisterschaft *f*; ***avec ~*** meisterhaft; meisterlich
Maëstricht [mastʀik(t)] Maastricht *n*
Maeterlinck [mɛtɛʀlɛ̃k] ***Maurice ~*** *belgischer Dichter*
maf(f)ia [mafja] *f* Mafia *f* *(a fig)*
maf(f)ieux [mafjø] **I** *adj* ⟨**-euse**⟩ der Mafia; Ma-

fia…; mafios **II** *m* Mafioso *m*; *pl* Mafiosi *m/pl*
magasin [magazɛ̃] *m* **1** (*boutique*) Geschäft *n*; Laden *m*; ***grand ~*** Kauf-, Warenhaus *n*; ***~ spécialisé*** Fachgeschäft *n*; ***~ (à) libre-service*** Selbstbedienungsgeschäft *n*, -laden *m*; ***~ d'alimentation, de lingerie, de jouets, de sport*** Lebensmittel-, Wäsche-, Spielwaren-, Sportgeschäft *n*; ***~ d'antiquités et d'objets d'art*** Antiquitäten- und Kunsthandlung *f*; ***~ de (vente au) détail*** Einzelhandelsgeschäft *n*; ***~ de (vente en) gros*** Großhandlung *f*; ***courir, faire les ~s*** F die Geschäfte, Läden abklappern; ***tenir un ~*** ein Geschäft, e-n Laden haben, führen, betreiben **2** (*entrepôt*) Lager *n*; Lagerhaus *n*, -raum *m*; Speicher *m*; Magazin *n* (*a* THÉ); ***avoir en ~*** auf Lager, vorrätig haben **3** *d'une arme à feu, d'une caméra* Magazin *n*
magasinage [magazinaʒ] *m* (Ein)Lagerung *f*; Lagerhaltung *f*; ***frais m/pl de ~*** Lagerhaltungskosten *pl*
magasiner [magazine] *v/i au Canada* einkaufen gehen
magasinier [magazinje] *m* Lagerist *m*; Lagerverwalter *m*
magazine [magazin] *m* **1** *publication* Magazin *n*; Illustrierte *f* **2** TV, RAD Magazin *n*
mage [maʒ] *m* **1** BIBL ***les ~s*** *ou adjt* ***les Rois*** *m/pl* ***~s*** die Heiligen Drei Könige *m/pl*; die (drei) Weisen aus dem Morgenland **2** (*magicien*) Magier *m* **3** ASTR ***les Trois Mages*** der Jakobsstab; der Gürtel des Orion
Magellan [maʒɛlɑ̃] ***le détroit de ~*** die Magellanstraße
Maghreb [magʀɛb] ***le ~*** der Maghreb
maghrébin [magʀebɛ̃] **I** *adj* des Maghreb; maghrebinisch **II** *subst* ***Maghrébin(e)*** *m(f)* Nordafrikaner(in) *m(f)*
magicien [maʒisjɛ̃] *m*, **magicienne** *f* Magier *m*, Zauberer *m*, Zauberin *f* (*a fig*)
magie [maʒi] *f* **1** Magie *f*; ***~ blanche, noire*** weiße, schwarze Magie; ***comme par ~*** wie durch Hexerei; auf unerklärliche Weise; ***c'est de la ~*** das ist Hexerei **2** *fig de la musique etc* Zauber *m*; Magie *f*
magique [maʒik] *adj* **1** magisch (*a fig*); Zauber…; ***baguette*** *f* ***~*** Zauberstab *m*; ***forces*** *f/pl* ***~s*** magische Kräfte *f/pl* **2** ***lanterne*** *f* ***~*** Laterna magica *f*
magistère [maʒistɛʀ] *m* (geistige, moralische) Macht, Gewalt, Autorität
magistral [maʒistʀal] *adj* ⟨**-aux**⟩ **1** meisterlich; meisterhaft; ***œuvre ~e*** Meisterwerk *n*; ***réussir un coup ~*** ein Meisterstück vollbringen **2** F *plais gifle* schallend **3** UNIVERSITÉ ***cours ~*** Hauptvorlesung *f*
magistralement [maʒistʀalmɑ̃] *adv* meisterlich; meisterhaft
magistrat [maʒistʀa] *m* **1** (*haut fonctionnaire*) (hohe[r]) Beamte(r); ***le premier ~ de l'État*** der höchste französische Beamte **2** JUR ***~ militaire*** Militärrichter *m*; ***~ du parquet*** Staatsanwalt *m*; ***~ du siège*** Richter *m*
magistrature [maʒistʀatyʀ] *f* **1** (*charge de magistrat*) hohes Staatsamt; ***~ suprême*** höchstes, oberstes Amt im Staat; ***faire carrière dans la ~*** als Richter, Staatsanwalt Karriere machen **2** JUR ***~ assise*** Richterstand *m*; ***~ debout*** Staatsanwaltschaft *f*
magma [magma] *m* **1** GÉOL Magma *n* **2** *fig* (wirres) Durcheinander
magnanerie [maɲanʀi] *f* Seidenraupenzucht(stätte) *f*
magnanime [maɲanim] *adj* großmütig; hoch-, großherzig; edelmütig; edel **magnanimité** *f* Großmut *m*; Hoch-, Großherzigkeit *f*; Edelmut *m*
magnat [magna] *m* Magnat *m*; ***~ de la finance, de l'industrie*** Finanz-, Industriemagnat *m*; ***~ du pétrole*** Ölmagnat *m*; ***~ de la presse*** Pressezar *m*
magner [maɲe] *v/pr* F ***se ~*** sich beeilen; F sich tummeln; sich ranhalten
magnésie [maɲezi] *f* CHIM Magnesia *f*; ***sulfate*** *m* ***de ~*** Magnesiumsulfat *n*; Bittersalz *n*
magnésium [maɲezjɔm] *m* CHIM Magnesium *n*
magnétique [maɲetik] *adj* magnetisch (*a fig*); Magnet…; ***bande*** *f* ***~*** Magnetband *n*; *sonore* Tonband *n*; PHYS ***champ*** *m*, ***pôle*** *m* ***~*** Magnetfeld *n*, -pol *m*; MÉD ***fluide*** *m* ***~*** magnetisches Fluidum; *fig en parlant d'un homme* ***avoir un pouvoir ~*** magnetische Kräfte besitzen
magnétisation [maɲetizasjõ] *f* PHYS, MÉD Magnetisieren *n*, -ung *f* **magnétiser** *v/t* **1** PHYS, MÉD magnetisieren **2** *fig* in s-n (unwiderstehlichen) Bann ziehen, schlagen **magnétiseur** *m* Magnetiseur *m*; Magnetopath *m*
magnétisme [maɲetism] *m* **1** PHYS Magnetismus *m*; ***~ terrestre*** Erdmagnetismus *m* **2** PHYS, MÉD ***~ (animal)*** animaler, tierischer Magnetismus **3** *fig* Anziehungskraft *f*; ***subir le ~ de qn*** in j-s Bann (*dat*) stehen
magnéto [maɲeto] **1** *f* TECH Magnetzündanlage *f* **2** *m* F *abr* → ***magnétophone***
magnétophone [maɲetɔfɔn] *m* Tonbandgerät *n*; *sc* Magnettongerät *n*; ***~ (à cassettes)*** Kassettenrekorder *m*
magnétoscope [maɲetɔskɔp] *m* Videorekorder *m*
magnificat [maɲifikat] *m* ⟨*inv*⟩ ÉGL CATH, MUS Magnifikat *n*
magnificence [maɲifisɑ̃s] *f* **1** *st/s* (*splendeur*) Pracht *f*; Prunk *m*; Glanz *m* **2** *litt* (*libéralité*) Großzügigkeit *f*; Freigebigkeit *f*
magnifier [maɲifje] *litt v/t* preisen; verherrlichen
magnifique [maɲifik] *adj* herrlich; prächtig; prachtvoll; großartig; HIST ***Soliman le Magnifique*** Suleiman der Prächtige; ***réception*** *f* ***~*** großartiger, glanzvoller Empfang
magnifiquement [maɲifikmɑ̃] *adv* **1** prachtvoll; prächtig **2** großartig; glänzend; ***il s'en est ~ tiré*** er hat sich großartig, glänzend aus der Affäre gezogen
magnitude [maɲityd] *f* ASTR Größe(nklasse) *f*
magnolia [maɲɔlja] *m* BOT Magnolie *f*
magnum [magnɔm] *m* große Champagnerflasche (*etwa 2 l fassend*)
magot [mago] *m* **1** ZO Magot *m*; Berberaffe *m* **2** *figurine* groteske (Porzellan-, Ton-, Jade- *etc*) Figur (*aus China od Japan*) **3** *argent* versteckte Ersparnisse *f/pl*; verstecktes Geld
magouillage [magujaʒ] *m ou* **magouille** [maguj] *f* F *péj* Mauschelei *f*; Gemauschel *n*; Kungelei *f*; Filz *m*
magouiller [maguje] *v/i* F *péj* mauscheln; kungeln
magret [magʀɛ] *m* CUIS ***~ de canard*** Entenbrust(-filets) *f(n/pl)*
magyar [magjaʀ] **I** *adj* madjarisch *ou* magyarisch **II** *subst* ***Magyar(e)*** *m(f)* Madjar(in) *ou* Magyar(in)

M

m(f)
mahara(d)jah [maaʀadʒa] *m* Maharadscha *m*
mahatma [maatma] *m* Mahatma *m*
mah-jong [maʒõg] *m jeu chinois* Ma(h)-Jongg [-dʒɔŋ] *n*
Mahomet [maɔmɛ] *m* Mohammed *m* (*Prophet*)
mahorais [maɔʀɛ] *adj* (*et subst* **Mahorais** Bewohner) der Inselgruppe Mayotte
mahous [maus] → **maous**
mai [mɛ] *m* Mai *m*; **le Premier ~** der Erste Mai; der Maifeiertag; **le joli mois de ~** der Wonnemonat (Mai)
maïeutique [majøtik] *f* PHILOS Mäeutik *f*
maigre [mɛgʀ] **I** *adj* **1** *personne, bras, jambes* mager (*a animal*); dünn; *joues* dünn; schmal; **visage** *m* **~** schmales, hageres Gesicht **2** *viande, jambon, lard* mager; *viande a* schier; *lard a* durchwachsen; **bouillon** *m* **~** magere (Fleisch)Brühe; **fromage** *m* **~** Magerkäse *m*; **un morceau ~** ein mageres, schieres Stück (*Fleisch*) **3** ÉGL CATH **jour** *m* **~** Fast-, Fischtag *m*; *advt* **faire ~** kein Fleisch essen; fleischlos essen **4** TYPO **caractères** *m/pl* **~s** magere Schrift; *subst* **imprimé en ~** mager gedruckt **5** *végétation* spärlich; *pâturage* mager; **~ filet d'eau** kleines Rinnsal **6** *fig résultat etc* mager; dürftig; kümmerlich; kärglich; *bénéfice a* spärlich; *repas a* knapp; karg (*a salaire*); F **c'est un peu ~!** das ist ziemlich wenig, dürftig, kümmerlich! **II** *subst* **1** *m,f* Dünne(r) *f(m)*; **une fausse ~** e-e Frau, die schlanker wirkt, als sie ist **2** *viande* **le ~** das Magere
maigrelet [mɛgʀəlɛ] *adj* ⟨**~te**⟩ ein bisschen, etwas zu mager, dünn; schmächtig
maigreur [mɛgʀœʀ] *f* **1** *d'une personne, d'un animal* Magerkeit *f* **2** *de la végétation* Spärlichkeit *f* **3** *fig de résultats* Dürftigkeit *f*; *de bénéfices, de revenus* geringe Höhe
maigrichon [megʀiʃõ] **I** *adj* ⟨**~ne**⟩ → **maigrelet** **II** *subst* **un(e) petit(e) ~(ne)** ein mageres, dünnes, schmächtiges Kerlchen, ein kleines Ding
maigriot [megʀijo] *adj* ⟨**~te**⟩ → **maigrelet**
maigrir [megʀiʀ] **I** *v/t vêtements* **~ qn** j-n schlanker machen, erscheinen lassen **II** *v/i personne* abnehmen, dünn(er), schlank(er) werden (**des 'hanches** um die Hüften); *p/fort* mager werden; abmagern; **le sport l'a fait ~** er ist durch Sport dünner, schlanker geworden; **les privations l'ont fait ~** er ist durch die Entbehrungen abgemagert, mager, dünn geworden; **se faire ~** sein Gewicht verringern
mail[1] [maj] *m* Promenade *f*; Allee *f*
mail[2] [mɛl] *m* (*e-mail*) Mail [meːl] *f*
mailing [mɛliŋ] *m* COMM Mailing ['meː-] *n*
maille [maj] *f* **1** *d'un tricot, d'un filet, d'un grillage* Masche *f*; **~ endroit** *ou* **à l'endroit, envers** *ou* **à l'envers** rechte, linke Masche; **monter des ~s** Maschen aufschlagen (**sur l'aiguille** auf die Nadel); **passer à travers les ~s du filet** *poisson* durch die Maschen des Netzes schlüpfen; *fig* der gestellten Falle wieder entkommen **2** *d'une chaîne* Glied *n*; HIST **cotte** *f* **de ~s** Kettenhemd *n*, -panzer *m* **3** *loc* **avoir ~ à partir avec qn** e-n Streit mit j-m haben; mit j-m aneinandergeraten; F mit j-m ein Hühnchen zu rupfen haben
maillechort [majʃɔʀ] *m* Neusilber *n*
maillet [majɛ] *m* **1** TECH Holzhammer *m* **2** *de croquet, de polo* Hammer *m*
mailloche [majɔʃ] *f* **1** TECH schwerer Holzhammer **2** *de grosse caisse* Schlägel *m*
Maillol [majɔl] *frz Bildhauer*
maillon [majõ] *m d'une chaîne* Glied *n*; *fig* **être un ~ de la chaîne** ein Glied in der Kette sein
maillot [majo] *m* **1** **~ (de bain)** Badeanzug *m*; **~ une pièce, deux pièces** einteiliger, zweiteiliger Badeanzug **2** *de danseur, de sportif* Trikot [-'koː] *n*; CYCLISME **le ~ jaune** das Gelbe Trikot; **être ~ jaune, porter le ~ jaune** das Gelbe Trikot tragen **3** **~ (de corps)** Unterhemd *n*, -jacke *f*
Main [mɛ̃] **le ~** der Main
main [mɛ̃] *f* **1** ANAT, *fig* Hand *f*; ♦ **~ artificielle** künstliche Hand; COUT **petite ~** weiblicher Schneiderlehrling; Nähmädchen *n*; COUT **première ~** erste Schneiderin, Näherin; **~ secourable** hilfreiche Hand; **coup** *m* **de ~** MIL Handstreich *m*; Stoßtruppunternehmen *n*; (*aide*) Handreichung *f*; **donner un coup de ~ à qn** j-m zur Hand *ou* an die Hand gehen; mit Hand anlegen (*abs*); **lignes** *f/pl* **de la ~** Handlinien *f/pl*; **politique** *f* **de la ~ tendue** Versöhnungspolitik *f*; **revers** *m* **de la ~** Handrücken *m*; ♦ *loc/adj et loc/adv*: **large comme la ~** handbreit; **à la ~** *écrire, coudre etc* mit der Hand; *avoir, tenir* in der Hand; **écrit à la ~** handgeschrieben; handschriftlich; **fait à la ~**, COMM **fait ~** handgearbeitet; von Hand gemacht; *étiquette* Handarbeit; **à deux ~s** mit beiden Händen; **à ~ levée** *dessiner* freihändig; **dessin** *m* **à ~ levée** Freihandzeichnung *f*; **vote** *m* **à ~ levée** Abstimmung *f* durch Handerheben, durch Handzeichen; **à pleines ~s** *empoigner, prendre* mit beiden Händen; *dépenser* mit vollen Händen; MUS **à quatre ~s** *jouer* vierhändig; **sonate** *f* **à quatre ~s** vierhändige Sonate; Sonate *f* für vier Hände; **tomber aux** *ou* **dans les ~s de qn** j-m in die Hände fallen; **dans la ~** in der *ou* in die Hand; **la ~ dans la ~** Hand in Hand; **avoir, tenir qc dans la ~** etw in der Hand haben, halten; *animal* **manger dans la ~** aus der Hand fressen; **de la ~** mit der Hand; **écrit de la ~ de qn** von j-m handgeschrieben; **écrit de sa ~** eigenhändig geschrieben; **exécuté de la ~ de Rubens** von Rubens gemalt; **recevoir qc de la ~ de qn** etw aus j-s Händen empfangen; **des deux ~s** mit beiden Händen; *fig* **souscrire à un projet des deux ~s** e-m Plan eifrig zustimmen; **de longue ~** seit Langem; *préparer* von langer Hand; *informations* **de première, seconde ~** aus erster, zweiter Hand; **de la ~ à la ~** *payer* ohne Quittung; *donner* direkt; ohne Formalitäten; **de ~ de maître** von Meisterhand; **de ~ en ~** von Hand zu Hand; *photo, document* **passer de ~ en ~** von Hand zu Hand gehen; **en ~** in der Hand; **avoir une affaire bien en ~** e-e Angelegenheit fest in der Hand haben; **avoir sa voiture bien en ~** s-n Wagen in der Gewalt haben; *fig* **prendre qc en ~** etw in die Hand nehmen; **être en (de) bonnes ~s** in guten Händen sein; gut aufgehoben sein; *lettre* **remettre en ~(s) propre(s)** persönlich, zu eigenen Händen übergeben; **entre les ~s de qn** in j-s Händen; **sa vie est entre vos ~s** sein Leben steht, liegt in Ihrer Hand; **ne pas mettre qc entre toutes les ~s** etw nicht jedem in die Hände geben; **'haut les ~s!, ~s en l'air!** Hände hoch!; → *a* **'haut** *II 1*; **par la ~** an *ou* bei der Hand; **mener par la ~** an der Hand führen; **prendre par la ~** bei der Hand *ou* an die Hand nehmen; bei, an der Hand

fassen; F *fig* ***se prendre par la ~*** F sich (*dat*) e-n Ruck geben; ***sous la ~*** bei der *ou* zur Hand; griffbereit; ***avoir qn sous la ~*** j-n an der Hand haben; *il casse tout* ***ce qui lui tombe sous la ~*** was ihm in die Hände *ou* Finger kommt, gerät; *fig négocier* ***(en) sous ~*** unter der Hand; heimlich; ♦ ***accorder à qn la ~ de sa fille*** j-m s-e Tochter zur Frau geben; ***ne pas y aller de ~ morte*** (*frapper fort*) kräftig zuschlagen; (*exagérer*) übertreiben; ***s'en aller, rentrer les ~s vides*** mit leeren Händen, unverrichteter Dinge abziehen, zurückkommen; FOOTBALL ***il y a ~!*** das war Hand!; JEUX DE CARTES ***avoir la ~*** geben; ***avoir la ~ heureuse*** *etc* → ***heureux*** *etc*; ***changer de ~s*** in andere Hände übergehen; den Besitzer wechseln; ***donner la ~ à qn*** j-m die Hand geben, reichen; *fig* (*aider*) sich j-s hilfreich annehmen; j-m unter die Arme greifen; F *péj* ***ils peuvent se donner la ~!*** F *péj* die können sich die Hand reichen!; ***être habile de ses ~s*** geschickte Hände haben; mit den Händen geschickt sein; ***faire les ~s de qn*** j-n maniküren; ***se faire la ~*** (sich) üben; ***faire ~ basse sur qc*** etw an sich (*acc*) bringen; (*voler*) etw entwenden; F sich (*dat*) etw unter den Nagel reißen; *fig* ***je m'en lave les ~s*** ich wasche meine Hände in Unschuld; ***lever, porter la ~ sur qn*** die Hand gegen j-n erheben; sich an j-m vergreifen; Hand an j-n legen; gegen j-n tätlich werden; ***lever la ~ pour prêter serment*** die Hand zum Schwur erheben; ***mettre la dernière ~ à qc*** letzte Hand an etw (*acc*) legen; ***j'en mettrais ma*** *ou* ***la ~ au feu*** dafür könnte ich meine Hand ins Feuer legen; F ***mettre la ~ à la pâte*** Hand ans Werk legen; mit Hand anlegen; mit zupacken; *police* ***mettre la ~ sur qn*** j-n fassen; JEUX DE CARTES ***passer la ~*** passen; F *fig* ***passe la ~!*** gib es auf!; verzichte!; lass es sein!; *fig* ***passer la ~ dans le dos de qn*** vor j-m kriechen; ***passer la ~ sur qc*** mit der Hand über etw (*acc*) streichen, fahren; *objet* ***passer par bien des ~s*** durch viele Hände gehen; ***perdre la ~*** aus der Übung kommen; *voleur* F ***être pris la ~ dans le sac*** auf frischer Tat ertappt werden; ***prêter la ~ à un crime*** ein Verbrechen begünstigen; e-m Verbrechen Vorschub leisten; ***en venir aux ~s*** handgemein werden; → *a* ***forcer*** *I 2*, ***lier*** *I 1*, ***tendre***[1] *I 3*; ♦ *prov* ***c'est une ~ de fer dans un gant de velours*** er wirkt entgegenkommend, setzt aber eisern seinen Willen durch **2** ***~ (de toilette)*** Waschhandschuh *m* **3** *d'un escalier* ***~ courante*** Handlauf *m* **4** TYPO ***une ~*** 25 Bogen

mainate [mɛnat] *m* ZO Beo *m*

main-d'œuvre [mɛ̃dœvʀ] *f* ⟨*pl* **mains-d'œuvre**⟩ **1** *coll* Arbeitskräfte *f/pl*; Arbeiter *m/pl*; ***~ étrangère*** ausländische Arbeitskräfte; Gastarbeiter *m/pl* **2** (*travail*) (geleistete) Arbeit; ***frais*** *m/pl* ***de ~*** Fertigungslöhne *m/pl*; Arbeits-, Lohnkosten *pl*

Maine [mɛn] ***le ~*** *historische Provinz in Westfrankreich*

Maine-et-Loire [mɛnelwaʀ] ***le ~*** *frz Departement*

main-forte [mɛ̃fɔʀt] *loc* ***donner, prêter ~ à qn*** j-m Beistand, Hilfe leisten

mainlevée [mɛ̃lve] *f* JUR *d'une saisie* Aufhebung *f*; *d'une hypothèque* Löschung *f*

mainmise [mɛ̃miz] *f* Aneignung *f*, Inbesitznahme *f* (***sur un territoire*** e-s Gebietes); (*domination*) Beherrschung *f* (***sur la presse*** der Presse); ***~ d'un État sur des territoires étrangers*** Aneignung fremder Gebiete durch e-n Staat

maint [mɛ̃] *st/s adj/ind* ⟨**mainte** [mɛ̃t]⟩ so manche(r, -s); ***~e(s) fois*** so manches Mal; ***~es et ~es fois*** immer wieder; soundso oft; ***à ~es reprises*** zu wiederholten Malen; ***en ~s endroits*** mancherorts

maintenance [mɛ̃tnɑ̃s] *f* TECH Wartung *f*

maintenant [mɛ̃tnɑ̃] *adv* jetzt; nun; *suivi du futur* ***à partir de ~*** von jetzt an; von nun an; *st/s* hinfort; *loc/conj* ***~ que*** jetzt *ou* nun, da *ou* F wo; ***~ que la pluie s'est arrêtée***, *nous pouvons partir* jetzt, da *ou* F wo es zu regnen aufgehört hat …

maintenir [mɛ̃tniʀ] ⟨→ **tenir**⟩ **I** *v/t* **1** *ordre, température etc* aufrechterhalten; ***~ sa candidature*** seine Bewerbung aufrechterhalten; ***~ la paix*** den Frieden (aufrecht)erhalten, wahren; ***~ une tradition*** eine Tradition erhalten, beibehalten; an einer Tradition festhalten; *fonctionnaire* ***~ dans son poste*** in s-m Amt belassen; *machine, objet* ***~ en bon état*** in gutem Zustand erhalten; instand halten; *loi* ***~ en vigueur*** in Kraft lassen **2** (*soutenir*) ***~ que …*** dabei bleiben, dass …; *témoin* ***~ sa déposition*** bei s-r Aussage bleiben; ***je l'ai dit et je le maintiens*** ich habe es gesagt, und dabei bleibe ich **3** (*tenir*) halten; *en lutte etc* ***~ qn à terre*** j-n niederhalten; ***~ la tête au-dessus de l'eau*** den Kopf über Wasser halten; ***~ la foule loin de qc*** die Menschenmenge von etw fernhalten **II** *v/pr* ***se ~*** *temps, prix, état d'un malade etc* sich halten; *tradition a* sich erhalten; fortbestehen; *paix* erhalten bleiben; F ***alors, la santé, ça se maintient?*** F na, gesundheitlich immer noch auf der Höhe?; POL ***se ~ au pouvoir*** sich an der Macht halten; *élève, sportif* ***se ~ dans la moyenne*** sich auf dem Durchschnitt halten

maintien [mɛ̃tjɛ̃] *m* **1** *de l'ordre, de la paix etc* Aufrechterhaltung *f*; *de la paix a, des libertés individuelles* Erhaltung *f*; Wahrung *f*; *de la tradition a* Fortbestand *m* **2** *de qn en fonction* Belassung *f*; *d'un locataire* ***~ dans les lieux*** Fortsetzung *f* des Mietverhältnisses **3** (*attitude*) Haltung *f*; *autrefois* ***leçon*** *f* ***de ~*** Anstandsunterricht *m*

maire [mɛʀ] *m* **1** Bürgermeister *m*; *femme* Bürgermeisterin *f*; *d'un village a* Gemeindevorsteher *m*; *d'une grande ville a* Oberbürgermeister *m*; *d'un arrondissement* Bezirksbürgermeister *m* **2** HIST ***~ du palais*** Hausmeier *m*

mairesse [mɛʀɛs] *litt f* Frau *f* des Bürgermeisters

mairie [mɛʀi] *f* Rathaus *n*; *d'un village a* Bürgermeisteramt *n*; Bürgermeisterei *f*; Gemeindeamt *n*; *d'un arrondissement* Bezirksamt *n*

mais [mɛ] **I** *conj* **1** aber; (je) doch; *après un énoncé négatif* sondern; ***ce n'est pas rouge, ~ orange*** das ist nicht rot, sondern orange; ***non seulement … ~ aussi*** *ou* ***encore*** nicht nur …, sondern auch **2** *transition*: ***~ alors*** wenn dem so ist; ***~, à propos, avez-vous des nouvelles de votre fils?*** ach, da Sie gerade von Ihrem Sohn sprechen, haben Sie eigentlich Nachricht von ihm?; ***~ j'y pense*** *que faites-vous dimanche?* da ich gerade daran denke …; da fällt mir gerade ein … **II** *adv* **1** *pour renforcer* ***~ non!*** aber nein!; nicht doch!; ***~ oui!, ~ si!*** aber ja!; ja doch!; ***~ bien sûr!, ~ certainement!*** aber gewiss!; (ja) freilich!; ***~ encore*** also (*Ungeduld ausdrückend*); *impatient* ***~ enfin, qu'avez-vous?*** also, was haben Sie eigentlich?; *indigné* ***ah ~!*** also wirklich!; F ***non ~, des fois! pour qui te prends-tu?*** sag

M

mal, wofür hältst du dich eigentlich?; ***c'est d'un drôle, ~ d'un drôle*** das ist wirklich urkomisch **2** *litt* ***n'en pouvoir ~*** nichts dafürkönnen **III** *m* Aber *n*; ***il n'y a pas de ~ qui tienne!*** keine Widerrede!

maïs [mais] *m* Mais *m*; ***épi*** *m* ***de ~*** Maiskolben *m*

maison [mezõ, mɛ-] *f* **1** Haus *n*; POL ***la Maison Blanche*** das Weiße Haus; ***~ close, de tolérance*** Bordell *n*; Freudenhaus *n*; ÉGL ***~ mère*** Mutterhaus *n*; → *a 2*; ***~ de banlieue, de campagne*** Vorort-, Landhaus *n*; ***~ de Dieu, du Seigneur*** Gotteshaus *n*; ***Maison des jeunes et de la culture*** (*abr* ***M.J.C.***) städtisches Jugendklubhaus; ***~s de jeu*** Spielbanken *f/pl*; ***~ de poupée*** Puppenhaus *n*; ***~ de la radio*** Funkhaus *n*; ***~ de rapport*** Rendite-, Mietshaus *n*; ***~ de repos*** Erholungs-, Genesungsheim *n*; Sanatorium *n*; ***~ de retraite*** Alten-, Altersheim *n* **2** COMM ***~ (de commerce)*** (Handels)Haus *n*; Geschäft *n*; Firma *f*; ***~ mère*** Stammhaus *n*; Hauptgeschäft *n*; Zentrale *f*; ***~ de confection*** Konfektionsgeschäft *n*; Bekleidungshaus *n*; ***~ d'édition*** Verlag *m*; Verlagshaus *n*, -anstalt *f*; *employé* ***avoir trente ans de ~*** dreißig Jahre in der Firma tätig sein **3** JUR ***~ centrale*** Zentralgefängnis *n*; Zuchthaus *n*; ***~ d'arrêt*** Haftanstalt *f*; ***~ de correction*** Gefängnis *n* (*zur Verbüßung e-r Gefängnisstrafe*) **4** *fig* (*famille*) Haus *n*; ***ami*** *m* ***de la ~*** Freund *m* des Hauses; Hausfreund *m*; ***être de la ~*** quasi zum Haus, zur Familie gehören; ***c'est la ~ du bon Dieu*** das ist ein gastfreies, gastfreundliches Haus; ***savoir tenir sa ~*** e-e gute Hausfrau sein **5** *loc/adv* ***à la ~*** zu *ou* nach Hause; ***rentrer à la ~*** nach Hause gehen; heimgehen; ***rester à la ~*** zu Hause, daheimbleiben **6** *adjt* CUIS hausgemacht; Hausmacher…; ***pâté*** *m* ***~*** hausgemachte Fleischpastete; ***tarte*** *f* ***~*** selbst gebackener (Obst)Kuchen **7** (*lignée de nobles*) Haus *n*; ***la Maison d'Autriche, de Habsbourg*** das Haus Österreich, Habsburg **8** HIST Hofstaat *m*; ***~ du roi*** königlicher Hofstaat **9** ASTROLOGIE (Himmels)Haus *n*

maisonnée [mɛzɔne] *f* Hausgemeinschaft *f*; Familie *f*

maisonnette *f* Häuschen *n*

Maisons-Alfort [mɛzõalfɔʀ] *Stadt im Dep. Val-de--Marne*

maître [mɛtʀ] **I** *m* **1** ***~, maîtresse*** *m,f d'un serviteur* Herr(in) *m(f)* (*a d'un animal*); Gebieter(in) *m(f)*; *d'un chien a* F Herrchen *n*, Frauchen *n*; ***les ~s*** die Herrschaft; ***~, maîtresse de maison*** Hausherr(in) *m(f)*; Herr *m*, Dame *f* des Hauses; Hausfrau *f*; *plais* ***mon seigneur et ~*** mein Herr und Gebieter *ou* Meister; *loc/adj animal, bien etc* ***sans ~*** herrenlos; *loc/adv* ***en ~*** als ob man der Herr wäre; ***parler en ~*** *a* in herrischem, gebieterischem Ton sprechen; ***être son (propre) ~*** sein eigener, freier Herr sein; ***c'est moi le ~ ici*** ich bin hier der Herr im Hause; ***être ~ de qc*** Herr e-r Sache (*gén*) sein; etw beherrschen; ***être ~ de ses décisions*** Herr s-r Entschlüsse sein; ***être ~ de la situation*** Herr der Lage sein; ***être ~, maîtresse de soi*** Herr s-r selbst sein; sich in der Gewalt haben; Selbstbeherrschung besitzen; ***elle n'était plus maîtresse d'elle-même*** *a* sie war ihrer selbst, ihrer Sinne nicht mehr mächtig; ***être ~ de faire qc*** frei sein, die Freiheit haben, etw zu tun; ***vous êtes ~ de refuser*** es steht Ihnen frei abzulehnen; ***se rendre ~ de qc*** e-r Sache (*gén*) *ou* über etw (*acc*) Herr werden; ***se rendre ~ d'un pays*** sich zum Herren e-s Landes machen; sich e-s Landes bemächtigen; MIL ***rester ~ du champ de bataille*** das Feld behaupten (*a fig*); *prov*: ***tel ~, tel valet*** *ou* ***les bons ~s font les bons valets*** wie der Herr, sos Gescherr (*prov*); ***nul ne peut servir deux ~s à la fois*** niemand kann zwei Herren dienen (*prov*) **2** (*enseignant*) ***~, maîtresse*** *m,f* Lehrer(in) *m(f)*; *fig* Lehrmeister(in) *m(f)*; Meister *m*; Vorbild *n*; ***~ à penser*** geistiges Vorbild; ***~ d'armes*** Fechtmeister *m*; ***~, maîtresse d'école*** Grundschullehrer(in) *m(f)*; ***~, maîtresse d'internat*** Aufsichtsperson *f* an e-m Gymnasium mit Internat **3** ***~ (artisan)*** (Handwerks)Meister *m*; ***~ maçon*** Maurermeister *m*; *fig*: ***coup*** *m* ***de ~*** Meisterstück *n*, -leistung *f*; ***de main de ~*** von Meisterhand; ***être (passé) ~ dans l'art de faire qc*** ein Meister in etw (*dat*) sein; ***être ~ dans le métier d'orfèvre*** ein Meister der Goldschmiedekunst sein; ***trouver son ~*** s-n Meister finden **4** *désignant une fonction*: ***grand ~*** Großmeister *m* (*a des francs-maçons*); ***~ chanteur*** → ***chanteur*** *3*; *Wagner* ***Les ~s chanteurs de Nuremberg*** Die Meistersinger von Nürnberg; ***~ nageur*** *surveillant* Bademeister *m*; *professeur* Schwimmlehrer *m*; ***~, maîtresse de ballet*** Ballettmeister(in) *m(f)*; HIST ***~ des cérémonies*** Zeremonienmeister *m*; UNIVERSITÉ ***~ de conférences*** Lehrbeauftragte(r) *m* (*ohne Professorentitel*); ***~ d'hôtel*** *gastronomie* Oberkellner *m*; *chez un riche particulier* Butler ['bat-] *m*; ***~ d'œuvre*** (Architekt *m* und) Bauleiter *m*; MOYEN ÂGE Dombaumeister *m*; ***~ de l'ouvrage*** Bauherr *m* **5** MAR MIL Maat *m*; MAR ***~ d'équipage*** Bootsmann *m* **6** JUR (*abr* ***Me***) ***Maître Dupont*** der Rechtsanwalt *ou* Notar Dupont; ***Maître!*** Herr Rechtsanwalt! *ou* Herr Notar! **7** *artiste, sculpteur, peintre* Meister *m*; ***~ anonyme*** unbekannter Meister **8** *dans la fable* ***~ Corbeau*** der Rabe; ***~ Renard*** Reineke Fuchs **II** *adj* ⟨**maîtresse** [mɛtʀɛs]⟩ **1** Haupt…; wichtigste(r, -s); UNIVERSITÉ ***~ assistant*** *correspond à* Akademischer Rat; Oberassistent *m*; ***atout ~*** höchster Trumpf; ***branche maîtresse*** Hauptast *m*; ***~ coq*** *ou* ***~ queux*** *sur un bateau* (Schiffs)Koch *m*; Smutje *m*; *dans un restaurant* Küchenchef *m*, -meister *m*; ***idée maîtresse*** Haupt-, Leitgedanke *m*; ***œuvre maîtresse*** Meisterwerk *n* **2** ***c'est une maîtresse femme*** das ist e-e energische Frau, die zu kommandieren versteht

maître-autel [mɛtʀotɛl] *m* ⟨*pl* **maîtres-autels**⟩ Hoch-, Hauptaltar *m*

maître-chien [mɛtʀəʃjɛ̃] *m* ⟨*pl* **maîtres-chiens**⟩ Hundeführer *m*

maîtresse [mɛtʀɛs] *f* **1** Geliebte *f*; *péj* Mätresse *f* **2** → ***maître*** *I 1, 2, 4*

maîtrisable [metʀizabl] *adj colère, peur* ***difficilement ~*** schwer bezähmbar, bezwingbar

maîtrise [metʀiz] *f* **1** ***~ de soi*** Selbstbeherrschung *f*; ***perdre sa ~*** s-e Selbstbeherrschung verlieren **2** (*domination*) Herrschaft *f* (***de*** über +*acc*); MIL ***~ de l'air, des mers*** Luft-, Seeherrschaft *f* **3** (*virtuosité*) Meisterschaft *f* **4** *dans une entreprise* ***agents*** *m/pl* ***de ~*** Werk- *ou* Industriemeister *m/pl*; Vorarbeiter *m/pl*; technische(n) Angestellte(n) *m/pl* **5** *diplôme universitaire* Magisterwürde *f ou* -prüfung *f*; ***avoir, passer une ~ d'histoire*** den Magister in Geschichte haben, machen **6** MUS, REL Domsingschule *f*; Kantorei *f*; *par ext* (*kirchlicher*) Knabenchor

maîtriser [metʀize] **I** *v/t cheval emballé* bändigen; bezähmen; ~ **un agresseur** einen Angreifer überwältigen; ~ **sa colère, sa jalousie** seine Wut, seine Eifersucht bezwingen, zügeln, bändigen; ~ **une difficulté** eine Schwierigkeit meistern; ~ **une épidémie, un incendie** eine Epidemie, einen Brand unter Kontrolle bringen; ~ **une révolte** einen Aufstand niederwerfen **II** *v/pr* **se** ~ sich beherrschen, bezwingen, bezähmen

maïzena® [maizena] *f* Maizena® *n*

majesté [maʒɛste] *f* **1** *de la nature, d'un palais etc* Majestät *f*; Erhabenheit *f*; **la ~ divine** die göttliche Majestät; die Herrlichkeit Gottes; GR **pluriel** *m* **de** ~ Pluralis Majestatis *m*; PEINT, SCULP **Christ** *m* **en** ~ thronender Christus; Majestas Domini *f*; **attenter, porter atteinte à la ~ du souverain** Majestätsbeleidigung begehen **2** *titre* **Votre Majesté** Eure Majestät; **Sa Majesté** Seine Majestät; **Sa Majesté la reine d'Angleterre**, HIST **Sa Très Gracieuse Majesté** Ihre Majestät die Königin von England; **Leurs Majestés** die Majestäten

majestueux [maʒɛstɥø] *adj* ⟨**-euse**⟩ majestätisch; erhaben; hoheits-, würdevoll

majeur [maʒœʀ] **I** *adj* **1** (*important*) wichtig(ste, -r, -s); Haupt...; **force ~e** höhere Gewalt; **intérêt** ~ Hauptinteresse *n*; **la ~e partie** der größere, überwiegende Teil; die Mehrzahl; **la ~e partie des Français** *a* die Mehrheit der Franzosen; **la ~e partie du temps** *a* die meiste Zeit; *loc/adv* **en ~e partie** größtenteils **2** MUS Dur...; ...-Dur; **gamme ~e** Durtonleiter *f*; **intervalle** ~ großes Intervall; **tierce ~e** große Terz; **en ré** ~ in D-Dur **3** JUR volljährig; mündig; großjährig; F **il est** ~, *il sait ce qu'il fait* er ist alt genug, er ist kein Kind mehr ... **4** **le lac Majeur** der Lago Maggiore [-ˈdʒoːre] **5** REL **saint Jacques le Majeur** Jakobus der Ältere **II** *subst* **1** ANAT *m* Mittelfinger *m* **2** JUR **~(e)** *m(f)* Voll-, Großjährige(r) *f(m)* **3** MUS *m* Dur *n*; Durtonart *f*; **en** ~ in Dur

ma-jong → **mah-jong**

major [maʒɔʀ] *m* **1** MIL **a)** ~ **de garnison** Erster Standortoffizier; **b)** (*médecin militaire*) Stabsarzt *m*; **c)** → **sergent-major** **2** *au concours d'une grande école* ~ **de promotion** Beste(r) *m*; Erste(r) *m*

majoration [maʒɔʀasjõ] *f* Erhöhung *f*; Aufschlag *m*; Heraufsetzung *f*; ~ **d'impôt, des prix, des salaires** Steuer-, Preis-, Lohnerhöhung *f*; ~ **de retard** Säumniszuschlag *m*; *d'une retraite* ~ **pour enfant à charge** Kinderzulage *f*, -zuschlag *m*

majordome [maʒɔʀdɔm] *m* Butler *m*

majorer [maʒɔʀe] *v/t* erhöhen, heraufsetzen (**de 10 pour cent** um 10 Prozent); *salaires a* aufbessern; anheben

majorette [maʒɔʀɛt] *f* Majorette *f*; Funkenmariechen *n*

majoritaire [maʒɔʀitɛʀ] **I** *adj* Mehrheits...; **actionnaire** *m* ~ Mehrheitsaktionär *m*; **scrutin** *m*, **vote** *m* ~ Mehrheitswahl *f*; **système** *m* ~ Mehrheitswahlsystem *n* **II** *m/pl* **~s** Mehrheit *f*

majorité [maʒɔʀite] *f* **1** Mehrheit *f* (*a* POL); Majorität *f*; Mehr-, Überzahl *f*; ~ **gouvernementale** Regierungsmehrheit *f*; ~ **des deux tiers** Zweidrittelmehrheit *f*; ~ **des suffrages, des voix** Stimmenmehrheit *f*; **partis** *m/pl* **de la** ~ Mehrheitsparteien *f/pl*; *loc/adv*: **à la ~ absolue** mit absoluter Mehrheit; **à une ~ écrasante** mit überwältigender Mehrheit; **dans la ~ des cas** in den meisten Fällen; **dans leur immense ~, les Français ...** die große Mehrheit der Franzosen ...; **en** ~ überwiegend; mehrheitlich; **nous sommes en ~ hostiles à ce projet** die Mehrheit von uns ist, die meisten von uns sind gegen diesen Plan; **être en** ~ in der Mehr-, Überzahl sein **2** JUR ~ (**civile**) Volljährigkeit *f*; Großjährigkeit *f*; ~ **électorale** Wahlalter *n*; ~ **matrimoniale, pénale** Ehe-, Strafmündigkeit *f*; **atteindre sa** ~ volljährig, mündig werden

Majorque [maʒɔʀk] Mallorca [-ˈjɔrka] *n*

majuscule [maʒyskyl] **I** *adj* **lettre** *f* ~ → *II*; **un A** ~ ein großes A **II** *f* Großbuchstabe *m*; großer Buchstabe; TYPO Majuskel *f*; Versal(buchstabe) *m*; **ce mot prend une** ~ dieses Wort wird großgeschrieben; **écrire en ~s** in Blockschrift schreiben

maki [maki] *m* ZO Maki *m*

mal[1] [mal] **I** *adv* **1** schlecht; übel; ♦ *loc/adj*: *moment* ~ **choisi** schlecht gewählt; *enfant* ~ **élevé** schlecht erzogen; unerzogen; *emploi, personne* ~ **payé** schlecht bezahlt; unterbezahlt; ♦ *loc/adv* **pas ~** *avec négation* nicht übel; nicht schlecht; ganz gut; *sans négation* ziemlich *ou* sehr *ou* recht (viel); **pas ~ froussard** ziemlich *ou* recht ängstlich; **il a pas ~ voyagé** er ist ziemlich *ou* recht viel gereist; **tu ne ferais pas ~ de** (*+inf*) du tätest ganz gut daran zu (*+inf*); F **je m'en fous pas ~** das ist mir ganz egal, F schnuppe, schnurz, piepe; **pas ~ de** (*+subst*) ziemlich viel(e), e-e (ganze) Menge (*+subst*); **pas ~ de monde** ziemlich viel(e) Leute; **il y aurait pas ~ de choses à dire sur elle** es gäbe e-e ganze Menge über sie zu sagen; ~ **à propos** → **propos** *3*; ♦ **aller ~** *affaires* schlecht gehen; *projet etc* schlecht stehen; *personne* **il va ~** es geht ihm schlecht; *vêtements, couleur* **aller ~ à qn** j-m schlecht, nicht gut stehen; **les choses vont de ~ en pis** es geht immer, zunehmend schlechter; die Lage verschlechtert, verschlimmert sich; *malade* **il va de ~ en pis** es geht immer weiter mit ihm bergab; **dormir ~** schlecht schlafen; **être ~ assis** unbequem sitzen; **être ~ vu de qn** → **vu** *I*; *malade* **il est au plus ~** es steht sehr schlecht mit ihm; **parler ~** schlecht sprechen; *par ext* (*dire des gros mots*) derb, unflätig daherreden; *enfant* freche Antworten geben; *plaisanterie* **prendre ~** übel nehmen; übel aufnehmen, vermerken; **il l'a ~ pris** *a* F er ist eingeschnappt; **respirer ~** schwer atmen; **se sentir ~, ~ en point**, F **~ fichu** sich schlecht, F mies fühlen; **tomber ~** → **tomber** *II 7*; **tourner ~** → **tourner** *II 5*; **se trouver ~** ohnmächtig werden; → *a les verbes correspondants* **2** (*incorrectement*) falsch; ~ **interpréter** falsch interpretieren; missdeuten; *mot* ~ **prononcer** falsch aussprechen; **s'y prendre ~** es falsch, verkehrt anpacken **II** *adj* ⟨*inv*⟩ **dire, faire qc de ~** etw Böses, Schlimmes, Hässliches sagen, tun; **être ~** sich nicht wohlfühlen; **on est ~ dans cette voiture** man sitzt in diesem Wagen nicht bequem; **être ~ avec qn** (sich) mit j-m schlecht stehen; **c'est ~, il est ~ de** (*+inf*) es ist schlecht, hässlich, ungehörig zu (*+inf*); **être pas ~** *chose, résultat* nicht übel, nicht schlecht, ganz gut, ganz ordentlich, *personne* ganz hübsch sein

mal[2] [mal] *m* ⟨*pl* **maux** [mo]⟩ **1** Übel *n*; **le ~ est fait** es ist nun (ein)mal geschehen; **de là vient tout le ~** das ist die Wurzel allen Übels; *prov* **de** *ou* **entre deux maux, il faut choisir le moindre** man muss

M

von zwei Übeln das kleinere wählen **2** (*du* ~) Schlimme(s) *n*; Schlechte(s) *n*; Böse(s) *n*; Arge(s) *n*; REL ***le ~*** das Böse; ***quel ~ y a-t-il à lui dire la vérité?*** was ist denn dabei, was schadet es schon, wenn man ihm die Wahrheit sagt?; REL ***délivre-nous du ~*** erlöse uns von dem Übel *ou* Bösen; ***dire du ~ de qn*** j-m Schlechtes, Böses nachsagen; Schlechtes über j-n sagen; schlecht über j-n reden; ***faire du ~ à qn, à qc*** (*nuire*) j-m, e-r Sache schaden; (*faire souffrir*) j-m etwas (zuleide) tun; *paroles etc* (*blesser*) j-n verletzen; j-m wehtun; ***cela ne lui ferait pas de ~*** das könnte ihm nicht(s) schaden; ***il ne ferait pas de ~ à une mouche*** er könnte keiner Fliege etwas zuleide tun; ***penser du ~ de qn*** schlecht von j-m denken; ***sans penser, sans songer à ~*** ohne (sich [*dat*]) Schlimmes, Böses, Arges dabei zu denken; ***je n'y vois aucun ~*** ich finde nichts Schlimmes dabei; ***voir le ~ partout*** in allem, überall Schlechtes, Böses sehen; ***vouloir du ~ à qn*** j-m übelwollen; mit j-m Böses im Sinn haben; ***il ne veut de ~ à personne*** er wünscht niemandem etwas Böses **3** (*souffrance*) Schmerz *m*; (*maladie*) Krankheit *f*; Leiden *n*; ***~ blanc*** → ***panaris***; ***~ de l'air*** Luftkrankheit *f*; ***~ d'amour*** (Liebes)Sehnsucht *f*; ***maux de dents, de tête*** Zahn-, Kopfschmerzen *m/pl ou* -weh *n*; ***avoir des maux de dents*** *etc* Zahnschmerzen *etc* haben; ***~ des 'hauteurs*** *ou* ***de montagne*** Höhen- *ou* Bergkrankheit *f*; ***~ de mer*** Seekrankheit *f*; ***avoir le ~ de mer*** seekrank sein; ***~ du pays*** Heimweh *n*; ***~ de la route*** Reisekrankheit *f*; ***~ du siècle*** Weltschmerz *m*; ***~ des transports*** Reisekrankheit *f*; ***où as-tu ~?*** wo tut es dir weh?; ***j'ai ~ au cœur*** mir ist *ou* mir wird schlecht, übel; ***avoir ~ aux dents, à la tête*** Zahn-, Kopfschmerzen *ou* -weh haben; ***j'ai ~ partout*** mir tut alles weh; ***il n'y a pas de ~!*** bitte, (das) macht nichts!; *fig* ***être en ~ de qc*** etw sehnlich(st) wünschen; *journaliste* ***en ~ de copie*** dem nichts einfällt; ***être en ~ d'enfant*** e-n starken Kinderwunsch haben; ***faire ~ à qn*** j-m wehtun; ***son bras lui fait ~*** ihm tut der Arm weh; *fig* ***cela me ferait ~!*** nie und nimmer!; F *fig* ***cela me fait ~*** (***au cœur***) ***de*** (*+inf*) es tut mir leid, *p/fort* es tut mir in der Seele weh, wenn …; ***se faire ~ en tombant*** sich (*dat*) beim Hinfallen wehtun; ***prendre*** (***du***) ***~*** krank werden; erkranken; *prov* ***aux grands maux les grands remèdes*** große Übel erfordern starke Mittel **4** (*peine*) Mühe *f*; *loc/adv* ***sans ~*** mühelos; ***avoir du ~ à faire qc*** Mühe haben, etw zu tun; ***j'ai du ~ à*** (*+inf*) *a* es fällt mir schwer zu (*+inf*); ***j'aurai du ~ à*** (***en***) ***trouver un autre*** *a* ich werde schwerlich e-n andern finden; ***il a eu du ~ à se décider*** *a* er konnte sich nur schwer entscheiden; ***donner du ~ à qn*** j-m viel Mühe, viel zu schaffen machen; ***se donner du ~, un ~ inouï***, F ***un ~ de chien*** sich (*dat*) Mühe, unsägliche Mühe, alle erdenkliche Mühe geben (***pour qn*** mit j-m; ***pour faire qc*** um etw zu tun); *prov* ***on n'a rien sans ~*** ohne Fleiß kein Preis (*prov*)

malabar [malabaʀ] F *m* stämmiger, handfester Kerl

malachite [malakit] *f* MINÉR Malachit *m*

malade [malad] **I** *adj* **1** krank; ***avoir le cœur ~, être ~ du cœur*** herzkrank *ou* -leidend sein; ***être ~ de l'estomac, du foie*** magen-, leberkrank *ou* -leidend sein; *fig* ***être ~ de jalousie*** krank vor Eifersucht sein; ***je suis ~*** ich bin krank; (*j'ai mal au cœur*) mir ist schlecht, übel; F ***je suis ~ comme un chien, ~ à crever*** F mir ist hundeelend; F *fig* ***j'en suis ~, cela me rend ~*** F das macht mich (ganz) krank; F *fig* ***t'es pas ~?*** F bist du noch zu retten?; du bist wohl übergeschnappt?; ***se faire porter ~*** sich krankmelden; sich krankschreiben lassen; ***tomber ~*** krank werden; erkranken **2** F *objet* beschädigt; F mitgenommen; ramponiert; *entreprise etc* in e-r kritischen Lage; F angeschlagen **II** *m,f* Kranke(r) *f*(*m*); *par rapport au médecin* Patient(in) *m*(*f*); ***grand***(***e***) ***~*** Schwerkranke(r) *f*(*m*); ***~ mental***(***e***) Geisteskranke(r) *f*(*m*)

maladie [maladi] *f* **1** Krankheit *f*; Erkrankung *f*; ***~ bleue*** Blausucht *f*; ***~ cutanée, héréditaire, infantile, infectieuse, professionnelle, vénérienne*** Haut-, Erb-, Kinder-, Infektions-, Berufs-, Geschlechtskrankheit *f*; ***~s nerveuses*** Nervenkrankheiten *f/pl*, -leiden *n/pl*; ***~s de cœur*** Herzkrankheiten *f/pl*, -leiden *n/pl*; ***~s des os*** Knochenkrankheiten *f/pl*; ***~ de Parkinson*** [paʀkinsɔn] parkinsonsche Krankheit; Schüttellähmung *f*; *adjt* ***assurance*** *f* ***~*** Krankenversicherung *f*; ***être en*** (***congé de***) ***longue ~*** langfristig krankgeschrieben sein (und Krankengeld beziehen); F *fig* ***il n'y a pas de quoi en faire une ~*** das ist doch kein Grund, sich zu ärgern, sich aufzuregen, F ein solches Theater zu machen **2** *des chiens* ***la ~*** die Staupe **3** *fig* krankhafte Angewohnheit; *p/fort* Sucht *f*; ***c'est une ~ chez elle*** das ist krankhaft bei ihr

maladif [maladif] *adj* ⟨***-ive***⟩ **1** *personne* kränklich; ***être ~*** kränkeln **2** *pâleur, curiosité, peur* krankhaft

maladresse [maladʀɛs] *f* Ungeschicklichkeit *f*; Ungeschick *n*; Unbeholfenheit *f*; (*manque de tact*) Taktlosigkeit *f*; ***commettre une ~*** e-e Ungeschicklichkeit, Taktlosigkeit begehen

maladroit [maladʀwa] **I** *adj personne* ungeschickt; *enfant* tolpatschig; *dans ses mouvements a* ungelenk; unbeholfen; plump (*a mensonge, parole*); ***être ~ de ses mains*** ungeschickte, F zwei linke Hände haben **II** *subst* ***~***(***e***) *m*(*f*) ungeschickter, unbeholfener Mensch; Tollpatsch *m*; Tölpel *m*

malaga [malaga] *m* Malaga(wein) *m*

mal-aimé [maleme] *adj* ungeliebt

malais [malɛ] **I** *adj* malaiisch **II** *subst* **1** ***Malais***(***e***) *m*(*f*) Malaie *m*, Malaiin *f* **2** LING ***le ~*** das Malaiische; Malaiisch *n*

malaise [malɛz] *m* **1** MÉD Unwohlsein *n* **2** (*mécontentement*) Unbehagen *n*; Missbehagen *n*; Missstimmung *f*; POL *a* Malaise *f*

malaisé [maleze] *st/s adj tâche* nicht leicht; schwierig

Malaisie [malezi] ***la ~*** → ***Malaysia***

malandrin [malɑ̃dʀɛ̃] *litt m* Räuber *m*

malappris [malapʀi] *m* Flegel *m*; Lümmel *m*; Rüpel *m*; ***espèce de ~!*** Flegel! *etc*

malaria [malaʀja] *f* MÉD Malaria *f*

malavisé [malavize] *litt adj* unklug; unbesonnen; unüberlegt

Malawi [malawi] ***le ~*** Malawi *n*

malaxer [malakse] *v/t beurre, argile* (durch)kneten; *farine avec œufs* miteinander verkneten

Malaysia [malezja] ***la ~*** Malaysia *n*

malaysien [malezjɛ̃] **I** *adj* ⟨***~ne***⟩ malaysisch **II** *subst* ***Malaysien***(***ne***) *m*(*f*) Malaysier(in) *m*(*f*)

malbouffe [malbuf] F *f* Junkfood ['dʒaŋkfu:t] *n*; F Fraß *m*

malchance [malʃɑ̃s] *f* Missgeschick *n*; Unglück *n*; F Pech *n*; ***avoir de la ~*** kein Glück haben; F Pech haben; ***jouer de ~*** ein Unglücksrabe, Pechvogel sein
malchanceux [malʃɑ̃sø] *adj* ⟨**-euse**⟩ *joueur* glücklos; *subst* ***un ~*** F ein Pechvogel *m*; ein Unglücksrabe *m*
malcommode [malkɔmɔd] *adj* → ***incommode***
Maldives [maldiv] ***les îles*** *f/pl* ~ die Malediven *pl*
maldivien [maldivjɛ̃] **I** *adj* ⟨**~ne**⟩ maledivisch **II** *subst* ***Maldivien(ne)*** *m(f)* Malediver(in) *m(f)*
maldonne [maldɔn] *f* **1** CARTES ***~!*** (du hast *ou* Sie haben) falsch gegeben! **2** F *fig* ***il y a ~*** F so haben wir nicht gewettet!
mâle [mɑl] **I** *m* **1** zo Männchen *n*; männliches Tier **2** (*homme*) männliches Wesen; Mann *m*; F ***un beau ~*** ein gut gebauter, sportlicher, vitaler Mann **II** *adj* BIOL, *a fig voix etc* männlich; TECH ***pièce*** *f* ~ männliches Teil
malédiction [malediksjõ] *f* Fluch *m* (*a malheur*); Verwünschung *f*; *st/s* Unsegen *m*
maléfice [malefis] *m* Verhexung *f*; Hexerei *f*; böser Zauber; ***jeter des ~s sur qn*** j-n be-, verhexen
maléfique [malefik] *adj* unheilvoll; Unheil, Unglück bringend
malencontreusement [malɑ̃kõtʀøzmɑ̃] *adv* unglücklich(erweise) **malencontreux** *adj* ⟨**-euse**⟩ unglücklich; leidig; unangenehm; ärgerlich
malentendant [malɑ̃tɑ̃dɑ̃] *m*, **malentendante** *f* Hörgeschädigte(r) *f(m)*
malentendu [malɑ̃tɑ̃dy] *m* Missverständnis *n*; ***dissiper, faire cesser un ~*** ein Missverständnis aufklären, beseitigen
Malesherbes [malzɛʀb] *frz Politiker*
mal-être [malɛtʀ] *m* Unbehagen *n*
malfaçon [malfasõ] *f* schlechte, mangelhafte Ausführung; ***~s*** *pl* Mängel *m/pl*
malfaisance [malfəzɑ̃s] *f* Bosheit *f*; Bösartigkeit *f*
malfaisant [malfəzɑ̃] *adj personne* böse; bösartig; ***esprit ~*** böser Geist; ***influence ~e*** schädlicher, verderblicher Einfluss
malfaiteur [malfɛtœʀ] *m* Übeltäter *m*; Verbrecher *m*; Ganove *m*
malfamé [malfame] *adj* verrufen
malformation [malfɔʀmasjõ] *f* MÉD Missbildung *f*
malfrat [malfʀa] F *m* Ganove *m*
malgache [malgaʃ] **I** *adj* madagassisch **II** *subst* ***Malgache*** *m,f* Madagasse *m*, Madagassin *f*
malgré [malgʀe] **I** *prép* **1** ***~ moi*** (*de mauvais gré*) gegen meinen Willen; (*sans le vouloir*) ungewollt **2** (*en dépit de*) trotz (*+gén*, *a +dat*); ungeachtet (*+gén*); ***~ cela*** trotzdem; dessen ungeachtet; ***~ tout*** trotz allem; trotz alledem **II** *loc/conj* ***~ que*** (*+subj*) obwohl; F trotzdem
malhabile [malabil] *adj* ungeschickt
Malherbe [malɛʀb] *frz Dichter*
malheur [malœʀ] *m* **1** Unglück *n*; (*ennui*) Missgeschick *n*; ***un petit ~*** ein kleines Missgeschick, F Malheur; *int*: ***~!*** ach je!; ach Gott!; o weh!; ***~ à …!*** wehe … (*+dat*)!; ***~ aux vaincus!*** wehe den Besiegten!; *loc/adv*: ***par ~*** unglücklicherweise; ***pour son ~*** zu s-m Unglück; ***le ~ c'est que …*** unglücklicherweise …; ***un ~ est si vite arrivé*** es ist so schnell ein Unglück passiert; ***il lui arrivera (un) ~*** ihm wird noch ein Unglück zustoßen, passieren; ***avoir le ~ de*** (*+inf*) das Unglück, F das Pech haben zu (*+inf*); ***avoir bien des ~s*** viel Unglück haben; ***être dans le ~*** in e-r unglücklichen, traurigen Lage sein; ***faire le ~ de qn*** ein Unglück für j-n sein; j-n ins Unglück stürzen; F *retenez-moi* ***ou je fais un ~!*** oder es gibt ein Unglück!; *spectacle* ***faire un ~*** F e-n Riesen-, Bombenerfolg haben; ***jouer de ~*** Pech haben; ein Pechvogel sein; ***ne parlez pas de ~!*** man soll den Teufel nicht an die Wand malen!; ***porter ~*** Unglück bringen; *iron* ***raconter ses ~s*** s-e ganze Leidensgeschichte erzählen; ***le ~ a voulu que …*** das Unglück wollte es, dass …; *prov*: ***un ~ n'arrive, ne vient jamais seul*** ein Unglück kommt selten allein (*prov*); ***à quelque chose ~ est bon*** auch das Unglück hat sein Gutes; durch Schaden wird man klug (*prov*); ***le ~ des uns fait le bonheur des autres*** des e-n Not ist des andern Brot (*prov*); des e-n Glück ist des andern Unglück (*prov*) **2** F ***cette pluie de ~!*** F dieser verdammte Regen!
malheureusement [maløʀøzmɑ̃, -lœ-] *adv* leider; unglücklicherweise; bedauerlicherweise
malheureux [maløʀø, -lœ-] **I** *adj* ⟨**-euse**⟩ **1** (*qui souffre*) unglücklich; (*malchanceux*) glück-, erfolglos; *situation*, *suites* unglücklich; leidig; bedauerlich, betrüblich; ***avoir la main malheureuse*** keine glückliche Hand haben; ***avoir un mot ~*** ein unglückliches, unpassendes Wort gebrauchen; F ***être ~ comme les pierres*** tod-, F kreuzunglücklich sein; ***être ~ au jeu, en amour*** kein Glück im Spiel, in der Liebe haben; ***il est ~ que …*** (*+subj*) es ist schade, bedauerlich, betrüblich, ein Jammer, dass …; F ***si c'est pas ~ de voir une chose pareille!*** es ist doch traurig *ou* ein Jammer, so etwas mit ansehen zu müssen! **2** *péj* (*insignifiant*) unbedeutend; ***un ~ billet de cinq euros*** ein lumpiger Fünf-Euro-Schein **II** *subst* ***~, malheureuse*** *m,f* (*infortuné*) Unglückliche(r) *f(m)*; (*indigent*) Notleidende(r) *f(m)*; Arme(r) *f(m)*; ***~!*** *qu'avez-vous fait?* Menschenskind, F Mensch, …!
malhonnête [malɔnɛt] *adj* unehrlich; unredlich
malhonnêteté [malɔnɛtte] *f* Unehrlichkeit *f*; Unredlichkeit *f*; ***~ intellectuelle*** Unaufrichtigkeit *f*
Mali [mali] ***le ~*** Mali *n*
malice [malis] *f* **1** (*espièglerie*) Schalkhaftigkeit *f*; Spottlust *f*; ***plein de ~*** schelmisch; schalkhaft; ***mettre un grain, une pointe de ~ dans sa réponse*** mit leichtem Spott, mit e-m Anflug von Spott antworten **2** (*méchanceté*) ***être sans ~*** arglos sein **3** ***sac*** *m* ***à ~*** *d'un prestidigitateur* Changierbeutel *m*; *fig* gerissener Kerl
malicieux [malisjø] *adj* ⟨**-euse**⟩ *sourire*, *personne* schelmisch; schalkhaft; ***réponse malicieuse*** spitze, leicht boshafte Antwort; ***avoir l'esprit ~*** den Schalk im Nacken haben
malien [maljɛ̃] **I** *adj* ⟨**~ne**⟩ malisch; von Mali **II** *subst* ***Malien(ne)*** *m(f)* Malier(in) *m(f)*
maligne → ***malin***
malignité [maliɲite] *f* **1** Bösartigkeit *f*; Bosheit *f* **2** MÉD Bösartigkeit *f*
malin [malɛ̃] **I** *adj* ⟨**maligne** [maliɲ], F **maline** [malin]⟩ **1** (*rusé, intelligent*) *personne* schlau; pfiffig; gewitzt; findig; F gewiegt; gewieft; gerissen; *air*, *sourire* listig; ***bien ~ celui qui trouvera la solution*** F Köpfchen muss man haben, um die Lösung zu finden; ***se croire ~*** sich für besonders schlau, klug halten; F das Gras wachsen hören; ***être ~*** F *a* Köpf-

M

chen haben; ***être ~ comme un singe*** ein schlauer Fuchs, ein Schlaukopf, F Pfiffikus sein; F *iron* ***c'était ~ de l'avoir averti*** *iron* das war sehr intelligent, ihn zu warnen; ***ce n'est pas*** (***bien***) ***~*** das ist ganz einfach; ***ce n'est pas plus ~ que ça*** nichts einfacher als das; das ist die ganze Kunst; ***jouer au plus ~ avec qn*** j-n zu überlisten suchen; schlauer, klüger als j sein wollen 2 (*malveillant*) *plaisir, joie* diebisch; boshaft; *p/fort* hämisch; ***joie maligne*** *a* Schadenfreude *f* 3 MÉD *tumeur* bösartig II *subst* 1 ***~, maligne*** *m,f* Schlaukopf *m*; schlauer Fuchs; schlauer, findiger Kopf; F Pfiffikus *m*; *d'un homme a* F gewiegter, gewiefter, gerissener Bursche, Kerl; F *iron* ***regardez-moi ce gros ~*** F seht euch diesen Schlauberger, Schlaumeier an!; ***faire le*** *ou* ***son ~*** angeben; F große Töne, Bogen spucken; *prov* ***à ~, ~ et demi*** auf e-n Schlauen gehört ein Überschlauer; auf e-n Schelm anderthalbe 2 REL ***le ~*** der Böse

Malines [malin] Mecheln *n*

malingre [malɛ̃gʀ] *adj* schwächlich; zart

malintentionné [malɛ̃tɑ̃sjɔne] *adj* übel gesinnt

mal-jugé [malʒyʒe] *m* JUR Fehlurteil *n*

malle [mal] *f* Übersee-, Kabinenkoffer *m*; ***faire sa ~*** (s-n Koffer) packen; *fig* sein Bündel schnüren; F ***se faire la ~*** F abhauen

malléable [maleabl] *adj* 1 *métal* schmiedbar; hämmerbar; streckbar; ***cire f ~*** modellierfähiges Wachs 2 *fig* bildsam

malléole [maleɔl] *f* ANAT (Fuß)Knöchel *m*

mallette [malɛt] *f* (kleiner) Koffer; Köfferchen *n*

malmener [malməne] *v/t* ⟨-è-⟩ 1 *personne* grob behandeln; misshandeln; *fig* ***~ un auteur, une pièce*** einen Autor, ein Stück zerreißen, F heruntermachen 2 SPORTS *l'adversaire* hart bedrängen; hart zusetzen (***qn*** j-m)

malnutrition [malnytʀisjõ] *f* 1 falsche Ernährung(sweise) 2 (*sous-alimentation*) Unterernährung *f*

malodorant [malɔdɔʀɑ̃] *adj* übel riechend

malotru [malɔtʀy] *m* ungehobelter, ungeschliffener Kerl; Rüpel *m*; Flegel *m*

malouin [malwɛ̃] *adj* (*et subst* ***Malouin*** Einwohner) von Saint-Malo

Malouines [malwin] ***les*** (***îles***) ***~*** *f/pl* die Falklandinseln *f/pl*

malpropre [malpʀɔpʀ] I *adj* 1 (*sale*) unsauber; schmutzig; unreinlich 2 *fig* (*malhonnête*) gemein; schmutzig II *m* gemeiner Kerl; Lump *m*

malpropreté [malpʀɔpʀəte] *f* Unsauberkeit *f*; Schmutzigkeit *f*; Unreinlichkeit *f*

malsain [malsɛ̃] *adj* 1 *climat, logement, travail* ungesund; der Gesundheit unzuträglich; gesundheitsschädlich; F *fig*: *filons d'ici*, ***ça devient ~*** das wird gefährlich 2 *fig imagination, curiosité* ungesund; krankhaft; ***influence ~e*** schädlicher Einfluss; ***littérature ~e*** sittlichkeitsgefährdende Literatur

malséant [malseɑ̃] *st/s adj* ungehörig; anstößig; unschicklich

malstrom [malstʀɔm] *m* → ***maelstrom***

malt [malt] *m* Malz *n*

maltais [maltɛ] I *adj* maltesisch II *subst* 1 ***Maltais(e)*** *m(f)* Malteser(in) *m(f)* 2 LING ***le ~*** das Maltesische; Maltesisch *n*

Malte [malt] Malta *n*

malter [malte] *v/t* 1 *orge* mälzen 2 *adjt* ***lait malté*** mit Malzextrakt angereicherte Milch

malthusianisme [maltyzjanism] *m* Malthusianismus *m*; ***~ économique*** freiwillige Produktionsbeschränkung

malthusien [maltyzjɛ̃] I *adj* ⟨***~ne***⟩ malthusianisch II *m* Malthusianer *m*

maltose [maltoz] *m* CHIM Maltose *f*

maltraitance [maltʀɛtɑ̃s] *f* Misshandlung *f*; ***~ des enfants*** Kindesmisshandlung *f*

maltraiter [maltʀete] *v/t* 1 (*brutaliser*) misshandeln; malträtieren; schlecht behandeln 2 *fig* (*critiquer*) zerreißen; F heruntermachen

malus [malys] *m* ASSURANCES Malus *m*; Prämienzuschlag *m*

malveillance [malvɛjɑ̃s] *f* 1 (*hostilité*) Feindseligkeit *f*; Gehässigkeit *f*; Boshaftigkeit *f* 2 (*intention de nuire*) Böswilligkeit *f*; böse Absicht; ***incendie dû à la ~*** vorsätzliche Brandstiftung

malveillant [malvɛjɑ̃] *adj* boshaft; gehässig; feindselig

malvenu [malvəny] *adj* ***être ~ de*** *ou* ***à*** (*+inf*) kein Recht haben zu (*+inf*)

malversation [malvɛʀsasjõ] *f* JUR Untreue *f*; Unterschlagung *f*

malvoyant [malvwajɑ̃] *m*, **malvoyante** *f* Sehbehinderte(r) *f(m)*

maman [mamɑ̃] *f* Mama *f*; Mutti *f*

mambo [mɑ̃mbo] *m danse* Mambo *m*

mamelle [mamɛl] *f* ANAT Brust(drüse) *f*

mamelon [mamlõ] *m* 1 ANAT Brustwarze *f* 2 (*sommet arrondi*) Kuppe *f*; (*colline*) Hügel *m*

mamelonné [mamlɔne] *adj* hügelig; ***paysage ~*** hügelige Landschaft

mamie [mami] *f* 1 *enf* Oma *f*; Omi *f* 2 *litt* → ***mie***[2]

mammaire [mamɛʀ] *adj* ANAT Brust…; ***glande f ~*** Brust-, Milchdrüse *f*

mammifère [mamifɛʀ] *m* ZO Säugetier *n*

mammographie [mamɔgʀafi] *f* MÉD Mammografie *f*

mammoplastie [mamɔplasti] *f* MÉD Mammoplastik *f*; plastische Brustoperation

mammouth [mamut] *m* ZO Mammut *n*

mamours [mamuʀ] *m/pl* F ***faire des ~ à qn*** j-n liebkosen; F mit j-m schmusen

mam'selle *ou* **mam'zelle** [mamzɛl] *f* F → ***mademoiselle***

manade [manad] *f en Provence* Stier- *ou* Pferdeherde *f*

management [manaʒmɑ̃] *m* Management ['mɛnɪdʒ-] *n*

manager [manadʒɛʀ] *m* Manager ['mɛnɪdʒər] *m*

manant [manɑ̃] *m* 1 *litt* (*rustre*) Flegel *m*; Lümmel *m* 2 HIST (Frei)Bauer *m*

manche[1] [mɑ̃ʃ] *f* 1 *d'un vêtement* Ärmel *m*; F *a* Arm *m*; ***~ trois-quarts*** dreiviertellanger Ärmel; *loc/adj*: ***à ~s courtes, longues*** kurz-, langärm(e)lig; mit kurzen, langen Ärmeln; ***sans ~s*** ärmellos; F *fig* ***avoir qn dans sa ~*** j-n im Hintergrund haben; F *fig* ***c'est une autre paire de ~s*** das ist etwas ganz anderes; ***retrousser ses ~s*** die Ärmel hochkrempeln (*a fig*) 2 *d'un jeu* Partie *f*; Runde *f* (*a fig*); *aux épreuves de ski* Durchgang *m* 3 ***~ à air*** AVIAT Windsack *m*; MAR Lüfter *m*; ***~ à incendie*** Feuerwehrschlauch *m* 4 *musicien des rues* ***faire la ~*** Geld sammeln; (aufdringlich) betteln

manche² [mɑ̃ʃ] *m* 1 *d'un marteau, d'un pinceau, d'une fourchette, d'une cuiller, d'une pelle* Stiel *m*; *d'un couteau* Heft *n*; *d'un tournevis, d'une lime* Griff *m*; **~ à balai** Besenstiel *m*; AVIAT Steuerknüppel *m*; *fig* **jeter le ~ après la cognée** die Flinte ins Korn werfen; *fig* **se mettre du côté du ~** sich auf die Seite des Stärkeren stellen; es mit der stärkeren Seite halten 2 F *fig* (*maladroit*) **quel ~!** F Ungeschick lässt grüßen!; **se débrouiller comme un ~** sich ungeschickt, tollpatschig anstellen 3 *d'un violon, d'une guitare* Hals *m* 4 *d'une côtelette, d'un gigot* Knochenende *n*; *instrument* **~ à gigot** Zange *f* (*zum Festhalten e-r Hammelkeule beim Transchieren*); **côtelette** *f* **à ~** (Stiel)Kotelett *n*

Manche [mɑ̃ʃ] **la ~** 1 der Ärmelkanal 2 *frz Departement* 3 *en Espagne* die Mancha [-tʃa]

manchette [mɑ̃ʃɛt] *f* 1 *de chemise* Manschette *f*; *de gant* Stulpe *f* 2 (*fausse manche*) Überärmel *m* 3 *d'un journal* Schlagzeile *f*; Balkenüberschrift *f* 4 *en lutte* Schlag *m*, Hieb *m* mit der flachen Hand

manchon [mɑ̃ʃõ] *m* 1 Muff *m*; **~ de fourrure** Pelzmuff *m* 2 TECH Muffe *f*; **~ à incandescence** Glühstrumpf *m*

manchot [mɑ̃ʃo], **manchote** 1 *m,f* Einarmige(r) *f(m)*; Krüppel *m* mit e-r Hand; F *fig adjt* **ne pas être manchot, manchote** nicht ungeschickt sein 2 *m* ZO Pinguin *m*; **manchot empereur, royal** Kaiser-, Königspinguin *m*

mandale [mɑ̃dal] *f arg* (*gifle*) Ohrfeige *f*

mandarin [mɑ̃daʀɛ̃] *m* 1 HIST Mandarin *m* 2 *fig et péj* einflussreiche(r), privilegierte(r) Intellektuelle(r) *m*; F Halbgott *m*; *péj* Bonze *m*

mandarinat [mɑ̃daʀina] *m* 1 HIST Mandarinenwürde *f*; *coll* Mandarinenkaste *f* 2 *fig et péj* Kaste *f*; Bonzentum *n*; **~ littéraire** Kaste der Literaten; **~ politique** politisches Bonzentum

mandarine [mɑ̃daʀin] I *f* BOT Mandarine *f* II *adj* ⟨*inv*⟩ orange(rot) **mandarinier** *m* BOT Mandarinenbaum *m*

mandat [mɑ̃da] *m* 1 JUR, POL Mandat *n*; *a* COMM Auftrag *m*; (Handlungs)Vollmacht *f*; JUR **~ légal** gesetzliche Vertretung; **~ législatif, parlementaire** Abgeordnetenmandat *n*; **donner ~ à qn** j-m ein Mandat, e-n Auftrag, e-e Vollmacht erteilen 2 JUR **~ d'amener** Vorführungsbefehl *m*; **~ d'arrêt, de dépôt** Haftbefehl *m*; **lancer un ~ d'arrêt contre qn** e-n Haftbefehl gegen j-n erlassen; **~ de perquisition** Haussuchungsbefehl *m*; Anordnung *f* e-r Durchsuchung 3 **~ (postal)** Postanweisung *f*; **~ international** Auslandspostanweisung *f*; **~ optique** maschinenlesbare Postanweisung; **un ~ de 100 euros** e-e Anweisung über 100 Euro

mandataire [mɑ̃datɛʀ] 1 *m,f* JUR, POL Mandatar *m*; *a* COMM Beauftragte(r) *f(m)*; (Handlungs)Bevollmächtigte(r) *f(m)*; *adjt* **État** *m* **~** Mandatarstaat *m* 2 *m à Paris* **~ aux 'Halles** Kommissionär *m*; Zwischenhändler *m*

mandat-carte [mɑ̃dakaʀt] *m* ⟨*pl* **mandats-cartes**⟩ Postanweisung *f*

mandater [mɑ̃date] *v/t* **~ qn** j-n beauftragen (**pour qc** mit etw, **pour faire qc** etw zu tun); j-m ein Mandat erteilen (für etw, etw zu tun)

mandat-lettre [mɑ̃dalɛtʀ] *m* ⟨*pl* **mandats-lettres**⟩ Postanweisung *f* (*die in e-m Brief geschickt u bei Vorlage von der Post® eingelöst wird*) **mandat-poste** *m* ⟨*pl* **mandats-poste**⟩ Postanweisung *f*

mandchou [mɑ̃dʃu] I *adj* mandschurisch; Mandschu… II *m/pl* **les Mandchous** die Mandschu *m/pl*

Mandchourie [mɑ̃dʃuʀi] **la ~** die Mandschurei

mander [mɑ̃de] *litt v/t* zu sich bitten; rufen lassen

mandibule [mɑ̃dibyl] *f* 1 F *loc* **jouer des ~s** essen; F futtern 2 ZO *des insectes* **~s** *pl* Fresswerkzeuge *n/pl*; *sc* Mandibeln *pl*; *des oiseaux* **~ supérieure, inférieure** Ober-, Unterschnabel *m*

mandoline [mɑ̃dɔlin] *f* MUS Mandoline *f*

mandragore [mɑ̃dʀagɔʀ] *f* BOT Mandragora *f*; Alraunwurzel *f*

mandrin [mɑ̃dʀɛ̃] *m* TECH 1 (*support*) (Spann)Futter *n*; *d'une perceuse* Bohrfutter *n* 2 (*poinçon*) Dorn *m*; Durchschlag *m*; Durchschläger *m*

manécanterie [manekɑ̃tʀi] *f* MUS → **maîtrise** 6

manège [manɛʒ] *m* 1 ÉQUITATION (**salle** *f* **de**) **~** Reitbahn *f*, -halle *f*, -schule *f*; Tattersall *m* 2 *attraction foraine* Karussell *n*; **~ de chevaux de bois** Pferdekarussell *n*; **faire un tour de ~** Karussell fahren 3 *comportement* Schliche *m/pl*; Tricks *m/pl*

mânes [mɑn] *m/pl* HIST REL Manen *pl*

manette [manɛt] *f* TECH (Schalt-, Bedienungs)Hebel *m*

manga [mɑ̃ga] *m bande dessinée* Manga *m ou n*

manganate [mɑ̃ganat] *m* CHIM Manganat *n*

manganèse [mɑ̃ganɛz] *m* CHIM Mangan *n*

mangeable [mɑ̃ʒabl] *adj* essbar; genießbar; **pas ~** ungenießbar

mangeaille [mɑ̃ʒɑj] *f* F *péj* Fraß *m*; P Fressen *n*

mangeoire [mɑ̃ʒwaʀ] *f pour bestiaux* Futtertrog *m*; Futterkrippe *f*; *pour volaille* Futter-, Fressnapf *m*

manger [mɑ̃ʒe] ⟨**-geons**⟩ I *v/t* 1 essen (*a abs*); *animal* fressen; *fig* **~ ses mots** → **mot** *1*; **~ de tout** alles essen; **tout ~** alles aufessen; **trop ~** zu viel essen; sich überessen; **aller ~ au restaurant, chez qn** ins Restaurant, zu j-m essen gehen; **~ comme un oiseau** wie ein Spatz essen; *fig* **~ qn de baisers, de caresses** j-n mit Küssen, Zärtlichkeiten überschütten; *fig* **~ qn des yeux** j-n mit den Augen verschlingen; **on en mangerait** das sieht lecker, appetitlich aus; *fig* **il ne te mangera pas** er wird dich schon nicht fressen; **qu'y a-t-il à ~?** was gibt es zu essen?; **donner à ~ à qn, à un animal** j-n, ein Tier füttern; j-m zu essen, e-m Tier zu fressen geben; **inviter qn à ~** j-n zum Essen einladen; **rester trois jours sans ~** drei Tage lang nichts essen; *prov* **il faut ~ pour vivre et non pas vivre pour ~** man lebt nicht, um zu essen, sondern man isst, um zu leben 2 *fig chauffage: électricité etc* verschlingen; F fressen; *sa fortune etc* vertun; vergeuden; durchbringen; **~ de l'argent dans une affaire** bei e-m Geschäft Geld einbüßen, verlieren; **son visage est comme mangé par la barbe** sein Gesicht verschwindet fast unter dem Bart 3 *adjt*: **mangé des**, F **aux mites** von Motten zerfressen; **mangé par la rouille** von Rost zerfressen II *v/pr* **cela se mange avec du beurre** das wird mit Butter gegessen III *m* Essen *n*

mange-tout [mɑ̃ʒtu] *adj et subst m/pl* BOT, CUIS 1 (**'haricots** *m/pl*) **~** zarte, fadenlose grüne Bohnen *f/pl* 2 (**pois** *m/pl*) **~** Zuckererbsen *f/pl*

mangeur [mɑ̃ʒœʀ] *m*, **mangeuse** *f* Esser(in) *m(f)*; **un gros, petit mangeur** ein starker, mäßiger *ou* schlechter Esser; **mangeur de viande** Fleischesser *m*

M

mangouste [mɑ̃gust] *f* ZO Manguste *f*
mangrove [mɑ̃gʀɔv] *f* GÉOGR Mangrove *f*
mangue [mɑ̃g] *f* BOT Mango *f* **manguier** *m* BOT Mangobaum *m*
Manhattan [manatan] Manhattan [mɛn'hɛtən] *n*
maniabilité [manjabilite] *f* Handlichkeit *f*; *d'un appareil* leichte Handhabbarkeit; *d'un véhicule* große Manövrierfähigkeit; Wendigkeit *f*
maniable [manjabl] *adj* **1** *outil*, *format* handlich; *appareil* leicht zu handhaben(d); *véhicule* leicht zu fahren(d); sehr manövrierfähig; wendig **2** *fig personne* fügsam; leicht zu lenken(d); lenkbar
maniaco-dépressif [manjakodepʀesif] *adj* ⟨-**ive**⟩ PSYCH manisch-depressiv
maniaque [manjak] **I** *adj* **1** PSYCH manisch **2** *fig* eigenbrötlerisch; schrullig; schrullenhaft **II** *m,f* **1** PSYCH manisch Kranke(r) *f(m)* **2** *fig* Eigenbrötler(in) *m(f)*; Sonderling *m*; komischer Kauz; (*tatillon*) Pedant(in) *m(f)*; ***un(e) ~ de l'exactitude*** ein(e) Pedant(in) *m(f)*; ***être un(e) ~ de l'ordre*** ordnungswütig sein; ***un vieux ~*** ein komischer Kauz
maniaquerie [manjakʀi] *f* Schrulligkeit *f*
manichéen [manikeɛ̃] **I** *adj* ⟨**~ne**⟩ **1** REL manichäisch **2** *fig* rigoros; einseitig **II** *m* REL Manichäer *m*
manichéisme *m* REL Manichäismus *m*
manie [mani] *f* **1** PSYCH Manie *f*; ***~ de la persécution*** Verfolgungswahn *m* **2** *fig* Manie *f*; (krankhafte) Angewohnheit (***de qc ou de faire qc*** etw zu tun); (*habitude bizarre*) Schrulle *f*; ***chacun a ses petites ~s*** jeder hat s-e kleinen Eigenheiten, Eigenarten; F jeder hat s-n Vogel
maniement [manimɑ̃] *m* **1** *d'un outil etc* Handhabung *f*; Umgang *m*, Hantieren *n* (***de*** mit); *d'une machine* Bedienung *f*; Betätigung *f*; *d'un véhicule* Lenken *n*; Manövrieren *n*; MIL ***~ d'armes*** (Gewehr)Griffe *m/pl* **2** *fig de fonds*, *d'une foule etc* Umgang *m* (***de*** mit)
manier [manje] **I** *v/t* **1** *outil*, *arme etc* handhaben; umgehen, hantieren (***qc*** mit etw); *épée*, *pinceau a* führen; *machine* bedienen; betätigen; *véhicule* lenken; manövrieren; CUIS *beurre etc* bearbeiten; durchkneten **2** *fig fonds*, *foule*, *langue etc* umgehen (***qn, qc*** mit j-m, etw); *ironie* (geschickt) gebrauchen; ***il manie de grosses sommes d'argent*** *a* große Geldsummen gehen durch s-e Hand **II** *v/pr* F ***se ~*** → ***magner***
manière [manjɛʀ] *f* **1** Art *f*; Weise *f*; Art und Weise *f*; BEAUX-ARTS Manier *f*; ***~ d'agir*** Handlungsweise *f*; ***~ d'être*** Wesen *n*; Wesensart *f*; ***~ de s'exprimer*** Ausdrucksweise *f*; ***~ de travailler*** Arbeitsweise *f*; ***~ de vivre*** Lebensart *f*, -weise *f*, -führung *f*; GR ***adverbe*** *m* ***de ~*** Adverb *n* der Art und Weise; ♦ *loc/prép* ***à la ~ de*** nach Art (*+gén*); BEAUX-ARTS in der Manier (*+gén*); ***à la ~ paysanne*** nach Art der Bauern; wie die Bauern; ***à sa ~*** auf s-e Weise; *loc/adv*: ***d'une ~ ou d'une autre*** irgendwie; auf die e-e oder andere Weise; so oder so; ***d'une certaine ~*** in gewisser Weise; ***de cette ~*** auf diese Art, Weise, Art und Weise; so; ***d'une ~ générale*** im Großen (und) Ganzen; aufs Ganze gesehen; ***de la même ~*** auf dieselbe, auf die gleiche Art, Weise, Art und Weise; ebenso; ***de quelle ~?*** wie?; auf welche Weise?; ***de la ~ suivante*** folgendermaßen; auf folgende Weise; ***de toute ~*** auf jeden Fall; auf alle Fälle; jedenfalls; sowieso; ***de toutes les ~s possibles*** auf alle mögliche Weise; auf jede mögliche Art; ***en aucune ~*** keineswegs; in keiner Weise; durchaus nicht; ganz und gar nicht; *loc/conj* ***de ~ à*** (*+inf*) um zu (*+inf*); ***de telle ~ que …*** so *ou* derart …, dass …; ***de ~ (à ce) que …*** (*+subj*) sodass; damit; ♦ *personne* ***avoir la ~*** die richtige Art haben; es verstehen; ***il y a la ~!*** das ist keine Art, Manier!; ***employer la ~ forte*** Gewalt, Zwang anwenden; *refusez*, ***mais mettez-y la ~*** aber auf geschickte Weise, Art **2** ***~s*** *pl* Manieren *f/pl*; Umgangsformen *f/pl*; Benehmen *n*; Betragen *n*; *péj* Allüren *f/pl*; ***~s affectées*** affektiertes Benehmen; Ziererei *f*; F Getue *n*; Gehabe *n*; F ***sans ~s*** ohne große Umstände; in aller Einfachheit; ***en voilà des ~s!*** was ist das für ein Benehmen!; was sind das für Manieren, Allüren!; so kannst du mir nicht kommen!; ***apprendre les belles ~s*** feine, vornehme Manieren lernen; ***faire des ~s*** sich zieren; F sich haben

Die Umschreibung mit manière

Nicht von jedem Adjektiv lässt sich ein Adverb auf -ment ableiten. In solchen Fällen bietet sich die Umschreibung mit **de manière + weibliches Adjektiv** an:

aborder quelque chose **de manière énergique**	forsch an etwas herangehen
agir **de manière irréfléchie**	unüberlegt handeln
décrire quelque chose **de manière caricaturale**	etwas überspitzt darstellen
se comporter **de manière irréprochable**	sich untadelig verhalten
aborder un problème **de manière inhabituelle**	ein Problem auf ungewöhnliche Weise angehen

maniéré [manjeʀe] *adj* **1** *comportement*, *politesse etc* affektiert; geziert; gesucht; gekünstelt; F affig **2** *style* manieriert **maniérisme** *m* Manierismus *m*
manieur [manjœʀ] *m* ***~ d'argent, de fonds*** Finanz-, Geschäftsmann *m*
manif [manif] *f* F *abr* (*manifestation*) F Demo *f* (Demonstration)
manifestant [manifɛstɑ̃] *m*, **manifestante** *f* POL Demonstrant(in) *m(f)*
manifestation [manifɛstasjõ] *f* **1** *d'un sentiment* Äußerung *f*; Bezeigung *f*; Bekundung *f*; Manifestation *f*; ***~ de joie*** Freudenbezeigung *f*; ***~ de mécontentement*** Missfallensäußerung *f* **2** POL Demonstration *f*; (Massen)Kundgebung *f*; ***~ de soutien*** Sympathiekundgebung *f* **3** (*réunion*) Veranstal-

M

tung *f*; ~ ***culturelle*** kulturelle Veranstaltung; ~ ***sportive*** Sportveranstaltung *f*

manifeste [manifɛst] **I** *adj* offenkundig; offenbar; offensichtlich **II** *m* Manifest *n*; ***le Manifeste communiste*** das Kommunistische Manifest

manifestement [manifɛstmɑ̃] *adv* offensichtlich

manifester [manifɛste] **I** *v/t* **1** *opinion, intention, volonté* äußern; kundtun; zum Ausdruck bringen; *surprise, joie, regret, indignation etc* äußern; ausdrücken; Ausdruck geben, verleihen (*+dat*); *sympathie* bekunden (***à qn*** j-m); *joie a* bezeigen **2** (*révéler*) erkennen lassen; offenbaren; zeugen von **II** *v/i* POL demonstrieren **III** *v/pr* ***se*** ~ **1** *crise, maladie, sentiment* sich äußern, sich zeigen, sich manifestieren, zum Ausdruck kommen, offenbar werden (***par*** durch; in *+dat*) **2** *personne* sich melden; von sich hören lassen **3** *Dieu* sich offenbaren

manigance [manigɑ̃s] *f* Trick *m*; ~***s*** *pl a* Schliche *m/pl*

manigancer [manigɑ̃se] *v/t* ⟨**-ç-**⟩ aushecken; anzetteln; einfädeln

Manille [manij] Manila *n*

manille [manij] *f* **a)** *ein Kartenspiel*; **b)** Zehnkarte *f in diesem Spiel*

manillon [manijõ] *m* Ass *n* (*im Kartenspiel „Manille"*)

manioc [manjɔk] *m* BOT Maniok *m*

manip [manip] F *f* → ***manipulation*** *2, 4*

manipulateur [manipylatœʀ], **manipulatrice** **1** *m,f* ~ ***radiographe*** Röntgenassistent(in) *m(f)* **2** *m* TECH Manipulator *m* **3** *m* TÉLÉCOMM (Sende)Taste *f*; Taster *m*; Geber *m*

manipulation [manipylasjõ] *f* **1** (*maniement*) Umgang *m*, Hantieren *n* (***de*** mit); Handhabung *f*; Manipulation *f* (*+gén*); *d'une manette* Betätigung *f* **2** ÉCOLE (chemischer *ou* physikalischer) Versuch **3** BIOL ~ ***génétique*** Genmanipulation *f* **4** *péj* Manipulation *f*; ~***s électorales*** Wahlmanipulationen *f/pl*

manipuler [manipyle] *v/t* **1** *substance chimique, appareil, colis* umgehen, hantieren (***qc*** mit etw); manipulieren (etw); *appareil a* handhaben; ~ ***une manette*** einen Hebel betätigen **2** *péj personne* manipulieren; *résultats, données* manipulieren; F frisieren; hindrehen

manique [manik] *f de différents artisans* Handleder *n*

manitou [manitu] *m* **1** *chez les Indiens* ***Manitou*** Manitu *m* **2** F *fig* Boss *m*; Bonze *m*; ***le grand*** ~ F der Allgewaltige

manivelle [manivɛl] *f* **1** TECH Kurbel *f*; *de vélo* Tretkurbel *f* **2** CIN ***premier tour de*** ~ Beginn *m* der Dreharbeiten; ***donner le premier tour de*** ~ mit den Dreharbeiten beginnen

manne [man] *f* BIBL, BOT Manna *n ou f*

mannequin [mankɛ̃] *m* **1** *profession* Mannequin *n*; Vorführdame *f* **2** (*forme humaine*) Puppe *f*; COUT Schneiderpuppe *f*; *dans une vitrine* Schaufensterpuppe *f*; BEAUX-ARTS Gliederpuppe *f*, -mann *m*; *adjt* ***taille*** *f* ~ Konfektionsgröße *f*

manœuvrabilité [manœvʀabilite] *f* Manövrierfähigkeit *f*; Wendigkeit *f* **manœuvrable** *adj* manövrierfähig; wendig

manœuvre[1] [manœvʀ] *f* **1** *d'un véhicule* Manöver *n*; Manövrieren *n*; Lenken *n*; *d'un bateau a* Steuern *n*; ***faire une fausse*** ~ beim Manövrieren, Steuern e-n Fehler machen; *fig* falsch handeln **2** MIL **a)** (planmäßige) (Gefechts)Bewegung; Manöver *n*; ~ ***de repli*** Absetzbewegung *f*; **b)** ~***s*** *pl* Manöver *n*; Truppenübung *f*; ~***s navales*** Flottenmanöver *n*; ***faire des*** ~***s*** (ein) Manöver abhalten; ***partir en*** ~***s*** ins Manöver ziehen **3** MAR ~***s*** *pl* Tauwerk *n*; ~***s courantes, dormantes*** laufendes, stehendes Tauwerk, Gut **4** CH DE FER Rangieren *n*; ***faire des*** ~***s*** rangieren **5** *fig et péj* Manöver *n*; Trick *m*; ~***s*** *pl a* Machenschaften *f/pl*; Schliche *m/pl*; ~***s électorales*** Wahlmanöver *n/pl*; ~***s frauduleuses*** Betrugsmanöver *n/pl*; betrügerische Machenschaften *f/pl*; ***déjouer les*** ~***s de qn*** j-m auf die Schliche kommen; hinter j-s Schliche (*acc*) kommen

manœuvre[2] [manœvʀ] *m* ungelernter Arbeiter; Hilfsarbeiter *m*; Handlanger *m*

manœuvrer [manœvʀe] **I** *v/t* **1** *véhicule* manövrieren; rangieren; lenken; *bateau a* steuern; *gouvernail* bedienen; betätigen; *volant* drehen **2** *fig* ~ ***qn*** j-n manipulieren, nach s-m Willen lenken, dirigieren **II** *v/i* **1** MIL (Gefechts)Bewegungen ausführen **2** MAR manövrieren **3** *fig* manövrieren; vorgehen; zu Werke gehen; operieren

manoir [manwaʀ] *m* Herren-, Landsitz *m*; Herrenhaus *n*

manomètre [manɔmɛtʀ] *m* TECH Manometer *n*; Druckmesser *m*

manométrie [manɔmetʀi] *f* TECH Druckmessung *f* **manométrique** *adj* Manometer…; manometrisch

manouche [manuʃ] F *m,f* Zigeuner(in) *m(f)*

manquant [mɑ̃kɑ̃] **I** *adj* fehlend **II** *m/pl* ***les*** ~***s*** die Fehlenden *pl*

manque [mɑ̃k] *m* **1** Mangel *m* (***de*** an *+dat*); Manko *n*; ~ ***d'amour*** fehlende Liebe; ~ ***d'argent*** Geldmangel *m*; ~ ***de compréhension, d'égards, d'imagination*** Verständnis-, Rücksichts-, Fantasielosigkeit *f*; ~ ***d'intérêt*** Interesselosigkeit *f*; Desinteresse *n*; ~ ***de maturité*** Mangel an Reife; Unreife *f*; ~ ***d'organisation*** mangelnde Organisation; ~ ***de sommeil*** Mangel an Schlaf; Schlafdefizit *n*; *loc/prép* ***par*** ~ ***de*** aus Mangel an (*+dat*); mangels (*+gén*); ***par*** ~ ***de place*** aus, wegen Platzmangel; → *a* ***pot*** *2* **2** *fig* ~***s*** *pl d'une personne* Mängel *m/pl*; Unzulänglichkeit(en) *f(pl)*; *de connaissances* Lücken *f/pl* **3** COMM ~ ***à gagner*** entgangener Gewinn; Verdienstausfall *m* **4** *d'un drogué* (***état*** *m* ***de***) ~ Entziehungs-, Entzugserscheinungen *f/pl*; ***être en*** ~ unter Entziehungserscheinungen leiden **5** *loc/adj* F ***à la*** ~ schlecht; F mies

manqué [mɑ̃ke] *adj occasion, rendez-vous* verpasst; versäumt; *tentative* fehlgeschlagen; misslungen (*a photo*); missglückt; gescheitert; *photo a* nichts geworden; *vie* verfehlt; F verpfuscht; verpatzt; *d'une fille* F ***c'est un garçon*** ~ an ihr ist ein Junge verloren gegangen

manquement [mɑ̃kmɑ̃] *m* ~ ***à*** Verstoß *m* gegen; Verletzung *f* (*+gén*); ~ ***au devoir*** Pflichtverletzung *f*, -vergessenheit *f*; ~ ***à la discipline*** Verstoß gegen die Disziplin

manquer [mɑ̃ke] **I** *v/t* **1** *cible* verfehlen (*a effet, marche*); nicht treffen; *ballon a* nicht fangen; F nicht kriegen; *personne* verfehlen; *cours, spectacle* versäumen; ~ ***le bus, le train*** den Bus, den Zug verpassen; den Bus, den Zug nicht mehr erreichen, F kriegen, erwischen; FOOTBALL *etc* ~ ***le but*** *a* vorbeischießen; F ***il a manqué son coup*** sein Vorhaben ist

M

gescheitert; F das ist schiefgegangen, in die Binsen gegangen; **~ une occasion** eine Gelegenheit verpassen, versäumen; **~ sa vocation** s-n Beruf verfehlen (*a plais*); **vous n'avez rien manqué!** Sie haben nichts verpasst, versäumt!; F **il n'en manque pas une!** F er muss doch immer ins Fettnäpfchen treten!; F **la prochaine fois je ne te manquerai pas!** das nächste Mal entkommst, entgehst du mir nicht! **2** *photo, sa vie etc* verderben; F verpfuschen; verpatzen **II** *v/t/indir* **1** **~ à qn** es j-m gegenüber am schuldigen Respekt fehlen lassen **2** **~ à qc** etw verletzen; gegen etw verstoßen; **~ à ses devoirs** s-e Pflichten verletzen, vernachlässigen, versäumen, nicht erfüllen; s-n Pflichten nicht nachkommen; pflichtvergessen sein; **~ à sa parole** sein Wort nicht halten; sein Wort brechen; wortbrüchig werden **3** **~ de qc** Mangel an etw (*dat*) haben; *p/fort* etw nicht haben, nicht besitzen; *st/s* e-r Sache (*gén*) ermangeln; F **il ne manque pas d'air, de culot** F er ist ganz schön frech, unverschämt; **il manque d'argent** er hat nicht genug Geld; es fehlt, mangelt ihm an Geld; **~ d'expérience, d'imagination** keine Erfahrung, Fantasie haben, besitzen; unerfahren, fantasielos sein **4** **ne pas ~ de faire qc** nicht vergessen, nicht unterlassen, nicht versäumen, etw zu tun; etw (ganz) bestimmt tun; **ne manquez pas de venir me voir!** besuchen Sie mich unbedingt!; **je n'y manquerai pas** ich werde es bestimmt tun; *de lui donner le bonjour* ich werde es ausrichten, bestellen; **ça n'a pas manqué!** das musste ja so kommen!; das konnte nicht ausbleiben! **5** (*faillir*) **elle a manqué (de) se faire écraser** sie wäre beinahe, fast überfahren worden **III** *v/i et v/imp* **1** *objet, élève, occasion, temps etc* fehlen (**à qn** j-m); **~ à l'appel** beim namentlichen Aufruf, MIL beim Appell fehlen; **~ à l'école** in der Schule fehlen; **les enfants lui manquent** die Kinder fehlen ihr; sie vermisst, entbehrt die Kinder; **ce n'est pas l'envie qui lui manque** Lust hätte er schon; **les mots me manquent** mir fehlen die Worte; **les occasions ne manquent pas** an Gelegenheiten fehlt, mangelt es nicht; **ça ne manque pas!** daran fehlt es nicht!; daran ist kein Mangel!; ♦ **il manque deux pages** es fehlen zwei Seiten; **il ne manquait plus que cela!** das fehlte g(e)rade noch!; auch das noch!; **il ne manquait plus que lui!** F der hat uns g(e)rade noch gefehlt!; **il ne manquerait plus que ...** (+*subj*) es fehlte nur noch, dass ... **2** *tentative* fehlschlagen; misslingen; missglücken; scheitern; *voix, forces* versagen **IV** *v/pr* **1** *réciproque* **se ~** sich verfehlen **2** *réfléchi* **il s'est manqué** sein Selbstmordversuch ist missglückt, fehlgeschlagen

Mans (Le) [ləmɑ̃] *Stadt im Dep. Sarthe*

mansarde [mɑ̃saʀd] *f* CONSTR **1** Mansarde *f*; Mansardenzimmer *n*; Dachkammer *f* **2** (**comble** *m* **en**) **~** Mansard(en)dach *n*

mansardé [mɑ̃saʀde] *adj* mit schrägen Wänden; **chambre ~e** Zimmer *n* mit schrägen Wänden

mansuétude [mɑ̃sɥetyd] *st/s f* Milde *f*; Nachsicht *f*; **juger avec ~** milde urteilen

mante [mɑ̃t] *f* **1** ZO **~** (**religieuse**) Gottesanbeterin *f* **2** *autrefois* weiter Umhang (*für Frauen*)

manteau [mɑ̃to] *m* ⟨*pl* **~x**⟩ **1** Mantel *m*; **~ de fourrure** Pelzmantel *m*; *fig* **sous le ~** heimlich; unter der Hand **2** **~ de cheminée** Mantel *m* und Konsolen *f/pl* **3** *pour un chien* Hundedecke *f*, -kleid *n*

mantille [mɑ̃tij] *f* Mantilla [-'tilja] *f*; Schleier-, Spitzentuch *n*

Mantoue [mɑ̃tu] Mantua *n*

manucure [manykyʀ] *f* Maniküre *f*; Handpflegerin *f* **manucurer** *v/t* maniküren

manuel[1] [manɥɛl] **I** *adj* ⟨**~le**⟩ Hand...; manuell; **métier ~** handwerklicher Beruf; **travail ~** Handarbeit *f*; manuelle Arbeit; *matière* **travaux ~s** Werkunterricht *m* **II** *subst* **~(le)** *m(f)* Person, die manuell veranlagt ist

manuel[2] [manɥɛl] *m* Handbuch *n*, Leitfaden *m*, *scolaire* Lehrbuch *n* (**de physique** der Physik)

manuellement [manɥɛlmɑ̃] *adv* mit der Hand; manuell

manufacture [manyfaktyʀ] *f* Manufaktur *f*; Fabrik *f*; **~ de porcelaine** Porzellanmanufaktur *f*

manufacturé [manyfaktyʀe] *adj* **produits ~s** gewerbliche und industrielle Erzeugnisse *n/pl*

manu militari [manymilitaʀi] *loc/adv* mit Waffengewalt; (*par la force*) mit Gewalt; gewaltsam

manuscrit [manyskʀi] **I** *adj* handgeschrieben; handschriftlich **II** *m* **1** *ancien* Handschrift *f* **2** TYPO Manuskript *n*

manutention [manytɑ̃sjõ] *f* **1** *action* (Be)Förderung *f*; Transport *m*; **appareils** *m/pl* **de ~** Flurfördermittel *n/pl*; Förder-, Transportanlagen *f/pl* **2** *local* Lager *n*

manutentionnaire [manytɑ̃sjɔnɛʀ] *m* Lagerist *m*; Lagerarbeiter *m* **manutentionner** *v/t marchandises* befördern; transportieren

maoïsme [maɔism] *m* POL Maoismus *m*

maoïste [maɔist] **I** *adj* maoistisch **II** *m,f* Maoist(in) *m(f)*

maori [maɔʀi] **I** *adj* der Maori; maorisch **II** *subst* **les Maoris** *m/pl* die Maori(s) *m/pl*

maous [maus] F *adj* ⟨**~se**⟩ riesig; F mächtig

Mao Zedong [maodzedɔ̃g] *m* HIST Mao Tse-tung *m*

mappemonde [mapmõd] *f* **a)** *globe* Globus *m*; **b)** Welt-, Erdkarte *f*; Planiglob *n*; **~ céleste** Himmelskarte *f*

maquer [make] P *v/pr* **se ~** zusammenziehen (**avec qn** mit j-m); *adjt* **être maqué** zusammenleben (**avec** mit)

maquereau [makʀo] *m* ⟨*pl* **~x**⟩ **1** ZO Makrele *f* **2** P (*souteneur*) Zuhälter *m*; F Lude *m*; *österr* Strizzi *m*

maquerelle [makʀɛl] *f* P Puffmutter *f*

maquette [makɛt] *f* **1** (*modèle réduit*) (verkleinertes) Modell; **~ d'avion** Flugzeugmodell *n*; Modellflugzeug *n* **2** SCULP Modell *n* **3** *d'affiche etc* Entwurf *m*; TYPO Lay-out [leː'aut] *n*

maquettiste [maketist] *m,f* **1** Modellbauer(in) *m(f)*, -tischler(in) *m(f)* **2** TYPO Layouter(in) [leː'autər(ɪn)] *m(f)*

maquignon [makiɲõ] *m* **1** Pferdehändler *m*; *péj* Rosstäuscher *m* **2** *fig et péj* Schacherer *m*; gerissener, betrügerischer Geschäftsmann, Vermittler

maquignonnage [makiɲɔnaʒ] *m* **1** Pferdehandel *m* **2** *péj* **a)** (*manœuvres frauduleuses*) Rosstäuschertricks *m/pl*; Schwindel *m*; **b)** (*marchandage honteux*) Schacher *m*; F Kuhhandel *m* (*a* POL)

maquillage [makijaʒ] *m* **1** *action* Schminken *n* **2** *résultat* Make-up [meːk'ap] *n* **3** *d'une voiture volée etc* F Frisieren *n*; F Umfrisieren *n*

maquiller [makije] **I** *v/t* **1** schminken; **~ un acteur**

einen Schauspieler schminken **2** *bilan, voiture volée, vérité* F frisieren; *bilan a* verschleiern; *voiture a* F umfrisieren **II** *v/pr* ***se ~*** sich schminken
maquilleur [makijœʀ] *m*, **maquilleuse** *f* THÉ, CIN, TV Maskenbildner(in) *m(f)*
maquis [maki] *m* **1** GÉOGR Macchia ['makia] *f*; Buschwald *m* **2** *sous l'occupation allemande* Maquis *m*; französische Widerstandsgruppe; ***prendre le ~*** sich e-r Widerstandsgruppe anschließen **3** *fig (fouillis)* Dickicht *n*; Gestrüpp *n*
maquisard [makizaʀ] *m* Maquisard *m*; französischer Widerstandskämpfer
marabout [maʀabu] *m* **1** ZO Marabu *m* **2** ISLAM Marabut *m*
maracuja [maʀakyʒa, -kuʒa] *m fruit* Maracuja *f*
maraîcher [maʀeʃe], **maraîchère** **I** *m,f* Gemüsegärtner(in) *m(f)* **II** *adj* Gemüse…; ***culture maraîchère*** Gemüse(an)bau *m*
marais [maʀɛ] *m* **1** Sumpf *m*; Moor *n*; *par ext* Sumpfgebiet *n*; Moorland *n* **2** ***~ salant*** Salzgarten *m*
marasme [maʀasm] *m* ÉCON Flaute *f*; Stocken *n*; Stillstand *m*
marasquin [maʀaskɛ̃] *m liqueur* Maraschino [-s'kiː-] *m*
marathon [maʀatõ] *m* **1** SPORTS Marathon(lauf) *m*; ***coureur*** *m* ***de ~*** Marathonläufer *m* **2** *fig* Marathonveranstaltung *f*; F Marathon *n*; ***~ de danse*** Tanzmarathon *n*; *adjt* ***séance*** *f* ***~*** Marathonsitzung *f*
marâtre [maʀɑtʀ] *f péj* Rabenmutter *f*
maraudage [maʀodaʒ] *m* → ***maraude*** *2*
maraude [maʀod] *f* **1** *taxi* ***être en ~, faire la ~*** langsam durch die Straßen fahren und Kunden suchen **2** JUR Felddiebstahl *m*
marauder [maʀode] *v/i* **1** *taxi* → ***maraude*** *1* **2** (Feld-, Gartenfrüchte, Geflügel *etc*) stehlen **maraudeur** *m*, **maraudeuse** *f* (Feld-, Garten)Dieb(in) *m(f)*
marbre [maʀbʀ] *m* **1** Marmor *m*; ***~ de Carrare*** Carraramarmor *m*; *loc/adj* ***de*** *ou* ***en ~*** Marmor…; marmorn; ***bloc*** *m*, ***escalier*** *m* ***de ~*** Marmorblock *m*, -treppe *f*; *fig* ***visage*** *m* ***de ~*** versteinertes, unbewegliches Gesicht; *fig* ***être, rester de ~*** nicht zu erschüttern sein; ungerührt sein, bleiben **2** *statue* Marmorstatue *f*; *plaque* Marmorplatte *f* **3** TECH Arbeitsplatte *f* *(aus Gusseisen)*; TYPO ***être sur le ~*** zum Druck bereit sein; fertig gesetzt sein
marbré [maʀbʀe] *adj* **1** marmoriert; ***papier ~*** marmoriertes Papier; ***reliure ~e*** marmorierter Einband **2** CUIS ***gâteau ~*** Marmorkuchen *m* **3** *peau* ***~ par le froid*** blau (gefleckt) vor Kälte
marbrerie [maʀbʀəʀi] *f* **1** *atelier* Marmorwerk *n*, -schleiferei *f* **2** ***~ funéraire*** Steinmetzgeschäft *n* für Grabsteine
marbrier [maʀbʀije] *m* **1** *ouvrier* Marmorschleifer *m* **2** ***~ (funéraire)*** Steinmetz *m* (für Grabsteine)
marbrière [maʀbʀijɛʀ] *f* Marmorbruch *m*
marbrure [maʀbʀyʀ] *f* **1** *sur papier* Marmorierung *f* **2** *sur la peau* leichte Flecke(n) *m/pl*
marc [maʀ] *m* **1** *résidu* Trester *m/pl*; ***~ de pommes, de raisin*** Apfel-, Traubentrester *m/pl* **2** *eau-de-vie* Tresterbranntwein *m*, -schnaps *m*; Grappa *m ou f* **3** ***~ de café*** Kaffeesatz *m*
Marc [maʀk] *m* **1** *Vorname* **2** BIBL Markus *m*; *à Venise* ***place*** *f* ***Saint-~*** [sɛ̃maʀ] Markusplatz *m*
marcassin [maʀkasɛ̃] *m* ZO, CH Frischling *m*
marcassite [maʀkasit] *f* MINÉR Markasit *m*
Marcel [maʀsɛl] *m Vorname*
Marcelle [maʀsɛl] *f Vorname*
marchand [maʀʃɑ̃] **I** *subst* **1** ***~(e)*** *m(f)* Händler(in) *m(f)*; ***~ de bestiaux*** Viehhändler *m*; *péj* ***~ de canons*** Waffenhändler *m*; ***~ de couleurs*** Drogist *m*; ***~ de glace*** Eisverkäufer *m*; ***~ de journaux, de meubles*** Zeitungs-, Möbelhändler *m*; ***~ des quatre-saisons*** Obst- und Gemüsehändler *m* *(auf der Straße)*; *péj* ***~ de sommeil*** Vermieter, der Gastarbeiter ausbeutet; Miethai *m*; *péj* ***~ de soupe*** schlechter (Gast)Wirt; ***~ de tapis*** Teppichhändler *m*; ***~ de, en gros*** Großhändler *m*; Grossist *m*; ***jouer à la ~e*** mit dem Kaufmannsladen spielen **2** *enf* ***~ de sable*** Sandmännchen *n*; ***le ~ de sable est passé*** das Sandmännchen kommt, war da **II** *adj* Handels…; ***marine ~e*** Handelsmarine *f*; ***navire ~*** Handelsschiff *m*; ***prix ~*** Einkaufs-, Großhandelspreis *m*; ***valeur ~e*** Handels-, Verkaufs-, Markt-, Verkehrswert *m*
marchandage [maʀʃɑ̃daʒ] *m* **1** Handeln *n*, *péj* Feilschen *n*, Schachern *n* (***de qc*** um etw) **2** *fig et péj* Feilschen *n*; Schachern *n*; F Kuhhandel *m*
marchander [maʀʃɑ̃de] *v/t* **1** handeln, *péj* feilschen, schachern (***qc*** um etw) **2** *fig* ***ne pas ~ ses éloges à qn*** j-m gegenüber mit Lob nicht sparen, geizen, kargen
marchandise [maʀʃɑ̃diz] *f* Ware *f*; ***~s*** *pl* Ware(n) *f(pl)*; Güter *n/pl*; ***~ vendue au mètre*** Meter-, Schnittware *f*; ***~ de contrebande*** Schmuggelware *f*; ***faire valoir sa ~*** s-e Ware anpreisen, loben *(a fig)*; ***tromper qn sur la ~*** F j-m schlechte Ware andrehen
marche[1] [maʀʃ] *f* CONSTR (Treppen)Stufe *f*; ***attention à la ~!*** Vorsicht, Stufe!
marche[2] [maʀʃ] *f* **1** *mode de locomotion* Gehen *n*; Laufen *n*; *dans la nature* Wandern *n*; SPORTS Gehen *n*; ***chaussures*** *f/pl* ***de ~*** Laufschuhe *m/pl*; ***aimer la ~ (à pied)*** gern laufen **2** *(chemin parcouru [en groupe])* Marsch *m* *(a* MIL*)*; *(randonnée)* Wanderung *f*; ***~ à pied*** Fußmarsch *m*; MIL ***~ de nuit*** Nachtmarsch *m*; POL: ***~ de la paix*** Friedensmarsch *m*; ***~ de protestation*** Protestmarsch *m*; ***heure*** *f* ***de ~*** Wegstunde *f*; ***être situé à une heure de ~*** e-e Wegstunde entfernt sein, liegen; *loc/adv* ***en ~*** auf dem (Vor)Marsch (***vers*** nach); → *a 4*; ***se mettre en ~*** aufbrechen; sich in Marsch setzen; abmarschieren; MIL *a* ab-, ausrücken; → *a 4*; ***conduire, ouvrir la ~*** an der Spitze marschieren; ***faire une ~ de dix kilomètres*** e-n Marsch von zehn Kilometern machen; zehn Kilometer marschieren; ***fermer la ~*** am Schluss marschieren **3** MUS Marsch *m*; ***~ funèbre, militaire, nuptiale*** Trauer-, Militär-, Hochzeitsmarsch *m* **4** *d'un véhicule* Fahrt *f*; *d'une machine* Gang *m*; AUTO ***~ arrière*** Rückwärtsgang *m*; ***faire ~ arrière*** rückwärtsfahren; im Rückwärtsgang fahren; zurücksetzen, -stoßen; *fig* e-n Rückzieher machen; TECH ***~ à vide*** Leerlauf *m*; ***sens*** *m* ***de la ~*** Fahrtrichtung *f*; *loc/adj* ***en état de ~*** *machine* betriebsbereit, -fähig; *véhicule a* fahrbereit; *loc/adv* ***en ~*** *véhicule, navire* in Fahrt; fahrend; *machine, moteur* in Gang; in Betrieb; laufend; ***mise*** *f* ***en ~*** *d'une machine* Anstellen *n*; Anlassen *n*; In-Gang-Bringen *n*; Inbetriebsetzung *f*; *d'un moteur* Anlassen *n*; Anwerfen *n*; *machine, moteur* ***être en ~*** in Betrieb, in Gang sein; laufen; arbeiten;

mettre en ~ *machine* in Gang bringen, setzen; in Betrieb setzen; anstellen (*a radio, télé*); anlaufen lassen; *moteur* anlassen; anwerfen; **se mettre en ~** *machine* anlaufen; zu laufen, zu arbeiten beginnen; sich in Gang setzen; *moteur* anspringen; anlaufen; **monter en ~** im Fahren aufspringen; **prendre le train en ~** auf den fahrenden Zug aufspringen (*a fig*) **5** (*cours*) Gang *m*; Lauf *m*; *du temps a* Ablauf *m*; Fortschreiten *n*; *d'une entreprise* Gang *m*; *d'un service* Betrieb *m*; **~ à suivre** Vorgehen *n*; einzuschlagender Weg; **l'employé lui indiqua la ~ à suivre** der Angestellte sagte ihm, wie er vorgehen müsse, was er alles zu tun habe; **~ des affaires** Geschäftsgang *m*

marche³ [maʀʃ] *f* HIST Mark *f*; Grenzland *n*

marché [maʀʃe] *m* **1** *réunion et lieu* (Wochen)-Markt *m*; **~ couvert** überdachter Markt; Markthalle *f*; **~ aux bestiaux, aux fleurs, aux poissons** Vieh-, Blumen-, Fischmarkt *m*; **~ aux puces** Flohmarkt *m*; **jour** *m* **de ~** Markttag *m*; **place** *f* **du ~** Marktplatz *m*; **aller au ~** auf den Markt gehen; **faire son ~** auf dem Markt einkaufen, Einkäufe machen **2** ÉCON Markt *m*; *par ext d'une grande ville* Handels-, Umschlagplatz *m*; **~ agricole** Agrarmarkt *m*; **le Marché commun** der Gemeinsame Markt; die EG (*Europäische Gemeinschaft*); **le grand ~ européen** *ou* **le ~ unique** der europäische Binnenmarkt; BOURSE **~ libre** freier Markt; **~ noir** schwarzer Markt; Schwarzmarkt *m*; BOURSE **~ officiel** Markt der amtlich notierten Wertpapiere; BOURSE **~ à terme** Terminmarkt *m*; → *a 3*; **~ des changes, des devises** Devisenmarkt *m*; **~ de l'emploi** Arbeits-, Stellenmarkt *m*; **~ de l'or** Goldmarkt *m*; **~ de valeurs mobilières** Effekten-, Wertpapiermarkt *m*; *produit* **lancer, mettre sur le ~** auf den Markt werfen, bringen; **ouvrir le ~ à un produit** den Markt für ein Produkt öffnen, freigeben **3** (*transaction*) Geschäft *n*; (Geschäfts)Abschluss *m*; Handel *m*; **~ conclu!** abgemacht!; ADM **~s publics** (Vergabe *f*) öffentliche(r) Aufträge *m/pl*; **~ à prime** Prämiengeschäft *n*; **~ à terme** Termingeschäft *n*; *loc/adv* **par-dessus le ~** COMM als Zugabe; *fig* obendrein; noch dazu; **conclure, passer un ~** ein Geschäft, e-n Handel abschließen; e-n Abschluss tätigen; **faire un ~** ein Geschäft, e-n Handel machen, tätigen; *fig* **mettre le ~ en main à qn** j-n vor die Wahl stellen, entweder anzunehmen oder abzulehnen; j-m die Pistole auf die Brust setzen **4** **a)** **(à) bon ~** *loc/adj* ⟨*inv*⟩ billig; preiswert, -günstig; *loc/adv* billig; **(à) meilleur ~** billiger *etc*; **c'est bon ~** das ist billig; *fig* **faire bon ~ de qc** etw gering achten; wenig auf etw (*acc*) geben; wenig Wert auf etw (*acc*) legen; *fig* **s'en tirer à bon ~** glimpflich davonkommen; gut dabei wegkommen; **b)** *subst* **le bon ~** *d'un produit* die Billigkeit, *st/s* Preiswürdigkeit; **elle n'achète que du bon ~** sie kauft nur billige Sachen

marchepied [maʀʃəpje] *m* **1** *d'un train, d'un bus* Trittbrett *n* **2** (*petite échelle*) Tritt-, Stehleiter *f*; Tritt *m* **3** *fig* **servir de ~ à qn** j-m als Sprungbrett dienen

marcher [maʀʃe] *v/i* **1** *personne* gehen; laufen (*a animal, jeune enfant*); marschieren (*a* MIL); treten (**dans** in +*acc*; **sur** auf +*acc*); ♦ *avec prép*: **~ dans une flaque d'eau** in e-e Pfütze treten; **~ derrière, devant qn** hinter, vor j-m (her)gehen, (-)laufen; **~ en tête** vorangehen; an der Spitze gehen; **~ sur qc** auf etw (*dat*) gehen, laufen; auf etw (*acc*) treten; **~ sur qn** auf j-n losgehen; *acrobate* **~ sur les mains** auf den Händen laufen; *fig* **~ sur les pas, sur les traces de qn** in j-s Fuß(s) tapfen (*acc*) treten; **défense de ~ sur la pelouse!** Betreten des Rasens verboten!; **~ sur les pieds de qn** j-m auf die Füße treten; F *fig* **il n'aime pas qu'on lui marche sur les pieds** er hat es nicht gern, wenn man ihm ins Gehege, in die Quere kommt; F *fig* **se laisser ~ sur les pieds** sich (*dat*) alles gefallen, bieten lassen; **ne pas se laisser ~ sur les pieds** *a* F sich (*dat*) nicht auf der Nase herumtanzen lassen; nicht auf sich (*dat*) herumtrampeln lassen; sich (*dat*) nicht die Butter vom Brot nehmen lassen; MIL **~ sur une ville** auf e-e Stadt vorrücken, vorstoßen; → *a* **pas¹** *1*; ♦ **en marchant** im *ou* beim Gehen, Laufen, Marschieren; MIL **en avant, marche!** im Gleichschritt, marsch!; **j'ai besoin de ~ un peu** ich muss mir ein wenig die Füße vertreten; *enfant* **commencer à ~** anfangen zu laufen **2** F (*consentir*) mitmachen; mittun; einverstanden sein; **je ne marche pas!** da mache ich nicht mit!; kommt nicht infrage!; darauf lasse ich mich nicht ein! **3** F (*croire*) **~ (dans qc)** F (auf etw *acc*) reinfallen; **faire ~ qn** j-n reinlegen, an der Nase herumführen, zum Narren haben, halten **4** (*fonctionner*) *montre* gehen; *radio, chauffage* laufen; gehen; *appareil, machine* in Gang, in Betrieb sein; laufen; funktionieren; arbeiten; **faire ~** *radio, télé, fer à repasser* anstellen; *machine a* in Betrieb, in Gang setzen **5** (*rouler*) *auto*(*mobiliste*) fahren (**à 100 km à l'heure** mit 100 Stundenkilometern) **6** (*réussir*) *affaires* gehen; *études, projets* erfolgreich verlaufen; *ruse* wirken; F **comment ça marche?** wie geht das Geschäft?; F wie klappt's?; F **ça marche** F es macht sich; es klappt; **rien ne marche** F nichts klappt

marcheur [maʀʃœʀ], **marcheuse** **1** *m,f* Marschierer(in) *m(f)*; **être un bon, mauvais marcheur** gut, schlecht zu Fuß sein **2** *m* SPORTS Geher *m* **3** *adj* ZO **oiseaux marcheurs** Laufvögel *m/pl*

marcottage [maʀkɔtaʒ] *m* JARD, VIT Absenken *n*

marcotte [maʀkɔt] *f* JARD, VIT Ableger *m*; Absenker *m* **marcotter** *v/t* JARD, VIT absenken

mardi [maʀdi] *m* Dienstag *m*; **~ gras** Fastnacht *f*; Karnevals-, Faschingsdienstag *m*; → *a* **jeudi**

mare [maʀ] *f* **1** Tümpel *m*; kleiner Teich; Pfuhl *m*; **~ aux canards** Ententeich *m* **2** **~ de sang** Blutlache *f*; **baigner dans une ~ de sang** in s-m Blut schwimmen

marécage [maʀekaʒ] *m* Sumpf *m*; Moor *n*; Sumpfgebiet *n*; Moorland *n* **marécageux** *adj* ⟨**-euse**⟩ sumpfig; moorig; Sumpf…; Moor…

maréchal [maʀeʃal] *m* ⟨*pl* **-aux**⟩ MIL **1** Marschall *m*; **~ de France** Marschall von Frankreich **2** **~ des logis** Unteroffizier *m*; **~ des logis-chef** Feldwebel *m*

maréchale [maʀeʃal] *f* Frau *f* e-s Marschalls

maréchalerie [maʀeʃalʀi] *f* **a)** Hufschmiede *f*; **b)** Hufschmiedehandwerk *n*

maréchal-ferrant [maʀeʃalfɛʀɑ̃] *m* ⟨*pl* **maréchaux-ferrants**⟩ Hufschmied *m*

maréchaussée [maʀeʃose] *f* HIST *ou plais* Gendarmerie *f*

marée [maʀe] *f* **1** MAR Ebbe *f* und Flut *f*; Tide *f*; **~s** *pl a* Gezeiten *pl*; **~ basse** Niedrigwasser *n*; Ebbe *f* (*abus*); **~ descendante** Ebbe *f*; **~ faible** *ou* **~ de mor-**

te-eau Nippflut *f*, -tide *f*; ***grande** ~ ou ~ **de vive-eau*** Springflut *f*, -tide *f*; ~ ***'haute*** Hochwasser *n*; Flut *f* (*abus*); ~ ***montante*** Flut *f*; *loc/adv* ***à ~ basse, 'haute*** bei Ebbe, Flut; ***la ~ descend, monte*** die Flut fällt, steigt; es ist Ebbe, Flut **2** COMM frische Seefische *m/pl* **3** ~ ***noire*** Ölpest *f* **4** *fig* ~ ***humaine*** (wogende) Menschenmenge
marégraphe [maʀegʀaf] *m* (Gezeiten)Registrierpegel *m*
marelle [maʀɛl] *f jeu d'enfants* Himmel und Hölle; ***jouer à la ~*** Himmel und Hölle spielen
Maremme [maʀɛm] GÉOGR ***la ~*** die Maremmen *pl*
marémoteur [maʀemɔtœʀ] *adj* ⟨**-trice**⟩ Gezeiten…; ***usine marémotrice*** Gezeiten-, Flutkraftwerk *n*
marène [maʀɛn] *f* ZO Felchen *m*; Renke *f*; Maräne *f*
marengo [maʀɛ̃go] *adjt* ⟨*inv*⟩ CUIS ***poulet** m*, ***veau** m* ~ in Weißwein gedünstetes Huhn, Kalbfleisch mit Tomaten und Zwiebeln
marennes [maʀɛn] *f* ZO, CUIS Auster *f* aus Marennes
mareyeur [maʀɛjœʀ] *m*, **mareyeuse** *f* Seefisch(groß)händler(in) *m(f)*
margarine [maʀgaʀin] *f* CUIS Margarine *f*
marge [maʀʒ] *f* **1** *d'un texte* Rand *m*; ***à grande ~*** mit breitem Rand; ***écrire, mettre qc dans la, en ~*** etw auf, an den Rand schreiben **2** *fig* Spielraum *m*; ~ ***d'erreur*** (zulässige) Fehlermenge; Fehlergrenze *f*; ~ ***de manœuvre*** Handlungsspielraum *m*; TECH ~ ***de sécurité*** Sicherheitsmarge *f*; TECH ~ ***de tolérance*** Toleranz *f*; ***avoir de la ~*** genügend Zeit, Spielraum haben **3** COMM Spanne *f*; ~ ***bénéficiaire*** Gewinn-, Verdienstspanne *f*; ~ ***commerciale*** Handelsspanne *f*; Marge *f* **4** *fig loc/prép* ***en ~ de*** am Rand(e) (*+gén*); ***en ~ de l'actualité*** am Rande des Tagesgeschehens; ***vivre en ~ (de la société)*** am Rande der (menschlichen) Gesellschaft leben
margelle [maʀʒɛl] *f* Brunnenrand *m*
margeur [maʀʒœʀ] *m* **1** TYPO Anlegeapparat *m* **2** *d'une machine à écrire* Randsteller *m*
marginal [maʀʒinal] ⟨*m/pl* **-aux**⟩ **I** *adj* **1** Rand…; ***note ~e*** Randnotiz *f*, -bemerkung *f*; Marginalie *f* **2** *fig* (*secondaire*) unwichtig; nebensächlich; marginal; ***phénomène ~*** Randerscheinung *f* **3** ÉCON Grenz…; ***utilité ~e*** Grenznutzen *m* **4** SOCIOLOGIE marginal; ***groupe ~*** Randgruppe *f* **II** *m* (gesellschaftlicher) Außenseiter; Aussteiger *m*; Randpersönlichkeit *f*; Marginalexistenz *f*; ***marginaux** pl a* Randgruppen *f/pl*
marginaliser [maʀʒinalize] *v/t* an den Rand der Gesellschaft, ins soziale Abseits drängen; ausgrenzen
marginalisme *m* ÉCON Grenznutzenschule *f*; Marginalismus *m* **marginalité** *f* Existenz *f* am Rande der Gesellschaft; Marginalität *f*
Margot [maʀgo] *f Vorname*
margoulette [maʀgulɛt] *f* P Maul *n*; ***se casser la ~*** hinfallen
margoulin [maʀgulɛ̃] *m péj* skrupelloser Geschäftemacher; Jobber [dʒ-] *m*
margrave [maʀgʀav] *m* HIST Markgraf *m*
marguerite [maʀgəʀit] *f* **1** BOT Margerite *f*; ***effeuiller la ~*** das Blumenorakel befragen **2** *d'une machine à écrire* Typenrad *n*
Marguerite [maʀgəʀit] *f Vorname*
marguillier [maʀgije] *litt m* Küster *m*
mari [maʀi] *m* Ehemann *m*; Mann *m*; *st/s* Gatte *m*; ***mon ~*** mein Mann
mariable [maʀjabl] *adj* heiratsfähig
mariage [maʀjaʒ] *m* **1** *institution* Ehe *f*; (*fait de se marier*) Eheschließung *f*; Heirat *f*; Verheiratung *f*; ADM Verehelichung *f*; *st/s* Vermählung *f*; *cérémonie* Trauung *f*; ~ ***civil*** standesamtliche Trauung; Ziviltrauung *f*, -ehe *f*; ~ ***religieux*** kirchliche Trauung; ~ ***d'amour*** Liebesheirat *f*; Neigungsehe *f*; ~ ***de raison*** Vernunftheirat *f*, -ehe *f*; ***faire un ~ de raison*** e-e Vernunftehe eingehen; ***enfant né 'hors ~*** uneheliches Kind; ***demander une jeune fille en ~*** um die Hand e-s Mädchens anhalten; ***donner sa fille en ~ à qn*** j-m s-e Tochter zur Frau geben; ***faire un beau ~*** e-e gute Partie machen **2** *fête* Hochzeit *f*; ***cadeau** m **de ~*** Hochzeitsgeschenk *n*; ÉGL CATH ***messe** f **de ~*** Brautmesse *f* **3** *situation de couple* Ehe *f*; Ehestand *m*; ***fêter ses dix ans de ~*** sein zehnjähriges Ehejubiläum feiern **4** *fig de deux couleurs, parfums etc* Zusammenstellung *f*; Verbindung *f*; Vereinigung *f*
marial [maʀjal] *adj* ⟨**-als** *ou* **-aux**⟩ ÉGL CATH Marien…; marianisch; ***culte ~*** Marienverehrung *f*, -kult *m*
Marianne [maʀjan] **1** *f Vorname* **2** *f symbole de la République Française* Marianne *f* **3** *adjt* GÉOGR ***les îles ~s** f/pl* die Marianen *pl*
Marica [maʀika] GÉOGR ***la ~*** die Maritza
Marie [maʀi] *f* **1** *Vorname* **2** REL Maria *f*
marié [maʀje] **I** *adj* verheiratet; *st/s* vermählt **II** *subst* **~(e)** *m(f)* Bräutigam *m*, Braut *f*; ***les ~s*** das Brautpaar; ***le jeune ~*** der junge Ehemann; ***la jeune ~e*** die junge (Ehe)Frau; ***les jeunes ~s*** das junge Paar; die jungen Eheleute *pl*; die Jungverheirateten *pl*; *fig* ***se plaindre que la ~e est trop belle*** klagen, anstatt sich zu freuen; grundlos klagen
Marie-Antoinette [maʀiɑ̃twanɛt] *f* HIST Marie-Antoinette *f*
Marie-Chantal [maʀiʃɑ̃tal] *f iron* snobistische höhere Tochter
marie-jeanne [maʀiʒan] *f* F → ***marijuana***
Marie-Madeleine [maʀimadlɛn] *f* BIBL Maria Magdalena *f*
marier [maʀje] **I** *v/t* **1** (*unir*) trauen **2** (*donner en mariage*) verheiraten; *st/s* vermählen; ***fille** f **à ~*** heiratsfähige Tochter; ~ ***sa fille avec** ou **à qn*** s-e Tochter mit j-m verheiraten; ***être marié avec qn*** mit j-m verheiratet sein **3** *fig couleurs, styles etc* verbinden, vereinigen, kombinieren (***à*** mit) **II** *v/pr* **1** ***se ~*** heiraten; sich verheiraten; ADM *et plais* sich verehelichen; ***se ~ avec qn*** j-n heiraten; sich mit j-m verheiraten; ***se ~ à l'église*** sich kirchlich trauen lassen **2** *fig couleurs* ***bien se ~*** gut zusammenpassen; miteinander harmonieren
marieur [maʀjœʀ] F *m*, **marieuse** F *f* Ehestifter(in) *m(f)*
marihuana [maʀiʀwana] *f* Marihuana *n*; F Pot *n*
marijuana [maʀiʀwana] *f* Marihuana *n*; F Pot *n*
marin [maʀɛ̃] **I** *adj* **1** Meer(es) …; See…; *sc* marin; ***air ~*** Seeluft *f*; ***mille ~*** Seemeile *f*; MYTH ***monstre ~*** Meerungeheuer *n*; ***plante ~e*** Meerespflanze *f*; ***sel ~*** Meersalz *n* **2** MAR *bateau* seetüchtig; *personne* ***avoir le pied ~*** seefest sein **3** ***col, costume ~*** Matrosenkragen *m*, -anzug *m* **II** *m* (*matelot*) Seemann *m*; Matrose *m*; (*navigateur*) Seefahrer *m*; **~s** *pl* Seeleute *pl*; *plais* ~ ***d'eau douce*** *plais* Süßwassermatrose *m*; ***peuple** m **de ~s*** seefahrendes Volk; ***vie** f **de ~***

M

Seemannsleben *n*
marina [maʀina] *f* Ferienwohnanlage *f* mit Bootsanlegeplätzen; Marina *f*
marinade [maʀinad] *f* CUIS Marinade *f*; Beize *f*
marine[1] [maʀin] *f* **1** Marine *f*; **~ marchande** Handelsmarine *f*; **~ militaire, de guerre** Kriegsmarine *f*; **la Marine nationale** die französische (Kriegs)Marine; F **les gars** *m/pl* **de la ~** F die blauen Jungs *m/pl*; **ministère** *m*, **ministre** *m* **de la Marine** Marineministerium *n*, -minister *m*; **vocabulaire** *m* **de la ~** Seemannssprache *f* **2** PEINT Seestück *n* **3** *adjt* (**bleu**) **~** ⟨*inv*⟩ marineblau; *subst* **le ~** das Marineblau
marine[2] [maʀin] *m* MIL (amerikanischer) Marineinfanterist
mariner [maʀine] **I** *v/t* CUIS marinieren; einlegen; *adjt* **mariné** mariniert; eingelegt **II** *v/i* **1** CUIS in Marinade liegen **2** F **laisser qn ~** F j-n schmachten lassen
marinier [maʀinje] **I** *adj* ⟨**-ière**⟩ MAR MIL **officier ~** Unteroffizier *m* **II** *m* (Binnen-, Fluss)Schiffer *m*
marinière [maʀinjɛʀ] *f* **1** *vêtement* Überziehbluse *f*; Jumper *m* **2** **nager** (**à**) **la ~** auf der Seite schwimmen **3** CUIS **moules** *f/pl* (**à la**) **~** Muscheln *f/pl* im eigenen Saft mit Zwiebeln gekocht
marin-pêcheur [maʀɛ̃pɛʃœʀ] *m* ⟨*pl* **marins-pêcheurs**⟩ ADM (Hochsee-, Küsten)Fischer *m*
mariol(le) [maʀjɔl] F *m* Schlaukopf *m*, F -meier *m*; **faire le mariol(le)** sich wichtigmachen; (sich) wichtigtun
Marion [maʀjõ] *f Vorname*
marionnette [maʀjɔnɛt] *f* **1** Puppe *f*; **~ à fils** Marionette *f*; **montreur** *m* **de ~s** Puppen-, Marionettenspieler *m* **2** **~s** *pl* Puppen-, Marionettenspiel *n* **3** *fig* Marionette *f*; willenloses Werkzeug
marital [maʀital] *adj* ⟨**-aux**⟩ JUR *autorisation* des Ehemannes
maritalement [maʀitalmɑ̃] *adv* **vivre ~** in eheähnlicher Gemeinschaft, in wilder Ehe leben
maritime [maʀitim] *adj* See…; maritim; **climat** *m* **~** Seeklima *n*; **commerce** *m* **~** Seehandel *m*; **droit** *m* **~** Seerecht *n*; **gare** *f* **~** Hafenbahnhof *m*; **navigation** *f* **~** Seeschifffahrt *f*; **plante** *f* **~** Strandpflanze *f*; **port** *m* **~** Seehafen *m*; **puissance** *f* **~** Seemacht *f*; **signaux** *m/pl* **~s** Schifffahrtssignale *n/pl*; **trafic** *m* **~** See-, Schiffsverkehr *m*
Maritza [maʀitsa] GÉOGR **la ~** die Maritza
Marius [maʀjys] *m Vorname*
marivaudage [maʀivodaʒ] *m* galantes Geplauder
marivauder *v/i* galant plaudern
marjo [maʀʒo] *m* F *abr* → **marginal II**
marjolaine [maʀʒɔlɛn] *f* BOT Majoran *m*
mark [maʀk] *m* HIST *monnaie* Mark *f*
marketing [maʀkətiŋ] *m* ÉCON Marketing *n*
Marlborough [malbʀu] HIST **le duc de ~** der Herzog von Marlborough ['mɔːlbəʀo]
marlou [maʀlu] *m arg* (*souteneur*) F Lude *m*; Louis *m*
marmaille [maʀmaj] F *f* (lärmende) Kinderschar; F Gören *n/pl*; Bälger *n/pl ou m/pl*
Marmara [maʀmaʀa] **la mer de ~** das Marmarameer
marmelade [maʀməlad] *f* **1** CUIS Mus *n*; Kompott *n*; **~ d'oranges** Orangenkonfitüre *f*; **~ de pommes, de prunes** Apfel-, Pflaumenmus *n ou* -kompott *n* **2** F *fig nez etc* **en ~** übel zugerichtet; zu Brei geschlagen
marmite [maʀmit] *f* **1** CUIS (Koch)Topf *m*; *très grande* (Koch)Kessel *m*; **une ~ de soupe** ein Topf (voll) Suppe; *fig* **faire bouillir la ~** für den (Lebens)Unterhalt sorgen; die Familie ernähren **2** GÉOL **~ de géants** Strudeltopf *m*; Kolk *m*
marmiton [maʀmitõ] *m* Küchenjunge *m*
marmonnement [maʀmɔnmɑ̃] *m* Murmeln *n*; Brummen *n*; Brummeln *n* **marmonner** *v/t* (in s-n Bart, vor sich [*acc*] hin) murmeln, brummen, brummeln
marmoréen [maʀmɔʀeɛ̃] *adj* ⟨**~ne**⟩ **1** GÉOL marmorartig **2** *fig litt* weiß, kalt wie Marmor; *st/s* marmorn
marmot [maʀmo] F *m* **1** **a)** F Knirps *m*; Kerlchen *n*; **b)** **~s** *pl* F Gören *n/pl*; Bälger *n/pl ou m/pl*; Krabben *f/pl* **2** *fig* **croquer le ~** F sich (*dat*) die Beine in den Bauch stehen
marmotte [maʀmɔt] *f* ZO Murmeltier *n*; *fig* **dormir comme une ~** wie ein Murmeltier, wie ein Dachs, wie ein Ratz schlafen
marmotter [maʀmɔte] *v/t* → **marmonner**
Marne [maʀn] **la ~** *Fluss u Departement in Frankreich*
marne [maʀn] *f* GÉOL Mergel *m*
marner [maʀne] *v/i* F schuften; sich schinden, abrackern
marneux [maʀnø] *adj* ⟨**-euse**⟩ GÉOL mergelig; Mergel…; **sol ~** Mergelboden *m*
Maroc [maʀɔk] **le ~** Marokko *n*
marocain [maʀɔkɛ̃] **I** *adj* marokkanisch **II** *subst* **Marocain(e)** *m(f)* Marokkaner(in) *m(f)*
maroilles [maʀwal] *ou* **marolles** [maʀɔl] *m ein frz Weichkäse*
maronite [maʀɔnit] REL **I** *adj* maronitisch **II** *m,f* Maronit(in) *m(f)*
maronner [maʀɔne] F *v/i* knurren; murren; **faire ~ qn** F j-n auf die Palme bringen
maroquin [maʀɔkɛ̃] *m* **1** Maroquin *m*; Saffian(leder) *m(n)* **2** F *fig* Ministerposten *m*
maroquinerie [maʀɔkinʀi] *f* **1** *industrie* Lederwarenindustrie *f* **2** *commerce* Lederwarenhandel *m* **3** *magasin* Lederwarengeschäft *n* **4** *articles* feine Lederwaren *f/pl*
maroquinier [maʀɔkinje] *m* **1** *fabricant* Lederwarenhersteller *m* **2** *commerçant* Lederwarenhändler *m*
marotte [maʀɔt] *f* Marotte *f*; Schrulle *f*
maroufle [maʀufl] *f* Malerleim *m* **maroufler** *v/t toile* aufleimen, aufziehen (**sur** auf +*acc*)
marquage [maʀkaʒ] *m* **1** *par un signe distinctif* Kennzeichnung *f*; Markierung *f*; Kenntlichmachung *f*; COMM **~ des prix** (**sur les marchandises**) Auszeichnung *f* (der Waren) **2** SPORTS *de l'adversaire* Deckung *f*
marquant [maʀkɑ̃] *adj événement, fait* bedeutend; hervorstechend; wichtig; *personnage a* markant; profiliert
marque [maʀk] *f* **1** (*signe*) (Erkennungs-, Kenn-)Zeichen *n*; Markierung *f*; Marke *f*; *sur une liste, dans un livre* Merkzeichen *n*; (*cachet*) Stempel *m*; **~ au fer rouge** Brandzeichen *n*; SPORTS **à vos ~s - prêts? - partez!** auf die Plätze, fertig, los!; **faire une ~ à qc** ein Zeichen an *ou* auf etw (*acc*) machen; etw markieren; **mettre une ~ dans un livre** ein (Lese)Zeichen in ein Buch legen **2** COMM Marke *f* (*a le*

produit); **~ *déposée*** eingetragene Marke; ***les grandes ~s d'automobiles*** die großen Auto(mobil)marken *f/pl*; **~ *de commerce*** Handelsmarke *f*; **~ *de fabrique*** Fabrikmarke *f*; **~ *d'origine, de producteur*** Ursprungs-, Herstellerzeichen *n*; **~ *de qualité*** Gütezeichen *n*; Qualitätsmarke *f*; *loc/adj* ***de ~*** Marken...; *fig* hohe(r, -s); ***de grande ~*** Spitzen...; Qualitäts...; *fig* ***hôte*** *m*, ***personnage*** *m* ***de ~*** hoher Gast, hohe Persönlichkeit; ***produit*** *m* ***de ~*** Markenerzeugnis *n*, -artikel *m*; ***acheter une ~ bon marché*** e-e billige Marke, Sorte kaufen **3** *d'une fonction, d'un grade* (Ab)Zeichen *n*; GR ***s est la ~ du pluriel*** s ist das Zeichen für die Mehrzahl, das Pluralzeichen **4** (*trace de doigts, de pieds, de dents*) Spur *f*; Abdruck *m*; *sur la peau a* Mal *n*; CH **~*s*** *pl* Spuren *f/pl*; *fig et litt* **~ *d'infamie*** Schandmal *n*, -fleck *m* **5** *fig* (*témoignage*) Zeichen *n*; Beweis *m*; **~ *d'amitié, d'amour*** Freundschafts-, Liebesbeweis *m*; ***donner des ~s d'estime à qn*** j-m s-e Wertschätzung bekunden, bezeigen, beweisen **6** *fig du génie etc* Stempel *m*; Gepräge *n* **7** SPORTS (*score*) ***la ~ est de deux à zéro*** (***2-0***) das Spiel steht zwei zu null (2:0); ***mener à la ~*** (nach Punkten) führen **8** *au jeu* (Spiel)Marke *f*

marqué [maʀke] *adj* **1** *objet* gekennzeichnet; markiert; *linge* gezeichnet; ***prix ~*** Auszeichnungspreis *m*; angeschriebener Preis **2** *fig*: *personne* gezeichnet (***par la misère*** von der Not); ***homme politique ~ à gauche*** Politiker, der als Linker abgestempelt ist; ***traits ~s*** markante, scharfe Gesichtszüge *m/pl*; ***visage ~*** zerfurchtes, faltiges Gesicht; ***il vieillit, il est ~*** er wird alt, man sieht es ihm an **3** (*accentué*) *taille* betont; *différence* deutlich; unverkennbar; *préférence* ausgeprägt; ausgesprochen **4** (*écrit*) ***il n'y a rien de ~*** es ist nichts angegeben, vermerkt (***sur*** auf *+dat*); F es steht nichts da

marquer [maʀke] **I** *v/t* **1** *par un signe distinctif* kennzeichnen; markieren; bezeichnen; kenntlich machen; *linge* zeichnen; *viande de boucherie, marchandise à la douane* stempeln; *place* belegen (***avec son gant*** mit s-m Handschuh); *passage dans un livre* anstreichen (***au crayon*** mit [dem] Bleistift); *bétail* **~ *au fer rouge*** mit dem Brandeisen zeichnen; **~ *d'une croix*** ankreuzen; **~ *d'un signe*** mit e-m Zeichen versehen; anzeichnen; **~ *d'un trait*** anstreichen **2** (*écrire*) aufschreiben, notieren, vermerken (***sur le carnet*** im Notizbuch); **~ *les points*** *arbitre* die Punkte zählen, *dispositif* anzeigen; *fig* die Plus- und Minuspunkte registrieren; **~ *les prix sur la marchandise*** die Ware auszeichnen **3** (*laisser des traces*) Spuren hinterlassen (***qc*** auf etw [*dat*]); *fig époque* prägen; das Gepräge geben, den Stempel aufdrücken (*+dat*); ***la maladie l'a marqué*** die Krankheit hat ihn gezeichnet, hat ihre Spuren bei ihm hinterlassen, ist nicht spurlos an ihm vorübergegangen **4** *fig événement etc* **~ *qc*** ein Zeichen für etw sein; etw bedeuten, darstellen, kennzeichnen; **~ *un tournant*** e-n Wendepunkt, e-e Wende bedeuten (***dans l'histoire*** der Geschichte) **5** *instrument de mesure* **~ *qc*** etw anzeigen, angeben; *montre* **~ *cinq heures*** auf fünf (Uhr) stehen **6** SPORTS **a)** *abs* e-n Treffer erzielen; FOOTBALL **~ *un but*** ein Tor schießen, erzielen; RUGBY **~ *un essai*** e-n Versuch erzielen; BASKET **~ *un panier*** e-n Korb werfen, erzielen; **~ *un point*** e-n Punkt erzielen; *fig* e-n Erfolg verbuchen, zu verzeichnen haben; **b)** **~ *un joueur*** e-n Spieler decken **7** *fig événement, date importante* feierlich begehen; feiern; *l'anniversaire du débarquement* ***a été marqué par un défilé*** wurde mit e-r Parade gefeiert; **~ *le coup*** (*souligner un événement positif*) das Ereignis feiern; (*réagir à une offense etc*) zeigen, dass man sich getroffen fühlt; Wirkung zeigen; ***ne pas ~ le coup*** sich (*dat*) nichts anmerken lassen; nicht darauf reagieren; keine Wirkung zeigen **8** (*souligner*) MUS **~ *la mesure*** den Takt schlagen, angeben; MIL **~ *le pas*** auf der Stelle treten; *vêtement* **~ *la taille*** die Taille betonen, unterstreichen, zur Geltung bringen; **~ *un temps d'arrêt*** e-e kurze Pause einlegen; kurz innehalten **9** *sentiment, pensée* Ausdruck geben, verleihen (*+dat*); *joie, intérêt* äußern; zum Ausdruck bringen; *intérêt a* bekunden; zeigen; an den Tag legen **II** *v/i* **1** *coups etc* Spuren hinterlassen; *tampon* ***ne plus ~*** nicht mehr (richtig) stempeln **2** *fig événement* prägend wirken, bedeutsam *ou* einschneidend sein (***dans la vie de qn*** in j-s Leben [*dat*])

marqueter [maʀkəte] *v/t* ⟨-tt-⟩ *bois* mit Intarsien verzieren

marqueterie [maʀkɛtʀi] *f* **a)** *ouvrage* Einlegearbeit *f*; Intarsien *f/pl*; Marketerie *f*; **b)** *art* Intarsien-, Einlegekunst *f*

marqueur [maʀkœʀ] *m* **1** Person, die etw kennzeichnet, markiert **2** SPORTS **a)** (*qui marque un but*) Torschütze *m*; **b)** (*qui compte les points*) Person, die die Punkte zählt, notiert; TIR Anzeiger *m*; **~ *automatique*** automatischer Treffermelder **3** (*crayon-feutre*) (dicker) Filzschreiber; (Text)Marker *m*

marqueuse [maʀkøz] *f* Maschine, die das Markenzeichen einprägt

marquis [maʀki] *m* Marquis *m*

marquise [maʀkiz] *f* **1** (*femme d'un marquis*) Marquise *f* **2** *auvent* gläsernes Schutz-, Vordach; Glasdach *n* **3** *bague* Fingerring *m* mit e-m langen, schmalen Stein **4** ***les îles Marquises*** *f/pl* die Marquesasinseln [-ˈkeː-] *f/pl*

marraine [maʀɛn] *f* **1** *d'un enfant* (Tauf)Patin *f*; Patentante *f*; *appellatif* Tante (*+prénom*)! **2** *par ext* **a)** *d'un navire* Frau, die ein Schiff tauft; Taufpatin *f*; **b)** **~ *de guerre*** Briefpartnerin *f* (e-s Frontsoldaten)

Marrakech [maʀakɛʃ] Marrakesch *n*

marrant [maʀɑ̃] *adj* F **a)** (*rigolo*) lustig; spaßig; drollig; F ulkig; zum Piepen; ***ce n'est pas ~*** das ist gar nicht lustig, zum Lachen; ***il est ~*** *ou subst* ***c'est un ~*** F er ist ein ulkiger Typ; ***il n'est pas ~*** (*ennuyeux*) F er ist e-e trübe Tasse; **b)** (*bizarre*) seltsam; komisch; eigenartig; F ulkig; *iron* heiter; *reproche* ***t'es ~, toi,*** *je n'ai pas le temps* F du bist vielleicht gut!; du machst mir (vielleicht) Spaß!

marre [maʀ] *adv* F ***en avoir ~*** F es satthaben; die Nase voll haben; es dick(e) haben; ***j'en ai ~*** *a* F mir langt's; es steht mir bis hier oben, bis zum Hals; ***en avoir ~ de qn, qc*** j-n, etw satthaben; von j-m, etw die Nase voll haben; (***il***) ***y en a ~!*** jetzt langt's, reicht's aber!; P ***c'est ~!*** (*ça suffit*) jetzt reicht's!; (*c'est tout*) das ist alles

marrer [maʀe] *v/pr* F ***se ~*** F sich (*dat*) e-n Ast lachen; sich schieflachen; ***tu me fais ~!*** dass ich nicht lache!

marri [maʀi] *litt adj* betrübt; traurig

marron[1] [maʀɔ̃] *m* **1** essbare Kastanie; Esskastanie *f*; Marone *f*; CUIS ***dinde*** *f* ***aux ~s*** mit Kastanien ge-

M

füllte Pute; ***crème*** *f*, ***purée*** *f* ***de ~s*** Kastanienpüree *n*; ***marchand*** *m* ***de ~s*** Maronen- *ou österr* Maroniverkäufer *m*; ***chaud les ~s!*** heiße Maronen *ou österr* Maroni!; *fig* ***tirer les ~s du feu*** die Kastanien aus dem Feuer holen (***pour qn*** für j-n) 2 ***~ d'Inde*** (Ross)Kastanie *f* 3 F (*coup de poing*) Faustschlag *m*

marron² [maʀõ] I *adj* ⟨*inv*⟩ 1 braun 2 F *fig* ***être ~*** der *ou* die Dumme sein; F reingefallen, angeschmiert sein II *m* Braun *n*

marron³ [maʀõ] *adj* ⟨***~ne***⟩ ***avocat ~*** Winkeladvokat *m*; ***médecin ~*** Kurpfuscher *m*

marronnier [maʀɔnje] *m* BOT 1 ***~*** (***d'Inde***) (Ross)-Kastanie *f* (*Baum*); Kastanienbaum *m* 2 Marone *f* (*Baum*)

mars [maʀs] *m* März *m*; ***giboulée*** *f* ***de ~*** Aprilschauer *m*

Mars [maʀs] 1 ASTR (der) Mars 2 *m* MYTH Mars *m*; *à Paris* ***champ*** *m* ***de ~*** Marsfeld *n*

marseillais [maʀsɛjɛ] I *adj* Marseiller; von, aus Marseille II *subst* 1 ***Marseillais(e)*** *m(f)* Marseiller(in) *m(f)* 2 ***la Marseillaise*** die Marseillaise (*frz Nationalhymne*)

La Marseillaise – l'hymne national français

Die französische Nationalhymne wurde ursprünglich als Kriegslied im Jahre 1792 von dem Offizier Claude Joseph Rouget de Lisle für Frankreichs Rheinarmee komponiert. Da erst Soldaten aus Marseille dieses Lied beim Einzug ihres Freiwilligenbataillons in Paris bekannt machten, wurde es **la Marseillaise** genannt.

Marseille [maʀsɛj] *Stadt im Dep. Bouches-du-Rhône*

Marshall [maʀʃal] ***l'archipel*** *m* ***~*** *ou* ***les îles*** *f/pl* ***~*** die Marschallinseln *f/pl*

marsouin [maʀswɛ̃] *m* ZO Kleiner Tümmler

marsupial [maʀsypjal] ZO I *adj* ⟨**-aux**⟩ Beutel…; ***poche ~e*** Beutel *m* II *m/pl* ***marsupiaux*** Beuteltiere *n/pl*

marte [maʀt] *f* ZO → ***martre***

marteau [maʀto] *m* ⟨*pl* ***~x***⟩ 1 *outil* Hammer *m* (*a d'un piano*, SPORTS, ANAT); *d'horloge* Schlaghammer *m*; *de porte* Klopfer *m*; ***~ piqueur*** Presslufthammer *m*; ***coup*** *m* ***de ~*** Hammerschlag *m*; *fig* ***être entre le ~ et l'enclume*** zwischen Hammer und Amboss geraten (sein) 2 ZO *adjt* ***requin*** *m* ***~*** Hammerhai *m* 3 *adjt* F ***être ~*** F bekloppt, behämmert sein; → *a* ***cinglé***

marteau-pilon [maʀtopilõ] *m* ⟨*pl* ***marteaux-pilons***⟩ Fallhammer *m*

martel [maʀtɛl] *loc* ***se mettre ~ en tête*** sich (*dat*) Gedanken, Sorgen machen

martelage [maʀtəlaʒ] *m* TECH (Be)Hämmern *n*

martèlement *ou* **martellement** [maʀtɛlmɑ̃] *m* 1 Hämmern *n*; Gehämmer *n* 2 *fig des pas etc* Dröhnen *n*

marteler [maʀtəle] *v/t* ⟨**-è-**⟩ 1 *métaux* (be)hämmern; *adjt* ***cuivre martelé*** gehämmertes Kupfer 2 *fig* ***il lui martelait la figure à coups de poing*** er hämmerte mit (den) Fäusten auf sein Gesicht ein 3 *vacarme etc* ***~ le crâne de qn*** j-m im Kopf dröhnen 4 *ses mots* laut und deutlich artikulieren

Marthe [maʀt] *f Vorname*

martial [maʀsjal] *adj* ⟨**-aux**⟩ 1 *allure* kriegerisch; martialisch; ***discours ~*** Brandrede *f* 2 JUR ***cour ~e*** Standgericht *n*; ***loi ~e*** Standrecht *n* 3 ***arts martiaux*** asiatische Kampfsportarten *f/pl*

martien [maʀsjɛ̃] I *adj* ⟨***~ne***⟩ ASTR Mars…; des Mars II *m* ***Martien*** Marsbewohner *m*, -mensch *m*

Martin [maʀtɛ̃] *m* 1 *Vorname* 2 *plais* (*ours*) Petz *m*; (*âne*) Langohr *n*; ***ours*** *m* ***~*** Meister *m* Petz 3 MÉTALL ***acier*** *m* ***~*** Siemens-Martin-Stahl *m*

Martine [maʀtin] *f Vorname*

martinet [maʀtinɛ] *m* 1 ZO Segler *m*; ***~ noir*** Mauersegler *m* 2 *fouet* (Klopf)Peitsche *f* 3 TECH Maschinenhammer *m*

martingale [maʀtɛ̃gal] *f* 1 *d'un manteau etc* Rückenspange *f*; Halbgürtel *m* 2 JEU **a)** *à la mise* Verdoppelung *f* des Einsatzes; **b)** *système* Gewinnsystem *n*

martiniquais [maʀtinikɛ] I *adj* von, aus Martinique II *subst* ***Martiniquais(e)*** *m(f)* Bewohner(in) *m(f)* von Martinique

Martinique [maʀtinik] ***la ~*** Martinique *n*

martin-pêcheur [maʀtɛ̃pɛʃœʀ] *m* ⟨*pl* **martins-pêcheurs**⟩ ZO Eisvogel *m*

martre [maʀtʀ] *f* 1 ZO Marder *m* 2 *fourrure* Marder(pelz) *m*

martyr(e) [maʀtiʀ] *m(f)* 1 REL, *pour une cause* Märtyrer(in) *m(f)*; *st/s* Blutzeuge *m*, -zeugin *f*; *fig* ***se donner, prendre des airs de martyr*** e-e Leidens-, Duldermiene aufsetzen; ***jouer les martyrs*** den Märtyrer spielen 2 *adjt enfant* grausam behandelt, gequält; misshandelt

martyre [maʀtiʀ] *m* 1 REL, *pour une cause* Martyrium *n*; Märtyrertod *m*, -tum *n* 2 *fig* (*grande souffrance*) Martyrium *n*; Marter *f*; Qual *f*; *maladie* ***être un ~ pour qn*** ein Martyrium, e-e Qual für j-n sein; ***souffrir le ~*** ein Martyrium, Qualen erdulden, ausstehen; ***faire souffrir le ~ à qn*** j-n quälen, peinigen, Qualen ausstehen lassen

martyriser [maʀtiʀize] *v/t personne, animal* quälen; grausam behandeln; *douleurs* ***~ qn*** j-n quälen, peinigen, martern

marxisme [maʀksism] *m* POL Marxismus *m* **marxisme-léninisme** *m* POL Marxismus-Leninismus *m*

marxiste [maʀksist] POL I *adj* marxistisch II *m,f* Marxist(in) *m(f)* **marxiste-léniniste** POL I *adj* marxistisch-leninistisch II *m,f* Marxist(in)-Leninist(in) *m(f)*

Maryse [maʀiz] *f Vorname*

mas [mɑ(s)] *m en Provence* Land- *ou* Bauernhaus *n*

Masaï [mazaj] *m,f* Massai *m,f*

mascara® [maskaʀa] *m* Wimperntusche *f*

mascarade [maskaʀad] *f* 1 **a)** (*déguisement*) Vermummung *f*; Maskerade *f*; Aufzug *m*; **b)** *divertissement* Maskenfest *n*; *litt* Mummenschanz *m* 2 *fig* Vortäuschung *f*; Maskerade *f*; Farce *f*; ***ce procès n'était qu'une ~*** dieser Prozess war nur ein Scheinprozess

mascaret [maskaʀɛ] *m* Sprungwelle *f*

Mascate [maskat] GÉOGR Maskat *n*

mascotte [maskɔt] *f* Maskottchen *n*
masculin [maskylɛ̃] **I** *adj* **1** männlich; Männer…; *péj d'une femme* maskulin; ***métier ~*** Männerberuf *m*; ***mode ~e*** Herrenmode *f*; ***sexe ~*** männliches Geschlecht **2** GR männlich; maskulin; ***genre, nom ~*** männliches Geschlecht, Substantiv; ***rime ~e*** männlicher, stumpfer Reim **II** *m* GR Maskulinum *n*; männliches Geschlecht *ou* Substantiv; ***au ~*** in der männlichen Form
masculiniser [maskylinize] *v/t* vermännlichen
masculinité [maskylinite] *f* **1** Männlichkeit *f* **2** STATISTIQUE DÉMOGRAPHIQUE (***rapport*** *m* ***de***) ~ Geschlechtsverhältnis *n*; Sexualproportion *f*
maso [mazo] F *abr* → ***masochiste***
masochisme [mazɔʃism] *m* Masochismus *m* **masochiste** **I** *adj* masochistisch **II** *m,f* Masochist(in) *m(f)*
masque [mask] *m* **1** (Gesichts)Maske *f*; *de fête costumée a* Larve *f*; *de chirurgien* Mundschutz *m*; *d'apiculteur* Bienenhaube *f*; *d'escrime* Fechtmaske *f*, -korb *m*; *de plongée* Tauchermaske *f*; ***~ mortuaire*** Totenmaske *f*; ***~ respiratoire*** Atemmaske *f*; ***~ à gaz*** Gasmaske *f*; ***~ de protection*** Schutzmaske *f* **2** *fig* Maske *f*; ***jeter, lever, ôter le ~*** die Maske fallen lassen, von sich werfen **3** (*physionomie*) Gesichtsausdruck *m*; Miene *f*; Gesicht *n* **4** *préparation* (Gesichts)Maske *f*; ***~ de beauté*** Schönheitsmaske *f*
masqué [maske] *adj personne* maskiert; ***bal ~*** Maskenball *m*
masquer [maske] *v/t* **1** *vérité* verbergen; verschleiern; maskieren; *faits a* vernebeln; vertuschen **2** *vue* versperren; verdecken; nehmen; *goût, odeur* überdecken; *lumière* abschirmen; abblenden
Massachusetts [masaʃysɛts] ***le ~*** Massachusetts [mɛsəˈtʃuː-] *n*
massacrant [masakʀɑ̃] *adj* ***être d'une humeur ~e*** unausstehlicher, abscheulicher Laune sein; F e-e Stinklaune haben
massacre [masakʀ] *m* **1** Massaker *n*; Blutbad *n*; Gemetzel *n*; Metzelei *f*; HIST ***le ~ de la Saint-Barthélemy*** die Pariser Bluthochzeit; die Bartholomäusnacht; *soldats* ***envoyer au ~*** in den sicheren Tod schicken; *fig match de boxe* ***tourner au ~*** in e-e brutale Schlägerei ausarten; *travail mal exécuté* ***c'est un vrai ~!*** das sieht aus wie ein Schlachtfeld! **2** (*défiguration d'une œuvre*) Verschandelung *f*; F Verhunzung *f* **3** ***jeu*** *m* ***de ~*** *jeu forain* Wurfspiel *n* (*bei dem mit Bällen nach Figuren geworfen wird*); *fig critique* Rundumschlag *m*
massacrer [masakʀe] *v/t* **1** *personnes* niedermetzeln; niedermachen; hinmorden; hinschlachten; massakrieren; ***~ des prisonniers*** *a* ein Blutbad unter den Gefangenen anrichten **2** F *fig adversaire* übel zurichten; brutal zusammenschlagen; ***~ une œuvre, un texte, un paysage*** ein Werk, einen Text, eine Landschaft verschandeln, verpfuschen, F verhunzen
massage [masaʒ] *m* Massage *f*; Massieren *n*; ***~ cardiaque, du visage*** Herz-, Gesichtsmassage *f*
masse[1] [mas] *f* **1** *d'une matière* (formlose) Masse; MÉTÉO ***~s d'air*** Luftmassen *f/pl*; ***~s d'eau*** Wassermassen *f/pl*; ***tomber comme une ~*** schwer zu Boden fallen; zusammensacken **2** SCULP Block *m*; ***tailler dans la ~*** aus e-m Block (heraus)hauen **3** (*grande quantité*) Masse *f*; Menge *f*; Haufen *m*; ***une ~ de pierres*** e-e Masse, e-e Menge, ein Haufen Steine; ***une ~ énorme de …*** e-e Unmasse, Unmenge (von) …; F ***des ~s de …*** Massen von …; e-e Masse, e-e Menge, F ein Haufen …; F ***il n'y en a plus des ~s*** es ist nicht mehr viel davon da; ***la grande ~ des …*** die große Masse, die Mehrzahl, das Gros (+*gén*) **4** *de personnes* (Menschen-, Volks)Masse *f*; *abs* ***la ~*** die große, breite Masse; ***les ~s*** die Massen; ***civilisation*** *f* ***de ~*** Massengesellschaft *f*; ***psychologie*** *f* ***des ~s*** Massenpsychologie *f*; ***en ~*** a) *loc/adj* Massen…; b) *loc/adv* massen-, scharen-, haufenweise; in Massen, Scharen; in großen Haufen **5** PHYS Masse *f*; ***~ atomique*** Atomgewicht *n*; ***~ spécifique*** (Massen)Dichte *f* **6** ÉLECT Erde *f*; Masse *f*; ***mettre à la ~*** erden; mit der Masse verbinden **7** JUR, FIN Masse *f*; ***~ active, passive*** Aktiv-, Passivmasse *f*; Aktiva *pl*, Passiva *pl*; ***~ monétaire*** Geldvolumen *n*, -menge *f*; ***~ salariale*** (*gesamtes*) Lohn- und Gehaltsaufkommen **8** ARCH ***plan*** *m* ***de ~*** Übersichts-, Lageplan *m*
masse[2] [mas] *f* **1** (*gros maillet*) Schlägel *m*; Fäustel *m*; F *fig* ***c'est le coup de ~*** F hier wird man ganz schön ausgenommen, gerupft **2** HIST ~ (***d'armes***) Streitkolben *m*; Morgenstern *m*
massepain [maspɛ̃] *m en Belgique* Marzipan *n*
masser [mase] **I** *v/t* **1** *troupes* zusammenziehen; massieren; *p/p*: *les gens* ***massés devant la porte*** vor der Tür dicht zusammengedrängt **2** MÉD massieren; ***se faire ~*** sich massieren lassen **II** *v/pr foule* ***se ~*** sich (in Massen) versammeln; sich drängen
masseur [masœʀ], **masseuse** **1** *m,f personne* Masseur *m*, Masseurin *f* **2** *m appareil* Massagegerät *n*
massicot [masiko] *m* TYPO Papierschneidemaschine *f*
massif [masif] **I** *adj* ⟨**-ive**⟩ **1** *silhouette* massig; klobig; *colonne, meuble etc a* wuchtig **2** *bois, or, argent* massiv; ***chêne ~*** massive Eiche **3** *fig* Massen…; ***attaque massive*** massiver Angriff; ***départs ~s*** Massenaufbruch *m*; ***dose massive*** starke Dosis; ***manifestation massive*** Massenkundgebung *f* **II** *m* **1** GÉOGR (Gebirgs)Massiv *n*; Gebirgsstock *m*; ***le Massif central*** das Zentralmassiv **2** ***~ de fleurs*** (kunstvoll angelegtes) Blumenbeet; ***~ de rhododendrons*** Gruppe *f* von Rhododendronsträuchern **3** CONSTR massiver Sockel
massification [masifikasjõ] *f* Vermassung *f*
massivement [masivmɑ̃] *adv* in Massen; massenweise
mass media [masmedja] *m/pl* Massenmedien *n/pl*
massue [masy] *f* **1** Keule *f*; ***coup*** *m* ***de ~*** Keulenschlag *m*; *fig* schwerer, harter Schlag **2** *adjt* ***argument*** *m* ***~*** schlagendes Argument
mastic [mastik] **I** *m* **1** *de vitrier* (Fenster)Kitt *m* **2** TYPO Druckfehler *m* (*bei dem Zeilen vertauscht sind*) **II** *adj* ⟨*inv*⟩ beigefarben (*wie Kitt*)
masticage [mastikaʒ] *m* TECH Kitten *n*
masticateur [mastikatœʀ] *adj* ⟨**-trice**⟩ ANAT Kau…; ***muscles ~s*** Kaumuskeln *m/pl*
mastication [mastikasjõ] *f* PHYSIOL Kauen *n*
mastiquer [mastike] *v/t* **1** (*mâcher*) kauen **2** *vitres* kitten; *joints* verkitten; zukitten
mastite [mastit] *f* MÉD Brustdrüsenentzündung *f*
mastoc [mastɔk] F *adj* ⟨*inv*⟩ plump; klobig; massig
mastodonte [mastɔdõt] *m* **1** *personne* Koloss *m* (*a machine*); F Fleischberg *m* **2** *animal fossile* Masto-

don *n*
mastoïde [mastɔid] *adj* ANAT *f* Warzenfortsatz *m* des Schläfenbeins
mastroquet [mastʀɔkɛ] *m* F Kneipe *f*
masturbation [mastyʀbasjõ] *f* (geschlechtliche) Selbstbefriedigung; Masturbation *f*
masturber [mastyʀbe] **I** *v/t* masturbieren **II** *v/pr* ***se ~*** sich selbst befriedigen; masturbieren; onanieren
m'as-tu-vu(e) [matyvy] *m(f)* ⟨*pl inv*⟩ F Angeber(in) *m(f)*
masure [mazyʀ] *f* baufälliges Haus
mat¹ [mat] ÉCHECS **I** *adj* ⟨*inv*⟩ (schach)matt; ***faire ~ en trois coups*** mit drei Zügen matt setzen **II** *m* Matt *n*
mat² [mat] *adj* ⟨**mate** [mat]⟩ **1** *couleur, métal* matt; glanzlos; *soie a* stumpf; *couleur a* tot; ***or ~*** Mattgold *n*; ***papier ~*** Mattpapier *n*; ***teint ~*** matter Teint **2** *bruit, son* dumpf; gedämpft
mât [mɑ] *m* **1** MAR Mast *m*; ***grand ~*** Großmast *m*; ***~ de charge*** Lademast *m*, -baum *m*; ***~ de pavillon*** Flaggenstock *m* **2** *d'un drapeau* Fahnenmast *m*, -stange *f*; SPORTS Kletterstange *f*; ***~ de cocagne*** Klettermast *m*
matador [matadɔʀ] *m* Matador *m*
mataf [mataf] *m arg* (*matelot*) F Mariner *m*; Blau-, Teerjacke *f*
mâtage [mɑtaʒ] *m* MAR Bemastung *f*
matamore [matamɔʀ] *m* Prahlhans *m*; Aufschneider *m*; F Maulheld *m*; ***faire le ~*** prahlen; aufschneiden
match [matʃ] *m* ⟨*pl* **~s** *od* **~es**⟩ SPORTS Spiel *n*; (Wett)Kampf *m*; Match [mɛtʃ] *n*; ***~ aller*** Hinspiel *n*; ***~ amical*** Freundschaftsspiel *n*; ***~ éliminatoire, de sélection*** Ausscheidungsspiel *n*; ***~ retour*** Rückspiel *n*; ***~ de boxe*** Boxkampf *m*; ***~ de football*** Fußballspiel *n*; ***~ de tennis*** Tenniswettkampf *m*
maté [mate] *m* **1** BOT Matestrauch *m* **2** *boisson* Mate(tee) *m*
matelas [matla] *m* **1** Matratze *f*; ***~ pneumatique*** Luftmatratze *f*; ***~ à ressorts*** Federkernmatratze *f*; ***~ de crin, de mousse*** Rosshaar-, Schaumgummimatratze *f* **2** CONSTR ***~ d'air*** Luftschicht *f*, -polster *n* **3** F *fig* ***un ~ de billets de banque*** ein dickes Bündel Banknoten
matelassé [matlase] **I** *adj* COUT *doublure, veste etc* gesteppt; ***manteau ~*** Mantel *m* mit gestepptem Futter **II** *m* **1** TEXT Matelassé(stoff) *m* **2** COUT Steppmuster *n*
matelasser [matlase] *v/t* COUT (wattieren und) steppen
matelassier [matlasje] *m* Polsterer *m*
matelot [matlo] *m* Matrose *m*
matelote [matlɔt] *f* CUIS Fischragout *n* (*mit Wein u Zwiebeln gewürzt*); *adjt* ***sauce f ~*** Rotweinsoße *f* (*mit Zwiebeln od Pilzen*); ***en ~*** in Rotweinsoße
mater¹ [mate] *v/t* **1** ÉCHECS matt setzen **2** *fig révolte* niederwerfen, -schlagen; *qn d'indiscipliné* bändigen; ***~ un adversaire*** einen Gegner bezwingen, F kleinkriegen **3** *arg* (*reluquer*) F schielen nach; *abs* F gucken
mater² [mate] *v/t* **1** *or, argent, verre* mattieren **2** TECH *soudure* (ver)stemmen
mâter [mɑte] *v/t* MAR bemasten
mater dolorosa [matɛʀdɔlɔʀɔza] *f* ⟨*inv*⟩ **1** PEINT, SCULP Schmerzensmutter *f*; Mater dolorosa *f* **2** F *fig* schwermütige, trübsinnige, melancholische Frau
matérialisation [mateʀjalizasjõ] *f* **1** *d'un plan, d'une idée* Verwirklichung *f*; Realisierung *f*; *d'un espoir* Erfüllung *f* **2** PHYS, OCCULTISME Materialisation *f*
matérialiser [mateʀjalize] **I** *v/t* **1** *plan, idée* verwirklichen; in die Tat umsetzen; realisieren; ***~ une promesse*** ein Versprechen einlösen **2** PHILOS materialisieren; verstofflichen; BEAUX-ARTS gegenständlich darstellen **3** *adjt* ***route matérialisée*** Straße *f* mit Leitlinien **II** *v/pr* ***se ~*** *rêve, projet* Wirklichkeit werden; sich verwirklichen; *espoir* sich erfüllen
matérialisme [mateʀjalism] *m* PHILOS *et par ext* Materialismus *m*
matérialiste [mateʀjalist] PHILOS *et par ext* **I** *adj* materialistisch **II** *m,f* Materialist(in) *m(f)*; ***être ~*** ein(e) Materialist(in) sein; materialistisch eingestellt sein
matérialité [mateʀjalite] *f* **1** PHILOS Materialität *f*; Stofflichkeit *f*; Körperlichkeit *f* **2** JUR ***~ des faits*** Tatbestand *m*
matériau [mateʀjo] *m* ⟨*pl* **~x**⟩ **1** TECH Material *n* (*a fig*); *pour construire a* Baustoff *m*; *pour fabriquer qc a* Werkstoff *m*; ***~x de construction*** Baumaterial(ien) *n(pl)*, -stoffe *m/pl* **2** *pl* **~x** (*documents*) Material *n*
matériel [mateʀjɛl] **I** *adj* ⟨**~le**⟩ **1** PHILOS materiell; stofflich; körperlich; sinnlich; ***cause ~le*** materiale Ursache **2** *preuve* handgreiflich; *obstacle* materiell; ***dégâts ~s*** Sachschaden *m*; ***je suis dans l'impossibilité ~le*** *de la joindre* es ist mir praktisch, faktisch, F technisch unmöglich …; ***ne pas avoir le temps ~*** *de faire qc* nicht die notwendige Zeit haben, einfach nicht die Zeit haben … **3** *avantages, aide* materiell; *difficultés, problèmes* finanziell; Geld… **4** *péj personne* materialistisch; materiell eingestellt **II** *m* **1** Material *n*; Gerät *n*; Ausrüstung *f*; ***~ pédagogique*** Lehrmittel *n/pl*; ***~ publicitaire*** Werbematerial *n*; ***~ de bureau*** Büromaterial *n*, -bedarf *m*; ***~ de camping*** Campingausrüstung *f*; ***~ de guerre*** Kriegsmaterial *n*; ***~ de pêche*** Angelgeräte *n/pl* **2** INFORM Hardware [-wɛə] *f*
matériellement [mateʀjɛlmɑ̃] *adv* faktisch; praktisch; F technisch
maternel [matɛʀnɛl] *adj* ⟨**~le**⟩ **1** Mutter…; ***amour ~*** Mutterliebe *f*; ***geste ~*** mütterliche Geste; ***lait ~*** Muttermilch *f*; ***langue ~le*** Muttersprache *f*; ***ton ~*** mütterlicher Ton **2** *parenté* ***du côté ~*** mütterlicherseits **3** ***école ~le*** *ou subst* ***~le*** *f* (staatliche) Vorschule; *correspond à* Kindergarten *m*; Kindertagesstätte *f*
materner [matɛʀne] *v/t* bemuttern; umsorgen
maternité [matɛʀnite] *f* **1** *état* Mutterschaft *f*; ***carnet*** *m* ***de ~*** Mutterpass *m* **2** *établissement* Entbindungsklinik *f*; *service* Entbindungsstation *f*
math [mat] F **1** ***~s*** *f/pl* F Mathe *f*; ***être fort en ~s*** F in Mathe gut sein **2** ***~ spé*** [matspe], ***~ sup*** [matsyp] → ***mathématique*** *II 2*
mathématicien [matematisjɛ̃] *m*, **mathématicienne** *f* Mathematiker(in) *m(f)*
mathématique [matematik] **I** *adj* mathematisch; F *fig* ***c'est ~!*** das steht fest!; das ist (F bomben)sicher!

M

II *f/pl* **~s** **1** Mathematik *f*; **~s pures, appliquées** reine, angewandte Mathematik **2** **~s spéciales, supérieures** *mathematische Vorbereitungsklassen für die „grandes écoles"*
mathématiquement [matematikmɑ̃] *adv* **1** mathematisch **2** *par ext* notwendigerweise
matheux [matø] *m*, **matheuse** *f* F **1** Mathematikstudent(in) *m(f)* **2** F Ass *n* in Mathematik
Mathias [matjas] *m Vorname*
Mathilde [matild] *f Vorname*
Mathusalem [matyzalɛm] *m* BIBL Methusalem *m*
matière [matjɛʀ] *f* **1** PHILOS, PHYS Materie *f*; Urstoff *m*; **état** *m* **de la ~** Aggregatzustand *m* **2** (*substance*) Stoff *m*; Material *n*; **~s grasses** Fett *n*; ANAT **~ grise** graue Substanz; F *fig* **faire travailler sa ~ grise** F s-n Grips anstrengen; **~ première** Rohstoff *m*, -material *n*; Grund-, Ausgangsstoff *m* **3** (*sujet*) Gegenstand *m*; Thema *n*; Stoff *m*; Materie *f*; **table** *f* **des ~s** Inhaltsverzeichnis *n*; **entrée** *f* **en ~** Einleitung *f*; Einführung *f*; **entrer en ~** zur Sache kommen **4** (**~** *d'enseignement*) (Schul-, Unterrichts-)Fach *n* **5** (*domaine*) (Sach)Gebiet *n*; Sache *f*; **en la ~** *loc/adv* auf diesem Gebiet; in dieser Sache; *loc/adj* einschlägig; **en ~ pénale** in Strafsachen; *loc/prép* **en ~ de** in Sachen, in puncto (+*subst*); auf dem Gebiet, hinsichtlich (+*gén*); **en cette, en pareille ~** in diesen, in solchen Dingen, Sachen **6** (*motif*) **il n'y a pas ~ à plaisanterie, à plaisanter** das ist kein Grund zum Lachen; das ist nicht zum Lachen; **donner, être ~ à qc** Anlass, Veranlassung zu etw geben, sein
MATIF [matif] *m abr* (*marché à terme international de France*) BOURSE Terminmarkt *m*
Matignon [matiɲɔ̃] (**l'hôtel** *m*) **~** *Sitz des frz Premierministers*
matin [matɛ̃] *m* **1** Morgen *m*; Vormittag *m*; *d'un journal* **édition** *f* **du ~** Morgenausgabe *f*; *loc/adv*: **le ~** morgens; vormittags; am Morgen, Vormittag; **un beau ~, un de ces ~s** e-s schönen Morgens; **ce ~** heute früh; heute Morgen; heute Vormittag; **chaque ~, tous les ~s** jeden Morgen; jeden Vormittag; **au ~** morgens; vormittags; am Morgen, Vormittag; **le 21 mars au ~** am Morgen, Vormittag des 21. März; **au petit ~** beim Morgengrauen; in der Morgendämmerung; **de bon, de grand ~** frühmorgens; in aller (Herrgotts)Frühe; am frühen Morgen; **du ~ au soir** von morgens bis abends; vom Morgen bis zum Abend; von früh bis spät; **à sept heures du ~** um sieben Uhr morgens, vormittags, früh; *personne* **être du ~** ein Frühaufsteher, ein Morgenmensch sein **2** *advt*: **~ et soir** morgens und abends; **demain ~** morgen früh; morgen Vormittag; **hier ~** gestern früh; gestern Morgen; gestern Vormittag; **lundi ~** (am) Montag früh, Montagmorgen, -vormittag; **le lundi ~** Montag *ou* montags früh; montags morgens, vormittags; montagmorgens, -vormittags; **tous les lundis ~(s)** jeden Montagmorgen; *litt* **se lever ~** morgens zeitig aufstehen
mâtin [mɑtɛ̃] *m* großer Wach-, Hofhund
matinal [matinal] *adj* ⟨**-aux**⟩ **1** morgendlich; Morgen…; **gelée ~e** Nachtfrost *m*; **à une heure ~e** zu früher (Morgen)Stunde **2** *personne* **être ~** früh, zeitig aufstehen; ein Frühaufsteher sein
mâtiné [mɑtine] *adj* **1** *chien* nicht reinrassig; bastardiert; **chien ~** *a* F Promenadenmischung *f*; **~ de …** gekreuzt mit … **2** *fig* **un français ~ d'espagnol** ein mit Spanisch gemischtes, durchsetztes Französisch
matinée [matine] *f* **1** Vormittag *m*; Vormittagsstunden *f/pl*; Morgen *m*; **une belle ~ d'octobre** ein schöner Oktobermorgen; *loc/adv*: **dans la ~** im Laufe des Vormittags; in den Vormittagsstunden; **en début de ~** gleich morgens; am frühen Vormittag; **en fin de ~** gegen Mittag; am späten Vormittag; **faire la grasse ~** bis in den Tag hinein, F bis in die Puppen schlafen **2** *spectacle* Nachmittagsveranstaltung *f*; THÉ, CIN Nachmittagsvorstellung *f*; **~ enfantine** Kindervorstellung *f* (am Nachmittag); **en ~** in der Nachmittagsvorstellung
matines [matin] *f/pl* ÉGL CATH Mette *f*
matois [matwa] *litt adj* schlau; pfiffig; gewitzt
maton [matɔ̃] *m*, **matonne** *f arg* Gefängnisaufseher(in) *m(f)*
matou [matu] *m* Kater *m*
matraquage [matʀakaʒ] *m* **1** Niederknüppeln *n* **2** *fig* Berieselung *f*; Einhämmern *n*; **~ publicitaire** Einhämmern von, ständige Berieselung mit Werbeslogans, -schlagwörtern
matraque [matʀak] *f* Knüppel *m*; Knüttel *m*; *en caoutchouc* Gummiknüppel *m*; **coup** *m* **de ~** Schlag *m*, Hieb *m* mit dem (Gummi)Knüppel
matraquer [matʀake] *v/t* **1** *police*: *manifestants etc* niederknüppeln **2** *fig des clients* F ausnehmen; neppen **3** *publicité*: *le public* berieseln; bearbeiten; *radio*: *une chanson* einhämmern
matriarcal [matʀijaʀkal] *adj* ⟨**-aux**⟩ matriarchalisch
matriarcat *m* Matriarchat *n*; Mutterrecht *n*
matrice [matʀis] *f* **1** TECH Matrize *f*; TYPO *a* Mater *f*; *forgeage* Gesenk *n*; *pour médailles* Prägestock *m*, -stempel *m* **2** MATH Matrix *f* **3** FIN Matrikel *f*; Steuerrolle *f*
matriciel [matʀisjɛl] *adj* ⟨**~le**⟩ MATH **calcul ~** Matrizenrechnung *f*
matricule [matʀikyl] **1** *f* (*registre*) ADM Matrikel *f*; MIL Stammrolle *f*; *adjt* **livret** *m* **~** Wehrstammbuch *n* **2** *m* (*a adjt* **numéro** *m* **~**) Matrikel-, Stammrollen-, Personalnummer *f*; ASSURANCES Versicherungsnummer *f*; MIL Wehrstammnummer *f*; F *fig* **ça va barder pour ton ~!** *wenn du das tust*, dann kannst du was erleben!
matrimonial [matʀimɔnjal] *adj* ⟨**-aux**⟩ ehelich; Ehe…; **agence ~e** Eheanbahnungsinstitut *n*; Heiratsvermittlung(sbüro) *f(n)*; JUR **régime ~** Güterstand *m*
matrone [matʀɔn] *f* Matrone *f*
Matthieu [matjø] *m* **1** *Vorname* **2** BIBL Matthäus *m*
maturation [matyʀasjɔ̃] *f* BOT, MÉD Reifen *n*, -ung *f*; Reifwerden *n*; Reifungsprozess *m*; *fig* Heranreifen *n*; *du fromage* **cave** *f* **de ~** Keller *m* zum Reifen
mature [matyʀ] *adj* **1** *poissons* zum Laichen bereit **2** *personne, vin, champagne* reif
mâture [mɑtyʀ] *f* MAR Bemastung *f*
maturité [matyʀite] *f* BOT, MÉD, *fig* Reife *f*; BIOL Geschlechtsreife *f*; BOT, BIOL **~ précoce, tardive** Früh-, Spätreife *f*; **~ d'esprit** geistige Reife; **être en pleine ~** *personne* im besten Alter, in den besten Jahren sein; *talent* voll entfaltet, entwickelt sein; **il manque de ~** es fehlt ihm an Reife; er ist noch unreif; *idée etc* **venir à ~** (heran)reifen
maudire [modiʀ] *v/t* ⟨**je maudis, il maudit, nous maudissons**; **je maudissais**; **je maudis**; **je maudi-**

rai; que je maudisse; maudissant; maudit⟩ verfluchen; verwünschen; ~ ***qn*** *a st/s* j-m fluchen; BIBL ***être maudit par Dieu*** von Gott verdammt, verworfen werden
maudit [modi] **I** *adj* verflucht; verwünscht; verdammt; REL *a* fluchbeladen; ***poète*** ~ von der Gesellschaft verstoßener Dichter; ~ ***soit ...!*** verflucht, verwünscht sei ...! **II** *subst* **1** ***les*** ~***s*** *m/pl* die Verdammten *m/pl* **2** ***le Maudit*** der Böse; der Teufel
maugréer [mogʀee] *v/i* murren; (vor sich [*acc*] hin) schimpfen; ~ ***contre qn*** auf j-n schimpfen
Maure [mɔʀ] **I** *m,f* Maure *m*, Maurin *f* **II** ***maure*** *adj* maurisch
mauresque [mɔʀɛsk] *adj* ART maurisch
Mauriac [mɔʀjak, mo-] ***François*** ~ *frz Schriftsteller*
Maurice [mɔʀis, mo-] **1** *m Vorname* **2** ***l'île*** *f* ~ Mauritius *n*
mauricien [mɔʀisjɛ̃] **I** *adj* ⟨~**ne**⟩ mauritisch **II** *subst* ***Mauricien(ne)*** *m(f)* Mauritier(in) *m(f)*
Mauritanie [mɔʀitani, mo-] ***la*** ~ Mauretanien *n*
mauritanien [mɔʀitanjɛ̃] **I** *adj* ⟨~**ne**⟩ mauretanisch **II** *subst* ***Mauritanien(ne)*** *m(f)* Mauretanier(in) *m(f)*
Maurras [mɔʀas, mo-] ***Charles*** ~ *frz Schriftsteller*
mausolée [mozɔle] *m* Mausoleum *n*
maussade [mosad] *adj* **1** *personne, mine, humeur* griesgrämig; verdrießlich; verdrossen; mürrisch; übellaunig **2** *temps, ciel* unfreundlich; trist; trostlos **maussaderie** *f* Verdrießlichkeit *f*
mauvais [mɔvɛ] **I** *adj* **1** schlecht; *odeur, situation a* übel; *nouvelle, situation a* schlimm; ~ ***acteur*** schlechter Schauspieler; ~***e affaire*** schlechtes Geschäft; ~***e excuse*** faule Ausrede; ~***e gestion*** *a* Misswirtschaft *f*; ~***e graisse*** überflüssiges Fett; ~***e herbe*** Unkraut *n*; ~ ***jours*** schlechte, schlimme Zeiten *f/pl*, Tage *m/pl*; ~***e plaisanterie*** schlechter, übler Scherz; ~***e récolte*** schlechte Ernte; Missernte *f*; ~***e saison*** schlechte, ungünstige Jahreszeit; ~***e santé*** schlechter Gesundheitszustand; ~ ***signe*** schlechtes Zeichen; ~ ***temps*** schlechtes Wetter; ~***e tête*** Dickkopf *m*, F -schädel *m*; Querkopf *m*; ***faire la*** ~***e tête*** eigensinnig, dickköpfig, F querköpfig sein; ~ ***traitements*** Misshandlung(en) *f(pl)*; ~***e vie*** liederlicher Lebenswandel; ***femme*** *f* ***de*** ~***e vie*** liederliches Frauenzimmer; ***en*** ~***e compagnie*** in schlechter Gesellschaft; ***en*** ~ ***état*** in schlechtem Zustand; ***avoir*** ~***e conscience*** ein schlechtes Gewissen haben; ***avoir (une)*** ~***e haleine*** aus dem Mund riechen; e-n schlechten, unangenehmen Mundgeruch haben; ***avoir*** ~***e mine*** schlecht, krank aussehen; ***avoir*** ~***e vue, de*** ~ ***yeux*** schlechte, schwache Augen haben; ***être*** ~ ***en français*** in Französisch schlecht sein; ***c'est*** ~ ***pour votre santé*** das schadet Ihrer Gesundheit; das ist schlecht, schädlich für Ihre Gesundheit; F ***ce n'est pas un*** ~ ***bougre, cheval, type*** er ist kein schlechter Kerl; F ***ce n'est pas*** ~ das ist nicht schlecht, nicht übel; ***il ne serait pas*** ~ ***de faire qc*** *ou* ***que ...*** (+*subj*) es wäre ganz gut, ganz angebracht, ganz nützlich, etw zu tun *ou* dass ... *ou* wenn ...; ***faire*** ~ ***effet*** e-n schlechten Eindruck machen; ***parler un*** ~ ***français*** ein schlechtes Französisch sprechen; ***prendre tout du*** ~ ***côté*** alles von der schlechten Seite nehmen, betrachten; *st/s* ***ne pas trouver*** ~ ***que ...*** (+*subj*) es nicht schlecht, es ganz gut finden, dass ...; F ***je la trouve*** ~***e*** *ou* ***je l'ai*** ~***e*** das gefällt, das passt mir gar nicht; das finde ich gar nicht schön; F ich bin sauer **2** *(erroné) route, date, moment, méthode, adresse, clé etc* falsch; verkehrt; ~***e carte*** falsche Karte; ***prendre la*** ~***e direction*** die falsche, verkehrte Richtung einschlagen **3** *(méchant) personne, instincts, pensées, rêve* böse; *pensées a, blessure* schlimm; ~ ***augure, présage*** böses Omen; ~***e étoile*** Unstern *m*; ~ ***garçon*** Ganove *m*; F schwerer Junge; ~ ***génie*** böser Geist; ***joie*** ~***e*** Schadenfreude *f*; hämische Freude; ~ ***œil*** böser Blick; ***rire*** ~ böses, boshaftes, hämisches Lachen; ~ ***tour*** böser, schlimmer, übler Streich; ***être*** ~ ***comme une teigne*** sehr boshaft, F e-e Giftnudel, ein Giftzwerg sein; ***il s'est fait une*** ~***e fracture*** er hat sich (*dat*) e-n schlimmen Bruch zugezogen **4** MAR ***la mer est*** ~***e*** die See ist bewegt, unruhig, stürmisch **II** *adv* schlecht; übel; ***il fait*** ~ es ist schlechtes Wetter; ***sentir*** ~ schlecht, übel riechen; F *fig* ***ça sent*** ~ F hier wird es mulmig; die Sache sieht mulmig aus **III** *subst* ***le*** ~ das Schlechte
mauve[1] [mov] *f* BOT Malve *f*
mauve[2] [mov] **I** *adj* malvenfarben; blasslila; mauve **II** *m* Mauve *n*
mauviette [movjɛt] *f péj* Schwächling *m*
maux [mo] *m/pl* → ***mal***[2]
max [maks] F *abr (maximum) loc/adv* ***un*** ~ F total; e-e Menge; F ***flipper un*** ~ total durchdrehen
maxi [maksi] **I** *adj* ⟨*inv*⟩ **1** ***mode*** *f* ~ Maximode *f* **2** F *abr (maximal)* Höchst...; ***prix*** *m* ~, ***vitesse*** *f* ~ Höchstpreis *m*, -geschwindigkeit *f*; *advt* ***mille euros*** ~ höchstens tausend Euro **II** *m* Maximode *f*
maxi... [maksi] *préfixe* Maxi...; *exemples*: ***maxibouteille*** *f* 1,5-Liter-Flasche *f*; ***maximanteau*** *m* Maximantel *m*
maxillaire [maksilɛʀ] *m* ANAT Kiefer(knochen) *m*; ~ ***inférieur, supérieur*** Unter-, Oberkiefer *m*
maxima [maksima] → ***maximum***
maximal [maksimal] *adj* ⟨**-aux**⟩ maximal; Maximal...; höchste(r, -s); Höchst...; ***température*** ~***e*** Höchsttemperatur *f*
maxime [maksim] *f* Maxime *f*; Leitsatz *m*; Lebensregel *f*
Maxime [maksim] *m Vorname*
maximisation [maksimizasjõ] *f* ÉCON Maximierung *f* **maximiser** *v/t* maximieren
maximum [maksimɔm] **I** *adj* ⟨*f* ~ *od* **maxima**; *pl m u f* ~**s** *od* **maxima**⟩ maximal; höchste(r, -s); größte(r, -s); Maximal...; Höchst...; ***hauteur*** *f* ~ größte Höhe; ***poids*** *m*, ***rendement*** *m*, ***vitesse*** *f* ~ Maximal- *ou* Höchstgewicht *n*, -leistung *f*, -geschwindigkeit *f* **II** *m* ⟨*pl* ~**s** *od* **maxima**⟩ Maximum *n* (*a* MATH); Höchstmaß *n*; MÉTÉO ~ ***barométrique*** barometrisches Maximum; ***un*** ~ ***d'attention*** ein Höchstmaß an Aufmerksamkeit; ***le*** ~ ***de chances, de risques*** die meisten Chancen, Risiken; JUR ~ ***de la peine*** Höchststrafe *f*; höchstes Strafmaß; *abs* ***il a eu le*** ~ er hat die Höchststrafe bekommen; ***un*** ~ ***de sécurité*** ein Höchstmaß an Sicherheit; ***les*** ~***s*** *ou* ***maxima de température du mois d'août*** die Höchstwerte der Temperatur im August; *loc/adv* ***au*** ~ höchstens; im Höchstfall; maximal; F ***au grand*** ~ allerhöchstens; *température etc* ***atteindre son*** ~ den höchsten Stand erreichen; ***faire le*** ~ alles tun, was irgend möglich ist
maya [maja] **I** *adj* ⟨*f inv*⟩ Maya...; der Maya(s) **II**

M

subst ***les Maya(s)*** *m/pl* die Maya(s) *m/pl*
Mayence [majɑ̃s] Mainz *n*
Mayenne [majɛn] ***la ~*** *Fluss u Departement in Frankreich*
mayonnaise [majɔnɛz] *f* CUIS Mayonnaise *f*; *loc/adj* **(à la) ~** mit Mayonnaise
mazout [mazut] *m* (Heiz)Öl *n*
mazoutage [mazutaʒ] *m des plages* Ölverschmutzung *f*; *des animaux* Verseuchung *f* (durch Öl); ***on pleure le ~ des oiseaux de mer*** man beklagt die ölverschmutzten Seevögel
mazouter [mazute] **I** *v/t polluer* mit Öl verschmutzen, verseuchen; *adjt* ***mazouté*** ölverschmutzt; ölverseucht **II** *v/i* MAR Öl bunkern
Mazurie [mazyʀi] GÉOGR ***la ~*** Masuren *n*
mazurka [mazyʀka] *f* DANSE, MUS Masurka *ou* Mazurka [-z-] *f*
me [m(ə)] *pr/pers* ⟨*vor Vokal u stummem h* **m'**⟩ **a)** *obj/dir* mich; ***il ~ voit*** er sieht mich; *réfléchi* ***je ~ lave*** ich wasche mich; **b)** *obj/indir* mir; ***il ~ donne un livre*** er gibt mir ein Buch; ***donnez-m'en!*** geben Sie mir etwas davon!; *réfléchi* ***je ~ lave les mains*** ich wasche mir die Hände; ***il veut ~ parler*** er will mit mir sprechen; *emphatique* ***va ~ fermer cette porte!*** mach doch bitte die Tür zu!; **c)** ***~ voici!*** *ou* ***~ voilà!*** hier *ou* da bin ich!
Me *ou* **Me** *abr* (*Maître*) Rechtsanwalt *ou* Notar (+*Name*)
mea-culpa [meakylpa] *loc* ***faire son ~*** ein Schuldbekenntnis ablegen; sich schuldig bekennen
Méandre [meɑ̃dʀ(ə)] GÉOGR ***le ~*** der Mäander
méandre [meɑ̃dʀ] *m* **1** *d'un fleuve* Windung *f*; Schleife *f*; Mäander *m*; ***décrire des ~s*** sich winden; sich (dahin)schlängeln **2** *fig* ***les ~s de sa pensée*** s-e verschlungenen Gedankengänge *m/pl*
méat [mea] *m* ANAT (*conduit*) Gang *m*; (*orifice*) Mündung *f*; ***~ urinaire*** Harnröhrenmündung *f*
Meaulnes [mon] ***le Grand ~*** *Romangestalt bei Alain-Fournier*
Meaux [mo] *Stadt im Dep. Seine-et-Marne*
mec [mɛk] F *m* Kerl *m*; F Typ *m*; ***son ~*** (*petit ami*) F ihr Macker *m*; ***les ~s*** (*les hommes*) F die Mannsbilder *n/pl*
mécanicien [mekanisjɛ̃] *m* **1** Mechaniker *m*; *dans une usine* Maschinenschlosser *m*; MAR Maschinist *m*; ***~ d'avion*** Flugzeugmechaniker *m* **2** CH DE FER Lok(omotiv) führer *m* **mécanicien-dentiste** *m* ⟨*pl* **mécaniciens-dentistes**⟩ Zahntechniker *m*
mécanique [mekanik] **I** *adj* **1** mechanisch (*a* PHYS); Maschinen…; ***construction f ~*** Maschinen- und Gerätebau *m*; PHYS ***énergie f ~*** mechanische Energie; ***escalier m ~*** Rolltreppe *f*; ***piano m ~*** mechanisches Klavier; Pianola *n*; ***train m ~*** Eisenbahn *f* zum Aufziehen; *automobiliste* ***avoir des ennuis ~s*** Ärger mit dem Motor haben **2** *fig geste etc* mechanisch; automatisch; gewohnheitsmäßig **II** *f* **1** PHYS Mechanik *f*; ASTR ***~ céleste*** Himmelsmechanik *f*; ***~ des fluides*** Strömungslehre *f* **2** TECH (*construction de machines*) Maschinenbau *m*; ***~ de précision*** Feinmechanik *f* **3** *d'une horloge etc* Mechanismus *m*; Mechanik *f*; F *fig* ***rouler les*** *ou* ***des ~s*** s-e Muskeln spielen lassen
mécaniquement [mekanikmɑ̃] *adv fig* mechanisch; automatisch
mécanisation [mekanizasjõ] *f* Mechanisierung *f*
mécaniser *v/t* mechanisieren
mécanisme [mekanism] *m* **1** TECH Mechanismus *m*; Getriebe *n* **2** *fig souvent pl* ***~s*** Mechanismen *m/pl*; Prozesse *m/pl*; Vorgänge *m/pl*; ***~s économiques*** Wirtschaftsmechanismen *m/pl*; ***~s psychologiques*** psychologische Prozesse, Vorgänge; ***~ de la parole, de la pensée*** Sprach-, Denkmechanismus *m* **3** PHILOS Mechanismus *m*
mécano [mekano] F *m* Mechaniker *m*
mécanographie [mekanɔgʀafi] *f* maschinelle Datenverarbeitung **mécanothérapie** *f* MÉD Mechanotherapie *f*
meccano® [mekano] *m* Stabilbaukasten *m*
mécénat [mesena] *m* Mäzenatentum *n*
mécène [mesɛn] *m* Mäzen *m*
méchamment [meʃamɑ̃] *adv* bös(e); boshaft; bösartig
méchanceté [meʃɑ̃ste] *f* **1** *d'une personne, de propos* Bosheit *f*; Boshaftigkeit *f*; Bösartigkeit *f*; ***~ gratuite, pure ~*** reine, pure Bosheit; *loc/adv*: ***par pure ~*** aus reiner, purer Bosheit; ***sans ~*** ohne böse Absicht **2** *parole ou action* Bosheit *f*; ***se dire des ~s*** sich (*dat*) Bosheiten sagen
méchant [meʃɑ̃] **I** *adj* **1** *personne, paroles etc* bös(e); boshaft; bösartig; *personne a* gemein; *enfant* (*pas gentil*) unartig; ungezogen; F bös(e); *animal* bösartig; bissig; ***regard ~*** böser Blick; ***attention, chien ~!*** Vorsicht, bissiger Hund!; Warnung vor dem Hunde! **2** (*mauvais*) *humeur* übel; schlecht; ***histoire ~e*** schlimme, üble Geschichte **3** *litt* (*médiocre*) schäbig; erbärmlich; ***pour un ~ billet de cinq euros*** um e-n lumpigen Fünf-Euro-Schein **4** F ***pas ~*** *blessure etc* ungefährlich; harmlos; ***ce n'est pas (bien) ~*** das ist nicht (weiter) schlimm, gefährlich; das ist (ganz) harmlos **5** F (*formidable*) *succès, moto etc* F toll **II** *subst* ***~(e)*** *m(f)* Böse(r) *f(m)*; Bösewicht *m*; F ***faire le ~*** aufbegehren; sich ereifern
mèche [mɛʃ] *f* **1** *d'une bougie, d'une lampe à pétrole* Docht *m* **2** *d'une charge explosive* Zündschnur *f*; HIST Lunte *f*; *fig*: ***éventer la ~*** Lunte, den Braten riechen; ***vendre la ~*** das Geheimnis verraten, ausplaudern **3** *pour percer* (Spiral)Bohrer *m* **4** ***~ (de cheveux)*** (Haar)Strähne *f* **5** MÉD Drain *m* **6** F ***être de ~ avec qn*** mit j-m unter e-r Decke stecken; mit j-m gemeinsame Sache machen
mécher [meʃe] *v/t* ⟨**-è-**⟩ **1** MÉD drainieren *ou* dränieren **2** *tonneaux* (aus)schwefeln
méchoui [meʃwi] *m* CUIS (arabischer) Hammelspießbraten
Mecklembourg [meklɛ̃buʀ, -klɑ̃-] ***le ~*** Mecklenburg *n*
mécompte [mekõt] *m* Enttäuschung *f*
méconnaissable [mekɔnɛsabl] *adj* unkenntlich; ***être ~*** *a* nicht wiederzuerkennen sein; ***rendre ~*** unkenntlich machen
méconnaissance [mekɔnɛsɑ̃s] *st/s f* **1** Verkennung *f*; Fehleinschätzung *f* **2** (*ignorance*) Unkenntnis *f*
méconnaître [mekɔnɛtʀ] *v/t* ⟨→ **connaître**⟩ verkennen; falsch beurteilen, einschätzen; ***ne pas ~ qc*** etw nicht verkennen; etw sehr wohl erkennen
méconnu [mekɔny] *adj* verkannt; ***génie, talent ~*** verkanntes Genie, Talent
mécontent [mekõtɑ̃] **I** *adj* **1** (*insatisfait*) unzufrieden (***de*** mit); ***ne pas être ~ de qc*** *a* mit etw recht

M

zufrieden sein **2** (*contrarié*) ungehalten, ärgerlich (**de** über *+acc*) **II** *subst* **~(e)** *m(f)* Unzufriedene(r) *f(m)*; ***un perpétuel ~*** ein ewig Unzufriedener

mécontentement [mekõtɑ̃tmɑ̃] *m* Unzufriedenheit *f*; ***exprimer son ~*** s-r Unzufriedenheit Ausdruck verleihen

mécontenter [mekõtɑ̃te] *v/t* unzufrieden machen; verärgern

Mecque (La) [lamɛk] Mekka *n*

mécréant [mekʀeɑ̃] *litt ou plais* **I** *adj* ungläubig **II** *subst* **~(e)** *m(f)* Ungläubige(r) *f(m)*

médaille [medaj] *f* **1** *en souvenir de qn, qc* (Gedenk-, Schau)Münze *f*; Medaille [-ˈdaljə] *f*; ***~ pieuse*** religiöse Medaille **2** *décoration* Medaille *f*; ***~ militaire*** Tapferkeits-, Verdienstmedaille *f*; SPORTS ***~ d'argent, de bronze, d'or*** Silber-, Bronze-, Goldmedaille *f*; *sportif* ***être ~ d'or*** Goldmedaillengewinner(in) sein; ***~ du travail*** Jubiläumsmedaille *f* für Arbeitnehmer

médaillé(e) [medaje] *m(f)* Inhaber(in) *m(f)* e-r Medaille [-ˈdaljə]; SPORTS Medaillengewinner(in) *m(f)*

médaillon [medajõ] *m* **1** *bijou, ornement* Medaillon [-dalˈjõː] *n*; *portrait* Bildnismedaillon *n* **2** CUIS ***~ de veau*** Kalbsmedaillon *n*

Médard [medaʀ] *m saint* Medard(us) *m*

médecin [mɛdsɛ̃] *m* Arzt *m* (*a fig*); Mediziner *m*; F Doktor *m*; *d'une femme* Ärztin *f*; **~s** *pl a* Ärzteschaft *f*; ***~ généraliste, de médecine générale*** praktischer Arzt; Allgemeinmediziner *m*; ***~ militaire*** Militär-, Stabsarzt *m*; *fig* ***~ des âmes*** Seelenarzt *m*; ***~ du bord*** Schiffsarzt *m*; ***~ de campagne*** Landarzt *m*; ***~ de famille*** Hausarzt *m*; ***~ des hôpitaux*** Krankenhausarzt *m*; ***~ de quartier*** (praktischer) Arzt, der in der Nähe, im selben Stadtviertel s-e Praxis hat; ***~ du travail*** Werk(s)-, Betriebsarzt *m*; Arbeitsmediziner *m*; ***femme f ~*** Ärztin *f*; Medizinerin *f*; ***(aller) voir le ~*** zum Arzt gehen

médecin-chef [mɛdsɛ̃ʃɛf] *m* ⟨*pl* **médecins-chefs**⟩ Chefarzt *m*; leitender Arzt **médecin-conseil** *m* ⟨*pl* **médecins-conseils**⟩ Vertrauensarzt *m*

médecine [mɛdsin] *f* **1** *science* (Human)Medizin *f*; Heilkunde *f*; ***~ infantile*** Kinderheilkunde *f*; ***~ scolaire*** Schulgesundheitspflege *f*; ***~ spatiale*** Raumfahrtmedizin *f*; ***~ sportive*** Sportmedizin *f*; ***~ vétérinaire*** Tierheilkunde *f*; Veterinärmedizin *f*; ***~ du travail*** Arbeitsmedizin *f*; ***faire sa ~, ses études de ~*** Medizin studieren **2** *profession* ärztlicher Beruf; Arztberuf *m*; ***exercer la ~*** den Arztberuf ausüben; als Arzt tätig sein

Médée [mede] *f* MYTH Medea *f*

Medef [medɛf] *m abr* (*Mouvement des entreprises de France*) *frz Arbeitgeberverband*

média [medja] *m* Medium *n*; ***un nouveau ~*** ein neues Medium; ***les ~s*** die Medien *n/pl*

médian [medjɑ̃] **I** *adj* mittlere(r, -s); Mittel…; ANAT median; ***ligne ~e*** Mittellinie *f*; BOT ***nervure ~e*** Mittelrippe *f*; ANAT ***plan ~*** Medianebene *f* **II** *subst* **~e** *f* **1** *d'un triangle* Seitenhalbierende *f* **2** STATISTIQUE Zentral-, Medianwert *m*

médiateur [medjatœʀ] *m* **1** POL **~, médiatrice** *m,f* Vermittler(in) *m(f)*; DROIT DU TRAVAIL Schlichter(in) *m(f)*; *adjt* ***commission médiatrice*** Vermittlungs-, Schlichtungskommission *f* **2** BIOCHIMIE ***~ chimique*** humoraler Übertragungsstoff; Mediator *m*

médiathèque [medjatɛk] *f* Mediothek *f*

médiation [medjasjõ] *f* POL Vermittlung *f*; DROIT DU TRAVAIL Schlichtung *f*

médiatique [medjatik] *adj* **a)** Medien…; in den Medien; medial; ***événement m ~*** Medienereignis *n*; **b)** ***être ~*** medienwirksam sein

médiatiser [medjatize] *v/t événement, film etc* durch die Medien bekannt machen

médiatrice [medjatʀis] *f* **1** → ***médiateur 1*** **2** MATH Mittellot *n*, -senkrechte *f*

médical [medikal] *adj* ⟨**-aux**⟩ medizinisch; ärztlich; ***corps ~*** Ärzteschaft *f*; ***études ~es*** medizinische Studien *n/pl*; ***profession ~e*** Arztberuf *m*; ***soins médicaux*** ärztliche Behandlung

médicament [medikamɑ̃] *m* Arznei-, Heilmittel *n*; Medikament *n*; Medizin *f*; Arznei *f*

médicamenteux [medikamɑ̃tø] *adj* ⟨**-euse**⟩ **1** *substance* heilkräftig; Arznei… **2** *traitement* medikamentös

médication [medikasjõ] *f* MÉD *sc* Medikation *f*

médicinal [medisinal] *adj* ⟨**-aux**⟩ heilkräftig; Heil…; Arznei…; ***plantes ~es*** Arznei-, Heilpflanzen *f/pl*

Médicis [medisis] HIST Medici [-tʃi]

médicolégal [medikolegal] *adj* ⟨**-aux**⟩ gerichtsmedizinisch; ***expertise ~e*** gerichtsmedizinisches Gutachten

médicosocial [medikosɔsjal] *adj* ⟨**-aux**⟩ der sozialen Gesundheitsfürsorge

médiéval [medjeval] *adj* ⟨**-aux**⟩ mittelalterlich; des Mittelalters; *sc* mediäval **médiéviste** *m* Mediävist *m*; Kenner *m* des Mittelalters

médina [medina] *f en Afrique du Nord* moslemische Altstadt

Médine [medin] GÉOGR Medina *n*

médiocre [medjɔkʀ] **I** *adj* **1** *résultats, salaire, éclairage* unzureichend; unzulänglich; dürftig; ***élève m,f ~*** schlechte(r), schwache(r) Schüler(in) *m(f)*; ***existence f ~*** armseliges, kümmerliches Dasein; ***intérêt m ~*** geringes, mäßiges Interesse; ***nourriture f ~*** minderwertige Nahrung; ***travail m ~*** mangelhafte Arbeit; ***être ~ en français*** in Französisch schwach sein, schlecht stehen **2** *personne, esprit* mittelmäßig **II** *subst* **1** ***un(e) ~*** ein alltäglicher, mittelmäßiger Mensch; ein Durchschnittsmensch *m* **2** ***le ~*** das Mittelmäßige; die Mittelmäßigkeit; ***c'est au-dessous du ~*** das ist mehr als dürftig

médiocrement [medjɔkʀəmɑ̃] *adv* **1** (*assez peu*) wenig **2** (*assez mal*) ziemlich schlecht

médiocrité [medjɔkʀite] *f* **1** *de revenus, de résultats* Unzulänglichkeit *f*; Dürftigkeit *f*; *de l'existence* Armseligkeit *f*; *de la nourriture* Minderwertigkeit *f*; *d'un travail* Mangelhaftigkeit *f* **2** *d'une personne, d'une œuvre* Mittelmäßigkeit *f*

médire [mediʀ] *v/t/indir* ⟨→ **dire**; *aber* **vous médisez**⟩ ***~ de qn*** j-m Schlechtes nachsagen; j-n schlechtmachen, verleumden; über j-n lästern

médisance [medizɑ̃s] *f* üble Nachrede; Verleumdung *f*

médisant [medizɑ̃] **I** *adj* verleumderisch; ***une vieille femme ~e*** e-e alte Lästerzunge; ***propos ~s*** üble Nachrede; Verleumdungen *f/pl* **II** *subst* **~(e)** *m(f)* Verleumder(in) *m(f)*; Lästerzunge *f*

méditatif [meditatif] *adj* ⟨**-ive**⟩ nachdenklich; versonnen; meditativ

méditation [meditasjõ] *f* **1** (*réflexion*) Nachsinnen

M

n; Nachdenken *n*; (*pensée profonde*) Meditieren *n*; Meditation *f* 2 REL stille Andacht; stilles Gebet

méditer [medite] I *v/t* 1 (*réfléchir*) **~ qc** über etw (*acc*) nachdenken, nachsinnen 2 *projet* ausdenken; **~ une revanche** auf Rache sinnen; **~ de faire qc** vorhaben, im Sinn haben, etw zu tun II *v/t/indir* **~ (sur)** nachdenken, nachsinnen, meditieren, Betrachtungen anstellen (über *+acc*)

Méditerranée [mediteʀane] **la ~** das Mittelmeer

méditerranéen [mediteʀaneɛ̃] I *adj* ⟨**~ne**⟩ Mittelmeer…; mittelmeerisch; *sc* mediterran; **bassin ~** Mittelmeerraum *m*; **climat ~** Mittelmeerklima *n*; mediterranes Klima; **pays ~s** Mittelmeerländer *n/pl* II *subst* **Méditerranéen(ne)** *m(f)* Südländer(in) *m(f)*

médium [medjɔm] *m* 1 SPIRITISME Medium *n* 2 MUS Mittelstimme *f*, -lage *f*

médius [medjys] *sc m* Mittelfinger *m*

médoc [medɔk] *m ein Bordeauxwein*

médullaire [medylɛʀ] *adj* ANAT Knochen-, Rückenmark(s) …; *sc* medullär

méduse [medyz] *f* 1 ZO Qualle *f*; *sc* Meduse *f* 2 MYTH **Méduse** Medusa *f*; **tête *f* de Méduse** Medusenhaupt *n*

méduser [medyze] *v/t* betroffen machen; *adjt*: **être médusé** starr sein vor Staunen; bass, höchst erstaunt sein; **en rester médusé** erstarren; wie versteinert dastehen, sein

meeting [mitiŋ] *m* POL Versammlung *f*; Treffen *n*; Meeting [miː-] *n*; SPORTS Veranstaltung *f*; **~ aérien** Flugtag *m*; -schau *f*; **~ électoral** Wahlversammlung *f*

méfait [mefɛ] *m* 1 *pl* **~s** *de l'alcoolisme etc* schlimme, böse, schädliche, verhängnisvolle Folgen *f/pl*, Auswirkungen *f/pl* 2 (*délit*) Missetat *f*; Übeltat *f*; *st/s* Freveltat *f*

méfiance [mefjɑ̃s] *f* Misstrauen *n*; Argwohn *m*; **sans ~** arglos; **éveiller la ~ de qn** j-s Misstrauen, Argwohn wecken, erregen; bei j-m Misstrauen, Argwohn erwecken

méfiant [mefjɑ̃] *adj* misstrauisch, argwöhnisch (**à l'égard de qn** j-m gegenüber)

méfier [mefje] *v/pr* **se ~ de qn, de qc** 1 (*ne pas se fier*) j-m, e-r Sache misstrauen, Misstrauen entgegenbringen 2 (*faire attention*) sich vor j-m, etw hüten, in Acht nehmen; **méfiez-vous!** passen Sie auf!; sehen Sie sich vor!

méforme [mefɔʀm] *f* SPORTS Formtief *n*; Formkrise *f*

méga [mega] *m* F *abr* → **mégaoctet**

méga… [mega] *préfixe* 1 *sc* Mega… 2 *arg scolaire* F Riesen…; ungeheuer; *exemple*: **une méga-boum** e-e Riesenparty

mégahertz [megaɛʀts] *m* (*abr* **MHz**) PHYS Megahertz *n* (*abr* MHz)

mégalithe [megalit] *m* Megalith *m* **mégalithique** *adj* megalithisch; Megalith…

mégalo [megalo] F *abr* → **mégalomane**

mégalomane [megalɔman] *adj* größenwahnsinnig; *subst* **c'est un(e) ~** er (sie) ist größenwahnsinnig, ist vom Größenwahn befallen

mégalomanie [megalɔmani] *f* Größenwahn *m*; PSYCH Megalomanie *f*

mégalopole [megalɔpɔl] *f* Megalopolis *f*; Riesenstadt *f*

mégaoctet [megaɔktɛ] *m* ⟨*pl* **méga-octets**⟩ (*abr* **Mo**) INFORM Megabyte [-ˈbaɪt] *n* (*abr* MB)

mégaphone [megafɔn] *m* Megafon *n*; Sprachrohr *n*

mégarde [megaʀd] *loc/adv* **par ~** aus Versehen

mégatonne [megatɔn] *f* (*abr* **Mt**) PHYS NUCL Megatonne *f* (*abr* Mt) **mégawatt** *m* (*abr* **MW**) ÉLECT Megawatt *n* (*abr* MW)

mégère [meʒɛʀ] *f* Megäre *f*; Xanthippe *f*

Megève [məʒɛv], [meʒɛv] *Ort im Dep. Haute-Savoie*

mégisserie [meʒisʀi] *f* 1 *technique* Weiß-, Alaungerbung *f* 2 *usine* Weiß-, Glaceegerberei *f* 3 *commerce* Handel *m* mit weißgegerbtem Leder, mit Glaceeleder

mégot [mego] *m* **a)** Zigarettenstummel *m*; F Kippe *f*; **b)** Zigarrenstummel *m*

mégoter [megɔte] F *v/i* geizig, kleinlich, F knaus(e)rig sein (**sur** bei; mit)

méhari [meaʀi] *m* schnellfüßiges Reitdromedar; Mehari *n*

meilleur [mɛjœʀ] I *adj* 1 ⟨*comp von* **bon**⟩ besser; **un monde ~** e-e bessere Welt; **une ~e place** ein besserer Platz; **~e santé!** gute Besserung!; **(à) ~ marché** ⟨*inv*⟩ billiger; preiswerter; **je ne connais rien de ~** ich kenne nichts Besseres; *advt*: **il fait ~ aujourd'hui qu'hier** heute ist das Wetter besser, schöner als gestern; **sentir ~** besser riechen 2 ⟨*sup von* **bon**⟩ **le ~, la ~e** der, die, das beste; **son ~ ami** sein bester Freund; **le ~ écrivain de son temps** der beste Schriftsteller s-r Zeit; **le ~ des mondes** die beste aller Welten; **mes** *ou* **nos ~s remerciements!** besten Dank!; *elliptiquement*: F **ça alors, c'est la ~e!** F na so was, das ist doch das Dollste, der Clou!; **j'en passe et des ~es** ich übergehe einiges, und nicht das Schlechteste II *subst* 1 *personne* **le ~, la ~e** der, die Beste; **que le ~ gagne** der Beste soll gewinnen 2 **le ~** das Beste; **donner le ~ de soi** sein Bestes geben; **être unis pour le ~ et pour le pire** auf Gedeih und Verderb miteinander verbunden sein

méiose [mejoz] *f* BIOL Reduktions-, Reifeteilung *f*; Meiose *f*

Meissen [majsən], [mɛsɛn] Meißen *n*

méjuger [meʒyʒe] *v/t/indir* ⟨**-geons**⟩ *st/s* **~ de qn, de qc** j-n, etw unterschätzen

Mékong [mekɔ̃g] **le ~** der Mekong

mélaminé [melamine] *adj panneau* mit Melaminbeschichtung

mélancolie [melɑ̃kɔli] *f* Schwermut *f*; Melancholie *f*; *d'une personne a* Trübsinn *m*; tiefe Niedergeschlagenheit; **ne pas engendrer la ~** ein heiteres Gemüt haben; kein Kind von Traurigkeit sein; **sombrer dans la ~** in Schwermut *etc* verfallen

mélancolique [melɑ̃kɔlik] I *adj personne, air, chanson, paysage* schwermütig; melancholisch; *personne a* trübsinnig II *m,f* Melancholiker(in) *m(f)*

Mélanésie [melanezi] **la ~** Melanesien *n*

mélanésien [melanezjɛ̃] I *adj* ⟨**~ne**⟩ melanesisch II *subst* **Mélanésien(ne)** *m(f)* Melanesier(in) *m(f)*

mélange [melɑ̃ʒ] *m* 1 *opération* (Ver)Mischung *f*; Vermengung *f*; **~ de races** Rassenmischung *f*; *loc/adj* **sans ~** unvermischt; rein; *fig bonheur* ungetrübt; *loc/adv* **sans ~ de …** nicht gemischt, nicht durchsetzt mit … 2 *produit* Mischung *f*; Gemisch *n*; CHIM *a* Gemenge *n*; **~ carburant** Treibstoff-,

Kraftstoffgemisch *n*; ~ ***de tabacs*** Tabakmischung *f*; *fig* ***un ~ d'indulgence et de rigueur*** e-e Mischung aus Nachsicht und Strenge; F ***se méfier des ~s*** sich davor hüten, (zu viel) durcheinanderzutrinken

mélangé [melɑ̃ʒe] *adj public* gemischt

mélanger [melɑ̃ʒe] *v/t* ⟨**-geons**⟩ **1** *substances entre elles* (ver)mischen; (ver)mengen (***à*** *ou* ***avec*** mit); mengen (unter *+acc*); *avec qc de liquide a* verrühren (mit) **2** F *papiers, noms* durcheinanderbringen, -werfen

mélangeur [melɑ̃ʒœʀ] *m* **1** Mischer *m*; Mischapparat *m*, -maschine *f* **2** ~ *ou adjt* ***robinet*** *m* ~ Mischbatterie *f* **3** CIN, RAD, TV ~ ***de son*** Mischpult *n*

mélanine [melanin] *f* BIOL Melanin *n*

mélanome [melanom] *m* MÉD Melanom *n*

mélasse [melas] *f* **1** Melasse *f* **2** F *fig* ***être dans la ~*** F in der Patsche, Tinte sitzen

mélatonine [melatɔnin] *f* BIOL Melatonin *n*

Melba [mɛlba] *adj* ⟨*inv*⟩ CUIS ***pêches*** *f/pl* ~ Pfirsich *m* Melba

Melbourne [mɛlbuʀn] Melbourne ['mɛlbəʀn] *n*

mêlé [mele] *adj* **1** Misch...; ***couleur, race ~e*** Mischfarbe *f*, -rasse *f*; ***sang ~*** Mischblut *n*; Mischling *m* **2** *société, clientèle* gemischt

mêlé-cass(e) [melekas] *m* F ***voix*** *f* ***de ~(e)*** F Säuferstimme *f*

mêlée [mele] *f* **1** Handgemenge *n*; Schlägerei *f*; Kampfgetümmel *n*; *fig* Streit *m*; Auseinandersetzung *f*; ***se jeter dans la ~*** sich in das Kampfgetümmel, *fig* in den Kampf stürzen; ***rester en dehors, se tenir à l'écart de la ~*** dem Handgemenge, der Schlägerei fernbleiben; *fig* sich aus dem Streit heraushalten; *fig* ***se tenir au-dessus de la ~*** über dem Streit, den Streitenden stehen **2** RUGBY Gedränge *n*

mêler [mele] **I** *v/t* **1** (*mélanger*) (ver)mischen, (ver)mengen (***à*** *ou* ***avec*** mit); versetzen, mischen (*a fig*) (***de*** mit); *fig* ***plaisir mêlé de crainte*** mit Furcht gemischtes, durch Furcht getrübtes Vergnügen **2** *fig* (*ajouter*) ~ ***à*** *ou* ***avec*** verbinden, vereinigen, verschmelzen, verquicken mit **3** (*embrouiller*) in Unordnung bringen; durcheinanderbringen, -werfen **4** ~ ***qn à une affaire, à une querelle*** j-n in e-e Sache, in e-n Streit hineinziehen, verwickeln **II** *v/pr* ***se ~*** **1** *odeurs etc* sich (ver)mischen (***à*** *ou* ***avec*** mit); *races* sich vermischen; *fig* ***sa colère se mêlait d'amertume*** sein Zorn war nicht frei von Bitterkeit **2** *personne* ***se ~ à la foule*** sich unter die Menge mischen **3** *voix, rires etc* ***se ~ à*** *ou* ***avec*** sich vereinigen, verbinden mit **4** *personne* ***se ~ de qc*** sich um etw kümmern; *péj* sich in etw (*acc*) (ein)mischen; F s-e Nase in etw (*acc*) stecken; ***je ne m'en mêle pas*** *a* ich will nichts damit zu tun haben; ***quand l'orgueil s'en mêle*** wenn der Stolz mit im Spiel ist; ***mêlez-vous de vos affaires, de ce qui vous regarde!*** kümmern Sie sich um Ihre eigenen Angelegenheiten!; ***de quoi se mêle-t-il?*** was geht ihn das an? **5** *personne* ***se ~ de faire qc*** (*s'aviser de*) darauf verfallen, auf den Gedanken kommen, etw zu tun

mélèze [melɛz] *m* BOT Lärche *f*

méli-mélo [melimelo] F *m* ⟨*pl* **mélis-mélos**⟩ Durcheinander *n*; Wirrwarr *m*

mélisse [melis] *f* BOT Melisse *f*; ***eau*** *f* ***de ~*** Melissengeist *m*

mélo [melo] F *abr* → ***mélodrame, mélodramatique***

mélodie [melɔdi] *f* **1** (*air*) Melodie *f*; Weise *f* **2** (*chant*) (Kunst)Lied *n* (***sur des vers de Verlaine*** nach Versen von Verlaine) **3** *fig* (*harmonie*) Melodik *f*; *d'un texte a* Wohlklang *m*

mélodieusement [melɔdjøzmɑ̃] *adv* ***chanter ~*** melodisch singen

mélodieux [melɔdjø] *adj* ⟨**-euse**⟩ *air, chant* melodiös; melodisch; wohlklingend; ***voix mélodieuse*** melodische, wohlklingende, klangvolle Stimme

mélodique [melɔdik] *adj* **1** MUS melodisch **2** *fig* wohlklingend; melodisch

mélodramatique [melɔdʀamatik] *adj* melodramatisch; rührselig

mélodrame [melɔdʀam] *m* THÉ, CIN, TV Rührstück *n*; Melodram(a) *n*; TV *a* Seifenoper *f*; ***scène*** *f* ***de ~*** melodramatische, rührselige Szene; ***tourner au ~*** ins Melodramatische, Rührselige umschlagen

mélomane [melɔman] **I** *adj* Musik liebend; musikbegeistert **II** *m,f* begeisterter Musikfreund; begeisterte Musikfreundin

melon [m(ə)lõ] *m* **1** BOT Melone *f* **2** (***chapeau*** *m*) ~ Melone *f*

mélopée [melɔpe] *f* monotoner Gesang; Singsang *m*

membrane [mɑ̃bʀan] *f* **1** ANAT, BIOL Membran *f*; Haut *f*; Hülle *f*; ~ ***cellulaire*** Zellmembran *f* **2** TECH, PHYS, CHIM Membran *f*

membraneux [mɑ̃bʀanø] *adj* ⟨**-euse**⟩ BIOL häutig; hautartig

membre [mɑ̃bʀ] *m* **1** ANAT Glied *n*; ***~s*** *pl a* Gliedmaßen *f/pl*; Extremitäten *pl*; ***~s courts*** kurze Gliedmaßen; *chez l'homme* ***~s inférieurs, supérieurs*** untere, obere Gliedmaßen; ~ (***viril***) (männliches) Glied **2** *d'une association* Mitglied *n*; *d'une famille a* Angehörige(r) *m*; *de l'Église, de la société* Glied *n*; ~ ***actif*** aktives Mitglied; ~ ***de l'équipage*** Besatzungsmitglied *n*; ~ ***de l'O.N.U.*** UNO-Mitglied *n*; ~ ***du parti*** Parteimitglied *n*; ***carte*** *f* ***de ~*** Mitgliedskarte *f*; ***qualité*** *f* ***de ~*** Mitgliedschaft *f*; *adjt* ***État*** *m*, ***pays*** *m* ~ Mitglied(s)staat *m*; Mitgliedsland *n* **3** GR ~ ***de phrase*** Satzglied *n*, -teil *m* **4** MATH *d'une équation* Seite *f* **5** ARCH Bauelement *n*

membrure [mɑ̃bʀyʀ] *f* **1** *d'une personne* Glieder *n/pl*; Gliedmaßen *f/pl* **2** MAR Spant *n*; *coll* Spanten *n/pl*

même [mɛm] **I** *adj/ind* **1** ***le, la ~***, *pl* ***les ~s*** der-, die-, dasselbe, *pl* dieselben; der, die, das gleiche, *pl* die gleichen; *st/s* der, die, das nämliche, *pl* die nämlichen; ***la ~ chose*** dasselbe; das Gleiche; ***au ~ endroit*** am selben, gleichen Ort (***que*** wie); ***du ~ âge*** im gleichen Alter; gleichalt(e)rig; ***de la ~ couleur*** in *ou* von der gleichen Farbe; gleichfarbig; ***de ~ grandeur*** *ou* ***taille*** gleich groß; ***du ~ nom*** mit dem gleichen Namen; gleichnamig; ***pour la ~ raison*** aus dem gleichen, demselben Grund; ***être dans la ~ classe*** in derselben Klasse sein (***que*** wie); ***je me trouve dans le ~ cas*** mir geht es ebenso **2** ⟨*nachgestellt*⟩ gerade; selbst; ***c'est cela ~*** das ist es ja gerade; es ist genau, wie Sie sagen; ***par cela ~*** gerade dadurch; ***être la bonté ~*** die Güte selbst sein; ***ce sont les paroles ~s de mon chef*** das sind meines Chefs eigene Worte **3** ***moi-~, nous-~s*** *etc* → *pr correspondant* **II** *pr/ind* ***le, la ~*** der-, die-, dasselbe; der, die, das Gleiche; ***les ~s*** dieselben; die Gleichen; ***il***

est toujours le ~ er ist immer (noch) derselbe; ***ce sont toujours les ~s qui travaillent*** es sind immer dieselben, die Gleichen, die arbeiten; ***cela revient au ~*** das läuft auf dasselbe, auf eins, aufs Gleiche hinaus; das kommt auf dasselbe, auf eins, aufs Gleiche heraus **III** *adv* **1** *renchérissement* (ja) sogar; selbst; ***~ pas*** nicht einmal; ***avant ~ que*** (+*subj*) noch ehe; noch bevor; ***sans ~*** (+*inf*) ohne überhaupt zu (+*inf*); ***~ si*** selbst wenn; wenn auch; *il est réservé* ***et ~ timide*** ja sogar schüchtern; ***~ lui était malade*** selbst er, sogar er war krank; ***je ne me rappelle ~ plus le nom*** ich erinnere mich nicht einmal mehr an den Namen **2** (*précisément*) genau; ***aujourd'hui ~*** noch heute; heute schon; ***ici ~*** genau hier; *loc/prép* ***à ~*** direkt auf (+*dat*); ***coucher à ~ le sol*** auf der nackten, bloßen Erde schlafen **3** *loc/adv*: ***de ~*** ebenso; genauso; geradeso; ***faire de ~*** es ebenso, genauso machen; *bon weekend!* - ***toi*** *ou* ***vous de ~!*** danke, gleichfalls!; ***il en est, il en va de ~ pour moi*** mir geht es ebenso, genauso, geradeso; ***quand*** *ou* ***tout de ~*** trotzdem; dennoch; doch; → *a* ***quand*** *II 2* **4** ***être à ~ de faire qc*** imstande sein, in der Lage sein, etw zu tun; ***mettre qn à ~ de faire qc*** j-n in die Lage, in den Stand versetzen, etw zu tun **5** *loc/conj*: ***de ~ que*** ebenso wie; P ***~ que*** sogar; übrigens

mémé [meme] *f* F *enf* Oma *f* (*a par ext*)

mémento [memɛ̃to] *m* **1** (*agenda*) Notiz-, Merkbuch *n* **2** (*aide-mémoire*) Handbuch *n*, Abriss *m* (***de géographie*** der Geografie)

mémère [memɛʀ] F *f* **1** *enf* Oma *f* **2** *péj* ***grosse ~*** dicke, ältliche Frau; F ***chien-chien*** *m* ***à sa ~*** F Hätschelhund *m*; *adjt*: *vêtement* ***faire ~*** F muttchenhaft aussehen

mémoire[1] [memwaʀ] *f* **1** *faculté* Gedächtnis *n*; Erinnerung(svermögen) *f(n)*; ***~ des chiffres, des noms*** Zahlen-, Namensgedächtnis *n*; ***je n'ai pas la ~ des noms*** ich habe kein Gedächtnis für Namen; ich habe ein schlechtes Namensgedächtnis; ***troubles*** *m/pl* ***de ~*** Gedächtnisstörungen *f/pl*; *loc/adv* ***de ~*** aus dem Gedächtnis; auswendig; aus dem Kopf; ***avoir de la ~*** ein gutes Gedächtnis haben; ***n'avoir aucune ~*** gar kein Gedächtnis haben; sehr vergesslich sein; ***si j'ai bonne ~*** wenn ich mich recht erinnere; ***avoir la ~ courte*** ein kurzes Gedächtnis haben; ***être encore présent à, vivant dans la ~*** in der Erinnerung noch gegenwärtig, lebendig sein; ***garder qc en ~, dans la ~*** etw im Gedächtnis behalten, bewahren; ***perdre la ~*** *en vieillissant* vergesslich werden; *à la suite d'un accident* das Gedächtnis verlieren **2** (*souvenir*) Erinnerung *f*, Gedenken *n* (***de*** an +*acc*); Andenken *n* (an *ou* +*gén*); Gedächtnis *n* (+*gén*); *loc/prép* ***à la ~ de***, *st/s* ***en ~ de*** zur Erinnerung, zum Andenken, zum Gedenken an (+*acc*); *loc/adj* ***de sinistre, triste ~*** unseligen, traurigen Angedenkens; *loc/adv* ***de ~ d'homme*** seit Menschengedenken; ***de ~ de paysan, on n'avait vu une telle sécheresse*** die Bauern können sich nicht erinnern, je e-e solche Dürre erlebt zu haben; ***réhabiliter la ~ de qn*** j-n nachträglich, nach s-m Tode rehabilitieren **3** INFORM Speicher *m*; ***~ morte*** ROM *n*; Festspeicher *m*; ***~ vive*** RAM *n*; Arbeitsspeicher *m*; ***~ de masse*** Massenspeicher *m*; ***mise*** *f* ***en ~*** (Ab)Speicherung *f*; ***mettre en ~*** (ab)speichern **4** COMM ***pour ~*** (*abr* ***p.m.***) erinnerungshalber, (nur) zur Information, Erinnerung

mémoire[2] [memwaʀ] *m* **1** (*écrit sommaire*) Denkschrift *f*; Memorandum *n* **2** (*requête*) Gesuch *n*; Eingabe *f* **3** *sur un sujet scientifique* Abhandlung *f*; Aufsatz *m*; ***~ de maîtrise*** *correspond à* Diplomarbeit *f* **4** COMM Kostenaufstellung *f*; Rechnung *f* **5** JUR Prozessschrift *f* **6** ***~s*** *pl* (*souvenirs*) (Lebens-)Erinnerungen *f/pl*; Memoiren *pl*

mémorable [memɔʀabl] *adj* denkwürdig

mémorandum [memɔʀɑ̃dɔm] *m* DIPL Memorandum *n*; Denkschrift *f*

mémorial [memɔʀjal] *m* ⟨*pl* **-aux**⟩ Denkmal *n*

mémorisation [memɔʀizasjõ] *f* **1** Memorieren *n*; Sicheinprägen *n* **2** INFORM Speicherung *f* **mémoriser** *v/t* **1** memorieren; sich (*dat*) einprägen **2** INFORM speichern

menaçant [mənasɑ̃] *adj* drohend; ***ciel ~*** bedrohlicher Himmel; ***geste ~*** drohende Handbewegung; ***propos ~s*** drohende Worte *n/pl*; ***ton ~*** drohender Ton

menace [mənas] *f* **1** Drohung *f*; Androhung *f*; ***~s de mort*** Todesdrohungen *f/pl*; ***~ de punition*** Androhung von Strafe; ***~s en l'air*** leere Drohungen; ***geste*** *m* ***de ~*** drohende Geste; *loc/adv* ***par la ~*** durch Drohung; ***sous la ~ de son arme*** mit vorgehaltener Waffe; ***être sous la ~ de qc*** von etw bedroht sein, werden; ***mettre ses ~s à exécution*** s-e Drohungen wahr machen; ***proférer des ~s*** Drohungen ausstoßen (***contre qn*** gegen j-n); ***proférer des ~s de mort contre qn*** j-m mit dem Tode drohen **2** (*danger imminent*) Bedrohung *f*; (drohende) Gefahr; ***~ de guerre*** (drohende) Kriegsgefahr; ***constituer une ~ pour qc*** e-e Bedrohung, Gefahr für etw darstellen; e-e Gefährdung (+*gén*) sein

menacé [mənase] *adj* bedroht; gefährdet; ***ses jours sont ~s*** sein Leben ist bedroht, gefährdet, in Gefahr

menacer [mənase] *v/t* ⟨**-ç-**⟩ **1** *personne abs* drohen; ***~ qn de qc*** j-m mit etw drohen; j-n mit etw bedrohen; *d'une punition a* j-m etw androhen; ***~ (qn) de faire qc*** (j-m) drohen, etw zu tun **2** *orage abs* drohen; *danger, guerre* ***~ (qn)*** (j-m) drohen; *bâtiment* ***~ de tomber*** baufällig sein; einzustürzen drohen; ***la pluie menace*** es droht Regen *ou* zu regnen

ménage [menaʒ] *m* **1** (*entretien d'un intérieur*) Haushalt *m* (*a* ADM); Haushaltung *f*; Hauswirtschaft *f*; Hauswesen *n*; ***argent*** *m* ***du ~*** Haushalts-, Wirtschaftsgeld *n*; ***articles*** *m/pl* ***de ~*** Haushaltwaren *f/pl*; ***tenir le ~ à qn*** j-m den Haushalt führen, besorgen **2** (*nettoyage*) Putzen *n* und Aufräumen *n*; ***femme*** *f* ***de ~*** Putz-, Aufwarte-, Zugehfrau *f*; Raumpflegerin *f*; ***faire le ~*** putzen; aufräumen (*a fig*); *fig a* Ordnung schaffen; ***faire des ~s*** putzen gehen **3** (*objets domestiques*) Hausrat *m*; ***monter son ~, se monter en ~*** Hausrat anschaffen; sich einrichten; ***~ de poupée*** Puppengeschirr *n*, -küche *f* **4** (*couple*) Ehepaar *n*; Eheleute *pl*; Ehe *f*; ***jeune ~*** junges Ehepaar; F ***~ à trois*** Dreiecksverhältnis *n*; ***~ sans enfants*** kinderloses Ehepaar; ***être heureux en ~*** e-e glückliche Ehe führen; ***se mettre en ~*** zusammenziehen **5** ***faire bon, mauvais ~ avec qn*** sich mit j-m gut, schlecht verstehen, vertragen **6** ***pain*** *m* ***de ~*** selbst gebackenes, hausgebackenes Brot

ménagement [menaʒmɑ̃] *m* Schonung *f*; Rücksicht *f*; *loc/adv*: ***avec ~*** schonend; rücksichtsvoll; ***sans ~***

schonungslos; rücksichtslos

ménager[1] [menaʒe] ⟨**-geons**⟩ **I** *v/t* **1** *ses forces, sa santé, adversaire etc* schonen; *personne a* rücksichtsvoll, schonend behandeln; ***ne ~ aucun effort, ne pas ~ sa peine*** keine Mühe scheuen (***pour faire qc*** um etw zu tun); ***ne pas ~ ses éloges*** mit Lob nicht sparen; ***~ ses expressions*** sich im Ausdruck mäßigen; ***~ ses forces*** *a* mit s-n Kräften Haus halten; s-e Kräfte einteilen; ***~ les sentiments, la susceptibilité de qn*** auf j-s Gefühle, j-s Empfindlichkeit Rücksicht nehmen **2** *entretien, rencontre* herbeiführen; zustande bringen; bewerkstelligen; *surprise* bereiten (***à qn*** j-m); *place, espace* lassen; ***~ un entretien à qn*** j-m e-e Unterredung verschaffen; → *a* ***effet*** *1* **3** *escalier* anbringen; anlegen; *fenêtre* brechen (***dans le mur*** in die Wand) **II** *v/pr* **1** ***se ~*** sich schonen **2** ***se ~ l'appui de qn*** sich (*dat*) j-s Unterstützung sichern

ménager[2] [menaʒe] *adj* ⟨**-ère**⟩ **1** Haushalt(ung)s…; ***appareils ~s*** Haushalts- und Küchengeräte *n/pl*; ***arts ~s*** Industriezweig, der Hausrat herstellt; ***enseignement ~*** Hauswirtschaftsunterricht *m*; ***travaux ~s*** Hausarbeit *f* **2** ***eaux ménagères*** (Haushalts)Abwässer *n/pl*; ***ordures ménagères*** (Küchen)Abfälle *m/pl*

ménagère [menaʒɛʀ] *f* **1** *personne* Hausfrau *f* **2** (*service de couverts*) Besteckgarnitur *f*

ménagerie [menaʒʀi] *f* Menagerie *f*; *d'un cirque* Tierschau *f*

Mende [mɑ̃d] *Stadt im Dep. Lozère*

Mendès France [mɛ̃dɛsfʀɑ̃s] ***Pierre ~*** *frz Politiker*

mendiant [mɑ̃djɑ̃] *m*, **mendiante** *f* **1** Bettler(in) *m(f)* **2** *adjt* ÉGL CATH ***ordres mendiants*** Bettelorden *m/pl*

mendicité [mɑ̃disite] *f* Betteln *n*; Bettelei *f*; ***en être réduit à la ~*** an den Bettelstab gekommen sein; zum Bettler geworden sein

mendier [mɑ̃dje] *v/t et v/i* betteln (***qc*** um etw) (*a fig*)

mendigot [mɑ̃digo] F *m*, **mendigote** F *f* Bettler(in) *m(f)*

menées [məne] *f/pl* (geheime) Machenschaften *f/pl*, Umtriebe *m/pl*; ***mettre fin aux ~ de qn*** j-m das Handwerk legen

mener [məne] ⟨**-è-**⟩ **I** *v/t* **1** *personne quelque part* bringen (*a bus etc: transporter*), führen, geleiten, begleiten (***à la gare*** zum Bahnhof); *bêtes* ***~ aux champs*** auf die Weide treiben, bringen; *enfant* ***~ à l'école*** in die Schule bringen; zur Schule begleiten; *chien* ***~ promener*** ausführen; ***sa promenade le mena à …*** sein Spaziergang führte ihn zu …; ***cette rue vous mène à …*** auf dieser Straße kommen Sie zu … **2** *fig* führen; bringen; ***où cela peut-il nous ~?*** wohin wird uns das führen, bringen?; ***cela peut vous ~ plus loin que vous ne pensez*** das kann weitreichende Folgen für Sie haben; ***cela ne vous mène à rien*** das führt zu nichts; das ist sinnlos, zwecklos; *profession* ***~ à tout*** viele Möglichkeiten eröffnen; *cet acte* ***l'a mené en cour d'assises*** hat ihn vor das Schwurgericht gebracht **3** (*être en tête de*) anführen; ***~ le deuil*** *a* an der Spitze des Trauerzuges gehen **4** *affaire* betreiben; *enquête* durchführen; *vie* führen; ***~ la vie dure à qn*** j-m das Leben schwer machen; ***~ de front*** *deux activités* gleichzeitig ausüben; *des affaires* gleichzeitig betreiben **5** (*diriger*) leiten; führen; lenken; *intérêt, argent* ***~ le monde*** die Welt regieren; ***se laisser ~*** sich herumkommandieren, gängeln lassen **6** MATH *parallèle* ziehen (***à*** zu); *tangente* legen (an *+acc*) **II** *v/i* **1** *chemin etc* führen (***à*** nach, zu) **2** SPORTS führen; in Führung, an der Spitze liegen; ***~ par 2 à 0*** mit 2 zu 0 (2:0) führen

ménestrel [menɛstʀɛl] *m* MOYEN ÂGE fahrender Sänger; Spielmann *m*

ménétrier [menetʀije] *m autrefois* Dorfmusikant *m*, -geiger *m*

meneur [mənœʀ] *m* **1** Anführer *m*; *péj* Rädelsführer *m*; ***~s de la grève*** Streikführer *m/pl*; ***~ d'hommes*** Führernatur *f* **2** ***~ de jeu*** RAD, TV Spielleiter *m*; Quizmaster ['kvis-] *m*

menhir [meniʀ] *m* Menhir *m*; Hinkelstein *m*

Les menhirs – Zeugen aus prähistorischer Zeit

Le menhir ist ein keltischer Ausdruck, der so viel wie ‚langer Stein' bedeutet. Gemeint sind damit aufrecht stehende, längliche Steine, die bis zu 20 Meter hoch und bis zu 350 Tonnen schwer sein können. Sie stammen aus prähistorischer Zeit (etwa 5000 bis 2000 vor Christus) und hatten gemäß einer weit verbreiteten Theorie kultisch-religiöse Bedeutung. In der Bretagne, genauer gesagt in der Nähe von Carnac, gibt es davon über 3000.

méninge [menɛ̃ʒ] *f* **1** ANAT Hirnhaut *f* **2** F *fig* ***ne pas se fatiguer les ~s*** F s-n Grips nicht anstrengen

méningé [menɛ̃ʒe] *adj* ANAT der Hirnhaut; MÉD meningeal; meningitisch

méningite [menɛ̃ʒit] *f* **1** MÉD (Ge)Hirnhautentzündung *f*; *sc* Meningitis *f* **2** F *fig* ***il ne risque pas d'attraper une ~*** F er strengt s-n Grips überhaupt nicht an

méningocoque [menɛ̃gɔkɔk] *m* MÉD ***~s*** *pl* Meningokokken *m/pl*

ménisque [menisk] *m* ANAT, OPT Meniskus *m*

ménopause [menɔpoz] *f* PHYSIOL Menopause *f*; Wechseljahre *n/pl*

ménopausée [menɔpoze] *adj femme* die die Wechseljahre hinter sich (*dat*) hat

menotte [mənɔt] *f* **1** ***~s*** *pl* Handschellen *f/pl*; ***mettre, passer les ~s à qn*** j-m Handschellen anlegen **2** *enf* (Patsch)Händchen *n*

mensonge [mɑ̃sɔ̃ʒ] *m* **1** Lüge *f*; Unwahrheit *f*; ***gros ~*** grobe Lüge; ***pieux ~*** fromme Lüge; Notlüge *f*; ***pur ~*** glatte Lüge; ***purs ~s*** Lug *m* und Trug *m*; ***~ par omission*** bewusstes Verschweigen (*e-s Tatbestandes*); ***tissu*** *m* ***de ~s*** Lügengewebe *n*, -gespinst *n*, -netz *n*; ***dire un ~, des ~s*** e-e Unwahrheit sagen, lügen; ***dire des ~s à qn*** j-n anlügen, belügen; j-m etw vorlügen; ***c'est vrai, ce ~-là?*** und das soll ich glauben? **2** (*illusion*) (Be)Trug *m*; Täuschung *f*

mensonger [mɑ̃sɔ̃ʒe] *adj* ⟨**-ère**⟩ erlogen; lügenhaft; lügnerisch; Lügen…; irreführend; unwahr

menstruation [mɑ̃stʀyasjɔ̃] *f* PHYSIOL Monatsblu-

M

tung *f*; Periode *f*; *sc* Menstruation *f*
menstruel [mɑ̃stʀyɛl] *adj* ⟨**~le**⟩ PHYSIOL Menstruations…; *sc* menstrual; ***cycle ~*** Zyklus *m*
menstrues [mɑ̃stʀy] *f/pl sc* → ***menstruation***
mensualisation [mɑ̃sɥalizasjõ] *f* (Umstellung *f* auf) monatliche Bezahlung **mensualiser** *v/t ouvrier, salaire, impôt* monatlich (be)zahlen
mensualité [mɑ̃sɥalite] *f* Monatsrate *f*; monatliche Zahlung
mensuel [mɑ̃sɥɛl] *adj* ⟨**~le**⟩ monatlich; Monats…; *revue* monatlich erscheinend; ***salaire ~*** Monatsgehalt *n*
mensuration [mɑ̃syʀasjõ] *f* **a)** *action* Körpermessung *f*; **b)** ***~s*** *pl* Körpermaße *n/pl*; ***prendre les ~s de qn*** j-n messen
mental [mɑ̃tal] *adj* ⟨**-aux**⟩ **1** (*de l'esprit*) geistig; Geistes…; PSYCH ***âge ~*** Intelligenzalter *n*; ***état ~*** Geisteszustand *m*; ***maladie ~e*** Geisteskrankheit *f* **2** (*dans l'esprit*) gedanklich; ***calcul ~*** Kopfrechnen *n*
mentalement [mɑ̃talmɑ̃] *adv* **1** geistig; in geistiger Hinsicht **2** in Gedanken; ***calculer ~*** im Kopf rechnen
mentalité [mɑ̃talite] *f* **1** *d'une collectivité* Mentalität *f*; Denk-, Anschauungsweise *f* **2** F *d'un individu* (geistige, moralische) Einstellung; ***jolie ~!*** *ou* ***quelle ~!*** das ist e-e Einstellung!
menteur [mɑ̃tœʀ] *m*, **menteuse** *f* **1** Lügner(in) *m(f)* **2** *adjt personne* verlogen
menthe [mɑ̃t] *f* **1** BOT Minze *f*; ***~ poivrée, anglaise*** Pfefferminze *f*; ***thé*** *m* ***à la ~*** schwarzer Tee mit frischen Pfefferminzblättern; (***infusion*** *f*, ***tisane*** *f* ***de***) ***~*** Pfefferminztee *m* **2** *sirop, essence* Pfefferminzsirup *m*, -essenz *f*; ***~ à l'eau*** erfrischendes Pfefferminzgetränk; ***bonbon*** *m*, ***pastille*** *f* ***à la ~*** Pfefferminzbonbon *n ou m*, -pastille *f*; Pfefferminz *n*; ***cigarette*** *f* ***à la ~*** Zigarette *f* mit Menthol
menthol [mɛ̃tɔl] *m* PHARM Menthol *n*
mentholé [mɛ̃tɔle] *adj* mit Menthol; ***cigarette ~e*** Zigarette *f* mit Menthol
mention [mɑ̃sjõ] *f* **1** (*action de citer*) Erwähnung *f*; ***faire ~ de qc*** etw erwähnen; ***faire l'objet d'une courte ~ dans le journal*** in der Zeitung kurz erwähnt werden; → *a* ***honorable*** *3* **2** (*indication*) Vermerk *m*; Angabe *f*; ***~ du poids, de la qualité*** Gewichts-, Qualitätsangabe *f*; ADM ***rayer, biffer les ~s inutiles*** Nichtzutreffendes streichen **3** EXAMEN Note *f*; Prädikatsexamen *n*; ***être reçu avec ~*** mit besser als „ausreichend" bestanden haben; ***être reçu avec*** (***la***) ***~ « très bien »*** mit (der Note) „sehr gut" bestanden haben
mentionner [mɑ̃sjɔne] *v/t* **1** (*citer*) erwähnen **2** *sur un document etc* vermerken; angeben
mentir [mɑ̃tiʀ] ⟨→ **partir**⟩ **I** *v/i* lügen; F schwindeln; ***~ à qn*** j-n anlügen, belügen; F j-n anschwindeln, beschwindeln; ***faire ~ qn, le proverbe*** j-n, das Sprichwort Lügen strafen; ***il ment comme il respire*** er lügt wie gedruckt; *loc/adv* ***sans ~*** ungelogen **II** *v/pr* ***se ~ à soi-même*** sich selbst betrügen, belügen
menton [mɑ̃tõ] *m* Kinn *n*; ***double ~*** Doppelkinn *n*
mentonnière [mɑ̃tɔnjɛʀ] *f* **1** *d'un casque* breiter Kinnriemen **2** MÉD Kinnverband *m*, -schleuder *f* **3** *d'un violon* Kinnstütze *f*
mentor [mɛ̃tɔʀ] *st/s m* (weiser) Ratgeber; Mentor *m*
menu[1] [məny] **I** *adj morceaux* klein; *personne* schmächtig; klein und zart; ***~s détails*** kleinste Einzelheiten *f/pl*; ***doigt ~*** dünner Finger; ***~e monnaie*** kleine Münzen *f/pl*; ***tige ~e*** dünner Stängel; ***voix ~e*** dünne, feine Stimme; *subst* ***par le ~*** haarklein; bis in die kleinsten Einzelheiten **II** *adv* ***couper ~*** klein schneiden; in kleine Stücke schneiden; ***'hacher ~*** fein hacken; wiegen
menu[2] [məny] *m* **1** Menü *n*; Speisenfolge *f*; ***~ à prix fixe*** (Tages)Menü *n* (zu festem Preis) **2** (*carte*) Speisekarte *f* **3** INFORM Menü *n*
menuet [mənɥɛ] *m* DANSE, MUS Menuett *n*
menuiserie [mənɥizʀi] *f* **1** **a)** *métier* Tischlerei *f*; *südd* Schreinerei *f*; ***atelier*** *m* ***de ~*** Tischler-, Schreinerwerkstatt *f*; **b)** *ouvrage(s)* Tischler-, Schreinerarbeit(en) *f(pl)* **2** ***~ métallique*** *fabrication* Herstellung *f* von Metalltüren und -fenstern; *produits* Metalltüren *f/pl* und -fenster *n/pl*
menuisier [mənɥizje] *m* Tischler *m*; *südd* Schreiner *m*; ***~ de bâtiment, en meubles*** Bau-, Möbeltischler *m ou* -schreiner *m*
Méphisto(phélès) [mefisto, mefistɔfelɛs] *m* MYTH Mephisto *m*; Mephistopheles *m*
méphitique [mefitik] *adj vapeurs* übel riechend und giftig; mefitisch
méplat [mepla] **I** *adj* flach **II** *m* flache Stelle; Fläche *f* (*a* BEAUX-ARTS)
méprendre [mepʀɑ̃dʀ] *v/pr* ⟨→ **prendre**⟩ *st/s* ***se ~ sur qn, qc*** sich in j-m, in etw täuschen, irren; ***se ~ sur les intentions réelles de qn*** j-s wahre Absichten verkennen; ***ils se ressemblent à s'y ~*** sie sehen sich zum Verwechseln ähnlich
mépris [mepʀi] *m* Geringschätzung *f*; Verachtung *f*; Missachtung *f*; *loc/adv* ***avec ~*** verächtlich; mit Verachtung; *loc/prép* ***au ~ de*** (*sans tenir compte de*) ungeachtet (*+gén*); unter Missachtung (*+gén*); (*en dépit de*) e-r Sache (*dat*) zum Hohn, zum Trotz; ***avoir un ~ sans bornes pour qc, qn*** e-e grenzenlose Verachtung für etw, j-n haben
méprisable [mepʀizabl] *adj* verächtlich; verachtenswert
méprisant [mepʀizɑ̃] *adj air, sourire* verächtlich; geringschätzig; *personne* ***être ~*** verächtlich tun
méprise [mepʀiz] *f* Irrtum *m*; Versehen *n*; *loc/adv* ***par ~*** irrtümlich(erweise); versehentlich; aus Versehen
mépriser [mepʀize] *v/t* verachten (*a danger, mort*); gering schätzen, achten (*a argent*); ***~ un conseil*** einen Rat in den Wind schlagen
mer [mɛʀ] *f* **1** Meer *n*; See *f*; ***la ~ Baltique*** die Ostsee; ***la ~ Morte*** das Tote Meer; ***'haute, pleine ~*** offene, hohe See; Hochsee *f*; offenes Meer; ***en 'haute, pleine ~*** auf offener, hoher See; ***la ~ est 'haute ou pleine, basse*** es ist MAR Hoch-, Niedrigwasser, *abus* Flut, Ebbe; POL ***~ territoriale*** Hoheits-, Küstengewässer *n/pl*; ***~ d'huile*** spiegelglatte See; spiegelglattes Meer; ***la ~ du Nord*** die Nordsee; ***eau*** *f* ***de ~*** Meerwasser *n*; ***vent*** *m* ***de ~*** Seewind *m*; *loc/adj et loc/adv*: ***à la ~*** am Meer; an der See; ***aller à la ~*** ans Meer, an die See fahren; ***en ~*** auf See; auf dem Meer; ***navigation*** *f* ***en ~*** Seeschifffahrt *f*; ***par ~*** See…; zur See; COMM auf dem Seeweg; ***sur terre et sur ~*** zu Wasser und zu Lande; ***un homme à la ~!*** Mann über Bord!; MAR ***il y a de la ~*** es ist hoher Seegang; *fig* ***ce n'est pas la ~ à boire*** das ist gar nicht so schwierig, so schwer; das ist halb so

schlimm; das ist zu schaffen; F das ist nicht die Welt; *bateau* ***prendre la*** **~** in See stechen; auslaufen; *bateau* ***bien tenir la*** **~** seetüchtig, seetauglich, seefest sein **2** *fig* ***une*** **~** ***de …*** ein Meer von …; **~** ***de feu*** Flammenmeer *n*

La mer – ein stilles Wasser?

La mer est **agitée**.	Die See ist unruhig.
La mer est **belle**.	Die See ist glatt.
La mer est **calme**.	Die See ist ruhig.
La mer est **forte**.	Die See ist stark bewegt.
La mer est **grosse**.	Die See ist rau.
La mer est **moutonneuse**.	Das Meer ist mit Schaumkronen bedeckt.
La mer est **plate**.	Die See ist vollkommen glatt.
La mer est **tourmentée**.	Die See ist aufgewühlt.

Merano [meʀano] Meran *n*
mercantile [mɛʀkɑ̃til] *adj péj* krämerhaft; profitgierig; ***esprit*** *m* **~** Krämergeist *m*, -seele *f*
mercantilisme [mɛʀkɑ̃tilism] *m* **1** *péj* Krämergeist *m*; Profitgier *f* **2** ÉCON HIST Merkantilismus *m*
mercatique [mɛʀkatik] *f* ÉCON Marketing *n*
mercenaire [mɛʀsənɛʀ] **I** *adj* Söldner…; ***troupes*** *f/pl* **~*s*** Söldnertruppen *f/pl* **II** *m* Söldner *m*
mercerie [mɛʀsəʀi] *f* **a)** *marchandises* Kurzwaren *f/pl*; **b)** *commerce* Kurzwarenhandel *m*; **c)** *magasin* Kurzwarengeschäft *n*, -handlung *f*
merceriser [mɛʀsəʀize] *v/t* TEXT merzerisieren; *adjt* ***coton mercerisé*** merzerisierte Baumwolle
merchandising [mɛʀʃɑ̃dajziŋ, -diziŋ] *m* COMM Merchandising ['mø:rtʃəndaɪzɪŋ] *n*
merci[1] [mɛʀsi] *int* danke!; **~** ***beaucoup!*** vielen Dank!; **~** ***bien!*** schönen Dank!; danke sehr!; danke schön!; ***Dieu*** **~*!*** Gott sei Dank!; F Gott sei's gedankt!; **~** ***mille fois!*** tausend Dank!; vielen herzlichen Dank!; ***non,*** **~**, *je ne fume pas* nein danke, …; danke nein, …; **~** ***à vous*** ich danke Ihnen *ou* euch; **~** ***de*** *ou* ***pour votre cadeau*** haben Sie Dank für Ihr Geschenk; *iron* **~** ***du compliment!*** ich danke für das Kompliment!; **~** ***d'être venu*** haben Sie Dank, dass Sie gekommen sind; ***dire*** **~** Danke (schön) sagen; danken; ***dire*** **~** ***à qn*** sich bei j-m bedanken; *subst* ***dites-lui un grand*** **~** ***de ma part*** richten Sie ihm meinen besten Dank aus
merci[2] [mɛʀsi] *f dans les loc*: ***lutte*** *f* ***sans*** **~** gnadenloses Ringen; ***être à la*** **~** ***de qn, de qc*** j-m, e-r Sache ausgeliefert, preisgegeben sein; j-s Willkür preisgegeben sein; j-m auf Gnade oder Ungnade ausgeliefert sein; ***tenir qn à sa*** **~** j-n in s-r Gewalt haben
mercier [mɛʀsje] *m*, **mercière** *f* Kurzwarenhändler(in) *m(f)*
mercredi [mɛʀkʀədi] *m* Mittwoch *m*; **~** ***des Cendres*** Aschermittwoch *m*; → *a* ***jeudi***
mercure [mɛʀkyʀ] *m* CHIM Quecksilber *n*
Mercure [mɛʀkyʀ] **1** ASTR (der) Merkur **2** *m* MYTH Merkur *m*
mercuriale [mɛʀkyʀjal] *f st/s* (*réprimande*) Tadel *m*; Rüge *f*; Verweis *m*
mercurochrome® [mɛʀkyʀɔkʀom] *m* PHARM *Mittel zur Wunddesinfektion* (*von roter Farbe*)
merde [mɛʀd] P *f* **1** P Scheiße *f*; Scheißdreck *m*; **~** ***de chien, d'oiseaux*** P Hunde-, Vogelscheiße *f*, F -dreck *m*; *loc/adj* ***de*** **~** P Scheiß…; F Mist…; Dreck(s) …; *fig*: ***c'est de la*** **~** das ist Schund, F Mist, Dreck, P Scheiße; ***être dans la*** **~** (***jusqu'au cou***) P in der Scheiße sitzen; ***foutre la*** **~** F ein heilloses Durcheinander anrichten; ***il ne se prend pas pour une*** *ou* ***pour de la*** **~** F er bildet sich (*dat*) Wunder was ein **2** *int* **a)** *colère, mépris* P **~*!*** P (verdammte) Scheiße!; so e-e Scheiße!; *nordd* (so ein) Schiet!; F so ein Mist!; verdammter Mist!; verdammt!; ***après tout,*** **~*!*** P das ist doch alles Scheiße, F Mist!; **~** ***pour X!*** P dieser Scheiß…!; **b)** *admiration, étonnement* F **~** ***alors!*** Donnerwetter!; **c)** F **~** ***puissance treize!*** ich drücke, halte dir die Daumen; Hals- und Beinbruch!; toi, toi, toi!
merder [mɛʀde] P *v/i personne* P Scheiße bauen; *projet etc* F in die Hose gehen
merdeux [mɛʀdø] P **I** *adj* ⟨**-euse**⟩ P beschissen; *fig* ***bâton*** **~** widerlicher Kerl; P Drecks-, Scheißkerl *m* **II** *subst* **~*,*** ***merdeuse*** *m,f* F (eingebildeter) Schnösel, eingebildete Pute; P Rotzjunge *m*, Rotznase *f*
merdier [mɛʀdje] *m* P Saustall *m*
merdique [mɛʀdik] *adj* P beschissen
merdoyer [mɛʀdwaje] *v/i* ⟨**-oi-**⟩ F ins Schwimmen kommen
mère [mɛʀ] *f* **1** Mutter *f* (*a* ÉGL CATH *et fig*); (*femelle animale*) *a* Muttertier *n*; F ***la*** **~** ***X*** Mutter X; (die) Frau X; *appellatif* REL ***ma*** **~** Mutter (*+Name*); F ***allons, la petite*** **~*, …*** F na, Mütterchen *ou* Mutti, …; **~** ***porteuse*** Leihmutter *f*; **~** ***de famille*** verheiratete Frau mit Kindern; *comme profession* Hausfrau *f*; **~** ***de deux enfants*** Mutter zweier Kinder; ***fête*** *f* ***des*** **~*s*** Muttertag *m* **2** *adjt* Haupt…; Grund…; ***branche*** *f* **~** Hauptast *m*; ***idée*** *f* **~** Haupt-, Grundgedanke *m*; ***maison*** *f* **~** COMM Stammhaus *n*; Hauptgeschäft *n*; ÉGL CATH Mutterhaus *n*; **~** ***patrie*** *f* Mutterland *n*; ***reine*** *f* **~** Königinmutter *f*; ÉCON ***société*** *f* **~** Muttergesellschaft *f* **3** **~** ***du vinaigre*** Essigmutter *f*
mère-grand [mɛʀgʀɑ̃] *f dans les contes de fées* Großmutter *f*
merguez [mɛʀgɛz] *f* CUIS scharf gewürzte kleine Bratwurst
méridien [meʀidjɛ̃] **I** *adj* ⟨**~*ne***⟩ ASTR Meridian…; Mittags…; ***'hauteur*** **~*ne*** Meridian-, Mittagshöhe *f*; ***plan*** **~** Meridianebene *f* **II** *m* **1** GÉOGR Meridian *m*; Längenkreis *m*; **~** ***d'origine*** Nullmeridian *m* **2** ASTR **~** (***céleste***) Meridian *m*; Mittagskreis *m*
méridional [meʀidjɔnal] ⟨*m/pl* **-aux**⟩ **I** *adj* **1** (*au sud*) südlich; Süd…; ***climat*** **~** südliches Klima; ***côte*** **~*e*** Südküste *f* **2** (*du Midi*) südfranzösisch; ***accent*** **~** südfranzösischer Akzent **II** *subst* **~*(e)*** *m(f)* Südfranzose, -französin *m,f*; *par ext* Südländer(in) *m(f)*
meringue [məʀɛ̃g] *f gâteau* Baiser [bɛ'ze:] *n*; Meringe *f*; *schweiz* Meringel *n*
meringué [məʀɛ̃ge] *adj* CUIS mit Baiserteig überzogen
mérinos [meʀinos] *m* **1** ZO Merino(schaf) *m(n)*; F *fig* ***laisser pisser le*** **~** die Dinge laufen lassen **2** **a)**

laine Merinowolle *f*; **b)** *étoffe* Merino *m*
merise [məʀiz] *f* BOT Süß-, Vogelkirsche *f*
merisier [məʀizje] *m* **1** BOT Süß-, Vogelkirsche *f* (*Baum*) **2** (**bois** *m* **de**) **~** Kirschbaumholz *n*
méritant [meʀitɑ̃] *adj personne* verdienstvoll; verdient
mérite [meʀit] *m* **1** Verdienst *n*; *loc/adj*: **de ~** verdient; **plein de ~, de grand ~** verdienstvoll; sehr verdient; **il a du ~ à travailler dans ces conditions** es ist ihm hoch anzurechnen *ou* er verdient Anerkennung *ou* es ist sehr anerkennenswert, dass er unter diesen Verhältnissen arbeitet; *ils ont réussi, mais* **il n'y a aucun ~ à cela** es ist nicht ihr Verdienst; **se faire un ~ de faire qc** es sich (*dat*) als Verdienst anrechnen, etw zu tun; **tout le ~ lui en revient** das ist alles sein Verdienst **2** (*qualité*[*s*]) Vorzug *m*; **avoir le ~ de la sincérité** den Vorzug haben, aufrichtig zu sein; **ce livre n'est pas sans ~** dieses Buch ist durchaus, recht wertvoll **3** (**ordre** *m* **du**) **Mérite agricole** Orden *m* für Verdienste um die Landwirtschaft
mériter [meʀite] **I** *v/t estime, récompense, punition, vacances etc* verdienen; *personne, chose* **~ qc** *a* etw wert sein; *endroit* **~ le détour** den Umweg wert sein, lohnen; **ceci mérite réflexion** das ist überlegenswert; das bedarf der Überlegung; **cela mérite d'être lu** das ist lesenswert; **il ne mérite pas qu'on se fasse du souci pour lui** er verdient es gar nicht, er ist es gar nicht wert, dass man sich um ihn sorgt; **cette lettre mérite une réponse** dieser Brief erfordert e-e, bedarf e-r Antwort; **il l'a bien mérité!** das geschieht ihm recht (so)!; das hat er verdient!; *adjt* **repos bien mérité** wohlverdiente Ruhe **II** *v/t/indir st/s* **il a bien mérité de la patrie** er hat sich um das Vaterland verdient gemacht
méritoire [meʀitwaʀ] *adj action* verdienstlich; verdienstvoll; *efforts* löblich
merlan [mɛʀlɑ̃] *m* ZO Merlan *m*; Wittling *m*; F *fig* **faire des yeux de ~ frit** F glotzen, stieren (wie ein abgestochenes Kalb)
merle [mɛʀl] *m* **1** ZO Amsel *f*; Schwarzdrossel *f*; *fig* **siffler comme un ~** gut pfeifen können **2** *fig* **~ blanc** weißer Rabe
merlu [mɛʀly] *m* ZO Seehecht *m*; Hechtdorsch *m*
merluche [mɛʀlyʃ] *f* **1** ZO → **merlu** **2** COMM Stockfisch *m*
Mermoz [mɛʀmoz] *frz Flieger*
mérou [meʀu] *m* ZO Zackenbarsch *m*
mérovingien [meʀɔvɛ̃ʒjɛ̃] HIST **I** *adj* ⟨**~ne**⟩ merowingisch **II** *m/pl* **Mérovingiens** Merowinger *m/pl*
Mers el-Kébir [mɛʀsɛlkebiʀ] *Stadt in Algerien*
Mers-les-Bains [mɛʀslebɛ̃] *Badeort im Dep. Somme*
merveille [mɛʀvɛj] *f* Wunder(werk) *n*; **une pure ~** ein wahres Wunder(werk); **les sept ~s du monde** die sieben Weltwunder *n/pl*; *fig* **la huitième ~ du monde** das achte Weltwunder; *loc/adv* **à ~** wunderbar; herrlich; sehr gut; ausgezeichnet; vortrefflich; großartig; **il se porte à ~** es geht ihm sehr gut, ausgezeichnet, glänzend; **être une ~ de précision** *etc* ein Wunder an Präzision (*dat*) *etc* sein; *médicament etc* **faire ~, des ~s** Wunder wirken, vollbringen
merveilleusement [mɛʀvɛjøzmɑ̃] *adv* wunderbar; herrlich
merveilleux [mɛʀvɛjø] **I** *adj* ⟨**-euse**⟩ wunderbar; wundervoll; wunderschön; herrlich; großartig; *conte* **Aladin, ou la Lampe merveilleuse** Aladins Wunderlampe **II** *subst* **1** **le ~** das Wunderbare **2** HIST **les Merveilleuses** *f/pl allzu modisch gekleidete Damen zur Zeit des Directoire*
mes [me] → **mon**
mésalliance [mezaljɑ̃s] *f* Missheirat *f*; nicht standesgemäße Heirat; Mesalliance *f*
mésange [mezɑ̃ʒ] *f* ZO Meise *f*
mésaventure [mezavɑ̃tyʀ] *f* Missgeschick *n*
mescaline [mɛskalin] *f* Meskalin *n*
mesdames, **mesdemoiselles** *pl* → **madame**, **mademoiselle**
mésentente [mezɑ̃tɑ̃t] *f* Misshelligkeit *f*; Unstimmigkeit *f*; *p/fort* Uneinigkeit *f*
mésentère [mezɑ̃tɛʀ] *m* ANAT Dünndarmgekröse *n*; *sc* Mesenterium *n*
mésestime [mezɛstim] *litt f* Missachtung *f*; Geringschätzung *f* **mésestimer** *v/t litt personne, talent* missachten; gering schätzen; *difficultés* unterschätzen
mésintelligence [mezɛ̃teliʒɑ̃s] *litt f* Uneinigkeit *f*; mangelndes Einvernehmen; Unstimmigkeit *f*
mésocarpe [mezɔkaʀp] *m* BOT mittlere Schicht der Fruchtwand; *sc* Mesokarp(ium) *n*
mésolithique [mezɔlitik] **I** *adj* mittelsteinzeitlich; *sc* mesolithisch **II** *m* mittlere Steinzeit; *sc* Mesolithikum *n*
Mésopotamie [mezɔpɔtami] HIST **la ~** Mesopotamien *n*
mésopotamien [mezɔpɔtamjɛ̃] HIST **I** *adj* ⟨**~ne**⟩ mesopotamisch **II** *m/pl* **les Mésopotamiens** die Mesopotamier *m/pl*
mesquin [mɛskɛ̃] *adj* **1** (*étriqué*) kleinlich; engstirnig; engherzig; schäbig; **esprit ~** Kleingeist *m* **2** (*avare*) schäbig; F knaus(e)rig; knick(e)rig
mesquinerie [mɛskinʀi] *f* **1** (*caractère mesquin*) Kleinlichkeit *f*; Engstirnigkeit *f*; Engherzigkeit *f*; Schäbigkeit *f* **2** (*action, attitude mesquine*) kleinliches, schäbiges Verhalten; kleinliche, schäbige Handlungsweise; Schäbigkeit *f*; **il est incapable d'une telle ~** er ist zu e-r so schäbigen Handlungsweise nicht fähig **3** (*avarice*) Schäbigkeit *f*; F Knaus(e)rigkeit *f*
mess [mɛs] *m* MIL Kasino *n*
message [mɛsaʒ] *m* **1** (*information transmise*) Botschaft *f* (*a* POL, BIBL, *fig*); Nachricht *f*; Mitteilung *f*; Meldung *f* (*a* INFORM); RAD, TV Durchsage *f*; *fig d'une œuvre d'art* Aussage *f*; F Message [ˈmɛsɪdʒ] *f*; *SMS* **~ court** Kurznachricht *f*; **~ publicitaire** Werbespot *m*, -durchsage *f*, -text *m*; **~ radio** Funkspruch *m*; **~ téléphonique** telefonische *ou* fernmündliche Nachricht, Mitteilung; *fig* **~ de l'au-delà** Botschaft aus dem Jenseits; AVIAT, MAR **~ de détresse** Notruf *m*; INFORM **~ d'erreur** Fehlermeldung *f*; **laisser un ~** e-e Nachricht hinterlassen (**à qn** j-m) **2** (*commission*) Auftrag *m*; Bestellung *f*; **s'acquitter d'un ~** sich e-s Auftrags entledigen
messager [mɛsaʒe] *m*, **messagère** *f* Bote *m*, Botin *f* (*a fig*); *fig* **messager de malheur, de mauvais augure** Unglücksbote *m*; *poét* **messagers du printemps** Vorboten *m/pl* des Frühlings
messagerie [mɛsaʒʀi] *f* **1** *pl* **~s aériennes, maritimes** Luft-, Seefrachtagentur *f*; **~s de presse** Zeitungsvertriebsgesellschaft *f* **2** INFORM **~ électronique** elektronische Post; Mailbox [ˈmeːlbɔks] *f*

M

messe [mɛs] *f* 1 ÉGL CATH Messe *f*; ~ ***basse*** stille Messe; F *fig* ***~s basses*** Getuschel *n*; F *fig* ***faire des ~s basses*** miteinander tuscheln; F *fig* ***pas de ~ basse sans curé!*** keine Geheimniskrämerei!; ***~ chantée*** (Hoch)Amt *n*; ***~ noire*** schwarze Messe; ***~ de minuit*** Christmette *f*; ***~ des morts*** Toten-, Seelenmesse *f*; ***aller à la ~*** zur Messe gehen; in die Kirche gehen; ***dire la ~*** die Messe halten *ou* lesen; ***faire dire une ~ pour qn*** für j-n e-e Messe lesen lassen; ***servir la ~*** ministrieren 2 MUS Messe *f*; ***~ en si mineur*** h-Moll-Messe *f*

Messénie [meseni] GÉOGR ***la ~*** Messenien *n*

Messiaen [mesjɑ̃] *frz Komponist*

messianique [mesjanik] *adj* REL *et fig* messianisch

messianisme *m* REL *et fig* Messianismus *m*

messidor [mesidɔʀ] *m* Messidor *m* (*10. Monat des frz Revolutionskalenders*)

Messie [mesi] REL ***le ~*** der Messias; F *fig* ***attendre qn comme le ~*** j-n sehnlichst erwarten

messieurs *pl* → ***monsieur***

Messine [mesin] GÉOGR Messina *n*

messire [mesiʀ] *m ancien titre* gnädiger Herr

mesurable [məzyʀabl] *adj* messbar **mesurage** *m* TECH (Ab-, Aus-, Ver)Messen *n*, -ung *f*

mesure [məzyʀ] *f* 1 (*action de mesurer*) Messung *f*; ***~ de chaleur, de température*** Wärme-, Temperaturmessung *f*; ***appareil*** *m*, ***instrument*** *m* ***de ~*** Messgerät *n*, -instrument *n* 2 (*dimension, étalon*) Maß *n* (*a fig*); *fig* Maßstab *m*; *fig* ***la bonne, juste ~*** das richtige, rechte Maß; ***~s de capacité, de longueur, de superficie, de volume*** Hohl-, Längen-, Flächen-, Raummaße *n/pl*; ***système*** *m* ***de ~*** Maßsystem *n*; ♦ *loc/adv*: ***au fur et à ~*** nach und nach; ***dans une certaine ~*** in gewissem Maße; bis zu e-m gewissen Grad, Umfang; einigermaßen; ***dans une large ~*** weitgehend; in hohem Maße; ***dans quelle ~?*** inwieweit?; in welchem Umfang?; ***sur ~*** nach Maß (*a fig*); ***travail*** *m* ***sur ~*** Maßarbeit *f*; ***se faire faire une robe sur ~*** sich (*dat*) ein Kleid nach Maß anfertigen lassen; ♦ *loc/conj* (***au fur et***) ***à ~ que*** in dem Maße, wie; ***dans la ~ où*** so weit; in dem Maße, wie; insoweit *ou* insofern, als; ♦ *loc/prép* ***à la ~ de qn, qc*** j-m, e-r Sache angemessen, entsprechend; auf j-n, etw zugeschnitten; ***un adversaire à sa ~*** ein Gegner, der es mit ihm aufnehmen kann *ou* der sich mit ihm messen kann; ***au fur et à ~ de*** je nach; ***dans la ~ de*** im Rahmen, nach Maßgabe (*+gén*); ***dans la ~ du possible*** im Rahmen des Möglichen; soweit (es) möglich (ist); nach Möglichkeit; ♦ ***il n'y a pas de commune ~ entre … et …*** man kann … und … nicht mit demselben Maßstab messen; man kann an (*+acc*) nicht denselben Maßstab anlegen wie an (*+acc*); es gibt keinen gemeinsamen Maßstab für … und …; *ces deux événements* ***sont sans commune ~*** sind nicht vergleichbar; kann man nicht miteinander vergleichen; stehen in keinem Verhältnis zueinander; ***donner la ~ de son talent, donner*** (***toute***) ***sa ~*** zeigen, was man kann; ***prendre les ~s de qc*** etw aus-, abmessen; COUT ***prendre les ~s d'un costume*** für e-n Anzug Maß nehmen; ***je prends vos ~s*** ich nehme bei Ihnen Maß 3 (*modération*) Maß *n*; *loc/adv*: ***avec ~*** maßvoll; ***outre ~*** übermäßig; ***sans ~*** maßlos; ohne Maß (und Ziel); ***ambition*** *f* ***sans ~*** maßloser Ehrgeiz; ***il n'a pas le sens de la ~*** er kennt kein Maß; er kann nicht maßhalten 4 (*disposition*) Maßnahme *f*, -regel *f*; ***~ disciplinaire*** Disziplinarmaßnahme *f*; ***~ de contrôle*** Kontrollmaßnahme *f*; ***~ de précaution*** Vorsichtsmaßnahme *f*, -maßregel *f*; ***~ de protection*** Schutzmaßnahme *f*; ***~ de sécurité, de sûreté*** Sicherheitsmaßnahme *f*, -vorkehrung *f*; *loc/prép* ***par ~ de*** aus Gründen (*+gén*); ***par ~ de prudence*** vorsichtshalber; ***prendre des ~s*** Maßnahmen ergreifen; Vorkehrungen treffen (***contre*** gegen) 5 MUS Takt(maß) *m*(*n*); ***~ à trois, à quatre temps*** Dreiviertel-, Viervierteltakt *m*; ***barre*** *f* ***de ~*** Taktstrich *m*; *loc/adv* ***en ~*** im Takt; ***battre, marquer la ~*** den Takt schlagen, angeben; ***perdre la ~*** aus dem Takt kommen 6 *récipient* Maß *n*; ***~ à grains*** Kornmaß *n*; ***deux ~s d'avoine*** zwei Maß Hafer; ***faire bonne ~*** gut, reichlich messen, wiegen; *fig* ***la ~ est comble!*** das Maß ist voll! 7 ***être en ~ de faire qc*** in der Lage, imstande sein, etw zu tun; ***mettre qn en ~ de faire qc*** j-m die Möglichkeit, Gelegenheit geben, j-n in den Stand setzen, etw zu tun

mesuré [məzyʀe] *adj personne* maßvoll; ***propos ~s*** gemäßigte Worte *n/pl*; ***ton ~*** gemäßigter Ton; ***à pas ~s*** gemessenen Schrittes

mesurer [məzyʀe] I *v/t* 1 (*prendre les mesures*) (ab-, aus-, ver)messen; *longueur* (ab)messen; *volume* (aus)messen; ***~ qn*** j-n messen; *fig* ***~ ses forces avec qn*** s-e Kräfte mit j-m messen; ***~ un terrain*** ein Gelände vermessen 2 (*avoir pour mesure*) messen; groß sein; ***la pièce mesure trois mètres sur cinq*** das Zimmer ist drei mal *ou* auf fünf Meter groß 3 *fig* (*évaluer*) *risque etc* ermessen; (richtig) abschätzen, beurteilen 4 *fig* ***~ qc à*** *ou* ***sur qc*** etw an etw (*dat*) messen; etw nach etw bemessen, regeln 5 *fig* ***~ ses expressions*** sich vorsichtig ausdrücken; sich in s-n Ausdrücken mäßigen; ***~ ses paroles*** s-e Worte abwägen; ***notre temps est mesuré*** unsere Zeit ist knapp bemessen II *v/pr* **a**) *réfléchi* ***se ~ à*** *ou* ***avec qn*** sich mit j-m messen; **b**) *réciproque* ***se ~ du regard*** sich mit Blicken messen; **c**) *sens passif* ***se ~ en mètres*** in Metern gemessen werden; *fig* ***se ~ à qc*** an etw (*dat*) gemessen werden

métabolisme [metabɔlism] *m* PHYSIOL Stoffwechsel *m*; *sc* Metabolismus *m*; ***~ basal, de base*** Grundumsatz *m*

métacarpe [metakaʀp] *m* ANAT Mittelhand *f* **métacarpien** *adj* ⟨***~ne***⟩ ANAT Mittelhand…; *sc* metakarpal

métairie [meteʀi] *f* AGR (Halb)Pachthof *m*, -gut *n*

métal [metal] *m* ⟨*pl* **-aux**⟩ Metall *n*; *loc/adj* ***de, en ~*** Metall…; metallen

métalangage [metalɑ̃gaʒ] *m ou* **métalangue** *f* LING, INFORM Metasprache *f*

métallifère [metalifɛʀ] *adj* metall-, erzhaltig; ***gisement*** *m* ***~*** Erzlagerstätte *f*

métallique [metalik] *adj* 1 (*en métal*) Metall…; metallen; ***mobilier*** *m* ***~*** Stahlmöbel *n/pl*; ***monnaie*** *f* ***~*** Hart-, Metallgeld *n*; ***plaque*** *f* ***~*** Metallplatte *f*; ***toile*** *f* ***~*** Drahtgewebe *n*; Metalltuch *n*; ***tour*** *f* ***~*** Turm *m* in Eisenkonstruktion 2 *éclat, son* metallisch; ***voix*** *f* ***~*** metallische Stimme

métalliser [metalize] *v/t* TECH 1 (*recouvrir de métal*) metallisieren 2 (*donner un éclat métallique*) Metallglanz geben (*+dat*); *adjt* ***métallisé*** metallisch glänzend; metallic

métallo [metalo] *m* F *abr* (*métallurgiste 1.*) F Metal-

ler *m*
métallographie [metalɔgʀafi] *f* Metallkunde *f*; **~ microscopique** Metallografie *f*
métalloïde [metalɔid] *m* CHIM Halbmetall *n*
métallurgie [metalyʀʒi] *f* **1** *industrie* Metallindustrie *f*; **~ lourde** Hüttenindustrie *f*; **~ de transformation** Metall verarbeitende Industrie **2** *techniques* Metallbearbeitung *f*; Metallurgie *f*
métallurgique [metalyʀʒik] *adj* Hütten…; Metall…; **industrie *f* ~** Metallindustrie *f*; **usine *f* ~** Hütte *f*; Hüttenwerk *n*
métallurgiste [metalyʀʒist] *m* **1** Metallarbeiter *m* **2** *adjt* **ingénieur *m* ~** Hütteningenieur *m*
métamorphique [metamɔʀfik] *adj* **roche *f* ~** metamorphes Gestein
métamorphisme [metamɔʀfism] *m* GÉOL Metamorphose *f*
métamorphose [metamɔʀfoz] *f* Verwandlung *f*; Umwandlung *f*; Metamorphose *f* (*a* ZO, MYTH)
métamorphoser [metamɔʀfoze] **I** *v/t* verwandeln (**en** in *+acc*); umwandeln; völlig verändern; *st/s* metamorphosieren **II** *v/pr* **se ~** sich verwandeln (**en** in *+acc*)
métaphore [metafɔʀ] *f* Metapher *f*; bildlicher Ausdruck; Bild *n* **métaphorique** *adj* **1** *sens, emploi* bildlich; übertragen; metaphorisch **2** *style* bilderreich
métaphysique [metafizik] **I** *f* PHILOS Metaphysik *f* **II** *adj* metaphysisch
métastase [metastɑz] *f* MÉD Metastase *f*; Tochtergeschwulst *f*
métatarse [metataʀs] *m* ANAT Mittelfuß *m*
métayage [metɛjaʒ] *m* AGR Halb-, Teilpacht *f*
métayer [meteje] *m*, **métayère** *f* Halb-, Teilpächter(in) *m(f)*
métempsyc(h)ose [metɑ̃psikoz] *f* REL Seelenwanderung *f*; *sc* Metempsychose *f*
météo [meteo] **I** *f* Wetterbericht *m*, -vorhersage *f* **II** *adj* ⟨*inv*⟩ Wetter…
météore [meteɔʀ] *m* ASTR Meteor *m*; Sternschnuppe *f*; *fig* **passer comme un ~** F vorbeiflitzen; *fig* kometenhaft aufsteigen und wieder verschwinden
météorique [meteɔʀik] *adj* ASTR Meteor…; Meteoriten… **météorite** *m ou f* Meteorit *m*
météorologie [meteɔʀɔlɔʒi] *f* **1** *science* Wetterkunde *f*; Meteorologie *f* **2** *service* Wetterdienst *m*, -amt *n*
météorologique [meteɔʀɔlɔʒik] *adj* wetterkundlich; meteorologisch; Wetter…; **bulletin** *m*, **carte *f* ~** Wetterbericht *m*, -karte *f*
météorologiste [meteɔʀɔlɔʒist] *m,f ou* **météorologue** *m,f* Meteorologe, -login *m,f*
métèque [metɛk] *m péj* lästiger, unliebsamer Ausländer; F Kanake *m*
méthacrylique [metakʀilik] *adj* CHIM **résines *f/pl* ~s** Polyacrylharze *n/pl*
méthadone [metadɔn] *f* MÉD, CHIM Methadon *n*
méthane [metan] *m* CHIM Methan *n*
méthanier [metanje] *m* MAR Gastanker *m*
méthanol [metanɔl] *m* CHIM Methanol *n*
méthode [metɔd] *f* **1** Methode *f*; Verfahren *n*; Verfahrens-, Vorgehensweise *f*; **~ d'enseignement** Unterrichts-, Lehrmethode *f*; **~ de production** Produktionsverfahren *n ou* -methode *f ou* -weise *f*; **~ de travail** Arbeitsmethode *f*, -weise *f*; *loc/adv*: **avec ~** mit Methode; methodisch; planmäßig; systematisch; **sans ~** planlos; unsystematisch **2** *livre* Lehrbuch *n*, Lehrgang *m*, Leitfaden *m* (**de comptabilité** der Buchführung); MUS **~ de piano, de violon** Klavier-, Violinschule *f* **3** F *fig* (*moyen*) F Masche *f*
méthodique [metɔdik] *adj* methodisch; planmäßig; systematisch
méthodisme [metɔdism] *m* REL Methodismus *m*
méthodiste REL **I** *adj* methodistisch; Methodisten… **II** *m,f* Methodist(in) *m(f)*
méthodologie [metɔdɔlɔʒi] *f* Methodologie *f*; Methodik *f*; Methodenlehre *f*
méthyle [metil] *m* CHIM Methyl *n*
méthylène [metilɛn] *m* **1** CHIM Methylen *n* **2** COMM Methylalkohol *m*; Methanol *n*
méthylique [metilik] *adj* CHIM **alcool *m* ~** Methylalkohol *m*; Methanol *n*
méticuleux [metikylø] *adj* ⟨**-euse**⟩ *personne* gewissenhaft, peinlich genau, sehr sorgfältig, F pingelig (**dans son travail** in s-r Arbeit); **propreté méticuleuse** peinliche Sauberkeit
métier [metje] *m* **1** Beruf *m*; Gewerbe *n*; Fach *n*; Handwerk *n* (*fig*); F Metier *n*; **~ manuel, intellectuel** handwerklicher, geistiger Beruf; *fig* **~ des armes** Kriegshandwerk *n*; **~ d'écrivain** Beruf e-s Schriftstellers; Schriftstellerberuf *m*; **argot *m* de ~** Berufssprache *f*; Fachjargon *m*; **homme *m* de, du ~** Fachmann *m*; **qn du ~** j vom Fach; **de son ~** von Beruf; **avoir un ~** e-n Beruf, F ein Metier haben; ein Gewerbe betreiben; **connaître son ~** sein Fach, sein Handwerk, sein Geschäft, F sein Metier verstehen; sich in s-m Fach, Beruf auskennen; **être du ~** vom Fach, F vom Bau sein; von der Sache etwas verstehen; **faire son ~** s-e Arbeit, s-e Pflicht tun; **faire tous les ~s** sich in vielen Berufen versuchen; **parler ~** fachsimpeln; *prov*: **chacun son ~(, les vaches seront bien gardées)** Schuster, bleib bei deinem Leisten! (*prov*); **il n'est point de sot ~(, il n'y a que de sottes gens)** kein Beruf ist schlechter als der andere(, es gibt nur Leute, die ihn schlecht ausüben) **2** *artisanal* Handwerk *n*; **~ de serrurier, de tailleur** Schlosser-, Schneiderhandwerk *n* **3** (*savoir-faire*) (handwerkliches) Können; **avoir du ~** Berufserfahrung besitzen; *artiste etc* das Handwerksmäßige beherrschen; **il a des idées, mais aucun ~** er hat Ideen, aber keinerlei Erfahrung, aber er versteht nichts vom Handwerklichen **4** TEXT **~ (à tisser)** Webstuhl *m*; **~ à filer le coton, la laine** Baumwoll-, Wollspinnmaschine *f*; *fig* **mettre qc sur le ~** (mit) etw beginnen; etw in Angriff nehmen; *Boileau* **vingt fois sur le ~ remettez votre ouvrage** überprüfe deine Arbeit immer wieder **5** **~ (à broder, à tapisserie)** Stickrahmen *m*
métis [metis] **I** *adj* ⟨**~se**⟩ **1** *population* Mischlings…; BOT durch Kreuzung entstanden; hybrid; **enfant ~** Mischlingskind *n* **2** TEXT **toile ~se** Halbleinen *n* **II** *subst* **1** **~(se)** *m(f)* *personne* Mischling *m*; ZO, BOT Bastard *m*; ZO *a* Halbblut *n* **2** *m* TEXT Halbleinen *n*; **drap *m* de ~** halbleinenes Betttuch
métissage [metisaʒ] *m* Rassenmischung *f*; Bastardierung *f*
métissé [metise] *adj* **race ~e** Mischrasse *f*
métonymie [metɔnimi] *f* LING Metonymie *f*
métrage [metʀaʒ] *m* **1** COUT Meterzahl *f*; Stoffmenge *f*; **un petit ~** e-e kleine Stoffmenge; wenig Stoff

M

2 CIN ***court*** ~ Kurzfilm *m*; ***long*** ~ Haupt-, Spielfilm *m*; abendfüllender Film 3 CONSTR (Ver)Messen *n*, -ung *f* (*nach Metern*)

mètre [mɛtʀ] *m* 1 *unité de mesure* (*abr* **m**) Meter *m ou n* (*abr* m); ~ ***carré, cube*** Quadrat-, Kubikmeter *m ou n*; *loc/adv*: ***au*** ~ meterweise; ***par*** ~ je Meter; ***il mesure un*** ~ ***soixante-dix*** (***1,70 m***) er ist eins siebzig (1,70 m) groß; er ist ein(en) Meter siebzig groß 2 *règle ou ruban* Metermaß *n*; ~ ***pliant*** Zollstock *m*; Gliedermaßstab *m*; ~ ***à ruban*** (Stahl)Bandmaß *n*; ~ ***de couturière*** Zentimetermaß *n* 3 SPORTS ***cent, 'huit cents*** ~***s*** Hundert-, Achthundertmeterlauf *m*; 100-m-Lauf *m*, 800-m-Lauf *m*; ***courir le cent*** ~***s*** am 100-m-Lauf teilnehmen 4 VERSIFICATION Metrum *n*; Versmaß *n*

métrer [metʀe] *v/t* ⟨**-è-**⟩ CONSTR (*nach Metern*) vermessen; ausmessen

métreur [metʀœʀ] *m* CONSTR ~ ***vérificateur*** Vermesser, der das Aufmaß feststellt

métrique [metʀik] **I** *adj* 1 metrisch; ***système*** *m* ~ metrisches System 2 VERSIFICATION metrisch; ***vers*** *m* ~ quantitierender Vers **II** *f* (*versification*) Metrik *f*; Verslehre *f*

métrite [metʀit] *f* MÉD Gebärmutterentzündung *f*

métro[1] [metʀo] *m* U-Bahn *f*; ***le*** ~ ***de Paris*** *a* die Pariser Metro; ***bouche*** *f* ***de*** ~ U-Bahn-Ein- *ou* -Ausgang *m*

Prenez le métro!

Die Kurzform **le métro** ist aus **le chemin de fer métropolitain** entstanden und steht für das weltbekannte unterirdische Schienenverkehrssystem, mit dem man in einer Großstadt wie Paris schnell und bequem vorankommt. Die erste Metro-Linie wurde in Paris bereits im Jahre 1900 eröffnet. Das stark verzweigte unterirdische Netz ist inzwischen auf eine Länge von über 200 km angewachsen. Hinzu kommen noch über 90 km der Schnellbahnlinien **RER** (réseau express régional). Die rund 300 Metro-Haltestellen sind so gekonnt über Paris verteilt worden, dass es innerhalb der Stadt keinen einzigen Punkt gibt, der mehr als 500 Meter von einer Metro-Haltestelle entfernt liegt. Tagtäglich strömen mehr als vier Millionen Menschen in die sogenannten **bouches du métro** (‚Metro-Mäuler'), die häufig mit schmiedeeisernen Elementen verziert sind und Denkmalschutz genießen.

métro[2] *abr* (*métropolitain*) **I** *adj* des (französischen) Mutterlandes **II** *m,f* Bewohner(in) *m(f)* des (französischen) Mutterlandes; Kontinentalfranzose, -französin *m,f*

métronome [metʀɔnɔm] *m* MUS Metronom *n*; Taktmesser *m*

métropole [metʀɔpɔl] *f* 1 *ville* Metropole *f*; ~ ***économique*** Wirtschaftsmetropole *f* 2 *d'une colonie, d'un territoire extérieur* Mutterland *n* 3 ÉGL CATH Sitz *m* e-s Metropoliten, e-s Erzbischofs

métropolitain [metʀɔpɔlitɛ̃] **I** *adj* 1 ADM ***chemin de fer*** ~ *ou subst* ~ *m* Untergrundbahn *f* 2 des Mutterlandes; ***la France*** ~***e*** das französische Mutterland; Kontinentalfrankreich *n* 3 ÉGL CATH ***église*** ~***e*** Metropolitankirche *f*; ***archevêque*** ~ Metropolit *m* **II** *subst* 1 ~***(e)*** *m(f)* Bewohner(in) *m(f)* des Mutterlandes; *en France a* Kontinentalfranzose, -französin *m,f* 2 *m* ÉGL CATH Metropolit *m*

métrosexuel [metʀosɛksɥɛl] **I** *adj* ⟨~**le**⟩ metrosexuell **II** *m* Metrosexuelle(r) *m*

mets [mɛ] *m* Gericht *n*; Speise *f*

mettable [mɛtabl] *adj vêtements* tragbar; brauchbar; F anständig; ***ce manteau n'est plus*** ~ *a* diesen Mantel kann man nicht mehr tragen

Metternich [metɛʀnik] *m* HIST Metternich *m*

metteur [mɛtœʀ] *m* 1 THÉ, CIN, TV ~ ***en scène*** Regisseur *m*; Spielleiter *m* 2 TYPO ~ ***en pages*** Metteur *m*

mettre [mɛtʀ] ⟨**je mets, il met, nous mettons; je mettais; je mis; je mettrai; que je mette; mettant; mis**⟩ **I** *v/t* 1 *objet* legen; stellen; setzen; (hinein)stecken, (-)tun (***dans sa poche*** in die Tasche); bringen, schaffen (***à la poste*** zur *ou* auf die Post®); *pellicule* einlegen (***dans l'appareil photo*** in den Fotoapparat); *nappe* aufdecken; auflegen (*a couverts*); *lit* aufstellen; *du beurre etc* (auf)streichen (***sur*** auf +*acc*); *liquide* gießen (***dans*** in +*acc*); *bouton* annähen (***à*** an +*acc*); *pièce* aufsetzen (***à*** auf +*acc*); F *radio, chauffage* anstellen; RAD, TV einstellen ([***sur***] ***France-Inter*** [auf] France-Inter); *gaz etc* legen (***dans une maison*** in ein Haus; ***chez qn*** bei j-m); *verrou* vorlegen; vor-, zuschieben; *tête etc* hinausst(r)ecken, F rausst(r)ecken (***à la fenêtre*** zum Fenster); *argent* bringen (***à la banque*** zur Bank); anlegen (***dans qc*** in etw [*dat*]); stecken (***dans une entreprise*** in ein Unternehmen); *personne* schicken (***à l'école maternelle*** in den Kindergarten); geben (***en pension*** in Pension); *sentinelles* aufstellen (***aux portes*** vor den Türen); *expressions*: **a)** *avec subst et pr*: F ~ ***les bouts***, *abs* ***les*** ~ F abhauen; türmen; verduften; SPORTS F ***ils leur ont mis cinq buts à zéro*** sie haben sie mit fünf zu null (Toren) geschlagen; ~ ***le couvert, la table*** den Tisch decken; ***où ai-je mis mes lunettes?*** wo habe ich meine Brille hingelegt?; F ***qu'est-ce qu'il lui met!*** F der verdrischt ihn, der gibt es ihm aber ordentlich!; ***y*** ~ ***du sien*** das Seine dazu beitragen, tun; → *a les subst correspondants*; **b)** *avec adv*: ~ ***ailleurs*** anderswohin legen, stellen, setzen; *animal* ~ ***bas*** (Junge) werfen; ~ ***bas les armes*** die Waffen strecken, niederlegen; ***combien voulez-vous y*** ~***?*** wie viel wollen Sie dafür anlegen, ausgeben?; ***y*** ~ ***le prix*** es sich etwas kosten lassen; **c)** *avec prép et loc/adv*: ~ ***à la boîte aux lettres*** in den Briefkasten werfen; einwerfen; ~ ***à chauffer*** aufwärmen; ~ ***qn à la direction*** j-n an die Spitze stellen, setzen; j-m die Leitung übertragen; CUIS ~ ***au four*** in den (Back)Ofen schieben; GR ~ ***au futur, au pluriel*** ins Futur, in den Plural setzen; *montre* ~ ***à l'heure*** stellen; ~ ***à mal*** verprügeln; ~ ***à mort*** töten; ~ ***à la place d'honneur*** auf den Ehrenplatz setzen; ~ ***de l'énergie, du soin à faire qc*** Energie, Sorgfalt darauf verwenden, etw zu tun; ***~ son orgueil à faire qc*** s-n Stolz dareinsetzen, etw zu tun; ***~ de la bonne volonté à faire qc*** guten Willen bei etw zeigen; ***~ une note amusante dans qc*** e-e heitere Note in etw *(acc)* bringen; ***~ du sel dans le potage*** Salz an *ou* in die Suppe tun; ***~ la clé dans la serrure*** den Schlüssel ins Schloss stecken; ***~ de côté*** beiseitelegen, auf die Seite legen *(a argent)*; zur Seite legen; ***~ ses mains derrière le dos*** die Hände auf den Rücken legen; ***~ en bouteilles*** in Flaschen (ab)füllen; auf Flaschen ziehen; abziehen; *personne* ***~ en forme*** in Form bringen; fit machen; *texte* ***~ en bon français*** in gutes Französisch bringen; TYPO ***~ en pages*** umbrechen; ***~ par terre*** auf den Boden stellen, legen, setzen; ***~ sous clé*** ein-, wegschließen; ***~ qc l'un sur l'autre*** etw aufeinander-, übereinanderlegen; *fig* ***~ qn sur le droit chemin*** j-n auf den richtigen Weg bringen; ***~ sur la table*** auf den Tisch legen, stellen setzen; *nourriture* auf den Tisch bringen; auftragen; ***~ ses coudes sur la table*** die Ellbogen auf den Tisch stützen; → *a les subst correspondants* **2** *vêtements, chaussures, gants* anziehen; *gants a* überziehen; *chapeau, lunettes* aufsetzen; *cravate* umbinden; *ceinture* umschnallen; *tablier* umbinden; F vorbinden; *foulard* umwerfen; umnehmen; umtun; *bijoux* anlegen; *bague* anstecken; *collier* umtun; F ummachen; *patins* anschnallen; ***il ne met jamais de chapeau*** er trägt nie e-n Hut; ***~ sur les épaules*** *manteau* umhängen; *foulard* über die Schultern nehmen **3** *un certain temps* brauchen; benötigen; ***~ deux jours à faire qc*** zwei Tage brauchen, um etw zu tun; *plat* ***~ longtemps à cuire*** lange kochen müssen **4** *(écrire)* schreiben; ***mettez cent euros!*** schreiben Sie hundert Euro!; ***~ une somme au compte de qn*** e-e Summe auf j-s Konto *(acc)* überschreiben, übertragen, überweisen; ***~ son nom sur une liste*** s-n Namen auf e-e Liste setzen, schreiben **5** F *(supposer)* ***mettons que …*** *(+subj)* nehmen wir (einmal) an, gesetzt den Fall, angenommen, (dass) …; ***mettons vingt*** sagen wir zwanzig **II** *v/pr* ***se ~*** **1** sich setzen (***au piano*** ans Klavier; ***dans un fauteuil*** in e-n Sessel); sich stellen (***à la fenêtre*** ans Fenster; ***à côté de qn*** neben j-n; ***derrière qn, qc*** hinter j-n, etw); sich legen (***au lit*** ins Bett); treten, gehen (***à la fenêtre*** ans Fenster); F ***s'en ~ partout*** F sich völlig bekleckern; F *fig* ***s'en ~ jusque là*** F sich *(dat)* den Bauch vollschlagen; P sich vollfressen; *fig* ***se ~ bien, mal avec qn*** sich gut, schlecht mit j-m stellen; ***ne plus savoir où se ~*** sich am liebsten in ein Mauseloch verkriechen (mögen); ***se ~ à la tête*** sich an die Spitze stellen; an die Spitze treten; *fig* ***se ~ avec qn*** sich mit j-m zusammentun; *poussière* ***se ~ dans qc*** sich in etw *(acc)* setzen; ***se ~ dans une mauvaise posture*** sich in e-e üble, schlimme Lage bringen; ***se ~ du côté du plus fort*** sich auf die Seite des Stärkeren stellen, schlagen; ***se ~ en rapport, en relation avec qn*** sich mit j-m in Verbindung setzen; mit j-m in Verbindung treten; ***se ~ de l'encre sur les doigts*** sich *(dat)* die Finger mit Tinte beschmieren; → *a les subst correspondants* **2** ***se ~ à qc*** sich an etw *(acc)* machen, begeben; an etw *(acc)* gehen; ***se ~ à faire qc*** beginnen, anfangen, etw zu tun; ***se ~ à l'œuvre, au travail*** sich ans Werk, an die Arbeit machen; ans Werk, an die Arbeit gehen; ***se ~ à l'anglais*** anfangen, Englisch zu lernen; ***s'y ~*** sich d(a)ranmachen; sich d(a)ransetzen; sich ins Zeug legen; F ***c'est le coup de s'y ~*** nur am Anfang ist es schwer; ***il se met à pleuvoir*** es beginnt, es fängt an zu regnen **3** ***se ~ une robe de chambre*** *etc* sich *(dat)* e-n Morgenmantel *etc* anziehen; → *a I 2*; ***se ~ en civil*** Zivilkleidung anlegen, anziehen; ***je n'ai rien à me ~*** ich habe nichts anzuziehen **4** *temps* ***se ~ au beau*** schön werden; ***le temps se met au froid*** es wird kalt **5** *sens passif*: ***où se mettent les verres?*** wo kommen die Gläser hin?; GR ***se ~ après qc*** hinter etw *(dat)* stehen **6** *réciproque*: F *fig* ***qu'est-ce qu'ils se sont mis!*** F die haben sich vielleicht verdroschen!

Metz [mɛs] Metz [mɛts] *n*

meuble [mœbl] **I** *adj* **1** JUR beweglich; ***biens*** *m/pl* ***~s*** bewegliche Sachen *f/pl*; bewegliches Vermögen; Mobilien *pl*; Fahrnis *f*; bewegliches Gut; bewegliche Habe **2** AGR ***sol*** *m*, ***terre*** *f* ***~*** lockerer, leichter Boden **II** *m* Möbelstück *n*; Möbel *n*; ***~s*** *pl* Möbel *n/pl*; Mobiliar *n*; (Wohnungs)Einrichtung *f*; ***~s de bureau, de cuisine, de jardin*** Büro-, Küchen-, Gartenmöbel *n/pl*; ***~s de rangement*** Schränke *m/pl*; Kastenmöbel *n/pl*; ***~s de style*** Stilmöbel *n/pl*; ***~s en rotin*** Korb-, Rohrmöbel *n/pl*; ***être dans ses ~s*** in eigenen Möbeln wohnen; F *fig* ***sauver les ~s*** das Notwendigste retten

meublé [mœble] **I** *adj* möbliert **II** *m chambre* möbliertes Zimmer; *appartement* möblierte Wohnung; ***être, habiter en ~*** möbliert wohnen

meubler [mœble] **I** *v/t* **1** *appartement, pièce* möblieren; (mit Möbeln) einrichten; ***meublé avec goût*** geschmackvoll eingerichtet **2** *abs*: *meubles* der Ausstattung dienen; *rideaux, tapis etc* dekorativ wirken **3** *fig conversation, silence* ausfüllen; ***il sait ~ ses loisirs*** er weiß sich in s-r Freizeit zu beschäftigen; er versteht es, s-e Freizeit auszufüllen **II** *v/pr* ***se ~*** sich einrichten

meuf [mœf] *f* F *(femme)* F Tussi *f*

meuglement [møgləmɑ̃] *m* Muhen *n*; Brüllen *n*

meugler *v/i* muhen; brüllen

meuh! [mø] *int* muh!

meule [møl] *f* **1** ***~ (de moulin)*** Mühl-, Mahlstein *m* **2** TECH Schleifstein *m*, -scheibe *f* **3** *de fromage* großer, runder Laib; ***~ de gruyère*** Laib Schweizer Käse **4** AGR Schober *m*; *nordd* Feim(en) *m*; Feime *f*; Dieme(n) *f(m)*; ***~ de paille*** Strohschober *m* **5** F *(moto)* F Feuerstuhl *m*; heißer Ofen

meuler [møle] *v/t* TECH schleifen

meulière [møljɛʀ] *f* ***~*** *ou adjt* ***pierre*** *f* ***~*** kieseliger Kalkstein; französischer Quarz

meunerie [mønʀi] *f* **1** *industrie* Müllerei *f* **2** *coll* Müller *m/pl*

Meung-sur-Loire [mɛ̃syʀlwaʀ], [mœ̃syʀlwaʀ] *Ort im Dep. Loiret*

meunier [mønje] *m* Müller *m*

meunière [mønjɛʀ] *f* **1** Müllerin *f*; CUIS ***(à la) ~*** nach Müllerinart; ***truite*** *f* ***~*** Forelle *f* nach Müllerinart **2** *adjt* ***industrie ~*** Mühlenindustrie *f*

meurs, meurt [mœʀ] → ***mourir***

meurt-de-faim [mœʀdəfɛ̃] *m* ⟨*inv*⟩ Hungerleider *m*

Meurthe [mœʀt] ***la ~*** *Fluss in Lothringen*

Meurthe-et-Moselle [mœʀtemozɛl] ***la ~*** *frz Departement*

meurtre [mœʀtʀ] *m* Totschlag *m* *(a* JUR*)*; Mord *m* (***de qn*** an j-m); ***commettre un ~*** Totschlag begehen

meurtrier [mœʀtʀije] I *adj* ‹-ière› *combat* mörderisch; ***accident ~*** verheerender Unfall; ***arme meurtrière*** Mordwaffe *f*; ***croisement ~*** lebensgefährliche, unfallträchtige Kreuzung; ***épidémie meurtrière*** verheerende Seuche; ***folie meurtrière*** Amoklauf *m*; ***route meurtrière*** lebensgefährliche, unfallträchtige Straße II *subst* 1 **~, *meurtrière*** *m,f* Mörder(in) *m(f)* 2 FORTIF ***meurtrière*** *f* Schießscharte *f*
meurtrir [mœʀtʀiʀ] *v/t* 1 (zer)quetschen; *p/p* ***meurtri par les coups*** grün und blau geschlagen 2 *surtout adjt fruit* ***meurtri*** angeschlagen; mit Druckstellen 3 *fig cœur* zerreißen; *âme* verwunden
meurtrissure [mœʀtʀisyʀ] *f* 1 *sur la peau* blauer Fleck; Striemen *m*; blutunterlaufene Stelle 2 *sur des fruits* Druckstelle *f*; angeschlagene Stelle; Fleck *m* 3 *fig* Wunde *f*
meus, meut [mø] → ***mouvoir***
Meuse [møz] ***la ~*** 1 *fleuve* die Maas 2 *frz Departement*
meute [møt] *f* 1 CH Meute *f* 2 *fig* Meute *f*; Bande *f*; Horde *f*
mévente [mevɑ̃t] *f* COMM schlechter Absatz; Absatzschwierigkeiten *f/pl*, -stockung *f*
mexicain [mɛksikɛ̃] I *adj* mexikanisch II *subst* ***Mexicain(e)*** *m(f)* Mexikaner(in) *m(f)*
Mexico [mɛksiko] Mexiko(-Stadt) *n*
Mexique [mɛksik] ***le ~*** Mexiko *n* (*Land*)
mézigue [mezig] *pr/pers arg* (*moi*) ich; *avec prép* mich *ou* mir
mezzanine [mɛdzanin] *f* ARCH Zwischen-, Halbgeschoss, *österr* -geschoß *n*; Mezzanin *n*
mezza-voce [mɛdzavɔtʃe] *litt loc/adv* MUS halblaut
mezzo-soprano [mɛdzɔsɔpʀano] ‹*pl* **mezzo-sopranos**› 1 *m voix* Mezzosopran *m* 2 *f cantatrice* Mezzosopranistin *f*; Mezzosopran *m*
mg *abr* (*milligramme[s]*) mg (Milligramm)
Mgr *ou* **M**[gr] *abr* → ***monseigneur***
MHz *abr* (*mégahertz*) MHz (Megahertz)
mi [mi] *m* ‹*inv*› MUS e *ou* E *n*
mi-... [mi] *préfixe* 1 *devant noms de mois* Mitte ...; (***à la***) ***~-janvier*** *etc* Mitte Januar *etc*, COMM medio Januar *etc* 2 *étoffe* ***~-fil ~-coton*** halbleinen; ***~-laine ~-coton*** halbwollen; ***~-soie*** halbseiden 3 *suivi d'un adj* halb...; halb; ***~-long*** halblang; ***~-souriant*** halb lächelnd 4 *suivi d'un nom* halb; ***~-salle à manger, ~-cuisine*** halb Esszimmer, halb Küche; *loc/adv* ***à ~-hauteur*** auf halber Höhe; ***à ~-distance*** in halber Entfernung; → *a articles ultérieurs*
miam-miam [mjammjam] *int* mm!; lecker, lecker!
miaou [mjau] I *m* Miau(en) *n* II *int* ***~!*** miau!
miasme [mjasm] *m* Miasma *n*; giftige, übel riechende Ausdünstung
miaulement [mjolmɑ̃] *m* Miauen *n* **miauler** *v/i* miauen
mi-bas [miba] *m* ‹*pl inv*› Halb-, Kniestrumpf *m*
mica [mika] *m* MINÉR Glimmer *m*
Mi-Carême [mikaʀɛm] ***la ~*** Mittfasten *pl* (*in Frankreich Faschingsfest für die Kinder*)
micelle [misɛl] *f* CHIM Mizell(e) *n(f)*
miche [miʃ] *f* 1 ***~*** (***de pain***) Brotlaib *m*; Laib *m* Brot 2 ***~s*** *pl arg* (*fesses*) F Hintern *m*; Po *m*
Michel [miʃɛl] *m Vorname*
Michel-Ange [mikɛlɑ̃ʒ] *m* Michelangelo [mikɛ'landʒelo] *m*
Michèle *ou* **Michelle** [miʃɛl] *f Vorname*
Micheline [miʃlin] *f Vorname*
micheline [miʃlin] *f* CH DE FER Schienen(omni)bus *m*
mi-chemin [miʃmɛ̃] *loc/adv* ***à ~*** auf halbem Wege, auf halber Strecke (***entre ... et ...*** zwischen ... und ...); *fig* ***s'arrêter à ~*** auf halbem Wege stehen, stecken bleiben
micheton [miʃtõ] *arg m d'une prostituée* Freier *m*
Mickey [mikɛ] *m* Mickymaus *f*
mi-clos [miklo] *adj yeux, volets* halb geschlossen
micmac [mikmak] F *m* **a)** (*intrigues*) Machenschaften *f/pl*; Umtriebe *m/pl*; **b)** (*situation confuse*) Durcheinander *n*
micocoulier [mikɔkulje] *m* BOT Zürgelbaum *m*
mi-corps [mikɔʀ] *loc/adv* ***à ~*** bis zur Taille; bis zu den Hüften
mi-côte [mikot] *loc/adv* ***à ~*** auf halber Höhe
mi-course [mikuʀs] *loc/adv* SPORTS ***à ~*** auf halber Strecke
micro [mikʀo] 1 *m abr* (*microphone*) Mikrofon *n*; *pour espionner* ***~*** (***clandestin***) F Wanze *f*; *loc/adv* ***au ~*** am Mikrofon; ***devant le ~*** vor dem Mikrofon 2 *m abr* (*micro-ordinateur*) PC *m* 3 *f abr* (*micro-informatique*) PC-Bereich *m*
microampère [mikʀoɑ̃pɛʀ] *m* (*abr* μ***A***) ÉLECT Mikroampere *n* (*abr* μA) **microanalyse** *f* CHIM Mikroanalyse *f* **microbalance** *f* CHIM Mikrowaage *f*
microbe [mikʀɔb] *m* 1 BIOL Mikrobe *f*; Bakterie *f*; Krankheitserreger *m*, -keim *m* 2 F *fig* Wicht *m*
microbien [mikʀɔbjɛ̃] *adj* ‹**~ne**› BIOL, MÉD Mikroben...; mikrobiell; ***maladie ~ne*** durch Mikroben verursachte Krankheit
microbiologie [mikʀobjɔlɔʒi] *f* Mikrobiologie *f* **microbiologiste** *m* Mikrobiologe *m*
microcéphale [mikʀɔsefal] *adj* kleinköpfig; *sc* mikrozephal
microchimie [mikʀoʃimi] *f* Mikrochemie *f* **microchirurgie** *f* Mikrochirurgie *f* **microclimat** *m* Klein-, Mikroklima *n*
microcosme [mikʀɔkɔsm] *m* Mikrokosmos *m* **microcosmique** *adj* mikrokosmisch
micro-économie [mikʀoekɔnɔmi] *f* Mikroökonomie *f* **micro-électronique** *f* Mikroelektronik *f* **microfibre** *f* Mikrofaser *f* **microfiche** *f* Mikrofiche *n ou m* **microfilm** *m* Mikrofilm *m* **microfilmer** *v/t* auf Mikrofilm aufnehmen **micro-informatique** *f* (Informatik *f* im) PC-Bereich *m*; Einsatz *m* von Mikroprozessoren
micromètre [mikʀomɛtʀ] *m unité de longueur, instrument* Mikrometer *n* **micrométrique** *adj* mikrometrisch; ***vis f ~*** Mikrometerschraube *f*
micron [mikʀõ] *m* Mikron *n*
Micronésie [mikʀɔnezi] ***la ~*** Mikronesien *n*
micro-onde [mikʀoõd] *f* 1 PHYS, TECH Mikrowelle *f* 2 (***four*** *m* ***à***) ***~s*** *m* Mikrowellenherd *m*, -gerät *n* **micro-ordinateur** *m* Mikrocomputer [-pjuː-] *m*; (*ordinateur personnel*) Personal Computer *m*; *abr* PC *m* **micro-organisme** *m* Mikroorganismus *m*; Kleinstlebewesen *n*
microphone [mikʀɔfɔn] *m* Mikrofon *n*
microphotographie [mikʀofɔtɔgʀafi] *f* Mikrofotografie *f* **microphysique** *f* Mikrophysik *f* **microprocesseur** *m* INFORM Mikroprozessor *m*
microscope [mikʀɔskɔp] *m* Mikroskop *n*; ***~ électronique*** Elektronenmikroskop *n*; *loc/adv* ***au ~*** *obser-*

ver unter dem Mikroskop; *fig examiner* aufs Genau(e)ste; genau(e)stens
microscopie [mikʀɔskɔpi] *f* Mikroskopie *f* **microscopique** *adj* **1** *examen etc* mikroskopisch **2** (*minuscule*) verschwindend klein; winzig (klein)
microseconde [mikʀosgõd] *f* Mikrosekunde *f* **microsillon** *m disque* Langspielplatte *f* **micro-trottoir** *m* ⟨*pl* **micros-trottoirs**⟩ TV, RAD Straßenumfrage *f*
miction [miksjõ] *f* MÉD Harnlassen *n*; *sc* Miktion *f*
mi-décembre [midesɑ̃bʀ] *f* → ***mi-...*** *1*
midi [midi] *m* **1** (*milieu du jour*) Mittag *m*; Mittagszeit *f*; *fig* ***démon*** *m* ***de*** ~ Johannistrieb *m*; *loc/adv*: ***à*** ~ mittags; während der *ou* um die Mittagszeit; → *a* *2*; ***demain*** (***à***) ~ morgen Mittag; ***ce*** ~ heute Mittag; ***tous les*** ~***s*** jeden Mittag; *prendre un cachet* ***matin,*** ~ ***et soir*** morgens, mittags und abends **2** *heure* zwölf Uhr (mittags); ~ ***dix*** zehn nach zwölf (Uhr); ~ ***un quart*** *ou* ***et quart*** viertel eins; (ein) Viertel nach zwölf; ***il est*** ~ es ist zwölf Uhr (mittags); ***à*** ~ um zwölf (Uhr) (mittags); ***à*** ~ ***juste*** Punkt, Schlag zwölf (Uhr); ***sur le coup de*** ~, ***vers*** ~, F ***vers les*** ~***s*** gegen, etwa um zwölf Uhr; *fig* ***chercher*** ~ ***à quatorze heures*** Schwierigkeiten sehen, wo keine sind; die Sache unnötig komplizieren; *iron* warum einfach, wenn es auch umständlich geht **3** ***le Midi*** Südfrankreich *n*; *d'un autre pays* der Süden; ***du Midi*** südfranzösisch; ***accent*** *m* ***du Midi*** südfranzösischer Akzent; ***gens*** *m/pl* ***du Midi*** Südfranzosen *m/pl*; ***il est du Midi*** er stammt aus Südfrankreich; er ist Südfranzose

Le soleil du Midi

Spricht man von **le Midi**, denkt man in erster Linie an die sonnigen Gebiete im Süden Frankreichs entlang der Côte d'Azur, an die Lavendelfelder der Provence, an die Wildpferde und Flamingos der Camargue sowie an den Küstenstreifen, der sich entlang des Mittelmeers bis hin zur spanischen Grenze erstreckt.
Die Bewohner des Midi fallen wegen ihrer besonderen Aussprache auf. Typisch für den accent méridional (südfranzösischen Akzent) ist das Vermeiden von Nasalvokalen:
Le vin est bon spricht der Südfranzose in der Regel [ləvɛŋɛbɔŋ] aus.

midinette [midinɛt] *f* **1** *autrefois* Pariser Nähmädchen *n* **2** *par ext* naiv-sentimentales junges Mädchen
Midi-Pyrénées [midipiʀene] ***le*** ~ *frz Region*
mie[1] [mi] *f du pain* ***la*** ~ das weiche Innere; die Krume; ***pain*** *m* ***de*** ~ Toastbrot *n*
mie[2] [mi] *f litt dans les chansons* ***ma*** ~ *litt* mein Lieb(-chen) *n*, Feinsliebchen *n*
miel [mjɛl] *m* **1** Honig *m*; *adjt* ***couleur*** (***de***) ~ honigfarben, -gelb; *fig* ***être*** (***tout sucre***) ***tout*** ~ übertrieben freundlich, katzenfreundlich, F scheißfreundlich sein **2** *fig* ***lune*** *f* ***de*** ~ Flitterwochen *f/pl*; *plais* Honigmond *m* **3** F *euphémisme* (*merde*) ~***!*** F Scheibenhonig!; Scheibenkleister!
miellé [mjele] *litt adj* Honig...; ***parfum*** ~ Honigduft *m*
mielleux [mjɛlø] *adj* ⟨**-euse**⟩ *ton, sourire* honigsüß; süßlich; *personne* katzenfreundlich; F scheißfreundlich
mien [mjɛ̃] **I** *pr/poss* ⟨**mienne** [mjɛn]⟩ ***le*** ~, ***la*** ~***ne*** der, die, das mein(ig)e; meine(r, -s); *pl* ***les*** ~***s, les*** ~***nes*** die mein(ig)en; meine; ***votre fils et le*** ~ Ihr und mein Sohn; Ihr Sohn und meiner *ou* und der mein(ig)e; *votre chapeau est gris*, ***le*** ~ ***est noir*** meiner ist schwarz; *attribut* ***ce livre n'est pas le*** ~ dieses Buch gehört mir nicht; das ist nicht mein Buch; ***vos idées sont les*** ~***nes*** Ihre Gedanken sind auch die mein(ig)en; ich denke genauso (wie Sie); ***votre prix sera le*** ~ ich akzeptiere Ihren Preis **II** *adj/poss litt* ***un*** ~ ***cousin*** ein Vetter von mir; e-r meiner Vettern; *des revendications* ***que je fais*** ~***nes*** die ich zu den meinen mache; *st/s* ***cette maison est*** ~***ne*** dieses Haus ist mein Eigentum, *st/s* mein Eigen **III** *subst* **1** ***le*** ~ das Mein(ig)e; mein Eigentum; ***la distinction du tien et du*** ~ die Unterscheidung von Mein und Dein; ***j'y ai mis du*** ~ ich habe das Mein(ig)e getan, mein(en) Teil dazu beigetragen **2** ***les*** ~***s*** *m/pl* die Mein(ig)en; meine Familie; meine Angehörigen; *par ext* meine Freunde
miette [mjɛt] *f* **1** *de pain, de gâteau* Krümel *m*; Krümchen *n*; Krume *f*; ~***s*** *pl a* Brösel *m/pl*; ***ne pas en laisser une*** ~ alles bis auf den letzten Krümel aufessen **2** *verre etc* ***mettre, réduire en*** ~***s*** in (viele kleine) Stücke schlagen; zerschlagen; zertrümmern **3** *fig d'un héritage* ***des*** ~***s*** ein paar kümmerliche Brocken *m/pl*; F ***ne pas perdre une*** ~ ***de qc*** sich (*dat*) nicht das Geringste von etw entgehen lassen
mieux [mjø] **I** *adv* **1** ⟨*comp von* **bien**⟩ besser; ♦ *j'accepte tous vos projets*, ~, ***je vous soutiendrai*** ja ich werde Sie sogar unterstützen; ♦ ***je le connais*** ~ ***que tu ne crois*** ich kenne ihn besser, als du glaubst; ***je le sais*** ~ ***que personne*** ich weiß es besser als irgendjemand sonst; ♦ *loc/adv*: ***à qui*** ~ ~ um die Wette; ***beaucoup, bien*** ~ viel besser; ***de*** ~ ***en*** ~ immer besser; ***on ne peut*** ~ (aller) bestens; aufs Beste; vortrefflich; vorzüglich; ***un peu*** ~ etwas besser; ***tant*** ~ (***pour lui***)***!*** umso, desto besser (für ihn)!; ♦ *avec verbes et p/p*: ***aimer*** ~ → ***aimer*** *I*; ***aller*** ~ *malade* sich besser befinden; *affaires etc* besser gehen; ***le malade va*** ~ *a* dem Kranken geht es besser; ***ça ira*** ~ ***demain*** morgen wird es besser gehen; F *indigné* ***ça ne va pas*** ~***!*** das ist doch die Höhe!; das ist unerhört, unverschämt!; ***dire*** ~ mehr bieten; ***je ne peux pas vous dire*** ~ mehr kann ich Ihnen nicht sagen; ***pour*** ~ ***dire*** besser, richtiger gesagt; ***faire*** ~ ***de*** (*+inf*) besser daran tun zu (*+inf*); ***être*** ~ ***habillé, logé*** besser gekleidet, untergebracht sein; ***valoir*** ~ → ***valoir*** *II 1*; ♦ *adjt*: ***c'est*** ~ ***ainsi*** das ist besser so; *mettez-vous dans ce fauteuil*, ***vous serez*** ~ da sitzen Sie bequemer, besser; *malade* ***il est*** ~ ***qu'hier*** es geht ihm besser als gestern; ***elle est*** ~ ***que sa sœur*** sie sieht besser aus, sie ist hübscher als ihre Schwester; ***et, qui*** ~ ***est ...*** und (was) das Schönste ist ...; und was noch besser ist ...; ***se sentir*** ~ sich besser

M

fühlen; ***je vous trouve ~ aujourd'hui*** ich finde, dass es Ihnen heute besser geht; ***il n'y a rien de ~*** etwas Besseres gibt es nicht; es gibt nichts Besseres; ***c'est ce qu'il y a*** *ou* ***ce qui se fait*** *ou* ***ce qu'on fait de ~*** das ist das Beste in s-r Art; ***ce qu'il y a de ~ dans ce spectacle, c'est ...*** das Beste an diesem Schauspiel ist ...; *iron* ***il n'a rien trouvé de ~ que de*** (*+inf*) es ist ihm nichts Besseres eingefallen, er hatte nichts Besseres zu tun, als zu (*+inf*); ♦ *subst* ***il y a ~, mais c'est plus cher*** es gibt Besseres, aber das ist teurer; ***en attendant ~*** in Erwartung e-s Besser(e)n; ***il a changé en ~*** er hat sich zu s-m Vorteil verändert; ***je ne demande pas ~*** ich wüsste nicht(s), was ich lieber täte; es könnte mir gar nichts Besseres passieren **2** ⟨*sup von* **bien**⟩ ***le ~*** am besten; ♦ *avec verbes et p/p*: ***c'est lui que j'aime le ~*** ihn liebe ich am meisten; ***le plus tôt sera le ~*** je eher, desto besser; ***il a fait le ~ qu'il a pu*** er hat es so gut gemacht, wie er irgend konnte; ***la femme la ~ habillée*** die bestgekleidete Frau; ♦ *loc/adv*: ***des ~*** (*+p/p*) sehr gut; bestens; ***ce travail est des ~ réussis*** diese Arbeit ist bestens gelungen; ***au ~, le ~ du monde, pour le ~*** sehr gut; bestens; aufs Beste; zum Besten; ***arrangez l'affaire au ~*** regeln Sie die Angelegenheit, so gut es irgend geht; ***être au ~ avec qn*** mit j-m sehr gut stehen; ***être au ~ de sa forme*** bestens in Form sein; (***en mettant les choses***) ***au ~*** bestenfalls; im günstigsten Falle; günstigstenfalls; ***tout va pour le ~*** es ist alles bestens (in Ordnung); es geht, läuft alles bestens; es steht alles zum Besten; ***espérons que tout ira pour le ~*** hoffen wir das Beste; ***faire pour le ~*** sein Bestes tun; das Bestmögliche tun **II** *m* **1** ***le ~*** das Beste *ou* das Bessere; ***le ~ serait de prévenir ses parents*** das Beste wäre es *ou* es wäre am besten, s-e Eltern zu benachrichtigen; ***faire de son ~*** sein Bestes, Möglichstes tun; ***je t'aide de mon ~*** ich helfe dir, so gut ich kann *ou* nach besten Kräften; *prov* ***le ~ est l'ennemi du bien*** das Bessere ist des Guten Feind (*prov*) **2** (*amélioration*) Besserung *f*; (*progrès*) Fortschritt *m*; ***il y a du ~*** es ist e-e Besserung eingetreten; es geht, steht (schon) besser

mieux-être [mjøzɛtʀ] *m* höherer Wohlstand; höherer Lebensstandard

mièvre [mjɛvʀ] *adj beauté, charme* fad(e); *compliments* abgeschmackt; *poésie, genre, roman* geziert, gekünstelt, gewollt manieriert (und langweilig)

mièvrerie [mjɛvʀəʀi] *f* Fadheit *f*; Abgeschmacktheit *f*; Geziertheit *f*; Künstelei *f*; Manieriertheit *f*

mi-figue, mi-raisin [mifigmiʀɛzɛ̃] *loc/adj accueil* lau(warm); *réponse, mine* zweideutig

mi-fin [mifɛ̃] *adj* COMM mittelfein

mignard [miɲaʀ] *adj* geziert; affektiert

mignardise [miɲaʀdiz] *f* Geziertheit *f*; Affektiertheit *f*

mignon [miɲõ] **I** *adj* ⟨**~ne**⟩ **1** *personne jeune, objet* niedlich; allerliebst; süß; goldig; reizend; herzig; CUIS ***filet ~*** kleine runde Scheibe von der Filetspitze; *fig* ***péché ~*** (kleine) Schwäche **2** F (*gentil*) nett; ***sois ~, aide-moi*** sei so nett, lieb, freundlich und hilf mir **II** *subst* **1** **~(ne)** *m(f)* (*petit garçon*) niedliches Kerlchen; (*petite fille*) F süßes kleines Ding; (*jeune fille*) F süßer Fratz; *appellatif* ***mon ~, ma ~ne*** mein Süßer, meine Süße; Herzchen *n*; Liebling *m*; *à une jeune fille a* F Puppe *f* **2** *m* HIST Liebling *m*, Günstling *m* (*Heinrichs III.*)

mignonnet [miɲɔnɛ] *adj* ⟨**~te**⟩ ganz niedlich

migraine [migʀɛn] *f* Migräne *f* **migraineux** *adj* ⟨**-euse**⟩ Migräne...

migrant [migʀɑ̃] *m* ADM ***~s*** *pl ou adjt* ***travailleurs ~s*** Wanderarbeitnehmer *m/pl*; Gastarbeiter *m/pl*

migrateur [migʀatœʀ] *adj* ⟨**-trice**⟩ wandernd; Wander...; ***oiseau ~*** *ou subst* ***~*** *m* Zugvogel *m*

migration [migʀasjõ] *f de populations, d'animaux* Wanderung(sbewegung) *f*; *sc* Migration *f*; *par ext* ***les grandes ~s des vacances*** F die Völkerwanderung in den Ferien; REL ***~ des âmes*** Seelenwanderung *f*; ***~ des oiseaux*** Vogelzug *m*

migratoire [migʀatwaʀ] *adj* Wanderungs...; ***mouvement*** *m* ***~*** Wanderungsbewegung *f*

mi-jambe [miʒɑ̃b] *loc/adv* ***à ~*** bis an die Waden

mijaurée [miʒɔʀe] *f péj* affektiertes Frauenzimmer *n*; F eingebildete Pute

mijoter [miʒɔte] **I** *v/t* **1** CUIS **a)** (*cuire lentement*) bei schwacher Hitze, auf kleiner Flamme schmoren, kochen; **b)** (*préparer avec soin*) liebevoll zubereiten; ***~ des petits plats à qn*** F j-n liebevoll bekochen **2** F *fig mauvais coup etc* ausbrüten; F aushecken; ***qu'est-ce qu'il mijote encore?*** *a* was führt er nun wieder im Schilde? **II** *v/i* CUIS (***faire***) ***~*** bei schwacher Hitze, auf kleiner Flamme schmoren, kochen (lassen)

mikado [mikado] *m* **1** (*empereur du Japon*) Mikado *m* **2** *jeu* Mikado *n*

mil¹ [mil] *num/c dans une date* tausend; ***mil neuf cent quatorze*** 1914

mil² [mil] *m* BOT Hirse *f*

milan [milɑ̃] *m* ZO Milan *m*

Milan [milɑ̃] Mailand *n*

milanais [milanɛ] **I** *adj* **1** GÉOGR mailändisch **2** CUIS ***à la ~e*** Mailänder Art **II** *subst* ***Milanais(e)*** *m(f)* Mailänder(in) *m(f)*

mildiou [mildju] *m* VIT Mehltau *m*

Milhaud [mijo] *frz Komponist*

milice [milis] *f* **1** Miliz *f*; Hilfstruppe *f*, -polizei *f* **2** *1943-1944* ***la Milice*** die Miliz des Vichyregimes

milicien [milisjɛ̃] *m* Milizsoldat *m*; Milizionär *m*

milieu [miljø] *m* ⟨*pl* **~x**⟩ **1** Mitte *f*; ***~ du jour*** Tagesmitte *f*; ***~ de la route*** Straßenmitte *f*; *loc/adj* ***du ~*** mittlere(r, -s); Mittel...; F ***doigt*** *m* ***du ~*** Mittelfinger *m*; FOOTBALL ***ligne*** *f* ***de ~*** Mittellinie *f*; ***la porte du ~*** die mittlere Tür; ***rang*** *m* ***du ~*** Mittelreihe *f*; *loc/adv*: ***depuis le ~ du XIXe siècle*** seit der Mitte des 19. Jahrhunderts; ***par le ~*** in der Mitte; F mittendurch; ***couper par le ~*** in der Mitte durchschneiden; mittendurch schneiden; *loc/prép*: ***au ~ de*** in der Mitte (*+gén*); inmitten (*+gén*); mitten in, auf, unter (*+dat*); ***travailler au ~ du bruit*** im Lärm, von Lärm umgeben arbeiten; *il a fini son anecdote* ***au ~ des rires ...*** unter dem Lachen s-r Zuhörer; ***au ~ de la semaine prochaine*** Mitte kommender Woche; ***au beau ~, en plein ~ de*** mitten in, auf, unter (*+dat*); ***au beau ~ de son discours, de la route*** mitten in s-r Rede, mitten auf der Straße **2** *fig* Mittelweg *m*; mittlere Linie; ***le juste ~*** die richtige, goldene Mitte; der goldene Mittelweg; ***garder le juste ~*** den goldenen Mittelweg gehen; ***il n'y a pas de ~*** e-n Mittelweg, e-e dritte Möglichkeit gibt es nicht; entweder - oder **3** (*entourage*) Umwelt *f*; Milieu *n*; Umfeld *n*; Umgebung *f*; ***~ naturel*** natürliche Umwelt; ~ ***social*** (soziales) Milieu; gesellschaftliches Umfeld; ***se sentir dans son*** ~ sich in s-r gewohnten Umgebung, in s-n Kreisen, in s-m Milieu fühlen **4** ~***x*** *pl* Kreise *m/pl*; ~***x diplomatiques*** diplomatische Kreise; Diplomatenkreise *m/pl*; ~***x économiques, gouvernementaux*** Wirtschafts-, Regierungskreise *m/pl*; ~***x des affaires*** Geschäftswelt *f*, -kreise *m/pl* **5** ***le*** ~ *ou* ***Milieu*** die Unterwelt; *loc/adj* ***du*** ~ der Unterwelt; unterweltlich; Ganoven… **6** FOOTBALL ~ ***de terrain*** Mittelfeldspieler *m*

militaire [militɛʀ] **I** *adj* militärisch; soldatisch; Militär…; Wehr…; Kriegs…; ***budget*** *m* ~ Wehretat *m*; Militärbudget *n*; ***coup*** *m* ***d'État, putsch*** *m* ~ Militärputsch *m*; ***gouvernement*** *m* ~ Militärregierung *f*; ***marine*** *f* ~ Kriegsmarine *f*; ***préparation*** *f* ~ vormilitärische Ausbildung; Wehrertüchtigung *f*; ***véhicule*** *m* ~ Militärfahrzeug *n*; *loc/adv* ***à l'heure*** ~ auf die Minute (pünktlich) **II** *m* Militärperson *f*; Soldat *m*; (*officier supérieur*) Militär *m*; ~ ***de carrière*** Berufssoldat *m*

militairement [militɛʀmɑ̃] *adv* militärisch

militant [militɑ̃] **I** *adj* militant; kämpferisch; politisch aktiv **II** *subst* ~***(e)*** *m(f)* Aktivist(in) *m(f)*; *d'un parti, d'un syndicat* aktives Mitglied

militantisme [militɑ̃tism] *m* militante, politisch aktive Haltung

militarisation [militaʀizasjõ] *f* Militarisierung *f* **militariser** *v/t* **a)** *zone, peuple* militarisieren; **b)** *police etc* militärisch organisieren **militarisme** *m péj* Militarismus *m* **militariste** *péj* **I** *adj* militaristisch **II** *m* Militarist *m*

militer [milite] *v/i* **1** *personne* sich aktiv betätigen; (politisch) aktiv sein; ~ ***en faveur de, pour qc*** für etw kämpfen **2** *arguments, raisons* ~ ***en faveur de*** *ou* ***pour, contre*** sprechen für, gegen

Millau [mijo] *Stadt im Dep. Aveyron*

mille[1] [mil] **I** *num/c* ⟨*inv*⟩ **1** tausend; ~ ***un*** tausend(und)eins; ***trois*** ~ dreitausend; ***cent*** ~ hunderttausend; ~ ***hommes*** tausend Mann; ***courir le*** ~ ***mètres*** am 1000-m-Lauf teilnehmen; ***Les Mille et une Nuits*** Tausendundeine Nacht; ***page*** ~ Seite tausend; ***l'an deux*** ~ das Jahr zweitausend; ***en*** ~ ***neuf cent quarante*** (im Jahr) neunzehnhundertvierzig **2** *fig*: ~ ***choses à M. X!*** viele, F tausend Grüße an Herrn X!; *loc/adv* ~ ***fois*** tausendmal; unzählige Mal(e); ***vous avez*** ~ ***fois raison*** Sie haben völlig, vollkommen recht; ***je vous le donne en*** ~ ich wette hundert zu eins, dass Sie es nicht erraten (werden) **II** *m* ⟨*inv*⟩ **1** *nombre* Tausend *f*; Tausender *m* (*a* MATH); ***cinq pour*** ~ (‰) fünf Promille (‰); fünf vom Tausend (*abr* v. T.) **2** *quantité* Tausend *n* (*abr* Tsd.) (*a* TYPO *d'un tirage*); ***un*** ~ ***d'aiguilles*** ein Tausend Nadeln; F ***des*** ~ ***et des cents*** F Unsummen *f/pl*; ***ne pas gagner des*** ~ ***et des cents*** kein Großverdiener sein **3** *d'une cible* Schwarze(s) *n*; ***mettre***, F ***taper dans le*** ~ ins Schwarze treffen; *fig a* den Nagel auf den Kopf treffen

mille[2] [mil] *m* Meile *f*; ~ ***anglais*** englische Meile; ~ ***marin*** Seemeile *f*

millefeuille *ou* **mille-feuille** [milfœj] **1** *m* CUIS Cremeschnitte *f* aus Blätterteig **2** *f* BOT Schafgarbe *f*

millénaire [mi(l)lenɛʀ] **I** *adj* tausendjährig; *par ext* uralt; ***une tradition plusieurs fois*** ~ e-e mehrere tausend Jahre alte Tradition **II** *m* **1** *période* Jahrtausend *n*; *st/s* Millennium *n* **2** *anniversaire* Tausendjahrfeier *f*

mille-pattes [milpat] *m* ⟨*inv*⟩ Tausendfüß(l)er *m*

millepertuis *ou* **mille-pertuis** [milpɛʀtɥi] *m* BOT Johanniskraut *n*

mille-raies [milʀɛ] *m* ⟨*inv*⟩ TEXT fein gestreifter *ou* fein gerippter Stoff; *adjt* ***velours*** *m* ~ fein gerippter Samt

millésime [milezim] *m* **1** *d'une monnaie* Jahreszahl *f*; *d'un vin* Jahrgang *m*; ***une bouteille au*** ~ ***de 1975*** e-e Flasche (vom) Jahrgang 1975; e-e Flasche 75er **2** *dans une date* (Zahl *f*) Tausend *f*

millésimé [milezime] *adj vin* mit der Jahrgangszahl (versehen)

millésimer [milezime] *v/t pièces de monnaie, vins etc* mit der, mit e-r Jahreszahl versehen

Millet [milɛ, mijɛ] *frz Maler*

millet [mijɛ] *m* BOT Hirse *f*

milliampère [miliɑ̃pɛʀ] *m* (*abr* ***mA***) ÉLECT Milliampere *n* (*abr* mA)

milliard [miljaʀ] *m* Milliarde *f* (*abr* Mrd.); ***un*** ~ ***de dollars*** e-e Milliarde Dollar; ***dépenser des*** ~***s*** Milliarden, *par ext* F Unsummen ausgeben

milliardaire [miljaʀdɛʀ] *m,f* Milliardär(in) *m(f)*

milliardième [miljaʀdjɛm] **I** *num/o* milliardste(r, -s) **II** *m* Milliardstel *n*

millibar [milibaʀ] *m* (*abr* ***mb***) MÉTÉO Millibar *n* (*abr* mb)

millième [miljɛm] **I** *num/o* tausendste(r, -s) **II** *subst* **1** ***le, la*** ~ der, die, das Tausendste **2** *m* MATH Tausendstel *n*; ***un*** ~ ***de millimètre*** ein tausendstel Millimeter

millier [milje] *m* Tausend *n*; ***des*** ~***s de …*** (aber)tausende *ou* (Aber)Tausende von (*ou* +*gén*); ***un*** ~ ***d'hommes, d'électeurs*** tausend Mann, Wähler; *loc/adv* ***par*** ~***s*** zu tausenden *ou* Tausenden

milligramme [miligʀam] *m* (*abr* ***mg***) Milligramm *n* (*abr* mg)

millimètre [milimɛtʀ] *m* (*abr* ***mm***) Millimeter *m ou n* (*abr* mm); ~ ***carré, cube*** Quadrat-, Kubikmillimeter *m ou n*

millimétré [milimetʀe] *adj ou* **millimétrique** *adj* in Millimeter eingeteilt; ***papier millimétré*** *ou* ***millimétrique*** Millimeterpapier *n*

millimicron [milimikʀõ] *m* Millimikron *n*

million [miljõ] *m* Million *f* (*abr* Mill. *ou* Mio.); ***des*** ~***s de …*** millionen (und abermillionen) *ou* Millionen (und Abermillionen) von (*ou* +*gén*); F Unmengen, e-e Unmenge, e-e Unzahl von (*ou* +*gén*); ***deux*** ~***s d'euros*** zwei Millionen Euro; ***1,5*** ~ (*sg*) 1,5 Millionen; ***être riche à*** ~***s*** steinreich, F millionenschwer sein

millionième [miljɔnjɛm] **I** *num/o* millionste(r, -s); ***le*** ~ ***visiteur*** der millionste Besucher **II** *m* Millionstel *n*; ***un*** ~ ***de millimètre*** ein millionstel Millimeter

millionnaire [miljɔnɛʀ] *m,f* Millionär(in) *m(f)*; ***il est plusieurs fois*** ~ er ist mehrfacher Millionär

mi-lourd [miluʀ] *adj* → ***poids*** *3*

mi-mai [mimɛ] *f*, **mi-mars** *f* → ***mi-…*** *1*

mime [mim] *m* **1** *acteur* Pantomime *m* **2** *par ext* ***avoir un talent de*** ~ andere gut nachahmen können

mimer [mime] *v/t* **1** THÉ pantomimisch darstellen **2** *par ext* (*imiter*) nachahmen, -machen; (*singer*) nachäffen

mimétique [mimetik] *adj* BIOL mimetisch **mimé-**

M

tisme *m* **1** BIOL Mimikry *f*; Mimese *f* **2** *fig* Nachahmung *f*
mimi [mimi] *m* **1** F *(baiser)* Küsschen *n*; *südd* F Bussi *n*; ***fais ~ à ta tante*** gib deiner Tante ein Küsschen! **2** *enf* *(chat)* Mieze(kätzchen) *f(n)* **3** F *terme d'affection* Schätzchen *n*; Herzchen *n*; Mäuschen *n*; *adjt* ⟨*inv*⟩ ***il*** *ou* ***elle est ~*** er *ou* sie ist niedlich, F goldig, herzig, süß
mimique [mimik] **I** *adj* ***langage*** *m* **~** Gebärdensprache *f* **II** *f* Mimik *f* und Gestik *f*; Mienen- und Gebärdenspiel *n*
mimolette [mimɔlɛt] *f holländischer Hartkäse*
mimosa [mimoza] *m* **1** BOT Mimose *f* **2** *adjt* CUIS ***œufs*** *m/pl* **~** *halbierte harte Eier, deren Eigelb mit Mayonnaise vermischt wird*
mi-moyen [mimwajɛ̃] *adj* → ***poids*** *3*
minable [minabl] F **I** *adj* miserabel; erbärmlich; kläglich; kümmerlich; jämmerlich **II** *m,f* Nichtskönner *m*; Versager *m*; F Flasche *f*
minaret [minaʀɛ] *m* Minarett *n*
minauder [minode] *v/i* sich zieren; sich spreizen; F sich haben; *par ext* kokettieren **minauderies** *f/pl* Ziererei *f*; affektiertes Benehmen; F Gehabe *n*; Getue *n*; Affigkeit *f*; *par ext* Koketterie *f* **minaudier** *adj* ⟨**-ière**⟩ affektiert; F affig
mince [mɛ̃s] **I** *adj* **1** *feuille de papier, tranche, couche etc* **~ *comme une feuille de papier à cigarettes*** hauchdünn **2** *colonne, taille, personne* schmal; schlank; ***jambes*** *f/pl* **~s** schlanke Beine *n/pl*; ***lèvres*** *f/pl* **~s** schmale Lippen *f/pl*; *personne* **~ *comme un fil*** gertenschlank **3** *fig profit, rôle etc* klein; unbedeutend; ***prétexte*** *m* **~** nichtiger, fadenscheiniger Vorwand; ***savoir*** *m* **~** bescheidenes, dürftiges Wissen; ***ce n'est pas une ~ affaire*** das ist keine Kleinigkeit (***que de*** *+inf* zu *+inf*) **II** *int* F **~** (***alors***)***!*** *surprise désagréable* F verdammt (noch mal)!; so ein Mist!; *admiration* Donnerwetter!
minceur [mɛ̃sœʀ] *f* **1** *d'une feuille etc* Dünne *f*; Dünnheit *f* **2** *de la taille etc* Schmalheit *f*; Schlankheit *f*
mine¹ [min] *f* **1 a)** *(physionomie)* Gesichtsausdruck *m*; Gesicht *n*; Miene *f*; ***avoir une ~ effrayée, étonnée*** ein erschrockenes, erstauntes Gesicht machen; ***avoir une ~ éveillée*** aufgeweckt aussehen; ***faire bonne ~ à qn*** freundlich, nett zu j-m sein; j-m freundlich begegnen; ***faire grise ~ à qn*** j-m ein finsteres, saures Gesicht zeigen; j-m abweisend begegnen; ***faire triste ~*** ein trauriges Gesicht machen; **b)** **~s** *pl* Mienen- und Gebärdenspiel *n*; *péj* **~*s affectées*** → ***minauderies***; *péj* ***faire des ~s*** → ***minauder*** **2 a)** *(aspect extérieur)* Äußere(s) *n*; Aussehen *n*; ***sous sa ~ tranquille*** unter s-m ruhigen Äußeren; ***il a la ~ de qn qui ...*** er sieht aus wie jemand, der ...; ***faire ~ de*** so tun, als ob; ***il faisait ~ de lui donner un coup*** er tat, als wollte er ihm e-n Schlag versetzen; ***juger les gens sur la ~*** die Menschen nach ihrem Äußeren beurteilen; ***à en juger sur sa ~*** s-m Aussehen nach; F **~ *de rien*** ohne es sich *(dat)* anmerken zu lassen; (so) als ob nichts wäre; → *a* ***payer*** *II 2*; **b)** *selon l'état de santé* Aussehen *n*; ***avoir bonne ~*** gut, gesund aussehen; F *iron (être ridicule)* blamiert sein; ***avoir mauvaise ~*** schlecht, krank aussehen
mine² [min] *f* **1** *exploitation* Bergwerk *n*; Grube *f*; Zeche *f*; Mine *f*; **~ *souterraine*** Untertagebau *m*; Grube *f*; **~ *à ciel ouvert*** Tagebaubetrieb *m*; **~ *d'argent, de cuivre*** Silber-, Kupferbergwerk *n*, -mine *f*; **~ *de diamants*** Diamantbergwerk *n*; **~ *de fer*** Eisen(erz)bergwerk *n*, -grube *f*; **~ *de houille*** Steinkohlenbergwerk *n*, -grube *f*, -zeche *f*; **~ *d'or*** Goldmine *f*; *fig* Goldgrube *f*; **~ *de sel*** Salzbergwerk *n*; ***exploitation*** *f* ***des ~s*** Bergbau *m*; ***descendre dans la ~*** in das Bergwerk einfahren; ***travailler à la ~*** im (Kohlen)Bergwerk arbeiten **2** ADM ***les Mines*** die staatliche Bergbehörde; ***École*** *f* ***des Mines*** Bergakademie *f*; ***service*** *m* ***des Mines*** *correspond à* Technischer Überwachungsverein *m* *(abr* TÜV) **3** *fig (source inépuisable)* Fundgrube *f* **4** *d'un crayon* Mine *f*; TECH **~ *de plomb*** Grafit *m* *(für Bleistifte)*; **~ *de rechange*** Ersatzmine *f*
mine³ [min] *f* MIL Mine *f*; ***champ*** *m* ***de ~s*** Minenfeld *n*; ***marcher sur une ~*** auf e-e Mine treten; ***poser des ~s*** Minen legen
miner [mine] **I** *v/t* **1** MIL verminen; *adjt* ***miné*** vermint **2** *mer: falaise etc* aushöhlen; unterspülen **3** *fig santé etc* untergraben; zerrütten; *chagrin, soucis* **~ *qn*** j-n zermürben; an j-m zehren; *(a maladie)* **II** *v/pr* F ***se ~*** sich (seelisch) ruinieren, F kaputtmachen
minerai [minʀɛ] *m* Erz *n*; **~ *de fer, d'uranium*** Eisen-, Uranerz *n*
minéral [mineʀal] ⟨*m/pl* **-aux**⟩ **I** *adj* mineralisch; Mineral...; ***chimie ~e*** anorganische Chemie; ***eau ~e*** Mineralwasser *n*; Tafelwasser *n*; ***huile ~e*** Mineralöl *n*; ***sel ~*** Mineralsalz *n*; ***substances ~es*** Mineralstoffe *m/pl* **II** *m* Mineral *n*
minéralier [mineʀalje] *m* MAR Erzfrachter *m*
minéralisation [mineʀalizasjõ] *f* Mineralisierung *f*; Mineralisation *f*
minéraliser [mineʀalize] *v/t* Mineralien zusetzen (***l'eau*** dem Wasser); ***eau minéralisée*** künstliches Mineralwasser
minéralogie [mineʀalɔʒi] *f* Mineralogie *f*
minéralogique [mineʀalɔʒik] *adj* **1** mineralogisch; ***collection*** *f* **~** Mineralien-, Gesteinssammlung *f* **2** AUTO ***numéro*** *m* **~** amtliches Kennzeichen; ***plaque*** *f* **~** Nummernschild *n*
minéralogiste [mineʀalɔʒist] *m,f* Mineraloge *m*, -login *f*
Minerve [minɛʀv] *f* MYTH Minerva *f*
minerve [minɛʀv] *f* MÉD Halskrause *f*; *t/t* (Gips)Krawatte *f*
Minervois [minɛʀvwa] ***le ~*** das Minervois *(Landschaft im Languedoc)*
minervois [minɛʀvwa] *m Wein aus dem Minervois*
minestrone [minɛstʀɔn] *m* CUIS Minestrone *f*; Minestra *f*
minet [minɛ] *m*, **minette** *f* **1** F *(chat)* F Miez(e) *f*; Miezchen *n*; Miezekatze *f* **2** *terme d'affection* F ***mon minet, ma minette*** (mein) Schätzchen *n*, Herzchen *n*, Mäuschen *n* **3** *jeune homme* F Schickimicki *m*; Geck *m*; *jeune fille* F Mieze *f*
mineur¹ [minœʀ] **I** *adj* **1** *(d'importance secondaire)* zweitrangig; nebensächlich; untergeordnet; *auteur, peintre a* unbedeutend; ***arts ~s*** Kunstgewerbe *n*; ÉGL CATH ***frères ~s*** Minoriten *m/pl*; Franziskaner *m/pl* **2** MUS Moll...; ...-Moll; ***gamme ~e*** Molltonleiter *f*; ***intervalle ~*** kleines Intervall; ***tierce ~e*** kleine Terz; ***en ut ~*** in c-Moll; ***messe*** *f* ***en si ~*** h-Moll-Messe *f* **3** JUR minderjährig; unmündig **4** ***l'Asie***

Mineure Kleinasien *n* **5** REL ***saint Jacques le Mineur*** Jakobus der Jüngere **II** *subst* **1** JUR **~(e)** *m(f)* Minderjährige(r) *f(m)*; Unmündige(r) *f(m)*; *en matière pénale* Jugendliche(r) *f(m)* **2** MUS *m* Moll *n*; Molltonart *f*
mineur[2] [minœʀ] *m ouvrier* Bergarbeiter *m*, -mann *m*; Kumpel *m*; Knappe *m*; ***~ de fond*** Untertagearbeiter *m*
mini [mini] **I** *adj* ⟨*inv*⟩ **1** ***mode f ~*** Minimode *f*; *advt* ***s'habiller ~*** Mini tragen **2** F (*très petit*) F Mini…; ***réforme f ~*** Minireform *f*; *son studio*, ***c'est ~*** ist winzig **II** *m* Minimode *f*
mini… *ou* **mini-…** [mini] *préfixe* Mini…; → *a articles ultérieurs*
miniature [minjatyʀ] *f* **1** *image* Miniatur *f* **2** *art* Miniaturmalerei *f*; (*enluminure*) Buchmalerei *f* **3** *adjt* **(*en*) ~** Miniatur…; im kleinen; in verkleinertem Maßstab; ***golf*** *m* **~** Mini-, Kleingolf *n*
miniaturisation [minjatyʀizasjõ] *f* TECH Miniaturisierung *f*; Kleinstbauweise *f* **miniaturiser** *v/t* TECH miniaturisieren
miniaturiste [minjatyʀist] *m,f* Miniaturmaler(in) *m(f)*
minibar [minibaʀ] *m* Minibar *f*
minibus [minibys] *m* Kleinbus *m*
minichaîne [miniʃɛn] *f* kleine Stereoanlage; Kompaktanlage *f*
minidosé [minidoze] *adj* ***pilule ~e*** Minipille *f*
minier [minje] *adj* ⟨**-ière**⟩ Bergwerks…; Bergbau…; Gruben…; ***bassin ~*** Bergbaugebiet *n*, -revier *n*; ***industrie minière*** Bergbau *m*; ***ressources minières*** Bodenschätze *m/pl*
minigolf [minigɔlf] *m* Mini-, Kleingolf *n*
minijupe *ou* **mini-jupe** [miniʒyp] *f* Minirock *m*; F Mini *m*
minima [minima] → ***minimum***
minimal [minimal] *adj* ⟨**-aux**⟩ minimal; Minimal…; Mindest…; ***températures ~es*** Tiefsttemperaturen *f/pl*
minime [minim] **I** *adj* gering(fügig); unbedeutend; unwesentlich; verschwindend klein; minimal **II** *m* SPORTS Jugendliche(r) *m* (*zwischen 13 u 15 Jahren*)
minimisation [minimizasjõ] *f* ÉCON Minimierung *f*
minimiser *v/t* bagatellisieren; herunterspielen; verharmlosen; verniedlichen
minimum [minimɔm] **I** *adj* ⟨*f* **~** *od* **minima**; *pl m u f* **~s** *od* **minima**⟩ minimal; Minimal…; Mindest…; ***âge ~ requis*** erforderliches Mindestalter **II** *m* ⟨*pl* **~s** *od* **minima**⟩ Minimum *n* (*a* MATH); Mindestmaß *n*; *somme* Mindestbetrag *m*; ***~ vital*** Existenzminimum *n*; ***le ~ de chances, de risques*** die geringsten Chancen *f/pl*, die kleinsten Risiken *n/pl*; ***~ de frais*** minimale Unkosten *pl*; ***~ de la peine*** Mindeststrafe *f*; niedrigstes Strafmaß; *abs* ***être condamné au ~*** die Mindeststrafe erhalten; ***les ~s*** *ou* ***minima de température d'août*** die Tiefstwerte *m/pl* der Temperatur im August; ***un ~ de travail*** ein Minimum, Mindestmaß an Arbeit; *loc/adv*: ***au ~*** mindestens; wenigstens; ***dans le ~ de temps*** in kürzester Zeit; *température etc* ***atteindre son ~*** den niedrigsten Stand erreichen; ***s'il avait un ~ de savoir-vivre*** wenn er den geringsten, ein klein bisschen Anstand besäße
mini-ordinateur [miniɔʀdinatœʀ] *m* Mini-, Bürocomputer [-pjuː-] *m*
minipilule [minipilyl] *f* Mikropille *f*; F Minipille *f*
miniski [miniski] *m* Kurzski *m*
minispace [minispas] *m* AUTO Minivan [-vɛn] *m*
ministère [ministɛʀ] *m* **1** POL Ministerium *n* (*a bâtiment*); ***~ des Affaires étrangères*** Außenministerium *n*; Auswärtiges Amt; Ministerium für auswärtige Angelegenheiten; ***~ des Finances*** Finanzministerium *n*; Ministerium der Finanzen; ***~ de l'Intérieur*** Innenministerium *n*; Ministerium des Inner(e)n; ***~ de la Justice*** Justizministerium *n*; Ministerium der Justiz **2** POL *charge* Ministeramt *n* **3** POL (*cabinet*) Regierung *f*; Kabinett *n*; ***le ~ X*** die Regierung X; das Kabinett X **4** POL *période* Regierungszeit *f* **5** JUR ***~ public*** Staatsanwaltschaft *f*; Anklagevertretung *f* **6** REL Priesteramt *n*
ministériel [ministeʀjɛl] *adj* ⟨**~le**⟩ **1** (*d'un ministère*) ministeriell; Ministerial…; ***département ~*** Abteilung *f* e-s Ministeriums; ***fonctionnaire ~*** Ministerialbeamte(r) *m* **2** (*du gouvernement*) Regierungs…; Kabinetts…; ***déclaration ~le*** Regierungserklärung *f* **3** *journal* regierungstreu, -freundlich **4** (*de ministre*) ministeriell; ***arrêté ~*** ministerieller Erlass; ***conférence ~le*** Ministerkonferenz *f* **5** → ***officier***[1] *3*
ministrable [ministʀabl] **I** *adj* ministrabel **II** *m* Anwärter *m* auf e-n Ministerposten
ministre [ministʀ] *m,f* **1** POL Minister(in) *m(f)*; ***~ délégué*** *correspond à* parlamentarischer Staatssekretär; ***Premier ~*** Premierminister *m*; Ministerpräsident *m*; ***~ des Affaires étrangères, de l'Agriculture, de l'Éducation nationale, des Finances, de l'Intérieur, de la Justice*** Außen-, Landwirtschafts-, Erziehungs- *ou* Kultus-, Finanz-, Innen-, Justizminister *m*; ***madame X, ~ de la Santé publique*** Frau X, Minister(in) für das Gesundheitswesen; ***~ d'État*** Staatsminister *m*; ***~ sans portefeuille*** Minister ohne Geschäftsbereich, ohne Portefeuille, für Sonderaufgaben **2** DIPL **~ (*plénipotentiaire*)** Gesandte(r) *m* **3** *adjt* ***bureau*** *m* **~** Diplomatenschreibtisch *m*; ***papier*** *m* **~** Kanzleipapier *n* (*im Format 34 × 44 cm*) **4** ÉGL PROT Pfarrer *m*; Pastor *m*; Geistliche(r) *m*; ÉGL CATH ***~ du culte*** (die Messe haltender) Priester
minitel® [minitɛl] *m* Btx(-Gerät) *n*, Bildschirmtext (-gerät) *m(n)* (*von France Télécom*)
minium [minjɔm] *m* Mennige *f*
minoen [minɔɛ̃] **I** *adj* ⟨**-enne** [-ɛn]⟩ minoisch **II** *m* minoische Kultur
minois [minwa] *m* frisches, niedliches Gesicht
minoration [minɔʀasjõ] *f* COMM Unterbewertung *f*
minorer *v/t* **a)** (*réduire*) senken; herabsetzen; **b)** (*sous-évaluer*) unterbewerten
minoritaire [minɔʀitɛʀ] **I** *adj* Minderheits…; ***groupe*** *m* **~** Minderheit *f*; ***parti*** *m* **~** Minderheitspartei *f* **II** *m/pl* **~s** Minderheit *f*
minorité [minɔʀite] *f* **1** *d'une collectivité* Minderheit *f*; Minderzahl *f*; Minorität *f*; ***~ ethnique, nationale*** ethnische *ou* völkische, nationale Minderheit; ***droits*** *m/pl*, ***protection*** *f* ***des ~s*** Minderheitenrechte *n/pl*, -schutz *m*; ***être en ~*** in der Minderheit, Minderzahl, Minorität sein; ***mettre en ~*** überstimmen; majorisieren; ***être mis en ~*** überstimmt werden **2** (*petit nombre*) ***une ~ de*** e-e kleine Gruppe, Anzahl von; ***dans la ~ des cas*** in den seltensten, wenigsten Fällen **3** JUR Minderjährigkeit *f*; Unmündigkeit *f*;

M

~ ***pénale*** Strafunmündigkeit *f*
Minorque [minɔʀk] Menorca *n*
Minotaure [minɔtɔʀ] *m* MYTH Minotaurus *m*
minoterie [minɔtʀi] *f* **1** *usine* Mühle(nbetrieb) *f(m)* **2** *secteur* Mühlenindustrie *f* **minotier** *m* Mühlenbesitzer *m*
minou [minu] *m* F *enf* → ***minet*** *1*
minuit [minɥi] *m* Mitternacht *f*; zwölf Uhr nachts; ÉGL CATH ***messe*** *f* ***de*** ~ Mitternachtsmesse *f*; Christmette *f*; ***à*** ~ um Mitternacht; ***à*** ~ ***et demi*** nachts um halb eins; ***vers, sur le*** (***coup de***) ~ gegen Mitternacht; gegen zwölf Uhr nachts; ***il est*** ~ es ist Mitternacht
minus [minys] F *m* Versager *m*; F Null *f*; Niete *f*
minuscule [minyskyl] **I** *adj* **1** (*très petit*) winzig **2** ***lettre*** *f* ~ → *II*; ***un a*** ~ ein kleines a **II** *f* Kleinbuchstabe *m*; kleiner Buchstabe; TYPO Minuskel *f*; ***écrire avec une*** ~ kleinschreiben; ***prendre une*** ~ kleingeschrieben werden
minutage [minytaʒ] *m* genauer Zeitplan; genaue (Zeit)Einteilung
minute[1] [minyt] *f* **1** *division du temps* Minute *f*; *par ext* (*instant*) Augenblick *m*; Moment *m*; ***une*** ~***!*** e-n Augenblick!; e-n Moment!; e-e Minute!; ~ ***de silence*** Schweigeminute *f*; (***c'est***) ***la*** ~ ***de vérité*** die Stunde der Wahrheit (ist gekommen, hat geschlagen); *loc/adv*: ***à la*** ~ in dieser Minute; im Moment; gleich; ***à la*** ~ ***même où ...*** gerade in dem Augenblick, wo *ou* als ...; ***dans une*** ~ sofort; gleich; in e-r Minute; ***d'une*** ~ ***à l'autre*** jeden Augenblick; jede Minute; ***de*** ~ ***en*** ~ von Minute zu Minute; ***jusqu'à la dernière*** ~ bis zur letzten Minute; bis zum letzten Augenblick, Moment; ***toutes les cinq*** ~***s*** alle fünf Minuten; alle (paar) Augenblicke; → *a* ***cinq*** *I* **2** *adjt* Schnell...; Sofort...; ***clé*** *f* ~ Schlüsselschnelldienst *m*; ***nettoyage*** *m* ~ Schnell-, Expressreinigung *f*; ***talon*** *m* ~ Schnellreparatur *f* von Schuhen **3** *int* F ~***!*** *ou* ~***, papillon!*** sachte!; langsam!; nicht so eilig!; Moment mal! **4** GÉOMÉTRIE Minute *f*
minute[2] [minyt] *f* JUR Original *n*; Urschrift *f*
minuter [minyte] *v/t* **1** *emploi du temps, spectacle etc* (zeitlich) genau festlegen, einteilen **2** JUR die Urschrift abfassen (***un acte*** e-r Urkunde)
minuterie [minytʀi] *f* automatische Treppen(haus)beleuchtung **minuteur** *m* **1** ÉLECT Schaltuhr *f* **2** *avec sonnerie* Küchenwecker *m*
minutie [minysi] *f* (peinliche) Genauigkeit, Sorgfalt; Gründlichkeit *f*
minutieusement [minysjøzmɑ̃] *adv* peinlich genau; sehr sorgfältig; gewissenhaft; gründlich
minutieux [minysjø] *adj* ⟨**-euse**⟩ *personne, inspection* peinlich genau; sehr sorgfältig; gründlich; ***dessin*** ~ genaue, sorgfältige Zeichnung; ***propreté minutieuse*** peinliche Sauberkeit; ***récit*** ~ detaillierter Bericht
mioche [mjɔʃ] F *m,f* (*petit garçon*) F Knirps *m*; Stöpsel *m*; Steppke *m*; (*petite fille*) F Gör *n*; *pl* ~***s*** (*enfants*) F Gören *n/pl*
mirabelle [miʀabɛl] *f* **1** *fruit* Mirabelle *f* **2** *eau-de-vie* Mirabellenschnaps *m*
mirabellier [miʀabelje] *m* Mirabelle(nbaum) *f(m)*
miracle [miʀakl] *m* **1** Wunder *n* (*a* REL); ~ ***économique*** Wirtschaftswunder *n*; *loc/adv* (***comme***) ***par*** ~ wie durch ein Wunder; ***accomplir, faire des*** ~***s*** Wunder vollbringen, wirken, tun; ***crier au*** ~ von e-m Wunder sprechen; ***il n'y a pas de quoi crier au*** ~ das ist nichts Besonderes, Außergewöhnliches; ***croire aux*** ~***s*** an Wunder glauben; ***ce serait*** (***un***) ~ ***si ...*** es wäre ein Wunder, wenn ...; ***cela tient du*** ~ das grenzt an ein Wunder, ans Wunderbare **2** (*réalisation étonnante*) Wunder(werk) *n*; ***un*** ~ ***d'équilibre*** ein Wunder an Ausgewogenheit **3** *adjt* Wunder...; ***remède*** *m* ~ Wundermittel *n*; ***solution*** *f* ~ Patentlösung *f* **4** *drame médiéval* Mirakel(spiel) *n* **5** HIST *à Paris* ***la Cour des Miracles*** das Viertel der Bettler und Diebe
miraculé [miʀakyle] *adj malade* durch ein Wunder geheilt
miraculeusement [miʀakyløzmɑ̃] *adv* auf wunderbare Weise; wie durch ein Wunder
miraculeux [miʀakylø] *adj* ⟨**-euse**⟩ **1** *guérison, apparition* wunderbar; Wunder...; *eau* wundertätig; BIBL ***la pêche miraculeuse*** Petri Fischzug *m*; ***remède*** ~ Wundermittel *n* **2** (*extraordinaire*) außergewöhnlich; ***il n'y a rien de*** ~ ***dans sa réussite*** sein Erfolg ist nichts Außergewöhnliches, Besonderes
mirador [miʀadɔʀ] *m* Wach(t)turm *m*
mirage [miʀaʒ] *m* **1** Luftspiegelung *f*; *du désert* Fata Morgana *f* **2** *fig* Trugbild *n*; trügerischer Schein
Miramas [miʀamas] *Stadt im Dep. Bouches-du-Rhône*
miraud [miʀo] *adj* F → ***miro***
mire [miʀ] *f* **1** *d'une arme à feu* ***cran*** *m* ***de*** ~ Kimme *f*; ***ligne*** *f* ***de*** ~ Visier-, Ziel-, Schusslinie *f*; ***point*** *m* ***de*** ~ Ziel(punkt) *n(m)*; *fig* ***être le point de*** ~ die Blicke auf sich ziehen; im Mittelpunkt des Interesses stehen **2** TECH Messlatte *f*, -stab *m* **3** TV Testbild *n*
Mireille [miʀɛj] *f Vorname*
mirent [miʀ] → ***mettre***
mirer [miʀe] **I** *v/t œufs* prüfend gegen das Licht halten **II** *v/pr litt* ***se*** ~ sich spiegeln (***dans l'eau*** im Wasser)
mirettes [miʀɛt] F *f/pl* Augen *n/pl*; F Gucker *m/pl*
mirifique [miʀifik] *adj* F → ***mirobolant***
mirliton [miʀlitõ] *m* Mirliton *n* (*Art Rohrpfeife mit Membranen*); *fig* ***vers*** *m/pl* ***de*** ~ schlechte Verse *m/pl*
miro [miʀo] *adj* ⟨*f inv*⟩ F (*myope*) kurzsichtig; ***t'es*** ~***!*** du siehst wohl nicht gut!
mirobolant [miʀɔbɔlɑ̃] *adj* F fantastisch; sagenhaft
miroir [miʀwaʀ] *m* **1** Spiegel *m*; *fig* ~ ***aux alouettes*** Lockvogel *m*; Dummenfang *m*; AUTO ~ ***de courtoisie*** Make-up-Spiegel [meːk'ap-] *m* (*in der Beifahrersonnenblende*); *fig* ***les yeux sont le*** ~ ***de l'âme*** die Augen sind der Spiegel der Seele **2** (*surface unie*) spiegelglatte, spiegelnde Fläche
miroitant [miʀwatɑ̃] *adj* spiegelnd; glänzend
miroitement [miʀwatmɑ̃] *m* Spiegeln *n*; Glänzen *n*
miroiter [miʀwate] *v/i* **1** *eau, vitre etc* spiegeln; glänzen; schillern; blitzen; funkeln **2** *fig* ***faire*** ~ ***qc à qn*** j-m etw in den verlockendsten, schönsten Farben ausmalen; j-n mit etw locken
miroiterie [miʀwatʀi] *f* **a)** *fabrication* Spiegelherstellung *f*, -fabrikation *f*; **b)** *commerce* Spiegelhandel *m* **miroitier** *m*, **miroitière** *f* **a)** *fabricant* Spiegelfabrikant(in) *m(f)*; **b)** *commerçant* Spiegelhändler(in) *m(f)*
mironton [miʀõtõ] *ou* **miroton** [miʀɔtõ] *adjt* CUIS ***bœuf*** *m* ***mironton*** *ou* ***miroton*** *in Scheiben geschnittenes, mit Speck, Zwiebeln u Essig gekochtes Rind-*

fleisch
mironton, **mirontaine** [miʀõtõ, miʀõtɛn] *refrain* valleri, vallera!
mis [mi] **I** *p/p et passé simple* → ***mettre*** **II** *adj* ⟨**mise** [miz]⟩ **1** *table* gedeckt **2** *personne* ***bien, mal*** ~ gut, schlecht gekleidet, angezogen
misaine [mizɛn] *f* MAR Fock *f*; Focksegel *n*; ***mât*** *m* ***de*** ~ Fockmast *m*
misanthrope [mizɑ̃tʀɔp] *m,f* Menschenfeind *m*, -hasser *m*; Misanthrop *m*; *par ext* (*personne peu sociable*) menschenscheuer Mensch **misanthropie** *f* Menschenhass *m*; menschenfeindliche Einstellung; Misanthropie *f*; *par ext* Menschenscheu *f*
mise [miz] *f* **1** *au jeu* Einsatz *m*; ***sauver la*** ~ wenigstens den Einsatz retten, wieder herausbekommen; F *fig* ***sauver la*** ~ ***à qn*** j-n vor Ärger bewahren **2** FIN ~ ***de fonds*** Kapitaleinlage *f* **3** *vestimentaire* Art *f* sich zu kleiden; Kleidung *f*; ***avoir une*** ~ ***négligée*** schlampig angezogen sein; ***soigner sa*** ~ sich sorgfältig, gut kleiden **4** *fig* ***être de*** ~ angebracht, passend sein; ***ne pas être de*** ~ *a* unangebracht, unpassend, unzeitgemäß sein; fehl am Platz sein **5** *avec prép en complément*: ~ ***au courant*** Unterrichtung *f*; Informierung *f*; *professionnelle* Einarbeitung *f*; ~ ***à la disposition*** Bereitstellung *f*; Zurverfügungstellung *f*; MAR ~ ***à l'eau*** Stapellauf *m*; ~ ***aux enchères*** Versteigerung *f*; Verauktionierung *f*; ~ ***à exécution*** Aus-, Durchführung *f*; *d'une charge* ~ ***à feu*** Zündung *f*; ~ ***à jour*** Aufarbeitung *f*; auf den neuesten Stand gebrachte Fassung; ÉLECT ~ ***à la masse*** Erdung *f*; ~ ***à mort*** Tötung *f* (*a dans une corrida*); ~ ***au pas*** Zur-Ordnung-Rufen *n*; POL Gleichschaltung *f*; ~ ***à pied*** Entlassung *f*; ~ ***au point*** (*réglage*) Einstellung *f*; (*éclaircissement*) Richtig-, Klarstellung *f*; (*création*) Entwicklung *f*; ***faire une*** ~ ***au point*** e-e Richtig-, Klarstellung vornehmen; ENCHÈRES ~ ***à prix*** Taxpreis *m*, -wert *m*; Ausrufpreis *m*; ~ ***à la retraite*** Versetzung *f* in den Ruhestand; Pensionierung *f*; ÉLECT ~ ***à la terre*** Erdung *f*; REL, BEAUX-ARTS ***la*** ~ ***au tombeau*** die Grablegung Christi; ~ ***en action*** Einsatz *m*; Aufgebot *n*; ~ ***en bouteilles*** Abfüllung *f* in Flaschen; ÉLECT ~ ***en circuit*** Einschalten *n*; ~ ***en état*** Instandsetzung *f*; ~ ***en liberté*** Freilassung *f*; ~ ***en marche*** In-Gang-Bringen *n*; Inbetriebsetzung *f*; *d'un moteur a* Anlassen *n*; Anwerfen *n*; ~ ***en œuvre*** (*emploi*) Anwendung *f*; Gebrauch *m*; Einsatz *m*; (*réalisation*) Aus-, Durchführung *f*; Verwirklichung *f*; TYPO ~ ***en pages*** Umbruch *m*; ~ ***en place*** *d'une machine* Aufstellung *f*; *d'un dispositif* Anbringung *f*; Installierung *f*; Einbau *m*; *de forces de police* Aufstellung *f*; Bereitstellung *f*; *d'une commission* Einsetzung *f*; ~ ***en pratique*** Umsetzung *f* in die Praxis, in die Tat; Verwirklichung *f*; Realisierung *f*; Durchführung *f*; Ausführung *f*; THÉ, CIN ~ ***en scène*** Inszenierung *f* (*a fig*); Regie *f*; ~ ***en valeur*** *d'un terrain* Erschließung *f*; *du sol* Bewirtschaftung *f*; Bestellung *f*; *d'un mot etc* Hervorhebung *f*; ~ ***en vente*** (Anbieten *n* zum) Verkauf *m*; ~ ***sur pied*** Schaffung *f*; Bildung *f*; Errichtung *f*; Einrichtung *f*; Aufbau *m*; Aufstellung *f*; → *a les subst correspondants*
miser [mize] *v/t au jeu* setzen (***sur le rouge*** auf Rot); *somme a* einsetzen; ~ ***sur un cheval*** auf ein Pferd setzen, wetten; F *fig* ~ ***sur le mauvais cheval*** aufs falsche Pferd setzen; F *fig* ***on ne peut*** ~ ***là-dessus*** man kann nicht damit rechnen *ou* sich nicht darauf verlassen
misérabiliste [mizeʀabilist] *adj auteur etc* der mit Vorliebe das Elend darstellt
misérable [mizeʀabl] **I** *adj* **1** (*pauvre*) *personne, région* (sehr, bitter) arm; *cabane, vêtements etc* ärmlich; armselig; erbärmlich; *cabane a* elend; *vêtements a* schäbig; dürftig **2** (*qui inspire pitié*) beklagens-, bedauerns-, bejammernswert **3** (*sans valeur*) dürftig; armselig; ***pour quelques*** ~***s sous*** für ein paar lumpige Euro **II** *m,f* **1** (*pauvre*) Arme(r) *f*(*m*); Bedürftige(r) *f*(*m*) **2** *litt ou plais* Schurke *m*, Schurkin *f*; Elende(r) *f*(*m*)
misérablement [mizeʀabləmɑ̃] *adv* → ***misérable*** *I 1*
misère [mizɛʀ] *f* **1** (*dénuement*) Armut *f*; Elend *n*; Not *f*; ~ ***noire*** bittere Armut; größtes, äußerstes Elend; ***salaire*** *m* ***de*** ~ Hungerlohn *m*; ***crier, pleurer*** ~ s-e Not, sein Elend klagen; jammern; ***réduire qn à la*** ~ j-n in Not, ins Elend, an den Bettelstab bringen; ***vivre dans la*** ~ im Elend leben **2** (*malheur*) *souvent pl* ~***s*** Elend *n*; Not *f*; Jammer *m*; Leiden *n/pl*; Unglück *n*; Misere *f*; Mühsal *f*; Plagen *f/pl*; ***petites*** ~***s*** kleine Nöte; F Wehwehchen *n/pl*; ***quelle*** ~***!*** so ein Elend, Jammer!; *int* ~***!*** o Elend, Jammer!; ach du Schande!; ***faire des*** ~***s à qn*** j-n quälen, plagen, F piesacken **3** (*bagatelle*) lächerliche, winzige Kleinigkeit **4** BOT Dreimasterblume *f*; Tradeskantie *f*
miséreux [mizeʀø] *adj* ⟨**-euse**⟩ arm; Not leidend; ***quartier*** ~ Elends-, Armenviertel *n*; *subst* ***les*** ~ *m/pl* die Armen *m/pl*, Notleidenden *m/pl*
miséricorde [mizeʀikɔʀd] *f* **1** Barmherzigkeit *f*; Erbarmen *n*; Gnade *f* **2** *int de surprise* ~***!*** du liebe Güte!
miséricordieux [mizeʀikɔʀdjø] *adj* ⟨**-euse**⟩ barmherzig; gnädig
misogyne [mizɔʒin] **I** *adj* frauenfeindlich **II** *m* Frauenfeind *m*; *p/fort* Frauenhasser *m*; PSYCH Misogyn *m*
misogynie [mizɔʒini] *f p/fort* Frauenhass *m*; PSYCH Misogynie *f*
miss [mis] *f* ⟨*inv*⟩ ~ ***France*** Miss *f* Frankreich
missel [misɛl] *m* ÉGL CATH Messbuch *n*; Missale *n*
missile [misil] *m* MIL Rakete *f*; Flugkörper *m*; ~ ***antichar*** Panzerabwehrrakete *f*; ~ ***sol-air*** Boden-Luft--Rakete *f*; ~***s stratégiques, tactiques*** strategische, taktische Raketenwaffen *f/pl*; ~ ***de croisière*** Marschflugkörper *m*; Cruise-Missile ['kru:z-] *n*
mission [misjõ] *f* **1** (*charge*) Auftrag *m*; Mission *f*; Aufgabe *f*; *fig et st/s* Sendung *f*; ADM Dienstreise *f*; AVIAT MIL ~ ***aérienne*** Einsatz *m*; ~ ***secrète*** geheime Mission; ~ ***spéciale*** Sonderauftrag *m*; MIL ~ ***de reconnaissance*** Erkundungsauftrag *m*; ***avoir pour*** ~ ***de faire qc*** den Auftrag *ou* die Aufgabe haben, beauftragt sein, etw zu tun; ***charger qn d'une*** ~ j-n mit e-r Mission, Aufgabe betrauen; ***se donner pour*** ~ ***de faire qc*** es sich (*dat*) zur Aufgabe machen, etw zu tun; ***envoyer qn en*** ~ j-n als Beauftragten, mit e-m Auftrag schicken (***à l'étranger*** ins Ausland); *fonctionnaire* ***être, partir en*** ~ auf Dienstreise sein, e-e Dienstreise antreten **2** *groupe* Mission *f*; Abordnung *f*; Vertretung *f*; Delegation *f*; ~ ***diplomatique*** diplomatische Mission; ***chef*** *m* ***de*** ~ Missionschef *m*; Delegationsleiter *m* **3** REL **a)** *surtout pl* ~***s*** Mission *f*; ***pays*** *m/pl* ***de*** ~(***s***) Missionsländer *n/pl*;

M

***société** f **des ~s** (**étrangères**)* Missionsgesellschaft *f*; **b)** *bâtiment* Mission(sgebäude) *f(n)*; Missionsstation *f*
missionnaire [misjɔnɛʀ] REL **I** *m,f* Missionar(in) *m(f)* **II** *adj* Missions…; ***œuvre** f* **~** Missionswerk *n*; ***sœur** f* **~** Missionsschwester *f*
missive [misiv] *f litt ou iron* Brief *m*
mistigri [mistigʀi] *m* F Mieze(katze) *f*
mistoufle [mistufl] *f* **1** F ***faire des ~s à qn*** j-n quälen, plagen, F piesacken **2** *arg* (*misère*) Armut *f*; Elend *n*; Not *f*
mistral [mistʀal] *m* Mistral *m* (*kalter Nordwind in der Provence*)
mit [mi] → ***mettre***
mitage [mitaʒ] *m du paysage* Zersiedelung *f*
mitaine [mitɛn] *f* fingerloser Handschuh; Halbhandschuh *m*
mitard [mitaʀ] *m arg* → ***cachot***
mite [mit] *f* (Kleider)Motte *f*; ***mangé des***, F ***aux ~s*** von Motten zerfressen
mité [mite] *adj* von Motten zerfressen
mi-temps [mitɑ̃] **1** *f* SPORTS Halbzeit *f*; ***en première, seconde ~*** in der ersten, zweiten Halbzeit; ***pendant la ~*** in der Halbzeit(pause) **2** *m ou* ***travail** m* ***à ~*** Halbtagsarbeit *f*, -beschäftigung *f*, -stellung *f*; ***travailler à ~*** halbtags arbeiten
miter [mite] *v/pr* ***se ~*** von Motten zerfressen werden
miteux [mitø] **I** *adj* ⟨**-euse**⟩ *hôtel, vêtements* schäbig; dürftig; armselig **II** *subst* F **~, *miteuse*** *m,f* F armer Schlucker
mithridatiser [mitʀidatize] *v/t* durch Gewöhnung gegen Gift immun machen **mithridatisme** *m* MÉD Giftfestigkeit *f*; *sc* Mithridatismus *m*
mitigé [mitiʒe] *adj* **1** (*relâché*) abgeschwächt; gemäßigt; ***zèle ~*** erlahmter, mäßiger Eifer **2** F (*mélangé*) gemischt (***de*** mit); ***avec des sentiments ~s*** mit gemischten Gefühlen
mitigeur [mitiʒœʀ] *m robinet* Einhandmischer *m*; Einlochbatterie *f*
mitonner [mitɔne] *v/t et v/i* → ***mijoter***
mitose [mitoz] *f* BIOL indirekte Zellkernteilung; Mitose *f*
mitoyen [mitwajɛ̃] *adj* ⟨**~ne**⟩ ***mur ~*** gemeinschaftliche Grenzmauer
mitoyenneté [mitwajɛnte] *f* JUR Grenzeinrichtungs-, Grenzmauergemeinschaft *f*
mitraillage [mitʀajaʒ] *m* MIL Beschießung *f*, Beschuss *m* mit Maschinengewehr(en); MG-Feuer *n*
mitraille [mitʀaj] *f* **1** MIL ***sous la ~*** unter Beschuss; im Geschoss-, Kugelhagel **2** F (*menue monnaie*) Klein-, Kupfergeld *n*; Münzen *f/pl*
mitrailler [mitʀaje] *v/t* **1** MIL mit Maschinengewehr(en) beschießen; mit MG-Feuer belegen **2** *fig* bombardieren (***de questions*** mit Fragen) **3** F PHOT Bilder schießen (***qn, qc*** von j-m, etw); ***être mitraillé par les photographes*** von den Fotografen bedrängt werden; e-m Blitzlichtgewitter ausgesetzt sein
mitraillette [mitʀajɛt] *f* Maschinenpistole *f*
mitrailleur [mitʀajœʀ] *m* MIL **1** *soldat* MG-Schütze *m*; AVIAT *a* Bordschütze *m* **2** *adjt* ***fusil** m* **~** leichtes Maschinengewehr; ***pistolet** m* **~** (*abr* ***P.-M.***) Maschinenpistole *f* (*abr* MP, MPi)
mitrailleuse [mitʀajøz] *f* MIL Maschinengewehr *n* (*abr* MG)
mitral [mitʀal] *adj* ⟨**-aux**⟩ ANAT ***valvule ~e*** Mitralklappe *f*
mitre [mitʀ] *f* ÉGL CATH Mitra *f*; Inful *f*; ***~ épiscopale*** Bischofsmütze *f*
mitron [mitʀɔ̃] *m* Bäckerjunge *m*, -geselle *m*
Mitterand [mitɛrɑ̃] ***François ~*** *frz Staatspräsident*
mi-voix [mivwa] *loc/adv* ***à ~*** halblaut; ***parler à ~*** *a* mit gesenkter Stimme sprechen
mixage [miksaʒ] *m* CIN, MUS Mischen *n*; Mixen *n*; Tonmischung *f* **mixer**[1] *v/t* CIN, MUS mischen; mixen
mixer[2] [miksɛʀ] *m ou* **mixeur** [miksœʀ] *m* CUIS Mixer *m*; Handrührgerät *n*
mixité [miksite] *f* gemischter Charakter; *de l'enseignement* koedukativer Charakter
mixte [mikst] *adj* gemischt; Misch…; ***cargo** m* **~** Frachtschiff *n*, Frachter *m* mit Passagierkabinen; ***classe** f* **~** (*aus Jungen und Mädchen*) gemischte Klasse; ***commission** f* **~** gemischte Kommission; TENNIS ***double** m* **~** gemischtes Doppel; Mixed [mɪkst] *n*; ***école** f* **~** Schule *f* für Jungen und Mädchen; ***mariage** m* **~** Mischehe *f*
mixture [mikstyʀ] *f péj*: *à boire* Gebräu *n*; *à manger* Mischmasch *m*
ml *abr* (*millilitre*[*s*]) ml (Milliliter)
MLF [ɛmɛlɛf] *m abr* (*Mouvement de libération des femmes*) Frauenbewegung *f*
Mlle *ou* **Mlle** *abr* → ***mademoiselle***
mm *abr* (*millimètre*[*s*]) mm (Millimeter)
MM. *abr* (*messieurs*) → ***monsieur***
Mme *ou* **Mme** *abr* → ***madame***
mn *abr* (*minute*[*s*]) Min. (Minute[n])
mnémotechnique [mnemɔtɛknik] *adj* mnemotechnisch; ***moyen** m* **~** *a* Gedächtnisstütze *f*; Lernhilfe *f*
Mo *abr* (*méga-octet*[*s*]) MB (Megabyte)
mob [mɔb] *f* F *abr* → ***mobylette***®
mobile [mɔbil] **I** *adj* beweglich; mobil; TECH *a* ortsbeweglich; ÉCON *échelle* gleitend; *main-d'œuvre* mobil; *physionomie* wandlungsfähig; ***fêtes** f/pl* **~s** bewegliche Feste *n/pl*; ***garde** f* **~** HIST Mobilgarde *f*; *aujourd'hui correspond à* kasernierte Bereitschaftspolizei; ***téléphone** m* **~** Mobiltelefon *n*; ***en feuillets ~s*** Loseblatt… **II** *m* **1** *d'une action* Beweggrund *m*; Motiv *n* (*a* JUR); Triebfeder *f* **2** PHYS in Bewegung befindlicher Körper **3** BEAUX-ARTS Mobile *n* **4** TÉL Mobiltelefon *n*
mobile home [mɔbilom] *m* ⟨*pl* **mobile homes**⟩ *wohnwagenähnliche Wohneinheit*
mobilier [mɔbilje] **I** *adj* ⟨**-ière**⟩ JUR *propriété, fortune etc* beweglich; Mobiliar…; ***biens ~s*** *a* Mobilien *pl*; Fahrnis *f*; fahrende, bewegliche Habe; ***valeurs mobilières*** Wertpapiere *n/pl*; Effekten *pl* **II** *m* **1** (*meubles*) Mobiliar *n*; Möbel *n/pl*; (Wohnungs)Einrichtung *f*; **~ *de bureau*** Büromöbel *n/pl*, -einrichtung *f* **2** ADM **~ *urbain*** Stadtmöbel *n/pl*; dem öffentlichen Nutzen dienende Gegenstände *m/pl*
mobilisable [mɔbilizabl] *adj* MIL, *fig* mobilisierbar; *fig a* verfügbar; einsatzbereit, -fähig
mobilisation [mɔbilizasjɔ̃] *f* **1** MIL Mobilmachung *f*; Mobilisierung *f*; **~ *générale, partielle*** General-, Teilmobilmachung *f* **2** *de capitaux* Mobilisierung *f*; *a de ressources* Bereitstellung *f*; Aufbringung *f* **3** *fig d'énergies, de militants etc* Mobilisierung *f*; Einsatz *m*
mobiliser [mɔbilize] **I** *v/t* **1** MIL mobilisieren; mo-

bil machen (*a abs*); ***être mobilisé dans le génie*** zu den Pionieren eingezogen, einberufen werden 2 *capitaux* mobilisieren; flüssigmachen; bereitstellen; aufbringen 3 *fig énergies, militants etc* mobilisieren; einsetzen; *événement* ***~ l'attention du public*** die Aufmerksamkeit der Öffentlichkeit auf sich (*acc*) ziehen **II** *v/pr* ***se ~*** aktiv werden; handeln

mobilité [mɔbilite] *f* Beweglichkeit *f*; Mobilität *f* (*a de la main-d'œuvre*); *du visage* Wandlungsfähigkeit *f*; ***personne f à ~ réduite*** Gehbehinderte(r) *f(m)*

mobylette® [mɔbilɛt] *f* Mofa *n*

mocassin [mɔkasɛ̃] *m* 1 *des Indiens* Mokassin *m* 2 *par ext* Slipper *m*

moche [mɔʃ] F *adj* 1 (*laid*) hässlich; F scheußlich 2 (*mauvais*) schlecht; übel; F mies; ***film m ~*** blöder, doofer Film 3 *moralement* gemein, F fies (***avec qn*** zu j-m); ***c'est ~ de ta part*** das ist nicht sehr schön, nett von dir

mocheté [mɔʃte] *f* F (*femme laide*) F Vogelscheuche *f*; Nachteule *f*

modal [mɔdal] *adj* ⟨**-aux**⟩ 1 GR modal; ***auxiliaire ~*** modales Hilfsverb; Modalverb *n* 2 MUS modal; Modal…; ***musique ~e*** Musik, die die alten Modi wieder anwendet

modalité [mɔdalite] *f* 1 Art und Weise *f*; ***~s*** *pl a* Modalitäten *f/pl*; JUR ***les ~s*** *a* das Nähere; JUR ***~s d'application*** Durchführungsbestimmungen *f/pl*; ***~s de paiement*** Zahlungsweise *f*, -modalitäten *f/pl*, -bedingungen *f/pl* 2 GR ***adverbe m de ~*** Modaladverb *n* 3 MUS Ton-, Klanggeschlecht *n*; Modalität *f*

mode[1] [mɔd] *m* 1 Art *f*; Weise *f*; Art und Weise; Form *f*; Modus *m*; ***~ d'emploi*** *d'un remède, d'un produit* Gebrauchsanweisung *f*; *d'un appareil* Bedienungsanleitung *f*; ***~ d'existence, de vie*** Lebensweise *f*, -art *f*, -form *f*; Art zu leben; ***~ de paiement*** Zahlungsweise *f*; ***~ de pensée*** Denkart *f*, -weise *f*; Denkungsart *f*; ***~ de scrutin*** Abstimmungsverfahren *n*; Wahlmodus *m*; ***~ de transport*** Beförderungs-, Transportart *f* 2 GR Modus *m*; Aussageweise *f* 3 MUS Tonart *f*; ***~ majeur*** Dur(tonart) *n(f)*; ***~ mineur*** Moll(tonart) *n(f)*

mode[2] [mɔd] *f* 1 Mode *f*; Zeitgeschmack *m*; ***~ rétro*** Nostalgiewelle *f*; *loc/adj* ***à la ~*** Mode…; modisch; modern; in Mode befindlich; ***auteur m à la ~*** Modeschriftsteller *m*; ***chanson f à la ~*** sehr beliebtes, viel gesungenes, oft gehörtes Lied; Schlager *m*; Hit *m*; ***à la dernière ~*** nach der neuesten Mode; neumodisch; ***être très à la ~*** große Mode sein; sehr in Mode sein; F in sein; *par ext* ***à la ~ de*** nach Art von (*ou +gén*); ***c'est la ~*** das ist jetzt so Mode, so üblich; ***mettre qc à la ~*** etw in Mode bringen; etw aufbringen; ***être passé de ~*** altmodisch, unmodern sein; aus der Mode gekommen sein; ***suivre la ~*** mit der Mode gehen; die Mode mitmachen; ***revenir à la ~*** wieder Mode, modern werden; ♦ *adjt* Mode…; modisch; ***couleur f ~*** Modefarbe *f*; ***tissu m ~*** modischer Stoff 2 COUT Mode *f*; *par ext* Modebranche *f*; ***~ féminine, masculine*** Damen-, Herrenmode *f*; ***~ parisienne*** Pariser Mode; ***articles m/pl de ~*** Modeartikel *m/pl*, -waren *f/pl*; ***gravure f de ~*** (alter) Kostümstich 3 *parents* ***à la ~ de Bretagne*** entfernt; weitläufig verwandt 4 CUIS ***bœuf m (à la) ~*** mit Karotten geschmortes Rindfleisch

modelage [mɔdlaʒ] *m* Modellieren *n*; Formen *n*

modèle [mɔdɛl] *m* 1 Muster *n* (*a fig*); Vorlage *f*; *fig* Vorbild *n*; *pour élèves* Musterlösung *f*; ***~ de conjugaison*** Konjugationsmuster *n*, -schema *n*; ***dessiner d'après un ~*** nach e-r Vorlage zeichnen; *fig personne* ***être un ~ de fidélité*** *etc* ein Muster an, *iron* ein Ausbund von Treue *etc* sein; ***c'est le ~ de l'enfant gâté*** das ist das Musterbeispiel e-s verzogenen Kindes; ***prendre qn pour ~, prendre ~ sur qn*** sich (*dat*) j-n zum Vorbild nehmen; sich (*dat*) an j-m ein Beispiel nehmen; ♦ *adjt* (*exemplaire*) Muster…; mustergültig; musterhaft; vorbildlich; ***élève m ~*** Musterschüler *m*; ***ferme f ~*** landwirtschaftlicher Musterbetrieb 2 BEAUX-ARTS Modell *n*; PHOT Fotomodell *n*; ***~ nu*** Aktmodell *n* 3 TECH, COUT Modell *n*; TECH *a* Ausführung *f*; ***~ courant*** Normalausführung *f*; ***~ déposé*** Gebrauchsmuster *n*; ***~ réduit*** Modell (in verkleinertem Maßstab); AUTO: ***~ sport*** Sportmodell *n*; ***~ standard*** Standardmodell *n*, -ausführung *f*; ***~ de luxe*** Luxusausführung *f* 4 ÉCON, MATH, LING *etc* Modell *n*

modelé [mɔdle] *m* 1 SCULP Modellierung *f*; Formgebung *f*; PEINT Herausarbeitung *f* der Formen 2 GÉOGR Relief *n*; Oberflächengestalt *f*

modeler [mɔdle] ⟨**-è-**⟩ **I** *v/t* 1 SCULP, POTERIE, *terre glaise, cire* modellieren; formen; ***pâte f à ~*** Knetmasse *f*; Plastilin® *n* 2 *par ext* (*former*) formen; gestalten; Form, Gestalt geben (*+dat*) 3 *fig* ***~ sur*** ausrichten nach; anpassen (*+dat*) **II** *v/pr* ***se ~ sur qn, qc*** sich nach j-m, etw richten

modeleur [mɔdlœʀ] *m* 1 SCULP Modellierer *m*; Modelleur *m* 2 TECH Modelltischler *m*

modélisme [mɔdelism] *m* Modellbau *m* **modéliste** *m,f* 1 COUT Modezeichner(in) *m(f)* 2 *de maquettes* Modellbauer(in) *m(f)*

modem [mɔdɛm] *m* INFORM Modem *n ou m*

Modène [mɔdɛn] GÉOGR Modena *n*

modérateur [mɔdeʀatœʀ] **I** *adj* ⟨**-trice**⟩ 1 mäßigend; regulierend 2 SÉCURITÉ SOCIALE ***ticket ~*** Selbstbeteiligung *f* **II** *subst* 1 *personne* ***~, modératrice*** *m,f* Befürworter(in) *m(f)* des Maßhaltens, der Zurückhaltung; Element *n* der Mäßigung 2 *m* TECH Regler *m* 3 *m* NUCL Moderator *m*; Bremssubstanz *f*

modération [mɔdeʀasjõ] *f* 1 *d'une personne* Mäßigung *f*; Maßhalten *n*; Zurückhaltung *f*; *d'une réponse, de mesures etc* maßvolle Form; maßvoller Charakter 2 JUR ***~ de peine*** Strafermäßigung *f*

moderato [mɔdeʀato] MUS **I** *adv* moderato **II** *m* Moderato *n*

modéré [mɔdeʀe] **I** *adj vitesse, vent* mäßig; ***parti ~*** gemäßigte Partei; ***prix ~s*** maßvolle Preise *m/pl*; *personne* ***être ~ dans ses prétentions*** in s-n Ansprüchen maßvoll sein **II** *m/pl* POL ***les ~s*** die Gemäßigten *m/pl*

modérément [mɔdeʀemã] *adv* maßvoll; in, mit Maßen; ***boire et manger ~*** *a* im Essen und Trinken maßhalten

modérer [mɔdeʀe] ⟨**-è-**⟩ **I** *v/t* mäßigen; *prétentions a* zurückschrauben; *emportement, zèle* zügeln; im Zaum halten; ***~ l'enthousiasme de qn*** j-s Begeisterung dämpfen; ***modérez vos expressions!*** mäßigen Sie sich in Ihren Worten! **II** *v/pr* ***se ~*** sich mäßigen

moderne [mɔdɛʀn] **I** *adj* modern (*a personne*); neuzeitlich; zeitgemäß; ***enseignement m ~*** (naturwissenschaftlicher und) neusprachlicher Unterricht;

histoire *f* **~** neuere Geschichte; ***langues*** *f/pl* **~*s*** neuere Sprachen *f/pl*; ***le Paris*** **~** das moderne, heutige Paris; ***les temps*** **~*s*** die Neuzeit **II** *subst* **1** *style* ***le*** **~** das Moderne **2** *auteurs, créateurs* ***les*** **~*s*** *m/pl* die Modernen *m/pl*

modernisation [mɔdɛʀnizasjõ] *f* Modernisierung *f*

moderniser [mɔdɛʀnize] **I** *v/t* modernisieren **II** *v/pr* ***se*** **~** sich der neuen Zeit anpassen

modernisme [mɔdɛʀnism] *m* Modernismus *m* (*a* BEAUX-ARTS, REL); Bejahung *f* des Modernen **moderniste** **I** *adj* modernistisch; modern eingestellt **II** *m,f* Modernist(in) *m(f)* **modernité** *f* Modernität *f*

modern style [mɔdɛʀnstil] *m* ARCH, PEINT *etc* Jugendstil *m*; *adjt* im Jugendstil; Jugendstil…

modeste [mɔdɛst] *adj* bescheiden; *personne a* anspruchslos; *tenue a* schlicht; einfach; ***commerçant*** *m* **~** kleiner Kaufmann; *loc/adj* ***d'origine*** **~** aus bescheidenen, einfachen Verhältnissen; *subst* ***faire le*** **~** den Bescheidenen spielen

modestie [mɔdɛsti] *f* Bescheidenheit *f*; Schlichtheit *f*; Einfachheit *f*; Anspruchslosigkeit *f*; ***fausse*** **~** falsche Bescheidenheit

modicité [mɔdisite] *f de revenus* geringe, bescheidene Höhe; *d'un prix* Niedrigkeit *f*

modifiable [mɔdifjabl] *adj* abänderungsfähig; modifizierbar

modificateur [mɔdifikatœʀ] *adj* ⟨**-trice**⟩ modifizierend; Modifikations…

modification [mɔdifikasjõ] *f* (Ab-, Ver)Änderung *f*; Abwandlung *f*; Modifizierung *f*; Modifikation *f* (*a* BIOL); **~** ***(apportée) à un programme*** Programmänderung *f*; ***sans*** **~** ohne (e-e) Änderung; unverändert

modifier [mɔdifje] **I** *v/t* (ab-, ver)ändern; abwandeln; modifizieren; GR näher bestimmen; ***la politique financière n'a pas été modifiée*** *a* in der Finanzpolitik hat sich nichts geändert **II** *v/pr* ***se*** **~** sich ändern; sich wandeln

modique [mɔdik] *adj somme, prix etc* bescheiden; gering; niedrig; klein; mäßig

modiste [mɔdist] *f* Modistin *f*; Hutmacherin *f*; ***atelier*** *m*, ***boutique*** *f* ***de*** **~** Hutsalon *m*

modulable [mɔdylabl] *adj* **1** TECH ***système*** *m* **~** Baukastensystem *n* **2** *fig* flexibel; anpassungsfähig

modulation [mɔdylasjõ] *f* **1** ÉLECT Modulation *f*; **~** ***d'amplitude*** Amplitudenmodulation *f*; **~** ***de fréquence*** PHYS Frequenzmodulation *f*; RAD (*abr* ***FM***) Ultrakurzwelle *f* (*abr* UKW); ***écouter qc en*** **~** ***de fréquence*** etw auf UKW hören **2** MUS Modulation *f*

module [mɔdyl] *m* **1** MATH, PHYS Modul *m*; **~** ***d'élasticité*** Elastizitätsmodul *m* **2** TECH, INFORM Modul *n* **3** ESPACE **~** ***lunaire*** Mond(lande)fähre *f* **4** *par ext* (*élément*) *de meubles* Element *n*; Bauteil *n*; *d'apprentissage* Lerneinheit *f*; Baustein *m*; *à l'université* Schein *m*

moduler [mɔdyle] *v/t* **1** ÉLECT, RAD, MUS modulieren **2** *fig* (den jeweiligen Umständen, dem Einzelfall) anpassen

modus vivendi [mɔdysvivɛ̃di] *m* ⟨*inv*⟩ Modus Vivendi *m*

moelle [mwal] *f* **1** ANAT (Knochen)Mark *n*; **~** ***épinière*** Rückenmark *n*; CUIS ***os*** *m* ***à*** **~** Markknochen *m*; *fig* ***jusqu'à la*** **~** ***(des os)*** bis ins Mark; durch und durch **2** BOT Mark *n*

moelleux [mwalø] *adj* ⟨**-euse**⟩ **1** *étoffe* weich und flauschig, füllig; ***coussin*** **~** weiches, behagliches Kissen; ***tapis*** **~** weicher, behaglicher Teppich **2** *chocolat* sahnig; ***vin*** **~** lieblicher Wein **3** *son* weich; ***voix moelleuse*** schmelzende Stimme

moellon [mwalõ] *m* CONSTR Bruchstein *m*

mœurs [mœʀs, mœʀ] *f/pl* **1** (*morale*) Sitten *f/pl*; Sittlichkeit *f*; *d'un individu a* Lebenswandel *m*; **~** ***austères*** strenge Sitten; ***bonnes*** **~** gute Sitten; JUR Sittlichkeit *f*; *loc/adj* ***contraire aux bonnes*** **~** sittenwidrig; unsittlich; ***porter atteinte aux bonnes*** **~** gegen die Sittlichkeit verstoßen; **~** ***corrompues*** *ou* ***dissolues, légères*** verdorbene, lockere Sitten; ***affaire*** *f* ***de*** **~** Sitten-, Sexskandal *m*; ***la police des*** **~** *ou* ***les*** **~** die Sittenpolizei; F die Sitte **2** (*coutumes*) Sitten *f/pl* (und Gebräuche *m/pl*); Lebensweise *f*, -gewohnheiten *f/pl* (*a d'animaux*); ***étude*** *f* ***de*** **~** Sittenstudie *f*; *fig* ***peinture*** *f* ***de*** **~** Sittengemälde *n*, -bild *n*; ***c'est entré, passé dans les*** **~** das ist Sitte, Brauch, üblich geworden **3** (*manières*) Betragen *n*; Benehmen *n*; Lebensgewohnheiten *f/pl*; ***drôles de*** **~*!, quelles*** **~*!*** ein Benehmen ist das!; *iron* das sind vielleicht komische Sitten!

mohair [mɔɛʀ] *m étoffe* Mohair *ou* Mohär *m*; *adjt* ***laine*** *f* **~** Mohairwolle *f*

Mohammed [mɔamɛd] *m Vorname*

Mohican [moikɑ̃] *m fig* ***le dernier des*** **~*s*** der letzte Mohikaner

moi [mwa] **I** *pr/pers* **a)** *sujet* ich; ***je le savais bien,*** **~*, que …*** ich wusste genau, dass …; *toi, tu lis,* ***et*** **~*, je travaille*** und ich arbeite; **~** ***parti, que ferez-vous?*** was werdet ihr machen wenn ich weg bin?; **~*, trahir un ami!*** ich und e-n Freund verraten!; ***ne faites pas comme*** **~** machen Sie es nicht (so) wie ich; ***c'est comme*** **~** genau wie bei mir; ich bin in der gleichen Lage; ***mon frère et*** **~** ***(nous) travaillons*** mein Bruder und ich (, wir) arbeiten; ***ni lui ni*** **~** weder er noch ich; ***il est plus grand que*** **~** er ist größer als ich; ***c'est*** **~** ich bin's; ***c'est*** **~** ***qui …*** ich …; **~** ***aussi*** ich auch; **~** ***non plus*** ich auch nicht; **~** ***seul*** ich allein; **b)** *obj/dir* mich; ***il nous a invités, ma femme et*** **~** er hat meine Frau und mich eingeladen; ***c'est*** **~** ***que vous cherchez?*** suchen Sie mich?; **c)** *précédé d'une prép* mir (*dat*); mich (*acc*); ***de vous à*** **~** unter uns gesagt; ***c'est un ami à*** **~** das ist ein Freund von mir; ***une photo de*** **~** ein Foto von mir; ***il se souvient de*** **~** er erinnert sich an mich; *st/s* er erinnert sich meiner; ***sans*** **~** ohne mich; ***selon*** **~*, d'après*** **~*, pour*** **~** meiner Ansicht, Meinung, Auffassung nach; meines Erachtens (*abr* m. E.); **d)** *après un impératif*: *obj/dir* mich; *obj/indir* mir; ***laissez-*~ *passer!*** lassen Sie mich durch, vorbei!; ***rendez-le-*~*!*** geben Sie es mir zurück!; P ***donne-*~*-z-en!*** gib mir was davon! **II** *m* ⟨*inv*⟩ PHILOS, PSYCH Ich *n*; Ego *n*; Selbst *n*; ***notre vrai*** **~** unser wahres Ich, Selbst

moignon [mwaɲõ] *m* **1** *d'un membre amputé* Stumpf *m* (*a d'une branche*) **2** ZO **~*s d'ailes*** verkümmerte Flügel *m/pl*; Stummelflügel *m/pl*

moi-même [mwamɛm] *pr/pers* **1** *emphatique* (ich) selbst; ***je l'ai vu*** **~** ich habe ihn *ou* es selbst gesehen **2** *réfléchi* mich selbst; ***je m'étonne*** **~** ich wundere mich selbst

moindre [mwɛ̃dʀ] *adj* **1** ⟨*comp von* **petit**⟩ geringer; kleiner; minder; ***à*** **~** ***prix*** zu e-m niedrigeren Preis; ***de*** **~** ***importance*** von geringerer, von nicht so großer Wichtigkeit; *marchandise* ***de ~ qualité*** von minderer Güte, Qualität; von weniger guter Qualität **2** ⟨*sup von* **petit**⟩ ***le ~, la ~*** der, die, das geringste, kleinste, mindeste; ***au ~ bruit*** beim leisesten, geringsten Geräusch; ***les ~s détails*** die kleinsten Einzelheiten; ***il n'y a pas le ~ doute*** es besteht nicht der geringste Zweifel (daran); ***je n'en ai pas la ~ idée*** ich habe nicht die leiseste, geringste Ahnung davon; ♦ ***la ~ des choses est de vous excuser*** das Mindeste ist, dass Sie sich entschuldigen; ***je vous en prie, c'était la ~ des choses*** aber bitte, das war doch selbstverständlich; ***c'est le ~ de mes soucis*** das ist meine geringste Sorge; ***certains savants, et non des ~s*** manche Gelehrte, und zwar durchaus nicht die unbedeutendsten

moine [mwan] *m* **1** REL Mönch *m*; ***~ bouddhiste*** buddhistischer Mönch **2** ZO **a)** *phoque* Mönchsrobbe *f*; **b)** *papillon de nuit* Nonne *f*

moineau [mwano] *m* ⟨*pl* **~x**⟩ **1** ZO Sperling *m*; Spatz *m* **2** *fig* ***un vilain ~*** ein widerlicher, F grässlicher Kerl; ***un drôle de ~*** ein komischer Kerl

moinillon [mwanijõ] *m iron* Mönchlein *n*

moins [mwɛ̃] **I** *adv* **1** ⟨*comp von* **peu**⟩ **a)** weniger; ♦ ***~ que***, *suivi d'un numéral* ***~ de*** weniger als; ***il travaille ~ que son frère*** er arbeitet weniger als sein Bruder; ***~ que jamais*** weniger denn je; ***c'est ~ que rien*** das ist weniger als nichts; das hat überhaupt nichts zu sagen; *subst* ***c'est un ~ que rien*** er ist ein nichtswürdiger, erbärmlicher Mensch, Kerl; ***je touche cent euros de ~ que lui*** ich bekomme hundert Euro weniger als er; ***avoir ~ de vingt ans*** keine zwanzig Jahre alt sein; *subst* ***interdit aux ~ de 18 ans*** für Jugendliche unter 18 Jahren verboten; ***il y a ~ d'une semaine*** es ist noch nicht e-e Woche her; ***nous n'étions pas ~ de cent personnes*** wir waren nicht weniger als hundert Personen; *je ne vous le céderai pas* ***à ~ de cent euros*** unter hundert Euro; ***en ~ de deux heures*** in weniger als zwei Stunden; ♦ *loc/adv*: ***à ~*** *prix* für weniger; *fig* bei e-m geringeren Anlass; ***il ne l'aura pas à ~*** für weniger bekommt er es nicht; *il est furieux*, ***on le serait à ~*** man wäre es schon bei e-m geringeren Anlass; ***beaucoup, bien ~*** viel, weit weniger; ***de ~ en ~*** immer weniger; ***en ~*** zuwenig; ***être en ~*** fehlen; ***il y a dix euros en ~*** es fehlen zehn Euro; ***il a un doigt en ~*** ihm fehlt ein Finger; *c'est une simple réédition*, ***avec les illustrations en ~*** ohne Abbildungen; es fehlen nur die Abbildungen; ***en ~ bien, en ~ grand*** *etc* nur nicht so gut *ou* hübsch, nur nicht so groß *etc*; ***en ~ de rien, en ~ de deux*** im Nu; im Handumdrehen; ***encore ~*** noch weniger; ***la moitié ~*** halb so viel; ***un peu ~*** etwas, ein bisschen weniger; ***on ne peut ~*** überhaupt nicht; nicht im Mindesten, Geringsten; nicht ein bisschen; ***j'étais on ne peut ~ surpris*** ich war überhaupt nicht *etc* erstaunt; ***n'en … pas ~*** nichtsdestoweniger; dennoch; ***il n'en est pas ~ vrai que …*** nichtsdestoweniger, und doch ist es wahr, dass …; ♦ *loc/conj*: ***à ~ que … (ne)*** (*+subj*), ***à ~ de*** (*+inf ou +subst*) es sei denn (, dass); wenn nicht; außer wenn; *nous ferons grève* ***à ~ que nous (ne) soyons augmentés*** *ou* ***à ~ d'être augmentés*** *ou* ***à ~ d'une augmentation*** wenn wir keine Lohnerhöhung bekommen; ***~ … ~ …*** je weniger … desto weniger …; ***~ … plus …*** je weniger … desto mehr …; ***d'autant ~ que …*** umso weniger als …; ♦ *avec adj, adv, verbe*: ***il est ~ riche*** er ist weniger, nicht (mehr) so reich; ***parlez ~ vite!*** sprechen Sie weniger schnell, langsamer!; ***j'ai ~ faim*** ich habe nicht mehr so großen Hunger; ***j'ai ~ froid*** mir ist nicht mehr so kalt; ***on ne peut pas faire ~*** weniger kann man nicht tun; ♦ *avec subst*: ***~ de gâteau que de pain*** weniger Kuchen als Brot; ***fumez ~ de cigarettes!*** rauchen Sie weniger Zigaretten!; **b)** *heure*: ***cinq heures ~ dix (minutes)*** zehn (Minuten) vor fünf; ***à ~ le quart*** um Viertel vor; ***il est ~ cinq*** es ist fünf vor; **c)** MATH weniger; minus; ***sept ~ un égalent, font six*** sieben weniger, minus eins ist *ou* gleich sechs; *fig* ***il était ~ une, ~ cinq*** es hätte nicht mehr viel gefehlt; fast hätte es mich, ihn *etc* erwischt; **d)** *température* minus; ***il fait ~ dix*** es sind zehn Grad minus, zehn Grad unter null, zehn Grad Kälte, minus zehn Grad; **e)** COMM abzüglich; ***dix euros ~ les frais*** zehn Euro abzüglich der Unkosten **2** ⟨*sup von* **peu**⟩ ***le ~*** am wenigsten; ♦ *loc/adv*: ***pas le ~ du monde*** nicht im Geringsten, Mindesten; ***au ~*** wenigstens; mindestens; ***si, au ~, il était arrivé à temps*** wenn er wenigstens rechtzeitig gekommen wäre; ***il y a au ~ une heure*** vor mindestens, wenigstens e-r Stunde; ***tout au ~, pour le ~*** (aller) mindestens, (-)wenigstens; zumindest; zum Mindesten; ***du ~*** wenigstens; zumindest; ♦ *avec adj*: ***le climat le ~ humide*** *du continent* das am wenigsten feuchte Klima …; ***un roman des ~ connus*** e-r der am wenigsten bekannten Romane; ♦ *avec adv*: ***le ~ longtemps possible*** so kurz wie möglich; ***le ~ souvent possible*** so selten wie möglich; ♦ *avec subst*: ***faites le ~ de dépenses que vous pourrez!*** geben Sie so wenig wie möglich aus! **II** *subst* **1** ***le ~*** das Mindeste, Wenigste, Geringste; ***c'est le ~ que vous puissiez faire*** das ist das Mindeste, was Sie tun könnten **2** MATH ***le ~*** das Minuszeichen

moins-perçu [mwɛ̃pɛʀsy] *m* ⟨*pl* **moins-perçus**⟩ FIN Mindereinnahme *f* **moins-value** *f* ⟨*pl* **moins-values**⟩ COMM Wertminderung *f*, -verlust *m*

moire [mwaʀ] *f tissu* Moiré *m ou n*

moiré [mwaʀe] **I** *adj* **1** moiriert; ***papier ~*** moiriertes Papier; ***tissu ~*** moirierter Stoff **2** *litt* (*chatoyant*) schillernd **II** *m* TEXT Moiré(muster) *n*

moirer [mwaʀe] *v/t tissu, papier* moirieren

mois [mwa] *m* **1** Monat *m*; ***dix-huit ~*** anderthalb Jahre; ***six ~*** ein halbes Jahr; sechs Monate; ***trois ~*** ein Vierteljahr *n*; drei Monate; ***le ~ de janvier*** der Monat Januar; ***~ de trente jours*** Monat mit dreißig Tagen; ***trois ~ de loyer*** drei Monatsmieten; ***deux ~ de vacances*** zwei Monate Ferien; *loc/adj*: *traite* ***à trois ~ d'échéance*** mit dreimonatiger Laufzeit; COMM ***de ce ~*** dieses Monats (*abr* d. M.); ***un bébé de trois ~*** ein drei Monate alter Säugling; ***(être) enceinte de trois, six ~*** im vierten, siebten Monat (sein); *loc/adv*: ***le ~ dernier, prochain*** letzten *ou* vorigen, nächsten *ou* kommenden Monat; im letzten *etc* Monat; COMM per ultimo; ***au ~*** monatlich; monatsweise; ***au ~ d'août*** im (Monat) August; ***au cours du ~*** im Laufe des Monats; COMM ***au dernier du ~*** (per) ultimo; ***dans un ~*** in e-m Monat; ***des ~ entiers*** monatelang; ***par ~*** monatlich; im, pro Monat; ***tous les ~*** alle Monate; monatlich; ***tous les trois, six ~*** viertel-, halbjährlich; alle Vierteljahre, alle halbe(n) Jahre **2** *salaire* Monatslohn *m*, -gehalt *n*; ***treizième ~*** dreizehntes Monatsgehalt

M

Moïse [mɔiz] *m* BIBL Mose(s) *m*
moïse [mɔiz] *m* Babykorb ['beːbi-] *m*
moisi [mwazi] **I** *adj* schimm(e)lig; angeschimmelt; verschimmelt **II** *m* Schimmel *m*; *du vin* ***goût*** *m* ***de ~*** Schimmelgeschmack *m*; ***tache*** *f* ***de ~*** Stockfleck *m*; *pièce etc* ***sentir le ~*** muffig, mod(e)rig, nach Schimmel riechen
moisir [mwaziʀ] **I** *v/t* schimm(e)lig werden lassen **II** *v/i* **1** (ver)schimmeln; schimm(e)lig werden; ***ce pain a moisi*** das Brot ist verschimmelt **2** F *fig personne* ***ne pas ~*** nicht lange bleiben; F nicht alt werden; ***je ne veux pas ~ ici*** *a* F ich will hier nicht versauern
moisissure [mwazisyʀ] *f souvent pl* ***~s*** Schimmel *m*; BOT Schimmelpilze *m/pl*
moisson [mwasõ] *f* **1** AGR (Getreide)Ernte *f*; ***faire la ~*** ernten **2** *saison* Erntezeit *f* **3** *fig* Ernte *f*, Ausbeute *f* (***de*** an *+dat*); ***faire (une) ~ de renseignements*** viele, zahlreiche Auskünfte einholen
moissonner [mwasɔne] *v/t* **1** ernten; mähen; schneiden; ***~ le blé*** das Getreide ernten, mähen, schneiden; ***~ un champ*** ein Feld abernten; *abs* ***commencer à ~*** mit der Getreideernte beginnen **2** *fig* ***~ des lauriers*** Lorbeeren ernten
moissonneur [mwasɔnœʀ] *m* Erntearbeiter *m*; *autrefois* Schnitter *m*
moissonneuse [mwasɔnøz] *f* **1** *personne* Erntearbeiterin *f*; *autrefois* Schnitterin *f* **2** *machine* Mähmaschine *f*; Mäher *m* **moissonneuse-batteuse** *f* ⟨*pl* **moissonneuses-batteuses**⟩ Mähdrescher *m*
moissonneuse-lieuse [mwasɔnøzljøz] *f* ⟨*pl* **moissonneuses-lieuses**⟩ Mähbinder *m*; Bindemäher *m*
moite [mwat] *adj* feucht
moiteur [mwatœʀ] *f* **1** *de l'air* Feuchtigkeit *f*; Feuchte *f* **2** *du corps* leichter Schweiß
moitié [mwatje] *f* Hälfte *f*; ***une bonne, grosse ~*** die gute, reichliche, F größere Hälfte; F *fig* ***ma ~*** (*ma femme*) F meine bessere Hälfte; ***la seconde ~ du XXe siècle*** die zweite Hälfte des 20. Jahrhunderts; ***la ~ de …*** die Hälfte (*+gén*); der, die, das halbe …; ***la ~ de la France*** halb Frankreich; ♦ *loc/adv*: F ***~ plus*** um die Hälfte mehr; ***la ~ plus cher, plus petit*** *etc* um die Hälfte teurer, kleiner *etc*; ***la ~ du temps*** die Hälfte der Zeit; die meiste Zeit; ***à la ~ du chemin*** auf halbem Weg; ***à ~*** halb; zur Hälfte; ***faire qc à ~*** etw nur zur Hälfte machen; ***ne rien faire à ~*** nichts halb tun; ***remplir à ~*** (bis) zur Hälfte, halb füllen; ***à ~ plein*** halb voll; zur Hälfte voll; ***à ~ pourri*** halb verfault; **(*à*) *~ …*, (*à*) *~ …*** halb …, halb …; zur Hälfte …, zur Hälfte …; teils …, teils …; zum Teil …, zum Teil …; *êtes-vous content de votre voyage? -* ***~-~!*** teils, teils!; halb und halb!; F ***faire ~-~*** F halbe-halbe *ou* fifty-fifty machen; ***à ~ prix*** zum halben Preis; ***de ~*** zur Hälfte; um die Hälfte; ***se mettre de ~ avec qn*** mit j-m zur Hälfte teilen; mit j-m halbpart machen; ***réduire de ~*** um die Hälfte *ou* auf die Hälfte reduzieren; ***partager en deux ~s*** halbieren; in zwei (F gleiche) Hälften, gleiche Teile teilen; ***couper par la ~*** in der Mitte durchschneiden; ***être pour ~ dans qc*** zur Hälfte, *par ext* in starkem Maße an etw (*dat*) beteiligt, für etw verantwortlich sein
moka [mɔka] *m* **1** *café* Mokka *m* **2** *gâteau* (kleine) Mokka-, Schokoladencremetorte
mol [mɔl] → ***mou***

molaire[1] [mɔlɛʀ] *f* Backen-, Mahlzahn *m*
molaire[2] [mɔlɛʀ] *adj* CHIM molar; ***masse*** *f* ***~*** molare Masse
molasse [mɔlas] *f* GÉOL Molasse *f*
moldave [mɔldav] *adj* GÉOGR moldauisch
Moldavie [mɔldavi] ***la ~*** **1** Moldawien *n* **2** HIST die Moldau
mole [mɔl] *f* CHIM Mol *n*
môle [mol] *m* **a)** (*jetée*) Mole *f*; Hafendamm *m*; **b)** (*quai*) Ladekai *m*
moléculaire [mɔlekylɛʀ] *adj* CHIM molekular; Molekular…; Molekül…; ***biologie*** *f* ***~*** Molekularbiologie *f*; ***poids*** *m* ***~*** Molekulargewicht *n*
molécule [mɔlekyl] *f* CHIM Molekül *n*
moleskine [mɔlɛskin] *f* TEXT Moleskin ['moːlskin] *m ou n*; Englischleder *n*
molester [mɔlɛste] *v/t* misshandeln; brutal behandeln
moleter [mɔlte] *v/t* ⟨**-tt-**⟩ *tech* rändeln; kordieren; *adjt* ***vis moletée*** Rändelschraube *f*
molette [mɔlɛt] *f* **1** *outil* Rändel(eisen, -rad) *n*; *de graveur a* Molette *f* **2** *sur jumelles etc* Rändelschraube *f*; gerändelte Stellschraube; *d'un briquet* gerändeltes Rädchen; ***clé*** *f* ***à ~*** Rollgabelschlüssel *m* **3** *d'un éperon* Spornrad *n* **4** MINES Seilscheibe *f*
mollah [mɔ(l)la] *m* REL Mullah *m*
mollard [mɔlaʀ] P *m* Auswurf *m*; Schleim *m*; *nordd* Qualster *m*
mollasse [mɔlas] *adj* **1** *chairs* wabb(e)lig; *nordd* quabb(e)lig **2** *fig* energielos; träg(e); lasch; schlaff; schlapp
mollasson [mɔlasõ] *m*, **mollassonne** *f* F Schlappschwanz *m*; träge Masse; F Schlaffi *m*
molle [mɔl] → ***mou***
mollement [mɔlmɑ̃] *adv travailler* lasch; träg(e); *être étendu* lässig
mollesse [mɔlɛs] *f* **1** *d'une personne* Laschheit *f*; Trägheit *f*; Schlappheit *f*; *loc/adv* ***avec ~*** lasch; träg(e); lahm **2** *d'un matelas, de contours etc* Weichheit *f*; PEINT ***~ du pinceau*** weiche Pinselführung
mollet[1] [mɔlɛ] *adj* ⟨**~te**⟩ ***œuf ~*** weich gekochtes, weiches Ei; ***petit pain ~*** Milchbrötchen *n*
mollet[2] [mɔlɛ] *m* ANAT Wade *f*; *iron* ***~s de coq*** dünne und sehnige Waden
molletière [mɔltjɛʀ] *adj* ⟨*nur f*⟩ ***bande ~*** Wickelgamasche *f*
molleton [mɔltõ] *m* TEXT Molton *m*
molletonné [mɔltɔne] *adj* mit Molton gefüttert; geraut **molletonner** *v/t* mit Molton füttern
mollir [mɔliʀ] *v/i* **1** *résistance* nachlassen; schwächer werden; *personne* Angst bekommen; feig(e) zurückweichen; F kneifen; ***il sentit ses jambes ~*** er fühlte, wie ihm die Knie weich wurden; ***sa résolution a molli*** er wurde in s-m Entschluss wankend **2** MAR *vent* abflauen
mollo [mɔlo] *adv* F ***vas-y ~!*** F sachte, sachte!
mollusques [mɔlysk] *m/pl* ZO Weichtiere *n/pl*; *sc* Mollusken *f/pl*
molosse [mɔlɔs] *m* großer massiger Hund; F Fleischerhund *m*
Moluques [mɔlyk] ***les ~*** *f/pl* die Molukken *pl*
molybdène [mɔlibdɛn] *m* CHIM Molybdän *n*
Mombas(s)a [mɔmbasa] GÉOGR Mombasa *n*

M

môme [mom] F **1** *m,f* Kind *n*; F Gör *n*; Balg *m ou n*; *adjt* ***il est encore tout ~*** er ist noch ganz klein **2** *f* junges Mädchen; junge Frau; ***une belle ~*** F ein reizender Käfer; ein süßer Fratz

moment [mɔmɑ̃] *m* **1** (*instant*) Augenblick *m*; Moment *m*; Zeitpunkt *m*; (*laps de temps*) Zeit *f*; ***bon ~*** richtiger, passender, geeigneter, günstiger Augenblick, Moment, Zeitpunkt; ***bons ~s*** schöne, nette Stunden *f/pl*, Zeiten *f/pl*; *mourant*: *rester lucide* ***jusqu'aux derniers ~s*** bis zum letzten Augenblick, Atemzug; ***mauvais ~*** unpassender, falscher Augenblick, Moment, Zeitpunkt; ***mauvais ~s*** böse, schlimme Stunden *f/pl*, Zeiten *f/pl*; ***c'est un mauvais ~ à passer*** das ist nicht angenehm, aber da muss man eben durch; ***le ~ présent*** dieser, der jetzige Augenblick; ***~ de bonheur, de gêne*** glücklicher, peinlicher Augenblick, Moment; ***dans un ~ de faiblesse*** in e-m Augenblick der Schwäche; ♦ *loc/adj* ***du ~*** Augenblicks…; augenblicklich; momentan; ***succès*** *m* ***du ~*** Augenblickserfolg *m*; ♦ *loc/adv*: ***un ~*** e-n Augenblick, Moment lang; ***un ~!*** e-n Augenblick, Moment, bitte!; ***un bon ~*** ziemlich lange; e-e ganze, geraume Weile; ***à aucun ~*** niemals; nicht e-n Augenblick lang; ***à ce ~-là*** damals *ou* dann; zu dem Zeitpunkt; in diesem, dem Augenblick; ***à ce ~ de la journée*** um diese *ou* zu dieser Tageszeit; ***à ce ~ du récit*** an dieser Stelle des Berichts; ***à certains ~s …, à d'autres (~s) …*** mitunter…, mitunter …; ***à tout ~, à tous ~s*** alle Augenblicke; fortwährend; ständig; andauernd; immerzu; ***dans un ~*** im Moment; gleich; sofort; ***d'un ~ à l'autre*** jeden Augenblick, Moment; ***dès ce ~-là*** von diesem, dem Augenblick, Moment, Zeitpunkt an; ***en ce ~*** im Augenblick, Moment; zurzeit; gegenwärtig; ***par ~s*** dann und wann; mitunter; gelegentlich; zeitweise; zuweilen; ***pour le ~*** vorerst; vorläufig; einstweilen; vorderhand; für den Augenblick; im Augenblick, Moment; ***sur le ~*** e-n Augenblick, Moment (lang); im ersten Augenblick; ♦ *loc/prép* ***au ~ de*** (*+subst*) im Augenblick (*+gén*); ***au ~ de*** (*+inf*) in dem Augenblick, Moment, als ich *etc*; gerade als ich *etc*; ♦ *loc/conj*: ***au ~ où*** in dem Augenblick, Moment, als *ou* wo; ***au ~ où l'on s'y attend le moins*** in dem Augenblick, wo man es am wenigsten erwartet; ***à partir du ~ où*** von dem Augenblick, Moment, Zeitpunkt an, wo; ***du ~ que*** (*puisque*) da ja; da doch; ♦ ***n'avoir pas un ~ à soi*** nicht einen Augenblick für sich haben; ***je n'en ai que pour un ~*** ich brauche nicht (mehr) lange; ***elle en a pour un bon ~*** das dauert noch ziemlich lange bei ihr; sie braucht noch ziemlich viel Zeit; ***c'est le ~ ou jamais!*** jetzt oder nie!; ***c'est le ~ (ou jamais) de faire qc*** das ist der Moment, um etw zu tun; ***ce n'est pas le ~*** das ist nicht der passende Augenblick, Moment; ***profiter du ~*** den Augenblick nutzen; ***ne pas trouver un ~ pour faire qc*** nicht einen Augenblick Zeit finden, um etw zu tun **2** PHYS Moment *n*; ***~ d'inertie*** Trägheitsmoment *n*

momentané [mɔmɑ̃tane] *adj* augenblicklich; momentan; vorübergehend **momentanément** *adv* augenblicklich; momentan; im Augenblick, Moment; zurzeit

momie [mɔmi] *f* Mumie *f*

momification [mɔmifikasjõ] *f* Mumifizierung *f*; Mumifikation *f* **momifier** *v/t* mumifizieren

mon [mõ] *adj/poss* ⟨*f* **ma** [ma], *vor Vokal u stummem h* **mon**; *pl* **mes** [me]⟩ mein(e); ***mes chers auditeurs!*** verehrte Anwesende, Zuhörer!; F ***~ bonhomme*** F der gute Mann; MIL ***~ capitaine!, ~ colonel!*** Herr Hauptmann!, Herr Oberst!; ***~ cher monsieur!*** (mein) lieber Herr X!; ***à ~ égard*** zu mir; mir gegenüber; F ***je gagne mes cent euros par jour*** ich verdiene meine hundert Euro pro Tag

monacal [mɔnakal] *adj* ⟨**-aux**⟩ mönchisch; Mönchs…; monastisch

Monaco [mɔnako] Monaco *n*

monarchie [mɔnaʀʃi] *f* Monarchie *f*; HIST ***la Monarchie de Juillet*** die Julimonarchie

monarchique [mɔnaʀʃik] *adj* monarchisch **monarchisme** *m* Monarchismus *m* **monarchiste** **I** *adj* monarchistisch **II** *m,f* Monarchist(in) *m(f)*

monarque [mɔnaʀk] *m* Monarch *m*

monastère [mɔnastɛʀ] *m* Kloster *n*; *au sens restreint* Mönchskloster *n*

monastique [mɔnastik] *adj* klösterlich; Kloster…; mönchisch; monastisch; ***discipline*** *f* ***~*** Klosterzucht *f*; ***vie*** *f* ***~*** Klosterleben *n*; mönchisches Leben

monceau [mõso] *m* ⟨*pl* **~x**⟩ Haufen *m*; Berg *m*; *fig* ***un ~ d'erreurs*** ein Haufen, e-e Menge Fehler

mondain [mõdɛ̃] **I** *adj* **1** gesellschaftlich; Gesellschafts…; *dans un journal* ***carnet ~, chronique ~e*** Gesellschaftschronik *f*; ***chroniqueur ~*** Redakteur *m* der Gesellschaftschronik; ***obligations ~es*** gesellschaftliche Verpflichtungen *f/pl*; ***vie ~e*** gesellschaftliches Leben **2** *personne* mondän; ***être ~*** mondän sein; in der großen Gesellschaft verkehren **3** ***police ~e*** *ou subst* ***~e*** *f* Rauschgiftfahnder *m/pl*; *service* Rauschgiftdezernat *n* **II** *subst* **~(e)** *m(f)* Weltmann *m*, -dame *f*; Mann *m*, Dame *f* von Welt

mondanité [mõdanite] *f* **1** **~s** *pl* **a)** (*vie mondaine*) gesellschaftliches Leben; gesellschaftliche Veranstaltungen *f/pl*; **b)** *chronique* Gesellschaftschronik *f* **2** *d'une personne* Hang *m* zum mondänen Leben; mondänes Leben

monde [mõd] *m* **1** (*la Terre, l'univers*) Welt *f*; ***l'Ancien Monde*** die Alte Welt; ***le ~ antique*** die antike Welt; die Welt der Antike; ***l'autre ~*** das Jenseits; ***envoyer, expédier qn dans l'autre ~*** F j-n ins Jenseits befördern; REL ***ce (bas) ~*** das Diesseits; die irdische Welt; ***les biens*** *m/pl* ***de ce ~*** die Güter *n/pl* dieser Welt; ***en ce bas ~*** im Diesseits; auf dieser Welt; auf Erden; *poét* hienieden; ***il n'est plus de ce ~*** er ist nicht mehr unter den Lebenden; ***le ~ entier*** die ganze Welt; ***~ extérieur*** Außenwelt *f*; ***le Nouveau Monde*** die Neue Welt; ***~ végétal*** Pflanzenwelt *f*; ***~ des affaires, des finances*** Geschäfts-, Finanzwelt *f*; ***~ des lettres*** literarische Welt; ***~ du travail*** Arbeitswelt *f*; Welt der Arbeit; ♦ *loc/adv*: ***au ~*** auf der *ou* die Welt; ***être seul au ~*** keinen Menschen auf der Welt haben; ganz allein auf dieser Welt stehen, sein; ***mettre un enfant au ~*** ein Kind zur Welt bringen, *péj* in die Welt setzen; ***venir au ~*** auf die *ou* zur Welt kommen; ***pour rien au ~*** um nichts in der Welt; ***dans le ~*** auf der Welt, Erde; ***de par le ~*** überall auf der Welt; ♦ ***ainsi va le ~*** das ist der Lauf der Welt; so geht es nun einmal zu auf der Welt; ***il y a un ~ entre le père et le fils*** Vater und Sohn trennen Welten; zwischen Vater und Sohn liegen Welten; ***être (tout) un ~*** e-e Welt für sich sein; *indigné* ***c'est un ~!*** das hat die Welt noch nicht gesehen!; das ist doch unerhört!; ***le ~ est mal fait*** es gibt keine Gerechtigkeit auf der Welt!; ***(comme) le ~ est petit!*** die Welt ist doch klein, ist ein Dorf!; ***c'est le ~ à l'envers*** das ist e-e verkehrte Welt; ***depuis que le ~ est ~*** seit die Erde sich dreht; solange die Welt (be)steht; seit Bestehen der Welt; ***c'est vieux comme le ~*** das ist so alt wie die Welt; das ist uralt; ***il faut de tout pour faire un ~*** unser Herrgott hat seltsame Kostgänger; es gibt (eben) solche und solche; ***se faire un ~ de qc*** etw als sehr schwierig ansehen **2** *(gens)* Menschen *m/pl*; Leute *pl*; *(foule)* Menschenmenge *f*; viele Menschen, Leute; ***un ~ fou*** e-e ungeheure Menschenmenge; ***le pauvre ~*** die einfachen, kleinen Leute; *par ext* ***tout mon ~*** meine ganze Familie; *loc/adv* ***devant le ~*** vor den Leuten; vor aller Welt; ***avoir du ~*** Besuch, Gäste haben; ***il y avait du ~, beaucoup de ~*** es waren viele Menschen, Leute da; ***il y a du ~?*** ist hier jemand, F wer?; ***il y a du ~ chez lui*** es ist jemand, F wer bei ihm; er hat Besuch; ***il n'y avait pas grand ~*** es waren nicht viele Menschen, Leute da; es war nicht sehr voll; ***connaître son ~*** s-e Leute, F s-e Pappenheimer kennen; ***il se moque***, F ***se fiche***, P ***se fout du ~*** F der ist gut!; der hat Nerven! **3** ***tout le ~*** jeder(mann); alle; alle Welt; ***Monsieur Tout le ~*** der kleine Mann; ***bonjour tout le ~!*** guten Tag allerseits!; MAR ***tout le ~ sur le pont!*** alle Mann an Deck!; *loc/adv* ***aux yeux de tout le ~*** vor aller Welt; vor aller Augen; ***ce n'est pas donné à tout le ~*** das ist nicht jedermanns Sache; ***tout le ~ est d'accord*** alle sind einverstanden; ***être à tout le ~*** allen gehören; ***il ne peut jamais rien faire comme tout le ~*** F er muss immer e-e Extrawurst (gebraten) haben; ***tout le ~ le sait*** alle Welt, jeder weiß es; alle wissen es; *prov* ***on ne peut contenter tout le ~ et son père*** man kann es nicht allen, jedem recht machen *(prov)* **4** *(haute société)* Gesellschaft *f*; Welt *f*; ***le beau ~*** die vornehme, feine Gesellschaft, Welt; ***femme*** *f*, ***homme*** *m* ***du ~*** Dame *f*, Mann *m* von Welt; Weltdame *f*, -mann *m*; ***les gens*** *m/pl* ***du ~*** die oberen zehntausend *pl*; ***être du même ~*** aus derselben Gesellschaftsschicht, denselben Kreisen, demselben Milieu kommen

mondé [mõde] *adj* ***orge ~*** (Gersten)Graupen *f/pl*

mondial [mõdjal] **I** *adj* ⟨**-aux**⟩ Welt…; weltweit; global; ***guerre ~e*** Weltkrieg *m*; ***marché ~*** Weltmarkt *m*; ***production ~e*** Weltproduktion *f*; ***puissance ~e*** Weltmacht *f*; ***réputation, renommée ~e*** Weltruf *m*; ***à l'échelle ~e*** im Weltmaßstab **II** *m* ***Mondial*** **1** FOOTBALL *etc* Weltmeisterschaft *f*; WM *f* **2** *internationale Automobilausstellung in Frankreich*

mondialement [mõdjalmã] *adv* weltweit; in der ganzen Welt; ***~ connu*** weltbekannt

mondialisation [mõdjalizasjõ] *f* Globalisierung *f* (*a* ÉCON) **mondialiser** *v/t* globalisieren (*a* ÉCON)

mond(i)ovision [mõd(j)ɔvizjõ] *f* TV weltweite (Fernseh)Ausstrahlung

monégasque [mɔnegask] **I** *adj* monegassisch **II** *subst* ***Monégasque*** *m,f* Monegasse *m*, Monegassin *f*

monème [mɔnɛm] *m* LING Monem *n*

monétaire [mɔnetɛʀ] *adj* Währungs…; Geld…; monetär; geldwirtschaftlich; ***circulation*** *f* ***~*** Geldumlauf *m*; ***fluctuations*** *f/pl* ***~s*** Währungsschwankungen *f/pl*; ***marché*** *m* ***~*** Geldmarkt *m*; ***politique*** *f* ***~*** Währungspolitik *f*; ***presse*** *f* ***~*** (Münz)Prägepresse *f*; ***système*** *m* ***~*** Währungssystem *n*; ***union*** *f* ***~*** Währungsunion *f*

monétique [mɔnetik] *f* elektronischer Zahlungsverkehr; (Verwendung *f* von) Plastikgeld *n*

mongol [mõgɔl] **I** *adj* mongolisch; Mongolen… **II** *subst* **1** ***Mongol(e)*** *m(f)* Mongole *m*, Mongolin *f* **2** LING ***le ~*** das Mongolische; Mongolisch *n*

Mongolie [mõgɔli] ***la ~*** die Mongolei

mongolien [mõgɔljɛ̃] MÉD **I** *adj* mongoloid; ***enfant ~*** mongoloides Kind **II** *subst* ***~(ne)*** *m(f)* mongoloider Mensch

mongolisme [mõgɔlism] *m* MÉD Mongolismus *m*

mongoloïde *adj* mongoloid

Monique [mɔnik] *f Vorname*

moniteur [mɔnitœʀ], **monitrice** **1** *m,f* ***moniteur, monitrice (d'auto-école)*** Fahrlehrer(in) *m(f)*; ***moniteur, monitrice (d'aviation)*** Fluglehrer(in) *m(f)*; ***moniteur, monitrice (d'une colonie de vacances)*** Betreuer(in) *m(f)* (e-r Ferienkolonie); ***moniteur, monitrice (de ski)*** Skilehrer(in) *m(f)* **2** *m* INFORM, MÉD Monitor *m*

monitorat [mɔnitɔʀa] *m* Funktion *f* e-s Betreuers, Lehrers, Hilfsassistenten

monnaie [mɔnɛ] *f* **1** *d'un État* Währung *f*; *(argent)* Geld *n*; Zahlungsmittel *n*; ***~ électronique*** Plastikgeld *n*; ***~s étrangères*** ausländische, fremde Währungen *f/pl*, Zahlungsmittel *n/pl*, Geldsorten *f/pl*; ***fausse ~*** Falschgeld *n*; ***~ forte*** harte Währung; ***~ nationale*** Landeswährung *f*; ***~ unique*** Einheitswährung *f*; gemeinsame Währung; *fig* ***~ d'échange*** Tauschobjekt *n*; *fig* ***c'est ~ courante*** das ist gang und gäbe; das ist so üblich; F ***passons la ~!*** jetzt geht's ans Zahlen!; F jetzt heißt es berappen!; *fig* ***payer qn en ~ de singe*** j-n mit leeren Versprechungen abspeisen **2** *pièces* Münzen *f/pl*; *coll* Kleingeld *n*; *d'un gros billet* Wechsel-, Kleingeld *n*; ***petite, menue ~*** kleine Münzen; *à Paris* ***l'hôtel des Monnaies*** *ou* ***la Monnaie*** die Münzstätte, -anstalt; die Münze; ***je n'ai pas de ~*** ich habe kein Kleingeld; ***auriez-vous la ~ de dix euros?*** können Sie mir zehn Euro wechseln, F klein machen?; ***battre, frapper ~*** Münzen prägen, schlagen; ***faire de la ~*** wechseln; ***faire la ~ de dix euros*** e-n Zehn-Euro-Schein wechseln, F klein machen; ***préparez votre ~!*** bitte Kleingeld bereithalten! **3** *(somme rendue)* Wechselgeld *n*; ***rendre la ~*** herausgeben; F rausgeben; ***rendre, donner la ~ sur dix euros*** auf zehn Euro herausgeben; *fig* ***rendre la ~ de sa pièce à qn*** j-m mit gleicher Münze heimzahlen

monnaie-du-pape [mɔnɛdypap] *f* ⟨*pl* **monnaies-du-pape**⟩ BOT Mondviole *f*

monnayable [mɔnɛjabl] *adj* in Geld umsetzbar

monnayage [mɔnɛjaʒ] *m* Münzprägung *f*; Ausmünzen *n*, -ung *f*; ***faux ~*** Falschmünzerei *f*; Münz-, Geldfälschung *f*

monnayer [mɔneje] *v/t* ⟨**-ay-** *od* **-ai-**⟩ **1** TECH *métal* (aus)münzen; *adjt* ***or monnayé*** gemünztes Gold **2** *(convertir en argent)* zu Geld machen; in klingende Münze umsetzen; F versilbern; *fig* ***~ son talent*** aus s-m Talent Kapital schlagen

monnayeur [mɔnɛjœʀ] *m* **1** ***faux ~*** Falschmünzer *m* **2** *appareil* Wechselautomat *m*; Geldwechsler *m*

M

mono [mɔno] **I** *adj* ⟨*inv*⟩ F *abr* (*monophonique*) F mono; ***disque*** *m* ~ Monoplatte *f* **II** *m,f* F *abr* → ***moniteur***
monoacide [mɔnɔasid] *adj* CHIM einsäurig
monobloc [mɔnɔblɔk] **I** *adj* ⟨*inv*⟩ TECH in einem Stück, Block gefertigt, gegossen, hergestellt **II** *m* AUTO Zylinderblock *m*
monochrome [mɔnɔkʀom] *adj* einfarbig; monochrom
monocle [mɔnɔkl] *m* Monokel *n*
monocoque [mɔnɔkɔk] *adj* TECH *voiture* mit selbsttragender Karosserie; *voilier, avion* mit nur einem Rumpf
monocorde [mɔnɔkɔʀd] **I** *adj* **1** MUS einsaitig **2** *fig voix* monoton; einförmig **II** *m* MUS Monochord *n*
monocotylédones [mɔnɔkɔtiledɔn] *f/pl* BOT Einkeimblättrige(n) *pl*; *sc* Monokotyledonen *f/pl*
monoculture [mɔnɔkyltyʀ] *f* AGR Monokultur *f*
monogame [mɔnɔgam] *adj* **1** monogam (*a* zo) **2** BOT eingeschlechtig **monogamie** *f* Monogamie *f*; Einehe *f*
monogramme [mɔnɔgʀam] *m* Monogramm *n*; Namenszeichen *n*; Signum *n*; *d'un artiste* Künstlermonogramm *n*; Meisterzeichen *n*
monographie [mɔnɔgʀafi] *f* Monografie *f*; Einzeldarstellung *f*
monokini [mɔnɔkini] *m* Oben-ohne-Badeanzug *m*
monolingue [mɔnɔlɛ̃g] *adj* einsprachig
monolithe [mɔnɔlit] **I** *adj* monolithisch **II** *m* Monolith *m* **monolithique** *adj* **1** ARCH monolithisch **2** *fig système, parti* monolithisch; in sich (*dat*) geschlossen; *parti a* straff organisiert **monolithisme** *m fig* monolithischer Charakter; Geschlossenheit *f*; straffe Organisation
monologue [mɔnɔlɔg] *m* Monolog *m* (*a* THÉ); Selbstgespräch *n*; *dans un roman* ~ ***intérieur*** innerer Monolog
monologuer [mɔnɔlɔge] *v/i* Selbstgespräche führen; monologisieren
monôme [monom] *m* **1** MATH Mo(no)nom *n* **2** *des étudiants* (lärmender) Umzug (*im Gänsemarsch, die Hände auf den Schultern des Vordermannes*)
monomoteur [mɔnɔmɔtœʀ] AVIAT **I** *adj* ⟨**-trice**⟩ *avion* einmotorig **II** *m* einmotoriges Flugzeug
monoparental [mɔnɔpaʀɑ̃tal] *adj* ⟨**-aux**⟩ ***famille*** ~***e*** Familie, die nur aus einem Elternteil besteht; Alleinerziehende(r) *f(m)*; Einelternfamilie *f*; ***foyer*** ~ Haushalt *n* e-s Alleinerziehenden
monophasé [mɔnɔfaze] *adj* ÉLECT einphasig; Einphasen…
monophonique [mɔnɔfɔnik] *adj disque etc* monofon; monaural
monoplace [mɔnɔplas] *adj* einsitzig; ***avion*** *m* ~ *ou subst* ~ *m* einsitziges Flugzeug; Einsitzer *m*; ***kayak*** *m* ~ Einerkajak *m*; Kajakeiner *m*; ***voiture*** *f* ~ *ou subst* ~ *f* einsitziger Wagen; Einsitzer *m*
monoplan [mɔnɔplɑ̃] *m* AVIAT ~ *ou adjt* ***avion*** *m* ~ Eindecker *m*
monopole [mɔnɔpɔl] *m* **1** ÉCON Monopol *n*; ~ ***d'État*** staatliches Monopol; Staatsmonopol *n*; ~ ***des tabacs*** Tabakmonopol *n*; ***avoir le*** ~ ***d'un produit*** das Monopol für *ou* auf ein Produkt haben; ***détenir un*** ~ e-e Monopolstellung innehaben; ein Monopol besitzen **2** *fig* Exklusivrecht *n* (**de** auf +*acc*); ***il n'a pas le*** ~ ***de l'intelligence*** F er hat die Klugheit nicht für sich gepachtet
monopolisation [mɔnɔpɔlizasjõ] *f* Monopolisierung *f* **monopoliser** *v/t* **1** ÉCON monopolisieren; zu e-m Monopol ausbauen **2** *fig* für sich in Anspruch nehmen; mit Beschlag belegen; in Beschlag nehmen; vereinnahmen **monopoliste** **I** *adj* monopolistisch **II** *m* Monopolist *m*; *péj* Monopolkapitalist *m*
monoprix® [mɔnɔpʀi] *m frz Kaufhauskette* (*mit preiswerten Waren*)
monorail [mɔnɔʀaj] *m* TECH Einschienenbahn *f*
monospace [mɔnɔspas] *m ou f* Großraumlimousine *f*
monosyllabe [mɔnɔsi(l)lab] **I** *adj* LING einsilbig; *sc* monosyllabisch **II** *m* **1** LING einsilbiges Wort; *sc* Monosyllabum *n* **2** *fig* ***ne répondre que par*** ~***s*** nur einsilbige Antworten geben
monosyllabique [mɔnɔsi(l)labik] *adj* → ***monosyllabe***
monothéisme [mɔnɔteism] *m* REL Monotheismus *m* **monothéiste** REL **I** *adj* monotheistisch **II** *m,f* Monotheist(in) *m(f)*
monotone [mɔnɔtɔn] *adj* monoton; eintönig; einförmig; gleichförmig **monotonie** *f* Monotonie *f*; Eintönigkeit *f*; Einförmigkeit *f*; Gleichförmigkeit *f*
monotype [mɔnɔtip] **1** *m* MAR Einheitsklassenboot *n* **2** *m* PEINT Monotypie *f* **3** *f* TYPO Monotype [-taɪp] *f*
monovalent [mɔnɔvalɑ̃] *adj* CHIM einwertig
monoxyde [mɔnɔksid] *m* CHIM Monoxid *n*; ~ ***de carbone*** Kohlenmonoxid *n*
Mons [mõs] *Stadt in Belgien*
monseigneur [mõsɛɲœʀ] *m* **1** (*abr* **Mgr**) ⟨*pl* **messeigneurs** [mesɛɲœʀ]⟩ *titre donné à un évêque* Seine Exzellenz (*abr* Se. Exz.); *à un prince* Seine Durchlaucht; *appellatif* Eure Exzellenz *ou* Euer Durchlaucht **2** *adjt* ***pince*** *f* ~ Brecheisen *n*, -stange *f*
monsieur [məsjø] *m* (*abr* **M.**) ⟨*pl* **messieurs** [mesjø] (*abr* **MM.**)⟩ **1** **a**) *avec un nom* Herr *m*; ~ ***Durand*** Herr Durand; ~ ***Un tel*** Herr Sowieso, Soundso; ***Monsieur votre père*** Ihr Herr Vater; **b**) *pour s'adresser à un homme* ***Monsieur*** Herr (+*nom de famille*); *dans un magasin a* F der Herr!; *avec irritation* mein Herr!; ***Messieurs!*** meine Herren!; ***mon bon*** ~***!*** mein lieber Herr!; *parfois non traduit*: (***bonjour,***) ***Monsieur!*** guten Tag! *ou* guten Tag, Herr (+*nom de famille*)!; ***bonjour, Messieurs Dames***, F ***m'sieu dames!*** guten Tag, die Herrschaften!; ***ces messieurs désirent déjeuner?*** wünschen die Herren zu speisen?; **c**) *au début d'une lettre* ***Monsieur*** Sehr geehrter Herr (+*nom de famille*); ***Cher Monsieur*** Lieber Herr (+*nom de famille*); ***Messieurs*** Sehr geehrte Herren; **d**) *avec un titre* ***Monsieur le Comte, le Maire, le Ministre*** der Herr Graf, Bürgermeister, Minister; *en s'adressant à cette personne* Herr Graf, Bürgermeister, Minister!; **e**) *en s'adressant à l'épouse* ***comment va Monsieur Durand?*** wie geht es Ihrem Gatten, *très formel* Ihrem Herrn Gemahl?; **f**) (*maître de maison*) ***Monsieur*** Herr (+*nom de famille*); der gnädige Herr (*a iron*); ***Monsieur et Madame sont sortis*** die Herrschaften sind ausgegangen; **g**) *en présence de qn dont on parle*: ***Monsieur demande si …*** der Herr fragt, ob …; **h**) *suivi d'une spécialité*: ~ ***Sécurité*** der Spezialist

für Sicherheit; F Mister *m* Sicherheit **2** (*homme*) Herr *m*; ***un vieux ~*** ein alter Herr; *à un enfant* ***dis merci au ~!*** sag dem Herrn, *enf* dem Onkel Danke schön! **3** *péj* ***un joli ~*** ein übler Bursche, Patron, Kunde **4** HIST ***Monsieur*** *Titel des ältesten Bruders des frz Königs*

monstre [mõstʀ] *m* **1** (*créature difforme*) Missgeburt *f*; Monstrum *n* **2** MYTH Ungeheuer *n*; Monster *n*; Monstrum *n* **3** *fig* (*personne cruelle*) Ungeheuer *n*; Scheusal *n* (*a très laide*); F ***petit ~*** F kleines Scheusal; ***un ~ de cruauté*** ein wahres Scheusal; ***~ d'ingratitude*** entsetzlich undankbares Geschöpf **4** CIN, SPORTS *etc* ***~ sacré*** Welt-, Superstar *m*; Kultfigur *f* **5** *adjt* Monster…; riesig; ungeheuer; kolossal; ***procès*** *m* ***~*** Monsterprozess *m*; ***effet*** *m*, ***succès*** *m* ***~*** Bomben-, Riesenwirkung *f*, -erfolg *m*; ***travail*** *m* ***~*** Riesenarbeit *f*; riesige, ungeheure, kolossale Arbeit

monstrueusement [mõstʀyøzmɑ̃] *adv* ungeheuer; enorm; kolossal

monstrueux [mõstʀyø] *adj* ⟨**-euse**⟩ **1** (*gigantesque*) ungeheuer; riesig; enorm; kolossal; monströs; ***bruit ~*** ungeheurer, ohrenbetäubender Lärm **2** (*horrible*) *crime, idée etc* scheußlich; abscheulich; ungeheuerlich; grässlich; entsetzlich; grauenhaft; ***chose monstrueuse*** Ungeheuerlichkeit *f*; ***laideur monstrueuse*** abstoßende Hässlichkeit

monstruosité [mõstʀyozite] *f* **1** MÉD Missbildung *f* **2** *d'un crime etc* Scheußlichkeit *f*; Abscheulichkeit *f*; Grässlichkeit *f*; Entsetzlichkeit *f* **3** *parole, action* Ungeheuerlichkeit *f*; Monstrosität *f*

mont [mõ] *m* **1** GÉOGR *avec un nom propre* Berg *m*; ***le ~ Blanc*** der Montblanc; ***le ~ Rose*** der Monte Rosa; ***le ~ des Oliviers*** der Ölberg **2** *litt* (*montagne*) Berg *m*; *loc/adv* ***par ~s et par vaux*** über Berg und Tal; ***être toujours par ~s et par vaux*** immer unterwegs, F ständig auf (der) Achse sein; ***promettre ~s et merveilles*** goldene Berge versprechen **3** ANAT ***~ de Vénus*** Scham-, Venusberg *m* **4** CHIROMANCIE Berg *m*

montage [mõtaʒ] *m* **1** TECH Montage *f*; Montieren *n*; *d'une machine a* Zusammenbau *m*; Zusammensetzen *n*; Einbau *m* (**dans** in +*acc*); *d'un complexe a* Aufbau *m*; Errichtung *f*; *d'une tente, d'un lit* Aufschlagen *n*; Aufstellen *n*; *d'un échafaudage* Aufstellung *f*; Aufbau *m*; Errichtung *f*; ***chaîne*** *f* ***de ~*** Fließ-, Montageband *n* **2** ÉLECT Schaltung *f* **3** COUT *de manches* Einsetzen *n* **4** *d'un bijou* Fassen *n* **5** CIN *d'un film* Montage *f* (*a résultat*); Schnitt *m* **6** PHOT ***~ (photo)*** Fotomontage *f*

montagnard [mõtaɲaʀ] **I** *adj* Berg…; Gebirgs… **II** *subst* ***~(e)*** *m(f)* Berg-, Gebirgsbewohner(in) *m(f)*; Gebirgler(in) *m(f)*

montagne [mõtaɲ] *f* **1** Berg *m*; ***au pied de la ~*** am Fuß des Berges; *fig* ***il*** *ou* ***elle ferait battre des ~s*** er *ou* sie ist e-e Lästerzunge; *fig* ***se faire une ~ de qc*** die Wichtigkeit, die Schwierigkeiten e-r Sache (*gén*) übertreiben; F aus e-r Mücke e-n Elefanten machen; *prov*: ***c'est la ~ qui accouche d'une souris*** der Berg kreißt und gebiert e-e Maus (*prov*); ***il n'y a que les ~s qui ne se rencontrent pas*** Berg und Tal, die Berge, kommen nicht zusammen, wohl aber die Menschen, Leute (*prov*) **2** ***~*** *ou* ***~s*** *pl* Gebirge *n*; Berge *m/pl*; ***'haute ~*** Hochgebirge *n*; ***école*** *f* ***de haute ~*** Bergsteigerschule *f*; ***les ~s Rocheuses*** die Rocky Mountains [-mauntəns] *pl*; das Felsengebirge; ***faune*** *f*, ***flore*** *f* ***des ~s*** Gebirgsfauna *f*, -flora *f*; ***station*** *f* ***de ~*** Höhen(luft)kurort *m*; *iron* ***c'est la ~ à vaches*** das sind doch nur harmlose Hügel; ***passer ses vacances à la ~*** die Ferien im Gebirge, in den Bergen verbringen **3** *fig* Berg *m*; Haufen *m*; ***une ~ de livres*** ein Berg, Haufen Bücher **4** ***~s russes*** Berg-und-Tal-Bahn *f*; Achterbahn *f* **5** HIST ***la Montagne*** die Bergpartei

montagneux [mõtaɲø] *adj* ⟨**-euse**⟩ bergig; gebirgig; ***région montagneuse*** *a* Gebirgsgegend *f*

Montaigne [mõtɛɲ] *frz Schriftsteller*

montant [mõtɑ̃] **I** *adj* **1** *chemin* ansteigend; MUS *gamme* aufsteigend; ***la génération ~e*** die kommende, junge Generation; MAR ***marée ~e*** Flut *f* **2** *corsage, robe* hochgeschlossen; ***chaussure ~e*** hoher Schuh; Stiefel *m*; ***col ~*** hoher Kragen **II** *m* **1** (*somme*) Betrag *m*; Summe *f*; Höhe *f*; C.E.E. ***~ compensatoire*** Grenzausgleich *m*; ***~ de l'assurance*** Versicherungssumme *f*; ***~ des dépenses*** Höhe der Ausgaben; ***~ de la facture*** Rechnungsbetrag *m*; ***d'un ~ de*** im Betrag, in Höhe von **2** *d'un lit, d'une fenêtre* Pfosten *m*; *d'une échelle* Holm *m*; Leiterbaum *m* **3** *de la bride* Backenriemen *m*

Montargis [mõtaʀʒi] *Stadt im Dep. Loiret*

Montauban [mõtobɑ̃] *Stadt im Dep. Tarn-et-Garonne*

Mont-Cenis [mõsəni] ***le ~*** der Mont Cenis

mont-de-piété [mõdpjete] *m* ⟨*pl* **monts-de-piété**⟩ Leihhaus *n*; Pfandleihe *f*; ***mettre qc au ~*** etw zum Leihhaus tragen; etw versetzen

monte [mõt] *f* **1** ÉLEVAGE Decken *n*; Belegen *n*; Bespringen *n*; *d'une jument a* Beschälen *n* **2** TURF Ritt *m*

Monte-Carlo [mõtekaʀlo] Monte Carlo *n*

monte-charge [mõtʃaʀʒ] *m* ⟨*inv*⟩ Lastenaufzug *m*

montée [mõte] *f* **1** *d'une montagne* Aufstieg *m* (**de** auf +*acc*); Be-, Ersteigen *n* (+*gén*); *d'un escalier* Hinauf- *ou* Herauf-, F Raufgehen *n*, -steigen *n*; *en voiture* Hinauf- *ou* Herauf-, F Rauffahren *n* (auf +*acc*); *en ascenseur* Auffahrt *f*; Hinauffahren *n*; *en téléférique* Bergfahrt *f*; *d'un avion* Steigflug *m*; *d'un ballon* (Auf)Steigen *n*; *des eaux* (An)Steigen *n*; *de la sève* Steigen *n*; PHYSIOL ***~ du lait*** Einschießen *n* der Milch (*in die Brust*) **2** *fig des prix, de la température* Anstieg *m*; Steigen *n*; *du racisme, de l'indignation a* Zunahme *f*; ***~ des prix*** *a* Preissteigerung *f* **3** (*pente*) Steigung *f* **4** *menant à un bâtiment* Auffahrt *f* **5** ARCH *d'une voûte* Stich(höhe) *m(f)*

monte-en-l'air [mõtɑ̃lɛʀ] F *m* ⟨*inv*⟩ Fassadenkletterer *m*

monténégrin [mõtenegʀɛ̃] **I** *adj* montenegrinisch **II** *subst* ***Monténégrin(e)*** *m(f)* Montenegriner(in) *m(f)*

Monténégro [mõtenegʀo] ***le ~*** Montenegro *n*

monte-plats [mõtpla] *m* ⟨*inv*⟩ Speisenaufzug *m*

monter [mõte] **I** *v/t* **1** *escalier, marches, côte* hinauf- *ou* herauf- *ou* hoch- *ou* F raufgehen, -steigen, -kommen; emporsteigen; erklimmen; *côte a* besteigen; ersteigen; (*à bord d'un*) *véhicule* hinauf- *ou* herauf- *ou* hoch- *ou* F rauffahren; MUS *gamme* hinauf singen *ou* spielen; aufwärts singen, spielen; ***~ la garde*** Wache halten, F schieben; Posten stehen **2** CUIS ***~ des blancs en neige*** Eiweiß zu Schnee schlagen **3** (*porter*) *courrier, petit-déjeuner* hinauf- *ou* herauf- *ou* hoch- *ou* F raufbringen, *objet lourd* -tragen, -schaffen; **~ *la valise au grenier*** den Koffer auf den Speicher bringen, tragen, schaffen **4** (*chevaucher*) reiten; **~ *un cheval*** ein Pferd reiten; auf e-m Pferd reiten; ***ce cheval est monté par ...*** das Pferd wird von ... geritten; ***ce cheval n'a jamais été monté*** dieses Pferd ist nie geritten worden **5** TECH montieren; *machine a* zusammenbauen, -setzen (*a meuble*); einbauen (**dans** in *+acc*); *complexe a* aufbauen; errichten; *tente, lit* aufschlagen; aufstellen; ÉLECT schalten; COUT *manche* einsetzen; *mailles* aufschlagen; *film* montieren; schneiden; *bijou* fassen; **~ *un diamant sur une bague*** e-n Diamanten in e-n Ring einarbeiten; **~ *un échafaudage*** ein Gerüst aufstellen, aufbauen, errichten **6** *une affaire* aufbauen; einrichten; gründen; *campagne publicitaire* aufziehen; organisieren; *spectacle* zur Aufführung bringen; herausbringen; inszenieren; → *a* **coup** *1* **7** *fig* **~ (*la tête à*) *qn* (*contre qn*)** j-n (gegen j-n) aufbringen, aufhetzen; *adjt* ***être monté contre qn*** gegen j-n aufgebracht sein; auf j-n zornig, wütend sein **8** **~ *son ménage*** Hausrat anschaffen; sich einrichten; *adjt* ***être bien monté en qc*** mit etw gut versorgt, ausgestattet, ausgerüstet, eingedeckt sein **9** ÉLEVAGE *femelle* decken; belegen; bespringen; *jument a* beschälen **II** *v/i* ⟨*meist* **être**, *wenn e-e Person Subjekt ist*⟩ **1** *à pied* steigen (**à, sur** auf *+acc*); emporsteigen (zu); besteigen (*+acc*); hinauf- *ou* herauf- *ou* hoch- *ou* F raufgehen, -steigen, -kommen, (*à bord d'un*) *véhicule* -fahren; *dans un moyen de transport* einsteigen (**dans, en** in *+acc*); besteigen (*+acc*); *fig* ***les générations qui montent*** die kommenden Generationen; **~ *se coucher*** hinaufgehen und sich schlafen legen; **~ *à bicyclette*** aufs (Fahr)Rad steigen; das (Fahr)Rad besteigen; **~ *à bord*** an Bord gehen; **~ *au troisième étage*** in den dritten Stock hinaufgehen, -steigen *ou* -fahren; **~ *à Paris*** nach Paris gehen; **~ *dans un train, en avion*** in e-n Zug, in ein Flugzeug (ein)steigen; e-n Zug, ein Flugzeug besteigen; **~ *par l'ascenseur*** mit dem Fahrstuhl hinauf-, herauf-, hoch-, F rauffahren; **~ *sur une chaise, sur une échelle*** auf e-n Stuhl, auf e-e Leiter steigen; *p/p* ***monté sur une chaise, sur une échelle*** auf e-m Stuhl, auf e-r Leiter stehend; **~ *sur le trône*** den Thron besteigen **2** *route* ansteigen; *avion, ballon, oiseau, soleil, brouillard* aufsteigen; *niveau des eaux, baromètre, température* steigen (**de** um); *fleuve* (an)schwellen; steigen; *sève* steigen; *lait qui bout* hochkommen; *tas* höher, größer werden; *flammes* hochschlagen, auf-, emporlodern (**de** aus); *odeurs, bruit* heraufkommen, -dringen, *odeurs a* aufsteigen (***de la rue*** von der Straße); *fig prix* steigen; anziehen; aufschlagen; *succès, admiration etc* größer werden; zunehmen; *ton dans une discussion* scharf, gereizt, heftig werden; F (*faire carrière*) aufsteigen; F groß im Kommen sein; *avion* **~ *à 3000 mètres*** auf 3000 Meter (auf)steigen, (hoch)gehen; ***les larmes lui sont montées aux yeux*** die Tränen traten, stiegen ihm in die Augen; *vin* **~ *à la tête*** zu Kopf steigen; *vêtement* **~ (*jusqu'*)*à*** gehen, reichen bis zu; ***faire* ~** *prix* in die Höhe treiben; hochtreiben; ***faire* ~ *le sang au visage*** das Blut ins Gesicht treiben **3** **~ (*à cheval*)** reiten; ***il monte bien*** er reitet gut; *adjt* ***police montée*** berittene Polizei **4** AGR wachsen; sprießen; *salade* schießen **III** *v/pr* **1** *dépenses etc* ***se* ~ *à mille euros*** sich auf tausend Euro belaufen; tausend Euro betragen, ausmachen **2** *personne* ***se* ~ *en qc*** sich mit etw versorgen, eindecken, ausstatten, ausrüsten; ***se* ~ *en ménage*** Hausrat anschaffen; sich einrichten **3** *sens passif* ***se* ~ *facilement*** *appareil, meuble* leicht zu montieren sein; *côte* leicht zu besteigen sein; *escalier* bequem zu begehen sein; *cheval* sich gut reiten lassen

monter und sein Gebrauch

Dieses Verb kann sowohl intransitiv als auch transitiv (mit direktem Objekt) verwendet werden:

intransitiver Gebrauch:
Elles **sont** mont**ées** jusqu'au sommet. –
Sie sind bis zum Gipfel hinaufgestiegen.
Elle a pris une échelle et puis elle **est** mont**ée** dans l'arbre. –
Sie nahm eine Leiter und stieg dann auf den Baum.

Die zusammengesetzten Zeiten werden hier in der Regel mit **être** gebildet, das Partizip richtet sich in Geschlecht und Zahl nach dem Subjekt.

transitiver Gebrauch:
Sylvie **a** monté les escaliers. –
Sylvie ist die Treppe hinaufgegangen.
Les valises qu'il **a** mont**ées** sont très lourdes. –
Die Koffer, die er hinaufgetragen hat, sind sehr schwer.

Hier werden die zusammengesetzten Zeiten mit **avoir** gebildet, das Partizip wird ans Subjekt angeglichen, wenn das direkte Objekt (im Beispiel durch qu' wiedergegeben) **vor** dem Verb steht.

Montesquieu [mõtɛskjø] *frz Schriftsteller u Philosoph*

monteur [mõtœʀ] *m*, **monteuse** *f* **1** TECH Monteur *m*, Monteurin *f*; ***monteur électricien*** Elektromonteur *m*; Elektroinstallateur *m* **2** CIN Schnittmeister(in) *m(f)*; Cutter(in) ['kat-] *m(f)*

montgolfière [mõgɔlfjɛʀ] *f* Heißluftballon *m*; Montgolfiere *f*

Montgomery [mõgɔmʀi] *m* MIL Montgomery *m*

Montherlant [mõtɛʀlã] *frz Schriftsteller*

monticule [mõtikyl] *m* Hügel *m*; Anhöhe *f*; kleiner Berg

Montlhéry [mõleʀi] *Ort im Dep. Essonne*

Montpellier [mõpəlje, -pe-] *Stadt im Dep. Hérault*

M

montre [mõtʀ] *f* 1 (Armband-, Taschen)Uhr *f*; **~ à quartz** Quarzuhr *f*; **~ de précision** Präzisionsuhr *f*; **course** *f* **contre la ~** CYCLISME (Einzel)Zeitfahren *n*; *fig* Wettlauf *m* mit der Zeit; *loc/adv* **~ en main** (auf die Minute, Sekunde) genau; **ma ~ est arrêtée** meine Uhr ist stehen geblieben; **mettre sa ~ à l'heure** s-e Uhr stellen; **regarder l'heure à sa ~** auf die *ou* nach der Uhr sehen 2 *loc* **faire ~ de qc** etw beweisen, zeigen

Montréal [mõʀeal] Montreal [mɔntreˈaːl] *n*

montre-bracelet [motʀəbʀaslɛ] *f* ⟨*pl* **montres-bracelets**⟩ Armbanduhr *f*

montrer [mõtʀe] **I** *v/t* zeigen; *papiers a* vor-, herzeigen; *chemin a* weisen; *courage*, *zèle a* beweisen; an den Tag legen; *émotion*, *humeur a* sich (*dat*) anmerken lassen; *peinture*, *film*, *livre* **~ qn, qc** j-n, etw darstellen, zeigen; *auteur* etw aufzeigen; *réponse*, *réalisation* etw erkennen lassen, zeigen, beweisen; **~ qn, qc du doigt** (mit dem Finger) auf j-n, etw zeigen; → *a* **doigt** *1*; **~ les dents** die Zähne fletschen; *fig* die Zähne zeigen; **~ l'exemple** Vorbild sein; **~ le fonctionnement de qc** zeigen, wie etw funktioniert; **~ la porte à qn** j-m die Tür weisen **II** *v/pr* **se ~** *personne* sich zeigen; sich sehen, blicken lassen; **se ~ courageux** sich mutig zeigen; sich als mutig erweisen; *mesure* **se ~ efficace** sich als wirksam erweisen; **se ~ d'une fermeté inébranlable** sich von e-r unerschütterlichen Festigkeit zeigen; **se ~ à la hauteur de la situation** sich der Lage gewachsen zeigen

Montreuil [mõtʀœj] *frz Ortsname*

montreur [mõtʀœʀ] *m*, **montreuse** *f* **montreur, montreuse de marionnettes** Marionetten-, Puppenspieler(in) *m(f)*; **montreur d'ours** Bärenführer *m*

Montreux [mõtʀø] *Stadt in der Schweiz*

Montrouge [mõʀuʒ] *Stadt im Dep. Hauts-de-Seine*

monture [mõtyʀ] *f* 1 *animal* Reittier *n*; *cheval* Reitpferd *n*; *prov* **qui veut voyager loin ménage sa ~** eile mit Weile!; wer langsam geht, kommt auch ans Ziel; langsam, aber sicher (*trois prov*) 2 TECH *de parapluie etc* Gestell *n*; *d'un bijou* Fassung *f*; **~ (de lunettes)** Brillengestell *n*

monument [mɔnymɑ̃] *m* 1 Denkmal *n*, Monument *n* (*a fig*); *d'une ville etc* Baudenkmal *n*; bedeutendes historisches Bauwerk; **~ (commémoratif)** Denkmal *n*; **~ funéraire** Grabmal *n*; **~ classé** unter Denkmalschutz stehendes Bauwerk; **~ aux morts** Krieger-, Gefallenendenkmal *n* 2 *d'une armoire etc* F **c'est un vrai ~** F das ist ein wahres Monstrum, Ungetüm; F **être un ~ de bêtise** e-e ganz große Dummheit sein

monumental [mɔnymɑ̃tal] *adj* ⟨**-aux**⟩ 1 *de proportions* monumental; gewaltig; kolossal; **œuvre ~e** monumentales Werk; **statue ~e** Kolossalstatue *f* 2 F *erreur* kapital; grundlegend; **bêtise ~e** grenzenlose, bodenlose Dummheit

moquer [mɔke] *v/pr* 1 (*tourner en ridicule*) **se ~ de qn, de qc** sich über j-n, über etw lustig machen, mokieren; über j-n, etw spotten; j-n, etw verspotten; j-n auslachen, verlachen; **se faire ~ de soi** sich lächerlich machen 2 (*ne pas se soucier de*) **se ~ de qn, de qc** sich nicht um j-n, um etw kümmern; F **se ~ pas mal de qc** sich überhaupt nicht für etw interessieren; F sich e-n Dreck um etw kümmern; **je m'en moque**, *p/fort* **je m'en moque comme de l'an quarante, comme de ma première chemise** das ist mir (*p/fort* völlig) gleichgültig, egal, F schnuppe, Wurscht, piepe; *p/fort* F das ist mir schnurzpiepe, piepegal; ich pfeife darauf; **je me moque du qu'en-dira-t-on** es ist mir ganz gleichgültig, egal, was die Leute sagen 3 (*berner*) **se ~ de qn** j-n an der Nase herumführen; j-n zum Narren, zum Besten haben, halten

moquerie [mɔkʀi] *f* Spott *m*

moquette [mɔkɛt] *f* Teppichboden *m*; COMM *a* Auslegeware *f*

moqueur [mɔkœʀ] **I** *adj* ⟨**-euse**⟩ *personne* spottlustig; **regards ~s** spöttische Blicke *m/pl*; **sourire ~** spöttisches, mokantes Lächeln; **ton ~** spöttischer Ton; **être ~** gern spotten **II** *subst* **~, moqueuse** *m,f* Spötter(in) *m(f)*

moraine [mɔʀɛn] *f* GÉOL Moräne *f*

moral [mɔʀal] **I** *adj* ⟨**-aux**⟩ 1 *conduite*, *valeur etc* moralisch; sittlich; ethisch; **loi ~e** Sittengesetz *n*; **sens ~** Gefühl *n* für Sittlichkeit, für sittliches Verhalten; **être dans l'obligation ~e de faire qc** die moralische Verpflichtung haben, etw zu tun 2 (*mental*) geistig; (*psychologique*) seelisch; innere(r, -s); moralisch; **certitude ~e** innere, intuitive Gewissheit; **douleur ~e** seelischer Schmerz; **force ~e** seelische, innere, geistige Kraft 3 JUR **dommage ~** immaterieller, ideeller Schaden; **personne ~e** juristische Person **II** *m* Moral *f* (*a des troupes*); geistige, seelische, innere Verfassung; Stimmung *f*; **avoir bon ~** in guter seelischer Verfassung sein; **ne pas avoir le ~** *ou* **avoir le ~ à zéro** e-n seelischen Tiefstand haben; stimmungsmäßig, seelisch auf dem Nullpunkt (angelangt) sein; F schlecht drauf sein; **le ~ est bas** die Stimmung, die seelische Verfassung, die Moral ist schlecht; **son ~ est bien bas** *a* er *ou* sie ist ganz niedergeschlagen, deprimiert, F down [daun]; **remonter le ~ à qn** j-m wieder Mut machen

morale [mɔʀal] *f* 1 **a)** (*valeurs morales*) Moral *f*; Sittlichkeit *f*; **b)** *doctrine* Moral-, Sittenlehre *f*; Ethik *f*; **~ chrétienne** christliche Moral, Ethik 2 (*leçon*) Moral *f*; **la ~ de cette histoire est que ...** die Moral der Geschichte ist, dass ... 3 *loc* **faire (de) la ~ à qn** j-m e-e Strafpredigt halten; j-m die Leviten lesen; j-n Mores lehren

moralement [mɔʀalmɑ̃] *adv* 1 moralisch; sittlich; in sittlicher, ethischer Hinsicht 2 geistig; innerlich; intuitiv

moralisant [mɔʀalizɑ̃] *adj* moralisierend **moralisateur** *péj* **I** *adj* ⟨**-trice**⟩ moralisierend **II** *m* Moralprediger *m*

moraliser [mɔʀalize] *v/i* moralisieren; *péj* Moral predigen **moralisme** *m* Moralismus *m* **moraliste** *m* 1 *auteur* Moralist *m* 2 *m,f* Moralist(in) *m(f)*; *péj* Moralprediger(in) *m(f)*

moralité [mɔʀalite] *f* 1 Moral *f*; Sittlichkeit *f*; (*conduite morale*) *a* Lebenswandel *m*; **certificat** *m* **de ~** Leumundszeugnis *n*; **d'une ~ douteuse, irréprochable** von zweifelhafter, einwandfreier Moral; **faire une enquête sur la ~ de qn** Erkundigungen über j-s Lebenswandel (*acc*) einholen 2 *d'une fable*, *d'un événement* Moral *f*; Nutzanwendung *f*; **~**: *il ne faut pas fumer* Moral: ...; F da sieht man es wieder: ...

M

Morat [mɔʀa] GÉOGR Murten *n*
moratoire [mɔʀatwaʀ] *jur* **I** *adj* aufschiebend; ***intérêts*** *m/pl* **~*s*** Verzugszinsen *m/pl* **II** *m* Moratorium *n*; Zahlungsaufschub *m*; Stundung *f*
moratorium [mɔʀatɔʀjɔm] *m* → ***moratoire*** *II*
morave [mɔʀav] GÉOGR *adj* mährisch
Moravie [mɔʀavi] ***la*** **~** Mähren *n*
morbide [mɔʀbid] *adj* **1** krankhaft; *littérature* angekränkelt; morbid; ***curiosité*** *f* **~** krankhafte Neugier(de); ***imagination*** *f* **~** krankhafte Fantasie, Einbildung **2** MÉD Krankheits…; krankhaft; morbid
morbidité [mɔʀbidite] *f* **1** STATISTIQUE Morbidität *f* **2** MÉD Krankhaftigkeit *f*
Morbihan [mɔʀbijɑ̃] ***le*** **~** *frz Departement*
morbleu [mɔʀblø] *ancien juron* sackerlot!
morceau [mɔʀso] *m* ⟨*pl* **~*x***⟩ **1** (*abgetrenntes*) Stück; BOUCHERIE ***bas*** **~*x*** billige Stücke; Stücke dritter oder vierter Qualität; **~ *de bois*** Holzstück *n*; Stück Holz; ***un*** **~** ***d'étoffe, de pain*** *etc* ein Stück Stoff, Brot *etc*; **~ *de roi*** a) köstlicher Bissen; Leckerbissen *m*; b) F *fig d'une femme* (*a* ***beau*** **~**) stattliche Frau; F strammes Weibsbild; ***sucre*** *m* ***en*** **~*x*** Würfelzucker *m*; *loc/adv* ***en*** (***mille***) **~*x*** in (tausend) Stücke; *vase etc* ***être en mille*** **~*x*** in tausend Stücke zersprungen sein; ***mettre en*** **~*x*** auseinandernehmen; in (einzelne) Stücke zerlegen; **~ *par*** **~** Stück für Stück; ***par*** **~*x*** stückweise; F *fig* ***emporter le*** **~** erreichen, bekommen, was man will; F *fig d'une personne* ***c'est un*** **~** F er *ou* sie ist ein (schwerer, ganz schöner) Brocken; F ***manger un*** **~** F e-n Happen, e-n Bissen, e-e Kleinigkeit essen; F *fig* ***manger, casser, lâcher le*** **~** F auspacken **2** MUS (Musik)Stück *n*; **~ *de piano*** Klavierstück *n* **3** *d'une œuvre littéraire* Stelle *f*; Abschnitt *m*; **~*x choisis*** ausgewählte Lesestücke *n/pl*, Texte *m/pl*
morceler [mɔʀsəle] *v/t* ⟨-**ll**-⟩ *propriété, héritage* aufteilen; zerstückeln
morcellement [mɔʀsɛlmɑ̃] *m* Aufteilung *f*; Zerstückelung *f*; *fig* ***le*** **~** ***politique*** die politische Zersplitterung
Morcenx [mɔʀsɛ̃s] *Ort im Dep. Landes*
mordant [mɔʀdɑ̃] **I** *adj personne, article* bissig; ***froid*** **~** beißende, schneidende Kälte; ***ironie*** **~*e*** beißende Ironie; ***réplique*** **~*e*** scharfe Antwort; ***ton*** **~** schneidender Ton **II** *m* **1** ***avoir du*** **~** *personne, équipe* Schneid haben; angriffslustig sein; F schwer rangehen; *critique, œuvre* bissig, scharf sein; Biss haben **2** *d'une scie* Schärfe *f* **3** *pour métal* Ätzmittel *n*
mordicus [mɔʀdikys] *adv* F ***soutenir qc*** **~** etw steif und fest behaupten
mordiller [mɔʀdije] *v/t* **~ *qc*** an etw (*dat*) knabbern, herumbeißen
mordoré [mɔʀdɔʀe] *adj* goldbraun
mordre [mɔʀdʀ] ⟨→ **rendre**⟩ **I** *v/t* **1** *chien, puce, serpent etc* beißen (***qn à la jambe*** j-n ins Bein); *insecte* stechen; *personne* **~ *qc en mangeant*** auf etw (*acc*) beißen; (*ronger*) an etw (*dat*) knabbern, kauen; auf etw (*dat*) herumbeißen; **~ *jusqu'au sang*** blutig beißen; *plais* ***je ne mords pas*** ich beiße nicht; ***se faire*** **~** ***par un chien*** von e-m Hund gebissen werden **2** *acide*: *métal* angreifen; *crampons*: *roche etc* eingreifen, eindringen (***qc*** in etw [*acc*]); ***le froid mord*** (***le visage***) die Kälte beißt, schneidet ins Gesicht **II** *v/t/indir* **1** *poisson* **~** (***à l'appât***) anbeißen; an die Angel gehen; ***ça mord*** die Fische beißen gut an; *fig* **~ *à l'appât, à l'hameçon*** sich ködern lassen; F anbeißen **2** F *fig personne* **~ *à qc*** an etw (*dat*) Gefallen, Geschmack finden **3** *personne, animal* **~ *dans qc*** in etw (*acc*) beißen; etw anbeißen **4** SPORTS **~ *sur la ligne*** übertreten; *automobiliste* **~** (***sur***) ***la ligne blanche*** die weiße Leitlinie überfahren **5** TECH **~ *sur qc*** etw angreifen; *acide a* etw ätzen **III** *v/i mécanisme* (ein)greifen; *vis* fassen; greifen; TEXT *étoffe* die Farbe annehmen **IV** *v/pr* **1** *réciproque* ***se*** **~** sich, einander beißen **2** *fig* ***se*** **~ *les doigts de qc, d'avoir fait qc*** etw bereuen; es bereuen, etw getan zu haben; ***se*** **~ *la langue*** sich (*dat*) auf die Zunge beißen (*a fig*); ***se*** **~ *les lèvres*** sich (*dat*) auf die Lippen beißen; ***se*** **~ *les lèvres pour s'empêcher de rire*** sich (*dat*) das Lachen verbeißen
mordu [mɔʀdy] F **I** *adj* (*amoureux*) ***être*** **~** verliebt, F in j-n verknallt, verschossen sein **II** *subst* ***un*** **~ *du football, du jazz*** ein begeisterter Anhänger des Fußballs, Liebhaber des Jazz; ein Fußball-, Jazzfan *m*
More [mɔʀ] → ***Maure***
moresque [mɔʀɛsk] → ***mauresque***
Morez [mɔʀɛ(z)] *Stadt im Dep. Jura*
morfal [mɔʀfal] *m arg* (*goinfre*) F Vielfraß *m* **morfaler** *v/i* (*et v/pr*) (***se***) **~** *arg* (*s'empiffrer*) F sich (*dat*) den Bauch vollschlagen
morfondre [mɔʀfɔ̃dʀ] *v/pr* ⟨→ **rendre**⟩ ***se*** **~** sich langweilen (und Trübsal blasen)
morfondu [mɔʀfɔ̃dy] *adj* bedrückt; F geknickt
morgue[1] [mɔʀg] *f* **a**) *bâtiment* Leichenschauhaus *n*; **b**) *salle* Leichenhalle *f*
morgue[2] [mɔʀg] *f* (*orgueil*) Dünkel *m*; Hochmut *m*; Überheblichkeit *f*; Arroganz *f*
moribond [mɔʀibɔ̃] **I** *adj* ⟨-**onde** [-ɔ̃d]⟩ im Sterben liegend; sterbend; dem Tode nahe; MÉD moribund **II** *subst* **~(*e*)** *m(f)* Sterbende(r) *f(m)*
moricaud [mɔʀiko] F *péj* **I** *adj* dunkelhäutig **II** *subst* **~(*e*)** *m(f)* Dunkelhäutige(r) *f(m)*
morigéner [mɔʀiʒene] *st/s v/t* ⟨-**è**-⟩ zurechtweisen; tadeln; rügen
morille [mɔʀij] *f* BOT Morchel *f*
Morlaix [mɔʀlɛ] *Stadt im Dep. Finistère*
mormon [mɔʀmɔ̃] REL **I** *adj* ⟨-**one** [-ɔn]⟩ mormonisch; Mormonen… **II** *subst* **~(*e*)** *m(f)* Mormone *m*, Mormonin *f*
morne[1] [mɔʀn] *adj personne, air* trübsinnig; trübselig; niedergeschlagen; bedrückt; *p/fort* schwermütig; ***conversation*** *f* **~** öde, eintönige Unterhaltung; ***existence*** *f* **~** trübseliges, freudloses Dasein; ***journée*** *f* **~** trüb(selig)er, düsterer, trister Tag; ***paysage*** *m*, ***ville*** *f* **~** trübselige, triste, trostlose Landschaft, Stadt
morne[2] [mɔʀn] *f autrefois* (Lanzen)Ring *m* (*der über die Schneiden der Spitze gezogen wurde*)
mornifle [mɔʀnifl] F *f* Ohrfeige *f*; Backpfeife *f*; → *a* ***gifle***
morose [mɔʀoz] *adj* missmutig; mürrisch; griesgrämig; grämlich; verdrossen; verdrießlich; F sauertöpfisch **morosité** *f* Missmut *m*; Verdrossenheit *f*; Verdrießlichkeit *f*; Grämlichkeit *f*; F Stimmungstief *n*
Morphée [mɔʀfe] *m* MYTH Morpheus *m*
morphème [mɔʀfɛm] *m* LING Morphem *n*
morphine [mɔʀfin] *f* Morphium *n*; *t/t* Morphin *n*

M

morphinisme *m* MÉD chronische Morphiumvergiftung
morphinomane [mɔʀfinɔman] **I** *adj* morphiumsüchtig **II** *m,f* Morphinist(in) *m(f)*; Morphiumsüchtige(r) *f(m)* **morphinomanie** *f* Morphinismus *m*; Morphiumsucht *f*
morphologie [mɔʀfɔlɔʒi] *f* Morphologie *f*; LING *a* Formenlehre *f* **morphologique** *adj* morphologisch
morphopsychologie [mɔʀfɔpsikɔlɔʒi] *f* Gestaltpsychologie *f*
morpion [mɔʀpjõ] *m* **1** F zo Filzlaus *f* **2** F (*petit garçon*) F Knirps *m*; *péj* Lausbub *m*; Lausebengel *m* **3** *jeu*: *von Schülern zu zweit gespieltes Schreibspiel*
Morris [mɔʀis] *n/pr* ***colonne*** *f* **~** Anschlag-, Litfaßsäule *f*
mors [mɔʀ] *m* **1** *du harnais* Gebiss *n*; ***prendre le ~ aux dents*** *cheval* durchgehen; scheuen; (*s'emporter*) in Harnisch geraten; sich ereifern; aufbrausen **2** *d'un étau* Backe *f*
morse[1] [mɔʀs] *m* zo Walross *n*
morse[2] [mɔʀs] *m* TÉLÉCOMM **~** *ou adjt* ***alphabet*** *m* **~** Morsealphabet *n*; ***signaux*** *m/pl* ***en*** **~** Morsezeichen *n/pl*
morsure [mɔʀsyʀ] *f* **a)** *action* Biss *m*; ***~ d'un chien, d'un serpent*** Hunde-, Schlangenbiss *m*; **b)** *blessure* Bisswunde *f*
mort[1] [mɔʀ] *f* **1** Tod *m*; (*décès*) Todesfall *m*; *allégorie*, PEINT ***la Mort*** der Tod; *poét* Freund Hein *m*; MÉD ***~ clinique*** klinischer Tod; ***~ violente*** gewaltsamer Tod; JUR ***peine*** *f* ***de ~*** Todesstrafe *f*; ***silence*** *m* ***de ~*** Toten-, Grabesstille *f*; *loc/adv*: ***à ~*** tödlich; zu Tode; ***combat*** *m* ***à ~*** Kampf *m* auf Leben und Tod; ***blessé à ~*** tödlich verletzt, verwundet; ***être fâché à ~ avec qn*** mit j-m tödlich verfeindet sein; F restlos mit j-m verkracht sein; j-m Spinnefeind sein; F *fig* ***freiner à ~*** e-e Vollbremsung machen; ***à la ~ de son père*** beim Tod s-s Vaters; als sein Vater starb; ***pour cause de ~*** wegen e-s Todesfalles; ***aimer mieux souffrir mille ~s que de*** (*+inf*) lieber sterben wollen als (*+inf*); ***(avoir) la ~ dans l'âme*** tief betrübt, zu Tode betrübt, todunglücklich (sein); ***il n'y a pas eu ~ d'homme*** es sind keine Menschenleben zu beklagen; es ist niemand umgekommen; ***condamner qn à ~*** j-n zum Tode verurteilen; ***se donner la ~*** sich (*dat*) das Leben nehmen; sich (selbst) umbringen; ***ce n'est pas la ~ (du petit cheval)*** (*pas cher*) das kostet nicht die Welt; (*faisable*) das ist doch zu schaffen; das ist doch e-e Kleinigkeit; *chien* ***'hurler à la ~*** (F gotts)jämmerlich, unheimlich, schauerlich heulen; ***souffrir mille ~s*** Höllenqualen ausstehen, leiden **2** *int* ***à ~!*** nieder mit ihm!; bringt ihn um!; ***~ au tyran!*** Tod dem Tyrannen!; F ***~ aux vaches!*** F nieder mit der Polente! **3** (*destruction, fin*) Tod *m*; Untergang *m*; Ende *n*; Ruin *m*
mort[2] [mɔʀ] **I** *p/p* → ***mourir*** *et adj* ⟨**morte** [mɔʀt]⟩ tot; *personne a* gestorben; verstorben; *animal a* verendet; BOT, MÉD tot; abgestorben; *bois, feuilles* dürr; *yeux* glanzlos; erloschen; *ville* (wie) tot, ausgestorben; F *moteur etc* F kaputt; hin; F *pile* leer; ***~ ou vif*** tot oder lebendig; lebend oder tot; *de peur* ***plus ~ que vif*** F mehr tot als lebendig; ***~ accidentellement*** durch e-n Unfall umgekommen; tödlich verunglückt; *soldat* ***~ au champ d'honneur*** gefallen (auf dem Felde der Ehre); ***angle ~*** toter Winkel; ***eau ~e*** stehendes Wasser; ***langue ~e*** tote Sprache; PEINT ***nature ~e*** Stillleben *n*; ***poids ~*** TECH Eigengewicht *n*; *fig* Hemmschuh *m*; Hemmnis *n*; Last *f*; Ballast *m*; ***point ~*** TECH Totpunkt *m*; toter Punkt (*a fig*); AUTO Leerlauf *m*; *fig affaire* ***être au point ~*** an e-m toten Punkt angelangt sein; ***temps ~*** *sans activité* tote, stille Zeit; TECH Totzeit *f*; *non-productif* Ausfallzeit *f*; SPORTS Auszeit *f*; ***être ~ d'un cancer*** an Krebs gestorben sein; ***être ~ (de fatigue)*** todmüde, zu Tode erschöpft, F tot sein; ***être ~ de peur*** vor Angst wie gelähmt, F halb tot sein; ***tomber (raide) ~*** tot umfallen **II** *subst* **1** ***~(e)*** *m(f)* Tote(r) *f(m)*; (*victime*) Todesopfer *n*; ***les ~s de la guerre*** die Kriegstoten *m/pl*; die Gefallenen *m/pl*; ÉGL CATH ***fête*** *f*, ***jour*** *m* ***des Morts*** Allerseelen *n*; AUTO *plais* ***place*** *f* ***du ~*** Beifahrer-, F Todessitz *m*; ***il y a eu un ~ et deux blessés*** es gab e-n Toten und zwei Verletzte; ***c'est un ~ vivant, en sursis*** er ist ein Todeskandidat; ***faire le ~*** sich tot stellen; *fig* sich nicht rühren; nichts von sich hören lassen; ***cet accident a fait trois ~s*** der Unfall hat drei Todesopfer gefordert, drei Menschenleben gekostet **2** *m* BRIDGE Strohmann *m*; Dummy ['dami] *m*
mortadelle [mɔʀtadɛl] *f* Mortadella *f*
mortaise [mɔʀtɛz] *f* TECH: *dans du bois* Zapfenloch *n*; *d'une serrure* Öffnung *f*
mortalité [mɔʀtalite] *f* Sterblichkeit *f*; Mortalität *f*; ***~ infantile*** Kindersterblichkeit *f*; (***taux*** *m* ***de***) **~** Sterbeziffer *f*
mort-aux-rats [mɔʀoʀa] *f* ⟨*inv*⟩ Rattengift *n*
morte-eau [mɔʀto] *f* ⟨*pl* **mortes-eaux**⟩ MAR Nipptide *f*; Nippflut *f*
mortel [mɔʀtɛl] **I** *adj* ⟨**~le**⟩ **1** (*sujet à la mort*) sterblich; ***tous les hommes sont ~s*** alle Menschen sind sterblich **2** *blessure, maladie, poison* tödlich; ***coup ~*** Todesstoß *m*; ***danger ~*** Lebens-, Todesgefahr *f*; F ***~ pour qn, qc*** schlimm, verhängnisvoll, F tödlich für j-n, etw **3** *fig* ***ennemi ~*** Todfeind *m*; ***ennui ~*** tödliche Langeweile; ***froid ~*** bittere Kälte; ***pâleur ~le*** Leichenblässe *f*; REL ***péché ~*** Todsünde *f*; ***silence ~*** betretene Stille; betretenes Schweigen **4** F (*très ennuyeux*) sterbenslangweilig; zum Sterben, tödlich langweilig **II** *subst* **~(le)** *m(f)* Sterbliche(r) *f(m)*; ***les heureux ~s qui …*** die Glücklichen, die …; ***un simple ~*** ein gewöhnlicher Sterblicher; → *a* ***commun*** *II 1*
mortellement [mɔʀtɛlmɑ̃] *adv* **1** ***~ blessé*** tödlich verletzt **2** ***~ ennuyeux*** sterbenslangweilig; tödlich langweilig
morte-saison [mɔʀt(ə)sɛzõ] *f* ⟨*pl* **mortes-saisons**⟩ COMM geschäftlich stille Zeit; F Saure-Gurken-Zeit *f*
mortier [mɔʀtje] *m* **1** CONSTR Mörtel *m* **2** MIL Mörser *m*; INFANTERIE Granatwerfer *m* **3** *récipient* Mörser *m* **4** (*toque de magistrat*) Barett *n*
mortifiant [mɔʀtifjɑ̃] *adj* kränkend; demütigend
mortification [mɔʀtifikasjõ] *f* **1** Kränkung *f*; Demütigung *f* **2** REL ***~s*** *pl* Kasteiung *f*
mortifier [mɔʀtifje] **I** *v/t* **1** *personne* kränken; demütigen; ***être mortifié de qc*** sich durch etw gekränkt fühlen **2** REL kasteien; ***~ sa chair*** das Fleisch abtöten **II** *v/pr* REL ***se ~*** sich kasteien
mortinatalité [mɔʀtinatalite] *f* (***taux*** *m* ***de***) **~** Zahl *f* der Totgeburten

mort-né [mɔʀne] **I** *adj* ⟨**mort-née**⟩ tot geboren; *fig* ***c'est un projet ~*** dieser Plan ist ein tot geborenes Kind, hat keine Aussicht auf Erfolg **II** *m* ⟨*pl* **mort-nés**⟩ Totgeburt *f*
mortuaire [mɔʀtɥɛʀ] *adj* Toten…; Sterbe…; Leichen…; ***chambre*** *f* **~** Sterbezimmer *n*; ***couronne*** *f* **~** Trauer-, Grabkranz *m*; ***masque*** *m* **~** Totenmaske *f*; ***registre*** *m* **~** Sterbebuch *n*, -register *n*
morue [mɔʀy] *f* **1** ZO **~** (***fraîche***) Kabeljau *m*; *jeune poisson* Dorsch *m*; **~ *séchée*** Stockfisch *m*; ***foie*** *m* ***de* ~** Dorschleber *f*; ***huile*** *f* ***de foie de* ~** Lebertran *m* **2** P *péj* Hure *f*; Nutte *f*
morutier [mɔʀytje] *m* **a)** *pêcheur* Kabeljau-, Dorschfischer *m*; **b)** *bateau* Kabeljau-, Dorschfänger *m*
morve [mɔʀv] *f* **1** Nasenschleim *m*; F Rotz *m* **2** VÉT Rotz *m*
morveux [mɔʀvø] **I** *adj* ⟨**-euse**⟩ *enfant* F mit e-r Rotznase; *prov* ***qui se sent ~, (qu'il) se mouche*** wen's juckt, der kratze sich (*prov*) **II** *subst* F **~, morveuse** *m,f* F Rotznase *f*; Rotzbengel *m*, -göre *f*
mosaïque¹ [mɔzaik] *f* **1** ART Mosaik *n*; *loc/adj* ***en* ~** Mosaik…; *adjt* ***parquet*** *m* **~** Mosaikparkett *n* **2** *fig* Mosaik *n* (***de*** aus)
mosaïque² [mɔzaik] *adj* REL mosaisch; ***loi*** *f* **~** mosaisches Gesetz
mosaïsme [mɔzaism] *m* REL Mosaismus *m*; Judentum *n*
mosaïste [mɔzaist] *m artisan* Mosaikleger *m*; *artiste* Mosaizist *m*
Moscou [mɔsku] Moskau *n*
moscovite [mɔskɔvit] **I** *adj* Moskauer; moskauisch **II** *subst* ***Moscovite*** *m,f* Moskauer(in) *m(f)*; HIST Moskowiter(in) *m(f)*
Moselle [mɔzɛl] ***la* ~** **1** *rivière* die Mosel **2** *frz Departement*
Moskova [mɔskɔva] GÉOGR ***la* ~** die Moskwa
mosquée [mɔske] *f* Moschee *f*
Mossoul [mɔsul] GÉOGR Mos(s)ul *n*
mot [mo] *m* **1** Wort *n*; *d'une langue étrangère a* Vokabel *f*; ♦ ***bon* ~, ~ *d'esprit*** Bonmot *n*; Aperçu *n*; geistreiche, witzige Bemerkung; **~ *célèbre, historique*** berühmtes Zitat; berühmter Ausspruch; berühmtes, geflügeltes Wort; GR **~ *composé*** zusammengesetztes Wort; Kompositum *n*; Zusammensetzung *f*; ***~s croisés*** Kreuzworträtsel *n(pl)*; ***faire des ~s croisés*** (ein) Kreuzworträtsel lösen; ***deux ~s*** einige, ein paar Worte; ***j'ai deux ~s à vous dire*** ich habe ein Wörtchen mit Ihnen zu reden; ***le dernier* ~** das letzte Wort; ***avoir le dernier* ~** das letzte Wort haben; ***il n'a pas dit son dernier* ~** das ist noch nicht sein letztes Wort; ***c'est mon dernier* ~** das ist mein letztes Wort; *fig* ***le fin ~ de l'histoire*** der wahre Sachverhalt; der wahre (Beweg)Grund; des Pudels Kern; ***grands ~s*** groß(artig)e, hochtrabende, hochtönende Worte; große Töne *m/pl*; ***le grand ~ est lâché*** jetzt ist das Wort endlich gesagt, offen ausgesprochen, F raus; ***gros* ~** unanständiges, hässliches Wort; **~ *nouveau*** neues Wort; Neuwort *n*; Neologismus *m*; LING **~ *outil*** Strukturwort *n*; ***quelques ~s*** einige, ein paar Worte; **~ *d'auteur*** Dichterwort *n*; ***le ~ de Cambronne*** das Wort „merde" („*Scheiße*"); LING **~ *d'emprunt*** Lehnwort *n*; **~ *d'enfant*** Kindermund *m*; *fig* ***le ~ de l'énigme*** des Rätsels Lösung *f*; ***le ~ de la fin*** die resümierende Schlussbemerkung; **~ *d'ordre*** Parole *f*; Losung *f*; **~ *de passe*** MIL Losung(swort) *f(n)*; Kennwort *n*; Parole *f*; INFORM Passwort *n*; ♦ *loc/adv*: **~ *à* ~** [motamo], **~ *pour* ~** wörtlich; wortwörtlich; wortgetreu; Wort für Wort; *subst* ***le ~ à ~*** die wörtliche Übersetzung; ***faire du ~ à ~, traduire ~ à ~*** wörtlich übersetzen; ***au bas* ~** mindestens; bei vorsichtiger Schätzung; ***à ces ~s, sur ces ~s*** mit diesen Worten; auf diese Worte hin; ***à ~s couverts*** durch die Blume; ***en disant ces ~s*** mit diesen Worten; ***en un ~ (comme en cent, comme en mille)*** mit einem Wort; kurz; ***pas un ~ de plus!*** kein Wort mehr (davon)!; ***pas un ~ là-dessus!*** lass, lassen Sie kein Wort darüber verlauten!; ***sans ~ dire*** wortlos; ohne ein Wort zu sagen; ♦ F ***avoir des ~s avec qn*** e-n Wortwechsel, e-e kleine Auseinandersetzung mit j-m haben; ***avoir toujours le ~ pour rire*** immer zu Scherzen aufgelegt sein; immer e-n Scherz auf den Lippen haben; ***chercher ses ~s*** nach Worten suchen; ***ne (pas) dire (un) ~*** kein Wort sagen, reden, sprechen; keinen Ton von sich geben; ***tu as dit le ~*** du sagst es; ***avoir son ~ à dire*** auch noch ein Wort, Wörtchen mitzureden haben; ***je n'ai qu'un ~ à dire*** ich brauche nur ein Wort zu sagen; ***se donner le ~*** es vorher ausmachen, abmachen, absprechen; ***ce ne sont que des ~s*** das sind nur leere, schöne Worte, leere Redensarten; *il est paresseux*, ***c'est bien le ~*** das ist das richtige Wort; ***ne pas mâcher ses ~s*** kein Blatt vor den Mund nehmen; ***manger ses ~s*** die Hälfte der Wörter verschlucken; undeutlich sprechen; F nuscheln; ***ne pas placer un ~*** nicht zu Wort kommen; ***prendre qn au ~*** j-n beim Wort nehmen; ***ne (pas) souffler ~*** kein Sterbenswörtchen sagen (***de qc*** von etw); ***je ne trouve pas mes ~s*** ich finde die richtigen Worte nicht; *prov* ***qui ne dit ~ consent*** schweigen heißt zustimmen; → *a* ***glisser*** *I 2*, ***toucher***¹ *I 8* **2** (*message*) ***un* ~** ein paar Zeilen *f/pl*; ein Briefchen *n*; **~ (*d'excuse*)** Entschuldigung(szettel *m*, -brief *m*) *f*; ***laisser un petit ~ à qn*** j-m ein paar Zeilen, e-e Nachricht, e-e Mitteilung hinterlassen
motard [mɔtaʀ] F *m*, **motarde** F *f* **1** (*motocycliste*) Motorradfahrer(in) *m(f)* **2** *m de la police* motorisierter (Verkehrs)Polizist
motel [mɔtɛl] *m* Motel *n*
motet [mɔtɛ] *m* MUS Motette *f*
moteur [mɔtœʀ] **I** *adj* ⟨**-trice**⟩ **1** ANAT motorisch; Bewegungs…; ***nerfs ~s*** motorische Nerven *m/pl*; Bewegungsnerven *m/pl*; ***troubles ~s*** Bewegungsstörungen *f/pl* **2** TECH Antriebs…; ***arbre* ~** Antriebswelle *f*; ***roue motrice*** Antriebs-, Treibrad *n*; *voiture* ***à quatre roues motrices*** mit Allradantrieb **II** *m* **1** TECH Motor *m*; Kraftmaschine *f*; AVIAT *a* Triebwerk *n*; **~ *électrique*** Elektromotor *m*; **~ *thermique*** Wärmekraftmaschine *f*; **~ *à l'arrière, à l'avant*** Heck-, Frontmotor *m*; **~ *à combustion interne*** Verbrennungsmotor *m*; **~ *à quatre cylindres*** Vierzylindermotor *m*; **~ *à essence*** Benzinmotor *m*; **~ *à explosion*** Explosions-, Verbrennungsmotor *m*; **~ *à injection*** Einspritzmotor *m*; AVIAT **~ *à réaction*** Strahltriebwerk *n*; **~ *à deux, à quatre temps*** Zwei-, Viertaktmotor *m*; ***véhicules*** *m/pl* ***à* ~** Motor-, Kraftfahrzeuge *n/pl*; *adjt*: ***bloc*** *m*, ***frein*** *m* **~** Motorblock *m*, -bremse *f*; ***huile*** *f* **~** Motorenöl *n* **2** INFORM **~ *de recherche*** Suchmaschine *f* **3** *fig personne, chose*

M

Motor *m*; treibende Kraft
moteur-fusée [mɔtœʀfyze] *m* ⟨*pl* **moteurs-fusées**⟩ Raketentriebwerk *n*
motif [mɔtif] *m* **1** (*raison*) Motiv *n*; (Beweg)Grund *m*; Anlass *m*; ***pour quel ~?*** aus welchem Grund?; ***pour ces ~s*** aus diesen Gründen; F *plais* ***pour le bon ~*** mit der ernsten Absicht zu heiraten; ***sans ~*** grundlos; unbegründet; ohne Veranlassung **2** PEINT Motiv *n*; Gegenstand *m* **3** MUS Motiv *n* **4** *d'un tissu etc* Motiv *n*; Muster *n*; ***~ de fleurs*** Blumenmotiv *n*, -muster *n*
motion [mosjõ] *f* POL Antrag *m*; ***~ de censure*** Misstrauensantrag *m*
motivation [mɔtivasjõ] *f* Motivation *f*; Motivierung *f*; ÉCON *a* Kaufmotive *n/pl*; ***~s*** *pl a* Beweggründe *m/pl*; ***études*** *f/pl* ***de ~*** Motivforschung *f*
motivé [mɔtive] *adj* **1** *personne* motiviert; ***très ~*** hoch motiviert **2** *refus, plaintes* begründet; motiviert
motiver [mɔtive] *v/t* **1** (*justifier*) *démarche etc* begründen; motivieren **2** (*être le motif de*) der Grund, Anlass sein (***qc*** für etw) **3** PSYCH ***~ qn*** j-n motivieren
moto [mɔto] *f abr* (*motocyclette*) Motorrad *n*; ***course*** *f* ***de ~s*** Motorradrennen *n*; ***faire de la ~*** Motorrad fahren
motocross *ou* **moto-cross** [mɔtɔkʀɔs] *m* ⟨*inv*⟩ SPORTS Moto-Cross *n*
motoculteur [mɔtɔkyltœʀ] *m* AGR Kultivator *m*; Grubber *m* **motoculture** *f* AGR mechanisierte, motorisierte Landwirtschaft
motocycle [mɔtɔsikl] *m* ADM Kraftrad *n* **motocyclette** *vieilli f* → ***moto*** **motocyclisme** *m* Motorradsport *m* **motocycliste** *m,f* Motorradfahrer(in) *m(f)*
motonautisme [mɔtɔnotism] *m* Motorbootsport *m* **motoneige** *f au Canada* Motorschlitten *m* (*mit Kufen u Raupen*) **motopompe** *f* Motorspritze *f*
motorisation [mɔtɔʀizasjõ] *f* Motorisierung *f*
motoriser [mɔtɔʀize] *v/t* motorisieren; *adjt*: ***troupes motorisées*** motorisierte Truppen *f/pl*; F *personne* ***être motorisé*** motorisiert sein
motrice [mɔtʀis] **I** *adj* → ***moteur I*** **II** *f* TECH Triebwagen *m*; *du T.G.V.* Triebkopf *m*
motricité [mɔtʀisite] *f* PHYSIOL Fähigkeit *f*, Muskelzusammenziehungen zu bewirken; ***~ volontaire*** Motorik *f*
motte [mɔt] *f* **1** ***~ (de terre)*** Scholle *f*; Erdklumpen *m*; ***~ de gazon*** Rasensode *f*; *nordd* Plagge *f* **2** ***~ de beurre*** Butterklumpen *m*; ***acheter du beurre à la, en ~*** Butter lose, vom Stück kaufen
motus [mɔtys] *int* ***~ (et bouche cousue)!*** (reinen) Mund halten!; nichts verraten!
mot-valise [movaliz] *m* ⟨*pl* **mots-valises**⟩ LING Wortmischung *f*; Kontamination(sform) *f*
mou [mu] **I** *adj* ⟨*m vor Vokal u stummem h* **mol** [mɔl]; *f* **molle** [mɔl]⟩ **1** *substance, matelas, cheveux, tissu etc* weich; *ondulations de terrain* sanft; weich; *dessin* mit zu weichen Konturen; ***bruit ~*** dumpfes Geräusch; ***chapeau ~*** Schlapphut *m*; ANAT ***parties molles*** Weichteile *pl*; ***fromage m à pâte molle*** Weichkäse *m* **2** *fig* (*sans énergie*) *personne* willen-, energielos; lasch; schlaff; schlapp; träg(e); F lahm; *gestes, poignée de main* schlaff; matt; ***opposition molle*** schwache Opposititon; ***style ~*** kraftloser Stil **II** *adv* F ***vas-y ~!*** sachte, sachte! **III** *m* **1** BOUCHERIE Lunge *f*; ***~ de veau*** Kalbslunge *f* **2** P *fig* ***bourrer le ~ de qn*** j-m etw weismachen wollen; F *fig* ***rentrer dans le ~ de qn*** j-n anrempeln; in j-n hineinlaufen, -rennen **3** F (*homme faible*) F Schlappschwanz *m*; Waschlappen *m* **4** *corde* ***avoir du ~*** locker sein; nicht straff genug gespannt sein; ***donner du ~*** locker lassen (***à*** *acc*)
mouchard [muʃaʀ] *m*, **moucharde** *f* F **1** (*espion*) Spitzel *m*; *payé par la police* Polizeispitzel *m* **2** ÉCOLE F Petze *f*; *garçon a* Petzer *m* **3** *m* (*dispositif de contrôle*) Kontrollgerät *n*; (*tachygraphe*) Fahrt(en)schreiber *m*
mouchardage [muʃaʀdaʒ] F *m* **1** Bespitzelung *f*; (Herum)Spionieren *n* **2** ÉCOLE F (Ver)Petzen *n*
moucharder [muʃaʀde] F *v/t* **1** (*espionner*) bespitzeln; ausspionieren; *abs* spitzeln; (herum)spionieren **2** ÉCOLE F verpetzen; verpfeifen; *abs* petzen
mouche [muʃ] *f* **1** ZO Fliege *f*; ***~ bleue, de la viande*** Schmeißfliege *f*; F Brummer *m*; *fig* ***fine ~*** F schlaues Weib; schlauer Fuchs; ***on aurait entendu une ~ voler*** man konnte e-e Stecknadel fallen hören; ***il ne ferait pas de mal à une ~*** er tut keiner Fliege etwas zuleide; *fig* ***faire la ~ du coche*** sich wichtigtun, -machen; ***mourir, tomber comme des ~s*** wie die Fliegen sterben, umfallen; *fig* ***quelle ~ le pique?*** was ist bloß in ihn gefahren?; *fig* ***prendre la ~*** gleich böse werden, aufbrausen, F hochgehen; ***on ne prend pas les ~s avec du vinaigre*** durch Milde erreicht man mehr als durch Strenge; mit Speck fängt man Mäuse (*prov*) **2** PÊCHE ***~ artificielle*** künstliche Fliege; ***pêche f à la ~*** Fliegenfischerei *f*, -fischen *n* **3** TIR ***faire ~*** ins Schwarze treffen (*a fig*); *fig a* den Nagel auf den Kopf treffen **4** BOXE, LUTTE *adjt* ***poids m ~*** Fliegengewicht(sklasse) *n(f)*; *sportif* Fliegengewichtler *m* **5** *à Paris adjt* ***bateau m ~*** Schiff *n* für Rundfahrten auf der Seine **6** *en taffetas* Schönheitspflästerchen *n* **7** (*petite barbe*) Fliege *f* **8** *d'un fleuret* Lederknopf *m*
moucher [muʃe] **I** *v/t* **1** die Nase putzen (***qn*** j-m); ***mouche ton nez!*** putz dir, schnäuz dir die Nase! **2** F *fig* ***se faire ~*** abgekanzelt, F heruntergeputzt werden; e-e Abreibung bekommen **II** *v/pr* ***se ~*** sich (*dat*) die Nase putzen; sich schnäuzen; *nordd a* sich schnauben; *fig et iron* ***ne pas se ~ du coude, du pied*** Ansprüche stellen; hoch hinauswollen
moucheron [muʃʀõ] *m* **1** ZO (kleine) Mücke **2** F → ***moustique*** *2*
moucheté [muʃte] *adj* **1** *pelage, plumage* getüpfelt, getupft (*a tissu*); gesprenkelt; gefleckt; *laine* bunt genoppt **2** *fleuret* mit e-m Lederknopf geschützt, versehen
moucheter [muʃte] *v/t* ⟨**-tt-**⟩ tüpfeln; tupfen; mit Tupfen, Tüpfeln versehen
mouchetis [muʃti] *m* CONSTR Spritzputz *m*
moucheture [muʃtyʀ] *f sur le pelage, plumage* Tüpfel *m ou n*, Tupfen *m* (*a sur une étoffe*); Fleck *m*; Sprenkel *m*
mouchoir [muʃwaʀ] *m* Taschentuch *n*; ***~ en dentelle*** Spitzentaschentuch *n*; Spitzentüchlein *n*; ***~ en papier*** Papiertaschentuch *n*; Tempotaschentuch® *n*; *appartement, jardin* ***grand comme un ~ (de poche)*** winzig; F ein Handtuch *n*; SPORTS ***arriver dans un ~*** mit ganz knappem Vorsprung (inmitten e-r dicht gedrängten Spitzengruppe) durchs Ziel gehen
moudjahid [mudʒaid] *m* ⟨*pl* **moudjahiddin** [-in]⟩

Mudschahed *m*

moudre [mudʀ] *v/t* ⟨**je mouds, il moud, nous moulons; je moulais; je moulus; je moudrai; que je moule; moulant; moulu**⟩ mahlen; → *a* ***moulu***

moue [mu] *f* schiefes Gesicht; ~ (***boudeuse***) Schmollmund *m*; ***~ de dédain*** verächtlich herabgezogene Mundwinkel *m/pl*; ***faire une ~ de dédain*** verächtlich den Mund verziehen; ***faire la ~*** ein (schiefes) Gesicht, F ein schiefes Maul, e-n Flunsch ziehen

mouette [mwɛt] *f* ZO Möwe *f*

moufeter → ***moufter***

mouffette [mufɛt] *f* ZO Stinktier *n*; Skunk *m*

moufle [mufl] 1 *f gant* Fausthandschuh *m*; Fäustling *m* 2 *f ou m* TECH (*poulies*) Flaschenzug *m* 3 *m* TECH *four* Muffelofen *m*

mouflet [muflɛ] *m*, **mouflette** *f* F Gör *n*; Balg *n ou m*; Fratz *m*

mouflon [muflõ] *m* ZO Mufflon *m*

moufter [mufte] F *v/i* ***ne pas ~*** F nicht (auf)mucken; ***sans ~*** ohne Widerrede; F ohne zu muck(s)en

mouillage [mujaʒ] *m* 1 MAR **a)** *d'un navire* Ankern *n*; MIL ***~ de mines*** Minenlegen *n*; **b)** *endroit* Ankerplatz *m*; ***être au ~*** vor Anker liegen 2 (*humidification*) Anfeuchten *n*; Befeuchten *n*; *du linge* Einsprengen *n* 3 *du lait, du vin* Pan(t)schen *n*

mouillant [mujɑ̃] *m ou adjt* ***produit*** *m* ~ CHIM Netzmittel *n*; Tensid *n*

mouillé [muje] *adj* 1 (*humide*) nass; feucht 2 ***yeux ~s de larmes*** (tränen)feuchte, (-)nasse Augen *n/pl*; *par ext* ***voix ~e*** tränenerstickte Stimme 3 *fig* ***poule ~e*** F Angsthase *m*; Hasenfuß *m* 4 PHON mouilliert [muˈjiːrt]; erweicht; ***l ~*** mouilliertes l

mouillement [mujmɑ̃] *m* PHON Mouillierung *f*; Erweichung *f*

mouiller [muje] **I** *v/t* 1 nass machen; (*humidifier*) anfeuchten; befeuchten; feucht machen; (*asperger*) benetzen; *abs* F ***ça mouille*** es regnet; man wird nass; ***être tout mouillé*** völlig durchnässt sein; ***se faire ~*** nass werden 2 CUIS *sauce* verdünnen (***de*** mit); *boisson* mit Wasser verdünnen; *lait, vin frauduleusement* pan(t)schen 3 MAR *ancre* (aus)werfen; MIL ***~ des mines*** Minen legen 4 PHON mouillieren; erweichen 5 P (***les***) ~ P Schiss haben; die Hosen (gestrichen) voll haben **II** *v/i bateau* vor Anker gehen; ankern; Anker werfen **III** *v/pr* ***se ~*** 1 *personne, objet* nass, feucht werden; *personne a* sich nass machen; *yeux* sich mit Tränen füllen; feucht werden; ***se ~ les pieds*** nasse Füße bekommen 2 F *fig personne* ***se ~*** sich kompromittieren; ein Risiko eingehen; sich (*dat*) die Hände schmutzig machen; ***il s'est mouillé dans cette affaire*** *a* er ist in diese Affäre verwickelt

mouillette [mujɛt] *f* (*in Streifen geschnittenes*) Stück *n* Brot (*zum Tunken*)

mouilleur [mujœʀ] *m* 1 MAR MIL ***~ de mines*** Minenleger *m* 2 *pour coller des timbres etc* Anfeuchter *m*

mouise [mwiz] *f* P (*misère*) Not *f*; Elend *n*; ***il est dans la ~*** F es geht ihm dreckig

moujingue [muʒɛ̃g] P *m,f* F Gör *n*; Balg *n ou m*; Fratz *m*

moukère [mukɛʀ] *f péj* (arabische) Frau

moulage [mulaʒ] *m* 1 TECH *procédé* Formguss *m*; Gießen *n* (in Formen); ***~ en cire perdue*** Wachsausschmelzverfahren *n* 2 SCULP **a)** Abformung *f*; Abguss *m*; ***prendre un ~ de qc*** etw abformen; e-n Abguss von etw machen; **b)** *objet* Abguss *m*

moulant [mulɑ̃] *adj vêtement* eng anliegend; hauteng

moule[1] [mul] *m* 1 TECH, SCULP (Guss-, Gieß)Form *f*; *pour reproduire* Modell *n*; *fig femme* ***être faite au ~*** gut gebaut, gut gewachsen sein; e-e tadellose Figur haben 2 CUIS Back-, Kuchenform *f*; ***~ à cake*** Kastenform *f*; ***~ à gaufre*** Waffeleisen *n*; ***~ à soufflé*** Auflaufform *f*; ***~ à tarte*** rundes Obstkuchenblech 3 *pour pâtés de sable* Sandform *f*, -förmchen *n*

moule[2] [mul] *f* ZO Miesmuschel *f*

moulé [mule] *adj* 1 *statue etc* gegossen 2 ***pain ~*** in der Form gebackenes Brot; Kastenbrot *n* 3 ***écriture ~e*** Schrift, die wie gestochen ist; ***lettre ~e*** Druckbuchstabe *m*

mouler [mule] *v/t* 1 *statue etc* gießen; ***~ des briques*** Ziegel formen 2 (*reproduire*) abformen; ***~ en cire, en plâtre*** in Wachs, in Gips abformen 3 *fig* ***~ sur qc*** nach etw bilden, formen, ausrichten 4 *robe, jeans etc* ~ (***le corps***) hauteng sitzen; sich eng an den Körper anschmiegen

mouleur [mulœʀ] *m* TECH Gießer *m*; MÉTALL *a* Former *m*; Formgießer *m*

moulin [mulɛ̃] *m* 1 Mühle *f*; ***~ à café*** Kaffeemühle *f*; ***~ à eau*** Wassermühle *f*; ***~ à huile*** Ölmühle *f*; CUIS ***~ à légumes*** Passiermaschine *f*; ***~ à poivre*** Pfeffermühle *f*; REL ***~ à prières*** Gebetsmühle *f*; ***~ à vent*** Windmühle *f*; *jouet* Windrädchen *n*; *fig* ***se battre contre des ~s à vent*** gegen Windmühlenflügel kämpfen; F *fig* ***c'est un ~ à paroles*** der Mund steht ihm *ou* ihr nie still; F er *ou* sie redet wie ein Buch, wie ein Wasserfall; ***on entre dans cette maison comme dans un ~*** man kann in diesem Haus ein- und ausgehen, wie man will 2 F (*moteur*) Motor *m*

mouliner [muline] *v/t* 1 TEXT *soie* zwirnen; moulinieren 2 CUIS *légumes* (durch die Passiermaschine) passieren

moulinet [mulinɛ] *m* 1 *d'une canne à pêche* Rolle *f* 2 ***faire des ~s*** im Kreis herumwirbeln, -schwingen (***avec sa canne, avec ses bras*** s-n Spazierstock, die Arme)

moulinette® [mulinɛt] *f* CUIS kleine Mühle zum Zerkleinern von Gemüse *etc*

moult [mult] *adv iron* (*beaucoup*) viel(e); (*très*) sehr

moulu [muly] *p/p* → ***moudre*** *et adj* 1 gemahlen; ***acheter du café*** (***tout***) ~ gemahlenen Kaffee kaufen 2 *fig* ***être ~*** (***de fatigue***) völlig erschöpft, wie zerschlagen sein

moulure [mulyʀ] *f* ARCH, MENUISERIE Profilleiste *f*, -stab *m*; Zierleiste *f*; ***~ creuse*** Hohlkehle *f*

moumoute [mumut] *f* 1 *plais* (*perruque*) falsches Haar; Perücke *f* 2 *veste* Schaffelljacke *f*

mouquère [mukɛʀ] *f* → ***moukère***

mourant [muʀɑ̃] **I** *adj* 1 *personne* sterbend; im Sterben liegend; ***être ~*** im Sterben liegen 2 *fig et litt voix, son* ersterbend; *jour* sich neigend; zur Neige gehend; *son* ***aller en ~*** ersterben; verklingen; verhallen **II** *subst* ~(***e***) *m*(*f*) Sterbende(r) *f*(*m*)

Mourenx [muʀɛ̃(k)s] *Stadt im Dep. Pyrénées-Atlantiques*

mourir [muʀiʀ] ⟨**je meurs, il meurt, nous mourons, ils meurent; je mourais; je mourus; je mourrai; que je meure, que nous mourions; mourant; être mort**⟩ **I** *v/i personne* sterben (***de*** an +*dat*); *fig* ver-

M

mourir und seine Varianten

Für einen Vorgang wie das Sterben, der weitgehend tabuisiert ist, gibt es eine Reihe von Ausdrücken, die je nach Situation und Gesprächspartner verwendet oder vermieden werden:

1. neutrale Ausdrucksweise:

mourir (sterben)
Elle est morte le 13 janvier. –
Sie ist am 13. Januar gestorben.

décéder (wird vor allem in der Rechts- und Verwaltungssprache verwendet: versterben)
Le président est décédé après une longue maladie. –
Der Präsident ist nach langer Krankheit verstorben.

succomber (erliegen)
Il a succombé à une grave maladie. –
Er ist einer schweren Krankheit erlegen.

2. umschreibende und literarische Ausdrücke:

s'éteindre (verscheiden)
Elle s'éteignit dans les bras de son époux. –
Sie verschied in den Armen ihres Gatten.

expirer (sein Leben aushauchen)
Il expira vers minuit. –
Gegen Mitternacht tat er den letzten Seufzer.

périr (umkommen, ums Leben kommen)
Les matelots ont péri dans une violente tempête. –
Die Matrosen kamen in einem heftigen Sturm um.

3. umgangssprachliche und derbe Ausdrucksweise:

passer l'arme à gauche (ins Gras beißen)
Yannick ne fait plus partie de notre bande; il a déjà passé l'arme à gauche. –
Yannick ist nicht mehr in unserer Gang; er hat schon ins Gras gebissen.

crever (krepieren, verrecken)
Il n'a pas envie de crever à l'hôpital. –
Er hat keine Lust im Krankenhaus zu krepieren.

gehen, umkommen, sterben (vor *+dat*); *plante* absterben; *animal* eingehen (*a plante*); verenden; *civilisation, pays, langue* untergehen; *bruit, son, voix* verklingen; sich verlieren; immer leiser werden; *st/s* ersterben; *voix, son a* verhallen; *fig passion* vergehen; *st/s* sterben; ♦ *iron* ***tu n'en mourras pas*** du wirst nicht gleich daran sterben; ***~ assassiné*** ermordet werden; ***~ centenaire*** hundertjährig sterben; ***~ empoisonné*** vergiftet werden; ***~ jeune*** jung sterben; ***~ à la guerre*** (im Krieg) fallen; ***~ dans un accident de voiture*** bei e-m Autounfall umkommen, ums Leben kommen; ***~ dans son lit*** in s-m Bett sterben; *fig* ***~ d'amour*** (un) sterblich verliebt sein; ***~ d'un cancer*** an Krebs sterben; *fig* ***~ de chaleur*** vor Hitze umkommen; ***~ de sa belle mort*** e-s natürlichen Todes sterben; *fig* ***~ de peur*** sich zu Tode ängstigen; vor Angst fast vergehen; ***~ pour une juste cause*** für e-e gerechte Sache sterben; → *a* ***ennui*** *2*, ***envie*** *2*, ***faim*** *1*, ***soif*** *1*; ♦ ***s'ennuyer à ~*** sich tödlich, zu Tode langweilen; ***être ennuyeux à ~*** sterbenslangweilig, zum Sterben langweilig, F stinklangweilig sein; ***c'est à ~ de rire*** das ist zum Totlachen; *chagrin etc* ***faire ~ qn*** j-n ins Grab bringen; ***faire ~ qn à petit feu*** j-n zu Tode quälen, allmählich ins Grab bringen; *vagues* ***venir ~ sur la plage*** am Strand sanft auslaufen **II** *v/pr litt* ***se ~*** im Sterben liegen

Mourmansk [murmɑ̃sk] GÉOGR Murmansk *n*

mouroir [murwar] *m péj* Sterbeanstalt *f*
mouron [murõ] *m* 1 BOT ~ (**rouge**) (Acker)Gauchheil *m*; ~ **blanc, des oiseaux** Vogelmiere *f* 2 F *fig* **se faire du** ~ sich (*dat*) Sorgen, Gedanken, F Kopfschmerzen machen; **ne pas se faire du** ~ *a* F sich (*dat*) darüber, deswegen keine grauen Haare wachsen lassen
mouscaille [muskaj] *f* P **être dans la** ~ F im Dreck, P in der Scheiße sitzen *ou* stecken
mousquet [muskɛ] *m* HIST Muskete *f*
mousquetaire [muskətɛr] *m* 1 HIST Musketier [-'tiːr] *m* 2 *adjt* **poignet** *m* ~ Umlegemanschette *f*
mousqueton [muskətõ] *m* 1 MIL Karabiner *m* 2 *d'alpiniste* Karabinerhaken *m*
moussaillon [musajõ] F *m* kleiner Schiffsjunge
moussaka [musaka] *f* CUIS Moussaka [mu-] *n ou f*
moussant [musɑ̃] *adj* Schaum…
mousse[1] [mus] *f* 1 Schaum *m*; ~ **de la bière, de savon** Bier-, Seifenschaum *m* 2 CUIS Mousse *f*; ~ **au chocolat** Schokoladencremespeise *f*; ~ **de foie de volaille** (*schaumige*) Geflügelleberpastete 3 *matière plastique* Schaumstoff *m*; *adjt* **caoutchouc** *m* ~ Schaumgummi *m* 4 TECH ~ **carbonique** Kohlensäureschnee *m* 5 TEXT ~ (**de nylon**) Nylonkrepp ['naɪ-] *m* 6 TRICOT *adjt* **point** *m* ~ Rechts-rechts-Muster *n* 7 F *fig* **se faire de la** ~ sich (*dat*) Sorgen, F Kopfschmerzen machen
mousse[2] [mus] *f* BOT Moos *n*; *loc/adj* **couvert de** ~ moosbedeckt; bemoost; moosig; *adjt* **vert** ~ ⟨*inv*⟩ moosgrün
mousse[3] [mus] *m* MAR Schiffsjunge *m*; *plais* Moses *m*
mousseline [muslin] *f* 1 TEXT Musselin *m* 2 CUIS *adjt* **pommes** *f/pl* ~ sahnig geschlagenes Kartoffelpüree; **sauce** *f* ~ holländische Soße mit Schlagsahne
mousser [muse] *v/i* 1 *bière, savon etc* schäumen; *vin a* moussieren; perlen 2 F *fig* **faire** ~ **qn, qc** j-n, etw (über Gebühr) herausstreichen; j-n, etw in zu günstigem Licht darstellen; F *fig* **se faire** ~ sich besonders herausstreichen
mousseron [musrõ] *m* BOT Mairitterling *m*; Georgspilz *m*
mousseux [musø] *adj* ⟨**-euse**⟩ schäumend; **bière mousseuse** schäumendes Bier; **vin** ~ *ou subst* ~ *m* Schaumwein *m*; Sekt *m*
mousson [musõ] *f* Monsun *m*
Moussorgski [musɔrski] *m* MUS Mussorgski *m*
moussu [musy] *adj* BOT bemoost; moosbedeckt, moosig
moustache [mustaʃ] *f* 1 Schnurrbart *m*; *grosse* Schnauzbart *m*; *plais d'une femme* Damenbart *m*; ~(**s**) **à la Charlot** kleine Fliege; ~(**s**) **en brosse** englischer Schnurrbart; F (*trace de lait etc*) **tu t'es fait une** ~ du hast dir e-n Bart gemacht; **porter la** ~, **des** ~**s** e-n Schnurrbart tragen 2 *d'un animal* ~**s** *pl* Schnurrhaare *n/pl*; Bart *m*
moustachu [mustaʃy] I *adj* schnurrbärtig; schnauzbärtig; mit (e-m) Schnurr-, Schnauzbart II *m* Schnurr-, Schnauzbärtige(r) *m*; F Schnauzbart *m*
moustiquaire [mustikɛr] *f* Moskitonetz *n*
moustique [mustik] *m* 1 ZO (Stech)Mücke *f*; *des pays tropicaux* Moskito *m* 2 F *fig enfant* F Wicht *m*; Krümel *m*; (*petit garçon*) F Knirps *m*; Dreikäsehoch *m*
moût [mu] *m* Most *m*; unvergorener Saft; ~ **de raisin** Traubenmost *m*
moutard [mutar] *m* F (*petit garçon*) F Knirps *m*; Stöpsel *m*; Steppke *m*; *pl* ~**s** F (*enfants*) F Gören *n/pl*; Bälger *m/pl ou n/pl*; Blagen *n/pl*
moutarde [mutard] *f* 1 CUIS Senf *m*; *nordd a* Mostrich *m*; ~ **de Dijon** scharfer Senf (aus Dijon); *adjt* (**jaune**) ~ ⟨*inv*⟩ senffarben; **sauce** *f* ~ Senfsoße *f*; *fig* **la** ~ **lui monte au nez** er fängt an, ärgerlich, ungehalten, gereizt zu werden; der Zorn steigt in ihm hoch 2 BOT Senf *m*
moutardier [mutardje] *m* Senftopf *m*
Moutier [mutje] Münster *n* (*Stadt in der Schweiz*)
mouton [mutõ] *m* 1 ZO Schaf *n*; *mâle castré* Hammel *m*; *österr a* Schöps *m*; *fig* **un** ~ **à cinq pattes** *chose* etwas ganz Seltenes; *personne* ein weißer Rabe; **tonte** *f* **des** ~**s** Schafschur *f*; **troupeau** *m* **de** ~**s** Schafherde *f*; **doux comme un** ~ lammfromm; sanft, geduldig wie ein Lamm; **être frisé, friser comme un** ~ Kraushaar, Lockenhaar haben; kraushaarig, -köpfig sein; *fig* **revenons à nos** ~**s!** kommen wir wieder zur Sache *ou* zum Thema!; zur Sache! 2 *viande* Hammelfleisch *n*; **ragoût** *m* **de** ~ Hammelragout *n* 3 *cuir* Schafleder *n*; *loc/adj* **en** ~ Schafleder…; schafledern 4 *fourrure* Schaffell *n*, -pelz *m*; ~ **doré** stark gekräuselter Schafpelz; **doublé de** ~ mit Schaffell gefüttert 5 *fig et péj d'une personne* ~ **de Panurge** Herdenmensch *m*, -tier *n*; **c'est un** ~ (*de Panurge*) er *ou* sie ist ein Herdenmensch, Herdentier; (*doux et passif*) F er *ou* sie ist ein gutmütiges Schaf 6 ~**s** *pl poussière* (Staub)-Flocken *f/pl*; *sur les vagues* Schaumkronen *f/pl*, -kämme *m/pl*; *nuages* Schäfchen(wolken) *n/pl(f/pl)* 7 *arg* (*mouchard*) (als) Polizeispitzel *m* (tätiger Zellengenosse) 8 TECH Ramme *f*; (Ramm)Bär *m*
moutonné [mutɔne] *adj* 1 *ciel* mit Schäfchen(wolken) bedeckt 2 (*frisé*) kraushaarig, -köpfig; **tête** ~**e** Krauskopf *m*
moutonnement [mutɔnmɑ̃] *m des vagues* Schäumen *n*; Kräuselung *f*
moutonner [mutɔne] *v/i mer* Schaumkronen, -kämme bilden, tragen; schäumen; sich kräuseln; **les nuages moutonnent** es bilden sich Schäfchen(-wolken)
moutonneux [mutɔnø] *adj* ⟨**-euse**⟩ *mer* voller Schaumkronen, -kämme; mit Schaumkronen, -kämmen bedeckt; sich kräuselnd
moutonnier [mutɔnje] *adj* ⟨**-ière**⟩ *péj* (wie die Schafe) blind den ander(e)n folgend; vom Herdentrieb gelenkt
mouture [mutyr] *f* 1 *du blé etc* Mahlen *n*; *t/t* Vermahlen *n* 2 *café* ~ **fine** fein gemahlener Kaffee 3 *péj* (*reprise*) Aufguss *m*; Abklatsch *m*
mouvance [muvɑ̃s] *f* 1 HIST Lehnsverhältnis *n* 2 *fig* Einflussbereich *m*; *st/s* Dunstkreis *m*
mouvant [muvɑ̃] *adj* 1 sich ständig wandelnd, bewegend; *blés* wogend; *flammes* unruhig flackernd; *fig situation* sich ständig ändernd; unsicher; unbeständig (*a idées*) 2 **sables** ~**s** Treibsand *m*; *fig* **avancer en terrain** ~ sich auf unsicheres Gebiet begeben
mouvement [muvmɑ̃] *m* 1 Bewegung *f*; ~ **brusque** plötzliche Bewegung; **faux** ~ falsche, ungeschickte Bewegung; PHYS ~ **perpétuel** Perpetuum mobile *n*;

M

des prix, des cours ~ **de baisse** rückläufige Bewegung; Rückgang *m*; ~ **de capitaux** Kapitalbewegung *f*, -verkehr *m*; **~s de fonds** Geldverkehr *m*, -umlauf *m*; **~s de foule** Wogen *n* der Menge; *des prix, des cours* ~ **de hausse** Anstieg *m*; ~ **des marchandises** Warenbewegung *f*, -verkehr *m*, -umschlag *m*, -umlauf *m*; **~s de nage** Schwimmbewegungen *f/pl*; **~s de population** Bevölkerungsbewegungen *f/pl*; **~s de prix** Preisbewegung *f*; ~ **de rotation** rotierende Bewegung; Drehbewegung *f*; ~ **de tête, de bras, de jambe** Kopf-, Arm-, Beinbewegung *f*; *loc/adv* **en deux temps, trois ~s** blitzschnell; im Handumdrehen; im Nu; F in null Komma nix; *personne* **aimer le** ~ Bewegung und Abwechslung lieben; **avoir besoin de** ~ Bewegung brauchen; **se donner du** ~ sich (*dat*) Bewegung verschaffen, machen; *mécanisme* **mettre en** ~ in Bewegung, in Gang setzen; *fig* **suivre le** ~ mit dem Strom schwimmen; sich der Allgemeinheit anschließen **2** MIL Bewegung *f*; ~ **de repli, de retrait** Absetz-, Rückzugsbewegung *f*; ~ **de troupes** Truppenbewegung *f*, -verschiebung *f* **3** MUS **a)** (*degré de vitesse*) Tempo *n*; Zeitmaß *n*; **indication** *f* **de** ~ Tempoangabe *f*; **presser, ralentir le** ~ das Tempo beschleunigen, verlangsamen (*a fig*); *fig* **pressons le ~!** wir müssen uns beeilen, sputen!; **b)** *partie d'une œuvre* Satz *m*; **c)** *d'une mélodie, d'une voix* Bewegung *f* **4** TECH Räderwerk *n*; ~ **d'horlogerie** Uhrwerk *n* **5** POL, *littéraire etc* Bewegung *f*; ~ **ouvrier, syndicaliste** Arbeiter-, Gewerkschaftsbewegung *f*; ~ **de grève** Streikbewegung *f*; **~s de jeunesse** Jugendbewegungen *f/pl*; ~ **de libération nationale** nationale Befreiungsbewegung; ~ **de protestation, de réforme, de résistance** Protest-, Reform-, Widerstandsbewegung *f* **6** (*impulsion*) Reaktion *f*; (Gefühls)Regung *f*; *de colère, de mauvaise humeur* Anwandlung *f* (**de** von); Aufwallung *f* (*+gén*); **bon** ~ gute Regung; **un bon** ~, *venez avec nous!* geben Sie sich (*dat*) e-n Ruck und ...!; geben Sie Ihrem Herzen e-n Stoß und ...!; **son premier** ~ *a été de* s-e erste Reaktion ...; ~ **d'impatience, d'indignation** plötzlich aufsteigende Ungeduld, Entrüstung; *loc/adv* **de son propre** ~ aus eigenem Antrieb; aus eigener Initiative **7** (*animation*) reges Leben (und Treiben); *dans un récit, dans une œuvre* Lebendigkeit *f*; Anschaulichkeit *f*; PEINT Ausdruck *m*; Leben *n*; **il y a beaucoup de** ~ **dans cette rue** dies ist e-e sehr belebte Straße; in dieser Straße herrscht ein reges Leben

mouvementé [muvmɑ̃te] *adj séance* erregt; stürmisch; **poursuite ~e** dramatische Verfolgung; **récit** ~ lebendiger, anschaulicher Bericht; **vie ~e** bewegtes, abwechslungsreiches Leben

mouvoir [muvwaʀ] ⟨**je meus, il meut, nous mouvons, ils meuvent**; **je mouvais**; **je mus**; **je mouvrai**; **que je meuve, que nous mouvions**; **mouvant**; **mû, mue**; *bis auf inf, présent ind u p/p selten gebraucht*⟩ **I** *v/t* **1** *ses membres* bewegen; *machine* **être mû par l'électricité** elektrisch angetrieben werden **2** *fig personne* **être mû par la passion** von Leidenschaft beseelt sein, getrieben werden **II** *v/pr* **se** ~ sich bewegen

moyen[1] [mwajɛ̃] *adj* ⟨**moyenne** [mwajɛn]⟩ **1** (*intermédiaire*) mittlere(r, -s); Mittel...; **Moyen Âge** Mittelalter *n*; **classes ~nes** Mittelstand *m*; *d'un fleuve* **cours** ~ Mittellauf *m*; **~ne entreprise** Mittelbetrieb *m*; mittleres Unternehmen; LING: **le** ~ **français** das Mittelfranzösische; Mittelfranzösisch *n*; **le** ~ **'haut-allemand** das Mittelhochdeutsche; Mittelhochdeutsch *n*; RAD **ondes ~nes** Mittelwelle(n) *f(pl)*; ANAT **oreille ~ne** Mittelohr *n*; ~ **terme** *dans un syllogisme* Mittelbegriff *m*; *fig* Mittelweg *m* **2** (*en moyenne*) durchschnittlich; Durchschnitts... (*a fig*); **âge** ~ Durchschnittsalter *n*; durchschnittliches Alter; **espérance ~ne de vie** durchschnittliche Lebenserwartung; *fig* **le Français, le lecteur** ~ der Durchschnittsfranzose, -leser; MÉTÉO **température ~ne** Durchschnittstemperatur *f*; Temperaturmittel *n* **3** *résultats, élève, qualité* mittelmäßig; **qualité ~ne** *a* mittelgute, mittlere, durchschnittliche Qualität; *élève* **être** ~ **en français** in Französisch mittelmäßig sein

moyen[2] [mwajɛ̃] *m* **1** Mittel *n*; Weg *m*; Möglichkeit *f*; **un bon ~, un ~ efficace, simple, sûr** ein gutes, wirksames, einfaches, sicheres Mittel; **les grands ~s** das äußerste, letzte Mittel; **employer les grands ~s** zum äußersten, letzten Mittel greifen; ~ **d'action** Aktionsmöglichkeit *f*; Möglichkeit zum Handeln, Eingreifen; *fig* **~s du bord** verfügbare, vorhandene Mittel; **~s de communication** Kommunikationsmittel *n/pl*; ~ **d'expression** Ausdrucksmittel *n*; ~ **de fortune** Behelf(smittel) *m(n)*; ~ **de pression** Druck-, Zwangsmittel *n*; **~s de production** Produktionsmittel *n/pl*; ~ **de transport** Beförderungs-, Transport-, Verkehrsmittel *n*; GR **complément** *m* **de** ~ Instrumentalergänzung *f*; ♦ *loc/prép*: **au** ~ **de** mit (*+dat*); mithilfe von (*ou* *+gén*); mittels (*+gén*); **par le** ~ **de** durch (*+acc*); mithilfe von (*ou* + *gén*); *loc/adv*: **par tous les ~s** mit allen Mitteln; **par ce** ~ hierdurch; **par quel ~?** (aber) wie?; **le** ~ **de faire tout** *ce qu'il demande!* wie soll man alles tun ...!; F **pas ~!** unmöglich!; F geht nicht!; nichts zu machen!; ♦ **il y a** ~ **de** (*+inf*) es gibt ein Mittel, e-n Weg, e-e Möglichkeit zu (*+inf*); es ist möglich zu (*+inf*); (**il n'y a**) **pas** ~ **de** (*+inf*) es ist unmöglich, nicht möglich zu (*+inf*); es gibt kein Mittel zu (*+inf*); **pas** ~ **de le joindre au téléphone** es ist unmöglich, ihn telefonisch zu erreichen; **il y a plusieurs ~s de** (*+inf*) es gibt mehrere Mittel, Wege, Möglichkeiten zu (*+inf*); **s'il en avait le** ~ *ou* **les ~s!** wenn er es nur könnte!; **c'est l'unique** ~ **de le persuader** das ist das einzige Mittel, ihn zu überzeugen; **tous les ~s lui sont bons** ihm ist jedes Mittel recht; **il a essayé tous les ~s** er hat alles versucht; er hat nichts, kein Mittel unversucht gelassen; **trouver** (**le, un**) ~ **de, pour** (*+inf*) Mittel und Wege, ein Mittel, e-n Weg finden zu (*+inf*); F *iron* **tu as trouvé** ~ *de casser le vase* F du hast es also tatsächlich geschafft ... **2** **~s** *pl d'une personne intellectuels* (geistige) Fähigkeiten *f/pl*; Anlagen *f/pl*; Talent *n*; Begabung *f*; *physiques* (körperliche) Kräfte *f/pl*; *loc/adv* **par ses propres ~s** aus eigener Kraft; ohne fremde Hilfe; allein; **il est rentré chez lui par ses propres ~s** er ist allein *ou* im eigenen Wagen *ou* zu Fuß nach Hause gekommen; **couper les ~s à qn** j-n entwaffnen (*fig*); **c'est au-dessus de mes ~s** *physiquement* das geht über, das übersteigt meine Kräfte; *intellectuellement* das übersteigt mein Können; da bin ich überfordert; → *a 3*; *élève* **manquer de ~s** unbegabt, nicht begabt sein; keine Begabung haben; *à un examen* ***perdre ses ~s*** (völlig) versagen **3** ***~s*** *pl* (*ressources pécuniaires*) Mittel *n/pl*; ***avoir des*** (***petits***) ***gros ~s*** (nicht sehr) bemittelt, wohlhabend sein; F ***il a les ~s!*** er kann es sich (*dat*) leisten!; F er hat es ja!; ***avoir les ~s de*** (+*inf*) die Mittel haben, es sich (*dat*) leisten können zu (+*inf*); ***c'est au-dessus de mes ~s*** das übersteigt meine Mittel, Verhältnisse; das kann ich mir nicht leisten; ***vivre au-dessus de ses ~s*** über s-e Verhältnisse leben

Moyen-Âge [mwajɛnɑʒ] *m* Mittelalter *n*

moyenâgeux [mwajɛnɑʒø] *adj* ⟨**-euse**⟩ mittelalterlich (*a péj*); *procédés a* wie im (finsteren) Mittelalter

moyen-courrier [mwajɛ̃kuʀje] *m* ⟨*pl* **moyen-courriers**⟩ AVIAT Mittelstreckenflugzeug *n*; *adjt* ***vol*** *m* **~** Mittelstreckenflug *m*

moyennant [mwajɛnɑ̃] *prép* mittels (+*gén*); durch (+*acc*); für (+*acc*); gegen (+*acc*); ***~ un effort soutenu*** durch ununterbrochene Bemühung; *rendre un service* ***~ récompense*** gegen Belohnung; ***~ une somme modique*** für e-e bescheidene Summe; ***~ quoi*** wofür; womit; wodurch

moyenne [mwajɛn] *f* Durchschnitt *m*; MATH, MÉTÉO Mittel *n*; Mittelwert *m*; MATH ***~ arithmétique*** arithmetisches Mittel; ***~ d'âge*** Durchschnittsalter *n*; ***la ~ d'âge est de …*** das Durchschnittsalter liegt bei …; ***~ des températures*** durchschnittliche Temperatur; *loc/adj*: *dons etc* ***au-dessus de la ~*** überdurchschnittlich; ***être au-dessus, au-dessous de la ~*** über, unter dem Durchschnitt liegen; *loc/adv* ***en ~*** durchschnittlich; im Durchschnitt; im Mittel; F im Schnitt; *élève* ***avoir la ~*** den Durchschnitt erreicht haben; ***calculer, faire la ~*** den Durchschnitt, den Mittelwert errechnen, ausrechnen; den Durchschnitt ermitteln; *élève* ***être dans la bonne ~*** guter Durchschnitt sein; F ***cela fait une ~*** das gleicht sich aus; das hält sich die Waage; *en voiture* ***faire du 70 de ~, rouler à une ~ de 70*** durchschnittlich, im Schnitt (mit) 70 fahren

moyennement [mwajɛnmɑ̃] *adv* mittelmäßig; *comment va-t-il? -* **~** (mittel)mäßig; F mittelprächtig

moyenner [mwajene] *v/i* F ***il n'y a pas moyen de ~*** da ist nichts zu machen

Moyen-Orient [mwajɛnɔʀjɑ̃] ***le ~*** der Mittlere Osten

moyeu [mwajø] *m* ⟨*pl* **~x**⟩ Nabe *f*; *d'une roue a* Radnabe *f*

Mozambique [mozɑ̃bik, mɔ-] ***le ~*** Mosambik *ou* Moçambique *n*

Mozart [mɔzaʀ, mo-] *m* MUS Mozart *m*

mozzarella [mɔdzaʀela] *f* CUIS Mozzarella *m*

M.R.G. [ɛmɛʀʒe] *m abr* (*Mouvement des radicaux de gauche*) Links-Radikalsozialistische Partei (*linke Mitte*)

MST [ɛmɛste] *f abr* (*maladie sexuellement transmissible*) Geschlechtskrankheit *f*

mû [my] *p/p* → ***mouvoir***

mucilage [mysilaʒ] *m* BOT Pflanzenschleim *m*

mucosité [mykozite] *f* PHYSIOL Schleim *m*

mucoviscidose [mykovisidoz] *f* MÉD Mukoviszidose *f*

mucus [mykys] *m* PHYSIOL Schleim *m*

mue [my] *f* **1** ZO **a**) *des oiseaux* Mauser *f*; Mauserung *f*; *des serpents* Häutung *f*; *de mammifères* Sichhaaren *n*; **b**) *période* Zeit *f* der Mauser, der Häutung, des Sichhaarens; **c**) (*peau du serpent*) abgestreifte Haut **2** *de la voix humaine* Stimmbruch *m*, -wechsel *m*

muer [mɥe] **I** *v/i* **1** *oiseaux* sich mausern; in der Mauser sein; *serpents* sich häuten; *mammifères* sich haaren **2** *jeune homme* im Stimmbruch sein; ***sa voix mue*** er ist im Stimmbruch **II** *v/pr litt* ***se ~ en*** sich verwandeln in (+*acc*)

muet [mɥɛ] **I** *adj* ⟨**~te**⟩ *personne* stumm; *fig* sprachlos; PHON ***e, h ~*** stummes e, h; GÉOGR ***carte ~te*** stumme Karte; ***cinéma, film ~*** Stummfilm *m*; ***joie ~te*** stille, innige Freude; ***protestation ~te*** stummer Protest; ***reproche ~*** stummer, stiller, unausgesprochener Vorwurf; THÉ ***rôle ~*** stumme Rolle; ***~, sourd et ~ de naissance*** von Geburt (an) stumm, taubstumm; *fig* ***~ d'admiration, d'étonnement*** stumm, sprachlos vor Bewunderung, Staunen; *loi, règlement etc* ***être ~ sur qc*** über etw (*acc*) schweigen, nichts sagen; ***être ~ comme une carpe*** stumm wie ein Fisch sein; ***rester ~ de terreur*** vor Entsetzen verstummen, kein Wort herausbringen; *prov* ***les grandes douleurs sont ~tes*** großer Schmerz macht stumm **II** *subst* **1** ***~(te)*** *m(f)* Stumme(r) *f(m)*; HIST ***la grande ~te*** *zur Zeit der 3. Republik Spitzname für* die französische Armee **2** CIN ***le ~*** der Stummfilm

muezzin [mɥɛdzɛ̃] *m* REL Muezzin *m*

mufle [myfl] *m* **1** *d'un chien, chat, rongeur* Schnauze *f*; *d'un bovin, lion etc* Maul *n* **2** *péj* (*goujat*) Flegel *m*; Lümmel *m*; ungehobelter, ungeschliffener Kerl; Rüpel *m*; ***se conduire comme un ~*** *a* sich flegel-, lümmel-, rüpelhaft benehmen; *adjt* ***être ~*** ein Flegel *etc* sein

muflerie [myflǝʀi] *f* Flegelei *f*; Lümmelei *f*; Rüpelei *f*; Flegel-, Lümmel-, Rüpelhaftigkeit *f*

muflier [myflije] *m* BOT Löwenmaul *n*, -mäulchen *n*

mufti [myfti] *m* REL Mufti *m*

muge [myʒ] *m* ZO Meeräsche *f*

mugir [myʒiʀ] *v/i* **1** *bovins* brüllen; muhen **2** *fig mer* brausen; tosen; *vent* brausen; sausen; heulen

mugissement [myʒismɑ̃] *m* **1** *des bovins* Brüllen *n*; Gebrüll *n*; Muhen *n* **2** *fig de la mer* Brausen *n*; Tosen *n*; *du vent* Brausen *n*; Sausen *n*; Heulen *n*

muguet [mygɛ] *m* **1** BOT Maiglöckchen *n* **2** MÉD Schwämmchen *n*; Soor *m*

mulâtre [mylɑtʀ] **I** *adj* ⟨*a f*⟩ Mulatten… **II** *m,f* Mulatte *m*, Mulattin *f* **mulâtresse** *f* Mulattin *f*

mule[1] [myl] *f* ZO weibliches Maultier; Mauleselin *f*; F *fig de qn* ***tête*** *f* ***de ~*** Dick-, Starrkopf *m*; F Dickschädel *m*; F ***avoir une tête de ~*** e-n Dickkopf, -schädel haben; F ***têtu comme une ~*** störrisch wie ein Esel; dick-, starrköpfig; F ***être chargé comme une ~*** wie ein Packesel beladen sein

mule[2] [myl] *f pantoufle* Pantoffel *m*

mulet [mylɛ] *m* ZO **1** (***grand***) **~** Maultier *n*; (***petit***) **~** Maulesel *m*; F *fig* ***chargé, têtu comme un ~*** → ***mule***[1] **2** *poisson* Meeräsche *f*

muletier [myltje] **I** *m* Maultiertreiber *m* **II** *adj* ⟨**-ière**⟩ ***chemin, sentier ~*** Maultier-, Saumpfad *m*

Mulhouse [myluz] Mülhausen *n*

mullah [my(l)la] *m* → ***mollah***

mulot [mylo] *m* **1** ZO Waldmaus *f* **2** *plais* INFORM Maus *f*

multicellulaire [myltisɛlylɛʀ] *adj* BIOL vielzellig; aus vielen Zellen bestehend; *sc* multizellulär

multicolore [myltikɔlɔʀ] *adj* mehr-, vielfarbig; bunt

multiculturel [myltikyltyʀɛl] *adj* multikulturell; ***société ~le*** multikulturelle Gesellschaft
multidimensionnel [myltidimɑ̃sjɔnɛl] *adj* ⟨**~le**⟩ mehrdimensional **multiforme** *adj* vielgestaltig, -förmig
multigrade [myltigʀad] *adj* TECH ***huile** f* **~** Mehrbereichsöl *n*
multilatéral [myltilateʀal] *adj* ⟨**-aux**⟩ POL multilateral; mehrseitig
multimédia [myltimedja] *adj* ⟨*f inv*⟩ Multimedia…; ***produit** m* **~** Multimediaprodukt *n*
multimillionnaire [myltimiljɔnɛʀ] **I** *adj* viele *ou* mehrere Millionen besitzend; F millionenschwer **II** *m,f* Multimillionär(in) *m(f)* **multinational** **I** *adj* ⟨**-aux**⟩ POL, ÉCON multinational **II** *f* **~e** multinationales Unternehmen; F Multi *m*
multipartisme [myltipaʀtism] *m* Mehrparteiensystem *n* **multiplace** *adj* mehrsitzig
multiple [myltipl] **I** *adj* mehrfach; vielfach; *sc* multipel; *aspects, causes etc* mannigfach; mannigfaltig; verschieden(artig); vielfältig; ***grossesse** f* **~** Mehrlingsschwangerschaft *f*; ÉLECT ***prise** f* **~** Mehrfachsteckdose *f*; *loc/adj* ***à usages ~s*** Mehrzweck…; *loc/adv* ***à de ~s reprises*** mehrmals; mehrere Male; wiederholt; mehrfach **II** *m* MATH Vielfache(s) *n*; ***le plus petit commun ~*** (*abr* **p. p.c.m.**) das kleinste gemeinsame Vielfache; ***21 est*** (***un*** *ou adjt*) ***~ de 7*** 21 ist ein Vielfaches von 7
multiplex [myltiplɛks] *m* **a)** TÉLÉCOMM Multiplex(-system) *n*; **b)** RAD, TV Konferenzschaltung *f*
multiplicande [myltiplikɑ̃d] *m* MATH Multiplikand *m*
multiplicateur [myltiplikatœʀ] **I** *m* MATH, ÉCON Multiplikator *m* **II** *adj* ⟨**-trice**⟩ vervielfachend; *par ext* steigernd; verstärkend
multiplicatif [myltiplikatif] *adj* ⟨**-ive**⟩ MATH ***signe ~*** Malzeichen *n*; Multiplikationszeichen *n*
multiplication [myltiplikasjõ] *f* **1** MATH Malnehmen *n*, Multiplizieren *n*, Multiplikation *f* (***par*** mit); ***table** f **de ~*** Einmaleins *n*; ***faire une ~*** malnehmen; multiplizieren **2** (*augmentation*) Vermehrung *f*; Zunahme *f* **3** BIOL Vermehrung *f* **4** TECH Übersetzung *f*
multiplicité [myltiplisite] *f* **1** (*grand nombre*) Vielzahl *f*; Menge *f* **2** (*caractère multiple*) Vielfalt *f*; Vielfältigkeit *f*; Mannigfaltigkeit *f*; Reichhaltigkeit *f*
multiplier [myltiplije] **I** *v/t* **1** MATH malnehmen, multiplizieren (***par*** mit) **2** *tentatives, offres* mehrfach wiederholen; *erreurs, difficultés* vermehren; vergrößern; vervielfachen; *besoins a* steigern; *précautions* verdoppeln; verstärken; *adjt* ***des offres multipliées*** mehrfaches, wiederholtes Angebot **3** BOT vermehren **II** *v/i* BIBL ***croissez et multipliez*** seid fruchtbar und mehret euch **III** *v/pr* ***se ~*** **1** *cas, incidents etc* sich häufen; sich mehren; zunehmen **2** *êtres vivants* sich vermehren
multiprogrammation [myltipʀɔgʀamasjõ] *f* INFORM Multiprogramming *n* **multipropriété** *f* Miteigentum *n* an e-r Ferienwohnung *etc* für e-e festgelegte Zeit des Jahres; Teilzeiteigentum *n*; Time-Sharing ['taɪmʃɛːrɪŋ] *n*
multiracial [myltiʀasjal] *adj* ⟨**-aux**⟩ gemischtrassig, -rassisch; ***État ~*** Vielvölkerstaat *m*
multirisque [myltiʀisk] *adj* ***assurance** f* **~** kombinierte (Hausrat- und Haftpflicht) Versicherung
multisalles [myltisal] *adj* ***cinéma** m* **~** Kinocenter *n*
multitude [myltityd] *f* **1** Vielzahl *f*; große Zahl; Menge *f*; *p/fort* Unmenge *f*; ***une ~ de …*** e-e Vielzahl *etc* von (*ou +gén*) **2** *st/s* (*foule*) (Menschen-, Volks)Menge *f*; große Masse
muni [myni] → ***munir***
Munich [mynik] München *n*
munichois [mynikwa] **I** *adj* Münchner **II** *subst* ***Munichois(e)*** *m(f)* Münchner(in) *m(f)*
municipal [mynisipal] *adj* ⟨**-aux**⟩ kommunal; gemeindlich; städtisch; Kommunal…; Gemeinde…; Stadt…; ***conseil ~*** Gemeinde-, Stadtrat *m*; ***corps ~*** Gemeinde-, Kommunalbeamte(n) *m/pl*; ***élections ~es*** *ou subst* ***~es*** *f/pl* Kommunal-, Gemeindewahlen *f/pl*; ***piscine ~e*** städtisches Bad; ***théâtre ~*** Stadttheater *n*
municipalité [mynisipalite] *f* **1** (*corps municipal*) Gemeindevorstand *m*; Magistrat *m* **2** (*commune*) Gemeinde *f*; (*ville*) Stadt *f*
munificence [mynifisɑ̃s] *litt f* große Freigebigkeit
munir [myniʀ] **I** *v/t* ausstatten, versehen (***de*** mit); *p/p* ***muni de qc*** mit etw versehen, ausgestattet; ***être muni de qc*** *a* etw (bei sich) haben **II** *v/pr* ***se ~ de qc*** sich mit etw versehen; (*emporter*) etw mitnehmen; ***se ~ de patience*** sich mit Geduld wappnen
munitions [mynisjõ] *f/pl* Munition *f*; ***entrepôt** m* ***de ~*** Munitionslager *n*; ***ravitaillement** m* ***en ~*** Munitionsnachschub *m*
Munster [mɛ̃stɛʀ, mœ̃-] Münster *n* (*im Elsass*)
munster [mɛ̃stɛʀ, mœ̃-] *m* Münsterkäse *m*
muphti [myfti] *m* → ***mufti***
muqueuse [mykøz] *f* ANAT Schleimhaut *f*; ***~ buccale, nasale*** Mund-, Nasenschleimhaut *f*; ***~ de l'estomac*** Magenschleimhaut *f*
muqueux [mykø] *adj* ⟨**-euse**⟩ PHYSIOL schleimig; Schleim…; *sc* mukös
mur [myʀ] *m* Mauer *f*; *d'une habitation a* Wand *f*; ***~s*** *pl a* Mauerwerk *n*; ***~ antibruit*** Lärmschutzwall *m*; ***~ extérieur*** Außenmauer *f*, -wand *f*; ***~ intérieur*** Innenwand *f*; ***les quatre ~s: il n'en reste plus que les quatre ~s*** es stehen nur noch die nackten, kahlen Wände, Mauern; *rester* ***entre ses quatre ~s*** in s-n vier Wänden; zu Hause; HIST ***le ~ de Berlin*** die Berliner Mauer; ***~ de brique(s)*** Ziegel-, Backsteinmauer *f*, -wand *f*; ***~ de clôture*** Mauereinfriedung *f*; Umfassungsmauer *f*; ***~ d'enceinte*** *d'une ville* Stadtmauer *f*; FORTIF Ringmauer *f*; Mauerring *m*; *fig* ***un ~ de haine*** e-e Mauer des Hasses; *à Jérusalem* ***le Mur des lamentations*** die Klagemauer; ***~ de pierres sèches*** Trockenmauer *f*; *fig* ***~ de pluie*** Regenwand *f*; AVIAT ***~ du son*** Schallmauer *f*; ***~ de terre*** Erdwall *m*; *loc/adj* ***entouré de ~s*** von Mauern umgeben; *loc/adv* ***dans nos ~s*** in (den Mauern) unserer Stadt; *fig* ***il y a un ~ d'incompréhension entre eux*** e-e Wand (des Nichtverstehens) steht zwischen ihnen; ***les ~s ont des oreilles*** die Wände haben Ohren; *fig* ***se cogner, se heurter à un ~*** auf unüberwindliche Schwierigkeiten stoßen; ***c'est à se cogner, se taper la tête contre les ~s*** F das ist, um an den Wänden hochzugehen; das ist zum Verzweifeln, zum Auswachsen; *fig* ***coller qn au ~*** j-n an die Wand stellen; ***c'est comme si on parlait à un ~*** bei ihm redet man wie gegen e-e Wand; ***faire le ~*** *de la caserne, de l'internat* heimlich, unerlaubt

M

weggehen; F ausreißen; SPORTS e-e Mauer bilden; ***mettre au ~*** an die Wand hängen; *fig* ***mettre qn au pied du ~*** j-n in die Enge treiben

mûr [myʀ] *adj fruit, blé, abcès, affaire, personne* reif; *personne a* gereift; F *étoffe* mürb(e); brüchig; *péj femme* in reiferen Jahren; vorgeschrittenen Alters; ***trop ~*** überreif; ***âge ~*** reife(re)s Alter; ***après ~e réflexion*** nach reiflicher Überlegung; *personne, époque* ***être ~ pour qc*** für etw reif sein; ***être très ~ pour son âge*** für sein Alter sehr reif sein

muraille [myʀaj] *f* (Stadt-, Befestigungs)Mauer *f*; ***la Grande Muraille de Chine*** die Chinesische Mauer; *adjt* ***couleur (de) ~*** grau

mural [myʀal] *adj* ⟨**-aux**⟩ Wand…; ***carte ~e*** Wandkarte *f*; ***journal ~*** Wandzeitung *f*; ***pendule ~e*** Wanduhr *f*

Murcie [myʀsi] GÉOGR Murcia *n*

mûre [myʀ] *f* **1** (*fruit de la ronce*) Brombeere *f* **2** (*fruit du mûrier*) ***~ (blanche, noire)*** (Weiße, Schwarze) Maulbeere

mûrement [myʀmɑ̃] *adv* ***réfléchir ~ à qc*** etw reiflich überlegen

murène [myʀɛn] *f* ZO Muräne *f*

murer [myʀe] **I** *v/t* **1** *fenêtre, porte* zu-, vermauern; *personne* einmauern; *lieu* mit Mauern umgeben, einschließen **2** *mineurs* ***être murés au fond de la mine*** in der Grube eingeschlossen sein **II** *v/pr fig* ***se ~ dans son silence*** sich hinter hartnäckigem Schweigen verschanzen

muret [myʀɛ] *m*, **murette** *f* niedrige Mauer; Mäuerchen *n*

mûrier [myʀje] *m* BOT ***~ (blanc, noir)*** (Weißer, Schwarzer) Maulbeerbaum

mûrir [myʀiʀ] **I** *v/t* **1** *fruit, blé* reifen lassen; reif werden lassen **2** *fig malheur, épreuves*: *qn* zu e-m reifen Menschen machen; reifer werden lassen **II** *v/i* **1** *fruit, blé* reifen; reif werden (*a abcès*) **2** *fig personne* reifen; ein gereifter, reifer Mensch werden; *projet, idée* (heran)reifen (***dans son esprit*** in ihm); ***laisser ~*** *projet, idée* (heran)reifen lassen; *affaire* sich entwickeln lassen

mûrissant [myʀisɑ̃] *adj* **1** *fruit* reifend **2** *fig personne* reiferen Alters **mûrissement** *m* **a)** *naturel* Reifen *n* (*a fig*); **b)** *provoqué* Nachreifenlassen *n* **mûrisserie** *f pour bananes* Lagerhaus *n* zum Nachreifen

murmure [myʀmyʀ] *m* **1 a)** Murmeln *n*; Gemurmel *n*; ***~ d'approbation*** Beifallsgemurmel *n*; **b)** *souvent pl* ***~s*** *de mécontentement* Murren *n* **2** *poét de l'eau* Murmeln *n*; Plätschern *n*; *du vent, des feuilles* Säuseln *n*

murmurer [myʀmyʀe] **I** *v/t mots* murmeln **II** *v/i* **1 a)** murmeln; ***~ entre ses dents*** in den Bart brummen, murmeln; **b)** (*grogner*) murren; ***obéir sans ~*** ohne Murren gehorchen **2** *poét eau, source* murmeln; plätschern; *vent, feuilles* säuseln; leise rauschen

mus [my] → ***mouvoir***

musaraigne [myzaʀɛɲ] *f* ZO Spitzmaus *f*

musarder [myzaʀde] *v/i* die Zeit vertrödeln

musc [mysk] *m* Moschus *m*

muscade [myskad] *f* BOT, CUIS ***~*** *ou adjt* ***noix f ~*** Muskatnuss *f*; ***à la ~*** mit Muskat (gewürzt)

muscadet [myskadɛ] *m trockener Weißwein aus der Gegend um Nantes*

muscadier [myskadje] *m* BOT Muskatnussbaum *m*

muscadin [myskadɛ̃] *m* HIST stutzerhafter junger Adliger (*zur Zeit der 1. Frz. Republik*)

muscat [myska] *adj et subst m* **1** (***raisin*** *m*) ***~*** Muskatellertraube *f* **2** (***vin*** *m*) ***~*** Muskateller(wein) *m*

muscle [myskl] *m* Muskel *m*; ***avoir des ~s***, F ***du ~*** Muskeln, Kraft haben; ***avoir des ~s d'acier*** Muskeln hart wie Stahl, wie aus Stahl haben; ***être tout en ~(s)*** sehr muskulös sein

musclé [myskle] *adj* **1** *personne, jambe etc* muskulös **2** *fig* (*énergique*) energisch; stark; ***critique ~e*** starke, handfeste Kritik; ***politique ~e*** *a* Politik *f* der starken Hand

muscler [myskle] *v/t exercices* die Muskeln stärken (***qn*** j-m); ***~ le ventre*** die Bauchmuskeln stärken

musculaire [myskylɛʀ] *adj* ANAT Muskel…; ***force f ~*** Muskelkraft *f*

musculation [myskylasjõ] *f* Muskeltraining [-treː-] *n*; (*culturisme*) Bodybuilding [-bɪl-] *n*; ***salle f de ~*** Fitnessraum *m*

musculature [myskylatyʀ] *f* ANAT Muskulatur *f*; ***~ du bras*** Armmuskulatur *f*

musculeux [myskylø] *adj* ⟨**-euse**⟩ **1** *personne, membre* muskulös **2** ANAT Muskel…; ***membrane musculeuse*** Muskelhaut *f*

muse [myz] *f* **1** MYTH ***Muse*** Muse *f* **2** *litt d'un poète* Muse *f*

museau [myzo] *m* ⟨*pl* ***~x***⟩ **1** *de chien, de chat etc* Schnauze *f*; *de bovins* Maul *n* **2** CUIS ***~ de bœuf, de porc*** Rinder-, Schweinesülze *f*; ***~ (de bœuf) à la vinaigrette*** Ochsenmaulsalat *m* **3** F (*figure*) Gesicht *n*; (*bouche*) F Schnute *f*

musée [myze] *m* Museum *n*; ***~ des arts décoratifs*** Kunstgewerbemuseum *n*; F *fig* ***un ~ des horreurs*** e-e (An)Sammlung scheußlicher, hässlicher Dinge; ein Gruselkabinett *n*; ***~ du Louvre*** Louvremuseum *n*; *adjt* ***ville f ~*** historische Stadt mit e-r Fülle von Baudenkmälern; *fig* ***pièce f de ~*** sehenswertes, seltenes Stück; Museumsstück *n*; ***son appartement est un vrai ~*** s-e Wohnung ist das reinste Museum

museler [myzle] *v/t* ⟨**-ll-**⟩ **1** ***~ un chien*** e-m Hund e-n Maulkorb anlegen; *adjt* ***muselé*** mit e-m Maulkorb **2** *fig presse, opposition* e-n Maulkorb anlegen (+*dat*); mundtot machen

muselet [myzlɛ] *m sur le bouchon d'une bouteille de champagne* Drahtkorb *m*

muselière [myzəljɛʀ] *f* Maul-, Beißkorb *m*; ***mettre une ~ à un chien*** e-m Hund e-n Maulkorb anlegen, aufsetzen

muséologie [myzeɔlɔʒi] *f* Museumskunde *f*

musette[1] [myzɛt] MUS **1** *adjt* ***bal m ~*** volkstümliches Tanzvergnügen, bei dem nach Akkordeonmusik getanzt wird; ***orchestre m ~*** Musetteorchester *n*; ***valse f ~*** Musettewalzer *m* **2** *m* Musettemusik *f*; *par ext* Tanzmusik *f*

musette[2] [myzɛt] *f* (*sac de toile*) Brot-, Tuchbeutel *m*

muséum [myzeɔm] *m* ***~ (d'histoire naturelle)*** Naturkundemuseum *n*

musical [myzikal] *adj* ⟨**-aux**⟩ **1** musikalisch; Musik…; ***comédie ~e*** Musical ['mjuːzɪkəl] *n*; ***éducation ~e*** Musikerziehung *f*; ***émission ~e*** Musiksendung *f*; ***œuvre ~e*** Tonwerk *n*; ***soirée ~e*** Musikabend *m*; musikalischer Abend; ***avoir l'oreille ~e*** ein musikalisches Gehör haben **2** *voix etc* klang-

M

voll; melodisch; *phrase, vers a* musikalisch

musicalement [myzikalmɑ̃] *adv* **être doué ~** musikalisch begabt sein

musicalité [myzikalite] *f d'une chaîne stéréo etc* Klangreinheit *f*; *d'un texte poétique* Musikalität *f*; Klangfülle *f*, -schönheit *f*

music-hall [myzikol] *m* ⟨*pl* **music-halls**⟩ Varietee (-theater) *n*; **chanteuse** *f* **de ~** Varieteesängerin *f*

musicien [myzisjɛ̃], **musicienne** I *m,f* (*interprète*) Musiker(in) *m(f)*; (*compositeur*) Komponist(in) *m(f)*; *st/s* Tondichter(in) *m(f)*; *de musique folklorique, de bal populaire* Musikant(in) *m(f)*; *d'une fanfare a* Spielmann *m*; **~ de jazz** Jazzmusiker *m* II *adj personne* **être ~** musikalisch sein

musicologie [myzikɔlɔʒi] *f* Musikwissenschaft *f*

musicologue *m,f* Musikwissenschaftler(in) *m(f)*

musicothérapie *f* MÉD Musiktherapie *f*

musique [myzik] *f* 1 Musik *f*; *st/s* Tonkunst *f*; **~ classique**, F **grande ~** klassische Musik; **~ légère** leichte Musik; Unterhaltungsmusik *f*; **~ militaire** Militärmusik *f*; → *a 3*; **~ populaire** Volksmusik *f*; **~ sacrée** geistliche Musik; **~ de bal** Tanzmusik *f*; **~ de ballet, de danse** Ballettmusik *f*; **~ de chambre** Kammermusik *f*; **~ de film** Filmmusik *f*; **~ de fond** Hintergrundmusik *f*; **~ de jazz** Jazzmusik *f*; **~ d'orchestre, orchestrale** Orchestermusik *f*; **~ de scène** Bühnenmusik *f*; **~ pour piano** Klaviermusik *f*; **boîte** *f* **à ~** Spieldose *f*, -uhr *f*; **œuvre** *f* **de ~** Musik-, Tonwerk *n*; *travailler, dîner* **en ~** bei, mit Musik; F *fig* **changer de ~** das Thema wechseln; von etwas anderem reden; **composer, écrire, faire la ~ d'un film** die Musik zu e-m Film komponieren, schreiben, machen; F *fig* **connaître la ~** F wissen, wie der Hase läuft; F *fig* **c'est toujours la même ~** das ist immer das alte Lied, F die alte Leier; **faire de la ~** musizieren; Musik machen; *poème etc* **mettre en ~** vertonen; in Musik setzen; *prov* **la ~ adoucit les mœurs** wo man singt, da lass dich ruhig nieder (, böse Menschen haben keine Lieder) (*prov*) 2 *écrite* Noten *f/pl*; **papier** *m* **à ~** Notenpapier *n*; *fig* **c'est réglé comme du papier à ~** das geht alles wie nach der Uhr; **cahier** *m* **de ~** Notenheft *n*; **magasin** *m*, **marchand** *m* **de ~** Musikalienhandlung *f*, -geschäft *n*, -händler *m* 3 MIL **~** (**militaire**) Militärkapelle *f*; Musikkorps *n*; Spielmannszug *m*; F Musik *f*; **~ d'un régiment** Regimentskapelle *f*, -musik *f*; **chef** *m* **de ~** Kapellmeister *m*; *loc/adv* **~ en tête** mit klingendem Spiel; F *fig* **il va toujours plus vite que la ~** F bei ihm geht's immer a tempo; **je ne peux pas aller plus vite que la ~** F ich bin doch kein D-Zug 4 *fig des oiseaux etc* Konzert *n*; Gesang *m*; *d'un poème* Melodik *f*; Klangschönheit *f*

musiquette [myzikɛt] *f péj* seichte Unterhaltungsmusik

musqué [myske] *adj* 1 ZO **bœuf ~** Moschusochse *m*; **rat ~** Bisamratte *f* 2 *parfum etc* nach Moschus duftend

must [mœst] *m* **être un ~** ein Muss *n* sein

mustang [mystɑ̃g] *m* Mustang *m*

musulman [myzylmɑ̃] I *adj* moslemisch; mohammedanisch; *t/t* muslimisch; **art ~** islamische Kunst II *subst* **~(e)** *m(f)* Moslem *m*; Mohammedaner(in) *m(f)*; *t/t* Muslim *m*, Muslime *f*

mutable [mytabl] *adj* BIOL veränderlich; *sc* mutabel

mutant [mytɑ̃] I *adj* BIOL mutiert II *m* 1 BIOL Mutant *m*; Mutante *f* 2 Person, die ihre Tätigkeit, ihren Beruf wechselt

mutation [mytasjõ] *f* 1 *d'un fonctionnaire* Versetzung *f*; **~ pour raison de service** Versetzung aus dienstlichen Gründen; **demander sa ~** um s-e Versetzung bitten 2 BIOL Mutation *f* 3 *fig* (tief greifende) (Ver)Änderung, Wandlung; *société* **être en pleine ~** sich mitten im Umbruch befinden 4 JUR (Eigentums)Übertragung *f*; Veräußerung *f*; **droits** *m/pl* **de ~** Steuer, die bei e-r Eigentumsübertragung zu zahlen ist (*Erbschafts-, Grunderwerbsteuer etc*)

muter¹ [myte] *v/t* versetzen; **~ un fonctionnaire, un militaire** einen Beamten, einen Soldaten versetzen; **~ par mesure disciplinaire** strafversetzen

muter² [myte] *v/t* VINIFICATION die Gärung unterbrechen (**qc** *gén*)

mutilation [mytilasjõ] *f* Verstümmelung *f* (*a fig*); **~ volontaire** Selbstverstümmelung *f*

mutilé [mytile] *m* Versehrte(r) *m*; Körperverletzte(r) *m*; **grand ~** Schwer(kriegs)beschädigte(r) *m*; **~ de guerre** Kriegsbeschädigte(r) *m*, -versehrte(r) *m*; **~ du travail** durch e-n Arbeitsunfall Beschädigte(r), Körperverletzte(r)

mutiler [mytile] I *v/t organe, personne, animal* verstümmeln (*a fig texte etc*); **il a été mutilé du bras gauche** er hat s-n linken Arm verloren; **il fut atrocement mutilé au visage** sein Gesicht wurde furchtbar entstellt; *adjt* **cadavre mutilé** verstümmelte Leiche II *v/pr* **se ~ volontairement** sich selbst verstümmeln

mutin¹ [mytɛ̃] *adj st/s air* schelmisch; verschmitzt

mutin² [mytɛ̃] *m* Rebell *m*; Aufrührer *m*; Empörer *m*

mutiné [mytine] I *adj* meuternd II *m* Meuterer *m*

mutiner [mytine] *v/pr* **se ~** meutern, aufsässig werden, sich empören (**contre qn** gegen j-n)

mutinerie [mytinʀi] *f* Meuterei *f*; Aufruhr *m*; Empörung *f*

mutisme [mytism] *m* Schweigen *n*; Stummheit *f* (*a* PSYCH); **s'enfermer dans un ~ obstiné** sich hartnäckig in Schweigen hüllen

mutité [mytite] *f* MÉD Stummheit *f*

mutualisme [mytɥalism] *m* ÉCON Mutualismus *m*

mutualiste [mytɥalist] I *adj* **société** *f* **~** → **mutuelle** II *m,f* Mitglied *n* e-s Versicherungsvereins auf Gegenseitigkeit, e-r Zusatzkasse

mutualité [mytɥalite] *f* Versicherung(swesen) *f(n)* auf Gegenseitigkeit

mutuel [mytɥɛl] *adj* ⟨**~le**⟩ gegenseitig; wechselseitig; **assurance ~le** Versicherung(sgesellschaft) *f* auf Gegenseitigkeit; **torts ~s** beiderseitiges Verschulden; → *a* **pari** 2

mutuelle [mytɥɛl] *f* Versicherungsverein *m* auf Gegenseitigkeit; *d'une catégorie professionnelle* Zusatzkasse *f*, Zusatzversicherung *f* (zur Kranken- und Sozialversicherung)

mutuellement [mytɥɛlmɑ̃] *adv* gegenseitig

MW *abr* (*mégawatt[s]*) MW (Megawatt)

mycélium [miseljɔm] *m* BOT Myzel(ium) *n*

Mycènes [misɛn] HIST Mykene *n*

mycénien [misenjɛ̃] *adj* ⟨**~ne**⟩ HIST mykenisch

mycologie [mikɔlɔʒi] *f* BOT Pilzkunde *f*; *sc* Mykologie *f*

mycose [mikoz] *f* MÉD Pilzkrankheit *f*; *sc* Mykose *f*

mygale [migal] *f* ZO Vogelspinne *f*

myocarde [mjɔkaʀd] *m* ANAT Herzmuskel *m*; *sc* Myokard *n*; ***infarctus** m* ***du ~*** Herzinfarkt *m*
myome [mjom] *m* MÉD Myom *n*
myopathe [mjɔpat] *adj* MÉD an Muskelschwund leidend **myopathie** *f* MÉD Muskelschwund *m*
myope [mjɔp] **I** *adj* kurzsichtig (*a fig*) **II** *m,f* Kurzsichtige(r) *f(m)* **myopie** *f* Kurzsichtigkeit *f* (*a fig*)
myosotis [mjozɔtis] *m* BOT Vergissmeinnicht *n*
myriade [miʀjad] *f* Myriade *f*; *fig a* Unzahl *f*
myriapodes [miʀjapɔd] *m/pl* ZO Tausendfüß(l)er *m/pl*
myrrhe [miʀ] *f* Myrr(h) e *f*
myrte [miʀt] *m* BOT Myrte *f*
myrtille [miʀtij] *f* Heidelbeere *f*, Blaubeere *f* (*plante et fruit*)
mystère [mistɛʀ] *m* **1** Geheimnis *n*; *loc/adj* ***entouré de ~*** *lieu* geheimnisumwittert, -umwoben; *mort etc* geheimnisvoll; *plais* ***~ et boule de gomme!*** das ist ein großes Geheimnis!; ***pas tant de ~s!*** was soll die Geheimniskrämerei, F -tuerei!; ***il y a un ~ là-dessous*** dahinter verbirgt sich, steckt ein Geheimnis; ***éclaircir un ~*** ein Geheimnis aufklären, lüften; ***entourer qc de ~*** etw mit e-m Geheimnis umgeben; ***s'entourer de ~*** geheimnisvoll tun; ***ce n'est un ~ pour personne*** das ist ein offenes Geheimnis; ***faire (un) ~ de qc*** aus etw ein Geheimnis machen; ***faire des ~s*** geheimnisvoll tun **2** ANTIQUITÉ ***~s*** *pl* Mysterien *n/pl* **3** REL Mysterium *n* **4** THÉ *au Moyen Âge* Mysterienspiel *n* **5** CUIS Tartuffo *n*
mystérieusement [misteʀjøzmɑ̃] *adv* geheimnisvoll; auf geheimnisvolle Weise
mystérieux [misteʀjø] *adj* ⟨**-euse**⟩ geheimnisvoll; mysteriös; rätselhaft; *subst* ***faire le ~*** geheimnisvoll tun
mysticisme [mistisism] *m* **1** REL Mystik *f*; ***~ chrétien*** christliche Mystik **2** PHILOS Mystizismus *m*
mystificateur [mistifikatœʀ] **I** *adj* ⟨**-trice**⟩ ***intention mystificatrice*** Absicht *f*, andere hereinzulegen, irrezuführen **II** *subst* **~, *mystificatrice*** *m,f* Spaßvogel *m*
mystification [mistifikasjõ] *f* (*blague*) lustiger Streich, Ulk (*wobei j hereingelegt wird*); *péj* Irreführung *f*; Täuschung *f*; Schwindel *m*; ***être le jouet d'une ~*** a) der Genarrte, Hereingelegte sein; b) *péj* das Opfer e-r Täuschung sein; irregeführt worden sein
mystifier [mistifje] *v/t* **a)** *un naïf etc* hereinlegen; hinters Licht führen; narren; nasführen; **b)** *péj*: *le peuple etc* irreführen; täuschen
mystique [mistik] **I** *adj* **1** REL mystisch; geheimnisvoll; ***le corps ~ du Christ*** der mystische Leib Christi **2** *personne* ***être ~*** e-n Hang zur Mystik haben; mystisch veranlagt sein **3** *fig amour, patriotisme* schwärmerisch; exaltiert **II** *subst* **1** *m,f* **a)** REL Mystiker(in) *m(f)*; **b)** *fig d'une idéologie* überzeugter Anhänger, überzeugte Anhängerin **2** *f* **a)** REL Mystik *f*; **b)** *fig* ***la ~ de la force, de la paix*** der mystische, blinde Glaube an die Gewalt, an den Frieden
mythe [mit] *m* **1** Mythos *m*; (Götter-, Helden)Sage *f*; ***le ~ de Prométhée*** der Mythos, die Sage von Prometheus **2** *par ext* (*représentation idéalisée*) Mythos *m*; Leitbild *n*, -idee *f* **3** *péj* (*opposé à « réalité »*) Legende *f*; Wunschbild *n*; Fiktion *f*; Erfindung *f* **4** *fig d'une personne* Mythos *m*; Idol *n*
mythique [mitik] *adj* **1** mythisch; mythen-, sagenhaft **2** *fig* (*irréel*) erfunden
mythologie [mitɔlɔʒi] *f* **1** Mythologie *f* **2** *fig* Legenden *f/pl* **mythologique** *adj* mythologisch
mythomane [mitɔman] **I** *adj* zum Fabulieren neigend **II** *m,f* Fabulierer(in) *m(f)*; F Geschichtenerzähler(in) *m(f)* **mythomanie** *f* Drang *m* zum Fabulieren; *sc* Mythomanie *f*
myxomatose [miksɔmatoz] *f* VÉT Myxomatose *f*

N

N, n [ɛn] *m* ⟨*inv*⟩ **1** *lettre* N, n *n* **2** MATH ***le nombre n*** die Zahl n
N.[1] *abr* (*nord*) N (Nord[en])
N.[2] *ou* **N*** *ou* **N**** (*personne indéterminée*) N.N.
n' [n] → ***ne***
na! [na] *int* F ätsch!
nabab [nabab] *m* HIST *et fig* Nabob *m*
nabot [nabo] *m péj* Knirps *m*; Zwerg *m*
Nabuchodonosor [nabykɔdɔnɔzɔʀ] *m* HIST Nebukadnezar *m*
nacelle [nasɛl] *f d'un ballon* Korb *m*; Gondel *f*; *d'un aérostat* Gondel *f*
nacre [nakʀ] *f* Perlmutter *f ou n*; Perlmutt *n*; ***de ~, en ~*** perlmuttern; Perlmutter…; ***bouton** m* ***de ~*** Perlmutt(er)knopf *m*
nacré [nakʀe] *adj* wie Perlmutt(er) glänzend, schimmernd; perlmutterartig; ***vernis** m* ***à ongles ~*** Pearllack *m*
nacrer [nakʀe] *v/t fausses perles* Perlmutt(er)glanz geben (*+dat*)
nage [naʒ] *f* **1** *action* Schwimmen *n*; *manière* Schwimmstil *m*; ***~ libre*** Freistilschwimmen *n*; ***quatre ~s*** Lagenschwimmen *n*; ***400 mètres quatre ~s*** 400 Meter Lagen; ***~ sur le dos*** Rückenschwimmen *n*; *loc/adv* ***à la ~*** schwimmend; *rivière* ***traverser à la ~*** durchschwimmen; schwimmend überqueren **2** *fig* ***en ~*** schweißgebadet, -triefend; ***être en ~*** in Schweiß gebadet sein; von Schweiß triefen **3** MAR Rudern *n*; *t/t* Pullen *n*; Rojen *n*
nageoire [naʒwaʀ] *f* ZO Flosse *f*; ***~ dorsale, ventrale*** Rücken-, Bauchflosse *f*
nager [naʒe] ⟨**-geons**⟩ **I** *v/t* ***~ la brasse*** brustschwimmen; ***~ le crawl*** kraulen; ***~ le 400 mètres*** am Wettkampf über 400 Meter teilnehmen **II** *v/i* **1** *personne, animal* schwimmen; F ***~ comme un fer à repasser*** F wie e-e bleierne Ente schwimmen;

~ ***comme un poisson*** wie ein Fisch schwimmen; ~ ***contre le courant*** gegen den Strom schwimmen; *fig* ~ ***dans le bonheur, dans la joie*** im Glück, in eitel Wonne schwimmen; ~ ***sous l'eau*** unter Wasser schwimmen; ***savoir*** ~ a) schwimmen können; b) F *fig* sich (*dat*) zu helfen wissen **2** F *fig* ***il nage dans son costume*** der Anzug schlottert ihm um den Leib, um den Körper **3** F *fig* (*être dans l'embarras*) schwimmen; ins Schwimmen geraten **4** MAR (*ramer*) rudern; *t/t* pullen; rojen

nageur [naʒœʀ] *m*, **nageuse** *f* **1** SPORTS Schwimmer(in) *m(f)*; *adjt* ***maître nageur*** *professeur* Schwimmlehrer *m*; *surveillant* Bademeister *m* **2** *adjt* zo ***oiseaux nageurs*** Schwimmvögel *m/pl*

naguère [nagɛʀ] *adv* **1** *litt* (*récemment*) unlängst; vor Kurzem **2** *abus* (*jadis*) früher

naïade [najad] *f* **1** MYTH Najade *f*; Quell-, Wassernymphe *f* **2** *litt ou plais* Badenixe *f*

naïf [naif] *adj* ⟨**naïve** [naiv]⟩ **1** (*ingénu*) naiv; ungekünstelt; natürlich; unbefangen; ***foi naïve*** kindlicher Glaube; PEINT ***les peintres ~s*** *ou subst* ***les ~s*** *m/pl* die Naiven *m/pl*; die Vertreter *m/pl* der naiven Malerei **2** (*niais*) naiv; einfältig; töricht; *subst* ***un ~, une naïve*** F ein Naivling *m*

nain [nɛ̃], **naine** [nɛn] **I** *subst* **1** *m,f* Zwerg(in) *m(f)* **2** ***nain jaune*** *ein kombiniertes Karten- und Brettspiel* **II** *adj* Zwerg…; BOT ***arbre nain*** Zwergbaum *m*; ***'haricot nain*** Buschbohne *f*; zo ***poule naine*** Zwerghuhn *n*

Nairobi [najʀɔbi] Nairobi *n*

naissain [nɛsɛ̃] *m* Muschel-, Austernlarven *f/pl*

naissance [nɛsɑ̃s] *f* **1** Geburt *f*; ~ ***avant terme*** Frühgeburt *f*; *loc/adv* ***à sa*** ~ bei s-r Geburt; ***de*** ~ von Geburt (an); gebürtig; ***aveugle de*** ~ von Geburt an blind; blind geboren; ***Français de*** ~ von Geburt, gebürtiger Franzose; ***donner ~ à une fille*** e-m Mädchen das Leben schenken **2** *fig du jour* Anbruch *m*; *d'une nation, d'une idée etc* Entstehung *f*; *st/s* Geburt *f*; ***donner ~ à qc*** zur Bildung *ou* Entstehung von etw führen; ***prendre*** ~ s-n Anfang, Ausgang nehmen; entstehen **3** ANAT, ARCH Ansatz *m*; ~ ***des cheveux, du cou, des seins*** Haar-, Hals-, Brustansatz *m*

Zusammensetzungen mit naissance

l'**acte** *m* de naissance – die Geburtsurkunde
l'**année** *f* de naissance – das Geburtsjahr
la **date** de naissance – das Geburtsdatum
le **faire-part** de naissance – die Geburtsanzeige
le **jour** de naissance – der Tag der Geburt
le **lieu** de naissance – der Geburtsort

naissant [nɛsɑ̃] *adj amour* (auf)keimend; erwachend; *jour* anbrechend; *poét* erwachend; *talent* angehend; *barbe* sprießend; CHIM ***état*** ~ Entstehungszustand *m*

naître [nɛtʀ] *v/i* ⟨**je nais, il naît, nous naissons; je naissais; je naquis; je naîtrai; que je naisse; naissant; être né**⟩ **1** *personne* geboren werden; zur Welt kommen; ***être né aveugle*** blind geboren sein *ou* werden; ***être né Français*** von Geburt Franzose sein; ***être né poète*** zum Dichter geboren sein; ***être né le premier de quatre enfants*** als Erstes von vier Kindern geboren sein; ***il est né****, personnage célèbre* ***il naquit à Paris*** er ist, wurde in Paris geboren; *fig et litt* ~ ***à l'amour*** *st/s* zur Liebe erwachen; ***être né de qn*** von j-m abstammen; ***être né d'un père français et d'une mère allemande*** e-n französischen Vater und e-e deutsche Mutter haben; *st/s* ***de cette union naquirent deux enfants*** dieser Verbindung entsprangen zwei Kinder; aus dieser Verbindung gingen zwei Kinder hervor; *fig* ***je ne suis pas né d'hier*** ich bin doch nicht von gestern; *fig* ***être né pour qc*** zu etw geboren sein; für etw geschaffen, bestimmt sein; ***être né pour commander*** e-e Führernatur sein; *impersonnel* ***il naît plus de garçons que de filles*** es werden mehr Jungen als Mädchen geboren **2** *fig industrie, amitié etc* entstehen; *idée a* auftauchen; *st/s* geboren werden; *amour* aufkeimen; *jour* anbrechen; ~ ***de qc*** aus etw entstehen, hervorgehen, entspringen; ***un sourire naissait sur ses lèvres*** ein Lächeln trat auf ihre Lippen; ***faire*** ~ entstehen lassen; hervorrufen; *sentiment, soupçons a* aufkommen lassen; ***sentir ~ en soi un sentiment de malaise*** ein Gefühl des Unbehagens in sich aufsteigen fühlen

naïveté [naivte] *f* **1** (*ingénuité*) Naivität *f*; Natürlichkeit *f*; Unbefangenheit *f* **2** (*crédulité*) Naivität *f*; Einfalt *f*

naja [naʒa] *m* zo Kobra *f*; *sc* Naja *f*

Namibie [namibi] ***la*** ~ Namibia *n*

namibien [namibjɛ̃] **I** *adj* ⟨**~ne**⟩ namibisch **II** *subst* ***Namibien(ne)*** *m(f)* Namibier(in) *m(f)*

nana [nana] *f* F (*jeune fille, femme*) F Tussi *f*; Puppe *f*; Ische *f*

nanan [nanɑ̃] *m* F ***c'est du*** ~ das ist etwas Feines, Gutes, Leckeres

Nancy [nɑ̃si] *Stadt im Dep. Meurthe-et-Moselle*

nanisme [nanism] *m* Zwergwuchs *m*

nanomètre [nanɔmɛtʀ] *m* Nanometer *m ou n* **nanoseconde** *f* (*abr* **ns**) PHYS Nanosekunde *f* (*abr* ns) **nanotechnologie** *f* Nanotechnologie *f*

Nantes [nɑ̃t] *Stadt im Dep. Loire-Atlantique*

nanti [nɑ̃ti] *adj* wohlhabend; vermögend; *subst* ***les ~s*** *m/pl* die Besitzenden *m/pl*, Wohlhabenden *m/pl*, Reichen *m/pl*; → *a* ***nantir***

nantir [nɑ̃tiʀ] *v/t surtout p/p* ***être nanti de qc*** mit etw versehen, versorgt, ausgestattet sein; im Besitz von etw sein

nantissement [nɑ̃tismɑ̃] *m* JUR Verpfändung *f*; Sicherungsübereignung *f*; dingliche Sicherung; ***prêt*** *m* ***sur*** ~ durch Pfand gesichertes Darlehen; *sur titres a* Lombardkredit *m*

napalm [napalm] *m* Napalm *m*; ***bombe*** *f* ***au*** ~ Napalmbombe *f*

naphtaline [naftalin] *f* CHIM, COMM Naphthalin *n*; ***boule*** *f* ***de*** ~ Mottenkugel *f*

naphte [naft] *m* Erdöl *n*; Rohöl *n*; Naphtha *n*

Naples [napl] Neapel *n*

Naplouse [napluz] GÉOGR Nablus *n*

Napoléon [napɔleõ] *m* **1** HIST Napoleon *m* **2** ***napoléon*** *pièce d'or* Napoleondor *m*

napoléon [napɔleõ] *m ancienne pièce de monnaie* Napoleondor *m*

napoléonien [napɔleɔnjɛ̃] *adj* ⟨**~ne**⟩ napoleonisch

napolitain [napɔlitɛ̃] **I** *adj* neapolitanisch; CUIS ***tranche ~e*** Fürst-Pückler-Eis *n* **II** *subst* ***Napolitain(e)*** *m(f)* Neapolitaner(in) *m(f)*

nappe [nap] *f* **1** Tischtuch *n*, -decke *f*; Tafeltuch *n*; ÉGL ***~ d'autel*** Altartuch *n*; ***~ en papier*** Papiertischtuch *n* **2** (*couche*) Schicht *f*; (*étendue*) große Fläche; ***~ phréatique*** Grundwasser(spiegel) *n(m)*; ***~ de brouillard*** Nebelbank *f*; ***~ d'eau*** große, glatte Wasserfläche; ***~ de feu*** Flächenbrand *m*; ***~ de gaz*** Gasschwaden *m/pl*; ***~ de mazout*** Ölteppich *m*; ***~ de pétrole*** *gisement* Erdölschicht *f*, -vorkommen *n*; *sur la mer* Ölteppich *m*

napper [nape] *v/t* CUIS übergießen; überziehen (***de*** mit)

napperon [napʀõ] *m* (Zier)Deckchen *n*

naquit [naki] → ***naître***

narcisse [naʀsis] *m* **1** BOT Narzisse *f* **2** MYTH ***Narcisse***, *fig* **~** Narziss *m* **narcissique** *adj* narzisstisch **narcissisme** *m* Narzissmus *m*

narcodollar [naʀkodɔlaʀ] *m* Drogendollar *m*

narcolepsie [naʀkolɛpsi] *f* MÉD Narkolepsie *f* **narcomanie** *f* MÉD Narkomanie *f*

narcose [naʀkoz] *f* MÉD Narkose *f*

narcotique [naʀkɔtik] MÉD **I** *adj* narkotisch; betäubend **II** *m* Narkotikum *n*; Narkose-, Betäubungsmittel *n*

narcotrafiquant [naʀkotʀafikɑ̃] *m* Rauschgift-, Drogenhändler *m*

narghilé(h) [naʀgile] *m* → ***narguilé***

narguer [naʀge] *v/t* verhöhnen; mit Verachtung entgegentreten (***qn*** j-m); ***~ le danger*** der Gefahr (*gén*) spotten

narguilé [naʀgile] *m* Wasserpfeife *f*; Nargileh *f ou n*

narine [naʀin] *f* ANAT Nasenloch *n*; ***~s*** *pl a st/s* Nüstern *f/pl*

narquois [naʀkwa] *adj* spöttisch; ironisch

narrateur [naʀatœʀ] *m*, **narratrice** *f* Erzähler(in) *m(f)*

narratif [naʀatif] *adj* ⟨**-ive**⟩ erzählend

narration [naʀasjõ] *f* **1** Erzählung *f*; Bericht *m*; GR: ***infinitif*** *m* ***de ~*** historischer Infinitiv; ***présent*** *m* ***de ~*** Präsens *n* der lebhaften Erzählung **2** *exercice scolaire* (Schul)Aufsatz *m*

narrer [naʀe] *litt v/t* erzählen; berichten (***qc*** [über] etw, von etw)

narval [naʀval] *m* ZO Narwal *m*

nasal [nazal] *adj* ⟨**-aux**⟩ **1** ANAT Nasen…; ***fosses ~es*** Nasenhöhle *f* **2** PHON nasal; ***consonne ~e*** Nasalkonsonant *m*; Nasenlaut *m*; ***voyelle ~e*** Nasalvokal *m*; *subst* ***~e*** *f* Nasal *m* **3** *voix* näselnd

nasalisation [nazalizasjõ] PHON Nasalierung *f* **nasaliser** *v/t* PHON nasalieren; nasal aussprechen

nase [naz] *adj* **1** F (*foutu*) F hinüber; kaputt; im Eimer **2** F → ***cinglé***

naseau [nazo] *m* ⟨*pl* **~x**⟩ *d'un cheval, d'un taureau* Nüster *f*

nasillard [nazijaʀ] *adj* näselnd; ***ton ~*** näselnder Ton; ***voix ~e*** näselnde Stimme

nasillement [nazijmɑ̃] *m* Näseln *n*

nasiller [nazije] *v/i* **1** näseln **2** *fig vieille radio etc* jaulen **3** *canard* schnattern

nasique [nazik] *m* ZO Nasenaffe *m*

nasse [nas] *f* PÊCHE Reuse *f*

Natal [natal] GÉOGR ***le ~*** Natal *n*

natal [natal] *adj* ⟨**-als**⟩ Geburts…; Heimat…; heimatlich; ***maison ~e*** Geburtshaus *n*; ***pays ~*** Heimat(-land) *f(n)*; ***terre ~e*** Heimaterde *f*; heimatliche Erde; ***village ~*** Heimatdorf *n*

nataliste [natalist] *adj* Geburten fördernd; ***politique*** *f* **~** Politik *f* der Geburtenförderung

natalité [natalite] *f* (***taux*** *m* ***de***) **~** Geburtenziffer *f*, -zahl *f*; ***régression*** *f* ***de la ~*** Geburtenrückgang *m*; *pays* ***à faible, forte ~*** geburtenschwach, -stark; mit niedriger, hoher Geburtenziffer

natation [natasjõ] *f* Schwimmsport *m*; Schwimmen *n*; ***épreuve*** *f* ***de ~*** Schwimmwettkampf *m*; ***faire de la ~*** den Schwimmsport betreiben; schwimmen

natatoire [natatwaʀ] *adj* ZO ***vessie*** *f* **~** Schwimmblase *f*

Nathalie [natali] *f Vorname*

Nathan [natɑ̃] *m* BIBL Nathan *m*

natif [natif] *adj* ⟨**-ive**⟩ **1** *personne* ***~ de*** gebürtig aus; ***il est ~ de Paris***, *subst* ***c'est un ~ de Paris*** *a* er ist gebürtiger Pariser **2** *or etc* gediegen

nation [nasjõ] *f* Nation *f*; Volk *n*; ***~ industrielle*** Industrienation *f*; ***les Nations Unies*** die Vereinten Nationen *f/pl*; ***~ de marchands*** Volk von Kaufleuten; Handelsnation *f*

national [nasjɔnal] **I** *adj* ⟨**-aux**⟩ national; National…; Volks…; Landes…; Staats…; überregional; ÉCON Inland(s)…; inländisch; (ein)heimisch; POL, ADM einzelstaatlich; innerstaatlich; der einzelnen Länder; ***caractère ~*** Volks-, Nationalcharakter *m*; ***costume ~*** National-, Landestracht *f*; ***éducation ~e*** Volksbildung *f*; SPORTS ***équipe ~e*** Nationalmannschaft *f*; ***fête ~e*** Nationalfeiertag *m*; ***industrie ~e*** (ein)heimische Industrie; ***marché ~*** Inlands-, Binnenmarkt *m*; (ein)heimischer Markt; ***monnaie ~e*** Landeswährung *f*; ***grand poète ~*** großer Dichter des Volkes, der Nation; ÉCON ***produit ~ brut*** (*abr* ***PNB***) Bruttosozialprodukt *n*; ***réglementation ~e*** innerstaatliche, einzelstaatliche Regelung; ***route ~e*** Nationalstraße *f*; *correspond à* Bundesstraße *f*; *subst* ***la Nationale 7*** die Nationalstraße 7; ***victoire ~e*** Sieg *m* der ganzen Nation, des ganzen Volkes **II** *subst* JUR ***les nationaux*** *m/pl* die eigenen Staatsangehörigen *pl*; die Inländer *m/pl*

nationalisation [nasjɔnalizasjõ] *f* Verstaatlichung *f*; Nationalisierung *f*

nationaliser [nasjɔnalize] *v/t* verstaatlichen; nationalisieren; in Staatseigentum überführen; *adjt* ***entreprises nationalisées*** *a* staatseigene Betriebe *m/pl*; Staatsbetriebe *m/pl*

nationalisme [nasjɔnalism] *m* Nationalismus *m* **nationaliste** **I** *adj* nationalistisch **II** *m,f* Nationalist(in) *m(f)*

nationalité [nasjɔnalite] *f* **1** *état d'un individu* Staatsangehörigkeit *f*; Nationalität *f*; Staatsbürgerschaft *f*; Volks-, Staatszugehörigkeit *f*; ***double ~*** doppelte Staatsbürgerschaft, Staatsangehörigkeit; ***acquérir, prendre la ~ française*** die französische Staatsangehörigkeit erwerben, annehmen **2** *groupe d'hommes* Volksgruppe *f*; Nationalität *f*

national-socialisme [nasjɔnalsɔsjalism] *m* HIST Nationalsozialismus *m* **national-socialiste** HIST ⟨*f inv*; *m/pl* **nationaux-socialistes**⟩ **I** *adj* nationalsozialistisch **II** *m,f* Nationalsozialist(in) *m(f)*

nativité [nativite] *f* REL, PEINT Geburt *f* Christi

natte [nat] *f* **1** *tapis* Matte *f*; ***~ isolante*** Isomatte *f*; **~**

de paille Strohmatte *f* **2** *tresse* (Haar)Zopf *m*, (-)Flechte *f*; ***se faire une* ~** sich (*dat*) e-n Zopf flechten

natter [nate] *v/t ses cheveux* flechten

naturalisation [natyʀalizasjõ] *f* **1** *d'un étranger* Einbürgerung *f*; Naturalisierung *f ou* Naturalisation *f*; ***demande** f **de* ~** Einbürgerungsgesuch *n* **2** BIOL (*acclimatation*) Einbürgerung *f* **3** *d'un animal mort* Ausstopfen *n*; Präparierung *f ou* Präparation *f*; Naturalisierung *f*; *d'une plante coupée* Haltbarmachung *f*; Präparierung *f*

naturaliser [natyʀalize] *v/t* **1** *étranger, apatride* einbürgern; naturalisieren; ***se faire* ~ *français*** die französische Staatsbürgerschaft erwerben, annehmen; *adjt* ***un Français naturalisé*** ein naturalisierter Franzose **2** *plante, animal* (*acclimater*) einbürgern; heimisch machen **3** *animal mort* ausstopfen; präparieren; naturalisieren; *plante coupée* haltbar machen; präparieren

naturalisme [natyʀalism] *m* BEAUX-ARTS, LITTÉRATURE Naturalismus *m*

naturaliste [natyʀalist] **I** *adj* naturalistisch **II** *m,f* **1** *peintre, romancier, -ière* Naturalist(in) *m(f)* **2** (*empailleur, -euse*) Präparator(in) *m(f)* **3** *savant* Naturforscher(in) *m(f)*

nature [natyʀ] *f* **1** (*monde physique*) Natur *f*; ***loi** f **de la* ~** Naturgesetz *n*; *loc/adj et loc/adv*: ***contre* ~** widernatürlich; unnatürlich; naturwidrig; ***c'est contre* ~** *a* das ist wider die Natur; das geht gegen die Natur; ***d'après* ~** nach der Natur; ***grandeur* ~** lebensgroß; in Lebensgröße; in voller, natürlicher Größe; ***plus grand que* ~** überlebensgroß; in Überlebensgröße; F ***disparaître dans la* ~** spurlos, von der Bildfläche verschwinden; ***c'est la voix de la* ~, *c'est la* ~ *qui parle*** das ist die Stimme der Natur **2** (*caractère*) Natur *f* (*a personne*); Wesen *n*; Art *f*; *de qn a* Wesensart *f*; Naturell *n*; Veranlagung *f*; *de qc a* Beschaffenheit *f*; ***une bonne* ~** ein gutmütiges Wesen; ein gutmütiger Mensch; ***la* ~ *humaine, la* ~ *de l'homme*** die menschliche Natur, die Natur des Menschen; ***seconde* ~** zweite Natur; ***la méfiance est sa seconde* ~** das Misstrauen ist ihm zur zweiten Natur geworden; **~ *du sol, du terrain*** Boden-, Geländebeschaffenheit *f*; *loc/adj et loc/adv*: ***de cette* ~** dieser Art; derartig; ***de toute* ~** aller, jeder Art; ***de* ~ *à*** (*+inf*) geeignet, dazu angetan zu (*+inf*); so geartet, beschaffen, dass …; ***il n'est pas de* ~ *à se rebeller*** Rebellieren liegt ihm nicht; ***de** ou **par* ~** von Natur (aus); ***être timide par* ~** von Natur (aus) schüchtern sein; ***quelle est la* ~ *de ses sentiments?*** welcher Art sind s-e Gefühle?; *d'une personne* ***c'est une heureuse* ~** er *ou* sie ist e-e glückliche Natur, hat ein glückliches Naturell; ***c'est une petite* ~** er *ou* sie ist e-e schwache Natur; ***c'est dans la* ~ *même de la chose*** das liegt in der Natur, im Wesen der Sache; *d'une personne* ***ce n'est pas dans sa* ~** das ist nicht s-e Art; das ist s-m Wesen fremd, ihm wesensfremd; das liegt nicht in s-r Natur, in s-r Wesensart **3** PEINT **~ *morte*** Stillleben *n* **4** ***en* ~** *loc/adj* Natural…; *loc/adv* in Naturalien; F in natura; ***salaire** m **en* ~** Naturallohn *m*; Deputat *n*; ***payer en* ~** in Naturalien, in natura (be)zahlen **5** *adjt* ⟨*inv*⟩ **a)** CUIS nature [-'ty:r]; ohne Zutaten; ***café** m* **~** schwarzer Kaffee; ***yaourt** m* **~** Naturjoghurt *m ou n*; **b)** F *personne* ***être* ~** unbefangen, natürlich sein

naturel [natyʀɛl] **I** *adj* ⟨**~le**⟩ **1** (*relatif à la nature*) natürlich; Natur…; (*non modifié*) *couleur, goût etc* natürlich; (*non traité*) *aliment* naturrein; naturbelassen; Bio…; ***droit* ~** Naturrecht *n*; ***eau minérale* ~le** natürliches Mineralwasser; ***état* ~** Naturzustand *m*; ***frontières* ~les** natürliche Grenzen *f/pl*; ***gaz* ~** Erd-, Naturgas *n*; ***loi* ~le** Naturgesetz *n*; ***mort* ~le** natürlicher Tod; ***phénomène* ~** Naturerscheinung *f*, -ereignis *n*; ***produits* ~s** Naturprodukte *n/pl*; *d'un pays* ***richesses* ~les** natürliche Reichtümer *m/pl*; BIOL ***sélection* ~le** natürliche Auslese, Zuchtwahl; ***soie* ~le** Naturseide *f*; echte Seide; ***vin* ~** naturreiner Wein; Naturwein *m* **2** (*inné*) *dons, penchants* natürlich; angeboren **3** *personne, geste, style* natürlich; ungekünstelt; ungezwungen; *personne a* unverbildet; ***rester* ~** natürlich bleiben **4** (*normal*) natürlich; selbstverständlich; normal; ***c'est tout* ~!** das ist doch selbstverständlich!; ***il est tout* ~ *que …*** (*+subj*) es ist ganz natürlich, selbstverständlich, normal, dass …; ***trouver tout* ~ *que …*** (*+subj*) es ganz natürlich *etc* finden, dass … **5** *enfant* unehelich; außerehelich; *litt* natürlich **6** MUS ***note* ~le** Note *f* ohne ein Vorzeichen; ***son* ~** nicht erhöhter oder erniedrigter Ton; *d'un instrument à vent* Naturton *m* **II** *m* **1** (*caractère de qn*) Naturell *n*; Wesen *n*; Wesensart *f*; Veranlagung *f*; ***être d'un* ~ *aimable*** ein liebenswürdiges Naturell, Wesen haben; ***être d'un* ~ *bavard*** schwatzhaft veranlagt sein; von Natur (aus) schwatzhaft sein; ***être d'un* ~ *sensible*** e-e empfindsame Natur sein; sensibel sein; *prov* ***chassez le* ~, *il revient au galop*** niemand kann aus s-r Haut (heraus); die Katze lässt das Mausen nicht (*prov*) **2** (*simplicité*) *de qn, d'un geste, du style* Natürlichkeit *f*; Ungezwungenheit *f*; *d'une personne a* natürliches, ungekünsteltes, ungezwungenes Wesen **3** *loc/adv* ***au* ~** *conserves* ohne besondere Zutaten; (*en réalité*) in natura; in Wirklichkeit; ***il est mieux en photo qu'au* ~** auf dem Foto sieht er besser aus als in Wirklichkeit

naturellement [natyʀɛlmɑ̃] *adv* **1** (*évidemment*) natürlich; selbstverständlich; ***il ne l'a* ~ *pas prévenu*** er hat ihn natürlich nicht benachrichtigt; ***je n'ai rien dit,* ~** ich habe selbstverständlich, natürlich nichts gesagt **2** (*de nature*) von Natur; ***être* ~ *gai*** von Natur (aus) fröhlich sein **3** (*normalement*) auf natürliche Weise, Art; natürlicherweise **4** (*avec naturel*) natürlich; ungekünstelt

naturisme [natyʀism] *m* **1** (*nudisme*) Freikörperkultur *f* (*abr* FKK); Naturismus *m* **2** MÉD Naturheilkunde *f*, -heilverfahren *n* **naturiste** **I** *adj* der Freikörperkultur; naturistisch **II** *m,f* Anhänger(in) *m(f)* der Freikörperkultur; Naturist(in) *m(f)*; → *a* ***nudiste***

naufrage [nofʀaʒ] *m* **1** Schiffbruch *m*; Untergang *m*; ***faire* ~** *bateau* untergehen; *personne* e-e Schiffskatastrophe (mit)erleben; ***être sauvé d'un* ~** bei e-m Schiffbruch gerettet werden **2** *fig* Scheitern *n*; Zunichtewerden *n*

naufragé [nofʀaʒe] **I** *adj* schiffbrüchig **II** *subst* **~(e)** *m(f)* Schiffbrüchige(r) *f(m)*

nauséabond [nozeabõ] *adj odeur* widerlich; ekelhaft; ek(e)lig; ekelerregend

nausée [noze] *f* **1** (*envie de vomir*) Übelkeit *f*; Brechreiz *m*; ***avoir des* ~s, *la* ~** Übelkeit empfin-

N

den; Brechreiz haben; würgen; ***cette odeur me donne la ~*** von diesem Geruch wird mir schlecht **2** *fig* Ekel *m*; Abscheu *m*; ***donner la ~*** Abscheu, Ekel einflößen; ***c'est à donner la ~*** das ist widerlich, ekelhaft

nauséeux [nozeø] *adj* ⟨**-euse**⟩ Übelkeit, Brechreiz hervorrufend

nautile [notil] *m* ZO Nautilus *m*

nautique [notik] *adj* **1** MAR nautisch; ***carte f ~*** Seekarte *f* **2** SPORTS ***joutes f/pl ~s*** Fischerstechen *n*; ***ski m ~*** Wasserski *n*; ***sports m/pl ~s*** Wassersport(arten) *m(f/pl)* (*ohne Schwimmen*)

nautisme [notism] *m* Wassersport *m* (*ohne Schwimmen*)

naval [naval] *adj* ⟨**-als**⟩ **1** TECH Schiff(s)…; ***chantier ~*** (Schiffs)Werft *f*; ***constructions ~es*** Schiffbau *m* **2** MAR MIL Marine…; See…; ***combat ~*** Seegefecht *n*; ***École ~e*** *ou subst* ***Navale*** *f* Marineakademie *f*; ***forces ~es*** Seestreitkräfte *f/pl*

navarin [navarɛ̃] *m* CUIS Lammragout *n* mit Rüben, Karotten und Zwiebeln

Navarre [navaʀ] ***la ~*** Navarra *n*

navet [navɛ] *m* **1** BOT, CUIS Weiße Rübe; Teltower Rübchen *n*; → *a* ***sang*** **2** F *péj* (*mauvais film etc*) F Schmarren *m*; Krampf *m*; Quatsch *m*

navette [navɛt] *f* **1** *d'un métier à tisser* Web(er)-schiffchen *n*; *d'une machine à coudre* Schiffchen *n* **2** *fig* **a)** *service* Pendelverkehr *m*; **b)** *bus* Pendelbus *m*; *train* Pendelzug *m*; ***faire la ~*** *personne*, *véhicule* pendeln, *dossiers etc* dauernd hin und her gehen (***entre … et …*** zwischen [+*dat*] und …); *personne* ***prendre la ~*** mit dem Bus, Zug *etc* fahren, der im Pendelverkehr eingesetzt ist **3** ***~ spatiale*** Raumfähre *f*, -transporter *m*

navigabilité [navigabilite] *f* **1** *d'un cours d'eau* Schiffbarkeit *f* **2** *d'un navire* Seetüchtigkeit *f*; *d'un avion* Flugfähigkeit *f*; ***certificat m de ~*** Fahrterlaubnisschein *m* (*für Frachtschiffe*); Sicherheitszeugnis *n* (*für Fahrgastschiffe*)

navigable [navigabl] *adj cours d'eau* schiffbar

navigant [navigɑ̃] *adj* ***le personnel ~*** MAR das zur See fahrende Personal; AVIAT das fliegende Personal, Flugpersonal

navigateur [navigatœʀ] *m* **1** AVIAT, MAR Navigator *m*; Orter *m* **2** *st/s* Seefahrer *m*; *adjt* ***un peuple ~*** ein seefahrendes Volk **3** INFORM ***~ (Web)*** (Web)-Browser [-brauzər] *m*

navigation [navigasjõ] *f* **1** MAR Schifffahrt *f*; ***~ côtière, fluviale*** Küsten-, Flussschifffahrt *f*; ***~ marchande*** Handelsschifffahrt *f*; ***~ au long cours*** große Fahrt **2** AVIAT ***~ aérienne*** Luftfahrt *f*; → *a 3*; ***~ spatiale*** Raumfahrt *f* **3** (*détermination de la route*) Navigation *f*; ***~ aérienne*** Flugnavigation *f*

naviguer [navige] *v/i* **1** *bateau* fahren; *marin* zur See fahren; *voilier* segeln; *passager* (mit dem Schiff) fahren; *bateau* ***en état de ~*** seetüchtig; ***ce navire a beaucoup navigué*** dieses Schiff hat viele Fahrten gemacht, hinter sich (*dat*) **2** AVIAT, MAR (*diriger la marche*) navigieren; *par ext* ***le pilote navigue à 5000 m d'altitude*** der Pilot fliegt in 5000 m Höhe **3** F *fig personne* viel auf Reisen sein; F ein Reiseonkel, e-e Reisetante sein

navire [naviʀ] *m* (großes See)Schiff; ***~ de commerce, de guerre*** Handels-, Kriegsschiff *n*; ***~ de pêche*** Fischereifahrzeug *n*

navire-citerne [naviʀsitɛʀn] *m* ⟨*pl* **navires-citernes**⟩ Tankschiff *n* **navire-école** *m* ⟨*pl* **navires-écoles**⟩ Schulschiff *n* **navire-usine** *m* ⟨*pl* **navires-usines**⟩ Fabrikschiff *n*

navrant [navʀɑ̃] *adj* betrüblich; (sehr) bedauerlich; schmerzlich

navrer [navʀe] *v/t* **1** *st/s* ***~ qn*** j-n tief betrüben, sehr schmerzlich berühren; *adjt*: ***il avait l'air navré*** er sah sehr betrübt, traurig aus; ***je suis navré d'apprendre que son père est mort*** die Nachricht vom Tode s-s Vaters hat mich sehr betrübt **2** *sens affaibli* ***je suis navré, mais*** *cela nous est impossible* es tut mir sehr leid *ou* ich bedauere, aber …

nazaréen [nazaʀeɛ̃] *adj* ⟨**~ne**⟩ nazarenisch

Nazareth [nazaʀɛt] Nazareth *n*

naze [naz] → ***nase***

nazi [nazi] *péj* **I** *adj* Nazi…; nazistisch **II** *subst* **~(e)** *m(f)* Nazi *m* (*a d'une femme*)

nazisme [nazism] *m péj* Nazismus *m*

N. B. *abr* (*nota bene*) Anm. (Anmerkung); NB (notabene)

N.-D. *abr* (*Notre-Dame*) Unsere Liebe Frau

N.D.L.R. *abr* (*note de la rédaction*) Anm. d. Red. (Anmerkung der Redaktion)

ne [n(ə)] *adv* ⟨*vor Vokal u stummem h* **n'**⟩ **1** ***~ … pas*** nicht; ***~ … pas de*** (+*subst*) kein(e); ***~ … pas du tout*** überhaupt nicht; ***~ … guère*** kaum; ***~ … jamais*** nie (-mals); ***~ … personne*** niemand(en) (*acc*); ***personne, nul ~ …*** niemand (*nom*); ***~ … plus*** nicht mehr; ***~ … plus de*** (+*subst*) kein(e) … mehr; ***~ … que*** nur; *temporel* erst; ***~ … pas que*** nicht nur; ***~ … plus que*** nur noch; ***~ … rien*** nichts; ***~ … plus rien*** nichts mehr; → *a* ***pas***[2] **2** *sans „pas" dans un style plus élégant*: ***je ~ cesse (pas) de vous le répéter*** ich wiederhole es Ihnen immer wieder; ***je n'ose (pas) accepter votre offre*** ich wage nicht, Ihr Angebot anzunehmen; ***il ~ peut (pas) vous aider*** er kann Ihnen nicht helfen; ***je ~ sais (pas) ce qu'il veut*** ich weiß nicht, was er will; ***si je ~ me trompe (pas)*** wenn ich mich nicht irre; wenn mich nicht alles täuscht; ***ce n'est pas que je n'en aie (pas) eu envie*** nicht, dass ich keine Lust dazu gehabt hätte; *st/s* ***que ~ ferais-je (pas) pour vous aider!*** was täte ich nicht (alles), um Ihnen zu helfen!; ***il y a longtemps que je ~ vous ai (pas) vu*** es ist lange her, dass ich Sie gesehen habe **3** *employé seul*: *st/s* ***je n'ai cure de ses plaintes*** ich kümmere mich nicht um s-e Klagen; ***(il) n'empêche que*** *vous auriez pu m'avertir* das hindert nicht, dass …; trotzdem …; *st/s* ***il n'est pas de jour qu'il ~ se plaigne*** es vergeht kein Tag, ohne dass er sich beklagt **4** *explétif* (*emploi facultatif*): *non traduit*; ***je crains qu'il ~ lui soit arrivé un malheur*** ich fürchte, dass ihm ein Unglück zugestoßen ist; ***je ~ nie pas que je ~ me sois trompé*** ich leugne nicht, dass ich mich getäuscht habe; ***il est plus riche qu'on ~ pense*** er ist reicher, als man denkt; *loc/conj*: ***avant que … ~*** (+*subj*) ehe; bevor; ***sans que … ~*** (+*subj*) ohne dass

né [ne] *p/p* → ***naître*** *et adj* **1** geboren; ***madame X ~e Y*** Frau X geborene Y **2** *litt* ***une âme bien ~e*** e-e edle Seele **3** ***un orateur-~*** *etc* ein geborener Redner *etc*

Néandert(h)alien [neɑ̃dɛʀtaljɛ̃] *m* Neandertaler *m*

néanmoins [neɑ̃mwɛ̃] *adv* dennoch; und doch; trotzdem; gleichwohl; nichtsdestoweniger

néant [neɑ̃] *m* **1** ***le ~*** das Nichts (*a* PHILOS); *espoirs*, *projets* ***réduire à ~*** zunichtemachen 2 (*importance nulle*) Nichtigkeit *f*; ***le sentiment de son ~*** das Gefühl der eigenen Nichtigkeit 3 ADM (*rien à signaler*) entfällt; ***signes particuliers: ~*** besondere Kennzeichen: keine

nébuleuse [nebyløz] *f* ASTR Nebel *m*

nébuleux [nebylø] *adj* ⟨**-euse**⟩ 1 *ciel* bewölkt; *air* neb(e)lig 2 *fig explication etc* unklar; verschwommen; diffus; vage; nebulos *ou* nebulös; *idée a* nebelhaft; undeutlich

nébulisation [nebylizasjõ] *f* Zerstäubung *f* **nébuliseur** *m* TECH Zerstäuber *m*

nébulosité [nebylozite] *f* 1 MÉTÉO Bewölkung *f* 2 *fig d'une théorie etc* mangelnde Klarheit; Verschwommenheit *f*

nécessaire [nesesɛʀ] I *adj* 1 (*indispensable*) nötig; notwendig; erforderlich; MATH ***condition ~ et suffisante*** notwendige und hinreichende Bedingung; ***mal*** *m* **~** notwendiges Übel; ***il a les qualités ~s pour cet emploi*** er bringt die für diese Stelle erforderlichen Eigenschaften mit; ***être ~ à qn, qc*** für j-n, etw nötig, notwendig sein; ***il est ~ de*** (*+inf*) *ou* ***que …*** (*+subj*) es ist nötig, notwendig zu (*+inf*) *ou* dass …; man muss (*+inf*); ***il n'est pas ~ de*** (*+inf*) *a* man braucht nicht zu (*+inf*); *personne* ***se rendre, se sentir ~*** sich unentbehrlich machen, vorkommen 2 (*inéluctable*) *conséquence, résultat* notwendig; zwangsläufig; unvermeidlich; unausbleiblich II *m* 1 ***le ~*** das Nötige, Notwendige; ***faire le ~*** das Nötige, Notwendige, Erforderliche tun, veranlassen 2 (*trousse*) Necessaire *n*; ***~ à ongles*** Nagelnecessaire *n*; ***~ de couture*** Nähnecessaire *n*, -etui *n*; ***~ de toilette, de voyage*** Reisenecessaire *n*

nécessairement [nesesɛʀmɑ̃] *adv* notwendigerweise; notgedrungen; zwangsläufig; *il refusera -* ***pas ~!*** nicht unbedingt!

N

nécessité [nesesite] *f* 1 Notwendigkeit *f*; *loc/adj* ***de première ~*** *dépenses etc* unumgänglich notwendig; unbedingt *ou* dringend erforderlich; *objets a* unentbehrlich; lebensnotwendig; *loc/adv*: ***par ~*** notgedrungen; ***sans ~*** ohne Not; unnötig(erweise); ***être, se trouver, se voir dans la ~ de faire qc*** genötigt, gezwungen sein, sich genötigt, gezwungen sehen, etw zu tun; *prov* ***~ fait loi*** Not kennt kein Gebot (*prov*) 2 ***~s*** *pl* Erfordernisse *n/pl*; Anforderungen *f/pl*

nécessiter [nesesite] *v/t* erfordern; erforderlich, notwendig machen; *st/s* erheischen

nécessiteux [nesesitø] I *adj* ⟨**-euse**⟩ Not leidend; bedürftig; mittellos; unbemittelt II *subst* ***~, nécessiteuse*** *m,f* Notleidende(r) *f(m)*; Bedürftige(r) *f(m)*

nec plus ultra [nɛkplysyltʀa] *m* ⟨*inv*⟩ Nonplusultra *n* (***de luxe*** an Luxus)

nécrologie [nekʀɔlɔʒi] *f* 1 (*notice biographique*) Nachruf *m*; Nekrolog *m* 2 *dans un journal* Todesanzeigen *f/pl*

nécrologique [nekʀɔlɔʒik] *adj* ***notice*** *f* **~** kurzer Nachruf; ***rubrique*** *f* **~** (Rubrik *f* der) Todesanzeigen *f/pl*

nécromancie [nekʀɔmɑ̃si] *f* Toten-, Geisterbeschwörung *f*; *sc* Nekromantie *f*

nécrophage [nekʀɔfaʒ] *adj* ZO aasfressend

nécropole [nekʀɔpɔl] *f* 1 ANTIQUITÉ Totenstadt *f*; Nekropole *ou* Nekropolis *f* 2 *litt* (*vaste cimetière*) Gräberstadt *f*

nécrose [nekʀoz] *f* MÉD Nekrose *f*; Gewebstod *m*

nécrosé [nekʀoze] *adj* MÉD nekrotisch

nécroser [nekʀoze] MÉD I *v/t* die Nekrose hervorrufen an (*+dat*); nekrotisieren II *v/pr tissu* ***se ~*** absterben

nectar [nɛktaʀ] *m* 1 BOT Nektar *m* 2 MYTH Nektar *m*; Göttertrank *m* (*a fig*)

nectarine [nɛktaʀin] *f* Nektarine *f*

néerlandais [neɛʀlɑ̃dɛ] I *adj* niederländisch II *subst* 1 ***Néerlandais(e)*** *m(f)* Niederländer(in) *m(f)* 2 LING ***le ~*** das Niederländische; Niederländisch *n*

nef [nɛf] *f* 1 ARCH (Kirchen)Schiff *n*; ***~ centrale, principale*** Mittel-, Hauptschiff *n* 2 *poét* (Segel-)Schiff *n*

néfaste [nefast] *adj* verhängnisvoll; unheilvoll; unselig; Unglücks…; ***année*** *f*, ***jour*** *m* **~** Unglücksjahr *n*, -tag *m*

Néfertiti [nefɛʀtiti] *f* HIST Nofretete *f*

nèfle [nɛfl] *f* 1 BOT Mispel *f* (*Frucht*) 2 F *fig* ***des ~s!*** F (ja) Pustekuchen!

néflier [neflije] *m* BOT Mispel *f* (*Baum*)

négateur [negatœʀ] *litt adj* ⟨**-trice**⟩ verneinend

négatif [negatif] I *adj* ⟨**-ive**⟩ 1 *critique, attitude,* MÉD, ÉLECT, MATH negativ; ÉLECT ***charge négative*** negative Ladung; MATH ***nombre ~*** negative Zahl; ÉLECT ***pôle ~*** Minuspol *m*; ***se montrer ~*** sich negativ verhalten; e-e negative Haltung einnehmen 2 *signe de tête, réponse* verneinend; *réponse a* abschlägig; negativ; GR verneinend; Verneinungs…; ***adverbe ~*** Adverb *n* der Verneinung; ***particule négative, préfixe ~*** Verneinungspartikel *f*, -präfix *n*; ***phrase négative*** verneinter, verneinender Satz II *subst* 1 *m* PHOT Negativ *n* 2 *loc/adv* ***dans la négative*** im Falle e-s abschlägigen Bescheides, e-r abschlägigen Antwort, e-r Absage, e-r Ablehnung

négation [negasjõ] *f* 1 *attitude, action* Verneinung *f*; Negierung *f*; Negation *f* 2 GR **a)** Verneinung *f*; Negation *f*; **b)** *mot(s)* Verneinungswort *n*; Negation *f*

négativement [negativmɑ̃] *adv* ***répondre ~*** verneinen; mit Nein antworten; e-e abschlägige Antwort, e-n abschlägigen Bescheid geben

négligé [negliʒe] I *adj* 1 *tenue* nachlässig; salopp; unordentlich; *intérieur* ungepflegt; verwahrlost; *personne* ungepflegt; nachlässig, salopp, unordentlich gekleidet; F schlampig; ***barbe ~e*** ungepflegter Bart; ***travail ~*** F schlud(e)rige, schlampige Arbeit 2 *personne par ses amis etc* vernachlässigt II *m* 1 *tenue* nachlässige, saloppe Kleidung 2 (*déshabillé*) Negligee *n*

négligeable [negliʒabl] *adj* unerheblich; unwesentlich; unbedeutend; belanglos; geringfügig; ***qui n'est pas ~*** nicht unerheblich, unwesentlich, unbedeutend; ***quantité*** *f* **~** Quantité négligeable *f* (*a fig de qn*); *loc/adj et loc/adv* ***en quantité ~*** in geringfügiger, unerheblicher, unbedeutender, unwesentlicher Menge

négligemment [negliʒamɑ̃] *adv* → ***négligent***; *foulard* ***~ noué autour du cou*** lässig, leger um den Hals geschlungen

négligence [negliʒɑ̃s] *f* 1 (*manque de soin*) Nachlässigkeit *f*; Fahrlässigkeit *f* (*a* JUR); mangelnde Sorgfalt; F Schlamperei *f*; (*manque de précautions*)

Unachtsamkeit *f*; Achtlosigkeit *f*; ~ ***professionnelle*** Nachlässigkeit *etc* im Beruf, bei der Arbeit **2** (*faute*) Flüchtigkeit(sfehler) *f(m)*; Ungenauigkeit *f*; ~***s de style*** Stilunebenheiten *f/pl*

négligent [negliʒɑ̃] **I** *adj* **1** *personne* nachlässig; fahrlässig; unachtsam; achtlos; F schlampig **2** *geste* lässig; leger [-ˈʒɛːr] **II** *subst* ~***(e)*** *m(f)* nachlässiger, unachtsamer Mensch

négliger [negliʒe] ⟨**-geons**⟩ **I** *v/t* **1** vernachlässigen; ~ ***ses amis, sa santé, son travail*** seine Freunde, seine Gesundheit, seine Arbeit vernachlässigen **2** *occasion* versäumen; ungenutzt lassen; *avis, conseil* nicht beachten; außer Acht, unbeachtet lassen; in den Wind schlagen; ***ce n'est pas à*** ~ das darf man nicht außer Acht lassen; ~ ***de faire qc*** versäumen, es unterlassen, etw zu tun **II** *v/pr* ***se*** ~ sich vernachlässigen

négoce [negɔs] *m autrefois* Handel *m*

négociable [negɔsjabl] *adj* COMM *titre* begebbar; übertragbar; ~ ***en Bourse*** börsengängig, -fähig

négociant [negɔsjɑ̃] *m* (Groß)Händler *m*; ~ ***en vins*** Wein(groß)händler *m*

négociateur [negɔsjatœʀ] *m*, **négociatrice** *f* Unterhändler(in) *m(f)*

négociation [negɔsjasjõ] *f* **1** Verhandlung *f*; POL *a* Unterhandlung *f*; ~***s salariales*** Lohnverhandlungen *f/pl*; ~***s de paix*** Friedensverhandlungen *f/pl*; ***engager, entamer des*** ~***s*** Verhandlungen aufnehmen; in Verhandlungen eintreten; ***être en*** ~ in Verhandlung stehen (***avec qn*** mit j-m) **2** COMM *d'un titre* Begebung *f*; Übertragung *f*; Weitergabe *f*; Negoziation *f*

négocier [negɔsje] **I** *v/t* **1** *accord* aushandeln; ~ ***un traité*** *a* über den Abschluss e-s Vertrages verhandeln **2** COMM *titre* begeben; übertragen; weitergeben **3** AUTO ~ ***un virage*** e-e Kurve nehmen; in die Kurve gehen **II** *v/i* verhandeln, POL *a* unterhandeln (***avec qn*** mit j-m) **III** *v/pr traité* ***se*** ~ ausgehandelt werden

nègre [nɛgʀ] *m*, **négresse** [negʀɛs] *f* **1** *péj* (*Noir*) Neger(in) *m(f)* **2** HIST (*esclave noir*) Negersklave, -sklavin *m,f*; *fig* ***travailler comme un nègre*** wie ein Pferd arbeiten **3** ***petit nègre*** primitives Französisch; Kauderwelsch *n*; ***parler petit nègre*** kauderwelschen; radebrechen **4** *adjt* ***tête de nègre*** ⟨*inv*⟩ dunkel-, schokoladenbraun **5** *m fig* Ghostwriter [-raɪ-] *m* **6** *adjt* ***nègre*** ⟨*m u f*⟩ Neger…; ***art*** *m*, ***masque*** *m*, ***musique*** *f* ***nègre*** Negerkunst *f*, -maske *f*, -musik *f*

négrier [negʀije] *m* **1** *bâtiment, vaisseau* Sklavenschiff *n* **2** HIST Sklavenhändler *m* **3** *péj d'un employeur* Ausbeuter *m*

négrillon [negʀijõ] *m*, **négrillonne** *f péj* (kleines) Negerkind

négritude [negʀityd] *f* Negritude *f*; Rückbesinnung *f* der Afrikaner auf ihre eigene Kultur

négro [negʀo] *m péj* Nigger *m*

négroïde [negʀɔid] *adj* negroid

negro-spiritual [negʀospiʀitɥol] *m* ⟨*pl* **negro-spirituals**⟩ (Negro)Spiritual [(ˈniːgroː)ˈspɪrɪtjuəl] *n ou m*

Néguev [negɛv] GÉOGR ***le*** ~ der Negeb *ou* Negev

Nehru [neʀu] *m* POL Nehru *m*

neige [nɛʒ] *f* **1** Schnee *m*; ~ ***artificielle*** künstlicher Schnee; ~***s éternelles*** ewiger Schnee; ~ ***fondue*** Schneeregen *m*; ***classe*** *f* ***de*** ~ Skilager *n*; ***paysage*** *m* ***de*** ~ Schnee-, Winterlandschaft *f* (*a* PEINT); ***train*** *m* ***de*** ~ Wintersportzug *m*; ***village*** *m* ***sous la*** ~ verschneites Dorf; *loc/adj*: *fig cheveux, barbe* ***de*** ~ schnee-, schlohweiß; ***sans*** ~ schneefrei; ***couvert de*** ~ verschneit; schneebedeckt; ***blanc comme*** ~ weiß wie Schnee; schneeweiß; *par ext* CUIS ***battre des blancs*** (***d'œuf***) ***en*** ~ Eiweiß zu Schnee schlagen; *personne, véhicule* ***être bloqué par la*** ~ eingeschneit sein; *espoir* ***fondre comme*** ~ ***au soleil*** dahinschwinden wie Schnee an der Sonne **2** *arg* (*cocaïne*) *arg* Koks *m*; Schnee *m*

neiger [neʒe] *v/imp* ⟨**-geait**⟩ ***il neige*** es schneit

neigeux [nɛʒø] *adj* ⟨**-euse**⟩ *cime* schneebedeckt; verschneit; Schnee…; *temps* zu Schneefällen neigend

Neisse de Lusace [nɛsdəlyzas] GÉOGR ***la*** ~ die (Görlitzer *ou* Lausitzer) Neiße

nem [nɛm] *m* CUIS (kleine) Frühlingsrolle

néné [nene] *m* F (*sein*) P Titte *f*

nénette [nenɛt] *f* F **1** *loc* ***ne pas se casser la*** ~ sich (*dat*) nicht den Kopf zerbrechen; *par ext* F sich (*dat*) kein Bein ausreißen **2** → ***nana***

nenni [nɛ(n)ni] *litt adv* nein

nénuphar [nenyfaʀ] *m* BOT Seerose *f*

néo-… [neo] *préfixe* neo…; Neo…; neu…; Neu…; → *les articles suivants*

néo-calédonien [neokaledɔnjɛ̃] **I** *adj* ⟨~**ne**⟩ neukaledonisch **II** *subst* ***Néo-Calédonien(ne)*** *m(f)* Neukaledonier(in) *m(f)*

néocapitalisme [neokapitalism] *m* ÉCON moderner Kapitalismus, verbunden mit Staatsinterventionismus **néocapitaliste** *adj* ÉCON des modernen Kapitalismus **néoclassicisme** *m* BEAUX-ARTS Neoklassizismus *m*; LITTÉRATURE Neuklassizismus *m*; Neuklassik *f* **néoclassique** *adj* neo-, neuklassizistisch **néocolonialisme** *m* Neokolonialismus *m* **néocolonialiste** *adj* neokolonialistisch **néogothique** ARCH **I** *adj* neugotisch **II** *m* Neugotik *f*

néolithique [neɔlitik] **I** *adj* jungsteinzeitlich; *sc* neolithisch **II** *m* Jungsteinzeit *f*; *sc* Neolithikum *n*

néologisme [neɔlɔʒism] *m* LING Neologismus *m*; (sprachliche) Neubildung; Neuwort *n*

néon [neõ] *m* CHIM Neon *n*; ***tube*** *m* ***au*** ~ Neonröhre *f*

néonatal [neonatal] *adj* ⟨**-als**⟩ Neugeborenen…; des *ou* der Neugeborenen

néonazi [neonazi] **I** *adj* neonazistisch **II** *m* Neonazi *m*

néonazisme [neonazism] *m* Neonazismus *m*

néophyte [neɔfit] *m,f d'une doctrine, d'un parti* neuer Anhänger, neue Anhängerin; Neuling *m*

néoprène® [neɔpʀɛn] *m* Neopren *n*

néoréalisme [neoʀealism] *m* Neorealismus *m*; CIN *a* Neoverismus *m* **néoréaliste** *adj* neorealistisch

néo-zélandais [neozelɑ̃dɛ] **I** *adj* neuseeländisch **II** *subst* ***Néo-Zélandais(e)*** *m(f)* Neuseeländer(in) *m(f)*

Népal [nepal] ***le*** ~ Nepal *n*

népalais [nepalɛ] **I** *adj* nepalesisch; nepalisch **II** *subst* ***Népalais(e)*** *m(f)* Nepalese, -lesin *m,f*; Nepaler(in) *m(f)*

népérien [nepeʀjɛ̃] *adj* MATH ***logarithme*** ~ natürlicher Logarithmus

néphélométrie [nefelɔmetʀi] *f* CHIM Nephelometrie *f*

N

néphrétique [nefʀetik] *adj* MÉD Nieren…; ***colique** f* **~** Nierenkolik *f*
néphrite [nefʀit] *f* MÉD Nierenentzündung *f*; *sc* Nephritis *f*
néphrologie [nefʀɔlɔʒi] *f* MÉD Nephrologie *f*
népotisme [nepɔtism] *m* HIST *et fig* Vetternwirtschaft *f*; Nepotismus *m*
Neptune [nɛptyn] **1** ASTR (der) Neptun **2** *m* MYTH Neptun *m*
néréide [neʀeid] *f* MYTH Nereide *f*; Meernymphe *f*
nerf [nɛʀ] *m* **1** ANAT Nerv *m* **2** PSYCH ***~s*** *pl* Nerven *m/pl*; ***avoir ses ~s*** gereizt, reizbar sein; ***avoir des ~s à toute épreuve*** starke, eiserne Nerven haben; F Nerven wie Drahtseile, Stricke haben; ***il avait les ~s tendus**, p/fort **à vif**,* F ***en boule, en pelote, à cran*** s-e Nerven waren zum Zerreißen gespannt; er war sehr nervös, erregt; ***être à bout de ~s*** mit den Nerven *ou* nervlich fertig, am Ende, F völlig runter sein; zerrüttete Nerven haben; ***être, vivre sur les ~s*** nervlich stark angespannt sein; übernervös, übererregt sein; ***passer ses ~s sur qn*** s-e Nervosität an j-m auslassen, abreagieren; F ***taper sur les ~s à qn*** j-m auf die Nerven gehen, fallen **3** (*vigueur*) Kraft *f*; Energie *f*; ***avoir du ~*** *personne* Kraft und Energie haben; Mark, F Mumm in den Knochen haben; *style* markant, kraftvoll sein; *personne* ***manquer de ~*** kraftlos, schlaff sein; F ***allons, du ~!, un peu de ~!*** nun streng dich *ou* strengt euch ein bisschen an! **4** **~ *de bœuf*** Ochsenziemer *m*
Néron [neʀõ] *m* HIST Nero *m*
nerveux [nɛʀvø] **I** *adj* ⟨**-euse**⟩ **1** ANAT Nerven…; ***cellule nerveuse*** Nervenzelle *f*; ***centres ~*** Nervenzentren *n/pl*; ***tissu ~*** Nervengewebe *n* **2** *personne, rire, geste, tempérament* nervös; ***troubles ~*** nervöse Störungen *f/pl*; ***rendre ~*** nervös machen **3** MÉD ***grossesse nerveuse*** eingebildete Schwangerschaft **4** *mains* nervig; sehnig; ***viande nerveuse*** sehniges Fleisch **5** *style* kraftvoll; markant; markig; ausdrucksvoll **6** *cheval, voiture* schnell reagierend; *voiture a* spritzig; mit großem Anzugsvermögen; ***il n'est pas très ~ dans son travail*** er ist so lahm, langsam bei s-r Arbeit **II** *subst* **~, *nerveuse*** *m,f* nervöser Mensch
nervi [nɛʀvi] *m* (*homme de main*) Handlanger *m*; (*tueur*) (gedungener) Mörder
nervosité [nɛʀvozite] *f* Nervosität *f*; Gereiztheit *f*; Erregtheit *f*
nervure [nɛʀvyʀ] *f* **1** **a)** BOT Rippe *f*; Blattader *f*; ***~s*** *pl a* Blattaderung *f*; Nervatur *f*; **b)** *d'une aile d'insecte* Ader *f*; ***~s*** *pl a* Aderung *f*; Nervatur *f* **2** *d'une voûte*, TECH Rippe *f*
nervuré [nɛʀvyʀe] *adj feuille, aile d'insecte* geädert; *feuille*, TECH gerippt
Ness [nɛs] GÉOGR ***le loch*** [lɔk] **~** Loch Ness
n'est-ce pas [nɛspa] *adv* nicht wahr?; F nicht?; **~ *qu'elle est mignonne?*** ist sie nicht süß?
Net [nɛt] *m* INFORM Netz *n*; (***surfer***) ***sur le ~*** im Netz (surfen)
net [nɛt] **I** *adj* ⟨**nette** [nɛt]⟩ **1** (*propre*) sauber; rein(lich); ordentlich; ***vouloir en avoir le cœur ~*** Gewissheit haben wollen; ganz sicher sein wollen; ***avoir la conscience ~te*** ein reines Gewissen haben; ***faire place ~te*** (*faire de la place*) alles ausräumen, leer räumen, leer machen; *par ext* (*jeter*) alles raus-, wegwerfen, F -schmeißen; *subst* ***mettre au ~*** ins Reine schreiben **2** (*clair*) klar; (*distinct*) deutlich; *réponse, prise de position a* unzweideutig; eindeutig; unmissverständlich; ***cassure ~te*** glatter, sauberer Bruch; ***contours ~s*** scharfe Konturen *f/pl*; ***photo ~te*** scharfes Foto; ***j'aime les situations ~tes*** bei mir muss immer alles klar sein; ***garder des souvenirs très ~s de qc*** sich noch sehr deutlich an etw (*acc*) erinnern können; sehr deutliche Erinnerungen an etw (*acc*) haben, bewahren; ***il a été très ~*** er hat klar und deutlich, unmissverständlich s-e Meinung gesagt **3** COMM Netto…; Rein…; *loc/adj* **~ *de …*** frei von …; ***bénéfice ~*** Rein-, Nettogewinn *m*; ***poids ~*** Netto-, Eigengewicht *n*; *animaux de boucherie* Schlachtgewicht *n*; ***poids ~ à l'emballage*** Füllgewicht *n*; Einwaage *f*; ***prix ~*** Preis *m* einschließlich aller Steuern und Abgaben; Inklusivpreis *m*; **~ *d'impôt*** steuerfrei **II** *adv* ⟨*inv*⟩ **1** (*brusquement*) plötzlich; mit e-m Mal; ***la balle l'a tué ~*** die Kugel hat ihn auf der Stelle getötet **2** (*carrément*) (***tout***) **~** klar und deutlich; unmissverständlich; geradeheraus; unumwunden; ***refuser tout ~*** rundweg ablehnen **3** COMM netto
nettement [nɛtmɑ̃] *adv* **1** (*clairement*) *répondre etc* klar und deutlich; unzweideutig; eindeutig; unmissverständlich; **~ *mieux*** deutlich, eindeutig besser; ***l'emporter ~ sur un adversaire*** e-n klaren Sieg über den Gegner davontragen; dem Gegner ganz offenkundig überlegen sein **2** (*distinctement*) deutlich; scharf
netteté [nɛtte] *f* **1** (*propreté*) Sauberkeit *f*; Reinlichkeit *f* **2** (*clarté*) Klarheit *f*; Deutlichkeit *f*; ***avec ~*** klar und deutlich; unmissverständlich; ***manquer de ~*** unklar, undeutlich sein **3** PHOT, TV *de l'image* Schärfe *f*
nettoiement [nɛtwamɑ̃] *m* Reinigung *f*; Säuberung *f*; **~ *des rues*** Straßenreinigung *f*; ***service** m **de ~*** (***de la ville***) städtische Müllabfuhr und Straßenreinigung
nettoyage [nɛtwajaʒ] *m* **1** Reinigen *n*, -ung *f*; Säubern *n*, -ung *f*; Saubermachen *n*; *d'un logement a* Reinemachen *n*; Putzen *n*; **~ *à sec*** chemische Reinigung; Trockenreinigung *f*; ***entreprise** f **de ~*** (Gebäude)Reinigungsdienst *m*, -firma *f*; F *fig* ***faire le ~ par le vide*** alles wegwerfen, F -schmeißen; F ausmisten; F *fig* ***procéder à un ~ général*** F ein Großreinemachen veranstalten **2** MIL Säuberung *f* (vom Feind)
nettoyant [nɛtwajɑ̃] *m* Reinigungsmittel *n*
nettoyer [nɛtwaje] *v/t* ⟨**-oi-**⟩ **1** reinigen; säubern; sauber machen; **~ *son assiette*** mit Brot alle Essensreste vom Teller aufnehmen; **~ *une étable*** einen Stall ausmisten; **~ *une fenêtre, des verres*** ein Fenster, Gläser putzen; **~ *un logement, une pièce*** eine Wohnung, ein Zimmer putzen, sauber machen; **~ *une plaie*** eine Wunde reinigen, säubern; ***faire ~ les vêtements*** die Kleider reinigen lassen; ***se ~ les mains, la figure*** sich (*dat*) die Hände, das Gesicht reinigen, säubern, sauber machen; ***se ~ les oreilles*** sich (*dat*) die Ohren ausputzen **2** MIL vom Feind säubern; *police* e-e Säuberungsaktion durchführen (***un quartier*** in e-m Stadtviertel) **3** F *fig* (*vider*) *frigo, voleurs: maison* F ausräumen **4** F *fig au jeu etc* ***se faire ~*** F tüchtig gerupft werden
nettoyeur [nɛtwajœʀ] *m*, **nettoyeuse** *f* **1** *personne*

N

Reinigungskraft *f* 2 *m machine* Reinigungsmaschine *f*

Neuchâtel [nøʃatɛl] GÉOGR Neuenburg *n*

neuf[1] [nœf] I *num/c* neun; ***chapitre, page*** ~ Kapitel, Seite neun; ***Charles IX*** Karl IX. (der Neunte); ***le ~ juin*** der neunte *ou* am neunten Juni; ***à*** ~ zu neunt, neunen; ***une fille de ~ ans*** [nœvɑ̃] ein neunjähriges Mädchen; ein Mädchen von neun Jahren; ***il est ~ heures*** [nœvœʀ] es ist neun (Uhr) II *m* ⟨*inv*⟩ Neun *f*; *südd a* Neuner *m*; ***le ~ (du mois)*** der Neunte *ou* am Neunten (des Monats); → *a* ***deux*** *II*

neuf[2] [nœf] I *adj* ⟨**neuve** [nœv]⟩ 1 *maison, robe, voiture etc* neu; ***tout*** ~, F ***flambant*** ~ ganz neu; F (funkel)nagelneu; brandneu; ***être à l'état ~, comme*** ~ neuwertig, wie neu sein 2 (*plus récent*) neu; ***un pays*** ~ ein junges Land; ***la ville neuve*** die Neustadt 3 *idée, thème etc* neu(artig); noch nicht da gewesen; ***quoi de ~?*** was gibt's Neues?; ***rien de*** ~ nichts Neues; ***poser un regard ~ sur qc*** etw mit anderen Augen sehen II *m* ⟨*inv*⟩ 1 ***le*** ~ das Neue; ***du*** ~ (etwas) Neues; neue Sachen *f/pl*; ***ils n'ont que du*** ~ sie haben nur neue Sachen; ***c'est du*** ~ das ist etwas Neues; ***être habillé, vêtu de*** ~ neu eingekleidet sein; etwas Neues anhaben; ***vendre du ~ et de l'occasion*** neue und gebrauchte Gegenstände verkaufen 2 *loc/adv* ***à*** ~ neu; *pièce* ***refaire à*** ~ ganz neu, anders einrichten, gestalten; ***remettre à*** ~ wieder neu herrichten; *pièce, appartement a* renovieren; ***repeindre à*** ~ frisch (an)streichen

Neuf-Brisach [nøbʀizak] *m* GÉOGR Neubreisach *n*

Neufchâteau [nøʃato] *frz Ortsname*

Neuilly [nœji] *frz Ortsname*

neurasthénie [nøʀasteni] *f* Depressionen *f/pl*; MÉD Neurasthenie *f*

neurasthénique [nøʀastenik] I *adj* depressiv; MÉD neurasthenisch; ***troubles*** *m/pl* **~s** neurasthenische Beschwerden *f/pl* II *m,f* an Depressionen Leidende(r) *f(m)*; MÉD Neurastheniker(in) *m(f)*

neurobiologie [nøʀɔbjɔlɔʒi] *f* Neurobiologie *f* **neurobiologiste** *m,f* Neurobiologe, -biologin *m,f* **neurochirurgie** *f* Neurochirurgie *f* **neuroleptique** [-lɛptik] PHARM I *adj* nervenberuhigend II *m* Neuroleptikum *n* **neurologie** *f* MÉD Nervenheilkunde *f*; *sc* Neurologie *f* **neurologique** *adj* Nerven...; *sc* neurologisch **neurologiste** *m,f ou* **neurologue** *m,f* MÉD Nervenarzt, -ärztin *m,f*; *sc* Neurologe, -login *m,f*

neurone [nøʀɔn] *m* ANAT Neuron *n*

neuropathie [nøʀɔpati] *f* MÉD Nervenleiden *n*, -krankheit *f*; *sc* Neuropathie *f* **neurophysiologie** *f* MÉD Neurophysiologie *f*

neuroplégique [nøʀɔpleʒik] *adj* PHARM → ***neuroleptique***; ***remède*** *m* Neuroplegikum *n*

neuropsychiatrie [nøʀɔpsikjatʀi] *f* MÉD Neuropsychiatrie *f* **neuropsychologie** *f* MÉD Neuropsychologie *f*

neurovégétatif [nøʀoveʒetatif] *adj* ⟨**-ive**⟩ PHYSIOL vegetativ; ***système*** ~ vegetatives Nervensystem

neutralisation [nøtʀalizasjõ] *f* 1 CHIM, PHYS Neutralisation *f*; PHYS *de forces a* Aufhebung *f* 2 POL, MIL Neutralisierung *f* 3 *de l'adversaire* Ausschaltung *f*; Unschädlichmachung *f*

neutraliser [nøtʀalize] I *v/t* 1 CHIM, PHYS neutralisieren; PHYS *a* die Wirkung aufheben (+*gén*) 2 POL, MIL für neutral erklären; neutralisieren 3 *adversaire* (*a* MIL) ausschalten; neutralisieren; unschädlich machen; SPORTS *a* kaltstellen; nicht zum Zug kommen lassen; ~ ***un projet de loi*** einen Gesetz(es)entwurf vereiteln, verhindern, zu Fall bringen II *v/pr* ***se*** ~ *forces* sich (gegenseitig) aufheben

neutralisme [nøtʀalism] *m* POL Neutralismus *m*; Neutralitätspolitik *f* **neutraliste** I *adj* neutralistisch II *m* Neutralist *m*

neutralité [nøtʀalite] *f* 1 POL *d'un État* Neutralität *f* 2 *d'une personne, d'un rapport* Neutralität *f*; Unparteilichkeit *f*; unparteiische Haltung; ***rester dans la*** ~ neutral bleiben; sich neutral verhalten 3 CHIM, ÉLECT Neutralität *f*

neutre [nøtʀ] I *adj* 1 *État, pays* neutral 2 *personne* neutral; unparteiisch; ***rester*** ~ neutral bleiben; sich heraushalten; sich nicht einmischen 3 GR sächlich; ***genre*** *m* ~ sächliches Geschlecht; Neutrum *n* 4 CHIM, ÉLECT neutral; ***conducteur*** *m* ~ Nullleiter *m* 5 ZO geschlechtslos 6 *fig couleur* neutral; ***style*** *m* ~ trockener, farbloser Stil; ***ton*** *m* ~ leidenschaftsloser, unbeteiligter Ton II *m* 1 POL ***les ~s*** *pl* die Neutralen *m/pl*; die neutralen Staaten *m/pl* 2 GR Neutrum *n*; sächliches Geschlecht *ou* Substantiv; sächliche Form

neutron [nøtʀõ] *m* PHYS NUCL Neutron *n*

neuvaine [nøvɛn] *f* ÉGL CATH Novene *f*

neuvième [nœvjɛm] I *num/o* neunte(r, -s) II *subst* 1 ***le, la*** ~ der, die, das Neunte 2 *m* MATH Neuntel *n* 3 *m étage* neunter Stock; neunte Etage; ***habiter au*** ~ im neunten Stock wohnen 4 *f* ÉCOLE dritte Grundschulklasse

neuvièmement [nœvjɛmmɑ̃] *adv* neuntens

Neuville [nøvil] *frz Ortsname*

névé [neve] *m* Firn(schnee) *m*

Nevers [nəvɛʀ] *Stadt im Dep. Nièvre*

neveu [n(ə)vø] *m* ⟨*pl* **~x**⟩ Neffe *m*

névralgie [nevʀalʒi] *f* 1 MÉD Nervenschmerz *m*; Neuralgie *f* 2 *abus* (*mal de tête*) Kopfschmerzen *m/pl*

névralgique [nevʀalʒik] *adj* 1 MÉD neuralgisch 2 *fig* ***centre*** *m* ~ Nervenzentrum *n*; ***point*** *m* ~ neuralgischer, wunder Punkt

névrite [nevʀit] *f* MÉD Nervenentzündung *f*; *sc* Neuritis *f*

névropathe [nevʀɔpat] *m* MÉD Neuropath *m*

névrose [nevʀoz] *f* MÉD Neurose *f*

névrosé(e) [nevʀoze] *m(f)* MÉD Neurotiker(in) *m(f)*

névrotique [nevʀɔtik] *adj* MÉD neurotisch

New Delhi [njudeli] Neu-Delhi *n*

new-look [njuluk] *m mode des années 50* New Look *m* (*a fig*)

newton [njutɔn] *m* (*abr* **N**) PHYS Newton *n* (*abr* N)

New York [nujɔʀk] New York [nju: ˈjɔrk] *n*

new-yorkais [nujɔʀkɛ] I *adj* New Yorker II *subst* ***New-Yorkais(e)*** *m(f)* New Yorker(in) *m(f)*

Ney [nɛ] *frz Marschall*

nez [ne] *m* 1 Nase *f*; ♦ ***~ crochu, en bec d'aigle*** gebogene Nase; Haken-, Adlernase *f*; ***faux*** ~ Pappnase *f*; ***long*** ~ lange Nase; *fig* ***faire un long ~, un ~, un drôle de*** ~ ein langes Gesicht machen; ***~ en pied de marmite*** Sattel-, Kartoffelnase *f*; ***~ en trompette*** Stülp-, F Himmelfahrtsnase *f*; ***bout*** *m* ***du*** ~ → ***bout***[1] *1*; ♦ *loc/adv*: ***au ~ et à la barbe de qn*** vor j-s Augen (*dat*); ***le ~ au vent*** CH *chien* mit hoher Nase; *personne* ***marcher, se promener le ~ au vent*** unbeküm-

N

mert, vergnügt dahinschlendern; ***le ~ en l'air*** in die Luft guckend; ♦ *fig* ***avoir du ~, le ~ creux, fin*** e-e feine, gute, die richtige Nase, F den richtigen Riecher haben; F *fig* ***avoir qn dans le ~*** j-n nicht ausstehen, F riechen können; ***tu as le ~ dessus*** es liegt vor deiner Nase; du stößt gleich mit der Nase darauf; ***baisser le ~*** den Kopf, das Gesicht senken; ***se boucher le ~*** sich (*dat*) die Nase zuhalten; ***ton ~ bouge, remue*** ich sehe es dir an der Nase(nspitze) an, dass du lügst; ***se casser le ~*** sich (*dat*) das Nasenbein brechen; *fig* es nicht schaffen; *fig* ***se casser le ~*** (***à la porte de qn***) vor verschlossener Tür stehen; niemanden antreffen; ***mon ~ coule*** mir läuft die Nase; ***faire un pied de ~ à qn*** j-m e-e lange Nase machen; ***fermer***, F ***claquer la porte au ~ de qn*** j-m die Tür vor der Nase zumachen, zuschlagen; ***lever le ~*** den Kopf heben; aufblicken; ***il n'a pas levé le ~ de son bouquin*** er blickte nicht von s-m Buch auf; *fig* ***se manger***, F ***se bouffer le ~*** → ***bouffer***[2] *II*; ***mettre le ~ à la fenêtre*** den Kopf aus dem Fenster strecken; zum Fenster hinaussehen, F -gucken; ***ne pas mettre***, F ***fourrer le ~ dehors*** keinen Fuß vor die Tür setzen; *fig* ***mettre***, F ***fourrer son ~ dans les affaires d'autrui*** F s-e Nase in fremde Angelegenheiten stecken; ***mettre***, F ***fourrer son ~ partout*** F s-e Nase in alles (hinein)stecken; ***se mettre***, F ***se fourrer les doigts dans le ~*** (mit dem Finger) in der Nase bohren; F popeln; ***montrer son ~*** den Kopf zur Tür hereinstecken; ***parler du ~*** durch die Nase sprechen; ***passer sous le ~ de qn*** *occasion, poste* F j-m durch die Lappen gehen; *bus etc* j-m vor der Nase wegfahren; ***cela lui*** (***te, vous*** *etc*) ***pend au ~*** das kann nicht ausbleiben; das ist unausbleiblich; ***piquer du ~*** einnicken; F *fig* ***se piquer le ~*** F sich (*dat*) die Nase begießen; einen heben; F *fig* ***si on lui pressait le ~, il en sortirait du lait*** F er ist noch nicht trocken hinter den Ohren; ***regarder qn sous le ~*** j-m frech ins Gesicht sehen; ***respirer par le ~*** durch die Nase atmen; ***rire au ~ de qn*** j-m (frech) ins Gesicht lachen; ***saigner du ~*** aus der Nase bluten; Nasenbluten haben; ***ça sent le gaz à plein ~*** es riecht stark nach Gas; ***se trouver ~ à ~*** [neane] ***avec qn*** j-m unverhofft gegenüberstehen; ***cela se voit comme le ~ au milieu de la figure*** F das sieht selbst ein Blinder **2** *de navire* Bug *m*; *d'avion* Nase *f*; *avion* ***piquer du ~*** im Sturzflug niedergehen **3** TECH *de gouttière* Nase *f*

N.F. [ɛnɛf] *abr* (*norme française*) ***norme f ~*** französisches Normenwerk; französische Normblätter *n/pl*

Ngwane [ngwan] GÉOGR ***le ~*** Ngwane *n*

ni [ni] *conj* ⟨*in Verbindung mit e-m Verb immer mit* ***ne***⟩ und nicht; noch; ♦ ***~ ... ~ ...*** weder … noch …; ***~ aujourd'hui ~ demain*** weder heute noch morgen; ***ne dire ~ oui ~ non*** weder Ja noch Nein sagen; ***~ plus ~ moins*** (***que***) nicht mehr und nicht weniger (als); ***~ l'un ~ l'autre ne lui plaisent*** keines *ou* keiner von beiden gefällt ihm; ♦ ***je ne crois pas qu'il vienne, ~ même qu'il puisse venir*** ich glaube weder, dass er kommt, noch dass er kommen kann; ***il ne veut ~ ne peut refuser*** er will (nicht) und kann nicht ablehnen; er will nicht ablehnen und kann es auch nicht; ***sans ... ~ ...*** ohne … und ohne …; ***sans crainte ~ faiblesse*** ohne Furcht und ohne Schwäche; ***~ ... non plus*** und … auch nicht

niable [njabl] *adj* ***cela n'est pas ~*** das lässt sich nicht leugnen

Niagara [njagaʀa] ***les chutes*** *f/pl* ***du ~*** die Niagarafälle *m/pl*

niais [njɛ] **I** *adj* dumm; einfältig; kindisch; albern **II** *subst* ***~(e)*** *m(f)* Dummkopf *m*, F Einfaltspinsel *m* (*a d'une femme*)

niaiserie [njɛzʀi] *f* **1** *caractère* Dummheit *f*; Einfalt *f* **2** ***débiter des ~s*** dummes, albernes Zeug reden, F verzapfen

nib [nib] *adv arg* (*rien*) ***~ de ~*** überhaupt nichts; rein gar nichts

Nicaragua [nikaʀagwa] ***le ~*** Nicaragua *n*

nicaraguayen [nikaʀagwajɛ̃] **I** *adj* ⟨***~ne***⟩ nicaraguanisch **II** *subst* ***Nicaraguayen(ne)*** *m(f)* Nicaraguaner(in) *m(f)*

Nice [nis] Nizza *n*

niche[1] [niʃ] *f* **1** *dans un mur* (Wand-, Mauer)Nische *f* **2** *de chien* Hundehütte *f*; ***à la ~!*** geh in deine Hütte!

niche[2] [niʃ] *f* (*farce*) Streich *m*; Schabernack *m*; Possen *m*; ***faire des ~s à qn*** j-m lustige Streiche spielen; mit j-m s-n Schabernack treiben

nichée [niʃe] *f* **1** *d'oiseaux* Brut *f*; ***~ de chiens*** Wurf *m* junger Hunde **2** F *fig d'enfants* F Küken *n/pl*

nicher [niʃe] **I** *v/i* **1** *oiseaux* nisten **2** F *fig personne* wohnen; F hausen **II** *v/pr* **1** *oiseaux* ***se ~*** nisten; sein Nest bauen **2** *fig* ***qc est allé se ~ quelque part*** etw steckt irgendwo; ***la bille s'est nichée dans le trou*** *et on ne peut la sortir* die Kugel steckt im Loch …; *p/p* ***maison nichée dans la forêt*** im Wald verstecktes Haus; *par ext* ***où l'orgueil va-t-il se ~!*** solche Formen kann der Stolz annehmen!

nichon [niʃõ] *m* F (*sein*) P Titte *f*

nickel [nikɛl] *m* **1** *métal* Nickel *n* **2** *adjt* F ***c'est ~ chez eux*** bei ihnen ist alles blitzblank, blitzsauber, F wie geleckt

nickeler [nikle] *v/t* ⟨**-ll-**⟩ vernickeln

Nicodème [nikɔdɛm] *m* BIBL Nikodemus *m*

Nicolas [nikɔla] *m Vorname*

Nicole [nikɔl] *f Vorname*

Nicosie [nikozi, -kɔ-] GÉOGR Nikosia *ou* Nicosia *n*

nicotine [nikɔtin] *f* Nikotin *n*

nid [ni] *m* **1** *d'oiseau etc* Nest *n* (*a fig*); *fig d'une habitation* ***~ d'aigle*** Felsennest *n*; *fig* ***~ de brigands*** Räuberhöhle *f*; ***~ de guêpes*** Wespennest *n*; ***~ d'hirondelle*** Schwalbennest *n* (*a* CUIS); MIL ***~ de mitrailleuses*** Maschinengewehrnest *n*; ***~ d'oiseau*** Vogelnest *n*; MAR ***~ de pie*** Krähennest *n*; *fig sur les routes* ***~ de poule*** Schlagloch *n*; ***~ de souris*** Mäusenest *n* **2** *fig* (*foyer*) Nest *n*; ***un ~ douillet*** ein warmes, weiches Nest; ***~ d'amoureux*** Liebesnest *n*

nidation [nidasjõ] *f* BIOL Einnistung *f*; *sc* Nidation *f*

nid-d'abeilles [nidabɛj] *m* ⟨*pl* **nids-d'abeilles**⟩ **1** COUT ***nids-d'abeilles*** Smokarbeit *f*; ***serviette f en nid(s)-d'abeilles*** Handtuch *n* mit Waffelmuster **2** AUTO ***radiateur m à nid(s)-d'abeilles*** Wabenkühler *m*

nid-de-poule [nid(ə)pul] *m* ⟨*pl* **nids-de-poule**⟩ Schlagloch *n*

nidification [nidifikasjõ] *f* ZO Nestbau *m* **nidifier** *v/i* ZO sein Nest bauen

nièce [njɛs] *f* Nichte *f*

nielle[1] [njɛl] *f* AGR ***~ du blé*** Gicht *f* des Weizens

nielle[2] [njɛl] *m* ORFÈVRERIE Niello(arbeit) *n(f)*

nieller [njele] *v/t* TECH niellieren

nième [ɛnjɛm] *adj* 1 MATH n-te(r, -s); ***la ~ puissance*** die n-te Potenz 2 F x-te(r, -s); ***je vous le répète pour la ~ fois*** ich wiederhole es Ihnen zum x-ten Mal

Niémen [njemɛn] ***le ~*** *fleuve* die Memel

nier [nje] *v/t* leugnen (*a abs*); bestreiten; abstreiten; in Abrede stellen; ***persister à ~*** hartnäckig leugnen; ***~ avoir fait qc*** bestreiten, (es) abstreiten, etw getan zu haben; ***~ que …*** (+*ind ou subj*) leugnen, bestreiten, dass …

Nietzsche [nitʃ] *m* PHILOS Nietzsche *m*

nietzschéen [nitʃeɛ̃] *adj* ⟨**~ne**⟩ von Nietzsche; Nietzsches (*gén*)

Nièvre [njɛvʀ] ***la ~*** *Fluss u Departement in Frankreich*

nigaud [nigo] **I** *adj* dumm; einfältig; albern **II** *subst* **~(e)** *m(f)* Dummkopf *m*, F Dummerjan *m*, Schafskopf *m*, Einfaltspinsel *m*, Trottel *m*, *südd* Depp *m* (*tous a d'une femme*); *affectueusement* ***gros ~*** du Dummerchen; ***son gros ~ de frère*** sein Dummkopf *etc* von Bruder

Niger [niʒɛʀ] ***le ~*** 1 *fleuve* der Niger 2 *État* Niger *n*

Nigeria [niʒeʀja] ***le ou la ~*** Nigeria *n*

nigérian [niʒeʀjɑ̃] **I** *adj* nigerianisch **II** *subst* **Nigérian(e)** *m(f)* Nigerianer(in) *m(f)*

nigérien [niʒeʀjɛ̃] **I** *adj* ⟨**~ne**⟩ nigrisch **II** *subst* **Nigérien(ne)** *m(f)* Nigrer(in) *m(f)*

night-club [najtklœb] *m* ⟨*pl* **night-clubs**⟩ Nachtlokal *n*, -klub *m*

niguedouille [nigduj] F *adj et subst* → ***nigaud***

nihilisme [niilism] *m* Nihilismus *m* **nihiliste** **I** *adj* nihilistisch **II** *m,f* Nihilist(in) *m(f)*

Nil [nil] ***le ~*** der Nil

nimbe [nɛ̃b] *m* PEINT Heiligenschein *m*; Glorie(nschein) *f(m)*; Gloriole *f*; Nimbus *m*

nimber [nɛ̃be] *v/t* PEINT mit e-m Heiligenschein umgeben; *litt* ***nimbé de lumière*** lichtumflutet

nimbo-stratus [nɛ̃bostʀatys] *m* ⟨*inv*⟩ MÉTÉO Nimbostratus *m*; tief hängende Regenwolke

nimbus [nɛ̃bys] *m* MÉTÉO Regenwolke *f*; *sc* Nimbus *m*

Nimègue [nimɛg] GÉOGR Nimwegen *n*

n'importe … [nɛ̃pɔʀt] → ***importer²***

ninas [ninas] *m* Zigarillo *m ou n*

n-i-ni, c'est fini [ɛninisefini] *loc* F **a)** (*terminé*) das wäre geschafft; **b)** (*trop tard*) das ist (endgültig) vorbei; F der Zug ist abgefahren

niôle [njol] *f* → ***gnôle***

Niort [njɔʀ] *Stadt im Dep. Deux-Sèvres*

nipper [nipe] F **I** *v/t surtout adjt* ***être bien nippé*** F in Schale sein; ***être mal nippé*** F alte Klamotten anhaben **II** *v/pr* ***se ~*** F sich neu ausstaffieren

nippes [nip] *f/pl* F **(vieilles) ~** F (alte) Klamotten *f/pl*

nippon [nipõ] **I** *adj* ⟨**-on(n)e**⟩ japanisch **II** *m/pl* ***les Nippons*** die Söhne *m/pl* Nippons; die Japaner *m/pl*

nique [nik] *f* ***faire la ~ à qn*** F j-m eine (lange) Nase machen, drehen (*a. fig*); ätsch machen

niquedouille [nikduj] F *adj et subst* → ***nigaud***

niquer [nike] *v/t* P 1 P ficken 2 (*tromper*) P bescheißen; ***il s'est fait ~*** P er ist beschissen worden

nirvana [niʀvana] *m* 1 REL Nirwana *n* 2 F *fig* sieb(en)ter Himmel

nitouche [nituʃ] *f* F ***sainte ~*** Scheinheilige *f*; ***prendre des airs de sainte ~*** so tun, als ob man kein Wässerchen trüben könnte

nitrate [nitʀat] *m* CHIM Nitrat *n*; salpetersaures Salz; ***~ d'argent*** Silbernitrat *n*; MÉD ***bâton*** *m* ***de ~ d'argent*** Höllenstein *m*; ***~ de potassium*** Kaliumnitrat *n*; Kalisalpeter *m*

nitré [nitʀe] *adj* CHIM ***dérivés ~s*** Nitroverbindungen *f/pl*

nitreux [nitʀø] *adj* ⟨**-euse**⟩ CHIM ***acide ~*** salpetrige Säure

nitrique [nitʀik] *adj* CHIM ***acide*** *m* ***~*** Salpetersäure *f*

nitrite [nitʀit] *m* CHIM Nitrit *n*

nitrocellulose [nitʀoselyloz] *f* CHIM Nitrozellulose *f*

nitroglycérine *f* CHIM Nitroglyzerin *n*

nival [nival] *adj* ⟨**-aux**⟩ ***régime ~*** durch Schmelzwasser bedingte Wasserführung

niveau [nivo] *m* ⟨*pl* **~x**⟩ 1 *instrument* ***~ (à bulle)*** Wasser-, Richt-, Setzwaage *f* 2 (*hauteur*) Niveau *n*; Höhe *f*; *d'un liquide* Stand *m*; ***~ sonore*** Geräusch-, Lärmpegel *m*; *d'un cours d'eau* ***~ des eaux*** Wasserstand *m*; Pegel(stand *m*, -höhe *f*) *m*; AUTO ***~ d'essence, d'huile*** Benzin-, Ölstand *m*; ***~ de la mer*** Meeresspiegel *m*, -höhe *f*; ***à 200 m au-dessus du ~ de la mer*** 200 m über dem Meeresspiegel (*abr* ü. d. M.); in 200 m Meeres-, Seehöhe; ***différence*** *f* ***de ~*** Höhenunterschied *m*; *loc/prép* ***au ~ de*** in Höhe (+*gén*); auf gleicher Höhe mit; → *a 3*; ***l'eau lui arrive au ~ des genoux*** das Wasser reicht, geht ihm bis zu den Knien; ***mettre de ~*** → ***niveler*** *1* 3 *fig de connaissances, d'évolution etc* Niveau *n*; Stand *m*; Höhe *f*; Stufe *f*; *dans une hiérarchie* Ebene *f*; ***~ culturel*** Kulturstufe *f*; ***~ intellectuel*** geistiges Niveau; Bildungsstand *m*, -niveau *n*; PSYCH ***~ mental*** geistiger Entwicklungsstand; geistige Entwicklungsstufe; ***~ social*** soziale, gesellschaftliche Stellung; soziale Stufe; ***~ des études*** Ausbildungsniveau *n*, -stand *m*; LING ***~ de langue*** Sprachebene *f*; ***~ des prix*** Preisniveau *n*; ***~ de la production*** Produktionsstand *m*, -höhe *f*, -niveau *n*; ***~ des salaires*** Lohnniveau *n*, -höhe *f*; ***~ de vie*** Lebensstandard *m*; ♦ *loc/adj* ***de même ~*** ebenbürtig; gleichwertig; *loc/adv* ***à tous les ~x*** auf allen Ebenen; ohne Rücksicht auf den Rang; *loc/prép* ***au ~ de*** auf …ebene; *par ext* (*dans le domaine de*) im …bereich; im Bereich (+*gén*); (*en ce qui concerne*) in Bezug auf (+*acc*); hinsichtlich (+*gén*); …mäßig; ***au ~ le plus élevé*** auf höchster Ebene; ***au ~ du consommateur*** auf Verbraucherebene; ***au ~ de l'intelligence*** intelligenzmäßig; ***des problèmes au ~ de la production*** Probleme *n/pl* im Produktionsbereich; ***la qualité au ~ des couleurs*** die Qualität hinsichtlich der Farben; ♦ ***atteindre son ~ le plus bas, le plus 'haut*** s-n tiefsten Stand, Höchststand erreichen; ***être au ~ de qn*** *livre etc* j-s Niveau (*dat*) entsprechen, angemessen sein; *personne* j-m ebenbürtig sein; mit j-m auf gleicher Stufe stehen; ***mettre au même ~*** auf die gleiche Stufe stellen; ***se mettre au ~ de qn*** sich j-s (geistigem) Niveau, Fassungsvermögen anpassen 4 (*étage*) Etage *f*; Stockwerk *n*

nivelage [nivlaʒ] *m* → ***nivellement*** *1, 2*

niveler [nivle] *v/t* ⟨**-ll-**⟩ 1 *sol, terrain* einebnen; planieren; ebnen; abgleichen 2 ARPENTAGE nivellieren 3 *fig* (*égaliser*) (einander) angleichen; gleichmachen; die Unterschiede ausgleichen zwischen (+*dat*); nivellieren; egalisieren

N

niveleur [nivlœʀ] *m* AGR Ackerschleife *f*, -schleppe *f*
niveleuse *f* TECH Planiermaschine *f*
nivelle [nivɛl] *f* Wasser-, Richt-, Setzwaage *f*; Niveau *n*
nivellement [nivɛlmɑ̃] *m* 1 *d'un terrain* Einebnung *f*; Planierung *f*; Abgleichung *f* 2 ARPENTAGE Nivellieren *n*; Nivellement *n* 3 *fig* Angleichung *f*; Ausgleichen *n* der Unterschiede; Nivellierung *f*; **~ des salaires** Angleichung der Löhne; **~ par la base, par le bas** Angleichung nach unten
n° ou N° *abr* (*numéro*) Nr. (Nummer)
nobiliaire [nɔbiljɛʀ] I *adj* Adels…; **particule** *f* **~** Adelsprädikat *n*; **titre** *m* **~** Adelstitel *m* II *m* Adelsmatrikel *f*, -buch *n*, -kalender *m*
noble [nɔbl] I *adj* 1 ad(e)lig; **famille** *f* **~** Adelsfamilie *f*, -geschlecht *n*; **de naissance, de sang ~** von adliger, edler, hoher Geburt; (von) vornehmer Abstammung; **être ~** ad(e)lig sein 2 *fig* edel; vornehm; *sentiments a, style* erhaben; *attitude* würde-, hoheitsvoll; **métaux** *m/pl* **~s** Edelmetalle *n/pl*; THÉ *rôle* **père** *m* **~** Heldenvater *m* II *m,f* Ad(e)lige(r) *f(m)*; HIST *a* Edelmann *m*, -frau *f*, -fräulein *n*; **~s** *pl* Edelleute *pl*
noblement [nɔbləmɑ̃] *adv* würdevoll; stolz
noblesse [nɔblɛs] *f* 1 Adel *m*; **ancienne ~** alter Adel; **'haute ~** hoher Adel; Hochadel *m*; **appartenir à la haute ~, être de haute ~** dem Hochadel angehören; **nouvelle ~** neuer, junger Adel (*nach 1789 in den Adelsstand erhoben*); **petite ~** niederer Adel; **~ d'épée** Schwertadel *m*; militärischer Verdienstadel; **~ de naissance** Geburtsadel *m*; **~ de robe** Amtsadel *m*; **lettres** *f/pl* **de ~** Adelsbrief *m*; *fig chose* **ne pas avoir ses lettres de ~** sich noch nicht so recht eingebürgert haben; **titre** *m* **de ~** Adelstitel *m*; *prov* **~ oblige** Adel verpflichtet (*prov*) 2 *fig* Adel *m*; *des sentiments* Erhabenheit *f*; *d'une attitude* Würde *f*; Hoheit *f*; **~ d'âme, de cœur** Seelen-, Herzensadel *m*
nobliau [nɔblijo] *m* ⟨*pl* **~x**⟩ *péj* kleine(r) Ad(e)lige(r)
noce [nɔs] *f* 1 **~s** *pl* Hochzeit *f*; **~** *ou* **~s** Hochzeitsfeier *f*, -fest *n*; **~s d'argent, d'or, de diamant, de platine** silberne, goldene, diamantene, eiserne Hochzeit; **nuit** *f* **de ~s** Hochzeits-, Brautnacht *f*; *loc/adv*: *épouser qn* **en premières, secondes ~s** in erster, zweiter Ehe; **le jour de ses ~s** an ihrem *ou* s-m Hochzeitstag; **aller à la ~ de qn** zu *ou* auf j-s Hochzeit (*acc*) gehen; F *fig* **n'être pas à la ~** übel, schlecht dran sein; **inviter qn à ses ~s** j-n zu s-r *ou* zur Hochzeit einladen 2 (*les invités*) Hochzeitsgesellschaft *f* 3 F *fig* **faire la ~** in Saus und Braus leben; ein flottes, ausschweifendes Leben führen; prassen
noceur [nɔsœʀ] F *m* Lebemann *m*; Prasser *m*
nocif [nɔsif] *adj* ⟨**-ive**⟩ schädlich
nocivité [nɔsivite] *f* Schädlichkeit *f*
noctambule [nɔktɑ̃byl] *m,f* Nachtschwärmer *m*
noctambulisme *m* Nachtschwärmerei *f*
nocturne [nɔktyʀn] I *adj* nächtlich; Nacht…; ZO **papillon** *m* **~** Nachtfalter *m*; **rapaces** *m/pl* **~s** Nachtraubvögel *m/pl*; Eulen *f/pl*; **en ~** am Abend stattfindend; **match** *m* **en ~** Flutlichtspiel *n* II *subst* 1 *m* MUS Notturno *n* 2 *f ou m match* Flutlichtspiel *n*; TURF Abendrennen *n* 3 *f ou m* COMM verlängerte Öffnungszeit am Abend; Dienstleistungsabend *m*
nodosité [nɔdɔzite] *f* MÉD Knoten *m*
nodule [nɔdyl] *m* 1 MÉD Knötchen *n* 2 GÉOL Knolle *f*
Noé [nɔe] *m* BIBL Noah *m*
Noël¹ [nɔɛl] *m* 1 ⟨*ohne Artikel, im Dialekt a* **la ~**⟩ Weihnachten *n ou* F *f/pl*; das Weihnachtsfest; **joyeux ~!** fröhliche Weihnachten!; **arbre** *m* **de ~** Weihnachts-, Christbaum *m*; **nuit** *f* **de ~** Weihnachts-, Christnacht *f*; Heilige Nacht; **père** *m* **~** Weihnachtsmann *m*; Christkind *n*; *fig* **croire au père ~** noch an den Weihnachtsmann glauben; *loc/adv* **à ~**, *régional* **à la ~** (zu *ou* an) Weihnachten; *prov* **~ au balcon, Pâques au tison** grüne Weihnachten, weiße Ostern (*prov*) 2 F (**petit**) **noël** Weihnachtsgeschenk *n*; **je voudrais ce livre pour mon noël** ich wünsche mir dieses Buch zu Weihnachten 3 **noël** *chant* Weihnachtslied *n*
Noël² [nɔɛl] *m Vorname*
Noëlle [nɔɛl] *f Vorname*
nœud [nø] *m* 1 *pour attacher* Knoten *m*; **~ coulant** Schlinge *f*; **~ de cravate** Krawatten-, Schlipsknoten *m*; *fig* **il avait un ~ dans la gorge** s-e Kehle war wie zugeschnürt; **faire un ~** e-n Knoten machen, knüpfen; *pour se rappeler qc* **faire un ~ à son mouchoir** sich (*dat*) e-n Knoten ins Taschentuch machen 2 (*ruban noué*) Schleife *f*; **~ papillon** Fliege *f*; **faire un ~** e-e Schleife binden; **mettre des ~s dans les cheveux** Schleifen ins Haar binden 3 *fig d'une action dramatique* Verwicklung *f*; Knoten *m* 4 *fig d'une affaire* springender Punkt 5 *pl* **~s** *litt* (*liens*) Bande *n/pl* 6 ZO **~ de vipères** zu e-m Knäuel verschlungene Vipern *f/pl* 7 **~ ferroviaire** (Eisen-)Bahnknotenpunkt *m*; **~ routier** (Straßen)Verkehrsknotenpunkt *m* 8 MAR Knoten *m*; *bateau* **filer vingt ~s** mit zwanzig Knoten fahren; zwanzig Knoten laufen, F machen 9 *dans du bois* Ast *m*; **sans ~s** astfrei, -rein 10 BOT Knoten *m* 11 ÉLECT Knoten-, Verzweigungspunkt *m* 12 MATH Knoten *m*
noir [nwaʀ] I *adj* 1 *couleur* schwarz; **café ~** schwarzer Kaffee; **cheval ~** Rappe *m*; **cheveux ~s** schwarz(braun)e Haare *n/pl*; ROULETTE **le huit, six ~** die schwarze Acht, Sechs; PHYS **lumière ~e** Ultraviolettlicht *n*; **lunettes ~es** dunkle, schwarze Brille; **la mer Noire** das Schwarze Meer; **pain ~** Schwarzbrot *n*; **point ~** *sur la peau* Mitesser *m*; *fig* neuralgischer Punkt; **raisin ~** blaue, dunkle (Wein)Traube; *à l'école* **tableau ~** (Wand)Tafel *f*; *fig* **faire un tableau** (**bien, très**) **~ de la situation** die Lage schwarz, grau in grau, in den schwärzesten Farben malen, schildern; **~ comme du jais, comme de l'encre, comme du charbon, comme de l'ébène**, F **comme du cirage** schwarz wie die Nacht, wie ein Rabe, wie Ebenholz; pechschwarz; kohl(raben)schwarz; CUIS **au beurre ~** in stark gebräunter Butter; *fig* **avoir des idées ~es** trüben, schwarzen Gedanken nachhängen; F Trübsal blasen; **~ de monde** schwarz von Menschen; **être tout ~** (*très bronzé*) ganz braun gebrannt sein 2 (*sale*) schwarz; schmutzig; F **gueules ~es** Kumpel *m/pl* (*Bergarbeiter*); **~ de suie** rußgeschwärzt 3 (*sans lumière*) dunkel; finster; **ciel ~** schwarzer, dunkler Himmel; **nuage ~** schwarze, dunkle Wolke; **nuit ~e** dunkle, finst(e)re, schwarze Nacht; **il fait ~ comme dans un four, comme dans la gueule d'un loup** es ist stockdunkel, -finster; es ist pechschwarze Nacht; es ist so dunkel, dass man die Hand nicht

vor den Augen sieht **4** *race, personne* schwarz; farbig; ***l'Afrique ~e*** Schwarzafrika *n*; ***enfant ~*** Negerkind *n*; ***femme ~e*** Schwarze *f*; Farbige *f*; ***quartier ~*** Negerviertel *n* **5** *fig idées* trüb(e); schwarz; ***humeur ~e*** düstere Stimmung, Laune; ***regard ~*** finsterer Blick; ***être d'humeur ~e*** (in) düsterer Stimmung sein; ***jeter un regard ~ sur qn, regarder qn d'un œil ~*** j-n finster anblicken; j-m finstere Blicke zuwerfen **6** *fig complot, crime etc* schändlich; ruchlos; ***colère ~e*** maßlose, sinnlose, blinde Wut; ***desseins ~s*** finstere Pläne *m/pl*; ***humour ~*** schwarzer Humor; ***~e ingratitude*** schnöder Undank; ***magie ~e*** schwarze Magie; ***roman ~*** Schauer-, Gruselroman *m*; → *a* ***série*** *1* **7** *(illégal)* ***caisse ~e*** Geheimkasse *f*, -fonds *m*; ***marché ~*** schwarzer Markt; Schwarzmarkt *m*; ***travail (au) ~*** Schwarzarbeit *f*; *loc/adv* ***travailler au ~*** schwarzarbeiten **8** F *(ivre)* F blau; besoffen **II** *subst* **1** *m couleur* Schwarz *n* (*a* ROULETTE); *loc/adv* ***~ sur blanc*** schwarz auf weiß; ***c'est écrit ~ sur blanc*** da steht es schwarz auf weiß; ***vous me mettez ~ sur blanc vos projets*** reichen Sie mir Ihre Pläne schriftlich ein; *loc/adj* PHOT, TV ***en ~ et blanc*** schwarzweiß; ***photo f en ~ et blanc*** Schwarzweißaufnahme *f*; ***avoir du ~ sur la joue*** auf der Backe schwarz sein, etwas Schwarzes haben; sich auf der Backe schwarz gemacht haben; ***se mettre du ~ aux yeux*** sich *(dat)* e-n schwarzen Lidstrich ziehen; ***être en ~, être habillé de*** *ou* ***en ~, être vêtu de ~*** in Schwarz sein, gehen; schwarz gekleidet sein; Schwarz tragen; ***teindre en ~*** schwarz färben; *fig* ***voir tout en ~*** alles schwarz, grau in grau sehen; → *a* ***broyer*** *2* **2** *m (obscurité)* Dunkel *n*; Dunkelheit *f*; ***avoir peur dans le, du ~*** im Dunkeln, im Finstern, in *ou* vor der Dunkelheit Angst haben **3** ***Noir(e)*** *m(f)* Schwarze(r) *f(m)*; Neger(in) *m(f)*; Farbige(r) *f(m)* **4** MUS ***~e*** *f* Viertelnote *f* **5** *café* F ***un (petit) ~*** e-e Tasse schwarzen Kaffee **6** TECH ***~ de fumée, de carbone*** technischer Ruß

noirâtre [nwaʀɑtʀ] *adj* schwärzlich

noiraud [nwaʀo] **I** *adj personne* dunkel(häutig und dunkelhaarig) **II** *subst* ***~(e)*** *m(f)* dunkler Typ

noirceur [nwaʀsœʀ] *f* **1** *couleur* Schwärze *f* **2** *litt d'une trahison, d'un crime etc* Schändlichkeit *f*; Ruchlosigkeit *f*; ***~ d'âme*** Niedertracht *f*

noircir [nwaʀsiʀ] **I** *v/t* **1** *(colorer en noir)* schwarz machen, färben; schwärzen; *(salir)* schwarz, schmutzig machen (**de** mit) **2** *fig*: *situation* in schwarzen, düsteren Farben schildern; *pages* (eng) beschreiben; vollschreiben; F *péj* ***~ du papier*** schriftstellern; ***~ (la réputation de) qn*** j-s (guten) Ruf beflecken; j-n in schlechten Ruf bringen **II** *v/i et v/pr* **1** **(se) ~** schwarz werden; sich schwarz färben; *couleur, objet* nachdunkeln **2** *ciel* ***se ~*** schwarz, dunkel werden; sich verdunkeln, verfinstern

noircissement [nwaʀsismɑ̃] *m* Schwärzen *n*, -ung *f*; *(fait de devenir noir)* Schwarzwerden *n* **noircissure** *f* schwarzer Fleck

noire [nwaʀ] *f* **1** MUS Viertelnote *f* **2** ***Noire*** Schwarze *f*; Farbige *f*

noise [nwaz] *loc* ***chercher ~*** *ou* ***des ~s à qn*** mit j-m Streit, Händel suchen

noiseraie [nwazʀɛ] *f* Nussbaum-, Haselstrauchpflanzung *f*; Haselgehölz *n*, -gebüsch *n*, -busch *m*

noisetier [nwaztje] *m* BOT Hasel(nuss)strauch *m*

noisette [nwazɛt] *f* **1** BOT Haselnuss *f*; ***chocolat m aux ~s*** Nussschokolade *f*; ***beurre m de ~*** Haselnussbutter *f* **2** CUIS ***une ~ de beurre*** ein haselnussgroßes Stück Butter **3** *adjt* ⟨*inv*⟩ haselnussbraun; ***couleur (de) ~*** haselnussbraun; ***des yeux m/pl ~*** haselnussbraune Augen *n/pl*

noix [nwa] *f* **1** BOT *du noyer* (Wal)Nuss *f*; ***~ fraîche, sèche*** frische, getrocknete (Wal)Nuss; ***huile f de ~*** Nussöl *n*; ***casser des ~*** Nüsse (auf)knacken **2** BOT Nuss(frucht) *f*; ***~ muscade*** Muskatnuss *f*; ***~ du Brésil, de coco*** Para-, Kokosnuss *f*; *loc/adj* F *fig* ***à la ~ (de coco)*** schlecht; wertlos; F ohne Hand und Fuß **3** CUIS ***une ~ de beurre*** ein walnussgroßes Stück Butter **4** *d'une côtelette* schieres Fleisch; ***~ de veau*** Kalbsnuss *f* **5** F *fig (imbécile)* ***quelle (vieille) ~!*** F so e-e, diese doofe Nuss!; *adjt* ***être ~*** dumm, F doof sein

nom [nõ] *m* **1** *d'une personne, d'une chose* Name *m*; *(désignation)* Benennung *f*; Bezeichnung *f*; ***~ commercial*** Handelsname *m*; JUR ***~ déposé*** eingetragene Marke; ***faux ~*** falscher Name; F ***petit ~*** Vorname *m*; ***le ~ de Dupont*** der Name Dupont; ***~ de baptême*** Taufname *m*; ***~ d'emprunt*** Deckname *m*; Pseudonym *n*; ***~ (de famille)*** Familien-, Nach-, Zuname *m*; ***~ de fille, de garçon*** Mädchen-, Jungenname *m*; ***~ de jeune fille*** Mädchenname *m (e-r verheirateten Frau)*; ***~ de guerre*** Deckname *m*; Pseudonym *n*; ***~ de lieu*** Ortsname *m*; COMM ***~ de marque*** Markenname *m*, -bezeichnung *f*; ***~s de personnes*** Personennamen *m/pl*; ***~ de plume*** Künstler-, Schriftstellername *m*; ***~ de rue*** Straßenname *m*; ***~ de théâtre*** Künstlername *m*; INFORM ***~ d'utilisateur*** Benutzername *m*; ♦ *loc/adj*: *une personne* ***du ~ de Martin*** namens, mit (dem) Namen Martin; ***Louis, treizième du ~*** Ludwig, der Dreizehnte des Namens; ***sans ~*** *misère, horreur* namenlos; *bêtise, douleur* unsagbar; unsäglich; *loc/adv*: *connaître qn* ***de ~*** dem Namen nach; *connaître ses collègues* ***par leur ~*** namentlich; mit Namen; ***appeler les choses par leur ~*** die Dinge, das Kind beim rechten Namen nennen; *loc/prép* ***au ~ de*** im Namen, im Auftrag, namens (+*gén*); JUR ***au ~ de la loi*** im Namen des Gesetzes; REL ***au ~ du Père, du Fils et du Saint-Esprit*** im Namen des Vaters, des Sohnes und des Heiligen Geistes; ***au ~ du ciel!*** um Himmels willen!; ***j'agis en son ~*** ich handle in s-m Namen, Auftrag; ***en mon ~*** in meinem (eigenen) Namen; ♦ ***ça n'a pas de ~!*** das ist unerhört, unglaublich!; ***sa conduite n'a pas de ~*** für sein Verhalten gibt es keinen Ausdruck; ***changer de ~*** den Namen wechseln, ändern; e-n anderen Namen annehmen; *dictature etc* ***qui n'ose pas dire son ~*** versteckt; verkappt; ***donner son ~*** s-n Namen angeben; ***donner un ~ à qn, à qc*** j-m, e-r Sache e-n Namen geben; ***donner le ~ de qn à une rue*** e-e Straße nach j-m benennen; ***quel est le ~ de la rue?*** wie heißt die Straße?; ***être le dernier du ~*** der Letzte s-s Namens, Geschlechts sein; *tolérance, liberté* ***n'être qu'un ~*** nur ein schöner Name sein; ein bloßer Name, nichts weiter als ein Name sein; ***se faire un ~, laisser un ~*** sich *(dat)* e-n Namen machen; ***comme son ~ l'indique*** wie der Name schon sagt; ***mêler le ~ de qn à qc*** j-s Namen in Zusammenhang mit etw nennen; ***mettre son ~ au bas d'une lettre*** s-n Namen unter e-n Brief setzen; ***ne pas arriver à mettre un ~ sur le visage de***

qn sich nicht mehr an j-s Namen (*acc*) erinnern können; ***porter le ~ de qn*** j-s Namen tragen, führen; ***prendre le ~ de qn*** j-s Namen annehmen; ***prêter son ~ à qc*** s-n Namen für etw hergeben; ***répondre au ~ de Paul*** auf den Namen Paul hören; Paul heißen; ***traiter qn de tous les ~s*** j-n mit allen möglichen Schimpfnamen belegen **2** GR Substantiv *n*; Hauptwort *n*; Dingwort *n*; ***~ commun*** Gattungsname *m*; ***~ composé*** zusammengesetztes Substantiv; ***~ propre*** Eigenname *m*; ***complément*** *m* ***de ~*** Ergänzung *f* zum Substantiv **3** *int* F ***~ de ~!, ~ d'un chien!, ~ d'une pipe!, ~ d'un petit bonhomme!*** zum Donnerwetter!; verdammt *ou* verflixt (und zugenäht)!; Himmeldonnerwetter!

nomade [nɔmad] **I** *adj* Nomaden…; nomadisch; nomadenhaft; ***peuple*** *m*, ***tribu*** *f* ***~*** Nomadenvolk *n*, -stamm *m*; *fig* ***vie*** *f* ***~*** unstetes Leben; Nomadendasein *n*; Wanderleben *n* **II** *m,f* **1** *du désert* Nomade *m* **2** ADM (*personne sans domicile fixe*) Nichtsesshafte(r) *f(m)*; Person *f* ohne festen Wohnsitz

nomadisme [nɔmadism] *m* Nomadentum *n*; Nomadismus *m*

no man's land [nomanslɑ̃d] *m* MIL, *fig* Niemandsland *n*

nombre [nõbʀ] *m* **1** Zahl *f* (*a* MATH); *de personnes ou d'objets a* Anzahl *f*; MATH ***~ entier*** ganze Zahl; ***~ total*** Gesamtzahl *f*, -ziffer *f*; ***~ des chômeurs*** Arbeitslosenzahl *f*, -ziffer *f*; ***~ d'habitants*** *d'une ville* Einwohnerzahl *f*; *d'un pays* Bevölkerungszahl *f*; BEAUX-ARTS ***~ d'or*** Goldener Schnitt; TECH ***~ de tours*** Dreh-, Tourenzahl *f*; STATISTIQUE ***la loi des grands ~s*** das Gesetz der großen Zahl; ♦ *loc/adj et loc/adv*: *st/s* ***~ de …*** viele …; ***depuis ~ d'années*** seit vielen Jahren; ***(un) bon ~ de spectateurs*** ein großer Teil der, nicht wenige, viele Zuschauer; ***un grand ~ de …*** e-e große (An)Zahl (von) …; sehr viele …; ***le plus grand ~ (de …)*** die Mehrheit, Mehrzahl (der …); die meisten (…); ***un petit ~ de …*** e-e kleine, geringe (An)Zahl (von) …; ein paar …; wenige …; ***le petit ~ de gens qui …*** die wenigen, die paar Menschen, die …; ***au ~ de trois*** zu dritt; drei an der Zahl; F drei Mann hoch; ***ils étaient au ~ de trois*** *a* sie waren ihrer drei; ***je le compte au ~ de mes amis*** ich zähle, rechne ihn zu meinen Freunden; ***dans le ~*** darunter; ***en ~*** (*nombreux*) zahlreich; in großer Zahl; *être supérieur* zahlenmäßig; ***nous ne sommes pas en ~ suffisant*** wir sind (zahlenmäßig) zu wenige; ***sans ~*** zahllos; unzählig; ohne Zahl; ♦ ***être du ~ des invités*** unter den Gästen sein; zu den Gästen zählen; ***serez-vous du ~?*** werden Sie auch dabei sein?; ***faire ~*** zahlreich sein; ***succomber sous le ~*** der Überzahl unterliegen **2** GR Numerus *m*; Zahl *f*

nombreux [nõbʀø] *adj* ⟨**-euse**⟩ zahlreich; ***famille nombreuse*** kinderreiche Familie; ***foule nombreuse*** große Menschenmenge; ***public ~*** zahlreiches, großes Publikum; ***de ~ spectateurs*** zahlreiche, viele Zuschauer; ***des visiteurs toujours plus ~*** immer mehr Besucher; ***dans de ~ cas*** in zahlreichen, vielen Fällen; ***venir ~*** zahlreich, in großer Zahl erscheinen

nombril [nõbʀi] *m* ANAT Nabel *m*; F Bauchnabel *m*; *plais* ***être décolletée jusqu'au ~*** bis zum Bauchnabel dekolletiert sein; *fig* ***se prendre pour le ~ du monde*** sich für den Nabel der Welt halten

nombrilisme [nõbʀilism] *m* F Nabelschau *f*; ***faire du ~*** Nabelschau betreiben

nomenclature [nɔmɑ̃klatyʀ] *f* **1** (*terminologie*) Nomenklatur *f*; ***~ chimique*** chemische Nomenklatur **2** (*répertoire*) Verzeichnis *n*; Katalog *m*; Aufschlüsselung *f*; MÉD Gebührenordnung *f* **3** *d'un dictionnaire* Stichwörter *n/pl*; Wortmaterial *n*; Wortgut *n*

nominal [nɔminal] *adj* ⟨**-aux**⟩ **1** (*des noms*) namentlich; Namen(s)…; ***appel ~*** namentlicher Aufruf; Namen(s)aufruf *m*; ***liste ~e*** Namenliste *f*, -verzeichnis *n* **2** (*n'existant que de nom*) nominell; (nur) dem Namen nach; ***être le chef ~*** der nominelle Chef sein; (nur) dem Namen nach Chef sein **3** ÉCON Nominal…; Nenn…; ***salaire ~*** Nominallohn *m*, -einkommen *n*; ***valeur ~e*** Nominal-, Nennwert *m* **4** GR nominal; Nominal…; ***forme ~e*** infinite Form; Nominalform *f*; ***phrase ~e*** Nominalsatz *m*

nominalement [nɔminalmɑ̃] *adv* **1** nominell; (nur) dem Namen nach **2** GR als Nomen

nominatif[1] [nɔminatif] *m* GR Nominativ *m*; Werfall *m*; erster Fall

nominatif[2] [nɔminatif] *adj* ⟨**-ive**⟩ namentlich; Namen(s)…; ÉCON ***titre ~*** Namens-, Rektapapier *n*

nomination [nɔminasjõ] *f* **1** Ernennung *f*; Berufung *f*; ***~ au grade de capitaine*** Ernennung, Beförderung *f* zum Hauptmann; ***sa ~ au poste d'ambassadeur*** s-e Ernennung zum Botschafter; s-e Berufung in das Amt des Botschafters **2** *document* Ernennungsurkunde *f*, -schreiben *n* **3** *dans une distribution de prix* Nennung *f* als Preisträger

nominativement [nɔminativmɑ̃] *adv* namentlich; mit Namen

nommé [nɔme] *adj* **1** namens; mit (dem) Namen; ***un homme ~ Dupont*** ein Mann namens Dupont, mit (dem) Namen Dupont; *subst* ***un ~ Dupont*** ein gewisser Dupont; einer namens Dupont; ***le ~ Dupont*** besagter Dupont **2** (*cité*) genannt; erwähnt; *subst* ***le ci-dessus ~*** der Obengenannte, -erwähnte **3** *loc/adv* ***à point ~*** wie gerufen; gerade recht, zur rechten Zeit; sehr gelegen **4** (*opposé: élu*) ernannt

nommément [nɔmemɑ̃] *adv* namentlich; mit Namen

nommer [nɔme] **I** *v/t* **1** (*donner un nom*) nennen; *chose a* benennen; ***ses parents l'ont nommé Paul*** s-e Eltern nannten ihn Paul, gaben ihm den Namen Paul; ***ce que nous nommons liberté*** was wir Freiheit nennen, als Freiheit bezeichnen **2** (*dire le nom*) (mit Namen) nennen; ADM namhaft machen; *ses complices a* angeben; *plais*: *un riche banquier, Rockefeller*, ***pour ne pas le ~*** um es genau zu sagen **3** *qn à une fonction* ernennen; berufen; ***il a été nommé directeur*** *ou* ***on l'a nommé directeur*** er wurde zum Direktor ernannt; ***~ qn à un poste*** j-n in ein Amt berufen; ***~ à vie*** auf Lebenszeit ernennen **II** *v/pr* ***se ~*** **1** (*s'appeler*) sich nennen; heißen **2** (*dire son nom*) s-n Namen nennen

non [nõ] **I** *adv* **1** nein; nicht; *il est venu? -* ***~*** nein; ♦ *renforcé*: ***~, ~ et ~!*** *ou* ***~, mille fois ~!*** nein, nein und nochmals nein!; ***ah, ça ~!*** ganz bestimmt nicht!; ***oh, (que) ~!*** o nein!; ***ma foi ~!*** ach nein!; ***vraiment ~!*** wirklich, wahrhaftig nicht!; ***mais ~!*** aber nein!; nicht doch!; ***moi ~*** ich nicht!; ***~, rien à faire*** nein, da ist nichts zu machen; ♦ *en phrase avec d'autres*

N

adv ou conj: ***et ~*** (***pas***) und nicht *ou* kein(e); ***c'est un conseil et ~*** (***pas***) ***un ordre*** das ist ein Rat und kein Befehl; ***ou ~*** oder nicht; ***que vous le vouliez ou ~*** ob Sie wollen oder nicht; ***~ plus*** auch nicht; *elle ne parlait pas*, ***lui ~ plus*** er auch nicht; ***elle ~ plus ne l'a pas vu*** auch sie hat ihn nicht gesehen; ***~ sans*** nicht ohne; ***~ sans hésitation*** nicht ohne Zögern; ***~ sans s'être retourné plusieurs fois*** nicht ohne sich mehrmals umgedreht zu haben; ***~*** (***pas***) ***... mais ...*** nicht ..., sondern ...; ***~ seulement ... mais aussi*** *ou* ***encore ...*** nicht nur ..., sondern auch ...; ♦ *loc/conj* ***~ que ...*** (+*subj*), *st/s* ***~ pas que ...*** (+*subj*) nicht (etwa), dass *ou* weil ...; *il ne réussit pas*, ***~ qu'il soit paresseux***, *mais parce que* ... nicht (etwa), dass er faul wäre *ou* nicht (etwa), weil er faul ist; ♦ *avec des verbes*: ***il dit toujours ~*** er sagt immer Nein; ***j'espère que ~*** ich hoffe nicht; ***faire ~ de la tête*** (verneinend) den Kopf schütteln; ***il prétend que ~*** er behauptet Nein; ***répondre ~ à toutes les offres*** zu allen Angeboten Nein sagen; *slogan* ***~ au nucléaire*** Atomkraft, nein danke **2** *int* F ***~!*** *ou* ***~, mais!*** *ou* ***~, par exemple!*** F nein, so was!; das ist doch nicht zu fassen! **3** F *en fin de phrase* nicht (wahr)?; ja?; *südd* gelt?; gell?; ***tu as fini de t'agiter, ~?*** du sitzt jetzt schön still, ja *ou* gelt? **II** *m* ⟨*inv*⟩ **1** Nein *n*; ***un ~ catégorique*** ein kategorisches Nein **2** POL Neinstimme *f*

non-... *ou* **non ...** [nõ], *vor Vokal u stummem h* [nɔn] *préfixe* Nicht...; nicht ...; *exemples*: ***non-discrimination*** *f* Nichtdiskriminierung *f*; ***non-gréviste*** *m* Nichtstreikende(r) *m*; *devant adj souvent pas de trait d'union*: ***non coupable*** nicht schuldig; ***non terminé*** nicht fertig; unfertig; → *a les articles suivants*

non-acclimatation [nɔnaklimatasjõ] *f* BIOL Nichtanpassung *f*; Nichtakklimatisation *ou* -akklimatisierung *f*

non-actif [nɔnaktif] *m* Nichterwerbstätige(r) *m*

non-activité [nɔnaktivite] *f* MIL, ADM ***mise*** *f* ***en ~*** Versetzung *f* in den Wartestand, einstweiligen Ruhestand

nonagénaire [nɔnaʒenɛʀ] **I** *adj* neunzigjährig **II** *m,f* Neunzigjährige(r) *f(m)*; Neunziger(in) *m(f)*

non-agression [nɔnagʀɛsjõ] *f* POL ***pacte*** *m* ***de ~*** Nichtangriffspakt *m*

non-aligné [nɔnaliɲe] POL **I** *adj* blockfrei **II** *m* blockfreier Staat; ***les ~s*** *pl a* die Blockfreien *m/pl* **non-alignement** *m* POL Blockfreiheit *f*

nonante [nɔnɑ̃t] *num/c en Belgique et en Suisse* neunzig

non-assistance [nɔnasistɑ̃s] *f* JUR ***~ à personne en danger*** unterlassene Hilfeleistung

non-belligérance [nõbɛliʒeʀɑ̃s] *f* Nichtkriegführung *f* **non-belligérant** *adj État* nicht Krieg führend

nonce [nõs] *m* ÉGL CATH ***~*** (***apostolique***) (Apostolischer) Nuntius

nonchalamment [nõʃalamɑ̃] *adv* → ***nonchalant***

nonchalance [nõʃalɑ̃s] *f* Lässigkeit *f*; Nonchalance *f*; *de qn a* Unbekümmertheit *f*; ***avec ~*** lässig; leger [-ˈʒɛːr]

nonchalant [nõʃalɑ̃] *adj* lässig; nonchalant; *personne a* unbekümmert; *pose*, *geste a* leger [-ˈʒɛːr]

nonciature [nõsjatyʀ] *f* ÉGL CATH Nuntiatur *f*

non-combattant [nõkõbatɑ̃] MIL **I** *adj* nicht kämpfend **II** *m* Nichtkämpfer *m*, -kämpfende(r) *m* **non-comparution** *f* JUR Nichterscheinen *n* vor Gericht **non-conciliation** *f* JUR Nichtversöhnung *f* **non-conducteur** ÉLECT **I** *adj* ⟨**-trice**⟩ nicht leitend **II** *m* Nichtleiter *m*

non-conformisme [nõkõfɔʀmism] *m* Nonkonformismus *m* **non-conformiste** **I** *adj* nonkonformistisch **II** *m,f* Nonkonformist(in) *m(f)* **non-conformité** *f* Nonkonformität *f*

non-contradiction [nõkõtʀadiksjõ] *f* PHILOS ***principe*** *m* ***de ~*** Satz *m* des ausgeschlossenen Widerspruchs

non-dénonciation [nõdenõsjasjõ] *f* JUR *d'un délit* Nichtanzeige *f*

non-engagé [nɔnɑ̃gaʒe] *adj* POL blockfrei **non-engagement** *m* POL Blockfreiheit *f* **non-exécution** *f* *d'un contrat* Nichterfüllung *f* **non-existence** *f* PHILOS Nichtexistenz *f*

non-figuratif [nõfigyʀatif] *adj* ⟨**-ive**⟩ BEAUX-ARTS ungegenständlich; gegenstandslos; abstrakt; nonfigurativ; *subst* ***les ~s*** die Vertreter *m/pl* der abstrakten Kunst

non-fumeur [nõfymœʀ] *m* Nichtraucher *m* **non-gréviste** *m* Nichtstreikende(r) *m*

non-ingérence [nɔnɛ̃ʒeʀɑ̃s] *f* POL Nichteinmischung *f* **non-initié(e)** *m(f)* Uneingeweihte(r) *f(m)*; Nichteingeweihte(r) *f(m)*; Laie *m* **non-inscrit** *adj et subst m* POL (***député***) ***~*** fraktionslose(r) Abgeordnete(r)

non-intervention [nõɛ̃tɛʀvɑ̃sjõ] *f* POL Nichteinmischung *f*; ***politique*** *f* ***de ~*** Politik *f* der Nichteinmischung

non-lieu [nõljø] *m* JUR Einstellung *f* des (Straf)Verfahrens; ***ordonnance*** *f* ***de ~*** Einstellungsbeschluss *m*; ***il y a ~*** das Verfahren wird eingestellt; ***rendre un ~*** die Strafverfolgung, das Verfahren einstellen

non-moi [nõmwa] *m* PHILOS Nicht-Ich *n*

nonne [nɔn] *f plais* (*religieuse*) Nonne *f*

nonnette [nɔnɛt] *f* **1** *plais* Nönnchen *n*; junge Nonne **2** CUIS kleiner runder Lebkuchen (mit Marmelade)

nonobstant [nɔnɔpstɑ̃] ADM *prép* ungeachtet, trotz (+*gén*)

non-paiement [nõpɛmɑ̃] *m* Nicht(be)zahlung *f*

non-prolifération [nõpʀɔlifeʀasjõ] *f* Nichtverbreitung *f*; Nichtweitergabe *f*; ***traité*** *m* ***de ~ des armes nucléaires*** Atom(waffen)sperrvertrag *m*

non-recevoir [nõʀ(ə)səvwaʀ] *m* ***fin*** *f* ***de ~*** strikte Ablehnung; abschlägiger Bescheid; JUR (Antrag *m* auf) Abweisung *f* der Klage; ***opposer une, répondre par une fin de ~*** e-n abschlägigen Bescheid geben; j-n abschlägig bescheiden; j-s Bitte strikt ablehnen; JUR die Abweisung der Klage beantragen

non-résident [nõʀezidɑ̃] *m* ÉCON Devisenausländer *m* **non-respect** *m* *d'une règle etc* Nichtbeachtung *f* **non-responsabilité** *f* Nichtverantwortlichsein *n*; ASSURANCES Nichthaftbarsein *n*; Haftungsausschluss *m*

non-retour [nõʀ(ə)tuʀ] *m* ***point*** *m* ***de ~*** Punkt *m*, an dem es kein Zurück mehr gibt

non-salarié [nõsalaʀje] *m* selbstständig Erwerbstätige(r) *m*; Selbstständige(r) *m*

non-sens [nõsɑ̃s] *m* **1** Unsinn *m*; Nonsens *m*; Widersinn *m*; ***c'est un ~*** das ist unsinnig, widersinnig, absurd **2** *dans une traduction* unverständliche Stel-

N

le; ***faire un ~*** Unsinn, völlig Unverständliches schreiben
non-stop [nɔnstɔp] *adj* ⟨*inv*⟩ Non-stop…
non-viabilité [nõvjabilite] *f d'un nouveau-né* Nichtlebensfähigkeit *f*
non-violence [nõvjɔlɑ̃s] *f* POL Gewaltlosigkeit *f* **non-violent** POL **I** *adj* gewaltlos **II** *m/pl* ***~s*** Anhänger *m/pl* der Gewaltlosigkeit
non-voyant [nõvwajɑ̃] *m*, **non-voyante** *f* Blinde(r) *f(m)*
Norbert [nɔʀbɛʀ] *m Vorname*
nord [nɔʀ] **I** *m* **1** *point cardinal* (*abr* ***N.***) Nord(en) *m* (*abr* N); ***vent*** *m* ***du ~*** Nordwind *m*; *loc/adv* ***au ~*** im Norden, nördlich (***de*** von *ou* +*gén*); ***au ~ de la Loire*** nördlich der Loire; ***plus au ~*** weiter im Norden, nördlich; ***en direction du ~, vers le ~*** in nördlicher Richtung; nordwärts; nach, gegen, *poét* gen Norden; F *fig* ***perdre le ~*** den Kopf verlieren **2** ***le Nord*** **a)** *d'une région, d'une ville etc* der Norden; ***le Grand Nord*** der hohe Norden; ***l'Afrique*** *f*, ***l'Allemagne*** *f*, ***l'Amérique*** *f* ***du Nord*** Nordafrika *n*, -deutschland *n*, -amerika *n*; ***la mer du Nord*** die Nordsee; ***dans le Nord de Paris*** im Norden von Paris; in Paris Nord; **b)** *de la France* Nordfrankreich *n*; der Norden (Frankreichs); ***canal*** *m* ***du Nord*** Nordkanal *m*; *à Paris* ***gare*** *f* ***du Nord*** Nordbahnhof *m*; ***les gens*** *m/pl* ***du Nord*** die Nordfranzosen *m/pl*; **c)** *frz Departement* **II** *adj* ⟨*inv*⟩ nördlich; Nord…; ***la banlieue ~*** die nördlichen Vororte *m/pl*; GÉOGR ***cap Nord*** Nordkap *n*; ***côte*** *f* ***~*** Nordküste *f*; ***hémisphère*** *m* ***~*** nördliche Hemisphäre, Halbkugel; Nordhalbkugel *f*; *d'une ville* ***partie*** *f* ***~*** Nordteil *m*; nördlicher Teil
nord-africain [nɔʀafʀikɛ̃] **I** *adj* nordafrikanisch **II** *subst* ***Nord-Africain(e)*** *m(f)* Nordafrikaner(in) *m(f)*
nord-américain [nɔʀameʀikɛ̃] **I** *adj* nordamerikanisch **II** *subst* ***Nord-Américain(e)*** *m(f)* Nordamerikaner(in) *m(f)*
nord-coréen [nɔʀkɔʀeɛ̃] **I** *adj* ⟨***~ne***⟩ nordkoreanisch **II** *subst* ***Nord-Coréen(ne)*** *m(f)* Nordkoreaner(in) *m(f)*
nord-est [nɔʀɛst] **I** *m* **1** *direction* Nordost(en) *m*; ***vent*** *m* ***du ~*** Nordost(wind) *m* **2** *d'un pays* ***le Nord-Est*** der Nordosten; *de la France* Nordostfrankreich *n*; der Nordosten Frankreichs **II** *adj* ⟨*inv*⟩ nordöstlich; Nordost…
nordique [nɔʀdik] **I** *adj* nordisch; ***langues*** *f/pl*, ***pays*** *m/pl* ***~s*** nordische Sprachen *f/pl*, Länder *n/pl* **II** *subst* **1** ***Nordique*** *m,f* Nordländer(in) *m(f)* **2** LING ***le ~*** die nordischen Sprachen *f/pl*; *matière universitaire* Skandinavistik *f*; *autrefois* Nordistik *f*
nordiste [nɔʀdist] HIST U.S.A. **I** *m,f* Nordstaatler(in) *m(f)* **II** *adj* der Nordstaaten
nord-nord-est [nɔʀnɔʀɛst] *m* Nordnordost(en) *m* **nord-nord-ouest** *m* Nordnordwest(en) *m*
nord-ouest [nɔʀwɛst] **I** *m* **1** *direction* Nordwest(en) *m*; ***vent*** *m* ***du ~*** Nordwest(wind) *m* **2** *d'un pays* ***le Nord-Ouest*** der Nordwesten **II** *adj* ⟨*inv*⟩ nordwestlich; Nordwest…
Nord-Pas-de-Calais [nɔʀpadkalɛ] ***le ~*** *frz Region*
nord-vietnamien [nɔʀvjɛtnamjɛ̃] **I** *adj* ⟨***~ne***⟩ nordvietnamesisch **II** *subst* ***Nord-Vietnamien(ne)*** *m(f)* Nordvietnamese, -vietnamesin *m,f*
noria [nɔʀja] *f* TECH Becherwerk *n*; Schöpfrad *n*
norique [nɔʀik] HIST **I** *adj* norisch **II** *subst* ***le Norique*** Noricum *n*
normal [nɔʀmal] **I** *adj* ⟨***-aux***⟩ **1** normal; Normal…; üblich; *prix a* regulär; ***état ~*** Normalzustand; TECH ***nombre ~*** Norm-, Normungszahl *f*; CHIM ***solution ~e*** Normallösung *f*; ***c'est bien ~*** das ist doch ganz normal, natürlich, verständlich; ***il n'est pas ~*** er ist (geistig *ou* körperlich) nicht ganz normal; ***il est ~ de*** (+ *inf*) *ou* ***que …*** (+*subj*) es ist (ganz) normal, zu (+*inf*) *ou* dass …; *situation etc* ***redevenir ~*** sich wieder normalisieren; *maladie* ***suivre son cours ~*** ihren normalen, üblichen Verlauf nehmen; ***trouver ~ de*** (+*inf*) *ou* ***que …*** (+*subj*) es (ganz) normal finden, zu (+*inf*) *ou* dass … **2** ***École ~e*** pädagogische Hochschule (*abr* PH); ***École ~e supérieure*** *ou* F *subst* ***Normale sup*** *Elitehochschule zur Ausbildung von Lehrern an höheren Schulen*; ***il a fait Normale*** er hat die „École normale supérieure" besucht **II** *f* **1** ***la ~e*** das Normale, Übliche; *intelligence etc* ***au-dessus de la ~e*** überdurchschnittlich; *situation* ***revenir à la ~e*** sich wieder normalisieren **2** GÉOMÉTRIE ***~e*** Normale *f*
normalement [nɔʀmalmɑ̃] *adv* **a)** *en début de phrase* normaler-, üblicherweise; in der Regel; **b)** ***tout se passe ~*** alles verläuft normal, wie üblich
normalien [nɔʀmaljɛ̃] *m*, **normalienne** *f* Absolvent(in) *m(f)*, ehemaliger Schüler, ehemalige Schülerin e-r „École normale" oder der „École normale supérieure"
normalisation [nɔʀmalizasjõ] *f* **1** *des relations diplomatiques etc* Normalisierung *f* **2** TECH Normung *f*; Normierung *f*; Standardisierung *f*; Vereinheitlichung *f*
normaliser [nɔʀmalize] *v/t* **1** normalisieren; ***~ les relations diplomatiques*** die diplomatischen Beziehungen normalisieren **2** TECH normen; normieren; standardisieren; vereinheitlichen; *adjt* ***normalisé*** genormt
normalité [nɔʀmalite] *f* Normalität *f*
normand [nɔʀmɑ̃] **I** *adj* **1** normannisch; der Normandie; ***armoire ~e*** riesiger, schwerer Schrank; ***cheval ~*** Normanne *m*; *bovins* ***race ~e*** normannische Rasse; *fig* ***faire le trou ~*** zwischen zwei Gängen ein Gläschen Schnaps trinken **2** HIST normannisch **II** *subst* **1** ***Normand(e)*** *m(f)* Bewohner(in) *m(f)* der Normandie; *fig* ***réponse*** *f* ***de Normand*** zweideutige, ausweichende Antwort; weder Ja noch Nein **2** HIST ***les Normands*** *m/pl* die Normannen *m/pl* **3** LING ***le ~*** das Normannische; Normannisch *n*
Normandie [nɔʀmɑ̃di] ***la ~*** die Normandie
normatif [nɔʀmatif] *adj* ⟨***-ive***⟩ normativ
norme [nɔʀm] *f* **1** Norm *f*; Regel *f*; ***s'écarter de la ~*** von der Norm, Regel abweichen; ***rester dans la ~*** nicht von der Norm, Regel abweichen **2** TECH Norm *f*; ***~ française*** *ou* ***~ N.F.*** französisches Normenwerk; französische Normblätter *n/pl*; *produit* ***être conforme aux ~s*** normgerecht sein
norois *ou* **noroît** [nɔʀwa] *m* MAR Nordwest(wind) *m*
Norvège [nɔʀvɛʒ] ***la ~*** Norwegen *n*
norvégien [nɔʀveʒjɛ̃] **I** *adj* ⟨***~ne***⟩ norwegisch; CUIS ***marmite ~ne*** großer Thermosbehälter **II** *subst* **1** ***Norvégien(ne)*** *m(f)* Norweger(in) *m(f)* **2** LING ***le ~*** das Norwegische; Norwegisch *n*
nos [no] → ***notre***

nosocomial [nozɔkɔmjal] *adj* MÉD im Krankenhaus erfolgend; *sc* nosokomial; ***infection ~e*** Krankenhausinfektion *f*; *sc* nosokomiale Infektion
nostalgie [nɔstalʒi] *f* Sehnsucht *f*, sehnsüchtiges Verlangen (**de** nach); *du passé* Nostalgie *f*; ***avoir la ~ de qc*** Sehnsucht nach etw haben; sich nach etw sehnen, *de son enfance etc* zurücksehnen
nostalgique [nɔstalʒik] *adj chant, regard* sehnsüchtig; sehnsuchtsvoll; wehmütig; ***souvenir*** *m* **~** wehmütige Erinnerung; *personne* (**être**) **~** wehmütig gestimmt (sein)
nota [nɔta] *m ou* **nota bene** [nɔtabene] *m* ⟨*inv*⟩ (*abr* ***N. B.***) Anmerkung *f* (*abr* Anm.); *en bas de page* Fußnote *f*
notabilité [nɔtabilite] *f* bedeutende, angesehene, bekannte, prominente Persönlichkeit; ***les ~s*** *pl a* alles, was Rang und Namen hat; die Prominenz; *d'une petite ville* die Honoratioren *pl*
notable [nɔtabl] **I** *adj différence, progrès etc* beachtlich; beträchtlich; nennenswert; merklich; spürbar; fühlbar; *fait* beachtlich; bemerkenswert; beachtenswert **II** *m* → ***notabilité***
notablement [nɔtabləmɑ̃] *adv* beträchtlich; merklich; sichtlich; erheblich; spürbar; fühlbar
notaire [nɔtɛʀ] *m,f* JUR Notar(in) *m(f)*; ***cabinet*** *m*, ***étude*** *f* ***de ~*** Notariat *n*; *acte, contrat* ***passé devant ~*** notariell beurkundet, beglaubigt
notamment [nɔtamɑ̃] *adv* besonders; im Besonderen; namentlich; vor allem
notarial [nɔtaʀjal] *adj* ⟨**-aux**⟩ notariell; notarisch; Notar...; Notariats... **notariat** *m* **1** *fonction* Notariat *n*; Amt *n* e-s Notars **2** *coll* (Gesamtheit *f* der) Notare *m/pl*
notarié [nɔtaʀje] *adj* ***acte ~*** notarielle Urkunde
notation [nɔtasjɔ̃] *f* **1** (*système de symboles*) Wiedergabe *f* durch Zeichen; Zeichenschrift *f*, -system *n*; *t/t* Notation *f*; ***~ chimique*** chemische Zeichensprache; ***~ musicale*** Notenschrift *f*; Notation *f*; Notierung *f*; ***~ phonétique*** Lautschrift(zeichen) *f(n/pl)*; ***~ sténographique*** Kurzschriftzeichen *n/pl* **2** (*courte remarque*) Notiz *f*; (kurzer) Vermerk; (kurze) Eintragung **3** ÉCOLE Zensierung *f*; Bewertung *f*; Benotung *f*; Notengebung *f*; *d'un fonctionnaire* Beurteilung *f*
note [nɔt] *f* **1** *imprimée* Anmerkung *f*; Vermerk *m*; Bemerkung *f*; *en bas de page* Fußnote *f*; ***~ de l'auteur*** Vorbemerkung *f* des Autors; ***~ du traducteur*** Anmerkung des Übersetzers; *loc/adv* ***en ~*** als Anmerkung, Fußnote **2** *par écrit* Notiz *f*; Vermerk *m*; ***~s*** *pl* Notizen *f/pl*; Aufzeichnungen *f/pl*; Unterlagen *f/pl*; *d'un cours* Nachschrift *f*; Skript *n*; *orateur* ***parler sans ~s*** frei sprechen; ***prendre des ~s*** sich (*dat*) Notizen machen; *à un cours* mitschreiben; ***prendre ~ de qc*** sich (*dat*) etw notieren, aufschreiben; etw vermerken, vormerken; *fig* etw zur Kenntnis nehmen; *fig* ***j'en prends bonne ~*** das werde, will ich mir gut merken; ***prendre qc en ~*** etw mitschreiben **3** DIPL **~** (***diplomatique***) (diplomatische) Note; ***~ de protestation*** Protestnote *f* **4** **~** (***de service***) (innerbetriebliche) Mitteilung; (*circulaire*) Umlauf *m*; ***faire passer une ~ dans tous les services*** e-n Umlauf herumgehen lassen; ein (Rund)Schreiben, e-e Mitteilung durch die Abteilungen gehen lassen **5** MUS **a)** *signe* Note *f*; ***savoir lire les ~s*** Noten lesen können; **b)** *son* Ton *m*; ***fausse ~*** falscher Ton; → *a 6*; ***sauter une ~*** e-n Ton weglassen; **c)** (*touche d'un clavier*) Taste *f* **6** *fig* Note *f*; Gepräge *n*; Prägung *f*; ***fausse ~*** störendes Detail; ***c'est une ~ juste*** das passt gut, fügt sich harmonisch ein; ***ne pas être dans la ~*** *réflexion* nicht passen; *personne* nicht in diesen Rahmen passen; nicht dazupassen; ***forcer la ~*** übertreiben; zu weit gehen; F zu viel des Guten tun; ***mettre une ~ gaie dans qc*** e-r Sache (*dat*) e-e fröhliche, heitere Note, ein fröhliches, heiteres Gepräge verleihen **7** ÉCOLE Note *f*; Zensur *f*; *d'un fonctionnaire* Beurteilung *f*; ***avoir une bonne ~ en physique*** e-e gute Note, Zensur in Physik haben; *fig* ***c'est une mauvaise ~ pour lui*** das macht e-n schlechten Eindruck; ***mettre une bonne ~ à un élève*** e-m Schüler e-e gute Note, Zensur geben **8** (*facture*) Rechnung *f*; ***~ d'électricité, de gaz, d'hôtel*** Strom-, Gas-, Hotelrechnung *f*; ***~ de frais*** Spesenrechnung *f*
noter [nɔte] *v/t* **1** (*marquer*) anstreichen; anzeichnen; anmerken **2** (*écrire*) (sich [*dat*]) notieren, (sich [*dat*]) aufschreiben, vermerken (***sur un agenda*** in e-m Taschenkalender) **3** (*remarquer*) bemerken; feststellen; ***il faut ~, il est à ~, notons que ...*** es muss festgestellt, festgehalten, hervorgehoben werden, dass ...; ***ceci mérite d'être noté*** das verdient Beachtung; ***notez bien que je ne lui ai rien dit*** ich habe ihm, wohlgemerkt, nichts gesagt **4** *élève* e-e Note, Zensur geben (***qn*** j-m); ***~ une copie, un devoir*** eine Hausarbeit, eine Schulaufgabe benoten, bewerten; ***~ un employé*** einen Angestellten beurteilen; ***être noté dix sur vingt*** *correspond à* mit „ausreichend", mit e-r Vier zensiert werden; *fig* ***être mal noté auprès de qn*** bei j-m schlecht angeschrieben sein
notice [nɔtis] *f* **1** (*bref exposé*) Abriss *m*; kurze Darstellung; Hinweise *m/pl*; ***~ biographique*** Kurzbiografie *f*; kurzes Lebensbild; *d'un appareil* ***~ explicative*** (Bedienungs)Anleitung *f* **2** (*préface*) Vorwort *n*, in dem der Autor und das Werk vorgestellt werden
notification [nɔtifikasjɔ̃] *f* JUR, ADM offizielle, amtliche Benachrichtigung, Mitteilung
notifier [nɔtifje] *v/t* ***~ qc à qn*** j-m etw offiziell mitteilen; j-n offiziell von etw benachrichtigen, in Kenntnis setzen
notion [nosjɔ̃] *f* **1** (*idée*) Begriff *m*; (*connaissance intuitive*) Vorstellung *f*; Gefühl *n* (***de qc*** für etw); ***~ du bien et du mal*** Wissen *n* um Gut und Böse; Kenntnis *f* von Gut und Böse; ***~ du temps*** Zeitbegriff *m*, -gefühl *n*; ***perdre la ~ de la réalité*** der Wirklichkeit (*dat*) entrückt sein; ***je n'en ai pas la moindre ~*** ich habe nicht die geringste Ahnung, Vorstellung davon **2** ***~s*** *pl* Grund-, Elementarkenntnisse *f/pl* (***de français*** im Französischen); Anfangsgründe *m/pl* (des Französischen)
notionnel [nosjɔnɛl] *adj* ⟨**~le**⟩ LING ***champ ~*** Begriffsfeld *n*
notoire [nɔtwaʀ] *adj fait* allgemein bekannt; offenkundig; *criminel, tricheur* notorisch; berüchtigt; ***être d'une bêtise, paresse ~*** strohdumm, stinkfaul sein
notoirement [nɔtwaʀmɑ̃] *adv* offenkundig
notoriété [nɔtɔʀjete] *f* **1** *d'un fait* allgemeine Bekanntheit; Offenkundigkeit *f*; JUR ***acte*** *m* ***de ~*** Offenkundigkeitsurkunde *f*; *correspond à* eidesstattliche Versicherung; ***il est de ~ publique que ...*** es ist

allgemein bekannt, dass … 2 (*célébrité*) Bekanntheit(sgrad) *f(m)*; Ruf *m*; Name *m*; ***ses publications lui ont acquis une grande ~*** s-e Veröffentlichungen haben ihn berühmt, ihm e-n Namen gemacht

notre [nɔtʀ] *adj/poss* ⟨*pl* ***nos*** [no]⟩ unser(e), *pl* uns(e)re; ***~ ami*** unser Freund; ***~ fille*** uns(e)re Tochter; ***nos enfants*** uns(e)re Kinder; *dans un récit* ***~ 'héros*** unser Held; ***comment va ~ malade?*** wie geht es uns(e)rem Kranken?

nôtre [notʀ] **I** *pr/poss* ***le ~, la ~*** der, die, das uns(e)re *ou* Uns(e)re, unsrige *ou* Unsrige, unsere(r, -s); unsre(r, -s); *pl* ***les ~s*** die uns(e)ren *ou* Uns(e)ren, unsern *ou* Unsern, unsrigen *ou* Unsrigen; uns(e)re **II** *adj/poss litt* ***un ~ cousin*** ein Vetter von uns; *st/s* ***cette richesse qui était ~*** *st/s* der Reichtum, den wir den unser(e)n nannten; *ces revendications* ***nous les avons faites ~s*** wir haben sie zu den unser(e)n gemacht **III** *subst* 1 ***le ~*** das Uns(e)re, Unsrige; ***nous y mettrons chacun du ~*** jeder von uns wird das Sein(ig)e dazu beitragen 2 ***les ~s*** *m/pl* (*famille, amis etc*) die Unser(e)n, Unsren; ***serez-vous des ~s?*** kommen Sie auch?; ***il était des ~s dimanche dernier*** er war letzten Sonntag bei uns

Notre-Dame [nɔtʀədam] *f* ÉGL CATH 1 (*la Vierge Marie*) Unsere Liebe Frau 2 *nom d'église, correspond à* Marienkirche *f*

nouba [nuba] *f loc* F ***faire la ~*** tüchtig, ordentlich, F feste feiern; F einen draufmachen

nouer [nwe, nue] **I** *v/t* 1 *lacets* (zu)schnüren; (zu)binden; *cheveux* (zusammen)knoten; *foulard* knoten, schlingen (***autour du cou*** um den Hals); ***~ un bouquet*** einen Blumenstrauß (zusammen)binden; ***~ une cravate*** eine Krawatte binden, knoten; ***~ un paquet*** ein Paket ver-, zuschnüren 2 *fig relations* anknüpfen; THÉ ***~ l'action, l'intrigue*** den Knoten schürzen; *fig émotion* ***~ la gorge à qn*** j-m die Kehle zuschnüren, zusammenschnüren; ***~ des intrigues*** Intrigen spinnen; *adjt* ***il avait la gorge nouée*** s-e Kehle war wie zugeschnürt **II** *v/pr* ***se ~*** *relations* sich anbahnen; *intrigues* eingefädelt, gesponnen werden

noueux [nuø] *adj* ⟨**-euse**⟩ *arbre, racine* knorrig; *bois* astreich; astig; *mains* knotig

nougat [nuga] *m* 1 Art türkischer Honig; N(o)ugat *m ou n* aus Montélimar 2 F *fig* ***c'est du ~*** das ist kinderleicht; das ist ein Kinderspiel 3 *arg* ***~s*** *pl* (*pieds*) F Quanten *pl*

nougatine [nugatin] *f* Krokant *m*

nouille [nuj] *f* 1 CUIS ***~s*** *pl* Nudeln *f/pl* 2 F *fig de qn* F Flasche *f*; ***quelle ~!, quel plat de ~s!***, *adjt* ***ce qu'il peut être ~!*** so e-e Flasche! 3 *péj* ***style*** *m* ***~*** Jugendstil *m*

nounou [nunu] *enf f* 1 *qui allaite* Amme *f* 2 *qui garde* Tagesmutter *f*

nounours [nunuʀs] *enf m* Teddy(bär) *m*

nourri [nuʀi] *adj* 1 *personne* ***bien ~*** wohlgenährt; gut genährt; ***mal ~*** schlecht genährt; ***être logé et ~*** freie Kost und Wohnung *ou* Logis haben 2 *fig applaudissements* anhaltend; ***conversation ~e*** lebhafte Unterhaltung; MIL ***feu ~*** anhaltendes Feuer; Dauerfeuer *n*

nourrice [nuʀis] *f* 1 *qui allaite* Amme *f*; *qui garde* Pflegemutter *f*; Tagesmutter *f*; *enfant* ***mettre en ~*** a) zu e-r Amme geben; e-r Amme übergeben; b) in Pflege geben 2 ***épingle*** *f* ***de ~*** Sicherheitsnadel *f* 3 TECH Reservetank *m*; *bidon* Reservekanister *m*

nourricier [nuʀisje] *adj* ⟨**-ière**⟩ Nähr…; Pflege…; ***père ~*** Pflege-, BIBL Nährvater *m*; *fig* ***la terre nourricière*** die Nährmutter Erde

nourrir [nuʀiʀ] **I** *v/t* 1 *personne, famille* (*entretenir*) ernähren; unterhalten; (*alimenter*) beköstigen; verpflegen; *région*: *ville* mit Nahrungsmitteln versorgen; *fig bois*: *feu* immer wieder neue Nahrung geben (+*dat*); in Gang halten; *fig lectures* ***~ l'esprit*** dem Geist Nahrung geben; *métier* (***ne pas***) ***~ son homme*** s-n Mann (nicht) ernähren; *enfant* ***~ au sein*** stillen; nähren; *abs* ***le sucre nourrit*** Zucker nährt, ist nahrhaft 2 *animal* füttern 3 *fig désir, projet etc* hegen; *espoir, illusion a* sich hingeben (+*dat*); *haine a* im Herzen nähren, tragen (***contre qn*** gegen j-n) **II** *v/pr* 1 ***se ~*** sich ernähren, *st/s* sich nähren (***de*** von *ou* mit); leben (von); ***bien se ~*** sich gut *ou* richtig ernähren 2 *fig* ***se ~ d'illusions*** sich Illusionen hingeben, machen; in, von Illusionen leben

nourrissant [nuʀisɑ̃] *adj* nahrhaft

nourrisson [nuʀisõ] *m* Säugling *m*; ***service*** *m* ***de consultation des ~s*** Mütterberatungsstelle *f*

nourriture [nuʀityʀ] *f* 1 (*aliments*) Nahrung *f*; Kost *f*; Essen *n*; (*alimentation*) Ernährung *f*; Beköstigung *f*; Verpflegung *f*; ***~ légère, lourde*** leichte, schwere Kost, Nahrung; leichtes, schweres Essen; *litt et fig* ***~ de l'esprit*** geistige Nahrung, Kost; ***ne plus absorber, prendre aucune ~*** keinerlei Nahrung mehr zu sich nehmen 2 *d'un animal* Futter *n*

nous [nu] *pr/pers* 1 *sujet* wir; ***~ sommes content(e)s*** wir sind zufrieden; *pl de majesté* ***~, président de …, décidons …*** wir, der Präsident von …, bestimmen …; *pl de modestie* ***comme ~ le présentons dans ce livre*** wie wir es in diesem Buch darbieten; F *à la place de* tu *ou* vous: ***comment allons-~?*** F wie geht es uns?; ***elle est plus intelligent que ~*** sie ist klüger als wir 2 *obj/dir ou obj/indir* uns (*acc ou dat*); ***il ~ l'a écrit*** er hat es uns geschrieben; ***il ne ~ voit pas*** er sieht uns nicht; ***pardonne-~!*** verzeih uns!; ***présentez-~ à lui!*** stellen Sie uns ihm vor!; *réfléchi* ***~ ~ sommes acheté une nouvelle voiture*** wir haben uns e-n neuen Wagen gekauft; *réciproque* ***~ ~ sommes regardé(e)s sans rien dire*** wir sahen uns an, ohne etwas zu sagen 3 *emphatique, renforcé*: ***c'est ~*** wir sind es; F ***~, on n'ira pas*** wir gehen nicht hin; ***~ autres Français*** wir Franzosen; ***~ autres, ~ sommes persuadés de son innocence*** wir sind von s-r Unschuld überzeugt; ***cela ~ regarde, ~ et pas eux*** das geht uns etwas an und nicht sie 4 *avec prép* uns (*acc et dat*); ***ce livre est à ~*** das Buch gehört uns; ***à ~ trois, nous y arriverons*** wir drei werden es, zu dritt werden wir es schon schaffen; ***la plupart d'entre ~*** die meisten von uns

nous-mêmes [numɛm] *pr/pers* 1 *accentué* (wir) selbst; ***nous l'ignorons ~*** wir wissen es selbst nicht 2 *réfléchi* uns selbst; ***nous nous faisons du tort à ~*** wir schaden uns selbst

nouveau [nuvo] **I** *adj* ⟨*m vor Vokal u stummem h* **nouvel** [nuvɛl]; *f* **nouvelle** [nuvɛl]; *m/pl* **~x**⟩ neu; Neu…; *devant le nom a* andere(r, -s); ♦ ***nouvel an*** Neujahr(stag) *n(m)*; ***art ~*** Jugendstil *m*; *adjt* im Jugendstil; ***nouvelle édition*** Neuauflage *f*; neue Auflage; ***le nouvel élu*** der Neugewählte; ***un homme ~*** ein neuer Mann (*in der Politik etc*); ***un nouvel***

N

homme ein neuer, anderer Mensch; ***légumes ~x*** junges, frisches Gemüse; Frühgemüse *n*; ***son ~ mari*** ihr neuer Mann; ***le Nouveau Monde*** die Neue Welt; ***mot ~*** neues Wort; Neuwort *n*; Neologismus *m*; ***pommes de terre nouvelles*** neue Kartoffeln *f/pl*; Frühkartoffeln *f/pl*; ***les ~x pauvres*** die neuen Armen *pl*; ***les ~x pères*** die heutigen Väter *m/pl*; die Väter von heute; ***les ~x riches*** die Neureichen *m/pl*; *poét* ***saison nouvelle*** Frühling *m*; ***de nouvelles têtes*** neue Gesichter *n/pl*; ***vin ~*** junger Wein; ***nouvelle voiture*** neuer (*anderer*) Wagen; ***voiture nouvelle*** neuer Wagen (*neues Modell*); ♦ *loc/adv*: ***à ~*** aufs Neue; von Neuem; erneut; *comptabilité* ***porter à ~*** auf neue Rechnung übertragen, vortragen; ***de ~*** wieder; nochmals; abermals; noch einmal; ***commettre de ~ la même erreur*** wieder *etc* den gleichen Fehler begehen; ***pour une nouvelle période de trois mois*** auf weitere drei Monate; ♦ ***qu'y a-t-il de ~?, quoi de ~?*** was gibt es, gibt's Neues?; ***rien de ~*** nichts Neues; ***c'est ~ pour moi*** das ist neu für mich; das ist mir neu; ***mettre une nouvelle robe*** ein neues, anderes Kleid anziehen; *prov* ***tout ~, tout beau*** alles Neue reizt, gefällt **II** *subst* **1** ***du ~*** etwas Neues; ***voilà du ~*** das ist etwas Neues; ***il y a du ~ dans cette affaire*** es gibt etwas Neues in dieser Sache, Angelegenheit **2** ***le ~, la nouvelle*** der, die Neue (*dans une école, une entreprise etc*)

Nouveau-Brunswick [nuvobʀɛ̃svik, -bʀœ̃-] ***le ~*** Neubraunschweig *n*

Nouveau-Mexique [nuvomɛksik] ***le ~*** New Mexico [njuː-] *n*

nouveau-né [nuvone] **I** *adj* ⟨**nouveau-née**⟩ neugeboren **II** *m* ⟨*pl* **nouveau-nés**⟩ ***le ~*** das Neugeborene

nouveauté [nuvote] *f* **1** (*originalité*) Neuheit *f*; Neuartigkeit *f* **2** (*du nouveau*) Neue(s) *n*; *tu ne fumes plus?* ***c'est une ~*** das ist ja ganz neu **3** (*innovation*) Neuerung *f* **4** (*produit récent*) Neuheit *f*; Novität *f*; *en librairie a* Neuerscheinung *f* **5** (*article de mode*) (Mode)Neuheit *f*; ***~s de printemps, d'hiver*** Neuheiten der Frühjahrs-, Wintermode; ***magasin*** *m* ***de ~*** Modewaren-, Mode(n)geschäft *n*

nouvel(le) [nuvɛl] *adj* → ***nouveau***

nouvelle [nuvɛl] *f* **1** *d'un événement* Nachricht *f*; Meldung *f*; Neuigkeit *f*; PRESSE, RAD, TV ***~s*** *pl* Nachrichten *f/pl*; Meldungen *f/pl*; ***bonne, mauvaise ~*** gute, schlechte Nachricht; BIBL ***la bonne ~*** die Frohe Botschaft; ***fausse ~*** falsche Nachricht; Falschmeldung *f*; ***la grande ~*** die große Neuigkeit; ***première ~!*** das ist das Erste, was ich (davon) höre!; ***les ~s du jour*** Neues, die Nachrichten, die Meldungen vom Tage; Tagesneuigkeiten *f/pl*; ***aller aux ~s*** sich erkundigen, was es Neues gibt; ***annoncer, apporter une ~*** e-e Nachricht bekannt geben, (über)bringen; ***connaissez-vous la ~?*** wissen Sie schon das Neueste?; ***quelles sont les ~s aujourd'hui?*** was gibt es heute Neues in der Welt? **2** ***~s*** *pl* Nachricht *f* (*, die j von sich gibt*); ***aux dernières ~s***, *il était encore à Paris* als ich (*ou* wir) das letzte Mal von ihm hörte(n), …; ***avoir des ~s de qn*** von j-m Nachricht haben *ou* erhalten; ***on n'a pas de ses ~s depuis longtemps*** *a* man hat schon lange nichts mehr von ihm gehört; *menace* ***vous aurez, entendrez de mes ~s!*** Sie werden noch von mir hören!; ***quelles ~s avez-vous de votre père?*** was für Nachricht haben Sie, was hören Sie von Ihrem Vater?; ***demander des ~s de qn*** sich nach j-m erkundigen; nach j-m fragen; *goûtez donc cette sauce*, ***vous m'en direz des ~s*** Sie werden sehen, wie gut das ist *ou* schmeckt; ***donner, envoyer de ses ~s*** von sich hören lassen; ***donner des ~s de sa santé*** schreiben, hören lassen, wie es e-m gesundheitlich geht; ***être, rester sans ~s de qn*** ohne Nachricht von j-m sein, bleiben; nichts von j-m hören; ***faire*** *ou* ***envoyer prendre des ~s de qn*** nach j-s Befinden fragen lassen; ***recevoir des ~s de qn*** von j-m Nachricht erhalten; *prov* ***pas de ~s, bonnes ~s*** keine Nachricht, gute Nachricht **3** LITTÉRATURE Novelle *f*

Nouvelle-Amsterdam [nuvɛlamstɛʀdam] (***île*** *f* ***de***) ***la ~*** Neu-Amsterdam *n*

Nouvelle-Angleterre [nuvɛlɑ̃glətɛʀ] ***la ~*** Neuengland *n*

Nouvelle-Calédonie [nuvɛlkaledɔni] ***la ~*** Neukaledonien *n*

Nouvelle-Écosse [nuvɛlekɔs] ***la ~*** Neuschottland *n*

Nouvelle-Galles-du-Sud [nuvɛlgaldysyd] ***la ~*** Neusüdwales *n*

Nouvelle-Guinée [nuvɛlgine] ***la ~*** Neuguinea *n*

nouvellement [nuvɛlmɑ̃] *adv* neu; vor Kurzem; ***il est ~ arrivé*** er ist neu *ou* vor Kurzem angekommen

Nouvelle-Orléans (La) [lanuvɛlɔʀleɑ̃] New Orleans [njuːɔr'liːnz] *n*

Nouvelle-Sibérie [nuvɛlsibeʀi] ***la ~*** die Neusibirischen Inseln *f/pl*

Nouvelle-Zélande [nuvɛlzelɑ̃d] ***la ~*** Neuseeland *n*

Nouvelle-Zemble [nuvɛlzɑ̃bl] GÉOGR ***la ~*** Nowaja Semlja *n*

nouvelliste [nuvɛlist] *m,f* Novellist(in) *m(f)*

Novare [nɔvaʀ] GÉOGR Novara *n*

novateur [nɔvatœʀ] *m*, **novatrice** *f* Neuerer *m*; *adjt* ***esprit novateur*** auf Neuerungen sinnender Geist

novation [nɔvasjõ] *f* FIN Schuldumwandlung *f*; Novation *f*

novembre [nɔvɑ̃bʀ] *m* November *m*

novice [nɔvis] *m,f* **1** ÉGL CATH Novize *m,f*; Novizin *f* **2** (*débutant[e]*) Neuling *m*; Anfänger(in) *m(f)*; *adjt* ***il est encore bien ~ dans son métier*** er ist ein blutiger Anfänger in s-m Beruf

noviciat [nɔvisja] *m* ÉGL CATH Noviziat *n*

novocaïne [nɔvɔkain] *f* MÉD Novocain® *n*

Novos(s)ibirsk [nɔvɔsibiʀsk] GÉOGR Nowosibirsk *n*

noyade [nwajad] *f* Ertrinken *n*; ***sauver qn de la ~*** j-n vor dem Ertrinken retten

noyau [nwajo] *m* ⟨*pl* **~x**⟩ **1** BOT Stein *m*; Kern *m*; ***~ de cerise, de datte, de pêche*** Kirsch-, Dattel-, Pfirsichkern *m*; F *plais*: *lit etc* ***rembourré avec des ~x de pêche*** sehr hart; ***fruits*** *m/pl* ***à ~*** Steinobst *n*; ***enlever le ~*** den Stein, Kern entfernen, herausmachen **2** GÉOL, ÉLECT *d'une bobine*, ASTR *d'une comète etc*, *a fig* Kern *m* **3** PHYS NUCL Kern *m*; ***~ de l'atome*** Atomkern *m* **4** BIOL Zellkern *m*; *sc* Nukleus *m* **5** *de personnes* kleine Gruppe; ***~ d'opposants*** kleine Gruppe politischer Gegner(, *die e-e Partei unterwandert*); ***~ de résistance*** Widerstandsgruppe *f*

noyautage [nwajotaʒ] *m* POL Unterwanderung *f*

noyauter *v/t parti etc* unterwandern

noyé [nwaje] **I** *adj* **1** ertrunken; → *a* ***noyer***[1] **2** *regard* verschwommen; ***elle avait les yeux ~s de pleurs*** ihre Augen schwammen in Tränen **II** *subst*

~(e) *m(f)* Ertrunkene(r) *f(m)*

noyer[1] [nwaje] ⟨**-oi-**⟩ **I** *v/t* **1** *personne, animal* ertränken; *animal* F ersäufen; AUTO **~ le carburateur** F den Motor absaufen lassen; *fig* **~ son chagrin dans l'alcool** s-n Kummer im Alkohol ersäufen; *révolte* **~ dans le sang** im Blut ersticken; blutig niederschlagen; **~ le poisson** e-r klaren Antwort (durch Ablenkungsmanöver) ausweichen; *inondation* **~ une région** ein Gebiet überfluten, unter Wasser setzen **2** *par ext souvent p/p*: *personne* **être noyé dans la foule** von der Menge verschluckt worden sein; **être noyé dans la graisse** fettleibig, F ein Fettkloß, Fettwanst sein; *pièce* **être noyée dans l'obscurité** in Dunkel gehüllt, getaucht sein; *cri* **être noyé par le bruit** im Lärm untergehen; vom Lärm übertönt werden **3** TECH einlassen, einbetten (**dans** in *+acc*) **4** *couleurs, contours* zerfließen lassen; verwischen; ineinander verschmelzen lassen **II** *v/pr* **1** *baigneur etc* **se ~** ertrinken **2** *par ext* **se ~ dans les détails** sich in Einzelheiten verlieren

noyer[2] [nwaje] *m* **1** BOT (Wal)Nussbaum *m* **2** *bois* Nussbaum(holz) *m(n)*

Noyon [nwajõ] *Stadt im Dep. Oise*

nu [ny] **I** *adj* **1** *personne* nackt; unbekleidet; *bras, jambes etc* nackt; bloß; entblößt; **tout ~, ~ comme un ver** splitter(faser)nackt; *fig* **la vérité toute ~e** die nackte, reine, ungeschminkte Wahrheit; **à moitié ~** halb nackt; notdürftig bekleidet; *loc/adv*: **les mains ~es** mit bloßen Händen; **se battre les mains ~es** sich mit bloßen Fäusten verteidigen; **(les) pieds ~s** barfuß; mit nackten, bloßen Füßen; **(la) tête ~e** mit bloßem, entblößtem Kopf; ohne Kopfbedeckung; barhäuptig; **(le) torse ~** mit nacktem Oberkörper; **à l'œil ~** mit bloßem Auge; **se mettre ~** sich nackt ausziehen **2** *mur* nackt; kahl; *chambre, arbre* kahl; *pièce a* nicht möbliert; **épée ~e** blankes Schwert; **fil ~** blanker Draht; **mettre à ~** *fil électrique* freilegen, bloß legen; *fig* entblößen; schonungslos darstellen; offen darlegen **II** *m* BEAUX-ARTS **a)** *technique* Aktdarstellung *f*, -malerei *f*, -zeichnung *f*; **b)** *œuvre* Akt *m*; **~ féminin couché** liegender weiblicher Akt; **~ photographique** Aktfoto *n*, -aufnahme *f*

nuage [nɥaʒ] *m* **1** Wolke *f*; **~s** *pl a* Bewölkung *f*; Gewölk *n*; **~ de fumée, de grêle, de pluie, de poussière** Rauch-, Hagel-, Regen-, Staubwolke *f*; *loc/adj* **sans ~s** *ciel* wolkenlos; *fig bonheur* ungetrübt; *fig*: **il y a des ~s noirs à l'horizon** schwarze Wolken ziehen am Horizont auf; **être dans les ~s** zerstreut, geistesabwesend sein; mit s-n Gedanken ganz woanders, nicht bei der Sache sein **2** *dans le café etc* **un ~ de lait** ein Tröpfchen, ein klein wenig Milch

nuageux [nɥaʒø] *adj* ⟨**-euse**⟩ *ciel* bewölkt; MÉTÉO **temps ~** wolkig; bewölkt

nuance [nɥɑ̃s] *f* **1** *d'une couleur* Abstufung *f*; Abtönung *f*; Schattierung *f*; Nuance *f* **2** (*différence subtile*) feiner Unterschied; Nuance *f*; Feinheit *f*; *loc/adj* **tout en ~s** *esprit* sehr differenziert; *interprétation, expression* nuancenreich; sehr nuanciert; **il y a des ~s** es gibt feine Unterschiede, Nuancen **3** *fig* (*soupçon*) (leichte) Spur, Hauch *m*, Anflug *m* (**de regret** *etc* von Bedauern *etc*) **4** MUS **~s** *pl* Tonstärken *f/pl*

nuancé [nɥɑ̃se] **I** *adj* nuanciert; differenziert **II** *m* Nuanciertheit *f*; Nuancenreichtum *m*

nuancer [nɥɑ̃se] *v/t* ⟨**-ç-**⟩ **1** *pensée, jugement* nuancieren; fein differenzieren **2** *couleur* abstufen; abtönen; schattieren; nuancieren

Nubie [nybi] **la ~** Nubien *n*

nubien [nybjɛ̃] **I** *adj* ⟨**~ne**⟩ nubisch **II** *subst* **Nubien(ne)** *m(f)* Nubier(in) *m(f)*

nubile [nybil] *adj* heiratsfähig **nubilité** *f* Heiratsfähigkeit *f*; heiratsfähiges Alter

Nucingen [nysɛ̃ʒɛn, -siŋgɛn] *Romangestalt bei Balzac*

nucléaire [nykleɛʀ] **I** *adj* **1** Kern...; Atom...; nuklear; Nuklear...; **armes** *f/pl* **~s** Kern-, Atom-, Nuklearwaffen *f/pl*; **centrale** *f* **~** Kern-, Atomkraftwerk *n*; **énergie** *f* **~** Kern-, Atomenergie *f*; Kern-, Atomkraft *f*; **explosion** *f* **~** Kern-, Atomexplosion *f*; **guerre** *f* **~** Atomkrieg *m*; **médecine** *f* **~** Nuklearmedizin *f*; **physique** *f* **~** Kernphysik *f*; **puissance** *f* **~** Atom-, Nuklearmacht *f*; **réacteur** *m* **~** Kern-, Atomreaktor *m*; **recherche** *f* **~** Kernforschung *f* **2** BIOL (Zell)Kern... **II** *m* Kern-, Atomenergie *f*; Kern-, Atomkraft *f*; **sortie** *f* **du ~** Ausstieg *m* aus der Kern-, Atomenergie

nucléique [nykleik] *adj* BIOCHIMIE **acides** *m/pl* **~s** Nukleinsäuren *f/pl*

nudisme [nydism] *m* Freikörperkultur *f* (*abr* FKK); Nacktkultur *f*; Nudismus *m*; **faire du ~** FKK machen

nudiste [nydist] **I** *adj* FKK-...; der Freikörper-, Nacktkultur; nudistisch **II** *m,f* FKK-Anhänger(in) *m(f)*; Anhänger(in) *m(f)* der Freikörperkultur; Nudist(in) *m(f)*; F FKKler(in) *m(f)*; **camp** *m* **de ~s** FKK-Gelände *n*; *en bord de mer* FKK-Strand *m*

nudité [nydite] *f* **1** *d'une personne* Nacktheit *f*; Blöße *f* **2** *fig d'une cellule etc* Nacktheit *f*; Kahlheit *f*; *vices* **s'étaler** *ou* **se montrer dans toute leur ~** sich in ihrer ganzen Schamlosigkeit zeigen **3** PEINT **~s** *pl* nackte Gestalten *f/pl*, Figuren *f/pl*

nue [ny] *f* **1** *litt* (*nuages*) Wolken *f/pl* **2** *fig* **porter qn aux ~s** j-n in den Himmel heben; **tomber des ~s** (wie) aus allen Wolken fallen

nuée [nɥe] *f* **1** *litt* (*gros nuage*) große, dicke Wolke; *lors d'une éruption volcanique* **~ ardente** Glutwolke *f* **2** *fig* Schwarm *m*; **~ d'admirateurs** Schwarm von Bewunderern; **~ de sauterelles** Heuschreckenschwarm *m*

nue-propriété [nypʀɔpʀijete] *f* ⟨*pl* **nues-propriétés**⟩ JUR mittelbarer Besitz

nuire [nɥiʀ] ⟨→ **conduire**; *aber p/p* **nui**⟩ **I** *v/t/indir* **~ à qn** j-m schaden, Schaden zufügen; **~ à qc** e-r Sache (*dat*) schaden, schädlich sein, abträglich sein, Abbruch tun; etw schädigen; für etw nachteilig sein; **~ à la santé** der Gesundheit unzuträglich sein, schaden *etc*; **cette affaire lui a beaucoup nui** diese Sache hat ihm sehr geschadet; *abs* **la volonté de ~** der Wille, Schaden zuzufügen, zu stiften, anzurichten **II** *v/pr* **se ~** *réfléchi* sich (*dat*) (selbst) schaden; *réciproque* sich (gegenseitig) schaden

nuisance [nɥizɑ̃s] *f* Umweltbelastung *f*; Beeinträchtigung *f* der Lebensqualität; schädliche Einwirkung; Unzuträglichkeit *f*; *t/t* Immission *f*; **~s sonores** Lärmbelästigung *f*; **~s des avions** Lärmbelästigung *f* durch Flugzeuge

nuisette [nɥizɛt] *f* kurzes (Damen)Nachthemd; Shorty *n*

N

nuisible [nɥizibl] *adj* schädlich; abträglich; unzuträglich; ***animaux*** *m/pl* **~s** Schädlinge *m/pl*; **~ *à la santé*** gesundheitsschädlich, -schädigend

nuit [nɥi] *f* Nacht *f*; **~ *blanche*** schlaflose Nacht; ***bonne ~!*** gute Nacht!; ***gardien*** *m*, ***table*** *f*, ***vol*** *m* ***de ~*** Nachtwächter *m*, -tisch *m*, -flug *m*; ♦ *loc/adv*: ***la ~*** in der Nacht; nachts; bei Nacht; *st/s* des Nachts; nächtlicherweile; *dans les contes* ***la ~ venue*** nachdem es Nacht, dunkel geworden war; ***toute la ~*** die ganze Nacht (über, hindurch); ***le jour et la ~*** *ou* **~ *et jour*** [nɥite-] *ou* ***jour et ~*** Tag und Nacht; ***dans la ~ des temps*** in grauer Vorzeit; ***de ~*** in der Nacht; nachts; bei Nacht; ***être de ~*** Nachtschicht, *à l'hôpital* Nachtdienst haben; ***en pleine ~*** mitten in der Nacht; ***(jusqu')à une heure avancée de la ~*** (bis) zu vorgerückter (Nacht)Stunde; tief in der Nacht; bis tief in die Nacht (hinein); ***par une ~ sans lune*** in e-r mondlosen Nacht; ***pendant la ~*** während der Nacht; in der Nacht; ♦ *enfant* ***dormir sa ~*** fest (und ohne Unterbrechung) schlafen; ***ne pas dormir de (toute) la ~*** die ganze Nacht nicht schlafen; *fig* ***c'est le jour et la ~*** das ist ein Unterschied wie Tag und Nacht; das ist ein himmelweiter Unterschied; ***il fait ~*** es ist Nacht, dunkel; ***passer une bonne, mauvaise ~*** gut, schlecht schlafen; *malade* e-e gute, schlechte Nacht haben, verbringen; ***rentrer avant la ~*** vor Einbruch der Nacht, Dunkelheit nach Hause kommen; *prov*: ***la ~ porte conseil*** guter Rat kommt über Nacht (*prov*); ***la ~, tous les chats sont gris*** bei Nacht sind alle Katzen grau (*prov*)

nuitamment [nɥitamɑ̃] *adv litt* nächtlicherweile; nächtens

nuitée [nɥite] *f* TOURISME Übernachtung *f*

Nuits-Saint-Georges [nɥisɛ̃ʒɔʀʒ] *Weinort in Burgund*

nul[1] [nyl] *adj* ⟨**~le**⟩ 1 SPORTS unentschieden; ***match ~*** unentschiedenes Spiel; ***faire match ~*** unentschieden spielen; ÉCHECS *remis* spielen 2 (*inexistant*) *visibilité, bénéfice* gleich null; *résultats, risques* ***pratiquement ~*** praktisch gleich null; ***intelligence ~le*** keine Spur von Intelligenz 3 JUR ungültig; nichtig; (rechts)unwirksam; ***déclarer ~ et non avenu*** für null und nichtig erklären 4 (*sans valeur*) *travail, devoir* wertlos 5 *personne* ***être ~*** ein Versager, F e-e Null, e-e Niete sein (***en latin*** in Latein)

nul[2] [nyl] I *adj/ind* ⟨**~le**; *mit* **ne** *vor dem Verb*⟩ 1 *st/s* (*aucun*) kein(e); **~ *autre que lui ne peut le faire*** kein anderer als er, keiner außer ihm, nur er kann es tun; ***sans ~ doute*** ohne (jeden) Zweifel; zweifellos; zweifelsohne 2 *loc/adv* **~*le part*** nirgends; nirgendwo II *pr/ind* ⟨*nur m sg*; *mit* **ne** *beim Verb*⟩ *st/s* (*aucun*) keiner; niemand; **~ *n'est censé ignorer la loi*** Unkenntnis des Gesetzes schützt nicht vor Strafe

nullard [nylaʀ] *m* F (*incapable*) F Null *f*; Niete *f*

nullement [nylmɑ̃] *adv* keineswegs; ganz und gar nicht; überhaupt nicht; in keiner Weise; nicht im Geringsten

nullité [nylite] *f* 1 JUR Ungültigkeit *f*; Nichtigkeit *f*; (Rechts)Unwirksamkeit *f*; **~ *de forme*** Nichtigkeit wegen Formmangels; *loc/adj* ***frappé de ~*** (für) nichtig, ungültig, unwirksam (erklärt) 2 *d'une personne* Unfähigkeit *f*; *d'un argument etc* Wertlosigkeit *f* 3 (*personne incapable*) Versager *m*; F Null *f*; Niete *f*

numéraire [nymeʀɛʀ] *m* (Bar)Geld *n*; ***payer en ~*** in bar zahlen

numéral [nymeʀal] *adj* ⟨**-aux**⟩ Zahl…; Zahlen…; GR ***adjectif ~*** *ou subst* **~** *m* Zahlwort *n*; Numerale *n*; (***adjectif***) **~ *cardinal*** Grund-, Kardinalzahl *f*; (***adjectif***) **~ *ordinal*** Ordnungs-, Ordinalzahl *f*; ***lettres ~es*** als Zahlen verwendete Buchstaben *m/pl*; ***système ~*** Zahlensystem *n*

numérateur [nymeʀatœʀ] *m* MATH Zähler *m*

numération [nymeʀasjõ] *f* 1 (*dénombrement*) Zählen *n*, -ung *f* 2 *système* Zahlensystem *n*; **~ *décimale*** Dezimalsystem *n*

numérique [nymeʀik] *adj* 1 mit Zahlen; Zahlen…; MATH *a* numerisch; ***calcul*** *m* **~** Zahlenrechnen *n*; numerisches Rechnen; ***données*** *f/pl* **~s** gegebene Zahlen *f/pl*; Zahlenangaben *f/pl*; ***tableau*** *m* **~** Zahlentabelle *f* 2 (*en nombre*) zahlenmäßig; der Zahl nach; numerisch; ***force*** *f*, ***supériorité*** *f* **~** zahlenmäßige Stärke, Überlegenheit 3 TECH digital; Digital…; ***appareil*** *m* ***photo ~*** Digitalkamera *f*; ***technique*** *f*, ***télévision*** *f* **~** Digitaltechnik *f*, -fernsehen *n*

numériquement [nymeʀikmɑ̃] *adv* zahlenmäßig; der Zahl nach; an Zahl

numérisation [nymeʀizasjõ] *f* INFORM Digitalisierung *f* **numériser** *v/t* INFORM digitalisieren

numéro [nymeʀo] *m* 1 (*abr* ***n°, N°***) Nummer *f* (*abr* Nr.); LOTERIE **~ *gagnant, sortant*** Gewinnzahl *f*; *fig d'une personne* ***le ~ un*** die Nummer eins; der Spitzenreiter; *loc/adj* **~ *un*** Haupt…; wichtigste(r, -s); ***ennemi public ~ un*** Staatsfeind *m* Nummer eins; ***le problème ~ un*** das Hauptproblem; TÉL **~ *vert*** Service *m* 130; TÉL **~ *d'appel*** Rufnummer *f*; **~ *de compte*** Kontonummer *f*; **~ *de fax, de télécopieur*** Faxnummer *f*; AUTO **~ *d'immatriculation, minéralogique*** amtliches, polizeiliches Kennzeichen; Zulassungsnummer *f*; **~ *d'une maison*** Hausnummer *f*; **~ *d'ordre*** laufende Nummer; **~ *de la page*** Seitenzahl *f*; **~ *de série*** Fabrikations-, Seriennummer *f*; **~ *de téléphone*** Telefon-, Rufnummer *f*; Ruf *m*; **~ *d'une voiture*** Auto-, Wagennummer *f*; TÉL ***composer, faire un ~*** e-e Nummer wählen; ***habiter au ~ six*** (in der) (Haus)Nummer sechs wohnen; *fig*: ***tirer le bon ~*** das große Los ziehen; ***tirer le mauvais ~*** Pech haben 2 *d'un journal* Nummer *f*; Ausgabe *f*; *d'une revue* Nummer *f*; Heft *n*; **~ *spécial*** Sondernummer *f*, -heft *n* 3 SPECTACLES Nummer *f*; Auftritt *m*; Darbietung *f*; **~ *de chant, de cirque, de danse*** Gesangs-, Zirkus-, Tanznummer *f*; F *fig* ***faire son ~ habituel*** F das übliche Theater machen; die übliche Komödie aufführen 4 F *fig d'une personne* ***c'est un (drôle de, sacré) ~*** er *ou* sie ist e-e komische Nummer, Type

numérotage [nymeʀɔtaʒ] *m* Nummerieren *n* **numérotation** *f* Nummerierung *f*

numéroter [nymeʀɔte] *v/t* nummerieren; benummern; *adjt* ***numéroté*** nummeriert

numerus clausus [nymeʀysklozys] *m* Numerus clausus *m*

numide [nymid] HIST I *adj* numidisch II *m/pl* ***Numides*** Numider *m/pl*

Numidie [nymidi] ***la ~*** HIST Numidien *n*

numismate [nymismat] *m* Numismatiker *m* **numismatique** I *adj* numismatisch II *f* Münzkunde *f*; Numismatik *f*

nu-pieds [nypje] I *adv* barfuß II *m/pl* (einfache) Sandalen *f/pl*

nuptial [nypsjal] *adj* ⟨**-aux**⟩ Braut…; Hochzeits…; ***bénédiction ~e*** kirchliche Trauung (ohne Brautmesse); ***chambre ~e, lit ~*** Brautgemach *n*, -bett *n*; ***marche ~e*** Hochzeitsmarsch *m*; *des oiseaux* ***robe ~e*** Hochzeitskleid *n*
nuptialité [nypsjalite] *f* STATISTIQUE Zahl *f* der Eheschließungen
nuque [nyk] *f* Nacken *m*; Genick *n*; ***~ épaisse*** Stiernacken *m*
Nuremberg [nyʀɛ̃bɛʀ, -ʀɑ̃-] Nürnberg *n*
nurse [nœʀs] *f* Kindermädchen *n*, -frau *f*, -pflegerin *f*
nursery [nœʀsəʀi] *f* Kinderzimmer *n*
nu-tête [nytɛt] *adv* barhäuptig; ohne Kopfbedeckung
nutritif [nytʀitif] *adj* ⟨**-ive**⟩ **1** Nähr…; der Ernährung dienend; *sc* nutritiv; ***besoins ~s*** Nahrungsbedarf *m*; ***solution, valeur nutritive*** Nährlösung *f*, -wert *m* **2** (*nourrissant*) nahrhaft
nutrition [nytʀisjõ] *f* Ernährung *f*; Nahrungsaufnahme *f*; *sc* Nutrition *f*; ***troubles*** *m/pl* ***de la ~*** Ernährungsstörungen *f/pl*
nutritionnel [nytrisjɔnɛl] *adj* ⟨**~le**⟩ Ernährungs…
nutritionniste *m,f* Diätetiker(in) *m(f)*; Ernährungswissenschaftler(in) *m(f)*
nylon® [nilõ] *m* Nylon® [ˈnaɪlɔn] *n*; ***de*** *ou* ***en ~*** Nylon…; ***bas*** *m/pl* **(*en*)** ***~*** Nylonstrümpfe *m/pl*; F Nylons *pl*
nymphe [nɛ̃f] *f* **1** MYTH Nymphe *f* **2** ZO Puppe *f*
nymphéa [nɛ̃fea] *m* BOT Weiße Seerose
nymphette [nɛ̃fɛt] *f* Lolita(typ) *f(m)*; Kindfrau *f*
nympho [nɛ̃fo] *f* → ***nymphomane II***
nymphomane [nɛ̃fɔman] **I** *adj* nymphoman(isch) **II** *f* Nymphomanin *f* **nymphomanie** *f* Nymphomanie *f*

O

O, o [o] *m* ⟨*inv*⟩ O, o n
ô [o] *int* o; ***~ ciel!*** o Himmel!
O. *abr* (*ouest*) W (West[en])
OACI [ɔasei] *f abr* (*Organisation de l'aviation civile internationale*) ICAO *f* (Internationale Organisation der Zivilluftfahrt)
OAS [oaɛs] *f abr* (*Organisation de l'armée secrète*) *nationalistische frz Untergrundbewegung am Ende des Algerienkrieges*
oasien [ɔazjɛ̃] **I** *adj* ⟨**~ne**⟩ Oasen… **II** *m/pl* ***~s*** Oasenbewohner *m/pl*
oasis [ɔazis] *f*, *a m* **1** GÉOGR Oase *f* **2** *fig* ***une ~ de calme*** e-e Oase der Stille
obédience [ɔbedjɑ̃s] *f* **1** *loc/adj* ***d'~ communiste*** *etc* kommunistischer *etc* Prägung, Observanz, Weltanschauung **2** *litt* (*obéissance*) Gehorsam *m*; (*soumission*) Unterwerfung *f*
obéir [ɔbeiʀ] *v/t/indir personne, animal* ***~ à qn*** j-m gehorchen; j-m folgen (*surtout enfants*); auf j-n hören; F (j-m) parieren; ***~ à sa conscience*** s-m Gewissen folgen; ***~ à un ordre*** e-m Befehl gehorchen, Folge leisten; *par ext*: *chose* ***~ à une loi physique*** e-m physikalischen Gesetz gehorchen; *abs*: ***il faut ~*** da heißt es gehorchen, sich fügen; **(*savoir*)** ***se faire ~*** sich (*dat*) Gehorsam (zu) verschaffen (wissen); ***refuser d'~*** den Gehorsam verweigern; *p/p* ***être obéi*** Gehorsam finden; ***il était obéi*** *a* man gehorchte ihm, leistete ihm Gehorsam
obéissance [ɔbeisɑ̃s] *f* Gehorsam *m* **(*à qn*** j-m gegenüber); ***~ aveugle*** blinder Gehorsam; *péj* Kadavergehorsam *m*; MIL ***refus*** *m* ***d'~*** Gehorsams-, Befehlsverweigerung *f*
obéissant [ɔbeisɑ̃] *adj* gehorsam; ***chien ~*** gehorsamer, braver Hund; ***enfant ~*** gehorsames, braves, artiges Kind; ***nature ~e*** fügsames, nachgiebiges Wesen
obélisque [ɔbelisk] *m* Obelisk *m*
obéré [ɔbeʀe] *adj st/s* ***~*** **(*de dettes*)** tief verschuldet; tief in Schulden steckend
Oberland bernois [ɔbɛʀlɑ̃dbɛʀnwa] ***l'~*** *m* das Berner Oberland
Obernai [ɔbɛʀnɛ] GÉOGR Oberehnheim *n*
Obéron [ɔbeʀõ] *m* MYTH Oberon *m*
obèse [ɔbɛz] **I** *adj* fett-, dickleibig (*a méd*) **II** *m,f* Fett-, Dickleibige(r) *f(m)*
obésité [ɔbezite] *f* Fett-, Dickleibigkeit *f* (*a* MÉD)
objecter [ɔbʒɛkte] *v/t* **1** (*opposer*) einwenden, zu bedenken geben (***que*** dass); ***~ qc à qn*** j-m etw entgegenhalten; ***~ à qn que …*** j-m entgegenhalten, dass …; ***rien à ~*** **(*à notre projet*)?** keine Einwände (gegen unseren Plan)?; ***avoir toujours qc à ~*** immer etwas einzuwenden, immer Einwände haben **2** (*alléguer*) vorgeben; vorschützen; ***~ la fatigue*** Müdigkeit vorschützen
objecteur [ɔbʒɛktœʀ] *m* ***~ de conscience*** Wehrdienst-, Kriegsdienstverweigerer *m*
objectif [ɔbʒɛktif] **I** *adj* ⟨**-ive**⟩ objektiv (*a* PHILOS); sachlich **II** *m* **1** OPT, PHOT Objektiv *n*; ***braquer son ~ sur qn*** sein Objektiv, s-e Kamera auf j-n richten **2** MIL Ziel *n* **3** *fig* (*but*) Ziel *n*; ***atteindre son ~*** sein Ziel erreichen
objection [ɔbʒɛksjõ] *f* Einwand *m*, Einwendung *f* **(*à qc*** gegen etw); ***~ de conscience*** Wehrdienst-, Kriegsdienstverweigerung *f* (aus Gewissensgründen); ***il n'y a pas d'~ à cela*** es ist nichts dagegen einzuwenden; ***faire, formuler une ~*** e-n Einwand geltend machen, erheben, vorbringen; *proposition* ***ne soulever aucune ~*** auf keinen Widerspruch, Protest stoßen; keinen Widerspruch hervorrufen; ***si vous n'y voyez pas d'~*** wenn Sie nichts dagegen einzuwenden haben
objectivation [ɔbʒɛktivasjõ] *f* PHILOS Objektivierung *f*; Objektivation *f*; Vergegenständlichung *f*
objectivement *adv* **1** objektiv; sachlich **2** PHILOS

objektiv; tatsächlich **objectiver** *v/t* PHILOS objektivieren; vergegenständlichen; zu e-m Objekt machen **objectivisme** *m* 1 PHILOS Objektivismus *m* 2 Objektivität *f*; Sachlichkeit *f* **objectiviste** *m,f* PHILOS Objektivist(in) *m(f)*

objectivité [ɔbʒɛktivite] *f* Objektivität *f* (*a* PHILOS); Sachlichkeit *f*; ***être dénué, manquer d'~*** nicht objektiv, sachlich sein

objet [ɔbʒɛ] *m* 1 *concret* Gegenstand *m*; Ding *n*; Sache *f*; ***~ précieux, de valeur*** Wertgegenstand *m*, -sache *f*; Kostbarkeit *f*; ***~ rare*** Rarität *f*; seltenes Stück; ***~ volant non identifié*** Ufo *ou* UFO *n*; unbekanntes Flugobjekt; ***~ d'art*** Kunstgegenstand *m*; ***~ d'usage courant*** Gebrauchsgegenstand *m*; → *a* ***trouvé*** *1* 2 (*sujet, matière*) Gegenstand *m*; COMM, ADM *en début de lettre* ***~: …*** Betrifft, Betreff, *souvent abr* Betr.: …; ***~ du contrat, du litige*** Vertrags-, Streitgegenstand *m*; ***avoir pour ~ qc*** etw zum Gegenstand, Inhalt haben; etw beinhalten, betreffen; → *a 3*; *personne, chose* ***être un ~ de curiosité pour qn*** für j-n ein Gegenstand der Neugier sein; *réclamation etc* ***être sans ~*** gegenstandslos sein; ***être, faire l'~ de qc*** Gegenstand von etw sein; ***il est l'~ d'une grave accusation*** e-e schwere Beschuldigung richtet sich gegen ihn; ***faire l'~ d'une surveillance constante*** ständig überwacht werden; ständiger Überwachung (*dat*) unterliegen 3 (*but*) Zweck *m*; Ziel *n*; ***~ de la visite*** Zweck des Besuches; ***avoir pour ~ qc*** etw bezwecken; etw zum Ziel, zum Zweck, zur Aufgabe haben 4 GR ***complément*** *m* ***d'~*** Satzergänzung *f*; Objekt *n*; (***complément*** *m* ***d'***)***~ direct*** Akkusativobjekt *n*; Ergänzung *f* im Wenfall, im vierten Fall; (***complément*** *m* ***d'***)***~ indirect*** Präpositionalobjekt *n* 5 PHILOS, PSYCH Objekt *n*

objurgations [ɔbʒyʀgasjõ] *litt f/pl* inständiges Bitten; Beschwörungen *f/pl*

obligataire [ɔbligatɛʀ] FIN **I** *adj* Obligationen… **II** *m* Inhaber *m* e-r Schuldverschreibung; *schweiz* Obligationär *m*

obligation [ɔbligasjõ] *f* 1 (*engagement*) Verpflichtung *f*, (*devoir*) Pflicht *f* (***envers qn*** j-m gegenüber); COMM Verpflichtung *f*; Verbindlichkeit *f*; JUR ***~ alimentaire*** Unterhaltspflicht *f*; ***~s militaires*** Wehr-, Militärpflicht *f*; ***~ morale*** moralische Pflicht; ***~s professionnelles*** berufliche Verpflichtungen; JUR ***~ de témoigner*** Zeugnispflicht *f*; *st/s* ***se faire une ~ de faire qc*** es sich (*dat*) zur Pflicht machen, etw zu tun 2 (*nécessité*) Notwendigkeit *f*; (*contrainte*) Zwang *m*; ***sans ~ d'achat*** ohne Kaufzwang; ***être dans l'~ de faire qc*** gezwungen, genötigt sein, etw zu tun; ***se voir dans l'~ de faire qc*** sich gezwungen, genötigt sehen, etw zu tun 3 FIN Schuldverschreibung *f*; Obligation *f* 4 *litt* ***avoir beaucoup d'~(s) à qn*** j-m zu großem Dank verpflichtet sein

obligatoire [ɔbligatwaʀ] *adj* 1 obligatorisch; vorgeschrieben; verbindlich; Pflicht…; …pflicht; ***~ pour tous*** allgemein verbindlich; ***enseignement*** *m*, ***instruction*** *f* ***~*** Schulpflicht *f*; *circulation* ***sens*** *m* ***~*** vorgeschriebene Fahrtrichtung; ***service*** *m* ***militaire ~*** allgemeine Wehrpflicht; ***être ~*** Pflicht, obligatorisch sein 2 F (*inévitable*) zwangsläufig; ***c'était ~*** das konnte nicht ausbleiben; das musste ja so kommen; es musste zwangsläufig dahin kommen

obligatoirement [ɔbligatwaʀmɑ̃] *adv* obligatorisch; zwangsläufig

obligé [ɔbliʒe] **I** *adj et p/p* 1 → ***obliger*** *I 2, 3* 2 F ***c'est ~!*** das kann nicht anders sein **II** *subst* 1 ***être l'~(e)*** *m(f)* ***de qn*** j-m zu Dank verpflichtet sein 2 JUR ***principal ~*** Hauptschuldner *m*

obligeamment [ɔbliʒamɑ̃] *adv* entgegenkommenderweise

obligeance [ɔbliʒɑ̃s] *f* Gefälligkeit *f*; Zuvorkommenheit *f*; Entgegenkommen *n*; Verbindlichkeit *f*; ***avoir l'~ de faire qc*** so freundlich sein, die Freundlichkeit besitzen, die Güte haben, etw zu tun

obligeant [ɔbliʒɑ̃] *adj* gefällig; entgegenkommend; zuvorkommend; verbindlich

obliger [ɔbliʒe] ⟨**-geons**⟩ **I** *v/t* 1 *loi, contrat etc* ***~ qn*** j-n verpflichten, binden; ***~ qn à faire qc*** j-n dazu verpflichten, etw zu tun 2 (*forcer*) ***~ qn à qc*** j-n zu etw zwingen, nötigen; ***rien ne vous y oblige*** nichts zwingt Sie dazu; ***~ qn à faire qc*** j-n zwingen, nötigen, etw zu tun; ♦ *p/p*: ***se croire obligé de faire qc*** glauben, etw tun zu müssen; *iron* sich bemüßigt fühlen, etw zu tun; ***être obligé de faire qc*** gezwungen, genötigt sein, etw zu tun; etw tun müssen; ***tu n'es pas obligé de venir*** *a* du brauchst nicht zu kommen; ***je suis bien obligé*** ich muss (es tun); ich kann (leider) nicht anders; ***se voir obligé de faire qc*** sich gezwungen, genötig, veranlasst sehen, etw zu tun 3 (*rendre service*) *surtout p/p*: ***je vous suis bien obligé de votre aide*** ich bin Ihnen für Ihre Hilfe sehr verbunden, dankbar, zu Dank verpflichtet; ***je vous serais très obligé de bien vouloir faire qc*** ich wäre Ihnen sehr verbunden, dankbar, wenn Sie etw tun würden **II** *v/pr* ***s'~ à faire qc*** (*s'engager*) sich verpflichten, etw zu tun; (*se forcer*) sich zwingen, etw zu tun

oblique [ɔblik] *adj* schräg; schief; MATH ***ligne*** *f* ***~*** *ou subst* ***~*** *f* schräge Linie; ***regard*** *m* ***~*** Seitenblick *m*; *loc/adv* ***en ~*** schräg

obliquement [ɔblikmɑ̃] *adv* schräg

obliquer [ɔblike] *v/i* ***~ à droite, à gauche*** (seitwärts) nach rechts, nach links abbiegen

obliquité [ɔblikɥite] *f* Schiefe *f*; Schiefheit *f*; Schräge *f*; Schrägheit *f*; Neigung *f* (*a* MATH)

oblitérateur [ɔbliteʀatœʀ] *m de timbres* Entwerter *m*; Entwertungsstempel *m* **oblitération** *f* 1 *de timbres* Entwertung *f*; Abstemp(e)lung *f* 2 MÉD Verstopfung *f*; *sc* Obliteration *f*

oblitérer [ɔbliteʀe] *v/t* ⟨-è-⟩ 1 *timbres* entwerten; abstempeln; ***timbre oblitéré*** *a* gestempelte Marke 2 MÉD *vaisseau etc* verstopfen

oblong [ɔblõ] *adj* ⟨**oblongue** [ɔblõg]⟩ länglich

obnubiler [ɔbnybile] *v/t* ***~ qn*** j-s ganzes Denken beherrschen; *surtout p/p* ***avoir l'esprit obnubilé, être obnubilé par une idée*** von e-r Idee beherrscht werden, besessen sein

obole [ɔbɔl] *f* Obolus *m*; Scherflein *n*

obscène [ɔpsɛn] *adj* obszön; unanständig; schmutzig; *paroles a* unflätig; zotig; zotenhaft

obscénité [ɔpsenite] *f* 1 *caractère* Obszönität *f*; Unanständigkeit *f*; Unflätigkeit *f* 2 *propos* Zote *f*; ***dire des ~s*** Zoten reißen

obscur [ɔpskyʀ] *adj* 1 (*sombre*) dunkel; finster; ***salles ~es*** Kinos *n/pl*; Filmtheater *n/pl* 2 *fig affaire, point* dunkel; *texte, raisons* dunkel; unverständlich; unklar; *sentiment* dunkel; undeutlich 3 *personna-*

ge, auteur unbekannt; unbedeutend; obskur; *existence* bescheiden; unauffällig; unscheinbar

obscurantisme [ɔpskyʀɑ̃tism] *m* Fortschritts- und Bildungsfeindlichkeit *f*; Obskurantismus *m*; Dunkelmännertum *n* **obscurantiste** **I** *adj* aufklärungs-, bildungs- und fortschrittsfeindlich **II** *m* Dunkelmann *m*; Finsterling *m*; Feind *m* der Aufklärung, der Bildung und des Fortschritts

obscurcir [ɔpskyʀsiʀ] **I** *v/t* **1** *salle* verdunkeln (*a ciel*); dunkel machen **2** *fig explications, sens etc* unverständlich, unklar, dunkel machen; *yeux* ***obscurcis de larmes*** von Tränen getrübt **II** *v/pr* ***s'~*** *ciel* sich verdunkeln; sich verfinstern; *temps* sich eintrüben

obscurcissement [ɔpskyʀsismɑ̃] *m du ciel* Verdunk(e)lung *f*; Verfinsterung *f*

obscurément [ɔpskyʀemɑ̃] *adv* dunkel; undeutlich

obscurité [ɔpskyʀite] *f* **1** Dunkelheit *f*; Dunkel *n*; Finsternis *f*; ***dans l'~*** im Dunkeln, Finstern **2** *fig* **a)** *d'un texte etc* Unverständlichkeit *f*; Unklarheit *f*; **b)** (*passage, point obscur*) dunkle, unverständliche, unklare Stelle; Unklarheit *f* **3** *fig* Unbekanntheit *f*; Obskurität *f*; ***l'~ des origines de l'homme*** der im Dunkeln liegende Ursprung des Menschen; ***vivre dans l'~*** ein unauffälliges, unscheinbares Leben führen

obsédant [ɔpsedɑ̃] *adj souvenir, rythme etc* der, die, das einem nicht aus dem Sinn geht *ou* einen nicht loslässt

obsédé(e) [ɔpsede] *m(f)* Besessene(r) *f(m)*; ***~(e) sexuel(le)*** Sexbesessene(r) *f(m)*

obséder [ɔpsede] *v/t* ⟨**-è-**⟩ *idée, crainte, remords, souvenir* ***~ qn*** j-m nicht aus dem Sinn gehen; j-n verfolgen, nicht loslassen, bedrängen, quälen; ***être obsédé par une idée*** *a* von e-r Idee (wie) besessen sein, beherrscht werden

obsèques [ɔpsɛk] *f/pl* Trauerfeier(lichkeiten) *f(f/pl)*; Beisetzung *f*; Totenfeier *f*; ÉGL CATH Exequien *pl*; ***~ nationales*** Staatsbegräbnis *n*

obséquieux [ɔpsekjø] *adj* ⟨**-euse**⟩ unterwürfig; übertrieben ehrerbietig, diensteifrig; *péj* kriecherisch

obséquiosité [ɔpsekjozite] *f* Unterwürfigkeit *f*; übertriebene Ehrerbietung; *péj* kriecherische Höflichkeit

observable [ɔpsɛʀvabl] *adj* ***être rarement ~*** selten zu beobachten, zu sehen sein

observance [ɔpsɛʀvɑ̃s] *f d'une règle religieuse* Befolgung *f*; Einhaltung *f*; Beobachtung *f*; Observanz *f*; *monastère, ordre* ***de stricte, rigoureuse ~*** strenger Observanz

observateur [ɔpsɛʀvatœʀ] *m*, **observatrice** *f* **1** Beobachter(in) *m(f)* (*a* POL, MIL); *loc/adv* ***en observateur, observatrice*** als Beobachter(in) **2** *adjt* ***être très observateur, observatrice*** (sehr) genau beobachten; ein guter, scharfer Beobachter, e-e gute, scharfe Beobachterin sein

observation [ɔpsɛʀvasjõ] *f* **1** (*examen, surveillance*) Beobachtung *f* (*a* MIL); aufmerksame Betrachtung; *sc a* Observation *f*; *résultat* Beobachtung *f*; Wahrnehmung *f*; ***~s astronomiques*** astronomische Beobachtungen; ***instrument*** *m* ***d'~*** Beobachtungsinstrument *n*; ***faire des ~s sur qn, qc*** Beobachtungen an j-m, etw anstellen; *loc/adv* ***en ~*** zur Beobachtung; MÉD ***mettre qn en ~*** j-n zur Beobachtung ins Krankenhaus schicken, einliefern **2** (*remarque*) (kritische) Bemerkung, Anmerkung; ***je n'ai pas d'~s à faire (là-dessus)*** ich habe nichts dazu zu bemerken *ou* daran auszusetzen **3** (*réprimande*) Ermahnung *f*; Verweis *m*; Tadel *m*; Rüge *f*; ***faire des ~s à un élève*** e-n Schüler ermahnen, tadeln, rügen; e-m Schüler e-n Verweis *etc* erteilen **4** *d'un règlement* Einhaltung *f* (*a d'un délai*); Beachtung *f*; Befolgung *f*

observatoire [ɔpsɛʀvatwaʀ] *m* **1** Observatorium *n*; ASTR *a* Sternwarte *f*; MÉTÉO *a* Wetterwarte *f* **2** MIL Beobachtungspunkt *m*, -stand *m*

observer [ɔpsɛʀve] **I** *v/t* **1** (*regarder attentivement*) beobachten (*a* MIL); ***se sentir observé*** sich beobachtet fühlen **2** (*remarquer*) *amélioration, changement* beobachten; wahrnehmen; bemerken; ***faire ~ qc à qn*** j-n auf etw (*acc*) aufmerksam machen, hinweisen; ***faire ~ à qn que ...*** j-n darauf aufmerksam machen, hinweisen, dass ... **3** *loi, règlement, coutume* einhalten; befolgen; beachten; sich halten an (+*acc*); *st/s* beobachten; REL *commandement* halten; ***~ un délai*** eine Frist einhalten, wahren; ***~ une minute de silence*** eine Schweigeminute einlegen **II** *v/pr* ***s'~*** **1** (*se surveiller*) sich in Acht nehmen; sich vorsehen **2** *réfléchi ou réciproque* sich beobachten

obsession [ɔpsesjõ] *f* Zwangsvorstellung *f* (*a* PSYCH); fixe Idee; quälender Gedanke; quälende Vorstellung; PSYCH *a* Obsession *f*; ***avoir l'~ de l'échec*** von der Zwangsvorstellung des Scheiterns beherrscht werden

obsessionnel [ɔpsesjɔnɛl] *adj* ⟨**~le**⟩ PSYCH Zwangs...; ***névrose ~le*** Zwangsneurose *f*

obsidienne [ɔpsidjɛn] *f* MINÉR Obsidian *m*; Lavaglas *n*

obsolète [ɔpsɔlɛt] *adj* veraltet; überholt; obsolet

obstacle [ɔpstakl] *m* Hindernis *n*; *fig a* Hemmnis *n*; *fig* ***principal ~*** Haupthindernis *n*; HIPPISME ***course*** *f* ***d'~s*** Hindernisrennen *n*; *fig*: ***faire ~ à qc*** etw verhindern, vereiteln, durchkreuzen; sich e-r Sache (*dat*) in den Weg stellen; ***faire, mettre ~ aux projets de qn*** *a* j-s Plänen (*dat*) entgegenarbeiten

obstétrical [ɔpstetʀikal] *adj* ⟨**-aux**⟩ MÉD geburtshilflich **obstétrique** *f* Geburtshilfe *f*; *sc* Obstetrik *f*

obstination [ɔpstinasjõ] *f* Hartnäckigkeit *f*; Halsstarrigkeit *f*; Eigensinn *m*; Sturheit *f*; Starrsinn *m*

obstiné [ɔpstine] *adj personne, lutte, travail* hartnäckig; *personne a* halsstarrig; eigensinnig; starrsinnig; stur **obstinément** *adv* → ***obstiné***

obstiner [ɔpstine] *v/pr* ***s'~*** halsstarrig, eigensinnig, stur sein; ***s'~ à faire qc*** hartnäckig etw tun; darauf beharren, sich darauf versteifen, etw zu tun; ***s'~ dans son refus*** hartnäckig bei s-r Weigerung bleiben; sich hartnäckig weigern

obstruction [ɔpstʀyksjõ] *f* **1** POL (parlamentarische) Obstruktion; ***faire de l'~*** Obstruktion (be)treiben **2** SPORTS Behinderung *f* (des Gegners) **3** MÉD *d'une artère etc* Verstopfung *f*

obstructionnisme [ɔpstʀyksjɔnism] *m* POL Verzögerungs-, Verschleppungs-, Obstruktionstaktik *f*

obstruer [ɔpstʀye] *v/t tuyau* verstopfen; *passage* versperren; blockieren; MÉD ***~ une artère*** eine Arterie verstopfen

obtempérer [ɔptɑ̃peʀe] *v/t/indir* ⟨**-è-**⟩ ADM ***~ à un or-***

O

dre e-m Befehl Folge leisten, nachkommen; *abs* ~ sich fügen

obtenir [ɔptəniʀ] ⟨→ **venir**⟩ **I** *v/t* erlangen; erhalten; bekommen; erreichen; durchsetzen; JUR erwirken; ~ ***un prix, un résultat, un succès*** einen Preis, ein Ergebnis, einen Erfolg erzielen; ~ ***de l'avancement*** befördert werden; ~ (***la permission***) ***de faire qc*** die Erlaubnis erhalten, bekommen, erwirken, etw zu tun; ~ ***qc de qn*** etw bei j-m erreichen, durchsetzen; ***j'ai obtenu de lui qu'****il se taise sur cette affaire* ich habe bei ihm durchgesetzt, erreicht, dass ...; ***faire*** ~ ***qc à qn*** j-m etw verschaffen, beschaffen; ***je lui ai fait*** ~ ***un emploi*** ich habe ihm e-e Stelle verschafft **II** *v/pr* ***s'***~ zu erlangen *etc* sein; erlangt *etc* werden

obtention [ɔptɑ̃sjõ] *f* Erlangung *f*

obturateur [ɔptyʀatœʀ] **I** *adj* ⟨**-trice**⟩ Verschluss... **II** *m* **1** TECH Absperrventil *n*, -hahn *m* **2** PHOT Verschluss *m*

obturation [ɔptyʀasjõ] *f* **1** Verschließen *n*; Verstopfen *n* **2** *dentaire* (Zahn)Füllung *f*

obturer [ɔptyʀe] *v/t* **1** (*boucher*) verschließen; verstopfen **2** *dent* füllen; plombieren

obtus [ɔpty] *adj* ⟨**obtuse** [ɔptyz]⟩ **1** MATH *angle* stumpf **2** *fig esprit* schwerfällig; *personne* ***être*** ~ schwer von Begriff, begriffsstutzig sein

obus [ɔby] *m* (Artillerie)Granate *f*

obusier [ɔbyzje] *m* MIL Haubitze *f*

obvier [ɔbvje] *v/t/indir litt* ~ ***à qc*** e-r Sache (*dat*) vorbeugen, begegnen

oc [ɔk] ***la langue d'***~ die süd- und südwestfranzösischen Dialekte *m/pl*; das Okzitanische; Okzitanisch *n*

OC *abr* (*ondes courtes*) KW (Kurzwelle[n])

ocarina [ɔkaʀina] *m* MUS Okarina *f*

Occam [ɔkam] PHILOS ***Guillaume d'***~ (Wilhelm von) Ockham

occase [ɔkɑz] *f* F *abr* → ***occasion*** *3*

occasion [ɔkazjõ] *f* **1** Gelegenheit *f*; ***les grandes*** ~***s*** die großen, festlichen, besonderen Gelegenheiten; *loc/adv* ***à l'***~ bei Gelegenheit; gelegentlich; ***à cette*** ~ bei dieser Gelegenheit; ***à la première*** ~ bei der ersten (besten) Gelegenheit; ***avoir l'***~ ***de faire qc*** (die) Gelegenheit haben, etw zu tun; → *a 2*; *iron* ***tu as perdu une belle*** ~ ***de te taire!*** du hättest lieber den Mund halten sollen!; *prov* ***l'***~ ***fait le larron*** Gelegenheit macht Diebe (*prov*) **2** (*cause*) Anlass *m*; Veranlassung *f*; Grund *m*; *loc/prép* ***à l'***~ ***de*** anlässlich, aus Anlass (+*gén*); ***avoir l'***~ ***de faire qc*** Anlass, Veranlassung, Grund haben, etw zu tun; ***être l'***~ ***de qc*** Anlass, Veranlassung zu etw geben, sein; ***être l'***~ ***pour qn de faire qc*** der Anlass für j-n sein *ou* j-n veranlassen, etw zu tun **3** COMM Gelegenheitskauf *m*; günstiger Kauf; ***une belle*** ~ ein besonders (preis)günstiger Kauf; F ein Schnäppchen *n*; ♦ *loc/adj et loc/adv* ***d'***~ gebraucht; Gebraucht...; aus zweiter Hand; *livre* antiquarisch; ***voiture*** *f* ***d'***~ Gebrauchtwagen *m*; ***acheter qc d'***~ etw gebraucht, antiquarisch kaufen; *coll* ***le marché de l'***~ der Gebrauchtwarenhandel; *commerce* ***vendre du neuf et de l'***~ neue und gebrauchte Gegenstände verkaufen **4** *loc/adv* ***en toute*** ~ in jedem Fall; auf jeden Fall; unter allen Umständen

occasionnel [ɔkazjɔnɛl] *adj* ⟨~**le**⟩ gelegentlich; Gelegenheits...; (*fortuit*) zufällig; ***travail*** ~ Gelegenheitsarbeit *f*

occasionnellement [ɔkazjɔnɛlmɑ̃] *adv* gelegentlich

occasionner [ɔkazjɔne] *v/t* verursachen; Anlass geben zu; führen zu; bewirken; ~ ***des soucis à qn*** j-m Sorgen bereiten

Occident [ɔksidɑ̃] *m* **1** ***l'***~ das Abendland; der Okzident; HIST ***l'Empire romain d'***~ das Weströmische Reich **2** POL ***l'***~ der Westen; die westliche Welt

occidental [ɔksidɑ̃tal] **I** *adj* ⟨**-aux**⟩ **1** GÉOGR, POL westlich; West...; ***côte*** ~***e*** Westküste *f*; ***l'Europe*** ~***e*** Westeuropa *n*; ***les puissances*** ~***es*** die Westmächte *f/pl* **2** *civilisation* abendländisch **II** *subst* ***les Occidentaux*** *m/pl* **a)** die abendländischen Völker *n/pl*; die Abendländer *m/pl*; **b)** POL die westlichen Länder *n/pl*

occidentaliser [ɔksidɑ̃talize] **I** *v/t* dem westlichen Vorbild, Lebensstil anpassen **II** *v/pr* ***s'***~ verwestlichen

occipital [ɔksipital] *adj* ⟨**-aux**⟩ ANAT Hinterhaupt(s)...; ***os*** ~ *ou subst* ~ *m* Hinterhaupt(s)bein *n*

occiput [ɔksipyt] *m* ANAT Hinterhaupt *n*, -kopf *m*

occire [ɔksiʀ] *v/t* ⟨*nur inf u p/p* **occis**⟩ *plais* umbringen; töten; F kaltmachen

occitan [ɔksitɑ̃] **I** *adj* **1** LING okzitanisch **2** *par ext* provenzalisch; süd- und südwestfranzösisch **II** *m* LING ***l'***~ das Okzitanische; Okzitanisch *n*

occlure [ɔklyʀ] *v/t* ⟨→ **conclure**; *aber p/p* **occlus**⟩ MÉD verschließen

occlusif [ɔklyzif] *adj* ⟨**-ive**⟩ PHON ***consonne occlusive*** *ou subst* ***occlusive*** *f* Verschluss-, Explosivlaut *m*

occlusion [ɔklyzjõ] *f* **1** MÉD Verschluss *m*; *sc* Okklusion *f*; ~ ***intestinale*** Darmverschluss *m* **2** PHON Verschluss *m*

occultation [ɔkyltasjõ] *f* **1** ASTR Bedeckung *f* (*durch e-n anderen Himmelskörper*) **2** *fig* Verdeckung *f*; Kaschierung *f*

occulte [ɔkylt] *adj forces, puissances* geheim; verborgen; okkult; ***sciences*** *f/pl* ~***s*** Geheimwissenschaften *f/pl*

occulter [ɔkylte] *v/t* **1** ASTR bedecken **2** *fig réalité, problème etc* verdecken; kaschieren; verschleiern; vernebeln; vertuschen **occultisme** *m* Okkultismus *m*

occupant [ɔkypɑ̃] **I** *adj* MIL Besatzungs...; Okkupations...; ***armée, puissance*** ~***e*** Besatzungsarmee *f*, -macht *f* **II** *m* **1** *d'un logement* Bewohner *m*; (Wohnungs)Inhaber *m*; *d'une voiture* Insasse *m*; JUR ***premier*** ~ Erstbesitzer *m* **2** MIL Besatzungsangehörige(r) *m*; F Besatzer *m*; ~(***s***) Besatzung(smacht) *f*; Okkupant *m*

occupation [ɔkypasjõ] *f* **1** (*activité*) Beschäftigung *f* (*a emploi*); Tätigkeit *f*; Betätigung *f*; ~ ***principale, secondaire*** Haupt-, Nebenbeschäftigung *f* **2** MIL **a)** Besetzung *f*; Okkupation *f*; **b)** HIST *en France* ***l'Occupation*** die deutsche Besatzungszeit **3** *d'un logement* Bewohnen *n* **4** *d'un terrain etc* Inbesitznahme *f*; *illicite* Besetzung; ***grève*** *f* ***avec*** ~ ***des locaux*** Streik *m* mit Werksbesetzung

occupé [ɔkype] *adj* **1** *personne* beschäftigt; ***un homme très*** ~ ein viel beschäftigter Mann; ***être très*** ~ sehr beschäftigt, in Anspruch genommen sein; viel zu tun haben; ***être*** ~ ***à qc*** mit etw beschäftigt sein; ***être*** ~ ***à faire qc*** damit beschäftigt sein *ou* dabei sein, etw zu tun **2** MIL *pays* besetzt; HIST *en France* ***zone ~e*** (von den Deutschen) besetzte Zone **3** *logement* bewohnt; belegt; *place, taxi, téléphone, toilettes* besetzt; *téléphone a* belegt; *poste* besetzt; vergeben; ***avoir l'esprit ~ par des projets de vacances*** den Kopf voller Urlaubspläne haben

occuper [ɔkype] **I** *v/t* **1** *entreprise: main-d'œuvre* beschäftigen **2** *travail, tâche: qn* beschäftigen; ausfüllen; in Anspruch nehmen; *temps* ausfüllen; ***~ ses loisirs à faire qc*** s-e Freizeit damit ausfüllen, verbringen, darauf verwenden, etw zu tun **3** *poste, fonction* bekleiden; innehaben; einnehmen; ausfüllen **4** *de la place* einnehmen; ***~ trop de place*** zu viel Platz einnehmen, wegnehmen **5** *logement* bewohnen; wohnen in (*+dat*); innehaben; ***j'occupe cet appartement depuis dix ans*** ich wohne seit zehn Jahren in dieser Wohnung **6** MIL: *ville, pays, grévistes: usine* besetzen; besetzt halten; MIL *a* okkupieren **II** *v/pr* **1** ***s'~*** sich beschäftigen, betätigen; ***il y a de quoi s'~*** da ist man voll und ganz beschäftigt, ausgefüllt; ***il ne sait à quoi s'~*** er weiß sich nicht zu beschäftigen; er weiß nicht, womit er sich beschäftigen soll **2** ***s'~ de qn, qc*** sich um j-n, etw kümmern; sich mit j-m, etw befassen, beschäftigen, abgeben; *dans un magasin* ***on s'occupe de vous, Monsieur?*** werden Sie schon bedient?; ***je m'en occupe*** ich kümmere mich darum; ich erledige das; ***ne vous en occupez pas*** *a* lassen Sie das meine Sorge sein; ***s'~ de*** (*+inf*) sich darum kümmern *ou* dafür Sorge tragen *ou* es sich (*dat*) angelegen sein lassen, dass …; F ***t'occupe (pas)!*** das geht doch dich nichts an!; F das kümmert dich e-n Dreck!

occurrence [ɔkyʀɑ̃s] *f* **1** *loc/adv* ***en l'~*** in diesem (gegebenen) Fall; im vorliegenden Fall **2** LING Vorkommen *n*; *sc* Okkurrenz *f*

OCDE [osedeə] *f abr* (*Organisation de coopération et de développement économique*) OECD *f*

océan [ɔseɑ̃] *m* **1** Ozean *m*; Weltmeer *n*; ***l'~ Atlantique*** *ou* ***l'Océan*** der Atlantische Ozean; der Atlantik **2** *fig* ***un ~ de …*** ein Meer von …

Océanie [ɔseani] ***l'~*** *f* Ozeanien *n*

océanien [ɔseanjɛ̃] GÉOGR **I** *adj* ⟨**~ne**⟩ ozeanisch; Ozeaniens **II** *subst* ***les Océaniens*** *m/pl* die Ozeanier *m/pl*; die ozeanischen Völker *n/pl*

océanique [ɔseanik] *adj* ozeanisch; Meeres…; ***climat*** *m* ***~*** ozeanisches Klima; Meeresklima *n*

océanographe [ɔseanɔgʀaf] *m,f* Meereskundler(in) *m(f)*; Ozeanograf(in) *m(f)* **océanographie** *f* Meereskunde *f*; Ozeanografie *f* **océanographique** *adj* meereskundlich; ozeanografisch; ***Musée*** *m* ***~*** Museum *n* für Meereskunde

océanologie [ɔseanɔlɔʒi] *f* Ozeanologie *f*

ocelot [ɔslo] *m* ZO Ozelot *m* (*a fourrure*); ***manteau*** *m* ***d'~*** Ozelotmantel *m*

ocre [ɔkʀ] *f* **1** MINÉR, PEINT Ocker *m ou n*; PEINT *a* Ockerfarbe *f* **2** *couleur* Ockergelb *n* **3** *adjt* ⟨*inv*⟩ (***de couleur***) ***~*** ocker(farben, -gelb)

ocré [ɔkʀe] *adj* ockerfarben, -gelb

octaèdre [ɔktaɛdʀ] *m* MATH Achtflächner *m*; Oktaeder *n*

octane [ɔktan] *m* CHIM Oktan *n*

octante [ɔktɑ̃t] *num/c en Belgique, en Suisse* achtzig

octave [ɔktav] *f* **1** MUS Oktave *f*; ***jouer à l'~ (supérieure)*** e-e Oktave höher spielen **2** ÉGL CATH Oktav *f*

Octave [ɔktav] *m* **1** *Vorname* **2** HIST Octavius *m*

Octavien [ɔktavjɛ̃] *m* HIST Oktavian(us) *m*

octet [ɔktɛ] *m* **1** INFORM Byte [baɪt] *n* **2** CHIM Oktett *n*

octobre [ɔktɔbʀ] *m* Oktober *m*; HIST *en Russie* ***la révolution d'Octobre*** die Oktoberrevolution

octogénaire [ɔktɔʒenɛʀ] **I** *adj* achtzigjährig **II** *m,f* Achtzigjährige(r) *f(m)*; Achtziger(in) *m(f)*

octogonal [ɔktɔgɔnal] *adj* ⟨**-aux**⟩ achteckig; *pyramide* achtseitig

octogone [ɔktɔgon, -gɔn] *m* MATH Achteck *n*; *sc* Oktogon *n*

octosyllabe [ɔktɔsi(l)lab] **I** *adj vers* achtsilbig **II** *m* Achtsilb(n)er *m*

octroi [ɔktʀwa] *m* **1** *st/s ou* ADM Bewilligung *f*; Genehmigung *f*; Gewährung *f* **2** HIST **a)** (Stadt)Zoll *m*; **b)** Zollhaus *n*

octroyer [ɔktʀwaje] ⟨**-oi-**⟩ **I** *v/t st/s ou* ADM bewilligen; genehmigen; zubilligen; gewähren **II** *v/pr* F ***s'~ qc*** sich (*dat*) etw genehmigen, gönnen

oculaire [ɔkylɛʀ] **I** *adj* Augen…; ***globe*** *m* ***~*** Augapfel *m*; ***témoin*** *m* ***~*** Augenzeuge *m* **II** *m* OPT Okular *n*

oculiste [ɔkylist] *m,f* Augenarzt, -ärztin *m,f*

odalisque [ɔdalisk] *f* Odaliske *f*

ode [ɔd] *f* Ode *f*

odéon [ɔdeõ] *m* ARCH, THÉ Odeon *n*

Oder [ɔdɛʀ] GÉOGR ***l'~*** *m* die Oder

Odette [ɔdɛt] *f Vorname*

odeur [ɔdœʀ, o-] *f* Geruch *m*; (*parfum*) Duft *m*; ***~ agréable*** Wohlgeruch *m*; angenehmer Duft; ***~ de brûlé*** Brandgeruch *m*; ***~ de gaz*** Gasgeruch *m*; ***~ de jasmin*** Jasminduft *m*; ***~ de moisi*** Modergeruch *m*; *loc/adj* ***sans ~*** geruchlos; ***avoir une bonne, mauvaise ~*** gut, schlecht riechen; → *a* ***sainteté*** *1*

odieux [ɔdjø] *adj* ⟨**-euse**⟩ **1** *crime, personnage* abscheulich; abscheuerregend; verabscheuenswürdig; scheußlich **2** *personne* (*insupportable*) unausstehlich; grässlich; ***être ~ avec qn*** gemein zu j-m sein

Odile [ɔdil] *f Vorname*

Odin [ɔdɛ̃] *m* MYTH Odin *m*

Odoacre [ɔdɔakʀ] *m* HIST Odoaker *m*

Odon [ɔdõ] *m saint* Odo *m*

odontologie [ɔdõtɔlɔʒi] *f* Zahnheilkunde *f*; *sc* Odontologie *f*

odorant [ɔdɔʀɑ̃] *adj* wohlriechend; duftend

odorat [ɔdɔʀa] *m* Geruch(ssinn) *m*

odoriférant [ɔdɔʀifeʀɑ̃] *adj* wohlriechend; duftend

odorisant [ɔdɔʀizɑ̃] *m* CHIM Odoriermittel *n*

odyssée [ɔdise] *f fig* Odyssee *f*; Irrfahrt *f*

OEA [ɔəa] *f abr* (*Organisation des États américains*) OAS *f* (Organisation der amerikanischen Staaten)

œcuménique [ekymenik] *adj* REL ökumenisch **œcuménisme** *m* REL ökumenische Bewegung

œdème [edɛm] *m* MÉD Ödem *n*

Œdipe [edip] *m* **1** MYTH Ödipus *m* **2** PSYCH (***complexe*** *m* ***d'***)***~*** Ödipuskomplex *m*

œil [œj] *m* **1** ⟨*pl* **yeux** [jø]⟩ ANAT Auge *n*; *fig* ***mauvais ~*** böser Blick; ***~ de verre*** Glasauge *n*; ♦ ***coup*** *m* ***d'~*** a) flüchtiger, kurzer Blick; b) (Aus)Blick *m* (***sur la ville*** auf die Stadt); *loc/adv* ***du premier coup d'~*** auf den ersten Blick; ***avoir le coup d'~*** ein gutes Augenmaß haben; ***jeter un coup d'~ (rapide) sur qc, sur le journal*** e-n flüchtigen, kurzen Blick

O

auf etw (*acc*), in die Zeitung werfen; die Zeitung überfliegen; ♦ *loc/adj* ***aux yeux bleus*** blauäugig; *loc/adv*: ***les yeux fermés*** → ***fermé***; ***les yeux grand(s) ouverts*** mit aufgerissenen Augen; F ***mon ~!*** ich bin doch nicht so dumm, das zu glauben!; F wer's glaubt, wird selig!; F ***à l'~*** umsonst; gratis; ***aux yeux de qn*** *concret* vor j-s Augen (*dat*); *abstrait* in j-s Augen (*dat*); ***aux yeux de tous*** vor aller Augen; ***à mes yeux, c'est un escroc*** in meinen Augen ist er ein Betrüger; ***à vue d'~*** zusehends; merklich; ***d'un ~ critique*** kritisch; mit kritischem Blick, Auge; ***de ses (propres) yeux*** mit eigenen Augen; ***entre quatre yeux***, F ***entre quatre-z-yeux*** [ɑ̃tʀəkatzjø] unter vier Augen; ***pour ses beaux yeux*** um s-r schönen Augen willen; BIBL ***~ pour ~, dent pour dent*** Auge um Auge, Zahn um Zahn; ***sous les yeux de qn*** vor j-s Augen; ***avoir qc sous les yeux*** etw vor sich (*dat*), vor den Augen haben; ***mettre qc sous les yeux de qn*** j-m etw zeigen, vorlegen; ♦ *locutions verbales avec* ***œil***: ***avoir l'~ (à tout)*** (auf alles) ein aufmerksames, wachsames Auge haben; F ***avoir un ~ qui dit merde à l'autre*** schielen; F mit dem rechten Auge in die linke Westentasche gucken; ***avoir l'~ sur qn***, F ***avoir, tenir qn à l'~*** ein wachsames Auge, ständig ein Auge auf j-n haben; j-n ständig im Auge behalten; j-n nicht aus den Augen lassen; F ***je m'en bats l'~*** ich schere mich den Teufel darum; F das kümmert mich e-n Dreck; F ***faire de l'~ à qn*** j-m Blicke zuwerfen; j-m zuzwinkern; ***ne pas fermer l'~ de (toute) la nuit*** die ganze Nacht kein Auge zutun; ***frapper, tirer l'~*** sofort ins Auge fallen; den Blick auf sich (*acc*) ziehen; *couleur a* F knallig sein; ***ouvrir l'~*** (F ***et le bon***) auf der Hut, vorsichtig, wachsam sein; die Augen offen halten, aufmachen; F *fig* ***se rincer l'~*** Stielaugen machen; sich (*dat*) die Augen ausgucken; den stillen Genießer spielen; *fig* ***taper dans l'~ de qn*** j-m ins Auge, in die Augen stechen; ***tourner de l'~*** in Ohnmacht fallen; F umfallen; umkippen; ***voir qc d'un bon, mauvais ~*** etw gern, ungern sehen; ♦ *locutions verbales avec* ***yeux***: ***avoir les yeux bleus*** blaue Augen haben; ***avoir les yeux perdus dans le vague*** ins Leere starren; *fig* ***il a les yeux plus grands que le ventre*** s-e Augen sind größer als sein Magen; F *fig* ***n'avoir pas les yeux dans sa poche*** die Augen überall haben; F vorn und hinten Augen haben; F ***t'as donc pas les yeux en face des trous!*** du hast wohl keine Augen im Kopf?; wo hast du denn deine Augen?; ***il n'avait d'yeux que pour elle*** er hatte nur Augen für sie; *fig* ***ne pas avoir assez de ses yeux pour pleurer*** unaussprechlichen Kummer haben; *fig* ***n'avoir plus que les yeux pour pleurer*** alles verloren haben; buchstäblich nichts mehr besitzen; ***être tout yeux, tout oreilles*** ganz Auge und Ohr sein; F ***faire les gros yeux à un enfant*** ein Kind tadelnd, strafend, streng anblicken; ***se faire les yeux*** sich (*dat*) die Augen schminken; Augen-Make-up [-ˈmeːkap] auftragen; ***fermer les yeux à un mort*** e-m Toten die Augen zudrücken; *fig* ***fermer les yeux*** ein Auge, *p/fort* beide Augen zudrücken (***sur qc*** bei etw); *fig* ***fermer les yeux devant qc*** die Augen vor etw (*dat*) verschließen; ***ouvrez bien vos yeux!*** macht eure Augen gut auf!; haltet eure Augen gut offen!; *fig* ***ouvrir les yeux à qn (sur qc)*** j-m (über etw [*acc*]) die Augen öffnen; *de surprise* ***ouvrir de grands yeux*** große Augen machen; die Augen aufreißen, aufsperren; F Kulleraugen machen; *fig* ***sauter aux yeux*** in die Augen *ou* ins Auge springen, fallen; ***les yeux lui sortent de la tête*** ihm treten die Augen aus dem Kopf; F *fig* ***ça me sort par les yeux*** F das hängt mir zum Hals heraus; ***brusquement ses yeux tombèrent sur la lettre*** plötzlich fiel sein Blick auf den Brief; ***s'user les yeux (à lire)*** sich (*dat*) die Augen (mit Lesen) verderben; *prov* ***loin des yeux, loin du cœur*** aus den Augen, aus dem Sinn (*prov*) **2** ⟨*pl* ***yeux***⟩ ÉLECTRON ***~ électrique*** Photozelle *f*; lichtelektrische Zelle **3** ⟨*pl* ***yeux***⟩ BOT Auge *n* (*a de pomme de terre*) **4** *pl* ***yeux*** *de bouillon* Fettaugen *n/pl* **5** ⟨*pl* ***œils***⟩ TECH (*ouverture*) Loch *n*; Auge *n*; Öse *f*

œil-de-bœuf [œjdəbœf] *m* ⟨*pl* ***œils-de-bœuf***⟩ ARCH Ochsenauge *n*; Rundfenster *n* **œil-de-chat** *m* ⟨*pl* ***œils-de-chat***⟩ MINÉR Katzenauge *n* **œil-de-perdrix** *m* ⟨*pl* ***œils-de-perdrix***⟩ MÉD Hühnerauge *n* **œil-de-tigre** *m* ⟨*pl* ***œils-de-tigre***⟩ MINÉR Tigerauge *n*

œillade [œjad] *f* verliebter Blick; kokettes Augenzwinkern; ***décocher, jeter, lancer une ~, faire des ~s (à qn)*** j-m verliebte Blicke zuwerfen, schöne Augen machen

œillère [œjɛʀ] *f* **1** *d'un cheval* ***~s*** *pl* Scheuklappen *f/pl*, -leder *n/pl*; *fig* ***avoir des ~s*** Scheuklappen tragen **2** MÉD Augenbadewanne *f*

œillet [œjɛ] *m* **1** BOT Nelke *f*; ***~ d'Inde*** Tagetes *f* **2** *de chaussure* Schnürloch *n*; *de ceinture* Öse *f*; *de feuille de classeur* Verstärkungsring *m*

œilleton [œjtõ] *m* **1** BOT Trieb *m*; Schoss *m*; Schössling *m* **2** *d'une arme à feu* rundes Visier; Lochkimme *f* **3** OPT Augenmuschel *f*

œilletonnage [œjtɔnaʒ] *m* JARD **a)** Abnehmen *n* von Trieben, Schösslingen (*zur Vermehrung*); **b)** Vermehrung *f* durch Triebe **œilletonner** *v/t* JARD **a)** e-n Trieb, Schössling abnehmen (***une plante*** von e-r Pflanze); die Blattknospen entfernen (***un arbre fruitier*** von e-m Obstbaum); **b)** *plante* durch Abnehmen e-s Triebs, Schösslings vermehren

œnologie [enɔlɔʒi] *f* Wein(bau)kunde *f*; Önologie *f* **œnologique** *adj* önologisch **œnologue** *m,f* Önologe, -login *m,f*; Weinbaukundige(r) *f(m)* **œnométrie** *f* Bestimmung *f* des Alkoholgehalts des Weins

œsophage [ezɔfaʒ] *m* ANAT Speiseröhre *f*

œstrogène [ɛstʀɔʒɛn, ø-] *m* PHYSIOL Östrogen *n*

œuf [œf] *m* ⟨*pl* ***~s*** [ø]⟩ **1** Ei *n* (*a* BIOL); ***~ cru*** rohes Ei; ***~ dur*** hartes, hart gekochtes Ei; ***~ frais*** frisches Ei; F *fig* (*imbécile*) ***quel ~!*** so ein Dummkopf!; F so ein doofes Ei!; ***~ à la coque*** weiches, weich gekochtes Ei; ***~ à repriser*** Stopfei *n*; ***~ de cane, de fourmi, d'oiseau, de Pâques, de pigeon*** Enten-, Ameisen-, Vogel-, Oster-, Taubenei *n*; ***~s de poisson*** Fischeier *n/pl*; Rogen *m*; ***~ de poule*** Hühnerei *n*; ***~s à la neige*** → ***île*** *3*; ***~s en neige, ~(s) battu(s) en neige*** Eischnee *m*; Eierschaum *m*; ***battre des (blancs d')~s en neige*** Eiweiß zu Schnee, Schaum schlagen; ***~ sur le plat, au plat*** Spiegelei *n*; *fig et péj* ***tête*** *f*, ***crâne*** *m* ***d'~*** Eierkopf *m*; *loc/adj*: ***en forme d'~*** eiförmig; oval; *salle etc* ***plein comme un ~*** gestopft, brechend, zum Brechen, Bersten voll; *loc/adv fig* ***dans l'~*** im Keim; *scandale, affaire* ***écraser, étouffer dans l'~*** im Keim ersticken; F *fig* ***va te faire cuire un ~!*** scher dich zum Kuckuck, Teufel!; ***c'est com-***

me l'~ de (Christophe) Colomb, il fallait y penser! das ist das Ei des Kolumbus!; das ist ganz einfach, man muss nur darauf kommen!; *fig* ***marcher sur des ~s*** wie auf Eiern gehen; *fig* ***mettre tous ses ~s dans le même panier*** alles auf e-e Karte setzen; ***il tondrait un ~*** er ist ein alter Geizkragen, -hals; *prov* ***qui vole un ~, vole un bœuf*** mit kleinen Dingen fängt es an, mit großen hört es auf (*prov*) **2** SKI Eiform(haltung) *f*

œuvre[1] [œvʀ] *f* **1** (*travail*) Werk *n*; Arbeit *f*; *litt* ***femme grosse des ~s de X*** von X geschwängerte Frau; *loc/adv* ***à l'~: être à l'~*** am Werk, bei der Arbeit sein; ***juger qn à l'~*** j-n nach s-r Arbeit, nach s-r Leistung beurteilen; ***se mettre à l'~*** sich ans Werk, an die Arbeit machen, begeben; ***être l'~ de qn*** j-s Werk sein; ***il est fils de ses ~s*** er ist ein Selfmademan [-meːdmɛn]; er hat es aus eigener Kraft zu etwas gebracht; ***faire ~ utile*** e-e nützliche Arbeit, etwas Nützliches tun; ***la mort avait déjà fait son ~*** der Tod hatte s-e Arbeit, das Seine schon getan; ***mettre en ~*** (*employer*) anwenden; gebrauchen; einsetzen; Gebrauch machen von; (*réaliser*) ins Werk setzen; ausführen; durchführen; in die Tat umsetzen; verwirklichen; ***mettre tout en ~ pour faire qc*** alle Hebel in Bewegung setzen, alles aufbieten, alles einsetzen, nichts unversucht lassen, um etw zu tun **2** *artistique* Werk *n*; *coll a* Œuvre *n*; ***~s choisies, complètes*** ausgewählte, sämtliche *ou* gesammelte Werke; ***~ maîtresse*** Meisterwerk *n*; ***~ d'art*** Kunstwerk *n*; ***~ de jeunesse*** Jugendwerk *n* **3** ***~ (de bienfaisance)*** Wohlfahrts-, Wohltätigkeitseinrichtung *f*; ***~s sociales de l'entreprise*** betriebliche Sozialeinrichtungen *f/pl* **4** REL ***bonnes ~s*** gute Werke *n/pl*; ***être jugé selon ses ~s*** nach s-n Werken, Taten gerichtet werden

œuvre[2] [œvʀ] *m* **1** CONSTR ***gros ~*** Rohbau *m*; ***maître m d'~*** *au Moyen Âge* Dombaumeister *m*; *aujourd'hui* Bauführer, -leiter *m* **2** *litt d'un artiste* (Gesamt)Werk *n*; ***l'~ gravé*** die Kupferstiche *m/pl*

œuvrer [œvʀe] *litt v/i* wirken, tätig sein, arbeiten (***pour qc*** für etw)

OFAJ [ɔfaʒ] *m abr* (*Office franco-allemand pour la Jeunesse*) Deutsch-Französisches Jugendwerk *n*

off [ɔf] *adj* ⟨*inv*⟩ **1** CIN ***voix f ~*** Stimme *f* aus dem Off; Offstimme *f*; ***être ~*** off, im Off sein **2** *spectacle, festival* alternativ; parallel

Offenbach [ɔfɛnbak] *m* MUS Offenbach *m*

offensant [ɔfɑ̃sɑ̃] *adj* beleidigend; kränkend; verletzend

offense [ɔfɑ̃s] *f* **1** (*affront*) Beleidigung *f*; Kränkung *f*; ***~ envers le chef de l'État*** Beleidigung des Staatsoberhaupts **2** REL Sünde *f*; Schuld *f*; ***pardonne-nous nos ~s*** vergib uns unsere Schuld

offensé [ɔfɑ̃se] **I** *adj air* beleidigt; gekränkt; ***se sentir ~*** sich gekränkt, beleidigt, verletzt fühlen **II** *subst* ***~(e)*** *m(f)* Beleidigte(r) *f(m)*

offenser [ɔfɑ̃se] **I** *v/t* **1** *personne* beleidigen; kränken; verletzen; wehtun (***qn*** j-m); *st/s* ***~ la pudeur*** das Schamgefühl verletzen; *loc/adv* ***sans vous ~*** nichts für ungut; ich will Sie nicht kränken, Ihnen nicht zu nahe treten **2** REL ***~ Dieu*** sich gegen Gott versündigen **II** *v/pr* ***s'~ de qc*** sich durch etw gekränkt, beleidigt, verletzt fühlen; etw übel nehmen

offenseur [ɔfɑ̃sœʀ] *m* Beleidiger *m*

offensif [ɔfɑ̃sif] *adj* ⟨**-ive**⟩ **1** MIL Angriffs…; Offensiv…; offensiv; ***armes offensives*** Angriffs-, Offensivwaffen *f/pl* **2** *fig* ***retour ~ du froid*** erneuter Kälteeinbruch

offensive [ɔfɑ̃siv] *f* MIL, *fig* Offensive *f*; Angriff *m*; ***~ diplomatique*** diplomatische Offensive; ***~ publicitaire*** Werbefeldzug *m*; ***~ de l'hiver*** erneutes Einsetzen des Winters; MIL, *fig* ***passer à l'~*** zur Offensive, zum Angriff übergehen

offert [ɔfɛʀ] *p/p* → ***offrir***

offertoire [ɔfɛʀtwaʀ] *m* ÉGL CATH Offertorium *n*; Gabenbereitung *f*

office [ɔfis] *m* **1** *loc* ***faire ~ de …*** *personne* (stellvertretend, vorübergehend) tätig sein als …; die Stelle e-s *ou* e-r … einnehmen; *chose, lieu* als … dienen; ***faire ~ de bureau*** als Büro dienen; *choses* ***remplir son ~*** s-n Zweck, s-e Aufgabe, s-e Funktion erfüllen **2** ***~ (ministériel)*** (auf Lebenszeit verliehenes) öffentliches Amt; ***~ de notaire*** Notariat *n* **3** (*service, bureau*) Amt *n*; Dienststelle *f*; ***Office franco-allemand pour la Jeunesse*** (*abr* ***OFAJ***) Deutsch-Französisches Jugendwerk; ***Office national du Tourisme*** staatliches Verkehrsamt; ***Office d'échanges universitaires*** Akademischer Austauschdienst; ***~ de publicité*** Werbeagentur *f* **4** ***bons ~s*** gute Dienste *m/pl* (*a* DIPL); Vermittlung *f*; ***Monsieur*** *m* ***Bons ~s*** Vermittler *m*; Schlichter *m*; ***offrir, proposer ses bons ~s*** s-e guten Dienste, s-e Vermittlung anbieten **5** *loc/adv* ***d'~*** (*à titre officiel*) von Amts wegen; (*automatiquement*) zwangsweise; (*sans l'avoir demandé*) ohne lange zu fragen; ***commis, nommé d'~*** amtlich bestellt; ***avocat (commis) d'~*** Pflicht-, Offizialverteidiger *m*; ***être mis à la retraite d'~*** zwangsweise in den Ruhestand versetzt werden **6** ÉGL CATH **a)** (*messe*) ***~ (divin)*** Gottesdienst *m*; ***~ des morts*** Totenmesse *f*; **b)** *prières* Offizium *n*; Stundengebete *n/pl* **7** ⟨*a f*⟩ *autrefois* Anrichtezimmer *n* (*neben der Küche*)

officialisation [ɔfisjalizasjõ] *f* offizielle, amtliche Bestätigung, Anerkennung **officialiser** *v/t* offiziell, amtlich bestätigen, anerkennen **officialité** *f* ÉGL CATH **a)** Offizialat *n*; **b)** Amt *n* des Offizials

officiant [ɔfisjɑ̃] *adj et subst m* (***prêtre***) ***~*** die Messe haltender, lesender Priester; Zelebrant *m*

officiel [ɔfisjɛl] **I** *adj* ⟨***~le***⟩ offiziell; amtlich; Amts…; ***cachet ~*** Dienst-, Amtsstempel *m*; BOURSE ***cote ~le*** amtliche Notierung; ***fiançailles ~les*** offizielle Verlobung; ***Journal ~*** (*abr* ***JO***) Amts-, Gesetzblatt *n*; *correspond à* Bundesgesetzblatt *n*; ***langue ~le*** Amtssprache *f*; ***personnages ~s*** → *II 1*; ***version ~le*** offizielle Version; ***visite ~le*** Staatsbesuch *m*; offizieller Besuch; *loc/adv* ***de source ~le*** von amtlicher Seite; *nouvelle etc* ***être ~*** amtlich sein **II** *m* **1** *souvent pl* ***~s*** Vertreter *m/pl* von Staat und Behörden; Persönlichkeiten *f/pl* des öffentlichen Lebens **2** SPORTS Offizielle(r) *m*; (Sport)Funktionär *m*

officiellement [ɔfisjɛlmɑ̃] *adv* offiziell; amtlich

officier[1] [ɔfisje] *m* **1** MIL Offizier *m* (*a marine marchande*); ***~ instructeur*** Ausbildungsoffizier *m*; ***~s supérieurs*** höhere Offiziere; Stabsoffiziere *m/pl*; ***~ d'active*** aktiver Offizier; ***~ de carrière*** Berufsoffizier *m*; ***~ de marine*** Marine-, Seeoffizier *m*; MAR ***~ de quart*** Wachoffizier *m*; ***~ de réserve*** Reserveoffizier *m*; ***corps*** *m* ***des ~s*** Offizierskorps *n*; ***passer ~*** Offizier werden; zum Offizier befördert werden **2**

dans un ordre honorifique Offizier *m*; **~ de la Légion d'honneur** Offizier der Ehrenlegion **3** ADM, JUR Beamte(r) *m*; **~ ministériel** Träger *m* e-s öffentlichen Amtes (*Notar, Gerichtsvollzieher, Auktionator*); **~ de l'état civil** Standesbeamte(r) *m*; **~ de police judiciaire** Strafverfolgungsbeamte(r) *m*

officier² [ɔfisje] *v/i* **1** REL den Gottesdienst halten; die Messe zelebrieren **2** *iron d'un cuisinier etc* s-s Amtes walten

officieusement [ɔfisjøzmɑ̃] *adv* inoffiziell; von halbamtlicher Seite

officieux [ɔfisjø] *adj* ⟨**-euse**⟩ offiziös; halbamtlich; inoffiziell; **de source officieuse** von inoffizieller, halbamtlicher Seite

officinal [ɔfisinal] *adj* ⟨**-aux**⟩ PHARM offizinal; **plantes, herbes ~es** Arznei-, Heilpflanzen *f/pl*; Heilkräuter *n/pl*

officine [ɔfisin] *f* PHARM Offizin *f*

offrande [ɔfʀɑ̃d] *f* REL Opfer(gabe) *n(f)*

offrant [ɔfʀɑ̃] *m* **le plus ~** der Meistbietende; **vendre au plus ~** meistbietend verkaufen

offre [ɔfʀ] *f* Angebot *n*; *st/s* Anerbieten *n*; COMM *a* Offerte *f*; ÉCON Angebot *n*; ENCHÈRES Gebot *n*; **~ d'achat** Kaufangebot *n*; FIN **~ publique d'achat** (*abr* **OPA**) Übernahmeangebot *n*; **~s d'emploi** Stellenangebote *n/pl* (*a rubrique de journal*); offene Stellen *f/pl*; **~ de médiation, de négociations, de paix** Vermittlungs-, Verhandlungs-, Friedensangebot *n*; ÉCON **l'~ et la demande** Angebot und Nachfrage; ADM **appel** *m* **d'~s** Ausschreibung *f*; ENCHÈRES **faire la première ~** zuerst, als Erste(r) bieten

offrir [ɔfʀiʀ] ⟨→ **couvrir**⟩ **I** *v/t* **1** *en cadeau* schenken; **~ qc à qn pour son anniversaire** j-m etw zum Geburtstag schenken, überreichen; *abs* **c'est pour ~?** als Geschenk? **2** (*proposer*) **~ qc à qn** j-m etw anbieten, offerieren; j-m etw bieten (**pour qc** für etw); **~ à qn de faire qc** j-m anbieten, etw zu tun; **que puis-je vous ~?** was darf ich Ihnen anbieten?; **~ son aide** s-e Hilfe anbieten, *st/s* antragen; **~ son bras à qn** j-m s-n Arm (an)bieten; **~ des rafraîchissements** Erfrischungen anbieten, herumreichen; **~ une récompense** e-e Belohnung aussetzen **3** (*présenter*) *avantages, difficultés* bieten; *spectacle* (dar)bieten; *exemple* darstellen; bilden; **cela n'offre rien de répréhensible** das stellt nichts Verwerfliches dar **II** *v/pr* **1** **s'~** *personne* sich anbieten; *occasion* sich bieten; *vue* sich darbieten; **s'~ à faire qc** sich erbieten, etw zu tun **2** *personne* **s'~ qc** (*se payer qc*) sich (*dat*) etw leisten, gönnen

offset [ɔfsɛt] *m* TYPO Offsetdruck *m*; *adjt* **machine** *f* **~** Offset(druck)maschine *f*

off-shore [ɔfʃɔʀ] **I** *adj* Offshore… **II** *m* Offshorebohranlage *f*

offusquer [ɔfyske] **I** *v/t* **~ qn** bei j-m Anstoß erregen; j-n schockieren; **être offusqué par qc** über etw (*acc*) pikiert, *p/fort* entrüstet, empört sein **II** *v/pr* **s'~ de qc** an etw (*dat*) Anstoß nehmen

ogival [ɔʒival] *adj* ⟨**-aux**⟩ ARCH spitzbogig; *sc* ogival; **arc ~** Spitzbogen *m*

ogive [ɔʒiv] *f* **1** ARCH **a)** Rippe *f* (*des gotischen Gewölbes*); **b)** (**arc** *m* **en**) **~** Spitzbogen *m* **2** *de projectiles* (Spreng)Kopf *m*; **~ nucléaire** Atomsprengkopf *m*

OGM [oʒeɛm] *m abr* (*organisme génétiquement modifié*) gentechnisch veränderter Organismus; *sc* transgener Organismus

ogre [ɔgʀ] *m* Menschenfresser *m* (*im Märchen*); *fig* **manger comme un ~** F essen wie ein Scheunendrescher

ogresse [ɔgʀɛs] *f* Frau *f* des Menschenfressers

oh [o] *int* oh!; ach!; **~! là là!** ach je!; oje!; **~! quelle horreur!** oh, wie schrecklich!; *subst* **pousser des ~! et des ah!** […deoedea] in ein freudiges Oh ausbrechen

ohé [ɔe] *int* he(da)!; hallo!; MAR ahoi!; **~! vous là-bas!** he *ou* hallo, Sie da!; MAR **~! du bateau!** Schiff ahoi!

Ohio [ɔjo, ɔajo] **l'~** *m* **1** *rivière* der Ohio [o'haio] **2** *État des États-Unis* Ohio [o'haio] *n*

ohm [om] *m* ÉLECT Ohm *n*; **la loi d'Ohm** das ohmsche Gesetz **ohmmètre** *m* ÉLECT Ohmmeter *n*

oie [wa] *f* **1** ZO Gans *f* (*espèce et femelle*); **~ cendrée, sauvage** Grau-, Wildgans *f*; **graisse** *f* **d'~** Gänsefett *n* **2** **jeu** *m* **de l'~** Gänsespiel *n* **3** *fig* **une ~ blanche** ein Gänschen *n* **4** MIL **pas** *m* **de l'~** Parade-, Stechschritt *m*

oignon [ɔɲõ] *m* **1** BOT, CUIS Zwiebel *f* (*plante, bulbe*); *loc/adv fig* **en rang d'~s** in einer Reihe; F *fig* **après tout, c'étaient ses ~s!** das war schließlich s-e Angelegenheit, F sein Bier!; F *fig* **occupe-toi de tes ~s!** kümmere dich um deine eigenen Angelegenheiten, F um deinen eigenen Dreck!; F *fig* **soigner qn aux petits ~s** j-n bestens versorgen **2** BOT (Blumen)Zwiebel *f*; **~ de tulipe** Tulpenzwiebel *f* **3** MÉD *au pied* Ballen *m* **4** *montre* eiförmige Taschenuhr

oïl [ɔjl] LING HIST **la langue d'~** die (alten) nordfranzösischen Dialekte *m/pl*

oindre [wɛ̃dʀ] *v/t* ⟨→ **joindre**⟩ REL salben

Oise [waz] **l'~** *f Fluss u Departement in Frankreich*

oiseau [wazo] *m* ⟨*pl* **~x**⟩ **1** ZO Vogel *m*; **~ de paradis** Paradiesvogel *m*; **~ de passage** durchziehender Vogel; **~ de proie** Raubvogel *m*; **chant** *m* **des ~x** Vogelgesang *m*; → *a* **vol¹** *1*; *fig*: **donner à qn des noms d'~** j-m Schimpfnamen geben; **être comme l'~ sur la branche** im Ungewissen schweben; in der Ungewissheit leben; *prov* **petit à petit l'~ fait son nid** gut Ding will Weile haben (*prov*); steter Tropfen höhlt den Stein (*prov*) **2** F (*individu*) **un drôle d'~** ein komischer Kauz; ein seltsamer Vogel; *iron* **un ~ rare** ein weißer Rabe; ein Unikum *n*; **~ de mauvais augure, de malheur** Unglücksprophet *m*

oiseau-lyre [wazoliʀ] *m* ⟨*pl* **oiseaux-lyres**⟩ zo Leierschwanz *m* **oiseau-mouche** *m* ⟨*pl* **oiseaux-mouches**⟩ ZO Kolibri *m*

oiseleur [wazlœʀ] *m* Vogelfänger *m*, -steller *m*; Vogler *m* **oiselier** *m* Vogelzüchter *m*, -händler *m*

oiseux [wazø] *adj* ⟨**-euse**⟩ *question, discussion* müßig; unnütz; überflüssig; nutzlos

oisif [wazif] **I** *adj* ⟨**-ive**⟩ *personne, vie* müßig; untätig; unbeschäftigt **II** *subst* **~, oisive** *m,f* Müßiggänger *m*

oisillon [wazijõ] *m* kleiner, junger Vogel; Vögelchen *n*

oisiveté [wazivte] *f* Müßiggang *m*; Untätigkeit *f*; Nichtstun *n*; *prov* **l'~ est mère de tous les vices** Müßiggang ist aller Laster Anfang (*prov*)

oison [wazõ] *m* Gänseküken *n*; Gänschen *n*; *nordd a* Gössel *n*

OIT [oite] *f abr* (*Organisation internationale du travail*) IAO *f* (Internationale Arbeitsorganisation)

O.K. [okɛ] *int* F O. K. *ou* o. k. [o'keː]; okay; *adjt* ***c'est ~*** es ist o. k., in Ordnung
okapi [ɔkapi] *m* ZO Okapi *n*
olé [ɔle] **I** *int* CORRIDA olé! **II** *adj* ⟨*inv*⟩ F ***être un peu ~ ~*** ein bisschen keck, frei, gewagt sein
oléacées [ɔlease] *f/pl* BOT Ölbaumgewächse *n/pl*; *sc* Oleazeen *f/pl*
oléagineux [ɔleaʒinø] **I** *adj* ⟨**-euse**⟩ ölhaltig; Öl…; ***graines oléagineuses*** Ölsaat *f*; ***plantes oléagineuses*** Ölpflanzen *f/pl* **II** *m/pl* BOT Ölfrüchte *f/pl*, -pflanzen *f/pl*
oléfines [ɔlefin] *m/pl* CHIM Olefine *n/pl*
oléique [ɔleik] *adj* CHIM ***acide*** *m* **~** Ölsäure *f*
oléoduc [ɔleɔdyk] *m* (Erd)Ölleitung *f*; Pipeline ['paɪplaɪn] *f*
olfactif [ɔlfaktif] *adj* ⟨**-ive**⟩ ANAT Geruchs…; Riech…; ***appareil ~*** Geruchsorgane *n/pl*; ***nerf ~*** Riechnerv *m*
olfaction [ɔlfaksjõ] *f* PHYSIOL Riechen *n*
Olga [ɔlga] *f Vorname*
olibrius [ɔlibʀijys] F *m* Kauz *m*; F Type *f*
olifant [ɔlifɑ̃] *m* HIST Olifant *m*
oligarchie [ɔligaʀʃi] *f* Oligarchie *f* **oligarchique** *adj* oligarchisch
oligo-éléments [ɔligoelemɑ̃] *m/pl* BIOL Spurenelemente *n/pl*
oligopole [ɔligɔpɔl] *m* ÉCON Oligopol *n*
olivaie [ɔlivɛ] *f* → ***oliveraie***
olivâtre [ɔlivɑtʀ] *adj teint* fahl; aschgrau; grünlich
olive [ɔliv] *f* **1** BOT Olive *f*; ***~ noire, verte*** schwarze, grüne Olive; ***huile*** *f* ***d'~*** Olivenöl *n* **2** *adjt* ⟨*inv*⟩ oliv; olivenfarben, -farbig; ***vert ~*** olivgrün **3** *interrupteur* Schnur(zwischen)schalter *m*
Olive [ɔliv] *m Vorname*
oliveraie [ɔlivʀɛ] *f* Olivenpflanzung *f*, -hain *m*
olivette [ɔlivɛt] *f* Eiertomate *f*
olivier [ɔlivje] *m* **1** BOT Olivenbaum *m*; Ölbaum *m*; Olive *f*; *symbole* ***rameau*** *m* ***d'~*** Ölzweig *m* **2** *bois* Olivenholz *n*; ***en ~*** aus Olivenholz
Olivier [ɔlivje] *m Vorname*
ollé [ɔle] *int* → ***olé***
olographe [ɔlɔgʀaf] *adj* JUR ***testament*** *m* **~** eigenhändiges Testament
Olomouc [ɔlomuk, -muts] GÉOGR Olmütz *n*
OLP [oɛlpe] *f abr* (*Organisation de libération de la Palestine*) PLO *f*
Olympe[1] [ɔlɛ̃p] ***l'~*** *m* der Olymp
Olympe[2] [ɔlɛ̃p] *f Vorname*
olympiade [ɔlɛ̃pjad] *f surtout pl* ***~s*** SPORTS Olympiade *f*
olympien [ɔlɛ̃pjɛ̃] *adj* ⟨**~ne**⟩ **1** MYTH olympisch; des Olymp **2** *fig et st/s* olympisch; ***calme ~*** olympische Ruhe
olympique [ɔlɛ̃pik] *adj* SPORTS olympisch; Olympia…; ***champion*** *m* **~** Olympiasieger *m*; ***Comité international ~*** Internationales Olympisches Komitee (*abr* IOC); ***flamme*** *f* **~** olympisches Feuer; ***Jeux*** *m/pl* ***~s*** Olympische Spiele *n/pl*; Olympiade *f*; *au sens strict* Olympische Sommerspiele *n/pl*; Sommerolympiade *f*; ***Jeux*** *m/pl* ***~s d'hiver*** Olympische Winterspiele *n/pl*; Winterolympiade *f*; ***médaille*** *f* **~** olympische Medaille; ***piscine*** *f* **~** Schwimmbecken *n* mit olympischen Maßen; ***record*** *m* **~** olympischer Rekord; ***serment*** *m* **~** olympischer Eid; ***stade*** *m* **~** Olympiastadion *n*; ***village*** *m* **~** olympisches Dorf

Oman [ɔmɑ̃] GÉOGR ***l'~*** *m* Oman *n*; ***le golfe d'~*** der Golf von Oman; ***la mer d'~*** das Arabische Meer
ombelle [õbɛl] *f* BOT Dolde *f*
ombilic [õbilik] *m* ANAT Nabel *m*
ombilical [õbilikal] *adj* ⟨**-aux**⟩ ANAT Nabel…; ***cordon ~*** Nabelschnur *f*; MÉD ***'hernie ~e*** Nabelbruch *m*
omble [õbl] *m* ZO **~** (***chevalier***) Seesaibling *m*
ombrage [õbʀaʒ] *m* **1** (*feuillage*) Schatten spendendes Laubwerk, Blätterdach **2** (*ombre*) Schatten *m* **3** *st/s* ***causer, porter ~ à qn*** j-n, j-s Eigenliebe kränken, verletzen; ***prendre ~ de qc*** sich durch etw verletzt, gekränkt fühlen; etw übel nehmen
ombragé [õbʀaʒe] *adj* schattig; ***un coin ~*** ein schattiges Plätzchen
ombrager [õbʀaʒe] *v/t* ⟨**-geait**⟩ Schatten geben, spenden(+*dat*)
ombrageux [õbʀaʒø] *adj* ⟨**-euse**⟩ **1** *personne, caractère* leicht verletzlich, verletzbar; sich leicht in s-m Stolz verletzt, gekränkt fühlend; mimosenhaft **2** *cheval* schreckhaft; leicht scheuend
ombre[1] [õbʀ] *f* **1** Schatten *m* (*a* PEINT, MYTH); THÉ ***~s chinoises*** Schattenspiel *n*; *loc/adj* ***plein d'~*** schattig; *loc/adv*: ***à l'~*** im Schatten; ***à l'~ d'un arbre*** im Schatten e-s Baumes; ***trente degrés à l'~*** dreißig Grad im Schatten; F *fig* ***mettre qn à l'~*** j-n hinter Schloss und Riegel bringen; j-n einsperren, F einlochen, einbuchten; ***se mettre à l'~*** sich in den Schatten stellen, begeben, setzen; ***dans l'~*** im Dunkeln; *fig* im Dunkeln, Ungewissen; im Verborgenen, Geheimen; ***vivre dans l'~ de qn*** in j-s Schatten (*dat*) stehen; *fig* ***il y a une ~ au tableau*** die Sache hat auch e-e Schattenseite, e-n Nachteil, F e-n Haken; ***avoir peur de son ~*** Angst vor dem eigenen Schatten haben; *fig* ***il n'est plus que l'~ de lui-même*** er ist nur noch ein Schatten s-r selbst; *arbre etc* ***faire, donner de l'~*** Schatten geben, spenden; ***tu me fais de l'~*** du stehst mir im Licht; ***suivre qn comme son ~*** j-m wie sein Schatten, auf Schritt und Tritt folgen; j-m nicht von der Seite gehen, weichen **2** *fig* ***une ~ de …*** ein Anflug *m*, e-e Spur, ein Schimmer *m*, ein Hauch *m* von …; ***une ~ de moustache*** ein Anflug von Bart; ***il n'y a pas l'~ d'un doute*** es besteht nicht der leiseste, geringste Zweifel (daran) **3** ***~ à paupières*** Lidschatten *m*(*pl*) **4** PEINT (***terre*** *f* ***d'***)***~*** Umbra *f*; Umbrabraun *n*; Umber *m*
ombre[2] [õbʀ] *m* ZO Äsche *f*
ombrelle [õbʀɛl] *f* **1** *de dame* Sonnenschirm *m* **2** ZO *d'une méduse* Schirm *m*
ombrer [õbʀe] *v/t* **1** PEINT schattieren **2** ***~ les paupières*** den Lidschatten auftragen
ombreux [õbʀø] *litt adj* ⟨**-euse**⟩ schattig
Ombrie [õbʀi] ***l'~*** *f* Umbrien *n*
OMC [oɛmse] *f abr* (*Organisation mondiale du commerce*) WTO *f* (Welthandelsorganisation)
oméga [ɔmega] *m* Omega *n*
omelette [ɔmlɛt] *f* CUIS Omelett *n*; *österr, schweiz* Omelette *f*; ***~ norvégienne*** mit Eischnee überbackenes und flambiertes Eisdessert; ***~ aux champignons*** Omelett mit Pilzen; *prov* ***on ne fait pas d'~ sans casser d'œufs*** wo gehobelt wird, (da) fallen Späne (*prov*)
omerta [ɔmɛʀta] *f* Omertà *f*; Gesetz *n* des Schweigens
omettre [ɔmɛtʀ] *v/t* ⟨→ **mettre**⟩ auslassen; weglassen; ***~ de faire qc*** (es) unterlassen, etw zu tun

omis [ɔmi] *p/p* → ***omettre***
omission [ɔmisjõ] *f* **1** *d'un mot, d'un détail etc* Auslassung *f*; Weglassung *f*; ADM ***sauf erreur ou ~*** Irrtum oder Auslassung vorbehalten **2** *dans un texte* Lücke *f*; ***~s*** *pl a* Auslassungen *f/pl* **3** JUR Unterlassung *f*; ***mensonge*** *m* ***par ~*** bewusstes Verschweigen (*e-s Tatbestandes*); REL *et fig* ***pécher par ~*** e-e Unterlassungssünde begehen
omnibus [ɔmnibys] *m* ***~*** *ou adjt* ***train*** *m* ***~*** Zug, der an allen Stationen hält; Personenzug *m*; Nahverkehrszug *m*
omnidirectionnel [ɔmnidiʀɛksjɔnɛl] *adj* ⟨***~le***⟩ TECH ungerichtet; ***antenne ~le*** Rundstrahler *m*; Rundstrahlantenne *f*; ***radiophare ~*** Drehfunkfeuer *n*
omnipotence [ɔmnipɔtɑ̃s] *f* Allmacht *f*; Allgewalt *f*; Omnipotenz *f* **omnipotent** *adj* allmächtig; allgewaltig; omnipotent **omnipraticien(ne)** *m(f)* MÉD praktischer Arzt, praktische Ärztin **omniprésence** *litt f* Allgegenwart *f*; Omnipräsenz *f* **omniprésent** *litt adj* allgegenwärtig; omnipräsent **omniscience** *litt f* Allwissenheit *f* **omniscient** [-sjɑ̃] *litt adj* allwissend
omnisports [ɔmnispɔʀ] *adj* ⟨*inv*⟩ für alle Sportarten; ***club*** *m* ***~*** Sportverein *m* für alle Sportarten
omnium [ɔmnjɔm] *m* **1** ÉCON Beteiligungs-, Holdinggesellschaft *f* **2** CYCLISME, TURF Omnium *n*
omnivore [ɔmnivɔʀ] ZO **I** *adj* allesfressend; *sc* omnivor **II** *m* Allesfresser *m*
omoplate [ɔmɔplat] *f* ANAT Schulterblatt *n*
OMS [oɛmɛs] *f abr* (*Organisation mondiale de la santé*) Weltgesundheitsorganisation *f*; WHO *f*
on [õ] *pr/ind* ⟨*nach et, ou, où, que, qui, si meist* **l'on**⟩ **1** man; ***~ se demande*** man fragt sich; ***~ fait ce qu'~ peut*** man tut, was man kann; ***~ frappe*** es klopft; ***quand ~ veut, ~ peut*** man muss nur wollen, dann kann man auch; wer will, der kann **2** *fonction passive* ***~ a barré la route*** die Straße ist gesperrt worden; ***~ vous demande au téléphone*** Sie werden am Telefon verlangt; ***~ montrera dans ce livre que …*** in diesem Buch soll gezeigt werden, dass … **3** F **a)** (*nous*) ***alors, ~ y va?*** also, gehen wir hin?; ***lui et moi, ~ s'entend bien*** er und ich, wir verstehen uns gut; ***nous, ~ n'y peut rien*** wir können doch nichts dafür; ***~ est rentrés tard*** wir sind spät nach Hause gekommen; **b)** (*tu, vous, il[s], elle[s]*) ***~ ne dit même pas merci?*** sagst du *ou* sagt ihr nicht einmal danke?; *elle ne s'est même pas excusée,* ***~ est trop fière pour ça*** dazu ist sie zu stolz
onagre [ɔnagʀ] *m* ZO Wildesel *m*
onanisme [ɔnanism] *m* Onanie *f*
once [õs] *f* **1** *poids* Unze *f* **2** *fig* Quäntchen *n*
oncle [õkl] *m* Onkel *m*; *plais* ***~ d'Amérique*** (*reicher*) Onkel aus Amerika; F *fig* ***~ Sam*** [sam] F Onkel Sam [sɛm]
onction [õksjõ] *f* **1** REL Salbung *f* **2** *litt* ***l'~*** das Salbungsvolle; *loc/adv* ***plein d'~*** salbungsvoll
onctueux [õktɥø] *adj* ⟨**-euse**⟩ **1** *savon* mild; cremig; ***potage ~*** sämige Suppe **2** *fig manières, voix* salbungsvoll; F gesalbt
ondatra [õdatʀa] *m* **1** ZO Bisamratte *f* **2** *fourrure* Bisam *m*
onde [õd] *f* **1** PHYS, RAD Welle *f*; RAD ***~s courtes*** Kurzwelle(n) *f(pl)*; *écouter une émission* ***sur ~s courtes*** auf (der) Kurzwelle; RAD ***grandes ~s*** Langwelle(n) *f(pl)*; ***~s lumineuses*** Lichtwellen *f/pl*; RAD ***petites ~s*** Mittelwelle(n) *f(pl)*; ***~ de choc*** Stoß-, Druckwelle *f* **2** *par ext* ***les ~s*** der Rundfunk; das Radio; die Ätherwellen *f/pl*; *loc/adv* ***sur les ~s*** über den Rundfunk, das Radio, die Ätherwellen; ***passer sur les ~s*** im Rundfunk, Radio übertragen, gebracht werden; ***par la voie des ~s*** durch den Rundfunk, das Radio; ***metteur*** *m* ***en ~s*** Spielleiter *m*; Regisseur *m*; ***mise*** *f* ***en ~s*** Spielleitung *f*; Regie *f* **3** *poét* **a)** (*ondulation*) Welle *f*; Woge *f*; **b)** (*l'eau de la mer etc*) Flut(en) *f(pl)*
ondée [õde] *f* (Regen)Guss *m*, (-)Schauer *m*; Platzregen *m*
ondine [õdin] *f* MYTH Undine *f*; Nixe *f*; Wasserjungfrau *f*
on-dit [õdi] *m* ⟨*inv*⟩ Gerücht *n*; *st/s* On-dit *n*; *pl a* Gerede *n* der Leute; Klatsch *m*
ondoiement [õdwamɑ̃] *m* **1** *des herbes, du blé* (sanftes) Wogen; *sur l'eau* sanfte Wellenbewegung; leichte Kräuselung **2** REL Nottaufe *f*
ondoyant [õdwajɑ̃] *adj blés* (sanft) wogend; *démarche* wiegend
ondoyer [õdwaje] ⟨**-oi-**⟩ **I** *v/t* REL nottaufen; die Nottaufe spenden (*+dat*) **II** *v/i blés* (sanft) wogen; *surface de l'eau* sich leicht kräuseln
ondulant [õdylɑ̃] *adj démarche* wiegend
ondulation [õdylasjõ] *f* **1** → ***ondoiement*** *1* **2** *des cheveux* Ondulieren *n*; Wellen *n* **3** ***~(s) du sol, du terrain*** Bodenwellen *f/pl*
ondulatoire [õdylatwaʀ] *adj* PHYS Wellen…; ***mécanique*** *f*, ***mouvement*** *m* ***~*** Wellenmechanik *f*, -bewegung *f*
ondulé [õdyle] *adj* wellig; wellenförmig; ***cheveux ~s*** welliges, gewelltes Haar; ***tôle ~e*** Wellblech *n*
onduler [õdyle] **I** *v/t cheveux* ondulieren; wellen **II** *v/i* sanft wogen; sich wiegen; *surface de l'eau* sich leicht kräuseln **onduleux** *adj* ⟨**-euse**⟩ wellig; gewellt; wellenförmig
onéreux [ɔneʀø] *adj* ⟨**-euse**⟩ **1** (*coûteux*) kostspielig; teuer; aufwendig **2** JUR ***à titre ~*** gegen Entgelt
ONG [oɛnʒe] *f abr* (*organisation non gouvernementale*) NGO *f* (Nichtregierungsorganisation)
ongle [õgl] *m* **1** ANAT Nagel *m*; ***~ des mains, des pieds*** Finger-, Zehen- *ou* Fußnagel *m*; F *fig* ***avoir les ~s en deuil*** F Trauerränder an den Nägeln haben; ***avoir les ~s faits*** lackierte Fingernägel haben; ***se faire les ~s*** sich maniküren; sich (*dat*) die Fingernägel maniküren; → *a* ***bout***[1] *1* **2** ZO Kralle *f*; *des rapaces a* Klaue *f*
onglée [õgle] *f loc* ***avoir l'~*** erstarrte Fingerspitzen haben
onglet [õglɛ] *m* **1** MENUISERIE Gehre *f*; Gehrung *f* **2** RELIURE Falz *m* **3** (*entaille*) Einkerbung *f*; Kerbe *f*; *d'un livre* Daumeneinschnitt *m* **4** BOUCHERIE Steakfleisch ['steːk-] *n* (aus dem Rinderzwerchfell)
onguent [õgɑ̃] *m* PHARM Salbe *f*
ongulés [õgyle] *m/pl* ZO Huftiere *n/pl*
onirique [ɔniʀik] *adj* traumhaft; Traum…
ONISEP [ɔnisɛp] *m abr* (*Office national d'information sur les enseignements et les professions*) *staatliche frz Berufsberatungsbehörde*
onomastique [ɔnɔmastik] LING **I** *adj* Namen… **II** *f* Namenkunde *f*; *sc* Onomastik *f*
onomatopée [ɔnɔmatɔpe] *f* LING Lautmalerei *f*; *sc* Onomatopöie *f*
ont [õ] → ***avoir***[1]

O

Ontario [õtaʀio] ***le lac ~*** der Ontariosee
ontologie [õtɔlɔʒi] *f* PHILOS Ontologie *f* **ontologique** *adj* PHILOS ontologisch
ONU [ony, oɛny] *f abr* (*Organisation des Nations Unies*) UNO ['uːno] *f*
onusien [ɔnyzjɛ̃] **I** *adj* ⟨**~ne**⟩ UNO-… **II** *m* UNO--Beamte(r) *m*
onyx [ɔniks] *m* MINÉR Onyx *m*
onze [õz] *keine Bindung u selten Elision!* **I** *num/c* elf; ***~ cents*** elfhundert; ***Louis XI*** Ludwig XI. (der Elfte); ***le ~ mai*** der elfte Mai *ou* am elften Mai; ***page ~*** Seite elf; *loc/adj* ***de ~ ans*** elfjährig; von elf Jahren; ***il est ~ heures*** es ist elf (Uhr); F *fig* ***prendre le train ~*** zu Fuß gehen; F auf Schusters Rappen reisen **II** *m* ⟨*inv*⟩ **1** Elf *f*; *südd* Elfer *m*; ***le ~ (du mois)*** der Elfte *ou* am Elften (des Monats); → ***a deux** II* **2** FOOTBALL Elf *f*; ***le ~ de France*** die französische Nationalmannschaft, -elf
onzième [õzjɛm] *keine Elision u keine Bindung!* **I** *num/o* elfte(r, -s); *iron* ***ce sont les ouvriers de la ~ heure*** diese da haben nur kurze Zeit am Schluss mitgearbeitet **II** *subst* **1** ***le, la ~*** der, die, das Elfte **2** *m* MATH Elftel *n* **onzièmement** *adv* elftens
OPA [opea] *f abr* (*offre publique d'achat*) (Aktien)-Übernahmeangebot *n*
opacifier [ɔpasifje] *v/t* undurchsichtig machen
opacité [ɔpasite] *f* Lichtundurchlässigkeit *f*; *sc* Opazität *f*
opale [ɔpal] *f* MINÉR Opal *m*
opalin [ɔpalɛ̃] *adj* opalen; opalartig
opaline [ɔpalin] *f* Opalglas *n*
opaque [ɔpak] *adj* **1** lichtundurchlässig; undurchsichtig; *t/t* opak; ***verre m ~*** Opakglas *n*; ***~ aux rayons X*** für Röntgenstrahlen undurchlässig **2** *brouillard, nuit* undurchdringlich
OPEP [ɔpɛp] *f abr* (*Organisation des pays exportateurs de pétrole*) OPEC ['oːpɛk] *f*
opéra [ɔpeʀa] *m* **1** *œuvre* Oper *f*; ***~ de Mozart*** Mozartoper *f*; Oper von Mozart **2** *théâtre* **a)** ***Opéra*** Opernhaus *n*; Oper *f*; ***l'Opéra de Vienne*** die Wiener Oper; ***aller à l'Opéra*** in die Oper gehen; **b)** *abs* ***l'Opéra*** die Pariser Oper **3** *troupe* Opernensemble *n*; Oper *f*
opérable [ɔpeʀabl] *adj* MÉD operabel; operierbar
opéra-comique [ɔpeʀakɔmik] *m* ⟨*pl* **opéras-comiques**⟩ **1** MUS mit gesprochenen Dialogen durchsetzte (komische) Oper; Opéra comique *f* **2** *théâtre* ***l'Opéra-Comique*** die Pariser Opéra-Comique
opérant [ɔpeʀɑ̃] *adj* **1** wirksam **2** REL ***la grâce ~e*** die wirkende Gnade
opérateur [ɔpeʀatœʀ] *m* **1** ***~, opératrice*** *m,f* *d'un appareil* Bedienungskraft *f*, -person *f*; INFORM Operator *m*, Operatorin *f* **2** MAR, AVIAT ***~ (radio)*** Bordfunker *m* **3** CIN Kameramann *m* **4** MATH Operator *m*
opération [ɔpeʀasjõ] *f* **1** MATH Operation *f*; Rechenvorgang *m*; ***les quatre ~s*** die vier Grundrechenarten *f/pl*; ***faire une ~ de tête*** im Kopf rechnen; ***poser l'~*** den Rechenvorgang darlegen, vorstellen **2** ***~ (chirurgicale)*** Operation *f*; ***faire une ~*** e-e Operation vornehmen; ***subir une ~*** operiert werden; sich e-r Operation unterziehen **3** ***~ (militaire)*** (militärische) Operation; ***l'~ X*** das Unternehmen X; ***prendre l'initiative des ~s*** operativ werden **4** *par ext* Aktion *f*; COMM ***~ « baisse des prix »*** Preissenkungsaktion *f*; Aktion „runter mit den Preisen"; ***~ de police, de publicité, de sauvetage*** Polizei-, Werbe-, Rettungsaktion *f* **5** COMM, FIN Geschäft *n*; Abschluss *m*; ***~s*** *pl a* Verkehr *m*; ***~ bancaire, de banque*** Bankgeschäft *n*; ***~ boursière, de bourse*** Börsengeschäft *n*; *pl a* Börsenmarkt *m*, -handel *m*; ***~s de virement*** Giro-, Überweisungsverkehr *m*; ***faire une ~*** ein Geschäft abschließen; e-n Abschluss tätigen **6** TECH Arbeits(vor)gang *m*; (Arbeits)Verrichtung *f*; Operation *f*; ÉLECT ***~ de couplage*** Schaltvorgang *m*; PHYSIOL ***~s de la digestion*** Verdauungsvorgänge *m/pl*, -prozess *m*; ***en une seule ~*** in e-m einzigen Arbeitsgang **7** REL Wirken *n*; F *iron* ***par l'~ du Saint-Esprit*** auf unerklärliche, rätselhafte Weise
opérationnel [ɔpeʀasjɔnɛl] *adj* ⟨**~le**⟩ **1** MIL operativ; Operations…; ***base ~le*** Operationsbasis *f* **2** TECH *appareil etc* einsatzfähig (*a personne*); einsatzbereit **3** ÉCON ***recherche ~le*** Unternehmensforschung *f*; Operations-Research [ɔpə'reːʃənzrɪ-'sœːtʃ] *f*
opératoire [ɔpeʀatwaʀ] *adj* MÉD operativ; Operations…; ***bloc m ~*** Operationstrakt *m*
opercule [ɔpɛʀkyl] *m* BOT, ZO Deckel *m*; *des poissons* Kiemendeckel *m*
opéré [ɔpeʀe] MÉD **I** *adj* operiert **II** *subst* **~(e)** *m(f)* Operierte(r) *f(m)*; ***un grand ~*** ein Schweroperierter
opérer [ɔpeʀe] ⟨**-è-**⟩ **I** *v/t* **1** MÉD ***~ qn*** j-n operieren (*a abs*); ***~ qn de l'appendicite*** j-n am Blinddarm operieren; ***~ qn d'une tumeur*** j-m e-n Tumor herausoperieren; ***~ à qn l'œil droit*** j-n am rechten Auge operieren; ***se faire ~*** sich operieren lassen **2** (*provoquer*) *changement etc* bewirken; herbeiführen **3** (*effectuer*) *paiement* vornehmen; ***~ un choix*** e-e Wahl treffen; ***~ une réforme, un sauvetage*** eine Reform, eine Rettung durchführen **II** *v/i* **1** (*procéder*) vorgehen; verfahren; handeln **2** *remède* wirken; s-e Wirkung tun **III** *v/pr changements etc* ***s'~*** sich vollziehen; vor sich gehen; erfolgen
opérette [ɔpeʀɛt] *f* **1** MUS, THÉ Operette *f* **2** *fig loc/adj* ***d'~*** *personnage* Operetten…; nicht ernst zu nehmend; *décor* kitschig; billig
Ophélie [ɔfeli] *f chez Shakespeare* Ophelia *f*
ophidiens [ɔfidjɛ̃] *m/pl* ZO Schlangen *f/pl*
ophtalmie [ɔftalmi] *f* MÉD Augenentzündung *f*; *sc* Ophthalmie *f*; ***~ des neiges*** Schneeblindheit *f* **ophtalmique** *adj* ANAT, MÉD Augen…; *sc* ophthalmisch
ophtalmo [ɔftalmo] *m,f* F *abr* → ***ophtalmologue***
ophtalmologie [ɔftalmɔlɔʒi] *f* MÉD Augenheilkunde *f*; *sc* Ophthalmologie *f* **ophtalmologique** *adj* MÉD ophthalmologisch; ***clinique f ~*** Augenklinik *f* **ophtalmologiste** *m,f* MÉD Augenarzt, -ärztin *m,f*; *sc* Ophthalmologe, -login *m,f* **ophtalmologue** *m,f* MÉD Augenarzt, -ärztin *m,f*; *sc* Ophthalmologe, -login *m,f* **ophtalmoscope** *m* MÉD Augenspiegel *m*; *sc* Ophthalmoskop *n*
opiacé [ɔpjase] PHARM **I** *adj* opiumhaltig **II** *m* Opiat *n*
opiner [ɔpine] *v/i* ***~ du bonnet, de la tête*** zeigen, dass man einverstanden ist; (durch Kopfnicken) zustimmen
opiniâtre [ɔpinjɑtʀ] *adj caractère* unbeugsam; unnachgiebig; ***lutte*** *f*, ***résistance*** *f* ***~*** erbitterter, hartnäckiger Kampf, Widerstand; ***toux*** *f* ***~*** hartnäckiger Husten; ***travail*** *m* ***~*** zähe, beharrliche Arbeit

O

opiniâtreté [ɔpinjɑtʀəte] *f de qn* Unbeugsamkeit *f*; Unnachgiebigkeit *f*; Hartnäckigkeit *f*; Zähigkeit *f*; *loc/adv* ***avec ~*** *lutter* erbittert; *résister* hartnäckig

opinion [ɔpinjõ] *f* **1** Meinung *f*; Ansicht *f*; Anschauung *f*; Auffassung *f*; Einstellung *f*; ***presse f d'~*** parteigebundene Presse; Tendenzpresse *f*; ***ne pas avoir d'~*** keine eigene Meinung haben; ***avoir (une) bonne, mauvaise ~ de qn, qc*** e-e gute, schlechte Meinung von j-m, etw haben; ***avoir (une) bonne ~ de soi*** e-e hohe Meinung von sich haben; sehr von sich eingenommen sein; ***avoir des ~s de gauche*** linke Ansichten, Anschauungen haben, vertreten; links eingestellt sein; ***c'est une affaire d'~*** das ist Ansichtssache; darüber kann man geteilter, verschiedener Meinung, Ansicht sein; ***se faire une ~*** sich (*dat*) e-e (eigene) Meinung bilden **2** ***l'~ (publique)*** die öffentliche Meinung; die Öffentlichkeit; ***l'~ française*** die öffentliche Meinung Frankreichs; ***l'~ mondiale*** die Weltmeinung; ***alerter, informer l'~*** die Öffentlichkeit alarmieren, informieren; ***cela a provoqué un mouvement d'~*** das hat e-e Reaktion der öffentlichen Meinung hervorgerufen

opiomane [ɔpjɔman] *m,f* Opiumsüchtige(r) *f(m)*

opiomanie *f* Opiumsucht *f*

opium [ɔpjɔm] *m* Opium *n*

opossum [ɔpɔsɔm] *m* ZO, *fourrure* Opossum *n*

opportun [ɔpɔʀtɛ̃, -tœ̃] *adj* ⟨**-tune** [-tyn]⟩ günstig; angebracht; geeignet; passend; zweckmäßig; zweckdienlich; opportun; ***au moment ~*** im geeigneten, passenden, günstigen Augenblick

opportunément [ɔpɔʀtynemɑ̃] *st/s adv* zur rechten Zeit

opportunisme [ɔpɔʀtynism] *m* Opportunismus *m*

opportuniste **I** *adj* opportunistisch **II** *m,f* Opportunist(in) *m(f)*

opportunité [ɔpɔʀtynite] *f* **1** *d'une démarche etc* Zweckmäßigkeit *f*; Opportunität *f* **2** (*occasion*) (günstige, gute) Gelegenheit

opposable [ɔpozabl] *adj* **1** *argument, objection* der, die, das entgegengehalten, JUR geltend gemacht werden kann **2** ANAT *le pouce* ***est ~ aux autres doigts*** kann den übrigen Fingern gegenübergestellt werden

opposant [ɔpozɑ̃] **I** *adj* **1** JUR ***la partie ~e*** die Einspruch einlegende Partei **2** *minorité etc* gegnerisch; sich widersetzend; opponierend **II** *subst* ~(*e*) *m(f)* **1** (*adversaire*) Gegner(in) *m(f)* (***à un projet, au régime*** e-s Projekts, des Regimes); Opponent *m* **2** POL Oppositionsmitglied *n*; Mitglied *n* der Opposition; ***les ~s*** *a* die Opposition

opposé [ɔpoze] **I** *adj* **1** gegenüberliegend, -stehend (***à*** *dat*); BOT *feuilles* gegenständig; MATH ***angles ~s par le sommet*** Scheitelwinkel *m/pl*; *loc/adv* ***du côté ~*** auf der gegenüberliegenden, anderen Seite; ***sur la rive ~e*** auf dem gegenüberliegenden, anderen Ufer **2** *direction, bout, point* entgegengesetzt; MATH *nombres* mit umgekehrtem Vorzeichen **3** *fig*: *goûts, opinions, intérêts* entgegengesetzt; konträr; gegensätzlich; *opinion, avis a* gegenteilig; ***couleurs ~es*** Kontrastfarben *f/pl*; kontrastierende Farben *f/pl* **4** *personne* ***être ~ à qc*** gegen etw sein; ein Gegner e-r Sache (*gén*) *ou* von etw sein **II** *m* Gegenteil *n*; Gegensatz *m*; *loc/adv* ***à l'~*** auf der entgegengesetzten, gegenüberliegenden Seite; *loc/prép* ***à l'~ de*** im Gegensatz zu (+*dat*); ***être tout l'~ de qn*** ganz das Gegenteil, das genaue Gegenteil von j-m sein

opposer [ɔpoze] **I** *v/t* **1** (*mettre en face*) gegenüberstellen (***à qn, qc*** j-m, e-r Sache); *pour faire obstacle* entgegenstellen (***à*** *dat*) **2** *argument* entgegenhalten; *objection* (dagegen) erheben, vorbringen; *veto* einlegen; JUR geltend machen; ***~ un refus à qc*** auf etw (*acc*) e-e Absage erteilen; etw ablehnen; ***~ une (vive) résistance à qc, à qn*** e-r Sache, j-m (heftig) Widerstand leisten; ***~ le silence à qc*** e-r Sache (*dat*) mit Schweigen begegnen; ***il n'y a rien à ~ à cela*** dagegen ist nichts einzuwenden **3** *conflit, question* ***~ deux pays*** *etc* zwei Länder *etc* zu Gegnern, Widersachern, Rivalen machen; ***ce match opposera l'équipe de R à celle de M*** in diesem Spiel werden sich die Mannschaften von R und M gegenüberstehen **4** (*comparer*) gegenüberstellen (***à*** *dat*); vergleichen (mit) **II** *v/pr* **1** *personne* ***s'~ à qn, à qc*** sich j-m, e-r Sache widersetzen; sich gegen j-n, etw stellen; gegen j-n, etw sein; gegen j-n, etw opponieren; ***je m'y oppose formellement*** ich bin strikt dagegen **2** *chose, situation* ***s'~ à qc*** e-r Sache (*dat*) im Wege stehen, entgegenstehen; ***qu'est-ce qui s'oppose à votre départ?*** was steht Ihrer Abreise im Wege, entgegen?; was hindert Sie daran abzureisen? **3** *opinions, positions* ***s'~*** auseinandergehen; sich scheiden; ***nos points de vue s'opposent sur cette question*** *a* in dieser Frage sind wir entgegengesetzter, gegenteiliger, gegensätzlicher Meinung

opposite [ɔpozit] *loc/prép* ***à l'~ de*** gegenüber (+ *dat*)

opposition [ɔpozisjõ] *f* **1** (*contraste*) Gegensatz *m*; Gegensätzlichkeit *f*; (*contradiction*) Widerspruch *m*; ***~ de caractères*** Charaktergegensatz *m*; ***~ de couleurs*** Farbkontrast *m*; *loc/prép* ***par ~ à*** im Gegensatz zu; ***sa conduite est en ~ avec ses idées*** sein Benehmen steht im Widerspruch zu s-n Ansichten **2** (*résistance*) Widerstand *m*, Opposition *f* (***à qc*** gegen etw); ***être en ~ avec qn, qc*** zu j-m, etw in Opposition stehen; ***faire de l'~*** Widerstand leisten; opponieren; Opposition treiben, F machen; ***faire, former ~ à qc*** sich e-r Sache (*dat*) widersetzen; gegen etw opponieren; gegen etw sein; *projet* ***rencontrer beaucoup d'~*** auf großen Widerstand, Widerspruch stoßen **3** JUR Einspruch *m*; ***délai m d'~*** Einspruchsfrist *f*; ***faire ~ à qc*** Einspruch gegen etw einlegen, erheben **4** FIN Sperrung *f*; ***faire ~ à un chèque*** e-n Scheck sperren lassen; *abs* ***faire ~*** sein Konto sperren lassen **5** POL Opposition *f*; ***partis m/pl de l'~*** Oppositionsparteien *f/pl* **6** ASTR Opposition *f*

oppositionnel [ɔpozisjɔnɛl] POL **I** *adj* ⟨**~le**⟩ oppositionell **II** *subst* ***les ~s*** *m/pl* die Oppositionellen *m/pl*

oppressant [ɔpʀɛsɑ̃] *adj* **a)** *chaleur* drückend; **b)** *fig ambiance, souvenirs* bedrückend; beklemmend

oppressé [ɔpʀese] *adj* ***être ~*** an Atemnot leiden; Atembeklemmungen haben; *fig* beklommen sein

oppresser [ɔpʀese] *v/t* ***~ qn*** *chaleur, crainte* j-n beklemmen; j-m den Atem benehmen; *fig ambiance, souvenirs* j-n bedrücken, bedrängen; schwer auf j-m lasten

oppresseur [ɔpʀɛsœʀ] *m* Unterdrücker *m*; Bedrücker *m*; Bedränger *m* **oppressif** *adj* ⟨**-ive**⟩ unterdrückend; Unterdrückungs...

O

oppression [ɔpʀɛsjõ] *f* 1 *du peuple etc* Unterdrückung *f*; Bedrückung *f*; Unterjochung *f*; Knechtung *f*; *état a* Knechtschaft *f* 2 *(gêne respiratoire)* Atembeklemmung *f*, -not *f*

opprimé [ɔpʀime] I *adj peuple etc* unterdrückt; unterjocht; geknechtet II *subst* ***les ~s*** *m/pl* die Unterdrückten *m/pl*, Geknechteten *m/pl*

opprimer [ɔpʀime] *v/t les faibles, un peuple* unterdrücken; unterjochen; knechten

opprobre [ɔpʀɔbʀ] *m* 1 *litt (honte)* Schmach *f*; Schande *f*; ***jeter l'~ sur qn*** j-m (e-e) Schmach zufügen 2 *st/s personne* Schandfleck *m*

optatif [ɔptatif] *adj* ⟨**-ive**⟩ GR Wunsch…; ***mode ~*** *ou subst ~ m* Optativ *m*

opter [ɔpte] *v/i ~* ***pour qc*** sich für etw entscheiden; etw wählen; für etw optieren *(a pour une nationalité)*

opticien [ɔptisjɛ̃] *m*, **opticienne** *f* Optiker(in) *m(f)*; *adjt* ***ingénieur*** *m* ***opticien*** staatlich geprüfter Augenoptiker

optimal [ɔptimal] *adj* ⟨**-aux**⟩ optimal; Optimal…; bestmögliche(r, -s); beste(r, -s); Best…; günstigste(r, -s)

optim(al)isation [ɔptim(al)izasjõ] *f* ÉCON Optimierung *f* **optim(al)iser** *v/t* ÉCON optimieren

optimisme [ɔptimism] *m* Optimismus *m*; Zuversicht *f* **optimiste** I *adj* optimistisch; zuversichtlich II *m,f* Optimist(in) *m(f)*

optimum [ɔptimɔm] I *adj* ⟨*f ~ od* **optima**; *pl m u f ~s od* **optima**⟩ → ***optimal*** II *m* ⟨*pl ~s od* **optima**⟩ Optimum *n*

option [ɔpsjõ] *f* 1 *(choix)* Wahl(möglichkeit) *f*; Option *f*; *(décision)* Entscheidung *f*; ENSEIGNEMENT ***(matière f à) ~*** Wahlfach *n* 2 JUR Option *f* ***(de la nationalité française*** für die französische Staatsangehörigkeit) 3 JUR, COMM Option *f*; Optionsrecht *n*; ***lever l'~*** das Optionsrecht ausüben; ***prendre une ~ sur qc*** e-e Option auf etw *(acc)* erwerben 4 AUTO ***~s*** *pl* Extras *n/pl*; ***en ~*** als Extra (gegen Aufpreis) 5 POL ***~ zéro*** Nulllösung *f*

optionnel [ɔpsjɔnɛl] *adj* ⟨**~le**⟩ zur Wahl gestellt; Wahl…; nach Wahl

optique [ɔptik] I *adj* 1 PHYSIOL Seh…; ***angle*** *m ~* Seh-, Gesichtswinkel *m*; ***nerf*** *m ~* Sehnerv *m* 2 OPT optisch; ***verres*** *m/pl ~s* optische Gläser *n/pl* 3 TÉLÉCOMM ***fibre*** *f ~* Glasfaser *f* II *f* 1 *science* Optik *f*; ***~ électronique*** Elektronenoptik *f*; *loc/adj* ***d'~*** optisch; ***instruments*** *m/pl* ***d'~*** optische Instrumente *n/pl* 2 *d'un appareil* Optik *f*; optisches System 3 *fig (façon de voir)* Blickwinkel *m*; Perspektive *f*; Gesichtspunkt *m*; Optik *f*; Betrachtungsweise *f*; *loc/adv* ***dans une ~ de médecin*** aus dem Blickwinkel, aus der Perspektive, aus der Sicht e-s Arztes; ***dans cette ~*** unter diesem Gesichtspunkt 4 *secteur industriel* optische Industrie

opulence [ɔpylɑ̃s] *st/s f* 1 Überfluss *m*; großer Reichtum; ***vivre dans l'~*** im Überfluss leben 2 *d'une poitrine* Üppigkeit *f*

opulent [ɔpylɑ̃] *adj st/s* 1 *famille, personne* sehr reich; steinreich; ***luxe ~*** großer Luxus 2 *poitrine* üppig

opus [ɔpys] *m* MUS Opus *n*

opuscule [ɔpyskyl] *m* kleines Werk; Werkchen *n*; kleine Schrift

or¹ [ɔʀ] *m* 1 Gold *n*; ***~ fin, pur*** reines, gediegenes Gold; Feingold *n*; ***~ blanc*** Weißgold *n*; ***~ massif*** massives Gold; Massivgold *n*; *fig* ***l'~ noir*** *(le pétrole)* das flüssige, schwarze Gold; ***~ rouge*** Rotgold *n*; ***~ en barre, en lingot*** Barrengold *n*; *fig* ***c'est de l'~ en barre*** *d'une affaire* das bringt viel Geld ein; das ist e-e sichere Geldanlage; *d'un commerce* das ist e-e Goldgrube; ♦ *adjt* Gold…; FIN ***couverture*** *f ~* Golddeckung *f*; ***peinture*** *f ~* Goldfarbe *f*; *loc/adj* ***d'~, en ~*** Gold…; golden; *fig* ***une affaire d'~, en ~*** ein sehr günstiges, vorteilhaftes Geschäft; F ein Bombengeschäft *n*; *fig* ***cœur*** *m* ***d'~*** goldenes Herz, Gemüt; ***dent*** *f* ***en ~*** Goldzahn *m*; F *fig* ***un mari en ~*** ein Ehemann, der Gold wert ist; F *fig* ***un sujet en ~*** ein dankbares Thema; *loc/adv*: ***à prix d'~*** für teures Geld; teuer; ***pour tout l'~ du monde*** *(+Verneinung)* um keinen Preis der Welt; nicht für Geld und gute Worte; ♦ ***être cousu d'~***, F ***rouler sur l'~*** steinreich sein; F Geld wie Heu haben; im Geld schwimmen; ***être franc comme l'~*** ohne Falsch, sehr aufrichtig, F goldecht sein 2 *couleur* goldgelbe Farbe; Goldton *m*; *poét* Gold *n*; ***cheveux*** *m/pl* ***d'~*** goldblondes Haar

or² [ɔʀ] *conj* nun (aber)

oracle [ɔʀakl] *m* 1 Orakel *n*; ***l'~ de Delphes*** das Orakel von Delphi 2 *fig personne* Prophet *m*; Orakel *n*

orage [ɔʀaʒ] *m* 1 Gewitter *n*; ***le temps est à l'~*** es ist gewitt(e)rig; ***il fait de l'~*** es gewittert 2 *fig* ***il y a de l'~ dans l'air*** die Zeichen stehen auf Sturm; ***sentir venir l'~*** das Gewitter kommen sehen

orageux [ɔʀaʒø] *adj* ⟨**-euse**⟩ 1 gewitt(e)rig; Gewitter…; ***chaleur, pluie orageuse*** Gewitterschwüle *f*, -regen *m*; ***nuage ~*** Gewitterwolke *f* 2 *fig séance, discussion* stürmisch; hitzig; bewegt

oraison [ɔʀɛzõ] *f* 1 *(prière)* Gebet *n*; ÉGL CATH *a* Oration *f* 2 ***~ funèbre*** Grab-, *st/s* Leichenrede *f*

oral [ɔʀal] I *adj* ⟨**-aux**⟩ 1 *tradition, promesse, déposition, épreuve* mündlich 2 ANAT, MÉD Mund…; *sc* oral; PSYCH ***stade ~*** orale Phase; PHON ***voyelle ~e*** oraler, nicht nasalierter Vokal; MÉD ***par voie ~e*** oral; durch den Mund II *m* mündliche Prüfung; Mündliche(s) *n*; mündlicher Teil (e-r Prüfung)

orange¹ [ɔʀɑ̃ʒ] *f fruit* Apfelsine *f*; Orange *f*; ***~ amère*** Pomeranze *f*; Bitterorange *f*; ***~ pressée*** frisch ausgepresster Apfelsinen-, Orangensaft

orange² [ɔʀɑ̃ʒ] *couleur* I *adj* ⟨*inv*⟩ orange; orangefarben, -farbig; ***feu*** *m ~* gelbes Licht II *m* Orange *n*; *feu* ***passer à l'~*** gelb werden; auf Gelb schalten

Orange [ɔʀɑ̃ʒ] 1 *ville en France* Orange *n* 2 *dynastie* Oranien 3 *fleuve d'Afrique* ***l'~*** *m* der Oranje

orangé [ɔʀɑ̃ʒe] *adj et subst m* → ***orange²***

orangeade [ɔʀɑ̃ʒad] *f* Orangeade *f*

oranger [ɔʀɑ̃ʒe] *m* BOT Apfelsinen-, Orangenbaum *m*; ***fleur*** *f* ***d'~*** Orangenblüte *f*

orangeraie [ɔʀɑ̃ʒʀɛ] *f* Apfelsinen-, Orangenplantage *f* **orangerie** *f* Orangerie *f*

orang-outan(g) [ɔʀɑ̃utɑ̃] *m* ⟨*pl* **orangs-outans**⟩ ZO Orang-Utan *m*

orateur [ɔʀatœʀ] *m* Redner(in) *m(f)*; ***être un bon ~*** ein guter Redner sein

oratoire¹ [ɔʀatwaʀ] *adj* Rede…; rednerisch; oratorisch; *par ext* ***précautions*** *f/pl* ***~s*** schonende Vorbereitung

oratoire² [ɔʀatwaʀ] *m* 1 *(petite chapelle)* Oratorium *n*; Hauskapelle *f* 2 *nom de congrégation* ***Ora-***

toire Oratorium *n*

oratorien [ɔʀatɔʀjɛ̃] *m* ÉGL CATH Oratorianer *m*

oratorio [ɔʀatɔʀjo] *m* MUS Oratorium *n*; ***~ de Noël*** Weihnachtsoratorium *n*

orbital [ɔʀbital] *adj* ⟨**-aux**⟩ ASTR, ESPACE Bahn…; Orbital…; ***station ~e*** Raum-, Orbitalstation *f*; ***vitesse ~e*** Umlauf-, Orbitalgeschwindigkeit *f*

orbite [ɔʀbit] *f* **1** ANAT Augenhöhle *f*; ***avoir les yeux enfoncés dans les ~s*** tief liegende Augen haben **2** ASTR, ESPACE Umlaufbahn *f*; Bahn(kurve) *f*; ESPACE *a* Orbit *m*; PHYS NUCL ***~s des électrons*** Elektronenbahnen *f/pl*; *engin spatial* ***mettre en*** *ou* ***sur ~*** in e-e Umlaufbahn bringen; ***placer sur son ~*** in die vorgesehene Umlaufbahn bringen **3** *fig* (*sphère d'influence*) Einflussbereich *m*; Bannkreis *m*; ***attirer, entraîner qn dans son ~*** j-n in s-n Bannkreis ziehen

orbiter [ɔʀbite] *v/i engin spatial* sich auf e-r Umlaufbahn bewegen; kreisen

Orcades [ɔʀkad] ***les îles*** *f/pl* ***~*** *ou* ***les ~*** *f/pl* die Orkneyinseln *f/pl*

orchestral [ɔʀkɛstʀal] *adj* ⟨**-aux**⟩ MUS Orchester…; orchestral; ***musique ~e*** Orchestermusik *f*

orchestrateur [ɔʀkɛstʀatœʀ] *m* MUS Instrumentator *m* **orchestration** *f* **1** MUS Instrumentation *ou* Instrumentierung *f*; Orchestration *ou* Orchestrierung *f* **2** *fig* Inszenierung *f*; Organisierung *f*

orchestre [ɔʀkɛstʀ] *m* **1** Orchester *n*; Kapelle *f*; *de jazz, rock etc* Band [bɛnt] *f*; ***~ symphonique*** Sinfonieorchester *n*; ***~ à cordes*** Streichorchester *n*; ***~ de chambre*** Kammerorchester *n*; ***~ de danse*** Tanzkapelle *f*; ***~ de jazz*** Jazzkapelle *f*, -band *f*; ***chef*** *m* ***d'~*** *d'un orchestre* Dirigent *m*; *d'un orchestre de danse, de jazz etc* Kapellmeister *m*; ***concerto*** *m* ***pour violon et ~*** Konzert *n* für Violine und Orchester; Violinkonzert *n* **2** THÉ (***fosse*** *f* ***d'***)***~*** Orchester (-graben *m*, -raum *m*) *n* **3** *places*: THÉ vorderes Parkett; CIN erstes (und zweites) Parkett; (***fauteuil*** *m* ***d'***)***~*** Platz *m* im vorderen Parkett; Orchestersessel *m*

orchestrer [ɔʀkɛstʀe] *v/t* **1** MUS instrumentieren; orchestrieren **2** *fig campagne de presse etc* organisieren; inszenieren

orchidée [ɔʀkide] *f* Orchidee *f*

ordalie [ɔʀdali] *f* HIST Gottesurteil *n*; Ordal *n*

ordinaire [ɔʀdinɛʀ] **I** *adj* **1** (*habituel*) gewöhnlich; üblich; gewohnt; alltäglich; ***une histoire pas ~*** e-e nicht alltägliche Geschichte **2** (*normal*) gewöhnlich; alltäglich; normal; (*simple*) einfach; (*moyen*) durchschnittlich; ***gens*** *m/pl* ***~s*** Durchschnittsmenschen *m/pl*; ***qualité*** *f* ***~*** Durchschnittsqualität *f*; ***vin*** *m* ***~*** einfacher Tischwein **3** *péj personne, manières etc* ordinär; gewöhnlich; unfein **4** JUR ***juridiction*** *f* ***~*** ordentliche Gerichtsbarkeit **II** *m* **1** ***sortir de l'~*** aus dem Rahmen fallen; vom Üblichen, Gewohnten abweichen; ungewöhnlich sein; *loc/adv*: ***comme à l'~*** *ou* ***à son ~*** wie üblich; wie gewöhnlich; ***d'~*** (für) gewöhnlich; im Allgemeinen; sonst; meistens **2** *essence* Normal(benzin) *n* **3** *nourriture* Alltagsessen *n*, -kost *f*; einfaches Essen; *menu* Stammgericht *n*; MIL Mannschaftsverpflegung *f* **4** ÉGL CATH ***~ de la messe*** Ordo Missae *m*

ordinairement [ɔʀdinɛʀmɑ̃] *adv* (für) gewöhnlich; im Allgemeinen; sonst; meistens

ordinal [ɔʀdinal] *adj* ⟨**-aux**⟩ (***adjectif***) ***numéral ~*** *ou subst* ***~*** *m*, ***nombre ~*** Ordnungs-, Ordinalzahl *f*

ordinateur [ɔʀdinatœʀ] *m* Computer [-'pjuː-] *m*; ***~ personnel*** PC *m*; Personal Computer *m*; ***~ portable*** Laptop ['lɛp-] *m*; ***~ de bord*** Bordcomputer *m*; ***travailler sur ~*** am Computer arbeiten

ordination [ɔʀdinasjõ] *f* REL Priesterweihe *f*; Ordination *f*

ordinogramme [ɔʀdinɔgʀam] *m* INFORM Flussdiagramm *n*

ordonnance [ɔʀdɔnɑ̃s] *f* **1** MÉD Rezept *n*; Verschreibung *f*; Verordnung *f*; *médicament* ***délivré seulement sur ~*** rezept-, verschreibungspflichtig **2** *d'un gouvernement* (Rechts)Verordnung *f* **3** JUR richterliche Verfügung, Anordnung; richterlicher Beschluss; ***rendre une ~*** e-e Verfügung erlassen **4** MIL **a)** ***officier*** *m* ***d'~*** Adjutant *m*; **b)** ⟨*a m*⟩ *autrefois soldat* (Offiziers)Bursche *m* **5** (*disposition*) (An)Ordnung *f*; Reihenfolge *f*; *d'un repas* Ordnung *f*; Speisenfolge *f* **6** PEINT Komposition *f*; künstlerische Gestaltung; ARCH architektonische Gestaltung; Architektonik *f*

ordonnancement [ɔʀdɔnɑ̃smɑ̃] *m* **1** FIN Zahlungsanweisung *f* **2** ÉCON, TECH Fertigungssteuerung *f* und -kontrolle *f*; Ablauf-, Arbeitsplanung *f* **ordonnancer** *v/t* ⟨**-ç-**⟩ FIN zur Zahlung anweisen

ordonnateur [ɔʀdɔnatœʀ] *m* Ordner *m*; ***~ d'une fête*** Festordner *m*; ***~ des pompes funèbres*** Leichenbestatter *m*

ordonné [ɔʀdɔne] *adj* **1** *personne* ordentlich; ordnungsliebend **2** *intérieur etc* wohlgeordnet

ordonnée [ɔʀdɔne] *f* MATH Ordinate *f*

ordonner [ɔʀdɔne] *v/t* **1** *éléments, idées* ordnen (*a* MATH) **2** (*commander*) befehlen; anordnen; verfügen; *st/s* gebieten; *travail* auftragen, befehlen (***à qn*** j-m); ***~ une expertise*** ein Gutachten einholen, in Auftrag geben; ***~ qc à qn*** j-m etw befehlen, *st/s* gebieten; ***~ à qn de faire qc*** j-m befehlen, auftragen, *st/s* gebieten, etw zu tun; ***~ que*** (*+subj*) anordnen, verfügen, befehlen, dass … **3** MÉD *traitement, remède* verschreiben; verordnen (*a repos*) **4** REL weihen; ordinieren; ***être ordonné prêtre*** zum Priester geweiht werden; die Priesterweihe empfangen

ordre [ɔʀdʀ] *m* **1** (*opposé à chaos*) Ordnung *f*; ***~ établi*** bestehende, herrschende Ordnung; ***~ public*** öffentliche Ordnung; ***maintien*** *m* ***de l'~*** Aufrechterhaltung *f* der (*öffentlichen*) Ordnung; ***partisans*** *m/pl* ***de l'~*** Anhänger *m/pl* der bestehenden Ordnung; *loc/adj* ***en ~*** ordentlich; (wohl)geordnet; in Ordnung; ***tout est en ~*** alles ist ordentlich, aufgeräumt, in Ordnung; ***défiler en ~*** in e-m geordneten Zug vorbeimarschieren; ***mettre qc en ~*** etw in Ordnung bringen; etw ordnen; *personne* ***avoir de l'~*** ordentlich, ordnungsliebend sein; Ordnung halten (können); Ordnungsliebe besitzen; Ordnungssinn haben; ***c'est*** (***dans***) ***l'~ des choses*** das ist nun einmal so; das ist der Lauf der Dinge, der Welt; das ist völlig normal; *personne* ***manquer d'~*** unordentlich sein; keine Ordnung halten können, haben; ***mettre de l'~*** Ordnung machen, schaffen; ***mettre de l'~ dans qc*** etw ordnen; in etw (*acc*) Ordnung bringen; ***mettre bon ~ à qc*** e-r Sache (*dat*) ein Ende machen, Einhalt gebieten; etw abstellen; mit etw aufräumen; ***rappeler qn à l'~*** j-n zur Ordnung rufen; ***tout est rentré dans l'~*** alles ist wieder in Ordnung (gekommen); alles läuft wieder normal, in geordneten Bahnen **2** (*succession régulière*) Reihenfolge *f*;

O

Rangfolge *f*; (An)Ordnung *f*; **~ alphabétique** alphabetische Reihenfolge, Ordnung; *loc/adv* **par ~ alphabétique** alphabetisch, nach dem Alphabet geordnet; in alphabetischer Reihenfolge; JUR **~ successoral, d'héritiers** Erbfolge *f*; MIL HIST **~ de bataille** Schlachtordnung *f*; **~ de grandeur** Größenordnung *f*; MIL **~ de marche** Marschordnung *f*; → *a 5*; GR **~ des mots** Wortstellung *f*; **numéro** *m* **d'~** laufende Nummer; *loc/adj*: **de l'~ de** in der Größenordnung von; **du même ~** gleichrangig; gleichwertig; gleichartig; in der gleichen Größenordnung; **de premier ~** erstrangig; erstklassig; ersten Ranges; **de second ~** zweitrangig; *loc/adv*: **avec ~** systematisch; **dans l'~** der Reihe nach; *tiercé* in der richtigen Reihenfolge; *noms des acteurs cités* **dans l'~ d'entrée en scène** in der Reihenfolge ihres Auftritts; **par ~** der Reihe nach; **par ~ d'ancienneté** dem Dienstalter nach; nach Dienstalter; **mettre dans un certain ~** in e-e gewisse Ordnung bringen **3** (*nature, catégorie*) Art *f*; Natur *f*; *loc/adj* **d'un autre ~** anderer Art, Natur; *problème* **d'~ économique** wirtschaftlicher Art, Natur; *loc/adv* **dans un autre ~ d'idées** in e-m anderen Zusammenhang; **dans le même ~ d'idées** in diesem Zusammenhang **4** **~ du jour** Tagesordnung *f*; → *a 5*; **être à l'~ du jour** auf der Tagesordnung stehen; *fig* an der Tagesordnung, aktuell sein **5** (*directive*) Befehl *m* (*a* MIL *et* INFORM); Anordnung *f*; (An)Weisung *f*; **~ de grève** Streikaufruf *m*; MIL **~ du jour** Tagesbefehl *m*; **~ de mission** dienstlicher Auftrag; **~ de route, de marche** Marschbefehl *m*; *loc/adv*: **à vos ~s, mon capitaine!** zu Befehl, Herr Hauptmann!; **conformément aux ~s reçus** befehls-, weisungsgemäß; **jusqu'à nouvel ~** bis auf weiteres; bis auf Widerruf; COMM **par ~** (*abr* **p.o.**) im Auftrag (*abr* i. A.); **par ~ de, sur (l')~ de** auf Befehl, Anordnung von (*ou +gén*); **sous les ~s de** unter dem Befehl von (*ou +gén*); **avoir qn sous ses ~s** j-n unter sich (*dat*) haben; **être sous les ~s de qn** j-m, j-s Befehlsgewalt unterstehen; j-m unterstellt sein; **mettre, placer sous les ~s de qn** j-m, j-s Befehl unterstellen; **donner un ~** e-n Befehl erteilen, geben; e-e Anordnung erlassen, geben; **donner l'~ de faire qc** befehlen, den Befehl erteilen *ou* geben, (An)Weisung geben, anordnen, etw zu tun; *plais* **je suis à vos ~s!** ich stehe Ihnen zu Diensten!; ich erwarte Ihre Befehle!; **je n'ai d'~ à recevoir de personne** mir hat keiner etwas zu befehlen, vorzuschreiben, zu sagen; mir hat keiner Vorschriften zu machen **6** COMM **a)** FIN Auftrag *m*; Order *f*; **~ d'achat** Kaufauftrag *m*, -order *f*; **~ de Bourse** Börsenauftrag *m*; **~ de virement** Überweisungsauftrag *m*; *loc/adv*: **à l'~ de** an die Order von; **payer, payez à l'~ de** zahlbar an die Order von; **d'~ et pour compte de** im Auftrag und für Rechnung von (*ou +gén*); **b)** (*commande*) Bestellung *f*; Auftrag *m*; **passer un ~** e-n Auftrag erteilen; e-e Bestellung aufgeben **7** REL *et par ext* Orden *m*; **~ des bénédictins** Benediktinerorden *m*; HIST **~ de chevalerie** Ritterorden *m*; **~ de Malte** Malteserorden *m*; **membre** *m* **d'un ~** Ordensmitglied *n*; **entrer dans les ~s** in e-n Orden eintreten **8** ÉGL CATH Weihe *f*; Weihegrad *m*; **~s majeurs, mineurs** höhere, niedere Weihen **9** *de professions libérales* Verband *m*; Kammer *f*; **~ des avocats, des médecins** Anwalts-, Ärztekammer *f*; **conseil** *m* **de l'~** Kammervorstand *m* **10** BIOL Ordnung *f* **11** ARCH (Säulen)Ordnung *f* **12** HIST (*classe sociale*) Stand *m*

ordure [ɔʀdyʀ] *f* **1** *pl* **~s** (**ménagères**) Abfall *m*; Abfälle *m/pl*; Müll *m*; *st/s* Unrat *m*; **tas** *m* **d'~s** Abfall-, Müllhaufen *m*, -berg *m*; **jeter, mettre qc aux ~s** etw in den Abfall, Müll werfen; etw wegwerfen; **c'est bon à mettre aux ~s** das gehört in den, F das ist reif für den Mülleimer **2** *propos* **~s** *pl* gemeine, unflätige Ausdrücke *m/pl*; Gemeinheiten *f/pl*; Zoten *f/pl*; *st/s* Unflat *m* **3** P *injure* P Miststück *n*; Mistvieh *n*

ordurier [ɔʀdyʀje] *adj* ⟨**-ière**⟩ gemein; schmutzig; zotig; *st/s* unflätig

orée [ɔʀe] *f st/s* **à l'~ du bois** *st/s* am Waldessaum

oreille [ɔʀɛj] *f* **1** ANAT Ohr *n*; *par ext* (*ouïe*) Gehör *n*; *du lapin, du lièvre a* Löffel *m*; **~s en feuille de chou** große abstehende Ohren; *loc/adv*: **de bouche à ~** von Mund zu Mund; **le chapeau sur l'~** den Hut schief aufs Ohr gesetzt; **si cela arrivait, venait à ses ~s** wenn ihm das zu Ohren käme; **avoir de l'~** ein musikalisches Gehör haben; **ne pas avoir d'~, n'avoir aucune ~** kein (musikalisches) Gehör haben; *litt* **avoir l'~ de qn** j-s Vertrauen, Ohr haben, besitzen; **avoir l'~ fine** ein feines, scharfes Ohr, Gehör haben; ein gutes Gehör haben; **casser les ~s à qn** *bruit* j-m in den Ohren wehtun; j-m auf die Nerven gehen; *pour demander qc* j-m in den Ohren liegen; **choquer les ~s chastes, délicates, pudiques** zarte Ohren schockieren; **dire qc à l'~ de qn** *ou* **dire qc à qn dans le creux de l'~** j-m etw ins Ohr flüstern, sagen; j-m etw zuflüstern; *fig* **dormir sur ses deux ~s** ganz ohne Sorge, ganz beruhigt sein; **dresser l'~** die Ohren spitzen (*a fig*); **chauffer les ~s à qn** j-n wütend machen, in Harnisch bringen; **n'écouter que d'une ~** nur mit halbem Ohr zu-, hinhören; **écouter de toutes ses ~s** sich (*dat*) kein Wort entgehen lassen; konzentriert, gespannt zuhören; aufmerksam lauschen; **entendre mal de l'~ gauche** auf dem linken Ohr schlecht hören; **entendre qc de ses propres ~s** etw mit eigenen Ohren hören; *fig* **il ne l'entend pas de cette ~** davon will er nichts wissen; F auf dem Ohr hört er schlecht, ist er taub; **cela lui entre par une ~ et lui sort par l'autre** das geht ihm zum e-n Ohr hinein und zum anderen wieder hinaus; **être (tout yeux) tout ~s** ganz (Auge und) Ohr sein; **être dur d'~** schwerhörig sein; schwer hören; **faire la sourde ~** sich taub stellen; nichts hören wollen; **ouvrir bien** *ou* **grand ses ~s** aufmerksam, gut zu-, hinhören; die Ohren aufmachen, F aufsperren; **prêter l'~ à qc** e-r Sache (*dat*) Gehör schenken; etw aufmerksam anhören; *abs* aufmerksam hinhören; **rougir jusqu'aux ~s** bis über die, bis über beide Ohren rot werden; **tendre l'~** die Ohren spitzen; **tirer les ~s à qn** j-n an den Ohren ziehen; *fig* **tirer, frotter les ~s à qn** j-m die Ohren lang ziehen; j-n bei den Ohren nehmen; j-m den Kopf waschen; *fig* **se faire tirer l'~** sich lange bitten lassen; **ce n'est pas tombé dans l'~ d'un sourd** das will ich mir gut merken; da hat einer gut aufgepasst **2** *d'une marmite etc* Griff *m* **3** TECH **écrou** *m* **à ~s** Flügelmutter *f* **4** **fauteuil** *m* **à ~s** Ohrensessel *m*

oreiller [ɔʀeje] *m* Kopfkissen *n*; **taie** *f* **d'~** Kopfkissenbezug *m*; *fig*: **confidences** *f/pl* **sur l'~** Bettgeflüster *n*; **se réconcilier sur l'~** sich im Bett wieder versöhnen

oreillette [ɔʀɛjɛt] *f* **1** *du cœur* Vorhof *m* **2** *d'une toque etc* Ohrenklappe *f* **3** TECH Ohrhörer *m*

oreillons [ɔʀɛjõ] *mpl* MÉD Ziegenpeter *m*; Mumps *m*

Orenbourg [ɔʀɛ̃buʀ] GÉOGR Orenburg *n*

Orénoque [ɔʀenɔk] GÉOGR ***l'~*** *m* der Orinoko

ores [ɔʀ] *loc/adv* ***d'~ et déjà*** [dɔʀzedeʒa] schon jetzt; jetzt schon

Oreste [ɔʀɛst] *m* MYTH Orest(es) *m*

orfèvre [ɔʀfɛvʀ] *m,f* Goldschmied(in) *m(f)*; *fig* ***être ~ en la matière*** auf dem Gebiet ein Fachmann sein; sich bestens auskennen **orfèvre-bijoutier** *m* ⟨*pl* **orfèvres-bijoutiers**⟩ Juwelier *m*

orfèvrerie [ɔʀfɛvʀəʀi] *f* **1** *art, métier* Goldschmiedekunst *f*, -handwerk *n* **2** *ouvrage* Goldschmiedearbeit *f*

orfraie [ɔʀfʀɛ] *f* ZO Seeadler *m*; *fig* ***pousser des cris d'~*** gellende Schreie ausstoßen; gellend schreien

organdi [ɔʀgɑ̃di] *m* TEXT Organdy *m*; ***robe*** *f* ***en ~*** Organdykleid *n*

organe [ɔʀgan] *m* **1** ANAT Organ *n*; ***~s (génitaux)*** Geschlechtsorgane *n/pl*; ***~s des sens*** Sinnesorgane *n/pl*; ***~ de la vue*** Sehorgan *n*; ***greffe*** *f* ***d'~*** Organverpflanzung *f* **2** *(institution)* Organ *n*; ***~ administratif*** Verwaltungsorgan *n*; ***~s de la justice*** Organe der Justiz; ***~s du pouvoir*** Organe der Staatsgewalt **3** *(journal d'un parti etc)* Organ *n*; Blatt *n*; Sprachrohr *n* **4** *fig (instrument)* Werkzeug *n*; Instrument *n*; *personne* Stimme *f*; Sprecher *m*; Interpret *m* **5** TECH Element *n*; Organ *n*; ***~s de commande*** Antriebsorgane *n/pl*, -elemente *n/pl*

organigramme [ɔʀganigʀam] *m* **1** *d'une entreprise*, ADM Organisationsplan *m*, -schema *n*; Organigramm *n* **2** INFORM Flussdiagramm *n*

organique [ɔʀganik] *adj* **1** ANAT, MÉD organisch; ***maladie*** *f* ***~*** organische Krankheit **2** *matière* organisch; ***chimie*** *f* ***~*** organische Chemie; ***déchets*** *m/pl* ***~s*** Biomüll *m* **3** POL ***loi*** *f* ***~*** grundlegendes Gesetz über Staatsorgane

organisable [ɔʀganizabl] *adj* organisierbar

organisateur [ɔʀganizatœʀ] *m*, **organisatrice** *f* Organisator *m*, Organisatorin *f*; *d'une fête, d'un congrès a* Veranstalter(in) *m(f)*; ***talent*** *m* ***d'organisateur*** *ou* ***d'organisatrice*** Organisationstalent *n*; organisatorisches Talent

organisation [ɔʀganizasjõ] *f* **1** *action* Organisierung *f*; Organisation *f*; Gestaltung *f*; *d'un congrès etc* Veranstaltung *f*; Abhaltung *f*; Durchführung *f*; ***~ des loisirs*** Freizeitgestaltung *f*; ***~ du travail*** Arbeitsorganisation *f*, -gestaltung *f*; ***avoir l'esprit d'~*** Organisationstalent besitzen **2** *(structure)* Organisation *f*; Aufbau *m*; ***~ administrative*** Verwaltungsaufbau *m*, -organisation *f*; ***~ judiciaire*** Gerichtsverfassung *f* **3** *(association)* Organisation *f*; Verband *m*; ***~ mondiale*** Weltorganisation *f*; ***Organisation mondiale du commerce, de la santé*** Welthandels-, Weltgesundheitsorganisation *f*; ***Organisation des Nations Unies*** *(abr* ***ONU****)* Organisation der Vereinten Nationen *(abr* UNO); → *a* ***OCDE, OPEP, OTAN***

organisationnel [ɔʀganizasjɔnɛl] *adj* ⟨**~le**⟩ organisatorisch; Organisations…

organisé [ɔʀganize] *adj* **1** BIOL ***être*** *m* ***~*** organisiertes Lebewesen **2** *travail, affaire* ***bien ~*** gut organisiert; ***voyage ~*** Gruppen-, Gesellschaftsreise *f*; ***partir en voyage ~*** mit e-r Reisegesellschaft verreisen; ***c'est une personne ~e*** er *ou* sie ist ein Mensch, der s-e Zeit, s-e Arbeit richtig einzuteilen versteht; → *a* ***vol²*** *2* **3** *au sein d'un parti etc* organisiert (***en*** in +*dat*)

organiser [ɔʀganize] **I** *v/t* organisieren; *travail a* sinnvoll einteilen; *son temps, une journée* richtig einteilen; *congrès, réception, fête* veranstalten; ausrichten; F aufziehen; *programme* zusammenstellen; ***~ une excursion, une rencontre*** einen Ausflug, ein Treffen arrangieren; ***~ ses loisirs*** s-e Freizeit gestalten **II** *v/pr* ***s'~*** **1** *personne* mit s-r Zeit richtig umgehen; sich *(dat)* s-e Zeit, s-e Arbeit richtig einteilen; ***comment s'~ pour*** *(+inf)?* wie muss man es anstellen, einrichten, um zu *(+inf)?* **2** *choses* sich einspielen, regeln

organisme [ɔʀganism] *m* **1** BIOL Organismus *m (a fig d'une nation etc)*; *au sens strict* menschlicher Organismus, Körper **2** *(institution, services)* Organisation *f*; Einrichtung *f*; Institution *f*; Gremium *n*; Organ *n*; ***~ compétent*** zuständige Stelle; ***~ privé*** private Organisation, Einrichtung; ***~ de contrôle*** Kontrollorgan *n*

organiste [ɔʀganist] *m,f* Organist(in) *m(f)*

orgasme [ɔʀgasm] *m* Orgasmus *m*

orge [ɔʀʒ] **1** *f* BOT, AGR Gerste *f* **2** ***sucre*** *m* ***d'~*** Lutschstange *f* **3** *m* ***~ mondé*** (Gersten)Graupen *f/pl*; ***~ perlé*** Perlgraupen *f/pl*

orgeat [ɔʀʒa] *m* (***sirop*** *m* ***d'***)***~*** Mandelmilchgetränk *n*

orgelet [ɔʀʒəlɛ] *m* MÉD Gerstenkorn *n*

orgiaque [ɔʀʒjak] *litt adj* orgiastisch

orgie [ɔʀʒi] *f* **1** Orgie *f*; wüstes Gelage; ***se livrer à une véritable ~*** e-e wahre Orgie feiern **2** *fig* ***une ~ de lumières, de fleurs, de couleurs*** e-e verschwenderische Fülle von Lichtern, Blumen, Farben

orgue [ɔʀg] *m* **1** ***~*** *ou* ***~s*** *f/pl* Orgel *f*; ***les grandes ~s*** die Orgel *(e-r Kirche)*; ***~ électronique*** Elektronenorgel *f*; elektronische Orgel; ***musique*** *f* ***d'~*** Orgelmusik *f*; ***jouer de l'~*** Orgel spielen **2** ***~ de Barbarie*** Drehorgel *f*; Leierkasten *m*; *österr* Werkel *n*; ***joueur*** *m* ***d'~*** (***de Barbarie***) Leierkastenmann *m*; Drehorgelspieler *m*; *österr* Werkelmann *m* **3** MUS ***point*** *m* ***d'~*** Fermate *f* **4** GÉOL ***~s basaltiques*** gebündelte Basaltsäulen *f/pl*

orgueil [ɔʀgœj] *m* Stolz *m*; *péj* Hochmut *m*; Dünkel *m*; *st/s* Hoffart *f*; *loc/adv* ***par ~*** aus Stolz; ***avoir l'~ de son nom*** auf s-n Namen stolz sein; ***ne pas en tirer d'~*** nicht sonderlich stolz darauf sein; sich *(dat)* nichts darauf einbilden

orgueilleux [ɔʀgœjø] **I** *adj* ⟨**-euse**⟩ stolz; *péj* hochmütig; eingebildet; dünkelhaft; *st/s* hoffärtig **II** *subst* ***~, orgueilleuse*** *m,f* stolzer *etc* Mensch

orient [ɔʀjɑ̃] *m* **1** GÉOGR ***l'Orient*** der Orient; HIST ***l'Empire*** (***romain***) ***d'Orient*** das Oströmische, Byzantinische Reich **2** *poét* Morgen *m*; Osten *m* **3** *d'une perle* Glanz *m*; Schmelz *m*

orientable [ɔʀjɑ̃tabl] *adj* verstellbar; einstellbar; *antenne, lampe* schwenkbar; drehbar; ***bras*** *m* ***~*** Schwenkarm *m*

oriental [ɔʀjɑ̃tal] **I** *adj* ⟨**-aux**⟩ **1** *(est)* östlich; Ost…; ***côte, frontière ~e*** Ostküste *f*, -grenze *f*; ***les Pyrénées ~es*** die Ostpyrenäen *pl* **2** *(de l'Orient)* orientalisch; ***langues ~es*** orientalische Sprachen *f/pl*;

Orientalistik *f* **II** *subst* ***Oriental(e)*** *m(f)* Orientale *m*, Orientalin *f*

orientalisme [ɔʀjɑ̃talism] *m* **1** *science* Orientalistik *f* **2** *(goût de l'Orient)* Vorliebe *f* für alles Orientalische **orientaliste** *m,f* Orientalist(in) *m(f)*

orientation [ɔʀjɑ̃tasjõ] *f* **1** Orientierung *f*; ***sens*** *m* ***de l'~*** Orientierungssinn *m*, -vermögen *n*; Ortssinn *m*; ***table*** *f* ***d'~*** Panoramatafel *f* **2** *fig* Lenkung *f*; Steuerung *f*; Ausrichtung *f*; ***~ professionnelle*** Berufsberatung *f*; ***conseiller*** *m* ***d'~ professionnelle*** Berufsberater *m*; ÉCON ***~ des besoins, des capitaux*** Bedarfs-, Kapitallenkung *f* **3** *d'un journal etc* Einstellung *f*; (Aus)Richtung *f*; Orientierung *f*; Tendenz *f*; POL Kurs *m*; ***changement*** *m* ***d'~*** Kurswechsel *m* **4** *d'un édifice etc* Lage *f*

orienté [ɔʀjɑ̃te] *adj* **1** *chambre, appartement* ***être ~ à l'est*** nach Osten liegen, gehen; ***être bien ~*** e-e gute Lage haben **2** *fig article etc* tendenziös

orienter [ɔʀjɑ̃te] **I** *v/t* **1** ausrichten, orientieren (***au sud*** nach Süden) **2** *fig élève* beraten; hinlenken (***vers*** auf *+acc*); *recherches etc* lenken; steuern; auf ein bestimmtes Ziel ausrichten; e-e bestimmte Richtung geben *(+dat)* **II** *v/pr* **1** ***s'~*** sich orientieren; sich zurechtfinden; s-n Weg finden **2** *fig* ***s'~ vers qc*** sich e-r Sache *(dat)* zuwenden

orienteur [ɔʀjɑ̃tœʀ] *m* ***~ (professionnel)*** Berufsberater *m*

Orient-Express [ɔʀjɑ̃tɛkspʀɛs] *m* CH DE FER Orientexpress *m*

orifice [ɔʀifis] *m* Öffnung *f*; *d'un puits, d'un tuyau a* Mündung *f*

oriflamme [ɔʀiflam] *f* HIST Oriflamme *f*

origami [ɔʀigami] *m* Origami *n*

origan [ɔʀigɑ̃] *m* **1** BOT Dost *m* **2** CUIS Oregano *m*; Origano *m*

Origène [ɔʀiʒɛn] *m* ÉGL Origenes *m*

originaire [ɔʀiʒinɛʀ] *adj* **1** ***être ~ de*** stammen aus; beheimatet sein in *(+dat)*; *d'une ville a* gebürtig sein aus; *coutume, produit* kommen aus; ***il est ~ du pays*** er ist ein Einheimischer **2** *(primitif)* ursprünglich **originairement** *adv* anfangs; ursprünglich

original [ɔʀiʒinal] ⟨*m/pl* **-aux**⟩ **I** *adj* **1** *document etc* original; Original…; Ur…; ***copie ~e*** Kopie *f* des Originals; ***édition ~e*** Erstausgabe *f*, -druck *m*; Originalausgabe *f*; ***texte ~*** Original, Urtext *m* **2** *idée etc* originell; neuartig; *création, artiste a* eigenständig; schöpferisch **3** *personne (étrange)* sonderbar; eigenartig **II** *subst* **1** *m d'une reproduction* Original *n*; *d'une traduction a* Urtext *m*; *d'un document a* Urschrift *f* **2** ***~(e)*** *m(f) personne* Original *n*; Unikum *n*; Sonderling *m*

originalité [ɔʀiʒinalite] *f* **1** *d'une idée etc* Originalität *f*; Neuartigkeit *f*; *d'une œuvre, d'un artiste a* Eigenständigkeit *f*; Ursprünglichkeit *f* **2** *d'une personne (étrangeté)* Sonderbarkeit *f*; sonderbares Wesen, Verhalten **3** *(élément original)* Besonderheit *f*; Neuartige(s) *n*; Neuerung *f*; Neuheit *f*

origine [ɔʀiʒin] *f* **1** *(commencement)* Anfang *m*; Beginn *m*; *pl* ***~s*** *de la vie etc* Entstehung *f*; *d'une coutume* Aufkommen *n*; *loc/adv* ***à l'~*** ursprünglich; anfangs; anfänglich; am Anfang; ***dès l'~*** von Anfang an; von Anbeginn; gleich zu Anfang; ***des ~s à nos jours*** von den Anfängen bis zur Gegenwart **2** *(provenance)* Ursprung *m*; Herkunft *f*; *d'une personne a* Abstammung *f*; Abkunft *f*; *loc/adj* ***d'~*** *produit etc* original; Original…; echt; ***Allemand, Français*** *etc* ***d'~*** gebürtiger Deutscher, Franzose *etc*; *en parlant de vins* ***appellation*** *f* ***d'~*** Herkunfts-, Ursprungsbezeichnung *f*; *pour des marchandises* ***certificat*** *m* ***d'~*** Ursprungszeugnis *n*; ***emballage*** *m* ***d'~*** Original(ver)packung *f*; ***nationalité*** *f* ***d'~*** ursprüngliche, durch die Geburt erworbene Staatsangehörigkeit; ***pays*** *m* ***d'~*** *de qn* Geburts-, Heimatland *n*; *d'un produit* Ursprungs-, Herstellungsland *n*; *coutume* ***d'~ ancienne*** althergebracht; *mot* ***d'~ latine*** lateinischen Ursprungs; *personne*: ***être d'~ française*** gebürtiger Franzose, von Geburt Franzose sein; ***être d'~ paysanne*** bäuerlicher Herkunft, Abstammung sein; ***on sent ses ~s paysannes*** man merkt ihm s-e bäuerliche Herkunft an **3** *(cause)* Ursache *f*; ***à l'~ de cette maladie il y a souvent …*** Ursache dieser Krankheit ist oft …; ***avoir, prendre son ~ dans qc*** s-e Ursache in etw *(dat)* haben; ***être à l'~ de qc*** Ursache e-r Sache *(gén)* sein; etw verursachen, hervorrufen, auslösen **4** MATH Nullpunkt *m*; Ursprung *m*

originel [ɔʀiʒinɛl] *adj* ⟨**~le**⟩ **1** ursprünglich; ***état ~*** ursprünglicher Zustand; ***sens ~*** ursprüngliche Bedeutung **2** REL ***péché ~*** Erbsünde *f*

originellement [ɔʀiʒinɛlmɑ̃] *adv* ursprünglich

orignal [ɔʀiɲal] *m* ⟨*pl* **-aux**⟩ ZO Amerikanischer Elch

oripeaux [ɔʀipo] *m/pl* zerschlissene, fadenscheinige Kleidung; Lumpen *m/pl*

ORL [oɛʀɛl] *m,f abr* → ***oto-rhino-laryngologie***, ***oto-rhino-laryngologiste***

Orléans [ɔʀleɑ̃] *Stadt im Dep. Loiret*

orlon® [ɔʀlõ] *m* TEXT Orlon® *n*

orme [ɔʀm] *m* **1** BOT Ulme *f*; Rüster *f* **2** *bois* Rüsterholz *n*; ***en ~*** aus Rüster; Rüster…

ormeau [ɔʀmo] *m* ⟨*pl* **~x**⟩ ZO Seeohr *n*

Orne [ɔʀn] ***l'~*** *f Fluss u Departement in Frankreich*

ornement [ɔʀnəmɑ̃] *m* **1** Ornament *n* (*a* BEAUX-ARTS); Verzierung *f*; Zierrat *m*; Schmuck *m*; ***plante*** *f* ***d'~*** Zierpflanze *f*; *loc/adj* ***sans aucun ~*** völlig schmucklos; ganz schlicht **2** MUS Verzierung *f* **3** REL ***~s sacerdotaux*** priesterlicher Ornat

ornemental [ɔʀnəmɑ̃tal] *adj* ⟨**-aux**⟩ schmückend; ornamental; Schmuck…; Zier…; ***plante ~e*** Zierpflanze *f*

ornementation [ɔʀnəmɑ̃tasjõ] *f* Verzierung *f* (mit Ornamenten) **ornementer** *v/t* (mit Ornamenten) verzieren

orner [ɔʀne] *v/t* **a)** schmücken, verzieren, ausschmücken (***de*** mit); **b)** *objet* ***~ qc*** etw zieren, schmücken; ***orné de*** geschmückt, verziert, geziert mit

ornière [ɔʀnjɛʀ] *f* Wagenspur *f*; *fig* ***sortir de l'~*** sich aus e-r schwierigen Lage herausarbeiten

ornithologie [ɔʀnitɔlɔʒi] *f* Vogelkunde *f*; *sc* Ornithologie *f* **ornithologique** *adj* vogelkundlich; *sc* ornithologisch **ornithologiste** *ou* **ornithologue** *m,f* Ornithologe, -login *m,f* **ornithorynque** [-ʀɛ̃k] *m* ZO Schnabeltier *n*

oronge [ɔʀõʒ] *f* BOT ***~ (vraie)*** Kaiserling *m*; ***fausse ~*** Fliegenpilz *m*

orpailleur [ɔʀpajœʀ] *m* HIST Goldwäscher *m*

Orphée [ɔʀfe] *m* MYTH Orpheus *m*

orphelin [ɔʀfəlɛ̃] *m*, **orpheline** *f* **1** Waise *f*; ***orphelin, orpheline de père*** vaterlose Halbwaise; ***orphe-***

O

lin, orpheline de père et de mère Vollwaise *f* 2 *adjt* verwaist; ***enfant orphelin, orpheline*** Waisenkind *n*

orphelinat [ɔʀfəlina] *m* Waisenhaus *n*

orphéon [ɔʀfeõ] *m* Blaskapelle *f*

orphique [ɔʀfik] *adj* orphisch **orphisme** *m* ANTIQUITÉ Orphik *f*

orque [ɔʀk] *m* ZO Schwertwal *m*

Orsay [ɔʀsɛ] *Stadt im Dep. Essonne*

ORSEC [ɔʀsɛk] *abr* (*organisation des secours*) ***plan*** *m* **~** (staatlicher) Katastropheneinsatzplan

orteil [ɔʀtɛj] *m* ANAT Zehe *f*; Zeh *m*; ***gros, petit ~*** große, kleine Zehe; großer, kleiner Zeh

Orthez [ɔʀtɛs] *Stadt im Dep. Pyrénées-Atlantiques*

orthodontie [ɔʀtɔdõti] *f* MÉD Zahnregulierung *f*; Kieferorthopädie *f*; *sc* Orthodontie *f* **orthodontiste** *m,f* Kieferorthopäde *m*, -pädin *f*

orthodoxe [ɔʀtɔdɔks] **I** *adj* 1 REL *et par ext* orthodox; streng-, rechtgläubig 2 *fig procédé etc* ***peu ~*** unorthodox; ungewöhnlich; *péj* nicht ganz koscher 3 ÉGL orthodox; ***Église ~ (grecque)*** (griechisch)-orthodoxe Kirche **II** *subst* ***les ~s*** *m/pl* REL die Orthodoxen *m/pl*

orthodoxie [ɔʀtɔdɔksi] *f* REL *et par ext* Orthodoxie *f*; Rechtgläubigkeit *f*

orthogonal [ɔʀtɔgɔnal] *adj* ⟨**-aux**⟩ MATH rechtwink(e)lig; orthogonal

orthographe [ɔʀtɔgʀaf] *f* 1 Rechtschreibung *f*; Orthografie *f*; ***~ d'usage*** (*festgelegte*) Rechtschreibung; ***réforme*** *f* ***de l'~*** Rechtschreibreform *f*; ***avoir une mauvaise ~*** viele orthografische Fehler machen; in der Rechtschreibung viele Fehler machen; *élève* ***être bon en ~*** in Rechtschreibung gut sein 2 *d'un mot* Schreibung *f*; Schreibweise *f*

orthographier [ɔʀtɔgʀafje] **I** *v/t* ***correctement, mal ~*** richtig, falsch schreiben **II** *v/pr* ***s'~*** geschrieben werden

orthographique [ɔʀtɔgʀafik] *adj* orthografisch; INFORM ***correcteur*** *m* **~** Rechtschreibprogramm *n*; ***signes*** *m/pl* ***~s*** diakritische Zeichen *n/pl* und Satzzeichen *n/pl*

orthopédie [ɔʀtɔpedi] *f* MÉD Orthopädie *f*; ***~ dento-faciale*** Kieferorthopädie *f*

orthopédique [ɔʀtɔpedik] *adj* orthopädisch; ***appareils*** *m/pl*, ***chaussures*** *f/pl* ***~s*** orthopädische Geräte *n/pl*, Schuhe *m/pl*

orthopédiste [ɔʀtɔpedist] *m,f* 1 MÉD Orthopäde, -pädin *m,f*; Facharzt, -ärztin *m,f* für Orthopädie 2 Orthopädist(in) *m(f)*; Orthopädiemechaniker(in) *m(f)*, -schuhmacher(in) *m(f)*

orthophonie [ɔʀtɔfɔni] *f* MÉD Sprachheilkunde *f*; Logopädie *f* **orthophoniste** *m,f* MÉD Logopäde *m*, Logopädin *f*

orthoptiste [ɔʀtɔptist] *m,f* MÉD Orthoptist(in) *m(f)*

ortie [ɔʀti] *f* BOT 1 Brennnessel *f* 2 ***~ blanche*** Weiße Taubnessel

ortolan [ɔʀtɔlã] *m* ZO Ortolan *m*; *fig* ***manger des ~s*** etwas Gutes, Leckeres essen

orvet [ɔʀvɛ] *m* ZO Blindschleiche *f*

os [ɔs]; *pl* [o] *m* 1 ANAT Knochen *m*; ***~ longs*** lange Knochen; Röhrenknochen *m/pl*; ***~ à moelle*** Markknochen *m*; ***~ du bassin, de la main, de poulet*** Becken-, Hand-, Hühnerknochen *m*; *loc/adj objet* ***en ~*** beinern; aus Knochen; Knochen…; *loc/adv* F ***jusqu'à l'~*** völlig; durch und durch; F *fig* ***il y a un ~*** die Sache hat e-n Haken; F *fig* ***l'avoir dans l'~*** F übers Ohr gehauen worden sein; reingelegt worden sein; *personne* ***avoir de gros, petits ~*** e-n kräftigen, zarten Knochenbau haben; *fig* ***c'est un sac d'~*** [-dɔs] er *ou* sie ist spindel-, klapperdürr; ***il ne fera pas de vieux ~*** er wird nicht alt werden; *fig* ***jeter, donner un ~ à ronger à qn*** j-m etwas zukommen lassen, zum Fraß vorwerfen; *plais* ***réchauffer ses vieux ~*** sich (auf)wärmen; F *fig* ***tomber sur un ~*** auf unvorhergesehene Schwierigkeiten stoßen; ***être trempé jusqu'aux ~*** bis auf die Haut nass sein; F pudel-, patsch-, klatschnass sein 2 ZO ***~ de seiche*** Sepiaschale *f*; Schulp *m*

OS [oɛs] *m,f abr* (*ouvrier spécialisé*) angelernter Arbeiter, angelernte Arbeiterin

oscar [ɔskaʀ] *m* 1 CIN Oscar *m* 2 *par ext* (*prix*) Preis *m* (**de** für)

Oscar [ɔskaʀ] *m Vorname*

OSCE [oɛsseə] *f abr* (*Organisation pour la sécurité et la coopération en Europe*) OSZE *f* (Organisation für Sicherheit und Zusammenarbeit in Europa)

oscillant [ɔsilã] *adj* schwingend; PHYS *a* oszillierend; ***circuit ~*** Schwingkreis *m*

oscillateur [ɔsilatœʀ] *m* ÉLECT Oszillator *m*; Schwingungserzeuger *m* **oscillation** *f* 1 PHYS, ÉLECT Schwingung *f*; Oszillation *f* 2 *fig* (*variation*) Schwankung *f*

osciller [ɔsile] *v/t* 1 *pendule* schwingen; PHYS *a* oszillieren; *tête etc* (hin und her) schwanken 2 *fig* (*hésiter*) schwanken (**entre** zwischen +*dat*)

oscillogramme [ɔsilɔgʀam] *m* Oszillogramm *n* **oscillographe** *m* Oszillograf *m* **oscillomètre** *m* MÉD Blutdruckmesser *m*

osé [oze] *adj* 1 *tentative, plaisanterie, tenue, scène* gewagt; ***entreprise ~e*** riskantes Unternehmen 2 *personne* keck; dreist

Osée [oze] *m* BIBL Hosea *m*

oseille [ozɛj] *f* 1 BOT Sauerampfer *m* 2 *arg* → **fric**

oser [oze] *v/t* wagen; *abs* es wagen; sich trauen; *je voudrais bien,* ***mais je n'ose pas*** aber ich wage es nicht, ich traue mich nicht; *litt* ***~ qc*** etw wagen; ***~ faire qc*** (*avoir le courage*) (es) wagen, sich (ge)trauen, etw zu tun; (*avoir l'audace*) sich unterstehen, sich unterfangen, sich erdreisten, sich erkühnen, etw zu tun; ***ose répéter ce que tu viens de dire!*** untersteh dich, wage es, das noch einmal zu sagen!; ***si j'ose dire*** *ou* ***si j'ose m'exprimer ainsi*** wenn ich so sagen darf; ***j'ose espérer que vous accepterez*** ich darf doch hoffen, dass Sie annehmen werden?

oseraie [ozʀɛ] *f* Weidengebüsch *n*, -pflanzung *f*

osier [ozje] *m* 1 BOT Korbweide *f* 2 VANNERIE Weidenruten *f/pl*; ***panier*** *m* ***d'~*** Weidenkorb *m*; ***fauteuil*** *m* ***en ~*** Korbsessel *m*, -stuhl *m*

Osiris [ɔziʀis] *m* MYTH Osiris *m*

osmose [ɔsmoz] *f* 1 BIOL, CHIM Osmose *f* 2 *fig* gegenseitige Durchdringung, Beeinflussung

osmotique [ɔsmɔtik] *adj* BIOL, CHIM ***pression*** *f* **~** osmotischer Druck

ossature [ɔsatyʀ] *f* 1 ANAT Knochengerüst *n*, -bau *m*; ***avoir une ~ robuste*** e-n kräftigen Knochenbau haben 2 CONSTR Skelett *n*; Gerippe *n*; ***~ en béton armé*** Stahlbetonskelett *n*, -gerippe *n*

osselet [ɔslɛ] *m* 1 ANAT ***~s de l'oreille*** Gehörknöchelchen *n/pl* 2 ***~s*** *pl Geschicklichkeitsspiel mit kleinen Knochen, die hochgeworfen u mit dem*

O

Handrücken aufgefangen werden
ossements [ɔsmɑ̃] *m/pl* (Toten)Gebeine *n/pl*
osseux [ɔsø] *adj* ⟨**-euse**⟩ **1** ANAT Knochen…; knöchern; ***cellule, charpente osseuse*** Knochenzelle *f*, -gerüst *n*; ZO ***poisson ~*** Knochenfisch *m*; ***tissu ~*** Knochengewebe *n* **2** *visage, mains* knochig
ossification [ɔsifikasjõ] *f* PHYSIOL Verknöcherung *f* **ossifier** *v/pr* ***s'~*** verknöchern
ossuaire [ɔsɥɛʀ] *m* Beinhaus *n*; *t/t* Ossarium *ou* Ossuarium *n*
ostéite [ɔsteit] *f* MÉD Knochenentzündung *f*; *sc* Ostitis *f*
Ostende [ɔstɑ̃d] GÉOGR Ostende *n*
ostensible(ment) [ɔstɑ̃sible(mɑ̃)] *adj* (*et adv*) ostentativ
ostensoir [ɔstɑ̃swaʀ] *m* ÉGL CATH Monstranz *f*
ostentation [ɔstɑ̃tasjõ] *f* Zurschaustellung *f*; Zur-Schau-Tragen *n*; Großtun *n* (**de** mit); ***avec ~*** großtuerisch; prahlerisch **ostentatoire** *adj* großtuerisch
ostéoblaste [ɔsteɔblast] *m* PHYSIOL Knochenbildungszelle *f* **ostéopathe** [-pat] *m,f* MÉD Chiropraktiker(in) *m(f)* **ostéopathie** [-pati] *f* MÉD *maladie, thérapie* Osteopathie *f* **ostéoporose** [-pɔʀoz] *f* MÉD Osteoporose *f*
Ostie [ɔsti] GÉOGR Ostia *n*
ostracisme [ɔstʀasism] *m* Ächtung *f*; Verfemung *f*; Ausschluss *m*; ***être frappé d'~*** geächtet, verfemt werden *ou* sein
Ostrava [ɔstʀava] GÉOGR Ostrau *n*
ostréicole [ɔstʀeikɔl] *adj* Austern(zucht)…
ostréiculteur [ɔstʀeikyltœʀ] *m* Austernzüchter *m* **ostréiculture** *f* Austernzucht *f*
ostrogot(h) [ɔstʀɔgo] *m* **1** HIST ***Ostrogot(h)s*** *pl* Ostgoten *m/pl* **2** F (*malotru*) Grobian *m*; ungehobelter Kerl; Barbar *m* **3** F ***un drôle d'ostrogot(h)*** F ein komischer Heiliger
otage [ɔtaʒ] *m* Geisel *f*; ***prise*** *f* ***d'~(s)*** Geiselnahme *f*; ***prendre qn en*** *ou* ***comme ~*** j-n als Geisel nehmen
OTAN [ɔtɑ̃] *f abr* (*Organisation du traité de l'Atlantique Nord*) NATO *ou* Nato *f*
otarie [ɔtaʀi] *f* ZO Ohrenrobbe *f*
ôter [ote] **I** *v/t* **1** (*enlever*) *objet de sa place* wegnehmen, -legen, -stellen, -setzen; *manteau etc* ablegen; ausziehen (*a gants*); *chapeau, lunettes* abnehmen; ***~ un noyau, une tache*** einen Kern, einen Fleck entfernen **2** MATH abziehen; ***~ la moitié de cent*** von hundert die Hälfte abziehen, wegnehmen; ***3 ôté de 9 égale 6*** 9 weniger *ou* minus 3 macht *ou* ist 6 **3** ***~ qc à qn*** j-m etw wegnehmen; ***~ à qn ses forces*** j-m die Kräfte nehmen, rauben; ***cela n'ôte rien à son mérite*** das schmälert sein Verdienst nicht; → *a* ***idée*** 2 **II** *v/pr* ***ôtez-vous de là!*** gehen Sie mir aus dem Weg!; machen Sie Platz!; F ***ôte-toi de là que je m'y mette!*** Platz da, jetzt komme ich!
Othon [ɔtõ] *m* HIST Otto *m*
otite [ɔtit] *f* MÉD Ohrenentzündung *f*; *sc* Otitis *f*; ***~ moyenne*** Mittelohrentzündung *f*
oto-rhino [ɔtoʀino] *m,f* F *abr* → ***oto-rhino-laryngologiste***
oto-rhino-laryngologie [ɔtoʀinolaʀɛ̃gɔlɔʒi] *f* MÉD Hals-Nasen-Ohren-Heilkunde *f* **oto-rhino-laryngologiste** *m,f* MÉD Hals-Nasen-Ohren-Arzt *m ou* -Ärztin *f*; *abr* HNO-Arzt *ou* -Ärztin *m,f*; F Ohrenarzt, -ärztin *m,f*
Otrante [ɔtʀɑ̃t] GÉOGR Otranto *n*; ***le canal d'~*** die Straße von Otranto
ottoman [ɔtɔmɑ̃] **I** *adj* HIST osmanisch; ***l'Empire ~*** das Osmanische Reich **II** *subst* **1** HIST ***Ottomans*** *m/pl* Osmanen *m/pl* **2** *m* TEXT Ottoman *m* **3** ***~e*** *f canapé* Ottomane *f*
Otton [ɔtõ] *m* HIST Otto *m*
ou [u] *conj* **1** oder; ***~ bien*** oder; ***~ (bien) … ~ (bien)*** entweder … oder; ***~ alors*** sonst; wenn nicht; ***~ même, ~ plutôt*** oder vielmehr; ***tôt ~ tard*** früher oder später **2** *évaluation* bis; ***deux ~ trois fois*** zwei- bis dreimal
où [u] *adv* **1** *interrogation*: **a)** *directe* wo? *ou* wohin?; ***~ est votre frère?*** wo ist Ihr Bruder?; ***~ vas-tu?*** wohin gehst du?; ***~ en êtes-vous?*** wie weit sind Sie?; ***d'~?*** woher?; ***d'~ vient-il?*** woher kommt er?; ***jusqu'~?*** bis wohin?; wie weit?; ***par ~ commencer?*** womit *ou* wo soll man beginnen; ***par ~ est-il passé?*** welche Strecke, F wie ist er gefahren?; **b)** *indirecte* wo *ou* wohin; ***je ne sais ~ aller*** ich weiß nicht, wohin ich gehen soll; ***je me demande ~ il est*** ich frage mich, wo er steckt; **c)** *loc/adv* ***d'~*** daher; darum; ***d'~ mon étonnement*** daher mein Erstaunen; **d)** *loc/conj* ***~ que*** (+*subj*) wo *ou* wohin auch (immer); ***~ qu'il soit*** wo er auch sein mag **2** *relatif*: **a)** *local*: ***le pays ~ il est né*** das Land, in dem *ou* wo er geboren wurde; ***là ~*** da *ou* dort, wo; **b)** *temporel*: ***l'époque ~ nous vivons*** die Zeit, in der wir leben; ***à l'époque ~ j'allais à l'école*** zu der Zeit, als ich in die Schule ging; ***au moment ~ il arriva*** in dem Augenblick, als *ou* wo er ankam; **c)** *situation*: ***dans l'état ~ il est*** in dem, in diesem Zustand; ***dans le trouble ~ j'étais*** in meiner Verwirrung
OUA [oya] *f abr* (*Organisation de l'unité africaine*) OAU *f*
Ouad(d)aï [wadai] GÉOGR ***l'~*** *m* Wadai *n*
Ouagadougou [wagadugu] Wagadugu *n* (*Hauptstadt von Burkina Faso*)
ouailles [waj] *f/pl* REL, *plais* Schäflein *n/pl*; Herde *f*
ouais [wɛ] F **I** *int iron ou sceptique* schau (mal) an!; was du nicht sagst! **II** *adv* ja
ouate [wat] *meist keine Elision!* *f* Watte *f*
ouaté [wate] *adj* **1** TEXT wattiert **2** *fig bruit, ambiance* gedämpft **ouater** *v/t* wattieren **ouatiné** *adj* mit Steppfutter; wattiert
Oubangui [ubɑ̃gi] GÉOGR ***l'~*** *m* der Ubangi
oubli [ubli] *m* **1** *d'un nom etc* Vergessen *n*; *collectif* Vergessenheit *f*; ***tirer, sortir, sauver de l'~*** der Vergessenheit (*dat*) entreißen; ***tomber dans l'~*** in Vergessenheit geraten **2** (*omission*) Unterlassung *f*; Versäumnis *n*; Versehen *n*; ***~ involontaire*** Versehen *n*; ***commettre un ~*** sich (*dat*) e-e Nachlässigkeit, ein Versäumnis zuschulden kommen lassen; e-e Unterlassung begehen; ***réparer un ~*** sein Versäumnis wiedergutmachen **3** *de ses obligations* Vernachlässigung *f*; *des convenances* Verletzung *f* **4** *d'une injure* Verzeihen *n*; Nichtnachtragen *n* **5** ***~ de soi (-même)*** Selbstverleugnung *f*, -losigkeit *f*
oublier [ublije] **I** *v/t* **1** *nom, date etc* vergessen; *ce qu'on a appris a* (wieder) verlernen; ***~ de faire qc*** vergessen, etw zu tun; ***~ que …*** vergessen, dass …; ***il en oublie le boire et le manger*** er vergisst Essen und Trinken darüber; F ***vous nous oubliez!*** haben Sie uns denn ganz vergessen!; ***il oublie tout*** er vergisst alles; er ist sehr vergesslich; ***être oublié*** vergessen sein; in Vergessenheit geraten sein; ***faire***

~ qc etw vergessen lassen; **se faire ~** dafür sorgen, dass man nicht (gleich wieder) auffällt, dass man erst einmal vergessen wird **2** (*laisser*) *clés etc* vergessen; liegen lassen; *parapluie a* stehen lassen **3** (*omettre*) *mot etc*, *qn lors d'une distribution* vergessen; auslassen; übersehen (*a faute*); **n'oubliez pas que ...** vergessen Sie nicht, denken Sie daran, dass ... **4** (*négliger*) *amis*, *obligations etc* vernachlässigen; *devoirs a* versäumen; verletzen **5** *injures*, *vexation* nicht nachtragen; verzeihen **II** *v/pr* **1** *sens passif* **s'~** vergessen werden; *ce genre d'affront* **ne s'oublie pas** vergisst man nicht **2** *iron* **il ne s'est pas oublié** er hat sein Schäfchen ins Trockene gebracht; er hat für sich gesorgt **3** **s'~** (*manquer aux égards dus*) sich gehen lassen; sich vergessen **4** **s'~** (*faire ses besoins*) *enfant* in die Hosen machen; *animal* sein Geschäft verrichten; F sich verewigen

oubliettes [ublijɛt] *f/pl* HIST Verlies *n*; Kerker *m*; *fig* **tomber dans les ~** in Vergessenheit geraten; F in der Versenkung verschwinden

oued [wɛd] *m* GÉOGR Wadi *n*

Ouen [wɑ̃] *m saint* Audoenus *m*

ouest [wɛst] **I** *m* **1** *point cardinal* (*abr* **O.**) West(en) *m* (*abr* W); **vent** *m* **d'~** Westwind *m*; *loc/adv* **à l'~** im Westen, westlich (**de** von *ou* +*gén*); **plus à l'~** weiter *ou* mehr im Westen, westlich; **en direction de l'~, vers l'~** in westlicher Richtung; westwärts; nach Westen **2** *d'un pays*, *d'une ville etc* **l'Ouest** der Westen; *loc/adj* **de l'Ouest** West...; HIST **l'Allemagne** *f* **de l'Ouest** Westdeutschland *n* (*Bundesrepublik*); **l'Europe** *f* **de l'Ouest** Westeuropa *n*; **dans l'Ouest de Paris** im Westen von Paris; im Pariser Westen **3** *de la France* **l'Ouest** Westfrankreich *n*; der Westen (Frankreichs) **4** POL **l'Ouest** der Westen **II** *adj* ⟨*inv*⟩ westlich; West...; **côte** *f* **~** Westküste *f*; **longitude** *f* **~** westliche Länge; **portail** *m* **~** Westportal *n*

ouest-allemand [wɛstalmɑ̃] *adj* westdeutsch

ouest-nord-ouest [wɛstnɔrwɛst] *m* Westnordwest(en) *m* **ouest-sud-ouest** *m* Westsüdwest(en) *m*

ouf [uf] *int* uff!; Gott sei Dank!; F **sans avoir le temps de dire ~, elle avait ...** ehe sie sich's versah, hatte sie ...; F **il n'a pas eu le temps de dire ~** er hatte nicht einmal Zeit zum Luftholen

Ouganda [ugɑ̃da] **l'~** *m* Uganda *n*

ougandais [ugɑ̃dɛ] **I** *adj* ugandisch **II** *subst* **Ougandais(e)** *m(f)* Ugander(in) *m(f)*

oui [wi] *keine Bindung!* **I** *adv* ja; *êtes vous satisfait?* - **~ et non** ja und nein; **~ ou non?** ja oder nein?; P *tu viens*, **~ ou merde?** F was ist jetzt!; sag was!; *on se demande* **si ~ ou non on partira en vacances** ob wir in Ferien fahren sollen oder nicht; *résigné* **eh! ~** na ja; nun ja; **mon Dieu, ~** Gott, ja!; **~, bien sûr** ja gewiss; ja sicher; ja freilich; ja natürlich; **mais ~** aber ja; ja doch; gewiss doch; allerdings; **(oh) que ~** ja gewiss; ja sicher; natürlich; **je crois que ~** ich glaube ja *ou* schon; **dire ~** Ja sagen; **dire que ~** sagen, dass es so ist; **il semble que ~** es scheint so **II** *m* ⟨*inv*⟩ **1** Ja *n*; *loc/adv* **pour un ~ ou pour un non** bei der geringsten Kleinigkeit; wegen e-r Lappalie; ohne rechten, ersichtlichen Grund **2** POL Jastimme *f*

ouï [wi] *p/p* → **ouïr**

oui-da [wida] *adv litt* ei ja!; aber gewiss!

ouï-dire [widir] *m* ⟨*inv*⟩ Hörensagen *n*; *loc/adv* **par ~** vom Hörensagen; gerüchteweise

ouïe[1] [wi] *f* **1** Gehör(sinn) *n(m)*; **avoir l'~ fine** ein feines Gehör haben; F **je suis tout ~** ich bin ganz Ohr **2** *des poissons* **~s** *pl* Kiemen *f/pl*

ouïe[2] *ou* **ouille** [uj] *int* au!

ouïr [wir] *v/t* ⟨*déf*: *nur inf u p/p* **ouï**⟩ **1** *litt ou plais* **j'ai ouï dire que ...** ich habe sagen hören, dass ... **2** JUR **ouï les témoins** nach Anhörung der Zeugen

ouistiti [wistiti] *keine Elision!* *m* **1** ZO Seiden-, Pinseläffchen *n* **2** F *fig* **un drôle de ~** ein komischer Kerl; F e-e seltsame Type

Ouistreham [wistream] *Ort im Dep. Calvados*

oukase [ukaz] *m* → **ukase**

Oulan-Bator [ulɑ̃batɔr] GÉOGR Ulan-Bator *n*

Oulan-Oude [ulɑ̃ude] GÉOGR Ulan-Ude *n*

Oullins [ulɛ̃] *Stadt im Dep. Rhône*

ouragan [uragɑ̃] *m* **1** Orkan *m* **2** *fig* **~ de protestations** Sturm *m* der Entrüstung; **arriver en ~** angestürmt, angebraust kommen; wie ein Wirbelwind daherkommen

Oural [ural] **l'~** *m* der Ural

Ouranos [uranos, -ɔs] *m* MYTH Uranos *m*

ourdir [urdir] *v/t* **1** TEXT schären; zetteln **2** *fig complot* anzetteln; schmieden

ourdou [urdu] *m* LING **l'~** das Urdu; Urdu *n*

ourlé [urle] *adj* **1** COUT gesäumt **2** *oreilles* **finement ~** mit e-m feinen, zarten Rand

ourler [urle] *v/t* COUT säumen

ourlet [urlɛ] *m* **1** COUT Saum *m*; **faux ~** falscher Saum; **défaire l'~** den Saum auftrennen; **faire un ~ à qc** etw (um-, ein)säumen **2** TECH (umgebogener) Rand

ours [urs] *m* **1** ZO Bär *m*; **~ blanc, polaire** Eisbär *m*; **~ brun** Braunbär *m*; **~ savant** Tanzbär *m*; dressierter Bär; **~ en peluche** Teddy(bär) *m*; **peau** *f* **d'~** Bärenfell *n* **2** GÉOGR **le Grand Lac de l'Ours** der Große Bärensee **3** *fig personne* Einzelgänger *m*; Eigenbrötler *m*; **~ mal léché** ungehobelter, ungeschlachter Kerl; Grobian *m*; **vivre en ~, comme un ~** das Leben e-s Eigenbrötlers führen; zurückgezogen leben; *adjt* **être un peu ~** etwas kontakt-, menschenscheu, eigenbrötlerisch sein **4** PRESSE Impressum *n*

ourse [urs] *f* **1** ZO Bärin *f* **2** ASTR **la Grande, Petite Ourse** der Große, Kleine Bär, Wagen

oursin [ursɛ̃] *m* ZO Seeigel *m*

ourson [ursõ] *m* ZO junger, kleiner Bär

Oussouri [usuri] GÉOGR **l'~** *m* der Ussuri

oust(e) [ust] *int* F **1** *pour chasser qn* F (nichts wie) raus!; hau ab! **2** (*vite!*) schnell!; F dalli!

out [awt] *adv* TENNIS aus; *adjt* **balle** *f* **~** Ausball *m*; **être ~** aus sein; im Aus sein

outarde [utard] *f* ZO Trappe *f*

outil [uti] *m* **1** Werkzeug *n* (*a fig de qn*); **~s** *pl a* Handwerkszeug *n*; **~s de cordonnier, de maçon** Schuster-, Maurerwerkzeuge *n/pl*; **~s de jardinage** Gartengeräte *n/pl* **2** *fig* **~ (de travail)** Arbeitsinstrument *n*, -mittel *n*; Hilfsmittel *n*; **~ pédagogique** Lernmittel *n* **3** *adjt* LING **mot** *m* **~** Strukturwort *n*

outillage [utijaʒ] *m coll* Handwerkszeug *n*; Werkzeugausrüstung *f*; Arbeitsgerät(e) *n(pl)*; *d'une usine* maschinelle, technische Ausrüstung

outillé [utije] *adj* **bien ~** gut mit Handwerkszeug, Werkzeugen ausgerüstet; *usine* maschinell, technisch gut ausgerüstet; **être ~ pour faire qc** die nötige, passende Ausrüstung haben *ou* entsprechend ausgerüstet sein, um etw zu tun

outilleur [utijœʀ] *m* Werkzeugmacher *m*

outrage [utʀaʒ] *m* 1 (grobe, schwere) Beleidigung (*a* JUR); schwere Kränkung; Schmähung *f*; Beschimpfung *f*; Schimpf *m*; Schmach *f*; JUR: **~ à agent de la force publique** Beleidigung e-s Polizeibeamten; **~ à magistrat** Beamtenbeleidigung *f*; **~ aux bonnes mœurs** Verbreitung *f* unzüchtiger Schriften, Abbildungen oder Darstellungen; **~ public à la pudeur** Erregung *f* öffentlichen Ärgernisses; *iron* **faire subir les derniers ~s à qn** (*violer*) j-m Gewalt antun 2 *litt* (*atteinte*) Verheerung *f*

outragé [utʀaʒe] *adj* beleidigt; gekränkt

outrageant [utʀaʒɑ̃] *adj* beleidigend; kränkend **outrager** *v/t* ⟨**-geons**⟩ (*offenser*) beleidigen; kränken; (*injurier*) schmähen; beschimpfen

outrageusement [utʀaʒøzmɑ̃] *adv* zu stark; **~ fardé** F entsetzlich geschminkt

outrance [utʀɑ̃s] *f* 1 Übertreibung *f*; Überspitztheit *f*; Überspitzung *f*; *loc/adv* **à ~** übertrieben; übermäßig; *guerre* bis zum siegreichen *ou* bitteren Ende; *combat* auf Leben und Tod 2 **~ de langage** sprachliche Entgleisung

outrancier [utʀɑ̃sje] *adj* ⟨**-ière**⟩ *propos* übertrieben; überspitzt; *caractère* zur Übertreibung neigend

outre¹ [utʀ] *f récipient* (Leder)Schlauch *m*; **~ de vin** Weinschlauch *m*; F **être gonflé, plein comme une ~** F voll(gefressen) sein; nicht mehr papp sagen können

outre² [utʀ] I *prép* außer (+*dat*) II *adv* 1 **passer ~ à qc** über etw (*acc*) hinweggehen; etw übergehen; sich über etw (*acc*) hinwegsetzen 2 *loc/adv* **en ~** außerdem; überdies; darüber hinaus; **~ mesure** über die Maßen; übermäßig; **pas ~ mesure** nicht übermäßig, besonders, sonderlich

outré [utʀe] *adj* 1 (*exagéré*) übertrieben; zu weit getrieben; überspitzt; auf die Spitze getrieben 2 (*indigné*) → **outrer**

outre-Atlantique [utʀatlɑ̃tik] *adv* jenseits des Atlantiks

outrecuidance [utʀəkɥidɑ̃s] *litt f* Überheblichkeit *f*; Anmaßung *f*; Vermessenheit *f* **outrecuidant** *litt adj* überheblich; anmaßend; vermessen

outre-Manche [utʀəmɑ̃ʃ] *adv* jenseits des (Ärmel)Kanals

outremer [utʀəmɛʀ] *m* 1 *couleur* Ultramarin *n*; *adjt* ⟨*inv*⟩ ultramarin 2 MINÉR Lasurstein *m*; Lapislazuli *m*

outre-mer [utʀəmɛʀ] *loc/adj* **d'~** überseeisch; Übersee...; in Übersee; **département** *m* **d'~** überseeisches Departement; Überseedepartement *n*

outrepasser [utʀəpase] *v/t ses droits* überschreiten

outrer [utʀe] *v/t une telle injustice* **m'a outré** hat mich empört; **être outré de, par qc** über etw (*acc*) empört, entrüstet sein

outre-Rhin [utʀəʀɛ̃] *adv* jenseits des Rheins (*von Frankreich aus*); auf der rechten Rheinseite; in Deutschland

outre-tombe [utʀətõb] *loc/adj* **d'~** von jenseits des Grabes; **une voix d'~** e-e Stimme aus dem Jenseits

outsider [awtsajdœʀ] *m cheval, fig personne* Außenseiter *m*; Outsider ['aʊtsaɪdər] *m*

ouvert [uvɛʀ] *p/p* → **ouvrir** *et adj* ⟨**ouverte** [uvɛʀt]⟩ *porte, fenêtre, fleur, magasin* offen; geöffnet; auf (*attribut seulement*); *robinet a* aufgedreht; *main* geöffnet; *yeux, bouche, plaie, chemise, col* offen; *chemise, col, fenêtre, porte a* offen stehend; *fig personne* offen; freimütig; **air ~, physionomie ~e** offenes Gesicht; ÉLECT **circuit ~** unterbrochener Stromkreis; **esprit ~** aufgeschlossener Geist, Mensch; **famille ~e** gastfreundliche Familie; Familie, die ein offenes Haus hat; **lettre ~e** offener Brief; PHON **syllabe ~e** offene Silbe; MIL **ville ~e** offene Stadt; PHON **voyelle ~e** offener Vokal; ♦ **~ toute l'année, toute la journée** ganzjährig, ganztägig geöffnet; **~ à** *un certain public* geöffnet für; zugänglich für; *route* **~ à la circulation** für den Verkehr freigegeben; *personne* **~ à qc** für etw aufgeschlossen, zugänglich; an etw (*dat*) interessiert; **à bras ~s** mit offenen Armen; **opération** *f* **à cœur ~** Operation *f* am offenen Herzen; **parler à cœur ~** offen, freimütig, frei von der Leber weg reden; ♦ **la chasse est ~e** es ist Jagdzeit; *t/t* die Jagd geht auf; **le gaz est ~** der Gashahn ist offen, auf, aufgedreht; das Gas ist an; **la pêche est ~e** die Angelsaison ist eröffnet; es ist Angelsaison; *commerçant* F **je suis ~ jusqu'à huit heures** ich habe bis um acht (Uhr) auf, geöffnet; → *a* **grand** *II b*), **porte¹** *1*

ouvertement [uvɛʀtəmɑ̃] *adv* offen; geradeheraus; freimütig

ouverture [uvɛʀtyʀ] *f* 1 *d'une porte, d'une lettre, d'un magasin etc* Öffnen *n*, -ung *f*; Aufmachen *n*; *d'un parachute* Öffnung *f*; Entfaltung *f*; JUR **~ du testament** Testamentseröffnung *f*; **heures** *f/pl* **d'~** Öffnungszeiten *f/pl*; *d'un magasin a* Geschäfts-, Verkaufszeiten *f/pl*; *d'une banque, de la poste a* Schalterstunden *f/pl* 2 *d'une séance, de débats, d'un compte, d'une exposition, d'une partie d'échecs etc* Eröffnung *f*; *d'un spectacle a* Auftakt *m*; Beginn *m*; *d'une enquête*, JUR *de poursuites* Einleitung *f*; *d'une route* **~ à la circulation** Freigabe *f* für den Verkehr; Verkehrsübergabe *f*; **~ de la chasse** Eröffnung, Beginn, *t/t* Aufgang *m* der Jagd (-zeit); Ende *n* der Schonzeit; FIN **~ de crédit** Krediteröffnung *f*, -gewährung *f*; ASSURANCES **~ des droits** Erwerb *m* des Leistungsanspruches; **~ d'un magasin** Geschäftseröffnung *f*; JUR **~ de la succession** Eintritt *m* des Erbfalles; BOURSE **cours** *m* **d'~** Anfangskurs *m*; **séance** *f* **d'~** Eröffnungssitzung *f*; CH **faire l'~** am ersten Tag der Jagdzeit zur Jagd gehen 3 *dans un mur etc* Öffnung *f*; CONSTR **~s** *pl* Fenster-, Türöffnungen *f/pl* 4 MUS Ouvertüre *f* 5 *pl* (**faire des**) **~s de négociation, de paix** Verhandlungs-, Friedensvorschläge *m/pl* (machen, unterbreiten) 6 *fig* **~ d'esprit** geistige Aufgeschlossenheit 7 POL **~ à droite, à gauche** Öffnung *f* nach rechts, nach links 8 OPT Apertur *f*; Öffnung *f*; **~ du diaphragme** Blende(nöffnung) *f*

ouvrable [uvʀabl] *adj* **jour** *m* **~** Werk-, Wochentag *m*

ouvrage [uvʀaʒ] *m* 1 (*travail*) Arbeit *f*; Werk *n*; **~ de dames** (weibliche) Handarbeit; **boîte** *f* **à ~** Nähkasten *m*; **se mettre à l'~** sich an die Arbeit, ans Werk machen 2 *résultat, produit* Arbeit *f*; **~ de maçonnerie, d'orfèvrerie** Maurer-, Goldschmiedearbeit *f*; F *plais* **c'est de la belle ~** das ist e-e saubere Arbeit 3 CONSTR Bau(werk) *m*(*n*); **gros ~** Rohbau *m*; **~s d'art** Kunstbauten *m/pl*; **maître** *m* **d'~** Bauherr *m* 4 *littéraire, scientifique* Werk *n*; Schrift *f*; Buch *n*; **~ de référence** Nachschlagewerk *n* 5 FORTIF Befestigungsanlage *f*, -werk *n*

ouvragé [uvʀaʒe] *adj* kunstvoll, fein gearbeitet
ouvrant [uvʀɑ̃] *adj* AUTO ***toit ~*** Schiebedach *n*
ouvré [uvʀe] *adj* 1 LINGERIE mit Stickerei, Spitze verziert 2 ***produit ~*** Fertigprodukt *n*, -erzeugnis *n*, -ware *f* 3 ADM ***jour ~*** Arbeitstag *m*
ouvre-boîtes [uvʀəbwat] *m* ⟨*inv*⟩ Büchsen-, Dosenöffner *m* **ouvre-bouteilles** *m* ⟨*inv*⟩ Flaschenöffner *m*
ouvreur [uvʀœʀ] *m*, **ouvreuse** *f* 1 *skieur*, *-euse* Vorläufer(in) *m(f)* 2 CIN, THÉ Platzanweiser(in) *m(f)*
ouvrier [uvʀije] I *m* 1 (Industrie-, Fabrik)Arbeiter *m*; *coll* ***les ~s*** die Arbeiter(schaft) *m/pl(f)*; ***~ agricole*** Landarbeiter *m*; ***~ qualifié*** Facharbeiter *m*; ***~ non qualifié, sans qualification professionnelle*** ungelernter Arbeiter; Hilfsarbeiter *m*; ***~ (travaillant) à la chaîne*** Fließbandarbeiter *m*; ***~ du bâtiment*** Bauarbeiter *m*, -handwerker *m*; ***~ du textile*** Textilarbeiter *m*; *prov* ***les mauvais ~s ont toujours de mauvais outils*** der Pfuscher gibt dem Werkzeug die Schuld; wenn der Reiter nichts taugt, ist das Pferd schuld (*prov*) 2 ***~ maçon, menuisier*** *etc* unselbstständiger Maurer, Tischler *etc*; Maurergeselle *m*; Tischlergeselle *m etc* II *adj* ⟨**-ière**⟩ 1 Arbeiter…; ***classe ouvrière*** Arbeiterklasse *f*; ***quartier ~*** Arbeiterviertel *n*; ***revendications ouvrières*** Forderungen *f/pl* der Arbeiter(schaft) 2 *fig* ***cheville ouvrière*** treibende Kraft
ouvrière [uvʀijɛʀ] *f* 1 (Industrie-, Fabrik)Arbeiterin *f* 2 ZO *dans une ruche* Arbeiterin *f*
ouvrir [uvʀiʀ] ⟨→ **couvrir**⟩ I *v/t* 1 *porte, fenêtre, boîte, bouteille, magasin etc* öffnen; aufmachen; *avec une clé* aufschließen; aufsperren; *volets a* aufstoßen; *bouche a* auftun; *yeux, livre a* aufschlagen; *enveloppe a* aufreißen; *avec un coupe-papier* aufschlitzen; *robinet a* aufdrehen; *rideaux, tiroir* aufziehen; *canif, couvercle* aufklappen; *parapluie* aufspannen; *journal* aufschlagen; entfalten; *gaz, eau, radio* anstellen; *radio, télé a* anmachen; andrehen; einschalten (*a électricité*); *lumière* anmachen; anknipsen; einschalten; *bras, ailes* ausbreiten; JUR *testament* eröffnen; ***~ l'appétit*** den Appetit anregen; ***il n'a pas ouvert la bouche,*** F ***il ne l'a pas ouverte de la soirée*** er hat den ganzen Abend über den Mund nicht aufgetan, aufgemacht; *fig* ***~ son cœur à qn*** j-m sein Herz öffnen, ausschütten; *st/s* aufschließen; *fig* ***~ l'esprit à qn*** j-n geistig aufgeschlossen machen, geistig anregen; ***ouvrez bien vos oreilles!*** hört gut zu!; macht, F sperrt eure Ohren gut auf!; *magasin* ***nous ouvrirons toute la matinée du dimanche*** wir haben den ganzen Sonntagvormittag über offen, geöffnet; *route* ***~ à la circulation*** dem Verkehr übergeben; für den Verkehr freigeben; ***~ d'un coup de pied*** mit dem Fuß aufstoßen; *abs* ***va ~!*** geh aufmachen!; *sur une caisse* ***côté à ~*** hier öffnen 2 *séance, débats, exposition, bal, compte en banque, nouveau magasin,* MIL *feu, hostilités etc* eröffnen; *enquête* einleiten; *crédit a* bereitstellen; ***~ droit aux prestations*** e-n Anspruch auf Leistungen begründen; CARTES ***~ le jeu*** das Spiel eröffnen, beginnen; *abs* ***~ à trèfle*** Treff ausspielen; *nom* ***~ la liste*** auf der Liste obenan stehen; als Erster auf der Liste stehen; am Anfang der Liste stehen; ***~ la marche*** den Zug eröffnen; an der Spitze des Zuges marschieren 3 (*percer*) *fenêtre etc* brechen (***dans un mur*** in e-e Mauer); MIL ***~ une brèche*** e-e Bresche schlagen II *v/i magasin, musée etc* öffnen; aufmachen; geöffnet haben; aufhaben; *fenêtre, porte* ***~ sur la rue*** auf die *ou* nach der Straße (hinaus)gehen III *v/pr* 1 ***s'~*** *fenêtre, porte* sich öffnen; sich auftun; aufgehen; geöffnet, aufgemacht werden; *porte a* aufspringen; *fleur* sich öffnen; sich entfalten; *parachute* sich öffnen; aufgehen; *tiroir, boîte* ***s'~ facilement*** sich leicht öffnen lassen; *fenêtre, porte* ***s'~ sur la rue*** → *II*; *fig* ***la foule s'ouvrit sur mon passage*** die Menge teilte sich, um mich durchzulassen; die Menge gab mir den Weg frei 2 ***s'~ les genoux*** sich (*dat*) die Knie aufschlagen; ***s'~ les veines*** sich (*dat*) die Pulsadern aufschneiden, öffnen 3 *exposition, congrès etc* ***s'~*** eröffnet werden, beginnen (***par*** mit); *perspectives, vie nouvelle* ***s'~ devant qn*** sich j-m eröffnen; vor j-m liegen 4 *personne* ***s'~ à qn*** sich j-m mitteilen, anvertrauen, offenbaren, erschließen
ouvroir [uvʀwaʀ] *m dans un couvent* Nähstube *f*
Ouzbékistan [uzbekistɑ̃] ***l'~*** *m* Usbekistan *n*
ovaire [ɔvɛʀ] *m* 1 ANAT Eierstock *m*; *sc* Ovarium *n* 2 BOT Fruchtknoten *m*
ovale [ɔval] I *adj* oval; eiförmig; länglich rund; SPORTS ***le ballon ~*** der Rugbyball; *par ext* das Rugby II *m* Oval *n* (*a du visage*); ***en ~*** oval
ovalisé [ɔvalize] *adj* TECH unrund
ovariectomie [ɔvaʀjɛktɔmi] *f* MÉD operative Entfernung e-s Eierstocks *ou* der Eierstöcke; *sc* Ovariektomie *f*
ovarien [ɔvaʀjɛ̃] *adj* ⟨**~ne**⟩ ANAT Eierstock…; *sc* Ovarial…
ovation [ɔvasjõ] *f* Ovation *f*; ***faire une ~ à qn*** j-m e-e Ovation darbringen
ovationner [ɔvasjɔne] *v/t* ***~ qn*** j-m zujubeln
overdose [ɔvəʀdoz] *f* Überdosis *f*
Ovide [ɔvid] *m poète latin* Ovid *m*
ovidés [ɔvide] *m/pl* ZO Schafe *n/pl*
ovin [ɔvɛ̃] *adj* Schaf…; ***race ~e*** Schafrasse *f*; *subst* ***les ~s*** *m/pl* die Schafe *n/pl*
ovipare [ɔvipaʀ] ZO I *adj* Eier legend; *sc* ovipar II *m/pl* ***~s*** Eier legende Tiere *n/pl*
ovni [ɔvni] *m abr* (*objet volant non identifié*) Ufo *ou* UFO *n*
ovoïde [ɔvɔid] *adj* eiförmig
ovulaire [ɔvylɛʀ] *adj* BIOL Ei…
ovulation [ɔvylasjõ] *f* BIOL Ei-, Follikelsprung *m*; *sc* Ovulation *f*
ovule [ɔvyl] *m* 1 BIOL Eizelle *f*; Ei *n* 2 BOT Samenanlage *f* 3 PHARM Vaginalzäpfchen *n*
oxalique [ɔksalik] *adj* CHIM ***acide*** *m* ***~*** Oxal-, Kleesäure *f*
oxhydrique [ɔksidʀik] *adj* CHIM ***gaz*** *m* ***~*** Knallgas *n*
oxydable [ɔksidabl] *adj* CHIM oxidierbar **oxydant** CHIM I *adj* oxidierend; Oxidations… II *m* Oxidationsmittel *n* **oxydation** *f* CHIM Oxidierung *f*; Oxidation *f*
oxyde [ɔksid] *m* CHIM Oxid *ou* Oxyd *n*; ***~ de carbone, de cuivre, de fer*** Kohlen-, Kupfer-, Eisenoxid *n*
oxyder [ɔkside] CHIM *v/t* (*et v/pr*) (***s'***)***~*** oxidieren
oxygénation [ɔksiʒenasjõ] *f* CHIM Anreicherung *f* mit Sauerstoff; Sauerstoffaufnahme *f* (*a du sang*); MÉD Sauerstoffzufuhr *f*
oxygène [ɔksiʒɛn] *m* CHIM Sauerstoff *m*; ***manque*** *m* ***d'~*** Sauerstoffmangel *m*

O

oxygéné [ɔksiʒene] *adj* **1** CHIM sauerstoffhaltig; ***eau ~e*** Wasserstoffperoxid *n* **2** ***cheveux blonds ~s*** wasserstoffblondes Haar; ***blonde ~e*** F Wasserstoffblondine *f*
oxygéner [ɔksiʒene] ⟨**-è-**⟩ **I** *v/t* **1** CHIM mit Sauerstoff anreichern **2** *cheveux* mit Wasserstoffperoxid bleichen, blondieren **II** *v/pr* F ***s'~ (les poumons)*** F frische Luft tanken; die Lungen mit Sauerstoff vollpumpen
oxygénothérapie [ɔksiʒenɔteʀapi] *f* MÉD Sauerstofftherapie *f*
oxyure [ɔksjyʀ] *m* ZO Madenwurm *m*
oyez [oje] *litt* ⟨*Imperativ von* **ouïr**⟩ hört!
Oyonnax [ɔjɔna] *Stadt im Dep. Ain*
ozone [ozɔn] *m* CHIM Ozon *n ou m*; ***couche*** *f* ***d'~*** Ozonschicht *f*; ***taux*** *m* ***d'~*** Ozonwert *m*; ***trou*** *m* ***dans la couche d'~*** Ozonloch *n*
ozoniser [ozɔnize] *v/t* CHIM, TECH ozonisieren

P

P, p [pe] *m* ⟨*inv*⟩ P, p *n*
p. *abr* **1** (*page[s]*) S. (Seite[n]) **2** (*pour*) für
PAC [pak] *f abr* (*politique agricole commune*) gemeinsame Agrarpolitik (*der EU*)
pacage [pakaʒ] *m* AGR Weide *f*
pacemaker [pɛsmɛkœʀ] *m* MÉD Herzschrittmacher *m*
pacha [paʃa] *m* HIST *et fig* Pascha *m*; F *fig*: ***faire le ~*** den Pascha spielen; ***mener une vie de ~*** wie ein Pascha leben
pachyderme [paʃidɛʀm, -ki-] *m* ZO Dickhäuter *m*
pacificateur [pasifikatœʀ], **pacificatrice** **I** *m,f* Friedensbringer(in) *m(f)*; Frieden(s)stifter(in) *m(f)* **II** *adj mesures* der Befriedung dienend; Frieden schaffend
pacification [pasifikasjõ] *f* Befriedung *f*
pacifier [pasifje] *v/t* **1** befrieden; den Frieden, *après une émeute* Ruhe und Ordnung wiederherstellen (***un pays*** in e-m Land) **2** *fig* ***~ les esprits*** die Gemüter beruhigen
pacifique [pasifik] *adj* **1** friedlich; *personne, peuple a* friedliebend; friedfertig **2** ***l'océan*** *m* ***Pacifique*** *ou subst* ***le Pacifique*** der Pazifische, Stille, Große Ozean; der Pazifik
pacifiquement [pasifikmɑ̃] *adv* auf friedlichem Wege
pacifisme [pasifism] *m* Pazifismus *m* **pacifiste** **I** *adj* pazifistisch **II** *m,f* Pazifist(in) *m(f)*
pack [pak] *m* **1** *emballage* Blockpackung *f* **2** RUGBY Stürmer *m/pl*
package [pakɛdʒ] *m* INFORM (Programm)Paket *n*
Pacôme [pakom] *m saint* Pachomius *m*
pacotille [pakɔtij] *f péj* Schund(ware) *m(f)*; F Tinnef *m*; *loc/adj* ***de ~*** wertlos
pacs *ou* **Pacs** [paks] *m abr* (*pacte civil de solidarité*) *vom französischen Staat anerkannte Lebensgemeinschaft zweier nicht verheirateter Personen*
pacser [pakse] *v/i* (*et v/pr* ***se***) ***~*** *einen „pacs" schließen*
pacson [paksõ] *m arg* (*paquet*) Paket *n*; Packen *m*
pacte [pakt] *m* Pakt *m*; Abkommen *n*; ***conclure un ~*** e-n Pakt, Vertrag schließen; *fig* ***faire un ~ avec le diable*** e-n Pakt mit dem Teufel schließen
pactiser [paktize] *v/i* ***~ avec*** paktieren, gemeinsame Sache machen mit
pactole [paktɔl] *m* ***c'est un (vrai) ~*** das ist e-e (wahre) Goldgrube
paddock [padɔk] *m* **1** *pour chevaux* Paddock ['pɛ-] *m* **2** *arg* → ***pageot***
Padoue [padu] Padua *n*
paella [paɛla] *f* CUIS Paella [pa'ɛlja] *f*
paf [paf] **I** *int* **a)** *bruit de chute* bums!; klatsch!; *d'un enfant a* bauz!; **b)** *bruit de coup, de gifle* klatsch!; ***pif! ~!*** klitsch, klatsch! **II** *adj* ⟨*inv*⟩ F ***être ~*** F blau, besoffen sein
PAF [paf] *m abr* (*paysage audiovisuel français*) Hör-

Le pacemaker et les anglicismes

Eine Reihe von Wörtern wie **le pacemaker** (der Herzschrittmacher) wurde direkt aus dem Englischen ins Französische übernommen, obwohl die Académie française, die Wächterin über den vorbildlichen Sprachgebrauch, alles andere als glücklich darüber ist.

Diese Wörter bezeichnet man als **Anglizismen**. Ihre Aussprache wird weitgehend dem französischen Lautsystem angeglichen:

le bluff [ləblœf]	der Bluff
le club [ləklœb]	der Klub, Verein
l'interview *f* [lɛ̃tɛʀvju]	das Interview
le holding [ləɔldiŋ]	die Holdinggesellschaft
le hold-up [ləɔldœp]	der Überfall
le pipeline [ləpajplajn]	die Pipeline
le supporter [ləsypɔʀtɛʀ]	der Fan, Schlachtenbummler
le week-end [ləwikɛnd]	das Wochenende

P

funk *m* und Fernsehen *n* in Frankreich
pagaie [pagɛ] *f* Paddel *n*
pagaïe *ou* **pagaille** [pagaj] *f* F 1 (*désordre*) Durcheinander *n*; Tohuwabohu *n*; Wirrwarr *m*; F Kuddelmuddel *m ou n*; ***c'est la pagaïe** ou **la pagaille*** es herrscht ein heilloses Durcheinander; *chambre* ***être en pagaïe** ou **en pagaille*** unordentlich, unaufgeräumt sein 2 *loc/adv* ***en pagaïe** ou **en pagaille*** (*beaucoup*) F in rauen Mengen; en masse; haufenweise
paganisme [paganism] *m* REL Heidentum *n*
pagaye [pagaj] *f* → ***pagaïe***
pagayer [pageje] *v/i* ⟨**-ay-** *od* **-ai-**⟩ paddeln
page¹ [paʒ] *f* 1 (Druck-, Text)Seite *f*; *par ext* ***les plus belles ~s d'un auteur*** die schönsten Stellen bei e-m Autor; die schönsten Texte e-s Autors; ***~ blanche*** unbeschriebene, unbedruckte, leere, freie Seite; TÉL ***~s jaunes*** Gelbe Seiten®; ***double ~*** Doppelseite *f*; *fig* ***une ~ glorieuse de l'histoire de France*** ein ruhmreiches Blatt (in) der Geschichte Frankreichs; *d'un journal*: ***première ~*** Titelseite *f*; erste Seite; ***~ des annonces*** Anzeigenseite *f*, -teil *m*; ***~ de publicité, des sports*** Werbe-, Sportseite *f*, -teil *m*; TYPO ***~ de garde*** Vorsatzblatt *n*; ***~ de titre*** Titelblatt *n* (*e-s Buchs*); ***un livre de deux cents ~s*** ein zweihundert Seiten starkes Buch; ***à la, en ~ 10*** auf Seite 10; *fig* ***être à la ~*** mit der Zeit, mit der Mode gehen; auf dem Laufenden sein; ***au bas, en 'haut de la ~*** unten, oben auf der Seite; TYPO ***mettre en ~s*** umbrechen; ***être payé à la ~*** pro Seite, nach Seiten bezahlt werden; ***tourner la ~*** die Seite umblättern; *fig* das Vergangene vergessen, hinter sich (*dat*) lassen; ein Kapitel abschließen, als erledigt betrachten 2 INFORM ***~ d'accueil*** Homepage ['hoːmpeːtʃ] *f*; ***~ Web*** Webseite *f*
page² [paʒ] *m* HIST Page *m*
pageot [paʒo] P *m* (*lit*) F Falle *f*; Klappe *f*; Kahn *m*
pageoter [paʒɔte] *v/pr* P ***se ~*** (*se coucher*) P sich in die Falle hauen
pagination [paʒinasjõ] *f* TYPO Paginierung *f* **paginer** *v/t* TYPO paginieren; mit Seitenzahlen versehen
pagne [paɲ] *m* Lendenschurz *m*
pagode [pagɔd] *f* Pagode *f*
paie [pɛ] *f* 1 *action* Lohn(aus)zahlung *f*; ***jour** m **de ~*** Lohn-, Zahltag *m* 2 (*salaire*) (Arbeits)Lohn *m*; Löhnung *f* 3 F *fig* ***il y a une ~** ou **ça fait une ~ que …*** F es ist e-e Ewigkeit her, dass …
paiement [pɛmɑ̃] *m* Zahlung *f* (*a somme payée*); Bezahlung *f*; Begleichung *f*; *d'une dette* Abzahlung *f*; *de taxes* Entrichtung *f*; ADM Abführung *f*; *d'un chèque* Einlösung *f*; *d'une traite* Honorierung *f*; *des salaires* Auszahlung *f*; ***~ au comptant, en espèces*** Barzahlung *f*; ***moyennant ~ de dix euros*** gegen Zahlung von zehn Euro; ***effectuer, faire un ~*** e-e Zahlung leisten, vornehmen
païen [pajɛ̃] I *adj* ⟨**~ne**⟩ heidnisch II *subst* **~(ne)** *m(f)* Heide *m*, Heidin *f*
paierie [pɛʀi] *f* ADM ***~ générale*** Oberfinanzdirektion *f* (*e-s Departements*)
paillard [pajaʀ] *adj personne* geil; *chanson, histoire* unanständig; anstößig; schlüpfrig
paillardise [pajaʀdiz] *f histoire* unanständige(r), schlüpfrige(r) Geschichte (Witz)
paillasse¹ [pajas] *f* 1 Strohsack *m* 2 *d'un évier* Abstellfläche *f*
paillasse² [pajas] *m litt* (*pitre*) Hanswurst *m*; Bajazzo *m*
paillasson [pajasõ] *m* Abtreter *m*; Fußmatte *f*
paille [paj, pɑj] *f* 1 Stroh *n*; *plais* ***la ~ humide des cachots*** F das Kittchen; Nummer sicher; *fig* ***être sur la ~*** bettelarm, im Elend sein; *fig* ***mettre qn sur la ~*** j-n an den Bettelstab, ins Elend bringen; BIBL ***voir la ~ dans l'œil du voisin et ne pas voir la poutre dans le sien*** den Splitter im Auge s-s Bruders sehen und des Balkens im eigenen nicht gewahr werden 2 (*brin de ~*) Strohhalm *m*; *pour boire* Trinkhalm *m*; ***tirer à la courte ~*** mit Strohhalmen knobeln; Hälmchen ziehen 3 F *fig et iron* Kleinigkeit *f*; F Peanuts ['piːnats] *pl* 4 ***~ de fer*** Stahlwolle *f* 5 TECH (*défaut*) fehlerhafte Stelle; Fehler *m*; *d'une pierre précieuse* Fleck *m* 6 *adjt* (***jaune***) ***~*** ⟨*inv*⟩ strohgelb, -farben
paillé [paje] *adj* 1 *chaise* mit Strohsitz 2 TECH fehlerhaft
paillet [pajɛ] *m* ~ *ou adjt* ***vin** m **~*** (gelblicher) Bleichert
pailleté [pajte] *adj* COUT mit Pailletten besetzt, bestickt
paillette [pajɛt] *f* 1 COUT Paillette *f* 2 *d'une matière* Plättchen *n*; ***~ de mica*** Glimmerplättchen *n*; ***~ (d'or)*** Goldflitterchen *n*, -blättchen *n*; ***lessive** f, **savon** m **en ~s*** Seifenflocken *f/pl*
paillon [pajõ] *m pour bouteilles* Strohhülse *f*
paillote [pajɔt] *f* Strohhütte *f*
pain [pɛ̃] *m* 1 Brot *n*; ***~ blanc*** Weißbrot *n*; *fig* ***manger son ~ blanc le premier*** das Angenehme vorweg genießen; ***~ complet*** Vollkornbrot *n*; ***~ frais*** frisches Brot; ***~ grillé*** Röstbrot *n*; Toast [toːst] *m*; ***~ noir*** Schwarzbrot *n*; ***petit ~*** Brötchen *n*; *südd* Semmel *f*; *fig* ***se vendre comme des petits ~s*** reißenden Absatz finden; F weggehen wie warme Semmeln; ***le ~ quotidien*** das tägliche Brot; ***être au ~ sec*** nur trockenes Brot bekommen; ***~ au chocolat*** *correspond à* Schokoladencroissant *n*; ***~ aux raisins*** Schnecke *f*; ***~ de campagne, gros ~*** Land-, Bauernbrot *n*; ***~ d'épice(s)*** Leb-, Honig-, Pfefferkuchen *m*; ***~ de fantaisie*** Stangenbrot *n* (*Oberbegriff*); ***~ de mie, de seigle*** Toast- ['toːst-], Roggenbrot *n*; BOT ***arbre** m **à ~*** Brot(frucht)baum *m*; ***planche** f **à ~*** → ***planche*** *1*; ***morceau** m **de ~*** Stück *n* Brot; *fig*: ***avoir du ~ sur la planche*** alle Hände voll zu tun haben; ***gagner son ~ à la sueur de son front*** im Schweiße s-s Angesichts sein Brot verdienen, BIBL sein Brot essen; ***je ne mange pas de ce ~-là*** da mache ich nicht mit; darauf lasse ich mich nicht ein; ***ôter, faire passer à qn le goût du ~*** j-n umbringen, F umlegen; ***ôter, enlever, retirer à qn le ~ de la bouche*** j-n brotlos machen 2 *par ext*: ***~ de glace*** Stange *f* Eis; ***~ de savon*** Riegel *m* (Kern)Seife; ***~ de sucre*** Zuckerhut *m*; *à Rio de Janeiro* ***le Pain de Sucre*** der Zuckerhut 3 F (*coup*) Fausthieb *m*, -schlag *m*; F (*gifle*) Ohrfeige *f*; ***flanquer un ~ à qn*** j-m e-n Faustschlag versetzen
pair¹ [pɛʀ] *adj nombre* gerade; ***jours ~s*** gerade Tage *m/pl*
pair² [pɛʀ] *m* 1 *st/s* ***ses ~s*** (*ses égaux*) seinesgleichen; *loc/adj* ***'hors (de) ~*** unerreicht; unvergleichlich; unübertrefflich; einzigartig; ***être 'hors (de) ~** a* nicht seinesgleichen haben; einzig dastehen; *personne a* ohne Rivalen sein; ***aller de ~*** Hand in Hand

P

gehen (**avec** mit); nicht voneinander zu trennen sein **2** ***jeune fille*** *f* ***au ~*** Au-pair-Mädchen *n*; ***être au ~*** e-e Au-pair-Stelle haben; gegen Kost und Logis arbeiten **3** FIN *d'un titre boursier* Parikurs *m*, -wert *m*; ***~ du change*** Wechselparität *f*; ***au ~*** (al) pari; zum Nennwert **4** **a)** *en Grande-Bretagne* Peer [piːr] *m*; ***Chambre*** *f* ***des ~s*** Oberhaus *n*; **b)** HIST *en France* Pair *m*

paire [pɛʀ] *f* **1** Paar *n*; ***une ~ de chaussettes, de gants, de souliers*** ein Paar Socken, Handschuhe, Schuhe; F *plais* ***une ~ d'amis*** ein Freundespaar *n*; F ***avoir une bonne ~ de joues*** dicke Backen, F Pausbacken haben; *fig*: ***c'est une autre ~ de manches*** das ist etwas ganz anderes; ***les deux font bien la ~*** die beiden passen gut zusammen; → *a* ***gifle 1*** **2** *pour des objets constitués de deux parties symétriques* ***une ~ de …*** ein, e-e …; ***une ~ de ciseaux, de lunettes*** e-e Schere, Brille; ***avoir une bonne ~ de joues*** dicke Backen, Pausbacken haben **3** ***une ~ de bœufs*** ein Joch *n* Ochsen **4** F ***se faire la ~*** F abhauen; sich auf die Socken machen

paisible [pezibl, pɛ-] *adj* **1** friedlich; *personne, peuple a* friedfertig; friedliebend; ***lieu*** *m* ***~*** ruhiger, stiller Ort; ***sommeil*** *m* ***~*** ruhiger Schlaf; ***vie*** *f* ***~*** ruhiges Leben **2** JUR ***~ possesseur*** (in s-m Besitz) ungestörter Besitzer

paître [pɛtʀ] *v/i* ⟨*déf*: **il paît, ils paissent**; **il paissait**; **il paîtra**; **qu'il paisse**; **paissant**⟩ **1** *animaux* weiden; ***faire ~*** weiden lassen **2** F *fig* ***envoyer ~ qn*** F j-n zum Teufel jagen

paix [pɛ] *f* **1** POL Frieden *m*; ***négociations*** *f/pl*, ***pourparlers*** *m/pl* ***de ~*** Friedensverhandlungen *f/pl*; *loc/adv* ***en temps de ~*** in Friedenszeiten; ***conclure la ~*** Frieden schließen; e-n Friedensvertrag abschließen; ***demander la ~*** um Frieden bitten; ***faire la ~ avec qn*** mit j-m Frieden schließen; ***signer la ~*** den Frieden(svertrag) unterzeichnen; ***traiter la ~*** über den Frieden verhandeln **2** *fig* Frieden *m*; Ruhe *f*; REL *a* Friede *m*; ***~ sociale*** sozialer Frieden; *int* ***la ~!*** Ruhe!; ruhig!; still!; *loc/adv* ***en ~*** in Ruhe, Frieden; ÉGL ***allez en ~!*** gehet hin in Frieden!; ***être en ~ avec sa conscience*** ein ruhiges Gewissen haben; ***laisser qn en ~*** j-n in Ruhe, in Frieden lassen; j-n zufriedenlassen; *loc* ***il faut laisser les morts en ~*** die Toten soll man ruhen lassen; REL ***qu'il repose en ~!*** er ruhe in Frieden!; ***vivre en ~ (avec son voisin)*** (mit s-m Nachbarn) in Frieden leben; ***avoir la ~ chez soi*** bei sich zu Hause Ruhe und Frieden haben; ***je voudrais bien avoir la ~*** ich möchte gern meine Ruhe haben; ***pour avoir la ~*** *fermer la télé* um s-e Ruhe zu haben; *céder* um des lieben Friedens willen; ÉGL ***la ~ soit avec vous!*** Friede sei mit euch!; F ***fiche-moi***, P ***fous-moi la ~!*** lass mich in Ruhe, in Frieden, zufrieden!; ***troubler la ~ des ménages*** den Ehefrieden stören **3** *d'un lieu* Frieden *m*; Ruhe *f*; Stille *f*; *d'une forêt* Schweigen *n*

Pakistan [pakistɑ̃] ***le ~*** Pakistan *n*

pakistanais [pakistanɛ] **I** *adj* pakistanisch **II** *subst* ***Pakistanais(e)*** *m(f)* Pakistani *m,f*; Pakistaner(in) *m(f)*

pal¹ [pal] *m* HIST (***supplice*** *m* ***du***) ***~*** (Hinrichtung *f* durch) Pfählen *n*

pal² [pal] *m abr* (*phase alternating line*) TV (***système*** *m*) ***~*** PAL-System ['paːl-] *n*

palabrer [palabʀe] *v/i* palavern

palabres [palabʀ] *f/pl ou m/pl péj* Palaver *n*; endlose Diskussionen *f/pl*

palace [palas] *m* Luxus-, Grandhotel *n*

paladin [paladɛ̃] *m* **1** *de Charlemagne* Paladin *m* **2** *chevalier* fahrender Ritter

palais¹ [palɛ] *m* **1** Palast *m*; Schloss *n*; Palais *n*; *à Paris*: ***le Grand, Petit Palais*** das Grand, Petit Palais; ***le ~ de l'Élysée*** der Elyseepalast (*Sitz des frz Staatspräsidenten*); ***le ~ du Louvre*** der Louvre; ***le ~ du Luxembourg*** *Sitz des Senats*; ***~ présidentiel*** Präsidentenpalast *m*, -palais *n*; ***~ des Sports*** Sportpalast *m*; ***révolution*** *f* ***de ~*** Palastrevolution *f* **2** ***~ de justice*** Gerichtsgebäude *n*; *dans certaines grandes villes* Justizpalast *m*; ***gens*** *m/pl* ***de, du ~*** Gerichtspersonen *f/pl*; ***style*** *m* ***du ~*** Kanzleistil *m*

palais² [palɛ] *m* **1** ANAT Gaumen *m*; ***~ dur, mou*** harter, weicher Gaumen **2** *fig* ***avoir le ~ fin*** e-n feinen Gaumen haben; ein Feinschmecker sein

Palais-Bourbon [palɛbuʀbõ] ***le ~*** *Sitz der frz Nationalversammlung*

palan [palɑ̃] *m* TECH Flaschenzug *m*; MAR Talje *f*

palanquin [palɑ̃kɛ̃] *m* Tragsessel *m*; Sänfte *f*; Palankin *m*

palatal [palatal] PHON **I** *adj* ⟨**-aux**⟩ palatal; Gaumen… **II** *f* ***~e*** Gaumen-, Palatallaut *m*; Palatal *m* **palatalisation** *f* PHON Palatalisierung *f*

Palatin [palatɛ̃] ***le*** (***mont***) ***~*** der Palatin

palatin¹ [palatɛ̃] *adj* HIST ***comte ~*** Pfalzgraf *m*; ***la princesse Palatine*** Liselotte *f* von der Pfalz

palatin² [palatɛ̃] *adj* ANAT Gaumen…; ***voûte ~e*** knöcherner, harter Gaumen

palatinat [palatina] *m* HIST **1** **a)** Pfalzgrafenwürde *f*; **b)** Pfalz(grafschaft) *f*; Palatinat *n* **2** *en Pologne* Woiwodschaft *f*

Palatinat [palatina] ***le ~*** die Pfalz

pale [pal] *f d'une hélice, d'un aviron* Blatt *n*; *d'un rotor* Rotorblatt *n*

pâle [pɑl] *adj* **1** *teint, peau, personne* blass; bleich; ***bleu ~*** ⟨*inv*⟩ blassblau; bleu; ***lueur*** *f* ***~*** fahles Licht; ***~ comme la*** *ou* ***un mort*** totenblass, -bleich; leichenblass; ***~ de colère, de peur*** blass, bleich vor Wut, Angst; MIL F ***se faire porter ~*** sich krankmelden **2** *fig imitation* farblos; nichtssagend; *voyou, truand* erbärmlich; F mies

palefrenier [palfʀənje] *m* Pferdepfleger *m*; Stallbursche *m*

palefroi [palfʀwa] *m* HIST Paradepferd *n*; Zelter *m*

paléolithique [paleɔlitik] **I** *adj* altsteinzeitlich; *sc* paläolithisch **II** *m* Altsteinzeit *f*; *sc* Paläolithikum *n*

paléontologie [paleõtɔlɔʒi] *f* Paläontologie *f*; ***~ animale*** Paläozoologie *f*; ***~ végétale*** Paläobotanik *f*

paléontologique [paleõtɔlɔʒik] *adj* paläontologisch **paléontologue** *m,f* Paläontologe, -login *m,f*

Palerme [palɛʀm] Palermo *n*

paleron [palʀõ] *m* ZO, BOUCHERIE Bug *m*

Palestine [palɛstin] ***la ~*** Palästina *n*

palestinien [palɛstinjɛ̃] **I** *adj* ⟨**~ne**⟩ palästinensisch **II** *subst* ***Palestinien(ne)*** *m(f)* Palästinenser(in) *m(f)*

palet [palɛ] *m* **1** HOCKEY SUR GLACE Puck *m*; CURLING Eisstock *m* **2** MARELLE *etc* flacher, runder Stein

paletot [palto] *m* Paletot *m*; kurzer Mantel; F *fig* ***tomber sur le ~ à qn*** über j-n herfallen

palette [palɛt] *f* **1** PEINT Palette *f*; *fig* (*ensemble des*

nuances) Farbenpalette *f*; Farb(en)skala *f* **2** MANUTENTION Palette *f* **3** BOUCHERIE Bug *m*
palettiser [palɛtize] *v/t* MANUTENTION palettieren
palétuvier [paletyvje] *m* BOT Mangrove(nbaum) *f(m)*
pâleur [pɑlœʀ] *f* Blässe *f*; blasses, bleiches Aussehen; Fahlheit *f* (*a d'une couleur*)
pâlichon [pɑliʃõ] F *adj* ⟨**~ne**⟩ blässlich; etwas, ein wenig, leicht blass
palier [palje] *m* **1** CONSTR Treppenabsatz *m*; ***être voisins de ~*** auf der gleichen Etage wohnen **2** TECH Lager *n* **3** *entre deux pentes* Absatz *m*; Stufe *f*; *d'une route etc* horizontale, ebene Strecke; AVIAT ***vol*** *m* ***en ~*** Normalflug *m* **4** *fig* **a**) (*degré*) Stufe *f*; *loc/adv* ***par ~s*** stufen-, schritt-, etappenweise; **b**) (*phase stable*) Phase *f*, Zeit *f* der Stabilität; Atempause *f*
palière [paljɛʀ] *adj f* ***porte ~*** auf den Treppenabsatz gehende Tür
pâlir [pɑliʀ] *v/i* **1** *personne* blass werden, bleich werden, erblassen, *st/s* erbleichen (***de colère*** *etc* vor Zorn *etc*); fahl (im Gesicht) werden; *succès de qn etc* ***faire ~ qn d'envie*** j-n vor Neid erblassen lassen **2** *couleurs, étoiles, souvenir* verblassen
palissade [palisad] *f* Latten-, Bretter-, *österr* Staketenzaun *m*; Palisade(n) *f(pl)*
palissandre [palisɑ̃dʀ] *m* Palisander(holz) *m(n)*
palladium [paladjɔm] *m* CHIM Palladium *n*
palliatif [paljatif] **I** *m* Notlösung *f*; (Not)Behelf *m*; vorläufige, halbe Maßnahme **II** *adj* ***centre*** *m* ***de soins ~s*** Sterbeklinik *f*; Hospiz *n*
pallier [palje] *v/t* (*et abus v/t/indir*) **~** (***à***) (notdürftig) beheben, beseitigen, abstellen; (einigermaßen) abhelfen (*+dat*)
palmarès [palmaʀɛs] *m d'un concours* Liste *f* der Preisträger, Preisgekrönten, Sieger; SPORTS Siegerliste *f*; (*hit-parade*) Hitparade *f*; *par ext* ***avoir de nombreux exploits à son ~*** viele Erfolge verbuchen können
palme [palm] *f* **1** BOT Palm(en)zweig *m*, -wedel *m*; ***huile*** *f*, ***vin*** *m* ***de ~*** Palmöl *n*, -wein *m* **2** *fig et litt* Siegespalme *f*; ***remporter la ~*** die Siegespalme, den Sieg erringen; *iron* den Vogel abschießen **3** ***les ~s académiques*** *Auszeichnung für Verdienste um das Bildungswesen* **4** SPORTS Schwimmflosse *f* **5** ARCH Palmblatt *n*; Palmette *f*
palmé [palme] *adj* **1** BOT hand-, fächerförmig **2** ZO mit Schwimmhäuten versehen; ***patte ~e, pied ~*** Schwimmfuß *m*
palmer [palmɛʀ] *m* TECH Mikrometer-, Messschraube *f*
palmeraie [palməʀɛ] *f* Palmenpflanzung *f*, -hain *m*
palmier [palmje] *m* **1** BOT Palme *f*; ***feuille*** *f* ***de ~*** Palm(en)blatt *n*, -wedel *m*, -zweig *m* **2** *gâteau* Schweinsohr *n*
palmipède [palmipɛd] *adj et subst m* ZO (***oiseau*** *m*) **~** Schwimmvogel *m*
palmiste [palmist] *adjt* ***chou*** *m* **~** Palmkohl *m*
palombe [palõb] *f* ZO Ringeltaube *f*
palonnier [palɔnje] *m* **1** *attelage* Ortscheit *n* **2** AVIAT Pedale *n/pl* zur Betätigung des Seitenruders
pâlot [pɑlo] *adj* ⟨**~te**⟩ **1** *enfant* blässlich; etwas blass **2** *fig* blass; unscheinbar
palourde [paluʀd] *f* ZO Venus-, Teppichmuschel *f*
palpable [palpabl] *adj* **1** tastbar; fühlbar; MÉD *a* palpabel **2** *fig preuve, avantage etc* handgreiflich; greifbar; konkret; handfest **palpation** *f* MÉD Abtasten *n*, -ung *f*; *sc* Palpation *f*
palper [palpe] *v/t* **1** abtasten (*a* MÉD); betasten; befühlen; anfühlen; MÉD *sc* palpieren **2** F *fig* **~** (***de l'argent***) F Geld kassieren, einstreichen
palpeur [palpœʀ] *m* TECH (Mess)Fühler *m*
palpitant [palpitɑ̃] **I** *adj* **1** zuckend; zitternd **2** *fig* spannend; packend; fesselnd; ***film, récit ~*** spannender, packender, fesselnder Film, Bericht **II** *m* F (*cœur*) Herz *n*; F Pumpe *f*
palpitation [palpitasjõ] *f* **1** *pl* **~s** *du cœur* (starkes) Herzklopfen; ***avoir des ~s*** Herzklopfen haben **2** *des paupières etc* Zucken *n*
palpiter [palpite] *v/i* **1** *paupières, bête blessée* zucken; *narines* zittern **2** *cœur* klopfen; pochen; heftig schlagen; *poitrine* wogen
palplanche [palplɑ̃ʃ] *f* TECH Spundbohle *f*; **~s** *pl a* Spundwand *f*
paltoquet [paltɔkɛ] *m litt et péj* eingebildeter Wicht
palu [paly] *m* F *abr* → **paludisme**
paluche [palyʃ] *f* F (*main*) F Flosse *f*; Pfote *f*; Patsche *f*
paludéen [palydeɛ̃] **I** *adj* ⟨**~ne**⟩ **1** (*des marais*) Sumpf…; ***flore ~ne*** Sumpfflora *f* **2** MÉD an Malaria erkrankt **II** *subst* **~**(***ne***) *m(f)* Malariakranke(r) *f(m)*
paludisme [palydism] *m* MÉD Malaria *f*; Sumpf-, Wechselfieber *n*
Paméla [pamela] *f Vorname*
pâmer [pɑme] *v/pr litt ou plais* ***se ~ d'admiration*** in Bewunderung erstarren; ***se ~ d'amour*** vor Liebe vergehen; ***se ~ de joie*** vor Freude außer sich sein, F ganz aus dem Häuschen sein; ***se ~ de rire*** sich nicht halten können vor Lachen
pâmoison [pɑmwazõ] *f plais* ***tomber en ~*** in Ohnmacht fallen; F umkippen
pampa [pɑ̃pa] *f* GÉOGR Pampa *f*; BOT ***herbe*** *f* ***des ~s*** Pampasgras *n*
Pampelune [pɑ̃plyn] Pamplona *n*
pamphlet [pɑ̃flɛ] *m* Pamphlet *n*; Schmäh-, Streitschrift *f*
pamphlétaire [pɑ̃fletɛʀ] *m* Pamphletist *m*
pamplemousse [pɑ̃pləmus] *m* BOT Pampelmuse *f*; Grapefruit ['greːpfruːt] *f* **pamplemoussier** *m* BOT Pampelmuse(nbaum) *f(m)*
pampre [pɑ̃pʀ] *m* (Wein)Rebe *f* (*a* ARCH); Weinranke *f*
pan[1] [pɑ̃] *m* **1** COUT Schoß(teil) *m(n)*; **~ *d'habit*** Frackschoß *m* **2** **~ *de mur*** Mauer- *ou* Wandstück *n*, -fläche *f*, -teil *n* **3** MATH, CONSTR, TECH Seite *f*; Seitenfläche *f*; **~ *coupé*** abgestumpfte Ecke; abgestumpfter Winkel; **~ *de comble*** Dachfläche *f*, -seite *f* **4** CONSTR **~ *de bois*** hölzernes Fachwerk
pan[2] [pɑ̃] *int* peng!; bum!; bums!; *d'un coup de feu* **~, ~!** peng, peng!; piff, paff!
Pan [pɑ̃] *m* MYTH Pan *m*
panacée [panase] *f* **~** (***universelle***) Allheil-, Universal-, Wundermittel *n*
panachage [panaʃaʒ] *m mode de scrutin* Panaschieren *n*
panache [panaʃ] *m* **1** *ornement* Federbusch *m*; *sur un casque a* Helmbusch *m* **2** *fig* **~ *de fumée*** Rauchfahne *f* **3** *fig personne* ***avoir du ~*** ein stolzes, forsches, schneidiges Auftreten haben
panaché [panaʃe] **I** *adj* **1** BOT andersfarbig ge-

P

sprenkelt, getüpfelt, gestreift **2** *salade, glace etc* gemischt **3** *bière* mit Limonade gemischt **II** *m südd* Radler *m*; *nordd* Alsterwasser *n*

panacher [panaʃe] *v/t* **1** (bunt) mischen **2** *~ une liste électorale* panaschieren

panade [panad] *f* **1** CUIS Brotsuppe *f* **2** F *fig* ***être dans la ~*** in Not, im Elend sein; ***il est dans la ~*** *a* F es geht ihm dreckig

panafricain [panafʀikɛ̃] *adj* POL panafrikanisch **panafricanisme** *m* POL Panafrikanismus *m*

panais [panɛ] *m* BOT Pastinak *m*

Panam [panam] *arg* Paris *n*

panama [panama] *m* Panama(hut) *m*; *par ext* Strohhut *m* mit breiter Krempe

Panama [panama] **1** *État* (***le***) *~* Panama *n* **2** *ville* Panama *n*

Paname → ***Panam***

panaméen [panameɛ̃] **I** *adj* ⟨*~ne*⟩ panamaisch **II** *subst* ***Panaméen(ne)*** *m(f)* Panamaer(in) *m(f)*

panaméricain [panameʀikɛ̃] *adj* POL panamerikanisch **panaméricanisme** *m* POL Panamerikanismus *m* **panaméricaniste** *m,f* POL Panamerikanist(in) *m(f)*

panarabe [panaʀab] *adj* POL panarabisch **panarabisme** *m* POL Panarabismus *m*

panard [panaʀ] F *m* Fuß *m*; ***~s*** *pl* F *péj* Mauken *f/pl*; Quanten *pl*

panaris [panaʀi] *m* MÉD eit(e)rige Fingerentzündung *f*; *sc* Panaritium *n*; F Umlauf *m*; böser, schlimmer Finger

pancarte [pɑ̃kaʀt] *f* **1** (*écriteau*) Schild *n* **2** *de manifestants* Transparent *n*; Spruchband *n*

panchromatique [pɑ̃kʀɔmatik] *adj* PHOT panchromatisch

pancréas [pɑ̃kʀeas] *m* ANAT Bauchspeicheldrüse *f*; *sc* Pankreas *n*

pancréatique [pɑ̃kʀeatik] *adj* ANAT, PHYSIOL Bauchspeicheldrüsen…; *sc* Pankreas…

panda [pɑ̃da] *m* ZO Panda(bär) *m*

pandémie [pɑ̃demi] *f* MÉD Pandemie *f* **pandémique** *adj* MÉD pandemisch

pandore [pɑ̃dɔʀ] *iron m* Gendarm *m*

Pandore [pɑ̃dɔʀ] *f* MYTH Pandora *f*

pané [pane] *adj* CUIS paniert; ***escalope ~e*** Wiener Schnitzel *n*

panégyrique [paneʒiʀik] *m* Lobrede *f*; ***faire le ~ de qn*** j-s Lob singen; ein Loblied auf j-n anstimmen **panégyriste** *m* Lobredner *m*

panel [panɛl] *m* STATISTIQUES Panel ['pɛnəl] *n*

paner [pane] *v/t* CUIS panieren

pangermanisme [pɑ̃ʒɛʀmanism] *m* HIST, POL Pangermanismus *m*; Alldeutschtum *n*; alldeutsche Bestrebungen *f/pl*

Panhard [pɑ̃aʀ] *frz Autokonstrukteure*

panier [panje] *m* **1** (Henkel-, Hand)Korb *m*; ***~ à anses*** Henkelkorb *m*; ***~ à bouteilles*** Flaschenkorb *m*; ***~ à provisions*** Einkaufs-, Marktkorb *m*; ***~ à salade*** a) CUIS Salatkorb *m*; b) F *fig* (*fourgon cellulaire*) grüne Minna; *quantité* ***un ~ de …*** ein Korb (voll) …; *fig* ***c'est un ~ percé*** er ist ein maßloser Verschwender *ou* sie ist e-e maßlose Verschwenderin; ihm *ou* ihr rinnt das Geld nur so durch die Finger; *fig* ***c'est un ~ de crabes*** sie suchen einander zu schaden, wo sie nur können; F sie würden sich am liebsten alle gegenseitig die Augen auskratzen; sie stehen miteinander auf Hauen und Stechen; ***jeter, mettre au ~*** in den Papierkorb werfen, tun; wegwerfen **2** BASKET Korb *m* (*a but marqué*) **3** ÉCON ***~ de la ménagère*** Warenkorb *m* **4** ***robe f à ~s*** Reifrock *m* **5** PÊCHE Reuse *f*, Fangkorb *m* (*zum Langustenfang*) **6** *loc* P ***mettre la main au ~ à qn*** P j-m den Po betatschen **panier-repas** *m* ⟨*pl* **paniers-repas**⟩ Lunchpaket ['lantʃ-] *n*

panifiable [panifjabl] *adj* ***céréales*** *f/pl* ***~s*** Brotgetreide *n* **panification** *f* Brotbacken *n* **panifier** *v/t* zu Brot verbacken

panique [panik] **I** *adj terreur, peur* panisch **II** *f* Panik *f*; ***surtout, pas de ~!*** nur keine Panik!; ***être gagné par la ~, être pris de ~*** von Panik, von panischer Angst ergriffen, erfasst werden *ou* sein; in Panik geraten; ***provoquer la ~*** Panik hervorrufen; zu e-r Panik führen; ***semer la ~*** Panikstimmung verbreiten; Panik hervorrufen

paniquer [panike] F **I** *v/t* ***~ qn*** j-n in Panik versetzen; *adjt* ***paniqué*** in panischer Angst **II** *v/i* (*et v/pr* ***se***) *~* in Panik geraten, verfallen

panislamisme [panislamism] *m* POL Panislamismus *m*

panne[1] [pan] *f* **1** TECH Panne *f*; Betriebsstörung *f*; Defekt *m*; Schaden *m*; ***~ d'électricité*** Stromausfall *m*; ***~ de moteur*** Motorpanne *f*, -schaden *m*; *loc/adj* ***en ~*** defekt; schadhaft; F kaputt; ***avoir une ~*** *machine, moteur, véhicule* e-e Panne haben (*a conducteur*); e-e Betriebsstörung, e-n Defekt, Schaden haben; defekt, kaputt sein; ausfallen; versagen; *bateau a* e-n Maschinenschaden haben; ***il a une ~ d'essence, sèche*** *ou* ***il est tombé en ~ sèche*** er hat kein(en Tropfen) Benzin mehr; ihm ist das Benzin ausgegangen; ***être en ~*** a) *machine, moteur, véhicule* e-e Panne haben (*a conducteur*); e-e Betriebsstörung, e-n Defekt, Schaden haben; defekt, kaputt sein; ausfallen; versagen; *bateau a* e-n Maschinenschaden haben; b) F *fig personne* nicht weiterarbeiten, weitermachen können; F aufgeschmissen sein; F *fig personne* ***être en ~ de qc*** etw im Augenblick, zurzeit nicht haben; um etw verlegen sein; ***rester en ~*** *automobiliste* mit e-r Panne, mit e-m Motorschaden liegen bleiben; *fig travaux* stecken bleiben; *personne* nicht mehr weiterkönnen, weiterwissen; ***tomber en ~*** *machine, moteur, véhicule* e-e Panne haben (*a conducteur*); e-e Betriebsstörung, e-n Defekt, Schaden haben; defekt, kaputt sein; ausfallen; versagen; *bateau a* e-n Maschinenschaden haben **2** MAR ***mettre en ~*** beidrehen

panne[2] [pan] *f* **1** *du cochon* Bauchfett *n*; Schmer *m ou n*; *nordd* Flom(en) *m*; Liesen *pl* **2** TEXT Seidenplüsch *m*; Pelzsamt *m*; Felbel *m* **3** CONSTR (Dach)-Pfette *f* **4** *du marteau* Pinne *f*

panneau [pano] *m* ⟨*pl* ***~x***⟩ **1** Schild *n*; Tafel *f*; ***~ électoral*** Plakatwand *f* bei Wahlen; ***~ publicitaire*** Reklamefläche *f*, -schild *n*, -tafel *f*; ***~ d'affichage*** *en bois* Plakatwand *f*; Reklamefläche *f*; *électronique* Anzeigetafel *f*; TECH ***~ de contrôle*** Schalttafel *f*, -brett *n*; ***~ de signalisation*** Verkehrsschild *n*, -zeichen *n* **2** CONSTR Platte *f*; ***~ isolant*** Holzfaserdämmplatte *f*; Isolier-, Dämmplatte *f*; ***~ de fibres*** Faserplatte *f* **3** *d'une porte* (Tür)Füllung *f*; ***~ en contre-plaqué*** Sperrholzplatte *f* **4** *loc* ***donner, tomber dans le ~*** j-m ins Garn, F auf den Leim gehen; sich anführen, überlisten lassen **5** COUT

P

(Stoff)Bahn *f* 6 PEINT Holztafel *f*
panneau-réclame [panoʀeklam] *m* ⟨*pl* **panneaux-réclame**⟩ Reklameschild *n*, -tafel *f*
panonceau [panõso] *m* ⟨*pl* **~x**⟩ (kleines) Schild; *de notaire etc* Berufs-, Amtsschild *n*; *publicitaire* Empfehlungsschild *n*
panoplie [panɔpli] *f* 1 *jouet* **~ de cow-boy, d'Indien** (Karton *m* mit e-r) Cowboy-, Indianerausrüstung *f* 2 *fig* Arsenal *n* 3 *d'armes* Waffen(sammlung) *f/pl(f)*
panorama [panɔʀama] *m* 1 Panorama *n*; Rundsicht *f*, -blick *m* 2 *fig* umfassender Überblick (**de** über +*acc*)
panoramer [panɔʀame] *v/i* CIN, TV panoramieren
panoramique [panɔʀamik] I *adj* Rundsicht…; Rundblick…; Panorama…; CIN **écran** *m* **~** Breitwand *f*; **vue** *f* **~** Rundblick *m*, -sicht *f*; PHOT Panoramaaufnahme *f*; *fig* umfassender Überblick (**de** über +*acc*); **wagon** *m* **~** Aussichtswagen *m* II *m* CIN, TV (Panorama)Schwenk *m*
panse [pɑ̃s] *f* 1 ZO Pansen *m* 2 F (*ventre*) F Wanst *m*; **se remplir la ~** F sich (*dat*) den Bauch vollschlagen 3 *d'une cruche etc* Bauch *m*
pansement [pɑ̃smɑ̃] *m* 1 MÉD Verband *m*; *adhésif* Pflaster *n*; **boîte** *f* **à ~** Verband(s)kasten *m*; **appliquer, changer, faire un ~** e-n Verband anlegen, wechseln, machen 2 MÉD *action* Verbinden *n*
panser [pɑ̃se] *v/t* 1 MÉD verbinden 2 *cheval* striegeln; putzen
panslavisme [pɑ̃slavism] *m* POL Panslawismus *m*
pansu [pɑ̃sy] *adj cruche etc* bauchig
pantagruélique [pɑ̃tagʀyelik] *adj* **appétit** *m* **~** gesegneter Appetit; **repas** *m* **~** üppiges, schwelgerisches Mahl; Schlemmermahl *n*
pantalon [pɑ̃talõ] *m* (lange) Hose; **~ à pattes d'éléphant** Hose mit ausgestelltem Bein; Schlaghose *f*; **~ de pyjama** Schlafanzug-, Pyjamahose *f*; **~ de ski** Skihose *f*; **en ~** in Hosen; **mettre un ~** e-e Hose, Hosen anziehen
Pantalon [pɑ̃talõ] *m* THÉ Pantalone *m*
pantalonnade [pɑ̃talɔnad] *f* 1 THÉ derbe Posse 2 *fig et péj* Heuchelei *f*
pantelant [pɑ̃tlɑ̃] *adj* keuchend; schnaufend
panthéisme [pɑ̃teism] *m* PHILOS Pantheismus *m* **panthéiste** I *adj* pantheistisch II *m,f* Pantheist(in) *m(f)*
panthéon [pɑ̃teõ] *m* ARCH, REL Pantheon *n*; *abs* **le Panthéon** das Pantheon in Paris
panthère [pɑ̃tɛʀ] *f* 1 ZO Leopard *m*; Panther *m*; **~ noire** Schwarzer Panther 2 *fourrure* Leopardenfell *n*
pantin [pɑ̃tɛ̃] *m jouet*, *fig* Hampelmann *m*; **gesticuler comme un ~** F (herum)hampeln; mit Händen und Füßen (herum)zappeln
pantographe [pɑ̃tɔgʀaf] *m* 1 DESSIN Pantograf *m*; Storchschnabel *m* 2 CH DE FER (Bügel)Stromabnehmer *m*
pantois [pɑ̃twa] *adj* **rester ~** verdutzt, verblüfft, bass erstaunt sein
pantomime [pɑ̃tɔmim] *f* 1 *art* Pantomimik *f* 2 THÉ Pantomime *f*
pantouflard [pɑ̃tuflaʀ] *m*, **pantouflarde** *f* F Stubenhocker(in) *m(f)*; *adjt* **il est pantouflard** er ist ein Stubenhocker
pantoufle [pɑ̃tufl] *f* Hausschuh *m*; Pantoffel *m*; *österr* Patschen *m*; **en ~s** in Hausschuhen, Pantoffeln
pantoufler [pɑ̃tufle] *v/i* **~** (**dans le privé**) in die Privatwirtschaft wechseln; **~ dans l'assurance** in die Versicherungsbranche [-brɑ̃ːʃə] wechseln
panure [panyʀ] *f* CUIS Paniermehl *n*; *österr* Semmelbrösel *pl*
PAO [peao] *f abr* (*publication assistée par ordinateur*) Desktop-Publishing [-pab-] *n*
paon [pɑ̃] *m* ZO 1 Pfau *m*; *personne* **être orgueilleux, vaniteux comme un ~** ein eitler Pfau sein; sich spreizen wie ein Pfau 2 *papillon* Pfauenauge *n*
paonne [pan] *f* ZO Pfauhenne *f* **paonneau** *m* ⟨*pl* **~x**⟩ ZO junger Pfau
papa [papa] *m* 1 *enf* Papa *m*; Papi *m*; Vati *m*; *péj* **fils** *m* **à ~** verwöhnter Sohn reicher Eltern; **jouer au ~ et à la maman** Vater, Mutter und Kind spielen 2 F *fig*: *loc/adj* **de ~** F Opas …; **le cinéma de ~** F Opas Kintopp *m*; *loc/adv* **à la ~** ganz gemütlich, gemächlich; **conduire à la ~** ganz gemütlich (durch die Gegend) fahren
papal [papal] *adj* ⟨**-aux**⟩ päpstlich; Papst…
papamobile [papamɔbil] *f* Papamobil *n*
paparazzi [papaʀadzi] *m/pl* Paparazzi *m/pl*
papauté [papote] *f* 1 *système* Papsttum *n* 2 *dignité* Amt *n*, Würde *f* des Papstes
papaye [papaj] *f* BOT Papaya *f* **papayer** *m* BOT Melonenbaum *m*; Papaya *f*
pape [pap] *m* ÉGL CATH Papst *m* (*a fig*); F *fig* **sérieux comme un ~** todernst
Papeete [papeete] *Stadt auf Tahiti*
papelard [paplaʀ] F *m* Stück *n* Papier; (*écrit*) F Wisch *m*
paperasse [papʀas] *f* 1 *péj* Papier-, Schreibkram *m*; ADM Papierkrieg *m* 2 **~s** *pl* (alte) Papiere *n/pl*, Schriftstücke *n/pl*, Akten *f/pl* **paperasserie** *f péj* Papierwust *m*; ADM Papierkrieg *m* **paperassier** *adj* ⟨**-ière**⟩ **administration paperassière** Verwaltung, die e-n furchtbaren Papierkrieg führt
papesse [papɛs] *f* HIST **la ~ Jeanne** die Päpstin Johanna
papeterie [papɛtʀi] *f* 1 *magasin* Schreibwarengeschäft *n* 2 *fabrication* Papiererzeugung *f*, -fabrikation *f*, -industrie *f* 3 *usine* Papierfabrik *f*
papetier [paptje] *m* 1 *commerçant* Schreibwarenhändler *m* 2 *fabricant* Papiermacher *m* **papetier-libraire** *m* ⟨*pl* **papetiers-libraires**⟩ Buch- und Schreibwarenhändler *m*
papi [papi] *m enf* Opa *m*
papier [papje] *m* 1 Papier *n*; **~ crépon, crêpé** Krepppapier *n*; **~ journal** Zeitungspapier *n*; **vieux ~s** Altpapier *n*; **~ à calquer, ~ calque** Pauspapier *n*; **~ à cigarettes** Zigarettenpapier *n*; **~ à la cuve** Bütten(papier) *n*; **~ à dessin** Zeichenpapier *n*; **~ à en-tête** Briefpapier *n* mit (gedrucktem) Briefkopf; **~ à lettres** Briefpapier *n*; **~ à musique** Notenpapier *n*; **~** (**de**) **brouillon** Konzeptpapier *n*; **~ d'emballage** Pack-, Einwickelpapier *n*; **~ de verre** Glas-, Sandpapier *n*; **un bout de ~** ein Stück(chen) *n*, Fetzen *m* Papier; ein Zettel *m*; **un morceau de ~** ein Stück *n* Papier; *adjt* INFORM **copie** *f* **~** Ausdruck *m*; *loc/adj* **en** *ou* **de ~** Papier…; papier(e)n; **fleur** *f*, **serviette** *f* **en ~** Papierblume *f*, -serviette *f*; *fig* **sur le ~** auf dem Papier; **jeter, mettre sur le ~** zu Papier bringen; aufschreiben; notieren 2 **~ peint** Tapete *f*; **poser du ~**

P

peint tapezieren **3** ~ ***d'aluminium*** Aluminium-, Alufolie *f*; ~ ***d'argent*** Silberpapier *n*; ~ ***d'étain*** Stanniol(papier) *n*; Zinnfolie *f* **4** *abs* ***un*** ~ ein Stück *n*, Blatt *n* Papier; ein Zettel *m* **5** *(article de journal)* (Zeitungs)Artikel *m* **6** *pl* ~***s*** a) (wichtige) Papiere *n/pl*; b) ~***s*** (***d'identité***) (Ausweis)Papiere *n/pl*; ***faux*** ~***s*** falsche Papiere; ~***s militaires*** Militärpapiere *n/pl*; MAR ~***s de bord*** Schiffspapiere *n/pl*; *fig* ***être dans les petits*** ~***s de qn*** bei j-m gut angeschrieben sein; bei j-m e-n Stein im Brett haben **7** COMM ~ (***de commerce***) Wechsel *m*

papier-monnaie [papjemɔnɛ] *m* Papiergeld *n*

papille [papij] *f* ANAT Papille *f*; ~ ***gustative*** Geschmackspapille *f*; ~ ***de la langue*** Zungenwärzchen *n*

papillon [papijõ] *m* **1** ZO Schmetterling *m*; Falter *m*; ~ ***de jour*** Tagfalter *m*; ~ ***de nuit*** Nachtfalter *m*, -schmetterling *m*; F ***minute*** ~***!*** → ***minute***[1] *3* **2** F *(contravention)* F Strafzettel *m*; Knöllchen *n* **3** *adjt* ***brasse*** *f* ~ Delfin-, Schmetterlingsschwimmen *n ou* -stil *m* **4** *adjt* ***nœud*** *m* ~, F ***nœud pap*** Fliege *f* **5** TECH *écrou* Flügelmutter *f* **6** AUTO Drosselklappe *f*

papillonner [papijɔne] *v/i* **1** *personne* flatterhaft, unstet, unbeständig sein; *en discutant* von e-m Thema zum anderen springen **2** *(être volage) femme* F viele Männer am Bändel haben; *homme* wie ein Schmetterling von Blume zu Blume gaukeln

papillote [papijɔt] *f* **1** *pour cheveux* Haar-, Lockenwickel *m* (aus Papier) **2** CUIS **a)** *côtelette, poisson etc* ***en*** ~ in (gefettetem) Papier gebacken; en papillote; **b)** *pour gigot* Papier *n*, mit dem die Hammelkeule zum Servieren garniert wird **3** *bonbon* Knallbonbon *n ou m*

papillotement [papijɔtmɑ̃] *m* Flimmern *n* **papilloter** *v/i* **1** *(scintiller)* flimmern **2** *yeux* flackern; *personne* blinzeln; zwinkern

papisme [papism] *m péj* Papismus *m* **papiste** *m,f péj* Papist(in) *m(f)*

papotage [papɔtaʒ] *m* Geplauder *n*; Geschwätz *n* **papoter** *v/i* plaudern; schwatzen

papou [papu] **I** *adj* papuanisch **II** *subst* **1** ***Papou(e)*** *m(f)* Papua(frau) *m(f)* **2** LING ***le*** ~ die Papuasprache(n) *f(pl)*

Papouasie-Nouvelle-Guinée [papwazinuvɛlgine] ***la*** ~ Papua-Neuguinea *n*

papouille [papuj] *f* F ***faire des*** ~***s à qn*** j-n tätscheln, streicheln, kitzeln

paprika [papʀika] *m condiment* Paprika *m*

papy → ***papi***

papyrus [papiʀys] *m* **1** *manuscrit, feuille* Papyrus *m* **2** BOT Papyrus(staude) *m(f)*

paquebot [pakbo] *m* MAR Fahrgast-, Passagierschiff *n*; Ozeandampfer *m*

pâquerette [pakʀɛt] *f* BOT Gänseblümchen *n*; Maßliebchen *n*; *loc/adj fig* ***au ras des*** ~***s*** niveaulos; banal

Pâques [pɑk] ⟨*ohne Artikel m sg, mit adj f/pl*⟩ Ostern *n ou pl*; Osterfest *n*; *poét* ~ ***fleuries*** Palmsonntag *m*; ***joyeuses*** ~***!*** frohe Ostern!; ***souhaiter de joyeuses*** ~ ***à qn*** j-m frohe Ostern, ein frohes Osterfest wünschen; GÉOGR ***île*** *f* ***de*** ~ Osterinsel *f*; ***à*** ~ (zu, an) Ostern; *fig* ***à*** ~ ***ou à la Trinité*** wenn Ostern und Pfingsten auf einen Tag fallen; am Sankt-Nimmerleins-Tag; ÉGL CATH ***faire ses pâques*** in der österlichen Zeit zu den Sakramenten gehen; ~ ***tombe tôt cette année*** Ostern ist dieses Jahr früh

paquet [pakɛ] *m* **1** Paket *n*; Pack(en) *m*; Bündel *n*; ~ ***d'actions*** Aktienpaket *n*; ~ ***de billets de banque*** Bündel Banknoten; ~ ***de café, de lessive*** *etc* Paket, Packung *f* Kaffee, Waschpulver *etc*; ~ ***de cigarettes*** Päckchen *n*, Schachtel *f* Zigaretten; ~ ***de linge, de livres*** Paket, Packen Wäsche, Bücher; Bündel Wäsche; ~ ***de neige*** Klumpen *m*, F Ladung *f* Schnee; *fig de qn* ~ ***de nerfs*** Nervenbündel *n*; *fig* ***c'est un*** ~ ***d'os*** [-dɔs] er *ou* sie ist spindel-, klapperdürr; bei ihm *ou* ihr kann man die Rippen zählen; ***faire un*** ~ ein Paket, ein Bündel, e-n Packen machen **2** ADM ~ (***poste***) Paket *n*; ***petit*** ~ Päckchen *n* **3** MAR ~ ***de mer*** Brecher *m*; Sturzsee *f*, -welle *f* **4** *loc* F: ***lâcher le, son*** ~ F auspacken; (***y***) ***mettre le*** ~ s-e ganze Kraft (und Energie) einsetzen; ***risquer le*** ~ alles aufs Spiel setzen, d(a)ransetzen; es darauf ankommen lassen; ***toucher un joli*** ~ F ein nettes, hübsches Sümmchen kassieren **5** RUGBY Stürmer *m/pl*

paquetage [paktaʒ] *m d'un soldat* Gepäck *n*; ***faire son*** ~ sich marschfertig machen

par[1] [paʀ] *prép* **1** *lieu* durch; über (+*acc*); ~ ***cet itinéraire*** auf dieser Route; ***aller à Paris*** ~ ***Reims*** über Reims nach Paris fahren; ***passer*** ~ ***le couloir*** durch, über den Flur gehen; ***regarder*** ~ ***la fenêtre*** aus dem Fenster sehen; zum Fenster hinaussehen; → *a* ***terre*** *1*, ***ici*** *1*, ***là*** *I 1* **2** *temps* an (+*dat*); in (+*dat*); bei; ~ ***un bel après-midi d'automne*** an e-m schönen Herbstnachmittag; ~ ***un beau clair de lune*** bei schönem Mondschein; ~ ***quinze degrés*** bei fünfzehn Grad; ~ ***mer calme*** bei ruhiger See; ~ ***une nuit noire*** in e-r finsteren, dunklen Nacht **3** *moyen* durch; mit; mittels; per; ~ (***le***) ***bateau, train*** mit dem Schiff, mit der Bahn; per Schiff, Bahn; ~ ***la douceur*** mit, durch Milde; ~ ***la force*** mit Gewalt; gewaltsam; ~ ***ruse*** durch List; ***je l'ai appris*** ~ ***les voisins*** ich habe es durch die, von den Nachbarn erfahren; ***faire faire qc*** ~ ***qn*** etw von j-m machen lassen; ***prouver*** ~ ***des exemples*** durch Beispiele, an Hand von Beispielen beweisen; ***je l'ai su*** ~ ***le journal*** ich habe es durch die, aus der Zeitung erfahren; ♦ *après un verbe passif* von; durch; ***il a été élu*** ~ ***l'assemblée*** er ist von der Versammlung gewählt worden; ***être détruit*** ~ ***un incendie*** durch e-n Brand zerstört werden; ♦ *indiquant l'auteur d'une œuvre* von; *La Peste* ~ ***Camus*** von Camus **4** *manière*: ~ ***petites bouchées*** in kleinen Bissen; ~ ***centaines*** zu hunderten *ou* Hunderten; ~ ***deux fois*** zweimal; ~ ***petits groupes*** in kleinen Gruppen; ~ ***voie aérienne, maritime*** auf dem Luft-, Seeweg; ~ ***trois voix contre 'huit*** mit drei gegen acht Stimmen; ***diviser*** ~ ***quatre*** durch vier teilen, dividieren; ***il ne fait rien*** ~ ***lui-même*** er tut nichts von sich aus; ***gagner*** ~ ***trois à deux*** (***3:2***) (mit) drei zu zwei (3:2) gewinnen; → *a les subst et verbes correspondants* **5** *cause* aus; ~ ***amour, curiosité*** *etc* aus Liebe, Neugier *etc* **6** *distributif* pro; ~ ***an*** jährlich; im, pro Jahr; ~ ***jour*** täglich; am, pro Tag; ~ ***personne*** pro Person, Mann, Kopf **7** ADM für; im Namen (+*gén*) **8** *loc/prép* ***de*** ~ **a)** *lieu* ***de*** ~ ***le monde*** überall auf der Welt; **b)** *cause* ***de*** ~ ***sa nature*** von Natur aus; **c)** HIST ***de*** ~ ***la loi*** im Namen des Gesetzes; ***de*** ~ ***le roi*** im Namen, auf Befehl des Königs

P

par² [paʀ] *m* GOLF Par *n*
para [paʀa] *m* F *abr* (*parachutiste*) MIL Fallschirmjäger *m*
parabole [paʀabɔl] *f* 1 BIBL Gleichnis *n*; *fig* ***parler par ~s*** in Gleichnissen reden 2 MATH Parabel *f*
parabolique [paʀabɔlik] *adj* MATH parabolisch; *par ext* parabelförmig; ***antenne f ~*** Parabolantenne *f*; F Satellitenschüssel *f*; ***miroir m ~*** Parabolspiegel *m*; ÉLECT ***radiateur m ~*** Heizsonne *f*
Paracelse [paʀasɛls] *m* MÉD Paracelsus *m*
parachèvement [paʀaʃɛvmɑ̃] *m* Vollendung *f*; Beendigung *f* **parachever** *v/t* ⟨-è-⟩ vollenden; abschließen; beenden; fertigstellen
parachutage [paʀaʃytaʒ] *m* 1 *de vivres etc* Abwurf *m*, *de troupes* Absetzen *n* (mit dem Fallschirm) 2 F *fig* plötzliche Beorderung auf e-n Posten
parachute [paʀaʃyt] *m* 1 Fallschirm *m*; ***sauter en ~*** mit dem Fallschirm abspringen 2 *d'un ascenseur* Fangvorrichtung *f*
parachuter [paʀaʃyte] *v/t* 1 *troupes* (mit dem Fallschirm) absetzen; *matériel* (mit dem Fallschirm) abwerfen 2 F *fig* ***~ qn à un poste*** j-n (unerwartet) auf e-n Posten beordern, setzen, F katapultieren
parachutisme [paʀaʃytism] *m* Fallschirmsport *m*, -springen *n*
parachutiste [paʀaʃytist] 1 *m* MIL Fallschirmjäger *m*; *adjt* ***division f ~*** Fallschirmjägerdivision *f* 2 *m,f* SPORTS Fallschirmspringer(in) *m(f)*; ***brevet m de ~*** *Leistungsabzeichen für Fallschirmspringer*
parade [paʀad] *f* 1 *loc/adj* ***de ~*** Parade…; Prunk…; ***cheval m de ~*** Paradepferd *n*; ***tenue f de ~*** Paradeuniform *f*; ***faire ~ de qc*** mit etw prunken, protzen, prahlen, F angeben 2 MIL (Truppen)Parade *f*; Heerschau *f* 3 SPORTS Parade *f* 4 *fig* Abwehr *f*; *à un argument* Entgegnung *f*; Gegenargument *n*; ***trouver la bonne ~*** die Angriffe geschickt abwehren, parieren
parader [paʀade] *v/i* paradieren
paradigmatique [paʀadigmatik] *adj* LING paradigmatisch
paradigme [paʀadigm] *m* LING, GR Paradigma *n*; GR *a* Flexionsmuster *n*
paradis [paʀadi] *m* 1 REL *et fig* Paradies *n*; *Baudelaire* ***~ artificiels*** (*durch Narkotika erzeugte*) künstliche Paradiese; *fig* ***~ fiscal*** Steueroase *f*, -paradies *n*; BIBL ***le Paradis terrestre*** das Paradies; ***le Paradis et l'Enfer*** Himmel und Hölle; ***aller au, en ~*** in den Himmel kommen; *fig* ***il ne l'emportera pas au, en ~*** das werde ich ihm heimzahlen; das soll er mir (noch) büßen; F dem werde ich's noch zeigen; *fig* ***c'est le ~ sur terre*** das ist das Paradies, der Himmel auf Erden 2 THÉ *autrefois* Galerie *f*; F Olymp *m*; *titre de film* ***les Enfants du Paradis*** Die Kinder des Olymp 3 ZO ***oiseau m de ~*** Paradiesvogel *m*
paradisiaque [paʀadizjak] *adj* paradiesisch; himmlisch; F wonnig **paradisier** *m* ZO Paradiesvogel *m*
paradoxal [paʀadɔksal] *adj* ⟨-aux⟩ paradox; widersinnig **paradoxalement** *adv* paradoxerweise
paradoxe [paʀadɔks] *m* Paradox *n*; Paradoxon *n*; Paradoxie *f*; Widersinnigkeit *f*; ***soutenir un ~*** e-e paradoxe Behauptung verteidigen
parafe [paʀaf] *m* 1 (*signature abrégée*) Namenszeichen *n*; Paraphe *f* 2 *trait ajouté* Schnörkel *m* **parafer** *v/t* JUR, ADM abzeichnen; DIPL paraphieren **parafeur** *m* Unterschriftenmappe *f*
paraffinage [paʀafinaʒ] *m* TECH Paraffinierung *f*
paraffine [paʀafin] *f* CHIM, TECH Paraffin *n*; ***huile f de ~*** Paraffinöl *n*
paraffiner [paʀafine] *v/t* TECH paraffinieren; *adjt* ***papier paraffiné*** Ölpapier *n*
parafiscal [paʀafiskal] *adj* ⟨-aux⟩ steuerähnlich **parafiscalité** *f* zweckgebundene, steuerähnliche Abgaben *f/pl*
parages [paʀaʒ] *m/pl* 1 MAR Seegebiet *n* (***de Terre-Neuve*** vor Neufundland) 2 (*région*) Gegend *f*; ***il doit être dans les ~*** er muss hier in der Gegend sein
paragraphe [paʀagʀaf] *m* 1 **a)** *d'un texte* Abschnitt *m*; Absatz *m*; **b)** JUR Absatz *m*; ***article 2, ~ 3*** Paragraf 2, Absatz 3 2 TYPO Paragrafzeichen *n* (§)
paragrêle [paʀagʀɛl] *adj* ***fusée f ~*** Hagelabwehrrakete *f*
Paraguay [paʀagwɛ] ***le ~*** Paraguay *n*
paraguayen [paʀagwɛjɛ̃] I *adj* ⟨**~ne**⟩ paraguayisch II *subst* ***Paraguayen(ne)*** *m(f)* Paraguayer(in) *m(f)*
paraître [paʀɛtʀ] ⟨→ **connaître**⟩ I *v/i* 1 (*se montrer*) erscheinen; sichtbar werden; sich zeigen; sich sehen lassen; zum Vorschein kommen; ***~ au balcon*** auf dem Balkon erscheinen; sich auf dem Balkon zeigen, sehen lassen; *sentiments* ***laisser ~*** zeigen; sich (*dat*) anmerken lassen; *personne* ***tarder à ~*** verspätet erscheinen; *impersonnel*: ***sans qu'il y paraisse*** ohne dass man etwas (davon) merkt, sieht, spürt; *d'une maladie* ***dans quelques jours il n'y paraîtra plus*** in ein paar Tagen sieht, merkt man nichts mehr (davon), ist nichts mehr (davon) zu sehen, zu merken 2 (*sembler*) (er)scheinen; aussehen; vorkommen (***à qn*** j-m); **a)** *avec adj*: ***il ne paraît pas très intelligent*** er sieht nicht sehr intelligent aus; er macht keinen sehr intelligenten Eindruck; ***le voyage me paraît très long*** die Reise kommt mir sehr lang vor; ***cela me paraît possible*** das erscheint mir möglich; das scheint mir möglich zu sein; ***aussi étrange que cela paraisse*** so merkwürdig dies auch erscheinen mag; ***cette robe la fait ~ plus mince*** dieses Kleid lässt sie schlanker erscheinen, aussehen; **b)** *avec subst* ***il ne paraît pas son âge*** man sieht ihm sein Alter nicht an; **c)** *avec inf* ***il paraît approuver cette idée*** er scheint diese Idee gutzuheißen 3 (*être publié*) ⟨*oft* **être**⟩ erscheinen; herauskommen; herausgegeben werden; ***faire ~*** herausbringen, -geben; im Druck erscheinen lassen; *journal* ***cesser de ~*** ihr Erscheinen einstellen; ***venir de ~*** soeben erschienen, herausgekommen sein; ***à ~ prochainement dans cette collection*** (erscheint) demnächst in dieser Reihe; ***être paru en librairie*** im Buchhandel erschienen sein; *impersonnel* ***il a*** *ou* ***est paru une nouvelle édition de cet ouvrage*** es ist e-e neue Auflage dieses Werkes erschienen II *v/imp* 1 ***il paraît que …***, F ***paraît que …*** (*on dit que …*) man sagt, man erzählt sich, man behauptet, es geht das Gerücht, man munkelt, dass …; es wird gesagt, erzählt, behauptet, gemunkelt, dass ..; es scheint, dass …; es hat den Anschein, als (+*conditionnel ou subj*); ***il paraît qu'ils sont allés en Italie*** *a* sie sollen nach Italien gefahren sein; *loc/adv*: *en fin de phrase* ***à ce qu'il paraît*** wie es scheint; (so) scheint es; *en incise* ***paraît-il*** so scheint es; wie es scheint; F scheint's 2 (*sembler*) ***il*** (***me, te*** *etc*) ***paraît douteux, important, nécessaire*** *etc* ***que …*** (+*subj*) es (er)scheint (mir, dir *etc*) zwei-

P

felhaft, wichtig, notwendig, dass …; ***il paraît certain que …*** (*+ind*) es scheint sicher, dass …; ***il paraît impossible de revenir sur cette question*** es scheint unmöglich (zu sein), auf diese Frage zurückzukommen **III** *m* PHILOS Schein *m*

parallaxe [paʀa(l)laks] *f* **1** ASTR Parallaxe *f* **2** OPT Parallaxe *f*; ***correction*** *f* ***de ~*** Parallaxenausgleich *m*

parallèle [paʀa(l)lɛl] **I** *adj* **1** MATH *et par ext* parallel (***à*** zu); Parallel…; ***rues*** *f/pl* ***~s*** Parallelstraßen *f/pl*; ***une rue ~ à la rue X*** e-e Parallelstraße zur X-Straße; ***être ~ à qc*** zu etw parallel sein, verlaufen **2** *fig* (*comparable*) parallel; gleichlaufend; gleich gerichtet; gleich gelagert **3** SPORTS ***barres*** *f/pl* ***~s*** Barren *m* **4** *fig* (*non officiel*) inoffiziell; FIN ***cours*** *m* ***~*** außerbörslicher, nicht amtlicher Kurs; COMM ***marché*** *m* ***~*** Parallelmarkt *m*; grauer Markt; ***médecine*** *f*, ***presse*** *f* ***~*** alternative Medizin, Presse; ***police*** *f* ***~*** Geheimpolizei *f* **II** *subst* **1** *f* MATH Parallele *f*; ÉLECT ***montage*** *m* ***en ~*** Parallel-, Nebeneinanderschaltung *f*; ***tirer, tracer une ~ à une droite*** e-e Parallele zu e-r Geraden ziehen **2** *m* GÉOGR Breitenkreis *m*, -grad *m*; Parallelkreis *m* **3** *m fig* Parallele *f*; Vergleich *m*; Gegenüberstellung *f*; ***établir, faire un ~ entre …*** e-e Parallele ziehen zwischen (*+dat*); ***mettre en ~*** *les avantages et les inconvénients* … gegeneinander abwägen

parallèlement [paʀa(l)lɛlmɑ̃] *adv* ***~ à*** parallel zu

parallélépipède [paʀa(l)lelepipɛd] *m* MATH Parallelflach *n*; Parallelepiped *n*; ***~ rectangle*** Quader *m*

parallélisme [paʀa(l)lelism] *m* **1** MATH Parallelität *f* **2** AUTO Spur *f*; ***faire vérifier le ~*** die Spur kontrollieren lassen **3** *fig* Parallelismus *m*; Übereinstimmung *f*

parallélogramme [paʀa(l)lelɔgʀam] *m* MATH Parallelogramm *n*

paralyser [paʀalize] *v/t* **1** MÉD lähmen; *sc* paralysieren; ***une attaque l'a paralysé du côté droit*** er wurde durch e-n Schlaganfall rechtsseitig gelähmt; *adjt* ***paralysé*** gelähmt **2** *fig personne* lähmen; ***~ la circulation, l'économie*** den Verkehr, die Wirtschaft lahmlegen; den Verkehr, die Wirtschaft zum Stillstand, zum Erliegen bringen; *la dureté de l'examinateur* ***paralysait les candidats*** … lähmte die Prüflinge, legte sich als lähmender Druck auf die Prüflinge; ***être paralysé par la terreur*** vor Schreck wie gelähmt sein

paralysie [paʀalizi] *f* **1** MÉD Lähmung *f*; *sc* Paralyse *f*; ***être atteint, frappé de ~*** gelähmt sein **2** *fig* Ohnmacht *f*; Machtlosigkeit *f*

paralytique [paʀalitik] **I** *adj personne* gelähmt; *sc* paralytisch **II** *subst* **1** *m,f* Gelähmte(r) *f(m)*; *sc* Paralytiker(in) *m(f)* **2** *m* BIBL Gichtbrüchige(r) *m*; *de la fable* Lahme(r) *m*

paramédical [paʀamedikal] *adj* ⟨**-aux**⟩ ***professions ~es*** medizinische, ärztliche Hilfsberufe *m/pl*

paramètre [paʀamɛtʀ] *m* MATH *et fig* Parameter *m*

paramilitaire [paʀamilitɛʀ] *adj* para-, halbmilitärisch

parangon [paʀɑ̃gɔ̃] *m litt* ***~ de vertu*** Muster *n* an, Ausbund *m* von Tugend

parano [paʀano] *abr* F → ***paranoïa, paranoïaque***

paranoïa [paʀanɔja] *f* MÉD Paranoia *f*; Wahnvorstellungen *f/pl*

paranoïaque [paʀanɔjak] MÉD **I** *adj* paranoisch **II** *m,f* Paranoiker(in) *m(f)*; j, der an Wahnvorstellungen leidet; *par ext* Wahnsinnige(r) *f(m)*; Geistesgestörte(r) *f(m)*

parapente [paʀapɑ̃t] *m* **a)** *engin* Gleitschirm *m*; **b)** *sport* Gleitschirmfliegen *n*; Paragliding [-glaɪ-] *n*

parapentiste [paʀapɑ̃tist] *m,f* Gleitschirmflieger(in) *m(f)*

parapet [paʀapɛ] *m* **1** Brüstung *f*; ***~ de pont*** Brückengeländer *n* **2** FORTIF Brustwehr *f*

paraphe → ***parafe***

paraphrase [paʀafʀɑz] *f* Paraphrase *f* **paraphraser** *v/t* paraphrasieren

paraplégie [paʀapleʒi] *f* MÉD Querschnittslähmung *f*; *sc* Paraplegie *f* **paraplégique** MÉD **I** *adj* querschnittsgelähmt **II** *m,f* Querschnittsgelähmte(r) *f(m)*

parapluie [paʀaplɥi] *m* **1** (Regen)Schirm *m* **2** *fig* ***~ nucléaire*** atomarer Schirm

parapsychologie [paʀapsikɔlɔʒi] *f* Parapsychologie *f*

parascolaire [paʀaskɔlɛʀ] *adj* außerhalb des Lehrplans

parasitaire [paʀazitɛʀ] *adj* BIOL *et fig* parasitär; schmarotzerhaft; schmarotzerisch

parasite [paʀazit] **I** *m* **1** BIOL *et fig* Parasit *m*; Schmarotzer *m* **2** RAD ***~s*** *pl* Stör-, Nebengeräusch(e) *n(pl)*; Störungen *f/pl* **II** *adj* BIOL schmarotzend; Schmarotzer…

parasiter [paʀazite] *v/t* **1** BIOL *et fig* schmarotzen (***un hôte*** in *ou* auf e-m Wirt) **2** RAD stören

parasitisme [paʀazitism(ə)] *m* BIOL *et fig* Schmarotzertum *n*; Parasitentum *n*; BIOL *a* Parasitismus *m*

parasol [paʀasɔl] *m* **1** Sonnen-, Gartenschirm *m* **2** *adjt* BOT ***pin*** *m* ***~*** Pinie *f*

parasympathique [paʀasɛ̃patik] *adj et subst m* ANAT (***système*** *m*) ***~*** Parasympathikus *m*

parataxe [paʀataks] *f* LING Parataxe *f*

paratonnerre [paʀatɔnɛʀ] *m* Blitzableiter *m*

paravalanche [paʀavalɑ̃ʃ] *m* Lawinenschutz *m*, -galerie *f*

paravent [paʀavɑ̃] *m* **1** spanische Wand; Wandschirm *m* **2** *fig* Deckmantel *m*; Tarnung *f*; Vorwand *m*

parbleu [paʀblø] *litt int* wahrhaftig!; bei Gott!

parc [paʀk] *m* **1** Park *m*; ***~ national*** Nationalpark *m*; ***~ régional*** Naturpark *m*; ***~ d'attractions*** Erlebnis-, Vergnügungspark *m*; ***~ de loisirs*** Freizeitpark *m*; ***le ~ de Versailles*** der (Schloss)Park von Versailles **2** ***~ de stationnement*** Parkplatz *m*; ***~ de dissuasion*** Stadtrandparkplatz *m* **3** *pour bébés* Laufgitter *n*, -stall *m* **4** ***~ à huîtres*** Austernpark *m* **5** ÉCON (*ensemble*) ***~ de …*** Bestand *m* an (*+dat pl*); …park *m*; ***~ automobile*** Wagen-, Fuhrpark *m*; (Kraft)Fahrzeugbestand *m*; ***~ de machines*** Maschinenpark *m*; ***~ d'ordinateurs, de téléviseurs*** Bestand an Computern, Fernsehern **6** *pour stockage* Lagerplatz *m*; ***~ à brut*** Tanklager *n* für Rohöl **7** *à bestiaux* Pferch *m*

parcellaire [paʀsɛ(l)lɛʀ] *adj* Parzellen…

parcelle [paʀsɛl] *f* **1** ***~*** (***de terre***) Parzelle *f*; Stück *n* Land **2** *fig* winziges Stück; Quäntchen *n*

parcellisation [paʀsɛlizasjɔ̃] *f* **1** ADM Parzellierung *f* **2** *fig* Aufsplitterung *f* **parcelliser** *v/t* **1** ADM *terre* parzellieren **2** *fig* (in kleine Einheiten) aufteilen; aufsplittern

parce que [paʀs(ə)kə] *conj* ⟨*vor Vokal* **parce qu'**⟩ 1 weil; ***c'est ~ … que …*** eben *ou* gerade weil … 2 *abs: refus d'explication* (eben) darum

parchemin [paʀʃəmɛ̃] *m* 1 *peau et écrit* Pergament *n*; *loc/adj* ***en ~*** Pergament…; pergamenten 2 F *fig* Diplom *n*

parcheminé [paʀʃəmine] *adj* pergamentartig; ***cuir, papier ~*** pergamentartiges Leder, Papier; *fig* ***visage ~*** ledernes Gesicht

par-ci [paʀsi] *loc/adv* ***~, par-là*** *espace* hier und da; *temps* hin und wieder; *fig* ***maman ~, maman par-là*** Mama hier und Mama da; F Mama vorn und Mama hinten

parcimonie [paʀsimɔni] *f loc/adv* ***avec ~*** sehr sparsam; ***distribuer ses éloges avec ~*** mit s-m Lob geizen, sehr sparsam umgehen

parcimonieux [paʀsimɔnjø] *adj* ⟨**-euse**⟩ geizig; F knaus(e)rig; knick(e)rig

parcmètre [paʀkmɛtʀ] *m ou* **parcomètre** [paʀkɔmɛtʀ] *m* Parkuhr *f*

parcourir [paʀkuʀiʀ] *v/t* ⟨→ **courir**⟩ 1 *région, ville etc: à pied* durchlaufen; umhergehen, -laufen in (+*dat*); durchstreifen; durchziehen; *en voiture* durchfahren; umherfahren in (+*dat*); kreuz und quer fahren durch; *à la recherche de qc a* F abklappern; *un pays* durchreisen; bereisen; *par ext:* ***~ la pièce du regard, des yeux*** s-n Blick über das Zimmer schweifen lassen; ***son corps fut parcouru par un frisson*** ein Schauer durchlief s-n Körper, überlief ihn 2 *trajet, distance* zurücklegen; durchlaufen; durchfahren 3 *texte, lettre* überfliegen; kurz, flüchtig durchlesen

parcours [paʀkuʀ] *m* Strecke *f*; *d'un autobus* (Fahr)Strecke *f*; *d'un fleuve* (Ver)Lauf *m*; SPORTS (Renn)Strecke *f*; Parcours *m*; ***~ du combattant*** MIL Hindernisbahn *f*; *fig* Hindernisrennen *n*; SPORTS ***~ de santé*** Trimm-dich-Pfad *m*; SPORTS *et fig* ***incident*** *m* ***de ~*** Panne *f*; Missgeschick *n*; Pech *n*; ***effectuer un ~*** e-e Strecke zurücklegen

par-delà [paʀdəla] *loc/prép* jenseits (+*gén ou* von); hinter (+*dat*)

par-derrière [paʀdɛʀjɛʀ] **a)** *loc/adv* von hinten; hinterrücks (*a fig*); *fig* ***dire du mal de qn ~*** hinten(he)rum Schlechtes über j-n sagen; ***passez ~!*** kommen Sie hinten(he)rum!; **b)** F *loc/prép* hinter (+*dat*); ***passer ~ la maison*** hinter dem Haus herumgehen

par-dessous [paʀdəsu] **a)** *loc/adv: passer* darunter hindurch; F drunter durch; **b)** *loc/prép* unter (+*dat*); ***il le prit ~ les bras*** er fasste ihn unter den Armen

pardessus [paʀdəsy] *m* Überzieher *m*

par-dessus [paʀdəsy] **a)** *loc/adv* d(a)rüber (hinweg); ***sautez ~!*** springen Sie darüber, F drüber!; **b)** *loc/prép* über (+*acc*); F *fig* ***j'en ai ~ la tête*** ich habe genug davon; F ich habe die Nase voll (davon); ***lire le journal ~ l'épaule de qn*** die Zeitung über j-s Schulter hinweg lesen; ***mettez un pull ~ votre chemise*** ziehen Sie e-n Pulli über Ihr Hemd!; **(*et*) *~ tout*** (und) vor allem; (und) vor allen Dingen

par-devant [paʀdəvɑ̃] **a)** *loc/adv* vorn (herum); ***endommagé ~*** vorn beschädigt; ***passer ~*** vorn herumgehen; **b)** *loc/prép* JUR ***~ notaire*** vor dem Notar

par-devers [paʀdəvɛʀ] *loc* ***garder qc ~ soi*** etw für sich behalten

pardi [paʀdi] *litt int* natürlich; gewiss

pardon [paʀdõ] *m* 1 Verzeihung *f*; Entschuldigung *f*; REL Vergebung *f*; ***accorder son ~ à qn*** j-m verzeihen, *st/s* vergeben; ***demander ~ à qn*** j-n um Entschuldigung, Verzeihung bitten; ***obtenir son ~*** Verzeihung finden; Vergebung erlangen (*bes* REL); verziehen, vergeben bekommen 2 *formule de politesse* **a)** **(*je vous demande*) *~!*** Verzeihung!; Entschuldigung!; entschuldigen, verzeihen Sie bitte!; Pardon!; **b)** *en passant devant qn sans le déranger* ***~!*** *unübersetzt, da keine deutsche Entsprechung*; **c)** (*comment?*) ***~?*** wie bitte? 3 *formule de protestation: vous n'étiez pas à cette réunion?* - ***~, j'y étais*** (aber) natürlich war ich da!; doch, ich war da! 4 F *renforçant un énoncé:* F ich kann dir *ou* Ihnen sagen!; mein lieber Mann! 5 REL **a)** *fête juive* ***le Grand Pardon*** das Versöhnungsfest; **b)** *en Bretagne: Wallfahrt u Fest zu Ehren e-s Heiligen*

pardonnable [paʀdɔnabl] *adj faute, erreur* verzeihlich; entschuldbar; ***cet enfant est ~*** das Kind kann nichts dafür

pardonner [paʀdɔne] **I** *v/t et v/t/indir* verzeihen; entschuldigen; *st/s ou* REL vergeben; ***~ (qc) à qn*** j-m (etw) verzeihen, vergeben; ***ne pas ~ à qn de*** (+*inf*) j-m nicht verzeihen, dass …; ***vous êtes pardonné*** Sie sind entschuldigt; ***il cherche à se faire ~*** er möchte, dass man ihm verzeiht; *fig* ***il n'arrivait pas à se faire ~ ses succès*** man gönnte, verzieh ihm s-e Erfolge nicht; *les enfants sont bruyants,* ***mais on leur pardonne*** aber man kann ihnen deswegen nicht böse sein; aber man kann es ihnen nicht übel nehmen, verargen; *formule de politesse* ***pardonnez-moi, mais je crois que …*** verzeihen, entschuldigen Sie, aber ich glaube, dass … **II** *v/i personne* ***~ facilement*** nicht nachtragend sein; *maladie grave etc* ***cela ne pardonne pas*** da gibt es keine Rettung; das ist tödlich **III** *v/pr* **a)** *réfléchi:* ***je ne me le pardonnerai jamais*** das werde ich mir nie verzeihen; **b)** *sens passif: cette faute* ***ne se pardonne pas*** ist unverzeihlich, unentschuldbar

paré [paʀe] *adj* 1 geschmückt, verziert (***de*** mit) 2 ***~ contre qc*** gegen etw geschützt, gefeit, gewappnet; auf etw (*acc*) vorbereitet; für etw gerüstet

pare-avalanches [paʀavalɑ̃ʃ] *m* ⟨*inv*⟩ → ***paravalanche***

pare-balles [paʀbal] *m* ⟨*inv*⟩ MIL Kugelfang *m*; *adjt* ***gilet*** *m* ***~*** kugelsichere Weste

pare-boue [paʀbu] *m* ⟨*inv*⟩ AUTO Schmutzfänger *m* **pare-brise** *m* ⟨*inv*⟩ AUTO Windschutzscheibe *f* **pare-chocs** *m* ⟨*inv*⟩ AUTO Stoßstange *f* **pare-feu** *m* ⟨*inv*⟩ 1 Brand-, Feuerschutz(vorrichtung) *m*(*f*); *en forêt* Brandschneise *f* 2 INFORM Firewall ['faɪəɪvoːl] *f*

pareil [paʀɛj] **I** *adj* ⟨**pareille**⟩ 1 (*semblable*) gleich; ähnlich; *loc/adj* ***à nul autre ~*** ohnegleichen; *et votre santé?* - ***toujours ~!*** immer das Gleiche, F dasselbe; *choses, personnes* ***être ~(le)s*** gleich sein; sich, einander gleichen; ***ce n'est pas ~*** das ist nicht das Gleiche 2 (*tel*) solche(r, -s); derartige(r, -s); so ein(e); ***~le chose, chose ~le*** so etwas; *loc/adv:* ***à une heure ~le, à ~le heure*** zu so ungewöhnlicher Stunde, Zeit; ***en ~ cas*** in e-m solchen, in so e-m Fall 3 *comparaison st/s* ***~ à*** gleich (+*dat*); ***~ au vent qui …*** gleich dem Wind, der … 4 F *advt* ⟨*inv*⟩ gleich; ***faire ~*** das Gleiche, F dasselbe tun; ***être habillé(e)s ~*** gleich angezogen sein **II** *subst* 1 ***~(le)*** *m*(*f*): ***ne pas avoir son ~, sa ~le*** nicht seines-, ihresgleichen haben; ***elle n'a***

P

pas sa ~le pour (+*inf*) niemand versteht es so gut wie sie zu (+*inf*); *péj* ***vous et vos ~s*** Sie und Ihresgleichen *ou* ihr und euresgleichen; ***sans ~(le)*** ohnegleichen; unvergleichlich; ***d'une naïveté sans ~le*** von e-r Naivität ohnegleichen, die ihresgleichen sucht **2** *f* ***rendre la ~le à qn*** es j-m mit gleicher Münze heimzahlen; j-m Gleiches mit Gleichem vergelten **3** *m* F ***c'est du ~ au même*** F das ist Jacke wie Hose, gehupft wie gesprungen

pareillement [paʀɛjmɑ̃] *adv* ebenfalls; gleichfalls; auch; ebenso; *bonne année!* - ***et à vous ~*** danke gleichfalls, ebenfalls, Ihnen auch

parement [paʀmɑ̃] *m* **1** COUT Besatz *m* **2** CONSTR Ansichts-, Sichtfläche *f*; Vorderseite *f*

parenchyme [paʀɑ̃ʃim] *m* ANAT, BOT Parenchym (-gewebe) *n*

parent [paʀɑ̃] **I** *subst* **1** ***~(e)*** *m(f)* Verwandte(r) *f(m)*; ***il est mon ~ par ma mère*** er ist ein Verwandter mütterlicherseits; er ist durch meine Mutter, von meiner Mutter her mit mir verwandt; *fig* ***traiter qn en ~ pauvre*** j-n zurücksetzen, benachteiligen **2** *m/pl* ***~s*** (*père et mère*) Eltern *pl*; ***l'un des ~s*** ein Elternteil *m*; ***~s d'élèves*** (Schüler)Eltern *pl*; ***association f de(s) ~s d'élèves*** Elternverband *m*, -vereinigung *f* **3** *m* BIOL Elter *m ou n* **II** *adj* **1** verwandt; ***être ~ avec qn*** mit j-m verwandt sein; ***être ~s par alliance*** verschwägert sein; ***nous sommes ~s*** wir sind miteinander verwandt **2** *fig* verwandt; ähnlich

parental [paʀɑ̃tal] *adj* ⟨**-aux**⟩ elterlich; JUR ***autorité ~e*** elterliche Gewalt

parenté [paʀɑ̃te] *f* **1** *rapport* Verwandtschaft(sverhältnis) *f(n)*; ***~ directe, en ligne directe*** Verwandtschaft in gerader Linie; ***~ du côté maternel*** Verwandtschaft(sverhältnis) mütterlicherseits, von der Seite der Mutter her; ***~ par alliance*** Schwägerschaft *f*; ***il n'y a entre eux aucune ~*** sie sind nicht miteinander verwandt **2** *coll* Verwandtschaft *f*; Verwandte(n) *m/pl* **3** *fig* Verwandtschaft *f*; Ähnlichkeit *f*

parenthèse [paʀɑ̃tɛz] *f* **1** GR Einschub *m*; Parenthese *f*; *par ext* (*digression*) Abschweifung *f*; Exkurs *m*; Zwischenbemerkung *f* **2** *signe* (runde) Klammer; *loc/adv* ***entre ~s*** in Klammern; *fig* nebenbei, beiläufig gesagt, bemerkt; ***mettre un mot entre ~s*** ein Wort in Klammern setzen, einklammern; ***ouvrez, fermez la ~!*** Klammer auf, zu!; *fig*: ***fermer une ~*** zum eigentlichen Thema zurückkehren; ***j'ouvre ici une ~*** ich möchte hier e-e Zwischenbemerkung einschieben

Parentis-en-Born [paʀɛ̃tisɑ̃bɔʀn] *Ort im Dep. Landes*

paréo [paʀeo] *m* Pareo *m*; Hüfttuch *n*

parer[1] [paʀe] **I** *v/t* **1** *st/s* (*orner*) festlich schmücken, (ver)zieren, dekorieren (**de** mit); *p/p* *femme* ***parée de bijoux*** mit Juwelen geschmückt **2** (*attribuer*) zuschreiben, nachsagen (***qn de qc*** j-m etw); ***~ qn de toutes les qualités*** *a* j-n mit allen guten Eigenschaften ausstatten **3** BOUCHERIE ***~ la viande*** Fleischstücke sauber zuschneiden *ou* von Haut, Fett und Sehnen befreien **4** TEXT schlichten **5** MAR klarmachen **II** *v/pr* ***se ~*** sich schmücken (**de** mit); *fig* ***se ~ d'un titre*** sich (*dat*) e-n Titel zulegen

parer[2] [paʀe] **I** *v/t* **1** *coup, attaque* parieren; abwehren; ab-, auffangen **2** MAR *abordage* vermeiden; *cap* umfahren; umschiffen **II** *v/t/indir* ***~ à qc*** sich gegen etw schützen; e-r Sache (*dat*) vorbeugen, begegnen, abhelfen; ***~ à un danger*** *a* e-e Gefahr abwenden; ***~ à toute éventualité*** allen Eventualitäten vorbeugen; ***~ à un inconvénient, au plus pressé*** e-m Missstand, dem Dringendsten abhelfen; *p/p* ***paré contre qc*** gegen etw geschützt, gefeit, gewappnet

pare-soleil [paʀsɔlɛj] *m* ⟨*inv*⟩ AUTO Sonnenblende *f*

paresse [paʀɛs] *f* Faulheit *f*; Trägheit *f*; Bequemlichkeit *f*; ***~ intellectuelle*** Denkfaulheit *f*; geistige Trägheit; MÉD ***~ intestinale*** Darmträgheit *f*; ***s'abandonner à la ~*** ein Faulenzerleben führen; *prov* ***la ~ est mère de tous les vices*** Müßiggang ist aller Laster Anfang (*prov*)

paresser [paʀɛse] *v/i* faulenzen; F auf der faulen Haut liegen; ***~ dans son lit*** gemütlich im Bett bleiben

paresseux [paʀɛsø] **I** *adj* ⟨**-euse**⟩ *personne* faul; träge; bequem; arbeitsscheu; *intestin, gestes* träge; *attitude, solution* bequem; ***être ~ pour se lever*** morgens schwer, nicht aus dem Bett finden *ou* kommen **II** *subst* **1** ***~, paresseuse*** *m,f* Faulenzer(in) *m(f)*; F Faulpelz *m* **2** *m* ZO Faultier *n*

parfaire [paʀfɛʀ] *v/t* ⟨*nur inf*⟩ vollenden; vervollkommnen

parfait [paʀfɛ] **I** *adj* ⟨**-faite** [-fɛt]⟩ **1** *beauté, travail etc* vollendet; perfekt; vollkommen *ou* vollkommen; (*impeccable*) tadellos; vorzüglich; ***le crime ~*** das perfekte Verbrechen; ***exemple ~*** typisches Beispiel; CHIM ***gaz ~*** ideales Gas; MATH ***nombre ~*** vollkommene Zahl; ***le type ~ du petit bourgeois*** der Prototyp e-s Kleinbürgers; (***c'est***) ***~!*** also gut!; na schön, gut!; dann ist ja alles in bester Ordnung! (*a iron*); ***elle est ~e*** an ihr ist nichts auszusetzen; ***personne n'est ~*** niemand, kein Mensch ist vollkommen; *compliment* ***vous avez été ~*** Sie waren großartig, herrlich **2** *iron*: *goujat etc* ausgemacht; ***un ~ imbécile*** *a* F ein Vollidiot *m* **3** (*total*) völlig; *tranquillité* vollkommen; *ressemblance* täuschend; ***en ~ accord*** in völliger Übereinstimmung; ***être dans la plus ~e ignorance de qc*** von etw nicht die leiseste Ahnung, F keinen (blassen) Schimmer haben **4** MUS ***accord ~*** Dreiklang *m* (mit Terzenaufbau) **II** *m* **1** GR Perfekt *n*; vollendete Gegenwart **2** *glace* Parfait *n*; ***~ au café*** Mokkaparfait *n*

parfaitement [paʀfɛtmɑ̃] *adv* **1** (*complètement*) vollkommen; völlig; ***c'est ~ ridicule*** *a* das ist einfach lächerlich **2** (*très bien*) sehr gut; ***je comprends ~ que ...*** ich verstehe sehr gut, dass ...; ***vous avez ~ le droit de ...*** selbstverständlich haben Sie das Recht zu ... **3** *abs réponse* gewiss; sicher; natürlich; jawohl

parfois [paʀfwa] *adv* mitunter; gelegentlich; manchmal; bis-, zuweilen

parfum [paʀfɛ̃, -fœ̃] *m* **1** *odeur* Duft *m*; Wohlgeruch *m*; ***~ discret, subtil*** feiner, zarter Duft **2** *substance* Parfüm *ou* Parfum [-'fœ:] *n*; ***se mettre du ~*** sich parfümieren **3** BIOL, CHIM Riech-, Duftstoff *m* **4** *d'une glace* Geschmack *m*; *voulez-vous une glace?* ***quel ~?*** was für eins? **5** F ***être au ~*** Bescheid wissen (**de** über +*acc*); F ***mettre qn au ~*** j-n einweihen, ins Bild setzen

parfumé [paʀfyme] *adj* **1** *savon, crème etc* duftend (***à la lavande*** nach Lavendel); wohlriechend **2** *per-*

P

sonne parfümiert 3 ***glace ~e au citron, à la fraise*** Zitronen-, Erdbeereis *n*

parfumer [parfyme] I *v/t* 1 *pièce etc* mit s-m Duft erfüllen 2 *mouchoir etc* parfümieren; mit Parfüm betupfen, besprühen 3 CUIS **~ *au citron, à la fraise*** Zitronen-, Erdbeergeschmack geben (*+dat*) II *v/pr personne* ***se ~*** sich parfümieren; ***je ne me parfume pas*** ich benütze kein Parfüm

parfumerie [parfymri] *f* 1 *industrie* Parfümerie-, Kosmetikindustrie *f* 2 *produits* Parfümeriewaren *f/pl* 3 *usine, boutique* Parfümerie *f*

parfumeur [parfymœr] *m*, **parfumeuse** *f* 1 *fabricant(e)* Parfümeur *m* 2 *marchand(e)* Inhaber(in) *m(f)* e-r Parfümerie

pari [pari] *m* 1 Wette *f*; ***faire un ~*** e-e Wette abschließen, eingehen, machen; ***tenir le ~*** die Wette annehmen 2 **~ *mutuel*** Rennwette *f*; → *a* ***PMU***; *fig* ***les ~s sont ouverts*** die Frage bleibt offen; alles ist noch offen; es gilt abzuwarten 3 *fig* Herausforderung *f*; Risiko *n*; **~ *financier*** finanzielles Risiko; **~ *technique*** technische Herausforderung, Aufgabe; ***faire un ~ sur qc*** (s-e feste Zuversicht, sein festes Vertrauen) auf etw (*acc*) setzen

paria [parja] *m* 1 *en Inde* Paria *m* 2 *fig* Paria *m*; Ausgestoßene(r) *m*; Entrechtete(r) *m*

parier [parje] I *v/t* 1 wetten; *abs* **~ *aux courses*** Rennwetten abschließen; bei Pferderennen wetten; **~ *cent euros sur un cheval*** hundert Euro auf ein Pferd setzen, wetten; ***je (te) parie que …*** ich wette (darauf), ich möchte *ou* wollte wetten, dass …; ***je l'aurais parié*** ich hätte darauf wetten können; ***je parie une bouteille de vin avec toi que …*** ich wette um e-e Flasche Wein mit dir, dass …; ***je parie tout ce que tu veux que …*** ich gehe jede Wette ein, dass …; ***tu paries que …?*** wetten (wir), wollen wir wetten, dass …?; ***qu'est-ce que tu paries?*** was gilt die Wette?; um was wollen wir wetten?; **~ *gros*** hoch wetten; ***il y a gros à ~ que …*** ich wette zehn gegen eins, es ist so gut wie sicher, dass … 2 (*supposer*) ***vous avez faim, je parie?*** Sie haben sicher Hunger? II *v/t/indir fig* **~ *sur qc, qn*** auf etw, j-n setzen, vertrauen

pariétal [parjetal] *adj* ⟨**-aux**⟩ 1 ANAT ***os ~*** *ou subst* **~** *m* Scheitelbein *n* 2 PRÉHISTOIRE ***peintures ~es*** Felsmalereien *f/pl*

parieur [parjœr] *m*, **parieuse** *f* Wetter(in) *m(f)*

parigot [parigo] F I *adj* pariserisch II *subst* ***Parigot(e)*** *m(f)* Pariser(in) *m(f)*

Paris [pari] GÉOGR Paris [-s] *n*

Pâris [paris, pa-] *m* MYTH Paris *m*

paris-brest [paribrest] *m* ⟨*inv*⟩ CUIS *mit Creme gefüllter u mit Mandelsplittern bestreuter Kuchen aus Brandteig*

parisien [parizjɛ̃] I *adj* ⟨**~ne**⟩ Pariser; pariserisch; ***la banlieue ~ne*** die Vororte *m/pl* von Paris II *subst* ***Parisien(ne)*** *m(f)* Pariser(in) *m(f)*

paritaire [pariter] *adj* paritätisch; ***commission*** *f* **~** paritätisch zusammengesetzter Ausschuss

parité [parite] *f* Parität *f* (*a* ÉCON); **~ *des changes*** Währungsparität *f*

parjure [parʒyr] 1 *m* (*violation de serment*) Eidbruch *m*; (*faux serment*) Meineid *m* 2 *m,f personne* Eidbrüchige(r) *f(m)*; Meineidige(r) *f(m)* 3 *adjt* eidbrüchig; meineidig

parka [parka] *m ou f* Parka *m ou f*

parking [parkiŋ] *m* Parkplatz *m*; **~ *souterrain*** Tiefgarage *f*

parkinsonien [parkinsɔnjɛ̃] MÉD I *adj* ⟨**~ne**⟩ der parkinsonschen Krankheit II *subst* **~*(ne)*** *m(f)* an der parkinsonschen Krankheit Leidende(r) *f(m)*

par-là [parla] → ***par-ci***

parlant [parlɑ̃] *adj* 1 ***cinéma, film ~*** Tonfilm *m*; RAD, TÉL ***horloge ~e*** Zeitansage *f* 2 *comparaison* anschaulich; treffend (*a portrait*); *preuve* sprechend; ***les chiffres sont ~s*** die Zahlen sprechen für sich (selbst) 3 *loc/adv* ***économiquement*** *etc* **~** vom wirtschaftlichen *etc* Standpunkt aus betrachtet; wirtschaftlich gesehen; ***strictement ~*** streng genommen

parlé [parle] *adj* gesprochen; RAD ***journal ~*** Nachrichten *f/pl*; ***langue ~e*** gesprochene Sprache

Parlement [parləmɑ̃] *m* Parlament *n*; ***membre*** *m* ***du ~*** Parlamentsmitglied *n*; ***au ~*** im Parlament

parlementaire [parləmɑ̃tɛr] I *adj* parlamentarisch; Parlaments…; ***commission*** *f* **~** parlamentarischer Ausschuss; Parlamentsausschuss *m*; ***groupe*** *m* **~** Fraktion *f*; ***régime*** *m* **~** parlamentarische Regierungsform II *subst* 1 *m,f* POL Parlamentarier(in) *m(f)* 2 *m à la guerre* Parlamentär *m*

parlementarisme [parləmɑ̃tarism] *m* POL Parlamentarismus *m*

parlementer [parləmɑ̃te] *v/i* 1 *avec l'ennemi* verhandeln; unterhandeln 2 *par ext* **~ *avec qn*** mit j-m lang und zäh verhandeln

parler[1] [parle] I *v/t* 1 *une langue* sprechen; **~ *(le) français*** Französisch sprechen; *être en train de* **~ *français*** französisch sprechen 2 **~ *affaires, chiffons*** *etc* über Geschäfte, Kleider *etc* reden; **~ *boutique, métier*** fachsimpeln; **~ *politique*** *a* politisieren II *v/t/indir* 1 **~ *à qn*** mit j-m sprechen, reden; j-n sprechen; *après une brouille* ***ne plus ~ à qn*** nicht mehr mit j-m sprechen, reden; *pour insister* ***moi qui vous parle*** ich persönlich; ***à qui croyez-vous ~!*** in welchem Ton reden Sie eigentlich mit mir!; mit wem sprechen Sie überhaupt!; ***il demande à vous ~*** er möchte Sie sprechen; er wünscht Sie zu sprechen; *par ext* ***savoir ~ aux femmes*** mit Frauen umgehen können 2 **~ *de qc*** von etw, über etw (*acc*) sprechen, reden; etw besprechen, bereden; F *livre, film* von etw handeln; ***de quoi parlez-vous?*** worüber, wovon sprechen Sie?; wovon ist die Rede?; ***toute la ville en parle*** das ist Stadtgespräch; die ganze Stadt spricht davon, ist voll davon; ***à force d'en ~, ça va finir par arriver*** man soll den Teufel nicht an die Wand malen (*prov*); ***on vint à en ~*** die Rede kam darauf; *iron*: *le menu, l'hôtel?* ***parlons-en!*** reden wir lieber nicht davon!; ***n'en parlons plus!*** reden wir nicht mehr darüber!; sprechen wir nicht mehr davon!; schon gut!; F Schwamm drüber!; ♦ **~ *de qn*** von j-m, über j-n reden, sprechen; ***faire ~ de soi*** von sich reden machen; *péj* ins Gerede kommen; ♦ **~ *de*** (*+inf*) davon, darüber reden, sprechen, dass …; ***on parle d'abattre ces maisons*** wie es heißt, sollen die Häuser abgerissen werden; ♦ *loc/prép* ***sans ~ de …*** ganz abgesehen von …; von … ganz zu schweigen 3 **~ *de qc à qn*** (*mentionner*) mit j-m über etw (*acc*) sprechen, reden; j-m von etw erzählen; **~ *de qc avec qn*** (*discuter*) mit j-m über etw (*acc*) sprechen, reden; sich mit j-m über etw unterhalten; ***on m'a beaucoup***

P

parlé de vous ich habe viel von Ihnen gehört; man hat mir viel von Ihnen erzählt; ***qu'on ne m'en parle plus!*** ich will davon nichts mehr hören!; F kommen Sie mir nicht mehr damit!; ***ne m'en parlez pas!*** wem sagen Sie das?; ich weiß auch ein Lied davon zu singen! 4 F *fig*: ***tu parles d'un idiot!*** F das ist vielleicht ein Idiot!; ***parlez-moi d'un chef pareil!*** F gehen Sie mir weg mit so e-m Chef!; *lui, généreux?* ***tu parles*** *ou* ***vous parlez!*** so siehst du *ou* sehen Sie aus!; von wegen! III *v/i* reden; sprechen; (*avouer*) reden; gestehen; ♦ ***parlons bien, parlons peu*** kurz und gut; ***parlez plus fort!*** sprechen Sie lauter!; ***~ à la radio*** im Rundfunk sprechen; ***les faits parlent d'eux-mêmes*** die Tatsachen sprechen für sich (selbst); ***~ par gestes*** sich durch Gebärden verständlich machen; ***~ pour ne rien dire*** reden, nur um zu reden; ♦ *d'un portrait* ***on dirait qu'il va ~*** man könnte meinen, er *ou* sie lebt; *enfant* ***commencer à ~ à deux ans*** mit zwei Jahren zu sprechen beginnen; ***c'est une façon de ~*** das sagt man halt so; das ist so e-e Redensart; das war nicht so gemeint; ***faire ~ qn*** j-n zum Reden, Sprechen bringen; j-m ein Geständnis entlocken; ***c'est le désespoir qui le fait ~ ainsi*** aus ihm, aus s-n Worten spricht die Verzweiflung; ***laisser ~ qn*** j-n reden, zu Wort kommen lassen IV *v/pr* **a)** *réfléchi* ***se ~ à soi-même*** mit sich selbst sprechen; **b)** *réciproque* ***nous ne nous parlons plus*** wir reden, sprechen nicht mehr miteinander; ***se ~ par signes*** sich durch Zeichen verständigen; **c)** *sens passif*: *langue* ***se ~*** (***dans le monde entier***) (in der ganzen Welt) gesprochen werden

parler² [paʀle] *m* 1 *individuel* Sprache *f*; Sprechweise *f* 2 ***~*** (***régional***) Mundart *f*; Idiom *n*

parleur [paʀlœʀ] *m péj* ***beau ~*** Schönredner *m*

parloir [paʀlwaʀ] *m* Besuchszimmer *n*

parlot(t)e [paʀlɔt] *f* F Schwatz *m*; *péj* ***~s*** *pl* Geschwätz *n*; Gerede *n*; ***faire la ~ avec qn*** mit j-m e-n Schwatz halten

Parme [paʀm] Parma *n*; ***jambon*** *m* ***de ~*** Parmaschinken *m*

parme [paʀm] *adj* blassviolett

parmesan [paʀməzɑ̃] *m* Parmesan(käse) *m*

Parmesan [paʀməzɑ̃] ***le ~*** PEINT Parmigianino [-dʒaˈniːno] *m*

parmi [paʀmi] *prép* unter, von, bei (+*dat*); ***~ tant d'autres*** unter *ou* von vielen; ***provoquer l'étonnement ~ ceux qui …*** Erstaunen hervorrufen bei den(jenig)en, die …; ***nous souhaitons vous avoir bientôt ~ nous*** wir möchten Sie bald unter uns haben, in unserer Mitte haben, als unseren Gast begrüßen dürfen; ***être connu ~ les savants*** in Gelehrtenkreisen, unter Gelehrten bekannt sein

Parnasse¹ [paʀnas] *m ou* **parnassiens** [paʀnasjɛ̃] *m/pl mouvement littéraire* Parnassiens *m/pl*

Parnasse² [paʀnas] GÉOGR ***le ~*** der Parnass

parodie [paʀɔdi] *f* 1 *d'une œuvre* Parodie *f*; ***~ de western*** Parodie auf die Westernfilme 2 *fig* Farce *f*; ***c'est une ~ de justice*** dieser Prozess ist e-e Farce

parodier [paʀɔdje] *v/t* parodieren **parodique** *adj* parodistisch **parodiste** *m,f* Parodist(in) *m(f)*

parodontose [paʀɔdõtoz] *f* MÉD Parodontose *f*; Zahnfleischschwund *m*

paroi [paʀwa] *f* Wand *f*; *d'un véhicule* (Seiten)Wand *f*; CONSTR (Zwischen)Wand *f*; *d'un récipient* (Innen)Wand *f*; Wandung *f*; ***~*** (***rocheuse***) (Fels)Wand *f*; ANAT ***~ abdominale*** Bauchwand *f*

paroisse [paʀwas] *f* (Kirchen-, Pfarr)Gemeinde *f*; Pfarrei *f*; Pfarrbezirk *m*

paroissial [paʀwasjal] *adj* ⟨**-aux**⟩ Pfarr…; Gemeinde…; ***église ~e*** Pfarrkirche *f*

paroissien [paʀwasjɛ̃] *m*, **paroissienne** *f* 1 Gemeinde(mit)glied *n* 2 F *fig* ***un drôle de paroissien*** ein komischer Kauz; ein wunderlicher Heiliger 3 *m* (*missel*) Messbuch *n*

parole [paʀɔl] *f* 1 (*mot, action de parler*) Wort *n*; ***de belles ~s*** schöne Worte; Phrasen *f/pl*; Redensarten *f/pl*; ***~s de bienvenue*** Begrüßungsworte *n/pl*; ***voilà une bonne ~!*** das ist ein Wort!; ***temps*** *m* ***de ~*** Redezeit *f*; ***accorder, donner la ~ à qn*** j-m das Wort erteilen; ***adresser la ~ à qn*** das Wort an j-n richten; j-n anreden, ansprechen; ***vous avez la ~!*** Sie haben das Wort!; ***avoir la ~ facile*** redegewandt, beredt sein; ***boire les ~s de qn*** wie gebannt an j-s Mund, Lippen hängen; ***couper la ~ à qn*** j-m das Wort abschneiden; j-m ins Wort fallen; ***croire qn sur ~*** j-m aufs Wort glauben; ***demander la ~*** ums Wort bitten; sich zu Wort melden; ***la ~ est à monsieur X*** das Wort hat Herr X; ***ce sont ses propres ~s*** das sind s-e eigenen Worte; ***obtenir la ~*** das Wort erhalten; ***prendre la ~*** das Wort ergreifen, nehmen; ***refuser la ~ à qn*** j-m die Redeerlaubnis verweigern; j-n nicht reden lassen; *prov*: ***la ~ est d'argent, le silence est d'or*** Reden ist Silber, Schweigen ist Gold (*prov*); ***les ~s s'envolent et les écrits restent*** was man schwarz auf weiß besitzt, kann man getrost nach Hause tragen (*prov*) 2 (*promesse*) ***~*** (***d'honneur***) (Ehren)Wort *n*; (***ma***) ***~*** (***d'honneur***)***!*** (mein) Ehrenwort!; auf (mein) Ehrenwort!; ***sur ~*** auf Ehrenwort; ***vous avez ma ~*** Sie haben mein (Ehren)Wort; ***n'avoir qu'une ~*** sein Wort halten; ***n'avoir aucune ~*** sein Wort nie halten; immer wortbrüchig werden; ***donner sa ~*** (***d'honneur***) sein (Ehren)Wort geben; ***je vous en donne ma ~*** ich gebe Ihnen mein (Ehren)Wort darauf; ***c'est un homme de ~*** er ist ein Mann von Wort; ***rendre sa ~ à qn*** j-n von s-r Zusage entbinden, aus s-r Verpflichtung entlassen; ***reprendre sa ~*** sein Wort zurücknehmen; ***tenir*** (***sa***) ***~*** (sein) Wort halten 3 (*faculté de parler*) Sprache *f*; ***organes*** *m/pl* ***de la ~*** Sprechwerkzeuge *n/pl*; *d'un chien etc* ***il ne lui manque que la ~*** es fehlt nur noch, dass er spricht; *fig* ***perdre, recouvrer la ~*** die Sprache verlieren, wiedererlangen 4 *d'une chanson* ***~s*** *pl* Text *m*; Worte *n/pl*; *dessin* ***histoire*** *f* ***sans ~s*** ohne Worte 5 (*sentence*) Ausspruch *m*; Wort *n*; ***~ historique*** berühmter Ausspruch; geflügeltes Wort 6 REL ***la ~ de Dieu*** das Wort Gottes; ***prêcher la bonne ~*** Gottes Wort, das Evangelium verkünd(ig)en; *fig* ***ce n'est pas ~ d'évangile*** das ist kein Evangelium 7 LING Sprechakt *m*; Rede *f*

parolier [paʀɔlje] *m*, **parolière** *f* Textdichter(in) *m(f)*; *de chansons* Texter(in) *m(f)*

paronyme [paʀɔnim] *m* LING ähnlich lautendes Wort; Homöonym *n*

parotide [paʀɔtid] *f* ANAT Ohrspeicheldrüse *f*

paroxysme [paʀɔksism] *m* 1 MÉD Paroxysmus *m* 2 *fig* Höhepunkt *m*; *loc/prép* ***au ~ de*** auf dem Höhepunkt (+*gén*); ***au ~ de la colère*** außer sich, blind vor Zorn; ***porter la colère de qn à son ~*** F j-n zur Weißglut bringen; *joie, douleur etc* ***atteindre son ~*** s-n *ou* ihren Höhepunkt erreichen

parpaing [parpɛ̃] *m* CONSTR Bau-, Mauerstein *m*; *t/t* Binder *m*; **~ *creux*** Hohlblockstein *m*

parquer [parke] *v/t* **1** *bétail* einpferchen **2** *péj personnes* ein-, zusammenpferchen (***dans*** in *+dat*); pferchen (in *+acc*) **3** *voiture* parken; abstellen; *schweiz* parkieren

Parques [park] *f/pl* MYTH Parzen *f/pl*

parquet [parkɛ] *m* **1** CONSTR Parkett(boden) *n(m)*; **~ *de chêne*** Eichenparkett *n* **2** JUR Staatsanwaltschaft *f* **3** BOURSE Parkett *n*

parqueter [parkəte] *v/t* ⟨**-tt-**⟩ parkettieren; mit Parkett auslegen

parqueteur [parkətœr] *m* Parkettleger *m*

parrain [parɛ̃] *m* **1** *d'un enfant* (Tauf)Pate *m*; Patenonkel *m* **2** *d'un navire* männliche Person, die ein Schiff tauft; Taufpate *m* **3** *dans un cercle, club* Fürsprecher *m*; Bürge *m* **4** *de la maffia* Pate *m*

parrainage [parɛnaʒ] *m* **1** *d'un futur membre de club etc* Fürsprache *f*, Bürgschaft *f*, wohlwollende Unterstützung (***de qn*** für j-n) **2** (*patronage*) Schirmherrschaft *f*; Patronat *n*; Gönnerschaft *f*

parrainer [parɛne] *v/t* **1** *futur membre d'un club etc* **~ *qn*** für j-n bürgen; j-s Aufnahmegesuch wohlwollend unterstützen **2** *œuvre, entreprise* **~ *qc*** die Schirmherrschaft, das Patronat über etw (*acc*) übernehmen; ***être parrainé par qn*** unter der Schirmherrschaft, Gönnerschaft von j-m stehen

parricide [parisid] **1** *m crime* Vater-, Mutter-, JUR *a* Verwandtenmord *m* **2** *m,f personne* Vater-, Muttermörder(in) *m(f)*

parsemer [parsəme] *v/t* ⟨**-è-**⟩ *le sol de fleurs etc* bestreuen (***de*** mit); ***des feuilles mortes parsèment le gazon*** der Rasen ist von welkem Laub übersät; *p/p: ciel* ***parsemé d'étoiles*** mit Sternen übersät; *texte* ***parsemé de difficultés, de fautes*** mit Schwierigkeiten, mit Fehlern gespickt

parsi [parsi] REL **I** *adj* parsisch **II** *m/pl* **~*s*** Parsen *m/pl*

part [par] *f* **1** Anteil *m*; Teil *m ou n*; COMM **~ *sociale*** Geschäfts-, Gesellschafteranteil *m*; *d'une S.A.R.L.* Stammeinlage *f*; **~ *d'héritage*** Erbteil *n*; *fig* **~ *du lion*** Löwenanteil *m*; COMM **~ *de marché*** Marktanteil *m*; ♦ *loc/adj et loc/adv* ***à ~ entière*** vollwertig; vollberechtigt; mit allen Rechten (ausgestattet); (*complètement*) vollständig; ganz; ***membre*** *m* ***à ~ entière*** *a* Vollmitglied *n*; *loc/adv*: ***à*** *ou* ***par ~s égales*** zu gleichen Teilen; gleichmäßig; ***pour ma ~*** ich für mein(en) Teil; was mich betrifft, an(be)langt; ***pour une ~*** teilweise; zum Teil (*abr* z. T.); ***pour une bonne, large ~*** zum großen, größten Teil; großenteils; ***pour une petite ~*** zu e-m kleinen Teil; ♦ *fig* ***avoir sa ~ du gâteau*** ein Stück vom Kuchen abbekommen, F abkriegen; ***il y a aussi une ~ de vérité là-dedans*** es ist etwas Wahres daran; ***diviser qc en six ~s égales*** etw in sechs gleiche Teile teilen **2** *loc avec verbes*: ***avoir ~ à qc*** an etw (*dat*) teilhaben, beteiligt sein, Anteil haben; ***faire ~ de qc à qn*** j-m etw mitteilen, bekannt geben; ***faire la ~ de qc*** etw berücksichtigen, in Betracht ziehen; e-r Sache (*dat*) Rechnung tragen; ***faire la ~ des choses*** den Dingen Rechnung tragen; *fig* ***faire la ~ du feu*** etw preisgeben, opfern, um anderes zu retten; ***faire une large ~ à qc*** e-r Sache (*dat*) breiten Raum einräumen; ***prendre ~ à qc*** *à une réunion etc* an etw (*dat*) teilnehmen; *à une discussion, mission etc a* sich an etw (*dat*) beteiligen; *à la douleur de qn* an etw (*dat*) teilnehmen, Anteil nehmen; ***prendre ~ à une excursion*** *a* e-n Ausflug mitmachen **3** ***à ~*** ♦ *loc/adj* besondere(r, -s); für sich; ***un cas à ~*** ein besonderer, spezieller Fall; ein Fall für sich; ein Sonderfall; ***c'est un garçon à ~*** dieser Junge ist anders als die anderen; ♦ *loc/adv* gesondert; für sich; getrennt; beiseite; besonders; F extra; ***mettre qc à ~*** etw beiseitelegen, -stellen; ***mis à ~*** *la morale etc* … ausgenommen; ***le mauvais temps mis à ~*** abgesehen vom schlechten Wetter; bis auf das schlechte Wetter; ***toute plaisanterie (mise) à ~!*** Scherz beiseite!; ***prendre qn à ~*** j-n beiseitenehmen, auf die Seite nehmen; ***traiter qc à ~*** etw gesondert, getrennt, für sich, besonders, F extra behandeln; *penser* ***à ~ soi, moi*** *etc* insgeheim; ♦ *loc/prép* außer (*+dat*); abgesehen von; bis auf (*+acc*); ***à ~ cela***, F ***ça*** abgesehen davon; sonst; ***à ~ ça, qu'est-ce que vous devenez?*** was machen, treiben Sie sonst so?; ♦ *loc/conj* F ***à ~ que …*** abgesehen davon, dass … **4** *loc/adv*: ***autre ~*** woanders; anderswo; F sonst wo; *avec verbe de mouvement* woandershin; anderswohin; F sonst wohin; ***d'autre ~*** außerdem; übrigens; ***de ~ et d'autre*** *oft* [dəparte-] auf *ou* von *ou* zu beiden Seiten; gegenseitig; ***d'une ~ … d'autre ~*** einerseits … andererseits; einesteils … andernteils; ***de la ~ de qn*** von j-m; vonseiten j-s; *par ext* in j-s Auftrag (*dat*); ***donnez-lui le bonjour de ma ~*** grüßen Sie ihn von mir; ***cela ne me surprend pas de sa ~*** bei, von ihm überrascht mich das nicht; ***il vient de la ~ du président*** er kommt im Auftrag des Präsidenten; ***de toute(s) ~(s)*** von allen Seiten; von überall (her); *bateau* ***faire eau de toutes ~s*** überall leck sein; ***de ~ en ~*** *avec certains verbes* durch…; *projectile* ***transpercer le blindage de ~ en ~*** die Panzerung durchschlagen; ***en bonne, mauvaise ~*** im guten, schlechten Sinn; ***c'était en bonne ~*** das war im guten Sinn gemeint; ***prendre une remarque en bonne ~*** e-e Bemerkung so nehmen, wie sie gemeint ist; e-e Bemerkung nicht übel nehmen; ***prendre qc en mauvaise ~*** etw übel nehmen; ***nulle ~*** nirgends; nirgendwo; ***quelque ~*** irgendwo; *avec verbe de mouvement* irgendwohin; F *par euphémisme*: ***aller quelque ~*** F auf ein gewisses, stilles Örtchen gehen; ***donner à qn un coup de pied quelque ~*** F j-m e-n Fußtritt in den Hintern, Allerwertesten geben

partage [partaʒ] *m* **1** (Auf)Teilung *f*; **~ *du travail*** Job-Sharing ['dʒɔpʃɛː-] *n*; *loc/adj* ***sans ~*** *amitié* unbedingt; *autorité* uneingeschränkt; unbestritten **2** (*part d'héritage*) Erbteil *n* (*a fig*); ***en ~*** als Erbteil **3** **~ *(des voix)*** Stimmengleichheit *f*; ***s'il y a ~*** bei Stimmengleichheit

partagé [partaʒe] *adj* **1** ***amour ~*** gegenseitige Liebe; ***les torts sont ~s*** beide (Seiten) haben Schuld, sind schuld; die Schuld liegt bei beiden **2** *personne* ***être ~ entre*** *deux sentiments* schwanken, hin und her gerissen werden zwischen (*+dat*); ***les avis sont ~s*** die Meinungen sind geteilt, gehen auseinander; ***les spécialistes sont très ~s sur ce point*** in diesem Punkt gehen die Ansichten der Spezialisten auseinander, sind die Spezialisten geteilter Meinung

partageable [partaʒabl] *adj* (auf)teilbar

partager [partaʒe] ⟨**-geons**⟩ **I** *v/t* **1** *terrain, biens,* *gâteau etc* (auf-, ver)teilen; ~ ***qc avec qn*** etw mit j-m teilen; ~ ***les frais avec qn*** *a* sich (*dat*) mit j-m die Kosten teilen; ~ ***qc entre plusieurs personnes*** etw unter mehrere(n) Personen aufteilen, unter mehrere Personen verteilen; ~ ***son temps entre plusieurs occupations*** s-e Zeit zwischen mehreren Beschäftigungen aufteilen; ~ ***en deux, par (la) moitié*** halbieren; in zwei gleiche Hälften teilen; *abs* ***ne pas aimer*** ~ ***(avec qn)*** nicht gern (mit j-m) teilen **2** *opinion, sentiments de qn* teilen; ***je partage votre embarras*** ich bin genauso ratlos wie Sie; ~ ***le lit de qn*** das Bett mit j-m teilen; ~ ***le repas de qn*** mit j-m zusammen essen; j-s Tischgast sein; ~ ***la responsabilité, le pouvoir avec qn*** sich (*dat*) mit j-m in die Verantwortung, Macht teilen; *plusieurs personnes* ~ ***la responsabilité de qc*** gemeinsam die Verantwortung für etw tragen; gemeinsam für etw verantwortlich sein **II** *v/pr* **a)** *réfléchi* ***se*** ~ sich teilen; **b)** *réciproque* ***se*** ~ ***qc*** sich (*dat*) etw teilen

partageur [paʀtaʒœʀ] *adj* ⟨**-euse**⟩ ***(ne pas) être*** ~ (nicht) gern teilen

partance [paʀtɑ̃s] *f loc/adj* ***en*** ~ *train, bateau* abfahrbereit; *avion* abflugbereit; ***en*** ~ ***pour*** zur Abfahrt *ou* zum Abflug bereit nach

partant¹ [paʀtɑ̃] **I** *m* **1** SPORTS Startende(r) *m*; *adjt* startend **2** TURF startendes Pferd; ***(cheval déclaré) non*** ~ Nichtstarter *m* **II** *adj* F ***être*** ~ dafür sein

partant² [paʀtɑ̃] *litt conj* mithin; demnach

partenaire [paʀtənɛʀ] *m,f* Partner(in) *m(f)*; ~***s sociaux*** Sozial-, Tarifpartner *m/pl*

partenariat [paʀtənaʀja] *m* Partnerschaft *f*

parterre [paʀtɛʀ] *m* **1** JARD Blumenbeet *n*; ~ ***de roses*** Rosenbeet *n* **2** THÉ **a)** Parkett *n*; ***place*** *f* ***de*** ~ Parkettsitz *m*, -platz *m*; **b)** *coll* (Zuschauer *m/pl* im) Parkett *n*

parthénogénèse [paʀtenoʒenɛz] *f* BIOL Parthenogenese *f*; Jungfernzeugung *f*

parti¹ [paʀti] *m* **1** POL Partei *f*; ~ ***politique*** politische Partei; ~ ***de droite, de gauche*** Rechts-, Linkspartei *f* **2** *par ext*: ***le*** ~ ***des mécontents*** *etc* die Gruppe, Partei der Unzufriedenen *etc*; ***prendre*** ~ Partei ergreifen ***(pour, contre*** für, gegen); ***prendre le*** ~ ***des opprimés*** für die Unterdrückten eintreten, Partei ergreifen; sich auf die Seite der Unterdrückten stellen **3** *st/s* (*solution*) Lösung *f*; (*décision*) Entschluss *m*; ***prendre le*** ~ ***de faire qc*** den Entschluss fassen, sich entschließen, etw zu tun; ***prendre son*** ~ ***de qc*** sich mit etw abfinden **4** *loc* ***tirer*** ~ ***de qc*** etw (aus)nutzen, (aus)nützen; e-n Vorteil, Nutzen aus etw ziehen; Kapital aus etw schlagen; etw verwerten, F ausschlachten **5** ~ ***pris*** Voreingenommenheit *f*; vorgefasste Meinung; *loc/adv* ***sans*** ~ ***pris*** ohne voreingenommen zu sein; unbefangen; ***être de*** ~ ***pris*** voreingenommen, befangen, Partei sein **6** *loc* ***faire un mauvais*** ~ ***à qn*** j-m übel mitspielen; j-n übel zurichten **7** (*personne à marier*) Partie *f*; ***c'est un beau, riche*** ~ er *ou* sie ist e-e gute Partie

parti² [paʀti] *p/p* → ***partir¹*** *et adj* **1** *personne, train, tache, marchandise* ***être*** ~ weg sein; *personne a* fort sein; *bouton, peinture* ab sein **2** ***bien, mal*** ~ → ***partir¹*** *3* **3** F (*ivre*) ***être*** ~ F e-n Schwips haben; beschwipst, angeheitert, angesäuselt sein; einen sitzen haben

partial [paʀsjal] *adj* ⟨**-aux**⟩ parteiisch; voreingenommen; unsachlich; befangen **partialité** *f* Parteilichkeit *f*; Voreingenommenheit *f*; Unsachlichkeit *f*; Befangenheit *f*

participant [paʀtisipɑ̃] **I** *adj* teilnehmend **II** *subst* ~***(e)*** *m(f)* Teilnehmer(in) *m(f)*; ***liste*** *f* ***des*** ~***s*** Teilnehmerliste *f*

participation [paʀtisipasjõ] *f* **1** Teilnahme *f* (***à*** an +*dat*); Beteiligung *f* (an +*dat*); Mitwirkung *f* (bei); ~ ***électorale, à la grève*** Wahl-, Streikbeteiligung *f* **2** FIN (finanzielle) Beteiligung; Partizipation *f*; ~ ***aux bénéfices, au chiffre d'affaires*** Gewinn-, Umsatzbeteiligung *f*; ~ ***aux frais*** Beteiligung an den (Un)Kosten; Unkostenbeitrag *m* **3** (*cogestion*) Mitbestimmung(srecht) *f(n)*; Mitspracherecht *n*

participe [paʀtisip] *m* GR Partizip *n*; Mittelwort *n*

participer [paʀtisipe] *v/t/indir* **1** ~ ***à*** a) *débat, vote, voyage etc* teilnehmen an (+*dat*); sich beteiligen an (+*dat*); *activement* mitmachen, mitwirken bei; b) FIN *bénéfice, chiffre d'affaires* beteiligt sein, partizipieren an (+*dat*); *frais* sich beteiligen an (+*dat*); c) *chagrin, joie de qn* teilnehmen, Anteil nehmen an (+*dat*); d) *succès de qc* Anteil haben, teilhaben, beteiligt sein an (+*dat*); ~ ***au jeu*** mitspielen; ***nous vous prions de*** ~ ***aux frais*** wir bitten Sie um e-n Unkostenbeitrag **2** *litt* ~ ***de*** teilhaben an (+*dat*); etwas haben von; Merkmale tragen von

participial [paʀtisipjal] *adj* ⟨**-aux**⟩ GR partizipial; Partizipial…; ***proposition*** ~***e*** *ou subst* ~***e*** *f* Partizipialsatz *m*

particularisme [paʀtikylaʀism] *m* **1** POL Partikularismus *m* **2** (*particularité*) Eigentümlichkeit *f*

particularité [paʀtikylaʀite] *f* Eigentümlichkeit *f*; Besonderheit *f*; Eigenart *f*; *d'une personne a* Eigenheit *f*; ***cette horloge a, offre, présente la*** ~ ***de*** (+*inf*) das Besondere an dieser Uhr ist, dass sie …

particule [paʀtikyl] *f* **1** Teilchen *n*, Partikel *n ou f* (*a* PHYS) **2** ~ ***(nobiliaire)*** Adelsprädikat *n*; ***avoir un nom à*** ~ e-n Namen mit „von“ haben; ad(e)lig sein **3** GR Partikel *f*

particulier [paʀtikylje] **I** *adj* ⟨**-ière**⟩ **1** (*privé*) privat; Privat…; ***appartement*** ~ Privatwohnung *f*; *autrefois* ***hôtel*** ~ herrschaftliches Stadthaus; ***intérêts*** ~***s*** Privatinteressen *n/pl*; persönliche Interessen *n/pl*; Eigennutz *m*; ***leçons particulières*** Privat-, Nachhilfestunden *f/pl*; ***secrétaire*** ~ Privatsekretär *m*; ***voiture particulière*** Privatwagen *m* **2** (*spécifique*) besondere(r, -s); eigentümlich; speziell; *style a* eigenwillig; ***cas*** ~ Sonderfall *m*; besonderer, spezieller Fall; ***signes*** ~***s*** besondere Kennzeichen *n/pl*; ♦ ~ ***à qn, qc*** j-m, e-r Sache eigen; typisch, charakteristisch für j-n, etw; ***cela lui est*** ~ das ist e-e Eigenart, Eigenheit von ihm; ♦ *loc/adv*: ***en*** ~ a) (*à part*) gesondert; für sich; getrennt; besonders; F extra; *parler à qn* allein; unter vier Augen; b) → ***particulièrement***; ***à titre*** ~ in diesem, Ihrem *etc* speziellen Fall; ***dans des circonstances particulières*** unter bestimmten Voraussetzungen, Umständen; ***sur ce point*** ~ in diesem speziellen, bestimmten Punkt; ♦ ***avoir qc de*** ~ etwas Besonderes an sich (*dat*) haben **II** *m* **1** *chose* ***le*** ~ das Besondere; ***passer du général au*** ~ vom Allgemeinen zum Besonderen übergehen **2** *personne* Privatmann *m*, -person *f*

particulièrement [paʀtikyljɛʀmɑ̃] *adv* besonders;

le participe passé – das Partizip Perfekt

1. Das mit **être** verbundene **participe passé** richtet sich in Geschlecht und Zahl nach dem Subjekt:

Claudine est arrivé**e** à la gare. – Claudine ist am Bahnhof angekommen.
Elles se sont rencontré**es** chez des amis. – Sie haben sich bei Freunden kennengelernt.

2. Wird das **participe passé** mit **avoir** verbunden, so bleibt es unverändert:

Claudine a acheté un journal. – Claudine hat eine Zeitung gekauft.
Elles ont mangé une glace. – Sie haben ein Eis gegessen.

Ausnahme: Geht dem **participe passé** ein direktes Objekt voraus, wird es angeglichen:

Éric a rencontré Monique à Toulouse. – Éric hat Monique in Toulouse getroffen.

Éric **l'**a rencontré**e** à Toulouse. – Éric hat sie in Toulouse getroffen.
(Das direkte Objekt **l'** steht für Monique)

La fille **qu'**Éric a rencontré**e** à Toulouse était Monique. – Das Mädchen, das Éric in Toulouse getroffen hat, war Monique.
(Das Pronomen **qu'** bezieht sich auf la fille und ist direktes Objekt im Relativsatz.)

insbesondere; im Besonderen; vor allem; speziell

partie [paʀti] *f* 1 *d'un tout* Teil *m*; Bestandteil *m*; *d'un visage*, *tableau* Partie *f*; **~ *centrale*** mittlerer Teil; Mittelteil *m*, -stück *n*; *d'un bâtiment* Mitteltrakt *m*; ANAT ***les ~s (génitales, sexuelles)*** die Geschlechtsteile *pl*; ***~ du corps*** Körperteil *m*; GR ***~s du discours*** Wortarten *f/pl*; GÉOGR ***les cinq ~s du monde*** die fünf Erdteile *m/pl*; ♦ *quantité*: ***la dixième ~ (de)*** der zehnte Teil, ein Zehntel (*+gén*); ***une (petite) ~ de*** ein (kleiner) Teil (*+gén*); ***une grande ~ de*** ein großer Teil, ein Großteil (*+gén*); ♦ *loc/adv*: ***en ~*** teilweise; zum Teil (*abr* z. T.); teils; ***en ~ … en ~*** teils … teils; ***en grande ~*** zum großen Teil; großenteils; ***en majeure ~*** zum größten Teil; größtenteils; ***en trois ~s*** in drei Teilen; *diviser* ***en trois ~s*** in drei Teile; ♦ ***faire ~ de*** gehören zu; *d'un club*, *parti* angehören (*+dat*) 2 (*spécialité*) Fach(gebiet) *n*; Sparte *f*; COMM Branche *f*; ***je ne suis pas de la ~*** ich bin nicht vom Fach, von der Branche; *quand on lui parle publicité*, ***il est dans sa ~*** … dann ist er in s-m Element; … da fühlt er sich zu Hause 3 **a)** (*durée d'un jeu*) Spiel *n*; Partie *f*; ***~ d'échecs*** Schachpartie *f*; Partie *f* Schach; ***faire une ~*** ein Spiel(chen) machen; spielen; ***faire une ~ de cartes*** (miteinander) Karten spielen; ***faire une ~ de tennis*** e-e Partie Tennis spielen; **b)** *fig* (*lutte*) Kampf *m*; Rennen *n*; ***~ de bras de fer*** zähes Ringen; Kraftprobe *f*; ***abandonner la ~*** (das Rennen, den Kampf) aufgeben; ***il a la ~ belle*** er hat leichtes Spiel; ***gagner, perdre la ~*** das Spiel, die Partie gewinnen; *fig* das Rennen machen, verlieren; ***la ~ est perdue*** da ist nichts mehr zu machen, zu retten; → *a* ***serré*** *2* 4 *divertissement* Partie *f*; Ausflug *m*; *plais* ***~ carrée*** Schäferstündchen *n* zu viert mit Partnertausch; ***~ de campagne*** Ausflug aufs Land; Landpartie *f*; ***~ de canot(age)*** Bootsfahrt *f*; ***~ de chasse*** Jagdpartie *f*, -ausflug *m*; ***faire une ~ de pêche*** zusammen zum Angeln, Fischen gehen; *fig*: ***ce n'est pas une ~ de plaisir*** das ist weiß Gott kein Vergnügen, alles andere als ein Vergnügen; ***ce n'est que ~ remise*** aufgeschoben ist nicht aufgehoben (*prov*); ***se mettre, être de la ~*** mit von der Partie sein; mitmachen; ***je suis de la ~*** *a* ich bin (mit) dabei 5 JUR Partei *f*; Teil *m*; ***~ civile*** Nebenkläger *m*; ***se constituer, se porter ~ civile*** als Nebenkläger auftreten; ***les ~s en présence*** die beteiligten Parteien; *fig* ***avoir affaire à forte ~*** es mit e-m starken Gegner zu tun haben; SPORTS auf e-n ernst zu nehmenden Gegner treffen; *fig* ***prendre qn à ~*** j-n angreifen; auf j-n losgehen 6 MUS Part *m*; Stimme *f* 7 COMM ***comptabilité f en ~ double*** doppelte Buchführung; Doppik *f*

partiel [paʀsjɛl] *adj* ⟨**~le**⟩ Teil…; F teilweise; *sc* partiell; ***élection ~le*** *ou subst* ***~le*** *f* Nach-, Ersatzwahl *f*; ***examen ~*** *ou subst* ***~*** *m* Teilprüfung *f*; ***informations ~les*** unvollständige, lückenhafte Informationen *f/pl*; ***résultat ~*** Teil-, Zwischenergebnis *n*; ***succès ~*** Teilerfolg *m*; ***emploi*** *m*, ***travail*** *m* ***à temps ~*** Teilzeitbeschäftigung *f*, -arbeit *f*

partiellement [paʀsjɛlmɑ̃] *adv* teilweise; zum Teil (*abr* z. T.)

partir[1] [paʀtiʀ] *v/i* ⟨**je pars, il part, nous partons; je partais; je partis; je partirai; que je parte; partant; être parti**⟩ 1 (*s'en aller*) (weg)gehen, fortgehen, losgehen, aufbrechen (***de chez soi*** von zu Hause); (*se mettre en route*) (ab)reisen, (ab)fahren, aufbrechen (***à*** *ou* ***pour Paris*** nach Paris; ***en France*** nach Frankreich); fort-, wegfahren; F starten; *train*, *bus*, *bateau* (ab)fahren, (ab)gehen, losfahren; *avion* (ab)fliegen; *troupes* abziehen; abrücken; abmarschieren; *coureur* starten; ♦ SPORTS ***à vos marques! prêts? partez!*** auf die Plätze, fertig, los!; ***elle est déjà partie*** sie ist schon weg; ***il part demain*** er reist

P

morgen (ab); *par euphémisme*: ***sa femme est partie*** s-e Frau hat ihn verlassen; ***il est parti jeune*** er ist früh von uns, aus dieser Welt gegangen; *prov* **~, *c'est mourir un peu*** Scheiden tut weh (*prov*); jeder Abschied, jede Trennung ist schmerzlich; ♦ **~ *à pied*** zu Fuß (los-, weg-, fort)gehen; ***le train part dans cinq minutes*** der Zug fährt, geht in fünf Minuten (ab); **~ *en avion*** (mit dem Flugzeug) (ab)fliegen; **~ *en bateau*** mit dem Schiff fahren; **~ *en vacances, en ville*** in Urlaub, in die Stadt gehen, fahren; **~ *en voiture*** im Auto wegfahren; mit dem Auto (weg)fahren; **~ *en voyage*** verreisen; auf Reisen gehen; e-e Reise antreten; **~ *pour la chasse*** auf die Jagd gehen; → *a* ***guerre***; ♦ **~ *faire qc*** zu etw aufbrechen, gehen; **~ *faire une excursion*** zu e-m Ausflug aufbrechen; ***aujourd'hui, il est parti travailler plus tôt*** heute ist er früher zur Arbeit gegangen, gefahren; ♦ ***faire* ~** *lettre etc* ab-, wegschicken; absenden; abgehen lassen; *personne* loswerden; wegschicken **2** **~ *de*** (*provenir de*) ausgehen von; ***votre proposition part d'un bon sentiment*** Ihr Vorschlag ist gut gemeint; ♦ *loc/prép* ***en partant de*** ausgehend von; *c'est le 4ᵉ* ***en partant de la droite*** von rechts **3** (*commencer*) anfangen; beginnen; ***l'affaire est bien, mal partie*** die Sache lässt sich gut, schlecht an; die Sache nimmt e-n guten, schlechten Anfang; die Sache beginnt recht, wenig verheißungsvoll; *personne* ***il est mal parti*** der Anfang ist für ihn wenig verheißungsvoll; er hat e-n schlechten Start; es geht bergab mit ihm; F ***c'est parti(, mon kiki)!*** F und los geht's!; *orateur* ***une fois qu'il est parti …*** F wenn der erst einmal loslegt …; **~ *d'un éclat de rire*** laut auflachen; in Gelächter ausbrechen; *route* **~ *du faubourg nord de la ville*** im nördlichen Außenbezirk der Stadt beginnen; ***il est parti de rien, de zéro*** er hat mit nichts, bei null angefangen **4** (*disparaître*) *bouton, peinture* abgehen; *tache* weggehen; herausgehen; *maladie* weggehen; *douleur* vergehen **5** *coup de feu* fallen; abgefeuert werden; *involontairement* losgehen; sich lösen; *bouchon de champagne* **~ *au plafond*** an die Decke springen, fliegen; ***faire* ~** *mine etc* auslösen; F hochgehen lassen; *pétard* werfen **6** *loc/prép* ***à* ~ *de*** ab; von … an, ab; ***à* ~ *d'aujourd'hui*** ab heute; von heute an, ab; ***à* ~ *d'ici*** ab hier; von hier an; *produit* ***obtenu à* ~ *de la houille*** aus Steinkohle gewonnen

partir² [paʀtiʀ] *v/t loc* ***avoir maille à* ~ *avec qn*** → ***maille*** *3*

partisan [paʀtizɑ̃] **I** *m* **1** POL Anhänger *m*; Parteigänger *m*; Gefolgsmann *m*; *d'une théorie, réforme etc* Anhänger *m*; Verfechter *m*; Befürworter *m* **2** MIL Partisan *m*; ***guerre*** *f* ***de* ~*s*** Partisanenkrieg *m* **II** *adj* **1** ⟨*f inv od* F **-ante**⟩ ***être* ~ *de qc*** für etw sein; etw befürworten; für etw eintreten **2** ⟨*f* **~e**⟩ ***esprit* ~** Voreingenommenheit *f*; Parteilichkeit *f*; ***luttes, querelles* ~*es*** Parteikämpfe *m/pl*

partitif [paʀtitif] *adj* ⟨**-ive**⟩ GR partitiv; Teilungs…; ***article* ~** Teilungsartikel *m*

partition [paʀtisjõ] *f* MUS Partitur *f*; **~ *de piano*** Klavierpartitur *f*, -auszug *m*; ***jouer sans* ~** auswendig spielen

partousard [paʀtuzaʀ] F *m*, **partousarde** F *f* Teilnehmer(in) *m(f)* an e-r Sexparty, -orgie

partouse [paʀtuz] F *f* Sexparty *f*, -orgie *f* **partouser** *v/i* an e-r Sexparty, -orgie teilnehmen

partout [paʀtu] *adv* **1** überall *ou* überall; *avec verbe de mouvement* überallhin; *st/s* allerorts; allenthalben; ***de* ~** von überallher; ***il a mal* ~** es tut ihm überall weh; ***on ne peut être* ~ *à la fois*** man kann nicht überall zugleich sein **2** TENNIS ***trente* ~** dreißig beide; FOOTBALL ***deux buts* ~** zwei zu zwei (unentschieden) (2:2)

partouzard, **partouze**, **partouzer** → ***partousard, partouse, partouser***

paru [paʀy] *p/p* → ***paraître***

parure [paʀyʀ] *f* **1** *litt* (*ornement*) Zierde *f*; Schmuck *m* **2** *de bijoux* Geschmeide *n*; **~ *de diamants*** Diamantschmuck *m*, -geschmeide *n* **3** *de linge* (Wäsche)Garnitur *f*

parution [paʀysjõ] *f d'un ouvrage* Erscheinen *n*

parvenir [paʀvəniʀ] *v/t/indir* ⟨→ **venir**; **être**⟩ **1** (*atteindre*) **~ *à qc, qn*** zu etw, j-m gelangen; bei etw, j-m anlangen, ankommen; zu etw, j-m (hin)kommen; j-n, etw erreichen; **~ *au bout de son voyage*** am Ziel s-r Reise anlangen; *fruit* **~ *à maturité*** zur Reife kommen; ***votre lettre m'est parvenue*** Ihr Brief ist bei mir angekommen, hat mich erreicht, ist mir zugegangen; ***faire* ~ *qc à qn*** j-m etw zugehen lassen, zukommen lassen, schicken **2** (*réussir*) **~ *à faire qc*** etw tun können; ***il parvient à*** (*+inf*) *a* es gelingt ihm zu (*+inf*)

parvenu(e) [paʀvəny] *m(f)* Emporkömmling *m*; Parvenü *m*

parvis [paʀvi] *m* (Kirchen)Vorplatz *m*

pas¹ [pɑ, pa] *m* **1** Schritt *m*; Tritt *m*; **~** *pl dans la neige etc* Fuß(s)tapfen *f/pl ou m/pl*; Tritte *m/pl*; ***faux* ~** falscher Tritt; Tritt daneben; *fig* Fauxpas *m*; Taktlosigkeit *f*; ***faire un faux* ~** stolpern; *st/s* fehltreten; straucheln; *fig* e-n Fauxpas, e-e Taktlosigkeit begehen; **~ *lourd*** schwerer Schritt, Tritt; ***premier* ~** erster Schritt (*a fig*); *prov* ***il n'y a que, c'est le premier* ~ *qui coûte*** der erste Schritt ist immer der schwerste; aller Anfang ist schwer (*prov*); ***faire les premiers* ~** *enfant* die ersten Schritte machen, tun; *fig après une dispute* den ersten Schritt (zur Versöhnung) tun; MIL **~ *de charge*** Sturmschritt *m*; **~ *de course*** Lauf-, Eilschritt *m*; ***aller, marcher au* ~ *de course*** im Laufschritt eilen; im Eilschritt gehen; ♦ *loc/adv*: **~ *à* ~** [pɑzapɑ] Schritt für Schritt; schrittweise; ***au* ~** im (gleichen) Schritt; ***aller au* ~** im Schritt gehen; MIL ***marcher au* ~** im Gleichschritt marschieren; ***se mettre au* ~** Tritt fassen; *fig* **(*re*)*mettre qn au* ~** j-n zur Ordnung rufen; F j-n auf Vordermann bringen; POL j-n gleichschalten; *voiture* ***rouler au* ~** (im) Schritt fahren; ***à chaque* ~, *à tous les* ~** bei jedem Schritt; ***à* ~ *comptés, mesurés*** gemessenen Schrittes; ***à grands* ~** mit großen, langen, weit ausgreifenden Schritten; *fig* ***avancer à grands* ~** rasche, große Fortschritte machen; ***marcher à grands* ~** große, lange Schritte machen; ***à petits* ~** mit kleinen, kurzen Schritten; ***à* ~ *de loup*** auf leisen Sohlen; ***d'un* ~** (um) e-n Schritt; ***s'avancer, reculer d'un* ~** e-n Schritt vor-, zurücktreten; ***marcher d'un bon* ~** kräftig, tüchtig ausschreiten; F e-n guten Schritt am Leib haben; ***j'y vais de ce* ~** ich gehe sofort, auf der Stelle hin; ♦ MIL ***changer de* ~** den Schritt, Tritt wechseln; ***faire un* ~** e-n Schritt machen; ***faire les cent* ~** auf und ab gehen; hin und her gehen; ***faire un* ~ *en avant,***

en arrière e-n Schritt vor-, zurücktreten; *fig* ***c'est un grand ~ de fait*** wir sind ein gutes Stück voran-, weitergekommen; ***'hâter, presser le ~*** s-n Schritt beschleunigen; e-n Schritt zulegen; schneller gehen; *st/s* s-e Schritte beflügeln; *fig* ***prendre le ~ sur*** überflügeln; hinter sich (*dat*) lassen; ausstechen; ***reconnaître qn à son ~*** j-n am Schritt erkennen; ***retourner, revenir sur ses ~*** umkehren; *fig* ***sortir, se tirer d'un mauvais ~*** den Kopf aus der Schlinge ziehen; sich aus der Klemme ziehen; → *a* ***céder*** *I 1*, ***emboîter*** *I 2 etc* **2** *distance* **~** *pl* Schritt *m/pl*; ***à trente ~*** in dreißig Schritt Entfernung; *fig* ***c'est à deux ~, à quelques ~ d'ici*** das ist ganz in der Nähe; das ist nur ein paar Schritte von hier entfernt; *fig*: *de la dénonciation à la trahison* ***il n'y a qu'un ~*** ist es nur ein kleiner Schritt **3** DANSE (Tanz)Schritt *m*; *figure(s)* **~ *de deux*** Pas de deux *m*; ***~ de tango*** Tangoschritt *m* **4** SKI DE FOND Schritt *m*; ***~ du patineur*** Schlittschuhschritt *m* **5** *allure d'un cheval* Schritt *m*; ***aller au ~*** im Schritt gehen **6** *loc/adv* ***sur le ~ de la porte*** vor der, in der Haustür **7** COMM ***~ de porte*** Abstand(szahlung) *m(f)* **8** GÉOGR ***le ~ de Calais*** die Straße von Dover **9** TECH **a)** *filet* (Gewinde)Gang *m*; ***~ de vis*** Schraubengang *m*; **b)** *distance* (Gewinde)Steigung *f*

pas[2] [pɑ, pa] *adv de négation* **1** *avec* ne ⟨*in der gesprochenen Sprache meist ohne* **ne**⟩ **a)** *avec verbe* nicht; ***il ne vient ~*** er kommt nicht; ***je ne vous ai ~ vu*** ich habe Sie nicht gesehen; ***je ne veux ~ le voir*** ich will ihn nicht sehen; ***je ne peux ~ ne ~ y croire*** ich kann nicht umhin, daran zu glauben; ***je regrette de ne ~ avoir vu*** *ou* ***de n'avoir ~ vu la pièce*** ich bedauere (es), das Stück nicht gesehen zu haben; ♦ ***ne … ~ plus*** mehr … nicht; ***je n'en dis ~ plus*** mehr sage ich nicht darüber; ***ne … ~ non plus*** auch nicht; ***je n'y vais ~ non plus*** ich gehe auch nicht hin; ***ne … ~ que*** nicht nur; nicht bloß; ***il n'y a ~ que toi ici!*** du bist nicht allein hier!; ***ce n'est ~ que …, mais …*** nicht (etw), dass …, aber …; ***ne … ~ seulement … mais aussi*** nicht nur …, sondern auch; ***ce n'est ~ sans … que*** nur mit; ***ce n'est ~ sans hésitation qu'il a …*** nur zögernd hat er …; **b)** ***ne … ~ de*** (+*subst*) kein(e); ***je n'ai ~ d'argent*** ich habe kein Geld; ***~ une voiture n'était sur la route*** kein, nicht ein Auto fuhr auf der Straße; → *a* ***un*** *I d)* **2** *sans* ne: *avez-vous de l'argent? -* ***~ beaucoup*** nicht viel; *il est rentré?* ***~ encore*** noch nicht; *qui l'a cassé? -* ***moi, ~*** *ou* ***~ moi*** ich nicht; ***pourquoi ~?*** warum nicht?; ***sûrement ~*** ganz bestimmt nicht, gewiss nicht!; ***~ du tout*** überhaupt nicht; durchaus nicht; ***~ la moindre réaction dans la salle*** nicht die geringste Reaktion im Saal; ***ceci est à vous ou ~?*** gehört das Ihnen oder nicht?; ***tombera, tombera ~?*** fällt er, fällt er nicht?; wird er fallen oder nicht?; ***~ vu!*** habe ich nicht gesehen!; ♦ ***il a un travail ~ fatigant*** er hat keine ermüdende Arbeit; ***manger des poires ~ mûres*** unreife Birnen essen; ***~ mal*** → ***mal***[1] *I 1*

pascal[1] [paskal] *adj* ⟨**-als** *od* **-aux**⟩ **1** österlich; Oster…; ***cierge ~*** Osterkerze *f* **2** REL JUIVE Passah…; ***agneau ~*** Passah-, Osterlamm *n*

pascal[2] [paskal] *m* ⟨*pl* **~s**⟩ (*abr* ***Pa***) PHYS Pascal *n* (*abr* Pa)

Pascal(e) [paskal] *m(f)* *Vornamen*

Pas-de-Calais [padkalɛ] ***le ~*** *frz Departement*; → *a* ***pas***[1] *8*

pas-de-géant [pɑdʒeɑ̃] *m* ⟨*inv*⟩ SPORTS Rundlauf *m*

pas-de-porte [pɑdpɔʀt] *m* ⟨*inv*⟩ COMM Abstand(szahlung) *m(f)*

paso doble [pasodɔbl] *m* ⟨*inv*⟩ *danse* Paso doble *m*

passable [pasabl] *adj* **1** (*acceptable*) leidlich; annehmbar; passabel; einigermaßen, halbwegs gut **2** *note scolaire* ausreichend

passablement [pasabləmɑ̃] *adv* **1** (*pas trop mal*) leidlich; einigermaßen; ziemlich gut **2** (*assez*) ziemlich viel

passade [pasad] *f* **1** *amoureuse* flüchtige Liebschaft; kurze Liebesaffäre **2** (*caprice*) Laune *f*; rasch verfliegende Begeisterung; Strohfeuer *n*

passage [pasaʒ] *m* **1** *action* **a)** *devant qn, qc* Vorbei- *ou* Vorübergehen *n*, -kommen *n*; (*à bord*) *d'un véhicule* Vorbeifahren *n*, -fahrt *f*; Vorüberfahren *n*; *à cheval* Vorbeireiten *n*, -ritt *m*; *d'un oiseau, avion* Vorbeifliegen *n*, -flug *m*; *loc/adv*: ***au ~*** im Vorbei-, Vorübergehen, -fahren *etc*; *les gens se découvraient* ***sur le ~ du cortège*** als der Trauerzug vorbeikam; ***attendre le ~ du facteur*** warten, bis der Briefträger kommt; auf den Briefträger warten; **b)** *en traversant un lieu* Durchreise *f*; Durchfahrt *f* (*a de véhicules*); Durchfahren *n*; MIL Durchmarsch *m*; ***~ interdit!*** Durchfahrt, -gang verboten!; *loc/adj* ***de ~*** durchreisend, -fahrend; auf der Durchreise, -fahrt (befindlich); ***être de ~ à Paris*** auf der Durchreise in Paris sein; *fig* ***pendant son ~ au ministère*** in der kurzen Zeit, in der er im Ministerium tätig war; ***rue*** *f* ***où il y a du ~*** belebte, verkehrsreiche, stark befahrene Straße; **c)** *d'une rivière* Überqueren *n*, -ung *f*; *en bateau* Übersetzen *n*, Überfahrt *f* (***du fleuve*** über den Fluss); *d'une montagne* Überqueren *n*, -ung *f*; Übergang *m* (***des Alpes*** über die Alpen); *d'une frontière* Überschreiten *n*, -ung *f*; Passieren *n*; Übertritt *m* (***de la frontière*** über die Grenze); ***~ de la frontière*** *a* Grenzübertritt *m*; **d)** *de la mer en bateau* Überfahrt *f*; Passage *f*; **e)** *d'un état à un autre* Übergang *m*; *fig* Wandel *m*; ***le ~ de la crainte à l'espoir*** der Wandel von der Furcht zur Hoffnung; **f)** ÉCOLE ***examen*** *m* ***de ~*** Versetzungsprüfung *f*; **g)** MÉTÉO ***~s nuageux*** durchziehende Wolken(felder) *f/pl(n/pl)*; **h)** ASTR Durchgang *m*; **i)** SPORTS ***~ du témoin*** Stabübergabe *f* **2** *endroit* Durchgang *m*, -fahrt *f*, -lass *m*; CH DE FER, ROUTE Übergang *m*; *couvert* Passage *f*; ALPINISME ***un ~ difficile*** e-e schwierige Stelle; *panneau* ***~ protégé*** Vorfahrt an der nächsten Kreuzung; ***~ souterrain*** Unterführung *f*; ***~ à niveau*** schienengleicher Bahnübergang; ***~ pour piétons*** Fußgängerüberweg *m*, -übergang *m*; ***laissez le ~!*** lassen Sie den Weg, Durchgang frei!; → *a* ***livrer*** *I 3* **3** *d'une œuvre* Stelle *f*; Passage *f*; *d'un texte a* Passus *m* **4** *fig* ***~ à vide*** F völliges Abschalten (*infolge Übermüdung*); ***avoir un ~ à vide*** F geistig weggetreten sein; Mattscheibe haben **5** F *fig* ***~ à tabac*** (Ver)Prügeln *n* (*durch die Polizei*); Prügel *pl* **6** JUR ***droit*** *m* ***de ~*** Wegerecht *n*

passager[1] [pasaʒe] *m*, **passagère** *f* MAR Passagier(in) *m(f)*; Fahrgast *m*; AVIAT (Flug)Passagier(in) *m(f)*; Fluggast *m*, -reisende(r) *f(m)*; CH DE FER, BUS Fahrgast *m*; Insasse *m*; *d'une voiture* Insasse *m*, Insassin *f*; *à côté du conducteur* Beifahrer(in) *m(f)*; ***liste*** *f* ***des ~s*** Passagierliste *f*

passager[2] [pasaʒe] *adj* ⟨**-ère**⟩ **1** (rasch) vorübergehend; von kurzer Dauer; kurz; ***beauté passagère***

P

vergängliche Schönheit; ***bonheur ~*** vergängliches, flüchtiges Glück **2** *rue* → ***passant I***

passant [pasɑ̃] **I** *adj rue* belebt; verkehrsreich; stark befahren; lebhaft **II** *loc/adv* ***en ~*** *(au passage)* im Vorbei-, Vorübergehen; *fig* beiläufig; nebenbei; am Rande; en passant; ***soit dit en ~*** beiläufig, nebenbei gesagt **III** *subst* **1** ***~(e)*** *m(f) personne* Passant(in) *m(f)*; Vorübergehende(r) *f(m)* **2** *m anneau* (Gürtel)Schlaufe *f*

passation [pasasjõ] *f* **1** ***~ d'un contrat*** Vertragsabschluss *m* **2** ***~ des pouvoirs*** Übertragung *f* der Befugnisse **3** COMM ***~ d'écriture*** Buchung *f*

passe[1] [pɑs, pas] *f* **1** SPORTS Zuspiel *n*; Ballabgabe *f*; Abspiel *n*; FOOTBALL Pass *m*; ***~ en arrière*** Rückpass *m*; ***faire une ~ à qn*** j-m den Ball zuspielen; j-n anspielen **2** TAUROMACHIE Passage *f* **3** *fig* ***~ d'armes*** Wortgefecht *n*, -streit *m*; Disput *m* **4** ***~s (magnétiques)*** *pl* magnetische Striche *m/pl*; ***faire des ~s*** strichartige Bewegungen ausführen **5** MIL ***mot*** *m* ***de ~*** Losung(swort) *f(n)*; Kennwort *n*; Parole *f* **6** ***hôtel*** *m*, ***maison*** *f* ***de ~*** Stundenhotel *n*; Absteige *f* **7** *fig* ***être dans une bonne ~*** e-e gute, glückliche Zeit erleben; F e-e Glückssträhne haben; ***être dans une mauvaise ~*** e-e schwere Zeit durchmachen; F e-e Pechsträhne haben; ***être en ~ de*** *(+inf)* auf dem besten Wege sein, gute Aussichten haben zu *(+inf)* **8** TYPO ***(main*** *f* ***de) ~*** Zuschuss(bogen) *m(m/pl)*; ***volumes*** *m/pl* ***de ~*** über die vorgesehene Auflagenziffer hinaus gedruckte Exemplare *n/pl*

passe[2] [pɑs, pas] *m* → ***passe-partout 1***

passé [pɑse, pa-] **I** *m* **1** Vergangenheit *f*; Vergangene(s) *n*; *loc/adv*: ***dans le ~*** in der Vergangenheit; ***dans le lointain ~*** in ferner Vergangenheit; in fernen Zeiten; ***dans le plus lointain ~*** in grauer Vorzeit; einst; ***comme par le ~*** wie früher; ***par le ~*** früher; ***cela appartient au ~*** das gehört der Vergangenheit an; F ***tout ça, c'est du ~*** das gehört alles der Vergangenheit an; F das ist Schnee von gestern; ***oublions le ~!*** vergessen wir das Vergangene, was früher war! **2** *de qn* Vergangenheit *f*; Vorleben *n*; ***il revoyait les images de son ~*** er sah die Bilder s-s (vergangenen) Lebens wieder vor sich *(dat)* **3** GR Vergangenheit *f*; ***~ antérieur*** zweites Plusquamperfekt; ***~ composé*** Perfekt *n*; zweite Vergangenheit; vollendete Gegenwart; ***~ simple*** historisches Perfekt; Passé simple *n*; ***temps*** *m* ***du ~*** Tempus *n* der Vergangenheit **II** *prép* ⟨*inv*⟩ nach; ***~ dix heures***, *il ne faut pas faire de bruit* nach zehn Uhr …; ***~ le délai*** nach Ablauf der Frist **III** *adj* **1** vergangen; ***l'année ~e, l'an ~*** a) das vergangene, vorige, verflossene, letzte Jahr; b) *loc/adv* vergangenes *etc* Jahr; im vergangenen *etc* Jahr; ***il est onze heures ~es*** es ist elf (Uhr) durch **2** GR ***participe ~*** Partizip Perfekt *n*; Mittelwort *n* der Vergangenheit; zweites Partizip **3** *couleur* verblichen; verschossen; *fleur* verwelkt

passe-crassane [pɑskʀasan, pa-] *f* ⟨*inv*⟩ *e-e Art Bergamottebirne*

passe-droit [pɑsdʀwa, pa-] *m* ⟨*pl* **passe-droits**⟩ ungerechtfertigte Bevorzugung; Schiebung *f*

passéisme [paseism] *m* nostalgisches Festhalten am Vergangenen **passéiste** *adj* vergangenheitsbezogen; nostalgisch; traditionalistisch

passe-lacet [pɑslasɛ, pa-] *m* ⟨*pl* **passe-lacets**⟩ **1** Durchziehnadel *f* **2** F *fig* ***être raide comme un ~*** F pleite, abgebrannt, blank sein

Über Vergangenes berichten: le passé composé macht's möglich

Letzte Woche ist Sandrine etwas Betrübliches passiert: Um fünf Uhr morgens nahm sie den Zug nach Paris. Vor dem Bahnhof Montparnasse rief sie ein Taxi. Der Taxifahrer wurde in einen Unfall verwickelt, und so kam Sandrine zu spät am Flughafen Charles de Gaulle an. Sie versäumte ihr Flugzeug. Sie ärgerte sich so sehr, dass sie den Taxifahrer beleidigte.

Will man über einzelne Handlungen in der Vergangenheit sprechen, so nimmt man im Französischen in der Regel das **passé composé**. Sandrines Missgeschick lässt sich also folgendermaßen wiedergeben:

À cinq heures du matin, Sandrine **a pris** le train de Paris. Devant la gare Montparnasse elle **a hélé** un taxi. Le chauffeur **a été** impliqué dans un accident, et, par conséquent, Sandrine **est arrivée** trop tard à l'aéroport Charles de Gaulle. Elle **a raté** son avion. Elle **s'est** tellement **fâchée** qu'elle **a fini** par insulter le chauffeur de taxi.

passementerie [pasmɑ̃tʀi] *f* **1** *articles* Posamenten *n/pl* **2** *industrie, commerce* Posamenterie *f*

passe-montagne [pɑsmõtaɲ, pa-] *m* ⟨*pl* **passe-montagnes**⟩ Kopfschützer *m*

passe-partout [pɑspaʀtu, pa-] *m* ⟨*inv*⟩ **1** *clé* Hauptschlüssel *m* **2** *cadre* Wechselrahmen *m*; Passepartout *n* **3** *adjt* ⟨*inv*⟩ für alle Gelegenheiten passend; F Allerwelts…; *péj* Nullachtfuffzehn-…

passe-passe [pɑspɑs, paspas] *m* ⟨*inv*⟩ ***tour*** *m* ***de ~*** a) Taschenspielerkunststück *n*; b) *péj* Taschenspielertrick *m*

passe-plat [pɑspla, pa-] *m* ⟨*pl* **passe-plats**⟩ Durchreiche *f*

passepoil [paspwal] *m* COUT Paspel *f ou österr* Passepoil *m*; Vorstoß *m*; Biese *f* **passepoiler** *v/t* COUT paspelieren; paspeln; *österr* passepoilieren

passeport [paspɔʀ] *m* (Reise)Pass *m*; ***~ diplomatique*** Diplomatenpass *m*; ***délivrer un ~*** e-n Pass ausstellen

passer [pɑse, pa-] **I** *v/t* **1** *rivière* überqueren; passieren; *(en) voiture a* fahren über *(+acc)*; *en bac* übersetzen über *(+acc)*; ***~ un cap*** ein Kap umschiffen, umfahren; ***~ la frontière*** die Grenze überschreiten, passieren; über die Grenze gehen; SPORTS ***~ la ligne d'arrivée*** die Ziellinie durchlaufen; ***~ un obstacle*** ein Hindernis überwinden, nehmen; ***quand vous aurez passé la gare …*** wenn Sie am Bahnhof vorbei(gegangen) sind …; ***faire ~ une***

rivière à qn j-n über e-n Fluss setzen; j-n übersetzen **2** *fig* (*dépasser*) *limite* (*d'âge*) überschreiten; ***~ les bornes, les limites*** *a* zu weit gehen; ***il a passé la cinquantaine*** er hat die fünfzig überschritten; er ist über die fünfzig hinaus; *malade* ***il ne passera pas la nuit*** er wird die Nacht nicht überstehen, überleben **3** *temps, hiver, vacances etc* verbringen; *vacances a* verleben; ***~ une bonne nuit*** gut schlafen; *malade* e-e gute Nacht haben, verbringen; ***~ ses journées, sa vie*** *etc* ***à faire qc*** s-e Tage, sein Leben *etc* damit zubringen, damit verbringen, etw zu tun; ***~ ses journées à ne rien faire*** s-e Tage mit Nichtstun verbringen; ***je lis pour ~ le temps*** ich lese, um mir die Zeit zu vertreiben; ich lese zum Zeitvertreib **4** *examen* machen; ablegen; ***faire ~ un examen, un test à qn*** j-n prüfen, testen (lassen); j-n e-r Prüfung, e-m Test unterziehen **5** (*omettre*) *ligne, mot* aus-, weglassen; überspringen; übergehen; ***j'en passe et des meilleures*** ich übergehe einiges, und nicht das Schlechteste; *au jeu* ***~ son tour*** passen; *abs* ***je passe*** (ich) passe **6** (*permettre*) ***~ qc à qn*** j-m etw durchgehen lassen, nachsehen; ***passez-moi ce mot, cette expression!*** verzeihen Sie dieses Wort, diesen Ausdruck! **7** (*donner*) ***~ qc à qn*** j-m etw geben; j-m etw (hinüber-, herüber-, F rüber)reichen (*a à table*); TÉL ***je vous passe Monsieur X*** ich gebe Ihnen Herrn X; ich verbinde Sie mit Herrn X; SPORTS ***~ le ballon à qn*** j-m den Ball zuspielen; den Ball an j-n abgeben; COMM ***~ une commande à qn*** bei j-m e-e Bestellung aufgeben; j-m e-n Auftrag erteilen; TÉL F ***~ un coup de fil à qn*** j-n anrufen; ***~ une maladie à qn*** j-n (mit e-r Krankheit) anstecken; ***~ la parole à qn*** das Wort an j-n weitergeben; ***tu me passes ta voiture ce soir?*** kann ich heute Abend deinen Wagen haben?; F ***qu'est-ce qu'il lui a passé!*** F der hat ihn vielleicht runtergeputzt, abgekanzelt! **8** JUR *contrat*, COMM *marché* abschließen **9** (*enfiler*) *vêtement* (rasch) überziehen, -streifen, anziehen; schlüpfen in (+*acc*) **10** CUIS *soupe, sauce* (durch ein Sieb) passieren; durchpassieren, -seihen; *thé* durch ein Sieb laufen lassen, gießen; *café* filtern **11** *film, vidéo* vorführen; zeigen; *spectacle* aufführen; *disque* auflegen; laufen lassen; *cassette* (ab)spielen **12** AUTO ***~ la seconde*** in den zweiten (Gang) schalten, gehen; ***~ les vitesses*** schalten **13** COMM ***~ une écriture*** e-e Buchung vornehmen; ***~ qc au compte des pertes et profits*** etw auf dem Gewinn-und-Verlust-Konto verbuchen **14** (*assouvir*) ***~ sa colère, ses nerfs sur qn*** s-n Zorn, s-e Nervosität an j-m auslassen, abreagieren **15** *furtivement* ***~ un faux billet*** e-n falschen Geldschein in Zahlung geben, anbringen; ***~ en fraude*** (ein-, heraus)schmuggeln **16** (*mettre*) ***~ une bague au doigt*** e-n Ring an den Finger stecken; ***~ la main dans les cheveux, sur le front de qn*** j-m mit der Hand durch die Haare fahren, über die Stirn streichen, fahren; ***faire ~ une annonce dans le journal*** e-e Anzeige, Annonce aufgeben, in die Zeitung setzen; *caoutchouc* ***~ dans l'ourlet*** in den Saum einziehen; *bras etc* ***~ par la portière*** zum Wagenfenster heraus- *ou* hinausstrecken, -stecken **17** (*traiter*) ***~ qc à qc*** etw mit etw behandeln; *plaie* ***~ à l'alcool*** mit Alkohol auswaschen, reinigen; *parquet* ***~ à la cire*** wachsen; ***~ qn par les armes*** j-n erschießen **18** (*appliquer*) ***~ qc sur qc*** etw auf etw (*acc*) auftragen; ***~ une couche (deux couches) de peinture sur qc*** e-e Farbschicht (zwei Farbschichten) auf etw auftragen; etw (zweimal) streichen **19** MIL ***~ en revue*** → ***revue*** *4*; → *a d'autres subst correspondants* **II** *v/i* ⟨**avoir**, *häufiger* **être**⟩ **1** *devant qn, qc* vorbei- *ou* vorübergehen, -kommen, -laufen; (*à bord d'un*) *véhicule* vorbei- *ou* vorüberfahren; *à cheval* vorbeireiten; *oiseau, avion* vorbei- *ou* vorüberfliegen; *en traversant un lieu* durchgehen, -laufen, -kommen, -reisen, MIL -ziehen, -marschieren; (*à bord d'un*) *véhicule* durchfahren; *d'un endroit à un autre* gehen; (*à bord d'un*) *véhicule* fahren; CUIS *café* durchlaufen; ÉLECT *courant* fließen; *fig*: *loi au Parlement* durchkommen; verabschiedet, angenommen werden; *idées, principe* sich durchsetzen; Boden gewinnen; *circulaire, slogan* herumgehen; ***ne pas ~*** *objet* nicht durchgehen; *repas* im Magen liegen; THÉ *scène etc* beim Publikum nicht ankommen, kein Echo finden; MIL ***l'ennemi ne passera pas*** der Feind wird nicht durchkommen; *expressions*: **a)** *abs*: ***défense de ~!*** Durchgang, -fahrt verboten!; ***on ne passe pas!*** hier ist kein Durchgang, keine Durchfahrt!; hier können Sie nicht durch!; ***passez donc!*** bitte, treten Sie ein!; ***il n'y a pas moyen de ~*** man kommt nicht durch, vorbei; es ist kein Durchkommen; ***le boulanger passe tous les mardis*** der Bäcker kommt jeden Dienstag (durch, vorbei); ***le facteur vient de ~*** der Briefträger ist gerade da gewesen; **b)** *avec inf*: ***il est passé me prendre*** er hat mich abgeholt; F er ist mich abholen gekommen; ***je passerai voir Paul*** ich werde Paul kurz besuchen (gehen); **c)** *avec adj et adv*: ***où est passé mon crayon?*** wo ist mein Bleistift hingekommen?; ***y ~*** *économies, fortune* F draufgehen; *personne* F dran glauben müssen (*a mourir*); → *a* ***inaperçu, outre***[2] *II 1*; **d)** *avec prép et loc/adv*: ***~ à autre chose*** zu etwas anderem übergehen; ***~ à l'ennemi*** (zum Feind) überlaufen; ***il est passé à Paris*** er ist auf der Durchreise, -fahrt in Paris gewesen; ***la Seine passe à Paris*** die Seine fließt durch Paris; *voiture* ***~ au rouge*** bei Rot durchfahren; ***passons à table!*** gehen wir zu Tisch!; MÉD ***~ à la visite médicale*** ärztlich untersucht werden; *fig* ***~ avant qn, qc*** vor j-m, etw den Vorrang haben; wichtiger sein als j, etw; ***~ chez qn*** kurz bei j-m vorsprechen; bei j-m hereinschauen, F vorbeikommen; ***~ à côté de qn, qc*** (seitlich) an j-m, etw vorbeigehen, -fahren; *élève* ***~ dans la classe supérieure*** versetzt werden; in die nächste Klasse kommen; ***un frisson lui passa dans le dos*** ein Schauer lief ihm über den Rücken; *mot* ***~ dans une langue*** in e-e Sprache eindringen; sich in e-r Sprache einbürgern; *mot* ***~ dans l'usage*** gebräuchlich, üblich werden; ***~ de l'autre côté*** auf die andere Seite gehen; von der anderen Seite kommen; ***~ de mode*** aus der Mode kommen; unmodern werden; PHYS ***~ de l'état liquide à l'état gazeux*** vom flüssigen in den gasförmigen Zustand übergehen; *propriété* ***~ du père au fils*** vom Vater auf den Sohn übergehen; ***~ d'une pièce à*** *ou* ***dans une autre*** von e-m Zimmer in ein anderes (hinüber)gehen; ***~ de France en Italie*** von Frankreich nach Italien fahren, reisen, gehen; ***~ de main en main*** von Hand zu Hand gehen; ***~ derrière qn, derrière la maison*** hinter j-m, hinter dem Haus vorbeigehen, -fahren; F ***le camion lui***

P

a** ou **est passé dessus der Lastwagen hat ihn überfahren; *une passerelle* ***passe au-dessus de la voie ferrée*** führt über die Bahnlinie; ***~ devant qn, qc*** an *ou* vor j-m, etw vorbeigehen, -fahren, -kommen; etw passieren; ***passez devant!*** gehen Sie voran, voraus!; *dans une queue* ***il m'est passé devant*** er hat sich vor mich gestellt, gedrängt; ***~ devant qn*** *pour lui montrer le chemin* vor j-m hergehen …; ***~ devant un tribunal*** vor Gericht kommen; *conducteur* ***~ en seconde*** in den zweiten Gang schalten, gehen; *élève* ***~ en cinquième*** in die siebte Klasse kommen, versetzt werden; ***~ par*** *route* führen, verlaufen über (*+acc*); *personne*: *rue*, *lieu* gehen, laufen, fahren, kommen durch; durchfahren, -kommen durch; passieren; *ville*, *pays a* (durch)reisen durch; (durch)ziehen durch; (*via*) fahren, reisen, kommen über (*+acc*); *par ext*: *école* absolvieren; *services d'une entreprise* durchlaufen; F ***~ par chez qn*** F bei j-m vorbeikommen, -schauen; *fumée* ***~ par la cheminée*** durch den Schornstein abziehen; ***il faut ~ par la Croix-Rouge*** (***pour …***) man muss sich an das Rote Kreuz wenden (, um zu …); nur über *ou* durch das Rote Kreuz kann man …; *fig* ***il faut en ~ par là*** darum kommt man nicht herum; das muss durchgestanden werden; in d e n sauren Apfel muss man beißen; ***je suis passé par là*** das habe ich auch durchgemacht; davon weiß ich ein Lied zu singen; ***~ par bien des mains*** durch viele Hände gehen; ***ça fait du bien par où ça passe*** ah, das tut gut!; ***~ par la porte*** zur *ou* durch die Tür hereinou herauskommen, hinein- *ou* hinausgehen; ***~ par la voie hiérarchique*** den Dienstweg gehen, beschreiten; ***il faut en ~ par ses volontés, par ses caprices*** man muss sich s-m Willen, s-n Launen beugen, fügen; ***~ sous un pont*** unter e-r Brücke durchgehen, -fahren, *nageur* -schwimmen; F ***~ sous un train, sous une voiture*** unter e-n Zug, unter ein Auto kommen; ***~ sur qc*** über etw (*acc*) gehen, fahren; *fig* (*ne pas tenir compte*) über etw (*acc*) hinweggehen; etw übergehen; etw beiseitelassen, weglassen; sich mit etw nicht lange aufhalten; *imperfections*, *erreurs* etw hinnehmen, in Kauf nehmen; sich mit etw abfinden; *abs*: *pour abréger* ***passons!*** weiter!; doch lassen wir das!; **e**) *avec verbes*: ***faire ~*** *personne*, *véhicule* durchlassen; passieren lassen; *projet de loi* durchbringen; *objet* weiter-, herumreichen; herumgehen lassen; *consigne*, *mot d'ordre etc* weitersagen; durch-, weitergeben; *médecin etc* ***faire ~ qn avant les autres*** j-n vor den anderen drannehmen; ***ne faire que ~*** *chez qn* nicht lange bleiben; F nur kurz, nur auf e-n Sprung vorbeikommen; nur mal schnell hereinschauen, -gucken; *en voyage* nur auf der Durchreise, -fahrt sein; nur durchreisen, -fahren; ***laisser ~*** *personne*, *véhicule* vorbei-, durchlassen; passieren lassen; *lumière* durchlassen; *fig*: *faute* durchgehen lassen; übersehen; *occasion* vorübergehen lassen; versäumen; verpassen; *délai* vergehen, verstreichen lassen; ***laissez ~!*** geben, machen Sie den Weg frei!; machen Sie Platz!; ***laisse-moi ~ le premier!*** lass mich vor!; ***pouvoir ~*** vorbei-, durchkönnen; F *résultat* leidlich, mittelmäßig, noch ganz annehmbar sein; noch so hin-, angehen mögen; ***vouloir ~*** vorbei-, durchwollen **2** (*être tolérable*) ***passe*** (***encore***) ***de*** (*+inf*) es mag noch angehen, hingehen, dass …; ***passe pour cette fois*** diesmal mag es noch hingehen; ***passe encore, mais …*** das mag noch angehen, aber … **3** F *fig*: *douleur physique* ***il l'a senti ~*** F das hat ihm verdammt wehgetan; er hat die Engel (im Himmel) singen hören; ***il l'a sentie ~, la note*** F das war ein teurer Spaß für ihn; er hat tief in die Tasche greifen müssen; F er hat ganz schön blechen müssen **4** (*être promu*) ***~ capitaine*** *etc* Hauptmann *etc* werden; zum Hauptmann *etc* befördert werden, ernannt werden, aufrücken; *fig* ***il est passé maître dans l'art de mentir*** er ist ein Meister im Lügen **5** ⟨**avoir**⟩ *personne* ***~ pour*** (*+adj ou subst*) gelten als; angesehen werden als, für; gehalten werden für; ***faire ~ qn pour*** (*+subst*) j-n ausgeben als; *péj* j-n hinstellen als; ***se faire ~ pour*** (*+subst*) sich ausgeben als, für; ***se faire ~ pour un étranger*** sich als Ausländer, für e-n Ausländer ausgeben **6** *temps*, *heures etc* vergehen; dahingehen; verstreichen; verrinnen; verfließen; *douleur*, *chagrin* vergehen; vorübergehen; weggehen; *colère* vergehen; verrauchen; sich legen; *couleurs*, *étoffe* verblassen; verbleichen; verschießen; *douleurs*, *chagrin* ***ça va ~*** das ist jetzt bald vorüber, weg; das hört bald auf; F *fig* ***ça lui passera avant que ça me reprenne*** F bald wird er die Nase davon voll haben; ***maintenant que le plus dur est passé*** jetzt, wo das Schlimmste vorüber, vorbei, überstanden ist; ***comme le temps passe!*** wie die Zeit vergeht!; *prov* ***tout passe, tout lasse, tout casse*** nichts ist beständig, von Dauer; ***faire ~ qc*** etw beseitigen, *douleurs* nehmen, vergehen lassen; ***faire ~ qc à qn*** j-m etw austreiben; ***ces cachets m'ont fait ~ mon mal de tête*** durch diese Tabletten sind meine Kopfschmerzen weg, verschwunden, vergangen **7** *film* laufen; gespielt, gezeigt werden; *spectacle* aufgeführt, gespielt werden; ***~ à la télévision*** *acteur etc* im Fernsehen auftreten, zu sehen sein; *émission* im Fernsehen kommen **8** *régional* (*mourir*) ⟨**avoir**⟩ sterben; verscheiden; F hinübergehen **III** *v/pr* ***se ~*** **1** *événement* sich ereignen; sich zutragen; sich abspielen; vor sich gehen; passieren; vorfallen; geschehen; *st/s* sich begeben; *scène*, *action* spielen (***à Paris*** in Paris); *menace* F ***ça ne se passera pas comme ça!*** so geht das nicht!; das kommt nicht infrage!; ***comment s'est passé votre voyage?*** wie war Ihre Reise?; wie ist Ihre Reise verlaufen?; ***tout s'est bien passé*** alles ist glattgegangen; alles ist gut verlaufen, gut gegangen, gut (ab)gelaufen; F alles hat geklappt; ***cela s'est mal passé*** es ist schlecht (ab)gelaufen; F es ist schiefgegangen, hat nicht geklappt; ♦ *impersonnel*: ***il ne se passe jamais rien ici*** hier passiert nie etwas, ist nie etwas los, tut sich nie etwas; ***il s'en passe de belles quand je ne suis pas là*** es geht hoch her *ou* der Teufel ist los, wenn ich nicht da bin; ***comment cela s'est-il passé?*** wie hat sich die Sache zugetragen?; wie ist das passiert?; ***que se passe-t-il?*** *ou* ***qu'est-ce qui se passe?*** was ist hier los?; was geht hier vor?; was gibt es hier? **2** *temps*, *douleurs* → *II 6*; *impersonnel* ***il ne se passe de jour qu'il ne nous écrive*** es vergeht kein Tag, an dem er uns nicht schreibt **3** ***se ~ de qc*** auf etw (*acc*) verzichten; ohne etw auskommen; ***se ~ de qn*** ohne j-n auskommen; *s'il ne veut pas venir*, ***on se passera de lui*** dann geht es auch ohne ihn; *si vous n'avez pas de sucre*, ***on s'en passera*** kommen wir auch ohne

P

aus; geht es auch ohne; ***ne plus pouvoir se ~ de qc, qn*** etw, j-n nicht mehr entbehren, missen können **4** *réfléchi* ***se ~ la main sur le front*** sich (*dat*) mit der Hand über die Stirn streichen, fahren

passereaux [pasRo] *m/pl* ZO Sperlingsvögel *m/pl*

passerelle [pasRɛl] *f* **1** (*pont étroit*) Steg *m*; Fußgängerbrücke *f*, -überführung *f* (*à* CH DE FER) **2** AVIAT, MAR Gangway ['gɛŋveː] *f*; AVIAT ***~ télescopique*** Fluggastbrücke *f* **3** MAR ***~ (de navigation)*** (Kommando)Brücke *f* **4** *fig* Bindeglied *n*; Brücke *f*

passe-temps [pɑstɑ̃, pa-] *m* ⟨*inv*⟩ Zeitvertreib *m*

passeur [pasœR] *m* **1** *batelier* Fährmann *m* **2** *clandestin* (Menschen)Schmuggler *m*; Fluchthelfer *m*; F *péj* Schlepper *m*; ***~ de drogue*** Rauschgiftschmuggler *m*

passible [pasibl] *adj* JUR *crime* ***~ de la peine capitale*** auf das die Todesstrafe steht; ***être ~ d'une amende*** mit e-r Geldstrafe rechnen müssen; e-e Geldstrafe zu gewärtigen haben

passif [pasif] **I** *adj* ⟨**-ive**⟩ **1** *personne, comportement* passiv; inaktiv; unbeteiligt; ***résistance passive*** passiver Widerstand; ***rester ~ devant qc*** inaktiv, gleichgültig, teilnahmslos gegenüber etw bleiben **2** GR ***forme passive*** passivische Form; ***voix passive*** Passiv *n*; Leideform *f* **II** *m* **1** COMM Passiva *pl*; Schulden *f/pl*; Verbindlichkeiten *f/pl*; *d'une faillite* Schuldenmasse *f*; *d'un bilan* Passivseite *f*; ***lourd ~*** große, schwere Schuldenlast **2** GR Passiv *n*; Leideform *f*; ***au ~*** im Passiv; ***mettre au ~*** ins Passiv setzen

passiflore [pasiflɔR] *f* BOT Passionsblume *f*

passing-shot [pasiŋʃɔt] *m* TENNIS Passierschlag *m*

passion [pasjõ] *f* **1** *amoureuse* Leidenschaft *f*; leidenschaftliche, glühende, unbezwingliche Liebe; heftige Zuneigung; ***avouer sa ~ à qn*** j-m s-e Leidenschaft *etc* gestehen **2** (*émotion*) Leidenschaft *f*; ***~s politiques*** politische Leidenschaften; *par ext*: *œuvre* ***pleine de ~*** mitreißend; erregend; ***maîtriser ses ~s*** s-e Leidenschaft(en) beherrschen, zügeln **3** (*vive inclination*) Leidenschaft *f*; Passion *f*; ***~ de l'argent*** Geldgier *f*; Sucht *f* nach Geld; ***~ du jeu*** Spielleidenschaft *f*; ***~ de la lecture*** F Lesewut *f*; ***~ des voyages*** unbezähmbare Reiselust **4** REL ***la Passion (du Christ)*** die Passion; das Leiden (und Sterben) Christi **5** BEAUX-ARTS, MUS ***Passion*** Passion *f*; ***la Passion selon saint Matthieu*** die Matthäuspassion **6** BOT ***fleur*** *f*, ***fruit*** *m* ***de la Passion*** Passionsblume *f*, -frucht *f*

passionnant [pasjɔnɑ̃] *adj* spannend; fesselnd; packend; aufregend; begeisternd; mit-, hinreißend

passionné [pasjɔne] *adj* leidenschaftlich; ***amour ~*** leidenschaftliche, glühende Liebe; ***chasseur ~*** leidenschaftlicher, passionierter, begeisterter Jäger; ***'haine ~e*** glühender Hass; ***partisan ~*** leidenschaftlicher, begeisterter Anhänger; ***il est ~***, *subst* ***c'est un ~ de la chasse, du jeu*** er ist ein leidenschaftlicher, passionierter, begeisterter Jäger, Spieler; ***elle est ~e***, *subst* ***c'est une ~e de musique*** sie liebt die Musik leidenschaftlich

passionnel [pasjɔnɛl] *adj* ⟨**~le**⟩ ***crime ~*** im Affekt begangenes Verbrechen; ***drame ~*** Eifersuchtsdrama *n*

passionnément [pasjɔnemɑ̃] *adv* leidenschaftlich; *aimer a* glühend; heiß

passionner [pasjɔne] **I** *v/t* **1** *œuvre, film etc* ***~ qn*** j-n begeistern, hinreißen, fesseln, packen, leidenschaftlich erregen **2** *débat* emotionalisieren **II** *v/pr* ***se ~ pour qc*** sich für etw begeistern; für etw schwärmen

passivement [pasivmɑ̃] *adv* passiv

passivité [pasivite] *f* Passivität *f*

passoire [paswaR] *f* CUIS Sieb *n*; Durchschlag *m*; ***~ (à thé)*** Teesieb *n*; *fig* ***sa mémoire est une ~*** sein Gedächtnis ist wie ein Sieb

pastel[1] [pastɛl] *m* **1** PEINT **a)** ***(crayon*** *m* ***de) ~*** Pastellstift *m*, -farbe *f*; ***au ~*** *loc/adj* Pastell…; *loc/adv* mit Pastellfarben; in Pastell; ***portrait*** *m* ***au ~*** Pastellbildnis *n*; **b)** *œuvre* Pastell *n*; Pastellgemälde *n*, -zeichnung *f*, -bild *n* **2** *adjt* ⟨*inv*⟩ ***tons*** *m/pl* ***~*** Pastelltöne *m/pl*

pastel[2] [pastɛl] *m* **1** BOT (Färber)Waid *m* **2** *adjt* ***bleu*** *m* ***~*** ⟨*inv*⟩ Indigoblau *n* (aus Färberwaid)

pastelliste [pastelist] *m,f* PEINT Pastellmaler(in) *m(f)*, -zeichner(in) *m(f)*

pastèque [pastɛk] *f* BOT Wassermelone *f*

pasteur [pastœR] *m* **1** ÉGL PROT ***~ (protestant)*** (evangelischer) Pfarrer, Pastor; ***femme*** *f* ***du ~*** Pfarrfrau *f*; *adjt* ***femme*** *f* ***~*** Pastorin *f*; Pfarrerin *f* **2** BIBL ***le Bon Pasteur*** der Gute Hirte **3** *poét* (*berger*) Hirte *m*

pasteurisation [pastœRizasjõ] *f* Pasteurisation *f*; Pasteurisierung *f* **pasteuriser** *v/t* pasteurisieren; *adjt* ***lait pasteurisé*** pasteurisierte Milch; *schweiz* Pastmilch *f*

pastiche [pastiʃ] *m* LITTÉRATURE Nachahmung *f* (des Stils); PEINT, MUS Pasticcio [-tʃo] *n* **pasticher** *v/t* nachahmen **pasticheur** *m* Nachahmer *m*

pastille [pastij] *f* **1** *confiserie* (Zucker-, Schokoladen)Plätzchen *n*; Pastille *f* **2** PHARM Pastille *f* **3** *tissu* ***à ~s*** gepunktet; mit großen Punkten **4** TECH Tablette *f* **5** AUTO ***~ verte*** Umweltplakette *f*

pastis [pastis] *m Aperitif mit Anis*

pastoral [pastɔRal] *adj* ⟨**-aux**⟩ **1** LITTÉRATURE Schäfer…; Hirten…; pastoral; ***chant ~*** Schäfer-, Hirtenlied *n*; ***roman ~*** Schäferroman *m*; *Beethoven* ***la Symphonie ~e*** *ou subst* ***la Pastorale*** die Pastorale **2** REL seelsorgerisch; seelsorg(er)lich; pfarramtlich; pastoral; ***lettre ~e*** Hirtenbrief *m*

pastorale [pastɔRal] *f* **1** LITTÉRATURE Schäfer-, Hirtendichtung *f*; THÉ Schäferspiel *n* **2** PEINT, MUS Pastorale *n ou f*

pastorat [pastɔRa] *m* ÉGL PROT Pastorat *n*; Pfarramt *n*

pastoureau [pastuRo] *litt m* ⟨*pl* **~x**⟩ junger Hirt **pastourelle** *litt f* junge Hirtin

pat [pat] ÉCHECS **I** *adj* ⟨*inv*⟩ patt; ***être ~*** patt sein **II** *m* Patt *n*

patachon [pataʃõ] *m loc* F ***mener une vie de ~*** ein Lotterleben führen

Patagonie [patagɔni] ***la ~*** Patagonien *n*

patapouf [patapuf] **I** *int chute de qn* plumps!; bums!; *d'un enfant a* bauz! **II** *m* F ***gros ~*** F Fettkloß *m*; *enfant* F Pummel *m*; Dickerchen *n*

pataquès [patakɛs] *m* falsche Bindung (*im Frz*); ***faire un ~*** falsch binden

patate [patat] *f* **1** BOT ***~ (douce)*** Süßkartoffel *f*; Batate *f* **2** F (*pomme de terre*) Kartoffel *f*; *partic* MIL ***corvée*** *f* ***de ~s*** Kartoffelschälen *n*; *par ext* Küchendienst *m* **3** F (*imbécile*) Dumm-, Schwachkopf *m*; F

P

Trottel *m* 4 F *fig* ***en avoir gros sur la ~*** bedrückt, niedergeschlagen sein

patati [patati] *int* F ***et ~ et patata!*** und so schwatzen, F quasseln sie in einem fort

patatras [patatʀa] *int bruit fracassant* krach!; *bruit de chute* bums!; bauz!

pataud [pato] I *adj* tollpatschig; täppisch; unbeholfen II *subst* 1 **~(e)** *m(f) personne* Tollpatsch *m* 2 *m jeune chien* tollpatschiger junger Hund

pataugeoire [patoʒwaʀ] *f* Plan(t)schbecken *n*

patauger [patoʒe] *v/i* ⟨**-geons**⟩ 1 *péniblement* waten; F (herum)patschen; *dans l'eau pour s'amuser* plan(t)schen 2 F *fig en parlant* sich verwirren; F sich verhaspeln; sich verheddern

patchouli [patʃuli] *m* 1 BOT Patschulipflanze *f* 2 *parfum* Patschuli *n*

patchwork [patʃwœʀk] *m* COUT Patchwork ['pɛtʃvœrk] *n*

pâte [pɑt] *f* 1 CUIS Teig *m*; ***~ à choux, à crêpes, à frire, à nouilles, à pain*** Brand-, Eierkuchen-, Ausback-, Nudel-, Brotteig *m*; ***~ à tartes*** (Mürbe-, Blätter-)Teig für Tortenböden 2 *pl* ***~s*** (***alimentaires***) Teigwaren *f/pl*; ***~s aux œufs*** Eierteigwaren *f/pl* 3 (*substance*) (breiige, formbare) Masse; PHARM Paste *f*; ***~ dentifrice*** Zahnpasta *f*, -creme *f*; ***~ à modeler*** Knetmasse *f*; Plastilin® *n*; TECH ***~ à papier*** Papierbrei *m*; CUIS: ***~ d'amandes*** Marzipan *n*; ***~ de coings*** Quittenbrot *n*; ***~s de fruits*** Geleefrüchte *f/pl*; ***fromage*** *m* ***à ~ molle*** Weichkäse *m*; *péj* ***c'est une vraie ~*** das ist der reinste Brei, F Pamps 4 *fig d'une personne*: ***une bonne ~*** ein gutmütiger Mensch; F e-e gute Haut; e-e Seele von Mensch; ***une ~ molle*** ein nachgiebiger, fügsamer, willfähriger Mensch

pâté [pɑte] *m* 1 CUIS Pastete *f*; ***~ de campagne*** Pastete aus verschiedenen Fleischsorten; ***~ de foie*** Leberpastete *f*; ***~ de foie gras*** Gänseleberpastete *f*; ***~ en boîte*** Pastete in der Dose; Dosenpastete *f*; ***~ en croûte*** (in e-r Blätterteighülle gebackene) Pastete 2 (*tache d'encre*) Tintenklecks *m*; ***faire des ~s*** klecksen 3 ***~ de maisons*** Häuserblock *m*, -komplex *m* 4 *enfants* ***faire des ~s*** (***de sable***) mit Sandförmchen spielen; Sandkuchen backen

pâtée [pɑte] *f* 1 *pour animaux* (breiiges, angemachtes) Futter 2 F *fig* **a)** (*correction*) F Dresche *f*; Senge *pl*; Wichse *f*; **b)** (*défaite*) F Schlappe *f*

patelin[1] [patlɛ̃] *m* F Nest *n*; Kaff *n*; ***il est du même ~ que moi*** er stammt aus demselben Ort wie ich

patelin[2] [patlɛ̃] *adj litt personne* katzenfreundlich; ***ton ~*** honigsüßer Ton

patent [patɑ̃] *litt adj* offenkundig, -sichtlich

patente [patɑ̃t] *f* 1 *impôt jusqu'en 1975* Gewerbesteuer *f* 2 MAR ***~*** (***de santé***) Gesundheitspass *m*

patenté [patɑ̃te] *adj* 1 *commerçant* gewerbesteuerpflichtig 2 F *fig imbécile, menteur etc* anerkannt

Pater [patɛʀ] *m* ⟨*inv*⟩ REL Vaterunser *n*; Paternoster *n*

patère [patɛʀ] *f* Kleiderhaken *m*; ***accrocher son manteau à la ~*** s-n Mantel an den Kleiderhaken hängen

paterfamilias [patɛʀfamiljas] *m* ⟨*inv*⟩ 1 *dans la Rome antique* Pater familias *m* 2 *plais* (autoritärer) Familienvater

paternalisme [patɛʀnalism] *m* Bevormundung *f*; Paternalismus *m*

paternaliste [patɛʀnalist] *adj* patriarchalisch; paternalistisch; ***politique*** *f* ***~*** Politik *f* der Bevormundung

paterne [patɛʀn] *litt adj* gönnerhaft

paternel [patɛʀnɛl] I *adj* ⟨***~le***⟩ 1 Vater…; väterlich; ***ligne ~le*** väterliche Linie; ***maison ~le*** Vaterhaus *n* 2 *parenté* ***mon grand-père ~*** mein Großvater väterlicherseits; ***du côté ~*** väterlicherseits 3 *ton, conseil etc* väterlich; ***être très ~ avec qn*** *a* wie ein Vater zu j-m sein II *m* F ***mon ~*** mein Vater; F mein Alter Herr

paternellement [patɛʀnɛlmɑ̃] *adv* wie ein Vater; väterlich

paternité [patɛʀnite] *f* 1 Vaterschaft *f* (*a* JUR); ***joies*** *f/pl* ***de la ~*** Vaterfreuden *f/pl*; Freuden *f/pl* e-s Vaters 2 *fig d'une idée etc* Urheberschaft *f*; Autorschaft *f*; ***il revendique la ~ de ce projet*** er nimmt für sich in Anspruch, der geistige Urheber dieses Planes zu sein

pater-noster [patɛʀnɔstɛʀ] *m* ⟨*inv*⟩ Paternoster (-aufzug) *m*

pâteux [pɑtø] *adj* ⟨**-euse**⟩ 1 *substance* teigig; breiig; F pappig; ***encre pâteuse*** dickflüssige, klumpige Tinte 2 *fig style* schwerfällig; *il répondit* ***d'une voix pâteuse*** mit schwerer Zunge; ***j'ai la bouche, la langue pâteuse*** ich habe e-n trockenen Mund; mir klebt die Zunge am Gaumen

pathétique [patetik] I *adj* bewegend; ergreifend; erschütternd; aufwühlend; zu Herzen gehend; aufrüttelnd; leidenschaftlich II *subst litt* ***le ~*** *d'une scène* das Ergreifende, Erschütternde, Bewegende, Pathetische

pathogène [patɔʒɛn] *adj* MÉD krankheitserregend; *sc* pathogen

pathologie [patɔlɔʒi] *f* MÉD Pathologie *f*; Lehre *f* von den Krankheiten **pathologique** *adj* MÉD *et par ext* krankhaft; pathologisch

pathos [patos] *m litt et péj* Pathos *n*

patibulaire [patibylɛʀ] *adj* ***air*** *m*, ***mine*** *f* ***~*** Galgen-, Verbrechergesicht *n*

patiemment [pasjamɑ̃] *adv* → ***patient***

patience [pasjɑ̃s] *f* 1 Geduld *f*; *st/s* Langmut *f*; (*persévérance*) Ausdauer *f*; Beharrlichkeit *f*; ***jeu*** *m* ***de ~*** Geduld(s)spiel *n* (*a fig*); ***ouvrage*** *m* ***de ~*** Arbeit, die Geduld und Ausdauer erfordert; geduldige Kleinarbeit; *int* ***~!*** (nur) Geduld!; hab(t) ein wenig Geduld!; *menace* ***~! je saurai me venger*** abwarten! ich werde mich rächen; ***ma ~ est à bout*** *ou* ***je suis à bout de ~*** meine Geduld ist erschöpft, zu Ende; mir reißt die Geduld, F der Geduldsfaden; mir geht die Geduld aus; ***perdre ~*** die Geduld verlieren; ungeduldig werden; ***prendre ~*** sich in Geduld fassen; ***prendre son mal en ~*** sein Unglück, *iron* Ungemach geduldig, mit Geduld ertragen; *prov* ***~ et longueur de temps font plus que force ni rage*** mit Geduld und Zeit kommt man weit (*prov*); F mit Geduld und Spucke fängt man e-e Mucke (*prov*); Beharrlichkeit führt zum Ziel; → *a* ***épreuve*** *1* 2 *jeu de cartes* Patience *f*; ***faire une ~*** e-e Patience legen

patient [pasjɑ̃] I *adj* geduldig; *st/s* langmütig; (*persévérant*) ausdauernd; beharrlich; ***être ~ avec qn*** mit j-m Geduld haben II *subst* ***~(e)*** *m(f)* MÉD Patient(in) *m(f)*

patienter [pasjɑ̃te] *v/i* sich gedulden; geduldig warten; ***faire ~ qn*** j-n warten lassen

patin [patɛ̃] *m* 1 SPORTS **a)** ***~*** (***à glace***) Schlittschuh

P

m; ***faire du ~*** Schlittschuh laufen, fahren; eislaufen; **b)** ***~ à roulettes*** Rollschuh *m*; ***faire du ~ à roulettes*** Rollschuh laufen, fahren **2** TECH ***~ de frein*** Bremsklotz *m*; F ***donner un coup de ~*** plötzlich bremsen **3** CH DE FER Schienenfuß *m* **4** ÉLECT Schleifkontakt *m* **5** *pour parquet* Filzpantoffel *m*, -fleck *m* **6** P *baiser* (Zungen)Kuss *m*; ***rouler un ~ à qn*** j-m e-n Kuss auf den Mund drücken

patinage [patinaʒ] *m* **1** SPORTS **a)** Eislauf(en) *m(n)*; Schlittschuhlaufen *n*; ***~ artistique*** Eiskunstlauf *m*; ***~ de vitesse*** Eisschnelllauf *m*; **b)** ***~ à roulettes*** Rollschuhlaufen *n* **2** *d'un véhicule* Rutschen *n*; *des roues* Durchdrehen *n*

patine [patin] *f* Patina *f*; *sur métal* Edelrost *m*

patiner[1] [patine] *v/i* **1** SPORTS eislaufen; Schlittschuh laufen, fahren **2** (*glisser*) *personne, véhicule* rutschen; F schlittern **3** *roues* durchdrehen; *embrayage* rutschen; ***faire ~*** die Kupplung schleifen lassen

patiner[2] [patine] **I** *v/t* TECH patinieren **II** *v/pr* ***se ~*** Patina ansetzen

patinette [patinɛt] *f* (Kinder)Roller *m*

patineur [patinœʀ] *m*, **patineuse** *f* Schlittschuhläufer(in) *m(f)*; Eisläufer(in) *m(f)*

patinoire [patinwaʀ] *f* Eisbahn *f*; Schlittschuhbahn *f*; ***~ artificielle*** Kunsteisbahn *f*; ***~ couverte*** (überdachtes) Eisstadion; Eispalast *m*; *fig* ***la route est une vraie ~*** die Straße ist spiegelglatt, ist die reinste Rutschbahn

patio [pasjo, patjo] *m* ARCH Innenhof *m*

pâtir [pɑtiʀ] *v/i* ***~ de qc*** unter etw (*dat*) leiden

pâtisserie [pɑtisʀi, pa-] *f* **1** *coll* ***~*** *ou* ***~s*** *pl* feine Backwaren *f/pl*; Feingebäck *n*; *schweiz a* Patisserie *f*; ***aimer les ~s*** gern Kuchen essen **2** CUIS Kuchenbacken *n*; ***rouleau*** *m* ***à ~*** Nudelholz *n* **3** *magasin* Konditorei *f*; Feinbäckerei *f*; *schweiz a* Patisserie *f* **4** *métier* Konditorhandwerk *n*; Feinbäckerei *f*

pâtissier [pɑtisje, pa-] *m* Konditor *m*; Fein-, Kuchen-, *österr a* Zuckerbäcker *m*

pâtissière [pɑtisjɛʀ, pa-] *f* **1** Konditorin *f* **2** *adjt* ***crème*** *f* ***~*** Vanillecreme *f* (*als Füllung für Backwaren*)

pâtissier-glacier [pɑtisjeglasje, pa-] *m* ⟨*pl* **pâtissiers-glaciers**⟩ Eiskonditor *m*

pâtisson [pɑtisõ, pa-] *m* BOT *courge* Bischofsmütze *f*

patois [patwa] **I** *m* Mundart *f*; Dialekt *m*; ***parler ~*** Dialekt, Mundart sprechen **II** *adj* ***mot ~*** mundartliches Wort; Dialektwort *n*

patouiller [patuje] *v/i* F manschen; *dans l'eau a* F patschen

patraque [patʀak] *adj* F ***être ~*** sich nicht (recht) wohlfühlen; nicht (recht) auf der Höhe, F auf dem Posten, auf dem Damm sein

pâtre [pɑtʀ] *litt m* Hirt(e) *m*

patriarcal [patʀijaʀkal] *adj* ⟨**-aux**⟩ patriarchalisch **patriarcat** *m* SOCIOLOGIE, ÉGL Patriarchat *n*

patriarche [patʀijaʀʃ] *m* **1** BIBL Erzvater *m*; Patriarch *m* **2** ÉGL Patriarch *m* **3** *fig* ehrwürdiges Familienoberhaupt; Patriarch *m*

Patrice [patʀis] *m Vorname*

patricien [patʀisjɛ̃], **patricienne** **I** *m,f* **1** HIST Patrizier(in) *m(f)* **2** *litt* Aristokrat(in) *m(f)* **II** *adj* patrizisch

Patrick [patʀik] *m* **1** *Vorname* **2** *saint* Patrick *m*; Patricius *m*

patrie [patʀi] *f* **1** (*pays*) Vaterland *n*; Heimat(land) *f(n)*; ***mère*** *f* ***~*** Mutterland *n*; ***~ d'adoption*** Wahlheimat *f*; ***c'est ma seconde ~*** das ist meine zweite Heimat; ***mourir pour la ~*** für das Vaterland sterben **2** (*ville natale*) Vaterstadt *f*; Geburtsort *m*, -stadt *f* **3** *fig des arts etc* Heimat *f*

patrimoine [patʀimwan] *m* **1** Erbe *n*; Erbgut *n*; ererbtes Vermögen; ***~ paternel*** väterliches Erbe **2** *fig* Erbe *n*; ***~ culturel*** Kulturerbe *n*, -gut *n* **3** BIOL ***~ génétique, héréditaire*** Erbgut *n*, -masse *f* **4** JUR Vermögen *n*

patrimonial [patʀimɔnjal] *adj* ⟨**-aux**⟩ Erb...; patrimonial; Patrimonial...

patriote [patʀijɔt] **I** *m,f* Patriot(in) *m(f)* **II** *adj personne* patriotisch; vaterländisch gesinnt; *st/s* vaterlandsliebend **patriotique** *adj sentiments, chants etc* patriotisch; vaterländisch **patriotisme** *m* Patriotismus *m*; Vaterlandsliebe *f*; vaterländische Gesinnung

patro [patʀo] F *m* → ***patronage*** *3 b)*

Patrocle [patʀɔkl] *m* MYTH Patroklos *m*

patron[1] [patʀõ] *m*, **patronne** *f* **1** (*employeur*) Arbeitgeber(in) *m(f)*; (*chef d'entreprise*) Chef(in) *m(f)*; F Boss *m*; *de restaurant etc* Wirt(in) *m(f)*; ***les grands patrons de l'industrie*** F die Industriebosse *m/pl*; ***jeune patron*** erfolgreicher, dynamischer junger Unternehmer; ***patron de pêche*** Schiffseigner *m* (e-s Fischdampfers) **2** REL *du même nom* Namenspatron(in) *m(f)*; (*protecteur, -trice*) Schutzpatron(in) *m(f)*, -heilige(r) *f(m)*; Patron(in) *m(f)*; Patrona *f*; *d'une église* Kirchenpatron(in) *m(f)* **3** *f* F (*maîtresse de maison*) Hausherrin *f*, -frau *f* **4** *m* MÉD Chefarzt *m*; ***les grands patrons*** F die Halbgötter *m/pl* in Weiß **5** UNIVERSITÉ ***patron de thèse*** Doktorvater *m*

patron[2] [patʀõ] *m* COUT Schnittmuster *n*

patronage [patʀɔnaʒ] *m* **1** *d'un personnage influent* Schirmherrschaft *f*; Patronat *n*; Protektorat *n*; ***sous le ~ de*** unter der Schirmherrschaft (+*gén*) **2** *d'un saint* (Schirm *m* und) Schutz *m* **3** *pour jeunes* **a)** *organisme* Jugendgruppe *f*, -werk *n*; **b)** *siège* Jugendheim *n* **4** *loc/adj iron spectacle etc* ***de ~*** erbaulich; naiv; harmlos

patronal [patʀɔnal] *adj* ⟨**-aux**⟩ **1** Arbeitgeber...; ***cotisation ~e*** Arbeitgeberbeitrag *m* **2** ÉGL CATH Patronats...; ***fête ~e*** Patronatsfest *m*; Patrozinium *n*

patronat [patʀɔna] *m coll* Arbeitgeber(schaft) *m/pl(f)*

patronner [patʀɔne] *v/t* protegieren; fördern; begünstigen; unterstützen; eintreten für

patronnesse [patʀɔnɛs] *adj f iron* ***dame ~*** (Vorstands)Dame *f* e-s Wohltätigkeitsvereins

patronyme [patʀɔnim] *litt m* Familienname *m* **patronymique** *adj* ADM ***nom ~*** Familienname *m*

patrouille [patʀuj] *f* **1** **a)** *de police* Streife *f*; ***~ de police*** Polizeistreife *f*; ***voiture*** *f* ***de ~*** Streifenwagen *m*; **b)** MIL Patrouille [pa'truljə] *f*; *de soldats a* Spähtrupp *m*; **c)** ***Patrouille de France*** *Name e-r frz Kunstflugstaffel* **2** *mission* **a)** *de police* Streifen-, Kontrollgang *m*; **b)** MIL Patrouille *f*; Patrouillen-, Erkundungsgang *m*; Spähtruppunternehmen *n*; AVIAT MIL Patrouillen-, Erkundungsflug *m*; MAR MIL Patrouillen-, Erkundungsfahrt *f*; ***être de ~*** als Spähtrupp unterwegs sein; ***être envoyé en ~*** als

Spähtrupp, Patrouille, zu e-m Patrouillengang, zu e-r Erkundung ausgeschickt werden
patrouiller [patʀuje] *v/i* patrouillieren [patrul'jiːrən]
patrouilleur [patʀujœʀ] *m* 1 MAR MIL Patrouillenboot *n*; AVIAT MIL Jagdflugzeug *n* auf e-m Erkundungsflug 2 **~ scolaire** Schülerlotse *m*
patte [pat] *f* 1 zo Pfote *f*; *d'un fauve a* Tatze *f*; Pranke *f*; *d'un oiseau, insecte, cheval* Bein *n*; Fuß *m*; **~ de derrière, de devant** Hinter-, Vorderpfote *f ou* -bein *n*; *fig*: **~s de mouche** Krähenfüße *m/pl*; F Gekritzel *n*; Gekrakel *n*; **pantalon** *m* **à ~s d'éléphant** Schlaghose *f*; *chien* **donner la ~** Pfötchen geben; **faire ~ de velours** *chat* Samtpfötchen machen; die Krallen einziehen; *fig personne* katzenfreundlich sein 2 F *(jambe)* Bein *n*; Fuß *m*; F Hachse *f*; *südd* Haxen *m*; *loc/adv* **à ~s** zu Fuß; F per pedes; **avoir 20 km dans les ~s** 20 km gelaufen sein; **se casser la ~** sich *(dat)* das Bein brechen; **être bas, court sur ~s** kurzbeinig sein; kurze Beine haben; **marcher à quatre ~s** auf allen vieren kriechen, laufen; *fig* **montrer ~ blanche** sich gebührend ausweisen; *fig* **tirer dans les ~s de qn** j-m in den Rücken fallen 3 F *(main)* F Pfote *f*; Flosse *f*; **bas les ~s!** Finger, Hände, F Pfoten weg!; *fig* **graisser la ~ à qn** F j-n schmieren 4 *pl* **~s** *(favoris)* Koteletten *pl* 5 COUT Patte *f*; Klappe *f*; **~ d'épaule** Schulter-, Achselpatte *f*, -klappe *f* 6 MAR *d'une ancre* Flunke *f* 7 TECH *(attache)* Halterung *f* 8 **~ d'oie** → **patte-d'oie**
patte-d'oie [patdwa] *f* 1 *carrefour* Straßen-, Wegkreuzung *f* 2 *à l'œil* **pattes-d'oie** *pl* Krähenfüße *m/pl*
pattemouille [patmuj] *f* feuchtes (Bügel)Tuch; **repasser à la ~** mit e-m feuchten Tuch bügeln
pâturage [pɑtyʀaʒ] *m* (Vieh)Weide *f*; Weidefläche *f*; **~s** *pl a* Weideland *n*
pâture [pɑtyʀ] *f* 1 *des animaux* Futter *n*; Nahrung *f* 2 *fig* Nahrung *f*; **donner, jeter, livrer qc en ~ à qn** j-m etw preisgeben, opfern, ausliefern, F zum Fraß vorwerfen; **être donné, offert en ~ à qn, à l'opinion publique** j-m, der öffentlichen Meinung geopfert werden; *cet incident* **a servi de ~ aux journalistes** F … war ein gefundenes Fressen für die Journalisten
pâturer [pɑtyʀe] *v/i* weiden
paturon [patyʀõ] *ou* **pâturon** [pɑtyʀõ] *m du cheval* Fessel *f*
Pauillac [pɔjak, po-] *Stadt im Dep. Gironde*
Paul [pɔl] *m* 1 *Vorname* 2 *apôtre* Paulus *m*
Paule [pol] *f Vorname*
Paulette [polɛt] *f Vorname*
Paulhan [pojɑ̃, -lɑ̃] **Jean ~** *frz Schriftsteller*
Pauline [polin] *f Vorname*
paume [pom] *f* 1 *de la main* Handfläche *f*, -teller *m* 2 **(jeu** *m* **de) ~** *altes französisches Ballspiel*; HIST **serment** *m* **du Jeu de Paume** Ballhausschwur *m*
paumé [pome] F I *adj* **être complètement ~** völlig ratlos, hilflos, F aufgeschmissen sein II *subst* **~(e)** *m(f)* j, der völlig ratlos *etc* ist
paumelle [pomɛl] *f* TECH *d'une porte* (Angel)Band *n*
paumer [pome] F I *v/t* **~ qc** etw verlieren, verlegen, F versaubeuteln II *v/pr* **se ~** sich verirren, verlaufen; *en voiture a* sich verfahren
paupérisation [popeʀizasjõ] *f* ÉCON Verelendung *f*; Verarmung *f* **paupérisme** *m* ÉCON Massenelend *n*, -armut *f*; Pauperismus *m*
paupière [popjɛʀ] *f* (Augen)Lid *n*; **fermer les ~s** die Augen zudrücken (**d'un mort** e-m Toten)
paupiette [popjɛt] *f* CUIS **~ de veau** Kalbsroulade *f*
pause [poz] *f* 1 Pause *f*; *en travaillant, marchant a* Ruhepause *f*; *en marchant a* Rast *f*; F **~ café** Kaffeepause *f*; **~ de midi** Mittagspause *f*; **cinq minutes de ~** fünf Minuten Pause; **faire une ~** e-e Pause machen, einlegen; pausieren 2 MUS ganze Pause; Ganztaktpause *f*
pauvre [povʀ] I *adj* 1 *personne, pays* arm; *demeure, vêtements* ärmlich; armselig; dürftig; *vêtements a* schäbig; *demeure a* kümmerlich; *nourriture* ohne großen Nährwert; *sol* arm; karg; mager; nicht sehr fruchtbar; *gisement* wenig ergiebig; unergiebig; *langue* wortarm; arm an Ausdrucksmitteln; **quartier** *m* **~** Armenviertel *n*; **rime** *f* **~** stumpfer, männlicher Reim; *loc/adj* **~ en**, *litt* **de …** arm an *(+dat)*; …arm; **~ en vitamines** vitaminarm; arm an Vitaminen; F **~ d'esprit** geistig arm 2 *(malheureux)* arm; bedauernswert; beklagenswert; **la ~ bête** das arme Tier; **~ France!** armes Frankreich!; **un ~ sourire** ein armseliges, schwaches Lächeln; **~ de moi!** ich Arme(r), Ärmste(r)! 3 *en s'adressant à qn* **mon ~ ami** mein Lieber; mein (lieber) Freund; **mon ~ monsieur** lieber *ou* guter Mann II *subst* 1 *m* Arme(r) *m*; **les ~s** *a* die armen Leute *pl*; **les nouveaux ~s** die neuen Armen *m/pl*; **riches et ~s** Arm und Reich 2 *exprimant la pitié* **le, la ~** der, die Arme, Ärmste; **mon, ma ~** du Arme(r), Ärmste(r)
pauvrement [povʀəmɑ̃] *adv être vêtu* ärmlich; dürftig; schäbig; *vivre* kümmerlich; ärmlich
pauvresse [povʀɛs] *litt f* Arme *f*; arme Frau
pauvreté [povʀəte] *f d'une personne, d'un pays* Armut *f*; *d'une demeure, de vêtements* Ärmlichkeit *f*; Armseligkeit *f*; Dürftigkeit *f*; *du sol* Kargheit *f*; Unfruchtbarkeit *f*; *d'un gisement* Unergiebigkeit *f*; *d'une langue* Wortarmut *f*; **vivre dans la ~** in Armut leben; *prov* **~ n'est pas vice** Armut ist keine Schande *(prov)*
pauvrette [povʀɛt] **la ~** die Arme, Ärmste; das arme Ding, Geschöpf
pavage [pavaʒ] *m* 1 *action* Pflastern *n*, -ung *f* 2 *résultat* Pflaster *n*; Pflasterung *f*
pavane [pavan] *f* DANSE, MUS Pavane *f*
pavaner [pavane] *v/pr* **se ~** paradieren; einherstolzieren; sich in Szene setzen; posieren
pavé [pave] *m* 1 *bloc de pierre* Pflasterstein *m*; *fig*: **j'ai un ~ sur l'estomac** das Essen liegt mir wie ein Stein im Magen; **c'est le ~ dans la mare** das, diese Nachricht schlägt wie e-e Bombe ein; die Sache erregt Aufsehen, löst e-n Skandal aus, schlägt Wellen; **c'est le ~ de l'ours** da hat man ihm e-n Bärendienst erwiesen 2 *revêtement* (Straßen)Pflaster *n*; **~ de marbre, de mosaïque** Marmor-, Mosaik(fuß)boden *m*; *fig*: **battre le ~** durch die Straßen bummeln; F in den Straßen herumlungern; **être sur le ~** F auf der Straße sitzen, liegen, stehen; **tenir le haut du ~** zur Oberschicht, zu den oberen zehntausend, *dans une petite ville* zu den Honoratioren gehören 3 F *fig* **a)** *livre* F (dicker) Schinken; Wälzer *m*; **b)** *publicité* auffallender, eingerahmter (Werbe)-Text 4 *de viande* dickes Filetstück
pavement [pavmɑ̃] *m* Pflaster *n*; Pflasterung *f*; **~ de**

P

mosaïque Mosaik(fuß)boden *m*

paver [pave] *v/t route* pflastern; *schweiz* pflästern; *sol de mosaïque etc* auslegen; belegen; *adjt* ***pavé*** *rue, cour* gepflastert **paveur** *m* Pflasterer *m*; Steinsetzer *m*; *schweiz* Pflästerer *m*

Pavie [pavi] GÉOGR Pavia *n*

pavillon [pavijõ] *m* **1** ARCH, *dans un jardin, d'une exposition, d'un hôpital etc* Pavillon [-lj-] *m*; ***~ de chasse*** Jagdhütte *f*; *somptueux* Jagdschlösschen *n* **2** (*maison individuelle*) Einfamilienhaus *n* (***de banlieue*** in e-m Vorort) **3** MAR Flagge *f*; COMM ***~ de complaisance*** Billigflagge *f*; ***baisser le ~*** die Flagge einholen; *fig* ***baisser ~*** (***devant qn***) (vor j-m) die Flagge, die Segel streichen; sich geschlagen geben; klein beigeben; *navire* ***battant ~ britannique*** unter britischer Flagge (fahrend); ***naviguer sous ~ étranger*** unter fremder Flagge fahren **4** *d'une trompette etc* Schalltrichter *m*; Schallbecher *m*; Stürze *f* **5** ANAT ***~*** (***de l'oreille***) Ohrmuschel *f*

pavillonnaire [pavijɔnɛʀ] *adj banlieue etc* aus (einfachen, gleichförmigen) Einfamilienhäusern bestehend

pavois [pavwa] *m* **1** MAR **a)** *de la coque* Schanzkleid *n*; **b)** ***'hisser le grand ~*** über die Toppen flaggen **2** HIST *bouclier* Pavese *f*

pavoiser [pavwaze] *v/t* beflaggen; *abs* flaggen (*a* MAR); ***~ un édifice, une ville*** ein Gebäude, eine Stadt beflaggen; F *fig* (***il n'***)***y a pas de quoi ~*** das ist kein Grund zur Freude, stolz zu sein

pavot [pavo] *m* BOT Mohn *m*

payable [pɛjabl] *adj* zahlbar (***à échéance*** bei Fälligkeit); ***~ en dix mensualités*** in zehn Monatsraten zahlbar

payant [pɛjɑ̃] *adj* **1** *personne* zahlend; ***hôte, spectateur ~*** zahlender Gast, Zuschauer **2** ***billet ~*** Eintrittskarte, (für) die bezahlt werden muss; ***parking ~*** gebührenpflichtiger Parkplatz **3** *fig* (*rentable*) lohnend; einträglich; ***être ~*** sich lohnen; sich auszahlen; sich bezahlt machen

paye [pɛj] → ***paie***

payé [peje] *adj* bezahlt; ***tous frais ~s*** spesen-, kostenfrei; *personne, travail* ***bien, mal ~*** gut, schlecht bezahlt

payement [pɛjmɑ̃] *m* → ***paiement***

payer [peje] ⟨**-ay-** *od* **-ai-**⟩ **I** *v/t* **1** *personne, travail* bezahlen; *travail a* honorieren; *ouvrier a* entlohnen; *somme, cotisation, loyer, impôt etc* (be)zahlen; entrichten; ADM abführen; *salaire* (aus)zahlen; *facture, note, dettes* bezahlen; begleichen; *dettes a* ab(be)zahlen; abtragen; ***somme*** *f* ***à ~*** zu zahlender Betrag; ***~ son déplacement à qn*** j-m die Fahrt-, Reisekosten bezahlen, erstatten, vergüten; ***~ qc dix euros*** für etw zehn Euro (be)zahlen; ***combien l'avez-vous payé?*** wie viel haben Sie dafür be-, gezahlt?; ***~ qc cher*** → ***cher*** *II*; ***être payé à l'heure, au mois*** stundenweise *ou* pro Stunde, monatlich bezahlt werden; Stunden-, Monatslohn bekommen; F *fig*: ***je ne suis pas payé pour ça*** dafür werde ich nicht bezahlt; das ist eigentlich nicht meine Aufgabe; ***je suis payé pour le savoir*** ich habe es am eigenen Leib erfahren; ich weiß es aus eigener leidvoller Erfahrung; ♦ *abs*: ***c'est une maison qui paie bien*** diese Firma zahlt gut; ***c'est moi qui paie!*** ich zahle (es)!; das geht auf meine Rechnung!; ***avoir de quoi ~*** genug Geld bei sich haben; es bezahlen können; ***~ pour qn*** für j-n (be)zahlen; → *a 3* **2** F (*offrir*) ***~ qc à qn*** F j-m etw spendieren; ***il lui a payé des fleurs*** er hat ihr Blumen spendiert **3** *fig* (*expier*) ***~ qc*** (für) etw büßen, bezahlen müssen; ***il me le paiera!*** das soll er mir büßen!; *abs* ***~ pour qn*** für j-n büßen, leiden müssen; ***il a payé pour tout le monde*** *a* er hat für alle die Zeche bezahlen müssen **4** *fig* (*récompenser*) ***~ qn de qc*** j-n für etw belohnen; j-m etw lohnen; ***~ qn de sa peine*** j-m s-e Mühe lohnen; j-n für s-e Mühe belohnen **5** *fig* (*compenser*) *mon argent de poche* ***ne paie pas mes dépenses*** reicht nicht für, deckt nicht meine Ausgaben **II** *v/i* **1** (*rapporter*) *métier, travail* einträglich, einbringlich sein; etwas einbringen; *efforts, stratégie etc* sich lohnen; sich bezahlt machen; sich auszahlen **2** ***~ d'audace*** kühn, dreist auftreten; Kühnheit, Dreistigkeit besitzen; etwas riskieren; ein Wagnis eingehen; ***ne pas ~ de mine*** *personne* nach nichts aussehen; *restaurant* nicht sehr einladend, vertrauenerweckend aussehen; ***~ de sa personne*** s-e ganze Kraft, sich voll und ganz, sich mit s-r ganzen Person einsetzen; sich nicht schonen; s-n Mann stehen **III** *v/pr* **1** F (*s'offrir*) ***se ~ qc*** sich (*dat*) etw leisten **2** ***payez-vous*** *et rendez-moi la monnaie* ziehen Sie ab, was Sie bekommen *ou* was ich schuldig bin ... **3** *sens passif* ***se ~*** bezahlt, entrichtet, beglichen werden; *fig* ***tout se paie*** für alles muss man einmal büßen; alles rächt sich einmal

Payerne [pajɛʀn] GÉOGR Peterlingen *n*

payeur [pɛjœʀ] *m*, **payeuse** *f* **1** Zahler(in) *m(f)*; ***mauvais payeur*** säumiger Zahler **2** *m* ADM Zahlmeister *m*; *adjt* ***service payeur*** Zahlstelle *f*

pays[1] [pei] *m* **1** GÉOGR, POL Land *n*; ***~ chauds, froids*** heiße, kalte Länder; ***~ industriel*** Industrieland *n*; *Lewis Carroll* ***Alice au ~ des merveilles*** Alice im Wunderland; *fig* ***le ~ du soleil, du vin*** das Land der Sonne, des Weins; ***~ en voie de développement*** Entwicklungsland *n*; ***de quel ~ êtes-vous?*** aus welchem Land kommen, stammen Sie?; was sind Sie für ein Landsmann? **2** (*région*) Land *n*; Gegend *f*; Landstrich *m*; Gau *m*; ***~ montagneux*** gebirgige Gegend; Bergland *n*; *loc/adj* ***du ~*** einheimisch; ***les gens*** *m/pl* ***du ~*** die Einheimischen *m/pl*; ***vin*** *m* ***du*** *ou* ***de ~*** Landwein *m*; ***il n'est pas du ~*** er ist, stammt nicht von hier, aus dieser Gegend; er ist kein Einheimischer; *fig* ***être en ~ de connaissance, en ~ connu*** *en parlant de personnes* bekannte, vertraute Gesichter um sich haben, sehen; *dans une matière* darin zu Hause, bewandert sein; sich auskennen; gut Bescheid wissen; ***voir du ~*** viel reisen; weit in der Welt herumkommen; viel von der Welt sehen **3** (*patrie*) Heimat *f*; Vaterland *n*; ***mal*** *m* ***du ~*** Heimweh *n*; ***avoir le mal du ~*** Heimweh haben **4** (*localité*) kleiner Ort; Kleinstadt *f*; Dorf *n*; ***un ~ perdu*** ein abgelegenes Nest

pays[2] [pei] *m*, **payse** [peiz] *f régional* (*compatriote*) Landsmann *m*, -männin *f*

paysage [peizaʒ] *m* **1** Landschaft *f*; ***~ méditerranéen*** Mittelmeerlandschaft *f*; ***~ urbain*** Stadtlandschaft *f*; F *fig* ***cela fait bien dans le ~*** das macht sich gut; das nimmt sich gut aus; das wirkt gut **2** PEINT **a)** *tableau* Landschaft(sbild) *f(n)*; **b)** *genre* Landschaftsmalerei *f* **3** *fig* Landschaft *f*; ***~ médiatique*** Medienlandschaft *f*; ***~ politique*** politische Landschaft; → *a* ***PAF***

paysager [peizaʒe] *adj* ⟨-ère⟩ Landschafts…; ***bureau ~*** Bürolandschaft *f*; ***jardin ~*** Landschaftsgarten *m*

paysagiste [peizaʒist] *m,f* **1** Garten-, Landschaftsarchitekt(in) *m(f)*; *adjt* ***architecte m ~*** Garten-, Landschaftsarchitekt *m* **2** PEINT Landschaftsmaler(in) *m(f)*

paysan [peizɑ̃], **paysanne** [peizan] **I** *subst* **1** *m,f* Bauer *m*, Bäuerin *f*; Bauersfrau *f*; *loc/adj* ***de ~*** bäurisch; ***des manières*** *f/pl* ***de ~*** bäurisches Benehmen **2** *m péj* ungehobelter, grober Kerl **II** *adj* **1** *mœurs, vie* bäuerlich; ***problèmes ~s*** Probleme *n/pl* der Bauern; ***revandications ~nes*** Forderungen *f/pl* der Bauern **2** *péj* bäurisch

paysannat [peizana] *m ou* **paysannerie** *f coll* Bauern *m/pl*; Bauernschaft *f*, -stand *m*

Pays-Bas [peiba] ***les ~*** *m/pl* die Niederlande *n/pl*

Pays-de-la-Loire *ou* **Pays de la Loire** [peidlalwaʀ] ***les Pays-de-la-Loire*** *ou* ***les Pays de la Loire*** *m/pl frz Region*

Paz (La) [lapas, -pɑz] GÉOGR La Paz [-'pas] *n*

PC [pese] *m abr* **1** (*Parti communiste*) KP *f* (*Kommunistische Partei*) **2** (*poste de commandement*) Befehlsstelle *f* **3** INFORM (*personal computer*) PC *m*

p.c.c. *abr* (*pour copie conforme*) für die Richtigkeit der Abschrift

PCF [peseɛf] *m abr* (*Parti communiste français*) KP *f* Frankreichs; französische KP

P.C.V. [peseve] *m abr* (*paiement contre vérification*) TÉL (***communication f en***) ***~ m*** R-Gespräch *n*

P.D.G. [pedeʒe] *m abr* (*président-directeur général*) **1** Generaldirektor *m*; *d'une SA* Vorstandsvorsitzende(r) *m* **2** *par ext* F Chef *m*

péage [peaʒ] *m* **1** (Straßen)Benutzungsgebühr *f*; *österr* Maut(gebühr) *f*; *pour autoroute* Autobahngebühr *f*; *loc/adj* ***à ~*** gebührenpflichtig; *österr* Maut…; ***route f à ~*** *österr* Mautstraße *f*; *par ext* ***chaîne f à ~*** Pay-TV [peːti'viː] *n*; Bezahlfernsehen *n* **2** *lieu* Zahlstelle *f*; *österr* Mautstelle *f*

péagiste [peaʒist] *m,f* Kassierer(in) *m(f)* in e-r Mautstelle

peau [po] *f* ⟨*pl* ~**x**⟩ **1** *de l'homme* Haut *f*; F *fig* ***vieille ~!*** F alte Schachtel, Scharteke, P Vettel!; ***affection f, maladie f de la ~*** Hautkrankheit *f*; ***couleur f de la ~*** Hautfarbe *f*; F ***attraper qn par la ~ du cou, du dos, des fesses*** j-n im letzten Moment, gerade noch zu fassen kriegen; ***n'avoir que la ~ et les os, la ~ sur les os*** nur noch, nichts als Haut und Knochen sein; F *fig* ***j'aurai ta ~, je te ferai la ~!*** F ich werde dir den Hals umdrehen, dich kaltmachen!; F *fig* ***avoir qn dans la ~*** j-m (F mit Haut und Haar) verfallen sein; j-m hörig sein; F *fig* ***je ne voudrais pas être dans sa ~*** ich möchte nicht in s-r Haut stecken; *fig* ***être bien, mal dans sa ~*** sich in s-r Haut wohlfühlen, nicht wohlfühlen; *acteur* ***être, entrer, se mettre dans la ~ de son personnage*** sich völlig mit der von ihm dargestellten Gestalt identifizieren; ganz in s-r Rolle aufgehen; *fig*: ***faire ~ neuve*** *personne* sich verändern, (ver)wandeln; ein neuer, ganz anderer Mensch werden; *parti, entreprise etc* ein neues Gesicht zeigen; in e-m völlig neuen Gewand erscheinen; F ***y laisser sa ~*** sein Leben lassen; ***se mettre dans la ~ de qn*** sich in j-s Lage versetzen; F ***risquer sa ~*** sein Leben riskieren, aufs Spiel setzen; F ***sauver sa ~*** sein Leben, s-e Haut retten; F ***tenir à sa ~*** am Leben hängen **2** *d'un animal* (*dépouille*) Balg *m*; Haut *f*; (*fourrure*) Fell *n*; (*cuir souple*) Leder *n*; ***~ d'agneau*** Lammfell *n*; F *fig* ***~ d'âne*** Diplom *n*; (Abschluss)Zeugnis *n*; F *péj* Wisch *m*; ***~ de chamois*** Fenster-, Autoleder *n*; ***~ de lapin*** a) Kaninchenbalg *m*, -fell *n*; *t/t* Kanin *n*; b) F *péj* billiger Pelzmantel; ***~ d'ours*** Bärenfell *n*; (***industrie f des***) ***cuirs et ~x*** Leder erzeugende Industrie; *loc/adj* ***de, en ~*** Leder…; ***culotte f, gant m de ~*** Lederhose *f*, -handschuh *m*; ***sac m en ~*** Ledertasche *f*; *adjt* (***reliure f***) ***pleine ~*** Ganzleder(einband) *n(m)*; *prov* ***il ne faut pas vendre la ~ de l'ours avant de l'avoir tué*** man soll die Rechnung nicht ohne den Wirt machen; man soll sich nicht zu früh freuen **3** *de fruits* Schale *f*; *de saucisson* Pelle *f*; Haut *f*; ***~ de banane*** Bananenschale *f*; *fig* Schlinge *f*; Falle *f*; ***~ d'orange*** Apfelsinen-, Orangenschale *f*; (*cellulite*) Orangenhaut *f* **4** ***~ du lait*** Milchhaut *f* **5** *pl* ***~x*** (***autour de l'ongle***) Nagelhaut *f*, -häutchen *n*

peaucier [posje] *adj et subst m* ANAT (***muscle m***) ***~*** Hautmuskel *m*

peaufiner [pofine] *v/t* den letzten Schliff geben (*+dat*); ausfeilen

Peau-Rouge [poʀuʒ] *m,f* ⟨*pl* **Peaux-Rouges**⟩ Rothaut *f*

peausserie [posʀi] *f* **a)** *fabrication* Lederherstellung *f*; **b)** *commerce* Lederhandel *m*; **c)** *marchandise* Leder *n* (zur Weiterverarbeitung)

pécaïre [pekaiʀ] *int* → ***peuchère***

pécari [pekaʀi] *m* **1** ZO Pekari *n*; Nabelschwein *n* **2** *cuir* Pekarileder *n*

peccadille [pekadij] *litt f* kleiner, geringfügiger Fehler; kleines Versehen

pechblende [pɛʃblɛ̃d] *f* MINÉR Pechblende *f*; Uranpecherz *n*

pêche[1] [pɛʃ] *f* **1** BOT Pfirsich *m*; *fig*: ***peau f de ~*** Pfirsichhaut *f*; ***teint m de ~*** rosiger, samtiger Teint; *adjt* ***couleur ~*** ⟨*inv*⟩ pfirsichfarben **2** F *coup* Schlag *m* ins Gesicht **3** *loc* F ***avoir la ~*** in Form sein; → *a* ***fendre*** *II 3*

pêche[2] [pɛʃ] *f* **1** Fischerei *f*; Fischfang *m*; Fischen *n*; *à la ligne* Angeln *n*; *période* Fangzeit *f*; ***~ côtière, littorale, petite ~*** Küstenfischerei *f*; ***~ 'hauturière, grande ~, ~ de haute mer, ~ au large*** Hochseefischerei *f*; ***~ sous-marine*** Unterwasserjagd *f*; ***~ à la baleine*** Walfang *m*; ***~ au filet*** Netzfischerei *f*; ***~ au hareng*** Heringsfischerei *f*, -fang *m*; ***~ à la ligne*** Angelfischerei *f*; Angeln *n*; ***~ en eau douce*** Binnenfischerei *f*; ***~ en mer*** Meeresangeln *n*; ***articles*** *m/pl* ***de ~*** Angelgeräte *n/pl*; ***aller à la ~*** angeln, fischen gehen **2** (*poissons pêchés*) Fang *m*; ***rapporter une belle ~*** e-n guten Fang ein-, zurückbringen **3** (*droit de pêcher*) Fischereirecht *n*, -berechtigung *f* **4** *endroit* Angelplatz *m*

péché [peʃe] *m* **1** REL Sünde *f*; ***~ de jeunesse*** Jugendsünde *f*; ***commettre, faire un ~*** e-e Sünde begehen; ***vivre dans le ~*** in (der) Sünde leben; *prov* ***à tout ~ miséricorde*** jede Sünde findet Vergebung **2** *fig* ***~ mignon*** (kleine) Schwäche

pêche-abricot [pɛʃabʀiko] *f* ⟨*pl* **pêches-abricots**⟩ BOT gelbfleischiger, gelber Pfirsich

pécher [peʃe] *v/i* ⟨-**è**-⟩ **1** REL sündigen; ***~ par orgueil*** aus Hochmut sündigen **2** *fig personne* ***~ contre qc*** gegen etw verstoßen; sich gegen etw vergehen; *st/s* sich an etw (*acc*) versündigen; ***~ par excès d'opti-***

misme (all)zu optimistisch sein **3** *projet, article etc* **~ *par*** kranken, leiden an (*+dat*); **~ *sur un point*** in e-m Punkt hinken, nicht stimmen

pêcher[1] [pɛʃe] *m* BOT Pfirsichbaum *m*

pêcher[2] [pɛʃe] *v/t* **1** *poissons* fangen (*a grenouilles, crabes*); fischen (*a perles, corail*); **~ *la truite*** Forellen fischen, fangen, angeln; *abs*: **~ *à l'asticot***, **~ *au filet*** mit dem Wurm, mit dem Netz fangen, fischen; **~ *à la ligne*** angeln; **~ *à la mouche*** mit der Fliege fischen, angeln; **~ *dans la rivière, en mer*** im Fluss, im Meer fischen, angeln **2** F (*trouver*) F auftreiben; aufgabeln; aufstöbern; auffischen; **~ *une idée, un mot*** eine Idee, ein Wort auffangen, F aufschnappen

pécheresse [peʃʀɛs] *f* REL Sünderin *f*

pêcherie [pɛʃʀi] *f* (Fisch)Fanggebiet *n*; **~*s*** *pl* Fisch-, Fanggründe *m/pl*

pécheur [peʃœʀ] *m* REL Sünder *m*

pêcheur [pɛʃœʀ] *m* Fischer *m*; **~ *'hauturier, de haute mer*** Hochseefischer *m*; **~ *à la ligne*** Angler *m*; **~ *de corail, de perles*** Korallen-, Perlenfischer *m*; *adjt* ***marin*** *m* **~** → ***marin-pêcheur***

pêcheuse [pɛʃøz] *f* Fischerin *f*; **~ *de perles*** Perlenfischerin *f*

pecnot [pɛkno] *m* → ***péquenaud***

pécore [pekɔʀ] *f* → ***pimbêche***

pectine [pɛktin] *f* BIOCHIMIE Pektin *n*

pectoral [pɛktɔʀal] *adj* ⟨**-aux**⟩ **1** ANAT Brust…; *sc* pektoral; ***muscles pectoraux*** *ou subst* ***pectoraux*** *m/pl* Brustmuskeln *m/pl*; ZO ***nageoire* ~*e*** Brustflosse *f* **2** PHARM ***fleurs* ~*es*** Brusttee *m*; ***sirop* ~** Hustensaft *m*, -sirup *m*

pécule [pekyl] *m* **1** Sparsumme *f*; Rücklage *f*; Notgroschen *m*; ***amasser un petit* ~** e-e kleine Summe zusammensparen **2** *d'un détenu* Guthaben *n*

pécuniaire [pekynjɛʀ] *adj* finanziell; geldlich; pekuniär; Geld…

pédagogie [pedagɔʒi] *f* Pädagogik *f*; Erziehungswissenschaft *f*; *personne* ***manquer de* ~** ein schlechter Pädagoge sein; kein pädagogisches Talent besitzen

pédagogique [pedagɔʒik] *adj* pädagogisch; Erziehungs…; erzieherisch

pédagogue [pedagɔg] *m,f* Pädagoge *m*, Pädagogin *f*; *adjt* ***être* ~** ein guter Pädagoge, e-e gute Pädagogin sein

pédale [pedal] *f* **1** *de vélo, voiture, piano* Pedal *n*; TECH *a* Fußhebel *m*; AUTO **~ *d'accélérateur, d'embrayage, de frein*** Gas-, Kupplungs-, Bremspedal *n*; ***poubelle*** *f* ***à* ~** Treteimer *m*; *jouet* ***voiture*** *f* ***à* ~*s*** Tretauto *n*; F *fig* ***perdre les* ~*s*** (*s'affoler*) kopflos werden; sich (*dat*) nicht mehr zu helfen wissen; (*perdre le fil*) ins Schwimmen geraten; F sich verheddern **2** F *péj* → ***pédé***; ***être de la* ~** *a* F andersherum, vom anderen Ufer sein **3** MUS (***note*** *f* ***de***) **~** Orgelpunkt *m*

pédaler [pedale] *v/i* **1** *cycliste* in die Pedale treten; (*faire du vélo*) Rad fahren; F radeln; ***sans* ~** ohne zu treten; im Freilauf; F *fig* **~ *dans la choucroute, dans la semoule*** nicht vorwärtskommen; F sich vergeblich abstrampeln **2** F *fig* (*se dépêcher*) F sich ranhalten; sich tummeln

pédalier [pedalje] *m* **1** *d'un vélo* Tretkurbel *f* **2** *d'un orgue* Pedal(tastatur) *n*(*f*)

pédalo [pedalo] *m* Tretboot *n*; Wasservelo *n*; ***faire du* ~** mit dem Tretboot fahren

pédant [pedɑ̃] *péj* **I** *adj* schulmeisterlich **II** *m* Schulmeister *m*

pédanterie [pedɑ̃tʀi] *f litt* → ***pédantisme*** **pédantesque** *litt adj* schulmeisterlich **pédantisme** *m* schulmeisterliche Art; schulmeisterliches Gehabe; affektierte Gelehrsamkeit

pédé [pede] *m* F *abr* (*pédéraste*) F Schwule(r) *m*; Homo *m*; *péj* warmer Bruder

pédéraste [pedeʀast] *m* Päderast *m*; *par ext* Homosexuelle(r) *m* **pédérastie** *f* Päderastie *f*; Knabenliebe *f*; *par ext* Homosexualität *f*

pédestre [pedɛstʀ] *adj* Fuß…; ***randonnée*** *f* **~** Fußwanderung *f*

pédiatre [pedjatʀ] *m,f* Kinderarzt *m*, -ärztin *f*

pédiatrie [pedjatʀi] *f* Kinderheilkunde *f*; *dans un hôpital* ***service*** *m* ***de* ~** Kinderstation *f*

pédicule [pedikyl] *m* **1** ANAT Stiel *m* **2** BOT Stiel *m* (*a d'un champignon*); Stängel *m*

pédicure [pedikyʀ] *m,f* Fußpfleger(in) *m*(*f*); Pediküre *f*

pedigree [pedigʀe] *m d'un animal* Stammbaum *m*; Pedigree [-griː] *m*

pédoncule [pedɔ̃kyl] *m* BOT, ANAT Stiel *m*

pédophile [pedɔfil] *adj* pädophil **pédophilie** *f* Pädophilie *f*

pédo-psychiatrie [pedopsikjatʀi] *f* Kinder- und Jugendpsychiatrie *f*

pedzouille [pɛdzuj] *m,f* → ***péquenaud***

peeling [piliŋ] *m* Peeling ['piː-] *n*

peep-show [pipʃo] *m* ⟨*pl* **peep-shows**⟩ Peep-Show ['piːpʃoː] *f*

Pégase [pegaz] *m* MYTH, ASTR Pegasus *m*

P.E.G.C. [peəʒese] *m,f abr* (*professeur d'enseignement général de collège*) *correspond à* Realschullehrer(in) *m*(*f*)

pègre [pɛgʀ] *f coll* Unterwelt *f*

peignage [pɛɲaʒ] *m* TEXT *de la laine* Kämmen *n*; *du lin* Hecheln *n*

peigne[1] [pɛɲ] *m* **1** Kamm *m*; *pour retenir les cheveux* Einsteckkamm *m*; **~ *fin*** Staubkamm *m*; *fig* ***passer au* ~ *fin*** sorgfältig prüfen, durchsuchen; *région* durchkämmen *ou* durchkämmen; **~ *de corne, de poche*** Horn-, Taschenkamm *m*; ***se donner un coup de* ~** sich rasch (über)kämmen; (sich [*dat*]) schnell mit dem Kamm über die Haare fahren; ***être sale comme un* ~** vor Dreck starren; *personne a* wie ein Schwein aussehen **2** TEXT *pour la laine* Kamm *m*; *pour le lin* Hechel *f*; *sur métier à tisser* Riet *n*; Webeblatt *n* **3** ZO Kamm-, Pektenmuschel *f*

peigne[2] [pɛɲ] → ***peindre***

peigné [pɛɲe] *m* TEXT Kammgarn(stoff) *n*(*m*)

peigne-cul [pɛɲky] P *m* ⟨*pl* **peigne-culs**⟩ *péj* übler Bursche; F Fiesling *m*

peignée [pɛɲe] *f* **1** F (*volée*) Schläge *m/pl*; F Haue *f*; Dresche *f*; Keile *f* **2** TEXT Kamm *m* voll Wolle

peigner [pɛɲe] **I** *v/t* **1** *cheveux, personne* kämmen **2** TEXT *laine* kämmen; *lin* hecheln; *adjt* ***laine peignée*** Kammgarn *n* **II** *v/pr* ***se* ~** sich kämmen

peignoir [pɛɲwaʀ] *m* **1** *de bain* Bademantel *m* **2** (*robe de chambre*) Morgenrock *m*, -mantel *m*

peinard [pɛnaʀ] F *adj* **1** *personne* ruhig; bequem; ***père* ~** Mensch, der s-e Bequemlichkeit über alles liebt, der Schwierigkeiten gern aus dem Weg geht; ***rester, se tenir* ~** sich (ruhig) abseits halten **2** *vie, travail* bequem; gemütlich; ***il a un emploi* ~** *a* er

P

schiebt e-e ruhige Kugel

peindre [pɛ̃dʀ] ⟨**je peins, il peint, nous peignons**; **je peignais**; **je peignis**; **je peindrai**; **que je peigne**; **peignant**; **peint**⟩ **I** *v/t* **1** *mur, clôture etc* (an)streichen; F anmalen; anpinseln; **~ *une pièce*** ein Zimmer streichen; *carrosserie* **~ *au pistolet*** spritzen; spritzlackieren; **~ *en bleu*** blau (an)streichen, anmalen **2** *décorer* **~ *qc*** etw bemalen; **~ *qc sur qc*** etw auf etw (*acc*) malen; *abs* **~ *sur étoffe*** *etc* auf Stoff *etc* malen **3** PEINT malen; **~ *à l'aquarelle, à l'huile*** in *ou* mit Aquarell- *ou* Wasserfarben, in Öl malen; **~ *au pinceau*** mit dem Pinsel malen **4** *fig* (*décrire*) darstellen; schildern; beschreiben; wiedergeben **II** *v/pr peur, surprise* **se ~ *sur les visages*** sich auf den Gesichtern ausdrücken; sich in den Gesichtern widerspiegeln

peine [pɛn] *f* **1** (*chagrin*) Kummer *m*; (seelischer) Schmerz; Leid *n*; Sorge(n) *f(pl)*; **~*s de cœur*** Liebeskummer *m*; ***avoir de la*** **~** Kummer, Sorgen haben; Leid tragen; ***faire de la*** **~ *à qn*** j-m Kummer, Sorgen machen, bereiten; j-m wehtun; ***cela me fait de la*** **~ *pour vous*** das tut mir leid für Sie; ***son air abattu fait*** **~ *à voir*** es tut einem (in der Seele) weh, wenn man sein betrübtes Gesicht sieht **2** (*effort*) Mühe *f*; Anstrengung *f*; *autrefois* ***homme*** *m* ***de*** **~** Hausknecht *m*, -bursche *m*, -diener *m*; *loc/adv*: ***avec*** **~** mit Mühe, mühsam; ***pour ta*** **~** zum Lohn für deine Mühe; ***sans*** **~** mühelos; unschwer; leicht; ***avoir (de la)*** **~ *à faire qc*** Mühe haben, etw zu tun; etw nur mit Mühe tun können; ***j'ai (de la)*** **~ *à le croire*** ich kann es kaum glauben; es fällt mir schwer, das zu glauben; ***il a de la*** **~ *à marcher*** *a* das Gehen kostet ihn Mühe, Anstrengung; ***se donner, prendre la*** **~ *de faire qc*** sich (*dat*) die Mühe machen, etw zu tun; ***veuillez vous donner la*** **~** *ou* ***prenez la*** **~ *de vous asseoir!*** würden Sie, wollen Sie, bitte, Platz nehmen!; ***se donner beaucoup de*** **~ *pour faire qc*** sich (*dat*) große, viel, alle Mühe geben, sich sehr bemühen, etw zu tun; ***c'est la*** **~ *de*** (*+inf*) *ou* ***que ...*** (*+subj*) es lohnt sich, es ist der Mühe wert zu (*+inf*); ***ce n'est pas la*** **~** das ist nicht nötig; ***ce n'est pas la*** **~ *de me le répéter*** du brauchst *ou* Sie brauchen es (mir) nicht noch einmal zu sagen; ***ce n'était pas la*** **~ *que vous vous dérangiez*** Sie hätten sich nicht persönlich zu bemühen brauchen; *iron* ***c'était bien la*** **~ *de tant attendre!*** das lange Warten hat sich wirklich nicht gelohnt, war umsonst, F war für die Katz!; ***n'être pas au bout de ses*** **~*s*** noch nicht über den Berg sein; es noch lange nicht geschafft haben; ***en être pour sa*** **~** sich (*dat*) die ganze Mühe umsonst gemacht haben; sich umsonst, vergeblich bemüht haben; ***il n'est pas en*** **~ *pour trouver une excuse*** er ist nie um e-e Ausrede verlegen; ***ne vous mettez pas en*** **~*!*** bemühen Sie sich nicht!; ***c'est*** **~ *perdue*** das ist verlorene, vergebliche (Liebes)Mühe; ***valoir la*** **~** der Mühe wert sein; sich lohnen, *st/s* sich verlohnen, F sich rentieren (***de faire qc*** etw zu tun); ***cela vaut, vaudrait la*** **~ *d'essayer, que vous essayiez*** ein Versuch lohnt sich, würde sich lohnen; ***valoir la*** **~ *d'être lu, vu*** lesens-, sehenswert sein; ***cela n'en vaut pas la*** **~** das lohnt sich nicht; das ist nicht der Mühe wert; es lohnt nicht die Mühe; ***cela ne vaut pas la*** **~ *d'en parler*** das ist nicht der Rede wert; *prov* ***toute*** **~ *mérite salaire*** jede Arbeit ist ihres Lohnes wert (*prov*) **3** (*punition*) Strafe *f* (*a* REL); **~ *capitale, de mort*** Todesstrafe *f*; **~ *maximale*** Höchststrafe *f*; **~ *de prison*** Gefängnisstrafe *f*; *loc/prép*: *défendu* ***sous*** **~ *d'amende*** bei (Geld)Strafe; *par ext* ***sous*** **~ *de*** (*+inf*) sonst; andernfalls; *il ne peut rien dire* ***sous*** **~ *d'être renvoyé*** sonst wird er entlassen; sonst droht ihm die Entlassung **4** *loc/adv* ***à*** **~** kaum; *pièce* ***à*** **~ *éclairé*** kaum, spärlich beleuchtet; ***à*** **~ *dix personnes*** kaum, keine zehn Menschen; ***j'ai à*** **~ *commencé*** ich habe kaum, eben, gerade erst begonnen; ***c'est à*** **~ *s'il m'a salué*** er hat mich kaum gegrüßt; kaum dass er mich gegrüßt hat; ***cela se voit à*** **~** das sieht man kaum, fast gar nicht; *loc/conj* ***à*** **~ *étiez-vous parti qu'il arrivait*** Sie waren kaum weg, da kam er

peiner [pene] **I** *v/t* **~ *qn*** j-n betrüben, bekümmern, traurig machen; j-m wehtun; ***nous sommes peinés d'apprendre que ...*** zu unserer tiefen Betrübnis erfahren wir, dass ... **II** *v/i personne* sich (ab)mühen, sich plagen, sich anstrengen (müssen); *a moteur* Mühe haben; es schwer haben

peins, peint[1] [pɛ̃] → ***peindre***

peint[2] [pɛ̃] *p/p* → ***peindre*** *et adj* ***papier*** **~** Tapete *f*

peintre [pɛ̃tʀ] *m,f* **1** Anstreicher(in) *m(f)*; Maler(in) *m(f)*; **~ *en bâtiment*** Anstreicher *m*; Maler *m* **2** *artiste* (Kunst)Maler(in) *m(f)* **3** *fig et st/s* Schriftsteller(in), Redner(in), der *ou* die etw schildert; Porträtist(in) *m(f)*; Schilderer *m*

peinture [pɛ̃tyʀ] *f* **1** *matière* Farbe *f*; *t/t a* Lack *m*; **~ *brillante*** glänzende Farbe; Lack-, Glanzfarbe *f*; **~ *laquée*** Lackfarbe *f*; Emaillelack *m*; **~ *mate*** matte Farbe; Mattfarbe *f*; **~ *à la colle, à l'eau, à l'huile*** Leim-, Wasser-, Ölfarbe *f* **2** *couche* Anstrich *m*; Farbe *f*; *d'une voiture* Lack *m*; ***attention,*** **~ *fraîche!*** Vorsicht, frisch gestrichen!; **~ *à l'huile*** Ölanstrich *m*; ***refaire les*** **~*s d'une pièce*** ein Zimmer frisch streichen; den Anstrich e-s Zimmers erneuern **3** *opération* (An)Streichen *n*; F Anmalen *n*; *pour décorer* Bemalen *n*; PEINT Malen *n*; **~ *au pistolet*** Spritzen *n*; Spritzlackieren *n*, -ung *f*; **~ *à la brosse ou au pinceau, au rouleau*** Streichen mit dem Pinsel, mit dem Farbroller; **~ *en bâtiment(s)*** (An)Streichen *n* (*als Arbeit des Anstreichers*) **4** *œuvre d'art* Gemälde *n*; Bild *n*; Malerei *f*; **~ *murale*** Wandgemälde *n*, -bild *n*, -malerei *f*; **~ *à l'huile*** Ölgemälde *n*, -bild *n*; ***galerie*** *f* ***de*** **~** Gemäldegalerie *f*; *fig* ***ne pas pouvoir voir qn en*** **~** j-n nicht ausstehen, F riechen, verknusen können **5** *art* Malerei *f*; Malkunst *f*; **~ *à l'huile*** Ölmalerei *f*; **~ *de la Renaissance*** Renaissancemalerei *f*; **~ *sur fond d'or*** Malerei auf Goldgrund; **~ *sur porcelaine, sur verre*** Porzellan-, Glasmalerei *f*; ***école*** *f* ***de*** **~** Malerschule *f*; ***style*** *m*, ***technique*** *f* ***de*** **~** Malstil *m*, -technik *f*; ***faire de la*** **~** malen **6** *fig* (*description*) Schilderung *f*; Darstellung *f*; Bild *n*

peinturlurer [pɛ̃tyʀlyʀe] F **I** *v/t* mit grellen, schreienden Farben (an)streichen, F anmalen, anpinseln **II** *v/pr* ***se*** **~ *(le visage)*** F sich (übertrieben) anmalen

Peïpous [peipus] ***le lac*** **~** der Peipussee

péjoratif [peʒɔʀatif] *adj* ⟨**-ive**⟩ pejorativ; abschätzig; abfällig; abwertend; verächtlich; herabsetzend

péjorativement [peʒɔʀativmɑ̃] *adv* pejorativ; im pejorativen Sinn; in pejorativer Bedeutung

Pékin [pekɛ̃] Peking *n*

P

pékin [pekɛ̃] *arg m* Zivilist *m*
pékinois [pekinwa] 1 *adj* (*et subst* **Pékinois** Einwohner) von Peking 2 *m* ZO Pekinese *m*
pelade [pəlad] *f* MÉD Haarschwund *m*, -ausfall *m*
pelage [pəlaʒ] *m* Fell *n*; Haarkleid *n*
Pélage [pelaʒ] *m* HIST Pelagius *m*
pélagique [pelaʒik] *adj* BIOL, GÉOL pelagisch; Tiefsee…
pelé [pəle] I *adj* 1 *animal* kahl; *fourrure etc* mit vielen kahlen Stellen; abgewetzt 2 *fig colline, paysage* kahl; öde II *m* F *fig* ***il n'y avait que trois ~s et un tondu*** es war so gut wie niemand da; es war fast kein Mensch da; F es waren nur ein paar Männeken da
Pélée [pele] *m* MYTH Peleus *m*
pêle-mêle [pɛlmɛl] *adv* bunt durcheinander; ohne Ordnung; wie es gerade kommt; ***jeter qc ~*** etw (bunt) durcheinanderwerfen
peler [pəle] ⟨-è-⟩ I *v/t fruit, oignon* (ab)schälen; ***~ une pomme de terre*** eine Kartoffel, (ab)schälen, (ab)pellen II *v/i peau, nez etc* sich schälen; *nordd* sich pellen; *après un coup de soleil* ***je pèle*** meine Haut schält sich, pellt sich III *v/pr fruit* ***se ~ facilement*** sich leicht schälen lassen
pèlerin [pɛlʀɛ̃] *m* 1 REL Pilger(in) *m(f)*; Wallfahrer(in) *m(f)* 2 ZO *adjt*: ***faucon*** *m* ***~*** Wanderfalke *m*; ***requin*** *m* ***~*** Riesenhai *m*
pèlerinage [pɛlʀinaʒ] *m* 1 Pilgerfahrt *f*; Wallfahrt *f* (*a fig*); ***aller en ~, faire un ~*** e-e Pilger-, Wallfahrt machen; wallfahr(t)en; pilgern (*a fig*) 2 *lieu* Wallfahrtsort *m*
pèlerine [pɛlʀin] *f* Pelerine *f*; Umhang *m*
pélican [pelikɑ̃] *m* ZO Pelikan *m*
pelisse [pəlis] *f* pelzgefütterter Mantel
pellagre [pɛ(l)lagʀ] *f* MÉD Pellagra *n*
pelle [pɛl] *f* 1 *outil* Schaufel *f*; Schippe *f*; *jouet* (Sand)Schaufel *f*; ***~ à charbon*** Kohlenschaufel *f*, -schippe *f*; ***~ (à ordures)*** (Kehricht)Schaufel *f*; *fig* ***on en ramasse à la ~*** das findet man haufenweise; F *fig*: ***ramasser une ~*** hinfallen, F -fliegen, -knallen; ***rouler une ~ à qn*** j-m e-n Zungenkuss geben 2 CUIS (Braten-, Pfannen)Wender *m*; ***~ à gâteau, à tarte*** Tortenheber *m*, -schaufel *f* 3 TECH ***~ mécanique*** (Löffel)Bagger *m* 4 *d'un aviron* (Riemen)Blatt *n*
pelletée [pɛlte] *f* Schaufel *f* voll; ***une ~ de sable*** e-e Schaufel voll Sand
pelleter [pɛlte] *v/t* ⟨-tt-⟩ schaufeln; schippen
pelleterie [pɛltʀi] *f* 1 *préparation* Rauchwarenzurichtung *f* 2 *commerce* Pelz-, Rauchwarenhandel *m* 3 *peau* Pelz-, Rauchware *f*
pelletier [pɛltje] *m* 1 *commerçant* Pelz-, Rauchwarenhändler *m* 2 *ouvrier* Rauchwarenzurichter *m*
pelliculaire [pelikylɛʀ] *adj sc* häutchenartig
pellicule [pɛlikyl] *f* 1 *dans les cheveux* ***~s*** *pl* (Kopf)Schuppen *f/pl* 2 PHOT, CIN Film *m*; CIN *a* Filmstreifen *m*, -material *n* 3 (*couche mince*) Film *m*; ***~ lubrifiante*** Schmierfilm *m* 4 BIOL Häutchen *n*
Péloponnèse [pelɔpɔnɛz] ***le ~*** der Peloponnes
pelotage [p(ə)lɔtaʒ] *m* F Begrapschen *n*; Befummeln *n*; Betatschen *n*
pelote [p(ə)lɔt] *f* 1 Knäuel *m ou n*; ***~ de fil, de laine*** Garn-, Wollknäuel *m ou n*; F *fig* ***avoir les nerfs en ~*** nervlich stark angespannt, sehr nervös, F genervt sein 2 COUT ***~ (d'épingles)*** Nadelkissen *n* 3 *balle* Pelotaball *m*; *jeu* ***~ basque*** Pelota *f*
peloter [p(ə)lɔte] *v/t* F begrapschen; befummeln; betatschen **peloteur** *m*, **peloteuse** *f* F Grapscher(in) *m(f)*; Fummler(in) *m(f)*; *adjt* ***gestes peloteurs*** F grapschende Handbewegungen *f/pl*
peloton [p(ə)lɔtõ] *m* 1 (*petite pelote*) (kleiner, kleines) Knäuel; Knäulchen *n* 2 SPORTS (Haupt)Feld *n*; ***~ de tête*** Spitzengruppe *f*; vorderes Feld; *fig* ***être dans le ~ de tête*** zu den Besten gehören, zählen; unter den Besten sein 3 MIL Zug *m*; ***~ d'exécution*** Erschießungs-, Exekutionskommando *n*; ***chef*** *m* ***de ~*** Zugführer *m*
pelotonner [p(ə)lɔtɔne] I *v/t fil, laine* zu e-m Knäuel aufwickeln II *v/pr personne, animal* ***se ~*** sich (zu e-r Kugel) zusammenrollen; ***se ~ contre qn*** sich eng an j-n (an)schmiegen
pelouse [p(ə)luz] *f* Rasen(fläche *f*, -platz *m*) *m*
peluche [p(ə)lyʃ] *f* 1 TEXT Plüsch *m*; ***animaux*** *m/pl* ***en ~*** Stofftiere *n/pl*; ***ours*** *m* ***en ~*** Teddy(bär) *m* 2 (*flocon de poussière*) Staubflocke *f*; (*petit poil*) Fussel *f ou m* 3 F ***~s*** *pl* → ***pluches***
peluché [p(ə)lyʃe] *adj* plüschartig **pelucher** *v/i étoffe* fusseln **pelucheux** *adj* ⟨**-euse**⟩ 1 *étoffe* fusselig 2 *plante* samtig
pelure [p(ə)lyʀ] *f* 1 (abgeschälte) Schale; ***~ d'oignon*** Zwiebelschale *f*; *adjt* ***vin*** *m* ***~ d'oignon*** Schillerwein *m*; Bleichert *m* 2 F *plais* (*manteau*) Mantel *m*; ***enlever sa ~*** F sich auspellen 3 *adjt* ***papier*** *m* ***~*** Durchschlagpapier *n*
pelvien [pɛlvjɛ̃] *adj* ⟨**~ne**⟩ ANAT Becken…
pelvis [pɛlvis] *m* ANAT Becken *n*
pénal [penal] *adj* ⟨**-aux**⟩ JUR Straf…; strafrechtlich; *dans un contrat* ***clause ~e*** Schadensersatz-, Straf-, Vertragsstrafenklausel *f*; ***Code ~*** Strafgesetzbuch *n* (*abr* StGB); ***Code*** *m* ***de procédure ~e*** Strafprozessordnung *f* (*abr* StPO); ***droit ~*** Strafrecht *n*; ***responsabilité ~e*** strafrechtliche Verantwortlichkeit, Haftung **pénalement** *adv* strafrechtlich
pénalisant [penalizɑ̃] *adj* nachteilig; ungünstig **pénalisation** *f* 1 SPORTS Strafe *f*; Strafpunkte *m/pl ou* -minuten *f/pl* 2 *par ext* Benachteiligung *f*; Zurücksetzung *f*
pénaliser [penalize] *v/t* 1 SPORTS, JUR bestrafen; mit e-r Strafe belegen; JUR *a* mit e-m Bußgeld belegen 2 *par ext* benachteiligen; zurücksetzen; bestrafen
pénalité [penalite] *f* JUR, SPORTS Strafe *f*; JUR *a* Bußgeld *n*; Geldbuße *f*; RUGBY ***coup*** *m* ***de pied de ~*** Straftritt *m*
penalty [penalti] *m* ⟨*pl* **penalties**⟩ FOOTBALL Elfmeter *m*; Strafstoß *m*
pénard [penaʀ] *adj* → ***peinard***
pénates [penat] *m/pl* HIST *à Rome* Hausgötter *m/pl*; Penaten *pl*; *fig et plais* ***regagner, réintégrer ses ~*** an den häuslichen Herd, ins traute Heim zurückkehren
penaud [pəno] *adj* beschämt; verlegen; betreten; kleinlaut
penchant [pɑ̃ʃɑ̃] *m* Hang *m*, Neigung *f* (***à*** *ou* ***pour qc*** zu etw); *st/s* ***~ pour qn*** Zuneigung *f* zu j-m; ***son ~ pour la musique*** s-e besondere Vorliebe für (die) Musik; ***mauvais ~s*** schlimme Neigungen; schlechte Anlagen *f/pl*; ***avoir un ~ à*** *ou* ***pour qc*** e-n Hang, e-e Neigung zu etw haben; zu etw neigen
penché [pɑ̃ʃe] *adj* 1 geneigt; schräg; schief; ***écriture ~e*** schräge Schrift; ***la Tour ~e de Pise*** der Schiefe Turm von Pisa 2 *fig* ***avoir, prendre des airs ~s*** e-e

P

nachdenkliche, träumerische Miene aufsetzen

pencher [pɑ̃ʃe] I *v/t objet* neigen; **~ la tête** den Kopf neigen, senken, (nieder)beugen II *v/i* 1 *arbre, mur etc* sich neigen; schief sein, stehen; *balance* sich senken; **~ à gauche** *a* nach links hängen 2 *personne* **~ pour qc** zu etw (hin)neigen, tendieren III *v/pr* 1 *personne* **se ~** sich nieder-, herabbeugen; **se ~ en avant** sich nach vorn beugen, neigen; sich vornüberbeugen, -neigen; CH DE FER **ne pas se ~ au-dehors** nicht hinauslehnen!; **se ~ par la fenêtre** sich zum Fenster hinauslehnen, -beugen; sich aus dem Fenster lehnen, beugen; *p/p* **penché sur un livre** über ein Buch gebeugt 2 *fig* **se ~ sur qc** sich mit etw beschäftigen, befassen, auseinandersetzen; sich in etw (*acc*) vertiefen

pendable [pɑ̃dabl] *adj* **tour** *m* **~** schlimmer, übler, böser Streich

pendaison [pɑ̃dɛzõ] *f* 1 *supplice* Henken *n*; **exécuter par ~** durch den Strang hinrichten 2 *suicide* Erhängen *n* 3 **~ de crémaillère** Wohnungseinweihung *f*; F Einzugsfete *f*

pendant¹ [pɑ̃dɑ̃] *m* Gegenstück *n*, Pendant *n*, Entsprechung *f* (**de** zu); **être le ~ de qc, faire ~ à qc** das Gegenstück, Pendant zu etw sein, bilden; *par ext* e-r Sache (*dat*) entsprechen, vergleichbar sein; **se faire ~** sich (*dat*) genau gegenüberstehen, -hängen; *par ext* sich (*dat*) genau entsprechen

pendant² [pɑ̃dɑ̃] I *prép* während (*+gén*, F *a +dat*); **~ trois heures** drei Stunden (lang); **~ l'hiver** während des Winters; **~ la nuit** während, in der Nacht; die Nacht über; **~ ce temps** während dieser Zeit; währenddessen; **avant la guerre et ~** vor und während des Krieges II *loc/conj* **~ que a)** *simultanéité* während; **b)** *opposition* während; wo(hin)gegen; **c) ~ que j'y pense ...** da ich gerade daran denke ...; *iron* **~ que tu y es, prends tout!** da du nun schon (einmal) dabei bist, nimm alles!

pendant³ [pɑ̃dɑ̃] I *adj* 1 (herab-, herunter)hängend; *d'un animal* **oreilles ~es** Hänge-, F Schlappohren *n/pl*; *loc/adv*: **les bras ~s** mit (herab)hängenden Armen; **les jambes ~es** mit baumelnden Beinen; *chien* **la langue ~e** mit heraushängender Zunge 2 **a)** JUR **procès ~** anhängiges, schwebendes Verfahren; **b)** *par ext*: *affaire, question* unentschieden; in der Schwebe (befindlich) II *m/pl* **~s d'oreilles** Ohrgehänge *n*

pendeloque [pɑ̃dlɔk] *f bijou* Gehänge *n*; *d'un lustre* **~s** *pl* Behänge *m/pl*

pendentif [pɑ̃dɑ̃tif] *m* 1 *bijou* Anhänger *m* 2 ARCH Hängezwickel *m*; Pendentif *n*

penderie [pɑ̃dʀi] *f* **a)** (*placard*) (eingebauter) Kleiderschrank; **b)** *pièce* Kleiderkammer *f*; **c)** *partie d'une armoire* Kleiderabteil *m*

pendiller [pɑ̃dije] *v/i linge* flattern

Pendjab [pɛndʒab] **le ~** der *ou* das Pandschab

pendouiller [pɑ̃duje] *v/i* F (herum)baumeln

pendre [pɑ̃dʀ] ⟨→ **rendre**⟩ I *v/t* 1 *objet* hängen (**à** an *+acc*); aufhängen (**à** an *+dat*) 2 *condamné* (auf-, er)hängen; henken; F aufknüpfen; *fig* **dire pis que ~ de qn** kein graues Haar, keinen guten Faden an j-m lassen; F *fig* **qu'il aille se faire ~ ailleurs!** F er soll sich zum Teufel, zum Henker scheren!; *fig* **je veux être pendu si ...** F ich fresse e-n Besen *ou* ich will e-n Besen fressen, wenn ... II *v/i* 1 hängen (**à** an *+dat*); **~ jusqu'à terre** *branches* bis zur Erde herab-, herunterhängen; bis auf die Erde hängen; *manteau etc* bis zum *ou* auf den Boden reichen; **laisser ~ ses bras** die Arme (herab-, herunter)hängen lassen 2 *robe* **~ d'un côté, par derrière** auf e-r Seite, hinten zu lang sein, F zipfeln III *v/pr* 1 *personne* **se ~ à qc** sich an etw (*acc*) hängen; F *fig* **se ~ à la sonnette de qn** F bei j-m Sturm läuten 2 *suicidé* **se ~** sich er-, aufhängen

pendu [pɑ̃dy] I *p/p* → **pendre**; **être ~** aufgehängt sein (**à** an *+dat*); hängen (an *+dat*; *a fig*); F *fig* **être toujours ~ au téléphone** F dauernd an der Strippe hängen; → *a* **langue** 2 II *subst* **~(e)** *m(f)* Erhängte(r) *f(m)* (*a par suicide*); Gehängte(r) *f(m)*; Gehenkte(r) *f(m)*

pendulaire [pɑ̃dylɛʀ] *adj* Pendel...; **mouvement** *m* **~** Pendelbewegung *f*; Pendeln *n*

pendule¹ [pɑ̃dyl] *m* PHYS, RADIESTHÉSIE Pendel *n*

pendule² [pɑ̃dyl] *f* Pendel-, Wand-, Tisch-, Küchen-, Stutzuhr *f*; *fig* **remettre les ~s à l'heure** Klarheit schaffen; keine Missverständnisse aufkommen lassen

pendulette [pɑ̃dylɛt] *f* kleine Pendel-, Wanduhr *etc*

pêne [pɛn] *m d'une serrure* Riegel *m*; Falle *f*

Pénélope [penelɔp] *f* MYTH Penelope *f*

pénéplaine [peneplɛn] *f* GÉOL Rumpffläche *f*; Fastebene *f*

pénétrable [penetʀabl] *adj* **difficilement ~** *forêt* fast undurchdringlich; *fig*: *intentions de qn* schwer zu durchschauen(d); *mystère* schwer zu ergründen(d), erforschen(d)

pénétrant [penetʀɑ̃] I *adj* 1 *odeur* penetrant; *pluie* durch alle Kleider (durch)gehend, (-)dringend; **froid ~** durchdringende, scharfe Kälte; **regard, vent ~** durchdringender *ou* scharfer Blick, Wind 2 *fig esprit* durchdringend; scharf; **remarque ~e** scharfsinnige Bemerkung II *f* **~e** (zum Zentrum führende) Stadtautobahn

pénétration [penetʀasjõ] *f* 1 Eindringen *n* (*a fig d'idées nouvelles etc*); *d'un projectile* **force** *f* **de ~** Durchschlagskraft *f* 2 *fig* (*sagacité*) Scharfsinn *m*; Geistes-, Verstandesschärfe *f*

pénétré [penetʀe] *adj personne* **~ de qc** von etw erfüllt, durchdrungen; **~ de son importance** von s-r Wichtigkeit überzeugt, durchdrungen; **d'un ton ~** im Brustton der Überzeugung

pénétrer [penetʀe] ⟨**-è-**⟩ I *v/t* 1 *liquide* **~ qc** in etw (*acc*) eindringen; durch etw (durch)dringen; etw durchdringen; *froid* **~ qn jusqu'aux os** j-m durch und durch gehen 2 *fig*: *intentions de qn* durchschauen; *mystère* ergründen; erforschen; **~ un secret** *a* hinter ein Geheimnis kommen; in ein Geheimnis eindringen 3 *fig* **~ qn d'admiration, de reconnaissance** j-n mit Bewunderung, Dankbarkeit erfüllen; → *a* **pénétré** II *v/i eau, fumée, projectile etc, par ext idées, cambrioleur, envahisseur etc* eindringen (**dans** in *+acc*); **~ à travers qc** durch etw (durch)dringen; *vernis* **~ dans le bois** in das Holz (ein)dringen, einziehen; *par ext* **on pénètre dans le bureau** *par un petit couloir* man kommt in das Büro, man betritt das Büro ...; **~ dans des milieux fermés** in exklusive Kreise eindringen; sich (*dat*) zu exklusiven Kreisen Zutritt verschaffen; *fig* **~ dans les secrets de la nature** in die Geheimnisse der Natur eindringen; *crème dans la peau* **faire ~ en massant** einmassieren III *v/pr personne* **se ~ d'une idée**

e-n Gedanken in sich (*dat*) aufnehmen; ***se ~ de l'utilité de qc*** sich von der Nützlichkeit e-r Sache (*gén*) überzeugen

pénibilité [penibilite] *f d'un travail* Mühseligkeit *f*; Beschwerlichkeit *f*

pénible [penibl] *adj* 1 *travail, existence, voyage etc* mühselig; mühevoll; mühsam; beschwerlich; anstrengend 2 *situation, événement, nouvelle etc* traurig; schmerzlich; betrüblich; *situation a* misslich; *moments, heures a* schwer; ***maladie*** *f* **~** schmerzhafte Krankheit; ***il m'est ~ de devoir vous annoncer que …*** es ist nicht leicht für mich, Ihnen mitteilen zu müssen, dass … 3 F *caractère, personne* schwierig

péniblement [penibləmɑ̃] *adv* 1 (*difficilement*) mühsam; mit Mühe (und Not) 2 (*cruellement*) schmerzlich

péniche [peniʃ] *f* 1 Last-, Frachtkahn *m*; Zille *f*; ***~ remorquée*** Schleppkahn *m* 2 MAR MIL ***~ de débarquement*** Landungsboot *n*, -fahrzeug *n*

pénicilline [penisilin] *f* PHARM Penizillin *ou t/t* Penicillin *n*

péninsulaire [penɛ̃sylɛʀ] *adj* Halbinsel…; *sc* peninsular(isch)

péninsule [penɛ̃syl] *f* Halbinsel *f*

pénis [penis] *m* ANAT Penis *m*; männliches Glied

pénitence [penitɑ̃s] *f* 1 (*châtiment*) Strafe *f*; **pour (ta, sa** *etc*) **~** zur Strafe 2 REL **a)** (*repentir*) Bußfertigkeit *f*; **b)** (*peine imposée*) Buße *f*; Bußübung *f*; ***faire ~*** Buße tun; **c)** (***sacrement*** *m* ***de***) **~** Bußsakrament *n*

pénitencier [penitɑ̃sje] *m* JUR Strafanstalt *f*

pénitent [penitɑ̃] REL I *adj* bußfertig II *subst* 1 (*qui se confesse*) **~(e)** *m(f)* Beichtkind *n* 2 HIST Büßer(in) *m(f)*

pénitentiaire [penitɑ̃sjɛʀ] *adj* JUR Straf(vollzugs)…; ***établissement*** *m* **~** Straf(vollzugs)anstalt *f*; HIST ***colonie*** *f* **~** Strafkolonie *f*

Penmarch [pɛ̃maʀ, pɛn-] *Stadt im Dep. Finistère*

penne [pɛn] *f de l'aile* Schwungfeder *f*; *de la queue* Schwanzfeder *f*

penné [pɛ(n)ne] *adj* BOT *feuille* gefiedert

Pennine [penin] ***la chaîne ~*** *ou* ***les ~s*** *f/pl* das Penninische Gebirge

Pennsylvanie [pɛnsilvani] ***la ~*** Pennsylvanien *n*

pennsylvanien [pɛnsilvanjɛ̃] I *adj* ⟨**~ne**⟩ pennsylvanisch II *subst* ***Pennsylvanien(ne)*** *m(f)* Pennsylvanier(in) *m(f)*

pénombre [penɔ̃bʀ] *f* Halbdunkel *n*; Dämmerlicht *n*; PHYS Halbschatten *m*

pensable [pɑ̃sabl] *adj* ***ne pas être ~*** nicht denkbar, undenkbar sein

pensant [pɑ̃sɑ̃] *adj* 1 denkend; ***un être ~*** ein denkendes Wesen 2 *personne, presse* ***bien ~*** konformistisch

pense-bête [pɑ̃sbɛt] *m* ⟨*pl* **pense-bêtes**⟩ Merkzeichen *n*

pensée[1] [pɑ̃se] *f* 1 (*fait de penser*) Denken *n*; (*faculté de penser*) Denkvermögen *n*, -fähigkeit *f*; ***~ abstraite*** abstraktes Denken 2 (*idée*) Gedanke *m*; ***la ~ de qn, qc*** der Gedanke an j-n, etw; *loc/adv*: ***à la seule ~ de*** (*+inf*) bei dem bloßen Gedanken, allein schon bei dem Gedanken zu (*+inf*); ***à la ~ qu'il pouvait mourir*** bei dem Gedanken, dass er sterben könnte; ***par la ~, en ~*** im Geiste; in Gedanken; ***aller jusqu'au bout de sa ~*** e-n Gedanken bis zu Ende denken; ***avoir une ~ émue pour qn*** in Gedanken bei j-m sein; ***deviner la ~, les ~s de qn*** j-s Gedanken erraten; *dans une lettre* ***recevez nos plus affectueuses ~s*** in herzlichem Gedenken 3 (*façon de penser*) Denkweise *f*, -art *f*; *st/s* Denkungsart *f*; (*opinion*) Ansicht *f*; Meinung *f*; Auffassung *f*; *d'un écrivain, philosophe* Gedankenwelt *f*; (*doctrine*) Denken *n*; Gedankengut *n*; *autrefois* ***la libre ~*** das Freidenkertum; die Freigeisterei

pensée[2] [pɑ̃se] *f* BOT Stiefmütterchen *n*

penser [pɑ̃se] I *v/t* 1 (*croire*) denken; glauben; meinen; ***~ du bien, du mal de qn*** gut, schlecht, Gutes, Schlechtes von j-m denken; e-e gute, schlechte Meinung von j-m haben; ***contrairement à ce que j'avais pensé*** entgegen meiner Vermutung; ***dire ce que l'on pense*** sagen, was man denkt; ***il n'est pas si bête qu'on le pense*** er ist nicht so dumm, wie man denkt, glaubt, meint; ***qu'est-ce qui vous fait ~ cela?*** wie kommen Sie darauf?; ♦ ***~ de qc, qn*** halten von etw, j-m; ***que penses-tu de cette solution?*** was hältst du von dieser Lösung?; ***qu'en pensez-vous?*** was halten Sie davon; wie denken Sie darüber?; ***que faut-il ~ de lui?*** was soll man von ihm halten?; *il ne dit rien*, ***mais il n'en pense pas moins*** aber er denkt sich (*dat*) sein Teil; ♦ ***~ que …*** denken, glauben, meinen, dass …; ***vous pensez bien que …*** Sie können sich (*dat*) (wohl) denken, dass …; ***je ne pense pas que ce soit si difficile*** ich glaube nicht, dass das so schwierig ist; ***je pense qu'il a raison*** ich glaube, er hat recht; ***pensez qu'elle n'a que vingt ans!*** denken Sie *ou* stellen Sie sich (*dat*) vor, sie ist erst zwanzig Jahre alt!; ♦ **~** (*+inf*) glauben zu (*+inf*); ***il a pensé mourir*** er glaubte zu sterben; → *a 2* 2 (*avoir l'intention de*) **~** (*+inf*) gedenken, beabsichtigen zu (*+inf*); ***je pense partir demain*** ich gedenke, beabsichtige, morgen abzureisen 3 (*concevoir*) *problème, aménagement etc* durchdenken; *adjt* ***minutieusement pensé*** bis ins Kleinste durchdacht 4 *par euphémisme*: ***il a marché dans ce que je pense*** er ist in die Sch… getreten; *il lui a flanqué un coup de pied* ***là où je pense*** in den Allerwertesten II *v/t/indir* ***~ à qn, qc*** an j-n, etw denken; ***ne ~ qu'à s'amuser*** nur ans Vergnügen denken; ***à quoi penses-tu?*** woran denkst du?; ***n'y pensons plus!*** denken wir nicht mehr daran!; vergessen wir es!; ***tu n'y penses pas!*** das ist doch nicht dein Ernst!; ***ah, j'y pense …*** *ou* ***mais j'y pense …*** ach, da fällt mir gerade ein …; ach, dass ich nicht vergesse …; ***j'essaierai d'y ~*** ich werde versuchen, daran zu denken; *c'est simple*, ***mais il fallait y ~*** aber man muss erst darauf kommen; ♦ *loc/adv* ***sans ~ à mal*** ohne sich (*dat*) Böses, Schlimmes, Arges dabei zu denken; ***sans y ~*** ganz in Gedanken; ♦ ***~ à faire qc*** daran denken, nicht vergessen, etw zu tun; ***fais-moi ~ à payer la note*** erinnere mich daran, lass mich daran denken, dass ich die Rechnung bezahlen muss; ♦ *photo, musique etc* ***faire ~ à qc*** an etw (*acc*) erinnern III *v/i* 1 denken; ***son maître à ~*** sein geistiges Vorbild; ***façon*** *f* ***de ~*** Denkweise *f*, -art *f*; ***je leur dirai ma façon de ~!*** ich werde ihnen meine Meinung sagen!; ***~ tout 'haut*** laut denken; *Descartes* ***je pense, donc je suis*** ich denke, also bin ich; ***je ne pense pas comme vous sur cette question*** in dieser Fra-

P

ge denke ich nicht wie Sie, bin ich anderer Meinung als Sie; ♦ *événement etc* ***donner, laisser à*** ~ zu denken geben; einen bedenklich, nachdenklich machen, stimmen **2** *exclamations*: F ***tu penses!, vous pensez!*** *pour insister* F und ob!; das kannst du dir *ou* können Sie sich (*dat*) denken!; *pour refuser* F denkste!; ***vous pensez si j'avais peur!*** und ob ich Angst hatte!; ♦ F ***penses-tu!, pensez-vous!*** ach wo(her)!; i wo!; i bewahre!; wo denkst du *ou* wo denken Sie hin!

penseur [pɑ̃sœʀ] *m* Denker *m*; ***libre*** ~ Freidenker *m*; Freigeist *m*

pensif [pɑ̃sif] *adj* ⟨**-ive**⟩ nachdenklich; gedankenvoll

pension [pɑ̃sjõ] *f* **1** (*internat*) Internat *n*; Schüler(innen)heim *n*; ***être en*** ~ im Internat sein; ***mettre son fils en*** ~ s-n Sohn ins Internat geben **2** *hôtel* Pension *f*; Fremdenheim *n*; ~ ***de famille*** kleine Pension; Familienpension *f* **3** (*hébergement et nourriture*) Pension *f*; *somme a* Kostgeld *n*; ~ ***complète*** Vollpension *f*; ***chambre*** *f* ***avec*** ~ ***complète*** Zimmer *n* mit Vollpension; ***être en*** ~ ***chez qn*** bei j-m in Pension sein (*a animal*); ***prendre qn en*** ~ j-n in Pension nehmen (*a animal*); ***prendre*** ~ ***chez qn, dans un hôtel*** Wohnung und Verpflegung, Vollpension bei j-m, in e-m Hotel nehmen **4** *allocation* Rente *f*; ~ ***alimentaire*** Unterhaltsrente *f*; *pour enfant naturel* Alimente *pl*; ~ ***de guerre*** Kriegshinterbliebenenrente *f*; ~ ***d'invalidité*** Invaliden-, Berufsunfähigkeits-, Erwerbsunfähigkeitsrente *f*; ~ ***de retraite, de vieillesse*** Altersrente *f*; Ruhegeld *n*; *pour fonctionnaires* Pension *f*; Ruhegehalt *n*; ~ ***de réversion*** Hinterbliebenenrente *f*

pensionnaire [pɑ̃sjɔnɛʀ] *m,f* **1** *élève* Internatsschüler(in) *m(f)*; Zögling *m* **2** *d'une pension de famille, d'un hôtel* Pensionsgast *m*; *d'une maison de retraite etc* Insasse *m*, Insassin *f* **3** ~ ***de la Comédie-Française*** befristet angestellter Schauspieler, angestellte Schauspielerin der Comédie Française **4** *artiste* ~ ***de la Villa Médicis*** Stipendiat(in) *m(f)* der Villa Medici

pensionnat [pɑ̃sjɔna] *m* ~ (***de jeunes filles***) (Mädchen)Pensionat *n*

pensionné [pɑ̃sjɔne] *adj et subst* → ***retraité***

pensionner [pɑ̃sjɔne] *v/t rarement* ~ ***qn*** j-m e-e Pension, Rente geben

pensum [pɛ̃sɔm] *m* ÉCOLE Strafarbeit *f* (*a fig*)

pentacle [pɛ̃takl] *m* OCCULTISME Pentagramm *n*; Drudenfuß *m*

pentaèdre [pɛ̃taɛdʀ] *m* MATH Fünfflächner *m*; *sc* Pentaeder *n*

pentagonal [pɛ̃tagɔnal] *adj* ⟨**-aux**⟩ fünfeckig; *sc* pentagonal

pentagone [pɛ̃tagon, -gɔn] *m* **1** MATH Fünfeck *n*; *sc* Pentagon *n* **2** *à Washington* ***le Pentagone*** das Pentagon

pentathlon [pɛ̃tatlõ] *m* SPORTS ~ (***moderne***) (moderner) Fünfkampf

pente [pɑ̃t] *f* **1** *d'un terrain, d'une route etc* Gefälle *n* (***de dix pour cent*** von zehn Prozent); Neigung *f*; *d'un toit* Dachneigung *f*; *loc/adj* ***en*** ~ abfallend; ***en*** ~ ***raide*** abschüssig; ***aller, être en*** ~ abfallen; Gefälle haben; ***descendre en*** ~ ***douce, raide*** sanft, steil abfallen; ein sanftes, steiles Gefälle haben **2** *d'une colline, montagne* (Ab)Hang *m*; *südd a* Lehne *f*; ~ ***douce*** sanfter (Ab)Hang; Flachhang *m*; ~ ***raide*** steiler (Ab-)Hang; Steilhang *m*; *fig personne*: ***être sur une*** ~ ***glissante*** auf e-r gefährlichen Bahn sein; ***être sur une*** *ou* ***la mauvaise*** ~ auf die schiefe Ebene, Bahn geraten sein; ***remonter la*** ~ wieder auf die Beine kommen; ***il a remonté la*** ~ *a* es geht wieder bergauf mit ihm; ***suivre sa*** ~ s-r Neigung (*dat*) nachgehen **3** MATH *d'une droite* Steigung *f*

Pentecôte [pɑ̃tkot] ***la*** ~ Pfingsten *n ou pl*; ***à la*** ~ (an, zu) Pfingsten

Penthésilée [pɛ̃tezile] *f* MYTH Penthesilea *f*

penture [pɑ̃tyʀ] *f* TECH *d'un volet etc* Band *n*

pénultième [penyltjɛm] *f* LING Pänultima *f*; vorletzte Silbe

pénurie [penyʀi] *f* (großer) Mangel (***de*** an *+dat*); Knappheit *f*; ~ ***de devises*** Devisenmangel *m*, -knappheit *f*; ~ ***d'eau*** Wasserknappheit *f*; ~ ***de logements*** Wohnungsnot *f*; Wohnraummangel *m*; ~ ***de main-d'œuvre*** Arbeitskräftemangel *m*; Mangel *m* an Arbeitskräften

pep [pɛp] *m* F ***avoir du*** ~ Schwung, Pep haben

pépé [pepe] *m* F *enf* Opa *m* (*a par ext*)

pépée [pepe] *f* F ***une jolie*** ~ F ein hübscher Käfer; ein Klasseweib *n*

pépère [pepɛʀ] **I** *adj* F *vie, travail* gemütlich; bequem, geruhsam; *vie a* beschaulich; ***un petit coin*** ~ ein ruhiges Fleckchen **II** *m* **1** *enf* Opa *m* **2** F ***un gros*** ~ ein gemütlicher Dicker; *enfant* ein Dickerchen *n*; F ein Pummelchen *n*

pépètes [pepɛt] *f/pl* F → ***fric***

pépie [pepi] *f* F *fig* ***avoir la*** ~ sehr durstig sein; e-e trockene Kehle haben

pépiement [pepimɑ̃] *m* Piep(s)en *n*; Tschilpen *n*

pépier [pepje] *v/i jeunes oiseaux* piepsen; piepen; *moineaux* tschilpen

pépin [pepɛ̃] *m* **1** *de certains fruits* Kern *m*; ***fruits*** *m/pl* ***à*** ~***s*** Kernobst *n*; ***sans*** ~***s*** kernlos **2** F *fig personne* ***avoir un*** ~ auf Schwierigkeiten stoßen; Ärger, Scherereien, Pech haben **3** F (*parapluie*) Schirm *m*; F Musspritze *f*

Pépin [pepɛ̃] *m* HIST Pippin *m*

pépinière [pepinjɛʀ] *f* **1** Baumschule *f* **2** *fig* Pflanz-, Bildungsstätte *f*

pépiniériste [pepinjeʀist] *m,f* Baumschulgärtner(in) *m(f)*

pépite [pepit] *f* (Gold)Klumpen *m*

péplum [peplɔm] *m* (in der Antike spielender) Monumental-, Kolossalfilm

pepsine [pɛpsin] *f* BIOCHIMIE Pepsin *n*

peptique [pɛptik] *adj* BIOCHIMIE peptisch

péquenaud [pɛkno] *m*, **péquenaude** *f*, **péquenot** [pɛkno] *m* F *péj* **1** *péj* Bauernlümmel *m*, -trampel *m ou n*; Bauernweib *n*; *par ext* Hinterwäldler(in) *m(f)* **2** *adjt* ungehobelt; ungeschliffen; hinterwäldlerisch

péquin [pekɛ̃] *m* → ***pékin***

perçage [pɛʀsaʒ] *m* TECH (Durch)Bohren *n*; Durchbohren *n*

percale [pɛʀkal] *f* TEXT Perkal *m*

perçant [pɛʀsɑ̃] *adj regard* durchdringend; scharf; ***cris*** ~***s*** gellende, durchdringende Schreie *m/pl*; ***froid*** ~ schneidende, durchdringende Kälte; ***voix*** ~***e*** schrille Stimme

perce [pɛʀs] *f tonneau* ***mettre en*** ~ anstechen; an-

P

zapfen; ***mise** f **en** ~* Anstich *m*; Anzapfen *n*

percée [pɛʀse] *f* 1 *dans une forêt* Durchhieb *m* 2 TECH (Mauer-, Straßen)Durchbruch *m*; *d'un tunnel* Durchstich *m* 3 MIL, SPORTS *et fig* (*réussite*) Durchbruch *m*; MIL *a* Durchstoß *m*; ***faire, tenter une*** ~ e-n Durchbruch machen, versuchen

percement [pɛʀsəmɑ̃] *m d'un mur, d'une rue etc* Durchbrechen *n*, -bruch *m*; *d'un tunnel* Durchstechen *n*, -stich *m*; Bohren *n*, -ung *f*

perce-neige [pɛʀsənɛʒ] *m ou f* ⟨*inv*⟩ BOT Schneeglöckchen *n*

perce-oreille [pɛʀsɔʀɛj] *m* ⟨*pl* **perce-oreilles**⟩ ZO Ohrwurm *m*

percepteur [pɛʀsɛptœʀ] *m* Finanzbeamte(r) *m*; *par ext* Finanzamt *n*; HIST Steuereinnehmer *m*

perceptibilité [pɛʀsɛptibilite] *f* PHILOS Wahrnehmungsfähigkeit *f*, -vermögen *n*; Wahrnehmbarkeit *f*; *sc* Perzeptibilität *f*

perceptible [pɛʀsɛptibl] *adj* 1 wahrnehmbar; *sc* perzeptibel; ***~ à l'œil nu*** mit bloßem Auge erkennbar, wahrnehmbar; *son* ~ (***à l'oreille***) hörbar; vernehmbar 2 *avantage, amélioration* spürbar; merklich 3 *ironie, subtilité etc* fassbar; fasslich; spürbar; begreiflich

perceptif [pɛʀsɛptif] *adj* ⟨**-ive**⟩ PSYCH perzeptorisch; perzeptiv

perception [pɛʀsɛpsjõ] *f* 1 (*recouvrement d'impôts*) Erhebung *f*; Einziehung *f*; Beitreibung *f* 2 *bureau* Finanzamt *n* 3 PHILOS, PSYCH Wahrnehmung *f*; *sc* Perzeption *f*; GR ***verbes** m/pl **de** ~* Verben *n/pl* der sinnlichen Wahrnehmung

percer [pɛʀse] ⟨**-ç-**⟩ I *v/t* 1 *mur, planche* durchbohren *ou* durchbohren; *avec une aiguille* durchstechen; *projectile*: *mur etc* durchschlagen, -bohren; MIL *front ennemi*, SPORTS *défense* durchbrechen; durchbrechen durch; *avec des chars* durchstoßen; durchstoßen durch; *mur, route* durchbrechen; ***~ un abcès*** einen Abszess öffnen; ***~ une ampoule*** eine Blase aufstechen; ***~ un chemin dans la forêt*** e-n Weg durch den Wald hauen, schlagen; *fig* ***~ le cœur*** das Herz zerreißen; ***~ un coffre-fort*** einen Tresor aufbrechen; F knacken; *bébé* ***~ ses dents*** s-e Zähne bekommen; zahnen; ***~ une fenêtre, une porte*** ein Fenster, eine Tür durch-, ausbrechen; ***~ la foule*** sich (*dat*) gewaltsam e-n Weg durch die Menge bahnen; sich durch die Menge durchkämpfen; *soleil* ***~ les nuages*** durch die Wolken brechen; *lumière* ***~ l'obscurité*** durch die Dunkelheit dringen; *cris, vacarme* ***~ les oreilles*** den Ohren wehtun; in den Ohren gellen; *explosion, cris* ***~ le silence*** die Stille zerreißen; ***~ un tonneau*** ein Fass anstechen, anzapfen; ***~ un trou, un tunnel*** ein Loch, einen Tunnel bohren; ♦ *adjt* ***percé*** *chaussures, poche etc* durchlöchert; ***être percé*** ein Loch, Löcher haben; durchlöchert sein 2 ~ (***à jour***) *intentions de qn* durchschauen; *mystère* ergründen; erforschen; ***~ un secret*** *a* hinter ein Geheimnis kommen II *v/i* 1 *dents* durchkommen, -brechen; *abcès* aufgehen; MIL, SPORTS durchbrechen; *chars a* durchstoßen; *jour* anbrechen; *soleil* ~ (***à travers les nuages***) durchbrechen, -kommen 2 *fig*: *vraie nature de qn* durchbrechen, -schlagen; zum Vorschein kommen; *ironie dans les paroles de qn* durchklingen; mitschwingen; *personne*: *sentiments* ***laisser*** ~ (***à l'extérieur***) nach außen hin merken lassen, zeigen; ***rien n'a percé de leur entretien*** von ihrer Unterhaltung ist nichts durchgedrungen, durchgesickert 3 *fig personne* (*réussir*) den Durchbruch schaffen; berühmt werden; Berühmtheit erlangen

perceur [pɛʀsœʀ] *m* 1 *ouvrier* Bohrer *m* 2 ***~ de coffre-fort*** Geldschrankknacker *m*

perceuse [pɛʀsøz] *f* TECH Bohrmaschine *f*; ***~ à percussion*** Schlagbohrmaschine *f*

percevable [pɛʀsəvabl] *adj impôts* einziehbar; erhebbar

Perceval [pɛʀsəval] *m* MYTH Parzival *m*

percevoir [pɛʀsəvwaʀ] *v/t* ⟨→ **recevoir**⟩ 1 *par les sens* wahrnehmen; *acoustiquement a* vernehmen; *visuellement a* erkennen; *par l'esprit* erkennen; erfassen 2 *impôts* einnehmen; einziehen; erheben (*a redevances*); *loyer, somme* einnehmen; vereinnahmen; kassieren; (*recevoir*) bekommen

perche[1] [pɛʀʃ] *f* ZO Barsch *m*; ***~ arc-en-ciel*** Sonnenbarsch *m*

perche[2] [pɛʀʃ] *f* 1 Stange *f*; *pour saut à la* ~ Stab *m*; *pour grimper* Kletterstange *f*; CIN, TV ~ (***à son***) (Mikrofon)Galgen *m*; Giraffe *f*; TECH ~ (***de prise de courant***) Stromabnehmer *m*; SPORTS ***saut** m **à la** ~* Stabhochsprung *m*; *fig* ***tendre la ~ à qn*** (*tirer d'embarras*) j-m Hilfestellung leisten; j-m aus der Klemme, F Patsche helfen; *pour faire céder qn* j-m goldene Brücken bauen 2 F *fig de qn* ***grande*** ~ lange Latte; Bohnen-, Hopfenstange *f*

Perche [pɛʀʃ] ***le*** ~ *Landschaft im Südosten der Normandie*

perché [pɛʀʃe] *adj* 1 *oiseau, personne* (erhöht) sitzend (***sur*** auf +*dat*); *fig village etc* ***~ dans la montagne*** hoch im Gebirge liegend, gelegen; ***être*** ~ (oben, erhöht) sitzen 2 *fig* ***voix*** (**'haut**) ***~e*** hohe Stimme

percher [pɛʀʃe] I *v/t* F *objet* (hinauf-, hoch)stellen, (-)legen, F hinauftun (***sur l'armoire*** auf den Schrank) II *v/i* 1 *oiseaux* sich setzen (***sur un arbre*** auf e-n Baum); sich niederlassen, *se tenir* sitzen (auf e-m Baum) 2 F *fig personne* wohnen; F hausen III *v/pr* 1 *oiseaux* ***se*** ~ → *II 1* 2 F *personne* ***se ~ sur le parapet*** sich auf das Geländer setzen

percheron [pɛʀʃəʀõ] *m Kaltblutpferd aus dem Perche*

percheur [pɛʀʃœʀ] *adj* ⟨**-euse**⟩ ZO ***oiseaux ~s*** Vögel *m/pl*, die in der Höhe zu sitzen pflegen

perchiste [pɛʀʃist] *m,f* 1 SPORTS Stabhochspringer(in) *m(f)* 2 CIN, TV Mikrofonassistent(in) *m(f)*

perchman [pɛʀʃman] *m* ⟨*pl* **perchmen** [pɛʀʃmɛn]⟩ → ***perchiste*** *2*

perchoir [pɛʀʃwaʀ] *m* 1 *pour oiseaux* (Sitz)Stange *f*; *pour poules* Hühnerstange(n) *f(pl)* 2 F *fig* erhöhter Sitz 3 *fig* POL Tribüne *f*, *par ext* Amt *n* des Präsidenten der Nationalversammlung

perclus [pɛʀkly] *adj* ⟨**-use** [-yz]⟩ *personne* ***être ~ de douleurs*** vor Schmerzen wie gelähmt sein; ***être ~ de rhumatismes*** durch Rheuma steif, unbeweglich sein

percolateur [pɛʀkɔlatœʀ] *m* Kaffeemaschine *f* (*für Restaurants*)

perçu [pɛʀsy] *p/p* → ***percevoir***

percussion [pɛʀkysjõ] *f* 1 Schlag *m* (*a* TECH); PHYS Stoß *m*; MIL Perkussion *f* 2 MÉD Abklopfen *n*; *sc* Perkussion *f* 3 MUS (Gruppe *f* der) Schlaginstrumente *n/pl*; JAZZ *a* Percussion [-ˈkaʃən] *f*; ***instru-***

ment *m* ***à*** *ou* ***de ~*** Schlaginstrument *n*

percussionniste [pɛʀkysjɔnist] *m,f* MUS Schlagzeuger(in) *m(f)*

percutant [pɛʀkytɑ̃] *adj* **1** MIL Aufschlag…; ***obus ~*** Granate *f* mit Aufschlagzünder **2** *fig argument* schlagend; *article, formule* von durchschlagender Wirkung; frappierend

percuter [pɛʀkyte] **I** *v/t* ***~ qc*** auf etw (*acc*) (auf)schlagen, (auf)prallen, PHYS *a* stoßen; *véhicule* ***~ un arbre*** gegen e-n Baum fahren, prallen **II** *v/i obus etc* ***~ contre qc*** auf etw (*acc*) aufschlagen, auftreffen; *voiture* ***~ contre un arbre*** gegen e-n Baum fahren, prallen

percuteur [pɛʀkytœʀ] *m d'une arme à feu* Schlagbolzen *m*

perdant [pɛʀdɑ̃] **I** *adj* verlierend; ***billet, numéro ~*** Niete *f*; ***vous serez ~*** Sie gewinnen nichts dabei; Sie haben nichts davon **II** *subst* ***~(e)*** *m(f)* Verlierer(in) *m(f)*

perdition [pɛʀdisjõ] *f* **1** *navire* ***en ~*** in Seenot **2** REL Verderben *n*; Verdammnis *f*; *iron* ***un lieu de ~*** ein Ort *m* des Lasters

perdre [pɛʀdʀ] ⟨→ **rendre**⟩ **I** *v/t* **1** verlieren; *somme, situation, prestige, droits a* einbüßen; kommen um; *avantage, droits a* verlustig gehen (+*gén*); ***j'ai perdu qc*** *a* mir ist etw abhandengekommen; ***~ qn*** j-n verlieren (*a par la mort*); ***~ qn, qc de vue*** j-n, etw aus den Augen verlieren; ♦ *avec subst*: ***~ son argent*** sein Geld verlieren; ***~ son argent au jeu*** sein Geld verspielen; ***~ une bataille*** e-e Schlacht verlieren; ***il a perdu un bras à la guerre*** er hat im Krieg e-n Arm verloren, eingebüßt; ***~ confiance*** das Vertrauen verlieren; ***~ courage*** den Mut verlieren, sinken lassen; ***~ espoir*** die Hoffnung verlieren, aufgeben; ***~ l'esprit, la raison, la tête*** den Verstand verlieren; *arbre* ***~ ses feuilles*** s-e Blätter verlieren, abwerfen; ***~ ses forces*** s-e Kräfte verlieren, einbüßen; von Kräften kommen; *couleur* ***~ sa fraîcheur*** ihre Frische verlieren, einbüßen; ***elle a perdu deux kilos*** sie hat zwei Kilo abgenommen; ***il a perdu sa mère à cinq ans*** *a* er war fünf, als s-e Mutter starb; ***~ son pantalon*** s-e Hose verlieren; ***~ de son prestige*** an Prestige verlieren, einbüßen; ***~ un procès*** e-n Prozess verlieren; *mot* ***~ son sens*** s-e Bedeutung verlieren; *véhicule* ***~ de la vitesse*** (an) Geschwindigkeit verlieren; langsamer werden; → *a les subst correspondants*: ♦ *tu ne le connais pas?* ***tu n'y perds rien!*** da hast du nichts verpasst, versäumt!; *menace* ***tu ne perds rien pour attendre!*** du wirst deinen Lohn schon noch bekommen!; ♦ ***n'avoir rien à ~ mais tout à gagner*** nichts zu verlieren, aber alles zu gewinnen haben; ***vous n'avez pas un instant à ~*** Sie haben keinen Augenblick zu verlieren; ***faire ~ sa place, le sommeil*** *etc* ***à qn*** j-n um s-e Stelle, den Schlaf *etc* bringen; ***cette recherche m'a fait ~ une heure*** diese Sucherei hat mich e-e Stunde gekostet **2** *mauvaise habitude* ablegen; aufgeben; → *a* ***habitude*** **3** *occasion* versäumen; verpassen; sich (*dat*) entgehen lassen; ***ne ~ aucune occasion de*** (+*inf*) keine Gelegenheit versäumen *etc* zu (+*inf*); → *a* ***occasion*** *2* **4** *fig* ***~ qn*** (*causer sa ruine*) j-n zugrunde richten; j-n ins Verderben bringen, stürzen; j-n ruinieren, verderben; ***sa témérité l'a perdu*** s-e Tollkühnheit hat ihn zugrunde gerichtet, ins Verderben gestürzt **II** *v/i* **1** *personne* verlieren (*a dans une compétition*); ***~ au change*** e-n schlechten Tausch machen; ***~ au jeu*** beim Spiel verlieren; *objet* ***~ de sa valeur*** an Wert verlieren, einbüßen; COMM ***~ sur un article*** bei e-r Ware draufzahlen, zusetzen; an e-r Ware e-n Verlust haben; ***j'y perds*** da zahle ich drauf, setze ich zu; ***il n'aime pas ~*** er verliert nicht gern **2** *réservoir* (*fuir*) undicht, leck sein; lecken; ein Loch, Leck haben **III** *v/pr* ***se ~*** **1** (*disparaître*) sich verlieren; verloren gehen; *autorité, prestige* schwinden; *métier, tradition, sens d'un mot* untergehen; F ***il y a des coups de pied au derrière, des gifles qui se perdent!*** F er *ou* sie *etc* hätte e-n Tritt in den Hintern, e-e Ohrfeige verdient!; *cris, conversation* ***se ~ dans le bruit*** im Lärm untergehen; *traces* ***se ~ dans la forêt*** sich im Wald verlieren; *personne* ***se ~ dans la foule*** in der Menge verschwinden, untertauchen; MAR *bateau* ***se ~ en mer*** untergehen; Schiffbruch erleiden **2** (*s'égarer*) *personne* sich verirren; sich verlaufen; in die Irre gehen; *st/s* irregehen; *en voiture* sich verfahren; *avion* sich verfliegen; *t/t* sich verfranzen; *fig*: ***je m'y perds*** da komme ich nicht mehr mit; daraus werde ich nicht klug; ***se ~ dans les détails*** sich in Einzelheiten verlieren; sich verzetteln; ***se ~ en conjectures, explications*** sich in Vermutungen, Erklärungen ergehen **3** *denrées alimentaires* verderben; schlecht werden **4** *litt personne* sich zugrunde richten; sich ins Verderben bringen

perdreau [pɛʀdʀo] *m* ⟨*pl* **~x**⟩ ZO junges Rebhuhn

perdrix [pɛʀdʀi] *f* ZO Rebhuhn *n*

perdu [pɛʀdy] **I** *p/p* → **perdre** *et adj* **1** *procès, bataille, cause etc* verloren; *objet a* verloren gegangen; abhandengekommen; *temps a* vertan; *occasion* verpasst; versäumt; ***balle ~e*** verirrte Kugel; ***chien ~*** herrenloser Hund; ***fille ~e*** Dirne *f*; CUIS ***pain ~*** arme Ritter *m/pl*; ***une soirée ~e*** ein verlorener Abend; ♦ ***à tes heures ~es, moments ~s*** in deinen Mußestunden; ***à temps ~*** in der freien Zeit; ♦ ***~ dans la foule*** in der Menge verschwunden, untergetaucht; von der Menge verschluckt; ***~ dans ses pensées*** gedankenversunken, -verloren; ***~ dans ses rêveries*** traumverloren; ♦ *malade* ***être ~*** verloren, nicht mehr zu retten sein; ***rien n'est ~*** noch ist nicht alles aus, verloren; ***tout est ~*** alles ist verloren, aus; *iron* ***ce n'est pas ~ pour tout le monde*** irgendjemandem wird es noch nutzen, zugutekommen; *prov* ***une de ~e, dix de retrouvées*** für e-e verlorene Liebe finden sich zehn andere **2** *pays, coin* entlegen; abgelegen **3** ***je suis ~*** (*égaré*) ich habe mich verlaufen, verirrt, *en voiture* verfahren; *fig* ich weiß nicht mehr aus noch ein; ich weiß mir nicht mehr zu helfen; F ich bin aufgeschmissen **4** (*abîmé*) *vêtement, nourriture* verdorben **5** COMM ***emballage ~*** Einwegverpackung *f*; Wegwerfpackung *f*; ***bouteille*** *f* ***à verre ~*** Einwegflasche *f* **II** *subst loc* ***crier, courir comme un ~*** schreien, rennen wie ein Verrückter, Besessener; F schreien wie am Spieß

perdurer [pɛʀdyʀe] *v/i* fortdauern; fortbestehen

père [pɛʀ] *m* **1** Vater *m* (*a d'un animal*); *appellatif st/s* ***mon ~*** Vater; ***le ~ et la mère*** Vater und Mutter; ***Durand ~*** Durand senior; ***~ de famille*** Familien-, Hausvater *m*; *par ext* ***placement*** *m*, ***valeurs*** *f/pl* ***de ~ de famille*** mündelsichere Geldanlage *f*, Wert-

P

papiere *n/pl*; JUR ***jouir de qc en bon ~ de famille*** mit etw sorgfältig, pfleglich umgehen; *loc/adv* ***de ~ en fils*** von Generation zu Generation; ***une famille où l'on est vigneron de ~ en fils*** e-e Familie, in der sich der Winzerberuf vom Vater auf den Sohn weitervererbt (hat); ***être, devenir ~*** Vater sein, werden; ***être (le) ~ de deux enfants*** Vater von zwei Kindern *ou* zweier Kinder sein; *fig* ***être un (vrai) ~ pour qn*** wie ein Vater zu j-m sein; *prov* ***tel ~, tel fils*** wie der Vater, so der Sohn (*prov*); der Apfel fällt nicht weit vom Stamm (*prov*) **2** *par ext* ***nos ~s*** (*ancêtres*) unsere (Vor)Väter *m/pl*, Voreltern *pl*, Vorfahren *m/pl* **3** *fig* (*créateur*) Schöpfer *m*; Begründer *m*; Vater *m* **4** F ***le ~ X*** Vater X; (der) Herr X; *péj* der (alte) X; ***le ~ Noël*** der Weihnachtsmann; *fig* ***le coup du ~ François*** ein heimtückischer, hinterhältiger Streich; *fig* ***un gros ~*** ein Dicker *m*, F Dickwanst *m*; *d'un enfant* ein Dickerchen *n*, F Pummelchen *n*; *fig* ***un ~ tranquille*** ein ruhiger, friedlicher Mensch; F ***alors, mon petit ~, comment ça va?*** F na, alter Freund *ou* Alterchen, wie geht's? **5** REL ***le Père*** der Vater; ***le Père éternel*** der himmlische Vater; der Herrgott; ***Dieu le Père*** Gottvater *m*; ***Notre Père qui es aux cieux*** Vater unser(, der du bist) im Himmel; *par ext* ***le Notre Père*** das Vaterunser **6** ÉGL CATH (*abr* **P.**) Pater *m* (*abr* P.); ***le ~ X*** (der) Pater X; *appellatif* ***mon Père*** ehrwürdiger Vater; *ordre* ***les Pères Blancs*** die Weißen Väter; ***~ dominicain, jésuite*** Dominikaner-, Jesuitenpater *m*; ***les Pères de l'Église*** die Kirchenväter *m/pl*

pérégrinations [peʀegʀinasjõ] *f/pl* Umherreisen *n*; vieles Reisen; F Reiserei *f*

péremption [peʀɑ̃psjõ] *f* **1** JUR Verwirkung *f* **2** COMM ***date f de ~*** Verfallsdatum *n*

péremptoire [peʀɑ̃ptwaʀ] *adj* **1** *ton, argument* keinen Widerspruch duldend; *ton a* energisch; entschieden; ***il a été ~*** er duldete keinen Widerspruch **2** JUR perem(p)torisch; aufhebend

pérennant [peʀɛnɑ̃] *adj* BOT perennierend

pérenne [peʀɛn] *adj fleuve, source* perennierend

pérenniser [peʀɛ(n)nize] *v/t institution* zu e-r ständigen Einrichtung machen, werden lassen; *fonctionnaire* in e-e Planstelle einweisen; *état* verewigen

pérennité [peʀɛ(n)nite] *st/s f* Fortbestand *m*; Fortdauer *f*; Weiterbestehen *n*

péréquation [peʀekwasjõ] *f* **1** *des charges, des impôts* gerechte, gleichmäßige Verteilung; ÉCON (Finanz)Ausgleich *m* **2** *des traitements* Angleichung *f*; Anpassung *f*

perestroïka [peʀɛstʀɔika] *f* HIST Perestroika *f*

perfectibilité [pɛʀfɛktibilite] *f* Vervollkommnungsfähigkeit *f* **perfectible** *adj* vervollkommnungs-, verbesserungsfähig

perfectif [pɛʀfɛktif] *adj* ⟨**-ive**⟩ LING ***aspect ~*** perfektive Aktionsart

perfection [pɛʀfɛksjõ] *f* **1** Vollkommenheit *f* (*a* PHILOS, REL); Vollendung *f*; Perfektion *f*; *loc/adv* ***à la ~*** vollendet; meisterhaft; hervorragend; ***atteindre à, parvenir à la ~*** die Vollkommenheit erreichen **2** *st/s* ***~s*** *pl* Vorzüge *m/pl*; gute Eigenschaften *f/pl* **3** *de qn* ***c'est une ~*** sie *ou* er ist unersetzlich, F ein Juwel *n*, e-e Perle

perfectionnement [pɛʀfɛksjɔnmɑ̃] *m* Vervollkommnung *f*; Perfektionierung *f*; Verbesserung *f*; Weiterentwicklung *f*; ***cours*** *m*, ***stage*** *m* ***de ~*** Fortbildungslehrgang *m*, -kurs *m*; *appareil* ***doté des derniers ~s*** mit den letzten technischen Neuerungen, Errungenschaften ausgestattet

perfectionner [pɛʀfɛksjɔne] **I** *v/t* vervollkommnen; perfektionieren; verbessern; weiterentwickeln **II** *v/pr* ***se ~*** **1** *personne* sich fort-, weiterbilden; ***se ~ en français*** sich in Französisch fort-, weiterbilden; s-e Französischkenntnisse verbessern, vervollkommnen **2** *procédé etc* vervollkommnet, perfektioniert, verbessert werden

perfectionnisme [pɛʀfɛksjɔnism] *m* Perfektionismus *m* **perfectionniste** **I** *adj* perfektionistisch **II** *m,f* Perfektionist(in) *m(f)*

perfide [pɛʀfid] *adj* heimtückisch; hinterhältig; perfid(e); *st/s* ***femme f ~*** treulose Frau; ***promesse f ~*** falsches, trügerisches Versprechen

perfidie [pɛʀfidi] *f* Heimtücke *f*; Hinterhältigkeit *f*; Perfidie *f*; *st/s d'une femme* Treulosigkeit *f*

perforage [pɛʀfɔʀaʒ] *m* → ***perforation*** *1*

perforant [pɛʀfɔʀɑ̃] *adj* MIL *projectile* panzerbrechend

perforateur [pɛʀfɔʀatœʀ] *m* **1** *pour des écrits* Locher *m*; *d'un téléscripteur* Handlocher *m*; *pour établir des bandes perforées* ***~ de bandes*** Lochstreifengerät *n* **2** *personne* Locher *m*

perforation [pɛʀfɔʀasjõ] *f* **1** *action* Durchlochen *n*, -bohren *n*; Perforieren *n*; Perforation *f*; *de cartes, de bandes* Lochen *n*; *d'un projectile* Durchschlag(en) *m(n)* **2** *résultat* Loch *n*; Lochung *f*; *coll* Löcher *n/pl*; Perforierung *f*; Perforation *f* **3** MÉD Durchbruch *m*; Perforation *f* (*a accidentelle*)

perforatrice [pɛʀfɔʀatʀis] *f* **1** *appareil* Locher *m* (*a* INFORM); *adjt* ***pince ~*** Knipszange *f* **2** *personne* Locherin *f* **3** MINES (Gesteins)Bohrmaschine *f*

perforé [pɛʀfɔʀe] *adj* INFORM ***bande, carte ~e*** Lochstreifen *m*, -karte *f*

perforer [pɛʀfɔʀe] *v/t* TECH durchlochen, -löchern, -bohren; perforieren (*a* MÉD); *papier*, INFORM *cartes, bandes* lochen; *billet* knipsen; *projectile*: *blindage etc* durchschlagen, -bohren

perforeuse [pɛʀfɔʀøz] *f* → ***perforatrice*** *1, 2*

performance [pɛʀfɔʀmɑ̃s] *f* **1** Leistung *f* (*a* SPORTS, TECH); ***meilleure ~*** Best-, Spitzenleistung *f*; ***réaliser une belle ~*** e-e gute Leistung erzielen; *iron* ***c'est une belle ~*** das ist wirklich e-e Leistung; F dazu gehört was **2** LING Performanz *f*

performant [pɛʀfɔʀmɑ̃] *adj* leistungsfähig

perfusion [pɛʀfyzjõ] *f* MÉD Infusion *f*; ***~ de sang*** Bluttransfusion *f*; ***être sous ~*** am Tropf hängen

Pergame [pɛʀgam] HIST Pergamon *n*

pergola [pɛʀgɔla] *f* Pergola *f*

Pergolèse [pɛʀgɔlɛz] *m* MUS Pergolesi *m*

périarthrite [peʀiaʀtʀit] *f* MÉD Periarthritis *f*

péricarde [peʀikaʀd] *m* ANAT Herzbeutel *m*; *sc* Perikard(ium) *n* **péricardite** *f* MÉD Herzbeutelentzündung *f*; *sc* Perikarditis *f*

péricarpe [peʀikaʀp] *m* BOT Fruchthülle *f*; *sc* Perikarp *n*

Périclès [peʀiklɛs] *m* HIST Perikles *m*

péricliter [peʀiklite] *v/i entreprise* langsam, allmählich eingehen, zugrunde gehen; *affaires* immer weiter zurückgehen; allmählich zum Erliegen kommen

péridurale [peʀidyʀal] *f* MÉD Rückenmarks-, *sc* Pe-

P

riduralanästhesie *f*
périgée [peʀiʒe] *m* ASTR Perigäum *n*; Erdnähe *f*
Périgord [peʀigɔʀ] ***le ~*** *historische Landschaft in Südwestfrankreich*
péril [peʀil] *m* (große) Gefahr; *loc/adv* ***au ~ de sa vie*** unter Einsatz s-s Lebens; unter, mit Lebensgefahr; *navire* ***en ~*** in Seenot; ***il (n')y a (pas) ~ en la demeure*** es ist (keine) Gefahr im Verzug; ***mettre en ~*** in Gefahr bringen; gefährden
périlleux [peʀijø] *adj* ⟨**-euse**⟩ gefährlich; gefahrvoll; gewagt; riskant; *sujet a* heikel; ***saut ~*** Salto *m*
périmé [peʀime] *adj* **1** *passeport, date etc* abgelaufen; *garantie a* erloschen; *billet a* verfallen; ungültig; nicht mehr gültig **2** *théorie etc* überholt; veraltet; nicht mehr zeitgemäß
périmer [peʀime] *v/pr* **1** ⟨*ohne* „*se*"⟩ ***laisser ~*** *billet* verfallen lassen **2** *procédé, théorie etc* ***se ~ vite*** schnell veralten; sich rasch überleben
périmètre [peʀimɛtʀ] *m* **1** MATH Umfang *m* **2** *fig* **a)** Umkreis *m*; ***dans un ~ de cinq kilomètres*** im Umkreis von fünf Kilometern; **b)** (*zone*) Bereich *m*
périnatal [peʀinatal] *adj* ⟨**-als**⟩ MÉD perinatal
périnée [peʀine] *m* ANAT Damm *m*
période [peʀjɔd] *f* **1** Zeit(abschnitt) *f(m)*; Zeitraum *m*, -spanne *f*; Periode *f*; *Picasso* ***~ bleue*** blaue Periode; ***~ électorale*** Zeit des Wahlkampfes; *d'une femme* ***~ féconde, stérile*** fruchtbare, unfruchtbare Tage *m/pl*; ***~ d'activité*** Zeit, Dauer *f* der Berufs-, Erwerbstätigkeit; ÉCON ***~ de croissance*** Wachstumsperiode *f*; ***~ de démarrage*** Anlaufzeit *f*; ***~ d'essai*** Probezeit *f*; ***~ d'imposition*** Besteuerungszeitraum *m*; *d'une maladie* ***~ d'incubation*** Inkubationszeit *f*; ***~ de transition*** Übergangszeit *f*; ***~ des vacances*** Ferien-, Urlaubszeit *f*; *loc/adv* ***en ~ de*** in Zeiten, in e-r Zeit (+*gén*); ***en ~ de crise*** in Krisenzeiten; ***pour la ~ allant jusqu'au*** (+*date*) für die Zeit bis zum (+*Datum*) **2** GÉOL Formation *f*; ***~ carbonifère*** Steinkohlenformation *f*; Karbon *n* **3** PHYS NUCL Halbwertszeit *f* **4** PHYS *d'une onde* Periode *f*; Schwingungsdauer *f* **5** ASTR Periode *f*; Umlauf(s)zeit *f* **6** MATH, CHIM, RHÉT, MUS Periode *f* **7** MIL ***~ (d'instruction)*** Wehrübung *f*; ***faire une ~*** e-e Wehrübung ableisten
périodicité [peʀjɔdisite] *f* Periodizität *f*; regelmäßige Wiederkehr
périodique [peʀjɔdik] **I** *adj* **1** periodisch; periodisch, regelmäßig, wiederkehrend, auftretend; *publication* regelmäßig erscheinend; CHIM ***classification f ~*** periodisches System (der Elemente); MATH ***fraction (décimale) ~*** periodischer Dezimalbruch; ***presse f ~*** Periodika *n/pl* **2** ***serviette f, garniture f ~*** (Damen-, Monats)Binde *f* **II** *m* Zeitschrift *f*; ***~s*** *pl t/t a* Periodika *n/pl*
périodiquement [peʀjɔdikmɑ̃] *adv* periodisch; in regelmäßigen Zeitabständen
périoste [peʀjɔst] *m* ANAT Knochenhaut *f*
péripatéticienne [peʀipatetisjɛn] *f plais* (*prostituée*) Dame *f* vom ambulanten Gewerbe
péripétie [peʀipesi] *f* **1** *surtout pl* ***~s*** unvorhergesehene, unerwartete, überraschende Ereignisse *n/pl*, Zwischenfälle *m/pl*; *voyage* ***plein de ~s*** ereignisreich **2** *dans un récit etc* entscheidender Wendepunkt; plötzlicher Umschwung; Peripetie *f*
périph [peʀif] *m* F *abr* → ***périphérique*** *II 1*
périphérie [peʀifeʀi] *f* **1** *d'une ville* Peripherie *f*; Stadtrand(gebiet) *m(n)*; Außenbezirke *m/pl*; ***à la ~*** am Stadtrand; an der Peripherie **2** GÉOMÉTRIE Begrenzungslinie *f*; Peripherie *f*
périphérique [peʀifeʀik] **I** *adj* **1** (Stadt)Rand...; ***boulevard*** *m* ***~*** Umgehungsstraße *f*; Außenring *m*; ***quartier*** *m* ***~*** Außenbezirk *m* **2** INFORM, PHYSIOL peripher **II** *m* **1** *à Paris* ***le ~*** die Ringautobahn **2** INFORM peripheres Gerät

Vom boulevard périphérique zum périf

Die mehrspurige, über 35 km lange Schnellstraße, auf der man das Zentrum von Paris großräumig umfahren kann, heißt **le boulevard périphérique**. Dieser relativ lange Ausdruck wird gerne zu **le périphérique** verkürzt:

Claude a roulé trop vite sur **le périphérique**. – Claude ist auf der Ringautobahn zu schnell gefahren.

In der Umgangssprache geht's sogar noch kürzer:

J'prendrai **le périf**. – Ich nehm den Ring.

périphrase [peʀifʀɑz] *f* Umschreibung *f*; Periphrase *f*
périple [peʀipl] *m* **1** (große) (Rund)Reise **2** HIST Seereise *f*; (*circumnavigation*) Umschiffung *f*
périr [peʀiʀ] *litt v/i* **1** *personne* umkommen; ums Leben, zu Tode kommen; den Tod finden; ***~ noyé*** den Tod in den Wellen finden; *fig* ***~ d'ennui*** sich zu Tode langweilen; *marin* ***péri en mer*** den Seemannstod gestorben **2** *civilisation etc* zugrunde gehen; untergehen; *gloire* vergehen
périscolaire [peʀiskɔlɛʀ] *adj* die Schule ergänzend; außerschulisch
périscope [peʀiskɔp] *m* OPT Periskop *n*; *d'un sous-marin* Sehrohr *n*
périssable [peʀisabl] *adj* **1** *denrées alimentaires* leicht verderblich **2** *litt sentiments, bonheur etc* vergänglich
périssoire [peʀiswaʀ] *f* langes, schmales Paddelboot
péristaltique [peʀistaltik] *adj* PHYSIOL ***mouvements*** *m/pl* ***~s*** peristaltische Bewegungen *f/pl*; Peristaltik *f*
péristyle [peʀistil] *m* ARCH Säulenhalle *f*, -umgang *m*; *sc* Peristyl(ium) *n*
péritel [peʀitɛl] *adj* ⟨*inv*⟩ ***prise f ~*** TV-Anschlussbuchse *f für periphere Geräte*
péritoine [peʀitwan] *m* ANAT Bauchfell *n*
péritonite [peʀitɔnit] *f* MÉD Bauchfellentzündung *f*
perle [pɛʀl] *f* **1** Perle *f*; ***~ fine*** echte Perle; ***~ de culture*** Zuchtperle *f*; *fig* ***~s de rosée*** Tauperlen *f/pl*; ***~ en bois, en verre*** Holz-, Glasperle *f*; ***rideau*** *m* ***de ~s*** Vorhang *m* aus Perlenschnüren; *adjt* ***gris ~*** ⟨*inv*⟩

P

perlgrau; *fig* ***jeter des ~s aux porceaux, aux cochons*** Perlen vor die Säue werfen **2** *fig* Perle *f*; Juwel *n*; *cette île*, ***~ de la Méditerranée*** e-e Perle des Mittelmeers; *de qn* ***c'est une ~*** sie *ou* er ist e-e Perle, ein Juwel **3** *fig* (*ineptie burlesque*) Stilblüte *f*; ***recueil*** *m* ***de ~s*** Stilblütensammlung *f* **4** ARCH *ornement* Perle *f*

perlé [pɛʀle] *adj* **1** (*orné de perles*) mit Perlen verziert, bestickt, besetzt; ***broderie ~e*** Perlenstickerei *f* **2** (*en forme de perle*) perl(en)förmig; perlig; Perl…; *gouttes* wie Perlen; ***orge ~*** Perlgraupen *f/pl*; ***riz ~*** Perlreis *m*; CUIS ***sucre ~*** zu kleinen Perlen kristallisierter Zucker **3** ***coton ~*** Perlgarn *n* **4** *fig* ***grève ~e*** aufeinanderfolgende Streiks *m/pl* einzelner Abteilungen; *st/s* ***rire ~*** perlendes Lachen

perler [pɛʀle] *v/i sueur* perlen; ***la sueur lui perlait au front, des gouttes de sueur perlaient sur son front*** *a* Schweißperlen standen ihm auf der Stirn

perlier [pɛʀlje] *adj* 〈**-ière**〉 Perl(en)…; zo ***huître perlière*** Perlmuschel *f*; ***industrie perlière*** Perlenindustrie *f*

perlimpinpin [pɛʀlɛ̃pɛ̃pɛ̃] *m* ***poudre*** *f* ***de ~*** (von Quacksalbern angebotenes) Wunderpulver, Allheilmittel *n*

perm [pɛʀm] F *f* MIL (*permission*) Urlaub *m*; ***en ~*** auf Urlaub

permanence [pɛʀmanɑ̃s] *f* **1** Fortdauer *f*; Permanenz *f*; *d'institutions*, *de traditions* Dauerhaftigkeit *f*; Beständigkeit *f*; *loc/adv* ***en ~*** ständig; dauernd; permanent; in Permanenz; POL ***siéger en ~*** in Permanenz tagen; ***assurer la ~ du pouvoir*** den Fortbestand, die Kontinuität der Macht sichern **2** **a**) *service* Bereitschaftsdienst *m*; ***assurer, tenir la ~, être de ~*** Bereitschaftsdienst haben; **b**) *bureau* Dienst-, Geschäftsstelle *f* **3** ÉCOLE Klassenraum *m*, in dem die Schüler in der unterrichtsfreien Zeit beaufsichtigt werden

permanent [pɛʀmanɑ̃] **I** *adj* **1** (*constant*) beständig; unveränderlich; (stets gleich)bleibend **2** *exposition*, *comité etc* ständig; *collaboration*, *contrôle etc a* dauernd; stetig; permanent; ***armée ~e*** stehendes Heer; ***cinéma ~*** Nonstop-Kino *n*; ***correspondant ~*** ständiger Korrespondent, Berichterstatter; ***spectacle ~*** pausenlose, ununterbrochene Darbietungen *f/pl*; ***être en liaison ~e avec qn*** mit j-m ständig, laufend in Verbindung stehen **II** *m* ***~ (d'un syndicat, parti)*** (Gewerkschafts-, Partei)Funktionär *m*

permanente [pɛʀmanɑ̃t] *f* Dauerwelle *f*

permanenté [pɛʀmanɑ̃te] *adj* ***cheveux ~s*** dauergewelltes Haar

permanganate [pɛʀmɑ̃ganat] *m* CHIM ***~ (de potassium)*** (Kalium)Permanganat *n*

perme [pɛʀm] *f* F *abr* → ***permission*** *2*

perméabilité [pɛʀmeabilite] *f* Durchlässigkeit *f*; *t/t* Permeabilität *f*

perméable [pɛʀmeabl] *adj* **1** durchlässig; *personne* permeabel; ***~ (à l'eau)*** wasserdurchlässig; ***~ à la lumière*** lichtdurchlässig **2** *fig personne* ***~ à qc*** für etw empfänglich; e-r Sache (*dat*) leicht zugänglich

permettre [pɛʀmɛtʀ] 〈→ **mettre**〉 **I** *v/t* **1** (*autoriser*) erlauben, gestatten (***que*** … *+subj* dass …); ***~ qc à qn*** j-m etw erlauben, gestatten; ***~ à qn de faire qc*** j-m erlauben, gestatten, etw zu tun; ♦ *formules de politesse*: ***vous permettez?*** gestatten Sie?; Sie gestatten?; ***permettez! je ne suis pas de votre avis*** nehmen Sie es mir nicht übel, aber da teile ich Ihre Meinung nicht; ***si vous permettez …*** *a* wenn Sie nichts dagegen haben …; ***permettez-moi de vous présenter monsieur X*** darf ich Ihnen Herrn X vorstellen?; ♦ *p/p*: ***être permis*** erlaubt, gestattet sein; ***ne pas être permis*** *a* nicht zulässig sein; ***il se croit tout permis*** er glaubt, er kann *ou* darf sich (*dat*) alles erlauben; ♦ *impersonnel*: ***s'il m'est permis de faire une objection*** wenn ich mir e-n Einwand erlauben darf; ***autant qu'il est permis d'en juger*** soweit einem ein Urteil darüber zusteht; ***il est permis à tout le monde de se tromper*** jeder kann sich mal irren, täuschen; ***ça n'est pas permis à tout le monde*** (*autorisé*) das darf nicht jeder; *matériellement* das kann (sich [*dat*]) nicht jeder (leisten) **2** (*rendre possible*) ermöglichen; erlauben; zulassen; *texte* ***~ plusieurs interprétations*** mehrere Deutungen zulassen; *son attitude* ***permet tout ce laisser-aller*** ermöglicht diesen ganzen Schlendrian; ***si le temps le permet*** wenn es das Wetter erlaubt; bei günstigem Wetter; ***ces lunettes vous permettent de mieux voir*** diese Brille ermöglicht es Ihnen, besser zu sehen **II** *v/pr* **1** (*prendre la liberté*) ***se ~*** sich (*dat*) erlauben, sich (*dat*) gestatten, *p/fort* sich (*dat*) herausnehmen (***qc*** etw; ***de faire qc*** etw zu tun); ***se ~ des familiarités*** sich (*dat*) Vertraulichkeiten erlauben, herausnehmen; ***puis-je me ~ une remarque?*** darf ich mir e-e Bemerkung erlauben? **2** (*s'offrir*) ***se ~ qc*** sich (*dat*) etw gönnen, leisten, erlauben

permien [pɛʀmjɛ̃] *m* GÉOL Perm *n*

permis [pɛʀmi] **I** *m* **1** Erlaubnis(schein) *f*(*m*); (schriftliche) Genehmigung; ***~ de chasse*** Jagdschein *m*; ***~ de construire*** Baugenehmigung *f*; COMM ***~ d'entrée, de sortie*** Einfuhr-, Ausfuhrgenehmigung *f*; ***~ de pêche*** Fischereischein *m*; ***~ de port d'armes*** Waffenschein *m*; ***~ de séjour*** Aufenthaltserlaubnis *f*, -bewilligung *f*, -genehmigung *f* **2** ***~ (de conduire)*** Führerschein *m*; ***~ à points*** Punkteführerschein *m*; *correspond à* Verkehrssünderkartei *f*; ***avoir son ~*** den Führerschein haben; ***passer son ~*** den Führerschein, die Fahrprüfung machen; ***être reçu au ~*** die Fahrprüfung bestehen **II** *p/p* → ***permettre***

permissif [pɛʀmisif] *adj* 〈**-ive**〉 permissiv; freizügig

permission [pɛʀmisjõ] *f* **1** Erlaubnis *f*; Genehmigung *f*; ***avec, sans la ~ de qn*** mit, ohne j-s Erlaubnis, Genehmigung; ***avec votre ~*** *a* mit Ihrer Zustimmung, Einwilligung; wenn Sie nichts dagegen haben; ***avoir la ~ de faire qc*** etw tun dürfen **2** MIL **a**) (*congé*) Urlaub *m*; ***~ exceptionnelle*** Sonderurlaub *m*; ***~ de minuit*** Ausgang *m* bis Mitternacht; ***en ~*** auf Urlaub; beurlaubt; ***venir en ~*** auf Urlaub kommen; **b**) *document* Urlaubsschein *m* **3** *d'un détenu* Hafturlaub *m*

permissionnaire [pɛʀmisjɔnɛʀ] *m* MIL Urlauber *m*

permutabilité [pɛʀmytabilite] *f* Aus-, Vertauschbarkeit *f*; Auswechselbarkeit *f* **permutable** *adj* aus-, vertauschbar; *t/t* permutabel **permutant** *m*, **permutante** *f* ADM *de fonctionnaires*, *d'officiers* Tauschpartner(in) *m*(*f*) (*beim Stellentausch*)

permutation [pɛʀmytasjõ] *f* **1** *de lettres etc* Umstellung *f*; Austausch *m*; Vertauschung *f*; *t/t* Permutation *f* (*a* MATH) **2** ADM *de fonctionnaires* Stellentausch *m*

P

permuter [pɛʀmyte] **I** *v/t lettres, mots, chiffres* umstellen; aus-, vertauschen; *t/t* permutieren (*a* MATH) **II** *v/i fonctionnaire, officier* ~ ***avec qn*** mit j-m (die Stelle, das Amt, den Posten, *par ext* die Dienststunden) tauschen
pernicieux [pɛʀnisjø] *adj* ⟨**-euse**⟩ **1** *doctrine, influence, conseil etc* schädlich; verderblich; gefährlich **2** MÉD bösartig; *sc* perniziös; ***anémie pernicieuse*** perniziöse Anämie
pernod® [pɛʀno] *m* Pernod® *m* (*meist als Aperitif getrunkener Anisschnaps*)
péroné [peʀɔne] *m* ANAT Wadenbein *n*; ***fracture f du*** ~ Wadenbeinbruch *m*
péronnelle [peʀɔnɛl] F *f* dumme und schwatzhafte Person
péroraison [peʀɔʀɛzõ] *f* RHÉT (Rede)Schluss *m*
pérorer [peʀɔʀe] *v/i péj* schwadronieren; große Reden führen, F schwingen
Pérou [peʀu] ***le*** ~ Peru *n*; F *fig*: *ce qu'il gagne*, ***ce n'est pas le*** ~ davon kann man nicht reich, Millionär werden
Pérouse [peʀuz] Perugia [-dʒa] *n*
peroxyde [pɛʀɔksid] *m* CHIM Peroxid *n*; ~ ***d'hydrogène*** Wasserstoffperoxid *n*
perpendiculaire [pɛʀpɑ̃dikylɛʀ] **I** *adj rue etc* rechtwink(e)lig (**à** zu); (*vertical*) senkrecht (**à** zu *ou* auf +*dat*); lotrecht **II** *f* MATH Senkrechte *f*; Lot *n*
perpendiculairement [pɛʀpɑ̃dikylɛʀmɑ̃] *adv* im rechten Winkel (**à** zu)
perpète [pɛʀpɛt] **I** *loc/adv* F (***jusqu'***)***à*** ~ F e-e Ewigkeit; ewig (lange); bis in alle Ewigkeit; *plais* ewig und drei Tage **II** *f arg* lebenslänglich(e Freiheitsstrafe)
perpétration [pɛʀpetʀasjõ] *f* JUR *d'un crime* Begehung *f*; Verübung *f* **perpétrer** *v/t* ⟨**-è-**⟩ JUR *crime* begehen; verüben
perpétuation [pɛʀpetɥasjõ] *f litt* ***la*** ~ ***de l'espèce*** die Erhaltung, das Fortbestehen der Art
perpétuel [pɛʀpetɥɛl] *adj* ⟨~**le**⟩ dauernd; (be)ständig; fortwährend; immer während; stet; F ewig; (*à vie*) auf Lebenszeit; lebenslang; ***calendrier*** ~ immer währender Kalender; PHYS ***mouvement*** ~ Perpetuum mobile *n*; *de l'Académie française* ***secrétaire*** ~ ständiger Sekretär; ***un va-et-vient*** ~ ein ständiges, dauerndes, F ewiges Kommen und Gehen
perpétuellement [pɛʀpetɥɛlmɑ̃] *adv* (an)dauernd; ständig; fortwährend
perpétuer [pɛʀpetɥe] **I** *v/t tradition etc* fortbestehen lassen; F verewigen; *race* fortpflanzen; BIOL *espèce* erhalten; ~ ***le souvenir de qn*** die Erinnerung an j-n für immer wachhalten **II** *v/pr* ***se*** ~ *tradition, usage etc* sich halten; fortbestehen; fortleben; BIOL *espèce* sich erhalten; *état* anhalten; kein Ende nehmen; *personne* ***se*** ~ ***dans son œuvre*** in s-m Werk weiter-, fortleben
perpétuité [pɛʀpetɥite] *f loc/adj et loc/adv* ***à*** ~ lebenslänglich; auf Lebenszeit; ***être condamné à*** ~ zu lebenslänglicher Freiheitsstrafe verurteilt werden
Perpignan [pɛʀpiɲɑ̃] *Stadt im Dep. Pyrénées-Orientales*
perplexe [pɛʀplɛks] *adj* ratlos; hilflos; verlegen; unschlüssig; ***laisser, rendre qn*** ~ j-n ratlos *etc* machen
perplexité [pɛʀplɛksite] *f* Rat-, Hilflosigkeit *f*; Verlegenheit *f*; Unschlüssigkeit *f*
perquisition [pɛʀkizisjõ] *f* JUR Durchsuchung *f*; *d'un domicile* Haussuchung *f*; ***mandat*** *m* ***de*** ~ Haussuchungsbefehl *m*; ***faire une*** ~ → ***perquisitionner***
perquisitionner [pɛʀkizisjɔne] *v/i* JUR e-e Haussuchung durchführen; e-e Durchsuchung vornehmen
Perrault [pɛʀo] ***Charles*** ~ *frz Schriftsteller*
Perrette [peʀɛt, pɛ-] *f Vorname*
Perrine [pɛʀin] *f Vorname*
perron [pɛʀõ] *m* Frei-, Außentreppe *f*
perroquet [pɛʀɔkɛ] *m* **1** ZO Papagei *m*; *fig de qn* ***c'est un*** ~ er *ou* sie plappert alles nach, ohne es zu verstehen; ***répéter qc comme un*** ~ etw (gedankenlos) nachplappern **2** MAR Bramsegel *n*; ~ ***de fougue*** Kreuzmarssegel *n* **3** F *fig boisson* Pernod *m* mit Pfefferminzsirup
Perros-Guirec [pɛʀosgiʀɛk] *Stadt im Dep. Côtes-d'Armor*
perruche [pɛʀyʃ] *f* **1** ZO Wellensittich *m* **2** *fig* (*femme bavarde*) F Schnattergans *f*, -ente *f*, -liese *f*
perruque [pɛʀyk] *f* Perücke *f*; *euphémisme* Zweitfrisur *f* **perruquier** *m* Perückenmacher *m*
pers [pɛʀ] *adj m st/s* ***yeux*** *m/pl* ~ blaugrüne Augen *n/pl*
persan [pɛʀsɑ̃] **I** *adj* persisch; ZO ***chat*** ~ Perserkatze *f*; ***cheval*** ~ Perser *m*; *Montesquieu* ***Lettres*** ~***es*** Persische Briefe; ***tapis*** ~ Perserteppich *m*; F Perser *m* **II** *subst* **1** ***Persan***(***e***) *m*(*f*) Perser(in) *m*(*f*) **2** LING ***le*** ~ das Persische; Persisch *n*
perse [pɛʀs] **I** *adj* (alt)persisch **II** *subst* HIST ***les Perses*** *m/pl* die (alten) Perser *m/pl*
Perse [pɛʀs] ***la*** ~ HIST Persien *n*
persécuté(e) [pɛʀsekyte] *m*(*f*) **1** Verfolgte(r) *f*(*m*) **2** PSYCH an Verfolgungswahn Leidende(r) *f*(*m*)
persécuter [pɛʀsekyte] *v/t* **1** (*opprimer*) verfolgen **2** *fig* (*harceler*) ~ ***qn*** j-n verfolgen, belästigen, bedrängen
persécuteur [pɛʀsekytœʀ] *m*, **persécutrice** *f* Verfolger(in) *m*(*f*)
persécution [pɛʀsekysjõ] *f* **1** POL, REL Verfolgung *f*; ~***s subies par les chrétiens*** Christenverfolgungen *f/pl*; ***être en butte à des*** ~***s*** verfolgt, *par ext a* bedrängt, belästigt werden **2** PSYCH ***délire*** *m*, ***folie*** *f*, ***manie*** *f* ***de la*** ~ Verfolgungswahn *m*
Persée [pɛʀse] *m* MYTH, ASTR Perseus *m*
persévérance [pɛʀseveʀɑ̃s] *f* Ausdauer *f*, Beharrlichkeit *f* (***dans*** bei, in +*dat*); Unverdrossenheit *f*; Hartnäckigkeit *f* **persévérant** *adj* ausdauernd; beharrlich
persévérer [pɛʀseveʀe] *v/i* ⟨**-è-**⟩ beharren (***dans qc*** auf, bei etw [*dat*]); *abs* Ausdauer, Beharrlichkeit zeigen; nicht aufgeben; ~ ***dans ses efforts*** in s-n Anstrengungen nicht nachlassen; sich beharrlich mühen; ~ ***dans son erreur*** hartnäckig an s-m Irrtum festhalten; *st/s* in s-m Irrtum verharren; ~ ***dans ses recherches*** s-e Nachforschungen beharrlich weiterbetreiben
persienne [pɛʀsjɛn] *f* Klapp-, Faltladen *m*; ~ ***à l'italienne*** ausstellbarer Klapp-, Faltladen
persiflage [pɛʀsiflaʒ] *m* Spöttelei *f*; Spott *m*; Persiflage *f* **persifler** *v/t* verspotten; persiflieren; spötteln, spotten über (+*acc*) **persifleur** *adj* ⟨**-euse**⟩ *ton* spöttisch
persil [pɛʀsi] *m* BOT Petersilie *f*
persillade [pɛʀsijad] *f* CUIS Salatsauce *f* mit gehack-

ter Petersilie, Kräutern und Knoblauch

persillé [pɛʀsije] *adj* 1 CUIS mit Petersilie (bestreut, zubereitet, angerichtet); ***pommes de terre ~es*** Petersilienkartoffeln *f/pl* 2 ***fromage ~*** grün gesprenkelter Edelpilzkäse; ***viande ~e*** durchwachsenes Fleisch

persique [pɛʀsik] *adj* GÉOGR ***le golfe Persique*** der Persische Golf

persistance [pɛʀsistɑ̃s] *f* 1 *d'une personne* Be-, Verharren *n* (***dans*** in, auf, bei *+dat*); hartnäckiges, beharrliches Festhalten (an *+dat*); ***avec ~*** beharrlich; hartnäckig 2 *du mauvais temps, de la fièvre etc* Anhalten *n*; Andauern *n*; Fortdauer *f*; *de coutumes, préjugés etc* Fortbestehen *n*; zähes, hartnäckiges Sichhalten

persistant [pɛʀsistɑ̃] *adj* 1 anhaltend; lange andauernd; (fort)dauernd; (be)ständig; beharrlich; hartnäckig 2 BOT ***feuilles ~es*** immergrüne Blätter *n/pl*

persister [pɛʀsiste] *v/i* 1 *personne* ***~ dans qc*** auf etw (*dat*), bei etw beharren; *st/s* in etw (*dat*), bei etw verharren; ***~ dans son opinion*** *a* bei s-r Meinung bleiben; zäh, unbeirrt an s-r Meinung festhalten; ***~ dans son refus*** *a* sich beharrlich weigern; ***je persiste à croire que …*** ich bleibe dabei, bei der Ansicht, dass … 2 *douleurs, fièvre, mauvais temps etc* anhalten; an-, fortdauern; nicht nachlassen; *doutes, préjugés etc* fortbestehen; sich zäh, hartnäckig halten

perso [pɛʀso] *adj* ⟨*inv*⟩ F *abr* (*personnel*) privat, persönlich

persona (non) grata [pɛʀsɔna(nɔn)gʀata] *f* 1 DIPL Persona (non) grata; ***déclarer qn persona non grata*** j-n zur Persona non grata erklären 2 *fig* ***être ~*** willkommen, gern gesehen (unerwünscht) sein

personnage [pɛʀsɔnaʒ] *m* 1 (*personne importante*) (bedeutende, angesehene) Persönlichkeit; ***~ connu*** bekannte Persönlichkeit; ***grand ~*** hohe, prominente Persönlichkeit; ***~ historique*** bedeutende geschichtliche Persönlichkeit; herausragende Gestalt der Geschichte 2 (*individu*) Mensch *m*; Person *f*; ***un curieux ~*** ein merkwürdiger Mensch, Kauz, Kerl; *femme* e-e eigenartige Person 3 THÉ Person *f*; Rolle *f*; *dans un roman* Person *f*; Gestalt *f*; Figur *f*; ***~ principal*** Hauptperson *f*, -figur *f*, THÉ *a* -rolle *f*; ***le ~ d'Hamlet*** die Gestalt, THÉ die Rolle des Hamlet; ***~ de roman*** Romanfigur *f*, -gestalt *f*; *fig* ***il joue un ~*** er spielt (immer) e-e bestimmte Rolle 4 BEAUX-ARTS (Menschen)Figur *f*, (-)Gestalt *f*; ***~ allégorique*** allegorische Figur, Gestalt

personnalisation [pɛʀsɔnalizasjõ] *f* 1 Verleihen *n*, -ung *f* e-r persönlichen Note; PUBLICITÉ persönliches Ansprechen (der Zielgruppen) 2 ASSURANCES, FISCALITÉ Anpassung *f* an die individuellen Verhältnisse; Subjektivierung *f*

personnaliser [pɛʀsɔnalize] *v/t* 1 *crédit, primes etc* individuell gestalten; den Verhältnissen des Einzelnen anpassen; *adjt* ***personnalisé*** auf die persönlichen Verhältnisse, Bedürfnisse zugeschnitten; individuell 2 *appartement, voiture etc* e-e persönliche Note, e-n persönlichen Anstrich geben, verleihen (*+dat*)

personnalité [pɛʀsɔnalite] *f* 1 (*identité*) Persönlichkeit *f*; *sc* Personalität *f* (*a* PSYCH); Eigenart *f*; POL ***culte*** *m* ***de la ~*** Personenkult *m*; PSYCH ***troubles*** *m/pl* ***de la ~*** Störungen *f/pl* der psychischen Persönlichkeit; *personne* ***sans ~*** ohne Originalität, Profil; farblos; nichtssagend; ***avoir une forte ~*** e-e starke, ausgeprägte Persönlichkeit sein 2 JUR ***~ civile, juridique, morale*** Rechtsfähigkeit *f*; Rechtspersönlichkeit *f* 3 (*personnage important*) bekannte, bedeutende, prominente Persönlichkeit; ***~s*** *pl a* Prominente(n) *m/pl*; *coll* Prominenz *f*

personne¹ [pɛʀsɔn] *f* 1 (*être humain*) Person *f* (*a* PSYCH, PHILOS); Mensch *m*; ***~s*** *pl a* Leute *pl*; ***une ~ âgée*** ein alter Mensch; ***les ~s concernées*** die Betreffenden *pl*; ***une grande ~*** ein Erwachsener, Großer; *iron* ***ma modeste ~*** *iron* meine Wenigkeit; ADM ***~ à charge*** Unterhaltsberechtigte(r) *f(m)*; ***la ~ du chef de l'État*** die Person des Staatsoberhauptes; ***entrée interdite à toute ~ étrangère au service*** Unbefugten Zutritt verboten; ***une famille de douze ~s*** e-e zwölfköpfige Familie; *loc/adv*: ***en ~*** (*soi-même*) *venir etc* persönlich; selbst; F höchstpersönlich; in (F höchst)eigener Person; (*personnifié*) in Person; selbst; personifiziert; leibhaftig; ***c'est le calme en ~*** er *ou* sie ist die Ruhe selbst, in Person; ***par ~*** pro Person, Kopf, F Mann; ***il est bien (fait) de sa ~*** er ist e-e gute Erscheinung, sieht gut aus, hat e-e gute Figur, F ist gut gebaut; ***être content, satisfait de sa*** (*iron* ***petite***) ***~*** selbstgefällig, von sich eingenommen sein; → *a* ***payer*** *II 2* 2 (*jeune fille, femme*) Person *f*; Mädchen *n*; Frau *f*; ***une jeune ~*** ein junges Mädchen; e-e junge Dame 3 JUR ***~ morale, civile*** juristische Person; ***~ physique*** natürliche Person 4 GR Person *f*; ***première, deuxième, troisième ~*** erste, zweite, dritte Person; ***roman écrit à la première ~*** Roman *m* in der Ichform; ***parler à la troisième ~*** in der dritten Person sprechen

personne² [pɛʀsɔn] *pr/ind* 1 ⟨*mit* **ne** *beim Verb*⟩ niemand; kein Mensch; keiner; ♦ *qui a appelé?* - ***~*** niemand; ***~ au monde*** niemand, kein Mensch auf der Welt; ***~ d'autre que lui*** niemand anders *ou südd* anderer als er; keiner außer ihm; nur er; ♦ ***il n'y a ~ dans la rue*** es ist niemand, kein Mensch auf der Straße; ***je ne connais ~ de plus heureux que lui*** ich kenne niemand(en), der glücklicher ist als er; ***ne devoir rien à ~*** keinem, niemandem etwas schulden; ***ça n'est la faute de ~*** das ist niemandes, keines Menschen Schuld; ***je n'y suis pour ~*** ich bin für niemand(en) zu sprechen; ***~ ne le sait*** keiner, niemand weiß es; ***je ne vois ~ qui en soit capable*** ich sehe niemand *ou* keinen, der dazu imstande ist *ou* wäre 2 *st/s* ⟨*ohne* **ne**⟩ (irgend)jemand; irgendwer; ♦ ***sans avoir vu ~*** ohne jemand(en) gesehen zu haben; ***je suis parti sans que ~ s'en aperçoive*** ich bin weggegangen, ohne dass jemand es bemerkte; ♦ ***il le sait mieux que ~*** er weiß es besser als irgendjemand, irgendwer

personnel¹ [pɛʀsɔnɛl] *adj* ⟨***~le***⟩ 1 persönlich; privat; Privat…; eigen; Eigen…; *sur une lettre* ***~*** persönlich!; ***affaire ~le*** persönliche Angelegenheit; Privatangelegenheit *f*, -sache *f*; ***allusion ~le*** persönliche Anspielung; ***besoins ~s*** persönliche Bedürfnisse *n/pl*; Eigenbedarf *m*; ***fortune ~le*** Privatvermögen *n*; ***idées ~les*** eigene, originelle Ideen *f/pl*; ***lettre ~le*** Privatbrief *m*; persönliches Schreiben; ***raisons ~les*** persönliche, private Gründe *m/pl* 2 GR persönlich; Personal…; *du verbe*: ***formes ~les*** Personalformen *f/pl*; finite Formen *f/pl*; ***modes ~s*** *Indikativ, Konditional, Konjunktiv u Impe-*

P

rativ; ***pronom ~*** persönliches Fürwort; Personalpronomen *n*

personnel² [pɛʀsɔnɛl] *m* Personal *n*; *d'une entreprise a* Belegschaft *f*; Betriebsangehörige(n) *m/pl*; (*employés de maison*) Haus-, Dienstpersonal *n*; ***~ auxiliaire*** Aushilfspersonal *n*, -kräfte *f/pl*; AVIAT ***~ au sol*** Bodenpersonal *n*; ***~ de bureau*** Büropersonal *n*, -angestellte(n) *m/pl*, -kräfte *f/pl*; ***bureau*** *m*, ***service*** *m* ***du ~*** Personalbüro *n*, -abteilung *f*; ***manque*** *m*, ***pénurie*** *f* ***de ~*** Personalmangel *m*, -knappheit *f*

personnellement [pɛʀsɔnɛlmɑ̃] *adv* persönlich; ***cette lettre lui est adressée ~*** dieser Brief ist an ihn persönlich gerichtet; ***~, je n'approuve pas cette décision*** ich persönlich billige diese Entscheidung nicht; ***connaître qn ~*** j-n persönlich kennen

personnification [pɛʀsɔnifikasjõ] *f* Personifizierung *f*; Personifikation *f*; Verkörperung *f*

personnifier [pɛʀsɔnifje] *v/t* personifizieren; verkörpern; *adjt* ***c'est la paresse personnifiée*** er *ou* sie ist die Faulheit selbst, in Person

perspectif [pɛʀspɛktif] *adj* ⟨**-ive**⟩ perspektivisch

perspective [pɛʀspɛktiv] *f* 1 MATH, PEINT Perspektive *f*; *loc/adv* ***en ~*** perspektivisch; → *a 4* 2 (*vue*) (Aus)Blick *m*; Aussicht *f* 3 (*point de vue*) Gesichtspunkt *m*; Standpunkt *m*; Blickpunkt *m*, -winkel *m*; Perspektive *f*; Sicht *f* 4 (*éventualité*) Aussicht *f*; Perspektive *f*; ***~s*** *pl a* Ausblick *m*; ***~s d'avenir*** Zukunftsaussichten *f/pl*; *loc/adv*: ***en ~*** in Aussicht; ***il a un bel avenir en ~*** er hat e-e schöne Zukunft vor sich (*dat*); ihm winkt e-e schöne Zukunft; *iron* ***c'est une ~ réjouissante!*** das sind ja schöne Aussichten!; ***ouvrir de nouvelles ~s à qn*** j-m neue Perspektiven eröffnen

perspicace [pɛʀspikas] *adj* scharfsinnig; scharfsichtig **perspicacité** *f* Scharfsinn *m*; Scharfblick *m*; Scharfsichtigkeit *f*

persuader [pɛʀsɥade] I *v/t* 1 (*convaincre*) ***~ qn*** (***de qc***) j-n (von etw) überzeugen; ***~ qn que …*** j-n davon überzeugen, dass …; ***être persuadé de qc*** von etw überzeugt sein; ***j'en suis persuadé*** ich bin überzeugt davon 2 (*décider à*) ***~ qn de faire qc*** j-n überreden, j-n bereden, j-m zureden, etw zu tun II *v/pr* 1 ***se ~ de qc*** sich von etw überzeugen; ***se ~ que …*** sich davon überzeugen, dass … 2 *à tort* ***se ~ que …*** sich (*dat*) einbilden, einreden, dass …

persuasif [pɛʀsɥazif] *adj* ⟨**-ive**⟩ überzeugend

persuasion [pɛʀsɥazjõ] *f* 1 *action* Überzeugen *n*, -ung *f*; *d'un argument* ***force*** *f* ***de ~***, *d'un orateur* ***pouvoir*** *m* ***de ~*** Überzeugungskraft *f* 2 (***don*** *m*, ***pouvoir*** *m* ***de***) ***~*** Überredungsgabe *f*, -kunst *f*

perte [pɛʀt] *f* 1 Verlust *m* (*a d'une personne*); *d'influence, de prestige a* Einbuße *f* (***de*** an +*dat*); *de revenus a* Ausfall *m*; COMM *de denrées périssables a* Abgang *m*; ***~ d'argent*** Geldverlust *m*, -einbuße *f*; ***~ de chaleur*** Wärmeverlust *m*; ***~ de cheveux*** Haarausfall *m*; ***~ de connaissance*** Ohnmacht *f*; Bewusstlosigkeit *f*; JUR ***~ des droits civils*** Verlust der bürgerlichen Ehrenrechte; ***~ de poids*** Gewichtsverlust *m*; COMM Schwund *m*; ***~ de salaire*** Lohnausfall *m*, -einbuße *f*; ***~ de sang, de temps*** Blut-, Zeitverlust *m*; AVIAT ***~ de vitesse*** Fahrt-, Geschwindigkeitsverlust *m*; Abnahme *f* der Fluggeschwindigkeit; *fig* ***être en ~ de vitesse*** an Einfluss, Bedeutung, Boden verlieren; auf dem absteigenden Ast sein; MIL ***les ~s en hommes et en matériel*** die Verluste an Menschen und Material; ♦ *loc/adv*: *vendre* ***à ~*** mit Verlust; ***à ~ de vue*** so weit das Auge reicht; unabsehbar; ins Unendliche; endlos (*a fig*); *fig* ***discuter à ~ de vue*** endlos, F bis ins Unendliche diskutieren; *fig* ***avec ~ et fracas*** → ***fracas***; ***en pure ~*** ganz umsonst; vergeblich; ♦ ***avoir des ~s de mémoire*** an Gedächtnisschwund leiden; ***essuyer, subir des ~s*** Verluste erleiden, hinnehmen müssen; *iron* ***ce n'est pas une grande, grosse ~*** das ist kein großer Verlust; MIL ***infliger des ~s sévères à l'ennemi*** dem Feind schwere Verluste beibringen, zufügen 2 *fig* (*ruine*) Verderben *n*; Untergang *m*; Ruin *m*; ***causer la ~ de qn*** j-s Untergang, Ruin herbeiführen; ***courir à sa ~*** in sein Verderben rennen; s-m Ruin, Untergang entgegengehen; ***jurer la ~ de qn*** j-m den Untergang, Tod schwören 3 MÉD ***~s blanches*** Weißfluss *m*

pertinemment [pɛʀtinamɑ̃] *adv* ***savoir ~ qc*** etw (ganz) genau wissen

pertinence [pɛʀtinɑ̃s] *f* 1 *d'une remarque etc* Richtigkeit *f*; Sachdienlichkeit *f*; Stichhaltigkeit *f* 2 JUR Erheblichkeit *f* 3 LING Relevanz *f*

pertinent [pɛʀtinɑ̃] *adj* 1 *remarque, réflexion* (zu)treffend; richtig; passend; angebracht; sachdienlich; *analyse, rapport* gescheit; klug; scharfsinnig; gut durchdacht; ***argument ~*** treffendes, schlagendes, stichhaltiges Argument; ***motif ~*** triftiger Grund 2 JUR *preuve, faits* erheblich 3 LING relevant

pertuis [pɛʀtɥi] *m* GÉOGR **a**) (*détroit*) schmale Durchfahrt, Wasserstraße; **b**) *régional* (*col*) Pass *m*

perturbateur [pɛʀtyʀbatœʀ] I *adj* ⟨**-trice**⟩ (ruhe)störend; Unruhe stiftend II *subst* ***~, perturbatrice*** *m,f* Ruhestörer(in) *m(f)*; Störenfried *m*; Unruhestifter(in) *m(f)*

perturbation [pɛʀtyʀbasjõ] *f* 1 Unruhe *f*; *du trafic etc* Störung *f*; Beeinträchtigung *f*; ***~s politiques, sociales*** politische, soziale Unruhen; ***jeter la ~ dans qc*** Unruhe in etw (*acc*) bringen; etw stören 2 MÉTÉO, RAD Störung *f*; ***~s atmosphériques*** atmosphärische Störungen

perturber [pɛʀtyʀbe] *v/t* stören; beeinträchtigen; durcheinanderbringen; sich störend auswirken auf (+*acc*)

péruvien [peʀyvjɛ̃] I *adj* ⟨**~ne**⟩ peruanisch II *subst* ***Péruvien(ne)*** *m(f)* Peruaner(in) *m(f)*

pervenche [pɛʀvɑ̃ʃ] *f* 1 BOT Immergrün *n* 2 *couleur adjt* ⟨*inv*⟩ hellblau; vergissmeinnichtblau; ***yeux*** *m/pl* ***~*** hellblaue Augen *n/pl* 3 F *fig* (*contractuelle*) Politesse *f*

pervers [pɛʀvɛʀ] I *adj* ⟨**-verse** [-vɛʀs]⟩ 1 *litt* (*méchant*) böse; niederträchtig; (*dépravé*) verderbt; verkommen; verdorben 2 PSYCH, *sexuellement* pervers; *tendances etc a* abartig; widernatürlich; *personne a* abartig veranlagt 3 *par ext* ***effet ~*** unerwünschte, gegenteilige Folge II *subst* ***~(e)*** *m(f)* PSYCH pervers Veranlagte(r) *f(m)*

perversion [pɛʀvɛʀsjõ] *f* 1 *litt des mœurs* Verderbnis *f*; Verderbtheit *f*; Verfall *m*; Verwilderung *f* 2 PSYCH Perversion *f*; ***~ sexuelle*** sexuelle Perversion, Abartigkeit

perversité [pɛʀvɛʀsite] *f* 1 *des mœurs* Verderbtheit *f*; Verkommenheit *f*; Verdorbenheit *f* 2 *d'une personne* Bosheit *f*; Niedertracht *f*; Gemeinheit *f*

pervertir [pɛʀvɛʀtiʀ] *v/t* verderben; pervertieren
pervertissement *litt m* Pervertierung *f*; *de la jeunesse* Verführung *f* (zum Bösen); *des mœurs* Verfall *m*
pesage [pəzaʒ] *m* 1 (Ab)Wiegen *n* 2 SPORTS Wiegen *n* 3 *endroit* Wiegeplatz *m*
pesamment [pəzamɑ̃] *adv tomber* schwer; *marcher, sauter* schwerfällig
pesant [pəzɑ̃] I *adj* 1 *fardeau* schwer 2 *fig*: *charge* schwer; drückend; *présence de qn, silence* bedrückend 3 *fig*: *démarche* schwer(fällig); plump; ***édifice ~*** plumpes Gebäude; ***sommeil ~*** bleierner Schlaf; ***style ~*** schwerfälliger Stil II *m fig* ***valoir son ~ d'or*** a) nicht mit Gold aufzuwiegen, zu bezahlen sein; Gold(es) wert sein; b) *iron* unbezahlbar sein
pesanteur [pəzɑ̃tœʀ] *f* 1 PHYS **a)** *abs* Schwerkraft *f*; ***loi** f **de la ~*** Gesetz *n* der Schwerkraft, Schwere; **b)** *d'un corps* Schwere *f* 2 *fig* Schwerfälligkeit *f*; Plumpheit *f*; ***~ d'esprit*** geistige Schwerfälligkeit
pèse [pɛz] *m arg* → ***fric***
pèse-bébé [pɛzbebe] *m* ⟨*pl* **pèse-bébé(s)**⟩ Baby-, Säuglingswaage *f*
pesée [pəze] *f* 1 *opération* (Ab)Wiegen *n* 2 (*poussée*) Druck *m* (***sur*** auf +*acc*); ***de toute la ~ de son corps*** mit s-m ganzen Körpergewicht
pèse-lettre [pɛzlɛtʀ] *m* ⟨*pl* **pèse-lettre(s)**⟩ Briefwaage *f*;**pèse-personne** *m* ⟨*pl* **pèse-personne(s)**⟩ Personenwaage *f*
peser [pəze] ⟨-è-⟩ I *v/t* 1 *objet* (ab)wiegen; *personne* wiegen 2 *fig* abwägen; ***~ bien ses mots*** s-e Worte genau abwägen, auf die Goldwaage legen; ***~ le pour et le contre*** das Für und Wider abwägen; *loc/adv* ***tout bien pesé*** nach reiflicher Überlegung II *v/i* 1 wiegen, schwer sein (***deux kilos*** zwei Kilo); → *a* ***lourd*** *II 1* 2 *par ext*: *fardeau* ***~ sur les épaules*** auf den Schultern lasten (*a fig responsabilité*); auf die Schultern drücken; *repas* ***~ sur l'estomac*** (schwer) im Magen liegen; auf den Magen drücken; *personne* ***~ sur un levier, contre la porte*** auf e-n Hebel, gegen die Tür drücken 3 *fig solitude etc* ***~ à qn*** j-n bedrücken, belasten; schwer auf j-m lasten 4 *fig* ***~ sur qn*** *soupçons, responsabilité* auf j-m lasten; *responsabilité a* auf j-m ruhen; schwer auf j-m liegen; *accusation* gegen j-n erhoben worden sein; *remords* ***~ sur la conscience*** das Gewissen belasten 5 *fig* ***~ sur la décision de qn*** j-s Entscheidung beeinflussen; auf j-s Entscheidung (*acc*) e-n Einfluss ausüben III *v/pr personne* ***se ~*** sich wiegen
peseta [pezeta] *f* HIST *monnaie* Peseta *ou* Pesete *f*
peso [pezo] *m monnaie* Peso *m*
pessaire [pesɛʀ] *m* MÉD Pessar *n*; Mutterring *m*
pessimisme [pesimism] *m* Pessimismus *m* (*a* PHILOS); Schwarzseherei *f* **pessimiste** I *adj* pessimistisch; schwarzseherisch; ***être ~ sur qc*** pessimistisch hinsichtlich e-r Sache (*gén*) sein; für etw schwarzsehen II *m,f* Pessimist(in) *m(f)*; Schwarzseher(in) *m(f)*
peste [pɛst] *f* 1 MÉD Pest *f*; HIST ***la ~ noire*** der Schwarze Tod; *fig*: ***fuir qn comme la ~*** j-n meiden, fliehen wie die Pest; ***se méfier de qn comme de la ~*** sich vor j-m hüten wie vor e-r ansteckenden Krankheit 2 VÉT ***~ aviaire, bovine, porcine*** Hühner-, Rinder-, Schweinepest *f* 3 *fig et péj d'une femme* F Giftnudel *f*, -spritze *f*; ***c'est une (vraie) ~*** *a* F sie ist e-e (richtige) Hexe; *d'une fillette* ***quelle petite ~!*** F so ein kleines Biest!
pester [pɛste] *v/i* ***~ (contre qn, qc)*** (auf j-n, etw) schimpfen; F (gegen j-n, etw) wettern
pesticide [pɛstisid] *m* AGR Pestizid *n*; Schädlingsbekämpfungsmittel *n*
pestiféré [pɛstifeʀe] *m* Pestkranke(r) *m*; *fig* ***fuir qn comme un ~*** j-n meiden, fliehen wie die Pest
pestilence [pɛstilɑ̃s] *f* abscheulicher, pestilenzialischer Gestank; *st/s* Pesthauch *m*
pestilentiel [pɛstilɑ̃sjɛl] *adj* ⟨**~le**⟩ *odeur, miasmes* abscheulich; scheußlich; pestilenzialisch
pet [pɛ] *m* F 1 P Furz *m*; F Pup *m*; F *fig* ***avoir toujours un ~ de travers*** immer irgendein Wehwehchen haben; ***faire, lâcher un ~*** P e-n Furz lassen; F einen fahren, streichen, sausen lassen; *fig* ***ça ne vaut pas un ~ (de lapin)*** F das ist keinen Pfifferling wert 2 *loc* F ***il va y avoir du ~*** F es wird Krach, Stunk, Zoff geben
pétainiste [petenist] *m,f* HIST Anhänger(in) *m(f)* Pétains
pétale [petal] *m* BOT Blütenblatt *n*; ***~s de rose*** Rosenblätter *n/pl*; *fleur* ***perdre ses ~s*** die Blätter verlieren
pétanque [petɑ̃k] *f* Boule-, Bocciaspiel ['bɔtʃa-] *n*

Une partie de pétanque

Insbesondere auf öffentlichen Plätzen des klimatisch begünstigten Südens von Frankreich kann man Menschen aller Altersgruppen beobachten, wie sie sich mit großer Begeisterung einem Spiel mit Metallkugeln widmen. Die Rede ist von **la pétanque**, der südfranzösischen Variante des bocciaähnlichen Boulespiels.

Zwei Mannschaften, die aus zwei, drei oder vier Spielern bestehen können, spielen gegeneinander. Ziel der angreifenden Mannschaft (les pointeurs) ist es, ihre im hohen Bogen ausgeworfenen Metallkugeln möglichst nahe bei einer Holzkugel (le cochonnet) zu platzieren. Die gegnerische Mannschaft (les tireurs) versucht daraufhin, mit den eigenen Kugeln die Kugeln der pointeurs wegzuschießen. Wenn über eine relativ kurze Strecke (bis zu 10 m) gespielt wird, werden die Kugeln – im Unterschied zum Boulespiel – aus dem Stand geworfen.

Die Franzosen sind so begeistert von la pétanque, dass es seit 1946 sogar französische Meisterschaften gibt.

pétant [petɑ̃] *adj* F ***à dix heures ~es*** Punkt, Schlag zehn (Uhr)
pétarade [petaʀad] *f d'une moto etc* Geknatter *n*;

P

d'un feu d'artifice Geknalle *n*; Knallerei *f* **pétarader** *v/i moteur, moto etc* knattern
pétard [petaʀ] *m* **1** Knallkörper *m*, -frosch *m*, -erbse *f*; ***faire claquer, lancer des ~s*** Knallfrösche, -erbsen werfen **2** F **a)** *(bruit)* Lärm *m*; F Krach *m*; Radau *m*; Spektakel *m*; ***faire du ~*** F Krach machen; **b)** *fig* ***il va y avoir du ~*** F es wird Krach, Stunk, Zoff geben; **c)** *fig* ***être en ~*** *(en colère)* F fuchsteufelswild sein; e-e Wut im Bauch haben **3** F *(revolver)* F Kanone *f*; Ballermann *m* **4** F *(derrière)* F Po(dex) *m*; Hintern *m* **5** F (großer) Joint [dʒ-]
pétaudière [petodjɛʀ] *f* ***c'est une véritable ~*** *d'une maison, entreprise* dort herrscht ein heilloses Durcheinander; *iron* das ist e-e tolle Wirtschaft; *d'une assemblée* das ist ein einziger lärmender Haufen; F das ist der reinste Jahrmarkt
Petchora [pɛtʃɔʀa] GÉOGR ***la ~*** die Petschora
pet-de-nonne [pɛdnɔn] *m* ⟨*pl* **pets-de-nonne**⟩ CUIS kleiner Krapfen
péter [pete] ⟨**-è-**⟩ F **I** *v/t* **1** *(casser)* F kaputt machen, schlagen; *(déchirer)* kaputt reißen **2** *fig personne* ***~ le feu, des flammes*** vor Unternehmungslust sprühen; F in Fahrt, in Schwung sein; ***ça va ~ le feu, des flammes*** F es wird Krach, Stunk, ein Donnerwetter geben **II** *v/i* **1** P furzen; F pupen; einen fahren, streichen, sausen lassen; *fig* ***~ plus 'haut que son cul*** zu hoch hinauswollen; *fig* ***~ dans la soie*** luxuriös gekleidet sein; *par ext* im Luxus leben **2** *coup de feu, pétard* knallen; krachen; *explosif* explodieren; losgehen; platzen; *fig* ***l'affaire va lui ~ dans la main*** F die Sache wird schiefgehen, danebengehen, platzen **3** *bouton* abplatzen; *ficelle, câble, collants* reißen; *ballon* platzen
pète-sec [pɛtsɛk] *m* ⟨*inv*⟩ F Feldwebel *m*; autoritärer Typ
péteux [petø] *m*, **péteuse** *f* F Angsthase *m*; Hasenfuß *m*
pétillant [petijɑ̃] *adj* **1** *eau minérale* sprudelnd; ***champagne ~*** prickelnder, spritziger, perlender Champagner **2** *fig*: *texte* ***~ d'esprit*** geistsprühend; spritzig; witzig; *regard* ***~ de malice*** schelmisch funkelnd, blitzend
pétillement [petijmɑ̃] *m* **1** *d'une boisson* Sprudeln *n*; Prickeln *n* **2** *d'un feu de bois* Knistern *n*; Prasseln *n* **3** *du regard* ***~ malicieux*** schelmisches Funkeln, Blitzen
pétiller [petije] *v/i* **1** *feu de bois* knistern; prasseln **2** *eau minérale* sprudeln; *champagne* prickeln; perlen **3** *fig*: *personne* ***~ d'esprit*** vor Geist, Witz sprühen; *yeux* ***~ de joie*** vor Freude funkeln, blitzen; ***ses yeux pétillent de malice*** der Schelm, Schalk blitzt aus s-n Augen
pétiole [pesjɔl] *m* BOT Blattstiel *m*
petiot [pətjo] *m*, **petiote** *f* F ***mon petiot, ma petiote*** mein Kleiner, meine Kleine, mein Kleines
petit [p(ə)ti] **I** *adj* klein; **a)** *taille*: ***le ~ doigt*** der kleine Finger; ***un ~ homme*** *ou* ***un homme ~*** ein kleiner Mann; ein Männchen *n*, Männlein *n*; ***~e maison*** kleines Haus; Häuschen *n*; ***~e ville*** kleine Stadt; Städtchen *n*; Kleinstadt *f*; ♦ *loc/adj* ***de ~e taille*** klein(gewachsen); von kleinem Wuchs; *loc/adv* ***en ~*** im Kleinen; in verkleinertem Maßstab; ♦ ***couper en ~s morceaux*** in Stückchen, in kleine Stücke schneiden; klein schneiden; ***se faire tout ~*** sich ganz klein machen, *fig* kleinmachen; **b)** *importance*: ***~ bruit*** leises, schwaches, leichtes Geräusch; ***~e chance*** kleine, geringe Chance; ÉCOLE ***les ~es classes*** die unteren Klassen *f/pl*; ***encore un ~ effort!*** noch e-e kleine, letzte Anstrengung!; ***~ fonctionnaire*** kleiner Beamter; ***les ~es gens*** die kleinen Leute *pl*; ***une ~e heure*** e-e knappe Stunde; ein Stündchen *n*, Stündlein *n*; ***~s métiers*** kleine Gewerbe *n/pl*; ***~e noblesse*** niederer Adel; ***~e promenade*** kleiner, kurzer Spaziergang; ***~e quantité, somme*** kleine, geringe, geringfügige, unerhebliche Menge, Summe; ♦ *loc/adv*: ***~ à ~*** allmählich; nach und nach; ***au ~ jour*** bei Tagesanbruch; im Morgengrauen; ♦ ***je vous demande une ~e minute!*** gedulden Sie sich bitte noch e-n kleinen, kurzen Augenblick, e-e kleine Weile!; ***il fait son ~ Napoléon*** *etc* er möchte gern ein kleiner Napoleon *etc* sein; er tut so, als wäre er ein kleiner Napoleon *etc*; ***laissons ce ~ homme à ses ~es craintes!*** überlassen wir diesen kleinen Geist s-n kleinen, kleinlichen Sorgen!; **c)** *(jeune)* ***un ~ bonhomme de six ans*** F ein kleiner Mann von sechs Jahren; ***les ~es Durand*** die Durandtöchter *f/pl*, -mädchen *n/pl*; ***~e fille*** kleines Mädchen; ***les ~s Français*** die französischen Kinder *n/pl*; ***son ~ frère*** sein *ou* ihr kleiner Bruder; ***~ garçon*** kleiner Junge, *südd* Bub; ***tout ce ~ monde*** F all die (lieben) Kleinen *pl*; das ganze kleine Volk; ***quand j'étais ~*** als ich klein war; ***tu es encore trop ~ pour*** *(+inf)* du bist noch zu klein, um zu *(+inf)*; **d)** *affectivement*: F ***sa ~e amie*** s-e Freundin; ***ma ~e Danielle*** meine kleine, süße Danielle; ***ma ~e dame, vous vous trompez!*** liebe, gute, beste Frau, Sie täuschen sich!; ***du courage, mon ~ gars!*** nur Mut, mein Junge *ou* Freund!; ***(espèce de) ~ polisson!*** du kleiner Schlingel, F Racker!; ***quelle ~e garce!*** F so ein kleines Biest, Luder!; ♦ ***un ~ coup de blanc, de rouge*** ein Schluck *m*, ein Schlückchen *n* Weiß-, Rotwein; ***un bon ~ plat*** ein leckeres Gericht; F etw Gutes, Leckeres zum Essen; F ***comment va cette ~e santé?*** wie steht's mit der Gesundheit?; was macht die Gesundheit? **II** *subst* **1** *d'enfants* ***le ~, la ~e*** der, die, das Kleine; ÉCOLE ***les ~s*** die Kleinen *pl*; *terme d'affection* ***mon ~*** mein Kind, Kleines, Liebes; ***vos ~s*** Ihre Kleinen, Kinder *n/pl*, F Sprösslinge *m/pl*; ***'hep, ~!*** he, Kleiner!; ***(les) ~s et (les) grands*** Groß und Klein **2** *coll* ***les ~s*** *physiquement* die kleinen Menschen *m/pl*; kleine Menschen; die Kleinen; *socialement* die kleinen Leute *pl*; die Kleinen *m/pl*; *prov* ***on a souvent besoin d'un plus ~ que soi*** der Große braucht oft den (so verachteten) Kleinen **3** *(jeune animal)* ***le ~*** das Junge; ***un ~*** ein Junges; *chatte etc* ***faire ses*** *ou* ***des ~s*** Junge werfen, bekommen, F kriegen; F *fig* ***son argent a fait des ~s*** F sein Geld hat geheckt, hat Junge gekriegt **4** F *d'une jeune fille* ***une jolie ~e*** F e-e hübsche Kleine **5** ***le ~*** das Kleine; MATH ***un infiniment ~*** e-e unendlich kleine Größe **III** *int pour appeler des volailles* ***~, ~, ~!*** put, put, put!
petit-beurre [p(ə)tibœʀ] *m* ⟨*pl* **petits-beurre**⟩ Butterkeks *m*
petit-bourgeois [p(ə)tibuʀʒwa] **I** *adj* klein-, *péj* spießbürgerlich; spießig **II** *subst* ***~, petite-bourgeoise*** *m,f* Klein-, *péj* Spießbürger(in) *m(f)*; Spießer(in) *m(f)*
petit-déj' [p(ə)tidɛʒ] *m* F *abr* → ***petit-déjeuner***[1]
petit-déjeuner[1] [p(ə)tideʒœne] *m* ⟨*pl* **petits-déjeu-**

ners⟩ Frühstück *n*
petit-déjeuner[2] [p(ə)tideʒœne] *v/i* F frühstücken
petite-fille [p(ə)titfij] *f* ⟨*pl* **petites-filles**⟩ Enkelin *f*; Enkeltochter *f*
petitement [p(ə)titmɑ̃] *adv* **1** *être logé* eng; beengt **2** *vivre* ärmlich; kärglich; kümmerlich **3** ***se venger*** **~** kleinliche Rache nehmen
petite-nièce [p(ə)titnjɛs] *f* ⟨*pl* **petites-nièces**⟩ Großnichte *f*
petitesse [p(ə)titɛs] *f* **1** Kleinheit *f*; ***la ~ de sa taille*** sein kleiner Wuchs **2** *fig* **~ *d'esprit*** Engstirnigkeit *f*; F Kleinkariertheit *f*
petit-fils [p(ə)tifis] *m* ⟨*pl* **petits-fils**⟩ Enkel *m*; Enkelsohn *m*
petit-gris [p(ə)tigʀi] *m* ⟨*pl* **petits-gris**⟩ **1** *fourrure* Feh *n* **2** *escargot* Gesprenkelte Weinbergschnecke
pétition [petisjõ] *f* **1** Petition *f*; Eingabe *f*; (Bitt)Gesuch *n*; ***adresser une ~ à*** e-e Eingabe machen, e-e Bittschrift, Petition einreichen bei; ein Gesuch richten an (*+acc*) **2** LOGIQUE **~ *de principe*** Petitio principii *f*
pétitionnaire [petisjɔnɛʀ] *m,f* Unterzeichner(in) *m(f)* e-r Petition; Bittsteller(in) *m(f)*
petit-lait [p(ə)tilɛ] *m* ⟨*pl* **petits-laits**⟩ Molke *f*; *fig* ***il a bu du ~*** das ging ihm ein wie Milch und Honig
petit-nègre [p(ə)tinɛgʀ] *m* ⟨*inv*⟩ Kauderwelsch *n*; ***parler ~*** kauderwelschen
petit-neveu [p(ə)tinvø] *m* ⟨*pl* **petits-neveux**⟩ Großneffe *m*
petits-enfants [p(ə)tizɑ̃fɑ̃] *m/pl* Enkel(kinder) *m/pl* (*n/pl*)
petit-suisse [p(ə)tisɥis] *m* ⟨*pl* **petits-suisses**⟩ kleiner, runder Doppelrahmfrischkäse
pétochard [petɔʃaʀ] *adj et subst* F → ***froussard***
pétoche [petɔʃ] F *f* → ***frousse***; ***avoir la ~*** F Schiss haben; die Hosen (gestrichen) voll haben
pétoire [petwaʀ] *f* F (*mauvais fusil*) F Knarre *f*; Schießeisen *n*, -prügel *m*
peton [pətõ] F *m* Füßchen *n*
pétoncle [petõkl] *m* ZO Englisches Pastetchen (*Muschel*)
Pétrarque [petʀaʀk] *m poète* Petrarca *m*
pétrel [petʀɛl] *m* ZO Sturmvogel *m*
pétrification [petʀifikasjõ] *f* GÉOL Versteinerung *f* (*processus et résultat*)
pétrifié [petʀifje] *adj* **1** GÉOL versteinert **2** *fig* **~ *de terreur*** starr, versteinert vor Entsetzen
pétrifier [petʀifje] **I** *v/t* **1** GÉOL versteinern (lassen) **2** *fig qn* erstarren lassen **II** *v/pr* ***se ~*** versteinern
pétrin [petʀɛ̃] *m* **1** BOULANGERIE Backtrog *m*; **~ *mécanique*** Knetmaschine *f* **2** F Patsche *f*; Klemme *f*; Schlamassel *m ou n*; ***quel ~!*** F so ein Schlamassel!; ***être dans le ~*** F in der Patsche, Klemme, Tinte, im Schlamassel sitzen, stecken; ***se fourrer, se mettre dans le ~*** F sich in die Tinte setzen; sich (*dat*) etwas (Schönes) einbrocken; in (des) Teufels Küche kommen, geraten; sich schön, sich selbst hineinreiten; ***laisser qn dans le ~*** F j-n in der Patsche, Klemme, Tinte sitzen lassen; ***mettre qn dans le ~*** F j-m etwas (Schönes) einbrocken; j-n schön hineinreiten; ***tirer qn du ~*** F j-m aus der Patsche, Klemme helfen
pétrir [petʀiʀ] *v/t* **1** *pâte, argile* kneten; *masseur* **~ *les muscles*** die Muskeln (durch)kneten; *par ext* **~ *la main de qn*** j-s Hand kneten, zusammenpressen, -drücken **2** *fig* ***être pétri d'orgueil*** hochmütig, hochnäsig, eingebildet sein
pétrissage [petʀisaʒ] *m* **1** *d'une pâte* Kneten *n* **2** MÉD Knetmassage *f*
pétrochimie [petʀɔʃimi] *f* Erdölchemie *f*; Petrochemie *f* **pétrochimique** *adj* petrochemisch
pétrodollars [petʀɔdɔlaʀ] *m/pl* Petrodollars *m/pl*
pétrographie [petʀɔgʀafi] *f* Gesteinskunde *f*; *sc* Petrografie *f*
pétrole [petʀɔl] *m* **1** (Erd)Öl *n*; **~ *brut*** Rohöl *n*; ***gisement*** *m* ***de ~*** Erdöllagerstätte *f*, -vorkommen *n*; ***raffinerie*** *f* ***de ~*** (Erd)Ölraffinerie *f* **2** COMM Petroleum *n*; *schweiz* Petrol *n*; ***lampe*** *f* ***à ~*** Petroleumlampe *f* **3** *adjt* ***bleu ~*** ⟨*inv*⟩ petrol(farben)
pétrolette [petʀɔlɛt] *f* F (*vélomoteur*) F Mühle *f*; Straßenfloh *m*
pétrolier [petʀɔlje] **I** *adj* ⟨**-ière**⟩ (Erd)Öl...; ***industrie pétrolière*** Ölindustrie *f*; ***produits ~s*** Erdölprodukte *n/pl*; ***société pétrolière*** Ölgesellschaft *f* **II** *m* **1** MAR (Öl)Tanker *m* **2** *financier* Ölmagnat *m*
pétrolifère [petʀɔlifɛʀ] *adj* (Erd)Öl...; ***champ*** *m* **~** Ölfeld *n*; ***gisement*** *m* **~** Erdölvorkommen *n*
pétulance [petylɑ̃s] *f* Ungestüm *n*; Heftigkeit *f*; hinreißender Schwung; Übermut *m*; Unbändigkeit *f*
pétulant *adj* ungestüm; heftig; stürmisch; *joie* überschäumend; unbändig
pétunia [petynja] *m* BOT Petunie *f*
peu [pø] *adv* wenig; **a)** *avec verbes*: ***il gagne ~*** er verdient wenig; ***nous sortons ~*** wir gehen selten, wenig aus; **b)** *avec adj*: ***il n'était pas ~ fier*** er war nicht wenig stolz; **~ *nombreux*** nicht gerade, sehr zahlreich; **~ *recommandable*** wenig, nicht sehr empfehlenswert; **c)** *avec adv*: **~ *après*** bald *ou* kurz darauf, danach; **~ *souvent*** selten; **d)** *loc/adv* **~ *à* ~** nach und nach; allmählich; ***à ~ près*** ungefähr; etwa; ***avant ~, d'ici ~, sous ~*** bald; in Kürze, Bälde; binnen Kurzem; demnächst; ***depuis ~*** seit, vor Kurzem; ♦ ***de ~*** um (ein) weniges; *véhicule* ***éviter qn de ~*** j-m gerade noch ausweichen können; ***je l'ai manqué de ~*** ich habe ihn um ein paar Minuten, Sekunden verfehlt; **e)** *loc/conj*: ***si ~ que ...*** (*+subj*) so wenig ... auch; ***pour ~ que ...*** (*+subj*) sofern (nur); **f)** **~ *de*** (*+subst*) wenig (*+subst*); ***avec ~ d'argent*** mit wenig Geld; **~ *de chose*** wenig; e-e Kleinigkeit; ***avec ~ de chose*** mit wenig(em); ***c'est ~ de chose*** das ist recht wenig; das ist nur e-e Kleinigkeit, nicht der Rede wert, e-e Bagatelle, Lappalie; ***à ~ de chose près*** beinahe; fast; annähernd; etwa; nahezu; **~ *de gens, de monde*** wenig(e) Menschen, Leute; ***de ~ d'importance*** von geringer Bedeutung; ***en ~ de mots*** mit wenigen, mit ein paar Worten; ***en ~ de temps*** in kurzer Zeit; **g)** *employé seul*: ♦ *choses* wenig; ***se contenter de ~*** sich mit wenig(em) begnügen; ***je ne vais pas me décourager pour si ~!*** wegen so e-r Kleinigkeit, Bagatelle, Lappalie werde ich doch nicht gleich den Mut verlieren!; ***c'est ~*** das ist wenig; F ***très ~ pour moi!*** ich werde mich hüten!; F ich denke nicht daran!; ohne mich!; ♦ *personnes* wenige; ***comme il y en a ~*** wie es nur wenige gibt; ***il en est ~ qui ...*** es gibt nur wenige, die ...; nur wenige ...; ***bien ~ le suivaient*** sehr wenige folgten ihm; **h)** ***un ~***, *st/s* ***quelque ~*** ein wenig; ein bisschen; etwas; ♦ *avec verbes*: ***je le connais un ~*** ich kenne ihn ein wenig; ♦ *avec adj, adv*: *iron* ***un ~ beaucoup*** ein bisschen viel; reichlich viel; ***un ~ mieux*** etwas, ein bisschen, ein wenig besser; ***un ~ moins*** etwas

P

weniger; ***un ~ partout*** fast überall; ♦ ***un ~ de*** (+*subst*) ein wenig, ein bisschen, etwas (+*subst*); ***un ~ de patience*** ein wenig, ein bisschen, etwas Geduld; F ***un*** (***tout***) ***petit ~ de sel*** ein (ganz) klein wenig, ein klein(es) bisschen Salz; ♦ *loc/adv*: ***pour un ~ …*** (+*conditionnel*), ***un ~ plus*** (***et***) ***…*** (+*imparfait*) fast; beinahe; bald; um ein Haar; es hätte nicht viel gefehlt und …; (***un***) ***tant soit ~*** ein (ganz) klein wenig; ♦ *pour insister*: ***je vous demande un ~!*** ich bitte Sie!; ***écoute donc un ~ ce que l'on te dit!*** nun hör doch mal zu, was man dir sagt!; ***viens donc un ~, si tu*** (***l'***)***oses!*** na, komm doch, wenn du es wagst!; *tu ferais ça?* - F ***un ~!*** und ob!; allerdings!; aber sicher, gewiss!; F ***un ~ que c'est vrai!*** und ob das wahr ist!; **i)** *subst*: ***le ~ que j'en sais*** das wenige, das bisschen, was ich darüber weiß; ***le ~ de cheveux qui me reste***(***nt***) die wenigen Haare, die mir geblieben sind; ***son ~ de fortune*** sein kleines, bescheidenes Vermögen

peuchère [pøʃɛʀ] *int régional* der, die Arme, Ärmste!; du, Sie Arme(r), Ärmste(r)!

Peugeot [pøʒo] **1** *frz Autohersteller* **2** *voiture* ***une ~*** ein Peugeot *m*

peuh [pø] *int* bah!; pah!

peuplade [pøplad, pœ-] *f* Völkerschaft *f*; Volksstamm *m*

peuple [pœpl] *m* **1** (*nation*) Volk *n*; ***~s primitifs*** primitive Völker **2** (*opposé aux classes supérieures*) ***le ~*** das Volk; ***le bas, petit ~*** das einfache, niedere, gemeine Volk; ***un homme du ~*** ein Mann aus dem Volk; ***souveraineté*** *f* ***du ~*** Volkssouveränität *f* **3** *loc* F ***il y avait du ~*** es waren viele Leute, F es war viel Volk da **4** *litt* ***un ~ de …*** e-e Menge …; ein Heer *n* von … **5** *adjt* ⟨*inv*⟩ *péj* ordinär; gewöhnlich; plebejisch; ***faire ~*** ordinär *etc* aussehen

peuplé [pøple, pœ-] *adj* ***peu ~*** dünn *ou* schwach bevölkert, besiedelt; ***très ~*** dicht bevölkert, besiedelt

peuplement [pøpləmɑ̃, pœ-] *m* **1** *d'un pays, d'une région* Besied(e)lung *f* **2** *d'un étang* ***~*** (***avec des alevins***) Besetzen *n* mit Fischbrut; CH *d'une chasse* ***~ avec du gibier*** Besetzen *n* mit Wild **3** ÉCOL Bestand *m*; ***~ forestier, végétal*** Baum-, Pflanzenbestand *m*

peupler [pøple, pœ-] **I** *v/t* **1** bevölkern; besiedeln; ***~ un pays, une région*** ein Land, ein Gebiet bevölkern, besiedeln **2** (*habiter*) bevölkern; bewohnen **3** *fig et litt* bevölkern (***de*** mit); mit Leben erfüllen **4** *étang* mit Fischbrut besetzen **II** *v/pr* ***se ~*** sich bevölkern

peupleraie [pøpləʀɛ, pœ-] *f* Pappelpflanzung *f*

peuplier [pøplije, pœ-] *m* **1** BOT Pappel *f*; ***~ blanc*** Silberpappel *f* **2** *bois* Pappelholz *n*

peur [pœʀ] *f* Angst *f*, Furcht *f* (***de qn, qc*** vor j-m, etw); Schreck(en) *m*; ***la ~ du ridicule*** die Angst, Furcht, sich lächerlich zu machen; ♦ *loc/prép* ***de ~ de, par ~ de*** (+*subst*) *ou* (+*inf*) aus Angst, Furcht vor (+*dat*) *ou* zu (+*inf*); *loc/conj* ***de ~ que …*** ([***ne***] +*subj*) aus Angst, Furcht, Sorge, dass …; ***de ~ qu'il ne se mette à pleuvoir*** aus Angst *etc*, es könne anfangen zu regnen; ♦ ***avoir ~*** (***de qn, qc***) (vor j-m, etw) Angst, Furcht haben; sich (vor j-m, etw) fürchten, ängstigen; F bange sein; Bange haben; (*s'effrayer*) erschrecken; e-n Schreck bekommen, F kriegen; ***avoir ~ que …*** ([***ne***] +*subj*) Angst haben, dass …; ***avoir ~ de faire qc*** Angst haben, *sens affaibli* sich scheuen, etw zu tun; ***j'ai très ~*** *a* mir ist angst und bange; ***j'en ai bien ~*** ich befürchte es (sehr); ***j'ai eu ~*** ich bin erschrocken; ich habe e-n Schreck bekommen, F gekriegt; ***n'avoir pas ~ des mots, du mot*** sich nicht scheuen, es *ou* etwas offen auszusprechen; ***n'avoir ~ de rien*** vor nichts Angst haben; sich vor nichts fürchten; ***il y a eu plus de ~ que de mal*** er ist, wir sind *etc* mit dem (bloßen) Schrecken davongekommen; ***avoir ~ pour qn*** Angst um j-n haben; in Angst, Sorge um j-n sein; sich um j-n ängstigen; für j-n fürchten; *st/s* um j-n bangen; ***faire ~ à qn*** j-m Angst machen; (*effrayer qn*) j-n erschrecken; j-m e-n Schrecken einjagen; ***prendre ~*** Angst bekommen, F kriegen; in Angst, Furcht geraten; es mit der Angst zu tun bekommen, F kriegen

peureux [pøʀø, pœ-] **I** *adj* ⟨**-euse**⟩ ängstlich; furchtsam **II** *subst* ***~, peureuse*** *m,f* ängstlicher Mensch; F Angsthase *m*

peut [pø] → ***pouvoir***[1]

peut-être [pøtɛtʀ] *adv* vielleicht; womöglich; eventuell; ***~ bien que oui, ~ bien que non*** kann schon sein, kann (aber) auch nicht sein; schon möglich, vielleicht aber auch nicht; vielleicht auch nein; ***~*** (***bien***) ***qu'il fera beau demain*** vielleicht wird es morgen (auch, sogar) schön; womöglich wird es morgen (noch) schön; ***~ a-t-il oublié le rendez-vous*** vielleicht hat er die Verabredung vergessen; *iron* ***je ne sais pas conduire, ~?*** kann ich vielleicht, etwa nicht fahren?

peuvent [pœv], **peux** [pø] → ***pouvoir***[1]

p. ex. *abr* (*par exemple*) z. B. (zum Beispiel)

Peyrefitte [pɛʀfit] *frz Familienname*

pèze [pɛz] *m arg* → ***fric***

Pézenas [peznas] *Stadt im Dep. Hérault*

pfennig [pfenig] *m* HIST *monnaie* Pfennig *m* (*abr* Pf)

pff(t) [pf(t)] *ou* **pfut** [pfyt] *int* bah!; pah!

p.g.c.d. [peʒesede] *m abr* (*plus grand commun diviseur*) MATH größter gemeinsamer Teiler

pH [peaʃ] *m* CHIM pH-Wert *m*

phacochère [fakɔʃɛʀ] *m* ZO Warzenschwein *n*

phagocyte [fagɔsit] *m* BIOL Fresszelle *f*; *sc* Phagozyt *m*

phagocyter *v/t* **1** BIOL *sc* phagozytieren **2** *fig entreprise*: *une autre* F schlucken

phalange [falɑ̃ʒ] *f* **1** ANAT Finger- *ou* Zehenglied *n*; ***faire craquer ses ~s*** mit den Fingerknöcheln knacken **2** *litt* (*armée*) (Heer)Schar *f* **3** HIST ***Phalange*** *en Espagne* Falange *f*

phalangiste [falɑ̃ʒist] *m* HIST *en Espagne* Falangist *m*

phalène [falɛn] *f ou m* ZO Spanner *m*

phallique [falik] *adj* phallisch (*a* PSYCH); Phallus…; ***symbole*** *m* ***~*** Phallussymbol *n*

phallo [falo] F *abr* → ***phallocrate***

phallocrate [falɔkʀat] **I** *adj* chauvinistisch; *sc* phallokratisch **II** *m* Chauvinist *m*; F Chauvi *m*; *sc* Phallokrat *m*

phalloïde [falɔid] *adj* BOT ***amanite*** *f* ***~*** Grüner Knollenblätterpilz

phallus [falys] *m* **1** Phallus *m* **2** BOT ***~ impudique*** Stinkmorchel *f*

phanérogame [faneʀɔgam] BOT **I** *adj* phanerogam **II** *f/pl* ***~s*** Blüten-, Samenpflanzen *f/pl*; *sc* Phanerogamen *f/pl*

phantasme [fɑ̃tasm] *m* → ***fantasme***

pharamineux [faʀaminø] *adj* → ***faramineux***

P

pharaon [faʀaõ] *m* HIST Pharao *m*; ***tombeaux*** *m/pl* ***des ~s*** Pharaonengräber *n/pl*
pharaonien [faʀaɔnjɛ̃] *adj* ⟨**~ne**⟩ *ou* **pharaonique** *adj* pharaonisch
phare [faʀ] *m* **1** MAR Leuchtturm *m* **2** AVIAT Leuchtfeuer *n* **3** AUTO **a)** *projecteur* Scheinwerfer *m*; ***~ de recul*** Rückfahrscheinwerfer *m*; ***allumer, éteindre ses ~s*** die Scheinwerfer, das Licht einschalten, ausschalten; **b)** (*opposé à codes*) ***les ~s*** das Fernlicht; ***se mettre en ~s*** aufblenden; das Fernlicht einschalten; ***rouler pleins ~s*** mit Fernlicht, mit aufgeblendeten Scheinwerfen, voll aufgeblendet fahren
pharisaïque [faʀizaik] *adj* BIBL *et fig* pharisäisch; *fig et litt a* pharisäerhaft; selbstgerecht **pharisaïsme** *m* BIBL *et fig* Pharisäertum *n*
pharisien [faʀizjɛ̃], **pharisienne** **1** *m* BIBL Pharisäer *m* **2** *m,f fig et litt* Pharisäer(in) *m(f)*; selbstgerechter Mensch
pharmaceutique [faʀmasøtik] *adj* pharmazeutisch; Arzneimittel…; Pharma…; ***industrie*** *f* **~** Pharmaindustrie *f*; ***produit*** *m* **~** pharmazeutisches Erzeugnis; Pharmazeutikum *n*; Pharmakon *n*; Arzneimittel *n*
pharmacie [faʀmasi] *f* **1** *science* Pharmazie *f*; Pharmazeutik *f*; ***étudiant*** *m* ***en ~*** Pharmaziestudent *m* **2** *magasin* Apotheke *f*; ***~ de garde*** dienstbereite Apotheke; *médicament etc* ***vendu en ~*** apothekenpflichtig **3** (*armoire à médicaments*) Hausapotheke *f* **4** (*médicaments*) Arzneien *f/pl*; Arzneimittel *n/pl*; Medikamente *n/pl*
pharmacien [faʀmasjɛ̃] *m*, **pharmacienne** *f* **1** Apotheker(in) *m(f)*; ***ordre*** *m* ***des pharmaciens*** Apothekerkammer *f* **2** *par ext* Pharmazeut(in) *m(f)*
pharmacodépendance [faʀmakodepɑ̃dɑ̃s] *f* MÉD Medikamenten-, Tablettensucht *f*
pharmacologie [faʀmakɔlɔʒi] *f* Pharmakologie *f*; Arzneimittelkunde *f* **pharmacologique** *adj* pharmakologisch **pharmacologiste** *ou* **pharmacologue** *m,f* Pharmakologe, -login *m,f*
pharmacopée [faʀmakɔpe] *f* amtliches Arzneibuch; Pharmakopöe *f*
pharyngal [faʀɛ̃gal] *adj* ⟨**-aux**⟩ PHON ***consonne ~e*** *ou subst* ***~e*** *f* Rachenlaut *m*
pharyngite [faʀɛ̃ʒit] *f* MÉD Rachenentzündung *f*; *sc* Pharyngitis *f*
pharynx [faʀɛ̃ks] *m* ANAT Rachen *m*; Schlund *m*; *sc* Pharynx *m*
phase [fɑz] *f* **1** Phase *f*; Stadium *n*; (Entwicklungs-)Stufe *f*; ***~s de la croissance*** Wachstumsphasen *f/pl*, -stadien *n/pl*, -verlauf *m*; ***~s du développement*** *a* Entwicklungsstufen *f/pl*; ***~s d'une maladie*** Krankheitsphasen *f/pl*, -stadien *n/pl*, -verlauf *m*; ***~ de travail*** Arbeitsphase *f*, -gang *m*; *personne* ***être dans une ~ d'activité fébrile*** in e-r Phase hektischer Aktivität sein **2** PHYS, ÉLECT Phase *f*; *loc/adj* ***en ~*** in Phase; phasengleich; *fig* im Gleichklang (***avec*** mit) **3** CHIM Phase *f* **4** ASTR Phase *f*; ***~s de la Lune*** Mondphasen *f/pl*
Phébus [febys] *m* MYTH Phöbus *ou* Phöbos *m*
Phèdre [fɛdʀ] *f* MYTH Phädra *f*
Phénicie [fenisi] HIST ***la ~*** Phönizien *n*
phénicien [fenisjɛ̃] HIST **I** *adj* ⟨**~ne**⟩ phönizisch; phönikisch **II** *subst* ***les Phéniciens*** *m/pl* die Phönizier *ou* Phöniker *m/pl*
phénix [feniks] *m* **1** MYTH Phönix *m* **2** *fig et plais* ***ce n'est pas un ~*** F er *ou* sie ist kein großes (Kirchen-)Licht, keine große Leuchte **3** BOT → ***phœnix***
phénol [fenɔl] *m* CHIM **a)** *antiseptique* Karbol(säure) *n(f)*; Phenol *n*; **b)** ***~s*** *pl* Phenole *n/pl*
phénoménal [fenɔmenal] *adj* ⟨**-aux**⟩ phänomenal; erstaunlich; un-, außergewöhnlich
phénomène [fenɔmɛn] *m* **1** Erscheinung *f*, Phänomen *n* (*a* PHILOS); ***~ naturel*** Naturerscheinung *f*, -ereignis *n* **2** *par ext* ***un ~*** ein (ungewöhnliches) Phänomen; etwas Erstaunliches **3** F *fig de qn* (komischer) Kauz; F Type *f*; Original *n*
phénoménologie [fenɔmenɔlɔʒi] *f* PHILOS Phänomenologie *f*
phénoplaste [fenɔplast] *m* CHIM Phenoplast *m*; Phenolharz *n*
Philadelphie [filadɛlfi] GÉOGR Philadelphia *n*
philanthrope [filɑ̃tʀɔp] *m,f* Menschenfreund(in) *m(f)*; Philanthrop(in) *m(f)* **philanthropie** *f* Menschenliebe *f*, -freundlichkeit *f*; Philanthropie *f* **philanthropique** *adj* menschenfreundlich; philanthropisch
philatélie [filateli] *f* Briefmarkenkunde *f*; Philatelie *f* **philatélique** *adj* Briefmarken…; philatelistisch **philatéliste** *m,f* Briefmarkensammler(in) *m(f)*; Philatelist(in) *m(f)*
Philémon et Baucis [filemõebosis] MYTH Philemon *m* und Baucis *f*
philharmonie [filaʀmɔni] *f* Philharmonie *f* (*Gesellschaft*)
philharmonique [filaʀmɔnik] *adj* philharmonisch; ***l'orchestre*** *m* ***~ de Vienne*** die Wiener Philharmoniker *m/pl*; ***société*** *f* **~** philharmonische Gesellschaft
Philippe [filip] *m Vorname*
philippin [filipɛ̃] **I** *adj* philippinisch **II** *subst* ***Philippin(e)*** *m(f)* Philippiner(in) *m(f)*; Filipino *m*, Filipina *f*
Philippines [filipin] ***les ~*** *f/pl* die Philippinen *pl*
philippique [filipik] *f litt* Philippika *f*; Kampfrede *f*
philistin [filistɛ̃] *m litt* Philister *m*; Spießbürger *m*
philo [filo] *f* F *abr* (*philosophie*) Philosophie *f*; LYCÉE ***classe*** *f* ***de ~*** Abschlussklasse *f* (des sprachlichen Zweiges)
philodendron [filɔdɛ̃dʀõ] *m* BOT Philodendron *m ou n*
philologie [filɔlɔʒi] *f* Philologie *f*; ***~ classique*** klassische Philologie; Altphilologie *f*; ***~ germanique, romane*** *a* Germanistik *f*, Romanistik *f*
philologique [filɔlɔʒik] *adj* philologisch **philologue** *m,f* Philologe, -login *m,f*
philosophale [filɔzɔfal] *adj f* ***la pierre ~*** der Stein der Weisen
philosophe [filɔzɔf] *m,f* **1** Philosoph(in) *m(f)* (*a fig*) **2** *adjt* (philosophisch) gelassen, gleichmütig; ***rester ~*** *a* (philosophische) Gelassenheit, (philosophischen) Gleichmut bewahren
philosopher [filɔzɔfe] *v/i* philosophieren (*a par ext*)
philosophie [filɔzɔfi] *f* **1** *science* Philosophie *f* **2** LYCÉE **a)** *matière* Philosophie(unterricht) *f(m)*; **b)** *classe terminale* Abschlussklasse *f* (des sprachlichen Zweiges) **3** *individuelle* (Lebens)Philosophie *f*; Lebenseinstellung *f*; ***tirer la ~ de qc*** aus etw e-e Lehre ziehen, lernen **4** (*sagesse*) (philosophische) Gelassenheit; (philosophischer) Gleichmut

P

philosophique [filɔzɔfik] *adj* philosophisch **philosophiquement** *adv* 1 philosophisch 2 *accepter etc* gelassen; gleichmütig
philtre [filtʀ] *m* Zauber-, Liebestrank *m*
phlébite [flebit] *f* MÉD Venenentzündung *f*
phlegmon [flɛgmõ] *m* MÉD Phlegmone *f*
Phlégréens [flegʀeɛ̃] GÉOGR ***les champs*** *m/pl* ~ die Phlegräischen Felder *n/pl*
phlox [flɔks] *m* BOT Phlox *m ou f*
Phnom Penh [pnɔmpɛn] Phnom Penh *n*
phobie [fɔbi] *f* 1 PSYCH krankhafte Angst; *sc* Phobie *f* 2 *par ext* Abneigung *f*; Aversion *f*; *p/fort* Abscheu *m*; ***avoir la ~ de qc*** e-e Abneigung, Aversion gegen etw, e-n Abscheu vor etw (*dat*) haben
phobique [fɔbik] *adj* PSYCH *névrose* phobisch; *personne* an krankhafter Angst, an Phobie leidend
phocéen [fɔseɛ̃] I *adj* ⟨~**ne**⟩ 1 HIST phokäisch 2 auf Marseille bezüglich; ***la cité ~ne*** Marseille II *m/pl* ***Phocéens*** HIST Phokäer *m/pl*
phœnix [feniks] *m* BOT Phönixpalme *f*
phonateur [fɔnatœʀ] *adj* ⟨**-trice**⟩ PHYSIOL, PHON stimm- und lautbildend; ***appareil ~*** Stimmbildungsorgane *n/pl*
phonation [fɔnasjõ] *f* PHYSIOL, PHON Stimm- und Lautbildung *f*; *sc* Phonation *f* **phonatoire** *adj* → ***phonateur***
phone [fɔn] *m* PHYS Phon *n*
phonème [fɔnɛm] *m* LING Phonem *n*
phonémique [fɔnemik] *adj* LING phonematisch
phonéticien [fɔnetisjɛ̃] *m*, **phonéticienne** *f* LING Phonetiker(in) *m(f)*
phonétique [fɔnetik] I *adj* phonetisch; Laut(schrift)…; ***alphabet ~ international*** Internationale Lautschrift; ***signe*** *m* ~ phonetisches Zeichen; Lautschriftzeichen *n* II *f* Phonetik *f*; Lautlehre *f*; ***~ descriptive, expérimentale, normative*** beschreibende, experimentelle, normative Phonetik
phonique [fɔnik] *adj* 1 PHON phonisch; Laut… 2 (*relatif aux bruits*) Geräusch…; Lärm…; ***isolation*** *f* ~ Schalldämmung *f*
phono [fɔno] *m abr* → ***phonographe***
phonographe [fɔnɔgʀaf] *m autrefois* Grammofon *n*
phonologie [fɔnɔlɔʒi] *f* LING Phonologie *f* **phonologique** *adj* LING phonologisch
phonothèque [fɔnɔtɛk] *f* Tonarchiv *n*; Phonothek *f*
phoque [fɔk] *m* 1 ZO Seehund *m*; Robbe *f*; *fig* ***souffler comme un ~*** schnauben wie ein Walross 2 *fourrure* Seehund(s)-, Robbenfell *n*; Seal [ziːl] *m ou n*
phosphatage [fɔsfataʒ] *m* AGR Phosphatdüngung *f*
phosphate [fɔsfat] *m* CHIM, AGR Phosphat *n*; *lessive* ***sans ~*** phosphatfrei
phosphaté [fɔsfate] *adj* phosphathaltig; ***engrais ~*** Phosphatdünger *m*
phosphater [fɔsfate] *v/t* AGR mit Phosphat(dünger) düngen
phosphore [fɔsfɔʀ] *m* CHIM Phosphor *m*
phosphoré [fɔsfɔʀe] *adj* phosphorhaltig
phosphorer [fɔsfɔʀe] *v/i* F arbeiten, dass einem der Kopf raucht
phosphorescence [fɔsfɔʀɛsɑ̃s] *f* Phosphoreszenz *f*; Nachleuchten *n* **phosphorescent** *adj* phosphoreszierend
phosphorique [fɔsfɔʀik] *adj* CHIM ***acide*** *m* ~ Phosphorsäure *f*
photo [fɔto] *f* 1 *image* Foto *n*; Aufnahme *f*; (Licht)Bild *n*; ***~ d'identité*** Passbild *n*, -foto *n*; Lichtbild *n*; ***~ en couleurs*** Farbfoto *n*, -aufnahme *f*, -bild *n*; *loc/adv* ***en ~*** auf dem Foto, Bild; ***faire, prendre une ~*** ein Foto, e-e Aufnahme machen; ***prendre qn en ~*** ein Foto, ein Bild, e-e Aufnahme von j-m machen; j-n aufnehmen, F knipsen, ablichten 2 *dans un journal, une revue* Bild *n* 3 *technique, art* ***la ~*** die Fotografie; das Fotografieren; ***appareil*** *m* **(*de*)** ~ Fotoapparat *m*; Kamera *f*; F Foto *m*; ***aimer la ~*** gern fotografieren; ***faire de la ~*** fotografieren
photocomposeuse [fɔtɔkõpozøz]] *f* TYPO Lichtsetzmaschine *f* **photocomposition** *f* TYPO Licht-, Foto-, Filmsatz *m* **photocopie** *f* Fotokopie *f*; Ablichtung *f* **photocopier** *v/t* fotokopieren **photocopieur** *m ou* **photocopieuse** *f* Fotokopiergerät *n*; F Fotokopierer *m*
photo-électrique [fɔtoelɛktʀik] *adj* fotoelektrisch; lichtelektrisch; ***cellule*** *f* ~ Fotozelle *f*; lichtelektrische Zelle; ***effet*** *m* ~ Fotoeffekt *m*
photo-finish [fɔtɔfiniʃ] *f* ⟨*pl* **photos-finish**⟩ SPORTS Zielfoto(grafie) *n(f)*
photogénique [fɔtɔʒenik] *adj* fotogen
photographe [fɔtɔgʀaf] *m,f* Fotograf(in) *m(f)* (*a commerçant*); ***~ amateur*** Amateurfotograf *m*; Fotoamateur *m*; ***~ de mode*** Modefotograf(in) *m(f)*; ***atelier*** *m*, ***studio*** *m* ***de ~*** Fotoatelier *n*, -studio *n*; *adjt* ***reporter*** *m* ~ Bildberichterstatter *m*; Pressefotograf *m*
photographie [fɔtɔgʀafi] *f* Fotografie *f*; ***~ en couleurs*** Farbfotografie *f*; CIN, TV ***directeur*** *m* ***de la ~*** Aufnahmeleiter *m*
photographier [fɔtɔgʀafje] *v/t* fotografieren; aufnehmen; F knipsen; ablichten
photographique [fɔtɔgʀafik] *adj* fotografisch; Foto…; ***appareil*** *m* ~ Fotoapparat *m*; Kamera *f*; ***laboratoire*** *m* ~ Fotolabor *n*; ***papier*** *m* ~ Fotopapier *n*
photogravure [fɔtɔgʀavyʀ] *f* TYPO fotomechanische Druckformherstellung
photomaton® [fɔtɔmatõ] *m* PHOT Photomaton® *n*
photomécanique [fɔtɔmekanik] *adj* TYPO fotomechanisch **photométrie** *f* PHYS Lichtmessung *f*; Fotometrie *f* **photomontage** *m* Fotomontage *f*
photon [fɔtõ] *m* PHYS Photon *n*; Licht-, Strahlungsquant *n*
photopile [fɔtɔpil] *f* TECH Solar-, Sonnenbatterie *f* **photosensible** *adj* TECH lichtempfindlich **photosynthèse** *f* BIOL Fotosynthese *f*
photothèque [fɔtɔtɛk] *f* Bildarchiv *n*; Fotothek *f*
phrase [fʀɑz] *f* 1 GR Satz *m*; ***~ complexe, simple*** zusammengesetzter, ergänzungsloser Satz 2 *péj* ***~s*** *pl* Phrasen *f/pl*; leere Redensarten *f/pl*; ***faire des ~s*** F Phrasen dreschen 3 MUS Phrase *f*
phrasé [fʀɑze] *m* MUS Phrasierung *f*
phraséologie [fʀazeɔlɔʒi] *f* 1 LING Phraseologie *f*; Ausdrucksweise *f* 2 *péj* Phrasen *f/pl*; Phrasendrescherei *f*
phraser [fʀɑze] *v/t* MUS phrasieren
phraseur [fʀɑzœʀ] *m*, **phraseuse** *f péj* Phrasendrescher(in) *m(f)*
phréatique [fʀeatik] *adj* GÉOL ***nappe*** *f* ~ Grundwasser(spiegel) *n(m)*; *panneau* Wasserschutzgebiet!
phrygien [fʀiʒjɛ̃] *adj* ⟨~**ne**⟩ HIST phrygisch; ***bonnet ~*** Jakobinermütze *f*
phtisie [ftizi] *f* MÉD *autrefois* (Lungen)Schwind-

sucht *f*

phtisiologue [ftizjɔlɔg] *m* Lungenarzt *m*

phtisique [ftizik] MÉD *autrefois* **I** *adj* schwindsüchtig **II** *m,f* Schwindsüchtige(r) *f(m)*

phylactère [filaktɛʀ] *m* **1** *des juifs* Gebetsriemen *m* **2** BEAUX-ARTS Spruchband *n*

phylloxéra [filɔkseʀa] *m* **1** ZO Reblaus *f* **2** VIT durch die Reblaus verursachte Krankheit der Weinrebe

physalis [fizalis] *m* BOT Lampionblume *f*; Physalis *f*

physicien [fizisjɛ̃] *m*, **physicienne** *f* Physiker(in) *m(f)*

physico-chimique [fizikoʃimik] *adj* physikochemisch

physiologie [fizjɔlɔʒi] *f* Physiologie *f*; Lehre *f* von den Lebensvorgängen **physiologique** *adj* **1** physiologisch **2** (*opposé à psychique*) physisch **physiologiste** *m,f* Physiologe, -login *m,f*

physionomie [fizjɔnɔmi] *f* **1** *d'une personne* Physiognomie *f*; Gesichtsausdruck *m*, -züge *m/pl*; Gesicht *n* **2** *par ext d'une ville etc* Physiognomie *f*; Gepräge *n*; Gesicht *n*; Charakter *m*; **~ d'une profession** Berufsbild *n*

physionomiste [fizjɔnɔmist] *adj* **être ~** ein gutes Personengedächtnis haben

physiothérapie [fizjɔteʀapi] *f* MÉD Physiotherapie *f*; physikalische Therapie

physique[1] [fizik] *f* Physik *f* (*a matière scolaire*); **~ expérimentale** Experimentalphysik *f*; **~ nucléaire** Kernphysik *f*; **~ du globe** Geophysik *f*

physique[2] [fizik] *m* **1** (*aspect de qn*) Äußere(s) *n*; äußere Erscheinung; **avoir un ~ agréable** ein angenehmes Äußeres haben; e-e angenehme Erscheinung sein; **avoir un ~ de jeune premier** der Typ des jugendlichen Helden, Liebhabers sein; *c'est un instituteur etc* **il a bien le ~ de l'emploi** … so sieht er auch aus, er sieht wie ein typischer Vertreter s-s Berufs aus, man sieht ihm sein Gewerbe an **2** (*constitution du corps humain*) Körperbeschaffenheit *f*; Physis *f*; körperliche Beschaffenheit, Verfassung; **le ~** *a* das Körperliche; *loc/adv* **au ~ (et au moral)** körperlich (und seelisch)

physique[3] [fizik] *adj* **1** (*de la nature matérielle*) physikalisch; **géographie** *f* **~** physikalische Geografie; **propriétés** *f/pl* **~s** physikalische Eigenschaften *f/pl*; **les sciences** *f/pl* **~s** (die) Physik und (die) Chemie **2** (*du corps humain*) körperlich; physisch; Körper…; Leibes…; **amour** *m* **~** körperliche, sinnliche Liebe; **dégoût** *m* **~** physischer Ekel; **douleur** *f* **~** physischer, körperlicher Schmerz; *matière scolaire* **éducation** *f* **~** Leibeserziehung *f*; Turnen *n*; **effort** *m* **~** körperliche Anstrengung; **état** *m* **~** körperliche Verfassung; **force** *f* **~** Körperkraft *f*; **plaisir** *m* **~** Sinnenlust *f*, -genuss *m*, -freude *f* **3** JUR **personne** *f* **~** natürliche Person

physiquement [fizikmɑ̃] *adv* **1** körperlich; physisch; **il est très diminué ~** er hat körperlich sehr abgebaut **2** was das Äußere anbelangt; **il est bien ~** er ist e-e hübsche Erscheinung; er sieht gut aus

phytopathologie [fitopatɔlɔʒi] *f* Lehre *f* von den Pflanzenkrankheiten; *sc* Phytopathologie *f*

phytoplancton [fitoplɑ̃ktɔ̃] *m* pflanzliches Plankton; *sc* Phytoplankton *n* **phytosociologie** *f* Pflanzensoziologie *f*; soziologische Pflanzengeografie; Lehre *f* von den Pflanzengesellschaften **phytothérapie** *f* MÉD Pflanzenheilkunde *f*; *sc* Phytotherapie *f*

pi [pi] *m lettre grecque*, MATH Pi *n*

piaf [pjaf] F *m* Spatz *m*; Sperling *m*

piaffement [pjafmɑ̃] *m* (ungeduldiges) Scharren, Stampfen

piaffer [pjafe] *v/i* **1** *cheval* ungeduldig mit den Vorderhufen scharren, stampfen **2** *fig personne* **~ d'impatience** ungeduldig von e-m Fuß auf den anderen treten; *enfant a* ungeduldig mit den Füßen scharren; *par ext* vor Ungeduld fast vergehen

piaillement [pjajmɑ̃] *m* **1** *d'oiseaux* Gepiep(s)e *n* **2** F *fig* Geschrei *n*; Gekreisch(e) *n*; F Geplärr(e) *n*

piailler [pjaje] *v/i* **1** *oiseaux* piep(s)en **2** F *enfants* (andauernd) schreien, kreischen, F plärren

piaillerie [pjajʀi] *f* → **piaillement**

pianissimo [pjanisimo] *adv* MUS pianissimo

pianiste [pjanist] *m,f* Pianist(in) *m(f)*; Klavierspieler(in) *m(f)* (*a amateur*)

piano[1] [pjano] *m* **~ (droit)** Klavier *n*; **~ à queue** Flügel *m*; F **~ à bretelles** (*accordéon*) Schifferklavier *n*; **~ de concert** Konzertflügel *m*; **jouer**, F **faire du ~** Klavier spielen

piano[2] [pjano] **I** *adv* **1** MUS piano; leise **2** F *fig* **allez-y ~!** langsam!; nicht so hastig!; F sachte, sachte! **II** *m* ⟨*inv*⟩ MUS Piano *n*

piano-forte [pjanofɔʀte] *m* HIST MUS Hammerklavier *n*, -flügel *m*; Pianoforte *n*; Fortepiano *n*

pianotage [pjanɔtaʒ] *m* F (Klavier)Geklimper *n*

pianoter [pjanɔte] *v/t et v/i* **1** *péj* (auf dem Klavier) klimpern **2** *fig* **~ avec impatience sur la table** ungeduldig (mit den Fingern) auf den Tisch trommeln

piastre [pjastʀ] *f monnaie* Piaster *m*

piaule [pjol] *f* F (*chambre*) F Bude *f*

piaulement [pjolmɑ̃] *m* **1** *de petits oiseaux* Gepiep(s)e *n* **2** F *de jeunes enfants* F Geplärr(e) *n*; Quäken *n*

piauler [pjole] *v/i* **1** *petits oiseaux* piepsen; piepen **2** F *jeunes enfants* plärren; F quäken; *norrd a* quarren

PIB [peibe] *m abr* (*produit intérieur brut*) ÉCON Bruttoinlandsprodukt *n*

pic[1] [pik] *m* **1** *outil* Spitzhacke *f*; Pickel *m*; Picke *f* **2** *montagne* Bergspitze *f*; *avec n/pr* Pik *m* **3** *fig d'une courbe* Spitze(nwert) *f(m)* **4** ZO Specht *m*; **~ épeiche** Buntspecht *m*; → *a* **pivert**

pic[2] [pik] *loc/adv* **à ~** **1** senkrecht; steil; schroff; jäh; *bateau, noyé* **couler à ~** sofort, wie ein Stein untergehen, versinken **2** F *personne* **arriver**, *argent etc* **tomber à ~** gerade recht, richtig, gerade zur rechten, richtigen Zeit, F wie gerufen kommen; **ça tombe à ~** *a* das trifft sich glänzend, ausgezeichnet, großartig

picador [pikadɔʀ] *m dans une corrida* Picador *ou* Pikador *m*

picaillons [pikajɔ̃] *m/pl* F → **fric**

picard [pikaʀ] **I** *adj* pikardisch **II** *subst* **1** **Picard(e)** *m(f)* Pikarde *m*, Pikardin *f* **2** LING **le ~** das Pikardische; Pikardisch *n*

Picardie [pikaʀdi] **la ~** die Pikardie *ou* Picardie

picaresque [pikaʀɛsk] *adj* LITTÉRATURE Schelmen…; pikaresk; **roman** *m* **~** Schelmenroman *m*

piccolo [pikɔlo] *m* **1** MUS Pikkoloflöte *f* **2** F (*vin*) Wein *m*

Pic de la Mirandole [pikdəlamiʀɑ̃dɔl] *m* PHILOS Pico

P

della Mirandola *m*
pichenette [piʃnɛt] *f* → ***chiquenaude***
pichet [piʃɛ] *m* Krug *m*; Kanne *f*
pickles [pikœls] *m/pl* CUIS Mixpickles [-pikəls] *pl*; Mixed Pickles ['mikst-] *pl*
pickpocket [pikpɔkɛt] *m* Taschendieb *m*
pick-up [pikœp] *m* ⟨*inv*⟩ **1** TECH (*lecteur*) Tonabnehmer(system) *m(n)*; Pick-up [-'ap] *m* **2** (*tourne-disque*) Plattenspieler *m*
picoler [pikɔle] F *v/i* trinken; (ein) Trinker sein; F (gern) picheln; P saufen; ***se mettre à ~*** anfangen zu trinken
picoleur [pikɔlœʀ] F *m*, **picoleuse** F *f* Trinker(in) *m(f)*; P Säufer(in) *m(f)*; F *plais* Schluckspecht *m*
picolo → ***piccolo***
picorer [pikɔʀe] *v/i* **1** *oiseaux, poules* picken **2** F *fig* ohne Appetit, F mit langen Zähnen essen
picot [piko] *m* **1** *d'une dentelle* Zäckchen *n*; Zähnchen *n*; Picot *m* **2** *outil* spitzer Hammer
picoté [pikɔte] *adj visage* ***~ de rougeurs*** voller kleiner roter Flecke
picotement [pikɔtmɑ̃] *m* Prickeln *n*; Kribbeln *n*; ***j'ai des ~s aux pieds*** ich habe ein Kribbeln, es kribbelt mir in den Füßen
picoter [pikɔte] *v/t* **1** prickeln; kribbeln; *p/fort* stechen; *fumée* ***~ les yeux*** in den, in die Augen beißen **2** *oiseaux, poules* (an-, auf)picken
picotin [pikɔtɛ̃] *m pour un cheval* Haferration *f*
picouse → ***piquouse***
picrate [pikʀat] *m* **1** CHIM Pikrat *n* **2** F *vin* schlechter Rotwein; F Krätzer *m*
pictogramme [piktɔgʀam] *m* Piktogramm *n*; Bildzeichen *n* **pictographie** *f* Bilderschrift *f*; *sc* Piktografie *f*
pictural [piktyʀal] *adj* ⟨**-aux**⟩ PEINT Mal…; malerisch; ***art ~*** Malkunst *f*; *d'un artiste* ***œuvre ~e*** malerisches Werk; ***technique ~e*** Maltechnik *f*
pic-vert [pivɛʀ] *m* ⟨*pl* **pics-verts**⟩ zo Grünspecht *m*
pidgin [pidʒin] *m* Pidginenglisch ['pidʒin-] *m*
pie[1] [pi] **I** *f* **1** zo Elster *f* **2** F *fig d'une femme* ***être bavarde, bavarder comme une ~, être une vraie ~*** F e-e alte Schwatzliese, -base sein **II** *adj* ⟨*inv*⟩ *cheval, bovin* gescheckt; scheckig; ***cheval*** *m*, ***jument*** *f*, ***vache*** *f* ***~*** Schecke *m,f*; Scheck *m*
pie[2] [pi] *adj f* ***œuvre ~*** frommes Werk; mildtätige Stiftung
Pie [pi] *m* Pius *m*
pièce [pjɛs] *f* **1** (*unité*) Stück *n*; ***~ de gibier*** Stück Wild; ***~ d'orfèvrerie*** Goldschmiedearbeit *f*; ♦ *loc/adj*: *maillot de bain etc*: ***une ~*** einteilig; ***deux ~s*** zweiteilig; → *a* ***deux-pièces*** *1, 2*; *objet, meuble* ***tout d'une ~*** aus einem Stück (gefertigt, gearbeitet); *fig personne* ***être tout d'une ~*** gerade, aufrichtig, unbeugsam sein; ♦ *loc/adv*: ***à la ~*** stückweise; einzeln; ***aux ~s*** im Akkord; im Stücklohn; Akkord…; Stück…; ***ouvrier payé aux ~s*** Akkordarbeiter *m*; ***être aux ~s*** im Akkord, Stücklohn arbeiten; F *fig* ***on n'est pas aux ~s!*** wir arbeiten hier doch nicht im Akkord!; ♦ ***cela coûte cinq euros (la) ~*** davon kostet das Stück fünf Euro; das kostet fünf Euro pro Stück; *texte, film etc* ***être fait de ~s et de morceaux*** zusammengestückelt, -geflickt, (-)geklittert sein; Flickwerk sein; *fig* ***inventer, forger, fabriquer qc de toutes ~s*** etw völlig frei erfinden, von A bis Z erfinden, völlig aus der Luft greifen; *incident etc* ***fabriqué de toutes ~s*** inszeniert; gemacht; gestellt **2** *d'un tout, a* TECH Teil *n*; Stück *n*; ***~ de machine*** Maschinenteil *n*; ***~ de rechange*** Ersatzteil *n*; ***service*** *m* ***de douze ~s*** zwölfteiliges Service; ***mettre en ~s*** zerreißen; zerfetzen; in Stücke, Fetzen reißen **3** *d'habitation* (Wohn)Raum *m*; Zimmer *n*; ***un appartement de deux ~s*** *ou* ***un deux-~s*** e-e Zweizimmerwohnung **4** (*document*) Akte *f*; Beleg *m*; Unterlage *f*; Schriftstück *n*; *dans une lettre* ***~(s) jointe(s)*** (*abr* ***P.J.***) Anlage(n) *f(pl)*; ***~ d'identité*** Ausweis(papier) *m(n)*; ***juger sur ~s*** aufgrund der Akten entscheiden **5 a)** THÉ ***~ (de théâtre)*** (Theater)-Stück *n*; ***~ radiophonique*** Hörspiel *n*; ***une ~ de Molière*** ein Stück von Molière; **b)** MUS Stück *n*; ***~ instrumentale, vocale*** Instrumental-, Gesangsstück *n*; **c)** ***~ de vers*** kleines, kurzes Gedicht **6** ***~ (de monnaie)*** Geldstück *n*; Münze *f*; ***~ d'argent, d'or*** Silber-, Goldstück *n*, -münze *f*; ***~ de deux euros*** Zweieurostück *n*; *fig* ***donner la ~ à qn*** j-m ein Trinkgeld geben **7** COUT Flicken *m*; ***mettre une ~ à un pantalon*** e-n Flicken auf e-e Hose aufsetzen, in e-e Hose einsetzen **8** MIL ***~ (d'artillerie)*** Geschütz *n* **9** ***~ d'eau*** Bassin *n*; (künstlich angelegtes) Wasserbecken **10** ÉCHECS (Schach)Figur *f* **11** CUIS ***~ montée*** hohe, aus mehreren Etagen bestehende Torte **12** TEXT ***~ d'étoffe*** Stoffballen *m* **13** *mesure* Fass *n*; Gebinde *n* (*um 200 l*)
piécette [pjesɛt] *f* kleine Münze; kleines Geldstück
pied [pje] *m* **1** ANAT *chez l'homme* Fuß *m*; ***~ plat*** Plattfuß *m*; ***coup*** *m* ***de ~*** (Fuß)Tritt *m*; → *a* ***coup*** *1*; ♦ *loc/adj et loc/adv*: ***~s et poings liés*** an Händen und Füßen gefesselt; *fig* wehrlos; ohnmächtig; ***à ~*** zu Fuß; ***aller à ~*** zu Fuß gehen; ***~ à ~*** Schritt für Schritt; ***disputer le terrain ~ à ~*** jeden Fußbreit Boden verteidigen (***à qn*** gegen j-n); P *fig* ***je t'emmerde, à ~, à cheval et en voiture!*** P du kannst mich kreuzweise (am Arsch lecken)!; *fig* ***au ~ levé*** unvorbereitet; ohne Vorbereitung; aus dem Stegreif; auf der Stelle; ohne weiteres; *fig* ***au petit ~*** im Kleinen; in verkleinertem Maßstab; F ***comme un ~*** sehr schlecht; miserabel; F unter aller Kanone; ***des ~s à la tête, de ~ en cap, de la tête aux ~s*** von Kopf bis Fuß; von oben bis unten; vom Scheitel bis zur Sohle; *fig* ***de ~ ferme*** unerschrocken; furchtlos; ***attendre qn, qc de ~ ferme*** j-m, e-r Sache ruhig, gelassen entgegensehen; j-n Gewehr bei Fuß erwarten; PEINT, SCULP ***en ~*** in ganzer Figur; ganzfigürlich; ***sur le ~ de guerre*** *armée* kampfbereit; für den Krieg(sfall) gerüstet; *fig* gerüstet; gut vorbereitet; *fig* ***être, vivre sur le ~ de guerre avec qn*** mit j-m auf Kriegsfuß stehen; → *a* ***égalité*** *1*; ♦ *dans l'eau* ***avoir ~*** Grund haben; stehen können; *personne âgée* ***avoir bon ~ bon œil*** noch sehr rüstig sein; noch gut auf dem Posten sein; noch gut beieinander sein; *fig* ***avoir un ~ dans la tombe*** mit e-m Fuß im Grabe stehen; *fig* ***avoir les ~s sur terre*** mit beiden Beinen (fest) auf der Erde stehen; ***avoir froid aux ~s*** kalte Füße haben; an den Füßen frieren; ***j'ai mal aux ~s*** mir tun die Füße weh; ***le malade sera sur ~ dans quelques jours*** der Kranke wird in einigen Tagen wieder auf den Beinen sein; *flirt* ***faire du ~ à qn*** j-n mit dem Fuß anstoßen; mit j-m füßeln; F *fig* ***cela lui fera les ~s*** das wird ihm e-e Lehre sein; F *fig* ***faire des ~s et des mains*** Himmel und Hölle, alle Hebel in Bewegung setzen; alles aufbieten;

nichts unversucht lassen; sich (*dat*) alle erdenkliche Mühe geben; F alle Minen springen lassen; ***se jeter, tomber aux ~s de qn*** sich j-m zu Füßen werfen; j-m zu Füßen fallen; ***lâcher ~*** MIL zurückweichen; das Feld räumen; *fig* es aufgeben; *fig* ***ne pas lâcher ~*** standhalten; ***je n'y ai jamais mis les ~s*** ich bin niemals dorthin gegangen, dort gewesen; ***je ne peux plus mettre un ~ devant l'autre*** ich kann keinen Schritt mehr gehen; F *fig* ***mettre les ~s dans le plat*** e-e Ungeschicklichkeit, e-n Fauxpas begehen; e-n Schnitzer machen; F ins Fettnäpfchen treten; *cavalier* ***mettre ~ à terre*** vom Pferd (ab)steigen; absitzen; *fig* ***mettre à ~*** entlassen; freisetzen; *fig* ***mettre sur ~*** *entreprise etc* aufbauen; ins Leben rufen; schaffen; bilden; *armée* aufstellen; ***perdre ~*** *dans l'eau* keinen Grund mehr haben; nicht mehr stehen können; *fig* den Boden unter den Füßen, den Halt verlieren; *élève* (in s-n Leistungen) zurückfallen; nicht mehr mitkommen; *fig entreprise etc* ***prendre ~*** festen Fuß fassen; s-e Stellung sicher begründen; ***je ne remettrai plus les ~s chez lui*** ich werde den Fuß nie mehr über s-e Schwelle setzen; *fig* ***remettre sur ~*** wieder auf die Beine bringen; *fig* ***ne pas savoir sur quel ~ danser*** nicht aus noch ein wissen; nicht wissen, was man tun soll; nicht wissen, woran man ist; *fig* ***elle ne sortira plus de sa chambre que les ~s devant*** sie wird ihr Zimmer nur noch mit den Füßen voran, nur noch tot verlassen; *fig* ***vivre sur un grand ~*** auf großem Fuß leben; → *a* ***casser*** *I 1*, ***marcher*** *I* **2** *chez l'animal* Fuß *m*; BOUCHERIE ***~s de porc, de veau*** Schweins-, Kalbsfüße *m/pl*; *bétail* ***vendre sur ~*** als Schlachtvieh verkaufen **3** *d'un meuble* Bein *n*; *d'une lampe, d'un verre etc* Fuß *m*; PHOT Stativ *n*; ***~ de lit*** Bettfuß *m*; → *a 4*; ***~ de table*** Tischbein *n*; ***verre*** *m* ***à ~*** Stielglas *n* **4** (*partie basse*) Fuß *m*; *d'un lit* Fußende *n*; *loc/adv* ***au ~ de*** am Fuß (+*gén*); ***au ~ des Alpes*** am Fuß der Alpen; ***au ~ du lit*** am Fußende des Bettes; *fig* ***mettre qn au ~ du mur*** j-n in die Enge treiben; CONSTR ***à ~ d'œuvre*** an der *ou* an die Baustelle; *par ext* ***être à ~ d'œuvre*** an Ort und Stelle sein (*wo etw zu tun ist*) **5** BOT **a)** *d'une plante, d'un arbre* Basis *f*; Teil *m* dicht über dem Boden; *d'un champignon* Stiel *m*; Schaft *m*; **b)** (*chaque plant*) Stock *m*; (einzelne) Pflanze; ***~ de salade, de tabac*** Salat-, Tabakpflanze *f*; ***~ de vigne*** Wein-, Rebstock *m*; ***vendre sur ~*** *récolte* auf dem Halm, *fruits* am Baum, Strauch, *raisins* am Weinstock verkaufen **6** POÉSIE (Vers)Fuß *m*; *abus* (*syllabe*) Silbe *f*; *vers* ***de six ~s*** sechsfüßig **7** (*ancienne*) *mesure* Fuß *m*; *fig*: ***elle aurait voulu être (à) cent ~s sous terre*** sie wäre am liebsten (vor Scham) in die Erde versunken; ***faire un ~ de nez à qn*** j-m e-e lange Nase machen; ***faire une mine de dix ~s de long*** ein langes Gesicht machen **8** TECH ***~ à coulisse*** Schieb-, Schublehre *f* **9** MATH Fußpunkt *m* **10** F: ***c'est le ~*** F das ist einfach klasse, ganz toll; ***c'est pas le ~*** F das ist nicht das Wahre; ***prendre son ~*** s-n Spaß daran haben; es genießen; *sexuellement* zum Höhepunkt kommen; F fertig werden; kommen

pied-à-terre [pjetatɛʀ] *m* ⟨*inv*⟩ Zweitwohnung *f*; Bleibe *f*

pied-d'alouette [pjedalwɛt] *m* ⟨*pl* **pieds-d'alouette**⟩ BOT Rittersporn *m*

pied-de-biche [pjedbiʃ] *m* ⟨*pl* **pieds-de-biche**⟩ **1** TECH Geißfuß *m* **2** *d'une machine à coudre* Stoffdrücker *m*; (Näh)Fuß *m*

pied-de-poule [pjedpul] *m* ⟨*pl* **pieds-de-poule**⟩ TEXT (Stoff *m* mit) Hahnentritt(muster) *m*(*n*); Pepita *m ou n*

pied-droit [pjedʀwa] *m* ⟨*pl* **pieds-droits**⟩ *m* CONSTR Pfeiler *m*; Widerlager *n*

piédestal [pjedɛstal] *m* ⟨*pl* **-aux**⟩ ARCH Postament *n*; Piedestal *n*; Sockel *m*; *fig* ***mettre qn sur un ~*** j-n auf ein Podest stellen; j-n bewundern, F anhimmeln; *fig* ***tomber de son ~*** sein Ansehen einbüßen; von s-m Postament stürzen

pied-noir [pjenwaʀ] **I** *m,f* ⟨*pl* **pieds-noirs**⟩ Algerienfranzose *m*, -französin *f* **II** *adj* ⟨*f inv*⟩ der, von Algerienfranzosen

piédroit → ***pied-droit***

piège [pjɛʒ] *m* **1** CH Falle *f*; ***~ à rats*** Rattenfalle *f*; ***dresser, tendre un ~*** e-e Falle aufstellen; ***prendre au ~*** mit der Falle fangen; ***être pris au ~*** in die Falle gehen **2** *fig* Falle *f*; ***tendre un ~ à qn, prendre qn au ~*** j-m e-e Falle stellen; j-n in die Falle locken; ***tomber, donner dans un ~, se laisser prendre au ~*** in e-e *ou* in die Falle gehen; ***il a été pris à son propre ~*** er hat sich in der eigenen Schlinge gefangen **3** *adjt* ***question*** *f* ***~*** Fangfrage *f*

piégé [pjeʒe] *adj* ***colis ~*** Sprengstoffpaket *n*; ***lettre ~e*** Briefbombe *f*; ***voiture ~e*** Autobombe *f*

piéger [pjeʒe] *v/t* ⟨**-è-, -geons**⟩ **1** *animaux* mit Fallen, mit e-r Falle fangen **2** F *fig* ***~ qn*** j-m e-e Falle stellen; ***se faire ~*** in die Falle gehen; *par ext* F sich reinlegen lassen **3** *avec des explosifs* e-e versteckte Sprengladung anbringen (***qc*** an, in etw [*dat*]); → *a* ***piégé***

pie-grièche [pigʀijɛʃ] *f* ⟨*pl* **pies-grièches**⟩ ZO Würger *m*

pie-mère [pimɛʀ] *f* ⟨*pl* **pies-mères**⟩ ANAT innere Hirnhaut

Piémont [pjemõ] ***le ~*** Piemont *n*

piémontais [pjemõtɛ] **I** *adj* piemontesisch; piemontisch **II** *subst* ***Piémontais(e)*** *m(f)* Piemontese, -tesin *m,f*

piercing [piʀsiŋ] *m* Piercing [-siŋ] *n*

piéride [pjeʀid] *f* ZO Kohlweißling *m*

pierraille [pjɛʀɑj] *f* grober Kies; Schotter *m*

pierre [pjɛʀ] *f* **1** Stein *m*; ***~ artificielle*** Kunststein *m*; ***la première ~*** der Grundstein (*a fig*); ***poser la première ~ d'un édifice*** den Grundstein zu e-m Gebäude legen; ***~ à aiguiser*** Wetz-, Schleifstein *m*; ***~ à briquet*** Feuerstein *m*; ***~ à chaux*** Kalkstein *m*; ***~ à feu, à fusil*** (*silex*) Feuerstein *m*; ***~ de taille*** Hau-, Werkstein *m*; Quader(stein) *m*; ***âge*** *m* ***de la ~ (polie, taillée)*** (Jung-, Alt)Steinzeit *f*; *loc/adj* ***de*** *ou* ***en ~*** aus Stein; Stein…; steinern; *fig* ***cœur*** *m* ***de ~*** Herz *n* aus Stein; ***maison*** *f* ***en ~*** Steinhaus *n*; ***dur comme la ~*** hart wie Stein; *par ext* ***aimer les vieilles ~s*** altes Gemäuer lieben; *fig et st/s* ***apporter sa ~ à l'édifice*** (auch) sein(en) Teil dazu beitragen; (auch) e-n Baustein zum Gelingen des Werkes beitragen; *fig*: ***c'est une ~ dans mon jardin*** das ist auf mich gemünzt; der Hieb *ou* das gilt mir, geht auf mich; ***faire d'une ~ deux coups*** zwei Fliegen mit einer Klappe schlagen; ***jeter la ~ à qn*** sich zum Richter über j-n aufwerfen; j-n verurteilen, verdammen; den Stab über j-n brechen; *jour* ***marquer d'une ~ blanche*** im Kalender rot anstreichen; *prov* ***~ qui***

P

roule n'amasse pas mousse Unstetigkeit führt nicht zu Reichtum 2 ~ (***précieuse***) (Edel)Stein *m*; ~ ***fine*** Halbedelstein *m* 3 MINÉR ~ ***ponce*** Bimsstein *m*; ~ ***de savon*** Seifenstein *m*; Saponit *m*

Pierre [pjɛʀ] *m* 1 *Vorname* 2 *saint* Petrus *m*

pierreries [pjɛʀʀi] *f/pl* (geschliffene) Edelsteine *m/pl*; Juwelen *n/pl*

Pierrette [pjɛʀɛt] *f Vorname*

pierreux [pjɛʀø] *adj* ⟨**-euse**⟩ 1 steinig; ***chemin ~*** steiniger Weg 2 *substance* steinartig

pierrot [pjɛʀo] *m* 1 ZO Sperling *m*; Spatz *m* 2 *personnage de pantomime* ***Pierrot*** Pierrot *m* 3 ***Pierrot*** *Vorname*

pietà [pjeta] *f* ⟨*inv*⟩ PEINT, SCULP Pieta *f*; Vesperbild *n*

piétaille [pjetaj] *f iron* Fußvolk *n*

piété [pjete] *f* 1 *religieuse* Frömmigkeit *f*; Gottesfurcht *f* 2 *st/s* (*respect*) Pietät *f*; Ehrfurcht *f*; Achtung *f*; ~ ***filiale*** *st/s* Kindesliebe *f*; ***avec ~*** pietätvoll

piètement [pjɛtmɑ̃] *m d'un siège* Beine *n/pl*; Füße *m/pl*

piétinement [pjetinmɑ̃] *m* 1 Stampfen *n*, Trampeln *n*, Gestampf(e) *n*, Getrampel *n* (*a bruit*); *de chevaux* (Huf)Getrappel *n* 2 *par ext* Auf-der-Stelle-Treten *n* (*a fig*); *fig de négociations etc* Stagnieren *n*; Stocken *n*

piétiner [pjetine] I *v/t* 1 *herbe etc* zertrampeln; zertreten; zerstampfen; niedertrampeln (*a qn*); herumtrampeln auf (+*dat*) 2 *fig* ~ ***qn, qc*** j-n, etw mit Füßen treten II *v/i* 1 *personne(s)* stampfen (*a troupeau*); trampeln; ~ ***de colère*** zornig mit dem Fuß (auf)stampfen, auf den Boden stampfen 2 (*ne pas avancer, a fig*) nicht, kaum, nur langsam von der Stelle kommen, vom Fleck kommen, vorwärtskommen, voran-, weiterkommen; *fig a* auf der Stelle treten; *négociations, enquête a* stocken; festgefahren sein

piétisme [pjetism] *m* REL Pietismus *m* **piétiste** REL I *adj* pietistisch II *m,f* Pietist(in) *m(f)*

piéton [pjetõ] I *m* Fußgänger *m* II *adj* ⟨**~ne**⟩ Fußgänger…; ***rue(s) ~ne(s)*** Fußgängerzone *f*

piétonnier [pjetɔnje] *adj* ⟨**-ière**⟩ Fußgänger…; ***rues piétonnières*** Fußgängerzone *f*

piètre [pjɛtʀ] *st/s adj* miserabel; armselig; ***une ~ consolation*** ein schwacher Trost; → *a* ***figure 1***

pieu [pjø] *m* ⟨*pl* **~x**⟩ 1 Pfahl *m*; Pfosten *m*; Pflock *m* 2 F (*lit*) F Falle *f*; Klappe *f*

pieusement [pjøzmɑ̃] *adv* 1 ***mourir ~*** als frommer Mensch, im Glauben sterben 2 (*avec respect*) pietät-, liebevoll

pieuter [pjøte] *v/pr* F ***se ~*** F sich in die Klappe legen; sich in die Falle hauen

pieuvre [pjœvʀ] *f* ZO Krake *m*

pieux [pjø] *adj* ⟨**pieuse** [pjøz]⟩ 1 *en religion* fromm; gottesfürchtig; *fig* ~ ***mensonge*** fromme Lüge; Notlüge *f*; *fig* ***vœux*** *m/pl* ~ fromme Wünsche *m/pl* 2 (*respectueux*) pietät-, liebevoll

piézo-électrique [pjezoelɛktʀik] *adj* PHYS piezoelektrisch

pif¹ [pif] *int* ~ ***paf!*** *gifles* klitsch, klatsch!

pif² [pif] *m* F (*nez*) F Gesichtserker *m*; Zinken *m*; Riechkolben *m*; ***au ~*** → ***pifomètre***

pif(f)er [pife] *v/t* F ***ne pas pouvoir pif(f)er qn*** F j-n nicht riechen können

pifomètre [pifɔmɛtʀ] *m* F *loc/adv* ***au ~*** nach Augenmaß; über den Daumen gepeilt

pige [piʒ] *f* 1 **a)** *d'un typographe* (Arbeits)Soll *n*, (-)Norm *f*, (-)Pensum *n*; **b)** *journaliste etc* ***être payé à la ~*** nach Zeilen bezahlt werden; ein Zeilenhonorar bekommen 2 *arg* (*année d'âge*) Jahr *n*; ***avoir bien cinquante ~s*** fünfzig sein; F fünfzig Jahre auf dem Buckel haben 3 F *fig* ***faire la ~ à qn*** j-n übertreffen, ausstechen, überbieten, F in die Tasche stecken

pigeon [piʒõ] *m* 1 ZO Taube *f*; ~ ***mâle*** Täuber(ich) *ou* Tauber(ich) *m*; ~ ***voyageur*** Brieftaube *f* 2 *jeu d'enfant* (***jouer à***) ~ ***vole*** Alles, was Federn hat, fliegt hoch (spielen) 3 BALL-TRAP ~ ***d'argile*** Ton-, Wurftaube *f* 4 *fig* (*dupe*) ***il a été le ~ dans l'affaire*** er war der Dumme, Geprellte, Genarrte bei der Sache; → *a* ***pigeonner***

pigeonnant [piʒɔnɑ̃] *adj* ***soutien-gorge ~*** Büstenhebe *f*; Dirndlbüstenhalter *m*

pigeonne [piʒɔn] *f* ZO Täubin *f* **pigeonneau** *m* ⟨*pl* **~x**⟩ ZO Täubchen *n*; junge Taube

pigeonner [piʒɔne] *v/t* F ~ ***qn*** F j-n rupfen, ausnehmen, aufs Kreuz legen; j-m das Fell über die Ohren ziehen; j-m Geld abknöpfen

pigeonnier [piʒɔnje] *m* 1 Taubenschlag *m*, -haus *n* 2 *plais logement* Dach-, Mansardenwohnung *f*

piger [piʒe] F *v/t* ⟨**-geons**⟩ F kapieren; mitkriegen; P fressen; *abs*: ***tu piges?*** kapiert?; ***il a pigé*** F der Groschen ist (bei ihm) gefallen; es hat (bei ihm) gefunkt, gezündet, geklingelt

pigiste [piʒist] *m,f* 1 TYPO Akkordsetzer(in) *m(f)* 2 Journalist(in), Übersetzer(in), der (die) nach Zeilen *ou* Seiten bezahlt wird

pigment [pigmɑ̃] *m* 1 BIOL Pigment *n*; ***~s végétaux*** Pflanzenfarbstoffe *m/pl* 2 TECH *colorant* Pigment (-farbstoff) *n(m)*

pigmentation [pigmɑ̃tasjõ] *f* BIOL Pigmentierung *f*; Pigmentation *f*

pigmenté [pigmɑ̃te] *adj peau* pigmentiert

Pignerol [piɲəʀɔl] GÉOGR Pinerolo *n*

pignocher [piɲɔʃe] F *v/i* ohne Appetit, F mit langen Zähnen essen

pignon [piɲõ] *m* 1 ARCH Giebel *m*; ***maison f à ~*** Giebelhaus *n*; *fig* ***avoir ~ sur rue*** Hausbesitzer sein; *par ext* wohlhabend, gut situiert und angesehen sein 2 TECH (Getriebe)Zahnrad *n*; *t/t* Ritzel *n* 3 BOT **a)** Pinienkern *m*; Pignol(i)e *ou* Piniole *f*; **b)** ***pin*** *m* ~ Pinie *f*

pignouf [piɲuf] F *m* Flegel *m*; Lümmel *m*

pilaf [pilaf] *m* CUIS ~ *ou adjt* ***riz*** *m* ~ Pilau *ou* Pilaw *m*

pilage [pilaʒ] *m* Zerstampfen *n*; Zerstoßen *n*; Zerkleinern *n*

pilastre [pilastʀ] *m* ARCH Pilaster *m*; Wandpfeiler *m*

Pilate [pilat] GÉOGR ***le mont ~*** der Pilatus

pilchard [pilʃaʀ] *m* ZO Pilchard [-tʃɔrt] *m*; Sardine *f*

pile¹ [pil] *f* 1 (*tas*) Stapel *m*; Stoß *m*; ~ ***d'assiettes*** Stapel Teller; ~ ***de bois*** Holzstoß *m*, -stapel *m*; ***mettre en ~*** (auf)stapeln; zu e-m Stapel schichten; übereinanderlegen, schichten; *bois, tuiles a* aufsetzen 2 *d'un pont* Brückenpfeiler *m* 3 ÉLECT ~ (***électrique***) Batterie *f*; ~ ***sèche*** Trockenelement *n*; ~ ***solaire*** Solar-, Sonnenbatterie *f*; ***appareil*** *m* ***à ~s*** Batteriegerät *n* 4 NUCL ~ ***atomique, nucléaire*** Kern-, Atomreaktor *m* 5 *d'une pièce de monnaie* (*a* ***côté*** *m* ~) Rück-, Schriftseite *f*; ***jouer à ~ ou face*** durch Kopf oder Zahl entscheiden; knobeln 6 F **a)** (*volée* *de coups*) (Tracht *f*) Prügel *pl*; F Dresche *f*; Senge *pl*.; → *a* ***flanquer***[2] *I 2*, ***recevoir*** *I 2*; **b)** SPORTS F Schlappe *f*

pile[2] [pil] *adv* F **1** ***s'arrêter*** **~** plötzlich, F mit einem Schlag stehen bleiben, anhalten **2** ***ça tombe*** **~** das kommt wie gerufen, gerade recht **3** ***à deux heures*** **~** Punkt, Schlag zwei Uhr; pünktlich um zwei Uhr

piler [pile] *v/t* **1** (*broyer*) zerstampfen; zerstoßen; zerkleinern **2** F *fig* **a)** **~** ***qn*** (*rosser*) F j-n verbläuen, verdreschen, vertrimmen; **b)** SPORTS ***se faire*** **~** vernichtend geschlagen werden; F e-e schwere Schlappe einstecken müssen **3** F (*s'arrêter pile*) plötzlich, F mit einem Schlag anhalten

pileux [pilø] *adj* ⟨**-euse**⟩ ANAT Haar…; ***système*** **~** Behaarung *f*

pilier [pilje] *m* **1** ARCH Pfeiler *m*; *métallique, en bois a* Stütze *f*; Säule *f* **2** *péj ou plais de qn* ***c'est un*** **~** ***de bistrot, de brasserie*** er hockt immer in der Kneipe **3** *fig personne, chose* ***les*** **~*s*** ***d'un régime*** *etc* die Stützen *f/pl*, Säulen *f/pl*, Pfeiler *m/pl* e-s Regimes *etc* **4** RUGBY Stürmer *m* der ersten Reihe

pillage [pijaʒ] *m* Plünderung *f* **pillard** **I** *adj* plündernd **II** *m* Plünderer *m*

piller [pije] *v/t* **1** (aus)plündern; **~** ***un magasin, une ville*** ein Geschäft, eine Stadt (aus)plündern **2** *fig ouvrage, auteur* plündern; abschreiben; plagiieren

pilleur [pijœʀ] *m* Plünderer *m*

pilon [pilõ] *m* **1** *instrument* Stößel *m*; Stößer *m*; CUIS Stampfer *m*; PHARM Pistill *n*; TYPO ***mettre au*** **~** einstampfen **2** F *fig* (*jambe de bois*) Holzbein *n* **3** CUIS *d'un poulet etc* Unterschenkel *m*

pilonnage [pilɔnaʒ] *m* MIL Trommelfeuer *n*; AVIAT pausenloses Bombardement

pilonner [pilɔne] *v/t* **1** TECH zerstampfen; zerkleinern; zerstoßen **2** MIL unter Trommelfeuer, pausenloses Feuer nehmen; AVIAT pausenlos bombardieren

pilori [pilɔʀi] *m* HIST Pranger *m*; Schandpfahl *m*; ***mettre***, *fig a* ***clouer au*** **~** an den Pranger stellen; *fig a* anprangern

pilosité [pilozite] *f* Behaarung *f*

pilotage [pilɔtaʒ] *m* **1** MAR Lotsen(dienst) *n(m)* **2** AVIAT, AUTO Führung *f*; Steuerung *f*; **~** ***sans visibilité*** (*abr* ***P.S.V.***) Blind-, Instrumentenflug *m*; ***poste*** *m* ***de*** **~** Cockpit *n*

pilote [pilɔt] *m* **1** AVIAT Pilot *m*; Flugzeugführer *m*; **~** ***automatique*** Autopilot *m*; **~** ***de chasse*** Jagdflieger *m*; **~** ***d'essai*** Testpilot *m*; **~** ***de guerre*** Luftwaffenpilot *m*; Militärflieger *m*; **~** ***de ligne*** Pilot e-r Verkehrs-, Linienmaschine **2** MAR Lotse *m*; *adjt* ***bateau*** *m* **~** Lotsenboot *n*; *fig* ***servir de*** **~** ***à qn*** j-m als Führer, Lotse dienen **3** *d'une voiture de course* (Renn)-Fahrer *m*; *t/t* Pilot *m* **4** ZO **~** *ou adjt* ***poisson*** *m* **~** Lotsenfisch *m*; Pilot *m* **5** *adjt* Modell…; Muster…; Versuchs…; Pilot…; ***classe*** *f* **~** Modell-, Versuchsklasse *f*; ***prix*** *m* **~** Richtpreis *m*; ***usine*** *f* **~** Muster-, Versuchsbetrieb *m*; Pilotanlage *f*

piloter [pilɔte] *v/t* **1** *avion* fliegen; führen; steuern; lenken; *voiture* fahren; lenken **2** MAR lotsen **3** *fig qn* führen; lotsen

pilotis [pilɔti] *m* CONSTR Grund-, Rammpfahl *m*; *coll* Pfahlrost *m*, -werk *n*; ***maisons*** *f/pl* ***sur*** **~** Pfahlbauten *m/pl*

pilou [pilu] *m* TEXT einseitig gerautes, weiches Baumwollgewebe

pilule [pilyl] *f* **1** PHARM **a)** Pille *f*; *fig* ***avaler la*** **~** die bittere Pille schlucken; in den sauren Apfel beißen müssen; *affront* es schlucken, einstecken (müssen); **b)** **~** (***contraceptive***) (Antibaby)Pille [-'beːbi-] *f*; ***elle prend la*** **~** sie nimmt die Pille **2** F *fig* (*défaite*) F Schlappe *f*; ***prendre la*** **~** e-e Schlappe einstecken müssen

pimbêche [pɛ̃bɛʃ] *f* hochnäsige, eingebildete Person; F eingebildete Pute

piment [pimɑ̃] *m* **1** BOT, CUIS **a)** **~** (***rouge***) Chili ['tʃiː-] *m*; Cayennepfeffer *m*; spanischer Pfeffer; Peperoni *f*; **b)** **~** ***doux*** Paprika(schote) *m(f)* **2** *fig* Würze *f*; ***mettre du*** **~** ***dans la conversation*** der Unterhaltung (*dat*) Würze verleihen

pimenter [pimɑ̃te] *v/t* **1** CUIS kräftig, scharf, stark würzen; *adjt* ***pimenté*** *sauce* sehr scharf **2** *fig propos* Würze verleihen (+*dat*)

pimpant [pɛ̃pɑ̃] *adj jeune fille* adrett; fesch; ***ville*** **~*e*** schmucke Stadt

pimprenelle [pɛ̃pʀənɛl] *f* BOT Wiesenknopf *m*

pin [pɛ̃] *m* BOT Kiefer *f*; **~** ***maritime*** Strandkiefer *f*; **~** ***parasol*** Pinie *f*; **~** ***sylvestre*** Gemeine Kiefer; Föhre *f*

pinacle [pinakl] *m* **1** ARCH Fiale *f* **2** *fig* ***porter qn au*** **~** j-n überschwänglich, F über den grünen Klee loben

pinailler [pinaje] F *v/i* kleinlich, F pingelig sein; **~** ***sur qc*** F an etw (*dat*) herumnörgeln

pinailleur [pinajœʀ], **pinailleuse** F **I** *m,f* Kleinigkeitskrämer(in) *m(f)* **II** *adj* F pingelig

pinard [pinaʀ] F *m* Wein *m*

pinasse [pinas] *f régional* Fischerboot *n* mit flachem Boden

Pinay [pinɛ] ***Antoine*** **~** *frz Politiker*

pince [pɛ̃s] *f* **1** *outil* Zange *f*; **~** ***universelle*** Kombizange *f*; **~** ***à épiler*** Pinzette *f*; **~** ***à sucre*** Zuckerzange *f* **2** *pour serrer* Klemme *f* (*a* ÉLECT); Klammer *f*; **~** ***à cheveux*** Haarklemme *f*, -klammer *f*; **~** ***à cravate*** Krawattenhalter *m*; Klipp *m*; **~** ***à linge*** Wäscheklammer *f*; **~** ***à pantalon, de cycliste*** Hosenklammer *f* **3** ZO *de certains crustacés* Schere *f* **4** COUT Abnäher *m* **5** F **a)** (*main*) F Flosse *f*; Pfote *f*; Patsche *f*; ***serrer la*** **~** ***à qn*** j-m die Flosse schütteln; **b)** (*pied*) *loc/adv* ***à*** **~*s*** F per pedes; auf Schusters Rappen

pincé [pɛ̃se] *adj* **1** *air* verkniffen; ***lèvres*** **~*es*** zusammengekniffene Lippen *f/pl*; ***sourire*** **~** gezwungenes Lächeln **2** MUS ***instrument*** *m* ***à cordes*** **~*es*** Zupfinstrument *n*

pinceau [pɛ̃so] *m* ⟨*pl* **~x**⟩ **1** Pinsel *m*; **~** ***plat, rond*** Flach-, Rundpinsel *m*; ***coup*** *m* ***de*** **~** Pinselstrich *m* **2** PEINT Pinselführung *f* **3** **~** ***lumineux*** Lichtbündel *n* **4** **~x** F (*pieds*) Füße *m/pl*; F *péj* Mauken *f/pl*; Quanten *pl*

pincée [pɛ̃se] *f* CUIS ***une*** **~** ***de poivre, de sel*** e-e Prise Pfeffer, Salz

pince-fesse(s) [pɛ̃sfɛs] F *m* ⟨*inv*⟩ Party *f*, wo es locker zugeht, F wo viel gefummelt wird

pincement [pɛ̃smɑ̃] *m* **1** MUS Zupfen *n* **2** **~** ***au cœur*** Herzstiche *m/pl*, -stechen *n*; *fig* Stich *m* ins Herz

pince-monseigneur [pɛ̃smõsɛɲœʀ] *f* ⟨*pl* **pinces-monseigneur**⟩ Brecheisen *n*, -stange *f* **pince-nez** *m* ⟨*inv*⟩ Kneifer *m*; *südd a* Zwicker *m*

pincer [pɛ̃se] ⟨**-ç-**⟩ **I** *v/t* **1** kneifen, *südd a* zwicken (***qn*** j-n); ***il lui pinça la joue*** er kniff ihn *ou* ihm in die

P

Wange **2** *lèvres* zusammenkneifen, -pressen **3** *doigt, pied* (ein)klemmen **4** MUS *cordes* zupfen **5** F *fig malfaiteur, voleur* ertappen; F erwischen; schnappen; ***se faire ~*** erwischt, geschnappt werden **6** *fig froid* beißen; schneiden; *abs* F ***ça pince dur*** es ist bitter, grimmig, eisig kalt **II** *v/i* F *fig* ***en ~ pour qn*** F in j-n verknallt sein; sich in j-n vergafft haben **III** *v/pr* ***se ~ le doigt dans la porte*** sich (*dat*) den Finger in der Tür (ein)klemmen; ***se ~ le nez*** sich (*dat*) die Nase zuhalten

pince-sans-rire [pɛ̃ssɑ̃ʀiʀ] *m,f* ⟨*inv*⟩ ***c'est un(e) ~*** er *ou* sie hat e-n trockenen Humor

pincette [pɛ̃sɛt] *f* **1** *pour le feu* ***~s*** *pl* Feuerzange *f*; F *fig* ***il n'est pas à prendre avec des ~s*** (*de mauvaise humeur*) mit ihm ist (heute) nicht gut Kirschen essen; F er ist (heute) mit Vorsicht zu genießen; (*très sale*) den möchte man nicht (ein)mal mit der Zange anfassen **2** TECH Pinzette *f*

pinçon [pɛ̃sõ] *m* roter Fleck, rotes Mal (*vom Kneifen*)

pineau [pino] *m* ***~ des Charentes*** *Aperitif aus Traubenmost u Cognac*

pinède [pinɛd] *f* Kiefern-, Pinienwald *m*, -pflanzung *f*

pingouin [pɛ̃gwɛ̃] *m* ZO **1** *oiseau* Alk *m* **2** *abus* (*manchot*) Pinguin *m*

ping-pong [piŋpõg] *m* ⟨*inv*⟩ Tischtennis *n*; Pingpong *n*; ***joueur*** *m* ***de ~*** Tischtennisspieler *m*; ***jouer au ~*** Tischtennis spielen

pingre [pɛ̃gʀ] *péj* **I** *adj* F knaus(e)rig; filzig **II** *m,f* Geizhals *m*, F -kragen *m*; Filz *m*; Knauser(in) *m(f)*; Pfennigfuchser(in) *m(f)*

pingrerie [pɛ̃gʀəʀi] *f péj* Knauserei *f*; Knaus(e)rigkeit *f*; Pfennigfuchserei *f*

pinot [pino] *m* VIT Pinot *m*; Burgunderrebe *f*

pin-pon [pɛ̃põ] *int* ***~! ~!*** tatütata!

pin's [pins] *m* (Ansteck)Abzeichen *n*

pinson [pɛ̃sõ] *m* ZO Buchfink *m*; *fig* ***être gai comme un ~*** F quietschvergnügt, (kreuz)fidel sein

pintade [pɛ̃tad] *f* ZO, CUIS Perlhuhn *n* **pintadeau** *m* ⟨*pl* ***~x***⟩ ZO junges Perlhuhn

pinte [pɛ̃t] *f* **1** *ancienne mesure* Pinte *f*; Schoppen *m*; *mesure anglo-saxonne* Pint [paɪnt] *n* **2** *fig* ***se payer une ~ de bon sang*** sich köstlich amüsieren; sich totlachen

pinter [pɛ̃te] F **I** *v/i* tüchtig zechen, F picheln; P saufen **II** *v/pr* ***se ~*** F sich besaufen

pin-up [pinœp] *f* ⟨*inv*⟩ Pin-up-Girl [-'apgœːrl] *n*

pioche [pjɔʃ] *f* **1** *outil* Hacke *f*; *südd a* Haue *f*; ***démolir un mur à coups de ~*** e-e Mauer mit der Hacke ab-, nieder-, einreißen **2** F *fig* ***tête*** *f* ***de ~*** Dick-, Starrkopf *m*; F Dickschädel *m* **3** JEUX restliche, auf e-m Haufen liegende Dominosteine *m/pl ou* Karten *f/pl*

piocher [pjɔʃe] **I** *v/t* **1** *terre* (auf-, um)hacken **2** F *fig* (*étudier*) F pauken, büffeln (*a abs*) **II** *v/i* **1** JEUX e-n Stein *ou* e-e Karte vom Haufen nehmen **2** *fig* ***~ dans le tas*** (im Haufen herumwühlen und) aufs Geratewohl eine(n, -s) herausgreifen

piolet [pjɔlɛ] *m* Eispickel *m*

pion [pjõ] *m* **1** F *terme d'écolier* ***~(ne)*** *m(f)* Aufsichtführende(r) *f(m)* **2** ÉCHECS Bauer *m*; *fig* ***n'être qu'un ~ sur l'échiquier*** nur ein Statist sein; der Bauer im Schachspiel sein **3** DAMES Stein *m*; *fig* ***damer le ~ à qn*** j-m den Rang ablaufen; j-n ausstechen

pioncer [pjõse] F *v/i* ⟨**-ç-**⟩ fest schlafen, F pennen

pionne [pjɔn] *f* → ***pion*** *1*

pionnier [pjɔnje] *m* **1** HIST (*colon*) Kolonist *m* **2** *fig* Pionier *m*; Wegbereiter *m*; Bahnbrecher *m* **3** MIL Schanzsoldat *m*; Baupionier *m* **4** HIST *en URSS etc* (Junger) Pionier

pipe [pip] *f* **1** (Tabaks)Pfeife *f*; ***fumer la ~*** Pfeife rauchen **2** F *fig*: ***par tête de ~*** F pro Nase; ***nom d'une ~!*** F zum Donnerwetter noch mal!; ***casser sa ~*** P abkratzen; abschrammen; ins Gras beißen; → *a* ***fendre*** *II 3* **3** V (*fellation*) ***faire, tailler une ~ à qn*** V j-m einen blasen

pipeau [pipo] *m* ⟨*pl* ***~x***⟩ Hirtenflöte *f*

pipelet [piplɛ] *m*, **pipelette** *f* F → ***concierge***; F *fig* ***c'est une vraie pipelette*** F sie *ou* er ist ein altes Waschweib, e-e Klatschbase

pipeline *ou* **pipe-line** [pajplajn, piplin] *m* ⟨*pl* **pipe-lines**⟩ Pipeline ['paɪplaɪn] *f*

piper [pipe] *v/t* **1** ***ne pas ~*** (***mot***) kein Wort sagen; keinen Ton sagen, von sich geben; F nicht piep sagen **2** *cartes* zinken; *dés* fälschen; *fig* ***les dés sont pipés*** das ist ein abgekartetes Spiel; hier wird ein falsches Spiel getrieben

piperade [pipeʀad] *f* CUIS *Omelett mit Paprika u Tomaten* (*baskisches Gericht*)

pipette [pipɛt] *f* CHIM Pipette *f*; Stechheber *m*

pipi [pipi] *m enf ou* F Pipi *n*; F ***la dame ~*** F die Klofrau; *fig et péj* ***c'est du ~ de chat*** *boisson* F das ist ein übles Gesöff; *film, livre* F das ist ein Quatsch *m*, ein Schmarren *m*; ***faire ~*** *enf* Pipi, ein Bächlein, klein machen; *par ext* F pinkeln; ***faire ~ au lit*** F ins Bett machen; *chien* ***faire ~ sur la moquette*** F auf den Teppichboden pinkeln

pipi-room [pipiʀum] *plais m* F Klo *n*

piquage [pikaʒ] *m* COUT Maschinennähen *n*; (Ab)-Steppen *n*

piquant [pikɑ̃] **I** *adj* **1** *plante, barbe* stach(e)lig **2** *froid, air* schneidend **3** CUIS ***sauce ~e*** pikante Soße **4** *fig critique, remarque* bissig; boshaft; spitz **5** *fig et litt personne, rencontre etc* reizvoll; ***anecdote ~e*** witzige, geistreiche Anekdote **II** *m* **1** *d'un hérisson, d'un chardon etc* Stachel *m* **2** *fig et litt* ***le ~*** der Reiz; das Reizvolle, Pikante, Witzige (***de l'affaire*** an der Sache); ***ne pas manquer de ~*** e-r gewissen Pikanterie nicht entbehren

pique[1] [pik] *f* **1** (*hallebarde*) Pike *f*; Spieß *m*; *du picador* Lanze *f* **2** *fig* ***envoyer, lancer des ~s à qn*** boshafte, bissige, spitze Bemerkungen j-m gegenüber machen; gegen j-n sticheln

pique[2] [pik] *m* JEUX DE CARTES Pik *n*; *jeu allemand* Schippen *n*; ***dame*** *f*, ***roi*** *m* ***de ~*** Pikdame *f*, -könig *m*; → *a* ***as***[1] *1*

piqué [pike] **I** *adj* **1** COUT mit der (Näh)Maschine genäht; (ab)gesteppt (*a chaussures*) **2** *miroir* fleckig; *vieux livre, tissu* stockfleckig; ***~ de rouille*** mit Rostflecken; rostfleckig; *visage* ***~ de taches de rousseur*** sommersprossig; mit Sommersprossen übersät; *meuble, fruit* ***~*** (***des vers***) wurmstichig; *fruit a* wurmig; F *fig* ***ne pas être ~ des vers, des 'hannetons*** *histoire, film* F klasse, gelungen, toll, dufte sein; *froid, chaleur* F nicht von Pappe, nicht von schlechten Eltern sein **3** *vin* ***être ~*** e-n Stich haben; umgeschlagen, sauer sein **4** F *fig personne* ***être un peu ~*** F e-n kleinen Stich haben; ein bisschen spinnen; *subst* ***une vieille ~e*** e-e wunderliche, F spinnige Alte **5** *fig* ***~ au vif*** → ***vif*** *II 2* **6** MUS ***note ~e*** Note, die staccato gespielt werden muss **II** *m* **1** TEXT Pikee *m* **2** AVIAT Sturzflug *m*; ***en ~*** im Sturzflug; ***descendre en ~*** im Sturzflug niedergehen

pique-assiette [pikasjɛt] *m,f* ⟨*inv*⟩ Schmarotzer *m*; F Nassauer *m* **pique-feu** *m* ⟨*inv*⟩ Schüreisen *n*, -haken *m* **pique-fleurs** *m* ⟨*inv*⟩ Blumenstecker *m*

pique-nique [piknik] *m* ⟨*pl* **pique-niques**⟩ Picknick *n* **pique-niquer** *v/i* picknicken; Picknick machen **pique-niqueurs** *m/pl* Leute *pl*, die picknicken, Picknick machen

piquer [pike] **I** *v/t* **1** *avec une aiguille etc* stechen; *nordd* F *a* pik(s)en; *olives, papillon etc* aufspießen; ***~ la viande avec une fourchette*** mit e-r Gabel in das Fleisch stechen; das Fleisch mit e-r Gabel aufspießen; *épingles, fleurs etc* ***~ dans qc*** in etw (*acc*) stecken **2** (*faire une piqûre à*) e-e Spritze geben (***qn*** j-m; ***le bras droit*** in den rechten Arm); spritzen; F ***on l'a piqué contre le tétanos*** er ist gegen Wundstarrkrampf geimpft worden; *par ext* ***faire ~ son chien*** s-n Hund einschläfern lassen **3** *guêpe, épines etc*: *qn ou abs* stechen; *nordd* F *a* pik(s)en; *serpent, puce* beißen; *orties* brennen; *barbe* kratzen; ***ça me pique*** das sticht, pik(s)t, kratzt, brennt; ***se faire ~ par un moustique*** von e-r Mücke gestochen werden **4** *par ext*: *fumée* beißen (***les yeux*** in die *ou* in den Augen); *moutarde, sauce* beißen, brennen (***la langue*** auf der Zunge); *froid* schneiden (***le visage*** ins Gesicht); F *abs boisson pétillante* prickeln; den Gaumen kitzeln **5** COUT mit der (Näh)-Maschine nähen; (ab)steppen **6** CUIS spicken; *gigot* ***piqué d'ail*** mit Knoblauch gespickt **7** *fig curiosité de qn* reizen; wachrufen; wecken **8** F *en loc*: ***~ un cent mètres*** F die Beine in die Hand, unter den Arm nehmen; losflitzen, -rasen; ***~ une crise*** F e-n Tobsuchtsanfall kriegen; → *a* ***colère*** *2*, ***fard*** *2*, ***roupillon***, ***tête*** *1* **9** F *fig* (*voler*) F klauen **10** F *fig voleur etc* F schnappen; erwischen **11** *picador*: *taureau* durch Lanzenstiche reizen; *cavalier abs* ***~ des deux*** s-m Pferd beide Sporen, die Sporen geben **12** MUS ***~ une note*** e-e Note staccato spielen **II** *v/i avion* ***~ (du nez)*** im Sturzflug niedergehen; *navire* ***~ du nez, de l'avant*** kopflastig (getrimmt) sein; *fig personne* ***~ du nez*** einnicken **III** *v/pr* ***se ~*** **1** *personne* sich stechen; ***se ~ le doigt*** sich (*acc ou dat*) in den Finger stechen **2** *diabétique, drogué* sich spritzen; *drogué a* fixen; ***se ~ à l'héroïne*** sich (*dat*) Heroin spritzen **3** *livres, tissu* (stock)fleckig werden **4** *vin* e-n Stich bekommen; umschlagen; sauer werden **5** *fig* ***se ~ au jeu*** (*prendre goût à qc*) plötzlich Gefallen, Geschmack an der Sache finden; (*s'obstiner*) nicht lockerlassen, nachgeben **6** F *fig* ***se ~ le nez*** F sich (*dat*) die Nase begießen; einen heben **7** *fig personne* ***se ~ de qc*** sich (*dat*) etwas auf etw (*acc*) einbilden; sich e-r Sache (*gén*) rühmen; ***il se pique d'être connaisseur*** er rühmt, schmeichelt sich, ein Kenner zu sein; er will als Kenner gelten

piquet [pikɛ] *m* **1** (*petit pieu*) Pflock *m*; ***~ de tente*** Hering *m*; Zeltpflock *m*; *animal* ***attacher au ~*** anpflocken; *personne* ***droit, raide comme un ~*** stocksteif; steif wie ein Stock **2** ***~ de grève*** Streikposten *m/pl*; MIL ***~ d'incendie*** Brandwache *f* **3** *élève*: ***il est au ~*** er muss in der Ecke stehen; ***mettre au ~*** in die Ecke stellen **4** *ancien jeu de cartes* Pikett *n*

piqueté [pikte] *adj* ***~ de*** übersät mit, von

piquette [pikɛt] *f* **1** F (*vin acide*) F Rachenputzer *m*; Krätzer *m* **2** F (*défaite*) F Schlappe *f*; ***prendre une ~*** e-e Schlappe einstecken müssen

piqueur [pikœʀ] *m* **1** CH Pikör *m* **2** MINES Häuer *ou* Hauer *m* **3** TECH Arbeiter *m* am Presslufthammer; *adjt* ***marteau ~*** Presslufthammer *m*

piqueuse [pikøz] *f* COUT Stepperin *f*; Näherin *f*

piquouse [pikuz] *f* F (*piqûre*) Spritze *f*; *des drogués* F Schuss *m*

piqûre [pikyʀ] *f* **1** *petite blessure* Stich *m*; Einstich *m*; ***~ d'abeille, d'épingle, de moustique*** Bienen-, Nadel-, Mückenstich *m*; ***~ d'ortie*** Brennen *n* durch Berührung mit Brennnesseln; *abus* ***~ de serpent*** Schlangenbiss *m* **2** MÉD Spritze *f*; Injektion *f*; ***faire une ~ à qn*** j-m e-e Spritze geben; j-n spritzen **3** COUT **a)** (***point*** *m* ***de***) ***~*** Steppstich *m*; **b)** *rang* Steppnaht *f*, -muster *n* **4** (*tache d'humidité*) Stockfleck *m*

piranha [piʀana] *m* ZO Piranha [-'ranja] *ou* Piraya *m*

piratage [piʀataʒ] *m de logiciels, cassettes etc* Raubkopieren *n*

pirate [piʀat] *m* **1** Seeräuber *m*; Pirat *m*; ***~ de l'air*** Luftpirat *m*; Flugzeugentführer *m* **2** *de logiciels, cassettes etc* Raubkopierer *m*; INFORM Hacker *m* **3** *adjt* ***édition*** *f* ***~*** Raubdruck *m*; ***émetteur*** *m*, ***radio*** *f* ***~*** Piratensender *m* **4** (*escroc*) Halsabschneider *m*

pirater [piʀate] *v/t logiciel, cassette etc* raubkopieren; Raubkopien, e-e Raubkopie anfertigen von; *édition* raubdrucken; *adjt* ***logiciel piraté*** raubkopierte Software

piraterie [piʀatʀi] *f* **1** Seeräuberei *f*; Piraterie *f*; ***~ aérienne*** Luftpiraterie *f* **2** *fig* (*escroquerie*) Betrug *m*; F Schwindel *m*

pire [piʀ] **I** *adj* **1** ⟨*comp von* **mauvais**⟩ schlimmer; ärger; übler; ***il n'y a rien de ~ que …*** es gibt nichts Schlimmeres als …; ***je ne connais pas de ~ situation*** ich kenne keine schlimmere, üblere Lage; ***c'est bien ~*** das ist viel schlimmer, ärger **2** ⟨*sup von* **mauvais**⟩ ***le, la ~*** der, die, das schlimmste, ärgste, übelste; ***la ~ chose qui puisse vous arriver*** das Schlimmste, was Ihnen passieren könnte; ***son ~ défaut*** sein schlimmster, ärgster, größter Fehler; ***il commettait les ~s imprudences*** er beging die größten Unvorsichtigkeiten; ***c'est la ~ de toutes les solutions*** das ist die schlechteste aller Lösungen **II** *subst* ***le ~*** das Schlimmste, Ärgste; ***la politique du ~*** e-e verhängnisvolle Politik; ***le ~ c'est que …*** das Schlimmste ist, dass …; ***je m'attends au ~*** ich bin auf das Schlimmste gefasst; ***le ~ de tout c'est l'ennui*** Langeweile ist das Allerschlimmste; ***en mettant les choses au ~*** schlimmstenfalls; im ungünstigsten, schlimmsten Fall; F wenn alle Stränge, Stricke reißen

Pirée (Le) [ləpiʀe] Piräus *n* (*a* der)

pirogue [piʀɔg] *f* Piroge *f*; Einbaum *m*

pirouette [piʀwɛt] *f* **1** Drehung *f* um sich selbst; DANSE, SPORTS Pirouette *f*; ***faire une ~*** sich einmal um sich selbst drehen; sich im Kreis herumdrehen; e-e Pirouette machen, drehen; F *fig* ***répondre, s'en tirer par des ~s*** e-r Frage mit ein paar Scherzen ausweichen; Ausflüchte machen **2** *fig* (*volte-face*) Meinungsumschwung *m*; Kehrtwendung *f*

pirouetter [piʀwete] *v/i* Pirouetten, e-e Pirouette drehen, ausführen; pirouettieren

pis[1] [pi] *m* ZO Euter *n*

P

pis² [pi] *adv* **1** ⟨*comp von* **mal**⟩ schlimmer; ärger; übler; ***de mal en ~*** zunehmend, immer schlechter; ***tant ~*** → ***tant*** *I 1*; ♦ *adjt st/s* ***c'est bien ~*** das ist viel schlimmer; *en incise* ***et qui ~ est*** [-pizɛ] und was noch schlimmer ist **2** ⟨*sup von* **mal**⟩ ***au ~ aller*** schlimmstenfalls; im ungünstigsten, schlimmsten Fall

pis-aller [pizale] *m* ⟨*inv*⟩ Notlösung *f*; (Not)Behelf *m*

piscicole [pisikɔl] *adj* Fischzucht…; ***entreprise*** *f* **~** Fischzuchtbetrieb *m*

pisciculteur [pisikyltœʀ] *m* Fischzüchter *m* **pisciculture** *f* Fischzucht *f*

piscine [pisin] *f publique* Schwimmbad *n*; (*bassin de natation*) Schwimmbecken *n*; *privée* Swimmingpool [-puːl] *m*; ***~ couverte*** Hallen(schwimm)bad *n*; ***~ en plein air*** Freibad *n*; ***aller à la ~*** ins Schwimmbad gehen

piscivore [pisivɔʀ] *adj* zo fischefressend; sich von Fischen ernährend

Pise [piz] Pisa *n*; ***la Tour*** (***penchée***) ***de ~*** der Schiefe Turm von Pisa

pisé [pize] *m* CONSTR Stampferde *f*; (***construction*** *f* ***en***) **~** Pisee-, Stampfbau *m*; ***maison*** *f*, ***mur*** *m* ***en ~*** Lehmhaus *n*, -mauer *f*

pissaladière [pisaladjɛʀ] *f* CUIS *provenzalische Pizza*

pisse [pis] *f* P Pisse *f*; Schiffe *f* **pisse-froid** F *m* ⟨*inv*⟩ → ***pisse-vinaigre***

pissement [pismɑ̃] *m* MÉD Harnen *n*; ***~ de sang*** Blutharnen *n*

pissenlit [pisɑ̃li] *m* BOT Löwenzahn *m*; CUIS ***salade*** *f* ***de ~*** Löwenzahnsalat *m*; F *fig* ***manger les ~s par la racine*** F (sich ([*dat*]) die Radieschen von unten besehen

pisser [pise] *v/t et v/i* F **1** (*uriner*) F pinkeln; ***~ au lit*** ins Bett pinkeln; *chien* ***~ contre un arbre*** F an e-n Baum pinkeln; ***il y a de quoi en ~ dans sa culotte*** F das ist zum Totlachen, zum Kringeln; ***ça l'a pris comme une envie de ~*** das ist einfach so über ihn gekommen **2** ***~ du sang*** Blut harnen, F pinkeln **3** *fig robinet etc* ***~ l'eau*** (nach allen Seiten) spritzen **4** *fig journaliste* ***~ de la copie*** F auf Teufel komm raus (Artikel) schreiben

pisseuse [pisøz] *f* F *péj* (*petite fille*) P Rotzgöre *f*; (*jeune fille*) P Pissnelke *f*

pisseux [pisø] *adj* ⟨**-euse**⟩ **1** F (*sentant l'urine*) nach Urin, P nach Pisse stinkend; *linge* P voller Pissflecken; verpisst **2** *aspect*, *couleur* vergilbt

pisse-vinaigre [pisvinɛgʀ] F *m* ⟨*inv*⟩ Griesgram *m*; F Sauertopf *m*

pissoir [piswaʀ] *m* F *ou regional* → ***pissotière***

pissotière [pisɔtjɛʀ] F *f* Pissoir *n*; F Pinkelbude *f*; *plais* Pinkulatorium *n*

pistache [pistaʃ] *f* **1** Pistazie *f* (*Frucht*); ***glace*** *f* ***à la ~*** Pistazieneis *n* **2** *adjt* (***vert***) **~** ⟨*inv*⟩ pistaziengrün

pistachier [pistaʃje] *m* BOT Pistazie *f* (*Baum*)

pistard [pistaʀ] *m* CYCLISME Bahn(renn)fahrer *m*

piste [pist] *f* **1** (*trace*) Spur *f*, Fährte *f* (*a fig*); ***jeu*** *m* ***de ~*** Schnitzeljagd *f*; *fig* ***être sur la bonne, fausse ~*** auf der richtigen, falschen Spur, Fährte sein; *fig* ***la police est sur sa ~*** die Polizei ist ihm auf der Spur; *fig* ***cela m'a mis sur la bonne ~*** das hat mich auf die richtige Spur, Fährte gebracht, geführt **2** (*chemin*) **a)** *dans le désert* Piste *f*; *dans la jungle* (Trampel)Pfad *m*; *dans la brousse* Buschpfad *m*; **b)** ***~ cyclable*** Rad(fahr)weg *m* **3** AVIAT Rollbahn *f*; Piste *f*; ***~ d'atterrissage***, ***~ d'envol*** *ou* ***de décollage*** Lande-, Startbahn *f* **4** SPORTS (Renn)Bahn *f*; SKI, CYCLISME *a* Piste *f*; **~ (*de ski*) *de fond*** (Langlauf)Loipe *f*; CYCLISME ***course*** *f* ***sur ~*** Bahnrennen *n*; *vainqueur* ***faire un tour de ~*** e-e Runde fahren *ou* laufen **5** ***~ de danse, de patinage*** Tanz-, Eisfläche *f* **6** CIRQUE Manege *f*; Arena *f*; ÉQUITATION Reitbahn *f*; Manege *f*; *fig* ***entrer en ~*** die (politische) Arena betreten **7** TECH Spur *f*; *d'une carte bancaire* ***~ magnétique*** Magnetstreifen *m*; ***~ sonore*** Tonspur *f*

pister [piste] *v/t* ***~ qn*** j-m auf der Spur, Fährte sein; j-s Spur verfolgen

pistil [pistil] *m* BOT Stempel *m*; Fruchtknoten *m*

pistole [pistɔl] *f ancienne monnaie d'or* Pistole *f*

pistolet [pistɔlɛ] *m* **1** *arme* Pistole *f*; *jouet* ***~ à eau*** Wasserpistole *f*; ***~ d'alarme*** Schreckschuss-, Alarmpistole *f*; SPORTS ***~ de starter*** Startpistole *f* **2** TECH **~** (***à peinture***) Spritzpistole *f*; ***peindre au ~*** spritzen; spritzlackieren **3** *d'une pompe à essence* Zapfpistole *f* **pistolet-mitrailleur** *m* ⟨*pl* **pistolets-mitrailleurs**⟩ (*abr* ***P.-M.***) Maschinenpistole *f* (*abr* MP, MPi)

piston [pistõ] *m* **1** TECH Kolben *m* **2** MUS Pumpen-, Kolbenventil *n*; Piston *n*; ***jouer du ~*** Kornett spielen **3** *fig* Protektion *f*; (gute) Beziehungen *f/pl*; F Vitamin B *n*

pistonner [pistɔne] *v/t* ***~ qn*** j-n protegieren [-'ʒiː-], empfehlen, unterstützen, *à une place* hineinbringen; ***se faire ~*** *a* s-e Beziehungen spielen lassen

pistou [pistu] *m* CUIS ***soupe*** *f* ***au ~*** Gemüsesuppe *f* mit Basilikum

pitance [pitɑ̃s] *f péj* ***maigre ~*** schmale Kost; ***pour toute ~*** als ganzes Essen

pitbull [pitbyl, -bul] *m* zo Pitbull *m*

pitchoun [pitʃun] *m,f régional, terme d'affection* Kleine(r) *f*(*m*)

piteux [pitø] *adj* ⟨**-euse**⟩ *état*, *aspect* erbärmlich; jämmerlich; beklagens-, bejammernswert; ***résultat ~*** kümmerliches, klägliches Ergebnis

pithécanthrope [pitekɑ̃tʀɔp] *m fossile humain* Pithekanthropus *m*

pithiviers [pitivje] *m* CUIS *mit Mandelcreme gefüllter Blätterteigkuchen*

pitié [pitje] *f* **1** Mitleid *n*; Erbarmen *n*; **~ (*pour qn*)*!*** Erbarmen (mit j-m)!; *loc/adv*: ***par ~*** aus Mitleid, Erbarmen; ***par ~, laissez-moi tranquille!*** ich bitte Sie, lassen Sie mich in Ruhe!; lassen Sie mich um Gottes willen in Ruhe!; ***sans ~*** mitleids-, erbarmungs-, schonungslos; ohne Erbarmen, Mitleid; ***il est sans ~*** *a* er kennt kein Erbarmen; ***avoir ~ de qn*** Mitleid, Erbarmen mit j-m haben; *st/s* sich j-s erbarmen; REL ***ayez ~ de nous!*** erbarme dich unser!; ***c'est ~ de voir …*** es ist ein Jammer, es jammert einen, wenn man sieht …; ***faire ~*** Mitleid erregen, erwecken; → *a 2*; ***il me fait ~*** *a* er tut mir leid (*a péj*); *st/s* er dauert, jammert, erbarmt mich; ***prendre qn en ~*** j-n bemitleiden **2** *péj*: ***quelle ~!*** wie erbärmlich, jämmerlich!; ***un sourire de ~*** ein mitleidiges Lächeln; *loc/adv* ***à faire ~*** erbärmlich; F zum (Gott)-Erbarmen; ***c'est à faire ~!*** F das ist zum (Gott)Erbarmen!

piton [pitõ] *m* **1** ALPINISME Felshaken *m*; TECH **~ (*à vis*)** Ringschraube *f*; Schraubhaken *m* **2** *rocheux*

P

Bergspitze *f*

pitoyable [pitwajabl] *adj* **1** *état, spectacle* mitleiderregend; erbarmungswürdig; bemitleidens-, erbarmens-, bejammerns-, beklagenswert **2** *péj résultat etc* erbärmlich; jämmerlich; kläglich

pitre [pitʀ] *m* Hanswurst *m*; ***faire le ~*** den Hanswurst spielen, machen

pitreries [pitʀəʀi] *f/pl* Hanswurstiaden *f/pl*; dumme Späße *m/pl*; Possen *m/pl*; ***faire des ~*** dumme Späße machen; Possen treiben

pittoresque [pitɔʀɛsk] *adj* **1** *site* malerisch; pittoresk; *personnage* originell; *subst* ***le ~*** das Malerische, Pittoreske **2** *langage* bilderreich; ***expression*** *f*, ***style*** *m* ***~*** bildhafter, plastischer, anschaulicher Ausdruck, Stil

pivert [pivɛʀ] *m* ZO Grünspecht *m*

pivoine [pivwan] *f* BOT Pfingstrose *f*; Päonie *f*; *personne* ***rouge comme une ~*** puterrot; rot wie e-e Tomate

pivot [pivo] *m* **1** TECH Zapfen *m*; *d'une boussole* Pinne *f* **2** *fig* (Dreh- und) Angelpunkt *m*; *personne a* Mittelpunkt *m*; Seele *f* **3** BOT Pfahlwurzel *f* **4** *d'une dent artificielle* Stift *m* **5** MIL Schwenkungspunkt *m*

pivotant [pivɔtɑ̃] *adj* **1** Dreh…; ***chaise ~e, fauteuil ~*** Drehstuhl *m*, -sessel *m* **2** BOT ***racine ~e*** Pfahlwurzel *f*

pivoter [pivɔte] *v/i* **1** sich (*um e-n Zapfen*) drehen; *fig personne* ***~ sur ses talons*** sich auf dem Absatz umdrehen; ***faire ~ sa chaise*** s-n Drehstuhl drehen **2** MIL schwenken; e-e Schwenkung ausführen **3** BOT *plante* e-e Pfahlwurzel treiben

pixel [piksɛl] *m* PHOT, TV *etc* Bild-, Rasterpunkt *m*; Pixel *n*

pizza [pidza] *f* CUIS Pizza *f*

pizzeria [pidzeʀja] *f* Pizzeria *f*

pizzicato [pidzikato] *m* ⟨*pl* **~s** *ou* **pizzicati**⟩ MUS Pizzikato *n*

P.J. **1** [peʒi] *f* F *abr* (*police judiciaire*) Kripo *f* (Kriminalpolizei) **2** (*pièce*[*s*] *jointe*[*s*]) Anl. (Anlage[n])

Pl. *abr* (*place*) Platz

placage [plakaʒ] *m* **1** TECH Verkleidung *f*; Verblendung *f*; ***~ de marbre*** Marmorverkleidung *f* **2** *en bois* **a)** *opération* Furnieren *n*; **b)** *résultat* Furnier *n*; ***~ d'acajou*** Mahagonifurnier *n*; ***bois*** *m* ***de ~*** Furnierholz *n* **3** RUGBY → ***plaquage*** *1*

placard [plakaʀ] *m* **1** *armoire* Wand-, Einbauschrank *m*; ***~ à balais*** Besenschrank *m* **2** *dans un journal* ***~ publicitaire*** Großanzeige *f* **3** TYPO Fahnenabzug *m*; (Korrektur)Fahne *f*

placarder [plakaʀde] *v/t affiche, avis* anschlagen; ankleben

place [plas] *f* **1** (*espace occupé par qn, qc*) Platz *m*; Raum *m*; Stelle *f*; ***~ aux jeunes!*** Platz den Jungen, dem Nachwuchs!; *fig* ***une ~ au soleil*** ein Platz an der Sonne; ***~ (pour se garer)*** Parkplatz *m*; ***manque*** *m* ***de ~*** Platz-, Raummangel *m*; ♦ *loc/adv*: ***à la ~*** als *ou* zum Ersatz (dafür); dafür; stattdessen; ***à ta, sa, votre ~*** an deiner, s-r, Ihrer Stelle; wenn ich du, er, Sie wäre; ***je ne voudrais pas être à sa ~*** ich möchte nicht an s-r Stelle sein; ***de ~ en ~, par ~s*** stellenweise; hier und da; ***sur ~*** an Ort und Stelle; ***se rendre sur ~*** sich an Ort und Stelle begeben; ***rester sur ~*** (*immobile*) sich nicht von der Stelle rühren; *subst* ***faire du sur ~*** → ***surplace***; ♦ *loc/prép* ***à la ~ de*** anstelle von (*ou* +*gén*); (an)statt (+*gén*, F +*dat*); ♦ ***il y a juste la ~ de mettre une table*** hier ist gerade noch Platz für e-n Tisch; *fig* ***je ne donnerais pas ma ~ pour un empire***, F ***pour un boulet de canon*** nicht um alles in der Welt, um keinen Preis möchte ich tauschen; ***sa ~ est au bureau*** sein Platz ist im Büro; er gehört ins Büro; ***être à sa ~*** *objet* an s-m Platz sein, stehen, liegen; *personne* am richtigen Platz sein, stehen; ***il n'est pas à sa ~*** *a* er ist (hier) fehl am Platz; *service d'ordre etc* ***être en ~*** zur Stelle sein; bereitstehen; in Bereitschaft stehen; → *a 3*; ***faire, gagner, laisser de la ~*** Platz, Raum schaffen, gewinnen, lassen; ***faire de la ~*** (*se pousser*) Platz machen; zur Seite rücken; zusammenrücken; ***faire ~ à qn*** j-m Platz machen; *objet, système etc* ***faire ~ à qc*** e-r Sache (*dat*) Platz machen, weichen müssen; ***mettre en ~*** *machine, service d'ordre, plan* aufstellen; *troupes a* bereitstellen; *comité* einsetzen; *dispositif* anbringen; installieren; einbauen; ***se mettre à la ~ de qn*** sich in j-s Lage (*acc*), an j-s Stelle (*acc*) versetzen; sich in j-n hineinversetzen; ***remettre qc à sa ~*** etw wieder an s-n Platz stellen, legen; ***tenir, prendre beaucoup de ~*** viel Platz, Raum einnehmen, beanspruchen; *fig sport, amitié etc* ***tenir beaucoup de ~, une grande ~ dans la vie de qn*** in j-s Leben e-n breiten Raum einnehmen, e-e große Rolle spielen; *prov* ***(une ~ pour chaque chose et) chaque chose à sa ~!*** Ordnung ist das halbe Leben (*prov*) **2** (*siège*) (Sitz)Platz *m*; Sitz *m*; THÉ *a* Karte *f*; ***~ assise, debout*** Sitz-, Stehplatz *m*; CH DE FER ***~ de première classe*** Platz erster Klasse; *à table* ***~ d'honneur*** Ehrenplatz *m*; ♦ *loc/adj*: *véhicule, canapé* ***à deux, quatre ~s*** zwei-, viersitzig; ***une tente à deux ~s*** ein Zweimannzelt *n*; ***une voiture à deux ~s*** *ou subst* ***une deux ~s*** ein Zweisitzer *m*; ***un cinéma de cinq cents ~s*** ein Kino mit fünfhundert (Sitz)Plätzen, Sitzen; ♦ ***il y a encore deux ~s (de) libres, vides*** es sind noch zwei Plätze frei; ***laisser sa ~ à qn*** j-m s-n Platz überlassen; j-m Platz machen (*a fig*); ***louer, réserver sa ~*** THÉ, CIN e-e Karte vorbestellen; e-e Karte reservieren lassen; CH DE FER e-e Platzkarte kaufen; ***prendre ~*** Platz nehmen; ***prendre la ~ de qn*** sich auf j-s Platz setzen; j-s Platz einnehmen (*a fig*); ***ne pas rester, tenir en ~*** ständig in Bewegung sein; nicht still sitzen können; F kein Sitzfleisch haben; ein unruhiger Geist sein **3** (*emploi*) Stelle *f*; Anstellung *f*; Posten *m*; ***avoir une bonne ~*** e-n guten Posten, e-e gute Stelle haben; ***il y a une ~ à prendre*** es wird e-e Stelle frei; ***être en ~*** fest in s-r Stellung, im Sattel sitzen **4** (*rang*) Platz *m*; Rang *m*; *fig* ***remettre qn à sa ~*** j-n in die *ou* s-e Schranken (ver)weisen, zurechtweisen; ***savoir rester, se tenir à sa ~*** sich (*dat*) s-r Stellung bewusst sein; wissen, wo sein Platz ist *ou* wo man hingehört **5** *lieu public* Platz *m*; ***~ du marché, du village*** Markt-, Dorfplatz *m*; *autrefois* ***être exécuté en ~ publique*** öffentlich hingerichtet werden **6** MIL **a)** ***~ (forte)*** fester Platz; Festung *f*; **b)** *ville* Garnison *f*; Standort *m*; **c)** *fig* ***avoir des complices dans la ~*** Komplizen, Bundesgenossen im anderen Lager haben; *fig* ***être maître de la ~*** (der) Herr im Hause sein; frei schalten und walten können **7** COMM Platz *m*; Ort *m*; ***c'est le meilleur boulanger sur la ~ de X*** er ist der beste Bäcker hier in X, hier am Platz, Ort

P

8 FIN Börsenplatz *m*

placé [plase] *adj* 1 *objet* ***être bien, mal ~*** e-n guten, schlechten Standort haben; *fig* ***il est bien ~ pour le savoir, pour en parler*** er (sitzt an der Quelle und) muss es doch schließlich wissen; ***vous êtes mal ~ pour le critiquer*** es steht Ihnen nicht zu, ihn zu kritisieren; ***personnage 'haut ~*** hochgestellte Persönlichkeit; *furoncle, bouton* ***être mal ~*** an e-r ungünstigen, schlechten Stelle sitzen; *fig* ***c'est de la fierté mal ~e*** Stolz ist hier nicht angebracht, fehl am Platz 2 TURF CHEVAL platziert; *subst* ***toucher un ~*** den Gewinn e-r Platzwette kassieren

placebo [plasebo] *m* PHARM Placebo *n*

placement [plasmã] *m* 1 FIN (Geld-, Kapital)Anlage *f*; *t/t* Placement *n*; ***faire un bon ~*** sein Geld, Kapital gut anlegen 2 *de demandeurs d'emploi* Arbeits-, Stellenvermittlung *f*; ***agence*** *f*, ***bureau*** *m* ***de ~*** Arbeitsvermittlungsstelle *f*; Stellenvermittlungsbüro *n*; Arbeitsnachweis *m* 3 COMM *de marchandises* Absatz *m*; Verkauf *m*

placenta [plasɛ̃ta] *m* 1 PHYSIOL Plazenta *f*; Mutterkuchen *m* 2 BOT Plazenta *f*; Samenleiste *f*

placer[1] [plase] ⟨-ç-⟩ I *v/t* 1 *objet* (hin)stellen, (-)legen, (-)setzen; platzieren; abstellen; *sentinelle* aufstellen; ***~ qn*** *au cinéma* j-m s-n Platz anweisen; *à table* j-n setzen, platzieren (***à côté de qn*** neben j-n); *fig*: ***~ mal sa confiance*** sein Vertrauen e-m Unwürdigen schenken; *auteur* ***~ son roman au Xe siècle*** s-n Roman im zehnten Jahrhundert spielen lassen, ins zehnte Jahrhundert verlegen 2 *remarque, anecdote dans une conversation* anbringen; einflechten; ***ne pas (pouvoir) ~ un mot***, F ***en ~ une*** nicht zu Wort kommen (können) 3 (*assigner un rang*) stellen (***au-dessus de tout*** über alles; ***au premier rang*** an die erste Stelle); e-n Platz geben (***qn*** j-m), einordnen (j-n) (***parmi*** zwischen +*dat*); rechnen, zählen (***parmi*** zu) 4 SPORTS *balle*, BOXE *coup* platzieren 5 (*procurer un emploi*) ***~ qn*** j-m e-e (Arbeits)Stelle, e-e Anstellung, e-n Arbeitsplatz vermitteln, besorgen, verschaffen; j-n unterbringen (*a par ext élève, malade dans un établissement*) 6 ***~ qn à la tête de l'entreprise*** j-n an die Spitze des Unternehmens stellen, setzen; ***~ qn sous les ordres de qn*** j-n j-m unterstellen; j-n j-s Befehl (*dat*) unterstellen; ***être placé sous les ordres de qn*** j-m unterstellt sein; j-m unterstehen 7 COMM *marchandises* absetzen; verkaufen; F an den Mann bringen 8 FIN *argent* anlegen; platzieren; ***~ son argent en actions*** sein Geld in Aktien anlegen 9 *chanteur* ***~ sa voix*** in der natürlichen Stimmlage singen lernen II *v/pr* 1 ***se ~*** (*prendre une place*) sich setzen; sich (auf)stellen; Platz nehmen; F sich platzieren; *fig*: ***se ~ à un certain point de vue*** sich auf e-n bestimmten Standpunkt stellen; ***se ~ sous la protection de qn*** sich unter j-s Schutz stellen, begeben 2 SPORTS ***se ~ deuxième*** sich als Zweiter platzieren; *candidat* ***se ~ troisième à un concours*** bei e-m Wettbewerb Dritter werden 3 ***se ~ comme cuisinière, jardinier*** e-e Stellung als Köchin, Gärtner annehmen; ***chercher à se ~*** e-e (An)Stellung suchen

placer[2] [plasɛʀ] *m* GÉOL (Gold)Seife *f*

placeur [plasœʀ] *m* 1 THÉ, CIN Platzanweiser *m* 2 Stellenvermittler *m*

placide [plasid] *adj* sanft; ruhig; *personne a* sanftmütig

placidité [plasidite] *f* Sanftheit *f*; (innere) Ruhe; Sanftmut *f*; ***avec ~*** ruhig; mit großer Ruhe

placier [plasje] *m* COMM Platzvertreter *m*, -agent *m*

placoplâtre [plakɔplɑtʀ] *m* CONSTR Gipskartonplatte *f*

plafond [plafõ] *m* 1 *d'une pièce* (Zimmer)Decke *f*; *d'une voiture, d'une caverne* Decke *f*; ***faux ~, ~ suspendu*** Zwischendecke *f*; MÉTÉO ***~ (nuageux)*** Wolkendecke *f* 2 AVIAT Gipfelhöhe *f*; größte Steighöhe; AUTO Höchst-, Spitzengeschwindigkeit *f*; *d'un moteur* maximale Dreh-, Tourenzahl 3 *limite* Höchst-, Obergrenze *f*; Limit *n*; FIN, COMM Plafond *m*; Höchstsatz *m*, -betrag *m*; FIN *a* Kontingent *n*; *de la Sécurité sociale* Beitragsbemessungsgrenze *f*; ***dépasser***, F ***crever le ~*** die Höchstgrenze überschreiten; ♦ *adjt* Höchst…; ***prix*** *m* ***~*** Höchstpreis *m*; ***salaire*** *m* ***~*** Höchstlohn *m*; höchste Lohn-, Gehaltsstufe; Endgehalt *n*; ***vitesse*** *f* ***~*** Höchstgeschwindigkeit *f* 4 PEINT Deckenmalerei *f*, -gemälde *n*

plafonnage [plafɔnaʒ] *m* CONSTR Einziehen *n* e-r Decke **plafonnement** *m* Erreichung *f ou* Festsetzung *f* e-r Höchstgrenze

plafonner [plafɔne] I *v/t* 1 CONSTR e-e Decke einziehen (***une pièce*** in ein Zimmer) 2 *prix etc* e-e Höchstgrenze festsetzen für; *adjt* ***salaire plafonné*** höchste sozialversicherungs-, beitragspflichtige Lohnsumme, -stufe II *v/i* 1 *avion* die Gipfelhöhe, die größte Steighöhe, *voiture* die Höchst-, Spitzengeschwindigkeit, *moteur* die maximale Dreh-, Tourenzahl erreichen 2 *production, salaires etc* die Höchstgrenze erreichen (***à*** bei); nicht weiter ansteigen; *personne* ***~ à mille euros*** ein Höchst-, Spitzengehalt von tausend Euro erreichen, erreicht haben

plafonnier [plafɔnje] *m* Deckenlampe *f*, -leuchte *f* (*a dans une voiture*)

plage [plaʒ] *f* 1 (*rivage*) (Bade)Strand *m*; ***~ de galets, de sable*** Kies-, Sandstrand *m*; ***aller à la ~*** an den Strand gehen 2 (*station balnéaire*) Seebad *n*; Badeort *m*; ***les ~s bretonnes*** die Seebäder der Bretagne; ***~ à la mode*** Modebad *n* 3 (*surface plate*) **a)** AUTO Ablagefläche *f*; ***~ arrière*** Ablagefläche hinter dem Rücksitz; **b)** MAR Deck *n*; ***~ arrière, avant*** Achter-, Vor(der)deck *n*; **c)** ***~ lumineuse*** Lichtfläche *f*; **d)** *d'un disque* (Gesamtheit *f* der) Tonrillen *f/pl* e-r Aufnahme 4 (*durée limitée*) Zeit(spanne) *f*; Block *m* (*a* RAD); *au travail* ***~ fixe, mobile*** Kern-, Gleitzeit *f* 5 *fig* Rahmen *m*; Spanne *f*; Bereich *m*

plagiaire [plaʒjɛʀ] *m,f* Plagiator *m*, Plagiatorin *f*

plagiat *m* Plagiat *n* **plagier** *v/t* plagiieren

plagiste [plaʒist] *m,f* Strandpächter(in) *m(f)*

plaid [plɛd] *m* Plaid [-e-] *n*; Reisedecke *f*

plaidable [plɛdabl] *adj* JUR ***cause*** *f* ***~*** vertretbare Sache

plaidant [plɛdã] *adj* JUR *avocat* s-e Partei vor Gericht vertretend; ***parties ~es*** Prozessparteien *f/pl*

plaider [plɛde] I *v/t* ***~ la cause de qn*** *avocat* j-s Sache, j-n vor Gericht vertreten, verteidigen; *fig* sich für j-n einsetzen; für j-n eintreten; *fig* ***~ sa propre cause*** in eigener Sache, pro domo sprechen; *défenseur* ***~ les circonstances atténuantes*** auf mildernde Umstände plädieren; *accusé* ***~ coupable*** sich schuldig bekennen II *v/i* 1 *avocat* ***~ pour son client***

s-n Klienten vor Gericht vertreten, verteidigen; *fig* ***~ pour qn, en faveur de qn*** *personne* für j-n eintreten (***auprès de qn*** bei j-m); *a comportement, réactions etc* für j-n, zu j-s Gunsten sprechen; *fig* ***~ pour qc*** für etw plädieren, eintreten 2 (*faire un procès*) ***~ contre qn*** gegen j-n e-n Prozess anstrengen, führen; gegen j-n prozessieren

plaideur [plɛdœʀ] *m*, **plaideuse** *f* JUR Prozessführende(r) *f(m)*; Prozesspartei *f*

plaidoirie [plɛdwaʀi] *f* JUR *d'un avocat* Plädoyer *n*

plaidoyer [plɛdwaje] *m* JUR Plädoyer *n*, Verteidigungsrede *f* (*a fig*)

plaie [plɛ] *f* 1 Wunde *f* (*a fig*); ***une ~ profonde à la tête*** e-e tiefe Kopfwunde; *fig*: ***remuer, retourner le couteau, le fer dans la ~*** (mit dem Messer) in der Wunde herumwühlen; ***ne rêver que ~s et bosses*** rauflustig, ein Raufbold sein; ***rouvrir une ~*** e-e alte Wunde, alte Wunden wieder aufreißen; *prov* ***~ d'argent n'est pas mortelle*** Geldverlust ist zu verschmerzen 2 F *fig de qn* ***c'est une vraie ~*** er *ou* sie ist unausstehlich, F ein altes Ekel; *de qc* ***quelle ~!*** so e-e Plage! 3 BIBL ***les dix ~s d'Égypte*** die zehn Plagen Ägyptens

plaignant [plɛɲɑ̃] JUR **I** *adj* ***partie ~e*** klagende Partei; klagender Teil **II** *subst* ***~(e)*** *m(f)* Kläger(in) *m(f)*

plain-chant [plɛ̃ʃɑ̃] *m* ⟨*pl* **plains-chants**⟩ MUS (gregorianischer) Choral; *sc* Cantus planus *m*

plaindre [plɛ̃dʀ] ⟨→ **craindre**⟩ **I** *v/t* bedauern; bemitleiden; beklagen; ***je vous plains*** Sie tun mir leid (***de travailler avec lui*** weil Sie mit ihm arbeiten müssen); ***je ne le plains pas*** ich habe nicht im geringsten Mitleid mit ihm; ***je la plains d'avoir des enfants si difficiles*** sie tut mir leid, weil sie so schwierige Kinder hat; ich bedauere sie wegen ihrer so schwierigen Kinder; ***être à ~*** zu bedauern, bemitleiden, beklagen sein; *avec ce qu'il gagne*, ***il n'est pas à ~*** kann er recht zufrieden sein; kann er (sich) nicht (be)klagen; *loc* ***ne pas ~ sa peine*** keine Mühe scheuen; es sich (*dat*) nicht verdrießen lassen **II** *v/pr* 1 ***se ~*** klagen; sich beklagen; *st/s* wehklagen; ***elle se plaint sans cesse*** sie beklagt sich ständig; ***sans se ~*** ohne zu klagen; ohne ein Wort der Klage; ***se ~ de qc*** über etw (*acc*) klagen; sich über etw (*acc*) beklagen; ***se ~ de douleurs, de son sort*** über Schmerzen, über sein Los klagen; sich über Schmerzen, über sein Los beklagen; ***de quoi vous plaignez-vous?*** *vous ne manquez de rien!* worüber beklagen Sie sich eigentlich? …; ***se ~ de*** (*+inf*), ***se ~ que*** (*+subj ou ind*), ***se ~ de ce que …*** (*+ind ou subj*) sich (darüber) beklagen, dass … 2 (*protester*) ***se ~ de qn, de qc*** sich über j-n, über etw beschweren (***à qn*** bei j-m)

plaine [plɛn] *f* Ebene *f*; (*opposé*: *montagne*) Flachland *n*; ***la ~ du Pô*** die Poebene

plain-pied [plɛ̃pje] *loc/adv* ***de ~*** auf gleicher Höhe, Ebene (***avec le jardin*** mit dem Garten); *fig*: ***entrer de ~ dans un sujet*** ein Thema direkt angehen; ***se sentir de ~ avec qn*** sich j-m ebenbürtig fühlen

plainte [plɛ̃t] *f* 1 (*gémissement*) Klage *f*; Klagelaut *m*, -ruf *m*; *poét du vent* Klagen *n*; Ächzen *n*; ***~s*** *pl a* Jammern *n*; *st/s* Wehklage(n) *f(n)* 2 (*grief*) Klage *f*; Beschwerde *f*; ***sujet*** *m* ***de ~*** Beschwerdegrund *m* 3 JUR Strafantrag *m*; (Straf)Anzeige *f*; ***déposer une ~, porter ~*** e-n Strafantrag stellen, (Straf)Anzeige erstatten (***contre qn*** gegen j-n)

plaintif [plɛ̃tif] *adj* ⟨**-ive**⟩ klagend; jammernd; kläglich; jämmerlich

plaire [plɛʀ] ⟨**je plais, il plaît, nous plaisons; je plaisais; je plus; je plairai; que je plaise; plaisant; plu** (*inv*)⟩ **I** *v/t/indir* ***~ à qn*** j-m gefallen, zusagen; *homme* ***~ aux femmes*** bei den Frauen Erfolg haben, F gut ankommen; ***ce genre de musique ne me plaît pas*** *a* diese Art von Musik mag ich nicht; *abs* ***la pièce a plu*** das Stück fand Anklang; ***elle a tout pour ~*** sie hat alles, um zu gefallen (*a iron*); ***il ne fait que ce qui lui plaît*** er tut nur, was ihm gefällt, was ihm passt, was er mag **II** *v/imp* ***ça***, *st/s* ***il me, lui*** *etc* ***plaît de*** (*+inf*) es gefällt mir, ihm *etc*, es macht mir, ihm *etc* Freude, Vergnügen, *st/s* es beliebt mir, ihm *etc* zu (*+inf*); ***ça***, *st/s* ***il ne me plaît pas que …*** (*+subj*) es gefällt, behagt mir nicht, ich habe es nicht gern, es missfällt mir, dass …; ***il ne travaille que quand ça lui plaît*** er arbeitet nur, wenn es ihm gefällt, wenn es ihm passt, wenn er mag; ***comme il vous plaira*** wie Sie möchten, mögen; wie es Ihnen beliebt; nach Ihrem Belieben; ***quand il vous plaira*** wann Sie wollen; ♦ ***s'il te plaît, s'il vous plaît*** (*abr* ***S.V.P.***) bitte; *très formel* wenn ich bitten darf; ***voulez-vous signer, s'il vous plaît?*** würden Sie bitte unterschreiben?; F *pour insister* ***elle a une voiture de luxe, s'il vous plaît!*** bitte, sie hat sogar e-n Luxuswagen!; *régional* ***plaît-il?*** wie bitte?; *litt* ***plaise à Dieu, au ciel que …*** (*+subj*) gebe Gott, dass … **III** *v/pr* 1 *à soi-même* ***se ~*** sich (*dat*) (selbst) gefallen 2 ***se ~ à qc*** etw gernhaben; Gefallen, Vergnügen an etw (*dat*) finden; ***se ~ à faire qc*** gern etw tun; Gefallen, Vergnügen daran finden, etw zu tun 3 ***se ~ avec qn*** gern mit j-m zusammen sein 4 ***je me plais à Paris*** es gefällt mir (gut) in Paris; ich bin gern in Paris; ***se ~ dans un lieu*** *plante* an e-m Ort gut gedeihen; *animal* sich an e-m Ort besonders gern aufhalten 5 *réciproquement* ***se ~*** einander, sich gefallen; Gefallen aneinander (gefunden) haben

plais [plɛ] → ***plaire***

plaisamment [plɛzamɑ̃] *adv* → ***plaisant***

Plaisance [plɛzɑ̃s] *ville d'Italie* Piacenza [-ˈtʃɛntsa] *n*

plaisance [plɛzɑ̃s] *f loc/adj* ***de ~***: ***bateau*** *m* ***de ~*** (Segel-, Motor)Jacht *f*; (***navigation*** *f* ***de***) ***~*** Jacht-, Segelsport *m*; ***port*** *m* ***de ~*** Jacht-, Segelhafen *m*

plaisancier [plɛzɑ̃sje] *m* Sportsegler *m*

plaisant [plɛzɑ̃] **I** *adj* 1 (*agréable*) gefällig; nett; angenehm 2 (*comique*) lustig; amüsant; drollig; heiter; spaßig **II** *m* 1 ***mauvais ~*** Spaßvogel *m*; Witzbold *m* 2 *litt* ***le ~ de la chose c'est que …*** das Lustige *etc* an der Sache ist, dass …

plaisanter [plɛzɑ̃te] **I** *v/t* ***~ qn*** j-n necken, foppen, F aufziehen, uzen (***sur qc*** mit etw) **II** *v/i* scherzen; spaßen; Spaß, Späße, Scherze machen; *loc/adv* ***pour ~*** zum *ou* aus Spaß, Scherz; ***je ne plaisante pas!*** ich spaße, scherze nicht!; das ist kein Spaß, Scherz!; ich meine es ernst!; ***vous plaisantez!*** Sie scherzen wohl!; machen Sie keine Witze!; das kann doch nicht Ihr Ernst sein!; ***on ne plaisante pas avec cela*** damit ist nicht zu spaßen, scherzen; ***il ne plaisante pas avec*** *ou* ***sur la discipline*** *etc* in puncto Disziplin *etc* versteht er keinen Spaß, lässt er nicht mit sich spaßen; ***il ne plaisante pas là-des-***

sus darin versteht er keinen Spaß; ***n'être pas d'humeur à ~*** nicht zu Scherzen, Späßen, zum Scherzen aufgelegt sein

plaisanterie [plɛzɑ̃tʀi] *f* Scherz *m*; Spaß *m*; *propos a* Witz *m*; *acte a* Ulk *m*; *loc/adv* ***par ~*** aus *ou* im *ou* zum Scherz, Spaß; ***ne pas comprendre la ~*** keinen Spaß verstehen; ***c'est une ~!, la bonne ~!*** das ist wohl ein Witz!; *loc* ***les ~s les plus courtes sont les meilleures*** in der Kürze liegt die Würze; ***faire des ~s sur qc*** s-e Scherze, Späße, s-n Ulk mit etw treiben; ***prendre bien la ~*** (e-n) Spaß verstehen

plaisantin [plɛzɑ̃tɛ̃] *m* Witzbold *m*; Spaßvogel *m*

plaisir [plɛziʀ] *m* 1 Vergnügen *n*; Freude *f*; Spaß *m*; Lust *f*; ***~ physique, des sens*** Sinnenlust *f*, -freude *f*; ***~ d'amour*** Liebeslust *f*; ***le ~ de vivre*** die Lust zu leben; die Lebenslust; ***~ des yeux*** Augenweide *f*; ♦ *loc/adv*: ***à ~*** grundlos; ohne Grund; aus purem Vergnügen; ***au ~ (de vous revoir)!*** auf baldiges Wiedersehen!; kommen Sie bald wieder!; ***avec ~*** mit Vergnügen; gern; mit Freuden; ***avec grand ~*** mit großem Vergnügen; sehr, herzlich gern; ***par ~, pour le ~*** (nur so) aus *ou* zum Vergnügen, Spaß; ***pour son ~*** zu s-m Vergnügen, Spaß; zu s-r Freude; ♦ ***avoir le ~ de faire qc*** das Vergnügen, die Freude haben, etw zu tun; ***M. et Mme X ont le ~ de vous faire part des fiançailles de leur fille ...*** Wir beehren uns, die Verlobung unserer Tochter ... bekannt zu geben (*es folgen die Namen der Eltern*); ***j'espère que nous aurons bientôt le ~ de vous revoir*** ich hoffe, wir werden bald das Vergnügen haben, Sie wiederzusehen; ***donner beaucoup de ~ à qn*** j-m viel Vergnügen, Freude, Spaß machen, bereiten; *par ext* ***c'est un ~ coûteux*** das ist ein teurer Spaß, ein teures Vergnügen; ***faire ~ à qn*** j-m Vergnügen, Freude machen, bereiten; j-m Spaß machen; j-n (er)freuen; ***cela me fait grand ~*** *a* das ist mir ein großes Vergnügen, e-e große Freude; ***cela fait ~ à voir*** so etwas sieht man gern; es ist ein Vergnügen, e-e Freude, das zu sehen; ***faites-moi le ~ de venir me voir!*** erfreuen Sie mich mit Ihrem Besuch!; F ***fais-moi le ~ de te taire!*** tu mir den Gefallen *ou* die Liebe und sei still!; ***se faire un ~ de faire qc*** sich (*dat*) ein Vergnügen daraus machen, etw zu tun; ***je me ferai un ~ de vous raccompagner*** es soll mir ein Vergnügen, e-e Freude sein, Sie nach Hause zu bringen; ***prendre ~ à qc*** Vergnügen, Freude, Spaß an etw (*dat*) haben, finden; ***prendre ~, avoir du ~ à faire qc*** Vergnügen, Freude, Spaß daran haben, finden, etw zu tun; ***chacun prend son ~ où il le trouve*** jedem Tierchen sein Pläsierchen (*prov*); *iron* ***je vous ou te souhaite bien du ~!*** na, dann viel Vergnügen *ou* Spaß! 2 *pl* ***~s*** (*distractions*) Vergnügungen *f/pl*; Freuden *f/pl*; *iron* ***pour ses menus ~s*** für kleine Zerstreuungen, Vergnügungen; ***les ~s de l'alpinisme, de la campagne*** die Freuden des Bergsteigens, des Landlebens; ***les ~s de la table*** die Tafelfreuden *f/pl*; ***mener une vie de ~s*** sich vergnügen, amüsieren 3 ***le bon ~ de qn*** j-s Belieben *n*; HIST *dans les édits royaux* ***car tel est notre bon ~*** denn solches ist unser gnädigster Wille 4 *abs* ***le ~*** (*~ sexuel*) die Sinnen-, Fleischeslust

plaît [plɛ] → ***plaire***

plan¹ [plɑ̃] **I** *adj surface* eben; plan; ***figure ~e*** ebene Figur; Figur *f* in der Ebene; ***géométrie ~e*** ebene Geometrie **II** *m* 1 (*surface plane*) (ebene) Fläche; GÉOMÉTRIE Ebene *f*; *d'une cuisinière* ***~ de cuisson*** Kochfeld *n*; ***~ d'eau*** Wasserfläche *f*; ***~ de projection, de symétrie*** Projektions-, Symmetrieebene *f*; ***~ de travail*** Arbeitsfläche *f* 2 PEINT, PHOT, THÉ, *fig* ***premier ~*** Vordergrund *m*; ***au premier ~*** im Vordergrund; *fig*: ***être au premier ~*** im Vordergrund, an erster Stelle stehen; ***mettre au premier ~*** in den Vordergrund stellen, rücken; ***passer au premier ~*** in den Vordergrund treten, rücken; *loc/adj fig* ***de premier ~*** ersten Ranges; erstrangig; bedeutend; ***de tout premier ~*** allerersten Ranges; Spitzen...; PEINT ***second ~*** Mittelgrund *m*; *loc/adj fig* ***de second ~*** zweiten Ranges; zweitrangig; nebensächlich; weniger wichtig; *fig* ***mettre, passer au second ~*** in den Hintergrund drängen, treten *ou* rücken 3 *loc/prép* ***sur le*** *ou* ***au ~ de*** (+*subst*) hinsichtlich (+*gén*); in Bezug auf (+*acc*); *loc/adv*: ***sur ce ~*** in dieser Hinsicht, Beziehung; ***sur tous les ~s*** in jeder Hinsicht, Beziehung; ***sur le ~ politique*** *etc* auf politischer *etc* Ebene; in politischer *etc* Hinsicht; politisch *etc* gesehen; ***être sur le même ~*** auf der gleichen Ebene, Linie *ou* auf einer Ebene, Linie liegen; den gleichen Stand, das gleiche Niveau (erreicht) haben (***que*** wie); ***mettre sur le même ~*** auf die gleiche Stufe stellen 4 CIN Einstellung *f*; Aufnahme *f*; ***~ américain*** Halbtotale *f*; ***~ général*** Totale *f*; Gesamtaufnahme *f*; ***gros ~*** Großaufnahme *f*; ***~ rapproché*** Nahaufnahme *f*, -einstellung *f*

plan² [plɑ̃] *m* 1 (*dispositions*) Plan *m* (*a* ÉCON); *d'une dissertation etc a* Gliederung *f*; ADM ***le Plan*** die staatliche Wirtschaftsplanung; ***~ comptable*** Kontenplan *m*, -rahmen *m*; ***~ social*** Sozialplan *m*; ***~ d'action*** Aktionsplan *m*; ***~ d'amortissement*** Tilgungsplan *m*; MIL, *fig* ***~ de bataille*** Schlachtplan *m*; ***avoir son ~*** e-n festen Plan haben; *par ext* F ***avoir un bon ~ pour la soirée*** e-e Idee, e-n Einfall haben, wie man den Abend verbringen könnte 2 *graphique* Plan *m*; CONSTR Bauplan *m*, -zeichnung *f*; TECH Konstruktionszeichnung *f*; ***~ du métro*** Netzplan *m* der U-Bahn; ***~ d'occupation des sols*** (*abr* ***POS***) Flächennutzungsplan *m*; ***~ de Paris*** (Stadt-)Plan *m* von Paris 3 F ***laisser qn, qc en ~*** j-n, etw im Stich lassen; j-n versetzen; ***laisser tout en ~*** alles stehen und liegen lassen; *projet* ***rester en ~*** liegen bleiben

planche [plɑ̃ʃ] *f* 1 Brett *n*; Planke *f*; ***~ à dessin*** Zeichen-, Reißbrett *n*; ***~ à repasser*** Bügel-, *nordd a* Plättbrett *n*; ***~ à pain*** Brotbrett *n*, -teller *m*; F *d'une femme plate* ***c'est une ~ à pain*** F sie ist das reinste Plätt-, Bügelbrett; ***~ à roulettes*** Rollbrett *n*; Skateboard ['ske:t-] *n*; ***~ à voile*** Surfbrett ['sœ:rf-] *n*; ***faire de la ~ à voile*** surfen ['sœ:r-]; *fig* ***~ de salut*** letzte Rettung; ***cabane*** *f* ***en ~s*** Bretterhütte *f*, -bude *f*; *fig* ***être cloué entre quatre ~s*** im Sarg liegen; *nageur* ***faire la ~*** den toten Mann machen 2 THÉ ***les ~s*** die Bretter, die die Welt bedeuten; die Bühne; das Theater; *acteur* ***brûler les ~s*** hinreißend spielen; ***monter sur les ~s*** zur Bühne, zum Theater gehen; Schauspieler(in) werden 3 F ***~s*** *pl* (*skis*) F Bretter *n/pl*; *österr* Brettln *n/pl* 4 TYPO **a)** *plaque* (Stahl-, Kupfer-, Holz)Platte *f*; ***~ d'imprimerie*** Druckplatte *f*; F *fig* ***faire marcher la ~ à billets*** die Notenpresse in Gang setzen; **b)** *estampe* (Kupfer-, Stahl)Stich *m*; Holzschnitt *m*; **c)** *dans un livre* (Bild)Tafel *f* 5 JARD (längliches)

(Gemüse)Beet

planchéier [plɑ̃ʃeje] *v/t* TECH *sol* dielen; *parois* (mit Brettern) verschalen, verkleiden

plancher[1] [plɑ̃ʃe] *m* **1** *sol* (Holz)Fußboden *m*; **~ de sapin** Fußboden aus Tannenholz; F *fig* **le ~ des vaches** der feste Boden; das (Fest)Land; F *fig* **débarrasse-moi le ~!** F scher dich zum Teufel, zum Henker!; hau ab! **2** *entre deux étages* Geschossdecke, *österr* Geschoßdecke *f*; **~ en béton** Betondecke *f* **3** *d'un véhicule, d'un ascenseur* Boden *m*; F *fig*: **mettre le pied au ~** das Gaspedal ganz durchtreten; **tenir le pied au ~** mit durchgetretenem Gaspedal, F mit Bleifuß fahren **4** *limite* Unter-, Mindestgrenze *f*; ♦ *adjt* Mindest…; **prix** *m*, **salaire** *m* **~** Mindestpreis *m*, -lohn *m*

plancher[2] [plɑ̃ʃe] *v/i terme d'écolier* **a)** *au tableau* e-e Aufgabe vor der Klasse lösen; **b)** (*faire un exposé*) ein Referat halten

planchette [plɑ̃ʃɛt] *f* Brettchen *n*; kleines Brett

planchiste [plɑ̃ʃist] *m,f* Surfer(in) ['sœːr-] *m(f)*

plancton [plɑ̃ktõ] *m* Plankton *n*

plané [plane] *adj* **vol ~** Gleitflug *m*; F *fig* **faire un vol ~** in hohem Bogen durch die Luft fliegen

planer [plane] *v/i* **1** *oiseau etc* (in der Luft) schweben **2** *fig personne* **a)** **~ au-dessus de qc** über etw (*dat*) stehen; über etw (*acc*) erhaben sein; **b)** (*rêver*) *abs* in den Wolken, F in höheren Regionen schweben **3** *fig danger* **~ sur qn, sur une ville** j-m, e-r Stadt drohen; *soupçons, mystère* **laisser ~** im Raum stehen lassen; unwidersprochen lassen; **laisser ~ le mystère jusqu'à la fin de la pièce** den Schleier des Geheimnisses erst am Ende des Stückes lüften

planétaire [planetɛʀ] **I** *adj* **1** ASTR planetar(isch); Planeten…; **système** *m* **~** Planetensystem *n* **2** (*mondial*) weltweit; global **II** *m* TECH *d'un différentiel* Tellerrad *n*

planétarium [planetaʀjɔm] *m* Planetarium *n*

planète [planɛt] *f* Planet *m*; Wandelstern *m*; **la ~ Terre** der Planet Erde

planeur [planœʀ] *m* AVIAT Segelflugzeug *n*; Segler *m*; *t/t* Gleitflugzeug *n*; Gleiter *m*

planificateur [planifikatœʀ], **planificatrice** ÉCON **I** *m,f* Planer(in) *m(f)*; Planungsfachmann *m* **II** *adj* Planungs…; planerisch

planification [planifikasjõ] *f* ÉCON Planung *f*; Planifikation *f*; **~ du travail** Arbeitsplanung *f*

planifier [planifje] *v/t* planen; *adjt* **économie planifiée** Planwirtschaft *f*

planisphère [planisfɛʀ] *m* Erdkarte *f*; Planiglob *n*; **~ céleste** Himmelskarte *f*

planning [planiŋ] *m* **1** *d'une entreprise* Arbeits-, Fertigungsplan(ung) *m(f)* **2** **~ familial** Familienplanung *f*

planque [plɑ̃k] F *f* **1** *travail* F Druckposten *m* **2** (*cachette*) Versteck *n*

planqué [plɑ̃ke] *m* F Drückeberger *m*; MIL *a* F Etappenhengst *m*, -schwein *n*

planquer [plɑ̃ke] F *v/t* (*et v/pr* **se**) **~** (sich) verstecken; (sich) in Sicherheit bringen; **planquez-vous!** volle Deckung!

plant [plɑ̃] *m* Pflänzling *m*; Setzling *m*; Jungpflanze *f*; Pflänzchen *n*; **~ de salade** Salatsetzling *m*

Plantagenêt [plɑ̃taʒ(ə)nɛ] HIST *dynastie royale anglaise* Plantagenet [plɛn'tɛdʒinit]

plantain [plɑ̃tɛ̃] *m* BOT Wegerich *m*

plantaire [plɑ̃tɛʀ] *adj* ANAT Fußsohlen…; *sc* plantar; **voûte** *f* **~** Fußwölbung *f*

plantation [plɑ̃tasjõ] *f* **1** *action* (An-, Ein)Pflanzen *n*; *d'un arbre a* Setzen *n*; *d'un terrain* Bepflanzung *f* **2** *terrain* (An)Pflanzung *f*; *exploitation* Plantage *f*; **~ d'arbres fruitiers** Obstplantage *f*, -anlage *f*; **~ de café, de tabac** Kaffee-, Tabakplantage *f*, -pflanzung *f* **3** AGR **~s** *pl* Kulturen *f/pl* **4** **~ des cheveux** Haaransatz *m* **5** THÉ **~ de(s) décors** Aufstellen *n*, -ung *f* der Kulissen

plante[1] [plɑ̃t] *f* BOT Pflanze *f*; **~s grasses** Fettpflanzen *f/pl*; Sukkulenten *f/pl*; **~ d'appartement** Zimmerpflanze *f*

plante[2] [plɑ̃t] *f* ANAT **~ du pied** Fußsohle *f*; **~ des pieds** Fußsohlen *f/pl*

planté [plɑ̃te] *adj* **1** **bien ~** *personne* gut gewachsen; F gut gebaut; *barbe* dicht und regelmäßig gewachsen; **dents bien (mal) ~es** (un)regelmäßig gewachsene, stehende Zähne *m/pl*; (un)regelmäßiges Gebiss **2** *personne* **rester ~ devant une vitrine** regungslos, wie angewurzelt vor e-m Schaufenster stehen; **ne reste pas ~ là à me regarder!** F steh nicht da wie ein Ölgötze!; sieh mich nicht so entgeistert an!

planter [plɑ̃te] **I** *v/t* **1** *plant(e)* (an-, ein)pflanzen; *arbre, salade a* setzen; *bulbes, graines, pommes de terre a* stecken; legen; **~ une avenue de platanes** e-e Allee mit Platanen bepflanzen; **~ un champ** ein Feld bepflanzen **2** *piquet, clou* einschlagen; *drapeau* aufpflanzen; *tente* aufschlagen; *décors, échelle* aufstellen; *poignard* stoßen (**dans** in *+acc*); **~ un clou dans le mur** e-n Nagel in die Wand schlagen; *fig* **il lui planta un baiser sur la joue** er drückte ihr e-n herzhaften Kuss auf die Wange **3** **~ là qn, qc** j-n, etw plötzlich stehen lassen, im Stich lassen; **tout ~ là** alles im Stich lassen, F hinschmeißen **II** *v/pr* **1** *sens passif*: *plante* **se ~** (an-, ein)gepflanzt werden **2** *balle, flèche* (**venir**) **se ~ au milieu de la cible** in der Mitte der Scheibe auftreffen **3** *personne* **se ~ devant qn** F sich vor j-m aufpflanzen; sich vor j-n hinpflanzen **4** F **se ~** *véhicule* stecken bleiben; (sich) festfahren; *fig* (*échouer*) F e-n Reinfall erleben; *ordinateur* abstürzen

planteur [plɑ̃tœʀ] *m* Pflanzer *m*; Plantagenbesitzer *m*; **~ de tabac** Tabakpflanzer *m*

planteuse [plɑ̃tøz] *f* AGR Kartoffelsetzmaschine *f*

plantigrades [plɑ̃tigʀad] *m/pl* ZO Sohlengänger *m/pl*

plantoir [plɑ̃twaʀ] *m* JARD Pflanzholz *n*

planton [plɑ̃tõ] *m* **1** MIL **a)** (*soldat de service*) Ordonnanz *f*; **b)** *sentinelle* (Wacht)Posten *m* ohne Gewehr **2** F *fig* **faire le ~, rester de ~** dastehen und warten; F sich (*dat*) die Beine in den Bauch stehen

plantureux [plɑ̃tyʀø] *adj* ⟨**-euse**⟩ **1** *repas* reichlich; üppig; lukullisch **2** *femme* vollbusig; üppig; füllig

plaquage [plakaʒ] *m* **1** RUGBY Fassen *n* (des Gegners); **faire un ~** den Gegner fassen **2** F *de qn* Verlassen *n*; F Sitzenlassen *n*

plaque [plak] *f* **1** Platte *f*; CUIS **~ chauffante, de cuisson** Heiz-, Kochplatte *f*; CONSTR **~ isolante, d'isolation** Isolier-, Dämmplatte *f*; PHOT **~ sensible** fotografische Platte; CH DE FER et *fig* **~ tournante** Drehscheibe *f*; *fig a* Umschlagplatz *m*; **une ~ de beurre** ein halbes Pfund Butter; **~ de cheminée** Kaminplatte *f*; **une ~ de chocolat** e-e Tafel Schokola-

P

de; ~ ***d'égout*** Kanaldeckel *m*; CUIS ~ ***de four*** Kuchen-, Backblech *n*; ~ ***de marbre*** Marmorplatte *f*; ~ ***de propreté*** Türbeschlag *m*; F *fig* ***être à côté de la*** ~ F völlig danebenliegen **2** *avec une inscription* Tafel *f*; Schild *n*; *de certaines fonctions* (Dienst)Abzeichen *n*, (-)Marke *f*; Plakette *f*; ~ ***commémorative*** Gedenktafel *f*; AUTO ~ ***minéralogique, d'immatriculation*** Nummernschild *n*; ~ ***d'identité*** MIL Erkennungsmarke *f*; *d'un chien* Hundemarke *f*; ~ ***de grand officier de la Légion d'honneur*** Bruststern *m* des Großoffiziers der Ehrenlegion **3** *jeton* (rechteckige) Spielmarke **4** *sur la peau* Fleck *m*; MÉD Plaque *f*; ~ ***dentaire*** Zahnbelag *m*; *t/t* Plaque *f*; ~***s d'eczéma*** Ekzemherde *m/pl*; ***avoir des*** ~***s rouges sur le visage*** (große) rote Flecke im Gesicht haben **5** GÉOL (Kontinental)-Scholle *f*

plaqué [plake] *m* Dublee *n*; ~ ***or*** Golddublee *n*; Dubleegold *n*; Goldplattierung *f*; *loc/adj* ***en*** ~ aus *ou* in Dublee; Dublee…

plaquer [plake] *v/t* **1** *métal* plattieren; ~ ***d'or*** mit Gold dublieren *ou* doublieren, plattieren; *adjt* ***plaqué or*** aus *ou* in Golddublee, Dubleegold; *feuille de métal* ~ ***sur qc*** auf etw (*acc*) aufbringen **2** MENUISERIE furnieren; *meuble* ***en chêne plaqué*** Eiche furniert **3** (*maintenir*) drücken, pressen (***contre, sur*** gegen, an +*acc*); ~ ***qn, se*** ~ ***contre le mur*** j-n, sich an, gegen die Wand drücken, pressen; ~ ***ses cheveux sur ses tempes*** die Haare fest an die Schläfen andrücken; F die Haare an die Schläfen anklatschen **4** RUGBY *adversaire* fassen **5** MUS ~ ***un accord*** e-n Akkord anschlagen **6** COUT *adjt* ***poche plaquée*** aufgesetzte Tasche **7** F (*abandonner*) ~ ***qn*** j-n im Stich lassen, verlassen, F sitzen lassen; ~ ***qc*** etw im Stich lassen, aufgeben, F hinschmeißen

plaquette [plakɛt] *f* **1** (*petite plaque*) kleine Platte; Plättchen *n*; ***une*** ~ ***de beurre*** ein viertel Pfund *n* Butter (*in Tafelform*) **2** *avec une inscription* Plakette *f*; (kleines) Schild **3** ~ ***sanguine*** Blutplättchen *n* **4** PHARM Blister *m* **5** *petit livre* (dünnes) Büchlein

plasma [plasma] *m* **1** ~ (***sanguin***) (Blut)Plasma *n* **2** PHYS Plasma *n*

P

plastic [plastik] *m* Plastiksprengstoff *m*; *par ext* Plastikbombe *f* **plasticage** *m* Sprengstoffanschlag *m* (mit e-r Plastikbombe)

plasticien [plastisjɛ̃] *m* MÉD Spezialist *m* der plastischen Chirurgie

plasticité [plastisite] *f* **1** TECH *d'une matière* (Ver)-Formbarkeit *f*; Plastizität *f* **2** PSYCH Plastizität *f*; Formbarkeit *f*; Anpassungsfähigkeit *f*

plastifiant [plastifjɑ̃] *m* TECH Weichmacher *m*

plastifier [plastifje] *v/t* **1** *substance* (mit e-m Weichmacher) weich und geschmeidig machen; *t/t* plastifizieren **2** *recouvrir* mit Kunststoff beschichten, überziehen, ummanteln; *empaqueter* einschweißen; *adjt* ***fil plastifié*** Kunststoffkabel *n*

plastiquage [plastikaʒ] *m* → ***plasticage***

plastique [plastik] **I** *adj* **1** (*malléable*) plastisch; (ver)formbar; bildsam **2** ***matière*** *f* ~ Kunststoff *m*; Plastik *n* **3** BEAUX-ARTS plastisch; bildhauerisch; ***arts*** *m/pl* ~***s*** bildende Kunst **4** ***chirurgie*** *f* ~ plastische Chirurgie **II** *subst* **1** *m* Kunststoff *m*; Plastik *n*; *loc/adj* ***en*** ~ aus Kunststoff, Plastik; Kunststoff…; Plastik…; ***seau*** *m* ***en*** ~ Plastikeimer *m*; ***vaisselle*** *f* ***en*** (***matière***) ~ Plastikgeschirr *n* **2** *f* *art* Plastik *f*; Bildhauerkunst *f*

plastiquer [plastike] *v/t* mit e-r Plastikbombe, mit Plastiksprengstoff in die Luft sprengen **plastiqueur** *m* (Plastik)Bombenleger *m*

plastron [plastʀõ] *m* **1** *d'escrimeur* Plastron *m ou n* **2** ~ ***de chemise*** Hemdbrust *f*

plastronner [plastʀɔne] *v/i* (*bomber le torse*) sich in die Brust, in Positur werfen; *par ext* (*poser*) posieren; paradieren

plat[1] [pla] **I** *adj* **1** *surface, région, terrain* flach; eben; platt; GÉOMÉTRIE ***angle*** ~ gestreckter Winkel; ***assiette*** ~***e*** flacher Teller; ***bateau*** (***à fond***) ~ plattbodiges, flach gehendes Schiff; MAR ***calme*** ~ Flaute *f* (*a fig*); völlige Windstille; → *a* ***calme*** *II 1*; ***chaussures*** ~***es*** flache Schuhe *m/pl*; Schuhe mit flachen Absätzen; ***cheveux*** ~***s*** glatt gekämmtes, glattes Haar; ***mer*** ~***e*** vollkommen glatte See; ***pays*** ~ Flachland *n*; ***pied*** ~ Plattfuß *m*; ***avoir les pieds*** ~***s*** Plattfüße haben; COUT ***pli*** ~ einfache Falte; ***poisson*** ~ Plattfisch *m*; ***poitrine*** ~***e*** flache Brust; ***talon*** ~ flacher Absatz; ***toit*** ~ Flachdach *n*; ♦ *loc/adj et loc/adv*: ***à*** ~ *batterie* leer; *pneu* platt; ***pneu*** *m* ***à*** ~ *a* F Plattfuß *m*; F ***être à*** ~ *en voiture* F e-n Platten haben; *fig personne* abgeschlagen, ganz *ou* wie zerschlagen, F fertig, kaputt sein; F völlig ab sein; am Boden zerstört sein; F *fig* ***sa maladie l'a mis à*** ~ die Krankheit hat ihn an den Rand s-r Kräfte gebracht, F hat ihn völlig fertiggemacht; ***mettre, poser qc à*** ~ etw flach hinlegen; *fig problème* (***re***)***mettre à*** ~ (noch einmal) eingehend prüfen; F *fig proposition etc* ***tomber à*** ~ keinen Anklang finden; F nicht ankommen; → *a* ***ventre*** *1*; ♦ *fig* ***ma bourse est*** ~***e*** F in meiner Kasse ist Ebbe **2** *vin* fad(e); ***eau*** ~***e*** stilles Wasser; (Mineral)Wasser *n* ohne Kohlensäure **3** *fig*: *imitation* platt; *style, texte* fad(e); farblos; nichtssagend; *plaisanteries* schal; geistlos; fad(e); ***faire de*** ~***es excuses*** sich unterwürfig entschuldigen; *iron* ***mes plus*** ~***es excuses!*** ich bitte untertänigst um Entschuldigung! **4** ***rimes*** ~***es*** Paarreim *m* **II** *m* **1** ***le*** ~ ***de la main*** die flache Hand; *loc/adv* ***du*** ~ ***de la main*** mit der flachen Hand **2** *d'une route* flache, ebene Strecke; ***faux*** ~ verdeckte Senke; SPORTS ***course*** *f* ***en*** ~ Flachrennen *n* **3** (*plongeon manqué*) F Bauchklatscher *m*; ***faire un*** ~ e-n Bauchklatscher machen **4** BOUCHERIE ~ ***de côtes*** Spann-, Querrippe *f* **5** F *fig* ***faire du*** ~ ***à une femme*** e-r Frau (*dat*) schmeicheln, schöntun **6** *d'un livre* (Buch)Deckel *m*

plat[2] [pla] *m* **1** *pièce de vaisselle* Platte *f*; ~ (***creux***) Schale *f*; flache Schüssel; ~ (***à gratin***) feuerfeste Form; *autrefois* ~ ***à barbe*** Rasierbecken *n*; ~ ***à poisson*** Fischplatte *f*; ***œufs*** *m/pl* ***sur le*** ~ *ou* ***au*** ~ Spiegeleier *n/pl*; *fig* ***apporter qc à qn sur un*** ~ j-m etw auf dem Präsentierteller überreichen; ***finir les*** ~***s*** alle Schüsseln leeren, leer machen; *fig* ***mettre les petits*** ~***s dans les grands*** j-n fürstlich bewirten; sich in Unkosten stürzen (, um j-n zu bewirten) **2** (*mets*) Gericht *n*; Speise *f*; *d'un menu* Gang *m*; ~ ***national*** Nationalgericht *n*; ~ ***régional*** Spezialität *f* e-r Gegend; ~ ***du jour*** Tagesgericht *n*; ~ ***de poisson, de viande*** Fisch-, Fleischgericht *n ou* -gang *m*; ~ ***de résistance*** Hauptgericht *n*; F *fig* ***faire tout un*** ~ ***de qc*** viel Lärm um etw machen; viel Aufhebens von etw machen

platane [platan] *m* BOT Platane *f*; ***faux*** ~ Bergahorn *m*; ***avenue*** (***plantée***) ***de ~s*** Platanenallee *f*; *en voiture* F ***rentrer dans un ~*** gegen e-n Baum fahren, prallen

plateau [plato] *m* ⟨*pl* **~x**⟩ **1** *pour servir* Tablett *n*; Servierbrett *n*; ***~ d'argent*** silbernes Tablett; *fig* ***apporter qc à qn sur un ~*** j-m etw auf dem Präsentierteller überreichen **2** *à table* Platte *f*; ***~*** *à ou* ***de fromages*** Käseplatte *f*; ***~ d'huîtres*** Austernplatte *f*, -teller *m* **3** *d'une balance* Waagschale *f* **4** *d'un tourne-disque* Plattenteller *m* **5** THÉ Bühne *f*; CIN, TV Szenenaufbau *m*; *par ext* Atelier-, Studioausstattung *f*; ***frais*** *m/pl* ***de ~*** Kosten *pl* für die Innenaufnahmen (im Atelier *ou* Studio) **6** GÉOGR (Hoch)Plateau *n*; Hochfläche *f*, -ebene *f*; ***~ continental*** Festlandsockel *m*; Schelf *m ou n*; (***'hauts***) ***~x*** Hochland *n* **plateau-repas** *m* ⟨*pl* **plateaux-repas**⟩ Menüplatte *f*; auf e-m Tablett serviertes Essen

plate-bande [platbɑ̃d] *f* ⟨*pl* **plates-bandes**⟩ Rabatte *f*; Beet *n*; F *fig* ***marcher sur les plates-bandes de qn*** j-m ins Gehege kommen

platée [plate] *f* ***une ~ de riz*** *etc* e-e Schüssel voll Reis *etc*; e-e Platte mit Reis *etc*

plate-forme [platfɔʀm] *f* ⟨*pl* **plates-formes**⟩ **1** *d'un autobus, d'un plongeoir etc* Plattform *f* **2** POL Plattform *f*; ***~ électorale*** Wahlplattform *f* **3** ***~ de forage*** Bohrinsel *f* **4** CH DE FER Plattform-, Flachwagen *m* **5** GÉOGR Plateau *n*; Platte *f*

platine[1] [platin] *m* **1** *métal* Platin *n*; *loc/adj* ***en ~*** Platin… **2** *adjt* (***blond***) ***~*** ⟨*inv*⟩ platinblond

platine[2] [platin] *f* **1** *d'un tourne-disque* Plattenteller *m*; *par ext* (*tourne-disque*) Plattenspieler *m*; ***~ laser*** CD-Spieler *m*; CD-Player [-pleː-] *m* **2** *de microscope* Objekttisch *m* **3** TECH Platine *f*; Platte *f*

platiné [platine] *adj* **1** ***cheveux ~s*** *ou* ***blond ~*** platinblondes Haar; ***une blonde ~e*** e-e Platinblonde **2** AUTO ***vis ~es*** Unterbrecherkontakte *m/pl*

platiner [platine] *v/t* TECH platinieren

platitude [platityd] *f* **1** *d'une conversation, d'un livre etc* Plattheit *f*; Flachheit *f*; Schalheit *f*; Geistlosigkeit *f*; Trivialität *f*; *d'un style* Fadheit *f*; Farblosigkeit *f* **2** *propos* Gemeinplatz *m*; Plattheit *f*; platte, abgedroschene Redensart; Plattitüde *f*

Platon [platõ] *m* PHILOS Plato(n) *m*

platonicien [platɔnisjɛ̃] PHILOS **I** *adj* ⟨**~ne**⟩ platonisch **II** *m* Platoniker *m* **platonique** *adj* **1** *amour* platonisch **2** *protestation etc* rein theoretisch **platonisme** *m* PHILOS Platonismus *m*

plâtrage [plɑtʀaʒ] *m* CONSTR (Ver)Gipsen *n*

plâtras [plɑtʀa] *m/pl* Gipsbrocken *m/pl*, -schutt *m*

plâtre [plɑtʀ] *m* **1** *matériau* Gips *m*; *loc/adj* ***en ~*** Gips…; gipsern; aus Gips; ***buste*** *m* ***en ~*** Gipsbüste *f*; *fig* ***battre qn comme ~*** F j-n windelweich schlagen **2** CONSTR ***~s*** *pl* Gips-, Stuckarbeiten *f/pl*; *fig* ***essuyer les ~s*** sich mit den Anfangsschwierigkeiten herumschlagen müssen **3** MÉD Gipsverband *m*; F Gips *m*; ***avoir une jambe dans le ~*** das Bein in Gips haben; F ein Gipsbein haben; ***mettre dans le ~*** *jambe, bras* eingipsen; in Gips legen; F gipsen; *personne* e-n Gipsverband anlegen (***qn*** j-m); ***demain, on lui enlève son ~*** morgen nimmt man ihm den Gips(verband) ab; F morgen kommt er aus dem Gips **4** *objet* Gipsfigur *f*, -abguss *m* **5** F *fig d'un fromage* ***c'est du ~*** der ist noch nicht reif, zu trocken

plâtrer [plɑtʀe] *v/t* **1** CONSTR (ver)gipsen **2** MÉD eingipsen; in Gips legen; *adjt* ***plâtré*** in Gips **3** F *fig* ***~ son visage***, *v/pr* ***se ~*** das Gesicht, sich zu stark schminken

plâtrerie [plɑtʀəʀi] *f usine* Gipswerk *n*, -brennerei *f*

plâtreux [plɑtʀø] *adj* ⟨**-euse**⟩ **1** *sol* gipshaltig **2** *teint* kalkweiß **3** *fromage* zu trocken

plâtrier [plɑtʀije] *m* Gipser *m*

plâtrière [plɑtʀijɛʀ] *f* **1** *carrière* Gipsbruch *m*, -grube *f* **2** → ***plâtrerie***

plausible [plozibl] *adj* plausibel; einleuchtend; überzeugend; glaubwürdig; glaubhaft

play-back [plɛbak] *m* ⟨*inv*⟩ Playback(verfahren) ['pleːbɛk] *n*; ***chanter en ~*** (im) Playback singen

play-boy [plɛbɔj] *m* ⟨*pl* **play-boys**⟩ Playboy ['pleːbɔɪ] *m*

plèbe [plɛb] *f* **1** HIST Plebs *f* **2** *st/s et péj* Plebs *m*; Pöbel *m*

plébéien [plebejɛ̃] **I** *adj* ⟨**~ne**⟩ **1** HIST plebejisch; Plebejer… **2** *st/s et péj* plebejisch; gewöhnlich; ordinär **II** *subst* **~(*ne*)** *m*(*f*) Plebejer(in) *m*(*f*) (HIST *et fig*)

plébiscitaire [plebisitɛʀ] *adj* plebiszitär; ***par voie ~*** durch ein Plebiszit, e-n Volksentscheid

plébiscite [plebisit] *m* Plebiszit *n*; Volksabstimmung *f*, -befragung *f*, -entscheid *m* **plébisciter** *v/t* durch Plebiszit, in e-r Volksabstimmung *etc*, *par ext* mit großer Mehrheit *qc* billigen, *qn* wählen

pléiade [plejad] *f* **1** LITTÉRATURE ***la Pléiade*** die Pléiade (*frz Dichterschule*) **2** *fig* ***une ~ de jeunes compositeurs*** *etc* e-e Gruppe talentierter junger Komponisten *etc*

plein [plɛ̃] **I** *adj* ⟨**pleine** [plɛn]⟩ **1** (*rempli*) voll; ***un verre ~*** ein volles Glas; ♦ ***~ de*** (+*subst*) voll(er); voll von; ***~ d'admiration*** voll(er) Bewunderung; ***~ de contradictions*** voller Widersprüche; voll von Widersprüchen; ***un pré ~ de fleurs*** e-e Wiese voll(er), voll von Blumen; ***~ de force*** kraftvoll, -strotzend; ***être ~ d'idées*** voller Ideen stecken; ***être ~ de monde*** voll(er), voll von Menschen sein; ♦ *loc/adv*: ***à ~es mains*** mit vollen Händen (*a fig*); *verser de l'eau* ***à ~s seaux*** eimerweise; ganze Eimer voll; ♦ ***avoir les mains ~es*** beide Hände voll haben; ***avoir le nez ~*** sich (*dat*) die Nase putzen müssen; F *fig* ***il est ~*** (*ivre*) F er ist voll; er hat sich volllaufen lassen; ***parler la bouche ~e*** mit vollem Mund sprechen **2** (*complet*) voll; völlig; *confiance, satisfaction* ***~e et entière*** vollste(s); ***~ emploi*** Vollbeschäftigung *f*; ***cinq jours ~s*** volle fünf Tage; *d'un instrument* ***son ~*** voller Klang; ***un ~ succès*** ein voller Erfolg; → *a* ***air***[1] *2*, ***lune*** *1*, ***mer*** *1*; ♦ *loc/adv*: *moteur* ***tourner à ~ régime*** auf vollen Touren laufen; ***travailler à ~ temps*** ganztägig, ganztags arbeiten; ♦ ***en ~*** (+*subst*) (*au milieu de*) mitten, genau in, auf (+*dat ou acc*); ***en ~ champ*** auf freiem, offenem Feld; *balle* ***atteindre qn en ~ cœur*** j-n mitten ins Herz treffen; ***en ~e croissance*** mitten im Wachstum; ***en ~ désert*** mitten in der Wüste; ***en ~ été*** im Hochsommer; ***en ~ hiver*** im tiefsten Winter; ***en ~ jour*** am helllichten Tag(e); mitten am Tag; ***en ~e lumière*** in vollem Licht; ***viser en ~ milieu*** genau auf die Mitte zielen; ***en ~e nature*** in der freien Natur; ***chambre*** *f* ***en ~ nord*** reines Nordzimmer; genau nach Norden liegendes Zimmer; ***en ~ soleil*** in der prallen Sonne; JARD ***en ~e terre*** im Freiland;

P

être en ~ travail mitten in der Arbeit sein, stecken; ***en ~ vol*** mitten im Flug; → *a les subst correspondants* 3 *visage, joues* voll; rund 4 *femelle animale* ***~e*** trächtig 5 ***une journée ~e*** ein ausgefüllter, inhaltsreicher Tag 6 *matière* massiv; ***pneu ~*** Vollgummireifen *m*; ***porte ~e*** Ganzholztür *f*; ***roue ~e*** Scheibenrad *n* **II** *adv* 1 ***sonner ~*** voll, nicht hohl klingen 2 F ***tout ~*** sehr; F mächtig; ***c'est mignon tout ~, ça*** das ist wirklich allerliebst 3 *loc/adv* F ***~ de*** (*beaucoup*) viel(e); e-e Menge; F ein Haufen; jede Menge; e-e Masse; massenhaft; massig; ***avoir ~ d'argent*** viel, e-e Menge, F e-n Haufen *etc* Geld haben; ***il y avait ~ de monde dans la rue*** es waren viele, e-e Menge *etc* Leute auf der Straße; *abs* ***j'en ai ~*** ich habe viel(e) (davon) 4 *loc/adv*: *argument etc* ***porter à ~*** den Kern der Sache, ins Schwarze treffen; ♦ F ***en ~ dans, sur*** genau in, auf (*+dat ou acc*); ***viser en ~ dans le mille*** genau ins Schwarze zielen **III** *prép* ⟨*inv*⟩ F ***il a des boutons ~ la figure*** er hat das Gesicht voll(er) Pickel; ***avoir de l'argent ~ les poches*** die Taschen voll(er) Geld haben; ***en avoir ~ la bouche*** *etc* → ***bouche*** *1* **IV** *m* 1 ***faire le ~ (de qc)*** (etw) vollmachen, -laden; AUTO ***faire le ~ (d'essence)*** volltanken; auftanken; *hôtel* ***faire le ~ de clients, de réservations*** ausgelastet, ausgebucht sein 2 *en écriture* Grund-, Abstrich *m* 3 *mar* (Tide)Hochwasser *n*; *abus* Flut *f* 4 ***battre son ~*** in vollem Gang(e) sein 5 ***la lune est dans son ~*** es ist Vollmond

pleinement [plɛnmɑ̃] *adv* ***~ responsable*** voll verantwortlich; ***~ satisfait*** völlig, voll und ganz, restlos zufrieden; ***je vous approuve ~*** ich stimme Ihnen völlig, voll und ganz zu

plein-emploi [plɛnɑ̃plwa] *m* Vollbeschäftigung *f*

plénier [plenje] *adj* ⟨**-ière**⟩ POL Voll…; Plenar…; ***assemblée plénière*** Voll-, Plenarversammlung *f*; Plenum *n*; ***réunion plénière*** Plenarsitzung *f*

plénipotentiaire [plenipɔtɑ̃sjɛʀ] *m* DIPL Bevollmächtigte(r) *m*; *adjt* ***ministre*** *m* ***~*** Gesandte(r) *m*

plénitude [plenityd] *f* 1 *st/s* Fülle *f* 2 ***il a conservé la ~ de ses facultés intellectuelles*** er ist noch im Vollbesitz s-r geistigen Kräfte

plénum [plenɔm] *m* POL Plenum *n*

pléonasme [pleɔnasm] *m* RHÉT, GR Pleonasmus *m*

pléthore [pletɔʀ] *f* Überfluss *m* (***de*** an *+dat*); Überfülle *f* (von); COMM Überangebot *n* (an *+dat*); ***il y a ~ de candidats à ce concours*** zu diesem Wettbewerb haben sich zu viele Teilnehmer gemeldet, liegen zu viele Anmeldungen vor

pléthorique [pletɔʀik] *adj* zu umfangreich (*a personnel*); von erdrückender Fülle; *classe* überfüllt

pleurage [plœʀaʒ] *m* TECH Jaulen *n*

pleural [plœʀal, plø-] *adj* ⟨**-aux**⟩ ANAT Brustfell…; Rippenfell…

pleurant [plœʀɑ̃] *m* SCULP Klagegestalt *f*

pleurer [plœʀe] **I** *v/t* 1 ***~ qn, qc*** um j-n, etw trauern; j-n, etw betrauern, beweinen, beklagen; ***~ qc*** (*regretter*) e-r Sache (*dat*) nachtrauern, nachweinen; ***~ misère*** sein Los beklagen; jammern; klagen; F ***ne pas ~ ses efforts, sa peine*** keine Mühe scheuen 2 ***~ des larmes de joie*** Freudentränen vergießen **II** *v/t/indir* 1 ***~ sur qc*** etw beklagen, beweinen (*fig*); ***~ sur son sort*** sein Los beklagen, beweinen, betrauern 2 F ***~ après qc*** F nach etw schreien **III** *v/i* 1 weinen; F heulen; flennen; *bébé* schreien; F ***~ comme une Madeleine*** F heulen wie ein Schlosshund; ***~ d'attendrissement*** vor Rührung weinen; ***~ de rage*** vor Wut heulen; ***~ de rire*** *ou* ***rire à en ~*** Tränen lachen; *par ext* ***aller ~ auprès de qn pour obtenir qc*** j-n flehentlich, kniefällig um etw bitten; F j-m etwas vorjammern, um etw zu erreichen; ***c'est bête à ~*** es ist zum Weinen, F Heulen; *histoire* ***être triste à ~*** sehr traurig, F zum Heulen sein; *loc* ***c'est Jean qui pleure et Jean qui rit*** (mal ist er) himmelhoch jauchzend, (mal) zu Tode betrübt; ***se mettre à ~*** zu weinen anfangen; in Tränen ausbrechen 2 *fumée etc* ***faire ~*** die Tränen in die Augen treiben; ***les oignons font ~*** beim Zwiebelschneiden tränen einem die Augen

pleurésie [plœʀezi, plø-] *f* MÉD Rippenfellentzündung *f*; *sc* Pleuritis *f*

pleureur [plœʀœʀ] *adj* ⟨**-euse**⟩ BOT ***saule ~*** Trauerweide *f*

pleureuse [plœʀøz] *f* Klageweib *n*

pleurnichements [plœʀniʃmɑ̃] *m/pl* → ***pleurnicheries***

pleurnicher [plœʀniʃe] *v/i enfant* F (immer gleich) heulen, flennen **pleurnicheries** *f/pl* F Heulerei *f*; Geheule *n*; Flennerei *f*; Geflenne *n*

pleurnicheur [plœʀniʃœʀ] **I** *adj* ⟨**-euse**⟩ *ton* weinerlich; ***gamin ~*** F Heulpeter *m*; ***gamine pleurnicheuse*** F Heulsuse *f* **II** *subst* ***~, pleurnicheuse*** *m,f* F Heulpeter, -suse *m,f*

pleurote [plœʀɔt, plø-] *m* BOT Seitling *m*; COMM Austernpilz *m*

pleurs [plœʀ] *m/pl st/s* (*larmes*) Tränen *f/pl*; *poét* Zähren *f/pl*; BIBL *et fig* ***il y aura des ~ et des grincements de dents*** es wird Heulen und Zähneklappern *ou* Zähneknirschen sein, herrschen; ***être tout en ~*** in Tränen aufgelöst sein, zerfließen

pleut [plø] → ***pleuvoir***

pleutre [pløtʀ] *litt* **I** *m* Feigling *m* **II** *adj* feig(e)

pleutrerie [pløtʀəʀi] *litt f* Feigheit *f*

pleuvasser [pløvase] *v/imp*, **pleuviner** [pløvine] *v/imp* → ***pleuvoter***

pleuvoir [pløvwaʀ] **I** *v/imp* ⟨**il pleut; il pleuvait; il plut; il pleuvra; qu'il pleuve; pleuvant; plu**⟩ ***il,*** F ***ça pleut*** es regnet; ***il va ~*** es wird gleich regnen, Regen geben; ***il pleut de grosses gouttes*** es fallen große, dicke Tropfen; F *fig* ***comme s'il en pleuvait*** in (F rauen) Mengen; F in Massen **II** *v/i* ⟨**ils pleuvent; ils pleuvaient; ils plurent; ils pleuvront; qu'ils pleuvent**⟩ ***les coups, punitions pleuvaient*** es hagelte Schläge, Strafen; die Schläge, Strafen hagelten nur so

pleuvoter [pløvɔte] *v/imp* ***il pleuvote*** es nieselt

Pleven [plevɛn] ***René ~*** *frz Politiker*

plèvre [plɛvʀ] *f* ANAT Brust-, Rippenfell *n*; *sc* Pleura *f*

plexus [plɛksys] *m* ANAT *sc* Plexus *m*; ***~ solaire*** Solarplexus *m*; Sonnengeflecht *n*

pli [pli] *m* 1 COUT Falte *f* (*a d'un rideau etc*); **(*faux*) ~** Falte (*die nicht sein darf*); Knitterfalte *f*; Knitter *m*; Kniff *m*; ***faire des ~s*** Falten werfen, machen; F *fig* ***cela ne fait, fera pas un ~*** das *ou* so viel steht fest, ist sicher, ist gewiss 2 *marque dans du tissu* Bruch *m*; Kniff *m*; *dans du papier* Knick *m*; Kniff *m*; TYPO Falz *m*; ***~ de pantalon*** Bügelfalte *f* 3 COIFFURE ***mise f en ~s*** Wasserwelle *f*; ***faites-moi une mise en ~s!*** Waschen und Legen, bitte! 4 *fig* ***prendre un mau-***

vais ~ e-e schlechte Gewohnheit annehmen; ***le ~ est pris*** die Sache ist zur festen Gewohnheit geworden, *péj* ist eingerissen **5** **a)** (*enveloppe*) (Brief)-Umschlag *m*; ***sous ce ~*** beiliegend; anbei; als Anlage; **b)** ADM (*lettre*) Brief *m* **6** *sur la peau* (Haut)-Falte *f*; Furche *f*; *par ext* ***~ de l'aine, du bras*** Leisten-, Armbeuge *f*; ***~ du cou, du menton*** Hals-, Kinnfalte *f* **7** GÉOL Falte *f* **8** *aux cartes* Stich *m*; ***faire un ~*** e-n Stich machen

pliable [plijabl] *adj* faltbar; ***tôle*** *f* ***~*** biegbares, biegsames Blech

pliage [plijaʒ] *m d'un tissu* Zusammenlegen *n*, -falten *n*; *de papier* (Zusammen)Falten *n*; TYPO Falzen *n*; TECH *de tôle* (Ab)Biegen *n*; Abkanten *n*

pliant [plijɑ̃] **I** *adj* zusammenklappbar, -legbar; Klapp…; Falt…; ***boîte ~e*** Faltschachtel *f*, -karton *m*; ***chaise ~e, siège ~*** Klappstuhl *m*; ***lit ~*** Campingliege *f*; Klappbett *n*; ***mètre ~*** Zollstock *m*; Gliedermaßstab *m*; ***vélo ~*** Klapprad *n* **II** *m* Feldstuhl *m*

plie [pli] *f* ZO Scholle *f*; Goldbutt *m*

plier [plije] **I** *v/t* **1** *tissu, linge* zusammenlegen, -falten; *linge a* legen; *feuille, journal* (zusammen)falten; *feuille a* knicken; TYPO falzen; ***~ en quatre*** zweimal falten; *nappe, drap* vierfach (zusammen)legen **2** (*faire une marque*) *papier* knicken; *tissu, a papier* kniffen; ***ne pas ~!*** nicht knicken! **3** *chaise longue, table pliante etc* zusammenklappen; *triptyque* umklappen; ***~ un éventail*** einen Fächer zusammenlegen, schließen **4** *branche* biegen; TECH *tôle* (ab)biegen; abkanten; ***~ les bras, les genoux*** die Arme, die Knie beugen *ou* anwinkeln **5** *fig*: ***~ qn à une discipline sévère*** j-n e-r strengen Disziplin (*dat*) unterwerfen; *de rire* ***être plié en deux*** sich biegen vor Lachen; ***être plié en deux par l'âge*** vom Alter gebeugt sein **II** *v/i* **1** *branche* sich biegen **2** *fig personne* sich beugen; ***~ devant l'autorité de qn*** sich vor j-s Autorität (*dat*) beugen; sich j-s Autorität (*dat*) beugen, unterwerfen; ***rien ne le fit ~*** nichts brachte ihn zum Nachgeben **III** *v/pr fig personne* ***se ~ à*** sich beugen, fügen (+*dat*); sich schicken in (+*acc*); sich anpassen (+*dat*); ***se ~ aux caprices de qn*** j-s Launen (*dat*) nachgeben; ***se ~ aux circonstances*** sich in die Umstände, Verhältnisse schicken, fügen; sich den Umständen anpassen; ***se ~ à une discipline*** sich e-r Disziplin (*dat*) unterwerfen; ***se ~ aux ordres de qn*** sich j-s Anordnungen (*dat*) fügen, beugen; j-s Anordnungen (*dat*) Folge leisten

plinthe [plɛ̃t] *f* **1** CONSTR Scheuer-, Fußleiste *f* **2** ARCH *d'une colonne* Plinthe *f*; Fußplatte *f*

plissage [plisaʒ] *m* COUT Plissieren *n*; Fälteln *n*

plissé [plise] **I** *adj* **1** COUT plissiert; Plissee…; gefältelt; ***jupe ~e*** *à plis fins* Plisseerock *m*; *jupe écossaise* Faltenrock *m* **2** GÉOL gefaltet; Falten…; ***chaîne ~e*** Faltengebirge *n* **II** *m* COUT Plissee *n*; Fältelung *f*

plissement [plismɑ̃] *m* **1** GÉOL Faltung *f*; *par ext* Gebirgsbildung *f* **2** ***~ du front*** Stirnrunzeln *n*; Krausziehen *n* der Stirn

plisser [plise] **I** *v/t* **1** COUT plissieren; in Falten legen; fälteln; *feuille* ***~ en accordéon*** wie e-e Harmonika falten **2** ***~ le front*** die Stirn in Falten ziehen, krausziehen, runzeln; ***~ les yeux*** die Augen zusammenkneifen **II** *v/pr* ***ses yeux se plissaient*** er kniff die Augen zusammen

pliure [plijyʀ] *f* Kniff *m*; Knick *m*; ***~ du genou*** Kniekehle *f*

ploc [plɔk] *int* platsch!; plumps!

Ploemeur [plømœʀ] *Stadt im Dep. Morbihan*

Ploërmel [plɔɛʀmɛl] *Stadt im Dep. Morbihan*

ploiement [plwamɑ̃] *litt m* Biegen *n*; *des genoux* Beugen *n*

plomb [plɔ̃] *m* **1** CHIM Blei *n*; *loc/adj* ***de ~*** Blei…; bleiern (*a fig*); *fig* ***ciel*** *m* ***de ~*** bleierner Himmel; ***soldat*** *m* ***de ~*** Bleisoldat *m*; *fig*: ***soleil*** *m* ***de ~*** glühende, sengende Sonne; ***sommeil*** *m* ***de ~*** bleierner Schlaf; *essence* ***sans ~*** bleifrei; *fig*: ***ne pas avoir de ~ dans la cervelle*** leichtsinnig, leichtfertig, gedankenlos sein; ***cela lui mettra du ~ dans la cervelle*** das wird ihm e-e Lehre sein; das wird ihn von s-m Leichtsinn kurieren; ***j'ai du ~ dans l'estomac*** mir liegt es, das Essen wie Blei, wie ein Stein im Magen; ***j'ai des jambes de ~*** meine Beine sind schwer wie Blei **2** ÉLECT (Schmelz)Sicherung *f* **3** *pour sceller* Plombe *f* **4** CH Schrot *m ou n*; ***~s*** *pl* Schrotkörner *n/pl*; → *a* ***aile 1*** **5** MAR ***~*** (***de sonde***) Lot *n* **6** CONSTR ***fil*** *m* ***à ~*** Lot *n*; Senkblei *n*; *loc/adv t/t* ***à ~*** senkrecht **7** *pour lester une ligne etc* Blei(-kugel) *n(f)* **8** TYPO Bleisatz *m* **9** *d'un vitrail* Bleirute *f*

plombage [plɔ̃baʒ] *m* **1** *d'une dent* **a)** *action* Plombieren *n*; **b)** *amalgame* Plombe *f*; Füllung *f*; ***se faire faire un ~ chez le dentiste*** sich (*dat*) vom Zahnarzt e-n Zahn plombieren, e-e Plombe machen lassen; ***mon ~ est parti*** mir ist e-e Plombe herausgefallen **2** (*scellage*) Plombierung *f*; Verplombung *f*

plombe [plɔ̃b] *f arg* (*heure*) Stunde *f*; ***à cinq ~s*** um fünf Uhr

plombé [plɔ̃be] *adj* **1** *dent* plombiert **2** *camion, colis* plombiert; verplombt **3** *teint, ciel* bleifarben, -grau

plomber [plɔ̃be] *v/t* **1** *dent* plombieren **2** (*sceller*) plombieren; verplomben **3** *filet, ligne* mit Blei(kugeln) beschweren **4** CONSTR (mit dem Senkblei) (aus)loten

plomberie [plɔ̃bʀi] *f* **1** *métier, atelier* Klempnerei *f*; *südd* Spenglerei *f* **2** *installations* Wasser- und Gasleitungen *f/pl*; Sanitäranlagen *f/pl*

plombier [plɔ̃bje] *m* (Gas- und Wasserleitungs)Installateur *m*

plombières [plɔ̃bjɛʀ] *f* CUIS Fürst-Pückler-Eis *n*

plonge [plɔ̃ʒ] *f* Tellerwaschen *n*, Geschirrspülen *n* (*im Restaurant*); ***faire la ~*** die Teller waschen; das Geschirr spülen

plongeant [plɔ̃ʒɑ̃] *adj* ***décolleté ~*** tiefes Dekolletee; ***vue ~e*** Blick *m* von oben (herab); ***avoir une vue ~e sur qc*** auf etw (*acc*) hinuntersehen, -blicken

plongée [plɔ̃ʒe] *f* **1** *d'un plongeur, d'un sous-marin* Tauchen *n*; MIL *a* Tauchmanöver *n*; ***~ sous-marine*** Tauchsport *m*; *sous-marin* ***en ~*** auf Unterwasserfahrt; getaucht; unter Wasser **2** CIN Aufnahme *f* von oben, aus der Vogelperspektive; Draufsicht *f*

plongeoir [plɔ̃ʒwaʀ] *m* Sprungbrett *n*; *grand* Sprunganlage *f*; Sprungturm *m*

plongeon [plɔ̃ʒɔ̃] *m* **1** *dans l'eau* Kopf-, Hechtsprung *m*; *acrobatique* Sprung *m*; ***~ en arrière, en avant*** Kopfsprung rückwärts, vorwärts; ***faire un ~*** e-n Kopf-, Hechtsprung machen; *fig* ***faire le ~*** viel Geld verlieren, einbüßen **2** *du gardien de but* Hechten *n* **3** ZO Seetaucher *m*

P

plonger [plõʒe] ⟨**-geons**⟩ **I** *v/t* **1** *dans un liquide* (ein)tauchen, (-)tunken (***dans*** in *+acc*); untertauchen (in *+dat*); ***~ sa tête dans la cuvette*** den Kopf in die Waschschüssel tauchen, stecken **2** *par ext*: ***~ la main dans la boîte*** mit der Hand tief in die Büchse (hinein)greifen; ***~ le poignard dans la poitrine de qn*** j-m den Dolch tief in die Brust stoßen; ***~ son regard dans les yeux de qn*** j-m tief in die Augen blicken; *plante* ***~ ses racines dans le sol*** ihre Wurzeln tief ins Erdreich senken **3** *fig*: ***~ qn dans la consternation*** j-n in tiefe Bestürzung versetzen; j-n tief betroffen machen, bestürzen; ***~ qn dans l'embarras*** j-n in große Verlegenheit bringen; ***~ qn, qc dans l'obscurité*** j-n, etw in völlige Dunkelheit hüllen; ♦ *p/p* ***plongé dans sa douleur*** s-m Schmerz völlig hingegeben; ***plongé dans sa lecture*** in s-e Lektüre vertieft; ***être plongé dans ses pensées*** in Gedanken versunken sein; ***être plongé dans le sommeil*** in tiefen Schlaf versunken sein **II** *v/i* **1** *scaphandrier, sous-marin, oiseau etc* tauchen **2** (*faire un plongeon*) e-n Kopf-, Hechtsprung machen; springen (***dans*** in *+acc*) **3** *gardien de but* (nach dem Ball) hechten **4** *regard* ***~ dans la vallée*** ins Tal hinunterschweifen; F ***d'ici, on plonge chez les voisins*** von hier aus kann man unten zu den Nachbarn hineinsehen **III** *v/pr* **1** *personne* ***se ~ dans l'eau jusqu'au cou*** bis zum Hals ins Wasser (ein)tauchen **2** *fig* ***se ~ dans un livre, dans le travail*** *etc* sich in ein Buch, in die Arbeit *etc* vertiefen, versenken

plongeur [plõʒœʀ] *m*, **plongeuse** *f* **1** *faisant une plongée* Taucher(in) *m(f)* **2** *faisant un plongeon* Springer(in) *m(f)* **3** *dans un restaurant* Tellerwäscher(in) *m(f)*

plot [plo] *m* ÉLECT Kontakt *m*

plouc [pluk] F *péj* **I** *m* **1** (*paysan*) *péj* Bauernlümmel *m* **2** (*rustre*) *péj* Bauer *m*; Rüpel *m* **II** *adj* ⟨*f inv*⟩ ungehobelt; ungeschliffen; hinterwäldlerisch

plouf [pluf] **I** *int* platsch!; plumps! **II** *m* Plumps *m*

Ploumanach [plumanak] *Badeort im Dep. Côtes-d'Armor*

ploutocrate [plutɔkʀat] *m* Plutokrat *m*

ploutocratie [plutɔkʀasi] *f* Plutokratie *f*

ployer [plwaje] ⟨**-oi-**⟩ **I** *v/t litt branche etc* biegen; ***~ les genoux*** die Knie beugen **II** *v/i* **1** *poutre, branche etc* sich biegen; ***ses jambes ployèrent sous lui*** die Beine versagten ihm den Dienst **2** *fig et litt* ***~ sous le joug du vainqueur*** sich dem Joch des Siegers beugen

plu [ply] *p/p* → ***plaire, pleuvoir***

plucher [plyʃe] → ***pelucher***

pluches [plyʃ] F *f/pl* Kartoffelschälen *n*; ***corvée*** *f* ***de ~*** Kartoffelschäldienst *m*

plucheux [plyʃø] → ***pelucheux***

pluie [plɥi] *f* **1** Regen *m*; ***~s*** *pl* Regenfälle *m/pl*; ÉCOL ***~s acides*** saurer Regen; MÉTÉO ***des ~s passagères*** vorübergehend Regen; *par ext* ***~ de cendres*** Aschenregen *m*; ***~ de mousson*** Monsunregen *m*; ***~ d'orage*** Gewitterregen *m*; ***sous la ~*** im Regen; ***ennuyeux comme la ~*** sterbenslangweilig; ***nous aurons de la ~*** wir werden Regen bekommen; es wird Regen geben; ***le temps est à la ~*** es sieht nach Regen aus; *fig* ***faire la ~ et le beau temps*** das Sagen haben; tonangebend, maßgebend sein; ***parler de la ~ et du beau temps*** von belanglosen, nebensächlichen Dingen reden; Small Talk ['smɔːltɔːk] machen; ***recevoir la ~*** nass werden; in den Regen kommen; F *fig* ***il n'est pas tombé de la dernière ~*** F er ist doch nicht von gestern, auf den Kopf gefallen; *prov* ***après la ~, le beau temps*** auf Regen folgt Sonnenschein (*prov*) **2** *fig* ***une ~ de coups*** *etc* ein Hagel *m* von Schlägen *etc*; ***~ de projectiles*** Geschosshagel *m*

plumage [plymaʒ] *m* Gefieder *n*; *st/s* Federkleid *n*

plumard [plymaʀ] *m* F (*lit*) F Falle *f*; Klappe *f*; ***aller au ~*** in die Federn kriechen; F in die Klappe, Falle gehen; sich in die Falle hauen; ***au ~*** *a* in den *ou* die Federn

plume[1] [plym] *f* **1** *d'un oiseau* (Vogel)Feder *f*; ***~s*** *pl a* Gefieder *n*; ***~ d'autruche*** Straußenfeder *f*; ***~s de literie*** Bettfedern *f/pl*; ***~ d'oie*** Gänsefeder *f*; HIST *pour écrire* Gänsekiel *m*; *adjt* SPORTS ***poids*** *m* ***~*** → ***poids*** *3*; *loc/adj* ***léger comme une ~*** federleicht; leicht wie e-e Feder; *loc/adv* ***soulever qn, qc comme une ~*** j-n, etw spielend, mit Leichtigkeit hoch-, anheben; F *fig* ***y laisser des ~s*** F Federn, Haare lassen (müssen); *fig* ***se parer des ~s du paon*** sich mit fremden Federn schmücken; F *fig* ***voler dans les ~s de qn*** sich auf j-n stürzen, werfen; über j-n herfallen **2** *pour écrire, dessiner* (Schreib-, Zeichen)Feder *f*; *litt* ***un homme de ~*** ein Mann *m* der Feder; ein Schriftsteller *m*; ***prendre la ~*** zur Feder greifen; ***vivre de sa ~*** von der Feder *ou* Schriftstellerei, von schriftstellerischen Arbeiten leben

plume[2] [plym] *m* F → ***plumard***

plumeau [plymo] *m* ⟨*pl* **~x**⟩ Staubwedel *m*; Federwisch *m*; Federbesen *m*

plumer [plyme] *v/t* **1** *volaille* rupfen **2** F *fig* ***~ qn*** F j-n ausnehmen, rupfen; ***se faire ~*** tüchtig gerupft, ausgenommen werden

plûmes [plym] → ***plaire***

plumet [plymɛ] *m* Federbusch *m*

plumetis [plymti] *m* TEXT Tupfenmull *m*

plumier [plymje] *m* Federkasten *m*

plumitif [plymitif] *m péj* Schreiberling *m*

plupart [plypaʀ] *loc/adv* **a)** ***la ~ des*** (*+subst*) die meisten (*+subst*); die Mehrzahl, die Mehrheit, der größte *ou* überwiegende Teil (*+gén*); ***la ~ d'entre nous*** die meisten von uns; ***dans la ~ des cas*** in den meisten Fällen; **b)** *abs* ***la ~*** die meisten; ***la ~ pensent***, *litt* ***pense que …*** die meisten denken, dass …; **c)** ***pour la ~*** zum größten Teil; größtenteils; zumeist; meist(ens); **d)** ***la ~ du temps*** meist(ens); die meiste Zeit; zumeist; meistenteils

pluralisme [plyʀalism] *m* POL, PHILOS Pluralismus *m*

pluraliste *adj* pluralistisch **pluralité** *f* Vielzahl *f*; große Anzahl; Vielheit *f*; *sc* Pluralität *f*

pluricellulaire [plyʀiselylɛʀ] *adj* BIOL mehr-, vielzellig **pluridisciplinaire** *adj* mehrere Fach-, Wissenschaftsgebiete umfassend; interdisziplinär

pluriel [plyʀjɛl] **I** *m* Plural *m*; Mehrzahl *f*; ***~ de majesté, de modestie*** Pluralis Majestatis, Modestiae *m*; ***formation*** *f* ***du ~*** Pluralbildung *f*; ***au ~*** im Plural; in der Mehrzahl; ***mettre au ~*** in den Plural, in die Mehrzahl setzen **II** *adj* ⟨**~le**⟩ **1** Plural…; Mehrzahl…; ***la première personne ~le*** die erste Person Plural, Mehrzahl **2** POL aus mehreren Parteien bestehend

plurilatéral [plyʀilateʀal] *adj* ⟨**-aux**⟩ JUR mehrseitig; multilateral

plurilingue [plyʀilɛ̃g] *adj* mehrsprachig **plurilin-**

guisme [-gɥism] *m* Mehrsprachigkeit *f*

pluripartisme [plyʀipaʀtism] *m* POL Mehrparteiensystem *n*

plus¹ *allein stehend* [plys], *mit nachfolgenden adj u adv* [ply], *vor Vokal* [plyz] **I** *adv* **1** ⟨*comp von* **beaucoup**⟩ **a)** mehr; ***on ne peut pas faire ~ pour lui*** mehr kann man nicht für ihn tun; ♦ *avec adj et adv*: ***~ court*** kürzer; ***~ grand*** größer; ***~ souvent*** öfter; ***~ tard*** später; ♦ ***~ que*** [ply(s)kə], *avec un chiffre* ***~ de*** [ply(s)də] mehr als; *cette étoffe* ***me plaît ~ que l'autre*** gefällt mir besser als der andere; ***il a deux ans de ~ que moi*** er ist zwei Jahre älter als ich; ***il est ~ aimable que de coutume*** er ist freundlicher als sonst; F ***j'en ai ~ qu'assez*** ich habe es mehr als satt; ***~ que jamais*** mehr denn je; *la chambre* ***est ~ longue que large*** ist mehr lang als breit; ***aimer qc ~ que tout*** etw über alles lieben; ***~ de dix*** mehr als zehn; über zehn; ***enfants*** *m/pl* ***de ~ de dix ans*** Kinder *n/pl* über zehn Jahre; *subst* ***les ~ de trente ans*** die über Dreißigjährigen *pl*; ***il a ~ de vingt ans*** er ist über zwanzig, älter als zwanzig; *pour insister* ***~ d'un*** so mancher; ***il est ~ de midi*** es ist zwölf durch, nach zwölf; ***~ de la moitié*** mehr als die Hälfte; ***pour ~ d'une raison*** aus mehreren Gründen; ♦ *loc/adv*: ***beaucoup, bien ~*** [-ply(s)] viel mehr; ***beaucoup ~ vite*** viel schneller; *en incise* ***bien ~*** mehr noch; ja noch mehr; ***de ~*** [dəply(s)] mehr; außerdem; noch dazu; zudem, obendrein noch; *il m'a menti* ***une fois de ~*** wieder (einmal); ***quelques heures de ~ et ...*** noch ein paar Stunden (mehr) und ...; ***que voulez-vous de ~?*** was wollen Sie mehr?; ***de ~ en ~*** [dəplyzɑ̃ply(s)] immer mehr; ***aller de ~ en ~ vite*** immer schneller gehen; ***en ~*** noch dazu; außerdem noch; COMM zuzüglich; extra; ***cent euros, avec le port en ~*** hundert Euro zuzüglich Porto; *loc/prép* ***en ~ de son travail*** zusätzlich zu s-r Arbeit; neben s-r Arbeit; *la même armoire*, ***mais en ~ grand, petit*** nur größer, kleiner; ***encore ~*** noch mehr; ***~ ou moins*** [plyz-]; **b)** (*pour ainsi dire*) mehr oder weniger; **c)** (*moyennement*) (so) leidlich, ungefähr, halbwegs; ***c'est du vol, ni ~ ni moins*** [-ply-] das ist glatter Diebstahl; ***un peu ~*** etwas, ein bisschen, ein wenig mehr; ***on ne peut ~*** überaus; äußerst; ungemein; ***je suis on ne peut ~ heureux de vous rencontrer*** ich bin überaus *etc* froh, Sie zu treffen; ***qui ~ est*** [-plyz-] und dazu noch; was noch hinzukommt; ***rien de ~*** [-ply(s)] weiter, sonst nichts; *elle est mignonne*, ***sans ~*** [-ply(s)] das ist aber auch alles; sonst nichts; ***tant et ~*** [-ply(s)] noch und noch; in Mengen; ♦ *loc/conj*: ***~ ... ~*** [ply] je (mehr) ... desto *ou* umso (mehr); ***~ ... moins*** je mehr ... desto *ou* umso weniger; ***~ je le connais, ~ je l'apprécie*** je mehr *ou* besser ich ihn kenne, umso *ou* desto mehr schätze ich ihn; ♦ ***~ de*** [plysdə] (*+subst*) mehr (*+subst*); ***~ d'enfants*** mehr Kinder; ***pour ~ de sécurité*** [-ply(s)-] zu größerer Sicherheit; ***un peu ~ de sucre*** [-ply(s)-] etwas mehr Zucker; **d)** [plys] MATH plus; ***~ cinq*** plus fünf; ***quatre ~ cinq égalent neuf*** vier plus fünf ist neun; ***le signe ~*** das Pluszeichen; ♦ *par ext* ***~*** [plys] ***les frais*** zuzüglich der Spesen; *j'avais invité mes amis*, ***~ le cousin de B.*** und dazu den Vetter von B. **2** ⟨*sup von* **beaucoup**⟩ ***le ~*** am meisten; ***ce qui m'étonne, me plaît le ~*** was mich am meisten wundert, mir am besten gefällt; ♦ *avec adj*: ***le ~ grand, la ~ grande*** der, die, das größte; *pl* ***les ~ grand(e)s*** die größten; ***être le ~ grand*** am größten, der Größte sein; ***c'est tout ce qu'il y a de ~ comique!*** das ist wirklich urkomisch, furchtbar komisch!; ***les jours les ~ chauds de l'année*** die heißesten Tage des Jahres; ***un roman des ~ connus*** e-r der bekanntesten Romane; ***la situation était des ~ compliquées*** die Lage war äußerst, höchst, ungemein kompliziert; ♦ *avec adv*: ***le ~ souvent*** meist(ens); ***au ~ tard*** spätestens; ***c'est lui qui court le ~ vite*** er läuft am schnellsten; ♦ *loc/adv* ***(tout) au ~*** [-ply(s)] (aller)höchstens; höchstenfalls; im Höchstfall; ♦ *avec subst* ***les gens qui ont fait le ~ de mal*** [-ply(s)-] die Menschen, die das meiste Unheil angerichtet haben **II** *subst* **1** ***le ~*** das meiste; ***le ~ que je puisse faire*** das Äußerste, was ich tun kann **2** *m* MATH Plus(zeichen) *n* **3** *m* (*avantage*) Plus(punkt) *n(m)*

plus² [ply] *adv de négation* ***ne ... ~*** nicht mehr; ***ne ... ~ de*** (*+subst*) kein(e) ... mehr; ***il ne fume ~*** er raucht nicht mehr; ***je n'ai ~ d'argent*** ich habe kein Geld mehr; ♦ *sans* ne: ***~ de guerres!*** keine Kriege mehr!; ***~ un jour à perdre!*** es ist kein Tag mehr zu verlieren!; ***une femme ~ très jeune*** e-e Frau mittleren Alters; ♦ ***ne ... ~ guère*** kaum noch; ***ne ... ~ jamais*** nie wieder; nie mehr; ***ne ... ~ personne*** niemand mehr; ***ne ... ~ que*** nur noch; ***ne ... ~ rien*** nichts mehr; ♦ ***non ~*** auch nicht; ***moi non ~*** ich auch nicht; ***comptez non ~ sur les autres***, *mais sur vous* verlassen Sie sich nicht mehr auf die anderen ...

plusieurs [plyzjœʀ] *adj/ind et pr/ind* mehrere; verschiedene; etliche; ♦ ***~ années*** mehrere, etliche Jahre; ***~ fois*** öfters; mehrmals; verschiedentlich; verschiedene, etliche Male; ***il est ~ fois millionnaire*** er ist mehrfacher Millionär; ♦ ***à ~*** zu mehreren; ***~ d'entre eux*** mehrere *etc* von ihnen; ♦ ***deux ou ~ enfants*** *etc* zwei oder mehr Kinder *etc*

plus-que-parfait [plyskəpaʀfɛ] *m* GR Plusquamperfekt *n*; Vorvergangenheit *f*; dritte Vergangenheit

plus-value [plyvaly] *f* ⟨*pl* **plus-values**⟩ ÉCON Wertzuwachs *m*, -steigerung *f*; Mehrwert *m* (*a terme marxiste*)

plut [ply] → ***pleuvoir, plaire***

Plutarque [plytaʀk] *m* Plutarch *m*

Pluton [plytõ] **1** ASTR (der) Pluto **2** *m* MYTH Pluto *m*

plutonium [plytɔnjɔm] *m* CHIM Plutonium *n*; ***bombe*** *f* ***(atomique) au ~*** Plutoniumbombe *f*

plutôt [plyto] *adv* **1 a)** lieber; eher; vielmehr; ***pas méchant, ~ grincheux*** nicht böse, eher bärbeißig; ***~ mourir (que souffrir)!*** lieber sterben (als leiden)!; ***il est indifférent ~ que paresseux*** er ist eher gleichgültig als faul; ***ce n'est pas lui mais ~ elle qui ...*** nicht er, sondern vielmehr sie ...; **b)** *loc/conj* ***~ que de*** (*+inf*) anstatt zu (*+inf*); ***~ que de vous obstiner à nier***, *vous feriez mieux* ... anstatt hartnäckig zu leugnen ... **2** (*assez*) ziemlich; recht; ***il est ~ bavard*** er ist ziemlich geschwätzig; ***~ joli*** ganz hübsch

pluvial [plyvjal] *adj* ⟨**-aux**⟩ Regen...; ***eau, forêt ~e*** Regenwasser *n*, -wald *m*

pluvier [plyvje] *m* ZO Regenpfeifer *m*

pluvieux [plyvjø] *adj* ⟨**-euse**⟩ regnerisch; *par ext* ***climat, pays ~*** regenreiches Klima, Land; ***jour ~*** regnerischer Tag; ***temps ~*** regnerisches Wetter; ***vent ~*** Regenwind *m*

pluviner [plyvine] *v/imp* → ***pleuvoter***

pluviomètre [plyvjɔmɛtʀ] *m* Regen-, Nieder-

schlagsmesser *m*; *sc* Pluviometer *n* **pluviométrie** *f* Niederschlagsmessung *f*
pluviosité [plyvjozite] *f* Regenreichtum *m*; Niederschlags-, Regenmenge *f*
p.m. *abr* → ***mémoire*[1] *4***
PM [peɛm] *f abr* (*préparation militaire*) vormilitärische Ausbildung
P.-M. [peɛm] *m abr* (*pistolet-mitrailleur*) MP *ou* MPi *f* (Maschinenpistole)
PME [peɛmə] *f/pl abr* (*petites et moyennes entreprises*) Klein- und Mittelbetriebe *m/pl*; ***une*** ~ ein mittelständischer Betrieb
PMI [peɛmi] *f/pl abr* (*petites et moyennes industries*) industrielle Klein- und Mittelbetriebe *m/pl*
PMU [peɛmy] *m abr* (*Pari mutuel urbain*) Pferdetoto *n*; *par ext agence* Wettannahme *f*, -büro *n*
PNB [peɛnbe] *m abr* (*produit national brut*) Bruttosozialprodukt *n*
pneu [pnø] *m* **1** Reifen *m*; ~ ***arrière, avant*** Hinter-, Vorderreifen *m*; ~ ***neige*** Winterreifen *m*; ~ ***plein*** Vollgummireifen *m*; ~ ***à carcasse radiale*** Gürtel-, Radialreifen *m*; **~*s à clous*** *ou* ***cloutés*** Spikes [spaɪks, ʃp-] *pl*; Spike(s)reifen *m/pl*; ~ ***à plat*** F Plattfuß *m*; Platte(r) *m* **2** *lettre* Rohrpostbrief *m*
pneumatique [pnømatik] **I** *adj* pneumatisch; Druck-, Pressluft…; ***bateau*** *m*, ***canot*** *m* ~ Schlauchboot *n*; TECH ***marteau*** *m* ~ Presslufthammer *m*; ***matelas*** *m* ~ Luftmatratze *f* **II** *m* → ***pneu*** *1, 2*
pneumologie [pnømɔlɔʒi] *f* MÉD Pneumologie *f*
pneumologue *m,f* MÉD Facharzt, -ärztin *m,f* für Lungenkrankheiten; *sc* Pneumologe, -login *m,f*
pneumonie [pnømɔni] *f* MÉD Lungenentzündung *f*
Pô [po] ***le*** ~ der Po
PO *abr* (*petites ondes*) MW (Mittelwelle[n])
p.o. *ou* **p/o** *abr* (*par ordre*) COMM i. A. *ou* I. A. (im Auftrag)
pochade [pɔʃad] *f* **1** PEINT Farbskizze *f* **2** LITTÉRATURE (burleske) Skizze
pochard [pɔʃaʀ] *m*, **pocharde** *f* F Sauf-, Schnapsbruder *m*; Säufer(in) *m(f)*
poche[1] [pɔʃ] *f* **1** COUT Tasche *f*; ~ ***intérieure*** Innentasche *f*; ~ ***de manteau, de pantalon, de poitrine*** Mantel-, Hosen-, Brusttasche *f*; *loc/adj* ***de*** ~ Taschen…; ***argent*** *m*, ***livre*** *m* ***de*** ~ Taschengeld *n*, -buch *n*; *loc/adv* ***les mains dans les*** **~*s*** mit den Händen in den Taschen; ***avoir qc en*** ~ etw in der Tasche haben (*a* F *fig*); ***connaître qc comme sa*** ~ etw wie s-e Westentasche, in- und auswendig kennen; F *fig* ***en être de sa*** ~ Geld zusetzen; draufzahlen (müssen); F *fig* ***c'est dans la*** ~ das ist (so gut wie) sicher; F das hätten wir; jetzt kann nichts mehr schiefgehen; ***faire les*** **~*s à qn*** heimlich j-s Taschen durchsuchen; F *fig* ***mettre qn dans sa*** ~ F j-n in die Tasche, in den Sack stecken; ***payer qc de sa*** ~ etw aus der eigenen Tasche (be)zahlen; ***se remplir les*** **~*s*** sich (*dat*) die Taschen füllen; in die eigene Tasche arbeiten, wirtschaften **2** *d'un sac, cartable etc* (Innen)Fach *n* **3** *déformation* ausgebeulte Stelle; ***ce pantalon fait des*** **~*s aux genoux*** die Hose hat ausgebeulte Knie, ist an den Knien ausgebeult **4** CUIS ~ ***à douille*** Teigspritze *f* **5** **~*s*** (***sous les yeux***) Tränensäcke *m/pl* (unter den Augen) **6** ZO *du kangourou* ~ (***ventrale***) Beutel *m* **7** MINES ~ ***d'eau, de gaz naturel*** Wasser-, Erdgasansammlung *f* **8** MÉD ~ ***des eaux*** Fruchtblase *f*; ~ ***de pus*** Eitersack *m* **9** MIL *d'une ligne de défense* Einbruch(stelle) *m(f)*; ~ ***de résistance*** Kessel *m*
poche[2] [pɔʃ] F *m* Taschenbuch *n*
poché [pɔʃe] *adj* **1** ***œil*** ~ blaues Auge **2** CUIS ***œufs*** **~*s*** verlorene, pochierte [-ʃ-] Eier *n/pl*
pocher [pɔʃe] *v/t* **1** ~ ***un œil à qn*** j-m ein Auge blau schlagen **2** CUIS *œufs* pochieren [-ʃ-] **3** PEINT mit dem Pinsel, farbig skizzieren
pochette [pɔʃɛt] *f* **1** *petit mouchoir* Einstecktuch *n* **2** *sachet* kleine (Papier)Tüte; ~ ***surprise*** Wundertüte *f*; ~ ***de disque*** Plattentasche *f*, -hülle *f*; ~ ***de timbres*** Briefmarkenumschlag *m* **3** *sac à main* (elegante) Unterarmtasche **4** *pour serviette de table* Serviettentasche *f*
pochoir [pɔʃwaʀ] *m* PEINT Schablone *f*
podium [pɔdjɔm] *m* SPORTS Siegerpodest *n*; *par ext* (*estrade*) Podium *n*
podologie [pɔdɔlɔʒi] *f* MÉD Fußkunde *f*
poêle[1] [pwal] *m* (Zimmer)Ofen *m*; ~ ***à charbon, à mazout*** Kohle(n)-, Ölofen *m*
poêle[2] [pwal] *f* CUIS ~ (***à frire***) (Brat)Pfanne *f*
poêle[3] [pwal] *m recouvrant le cercueil* Sargtuch *n*; ***tenir les cordons du*** ~ neben dem Sarg schreiten
poêlée [pwale] *f* CUIS ***une*** ~ ***de …*** e-e Pfanne voll …
poêler [pwale] *v/t* CUIS in der Pfanne braten
poêlon [pwalõ] *m* CUIS Stielkasserolle *f*, -topf *m*; Tiegel *m*
poème [pɔɛm] *m* **1** Gedicht *n*; ~ ***en prose*** Prosagedicht *n* **2** MUS ~ ***symphonique*** sinfonische Dichtung **3** F *fig* ***c'est tout un*** ~ das ist etwas ganz Besonderes
poésie [pɔezi] *f* **1** *art* Dichtung *f* (*a coll œuvres*); Dichtkunst *f*; Poesie *f*; ~ ***épique, lyrique*** epische, lyrische Dichtung; Epik *f*, Lyrik *f* **2** (*poème*) Gedicht *n*; ***une*** ~ ***de Verlaine*** ein Gedicht von Verlaine; ***dire, réciter une*** ~ ein Gedicht aufsagen, rezitieren **3** *fig d'un paysage etc* Poesie *f*; Zauber *m*; Romantik *f*; Stimmungsgehalt *m*; ***plein de*** ~ voller Poesie; stimmungs-, poesievoll; romantisch
poète [pɔɛt] *m* **1** Dichter(in) *m(f)*; *plais* Poet *m*; *adjt* ***femme*** *f* ~ Dichterin *f* **2** *fig* (*personne imaginative*) Poet *m*; (*rêveur*) Fantast *m*
poétesse [pɔetɛs] *f a iron* Dichterin *f*
poétique [pɔetik] **I** *adj* **1** dichterisch; poetisch; ***langue*** *f* ~ Dichtersprache *f*; ***œuvre*** *f*, ***talent*** *m* ~ dichterisches, poetisches Werk, Talent; ***style*** *m* ~ dichterischer, poetischer Stil **2** *paysage, film etc* poetisch; lyrisch; stimmungsvoll; romantisch **II** *f* Poetik *f*
poétiser [pɔetize] *v/t* dichterisch ausgestalten, ausschmücken; poetisieren
pogne [pɔɲ] *f* F (*main*) F Flosse *f*; Pfote *f*
pognon [pɔɲõ] *m* F → ***fric***
pogrom(e) [pɔgʀɔm] *m* Pogrom *m ou n*
poids [pwa] *m* **1** Gewicht *n*; *d'une personne a* Körpergewicht *n*; *fig des impôts, des soucis etc* Last *f*; *de la responsabilité a* Schwere *f*; PHYS ~ ***atomique*** Atomgewicht *n*; ***deux kilos, bon*** ~ reichlich, gut zwei Kilo; ***faire bon*** ~ gut, reichlich wiegen; ~ ***mort*** TECH Eigengewicht *n*; *fig* Hemmschuh *m*; Last *f*; ~ ***total, à vide*** Gesamt-, Leergewicht *n*; *fig* ***avoir un*** ~ ***sur l'estomac*** e-n Druck im Magen haben; ***j'ai un*** ~ ***sur l'estomac*** *a* mir liegt es wie ein Stein im Magen; ***être courbé sous le*** ~ ***des ans*** unter der Last der Jahre gebeugt sein; ***faire le*** ~ etw auswiegen; →

a 3; *fig* ***faire deux ~, deux mesures*** mit zweierlei Maß messen; *fig* ***cela m'ôte un ~ de la conscience*** da fällt mir ein Stein vom Herzen; das nimmt mir e-e Last von der Seele; *personne* ***perdre, prendre du ~*** abnehmen, zunehmen; ***peser de tout son ~ sur qc*** mit s-m ganzen Gewicht, mit s-r ganzen Schwere auf etw (*dat*) lasten, liegen; *arbre, branche* ***plier sous le ~ des fruits*** sich unter der Last der Früchte biegen; ***se laisser tomber de tout son ~ sur qc*** sich mit voller Wucht auf etw (*acc*) fallen lassen; *marchandise* ***vendre au ~*** nach Gewicht verkaufen **2** SPORTS ***~ et haltères*** Gewichtheben *n* **3** BOXE, LUTTE *etc* **a)** *catégorie* ***~ coq, légers, lourds*** Bantam-, Leicht-, Schwergewicht(sklasse) *n(f)*; ***~ mi-lourds*** Halbschwer-, *en haltérophilie* Leichtschwergewicht(sklasse) *n(f)*; ***~ mi-moyens*** Weltergewicht(sklasse) *n(f)*; ***~ mouche, moyens, plume*** Fliegen-, Mittel-, Federgewicht(sklasse) *n(f)*; **b)** *par ext sportif* ***~ coq, léger, lourd, moyen*** *etc* Bantam-, Leicht-, Schwer-, Mittelgewichtler *m etc*; *fig* ***c'est un ~ plume*** er *ou* sie ist (nur) ein Fliegengewicht, ist federleicht; ***faire le ~*** (für s-e Gewichtsklasse) das vorgeschriebene Gewicht haben; *fig* ***il ne fait pas le ~*** ihm fehlen die nötigen Voraussetzungen **4** *au lancer du poids* Kugel *f*; ***lancer le ~*** die Kugel stoßen **5** *d'une balance* Gewicht *n*; Gewichtsstein *m*; ***~ et mesures*** Maße und Gewichte; *administration* Eichamt *n*; ***~ d'un kilo*** Kilogewicht *n* **6** *d'une horloge* Gewicht *n* **7** ***~ lourd*** Lkw *ou* LKW *m*; Last(kraft)wagen *m*; F (Fern)Laster *m* **8** *fig* (*importance*) Gewicht *n*; Wichtigkeit *f*; Bedeutung *f*; Erheblichkeit *f*; *loc/adj* ***de ~*** *argument* von Gewicht; gewichtig; *homme* (ge)wichtig; einflussreich; dessen Meinung, Urteil Gewicht hat; ***donner du ~ à qc*** e-r Sache (*dat*) Gewicht, Bedeutung, Wichtigkeit verleihen, beimessen

poignant [pwaɲɑ̃] *adj douleur* stechend; bohrend; ***adieux ~s*** herzzerreißender Abschied; ***souvenir ~*** schmerzliche Erinnerung

poignard [pwaɲaʀ] *m* Dolch *m*; ***coup*** *m* ***de ~*** Dolchstich *m*, -stoß *m*; *fig* ***coup*** *m* ***de ~ dans le dos*** Dolchstoß *m*

poignarder [pwaɲaʀde] *v/t* **a)** *tuer* erstechen; *st/s* erdolchen; **b)** *blesser* e-n Dolchstoß, *par ext* e-n Messerstich *ou* Messerstiche versetzen (***qn*** j-m)

poigne [pwaɲ] *f* **1** Kraft *f* in den Fäusten; ***avoir de la ~*** kräftige Fäuste haben; ***avoir une ~ de fer*** eiserne Fäuste, e-e eiserne Faust haben **2** *fig homme, gouvernement* ***à ~*** energisch; der, die nicht viel Federlesens macht; der, die sich energisch durchsetzt

poignée [pwaɲe] *f* **1** *quantité* Handvoll *f* (*a fig*); ***une ~ de gens, de riz*** e-e Handvoll Leute, Reis; *loc/adv* ***à, par ~s*** mit vollen Händen; ***arracher une ~ de cheveux*** ein ganzes Büschel Haare ausreißen; *abs* ***nous n'étions qu'une ~*** wir waren nur e-e Handvoll Leute, nur ein kleines Häuflein **2** ***~ de main*** Händedruck *m*; Handschlag *m*; ***donner une ~ de main à qn*** j-m die Hand drücken **3** *d'une fenêtre, casserole etc* Griff *m*; *d'une porte* Türgriff *m*; Klinke *f*; *d'une épée* Griff *m*; Heft *n*; Gefäß *n*; ***~ de valise*** Koffergriff *m* **4** *pour plats chauds* Topflappen *m*

poignet [pwaɲɛ] *m* **1** ANAT Handgelenk *n*; *fig loc/adv* ***à la force du ~*** aus eigener Kraft **2** COUT Manschette *f*; (Ärmel)Bündchen *n*; ***~ de chemise*** Hemdmanschette *f* **3** ***~ de force*** Handgelenkriemen *m*

poil [pwal] *m* **1** *d'un animal* Haar *n* (*a coll*); (*pelage*) Haarkleid *n*; Fell *n*; ***~ long, ras*** langhaariges, kurzhaariges Fell; langes, kurzes Haar; *loc/adj* ***à long ~, à ~ ras*** lang-, kurzhaarig; Langhaar...; Kurzhaar...; *cheveux* ***~ de carotte*** ⟨*inv*⟩ fuchsrot; fuchsig; ***manteau*** *m* ***en ~ de chameau*** Kamelhaarmantel *m*; *chat etc* ***caresser dans le sens du ~*** mit dem (Haar)-Strich streicheln; ***perdre ses ~s*** *fourrure, animal* die Haare verlieren; haaren; *animal a* sich haaren **2** *chez l'être humain* (Körper)Haar *n* (*a coll*); ***~s des aisselles, de (la) barbe, du pubis*** Achsel-, Bart-, Schamhaar(e) *n(pl)*; *poitrine etc* ***couvert de ~s*** behaart; haarig; *plais* ***avoir du ~ au menton*** e-n Bart haben; F ***ne plus avoir un ~ de sec*** schweißgebadet sein; F ***ne plus avoir un ~ sur le caillou*** e-e Glatze, F e-e Platte haben **3** *loc* F: *gens* ***de tout ~, de tous ~s*** aller Art; aller Schattierungen; ***un ~*** etwas; ein bisschen; ein klein wenig; F e-e Idee; ***à un ~ près, il s'en est fallu d'un ~*** um ein Haar; um Haaresbreite; ***au (quart de) ~*** F haargenau; ♦ ***à ~*** (F splitter)nackt; F nackig; im Adams- *ou* Evaskostüm; ***se mettre à ~*** sich nackt ausziehen; ♦ ***(être) au ~*** F prima, dufte, klasse, in Ordnung (sein); ♦ ***avoir un ~ dans la main*** F stinkfaul sein; keinen Finger krumm machen; die Arbeit nicht erfunden haben; ***être de bon ~*** guter Laune, gut gelaunt, aufgeräumt, F aufgekratzt sein; ***être de mauvais ~*** schlechter Laune, schlecht gelaunt, F grantig, vergrätzt, ungenießbar sein; ***reprendre du ~ de la bête*** wieder hochkommen; F sich wieder hochrappeln; ***tomber sur le ~ de qn*** über j-n herfallen **4** BOT (Pflanzen)Haar *n* **5** *d'une brosse, d'un pinceau*: *épais* Borste *f*; *fin* Haar *n* **6** ***~ à gratter*** Juckpulver *n* **7** *d'un velours, d'un tapis* Flor *m*; Pol *m*

poilant [pwalɑ̃] F *adj* lustig; spaßig; drollig; ulkig

poiler *v/pr* F ***se ~*** schallend lachen; F sich tot-, schieflachen

poilu [pwaly] **I** *adj personne, poitrine etc* behaart; haarig; F ***il est ~ comme un singe*** er ist stark behaart **II** *m* HIST Frontsoldat *m*, -kämpfer *m* (des Ersten Weltkriegs)

poinçon [pwɛ̃sõ] *m* **1** TECH Durchschläger *m*; Durchschlag *m*; Stempel *m* **2** ORFÈVRERIE *etc* **a)** *instrument* Punze *f*; Prägestempel *m*; **b)** *marque* Punze *f*; Stempel *m*; Beschauzeichen *n*; ***~ de titre*** Feingehaltsstempel *m*

poinçonnage [pwɛ̃sɔnaʒ] *m* **1** *d'un billet* Knipsen *n*; Lochen *n* **2** *de tôles* (Loch)Stanzen *n* **3** *de bijoux etc* Punzen *n*; Stempeln *n*

poinçonner [pwɛ̃sɔne] *v/t* **1** *billet* knipsen; lochen **2** *tôles* (loch)stanzen **3** *bijoux etc* punzen; punzieren; stempeln **poinçonneur** *m autrefois* (Fahrkarten)Knipser *m* **poinçonneuse** *f* **1** *autrefois* (Fahrkarten)Knipserin *f* **2** *pince* Knipszange *f* **3** *pour tôles* Lochstanze *f*

poindre [pwɛ̃dʀ] *v/i* ⟨*déf*: **il point**; **il poignait**; **il poindra**⟩ *litt herbe, fleurs* sprießen; ***l'aube, le jour commence à ~*** der Morgen graut; der Tag bricht an

poing [pwɛ̃] *m* **1** Faust *f*; ***coup*** *m* ***de ~*** Faustschlag *m*, -hieb *m*; → *a 2*; *adjt fig* ***titre*** *m* ***coup de ~*** schlagkräftiger, reißerischer Titel; ***se battre à coups de ~*** mit Fäusten aufeinander einschlagen; ***donner un coup de ~ à qn*** j-m e-n Faustschlag, -hieb verset-

P

zen; ***faire le coup de ~*** mit Fäusten aufeinander einschlagen; *fig* hart durchgreifen; *loc/adv*: ***les ~s sur les 'hanches*** die Arme in die Hüften, Seiten gestemmt; ***revolver au ~*** mit dem Revolver in der Hand, Faust; *fig* ***dormir à ~s fermés*** fest, tief, wie ein Murmeltier, F wie ein Ratz schlafen; ***frapper du ~*** mit der Faust (zu)schlagen; ***montrer le ~ à qn*** j-m die Faust zeigen, mit der Faust drohen, F e-e Faust machen; *fig* ***se ronger les ~s*** e-e ohnmächtige Wut haben; F sich schwarzärgern; ***taper du ~ sur la table*** mit der Faust auf den Tisch schlagen, hauen; → *a* ***serrer*** *I 1* **2** *arme* ***coup*** *m* ***de ~*** (***américain***) Schlagring *m*

point[1] [pwɛ̃] *m* **1** PONCTUATION Punkt *m*; (***les***) ***deux ~s*** (der) Doppelpunkt; ***~ d'exclamation*** Ausrufe- *ou* Ausrufungszeichen *n*; ***~ d'interrogation*** Fragezeichen *n* (*a fig*); ***~s de suspension*** Auslassungspunkte *m/pl*; ***~ sur le i*** i-Punkt *m*; i-Tüpfelchen *n*; *fig* ***un ~, c'est tout!*** und damit basta, Punktum! **2** (*endroit déterminé*) Punkt *m* (*a fig*, MATH, ASTR, PHYS); Stelle *f*; ♦ ***les quatre ~s cardinaux*** die vier Himmelsrichtungen *f/pl*; ***~ lumineux*** Lichtpunkt *m*; ***~ sensible*** empfindliche Stelle; *fig a* wunder Punkt; → *a* ***chaud*** *I 4*, ***faible*** *I 1*, ***mort***[2] *I*, ***noir*** *I 1*; ♦ AUTO ***~ d'allumage*** Zündzeitpunkt *m*; MATH, *fig* ***~ de contact*** Berührungspunkt *m*; ***~ de départ*** Ausgangspunkt *m*; *fig a* Ansatzpunkt *m*; ***~ d'eau*** Wasserstelle *f*; ***~ de repère*** Anhalts-, Bezugs-, Orientierungspunkt *m*; COMM ***~ de vente*** Verkaufsstelle *f*; ***~ de vue*** → *3*; → *a* ***appui*** *1*, ***chute*** *2*, ***honneur*** *1*, ***mire*** *1 et les autres subst correspondants*; ♦ *loc/adj, loc/adv, loc/conj*: ***à ~*** CUIS *bifteck* medium; halb, nicht ganz durchgebraten; *fromage* gerade richtig; reif; *fruits* essreif; *rôti* ***être*** (***cuit***) ***à ~*** fertig (gebraten), gar sein; *dans le temps* ***à ~*** (***nommé***) gerade zur rechten Zeit; gerade richtig, recht; wie gerufen; sehr gelegen; *prov* ***tout vient à ~ à qui sait attendre*** mit Geduld und Spucke fängt man e-e Mucke (*prov*); ***au ~ où nous en sommes, où en sont les choses*** so wie die Lage jetzt ist, wie die Dinge stehen; ***en être toujours au même ~*** immer noch am selben Punkt stehen; *situation* noch immer unverändert, die Gleiche sein; ***être au ~*** *machine* in Ordnung sein; gut *ou* richtig funktionieren; *procédé, système* entwickelt, ausgearbeitet, ausgereift sein; *spectacle* aufführungsreif sein; ***mettre au ~*** *appareil photo, jumelles etc* einstellen; *procédé, système etc* entwickeln; ausarbeiten; ***mise*** *f* ***au ~*** → ***mise*** *5*; ***au ~ de*** (*+inf*), ***au ~ que, à tel ~ que*** so (sehr), derart(ig), in e-m solchen Maße, Grade, dass; ***il ne fait pas froid au ~ de mettre un manteau*** es ist nicht so kalt, dass man e-n Mantel anziehen müsste; ***j'avais du travail au ~, à tel ~ que …*** ich hatte so viel, derart viel Arbeit, dass …; ***à ce ~*** (***que***) so sehr (dass); ***à ce ~-là?*** steht es so schlimm?; so weit ist es schon gekommen?; ***à quel ~*** wie sehr; in welchem Maße; *rechercher* ***jusqu'à quel ~ il est responsable*** (in)wieweit er verantwortlich ist; ***jusqu'à un certain ~*** bis zu e-m gewissen Grad(e); bis zu e-m bestimmten Punkt; ***pousser l'obstination au plus 'haut ~*** die Halsstarrigkeit auf die Spitze, zum Äußersten treiben; *personne* ***être mal en ~*** schlecht, übel dran sein; gar nicht auf der Höhe sein; ***être sur le ~ de faire qc*** gerade im Begriff sein, gerade dabei sein, sich gerade anschicken, etw zu tun; ***être sur le ~ de partir*** *a* auf dem Sprung sein; ***être sur le ~ de pleurer*** den Tränen, dem Weinen nahe sein; *bâtiment* ***être sur le ~ de s'écrouler*** dem Einsturz nahe sein **3** ***~ de vue*** *d'un observateur* Standort *m*; *du haut de qc* Aussichtspunkt *m*; *par ext* (*vue*) (Aus-, Rund)Blick *m*; *fig* (*opinion*) Standpunkt *m*; (*aspect*) Gesichtspunkt *m*; ***votre ~ de vue sur cette question*** Ihr Standpunkt, Ihre Auffassung in dieser Frage; ♦ *loc/adv*: ***à son ~ de vue*** s-r Meinung, Auffassung nach; ***au*** *ou* ***du ~ de vue médical*** *etc* vom medizinischen *etc* Standpunkt aus; in medizinischer *etc* Hinsicht; medizinisch *etc* gesehen; ***au*** *ou* ***du ~ de vue des salariés*** *etc* vom Standpunkt der Arbeitnehmer *etc* aus; von den Arbeitnehmern *etc* her gesehen; F ***au ~ de vue confort*** was den Komfort betrifft, an(be)langt, angeht; hinsichtlich des Komforts; in puncto Komfort; ***de ce ~ de vue*** unter diesem Gesichtspunkt; von diesem Standpunkt aus; ***d'un certain ~ de vue*** *aspect* unter e-m bestimmten Gesichtspunkt; *manière* in gewisser Hinsicht, Weise **4** (*sujet*) Punkt *m*; ***~ litigieux*** strittiger Punkt; ***~ de détail*** nebensächlicher, unwesentlicher Punkt; Nebensache *f*; *loc/adv*: ***de ~ en ~*** genau; exakt; strikt; ***en tout ~, en tous ~s*** in allen Punkten; voll und ganz; ***~ par ~*** Punkt für Punkt; ***sur ce ~*** in diesem Punkt **5** ÉCOLE, SPORTS, JEUX Punkt *m*; ***bon ~*** ÉCOLE *autrefois* Fleißpunkt *m*; Fleißkärtchen *n*; *fig* Plus(punkt) *n*(*m*); *fig* ***mauvais ~*** Minus(punkt) *n*(*m*); SPORTS ***aux ~s*** nach Punkten; ***vainqueur*** *m* ***aux ~s*** Sieger *m* nach Punkten; ***victoire*** *f* ***aux ~s*** *a* Punktsieg *m*; ***battre aux ~s*** nach Punkten schlagen; → *a* ***marquer*** *I 2, 6* **6** **a**) COUT Stich *m*; ***~ arrière*** Hinterstich *m*; ***~ de boutonnière, de croix, de devant, de tapisserie, de tige*** Knopfloch-, Kreuz-, Vor-, Stick(erei)-, Stielstich *m*; *loc/adv* ***à grands, petits ~s*** mit großen, kleinen Stichen; ***faire un ~ à qc*** an etw (*dat*) ein paar Stiche nähen, machen; **b**) TRICOT, CROCHET Muster *n*; ***~ de crochet, de tricot*** Häkel-, Strickmuster *n*; → *a* ***jersey*** *1* **7** TYPO Punkt *m* **8** MUS Punkt *m*; ***~ d'orgue*** Fermate *f*; *fig* Höhepunkt *m* **9** MAR, AVIAT Standort *m*; Position *f*; ***faire le ~*** den Standort, die Position ermitteln, feststellen; MAR *a* das Besteck aufmachen, nehmen; *fig* e-e Zwischenbilanz ziehen; sehen, wo man steht; die Lage, den Stand der Dinge überprüfen; e-n Lagebericht abgeben **10** *d'un dé à jouer* Auge *n*; *aux cartes* Punkt *m* **11** *en France* ***~*** (***de retraite***) Punkt *m* zur Berechnung des Rentenanspruchs **12** MÉD ***~ de côté*** Seitenstechen *n* **13** ***le ~ du jour*** der Tagesanbruch; ***au ~ du jour*** bei Tagesanbruch; im Morgengrauen

point[2] [pwɛ̃] *adv litt, régional, plais* ***ne … ~*** (durchaus) nicht; keineswegs; ***~ de*** (*+subst*) kein(e)

pointage [pwɛ̃taʒ] *m* **1** *de noms sur une liste* Abhaken *n* **2** *du personnel* (Arbeitszeit)Kontrolle *f* (mit Stempeluhren); Stempeln *n*; ***appareil*** *m* ***de ~*** Stempel-, Stechuhr *f*; ***carte*** *f* ***de ~*** Stempelkarte *f* **3** *d'un canon* Richten *n*

pointe [pwɛ̃t] *f* **1** (*bout pointu*) Spitze *f*; ***~ d'une aiguille*** Nadelspitze *f*; ***~ d'asperge*** Spargelspitze *f*; ***~ des cheveux*** Haarspitzen *f/pl*; ***~ d'un clocher, d'un crayon, d'une épée*** Kirchturm-, Bleistift-, Degenspitze *f*; ***~ des pieds*** Fuß-, Zehenspitzen *f/pl*; ***marcher sur la ~ des pieds*** auf Zehenspitzen gehen,

P

laufen; *loc/adj et loc/adv* ***en ~*** spitz (zulaufend); Spitz…; ***se terminer en ~*** spitz zulaufen; in e-r Spitze enden; ***s'asseoir sur la ~ des fesses*** sich nur auf die Stuhlkante setzen **2** DANSE ***~s*** *pl* Spitzentanz *m*; (***chaussons*** *m/pl* ***à***) ***~s*** Spitzenschuhe *m/pl*; ***faire des ~s*** Spitzentanz tanzen **3** (*objet pointu*) *d'une grille* Spitze *f*; *de barbelés* Stachel *m*; *d'une boucle de ceinture* Dorn *m*; Stachel *m*; (*clou*) Drahtstift *m*; Tapeziernagel *m*; *d'un tourne-disque* ***~ de lecture*** Abtaststift *m*, -nadel *f*; HIST ***casque*** *m* ***à ~*** Pickelhaube *f*; SPORTS (***chaussures*** *f/pl* ***à***) ***~s*** Rennschuhe *m/pl*; Spikes [spaɪks, ʃp-] *pl* **4** *du graveur* Radiernadel *f*; ***~ sèche*** Kaltnadel *f*; kalte Nadel; *gravure* (Kaltnadel)Radierung *f*; ***compas*** *m* ***à ~s sèches*** Stechzirkel *m*; TECH ***~ à tracer*** Reißnadel *f* **5** *fichu* dreieckiges Kopf-, Halstuch; Dreiecktuch *n*; *couche de bébé* dreieckige Windel **6** COUT Keil *m*; ***mettre une ~*** e-n Keil einsetzen **7** MIL Angriffsspitze *f*; Stoßkeil *m*; ***faire, pousser une ~*** e-n Vorstoß machen, unternehmen; *fig* e-n Abstecher machen (***jusqu'à Reims*** nach Reims) **8** ***une ~ de*** CUIS e-e Spur; ein klein wenig; *fig* ein Anflug *m*, e-e Spur, ein Hauch *m*, e-e Andeutung von; ***une ~ d'ironie*** ein Anflug *etc* von Ironie; ***il parlait avec une ~ d'accent espagnol*** er sprach mit e-m leichten spanischen Akzent **9** *fig* (*allusion ironique*) Spitze *f*; boshafte Bemerkung, Anspielung; ***~s*** *pl a* Stichelei *f*; ***lancer des ~s à qn*** gegen j-n sticheln; boshafte Bemerkungen gegen j-n machen **10** *fig* (*maximum*) Spitze *f*; ***~ de trafic*** Verkehrsspitze *f*; ***pousser une ~ de vitesse*** auf Spitzengeschwindigkeit gehen; ♦ *loc/adj* ***de ~*** Spitzen…; an der Spitze des (technischen, sozialen) Fortschritts stehend; ***heures*** *f/pl* ***de ~*** *de la circulation* Stoßzeiten *f/pl*; Spitzen(verkehrs)zeiten *f/pl*; Hauptverkehrszeiten *f/pl*; *de la consommation de gaz etc* Spitzen(verbrauchs)zeiten *f/pl*; ***vitesse*** *f* ***de ~*** Spitzengeschwindigkeit *f*; F Spitze *f*; ***technologie*** *f* ***de ~*** Spitzentechnologie *f*; ♦ *reporter* ***être à la ~ de l'actualité*** immer das Aktuellste berichten; ***être à la ~ du progrès*** im (technischen *ou* sozialen) Fortschritt die Spitze halten **11** MÉD ***~s de feu*** punktuelle Kauterisation

pointeau [pwɛ̃to] *m* ⟨*pl* ***~x***⟩ **1** *outil* Körner *m* **2** *d'un carburateur* Schwimmernadel(ventil) *f(n)*

pointer[1] [pwɛ̃te] **I** *v/t* **1** *noms sur une liste* abhaken; *mots dans un texte* anstreichen **2** *arme, canon* richten; *par ext* ***~ l'index vers qn*** mit dem Zeigefinger auf j-n weisen **3** *animal* ***~ les oreilles*** die Ohren spitzen **4** MUS punktieren; *adjt* ***note pointée*** punktierte Note **5** ÉCOLE *adjt* ***zéro pointé*** das Durchfallen bedingende Sechs **6** TECH *au pointeau* körnen; mit dem Körner anreißen **II** *v/i* **1** *personnel d'une entreprise* stempeln **2** *aux boules* die Zielkugel anspielen **3** *tour etc* ***~ vers le ciel*** steil in den Himmel emporragen; *st/s* s-e Spitze gen Himmel recken **4** *bourgeons, pousses* sprießen **III** *v/pr* F *fig personne* ***se ~ chez qn*** bei j-m auftauchen, F aufkreuzen

pointer[2] [pwɛ̃tœʀ] *m* ZO Pointer *m*

pointeur [pwɛ̃tœʀ] *m* **1** *artilleur* Richtkanonier *m* **2** *aux boules* Spieler, der die Zielkugel anspielt

pointeuse [pwɛ̃tøz] *f* ***~*** *ou adjt* ***horloge ~*** Stech-, Kontrolluhr *f*

pointillé [pwɛ̃tije] *m* **1** (*ligne de points*) punktierte Linie; Punktierung *f*; (*perforations*) Perforierung *f*; Perforation *f*; *fig* ***en ~*** zwischen den Zeilen **2** *dessin, gravure* ***au ~*** in Punktier-, Punzenmanier

pointilleux [pwɛ̃tijø] *adj* ⟨***-euse***⟩ pedantisch; kleinlich; übergenau; penibel; F pingelig; ***être ~ sur qc*** in etw (*dat*) pedantisch *etc* sein

pointillisme [pwɛ̃tijism] *m* PEINT Pointillismus *m*

pointilliste PEINT **I** *adj* pointillistisch **II** *m,f* Pointillist(in) *m(f)*

pointu [pwɛ̃ty] *adj* **1** spitz; ***chapeau ~*** spitzer Hut; ***écriture ~e*** eckige Schrift; ***menton ~*** spitzes Kinn; ***nez ~*** spitze Nase; ***toit ~*** spitzes Dach **2** *voix, ton* schrill; *pour les Méridionaux* ***accent ~*** Pariser Akzent **3** ***air ~*** verkniffene Miene **4** *fig: raisonnement* subtil; *industrie, expérience, formation* hoch spezialisiert

pointure [pwɛ̃tyʀ] *f* (Schuh-, Handschuh-, Hut-)Nummer *f*, (-)Größe *f*; ***quelle ~ faites-vous?, quelle est votre ~?*** welche Größe, Nummer haben Sie?

point-virgule [pwɛ̃viʀgyl] *m* ⟨*pl* **points-virgules**⟩ Strichpunkt *m*; Semikolon *n*

poire [pwaʀ] *f* **1** BOT Birne *f*; *fig*: ***entre la ~ et le fromage*** beim Nachtisch, Dessert; wenn er *ou* sie *etc* gut gegessen hat und guter Laune ist; ***couper la ~ en deux*** sich einigen; sich (*dat*) auf halbem Wege entgegenkommen; ***garder une ~ pour la soif*** e-n Notgroschen zurücklegen **2** *en caoutchouc* Gummiball *m*, -bällchen *n*; ***~ électrique*** Druckknopfschalter *m* (am Kabelende); MÉD ***~ à lavement*** Klistierspritze *f* **3** F *fig* (*figure*) F Fassade *f*; Visage *f*; ***recevoir qc en pleine ~*** etw mitten in die Visage kriegen **4** F *fig personne* ***une*** (***bonne***) ***~*** F ein gutmütiger Trottel; ***vous me prenez pour une ~!*** Sie halten mich wohl für dumm, blöd!; *adjt* ***être ~*** ein gutmütiger Trottel, dumm, blöd sein

poiré [pwaʀe] *m* Birnenmost *m*

poireau [pwaʀo] *m* ⟨*pl* ***~x***⟩ **1** BOT, CUIS Porree *m*; Lauch *m*; ***soupe*** *f* ***aux ~x*** Porree-, Lauchsuppe *f* **2** F *fig* ***faire le ~*** → ***poireauter***

poireauter [pwaʀɔte] F *v/i* lange, F ewig warten; F sich (*dat*) die Beine in den Bauch stehen

poirier [pwaʀje] *m* **1** BOT Birnbaum *m*; Birne *f* **2** *bois* Birnbaum(holz) *m(n)* **3** *fig* ***faire le ~*** (e-n) Kopfstand machen

poiroter → ***poireauter***

pois [pwa] *m* **1** BOT, CUIS Erbse *f*; ***~ cassés*** getrocknete Erbsen; Trockenerbsen *f/pl*; ***~ chiche*** Kichererbse *f*; ***petits ~*** grüne, junge Erbsen **2** BOT ***~ de senteur*** (Wohlriechende) Wicke; Duftwicke *f* **3** *robe etc* ***à ~*** getüpfelt; gepunktet

poison [pwazõ] **1** *m* Gift *n*; Giftstoff *m*; ***~ végétal*** Pflanzengift *n* **2** *m,f* F *d'une personne méchante* F Giftnudel *f*, -kröte *f*; *d'une personne insupportable* F Nervensäge *f*; ***quel(le) ~!*** so e-e Giftnudel *etc!*; *adjt* ***être ~*** e-e Giftnudel *etc* sein; *d'un enfant* ***être un petit ~*** unausstehlich, ein kleiner Teufel sein **3** *m* F *d'une activité, tâche* Plage *f*

poissarde [pwasaʀd] *f péj* Marktweib *n*; *par ext* ordinäres Weib

poisse [pwas] *f* F Pech *n*; ***quelle ~!*** so ein Pech!; ***c'est la ~!*** das ist Pech!

poisser [pwase] **I** *v/t* **1** *salir* klebrig machen; beschmieren **2** TECH mit Pech behandeln, tränken; *t/t* verpichen **II** *v/i* ***ça poisse*** das klebt, ist klebrig

poisseux [pwasø] *adj* ⟨***-euse***⟩ klebrig

poisson [pwasõ] *m* **1** ZO, CUIS Fisch *m*; *coll* ***du ~*** Fische *m/pl*; ***~ blanc*** Weißfisch *m*; *fig de qn* ***gros***

P

~ F großer *ou* dicker Fisch; ~ ***d'eau douce, de mer, de rivière*** Süßwasser-, See-, Flussfisch *m*; *par ext* ~ ***en chocolat*** Schokoladenfisch *m*; ***couvert*** *m* ***à*** ~ Fischbesteck *n*; ***soupe*** *f* ***de*** ~ Fischsuppe *f*; F *fig* ***engueuler qn comme du*** ~ ***pourri*** → ***engueuler*** *I*; ***être heureux comme un*** ~ ***dans l'eau*** sich wohlfühlen, munter sein wie ein Fisch im Wasser; *prov* ***petit*** ~ ***deviendra grand*** (***pourvu que Dieu lui prête vie***) aus Kindern werden Leute (*prov*); → *a* ***queue*** *1*, ***engueuler*** *I* 2 ~ ***d'avril*** Aprilscherz *m*; ***faire un*** ~ ***d'avril à qn*** j-n in den April schicken 3 ASTR ***les Poissons*** die Fische *m/pl*; ***être Poissons*** (ein) Fisch sein 4 *insecte* ~ ***d'argent*** Silberfischchen *n*

poisson-chat [pwasõʃa] *m* ⟨*pl* **poissons-chats**⟩ ZO Wels *m* **poisson-épée** *m* ⟨*pl* **poissons-épées**⟩ ZO Schwertfisch *m* **poisson-lune** *m* ⟨*pl* **poissons-lunes**⟩ ZO Mondfisch *m*

poissonnerie [pwasɔnʀi] *f* 1 *magasin* Fischhandlung *f*, -geschäft *n*, -halle *f*; *stand* Fischstand *m* 2 *commerce* Fischhandel *m*

poissonneux [pwasɔnø] *adj* ⟨**-euse**⟩ fischreich; ***eaux poissonneuses*** *a* Fischwasser *n*

poissonnier [pwasɔnje] *m*, **poissonnière** *f* Fischhändler(in) *m(f)*

poisson-scie [pwasõsi] *m* ⟨*pl* **poissons-scies**⟩ ZO Sägefisch *m*

poitevin [pwatvɛ̃] I *adj* von Poitiers; des Poitou II *subst* ***Poitevin(e)*** *m(f)* Bewohner(in) *m(f)* von Poitiers, des Poitou

Poitiers [pwatje] *Stadt im Dep. Vienne*

Poitou [pwatu] ***le*** ~ *historische Provinz in Westfrankreich*

Poitou-Charentes [pwatuʃaʀɑ̃t] ***le*** ~ *frz Region*

poitrail [pwatʀaj] *m* ZO Brust *f*

poitrinaire [pwatʀinɛʀ] *autrefois* I *adj* schwindsüchtig II *m,f* Schwindsüchtige(r) *f(m)*

poitrine [pwatʀin] *f* 1 ANAT Brust *f* 2 *d'une femme* Brust *f*; Busen *m*; ***avoir beaucoup de*** ~ viel Busen haben; e-n vollen, üppigen Busen haben; vollbusig sein; ***n'avoir pas de*** ~ keinen Busen haben; flachbrüstig sein 3 BOUCHERIE ~ ***de bœuf, de veau*** Rinder-, Kalbsbrust *f*; ~ ***de porc*** Schweinebauch *m*

poivre [pwavʀ] *m* 1 CUIS Pfeffer *m*; ~ ***blanc, noir*** *ou* ***gris, vert*** weißer, schwarzer, grüner Pfeffer; ~ ***moulu*** gemahlener Pfeffer; ~ ***de Cayenne*** Cayennepfeffer *m*; ~ ***en grains*** ganzer Pfeffer; Pfefferkörner *n/pl*; ***mettre du*** ~ ***dans la sauce*** Pfeffer an die Soße tun 2 *adjt* ⟨*inv*⟩ *cheveux, barbe* ~ ***et sel*** grau meliert

poivrer [pwavʀe] *v/t* CUIS pfeffern; *adjt* ***très poivré*** stark gepfeffert; pfeff(e)rig **poivrier** *m* 1 BOT Pfeffer(strauch) *m* 2 → ***poivrière*** **poivrière** *f* CUIS Pfefferstreuer *m*

poivron [pwavʀõ] *m* BOT, CUIS Paprika(schote) *m(f)*; ~ ***jaune, rouge, vert*** gelber, roter, grüner Paprika

poivrot [pwavʀo] F *m*, **poivrote** F *f* Trinker(in) *m(f)*; *péj* Trunkenbold *m*; F Säufer(in) *m(f)*

poix [pwa] *f* Pech *n*

poker [pɔkɛʀ] *m* 1 **a)** *jeu* Poker(spiel) *n*; *fig* ***c'était une partie de*** ~ das war das reinste Pokerspiel; **b)** (*carré*) Viererpasch *m*, Four [fɔːr] *m* (***de rois*** *etc* mit vier Königen *etc*) 2 ~ ***d'as*** Würfelpoker *m*

polaire [pɔlɛʀ] I *adj* 1 GÉOGR polar; Polar…; ***cercle*** *m*, ***expédition*** *f* ~ Polarkreis *m*, -expedition *f*; *fig* ***un froid*** ~ sibirische Kälte; ***glaces*** *f/pl* ~***s***, ***nuit*** *f* ~, ***régions*** *f/pl* ~***s*** Polareis *n*, -nacht *f*, -gebiet *n* 2 ASTR ***l'étoile*** *f* ~ der Polarstern 3 TEXT ***laine*** *f* ~ Fleece [fliːs] *n*; ***veste*** *f* ***en laine*** ~ Fleecejacke *f* 4 MATH ***coordonnées*** *f/pl* ~***s*** Polarkoordinaten *f/pl* II *subst* 1 *m* TEXT **a)** *tissu* Fleece [fliːs] *n*; **b)** *vêtement* Fleecejacke *f*, -pullover *m* 2 *f* MATH Polare *f*

Le poivre et le sel

l'ail *m*	der Knoblauch
le basilic	das Basilikum
le clou de girofle	die Gewürznelke
le cornichon	die Essiggurke
le cumin	der Kreuzkümmel
l'huile *f* **d'olive**	das Olivenöl
l'huile *f* **de tournesol**	das Sonnenblumenöl
le laurier	der Lorbeer
la marjolaine	der Majoran
la moutarde	der Senf
la noix de muscade	die Muskatnuss
le poivre	der Pfeffer
le sel	das Salz
le thym	der Thymian
le vinaigre	der Essig
saler et poivrer la viande	das Fleisch salzen und pfeffern

polar [pɔlaʀ] *m* F Krimi *m*

polarisation [pɔlaʀizasjõ] *f* 1 OPT, ÉLECT Polarisation *f*; ***plan*** *m* ***de*** ~ Polarisationsebene *f* 2 *fig* Konzentrierung *f*, Ausrichtung *f* (***sur*** auf +*acc*)

polariser [pɔlaʀize] *v/t* 1 OPT, ÉLECT polarisieren; *adjt* ***lumière polarisée*** polarisiertes Licht 2 *fig attention, activité* auf sich (*acc*) konzentrieren, lenken; F *personne* ***être polarisé sur une question*** von e-r Frage geistig völlig beansprucht sein; *p/fort* ***être complètement polarisé*** völlig einseitig interessiert, ausgerichtet sein

polariseur [pɔlaʀizœʀ] *m* OPT Polarisator *m*

polarité [pɔlaʀite] *f* *sc* Polarität *f*

polaroïd® [pɔlaʀɔid] *m* Polaroidkamera® *f*

polder [pɔldɛʀ] *m* Polder *m*; Ko(o)g *m*

pôle [pol] *m* 1 GÉOGR, ASTR, PHYS, ÉLECT Pol *m*; ~ ***céleste*** Himmelspol *m*; ÉLECT ~ ***négatif, positif*** Minus-, Pluspol *m*; ~ ***Nord, Sud*** Nord-, Südpol *m* 2 *fig* **a)** (*point opposé*) Pol *m*; ~***s*** *pl* Gegensätze *m/pl*; einander entgegengesetzte Standpunkte *m/pl*; ~ ***contraire*** Gegenpol *m*; **b)** ~ ***d'attraction*** Anziehungspunkt *m*; **c)** (*centre d'activités*) Schwerpunkt *m*; Zentrum *n*; ~ ***de développement, d'expansion*** Entwicklungs-, Expansionszentrum *n*, -schwerpunkt *m*

polémique [pɔlemik] I *adj* polemisch; aggressiv; streitbar; scharf II *f* Polemik *f*; Fehde *f*; Kontroverse *f*; Auseinandersetzung *f*

polémiquer [pɔlemike] *v/i* polemisieren **polémiste** *m,f* Polemiker(in) *m(f)*

polenta [pɔlɛnta] *f* CUIS Polenta *f*
pole position [polpozisjõ] *f* ⟨*pl* **pole positions**⟩ SPORTS Poleposition ['po:lpəzɪʃən] *f*
poli[1] [pɔli] *adj personne, ton etc* höflich; zuvorkommend; gesittet; ***refus ~*** höfliche Absage; ***il est trop ~ pour être honnête*** er ist zu beredt und höflich, um aufrichtig zu sein; ***dites donc, soyez ~!*** na, Sie sind ja nicht gerade sehr höflich!
poli[2] [pɔli] **I** *adj métal, caillou etc* (glatt und) glänzend; blank; poliert **II** *m* (Hoch)Glanz *m*; Politur *f*
police[1] [pɔlis] *f* Polizei *f*; ***~ judiciaire*** (*abr* ***P.J.***) Kriminalpolizei *f* (*abr* Kripo *f*); ***~ militaire*** Militärpolizei *f*; *en Allemagne* Feldjäger *m/pl*; ***~ municipale*** *correspond à* Ortspolizei *f*; ***~ nationale*** (*dem Innenminister unterstehende*) Sicherheits- und Ordnungspolizei; ***~ privée*** privater Sicherheitsdienst; ***~ secours*** Überfallkommando *n*; Funkstreife *f*; ***~ secrète*** Geheimpolizei *f*; ***~ de l'air et des frontières*** Flughafen- und Grenzpolizei *f*; ***~ des mœurs*** Sittenpolizei *f*; F Sitte *f*; ***~ de la route*** Verkehrspolizei *f*; ***contrôle*** *m* ***de ~*** Polizeikontrolle *f*; ***forces*** *f/pl* ***de ~*** Polizeikräfte *f/pl*, -einheiten *f/pl*; JUR ***peine*** *f* ***de ~*** Strafe *f* für e-e Ordnungswidrigkeit; ***voiture*** *f* ***de ~*** Polizeiauto *n*; ***avertir la ~*** die Polizei verständigen, benachrichtigen; ***se faire arrêter par la ~*** von der Polizei festgenommen werden; ***être dans la ~*** bei der Polizei sein; *fig* ***faire la ~*** für Ordnung sorgen
police[2] [pɔlis] *f* ***~ (d'assurance)*** (Versicherungs)Police [-sə] *f*; Versicherungsschein *m*
policé [pɔlise] *litt adj* zivilisiert
Polichinelle [pɔliʃinɛl] *m* **1** *Gestalt des frz Marionettentheaters*; *fig* ***c'est le secret de ~*** das ist ein offenes Geheimnis; das pfeifen die Spatzen von den Dächern **2** *fig* ***polichinelle*** Hampelmann *m*; Hanswurst *m*
policier [pɔlisje] **I** *adj* ⟨**-ière**⟩ **1** *mesures, enquête etc* polizeilich; ***chien ~*** Polizeihund *m*; *par ext*: ***méthodes policières*** Polizeimethoden *f/pl*; Methoden *f/pl* wie bei der Polizei; ***régime*** *ou* ***État ~*** Polizeistaat *m* **2** Kriminal…; ***film, roman ~*** Kriminalfilm *m*, -roman *m* **II** *m* **1** Polizeibeamte(r) *m*; Polizist *m* **2** F *roman, film* F Krimi *m*
policlinique [pɔliklinik] *f* städtische (Poli)Klinik
poliment [pɔlimɑ̃] *adv* höflich; ***parler ~*** in e-m höflichen Ton reden
polio [pɔljo] MÉD **1** *f* Polio *f* **2** *m,f* → ***poliomyélitique II***
poliomyélite [pɔljɔmjelit] *f* MÉD (spinale) Kinderlähmung; *sc* Poliomyelitis *f*
poliomyélitique [pɔljɔmjelitik] **I** *adj personne* an Polio erkrankt **II** *m,f* **a)** *personne atteinte* an Polio (-myelitis), (spinaler) Kinderlähmung Erkrankte(r) *f(m)*; **b)** *personne handicapée* Poliogeschädigte(r) *f(m)*
polir [pɔliʀ] *v/t* **1** TECH schleifen; polieren; glätten; schwabbeln **2** *ongles* polieren; blank reiben **3** *fig style, texte* ausfeilen; feilen an (+*dat*); glätten
polissage [pɔlisaʒ] *m* TECH Schleifen *n*; Polieren *n*; Glätten *n*; Schwabbeln *n*
polisson [pɔlisõ] **I** *adj* ⟨**~ne**⟩ *chanson, allusion etc* zweideutig; schlüpfrig; *regards* begehrlich; lüstern **II** *subst* **~(ne)** *m(f)* (*enfant espiègle*) Schlingel *m*; Range *f*; F Racker *m*; *adjt* ***elle est ~ne*** sie ist ein Racker
polissonnerie [pɔlisɔnʀi] *f* **1** *enfant* ***faire des ~s*** Schabernack machen, treiben **2** ***dire des ~s*** lose Reden führen; schlüpfrige Witze erzählen
politesse [pɔlitɛs] *f* **1** Höflichkeit *f*; Zuvorkommenheit *f*; ***visite*** *f* ***de ~*** Höflichkeitsbesuch *m*; *loc/adv* ***par ~*** aus Höflichkeit; *fig* ***brûler la ~ à qn*** j-n einfach stehen lassen; ***être d'une extrême ~*** überaus höflich, von ausgesuchter, äußerster Höflichkeit sein **2** ***~s*** *pl* Höflichkeiten *f/pl*; Höflichkeitsbezeigungen *f/pl*; ***c'est la moindre des ~s*** das erfordert der geringste Anstand; ***se faire des ~s*** sich gegenseitig Höflichkeiten erweisen; ***rendre une ~ à qn*** j-s Höflichkeit (*z. B. e-e Einladung*) erwidern; ***la plus élémentaire des ~s veut que …*** die primitivste Anstandsregel erfordert, dass …
politicard [pɔlitikaʀ] *m*, **politicarde** *f péj* skrupellose(r), dubiose(r) Politiker(in) *m(f)*
politicien [pɔlitisjɛ̃], **politicienne** *souvent péj* **I** *m,f* Politiker(in) *m(f)*; *péj* → ***politicard*** **II** *adj* (rein) politisch
politico-économique [pɔlitikoekɔnɔmik] *adj* wirtschaftspolitisch **politico-social** *adj* ⟨**-aux**⟩ sozialpolitisch
politique[1] [pɔlitik] **I** *adj* **1** politisch; ***crise*** *f* ***~*** Staatskrise *f*; ***droits*** *m/pl* ***~s*** staatsbürgerliche Rechte *n/pl*; ***économie*** *f* ***~*** Volkswirtschaft(slehre) *f*; Nationalökonomie *f*; ***Institut*** *m* ***d'Études ~s*** Hochschule *f* für politische Wissenschaften; ***homme*** *m* ***~*** Politiker *m*; ***milieux*** *m/pl* ***~s*** politische Kreise *m/pl*; ***opinions*** *f/pl* ***~s*** politische Ansichten *f/pl*; ***pouvoir*** *m* ***~*** politische Macht; ***prisonnier*** *m* ***~*** politischer Gefangener; ***sciences*** *f/pl* ***~s*** (*abr* ***sciences po***) politische Wissenschaften *f/pl*; Politologie *f* **2** *fig et st/s* (*habile*) diplomatisch **II** *m* **1** *st/s personne* Politiker *m*; Staatsmann *m* **2** *secteur* ***le ~*** das Politische; der politische Bereich
politique[2] [pɔlitik] *f* **1** Politik *f*; *st/s* Staatskunst *f*; ***~ agricole, commerciale, économique, européenne*** Agrar-, Handels-, Wirtschafts-, Europapolitik *f*; ***~ intérieure, monétaire, sociale*** Innen-, Währungs-, Sozialpolitik *f*; ***~ du logement, des prix, des salaires*** Wohnungs-, Preis-, Lohnpolitik *f*; ***faire de la ~*** *homme politique* Politik machen; sich politisch betätigen; *homme de la rue* sich für Politik interessieren; sich mit Politik beschäftigen, abgeben; ***mener une ~ de neutralité*** e-e Neutralitätspolitik betreiben; ***parler ~*** über Politik reden; politisieren **2** *fig* Politik *f*; Taktik *f*; ***~ de l'autruche*** Vogel-Strauß-Politik *f*
politisation [pɔlitizasjõ] *f* Politisierung *f* **politiser** *v/t* politisieren
politologie [pɔlitɔlɔʒi] *f* Politologie *f* **politologue** *m,f* Politologe, -login *m,f*
polka [pɔlka] *f* Polka *f*; ***~ piquée*** Polka-Mazurka *f*
pollen [pɔlɛn] *m* BOT Pollen *m*; Blütenstaub *m*
pollinisation [pɔ(l)linizasjõ] *f* BOT Bestäubung *f*
polluant [pɔlɥɑ̃] **I** *adj* umweltverschmutzend, -schädlich; ***non ~*** umweltfreundlich, -verträglich; schadstoffarm, -frei **II** *m* Schadstoff *m*; *p/fort* Umweltgift *n*
polluer [pɔlɥe] *v/t environnement* verschmutzen; ***~ l'air*** die Luft verschmutzen, verunreinigen, verpesten; ***~ l'eau*** das Wasser verschmutzen, verunreinigen
pollueur [pɔlɥœʀ] *m* Umweltsünder *m*, -verschmutzer *m*

P

pollution [pɔlysjõ] *f* **1** *de l'environnement* Umweltverschmutzung *f*; Umweltbelastung *f*; **~ atmosphérique** *ou* **de l'air** Luftverschmutzung *f*, -verpestung *f*; **~ radioactive** radioaktive Verseuchung *f*; *par ext* **~ sonore** Lärmbelästigung *f*; **~ des eaux** Gewässerverschmutzung *f*, -verunreinigung *f*; **~ des sols** *a* Bodenverseuchung *f* **2** PHYSIOL **~ (nocturne)** unwillkürlicher (nächtlicher) Samenerguss; *sc* Pollution *f*

polo [pɔlo] *m* **1** SPORTS Polo(spiel) *n* **2** *chemise* Polohemd *n*

polochon [pɔlɔʃõ] F *m* Schlummer-, Nackenrolle *f*

Pologne [pɔlɔɲ] **la ~** Polen *n*

polonais [pɔlɔnɛ] **I** *adj* polnisch **II** *subst* **1** **Polonais(e)** *m(f)* Pole *m*, Polin *f* **2** LING **le ~** das Polnische; Polnisch *n* **3** **~e** *f* Polonaise *ou* -näse *f* (*danse et air*)

polonium [pɔlɔnjɔm] *m* CHIM Polonium *n*

poltron [pɔltʀõ] *m*, **poltronne** *f* Feigling *m*; F Angsthase *m*; Hasenfuß *m*; *litt* Memme *f*; *adjt* **il est poltron** er ist feige, ein Feigling *etc*

poltronnerie [pɔltʀɔnʀi] *f* Feigheit *f*

poly... [pɔli] *préfixe* poly...; Poly...; viel...; Viel...; mehr...; Mehr...; → *les articles suivants*

polyacrylique [pɔliakʀilik] *adj* CHIM **résines** *f/pl* **~s** (Poly)Acrylharze *n/pl*

polyamide [pɔliamid] *m* CHIM Polyamid *n*

polyandrie [pɔliɑ̃dʀi] *f* Vielmännerei *f*; *sc* Polyandrie *f*

polyarthrite [pɔliaʀtʀit] *f* MÉD Polyarthritis *f*

polychrome [pɔlikʀom] *adj* BEAUX-ARTS viel-, mehrfarbig; bunt; polychrom **polychromie** *f* Viel-, Mehrfarbigkeit *f*; Buntheit *f*; Polychromie *f*

polyclinique [pɔliklinik] *f* Allgemeinkrankenhaus *n*

polycopie [pɔlikɔpi] *f* Vervielfältigung *f*; Hektografie *f* **polycopier** *v/t* vervielfältigen; hektografieren; abziehen; *adjt et subst m* **(cours) polycopié** (Vorlesungs)Skript *n*

polyculture [pɔlikyltyʀ] *f* AGR Mischkultur *f*

polyèdre [pɔliɛdʀ] *m* MATH Polyeder *n*; Vielflach *n*, -flächner *m*

P

polyester [pɔliɛstɛʀ] *m* CHIM Polyester *m* **polyéthylène** *m* CHIM Polyäthylen *n*

polygame [pɔligam] **I** *adj* polygam **II** *m,f* Polygamist(in) *m,f* **polygamie** *f* Polygamie *f*; Mehr-, Vielehe *f*; *au sens restreint* Vielweiberei *f*

polyglotte [pɔliglɔt] **I** *adj* mehr-, vielsprachig; polyglott **II** *m,f* Polyglotte(r) *f(m)*

polygonal [pɔligɔnal] *adj* ⟨**-aux**⟩ MATH vieleckig; polygonal

polygone [pɔligon, -gɔn] *m* **1** MATH Vieleck *n*; Polygon *n* **2** MIL **~ de tir** Artillerieschießplatz *m*

polymère [pɔlimɛʀ] CHIM **I** *adj* polymer **II** *m* Polymer(e) *n*

polymérie [pɔlimeʀi] *f* CHIM, BIOL Polymerie *f* **polymérisation** *f* CHIM Polymerisation *f*; Polymerisierung *f* **polymériser** *v/t* CHIM polymerisieren

polymorphe [pɔlimɔʀf] *adj sc* viel-, verschiedengestaltig; polymorph **polymorphisme** *m sc* Mehr-, Vielgestaltigkeit *f*; Polymorphie *f*, -morphismus *m*

Polynésie [pɔlinezi] **la ~** Polynesien *n*; **la ~ française** Französisch-Polynesien *n*

polynésien [pɔlinezjɛ̃] **I** *adj* ⟨**~ne**⟩ polynesisch **II** *subst* **Polynésien(ne)** *m(f)* Polynesier(in) *m(f)*

polynôme [pɔlinom] *m* MATH Polynom *n*

polype [pɔlip] *m* ZO, MÉD Polyp *m*

polyphasé [pɔlifɑze] *adj* ÉLECT **courant ~** Mehrphasenstrom *m*

polyphonie [pɔlifɔni] *f* MUS Mehrstimmigkeit *f*; Polyfonie *f* **polyphonique** *adj* MUS mehrstimmig; polyfon

polysémie [pɔlisemi] *f* LING Mehrdeutigkeit *f* (von Wörtern); Polysemie *f* **polysémique** *adj* LING mehrdeutig; polysem

polystyrène [pɔlistiʀɛn] *m* CHIM Polystyrol *n*; **~ (expansé)** Styropor® *n*

polysyllabe [pɔlisi(l)lab] *adj et subst m* **(mot** *m***) ~** mehr-, vielsilbiges Wort; *sc* Polysyllabum *n* **polysyllabique** *adj* mehr-, vielsilbig

polytechnicien [pɔlitɛknisjɛ̃] *m*, **polytechnicienne** *f* (ehemalige[r]) Schüler(in) *m(f)*, Absolvent(in) *m(f)* der École polytechnique

polytechnique [pɔlitɛknik] *adj* **École** *f* **~** *ou subst* **Polytechnique** *f* (*vom Armeeministerium verwaltete) Hochschule zur Ausbildung von Ingenieuren in Paris*

polythéisme [pɔliteism] *m* Vielgötterei *f*; Polytheismus *m* **polythéiste** **I** *adj* polytheistisch **II** *m,f* Polytheist(in) *m(f)*

polytraumatisé [pɔlitʀomatize] *m* Schwerverletzte(r) (*der viele innere u äußere Verletzungen erlitten hat*)

polyvalence [pɔlivalɑ̃s] *f* Vielseitigkeit *f*; vielseitige Verwendbarkeit

polyvalent [pɔlivalɑ̃] **I** *adj* **1** *personne* vielseitig; auf mehreren Gebieten einsetzbar; *chose* vielseitig verwendbar; Mehrzweck...; **salle ~e** Mehrzweckhalle *f* **2** CHIM mehrwertig **II** *m* FIN Betriebs-, Steuerprüfer *m*

polyvinyle [pɔlivinil] *m* CHIM **(chlorure** *m* **de) ~** PVC *n* (Polyvinylchlorid *n*)

pomélo [pɔmelo] *m fruit* Pomelo *f*

Poméranie [pɔmeʀani] **la ~** Pommern *n*

poméranien [pɔmeʀanjɛ̃] **I** *adj* ⟨**~ne**⟩ pommer(i)sch **II** *subst* **Poméranien(ne)** *m(f)* Pommer(in) *m(f)*

pommade [pɔmad] *f* MÉD Salbe *f*; **~ à la pénicilline** Penizillinsalbe *f*; *fig* **passer de la ~ à qn** j-m schmeicheln, schöntun; F j-m Honig ums Maul, um den Bart schmieren

pommadé [pɔmade] *adj cheveux* pomadisiert

pomme [pɔm] *f* **1** *fruit* Apfel *m*; **~ à cidre, au couteau, à cuire, au four** Most-, Tafel- *ou* Ess-, Koch-, Bratapfel *m*; **~ de reinette** Renette *f*; *adjt* **vert ~** ⟨*inv*⟩ apfelgrün; **être 'haut comme trois ~s** *petit garçon* F ein (kleiner) Knirps, ein Dreikäsehoch sein; *petite fille* F e-e kleine Krabbe sein; F *fig* **tomber dans les ~s** in Ohnmacht fallen; F umkippen **2** BOT, CUIS **~ de terre** Kartoffel *f*; **~s de terre frites** Pommes frites *pl*; **~s de terre à l'eau** Salzkartoffeln *f/pl*; **~s de terre en robe de chambre** *ou* **en robe des champs** Pellkartoffeln *f/pl*; Kartoffeln in der Schale; *elliptiquement* **~s vapeur** gedämpfte Kartoffeln; → *a* **allumette** *3*, **mousseline** *2* **3** ANAT **~ d'Adam** Adamsapfel *m* **4** **~ de pin** Kiefernzapfen *m*; Kienapfel *m*; *par ext de sapin* Tannenzapfen *m* **5** **~ d'arrosoir** (Gießkannen)Brause *f* **6** F *f* **a)** **ma ~** ich; F meine Wenigkeit; **pour ma ~** für mich; **b)** **c'est aux ~s!** F das ist prima, dufte, schick! **7** *de laitue, de chou* Kopf *m*; *österr* Häuptel *n* **8** *de ram-*

pe d'escalier etc Knauf *m*

pommé [pɔme] *adj* BOT ***chou ~*** Kopfkohl *m*; ***laitue ~e*** Kopf-, *österr* Häuptelsalat *m*

pommeau [pɔmo] *m* ⟨*pl* **~x**⟩ *d'une épée, canne* Knauf *m*; *d'une selle* Sattelknopf *m*

pommelé [pɔmle] *adj* ***cheval*** (***gris***) **~** Apfelschimmel *m*; ***ciel ~*** mit Schäfchenwolken bedeckter Himmel

pommette [pɔmɛt] *f* Backenknochen *m*; ***avoir des ~s saillantes*** hervorstehende Backenknochen haben

pommier [pɔmje] *m* BOT Apfelbaum *m*; Apfel *m*; ***~ de Chine, du Japon*** Zierapfel *m* aus Ostasien; ***~s en fleur*** blühende Apfelbäume *m/pl*; *a* Apfelblüte *f*

pomologique [pɔmɔlɔʒik] *adj* obstkundlich; *sc* pomologisch

pompage [põpaʒ] *m* **1** (Ab-, Hoch)Pumpen *n*; ***station f de ~*** Pumpstation *f* **2** PHYS ***~ optique*** optisches Pumpen

pompe[1] [põp] *f* **1** TECH Pumpe *f*; ***~ à bicyclette*** Fahrradpumpe *f*; ***~ à chaleur*** Wärmepumpe *f*; ***~ à eau*** Wasserpumpe *f*; ***~ à essence*** *d'une station-service* Tank-, Zapfsäule *f*; AUTO Benzinpumpe *f*; ***~ à huile*** Ölpumpe *f*; ***~ à incendie*** Feuerlöschpumpe *f*; Feuerspritze *f* **2** F *fig loc/adv* ***à toute ~*** in *ou* mit Windeseile; mit höchster, F affenartiger Geschwindigkeit; F mit Karacho; ***arriver à toute ~*** *a* F angerast kommen; ***rouler à toute ~*** *a* F e-n Affenzahn draufhaben **3** F *fig* ***avoir le*** *ou* ***un coup de ~*** F ausgepumpt, völlig fertig, am Boden zerstört, k. o. sein **4** F ***~s*** *pl* (*chaussures*) F Latschen *m/pl ou f/pl*; Treter *m/pl*; F *fig* ***être à côté de ses ~s*** F nicht alle beieinanderhaben; nicht ganz dicht sein; daneben sein **5** F MIL (***soldat*** *m* ***de***) ***deuxième ~*** *m* einfacher Soldat; F Landser *m*; *péj* Muschkote *m* **6** F *exercice* Liegestütz *m*; ***faire des ~s*** Liegestütze machen

pompe[2] [põp] *f* **1** *st/s* (*faste*) Prunk *m*; Pomp *m*; Pracht *f*; Gepränge *n*; Aufwand *m*; Prunk-, Prachtentfaltung *f*; ***en grande ~*** mit großem Prunk, Pomp *etc* **2** ***~s funèbres*** Beerdigungs-, Bestattungsinstitut *n*, -dienst *m* **3** REL → ***renoncer***

Pompéi [põpei] Pompeji *n*

pomper [põpe] *v/t* **1** TECH (ab-, hoch)pumpen; ***~ de l'eau*** Wasser pumpen; F *fig* ***tu me pompes l'air*** F du gehst, fällst mir auf den Wecker **2** *sol: eau etc* aufsaugen, -nehmen; *moustiques: sang* saugen **3** F (*copier*) abschreiben (***sur un livre*** von *ou* aus e-m Buch); abgucken (***sur qn*** von j-m), *abs* F spicken **4** F *fig adjt* ***être pompé*** → ***pompe**[1]* *3*

pompette [põpɛt] F *adj* angeheitert; F angesäuselt; beschwipst

pompeux [põpø] *adj* ⟨**-euse**⟩ *péj* schwülstig; hochtrabend; pathetisch; bombastisch

Pompidou [põpidu] ***Georges ~*** *frz Staatspräsident*

pompier[1] [põpje] *m* Feuerwehrmann *m*; ***~s*** *pl* Feuerwehr(leute) *f(pl)*; THÉ ***~ de service*** Feuerwehrmann vom Dienst; ***casque*** *m* ***de ~*** Feuerwehrhelm *m*; ***échelle*** *f* ***de ~s*** Feuerwehrleiter *f*; F ***fumer comme un ~*** rauchen wie ein Schlot

pompier[2] [põpje] *adj* ⟨**-ière**⟩ *péj discours, style* gespreizt; gestelzt; *peintre* akademisch und manieriert

pompiste [põpist] *m,f* Tankwart(in) *m(f)*

pompon [põpõ] *m* **1** Pompon *m*; Troddel *f*; Quaste *f*; *nordd* F *a* Bommel *f* **2** F *iron* ***avoir, tenir le ~*** alle anderen in den Schatten stellen, F in den Sack stecken; F den Vogel abschießen; F *fig* ***c'est le ~!*** F das ist die Höhe, der Gipfel! **3** *adjt* BOT ***rose f ~*** *t/t* Pomponrose *f* (*Strauchrose mit kugeligen Blüten*)

pomponner [põpɔne] *v/t* (*et v/pr*) (***se***) **~** (sich) herausputzen, -staffieren; (sich) hübsch machen

ponçage [põsaʒ] *m* (Ab)Schleifen *n*; *à la pierre ponce* Poncieren *n*; *au papier émeri* (Ab)Schmirgeln *n*

ponce [põs] *adj* ***pierre f ~*** Bimsstein *m*

Ponce Pilate [põspilat] *m* HIST Pontius Pilatus *m*

poncer [põse] *v/t* ⟨**-ç-**⟩ *parquet, meuble etc* (ab)schleifen; *au papier émeri* (ab)schmirgeln; *à la pierre ponce* poncieren **ponceuse** *f* TECH Schleifmaschine *f*

poncho [põʃo] *m* Poncho [-ˈtʃ-] *m*

poncif [põsif] *m st/s* (*lieu commun*) Gemeinplatz *m*; Plattitüde *f*; Klischee *n*

ponction [põksjõ] *f* **1** MÉD Punktion *f*; ***faire, pratiquer une ~*** (***à qn***) e-e Punktion (bei j-m) machen, vornehmen; (j-n) punktieren **2** FIN (Geld)Entnahme *f*; Liquiditätsentzug *m*

ponctionner [põksjɔne] *v/t* MÉD punktieren

ponctualité [põktɥalite] *f* Pünktlichkeit *f*; ***avec ~*** pünktlich

ponctuation [põktɥasjõ] *f* Zeichensetzung *f*; Interpunktion *f*; ***signes*** *m/pl* ***de ~*** Satzzeichen *n/pl*; Interpunktionszeichen *n/pl*; ***mettre la ~*** die Satzzeichen setzen

ponctuel [põktɥɛl] *adj* ⟨**~le**⟩ **1** *personne* pünktlich **2** *source lumineuse* punktuell; punktförmig **3** *fig intervention, action* punktuell; auf einen Punkt, auf einzelne Punkte beschränkt

ponctuellement [põktɥɛlmɑ̃] *adv* pünktlich

ponctuer [põktɥe] *v/t* **1** *texte* mit Satzzeichen versehen; interpunktieren **2** *fig ses phrases etc* ***~ d'un geste*** *etc* durch e-e Geste *etc* unterstreichen, betonen

pondérable [põderabl] *adj* *sc* wiegbar; mit bestimmbarem Gewicht **pondéral** *adj* ⟨**-aux**⟩ Gewichts…

pondérateur [põderatœr] *adj* ⟨**-trice**⟩ *influence etc* ausgleichend; mäßigend

pondération [põderasjõ] *f* **1** *d'une personne* Besonnenheit *f*; Bedachtsamkeit *f*; ***agir avec ~*** besonnen, mit Umsicht, überlegt handeln **2** *de forces* Ausgewogenheit *f* **3** STATISTIQUE Gewichtung *f*

pondéré [põdere] *adj* **1** *personne* besonnen; bedacht(sam); überlegt handelnd; maßvoll **2** STATISTIQUE ***indice ~*** gewichteter Index

pondérer [põdere] *v/t* ⟨**-è-**⟩ STATISTIQUE gewichten; wiegen

pondéreux [põderø] *adj* ⟨**-euse**⟩ COMM schwer; ***marchandises pondéreuses*** Schwergut *n*

pondeuse [põdøz] *f* **1** **~** *ou adjt* ***poule ~*** Legehenne *f*; ***une bonne ~*** e-e gute Legehenne **2** F *péj d'une femme* ***une ~*** (***d'enfants***) *péj* e-e Gebärmaschine

Pondichéry [põdiʃeri] GÉOGR Pondicherry *n*

pondre [põdr] *v/t* ⟨→ **rendre**⟩ **1** ZO *œufs* legen; *abs: animal* Eier legen; *poule* legen **2** F *péj femme: enfant* F kriegen **3** F *péj article, roman péj* fabrizieren; zusammenschreiben, -schmieren

poney [pɔnɛ] *m* ZO Pony *n*; ***~ des îles Shetland*** Shetlandpony *n*

pongiste [põʒist] *m,f* SPORTS Tischtennis-, Pingpongspieler(in) *m(f)*

P

Pons [põs] ***le Cousin ~*** *Romanfigur bei Balzac*
pont [põ] *m* **1** Brücke *f*; AVIAT **~ *aérien*** Luftbrücke *f*; **~ *basculant, à bascule*** Klappbrücke *f*; MANUTENTION **~ *roulant*** Lauf-, Brückenkran *m*; **~ *suspendu*** Hängebrücke *f*; **~ *tournant*** Drehbrücke *f*; CH DE FER Drehscheibe *f*; **~ *du chemin de fer*** Eisenbahnbrücke *f*; AUTO **~ *de graissage*** Hebebühne *f*; **~ *en béton armé, en bois*** Stahlbeton-, Holzbrücke *f*; ***les ~s sur la Seine*** die Seinebrücken *f/pl*; MIL ***tête f de ~*** Brückenkopf *m*; *fig*: ***couper, brûler les ~s*** alle Brücken hinter sich (*dat*) abbrechen; ***couper les ~s avec qn*** den Kontakt, die Beziehungen zu j-m abbrechen; *st/s* ***c'est un ~ aux ânes*** [-põtozɑn] das ist kinderleicht; das kann, weiß jedes Kind; ***faire le ~*** an e-m Werktag zwischen zwei Feiertagen *ou* arbeitsfreien Tagen nicht arbeiten; → *a 7*; ***faire un ~ d'or à qn*** j-m ein finanziell verlockendes Angebot machen **2** ADM ***Ponts et Chaussées*** [põze-] Tiefbauverwaltung *f*, -behörde *f*, -amt *n*; ***ingénieur m des Ponts et Chaussées*** beamteter Tiefbauingenieur **3** MAR Deck *n*; **~ *arrière*** Achterdeck *n*; → *a 4*; **~ *supérieur*** Oberdeck *n*; *loc/adv* ***sur le ~*** an Deck; ***tout le monde sur le ~!*** alle Mann an Deck! **4** AUTO **~ *arrière, avant*** Hinter-, Vorderachse *f* **5** ÉLECT (Mess)Brücke *f*; Brückenschaltung *f* **6** COUT ***pantalon m à ~*** Hose *f* mit Hosenklappe, -latz **7** SPORTS Brücke *f*; ***faire le ~*** e-e, die Brücke machen **8** TECH **~ *thermique*** Kältebrücke *f*
pontage [põtaʒ] *m* **1** TECH Bau *m* e-r Behelfsbrücke **2** MÉD Bypass(operation) [ˈbaɪ-] *m(f)*
Pont-à-Mousson [põtamusõ] *Stadt im Dep. Meurthe-et-Moselle*
Pontarlier [põtaʀlje] *Stadt im Dep. Doubs*
Pont-Audemer [põtodmɛʀ] *Stadt im Dep. Eure*
Pont-Aven [põtavɛn] *Stadt im Dep. Finistère*
ponte[1] [põt] *f* **1** ZO **a)** *action* Eierlegen *n*; **b)** *œufs* Gelege *n* **2** PHYSIOL **~ *ovulaire*** → ***ovulation***
ponte[2] [põt] *m* **1** *aux jeux de hasard* Gegenspieler *m* des Bankhalters **2** F *fig* ***un (gros) ~*** F ein hohes Tier; *péj* ein Bonze *m*
ponté [põte] *adj* MAR mit e-m Deck; *à plusieurs ponts* Mehrdeck…
ponter [põte] **I** *v/t* MAR *bateau* mit e-m Deck versehen **II** *v/i aux jeux de hasard* gegen den Bankhalter spielen
pontife [põtif] *m* **1** ÉGL CATH ***souverain ~*** Pontifex maximus *m*; Papst *m* **2** F *fig* hohes Tier; *péj* Bonze *m*; ***grand ~ de la littérature*** Literaturpapst *m*
pontifical [põtifikal] *adj* ⟨**-aux**⟩ ÉGL CATH **a)** ***messe ~e*** Pontifikalamt *n*; **b)** päpstlich; HIST ***États pontificaux*** Kirchenstaat *m*; ***trône ~*** päpstlicher Thron
pontificat [põtifika] *m* ÉGL CATH Pontifikat *n*
pontifier [põtifje] *v/i* dozieren; sich professoral geben
Pontine [põtin] GÉOGR ***la plaine ~*** die Pontinische Ebene
pont-l'évêque [põlevɛk] *m* ⟨*inv*⟩ *frz Weichkäse*
pont-levis [põl(ə)vi] *m* ⟨*pl* **ponts-levis**⟩ FORTIF Zugbrücke *f*
ponton [põtõ] *m* Anlegeponton *m*; *t/t* Schlengel *m*
ponton-grue *m* ⟨*pl* **pontons-grues**⟩ Schwimmkran *m*
pontonnier [põtɔnje] *m* MIL Brückenbaupionier *m*
pool [pul] *m* **1** ÉCON Pool [puːl] *m* **2** *dans une entreprise* **~ *de dactylos*** Schreibsaal *m*, -zentrale *f*

pop [pɔp] *adj* ⟨*inv*⟩ Pop…; ***art m ~*** Pop-Art *f*; ***musique f ~*** Popmusik *f*
pop'art [pɔpaʀ] *m* Pop-Art *f*
pop-corn [pɔpkɔʀn] *m* Popcorn *n*
pope [pɔp] *m* ÉGL Pope *m*
popeline [pɔplin] *f* TEXT Popelin(e) *m(f)*; ***chemise f en ~*** Popelin(e)hemd *n*
popote [pɔpɔt] *f* **1** F ***faire la ~*** das Kochen besorgen; kochen; das Essen zubereiten **2** MIL (*mess*) Offizierskasino *n* **3** *adjt* ⟨*inv*⟩ F ***être ~*** nur Interesse, Sinn für Küche und Haushalt haben; *femme a* ein Heimchen am Herd sein; *péj* hausbacken sein
popotin [pɔpɔtɛ̃] F *m* F (dicker) Hintern, Po; ***se magner le ~*** F sich ranhalten; sich tummeln; ***magne-toi le ~!*** *a* F mach schon!; (ein bisschen) Beeilung!; ein bisschen dalli!
populace [pɔpylas] *f péj* Pöbel *m*; Mob *m* **populacier** *adj* ⟨**-ière**⟩ *péj* des Pöbels; pöbelhaft
populaire [pɔpylɛʀ] *adj* **1** (*du peuple*) Volks… (*a* POL); volkstümlich; ***art m ~*** Volkskunst *f*; ***la Chine ~*** Rotchina *n*; ***croyance f ~*** Volksglaube *m*; POL ***démocratie f, république f ~*** Volksdemokratie *f*, -republik *f*; POL ***Front m ~*** Volksfront *f*; ***tradition f ~*** Volksbrauch *m* **2** (*plébéien*) (des) einfach(en Volkes); (*ouvrier*) Arbeiter…; ***bal m ~*** billiges öffentliches Tanzvergnügen (*in Arbeitervierteln*); ***les classes f/pl ~s*** die unteren Volksschichten *f/pl*; das einfache Volk; ***clientèle f, quartier m ~*** Arbeiterkundschaft *f*, -viertel *n*; ***dans les milieux ~s*** in (den) einfachen Kreisen; ***d'origine ~*** einfacher Herkunft **3** (*aimé*) *personnalité, chanson, mesure etc* populär; volkstümlich; beliebt; ***devenir, rendre ~*** populär werden, machen **4** LING **a)** *étymologie, dérivation* volkstümlich; ***latin m ~*** Vulgärlatein *n*; **b)** *expression, mot* derb; ***langue f ~*** Volkssprache *f*
populariser [pɔpylaʀize] *v/t* popularisieren; verbreiten; der Allgemeinheit nahebringen
popularité [pɔpylaʀite] *f* Popularität *f*; Beliebtheit *f*; ***jouir d'une grande ~ parmi les jeunes*** sich bei den Jugendlichen großer Beliebtheit erfreuen; ***soigner sa ~*** alles tun, um populär, beliebt zu bleiben
population [pɔpylasjõ] *f* **1** Bevölkerung *f*; **~ *civile, rurale, urbaine*** Zivil-, Land-, Stadtbevölkerung *f*; **~ *ouvrière*** Arbeiterbevölkerung *f*, -schaft *f*; ADM ***la ~ scolaire*** die Schüler *m/pl* und Studenten *m/pl*; **~ *du globe*** Welt-, Erdbevölkerung *f*; ***recensement m de (la) ~*** Volkszählung *f*; *région*: ***à ~ dense*** dicht bevölkert, besiedelt; mit großer Bevölkerungsdichte; ***à ~ faible*** schwach bevölkert; dünn besiedelt; → *a* ***actif*** *I 1* **2** STATISTIQUE statistische Masse; Kollektiv *n* **3** BIOL Population *f*; *d'une ruche* (Bienen)Volk *n*
populeux [pɔpylø] *adj* ⟨**-euse**⟩ *rue* bevölkert; *quartier* dicht bewohnt, bevölkert
populisme [pɔpylism] *m* LITTÉRATURE Populismus *m* **populiste** **I** *adj roman etc* populistisch **II** *m,f écrivain* Populist(in) *m(f)*
populo [pɔpylo] F *m* **1** (*peuple*) ***le ~*** das (einfache) Volk **2** (*foule*) ***être plein de ~*** voller Leute sein
porc [pɔʀ] *m* **1** ZO Schwein *n*; ***manger comme un ~*** wie ein Schwein essen **2** *viande* Schwein(efleisch) *n*; ***graisse f de ~*** Schweinefett *n ou* -schmalz *n*; ***rôti m de ~*** Schweinebraten *m*; ***manger du ~*** Schweinefleisch essen **3** *cuir* (***peau f de***) **~** Schweinsleder *n*; ***en ~*** schweinsledern; Schweinsleder… **4** *fig et péj*

P

d'un homme Schwein(igel) *n*(*m*)

porcelaine [pɔʀsəlɛn] *f* 1 Porzellan *n*; ~ ***(à pâte) dure, (à pâte) tendre*** Hart-, Weichporzellan *n*; ~ ***de Limoges*** Porzellan aus Limoges; ~ ***de Saxe*** Meiß(e)ner Porzellan; ~ ***de Sèvres*** Sèvresporzellan *n*; *loc/adj* ***de*** *ou* ***en*** ~ Porzellan...; porzellanen; ***vaisselle*** *f* ***de*** *ou* ***en*** ~ Porzellangeschirr *n* 2 *objet* Porzellangegenstand *m*; *vaisselle* Porzellangeschirr *n*; ***magasin*** *m* ***de*** ~ Porzellanwarengeschäft *n* 3 ZO Porzellanschnecke *f*

porcelainier [pɔʀsəlenje] I *adj* ⟨**-ière**⟩ Porzellan... II *m* Porzellanfabrikant *m*, -hersteller *m*

porcelet [pɔʀsəlɛ] *m* ZO Ferkel *n*

porc-épic [pɔʀkepik] *m* ⟨*pl* **porcs-épics** [-ke-]⟩ 1 ZO Stachelschwein *n* 2 F *fig de qn* F Kratzbürste *f*; Reibeisen *n*

porche [pɔʀʃ] *m* ARCH Portalvorbau *m*, -vorhalle *f*

porcher [pɔʀʃe] *m*, **porchère** *f* Schweinehirt(in) *m*(*f*)

porcherie [pɔʀʃəʀi] *f* 1 Schweinestall *m* 2 *fig* F Saustall *m*

porcin [pɔʀsɛ̃] I *adj* 1 ZO Schweine...; ***race*** ~***e*** Schweinerasse *f* 2 *fig* ***yeux*** ~***s*** Schweinsäuglein *n/pl* II *m/pl* ~***s*** AGR Schweine *n/pl*

pore [pɔʀ] *m* Pore *f*; *fig* ***suer la vanité par tous les*** ~***s*** vor *ou* von Eitelkeit überquellen, strotzen

poreux [pɔʀø] *adj* ⟨**-euse**⟩ porös

porion [pɔʀjõ] *m* MINES Steiger *m*

porno [pɔʀno] *adj* F *abr* (*pornographique*) Porno...; ***film*** *m*, ***revue*** *f* ~ Pornofilm *m*, -zeitschrift *f*

pornographe [pɔʀnɔgʀaf] *m* Pornograf *m* **pornographie** *f* Pornografie *f* **pornographique** *adj* pornografisch

porosité [pɔʀozite] *f* Porosität *f*

porphyre [pɔʀfiʀ] *m* MINÉR Porphyr *m*

Porrentruy [pɔʀɑ̃tʀɥi] GÉOGR Pruntrut *n*

port[1] [pɔʀ] *m* 1 Hafen *m*; ~ ***fluvial, maritime*** Binnen-, Seehafen *m*; ~ ***militaire, de guerre*** Kriegshafen *m*; ~ ***pétrolier*** Ölhafen *m*; *d'un bateau* ~ ***d'attache*** Heimathafen *m*; ~ ***de commerce, de guerre, de pêche*** Handels-, Kriegs-, Fischereihafen *m*; *fig* ***arriver à bon*** ~ wohlbehalten ankommen, eintreffen (*a chose*); *bateau* ***entrer au, dans le*** ~ (in den Hafen) einlaufen 2 *ville* Hafenstadt *f* 3 *dans les Pyrénées* Pass *m*

port[2] [pɔʀ] *m* 1 *d'un uniforme, de décorations, d'une barbe etc* Tragen *n*; *d'un nom a* Führen *n*; *d'une ceinture en voiture* Anlegen *n*; ~ ***d'armes*** *fait* Tragen von Waffen; *permis* Waffenschein *m*; MIL Präsentieren *n* des Gewehrs; *soldat* ***se mettre au*** ~ ***d'armes*** das Gewehr präsentieren 2 POSTES Porto *n*; ***frais*** *m/pl* ***de*** ~ Portoauslagen *f/pl*, -spesen *pl*; *loc/adv*: ***franc, franco de*** ~ porto-, frachtfrei; franko; ***en*** ~ ***dû*** unfrei; unfrankiert; ***en*** ~ ***payé*** frei(gemacht); frankiert 3 (*maintien*) (Körper)Haltung *f*; ~ ***de tête*** Kopfhaltung *f* 4 MAR *d'un navire* ~ ***en lourd*** Gesamtzuladungsgewicht *n* 5 BOT *d'un arbre* Wuchs *m* 6 MUS ~ ***de voix*** Portament(o) *n*

portable [pɔʀtabl] I *adj* tragbar; ***téléphone*** *m* ~ Handy ['hɛndi] *n* II *m* 1 INFORM Laptop ['lɛp-] *m* 2 TÉL Handy ['hɛndi] *n*

portage [pɔʀtaʒ] *m* Transport *m* durch Träger

portail [pɔʀtaj] *m* 1 ARCH Portal *n*; *d'un parc* (großes) Tor; ~ ***gothique*** gotisches Portal 2 INFORM Portal *n*

portance [pɔʀtɑ̃s] *f* AVIAT (dynamischer) Auftrieb

portant [pɔʀtɑ̃] I *adj* 1 CONSTR tragend; ***mur*** ~ tragende Wand 2 *loc/adv* ***tirer à bout*** ~ e-n aufgesetzten Schuss abgeben; aus allernächster Nähe schießen 3 *personne* ***être bien (mal)*** ~ (nicht) gesund, wohlauf sein; ***il est bien, mal*** ~ *a* es geht ihm gesundheitlich gut, schlecht II *m* 1 *t/t* (*anse*) (Metall)Griff *m* 2 THÉ *pour décors etc* Stütze *f*; Ständer *m*

portatif [pɔʀtatif] *adj* ⟨**-ive**⟩ *appareil* tragbar; ***machine à écrire portative*** Reise-, Kofferschreibmaschine *f*; ***téléviseur*** ~ tragbares Fernsehgerät

Port-au-Prince [pɔʀopʀɛ̃s] *Hauptstadt von Haiti*

porte[1] [pɔʀt] *f* 1 Tür *f*; *d'une ville, d'un château* Tor *n* (*a fig*); *fig du Paradis, de l'Enfer* Pforte *f*; ♦ *dans une entreprise etc* ***journée*** *f* ~***s ouvertes*** Tag *m* der offenen Tür; *fig* ***enfoncer une*** ~ ***ouverte, des*** ~***s ouvertes*** offene Türen einrennen; *fig* ***c'est la*** ~ ***ouverte à tous les abus*** damit ist jedem Missbrauch Tür und Tor geöffnet; *fig* ***laisser la*** ~ ***ouverte à des négociations*** die Tür für *ou* zu Verhandlungen offen lassen; ♦ ~ ***à deux battants*** Flügeltür *f*; *fig* ***la*** ~ ***de ...*** das Tor zu ...; ~ ***d'un appartement, d'une armoire*** Wohnungs-, Schranktür *f*; ~ ***d'entrée*** Eingangstür *f*; Haustür *f*; ~ ***d'un garage*** Garagentür *f*, -tor *n*; ~ ***du jardin*** Gartentür *f*, -tor *n*, -pforte *f*; ~ ***d'une maison*** Haustür *f*; ~ ***de secours*** Notausgang *m*; ~ ***de sortie*** Ausgangstür *f*; *fig* ***se ménager, se réserver une*** ~ ***de sortie*** sich (*dat*) e-e Hintertür offen halten; ♦ *loc/adv*: ***habiter*** ~ ***à*** ~ Tür an Tür, Haus an Haus wohnen; → *a* ***porte-à-porte***; ***à la*** ~ an, vor der Tür; ***à la*** ~***!*** hinaus, raus (mit dir, ihm *etc*)*!*; ***être à la*** ~ vor der Tür stehen (*a sanction*); ***mettre***, F ***flanquer***, P ***foutre qn à la*** ~ j-n vor die Tür, F an die Luft setzen; F j-n rausschmeißen, -werfen, -setzen; feuern; *par ext* ***à ma, sa*** *etc* ~ ganz in meiner, s-r *etc* Nähe; vor meiner, s-r *etc* Tür; ***aux*** ~***s de la ville*** vor (den Toren) der Stadt; ***de*** ~ ***en*** ~ von Tür zu Tür; von Haus zu Haus; ***entre deux*** ~***s*** zwischen Tür und Angel; ♦ *fig* ***entrer par la grande*** ~ sofort in e-e gehobene Stellung kommen; *fig* ***entrer par la petite*** ~ unten anfangen; sich hocharbeiten; *fig* ***toutes les*** ~***s lui sont ouvertes (fermées)*** ihm stehen alle Türen offen (ihm sind alle Türen verschlossen); ***(fermez) la*** ~***!*** (bitte) Tür zu, Tür schließen!; *fig* ***fermer, refuser sa*** ~ ***à qn*** j-m sein Haus verbieten; *fig* ***ouvrir sa*** ~ ***à qn*** j-m sein Haus öffnen; *fig* ***ouvrir la*** ~ ***à qc*** e-r Sache (*dat*) Tür und Tor öffnen; ***prendre la*** ~ zornig hinausgehen, die Tür hinter sich (*dat*) zumachen; *prov* ***il faut qu'une*** ~ ***soit ouverte ou fermée*** man muss sich für etwas entscheiden; entweder - oder; → *a* ***forcer*** *I 1*, ***frapper*** *II* 2 AVIAT ~ ***(d'embarquement)*** Flugsteig *m* 3 SLALOM Tor *n* 4 GÉOGR ***les Portes de Fer*** das Eiserne Tor

porte[2] [pɔʀt] *adj* ANAT ***veine*** *f* ~ Pfortader *f*

porté [pɔʀte] *adj* 1 ***être*** ~ ***à qc*** zu etw neigen; ***nous sommes*** ~***s à croire que ...*** wir neigen zu der Annahme, wir möchten annehmen, dass ...; ***être*** ~ ***sur qc*** e-e ausgesprochene Vorliebe, e-e Schwäche für etw haben; ***être*** ~ ***sur la boisson*** gern einen über den Durst trinken 2 PEINT ***ombre*** ~***e*** Schlagschatten *m*

porte-à-faux [pɔʀtafo] *m* ⟨*inv*⟩ CONSTR Auskragung *f*; Überhang *m*; freitragender Teil; → *a* ***porter***[1] *II 5*

porte-à-porte [pɔʀtapɔʀt] *m* COMM Hausieren *n*;

Hausierhandel *m*; *a par ext* ***faire du ~*** von Tür zu Tür, von Haus zu Haus gehen; hausieren
porte-avions [pɔʀtavjõ] *m* ⟨*inv*⟩ MIL Flugzeugträger *m*
porte-bagages [pɔʀt(ə)bagaʒ] *m* ⟨*inv*⟩ *d'un vélo* Gepäckträger *m*; *dans un train etc* Gepäcknetz *n* **porte-balais** *m* ⟨*inv*⟩ ÉLECT Bürstenhalter *m* **porte-bébé** *m* ⟨*pl* **porte-bébé(s)**⟩ Babytragetasche ['be:bi-] *f* **porte-bonheur** *m* ⟨*inv*⟩ Glücksbringer *m* **porte-bouteilles** *m* ⟨*inv*⟩ *casier* Flaschenregal *n*, -gestell *n*; *égouttoir* Abtropfgestell *n* für Flaschen **porte-cartes** *m* ⟨*inv*⟩ *pour papiers d'identité etc* Ausweistasche *f*, -hülle *f*; *pour cartes routières* Kartentasche *f* **porte-cigarettes** *m* ⟨*inv*⟩ Zigarettenetui *n* **porte-clefs** *ou* **porte-clés** *m* ⟨*inv*⟩ *anneau* Schlüsselring *m* (mit Anhänger); *étui* Schlüsseletui *n*; *panneau* Schlüsselbrett *n* **porte-conteneurs** *m* ⟨*inv*⟩ MAR Containerschiff [-'te:-] *n* **porte-couteau** *m* ⟨*pl* **porte-couteau(x)**⟩ Messerbänkchen *n* **porte-documents** *m* ⟨*inv*⟩ (Kolleg-)Mappe *f* **porte-drapeau** *m* ⟨*pl* **porte-drapeau(x)**⟩ **1** Fahnenträger *m* **2** *fig* Anführer(in) *m(f)*
portée [pɔʀte] *f* **1** ZO Wurf *m*; ***une ~ de chiots*** ein Wurf junger Hunde **2** *d'une arme* Reich-, Schuss-, Tragweite *f*; *d'un émetteur* Reichweite *f*; Sendebereich *m*; ***canon*** *m* ***à grande, longue ~*** weit tragendes Geschütz; ***missile*** *m* ***à courte ~*** Kurzstreckenrakete *f*; ♦ *loc/adv*: ***à ~ de la main*** in Reichweite; griffbereit; greifbar; ***à ~ du regard, de la vue*** in Sichtweite; ***à ~ de (la) voix*** in Hör-, Rufweite; ***à la ~ de qn*** a) in j-s Reichweite; für j-n erreichbar; griffbereit; b) (*accessible*) für j-n zugänglich → *a 3*; ***à la ~ de toutes les bourses*** für jeden erschwinglich; ***ne pas laisser des médicaments à la ~ des enfants*** Medikamente so aufbewahren, dass sie für Kinder nicht zugänglich, unerreichbar sind; ***'hors de la ~ de qn*** a) außer j-s Reichweite; für j-n unerreichbar; b) (*inaccessible*) für j-n nicht zugänglich, unzugänglich; ***être 'hors de la ~ des balles*** außer Schussweite sein **3** *fig* (*capacité intellectuelle*) Fassungsvermögen *n*, -kraft *f*; ***à la ~ de qn*** für j-n verständlich, (er)fassbar, begreiflich; ***à la ~ de tous*** allgemein verständlich; für jedermann verständlich; ***mettre qc à la ~ de qn*** j-m etw verständlich, fassbar, begreiflich machen; ***se mettre à la ~ de son auditoire*** sich für s-e Zuhörer verständlich ausdrücken; sich dem geistigen Niveau s-r Zuhörer anpassen **4** *d'une décision, d'une invention etc* Tragweite *f*; Bedeutung *f*; *d'un argument* Überzeugungs-, Schlagkraft *f*; *de paroles, de critiques etc* Wirkung *f*; *d'un ouvrage a* Widerhall *m*; ***être d'une grande ~*** *argument* große Überzeugungs-, Schlagkraft besitzen; sehr überzeugend, schlagkräftig sein; *paroles, livre* große Wirkung ausüben; großen Widerhall finden **5** CONSTR Spannweite *f* **6** MUS Liniensystem *n*; Notenlinien *f/pl*
portefaix [pɔʀtəfɛ] *m autrefois* (Last)Träger *m*
porte-fenêtre [pɔʀt(ə)fənɛtʀ] *f* ⟨*pl* **portes-fenêtres**⟩ Fenstertür *f*; Terrassen-, Verandatür *f*
portefeuille [pɔʀtəfœj] *m* **1** *pour papiers etc* Brieftasche *f* **2** *d'un ministre* Geschäftsbereich *m*; Ressort *n*; Portefeuille *n*; ***~ des Affaires étrangères*** Ressort für auswärtige Angelegenheiten; ***ministre*** *m* ***sans ~*** Minister *m* ohne Geschäftsbereich, Portefeuille **3** FIN Portefeuille *n*; Wertpapierbestand *m* **4** *loc* ***faire un lit en ~*** (zum Scherz) das Betttuch wie ein Etui falten **5** *adjt* COUT ***jupe*** *f* ***~*** Wickelrock *m*
porte-flambeau [pɔʀt(ə)flɑ̃bo] *m* ⟨*pl* **porte-flambeau(x)**⟩ Fackelträger *m* **porte-hélicoptères** *m* ⟨*inv*⟩ Hubschrauberträger m **porte-jarretelles** *m* ⟨*inv*⟩ Strumpfhaltergürtel *m* **porte-journaux** *m* ⟨*inv*⟩ Zeitungsständer *m*
portemanteau [pɔʀt(ə)mɑ̃to] *m* ⟨*pl* **~x**⟩ Garderobe(nständer) *f(m)*; Kleiderablage *f*, -ständer *m*; F ***épaules*** *f/pl* ***en ~*** breite, eckige Schultern *f/pl*
porte-mine ⟨*pl* **porte-mine(s)**⟩ *ou* **portemine** [pɔʀtəmin] *m* Druck-, Drehbleistift *m*
porte-monnaie [pɔʀt(ə)mɔnɛ] *m* ⟨*inv*⟩ Geldbeutel *m*; Portemonnaie *n*; *fig*: ***avoir le ~ bien garni*** F ein dickes Portemonnaie, e-e dicke Brieftasche haben; ***faire appel au ~ de qn*** an j-s Freigebigkeit appellieren
porte-objet [pɔʀtɔbʒɛ] *m* ⟨*pl* **porte-objet(s)**⟩ OPT *lame* Objektträger *m*; *platine* Objekttisch *m* **porte-outil** *m* ⟨*pl* **porte-outil(s)**⟩ TECH Werkzeughalter *m*
porte-parapluies [pɔʀt(ə)paʀaplɥi] *m* ⟨*inv*⟩ Schirmständer *m* **porte-parole** *m* ⟨*inv*⟩ *personne* Wortführer *m*; Sprecher *m*; *journal* Sprachrohr *n* **porte-plume** *m* ⟨*inv*⟩ Federhalter *m*
porter[1] [pɔʀte] **I** *v/t* **1** *fardeau, personne, fig: responsabilité* tragen; ***mes jambes ne me portent plus*** die Beine versagen mir den Dienst; meine Beine wollen nicht mehr; ***~ à la main*** in der Hand tragen; *enfant* ***~ dans ses bras*** auf dem *ou* im Arm, auf den Armen tragen **2** *vêtements, lunettes, décoration, bague* tragen; *vêtements, gants, chaussures a* anhaben; *chapeau a* aufhaben; ***~ la barbe*** e-n Bart tragen; ***~ les cheveux longs*** das Haar lang tragen **3** ***~ le corps en avant*** leicht vornübergeneigt gehen; ***~ la tête 'haute*** den Kopf hochhalten **4** *nom, inscription, date, traces* tragen; *nom a* führen; ***il porte sa méchanceté sur son visage*** die Bosheit steht ihm im Gesicht geschrieben; *document* ***~ une mention*** e-n Vermerk tragen; *personne* ***~ un titre*** e-n Titel führen **5** **a)** (*prendre pour déposer*) (hin)bringen, (-)schaffen (***à*** zu); *cuiller etc à la bouche* führen; MIL ***portez - arme(s)!*** das Gewehr - über!; ***va lui ~ cette lettre!*** bring, trag ihm diesen Brief hin *ou* diesen Brief zu ihm hin!; *argent* ***~ à la banque*** auf die *ou* zur Bank bringen, tragen, schaffen; ***~ la main à son front*** sich (*dat*) mit der Hand an die Stirn fassen, greifen; ***~ au pouvoir*** an die Macht bringen; *litige* ***~ devant les tribunaux*** vor Gericht bringen; ***~ qc à nettoyer, un film à développer*** etw zur Reinigung, e-n Film zum Entwickeln bringen *ou* geben; **b)** (*élever*) bringen (***à*** auf +*acc*); *température* ***~ à cent degrés*** auf hundert Grad bringen; *somme, honoraires etc* ***~ à mille euros*** auf tausend Euro heraufsetzen, erhöhen, steigern; ***~ le nombre des victimes à dix*** die Zahl der Opfer auf zehn erhöhen; **c)** *jalousie, déboires etc* ***~ qn à qc*** j-n zu etw bringen, treiben, verleiten, verführen; ***tout porte à croire que ...*** alles legt die Vermutung nahe, lässt darauf schließen, spricht dafür, dass ...; → *a* ***porté*** *1* **6** *en loc avec subst*: ***~ bonheur, malheur*** Glück, Unglück bringen; ***~ un jugement sur qn, qc*** ein Urteil über j-n, etw abgeben; → *a* ***atteinte*** *2*, ***plainte*** *3*, ***toast*** *1* **7** (*inscrire*) eintragen (***sur*** in +*acc*); ***~ qn absent*** j-n als abwesend, fehlend führen; ***se faire ~***

P

malade sich krankmelden; sich krankschreiben lassen; *somme* ~ ***à l'actif, à l'avoir, au crédit*** gutschreiben; ~ ***sur une liste*** *a* auf e-e Liste setzen **8** *arbre et fig* ~ ***des fruits*** Früchte tragen **9** *sentiments, intérêt* entgegenbringen (***à qn*** j-m); ~ ***une reconnaissance éternelle à qn*** j-m ewig dankbar sein; ***malgré le respect que je lui porte*** ungeachtet meiner Wertschätzung für ihn **10** *(diriger) regard, attention* ~ ***sur qn, qc*** auf j-n, etw richten, lenken; ~ ***un débat sur le plan politique*** e-r Debatte e-e Wendung ins Politische geben; ~ ***son effort sur qc*** s-e Anstrengungen auf etw konzentrieren **11** ZO *femelles* tragen (*surtout abs*) **II** *v/i* **1** *voix* gut, weit tragen; ~ ***loin*** *canon* weit tragen; *fusée* weit reichen; *canon, fusée a* e-e große Reichweite haben; ***aussi loin que porte la vue*** so weit das Auge reicht **2** *(avoir de l'effet)* wirken; s-e Wirkung nicht verfehlen; ~ ***juste*** *coup* treffen; sitzen; *remarque* sitzen; ***ça a porté!*** das saß!; der Hieb hat gesessen! **3** ~ ***sur*** **a)** *poids, édifice* ruhen auf (+*dat*); **b)** *accent* liegen auf (+*dat*); **c)** *litige* gehen um; *rapport etc* zum Inhalt, Gegenstand haben (+*acc*); behandeln (+*acc*); *critiques, remarque* sich beziehen auf, sich richten gegen, betreffen (+*acc*); *remarque a* abzielen auf (+*acc*); ***il a fait*** ~ ***sa conférence sur …*** er hat in s-m Vortrag … behandelt; **d)** F ~ ***sur les nerfs*** auf die Nerven gehen, fallen (***à qn*** j-m); **e)** *il est tombé*, ***sa tête a porté sur une pierre*** und schlug mit dem Kopf auf e-n Stein auf **4** *l'alcool* ***lui porte à la tête*** steigt ihm zu Kopfe **5** CONSTR *loc/adj* ***en porte à faux*** *(pas d'aplomb)* schief; nicht lotrecht; *(en surplomb)* auskragend; vorspringend; überhängend; freitragend; *fig* ***être en porte à faux*** in e-r heiklen, peinlichen, schwierigen Situation sein **III** *v/pr* **1** *personne* ***il se porte bien, mal*** es geht ihm (gesundheitlich) gut, schlecht; sein Befinden ist gut, schlecht **2** ***se*** ~ ***acquéreur*** als Käufer auftreten; → *a* ***candidat, garant*** *3* **3** *st/s* ***se*** ~ ***à des excès*** sich zu Exzessen hinreißen lassen; *st/s* ***se*** ~ ***à la rencontre de qn*** sich zu e-r Zusammenkunft mit j-m begeben **4** *sang* ***se*** ~ ***à la tête*** in den Kopf steigen; ***se*** ~ ***sur qn*** *regard* sich auf j-n richten; zu j-m hingehen; *soupçons* sich gegen j-n richten; *a choix* auf j-n fallen; *mauvaise grippe* ***se*** ~ ***sur les bronches*** sich auf die Bronchien legen **5** *sens passif*: *vêtements* ***se*** ~ getragen werden

porter² [pɔʀtɛʀ] *m bière* Porter *m ou n*

porte-revues [pɔʀt(ə)ʀəvy] *m ⟨inv⟩* Zeitschriftenständer *m* **porte-savon** *m ⟨pl* **porte-savon(s)***⟩* Seifenschale *f*, -ablage *f* **porte-serviettes** *m ⟨inv⟩* Handtuchhalter *m* **porte-skis** *m ⟨inv⟩* AUTO Skiträger *m*

porteur [pɔʀtœʀ] **I** *m* **1** CH DE FER Gepäckträger *m*; Dienstmann *m*; *dans une expédition* (Last)Träger *m*; *autrefois* ~ ***d'eau*** Wasserträger *m*; MÉD ~ ***de germes*** Bazillen-, Keimträger *m* **2** *(messager)* ~, ***porteuse*** *m,f* Bote *m*, Botin *f*; *de nouvelles a* Überbringer(in) *m(f)*; ~, ***porteuse*** *m,f* ***de journaux*** Zeitungs(aus)träger(in) *m(f)*; F Zeitungsmann, -frau *m,f*; ~ ***de télégrammes*** Telegrammbote *m* **3** FIN *d'un titre* Inhaber *m*; *d'un chèque a* Überbringer *m*; *loc/adj* ***au*** ~ Inhaber…; auf den Inhaber lautend; ***payable au*** ~ an Überbringer; *par ext* ***être*** ~ ***de faux papiers*** im Besitz falscher Papiere sein **II** *adj ⟨*-***euse****⟩* **1** TECH Träger…; TÉLÉCOMM ***courant*** ~ Trägerstrom *m*; ***onde porteuse*** Trägerwelle *f*, -frequenz *f*; *t/t* Träger *m*; ***fusée porteuse*** Trägerrakete *f* **2** ***avion gros*** ~ Großraumflugzeug *n* **3** ***mère porteuse*** Leihmutter *f* **4** ÉCON *secteur, industries* gewinnträchtig; die Konjunktur tragend

porte-vélo [pɔʀtəvelo] *m ⟨pl* **porte-vélo(s)***⟩* AUTO Fahrradträger *m*

porte-voix [pɔʀtəvwa] *m ⟨inv⟩* Megafon *n*; Sprachrohr *n*; Schalltrichter *m*; ***mettre ses mains en*** ~ die Hände trichterförmig, als Schalltrichter an den Mund legen

portier [pɔʀtje] *m* **1** (Hotel)Portier *m*; Pförtner *m* *(a d'un couvent)*; *adjt* ***sœur*** *f* ***portière*** Schwester *f* Pförtnerin **2** ~ ***électronique*** elektronisches Türschloss (mit Sprechanlage)

portière [pɔʀtjɛʀ] *f* **1** CH DE FER, AUTO (Wagen)Tür *f*; ***voiture*** *f* ***à deux, quatre*** ~***s*** zwei-, viertüriger Wagen **2** *tenture* Türvorhang *m*; Portiere *f*

portillon [pɔʀtijõ] *m d'un passage à niveau* Seitentürchen *n* (für Fußgänger); *dans le métro* ~ ***automatique*** automatisch schließende Bahnsteigsperre; F *fig* ***ça se bouscule au*** ~ er *ou* sie verhaspelt, verheddert sich

portion [pɔʀsjõ] *f* **1** CUIS Portion *f*; ***une bonne*** ~ ***de viande*** e-e reichliche, große Fleischportion **2** *d'un tout* (Teil)Stück *n*; Teil *m ou n*; *dans un partage* Anteil *m* (***de*** an +*dat*); *d'une route etc* Abschnitt *m*; Teilstrecke *f*

portique [pɔʀtik] *m* **1** ARCH Portikus *m*; Säulenhalle *f* **2** SPORTS Turngerüst *n*; ~ ***de balançoire*** Schaukelgerüst *n* **3** TECH ~ (***roulant***) Portal-, Bock-, Torkran *m*

porto [pɔʀto] *m* Portwein *m*; ***verre*** *m* ***à*** ~ Südwein-, Süßweinglas *n*

portoricain [pɔʀtɔʀikɛ̃] **I** *adj* puertoricanisch **II** *subst* ***Portoricain(e)*** *m(f)* Puertoricaner(in) *m(f)*

Porto Rico [pɔʀtoʀiko] Puerto Rico *n*

Porto-Vecchio [pɔʀtovɛkjo] *Stadt auf Korsika*

portrait [pɔʀtʀɛ] *m* **1** PEINT, PHOT Porträt [-'trɛː] *n* *(a fig)*; *st/s* Bildnis *n*; ~ ***de famille*** Familienbild *n*; ~ ***en pied*** ganzfigürliches Bildnis; Ganzfigur *f*; *fig enfant* ***être tout le*** ~ ***de son père*** das Ebenbild, das getreue Abbild des Vaters sein; ganz der Vater sein; ***faire le*** ~ ***de qn*** a) PEINT ein Porträt von j-m malen; j-n porträtieren; PHOT ein Porträt von j-m machen, aufnehmen; b) *fig* (*a* ***tracer le*** ~ ***de qn***) ein Porträt, Charakterbild von j-m zeichnen, geben; j-n porträtieren; F *fig* ***il s'est fait abîmer, démolir le*** ~ F man hat ihm die Fassade demoliert; *plais* ***se faire tirer le*** ~ sich fotografieren, F knipsen lassen **2** *genre*: PEINT Porträtmalerei *f*; PHOT Porträt(fotografie) *n(f)* **3** ***jeu*** *m* ***du*** ~ Personenraten *n*

portraitiste [pɔʀtʀɛtist] *m,f* PEINT Porträtist(in) *m(f)*; Porträtmaler(in) *m(f)*

portrait-robot [pɔʀtʀɛʀɔbo] *m ⟨pl* **portraits-robots***⟩* Phantombild *n*; Fahndungsskizze *f*

portraiturer [pɔʀtʀɛtyʀe] *iron v/t* porträtieren

Port-Saïd [pɔʀsaid] GÉOGR Port Said *n*

port-salut [pɔʀsaly] *m ⟨inv⟩ ein frz Schnittkäse*

Port-Soudan [pɔʀsudɑ̃] GÉOGR Port Sudan *n*

portuaire [pɔʀtɥɛʀ] *adj* Hafen…; ***installations*** *f/pl* ~***s*** Hafenanlagen *f/pl*

portugais [pɔʀtygɛ] **I** *adj* portugiesisch **II** *subst* **1** ***Portugais(e)*** *m(f)* Portugiese, -giesin *m,f* **2** LING ***le*** ~ das Portugiesische; Portugiesisch *n* **3** ZO ~***e*** *f* Auster *f* (der Gattung Gryphea) **4** F *fig* ***avoir***

P

les ~es ensablées F auf den Ohren sitzen; F Tomaten auf den Ohren haben; keine Ohren haben
Portugal [pɔʀtygal] ***le ~*** Portugal *n*
POS [peoɛs] *m abr* (*plan d'occupation des sols*) Flächennutzungsplan *m*
pose [poz] *f* **1** *d'un compteur etc* Anbringung *f*; Installierung *f*; Installation *f*; *d'une serrure a* Einbau *m*; *de câbles, de rails, de carrelage, d'une moquette etc* Verlegung *f*; *de rideaux* Anbringung *f*; Anmachen *n*; Aufhängen *n*; (***cérémonie*** *f* ***de la***) ***~ de la première pierre*** (feierliche) Grundsteinlegung (***d'un bâtiment*** zu e-m Gebäude); ***~ de voies ferrées*** Gleisverlegung *f* **2** (*attitude* [*d'un modèle*]) (Körper)Haltung *f*; Stellung *f*; *affectée* Pose *f*; ***garder la ~*** in dieser Stellung, Haltung bleiben; so bleiben; ***prendre une ~*** F sich in Positur setzen, stellen, werfen **3** PHOT Belichtung *f*; ***temps*** *m* ***de ~*** Belichtungszeit *f*
posé [poze] *adj* **1** *personne, caractère* gesetzt; ruhig; bedächtig **2** MUS *voix* ***bien, mal ~e*** mit gutem, schlechtem Registerausgleich
Poséidon [pɔzeidõ] *m* MYTH Poseidon *m*
posément pozemɑ̃ *adv* → ***posé 1***
posemètre [pozmɛtʀ] *m* PHOT Belichtungsmesser *m*
poser [poze] **I** *v/t* **1** *objet* **a**) (*placer*) (hin)stellen, (-)setzen, (-)legen; ***~ à*** *ou* ***par terre*** auf die Erde, auf den Boden stellen, setzen; nieder-, absetzen; *échelle* ***~ contre le mur*** an die Mauer lehnen; ***~ sur qc*** *objet* auf etw (*acc*) stellen, legen, *main, doigts* legen, *pied* stellen, setzen; ***~ son regard sur qn, qc*** s-n Blick auf j-n, etw richten; **b**) (*déposer*) ablegen; abstellen; absetzen; weg-, niederlegen; aus der Hand legen **2** (*installer*) *compteur etc* anbringen; installieren; *serrure a* einbauen; *tuyaux, rails, câbles, carrelage, moquette etc* (ver)legen; *rideaux* anbringen; anmachen; aufhängen; *bombe*, MIL *mines* legen **3** *principe, équation* aufstellen; *question, condition* stellen; *qc: un problème* aufwerfen; darstellen; bilden; mit sich bringen; ***ça me pose des problèmes*** das stellt mich vor Probleme; ***~ une question à qn*** j-m e-e Frage stellen (***sur*** über +*acc*); *loc* ***ceci posé*** dies vorausgesetzt; unter dieser Annahme; → *a* ***candidature*** **4** (*donner du prestige*) ***~ qn*** j-m Ansehen verschaffen; *une voiture comme ça,* ***ça pose!*** das sieht nach etwas aus, stellt etwas dar, macht Eindruck! **5** MATH *chiffre* (hin)schreiben; *trente-quatre,* ***je pose quatre et je retiens trois*** ich schreibe vier hin und merke mir drei **II** *v/i* **a**) *pour un portrait etc* Modell stehen *ou* sitzen; **b**) posieren; schauspielern; ***~ pour la galerie*** auf Wirkung bedacht sein; nach (billigen) Effekten haschen **III** *v/pr* **1** ***se ~*** *personne, oiseau* sich setzen (***sur*** auf +*acc*); sich niederlassen (auf +*dat*); *avion* aufsetzen; (*atterrir*) niedergehen; landen; *regard* sich richten (***sur*** auf +*acc*); ***une main se posa sur son épaule*** e-e Hand legte sich ihm auf die Schulter **2** ***se ~*** *question* sich stellen; sich erheben; auftauchen; *problème* entstehen; auftreten; auftauchen **3** *personne* ***se ~ en*** sich aufwerfen zu; auftreten als; ***se ~ en justicier*** sich zum Rächer aufwerfen **4** F *pour insister* ***comme imbécile, il se pose*** (***un peu***) ***là!*** F er ist ein ausgemachter Dummkopf!; dümmer geht es nicht mehr!
poseur [pozœʀ] *m*, **poseuse** *f* **1** (*prétentieux, -euse*) Angeber(in) *m(f)*; Effekthascher *m*; Poseur *m*; *adjt* ***être poseur, poseuse*** ein(e) Angeber(in), ein Effekthascher sein; affektiert sein; (ganz gut) schauspielern **2** *m* ***poseur de bombes*** Bombenleger *m*; ***poseur de parquet*** Parkettleger *m*
positif [pozitif] **I** *adj* ⟨**-ive**⟩ **1** *réponse, réaction,* MÉD, ÉLECT, MATH positiv; GR *phrase* bejahend; ÉLECT ***charge positive*** positive Ladung; ***critique positive*** positive, konstruktive Kritik; MATH ***nombre ~*** positive Zahl; ÉLECT ***pôle ~*** Pluspol *m*; ***proposition positive*** positiver, konstruktiver Vorschlag **2** *personne* ***esprit ~*** Realist(in) *m(f)*; Tatsachenmensch *m*; realistisch, nüchtern denkender Mensch **3** (*assuré*) feststehend; unbestreitbar; bewiesen; (*réel*) tatsächlich; effektiv; (*concret*) greifbar; konkret **4** GR ***adjectif ~*** Adjektiv *n* im Positiv, in der Grundstufe; ***degré ~*** Positiv *m*; Grundstufe *f* **5** JUR ***droit ~*** positives Recht **II** *m* **1** PHILOS ***le ~*** das Tatsächliche, Greifbare **2** PHOT Positiv *n* **3** GR Positiv *m*; Grundstufe *f*
position [pozisjõ] *f* **1** *d'une personne* (*posture*) Stellung *f*; Haltung *f*; Position *f*; *d'un levier, d'un verrou etc* Stellung *f*; ***en ~ couchée*** in liegender Stellung; ***j'étais assis dans une fausse ~*** ich habe irgendwie falsch, ungeschickt gesessen; ***~ horizontale*** Horizontallage *f*; F ***prendre la ~ horizontale*** sich hinlegen; sich schlafen legen; ***~ inclinée*** geneigte Haltung; Schrägstellung *f*, -lage *f*; ***~*** (***in***)***stable*** fester (unsicherer) Stand; ***~ de départ*** Ausgangsstellung *f* (*a* SPORTS); ***~ des jambes, des mains*** Bein-, Handhaltung *f*, -stellung *f* **2** *dans l'amour physique* Stellung *f* **3** *d'une personne* (*situation*) Lage *f*; Situation *f*; ***être dans une ~ critique*** in e-r kritischen Lage, Situation sein **4** AVIAT, MAR Standort *m*; Position *f*; ***signaler la ~*** den Standort, die Position angeben **5** *dans une hiérarchie, une série* Position *f*; Platz *m*; Stelle *f*; SPORTS: ***arriver en première ~*** als Erster durch das Ziel gehen; ***être en troisième ~*** in dritter Position, an dritter Stelle, auf dem dritten Platz liegen **6** MIL Stellung *f*; ***~ défensive*** Abwehr-, Verteidigungsstellung *f*; *fig* ***avoir une ~ défensive*** sich defensiv verhalten; in der Defensive sein; ***prendre une ~*** e-e Stellung (ein)nehmen; ***prendre ~*** Stellung beziehen; in Stellung gehen; → *a 6* **7** *fig* (*point de vue*) Standpunkt *m*; Ansicht *f* (***sur*** über +*acc*); Position *f*; ***prise*** *f* ***de ~*** Stellungnahme *f* (***sur une question*** zu e-r Frage); ***prendre ~*** Stellung nehmen (***sur*** zu; ***pour, contre*** für, gegen); ***rester sur ses ~s*** auf s-m Standpunkt beharren; bei s-n Ansichten bleiben **8** (*condition sociale*) (hohe) Position, Stellung; *d'un fonctionnaire* dienstliche Stellung; ***~ sociale*** soziale Stellung; ÉCON ***~ de monopole*** Monopolstellung *f* **9** MUS Lage *f* **10** *d'un compte bancaire* Kontostand *m*
positionner [pozisjɔne] *v/t* **1** *compte bancaire* den Kontostand ermitteln (+*gén*) **2** ÉCON *produit* positionieren
positivement [pozitivmɑ̃] *adv* **1** (*réellement*) wirklich; faktisch; effektiv **2** (*opposé: négativement*) *se développer etc* positiv **3** ÉLECT ***chargé ~*** positiv geladen
positiver [pozitive] *v/i* eine positive Sichtweise einnehmen; positiv denken
positivisme [pozitivism] *m* PHILOS Positivismus *m*
positiviste PHILOS **I** *adj* positivistisch **II** *m,f* Positivist(in) *m(f)*

P

positivité [pozitivite] *f* ÉLECT positiv-elektrischer Zustand
posit(r)on [pozit(ʀ)õ] *m* PHYS NUCL Positron *n*
posologie [pɔzɔlɔʒi] *f* PHARM Dosierung *f*
possédant [pɔsedɑ̃] **I** *adj* ***la classe ~e*** die besitzende Klasse **II** *m/pl* ***les ~s*** die Besitzenden *m/pl*
possédé [pɔsede] **I** *adj du démon* besessen (***de*** von) **II** *subst* ~(***e***) *m(f)* Besessene(r) *f(m)*; ***se démener comme un ~*** wie ein Wahnsinniger toben
posséder [pɔsede] ⟨**-è-**⟩ **I** *v/t* **1** (*détenir, avoir*) *biens, expérience, qualité etc* besitzen **2** *langue, sujet etc* beherrschen; *métier a* verstehen; *rôle* können; *auteur* gut, gründlich kennen; ***~ une langue*** *a* e-r Sprache (*gén*) mächtig sein **3** *femme* besitzen **4** *jalousie etc* ***~ qn*** j-n beherrschen **5** F *fig* (*tromper*) ***~ qn*** F j-n herein-, reinlegen, hinters Licht führen **II** *v/pr st/s* ***ne plus se ~*** die Beherrschung verlieren
possesseur [pɔsɛsœʀ] *m* JUR *d'un bien* Besitzer *m*; *d'un diplôme, d'un titre* Inhaber *m*
possessif [pɔsɛsif] *adj* ⟨**-ive**⟩ **1** GR ***adjectif ~*** attributives Possessivpronomen; ***pronom ~*** *ou subst* ***~*** *m* (allein stehendes) Possessivpronomen, besitzanzeigendes Fürwort **2** *personne, caractère* Besitz ergreifend
possession [pɔsɛsjõ] *f* **1** Besitz *m* (*a* JUR); ***prise*** *f* ***de ~*** Besitzergreifung *f*, -nahme *f*; ***avoir qc en sa ~, être en ~ de qc*** im Besitz e-r Sache (*gén*) sein; etw besitzen; ***être en*** (***pleine***) ***~ de toutes ses facultés*** im Vollbesitz s-r geistigen Kräfte sein; voll zurechnungsfähig sein; ***être en*** (***pleine***) ***~ de ses moyens*** im Vollbesitz s-r Kräfte sein; *sportif, candidat* gut in Form sein; *chose* ***être en la ~ de qn*** in j-s Besitz sein; sich in j-s Besitz befinden; ***prendre ~ de qc*** von etw Besitz ergreifen; etw in Besitz nehmen; ***prendre ~ des lieux*** (sofort) von allem Besitz ergreifen; *chose* ***tomber en la ~ de qn*** in j-s Besitz gelangen **2** *d'une femme* Besitzen *n* **3** PSYCH (***délire*** *m* ***de***) ~ Besessenheit *f* **4** HIST ***les ~s d'outre-mer*** die überseeischen Besitzungen *f/pl*
possibilité [pɔsibilite] *f* **1** Möglichkeit *f*; ***~s d'utilisation*** Verwendungsmöglichkeiten *f/pl*; ***avoir la ~ de*** (*+inf*) die Möglichkeit haben zu (*+inf*); ***si j'en ai la ~*** wenn ich die Möglichkeit dazu habe; ***donner à qn la ~ de*** (*+inf*) j-m die Möglichkeit geben, bieten zu (*+inf*); ***je ne vois pas la ~ de*** (*+inf*) ich sehe keine Möglichkeit zu (*+inf*) **2** ***~s*** *pl* **a**) (finanzielle) Möglichkeiten *f/pl*; **b**) *intellectuelles* Fähigkeiten *f/pl*; Können *n*; Möglichkeiten *f/pl*
possible [pɔsibl] **I** *adj* möglich; ***le meilleur des mondes ~s*** die beste aller möglichen Welten; ***il y a trois solutions ~s à ce problème*** es gibt drei Lösungsmöglichkeiten für dieses Problem; ***faire toutes les bêtises ~s*** alle möglichen Dummheiten machen; ♦ *loc/adv*: ***aussi tôt que ~*** so bald wie *ou* als möglich; möglichst bald; ***autant que ~*** so weit wie *ou* als möglich; soweit das möglich ist; ***aussi bien que ~*** *ou* ***le mieux ~*** so gut wie *ou* als möglich; möglichst gut; ***le moins ~*** so wenig wie *ou* als möglich; möglichst wenig; ***le moins de fautes ~*** so wenig Fehler wie *ou* als möglich; möglichst wenig Fehler; ***le plus ~*** so viel wie *ou* als möglich; möglichst viel; ***il se dépêche le plus ~*** er beeilt sich, so sehr es irgend geht; ***le plus grand nombre ~ de personnes*** die größtmögliche Personenzahl; ***le plus souvent, tôt, vite ~*** möglichst oft, bald, schnell; so oft, bald, schnell wie *ou* als möglich; ♦ ***c'est*** (***très, bien***) ***~*** das ist (gut, leicht, schon, wohl) möglich; *elliptiquement* ***~!*** möglich!; ***si*** (***c'est***) ***~*** wenn (es) möglich (ist); nach Möglichkeit; möglichst; tunlichst; *étonnement* (***ce n'est***) ***pas ~!***, *p/fort* F ***c'est pas Dieu ~!*** (das ist doch) nicht möglich!; ist das möglich!; ist das (denn) die Möglichkeit!; ***il est ~ de*** (*+inf*) *ou* ***que ...*** (*+subj*) es ist möglich, es kann sein, dass ...; möglicherweise ...; F ***~ que ...*** möglich, dass ... **II** *subst* ***le ~*** das Mögliche; ***faire*** (***tout***) ***son ~*** sein Möglichstes tun (***pour*** *+inf* um zu *+inf*; ***pour que ...*** *+subj* damit ...); ♦ *loc/adv*: *aimable, gentil etc* ***au ~*** äußerst ...
post... [pɔst] *préfixe* nach...; Nach...; post...; Post...; → *les articles suivants*
postage [pɔstaʒ] *m* ADM Aufgeben *n*
postal [pɔstal] *adj* ⟨**-aux**⟩ Post...; postalisch; ***boîte ~e*** (*abr* ***BP***) Postfach *n*; ***carte ~e*** (Ansichts)Postkarte *f*; Ansichtskarte *f*; ***code ~*** Postleitzahl *f*
postbac [pɔstbak] *adj* ⟨*inv*⟩ ***classes*** *f/pl* ***~*** Klassen *f/pl* im Anschluss an das „baccalauréat"
postclassique [pɔstklasik] *adj* LITTÉRATURE nachklassisch **postcombustion** *f* AVIAT Nachverbrennung *f* **postcure** *f* MÉD Nachkur *f* **postdate** *f* ADM späteres, jüngeres Datum
postdater [pɔstdate] *v/t* vor-, vorausdatieren; *adjt* ***chèque postdaté*** vordatierter Scheck
poste¹ [pɔst] *f* **1** *administration* Post® *f*; ***bureau*** *m* ***de ~*** Post® *f*; Postamt *n*; ***bureau*** *m* ***de ~ central*** Hauptpost(amt) *f(n)*; ***employé*** *m* ***des ~s*** Postbeamte(r) *m*; ***par la ~*** per Post®; mit der *ou* durch die Post® **2** (*bureau de ~*) Post® *f*; Postamt *n*; ***~ restante*** postlagernd; ***aller à la ~*** auf die *ou* zur Post® gehen; *lettre* ***mettre à la ~*** aufgeben; zur Post® geben; einwerfen **3** HIST Poststation *f*, -halterei *f*; ***maître*** *m* ***de ~*** Postmeister *m*, -halter *m*
poste² [pɔst] *m* **1** MIL Posten *m*; ***~ de commandement*** (*abr* ***PC***) Befehlsstelle *f* (*a par ext*); Gefechtsstand *m*; ***~ d'observation*** Beobachtungsposten *m*; *par ext* ~ (***de police***) Polizeiwache *f*; ***abandonner, quitter son ~*** s-n Posten verlassen; *fig* ***être, rester à son ~*** auf s-m Posten sein *ou* stehen, bleiben; da bleiben, wo man ist **2** (*emplacement technique*) Stelle *f*; TÉL Nebenstelle *f*, -anschluss *m*; ***~ frontière*** Grenzübergang *m*; MAR ***~ à quai*** Liegeplatz *m* am Kai; CH DE FER ***~ d'aiguillage*** Stellwerk *n*; ***~ d'appel d'urgence*** Notrufsäule *f*; ***~ de contrôle*** Kontrollstelle *f*; ***~ d'essence*** Tankstelle *f*; ***~ d'incendie*** Feuerlöschanlage *f*; AVIAT ***~ de pilotage*** Cockpit *n*; ***~ de secours*** Unfallstation *f*; Rettungsstelle *f*; TÉL ***passez-moi le ~ dix!*** verbinden Sie mich mit Apparat zehn! **3** (*emploi*) Posten *m*; Stelle *f*; Stellung *f*; Position *f*; (*charge*) Amt *n*; ***~ vacant*** offene, freie Stelle; ***~ de confiance*** Vertrauensstellung *f*; ***~ de directeur*** Direktorposten *m*; ***~ d'instituteur, de professeur*** Lehrerstelle *f*; F *fig* ***être solide, fidèle au ~*** F die Stellung halten; *fonctionnaire* ***être en ~ à ...*** in ... tätig, eingesetzt sein **4** (*équipe*) (Arbeits-)Schicht *f*; ***~ de nuit*** Nachtschicht *f* **5** RAD, TV Gerät *n*; Apparat *m*; ***~ émetteur-récepteur*** Funkgerät *n*; ***~ de radio, de télévision*** Radio- *ou* Rundfunk-, Fernsehapparat *m*, -gerät *n*; *par ext* (*émetteur*) ~ (***de radio***) Rundfunkstation *f*, (-)Sender *m* **6** *d'un budget* Posten *m*

posté [pɔste] *adj* ***travail ~*** Schichtarbeit *f*
poster¹ [pɔste] *v/t* **1** (*a v/pr* ***se***) **~** (sich) postieren, aufstellen; **~ *des sentinelles*** *a* Wachen ausstellen **2** *lettre* aufgeben; einwerfen; zur Post® geben
poster² [pɔstɛʀ] *m* Poster *n ou m*
postérieur [pɔsteʀjœʀ] **I** *adj* **1** *dans le temps* später (***à qc*** als etw); ***être ~ à qc*** (zeitlich) nach e-r Sache (*dat*) liegen; ***le document est ~ à l'année 1800*** *a* das Dokument stammt aus e-r Zeit nach dem Jahr 1800 **2** ANAT hintere(r, -s); Hinter… **3** PHON ***a ~*** dunkles, velares a; ***voyelle ~e*** Hinterzungenvokal *m* **II** *m* F Hintern *m*; Hinterteil *n*
postérieurement [pɔsteʀjœʀmɑ̃] *adv* **~ *à*** später als
posteriori → ***a posteriori***
postériorité [pɔsteʀjɔʀite] *f* Spätersein *n*, -liegen *n*
postérité [pɔsteʀite] *f st/s* **1** (*générations futures*) Nachwelt *f*; ***laisser à la ~*** der Nachwelt hinterlassen; ***passer à la ~*** der Nachwelt überliefert werden; in der Nachwelt fortleben **2** (*descendants*) Nachkommen(schaft) *m/pl(f)*; Nachfahren *m/pl*; *fig d'un auteur etc* geistige Erben *m/pl*
postface [pɔstfas] *f rarement* Nachwort *n*
postglaciaire [pɔstglasjɛʀ] *adj* GÉOL nacheiszeitlich; postglazial
posthume [pɔstym] *adj* postum *ou* posthum; *ouvrage a* nachgelassen; ***œuvres*** *f/pl* **~*s*** *a* literarischer Nachlass; ***à titre ~*** post(h)um
postiche [pɔstiʃ] **I** *adj cheveux, barbe* falsch; unecht **II** *m* Haarteil *n*; *pour hommes* Toupet *n*
postier [pɔstje] *m*, **postière** *f* Postbedienstete(r) *f(m)*, -beamte(r), -beamtin *m,f*, -angestellte(r) *f(m)*
postillon [pɔstijõ] *m* **1** *autrefois* Postillion *m* **2** (*gouttelette de salive*) Speicheltröpfchen *n*; ***envoyer des ~s*** → ***postillonner***
postillonner [pɔstijɔne] *v/i* e-e feuchte Aussprache haben; ***il me postillonnait dans la figure*** sein Speichel, s-e Spucke sprühte mir ins Gesicht
post-it® [pɔstit] *m* ⟨*inv*⟩ Haftnotiz *f*
postmoderne [pɔstmɔdɛʀn] *adj* ARCH *etc* postmodern **postmodernisme** *m* ARCH *etc* Postmoderne *f* **postnatal** *adj* nach der Geburt (erfolgend, eintretend) **postopératoire** *adj* MÉD nach der Operation (erfolgend); *sc* postoperativ **postposer** *v/t* GR nachstellen **postposition** *f* GR **1** Postposition *f*; dem Bezugswort nachgestellte Präposition **2** Stellung *f* hinter dem Bezugswort **postromantique** *adj* auf die Romantik folgend; nachromantisch **postscolaire** *adj* auf die Schule folgend; weiterbildend
post-scriptum [pɔstskʀiptɔm] *m* ⟨*inv*⟩ Postskript(um) *n*; Nachschrift *f*
postsynchronisation [pɔstsɛ̃kʀɔnizasjõ] *f* CIN Nachsynchronisierung *f*
postulant [pɔstylɑ̃] *m*, **postulante** *f* Bewerber(in) *m(f)*; Anwärter(in) *m(f)*; REL Postulant(in) *m(f)*
postulat *m* PHILOS Postulat *n*
postuler [pɔstyle] *v/t* **1** ADM sich bewerben (***un emploi*** um e-e Stelle) **2** PHILOS postulieren
posture [pɔstyʀ] *f* (Körper)Haltung *f*; Stellung *f*; Positur *f*; *fig* ***être en bonne*** (***mauvaise***) **~** in e-r guten, günstigen (üblen) Lage sein; gut (schlecht) dran sein
pot [po] *m* **1** Topf *m*; *pour liquides a* Krug *m*; Kanne *f*; *südd a* Hafen *m*; *nordd a* Pott *m*; **~ *à eau*** Wasserkrug *m*; **~ *à lait*** Milchtopf *m*, -kanne *f*; **~ *à moutarde*** Mostrich-, Senftopf *m*; **~ *à tabac*** a) Tabakdose *f*; b) F *fig d'une femme* F dicke Nudel; **~** (***de chambre***) (Nacht)Topf *m*; Nachtgeschirr *n*; ***mettre un enfant sur le ~*** ein Kind auf den Topf setzen; **~ *de colle*** Leimtopf *m*; Klebstoffdose *f*; F *fig* ***quel ~ de colle!*** F er *ou* sie ist die reinste Klette!; **~ *de confiture*** Marmeladentopf *m*, -glas *n*; **~ *de crème*** Cremedose *f*, -tiegel *m*; **~ *de fleurs*** Blumentopf *m*; **~ *de peinture*** Farbtopf *m*; Topf *m* Farbe; F *fig d'une femme trop maquillée* ***un vrai ~ de peinture*** F der reinste Mal-, Tuschkasten; **~ *de yaourt*** Becher *m* Joghurt; Joghurtbecher *m*; *fig* ***découvrir le ~ aux roses*** [pɔtoʀoz] hinter das Geheimnis kommen; dahinterkommen; der Sache auf die Spur kommen; ***être sourd comme un ~*** stocktaub, völlig taub sein; *fig* ***payer les ~s cassés*** für den Schaden aufkommen, die Zeche bezahlen, für alles geradestehen müssen; F ***prendre, boire un ~*** (mit j-m) etwas trinken gehen; F zusammen einen heben; ***inviter qn à prendre un ~*** j-n zu e-m Drink, zu e-m Glas Wein, zu e-m Bier einladen; *fig* ***tourner autour du ~*** wie die Katze um den heißen Brei (herum)gehen; F herumdrucksen **2** AUTO **~ *d'échappement*** Auspufftopf *m*; **~ *catalytique*** Katalysator *m*; F Kat *m*; F ***rouler plein ~*** mit Vollgas fahren; F auf die Tube drücken **3** F (*chance*) Glück *n*; ***avoir du ~*** F Schwein haben; ***c'est un coup de ~!*** F da habe ich, hat er *etc* aber Schwein (gehabt)!; ***manque*** *m* ***de ~!*** *ou* ***pas de ~!*** F Pech (gehabt)! **4** F ***se magner le ~*** → ***popotin*** **5** POKER Pott *m*
potable [pɔtabl] *adj* **1** ***eau*** *f* **~** Trinkwasser *n*; ***eau non ~!*** kein Trinkwasser! **2** F (*passable*) leidlich; passabel; einigermaßen (gut); halbwegs gut; ganz annehmbar
potache [pɔtaʃ] *m* F Pennäler *m*
potage [pɔtaʒ] *m* Suppe *f*
potager [pɔtaʒe] *adj* ⟨**-ère**⟩ Gemüse…; ***jardin ~*** *ou subst* **~** *m* Gemüsegarten *m*; ***plantes potagères*** Gemüsepflanzen *f/pl*
potasse [pɔtas] *f* **1** CHIM, AGR Kali *n*; ***mine*** *f* ***de ~*** Kaligrube *f*, -bergwerk *n* **2** CHIM, TECH **~** (***carbonatée***) Pottasche *f*
potasser [pɔtase] *v/t* F büffeln, ochsen, pauken (***son droit*** Jura; ***un examen*** für ein Examen)
potassique [pɔtasik] *adj* CHIM Kali…; ***engrais*** *m* **~** Kalidünger *m*
potassium [pɔtasjɔm] *m* CHIM Kalium *n*
pot-au-feu [pɔtofø] *m* ⟨*inv*⟩ **1** CUIS *Eintopf aus Suppenfleisch und verschiedenen Gemüsen* **2** BOUCHERIE (Stück *n*) Suppenfleisch *n* (zum „pot-au-feu") **3** *adjt* F → ***popote*** *3*
pot-de-vin [podvɛ̃] *m* ⟨*pl* **pots-de-vin**⟩ Bestechungs-, Schmiergeld *n*
pote [pɔt] F *m* Freund *m*; F Kumpel *m*; *devise antiraciste* ***ne touche pas à mon ~!*** lass meinen Kumpel in Frieden!
poteau [pɔto] *m* ⟨*pl* **~x**⟩ Pfosten *m* (*a* SPORTS); **~ *indicateur*** Wegweiser *m*; **~ *télégraphique*** Telegrafenmast *m*, -stange *f*; COURSES **~ *d'arrivée, de départ*** Ziel-, Startpfosten *m*; *cheval* ***rester au ~*** den Start verweigern; **~ *de béton, de bois, de métal*** Beton-, Holz-, Metallpfosten *m*; **~ *d'exécution*** Erschießungspfahl *m*; ***au ~!*** stellt ihn an die Wand!; ***envoyer, mettre au ~*** erschießen; an die Wand stellen; *fig* ***avoir*** (***des jambes comme***) ***des ~x*** hässliche

P

dicke Beine, F Elefantenbeine haben; → *a* ***coiffer*** *I 5*

potée [pɔte] *f* CUIS *Eintopf aus Schweinefleisch u verschiedenen Gemüsen*

potelé [pɔtle] *adj* rundlich; füllig; F gut gepolstert; *femme a* mollig; drall; F pummelig; *d'un bébé* ***main ~e*** F Patschhändchen *n*

Potemkine [pɔtɛmkin] *m* HIST Potemkin *m*

potence [pɔtɑ̃s] *f* **1** HIST Galgen *m* **2** TECH Galgen *m*; Arm *m*; Strebe *f*; Ausleger *m*

potentat [pɔtɑ̃ta] *m* Potentat *m*; Machthaber *m*; *fig* ***~ de la finance*** Finanzmagnat *m*

potentialiser [pɔtɑ̃sjalize] *v/t* PHARM potenzieren

potentialité *f* Möglichkeit *f*; PHILOS *a* Potenzialität *f*

potentiel [pɔtɑ̃sjɛl] **I** *adj* ⟨**~le**⟩ potenziell; PHILOS, GR potenzial; PHYS ***énergie ~le*** potenzielle Energie **II** *m* **1** Potenzial *n*; Leistungsfähigkeit *f*; ***~ économique*** Wirtschaftspotenzial *n*, -kraft *f*; ***~ humain*** Menschenpotenzial *n*; ***~ industriel, militaire*** Industrie-, Militärpotenzial *n*; industrielles, militärisches Potenzial **2** PHYS Potenzial *n*; ***~ nucléaire*** Kernpotenzial *n*, -kräfte *f/pl* **3** GR Potentialis *m*

potentiomètre [pɔtɑ̃sjɔmɛtʀ] *m* ÉLECT Potenziometer *n*; Spannungsteiler *m*

poterie [pɔtʀi] *f* **1** *fabrication, art* Töpferei *f*; ***faire de la ~*** töpfern **2** *objet* Töpferei *f*; *pl* ***~s*** *ou coll* ***~*** Töpfer-, Tonwaren *f/pl*; irdenes Geschirr; Tongeschirr *n*; Steingut *n*, -zeug *n*

poterne [pɔtɛʀn] *f* FORTIF geheime Ausfallpforte; Poterne *f*

potiche [pɔtiʃ] *f* **1** chinesische *ou* japanische Porzellanvase **2** *fig* Repräsentationsfigur *f*; Staffage *f*; ***être là comme une ~*** F wie ein Ölgötze dastehen

potier [pɔtje] *m*, **potière** *f* Töpfer(in) *m(f)*; ***tour*** *m* ***de ~*** Töpferscheibe *f*

potin [pɔtɛ̃] *m* F **1** *surtout pl* ***~s*** Klatsch *m*; F Tratsch *m* **2** (*vacarme*) Krach *m*; Lärm *m*; F Radau *m*; Spektakel *m*; ***~ du diable*** F Heiden-, Höllen-, Mordslärm *m*, -krach *m*, -spektakel *m*; ***faire du ~*** Radau *etc* machen; lärmen

potiner [pɔtine] F *v/i* klatschen; F tratschen

potion [posjõ] *f* PHARM Arznei(trank) *f(m)*; *par ext plais* ***~ magique*** Zaubertrank *m*

potiron [pɔtiʀõ] *m* BOT Riesenkürbis *m*

pot-pourri [popuʀi] *m* ⟨*pl* **pots-pourris**⟩ **1** MUS Potpourri ['pɔt-] *n* **2** *pour parfumer* Potpourrivase *f*

potron-minet [pɔtʀõminɛ] *plais loc/adv* ***dès ~*** seit dem frühen Morgen; seit Tagesanbruch

pou [pu] *m* ⟨*pl* **~x**⟩ ZO Laus *f*; *chez l'homme a* Kopflaus *f*; F *fig* ***chercher des ~x dans la tête à qn*** mit j-m Streit, Händel suchen; ***être couvert de ~x*** verlaust sein; F ***être fier, orgueilleux comme un ~*** F e-e Stange angeben; sich aufblasen wie ein Frosch; → *a* ***laid*** *I 1*

pouah [pwa] F *int* puh!; pfui!

poubelle [pubɛl] *f* Müll-, Abfall-, Kehrichteimer *m*; *d'un immeuble* Mülltonne *f*; *adjt* ***sac*** *m* ***~*** Müllbeutel *m*; *plus grand* Müllsack *m*; ***mettre, jeter à la ~*** in den Mülleimer werfen; ***c'est bon à mettre à la ~*** das gehört in den Mülleimer; das kannst du *etc* wegwerfen

pouce [pus] *m* **1** ANAT Daumen *m*; *fig*: ***croiser les ~s*** j-m *ou* für j-n den *ou* die Daumen halten, drücken; ***donner un coup de ~*** (***à qc***) (bei etw ein bisschen) nachhelfen; ***donner un coup de ~ à qn*** j-m in den Sattel helfen; ***manger sur le ~*** *debout* im Stehen essen; *à la hâte* schnell e-e Kleinigkeit, e-n Bissen, F e-n Happen essen; ***mettre les ~s*** den Widerstand aufgeben; endlich nachgeben; F ***se tourner les ~s*** F Däumchen drehen **2** *par ext* (*gros orteil*) große Zehe; großer Zeh **3** *int aux jeux d'enfants* ***~!*** halt!; ***~ cassé!*** los!; es geht wieder weiter!; ***demander ~*** Halt rufen **4** *ancienne mesure* Zoll *m*; ***six ~s*** sechs Zoll; *fig*: ***ne pas avancer d'un ~*** nicht e-n Schritt weiterkommen, vorwärtskommen; ***ne pas reculer d'un ~*** keinen Zollbreit zurückweichen; ***ne pas céder un ~ de terrain*** keinen Fußbreit Boden preisgeben

Poucet [pusɛ] *m personnage d'un conte de fées* ***le petit ~*** der Däumling

Pouchkine [puʃkin] *m écrivain russe* Puschkin *m*

pouding *m* → ***pudding***

poudrage [pudʀaʒ] *m* AGR Bestäuben *n*

poudre [pudʀ] *f* **1** Pulver *n* (*a* PHARM); ***~ à éternuer*** Niespulver *n*; ***~ à récurer*** Scheuerpulver *n*, -sand *m*; ***~ d'or*** Goldstaub *m*; *loc/adj* ***en ~*** …pulver *n*; Pulver…; in Pulverform; ***café*** *m* ***en ~*** Pulverkaffee *m*; ***lessive*** *f* ***en ~*** Wasch- *ou* Seifenpulver *n*; ***sucre*** *m* ***en ~*** Streuzucker *m*; ***réduire en ~*** pulverisieren; *fig* ***jeter de la ~ aux yeux de qn*** j-m Sand in die Augen streuen; j-m blauen Dunst vormachen; ***prendre la ~ d'escampette*** davonlaufen; ausreißen **2** MAQUILLAGE (Gesichts)Puder *m*; ***~ de riz*** Reispuder *m*; ***se mettre de la ~*** sich pudern; Puder auflegen **3** MIL ***~*** (***à canon***) (Schieß)Pulver *n*; *fig*: ***faire parler la ~*** die Waffen sprechen lassen; ***il n'a pas inventé la ~*** er hat das Pulver (auch) nicht (gerade) erfunden

poudrer [pudʀe] *v/t* (*et v/pr*) (***se***) ***~*** (sich) pudern

poudrerie [pudʀəʀi] *f* Pulverfabrik *f*

poudreux [pudʀø] *adj* ⟨**-euse**⟩ pulv(e)rig; *a subst f* (***neige***) ***poudreuse*** Pulverschnee *m*

poudrier [pudʀije] *m* Puderdose *f*

poudrière [pudʀijɛʀ] *f* **1** Pulvermagazin *n* **2** *fig* Pulverfass *n*

poudroyer [pudʀwaje] *v/i* ⟨**-oi-**⟩ **1** *chemin de terre* stauben **2** *litt* ***le soleil poudroie*** die Sonnenstäubchen tanzen, flimmern, glitzern

pouf [puf] **I** *int* plumps!; pardauz!; *enf* ***faire ~*** plumps, e-n Plumps machen **II** *m* Puff *m*; Sitzkissen *n*

pouffer [pufe] *v/i* ***~*** (***de rire***) laut loslachen; in Gelächter ausbrechen; F losplatzen, -prusten

pouffiasse [pufjas] *f* P **1** (*prostituée*) F Nutte *f* **2** *injure* (***grosse***) ***~*** *péj* ordinäres Weibsstück

Pouilles [puj] ***les ~*** *f/pl* Apulien *n*

pouilleux [pujø] **I** *adj* ⟨**-euse**⟩ **1** *mendiant* (dreckig und) verlaust **2** *quartier* armselig, schäbig (und schmutzig); ***quartier ~*** *a* Elendsviertel *n* **3** GÉOGR ***la Champagne pouilleuse*** die trockene Champagne **II** *subst* **1** ***~, pouilleuse*** *m,f* F armer Schlucker, Teufel; *péj* Habenichts *m*; Hungerleider *m* **2** *jeu de cartes* ***le ~*** der Schwarze Peter

poujadisme [puʒadism] *m* POL Poujadismus *m* (*Bewegung zur Verteidigung der Rechte der kleinen Kaufleute*)

poulailler [pulaje] *m* **1** Hühnerstall *m* **2** F THÉ Olymp *m*; Galerie *f*

poulain [pulɛ̃] *m* **1** ZO Fohlen *n* **2** *fig sportif, écri-*

P

vain etc ***être le ~ de X*** der Schützling von X sein

poulaine [pulɛn] *f* HIST ***souliers*** *m/pl* ***à la ~*** Schnabelschuhe *m/pl*

poularde [pulaʀd] *f* CUIS Poularde *f*; junges Masthuhn

poulbot [pulbo] *m* ***les petits ~s*** die Straßenkinder *n/pl* vom Montmartre

poule [pul] *f* **1** ZO Henne *f*; Huhn *n*; *fig* ***~ mouillée*** F Angsthase *m*; Hasenfuß *m*; ***~ au pot*** CUIS Suppenhuhn *n*; HIST Sonntagshuhn *n* (für die Bauern); *par ext* Minimum *n* an Wohlstand; CUIS ***~ au riz*** Huhn mit Reis; ***~ d'eau*** Teichhuhn *n*; *fig*: ***quand les ~s auront des dents*** wenn Ostern und Pfingsten auf einen Tag fallen; ***avoir l'air d'une ~ qui a trouvé un couteau*** dastehen wie der Ochse vor dem Scheunentor, vor dem Berg; ***se coucher, se lever comme*** *ou* ***avec les ~s*** mit den Hühnern zu Bett *ou* schlafen gehen, aufstehen; *adjt* ***c'est une mère ~*** sie wacht wie e-e Glucke über ihre Kinder; ***tuer la ~ aux œufs d'or*** die Henne schlachten, die goldene Eier legt; den Ast absägen, auf dem man sitzt; sich (*dat*) selbst das Wasser abgraben **2** F *terme d'affection* ***ma ~*** *à une femme* (mein) Schatz, Schätzchen; *à une petite fille* (mein) Herzchen, Mäuschen **3** F *fig* **a)** (*prostituée*) F Nutte *f*; ***~ de luxe*** F Edelnutte *f*; **b)** (*maîtresse*) Mätresse *f* **4** SPORTS Gruppe *f* (*in der jeder gegen den anderen antreten muss*); *épreuve* Turnier *n* **5** TURF **a)** (*total des mises*) (Gesamt)Einsatz *m* mehrerer Wetter; **b)** ***~ d'essai*** Derbyrennen *n*; Leistungsprüfung *f* für Dreijährige

Poulenc [pulɛ̃k] ***Francis ~*** *frz. Komponist*

poulet [pulɛ] *m* **1** ZO, CUIS Hühnchen *n*; Hähnchen *n*; ZO *a* Junghuhn *n*, -henne *f*; COMM *a* Brathuhn *n*, -hähnchen *n*; ***du ~*** Hühnerfleisch *n*; Huhn *n*; ***~ rôti*** Brat- *ou* Backhuhn *n*, -hähnchen *n*, *südd* -hendl *n*; *plais* ***~ aux hormones*** mit Hormonen gefüttertes Huhn, Hähnchen; ***~ de grain*** mit Korn gemästetes Huhn, Hähnchen; ***aile*** *f*, ***cuisse*** *f* ***de ~*** Hühnerflügel *m*, -keule *f* **2** F *terme d'affection* ***mon*** **(*petit*)** ***~*** F (mein) Herzchen, Kleines, Schätzchen, Häschen **3** F (*policier*) F Polyp *m*; Bulle *m* **4** *autrefois* (*billet doux*) Liebesbriefchen *n*

poulette [pulɛt] *f* F *terme d'affection* ***ma ~*** F (mein) Mäuschen; → *a* ***poulet*** *2*

pouliche [puliʃ] *f* ZO junge Stute; Stut(en)fohlen *n*

poulie [puli] *f* TECH Rolle *f*; Seil-, Riemenscheibe *f*; MAR Block *m*

poulinière [pulinjɛʀ] *adj et subst f* (***jument*** *f*) ***~*** Zuchtstute *f*

poulpe [pulp] *m* ZO Krake *m*

pouls [pu] *m* PHYSIOL Puls *m* (*a point du poignet*); Pulsschlag *m*; ***prendre le ~*** den Puls messen, zählen; ***tâter le ~*** **(*de qn*)** (j-m) den Puls fühlen (*a fig*)

poumon [pumõ] *m* ANAT Lunge(nflügel) *f*(*m*); ***~s*** *pl* Lunge *f*; MÉD ***~ d'acier, artificiel*** eiserne Lunge; *loc/adv*: ***aspirer, respirer à pleins ~s*** tief einatmen, Luft holen; ***chanter, crier à pleins ~s*** aus vollem Hals, aus voller Lunge, lauthals singen, schreien; ***avoir de bons ~s*** e-e gute, starke Lunge, e-e kräftige Stimme haben; F *malade des poumons* ***cracher ses ~s*** F die halbe Lunge ausspucken

poupard [pupaʀ] *m* pausbäckiges, rundliches Baby ['be:bi]; F Pausback *m*

poupe [pup] *f* MAR Heck *n*; → *a* ***vent*** *1*

poupée [pupe] *f* **1** Puppe *f*; ***~ de chiffon, de cire, de porcelaine*** Stoff-, Wachs-, Porzellanpuppe *f*; *loc/adj* ***de ~*** Puppen…; *fig* ***jardin*** *m* ***de ~*** Puppengärtchen *n*; F puppiges Gärtchen; *fig* ***visage*** *m* ***de ~*** Puppengesicht *n*; *fig* ***c'est une vraie ~*** sie ist ein richtiges Püppchen; ***jouer à la ~*** mit Puppen spielen **2** F *fig* (*jeune femme, fille*) F (nette, hübsche) Puppe **3** F *pansement* dick verbundener Finger

poupin [pupɛ̃] *adj visage* rundlich *ou* pausbäckig und rosig

poupon [pupõ] *m* (pausbäckiges) Baby ['be:bi]; (pausbäckiger) Säugling

pouponner [pupɔne] *v/i* Babys, ein Baby ['be:bi] hätscheln

pouponnière [pupɔnjɛʀ] *f* (Kinder)Krippe *f*

pour [puʀ] **I** *prép* **1** *but, intention* **a)** für; ♦ (*destiné à*) ***journaux*** *m/pl* ***~ enfants*** Zeitschriften *f/pl* für Kinder; Kinderzeitschriften *f/pl*; ***c'est ~ toi*** das ist für dich; ♦ *médicament*: ***~ la grippe, la toux*** gegen Grippe, Husten; F für die Grippe, den Husten; ♦ (*concernant*) ***c'est bien fait ~ elle!*** das geschieht ihr recht!; ***tant mieux ~ lui!*** umso, desto besser für ihn!; ♦ (*à l'égard de*) ***sa haine ~ elle*** sein Hass auf, gegen sie; ***sa passion ~ le théâtre*** s-e Leidenschaft für das Theater; ♦ *équivalence*: ***se faire passer ~ un Français*** sich als Franzose, für e-n Franzosen ausgeben; ***prendre qn ~ un fou*** j-n für e-n Narren halten; ♦ *finalité*: ***être ~ qc*** zu etw dienen; F ***~ quoi faire?*** wozu?; wofür?; F ***c'est fait, prévu ~!*** dazu ist er (*ou* sie, es) doch da!; dafür ist er (*ou* sie, es) ja vorgesehen!; ***c'est ~ ton bien*** das geschieht zu deinem Besten; ♦ (*en faveur de*) ***être ~ qn, qc*** für j-n, etw sein; *abs* ***être ~*** dafür sein; ***faites-le ~ moi!*** tut es mir zuliebe, um meinetwillen!; ***voter ~ qn*** für j-n stimmen; ♦ (*à la place de*) ***payer ~ qn*** für j-n bezahlen; COMM *dans une lettre* ***~ le directeur*** (+*signature*) Der Direktor i. A. (= im Auftrag) (+*Unterschrift*); ♦ *prix*: *acheter, vendre* ***~ dix euros*** für zehn Euro; ♦ *comparaison*: ***il est grand ~ son âge*** er ist groß für sein Alter; ***~ un étranger, il parle bien français*** für e-n Ausländer spricht er gut Französisch; ***il fait froid ~ la saison*** es ist kalt für die Jahreszeit; ♦ *moment, durée*: ***~ après*** für später; *partir* ***~ six semaines*** für sechs Wochen; *je l'ai invité* ***~ mardi prochain*** für nächsten Dienstag; ***c'est ~ quand? - ~ dans 'huit jours*** für wann (möchten Sie es *ou* ihn, sie haben)? - (für) in acht Tagen; ***ce sera fait ~ samedi*** bis Sonnabend ist es *ou* er, sie fertig; ***~ toujours*** für, auf immer; **b)** *destination* nach; ***le train ~ Lyon*** der Zug nach Lyon; ***partir ~ la France*** nach Frankreich (ab)reisen,(-)fahren; **c)** *mise en relief*: ***~ (ce qui est de) …*** was … an(be)langt, betrifft; ***~ moi, ~ ma part*** was mich betrifft; ich für mein(en) Teil; ***~ être naïf, il l'est*** wenn jemand naiv ist, so (ist) er (es)!; F ***vous avez raison, ~ ça vous avez raison!*** Sie haben recht, ja nur zu recht!; *iron* ***~ me soigner, elle m'a soigné!*** was ihre Pflege angeht, die war einmalig! **2** *cause* wegen (+*gén*, F +*dat*); ***~ cela*** deswegen; deshalb; → *a* ***ça*** *1*; ***~ cette raison*** aus diesem Grund **3** (*comme*) als; zu; ***~ tout bagage***, *elle avait un sac* als einziges Gepäck …; ***avoir ~ conséquence*** zur Folge haben; ***avoir ~ maître*** als *ou* zum Lehrer haben **4** *rapport numérique* auf; ***dix ~ cent, ~ mille*** zehn Prozent, Promille; zehn vom Hundert, vom Tausend **5** *suivi d'un inf* **a)** *finalité* um zu (+*inf*); damit …; ***ce n'est pas*** **(*fait*)** ***~*** (+*inf*) das ist nicht dazu angetan zu (*+inf*); *voilà une idée* ***qui n'est pas ~ me déplaire*** die mir (ganz gut) gefällt; *je te prête ce livre* ***~ le lire dans le train*** damit du es im Zug lesen kannst; ***~ ne pas le rencontrer …*** um ihm nicht zu begegnen …; ♦ ***être ~ faire qc*** (*sur le point de*) gerade dabei, im Begriff sein, etw zu tun; **b)** *cause* weil; *il a été puni* ***~ avoir volé*** weil er gestohlen hat 6 *loc/conj* ***~ le cas où*** falls; für den Fall, dass; *loc/adv*: ***~ de bon*** ernstlich; wirklich; ***~ ainsi dire*** sozusagen; gewissermaßen; F ***~ sûr*** sicher (-lich); bestimmt; ♦ *répétition emphatique*: ***coup ~ coup*** Schlag um *ou* für Schlag; ***il y a un an, jour ~ jour*** es ist auf den Tag genau ein Jahr her; ***partir ~ partir, que ce soit le plus tôt possible*** wenn schon abgereist werden muss, dann so früh wie möglich **II** *conj* **a)** *finalité*: ***~ que …*** (*+subj*) damit …; ***… ~ que tout le monde soit content*** … damit alle zufrieden sind; F *il s'est enfermé* ***~ ne pas qu'on le dérange*** damit man ihn nicht stört; **b)** *conséquence*: ***il est bien trop jeune ~ qu'il puisse comprendre*** er ist zu jung, als dass er es verstehen könnte; **c)** *concession litt* ***~ (si) puissants que soient les rois*** so mächtig die Könige auch sein mögen; ***~ peu que …*** (*+subj*) sofern (nur) **III** *subst* ***le ~ et le contre*** das Für und Wider

pourboire [purbwar] *m* Trinkgeld *n*; ***donner un ~ à qn*** j-m ein Trinkgeld geben

pourceau [purso] *litt m* ⟨*pl* **~x**⟩ Schwein *n*

pourcentage [pursɑ̃taʒ] *m* 1 *rapport* Prozentsatz *m*; Hundertsatz *m* 2 *part* prozentualer Anteil (***sur*** an *+dat*); ***~ sur les bénéfices*** prozentualer Gewinnanteil

pourchasser [purʃase] *v/t police*: *malfaiteur etc* jagen; Jagd machen auf (*+acc*); verfolgen (*a créancier*: *qn*); hetzen

pourfendeur [purfɑ̃dœr] *m litt ou plais* scharfer Kritiker

pourfendre [purfɑ̃dr] *v/t* ⟨→ **rendre**⟩ *litt ou plais injustices* (öffentlich) anprangern, geißeln, brandmarken; ***~ un adversaire*** einen Gegner heftig attackieren

pourlécher [purleʃe] *v/pr* ⟨**-è-**⟩ ***s'en ~ (les babines)*** sich (*dat*) (vor Appetit, Verlangen, Genuss) den Mund lecken

pourparlers [purparle] *m/pl* POL Gespräche *n/pl*; Besprechung(en) *f(pl)*; Unterhandlung(en) *f(pl)*; Verhandlung(en) *f(pl)*; ***entrer en ~*** in Gespräche *etc* eintreten; Gespräche *etc* aufnehmen; ***être en ~*** in Verhandlung stehen, verhandeln, unterhandeln (***avec*** mit)

pourpier [purpje] *m* BOT Portulak *m*

pourpoint [purpwɛ̃] *m* HIST Wams *n*

pourpre¹ [purpr] *f* 1 *matière colorante* Purpur *m* 2 *étoffe* Purpur *m*; ***manteau*** *m* ***de ~*** Purpurmantel *m* 3 *litt couleur* Purpurröte *f*

pourpre² [purpr] **I** *m* 1 *rouge foncé* Purpur(farbe *f*, -rot *n*) *m* 2 ANAT ***~ rétinien*** Sehpurpur *m* **II** *adj* purpurrot, -farben

pourpré [purpre] *litt adj* purpurn

pourquoi [purkwa] **I** *adv* warum; weshalb; wieso; ***~ dis-tu cela?***, F ***~ est-ce que tu dis ça?*** warum, weshalb, wieso sagst du das?; ***~ ce long discours?*** warum, wozu diese lange Diskussion?; ***~ pas?*** warum nicht?; ***demander, dire, expliquer ~*** fragen, sagen, erklären warum; ♦ *loc/conj* ***c'est ~, voici ~, voilà ~*** darum; deshalb; deswegen; aus diesem Grund **II** *m* ⟨*inv*⟩ 1 ***le ~ (et le comment)*** das Warum (und das Wie) 2 *question* Warumfrage *f*; ***les ~ des enfants*** die ständigen Fragen *f/pl* der Kinder „warum"

pourrai [purɛ] → ***pouvoir¹***

pourri [puri] **I** *adj* 1 *bois, aliments etc* faul(ig); verfault; *feuilles a* verrottet; mod(e)rig; *par ext pierre etc* brüchig; ***œufs ~s*** faule Eier *n/pl*; F *fig* ***être ~ de fric*** F stinkreich sein; nach Geld stinken 2 *fig société, régime* verdorben; verderbt; verkommen; korrupt; morsch; faul; ***enfant ~*** völlig verzogenes, maßlos verwöhntes Kind 3 *été* verregnet; ***climat, temps ~*** ungutes, miserables, F mieses Klima, Wetter **II** *m* 1 ***le ~*** der Moder; *de fruits etc* das Faul(ig)e, Verfaulte; die faule Stelle; ***odeur*** *f* ***de ~*** Fäulnis-, Modergeruch *m*; fauliger, mod(e)riger Geruch; ***sentir le ~*** faulig, mod(e)rig, nach Moder riechen 2 P *injure* → ***pourriture*** *3*; ***bande de ~s!*** P Sau-, Schweinebande!

pourrir [purir] **I** *v/t* 1 *pluie etc* ***~ qc*** etw (ver)faulen, vermodern, verrotten, in Fäulnis übergehen lassen 2 *fig enfant* völlig verziehen; maßlos verwöhnen; *argent etc* ***~ qn*** j-n verderben **II** *v/i* (*et v/pr*) (***se***) ***~*** 1 *bois, fruits etc* (ver)faulen; faulig werden; *feuilles a* verrotten; (ver)modern (*a bois*); *cadavre* verwesen 2 *fig situation* sich verschlimmern, verschlechtern; immer schlechter werden; *personne* ***~ dans la misère*** im Elend verkommen, verkümmern, verderben; ***laisser ~ une grève*** e-n Streik sich totlaufen lassen

pourrissement [purismɑ̃] *m* 1 (Ver)Faulen *n*; Verrottung *f* 2 *fig d'une situation* Verschlechterung *f*; Verschlimmerung *f*

pourriture [purityr] *f* 1 Fäulnis *f*; Fäule *f* (*a* BOT *maladie*); Moder *m*; ***odeur*** *f* ***de ~*** Fäulnis-, Modergeruch *m* 2 *fig* Verkommenheit *f*; Verderbtheit *f*; Fäulnis *f*; Korruptheit *f*; Morschheit *f* 3 P *injure*: *d'un homme* P Sau-, Schweinehund *m*; Scheiß-, Mistkerl *m*; *d'une femme* P Miststück *n*, -vieh *n*

poursuite [pursɥit] *f* 1 Verfolgung *f*; Nachstellungen *f/pl*; ***être à la ~ de qn*** j-n verfolgen; j-m nachsetzen, -jagen, -stellen; ***se lancer, se mettre à la ~ de qn*** j-s Verfolgung aufnehmen 2 CYCLISME ***~*** *ou adjt* ***course*** *f* ***~*** Verfolgungsfahren *n*, -rennen *n* 3 *fig de l'argent, de la vérité* Streben *n*, Suche *f*, *st/s* Trachten *n* (***de*** nach) 4 *d'un travail, de négociations etc* Fortsetzung *f*; Fort-, Weiterführung *f* 5 JUR ***~ (judiciaire)*** gerichtliche Verfolgung, Ahndung; ***~ (pénale)*** Strafverfolgung *f*; ***défense de … sous peine de ~s judiciaires*** … ist bei Strafe, ist polizeilich verboten, wird gerichtlich verfolgt; ***arrêter, cesser les ~s*** die Strafverfolgung einstellen; ***engager des ~s contre qn*** → ***poursuivre*** *I 5*

poursuivant [pursɥivɑ̃] *m*, **poursuivante** *f* 1 Verfolger(in) *m(f)* 2 JUR *m ou adjt* ***partie poursuivante*** Kläger *m*; Antragsteller *m*

poursuivre [pursɥivr] ⟨→ **suivre**⟩ **I** *v/t* 1 *malfaiteur, fugitif, animal* verfolgen; nachstellen, -jagen, -setzen (***qn*** j-m); ***~ qn*** *a* hinter j-m herjagen; ***~ une voiture*** ein Auto verfolgen 2 *fig* **a)** *remords, images* ***~ qn*** j-n verfolgen, quälen, nicht mehr loslassen; **b)** *personne* ***~ qn de sa haine, de sa jalousie*** *etc* j-n mit s-m Hass, mit s-r Eifersucht *etc* verfolgen 3 *fig* (*chercher à obtenir*) ***~ qc*** nach etw streben, *st/s* trachten; etw erstreben, anstreben; **~ un but** ein Ziel verfolgen; **~ un rêve impossible** e-m unerfüllbaren Traum nachhängen, -jagen **4** *(continuer) travail, négociations etc* fortsetzen (*a chemin, voyage*); fort-, weiterführen; **~ son récit** in s-m Bericht fortfahren; *abs* **poursuivez!** fahren Sie fort! **5** JUR **~ qn (en justice)** j-n gerichtlich belangen, verfolgen (**pour vol** wegen Diebstahls); gegen j-n gerichtlich vorgehen, gerichtliche Schritte unternehmen; **~ qn en justice pour des dommages-intérêts** j-n auf Schadenersatz verklagen **II** *v/pr* **1** *enfants* **jouer à se ~** Fangen spielen **2** *négociations etc* **se ~** fortgesetzt, -geführt, weitergeführt werden; weitergehen; s-n *ou* ihren Fortgang nehmen; *enquête, recherches* **se ~ depuis des années** seit Jahren laufen, im Gange sein

pourtant [puʀtɑ̃] *adv* dennoch; trotzdem; **et ~** und doch, dennoch, trotzdem

pourtour [puʀtuʀ] *m d'une surface* Umfang *m* (*a* MATH); ARCH **~ du chœur** Chorumgang *m*; **sur le ~ de la place** (rund) um den Platz herum

pourvoi [puʀvwa] *m* JUR Rekurs *m*; Einlegung *f* e-s Rechtsmittels; **~ en cassation** Revision(santrag) *f(m)*; **~ en révision** Wiederaufnahmeantrag *m*; Antrag *m* auf Wiederaufnahme (e-s Verfahrens)

pourvoir [puʀvwaʀ] ⟨→ **voir**; *aber*: **je pourvus**; **je pourvoirai**⟩ **I** *v/t* **~ qn, qc de qc** j-n, etw mit etw versehen, ausstatten, versorgen; ♦ *souvent p/p*: **pourvu de toutes les commodités** mit allen Annehmlichkeiten ausgestattet; *personne* **pourvu d'une grande imagination** mit viel Fantasie begabt **II** *v/t/indir* **~ à qc** für etw aufkommen, sorgen; **~ à l'entretien de la famille** für den Unterhalt der Familie aufkommen; ♦ **un emploi, siège à ~** ein zu besetzender Arbeitsplatz, (Parlaments)Sitz **III** *v/pr* **1 se ~ de qc** sich mit etw versehen, ausstatten, versorgen **2** JUR **se ~ en cassation** Revision einlegen, beantragen; **se ~ en révision** die Wiederaufnahme (des Verfahrens) beantragen; e-n Antrag auf Wiederaufnahme stellen

pourvoyeur [puʀvwajœʀ], **pourvoyeuse 1** *st/s m,f* Lieferant(in) *m(f)*; **pourvoyeur de drogue** Dealer ['di:-] *m*; **la guerre, la grande pourvoyeuse des cimetières** der Krieg, der die Friedhöfe füllt **2** *m* MIL Munitionsträger *m*, -kanonier *m*

pourvu [puʀvy] **I** *p/p* → **pourvoir II** *loc/conj* **~ que** (*+subj*) **a)** (*à condition que*) vorausgesetzt, dass; sofern; **… ~ qu'il fasse beau** … sofern, falls das Wetter schön ist; *j'accepte les opinions des autres*, **~ qu'ils me laissent faire ce que je veux** … vorausgesetzt, dass sie mich *od* wenn sie mich nur machen lassen, was ich will; **b)** *souhait* wenn … (doch) nur; **~ qu'il ne lui arrive aucun accident!** wenn ihm (doch) nur nichts zustößt!; hoffentlich stößt ihm nichts zu!

poussa [pusa] *m* **1 un (gros) ~** ein kleiner Dicker, F Fettkloß *m* **2** *jouet* Stehaufmännchen *n*

pousse [pus] *f* **1** *d'un végétal* Trieb *m*; Spross *m*; Schössling *m*; Schoss *m*; **jeune ~** junger Trieb; CUIS **~s de bambou** Bambusspitzen *f/pl*, -sprossen *f/pl* **2** *(action de pousser)* Wachsen *n*; Wachstum *n*; *des plantes a* Sprießen *n* (*a de la barbe*); Sprossen *n*; Treiben *n*

poussé [puse] *adj moteur* hochgezüchtet; *dessin* bis in die kleinsten Feinheiten gehend, ausgeführt; **très ~** *études, discussion* eingehend; ausführlich; *discussion a* tiefschürfend; *études a* gründlich

pousse-café [puskafe] *m* ⟨*inv*⟩ Schnaps *m*, Schnäpschen *n*, Likör *m* nach dem Kaffee; Verdauungsschnaps *m*

poussée [puse] *f* **1** Stoß *m*; F Puff *m*; Schubs *m*; *d'une foule* Schieben *n*; Stoßen *n*; Drängen *n ou* F Drängeln *n* **2** PHYS, TECH, ARCH Schub *m*; TECH *a* Schub-, Vortriebskraft *f*; PHYS **~ (verticale)** Auftrieb *m*; ARCH **~ des voûtes** Gewölbeschub *m* **3** MÉD *d'urticaire etc* plötzliches Auftreten; plötzlicher Ausbruch; **~ de fièvre** plötzlicher Temperatur-, Fieberanstieg **4** *fig* **~ démographique** Bevölkerungsexplosion *f*; **~ révolutionnaire** revolutionäre Welle; **une ~ d'antisémitisme** e-e Welle des Antisemitismus; POL **~ vers la gauche** Linksruck *m*, -rutsch *m*

pousse-pousse [puspus] *m* ⟨*inv*⟩ Rikscha *f*

pousser [puse] **I** *v/t* **1** *personne* (an)stoßen; F schubsen; *véhicule, landau, meuble* schieben; *voiture pour démarrer* anschieben; *verrou* vorschieben; *porte* aufstoßen *ou* zustoßen, zuwerfen; *vent: nuages* treiben; jagen; *inscription sur une porte* **poussez!** *ou* **~!** drücken!; *abs* **ne poussez pas!** nicht drängen, F drängeln!; *meuble* **~ contre le mur** an die Wand schieben, rücken; **~ qn du coude, du genou, du pied** j-n mit dem Ellbogen, Knie, Fuß anstoßen; **~ qc du pied** etw mit dem Fuß beiseiteschieben, zur Seite schieben, weg-, fortschieben; **~ qn dehors** j-n hinausstoßen, -schieben, -drängen; **~ devant soi** vor sich (*dat*) herschieben, *troupeau, personne* -treiben; **~ vers** *animal* treiben, *personne* drängen zu (… hin); *vent, courant* **~ la barque vers le large** das Boot auf das offene Meer hinaustreiben; F *fig* **à la va comme je te pousse** mit der linken Hand; schludrig; schlampig **2 ~ qn à (faire) qc** j-n zu etw (an)treiben, drängen, ermuntern, *péj* verleiten; **~ les gens à la consommation** die Leute zum Konsum anreizen, ermuntern; **~ à la révolte** Aufruhr stiften (**le peuple** unter dem Volk); **~ qn à travailler** j-n zur Arbeit antreiben, anspornen **3** *candidat* unterstützen; *bon élève etc* fördern; vorwärtsbringen; weiterbringen; weiter-, forthelfen (*+dat*) **4** *études, recherches etc* voran-, weitertreiben; vorwärtstreiben; *moteur* hochjagen; *insolence etc* **~ au dernier degré** auf die Spitze treiben; **~ à la perfection** zur höchsten Vollkommenheit führen; **~ le dévouement, la gentillesse jusqu'à** (*+inf*) in s-r Ergebenheit, Höflichkeit so weit gehen zu (*+inf*); **~ un sentiment jusqu'à la passion** ein Gefühl bis zur Leidenschaft steigern; **~ trop loin la plaisanterie** den Spaß zu weit treiben; *abs* F **faut pas ~** man darf auch nicht übertreiben **5** *cri, soupir etc* ausstoßen; F **en ~ une** ein Lied schmettern; **~ un cri perçant** *a* gellend aufschreien; **~ des exclamations de joie** in Freudenrufe ausbrechen; **~ des soupirs** *a* seufzen **II** *v/i* **1** *végétaux, cheveux, barbe, ongles* wachsen; *plantes a* sprießen (*a barbe*); treiben; sprossen; *dents* durchbrechen; (hervor)kommen; *enfant* **~ bien** gedeihen; **faire ~ des légumes** Gemüse ziehen, anbauen; **se laisser** *ou* **se faire ~ la barbe, les cheveux** sich (*dat*) e-n Bart, die Haare wachsen lassen **2** (*continuer son chemin*) **~ jusqu'à …** weitergehen, -laufen, -fahren, -reisen bis (zu) … **3** *pour aller à la selle* drücken; *pour accoucher*

P

pressen **III** *v/pr* ***se ~*** **1** (*faire de la place*) zur Seite rücken; Platz machen; (*laisser passer qn*) Platz machen; aus dem Weg gehen; zur Seite treten **2** *foule* sich stoßen, drängen, F drängeln, schubsen; ***se ~ vers la sortie*** zum Ausgang drängen

poussette [pusɛt] *f* **1** **a)** *pour enfants* Sportwagen *m*; Buggy ['bagi] *m*; **b)** *pour les courses* Einkaufswagen *m*, -roller *m* **2** F CYCLISME Schieben *n* **3** *en voiture dans un bouchon* F (Fahren *n* im) Schneckentempo *n* **poussette-canne** *f* ⟨*pl* **poussettes-cannes**⟩ Schirm(sport)wagen *m*; Klappsportwagen *m*

poussier [pusje] *m* Kohlenstaub *m*; MINES ***coup*** *m* ***de ~*** Kohlenstaubexplosion *f*

poussière [pusjɛʀ] *f* **1** Staub *m*; ***~ de charbon, des routes*** Kohlen-, Straßenstaub *m*; ***avaler de la ~*** Staub schlucken; ***faire de la ~*** Staub machen, aufwirbeln; *st/s après la mort* ***n'être plus que ~*** nur noch Staub sein; *fig* ***mordre la ~*** (*tomber*) der Länge nach hinfallen; (*subir un échec*) e-e Niederlage, F e-e Schlappe erleiden; ***faire mordre la ~ à qn*** j-m e-e Niederlage beibringen, j-n zur Strecke bringen; *fig espoir, projet* ***réduire en ~*** zunichtemachen; ***tomber en ~*** in, zu Staub zerfallen **2** (*grain de ~*) Staubkorn *n*, -teilchen *n*; Stäubchen *n*; ***avoir une ~ dans l'œil*** ein Staubkörnchen, etwas im Auge haben **3** *coll* ***une ~ de*** e-e Menge, Fülle, Vielzahl, Unzahl von (*ou +gén*) **4** F *fig* ***cent euros et des ~s*** F hundert Euro und ein paar Zerquetschte

poussiéreux [pusjeʀø] *adj* ⟨**-euse**⟩ staubig; verstaubt (*a fig*)

poussif [pusif] *adj* ⟨**-ive**⟩ **1** *personne* kurzatmig **2** *moteur* F stotternd; asthmatisch **3** VÉT *cheval* dämpfig **4** *fig style* schal; geistlos

poussin [pusɛ̃] *m* **1** ZO Küken *ou österr* Kücken *n* **2** *terme d'affection* F ***mon ~*** (mein) Mäuschen *n*, Häschen *n*

poutre [putʀ] *f* **1** CONSTR Balken *m*; *t/t* Träger *m*; *d'un toit a* Binder *m*; ***~ métallique*** Stahlträger *m* **2** SPORTS Schwebebalken *m*

poutrelle [putʀɛl] *f* CONSTR kleiner Balken, Eisen-, Stahlträger *m*

pouvoir[1] [puvwaʀ] ⟨**je peux** *ou st/s* **je puis** (*aber immer* **puis-je?**), **tu peux, il peut, nous pouvons, ils peuvent**; **je pouvais**; **je pus**; **je pourrai**; **que je puisse**; **pouvant**; **pu** (*inv*)⟩ **I** *v/t* können; ♦ *loc* ***qui peut le plus peut le moins*** kommt man über den Hund, kommt man auch über den Schwanz (*prov*); ♦ *avec pr*: ***qu'y puis-je?*** was kann ich dafür?; ***on n'y peut rien*** da kann man nichts machen; ♦ *avec adv*: *st/s* ***il peut beaucoup sur leurs décisions*** er hat viel Einfluss auf ihre Entscheidungen; ***je n'en peux plus*** ich kann nicht mehr; ich halte es nicht mehr aus **II** *v/aux avec inf* **1** (*être capable de*) können; *st/s* vermögen zu; ***ne pas ~***, *st/s* ***ne ~ parler*** *etc* nicht sprechen *etc* können; *st/s* nicht zu sprechen *etc* vermögen; ***on ne peut être plus mal servi*** schlechter kann man nicht bedient werden; ♦ *elliptiquement* ***j'ai fait ce que j'ai pu*** ich habe getan, was ich konnte, vermochte; ♦ *loc/adv*: ***on ne peut mieux*** (aller)bestens; aufs Beste; vortrefflich; vorzüglich; *il est* ***on ne peut plus*** *aimable* äußerst; außerordentlich; ungemein; überaus **2** (*avoir le droit de*) dürfen; können; ***on ne peut pas l'abandonner dans cette situation*** in dieser Lage darf man ihn einfach nicht verlassen; ***est-ce que je peux***, *st/s* ***puis-je vous aider?*** darf, kann ich Ihnen helfen?; ***on peut dire que …*** man kann, darf sagen, dass …; ***… si l'on peut dire*** … wenn man so sagen darf **3** *possibilité* mögen; können; ***quel âge peut-elle bien avoir?*** wie alt könnte, mag, wird sie wohl sein?; ***je peux me faire des illusions*** es ist möglich, dass ich mir Illusionen mache; ***il peut dire ce qu'il veut*** er kann, mag sagen, was er will; ***cela peut durer encore longtemps*** das kann noch lange dauern; ***cet espoir pourrait bien se réaliser*** diese Hoffnung dürfte, könnte sich wohl erfüllen; ***il peut bien venir me voir***, *je ne lui raconterai rien* selbst *ou* auch wenn er mich aufsucht …; ♦ *st/s souhait* ***puissiez-vous réussir!*** möge Ihnen Erfolg beschieden sein! **III** *v/imp et v/pr* ***il pouvait y avoir deux mille spectateurs*** es mochten zweitausend Zuschauer anwesend sein; ***il peut arriver, se faire que …*** (*+subj*) es kann sein, geschehen, dass …; ♦ ***il se peut que …*** (*+subj*) es kann sein, es ist möglich, dass …; ***il se peut que je me sois trompé*** *a* möglicherweise habe ich mich getäuscht; ***se pourrait-il que vous n'ayez pas été averti?*** wäre es möglich, dass man Sie nicht benachrichtigt hat?; sollte man Sie wirklich nicht benachrichtigt haben?; *litt* ***il travaille autant que faire se peut*** er arbeitet, so viel er irgend kann; F ***ça se peut*** das ist möglich; das kann sein; F ***ça se pourrait bien*** das könnte gut, durchaus (möglich) sein; ***cela ne se peut pas*** *a* das geht nicht

pouvoir[2] [puvwaʀ] *m* **1** Macht *f* (***sur qn*** über j-n); Kraft *f*; Gewalt *f*; ***~s surnaturels*** übernatürliche Kräfte; ÉCON ***~ d'achat*** Kaufkraft *f*; ***~ de l'imagination*** Einbildungskraft *f*; ***cela n'est pas en mon ~*** das steht nicht in meiner Macht; ***il n'est pas en mon ~ de*** (*+inf*) es steht nicht in meiner Macht zu (*+inf*); ***vous êtes en notre ~*** Sie sind in unserer Gewalt, Hand **2** POL Macht *f*; ***les hommes*** *m/pl* ***au ~*** die Machthaber *m/pl*; ***prise*** *f* ***de ~*** Machtübernahme *f*, -ergreifung *f*; ***être au ~*** an der Macht sein **3** POL, JUR (Staats)Gewalt *f*; ***~ central, disciplinaire*** Zentral-, Disziplinargewalt *f*; ***~ exécutif, judiciaire, législatif*** → ***exécutif*** *etc*; ***~s publics*** Behörden *f/pl*; Staatsorgane *n/pl*; öffentliche Hand; ***~ de police*** Polizeigewalt *f* **4** JUR **a)** *d'un tuteur, d'un avocat* Vertretungsmacht *f*; **b)** (*procuration*) Vollmacht *f* (*a document*); ***pleins ~s*** unbeschränkte Vollmacht; ***donner ~ à qn de*** (*+inf*) j-m die Vollmacht erteilen, j-n ermächtigen zu (*+inf*); **c)** *d'un supérieur hiérarchique* (Macht-, Amts-, Dienst)Befugnis *f*; ***dépasser, excéder ses ~s*** s-e Befugnisse überschreiten **5** PHYS, TECH Vermögen *n*; Fähigkeit *f*; Kraft *f*; ***~ blanchissant*** Waschkraft *f*; ***~ calorifique*** Heizwert *m*; ***~ isolant*** Isolierfähigkeit *f*

Pouzzoles [puzɔl] GÉOGR Pozzuoli *n*

p. p. *abr* → ***procuration***

p. p.c.m. [pepeseɛm] *m abr* (*plus petit commun multiple*) MATH kleinstes gemeinschaftliches Vielfaches

P.Q. [peky] *m* F *plais abr* (*papier cul*) F Klopapier *n*; ***rouleau*** *m* ***de ~*** F Rolle *f* Klopapier; F Klopapierrolle *f*

P.R. [peɛʀ] *m abr* (*Parti républicain*) Republikanische Partei (*liberal*)

Praesidium [pʀezidjɔm] *m* HIST *en URSS* ***le ~ du Soviet Suprême*** das Präsidium des Obersten So-

wjets; ***membre*** *m* ***du ~*** Präsidiumsmitglied *n*
pragmatique [pʀagmatik] *adj* pragmatisch
pragmatisme [pʀagmatism] *m* Pragmatismus *m*
pragmatiste *m,f* Pragmatiker(in) *m(f)*
Prague [pʀag] Prag *n*
praire [pʀɛʀ] *f* ZO (Warzige) Venusmuschel
prairie [pʀɛʀi] *f* 1 Wiese *f* 2 GÉOGR ***la Prairie*** die Prärie
praline [pʀalin] *f* 1 *bonbon* gebrannte Mandel 2 *en Belgique* (*chocolat*) Praline *f* 3 F → ***cucul***
praliné [pʀaline] I *adj chocolat* mit N(o)ugatfüllung; ***bonbon ~*** Bonbon *n* mit Blätterkrokantfüllung; ***glace ~e*** Eis *n* mit Krokantsplittern II *m* N(o)ugat *m ou n*
praticable [pʀatikabl] I *adj* 1 *chemin* begeh-, benutzbar; *route* befahrbar (***en voiture*** mit dem Auto); benutzbar; *terrain de sports* bespielbar 2 *plan, opération* aus-, durchführbar; realisierbar; praktikabel II *m* 1 THÉ Praktikabel *n* 2 CIN, TV Kamera- *ou* Scheinwerferstand *m*
praticien [pʀatisjɛ̃] *m*, **praticienne** *f* MÉD (praktizierender) Arzt, (praktizierende) Ärztin
pratiquant [pʀatikɑ̃] REL I *adj* praktizierend; ***elle est très ~e*** sie ist e-e eifrige Kirchgängerin II *subst* ***~(e)*** *m,f* s-e religiösen Pflichten erfüllende(r) Gläubige(r) *f(m)*; ÉGL CATH praktizierender Katholik, praktizierende Katholikin
pratique [pʀatik] I *adj* 1 *objet, appareil, conseil, solution etc* praktisch; zweckmäßig, -entsprechend, -dienlich; nützlich; brauchbar; *passez par ici*, ***c'est plus ~*** das ist praktischer, bequemer 2 *personne* praktisch (veranlagt, denkend); ***intelligence*** *f* ***~*** praktische Intelligenz; → *a* ***sens*** *2 a)* 3 (*opposé: théorique*) *conséquences, connaissances etc* praktisch; ÉCOLE, UNIVERSITÉ ***travaux*** *m/pl* ***~s*** → ***travail*** 2; ***la vie ~*** das praktische Leben II *f* 1 (*opposé: théorie*) Praxis *f*; ***dans la ~*** *ou* ***en ~*** in der Praxis; ***mettre en ~*** in die Praxis, Tat umsetzen; praktisch anwenden, durchführen; praktizieren 2 (*savoir-faire*) Praxis *f*; (praktische, Berufs)Erfahrung; ***avoir une longue ~ de la pédagogie*** e-e lange *ou* langjährige pädagogische Praxis haben, Erfahrung besitzen; ***manquer de ~*** (noch) keine Praxis, praktische Erfahrung haben 3 *d'un art, d'un métier, d'un sport* Ausübung *f*; Betreiben *n* 4 *d'une règle morale* Befolgung *f*; REL ***les ~s*** die Andachtsübungen *f/pl*; ***~ religieuse*** Befolgung religiöser Vorschriften; Erfüllung *f* religiöser Pflichten; Praktizieren *n* des Glaubens 5 (*usage*) Praxis *f*; Gepflogenheit *f*; Brauch *m*; *souvent pl* ***~s*** Praktiken *f/pl*; ***~ répandue*** verbreitete Praktik, Praxis; ***c'est une ~ courante*** *a* das ist so üblich
pratiquement [pʀatikmɑ̃] *adv* 1 (*dans la pratique*) praktisch; in der Praxis 2 (*à peu près*) praktisch; so gut wie
pratiquer [pʀatike] I *v/t* 1 *profession, métier, art* betreiben; ausüben; *sport* (be)treiben; ***~ le football*** den Fußballsport betreiben; Fußball spielen; ***~ la médecine*** den Arztberuf ausüben; ***~ la photographie*** fotografieren 2 *méthode, procédé* (praktisch) anwenden; praktizieren; *une politique* betreiben; verfolgen; *charité, justice* üben; ***~ le chantage*** sich der Erpressung bedienen; erpressen 3 REL *abs* s-e religiösen Pflichten erfüllen; in die Kirche gehen 4 *ouverture dans un mur* herstellen; machen; *abri* anbringen; *intervention chirurgicale* vornehmen 5 *litt auteur, ouvrage* regelmäßig, gern lesen II *v/pr* ***se ~*** üblich sein; geschehen
pré [pʀe] *m* Wiese *f*
pré... [pʀe] *préfixe* prä...; Prä...; vor...; Vor...; früh...; Früh...; → *les articles suivants*
préado [pʀeado] *m,f* F *abr* → ***préadolescent***
préadolescent [pʀeadɔlesɑ̃] *m*, **préadolescente** *f* 10-13-Jährige(r) *f(m)*
préalable [pʀealabl] I *adj* 1 vorherig *ou* vorherig; vorhergehend; vorangehend (***à*** *dat*); ***sans avis ~*** *a* ohne Vorankündigung; ***après un examen médical ~*** *a* nach erfolgter ärztlicher Untersuchung 2 ***question*** *f* ***~*** PARLEMENT Antrag *m*, e-n Tagesordnungspunkt nicht zu behandeln; JUR Vorfrage *f* II *m* 1 Vorbedingung *f* 2 *loc/adv* ***au ~*** vorher; zuvor
préalablement [pʀealabləmɑ̃] *adv* vorher; zuvor; ***~ à*** vor (*+dat*)
Préalpes [pʀealp] ***les ~*** *f/pl* die Voralpen *pl*
préalpin [pʀealpɛ̃] *adj* der Voralpen; Alpenrand...
préambule [pʀeɑ̃byl] *m* 1 *d'une loi* Präambel *f*; *d'un discours etc* Einleitung *f*; Vorrede *f*; *loc/adv* ***sans ~*** unvermittelt; abrupt; ohne Umschweife 2 *fig* ***être le ~ de qc*** das Vorspiel zu etw sein
préau [pʀeo] *m* ⟨*pl* ***~x***⟩ *d'une école* überdachter Teil des Schulhofs; *d'une prison etc* (Innen)Hof *m*
préavis [pʀeavi] *m* 1 (Vor)Ankündigung *f*; TÉL Voranmeldung *f*; ***~ de grève*** Streikankündigung *f* 2 *de licenciement* Kündigung *f*; (***délai*** *m* ***de***) ***~*** Kündigungsfrist *f* (***de trois mois*** von drei Monaten); *renvoyer qn* ***sans ~*** fristlos; *employé* ***donner son ~*** (fristgemäß, -gerecht) kündigen
prébende [pʀebɑ̃d] *f* ÉGL HIST Präbende *f*; Pfründe *f*
précaire [pʀekɛʀ] *adj* 1 *santé, situation* prekär; labil; bedenklich; *situation a* heikel; brenzlig; schwierig; ***bonheur*** *m* ***~*** zerbrechliches Glück; ***emploi*** *m* ***~*** unsicherer Arbeitsplatz 2 JUR ***détention*** *f*, ***possession*** *f* (***à titre***) ***~*** Fremdbesitz *m*; unmittelbarer Besitz
précambrien [pʀekɑ̃bʀijɛ̃] *m* GÉOL Präkambrium *n*
précarité [pʀekaʀite] *f* Unsicherheit *f*; Labilität *f*
précaution [pʀekosjõ] *f* (*prudence*) Vorsicht *f*; Behutsamkeit *f*; *disposition prise* Vorsichtsmaßnahme *f*, -maßregel *f*; *loc/adv*: ***avec*** (***de grandes***) ***~(s)*** (sehr) vorsichtig, behutsam, sorgsam; mit (großer) Behutsamkeit; ***par ~*** vorsichtshalber; vorsorglich; aus Vorsicht; ***s'entourer de ~s*** vorsichtig sein; Vorsicht walten lassen; vorsichtig zu Werke gehen; sich (nach allen Seiten) absichern; ***prendre des ~s*** Vorsichtsmaßnahmen, -maßregeln treffen, ergreifen; Vorsorge treffen; F *fig* ***prendre ses ~s*** (*aller aux toilettes*) F vorher noch einmal verschwinden gehen; *prov* ***deux ~s valent mieux qu'une*** doppelt genäht hält besser (*prov*)
précautionneux [pʀekosjɔnø] *adj* ⟨***-euse***⟩ vorsichtig; behutsam; sorgsam
précédemment [pʀesedamɑ̃] *adv* vorher; vordem; zuvor
précédent [pʀesedɑ̃] I *adj* vorher-, vorangehend; vorig; Vor...; vorangegangen; *loc/adv* ***l'année ~e*** im vorhergehenden, vorigen Jahr; im Vorjahr II *m* Präzedenzfall *m* (*a* JUR); *loc/adj* ***sans ~*** beispiellos; noch nie da gewesen; ***c'est un fait sans ~*** das hat es noch nie gegeben; das ist noch nicht da gewesen; ***créer un ~*** e-n Präzedenzfall schaffen

P

précéder [pʀesede] *v/t* ⟨**-è-**⟩ **1** *dans le temps* voran-, vorher-, voraus-, voraufgehen (*+dat*); *loc/adv* ***le jour qui précédait son départ*** am Tag vor s-r Abreise; *st/s* ***ceux qui nous ont précédés*** *a* die vor uns gelebt haben; ***il m'a précédé de dix minutes*** er war zehn Minuten eher, früher da als ich; ***sa mauvaise réputation l'avait précédé*** sein schlechter Ruf war ihm schon vorausgeeilt **2** *dans l'espace* **~ *qn*** vor j-m hergehen *ou* -fahren; j-m vorangehen *ou* -fahren; *chose* **~ *qc*** vor etw (*dat*) stehen, kommen; *fig dans une carrière etc* **~ *qn*** j-m vorangehen; ***faire ~ un livre d'une préface*** e-m Buch ein Vorwort voranstellen; *p/p* ***le ministre précédé des journalistes*** der Minister, dem die Journalisten vorangingen

précepte [pʀesɛpt] *m* Gebot *n*; Vorschrift *f*; Lehre *f*; Prinzip *n*; Regel *f*; ***donner de bons ~s*** gute Lehren erteilen

précepteur [pʀesɛptœʀ] *m*, **préceptrice** *f* Haus-, Privatlehrer(in) *m(f)*; Erzieher(in) *m(f)*

précession [pʀesɛsjõ] *f* PHYS, ASTR Präzession *f*

préchauffage [pʀeʃofaʒ] *m* TECH Vorwärmen *n*; Vorerhitzen *n*; *d'un train* Vorheizen *n*; *d'un moteur diesel* Vorglühen *n*

prêche [pʀɛʃ] *m* **1** REL Predigt *f*; **~ *du dimanche*** Sonntagspredigt *f* **2** *fig* Moralpredigt *f*

prêcher [pʀɛʃe] **I** *v/t* predigen; **~ *l'Évangile*** das Evangelium predigen, verkünd(ig)en; *par ext* **~ *le carême*** (die) Fastenpredigten halten; *fig* **~ *la haine, la patience*** Hass, Geduld predigen **II** *v/i* **1** *curé etc* predigen; die Predigt halten; *fig* **~ *d'exemple*** mit gutem Beispiel vorangehen **2** *fig* Moral predigen; moralisieren

prêcheur [pʀɛʃœʀ] *m*, **prêcheuse** *f* Moralprediger(in) *m(f)*; Moralist(in) *m(f)*

prêchi-prêcha [pʀɛʃipʀɛʃa] *m* ⟨*inv*⟩ F *péj* (ewige) Moralpredigten *f/pl*; moralisierendes Geschwätz

précieusement [pʀesjøzmɑ̃] *adv garder* sorgfältig; sorgsam

précieuses [pʀesjøz] *f/pl* HIST *literarischer Kreis von Damen, die im Paris des 17. Jahrhunderts e-e verfeinerte Sprache pflegten*; *Molière* ***Les Précieuses ridicules*** Die lächerlichen Preziösen

précieux [pʀesjø] *adj* ⟨**-euse**⟩ **1** wertvoll; kostbar; erlesen; ***bijoux*** *m/pl* **~** wertvoller, kostbarer Schmuck; ***bois, métaux ~*** Edelhölzer *n/pl*, -metalle *n/pl*; ***objet ~*** Wertgegenstand *m*, -sache *f*; Kostbarkeit *f*; ***pierre précieuse*** Edelstein *m* **2** *aide, qualité, collaborateur etc* wertvoll; *temps* kostbar; ***perdre de précieuses minutes*** kostbare Minuten verlieren **3 a)** (*affecté, recherché*) preziös; geziert; gesucht; manieriert; affektiert; gekünstelt; gespreizt; **b)** HIST *en littérature etc* preziös; der Preziosität

préciosité [pʀesjozite] *f* **1** *dans le langage, les manières* Geziert-, Gesucht-, Manieriert-, Affektiert-, Gespreiztheit *f* **2** HIST *en littérature etc* Preziosität *f*

précipice [pʀesipis] *m* Abgrund *m* (*a fig*)

précipitamment [pʀesipitamɑ̃] *adv* in großer Hast, Eile; hastig; schleunigst; überstürzt; übereilt; *partir a* Hals über Kopf

précipitation [pʀesipitasjõ] *f* **1** Hast *f*; große Eile; Überstürzung *f*; Übereilung *f*; Überstürztheit *f*; Übereiltheit *f*; *loc/adv* ***avec ~*** → ***précipitamment*** **2** MÉTÉO **~*s*** *pl* (***atmosphériques***) Niederschlag *m*, -schläge *m/pl* **3** CHIM (Aus)Fällung *f*; *sc* Präzipitation *f*

précipité [pʀesipite] **I** *adj* **1** *pas, rythme* schnell; eilig; hastig **2** *départ* hastig; überstürzt; *démarche, décision* übereilt; ***être trop ~ dans ses décisions*** in s-n Entscheidungen zu schnell sein; vorschnelle, übereilte Entscheidungen treffen **II** *m* CHIM Niederschlag *m*; *sc* Präzipitat *n*

précipiter [pʀesipite] **I** *v/t* **1** (*jeter d'en haut*) (in die Tiefe) hinab-, hinunterstürzen; *fig* **~ *un pays dans le chaos*** ein Land ins Chaos stürzen **2** (*pousser violemment*) schleudern; **~ *qn à terre*** j-n zu Boden schleudern; ***être précipité contre un arbre*** gegen e-n Baum geschleudert werden **3** (*accélérer*) *pas* beschleunigen; (*brusquer*) *départ, décision, les choses* überstürzen; übereilen; ***il ne faut rien ~*** man soll nichts überstürzen, übereilen, übers Knie brechen **4** CHIM (aus)fällen; *sc* präzipitieren **II** *v/pr* ***se ~*** **1** (*se jeter d'en haut*) sich hinab-, hinunterstürzen; ***se ~ dans le vide*** sich in die Tiefe stürzen **2** (*s'élancer*) stürzen; ***se ~ à la porte*** an die, zur Tür stürzen; ***se ~ au secours de qn*** j-m zu Hilfe eilen; ***se ~ au-devant de qn*** j-m entgegenstürzen; ***se ~ dans les bras de qn*** sich in j-s Arme stürzen; ***se ~ sur qn*** sich auf j-n stürzen; auf j-n losstürzen, zustürzen **3** (*se dépêcher*) sich beeilen; ***inutile de tant se ~!*** nur nichts überstürzen, übereilen! **4** *événements* sich überstürzen

précis [pʀesi] **I** *adj* **1** präzis(e); genau; exakt; *réponse a* klar; unzweideutig; *faits* eindeutig; *trait, contours* deutlich; *endroit, point* ganz bestimmt; *personne* präzis(e), exakt, mit Präzision handelnd, vorgehend, arbeitend; ***idées, notions ~es*** genaue, klare, feste, bestimmte, präzise Vorstellungen *f/pl*; ***indice ~*** fester Anhaltspunkt; ♦ *loc/adv*: ***à dix heures ~es*** genau um, pünktlich um, Punkt, Schlag zehn Uhr; ***à l'instant, au moment ~ où …*** genau, gerade in dem Augenblick, als …; ***de façon ~e*** präzis(e); genau; exakt; klar; ***sans raison ~e*** ohne besonderen, bestimmten Grund; ***ne penser à rien de ~*** an nichts Bestimmtes denken **2** *résumé, style* präzis(e); klar und knapp; *orateur, auteur* sich präzis(e), treffend, klar und knapp ausdrücken **II** *m* Abriss *m* (*a comme titre*); kurze, gedrängte Übersicht (**de** über *+acc*), Zusammenfassung; Leitfaden *m*; **~ *de géométrie*** Leitfaden *m* der Geometrie

précisément [pʀesizemɑ̃] *adv* **1** (*de façon précise*) präzis(e); genau; exakt; ***plus ~*** genauer gesagt **2** (*justement*) genau; gerade; **~ *à cause de cela*** gerade, genau deswegen, darum; ***vous êtes ~ l'homme que je cherche*** Sie sind genau der Mann, den ich suche; ***n'être pas ~ gai*** *etc* nicht gerade, unbedingt, eben lustig *etc* sein **3** *réponse* **~*!*** genau!; allerdings!; so ist es!; ganz recht!

préciser [pʀesize] **I** *v/t* **1** *idée, point etc* präzisieren; genauer angeben, formulieren, darlegen; *endroit, date* genau, exakt angeben; *abs* ***précisez!*** drücken Sie sich klarer, deutlicher aus! **2** (*souligner*) klarstellen, deutlich machen (***que*** dass) **II** *v/pr danger, situation etc* ***se ~*** klarer, deutlicher werden; sich klarer abzeichnen

précision [pʀesizjõ] *f* **1** Präzision *f* (*a* TECH); Exaktheit *f*; Genauigkeit *f*; *des contours* Deutlichkeit *f*; **~ *mathématique*** mathematische Präzision, Genauigkeit, Exaktheit; **~ *du tir*** Treff-, Zielsicherheit *f*; ***balance*** *f*, ***travail*** *m* ***de ~*** Präzisionswaage *f*, -arbeit *f*; ***mécanique*** *f* ***de ~*** Feinmechanik *f*; ***avec ~*** präzis(e); genau; exakt **2** ***~s*** *pl* genauere, nähere Angaben *f/pl*, Hinweise *m/pl*, Auskünfte *f/pl*; Einzelheiten *f/pl*; ***j'ai encore une ~ à ajouter*** ich habe noch etwas zur Klärung hinzuzufügen; ***demander des ~s sur qc*** genauere Angaben über etw (*acc*) erbitten; ***donner quelques ~s sur qc*** einige Einzelheiten über etw (*acc*) mitteilen

préclassique [pʀeklasik] *adj* vorklassisch

précoce [pʀekɔs] *adj* **1** *fruit, végétal* früh; *fruit a* frühreif; früh reifend; ***fruits*** *m/pl* ***~s*** Frühobst *n*; ***gelées*** *f/pl* ***~s*** Frühfrost *m*, -fröste *m/pl*; ***variété*** *f* ***~*** frühe Sorte **2** *enfant* frühreif **3** *automne, sénilité etc* früh(zeitig); (vor)zeitig; ***mariage*** *m* ***~*** Frühehe *f*; ***rides*** *f/pl* ***~s*** früh(zeitig), vorzeitig auftretende Falten *f/pl*; ***être atteint d'une calvitie ~*** früh, vorzeitig kahl werden, e-e Glatze bekommen; ***cette année, l'hiver a été ~*** in diesem Jahr hatten wir e-n frühen, zeitigen Winter

précocité [pʀekɔsite] *f d'un fruit, d'un enfant* Frühreife *f*; frühe Reife; *de l'automne etc* früh(zeitig)er, (vor)zeitiger Beginn

précolombien [pʀekɔlõbjɛ̃] *adj* ⟨***~ne***⟩ präkolumbisch

préconçu [pʀekõsy] *adj* ***idée, opinion ~e*** vorgefasste Meinung; Vorurteil *n*

préconiser [pʀekɔnize] *v/t méthode, politique, plan etc* befürworten; *remède* (warm) empfehlen; raten zu

précontraint [pʀekõtʀɛ̃] *adj* TECH ***béton ~*** *ou subst* ***~*** *m* Spannbeton *m*

précuit [pʀekɥi] *adj* CUIS vorgekocht

précurseur [pʀekyʀsœʀ] **I** *m* Vorläufer *m*; Wegbereiter *m* **II** *adj m* ***signe ~*** Vorzeichen *n*, -bote *m*; Anzeichen *n*

prédateur [pʀedatœʀ] BIOL **I** *adj* ⟨**-trice**⟩ räuberisch lebend **II** *m* Räuber *m*

prédécesseur [pʀedesesœʀ] *m* **1** *dans une fonction* Vorgänger(in) *m(f)* **2** ***nos ~s*** unsere Vorfahren *m/pl*, -eltern *pl*, -väter *m/pl*

prédélinquant [pʀedelɛ̃kɑ̃] *m* JUR potenzieller jugendlicher Straftäter

prédestination [pʀedɛstinasjõ] *f* REL Prädestination *f*; Vorherbestimmung *f*; Gnadenwahl *f*

prédestiné [pʀedɛstine] *adj* ***être ~ à qc*** für *ou* zu etw prädestiniert, vor(her)bestimmt, für etw wie geschaffen sein; *abs* (zu Großem) auserwählt, auserkoren sein **prédestiner** *v/t* REL *et fig* prädestinieren, vorherbestimmen (***à qc*** für *ou* zu etw)

prédicat [pʀedika] *m* GR, LOGIQUE Prädikat *n*

prédicateur [pʀedikatœʀ] *m* REL Prediger *m*; Kanzelredner *m* **prédication** *f* REL Predigen *n*

prédiction [pʀediksjõ] *f* Voraussage *f*, -ung *f*; Vorhersage *f*; *d'une voyante etc* Weissagen *n*, -ung *f*; Wahrsagen *n*, -ung *f*; ***faire des ~s*** Voraussagen machen; weissagen; wahrsagen

prédilection [pʀedilɛksjõ] *f* Vorliebe *f*; *loc/adj* ***de ~*** Lieblings…; ***auteur*** *m* ***de ~*** Lieblingsdichter *m*; ***avoir une ~ pour qn, qc*** e-e Vorliebe, Schwäche für j-n, etw haben

prédire [pʀediʀ] *v/t* ⟨→ **dire**; *aber*: **vous prédisez**⟩ voraus-, vorhersagen; prophezeien; *voyante etc* wahrsagen; weissagen; ***~ l'avenir*** die Zukunft voraus-, vorhersagen; wahrsagen; weissagen; ***~ une crise économique*** e-e Wirtschaftskrise voraus-, vorhersagen; ***je vous l'avais prédit!*** ich hab's (Ihnen) ja gesagt!

prédisposer [pʀedispoze] *v/t* ***~ qn à qc*** j-n für etw prädisponieren (*a* MÉD); j-n im Voraus auf etw (*acc*) festlegen; MÉD *a* j-n für etw besonders anfällig machen; ***être prédisposé à qc*** e-e Anlage, Veranlagung, Neigung zu etw haben, mitbringen

prédisposition [pʀedispozisjõ] *f* Veranlagung *f*, Anlage *f* (***à la paresse*** zur Faulheit); MÉD Prädisposition *f*, besondere Anfälligkeit (***à une maladie*** für e-e Krankheit)

prédominance [pʀedɔminɑ̃s] *f* Vorherrschen *n*; Überwiegen *n*; Dominieren *n*; Übergewicht *n*; Vorherrschaft *f*; Prädomination *f*

prédominant [pʀedɔminɑ̃] *adj* vorherrschend; dominierend; ***souci ~*** Hauptsorge *f*; größte Sorge

prédominer [pʀedɔmine] *v/i* vorherrschen; überwiegen; (prä)dominieren; ***son avis a prédominé*** s-e Meinung gab den Ausschlag, war ausschlaggebend

préélectoral [pʀeelɛktɔʀal] *adj* ⟨**-aux**⟩ POL vor den Wahlen; Wahlkampf…; ***promesses ~es*** Wahlversprechen *n/pl*, -versprechungen *f/pl*

préemballé [pʀeɑ̃bale] *adj* COMM (verkaufsfertig) abgepackt

prééminence [pʀeeminɑ̃s] *f* Vorrang(stellung) *m(f)*; herausragende Stellung **prééminent** *adj* herausragend; hervorstechend

préemption [pʀeɑ̃psjõ] *f* JUR ***droit*** *m* ***de ~*** Vorkaufsrecht *n*

préétabli [pʀeetabli] *adj* vorher festgesetzt, festgelegt

préexistant [pʀeɛgzistɑ̃] *adj* schon vorher da gewesen, existierend

préexister [pʀeɛgziste] *v/i* ***~ à qc*** schon vor etw (*dat*) da sein, existieren

préfabrication [pʀefabʀikasjõ] *f* CONSTR Herstellung *f* von Fertigteilen; Vorfertigung *f* (**de** von *ou* +*gén*)

préfabriqué [pʀefabʀike] **I** *adj* **1** CONSTR vorgefertigt; ***élément ~*** Fertig(bau)teil *n*; ***maison ~e*** Fertighaus *n* **2** *fig et péj* vorfabriziert; inszeniert **II** *m* CONSTR **a)** *élément* Fertig(bau)teil *n*; **b)** *construction* Fertigbau(weise) *m(f)*

préface [pʀefas] *f* **1** *d'un livre* Vorwort *n*; Geleitwort *n* **2** *fig* Auftakt *m* (**à** zu); ***en ~ à*** als Auftakt zu **3** ÉGL CATH Präfation *f*

préfacer [pʀefase] *v/t* ⟨**-ç-**⟩ *livre* das Vor-, Geleitwort schreiben zu

préfectoral [pʀefɛktɔʀal] *adj* ⟨**-aux**⟩ des Präfekten; der Präfektur; ***arrêté ~*** Erlass *m*, Verordnung *f* des Präfekten

préfecture [pʀefɛktyʀ] *f* **1** *bâtiment, services* Präfektur *f*; *correspond à* Regierungspräsidium *n*; Bezirksregierung *f* **2** *ville* Sitz *m* e-r Präfektur **3** ***~ de police*** Polizeipräsidium *n* in Paris

préférable [pʀefeʀabl] *adj* ***être ~ à qc*** besser sein als etw; e-r Sache (*dat*) vorzuziehen sein; den Vorzug vor etw (*dat*) verdienen; ***il est ~ de*** (+*inf*) *ou* ***que …*** (+*subj*) es ist besser, ratsamer zu (+*inf*) *ou*, wenn …

préféré [pʀefeʀe] **I** *adj* bevorzugt; Lieblings…; ***disque ~*** Lieblingsplatte *f* **II** *subst* ***~(e)*** *m(f)* Liebling *m* (***de qn*** j-s); ***c'était elle la ~e de sa mère*** sie war der Liebling ihrer Mutter

préférence [pʀefeʀɑ̃s] *f* Vorzug *m*; Bevorzugung *f*; ÉCON Präferenz *f*; ***~ pour qn, qc*** Vorliebe *f*, Schwä-

P

che *f* für j-n, etw; *loc/adv* ***de ~*** lieber; am besten; vorzugsweise; mit Vorliebe; vornehmlich; meist; ***descendez de ~ à cet hôtel!*** steigen Sie am besten in diesem Hotel ab!; *loc/prép* ***de ~ à*** lieber als; *loc/adv*: *citez-moi*, ***par ordre de ~***, *vos livres favoris* in der Reihenfolge, wie Sie sie am liebsten haben; ***accorder, donner la ~ à qn, qc*** j-m, e-r Sache den Vorzug geben; j-n, etw bevorzugen, vorziehen; ***avoir la ~ sur qn*** den Vorzug vor j-m haben; j-m vorgezogen werden; ***c'est le plus jeune des candidats qui a eu, a obtenu la ~*** der jüngste Bewerber erhielt den Vorzug; ***je n'ai pas de, je n'ai aucune ~*** das ist mir egal; ich habe keinen besonderen Wunsch; ***témoigner une nette ~ à qn*** j-n ganz deutlich vorziehen, bevorzugen

préférentiel [pʀefeʀɑ̃sjɛl] *adj* ⟨**~le**⟩ Vorzugs…; Präferenz…; ***droits (de douane) ~s*** Vorzugs-, Präferenzzölle *m/pl*; ***traitement ~*** Vorzugsbehandlung *f*; ***vote ~*** Listenwahl, bei der durch Änderung der Reihenfolge e-m Kandidaten der Vorzug gegeben werden kann

préférer [pʀefeʀe] ⟨**-è-**⟩ **I** *v/t* vorziehen (***à*** *dat*); lieber haben (als); bevorzugen; den Vorzug geben (*+dat*); *abs* ***faites comme vous préférez!*** machen Sie es, wie Sie es gern möchten!; *abs* ***si tu préfères,*** *nous irons au cinéma* wenn es dir lieber ist …; ***de*** *ou* ***entre*** *ou* ***parmi toutes ces cravates, je préfère celle-ci*** diese Krawatte ist mir von allen die liebste; ***je préfère le train (à la voiture)*** ich fahre lieber mit der Bahn (als mit dem Auto); ich nehme lieber den Zug, mir ist der Zug lieber (als das Auto); ***~ le vin à la bière*** lieber Wein als Bier trinken; ***je te préfère sans barbe*** du gefällst mir ohne Bart besser; ich mag dich ohne Bart lieber; ♦ ***~ faire qc*** lieber etw tun; (es) vorziehen, etw zu tun; ***je préfère me reposer*** ich will, möchte (mich) lieber ausruhen; ***~ que …*** (*+subj*) es lieber sehen, wenn …; lieber mögen, dass …; ***je préfère qu'il parte*** es ist mir lieber, wenn er geht; er soll lieber gehen **II** *v/pr* ***elle se préfère avec les cheveux longs*** sie findet sich mit langem Haar hübscher

préfet [pʀefɛ] *m* **1** *d'un département* Präfekt *m*; *correspond à* Regierungspräsident *m*; ***~ de région*** Präfekt (mehrerer zu) e-r Region (zusammengefasster Departements) **2** ***~ de police*** Polizeipräsident *m* von Paris **3** *en Belgique* (Gymnasial)Direktor *m*

préfète [pʀefɛt] *f* **1** ***madame la ~*** die Frau Präfekt **2** *en Belgique* (Gymnasial)Direktorin *f*

préfiguration [pʀefigyʀasjõ] *st/s f* Vorgeschmack *m*; *sc* Präfiguration *f* **préfigurer** *st/s v/t* e-n Vorgeschmack geben von; ahnen lassen

préfinancement [pʀefinɑ̃smɑ̃] *m* Vorfinanzierung *f*

préfixal [pʀefiksal] *adj* ⟨**-aux**⟩ LING Präfix… **préfixation** *f* LING Präfigierung *f*; Verwendung *f* von Präfixen

préfixe [pʀefiks] *m* LING Präfix *n*; Vorsilbe *f* **préfixer** *v/t* **1** LING mit Präfix versehen; präfigieren **2** *délai, lieu etc* vorher vereinbaren, festsetzen, festlegen, bestimmen

préformage [pʀefɔʀmaʒ] *m* TECH Vorformung *f* **préformer** *v/t* TECH vorformen

prégnance [pʀegnɑ̃s, -ɲɑ̃s] *f* PSYCH Prägnanz *f* **prégnant** *adj* LING, PSYCH prägnant

préhenseur [pʀeɑ̃sœʀ] *adj m* BIOL ***organe ~*** Greiforgan *n*

préhensile [pʀeɑ̃sil] *adj* BIOL Greif…; zum Greifen dienend

préhension [pʀeɑ̃sjõ] *f* BIOL Greifen *n*; *loc/adj* ***de ~*** Greif…

préhistoire [pʀeistwaʀ] *f* Vor-, Urgeschichte *f*; Prähistorie *f* **préhistorien(ne)** *m(f)* Vorgeschichtler(in) *m(f)*; Prähistoriker(in) *m(f)* **préhistorique** *adj* **1** vor-, urgeschichtlich; prähistorisch **2** F *fig* vorsintflutlich

préjudice [pʀeʒydis] *m* Schaden *m*; Nachteil *m*; Beeinträchtigung *f*; Benachteiligung *f*; JUR: ***~ matériel*** materieller Schaden; Vermögensschaden *m*; ***~ moral*** ideeller, immaterieller Schaden; Nichtvermögensschaden *m*; *loc/prép* ***au ~ de*** zum Nachteil, Schaden von (*ou +gén*); zuungunsten (*+gén*); ***sans ~ de*** unbeschadet (*+gén*); ***causer un ~*** *ou* ***porter ~ à qn*** j-m schaden, Schaden zufügen; nachteilig, von Nachteil für j-n sein; j-m Nachteile bringen; j-n benachteiligen, beeinträchtigen; ***subir un ~*** Schaden erleiden

préjudiciable [pʀeʒydisjabl] *adj* ***~ à*** nachteilig, schädlich für; abträglich (*+dat*)

préjugé [pʀeʒyʒe] *m* Vorurteil *n*; vorgefasste Meinung; ***avoir un ~ contre qn, qc*** ein Vorurteil gegen j-n, etw haben; gegen j-n, etw voreingenommen sein; ***être plein, rempli de ~s*** voller Vorurteile stecken; sehr voreingenommen sein; ***être sans ~s*** vorurteilslos, -frei, unvoreingenommen sein

préjuger [pʀeʒyʒe] *v/t/indir* ⟨**-geons**⟩ ***~ de qc*** e-r Sache (*dat*) vorgreifen; etw präjudizieren; *par ext* (*prévoir*) etw vorhersehen; ***sans ~ des résultats des élections*** ohne den Wahlergebnissen vorzugreifen

prélasser [pʀelase] *v/pr* ***se ~*** es sich (*dat*) bequem, behaglich machen; ***se ~ au soleil*** F sich in der Sonne aalen; ***se ~ dans un fauteuil*** F sich in e-m Sessel rekeln *ou* räkeln

prélat [pʀela] *m* ÉGL CATH Prälat *m*

prélavage [pʀelavaʒ] *m* Vorwäsche *f*; Vorwaschen *n* **prélaver** *v/t* vorwaschen

prêle *ou* **prèle** [pʀɛl] *f* BOT Schachtelhalm *m*

prélèvement [pʀelɛvmɑ̃] *m d'une somme, d'un organe etc* Entnahme *f* (***sur*** aus); *sur un salaire* Abzug *m* (von); *sur un compte bancaire* Abbuchung *f* (von); (*ce qui est prélevé*) COMM *a* Probe *f*; Muster *n*; MÉD *a* Probe *f*; Abstrich *m*; FIN *a* Umlage *f*; FIN ***~s*** *pl a* Abgaben *f/pl*; ***~ automatique*** Einzugsverfahren *n*; Lastschriftverfahren *n*; ***~ de sang*** Blutabnahme *f*, -probe *f*; ***faire un ~ de sang*** Blut abnehmen; e-e Blutprobe entnehmen, machen; ***~ sur le salaire*** Lohnabzug *m*; Abzug, Einbehaltung vom Lohn; FIN ***autorisation*** *f* ***de ~*** Einzugsermächtigung *f*; ***faire un ~ de tissu*** Gewebe, e-e Gewebeprobe entnehmen; ***faire, opérer un ~ sur un compte*** e-n Betrag von e-m Konto abbuchen

prélever [pʀelve] *v/t* ⟨**-è-**⟩ *somme, organe, échantillon* entnehmen (***sur*** *dat ou* aus); nehmen (aus, von); *somme a* abziehen, einbehalten, erheben (von); *sur un compte bancaire* abbuchen (von); *sang a* abnehmen; ***~ sur le salaire*** vom Lohn abziehen, einbehalten

préliminaire [pʀeliminɛʀ] **I** *adj* Vor…; vorbereitend; ***entretiens*** *m/pl* ***~s*** Vorbesprechungen *f/pl*; ***phase*** *f* ***~*** Vorbereitungsphase *f*; ***travail*** *m* ***~*** Vorarbeit *f* (***à*** zu) **II** *m/pl* ***~s*** Präliminarien *pl* (*a* DIPL);

P

Vorspiel *n*; Einleitung *f*

prélude [pʀelyd] *m* 1 MUS **a)** *composition* Präludium *n*; Vorspiel *n*; **b)** *suite de notes* Tonfolge, mit der man sich vor e-m Konzert einspielt, einsingt 2 *fig* Vorspiel *n*, Auftakt *m* (**à** zu)

préluder [pʀelyde] I *v/t/indir* **~ à qc** etw einleiten; den Auftakt zu etw bilden; das Vorspiel zu etw sein II *v/i* MUS sich einspielen; *chanteur* sich einsingen

prématuré [pʀematyʀe] *adj* 1 *démarche* verfrüht; voreilig; ***il serait ~ de*** (+*inf*) es wäre verfrüht, noch zu früh zu (+*inf*) 2 *mort* vorzeitig; (zu) früh; ***accouchement ~*** Frühgeburt *f*; ***enfant ~*** *ou subst* **~** *m* Frühgeburt *f* **prématurément** *adv* vor der Zeit; zu früh; vorzeitig

préméditation [pʀemeditasjõ] *f* JUR Vorsatz *m*; *loc/adj et loc/adv* ***avec ~*** vorsätzlich; ***meurtre*** *m* ***avec ~*** vorsätzliche Tötung; ***agir, tuer avec ~*** vorsätzlich, mit Vorbedacht handeln, töten

préméditer [pʀemedite] *v/t* planen; gründlich vorher überlegen, bedenken; in Gedanken vorbereiten; ***~ de faire qc*** planen, beabsichtigen, darauf sinnen, etw zu tun; *adjt* ***prémédité*** *crime* geplant; *réponse, réaction* (wohl)überlegt

prémices [pʀemis] *litt f/pl* Anfänge *m/pl*; Beginn *m*; ***les ~ de l'hiver*** der Beginn, Anfang des Winters

premier [pʀəmje] I *adj* ⟨**-ière**⟩ 1 *dans l'ordre* erste(r, -s); ***tout ~, toute première*** allererste(r, -s); ***~ âge*** Säuglingsalter *n*; ***~ amour*** erste Liebe; ***le ~ août*** der erste *ou* am ersten August; BOUCHERIE ***côte, côtelette première*** Filetkotelett *n*; TYPO ***première édition*** Erstausgabe *f*, -druck *m*; ***première enfance*** frühe Kindheit; ***~ étage*** erster Stock; erstes Stockwerk; erste Etage; ***François Ier*** Franz I. (der Erste); ***premières notions*** Grundbegriffe *m/pl*; *d'un journal* ***première page*** *a* Titelseite *f*; ***~ plan*** Vordergrund *m*; → *a* ***plan***[1] *II 2*; ♦ *loc/adv*: ***les ~s temps*** in der ersten Zeit; zuerst; anfangs; anfänglich; ***au*** *ou* ***du ~ coup*** auf Anhieb; (gleich) beim ersten Mal; ***en ~ lieu*** → ***lieu***[1] *I* 2 *dans une hiérarchie* erste(r, -s); oberste(r, -s); höchste(r, -s); Haupt…; HIST ***Premier consul*** Erster Konsul; ***première danseuse*** Primaballerina *f*; ***les ~s dignitaires de l'Église*** die obersten, höchsten, ersten Würdenträger der Kirche; ***Premier ministre*** Premierminister *m*; Ministerpräsident *m*; ***objectif ~*** oberstes, höchstes Ziel; Hauptziel *n*; THÉ ***~ rôle*** Hauptrolle *f*, -darsteller *m*; ♦ *loc/adj*: ***de ~ ordre*** erstrangig, -klassig; ersten Ranges; ***de première qualité*** erstklassig; → *a* ***nécessité*** *1* 3 (*meilleur*) beste(r, -s); ***c'était le ~ coureur de son temps*** er war der beste Läufer s-r Zeit 4 (*primitif*) ursprünglich; PHILOS ***cause première*** Erstursache *f*; Ursache *f* s-r selbst; ***état ~*** ursprünglicher, früherer Zustand; ***matière première*** Roh-, Grund-, Ausgangsstoff *m*; Rohmaterial *n*; MATH ***nombre ~*** Primzahl *f* II *subst* 1 ***le ~, la première*** der, die, das Erste; *dans un classement a* der, die, das Beste; ***les trois ~s*** die ersten drei; ***le ~ de l'an*** der Neujahrstag; ***le ~, la première de la classe*** der, die Beste, Erste der Klasse; der, die Klassenbeste, -erste; der Primus der Klasse; ***le ~ du mois*** der Monatserste; *loc/adv* am Monatsersten; *loc/adv* ***les ~s du mois*** jeweils am Monatsersten; ***être le ~, un des ~s à*** (+*inf*) der Erste sein, der …; e-r der Ersten sein, die …; ***être reçu ~ à un examen*** e-e Prüfung als Bester bestehen; BIBL ***les ~s seront les derniers*** die Ersten werden die Letzten sein; ♦ *loc/adv*: ***le ~, la première*** als Erste(r, -s); zuerst; ***arriver le ~*** als Erster ankommen; ***passez donc le ~!*** gehen Sie doch bitte voran!; ***la tête la première*** kopfüber; mit dem Kopf voran; vornüber; ***en ~*** *faire qc* zuerst; als Erstes; *servir qn* zuerst; als Erste(n); ♦ *A et B sont absents,* ***le ~*** *est malade et* ***le second*** *est en voyage* Ersterer, der Erstere … Letzterer, der Letztere 2 *m étage* erster Stock; erstes Stockwerk; erste Etage; ***au ~*** im ersten Stock *etc*; F e-e Treppe hoch 3 THÉ ***jeune ~*** jugendlicher Held, Liebhaber; ***avoir un physique de jeune ~*** der Typ des jugendlichen Helden, Liebhabers sein; ***jeune première*** jugendliche Heldin

Le Premier ministre et le gouvernement

Die französische Regierung besteht aus dem **Premier ministre** (Premierminister) und den Ministern. Der Premierminister wird vom Staatspräsidenten (**Président de la République**) vorgeschlagen und vom Parlament in seinem Amt bestätigt. Seine Aufgabe besteht darin, die Regierungsarbeit zu leiten und zu koordinieren. Er ist in seiner Tätigkeit allerdings in hohem Maße vom Staatspräsidenten abhängig.

Der Premierminister wird von einigen mitleidsvoll als bouc émissaire (Sündenbock) bezeichnet, da er vom Staatspräsidenten für ineffiziente Regierungsarbeit verantwortlich gemacht und seines Amtes enthoben werden kann.

première [pʀəmjɛʀ] *f* 1 THÉ, CIN Premiere *f*; Ur-, Erstaufführung *f*; ***grande ~*** Galapremiere *f*; *fig*: ***une grande ~*** ein großes Ereignis; ***~ mondiale*** Weltereignis *n* 2 CH DE FER erste Klasse; *par ext billet* Fahrkarte *f* erster Klasse; ***voyager en ~*** erster Klasse reisen, fahren 3 ÉCOLE sechste Klasse im Gymnasium; *correspond à* elfte Klasse 4 AUTO erster Gang; ***rouler en ~*** im ersten (Gang) fahren 5 ALPINISME Erstbesteigung *f* 6 TYPO erster Korrektur-, Fahnenabzug 7 *loc/adj et int* F ***de ~*** erstklassig; vorzüglich; hervorragend; *int a* bestens!

premièrement [pʀəmjɛʀmɑ̃] *adv* erstens; zuerst

premier-né [pʀəmjene] *adj et subst m* ⟨*pl* **premiers-nés**⟩, **première-née** [pʀəmjɛʀne] *adj et subst f* ⟨*pl* **premières-nées**⟩ erstgeboren; Erstgeborene(r, -s) *f(m,n)*

prémilitaire [pʀemilitɛʀ] *adj formation* vormilitärisch

prémisse [pʀemis] *f* Voraussetzung *f*; Prämisse *f* (*a* LOGIQUE)

premix [pʀemiks] *m/pl* Alcopops *pl*

prémolaires [pʀemɔlɛʀ] *f/pl* ANAT vordere Backenzähne *m/pl*

prémonition [pʀemɔnisjõ] *f* (schlimme) (Vor)Ahnung; (schlimmes) Vorgefühl

prémonitoire [pʀemɔnitwaʀ] *adj* warnend; PSYCH ***rêve*** *m* ~ Traum, der Vorbote von Krankheiten ist; ***signe*** *m* ~ (warnendes) Vorzeichen

prémontré [pʀemõtʀe] *m* ÉGL CATH Prämonstratenser *m*

prémunir [pʀemyniʀ] I *v/t st/s* ~ ***qn contre qc*** j-n vor etw (*dat*) schützen, bewahren II *v/pr* ***se ~ contre qc*** sich vor etw (*dat*), gegen etw schützen, sichern

prenable [pʀənabl] *adj place forte* ***difficilement ~*** schwer einnehmbar

prenant [pʀənɑ̃] *adj* 1 *film, livre* packend; fesselnd; mitreißend; (*émouvant*) ergreifend; *voix* fesselnd; erregend 2 *activité* zeitraubend 3 ***partie ~e*** Interessenten *m/pl*

prénatal [pʀenatal] *adj* vorgeburtlich; *sc* pränatal; ***allocations ~es*** Schwangerschaftsbeihilfe *f*

prendre [pʀɑ̃dʀ] ⟨**je prends, il prend, nous prenons, ils prennent; je prenais; je pris; je prendrai; que je prenne, que nous prenions; prenant; pris**⟩ I *v/t* 1 nehmen; (*saisir*) ergreifen; packen; (*toucher à*) (an)fassen; (*enlever*) wegnehmen; *pièce aux échecs* schlagen; (*sortir de*) herausnehmen (***dans, de*** aus); entnehmen (***dans, de*** *dat*); (*emporter*) mitnehmen; (*accueillir*) aufnehmen; *tissu, cheveux etc*: *couleur* annehmen; *appartement* nehmen; *bateau*: *passagers, cargaison* übernehmen; an Bord nehmen; *passagers a* mitnehmen; ♦ *expressions avec subst*: ***~ de l'âge*** alt werden; ***où veux-tu que je prenne l'argent?*** wo soll ich das Geld denn hernehmen?; ***~ une assurance*** eine Versicherung abschließen; ***~ un billet*** eine Fahrkarte kaufen; ***prenons le cas suivant*** nehmen wir einmal folgenden Fall an; *taxi* ***~ un client*** e-n Fahrgast auf-, mitnehmen, befördern; ***~ des commandes*** Bestellungen entgegennehmen; ***~ un crédit*** einen Kredit aufnehmen; *chaussures etc* ***~ l'eau*** undicht, nicht wasserdicht sein; das Wasser durchlassen; ***~ un engagement*** eine Verpflichtung übernehmen, eingehen; ***~ un exemple*** ein Beispiel (heraus)nehmen, herausgreifen; ***~ une femme*** e-e Frau nehmen (*koitieren*); ***~ ses fonctions*** sein Amt antreten, übernehmen; ***~ des forces*** kräftig(er) werden; an Kräften zunehmen; ***~ un foulard*** einen Schal umnehmen; ***~ froid*** sich erkälten; ***~ une hypothèque*** eine Hypothek aufnehmen; ***~ de l'importance*** (an) Bedeutung gewinnen; ***~ des mesures*** Maßnahmen ergreifen, treffen; ***~ des ordres*** Befehle entgegennehmen; ***je prends mon pain toujours chez …*** ich kaufe, hole mein Brot immer bei …; ***~ une photo*** e-e Aufnahme, ein Foto machen; ***~ du poids*** (an Gewicht) zunehmen; ***~ le pouvoir*** die Macht übernehmen, ergreifen; ***~ des précautions*** Vorsichtsmaßnahmen ergreifen, treffen; ***~ un programme télé*** ein Fernsehprogramm einstellen, einschalten; ***~ un pseudonyme*** ein Pseudonym annehmen; sich (*dat*) ein Pseudonym zulegen; ***~ des renseignements*** Informationen einziehen, einholen; ***ma résolution était prise*** mein Entschluss war gefasst, stand fest; ***~ un rhume*** sich (*dat*) einen Schnupfen holen, zuziehen; einen Schnupfen bekommen; ***~ des risques*** Risiken eingehen, auf sich (*acc*) nehmen; ***~ un titre*** sich (*dat*) einen Titel bei-, zulegen; ***~ un titre de transport*** einen Fahrausweis kaufen, lösen; ***~ une ville*** eine Stadt einnehmen; → *a les subst correspondants*; ♦ *avec adv*: ***si vous le prenez ainsi*** wenn Sie es so nehmen, auffassen; ***~ bien*** *critique, plaisanterie* nicht übel nehmen; *mauvaise nouvelle* gefasst aufnehmen; ***~ mal*** übel (auf)nehmen, vermerken; ♦ *prép et loc/adv*: ***à tout ~*** im Grunde (genommen); alles in allem; schließlich; übrigens; ***~ qn chez soi*** j-n bei sich aufnehmen; j-n zu sich, in sein Haus nehmen; ***le ~ de haut*** von oben herab tun; ***~ qn, qc en aversion*** e-e Abneigung gegen j-n, etw bekommen, fassen; ***~ qn par son point faible*** j-n an s-r schwachen Seite packen; ***~ qn pour associé*** j-n als Teilhaber aufnehmen, hineinnehmen, ins Geschäft nehmen; *réflexion* ***~ pour soi*** auf sich (*acc*) beziehen; persönlich nehmen; → *a 14*; ***~ qc sur soi, sur son compte*** etw auf sich (*acc*), F auf s-e Kappe nehmen; → *a les subst correspondants*; ♦ *avec un verbe*: ***c'est à ~ ou à laisser*** entweder - oder; eins von beiden; ***il faut en ~ et en laisser*** man darf nicht alles glauben, was er, sie *etc* erzählt, was so erzählt wird; ***passer, venir ~ qn*** j-n abholen (kommen); ***il est venu la ~ en voiture*** er hat sie mit dem Wagen abgeholt; er ist sie mit dem Wagen abholen gekommen; ***passer ~ de l'argent à la banque*** Geld von der Bank abholen, abheben; *chez le coiffeur etc* ***pouvez-vous me ~ à cinq heures?*** können Sie mich um fünf Uhr drannehmen?; ***savoir ~ qn*** mit j-m umzugehen wissen, verstehen; F j-n zu nehmen wissen, verstehen 2 *nourriture* zu sich nehmen; genießen; *boisson a* trinken; *repas* einnehmen; *médicament* (ein)nehmen; *poison* nehmen; *médicament* ***faire ~ à qn*** j-m eingeben; ***~ son petit-déjeuner à sept heures*** *a* um sieben Uhr frühstücken; ***vous prendrez bien quelque chose?*** Sie trinken doch etwas, ein Gläschen (Wein, Bier *etc*)?; *au restaurant* ***qu'est-ce que tu prends?*** was nimmst, isst du? 3 *moyen de transport* nehmen; benutzen (*a escalier*); fahren mit; ***~ l'avion*** (mit dem Flugzeug) fliegen; das Flugzeug nehmen 4 *direction, chemin* einschlagen; *chemin, route a* gehen *ou* fahren; ***nous avons pris l'autoroute*** wir sind (auf der) Autobahn gefahren; ***~ la deuxième rue à gauche*** in die zweite Straße links einbiegen 5 (*embaucher*) einstellen; ***~ qn à son service*** j-n in Dienst, in s-e Dienste nehmen; ***~ qn comme secrétaire*** j-n als Sekretär(in) einstellen 6 (*capturer*) *animal* (ein)fangen; *poisson* fangen; *personne en fuite* fassen, er-, aufgreifen; fangen; F schnappen; MIL gefangen nehmen; ***être pris au piège*** in die Falle gehen; ***être pris dans la foule*** in der Menge eingekeilt sein; → *a* ***embouteillage*** *1*, ***laisser*** *III* 7 (*surprendre*) ***~ qn*** j-n ertappen, F erwischen; *événement* ***~ qn*** j-n überraschen; ***~ qn sur le fait, en flagrant délit***, F ***la main dans le sac*** j-n auf frischer Tat, in flagranti ertappen; F ***je vous y prends!*** jetzt habe ich Sie!; ***je vous y prends à dire du mal de moi!*** jetzt habe ich Sie dabei erwischt, wie Sie schlecht über mich geredet haben! 8 (*adopter*) *air* aufsetzen; *ton* anschlagen; *attitude* einnehmen; *habitude* annehmen 9 (*recevoir*) (ab)bekommen; F (ab)kriegen; *ballon etc* ***~ en pleine figure*** mitten ins Gesicht kriegen; ***il a pris toute la pluie*** er hat den ganzen Regen abgekriegt; F ***~ une raclée*** F Prügel beziehen, kriegen;

fig e-e Schlappe erleiden; → *a* ***recevoir*** *I 2*; F ***qu'est-ce qu'il a pris!*** F der hat vielleicht was abgekriegt! **10** (*s'emparer de*) ***~ qn*** *fatigue, douleurs, sommeil etc* j-n überfallen, übermannen, überwältigen, überkommen; *panique* j-n packen (*a colère, désespoir*); j-n erfassen, ergreifen; ***être pris de l'envie de*** (+*inf*) plötzlich Lust bekommen zu (+*inf*); ***la fièvre l'a pris ce matin*** heute früh bekam er (ganz) plötzlich Fieber; ***être pris de remords*** von Gewissensbissen heimgesucht, geplagt werden; F ***qu'est-ce qui te prend?***, *iron* ***ça te prend souvent?*** was fällt dir denn ein?; was ist denn mit dir los?; was ist denn in dich gefahren?; F bist du noch zu retten? **11** *travail, activités* ***~ qn*** j-n beschäftigen, in Anspruch nehmen; → *a* ***pris*** *1* **12** (*voler*) ***~ qc à qn*** j-m etw (weg-, ab)nehmen, stehlen; *idées* ***~ chez un auteur*** (von) e-m Autor entlehnen; von e-m Autor übernehmen; ***il lui a pris sa copine*** er hat ihm s-e Freundin weggenommen, abspenstig gemacht **13** (*se faire payer*) verlangen; nehmen; ***combien prenez-vous de l'heure?*** wie viel *ou* was verlangen, nehmen, kriegen Sie für die Stunde?; *abs* ***il prend cher*** er verlangt, nimmt hohe Preise; er ist teuer **14** ***~ pour*** (*considérer comme*) halten für; ***je l'ai pris pour son frère*** ich habe ihn für s-n Bruder gehalten; ich habe ihn mit s-m Bruder verwechselt; ***pour qui me prenez-vous?*** für wen halten Sie mich eigentlich? **II** *v/i* **1** (*devenir consistant*) *mayonnaise, crème etc* steif, fest werden; dicken; *ciment etc* abbinden; *par ext* ***~ au fond de la casserole*** am Topfboden anbacken, ansetzen **2** *bouture* anwachsen; Wurzeln schlagen; anwurzeln; *feu* angehen; anbrennen; *incendie* ausbrechen (***au sous-sol*** im Untergeschoss); *vaccin* e-e positive Reaktion hervorrufen **3** (*geler*) *fleuve etc* zufrieren; → *a* ***pris*** *4* **4** *spectacle, canular* (beim Publikum) ankommen, F ziehen; *mode* ankommen; Anklang finden; einschlagen; *menace, excuse* ***ne pas ~*** nicht wirken, verfangen, F ziehen; ***avec moi, ça ne prend plus*** bei mir verfängt, zieht das nicht mehr; ***ses mensonges ne prennent plus*** F s-e Lügen nimmt ihm keiner mehr ab **5** (*se diriger*) ***~ à droite, sur la droite*** sich nach rechts wenden; rechts einbiegen; ***~ à travers champs*** querfeldein gehen, laufen, fahren **6** *lors d'un chagrin etc* ***~ sur soi*** sich zusammennehmen; sich (*dat*) nichts anmerken lassen **7** ***~ sur son sommeil*** *etc* ***pour étudier*** F sich (*dat*) die Zeit zum Studium vom Schlaf *etc* abknapsen, abzwacken **8** ***l'envie lui prend***, *a v/imp* ***il lui prend (l')envie de*** (+*inf*) er bekam plötzlich Lust zu (+*inf*) **9** *aux cartes* stechen **III** *v/imp* ***bien, mal lui en a pris de*** (+*inf*) er hat gut, schlecht daran getan zu (+*inf*); es war sein Glück, Unglück, dass …; ***mal lui en a pris*** das ist ihm schlecht bekommen **IV** *v/pr* **1** ***se ~ le doigt dans la porte*** sich (*dat*) den Finger in der Tür einklemmen; *vêtement* ***se ~ dans les ronces***, *insecte* ***se ~ dans une toile d'araignée*** sich in den Dornen, in e-m Spinnennetz verfangen **2** *fig* ***se ~ au jeu*** (plötzlich) Gefallen, Geschmack an der Sache finden; der Sache (*dat*) Geschmack abgewinnen; nicht lockerlassen, nachgeben; ***se ~ d'amitié pour qn*** sich mit j-m anfreunden, befreunden **3** ***se ~ à*** (+*inf*) (*commencer*) (plötzlich) anfangen, beginnen zu (+*inf*); ***elle s'est prise à espérer*** *a* sie schöpfte (neue) Hoffnung **4** ***s'en ~ à qn, à qc*** j-m, e-r Sache die Schuld geben, zuschreiben, zuschieben; die Schuld bei j-m, bei e-r Sache suchen; j-n, etw dafür verantwortlich machen **5** ***s'y ~*** **a)** ***il aurait fallu s'y ~ à l'avance, à temps*** man hätte sich im Voraus, rechtzeitig darum kümmern, daranmachen müssen; **b)** *avec adv*: ***s'y ~ bien, mal*** sich geschickt, ungeschickt *ou* dumm dabei anstellen; es richtig *ou* geschickt, falsch *ou* verkehrt *ou* dumm anstellen, anfangen; geschickt *ou* richtig, ungeschickt *ou* falsch vorgehen; ***comment vas-tu t'y ~?*** wie wirst du es anstellen?; ***je vais te montrer comment on s'y prend*** ich werde dir zeigen, wie man es macht **6** ***se ~ pour un génie*** *etc* sich für ein Genie *etc* halten; ***pour qui se prend-il?*** für wen hält er sich eigentlich?; was bildet er sich eigentlich ein? **7** *réciproquement* **a)** (*se tenir*) ***se ~ par la main*** sich bei der Hand nehmen, fassen; **b)** (*s'enlever*) ***chercher à se ~ le ballon*** sich gegenseitig den Ball wegzunehmen suchen **8** *sens passif* ***ce médicament se prend avant les repas*** dieses Medikament wird vor den Mahlzeiten eingenommen

preneur [pʀənœʀ] *m* **1** COMM, JUR Abnehmer *m*; Käufer *m*; Interessent *m*; ***trouver ~ pour qc*** e-n Abnehmer, Käufer, Interessenten für etw finden **2** ***~ d'otage(s)*** Geiselnehmer *m* **3** RAD, CIN ***~ de son*** Tontechniker *m*, -meister *m*

preneuse [pʀənøz] *adj f* TECH ***benne ~*** Greifer *m*

prénom [pʀenõ] *m* Vorname *m*; ***~ usuel*** Rufname *m*

prénommé [pʀenɔme] *adj* ADM ***le ~ Paul*** besagter Paul

prénommer [pʀenɔme] **I** *v/t* ***~ qn …*** j-m den (Vor)-Namen … geben; j-n mit Vornamen … nennen; ***on a prénommé l'enfant comme son grand-père*** das Kind wurde nach s-m Großvater benannt, erhielt den Vornamen s-s Großvaters **II** *v/pr* ***se ~ …*** mit Vornamen … heißen

prénuptial [pʀenypsjal] *adj* ⟨**-aux**⟩ vor der Eheschließung; ***examen ~*** ärztliche Untersuchung vor der Eheschließung (*für die Ausstellung des Ehetauglichkeitszeugnisses*)

préoccupant [pʀeɔkypɑ̃] *adj* besorgniserregend; beunruhigend; bedenklich

préoccupation [pʀeɔkypasjõ] *f* Sorge *f*; Besorgnis *f*; ***sa ~ majeure*** ihre *ou* s-e Hauptsorge, größte Sorge

préoccupé [pʀeɔkype] *adj* besorgt; beunruhigt; *air a* sorgenvoll; ***avoir l'air ~*** besorgt, sorgenvoll aussehen; ***être ~ de*** *ou* ***par qc*** um etw besorgt sein

préoccuper [pʀeɔkype] **I** *v/t* ***~ qn*** *santé, avenir* j-m Sorge(n) machen; j-n mit Besorgnis erfüllen; j-n beunruhigen; *problème, idée, affaire* j-n stark beschäftigen **II** *v/pr* ***se ~ de qc*** sich (*dat*) über etw (*acc*) Gedanken machen; sich gedanklich mit etw beschäftigen

prépa [pʀepa] *f* F *abr* (*classe préparatoire*) → ***préparatoire***

préparateur [pʀepaʀatœʀ] *m* Laborgehilfe *m*; ***~ en pharmacie*** Laborant *m* in e-r Apotheke

préparatifs [pʀepaʀatif] *m/pl* Vorbereitung(en) *f(pl)*; ***~ de départ*** Reisevorbereitungen *f/pl*; ***faire ses ~*** s-e Vorbereitungen treffen

préparation [pʀepaʀasjõ] *f* **1** *action* Vorbereitung *f*; *d'un repas* Zubereitung *f*; ÉCOLE ***~ française*** häusliche Vorbereitung e-r Textinterpretation; ***~ militaire*** vormilitärische Ausbildung; ***~ à un exa-***

men Vorbereitung auf ein Examen; Examensvorbereitung *f*; *ouvrage* ***en ~*** in Vorbereitung; ***sans ~*** unvorbereitet **2** CHIM, PHARM Präparat *n*; ***~ culinaire*** kulinarisches Erzeugnis; ***~ pour le microscope*** mikroskopisches Präparat

préparatoire [pʀepaʀatwaʀ] *adj* vorbereitend; Vorbereitungs...; ***classes*** *f/pl* ***~s (aux grandes écoles)*** Vorbereitungsklassen *f/pl* für die „grandes écoles" (nach dem „baccalauréat"); ***cours*** *m* ***~*** erste Grundschulklasse; ***travail*** *m* ***~*** Vorarbeit *f*

préparer [pʀepaʀe] **I** *v/t* **1** *voyage, fête, travail, cours etc* vorbereiten; *repas* zubereiten; *poisson, viande avant cuisson* zurichten; *chambre pour un hôte* herrichten; zurechtmachen; *repas* ***~ à l'avance*** vorher zubereiten, fertig machen; vorkochen; ***~ une grande école*** sich auf die Aufnahmeprüfung für e-e „grande école" vorbereiten; ***~ un examen*** sich auf ein Examen vorbereiten; für ein Examen lernen; *fig* ***~ un piège*** e-e Falle stellen; ***~ sa thèse*** s-e *ou* an s-r Dissertation, Doktorarbeit schreiben; *fig* ***~ le terrain, la voie*** den Boden, den Weg bereiten; ♦ *adjt* CUIS ***plat tout préparé*** Fertiggericht *n*; ♦ ***~ qn à qc*** j-n auf etw (*acc*) vorbereiten; ***~ qn à un examen, à une mauvaise nouvelle*** j-n auf ein Examen, auf e-e schlimme Nachricht vorbereiten; ***ne pas être préparé à qc*** auf etw (*acc*) nicht vorbereitet, gefasst sein **2** *avenir, événement* ***~ qc à qn*** j-m etw bringen; für j-n etw bereithalten; ***~ une surprise à qn*** j-m e-e Überraschung bereiten **3** *produit chimique, médicament* herstellen; CHIM *a* darstellen **II** *v/pr* **1** ***se ~ à*** *un examen etc* sich vorbereiten auf (*+acc*); *à une situation a* sich einstellen, einrichten auf (*+acc*); *à une mauvaise nouvelle* sich gefasst machen auf (*+acc*); ***se ~ à la guerre*** *a* (sich) zum Krieg rüsten; ***se ~ à sortir*** sich zum Ausgehen fertig machen; ***se ~ pour qc*** sich für etw fertig machen, zurechtmachen, herrichten; *abs* ***préparez-vous!*** macht euch fertig, bereit!; fertig machen!; *par ext* ***je me préparais à vous le dire*** ich wollte es Ihnen gerade sagen **2** ***se ~*** *orage* heraufziehen; sich zusammenbrauen; im Anzug sein; *événements* sich vorbereiten, abzeichnen, anbahnen; bevorstehen; *v/imp* ***il se prépare qc*** da ist etwas im Gang(e), im Anzug; da braut sich etwas zusammen; F da tut sich was **3** *sens passif* CUIS ***se ~*** zubereitet werden

prépondérance [pʀepɔ̃deʀɑ̃s] *f* Vorherrschaft *f*; Vormacht(stellung) *f*; Vorrangstellung *f*; beherrschende Position

prépondérant [pʀepɔ̃deʀɑ̃] *adj rôle, influence* ausschlaggebend; entscheidend; maßgeblich; ***place ~e*** Vorrang-, Vormachtstellung *f*; ***la voix du président est ~e*** die Stimme des Vorsitzenden gibt den Ausschlag

préposé(e) [pʀepoze] *m(f)* ADM **1** (*facteur, -trice*) Briefträger(in) *m(f)*; ADM Briefzusteller(in) *m(f)* **2** *agent* (subalterne[r]) Bedienstete(r) *f(m)*; ***~ des douanes, des postes*** Zoll-, Postbeamte(r) *m* **3** ⟨*nur f*⟩ ***~e au vestiaire*** Garderobenfrau *f*

préposer [pʀepoze] *v/t* ***~ qn à qc*** j-n mit etw betrauen, beauftragen; j-m etw übertragen; ***être préposé au téléphone*** mit dem Telefondienst beauftragt sein

prépositif [pʀepozitif] *adj* ⟨**-ive**⟩ GR ***locution prépositive*** Präpositionalgefüge *n*

préposition [pʀepozisjɔ̃] *f* GR Präposition *f*; Verhältniswort *n*

prépuce [pʀepys] *m* ANAT Vorhaut *f*

prérasage [pʀeʀɑzaʒ] *m* ***lotion*** *f* ***de ~*** Preshave ['priːʃeːv] *n*

préretraite [pʀeʀətʀɛt] *f* **a)** Vorruhestand *m*; **b)** *allocation* vorgezogene Altersrente

prérogative [pʀeʀɔgativ] *f* Vorrecht *n*

préromantisme [pʀeʀɔmɑ̃tism] *m* LITTÉRATURE Präromantik *f*

près [pʀɛ] **I** *adv* **1** nah(e); in der Nähe; nahebei; ***tout ~*** ganz nah, in der Nähe; dicht dabei; F *Londres?* ***ce n'est pas tout ~!*** das ist ja nicht gerade nah!; ♦ ***de ~*** von Nahem; aus der Nähe; *suivre* dicht; *raser* glatt; *fig examiner etc* genau; eingehend; ***connaître qn de ~*** j-n gut, genau kennen; ***connaître qn de plus ~*** j-n besser, genauer kennen; ***il ne faut pas y regarder de trop ~*** man darf nicht zu genau hinsehen; ***toucher qn de (très) ~*** j-n direkt angehen, betreffen; → *a* ***serrer*** *I 3* **2** *loc/prép* ***à*** (*+subst*) ***~*** abgesehen von (*+dat*); bis auf (*+acc*); ***à cela ~*** davon abgesehen; sonst; ansonsten; ***à cela ~ que ...*** abgesehen davon, dass ...; ***à un euro ~, le compte y est*** bis auf e-n Euro stimmt die Summe; ***je ne*** *ou* ***n'en suis pas à cinq minutes ~*** auf fünf Minuten (mehr oder weniger) kommt es mir nicht an; ***il n'en est pas à ça ~*** darauf kommt es ihm nicht an; das nimmt er nicht so genau; ♦ *st/s* ***à beaucoup ~*** bei Weitem; weitaus; ♦ ***à peu ~, à peu de chose(s) ~*** (*environ*) ungefähr; etwa; zirka; in etwa; (*presque*) fast; beinahe; annähernd; ***il y a à peu ~ 'huit jours que ...*** es ist ungefähr *etc* acht Tage her, dass ...; ***l'hôtel était à peu ~ vide*** das Hotel war fast leer **3** *loc/prép* ***~ de*** *dans l'espace* nah(e) bei (*+dat*); nah(e) an (*+dat ou acc*); in der Nähe von (*ou +gén*); bei (*+dat*); *st/s* nah(e) (*+dat*); *avec un nombre* fast; beinahe; nahezu; ungefähr; **(*tout*) *~ d'ici*** hier (ganz) in der Nähe; ***~ de mille euros*** fast, nahezu, an die tausend Euro; ***s'asseoir ~ de qn*** sich neben j-n setzen; ***il est ~ de onze heures*** es ist fast, gleich, kurz vor, gegen elf (Uhr); MAR ***naviguer ~ du vent, au plus ~ (du vent)*** hart am Wind segeln; ♦ ***être ~ de faire qc*** im Begriff, nahe daran sein, etw zu tun; ***les négociations étaient ~ d'aboutir*** die Verhandlungen standen kurz vor ihrem Abschluss; *la hausse des prix s'est accentuée* ***et elle n'est pas ~ de s'arrêter*** und es sieht nicht so aus, als werde sie bald zum Stillstand kommen **II** *prép* ADM bei (*+dat*); *ambassadeur* ***~ le Saint-Siège*** beim Heiligen Stuhl

présage [pʀezaʒ] *m* Vorzeichen *n*; Omen *n*; Vorbedeutung *f*; *d'une crise etc* ***~s*** *pl* Anzeichen *n/pl*; ***heureux, mauvais ~*** gutes, schlimmes Vorzeichen; gutes, böses Omen

présager [pʀezaʒe] *v/t* ⟨**-geait**⟩ **1** (für die Zukunft) bedeuten; ***cela ne présage rien de bon*** das bedeutet nichts Gutes **2** ***laisser ~*** vermuten, ahnen, voraussehen lassen

pré-salé [pʀesale] *m* ⟨*pl* **prés-salés**⟩ **a)** *Schaf, das auf e-r Wiese geweidet hat, die zeitweilig vom Meer überspült wird*; **b)** *Fleisch e-s solchen Schafes*

presbyte [pʀɛzbit] MÉD **I** *adj* weitsichtig; *avec l'âge* alters(weit)sichtig **II** *m,f* Weitsichtige(r) *f(m)*; Alters(weit)sichtige(r) *f(m)*

presbytère [pʀɛzbitɛʀ] *m* Pfarrhaus *n*

P

presbytérien [pʀɛzbiteʀjɛ̃] REL **I** *adj* ⟨**~ne**⟩ presbyterianisch **II** *subst* **~(ne)** *m(f)* Presbyterianer(in) *m(f)*

presbytie [pʀɛzbisi] *f* MÉD Weitsichtigkeit *f*; *avec l'âge* Alters(weit)sichtigkeit *f*

prescience [pʀesjɑ̃s] *litt f* Wissen *n* um die Zukunft

préscolaire [pʀeskɔlɛʀ] *adj* vorschulisch; Vorschul…

prescriptibilité [pʀɛskʀiptibilite] *f* JUR Verjährbarkeit *f* **prescriptible** *adj* JUR verjährbar

prescription [pʀɛskʀipsjõ] *f* **1** **~ médicale, du médecin** ärztliche Verordnung; **conformément aux ~s** vorschrifts-, weisungsgemäß **2** JUR Verjährung *f*; **délai** *m* **de ~** Verjährungsfrist *f*; **il y a ~** es ist Verjährung eingetreten

prescrire [pʀɛskʀiʀ] ⟨→ **écrire**⟩ **I** *v/t* **1** vorschreiben; anordnen; verfügen; festsetzen; *médecin* **~ un médicament** ein Medikament verordnen, verschreiben; *par ext* **les circonstances prescrivent la prudence** die Umstände gebieten, erfordern, verlangen Vorsicht; ♦ *adjt*: **délai prescrit** vorgeschriebene, festgesetzte Frist; MÉD **dose prescrite** verordnete Dosis; **selon les formes prescrites par la loi** in der gesetzlich vorgeschriebenen Form **2** JUR **être prescrit** verjährt sein **II** *v/pr* JUR **se ~** verjähren (**par cinq ans** in fünf Jahren)

préséance [pʀeseɑ̃s] *f* Vorrang *m*; Vortritt *m*; **ordre** *m* **de ~** Rangordnung *f*; **avoir la ~ sur qn** den Vortritt, Vorrang vor j-m haben

présélection [pʀeselɛksjõ] *f* **1** *de candidats* Vorauswahl *f* **2** TECH Vorwahl *f*

présélectionner [pʀeselɛksjɔne] *v/t* **1** *candidats* e-e Vorauswahl treffen unter (+*dat*); in die engere Wahl ziehen, nehmen **2** TECH vorwählen

présence [pʀezɑ̃s] *f* **1** *d'une personne* Anwesenheit *f*; Gegenwart *f* (*a* REL *du Christ*); Präsenz *f* (*a* POL *d'un État à l'étranger*); *d'une catégorie sociale dans un organisme etc* Vertretensein *n*; **la ~ française en Afrique** die französische Präsenz in Afrika; **feuille** *f* **de ~** Anwesenheits-, Präsenzliste *f*; **jetons** *m/pl* **de ~** Sitzungs-, Tagegeld *n*; → *a* **acte** *1*; ♦ *loc/prép* **en ~ de** *d'une personne* in Anwesenheit, in Gegenwart, im Beisein von (*ou* +*gén*); *de faits, de problèmes etc* angesichts, im Angesicht (+*gén*); **en votre ~** in Ihrer Anwesenheit, Gegenwart; in Ihrem Beisein; **se trouver tout à coup en ~ de qn** plötzlich j-m gegenüberstehen; ♦ *loc/adv*: *adversaires, armées etc* **être en ~** sich gegenüberstehen; **mettre deux personnes en ~** zwei Personen einander gegenüberstellen, miteinander konfrontieren; *st/s* **honorer qn de sa ~** j-n mit s-r Anwesenheit beehren **2** *de qc* Vorhandensein *n*; *de pétrole etc* Vorkommen *n*; Auftreten *n* **3** **~ d'esprit** Geistesgegenwart *f*; **faire preuve de ~ d'esprit** *a* geistesgegenwärtig sein **4** *d'un acteur, d'une personnalité* Ausstrahlungskraft *f*; **avoir de la, manquer de ~** e-e große, keine Ausstrahlungskraft besitzen **5** *fig d'un auteur, d'un style etc* Gegenwärtigsein *n*; Lebendigsein *n*

présent¹ [pʀezɑ̃] **I** *adj* **1** *personne* anwesend; *st/s* gegenwärtig; *réponse* **~!** hier!; **personne ~e** Anwesende(r) *m*; **avoir qc ~ à l'esprit** etw präsent, im Kopf haben; **j'ai encore ~ à l'esprit notre entretien** *a* unser Gespräch ist mir noch ganz gegenwärtig, gut erinnerlich; **être ~** (**à qc**) (bei etw) anwesend, zugegen, präsent sein; *fig influence, style etc* **être ~ dans une œuvre** in e-m Werk gegenwärtig, lebendig, spürbar sein **2** (*actuel*) *situation, époque etc* gegenwärtig; augenblicklich; derzeitig; jetzig; **le temps ~** die jetzige, heutige Zeit; **à la minute ~e** in (eben) dieser Minute **3** ADM, COMM vorliegend; **la ~e lettre** das vorliegende Schreiben; *subst* **par la ~e** hierdurch; hiermit; **dans le cas ~** im vorliegenden Fall **4** GR (des) Präsens; der Gegenwart; **participe ~** Partizip *n* Präsens; Mittelwort *n* der Gegenwart; erstes Partizip **II** *m* **1** Gegenwart *f*; **vivre dans le ~** in den Tag hinein leben **2** *loc/adv* **à ~** (*actuellement*) zurzeit (*abr* zz.; zzt.); gegenwärtig; augenblicklich; derzeit; (*maintenant*) jetzt; **à ~ que …** jetzt, da *ou* wo …; *loc/adj* **d'à ~** augenblicklich; gegenwärtig; **jusqu'à ~** bis jetzt; bisher **3** GR Präsens *n*; Gegenwart *f*; **~ historique** historisches Präsens; **mettre au ~** ins Präsens setzen **4** **les ~s** *m/pl* die Anwesenden *m/pl*; **il y avait quinze ~s à la réunion** fünfzehn Personen waren bei der Versammlung anwesend

présent² [pʀezɑ̃] *litt m* Geschenk *n*; *st/s* Präsent *n*; **faire ~ de qc à qn** j-m etw schenken

présentable [pʀezɑ̃tabl] *adj personne* vorzeigbar; präsentabel; **être ~** sich sehen lassen können; **ce plat n'est pas ~** dieses Essen kann man keinem vorsetzen

présentateur [pʀezɑ̃tatœʀ] *m*, **présentatrice** *f* **1** *pour la vente de qc* Vorführer *m*, Vorführdame *f* **2** RAD, TV Moderator *m*, Moderatorin *f*; *dans un spectacle* Ansager(in) *m(f)*; Showmaster [ˈʃoː-] *m*; Conférencier *m* **3** COMM *d'un effet de commerce* Präsentant *m*

présentation [pʀezɑ̃tasjõ] *f* **1** *d'un nouveau modèle, d'une collection etc* Vorführung *f*; *d'un livre* Vorstellung *f*; *st/s* Präsentation *f*; RAD, TV *d'une émission* Moderation *f*; *d'un spectacle* Ansage *f* **2** (*manière de présenter*) *de marchandises, d'objets d'art* (Art *f* der) Aufstellung *f*, Anordnung *f*, Präsentation *f*; *de tableaux a* Aufhängung *f*; *d'un texte* Gestaltung *f*; (*conditionnement*) *d'une marchandise* Aufmachung *f*; Ausstattung *f*; *d'un médicament* Darreichungsform *f* **3** *d'idées, d'une thèse* Darlegung *f*; Darstellung *f* **4** *d'une pièce d'identité, d'un billet etc* Vorzeigen *n*, -ung *f*; Vorweisen *n*, -ung *f*; *d'un reçu, d'un chèque etc* Vorlage *f*; *d'un effet de commerce a* Präsentation *f*; *d'une facture a* Überreichung *f*; *d'une requête* Einreichung *f*; **~ du budget** Vorlage des Haushaltsplans; **sur ~ de** bei *ou* gegen Vorlage von (*ou* +*gén*) **5** *d'une personne à une autre* Vorstellung *f*; *dans une réception etc* **faire les ~s** die Gäste einander vorstellen, miteinander *ou* untereinander bekannt machen **6** (*apparence de qn*) äußere Erscheinung; **excellente ~** sehr gute Erscheinung **7** MÉD *du fœtus* Kinds-, Geburtslage *f*; **~ par la tête** Kopflage *f* **8** REL, PEINT **Présentation de Jésus au Temple** Darstellung *f* Jesu im Tempel

présente [pʀezɑ̃t] → **présent¹** *I 3*

présentement [pʀezɑ̃tmɑ̃] *litt adv* zurzeit (*abr* zzt.); derzeit

présenter [pʀezɑ̃te] **I** *v/t* **1** *plat* reichen; anbieten; vorsetzen; *chaise* anbieten; *fleurs* überreichen; *st/s* präsentieren; *pièce d'identité, titre de transport etc* vorzeigen; vorweisen; *reçu, chèque, facture, devis, plan, rapport etc* vorlegen; (*remettre*) überreichen;

effet de commerce a präsentieren; *requête* einreichen; *fig arguments* vorbringen; geltend machen; **~ ses condoléances, ses excuses, ses félicitations à qn** → **condoléances** *etc*; **~ sa démission** s-n Abschied, s-e Entlassung einreichen; **~ ses remerciements à qn** j-m s-n Dank abstatten **2** *appareil, article pour la vente, collection etc* vorführen; zeigen; (*exposer*) ausstellen (**en vitrine** im Schaufenster); *musée*: *tableaux etc* ausstellen; zeigen; *livre, film etc* (dem Publikum) vorstellen; e-e Einführung geben, schreiben (**qc** zu etw); *numéro de cirque etc* **a**) (*exécuter*) vorführen; darbieten; **b**) (*annoncer*) ansagen; die Ansage machen (*abs*); RAD, TV **~ une émission** durch e-e Sendung führen; e-e Sendung moderieren **3** **~ qn à qn** j-m j-n vorstellen; j-n mit j-m bekannt machen; **je vous présente monsieur X** darf ich Ihnen Herrn X vorstellen; darf ich Sie mit Herrn X bekannt machen **4** *idées, faits* (*exposer*) darlegen; darstellen; auseinandersetzen; **~ les choses telles qu'elles sont** die Dinge so darstellen, wie sie sind **5** **~ un candidat à un examen** e-n Kandidaten für e-e Prüfung (an)melden **6** (*avoir*) *défauts, qualités, symptômes* aufweisen; *avantages, aspect* bieten; **~ des dangers** Gefahren mit sich bringen; *route* **~ de nombreux détours** viele Windungen haben, aufweisen; **~ des difficultés** Schwierigkeiten bereiten, machen; **~ un intérêt particulier** von besonderem Interesse sein **7** MIL **~ les armes** das Gewehr präsentieren; **présentez - arme(s)!** präsentiert das - Gewehr! **II** *v/i personne* **~ bien, mal** e-e gute, keine gute Erscheinung sein **III** *v/pr* **1** *pour un emploi* **se ~** sich vorstellen; JUR **se ~ à l'audience** zur Verhandlung erscheinen; **se ~ chez qn** bei j-m vorsprechen **2** **se ~ à qn** sich j-m vorstellen; **permettez-moi de me ~** gestatten Sie, dass ich mich vorstelle **3** (*être candidat*) **se ~ aux élections** bei den Wahlen kandidieren; **se ~ à un examen** (*se faire inscrire*) sich zu e-r Prüfung (an)melden; (*subir les épreuves*) sich e-r Prüfung (*dat*) unterziehen; **se ~ pour un poste** sich um e-e Stelle bewerben **4** *difficultés* auftreten; auftauchen (*a obstacle*); *cas* vorkommen; **l'affaire se présente bien, mal** die Sache lässt sich gut, schlecht an; **si l'occasion se présente** wenn sich die Gelegenheit bietet, ergibt; bei passender, günstiger Gelegenheit

présentoir [pʀezɑ̃twaʀ] *m* COMM Verkaufsständer *m*; Display ['ple:] *n*

présérie [pʀeseʀi] *f* TECH Nullserie *f*

préservatif [pʀezɛʀvatif] *m* Kondom *n*; Präservativ *n*

préservation [pʀezɛʀvasjõ] *f* Bewahrung *f*; Schutz *m*

préserver [pʀezɛʀve] **I** *v/t* **~ qn de qc** j-n vor etw (*dat*) bewahren, schützen; j-n gegen etw schützen; **~ qc** etw bewahren, schützen, *patrimoine, libertés a* erhalten; **~ les intérêts de qn** j-s Interessen wahren; **~ qc du froid, de l'humidité, de la rouille** etw vor *ou* gegen Kälte, Feuchtigkeit, Rost schützen; **Dieu, le ciel m'en préserve!** Gott, der Himmel bewahre, behüte mich davor! **II** *v/pr* **se ~ de qc** sich vor etw (*dat*), gegen etw schützen; sich vor etw (*dat*) bewahren

présidence [pʀezidɑ̃s] *f* **1** **a**) *fonction* Amt *n* des Vorsitzenden; JUR Amt *n* des Gerichtspräsidenten; **b**) *d'une réunion* Vorsitz *m*; Präsidium *n*; *d'un congrès* Leitung *f*; **sous la ~ de** unter dem Vorsitz von (*ou +gén*); **la ~ de la séance fut assurée par** … den Vorsitz bei der Sitzung führte …; **être nommé à la ~** zum Vorsitzenden, Vorsitzer ernannt werden **2** POL **a**) *fonction, dignité* Präsidentschaft *f* (*a durée*) Amt *n* des (Staats)Präsidenten; Präsidentenamt *n*; **pendant la ~ de** während der Präsidentschaft von (*ou +gén*); **b**) *résidence, bureaux* Amtssitz *m*, -räume *m/pl* des (Staats)Präsidenten; Präsidentenpalais *n*

président [pʀezidɑ̃] *m* **1** *d'une association, d'un comité etc* Vorsitzende(r) *m*; Vorsitzer *m*; Obmann *m* (*a d'un jury*); *d'une cour de justice, d'une université, de la Croix-Rouge etc* Präsident *m*; *d'une réunion* Leiter *m*; **~-directeur général** (*abr* **P.D.G.**) *d'une entreprise* Generaldirektor *m*; *d'une S.A.* Vorstandsvorsitzende(r) *m*; **~ d'âge** Alterspräsident *m*; **~ du parti** Parteivorsitzende(r) *m* **2** POL (Staats)Präsident *m*; **~ de l'Assemblée nationale** Präsident der Nationalversammlung; HIST *en France* **~ du Conseil** Ministerpräsident *m*; **le ~ des États-Unis** der Präsident der Vereinigten Staaten; **le ~ de la République** der französische Staatspräsident; **~ du Sénat** Senatspräsident *m*

Le président de la République

Die Exekutive bilden in Frankreich der Staatspräsident (**le président de la République**), der Premierminister (**le Premier ministre**) und die Regierung (**le gouvernement**). Der Staatspräsident wird direkt vom Volk gewählt. Aber nicht nur aufgrund seiner mehrjährigen Amtszeit hat der Präsident sehr viel Macht: Er ernennt den Premierminister sowie die übrigen Minister. Er kann den Premierminister entlassen. Er ist Oberbefehlshaber der Streitkräfte. Er verkündet die Gesetze und verfügt in Krisensituationen über außergewöhnliche Vollmachten.

Einflussreiche Präsidenten waren zum Beispiel Charles de Gaulle und François Mitterrand.

présidente [pʀezidɑ̃t] *f* **1** Vorsitzende *f*; Präsidentin *f* (*a* POL) **2** *épouse* Frau *f* e-s Präsidenten

présidentiable [pʀezidɑ̃sjabl] POL *adj* (*et subst*) als Präsident infrage kommend(e), zum Präsidenten geeignet(e Persönlichkeit)

présidentiel [pʀezidɑ̃sjɛl] *adj* ⟨**~le**⟩ präsidial; Präsidial…; Präsidentschafts…; Präsidenten…; **élections ~les** *ou subst* **~les** *f/pl* Präsidentschaftswahlen *f/pl*; **régime, système ~** Präsidialsystem *n*

présider [pʀezide] **I** *v/t* **1** **~ une réunion, un comité** bei e-r Versammlung, in e-m Komitee den Vorsitz führen, haben; e-r Versammlung, e-m Komitee vorsitzen, präsidieren; *réunion* **présidé par** unter dem Vorsitz von (*ou +gén*) **2** **~ un repas** bei e-m Essen, bei Tisch obenan sitzen, den Ehrenplatz einneh-

men **II** *v/t/indir* **1** *cordialité etc* **~ aux entretiens** bei den Gesprächen herrschen; die Gespräche bestimmen **2** *personne* **~ à qc** etw leiten, lenken, überwachen
Présidium [pʀezidjɔm] *m* → ***Praesidium***
présignalisation [pʀesiɲalizasjõ] *f* AUTO ***triangle** m* ***de ~*** Warndreieck *n*
présomptif [pʀezõptif] *adj* ⟨**-ive**⟩ JUR mutmaßlich; *t/t* präsumtiv
présomption [pʀezõpsjõ] *f* **1** *(supposition)* Vermutung *f (a* JUR*)*; Mutmaßung *f*; Annahme *f*; JUR *t/t* Präsumtion *f*; ***je n'ai que des ~s*** ich habe nur Vermutungen **2** *(suffisance)* Überheblichkeit *f*; Anmaßung *f*; Dünkel *m*
présomptueux [pʀezõptɥø] *adj* ⟨**-euse**⟩ *personne, air, ton* überheblich; anmaßend; dünkelhaft; hochmütig; eingebildet; ***tentative présomptueuse*** vermessener Versuch
presque [pʀɛsk] *adv* fast; beinahe; nahezu; ***~ jamais*** fast nie; ***il n'y avait ~ personne*** *a* es war kaum jemand da; ***~ sourd*** fast *etc* taub; ***c'est sûr ou ~*** das ist sicher oder fast sicher; *la voiture ralentit* ***et s'arrêta ~*** und kam fast zum Stehen; ***~ dix kilomètres*** *a* annähernd, an die zehn Kilometer; → *a* ***totalité***
presqu'île [pʀɛskil] *f* Halbinsel *f*
pressage [pʀɛsaʒ] *m* TECH Pressen *n*, -ung *f*
pressant [pʀɛsɑ̃] *adj désir, demande, travail* dringend; dringlich; *travail a* eilig; ***besoin ~*** dringendes Bedürfnis; ***d'une manière ~e*** nachdrücklich; eindringlich; ***avoir un ~ besoin d'argent*** dringend Geld brauchen; ***se faire ~*** nicht lockerlassen
presse [pʀɛs] *f* **1** TECH Presse *f* **2** TYPO Druckpresse *f*, -maschine *f*; ***~ à bras*** Hand-, Abziehpresse *f*; ***sous ~*** im Druck; ***être sous ~*** im Druck sein; gedruckt werden; ***mettre sous ~*** drucken (lassen); mit dem Druck *(+gén)* beginnen; ***mise** f* ***sous ~*** Drucklegung *f* **3** *(journaux, revues)* Presse *f*; Zeitungswesen *n*; ***~ écrite*** Presse *f*; Pressemedien *n/pl*; Zeitungen *f/pl* und Zeitschriften *f/pl*; ***~ féminine*** Frauenzeitschriften *f/pl*; ***la grande ~, la ~ à grand tirage*** die großen, auflagenstarken Tageszeitungen *f/pl*; ***~ parlée, télévisée*** Berichterstattung *f* durch den Hörfunk, durch das Fernsehen; ***~ quotidienne*** Tagespresse *f*; ***~ régionale*** Regional-, Lokalpresse *f*; ***~ spécialisée*** Fachpresse *f*, -zeitschriften *f/pl*; ***~ à sensation*** Sensations-, Skandal-, Boulevardpresse *f*; ***~ du cœur*** Regenbogenpresse *f*; Klatschblätter *n/pl*; ***avoir bonne, mauvaise ~*** e-e gute, schlechte Presse haben *(a fig)* **4** COMM ***dans les moments de ~*** in Zeiten des Hochbetriebs
pressé [pʀese] **I** *adj* **1** *travail, lettre* eilig; dringend; ***n'avoir rien de plus ~ que de*** *(+inf)* nichts Eiligeres zu tun haben, als zu *(+inf)*; ***être ~*** *personne* es eilig haben; in Eile sein; Eile haben; *travail, lettre* eilen; eilig sein; *südd a* pressieren; ***c'est ~*** es eilt; *südd a* es pressiert; ***être ~ de partir*** schnell wegmüssen **2** *fruits* ausgepresst; ***citron ~*** (frisch ausgepresster) Zitronensaft **II** *m* ***aller, parer au plus ~*** das Dringendste zuerst erledigen, machen
presse-agrume [pʀɛsagʀym] *m* ⟨*inv*⟩ Zitruspresse *f* **presse-ail** *m* ⟨*inv*⟩ Knoblauchpresse *f*
presse-bouton [pʀɛsbutõ] *adj* ⟨*inv*⟩ vollautomatisch; F per Knopfdruck; ***cuisine** f* ***~*** vollautomatische Küche; ***la guerre ~*** der nur noch per Knopfdruck geführte Krieg
presse-citron [pʀɛssitʀõ] *m* ⟨*inv*⟩ Zitronenpresse *f* **presse-fruits** *m* ⟨*inv*⟩ Fruchtpresse *f*
pressentiment [pʀesɑ̃timɑ̃] *m* (Vor)Gefühl *n*; (Vor)Ahnung *f*; ***avoir le ~ de qc*** etw (voraus)ahnen; ***j'ai comme le** ou* ***un ~ que ...*** ich habe das (dunkle) Gefühl, dass ...
pressentir [pʀesɑ̃tiʀ] *v/t* ⟨→ **sentir**⟩ **1** (voraus)ahnen; ***laisser ~*** vermuten, ahnen, *intentions a* durchblicken lassen **2** ***~ qn*** bei j-m vorfühlen (***pour un poste*** wegen der Übernahme e-s Postens); ***~ qn comme ministre*** bei j-m wegen der Übernahme e-s Ministeramtes vorfühlen; *adjt* ***les personnalités pressenties*** die Personen, mit denen (deswegen) Kontakt aufgenommen wurde
presse-papiers [pʀɛspapje] *m* ⟨*inv*⟩ Briefbeschwerer *m*; INFORM Zwischenablage *f* **presse-purée** *m* ⟨*inv*⟩ Kartoffelpresse *f*; F Quetsche *f*
presser [pʀɛse] **I** *v/t* **1** *fruits* (aus)pressen; ausquetschen; ***~ une éponge*** einen Schwamm ausdrücken; ***~ des olives*** Oliven (aus)pressen; ***~ des raisins*** Trauben keltern **2** TECH pressen *(a disques)* **3** *(serrer)* drücken; pressen; ***~ qn contre son cœur*** j-n an sein Herz, an s-e Brust, an sich *(acc)* drücken, pressen; *gens* ***pressés les uns contre les autres*** dicht aneinandergedrängt, -gepresst **4** ***~ qn*** j-n (be)drängen; j-m hart zusetzen; in j-n dringen; ***~ qn de questions*** j-n mit Fragen bedrängen, bestürmen; ***~ qn de faire qc*** j-n drängen, etw zu tun; ***~ qn de partir*** *a* auf j-s Abreise *(acc)* dringen **5** *(hâter) départ etc* beschleunigen; ***rien ne le pressait*** nichts trieb ihn zur Eile (an); → *a* ***pas¹*** *1* **II** *v/i affaire* eilen; drängen; eilig, dringend, dringlich sein; Eile haben; *südd a* pressieren; ***le temps presse*** die Zeit drängt, eilt; ***rien ne presse*** es hat keine Eile; es eilt, *südd a* pressiert nicht; nichts drängt uns, mich *etc* **III** *v/pr* **1** *personne* ***se ~*** sich beeilen; F sich eilen, sputen; schnell, fix machen; ***sans se ~*** ohne Eile; F ***allons, pressons!*** F Beeilung!; ein bisschen dalli, Tempo!; dalli, dalli! **2** *personne* ***se ~ contre qn*** sich an j-n drücken, pressen **3** *foule* ***se ~*** sich drängen (***autour de qn*** um j-n)
presse-raquette [pʀɛsʀakɛt] *m* ⟨*inv*⟩ Spanner *m* für den Tennisschläger
pressing [pʀesiŋ] *m magasin* Reinigung *f*
pression [pʀɛsjõ] *f* **1** Druck *m (a* PHYS, TECH*)*; ***~ artérielle*** Blutdruck *m*; ***~ atmosphérique*** Luftdruck *m*; MÉTÉO ***basses, 'hautes ~s*** Tief(-), Hoch(druckgebiet) *n*; Tief-, Hochdruck *m*; ***sous ~*** unter Druck; → *a 2*; AVIAT ***cabine** f* ***sous ~*** Druckkabine *f*; ***vérifier la ~ des pneus*** den Reifendruck, F die Luft prüfen; ♦ *adjt* ***bière** f* ***~*** Fassbier *n*; Bier *n* vom Fass **2** *fig* Druck *m*; ***~ syndicale*** Druck der Gewerkschaften; ***sous la ~ des événements*** unter dem Druck, Zwang der Ereignisse; *personne* ***être sous ~*** angespannt, nervös sein; ***exercer une, faire ~ sur qn*** Druck auf j-n ausüben **3** *(bouton-~)* Druckknopf *m*
pressoir [pʀɛswaʀ] *m* (Frucht)Presse *f*; *pour le vin* Kelter *f (a bâtiment)*; ***~ à huile, à olives*** Öl-, Olivenpresse *f*
pressurage [pʀɛsyʀaʒ] *m* TECH (Aus)Pressen *n*; *de raisins* Keltern *n*
pressurer [pʀɛsyʀe] *v/t* **1** *fruits, olives* (aus)pressen; ***~ des raisins*** Trauben keltern **2** *fig personne* aussaugen; ausbeuten; ausnehmen

pressurisation [pʀesyʀizasjõ] *f* TECH Aufrechterhaltung *f* von normalen Druckverhältnissen **pressuriser** *v/t* TECH normale Druckverhältnisse aufrechterhalten in (*+dat*); *adjt* ***cabine pressurisée*** Druckkabine *f*

prestance [pʀɛstɑ̃s] *f aspect* gutes, stattliches Aussehen; *maintien* gewandtes, sicheres Auftreten; ***avoir de la ~*** gut, stattlich aussehen; e-e gute, stattliche Erscheinung sein; ein gewandtes, sicheres Auftreten haben

prestataire [pʀɛstatɛʀ] *m* Leistungserbringer *m*; ÉCON ***~ de services*** Dienstleistungsbetrieb *m*, -unternehmen *n*

prestation [pʀɛstasjõ] *f* **1** *allocation, service* Leistung *f*; ***~ dépendance*** Pflegegeld *n*; ***~s familiales*** Sozialleistungen *f/pl* für die Familie; Familienleistungen *f/pl*; ***~s de la Sécurité sociale*** Leistungen der Sozialversicherung; ÉCON ***~ de service*** Dienstleistung *f*; ***bénéficiaire*** *m* ***d'une ~*** Leistungsempfänger *m*; ***fournir une ~*** e-e Leistung erbringen **2** ***~ de serment*** Eidesleistung *f*; Eidablegung *f* **3** (*performance*) Leistung *f*

preste [pʀɛst] *adj* behänd(e); gewandt; flink **prestesse** *litt f* Behändigkeit *f*

prestidigitateur [pʀɛstidiʒitatœʀ] *m*, **prestidigitatrice** *f* Zauberkünstler(in) *m(f)*; Taschenspieler(in) *m(f)*

prestidigitation [pʀɛstidiʒitasjõ] *f* Zauberkunst *f*; ***tour*** *m* ***de ~*** Zauberkunststück *n*; Zaubertrick *m*; Taschenspielerkunststück *n*

prestige [pʀɛstiʒ] *m* Prestige *n*; Ansehen *n*; *loc/adj* ***de ~*** Prestige…; ***politique*** *f* ***de ~*** Prestigepolitik *f*; ***jouir d'un grand ~*** großes Prestige genießen; in hohem Ansehen stehen; ***perdre de son ~*** an Prestige, Ansehen verlieren, einbüßen; *a* etwas von s-m Nimbus verlieren

prestigieux [pʀɛstiʒjø] *adj* ⟨**-euse**⟩ glänzend; hervorragend; bestechend; COMM *marque etc* anspruchsvoll; von Rang

presto [pʀɛsto] *adv* **1** MUS presto **2** F → ***subito presto***

présumé [pʀezyme] *adj* vermutlich; mutmaßlich; wahrscheinlich

présumer [pʀezyme] **I** *v/t* annehmen; vermuten; mutmaßen; unterstellen; JUR *t/t* präsumieren; ***être présumé innocent*** als unschuldig gelten; ***je présume que …*** *a* ich denke *ou* es ist anzunehmen, dass … **II** *v/t/indir* ***~ (trop) de qn, de qc*** j-n, etw überschätzen; e-e zu hohe, gute Meinung von j-m, etw haben; ***~ (trop) de ses forces*** s-e Kräfte überschätzen; sich (*dat*) zu viel zutrauen

présupposer [pʀesypoze] *v/t* voraussetzen (***que*** dass)

présure [pʀezyʀ] *f* Lab(ferment) *n*

prêt¹ [pʀɛ] *adj* ⟨**prête** [pʀɛt]⟩ ***être ~*** *personne* bereit, fertig, *st/s* gerüstet sein; *repas* bereit, fertig, angerichtet sein; bereitstehen; *fête* vorbereitet sein; ♦ ***~ à qc*** bereit zu etw; ***~ à tout*** zu allem bereit; ***~ à partir*** zum Aufbruch bereit; startbereit (*a avion*, SPORTS); reisefertig; ausgehbereit; ***être ~ à aider qn*** bereit sein, j-m zu helfen; ♦ ***être ~ pour un examen*** auf ein Examen vorbereitet, für ein Examen gerüstet sein; ***tout est ~ pour recevoir les invités*** alles ist zum Empfang der Gäste bereit

prêt² [pʀɛ] *m* **1** *de livres etc* (*action*) Ver-, Ausleihen *n*; ***bibliothèque*** *f* ***de ~*** Leihbücherei *f*, -bibliothek *f*; *d'une bibliothèque* ***service*** *m* ***de ~*** Ausleihe *f* **2** (*somme prêtée*) Darlehen *n*; ***~ gratuit*** zinsloses, unverzinsliches Darlehen; ***~ à la construction*** Baudarlehen *n*; ***~ à court, long terme*** kurz-, langfristiges Darlehen; ***~ à intérêt*** verzinsliches Darlehen; ***~ d'honneur*** zinsloses Darlehen; ***~ sur gage*** Pfandleihe *f*; ***consentir un ~ à qn*** j-m ein Darlehen gewähren, geben **3** MIL (Wehr)Sold *m*

pretantaine [pʀətɑ̃tɛn] → ***prétentaine***

prêt-à-porter [pʀɛtapɔʀte] *m* ⟨*pl* **prêts-à-porter**⟩ Konfektion(skleidung) *f*; Modellkonfektion *f*

prêt-bail [pʀɛbaj] *m* HIST ***loi*** *f* ***du ~*** Pacht- und Leihgesetz *n*

prêté [pʀɛte] *m loc* ***c'est un ~ pour un rendu*** e-e Liebe ist der anderen wert; hilfst du mir, so helf ich dir; *péj* wie du mir, so ich dir; Wurst wider Wurst

prétendant [pʀetɑ̃dɑ̃] *m* **1** *prince* Thron-, Kronprätendent *m* **2** *d'une femme* Freier *m*; Bewerber *m*

prétendre [pʀetɑ̃dʀ] ⟨→ **rendre**⟩ **I** *v/t* **1** (*soutenir*) behaupten; vorgeben; ***il prétend m'avoir vu*** *a* er will mich gesehen haben; ***il prétend être plus fort que vous*** er behauptet, stärker zu sein als Sie; ***je ne prétends pas qu'il l'ait dit*** ich behaupte nicht, dass er es gesagt hat; ***on prétend qu'il est mort*** man behauptet, er sei tot; er soll tot sein; ***à ce qu'il prétend, il est …*** er ist angeblich …; er ist, wie er behauptet, … **2** (*vouloir*) ***~*** (*+inf*) willens *ou* gewillt sein, gedenken, beabsichtigen, die Absicht haben, vorhaben zu (*+inf*); ***que prétendez-vous faire?*** was gedenken Sie zu tun? **II** *v/t/indir* (*aspirer à*) *st/s* ***~ à qc*** auf etw (*acc*) Anspruch erheben; nach etw streben **III** *v/pr* ***se ~ trompé*** behaupten, betrogen worden zu sein

prétendu [pʀetɑ̃dy] *adj* angeblich; sogenannt; vorgeblich; ***sa ~e maladie*** s-e an-, vorgebliche Krankheit

prête-nom [pʀɛtnõ] *m* ⟨*pl* **prête-noms**⟩ Strohmann *m*

prétentaine [pʀetɑ̃tɛn] *f loc* ***courir la ~*** auf Liebesabenteuer ausgehen

prétentieux [pʀetɑ̃sjø] **I** *adj* ⟨**-euse**⟩ *personne* eingebildet; eitel; dünkelhaft; selbstgefällig; prätentiös; *air, ton, manières* affektiert; gekünstelt; prätentiös; ***style ~*** protziger Stil **II** *subst* ***~, prétentieuse*** *m,f* eingebildeter *etc* Mensch; eingebildete *etc* Person; F Fatzke *m*

prétention [pʀetɑ̃sjõ] *f* **1** (*revendication*) Anspruch *m*; *pl* ***~s*** (*salaire exigé*) Gehaltsansprüche *m/pl*, -vorstellungen *f/pl*; ***avoir des ~s sur qc*** Ansprüche, Anspruch auf etw (*acc*) erheben **2** (*ambition*) ehrgeizige Absicht; Ambition *f*; Ehrgeiz *m*; ***sa ~ à l'élégance*** sein Wunsch nach Eleganz; ***avoir des ~s*** beruflichen Ehrgeiz, (berufliche) Ambitionen haben; ***avoir la ~ de*** (*+inf*) sich (*dat*) einbilden, anmaßen, schmeicheln zu (*+inf*); ***je n'ai pas la ~ de tout savoir*** ich maße mir nicht an, ich bilde mir nicht ein, alles zu wissen; ♦ *loc/adj*: *maison, style etc* ***sans ~*** anspruchslos **3** (*vanité*) Selbstgefälligkeit *f*; Dünkel *m*; Eitelkeit *f*; Einbildung *f*; ***être d'une ~ insupportable*** von e-r unerträglichen Selbstgefälligkeit *etc* sein; ***s'exprimer avec ~*** sich prätentiös, affektiert, geziert ausdrücken

prêter [pʀɛte] **I** *v/t* **1** *argent, objet* (aus-, ver)leihen; borgen; *par ext*: ***~ son appartement à qn*** j-m s-e

P

Wohnung überlassen, zur Verfügung stellen; **~ son nom à qc** s-n Namen für etw hergeben; **~ à intérêt** auf Zinsen leihen **2** *loc*: **~ (son) aide, (son) assistance à qn** j-m Hilfe, Beistand leisten; **~ attention à qn, à qc** j-m, e-r Sache Aufmerksamkeit schenken; **~ de l'importance à qc** e-r Sache (*dat*) Bedeutung beimessen; **~ serment** e-n Eid leisten, ablegen; **si Dieu lui prête vie** wenn Gott ihm das Leben lässt; wenn er so lange am Leben bleibt; *chanteur* **~ sa voix** singen; mitwirken; *dans un doublage etc* **X a prêté sa voix à Y** (die Rolle des) Y wurde von X gesprochen; → *a* **flanc, oreille** *1*, **serment** **3** (*attribuer*) **~ qc à qn** j-m etw zuschreiben, *propos, intentions* unterstellen, -schieben **II** *v/t/indir attitude, remarque etc* **~ à qc** Anlass, Stoff zu etw geben; **~ aux critiques** *a* die Kritik herausfordern; **~ à équivoque** Anlass zu Missverständnissen geben; unklar, doppel-, zweideutig sein; **~ à rire** Stoff zum Lachen geben; lächerlich sein, wirken **III** *v/i cuir, tissu* sich dehnen, weiten; nachgeben **IV** *v/pr* **1** *personne* **se ~ à qc** bei etw mitmachen; an etw (*dat*) teilnehmen; *péj* sich zu etw hergeben **2** *thème, terre etc* **se ~ à qc** sich zu, für etw eignen; für etw geeignet sein

prétérit [pʀeteʀit] *m* LING Präteritum *n*; Vergangenheit *f*

préteur [pʀetœʀ] *m* HIST Prätor *m*

prêteur [pʀɛtœʀ], **prêteuse** **I** *m,f* Verleiher(in) *m(f)*; *d'un prêt* Darlehensgeber(in) *m(f)*; **prêteur, prêteuse sur gages** Pfandleiher(in) *m(f)* **II** *adj* **être prêteur, prêteuse** gern leihen

prétexte [pʀetɛkst] *m* Vorwand *m*; *loc/adv*: **sous ~ de** (*+inf*) *ou* **que ...** unter dem Vorwand zu (*+inf*) *ou*, dass ...; **sous aucun ~** auf keinen Fall; **sous un ~ quelconque** unter irgendeinem Vorwand; **donner (un) ~, fournir un ~ à qn** j-m e-n Vorwand liefern; **prendre ~ de qc, prendre qc pour ~** etw zum Vorwand nehmen, als Vorwand benutzen; **servir de ~ à qn** j-m als Vorwand dienen

prétexter [pʀetɛkste] *v/t* **~ qc** etw vorschützen, zum Vorwand nehmen, als Vorwand benutzen; **~ que ...** vorgeben, dass ...

pretium doloris [pʀesjɔmdɔlɔʀis] *m* JUR Schmerzensgeld *n*

prétoire [pʀetwaʀ] *st/s m* Gerichtssaal *m*

prétorien [pʀetɔʀjɛ̃] *adj* ⟨**~ne**⟩ HIST **garde ~ne** Prätorianer(garde) *m/pl(f)*

prétraitement [pʀetʀɛtmɑ̃] *m* TECH Vorbehandlung *f*

prêtre [pʀɛtʀ] *m* REL Priester *m*; BIBL **grand ~** Hohe(r)priester *m*; **se faire ~** Priester werden **prêtre-ouvrier** *m* ⟨*pl* **prêtres-ouvriers**⟩ ÉGL CATH Arbeiterpriester *m*

prêtresse [pʀɛtʀɛs] *f* REL Priesterin *f* **prêtrise** *f* ÉGL CATH Priesteramt *n*, -würde *f*

preuve [pʀœv] *f* **1** Beweis *m* (*a* JUR, PHILOS, MATH); Nachweis *m*; JUR *a* Beweismittel *n*; **~s** *pl a* Beweismaterial *n*; **~ matérielle, tangible** materieller, handgreiflicher Beweis; Beweisstück *n*; **~ de la culpabilité** Schuldbeweis *m*; **~ par l'absurde** Beweis durch Aufzeigen der Widersinnigkeit des Gegenteils; *sc* apagogischer Beweis; **~ par présomption** Beweis durch Vermutung; sich auf Vermutung stützender Beweis; *loc/adv* F **la ~ ou à ~ ...** der (beste) Beweis dafür ist, sind ...; das beweist, beweisen ...; *loc/conj* F **à ~ que ...** das beweist, zeigt, dass ...; *loc/adv* **jusqu'à ~ du contraire** bis zum Beweis des Gegenteils; **avoir des ~s** Beweise haben; *document etc* **constituer une ~** e-n Beweis darstellen; Beweiskraft haben; **démontrer qc ~ en main** etw durch ein Beweisstück, e-n handgreiflichen Beweis beweisen; **être une ~ de qc** für etw ein Beweis sein; **vous êtes la ~ vivante que ...** Sie sind der lebende Beweis, das lebende Beispiel dafür, dass ...; **c'est la ~ que ...** das beweist *ou* zeigt, dass ...; **la ~ en est que ...** der Beweis dafür ist, dass ...; *personne, méthode etc* **faire ses ~s** sich bewähren; *personne* **faire ~ de courage** *etc* Mut *etc* beweisen, zeigen, an den Tag legen; sich mutig *etc* zeigen, verhalten; sich als mutig *etc* erweisen; mutig *etc* sein; **faire la ~ de qc** etw beweisen; den Beweis, Nachweis für etw erbringen; **manquer de ~s** keine Beweise haben **2** *fig* Beweis *m*; Zeichen *n*; **~ d'amitié** Freundschaftsbeweis *m*; Zeichen der Freundschaft; **comme ~ de** als, zum Beweis, Zeichen für (*ou +gén*) **3** MATH *d'une opération* Probe *f*; **~ par neuf** Neunerprobe *f*

preux [pʀø] HIST **I** *adj m chevalier* tapfer; wacker **II** *m* Recke *m*

prévaloir [pʀevalwaʀ] ⟨→ **valoir**; *aber*: **que je prévale**⟩ **I** *v/i st/s* **~ contre, sur** den Sieg davontragen, *st/s* obsiegen über (*+acc*); **ne pas ~ contre, sur** *a* nichts vermögen gegen, über (+ *acc*); *opinion* **~ (sur les autres)** den Ausschlag geben; **faire ~ ses droits** sein(e) Recht(e) durchsetzen **II** *v/pr personne* **se ~ de qc** (*faire valoir*) etw geltend machen; sich (*dat*) etw zunutze machen; (*tirer vanité de*) sich (*dat*) auf e-e Sache etwas zugutehalten, einbilden

prévaricateur [pʀevaʀikatœʀ] JUR **I** *adj* ⟨**-trice**⟩ pflichtvergessen; untreu **II** *m* pflichtvergessene(r) Beamte(r) **prévarication** *f* JUR Dienst-, Amtspflichtverletzung *f*; Untreue *f*, Pflichtvergessenheit *f* im Amt

prévenance [pʀevnɑ̃s] *f* Zuvorkommenheit *f*; Aufmerksamkeit *f* (*a acte*); **se montrer plein de ~s pour qn** j-m gegenüber sehr aufmerksam, sehr zuvorkommend sein

prévenant [pʀevnɑ̃] *adj personne* zuvorkommend; aufmerksam; **caractère ~** einnehmendes Wesen

prévenir [pʀevniʀ] *v/t* ⟨→ **venir**; *aber v/aux* **avoir**⟩ **1** (*informer*) **~ qn (de qc)** j-n (von etw) (vorher) benachrichtigen, in Kenntnis setzen, *police* verständigen; **sans ~** ohne vorher etwas verlauten zu lassen **2** (*avertir*) **~ qn (de qc)** j-n (vor etw [*dat*]) warnen; **te voilà prévenu** du bist gewarnt **3** (*empêcher*) **~ qc** e-r Sache (*dat*) vorbeugen, vorbauen; etw verhüten; **~ une objection** e-m Einwand zuvorkommen; *prov* **mieux vaut ~ que guérir** vorbeugen ist besser als heilen (*prov*); F *plais* Vorsicht ist besser als Nachsicht **4** **~ les désirs de qn** j-s Wünschen (*dat*) zuvorkommen

préventif [pʀevɑ̃tif] *adj* ⟨**-ive**⟩ **1** vorbeugend; Vorbeugungs...; Verhütungs...; präventiv; Präventiv...; **médecine préventive** Präventivmedizin *f*; prophylaktische Medizin; **mesure préventive** vorbeugende, vorsorgliche Maßnahme; Vorbeugungs-, Verhütungs-, Präventivmaßnahme *f*; Vorkehrung *f* **2** JUR **détention préventive** Untersuchungshaft *f*

prévention [pʀevɑ̃sjɔ̃] *f* **1** (*mesures préventives*) Verhütung *f*; Vorbeugung *f*; **~ routière** (Maßnahmen *f/pl* zur) Verhütung, Bekämpfung *f* von Verkehrsunfällen; Unfallverhütung *f* 2 JUR Untersuchungshaft *f* 3 (*préjugé*) Voreingenommenheit *f*; Vorurteil *n*; ***sans ~*** vorurteilslos, -frei; unvoreingenommen; unbefangen; ***avoir des ~s contre qn, qc*** gegen j-n, etw voreingenommen sein, Vorurteile haben

préventorium [prevɑ̃tɔrjɔm] *m* Heilstätte *f*, Sanatorium *n* für Tb(c)-Gefährdete

prévenu [prevny] I *adj* 1 *st/s* ***être ~ en faveur de*** *ou* ***contre qn, qc*** für *ou* gegen j-n, etw eingenommen sein; gegen j-n, etw voreingenommen sein 2 JUR ***être ~ de qc*** e-r Sache (*gén*) beschuldigt werden II *subst* JUR **~(e)** *m(f)* Angeschuldigte(r) *f(m)*; Beschuldigte(r) *f(m)*; Tatverdächtige(r) *f(m)*

préverbe [prevɛrb] *m* LING Verbalpräfix *n*; Präverbium *n*

prévisibilité [previzibilite] *f* Vorher-, Voraussehbarkeit *f* **prévisible** *adj* vorher-, voraussehbar

prévision [previzjõ] *f* Vorher-, Voraussage *f*; Prognose *f*; *surtout pl* **~s** Aussichten *f/pl*; Erwartungen *f/pl*; ***~ budgétaire*** Haushaltsvoranschlag *m*, -ansatz *m*; ***~s météorologiques*** Wetteraussichten *f/pl*, -vorhersage *f*, -prognose *f*; ***~s de récolte*** Ernteaussichten *f/pl*; ***contrairement à mes ~s*** entgegen meiner Vorher-, Voraussage, meinen Erwartungen; *loc/prép* ***en ~ de*** im Hinblick auf (*+acc*); in Erwartung (*+gén*); ***faire des ~s*** Vorher-, Voraussagen machen; Prognosen aufstellen

prévisionnel [previzjɔnɛl] *adj* ⟨**~le**⟩ vorausschauend, -planend; ***budget ~*** Haushaltsvoranschlag *m*, -ansatz *m*; ***comptes ~s*** Vorkalkulation *f*, -anschlag *m*; ***étude ~le du trafic routier*** Studie *f* über die Entwicklung des Straßenverkehrs; ***mesures ~les*** vorausschauende Maßnahmen *f/pl*

prévisionniste [previzjɔnist] *m* ÉCON Prognostiker *m*

prévoir [prevwar] *v/t* ⟨→ **voir**; *aber*: **je prévoirai**⟩ 1 (*imaginer à l'avance*) voraus-, vorhersehen; ***~ le pire*** mit dem Schlimmsten rechnen 2 (*organiser d'avance*) vorsehen; planen; in Aussicht nehmen; veranschlagen; ***il avait tout prévu*** er hatte für alles Vorsorge getroffen; er hatte alles bedacht, eingeplant; ***être prévu pour dix personnes*** für zehn Personen vorgesehen, geplant, gedacht sein; ***prévu par la loi*** im Gesetz vorgesehen; ***comme prévu*** wie vorgesehen, geplant

prévôt [prevo] *m* 1 HIST *hoher königlicher Beamter*; ***grand ~ de France*** *Inhaber der Gerichtsbarkeit im jeweiligen Aufenthaltsbereich des Hofes und über die Mitglieder des Hofstaates*; ***~ des marchands*** *Amtsbezeichnung der Bürgermeister von Paris u Lyon* 2 MIL Befehlshaber *m* e-r Feldgendarmerieabteilung 3 ESCRIME ***~ d'armes*** Fechtwart *m*

prévôté [prevote] *f* MIL Feldgendarmerie *f*

prévoyance [prevwajɑ̃s] *f* Vorsorge *f* (*a dans les assurances*); Voraussicht *f*; Fürsorge *f*; ***faire preuve de ~*** vorausschauend, fürsorglich sein

prévoyant [prevwajɑ̃] *adj* vorausschauend, -planend; vorsorgend; fürsorglich

prévu [prevy] *p/p et adj* → ***prévoir***

prie-Dieu [pridjø] *m* ⟨*inv*⟩ Betpult *n*, -stuhl *m*

prier [prije] *v/t* 1 REL beten (*a abs*); ***~ Dieu*** zu Gott beten; ***~ pour qn*** für j-n beten; ***aller ~ sur la tombe de qn*** an j-s Grab (gehen und dort) beten, ein stilles Gebet sprechen 2 (*demander*) bitten; *p/fort* inständig bitten; ***~ qn de faire qc*** j-n bitten, ersuchen, etw zu tun; *formule épistolaire* ***je vous prie de croire à l'expression de mes sentiments distingués*** mit vorzüglicher Hochachtung; ***vous êtes prié d'assister à ...*** Sie werden gebeten, an (*+dat*) teilzunehmen; ***se faire ~*** sich bitten, nötigen lassen; ***ne pas se faire ~*** sich nicht lange bitten, nötigen lassen; ♦ *formules de politesse*: *prière, injonction* ***je te*** *ou* ***vous prie*** bitte; *réponse à une demande* ***je vous en prie*** bitte sehr!; bitte schön!; *réponse à un remerciement* ***mais je vous en prie, c'est bien naturel*** aber ich bitte Sie, das ist doch selbstverständlich; *ton énergique*: ***tais-toi, je t'en prie!*** schweig gefälligst!; ***ah non, je t'en prie, ça suffit!*** jetzt ist es aber genug, ich bitte dich! 3 *litt* ***~ qn à dîner*** j-n zum Abendessen bitten, einladen

prière [prijɛr] *f* 1 REL Gebet *n*; ***dire, faire sa*** *ou* ***une ~*** sein Gebet verrichten; ein Gebet sprechen; beten; ***être en ~*** beten; F ***faire une petite ~ pour qn*** F j-m den *ou* die Daumen halten; F ***ne m'oubliez pas dans vos ~s!*** denken Sie an mich! 2 (*demande instante*) (inständige) Bitte; ***à la ~ de*** auf Bitten von (*ou +gén*); auf die Bitte (*+gén*) (hin); ***à ma ~*** auf meine Bitte (hin); ♦ ***~ de s'essuyer les pieds*** bitte Füße abtreten; ***~ de répondre par retour du courrier*** um postwendende Antwort wird gebeten

prieur(e) [prijœr] *m(f)* ÉGL CATH Prior *m*, Priorin *ou* Priorin *f*

prieuré [prijœre] *m* **a)** *couvent* Priorat *n*; **b)** *église* Kirche *f* des Priorats

prima donna [primadɔna] *f* ⟨*pl inv od* **prime donne** [primedɔne]⟩ Primadonna *f*

primaire [primɛr] *adj* 1 ***école*** *f* **~** Grundschule *f*; ***enseignement*** *m* **~** *ou subst* **~** *m* Grundschulwesen *n* 2 primär; Primär...; ÉLECT ***circuit*** *m* **~** Primärkreis *m*; JUR ***délinquant*** *m* **~** erstmalig Straffällige(r) *m*; POL ***élections*** *f/pl* **~s** Vorwahlen *f/pl*; GÉOL ***ère*** *f* **~** *ou subst* **~** *m* Paläozoikum *n*; Erdaltertum *n*; ÉCON ***secteur*** *m* **~** *ou subst* **~** *m* Agrar- *ou* Landwirtschaft *f* und Bergbau *m* 3 *péj* (*simpliste*) primitiv; beschränkt; engstirnig; *subst* ***c'est un(e) ~*** er (sie) ist ein primitiver *etc* Mensch

primal [primal] *adj* ⟨**-aux**⟩ PSYCH ***cri ~*** Urschrei *m*

primat [prima] *m* ÉGL CATH Primas *m*

primates [primat] *m/pl* ZO Primaten *m/pl*; Herrentiere *n/pl*

primauté [primote] *f* Vorrang *m* (**sur** vor *+dat*); Primat *m ou n* (über *+acc*) (*a du pape*); ***avoir la ~*** e-e Vorrangstellung einnehmen, besitzen; den Primat haben

prime[1] [prim] *adj* 1 ***de ~ abord*** auf den ersten Blick; zunächst; ***dès sa ~ jeunesse*** von frühester Jugend an 2 MATH ***a ~*** (***a'***) a Strich (a')

prime[2] [prim] *f* 1 (*indemnité*) Prämie *f*; Zulage *f*; Zuschuss *m*; Bonus *m*; ***~ à la construction*** *correspond à* Wohnungsbauprämie *f*; ***~ à l'exportation*** Export-, Ausfuhrprämie *f*; ***~ à la productivité, au*** *ou* ***de rendement*** Leistungsprämie *f*, -zulage *f*; ***~ d'ancienneté*** Dienstalterszulage *f*; *iron* ***~ d'encouragement à la paresse*** Belohnung *f* für die Faulheit; ***~ d'épargne*** Sparprämie *f*; ***~ de fin d'année*** Weihnachtsgeld *n*, -gratifikation *f*; ***~ de transport*** Fahrtkostenzuschuss *m*; ***~ de vacances*** Urlaubsgeld *n* 2 ASSURANCES (Versicherungs)Prämie *f*; ***~ annuelle*** Jahresprämie *f* 3 BOURSE ***~ d'émission,***

P

de remboursement Emissions-, Rückzahlungsagio [-aːʒio] *n* **4** COMM (*cadeau*) Werbegeschenk *n*; Zugabe *f*; ***avoir qc en ~*** etw als Werbegeschenk, Zugabe bekommen **5** *fig* ***faire ~*** gesucht, gefragt sein

primer[1] [pʀime] *v/t* (*l'emporter*) den Vorrang haben (***qc*** vor etw [*dat*]); vorgehen (e-r Sache [*dat*])

primer[2] [pʀime] *v/t* (*récompenser*) prämieren *ou* prämiieren; *adjt* ***primé*** *a* preisgekrönt

primerose [pʀimʀoz] *f* BOT Stockrose *f*, -malve *f*

primesautier [pʀimsotje] *adj* ⟨**-ière**⟩ impulsiv; spontan

prime time [pʀajmtajm] *m* TV Primetime ['pʀaɪmtaɪm] *f*

primeur [pʀimœʀ] *f* **1** ***avoir la ~ de qc*** als Erste(r) in den Genuss von etw kommen **2** *adjt* ***vin*** *m* **~** junger Rotwein **3** ***~s*** *pl légumes* Frühgemüse *n*; erstes junges Gemüse; *fruits* Frühobst *n*; erste frische Früchte *f/pl*; ***marchand*** *m* ***de ~s*** Frühgemüse- und Frühobsthändler *m*

primevère [pʀimvɛʀ] *f* BOT Schlüsselblume *f*; Primel *f*

primitif [pʀimitif] **I** *adj* ⟨**-ive**⟩ **1** (*d'origine*) ursprünglich; Ur…; ***christianisme ~*** Urchristentum *n*; PHYS ***couleurs primitives*** Grundfarben *f/pl* (*des Sonnenspektrums*); ***état ~*** Urzustand *m*; ursprünglicher Zustand; MATH ***fonction primitive*** Stammfunktion *f*; ***homme ~*** Urmensch *m*; LING ***langue primitive*** Ursprache *f*; ***monde ~*** Urwelt *f*; LING: ***mot ~*** Stamm-, Grundwort *n*; Primitivum *n*; *d'un mot* ***sens ~*** ursprüngliche Bedeutung; Grundbedeutung *f*; *d'un verbe* ***temps ~s*** Stammformen *f/pl*; ***texte ~*** Urtext *m* **2** (*non civilisé*) primitiv; der Primitiven; ***art ~*** primitive Kunst; Kunst *f* der Naturvölker; ***société primitive*** primitive Gesellschaft **3** *fig* (*fruste*) primitiv; einfach; *outil etc a* behelfsmäßig **II** *m* **1** ETHNOLOGIE ***les ~s*** *pl* die Primitiven *m/pl* **2** PEINT ***les ~s italiens*** *etc* die italienischen *etc* Maler des ausgehenden Mittelalters

primitivement [pʀimitivmɑ̃] *adv* ursprünglich; anfänglich

primo [pʀimo] *adv* erstens

primogéniture [pʀimoʒenityʀ] *f* JUR Erstgeburt(s-recht) *f(n)*

primo-infection [pʀimoɛ̃fɛksjõ] *f* ⟨*pl* **primo-infections**⟩ MÉD Erstinfektion *f*

primordial [pʀimɔʀdjal] *adj* ⟨**-aux**⟩ (äußerst) wichtig; wesentlich; ausschlaggebend; entscheidend; fundamental; ***jouer un rôle ~*** e-e wichtige, wesentliche *etc* Rolle spielen; ***offrir un intérêt ~*** von fundamentalem, größtem, höchstem Interesse sein

prince [pʀɛ̃s] *m* **1** *régnant* Fürst *m*; ***~ de l'Église*** Kirchenfürst *m*; ***le ~ de Monaco*** der Fürst von Monaco; *fig*: ***fait*** *m* ***du ~*** willkürliche, selbstherrlich getroffene Entscheidung; Willkürmaßnahme *f*, -akt *m*; *loc/adv* ***comme un ~*** fürstlich; prächtig; prunkvoll; ***être bon ~*** großzügig, tolerant sein **2** *non régnant, titre* Prinz *m*; HIST ***le Prince Noir*** der Schwarze Prinz; *Saint-Exupéry* ***Le Petit Prince*** Der kleine Prinz; ***~ de Galles*** Prinz von Wales [weːls]; ***~ du sang*** Prinz von Geblüt **3** *fig* Fürst *m*; REL ***~ des apôtres*** Apostelfürst *m*

prince-de-galles [pʀɛ̃sdəgal] *m* ⟨*inv*⟩ TEXT Glencheck [-tʃ-] *m*; *adjt* ***tailleur*** *m* ***(en) ~*** Glencheckkostüm *n*

princesse [pʀɛ̃sɛs] *f* **1** *régnante* Fürstin *f* **2** (*fille ou femme d'un prince*) Prinzessin *f*; ***~ royale*** Kronprinzessin *f*; *fig*: F ***aux frais de la ~*** auf Staats- *ou* Geschäftskosten; auf Kosten des Staates *ou* der Firma; ***se donner des airs de ~*** vornehm tun; sich affektiert benehmen **3** *adjt*: ***'haricots*** *m/pl* ***~(s)*** Prinzessbohnen *f/pl*; ***robe*** *f* ***~*** Prinzesskleid *n*

princier [pʀɛ̃sje] *adj* ⟨**-ière**⟩ **1** fürstlich; Fürsten…; prinzlich; Prinzen…; ***famille, maison princière*** Fürstenfamilie *f*, -haus *n*; ***titre ~*** Fürstentitel *m* **2** *fig réception etc* fürstlich; ***luxe ~*** *a* üppiger Luxus

principal [pʀɛ̃sipal] ⟨*m/pl* **-aux**⟩ **I** *adj* Haupt…; hauptsächliche(r, -s); wichtigste(r, -s); ***bâtiment ~*** Hauptgebäude *n*; ***composant ~*** Hauptbestandteil *m*; wichtigster Bestandteil; ***entrée ~e, locataire ~*** Haupteingang *m*, -mieter *m*; ***~ personnage*** Hauptperson *f*; wichtigste, maßgebliche Person; ***professeur ~*** Klassenlehrer *m*; GR ***proposition ~e*** Hauptsatz *m*; ***raison ~e*** Hauptgrund *m*; ***résidence ~e*** Hauptwohnsitz *m*; *fig* ***rôle ~*** Hauptrolle *f*; wichtigste, hauptsächliche Rolle **II** *subst* **1** ***le ~*** die Hauptsache; das Wichtigste **2** ***~(e)*** *m(f) d'un collège* Direktor *m*, Direktorin *f* **3** *m d'un notaire* Bürovorsteher *m* **4** ***~e*** *f* GR Hauptsatz *m*

principalement [pʀɛ̃sipalmɑ̃] *adv* hauptsächlich; in der Hauptsache; vor allem; ganz besonders; insbesondere; in erster Linie

principauté [pʀɛ̃sipote] *f* Fürstentum *n*; ***la ~ de Monaco, du Liechtenstein*** das Fürstentum Monaco, Liechtenstein

principe [pʀɛ̃sip] *m* **1** PHILOS Ursprung *m*; Urgrund *m*; Prinzip *n* (des Seins); Seinsgrund *m*; erste Ursache; LOGIQUE Prinzip *n*; Satz *m* **2** PHYS Prinzip *n*; ***~ d'Archimède*** archimedisches Prinzip; ***~ d'une machine*** Prinzip, nach dem e-e Maschine funktioniert; ***reposer sur un ~ très simple*** auf e-m sehr einfachen Prinzip beruhen **3** CHIM Bestandteil *m*; Stoff *m*; ***~ actif*** Wirkstoff *m* **4** (*règle de conduite*) Prinzip *n*; Grundsatz *m*; ***~ d'égalité*** Gleichheitsprinzip *n*; ***~s de morale*** Moralprinzipien *n/pl*; POL ***~ des nationalités*** Nationalitätsprinzip *n*; *loc/adj* ***de ~*** prinzipiell; grundsätzlich; Prinzipien…; Grundsatz…; *loc/adv*: ***en ~*** im Prinzip; prinzipiell; grundsätzlich; theoretisch; ***par ~*** aus Prinzip; prinzipiell; grundsätzlich; ***pour le ~*** um des Prinzips willen; ***avoir des ~s*** Prinzipien, Grundsätze haben; ***j'ai pour ~ de*** (+*inf*) es ist mein Prinzip, Grundsatz, ich habe es mir zum Prinzip, Grundsatz gemacht zu (+ *inf*); ***ce n'est pas dans mes ~s*** das entspricht nicht meinen Prinzipien, Grundsätzen; das tue ich prinzipiell, grundsätzlich nicht; ***partir du ~ que …*** von dem Grundsatz, davon ausgehen, dass …

printanier [pʀɛ̃tanje] *adj* ⟨**-ière**⟩ Frühlings…; Frühjahrs…; ***températures printanières*** frühlingshafte Temperaturen *f/pl*; ***temps ~*** frühlingshaftes Wetter; ***tenue printanière*** Frühjahrskleidung *f*

printemps [pʀɛ̃tɑ̃] *m* Frühling *m*; Frühjahr *n*; *poét* Lenz *m*; *fig et litt* ***le ~ de la vie*** der Frühling, Lenz des Lebens; ***matinée*** *f* ***de ~*** Frühlingsmorgen *m*; ***au ~*** im Frühling, Frühjahr; *fig* ***elle avait quinze ~*** sie zählte fünfzehn Lenze

priori → ***a priori***

prioritaire [pʀijɔʀitɛʀ] *adj* vorrangig; bevorzugt; mit Vorrang; ***mesure*** *f* ***~*** mit Vorrang durchzuführende Maßnahme; ***personnes*** *f/pl* ***~s*** *ou subst* ***~s*** *m/pl* Personen *f/pl*, deren Belange Priorität, Vor-

P

rang haben; ADM Personen *f/pl*, die vorrangig, bevorzugt abgefertigt werden; *handicapés* Personen *f/pl* mit Sonderausweis; ***route*** *f* ~ Vorfahrtsstraße *f*; ***véhicule*** *m* ~ Fahrzeug *n* mit Sonderrechten; Sonderfahrzeug *n*; ***être*** ~ Priorität, Vorrang, *véhicule* Vorfahrt haben

priorité [pʀijɔʀite] *f* 1 Priorität *f*, Vorrang *m* (***sur*** vor *+dat*); ~ ***d'emploi*** Anspruch *m* auf bevorzugte Einstellung; Vorrang bei der Einstellung; *loc/adv* ***en, par*** ~ vorrangig; mit Vorrang; zuerst; als Erste(r, -s); ***avoir la*** ~ Priorität, Vorrang haben, genießen; ***laisser la*** ~ ***à qn*** j-m den Vortritt lassen 2 CIRCULATION Vorfahrt *f*; ~ ***à droite*** Vorfahrt von rechts; F rechts hat Vorfahrt; ***route*** *f* ***à*** ~ Vorfahrtsstraße *f*; ***signal*** *m* ***de*** ~ Vorfahrtszeichen *n*; ***avoir*** ~ ***sur*** (die) Vorfahrt haben vor (*+dat*); ***j'ai la*** ~ ich habe Vorfahrt

pris [pʀi] *p/p* → ***prendre*** *et adj* ⟨**prise** [pʀiz]⟩ 1 *place, personne, journée* besetzt; *journée, semaine a* ausgefüllt; ***avoir les mains*** ~***es*** die Hände nicht frei haben; ***elle est très*** ~***e*** sie ist sehr *ou* stark beschäftigt, beansprucht; ***si vous n'êtes pas*** ~ ***ce soir*** wenn Sie heute Abend nichts vorhaben 2 *personne*: *st/s* ~ ***de boisson*** angetrunken; *p/fort* betrunken; ~ ***de panique, de peur*** von Panik, von Furcht erfasst, ergriffen; → *a* ***prendre*** *I 10*; ***avoir la gorge*** ~***e*** heiser sein; e-e raue Kehle haben; ***avoir le nez*** ~ keine Luft durch die Nase bekommen 3 *crème etc* steif; fest 4 *rivière etc* (zu)gefroren; *bateau* ~ ***dans les glaces*** im Eis festsitzend; eingefroren

prise [pʀiz] *f* 1 (*action de prendre*) Nehmen *n*; MIL Einnahme *f*; Eroberung *f*; HIST ***la*** ~ ***de la Bastille*** die Erstürmung der Bastille; ♦ *dans loc avec subst*: ~ ***à bord*** Übernahme *f* an Bord; An-Bord-Nehmen *n*; MIL ~ ***d'armes*** feierlicher Aufmarsch in Waffen; *fig* ~ ***de bec*** → ***bec*** *2*; ~ ***de contact*** Kontaktaufnahme *f*; Fühlungnahme *f*; JUR ~ ***de corps*** Festnahme *f*; Verhaftung *f*; ~ ***d'eau*** Wasseranschluss *m*; Zapfstelle *f* für Wasser; ~ ***de fonction, de poste*** Amts-, Dienst-, Arbeitsantritt *m*; ÉGL CATH ~ ***d'habit, de voile*** Einkleidung *f* (der Novizen, Novizinnen); ~ ***d'otage(s)*** Geiselnahme *f*; ~ ***de position*** Stellungnahme *f* (***sur une question*** zu e-r Frage); POL ~ ***de pouvoir*** Machtübernahme *f*, -ergreifung *f*; PHOT, CIN, TV ~ ***de vue(s)*** (***en extérieur, en intérieur***) (Außen-, Innen)Aufnahme *f*; ~ ***en charge*** TAXI *d'un client* Beförderung *f*; *par ext taxe* Grundgebühr *f*; *par la Sécurité sociale* Kostenübernahme *f*; *par un hôpital* Pflege *f* und Behandlung *f*; ~ ***en considération*** Berücksichtigung *f*; → *a les subst correspondants*; ♦ *avec verbes*: ***avoir*** ~ ***sur qn, qc*** Einfluss auf j-n, etw haben; ***n'avoir aucune*** ~ ***sur qn*** *a* sich bei j-m nicht durchsetzen können; in keiner Weise auf j-n einwirken können; *les remontrances* ***n'ont pas de*** ~ ***sur lui*** haben keine Wirkung bei ihm, beeindrucken ihn nicht; ***donner*** ~ ***à*** Anlass geben zu; ***être aux*** ~***s avec qn, qc*** mit j-m, etw kämpfen, ringen; sich mit j-m, etw auseinandersetzen; ***lâcher*** ~ loslassen; fahren lassen; *fig* aufgeben 2 **a)** LUTTE, JUDO Griff *m*; ***faire une*** ~ ***à la nuque*** im Nacken fassen; den Griff im Nacken ansetzen; **b)** ALPINISME Griff *m*; Halt *m*; ***avoir*** ~ Halt haben; ***ne pas trouver de*** ~ ***sur le rocher*** am Fels keinen Halt finden 3 (*capture*) Fang *m*, CH Beute *f* (*a fig*); *fig* ***la police a fait une belle*** ~ die Polizei hat e-n guten Fang gemacht 4 ÉLECT ~ (***de courant***) Steckdose *f*; ~ ***femelle*** Buchse *f*; ~ ***mâle*** Stecker *m*; ~ ***multiple*** Mehrfach-, Tischsteckdose *f*; ~ ***d'antenne*** Antennenanschluss *m*, -buchse *f*; ~ ***de terre*** Erdung *f*; Erdanschluss *m*, -kontakt *m* 5 AUTO ~ ***directe*** direkter, großer Gang; *fig* ***être en*** ~ ***directe avec*** *ou* ***sur qc*** in direktem Kontakt, in enger Verbindung mit etw stehen 6 ~ (***de tabac***) Prise *f* (Schnupftabak) 7 *du ciment etc* Abbinden *n*; ***à*** ~ ***rapide*** schnell abbindend

priser¹ [pʀize] *litt v/t* schätzen; ***fort*** ~, ~ ***beaucoup*** sehr schätzen; *personne* hoch schätzen

priser² [pʀize] *v/t tabac* schnupfen (*a abs*); ***tabac*** *m* ***à*** ~ Schnupftabak *m*

prismatique [pʀismatik] *adj* prismatisch; Prismen…; ***jumelles*** *f/pl* ~***s*** Prismenglas *n*

prisme [pʀism] *m* MATH, OPT Prisma *n*

prison [pʀizõ] *f* 1 *établissement* Gefängnis *n* (*a fig*); Haft-, Vollzugsanstalt *f*; *fig a* Kerker *m*; ~ ***centrale*** → ***central*** *I*; ***être en*** ~ im Gefängnis sein; F (im Gefängnis) sitzen; ***mettre qn en*** ~ j-n ins Gefängnis stecken; ***faire mettre qn en*** ~ j-n ins Gefängnis bringen 2 (***peine*** *f* ***de***) ~ Gefängnis(strafe) *n(f)*; Freiheits-, Haftstrafe *f*; Freiheitsentzug *m*; ~ ***ferme*** Gefängnis ohne Bewährung; ***faire 'huit jours de*** ~ ***ferme*** acht Tage Gefängnis absitzen; ***condamner à deux ans de*** ~, ***à la*** ~ ***à vie*** zu zwei Jahren Gefängnis, zu e-r lebenslänglichen Freiheitsstrafe verurteilen; ***avoir fait de la*** ~ (im Gefängnis) F gesessen haben; ***faire six mois de*** ~ ***préventive*** sechs Monate in Untersuchungshaft sitzen

prisonnier [pʀizɔnje], **prisonnière** I *m,f* Gefangene(r) *f(m)*; Häftling *m*; ~ ***politique*** politischer Gefangener; ~ ***de droit commun*** Strafgefangene(r) *m*; ~ ***de guerre*** Kriegsgefangene(r) *m*; ***se constituer*** ~ sich (der Polizei) stellen; ***faire qn*** ~ j-n gefangen nehmen II *adj* 1 gefangen; eingesperrt; ***être*** ~ gefangen, eingesperrt sein; *fig* ***être*** ~ ***de ses préjugés*** *etc* Gefangener s-r Vorurteile *etc* sein 2 ***ballon*** ~ Völkerball *m*

Privas [pʀiva] *Stadt im Dep. Ardèche*

privatif [pʀivatif] *adj* ⟨**-ive**⟩ 1 GR verneinend; privativ; ***préfixe*** ~ *ou subst* ~ *m* Verneinungspräfix *n* 2 JUR ***peine privative de liberté*** Freiheitsstrafe *f* 3 ***jardin*** ~ zur alleinigen Benutzung überlassener Garten

privation [pʀivasjõ] *f* 1 Verlust *m*; Entzug *m*; Entziehung *f*; ~ ***des droits civiques*** Verlust, Aberkennung *f* der bürgerlichen Ehrenrechte; ~ ***de liberté*** Freiheitsentziehung *f*, -entzug *m*, -beraubung *f*; ~ ***de sortie*** Stuben-, Hausarrest *m* 2 ~***s*** *pl* Entbehrungen *f/pl*; ***une vie de*** ~***s*** ein entbehrungsreiches Leben; ein Leben voller Entbehrungen

privatisation [pʀivatizasjõ] *f* ÉCON Privatisierung *f*

privatiser *v/t* ÉCON privatisieren

privautés [pʀivote] *f/pl loc* ***prendre, se permettre des*** ~ ***avec une femme*** sich (*dat*) e-r Frau gegenüber plumpe Vertraulichkeiten herausnehmen; e-r Frau gegenüber plumpvertraulich, aufdringlich werden

privé [pʀive] I *adj* privat; Privat…; ***chemin*** ~, ***voie*** ~***e*** Privatweg *m*; ÉGL CATH ***communion*** ~***e*** *correspond à* Frühkommunion *f*; ***correspondance*** ~***e*** *ou* ***de caractère*** ~ Privatkorrespondenz *f*, -briefe *m/pl*; privater Schriftwechsel; ***droit*** ~ Privatrecht *n*; ***école*** ~***e*** Privatschule *f*; ***entretien*** ~ private Un-

P

terredung; Privatgespräch *n*; ***initiative ~e, intérêts ~s*** Privatinitiative *f*, -interessen *n/pl*; ***investissements ~s*** privat(wirtschaftlich)e Investitionen *f/pl*; ***jet ~*** Privatjet [-dʒɛt] *m*; ***propriété ~e*** Privatbesitz *m*, JUR -eigentum *n*; ***représentation, séance ~e*** geschlossene Vorstellung; ÉCON ***secteur ~*** Privatwirtschaft *f*; ***vie ~e*** Privatleben *n*; ♦ *loc/adv*: ***à titre ~*** privat; als Privatperson; ***de source ~e*** von nicht amtlicher, inoffizieller, privater Seite; ***en ~*** privat; außerdienstlich; *cérémonie* ***avoir lieu en ~*** in privatem Kreis stattfinden; ***est-ce que je peux vous parler en ~?*** kann ich Sie privat sprechen? **II** *m loc/adv* ***dans le ~*** im Privatleben; privat; privatim; außerdienstlich; ÉCON in der Privatwirtschaft

priver [pʀive] **I** *v/t* ***~ qn de qc*** j-m etw entziehen; j-n um etw bringen; *st/s* j-n e-r Sache (*gén*) berauben; *à un enfant* ***tu seras privé de dessert*** zur Strafe bekommst du keinen Nachtisch; ***~ qn de ses droits*** j-n entrechten; ***~ qn de ses droits civiques*** j-m die bürgerlichen Ehrenrechte aberkennen, absprechen; ***être privé de sommeil*** um s-n Schlaf gebracht werden; ***~ un enfant de sortie*** e-m Kind Stuben-, Hausarrest geben; ***être privé de l'usage de son bras droit*** s-n rechten Arm nicht mehr gebrauchen können; *prisonnier* ***être privé de visites*** keine Besuche(r) empfangen dürfen **II** *v/pr* ***se ~*** sich (*dat*) Entbehrungen auferlegen; Entbehrungen auf sich (*acc*) nehmen; Opfer bringen; ***se ~ de qc*** auf etw (*acc*) verzichten; sich (*dat*) etw versagen; *iron* ***il ne se prive pas*** er lässt sich (*dat*) nichts abgehen; er leistet, gönnt sich (*dat*) vieles; ***se ~ de tout*** auf alles verzichten; allem entsagen; ***elle ne se prive pas de dire du mal de toi*** sie kann nicht anders als dich schlechtzumachen

privilège [pʀivilɛʒ] *m* Privileg *n*; Vorrecht *n*; *par ext* ***le ~ de l'âge*** das Vorrecht des Alters; *fig* ***il a le ~ de la voir chaque jour*** er hat das Glück, ihm ist es vergönnt, sie jeden Tag zu sehen; ***concéder, donner des ~s*** Privilegien einräumen, verleihen

privilégié [pʀivileʒje] **I** *adj personne, position* privilegiert; bevorrechtet; bevorrechtigt (*a* JUR *créance*); bevorzugt; *lieu, circonstances* besonders günstig; ideal; ***les classes ~es*** die privilegierten Klassen *f/pl*; ***être ~*** privilegiert *etc* sein; *fig* ***nous avons été ~s***, *nous avons eu une bonne place* wir waren vom Glück begünstigt … **II** *subst* ***les ~s*** *m/pl* die Privilegierten *m/pl*

privilégier [pʀivileʒje] *v/t* privilegieren; *chose a* begünstigen

prix [pʀi] *m* **1** COMM Preis *m* (*a fig*); *par ext* (*valeur*) Wert *m*; ***~ agricoles*** Agrarpreise *m/pl*; ***~ à la consommation*** Verbraucherpreis *m*; ***~ au kilo*** Kilopreis *m*; Preis pro Kilo; ***~ à la production*** Herstellungs-, Hersteller-, AGR Erzeugerpreis *m*; ***~ d'achat*** Kauf-, Einkaufs-, Bezugspreis *m*; ***~ d'ami*** Freundschaftspreis *m*; ***disons trente euros, c'est un ~ d'ami!*** F sagen wir, unter Freunden, dreißig Euro!; ***~ d'appel*** Lockvogelpreis *m*; ***~ de détail*** Einzelhandelspreis *m*; *fig* ***le ~ de la gloire, de la liberté*** der Preis für den Ruhm, für die Freiheit; ***~ de gros*** Großhandelspreis *m*; ***~ d'intervention*** Interventionspreis *m*; *à l'hôpital* ***~ de journée*** Tages-, Pflegesatz *m*; ***~ de lancement*** Einführungspreis *m*; ***~ de location*** Leihgebühr *f*; Miete *f*; ***~ du marché*** Marktpreis *m*, -wert *m*; ***~ du pain*** Brotpreis *m*; ***~ des réparations*** Reparaturkosten *pl*; ***~ du terrain*** Grundstücks-, Bodenpreis(e) *m(pl)*; ***~ de vente*** Verkaufs-, COMM *a* Ladenpreis *m*; ♦ *loc/adj*: ***de ~*** wertvoll; kostbar; ***'hors de ~*** unerschwinglich; F maßlos, irrsinnig, sündhaft teuer; *loc/adv*: *fig* ***à aucun ~*** um keinen Preis; keinesfalls; auf keinen Fall; unter gar keinen Umständen; ***à bas, vil ~*** spottbillig; zu e-m Spottpreis; für ein Spottgeld; zu Schleuderpreisen; ***au ~ fort*** zum vollen Preis; ziemlich teuer; ***à moitié ~*** zum halben Preis; *fig* ***à tout ~*** um jeden Preis; partout; auf jeden Fall; unter allen Umständen; ***au ~ du jour*** zum Tagespreis; ***à ~ d'or*** teuer; für teures Geld; für e-e Menge, F Stange Geld; *loc/prép* ***au ~ de*** um den Preis (+*gén*); ♦ ***apprécier, estimer qc à son juste ~*** (den wahren Wert von) etw ermessen (können); ***attacher un grand ~ à qc*** großen Wert auf etw (*acc*) legen; e-r Sache (*dat*) großen Wert beimessen, beilegen; *fig* ***n'avoir pas de ~, être sans ~*** e-n unschätzbaren Wert darstellen; unbezahlbar sein; ***quel est votre ~?*** welchen Preis *ou* was verlangen, nehmen Sie?; ***c'est mon dernier ~*** das ist mein äußerstes, letztes Angebot; ***faire un ~ à qn*** j-m e-n günstigen Preis machen; *aux enchères* ***mettre à ~ qc à mille euros*** etw auf tausend Euro (*acc*) taxieren; ***mettre à ~ la tête de qn*** auf j-s Kopf (*acc*) e-n Preis aussetzen; ***y mettre le ~*** es sich (*dat*) etwas kosten lassen; ***faire monter les ~*** die Preise in die Höhe treiben, hochtreiben **2 a)** *distinction* Preis *m*; ***~ Goncourt*** [gõkuʀ] *jährlich verliehener Literaturpreis*; ART, SPORTS ***Grand Prix*** Großer Preis, Grand Prix *m* (*a compétition*); ***~ littéraire*** Literaturpreis *m*; ***~ Nobel de physique*** Nobelpreis *m* für Physik; ÉCOLE ***~ de géographie*** *etc* Preis in Erdkunde *etc*; ***avoir, remporter le premier ~*** den ersten Preis bekommen, erhalten, gewinnen, erringen; **b)** *lauréat* Preisträger(in) *m(f)*; ***~ Nobel*** Nobelpreisträger *m*; **c)** *ouvrage* preisgekröntes Buch, preisgekrönter Film *etc*; ***avez-vous lu le dernier ~ Goncourt?*** haben Sie das zuletzt mit dem Prix Goncourt ausgezeichnete Buch gelesen?

pro [pʀo] F *abr* (*professionnel*) SPORTS *et par ext* **I** *m,f* F Profi *m* **II** *adj* ⟨*f inv*⟩ Profi…

pro… *ou* **pro-…** [pʀɔ, pʀo] *préfixe, souvent* POL pro…; Pro…; …freundlich; *exemples*: ***proarabe*** *ou* ***pro-arabe*** araberfreundlich; proarabisch; ***progouvernemental*** *ou* ***pro-gouvernemental*** regierungsfreundlich

probabilité [pʀɔbabilite] *f* Wahrscheinlichkeit *f*; ***~ faible, forte*** geringe, große Wahrscheinlichkeit; (***calcul*** *m* ***des***) ***~s*** Wahrscheinlichkeitsrechnung *f*; *loc/adv* ***selon toute ~*** aller Wahrscheinlichkeit nach

probable [pʀɔbabl] *adj* wahrscheinlich; *il est donc parti?* - F ***~*** wahrscheinlich; vermutlich; ***l'arrivée*** *f* ***~ de son ami*** die eventuelle, mögliche Ankunft s-s Freundes; ***il est ~ que le temps va se gâter*** das Wetter wird sich wahrscheinlich verschlechtern; ***il est peu ~ qu'il vienne*** es ist wenig wahrscheinlich, dass er kommt

probablement [pʀɔbabləmɑ̃] *adv* wahrscheinlich; vermutlich

probant [pʀɔbɑ̃] *adj* beweiskräftig; überzeugend; *argument a* zwingend; stichhaltig

probation [pʀɔbasjõ] *f* **1** ÉGL CATH Probezeit *f*; Noviziat *n* **2** JUR Bewährung(sfrist) *f*; ***agent*** *m* ***de ~***

P

Bewährungshelfer *m*
probatoire [pʀɔbatwaʀ] *adj* ***examen*** *m* ~ Einstufungsprüfung *f*; ***permis*** *m* (***de conduire***) ~ *correspond à* Führerschein *m* auf Probe; ***stage*** *m* ~ Probezeit *f*
probe [pʀɔb] *st/s adj* rechtschaffen; redlich **probité** *f* Rechtschaffenheit *f*; Redlichkeit *f*
problématique [pʀɔblematik] **I** *adj* problematisch; fragwürdig; zweifelhaft; ***aspect*** *m*, ***caractère*** *m* ~ Problematik *f* **II** *f* Problematik *f*; Problem-, Fragestellungen *f/pl*
problème [pʀɔblɛm] *m* **1** Problem *n*; Frage *f*; ~ ***économique*** Wirtschaftsproblem *n*; ~ ***scolaire*** Schulproblem *n*; ~ ***social*** soziales Problem; ~ ***technique*** technisches Problem; ~ ***du chômage, du logement*** Arbeitslosen-, Wohnungsproblem *n*, -frage *f*; *loc/adj*: ***à ~s*** problematisch; schwierig; Problem…; ***famille*** *f* ***à ~s*** Problemfamilie *f*; ***sans ~*** problemlos; glatt, reibungslos verlaufend; *personne* ***avoir des ~s*** Probleme haben; F (***il n'y a***) ***pas de ~!*** (das ist) kein Problem!; ***faire ~, poser un ~*** ein Problem sein, darstellen; problematisch sein **2** MATH Textaufgabe *f*; eingekleidete Aufgabe; ~ ***d'algèbre*** eingekleidete Algebraaufgabe; ***faire un ~*** e-e Textaufgabe lösen
problème-clé [pʀɔblɛmkle] *m* ⟨*pl* **problèmes-clés**⟩ Schlüssel-, Hauptproblem *n*; Kernfrage *f*
procédé [pʀɔsede] *m* **1** (*méthode*) Verfahren *n* (*a* TECH); Methode *f*; ~ ***mnémotechnique*** mnemotechnische Methode; MINES ~ ***d'exploitation*** Abbauverfahren *n*; ~ ***de fabrication*** Herstellungs- *ou* Fertigungsverfahren *n*, -technik *f*; ***employer un nouveau ~*** ein neues Verfahren, e-e neue Technik anwenden **2** (*manière d'agir*) Vorgehens-, Verhaltensweise *f*; ***~s*** *pl* Vorgehen *n*; Verhalten *n*; (***c'est un***) ***échange de bons ~s*** e-e Liebe ist der anderen wert; sie haben sich gegenseitig e-n guten Dienst erwiesen; ***user de mauvais ~s à l'égard de qn*** j-m unfreundlich begegnen; j-n unfreundlich behandeln; sich j-m gegenüber unfreundlich verhalten
procéder [pʀɔsede] ⟨**-è-**⟩ **I** *v/t/indir* **1** ~ ***à qc*** etw vornehmen, durchführen; zu etw schreiten; ~ ***à une arrestation*** e-e Verhaftung vornehmen; ~ ***au démontage du moteur*** darangehen, sich daranmachen, den Motor auseinanderzunehmen; ~ ***à une enquête*** e-e Untersuchung durchführen, vornehmen, anstellen, einleiten; ***faire ~ à une étude*** e-e Studie anfertigen lassen; JUR ~ ***à la levée des scellés*** die Siegel abnehmen; ~ ***au vote*** zur Abstimmung schreiten **2** *litt* ~ ***de*** s-n Ursprung haben in (+*dat*); ausgehen von; hervorgehen aus **II** *v/i* verfahren; vorgehen; zu Werke gehen
procédure [pʀɔsedyʀ] *f* **1** JUR **a)** (*procès*) (gerichtliches, Gerichts)Verfahren *n*; ~ ***administrative*** Verwaltungsstreitverfahren *n*; ~ ***civile, pénale*** Zivil-, Strafverfahren, -prozess *m*; ~ ***contentieuse*** Streitverfahren *n*; ~ ***d'appel*** Berufungsverfahren *n*; ~ ***de divorce*** Ehescheidungsverfahren *n*, -prozess *m*; ~ ***de saisie*** Pfändung *f*; ***engager, intenter une ~*** ein Verfahren einleiten; **b)** *branche du droit* Prozessvorschriften *f/pl*, -recht *n*; Verfahrensrecht *n* **2** *par ext* (*marche à suivre*) Verfahren *n*; Vorgehen *n*; Procedere *ou* Prozedere *n*; Prozedur *f* (*a* INFORM)
procédurier [pʀɔsedyʀje] *adj* ⟨**-ière**⟩ *péj* ***être ~*** prozesswütig sein; mit jeder Kleinigkeit vor Gericht gehen, ziehen
procès [pʀɔsɛ] *m* **1** JUR Prozess *m*; Rechtsstreit *m*; ~ ***civil, criminel*** *ou* ***pénal*** Zivil-, Strafprozess *m*; ***avoir un ~*** e-n Prozess laufen haben; ***être en ~ avec qn*** mit j-m, gegen j-n prozessieren; gegen j-n e-n Prozess führen; mit j-m in e-m Rechtsstreit liegen; ***faire un ~ à qn*** j-m den Prozess machen; *fig* ***faire le ~ de qn, de qc*** mit j-m, etw ins Gericht gehen; den Stab über j-n, etw brechen; → *a* ***intenter*** **2** *fig* ~ ***d'intention*** Unterstellung *f* (von Absichten); ***faire un ~ d'intention à qn*** j-m irgendwelche Absichten unterstellen **3** *loc/adv* ***sans autre forme de ~*** kurzerhand; kurz entschlossen; F ohne lange zu fackeln; mir nichts, dir nichts
processeur [pʀɔsɛsœʀ] *m* INFORM Prozessor *m*
procession [pʀɔsesjõ] *f* **1** ÉGL CATH Prozession *f*; ~ ***de la Fête-Dieu*** Fronleichnamsprozession *f* **2** *fig* langer Zug; Prozession *f*
processionnel [pʀɔsesjɔnɛl] *litt adj* ⟨**~le**⟩ REL Prozessions…; ***cortège ~*** Prozessionszug *m*
processus [pʀɔsesys] *m* Prozess *m*; Vorgang *m*; Ab-, Verlauf *m*; MÉD (Krankheits)Prozess *m*; ~ ***économique, de croissance, de digestion*** Wirtschafts-, Wachstums-, Verdauungsprozess *m*, -vorgang *m*; ~ ***de fabrication*** Fertigungsablauf *m*; ~ ***de paix*** Friedensprozess *m*
procès-verbal [pʀɔsɛvɛʀbal] *m* ⟨*pl* **procès-verbaux**⟩ **1** JUR *de contravention* (F *abr* ***P.-V.***) Strafmandat *n*; gebührenpflichtige Verwarnung; ***dresser*** (***un***) ~ ***contre qn*** j-n gebührenpflichtig verwarnen (***pour excès de vitesse*** wegen überhöhter Geschwindigkeit) **2** JUR *et par ext* (*compte rendu écrit*) Protokoll *n*; Niederschrift *f*; ~ ***d'audience*** Verhandlungsprotokoll *n*; Sitzungsniederschrift *f*; ~ ***d'interrogatoire*** Vernehmungsprotokoll *n*, -niederschrift *f*; ~ ***de séance*** Sitzungsprotokoll *n*; ***dresser, rédiger le ~*** (das) Protokoll führen; protokollieren
prochain [pʀɔʃɛ̃] **I** *adj* nächste(r, -s); kommende(r, -s); ***l'année ~e, l'an ~*** a) das nächste, kommende Jahr; b) *loc/adv* nächstes Jahr; im nächsten, kommenden Jahr; ***la ~e fois*** das nächste Mal; nächstes Mal; F ***à la ~e!*** bis zum nächsten Mal!; ***dans les ~s jours*** in den nächsten Tagen; ***à la ~e occasion*** bei der nächsten, bei nächster Gelegenheit; *descendre* ***à la ~e station***, F ***à la ~e*** an der nächsten Station **II** *subst* BIBL ***le ~*** der Nächste; ***amour*** *m* ***du ~*** Nächstenliebe *f*
prochainement [pʀɔʃɛnmã] *adv* demnächst; nächstens; bald; ***très ~*** sehr bald; in Kürze
proche [pʀɔʃ] **I** *adj* **1** nah(e); ***dans un ~ avenir*** in naher Zukunft; GR ***futur*** *m* ~ nahe Zukunft (*mit „aller" gebildet*); ~ ***parent*** *m* nahe(r) Verwandte(r); ***ses plus ~s parents*** s-e nächsten Verwandten *m/pl*; s-e Angehörigen *m/pl*; ***l'heure est ~ où …*** die Stunde naht, ist nah(e), da *ou* wo …; ***la nuit est ~*** die Nacht wird bald hereinbrechen; es wird bald Nacht werden; ***sa maison est ~ de la nôtre*** sein Haus ist nicht weit von unserem entfernt; ***être ~ de la réussite, de la victoire*** kurz vor dem Erfolg, vor dem Sieg stehen **2** *fig* ***être ~ de qn, qc*** j-m, etw verwandt sein; ***le portugais est ~ de l'espagnol*** das Portugiesische ist (mit) dem Spanischen verwandt **3** *loc/adv* ***de ~ en ~*** nach und nach; allmählich **II** *m/pl* ***ses ~s*** s-e Angehörigen *m/pl*; s-e nahen Ver-

wandten *m/pl*

Proche-Orient [pʀɔʃɔʀjɑ̃] ***le ~*** der Nahe Osten; Nahost *n*

proche-oriental [pʀɔʃɔʀjɑ̃tal] *adj* ⟨**-aux**⟩ nahöstlich

proclamation [pʀɔklamasjõ] *f* Ausrufung *f*; Proklamierung *f*; Proklamation *f* (*a le texte*); (feierliche) Verkündung; *de résultats* Bekanntgabe *f*; ***~ de l'état de siège*** Ausrufung des Belagerungszustandes

proclamer [pʀɔklame] *v/t* **1** *indépendance, république* ausrufen; proklamieren; *droits de l'homme* verkünden; *état de siège* ausrufen; *résultats* bekannt geben; ***~ qn empereur*** j-n zum Kaiser ausrufen **2** *fig* erklären; verkünden; ***~ son innocence*** s-e Unschuld beteuern

proconsul [pʀɔkõsyl] *m* HIST Prokonsul *m*

procréateur [pʀɔkʀeatœʀ] *adj* ⟨**-trice**⟩ *litt* Zeugungs…; Fortpflanzungs…

procréation [pʀɔkʀeasjõ] *f* **1** *litt* Zeugung *f*; Fortpflanzung *f* **2** MÉD ***~ (médicalement) assistée*** reproduktionsmedizinische Verfahren *n/pl*; künstliche Befruchtung

procréer [pʀɔkʀee] *v/i homme* zeugen; *femme* gebären

procurateur [pʀɔkyʀatœʀ] *m* HIST Prokurator *m*

procuration [pʀɔkyʀasjõ] *f* Vollmacht *f* (*a document*); COMM Handlungsvollmacht *f*; *loc/adv* ***par ~*** (*abr* ***p. p.***) als Bevollmächtigte(r); COMM per procura (*abr* ppa. *ou* pp.); *fig* durch andere; ***vote*** *m* ***par ~*** Wahl *f* durch e-n beauftragten Stellvertreter, in Vertretung; *fig et st/s* ***agir, penser par ~*** j-n anders, andere für sich handeln, denken lassen; ***donner ~ à qn*** j-m (Handlungs)Vollmacht, COMM *a* Prokura erteilen

procurer [pʀɔkyʀe] **I** *v/t* ***~ qc à qn*** j-m etw verschaffen, beschaffen, besorgen; j-m zu etw verhelfen; ***~ à qn l'occasion de*** (*+inf*) j-m Gelegenheit geben, bieten zu (*+inf*) **II** *st/s v/pr* ***se ~ qc*** sich (*dat*) etw verschaffen, besorgen

procureur [pʀɔkyʀœʀ] *m* JUR ***~ (de la République)*** (Ober)Staatsanwalt *m* (*beim Tribunal de grande instance*); ***~ général*** Generalstaatsanwalt *m* (*bei der Cour de cassation, d'appel, des comptes*)

P

prodigalité [pʀɔdigalite] *f* **1** *de qn* Verschwendungssucht *f* **2** ***~s*** *pl* verschwenderische Ausgaben *f/pl*; Verschwendung *f* **3** *fig et st/s* verschwenderische Fülle (***de*** von *ou* an *+dat*)

prodige [pʀɔdiʒ] *m* **1** Wunder *n*; *fig* ***un ~ de*** *patience etc* ein Wunder an … (*+dat*); ***accomplir, faire des ~s*** wahre Wunder vollbringen; ***tenir du ~*** an ein Wunder, ans Wunderbare grenzen **2** ***petit ~*** *ou adjt* ***enfant*** *m* ***~*** Wunderkind *n*; *d'un adulte* ***c'est un ~*** er *ou* sie ist ein Genie

prodigieusement [pʀɔdiʒjøzmɑ̃] *adv* überaus; ungemein; außerordentlich; ***~ intelligent*** *a* hochintelligent

prodigieux [pʀɔdiʒjø] *adj* ⟨**-euse**⟩ außer-, ungewöhnlich; erstaunlich; beachtlich; ***force prodigieuse*** ungeheure, gewaltige Kraft; ***succès ~*** ungeheurer, gewaltiger Erfolg

prodigue [pʀɔdig] **I** *adj* verschwenderisch; verschwendungssüchtig; BIBL ***l'enfant*** *m* ***~*** der verlorene Sohn; *par ext* ***ne pas être ~ de qc*** mit etw geizen, kargen, sparsam umgehen **II** *m,f* Verschwender(in) *m(f)*

prodiguer [pʀɔdige] *v/t* ***~ qc à qn*** j-n mit etw überhäufen, überschütten; j-m etw in reichem Maße zuteilwerden lassen; ***~ des soins à qn*** j-m Pflege angedeihen lassen; j-n umsorgen

pro domo [pʀodɔmo] *loc/adj plaidoyer* in eigener Sache

producteur [pʀɔdyktœʀ] **I** *adj* ⟨**-trice**⟩ Erzeuger…; Hersteller…; Produktions…; ***pays ~ de blé*** Weizenerzeugerland *n*; Weizenproduzent *m*; ***pays ~ de pétrole*** Erdöl produzierendes Land; Erdölförderland *n*; Erdölproduzent *m*; ***société productrice de films*** (Film)Produktionsgesellschaft *f* **II** *subst* ***~, productrice*** *m,f* Erzeuger(in) *m(f)*; Produzent(in) *m(f)*; (*fabricant*) Hersteller(in) *m(f)*; CIN, TV (Film-, Fernseh)Produzent(in) *m(f)*

productible [pʀɔdyktibl] *adj* herstellbar

productif [pʀɔdyktif] *adj* ⟨**-ive**⟩ *sol* ertragreich; *travail* produktiv; *investissement, impôt* einträglich; einbringlich; *gisement* ergiebig; *d'une entreprise* ***capacité productive*** Produktionskapazität *f*; Leistungsfähigkeit *f*; *capital* ***~ d'intérêts*** zinsbringend

production [pʀɔdyksjõ] *f* **1** Produktion *f* (*a résultat*); Herstellung *f*; Erzeugung *f*; *minière* Gewinnung *f*; Förderung *f*; Ausbeute *f*; *d'une entreprise, d'une machine* (Produktions)Ausstoß *m*; Produktionsleistung *f* (*a d'un ouvrier*); *d'énergie, de chaleur, d'un son* Erzeugung *f*; ***~ agricole*** landwirtschaftliche Erzeugung, Produktion; Agrarproduktion *f*; ***~ industrielle*** Industrieproduktion *f*; ***~ à la chaîne*** Fließfertigung *f*; Fließbandproduktion *f*; ***~ d'acier*** Stahlproduktion *f*, -erzeugung *f*; ***~ d'automobiles, automobile*** Auto-, Kraftwagenproduktion *f*, -herstellung *f*; ***~ de blé*** Weizenproduktion *f*, -erzeugung *f*; ***~ de pétrole*** Erdölförderung *f*, -gewinnung *f* **2** *pl* ***~s*** (*produits*) Erzeugnisse *n/pl*; Produkte *n/pl*; *coll* Produktion *f*; Erzeugung *f* **3** CIN, RAD, TV Produktion *f*; ***assistant*** *m*, ***directeur*** *m* ***de ~*** Produktionsassistent *m*, -leiter *m ou* -chef *m* **4** *littéraire, artistique* Werk *n*; *coll* Werke *n/pl*; Schaffen *n*; ***la ~ dramatique du XVIIIe siècle*** die Bühnenwerke *n/pl* des 18. Jahrhunderts **5** ADM *d'un document* Vorlage *f*; Vorweisung *f*; Vorzeigung *f*; JUR *d'un témoin* Beibringung *f*; Benennung *f*

productivité [pʀɔdyktivite] *f* ÉCON Produktivität *f*; Ertragskraft *f*; Leistungsfähigkeit *f*; ***~ de l'impôt*** Steuerreinertrag *m* (*nach Abzug der Kosten für die Erhebung*)

produire [pʀɔdɥiʀ] ⟨→ **conduire**⟩ **I** *v/t* **1** *produits industriels* produzieren; herstellen; *produits agricoles, acier, énergie, chaleur, son* erzeugen; *ressources minières* gewinnen; fördern; *arbre*: *fruits* tragen; *abs*: *sol* Ertrag, Erträge bringen; *exploitation agricole* Ertrag abwerfen, bringen; ***être produit*** *a* anfallen; *pays* ***avoir produit beaucoup de grands hommes*** viele große Männer hervorgebracht haben; *capital* ***~ des intérêts*** Zinsen bringen, tragen, abwerfen; sich verzinsen **2** *œuvre artistique* schaffen **3** (*causer*) *changement* herbeiführen; bewirken; *résultats, succès* zeitigen; führen zu; *désordre* anrichten; *impression, sensation* hervorrufen; erzeugen; verursachen; schaffen; *malaise* zur Folge haben; mit sich bringen; ***~ un dépôt*** e-n Niederschlag bilden; ***~ un effet sur qn, qc*** auf j-n, etw wirken, e-e Wirkung haben, ausüben, erzielen; *médicament* ***~ des effets secondaires*** Nebenwirkungen hervorrufen **4** *film, émission* produzieren **5** ADM *document* vorlegen, -zeigen, -weisen; **~ une preuve** einen Beweis erbringen; JUR **~ un témoin** einen Zeugen beibringen, benennen **II** *v/pr* **se ~** **1** *accident, événement* sich ereignen (*a explosion, séisme*); geschehen; passieren; *changement* eintreten; sich vollziehen; **cela peut se ~** das kann vorkommen, passieren **2** *acteur* auftreten (**sur la scène du théâtre …** im …theater)

produit [pʀɔdɥi] *m* **1** Produkt *n*; Erzeugnis *n*; *industriel a* Fabrikat *n*; (*substance*) Mittel *n*; **~ agricole** landwirtschaftliches Produkt, Erzeugnis; Agrarprodukt *n*, -erzeugnis *n*; **~ amaigrissant** Schlankheitsmittel *n*; **~ brut** Rohprodukt *n*; → *a 2*; **~ fini** Fertigprodukt *n*, -ware *f*, -erzeugnis *n*; **~ laitier** Milchprodukt *n*; Molkereiprodukt *n*, -erzeugnis *n*; **~s de beauté** Kosmetika *n/pl*; Schönheitsmittel *n/pl*; **~s d'entretien** Putz- und Pflegemittel *n/pl*; PHYS NUCL **~ de fission** Spaltprodukt *n*; **~s de luxe** Luxuswaren *f/pl*, -erzeugnisse *n/pl*, -güter *n/pl*; **~s de première nécessité** lebenswichtige Güter *n/pl*; **~s du pays** Landesprodukte *n/pl*; **~ du sol, de la terre** Bodenprodukt *n*, -erzeugnis *n*; *pour toxicomanes* **~ de substitution** Ersatzdroge *f*; **~ de transformation, transformé** Verarbeitungserzeugnis *n*; **~ pour la vaisselle** (Geschirr)Spülmittel *n* **2** (*rapport*) Ertrag *m* (*a d'une collecte*); Gewinn *m*; Einnahme *f*; *d'une vente* Erlös *m*; **~ brut** Brutto- *ou* Rohertrag *m*; Bruttoerlös *m*, -einnahme *f*; **~ net** Rein- *ou* Nettoertrag *m*, -gewinn *m*, -erlös *m*; Nettoeinnahme *f*; ÉCON: **~ intérieur brut** (*abr* **PIB**) Bruttoinlandsprodukt *n*; **~ national brut** (*abr* **PNB**) Bruttosozialprodukt *n*; **~ de l'épargne** Spareinlagen *f/pl*; **~ de l'impôt** Steueraufkommen *n*, -ertrag *m*; **~ de la récolte** Erlös, Einnahmen aus den Ernteerträgen; **~ d'une vente** Verkaufserlös *m* **3** MATH Produkt *n*

proéminence [pʀɔeminɑ̃s] *f st/s* **a)** *état* Vorspringen *n*; **b)** (*protubérance*) Vorsprung *m*; Erhebung *f*

proéminent [pʀɔeminɑ̃] *adj nez, front* vorspringend

prof [pʀɔf] *m,f* F *abr* (*professeur*) Lehrer(in) *m(f)*; F Pauker *m*; **notre ~ de maths** unser(e) Mathelehrer(in)

profanateur [pʀɔfanatœʀ] *m*, **profanatrice** *f st/s* **profanateur, profanatrice d'église, d'une sépulture** Kirchen-, Grabschänder(in) *m(f)*; *adjt* **une main profanatrice** e-e ruchlose Hand

profanation [pʀɔfanasjõ] *f* REL *et fig* Entweihung *f*; Profanierung *f*; Schändung *f*; *fig a* Entwürdigung *f*; **~ d'une église, de sépulture** Kirchen-, Grabschändung *f*

profane [pʀɔfan] **I** *adj arg, musique etc* profan; weltlich **II** *subst* **1** **le ~** das Profane, Weltliche **2** *m,f* **a)** (*non-spécialiste*) Laie *m* (**en peinture** auf dem Gebiet der Malerei); **aux yeux du ~** in den Augen des Laien; *adjt* **être ~ en la matière** auf diesem Gebiet ein Laie sein; **b)** (*non-initié[e]*) Außenstehende(r) *f(m)*; Nichteingeweihte(r) *f(m)*

profaner [pʀɔfane] *v/t* REL *et fig* entweihen; entheiligen; profanieren; schänden; *fig a* entwürdigen

proférer [pʀɔfeʀe] *v/t* ⟨-è-⟩ ausstoßen; laut werden lassen; **~ des injures, des menaces** Beschimpfungen, Drohungen ausstoßen, laut werden lassen

professer [pʀɔfese] *v/t admiration, opinion* (laut) Ausdruck verleihen, geben (+*dat*); offen bekunden; kundtun; äußern; **~ la foi chrétienne** sich zum christlichen Glauben bekennen

professeur [pʀɔfɛsœʀ] *m,f dans le secondaire* (Gymnasial)Lehrer(in) *m(f)*; Studienrat, -rätin *m,f*; *à l'université* Professor *m*, Professorin *f*; *par ext* Hochschullehrer(in) *m(f)*; Dozent(in) *m(f)*; **~ agrégé, certifié, titulaire** → **agrégé(e)** *etc*; **~ d'anglais, de dessin, de mathématiques** Englisch-, Zeichen-, Mathematiklehrer(in) *m(f)*; **~ de danse** Tanz- *ou* Ballettlehrer(in) *m(f)*; **~ de droit, de médecine** Jura-, Medizinprofessor(in) *m(f)*; **~ des écoles** Grundschullehrer(in) *m(f)*; **~ de lycée, de collège** Gymnasial-, Gesamtschul- *ou* Realschullehrer(in) *m(f)*

profession [pʀɔfɛsjõ] *f* **1** (*métier*) Beruf *m*; Fach *n*; **~s libérales** freie Berufe; **la ~ d'avocat, de médecin** der Anwalts-, Arztberuf; der Beruf e-s Anwalts, Arztes; ADM *d'une femme* **sans ~** Hausfrau *f*; **quelle est votre ~?** was sind Sie von Beruf?; **exercer, pratiquer une ~** e-n Beruf ausüben **2** *coll* Berufsstand *m*, -gruppe *f*; Fachschaft *f*; **~ bancaire** Bankgewerbe *n* **3** **~ de foi** REL Glaubensbekenntnis *n*; *fig* politisches Glaubensbekenntnis; *d'un candidat* (schriftlich niedergelegtes) Wahlprogramm; **faire ~ d'athéisme** *etc* sich offen zum Atheismus *etc* bekennen

professionnalisme [pʀɔfɛsjɔnalism] *m* **1** SPORTS Berufssportlertum *n*; Professionalismus *m* **2** *d'un travail* Professionalität *f*

professionnel [pʀɔfɛsjɔnɛl] **I** *adj* ⟨**~le**⟩ **1** beruflich; Berufs…; fachlich; Fach…; **activité ~le** Berufs-, Erwerbstätigkeit *f*; **association ~le, groupement ~** Berufsverband *m*; Fachverband *m*, -gruppe *f*; berufsständische Vereinigung; **bac ~** Fachabitur *n*; **déformation ~le** → **déformation** *2*; **faute ~le** → **faute** *2*; **formation ~le** Berufs(aus)bildung *f*; berufliche (Aus)Bildung; **frais ~s** Werbungskosten *pl*; **locaux ~s** gewerbliche Räume *m/pl*; **maladie ~le** Berufskrankheit *f*; **presse ~le** Fachpresse *f* **2** (*opposé à amateur*) professionell; Berufs…; berufsmäßig; **cyclisme ~** professioneller Radrennsport; **photographe, sportif ~** Berufsfotograf *m*, -sportler *m* **II** *m* Fachmann *m*; Professionelle(r) *m*; F Profi *m* (*a* SPORTS *et iron d'un cambrioleur etc*); SPORTS *a* Professional [proˈfɛʃənəl] *m*; **un travail de ~** e-e professionelle, gekonnte Arbeit

professionnellement [pʀɔfɛsjɔnɛlmɑ̃] *adv* berufs-, gewerbsmäßig

professoral [pʀɔfesɔʀal] *adj* ⟨**-aux**⟩ **1** **corps ~** Studienräte *m/pl* und Professoren *m/pl* **2** *péj* professoral; schulmeisterlich

professorat [pʀɔfesɔʀa] *m dans le secondaire* höheres Lehramt; Lehrberuf *m*; *à l'université* Hochschullehramt *n*; Professur *f*

profil [pʀɔfil] *m* **1** *d'un visage* Profil *n*; Seitenansicht *f*; **~ anguleux, grec** kantiges, griechisches *ou* klassisches Profil; *loc/adv* **de ~** im Profil; von der Seite; **portrait** *m* **de ~** Porträt *n* im Profil; Profilbild(nis) *n*; **tournez-vous un peu de ~** drehen Sie sich etwas ins Profil **2** *d'un édifice etc* Umrisse *m/pl*; Konturen *f/pl*; Silhouette *f* **3** GÉOL, CONSTR, TECH Profil *n*; **~ en long, en travers** Längs-, Querprofil *n ou* -schnitt *m*; **~ d'une route** Straßenprofil *n* **4** *d'une voiture* äußere Form; **~ aérodynamique** Stromlinienform *f* **5** *fig d'un individu* typisches,

P

charakteristisches Erscheinungsbild; **~ psychologique** psychologisches Profil; *par ext*: *candidat pour un poste* **avoir le bon ~** die richtigen Voraussetzungen mitbringen; F POL **avoir le ~ bas** wenig Profil, Format haben

profilé [pʀɔfile] TECH **I** *adj* Profil…; **acier ~** Profil-, Formstahl *m* **II** *m* Profil *n*

profiler [pʀɔfile] **I** *v/t* **1** TECH profilieren **2** *représenter* im Profil darstellen **II** *v/pr* **se ~ sur** sich (scharf) abzeichnen auf (+*dat*) *ou* gegen; sich (scharf) abheben von *ou* gegen

profit [pʀɔfi] *m* **1** ÉCON, COMM Profit *m*; Gewinn *m*; **être à ~** Gewinn, Profit abwerfen; gewinnbringend sein; **réaliser un ~** e-n Profit, Gewinn erzielen **2** (*avantage*) Nutzen *m*; Vorteil *m*; Gewinn *m*; *loc/prép* **au ~ de** zugunsten (+*gén*); *loc/adv* **avec ~** mit Gewinn; **sans ~** völlig nutzlos; vergeblich; ohne e-n Gewinn davon zu haben; **être d'un grand ~ à qn** j-m sehr nützen, nützlich sein; für j-n ein großer Gewinn sein; **faire (son) ~, tirer ~ de qc** Nutzen, (s-n) Vorteil aus etw ziehen; sich (*dat*) etw zunutze machen; von etw profitieren; **faire du ~** *plat* lange reichen, vorhalten; *vêtement* lange halten; **mettre qc à ~** etw nützen *ou* nutzen, nutzbringend verwenden

profitable [pʀɔfitabl] *adj* nützlich; vorteilhaft; gewinnbringend; **être ~ à qn** von Nutzen, von Vorteil, ein Gewinn für j-n sein

profiter [pʀɔfite] **I** *v/t/indir* **1** *personne* **~ de qc** von etw profitieren; etw (aus)nützen *ou* (-)nutzen; sich (*dat*) etw zunutze machen; Nutzen, Vorteil aus etw ziehen; *d'une occasion, d'une chance a* etw wahrnehmen; **~ de la première occasion pour s'enfuir** die erstbeste Gelegenheit zur Flucht wahrnehmen, nutzen; **ils ont profité de ce que je n'étais pas là pour** (+*inf*) sie nützten meine Abwesenheit aus, um zu (+*inf*); F **pour ce qu'on en profite!** F was habe ich, haben wir *etc* schon davon!; **il faut savoir en ~!** das, so etwas muss man einfach ausnützen, wahrnehmen! **2** *expérience etc* **~ à qn, à qc** j-m, e-r Sache von Nutzen, Vorteil sein; ein Gewinn für j-n, etw sein; j-m, e-r Sache zugutekommen, zustattenkommen, Vorteile bringen, nützlich sein **II** *v/i* F *enfant, plante* **bien ~** (gut) gedeihen; sich gut entwickeln; F sich herausmachen

P

profiterole [pʀɔfitʀɔl] *f* CUIS Windbeutel *m* mit Cremefüllung und Schokoladenüberzug

profiteur [pʀɔfitœʀ] *m péj* Profitjäger *m*, -macher *m*; Profiteur *m*; **~ de guerre** Kriegsgewinnler *m*

profond [pʀɔfõ] **I** *adj* ⟨**profonde** [pʀɔfõd]⟩ **1** *fossé, puits, eaux, fauteuil, révérence etc, a forêt, tiroir etc, par ext soupir, voix* tief; *plaie* tief (gehend); *racine* (bis) tief (in den Boden reichend); *cave, couche de terrain* tief (liegend); **forage ~** Tiefbohrung *f*; **~ de dix mètres** zehn Meter tief **2** *fig sommeil, respect, silence, solitude etc* tief; **un ~ besoin de** ein tiefes, inneres Bedürfnis, ein sehnliches Verlangen nach; **bleu, vert** *etc* **~** ⟨*inv*⟩ tiefblau, -grün *etc*; **changement ~** tief gehende, greifende Veränderung; **différence ~e** großer, gewaltiger, krasser Unterschied; **erreur ~e** großer Fehler; **influence ~e** starker, großer Einfluss; **joie ~e** tiefe, innige Freude; **mécontentement ~** große Unzufriedenheit; **nuit ~e** tiefe, finstere, (stock)dunkle Nacht; **regard ~** inniger, ausdrucksvoller Blick **3** (*caché*) *sens, causes* tiefere(r, -s); *causes a* tiefer liegend; *aspirations, intentions* geheim; geheimste(r, -s); **la France ~e** das innerste, traditionsbewusste, konservative Frankreich **4** *esprit, pensées, réflexions* tiefsinnig, -gründig, -schürfend **II** *adv* **creuser ~** tief graben, bohren **III** *m en loc/prép*: **au plus ~ de la forêt** im tiefsten Wald; tief im Inner(e)n des Waldes; **au plus ~ de la mer** in der Meerestiefe; tief im Meer; **du plus ~ de mon, son** *etc* **âme, être** aus tiefster Seele; aus tiefstem Inner(e)n

profondément [pʀɔfõdemɑ̃] *adv* tief; *fig a* zutiefst; aufs Tiefste; *aimer* heiß; innig; *fig* **~ ancré** fest verankert; **être ~ attaché aux traditions** zäh, eisern am Überkommenen festhalten; **~ attristé** tief betrübt; tieftraurig; **~ convaincu** (felsen)fest überzeugt; **~ déçu** maßlos, zutiefst enttäuscht; **être ~ dégoûté de qc** etw gründlich satthaben; **~ ému** tief bewegt; **~ malheureux** todunglücklich; **~ touché** tief gerührt; **~ vexé** tief, schwer beleidigt

profondément und seine Besonderheit

Bei einer Reihe von Adverbien wie **profondément** kommt es insofern zu einer Besonderheit, als bei der Ableitung das -e der weiblichen Adjektivform profonde einen accent aigu erhält und [e] gesprochen wird.

Zu diesen Adverbien gehören zum Beispiel:

assurément	sicher
confusément	undeutlich
énormément	ungeheuer
forcément	zwangsläufig
intensément	intensiv
précisément	genau

profondeur [pʀɔfõdœʀ] *f* **1** *d'un fossé, d'un puits, d'une plaie, d'un tiroir etc* Tiefe *f*; *en perspective* (räumliche) Tiefe; Tiefenwirkung *f*; *fig* **les ~s insondables de l'âme** die unergründlichen Tiefen der Seele; OPT **~ de champ** Schärfentiefe *f*; Tiefenschärfe *f*; **~ de l'eau** Wassertiefe *f*; **~s de la mer** Meerestiefen *f/pl*; *loc/adv*: **à mille mètres de ~** in tausend Meter Tiefe; **en ~** in der Tiefe; *fig* von Grund auf; gründlich **2** *fig d'un sentiment* Tiefe *f*; Stärke *f* **3** *d'une œuvre, d'un écrivain, d'une remarque* Tiefgründigkeit *f*; Tiefsinn *m*; Gedankentiefe *f*

pro forma [pʀofɔʀma] *loc/adj* **facture *f* ~** Pro-forma-Rechnung *f*

profus [pʀɔfy] *adj* ⟨**-use** [-yz]⟩ *litt* **lumière ~e** verschwenderisches Licht

profusion [pʀɔfyzjõ] *f* **une ~ de** e-e verschwenderische Fülle von; **une ~ de couleurs** e-e verschwenderische Farbenpracht; *loc/adv* **à ~** in Hülle und Fülle; *distribuer* in reichem Maße; **il y a des fautes à ~ dans ce texte** *a* es wimmelt nur so von Fehlern in diesem Text

progéniture [pʀɔʒenityʀ] *f plais* Sprösslinge *m/pl*

progestérone [pʀɔʒɛsteʀɔn] *f* BIOCHIMIE Gelbkörperhormon *n*; *sc* Progesteron *n*

progiciel [pʀɔʒisjɛl] *m* INFORM Softwarepaket ['sɔftweːr-] *n*

programmable [pʀɔgʀamabl] *adj* INFORM programmierbar

programmateur [pʀɔgʀamatœʀ] *m*, **programmatrice** *f* 1 RAD, TV, CIN Programmplaner(in) *m(f)*, -gestalter(in) *m(f)* 2 *m* TECH Programmregler *m*

programmation [pʀɔgʀamasjõ] *f* 1 RAD, TV, CIN Programmplanung *f*, -gestaltung *f*; CIN *a* Aufstellung *f* des Spielplans 2 INFORM Programmierung *f*; ***langage*** *m* ***de ~*** Programmiersprache *f* 3 *d'une soirée, d'un voyage etc* Planung *f*

programme [pʀɔgʀam] *m* 1 RAD, TV, CIN, *d'un festival, d'un concert etc* Programm *n*; *de certaines opérations a* Plan *m*; POL (Partei)Programm *n*; ***~ d'aide*** Hilfsprogramm *n* (**à** für); ***~ de fabrication*** Fertigungsprogramm *n*; ***~ de réformes*** Reformprogramm *n*, -plan *m*; ***~ des réjouissances*** Festprogramm *n*; *en vacances etc* (Tages)Programm *n*; *iron* ***annonce-nous le ~ des réjouissances!*** was müssen wir heute wieder alles tun?; ***~ de télévision*** Fernsehprogramm *n*; ***c'est tout un ~*** da haben Sie sich (*dat*) *ou* hat er sich (*dat*) *etc* aber etwas vorgenommen; ***jouer un morceau 'hors ~*** ein Stück spielen, das nicht auf dem Programm steht; ♦ *adjt* ***discours*** *m* ***~*** programmatische Rede 2 *imprimé* Programm(heft) *n*, -zettel *m* 3 *à l'école* Lehrplan *m*; *à l'université* Studienplan *m*; *dans une matière* Stoffplan *m*; Lehrstoff *m*; ÉCOLE ***~ de français*** Lehrplan für (den) Französisch(unterricht) 4 INFORM Programm *n*; *par ext d'un lave-linge* (Wasch)Programm *n*

programmer [pʀɔgʀame] *v/t* 1 RAD, TV *émission* auf das Programm setzen; in das Programm aufnehmen; im Programm vorsehen; *cinéma* ***~ un film*** einen Film auf den Spielplan setzen 2 INFORM programmieren; *adjt*: ***enseignement programmé*** programmierter Unterricht; ***machine programmée*** programmgesteuerte Maschine 3 (*prévoir, organiser*) planen

programmeur [pʀɔgʀamœʀ] *m*, **programmeuse** *f* INFORM Programmierer(in) *m(f)*

progrès [pʀɔgʀɛ] *m* 1 ⟨*souvent pl*⟩ *d'un incendie, d'une épidémie etc* Umsichgreifen *n*; Ausbreitung *f*; *de la criminalité* Zunahme *f*; Ansteigen *n*; *d'une maladie, de l'inflation* Fortschreiten *n* 2 (*évolution positive*) Fortschritt *m*; ***~ social, technique*** sozialer, technischer Fortschritt; ***un ~ vers*** ein Fortschritt in Richtung auf (*+acc*); *iron* ***on n'arrête pas le ~*** der Fortschritt ist nicht aufzuhalten; F ***(il) y a du ~*** es geht besser, bergauf (*a d'un malade*); *élève, sportif* ***être en ~*** s-e Leistungen verbessern; bessere Leistungen zeigen, erbringen; ***faire des ~*** Fortschritte machen 3 MIL ***réaliser un nouveau ~*** erneut auf dem Vormarsch sein, vorrücken, vordringen

progresser [pʀɔgʀɛse] *v/i* 1 *incendie, épidémie, idées* um sich greifen; sich ausbreiten; *épidémie, idées a* sich verbreiten; *criminalité* zunehmen; ansteigen; *maladie, inflation* fortschreiten 2 *élève, recherche* Fortschritte machen 3 MIL vorrücken; auf dem Vormarsch sein

progressif [pʀɔgʀɛsif] *adj* ⟨**-ive**⟩ 1 fortschreitend, progressiv (*a* MÉD); *amélioration, développement* allmählich; schrittweise; ***de difficulté progressive*** mit zunehmendem, steigendem Schwierigkeitsgrad; ***impôt ~*** Progressivsteuer *f*; MÉD ***paralysie progressive*** fortschreitende Lähmung; *sc* progressive Paralyse; ***tarif ~*** progressiv gestaffelter Tarif 2 GR *en anglais* ***forme progressive*** Verlaufsform *f*; „progressive form" *f*

progression [pʀɔgʀɛsjõ] *f* 1 *d'une maladie* Fortschreiten *n*; *de la fièvre* (An)Steigen *n*; *de l'économie* Wachstum *n*; *du commerce* Zunahme *f*; Ausweitung *f*; *des salaires* Anstieg *m* 2 (*mouvement en avant*) Vorwärts-, Fortbewegung *f*; *d'un glacier* Vorrücken *n*; MIL Vormarsch *m*; Vorrücken *n* 3 MATH Reihe *f*; ***~ arithmétique, géométrique*** arithmetische, geometrische Reihe

progressisme [pʀɔgʀɛsism] *m* Fortschrittsdenken *n*; Progressismus *m*

progressiste [pʀɔgʀɛsist] **I** *adj* fortschrittlich (gesinnt, denkend); progressiv; ***parti ~*** fortschrittliche Partei; Fortschrittspartei *f* **II** *m,f* Fortschrittler(in) *m(f)*; Progressist(in) *m(f)*

progressivement [pʀɔgʀɛsivmɑ̃] *adv* stufen-, schrittweise; allmählich; nach und nach

progressivité [pʀɔgʀɛsivite] *f* stufenweises Fortschreiten; stufenweise Steigerung; Progression *f*; *du tarif* Staffelung *f*; ***~ de l'enseignement*** Fortschreiten des Unterrichts in Lernschritten; ***~ de l'impôt*** Steuerprogression *f*

prohibé [pʀɔibe] *adj* (gesetzlich) verboten; ***armes ~es*** unerlaubte Waffen *f/pl*

prohiber [pʀɔibe] *v/t* (gesetzlich) verbieten, untersagen

prohibitif [pʀɔibitif] *adj* ⟨**-ive**⟩ 1 JUR Verbots...; ÉCON ***droits ~s*** Prohibitivzölle *m/pl*; ***régime, système ~*** Prohibitivsystem *n* 2 *fig prix* unerschwinglich

prohibition [pʀɔibisjõ] *f* 1 JUR (gesetzliches) Verbot; ÉCON ***mesures*** *f/pl* ***de ~*** (zollamtliche) Prohibitivmaßnahmen *f/pl* 2 HIST *aux États-Unis* Prohibition *f*

prohibitionnisme [pʀɔibisjɔnism] *m* Prohibitivsystem *n* **prohibitionniste** **I** *adj* prohibitionistisch **II** *m* Prohibitionist *m*

proie [pʀwa] *f d'un animal, fig* Beute *f*; *fig personne a* Opfer *n*; *fig*: *personne* ***être la ~ d'hommes d'affaires peu scrupuleux*** das Opfer skrupelloser Geschäftsleute werden; *maison, forêt* ***être la ~ des flammes*** ein Raub der Flammen werden; den Flammen zum Opfer fallen; ***être une ~ facile pour qn*** e-e leichte Beute für j-n sein; *personne* ***être en ~ au désespoir*** *etc* von Verzweiflung *etc* heimgesucht, gequält, gepeinigt, geplagt werden; der Verzweiflung *etc* (*dat*) ausgeliefert, preisgegeben sein; ***lâcher la ~ pour l'ombre*** e-e sichere Sache für e-e unsichere aufgeben, fahren lassen

projecteur [pʀɔʒɛktœʀ] *m* 1 *de scène* Scheinwerfer *m* 2 OPT Projektor *m*; Projektionsapparat *m*; Bildwerfer *m*; *pour diapos a* Diaprojektor *m*; *pour films* ***~ (de cinéma)*** Film-, Kinoprojektor *m*

projectif [pʀɔʒɛktif] *adj* ⟨**-ive**⟩ MATH projektiv; ***géométrie projective*** projektive Geometrie

projectile [pʀɔʒɛktil] *m lancé à la main* Wurfgeschoss, *österr* -geschoß *n*; *lancé par une arme* Ge-

P

schoss, *österr* Geschoß *n*; **~ *explosif, fumigène, incendiaire*** Explosiv-, Nebel-, Brandgeschoss *n*, *österr* -geschoß *n*

projection [pʀɔʒɛksjõ] *f* **1** OPT Projektion *f*; *d'un film, de diapos* Vorführung *f*; *d'une ombre* Werfen *n*; **~ *d'un film*** Filmvorführung *f*; ***conférence f avec ~s*** Lichtbildervortrag *m*; Vortrag *m* mit Filmvorführungen; ***appareil m de ~*** → ***projecteur*** 2; CIN ***cabine f de ~*** Vorführkabine *f* **2** MATH Projektion *f* **3** *de projectiles etc* Werfen *n*; Schleudern *n* **4** **~*s*** *pl de boue, de graisse* Spritzer *m/pl*; GÉOL **~*s volcaniques*** Auswürflinge *m/pl* **5** PSYCH Projektion *f*

projectionniste [pʀɔʒɛksjɔnist] *m,f* CIN Filmvorführer(in) *m(f)*, -operateur *m*

projet [pʀɔʒɛ] *m* **1** Plan *m*; Vorhaben *n*; Projekt *n*; **~*s d'avenir*** Zukunftspläne *m/pl*; **~ *de construction*** Bauvorhaben *n*, -projekt *n*; **~ *de film*** Filmprojekt *n*; **~*s de mariage*** Heiratspläne *m/pl*, -absichten *f/pl*; **~*s de vacances, de voyage*** Ferien-, Reisepläne *m/pl*; ***chef m de ~*** Projektleiter *m*; ***quels sont vos ~s pour cette année?*** welche Pläne haben Sie, was planen Sie für dieses Jahr?; was haben Sie für dieses Jahr vor?; ***faire des ~s*** Pläne machen, schmieden **2** *(ébauche)* Entwurf *m*; **~ *de contrat, de loi*** Vertrags-, Gesetz(es)entwurf *m*; ***à l'état de ~*** im Entwurf; im Stadium der Planung **3** CONSTR Bauplan *m*, -zeichnung *f*, -entwurf *m*

projeter [pʀɔʒte, -ʃte] ⟨-tt-⟩ **I** *v/t* **1** *voyage, achat etc* planen; vorhaben; *construction, voie ferrée etc* planen; projektieren **2** OPT projizieren; **~ *des diapos*** Dias vorführen, an die Wand werfen; **~ *un film*** einen Film vorführen; **~ *une ombre*** einen Schatten werfen **3** MATH **~ *(sur un plan)*** (auf e-e Ebene) projizieren **4** PSYCH **~ *sur qn, qc*** in j-n, etw projizieren; auf j-n, etw übertragen **5** *(lancer)* (in die Luft, hoch)schleudern; *volcan: pluie de pierres etc* auswerfen; F ausspucken; *explosion* **~ *qn contre un mur*** j-n gegen e-e Mauer schleudern **II** *v/pr ombre* ***se ~ sur qc*** auf etw *(acc)* fallen; sich auf etw *(dat)* abzeichnen

Prokofiev [pʀɔkɔfjɛf] *m* MUS Prokofjew *m*

prolétaire [pʀɔletɛʀ] **I** *m* Proletarier *m*; *devise* **~*s de tous les pays, unissez-vous!*** Proletarier aller Länder, vereinigt euch! **II** *adj* Proletarier…; proletarisch

prolétariat [pʀɔletaʀja] *m* Proletariat *n*; **~ *ouvrier, rural, urbain*** Industrie-, Land-, Großstadtproletariat *n*

prolétarien [pʀɔletaʀjɛ̃] *adj* ⟨**~ne**⟩ proletarisch **prolétarisation** *f* (Ver)Proletarisierung *f* **prolétariser** **I** *v/t* proletarisieren **II** *v/pr* ***se ~*** verproletarisieren

prolifération [pʀɔlifeʀasjõ] *f* BIOL *et fig* rasche, starke Vermehrung, Zunahme; BIOL, MÉD *a* Wucherung *f*; *sc* Proliferation *f*; *fig* **~ *des armes nucléaires*** Verbreitung *f*, Weitergabe *f* von Atomwaffen

prolifère [pʀɔlifɛʀ] *adj* BOT sprossend; MÉD proliferativ

proliférer [pʀɔlifeʀe] *v/i* ⟨-è-⟩ BIOL *et fig* sich rasch, stark vermehren; BIOL, MÉD *a* wuchern; *sc* proliferieren; *fig a* rasch, stark zunehmen; *p/fort* überhandnehmen; *fig*: *en période électorale*, ***les affiches prolifèrent*** … wimmelt es von Plakaten, nehmen die Plakate überhand; ***les petits commerçants avaient proliféré*** die Zahl der kleinen Geschäftsleute war rasch gestiegen, hatte rasch zugenommen

prolifique [pʀɔlifik] *adj espèce animale, fig auteur* (sehr) fruchtbar; *animaux* ***être ~*** *a* sich rasch, stark vermehren

prolixe [pʀɔliks] *adj st/s orateur, style* weitschweifig; *style a* ausladend **prolixité** *st/s f* Weitschweifigkeit *f*

prolo [pʀɔlo] *m* F *péj abr (prolétaire)* F *péj* Prolet *m*; *adjt* ***ça fait ~*** das ist proletenhaft

prologue [pʀɔlɔg] *m* **1** THÉ Prolog *m*; *d'un roman a* Vorrede *f* **2** *fig* Vorspiel *n*; Auftakt *m*

prolongateur [pʀɔlõgatœʀ] *m* ÉLECT Verlängerungsschnur *f*

prolongation [pʀɔlõgasjõ] *f* Verlängerung *f* (***d'un mois*** um e-n Monat) (*a* SPORTS); *d'une soirée, d'une discussion* Ausdehnung *f*; **~ *du délai*** Fristverlängerung *f*; Nachfrist *f*; SPORTS ***jouer les ~s*** in die Verlängerung gehen

prolongé [pʀɔlõʒe] *adj cri, rire, sécheresse, applaudissements* lang anhaltend; *soirée, discussion* (lang) ausgedehnt; *lutte, guerre* sich lange hinziehend; *plais* ***une jeune fille ~e*** *plais* ein altes Mädchen

prolongement [pʀɔlõʒmɑ̃] *m* **1** *dans l'espace* Verlängerung *f*; *d'une route etc a* weiterer Ausbau; Weiterführung *f*; ***dans le ~ de*** in der Verlängerung (+*gén*) **2** *fig* Fortsetzung *f*; *pl* **~*s*** *(conséquences)* Auswirkungen *f/pl*; Folgen *f/pl*

prolonger [pʀɔlõʒe] ⟨**-geons**⟩ **I** *v/t* **1** *dans le temps* verlängern (***d'une semaine*** um e-e Woche); **~ *une discussion*** eine Diskussion ausdehnen, in die Länge ziehen **2** *dans l'espace* verlängern; *route, voie ferrée a* weiter ausbauen; weiterführen; *(être le prolongement de)* die Verlängerung, Fortsetzung (+*gén*) bilden; ***les bâtiments qui prolongent le château*** die Gebäude, die sich direkt an das Schloss anschließen, die die Verlängerung, Fortsetzung des Schlosses bilden **II** *v/pr* ***se ~*** **1** *dans le temps* sich ausdehnen; sich hinziehen; sich in die Länge ziehen; *effet d'un médicament* (länger) anhalten (als vorgesehen) **2** *dans l'espace* weiterführen; sich hinziehen; sich fortsetzen

promenade [pʀɔmnad] *f* **1** *à pied* Spaziergang *m* (***en forêt*** im Wald); *(excursion)* kleiner Ausflug (***en montagne*** in die Berge); *en voiture, en vélo etc* (Spazier)Fahrt *f*; Tour *f*; **~ *à cheval*** Spazierritt *m*; Ausritt *m*; ***faire une ~ à cheval*** ausreiten; ***au cours d'une longue ~ à travers bois*** auf *ou* bei e-m langen Waldspaziergang; **~ *en bateau*** Boots-, Dampferfahrt *f*, -partie *f*; **~ *en mer*** kleine Rundfahrt auf dem Meer; ***aller en ~, faire une ~*** e-n Spaziergang machen; spazieren gehen **2** *lieu* Promenade *f*; *adjt* MAR ***pont m ~*** Promenadendeck *n*

promener [pʀɔmne] ⟨**-è-**⟩ **I** *v/t* **1** *personne, chien* spazieren führen; **~ *un bébé*** ein Baby ausfahren, spazieren fahren; **~ *son chien*** *a* s-n Hund ausführen; F mit dem Hund Gassi gehen; **~ *qc dans les rues*** etw durch die Straßen tragen; *fig* **~ *partout sa tristesse*** s-e Traurigkeit überall mit sich herumtragen; ***ça te promènera*** da machst du gleich e-n kleinen Spaziergang; da kommst du ein bisschen raus **2** **~ *ses doigts sur qc*** mit der Hand über etw *(acc)* fahren, streichen; die Finger über etw *(acc)* gleiten lassen; **~ *son regard sur qc*** s-n Blick über etw *(acc)* schweifen lassen **3** F *fig* ***envoyer ~ qn*** j-n fort-, wegschicken; F j-n abblitzen, abfahren

P

lassen; *p/fort* j-n fortjagen, F zum Teufel schicken, jagen; ***envoyer ~ qc*** F etw weg-, fortschmeißen, auf die Erde, in die Ecke schmeißen; ***envoyer tout ~*** F alles, den ganzen Kram hinschmeißen **II** *v/pr* **1** ***(aller) se ~*** *à pied* spazieren gehen; e-n Spaziergang machen; promenieren; *st/s* sich ergehen; *en voiture, en vélo etc* spazieren fahren; ***se ~ en bateau*** e-e Boots-, Dampferfahrt machen; ***se ~ en voiture*** *a* e-e Spazierfahrt machen; F (ins Grüne) rausfahren **2** ***se ~ nu-pieds, en peignoir*** *etc* barfuß, im Morgenrock *etc* herumlaufen

promeneur [pʀɔmnœʀ] *m*, **promeneuse** *f* Spaziergänger(in) *m(f)*; Wanderer *m*, Wand(r)erin *f* **promenoir** *m* Wandelgang *m*, -halle *f*; THÉ Gang *m* hinter der letzten Sitzreihe im Parkett

promesse [pʀɔmɛs] *f* **1** Versprechen *n*; Zusage *f*; *pl* ***~s*** *a* Versprechungen *f/pl*; ***~ solennelle*** feierliches Versprechen; Gelöbnis *n*; ***~ de Gascon, ~s d'ivrogne, en l'air*** leere Versprechungen; ***j'ai sa ~*** er hat es mir fest versprochen; ich habe sein Wort; ***faire une ~*** ein Versprechen (ab)geben; e-e Zusage geben, machen; ***tenir sa ~*** sein Versprechen halten **2** *st/s* Verheißung *f*; *loc/adj* ***plein de ~s*** verheißungsvoll; vielversprechend (*a personne*) **3** JUR Versprechen *n*; ***~ d'achat, de vente*** Kauf-, Verkaufsversprechen *n*; Vorvertrag zum Kaufvertrag; ***~ de mariage*** Ehe-, Heiratsversprechen *n*

Prométhée [pʀɔmete] *m* MYTH Prometheus *m*

prométhéen [pʀɔmeteɛ̃] *adj* ⟨**~ne**⟩ **1** des Prometheus **2** *litt* prometheisch

prometteur [pʀɔmɛtœʀ] *adj* ⟨**-euse**⟩ vielversprechend; verheißungsvoll

promettre [pʀɔmɛtʀ] ⟨→ **mettre**⟩ **I** *v/t* **1** versprechen, zusagen (***qc à qn*** j-m etw; ***de*** *+inf* zu *+inf*; ***que*** dass); *st/s ou iron* verheißen; ***~ un poste à qn*** j-m e-e Stelle zusagen; *fig* ***cela ne nous promet rien de bon*** das verspricht, verheißt nichts Gutes (für die Zukunft); *fig* ***la nuit promet d'être belle*** die Nacht verspricht schön zu werden; *prov* ***~ et tenir font*** *ou* ***ça fait deux*** Versprechen und Halten ist zweierlei; F *iron* ***ça promet!*** da kann man ja noch auf einiges gefasst sein!; das sind ja schöne Aussichten! **2** (*assurer*) versichern; ***je vous promets que*** *vous ne le regretterez pas* ich versichere Ihnen, dass … **II** *v/pr* **1** *réfléchi* ***se ~ de faire qc*** sich (*dat*) fest vornehmen, etw zu tun **2** ***se ~ qc de qc*** sich (*dat*) etw von etw versprechen, erhoffen **3** *réciproque* ***se ~ qc*** sich (gegenseitig) etw versprechen

promis [pʀɔmi] **I** *p/p* → ***promettre*** *et adj* **1** BIBL ***la Terre ~e*** das Gelobte Land; das Land der Verheißung; *prov* ***chose promise, chose due*** was man versprochen hat, muss man auch halten (*prov*) **2** *fig* ***être ~ à qc*** zu etw bestimmt, berufen, ausersehen sein; für etw prädestiniert sein; etw vor sich (*dat*) haben; ***~ au succès*** Erfolg versprechend **II** *subst* **~(e)** *m(f) régional* (*fiancé[e]*) Verlobte(r) *f(m)*

promiscuité [pʀɔmiskɥite] *f* enges Zusammenleben; enge Berührung; Zusammengepferchtsein *n*; F Aufeinanderhocken *n*, -sitzen *n*

promission [pʀɔmisjõ] *f* BIBL ***la Terre de ~*** das Gelobte Land; das Land der Verheißung

promo [pʀɔmo] *f* F *abr* → ***promotion*** *1*

promontoire [pʀɔmõtwaʀ] *m* Kap *n*; Landspitze *f*; Vorgebirge *n*

promoteur [pʀɔmɔtœʀ] *m*, **promotrice** *f* **1** ***promoteur (immobilier, de construction)*** Bauträger *m*; F Baulöwe *m*; *adjt* ***société promotrice*** Bauträger-, *par ext* Immobiliengesellschaft *f* **2** *st/s* Initiator *m*, Initiatorin *f*

promotion [pʀɔmɔsjõ] *f* **1** *d'une grande école* Jahrgang *m*; ***camarade*** *m* ***de ~*** Jahrgangs-, Studienkollege *m*; ***nous sommes de la même ~*** er *ou* sie gehört meinem Jahrgang an; wir sind zusammen eingetreten **2** (*avancement*) Beförderung *f* (***au poste de directeur*** zum Direktor); ***~ sociale*** sozialer Aufstieg **3** COMM ***~ des ventes*** Absatz-, Verkaufsförderung *f*; *article* ***en ~*** im Sonderangebot; zum Aktionspreis **4** ***~ immobilière*** Bau-, *par ext* Immobiliengeschäft *n* (*Tätigkeit*)

promotionnel [pʀɔmɔsjɔnɛl] *adj* ⟨**~le**⟩ COMM absatz-, verkaufsfördernd

promouvoir [pʀɔmuvwaʀ] *v/t* ⟨→ **mouvoir**; *aber* **promu**⟩ **1** *qn à un poste* befördern; ernennen; ***il a été promu directeur*** er ist zum Direktor befördert, ernannt worden **2** (*encourager*) fördern

prompt [pʀõ] *adj* ⟨**prompte** [pʀõt]⟩ *st/s personne, réaction, geste etc* rasch; flink; schnell; ***~ rétablissement*** baldige, rasche Genesung; ***~ à l'injure*** schnell bei der Hand mit Beleidigungen

promptitude [pʀõtityd] *st/s f* Raschheit *f*; Flinkheit *f*; Schnelligkeit *f*; ***la ~ de sa guérison*** s-e rasche, schnelle Genesung

promu [pʀɔmy] *p/p* → ***promouvoir***

promulgation [pʀɔmylgasjõ] *f d'une loi* Verkündung *f*

promulguer [pʀɔmylge] *v/t loi* verkünden

prôner [pʀone] *v/t* (*louer*) preisen; rühmen; ***~ la modération*** *etc* Mäßigung *etc* predigen

pronom [pʀɔnõ] *m* GR (allein stehendes, substantivisches) Pronomen, Fürwort; ***~ démonstratif*** Demonstrativpronomen *n*; hinweisendes Fürwort; ***~ interrogatif*** Interrogativpronomen *n*; Fragefürwort *n*

pronominal [pʀɔnɔminal] *adj* ⟨**-aux**⟩ GR pronominal; ***adjectif ~*** attributives, adjektivisches Pronomen; ***adverbe ~*** Pronominaladverb *n*; ***forme, voix ~e*** reflexive Form; ***verbe ~*** reflexives Verb

pronominalement [pʀɔnɔminalmɑ̃] *adv* ***employer ~*** *verbe* reflexiv gebrauchen; *adverbe* als Pronomen gebrauchen

prononçable [pʀɔnõsabl] *adj* aussprechbar

prononcé [pʀɔnõse] **I** *adj* markant; (stark) ausgeprägt; prägnant; *nourriture, plat* ***avoir un goût, parfum de vanille ~*** (ganz) stark nach Vanille schmecken, duften; *personne* ***avoir un goût ~ pour qc*** e-e ausgesprochene, entschiedene Vorliebe für etw haben **II** *m* JUR ***~ (d'un jugement)*** (Urteils)Tenor *m*

prononcer [pʀɔnõse] ⟨**-ç-**⟩ **I** *v/t* **1** *son, mot, phrase* aussprechen; sprechen; *abs* ***il prononce bien*** er hat e-e gute Aussprache **2** (*dire*) *mot* sprechen; ***~ un discours*** eine Rede halten; REL ***~ ses vœux*** die Gelübde ablegen; ***elle n'a pas pu ~ un seul mot*** sie brachte kein Wort heraus, über die Lippen **3** JUR *jugement, arrêt* verkünden; (*lire*) verlesen; *peine, sanction* aussprechen (*a divorce*), verhängen (***contre qn*** gegen j-n); *clôture des débats* erklären; ***~ une condamnation*** e-e Verurteilung aussprechen **II** *v/i* JUR entscheiden (***sur*** über *+acc*; ***en première instance*** in erster Instanz) **III** *v/pr* **1** ***se ~*** sich äußern (***sur qc*** zu etw); ***se ~ contre, pour*** *ou* ***en faveur***

P

de qn, qc sich gegen, für j-n, etw aussprechen **2** *mot etc* ***se ~*** (aus)gesprochen werden
prononciation [pʀɔnõsjasjõ] *f* **1** PHON Aussprache *f*; ***défaut*** *m* ***de ~*** Aussprache- *ou* Sprachfehler *m*; ***avoir une bonne, mauvaise ~*** e-e gute, schlechte Aussprache haben **2** JUR *du jugement* Verkündung *f*; Verlesung *f*
pronostic [pʀɔnɔstik] *m* Voraussage *f*, -sagung *f*; Vorhersage *f*; Prognose *f* (*a* MÉD); ***faire des ~s*** Voraussagen machen; Prognosen stellen
pronostiquer [pʀɔnɔstike] *v/t* voraus-, vorhersagen; prognostizieren (*a* MÉD) **pronostiqueur** *m*, **pronostiqueuse** *f* j, der Vorher-, Voraussagen macht; TURF j, der Tipps gibt
propagande [pʀɔpagɑ̃d] *f* Propaganda *f*; ***~ électorale*** Wahlpropaganda *f*; ***film*** *m* ***de ~*** Propagandafilm *m*; ***c'est de la ~!*** das ist doch alles (nur) Propaganda!; ***faire de la ~*** Propaganda machen
propagandiste [pʀɔpagɑ̃dist] POL **I** *adj* propagandistisch **II** *m,f* Propagandist(in) *m(f)*
propagateur [pʀɔpagatœʀ] *m*, **propagatrice** *f* Verbreiter(in) *m(f)*
propagation [pʀɔpagasjõ] *f* **1** *d'une épidémie, d'un incendie* Ausbreitung *f*; Umsichgreifen *n*; *d'une nouvelle, de la foi etc* Verbreitung *f*; PHYS Ausbreitung *f*; Fortpflanzung *f* **2** BIOL Vermehrung *f*; Fortpflanzung *f*
propager [pʀɔpaʒe] ⟨**-geons**⟩ **I** *v/t* **1** *doctrine, idées, mode* verbreiten; propagieren; ***~ une nouvelle, une religion*** eine Nachricht, eine Religion verbreiten **2** BIOL vermehren; fortpflanzen **II** *v/pr* ***se ~*** **1** *incendie, épidémie* sich ausbreiten; um sich greifen; *nouvelle, idées* sich verbreiten; PHYS *lumière, son* sich ausbreiten; sich fortpflanzen **2** *espèce animale, végétale* sich vermehren; sich fortpflanzen
propane [pʀɔpan] *m* CHIM Propan(gas) *n*
propédeutique [pʀɔpedøtik] *f jusqu'en 1966* erstes Studienjahr (*an der philosophischen u naturwissenschaftlichen Fakultät*)
propension [pʀɔpɑ̃sjõ] *f* Hang *m*, Neigung *f* (***à qc*** zu etw; ***à faire qc*** etw zu tun); ÉCON ***~ à consommer, à épargner*** Konsum-, Sparneigung *f*
propergol [pʀɔpɛʀgɔl] *m* CHIM Propergol *n*
prophète [pʀɔfɛt] *m* REL Prophet *m* (*a fig*); ***le Prophète*** der Prophet (*Mohammed*); *fig*: ***je ne suis pas ~!*** ich bin doch kein Prophet!; ***pas besoin d'être ~ pour*** (*+inf*) man braucht kein Prophet zu sein, um zu (*+inf*); *prov* ***nul n'est ~ en son pays*** der Prophet gilt nichts in s-m Vaterland (*prov*)
prophétesse [pʀɔfetɛs] *f* Prophetin *f*
prophétie [pʀɔfesi] *f* Prophezeiung *f*; REL *a* Weissagung *f*; ***don*** *m* ***de ~*** Propheten-, Sehergabe *f*
prophétique [pʀɔfetik] *adj* prophetisch **prophétiser** *v/t* prophezeien; REL *a* weissagen
prophylactique [pʀɔfilaktik] *adj* MÉD prophylaktisch; vorbeugend
prophylaxie [pʀɔfilaksi] *f* MÉD Prophylaxe *f*; Vorbeugung *f*
propice [pʀɔpis] *adj* **1** *occasion, vent, moment etc* günstig (***à*** für) **2** *st/s sort, divinité* gnädig
proportion [pʀɔpɔʀsjõ] *f* **1** Proportion *f*; (*rapport*) Verhältnis *n*; Relation *f*; (*taux*) Prozentsatz *m*; (*équilibre*) richtiges Verhältnis; ***~s*** *pl* Proportionen *f/pl*; Größenverhältnisse *n/pl*; ***~s harmonieuses*** *a* Ebenmaß *n*; ***~s du corps*** Körperproportionen *f/pl*; *loc/adj* ***'hors de*** (***toute***) ***~*** unverhältnismäßig hoch; in keinem Verhältnis dazu stehend; *loc/adv*: ***toutes ~s gardées*** im Verhältnis; ***dans une*** *ou* ***la ~ de cent contre dix*** im Verhältnis hundert zu zehn; ***dans la ~ où ...*** in dem (gleichen) Maße wie ...; ***en ~*** entsprechend (viel, groß *etc*); *loc/prép* ***en ~ de*** entsprechend (*+dat*); im Verhältnis, im Vergleich zu; ***il n'y a aucune ~ entre ses dépenses et son revenu*** s-e Ausgaben und s-e Einnahmen stehen in keinem Verhältnis zueinander; ***la ~ des élèves reçus à l'examen est faible*** der Prozentsatz der Schüler, die das Examen bestanden haben, ist niedrig **2** ***~s*** *pl* Ausmaß(e) *n(pl)*; *fig a* Umfang *m*; *fig*: ***prendre des ~s considérables*** beträchtliche Ausmaße, e-n beträchtlichen Umfang annehmen; ***ramener une nouvelle à ses justes ~s*** e-e Nachricht auf ihre wahre, wirkliche Bedeutung reduzieren **3** MATH Verhältnisgleichung *f*; Proportion *f*
proportionnalité [pʀɔpɔʀsjɔnalite] *f* Proportionalität *f*; Verhältnismäßigkeit *f* (***de la peine et du délit*** von Strafe und Vergehen)
proportionné [pʀɔpɔʀsjɔne] *adj* ***être bien ~*** gut proportioniert sein; gute Proportionen haben
proportionnel [pʀɔpɔʀsjɔnɛl] *adj* ⟨***~le***⟩ proportional (***à*** zu) (*surtout* MATH); im (gleichen) Verhältnis stehend (zu); entsprechend (*+dat*); anteilig; ***impôt ~*** Proportionalsteuer *f*; ***représentation ~le*** *ou subst* ***~le*** *f*, ***scrutin ~*** Verhältniswahlrecht *n*, -wahlsystem *n*; *österr, schweiz* Proporz *m*
proportionnellement [pʀɔpɔʀsjɔnɛlmɑ̃] *adv* im Verhältnis (***à*** zu); *je travaille plus que lui* ***mais ~ je gagne moins*** ... aber im Verhältnis (zu ihm) verdiene ich weniger
proportionner [pʀɔpɔʀsjɔne] *v/t* ***~ qc à*** etw in ein richtiges, vernünftiges Verhältnis bringen, setzen zu
propos [pʀɔpo] *m* **1** *pl* (*paroles*) Worte *n/pl*; Reden *f/pl*; Äußerungen *f/pl*; ***tenir des ~ cyniques*** zynische Äußerungen machen; zynische Reden führen **2** *st/s* (*intention*) Absicht *f*; Vorsatz *m*; *loc/adv* ***de ~ délibéré*** absichtlich; mit Absicht; bewusst; willentlich; ***mon ~ n'était pas, il n'était pas de mon ~ de*** (*+inf*) es war nicht meine Absicht, es stand nicht in meiner Absicht zu (*+inf*) **3** (*occasion*) *loc/adv*: ***arriver, tomber à ~***, *st/s* ***fort à ~*** (sehr) gelegen, gerade richtig *ou* recht, im richtigen *ou* rechten Augenblick, zur richtigen Zeit, wie gerufen kommen; ***juger, trouver à ~ de*** (*+inf*) es für angebracht, angezeigt, ratsam halten zu (*+inf*); ***mal à ~*** ungelegen; zur Unzeit; zur unrechten Zeit; zu ungelegener Stunde, Zeit; im unpassenden, falschen Augenblick; ***à tout ~*** bei jeder Gelegenheit; bei jedem Anlass; (be)ständig; dauernd; ***'hors de ~*** (*à contretemps*) zur Unzeit; im falschen, unpassenden Augenblick; (*sans raison*) ohne (jeden) Grund; (völlig) grundlos; ***il serait hors de ~ de*** (*+inf*) es wäre unangebracht, nicht an der Zeit, der falsche Augenblick zu (*+inf*) **4** (*sujet*) *loc/prép* ***à ~ de*** betreffs (*+gén*); was (*+acc*) anbelangt, betrifft; (*acc*) betreffend; wegen (*+gén ou* F *+dat*); über (*+acc*); ***à ~ de quoi?, à quel ~?*** worüber?; aus welchem Grund, Anlass?; weswegen?; ***à ~ d'un rien, de tout*** wegen e-r, jeder *ou* über e-e, jede Kleinigkeit; ***à ~ de tout et de rien*** wegen *ou* über nichts und wieder nichts; ***à ce ~*** darüber; dazu; ♦ *en tête de phrase* ***à ~*** übri-

P

gens; was ich noch sagen, fragen wollte; apropos; da(bei) fällt mir gerade ein; ***à ~ voiture …*** da wir gerade über Autos sprechen …; ♦ ***retourner à son ~*** auf sein Thema zurückkommen

proposer [prɔpoze] **I** *v/t* **1** *projet, thème, solution, candidat etc* vorschlagen; in Vorschlag bringen; *projet a* vorlegen; unterbreiten; ***~ qc à qn*** j-m etw vorschlagen; ***~ (à qn) de*** (*+inf*) (j-m) vorschlagen zu (*+inf*); ***~ qn pour un poste*** j-n für e-n Posten vorschlagen; POL ***~ une loi*** e-e Gesetzesvorlage einbringen **2** *aide, argent, articles etc* anbieten; *articles a* feilbieten, -halten; *somme* bieten; ***~ une récompense*** eine Belohnung aussetzen **II** *v/pr* **1** ***se ~ de faire qc*** beabsichtigen, sich (*dat*) vornehmen, vorhaben, etw zu tun; sich (*dat*) etw vornehmen; ***se ~ un but*** sich (*dat*) ein Ziel setzen **2** ***se ~ (comme)*** sich anbieten (als); ***se ~ pour faire qc*** sich bereit erklären, etw zu tun; ***se ~ pour assurer la permanence*** sich bereit erklären, den Bereitschaftsdienst zu übernehmen; sich für den Bereitschaftsdienst melden

proposition [prɔpozisjõ] *f* **1** (*suggestion*) Vorschlag *m*; POL ***~ de loi*** Gesetzesvorlage *f*; ***sur (la) ~ du ministre*** auf Vorschlag des Ministers; ***faire une ~ à qn*** j-m e-n Vorschlag machen, unterbreiten **2** (*offre*) Angebot *n*; ***~s de paix*** Friedensangebote *n/pl*; ***faire des ~s à une femme*** e-r Frau unzweideutige Angebote machen **3** GR Satz *m* **4** LOGIQUE Satz *m*; Propositio *f*; Urteil *n*

propre [prɔpr] **I** *adj* **1** (*opposé à sale*) sauber; rein(lich); F proper; *chien, chat* stubenrein; ***avoir les mains ~s*** saubere Hände haben; *enfant* ***être ~*** sauber sein; *iron* ***nous sommes ~s, nous voilà ~s!*** F da sitzen wir schön in der Tinte, Patsche!; das kann ja heiter werden!; das ist e-e schöne Bescherung! **2** *fig* (*honnête*) *personne* anständig; (*convenable*) *travail* ordentlich; anständig; tadellos; sauber; *affaire* ***pas très ~*** nicht ganz sauber, F koscher; *à propos de qn* F ***ce n'est rien de ~, pas grand-chose de ~*** F das ist nichts Rechtes **3** *possession* eigen; *d'un conjoint* ***biens*** *m/pl* ***~s*** eigenes Vermögen; ***nom*** *m* ***~*** Eigenname *m*; ***dans son ~ intérêt*** in s-m *ou* im eigenen Interesse; *remettre* ***en main(s) ~(s)*** zu eigenen Händen; persönlich; ***par sa ~ faute*** durch eigene Schuld, eigenes Verschulden; ***je l'ai entendu de mes ~s oreilles*** ich habe es mit eigenen Ohren gehört; ***ce sont là ses ~s paroles*** das sind s-e eigenen Worte; ***je l'ai vu de mes ~s yeux*** ich habe es mit eigenen Augen gesehen **4** *d'un mot* ***sens*** *m* ***~*** eigentlicher Sinn; eigentliche Bedeutung; ***employer au sens ~*** *ou subst* ***au ~*** im eigentlichen Sinn, in der eigentlichen Bedeutung gebrauchen **5** (*particulier*) ***être ~ à qn, à qc*** j-m, e-r Sache eigen(tümlich) sein; für j-n, etw charakteristisch, typisch sein; ***faculté ~ à l'homme*** dem Menschen eigene *ou* eigentümliche Fähigkeit **6** (*approprié*) ***~ à qc*** *ou* ***à faire qc*** für, zu etw geeignet *ou* geeignet, etw zu tun; *eau* ***~ à la consommation*** zum Trinken geeignet; *lieu* ***~ à la rêverie*** zum Träumen geeignet **7** ***l'expression*** *f*, ***le mot, le terme ~*** der richtige, treffende, passende Ausdruck, das richtige *etc* Wort **II** *m* **1** *texte* ***mettre au ~*** ins Reine schreiben; *vêtement, pièce etc* F ***sentir le ~*** (so) sauber riechen; *iron* ***c'est du ~!*** das ist e-e saubere, feine Geschichte!; das ist ja allerhand!; da hört (sich) doch alles auf!; das ist ja die Höhe! **2** ***posséder qc en ~*** etw zu eigen haben, besitzen; JUR *a* etw als Eigentum besitzen **3** (*particularité*) Eigentümlichkeit *f*; Eigenart *f*; Besonderheit *f*; (das) Besondere; ***c'est le ~ de l'homme de*** (*+inf*) *a* es gehört zum Wesen des Menschen zu (*+inf*) **4** *fig de qn* ***~ à rien*** → ***propre-à-rien*** **propre-à-rien** *m,f* ⟨*pl* **propres-à--rien**⟩ Taugenichts *m*; Nichtsnutz *m*

proprement [prɔprəmɑ̃] *adv* **1** (*opposé à salement*) sauber; ordentlich; *travail* ***~ exécuté*** ordentlich, anständig, sauber gemacht; ***manger ~*** sauber essen; *appartement* ***tenu ~*** sauber gehalten; in Ordnung gehalten; ***~ vêtu*** sauber, ordentlich, adrett gekleidet **2** (*précisément*) eigentlich; an (und für) sich; *loc/adj* ***~ dit*** eigentlich; *loc/adv* ***à ~ parler*** streng, genau genommen **3** *iron* ordentlich; gehörig

propret [prɔprɛ] *adj* ⟨**~te**⟩ schmuck und sauber

propreté [prɔprəte] *f* Sauberkeit *f*; Reinlichkeit *f*

propriétaire [prɔprijetɛr] *m,f* Eigentümer(in) *m(f)*; Besitzer(in) *m(f)*; *d'une maison, d'un appartement* Haus- *ou* Wohnungseigentümer(in) *m(f)*, -besitzer(in) *m(f)*; Hauswirt(in) *m(f)*; *de terres* Grundbesitzer(in) *m(f)*, -eigentümer(in) *m(f)*; ***~ foncier*** Grund(stücks)-, Landbesitzer *m*, -eigentümer *m*; ***grand ~*** Großgrundbesitzer *m*; ***~ d'un fonds de commerce*** Geschäftsbesitzer(in) *m(f)*; → *a* ***tour***[2] *2*

propriété [prɔprijete] *f* **1** JUR Eigentum *n* (*droit et chose*); ***~ commerciale*** gewerblicher Mieterschutz; ***~ foncière*** Grundeigentum *n*; Grund-, Landbesitz *m*; Grund *m* und Boden *m*; ***~ (im)mobilière*** (Im)-Mobiliareigentum *n*; Eigentum an (un)beweglichen Sachen; ***~ industrielle*** gewerblicher Rechtsschutz; ***~ littéraire et artistique*** geistiges Eigentum; ***~ privée*** Privateigentum *n*; → *a 2*; ***~ de l'État*** staatliches Eigentum; Staatseigentum *n*, -besitz *m* **2** (*terre, maison*) (Grund-, Haus)Besitz *m*; Besitzung *f*; Besitztum *n*; (Land)Gut *n*; *riche* herrschaftliche Besitzung; ***grande ~*** Großgrundbesitz *m* (*a coll*); großes Landgut; ***petite ~*** kleiner Grundbesitz; kleines Landgut; ***~ privée*** Privatbesitz *m*; ***avoir une ~ à la campagne*** ein Landhaus, e-n Landsitz haben **3** PHYS, CHIM Eigenschaft *f* **4** *d'un terme* Angemessenheit *f*

proprio [prɔprijo] *m,f* F *abr* (*propriétaire*) Hauswirt(in) *m(f)*

propulser [prɔpylse] **I** *v/t* **1** TECH antreiben **2** (*projeter*) schleudern **3** F ***~ qn à un poste*** F j-n auf e-n Posten katapultieren **II** *v/pr* F ***se ~*** sich (fort)bewegen

propulseur [prɔpylsœr] *m* TECH Antriebsorgan *n*, -aggregat *n*; Antrieb *m*; AVIAT Triebwerk *n*; ♦ *adjt* ***gaz ~*** Treibgas *n* (*pour aérosols*)

propulsion [prɔpylsjõ] *f* TECH Antrieb *m*; Vortrieb *m*; ***~ nucléaire*** Atomantrieb *m*; ***~ par fusée, par hélice*** Raketen-, Propellerantrieb *m*; ***~ par réaction*** Strahl-, Düsenantrieb *m*; ***force*** *f* ***de ~*** Antriebskraft *f*

propylées [prɔpile] *m/pl* ARCH Propyläen *pl*

prorata [prɔrata] *loc/prép* ***au ~ de*** im Verhältnis zu; nach Maßgabe (*+gén*)

prorogation [prɔrɔgasjõ] *f* **1** *d'un contrat etc* Verlängerung *f* **2** POL *d'une assemblée* Vertagung *f*

proroger [prɔrɔʒe] ⟨**-geons**⟩ **I** *v/t* **1** *échéance, contrat etc* verlängern **2** POL *assemblée* vertagen

P

II *v/pr* ***se ~*** *parlement* sich vertagen

prosaïque [pʀɔzaik] *adj* prosaisch; poesielos; nüchtern; *occupations, goûts a* alltäglich **prosaïsme** *m* Poesielosigkeit *f*; Nüchternheit *f*

prosateur [pʀozatœʀ] *m* Prosaschriftsteller *m*; Prosaist *m*

proscription [pʀɔskʀipsjõ] *f* **1** (*interdiction*) Verbot *n*; Untersagung *f*; *de plaisirs* Verpönung *f* **2** HIST Verbannung *f*; *à Rome* Ächtung *f*; Proskription *f*

proscrire [pʀɔskʀiʀ] *v/t* ⟨→ **écrire**⟩ **1** (*interdire*) verbieten; untersagen; *plaisirs, lectures etc* verpönen; verwerfen **2** HIST verbannen; des Landes verweisen; *à Rome* ächten; proskribieren

proscrit [pʀɔskʀi] **I** *p/p* → ***proscrire*** **II** *m* HIST Verbannte(r) *m*; *à Rome* Geächtete(r) *m*

prose [pʀoz] *f* **1** Prosa *f*; ungebundene Rede; ***en ~*** Prosa...; in Prosa(form); ***poème*** *m* ***en ~*** Prosagedicht *n*; ***faire de la ~*** in ungebundener Rede sprechen, schreiben **2** F *iron* **a)** (Schreib)Stil *m*; ***~ administrative*** Kanzleistil *m*; Beamtendeutsch *n*; **b)** (*lettre*) F Schrieb *m*; (*texte écrit*) *plais* Opus *n*

prosélyte [pʀɔzelit] *m,f* REL *et fig* Proselyt *m*; Neubekehrte(r) *f(m)*; *d'une doctrine, d'un parti a* neuer Anhänger, neue Anhängerin; ***faire des ~s*** Proselyten machen; neue Anhänger gewinnen

prosélytisme [pʀɔzelitism] *m* Proselytenmacherei *f*; Bekehrungseifer *m*

Proserpine [pʀɔzɛʀpin] *f* MYTH Proserpina *f*

prosodie [pʀɔzɔdi] *f* MÉTRIQUE, MUS, PHON Prosodie *f*

prospect [pʀɔspɛ(kt)] *m* COMM potenzieller Kunde

prospecter [pʀɔspɛkte] *v/t* **1** MINES *terrain* nach Lagerstätten durchforschen; prospektieren; schürfen (***une région*** in e-r Gegend) **2** *fig* erkunden; durchforschen **3** COMM Kundenwerbung treiben, Kunden akquirieren (***une région*** in e-m Gebiet)

prospecteur [pʀɔspɛktœʀ] *m*, **prospectrice** *f* **1** *m* MINES Prospektor *m*; Schürfer *m* **2** COMM Kundenwerber(in) *m(f)*; Werbevertreter(in) *m(f)*; Akquisiteur(in) *m(f)*

prospectif [pʀɔspɛktif] *adj* ⟨**-ive**⟩ in die Zukunft blickend; zukunftsorientiert

prospection [pʀɔspɛksjõ] *f* **1** MINES Prospektion *f*; Prospektierung *f*; Schürfung *f* **2** *fig* Erkundung *f*; Durchforschung *f* **3** COMM Kundenwerbung *f*; Akquisition *f*

prospective [pʀɔspɛktiv] *f* Zukunftsforschung *f*; Futurologie *f*

prospectus [pʀɔspɛktys] *m* (Werbe)Prospekt *m*

prospère [pʀɔspɛʀ] *adj affaires, commerce, pays* blühend; florierend; prosperierend; *affaires a* gut gehend; ***années*** *f/pl* ***~s*** geschäftlich, wirtschaftlich gute, erfolgreiche Jahre *n/pl*; Jahre *n/pl* wirtschaftlichen, geschäftlichen Aufschwungs; ***avoir une santé ~*** e-e blühende Gesundheit haben

prospérer [pʀɔspeʀe] *v/i* ⟨**-è-**⟩ **1** *affaires, entreprise, commerce, pays* (auf)blühen; florieren; prosperieren; *affaires a* gut gehen; *affaire, entreprise* ***faire ~*** (wieder) in Schwung bringen; zu neuer Blüte bringen **2** *animal, plante* gedeihen

prospérité [pʀɔspeʀite] *f* Wohlstand *m*; Prosperität *f*; *secteur, économie etc* ***être en pleine ~*** e-n großen Aufschwung, e-e Hochkonjunktur erleben

prostaglandines [pʀɔstaglɑ̃din] *f/pl* BIOCHIMIE Prostaglandine *n/pl*

prostate [pʀɔstat] *f* ANAT Prostata *f*; Vorsteherdrüse *f*

prosternation [pʀɔstɛʀnasjõ] *f* Fußfall *m*; Sichniederwerfen *n*

prosterner [pʀɔstɛʀne] *v/pr* ***se ~*** sich niederwerfen; ***se ~ devant qn*** e-n Fußfall vor j-m machen (*a fig*); sich j-m zu Füßen werfen; (*s'incliner*) sich tief vor j-m verneigen

prostitué [pʀɔstitɥe] *m* Prostituierte(r) *m*; F Stricher *m*; Strichjunge *m*

prostituée [pʀɔstitɥe] *f* Prostituierte *f*; Dirne *f*

prostituer [pʀɔstitɥe] **I** *v/t* **1** *personne* der Prostitution preisgeben; zur Prostitution verleiten; F auf den Strich schicken **2** *st/s son talent* prostituieren **II** *v/pr* ***se ~*** **1** *personne* sich prostituieren; der Prostitution nachgehen **2** *st/s artiste* sich prostituieren, herabwürdigen, wegwerfen

prostitution [pʀɔstitysjõ] *f* **1** Prostitution *f*; gewerbsmäßige Unzucht; ***se livrer à la ~*** der Prostitution nachgehen **2** *fig et st/s* Entwürdigung *f*

prostration [pʀɔstʀasjõ] *f* tiefe Niedergeschlagenheit

prostré [pʀɔstʀe] *adj* niedergeschlagen, -gedrückt, -geschmettert; tief deprimiert; ***demeurer ~*** niedergeschlagen *etc* sein

protagoniste [pʀɔtagɔnist] *m* Protagonist *m*; zentrale Gestalt

prote [pʀɔt] *m* TYPO Faktor *m*

protecteur [pʀɔtɛktœʀ], **protectrice** **I** *m,f des faibles, des opprimés* Beschützer(in) *m(f)*; *des arts* Förderer *m*, Förderin *f*; Schirmherr(in) *m(f)*; *patronnant qn* Gönner(in) *m(f)*; Protektor *m*; *d'une femme* Gönner *m* **II** *adj* **1** Schutz...; schützend; POL ***État protecteur*** Schutzmacht *f*; Protektor *m*; ÉCON ***régime, système protecteur*** Schutzzollsystem *n*; → *a* ***société*** 2 **2** *péj air, ton* gönnerhaft; herablassend; gnädig; ***air protecteur*** *a* Gönnermiene *f*

protection [pʀɔtɛksjõ] *f* **1** Schutz *m* (*a* TECH); Obhut *f*; ***~ civile*** Luft-, Zivilschutz *m*; ***~ maternelle et infantile*** (*abr* ***PMI***) (Ehe- und) Mütterberatung *f*; Mutterschutz *m*; ***~ contre les accidents du travail*** Unfallverhütung *f*, -schutz *m*; ***~ contre le bruit, l'incendie, les radiations*** Lärm-, Brand-, Strahlenschutz *m*; ***~ de l'enfance*** Kinder-, Jugendschutz *m*; ***~ de l'environnement, de la nature, des sites*** Umwelt-, Natur-, Landschaftsschutz *m*; ***~ des locataires*** (***par la loi***) Mieterschutz *m*; ***~ de la propriété industrielle*** (***par la loi***) gewerblicher Rechtsschutz; *loc/adj* ***de ~*** Schutz...; ÉCON ***système*** *m* ***de ~*** Schutzzollsystem *n*; ***vêtement*** *m* ***de ~*** Schutzkleidung *f*; ***prendre qn sous sa ~*** j-n in s-e Obhut, unter s-n Schutz nehmen **2** (*patronage*) Protektion *f*; Gönnerschaft *f*; *des arts* Förderung *f*; ***par ~*** durch Protektion

protectionnisme [pʀɔtɛksjɔnism] *m* ÉCON Protektionismus *m* **protectionniste** ÉCON **I** *adj* protektionistisch **II** *m,f* Protektionist(in) *m(f)*; Anhänger(in) *m(f)* des Protektionismus

protectorat [pʀɔtɛktɔʀa] *m* **a)** *régime* Protektorat *n*; Schutzherrschaft *f*; **b)** *pays* Protektorat *n*; Schutzgebiet *n*

Protée [pʀɔte] *m* MYTH Proteus *m*

protégé(e) [pʀɔteʒe] *m(f)* Schützling *m*; Schutzbefohlene(r) *f(m)*; (*favorit*[*e*]) Günstling *m*; Protegé

m; *en parlant d'un enfant* **mon petit ~** mein kleiner Schützling
protège-bas [pʀɔtɛʒba] *m* ⟨*inv*⟩ Füßling *m* **protège-cahier** *m* ⟨*pl* **protège-cahiers**⟩ Schutzumschlag *m* (für ein Schulheft) **protège-dents** *m* ⟨*inv*⟩ BOXE Mundschutz *m*
protéger [pʀɔteʒe] ⟨**-è-, -geons**⟩ **I** *v/t* **1** *personne* (be)schützen; *st/s* beschirmen; *objets, mains, libertés etc* schützen (**de** vor +*dat*; **contre** gegen); **~ son visage du soleil** *ou* **contre le soleil** sein Gesicht vor der Sonne schützen; *adjt panneau* **passage protégé** Vorfahrt an der nächsten Kreuzung **2** *favori(te)* protegieren; begünstigen; *arts* fördern **3** ÉCON durch Schutzzölle schützen **II** *v/pr* **se ~** sich schützen (**de** vor +*dat*; **contre** gegen)
protège-slip [pʀɔtɛʒslip] *m* ⟨*pl* **protège-slips**⟩ Slipeinlage *f* **protège-tibia** *m* ⟨*pl* **protège-tibias**⟩ SPORTS Schienbeinschützer *m*
protéines [pʀɔtein] *f/pl* BIOCHIMIE Proteine *n/pl*
protéique [pʀɔteik] *adj* BIOCHIMIE **substances** *f/pl* **~s** Eiweißstoffe *m/pl*, -körper *m/pl*
protestant [pʀɔtɛstɑ̃] REL **I** *adj* protestantisch; evangelisch **II** *subst* **~(e)** *m(f)* Protestant(in) *m(f)*
protestantisme [pʀɔtɛstɑ̃tism] *m* REL Protestantismus *m*
protestataire [pʀɔtɛstatɛʀ] **I** *adj* protestierend **II** *m,f* Protestierende(r) *f(m)*; Protestler(in) *m(f)*
protestation [pʀɔtɛstasjõ] *f* **1** Protest *m*; Einspruch *m*; Verwahrung *f*; **geste** *m* **de ~** protestierende Handbewegung, Geste; Geste *f*, Gebärde *f* des Protestes; **élever une énergique ~** scharfen Protest erheben *ou* einlegen, energisch Einspruch erheben, sich energisch verwahren (**contre** gegen); **soulever de nombreuses ~s** zahlreiche Proteste, Protestaktionen auslösen **2** COMM Protestieren *n*, -ung *f* **3** **~s** *pl* Beteuerungen *f/pl*; **~s d'amitié** Freundschaftsbeteuerungen *f/pl*
protester [pʀɔtɛste] **I** *v/t* COMM *traite, chèque* zu Protest gehen lassen; protestieren **II** *v/t/indir* **~ de qc** etw beteuern; **~ de son innocence** s-e Unschuld beteuern **III** *v/i* protestieren, Protest *ou* Einspruch erheben, sich verwahren (**contre** gegen)
protêt [pʀɔtɛ] *m* COMM, JUR (Wechsel)Protest *m*
prothèse [pʀɔtɛz] *f* (**appareil** *m* **de**) **~** Prothese *f*; **~ dentaire** Zahnersatz *m*, -prothese *f*
prothésiste [pʀɔtezist] *m,f* Orthopädiemechaniker(in) *m(f)*; **~ dentaire** Zahntechniker(in) *m(f)*
protides [pʀɔtid] *m/pl* BIOCHIMIE Eiweiß *n*; Proteine *n/pl*
protocolaire [pʀɔtɔkɔlɛʀ] *adj* DIPL protokollarisch
protocole [pʀɔtɔkɔl] *m* **1** DIPL (*étiquette*) Protokoll *n*; **chef** *m* **du ~** Protokollchef *m*; Chef *m* des Protokolls **2** *d'une conférence internationale* (Entschließungs-, Vereinbarungs)Protokoll *n*; **~ d'accord** Vereinbarungs-, Übereinkommensprotokoll *n*; **~ de clôture, de signature** Schluss-, Unterzeichnungsprotokoll *n*
protohistoire [pʀɔtoistwaʀ] *f* Frühgeschichte *f*
proton [pʀɔtõ] *m* PHYS NUCL Proton *n*
protoplasme [pʀɔtɔplasm] *m* BIOL Protoplasma *n*
prototype [pʀɔtɔtip] *m* **1** TECH Prototyp *m*; **~ d'avion** Flugzeugprototyp *m* **2** *fig* Prototyp *m*; Urbild *n*; (Ur)Muster *n*
protoxyde [pʀɔtɔksid] *m* CHIM, MÉD **~ d'azote** Lachgas *n*
protozoaires [pʀɔtɔzɔɛʀ] *m/pl* ZO Urtierchen *n/pl*; *sc* Protozoen *n/pl*
protubérance [pʀɔtybeʀɑ̃s] *f* **1** (*saillie*) Ausbeulung *f*; ANAT Vorsprung *m*; Höcker *m*; *sc* Protuberanz *f* **2** ASTR **~s** (**solaires**) Protuberanzen *f/pl*
protubérant [pʀɔtybeʀɑ̃] *adj* (her)vorstehend; vorspringend; *front* gewölbt
prou [pʀu] *loc/adv litt* **peu ou ~** mehr oder weniger
proue [pʀu] *f* MAR Bug *m*; **figure** *f* **de ~** Galionsfigur *f* (*a fig*)
prouesse [pʀuɛs] *f* Heldentat *f* (*a iron*); Großtat *f*; **faire des ~s pour** (+*inf*) wahre Wunder vollbringen, um zu (+*inf*)
Proust [pʀust] *m frz Schriftsteller*
proustien [pʀustjɛ̃] *adj* ⟨**~ne**⟩ von Proust; Prousts
Prout [pʀut] GÉOGR **le ~** der Pruth
prout [pʀut] *m* F (*pet*) Pup *m*; P Furz *m*; **faire un ~** F pupen; einen fahren lassen
prouvable [pʀuvabl] *adj* be-, nachweisbar
prouver [pʀuve] **I** *v/t* beweisen; nachweisen; erweisen; **~ une affirmation** eine Behauptung beweisen, belegen; **cela ne prouve pas grand-chose** das beweist herzlich wenig; **~ sa reconnaissance à qn** j-m s-e Dankbarkeit beweisen, bezeigen, bezeugen; **~ sa bonne volonté** seinen guten Willen beweisen, unter Beweis stellen; **qu'est-ce que ça prouve?** was beweist, besagt das schon?; **il est prouvé que …** es ist be-, erwiesen, dass …; **cela reste à ~** das muss erst noch bewiesen werden **II** *v/pr* **a)** **se ~ à soi-même, l'un à l'autre que …** sich (*dat*) selbst, sich gegenseitig beweisen, dass …; **b)** *sens passif* **se ~** bewiesen werden
provenance [pʀɔv(ə)nɑ̃s] *f* Herkunft *f*; Provenienz *f*; **pays** *m* **de ~** Herkunftsland *n*; *loc/adj* **de ~ étrangère** ausländischer Herkunft, Provenienz; *loc/prép* **en ~ de** *Paris etc* aus …; *train, avion a* aus Richtung …; aus … kommend (*a marchandises*); **ignorer la ~ d'une lettre** nicht wissen, woher ein Brief kommt
provençal [pʀɔvɑ̃sal] ⟨*m/pl* **-aux**⟩ **I** *adj* provenzalisch **II** *subst* **1** **Provençal(e)** *m(f)* Provenzale, -zalin *m,f* **2** LING **le ~** das Provenzalische; Provenzalisch *n*; **l'ancien ~** das Altprovenzalische; Altprovenzalisch *n* **3** CUIS **tomates** *f/pl* (**à la**) **~e** gedünstete Tomaten *f/pl* mit Knoblauch und Petersilie
Provence [pʀɔvɑ̃s] **la ~** die Provence
Provence-Alpes-Côte d'Azur [pʀɔvɑ̃salpəkotdazyʀ] (**la région**) **~** *frz Region*
provenir [pʀɔv(ə)niʀ] *v/i* ⟨→ **venir**; *p/p ungebräuchlich*⟩ **~ de** (her)kommen,(-)stammen von *ou* aus; entstammen (+*dat*); *fatigue, douleurs, tristesse etc* herrühren von; s-n Ursprung haben in (+*dat*); *sentiments, idées a* entspringen (+*dat*); *race, variété de fleurs etc* hervorgehen, entstehen (**d'un croisement de** aus e-r Kreuzung von)
proverbe [pʀɔvɛʀb] *m* Sprichwort *n*; **comme dit le ~** wie es im Sprichwort heißt; wie das Sprichwort (so schön) sagt; **passer en ~** ein *ou* zum Sprichwort, sprichwörtlich werden
proverbial [pʀɔvɛʀbjal] *adj* ⟨**-aux**⟩ sprichwörtlich (*a fig*); **locution ~e** sprichwörtliche Redensart
providence [pʀɔvidɑ̃s] *f* (*personnifiée* **la Providence** die) Vorsehung; **divine ~** göttliche Vorsehung; *fig* **vous êtes ma ~** Sie sind mein rettender Engel, Schutzengel; *adjt* **État** *m* **~** Wohlfahrtsstaat *m*
providentialisme [pʀɔvidɑ̃sjalism] *m* Glaube *m* an

P

die Vorsehung

providentiel [pʀɔvidɑ̃sjɛl] *adj* ⟨**~le**⟩ unverhofft; unerwartet; durch e-e wunderbare Fügung

province [pʀɔvɛ̃s] *f* 1 ADM, HIST, ÉGL Provinz *f* 2 (*opposé à grande ville*) Provinz *f* (*a péj*); ***ville f de ~*** Provinzstadt *f*; ***en ~*** *aller* in die Provinz; *vivre* in der Provinz; ***il arrive*** (***du fond***) ***de sa ~*** er kommt aus der (hintersten) Provinz; ♦ *adjt* ***ça fait ~*** das riecht nach Provinz; das wirkt recht provinziell, kleinstädtisch; ***il fait ~*** man merkt, dass er aus der Provinz, Kleinstadt kommt

Provinces-Unies [pʀɔvɛ̃syni] *f/pl* HIST ***les ~*** die Vereinigten Niederlande *n/pl*

provincial [pʀɔvɛ̃sjal] ⟨*m/pl* **-aux**⟩ I *adj* 1 Provinz…; provinziell; ***vie ~e*** Leben *n* in der Provinz 2 *péj* provinziell; F provinzlerisch; *a* kleinstädtisch II *subst* **~(e)** *m(f)* Provinzbewohner(in) *m(f)*; *péj* F Provinzler(in) *m(f)*; *a* Kleinstädter(in) *m(f)*

provincialisme [pʀɔvɛ̃sjalism] *m* 1 LING Provinzialismus *m*; landschaftlicher Ausdruck 2 *péj* Provinzialismus *m*

Provins [pʀɔvɛ̃] *Stadt im Dep. Seine-et-Marne*

proviseur [pʀɔvizœʀ] *m d'un lycée* Direktor *m*

provision [pʀɔvizjõ] *f* 1 **a)** Vorrat *m* (**de** an +*dat*); ***~ de bois, d'eau*** Holz-, Wasservorrat *m*; ***~s de bouche*** Proviant *m*; Mundvorrat *m*; ***~ de vivres*** Lebensmittelvorrat *m*; ***faire ~ de qc*** sich (*dat*) e-n …vorrat anlegen; sich mit etw eindecken; **b)** *abs* ***~s*** *pl* (Lebensmittel)Vorräte *m/pl*; ***faire des ~s pour l'hiver*** Wintervorräte anlegen 2 *pl* ***~s*** (*courses*) Einkauf *m*; Einkäufe *m/pl*; Besorgungen *f/pl*; ***faire ses ~s*** einkaufen gehen; Einkäufe, Besorgungen machen 3 *d'un chèque* Deckung *f*; ***sans ~*** ungedeckt 4 JUR (*acompte*) Vorschuss *m*

provisionnel [pʀɔvizjɔnɛl] *adj* ⟨**~le**⟩ JUR *partage etc* vorläufig; einstweilig; IMPÔTS ***acompte ~*** Steuervorauszahlung *f*; → *a* ***tiers*** *II 2*

provisionner [pʀɔvizjɔne] *v/t compte* aufstocken; mit der nötigen Deckung versehen

provisoire [pʀɔvizwaʀ] I *adj accord, domicile etc* vorläufig; einstweilig; *installation, solution etc* provisorisch; behelfsmäßig; Behelfs…; ***baraquements*** *m/pl* ***~s*** Behelfs-, Notunterkünfte *f/pl*, -baracken *f/pl*; ***bonheur*** *m* ***~*** vorübergehendes, zeitweiliges Glück; POL ***gouvernement*** *m* ***~*** provisorische Regierung; JUR ***jugement*** *m* ***~*** einstweilige Anordnung; JUR ***mise*** *f* ***en liberté ~*** vorläufige Freilassung, Haftentlassung; ***solution*** *f* ***~*** *a* Not-, Zwischen-, Interimslösung *f*; *loc/adv* ***à titre ~*** vorübergehend; vorläufig; provisorisch II *m* Provisorium *n*

provisoirement [pʀɔvizwaʀmɑ̃] *adv* vorläufig; vorübergehend; provisorisch

provisorat [pʀɔvizɔʀa] *m* LYCÉE Direktoramt *n*; Direktorat *n*; Amtsdauer *f* des Direktors

provitamine [pʀɔvitamin] *f* BIOCHIMIE Provitamin *n*

provoc [pʀɔvɔk] *f* F *abr* → ***provocation***

provocant [pʀɔvɔkɑ̃] *adj* herausfordernd; provozierend; provokant; provokativ; aufreizend; ***femme ~e*** aufreizende Frau; ***regard ~*** aufreizender Blick

provocateur [pʀɔvɔkatœʀ] I *adj* ⟨**-trice**⟩ provokatorisch; provozierend; ***agent ~*** Agent provocateur *m*; Lockspitzel *m* II *m* Provokateur *m*

provocation [pʀɔvɔkasjõ] *f* Provokation *f*; Provozierung *f*; Herausforderung *f*, Aufreizung *f*, JUR Anstiftung *f* (**à** zu); HIST ***~ en duel*** Forderung *f*

provoquer [pʀɔvɔke] I *v/t* 1 ***~ qn*** j-n provozieren; ***~ qn à qc*** j-n zu etw herausfordern, aufreizen, JUR anstiften; HIST ***~ qn en duel*** j-n fordern; *femme* ***~ les hommes*** die Männer aufreizen, erregen 2 ***~ qc*** (*causer*) etw auslösen, hervorrufen, verursachen, bewirken; der Grund, Anlass für etw sein; *colère, désir sexuel* erregen II *v/pr* ***se ~*** sich gegenseitig provozieren

proxénète [pʀɔksenɛt] *m,f* 1 JUR Zuhälter(in) *m(f)* 2 *litt* Kuppler(in) *m(f)*

proxénétisme [pʀɔksenetism] *m* Zuhälterei *f*

proximité [pʀɔksimite] *f* Nähe *f*; ***~ de la ville*** Stadtnähe *f*; *loc/adv* ***à ~*** (ganz) in der Nähe; nahebei; *loc/prép* ***à ~ de*** in der Nähe (+*gén*); nahe bei

prude [pʀyd] I *adj* prüde; zimperlich; *femme a* spröde II *f* prüde, zimperliche Person; ***faire la ~*** prüde, zimperlich tun

prudemment [pʀydamɑ̃] *adv conduire etc* vorsichtig; umsichtig; *s'abstenir etc* klugerweise; wohlweislich

prudence [pʀydɑ̃s] *f* (*précaution*) Vorsicht *f*; (*circonspection*) Umsicht *f*; *loc/adv* ***avec ~*** mit Vor-, Umsicht, Bedacht; vor-, umsichtig; ***par*** (***mesure de***) ***~*** vorsichtshalber; *prov* ***~ est mère de sûreté*** Vorsicht ist die Mutter der Weisheit, F der Porzellankiste (*prov*); trau, schau, wem! (*prov*)

prudent [pʀydɑ̃] *adj* (*précautionneux*) vorsichtig; (*circonspect*) umsichtig; (*judicieux*) klug; ***il n'est pas ~ de*** (+*inf*) es ist unvorsichtig, unklug zu (+*inf*); ***c'est plus ~*** das ist klüger, ratsamer; ***juger ~ de*** (+*inf*) es für geraten, ratsam, klüger halten zu (+*inf*)

pruderie [pʀydʀi] *f* Prüderie *f*; Zimperlichkeit *f*

prud'homal [pʀydɔmal] *adj* ⟨**-aux**⟩ JUR arbeitsgerichtlich; ***procédure ~e*** Verfahren *n* vor dem Arbeitsgericht

prud'homme [pʀydɔm] *m* JUR Arbeitsrichter *m*; ***conseil*** *m* ***de***(***s***) ***~s*** Arbeitsgericht *n*

prune [pʀyn] *f* 1 Pflaume *f*; Zwetsche *f*; *südd* Zwetschge *f*; *österr* Zwetschke *f*; ***tarte*** *f* ***aux ~s*** Pflaumen-, Zwetsch(g)enkuchen *m* 2 *adjt* ⟨*inv*⟩ pflaumenblau 3 F *fig* ***des ~s!*** F denkste!; von wegen!; kommt nicht in die Tüte!; *loc/adv* ***pour des ~s*** für nichts und wieder nichts; umsonst; vergeblich

pruneau [pʀyno] *m* ⟨*pl* **~x**⟩ 1 Back-, Dörrpflaume *f* 2 F (*balle de fusil*) F blaue Bohne

prunelle [pʀynɛl] *f* 1 (*pupille*) Pupille *f*; *poét* Augenstern *m*; ***tenir à qc comme à la ~ de ses yeux*** etw wie s-n Augapfel hüten; *fig* ***jouer de la ~*** j-m aufreizende Blicke zuwerfen 2 BOT Schlehe *f*; (***eau-de-vie*** *f* ***de***) ***~*** Schlehenwasser *n*

prunellier [pʀynɛlje] *m* BOT Schlehdorn *m*, -busch *m*; Schwarzdorn *m*; Schlehe *f*

prunier [pʀynje] *m* BOT Pflaumen-, Zwetsch(g)enbaum *m*; Pflaume *f*; Zwetsch(g)e *f*; F ***secouer qn comme un ~*** j-n kräftig schütteln; F j-n tüchtig beuteln

prurigineux [pʀyʀiʒinø] *adj* ⟨**-euse**⟩ MÉD juckend

prurit [pʀyʀit] *m* MÉD Hautjucken *n*; Juckreiz *m*

Prusse [pʀys] ***la ~*** Preußen *n*

prussien [pʀysjɛ̃] I *adj* ⟨**~ne**⟩ preußisch II *subst* ***Prussien(ne)*** *m(f)* Preuße *m*, Preußin *f*

PS [peɛs] *m abr* (*Parti socialiste*) Sozialistische Partei

P.-S. [peɛs] *abr* (*post-scriptum*) PS (Postskriptum;

Nachschrift)
psalmodier [psalmɔdje] *v/t et v/i* **1** ÉGL psalmodieren **2** *texte, vers* her(unter)leiern; leiern
psaume [psom] *m* BIBL, MUS Psalm *m*
psautier [psotje] *m* REL Psalter *m*
pschit(t) [pʃit] *ou* **pscht** [pʃt] *int d'un fluide qui s'échappe* zisch!; das zischt
pschut [pʃyt] *int* pst!; pscht!
pseudo [psødo] *m* F *abr* → ***pseudonyme***
pseudo-... [psødo] *préfixe* Pseudo...; pseudo...; Schein...; schein...; *exemples*: ***pseudo-liberté*** *f* Scheinfreiheit *f*; ***pseudo-scientifique*** pseudowissenschaftlich
pseudonyme [psødɔnim] *m* Pseudonym *n*; Deckname *m*
psi [psi] *m lettre grecque* Psi *n*
psitt [psit] *int* he!; pst!; st!
psittacose [psitakoz] *f* MÉD Papageienkrankheit *f*; *sc* Psittakose *f*
Pskov [pskɔf] GÉOGR Pleskau *n*
psoriasis [psɔʀjazis] *m* MÉD Schuppenflechte *f*
pst [pst] *int* → ***psitt***
P.S.V. [peɛsve] *m abr* (*pilotage sans visibilité*) Blind-, Instrumentenflug *m*
psy [psi] *m,f* F *abr* (*psychiatre etc*) Therapeut(in) *m(f)*; F Seelendoktor *m*
psychanalyse [psikanaliz] *f* Psychoanalyse *f*
psychanalyser [psikanalize] *v/t* psychoanalysieren; *personne a* psychoanalytisch behandeln; *par ext* **~ *un texte*** einen Text auf s-e psychischen Komponenten hin durchleuchten; ***se faire* ~** sich psychoanalytisch, -therapeutisch behandeln lassen; e-e Therapie machen
psychanalyste [psikanalist] *m,f* Psychoanalytiker(in) *m(f)* **psychanalytique** *adj* psychoanalytisch
psyché [psiʃe] *f miroir* großer, beweglicher Standspiegel
Psyché [psiʃe] *f* MYTH Psyche *f*
psychédélique [psikedelik] *adj* psychedelisch **psychédélisme** *m* psychedelischer Zustand; (durch Drogen erreichte) Bewusstseinserweiterung
psychiatre [psikjatʀ] *m,f* Psychiater(in) *m(f)*; Facharzt, -ärztin *m,f* für Psychiatrie
psychiatrie [psikjatʀi] *f* Psychiatrie *f* **psychiatrique** *adj* psychiatrisch; ***hôpital*** *m* **~** psychiatrische Klinik; F Nervenklinik *f*
psychique [psiʃik] *adj* psychisch, seelisch; Seelen...
psychisme *m* Psyche *f*; Seelenleben *n*
psycho [psiko] *f* F *abr* → ***psychologie*** *1*
psychodrame [psikɔdʀam] *m* Psychodrama *n*
psycholinguistique [psikɔlɛ̃gɥistik] *f* Psycholinguistik *f*
psychologie [psikɔlɔʒi] *f* **1** Psychologie *f*; **~ *expérimentale, sociale*** Experimental-, Sozialpsychologie *f*; **~ *du comportement, de l'enfant, des profondeurs*** Verhaltens-, Kinder-, Tiefenpsychologie *f* **2** (*perspicacité*) Menschenkenntnis *f* **3** (*mentalité*) Psychologie *f*; Mentalität *f*
psychologique [psikɔlɔʒik] *adj* **1** *méthode, analyse etc* psychologisch; ***moment*** *m* **~** psychologisch günstiger Moment, Augenblick **2** *problème etc* seelisch; psychisch
psychologue [psikɔlɔg] *m,f* **1** Psychologe, -login *m,f*; **~ *scolaire*** Schulpsychologe *m* **2** *par ext* Menschenkenner(in) *m(f)*; Psychologe, -login *m,f*; ***il n'est pas très* ~** er ist ein schlechter Menschenkenner, Psychologe
psychomoteur [psikɔmɔtœʀ] *adj* ⟨**-trice**⟩ PHYSIOL psychomotorisch
psychopathe [psikɔpat] *m,f* MÉD Psychopath(in) *m(f)* **psychopathie** *f* MÉD Psychopathie *f*
psychopathologie [psikɔpatɔlɔʒi] *f* Psychopathologie *f* **psychopharmacologie** *f* Psychopharmakologie *f*
psychose [psikoz] *f* Psychose *f*; **~ *collective*** Massenpsychose *f*; **~ *de (la) guerre*** Kriegspsychose *f*
psychosomatique [psikosɔmatik] *adj* psychosomatisch; ***médecine*** *f* **~** Psychosomatik *f* **psychotechnicien** *m*, **psychotechnicienne** *f* Betriebspsychologe, -login *m,f* **psychotechnique** **I** *f* Arbeits- und Wirtschaftspsychologie *f* **II** *adj* ***test*** *m* **~** Eignungstest *m*
psychothérapeute [psikoteʀapøt] *m,f* Psychotherapeut(in) *m(f)* **psychothérapie** *f* Psychotherapie *f*; **~ *de groupe*** Gruppentherapie *f* **psychothérapique** *adj* psychotherapeutisch
psychotique [psikɔtik] MÉD **I** *adj* psychotisch; geistes-, gemütskrank; an e-r Psychose leidend **II** *m,f* Psychotiker(in) *m(f)*
psychotrope [psikɔtʀɔp] *m* PHARM Psychopharmakon *n*
ptérodactyle [pteʀɔdaktil] *m* PALÉONTOLOGIE Pterodaktylus *m*
Ptolémée [ptɔleme] *m* HIST Ptolemäus *m*
PTT [petete] *f/pl abr* (*Postes, Télécommunications, Télédiffusion*) HIST Post- und Fernmeldewesen *n*
pu [py] *p/p* → ***pouvoir***[1]
puant [pɥɑ̃] *adj* **1** stinkend; übel riechend; ***boule* ~*e*** Stinkbombe *f* **2** *fig personne* eingebildet; hochnäsig; F aufgeblasen; *p/fort* widerlich; abstoßend
puanteur [pɥɑ̃tœʀ] *f* Gestank *m* (**de** nach); übler Geruch
pub[1] [pyb] *f* F *abr* → ***publicité*** *1*
pub[2] [pœb] *m bistro* Pub [pap] *n ou m*
pubère [pybɛʀ] *adj* geschlechtsreif; *garçon a* mannbar
pubertaire [pybɛʀtɛʀ] *adj* Pubertäts...; ***âge*** *m* **~** Pubertätsalter *n*
puberté [pybɛʀte] *f* Pubertät(szeit) *f*; (Eintritt *m* der) Geschlechtsreife *f*; ***âge*** *m* ***de la* ~** Pubertätsalter *n*
pubien [pybjɛ̃] *adj* ⟨**~ne**⟩ ANAT Scham...
pubis [pybis] *m* ANAT **a)** Schamberg *m*, ***poils*** *m/pl* ***du* ~** Schamhaar(e) *n(pl)*; **b)** **~** *ou adjt* ***os*** *m* **~** Schambein *n*
publiable [pyblijabl] *adj* wert, veröffentlicht zu werden; druckreif
public [pyblik] **I** *adj* ⟨**publique**⟩ öffentlich; (*de l'État*) *a* staatlich; Staats...; ***autorité publique*** öffentliche Gewalt; Staatsgewalt *f*; ***dette publique*** Staatsschuld *f*; ***droit* ~** öffentliches Recht; ***école publique*** öffentliche, staatliche Schule; ***homme* ~** Mann *m* des öffentlichen Lebens; ***monuments* ~*s*** in öffentlichem Besitz befindliche Baudenkmäler *n/pl*; ***opinion publique*** öffentliche Meinung; Öffentlichkeit *f*; ***ordre* ~** öffentliche Ordnung; ***pouvoirs* ~*s*** Behörden *f/pl*; Staatsorgane *n/pl*; *a* öffentliche Hand; ***santé publique*** Gesundheitswesen *n*; ***séance publique*** öffentliche Sitzung; ***travaux* ~*s***

P

Tiefbau *m*; Bauarbeiten *f/pl* der öffentlichen Hand; *d'un conducteur etc* ***c'est un danger ~*** er ist gemeingefährlich, e-e Gefahr für die Allgemeinheit; ***rendre ~*** (allgemein, öffentlich) bekannt geben, machen; publik machen **II** *m* **1** (*les gens*) Öffentlichkeit *f*; Allgemeinheit *f*; ***avis m au ~*** öffentliche Bekanntmachung; *administration* ***fermé au ~ l'après-midi*** nachmittags kein Publikumsverkehr; ***interdit au ~*** kein Zutritt; (Unbefugten) Zutritt verboten; ***ouvert au ~*** der Öffentlichkeit, Allgemeinheit zugänglich; *loc/adv* ***en ~*** öffentlich; in der Öffentlichkeit **2** (*spectateurs, auditeurs, lecteurs*) Publikum *n*; *d'un écrivain a* Leser(schaft) *m/pl(f)*; *d'un spectacle, d'un match etc a* Besucher *m/pl*; ***le grand ~*** das breite Publikum; *adjt*: ***électronique f grand ~*** Unterhaltungselektronik *f*; ***presse f grand ~*** Massenblätter *n/pl*; *par ext personne* ***être bon ~*** ein dankbarer Zuhörer, Zuschauer sein

publication [pyblikasjõ] *f* **1** *action* Veröffentlichung *f*; Publikation *f*; *d'une revue, d'un livre a* Herausgabe *f*; *de résultats a* Bekanntgabe *f*, -machung *f*; ***~ des bans (du mariage)*** Aufgebot *n*; → *a* ***PAO*** **2** *ouvrage* Veröffentlichung *f*; Publikation *f*; *d'un éditeur a* Verlagserscheinung *f*; ***~ mensuelle*** Monatsschrift *f*; ***~ technique*** Fachzeitschrift *f*

publiciste [pyblisist] *m,f abus* (*publicitaire*) Werbefachmann *m*, -frau *f*

publicitaire [pyblisitɛʀ] **I** *adj* Werbe...; Reklame...; ***battage m ~*** Reklamerummel *m*; ***film m ~*** Werbefilm *m*; ***panneau m ~*** Reklameschild *n*, -tafel *f*; ***voiture f ~*** Reklameauto *n*, -wagen *m* **II** *m,f* Werbefachmann *m*, -frau *f*

publicité [pyblisite] *f* **1** Werbung *f*; Reklame *f*; ***~ clandestine, indirecte*** Schleichwerbung *f*; ***~ directe*** gezielte Werbung; Direktwerbung *f*; ***~ mensongère*** irreführende Werbung; ***~ tapageuse*** marktschreierische Reklame; ***~ à la radio, à la télévision*** *ou* ***télévisée*** (Hör)Funk-, Fernsehwerbung *f*; ***deux pages de ~*** zwei Seiten Werbung, Reklame; ***faire de la ~ (pour qc)*** (für etw) Werbung betreiben, Reklame machen, werben **2** *d'une séance, des débats* Öffentlichkeit *f* **3** *d'une affaire* Publizität *f*; Publicity [pa'blɪsɪtɪ] *f*; ***donner trop de ~ à qc*** e-r Sache zu viel Publizität geben

public relations [pœblikʀilɛʃəns] **a)** *f/pl* (*relations publiques*) Public Relations ['pablikri'leːʃənz] *pl* (*abr* PR); Öffentlichkeitsarbeit *f*; **b)** *f/pl service* PR-Abteilung *f*; **c)** *m,f personne* PR-Fachmann *m*, -frau *f*

publier [pyblije] *v/t* **1** *livre, article etc* veröffentlichen; publizieren; *revue, livre a* herausgeben, -bringen; ***être publié*** *a* herauskommen; erscheinen **2** *affaire* publik machen; an die Öffentlichkeit bringen; → *a* ***ban 1***

publiphone [pyblifɔn] *m* öffentlicher Fernsprecher

publipostage [pyblipɔstaʒ] *m* Mailing ['meː-] *n*

publiquement [pyblikmɑ̃] *adv* öffentlich; in der Öffentlichkeit

publireportage [pybliʀ(ə)pɔʀtaʒ] *m dans la presse* PR-Veröffentlichung *f*

puce [pys] *f* **1** ZO Floh *m*; ***jeu m de ~*** Flohspiel *n*; ***le marché aux ~s*** *ou* ***les ~s*** der Flohmarkt; *fig* ***mettre la ~ à l'oreille de qn*** j-n hellhörig, misstrauisch, argwöhnisch machen; F *fig* ***secouer les ~s à qn*** F j-n zusammenstauchen; j-m den Kopf waschen; j-m den Marsch blasen **2** F *fig de qn* F Winzling *m*; *d'une femme, fille* F kleines Persönchen; *terme d'affection* ***ma ~*** (mein) Mäuschen *n* **3** INFORM (Mikro)Chip [-tʃ-] *m*

puceau [pyso] F *iron m* ⟨*pl* **~x**⟩ unberührter junger Mann; *adjt* ***être ~*** noch unberührt, jungfräulich sein

pucelage [pyslaʒ] F *iron m* Unberührtheit *f*; Jungfräulichkeit *f*

pucelle [pysɛl] *f* **1** F *iron* Jungfrau *f*; *adjt* ***être ~*** noch Jungfrau sein **2** HIST ***la ~ d'Orléans*** die Jungfrau von Orleans

puceron [pysʀõ] *m* ZO Blattlaus *f*; ***~ du rosier*** Rosenblattlaus *f*; ***~ de la vigne*** Reblaus *f*

pudding [pudiŋ] *m* CUIS Plumpudding ['plam-] *m*

pudeur [pydœʀ] *f* Schamgefühl *n*; Scham(-haftigkeit) *f*; *par ext* (*décence*) Anstand *m*; ***attentat m à la ~*** unzüchtige Handlung; Unzucht *f*; ***outrage public à la ~*** Erregung *f* öffentlichen Ärgernisses; ***par ~*** aus Scham; schamhaft; ***sans ~*** schamlos; ohne jede Scham; ***blesser, offenser la ~*** das Schamgefühl verletzen

pudibond [pydibõ] *adj* ⟨**pudibonde** [pydibõd]⟩ prüde

pudibonderie [pydibõdʀi] *f* Prüderie *f*

pudique [pydik] *adj* **1** *personne, attitude* schamhaft; sittsam; züchtig **2** *paroles* diskret; ***faire une allusion ~ à qc*** *a* e-e leise, zarte Anspielung auf etw (*acc*) machen

puer [pɥe] *v/t et v/i* **~ (qc)** (nach etw) stinken; ***ça pue*** es stinkt

puéricultrice [pɥeʀikyltʀis] *f* Säuglings- und Kinderschwester *f* **puériculture** *f* Säuglings- und Kleinkinderpflege *f*

puéril [pɥeʀil] *adj* kindisch **puérilité** *f* kindisches Wesen

puerpéral [pɥɛʀpeʀal] *adj* ⟨**-aux**⟩ MÉD ***fièvre ~e*** Kindbett-, Wochenbettfieber *n*

pugilat [pyʒila] *m* Schlägerei *f*; Handgemenge *n*; Rauferei *f* **pugiliste** *litt m* Boxkämpfer *m*; Boxer *m*

pugnace [pygnas, pyɲas] *adj st/s* streitbar; kampfeslustig **pugnacité** *f st/s* Streitbarkeit *f*; Kampfeslust *f*

puîné [pɥine] *litt adj* jünger; nachgeboren

puis[1] [pɥi] *adv* dann; danach; darauf; hernach; ***et ~*** und dann; (*d'ailleurs*) außerdem; zudem; F ***et ~ après, et ~ quoi?*** was ist denn da schon dabei?; na und?

puis[2] [pɥi] → ***pouvoir***[1]

puisard [pɥizaʀ] *m* Sickerschacht *m*, -grube *f*

puisatier [pɥizatje] *m* Brunnenbauer *m*

Puisaye [pɥizɛ] ***la ~*** *Landschaft in Mittelfrankreich*

puiser [pɥize] *v/t* **1** *liquide* schöpfen (***à*** *ou* ***dans*** aus) **2** *objet* herausnehmen, -holen, -ziehen (***de*** *ou* ***dans*** aus); *fig exemple etc* entnehmen (***dans un livre*** e-m Buch); *abs* ***~ aux sources*** die Quellen studieren, lesen, auswerten

puisque [pɥisk(ə)] *conj* ⟨*vor Vokal* ***puisqu'***⟩ **1** *cause* da (ja); da nun einmal **2** *exclamation* doch; ***~ je vous le dis!*** ich sage es Ihnen doch!

puissamment [pɥisamɑ̃] *adv* → ***puissant***; F *iron* ***c'est ~ raisonné!*** das ist ja überaus, F mächtig scharfsinnig!

puissance [pɥisɑ̃s] *f* **1** (*pouvoir*) Macht *f*; ***avoir une grande ~*** e-e große, viel Macht besitzen **2** POL (*État*) *et par ext* Macht *f*; ***les grandes ~s*** die Groß-

P

mächte *f/pl*; ***les grandes ~s industrielles*** die großen Industrienationen *f/pl*; ***~ mondiale*** Weltmacht *f*; *litt* ***les ~s des ténèbres*** die Mächte der Finsternis **3** *(force)* Stärke *f*; Kraft *f*; Vermögen *n*; *st/s* Potenz *f*; ***~ d'imagination*** Einbildungskraft *f*; Fantasie *f* **4** *d'une machine, d'un moteur etc* Leistung(sfähigkeit) *f*; Stärke *f*; PHYS, ÉLECT Leistung *f*; OPT Brechkraft *f*, -wert *m*; *d'un moteur* ***~ administrative, fiscale*** für die Kraftfahrzeugsteuer zugrunde gelegte, in Steuer-PS ausgedrückte Leistung; ***~ calorifique*** Heizleistung *f*; ***~ maximale*** Höchst-, Maximalleistung *f*; ***~ au frein*** Bremsleistung *f*; RAD, TV ***~ (du son)*** Lautstärke *f* **5** JUR Gewalt *f*; ***~ parentale*** elterliche Gewalt **6** MATH Potenz *f*; ***deux ~ cinq*** **(2^5)** zwei hoch fünf (2^5); ***élever à la ~ cinq*** in die fünfte Potenz erheben **7** ***~ sexuelle*** Potenz *f* **8** *loc/adj* ***en ~*** potenziell; ***un criminel en ~*** ein potenzieller Verbrecher

puissant [pɥisɑ̃] **I** *adj* **1** *personnage, groupe, État etc* mächtig **2** *armée* stark; schlagkräftig; *moteur, machine, émetteur etc* stark; leistungsfähig; ***attention, freins ~s!*** Vorsicht, starke Bremsen!; ***voiture ~e*** Wagen *m* mit e-m starken Motor **3** *remède, antidote, drogue* stark; sehr wirksam; *par ext* ***un ~ réconfort*** ein starker, großer Trost **4** *personne, muscles* kräftig; *personne a* kraftvoll; stark; *par ext* ***sentiment ~*** starkes Gefühl; ***voix ~e*** kräftige, gewaltige, mächtige Stimme **II** *subst* ***les ~s*** *m/pl* **(*de ce monde*)** die Mächtigen *m/pl* (dieser Welt)

puits [pɥi] *m* **1** *pour tirer de l'eau* Brunnen *m*; *fig de qn* ***un ~ de science*** ein hoch-, grundgelehrter Mann *ou* e-e hoch-, grundgelehrte Frau; F ein gelehrtes Haus; ein wandelndes Lexikon **2** MINES Schacht *m*; TECH ***~ perdu*** Sickerschacht *m*; ***~ de pétrole*** Erdölbohrloch *n*, -bohrung *f*; *par ext* (Erd)Ölquelle *f* **3** CUIS ***~ d'amour*** *Blätterteiggebäck mit Cremefüllung*

pull [pyl] *m* F Pulli *m*

pullmann [pulman] *m* CH DE FER Pullmanwagen *m*

pull-over [pylɔvɛʀ, -vœʀ] *m* ⟨*pl* **pull-overs**⟩ Pullover *m*

pullulement [pylylmɑ̃] *m* Gewimmel *n*; Wimmeln *n*

pulluler [pylyle] *v/i* wimmeln; ***les erreurs pullulent dans ce texte*** der Text wimmelt, strotzt von Fehlern; in dem Text wimmelt es nur so von Fehlern

pulmonaire [pylmɔnɛʀ] *adj* Lungen…; ***artère*** *f* ***~*** Lungenarterie *f*

pulpe [pylp] *f* **1** *de fruits, de certains légumes* Fruchtfleisch *n*; CUIS *a* Mark *n* **2** ANAT ***~ dentaire, des dents*** Pulpa *f*; Zahnmark *n*

pulpeux [pylpø] *adj* ⟨**-euse**⟩ *fruit* fleischig; *fig femme* von sinnlicher Üppigkeit

pulsar [pylsaʀ] *m* ASTR Pulsar *m*

pulsation [pylsasjõ] *f* **1** PHYSIOL Herzschlag *m ou* Puls(schlag) *m*; *sc* Pulsation *f*; ***ralentissement*** *m* ***des ~s*** Pulsverlangsamung *f*; ***il avait 120 ~s à la minute*** er hatte 120 Puls **2** PHYS Pulsation *f*

pulsé [pylse] *adj* TECH ***chauffage*** *m* ***à air ~*** Warmluftheizung *f*, bei der die Luft durch Ventilatoren umgewälzt wird

pulsion [pylsjõ] *f* PSYCH Trieb *m*; ***~ sexuelle*** Geschlechts-, Sexualtrieb *m*; ***~ de destruction, de mort*** Zerstörungs-, Todestrieb *m*

pulvérisateur [pylveʀizatœʀ] *m* Zerstäuber *m* (*a* MÉD); *pour liquide a* Sprühgerät *n*; AGR, JARD *a* Spritzgerät *n*; Spritze *f* **pulvérisation** *f* **1** *(projection)* Zerstäubung *f*; MÉD Sprayen ['spreːən] *n*; AGR, JARD Spritzen *n* **2** *(broyage)* Pulverisierung *f*

pulvériser [pylveʀize] *v/t* **1** *(broyer)* pulverisieren; *par ext (détruire)* zertrümmern; zersplittern **2** *(projeter)* zerstäuben; *liquide a* versprühen; *arbres fruitiers etc* spritzen **3** *fig*: *armée ennemie etc* völlig aufreiben; vernichten; ***~ un argument*** ein Argument gänzlich widerlegen; ***~ une objection*** einen Einwand völlig entkräften; ***~ un record*** einen Rekord brechen, weit über- *ou* unterbieten; *immeuble* ***pulvérisé par une explosion*** durch e-e Explosion völlig zerstört

puma [pyma] *m* ZO Puma *m*; Silberlöwe *m*; Kuguar *m*

pûmes [pym] → ***pouvoir***[1]

punaise [pynɛz] *f* **1** ZO Wanze *f* **2** F *péj* ***~ de sacristie*** Betschwester *f* **3** *régional* ***~!*** Donnerwetter! **4** *petit clou* Reißzwecke *f*, -nagel *m*

punaiser [pynɛze] *v/t* mit Reißzwecken anheften

punch[1] [põʃ] *m boisson* Punsch *m*

punch[2] [pœnʃ] *m* **1** *d'un boxeur* harter, kraftvoller Schlag; Punch [pantʃ] *m*; ***avoir du ~*** e-n harten Punch haben **2** F *fig* Schwung *m*; Elan *m*; Dynamik *f*; F Schmiss *m*; ***manquer de ~*** F *a* ohne Saft und Kraft sein

puncheur [pœnʃœʀ] *m* BOXE Puncher ['pantʃər] *m*

punching-ball [pœnʃiŋbol] *m* ⟨*pl* **punching-balls**⟩ BOXE Punchingball ['pantʃ-] *m*; F *fig* ***servir de ~ à qn*** j-s Prügelknabe sein

puni [pyni] *adj* bestraft; *subst* ***les ~s*** *m/pl* die Bestraften *m/pl*

punique [pynik] *adj* HIST punisch; ***les guerres*** *f/pl* ***~s*** die Punischen Kriege *m/pl*

punir [pyniʀ] *v/t criminel, enfant etc* (be)strafen (***de*** für); *délit etc* bestrafen; ahnden; ***être puni de prison*** mit Gefängnis bestraft werden; *par ext* ***il a été puni de son insolence*** er wurde für s-e Unverschämtheit be-, gestraft; ***être puni par où l'on a péché*** dafür büßen müssen; die Strafe folgt auf dem Fuß; ***en être puni*** es büßen müssen

punissable [pynisabl] *adj* strafwürdig; sträflich

punitif [pynitif] *adj* ⟨**-ive**⟩ ***expédition punitive*** Strafexpedition *f*

punition [pynisjõ] *f* **1** *action* Bestrafung *f*; *d'un délit etc a* Ahndung *f* **2** *(châtiment)* Strafe *f* (***de*** für); ***~ corporelle*** körperliche Züchtigung; ***~s scolaires*** Schulstrafen *f/pl*; ***en ~ de*** zur Strafe für; ***donner, infliger une ~ à qn*** j-m e-e Strafe geben; über j-n e-e Strafe verhängen; j-n bestrafen; *par ext* ***c'est la ~ de sa curiosité*** das ist die Strafe für s-e Neugier

punk [pœnk] **I** *m,f* Punker(in) *m (f)*; Punk [paŋk] *m* **II** *adj allures* Punker…; *musique* Punk… [paŋk]

pupille[1] [pypij] *m,f* Mündel *n*, JUR *m*; ***~ de l'État*** vom Jugendamt betreutes (Waisen)Kind; ***~ de la Nation*** Kriegswaise, für die der Staat die Fürsorge übernommen hat

pupille[2] [pypij] *f* ANAT Pupille *f*; Sehloch *n*

pupitre [pypitʀ] *m* (Schreib-, Lese)Pult *n*; *d'un orateur* Rednerpult *n*; *d'un chef d'orchestre* Dirigentenpult *n*; *d'un ordinateur* Bedienungspult *n*; ***~ (à musique)*** Notenpult *n*, -ständer *m*; TV ***~ image*** Bildmischpult *n*

pupitreur [pypitʀœʀ] *m*, **pupitreuse** *f* INFORM Operator(in) *m(f)*

pur [pyʀ] **I** *adj* **1** *substance*, CHIM, *par ext race* rein; *boisson alcoolique a* pur; unverdünnt; *métal a* ge-

P

diegen; *or a* pur; lauter; *loc/adj*: *tissu* **~e laine, soie** reinwollen, -seiden; 100 % Wolle, Seide; *cheval* **~ sang** Vollblut…; vollblütig; **étalon** *m* **~ sang** Vollbluthengst *m*; CHIM **à l'état ~** chemisch rein; **boire du vin ~** (den) Wein pur, unverdünnt, ohne Wasser trinken **2** *ton, teinte etc* rein; *profil, formes a* klar; **ciel ~** wolkenloser, klarer Himmel; **style ~** reiner, unverfälschter Stil; **parler un français ~** ein reines Französisch sprechen; *instrument* **rendre un son ~** klangrein sein; e-n reinen Klang haben **3** *eau, air* rein; sauber **4** *science, recherche, art, poésie* rein; PHILOS **la raison ~e** die reine Vernunft **5** *cœur, âme, amour* rein; lauter; *regard, intentions* lauter; ohne Falsch; *jeune fille* rein; unverdorben; *st/s* unbefleckt **6** *hasard, curiosité etc* (*a loc/adj* **~ et simple** ⟨*nachgestellt*⟩) rein; pur; bloß; *mensonge, refus a* glatt; *accord* uneingeschränkt; **une ~e coïncidence** ein rein zufälliges Zusammentreffen; *loc/adj* **de ~e forme** rein formal; *loc/adv* **en ~e perte** ganz umsonst; vergeblich; **c'est ~e folie** das ist glatter, heller, der reinste Wahnsinn; **c'est la ~e vérité** das ist die reine, lautere Wahrheit **II** *subst* **les ~s** *m/pl* die Verfechter *m/pl* der reinen Lehre

purée [pyʀe] *f* **1** CUIS Püree *n*; Mus *n*; Brei *m*; **~ (de pommes de terre)** Kartoffelpüree *n*, -brei *m*; Quetschkartoffeln *f/pl*; *schweiz* Kartoffelstock *m*; **~ de pois cassés** Erbs(en)püree *n*, -brei *m*; *fig* **~ de pois** dichter Nebel; F Waschküche *f* **2** F *fig* **il est dans la ~** F es geht ihm dreckig **3** *int* F **~!** F so was Blödes!

purement [pyʀmɑ̃] *adv* rein; nur; bloß; lediglich; **~ et simplement** ganz einfach; *refuser* glatt; rundweg

purent [pyʀ] → **pouvoir**[1]

pureté [pyʀte] *f* **1** CHIM *d'un diamant, d'une race etc* Reinheit *f*; *d'un métal a* Gediegenheit *f* **2** *d'un ton, du style etc* Reinheit *f*; *d'un profil, de formes a* Klarheit *f*; *du ciel* Wolkenlosigkeit *f*; Klarheit *f* **3** *de l'eau, de l'air* Reinheit *f*; Sauberkeit *f* **4** *du cœur, de l'âme* Reinheit *f*; Lauterkeit *f* (*a des intentions*); (*chasteté*) Reinheit *f*; Unverdorbenheit *f*

purgatif [pyʀgatif] PHARM **I** *adj* ⟨**-ive**⟩ abführend; Abführ… **II** *m* Abführmittel *n*; *sc* Purgans *n*; Purgativ *n*

purgation [pyʀgasjõ] *f dans une tragédie* **~ des passions** Katharsis *f*; Reinigung *f*, Läuterung *f* (der Seele) von Leidenschaften

purgatoire [pyʀgatwaʀ] *m* REL CATH Fegefeuer *n*; Purgatorium *n*

purge [pyʀʒ] *f* **1** MÉD **a)** *action* Abführen *n*; **b)** *remède* Abführmittel *n* **2** POL Säuberung(saktion) *f* **3** TECH *d'un liquide* Entlüftung *f*; *d'un gaz* Abscheidung *f* des Kondenswassers; **robinet** *m* **de ~** Ablass- *ou* Entlüftungshahn *m* **4** JUR *d'une hypothèque* Löschung *f*

purger [pyʀʒe] ⟨**-geons**⟩ **I** *v/t* **1** MÉD **~ qn** j-m ein Abführmittel (ein)geben, verabreichen **2** TECH das Kondenswasser ablassen (**qc** aus etw); *radiateur, freins* entlüften **3** POL säubern (**de** von) **4** JUR **a)** *peine* ver-, abbüßen; F absitzen; abbrummen; **b)** *hypothèque* löschen **II** *v/pr* **se ~** ein Abführmittel (ein)nehmen

purgeur [pyʀʒœʀ] *m* TECH: *pour l'eau* Wasserabscheider *m*; *pour l'air* Entlüftungsvorrichtung *f*

purificateur [pyʀifikatœʀ] *adj* ⟨**-trice**⟩ REL reinigend; Reinigungs…

purification [pyʀifikasjõ] *f* **1** Reinigung *f* (*a* REL) **2** POL **~ ethnique** ethnische Säuberung

purificatoire [pyʀifikatwaʀ] *litt*, REL *adj* reinigend; Reinigungs…

purifier [pyʀifje] *v/t eau, air, langue*, REL reinigen; *litt cœur a* läutern

purin [pyʀɛ̃] *m* AGR Jauche *f*; *südd a m* Gülle *f*; **fosse** *f*, **pompe** *f* **à ~** Jauchegrube *f*, -pumpe *f*

purisme [pyʀism] *m* BEAUX-ARTS, LING Purismus *m*

puriste **I** *adj* puristisch **II** *m,f* Purist(in) *m(f)*; LING *a* Sprachreiniger(in) *m(f)*

puritain [pyʀitɛ̃] REL *et fig* **I** *adj* puritanisch; *fig a* sittenstreng **II** *subst* **~(e)** *m(f)* Puritaner(in) *m(f)*

puritanisme [pyʀitanism] *m* REL *et fig* Puritanismus *m*; *fig a* große Sittenstrenge

pur-sang [pyʀsɑ̃] *m* ⟨*inv*⟩ Vollblut(pferd) *n*

purulence [pyʀylɑ̃s] *f* MÉD (Ver)Eiterung *f*

purulent [pyʀylɑ̃] *adj plaie etc* eitrig; vereitert; eiternd; **foyer ~** Eiterherd *m*

pus[1] [py] *m* Eiter *m*

pus[2] [py] → **pouvoir**[1]

pusillanime [pyzilanim] *litt adj* kleinmütig; zaghaft

pusillanimité *litt f* Kleinmut *m*; Zaghaftigkeit *f*; *st/s* Zagheit *f*

pustule [pystyl] *f* Pustel *f*; Eiterbläschen *n*

put [py] → **pouvoir**[1]

putain [pytɛ̃] *f* P **1** (*prostituée*) *péj* Hure *f*; F Nutte *f*; *injure* **enfant** *m*, **fils** *m* **de ~** P Hurensohn *m*; **faire la ~ a)** *prostituée* F anschaffen gehen; b) F *péj* (*chercher à plaire*) sich anbiedern; sich (j-m) andienen; sich prostituieren **2** *par ext* (*femme facile*) Flittchen *n*; liederliches Frauenzimmer; *p/fort* Hure *f* **3** *int étonnement* **~!** F Donnerwetter!; Junge, Junge!; P meine Fresse!; ich werd zur Sau! **4** **ce, cette ~ de** (+*subst*) P diese(r, -s) Scheiß…; **cette ~ de guerre** dieser Scheißkrieg; **quel ~ de temps!** so ein F Mist-, Sau-, P Scheißwetter!

putatif [pytatif] *adj* ⟨**-ive**⟩ JUR **enfant ~** vermeintliches Kind; **père ~** vermeintlicher Vater

pute [pyt] *f* P → **putain** *1, 2*

pûtes [pyt] → **pouvoir**[1]

putois [pytwa] *m* **1** ZO Iltis *m*; *fig* **crier comme un ~** schreien wie am Spieß **2** *fourrure* Iltis(fell *n*, -pelz *m*) *m*

putréfaction [pytʀefaksjõ] *f* Verwesung *f*; Fäulnis (-prozess) *f(m)*; **en ~** verwesend; (ver)faulend; **tomber en ~** in Verwesung, Fäulnis übergehen

putréfier [pytʀefje] **I** *v/t* in Verwesung, Fäulnis übergehen lassen; *adjt* **putréfié** in Verwesung, Fäulnis übergegangen; verwest; verfault; vermodert **II** *v/pr* **se ~** verwesen; (ver)faulen; vermodern

putrescible [pytʀesibl] *adj* verweslich

putride [pytʀid] *adj* faul(ig); *exhalation, gaz* übel riechend

putsch [putʃ] *m* POL Putsch *m*; **~ militaire** Militärputsch *m*

putschiste [putʃist] *m* POL Putschist *m*

putt [pœt] *m* GOLF Putt *m*

putter[1] [pœte] *v/t* GOLF putten; einlochen

putter[2] [pœtœʀ] *m* GOLF Putter *m*

puy [pɥi] *m vulkanischer Berg in der Auvergne*

Puy-de-Dôme [pɥidədom] **le ~** *frz Departement*

puzzle [pœzəl] *m* Puzzle(spiel) ['pazəl] *n* (*a fig*)

P.-V. [peve] *m* ⟨*inv*⟩ F *abr* (*procès-verbal*) F Strafzettel *m*; Knöllchen *n*

P

PVC [pevese] *m matière plastique* PVC *n*
pygmée [pigme] *m* Pygmäe *m*
pyjama [piʒama] *m* Schlafanzug *m*; Pyjama [-(d)ʒ-] *m*; ***veste*** *f* ***de ~*** Schlafanzug-, Pyjamajacke *f*
pylône [pilon] *m* **1** *électrique* Mast *m*; *d'un pont suspendu* Pylon *m*; *d'un téléphérique* Stütze *f* **2** ARCH Pylon *m*
pylore [pilɔʀ] *m* ANAT Pförtner *m*
pyramidal [piʀamidal] *adj* ⟨**-aux**⟩ **1** pyramidenförmig; pyramidal **2** ANAT Pyramiden…; pyramidal
pyramide [piʀamid] *f* **1** ARCH, MATH Pyramide *f* **2** *fig* ***une ~ de livres, de melons*** *etc* e-e Pyramide von *ou* aus Büchern, Melonen *etc* **3** STATISTIQUE ***~ des âges*** Alterspyramide *f*
pyrénéen [piʀeneɛ̃] *adj* ⟨**~ne**⟩ pyrenäisch; Pyrenäen…; der Pyrenäen
Pyrénées [piʀene] ***les ~*** *f/pl* die Pyrenäen *pl*
Pyrénées-Atlantiques [piʀenezatlɑ̃tik] ***les ~*** *f/pl frz Departement*
Pyrénées-Orientales [piʀenezɔʀjɑ̃tal] ***les ~*** *f/pl frz Departement*
pyrex® [piʀɛks] *m* Pyrex® *n*; Jenaer Glas® *n*
pyrite [piʀit] *f* MINÉR Pyrit *m*; Schwefel-, Eisenkies *m*; F Katzengold *n*
pyrograver [piʀɔgʀave] *v/t* mit Brandmalerei verzieren **pyrograveur** *m*, **pyrograveuse** *f* Künstler(in), der (die) Brandmalerei ausübt **pyrogravure** *f* Brandmalerei *f* (*a œuvre*)
pyrolyse [piʀɔliz] *f* CHIM Pyrolyse *f*
pyromane [piʀɔman] *m,f* Pyromane *m*, -manin *f* **pyromanie** *f* Pyromanie *f*
pyrotechnicien [piʀɔtɛknisjɛ̃] *m* Feuerwerker *m*; Pyrotechniker *m* **pyrotechnie** *f* Feuerwerkerei *f*; Pyrotechnik *f* **pyrotechnique** *adj* pyrotechnisch
Pyrrhus [piʀys] *m* HIST Pyrrhus *m*; *fig* ***victoire*** *f* ***à la ~*** Pyrrhussieg *m*
Pythagore [pitagɔʀ] *m* PHILOS, MATH Pythagoras *m*
Pythie [piti] *f* HIST (*et fig* ***pythie***) Pythia *f*
python [pitõ] *m* ZO Python(schlange) *m(f)*

Q

Q, q [ky] *m* ⟨*inv*⟩ Q, q [kuː] *n*
q *abr* (*quintal ou quintaux*) dz (Doppelzentner)
Qatar [kataʀ] ***le ~*** Katar *n*
QCM [kyseɛm] *m abr* (*questionnaire à choix multiple*) Multiple-Choice-Fragebogen ['maltɪpəl'tʃɔɪs-] *m*
QG [kyʒe] *m abr* (*quartier général*) MIL Stabsquartier *n*
QI [kyi] *m abr* (*quotient intellectuel*) IQ *m* (Intelligenzquotient)
qu' [k] → ***que***
quadragénaire [kwadʀaʒenɛʀ] **I** *m,f* Vierzigjährige(r) *f(m)*; Vierziger(in) *m(f)* **II** *adj* vierzigjährig
quadrangulaire [kwadʀɑ̃gylɛʀ] *adj* MATH viereckig; *solide* vierseitig
quadrant [kadʀɑ̃] *m* MATH Quadrant *m*; Viertelkreis *m*
quadrature [kwadʀatyʀ] *f* MATH Quadratur *f*; ***la ~ du cercle*** die Quadratur des Kreises (*a fig*)
quadriceps [kwadʀisɛps] *m* ANAT vierköpfiger Schenkelstrecker; *sc* Musculus quadriceps femoris *m*
quadrichromie [kwadʀikʀɔmi] *f* TYPO Vierfarbendruck *m*
quadriennal [kwadʀijenal] *adj* ⟨**-aux**⟩ **a)** vierjährig; Vierjahres…; **b)** vierjährlich; alle vier Jahre (stattfindend)
quadrige [kadʀiʒ, kwa-] *m* HIST Quadriga *f*; Viergespann *n*
quadrilatéral [kwadʀilateʀal] *adj* ⟨**-aux**⟩ vierseitig; CONSTR *a* viereckig; ***entente ~e*** vierseitiges Übereinkommen
quadrilatère [kwadʀilatɛʀ, ka-] *m* MATH Viereck *n*
quadrillage [kadʀijaʒ] *m* **1** *du papier* Liniennetz *n*, -gitter *n*; ***le ~ des rues*** das schachbrettartige Straßennetz **2** MIL, POLICE Errichtung *f* e-s Kontrollnetzes; *par ext* Kontrolle *f*; Überwachung *f*
quadrille [kadʀij] *m* DANSE Quadrille *f*
quadriller [kadʀije] *v/t* **1** karieren; kästeln; *adjt papier* ***quadrillé*** kariert; gekästelt **2** MIL, POLICE mit e-m Kontrollnetz überziehen (***un territoire*** ein Gebiet); *par ext* kontrollieren; überwachen
quadrimoteur [kwadʀimɔtœʀ, ka-] AVIAT **I** *adj* viermotorig **II** *m* viermotorige Maschine
quadripartite [kwadʀipaʀtit] *adj* POL Vierer…; Viermächte…; ***conférence*** *f* ***~*** Vierer-, Viermächtekonferenz *f*
quadriphonie [kwadʀifɔni] *f* MUS Quadrofonie *f*
quadriréacteur [kwadʀiʀeaktœʀ, ka-] *m* AVIAT vierstrahlige Maschine
quadrisyllabe [kwadʀisi(l)lab] *m* MÉTRIQUE **a)** viersilbiges Wort; **b)** *vers* Viersilb(l)er *m* **quadrisyllabique** *adj* MÉTRIQUE viersilbig
quadrumane [kwadʀyman, ka-] *m* ZO Vierhänder *m*
quadrupède [kwadʀypɛd, ka-] ZO **I** *adj* vierfüßig **II** *m* Vierfüßer *m*
quadruple [kwadʀypl, ka-] **I** *adj* vierfach **II** *subst* ***le ~*** das Vierfache; ***le ~ du prix*** der vierfache Preis
quadrupler [kwadʀyple, ka-] **I** *v/t* vervierfachen **II** *v/i* sich vervierfachen
quadruplé(e)s [kwadʀyple, ka-] *m(f)pl* Vierlinge *m/pl*
quai [ke] *m* **1** *d'un port* Kai *m*; ***~ de débarquement, d'embarquement*** Lösch-, (Ver)Ladekai *m*; *pour passagers* Anlegestelle *f* (*zur Ein-, Ausschiffung*); *navire* ***être à ~*** am Kai liegen **2** *le long d'un fleuve* Kaimauer *f*; *par ext* Uferstraße *f*, -promenade *f*; *à Paris*: ***les ~s de la Seine*** die Seineufer *n/pl*; ***se promener sur les ~s*** am Seineufer spazieren gehen; ***le Quai des Orfèvres*** *Sitz der frz Kriminalpolizei*; ***le***

Quai d'Orsay *Sitz des frz Außenministeriums* 3 CH DE FER Bahnsteig *m*; ~ ***n° 9*** Bahnsteig 9; ~ ***d'arrivée, de départ*** Ankunfts-, Abfahrtsbahnsteig *m*; ~ ***du métro*** U-Bahnsteig *m*

quaker [kwɛkœʀ] *m*, **quakeresse** [kwɛkʀɛs] *f* REL Quäker(in) *m(f)*

qualifiable [kalifjabl] *adj* 1 *péj* ***ne pas être*** ~ jeder Beschreibung spotten 2 SPORTS teilnahmeberechtigt; ~ ***pour la finale*** zur Teilnahme am Endlauf, an der Endrunde *etc* berechtigt

qualificatif [kalifikatif] **I** *adj* ⟨**-ive**⟩ GR ***adjectif*** ~ Adjektiv *n*; Eigenschaftswort *n* **II** *m* 1 (*terme*) Bezeichnung *f* 2 GR Attribut *n*; Beifügung *f*

qualification [kalifikasjõ] *f* 1 (*appellation*) Bezeichnung *f*; Benennung *f* 2 SPORTS Qualifikation *f*; Qualifizierung *f*; Teilnahmeberechtigung *f*; ***épreuves*** *f/pl* ***de*** ~ Qualifikationswettkämpfe *m/pl*; ***match*** *m* ***de*** ~ Qualifikationsspiel *n* 3 ~ (***professionnelle***) (berufliche) Eignung, Qualifikation, Befähigung

qualifié [kalifje] *adj* 1 (*compétent*) geeignet; befähigt; qualifiziert; geschult; ***'hautement*** ~ hoch qualifiziert, befähigt; ***ouvrier*** ~ Facharbeiter *m*; ***personnel*** ~ geschultes Personal; Fachkräfte *f/pl*; ***être*** ~ ***pour qc*** *a* sich für etw eignen 2 *sportif* der sich qualifiziert hat 3 JUR ***vol*** ~ schwerer Diebstahl

qualifier [kalifje] **I** *v/t* 1 (*nommer*) benennen; kennzeichnen; qualifizieren; charakterisieren; ***une conduite qu'on ne saurait*** ~ ein Benehmen, das jeder Beschreibung spottet; ***sont qualifiés grands mutilés de guerre ceux qui ...*** unter die Bezeichnung Schwerkriegsbeschädigte fallen alle, die ...; ***l'adjectif sert à*** ~ ***le nom*** das Adjektiv dient der näheren Bestimmung des Substantivs; ~ ***de*** bezeichnen als; nennen (*+acc*); ~ ***qn d'imbécile*** j-n als Dummkopf bezeichnen; j-n (e-n) Dummkopf nennen, schelten 2 (*donner la compétence*) ~ ***qn*** j-n qualifizieren, befähigen (***pour*** für, zu) 3 SPORTS die Qualifikation verschaffen (***qn*** j-m) **II** *v/pr* ***se*** ~ 1 SPORTS ***se*** ~ sich qualifizieren (***pour la finale*** für das Finale) 2 ***se*** ~ ***d'expert*** *etc* sich Experte *etc* nennen, *iron* schimpfen

qualitatif [kalitatif] *adj* ⟨**-ive**⟩ qualitativ

qualité [kalite] *f* 1 *de choses* Beschaffenheit *f*; Eigenschaft *f*; COMM Qualität *f*; Güte *f*; ~ ***de l'air*** Luftbeschaffenheit *f*; ~ ***de la vie*** Lebensqualität *f*; ~ ***des vins*** Weingüte *f*; Qualität der Weine; AVIAT ~***s de vol*** Flugeigenschaften *f/pl*; ***garantie*** *f* ***de*** ~ Qualitätsgarantie *f*; *loc/adj*: ***de*** ~ Qualitäts...; ***produit*** *m* ***de*** ~ Qualitätserzeugnis *n*, -produkt *n*; ***un spectacle de*** ~ ein gutes Theaterstück; ***de bonne, mauvaise*** ~ von guter, schlechter Qualität; ***de première*** ~ erstklassig; erster Güte; ***produit*** *m* ***de*** ~ ***supérieure*** Erzeugnis *n* der Spitzenklasse; Spitzenprodukt *n*; *label* ***vin*** *m* ***de*** ~ ***supérieure*** Wein *m* (von) mittlerer Qualität, Güte 2 *de personnes* (gute, positive) Eigenschaft; Fähigkeit *f*; Qualität *f*; Vorzug *m*; ~***s d'écrivain*** schriftstellerische Fähigkeiten, Qualitäten; ~***s d'organisation*** Organisationstalent *n* 3 ADM, JUR Eigenschaft *f*; ~ ***d'auteur*** Verfasserschaft *f*; ~ ***de fonctionnaire*** Eigenschaft als Beamter; ***vos nom, prénom et*** ~ Ihr Name, Vorname und Beruf; ***avoir*** ~ ***pour faire qc*** berechtigt, befugt sein, etw zu tun; *loc/prép* ***en*** ~ ***de*** als; in s-r Eigenschaft als; ***en*** ~ ***d'observateur*** *etc* (in s-r Eigenschaft) als Beobachter *etc*; JUR ***ès*** ~***s*** in amtlicher Eigenschaft 4 PHILOS Qualität *f*; ~***s premières, secondes*** primäre, sekundäre Qualitäten 5 HIST ***homme*** *m* ***de*** ~ Mann *m* von (hohem) Stand; Standesperson *f*

quand [kɑ̃], *vor Vokal* [kɑ̃t] **I** *conj* 1 *temporel* **a)** (*lorsque*) als (*+passé*); wenn (*+présent ou futur*): ~ ***la nuit fut venue*** als, nachdem die Nacht hereingebrochen war; ~ ***j'y pense*** wenn ich daran denke; **b)** (*toutes les fois que*) (jedes Mal) wenn; ~ ***l'un disait oui, l'autre disait non*** (jedes Mal) wenn der eine Ja sagte, sagte der andere Nein 2 *opposition* (*alors que*) da doch; ~ ***je vous disais qu'elle allait venir!*** wenn ich Ihnen doch gesagt habe, dass sie kommen würde!; *pourquoi ne pas avoir la télévision* ~ ***tout le monde l'a?*** ... da es doch jeder hat?; *loc/conj* ~ (***bien***) ***même*** und wenn auch; selbst wenn; ~ ***bien même il le nierait*** und wenn er es auch leugnen sollte **II** *adv* 1 wann?; ~ ***aurez-vous fini?*** *ou* ~ ***est-ce que vous aurez fini?*** wann sind Sie fertig?; ***alors, à*** ~ ***le mariage?*** na, wann findet die Hochzeit statt?; ***de*** ~ ***est ce pain?*** von wann ist dieses Brot?; ***depuis*** ~ ***êtes-vous ici?*** seit wann sind Sie hier?; ***jusqu'à*** ~ ***restez-vous?*** bis wann bleiben Sie?; ***c'est pour*** ~***?*** wann soll das sein, stattfinden?; ***je ne sais pas*** ~ ***il viendra*** ich weiß nicht, wann er kommt 2 *loc/adv* ~ ***même*** **a)** (*malgré tout*) trotzdem; dennoch; **b)** (*à vrai dire*) immerhin; doch; **c)** *int, indigné* also wirklich!; so was!; ***je le ferai*** ~ ***même*** ich werde es trotzdem, dennoch tun; *on travaillerait ensemble,* ***ce serait*** ~ ***même plus gai*** das wäre doch angenehmer; F ***c'est un peu fort*** ~ ***même!*** F das ist dann doch ein bisschen stark!

quant *loc/prép* ~ ***à*** [kɑ̃ta] was (*+acc*) angeht, betrifft, an(be)langt; hinsichtlich (*+gén*); ...mäßig; F in puncto (*+nom*); ~ ***au fond*** was den Inhalt betrifft; hinsichtlich des Inhalts; ~ ***à moi*** ich meinerseits; was mich betrifft; ~ ***au travail***, *je suis content* arbeitsmäßig, in puncto Arbeit ...; ~ ***à m'excuser, je n'y pense pas*** ich denke gar nicht daran, mich zu entschuldigen

quanta [kwɑ̃ta] *pl* → ***quantum***

quant-à-soi [kɑ̃taswa] *m* Zurückhaltung *f*; Reserve *f*; Reserviertheit *f*; ***rester sur son*** ~ Zurückhaltung üben; reserviert bleiben; sich reserviert verhalten

quantième [kɑ̃tjɛm] *m* ADM ***le*** ~ ***du mois*** das Monatsdatum; der Soundsovielte des Monats

quantificateur [kɑ̃tifikatœʀ] *m* LOGIQUE Quantifikator *m*; Quantor *m* **quantification** *f* LOGIQUE Quantifikation *f*; Quantifizierung *f* **quantifier** *v/t* quantifizieren

quantique [kwɑ̃tik, kɑ̃-] *adj* PHYS Quanten...; ***mécanique*** *f* ~ Quantenmechanik *f*; ***nombres*** *m/pl* ~***s*** Quantenzahlen *f/pl*; ***physique*** *f* ~ Quantenphysik *f*

quantitatif [kɑ̃titatif] *adj* ⟨**-ive**⟩ quantitativ; mengenmäßig; der Menge, Anzahl nach

quantité [kɑ̃tite] *f* 1 Menge *f*; Quantität *f*; F Unmenge *f*; ***des*** ~***s de chocolats*** (Un)Mengen von Pralinen; ***la*** ~ ***de nourriture quotidienne*** die tägliche Nahrungsmenge; das tägliche Quantum Nahrung; ***de grandes, d'énormes*** ~***s de blé*** große, ungeheure Mengen (von) Weizen; ~ ***de ...*** e-e Menge (von) ...; viele ...; GR ***adverbe*** *m* ***de*** ~ Mengenad-

Q

verb *n*; *loc/adv* ***en ~*** in Menge; haufenweise **2** MATH Größe *f*; PHYS, TECH Menge *f*; ***~ de chaleur, d'électricité, d'énergie*** Wärme-, Elektrizitäts-, Energiemenge *f* **3** PHILOS Quantität *f*

quantum [kwɑ̃tɔm] *m* ⟨*pl* **quanta**⟩ **1** JUR *d'une amende etc* Höhe *f* **2** PHYS Quant *n*; ***théorie f des quanta*** Quantentheorie *f*

quarantaine [karɑ̃tɛn] *f* **1** ***une ~*** etwa, an die, ungefähr, rund, zirka vierzig (***de personnes*** Leute, Personen) **2** *âge* Vierzig *f*; Vierziger(jahre) *n/pl*; → *a* ***cinquantaine*** *2* **3** MÉD Quarantäne [ka-] *f*; ***mettre en ~*** MÉD unter Quarantäne stellen; *fig* isolieren; absondern; schneiden

quarante [karɑ̃t] **I** *num/c* vierzig; ***~ et un*** einundvierzig; ***~ et unième*** einundvierzigste(r, -s); ***les années ~*** die Vierzigerjahre *n/pl*; ***~ jours*** vierzig Tage; ***page ~*** Seite vierzig; → *a* ***moquer*** *2* **II** *m* ⟨*inv*⟩ **1** Vierzig *f*; → *a* ***deux*** *II* **2** ***les Quarante*** die vierzig Mitglieder der Académie française

quarante-cinq [karɑ̃tsɛ̃k] *num/c* fünfundvierzig; *disque* ***un ~ tours*** e-e Single

quarante-huit [karɑ̃tɥit] *num/c* achtundvierzig; HIST ***la Révolution de ~*** die Revolution von 1848

quarantenaire [karɑ̃tnɛr] **I** *adj* JUR vierzig Jahre dauernd; vierzigjährig **II** *m* MÉD Quarantänestation *f*

quarantième [karɑ̃tjɛm] **I** *num/o* vierzigste(r, -s) **II** *subst* **1** ***le, la ~*** der, die, das Vierzigste **2** *m* MATH Vierzigstel *n*

quark [kwark] *m* PHYS Quark *n*

quart [kar] **I** *m* **1** Viertel *n*; *par ext* ***un ~ de beurre*** ein Viertel *ou* ein viertel Pfund Butter; ***un ~ de brie*** e-e Ecke Brie(käse); SPORTS ***~ de finale*** Viertelfinale *n*; MUS ***~ de soupir*** Sechzehntelpause *f*; MUS ***~ de ton*** Viertelton *m*; ***~ de tour*** Vierteldrehung *f*; F *fig* ***au ~ de tour*** sofort; auf der Stelle; *moteur* ***démarrer au ~ de tour*** sofort anspringen; *par ext* ***un ~ de vin*** ein Viertel(liter) Wein; ***piano*** *m* ***~ de queue*** kleiner Stutzflügel; *par ext* ***je n'ai fait que le ~ de ce que je voulais faire*** ich habe nur e-n Bruchteil dessen getan, was ich tun wollte **2** ***les trois ~s*** drei Viertel; *par ext* ***les trois ~s du temps*** die meiste Zeit (über); fast immer; *adjt* ***manteau*** *m* ***trois ~s*** dreiviertellanger Mantel; ***portrait*** *m* ***de trois ~s*** Porträt *n* im Halbprofil; ***ville détruite aux trois ~s*** zu drei Vierteln, fast völlig zerstörte Stadt **3** ***~ d'heure*** Viertelstunde *f*; *fig* ***~ d'heure américain*** Damenwahl *f*; *fig* ***~ d'heure de grâce*** (kurze) Galgenfrist; ***entretien*** *m* ***d'un ~ d'heure*** viertelstündige Unterredung; Unterredung von e-r Viertelstunde; *loc/adv*: ***dans trois ~s d'heure*** in drei viertel Stunden; in e-r Dreiviertelstunde; ***tous les ~s d'heure*** viertelstündlich; alle Viertelstunden; ***voir son dernier ~ d'heure arriver*** sein letztes Stündlein herannahen fühlen; *par ext* ***passer un mauvais ~ d'heure*** bange, böse, schlimme Minuten, Augenblicke durchmachen, durchleben; ♦ *heure*: ***trois heures un ~*** *ou* ***et ~*** Viertel nach drei; viertel vier; ***deux heures moins le ~*** (ein) Viertel vor zwei; drei viertel zwei; ***il est le ~*** es ist Viertel (nach); *pendule* ***sonner les ~s*** alle Viertelstunden schlagen **4** MAR (Schiffs)Wache *f*; ***officier*** *m* ***de ~*** Wachoffizier *m*; ***être de ~*** Wache halten, haben; ***prendre le ~*** auf Wache gehen **5** MIL Feldbecher *m* **II** *adj* ⟨**quarte** [kart]⟩ *litt* (*quatrième*) vierte(r, -s); MÉD ***fièvre ~e*** Quartana *f*; Quartanfieber *n*; ***le ~ monde*** (*le sous-prolétariat*) die sozial Deklassierten, Ausgestoßenen *pl*; die Ärmsten der Armen; (*les pays les plus pauvres*) die Vierte Welt; die ärmsten Entwicklungsländer *n/pl*

quarte [kart] *f* MUS Quart(e) *f*

quarté [karte] *m* TURF Viererwette *f*

quarteron [kartərɔ̃] *m péj* ***un ~ de conjurés*** *etc* e-e kleine Zahl, e-e Handvoll Verschwörer *etc*

quartette [kwartɛt] *m* MUS Jazzquartett ['dʒɛs-] *n*; Viermannband [-bɛnt] *f*

quartier [kartje] *m* **1** *d'une ville* (Stadt)Viertel *n*; Stadtteil *m*; Gegend *f*; *d'habitation* Wohnviertel *n*; ADM Bezirk *m*; ***Quartier latin*** *Pariser Universitätsviertel*; ***~ résidentiel*** vornehmes Wohnviertel, -gebiet; Villengegend *f*; ***~ d'affaires*** Geschäftsviertel *n*; ***commissariat*** *m* ***de ~*** Polizeirevier *n*; ***les gens du ~*** die Leute aus dem Viertel, aus der Nachbarschaft **2** MIL ***~s*** *pl* Quartiere *n/pl*; ***~s d'hiver*** Winterquartiere *n/pl*; ***~ général*** Stabsquartier *n*; *fig* Sammel-, Treffpunkt *m*; ***grand ~ général*** Hauptquartier *n*; ***avoir ~ libre*** Ausgang haben; *fig* ***je vous laisse ~ libre*** ich lasse Ihnen freie Hand **3** *portion* Viertel *n*; Stück *n*; Teil *m ou n*; ***~ de bœuf*** Rinderviertel *n*; ***~ d'orange*** *nordd* Apfelsinenstück *n*; *südd* Orangenschnitz *m*; ***~ de pomme*** Apfelviertel *n*; ***~ de viande*** Schlachtteil *n* **4** ***la Lune est dans son premier (dernier) ~*** der Mond steht im ersten (letzten) Viertel; es ist Halbmond **5** HÉRALDIQUE Schildviertel *n*; *fig* ***avoir 'huit ~s de noblesse*** acht adelige Vorfahren, Ahnen nachweisen können **6** *d'une prison* ***~ de haute sécurité*** Hochsicherheitstrakt *m* **7** *loc* ***ne pas faire de ~*** kein(en) Pardon geben; ***pas de ~!*** Pardon wird nicht gegeben; kein Pardon!

Le Quartier latin

Le Quartier latin ist das berühmte, bereits im 12. Jahrhundert entstandene Pariser Universitäts- und Studentenviertel. Dort befindet sich auch die altehrwürdige Universität Sorbonne. Das studentische Leben, das die locker-entspannte Atmosphäre im **Quartier latin** prägt, spielt sich insbesondere auf dem Boulevard Saint-Michel (kurz **Boul' Mich** [bulmiʃ]) ab. Viele gemütliche Cafés und Bistros sind jedoch inzwischen von Fast-Food-Lokalen verdrängt worden. Darüber hinaus wurden auch Fakultäten an die Peripherie von Paris verlegt (z.B. Paris Nanterre), sodass das Viertel ein wenig von seinem legendären Charme eingebüßt hat.

quartier-maître [kartjemɛtr] *m* ⟨*pl* **quartiers-maîtres**⟩ MAR Gefreite(r) *m*

Quart-Monde [karmɔ̃d] → ***quart*** *II*

quartz [kwarts] *m* MINÉR Quarz *m*; ***montre f à ~*** Quarzuhr *f*

quartzeux [kwartsø] *adj* ⟨**-euse**⟩ quarzig; Quarz…

quasar [kazaʀ] *m* ASTR Quasar *m*
quasi[1] [kazi] *m* CUIS **~** **(*de veau*)** Kalbskeulenstück *n* aus der Unterschale
quasi[2] [kazi] *adv* (*presque*) fast; beinahe; nahezu; (*pour ainsi dire*) sozusagen; gewissermaßen; quasi; ***~ impossible*** fast *etc* unmöglich; ***~ jamais*** fast nie
quasi-... [kazi] **a)** *devant adj* fast; beinahe; nahezu; sozusagen; gewissermaßen; gleichsam; quasi; *exemples*: ***quasi-normal*** fast normal; ***quasi-unanime*** fast einmütig; **b)** *devant subst* fast völlig; nahezu total; *exemples*: ***avec une quasi-certitude*** mit fast hundertprozentiger Sicherheit; mit an Sicherheit grenzender Wahrscheinlichkeit; ***quasi-impossibilité*** fast völlige Unmöglichkeit; ***la quasi-totalité des Français*** fast alle Franzosen; so gut wie alle Franzosen; ***à la quasi-unanimité*** fast einstimmig
quasiment [kazimɑ̃] F *adv* → ***quasi***[2]
quaternaire [kwatɛʀnɛʀ] *adj* GÉOL ***ère f ~** ou subst **~ m*** Quartär *n*; ***~ ancien*** Pleistozän *n*; Diluvium *n*; ***~ récent*** Holozän *n*; Alluvium *n*
quatorze [katɔʀz] **I** *num/c* vierzehn; ***Louis XIV*** Ludwig XIV. (der Vierzehnte); ***le ~ mai*** der vierzehnte *ou* am vierzehnten Mai; ***la guerre de ~*** der Erste Weltkrieg; der Krieg 14/18; ***de ~ ans*** vierzehnjährig; von vierzehn Jahren **II** *m* ⟨*inv*⟩ Vierzehn *f*; ***le ~ (du mois)*** der Vierzehnte *ou* am Vierzehnten (des Monats); → *a* ***deux*** *II*
quatorzième [katɔʀzjɛm] **I** *num/o* vierzehnte(r, -s); ***le ~ siècle*** das vierzehnte Jahrhundert **II** *subst* **1** ***le, la ~*** der, die das Vierzehnte **2** *m* MATH Vierzehntel *n*
quatrain [katʀɛ̃] *m* Vierzeiler *m*
quatre [katʀ] **I** *num/c* vier; ***le ~ août*** der vierte August *ou* am vierten August; ***Henri IV*** Heinrich IV. (der Vierte); ***~ heures*** vier Stunden; *heure* vier Uhr; *par ext enf* ***mon ~ heures*** mein Vesper-, Nachmittagsbrot *n*; ***page ~*** Seite vier; *loc/adj et loc/adv*: ***à ~*** zu viert; zu vieren; *fig* ***se tenir à ~*** sich sehr zusammennehmen, F -reißen; ***aux ~ coins du monde*** überall in, auf der Welt; BOT ***trèfle** m **à ~ feuilles*** vierblätt(e)riges Kleeblatt; MUS ***à ~ mains*** vierhändig; ***enfant** m **de ~ ans*** vierjähriges Kind; Kind *n* von vier Jahren; *fig* ***un de ces ~ (matins)*** demnächst; ***entre ~ yeux*** [-katzjø] unter vier Augen; ***manger comme ~*** für drei essen; ***marcher à ~ pattes*** auf allen vieren kriechen, gehen; F *fig* ***se mettre en ~*** sein Möglichstes tun; F sich zerreißen, umbringen (***pour qn*** für j-n); ***monter, descendre les escaliers ~ à ~*** die Treppe in großen Sprüngen hinauf-, hinuntereilen; mit ein paar Sätzen die Treppe hinauf-, hinunterspringen; immer zwei Stufen auf einmal nehmen; *fig* ***être tiré à ~ épingles*** geschniegelt und gebügelt, wie aus dem Ei gepellt sein **II** *subst* ⟨*inv*⟩ **1** *m nombre* Vier *f*; *südd a* Vierer *m*; ***le ~ (du mois)*** der Vierte *ou* am Vierten (des Monats); → *a* ***deux*** *II* **2** *m* AVIRON Vierer *m* **3** AUTO ***une 4 x 4*** [katkat(ʀə)] ein Wagen *m* mit Vierrad-, Allradantrieb; *par ext* ein Geländewagen *m*
Quatre-Cantons [katʀəkɑ̃tõ] ***le lac des ~*** der Vierwaldstätter See
quatre-(cent-)vingt-et-un [kat(sɑ̃)vɛ̃teɛ̃] *m* ⟨*inv*⟩ frz Würfelspiel
quatre-huit [katʀəɥit] *m* ⟨*inv*⟩ MUS Vierachteltakt *m*; 4/8-Takt *m*
quatre-mâts [kat(ʀə)mɑ] *m* ⟨*inv*⟩ MAR Viermaster *m*
quatre-quarts [katkaʀ] *m* ⟨*inv*⟩ CUIS Sandkuchen *m*
quatre-quatre [kat(ʀə)katʀ] *f ou m* ⟨*inv*⟩ Fahrzeug n mit Allradantrieb; *par ext* Geländewagen *m*
quatre-saisons [kat(ʀə)sɛzõ] *f* ⟨*inv*⟩ BOT Monatserdbeere *f*; → *a* ***marchand*** *I 1*
quatre-temps [katʀətɑ̃] *m/pl* ÉGL CATH Quatember *m*
quatre-vingt(s) [katʀəvɛ̃] **I** *num/c* ⟨*bei folgender Zahl sowie als Ordnungszahl ohne s*⟩ achtzig; ***quatre-vingts hommes*** achtzig Mann; ***quatre-vingt mille*** achtzigtausend; ***quatre-vingts millions*** achtzig Millionen; ***page quatre-vingt*** Seite achtzig; ***dans les années quatre-vingt*** in den Achtzigerjahren; ***âgé de quatre-vingts ans*** achtzig Jahre alt; ***'huit fois dix font quatre-vingts*** acht mal zehn ist achtzig **II** *m* Achtzig *f*; → *a* ***deux*** *II*
quatre-vingt-dix [katʀəvɛ̃dis] **I** *num/c* neunzig; ***les années ~*** die Neunzigerjahre *n/pl* **II** *m* Neunzig *f*; → *a* ***deux*** *II*
quatre-vingt-dixième [katʀəvɛ̃dizjɛm] **I** *num/o* neunzigste(r, -s) **II** *subst* **1** ***le, la ~*** der, die, das Neunzigste **2** *m* MATH Neunzigstel *n*
quatre-vingtième [katʀəvɛ̃tjɛm] **I** *num/o* achtzigste(r, -s) **II** *subst* **1** ***le, la ~*** der, die, das Achtzigste **2** *m* MATH Achtzigstel *n*
quatre-vingt-onze [katʀəvɛ̃õz] *num/c* einundneunzig
quatre-vingt-un [katʀəvɛ̃ɛ̃] *num/c* einundachtzig
quatre-vingt-unième [-ynjɛm] *num/o* einundachtzigste(r, -s)
quatrième [katʀijɛm] **I** *num/o* vierte(r, -s) **II** *subst* **1** ***le, la ~*** der, die, das Vierte **2** *m* vierter Stock; vierte Etage; ***habiter au ~*** im vierten Stock, F vier Treppen hoch wohnen **3** *f* ÉCOLE dritte Klasse im Gymnasium; *correspond à* achte Klasse **4** *f* AUTO vierter Gang; ***passer en ~*** in den vierten Gang *ou* Vierten gehen, schalten
quatrièmement [katʀijɛmmɑ̃] *adv* viertens
quattrocento [kwatʀɔtʃɛnto] *m le quinzième siècle italien* Quattrocento [-'tʃɛnto] *n*
quatuor [kwatɥɔʀ] *m* **1** MUS Quartett *n*; ***~ vocal*** Gesangs-, Vokalquartett *n*; ***~ à cordes*** Streichquartett *n*; ***~ pour piano et cordes*** Klavierquartett *n* **2** F *fig* (Vierer)Grüppchen *n*
que [kə] ⟨*vor Vokal u stummem h* ***qu'***⟩ **I** *pr/rel* **1** *obj/dir* den, die, das, *pl* die; *st/s* welche(n, -s), *pl* welche; ***un monsieur ~ je ne connais pas*** ein Herr, den ich nicht kenne; ***les livres qu'il a lus*** die Bücher, die er gelesen hat; ***le livre ~ voici*** dieses Buch hier; ***c'est lui ~ j'attends*** auf ihn warte ich **2** *pr/rel neutre* (*obj/dir*) **a)** ***ce ~*** was; ***ce ~ tu me dis ne me surprend guère*** was du mir da sagst, überrascht mich kaum; ***tout ce ~ j'ai vu*** alles, was ich gesehen habe; **b)** *seul*: ***il n'est pas malade, ~ je sache*** er ist (doch) nicht krank, soviel ich weiß; F ***~ tu dis!*** was du nicht sagst! **3** *attribut*: ***imbécile ~ tu es!*** du Dummkopf!; ***tout rusé qu'il est ...*** schlau, wie er ist ... **4** *sujet*: ***advienne ~ pourra*** komme, was da wolle!; ***coûte ~ coûte*** koste es, was es wolle! **5** *sens temporel*: ***un jour ~*** e-s Tages, als; ***du temps ~*** zu der Zeit, als **II** *pr/int* was? **1** *obj/dir* ⟨*umschriebene Form* ***qu'est-ce ~*** [kɛskə]⟩: ***~ cherchez-vous?** ou **qu'est-ce ~ vous cherchez?*** was suchen Sie?; ***qu'en pensez-vous?*** wie denken Sie darüber?; was hal-

Q

ten Sie davon?; ~ ***faire?*** was tun? **2** *attribut*: ***qu'est-ce?*** *ou* ***qu'est-ce ~ c'est*** (~ ***ça***)***?*** was ist das?; ~ ***deviendrons-nous?*** *ou* ***qu'est-ce ~ nous deviendrons?*** was soll aus uns werden? **3** *sujet devant un v/imp*: ~ ***s'est-il passé?*** was ist geschehen?; ***qu'y a-t-il?*** was ist?; was gibt es? **4** *interrogation indirecte* **a)** *pr/int neutre* (*obj/dir*) ***ce ~*** was; ***dites-moi ce ~ vous cherchez*** sagen Sie mir, was Sie suchen; **b)** *après « ne savoir »*: ***je ne sais ~ faire*** ich weiß nicht, was ich tun soll **III** *adv exclamatif* **1** *avec adj, adv et verbes* ⟨F ***ce ~*** *ou* ***qu'est-ce ~***⟩ wie; ***qu'il est stupide!***, F ***ce qu'il est bête!*** wie dumm er ist!; F ist der vielleicht blöd!; F (***qu'est***)***-ce qu'on a bien mangé!*** F wir haben vielleicht gut gegessen! **2** *avec subst* ~ ***de*** wie viel(e); ~ ***de monde!*** wie viele Leute!; ~ ***de fois!*** wie viele Male!; wie oft! **3** *litt* (*pourquoi*) warum; ~ ***n'es-tu venu plus tôt!*** warum bist du nicht früher gekommen! **4** *st/s pour renforcer* ~ ***non!*** aber nein!; gewiss nicht!; ~ ***si!*** gewiss doch!; aber natürlich! **IV** *conj* **1 a)** *introduisant une subordonnée complétive* dass *ou pas traduit*; ***je crois qu'il reviendra*** ich glaube, er wird wiederkommen *ou* dass er wiederkommen wird; ***dites-lui qu'il vienne*** sagen Sie ihm, er soll kommen; ~ ***tu sois sage, j'en suis certain*** ich bin sicher, dass du artig bist; ***c'est pour vous ~ je le dis*** das sage ich für euch; ***voilà qu'il pleut depuis deux heures*** jetzt regnet es schon seit zwei Stunden; ***heureusement qu'il n'a rien vu*** zum Glück hat er nichts gesehen; **b)** *finale* damit; dass; ***approchez ~ l'on vous voie*** kommt näher, damit man euch sieht; **c)** *consécutive* dass; ***le feu prit si rapidement ~ …*** das Feuer griff so rasch um sich, dass …; **d)** *temporelle* als; *il n'eut pas fait vingt pas* ***qu'il tomba*** als er niederfiel; ***attendez qu'il soit revenu*** warten Sie, bis er zurück ist; **e)** *concessive* ob; ***qu'on nous prie ou qu'on nous menace …*** ob man uns bittet oder ob man uns droht …; **f)** *loc/conj* ***afin ~, dès ~*** *etc* → ***afin, dès*** *etc*; **g)** *avec un verbe d'opinion*: *pas traduit*; ***je crois ~ oui*** ich glaube Ja; ***je pense ~ non*** ich denke Nein **2** *pour éviter la répétition d'une conj*: ***puisque vous le dites et ~ nous le croyons …*** da Sie es sagen und (da) wir es glauben …; ***s'il vient et ~ je ne sois pas là …*** wenn er kommt und ich nicht da bin … **3** *souhait, ordre*: ***qu'il entre!*** er soll hereinkommen!; ~ ***le diable l'emporte!*** der Teufel soll ihn holen! **4** *comparaison* **a)** *d'égalité* wie; ***aussi grand ~*** (eben)so groß wie; ***elle travaille autant ~ sa sœur*** sie arbeitet ebenso viel wie ihre Schwester; ***tant ~ tu voudras*** so viel *ou* so lange du willst; ***tel ~ je le connais*** so, wie ich ihn kenne; **b)** *après comp* als; *abus* wie; ***plus grand ~*** größer als; ***Pierre est moins âgé ~ son frère*** Peter ist jünger als sein Bruder; ***je dépense plus ~ toi*** ich gebe mehr (Geld) aus als du; **c)** ***autrement ~*** anders als; ***tout autre ~ lui*** jeder andere (als er); jeder außer ihm **5** (*seulement*) ***ne … ~*** nur; *temporel* erst; ***je n'ai qu'une clé*** ich habe nur e-n Schlüssel; ***il n'est ~ huit heures*** es ist erst acht (Uhr); ***il ne pense plus qu'à son travail*** er denkt nur noch an s-e Arbeit **6** *explétif*: *pas traduit*; ***c'est une belle fleur ~ la rose*** die Rose ist e-e schöne Blume

Québec [kebɛk] **1** *ville* Quebec ['kvi-] *n* **2** *province* ***le ~*** Quebec *n*

québécois [kebekwa] *adj* (*et subst* ***Québécois*** Bewohner) von Quebec; Quebecer [kvi'bɛkər]

Le Québec, die französischsprachige Provinz Kanadas

Kanada macht in der internationalen Presse nicht sehr häufig Schlagzeilen. Eine Provinz aber sorgt Jahr für Jahr für Zündstoff: **le Québec**. Während in den übrigen Provinzen Kanadas Englisch gesprochen wird, ist die offizielle Amtssprache in Quebec Französisch. Deshalb kommt es zwischen der in der Hauptstadt Quebec ansässigen Provinzregierung und der kanadischen Regierung in Ottawa immer wieder zu politischen Auseinandersetzungen. Die einflussreichste Partei in Quebec ist **le Parti québécois**, die teilweise radikale Forderungen nach politischer und wirtschaftlicher Autonomie stellt. Die größte und wirtschaftlich bedeutendste Stadt ist **Montréal** [mõʀeal].

quel [kɛl] ⟨~***le***⟩ **I** *adj/int* **1 a)** *épithète* welche(r, -s); was für ein(e), *pl* was für; ~ ***âge a-t-il?*** wie alt ist er?; ~ ***film avez-vous vu?*** welchen Film *ou* was für e-n Film haben Sie gesehen?; ~***le heure est-il?*** wie viel Uhr ist es?; wie spät ist es?; ~***s pays connaissez-vous?*** welche Länder *ou* was für Länder kennen Sie?; ***dans ~ volume?*** in welchem Band?; im wievielten Band?; **b)** *attribut* welches; ~***le est la capitale de ce pays?*** welches ist die Hauptstadt dieses Landes?; ~***les sont vos chaussures?*** welches sind Ihre Schuhe?; ~***le est la hauteur de cette maison?*** wie hoch ist dieses Haus?; ~ ***est le prix?*** wie hoch ist der Preis? **2** *exclamatif* **a)** *épithète* was für ein(e), *pl* was für; *st/s* welch (+ ein[e] *ou* +*adj*); ~***le chance!*** was für ein Glück!; ~ ***beau temps!*** was für ein schönes Wetter!; *st/s* welch schönes Wetter!; **b)** *attribut* wie groß; ~***le ne fut pas ma surprise!*** wie groß war meine Überraschung!; wie überrascht war ich! **II** *adj/ind* ~ ***que*** (+*subj von „être"*) welches *ou* wie groß auch (immer); (ganz) gleich *ou* F egal, welche(r, -s) *ou* wie groß …; ~***les que soient vos raisons …*** welches, was auch (immer) Ihre Gründe sein mögen …; was für Gründe Sie auch (immer) haben mögen …; *il affronte tous les dangers,* ~***s qu'ils soient*** wie immer geartet sie auch sein mögen; ***tel ~*** → ***tel*** *I 1*

quelconque [kɛlkõk] **I** *adj/ind* **a)** (*n'importe lequel*) irgendein(e), *pl* irgendwelche; beliebige(r, -s) (*a* MATH); F x-beliebige(r, -s); ***d'une manière ~*** irgendwie; ***pour une raison ~*** aus irgendeinem Grund; ***un sujet ~*** ein beliebiges Thema; irgendein Thema; MATH ***un triangle ~*** ein beliebiges Dreieck; **b)** *péj* irgend so ein(e); ***l'un ~ de ces petits potentats*** irgendeiner von diesen kleinen Potentaten **II** *adj* (*médiocre*) mittelmäßig; (*insignifiant*) unbedeutend; banal; nichtssagend; (*ordinaire*) gewöhnlich; ***un homme ~*** *a* ein Dutzendmensch *m*; ***un restaurant ~*** ein mittelmäßiges Restaurant; ***elle est***

très ~ sie ist völlig nichtssagend; ***c'était ~*** es war nichts Besonderes

quelque [kɛlkə], *vor Vokal* [kɛlk] *keine Elision! adj/ind* **1** *sg* **a)** (*certain*) einige(r, -s); ein gewisser, e-e gewisse, ein gewisses; ***à ~ distance*** in einiger Entfernung; in e-r gewissen Entfernung; (***pendant***) ***~ temps*** e-e Zeit lang; ***il y a ~ temps*** vor einiger Zeit; *loc/adv st/s* ***~ peu*** etwas; ein wenig; ein bisschen; **b)** (*un*) irgendein(e); ***~ chose*** etwas; → *a* ***chose*** *2*; *st/s* ***~ jour*** e-s (schönen) Tages; ***~ part*** irgendwo(hin) **2** *pl* (*un petit nombre*) **a)** ***~s*** einige; ein paar; manche; ***~s jours*** einige Tage; ein paar Tage; ***avec ~s amis*** mit ein paar Freunden; ***~s personnes diront peut-être …*** manche (Leute) sagen vielleicht …; **b)** ***les ~s*** *ou* ***ces ~s*** die paar; die wenigen; ***les ~s articles qu'il a écrits*** die paar, die wenigen Artikel, die er geschrieben hat; **c)** *après un chiffre* ***… et ~(s)*** etwas über …; etwas mehr als …; … und darüber; einige …; ***il a quarante et ~s années***, F ***il a quarante ans et ~s*** er ist etwas über vierzig Jahre alt **3** *advt* ⟨*inv*⟩ *avant un chiffre* (*environ*) etwa; ungefähr; an die; ***~ trente personnes*** etwa, ungefähr, an die dreißig Personen **4** ***~ … que*** (*+subj*) **a)** *avec subst* was für ein(e), *pl* was für … auch (immer); welche(r, -s) … auch (immer); ***à ~ prix que ce soit*** um welchen Preis auch immer; **b)** *advt* ⟨*inv*⟩ *avec adj* wie *ou* so … auch (immer); *st/s* ***~ bonnes que soient vos raisons*** wie triftig Ihre Gründe auch sein mögen; und wären Ihre Gründe (auch) noch so gut

quelque chose [kɛlkəʃoz] → ***chose*** *2*

quelquefois [kɛlkəfwa] **I** *adv* manchmal; bisweilen; zuweilen; mitunter; hin und wieder; dann und wann **II** *conj* F ***~ qu'il ne serait pas là*** sollte er nicht da sein

quelqu'un [kɛlkɛ̃, -kœ̃] *m*, **quelqu'une** [kɛlkyn] *f pr/ind* **1** **a)** (irgend)jemand; (irgend)einer; F wer; ***y a-t-il quelqu'un?*** ist da jemand, F wer?; ***quelqu'un demande à vous parler*** jemand möchte Sie sprechen; F ***je connais quelqu'un qui va être content*** ich kenne jemand(en) *ou* einen, der sich freuen wird; ***holà, quelqu'un!*** hallo!; Bedienung!; **b)** ***quelqu'un d'autre*** jemand ander(e)s; *südd a* jemand anderer; ***quelqu'un de sûr*** jemand Zuverlässiges; ***c'est quelqu'un de bien*** er ist ein anständiger, achtbarer Mensch; **c)** F ***être quelqu'un*** e-e wichtige Persönlichkeit, F jemand, wer sein; ***elle se prend pour quelqu'un*** F sie meint, sie sei jemand, wer; **d)** F *péj* (*inouï*) ***c'est quelqu'un!*** F das ist schon toll!; das ist ein starkes Stück! **2** *pl* ***quelques-uns*** [kɛlkəzɛ̃, -zœ̃] ⟨*f* ***quelques-unes***⟩ einige; manche; welche; ***quelques-uns des enfants*** einige der Kinder; *ne mangez pas toutes les poires*, ***laissez-m'en quelques-unes*** lasst mir noch einige, welche übrig; ***quelques-uns prétendent que …*** einige, manche behaupten, dass …; ***être réservé à quelques-uns*** nur einigen wenigen vorbehalten sein

quémander [kemɑ̃de] *v/t* (aufdringlich) betteln, bitten (***qc*** um etw) **quémandeur** *m*, **quémandeuse** *f* lästiger Bettler *ou* Bittsteller, lästige Bettlerin *ou* Bittstellerin

qu'en-dira-t-on [kɑ̃diʀatõ] *m* ⟨*inv*⟩ Gerede *n* der Leute

Queneau [kəno] *frz Schriftsteller*

quenelle [kənɛl] *f* CUIS Klößchen *n*; ***~s de brochet*** Fischklößchen *n/pl* (*vom Hecht*)

quenotte [kənɔt] *enf f* Zähnchen *n*; *enf* Beißerchen *n*

quenouille [kənuj] *f* Spinnrocken *m*; Kunkel *f*; ***filer sa ~*** (mit dem Spinnrocken) spinnen

Quentin [kɑ̃tɛ̃] *m* **1** *Vorname* **2** *saint* Quintinus *m*

quéquette [kekɛt] *f enf* (*pénis*) *enf* Zipfelchen *n*

Quercy [kɛʀsi] ***le ~*** *Landschaft in Südwestfrankreich*

querelle [kəʀɛl] *f* Streit *m*; Zwist *m*; Zank *m*; Auseinandersetzung *f*; ***~s*** *pl* Streitigkeiten *f/pl*; Händel *m/pl*; Querelen *f/pl*; ***mauvaise ~*** dummer, unnötiger Streit; *litt* ***~ d'Allemand*** unmotivierter, unbegründeter Streit; Streit um des Kaisers Bart; ***~ de famille*** Familienstreit *m*, -zwist *m*; ***~ de ménage*** Ehestreit *m*; eheliche Auseinandersetzung; ***chercher ~ à qn*** mit j-m Streit, Händel suchen

quereller [kəʀele] **I** *v/t litt* ***~ qn*** j-n auszanken, (aus)schelten **II** *v/pr* ***se ~*** sich streiten, zanken (*réciproque et* ***avec qn*** mit j-m)

querelleur [kəʀɛlœʀ] **I** *adj* ⟨**-euse**⟩ zänkisch; zank-, streitsüchtig **II** *subst* ***~, querelleuse*** *m,f* Zänker(in) *m(f)*

quérir [keʀiʀ] *v/t* ⟨*nur inf*⟩ *litt* ***aller ~*** holen

Quesnoy (Le) [ləkenwa] *Stadt im Dep. Nord*

qu'est-ce que [kɛskə] → ***que*** *II 1, 2 et III 1*

qu'est-ce qui [kɛski] → ***qui*** *I 2*

questeur [kɛstœʀ, kwɛ-] *m* Finanz- und Verwaltungsbeauftragte(r) *m* (*der frz Nationalversammlung, des Senats*)

question [kɛstjõ] *f* **1** (*interrogation*) Frage *f*; PARLEMENT ***~ écrite, orale*** schriftliche, mündliche Anfrage; *iron* ***quelle ~!, cette ~!*** was für e-e Frage!; dumme Frage!; ***~ à choix multiple*** Multiple-Choice-Frage ['maltɪpəl'tʃɔɪs-] *f*; POL ***~ de confiance*** Vertrauensfrage *f*; ***~ d'examen*** Examens-, Prüfungsfrage *f*; ***poser une ~ (à qn)*** (j-m) e-e Frage stellen; ***se poser des ~s*** sich (*dat*) Fragen stellen; nachdenklich werden **2** (*problème*) Frage *f*; Problem *n*; (*sujet*) Angelegenheit *f*; Sache *f*; ***~ brûlante*** heißes Eisen; ***~s économiques*** Wirtschaftsfragen *f/pl*; ***~ d'argent*** Geldfrage *f*; ***~ de compétence*** Zuständigkeitsfrage *f*; ***~ de forme*** Formfrage *f*; ***~ de principe*** Grundsatz-, Prinzipienfrage *f*; POL ***~ du Proche-Orient*** Nahostfrage *f*; ♦ *loc/prép* F ***~ salaire, travail*** F in puncto Gehalt, Arbeit; was das Gehalt, die Arbeit angeht; gehalts-, arbeitsmäßig; F ***~ argent, c'est réglé*** die finanzielle Seite ist geregelt; F das mit dem Geld geht in Ordnung; ♦ *loc/adj* ***en ~*** fraglich; betreffend; zur Debatte stehend; bewusst; ***le livre en ~*** das fragliche, betreffende Buch; ***la personne en ~*** *a* der *ou* die Betreffende; ***remettre qc en ~*** etw infrage stellen; ♦ F ***(il n')y a pas de ~*** das steht außer Frage; ***la ~ est de savoir si …*** die Frage ist, ob …; ***la ~ n'est pas là, ce n'est pas la ~*** darum geht es (hier) nicht; ***là est (toute) la ~, c'est (toute) la ~*** das ist hier die Frage; ***c'est une autre ~*** das ist e-e andere Frage; ***c'est une ~ de goût, de tact***, F ***~ de goût, de tact*** das ist Geschmackssache, das ist e-e Frage des Takts; ***c'est une ~ de point de vue*** das ist Auffassungs-, Ansichtssache; ***c'est une ~ de temps*** das ist e-e Frage der Zeit, e-e Zeitfrage; ***c'est en dehors, à côté de la ~*** das gehört nicht zur Sache; ***c'est 'hors de ~*** das kommt nicht infrage; ***il est ~ de qn, de qc*** es handelt sich um j-n, um etw; es ist die Rede von j-m, von etw; ***il est ~ de construire un tunnel*** es ist die Rede davon *ou* man spricht davon, dass ein Tunnel gebaut werden soll; ***de quoi est-il ~?*** worum *ou* um was geht es (hier), handelt es sich?; ***il n'en est pas ~***, F ***pas ~!*** das kommt nicht infrage; davon kann keine Rede sein; F damit ist es nichts; ***il n'est pas ~ de*** (*+inf*) *ou* ***que …*** es kommt nicht infrage, dass …; es kann keine Rede davon sein, dass …; *iron* ***il est bien ~ de ça!*** kommen Sie mir doch jetzt nicht mit dieser Lappalie!; ***qu'il n'en soit plus ~!*** davon will ich nichts mehr hören! **3** HIST (*torture*) peinliche Befragung; Folter *f*

questionnaire [kɛstjɔnɛʀ] *m* Fragebogen *m*; ***~ à choix multiple*** Multiple-Choice-Fragebogen ['maltɪpəl'tʃɔɪs-] *m*; ***remplir un ~*** e-n Fragebogen ausfüllen

questionner [kɛstjɔne] *v/t* ***~ qn*** j-n befragen, ausfragen (***sur*** über *+acc*) **questionneur** *m*, **questionneuse** *f* Frager(in) *m(f)*; Fragesteller(in) *m(f)*

quête [kɛt] *f* **1** *action* (Geld-, Almosen)Sammlung *f*; *à l'église* Kollekte *f*; (*argent recueilli*) Ertrag *m*; Ergebnis *n* e-r Geldsammlung, Kollekte; ***~ à domicile*** Haussammlung *f*; ***faire la ~*** sammeln (***à l'église, dans la rue*** in der Kirche, auf der Straße) **2** (*recherche*) Suche *f*; LITTÉRATURE ***~ du Graal*** Gralssuche *f*; ***en ~ de*** auf der Suche nach; ***être en ~ de travail*** auf Arbeits-, Stellensuche sein; ***se mettre en ~ de qn, qc*** sich auf die Suche nach j-m, etw begeben, machen

quêter [kete] **I** *v/t* (*solliciter*) erbitten; bitten um **II** *v/i* (*faire la quête*) sammeln (***pour*** für)

quetsche [kwɛtʃ] *f* **1** Zwetsche *f*; *südd* Zwetschge *f*; ***tarte f aux ~s*** Zwetsch(g)enkuchen *m* **2** (***eau-de-vie f de***) ***~*** Zwetsch(g)enwasser *n*

queue [kø] *f* **1** *d'animaux* Schwanz *m*; Schweif *m*; CH Rute *f*; CH *du lièvre* Blume *f*; ***~ de cheval*** Pferdeschweif *m*, -schwanz *m*; *coiffure* Pferdeschwanz *m*; ***~s d'écrevisse*** Krebsschwänze *m/pl*; (***habit** m **à***) ***~ de morue, de pie*** Schwalbenschwanz *m*; *chauffard* ***faire une ~ de poisson à qn*** j-n schneiden; *fig* ***finir, se terminer en ~ de poisson*** enttäuschend enden; ausgehen wie das Hornberger Schießen; im Sand verlaufen; *loc/adv*: ***à la ~ leu leu*** im Gänsemarsch; einer hinter dem andern; ***la ~ en trompette*** mit aufgerichtetem Schwanz; F *fig* ***s'en aller la ~ basse*** F mit hängendem *ou* eingezogenem Schwanz, wie ein begossener Pudel abziehen; *fig* ***n'avoir ni ~ ni tête*** weder Hand noch Fuß haben **2** *par ext d'un avion, cerf-volant* Schwanz *m*; *d'une comète* Schweif *m*; *d'un fruit, d'une fleur, d'une poêle* Stiel *m*; *de radis* Stängel *m*; ***~ de cerise*** Kirschenstiel *m*; MUS ***~ de note*** Notenhals *m*, -stiel *m*; MUS ***piano** m **à ~*** Flügel *m*; F ***ne pas en avoir la ~ d'un*** keinen Groschen (mehr) in der Tasche haben; keinen Pfennig Geld haben; *fig* ***tenir la ~ de la poêle*** das Heft in der Hand haben, halten **3** (*dernière partie*) Ende *n*; hinterer Teil; F Schwanz *m*; ***la ~ du cortège*** das Ende, der hintere Teil des (Fest)Zuges; CH DE FER ***wagon** m **de ~*** letzter, hinterer Wagen; Schlusswagen *m*; ***à la ~, en ~*** am Ende; hinten; ***en ~ du train*** am Ende des Zuges; hinten im *ou* am Zug; ***être à la ~ de sa classe*** unter den Letzten s-r Klasse sein **4** (*file*) Schlange *f*; ***une ~ de cent mètres*** e-e hundert Meter lange Schlange; ***à la ~!*** hinten anstellen!; ***il y a ~ devant la boulangerie*** man steht vor der Bäckerei Schlange; ***faire la ~*** Schlange stehen; anstehen (***pour qc*** nach etw); ***faire deux heures de ~*** zwei Stunden lang Schlange stehen; ***se mettre à la ~*** sich hinten anstellen **5** BILLARD Queue *n*; Billardstock *m* **6** P (*pénis*) P Schwanz *m*

queue-de-rat [kødʀa] *f* ⟨*pl* **queues-de-rat**⟩ TECH Rundfeile *f*

queux [kø] *m* ***maître ~*** Küchenchef *m*, -meister *m*

qui [ki] **I** *pr/int* **1 a)** *sujet ou attribut* wer?; ***~ est là?*** wer ist da?; ***~ êtes-vous?*** wer sind Sie?; ***~ sait?*** wer weiß?; MIL ***~ va là?*** *ou* ***~ vive?*** wer da?; TÉL ***… Pierre ~?*** … was für ein Pierre?; **b)** *obj/dir* wen?; ***~ cherchez-vous?*** wen suchen Sie?; **c)** *obj/indir*: ***à ~ penses-tu?*** an wen denkst du?; ***de ~ parlez-vous?*** von wem sprechen Sie?; ***sur ~ compter?*** auf wen kann man (noch) zählen? **2** *loc interrogatives* **a)** *désignant qn* ♦ *sujet* ***~ est-ce ~?*** *ou* F ***qu'est-ce ~?*** *ou* F ***~ c'est ~?*** wer?; ***~ est-ce ~ vous a dit cela?*** wer hat Ihnen das gesagt?; ♦ *obj/dir* ***~ est-ce que?*** *ou* F ***~ c'est que?*** wen?; ***~ est-ce que vous attendez?*** wen erwarten Sie?; **b)** *désignant une chose* (*sujet*) ***qu'est-ce ~?*** was?; ***qu'est-ce ~ est arrivé?*** was ist passiert?; ***qu'est-ce ~ vous manque?*** was brauchen Sie noch? **3** *interrogation indirecte* **a)** *désignant qn*: ***je me demande ~ a téléphoné*** ich frage mich, wer angerufen hat; ***dites-moi ~ vous cherchez*** sagen Sie mir, wen Sie suchen; ***je ne sais pas de ~ il s'agit*** ich weiß nicht, um wen es sich handelt; **b)** *pr/int neutre* (*sujet*) ***ce ~*** was; ***dites-moi ce ~ vous plaît*** sagen Sie mir, was Ihnen gefällt **II** *pr/rel* **1 a)** *sujet* der, die, das, *pl* die; *st/s* welche(r, -s), *pl* welche; ***l'homme ~ vient d'entrer*** der Mann, der gerade hereingekommen ist; ***les pommes ~ sont sur la table*** die Äpfel, die auf dem Tisch sind; ***celui ~*** → ***celui*** *b*); **b)** *obj/indir désignant qn*: ***l'homme à ~ je parle*** der Mann, mit dem ich spreche; ***celui contre ~ je lutte*** der(jenige), gegen den ich kämpfe; ***toi, par ~ j'ai été averti du danger*** du, durch den *ou* die ich vor der Gefahr gewarnt worden bin; **c)** *pr/rel neutre* (*sujet*) ***ce ~*** was; ***ce ~ me fait plaisir …*** was mir Spaß macht …; ***tout ce ~ s'était passé …*** alles, was geschehen war … **2** *sans antécédent* **a)** *sujet* wer; ***sauve ~ peut!*** rette sich, wer kann!; JUR ***~ de droit*** zuständige Person, Stelle; ♦ ***c'est à ~ …*** es geht darum, wer …; ***c'était à ~ entrerait le premier*** es ging darum, als Erster hineinzukommen; *loc/adv* ***à ~ mieux mieux*** um die Wette; ***courir à ~ mieux mieux, à ~ arriverait le premier*** um die Wette laufen; ♦ *st/s* ***~ …, ~ …*** der eine …, der andere …, *pl* die einen …, die ander(e)n …; dieser …, jener …; *pl* diese …, jene …; *on buvait* ***~ du vin, ~ de la bière*** … die einen Wein, die anderen Bier; **b)** *obj/dir* wen; den, der …, *pl* die, die …; ***j'aime ~ m'aime*** ich liebe den, der mich liebt; ***~ vous savez*** Sie wissen schon, wen ich meine; *loc* ***ni ~ ni quoi*** überhaupt nichts; **c)** *obj/indir*: ***la tâche est facile pour ~ se donne un peu de peine*** die Aufgabe ist für den(jenigen) leicht, der sich etwas Mühe gibt; **d)** *pr/rel neutre* was; ***~ mieux est*** was noch besser ist; was das Schönste ist; ***~ plus est*** was noch dazukommt; und dazu noch; ***voilà ~ est fait*** das wäre geschafft **III** *pr/ind* ***~ que*** (*+subj*) **a)** *sujet* wer auch (immer); (ganz) gleich *ou* F egal, wer; ***~ que ce soit ~ ait fait le coup*** wer auch immer das getan haben mag; ganz gleich, wer das getan hat; ***~ que vous***

Q

soyez wer Sie auch (immer) sein mögen; ganz gleich *ou* F egal, wer Sie sind; **b)** *obj/dir* wen auch (immer); (ganz) gleich *ou* F egal, wen; (*quelqu'un*) irgendjemand(en); ***~ que vous ayez vu*** wen auch immer Sie gesehen haben mögen; (ganz) gleich *ou* F egal, wen Sie gesehen haben; *j'ai suivi la rue* ***sans rencontrer ~ que ce soit*** ohne irgendjemandem zu begegnen; ♦ ***n'importe ~*** → ***importer²***

quiche [kiʃ] *f* CUIS ***~ lorraine*** Speckkuchen *m*

quiconque [kikõk] *pr/ind* **1** (*toute personne qui*) jeder, der; wer auch (immer); ***~ a lu ce livre …*** jeder, der dieses Buch gelesen hat … **2** (*n'importe qui*) jeder (Beliebige); irgendjemand; ***je le sais mieux que ~*** ich weiß es besser als (sonst) irgendjemand

quidam [kɥidam, ki-] *m péj ou plais* ***un ~*** ein gewisser Jemand

quiet [kjɛ] *litt adj* ⟨**-ète** [-ɛt]⟩ ruhig

quiétisme [kjetism] *m* REL Quietismus *m*

quiétude [kjetyd] *litt f* Seelenruhe *f*, -frieden *m*; ***en toute ~*** in aller (Seelen)Ruhe; ruhig; beruhigt

quignon [kiɲõ] *m* ***~ (de pain)*** (Brot)Kanten *m*; *nordd* Knust *m*; *südd* Ranken *m* (Brot)

quille¹ [kij] *f* **1** Kegel *m*; ***jeu*** *m*, ***partie*** *f* ***de ~s*** Kegelspiel *n*, -partie *f*; ***jouer aux ~s*** kegeln **2** *pl* ***~s*** F (*jambes*) F Hachsen *f/pl*; *südd* Haxen *f/pl*; ***avoir de grandes ~s*** F lange Hachsen haben **3** F (*fille*) Mädchen *n* **4** *arg militaire* Ende *n* des Militärdienstes

quille² [kij] *f* MAR Kiel *m*; *loc/adv* ***la ~ en l'air*** kieloben

Quimper [kɛ̃pɛʀ] *Stadt in der Bretagne*

quincaillerie [kɛ̃kɑjʀi] *f* **1** *objets* Eisenwaren *f/pl*; Eisen- und Haushaltwaren *f/pl* **2** *magasin* Eisenwarenhandlung *f*; Haushaltwarengeschäft *n* **3** F *fig* Flitterkram *m*

quincaillier [kɛ̃kɑje] *m*, **quincaillière** *f* Eisenwaren-, Haushaltwarenhändler(in) *m(f)*

quinconce [kɛ̃kõs] *m* Fünferanordnung *f* (wie auf dem Spielwürfel); *arbres etc* ***disposés en ~*** gegeneinander versetzt; auf Lücke gesetzt

quinine [kinin] *f* PHARM Chinin *n*

quinquagénaire [kɛ̃kaʒenɛʀ] **I** *m,f* Fünfzigjährige(r) *f(m)*; Fünfziger(in) *m(f)* **II** *adj* fünfzigjährig

quinquennal [kɛ̃kenal] *adj* ⟨**-aux**⟩ **a)** (*qui dure cinq ans*) fünfjährig; ***plan ~*** Fünfjahresplan *m*; **b)** (*tous les cinq ans*) fünfjährlich; alle fünf Jahre stattfindend; ***élection ~e*** alle fünf Jahre stattfindende Wahl

quinquennat [kɛ̃kena] *m* fünfjährige Amtszeit (*des französischen Präsidenten seit 2002*)

quinquets [kɛ̃kɛ] *m/pl* F (*yeux*) Augen *n/pl*; F Gucker *m/pl*

quinquina [kɛ̃kina] *m* **1** PHARM Chinarinde *f* **2** *Aperitif, der Chinarinde enthält*

Quint [kɛ̃] *adj* HIST ***Charles ~*** Karl V. (der Fünfte)

quintal [kɛ̃tal] *m* ⟨*pl* **-aux**⟩ (*abr* **q**) Doppelzentner *m* (*abr* dz)

quinte [kɛ̃t] *f* **1** MÉD ***~ (de toux)*** Hustenanfall *m* **2** MUS Quint(e) *f* **3** CARTES Sequenz *f* von fünf Karten

quintessence [kɛ̃tesɑ̃s] *f* Quintessenz *f*; Hauptinhalt *m*; Wesentliche(s) *n*

quintette [kɛ̃tɛt, kɥɛ̃-] *m* MUS Quintett *n*; ***~ de jazz*** Jazzquintett ['dʒɛs-] *n*; Fünfmannband [-bɛnt] *f*

quintuple [kɛ̃typl] **I** *adj* fünffach **II** *subst* ***le ~*** das Fünffache; ***le ~ du prix*** der fünffache Preis

quintupler [kɛ̃typle] **I** *v/t* verfünffachen **II** *v/i* sich verfünffachen

quintuplé(e)s [kɛ̃typle] *m(f)pl* Fünflinge *m/pl*

quinzaine [kɛ̃zɛn] *f* **1** ***une ~*** etwa, an die, ungefähr, rund, zirka fünfzehn (***d'ouvriers*** Arbeiter) **2** (*deux semaines*) vierzehn Tage *m/pl*; zwei Wochen *f/pl*; ***~ commerciale*** vierzehntägige, zweiwöchige Promotion [-'moːʃən]; ***la grande ~ des prix littéraires*** die große Zeit der Literaturpreise (in der ersten Dezemberhälfte); ***la première, seconde ~ de mai*** die erste, zweite Maihälfte; ***dans une ~*** in vierzehn Tagen

quinze [kɛ̃z] **I** *num/c* **1** fünfzehn; ***le ~ avril*** der fünfzehnte *ou* am fünfzehnten April; ***Louis XV*** Ludwig XV. (der Fünfzehnte); ***~ minutes*** fünfzehn Minuten; ***page ~*** Seite fünfzehn; ***de ~ ans*** fünfzehnjährig; von fünfzehn Jahren **2** ***~ jours*** vierzehn Tage *m/pl*; ***voyage*** *m* ***de ~ jours*** vierzehntägige Reise; *loc/adv*: ***dans ~ jours*** in vierzehn Tagen; ***dans les ~ jours*** innerhalb der nächsten vierzehn Tage; ***tous les ~ jours*** alle vierzehn Tage; vierzehntäglich; ***aujourd'hui en ~*** heute in vierzehn Tagen **II** *m* ⟨*inv*⟩ **1** *nombre* Fünfzehn *f*; ***le ~ (du mois)*** der Fünfzehnte *ou* am Fünfzehnten (des Monats); → *a* ***deux*** *II* **2** SPORTS Rugbymannschaft *f* (von fünfzehn Spielern)

Quinze-Vingts [kɛ̃zvɛ̃] ***hospice*** *m* ***des ~*** *Blindenanstalt in Paris*

quinzième [kɛ̃zjɛm] **I** *num/o* fünfzehnte(r, -s) **II** *subst* **1** ***le, la ~*** der, die, das Fünfzehnte **2** *m* MATH Fünfzehntel *n*

quiproquo [kipʀɔko] *m* Verwechslung *f*; Quiproquo *n*

Quirinal [kɥiʀinal] ***le mont ~*** der Quirinal

quittance [kitɑ̃s] *f* Quittung *f*; Zahlungsbeleg *m*; ***~ de loyer*** Mietquittung *f*; Quittung über bezahlte Miete; ***établir, faire une ~*** e-e Quittung ausstellen, schreiben

quitte [kit] *adj* **1** *d'une dette* nichts schuldig; quitt; frei; JUR ***~ de tous droits et taxes*** abgaben- und gebührenfrei; ***être ~ envers qn*** j-m nichts mehr schulden; mit j-m quitt sein; ***nous sommes ~s*** wir sind quitt **2** *fig* ***être ~ de qc*** von etw frei, e-r Sache (*gén*) ledig sein; ***en être ~ à bon compte*** mit e-m blauen Auge davonkommen; ***en être ~ pour la peur*** mit dem (bloßen) Schrecken davongekommen sein; ***tenir qn ~ de qc*** j-m etw erlassen **3** *loc/prép* ***~ à*** (*+inf*) auf die Gefahr hin, dass …; wenn auch …; ***~ à être puni*** auch auf die Gefahr hin, bestraft zu werden **4** ***jouer à ~ ou double*** *jeu* weitermachen (und dabei den Einsatz verdoppeln oder verlieren); „Alles oder nichts" spielen; *fig* alles aufs Spiel setzen; alles auf eine Karte setzen

quitter [kite] **I** *v/t* **1** *lieu* verlassen; *métier* aufgeben; ***~ son appartement*** (*déménager*) ausziehen; s-e Wohnung aufgeben; ***~ ses fonctions*** sein Amt niederlegen; den Dienst quittieren; ***~ le lycée à treize ans*** das Gymnasium mit dreizehn Jahren verlassen; mit dreizehn Jahren vom Gymnasium abgehen; ***~ son pays*** sein Land verlassen; *navire* ***~ le port*** (aus dem Hafen) auslaufen; *voiture* ***~ la route*** von der Fahrbahn abkommen; *abs*: TÉL ***ne quittez pas!*** bitte, bleiben Sie am Apparat! **2** *personne* verlassen; ***~ qn brusquement*** j-n plötzlich verlassen; j-n einfach stehen lassen; ***cette pensée ne le quitte jamais*** dieser Gedanke lässt ihn nie

Q

los; ***sa photo ne me quitte jamais*** ich trage immer sein Foto bei mir; ***sur ce, je vous quitte*** jetzt muss ich gehen; ***ne pas ~ qn d'un pas, d'une semelle*** j-m nicht von den Fersen weichen; j-m auf Schritt und Tritt folgen; ***ne pas ~ qn, qc des yeux*** j-n, etw nicht aus den Augen lassen **3** *vêtement* ablegen; ausziehen; ***~ le deuil*** die Trauer ablegen; *fig* ***~ l'habit religieux*** in den Laienstand zurückkehren **II** *v/pr* ***se ~*** sich trennen; auseinandergehen; ***ils ne se quittent plus*** sie sind unzertrennlich; ***ils se sont quittés bons amis*** sie sind als gute Freunde auseinandergegangen

quitus [kitys] *m* JUR, COMM Entlastung *f*; ***donner ~ à qn*** j-m Entlastung erteilen; j-n entlasten

qui-vive [kiviv] **I** *int* MIL wer da? **II** *m* ***être, se tenir sur le ~*** auf der Hut sein; aufpassen; F auf dem Quivive sein

quoi [kwa] **I** *pr/int* **1** *obj/dir ou seul* was; *j'ai acheté qc*, ***devine ~?*** rate mal, was?; ***~ faire?*** was tun?; ***en ~ faisant?*** wie?; auf welche Weise?; ***pour ~ faire?*** wozu?; ***je ne sais plus ~ dire*** ich weiß nicht mehr, was ich sagen soll; ♦ F ***~?*** *je n'ai pas compris* was? ...; ***alors, il se décide ou ~?*** entschließt er sich nun oder nicht, F oder was eigentlich?; ***~ de neuf?*** was gibt's Neues?; ***~ de plus facile?*** nichts leichter als das!; ***~ de plus naturel?*** was ist selbstverständlicher? **2** *obj/indir* woran, worauf, womit, wozu *etc* (*selon la prép*); ***à ~ pensez-vous?*** woran denken Sie?; ***de ~ est-ce qu'il se nourrit?*** wovon ernährt er sich?; ***il ne sait pas par ~ commencer*** er weiß nicht, womit er anfangen soll; ♦ ***à ~ bon?*** wozu?; was nützt das (schon)?; F *menaçant* ***de ~?*** he, was gibt's?; was fällt euch ein! **3** *exclamatif* ***~!*** *vous partez?* was! *ou* wie! ...; F *en fin d'explication* ***... une vie monotone, ~ ...*** ein eintöniges Dasein also, eben, *südd* halt **II** *pr/rel* **1** woran, worauf, womit *etc* (*selon la prép*); ***s'il savait ce à ~ je pense*** wenn er wüsste, woran ich denke; ***c'est en ~ vous vous trompez*** hier(in) irren Sie (sich); ***voici de ~ payer le loyer*** hier ist das Geld, um die Miete zu bezahlen; ♦ *il exposa les faits*, ***après ~ il se retira*** woraufhin er sich zurückzog; *prêtez-moi un peu d'argent*, ***sans ~*** *ou* ***faute de ~ je ne pourrai payer le taxi*** sonst *ou* andernfalls kann ich das Taxi nicht bezahlen; ♦ F ***comme ~*** **a)** (der *ou* die, das besagt,) dass; ***il lui a fait un certificat comme ~ il a bien travaillé*** er hat ihm ein Zeugnis ausgestellt, dass *ou* wonach er gute Arbeit geleistet hat; **b)** also; *il n'a même pas demandé à le voir*, ***comme ~ ce n'était pas très important*** es war also nicht sehr wichtig **2** *sans antécédent*: ***acheter de ~ écrire*** Schreibmaterial kaufen; ***avoir de ~ écrire*** etwas zum Schreiben haben; ***avoir de ~ vivre*** sein Auskommen, genug zum Leben haben; F ***avoir de ~*** Geld haben; F (gut) betucht sein; ***il n'y a pas de ~ rire*** da gibt es nichts zu lachen; (dies ist) kein Grund zum Lachen; *je vous remercie* - (***il n'y a***) ***pas de ~*** (bitte,) keine Ursache; (bitte,) gern geschehen; nichts zu danken **III** *pr/ind* ***~ que*** (*+subj*) was auch (immer); (ganz) gleich *ou* F egal, was; ***~ qu'il arrive*** was auch (immer) geschehen mag; ganz gleich *ou* F egal, was geschieht; ***~ qu'on dise*** was man auch (immer) sagen mag; ***~ que ce soit*** was auch immer (das sein mag); (ganz) gleich *ou* F egal, was; (*quelque chose*) irgendetwas; ***s'il arrive ~ que ce soit*** wenn irgendetwas, F irgendwas passiert; ***~ qu'il en soit*** wie dem auch sei; ♦ ***n'importe ~*** → ***importer***[2]

quoique [kwak(ə)] ⟨*vor il, elle, un, une, on* ***quoiqu'***⟩ *conj* (*+subj*) obgleich; obwohl; wenn auch; ***quoiqu'il ait beaucoup d'amis ...*** obwohl er viele Freunde hat ...; F ***~ pour ça, on n'a pas de preuves*** obwohl - man hat ja eigentlich keine Beweise dafür

quolibet [kɔlibɛ] *m* Anzüglichkeit *f*; spöttische Bemerkung; ***essuyer des ~s*** Anzüglichkeiten einstecken müssen, zu hören bekommen

quorum [kɔʀɔm, kwɔ-] *m* beschlussfähige Anzahl (von Sitzungsteilnehmern); Quorum *n*; ***le ~ est atteint*** die Versammlung ist beschlussfähig

quota [kɔta, kwɔ-] *m* ADM Quote *f*; ***~ d'immigration*** Einwanderungsquote *f*; ***~ d'importation*** Einfuhrquote *f*

quote-part [kɔtpaʀ] *f* ⟨*pl* **quotes-parts**⟩ Anteil *m*; anteiliger, anteilmäßiger Betrag; Quote *f*

quotidien [kɔtidjɛ̃] **I** *adj* ⟨***~ne***⟩ (all)täglich; ***le pain ~*** das tägliche Brot; ***le travail ~*** die tägliche Arbeit; ***la vie ~ne*** der Alltag; das alltägliche Leben **II** *m* **1** *journal* Tageszeitung *f* **2** (*vie quotidienne*) Alltag *m*; ***au ~*** im Alltag

quotidiennement [kɔtidjɛnmɑ̃] *adv* täglich

quotient [kɔsjɑ̃] *m* **1** MATH Quotient *m* **2** *par ext*: IMPÔTS ***~ familial*** Bewertungsziffer *f* entsprechend dem Familienstand; ***~ intellectuel*** Intelligenzquotient *m*

quotité [kɔtite] *f* JUR Anteil *m*; Anteilsumme *f*; Quote *f*; ***~ disponible*** frei verfügbarer Erbanteil

R

R

R, r [ɛʀ] *m* ⟨*inv*⟩ R, r *n*

rab [ʀab] *m* F **1** *de nourriture* F Nachschlag *m*; ***il y a des frites en ~*** es sind noch Pommes frites übrig; ***qui veut du ~?*** wer will nachfassen? **2** (*temps supplémentaire*) ***faire du ~*** (unbezahlte) Überstunden machen; MIL nachdienen (müssen)

rabâchage [ʀabaʃaʒ] *m* endloses Wiederholen; F Wiederkäuen *n*

rabâcher [ʀabaʃe, -bɑ-] *v/t* F **1** *des histoires* endlos, bis zum Überdruss wiederholen; F wiederkäuen; immer wieder anfangen (***qc*** von etw); *abs* immer dasselbe reden, F faseln; *adjt* ***rabâché*** *sujet etc* abgedroschen **2** *ses leçons* ständig hersagen, F herbeten, runterleiern

rabâcheur [rabaʃœr] F *m*, **rabâcheuse** F *f* langweiliger Schwätzer, langweilige Schwätzerin
rabais [rabɛ] *m* Preisnachlass *m*, -abschlag *m*; Rabatt *m*; *loc/adv* **au ~** zu herabgesetzten Preisen; *acheter* preisgünstig; F *fig* **travailler au ~** gegen schlechte Bezahlung arbeiten; e-e billige Arbeitskraft sein; **vendre au ~** zu stark herabgesetzten Preisen verkaufen; **accorder, consentir, faire un ~ sur (le prix d')une marchandise** auf e-e Ware Rabatt geben; **obtenir un ~** Rabatt erhalten
rabaisser [rabese] **I** *v/t les mérites etc de qn* herabsetzen; schmälern; **~ l'orgueil de qn** j-s Stolz (*dat*) e-n Schlag versetzen **II** *v/pr* **se ~** sich (selbst) schlechtmachen, herabsetzen
rabane [raban] *f* (Raphia)Bast(gewebe) *m(n)*
Rabat [raba] GÉOGR Rabat *n*
rabat [raba] *m* **1** *plastron* Beffchen *n* **2** *d'un sac, d'une poche, d'une enveloppe* Klappe *f*; *cout a* Patte *f* **rabat-joie** *m* ⟨*inv*⟩ Spielverderber m; F Miesmacher *m*
rabattage [rabataʒ] *m* CH (Zu)Treiben *n* **rabatteur** *m* **1** CH Treiber *m* **2** *fig et péj* (An)Werber *m*
rabattre [rabatʀ] ⟨→ **battre**⟩ **I** *v/t* **1** *couvercle, siège* herunterklappen; TENNIS **~ la balle** den Ball stoppen; **~ les bords de son chapeau** die Hutkrempe in die Stirn drücken, ins Gesicht ziehen; **~ un col, un drap** einen Kragen, ein Betttuch umschlagen; *vent* **~ la fumée** den Rauch herunterdrücken **2** *fig prétentions de qn* herunterdrücken; → *a* **caquet** *1* **3** COMM **~ trois euros (du prix)** drei Euro (vom Preis) nachlassen; um drei Euro heruntergehen **4** CH *gibier* treiben; **~ le gibier vers qn** j-m das Wild zutreiben **II** *v/i* **en ~** zurückstecken; Abstriche machen; s-e Ansprüche herunterschrauben **III** *v/pr* **1** **se ~** *voiture après avoir doublé* rasch wieder einscheren, nach rechts hinüberziehen; **se ~ sur la gauche** plötzlich nach links ausscheren, fahren; *footballeur etc* **se ~ vers le centre** plötzlich zur Mitte laufen **2** *faute de mieux* **se ~ sur** vorliebnehmen, sich begnügen mit; ausweichen, zurückgreifen auf (*+acc*); sich zuwenden (*+dat*)
rabattu [rabaty] *adj* COUT **col ~** Umlege-, Umschlagkragen *m*; **couture ~e** Kappnaht *f*
rabbin [rabɛ̃] *m* REL Rabbiner *m*; **grand ~** Oberrabbiner *m*
rabbinat [rabina] *m* Rabbinat *n*; Rabbinerwürde *f* **rabbinique** *adj* Rabbiner...; rabbinisch
Rabelais [rablɛ] *frz Dichter*
rabelaisien [rablɛzjɛ̃] *adj* ⟨**~ne**⟩ in der Art Rabelais; Rabelais würdig
rabibocher [rabibɔʃe] F **I** *v/t* (wieder) versöhnen **II** *v/pr* **se ~** sich (wieder miteinander) versöhnen
rabiot [rabjo] *m* F → **rab**
rabioter [rabjɔte] F **I** *v/t* **~ qc** sich (*dat*) den Nachschlag, den Rest von etw sichern, nehmen **II** *v/i* sich (*dat*) kleine zusätzliche Einnahmen verschaffen
rabique [rabik] *adj* MÉD Tollwut...
râble [rɑbl] *m* **1** (Kaninchen-, Hasen)Rücken *m* (*a* CUIS) **2** F *fig* **tomber sur le ~ de qn** über j-n herfallen
râblé [rɑble] *adj* **1** *animal* **bien ~** mit kräftigem Rücken **2** *personne* stämmig; untersetzt; vierschrötig
rabot [rabo] *m* Hobel *m*; **passer le ~, donner un coup de ~** hobeln
rabotage [rabɔtaʒ] *m* (Ab-, Be-, Glatt)Hobeln *n*
raboter [rabɔte] *v/t* **1** hobeln; abhobeln; behobeln; glatt hobeln; **~ le plancher** den Fußboden abschleifen **2** F *son genou, sa tête etc* aufschürfen
raboteur [rabɔtœr] *m* Hobler *m*
raboteux [rabɔtø] *adj* ⟨**-euse**⟩ *chemin, fig: vers* holp(e)rig; **surface raboteuse** unebene, raue Oberfläche
rabougri [rabugri] *adj* **1** *plante* verkümmert; verkrüppelt **2** *personne* kümmerlich; schmächtig
rabougrir [rabugrir] *v/pr* **se ~** **1** *plante* verkümmern **2** *personne* zusammenschrumpfen; verhutzeln
rabouter [rabute] *v/t* zusammenfügen, -setzen
rabrouer [rabrue] *v/t* **~ qn** j-n anfahren, anherrschen; (*repousser*) j-m e-e Abfuhr erteilen; **se faire ~** e-e Abfuhr bekommen
racaille [rakaj, -kɑj] *f* Pack *n*; Gesindel *n*
raccommodable [rakɔmɔdabl] *adj* ausbesserungsfähig **raccommodage** *m* Ausbesserung *f*; Flicken *n*; Flickarbeit *f* **raccommodement** F *m* (Wieder)-Versöhnung *f*
raccommoder [rakɔmɔde] **I** *v/t* **1** *linge, vêtements* flicken (*a porcelaine, filets*); ausbessern; stopfen; reparieren **2** F (*réconcilier*) (wieder) versöhnen **II** *v/pr* F **se ~** sich (wieder miteinander) versöhnen
raccommodeur [rakɔmɔdœr] *m*, **raccommodeuse** *f* Ausbesserer *m*, Ausbesserin *f*; Flicker(in) *m(f)*
raccompagner [rakõpaɲe] *v/t* **~ qn** j-n (zurück)begleiten, zurückbringen; **~ qn chez lui en voiture** j-n mit dem Auto nach Hause bringen, fahren
raccord [rakɔr] *m* **1** **faire un ~** a) *de peinture, de maçonnerie* (die Farbe, das Mauerwerk) ausbessern; b) F *fig* sein Make-up [meːkˈap] auffrischen **2** TECH Verbindungsstück *n*, -rohr *n*, -schlauch *m*; Anschlussstück *n*; Nippel *m*; Muffe *f*; **~s de tuyauterie, de robinetterie** Fittings *n/pl* **3** CIN **~ (de plans)** Übergang *m* (zwischen den einzelnen Bildeinstellungen)
raccordement [rakɔrdəmɑ̃] *m* Verbindung *f*; Anschluss *m*; Übergang *m*
raccorder [rakɔrde] **I** *v/t* (miteinander) verbinden; zusammenfügen, -schließen; TV, TÉL anschließen; **~ une ville à l'autoroute** e-e Stadt an die Autobahn anschließen **II** *v/pr* **1** **se ~** TECH angeschlossen sein (**à** an *+acc*); (*s'adapter*) zusammenpassen; *dessin de papier peint etc* aneinander anschließen **2** **se ~ à la canalisation** *etc* den Anschluss an die Kanalisation *etc* durchführen
raccourci [rakursi] **I** *adj* ge-, verkürzt; *loc/adv*: *fig* **à bras ~s** mit aller, voller Kraft, Gewalt; mit voller Wucht; **en ~** in Kurzform; kurz gefasst; im Abriss **II** *m* **1** *chemin* Abkürzung *f*; **prendre un ~** e-e Abkürzung nehmen **2** LITTÉRATURE Raffung *f*
raccourcir [rakursir] **I** *v/t séjour* ab-, verkürzen; **~ une robe** ein Kleid kürzer machen; **~ un texte** einen Text kürzen, raffen; *abs*: *passons par là*, **ça raccourcit** das ist kürzer **II** *v/i jours, robe au lavage* kürzer werden; F **les jupes raccourcissent cette année** dieses Jahr trägt man die Röcke kürzer
raccourcissement [rakursismɑ̃] *m* (Ver)kürzung *f*; *des jours* Kürzerwerden *n*
raccroc [rakro] *loc/adv* **par ~** durch e-n glücklichen Zufall

raccrocher [ʀakʀɔʃe] **I** *v/t* **1** wieder aufhängen; **~ *un rideau, un tableau*** einen Vorhang, ein Gemälde wieder aufhängen; **~ *un wagon*** einen Waggon wieder anhängen **2** *passants* ansprechen; F anhauen **II** *v/i* **1** TÉL auflegen **2** SPORTS s-e Karriere beenden; aufhören **III** *v/pr* ***se ~*** sich festklammern (***à*** an *+dat*); sich (an)klammern (an *+acc*); *fig* ***se ~ à qn, qc*** sich an j-n, etw klammern

race [ʀas] *f* **1** BIOL Rasse *f*; ***la ~ blanche, jaune, noire*** die weiße, gelbe, schwarze Rasse; **~ *de chien*** Hunderasse *f*; *loc/adj*: ***de ~*** Rasse…; ***chien m de ~*** Rassehund *m*; ***de ~ pure*** reinrassig; rasserein **2** *(famille)* Geschlecht *n*; Sippe *f*; Familie *f*; Stamm *m*; BIBL ***la ~ de David*** der Stamm Davids; *loc/adj* ***fin de ~*** dekadent; degeneriert; überfeinert; ***être de ~ noble*** von edlem Geschlecht, von edler Abstammung sein **3** *(catégorie de personnes)* Rasse *f*; (Menschen)Schlag *m* **4** *péj* Sippschaft *f*; Brut *f*; F ***quelle sale ~!*** was für ein Gesindel!

racé [ʀase] *adj* **1** *animal* Rasse…; reinrassig **2** *personne* von natürlicher Vornehmheit, Eleganz; apart

rachat [ʀaʃa] *m* **1** COMM, JUR Rückkauf *m*; Wiederkauf *m*; *d'une rente, servitude* Ablösung *f* **2** *de prisonniers* Loskauf *m*; Freikauf *m*

Rachel [ʀaʃɛl] *f Vorname*

racheter [ʀaʃte] ⟨**-è-**⟩ **I** *v/t* **1** *maison etc* zurück-, wiederkaufen; *rente, servitude* ablösen; **~ *du pain*** wieder Brot kaufen; **~ *qc à qn*** j-m etw (wieder) abkaufen **2** *prisonniers* los-, freikaufen; REL *les hommes* erlösen; **~ *sa liberté*** sich freikaufen **3** *fig faute, crime* sühnen; wiedergutmachen; **~ *un inconvénient*** einen Nachteil wieder aufwiegen, ausgleichen **II** *v/pr* ***se ~*** sein Ansehen wiederherstellen

rachidien [ʀaʃidjɛ̃] *adj* ⟨**~ne**⟩ ANAT Rückenmark(s)…; Wirbel(säulen)…; ***bulbe ~*** verlängertes (Rücken)Mark

rachis [ʀaʃis] *m* **1** ANAT Wirbelsäule *f*; Rückgrat *n* **2** BOT *d'une inflorescence, d'une feuille pennée* Hauptachse *f*; Spindel *f*; *sc* Rhachis *f* **3** ZO *d'une plume* Schaft *m*; *sc* Rhachis *f*

rachitique [ʀaʃitik] *adj* **1** MÉD rachitisch **2** *par ext plante* zurückgeblieben; kümmerlich; kümmernd

rachitisme [ʀaʃitism] *m* MÉD Rachitis *f*, englische Krankheit; ***être atteint de ~*** Rachitis, die englische Krankheit haben

racial [ʀasjal] *adj* ⟨**-aux**⟩ rassisch; Rassen…; ***émeutes ~es*** Rassenunruhen *f/pl*

racine [ʀasin] *f* **1** BOT Wurzel *f*; ***~s pl a*** Wurzelwerk *n*; *fig et st/s* ***~s pl*** Wurzeln *f/pl*; Ursprung *m*; *fig* ***avoir de profondes ~s dans un pays*** in e-m Land fest verwurzelt sein; *fig* ***attaquer, couper le mal à sa, à la ~*** das Übel an der Wurzel packen; das Übel mit der Wurzel ausrotten; *fig personne, invité* ***prendre ~*** Wurzeln schlagen; F hängen bleiben **2** ANAT Wurzel *f*; ***~s des cheveux, des poils*** Haarwurzeln *f/pl*; **~ *d'une dent, du nez*** Zahn-, Nasenwurzel *f* **3** MATH Wurzel *f* (***de 9*** aus 9); **~ *carrée*** Quadratwurzel *f*; **~ *cubique*** Kubikwurzel *f*; dritte Wurzel; ***extraire une ~*** e-e Wurzel ziehen **4** LING Wurzel *f*

racinien [ʀasinjɛ̃] *adj* ⟨**~ne**⟩ von, bei Racine; racinesche(r, -s)

racisme [ʀasism] *m* Rassismus *m*; Rassenhass *m*, -hetze *f*, -wahn *m*; übersteigertes Rassenbewusstsein **raciste** **I** *adj* rassistisch **II** *m,f* Rassist(in) *m(f)*

rack [ʀak] *m pour chaîne hi-fi* Rack [rɛk] *n*

racket [ʀakɛt] *m* **1** *activité* (Schutzgeld)Erpressung *f* **2** *organisation* Erpresserbande *f*

racketter [ʀakete] *v/t* **~ *qn*** von j-m (Schutz)Geld erpressen **racketteur** *m* (Schutzgeld)Erpresser *m*

raclage [ʀɑklaʒ] *m* (Ab)Schaben *n*; (Ab)Kratzen *n*

racle [ʀɑkl] *f* TYPO Rakel *f*

raclée [ʀɑkle] F *f* **1** Tracht *f* Prügel *f*; F Keile *f*; Dresche *f*; Senge *pl*; → *a* ***flanquer***[2] *I 2*, ***recevoir*** *I 2* **2** *fig* Schlappe *f*; ***prendre une ~*** e-e Schlappe erleiden

raclement [ʀɑkləmɑ̃] *m* Kratzen *n*; Schaben *n*; **~ *de gorge*** Räuspern *n*

racler [ʀɑkle] **I** *v/t* **1** (ab)schaben; (ab)kratzen; *nordd a* schrappen; *ses pieds* abstreifen; *semelle* abstreichen; **~ *une allée*** e-n Weg einebnen, harken; **~ (*le fond d'*) *une casserole*** e-n Topf auskratzen **2** *pneu* **~ *le bord du trottoir*** am Bordstein entlangscheuern; den Bordstein hart streifen **3** F *fig vin etc* **~ *le gosier*** im Hals kratzen **4** *péj* **~ *du violon*** auf e-r Geige (herum)kratzen **II** *v/pr* ***se ~ la gorge*** sich räuspern

raclette [ʀɑklɛt] *f* **1** TECH Schaber *m*; Kratzer *m* **2** CUIS Raclette *f ou n (Art Käsefondue)*

racloir [ʀɑklwaʀ] *m* TECH Schabeisen *n*, -messer *n*; Schaber *m*; Kratzer *m*; Schrapper *m*

raclure [ʀɑklyʀ] *f* **1** *déchets* (Ab)Schabsel *n* **2** *fig injure* Abschaum *m*

racolage [ʀakɔlaʒ] *m* **1** *péj* Kundenfang *m*; *d'adhérents* (An)Werben *n*; F Keilen *n*; JUR **~ *sur la voie publique*** öffentliche Aufforderung zur Prostitution; ***faire du ~*** auf Kundenfang gehen **2** HIST MIL Anwerbung *f*

racoler [ʀakɔle] *v/t péj acheteurs, abonnés* (an)werben; fangen; *adhérents* werben; F keilen; *prostitué(e)s*: *clients* ansprechen; F anhauen; *abs* auf Kundenfang gehen

racoleur [ʀakɔlœʀ] *m* **1** *péj* (skrupelloser) Kundenwerber; *pour une boîte de nuit* Schlepper *m* **2** HIST MIL Werber *m* **racoleuse** *f* **1** *péj* (skrupellose) Kundenwerberin **2** *prostituée* (Straßen)Dirne *f*; Straßenmädchen *n*

racontars [ʀakɔ̃taʀ] *m/pl* Klatsch *m*; Geschwätz *n*; F Tratsch *m*

raconter [ʀakɔ̃te] **I** *v/t* **1** erzählen; berichten; **~ *qc*** (von) etw erzählen, berichten; **~ *un film*** die Handlung e-s Films, F e-n Film erzählen; **~ *une histoire*** e-e Geschichte erzählen; **~ *un voyage*** von e-r Reise erzählen, berichten; *abs* ***allez, raconte!*** los, erzähl!; lass hören!; ***je te raconte pas!*** ich kann dir sagen!; ***ça vaut la peine d'être raconté*** das ist erzählenswert; ***on raconte que …*** es wird erzählt, berichtet, gesagt, dass …; es heißt, dass … **2** *péj* erzählen; ***on raconte beaucoup de choses sur son compte*** man erzählt viel über ihn; über ihn wird viel geredet; ***c'est du moins ce qu'elle raconte*** so erzählt, sagt sie wenigstens; ***qu'est-ce que tu me racontes?*** was erzählst du mir (denn) da?; ***il nous en raconte!*** der erzählt uns (vielleicht) Sachen! **II** *v/pr* **1 a)** *réciproquement* ***se ~ des blagues*** sich (gegenseitig) Witze erzählen; **b)** *sens passif*: *cette histoire* ***ne peut se ~ devant les enfants*** kann man nicht vor Kindern erzählen **2** *dans un roman etc* ***se ~*** von sich erzählen; sich selbst darstellen; ***il aime se ~*** er spricht gern von sich selbst

racorni [ʀakɔʀni] *adj* **1** *viande, cuir* hart; ***peau ~e*** lederne Haut **2** *fig* ***cœur ~*** verbittertes Herz; ***avoir***

R

l'esprit ~ verkalkt, verknöchert sein
racornir [RakɔRniR] **I** *v/t cuir* hart werden lassen **II** *v/pr* ***se ~*** *viande, cuir* hart, *peau* ledern werden; *vieillard* schrump(e)lig werden; zusammenschrumpfen; *fig cœur* sich verhärten **racornissement** *m* Hartwerden *n*; Zusammenschrumpfen *n*; *fig* Verhärtung *f*
radar [RadaR] *m* Radaranlage *f*, -gerät *n*; Funkmessgerät *n*; ***~ routier*** Verkehrsradargerät *n*; *adjt* ⟨*inv*⟩ ***antenne*** *f*, ***contrôle*** *m*, ***écran*** *m*, ***station*** *f* ***~*** Radarantenne *f*, -kontrolle *f*, -schirm *m*, -station *f*; ***guidé par ~*** radargelenkt, -gesteuert
rade [Rad] *f* **1** MAR Reede *f*; ***être en ~*** auf der Reede liegen **2** F *fig* ***laisser en ~*** *personne* verlassen; im Stich lassen; *travail* liegen lassen; ***rester en ~*** *voiture, projet* liegen bleiben; *personne* zurückbleiben
radeau [Rado] *m* ⟨*pl* **~x**⟩ Floß *n*; MAR ***~ de sauvetage*** Rettungsinsel *f*
radial [Radjal] *adj* ⟨**-aux**⟩ **1** radial; Radial...; strahlenförmig; ***voie ~e*** *ou subst* ***~e*** *f* von der Stadtmitte zum Stadtrand führende Straße; *österr* Radiallinie *f* **2** ANAT Speichen...; Radial...
radian [Radjɑ̃] *m* MATH Radiant *m*
radiant [Radjɑ̃] *adj* PHYS (aus)strahlend
radiateur [RadjatœR] *m* **1** *de chauffage central* Heizkörper *m*; *t/t* Radiator *m*; *électrique, à gaz* Heizofen *m* **2** AUTO Kühler *m*
radiation [Radjasjõ] *f* **1** *sur une liste, un compte* Streichung *f*; JUR ***~ d'inscription*** (***hypothécaire***) Löschung *f* e-r Hypothek **2** PHYS Strahlung *f*; *t/t* Radiation *f*; ***~s*** *pl* Strahlen *m/pl*; ***~ infrarouge, solaire, ultraviolette*** Infrarot-, Sonnen-, Ultraviolettstrahlung *f*; ***protection*** *f* ***contre les ~s*** Strahlenschutz *m*
radical [Radikal] ⟨*m/pl* **-aux**⟩ **I** *adj* **1** radikal; *moyen a* durchgreifend; *mesure, réforme a* einschneidend; ***guérison ~e*** vollständige Genesung **2** POL ***parti ~*** radikalsozialistische Partei (*bürgerlich-laizistisch*) **II** *m* **1** GR (Wort)Stamm *m* **2** CHIM Radikal *n* **3** MATH Wurzelzeichen *n* **4** POL Radikalsozialist *m*; ***Mouvement*** *m* ***des radicaux de gauche*** Links-Radikalsozialistische Partei (*linke Mitte*)
radicalement [Radikalmɑ̃] *adv* radikal; von Grund aus; durchgreifend; ***~ différent*** grundverschieden; ***guérir qn ~*** j-n völlig, vollständig heilen; *fig d'un vice* j-n gründlich kurieren
radicalisation [Radikalizasjõ] *f* POL Radikalisierung *f* **radicaliser** **I** *v/t* POL radikalisieren **II** *v/pr* ***se ~*** radikal werden
radicalisme [Radikalism] *m* POL *en France* (Bewegung *f* des) Radikalsozialismus *m*
radical-socialisme [Radikalsɔsjalism] *m* POL *en France* (Bewegung *f* des) Radikalsozialismus *m* **radical-socialiste** ⟨*m/pl* **radicaux-socialistes**⟩ POL **I** *adj* radikalsozialistisch **II** *m,f* Radikalsozialist(in) *m(f)*
radicelle [Radisɛl] *f* BOT Wurzelfaser *f*
radier [Radje] *v/t* (*rayer*) streichen; JUR löschen
radiesthésie [Radjɛstezi] *f* Radiästhesie *f* **radiesthésiste** *m,f* (Wünschel)Rutengänger(in) *m(f)*
radieux [Radjø] *adj* ⟨**-euse**⟩ **1** *soleil, journée* strahlend **2** *air, visage, personne* (glück-, freude)strahlend
radin [Radɛ̃] F **I** *adj* ⟨*f a inv*⟩ F knick(e)rig; knaus(e)rig **II** *subst* **~(e)** *m(f)* Geizhals *m*, -kragen *m*; F Knauser(in) *m(f)*; Pfennigfuchser(in) *m(f)*
radiner [Radine] *v/i* (*et v/pr* ***se***) ***~*** F (*arriver*) F antanzen; eintrudeln; ***tu te radines!*** komm, F mach schon!
radinerie [RadinRi] *f* F Knaus(e)rigkeit *f*; Knick(e)rigkeit *f*; Pfennigfuchserei *f*
radio[1] [Radjo] *f* **1** (*radiodiffusion*) Radio *n*; Rundfunk *m*; Hörfunk *m*; ***programme*** *m* ***de ~*** Hörfunk-, Rundfunk-, Radioprogramm *n*; *loc/adv* ***à la ~*** im Radio; im Hörfunk; ***avoir la ~ et la télé*** Radio und Fernsehen haben; ***passer à la ~*** im Radio kommen; ***travailler à la ~*** beim Rundfunk arbeiten **2** *récepteur* Radio *n*, *südd a m*; ***poste*** *m* (***de***) ***~*** Radio- *ou* Rundfunkapparat *m*, -gerät *n* **3** *station émettrice* Sender *m*; *suivi d'un n/pr* Radio *n*; ***~ libre*** Privatsender *m*; ***~ pirate*** Piratensender *m* **4** (*radiotéléphonie*) Funk *m*; *adjt*: ***liaison*** *f* ***~*** Funkverbindung *f*; ***message*** *m* ***~*** Funkspruch *m*; *loc/adv* ***par ~*** über Funk **5** (*radiographie*) Röntgenaufnahme *f*, -bild *n*; (*radioscopie*) (Röntgen)Durchleuchtung *f*; ***se faire faire une ~*** sich röntgen *ou* durchleuchten lassen; ***passer à la ~*** geröntgt *ou* durchleuchtet werden
radio[2] [Radjo] *m* Funker *m*; MAR, AVIAT ***~ de bord*** Bordfunker *m*
radioactif [Radjoaktif] *adj* ⟨**-ive**⟩ radioaktiv; ***déchets ~s*** radioaktive Abfälle *m/pl*; Atommüll *m*
radioactivité [Radjoaktivite] *f* Radioaktivität *f*
radioalignement [Radjoaliɲmɑ̃] *m* MAR, AVIAT Einweisung *f* durch Richtfunkfeuer **radioamateur** *m* Funk-, Radioamateur *m* **radioastronomie** *f* Radioastronomie *f* **radiobalise** *f* MAR, AVIAT Funkfeuer *n*; Funkbake *f* **radiobiologie** *f* Strahlenbiologie *f*; Radiobiologie *f*
radiocarbone [RadjokaRbɔn] *m* Radiokohlenstoff *m*; ***méthode*** *f* ***du ~*** Radiokarbonmethode *f*
radiocassette [Radjokasɛt] *f* Radiorekorder *m* **radiochimie** *f* Radiochemie *f* **radiocommande** *f* Funksteuerung *f* **radiocommandé** *adj* funkgesteuert **radiodiagnostic** *m* MÉD Röntgendiagnose *f*
radiodiffuser [Radjodifyze] *v/t* (im Rundfunk) übertragen, senden; (über den Rundfunk) ausstrahlen; ***être radiodiffusé*** vom Rundfunk übertragen, gesendet, ausgestrahlt werden
radiodiffusion [Radjodifyzjõ] *f* **1** *transmission* Radio-, Rundfunkübertragung *f*; ***station*** *f* ***de ~*** Rundfunkstation *f*, -sender *m* **2** *services* Rundfunk(wesen) *m(n)*; Hörfunk *m*
radioélectricité [RadjoelɛktRisite] *f* TECH Funk-, Radio-, Hochfrequenztechnik *f*
radioélectrique [RadjoelɛktRik] *adj* Funk...; Radio...; ***ondes*** *f/pl* ***~s*** Funkwellen *f/pl*
radioélément [Radjoelemɑ̃] *m* PHYS NUCL Radioelement *n* **radiogoniomètre** *m* MAR, AVIAT Funkpeilgerät *n*
radiographie [RadjɔgRafi] *f* **1** *procédé* Röntgenuntersuchung *f*; *t/t* Röntgenografie *f*; ***appareil*** *m* ***de ~*** Röntgenapparat *m* **2** *cliché* Röntgenaufnahme *f*, -bild *n*
radiographier [RadjɔgRafje] *v/t malade, organe, tableau* röntgen; Röntgenaufnahmen machen (von); ***se faire ~*** sich röntgen lassen
radiographique [RadjɔgRafik] *adj* Röntgen...; ***examen*** *m* ***~*** Röntgenuntersuchung *f*

R

radioguidage [ʀadjogidaʒ] *m* **1** TECH Funksteuerung *f*; Lenkung *f* über Funk **2** AUTO Verkehrsfunk *m*; Verkehrsdurchsagen *f/pl* **radioguider** *v/t* über Funk steuern, lenken
radiologie [ʀadjɔlɔʒi] *f* MÉD, TECH Röntgenologie *f*; Strahlenkunde *f*; Radiologie *f* **radiologique** *adj* röntgenologisch; Röntgen...; ***diagnostic** m* ~ Röntgendiagnose *f*
radiologiste [ʀadjɔlɔʒist] *ou* **radiologue** *m,f* MÉD Röntgenarzt *m*, -ärztin *f*; Facharzt *m*, -ärztin *f* für Röntgenologie; Röntgenologe, -login *m,f*
radionavigant [ʀadjɔnavigɑ̃] *m* MAR, AVIAT (Bord)-Funker *m* **radionavigation** *f* Funknavigation *f* **radiophare** *m* MAR, AVIAT Funkfeuer *n*
radiophonique [ʀadjɔfɔnik] *adj* Radio...; (Rund)-Funk...; ***jeu** m* ~ Quizsendung *f*, Ratespiel *n* (im Rundfunk); ***pièce** f* ~ Hörspiel *n*
radioreportage [ʀadjɔʀ(ə)pɔʀtaʒ] *m* Rundfunkreportage *f* **radioreporter** *m,f* Rundfunkreporter(in) *m(f)*
radio-réveil [ʀadjoʀevɛj] *m* ⟨*pl* **radios-réveils**⟩ Radiowecker *m*
radioscopie [ʀadjɔskɔpi] *f* MÉD (Röntgen)Durchleuchtung *f*; *t/t* Röntgenoskopie *f* **radiosonde** *f* MÉTÉO Radiosonde *f* **radiosource** *f* ASTR Radioquelle *f*
radio-taxi [ʀadjotaksi] *m* ⟨*pl* **radio-taxis**⟩ Funktaxi *n*
radiotéléphone [ʀadjotelefɔn] *m* Funktelefon *n*; *de voiture* Autotelefon *n* **radiotéléphonie** *f* Sprechfunk *m*; *mobile* Mobilfunk *m* **radiotélescope** *m* ASTR Radioteleskop *n* **radiotélévisé** *adj* von (Hör)-Funk und Fernsehen übertragen; (Hör)Funk- und Fernseh... **radiothérapie** *f* MÉD Strahlentherapie *f*, -behandlung *f*; *sc* Radiotherapie *f*
radis [ʀadi] *m* **1** ~ (**rose**) Radieschen *n*; ~ **noir** (Schwarzer) Rettich **2** F *fig* ***n'avoir pas un*** ~ F völlig abgebrannt, blank sein
radium [ʀadjɔm] *m* CHIM Radium *n*
radius [ʀadjys] *m* ANAT Speiche *f*
radja [ʀadʒa] *m en Inde* Radscha *m*
radôme [ʀadom] *m* TECH Radom *n*; Radarkuppel *f*
radon [ʀadõ] *m* CHIM Radon *n*
radotage [ʀadɔtaʒ] *m* **a)** *peu sensé* (unsinniges) Gefasel; Faselei *f*; Geschwafel *n*; F Gewäsch *n*; **b)** *rabâché* endlose Wiederholungen *f/pl*; F Geschwätz *n*; Gequassel *n*
radoter [ʀadɔte] *v/i* **a)** (*déraisonner*) faseln; schwafeln; unsinniges, kindisches Zeug zusammenreden, F quatschen; **b)** (*rabâcher*) sich endlos wiederholen; F schwatzen; quasseln **radoteur** *m*, **radoteuse** *f* Schwätzer(in) *m(f)*; F Quatschkopf *m*; Quasselstrippe *f*
radoub [ʀadu(b)] *m* MAR Ausbesserung *f*; ***navire** m* ***au*** ~ Schiff *n* im Trockendock; eingedocktes Schiff; ***bassin** m* ***de*** ~ Trockendock *n*
radouber [ʀadube] *v/t* MAR ausbessern
radoucir [ʀadusiʀ] **I** *v/t* **1** mildern; ***la pluie a radouci le temps*** durch den Regen ist es milder geworden **2** *fig ton etc* mildern; *personne* milder stimmen; besänftigen **II** *v/pr* ***se*** ~ **1** *temps* milder werden; sich erwärmen **2** *personne* umgänglicher werden; sich beruhigen
radoucissement [ʀadusismɑ̃] *m* Milderung *f*; ~ ***de la température*** *a* Nachlassen *n* der Kälte; ~ ***du temps*** Wettermilderung *f*
rafale [ʀafal] *f* **1** ~ (***de vent***) Bö(e) *f*; Windstoß *m*; ~ ***de neige*** Schneegestöber *n*; ~ ***de pluie*** Regenbö *f*; ***le vent souffle par*** ~***s*** der Wind weht in Böen; es ist böig **2** MIL Feuerstoß *m* (***de pistolet-mitrailleur*** aus e-r Maschinenpistole)
raffermir [ʀafɛʀmiʀ] **I** *v/t* **1** *muscles, poitrine* straffen; festigen **2** *fig gouvernement, courage, autorité* stärken; *santé* kräftigen; ~ ***qn dans sa résolution*** j-n in s-m Entschluss bestärken **II** *v/pr* ***se*** ~ **1** *poitrine etc* sich straffen; *sol* fest, hart werden **2** *fig santé* sich kräftigen; *cours à la Bourse* sich stabilisieren **3** *litt personne* sich (wieder) fangen
raffermissement [ʀafɛʀmismɑ̃] *m* **1** *de la poitrine etc* Straffung *f*; *du sol* Fest-, Hartwerden *n* **2** *fig de l'autorité etc* Stärkung *f*; Sicherung *f*; *des cours* Stabilisierung *f*
raffinage [ʀafinaʒ] *m du sucre, pétrole* Raffinieren *n*; Raffination *f*
raffiné [ʀafine] *adj* **1** TECH raffiniert; ***sucre*** ~ (Zucker)Raffinade *f* **2** *fig* verfeinert; *goût, élégance* erlesen; ausgesucht (*a politesse*); *langue* gewählt; *style* gepflegt; *personne* feinsinnig; mit verwöhntem Geschmack; geistig anspruchsvoll; *péj*: *art* überfeinert; *supplices* raffiniert; ausgeklügelt; ***esprit*** ~ feinsinniger Mensch; ***manières*** ~***es*** erlesene Umgangsformen *f/pl*; ***table*** ~***e*** erlesene Gerichte *n/pl*
raffinement [ʀafinmɑ̃] *m* **1** *du goût etc* Verfeinerung *f*; Erlesenheit *f*; Ausgesuchtheit *f*; Raffinement *n*; ***c'est le suprême*** ~ das ist das Allerfeinste **2** (*recherche excessive*) Überfeinerung *f*; Raffinesse *f*; Raffinement *n*; ~ ***de cruauté*** ausgeklügelte Grausamkeit
raffiner [ʀafine] **I** *v/t sucre, pétrole* raffinieren **II** *v/t/indir* ~ ***sur qc*** etw übertreiben
raffinerie [ʀafinʀi] *f* Raffinerie *f*; ~ ***de pétrole, de sucre*** (Erd)Öl-, Zuckerraffinerie *f*
raffoler [ʀafɔle] *v/t/indir* ~ ***de qn, qc*** für j-n, etw schwärmen; ~ ***de qn*** *a* in j-n vernarrt sein; ~ ***de qc*** *a* auf etw (*acc*) versessen sein; ~ ***de chocolat*** leidenschaftlich gern Schokolade essen; ***elle raffole de musique*** es geht ihr nichts über Musik
raffut [ʀafy] F *m* Krach *m*; Lärm *m*; F Radau *m*; Spektakel *m*
rafiot [ʀafjo] *m péj* ***vieux*** ~ alter Kahn, F Kasten; F Äppelkahn *m*; MAR Seelenverkäufer *m*
rafistolage [ʀafistɔlaʒ] F *m* Flickschusterei *f*; *résultat a* Flickwerk *n* **rafistoler** F *v/t* notdürftig ausbessern, flicken; zurechtflicken, F -schustern
rafle [ʀafl] *f* **1** *par la police* Razzia *f*; ***faire une*** ~ e-e Razzia machen **2** F *par des voleurs, des clients* Ausräumen *n*; (Aus)Plünderung *f*; *voleurs* ***faire une*** ~ ***dans une bijouterie*** e-n Juwelierladen ausplündern **3** *d'une grappe* Kamm *m*; Rapp(e) *m(f)*; *d'un épi de maïs* Spindel *f*
rafler [ʀafle] *v/t* F ~ ***qc*** *voleurs* etw mitgehen lassen; *clients* etw aufkaufen, an sich (*acc*) raffen; *élève* ~ ***tous les prix*** alle Preise einheimsen
rafraîchir [ʀafʀeʃiʀ] **I** *v/t* **1** *boisson* kühlen; kalt stellen; *boisson* ~ ***qn*** j-n erfrischen; ~ ***son front*** seine Stirn kühlen; *ondée* ~ ***la température*** die Temperatur abkühlen, sinken lassen; *abs* ***boisson** f* ***qui rafraîchit*** erfrischendes Getränk **2** *robe, chapeau* aufarbeiten; *tableau, meubles* auffrischen; *cheveux* nachschneiden **3** *fig* ~ ***la mémoire à qn*** j-s Gedäch-

R

nis (*dat*) nachhelfen; j-s Gedächtnis (*acc*) auffrischen **II** *v/i boisson, mets* (sich) abkühlen; kühler werden; ***mettre de la bière à ~*** Bier kalt stellen **III** *v/pr* ***se ~*** **1** *température, temps* kühler werden; sich abkühlen; *vent* frischer werden; ***le temps s'est rafraîchi*** es hat sich abgekühlt **2** *personne: avec de l'eau, de l'air* sich abkühlen; sich erfrischen; *en buvant* sich erfrischen; e-e Erfrischung zu sich nehmen

rafraîchissant [ʀafʀɛʃisɑ̃] *adj* **1** *brise, pluie, boisson* erfrischend; kühlend; erquickend; ***boisson ~e*** *a* Erfrischungsgetränk *n* **2** *fig livre, rires* (herz)-erfrischend

rafraîchissement [ʀafʀɛʃismɑ̃] *m* **1** *de la température* Abkühlung *f* **2** *souvent pl* ***~s*** Erfrischungen *f/pl*; ***prendre un ~*** e-e Erfrischung zu sich nehmen; ***servir des ~s*** Erfrischungen reichen

rafting [ʀaftiŋ] *m* Rafting *n*; Wildwassersport *m*

ragaillardir [ʀagajaʀdiʀ] *v/t* aufmuntern; neuen Schwung, Auftrieb geben (*+dat*); F aufmöbeln; ***se sentir tout ragaillardi*** sich wie neugeboren fühlen

rage [ʀaʒ] *f* **1** MÉD Tollwut *f* **2** (*colère*) Wut *f*; Raserei *f*; Toben *n*; Wüten *n*; ***~ de destruction*** Zerstörungswut *f*; *fig*: ***~ d'écrire*** Schreibwut *f*; ***~ de vivre*** Lebensgier *f*; ***de ~*** *loc/adj* wütend; Wut...; *loc/adv* vor Wut; ***cri*** *m* ***de ~*** wütender Schrei; Wutschrei *m*; ***fou de ~*** außer sich, rasend vor Wut; wutentbrannt; ***entrer dans une ~ folle*** von blinder Wut gepackt werden; ***être en ~*** wütend sein (***contre qn*** auf j-n); ***faire ~*** *tempête, feu* wüten; *tempête, bataille* toben; ***mettre qn en ~*** j-n wütend machen, in Wut bringen **3** ***~ de dents*** rasende Zahnschmerzen *m/pl*

rageant [ʀaʒɑ̃] *adj* F ***c'est ~*** das ist zu ärgerlich, zu dumm; ich könnte mich schwarzärgern

rager [ʀaʒe] F *v/i* ⟨**-geons**⟩ sich ärgern; ärgerlich, böse werden; ***faire ~ qn*** F j-n auf die Palme bringen; ***ça me fait ~ de*** (*+inf*) *ou* ***que ...*** (*+subj*) es macht mich wütend, dass ...

rageur [ʀaʒœʀ] *adj* ⟨**-euse**⟩ *personne* cholerisch; jähzornig; ***coup de pied ~*** wütender Tritt; ***voix rageuse*** wütende Stimme

raglan [ʀaglɑ̃] **I** *m* Raglan(mantel) *m* **II** *adj* ⟨*inv*⟩ Raglan...; ***imperméable*** *m* ***~*** Regenmantel *m* mit Raglanärmeln; ***manches*** *f/pl* ***~*** Raglanärmel *m/pl*

ragondin [ʀagɔ̃dɛ̃] *m* **1** ZO Nutria *f*; Biberratte *f* **2** *fourrure* Nutria(pelz) *m*

ragot [ʀago] **I** *m* ZO zwei- bis dreijähriger Keiler **II** *adj litt personne* gedrungen; untersetzt; *cheval* stark und kurz

ragots [ʀago] *m/pl* F Tratsch *m*; Klatsch *m*

ragougnasse [ʀaguɲas] *f* F *péj* Fraß *m*

ragoût [ʀagu] *m* CUIS Ragout *n*; ***~ de veau*** Kalbsragout *n*

ragoûtant [ʀagutɑ̃] *adj* ***peu ~*** unappetitlich

ragrafer [ʀagʀafe] *v/t vêtement* wieder zuhaken

Raguse [ʀagyz] GÉOGR Ragusa *n*

rai [ʀɛ] *litt m* (Licht-, Sonnen)Strahl *m*

raï [ʀaj] *m* MUS Raï *m*

raid [ʀɛd] *m* **1** MIL Überfall *m*; Einfall *m*; (Erkundungs)Vorstoß *m*; Kommandounternehmen *n*; ***~ (aérien)*** Luftangriff *m* **2** SPORTS ***~ (automobile, aérien)*** Langstrecken-, Fernfahrt *f ou* Langstrecken-, Fernflug *m*

raide [ʀɛd] **I** *adj* **1** *membres, personne, maintien, tissu* steif; *personne a* hölzern; ***cheveux*** *m/pl* ***~s*** glattes Haar; ***être, se tenir ~ comme la justice*** stocksteif sein; steif wie ein Brett sein; → *a* ***corde*** *2* **2** *pente, escalier, chemin* steil **3** F (*fort*) *alcool, histoire* stark; *passage d'un texte* gewagt; ***c'est un peu ~!*** F das ist (ja) ein starkes Stück! **4** P (*fauché*) ***être ~*** F pleite, abgebrannt, blank sein **5** P (*ivre*) F stockbesoffen; sternhagelvoll; veilchenblau **II** *adv* **1** *chemin* ***grimper ~*** steil ansteigen **2** ***~ mort*** auf der Stelle tot; ***tomber ~ (mort)*** auf der Stelle tot umfallen

raideur [ʀɛdœʀ] *f* **1** *d'un membre, du linge* Steifheit *f*; Steife *f*; *du maintien, d'une personne* Steifheit *f*; *fig des principes* Starrheit *f*; *loc/adv* ***avec ~*** steif (*a fig*) **2** *d'une pente, d'un escalier* Steilheit *f*

raidillon [ʀɛdijɔ̃] *m* steiler Weg, Pfad; Steig *m*

raidir [ʀɛdiʀ] **I** *v/t* **1** *étoffe* steif machen; *bras* strecken; *muscles* anspannen; *adjt* ***raidi par le froid*** durch die Kälte steif geworden **2** *fig sa position* versteifen; verhärten **II** *v/pr* ***se ~*** **1** *muscles* sich (an)spannen; *membres* steif werden; sich versteifen; *personne* sich steif machen **2** *fig personne* trotzen, Trotz bieten (***contre*** *dat*)

raidissement [ʀɛdismɑ̃] *m* **1** *des membres* Steifwerden *n* **2** *fig d'une position*, POL Versteifung *f*

raie[1] [ʀɛ] *f* **1** (*bande*) Streifen *m*; (*trait*) Strich *m*; (*éraflure*) Kratzer *m*; (*strie*) Rille *f*; *loc/adj* ***à ~s*** gestreift **2** *de la chevelure* Scheitel *m*; ***faire la ~*** den Scheitel ziehen; ***porter la ~ à gauche, au milieu*** den Scheitel links, e-n Mittelscheitel tragen **3** ANAT ***~ des fesses*** Gesäßspalte *f* **4** PHYS Linie *f*; ***~s du spectre*** Spektrallinien *f/pl*

raie[2] [ʀɛ] *f* ZO Rochen *m*; *injure* P ***gueule*** *f* ***de ~*** P widerliche Fresse

raifort [ʀɛfɔʀ] *m* BOT Meerrettich *m*; *österr* Kren *m*

rail [ʀɑj] *m* **1** CH DE FER **a)** (Eisenbahn)Schiene *f*; ***~ conducteur*** Stromschiene *f*; ***sortir des, quitter les ~s*** entgleisen; *fig entreprise etc* ***remettre sur les ~s*** wieder in Schwung bringen; wieder hochbringen, flottmachen; **b)** *par ext* (*transport ferroviaire*) Schiene *f*; (Eisen)Bahn *f*; ***transport*** *m* ***par ~*** Beförderung *f* auf dem Schienenweg, per Schiene; ***compétition*** *f* ***entre le ~ et la route*** Wettbewerb *m* zwischen Schiene und Straße **2** TECH Schiene *f*

railler [ʀɑje] *v/t* spotten, sich lustig machen (***qn, qc*** über j-n, etw); verspotten

raillerie(s) [ʀɑjʀi] *f(pl)* Spott *m*; Stichelei *f*; Gespött *n*

railleur [ʀɑjœʀ] **I** *adj* ⟨**-euse**⟩ spöttisch; ***esprit ~*** Spötter *m* **II** *subst* ***~, railleuse*** *m,f* Spötter(in) *m(f)*

rail-route [ʀɑjʀut] *adj* ⟨*inv*⟩ ***transport*** *m* ***~*** Huckepackverkehr *m*

rainette [ʀɛnɛt] *f* ZO Laubfrosch *m*

Rainier [ʀɛnje] *m Vorname*

rainurage [ʀɛnyʀaʒ] *m sur la chaussée* Spurrille *f*

rainure [ʀɛnyʀ] *f* Rille *f*; TECH Nut(e) *f* **rainurer** *v/t* TECH nuten; auskehlen; rillen

raïs [ʀais] *m* (*chef d'État arabe*) Führer *m*; Staatschef *m*; Rais *m*

raisin [ʀɛzɛ̃] *m* **1** (Wein)Traube(n) *f(pl)*; ***~s secs*** Rosinen *f/pl*; ***~s de Corinthe*** Korinthen *f/pl*; ***~s de table*** Tafeltrauben *f/pl*; ***acheter du ~*** (Wein)-Trauben kaufen; ***cueillir le ~*** Wein lesen; ***manger du ~****, st/s* ***des ~s*** (Wein)Trauben essen **2** TYPO (Papier)Format *n* 50 × 65 cm

raisiné [ʀɛzine] *m* 1 CUIS Traubengelee *n* mit (Birnen-, Quitten- *etc*)Konfitüre 2 *arg* (*sang*) F roter Saft

Raismes [ʀɛm] *Stadt im Dep. Nord*

raison [ʀɛzõ] *f* 1 (*intelligence*) Vernunft *f*; Verstand *m*; PHILOS ***la ~ pure*** die reine Vernunft; POL ***~ d'État*** Staatsräson *f*; ***contraire à la ~*** vernunftwidrig; gegen jede Vernunft; unvernünftig; ***il n'a plus toute sa ~*** er ist nicht mehr ganz bei Verstand; ***faire entendre ~ à qn*** j-n zur Vernunft, Einsicht, Räson bringen; ***ne pas vouloir entendre ~*** keine Vernunft annehmen wollen; ***(re)mettre qn à la ~*** j-n zur Vernunft bringen; j-m den Kopf zurechtsetzen; ***parler ~*** vernünftig reden, sprechen; ***perdre la ~*** den Verstand verlieren; ***se rendre à la ~*** Vernunft annehmen; zur Vernunft kommen 2 (*contraire*: *tort*) *loc*: ***à plus forte ~*** umso eher *ou* mehr; mit umso größerem Recht; ***avec ~*** mit Recht; ***avec juste ~*** mit Fug und Recht; ***comme de ~*** wie üblich; selbstverständlich; natürlich; ***plus que de ~*** mehr als recht *ou* zuträglich ist; übermäßig; ***avoir ~*** recht haben; ***avoir bien ~ de*** (*+inf*) ganz recht haben zu (*+inf*) *ou*, dass ...; ***manie*** *f* ***de vouloir toujours avoir ~*** Rechthaberei *f*; ***donner ~ à qn*** j-m recht geben; *La Fontaine* ***la ~ du plus fort est toujours la meilleure*** der Stärkere hat immer recht (*prov*) 3 (*motif*, *cause*) Grund *m*; Ursache *f*; ***les ~s de sa conduite*** die Gründe s-s Verhaltens, für sein Verhalten; ***~ d'être*** Existenzberechtigung *f*; ***~ de vivre*** Lebensinhalt *m*; ***~ de plus!*** nun erst recht!; ***~ de plus pour*** (*+inf*) ein Grund mehr, um zu (*+inf*); umso mehr muss man (*+inf*); *loc/adv*: ***pour des ~s politiques*** aus politischen Gründen; ***pour ~s de famille, de santé*** aus familiären, gesundheitlichen Gründen; ***pour ~s de sécurité*** aus Sicherheitsgründen; sicherheitshalber; ***pour cette ~*** aus diesem Grund; darum; deshalb; deswegen; ***pour quelle ~?*** aus welchem Grund?; weshalb?; ***pour une ~ ou pour une autre*** aus irgendeinem Grund; ***pour la seule ~ que ...*** aus dem einzigen Grund, weil ...; bloß, weil ...; ***sans ~*** ohne Grund; grundlos; ***non sans ~*** nicht ohne Grund; *loc/prép* ***en ~ de*** aufgrund von *ou* (*+gén*); in Anbetracht, wegen (*+gén*); → *a 8*; ***en ~ des circonstances*** in Anbetracht, wegen der Umstände; ***avoir de bonnes ~s pour faire qc*** gute Gründe haben, etw zu tun; ***avoir de fortes ~s de croire que ...*** stichhaltige Gründe haben zu glauben, dass ...; ***j'ai mes ~s*** ich habe meine Gründe (dafür); ***il n'y a aucune ~ pour ...*** es gibt keinen Grund dafür, dass ...; ***c'est pour une ~ bien simple*** das hat e-n ganz einfachen Grund; ***ce n'est pas une ~!*** das ist kein Grund!; ***se faire une ~*** sich damit abfinden; sich ins Unvermeidliche fügen 4 (*argument*) ***se rendre aux ~s de qn*** j-s Argumente (*acc*) anerkennen 5 *loc*: ***avoir ~ de qn*** (*vaincre*) j-n überwältigen; ***avoir ~ de qc*** etw überwinden, bewältigen, meistern 6 *litt* ***demander ~ d'une offense*** Genugtuung für e-e Beleidigung fordern 7 JUR ***~ sociale*** Firmenname *m*, -bezeichnung *f*; Firma *f* 8 MATH Verhältnis *n*; Proportion *f*; ***section*** *f* ***en moyenne et extrême ~*** Goldener Schnitt; *loc/prép*: ***à ~ de*** a) zum Preis von; b) pro; ***produire des pièces à ~ de cinquante à l'heure*** fünfzig Stück pro Stunde produzieren; ***en ~ de*** im Verhältnis zu; proportional zu

raisonnable [ʀɛzɔnabl] *adj* 1 *opinion*, *conduite*, *conseil etc* vernünftig; *personne* vernünftig; verständig; einsichtig; PHILOS vernunftbegabt; ***il est ~ de penser que ...*** vernünftigerweise kann man annehmen, dass ...; ***être ~ dans ses désirs*** vernünftige, genügsame Wünsche haben; ***sois donc ~!*** sei doch vernünftig!; nimm doch Vernunft an! 2 *prix*, *intérêts*, *salaire* angemessen; annehmbar

raisonnablement [ʀɛzɔnabləmã] *adv* 1 *agir*, *penser*, *parler* vernünftig; ~, *je ne peux pas le lui demander* vernünftigerweise ... 2 *boire*, *manger*, *dépenser* mit Maßen; mäßig; *rétribuer* angemessen

raisonné [ʀɛzɔne] *adj* 1 (*réfléchi*) durchdacht; (wohl) überlegt; ***problème bien, mal ~*** gut, schlecht durchdachtes Problem; ***projet ~*** wohlüberlegter Plan 2 (*rationnel*) logisch begründet

raisonnement [ʀɛzɔnmã] *m* 1 (*argumentation*) Beweisführung *f*; Argumentation *f*; Überlegung *f*; Gedankengang *m*; F ***~ de femme soûle*** unsinnige, absurde Überlegung, Argumentation; ***~ par analogie*** Analogieschluss *m*; F ***ce n'est pas un ~!*** das ist kein Argument!; ***se perdre dans ses ~s*** sich in s-n Überlegungen verlieren; ***tenir un ~*** argumentieren 2 (*réflexion*) logisches Denken; Ratio *f*; (***force*** *f* ***de***) ~ Urteilskraft *f*, -vermögen *n* 3 *pl* ***~s*** *péj* (*répliques*) Widerrede *f*; Einwände *m/pl*

raisonner [ʀɛzɔne] I *v/t* ***~ qn*** j-n zur Vernunft bringen; j-m gut zureden II *v/i* 1 (*juger*) (logisch) urteilen; (*argumenter*) argumentieren; (*conclure*) schließen; e-e Schlussfolgerung *ou* Schlussfolgerungen ziehen; F ***~ comme un tambour, un manche à balai*** dumme Argumente (vor)bringen; völlig unlogisch urteilen 2 ***~ avec qn*** mit j-m diskutieren 3 (*répliquer*) widersprechen; Einwände machen, vorbringen III *v/pr* 1 *personne* ***se ~*** Vernunft annehmen 2 *sentiments* ***ne pas se ~*** nicht der Vernunft (*dat*) gehorchen

raisonneur [ʀɛzɔnœʀ] I *adj* ⟨**-euse**⟩ *péj* zum Widerspruch neigend II *subst* ***~, raisonneuse*** *m,f* *péj* Nörgler(in) *m(f)*; Widerspruchsgeist *m*; ***faire le ~, la raisonneuse*** Widerspruchsgeist zeigen

rajah [ʀaʒa] *m en Inde* Radscha *m*

rajeunir [ʀaʒœniʀ] I *v/t* 1 *personne* jung *ou* jünger machen; verjüngen; *par ext* ***~ qn*** (***de dix ans***) (*le croire plus jeune*) j-n (zehn Jahre) jünger schätzen; ***~ le personnel*** das Personal verjüngen; ***cette robe la rajeunit*** dieses Kleid macht sie jung *ou* jünger; F ***voilà qui ne me rajeunit pas*** das zeigt mir, dass ich nicht mehr jung bin 2 *fig sujet* neu beleben; *équipement etc* erneuern; auffrischen II *v/i* ⟨*Vorgang* **avoir**, *Ergebnis* **être**⟩ jünger werden; sich verjüngen; jünger aussehen; ***elle est toute rajeunie*** sie sieht viel jünger aus; *adjt* ***je le trouve rajeuni*** ich finde, er ist jünger geworden *ou* er sieht jünger aus III *v/pr* ***se ~*** 1 (*se donner l'air jeune*) sich (*dat*) ein jugendliches Aussehen geben 2 (*prétendre être plus jeune*) sich für jünger ausgeben(, als man ist); sich jünger machen (***de dix ans*** um zehn Jahre)

rajeunissant [ʀaʒœnisã] *adj* Verjüngungs...

rajeunissement [ʀaʒœnismã] *m* 1 *de qn* Verjüngung *f*; ***cure*** *f* ***de ~*** Verjüngungskur *f* 2 *fig d'un équipement etc* Erneuerung *f*; *d'un sujet littéraire etc* Neubelebung *f*; Neugestaltung *f*

R

rajout [raʒu] *m* Hinzufügung *f*; CONSTR *a* Anbau *m*
rajouter [raʒute] *v/t* hinzufügen; dazutun; *morceau* anstücke(l)n; **~ du sel, du sucre** Salz, Zucker zugeben; F *fig* **vous en rajoutez!** F Sie erfinden was dazu!; → *a* **ajouter**
rajustement [raʒystəmɑ̃] *m des prix etc* Anpassung *f*; Angleichung *f*; **~ des salaires** Lohnangleichung *f*, -anpassung *f*
rajuster [raʒyste] **I** *v/t* **1** *lunettes, cravate etc* zurechtrücken; *coiffure* (wieder) in Ordnung bringen **2** *salaires, prix* anpassen; angleichen **II** *v/pr* **se ~** sich wieder zurechtmachen; s-e Kleidung wieder in Ordnung bringen
râlant [rɑlɑ̃] *adj* F **c'est ~** das ist ärgerlich, F blöd; F so was Dummes!
râle[1] [rɑl] *m* ZO Ralle *f*; **~ des genêts** Wachtelkönig *m*
râle[2] [rɑl] *m* **a)** *d'un mourant* Röcheln *n*; **b)** MÉD Rasseln *n*; Rasselgeräusch *n*
râlement [rɑlmɑ̃] *m* F Gemecker *n*; Geschimpfe *n*
ralenti [ralɑ̃ti] **I** *adj* verlangsamt; langsam **II** *m* **1** *d'un moteur* Leerlauf *m*; Standgas *n*; **régler le ~** den Leerlauf einstellen; **tourner au ~** im Leerlauf laufen; leerlaufen **2** CIN Zeitlupe *f*; **prise** *f* **de vue(s) au ~** Zeitlupenaufnahme *f* **3** *loc/adv fig* **au ~** in verlangsamtem Tempo; mit verminderter Kraft; **la construction marche au ~** im Baugewerbe geht es mäßig voran
ralentir [ralɑ̃tir] **I** *v/t* verlangsamen; langsamer machen; (ab)bremsen; *vitesse a* herabsetzen; ÉCON *expansion a* abschwächen; THÉ *action* dehnen; **~ sa marche, le pas** langsamer gehen; den Schritt verlangsamen **II** *v/i véhicule, conducteur* langsamer fahren; (ab)bremsen; *véhicule a* langsamer werden; *panneau* **~!** langsam fahren! **III** *v/pr* **se ~** langsamer werden; sich verlangsamen; *circulation a* stocken; ÉCON *production* zurückgehen; *expansion, fig zèle* nachlassen; sich abschwächen; abflauen
ralentissement [ralɑ̃tismɑ̃] *m* Verlangsamung *f*; Langsamerwerden *n*; ÉCON *a* Rückgang *m*; Abschwächung *f*; CIRCULATION **~s** *pl* zähflüssiger Verkehr; **~ de la production** Produktionsrückgang *m*
ralentisseur [ralɑ̃tisœr] *m* **1** *d'un poids lourd* Zusatzbremse *f*; **~ électrique** Wirbelstrombremse *f* **2** NUCL Bremssubstanz *f*; Moderator *m* **3** *sur la chaussée* Boden-, Fahrbahnschwelle *f*; Aufpflasterung *f*
râler [rɑle] *v/i* **1** *mourant* röcheln **2** F (*protester*) nörgeln; schimpfen; F meckern; motzen; brummen; **faire ~ qn** j-n wütend machen
râleur [rɑlœr] F **I** *adj* ⟨**-euse**⟩ mürrisch; F brummig **II** *subst* **~, râleuse** *m,f* Nörgler(in) *m(f)*; F Meckerziege *f*; Miesmacher(in) *m(f)*
ralingue [ralɛ̃g] *f* MAR Liek *n*
ralliement [ralimɑ̃] *m* **1** *des troupes etc* Sammeln *n*; **point** *m* **de ~** Sammelpunkt *m*; **signe** *m* **de ~** Erkennungszeichen *n*; MIL **sonner le ~** zum Sammeln blasen **2** *à un parti, à une opinion* Anschluss *m* (**à** an +*acc*)
rallier [ralje] **I** *v/t* **1** *troupes dispersées etc* sammeln **2** (*unir*) vereinen; um sich sammeln, scharen; (*gagner*) auf s-e Seite bringen; gewinnen (**qn à qc** j-n für etw); **~ tous les suffrages** alle Stimmen auf sich (*acc*) vereinigen **3** (*rejoindre*) sich anschließen (+*dat*); zurückkehren zu; **~ la majorité** sich der Mehrheit anschließen; *bateau* **~ son port d'attache** zu s-m Heimathafen zurückkehren **II** *v/pr* **se ~** **1** *troupes etc* sich wieder sammeln; *Henri IV* **ralliez-vous à mon panache blanc!** sammelt euch um meinen weißen Helmbusch!; F *fig* folgt mir! **2** (*adhérer*) sich anschließen (**à qn, à qc** j-m, e-r Sache *ou* an j-n, etw); **se ~ à l'avis de qn** *a* j-m beipflichten
rallonge [ralɔ̃ʒ] *f* **1** Verlängerung(sstück) *f(n)*; *d'une table* Ausziehplatte *f*; ÉLECT Verlängerungsschnur *f*; F *fig* **nom** *m* **à ~(s)** Name *m* mit vielen „von" und „zu"; **table** *f* **à ~s** Ausziehtisch *m* **2** F *fig* (*supplément*) Zugabe *f*; *d'argent* Aufgeld *n*; Zuzahlung *f*; **~ de crédits** zusätzliche Haushaltsmittel *n/pl*; *obtenir* **une ~ de deux jours** zwei zusätzliche Urlaubstage
rallongement [ralɔ̃ʒmɑ̃] *m* Verlängerung *f*; *des jours* Längerwerden *n*
rallonger [ralɔ̃ʒe] ⟨**-geons**⟩ **I** *v/t vêtement* länger machen; *table* ausziehen; *piste, service militaire etc* verlängern; F *je passerai vous prendre*, **cela ne me rallongera guère** das ist kaum ein Umweg für mich **II** *v/i jours* länger werden
rallumer [ralyme] **I** *v/t* **1** *feu, cigarette etc* wieder anzünden; *lumière, lampe, radio, télé etc* wieder einschalten; F wieder anmachen; *abs* das Licht wieder anmachen **2** *fig passion, conflit* wieder entfachen **II** *v/pr* **se ~** *incendie, fig passion etc* sich aufs Neue entzünden; erneut aufflackern (*a guerre*)
rallye [rali] *m* Rallye *f*; Sternfahrt *f*
ramadan [ramadɑ̃] *m* ISLAM Ramadan *m*
ramage [ramaʒ] *m* **1** *sur papier peint, tissu* **~s** *pl* Rankenmuster *n*; Laub-, Blätter-, Blattwerk *n* **2** *litt des oiseaux* Gezwitscher *n*
Ramakrishna [ramakriʃna] *m* REL Ramakris(c)hna *m*
ramassage [ramasaʒ] *m de fruits tombés* Auflesen *n*; *de champignons* Sammeln *n*; *des ordures ménagères* Abholung *f*; Abfuhr *f*; **car** *m* **de ~ scolaire** Schulbus *m*; **~ des encombrants** Sperrmüllabfuhr *f*
ramassé [ramase] *adj* **1** *personne, animal* zusammengekauert, -gerollt; geduckt **2** *forme* gedrungen; geballt; wuchtig **3** *expression, style* knapp; bündig; gedrängt
ramasse-miettes [ramasmjɛt] *m* ⟨*inv*⟩ Krümel-, Tischbesen *m* und Schaufel *f* **ramasse-poussière** *m* ⟨*inv*⟩ Kehrichtschaufel *f*
ramasser [ramase] **I** *v/t* **1** (*réunir*) *feuilles mortes* zusammenharken, -rechen; *cartes au jeu* aufnehmen; *cahiers, copies* einsammeln; *chiffons, vieux papiers* sammeln; *ordures, lait* abholen; *fig ses forces* sammeln; *ses jupes* raffen; *argent* **a)** (*accumuler*) anhäufen; F scheffeln; machen; **b)** (*encaisser*) einnehmen; F kassieren; F **~ un fric fou** F e-n Haufen Geld machen; F **la police les a tous ramassés** die Polizei hat sie alle abgeführt, F kassiert **2** (*prendre par terre*) *caillou etc* aufheben; *épis etc* auflesen; *champignons, coquillages, châtaignes* sammeln; *blessés, ivrogne, animal perdu* auflesen; F *mise en garde*: *si tu …*, **on pourra te ~ à la petite cuiller** F kann man dich (eines Tages) auf der Kehrichtschaufel wegbringen **3** F (*attraper*) *maladie, volée etc* F erwischen; (ab)kriegen; → *a* **bûche** *2*, **pelle** *1* **II** *v/pr* **se ~** **1** (*se pelotonner*) sich zusammenkauern, -rollen **2** F **a)** (*se relever*) wieder aufstehen; F

R

sich wieder aufrappeln; **b)** (*tomber*) hinfallen; F hinknallen

ramasseur [ʀamasœʀ] *m*, **ramasseuse** *f* Sammler(in) *m(f)*; TENNIS **~ de balles** Balljunge *m*

ramassis [ʀamasi] *m péj* Wust *m*; Sammelsurium *n*; Haufen *m* (*a de personnes*); **~ de voyous** Gesindel *n*

rambarde [ʀɑ̃baʀd] *f* Geländer *n*; MAR Reling *f*

Rambouillet [ʀɑ̃bujɛ] *Stadt im Dep. Yvelines*

ramdam [ʀamdam] F *m* Krach *m*; Lärm *m*; F Spektakel *m*; Radau *m*

rame [ʀam] *f* 1 (*aviron*) Ruder *n*; *t/t* Riemen *m* 2 (*pieu*) Stange *f*; **'haricots** *m/pl* **à ~s** Stangenbohnen *f/pl*; F *fig* **il n'en fiche pas une ~** F er tut keinen Handschlag; er macht keinen Finger krumm 3 CH DE FER (Triebwagen)Zug *m*; **~ de métro** U-Bahn(-Zug) *f(m)* 4 TYPO 500 Blatt

rameau [ʀamo] *m* ⟨*pl* **~x**⟩ 1 BOT Zweig *m*; BIBL *et fig* **~ d'olivier** Ölzweig *m* 2 REL **les Rameaux** *ou* **le dimanche des Rameaux** der Palmsonntag

ramée [ʀame] *f poét* Laubwerk *n*, -dach *n*

ramener [ʀamne] ⟨**-è-**⟩ I *v/t* 1 (*amener de nouveau*) wieder her-, mitbringen; (*faire revenir*) zurückbringen, -holen; wiederbringen 2 **~ à** (wieder) bringen auf (+*acc*); *inflation, tension vasculaire etc* (wieder) senken, verringern auf (+*acc*); *incident* **~ à ses justes proportions** auf die ihm gemäße Bedeutung reduzieren; **~ qn à la raison** j-n zur Vernunft bringen; **~ qn à de meilleurs sentiments** j-n versöhnlich stimmen; **~ qn à soi** j-n wieder zu sich bringen; j-n aus s-r Bewusstlosigkeit aufwecken; **~ tout à soi** alles nur von seiner Warte aus sehen; **~ qn à la vie** j-n ins Leben zurückrufen; ♦ **~ sur** wieder bringen, lenken auf (+*acc*); **~ la question sur qc** die Frage wieder auf etw (*acc*) bringen; **~ son regard sur la route** s-n Blick wieder auf die Straße lenken 3 *ordre, paix etc* wiederherstellen 4 (*amener*) *personne, objet* mitbringen; **~ un ami à dîner** e-n Freund zum Abendessen mitbringen 5 *dans une certaine position* ziehen; nehmen; legen; **~ les bras en arrière** die Arme nach hinten nehmen; **~ ses cheveux sur son front** die Haare über die Stirn ziehen; **~ les jambes sous soi** die Beine anziehen 6 P **~ sa fraise, sa gueule** *ou* **la ~** (*s'immiscer*) F s-n Senf dazugeben; immer dazwischenquatschen; (*protester*) F (herum)meckern II *v/pr* 1 **se ~ à qc** (*se réduire à*) auf etw (*acc*) hinauslaufen; **ça se ramène à une question de gros sous** es geht dabei letztlich ums Geld 2 F **se ~** (*revenir*) F wieder aufkreuzen

ramequin [ʀamkɛ̃] *m* CUIS kleine Auflaufform

ramer [ʀame] I *v/t haricots* (mit Stangen) stützen; F *fig* **s'y entendre comme à ~ des choux** keine Bohne davon verstehen II *v/i* 1 rudern 2 F *fig* sich abstrampeln; sich ins Zeug legen

ramette [ʀamɛt] *f* TYPO kleiner (Schließ)Rahmen

rameur [ʀamœʀ] *m*, **rameuse** *f* SPORTS Ruderer *m*, Ruderin *f*

rameuter [ʀamøte] *v/t partisans etc* wieder zusammenbringen, -holen

rami [ʀami] *m jeu de cartes* Rommee *n*

ramie [ʀami] *f* BOT, TEXT Ramie *f*; Chinagras *n*

ramier [ʀamje] *m* ZO **~** *ou adjt* **pigeon** *m* **~** Ringeltaube *f*

ramification [ʀamifikasjõ] *f* 1 BIOL Verzweigung *f*; Verästelung *f*; **~s nerveuses** Nervenverzweigungen *f/pl* 2 *d'une voie ferrée etc* Abzweigung *f*; Gabelung *f* 3 *d'une science* Unterabteilung *f*; *société secrète* **avoir des ~s** weit verzweigt sein; (weite) Verbindungen haben

ramifié [ʀamifje] *adj* verzweigt; verästelt **ramifier** *v/pr* **se ~** 1 *branches, nerfs* sich verästeln; sich verzweigen; *voie ferrée* sich gabeln 2 *société secrète* weit verzweigt sein; (weite) Verbindungen haben

ramolli [ʀamɔli] *adj* 1 *bitume, pain etc* aufgeweicht; weich geworden 2 F *fig personne* schlaff; F schlapp; lahm 3 F *fig* **il a le cerveau complètement ~** er ist völlig verkalkt

ramollir [ʀamɔliʀ] I *v/t cire, cuir* weich machen; **~ le bitume** den Asphalt aufweichen II *v/i* (*et v/pr* **se**) **~** weich werden; aufweichen

ramollissement [ʀamɔlismɑ̃] *m* Auf-, Erweichung *f*; Weichwerden *n*; MÉD **~ cérébral** *ou* **du cerveau** Gehirnerweichung *f*

ramollo [ʀamɔlo] *adj* ⟨*f inv*⟩ F schlapp; lahm

ramonage [ʀamɔnaʒ] *m* Schornsteinfegen *n* **ramoner** *v/t* 1 *cheminée* fegen 2 *abs alpiniste* im Kamin klettern **ramoneur** *m* Schornsteinfeger *m*; Kaminkehrer *m*, -feger *m*

rampant [ʀɑ̃pɑ̃] I *adj* 1 kriechend, Kriech… (*a* BOT, ZO); **plante ~e** Kriechpflanze *f* 2 *personne, caractère* kriecherisch; unterwürfig II *m/pl* F AVIAT **les ~s** das Bodenpersonal

rampe [ʀɑ̃p] *f* 1 *pour véhicules* Auf- *ou* Abfahrt *f*; Rampe *f*; (*montée*) Steigung *f*; **~ d'accès** Auffahrt *f*; **~ de garage** Garagenauffahrt *f*; *pour fusées* **~ de lancement** Start-, Abschussrampe *f* 2 *d'un escalier* (Treppen)Geländer *n*; **~ de bois, de fer** Holz-, Eisengeländer *n*; F *fig*: **lâcher la ~** F ins Gras beißen; abschnappen; **tenir bon la ~** F sich nicht unterkriegen lassen; die Ohren steifhalten 3 THÉ Rampe *f*; *fig* **passer la ~** (beim Publikum) ankommen 4 *lumières* Lichterkette *f*; AVIAT **~ de balisage** Befeuerung *f* der Rollbahn

ramper [ʀɑ̃pe] *v/i* 1 *serpent, ver, plante etc* kriechen (*a personne*); sich schlängeln; *fauve* schleichen; sich anschleichen (**vers** an +*acc*); MIL robben 2 *fig brouillard* langsam (herauf)ziehen 3 *fig devant ses supérieurs etc* kriechen (**devant qn** vor j-m)

rampon(n)eau [ʀɑ̃pɔno] P *m* ⟨*pl* **~x**⟩ Stoß *m*; F Schubs *m*; Puff *m*

Ramsès [ʀamsɛs] *m* HIST Ramses *m*

ramure [ʀamyʀ] *f* 1 *d'un arbre* Geäst *n*; Astwerk *n* 2 CH *d'un cerf* Geweih *n*

rancard [ʀɑ̃kaʀ] *m* 1 F (*rendez-vous*) Verabredung *f*; *amoureux* Rendezvous *n*; **avoir un ~ avec qn** mit j-m verabredet sein; **donner, fixer** (**un**) **~ à qn** sich mit j-m verabreden 2 *arg* (*renseignement*) F Tipp *m*

rancarder [ʀɑ̃kaʀde] *arg* I *v/t* F e-n Tipp geben (**qn** j-m) II *v/pr* **se ~** sich umhören; herumhören; F sich (*dat*) Tipps verschaffen

rancart [ʀɑ̃kaʀ] *m* F **mettre au ~** *objet* ausrangieren [-ʒ-]; zum alten Eisen werfen; in die Ablage tun; *personne, projet* auf das tote Gleis schieben; beiseiteschieben; *personne a* F abservieren

rance [ʀɑ̃s] I *adj* ranzig II *m* **sentir le ~** ranzig riechen; **avoir un goût de ~** ranzig schmecken

ranch [ʀɑ̃tʃ] *m* ⟨*pl* **~(e)s**⟩ Ranch [rɛntʃ] *f*

ranci [ʀɑ̃si] *adj beurre etc* ranzig (geworden); *subst* **sentir le ~** ranzig riechen

rancir [ʀɑ̃siʀ] *v/i* ranzig werden

R

rancœur [rɑ̃kœʀ] *f* Groll *m*; Verbitterung *f*; ***avoir de la ~ pour** ou **contre qn*** Groll gegen j-n hegen

rançon [rɑ̃sõ] *f* 1 Lösegeld *n* 2 *fig* Preis *m* (***de la célébrité*** für das Berühmtsein)

rançonner [rɑ̃sɔne] *v/t* Lösegeld fordern (***qn*** von j-m); erpressen **rançonneur** *m*, **rançonneuse** *f* Erpresser(in) *m(f)*

rancune [rɑ̃kyn] *f* Groll *m*; Rachsucht *f*; ***sans ~!*** nichts für ungut!; ***avoir de la ~ contre qn*** j-m grollen; ***garder (de la) ~ à qn de qc*** j-m etw nachtragen; j-m wegen etw grollen

rancunier [rɑ̃kynje] I *adj* ⟨**-ière**⟩ *personne, caractère* nachtragend II *subst* **~, rancunière** *m,f* nachtragender Mensch

rand [rɑ̃d] *m monnaie* Rand *m*

rando [rɑ̃do] *f* F *abr* → ***randonnée***

randonnée [rɑ̃dɔne] *f* Ausflug *m*; Tour *f*; Wanderung *f*; ***~ à, en vélo*** (Fahr)Radtour *f*

randonneur [rɑ̃dɔnœʀ] *m*, **randonneuse** *f* Wanderer *m*, Wand(r)erin *f*

rang [rɑ̃] *m* 1 (*rangée*) Reihe *f*; THÉ, CIN *a* Sitzreihe *f*; TRICOT ***un ~ à l'endroit, un ~ à l'envers*** e-e Reihe rechts, e-e Reihe links; *par ext* ***~ de perles*** *collier* einreihige Perlenkette; ***plusieurs ~s de spectateurs*** mehrere Zuschauerreihen *f/pl*; *fig* ***en ~ d'oignons*** in einer Reihe; *fig* ***admettre qn dans ses ~s*** j-n in s-n Reihen aufnehmen; ***être au premier ~*** in der ersten Reihe stehen *ou* sitzen (*a fig*); *fig* ***grossir les ~s des mécontents*** den Kreis der Unzufriedenen vergrößern; ***se mettre au dixième ~*** sich in die zehnte Reihe setzen; ***se mettre en ~(s) par deux*** sich in Zweierreihen aufstellen; *fig* ***se mettre sur les ~s*** als Bewerber auftreten; sich bewerben; *fig* ***mettre, placer au ~ de ...*** rechnen zu ...; *écoliers* ***sortir en ~(s)*** in Reih und Glied hinausgehen 2 MIL Glied *n*; Reihe *f*; ***homme*** *m* ***du ~*** einfacher Soldat; ***officiers*** *m/pl* ***et hommes*** *m/pl* ***du ~*** Offiziere *m/pl* und Mannschaften *f/pl*; ***en ligne sur quatre ~s*** in Linie zu vier Gliedern; ***à vos ~s, fixe!*** Achtung!; *fig politicien etc* ***rentrer dans le ~*** wieder von der Bühne abtreten; wieder in den Hintergrund treten; ***servir dans le ~*** als gemeiner Soldat dienen; ***servir dans les ~s d'un régiment*** in e-m Regiment dienen; *officier* ***sorti du ~*** aus dem Mannschaftsstand hervorgegangen 3 (*place*) Platz *m*; Stelle *f*; ***dans un bon ~*** als einer der Besten; ***par ~ d'âge, de taille*** dem Alter, der Größe nach; ***être (placé) au premier, second ~*** an erster, zweiter Stelle stehen 4 (*échelon*) Rang(stufe) *m(f)*; (*condition*) Stellung *f*; Stand *m*; ***~ élevé*** hohe Stellung; hoher Rang; ***~ le plus bas, le plus 'haut*** niedrigste, höchste Rangstufe *ou* Stellung; ***avoir ~ avant, après qn*** in der Rangordnung höher, tiefer stehen als j; vor, hinter j-m rangieren [-'ʒiː-]; ***avoir ~ de ...*** den Rang e-s ... einnehmen; ***mettre sur le** ou **au même ~*** auf die gleiche Stufe stellen; ***savoir garder, tenir son ~*** sich s-s Standes *ou* s-r Stellung würdig erweisen

rangé [rɑ̃ʒe] *adj* 1 ***bataille ~e*** → ***bataille*** *1* 2 *personne, vie* solide; anständig; *vie a* geregelt; geordnet; F ***être ~ des voitures*** solide geworden sein

rangée [rɑ̃ʒe] *f* Reihe *f*; ***~ d'arbres*** Baumreihe *f*; ***~ de maisons*** Häuserreihe *f*, -zeile *f*

rangement [rɑ̃ʒmɑ̃] *m* 1 *d'objets, d'une chambre* Aufräumen *n*; *d'objets a* Unterbringen *n*; ***meubles*** *m/pl* ***de ~*** Kastenmöbel *n/pl*; ***volume*** *m* ***de ~*** (Ab)Stellraum *m* (*in Schränken, Kommoden etc*); ***faire des ~s, du ~ dans une armoire*** in e-m Schrank aufräumen *ou* Ordnung machen 2 *automobiliste* ***faire un ~*** einparken

ranger [rɑ̃ʒe] ⟨**-geons**⟩ I *v/t* 1 *objets, chambre* aufräumen; in Ordnung bringen; *papiers, livres a* ordnen; *jouets a* wegräumen; *objets a* unterbringen; abstellen; ***range tes affaires!*** räum (deine Sachen) auf!; mach Ordnung!; *adjt* ***chambre bien rangée*** gut aufgeräumtes Zimmer; ***~ par ordre alphabétique*** alphabetisch ordnen 2 (*classer*) einordnen (***parmi*** unter +*acc*); ***~ sous une même étiquette*** der gleichen Richtung zuordnen; ***être à ~ parmi ...*** gehören zu ... 3 *voiture* (ein)parken II *v/pr* ***se ~*** 1 (*se disposer en rangs*) sich einreihen; sich aufstellen; ***se ~ autour d'une table*** sich um e-n Tisch stellen *ou* setzen; ***se ~ par trois*** sich in Dreierreihen aufstellen 2 *sens passif* ***où ça se range-t-il?*** wo gehört das hin? 3 (*s'écarter*) beiseitegehen; zur Seite gehen; *voiture* beiseitefahren; zur Seite fahren; Platz machen; *voiture* ***se ~ contre le trottoir*** an den Bordstein heranfahren; MAR ***se ~ à quai*** an den Kai heranfahren 4 *fig*: ***se ~ à l'avis de qn*** sich j-s Meinung (*dat*) anschließen; j-m beipflichten; ***se ~ du côté de qn*** sich auf j-s Seite (*acc*) stellen; ***se ~ à une décision*** e-r Entscheidung zustimmen 5 (*s'assagir*) solide werden; ein ordentliches Leben zu führen beginnen

Rangoon [rɑ̃gun, ran-] GÉOGR Rangun *n*

ranimer [ranime] I *v/t* 1 *qn d'inanimé* wiederbeleben; ***il n'a pas pu être ranimé*** die Wiederbelebungsversuche waren vergeblich 2 *flamme* wieder an-, entfachen; *fig*: ***~ une conversation*** eine Unterhaltung neu beleben, wieder in Gang bringen; ***~ l'espoir*** die Hoffnung wieder aufleben lassen; ***~ la rancune*** den Groll von Neuem entfachen II *v/pr* ***se ~*** 1 *qn d'inanimé* wieder zu sich kommen 2 *incendie* wieder auflodern, -flackern

rantanplan [rɑ̃tɑ̃plɑ̃] *int* → ***rataplan***

Raoul [raul] *m Vorname*

rap [rap] *m* MUS Rap [rɛp] *m*; *adjt* ***musique*** *f* ***~*** Rapmusik *f*

rapace [rapas] I *adj personne* hab-, raffgierig; hab-, gewinnsüchtig II *m* ZO Raubvogel *m*; ***~s diurnes, nocturnes*** Tag-, Nachtraubvögel *m/pl*

rapacité [rapasite] *f* 1 *d'un fauve* Raubgier *f* 2 *d'une personne* Habsucht *f*, -gier *f*; Raffgier *f*

rapatrié [rapatʀije] I *adj* repatriiert; (in sein Land, in die Heimat) zurückgeführt; *prisonnier de guerre a* (in die Heimat) entlassen II *subst* **~(e)** *m(f)* Rückwanderer, -wand(r)erin *m,f*; Aus-, Um-, Rücksiedler(in) *m(f)*; *prisonnier de guerre, déporté* Heimkehrer(in) *m(f)*

rapatriement [rapatʀimɑ̃] *m* Repatriierung *f*; Rückführung *f*

rapatrier [rapatʀije] *v/t* 1 *personnes* repatriieren; (in die Heimat, in sein Land) zurückführen, -bringen 2 *capitaux* (ins eigene Land) zurückbringen

râpe [ʀɑp] *f* 1 CUIS Raspel *f*; Reibe *f*; ***~ à fromage*** Käsereibe *f* 2 TECH Raspel *f*; grobe Feile

râpé [ʀɑpe] I *adj* 1 *vêtement* abgewetzt; abgeschabt; abgetragen 2 F *fig* ***c'est ~*** F das hat nicht geklappt, ist schiefgegangen II *m* CUIS geriebener Käse

râper [ʀɑpe] *v/t* 1 *fromage, carottes* reiben; raspeln (*a* TECH) **2** *fig alcool* kratzen (***le gosier*** im Hals)

rapetasser [raptase] F *v/t* (notdürftig) flicken; ausbessern

rapetissement [raptismɑ̃] *m* Verkleinerung *f*

rapetisser [raptise] **I** *v/t* **1** (*diminuer*) kleiner machen; verkleinern **2** (*faire paraître plus petit*) kleiner erscheinen lassen **3** *fig* (*rabaisser*) herabsetzen **II** *v/i étoffe* eingehen; *jours* abnehmen; kürzer werden; *personne* kleiner werden

râpeux [ʀɑpø] *adj* ⟨**-euse**⟩ **1** *langue de chat* rau **2** *fig vin* herb

Raphaël [rafaɛl] *m* **1** *Vorname* **2** BIBL Raphael *ou* Rafael *m* **3** PEINT Raffael *m*

raphaélique [rafaelik] *adj* PEINT raffaelisch; im Stil Raffaels

Raphaëlle [rafaɛl] *f Vorname*

raphia [rafja] *m fibre* (Raphia)Bast *m*; ***sac*** *m* ***en ~*** Basttasche *f*

rapiat [rapja] *adj* ⟨*f inv od* **~e**⟩ F knick(e)rig; knaus(e)rig; *subst* ***vieux ~*** alter Geizkragen

rapide [rapid] **I** *adj* schnell (*a véhicule*); rasch; *personne a* flink; *courant* stark; reißend; *descente* steil; ***allure*** *f* **~** schnelles, rasches, zügiges Tempo; ***décision*** *f* **~** schneller, rascher, prompter Entschluss; ***lecture*** *f* **~ *d'un texte*** Überfliegen *n* e-s Textes; ***mouvement*** *m* **~** schnelle, lebhafte Bewegung; ***pouls*** *m* **~** schneller, *p/fort* fliegender, jagender Puls; ***voie*** *f* **~** Schnellstraße *f*; ***mots tracés d'une main ~*** schnell, flüchtig hingekritzelte Worte *n/pl*; ***il est ~*** *ou subst* ***c'est un ~*** er ist schnell, flink; ***vous êtes bien ~ en besogne!*** Sie gehen zu schnell zu Werke! **II** *m* **1** *d'un cours d'eau* Stromschnelle *f* **2** CH DE FER (Fern)Schnellzug *m*; D-Zug *m*

rapidement [rapidmɑ̃] *adv* schnell; zügig; geschwind; rasch; flink; ***aller, marcher ~*** schnell *etc* gehen; eilen; ***lire ~ un texte*** e-n Text flüchtig lesen, überfliegen; ***mener ~ une affaire*** e-e Angelegenheit zügig durchführen

rapidité [rapidite] *f* Schnelligkeit *f* (*a* SPORTS *d'une piste*); Raschheit *f*; *d'une personne a* Flinkheit *f*; *d'une action a* Zügigkeit *f*; *des gestes a* Lebhaftigkeit *f*; **~ *d'esprit*** geistige Beweglichkeit; rasche, schnelle Auffassungsgabe; *loc/adv* ***avec ~*** schnell; rasch; geschwind; flink; ***avec la ~ de l'éclair*** in Blitzesschnelle; schnell wie der Blitz; blitzschnell

rapiécer [rapjese] *v/t* ⟨**-è-, -ç-**⟩ flicken; e-n Flicken aufsetzen (***qc*** auf etw [*acc*]); *adjt* ***pantalon rapiécé*** geflickte Hose

rapière [ʀapjɛʀ] *f* HIST Rapier *n*

rapin [rapɛ̃] *m péj* (*peintre*) *péj* Farbenkleckser *m*

rapine [rapin] *litt f* Raub *m*; Diebstahl *m*

raplapla [raplapla] *adj* ⟨*inv*⟩ F ***être tout ~*** *objet* flach, platt sein; *personne* müde, F schlapp, abgekämpft sein

rappel [rapɛl] *m* **1** *pour faire revenir* Zurückrufen *n*; DIPL *d'ambassadeur* Abberufung *f*; MIL *de réservistes* Wiedereinberufung *f*; *d'exilés* Erlaubnis *f* zur Rückkehr; *acteur* ***avoir de nombreux ~s*** viele Vorhänge bekommen; *fig* ***battre le ~*** Freunde, Anhänger um sich sammeln, um sich scharen, zusammentrommeln **2** (*avertissement*) (Er)Mahnung *f* (***à*** zu); **~ *à l'ordre*** ÉCOLE Ermahnung *f* zur Ordnung; POL Ordnungsruf *m*; ***le brusque ~ à la réalité*** das plötzliche Zurückgerufenwerden in die Wirklichkeit **3** (*évocation*) Erinnerung *f* (***de*** an +*acc*); **~ *de souvenirs*** Wachrufen *n* von Erinnerungen **4** (*répétition*) Wiederaufnahme *f*; Wiederholung *f*; *panneau routier* **~!** *Wiederholungsschild zur Geschwindigkeitsbeschränkung*; RAD **~ *des titres*** Wiederholung der Schlagzeilen; MÉD (***vaccination*** *f* ***de***) **~** Nachimpfung *f*; Auffrischungsimpfung *f* **5** *paiement* Nachzahlung *f* **6** TECH ***ressort*** *m* ***de ~*** Rückstell-, Rückholfeder *f* **7** ALPINISME (***descente*** *f* ***en***) **~** Abseilen *n*; ***descendre en ~*** sich abseilen **8** MAR *sur un dériveur* Hängen *n* im Trapez **9** COMM Mahnung *f*; Erinnerung *f*

rappelé [raple] *m* MIL Wiedereinberufene(r) *m*

rappeler [raple] ⟨**-ll-**⟩ **I** *v/t* **1** (*faire revenir*) zurückrufen; *médecin* wieder rufen, holen; DIPL *ambassadeur* abberufen; MIL *réservistes* wieder einberufen; THÉ *acteur* herausrufen; *exilés* die Rückkehr erlauben (***qn*** j-m); *ses affaires* ***le rappellent à Paris*** rufen ihn nach Paris zurück; *fig* ***Dieu l'a rappelé à lui*** Gott hat ihn zu sich genommen; **~ *qn à lui*** *ou* ***à la vie*** j-n wieder zu sich bringen; j-n wiederbeleben; **~ *qn à l'ordre*** j-n zur Ordnung rufen; ***se faire ~ à l'ordre*** ermahnt, zurechtgewiesen werden **2** TÉL **a)** *de nouveau* wieder, noch einmal anrufen; **b)** *réciproquement* zurückrufen **3** (*remettre en mémoire*) **~ *qc à qn*** j-n an etw (*acc*) erinnern; j-m etw ins Gedächtnis zurückrufen; j-m etw in Erinnerung rufen; **~ *qn à qn*** j-n an j-n erinnern; **~ *à qn de faire qc*** j-n daran erinnern, etw zu tun *ou* dass …; ***il est rappelé que …*** es sei daran erinnert, dass …; es muss darauf hingewiesen werden, dass …; ***cela me rappelle qc*** das erinnert mich an etwas; ***cela ne te rappelle rien?*** erinnert dich das nicht an etwas?; ***rappelez-moi votre nom*** nennen Sie mir Ihren Namen noch einmal; **~ *le passé*** an die Vergangenheit erinnern; **~ *des souvenirs à qn*** *a* bei j-m Erinnerungen wachrufen; **~ *qc à tout propos*** etw bei jeder Gelegenheit erwähnen **II** *v/pr* **1** ***se ~ qc, qn***, F *et abus* ***de qc, qn*** sich an etw, j-n erinnern; ***se ~ avoir fait qc*** sich (daran) erinnern, dass man etw getan hat; *abus* ***je m'en rappelle*** ich erinnere mich (daran); *abus*: *un spectacle* ***dont on se rappellera longtemps*** das man lange nicht vergisst; ***rappelez-vous que …*** *a* denken Sie daran, dass … **2** ***se ~ à qn*** sich j-m wieder in Erinnerung bringen

rappeur [rapœr] *m* MUS Rapper ['rɛ-] *m*

rappliquer [raplike] *v/i* (*et v/pr*) F (***se***) **~** F aufkreuzen; antanzen; angetanzt, angeschoben kommen

rapport [rapɔr] *m* **1** (*exposé*) Bericht *m*; (*expertise*) Gutachten *n*; *à un supérieur* Rapport *m*; *par ext* MIL Appell *m*; **~ *de police*** Polizeibericht *m*; ***faire un ~*** Bericht erstatten; *par écrit a* e-n Bericht verfassen, abfassen; *oralement a* e-n Bericht (ab)geben **2** *entre choses* Zusammenhang *m*; Beziehung *f*; Verhältnis *n*; *sc* Relation *f*; ÉCON **~ *qualité-prix*** Preis-Leistungs-Verhältnis *n*; **~ *des forces*** Kräfteverhältnis *n*; MATH **~ *de deux grandeurs*** Verhältnis zweier Größen; ♦ *loc/prép et loc/adv*: ***dans le ~ de trois à un*** im Verhältnis drei zu eins; ***en ~ avec*** entsprechend (+*dat*); ***avoir une situation en ~ avec ses capacités*** e-e Stellung entsprechend s-n Fähigkeiten haben; e-e s-n Fähigkeiten entsprechende Stellung haben; ***être en ~ avec*** im Zusammenhang stehen mit; zusammenhängen mit; ***par ~ à*** im Verhältnis zu; im Vergleich zu; verglichen mit; ***sous le ~ de*** was (+*acc*) betrifft, an(be)langt; in Bezug auf

R

(+*acc*); ***sous tel ou tel ~*** unter diesem oder jenem Gesichtspunkt; in mancher Hinsicht, Beziehung; ***sous tous les ~s*** in jeder Hinsicht, Beziehung; ♦ F ***~ à*** wegen (F +*dat*); ♦ ***n'avoir aucun ~*** *ou* ***être sans ~ avec*** in keinem Zusammenhang stehen mit; in keiner Beziehung stehen zu; ***cela n'a aucun ~!*** das gehört nicht hierher!; das hat damit nichts zu tun!; ***il n'y a aucun ~*** da besteht kein Zusammenhang; ***établir, faire le ~ entre deux choses*** den Zusammenhang zwischen zwei Dingen herstellen **3** *entre personnes, pays, surtout pl* ***~s*** Beziehungen *f/pl*; Verhältnis *n*; ***~s humains*** zwischenmenschliche Beziehungen *f/pl*; ***~s (sexuels)*** (Geschlechts)-Verkehr *m*; ***~s de parenté*** verwandtschaftliche Beziehungen; ***~s entre États*** Beziehungen zwischen Staaten; ***~s entre parents et enfants*** Verhältnis zwischen Eltern und Kindern; ***avoir des ~s avec qn*** (Geschlechts)Verkehr, intime Beziehungen mit j-m haben; ***avoir, entretenir de bons ~s avec qn*** ein gutes Verhältnis zu j-m haben; gute Beziehungen mit, zu j-m unterhalten; ***être en ~ avec qn*** in Verbindung mit j-m stehen; ***mettre qn en ~ avec qn*** Kontakte, Beziehungen zwischen j-m und j-m herstellen; ***se mettre, entrer en ~ avec qn*** sich mit j-m in Verbindung setzen; mit j-m in Verbindung treten; die Verbindung zu j-m aufnehmen **4** (*rendement*) Ertrag *m*; Einkünfte *f/pl*; TURF ***~s du tiercé*** Gewinnquoten *f/pl* bei der Dreierwette; ***maison*** *f* ***de ~*** Miets-, Renditehaus *n*; AGR ***en plein ~*** ertragreich; ertragbringend; voll genutzt; ***être d'un bon ~*** einträglich, gewinnbringend, ergiebig sein

rapportable [ʀapɔʀtabl] *adj* **1** *décret, arrêté etc* widerrufbar; aufhebbar **2** COUT *poches etc* an-, aufsetzbar **3** MATH *angle* übertragbar **4** ***un fait à peine ~*** e-e Tatsache, die man kaum berichten kann

rapportage [ʀapɔʀtaʒ] *m* ÉCOLE *péj* Petzen *n*

rapporter [ʀapɔʀte] **I** *v/t* **1** *à l'endroit initial* wieder-, zurückbringen **2** (*apporter*) mitbringen; *chien: gibier etc* apportieren; ***chien dressé à ~*** Apportierhund *m*; *fig* ***~ une impression*** einen Eindruck erhalten, gewinnen; ***~ une réponse*** e-e Antwort mitbringen **3** (*faire le récit de*) berichten; *les paroles de qn a* zitieren; *péj* hinterbringen; zutragen; weitererzählen; ÉCOLE petzen (*abs*); ***~ des bruits*** Gerüchte weiterverbreiten; ***on lui rapporte ces mots: ...*** er soll gesagt haben: ... **4** *bénéfice* einbringen; abwerfen; *film: somme* einspielen; *abs* einträglich sein; etwas einbringen; ***~ gros*** viel einbringen; ***métier*** *m* ***qui rapporte*** *a* einträglicher Beruf **5** (*ajouter*) ansetzen; anfügen; *terre* aufschütten; anfahren; COUT ***~ une poche*** eine Tasche aufsetzen **6** MATH *angle* übertragen **7** JUR (*annuler*) rückgängig machen; zurücknehmen; aufheben **8** (*rattacher*) ***~ qc à qc*** etw in Beziehung mit etw bringen; etw in Beziehung zu etw setzen; etw im Zusammenhang mit etw sehen **II** *v/pr* **1** ***se ~ à*** sich beziehen auf (+*acc*); in Zusammenhang stehen mit **2** ***s'en ~ à qn, qc*** sich auf j-n, etw verlassen; ***s'en ~ aux faits*** sich an (die) Tatsachen halten; ***je m'en rapporte à vous*** ich verlasse mich auf Sie; ich überlasse es Ihrer Entscheidung

rapporteur [ʀapɔʀtœʀ] *m*, **rapporteuse** *f* **1** *péj* Zuträger(in) *m(f)*; ÉCOLE Petze *f*; *adjt* ***elle est rapporteuse*** sie ist e-e Petze **2** *m* JUR, ADM Referent(in) *m(f)*; Berichterstatter(in) *m(f)* **3** *m* MATH Winkelmesser *m*

rapprendre [ʀapʀɑ̃dʀ] → ***réapprendre***

rapproché [ʀapʀɔʃe] *adj* **1** *dans l'espace* nah(e), eng, dicht beieinander(-), aneinander(liegend); Nah...; ***protection ~e*** Personen- und Objektschutz *m* **2** *dans le temps* nah(e), dicht beieinanderliegend; schnell, dicht aufeinanderfolgend

rapprochement [ʀapʀɔʃmɑ̃] *m* **1** *d'objets* Heranrücken *n* (**de** an +*acc*); Zusammenrücken *n* **2** *de personnes, de peuples etc* Annäherung *f*; Verständigung *f* **3** *fig* (*confrontation*) Gegenüber-, Nebeneinanderstellung *f*; (*comparaison*) Vergleich *m*; ***faire le ~ entre qc et qc*** etw mit etw in Verbindung bringen; etw und etw im Zusammenhang sehen

rapprocher [ʀapʀɔʃe] **I** *v/t* **1** *un objet* heranrücken, -bringen (**de** an +*acc*); *deux objets* zusammenrücken, -schieben; ***rapprochez votre siège*** rücken Sie Ihren Stuhl heran; ***les jumelles rapprochent les objets*** das Fernglas holt die Gegenstände heran; *mon nouveau travail* ***me rapproche de chez moi*** verkürzt, verringert meinen Nachhauseweg **2** *dans le temps* näher bringen (**de** *dat*); *échéance, paiement* vorverlegen; ***chaque jour nous rapproche des vacances*** jeder Tag bringt uns den Ferien näher; die Ferien rücken jeden Tag näher **3** *fig l'avion* ***rapproche les distances*** ... verkürzt, verringert die Entfernungen **4** *fig malheur etc: personnes* einander näherbringen **5** (*comparer*) nebeneinanderstellen; gegenüberstellen; vergleichen; ***être à ~ de*** vergleichbar sein mit **II** *v/pr* ***se ~*** **1 a)** (*venir plus près*) sich nähern (**de** *dat*); näher kommen; herankommen; näher rücken; ***le bruit se rapproche*** der Lärm kommt näher; **b)** (*se serrer*) sich (einander) nähern; zusammenrücken **2** *fig adversaires, partis etc* sich annähern; sich näherkommen; ***se ~ de qn*** j-m näherkommen; ***se ~ des socialistes*** sich den Sozialisten annähern **3** *fig* (*devenir comparable*) näherkommen (**de** *dat*); ***se ~ de son idéal, de la vérité*** s-m Ideal, der Wahrheit näherkommen

rapprovisionner [ʀapʀɔvizjɔne] → ***réapprovisionner***

rapt [ʀapt] *m* Entführung *f*; ***~ d'enfant*** *a* Kindesraub *m*

raquer [ʀake] *v/t et v/i* P (*payer*) F blechen

raquette [ʀakɛt] *f* **1** SPORTS **a)** Schläger *m*; ***~ de ping-pong, de tennis, de volant*** Tischtennis-, Tennis-, Federballschläger *m*; **b)** *par ext joueur* Tennisspieler *m* **2** *pour la neige* Schneeschuh *m*, -teller *m*, -reifen *m* **3** BOT Feigenkaktus *m*

rare [ʀaʀ, ʀɑʀ] *adj* **1** selten; *denrées, main-d'œuvre* knapp; rar; *au pl a* wenige; CHIM ***gaz*** *m/pl* ***~s*** Edelgase *n/pl*; ***mot*** *m* ***~*** seltenes Wort; ***occasion*** *f* ***~*** seltene Gelegenheit; ***plante*** *f* ***~*** seltene Pflanze; ***à de ~s exceptions près*** bis auf wenige Ausnahmen; *subst* ***un des ~s ... qui*** (+*subj*) einer der wenigen ..., die ...; ***il est ~ que ...*** (+*subj*) *ou* **de** (+*inf*) es ist selten *ou* es kommt selten vor, dass ...; nur selten ...; ***~s sont ceux qui ...*** es gibt nur wenige, die ...; nur wenige ...; ***cela arrive, mais c'est ~*** das kommt (zwar) vor, aber nur selten; ***se faire ~*** selten werden; *personne* ***se faire ~ (comme les beaux jours), devenir ~*** sich selten sehen lassen; F sich rarmachen **2** (*exceptionnel*) selten; un-, außergewöhnlich; erstaunlich; außerordentlich; ***des qualités*** *f/pl* ***~s*** *ou* ***de ~s qualités*** ungewöhnliche Vorzü-

R

ge *m/pl*; F ***ça n'aurait rien de ~*** das wäre nicht erstaunlich, unmöglich **3** (*clairsemé*) spärlich; dünn; *cheveux a* schütter; ***une barbe ~*** (ein) spärlicher Bartwuchs; ***il n'y pousse qu'une herbe ~*** das Gras wächst dort nur spärlich

raréfaction [ʀaʀefaksjõ] *f* **1** *de l'air* Verdünnung *f* **2** *de denrées* Knappwerden *n*; Verknappung *f*

raréfier [ʀaʀefje] **I** *v/t* PHYS *air, gaz* verdünnen; *adjt* ***atmosphère raréfiée*** dünne Atmosphäre, Luft **II** *v/pr* ***se ~*** **1** *air* dünner werden **2** (*devenir rare*) selten(er) werden; *denrées* knapp werden

rarement [ʀaʀmɑ̃, ʀɑ-] *adv* selten

rareté [ʀaʀte, ʀɑʀte] *f* **1** *d'objets, d'événements* Seltenheit *f*; *de denrées* Knappheit *f* **2** (*chose rare*) Rarität *f*; Seltenheit *f*; (*chose précieuse*) Kostbarkeit *f*; *cette pièce de monnaie* ***est une ~*** … ist e-e Kostbarkeit

rarissime [ʀaʀisim, ʀɑ-] *adj* sehr, höchst, äußerst selten

ras [ʀɑ] *adj* ⟨**rase** [ʀɑz]⟩ **1** *cheveux* kurz (geschnitten, geschoren); *herbe* niedrig; ***à poil ~*** *animal* kurzhaarig; Kurzhaar…; *tissu* mit kurzem Flor; *advt*: ***coupé (à) ~*** *cheveux, ongles, gazon* kurz geschnitten; *cheveux, gazon a* kurz geschoren; ***tondu à ~*** kahl geschoren **2** *mesure, cuiller* gestrichen voll; *robe etc* ***~ du cou*** halseng; ***pull ~ du cou*** Rundhalspulli *m*; *loc/adv*: ***à ~ bord*** bis zum, an den Rand; ***plein, rempli à ~ bord*** randvoll; bis zum, an den Rand gefüllt; ***en ~e campagne*** auf dem flachen Land; auf freiem Feld; *loc/prép* ***à ~ de, au ~ de*** dicht, unmittelbar über *ou* an (*+dat ou acc*); *balle* ***envoyer au ~ du filet*** knapp übers Netz schlagen, werfen; ***voler à ~ de terre, au ~ du sol*** dicht über dem Erdboden fliegen; F *fig* ***en avoir ~ le bol*** F die Schnauze voll haben; die Nase (gestrichen) voll haben; es satthaben; es satt sein; ***j'en ai ~ le bol*** *a* F mir reicht's, langt's; mir steht's bis hier oben; *fig* ***faire table ~e*** Tabula rasa machen, reinen Tisch machen (***de qc*** mit etw)

rasade [ʀɑzad] *f* ***boire une grande ~*** e-n kräftigen Schluck, e-n guten Zug tun; ***se verser une ~ de vin*** sich (*dat*) das Glas bis zum Rand mit Wein füllen

rasage [ʀɑzaʒ] *m* Rasur *f*; Rasieren *n*; ***lotion f après ~*** Rasierwasser *n*; Aftershave-Lotion [aːftər'ʃeːv-] *f*; *d'un rasoir électrique* ***tête*** *f* ***de ~*** Scherkopf *m*

rasant [ʀɑzɑ̃] *adj* **1** *lumière* flach einfallend; MIL ***feu, tir ~*** Flachfeuer *n*; *t/t* rasantes Feuer **2** F (*ennuyeux*) langweilig; geisttötend; F lahm; doof

rascasse [ʀaskas] *f poisson* Drachenkopf *m*

rasé [ʀɑze] *adj* **a)** *cheveux, barbe* (kurz) geschoren; (ab)rasiert; ***crâne ~*** kahl geschorener Schädel; **b)** *personne* rasiert; ***mal ~*** schlecht rasiert; stopp(e)lig; ***pas ~*** unrasiert; ***~ de près*** glatt rasiert

rase-mottes [ʀɑzmɔt] *m* ⟨*inv*⟩ AVIAT (***vol*** *m* ***en***) ~ Tiefflug *m*; ***faire du ~*** im Tiefflug fliegen

raser [ʀɑze] **I** *v/t* **1 a)** *personne, menton, jambes* rasieren; *nuque* ausrasieren; *barbe* abrasieren; **b)** *crâne* kahl scheren **2** F (*ennuyer*) ***~ qn*** j-n langweilen, F anöden; F j-m auf die Nerven, auf den Geist gehen; ***ça me rase de*** (*+inf*) *a* F es stinkt mir zu (*+inf*) **3** *bâtiment, quartier* abreißen; *fortifications* schleifen; *à la guerre* ***être rasé*** ausradiert, dem Erdboden gleichgemacht werden **4** (*passer près de*) ***~ qc*** dicht *ou* ganz nah(e) an etw (*dat*) vorbeifahren *ou* -fliegen *ou* -laufen; *balle* ***~ le filet*** dicht über das Netz fliegen; *personne* ***~ les murs*** dicht an den Mauern, Hauswänden entlangschleichen; *voiture* ***~ un piéton*** dicht an e-m Fußgänger vorbeifahren **II** *v/pr* ***se ~*** **1** (*se faire la barbe*) sich rasieren **2** F (*s'ennuyer*) sich langweilen; F sich mopsen

raseur [ʀɑzœʀ], **raseureuse** F *m,f* Langweiler(in) *m(f)*; F Nervensäge *f*

rasibus [ʀɑzibys] F *adv* ganz dicht (vorbei); *ongles* ***couper ~*** ganz kurz (ab)schneiden; *balle* ***passer ~*** haarscharf, ganz dicht vorbeifliegen

ras-le-bol [ʀɑlbɔl] F *m* Verdruss *m*; Verdrossenheit *f*; → *a* ***ras*** *2*

rasoir [ʀɑzwaʀ] *m* **1** Rasiermesser *n ou* -apparat *m*; ***~ électrique*** elektrischer Rasierapparat; Trockenrasierer *m*; ***~ mécanique*** Rasierapparat *m*; Nassrasierer *m*; ***~ à main*** Rasiermesser *n*; ***coupe*** *f* (***de cheveux***) ***au ~*** Messer(haar)schnitt *m*; ***feu*** *m* ***du ~*** Brennen *n* nach der Rasur; ***lame*** *f* ***de ~*** Rasierklinge *f* **2** F *fig personne* Langweiler(in) *m(f)*; F Nervensäge *f*; *adjt* ⟨*inv*⟩ geisttötend; zum Einschlafen langweilig

Raspoutine [ʀasputin] *m* HIST Rasputin *m*

rassasiant [ʀasazjɑ̃] *adj nourriture* sättigend

rassasié [ʀasazje] *adj* **1** satt; gesättigt **2** *fig* übersättigt; ***être ~ de qc*** e-r Sache (*gén*) überdrüssig sein; etw satthaben, satt sein

rassasiement [ʀasazimɑ̃] *m* **1** Sättigung *f* **2** *fig* Übersättigung *f*; Überdruss *m*

rassasier [ʀasazje] **I** *v/t* **1** sättigen (*a abs*: *plat*); satt machen **2** *fig curiosité etc* befriedigen; ***ne pouvoir ~ sa vue de qc*** sich an etw (*dat*) nicht sattsehen können **II** *v/pr* ***se ~*** **1** sich satt essen (***de*** an *+dat*); satt werden **2** *fig* ***je ne m'en rassasie pas*** ich kann davon nicht genug bekommen

rassemblement [ʀasɑ̃bləmɑ̃] *m* **1** *de personnes* Ansammlung *f*; (Menschen)Auflauf *m*; ***disperser un ~*** e-n Menschenauflauf auseinandertreiben **2** *de documents* Sammeln *n*; Zusammentragen *n*, -stellen *n* **3** MIL *de troupes* Sammeln *n*; Antreten *n*; ***~!*** angetreten!; sammeln! **4** POL Sammlungsbewegung *f* (***derrière qn, qc*** um j-n, etw)

rassembler [ʀasɑ̃ble] **I** *v/t* **1** *élèves, troupes etc* (wieder) (ver)sammeln; ***~ tous les mécontents*** alle Unzufriedenen sammeln **2** *documents, informations* sammeln; zusammentragen, -stellen **3** *fig* ***~ son courage*** s-n Mut zusammennehmen; ***~ ses esprits*** wieder zu sich kommen; ***~ ses forces*** s-e Kräfte sammeln; ***~ ses idées*** sich sammeln; s-e Gedanken (wieder) ordnen **II** *v/pr* ***se ~*** sich (wieder) (ver)sammeln

rassembleur [ʀasɑ̃blœʀ] *m* POL Einiger *m*

rasseoir [ʀaswaʀ] ⟨→ **asseoir**⟩ **I** *v/t* wieder hinsetzen; ***~ un enfant, un malade*** ein Kind, einen Kranken wieder hinsetzen **II** *v/pr* ***se ~*** sich wieder hinsetzen; ***faire (se) ~ qn*** j-n auffordern *ou* dazu bringen, sich wieder hinzusetzen

rasséréner [ʀaseʀene] ⟨**-è-**⟩ **I** *v/t* beruhigen **II** *v/pr* ***se ~*** *visage* sich aufhellen; *personne* sich beruhigen

rassir [ʀasiʀ] *v/i pain* trocken, altbacken werden

rassis [ʀasi] *adj* **1** ⟨*f* F **rassie**⟩ altbacken; ***du pain ~*** *ou subst* ***du ~*** altes *ou* altbackenes, trockenes Brot **2** *fig* gesetzt; ruhig; besonnen; ***homme*** *m* ***à l'esprit ~*** besonnener Mensch

rassurant [ʀasyʀɑ̃] *adj nouvelles* beruhigend; ***indi-***

R

vidu peu ~ zweifelhaftes Individuum; *situation* ***pas ~*** beunruhigend

rassuré [ʀasyʀe] *adj* beruhigt; ***il n'est pas ~*** er fühlt sich nicht sicher; ihm ist bange

rassurer [ʀasyʀe] **I** *v/t personne* beruhigen **II** *v/pr* ***se ~*** sich beruhigen; ***rassurez-vous!*** *a* seien Sie unbesorgt!

rasta¹ [ʀasta] F **I** *m* (*rastafari*) Rasta *m* **II** *adj* ⟨*f inv*⟩ Rasta…; ***coiffure*** *f* ***~*** Rastalocken *f/pl*

rasta² [ʀasta] *m abr* → ***rastaquouère***

rastafari [ʀastafaʀi] *m* Rastafari *m*

rastaquouère [ʀastakwɛʀ] *m* zwielichtige Gestalt; Hochstapler *m*

rat¹ [ʀa] *m* **1** *zo* Ratte *f*; ***~ noir*** Hausratte *f*; ***~ d'Amérique, musqué*** Bisamratte *f*; ***~ d'égout, gris*** Wanderratte *f*; *La Fontaine* ***le ~ des villes et le ~ des champs*** die Stadtmaus und die Landmaus; *fig* ***être fait comme un ~*** in der Falle sitzen; *prov* ***les ~s quittent le navire*** die Ratten verlassen das sinkende Schiff (*prov*) **2** *fig d'une personne*: ***~ de bibliothèque*** Bücherwurm *m*; F Leseratte *f*; ***~ d'hôtel*** Hoteldieb *m*; ***petit ~ de l'Opéra*** Ballettratte *f*; *terme affectif* ***mon (petit) ~*** meine kleine Maus; mein Mäuschen; *injure* ***face*** *f* ***de ~*** hässliche Fratze **3** *bougie* ***~ de cave*** Wachslicht *n*

rat² [ʀa] *adj* ⟨*f inv*⟩ F *péj* → ***radin***

rata [ʀata] *m* F *péj* (mieser) Fraß

ratafia [ʀatafja] *m liqueur* Ratafia *m*

ratage [ʀataʒ] *m* Scheitern *n*; Misslingen *n*; Misserfolg *m*; F Flop *m*

rataplan [ʀataplɑ̃] *int* rumtata (*Trommelwirbel*)

ratatiné [ʀatatine] *adj* **1** *pomme*, F *visage*, *personne* zusammengeschrumpft; runz(e)lig; verschrumpelt; verhutzelt; *visage a* faltig; zerknittert **2** F *fig véhicule* völlig zusammengedrückt, F zermatscht

ratatiner [ʀatatine] **I** *v/t* F (*écraser*) zerquetschen; F zermatschen; *fig* ***se faire ~*** (*être vaincu*) vernichtend geschlagen, F niedergewalzt werden **II** *v/pr* ***se ~*** *pomme*, F *personne* zusammenschrumpfen; runz(e)lig werden; verschrumpeln

ratatouille [ʀatatuj] *f* CUIS **1** ***~ (niçoise)*** provenzalischer Gemüseeintopf **2** F *péj* (zusammengeman[t]schter) Fraß

rate [ʀat] *f* **1** ANAT Milz *f*; F *fig*: ***se dilater la ~*** sich (*dat*) vor Lachen den Bauch, die Seiten halten; ***ne pas se fouler la ~*** F sich (*dat*) kein Bein ausreißen **2** *zo* weibliche Ratte

raté [ʀate] **1** *m d'un moteur* Fehlzündung *f* **2** *m d'un coup de feu* Versager *m* **3** *m fig d'une politique etc* Rückschlag *m* **4** ***~(e)*** *m(f) péj personne* Versager(in) *m(f)*; gescheiterte, F verkrachte Existenz

râteau [ʀɑto] *m* ⟨*pl* ***~x***⟩ **1** JARD Rechen *m* (*a du croupier*); *nordd* Harke *f* **2** F *plais* (*peigne*) grober Kamm; F Rechen *m*

râtelier [ʀɑtəlje] *m* **1** *pour le bétail* (Futter)Raufe *f*; F *fig* ***manger à plusieurs ~s, à tous les ~s*** überall s-n Profit suchen; sein Mäntelchen nach dem Wind hängen **2** *à pipes*, *d'armes* Ständer *m*; Gestell *n* **3** F (*fausses dents*) (künstliches) Gebiss; *plais* dritte Zähne *m/pl*

rater [ʀate] **I** *v/t* **1** (*manquer*) *but* verfehlen; ***~ qn*** (*ne pas rencontrer*) j-n verfehlen, verpassen; ***raté!*** daneben!; vorbei!; ***il a raté une bonne place*** F ihm ist e-e gute Stellung durch die Lappen gegangen; ***~ une occasion, un train*** eine Gelegenheit, einen Zug versäumen, verpassen; ***~ un virage*** F e-e Kurve nicht kriegen; F ***je ne le raterai pas*** F ich werde ihn schon kriegen; F ***il ne l'a pas raté*** er hat es ihm heimgezahlt; F der hat's ihm aber gegeben; *iron* ***il n'en rate pas une*** dem geht auch alles daneben; der macht aber auch alles falsch **2** (*ne pas réussir*) verderben; F verpatzen; verkorksen; *élève* ***~ une composition*** F e-e Klassenarbeit verhauen; ***il a raté son coup*** das ist ihm misslungen, danebengegangen; *acteur* ***~ son effet*** mit s-r Pointe nicht ankommen; ***~ un examen*** in e-r Prüfung durchfallen; *adjt* ***cette photo est ratée*** *a* dieses Foto ist nichts geworden; ***j'ai raté la sauce*** *a* die Soße ist mir misslungen, nicht geraten; ***~ sa vie*** F sein Leben verpfuschen **II** *v/i* **1** *coup de feu* nicht losgehen; *arme à feu* versagen **2** (*échouer*) misslingen; missglücken; F schiefgehen; danebengehen; nicht klappen; ***faire tout ~*** alles zum Scheitern bringen; F ***ça n'a pas raté!*** das musste ja (so) kommen! **III** *v/pr* **1** (*ne pas se rencontrer*) sich verfehlen; sich verpassen **2** ***il s'est raté*** sein Selbstmordversuch ist misslungen

ratiboiser [ʀatibwaze] *v/t* F **1** *argent* F klauen (***à qn*** j-m) **2** *personne adjt* ***être (complètement) ratiboisé*** finanziell, geschäftlich, gesundheitlich (völlig) ruiniert, zugrunde gerichtet, F erledigt sein

ratier [ʀatje] *m ou adjt* ***chien ~*** Rattenfänger *m*

ratière [ʀatjɛʀ] *f* Rattenfalle *f*

ratification [ʀatifikasjɔ̃] *f* JUR Bestätigung *f*; DIPL, POL Ratifikation *f*; Ratifizierung *f*; ***~ du traité de paix*** Ratifizierung *f* des Friedensvertrages

ratifier [ʀatifje] *v/t* JUR bestätigen; genehmigen; billigen; DIPL, POL ratifizieren; *litt paroles* bestätigen; JUR ***~ un contrat*** e-n Vertrag bestätigen; DIPL ***~ un traité*** e-n Vertrag ratifizieren

ratine [ʀatin] *f* TEXT Ratiné *m*

ratio [ʀasjo] *m* FIN Verhältnis(zahl) *n(f)*

ratiociner [ʀasjɔsine] *v/i* grübeln; sinnieren

ration [ʀasjɔ̃, ʀɑsjɔ̃] *f* **1** Ration *f* (*a* MIL); Zuteilung *f*; tägliche Verpflegungsmenge; *pour un animal* täglicher Futterbedarf; PHYSIOL ***~ alimentaire*** täglicher Nahrungsbedarf; ***maigre ~*** geringe, knappe Ration, Verpflegungsmenge; ***~ de pain, de tabac*** Brot-, Tabakration *f*; ***distribuer les ~s*** die Rationen verteilen **2** *fig et iron* ***sa ~ de …*** s-n Anteil an (+*dat*); ***j'ai eu ma ~ de soucis*** ich hab meinen Anteil an Sorgen (bekommen *ou* gehabt)

rationalisation [ʀasjɔnalizasjɔ̃] *f* Rationalisierung *f*; ***plan*** *m* ***de ~*** Rationalisierungsplan *m*

rationaliser [ʀasjɔnalize] *v/t* rationalisieren

rationalisme [ʀasjɔnalism] *m* PHILOS Rationalismus *m*; Vernunftglaube *m* **rationaliste** PHILOS **I** *adj* rationalistisch **II** *m,f* Rationalist(in) *m(f)*; *par ext* Verstandesmensch *m* **rationalité** *f* PHILOS Vernunftgemäßheit *f*; Vernünftigkeit *f*; Rationalität *f*

rationnel [ʀasjɔnɛl] **I** *adj* ⟨***~le***⟩ **1** (*raisonnable*) rational; vernunftgemäß; vernünftig; ***esprit ~*** Verstandesmensch *m*; ***pensée ~le*** rationales Denken **2** (*pratique*) rationell; zweckmäßig; ***méthode ~le*** zweckmäßige Methode; ***organisation ~le*** rationelle Organisation **3** MATH ***nombre ~*** rationale Zahl **II** *m* PHILOS ***le ~*** das Rationale

rationnellement [ʀasjɔnɛlmɑ̃] *adv* **1** rational; vernünftig **2** rationell; zweckmäßig

rationnement [ʀasjɔnmɑ̃] *m* Rationierung *f*; ***~ de***

l'essence, du pain, de la viande Benzin-, Brot-, Fleischrationierung *f*; ***carte*** *f* ***de ~*** Lebensmittelkarte *f*

rationner [ʀasjɔne] **I** *v/t* 1 *vivres etc* rationieren 2 *personnes* auf halbe Ration setzen; *fig* knapphalten **II** *v/pr* ***se ~*** sich (im Essen) zurückhalten; (*se restreindre*) sich einschränken

Ratisbonne [ʀatisbɔn] Regensburg *n*

ratissage [ʀatisaʒ] *m* 1 JARD *nordd* Harken *n*; *südd* Rechen *n* 2 MIL, POLICE Durchkämmung(saktion) *f*; ***opération*** *f* ***de ~*** Durchkämmung(saktion) *f*

ratisser [ʀatise] *v/t* 1 *terre, gravier, allée etc nordd* harken; *südd* rechen; ***~ les feuilles mortes*** die dürren Blätter zusammenharken, -rechen 2 *troupes*: *terrain, police*: *quartier* durchkämmen *ou* durchkämmen 3 F *argent* F einstreichen; einsacken; ***~ large*** F tüchtig absahnen 4 RUGBY *ballon* hakeln

raton [ʀatõ] *m* 1 ZO junge Ratte; ***~ laveur*** Waschbär *m* 2 CUIS Käsetörtchen *n* 3 *injure* (P Scheiß)Nordafrikaner *m*, (-)Araber *m*

ratonnade [ʀatɔnad] *f* Jagd *f* auf, Pogrom *n* gegen Nordafrikaner; *par ext* fremdenfeindliche, rassistische Ausschreitungen *f/pl*

RATP [ɛʀatepe] *f abr* (*Régie autonome des transports parisiens*) Pariser Verkehrsbetriebe *m/pl*

ratrac® [ʀatʀak] *m* Schnee-, Pistenraupe *f*

rattachement [ʀataʃmɑ̃] *m* POL *d'un territoire* Angliederung *f*; Anschluss *m*

rattacher [ʀataʃe] **I** *v/t* 1 (*attacher de nouveau*) wieder fest-, anbinden, an-, verknüpfen 2 *à un circuit électrique etc* anschließen (***à*** an +*acc*); *territoire à un État etc* angliedern, anschließen (an +*acc*) 3 *fig personne* ***~ à son pays*** an s-e Heimat binden; mit s-r Heimat verbinden; ***~ qn à la vie*** j-n ans Leben fesseln 4 *fig question, idée* in Verbindung, in Zusammenhang bringen (***à*** mit) **II** *v/pr* ***se ~*** zusammenhängen (***à*** mit); sich anschließen (an +*acc*); gehören (zu)

rattrapage [ʀatʀapaʒ] *m* ÉCOLE ***cours*** *m* ***de ~*** Nachholunterricht *m*

rattraper [ʀatʀape] **I** *v/t* 1 (*reprendre*) *animal* wieder einfangen; *fugitif* wieder ergreifen; F (wieder) erwischen; *maille tricotée* wieder aufnehmen; F ***si je le rattrape!*** F wenn ich den erwische!; wenn mir der zwischen die Finger kommt! 2 *objet, enfant qui tombe* auffangen 3 (*rejoindre*) *personne, voiture* (wieder) einholen; *fig* ***~ les autres élèves*** die anderen Schüler wieder einholen 4 (*regagner*) *retard* (wieder) aufholen; *perte* wieder wettmachen; *heures de travail* (her)einarbeiten; nacharbeiten; nachholen; F CUIS ***~ sa mayonnaise*** F die Mayonnaise wieder hinkriegen; ***~ une parole malheureuse*** ein unglücklich gewähltes Wort wiedergutmachen **II** *v/pr* ***se ~*** 1 *en tombant* sich festhalten (***à*** an +*dat*) 2 *lors d'un retard* (wieder) aufholen; *après une erreur, une perte* die Sache *ou* den Verlust *etc* wettmachen, wiedergutmachen; ÉCOLE ***se ~ avec les maths*** mit Mathe ausgleichen; ***se ~ sur qc*** durch etw ausgleichen; sich an etw (*dat*) schadlos halten

raturage [ʀatyʀaʒ] *m* (Durch)Streichen *n*

rature [ʀatyʀ] *f* Streichung *f*; (durch)gestrichene Stelle

raturer [ʀatyʀe] *v/t mot* (aus-, durch)streichen (*a abs*); *adjt* TYPO ***épreuves raturées*** Fahnen *f/pl* mit Streichungen

raugmenter [ʀɔgmɑ̃te] F *v/i* wieder teurer werden

rauque [ʀok] *adj voix* rau; heiser; ***cri*** *m*, ***toux*** *f* ***~*** heisererer Schrei, Husten

ravage [ʀavaʒ] *m* ⟨*meist pl* **~s**⟩ 1 Verheerung *f*; Verwüstung *f*; ***les ~s de la drogue*** die verheerenden Auswirkungen der Drogen; ***faire, causer des ~s*** *séisme, termites etc* Verheerungen, Verwüstungen, großen Schaden anrichten; *épidémie, drogue* verheerende Folgen haben 2 *fig* ***les ~s du temps*** die unübersehbaren Spuren *f/pl* des Alters; F ***faire des ~s*** (***dans les cœurs***) große Verwirrung (in den Herzen) stiften

ravagé [ʀavaʒe] *adj* 1 *pays, jardin etc* verwüstet; verheert; ***~ par la grêle*** verhagelt 2 *fig* zugrunde gerichtet; *visage*: *par les épreuves* gezeichnet; *par la débauche* verlebt 3 F *fig* ***il est complètement ~!*** F er ist völlig übergeschnappt!; → *a* ***cinglé***

ravager [ʀavaʒe] *v/t* ⟨**-geons**⟩ 1 *pays, champs etc* verheeren; verwüsten; *catastrophe*: *pays a* heimsuchen; ***~ la récolte*** die Ernte vernichten 2 *fig* zugrunde richten; *maladie, épreuve* ***~ la vie de qn*** j-s Leben zugrunde richten, zerstören

ravageur [ʀavaʒœʀ] *adj* ⟨**-euse**⟩ 1 AGR ***insecte ~*** Schädling *m* 2 *fig* zerstörerisch

ravalement [ʀavalmɑ̃] *m* CONSTR (*nettoyage*) (Fassaden)Reinigung *f*, (-)Säuberung *f*; (*crépissage*) (Neu)Ver-, Abputzen *n*

ravaler [ʀavale] **I** *v/t* 1 *bâtiment, mur* (neu) ver-, abputzen; *façade en pierre de taille* reinigen, säubern 2 **a)** *salive* wieder hinunterschlucken; **b)** *fig colère, dépit, larmes* hinunter-, F runterschlucken; verbeißen; F ***je lui ferai ~ ses paroles!*** F den werd ich mir vorknöpfen! 3 *fig* (*dignité de*) *qn* herabsetzen, -würdigen **II** *v/pr* ***se ~*** sich erniedrigen; ***se ~ au rang de*** herabsinken zu (+*dat*)

ravaleur [ʀavalœʀ] *m* CONSTR Fassadenreiniger *m*

ravauder [ʀavode] *v/t* ausbessern; flicken

rave¹ [ʀav] *f* BOT Rübe *f*; *adjt* ***céleri*** *m* ***~*** Knollensellerie *m ou f*

rave² [ʀɛv] *m fête* Rave [reːv] *m*; Raveparty *f*

Ravenne [ʀavɛn] Ravenna *n*

ravi [ʀavi] *adj* (hoch)erfreut; entzückt; begeistert; hingerissen; ***~ de vous connaître*** sehr erfreut, Sie kennenzulernen; ***avoir un air ~*** ein hocherfreutes Gesicht machen; ***je suis ~ de vous revoir*** ich bin erfreut, Sie wiederzusehen; ***j'en suis ~*** es freut mich sehr, ich bin davon entzückt (*a iron*); ***être ~ par*** begeistert sein von; erfreut sein über (+*acc*); ***être ~ de*** (+*inf*) *ou* ***que …*** (+*subj*) erfreut (darüber) sein, zu (+*inf*) *ou* dass …; ***je suis ~ qu'il ait réussi*** ich bin erfreut darüber, dass er es geschafft hat

ravier [ʀavje] *m* (kleine, ovale) Schale, Platte; Hors-d'oeuvreschale *f*

ravigotant [ʀavigɔtɑ̃] F *adj* stärkend; kräftigend; erquickend

ravigote [ʀavigɔt] CUIS *adjt* (***à la***) ***~*** mit scharfer Kräutersoße und fein gehackten Eiern

ravigoter [ʀavigɔte] F *v/t personne* stärken; wieder auf die Beine bringen; aufmuntern; F aufmöbeln

ravin [ʀavɛ̃] *m* (Fels)Schlucht *f*; ***tomber au fond d'un ~*** *ou* ***dans un ~*** in e-e Schlucht stürzen

ravinement [ʀavinmɑ̃] *m du sol* Auswaschung *f*; *abs* Bodenabschwemmung *f*

raviner [ʀavine] *v/t* 1 *eaux*: *sol* auswaschen 2 *fig adjt* ***visage raviné*** durchfurchtes Gesicht

ravioli [ʀavjɔli] *m/pl* CUIS Ravioli *pl*

ravir [ʀaviʀ] *v/t* **1** (*charmer*) hin-, mitreißen; bezaubern; entzücken; begeistern; *loc/adv* **à ~** bezaubernd; entzückend; hinreißend; wundervoll; **cela vous va à ~** das steht Ihnen ausgezeichnet **2** *litt* (*enlever*) rauben; *personne* entführen; *par ext* **la mort nous l'a ravi** der Tod hat ihn uns entrissen

raviser [ʀavize] *v/pr* **se ~** s-e Meinung ändern; sich anders besinnen

ravissant [ʀavisɑ̃] *adj* bezaubernd; entzückend; hinreißend; reizend

ravissement [ʀavismɑ̃] *m* Entzücken *n*; Verzückung *f* (*a* REL); *loc/adv* **avec ~** hingerissen; ent-, verzückt; **être (plongé) dans le ~** in Entzücken *ou* Verzückung geraten

ravisseur [ʀavisœʀ] *m*, **ravisseuse** *f* Entführer(in) *m(f)*

ravitaillement [ʀavitajmɑ̃] *m* **1** (*approvisionnement*) **a)** *d'une ville, de la population* (Lebensmittel)Versorgung *f*; Verproviantierung *f*; **b)** MIL Versorgung *f*; Nachschub *m* (**des troupes** für die Truppen); **~ en munitions, en vivres** Munitions-, Lebensmittelnachschub *m* **2** F (*provisions*) Lebensmittel *n/pl*; **aller au ~** Lebensmittel einkaufen (gehen) *ou* besorgen

ravitailler [ʀavitaje] **I** *v/t armée* mit Nachschub versorgen; *ville etc* mit Lebensmitteln versorgen; verproviantieren; *avion, voiture* **~ (en essence)** mit Benzin versorgen; **~ un avion en vol** ein Flugzeug in der Luft auftanken **II** *v/pr* **se ~** *en vivres* sich mit Lebens-, Nahrungsmitteln versorgen; sich verproviantieren; MIL sich mit Nachschub versorgen; **se ~ en carburant** sich mit Treibstoff versorgen

ravitailleur [ʀavitajœʀ] *m* MIL *navire* Versorgungsschiff *n*, *véhicule* -fahrzeug *n*, *avion* -flugzeug *n*; **~ d'avions** Tankwagen *m* (*auf Flugplätzen*); **~ de sous-marins** U-Boot-Versorgungsschiff *n*; U-Boot-Tender *m*; *adjt* **navire** *m* **~** Versorgungs-, Mutterschiff *n*

raviver [ʀavive] **I** *v/t* **1** *feu* anfachen **2** *fig souvenirs, espoir* neu, wieder beleben; wieder lebendig werden lassen; **~ une querelle** einen Streit wieder aufflackern lassen **3** *couleur* auffrischen **4** TECH *métal* beizen **5** MÉD *plaie* anfrischen **II** *v/pr* **se ~** *peine, espoir* wieder aufleben

ravoir [ʀavwaʀ] *v/t* ⟨*nur inf*⟩ **1** (*récupérer*) wiederhaben, -bekommen **2** F (*nettoyer*) **ne pas pouvoir ~ qc** F etw nicht mehr sauber kriegen

R

rayé [ʀeje] *adj* **1** *étoffe, pantalon* gestreift; **papier ~** lini(i)ertes Papier; **~ verticalement, de noir** längs, schwarz gestreift **2** *meuble, carrosserie etc* zerkratzt (*a disque*); verschrammt **3** *canon d'une arme* gezogen

rayer [ʀeje] *v/t* ⟨**-ay-** *od* **-ai-**⟩ **1** *meuble, voiture etc* zerkratzen (*a disque*); verschrammen **2** *mot, nom* (durch-, aus)streichen; *sur des formulaires* **~ la mention inutile** Nichtzutreffendes streichen; **~ de la liste** von der Liste streichen **3** *fig*: **~ des cadres de l'armée** aus der Armee ausschließen; **~ qc de sa mémoire** etw aus s-m Gedächtnis streichen, auslöschen

Raymond [ʀɛmõ] *m Vorname*

Raymonde [ʀɛmõd] *f Vorname*

rayon [ʀɛjõ] *m* **1** *de lumière* (Licht)Strahl *m* (*a* OPT); *fig* **~ d'espérance, d'espoir** Hoffnungsschimmer *m*, -strahl *m*; **mince ~ de lumière** schmaler Lichtstrahl; **~ de, du soleil** Sonnenstrahl *m*; **faisceau** *m* **de ~s** Strahlenbündel *n*; *fig* **être un ~ de soleil** *enfant* ein Sonnenschein sein; *chose* ein Lichtblick sein **2** PHYS **~s** *pl* Strahlen *m/pl*; Strahlung *f*; **~s X** Röntgenstrahlen *m/pl*; MÉD **séance** *f* **de ~s** Bestrahlung *f* **3** *d'une roue* Speiche *f* **4 a)** MATH Radius *m*; Halbmesser *m*; **b)** *fig*: **~ d'action** AVIAT, MAR Aktionsradius *m*; *par ext* Tätigkeits-, Wirkungs-, Arbeitsbereich *m*; Aktionsradius *m*; Verbreitungsgebiet *n*; AUTO **~ de braquage** Wendekreis *m*; **dans un ~ de cinq kilomètres** in e-m Umkreis von fünf Kilometern; fünf Kilometer im Umkreis **5** *d'une étagère* Fachbrett *n*; *par ext* Fach *n*; **~s de livres** Bücherreihen *f/pl*; **sur, dans le premier ~** im ersten Fach **6** *d'un grand magasin* Abteilung *f*; **~ des jouets** Spielzeug-, Spielwarenabteilung *f*; F *fig*: **en connaître un ~** gut Bescheid wissen; Meister in s-m Fach sein; **c'est (de) votre ~** das ist Ihr Fach, Gebiet **7** *d'une ruche* Wabe *f*; **~ de miel** Honigwabe *f*

rayonnage [ʀɛjɔnaʒ] *m* Regal *n*

rayonnant [ʀɛjɔnɑ̃] *adj* **1** *personne, sourire, beauté, soleil* strahlend; *visage* **~ de joie** freudestrahlend; *personne*: **~ de santé** vor Gesundheit strotzend; **avoir un air ~** übers ganze Gesicht strahlen; **être (tout) ~** strahlen; strahlender Laune sein **2** *motif etc* strahlenförmig; strahlig; ARCH **gothique ~** Hochgotik *f*

rayonne [ʀɛjɔn] *f* Kunstseide *f*

rayonnement [ʀɛjɔnmɑ̃] *m* **1** PHYS Strahlung *f*; **~ thermique** Wärmestrahlung *f* **2** *fig d'une personne, d'une œuvre, d'une civilisation* Ausstrahlung *f*; Wirkung *f*

rayonner [ʀɛjɔne] *v/i* **1** *chaleur* ausstrahlen; *astre* strahlen; *par ext douleur* ausstrahlen **2** *fig* **a)** *visage* strahlen; **~ de joie, de bonheur** vor Freude, vor Glück strahlen; **b)** *civilisation* ausstrahlen; verbreitet sein; wirken **3 a)** *avenues, réseau* strahlenförmig ausgehen (**de** von), verlaufen; **b)** *personne* Fahrten, Ausflüge in der Umgebung machen; **~ dans la région** in der Umgebung umherfahren

rayure [ʀɛjyʀ] *f* **1** (*bande*) Streifen *m* (**de** *gén ou* in +*dat*); Farbstreifen *m*; *étoffe* **à ~s** gestreift; **à larges ~s** breitgestreift; mit breiten Streifen; **à ~s verticales** längsgestreift; mit Längsstreifen **2** (*éraflure*) Kratzer *m*; Schramme *f* **3** *au canon d'une arme* Zug *m*

raz [ʀɑ] *m* starke Meeresströmung; **~ de marée** Flutwelle *f*; *fig aux élections etc* Erdrutsch *m*; *fig* **c'est le ~ de marée** das ist nicht aufzuhalten

Raz [ʀɑ] **la pointe du ~** *Kap an der Westspitze der Bretagne*

raz-de-marée [ʀɑdmaʀe] *m* ⟨*inv*⟩ **1** Flutwelle *f* **2** *fig aux élections etc* Erdrutsch *m*

razzia [ʀa(d)zja] *f* Raub-, Beutezug *m*; F *fig*: **faire une ~ sur qc** etw völlig ausplündern; über etw (*acc*) herfallen

razzier [ʀa(d)zje] *v/t* plündern; (aus)rauben

RDA [ɛʀdeɑ] *f abr* (*République démocratique allemande*) HIST DDR *f* (Deutsche Demokratische Republik)

re... [ʀ(ə)] *préfixe* ⟨*vor Vokal* **ré...**, *vor s meist* **res...**⟩ wieder; noch einmal; nochmals; von Neuem; erneut; aufs Neue; F noch mal; → *a les entrées suivan-*

tes et les verbes simples
ré [ʀe] *m* ⟨*inv*⟩ MUS d *ou* D *n*
réa [ʀea] *f* F *abr* → ***réanimation***
réabonnement [ʀeabɔnmɑ̃] *m* Abonnementserneuerung *f*, -verlängerung *f*
réabonner [ʀeabɔne] *v/pr* ***se ~*** wieder abonnieren (***à qc*** etw); *abs* sein Abonnement erneuern *ou* verlängern; ***je me suis réabonné au Monde*** ich habe Le Monde wieder abonniert
réabsorber [ʀeapsɔʀbe] *v/t* wieder aufsaugen; wieder absorbieren
réabsorption [ʀeapsɔʀpsjõ] *f* erneute Absorption
réac [ʀeak] *adj et subst* F *abr* → ***réactionnaire***
réaccoutumer [ʀeakutyme] *v/t* (*et v/pr* ***se***) **~** (sich) wieder gewöhnen (***à*** an *+acc*)
réacheminement [ʀeaʃəminmɑ̃] *m* POSTE, CH DE FER **a**) Weiterbeförderung *f*, -leitung *f*; **b**) Zurücksendung *f* **réacheminer** *v/t* **1** *ailleurs* weiterbefördern, -leiten **2** *au point de départ* zurücksenden
réacteur [ʀeaktœʀ] *m* **1** AVIAT Düsen-, Strahltriebwerk *n* **2** NUCL Reaktor *m*; **~ *nucléaire*** Kernreaktor *m*
réactif [ʀeaktif] CHIM **I** *adj* ⟨**-ive**⟩ ***papier* ~** Reagenzpapier *n* **II** *m* Reagens *ou* Reagenz *n*
réaction [ʀeaksjõ] *f* **1** Reaktion *f* (*a* PHYSIOL, PSYCH) (***à qc*** auf etw [*acc*]); **~ *de défense*** Abwehrreaktion *f* (*a* MÉD); **~ *de peur*** ängstliche Reaktion; **~ *du public*** Publikumsreaktion *f*; **~ *de qn à une situation nouvelle*** j-s Reaktion auf e-e neue Situation; ***temps*** *m* ***de* ~** Reaktionszeit *f* (*a* MÉD); ***en*** *ou* ***par* ~ *contre*** als Reaktion auf (*+acc*); *voiture* ***avoir de bonnes ~s*** gute Reaktionen zeigen; *alcool* ***diminuer les ~s*** die Reaktionsfähigkeit herabsetzen; ***être une ~ à, contre qc*** e-e Reaktion auf etw sein; ***quelle fut sa ~?*** wie hat er darauf reagiert?; *il a répondu?* - ***non, aucune ~*** nein, er hat überhaupt nicht reagiert **2** AVIAT ***avion*** *m* ***à* ~** Düsen-, Strahlflugzeug *n* **3** CHIM **~ (*chimique*)** (chemische) Reaktion, Umsetzung; (chemischer) Prozess, Vorgang **4** PHYS NUCL **~ *nucléaire*** Kernreaktion *f*; **~ *en chaîne*** Kettenreaktion *f* (*a fig*) **5** POL ***la* ~** die Reaktion
réactionnaire [ʀeaksjɔnɛʀ] *péj* **I** *adj* reaktionär; rückschrittlich; fortschrittsfeindlich; F stockkonservativ **II** *m,f* Reaktionär(in) *m(f)*
réactivation [ʀeaktivasjõ] *f* Reaktivierung *f*; Wiederbelebung *f* **réactiver** *v/t* wieder beleben; *connaissances* wieder auffrischen; CHIM, MÉD reaktivieren **réactivité** *f* CHIM, NUCL Reaktivität *f*
réadaptation [ʀeadaptasjõ] *f* Wiederanpassung *f*; MÉD **~ *fonctionnelle*** Rehabilitation *f*; Rehabilitierung *f*
réadapter [ʀeadapte] **I** *v/t* **1** wieder anpassen (***à*** an *+acc*) **2** MÉD rehabilitieren; wieder (beruflich, ins Berufsleben) eingliedern **II** *v/pr* ***se* ~** sich wieder anpassen, einleben
réadmettre [ʀeadmɛtʀ] *v/t* ⟨→ **mettre**⟩ *personne* wieder zulassen, aufnehmen **réadmission** *f* Wiederzulassung *f*, -aufnahme *f*
réaffirmer [ʀeafiʀme] *v/t* wieder, erneut bestätigen, bekräftigen
réagir [ʀeaʒiʀ] *v/t/indir* **1** **~ *à*** reagieren auf (*+acc*) (*a* CHIM, PHYS, MÉD); *organe* **~ *à une excitation*** auf e-n Reiz reagieren; *abs* **~ *mollement*** träge reagieren; ***comment a-t-il réagi?*** wie hat er (darauf) reagiert? **2** PHYSIOL *et fig* **~ *contre*** sich wehren gegen; *fig* **~ *violemment contre qc*** heftig auf etw (*acc*) reagieren; *abs* ***il faut ~!*** Kopf hoch!; man muss etwas dagegen unternehmen! **3** **~ *sur*** (*se répercuter*) einwirken auf (*+acc*); sich auswirken auf (*+acc*); *en retour* zurückwirken auf (*+acc*)
réajustement [ʀeaʒystəmɑ̃] *m* → ***rajustement*** **réajuster** → ***rajuster***
réalisable [ʀealizabl] *adj* **1** *projet, rêve* realisierbar; *projet a* ausführbar; ***être* ~** zu verwirklichen sein; sich verwirklichen lassen **2** FIN realisierbar; in Geld umsetzbar
réalisateur [ʀealizatœʀ] *m*, **réalisatrice** *f* CIN (Film)Regisseur(in) *m(f)*; RAD, TV Sendeleiter(in) *m(f)*
réalisation [ʀealizasjõ] *f* **1** *d'un projet* Realisierung *f*; Verwirklichung *f*; Durchführung *f*; *d'un but* Erreichung *f*; *d'un produit industriel* Herstellung *f*; *d'un rêve* Erfüllung *f* **2** JUR *d'un contrat* Erfüllung *f* **3** *œuvre* Leistung *f*; Errungenschaft *f*; ***~s de l'art*** Leistungen *f/pl* der Kunst; ***~s sociales*** soziale Errungenschaften *f/pl* **4** FIN Realisation *f*; Realisierung *f*; Flüssigmachen *n* **5** *d'un film, d'une émission* Regie *f*; (Zusammenstellung *f* und) Leitung *f*; Gestaltung *f*; *d'un scénario* Verfilmung *f*
réaliser [ʀealize] **I** *v/t* **1** *projet, programme* realisieren; verwirklichen; durchführen; in die Tat umsetzen; *but* erreichen; *produit industriel* herstellen; *bénéfice* erzielen; *rêve* erfüllen; *exploit* vollbringen; *économies* machen; **~ *une menace*** eine Drohung wahr machen; SPORTS **~ *le meilleur temps*** Bestzeit erzielen; SPORTS **~ *13 minutes au 5000 m*** (die) 5000 m in 13 Minuten laufen; **~ (*en soi*) *un modèle*** ein Vorbild verkörpern **2** JUR *achat, vente* tätigen; *contrat* erfüllen **3** CIN *film* herstellen; aufnehmen; inszenieren; Regie führen (***un film*** bei e-m Film); *scénario* verfilmen; RAD, TV *émission* (zusammenstellen und) leiten; ***l'émission était réalisée par ...*** die Leitung der Sendung hatte ... **4** FIN *biens, actions etc* realisieren; flüssigmachen; verwerten; in Geld umsetzen; zu Geld machen **5** (*comprendre*) begreifen, erfassen, realisieren (***qc*** etw; ***que ...*** dass ...); F *abs* ***j'ai réalisé à temps*** F ich habe rechtzeitig geschaltet; ***réalisez-vous ce que vous dites?*** sind Sie sich (*dat*) klar, im Klaren darüber, was Sie da sagen? **II** *v/pr* ***se* ~** **1** *projet, rêve, prévision* sich realisieren; sich verwirklichen; Wirklichkeit werden; *rêve, prévision a* in Erfüllung gehen; sich erfüllen; *prévision a* eintreffen **2** *personne* sich selbst verwirklichen
réalisme [ʀealism] *m* Realismus *m* (*a* BEAUX-ARTS *etc*); Wirklichkeitsnähe *f*; *de qn a* Wirklichkeitssinn *m*; *d'une description a* Realistik *f*
réaliste [ʀealist] **I** *adj* realistisch; *description, portrait, film etc a* wirklichkeitsnah; lebensnah, -echt; ***elle est* ~** *a* sie ist Realistin **II** *m,f* Realist(in) *m(f)*
réalité [ʀealite] *f* Wirklichkeit *f*; Realität *f*; *d'un fait a* Tatsächlichkeit *f*; ***les ~s de tous les jours*** die alltäglichen Realitäten; *loc/adv* ***en* ~** in Wirklichkeit; tatsächlich; → *a* ***désir*** *1*
réanimateur [ʀeanimatœʀ] *m*, **réanimatrice** *f* MÉD Facharzt *m*, Fachärztin *f* für Intensivmedizin
réanimation [ʀeanimasjõ] *f* MÉD Wiederbelebung *f*; Reanimation *f*; *science* Intensivmedizin *f*; ***service*** *m* ***de* ~** Intensivstation *f*; ***tentative*** *f* ***de* ~** Wiederbelebungsversuch *m*; ***être en* ~** auf der Intensivstation

liegen
réanimer [reanime] *v/t* MÉD wiederbeleben; *sc* reanimieren
réapparaître [reaparɛtʀ] *v/i* ⟨→ **connaître**; **avoir** *od* **être**⟩ wieder erscheinen; *soleil, lune* wieder hervorkommen, zum Vorschein kommen; *maladie* wieder auftreten; F *politicien, vedette* **~ à l'horizon** F wieder auftauchen; wieder auf der Bildfläche erscheinen
réapparition [reaparisjõ] *f* Wiedererscheinen *n*; *de qn a* F Wiederauftauchen *n*; *d'une maladie* Wiederauftreten *n*
réapprendre [reaprɑ̃dʀ] *v/t* ⟨→ **prendre**⟩ von Neuem, noch einmal lernen
réapprovisionnement [reaprɔvizjɔnmɑ̃] *m* Wiederbelieferung *f*, -versorgung *f* (**en** mit)
réapprovisionner [reaprɔvizjɔne] **I** *v/t* wieder beliefern, versorgen (**en** mit) **II** *v/pr* **se ~** (**en qc**) sich (mit etw) wieder versorgen, eindecken
réargenter [rearʒɑ̃te] *v/t* neu versilbern
réarmement [rearməmɑ̃] *m* Wiederbewaffnung *f*; Wiederaufrüstung *f*
réarmer [rearme] **I** *v/t* **1** *pays* wieder bewaffnen; wieder aufrüsten **2** *arme à feu* wieder durchladen; wieder spannen (*a appareil photo*) **II** *v/i pays* wieder aufrüsten
réassortiment [reasɔrtimɑ̃] *m* COMM Ergänzung *f*, Auffüllung *f* (des Warenbestandes); Nachlieferung *f*
réassortir [reasɔrtir] **I** *v/t* **1** *service de table* wieder ergänzen; **~ la même laine** die gleiche Wolle nachkaufen **2** *commerçant* mit neuen Waren beliefern; *stock* wieder auffüllen **II** *v/pr* **se ~** *commerçant* s-n Warenbestand auffüllen, ergänzen
réassurance [reasyrɑ̃s] *f* JUR Rückversicherung *f*
réassurer JUR *v/t* (*et v/pr* **se**) **~** (sich) rückversichern
rebaptiser [r(ə)batize] *v/t* **1** umbenennen; **~ une rue** eine Straße umbenennen **2** REL noch einmal, wieder taufen
rébarbatif [rebarbatif] *adj* ⟨**-ive**⟩ **1** *mine, personne* mürrisch; *a bâtiment etc* unfreundlich; abweisend **2** *sujet, texte* trocken; spröde
rebâtir [r(ə)bɑtir] *v/t* wieder aufbauen; neu errichten (*a fig*)
rebattre [r(ə)batʀ] *v/t* ⟨→ **battre**⟩ *loc* **~ les oreilles à qn de qc** j-m (von) etw bis zum Überdruss erzählen
rebattu [r(ə)baty] *adj sujet* abgedroschen; abgegriffen; F abgeleiert; **avoir les oreilles ~es de qc** etw nicht mehr hören können
Rébecca [rebeka, -bɛ-] *f Vorname*
rebelle [rəbɛl] **I** *adj personne, enfant* aufsässig (**à qn** j-m gegenüber); rebellisch; widerspenstig, -borstig; **fièvre** *f* **~** hartnäckiges Fieber; **mèche** *f* **~** widerspenstige (Haar)Strähne; **province** *f* **~** abtrünnige Provinz; F *iron* **steak** *m* **~** zähes Steak; **tache** *f* **~** hartnäckiger Fleck; **troupes** *f/pl* **~s** aufrührerische, aufständische, rebellierende Truppen *f/pl*; **être ~ à** sich widersetzen (+*dat*) **II** *m,f* Rebell(in) *m(f)*; Aufständische(r) *f(m)*; Aufrührer(in) *m(f)*
rebeller [r(ə)bɛle] *v/pr* **se ~** sich auflehnen (**contre** gegen); sich empören (gegen); sich widersetzen (+*dat*); rebellieren (gegen)
rébellion [rebɛljõ] *f* **1** Rebellion *f*; Aufstand *m*; Auflehnung *f*; Aufruhr *m*; *par ext* **avoir l'esprit de ~** aufsässig, rebellisch sein **2** *coll* **la ~** die Rebellen *m/pl*; die Aufständischen *m/pl*
rebelote [r(ə)bəlɔt] *loc/adv* F **et ~** und alles noch mal von vorn; das Gleiche noch mal
rebiffer [r(ə)bife] *v/pr* F **se ~** aufbegehren, F aufmucken (**contre** gegen); rebellisch werden
rebiquer [r(ə)bike] F *v/i cheveux, col* abstehen
reblochon [rəblɔʃõ] *m ein Weichkäse aus Savoyen*
reboisement [r(ə)bwazmɑ̃] *m* (Wieder)Aufforstung *f* **reboiser** *v/t* (wieder) aufforsten
rebond [r(ə)bõ] *m d'une balle* Hochspringen *n*; Ab-, Rückprall *m*
rebondi [r(ə)bõdi] *adj* prall; rund; voll; **joues ~es** Pausbacken *f/pl*; **aux joues ~es** pausbackig; **ventre ~** dicker Bauch; **à la panse ~e** dickbäuchig
rebondir [r(ə)bõdir] *v/i* **1** *balle* hochspringen (**sur le sol** vom Boden); zurück-, *en biais* abprallen (**sur** von); *personne* **~ comme une balle** wie ein Ball hochspringen **2** *fig affaire, conversation* wieder in Gang kommen; *crise politique, question* wieder aktuell werden; **faire ~** wieder in Gang bringen; wieder aufleben lassen
rebondissement [r(ə)bõdismɑ̃] *m d'une crise, d'un procès* Wiederaufleben *n*; *d'une affaire* **~s** *pl* plötzlich neu auftretende Entwicklungen *f/pl*; *d'une enquête* **~s imprévus** unerwartet auftauchende Fakten *n/pl*
rebonjour [r(ə)bõʒur] F **~!** nochmals guten Tag!
rebord [r(ə)bɔr] *m* (überstehende) Kante; (überstehender) Rand; *d'un chapeau* hochgestellter Rand der Krempe; **~ d'une fenêtre** Fenstersims *m ou n*, -brett *n*, -bank *f*
reborder [r(ə)bɔrde] *v/t lit* wieder in Ordnung bringen; **~ un enfant** ein Kind wieder zudecken
reboucher [r(ə)buʃe] **I** *v/t bouteille* wieder zu-, verkorken; wieder zustöpseln; **~ un trou** ein Loch wieder ver-, zustopfen **II** *v/pr* **se ~** *évier, tuyau* sich wieder verstopfen
rebours [r(ə)bur] **I** *loc/adv* **à ~** gegen den Strich; von hinten; rückwärts; **compte** *m* **à ~** Count-down [kaunt'daun] *m ou n*; **brosser, caresser à ~** gegen den Strich bürsten, streicheln; *fig* **faire tout à ~** alles verkehrt, falsch machen **II** *loc/prép* **à** *ou* **au ~ de** im Gegensatz zu; gegen; **agir à ~ de** sich in Gegensatz stellen zu
rebouteux [r(ə)butø] *m* Heilkundige(r), der Glieder einrenkt
reboutonner [r(ə)butɔne] **I** *v/t* wieder zuknöpfen **II** *v/pr* **se ~** sich (*dat*) die Jacke *etc* wieder zuknöpfen
rebrousse-poil [r(ə)bruspwal] *loc/adv* **à ~** gegen den Strich; **caresser à ~** gegen den Strich streicheln; F *fig* **prendre qn à ~** j-n vor den Kopf stoßen
rebrousser [r(ə)bruse] *v/t* **1** gegen den Strich streichen; *vent: cheveux* hochblasen; aufstellen **2** *fig* **~ chemin** umkehren; kehrtmachen
rebuffade [r(ə)byfad] *f* Abfuhr *f*; Zurückweisung *f*; **essuyer une ~** e-e Abfuhr erleiden
rébus [rebys] *m* **1** Bilderrätsel *n*; Rebus *m ou n* **2** *fig* Rätsel *n*; unverständliche Sache
rebut [rəby] *m* **1** Abfall *m*; Ausschuss *m*; *loc/adj* **de ~** Ausschuss…; von schlechter Qualität; **marchandise** *f* **de ~** Ausschussware *f*; **jeter, mettre qc**, *fig* **qn au ~** etw, j-n zum alten Eisen werfen; etw ausrangieren **2** *fig* Auswurf *m*; Abschaum *m*; **~ du genre humain** Abschaum der Menschheit **3** POSTE unzu-

stellbare Sendung

rebutant [R(ə)bytɑ̃] *adj* abstoßend; widerlich; unangenehm; unsympathisch; (*décourageant*) entmutigend; abschreckend

rebuter [R(ə)byte] *v/t* (*déplaire*) abstoßen; zuwider sein (***qn*** j-m); (*décourager*) entmutigen; abschrecken

recalage [R(ə)kalaʒ] F *m* EXAMEN Durchfallen *n*; F Durchfall *m*

recalcification [R(ə)kalsifikasjõ] *f* MÉD Behebung *f* von Kalkmangel

récalcitrant [Rekalsitrɑ̃] **I** *adj cheval, personne, caractère, fig moteur etc* störrisch; widerspenstig; bockig; ***se montrer ~ à*** *ou* ***contre qc*** sich e-r Sache (*dat*) gegenüber ablehnend zeigen **II** *m/pl* ***les ~s*** die Widerspenstigen *m/pl*

recalculer [R(ə)kalkyle] *v/t* noch einmal (be)rechnen; nachrechnen

recalé(e) [R(ə)kale] F *m(f)* EXAMEN Durchgefallene(r) *f(m)*; ***les ~s du bac*** die im Abitur Durchgefallenen *m/pl*

recaler [R(ə)kale] F *v/t candidat* durchfallen, F durchrasseln lassen; ***se faire ~, être recalé au bac*** im Abitur durchfallen, F -rasseln, -segeln; *adjt* ***il est recalé*** er ist durchgefallen

récapitulatif [Rekapitylatif] *adj* ⟨**-ive**⟩ zusammenfassend

récapitulation [Rekapitylasjõ] *f* Zusammenfassung *f*; zusammenfassende Wiederholung; Rekapitulation *f*; (kurzer) Überblick; ***faire la ~ de qc*** etw zusammenfassen, rekapitulieren

récapituler [Rekapityle] *v/t* zusammenfassen; kurz wiederholen; rekapitulieren; ***bon, récapitulons!*** fassen wir also (noch einmal) kurz zusammen!

recarder [R(ə)kaRde] *v/t* ***~ des matelas*** Matratzenwolle wieder krempeln

recaser [R(ə)kɑze] F **I** *v/t personne* wieder unterbringen **II** *v/pr* ***se ~*** wieder unterkommen

recauser [R(ə)koze] *v/i* wieder reden, sprechen (***à qn*** mit j-m; ***de*** über *+acc*)

recel [Rəsɛl] *m* JUR Hehlerei *f*; ***~ de malfaiteurs*** Begünstigung *f*

recéler [R(ə)sele] *ou* **receler** [Rəsle, Rsəle] ⟨**-è-**⟩ *v/t* **1** *secret, trésor* enthalten; bergen **2** JUR *objets volés* verbergen; hehlen (*abs*); *malfaiteur* verbergen; Unterschlupf gewähren (***qn*** j-m)

receleur [RəslœR, RsəlœR] *m*, **receleuse** *f* JUR Hehler(in) *m(f)*

récemment [Resamɑ̃] *adv* kürzlich; vor Kurzem; neulich; unlängst; ***tout ~ encore*** noch kürzlich, vor Kurzem

recensement [R(ə)sɑ̃smɑ̃] *m* Zählung *f*; Erfassung *f* (*a* MIL); Bestandsaufnahme *f*; *de la population* Volkszählung *f*; MIL ***~ du contingent*** Erfassung der Wehrpflichtigen e-s Jahrgangs

recenser [R(ə)sɑ̃se] *v/t population* zählen; (zahlenmäßig) erfassen

recenseur [R(ə)sɑ̃sœR] *m* **~** *ou adjt* ***agent*** *m* **~** Zähler *m* (*Person*)

recension [R(ə)sɑ̃sjõ] *t/t f* Rezension *f*

récent [Resɑ̃] *adj nouvelle, découverte, immeuble, film* neu; neuere(r, -s); *blessure* frisch; *événements* vor Kurzem, kürzlich erfolgt; jüngste(n); neueste(n); ***le passé ~*** die jüngste, unmittelbare Vergangenheit; ***la perte ~e de son père*** der Verlust s-s Vaters, der ihn vor Kurzem betroffen hat; ***jusqu'à une date, époque ~e*** bis vor Kurzem; bis vor kurzer Zeit

recentrage [R(ə)sɑ̃tRaʒ] *m* POL Politik *f* der Mitte; Orientierung *f* zur Mitte hin

recentrer [R(ə)sɑ̃tRe] *v/t* FOOTBALL flanken

récépissé [Resepise] *m* Empfangsbescheinigung *f*, -bestätigung *f*; POSTE Einlieferungsschein *m*; *d'un paiement* Zahlungsbeleg *m*; Quittung *f*

réceptacle [Resɛptakl] *m* **1** *bassin* Auffangbecken *n*; Sammelbecken *n* (*a fig*) **2** BOT Blütenboden *m*

récepteur [RessɛptœR] **I** *m* **1** RAD Empfänger *m*; Empfangsgerät *n*; ***~ de radio, de télévision*** Rundfunk-, Fernsehempfänger *m* **2** TÉL **~** (***de téléphone***) (Telefon)Hörer *m* **II** *adj* ⟨**-trice**⟩ RAD Empfangs…; ***poste ~*** Empfangsgerät *n*; Empfänger *m*

réceptif [Resɛptif] *adj* ⟨**-ive**⟩ rezeptiv; aufnehmend; empfangend; ***~ à*** empfänglich für; MÉD anfällig für

réception [Resɛpsjõ] *f* **1** *d'une lettre, d'un hôte etc* Empfang *m* (*a réunion*); ADM, COMM *d'un envoi postal a* Erhalt *m*; ***~ officielle*** offizieller Empfang; ***salle*** *f*, ***salon*** *m* ***de ~*** Raum *m* für Empfänge; COMM ***accuser ~ d'une lettre*** den Empfang e-s Briefes bestätigen; ***donner une ~*** e-n Empfang geben **2** *d'un hôtel, d'une entreprise* Empfang(sbüro) *m(n)*; *d'un hôtel a* Rezeption *f*; ***chef*** *m* ***de*** (***la***) **~** Empfangschef *m* **3** *dans un club etc* Aufnahme *f*; *cérémonie* Aufnahmefeier *f*; ***~ à l'Académie française*** Feier(stunde) *f* bei der Aufnahme in die Académie française; ***discours*** *m* ***de ~*** Antrittsrede *f* **4** TÉLÉCOMM, RAD, TV Empfang *m* **5** COMM *dans une entreprise* Annahme(stelle) *f*; ***~ de marchandises*** Warenannahme *f* **6** CONSTR ***~ de travaux*** Abnahme *f* (von Bauarbeiten) **7** SPORTS **a)** *après un saut* Aufsprung *m*; **b)** *d'un ballon* (Ball)Annahme *f*

réceptionner [Resɛpsjɔne] *v/t marchandises* annehmen (und prüfen) **réceptionniste** *m,f d'un hôtel, d'une entreprise* Angestellte(r) *f(m)* der Rezeption; Empfangsdame *f*; Empfangschef *m*

réceptivité [Resɛptivite] *f* **1** Empfänglichkeit *f*; Aufnahmefähigkeit *f*; Rezeptivität *f* **2** MÉD Anfälligkeit *f* (***à*** für)

récessif [Resesif] *adj* ⟨**-ive**⟩ BIOL rezessiv

récession [Resesjõ] *f* ÉCON Rezession *f*; Rückgang *m* der Konjunktur

recette [R(ə)sɛt] *f* **1** (*somme perçue*) Einnahme *f*; Erlös *m*; Ertrag *m*; ***~ journalière*** Tageseinnahme *f*; ***garçon*** *m* ***de ~*** Kassenbote *m*; ***montant*** *m* ***de la ~*** Einnahmehöhe *f*; ***faire ~*** *pièce de théâtre, film* volle Kassen machen; ein Kassenerfolg sein; *théâtre* gute Einnahmen erzielen; *fig* ein Erfolg sein; ankommen **2** ADM, FIN *bureau* Steueramt *n*; ***~ buraliste*** Verkaufsstelle *f* für Tabakwaren, Gebühren- und Briefmarken (*Einnahmestelle für indirekte Steuern*) **3** **a)** CUIS **~** (***de cuisine***) (Koch)Rezept *n*; ***livre*** *m* ***de ~s*** Kochbuch *n*; ***selon une ~ de …*** nach e-m Rezept von …; **b)** PHARM *d'un médicament* Zusammensetzung *f*; **c)** *fig* Mittel *n* (***de*** zu); Rezept *n* (für); Weg *m* (zu); **~** (***infaillible***) ***du succès*** Erfolgsrezept *n*; unfehlbares Mittel zum Erfolg; ***donnez-moi la ~!*** wie schaffen Sie das bloß!; → *Info nächste Seite*

recevabilité [R(ə)səvabilite, Rəs(ə)vabilite] *f* JUR Zulässigkeit *f*

recevable [R(ə)səvabl, Rəs(ə)vabl] *adj* **1** JUR *plainte*

Une recette

Pain de cabillaud Mornay

1. Ingrédients	**Zutaten**
500 g de filets de cabillaud	500 g Kabeljaufilet
500 g de pommes de terre	500 g Kartoffeln
¾ litre de lait	¾ Liter Milch
3 cuillerées de crème fraîche	3 Esslöffel Crème fraîche/Sauerrahm
du gruyère râpé	geriebener Schweizer Käse
3 œufs	3 Eier
sel, poivre	Salz, Pfeffer
sauce béchamel	Béchamelsoße
2. Préparation	**Zubereitung**
Faire cuire très doucement les filets de cabillaud dans le lait avec les pommes de terre coupées en petits morceaux.	Die Kartoffeln in kleine Stücke schneiden und zusammen mit dem Kabeljaufilet bei kleiner Hitze in der Milch garen.
Après cuisson, passer le tout au moulin et ajouter le beurre, les jaunes d'œufs et la crème.	Das Ganze nach dem Garen im Mixer pürieren und die Butter, die Eigelbe sowie die Crème fraîche zufügen.
Battre les blancs d'œufs en neige et les incorporer doucement à la préparation.	Das Eiweiß zu Eischnee schlagen und diesen unterheben.
Beurrer un plat à gratin et le tapisser de gruyère râpé.	Eine Auflaufform buttern und den Boden mit geriebenem Schweizer Käse bedecken.
Verser la préparation dans le moule et mettre à cuire au four pendant 30 minutes.	Die Mischung in die Auflaufform geben und 30 Minuten im Ofen backen.
Servir accompagné d'une sauce béchamel.	Zusammen mit Béchamelsoße servieren.

zulässig; ***être déclaré non ~*** für unzulässig erklärt werden **2** *excuse etc* annehmbar

receveur [R(ə)səvœR, rəs(ə)vœR] *m* **1** **~ *(de bus)*** (Bus)Schaffner *m* **2** **a)** FIN **~ *municipal*** Gemeindefinanzbeamte(r) *m*; **~ *des contributions*** Finanzbeamte(r) *m*; **b)** **~ *des postes*** Leiter *m*, Vorsteher *m* e-s Postamts **3** MÉD Empfänger *m*; **~ *universel*** Universalempfänger *m*

R

receveuse [R(ə)səvøz, Rəs(ə)vøz] *f* **~ *(de bus)*** (Bus)Schaffnerin *f*

recevoir [R(ə)səvwaR, Rəs(ə)vwaR] ⟨**je reçois, il reçoit, nous recevons, ils reçoivent; je recevais; je reçus; je recevrai; que je reçoive, que nous recevions; recevant; reçu**⟩ **I** *v/t* **1** *lettre, argent, cadeau, ordre, vœux etc* erhalten; bekommen; F kriegen; RAD, TV *émission, chaîne* empfangen; F hereinbekommen, -kriegen; ***je vous reçois 5 sur 5*** RAD ich kann Sie sehr gut hören; *fig* ich verstehe Sie ganz genau; ***je n'ai pas de leçon à ~ de vous*** ich brauche Ihre Belehrungen nicht; Ihre weisen Ratschläge können Sie sich *(dat)* sparen; *pièce* **~ *le soleil du matin*** Morgensonne haben, bekommen; ***reçu*** ⟨*inv*⟩ ***mille euros*** tausend Euro erhalten; *formules en fin de lettre*: ***recevez, Monsieur, l'assurance de mon dévouement*** mit vorzüglicher Hochachtung (verbleibe ich Ihr) …; ***recevez** ou **reçois mes amitiés*** herzliche Grüße Euer *ou* Dein … **2** *(subir) injures* hinnehmen *ou* einstecken müssen; *pluie, averse* abbekommen; F abkriegen; *coups, gifle* erhalten; bekommen; F kriegen; *projet: modifications* erfahren; *matériau: forme* annehmen; *mot: sens* erhalten; *texte* **~ *diverses interprétations*** verschiedene Auslegungen erfahren; **~ *une volée***, F ***une raclée*** *etc* (e-e Tracht) Prügel beziehen, kriegen; F Keile, Senge, Dresche kriegen; verprügelt, F verhauen, verdroschen, versohlt, vertrimmt, verbimst werden; F ***qu'est-ce qu'il a reçu!*** F der hat vielleicht was abgekriegt!; → *a* ***gifle*** *1* **3** *personne(s)* empfangen; *(accueillir)* aufnehmen; *(inviter)* einladen; ***ne ~ personne*** *a* für niemanden zu sprechen sein; ***être bien reçu*** a) *dans une famille* gut aufgenommen werden; b) *iron* fein empfangen werden; **~ *froidement, mal*** *personne* e-n kühlen Empfang bereiten (***qn*** j-m); *proposition* kühl aufnehmen; ***être reçu partout*** überall Zugang haben; **~ *qn à déjeuner, à sa table*** j-n zum Mittagessen, zum Essen einladen, *officiellement* empfangen; **~ *qn chez soi*** j-n zu sich nach Hause einladen; ♦ *abs*: *directeur etc* zu sprechen sein; *médecin, avocat etc* Sprechstunde haben; (*donner une réception*) e-n Empfang geben; ***savoir* ~** ein guter Gastgeber *ou* e-e gute Gastgeberin sein; ***le jeudi, elle reçoit*** donnerstags ist ihr Empfangstag; ***l'ambassadeur recevait*** der Botschafter gab e-n Empfang; ***ils reçoivent beaucoup*** sie geben oft Gesellschaften **4** *école*: *élève*, *club*: *membre* aufnehmen; ***être reçu à l'Académie*** in die Akademie aufgenommen werden **5** ***être reçu (à un examen)*** (e-e Prüfung) bestehen; durchkommen; ***il a été reçu*** er hat bestanden; ***être reçu au baccalauréat*** das Abitur bestehen; *adjt* ***candidat reçu*** (Prüfungs)Kandidat, der bestanden hat **6** *récipient*: *liquide etc* (in sich [*dat*]) aufnehmen; fassen **7** *idées, excuses etc* anerkennen; als richtig ansehen **8** JUR *plainte* stattgeben (+*dat*); zulassen **II** *v/pr* ***se* ~** **1** *personnes* sich (gegenseitig) einladen **2** SPORTS aufspringen; aufkommen

rechange [R(ə)ʃɑ̃ʒ] *loc/adj* ***de* ~** Ersatz...; Reserve...; *fig* Ersatz...; ***pièce** f **de* ~** Ersatzteil *m ou n*; ***roue** f **de* ~** Reserverad *n*; *fig* ***solution** f **de* ~** Ersatzlösung *f*; ***vêtements** m/pl **de* ~** Kleider *n/pl* zum Wechseln

rechanger [R(ə)ʃɑ̃ʒe] *v/t* ⟨**-geons**⟩ wieder (aus)wechseln

rechanter [R(ə)ʃɑ̃te] *v/t* noch einmal singen

rechapage [R(ə)ʃapaʒ] *m de pneus* Runderneuerung *f* **rechaper** *v/t pneu* runderneuern

réchappé(e) [Reʃape] *litt m(f)* Überlebende(r) *f(m)*

réchapper [Reʃape] *v/t/indir* ⟨**avoir** *od* **être**⟩ **~ *à qc*** etw (heil, gesund, glücklich) überstehen; ***en* ~** überleben

recharge [R(ə)ʃaRʒ] *f d'un stylo etc* Nachfüllung *f*

rechargeable [R(ə)ʃaRʒabl] *adj stylo* mit auswechselbarer Mine; ***briquet** m* **~** Feuerzeug *m* mit auswechselbarer Patrone; *batterie* ***être* ~** (wieder) aufgeladen werden können

rechargement [R(ə)ʃaRʒəmɑ̃] *m d'un camion etc* Wiederbeladen *n*

recharger [R(ə)ʃaRʒe] *v/t* ⟨**-geons**⟩ *camion etc* wieder beladen; *accus* wieder (auf)laden; *fusil* wieder laden; **~ *un appareil photo*** e-n neuen Film in e-n Fotoapparat einlegen

réchaud [Reʃo] *m* Kocher *m*; Kochplatte *f*; **~ *électrique*** elektrischer Kocher; **~ *à alcool*** Spirituskocher *m*; Rechaud *m ou n*; **~ *à gaz*** Gaskocher *m*; **~ *de camping*** Campingkocher *m*

réchauffage [Reʃofaʒ] *m* **1** Aufwärmen *n*; Wiedererhitzen *n* **2** AGR *d'arbres fruitiers* Reifheizen *n*

réchauffé [Reʃofe] *m péj soupe* ***avoir un goût de* ~** aufgewärmt schmecken; *fig histoire* ***c'est du* ~** F das ist ja kalter Kaffee; das sind olle Kamellen

réchauffement [Reʃofmɑ̃] *m de la température* Erwärmung *f*; **~ *de la planète*** Erderwärmung *f*

réchauffer [Reʃofe] **I** *v/t* **1** *aliment* aufwärmen; *mains* wärmen; *abs*: *la marche*, ***ça réchauffe*** das macht warm **2** *fig cœur* erwärmen **II** *v/pr* **1** ***se* ~** *personne* sich aufwärmen; *temps* wärmer werden; ***se* ~ *les mains avec son haleine*** sich (*dat*) zum Wärmen in die Hände hauchen; ***courir pour se* ~** sich warm laufen **2** ***ce plat ne se réchauffe pas*** dieses Gericht kann man nicht aufwärmen

rechausser [R(ə)ʃose] **I** *v/t* die Schuhe wieder anziehen (***un enfant*** e-m Kind) **II** *v/pr* ***se* ~** (sich [*dat*]) die Schuhe wieder anziehen

rêche [Rɛʃ] *adj laine, étoffe* rau; hart; ***langue** f* **~** raue Zunge; ***mains** f/pl* **~*s*** raue, spröde Hände *f/pl*; ***peau** f* **~** raue, spröde Haut

recherche [R(ə)ʃɛRʃ] *f* **1** Suche *f* (**de** nach); Nachforschen *n*; **~*s** pl* Nachforschungen *f/pl*; Ermittlungen *f/pl*; *de la police* Fahndung *f*; **~ *d'un emploi*** Stellen-, Arbeitssuche *f*; **~ *de la vérité*** Suche *f* nach der Wahrheit; *loc/prép* ***à la* ~ *de*** auf der Suche nach; ***aller, se mettre à la* ~ *de qn*** sich auf die Suche nach j-m machen, begeben; ***être à la* ~ *d'un appartement*** auf Wohnungssuche sein; ***abandonner les* ~*s*** die Suche, Nachforschungen einstellen; ***faire des* ~*s*** Nachforschungen, Ermittlungen anstellen **2** *scientifique* Forschung *f*; ***domaine** m **de la* ~** Forschungsbereich *m*; ***faire de la* ~** (wissenschaftliche) Forschung betreiben **3** *de la perfection, des plaisirs etc* Trachten *n* (**de** nach); Streben *n* (nach); ***la* ~ *du bonheur*** die Jagd nach dem Glück; **~ *du profit*** Gewinn-, Profitstreben *n* **4** (*raffinement*) feiner Geschmack; *péj* Gesuchtheit *f*; Geziertheit *f*; Affektiertheit *f*; *loc/adv*: ***avec* ~** *être vêtu* sehr elegant; *s'exprimer* gewählt; *être vêtu* ***sans* ~** ohne übertriebene Eleganz

recherché [R(ə)ʃɛRʃe] *adj* **1** (*demandé*) begehrt; gefragt; gesucht; beliebt **2** (*raffiné*) fein; elegant; ausgesucht; gewählt; *péj style* gesucht; gekünstelt; *attitude* affektiert

rechercher [R(ə)ʃɛRʃe] *v/t* **1** (*chercher*) suchen; *malfaiteur* fahnden (**qn** nach j-m); ***être recherché par la police*** von der Polizei, polizeilich gesucht werden; *message* ***on recherche ...*** gesucht wird ...; *petite annonce* ***recherche** ou **recherchons ...*** suche(n) ...; ... gesucht **2** *cause, conditions* erforschen; forschen nach; zu erforschen suchen **3** *perfection, honneurs etc* streben, trachten nach; **~ *le bonheur*** dem Glück nachjagen **4** *st/s* **~ (*la compagnie de*) *qn*** j-s Gesellschaft (*acc*) suchen **5** ***aller, venir* ~ *qn, qc*** j-n wieder abholen; wieder etw holen

rechigner [R(ə)ʃiɲe] *v/i et v/t/indir* murren; mürrisch sein; **~ *à la besogne*** sich widerwillig, murrend an die Arbeit machen; *il obéit*, ***mais en rechignant*** aber murrend, widerwillig; *loc/adv* ***sans* ~** ohne Murren, Widerworte

rechristianiser [R(ə)kRistjanize] *v/t pays, milieu* wieder dem Christentum zuführen, für das Christentum gewinnen

rechute [R(ə)ʃyt] *f* MÉD Rückfall *m* (*a fig*); ***faire, avoir une* ~** e-n Rückfall haben, bekommen, erleiden

rechuter [R(ə)ʃyte] *v/i* MÉD e-n Rückfall haben, bekommen, erleiden

récidive [Residiv] *f* **1** JUR Rückfall *m* (*a fig*); Wiederholung *f*; ***vol** m **avec* ~** Diebstahl *m* im Rückfall; *fig loc/adv* ***à la première* ~** wenn das noch einmal vorkommt; ***en cas de* ~** im Wiederholungsfall (*a fig*) **2** MÉD Rezidiv *n*

récidiver [Residive] *v/i* **1** JUR rückfällig werden (*a fig*) **2** MÉD *tumeur etc* wieder auftreten; *sc* rezidivieren

récidiviste [Residivist] *m,f* JUR Rückfällige(r) *f(m)*; Gewohnheitsverbrecher *m*; *adjt* ***criminel** m* **~** rückfälliger Verbrecher

récidivité [Residivite] *f* MÉD Neigung *f* zu Rückfällen

récif [Resif] *m* Riff *n*; **~ *de corail, corallien*** Korallenriff *n*

récipiendaire [ʀesipjɑ̃dɛʀ] *m à une académie* neu aufzunehmendes, designiertes Mitglied; *d'un diplôme etc* Kandidat *m*; Auszuzeichnende(r) *m*

récipient [ʀesipjɑ̃] *m* Behälter *m*; Gefäß *n*; *st/s* Behältnis *n*; **~ en plastique** Plastik-, Kunststoffbehälter *m*

réciprocité [ʀesipʀɔsite] *f* Gegenseitigkeit *f*; Wechselseitigkeit *f*; Wechselbeziehung *f*; *sc* Reziprozität *f*; *loc/adv* **à charge** *ou* **à titre de ~** auf Gegenseitigkeit

réciproque [ʀesipʀɔk] **I** *adj* **1** (*mutuel*) gegen-, wechsel-, beiderseitig; **être ~** auf Gegenseitigkeit beruhen; **se faire des concessions ~s** sich gegenseitig Zugeständnisse machen **2** GR, MATH reziprok; **pronom** *m* **~** reziprokes Pronomen; **verbe (pronominal) ~** reziprokes Verb **II** *subst* **la ~ n'est pas vraie** das Umgekehrte gilt nicht; **rendre la ~ à qn** (es) j-m mit gleicher Münze heimzahlen

réciproquement [ʀesipʀɔkmɑ̃] *adv* gegen-, wechselseitig; **et ~** und umgekehrt

récit [ʀesi] *m* Erzählung *f*; Bericht *m*; Geschichte *f*; **~ d'aventures** Abenteuergeschichte *f*; **faire le ~ de qc** (von) etw erzählen; über etw (*acc*) berichten

récital [ʀesital] *m* ⟨*pl* **-als**⟩ Konzert *n*; *par ext* **~ de chant, de danse** Lieder-, Ballettabend *m*; **~ de piano, de violon** Klavier-, Violinkonzert *n*; *artiste* **donner des ~s** auftreten; Konzerte *ou* Vorstellungen geben

récitant [ʀesitɑ̃] **I** *adj* MUS Solo... **II** *subst* **~(e)** *m(f)* THÉ, CIN Ansager(in) *m(f)*; Sprecher(in) *m(f)*

récitatif [ʀesitatif] *m* MUS Rezitativ *n*; Sprechgesang *m*

récitation [ʀesitasjõ] *f* **1** *d'une leçon* Her-, Aufsagen *n*; *d'une poésie* Vortragen *n*; Rezitation *f* **2** ÉCOLE auswendig gelernter *ou* zu lernender Text; **cahier** *m* **de ~s** Heft *n* für Texte zum Auswendiglernen; **apprendre une ~** ein Gedicht, e-e Fabel *etc* auswendig lernen; **savoir sa ~** den auswendig gelernten Text können

réciter [ʀesite] *v/t vers* vortragen; rezitieren; *a leçon* auf-, hersagen; *prière* sprechen; beten; *péj* herleiern; herbeten; herunterleiern; **~ des prières, sa prière** beten (*abs*); *fig* **bien ~ sa leçon** sein Sprüchlein gut hersagen, aufsagen; **faire ~ ses leçons à qn** j-n abhören, abfragen; **récite-moi ton poème** sag dein Gedicht auf

réclamation [ʀeklamasjõ] *f* Reklamation *f*; Beanstandung *f*; Beschwerde *f*; Einspruch *m* (*a* SPORTS); COMM *a* Mängelrüge *f*; (**bureau** *m* **des**) **~s** Beschwerdestelle *f*; JUR **délai** *m* **de ~** Einspruchsfrist *f*; **lettre** *f* **de ~** Beschwerdebrief *m*; **faire,** JUR **présenter une ~** e-e Beschwerde *etc* vorbringen; JUR Einspruch erheben

réclame [ʀeklam] *f* Reklame *f*; Werbung *f*; **~ pour les cigarettes** Zigarettenreklame *f*; Reklame für Zigaretten; *adjt* **prix** *m* **~** Reklame-, Werbepreis *m*; COMM *article* **être en ~** im Sonderangebot sein; **faire de la ~** Reklame machen, werben (**pour** für); *fig* **cela ne lui fait pas de ~** das ist keine gute Reklame für ihn; das spricht nicht für ihn

réclamer [ʀeklame] **I** *v/t* **1** (*demander avec insistance*) dringend bitten (**qc de qn** j-n um etw); erbitten, verlangen (etw von j-m); **~ qn** nach j-m verlangen; **~ l'assistance de qn** j-n dringend um Beistand bitten **2** (*revendiquer*) fordern, verlangen (**qc à qn** etw von j-m); reklamieren (**qc** etw); **~ des dommages-intérêts** Schadenersatz verlangen, beanspruchen; **~ son dû, sa part** fordern, was e-m zusteht; s-n rechtmäßigen Anteil verlangen **3** (*nécessiter*) erfordern; verlangen; *plante, malade* **~ beaucoup de soins** viel Pflege verlangen; **les circonstances réclament que ...** (+*subj*) die Umstände erfordern, dass ... **II** *v/i* (*protester*) Einspruch erheben, reklamieren (*a* SPORTS) **III** *v/pr* **se ~ de qn, qc** sich auf j-n, etw berufen

reclassement [ʀ(ə)klɑsmɑ̃] *m* **1** *de chômeurs etc* Wiedereingliederung *f*; anderweitige Verwendung, Unterbringung **2** *de fonctionnaires* Neueinstufung *f*; Besoldungsneuregelung *f*; **~ de la fonction publique** Besoldungsneuregelung *f* im öffentlichen Dienst

reclasser [ʀ(ə)klɑse] *v/t* **1** *chômeurs etc* wieder eingliedern; anderweitig unterbringen; e-n neuen Arbeitsplatz beschaffen für **2** *fonctionnaires* (gehaltlich) neu einstufen; (*augmenter*) (gehaltlich) höherstufen

reclus [ʀ(ə)kly] *adj* ⟨**-use** [-yz]⟩ zurückgezogen; abgeschieden; *subst* **vivre en ~(e)** völlig zurückgezogen leben

réclusion [ʀeklyzjõ] *f* JUR **~ (criminelle)** Zuchthaus(-strafe) *n(f)*; Freiheitsstrafe *f* (*seit 1969*); **neuf ans de ~ (criminelle)** neun Jahre Zuchthaus; *être condamné* **à la ~ à perpétuité** zu lebenslänglichem Zuchthaus; zu e-r lebenslangen Freiheitsstrafe

recoiffer [ʀ(ə)kwafe] **I** *v/t* wieder kämmen *ou* frisieren **II** *v/pr* **se ~** sich noch einmal frisieren; (sich [*dat*]) die Haare wieder in Ordnung bringen; F sich überkämmen

recoin [ʀəkwɛ̃] *m* **1** *d'un grenier etc* (verborgener) Winkel; Schlupfwinkel *m*; **explorer les coins et les ~s** alle Winkel und Ecken durchsuchen **2** *fig du cœur* geheimster Winkel

reçois, reçoive *etc* [ʀ(ə)swa, ʀ(ə)swav] → **recevoir**

recoller [ʀ(ə)kɔle] **I** *v/t papier peint* wieder ankleben; **~ une assiette** einen Teller wieder zusammenkleben, kitten; **~ une enveloppe** einen Briefumschlag wieder zukleben; **~ un timbre** eine Briefmarke wieder aufkleben **II** *v/pr* P **ils se sont recollés** sie leben wieder (in wilder Ehe) zusammen

récoltable [ʀekɔltabl] *adj fruits, légumes etc* zu ernten(d)

récoltant [ʀekɔltɑ̃] *m* (landwirtschaftlicher) Erzeuger

récolte [ʀekɔlt] *f* **1** Ernte *f* (*action et produit*); **bonne ~** gute Ernte; **mauvaise ~** Missernte *f*; **~ du miel, des olives, des pommes de terre** Honig-, Oliven-, Kartoffelernte *f*; **faire la ~ de qc** etw ernten; **faire sa ~** ernten; die Ernte einbringen **2** *fig* Ernte *f*, Ausbeute *f* (**de** an +*dat*)

récolter [ʀekɔlte] *v/t* **1** *fruits, légumes etc* ernten; *loc* **~ ce qu'on a semé** ernten, was man gesät hat; wie die Saat, so die Ernte (*prov*) **2** *fig haine, ingratitude* ernten; *désagréments* bekommen; F *coups, mauvaises notes etc* abbekommen; F abkriegen **3** F *argent, signatures* sammeln

récolteur [ʀekɔltœʀ] *m* Erntearbeiter *m* auf e-r Kautschukplantage

recommandable [ʀ(ə)kɔmɑ̃dabl] *adj* empfehlenswert; **individu** *m* **peu ~** verdächtiges Individuum

R

recommandation [ʀ(ə)kɔmɑ̃dasjõ] *f* **1** *(appui)* Empfehlung *f*; ***lettre** f **de** ~* Empfehlungsbrief *m*; ***sur (la)** ~ **de*** auf Empfehlung von *(ou +gén)* **2** *(conseil)* Ermahnung *f*; ***~s paternelles*** väterliche Ermahnungen; ***faire ses ~s à qn*** j-n ermahnen

recommandé [ʀ(ə)kɔmɑ̃de] *adj* **1** ***lettre ~e*** eingeschriebener Brief; Einschreib(e)brief *m*; Einschreiben *n*; *subst* ***envoi** m **en** ~* eingeschriebene Sendung; *inscription ~* Einschreiben **2** F ***ce n'est pas très ~*** das ist nicht sehr ratsam

recommander [ʀ(ə)kɔmɑ̃de] **I** *v/t* **1** *restaurant, produit, personne etc* empfehlen (***qc, qn à** ou **auprès de qn*** j-m etw, j-n) **2** *avec insistance* (dringend) empfehlen, raten, nahelegen, ans Herz legen (***qc à qn*** j-m etw; ***à qn de faire qc*** j-m, etw zu tun); *~ **la modération*** dringend zur Mäßigung raten; *~ **à qn le repos*** j-m Ruhe empfehlen **3** *mérites, expérience ~ **qn*** j-n empfehlenswert erscheinen lassen **4** REL *~ **son âme à Dieu** st/s* s-e Seele Gott befehlen; *~ **qn aux prières des fidèles** st/s* j-n der Fürbitte der Gläubigen empfehlen **5** *envoi postal* einschreiben lassen **II** *v/pr* **1** *(se réclamer)* ***se ~ de qn, qc*** sich auf j-n, etw berufen; j-n als Empfehlung, Referenz angeben **2** ***se ~ à Dieu*** sein Schicksal in Gottes Hände legen

recommencement [ʀ(ə)kɔmɑ̃smɑ̃] *m* Wiederbeginn *m*; Neubeginn *m*, -anfang *m*

recommencer [ʀ(ə)kɔmɑ̃se] ⟨-ç-⟩ **I** *v/t* wieder anfangen, wieder beginnen, (noch einmal) von vorn(e) anfangen (***qc*** [mit] etw; ***à, de*** *+inf* zu *+inf*); *(refaire)* noch einmal machen; *abs* noch einmal von vorn(e) anfangen; es wieder, noch einmal tun; *larmes ~ **à couler*** wieder zu fließen anfangen; ***tout est à ~*** alles muss noch einmal gemacht werden; ***si c'était à ~!*** wenn man noch einmal von vorn(e) anfangen könnte! **II** *v/i* wieder beginnen, anfangen **III** *v/imp* ***il recommence à pleuvoir*** es fängt wieder an zu regnen

récompense [ʀekõpɑ̃s] *f* Belohnung *f*; Lohn *m (a iron)*; *(prix)* Auszeichnung *f*; Preis *m*; ***en ~, pour sa ~*** als Belohnung; ***en ~ de*** als, zur Belohnung für; zum Lohn für *(a iron)*; ***obtenir, recevoir sa ~*** s-e Belohnung erhalten

récompenser [ʀekõpɑ̃se] *v/t* belohnen (***qn de** ou **pour qc*** j-n für etw); *~ **qn par de l'argent** ou **en lui donnant de l'argent*** j-n mit Geld belohnen; *~ **le travail** etc **de qn*** j-s Arbeit *etc* belohnen

recomposé [ʀ(ə)kõpoze] *adj* ***famille ~e*** Patchworkfamilie ['pɛtʃvøːrk-] *f*

recompter [ʀ(ə)kõte] *v/t argent* nachzählen, *addition* nachrechnen *(a abs)*

réconciliateur [ʀekõsiljatœʀ] *st/s m* Versöhner *m*

réconciliation [ʀekõsiljasjõ] *f* Ver-, Aussöhnung *f*

réconcilier [ʀekõsilje] **I** *v/t* **1** (wieder) versöhnen (***qn avec qn*** j-n mit j-m) **2** *fig* (wieder) in Einklang bringen; versöhnen (***qn avec qc*** j-n mit etw) **II** *v/pr* ***se ~*** sich (wieder) ver-, aussöhnen (***avec qn*** mit j-m); *fig* ***se ~ avec soi-même*** wieder mit sich selbst ins Reine kommen

recondamner [ʀ(ə)kõdane] *v/t* wieder verurteilen

reconductible [ʀ(ə)kõdyktibl] *adj* JUR verlängerbar

reconduction [ʀ(ə)kõdyksjõ] *f* **1** JUR *d'un contrat* Verlängerung *f*; Erneuerung *f*; JUR *~ **expresse, tacite ~*** ausdrückliche, stillschweigende Erneuerung *ou* Verlängerung; FIN *~ **du budget*** Verlängerung *f* des Jahreshaushalt(s)planes *(wenn der neue nicht rechtzeitig verabschiedet werden kann)* **2** *par ext d'une politique, grève* Weiterführung *f*; Fortsetzung *f*

reconduire [ʀ(ə)kõdɥiʀ] *v/t* ⟨→ **conduire**⟩ **1** *(raccompagner)* (zurück)begleiten, (-)bringen; *~ **qn à la frontière*** j-n über die Grenze abschieben; *~ **qn jusqu'à la porte*** j-n zur Tür begleiten **2** JUR *contrat, bail* verlängern; erneuern **3** *par ext politique, grève* fortsetzen; weiterführen; *~ **qn dans ses fonctions*** j-n in s-m Amt bestätigen

reconduite [ʀ(ə)kõdɥit] *f* POL *~ **à la frontière*** Ausweisung *f*

réconfort [ʀekõfɔʀ] *m* Trost *m*; Stärkung *f*; Zuspruch *m*; ***maigre ~*** schwacher Trost

réconfortant [ʀekõfɔʀtɑ̃] *adj* **1** *idée, nouvelle* tröstlich; ermutigend; ***paroles ~es*** aufmunternde Worte *n/pl* **2** *aliment* kräftigend; stärkend

réconforter [ʀekõfɔʀte] **I** *v/t* **1** *(consoler)* trösten; aufrichten **2** *aliment* stärken; neue Kraft geben *(+dat)*; kräftigen **II** *v/pr* ***se ~*** sich stärken

reconnaissable [ʀ(ə)kɔnɛsabl] *adj* wiederzuerkennen(d), zu erkennen(d), kenntlich (***à*** an *+dat*); ***être à peine ~*** kaum wiederzuerkennen sein

reconnaissance [ʀ(ə)kɔnɛsɑ̃s] *f* **1** *d'un État, gouvernement, droit, fait etc* Anerkennung *f* **2** JUR Anerkenntnis *n*; *~ **de dette*** Schuldschein *m*; *~ **d'enfant*** Anerkennung *f* e-s (unehelichen) Kindes; *~ **du mont-de-piété*** Pfand-, Leihschein *m* **3** *(gratitude)* Dankbarkeit *f*; Erkenntlichkeit *f*; F ***la ~ du ventre*** Dankbarkeit gegenüber s-m Ernährer; ***avec ~*** dankbar; ***en, par ~*** aus Dankbarkeit; ***en ~ de ses mérites*** *etc* in Anerkennung s-r Verdienste *etc*; ***avoir, éprouver de la ~ (pour, envers qn)*** (j-m gegenüber) Dankbarkeit empfinden; ***manifester, témoigner de la ~*** sich dankbar erweisen **4** *d'un lieu, territoire* Erkundung *f*; Auskundschaftung *f*; MIL Aufklärung *f*; Erkundung *f*; MIL: ***avion** m **de ~*** Aufklärungsflugzeug *n*; Aufklärer *m*; ***vol** m **de ~*** Aufklärungs-, Erkundungsflug *m*; ***envoyer un détachement en ~*** e-n Aufklärungstrupp ausschicken; F ***partir en ~*** auf Erkundung ausgehen; e-n Erkundungsgang machen; die Gegend auskundschaften **5** *(action de reconnaître)* (Wieder)Erkennen *n*, -ung *f*; ***signe** m **de ~*** Erkennungszeichen *n*

reconnaissant [ʀ(ə)kɔnɛsɑ̃] *adj* dankbar; erkenntlich; ***être ~ à qn de qc*** j-m für etw dankbar sein; ***se montrer ~ envers qn*** sich j-m gegenüber dankbar erweisen, erkenntlich zeigen; *dans une lettre* ***je vous serais ~ de bien vouloir me répondre au plus tôt*** für e-e umgehende Antwort wäre ich Ihnen sehr dankbar

reconnaître [ʀ(ə)kɔnɛtʀ] ⟨→ **connaître**⟩ **I** *v/t* **1** *(identifier)* (wieder)erkennen (***à*** an *+dat*); *~ **qn à sa démarche, sous un déguisement*** j-n an s-m Gang, trotz e-r Verkleidung (wieder)erkennen; ***on ne le reconnaît plus*** er ist nicht mehr wiederzuerkennen; *st/s* ***je le reconnais bien là*** das sieht ihm ähnlich; daran erkenne ich ihn; ***se faire ~*** sich zu erkennen geben **2** *torts, faute* erkennen, einsehen (müssen); (ein)gestehen; zugeben; *qualité, droit* zugestehen (***à qn*** j-m); *droit a* einräumen (j-m); *innocence* feststellen; ***je lui reconnais du courage*** ich gebe zu, dass er Mut hat; *~ **les faits*** die Tatsachen zugeben; *~ **la supériorité de qn*** j-s Überlegenheit

R

zugeben (müssen), anerkennen; ***il reconnaît s'être trompé*** er gibt zu, sich geirrt zu haben; ***reconnaissant que …*** in der Erkenntnis (dessen), dass … **3** *gouvernement, signature, dette, enfant* anerkennen; ***~ qn pour chef*** j-n als Chef anerkennen; ***je reconnais avoir reçu …*** ich bescheinige hiermit, … erhalten zu haben **4** *lieux, territoire* erkunden (*a* MIL); auskundschaften; erforschen **II** *v/pr* ***se ~*** **1** *sens réciproque* sich wiedererkennen; ***ils se sont reconnus*** sie haben sich wiedererkannt **2** *sens réfléchi* ***se ~ dans, en qn*** sich in j-m wiedererkennen **3** (*se retrouver*) sich auskennen; sich zurechtfinden; ***ne plus s'y ~*** sich nicht mehr (darin) auskennen, zurechtfinden **4** *sens passif* zu erkennen sein, sich erkennen lassen (***à*** an +*dat*) **5** ***se ~ coupable*** sich schuldig bekennen

reconnu [R(ə)kɔny] *p/p* → ***reconnaître*** *et adj* anerkannt; ***c'est un fait ~*** das ist e-e (allgemein) anerkannte Tatsache

reconquérir [R(ə)kõkeRiR] *v/t* 〈→ **acquérir**〉 **1** *pays, ville etc* zurück-, wiedererobern **2** *fig liberté, estime etc* wiedergewinnen, -erlangen; ***~ une femme*** eine Frau zurückerobern, wiedergewinnen

reconquête [R(ə)kõkɛt] *f* **1** MIL Zurück-, Wiedereroberung *f* **2** *fig* Wiedererlangung *f*, -gewinnung *f*

reconsidérer [R(ə)kõsideRe] *v/t* 〈**-è-**〉 nochmals erwägen, überdenken; ***~ un problème*** ein Problem noch einmal durchdenken; ***~ une question*** *a* auf e-e Frage zurückkommen

reconstituant [R(ə)kõstitɥɑ̃] **I** *adj régime, aliment* kräftigend; stärkend **II** *m* Kräftigungs-, Stärkungsmittel *n*

reconstituer [R(ə)kõstitɥe] **I** *v/t* **1** *fortune* wiederherstellen; *dossier* wieder zusammenstellen; *association* neu bilden, gründen, konstituieren **2** JUR *crime, accident etc* rekonstruieren **3** *vieux quartier etc* in s-m ursprünglichen Zustand wiederherstellen; originalgetreu wiederaufbauen; *d'après une description* nachbilden; rekonstruieren; *fig la vie de qn* nachzeichnen **II** *v/pr parti etc* ***se ~*** sich neu bilden (*a tissu organique*); sich neu konstituieren

reconstitution [R(ə)kõstitysjõ] *f* Wiederherstellung *f*; *d'un parti etc* Neubildung *f*; Neukonstituierung *f*; JUR *d'un crime* Rekonstruktion *f*; Rekonstruierung *f*; *d'un lieu, édifice historique* Wiederherstellung *f* im ursprünglichen Zustand; originalgetreuer Wiederaufbau; *a d'une espèce disparue* Rekonstruktion *f*; CIN, THÉ ***~ historique*** historisch getreue Nachstellung

reconstruction [R(ə)kõstRyksjõ] *f* Wiederaufbau *m*; Neubau *m* (*a fig*)

reconstruire [R(ə)kõstRɥiR] *v/t* 〈→ **conduire**〉 **1** *ville, maison détruite* wiederaufbauen; neu bauen **2** *fig sa fortune, la société* neu aufbauen

reconversion [R(ə)kõvɛRsjõ] *f* ÉCON Umstellung *f*; *de personnel* Umsetzung *f*; (*recyclage*) Umschulung *f*

reconvertir [R(ə)kõvɛRtiR] **I** *v/t usine, production* umstellen (***en*** auf +*acc*); *personnel* umsetzen; (*recycler*) umschulen; *bâtiment* für andere Zwecke verwenden; ***~ une école en mairie*** aus e-r Schule ein Bürgermeisteramt machen **II** *v/pr* ***se ~*** *personne* den Beruf, die Branche, s-e Tätigkeit wechseln; sich umschulen lassen; ***se ~ dans l'informatique*** F auf Informatik umsatteln

recopier [R(ə)kɔpje] *v/t* **1** (noch einmal) abschreiben **2** *au propre* ins Reine schreiben

record [R(ə)kɔR] *m* **1** SPORTS Rekord *m*; Höchst-, Bestleistung *f* (***de*** in +*dat*); ***~ féminin, masculin*** Rekord *m* der Frauen, der Männer; ***~ de natation, de vitesse*** Schwimm-, Geschwindigkeitsrekord *m*; ***~ de France, d'Europe, du monde*** französischer Rekord, Europa-, Weltrekord *m*; ***améliorer, battre, détenir, égaler, établir un ~*** e-n Rekord verbessern, brechen, halten, einstellen, aufstellen; → *a 2*; ***faire tomber, pulvériser un ~*** e-n Rekord brechen, weit überbieten **2** *fig* Rekord *m*; ***~ d'affluence*** Besucherrekord *m*; *iron*: ***battre tous les ~s*** den Vogel abschießen; ***pour la flatterie, il bat tous les ~s*** im Schmeicheln ist er unübertroffen; ***détenir le ~ de la bêtise*** an Dummheit alle übertreffen; ♦ *adjt* Rekord…; Höchst…; Spitzen…; ***chiffre*** *m*, ***production*** *f*, ***vitesse*** *f* ***~*** Rekordzahl *f*, -produktion *f*, -geschwindigkeit *f*; ***en un temps ~*** in Rekordzeit

recordman [R(ə)kɔRdman] *m* 〈*pl* **recordmen** [-mɛn]〉 Rekordhalter *m*; F Rekordler *m*; ***~ du monde*** Weltrekordler *m*

recordwoman [R(ə)kɔRdwɔman] *f* 〈*pl* **recordwomen** [-wɔmɛn]〉 Rekordhalterin *f*; F Rekordlerin *f*

recoucher [R(ə)kuʃe] **I** *v/t enfant* wieder ins Bett bringen **II** *v/pr* ***se ~*** wieder ins Bett gehen; wieder schlafen gehen; sich wieder hinlegen

recoudre [R(ə)kudR] *v/t* 〈→ **coudre**〉 *couture* wieder zu-, zusammennähen; ***~ un bouton*** einen Knopf wieder annähen; MÉD ***~ une plaie*** eine Wunde nähen

recoupement [R(ə)kupmɑ̃] *m d'informations* Vergleich *m*; *de témoignages a* (teilweise) Übereinstimmung; ***faire un ~*** e-n Vergleich anstellen

recouper [R(ə)kupe] **I** *v/t* **1** noch einmal (ab-, zer-, durch)schneiden; *robe* noch einmal, anders zuschneiden **2** *témoignage*: *un autre* (teilweise) übereinstimmen mit; sich (teilweise) decken mit **3** *abs aux cartes* noch einmal abheben **II** *v/pr* ***se ~*** **1** *témoignages etc* (teilweise) übereinstimmen; sich (teilweise) decken **2** MATH *cercles* sich überschneiden

recourbé [R(ə)kuRbe] *adj* gekrümmt; gebogen; krumm **recourber** **I** *v/t* (um)biegen **II** *v/pr* ***se ~*** sich krümmen

recourir [R(ə)kuRiR] 〈→ **courir**〉 **I** *v/t un cent mètres etc* noch einmal laufen **II** *v/t/indir* **1** ***~ à qn*** sich (Hilfe suchend) an j-n wenden **2** ***~ à qc*** zu etw greifen; sich e-r Sache (*gén*) bedienen; etw in Anspruch nehmen; ***~ à la violence*** Gewalt anwenden **III** *v/i* **1** (*courir de nouveau*) noch einmal, wieder laufen **2** *au point de départ* zurücklaufen, -rennen

recours [R(ə)kuR] *m* **1** Ausweg *m*; (Hilfs)Mittel *n*; Zuflucht *f*; *action* Anwendung *f*; Inanspruchnahme *f*; ***~ à la violence*** Anwendung *f* von Gewalt; Gewaltanwendung *f*; ***en dernier ~*** als letztes Mittel; ***avoir ~ à qc*** zu etw greifen; etw in Anspruch nehmen; etw anwenden; sich e-r Sache (*gén*) bedienen; ***avoir ~ à la force*** Gewalt, Zwang anwenden; ***avoir ~ à qn*** sich (Hilfe suchend) an j-n wenden; j-n hinzuziehen; ***avoir ~ à la justice*** gerichtliche Schritte unternehmen; ***il n'y a aucun ~ contre cela*** es gibt da kein Gegenmittel; dagegen kann man nichts machen; ***être le seul ~ de qn*** j-s einzige Zuflucht, Hilfe

R

sein; ***c'est notre dernier ~*** das ist unser letzter Ausweg, unsere letzte Rettung; ***c'est sans ~*** das ist ausweglos 2 JUR Einspruch *m*; Beschwerde *f*; Berufung *f*; Rekurs *m*; ***~ en cassation*** Revision(santrag) *f(m)*; ***~ en grâce*** Gnadengesuch *n*; ***voies*** *f/pl* ***de ~*** Rechtsmittel *n/pl*; ***sans ~ possible*** ohne Berufungsmöglichkeit 3 JUR COMM ***~ (en garantie)*** Regress *m*, Rückgriff *m* (***contre qn*** gegen j-n)

recouvrable [R(ə)kuvRabl] *adj somme* eintreibbar

recouvrement [R(ə)kuvRəmɑ̃] *m* 1 *de sommes dues* Einziehung *f*; Inkasso *n*; JUR Ein-, Beitreibung *f* 2 *st/s des forces, de la santé* Wiedererlangung *f*

recouvrer [R(ə)kuvRe] *v/t* 1 *sommes dues, impôts, créances* einziehen, -kassieren; JUR ein-, beitreiben 2 *liberté etc* wiedererlangen, -gewinnen; ***~ ses forces*** wieder zu Kräften kommen; ***~ la raison*** wieder Vernunft annehmen; ***~ la santé*** wieder gesund werden; ***~ la vue*** sein Sehvermögen wiedererlangen; wieder sehen (können)

recouvrir [R(ə)kuvRiR] ⟨→ **couvrir**⟩ I *v/t* 1 *de nouveau* wieder bedecken; ***~ un enfant, un malade*** ein Kind, einen Kranken wieder zudecken; ***~ un siège*** einen Stuhl neu beziehen; ***~ un toit*** ein Dach neu decken 2 *entièrement* bedecken, überdecken, überziehen (***de*** mit); *livre* einschlagen; *sol* ***~ d'une moquette*** mit (e-m) Teppichboden auslegen; ♦ *p/p* ***recouvert de …*** bedeckt mit …; …bedeckt; ***recouvert de lierre*** efeuumrankt, -bewachsen; ***toit recouvert de tuiles*** Ziegeldach *n*; ***recouvert par les eaux*** von Wasser überflutet 3 *fig (cacher)* verdecken; verschleiern; verbergen 4 *fig (englober)* umfassen; enthalten II *v/pr* ***le ciel s'est recouvert*** der Himmel ist wieder bewölkt; es hat sich wieder bezogen

recracher [R(ə)kRaʃe] *v/t* (wieder) ausspucken

récré [RekRe] *f* F *abr* → ***récréation 1***

récréatif [RekReatif] *adj* ⟨**-ive**⟩ erheiternd; unterhaltend; *st/s* ergötzlich; ***soirée récréative*** Unterhaltungsabend *m*

récréation [RekReasjõ] *f* 1 ÉCOLE (große) Pause; ***à la, en ~*** in der Pause; ***aller, être en ~*** Pause haben; ***la ~ a sonné*** es hat zur Pause geläutet 2 *(détente)* Entspannung *f*; Zerstreuung *f*; Zeitvertreib *m*

recréer [R(ə)kRee] *v/t* wieder, neu (er)schaffen

récréer [RekRee] *v/pr st/s* ***se ~*** sich zerstreuen, entspannen

récrier [RekRije] *v/pr* ***se ~*** laut aufschreien; lauthals protestieren; ***se ~ d'admiration*** in Ausrufe der Bewunderung ausbrechen

récriminations [RekRiminasjõ] *f/pl* Klagen *f/pl*; Protest *m*

récriminer [RekRimine] *v/i* sich beklagen, sich beschweren (***contre qn, qc*** über j-n, etw)

récrire [RekRiR] ⟨→ **écrire**⟩ I *v/t* 1 *nom, lettre etc* noch einmal, neu schreiben 2 *livre etc en modifiant* umschreiben; umarbeiten II *v/i* 1 *de nouveau* noch einmal schreiben (***à qn*** j-m) 2 *(répondre)* zurückschreiben, (brieflich) antworten (***à qn*** j-m)

recroqueviller [R(ə)kRɔkvije] *v/pr* 1 *feuilles etc* ***se ~*** zusammenschrumpfen; F schrump(e)lig werden 2 *personne* ***se ~ (sur soi-même)*** sich (zusammen)krümmen; sich zusammenrollen; *adjt* ***recroquevillé*** zusammengekrümmt

recru [R(ə)kRy] *adj st/s* ***~ de fatigue*** (völlig) erschöpft; zum Umfallen müde

recrudescence [R(ə)kRydesɑ̃s] *f d'un incendie, d'une épidémie, des combats* Wiederausbruch *m*; *de la fièvre* Wiederansteigen *n*; *de la criminalité* erneutes Ansteigen, Anwachsen; *a du froid etc* Zunahme *f* **recrudescent** *adj criminalité* zunehmend

recrue [R(ə)kRy] *f* MIL Rekrut *m*; *fig* ***faire une nouvelle ~*** ein neues Mitglied gewinnen

recrutement [R(ə)kRytmɑ̃] *m* 1 MIL Rekrutierung *f*; ***service*** *m* ***de ~*** Wehrersatzbehörde *f* 2 *de personnel* Rekrutierung *f*; Einstellung *f*

recruter [R(ə)kRyte] I *v/t* 1 MIL rekrutieren 2 *personnel* rekrutieren; *adhérents a* werben; *personnel a* einstellen; *équipe* aufstellen; ***~ sur titres*** auf Grund von Diplomen einstellen II *v/pr* ***se ~*** sich rekrutieren (***dans, parmi*** aus)

recruteur [R(ə)kRytœR] *m* 1 HIST MIL Werber *m* 2 *fig ~ ou adjt* ***agent*** *m* ***~*** (Mitglieder)Werber *m*; Propagandist *m*

recta [Rɛkta] F *adv payer* pünktlich; sofort; *à chaque fois qu'on veut piqueniquer*, ***c'est ~, il pleut*** … regnet es prompt

rectal [Rɛktal] *adj* ⟨**-aux**⟩ MÉD rektal; Mastdarm…; ***température ~e*** Rektaltemperatur *f*

rectangle [Rɛktɑ̃gl] MATH I *adj* rechtwinklig; ***triangle ~*** rechtwinkliges Dreieck II *m* Rechteck *n*

rectangulaire [Rɛktɑ̃gylɛR] *adj* rechteckig

recteur [Rɛktœr] *m* 1 Rektor *m* (der Universität und Präsident *m* des Schulaufsichtsbezirks [*académie*]) 2 ÉGL CATH **a)** Rektor *m*; **b)** *en Bretagne* Pfarrer *m*

rectifiable [Rɛktifjabl] *adj* zu berichtigen(d); korrigierbar

rectificatif [Rɛktifikatif] I *adj* ⟨**-ive**⟩ berichtigend; richtigstellend; Berichtigungs… II *m* Berichtigung *f*; Richtigstellung *f*

rectification [Rɛktifikasjõ] *f* 1 *d'une erreur, d'un calcul* Berichtigung *f*; Richtigstellung *f*; Korrektur *f* 2 MATH, CHIM Rektifikation *f* 3 TECH Schleifen *n*

rectifier [Rɛktifje] *v/t* 1 *erreur, calcul* berichtigen; richtigstellen; korrigieren; MIL ***~ la position*** Haltung annehmen; *fig* ***~ le tir*** s-e Taktik ändern 2 *tracé de route, ligne de front* begradigen 3 MATH, CHIM rektifizieren 4 TECH *pièce* (ab-, nach)schleifen

rectiligne [Rɛktiliɲ] *adj* geradlinig

rection [Rɛksjõ] *f* LING Rektion *f*

rectitude [Rɛktityd] *f d'un jugement* Richtigkeit *f*

recto [Rɛkto] *m d'une feuille* Vorderseite *f*; ***au ~*** *être* auf der Vorderseite; *écrire* auf die Vorderseite

rectoscopie [Rɛktɔskɔpi] *f* MÉD Rektoskopie *f*

rectum [Rɛktɔm] *m* ANAT Mastdarm *m*; *sc* Rektum *n*

reçu [R(ə)sy] I *p/p* → ***recevoir*** *et adj idées, usages* überkommen; üblich; anerkannt; gültig; herkömmlich; hergebracht II *m* Quittung *f*; Empfangsbestätigung *f*, -bescheinigung *f*

recueil [R(ə)kœj] *m* Sammlung *f*; ***~ de chansons, de poèmes*** Lieder-, Gedichtsammlung *f*

recueillement [R(ə)kœjmɑ̃] *m* innere Sammlung; Andacht *f*; ***avec ~*** andächtig; mit, voller Andacht

recueilli [R(ə)kœji] *adj* andächtig; innerlich gesammelt

recueillir [R(ə)kœjiR] ⟨→ **cueillir**⟩ I *v/t* 1 *dons, signatures, preuves, abeille: pollen* sammeln; *renseignements* einziehen; einholen; *notes pour un livre a* zusammentragen; *témoignages* protokollieren; *fig* ***~ le fruit de ses travaux*** die Früchte s-r Arbeit ernten 2 *approbation* erhalten; finden; *à une élection:*

R

voix auf sich (*dat*) vereinigen; erhalten **3** *liquide dans un récipient* auffangen **4** *héritage* antreten **5** *réfugiés, orphelins* (bei sich) aufnehmen; *animal* auflesen **II** *v/pr* ***se ~*** sich innerlich sammeln; ***se ~ sur la tombe de qn*** vor j-s Grab (*dat*) andächtig, in Andacht, in stillem Gedenken verharren

recuire [R(ə)kɥiR] ⟨→ **conduire**⟩ *v/t* (***faire***) ~ noch einmal kochen *ou* backen *ou* braten

recuit [R(ə)kɥi] *m* MÉTALL Glühen *n*

recul [R(ə)kyl] *m* **1** *d'une arme à feu* Rückstoß *m* **2** *d'une foule, d'une armée* Zurückweichen *n*; *fig d'une maladie, du chômage, de la production* Rückgang *m* **3** *d'une personne* Zurücktreten *n*, -gehen *n*; ***avoir un mouvement de ~*** zurückschrecken; ***prendre du ~*** *pour mieux voir* zurücktreten ...; → *a 4* **4** *fig* Abstand *m*; ***avoir, prendre du ~ pour mieux juger qc*** Abstand haben, gewinnen, um etw besser beurteilen zu können **5** TENNIS Auslauf *m*; Platz *m* zum Zurücklaufen

reculade [R(ə)kylad] *f péj* Zurückweichen *n*; Rückzug *m*; F Rückzieher *m*

reculé [R(ə)kyle] *adj* **1** *village, vallée* abgelegen; (weit) entfernt **2** *dans le temps* alt; früh; lang zurückliegend; ***dans les temps les plus ~s*** in grauer Vorzeit

reculer [R(ə)kyle] **I** *v/t* **1** *chaise etc* zurückschieben, -rücken, -ziehen, -setzen, -stellen; *voiture* zurückfahren, -setzen; *par ext: montre* zurückstellen; *mur* nach hinten versetzen; zurückversetzen; *frontières* erweitern **2** (*reporter à plus tard*) auf-, hinausschieben; (*retarder*) verzögern **II** *v/i* **1** *personne* zurückweichen (*a foule*); zurückgehen, -treten; *voiture* zurückfahren, -rollen; rückwärtsfahren; ***~ d'un pas*** e-n Schritt zurückgehen, -treten; ***~ devant l'ennemi*** vor dem Feind zurückweichen; ***faire ~ qn*** j-n zurückdrängen, -treiben; *fig* ***c'est ~ pour mieux sauter*** durch ein Aufschieben wird es nur schlimmer **2** *maladie, incendie, chômage* zurückgehen; im Rückgang begriffen sein **3** *fig* (*hésiter*) zurückschrecken, -scheuen (***devant qc*** vor etw [*dat*]); scheuen (etw); ***ne ~ devant rien*** vor nichts zurückschrecken; *il s'est trop avancé* ***pour ~*** um noch zurückzukönnen; ***~ au dernier moment*** F im letzten Moment kneifen **III** *v/pr* ***se ~*** zurücktreten; (einige Schritte) zurückgehen

reculons [R(ə)kylõ] *loc/adv* ***à ~*** rückwärts; ***aller, marcher à ~*** rückwärtsgehen; *iron* ***faire des progrès à ~*** Rückschritte machen

récupérable [RekypeRabl] *adj ferraille, déchets* (wieder)verwertbar; noch brauchbar; wiederverwendbar; *heures de travail* nachzuholen(d); *drogué, accidenté* (wieder) eingliederungsfähig; resozialisierbar; ***il n'est pas ~*** er ist ein hoffnungsloser Fall

récupérateur [RekypeRatœR] *m personne, entreprise* Wiederverwerter *m*

récupération [RekypeRasjõ] *f* **1** Wiedererlangung *f*; *d'heures de travail* Nachholen *n*; Einarbeitung *f*; *d'argent* Ein-, Beitreibung *f*; *d'un engin spatial* Bergung *f* **2** TECH Rückgewinnung *f*; (Wieder)Verwertung *f*; Wiederverwendung *f*; Nutzung *f* **3** POL Vereinnahmung *f*; Einspannung *f* für s-e Zwecke **4** *de l'organisme* Erholung *f*

récupérer [RekypeRe] ⟨-è-⟩ **I** *v/t* **1** wiedererlangen, -bekommen; sich (*dat*) wiederholen; zurückholen; *argent a* ein-, beitreiben; *mise* wieder herausbekommen; *heures de travail, jours de congé* nachholen, -arbeiten; einarbeiten; *engin spatial* bergen; ***~ ses forces*** wieder zu Kräften kommen **2** *ferraille, vieux papiers etc* (wieder)verwerten; wiederverwenden; (*ramasser*) sammeln; TECH *chaleur, énergie* zurückgewinnen; *par ext* F ***où es-tu allé ~ cette antiquité?*** F wo hast du diese Antiquität aufgetrieben, aufgegabelt? **3** F (*aller chercher*) ***~ qn*** j-n (ab)holen **4** *délinquants, drogués* wieder eingliedern (*a accidentés*); resozialisieren **5** POL ***~ qn*** j-n (politisch, ideologisch) vereinnahmen; j-n für s-e Zwecke einspannen **II** *v/i sportif, malade, organisme* sich erholen; wieder zu Kräften kommen

récurage [RekyRaʒ] *m* Scheuern *n*

récurer [RekyRe] *v/t casserole etc* scheuern; ***poudre f à ~*** Scheuerpulver *n*

récurrence [RekyRɑ̃s] *f* MATH, LOGIQUE Rückläufigkeit *f*

récurrent [RekyRɑ̃] *adj phénomène* wiederholt auftretend; *sc* rekursiv; rekurrent; MÉD ***fièvre ~e*** Rückfall-, Rekurrensfieber *n*; PSYCH ***image ~e*** Nachbild *n*

récusable [Rekyzabl] *adj* **a)** *juge etc* ablehnbar; **b)** *témoignage* bestreitbar; anfechtbar; unglaubwürdig **récusation** *f* JUR Ablehnung *f* (wegen Befangenheit)

récuser [Rekyze] **I** *v/t* **1** JUR *juré, témoin etc* (wegen Befangenheit) ablehnen **2** *par ext* zurückweisen; ablehnen; verwerfen **II** *v/pr* ***se ~*** sich für nicht zuständig, sich für befangen erklären

recyclable [R(ə)siklabl] *adj* recycelbar [ri'saɪkəl-]; wiederverwertbar, -verwendbar

recyclage [R(ə)siklaʒ] *m* **1 a)** *d'élèves* Weiter-, Fortbildung *f*; **b)** *de main-d'œuvre* Umschulung *f* **2** TECH Recycling [ri'saɪklɪŋ] *n*; Wiederverwertung *f*, -verwendung *f*

recycler [R(ə)sikle] **I** *v/t* **1 a)** *élèves* weiter-, fortbilden; **b)** *main-d'œuvre* umschulen **2** TECH recyceln [ri'saɪkəln]; wiederverwerten, -verwenden; *adjt* ***papier recyclé*** Recyclingpapier *n* **II** *v/pr* ***se ~*** *élèves* sich weiterbilden; *main-d'œuvre* sich umschulen lassen

rédacteur [RedaktœR] *m*, **rédactrice** *f* Redakteur(in) *m(f)*; *schweiz* Redaktor *m*; ***~ en chef*** Chefredakteur *m*

rédaction [Redaksjõ] *f* **1** *d'un texte* Verfassen *n*; Aufsetzen *n*; Abfassung *f* **2** *coll* Redaktion *f*; Schriftleitung *f*; ***salle*** *f*, ***bureau*** *m* ***de ~*** Redaktionsbüro *n*, -raum *m* **3** ÉCOLE Aufsatz *m*

rédactionnel [Redaksjɔnɛl] *adj* ⟨**~le**⟩ redaktionell; Redaktions...

reddition [Rɛdisjõ] *f* MIL Übergabe *f*

redécoupage [R(ə)dekupaʒ] *m* ***~ électoral*** Neueinteilung *f* der Wahlkreise

redécouvrir [R(ə)dekuvRiR] *v/t* ⟨→ **couvrir**⟩ wiederentdecken

redéfaire [R(ə)defɛR] *v/t* ⟨→ **faire**⟩ *du tricot, une couture* wieder auftrennen; ***~ un nœud, un paquet*** einen Knoten, ein Paket wieder aufmachen

redéfinir [R(ə)definiR] *v/t* neu bestimmen, festlegen, definieren

redemander [Rədmɑ̃de, Rdəmɑ̃de] *v/t et v/i* **1** *de nouveau* noch einmal verlangen (***qc à qn*** etw von j-m), bitten (j-n um etw), fragen (j-n nach etw); *davantage* nach mehr verlangen; mehr haben wollen (***de qc*** von etw) **2** *chose prêtée, donnée* zurückverlangen, -fordern (***qc à qn*** etw von j-m)

redémarrage [R(ə)demaRaʒ] *m* **1** ÉCON Wiederbelebung *f*; neuer Aufschwung **2** INFORM ***~ à chaud, à froid*** Warm-, Kaltstart *m*

redémarrer [R(ə)demaRe] **I** *v/t* INFORM neu starten **II** *v/i* **1** *véhicule* wieder anfahren **2** ÉCON wieder in Gang kommen; e-n neuen Aufschwung nehmen

rédempteur [Redɑ̃ptœR] **I** *adj* ⟨**-trice**⟩ erlösend; Erlösungs… **II** *m* REL ***le Rédempteur*** der Erlöser **Rédemption** *f* REL Erlösung *f*

redéploiement [R(ə)deplwamɑ̃] *m* **1** ÉCON Umstrukturierung *f*; Um-, Neugestaltung *f*; Reorganisation *f* **2** MIL Umgruppierung *f*

redescendre [R(ə)desɑ̃dR] ⟨→ **rendre**⟩ **I** *v/t* **1** *escalier etc* wieder, noch einmal hinunter-, hinab- *ou* herunter-, herabgehen, -steigen, -kommen; F wieder, noch mal runtergehen, -steigen, -kommen; *fleuve*, (*dans un*) *véhicule*: *rue*, *skieur*: *pente* wieder hinunter- *ou* herunter-, F runterfahren **2** *meubles du grenier etc* wieder herunter- *ou* hinunterschaffen, -bringen; herunterholen **II** *v/i* ⟨**être**⟩ **1** *personne* wieder, noch einmal hinunter-, hinab *ou* herunter-, herabgehen, -kommen, -steigen (***de*** von); F wieder, noch mal runtergehen, -kommen, -steigen (von); *skieur* abfahren; (*dans un*) *véhicule* wieder hinunter- *ou* herunter-, F runterfahren; *avion* heruntergehen (***à 5000 mètres*** auf 5000 Meter); tiefer gehen; *fig personne* ***~ dans l'échelle sociale*** auf der sozialen Stufenleiter absteigen **2** *mer* (wieder) zurückgehen; *baromètre*, *température* wieder fallen; *chemin*, *route* wieder bergab gehen, führen, abwärtsgehen, -führen

redevable [Rədvabl, Rdəvabl] *adj* ***être ~ de qc à qn*** FIN j-m etw schuldig sein *ou* schulden; *fig* (*être obligé*) j-m für etw zu Dank verpflichtet sein; (*devoir*) j-m etw verdanken; ***il lui est ~ de l'avoir averti*** er ist ihm zu Dank verpflichtet, weil er ihn verständigt hat

redevance [Rədvɑ̃s, Rdəvɑ̃s] *f* RAD, TV Gebühr *f*

redevenir [RədvəniR, RdəvniR] *v/i* ⟨→ **venir**⟩ wieder werden

redevoir [RədvwaR, RdəvwaR] *v/t* ⟨→ **devoir**⟩ noch schulden, schuldig sein *ou* bleiben (***qc à qn*** j-m etw)

rédhibitoire [RedibitwaR] *adj* **1** JUR ***vice*** *m* **~** (die Wandelung begründender) Sachmangel **2** *fig* ***ce n'est pas ~*** das ist nicht unbedingt ein Hindernis

rediffuser [Rədifyze] *v/t* RAD, TV wiederholen; wieder ausstrahlen; noch einmal senden **rediffusion** *f* RAD, TV Wiederholung *f*; Wiederausstrahlung *f*

rédiger [Rediʒe] *v/t* ⟨**-geons**⟩ verfassen; abfassen; *contrat* aufsetzen; *procès-verbal* anfertigen; *article de journal a* redigieren

redingote [R(ə)dɛ̃gɔt] *f* **1** *autrefois* Gehrock *m* **2** *adjt* ***manteau*** *m* **~** (taillierter) Damenmantel

redire [R(ə)diR] ⟨→ **dire**⟩ **I** *v/t* **1** (*répéter*) noch einmal sagen; wiederholen; ***~ toujours la même chose*** immer das Gleiche sagen; sich immer wiederholen; ***~ après qn*** j-m nachsprechen; ***ne pas se le faire ~*** es sich (*dat*) nicht zweimal sagen lassen **2** (*rapporter*) weitersagen (***qc à qn*** j-m etw); ausplaudern **II** *v/t/indir* ***trouver à ~ à qc*** etwas an etw (*dat*) auszusetzen haben; ***trouver à ~ à tout*** an allem etwas auszusetzen, zu beanstanden, zu kritisieren haben; ***il n'y a rien à ~ à cela*** dagegen ist nichts einzuwenden

rediscuter [R(ə)diskyte] *v/t* noch einmal diskutieren

redistribuer [R(ə)distRibɥe] *v/t* **1** *cahiers*, *cartes* noch einmal austeilen **2** *terres*, *tâches* neu auf-, verteilen; *revenus*, *richesses* umverteilen

redistribution [R(ə)distRibysjõ] *f* Neuverteilung *f*; FIN Umverteilung *f*

redite [R(ə)dit] *f* unnötige Wiederholung

redondance [R(ə)dõdɑ̃s] *f* **1** *du style* Weitschweifigkeit *f*; Überladenheit *f*; Schwulst *m*; ***le texte comporte des ~s*** der Text ist weitschweifig, schwülstig geschrieben **2** INFORM, LING Redundanz *f*

redondant [R(ə)dõdɑ̃] *adj* **1** *style* wortreich; überladen; weitschweifig; schwülstig **2** INFORM, LING redundant

redonner [R(ə)dɔne] **I** *v/t* **1** (*donner de nouveau*) wieder, noch einmal geben; → *a* ***donner*** **2** (*rendre*) (wieder) zurückgeben; ***~ confiance*** wieder Vertrauen einflößen; ***~ du courage*** wieder Mut machen **II** *v/i* ***~ dans*** zurückfallen in (*+acc*); wieder verfallen in (*+acc*); wieder anfangen mit

redorer [R(ə)dɔRe] *v/t* wieder vergolden; → *a* ***blason***

redormir [R(ə)dɔRmiR] *v/i* ⟨→ **partir**⟩ **a)** wieder schlafen; **b)** wieder einschlafen

redoublant [R(ə)dublɑ̃] *m*, **redoublante** *f* ÉCOLE F Sitzenbleiber(in) *m(f)*

redoublé [R(ə)duble] *adj* verdoppelt; Doppel…; *par ext* vermehrt; verstärkt; ***rime ~e*** Doppelreim *m*; ***frapper à la porte à coups ~s*** heftig gegen die Tür schlagen; ***marcher d'un pas ~*** im Eilschritt gehen

redoublement [R(ə)dubləmɑ̃] *m* **1** Verdopp(e)lung *f*; LING Reduplikation *f* **2** *d'attention*, *de prudence etc* Verstärkung *f*; Steigerung *f*; Zunahme *f*

redoubler [R(ə)duble] **I** *v/t* **1** (*rendre double*) verdoppeln **2** ÉCOLE **~** (***une classe***) e-e Klasse wiederholen; F sitzen, hängen bleiben **3** *véhicule* wieder überholen **4** *joie*, *terreur etc* verstärken; vermehren; steigern; ***~ ses efforts*** s-e Anstrengungen verdoppeln **II** *v/t/indir* ***~ de patience, vigilance*** *etc* s-e Geduld, Wachsamkeit *etc* verdoppeln, verstärken; ***~ d'amabilité à l'égard de qn*** j-m gegenüber noch zuvorkommender sein; ***~ d'efforts*** s-e Anstrengungen verdoppeln **III** *v/i* *peur*, *tempête etc* sich verstärken; noch stärker werden; sich steigern; zunehmen; *larmes* noch stärker fließen; *surprise*, *joie a* noch größer werden *ou* sein

redoutable [R(ə)dutabl] *adj* furchterregend; fürchterlich; furchtbar; ***adversaire*** *m*, ***concurrent*** *m* **~** (sehr) gefährlicher Gegner, Konkurrent

redoute [R(ə)dut] *f* HIST Redoute *f*

redouter [R(ə)dute] *v/t* fürchten; sich fürchten vor (*+dat*); ***~ que … (ne)*** (*+subj*) (be)fürchten, dass …; ***~ de*** (*+inf*) (be)fürchten zu (*+inf*)

redoux [R(ə)du] *m* Frostmilderung *f*; Wärmeeinbruch *m*

redresse [R(ə)dRɛs] *loc/adj* P ***un mec à la ~*** F ein Kerl *m*, mit dem nicht zu spaßen ist

redressement [R(ə)dRɛsmɑ̃] *m* **1** *d'un pays* Wiedererstarken *n*, -ung *f*; *de l'économie* Wiederankurbelung *f*; (Wieder)Aufschwung *m*; *des finances* Sanierung *f* **2** *autrefois* ***maison*** *f* ***de ~*** Erziehungsanstalt *f* **3** ÉLECT Gleichrichtung *f* **4** ***~ fiscal*** Steuerberichtigung *f*

redresser [R(ə)dRese] **I** *v/t* **1** *chose penchée* gerade

R

richten; *chose tordue* gerade biegen; F gerade machen; *chose tombée* wieder aufstellen, aufrichten; *roues avant* gerade stellen; **~ un malade** einen Kranken (wieder) aufsetzen; **~ la tête** den Kopf heben; *fig* (*se croire*) den Kopf hoch tragen **2** *fig économie* wieder beleben, ankurbeln; *finances* sanieren; *situation* wieder in Ordnung bringen **3** ÉLECT *courant* gleichrichten **II** *v/pr* **se ~** **1** sich (wieder) aufrichten; **redresse-toi!** halt dich gerade!; setz dich gerade hin! *ou* geh gerade! **2** *fig* (*se croire*) den Kopf hoch tragen; hochnäsig werden **3** *fig pays* wieder hochkommen; wieder erstarken

redresseur [ʀ(ə)dʀɛsœʀ] **I** *adj* ⟨**-euse**⟩ ÉLECT Gleichrichter… **II** *m* **1** *iron* **~ de torts** Weltverbesserer *m* **2** ÉLECT Gleichrichter *m*

réduc [ʀedyk] *f* F *abr* → **réduction** 2

réducteur [ʀedyktœʀ] **I** *adj* ⟨**-trice**⟩ CHIM reduzierend; Reduktions… **II** *m* **1** CHIM Reduktionsmittel *n* **2** TECH **~ (de vitesse)** Untersetzungsgetriebe *n*

réductibilité [ʀedyktibilite] *f* Reduzierbarkeit *f*

réductible [ʀedyktibl] *adj* **1** *quantité* reduzierbar (**à** auf *+acc*); herabsetzbar **2** CHIM reduzierbar **3** MATH **fraction** *f* **~** Bruch, der sich kürzen lässt

réduction [ʀedyksjõ] *f* **1** Reduzierung *f* (**à** auf *+acc*); *des dépenses, de la production a* Einschränkung *f*; *de taxes a* Senkung *f*; Herabsetzung *f*; *de personnel a* Abbau *m*; *d'un format* Verkleinerung *f*; *de salaire* Kürzung *f*; *d'un délai* Verkürzung *f*; **~ des heures de travail** Arbeitszeitverkürzung *f*; **~ d'impôt** Steuersenkung *f*, -ermäßigung *f*; JUR **~ de peine** Herabsetzung *f* des Strafmaßes; *loc/adv* **en ~** im Kleinen **2** *sur un prix* Preisnachlass *m*; (Preis)Ermäßigung *f*; **carte** *f* **de ~** Ausweis, der zu Preisermäßigungen berechtigt; **faire une ~ à qn** j-m e-n Preisnachlass gewähren; **il m'a fait une ~ de cinq pour cent** er hat mir fünf Prozent nachgelassen **3** CHIM, BIOL Reduktion *f* **4** MATH *de fractions* Kürzung *f*; **~ au même dénominateur** Gleichnamigmachen *n* **5** MÉD Reposition *f*; Wiedereinrichtung *f*

réduire [ʀedɥiʀ] ⟨→ **conduire**⟩ **I** *v/t* **1** (*diminuer*) reduzieren; *dépenses, production, consommation a* einschränken; drosseln; *impôts, température a* senken; herabsetzen (*a peine*); *personnel a* abbauen; *nombre a* verringern; *format* verkleinern; *temps de travail* verkürzen; *salaires* kürzen; *vitesse* drosseln; herabsetzen; F heruntergehen mit; *par ext*: *résistance* brechen; *soulèvement* niederschlagen; *catastrophe* **~ la population de moitié** die Bevölkerung um die Hälfte zusammenschrumpfen lassen **2** (*contraindre*) **~ qn à, en qc** j-n zu etw bringen, zwingen; **~ qn au désespoir** j-n in Verzweiflung stürzen; *peuple* **~ en esclavage** versklaven; *maladie* **~ qn à l'inaction** j-n zur Untätigkeit verdammen; **~ qn au silence** j-n zum Schweigen bringen; **en être réduit à qc** zu etw gezwungen, genötigt sein; auf etw (*acc*) angewiesen sein **3** (*ramener*) **~ qc à qc** etw auf etw (*acc*) einschränken, beschränken, einengen, bringen; **~ à sa plus simple expression** → **expression** 3; *projet, illusions* **~ à rien, à néant** zunichtemachen; zerstören; **~ au même dénominateur** auf den gleichen Nenner bringen; gleichnamig machen **4** (*transformer*) **~ en qc** zu etw werden lassen, machen; **~ en cendres** *ville etc* in Schutt und Asche legen; *a édifice* einäschern; niederbrennen; *vase etc* **~ en morceaux** in Stücke schlagen; **être réduit en morceaux** (in Stücke) zersprungen sein **5** CHIM reduzieren **6** MÉD *fracture, luxation, hernie* einrichten; *sc* reponieren **7** ⟨*a v/i*⟩ CUIS *sauce, jus* eindicken; reduzieren; *v/i a* einkochen; **faire, laisser ~** ein-, verkochen (lassen); eindicken; reduzieren **II** *v/pr* **1** **se ~ à qc** sich auf etw (*acc*) beschränken (lassen); *problème* **se ~ à la question suivante** sich auf die folgende Frage beschränken lassen; *économies, incident* **se ~ à peu de chose** sehr begrenzt, gering sein **2** **se ~ en qc** sich in etw (*acc*) verwandeln; zu etw werden; **se ~ en cendres** zu Asche werden; niederbrennen

réduit [ʀedɥi] **I** *adj* **1** *prix, tarif* ermäßigt; herabgesetzt; **billet** *m* **à prix ~** ermäßigte Fahrkarte **2** (*restreint*) *débouchés etc* begrenzt; beschränkt; gering; **à vitesse ~e** mit herabgesetzter Geschwindigkeit **3** *format, taille, modèle* verkleinert; ETHNOLOGIE **têtes ~es** Schrumpfköpfe *m/pl* **II** *m* kleiner Raum; kleine Kammer; F Kabuff *n*; *péj* finsteres Loch

rééchelonnement [ʀeeʃlɔnmɑ̃] *m* FIN Verlängerung *f*, Streckung *f* der Rückzahlung; Umschuldung *f*

réécouter [ʀeekute] *v/t* wieder, noch einmal (an)hören

réécrire [ʀeekʀiʀ] → **récrire**

réédifier [ʀeedifje] *v/t* wieder aufbauen

rééditer [ʀeedite] *v/t* **1** *livre* wieder, neu auflegen; *auteur* neu herausgeben **2** F *fig* e-e Neuauflage sein von (*ou +gén*) **réédition** *f* **1** Neuauflage *f*, -ausgabe *f* (*action et ouvrage*) **2** F *fig* Neuauflage *f*

rééducation [ʀeedykasjõ] *f* **1** MÉD *des handicapés* Rehabilitation *f*; *d'un membre* Wiederherstellung *f* der Bewegungsfähigkeit; *exercices* Krankengymnastik *f*; **~ (musculaire)** Heilgymnastik *f*; **centre** *m* **de ~** Rehabilitationszentrum *n* **2** JUR *de délinquants* soziale Wiedereingliederung **3** POL Umerziehung *f*

rééduquer [ʀeedyke] *v/t* **1** *un blessé, paralysé* rehabilitieren; krankengymnastisch, mit Krankengymnastik behandeln; *membre* die Bewegungsfähigkeit (*+gén*) wiederherstellen **2** *délinquant* sozial wieder eingliedern **3** POL umerziehen

réel [ʀeɛl] **I** *adj* ⟨**~le**⟩ **1** wirklich; real; tatsächlich; **faits ~s** Tatsachen *f/pl*; *dans un roman* **personnage ~** der Wirklichkeit entnommene Gestalt; *par ext* **un ~ plaisir** ein wirkliches, wahres, echtes Vergnügen; **dans la vie ~le** im wirklichen, realen Leben; **être ~** wirklich, real existieren **2** COMM **prix ~** effektiver Preis; Effektivpreis *m*; **salaire ~** Reallohn *m*; **taux** *m* **d'intérêt ~** Effektivzins *m*; **valeur ~le** Real-, Sachwert *m* **3** JUR dinglich **4** MATH **nombre ~** reelle Zahl **II** *subst* **le ~** das Wirkliche, Reale; die Wirklichkeit

réélection [ʀeelɛksjõ] *f* Wiederwahl *f*

rééligibilité [ʀeeliʒibilite] *f* Wiederwählbarkeit *f* **rééligible** *adj* wieder wählbar

réélire [ʀeeliʀ] *v/t* ⟨→ **lire**⟩ wiederwählen; *adjt* **le président réélu** der wiedergewählte Präsident

réellement [ʀeɛlmɑ̃] *adv* wirklich; tatsächlich; in der Tat

réembaucher [ʀeɑ̃boʃe] *v/t main-d'œuvre* wieder einstellen

réemploi [ʀeɑ̃plwa] *m* **1** *de choses* Wiederverwendung *f* **2** *de personnel* Wiederbeschäftigung *f* **3** *de*

R

fonds Wieder-, Neuanlage *f*

réemployer [Reɑ̃plwaje] *v/t* ⟨**-oi-**⟩ 1 *choses* wieder verwenden; ~ ***une méthode*** eine Methode wieder anwenden 2 *personnel* wieder beschäftigen, anstellen; *autre part* anderweitig beschäftigen 3 *fonds* wieder anlegen

réentendre [Reɑ̃tɑ̃dR] *v/t* ⟨→ **rendre**⟩ wieder, noch einmal (an)hören

rééquilibrer [Reekilibʀe] *v/t* wieder ins Gleichgewicht bringen; wieder ausgleichen

réessayage [Reesɛjaʒ] *m d'une robe* Wiederanprobe *f* **réessayer** *v/t* ⟨**-ay-** *od* **-ai-**⟩ *robe* wieder anprobieren; *recette etc* noch einmal ausprobieren; *abs* es noch einmal versuchen, probieren

réévaluation [Reevalɥasjõ] *f d'une monnaie* Aufwertung *f*; *de bilans etc* Wertberichtigung *f*; Neubewertung *f*

réévaluer [Reevalɥe] *v/t monnaie* aufwerten; ~ ***un bilan*** eine Bilanz neu bewerten

réexaminer [Reɛgzamine] *v/t problème* noch einmal überprüfen

réexpédier [Reɛkspedje] *v/t* 1 (*retourner*) zurücksenden, -befördern 2 (*faire suivre*) weiterbefördern; *courrier* nachsenden

réexpédition [Reɛkspedisjõ] *f* 1 *à l'expéditeur* (Zu)Rücksendung *f*, -beförderung *f* 2 *au destinataire* Weiterbeförderung *f*; Nachsendung *f*; ***ordre*** *m* ***de ~ du courrier*** Nachsendungsantrag *m*

réexportation [Reɛkspɔʀtasjõ] *f* Wiederausfuhr *f*; Reexport *m* **réexporter** *v/t* wieder ausführen; reexportieren

réf. *abr* → ***référence*** *4*

refaire [R(ə)fɛR] ⟨→ **faire**⟩ I *v/t* 1 (*faire de nouveau*) noch einmal, wieder machen; *trajet* noch einmal zurücklegen; ~ ***du ski*** wieder Ski laufen, fahren; → *a* ***faire*** 2 (*recommencer*) noch einmal, wieder von vorn(e) anfangen, beginnen ([mit] etw); neu, noch einmal machen; *fig* ~ ***sa vie*** wieder heiraten; ***tout est à ~*** alles muss noch einmal gemacht werden; ***si c'était à ~!*** wenn man noch einmal von vorn(e) anfangen könnte! 3 (*remettre en état*) ausbessern; (wieder) instand setzen; reparieren; wieder in Ordnung bringen; ~ ***son maquillage*** sich wieder schminken; *par ext* ~ ***ses forces*** wieder zu Kräften kommen 4 F (*rouler*) ~ ***qn*** F j-n übers Ohr hauen; j-n hereinlegen; ***je suis refait*** F ich bin ganz schön hereingelegt worden; ich sitz ganz schön in der Klemme II *v/pr* 1 ***on ne se refait pas*** man kann sich nicht ändern 2 ***se ~*** (***une santé***) sich erholen; wieder zu Kräften kommen 3 *au jeu* ***se ~*** wieder gewinnen 4 F ***se ~ une beauté*** → ***beauté*** *1*

réfection [Refɛksjõ] *f* (Wieder)Instandsetzung *f*; Ausbesserung *f*; Reparatur *f*; ***travaux*** *m/pl* ***de ~*** (Wieder)Instandsetzungs-, Ausbesserungs-, Renovierungsarbeiten *f/pl*

réfectoire [Refɛktwar] *m* Speisesaal *m*; *d'un couvent* Refektorium *n*

refend [R(ə)fɑ̃] *loc/adj* CONSTR ***mur*** *m* ***de ~*** tragende Innenmauer, Zwischenwand

référé [Refere] *m* JUR (***ordonnance*** *f* ***de***) ~ einstweilige Verfügung; ***juge*** *m* ***des ~s*** Richter *m* im summarischen Verfahren; ***plaider en ~*** e-e einstweilige Verfügung beantragen

référence [Referɑ̃s] *f* 1 ***~s*** *pl* (*recommandations*) Referenzen *f/pl*; Empfehlungen *f/pl*; ***fournir des ~s*** Referenzen beibringen; *fig* ***ce n'est pas une ~*** das ist nicht gerade e-e Empfehlung 2 (*rapport*) Bezugnahme *f*; MATH, PHYS ***système*** *m* ***de ~*** Bezugssystem *n*; *loc/prép* ***par ~ à*** entsprechend, gemäß (+*dat*); ***faire ~ à*** sich beziehen auf (+*acc*) 3 *d'une citation etc* (Angabe *f* e-r, Verweis *m* auf e-e) Belegstelle; Beleg *m*; ***ouvrage*** *m* ***de ~*** Nachschlagewerk *n* 4 COMM, ADM *en tête d'une lettre* Zeichen *n*; *dans un catalogue* Bestell-, Artikelnummer *f*; *d'un dossier* Aktenzeichen *n*; *dans les petites annonces* ~ ... Chiffre *f* ...; ***notre*** *ou* ***votre ~*** (*abr* ***N/Réf.*** *ou* ***V/Réf.***) unser *ou* Ihr Zeichen; ***votre lettre citée en ~*** Ihr oben angeführtes (*abr* o. a.) Schreiben

référendaire [Referɑ̃dɛR] I *m* ~ *ou adjt* ***conseiller*** *m* ~ Rat *m* beim Rechnungshof II *adj* auf ein, das Referendum bezüglich

référendum *ou* **referendum** [Referɛ̃dɔm] *m* Volksabstimmung *f*; Volksentscheid *m*; Referendum *n*

référentiel [Referɑ̃sjɛl] *m* PHYS Bezugssystem *n*

référer [Refere] ⟨**-è-**⟩ I *v/t/indir* ***en ~ à qn*** j-m den Fall, die Sache unterbreiten, vorlegen; j-m Bericht erstatten II *v/pr* ***se ~ à qc*** sich auf etw (*acc*) beziehen, berufen; ***se ~ à qn*** sich auf j-n berufen; *formule épistolaire* (***en***) ***nous référant à ...*** unter Bezugnahme auf (+*acc*)

refermer [R(ə)fɛRme] I *v/t* wieder schließen, F zumachen II *v/pr* ***se ~*** sich wieder schließen

refiler [R(ə)file] *v/t* F ~ ***qc à qn*** F j-m etw andrehen, unterjubeln; *fig* ~ ***son rhume à qn*** j-m s-n Schnupfen anhängen

réfléchi [Refleʃi] *adj* 1 *décision, action* (gut) durchdacht; (wohl) überlegt; *personne* besonnen; bedächtig; umsichtig; ***esprit ~*** kühler Kopf; ***c'est tout ~*** das ist schon entschieden; ***tout bien ~***, *je* ... wenn ich es mir richtig *ou* recht überlege ... 2 GR ***pronom ~*** rückbezügliches Fürwort; Reflexivpronomen *n*; ***verbe*** (***pronominal***) ~ reflexives Verb 3 PHYS reflektiert; zurückgeworfen

réfléchir [Refleʃir] I *v/t* 1 *lumière, rayons, ondes* reflektieren; zurückwerfen; *eau: image* widerspiegeln 2 *personne* ~ ***que ...*** überlegen, dass ... II *v/t/indir* ~ ***à, sur qc*** etw überlegen, erwägen; über etw (*acc*) nachdenken; sich (*dat*) etw durch den Kopf gehen lassen; ***réfléchis à ce que tu dis*** überlege, was du sagst; ***j'ai réfléchi à l'affaire*** ich habe es mir überlegt III *v/i* überlegen; nachdenken; ~ ***avant de parler*** erst denken, dann sprechen; ***faire ~, donner à ~*** einen nachdenklich, bedenklich stimmen, machen; ***demander à ~*** um Bedenkzeit bitten; ***sans ~*** unüberlegt; unbedacht; ***après avoir mûrement réfléchi*** nach reiflicher Überlegung IV *v/pr* ***se ~*** sich (wider)spiegeln (***dans*** in +*dat*)

réfléchissant [Refleʃisɑ̃] *adj surface* reflektierend

réflecteur [Reflɛktœr] *m* TECH Reflektor *m*

réflectorisé [Reflɛktɔʀise] *adj panneau etc* reflektierend

reflet [R(ə)flɛ] *m* 1 *de lumière* Reflex *m*; ***~s*** *pl* Glanz *m*; Schimmer *m*; ***~s métalliques*** Metallglanz *m*; *cheveux* ***à ~s roux*** rötlich schimmernd; *étoffe* ***avoir des ~s changeants*** schillern 2 (*image réfléchie*) Spiegelbild *n*; Spiegelung *f*; *d'une bougie* Widerschein *m* 3 *fig* Abbild *n*; Abglanz *m*; *pej* ***être le pâle ~ de ...*** der blasse Abglanz sein von ...

refléter [R(ə)flete] ⟨**-è-**⟩ I *v/t* 1 *miroir: objet etc* (wider)spiegeln; *lumière a* zurückstrahlen, -werfen **2** *fig* widerspiegeln; ***son visage reflète la bonté*** sein Gesicht drückt, strahlt Güte aus **II** *v/pr* ***se*** ~ **1** sich (wider)spiegeln (***dans*** in *+dat*) **2** *fig* sich widerspiegeln (***dans, sur*** in *+dat*)

refleurir [R(ə)flœRiR] **I** *v/t* wieder mit Blumen schmücken **II** *v/i* **1** wieder, zum zweiten Mal blühen **2** *fig* wieder aufblühen

reflex [Reflɛks] *adj* ⟨*inv*⟩ PHOT ***appareil*** *m* ~ *ou subst* ~ *m* Spiegelreflexkamera *f*

réflexe [Reflɛks] **I** *m* **1** PHYSIOL Reflex *m* **2** (*réaction*) (rasche, schnelle) Reaktion; (gutes) Reaktionsvermögen; ***avoir de bons*** ~***s*** schnell, rasch, sofort reagieren; gute Reflexe, ein gutes Reaktionsvermögen haben; ***avoir le*** ~ ***de freiner à temps*** schnell, sofort reagieren und rechtzeitig bremsen; ***il a eu le*** ~ ***de se jeter de côté*** er reagierte sofort und sprang zur Seite; ***manquer de*** ~ zu langsam reagieren **II** *adj* ***mouvement*** *m* ~ Reflexbewegung *f*; reflexartige Bewegung

réflexion [Reflɛksjõ] *f* **1** (*pensée*) Überlegung *f*; Nachdenken *n* (***sur*** über *+acc*); Reflexion *f*; ~ ***faite*** wenn ich's recht bedenke; ***mais à la*** ~, *je* ... aber wenn ich genau überlege, so ...; ***s'absorber dans ses*** ~***s*** ganz in Gedanken versinken *ou* vertieft sein; ***demander un temps de*** ~ um Bedenkzeit bitten; ***donner matière à*** ~ Stoff zum Nachdenken geben; ***ceci mérite*** ~ das wäre zu überlegen **2** (*remarque*) Bemerkung *f*; Äußerung *f*; ***faire des*** ~***s*** spitze Bemerkungen machen **3** PHYS Reflexion *f*

refluer [R(ə)flye] *v/i* **1** *eau, sang* zurückfließen, -strömen; *eau a* zurückfluten **2** *foule* zurückweichen

reflux [R(ə)fly] *m* **1** (*marée descendante*) Ebbe *f* **2** *de la foule* Zurückweichen *n*

refondre [R(ə)fõdR] ⟨→ **rendre**⟩ **I** *v/t* **1** *métal* (wieder) einschmelzen **2** *fig texte, ouvrage* überarbeiten; *p/fort* umarbeiten; umgestalten **II** *v/i glace* wieder schmelzen

refonte [R(ə)fõt] *f* **1** *de métal* Einschmelzen *n* **2** *d'un texte, ouvrage* Überarbeitung *f*; *p/fort* Umarbeitung *f*; Umgestaltung *f*

réformable [RefɔRmabl] *adj* reformierbar; verbesserungsfähig

réformateur [RefɔRmatœR], **réformatrice I** *m,f* **1** Reformer(in) *m(f)*; Erneuerer *m*, Erneuerin *f* **2** *m* REL Reformator *m* **II** *adj* reformerisch; reformatorisch **réformation** *f* JUR *d'une décision de justice* Abänderung *f*

réforme [RefɔRm] *f* **1** Reform *f*; Neu-, Umgestaltung *f*; Umwandlung *f*; Erneuerung *f*; Verbesserung *f*; ~ ***agraire, monétaire*** Boden-, Währungsreform *f*; ~ ***de l'orthographe*** Rechtschreibreform *f* **2** HIST REL ***la Réforme*** die Reformation **3** MIL Ausmusterung *f*; Entlassung *f* wegen Dienstunfähigkeit; ***commission*** *f* ***de*** ~ Ausschuss, der die Dienstunfähigkeit feststellt

réformé [RefɔRme] **I** *adj* **1** REL reformiert; ***Église*** ~***e*** reformierte Kirche **2** MIL dienstunfähig; wegen Dienstunfähigkeit entlassen **II** *subst* **1** ~***(e)*** *m(f)* REL Reformierte(r) *f(m)* **2** *m* MIL wegen Dienstunfähigkeit entlassener Soldat

reformer [R(ə)fɔRme] *v/t* (*et v/pr* ***se***) ~ (sich) neu bilden; *groupe a* (sich) neu formieren

réformer [RefɔRme] *v/t* **1** reformieren; erneuern; umgestalten; verbessern **2** MIL *soldat* als dienstunfähig entlassen; ausmustern

réformette [RefɔRmɛt] *n plais* Reförmchen *n*

réformisme [RefɔRmism(e)] *m* POL Reformismus *m* **réformiste** POL **I** *adj* reformistisch **II** *m,f* Reformist(in) *m(f)*

refoulé [R(ə)fule] PSYCH **I** *adj désirs, pulsions* verdrängt; *personne* verklemmt **II** *subst* ~***(e)*** *m(f)* verklemmter Mensch

refoulement [R(ə)fulmɑ̃] *m* **1** *d'envahisseurs* Zurückdrängung *f*; *d'étrangers* Abschiebung *f* **2** PSYCH Verdrängung *f*

refouler [R(ə)fule] *v/t* **1** *envahisseurs* zurückdrängen; ~ ***des étrangers*** Ausländer an der Grenze ab-, zurückweisen; Ausländern die Einreise verwehren; Ausländer abschieben **2** *colère, dépit, désirs* unterdrücken; *larmes* zurückhalten **3** PSYCH verdrängen **4** TECH *pompe*: *liquide* fördern; drücken

réfractaire [RefRaktɛR] *adj* **1** *à la loi, à l'autorité* widerspenstig; aufsässig (***à*** gegenüber); *à une influence, à un conseil* unzugänglich (*+dat*); unempfänglich (für); *par ext* F ***moi, je suis*** ~ ***à la grippe*** die Grippe kann mir nichts anhaben; ***être*** ~ ***aux maths*** F keinen Sinn für Mathe haben **2** TECH *brique, terre* feuerfest; *métal* hitzebeständig

réfracter [RefRakte] *v/t* PHYS *rayon* brechen

réfraction [RefRaksjõ] *f* PHYS Brechung *f*; Refraktion *f*; ~ ***de la lumière*** Lichtbrechung *f*

refrain [R(ə)fRɛ̃] *m* **1** MUS Refrain *m*; Kehrreim *m* **2** F *fig* ständige Redensart; ***change de*** ~! F leg e-e andere Platte auf!; ***c'est toujours le même*** ~ F es ist immer die alte Leier, das alte Lied

réfréner *ou* **refréner** [RefRene] *v/t* ⟨**-è-**⟩ *passion, impatience, désir* zügeln; dämpfen; mäßigen; Einhalt gebieten (*+dat*)

réfrigérant [RefRiʒeRɑ̃] *adj* **1** PHYS, TECH Kühl...; Kälte... **2** F *fig accueil* kühl; frostig; *personne* kalt; eisig; abweisend

réfrigérateur [RefRiʒeRatœR] *m* Kühlschrank *m*; *fig* ***mettre au*** ~ auf Eis legen

réfrigération [RefRiʒeRasjõ] *f d'aliments* Kühlen *n*, -ung *f*

réfrigérer [RefRiʒeRe] *v/t* ⟨**-è-**⟩ **1** TECH kühlen **2** F *personne* ***être réfrigéré*** ganz durchgefroren *ou* durchfroren sein **3** F *fig* ~ ***qn*** j-n abschrecken, entmutigen, ernüchtern

réfringence [RefRɛ̃ʒɑ̃s] *f* PHYS Brechungsvermögen *n* **réfringent** *adj* PHYS (licht-, strahlen)brechend

refroidir [R(ə)fRwadiR] **I** *v/t* **1** *mets etc* kühlen; kühl werden lassen; abkühlen lassen **2** *fig* ~ ***qn*** j-n abschrecken, entmutigen, ernüchtern **3** *fig zèle, enthousiasme etc* abkühlen; dämpfen **4** P (*assassiner*) F kaltmachen **II** *v/i* ⟨*Zustand* **être**⟩ *mets, moteur* kalt werden; abkühlen; ***laisser*** ~ abkühlen lassen **III** *v/pr* ***se*** ~ **1** *temps, air* kälter, kühler werden; sich abkühlen; ***le temps s'est refroidi*** es ist kälter geworden; es hat sich abgekühlt **2** *fig zèle, enthousiasme etc* sich abkühlen; erkalten; nachlassen **3** *personne* sich erkälten

refroidissement [R(ə)fRwadismɑ̃] *m* **1** *de l'air etc* Abkühlung *f*; Erkaltung *f*; *d'un moteur* Kühlung *f*; TECH ~ ***par air, par eau*** Luft-, Wasserkühlung *f*; ***à*** ~ ***par air*** luftgekühlt; ***eau*** *f* ***de*** ~ Kühlwasser *n* **2** MÉD Erkältung *f*; ***prendre un*** ~ sich erkälten; sich

R

(*dat*) e-e Erkältung zuziehen 3 *fig d'un sentiment* Abkühlung *f*; ***il y a du ~ entre eux*** ihre Beziehungen haben sich abgekühlt

refuge [R(ə)fyʒ] *m* 1 Zuflucht *f*; Zufluchtsort *m*, *st/s* -stätte *f*; Unterschlupf *m*; ***chercher ~*** Zuflucht suchen (***auprès de qn*** bei j-m); *fig* ***chercher un ~ dans le travail*** sich in die Arbeit flüchten; ***demander ~ à qn*** j-n um e-n Unterschlupf bitten 2 *en montagne* (Schutz)Hütte *f* 3 *pour piétons* Verkehrsinsel *f* 4 *adjt* FIN ***valeur f ~*** Fluchtwert *m*

réfugié [Refyʒje] I *adj* geflüchtet II *subst* **~(e)** *m(f)* Flüchtling *m*; Vertriebene(r) *f(m)*; ***~ économique*** Wirtschaftsflüchtling *m*; ***~ politique*** politischer Flüchtling

réfugier [Refyʒje] *v/pr* ***se ~*** sich flüchten (***chez qn, auprès de qn*** zu j-m; *fig* ***dans qc*** in etw [*acc*]); Schutz, Zuflucht suchen (bei j-m); ***se ~ à l'étranger*** ins Ausland flüchten; ***se ~ sous un arbre*** unter e-m Baum Schutz suchen

refus [R(ə)fy] *m* Ablehnung *f*; Weigerung *f* (*abs*); *d'une autorisation etc a* Verweigerung *f*; *d'une offre etc a* Zurückweisung *f*; Ausschlagung *f*; *d'une prière a* Abschlagung *f*; Versagung *f*; (*réponse négative*) Absage *f*; abschlägige Antwort; abschlägiger Bescheid; JUR ***~ de comparaître*** Weigerung, vor Gericht zu erscheinen; MIL ***~ d'obéissance*** Befehls-, Gehorsamsverweigerung *f*; AUTO ***~ de priorité*** Nichtbeachtung *f* der Vorfahrt; ***~ de travailler*** Arbeitsverweigerung *f*; ***essuyer un ~, se heurter à un ~*** e-e abschlägige Antwort, e-e Absage bekommen; *de la part d'une femme* e-n Korb bekommen; sich (*dat*) e-n Korb holen; F ***ce n'est pas de ~!*** da kann ich nicht Nein sagen!; mit Vergnügen!; ***opposer un ~ à qn*** j-m e-e Absage erteilen

refuser [R(ə)fyze] I *v/t* 1 ablehnen (*a abs*); *prière* abschlagen; *réponse, renseignement, autorisation* verweigern; *autorisation a* versagen; *offre, cadeau, pourboire, invitation* ablehnen; zurückweisen; ausschlagen; SPORTS *but* nicht anerkennen; *point* nicht geben; ***~ l'accès à qn*** j-m den Zugang verwehren; MIL ***~ le combat*** dem Kampf ausweichen; ***~ à qn toute compétence*** j-m jegliche Kompetenz absprechen; ***~ à qn la main de sa fille*** j-m die Hand s-r Tochter verweigern; ***~ une marchandise*** die Annahme e-r Ware verweigern; *cheval* ***~ (l'obstacle)*** (das Hindernis) verweigern; ***~ sa porte à qn*** j-m sein Haus verbieten; ***~ le risque*** dem Risiko ausweichen; ***vous ne pouvez pas me ~ cela*** Sie dürfen mir das nicht abschlagen; ***~ de faire qc*** sich weigern *ou* es ablehnen, etw zu tun 2 ***~ qn*** j-n ab-, zurückweisen; *candidat à un examen* durchfallen lassen; *au théâtre, restaurant* ***~ du monde*** viele (Leute) abweisen, nicht einlassen II *v/pr* 1 ***se ~ qc*** sich (*dat*) etw versagen; sich (*dat*) etw nicht gönnen; ***il ne se refuse rien*** er gönnt sich (*dat*) alles; ***il se refuse tout plaisir*** er gönnt sich (*dat*) nicht das geringste Vergnügen 2 ***se ~ à qc*** etw verweigern; etw ablehnen; ***se ~ à faire qc*** sich weigern *ou* es ablehnen, etw zu tun; ***je m'y refuse*** das lehne ich (strikt) ab; *femme* ***se ~ à un homme*** sich e-m Mann verweigern 3 *sens passif* ***un petit verre ne se refuse pas*** ein Gläschen kann man nicht ausschlagen

réfutable [Refytabl] *adj* widerlegbar **réfutation** *f* Widerlegung *f* **réfuter** *v/t* widerlegen

regagner [R(ə)gaɲe] *v/t* 1 *l'amitié de qn, argent, terrain* zurück-, wiedergewinnen; *temps perdu* wieder einholen 2 *un endroit* zurückkehren an, in (+*acc*); wieder erreichen; ***~ son domicile, sa place*** nach Hause, an s-n Platz zurückkehren

regain [R(ə)gɛ̃] *m* 1 AGR Grum(me)t *n*; *südd* Öhmd *n* 2 *fig* ***~ de jeunesse*** zweite Jugend; ***avoir un ~ de vie*** wieder aufleben; COMM ***connaître un ~ d'activité*** e-e Neubelebung erfahren

régal [Regal] *m* Leckerbissen *m*; ***quel ~!*** was für ein Genuss!; ***c'est un ~*** das schmeckt ausgezeichnet; ***son grand ~ est …*** er isst… für sein Leben gern; *fig* ***être un ~ pour les yeux*** e-e Augenweide sein

régalade [Regalad] *loc* ***boire à la ~*** aus der Flasche trinken, ohne sie anzusetzen; am Strahl trinken

régaler [Regale] I *v/t* gut, reichlich bewirten (***qn de, avec qc*** j-n mit etw); F *abs* die anderen freihalten; F ***c'est moi qui régale*** ich zahle (die Zeche) II *v/pr* ***se ~*** mit Genuss essen (***de, avec qc*** etw); es sich (*dat*) schmecken lassen; ***se ~ de, avec qc*** *a* sich (*dat*) etw schmecken lassen; sich an etw (*dat*) gütlich tun; ***je me suis régalé*** es hat mir sehr gut geschmeckt; ich habe es sehr genossen (*a fig*)

régalien [Regaljɛ̃] *adj* ⟨**~ne**⟩ HIST ***droits ~s*** Regalien *n/pl*

regard [R(ə)gaR] *m* 1 Blick *m*; ***~ du connaisseur*** Kennerblick *m*; ***~ en arrière*** Blick zurück, nach hinten; *fig* Rückblick *m*; ***~ en coin*** Seitenblick *m*; *fig* ***avoir un ~ en dessous*** keinen offenen Blick haben; ***désigner, montrer qc du ~*** mit Blicken auf etw (*acc*) aufmerksam machen; ***fouiller l'obscurité du ~*** die Dunkelheit mit Blicken zu durchdringen versuchen; ***jeter un ~ sur qc*** e-n Blick auf etw (*acc*) werfen; ***jeter, lancer un ~ furieux à qn*** j-m e-n wütenden Blick zuwerfen; ***menacer qn du ~*** j-m e-n drohenden Blick zuwerfen; *journal etc* ***parcourir du ~*** (mit e-m Blick) überfliegen; ***promener son ~ autour de soi*** s-n Blick in die Runde schweifen lassen; *certains élèves,* ***suivez mon ~,*** *ont triché* … ihr wisst schon, wen ich meine, …; ***son ~ tomba, se posa sur …*** sein Blick fiel auf (+*acc*) 2 JUR ***avoir droit de ~ sur …*** das Aufsichts-, Kontrollrecht haben über (+*acc*) 3 *loc/prép* ***au ~ de*** im Hinblick auf (+*acc*); ***au ~ de la loi*** im Sinne des Gesetzes; *loc/adv* ***en ~*** gegenüberstehend; *texte* ***avec la traduction en ~*** mit gegenüberstehender Übersetzung; *loc/prép* ***en ~ de*** im Vergleich zu; verglichen mit 4 TECH *d'un égout* Einsteigöffnung *f*, -schacht *m*; Einstieg *m*

regardant [R(ə)gaRdɑ̃] *adj* (*près de ses sous*) zu genau; zu sparsam; kleinlich

regarder [R(ə)gaRde] I *v/t* 1 ***~ qn, qc*** j-n, etw ansehen, anschauen, betrachten, anblicken, F angucken; F ***regarde-moi ce gâchis!*** F sieh dir mal diese Verschwendung an!; ***ne ~ que son intérêt*** nur s-e eigenen Interessen verfolgen; ***~ sa montre*** auf die Uhr sehen; ***~ un mot dans le dictionnaire*** ein Wort im Wörterbuch nachsehen, nachschauen, nachschlagen; ***~ la télévision*** fernsehen; F *fig* ***vous ne m'avez pas regardé!*** F das glauben Sie ja wohl selbst nicht!; so sehen Sie aus!; ♦ *avec loc/adv:* ***~ qn bouche bée*** j-n mit offenem Mund anstarren; ***~ qn dans les yeux*** j-m in die Augen sehen; ***~ qn de haut en bas*** j-n von oben bis unten mustern; *fig* ***~ qn d'un bon, d'un mauvais œil*** j-m wohlwollend, feindlich gesinnt sein; *fig* ***~ le danger en face***

R

der Gefahr ins Auge sehen; ♦ *avec inf*: ***regardez-moi faire!*** sehen Sie mir zu!; ~ ***passer les gens*** *ou* ***les gens passer*** zusehen, schauen, wie die Leute vorbeigehen; F ***regardez voir!*** F sehen Sie mal! **2** (*considérer*) ~ ***comme …*** ansehen, betrachten als …; halten für …; ~ ***qc comme une bonne affaire*** etw für ein gutes Geschäft halten **3** (*concerner*) ~ ***qn*** j-n (etwas) angehen; ***cela ne me regarde pas*** das geht mich nichts an; damit habe ich nichts zu tun; ***cela ne regarde que moi*** das geht nur mich etwas an; das ist meine Angelegenheit **4** *maison, fenêtre* ~ ***le midi*** nach Süden liegen *ou* gehen **II** *v/t/indir* (*faire attention*) ~ ***à qc*** genau achten auf etw (*acc*); sich (*dat*) etw genau überlegen; ~ ***à la dépense*** sich (*dat*) (Geld)Ausgaben genau überlegen; sparsam sein; ***ne pas*** ~ ***à la dépense*** nicht auf den Preis sehen; es sich etwas kosten lassen; keine Kosten scheuen; Geld spielt keine Rolle (*loc*); ***y*** ~ ***à deux fois avant de …*** es sich (*dat*) zweimal, genau, sehr gut überlegen, bevor man …; ***à y*** ~ ***de près*** aus der Nähe betrachtet; wenn man näher hinsieht; ***il ne faut pas y*** ~ ***de trop près*** da soll man lieber nicht so genau hinsehen **III** *v/i* **1** sehen; schauen; F gucken; *comme spectateur* zusehen; zuschauen; F zugucken; *dans une direction* hin- *ou* hersehen, -schauen, -blicken; (*contrôler*) nachsehen, -schauen, F -gucken; ***regarde!*** sieh, schau, F guck mal!; ~ ***en arrière*** zurückschauen, -blicken (*a fig*); nach hinten blicken; ~ ***par la fenêtre*** aus dem Fenster sehen; zum Fenster hinaussehen, -schauen, -blicken; ***regarde par ici!*** sieh mal her!; ~ ***partout*** überall nachsehen; ***attends, je vais*** ~ warte, ich sehe nach; ***se contenter de*** ~ sich auf das Zuschauen beschränken; ***traverser sans*** ~ über die Straße gehen, ohne sich umzusehen, F ohne zu gucken **2** *maison, fenêtre* ~ ***vers le midi*** nach Süden liegen *ou* gehen **IV** *v/pr* **1 a)** *sens réfléchi*: *dans un miroir* ***se*** ~ sich ansehen, anschauen, betrachten, F angucken; *fig* ***il ne s'est pas regardé*** er sollte lieber bei sich selbst anfangen; **b)** *réciproquement* ***se*** ~ (***l'un l'autre***) einander *ou* sich (gegenseitig) ansehen, anschauen, anblicken, F angucken; ***se*** ~ ***dans les yeux*** sich (gegenseitig) in die Augen sehen; **c)** *sens passif*: *tableau* ***dans quel sens ça se regarde?*** von welcher Seite muss man das ansehen? **2** *maisons* ***se*** ~ einander gegenüberliegen, -stehen

regarnir [ʀ(ə)gaʀniʀ] *v/t* wieder, von Neuem versehen (**de** mit); *rayons d'un magasin* mit neuen Waren auffüllen

R

régate [ʀegat] *f* SPORTS *souvent pl* ~***s*** Regatta *f*

regel [ʀ(ə)ʒɛl] *m* wieder, erneut einsetzender Frost

regeler [ʀəʒle, ʀʒəle] *v/imp* ⟨-è-⟩ ***il regèle*** es friert wieder

régence [ʀeʒɑ̃s] *f* **1** POL Regentschaft *f* **2** HIST ***la Régence*** die Regentschaft Philipps von Orléans; *adjt* ***lit*** *m* ***Régence*** Bett *n* im Régencestil

régénérateur [ʀeʒeneʀatœʀ] *adj* ⟨**-trice**⟩ erneuernd; wieder belebend; regenerierend

régénération [ʀeʒeneʀasjõ] *f* **1** BIOL Regeneration *f*; Neubildung *f* **2** *fig* Erneuerung *f*; Wiedergeburt *f* (*a* REL); Regeneration *f*

régénérer [ʀeʒeneʀe] *v/t* ⟨-è-⟩ **1** BIOL regenerieren **2** *fig* wieder beleben (*a* REL); *mœurs etc* erneuern

régent [ʀeʒɑ̃] *m*, **régente** *f* **1** Regent(in) *m(f)*; *adjt* ***prince régent*** Prinzregent *m* **2** HIST ***le Régent*** der Regent Philipp von Orléans

régenter [ʀeʒɑ̃te] *v/t* schulmeistern; bevormunden; ***vouloir tout*** ~ alles bestimmen wollen

reggae [ʀege] *m* MUS Reggae *m*

régicide [ʀeʒisid] *m* **1** *meurtrier* Königsmörder *m*; *adjt* ***révolution*** *f* ~ Revolution, bei der der König ermordet wird **2** *meurtre* Königsmord *m*

régie [ʀeʒi] *f* **1** JUR, ADM Regiebetrieb *m*; staatliches Unternehmen; Regie *f*; ***Régie française des tabacs*** französische Tabakregie; ***la*** ~ ***Renault*** die staatlichen Renaultwerke *n/pl* **2 a)** THÉ, CIN, TV Regieassistenz *f*; **b)** RAD, TV *local* Regieraum *m*

regimber [ʀ(ə)ʒɛ̃be] *v/i personne* sich sträuben; sich widersetzen; aufmucken; rebellisch werden

régime[1] [ʀeʒim] *m* **1** POL Regierungsform *f*, -system *n*; Staatsform *f*, -ordnung *f*; *péj* Regime *n*; HIST ***l'Ancien Régime*** das Ancien Régime; die absolutistische Monarchie in Frankreich vor 1789 **2** JUR **a)** Rechtsvorschriften *f/pl*; gesetzliche Regelung; Ordnung *f*; System *n*; ~ ***fiscal*** Steuersystem *n*; ~ ***général de la Sécurité sociale*** Grundversicherung *f* aller Arbeitnehmer im Rahmen der Sozialversicherung; ~ ***pénitentiaire, des prisons*** Strafvollzug(sordnung) *m(f)*; **b)** ~ ***matrimonial*** Güterstand *m*; ~ ***de la communauté*** Gütergemeinschaft *f* **3** ~ (***alimentaire***) Ernährung(sweise) *f*; Kost *f*; *d'un malade* Diät *f*; Kranken-, Schonkost *f*; ~ ***dissocié*** Trennkost *f*; *par ext* ***à ce*** ~***-là*** *il ne tiendra pas longtemps* bei dieser Lebensweise; F wenn er so weitermacht; ***être au*** ~ Diät leben (müssen); ***il est au*** ~ ***sec*** er darf keinen Alkohol trinken; ***mettre au*** ~ auf Diät setzen; ***se mettre au*** ~ sich auf Diät umstellen; e-e Diät beginnen; ***suivre un*** ~ (***sévère, strict***) (strenge) Diät halten **4** TECH *d'un moteur* Drehzahl *f*; ~ ***au ralenti, de croisière*** Leerlauf-, Betriebsdrehzahl *f*; ***marcher à plein*** ~ auf vollen Touren laufen (*a fig*) **5** GÉOGR *d'un cours d'eau* Wasserführung *f*; MÉTÉO ~ ***des pluies*** jährliche Niederschlagsverteilung **6** LING Rektion *f*; *adjt* ***cas*** *m* ~ Casus obliquus *m*; abhängiger Fall **7** CH DE FER ~ ***accéléré*** (*abr* ***R.A.***) Eilgut *n*; ~ ***ordinaire*** (*abr* ***R.O.***) Frachtgut *n*

régime[2] [ʀeʒim] *m de bananes, de dattes* Büschel *n*; Traube *f*; Fruchtstand *m*

régiment [ʀeʒimɑ̃] *m* **1** MIL Regiment *n*; ~ ***d'infanterie*** Infanterieregiment *n* **2** F (*service militaire*) Militär(dienst) *n(m)*; F Kommiss *m*; ***aller au*** ~ zum Militär, F *a* zum Bund gehen; ***être au*** ~ beim Militär, F *a* beim Bund sein; ***faire son*** ~ s-n Militärdienst machen **3** *fig* (*grand nombre*) Schar *f*, Heer *n* (**de** von); ***il y en a pour tout un*** ~ das reicht für e-e ganze Armee

Régine [ʀeʒin] *f Vorname*

région [ʀeʒjõ] *f* **1** GÉOGR Gegend *f*; Gebiet *n*; Raum *m*; Region *f*; ~ ***désertique*** Wüstengebiet *n*; ***la*** ~ ***parisienne*** der Großraum Paris; *par ext* ***dans nos*** ~***s*** in unseren Breiten; ***dans la*** ~ ***de Nice*** in der Gegend von Nizza; ***parcourir la*** ~ in der Gegend herumfahren **2** ADM (mehrere Departements umfassende) Region; Wirtschaftsregion *f*; ~ (***militaire***) Wehrbereich *m* **3** *fig* Region *f*; ***les 'hautes*** ~***s de la philosophie*** die höheren Regionen der Philosophie **4** ANAT (Körper)Gegend *f*; ***dans la*** ~ ***du cœur*** in der Herzgegend

régional [ʀeʒjɔnal] *adj* ⟨**-aux**⟩ regional, Regional… (*a* POL, ADM); landschaftlich; ADM ***conseil*** ~ Regionalrat *m*; ***costume ~*** (Volks)Tracht *f*; ***la cuisine ~e*** die Küche der verschiedenen Gegenden (e-s Landes); ***élections ~es*** *ou subst* ***~es*** *f/pl* Regionalwahlen *f/pl*; ***mot ~*** regional gebrauchtes Wort

régionalisation [reʒjɔnalizasjõ] *f* ADM Förderung *f* der regionalen Eigenständigkeit; Regionalisierung *f*; Dezentralisierung *f*

régionaliser [reʒjɔnalize] *v/t* ADM die Eigenständigkeit der Regionen fördern (***la France*** in Frankreich); auf regionale Ebene verlegen; den regionalen Bedürfnissen (*dat*) anpassen; auf regionaler Ebene durchführen; dezentralisieren **régionalisme** *m* **1** POL Regionalismus *m* **2** LING landschaftlich gebundene Ausdrucksweise; Regionalismus *m* **3** literarischer Regionalismus; Regionalliteratur *f*; Heimatdichtung *f*

régionaliste [reʒjɔnalist] **I** *adj* **1** regionalistisch **2** ***écrivain*** *m* ~ Heimatdichter *m* **II** *m,f* Regionalist(in) *m(f)*

régir [reʒiʀ] *v/t* **1** (*déterminer*) regeln; bestimmen **2** LING regieren; stehen mit

Régis [reʒis] *m Vorname*

régisseur [reʒisœʀ] *m*, **régisseuse** *f* **1** THÉ, CIN, TV Regieassistent(in) *m(f)*; Aufnahmeleiter(in) *m(f)*; ***~ de plateau*** Regieassistent *m*; Aufnahmeleiter *m* **2** *d'une propriété* Verwalter(in) *m(f)*

registre [rəʒistʀ] *m* **1** Register *n*; Verzeichnis *n*; ***~ du commerce*** Handelsregister *n*; ***~ d'état civil*** Standesregister *n*; Personenstandsbuch *n* **2** MUS *d'un instrument, de la voix* Register *n* **3** *fig d'un discours etc* Ton *m*; Tenor *m* **4** INFORM Register *n*

réglable [reglabl] *adj* **1** TECH regulierbar; einstellbar; ***~ en 'hauteur*** höhenverstellbar; AUTO ***siège*** *m* ~ verstellbarer Sitz **2** *facture* zahlbar (***en dix mensualités*** in zehn Monatsraten)

réglage [reglaʒ] *m* TECH Einstellung *f*; Regulierung *f*; Justierung *f*; ***mauvais ~ du carburateur*** falsche Vergasereinstellung; ***bouton*** *m* ***de ~*** Einstell-, Regulierknopf *m*

règle [rɛgl] *f* **1** *instrument* Lineal *n*; ***~ à calcul*** Rechenschieber *m* **2** (*principe*) Regel *f*; Vorschrift *f*; ***~ de grammaire*** Grammatikregel *f*; ***~s du jeu*** Spielregeln *f/pl* (*a fig*); ***~s de la politesse, bienséance*** Anstandsregeln *f/pl*; ***exception*** *f* ***à la ~*** Ausnahme *f* von der Regel; ♦ *loc/adv et loc/adj*: ***dans les ~s (de l'art), selon les ~s*** a) vorschriftsmäßig; ordnungsgemäß; b) *iron* nach allen Regeln der Kunst; ***de ~*** üblich; gebührend; wie es sich gehört; ***être de ~*** üblich, Sitte sein; sich gehören, ***il est de ~ que ...*** (*+subj*) es ist üblich *etc*, dass ...; ***en ~*** vorschriftsmäßig; ordnungsgemäß; in Ordnung; (*véritable*) regelrecht; ***en ~ générale*** in der Regel; im Allgemeinen; gewöhnlich; meist(ens); ***bataille*** *f* ***en ~*** regelrechte Schlägerei; ***papiers*** *m/pl* ***en ~*** vorschriftsmäßige, ordnungsgemäße Papiere *n/pl*; ***avoir ses papiers en ~*** s-e Papiere in Ordnung haben; ***être en ~*** (*avoir payé*) ordnungsgemäß bezahlt haben; (*avoir ses papiers*) vorschriftsmäßige Papiere haben; *papiers* in Ordnung sein; *étrangers* ***ne pas être en ~*** sich illegal aufhalten; ***se mettre en ~*** s-e Papiere, s-e Verhältnisse in Ordnung, ins Reine bringen; ***se mettre en ~ avec les autorités*** die Angelegenheit bei den Behörden in Ordnung bringen; ♦ ***adopter comme ~ de conduite*** *ou* ***se faire une ~ de*** (*+inf*) es sich (*dat*) zur Regel machen zu (*+inf*); ***avoir pour ~ de*** (*+inf*) als Lebensregel haben zu (*+inf*); ***enfreindre*** *ou* ***violer les ~s de la morale*** Sitte und Anstand verletzen; ***c'est la ~*** das ist die Regel, üblich; ***être conforme, contraire aux ~s*** den Regeln entsprechen, regelwidrig sein; ***se plier à une ~*** sich e-r Regel unterwerfen; ***prescrire une ~*** e-e Verhaltensweise vorschreiben; e-e Vorschrift machen; ***suivre les ~s*** die Regeln befolgen; *prov* ***il n'y a pas de ~ sans exception*** keine Regel ohne Ausnahme (*prov*) **3** PHYSIOL ***~s*** *pl* Periode *f*; Regel *f*; ***~s abondantes, irrégulières*** starke, unregelmäßige Regel; ***avoir ses ~s*** ihre Periode, Regel, F Tage haben **4** MATH ***~ de trois*** Dreisatzrechnung *f* **5** REL (Ordens)Regel *f*; ***~ d'un couvent*** Klosterregel *f*

réglé [regle] *adj* **1** (*organisé*) geregelt; ordentlich; ***mener une vie ~e*** ein geregeltes Leben führen; ***c'est ~ comme du papier à musique*** das geht alles wie nach der Uhr **2** (*terminé*) erledigt; abgeschlossen; *facture* ***non ~*** unbezahlt; unbeglichen; offenstehend **3** TECH eingestellt; ***carburateur mal ~*** falsch eingestellter Vergaser **4** *papier* liniert *ou* liniiert **5** PHYSIOL *jeune fille* ***être ~e*** ihre Periode haben

règlement [rɛgləmɑ̃] *m* **1** (*règles*) Vorschrift(en) *f(pl)*; Reglement *n*; *pour fonctionnaires* Dienstvorschrift(en) *f(pl)*; *dans un établissement* Hausordnung *f*; ***~ intérieur*** *d'un organisme* Geschäftsordnung *f*; *d'une entreprise* Betriebsordnung *f*; ***~ du concours*** Wettbewerbsbedingungen *f/pl*; ***c'est le ~!*** das ist Vorschrift! **2** *d'une affaire, question* Regelung *f*; Erledigung *f*; *d'un conflit* Beilegung *f*; Bereinigung *f*; ***~ (à l')amiable*** gütliche Beilegung; JUR ***~ judiciaire*** Vergleichsverfahren *n* **3** COMM *d'une facture, d'une dette* Begleichung *f*; Zahlung *f*; *fig* ***~ de compte(s)*** Abrechnung *f* **4** JUR, ADM (Rechts)Verordnung *f*; Bestimmung *f*; Verfügung *f*; ***~ de police*** Polizeiverordnung *f*, -vorschrift *f*

réglementaire [regləmɑ̃tɛʀ, rɛ-] *adj* vorschriftsmäßig; ordnungsgemäß; *d'un soldat* ***tenue*** *f* ~ vorschriftsmäßiger Anzug

réglementation [regləmɑ̃tasjõ, rɛ-] *f* **1** *action* Regelung *f* (durch Vorschriften, auf dem Verordnungsweg); gesetzliche Regelung, Festsetzung; *péj* Reglementierung *f*; ***~ des loyers, des prix*** gesetzliche Festsetzung der Mieten, der Preise; Preisregelung *f* **2** (*règlements*) Bestimmungen *f/pl*; Vorschriften *f/pl*; Ordnung *f*

réglementer [regləmɑ̃te, rɛ-] *v/t* (durch Vorschriften, durch Verordnungen, gesetzlich) regeln; *péj* reglementieren

régler [regle] ⟨-è-⟩ **I** *v/t* **1** ***~ sur*** richten nach; ***~ sa conduite sur les circonstances*** sein Verhalten nach den Umständen richten **2** *endroit, heure, conditions etc* festlegen, -setzen; bestimmen; ***~ le sort de qn*** über j-s Schicksal (*acc*) entscheiden, bestimmen **3** *affaire, question* regeln; erledigen; ***~ la circulation*** den Verkehr regeln; ***~ un conflit*** einen Konflikt beilegen, bereinigen **4** *facture, dettes* begleichen; bezahlen; *abs* zahlen; ***~ le boulanger*** *etc* den Bäcker, die Rechnung beim Bäcker *etc* bezahlen; → *a* ***compte*** *1* **5** TECH *appareil, allumage etc* einstellen; regulieren; justieren; ***~ une montre*** e-e Uhr einstellen, regulieren; MIL ***~ le tir*** sich einschießen **II** *v/pr* **1** ***se ~ sur qn*** sich nach j-m richten **2** ***leur différend s'est réglé à l'amiable*** ihre Mei-

R

nungsverschiedenheiten haben sich gütlich bereinigen lassen 3 TECH ***se ~*** sich einstellen, regulieren lassen

réglisse [reglis] 1 *f* BOT ~ (***officinale***) Süßholzstrauch *m* 2 *m ou f* **a)** *pâte* Lakritze *f*; *südd a* Bärendreck *m*; **b)** *racine* Süßholz *n*

réglo [reglo] *adj* ⟨*inv*⟩ F *personne* korrekt

régnant [reɲɑ̃] *adj* regierend; herrschend; ***prince ~*** regierender Fürst

règne [rɛɲ] *m* 1 *d'un souverain* Regierung(szeit) *f*; Herrschaft *f*; Regentschaft *f*; ***le ~ de Louis XIV*** die Herrschaft Ludwigs XIV.; ***sous le ~ de*** unter der Herrschaft (+*gén*); während der Regierungszeit (+*gén*); REL ***que ton ~ arrive*** dein Reich komme 2 *fig d'une classe sociale, d'une personne* Vormachtstellung *f*; Vorherrschaft *f*; *d'une mode, de l'argent etc* Herrschaft *f* 3 ***~ animal, végétal*** Tier-, Pflanzenreich *n*

régner [reɲe] *v/i* ⟨**-è-**⟩ 1 *souverain* herrschen; regieren; ***~ (pendant) dix ans*** zehn Jahre lang herrschen, regieren 2 *par ext personne* herrschen (***sur*** über +*acc*); das Regiment führen 3 *désordre, paix, confiance, silence etc* herrschen; ***le calme régnait dans la maison*** es herrschte Stille im Haus; *iron* ***la confiance règne!*** Vertrauen ist gut, Kontrolle ist besser!; ***faire ~ l'ordre*** Ordnung schaffen; ***faire ~ la paix*** Frieden stiften; ***faire ~ la terreur*** Entsetzen, Schrecken verbreiten; Terror ausüben

regonfler [r(ə)gõfle] *v/t* 1 *ballon* wieder aufblasen; ***~ un pneu*** einen Reifen wieder aufpumpen 2 F *fig* ***~ (le moral de) qn*** j-m (wieder) Mut machen; j-m neuen Auftrieb geben

regorger [r(ə)gɔrʒe] *v/t/indir* ⟨**-geons**⟩ ***~ de qc*** etw in Hülle und Fülle, im Überfluss haben, besitzen, bieten; voll von etw sein

régresser [regrese] *v/i maladie, délinquance, production etc* zurückgehen; *enfant, malade* Rückschritte machen

régressif [regresif] *adj* ⟨**-ive**⟩ rückläufig; *sc* regressiv (*a* PSYCH)

régression [regrɛsjõ] *f* 1 *de la natalité, production etc* Rückgang *m*; Zurückgehen *n*; rückläufige Entwicklung; ÉCON Abschwung *m*; ***être en (voie de) ~*** allmählich zurückgehen; im Rückgang begriffen sein 2 *fig* Rückschritt *m* 3 PSYCH Regression *f*

regret [r(ə)grɛ] *m* 1 (*chagrin*) Trauer *f*, Leid *n*, Schmerz *m* (***de qc*** um etw); (*nostalgie*) Sehnsucht *f*, Sehnen *n* (nach etw); *épitaphe* ***~s éternels*** in tiefer Trauer 2 (*remords*) Reue *f*, (*déplaisir*) Bedauern *n* (***de*** über +*acc*); ***~s tardifs*** späte Reue; ***~ d'avoir offensé qn*** Reue, Bedauern darüber, dass man j-n beleidigt hat; F *c'est votre dernier mot, **sans ~?*** und Sie bleiben wirklich dabei?; ***je n'ai qu'un ~, c'est de*** (+*inf*) ich bereue, bedauere nur (eines), dass …; es tut mir nur leid, dass … 3 *formules de politesse*: ***à notre grand ~ …*** zu unserem größten Bedauern …; ***j'ai le ~*** *ou* ***je suis au ~ de vous informer …*** zu meinem Bedauern muss ich Ihnen mitteilen …; ***exprimer ses ~s*** sein Bedauern ausdrücken 4 *loc/adv* ***à ~*** ungern; wider Willen; schweren Herzens

regrettable [r(ə)grɛtabl] *adj incident, erreur etc* bedauerlich; beklagenswert; ***il est ~ que …*** (+*subj*) es ist bedauerlich, dass …

regretter [r(ə)grɛte] *v/t* 1 (*être triste au souvenir de*) nachtrauern (***qn, qc*** j-m, e-r Sache); ***~ un absent*** e-n Abwesenden (schmerzlich) vermissen; sich nach e-m Abwesenden sehnen; ***je regrette l'argent que*** *j'ai mis dans* … es ist schade um das Geld, das …; ***~ un mort*** um e-n Toten trauern; ***~ le temps où …*** sich nach der Zeit zurücksehnen, da …; *adjt* ***notre regretté collègue*** unser viel zu früh verstorbener Kollege; unser von allen betrauerter Kollege 2 (*déplorer*) *retard, incident, décision etc* bedauern; ***~ de*** (+*inf*), ***~ que …*** (+*subj*) bedauern, dass …; ***je regrette de vous avoir fait attendre*** ich bedauere *ou* es tut mir leid, dass ich Sie habe warten lassen; ***il regrette que vous ne soyez pas venu*** er bedauert, dass Sie nicht gekommen sind; *st/s* ***il est à ~ que …*** (+*subj*) es ist sehr bedauerlich *ou* zu bedauern, dass …; *excuse* ***je regrette*** bedaure; (es) tut mir leid 3 *p/fort* (*se repentir*) *faute, erreur* bereuen; ***vous le regretterez!*** das werden Sie noch bereuen!; ***vous ne le regretterez pas!*** Sie werden es nicht bereuen!; ***je regrette d'être venu*** ich bereue, dass ich gekommen bin; ich bereue mein Kommen

regrimper [r(ə)grɛ̃pe] *v/i* 1 wieder (hinauf)klettern, -steigen (***à, sur*** auf +*acc*); ***~ à, sur l'échelle*** wieder auf die Leiter klettern, steigen; die Leiter wieder hinaufklettern, -steigen 2 F *fig prix* wieder in die Höhe klettern; ***la température regrimpe*** das Thermometer klettert wieder in die Höhe

regrossir [r(ə)grosir] *v/i* wieder zunehmen, dicker werden

regroupement [r(ə)grupmɑ̃] *m* Zusammenfassung *f*, -legung *f*, -schluss *m*

regrouper [r(ə)grupe] **I** *v/t* 1 (*grouper de nouveau*) neu gliedern; umgruppieren; umstellen 2 (*réunir*) zusammenfassen, -legen, -schließen **II** *v/pr* ***se ~*** sich zusammenschließen (***autour de qn, derrière qn*** um j-n)

régularisation [regylarizasjõ] *f d'une situation* Regelung *f*

régulariser [regylarize] *v/t* 1 *sa situation financière etc* in Ordnung bringen (*a ses papiers*); regeln; *par ext* ***~ sa situation*** e-e wilde Ehe durch e-e Eheschließung legalisieren 2 TECH, *fleuve* regulieren

régularité [regylarite] *f* 1 *des formes, des habitudes etc* Regelmäßigkeit *f*; *d'un mouvement, du pouls a* Gleichmäßigkeit *f*; *des traits du visage a* Ebenmäßigkeit *f*; (*ponctualité*) Pünktlichkeit *f*; ***faire preuve de ~*** sehr pünktlich sein 2 *de l'élection, de la procédure* Ordnungsmäßigkeit *f*; Vorschriftsmäßigkeit *f*; Korrektheit *f*

régulateur [regylatœr] **I** *adj* ⟨**-trice**⟩ regulierend; regelnd; steuernd; Regel…; Steuerungs… **II** *m* TECH Regler *m*

régulation [regylasjõ] *f* 1 TECH, ÉCON Regelung *f*; Regulierung *f*; Steuerung *f*; ***~ des naissances*** Geburtenregelung *f* 2 PHYSIOL ***~ thermique*** Wärmeregulation *f*

réguler [regyle] *v/t* MÉTALL mit Lagermetall ausgießen

régulier [regylje] *adj* ⟨**-ière**⟩ 1 (*égal, constant*) regelmäßig; *mouvement, vitesse, respiration, pouls a* gleichmäßig; *traits du visage a* ebenmäßig; *train, bus* fahrplanmäßig; *avion* planmäßig; *de cars etc* ***service ~*** Linienverkehr *m*; regelmäßige Verkehrsverbindung; GR ***verbe ~*** regelmäßiges Verb; ***visites régulières*** regelmäßige Besuche *m/pl*; ***vol ~*** Linienflug *m*; ***à intervalles ~s*** in regelmäßigen Abständen **2** (*légal*) ordnungsgemäß; vorschriftsmäßig; regulär; BOXE ***coup ~*** erlaubter, vorschriftsmäßiger Schlag; ***troupes régulières*** reguläre Truppen *pl* **3** *personne* (*exact*) pünktlich; ordentlich; *d'un élève* ***il est ~ dans son travail*** s-e Leistungen sind gleichmäßig **4** F *personne* (*honnête*) korrekt; F ***être ~ en affaires*** sich in geschäftlichen Angelegenheiten korrekt verhalten **5** ÉGL CATH Ordens…; ***clergé ~*** Ordensgeistlichkeit *f*

régulière [ʀegyljɛʀ] *f* P (*épouse, maîtresse*) P Olle *f*

régulièrement [ʀegyljɛʀmɑ̃] *adv* **1** (*avec régularité*) regelmäßig; gleichmäßig; ***payer ~ son loyer*** pünktlich s-e Miete bezahlen; ***se rencontrer ~*** sich regelmäßig treffen; *moteur* ***tourner ~*** gleichmäßig laufen **2** *en tête de phrase* in der Regel; normalerweise **3** (*légalement*) ordnungsgemäß

régurgitation [ʀegyʀʒitasjõ] *f* MÉD Regurgitation *f* **régurgiter** *v/t nourriture* in den Mund zurückbefördern

réhabilitable [ʀeabilitabl] *adj* rehabilitierbar

réhabilitation [ʀeabilitasjõ] *f* **1** JUR *et fig* Rehabilitierung *f*; Rehabilitation *f*; *fig a* Wiederanerkanntwerden *n*; Ehrenrettung *f*; ***~ judiciaire*** *correspond à* Beseitigung *f* des Strafmakels **2** *d'un quartier, immeuble* Sanierung *f*

réhabiliter [ʀeabilite] **I** *v/t* **1** JUR *et fig* rehabilitieren **2** (*rénover*) sanieren **II** *v/pr* ***se ~*** sich rehabilitieren; s-n guten Ruf wiederherstellen

réhabituer [ʀeabitɥe] *v/t* (*et v/pr* ***se***) ***~*** (sich) wieder gewöhnen (***à*** an *+acc*)

rehausser [ʀəose] *v/t* **1** *mur etc* höher machen; erhöhen **2** *fig* steigern; hervorheben; unterstreichen; zur Geltung bringen; *p/p* ***rehaussé de, par qc*** in der Wirkung durch etw verstärkt

Reichshoffen [ʀɛʃɔfɛn] *Ort im Dep. Bas-Rhin*

réimplantation [ʀeɛ̃plɑ̃tasjõ] *f* MÉD Reimplantation [reːɪm-] *f*

réimportation [ʀeɛ̃pɔʀtasjõ] *f* Wiedereinfuhr *f*; Reimport [reːɪm-] *m* **réimporter** *v/t* wieder einführen; reimportieren

réimpression [ʀeɛ̃pʀesjõ] *f* TYPO Nachdruck *m*; unveränderte Neuauflage; Neudruck *m*

réimprimer [ʀeɛ̃pʀime] *v/t* nachdrucken

Reims [ʀɛ̃s] Reims*souvent* [raɪms] *n*

rein [ʀɛ̃] *m* **1** ***~s*** *pl* Kreuz *n*; Nieren-, Hüftgegend *f*; *st/s* Lenden *f/pl*; ***une belle chute de ~s*** → ***chute*** 7; ***douleurs*** *f/pl* ***dans les ~s*** Schmerzen *m/pl* im Kreuz; Kreuzschmerzen *m/pl*; ***avoir mal aux ~s*** Kreuzschmerzen haben; F es im Kreuz haben; ***avoir un tour de ~s*** sich (*dat*) das Kreuz verrenkt haben; ***se donner un tour de ~s*** sich (*dat*) das Kreuz verrenken; *fig*: ***avoir les ~s solides*** gut bemittelt, zahlungskräftig sein; ***casser les ~s à qn*** j-n beruflich ruinieren; j-s Karriere verderben **2** ANAT Niere *f*; ***~ artificiel*** künstliche Niere

réincarcération [ʀeɛ̃kaʀseʀasjõ] *f* Wiedereinkerkerung *f* **réincarcérer** *v/t* ⟨-è-⟩ wieder einkerkern

réincarnation [ʀeɛ̃kaʀnasjõ] *f* REL *et fig* Reinkarnation [reːɪn-] *f*; Wiederverkörperung *f* **réincarner** *v/pr* ***se ~*** wieder Fleisch werden

reine [ʀɛn] *f* **1** Königin *f*; ***~ mère*** Königinmutter *f*; *fig* ***la petite ~*** das Fahrrad; ***la ~ d'Angleterre*** die Königin von England; *par ext* ***~ du bal, de beauté*** Ball-, Schönheitskönigin *f*; ***avoir un port de ~*** e-e majestätische, königliche Haltung haben **2** ZO Königin *f*; ***~ des abeilles*** Bienenkönigin *f* **3** ÉCHECS Dame *f*

Reine [ʀɛn] *f Vorname*

reine-claude [ʀɛnklod] *f* ⟨*pl* **reines-claudes**⟩ Reneklode *f*; Reineclaude *f*; *österr* Ringlotte *f* **reine-des-prés** *f* ⟨*pl* **reines-des-prés**⟩ BOT Mädesüß *n* **reine-marguerite** *f* ⟨*pl* **reines-marguerites**⟩ BOT Garten-, Sommeraster *f*

reinette [ʀɛnɛt] *f pomme* Renette *f*

réinfecter [ʀeɛ̃fɛkte] *v/pr* MÉD ***se ~*** sich wieder infizieren; *sc* sich reinfizieren [reːɪn-]

Reinhardt [ʀɛnaʀ(t)] ***Django*** [dʒɑ̃go] ***~*** *frz Jazzmusiker*

réinscription [ʀeɛ̃skʀipsjõ] *f* Wiedereinschreibung *f*

réinscrire [ʀeɛ̃skʀiʀ] ⟨→ **écrire**⟩ *v/t* (*et v/pr* ***se***) ***~*** (sich) wieder einschreiben, anmelden

réinsérer [ʀeɛ̃seʀe] ⟨-è-⟩ *v/t handicapé* wieder eingliedern; ***~ un délinquant, un drogué*** einen Straftäter, einen Drogensüchtigen resozialisieren

réinsertion [ʀeɛ̃sɛʀsjõ] *f des handicapés* Wiedereingliederung *f*; *des délinquants* Resozialisierung *f*

réinstaller [ʀeɛ̃stale] *v/pr* ***se ~*** sich wieder niederlassen, einrichten; ***se ~ dans son ancien appartement*** wieder in die alte Wohnung (ein)ziehen

réintégrable [ʀeɛ̃tegʀabl] *adj* wieder einsetzbar **réintégration** *f* Wiedereingliederung *f*; *dans une fonction* Wiedereinsetzung *f*

réintégrer [ʀeɛ̃tegʀe] *v/t* ⟨-è-⟩ **1** *enfant* ***~ dans sa classe*** wieder in die gleiche Schule geben; ***~ qn dans ses droits, dans ses fonctions*** j-n wieder in s-e Rechte, in sein Amt einsetzen **2** *lieu* zurückkehren in (*+acc*); ***~ le domicile conjugal*** in die eheliche Wohnung zurückkehren

réintroduction [ʀeɛ̃tʀɔdyksjõ] *f* Wiedereinführung *f*

réintroduire [ʀeɛ̃tʀɔdɥiʀ] *v/t* ⟨→ **conduire**⟩ wieder, von Neuem einführen

réinventer [ʀeɛ̃vɑ̃te] *v/t* noch einmal, von Neuem erfinden

réinvestir [ʀeɛ̃vɛstiʀ] *v/t* ÉCON reinvestieren [reːɪn-]

réinviter [ʀeɛ̃vite] *v/t* wieder, noch einmal einladen

réitération [ʀeiteʀasjõ] *litt f* Wiederholung *f*

réitéré [ʀeiteʀe] *adj* wiederholt **réitérer** *v/t* ⟨-è-⟩ wiederholen

reître [ʀɛtʀ] *litt m* Haudegen *m*

rejaillir [ʀ(ə)ʒajiʀ] *v/i* **1** *liquide* (auf-, hoch)spritzen **2** *fig gloire, honte* ***~ sur qn*** auf j-n zurückfallen **rejaillissement** *m fig* Zurückfallen *n*, Auswirkung *f* (***sur*** auf *+acc*)

Réjane [ʀeʒan] *f Vorname*

rejet [ʀ(ə)ʒɛ] *m* **1** MÉD *d'organe greffé* Abstoßung *f* **2** ÉCOL Schadstoffausstoß *m*, -abgabe *f*; *dans l'eau* (Schadstoff)Einleitung *f*; *dans l'air a* Immission *f* **3** *d'une proposition, requête etc* Verwerfung *f*; Ablehnung *f*; Zurückweisung *f* **4** VERSIFICATION auf die folgende Zeile verwiesene(s) Wörter (Wort) **5** BOT Schössling *m*; Trieb *m*; *de la souche* Wurzelschössling *m*, -spross *m*

rejeter [ʀəʃte, ʀʒəte] ⟨-tt-⟩ **I** *v/t* **1** (*relancer*) zurückwerfen; *par ext* (*jeter*) werfen; *mer*: *épaves* an Land spülen; *intestin*: *matières fécales* ausscheiden; *estomac, malade*: *nourriture* wieder von sich geben; *organe greffé* abstoßen; *volcan*: *lave* ausstoßen; *usine*: *polluants* abgeben; **~ *l'envahisseur*** den Aggressor zurückwerfen; *mot* **~ *à la fin de la phrase*** ans Satzende stellen; **~ *la tête en arrière*** den Kopf zurückwerfen **2** *faute*, *responsabilité* **~ *sur qn*** j-m zuschieben; auf j-n abwälzen; **~ *la responsabilité de qc sur qn*** *a* j-n für etw verantwortlich machen **3** *proposition*, *candidature etc* verwerfen; ablehnen; zurückweisen; **~ *l'idée que …*** nicht gelten lassen, nicht anerkennen, dass … **4** *personne* ver-, ausstoßen; *p/p* ***rejeté par la société*** aus der Gesellschaft ausgestoßen **II** *v/pr* ***se* ~ *sur qc*** sich mit etw begnügen; mit etw vorliebnehmen

rejeton [ʀəʃtõ, ʀʒətõ] *m* **1** BOT → ***rejet*** *5* **2** F (*enfant*) F Sprössling *m*

rejoindre [ʀ(ə)ʒwɛ̃dʀ] ⟨→ ***joindre***⟩ **I** *v/t* **1** *personne* **~ *un endroit*** wieder an e-n Ort gelangen, kommen, gehen, sich begeben; **~ *qn*** (*aller retrouver*) zu j-m zurückkehren; (wieder) zu j-m gehen, kommen; j-n (wieder) treffen; SPORTS (*rattraper*) zu j-m aufschließen; j-n einholen; **~ *qn à un endroit*** j-n an e-m Ort treffen; *fig* **~ *qn dans ses opinions*** mit j-s Ansichten übereinstimmen; COURSE CYCLISTE **~ *le peloton*** zum Hauptfeld aufschließen; das Hauptfeld einholen; MIL **~ *son régiment*** zu s-m Regiment zurückkehren; ***je te rejoindrai*** ich komme nach **2** *rue* **~ *le boulevard*** *etc* auf den Boulevard *etc* stoßen, treffen **II** *v/pr* ***se* ~** **1** *personnes* sich (wieder) treffen **2** *rues* (wieder) zusammenkommen; sich (wieder) treffen **3** *fig opinions* übereinstimmen

rejouer [ʀ(ə)ʒwe] *v/t et v/i* wieder, noch einmal spielen

réjoui [ʀeʒwi] *adj* vergnügt; heiter; erfreut; fröhlich

réjouir [ʀeʒwiʀ] **I** *v/t* erfreuen (*a cœur*); erheitern; fröhlich, heiter stimmen **II** *v/pr* ***se* ~** sich freuen; fröhlicher, heiterer Stimmung sein; ***se* ~ *à la pensée que …*** sich freuen, wenn man daran denkt *ou* bei dem Gedanken, dass …; ***se* ~ *de qc*** sich über, *à l'avance* auf etw (*acc*) freuen; ***se* ~ *du malheur des autres*** Schadenfreude empfinden; ***se* ~ *de faire qc*** sich darüber, *à l'avance* darauf freuen, etw zu tun; ***se* ~ *que …*** (+*subj*) sich (darüber) freuen, dass …

réjouissance [ʀeʒwisɑ̃s] *f* **1** Fröhlichkeit *f*; Freude *f*; frohe, fröhliche, heitere Stimmung; ***en signe de* ~** zum Zeichen der Freude **2** *pl* **~*s*** (Freuden)Fest *n*; Festlichkeiten *f/pl*; **~*s publiques*** Volksfest *n*

réjouissant [ʀeʒwisɑ̃] *adj* erfreulich (*a iron*); *histoire* erheiternd; *nouvelle* ***n'avoir rien de* ~** alles andere als erfreulich sein; *iron* ***c'est* ~*!*** das ist ja heiter!

R

relâche[1] [ʀ(ə)lɑʃ] *m ou f* **1** THÉ ***aujourd'hui* ~** heute keine Vorstellung; ***jour*** *m* ***de* ~** vorstellungsfreier Tag; ***faire* ~** keine Vorstellung haben, geben **2** *loc/adv* ***sans* ~** ununterbrochen; unablässig; pausenlos

relâche[2] [ʀ(ə)lɑʃ] *f* MAR ***port*** *m* ***de* ~** (Not)Hafen *m*; ***faire* ~ *dans un port*** e-n Hafen anlaufen

relâché [ʀ(ə)lɑʃe] *adj mœurs*, *discipline* locker; lax; ***muscles* ~*s*** erschlaffte Muskeln *m/pl*; ***style* ~** nachlässiger Stil

relâchement [ʀ(ə)lɑʃmɑ̃] *m de la discipline*, *des mœurs* Lockerung *f*; *du zèle*, *de l'attention* Nachlassen *n*; Erlahmen *n*; **~ *des mœurs*** *a* Sittenverfall *m*

relâcher [ʀ(ə)lɑʃe] **I** *v/t* **1** *corde*, *rênes*, *muscles etc* lockern; *muscles a* entspannen; **~ *l'intestin*** den Stuhlgang erleichtern **2** *fig attention*, *zèle* erlahmen lassen; *discipline* lockern **3** *détenu* freilassen **II** *v/i bateau* **~ *dans un port*** e-n Hafen anlaufen **III** *v/pr* ***se* ~** **1** *liens*, *étreinte* sich lockern; *muscles* erschlaffen **2** *fig discipline*, *mœurs* sich lockern; *zèle*, *attention* nachlassen; erlahmen; *personne* ***se* ~** (***dans son travail***) (in der Arbeit) nachlässig werden

relais [ʀ(ə)lɛ] *m* **1** SPORTS Staffel(lauf) *f(m)*; ***le* ~ *4 x 100 mètres*** (***… quatre fois cent …***) die 4 × 100-m-Staffel (… vier mal hundert Meter …); ***coureur*** *m* ***de* ~** Staffelläufer *m*; ***course*** *f* ***de* ~** Staffellauf *m*; *fig*: ***prendre le* ~** die Nachfolge antreten; ***prendre le* ~ *de qn, de qc*** j-n, etw ersetzen; j-s Aufgabe (*acc*) übernehmen; ***je prends le* ~** *a* ich löse dich *ou* Sie *etc* ab **2** ÉLECT Relais *n*; RAD Relaisstation *f* **3** **~** (***routier***) Raststätte *f*; HIST **~ *de poste*** Relais(station) *n(f)*; Umspannstelle *f* für Postkutschpferde

relance [ʀ(ə)lɑ̃s] *f de l'économie* Wiederankurbelung *f*; Wiederbelebung *f*; Aufschwung *m*

relancer [ʀ(ə)lɑ̃se] *v/t* ⟨**-ç-**⟩ **1** *balle* (*renvoyer*) zurückwerfen; (*lancer de nouveau*) noch einmal werfen **2** *économie* wieder ankurbeln; wieder beleben; wieder in Schwung bringen; **~ *une idée, un projet*** eine Idee, ein Projekt wieder aufnehmen **3** *moteur* wieder anlassen, anwerfen **4** **~ *qn*** j-m zusetzen; j-n bedrängen; F j-m auf der Pelle liegen **5** *abs au jeu* höher setzen

relaps [ʀ(ə)laps] *adj hérétique* rückfällig

relater [ʀ(ə)late] *v/t* (genau, ausführlich) berichten, erzählen

relatif [ʀ(ə)latif] *adj* ⟨**-ive**⟩ **1** relativ; verhältnismäßig; *connaissance a* bedingt; *pol* ***majorité relative*** relative Mehrheit; ***valeur relative*** relativer, bedingter, abhängiger Wert; ***tout est* ~** alles ist relativ; ***vivre dans une aisance relative*** relativ wohlhabend sein **2** **~ *à qc*** auf etw (*acc*) bezüglich; sich auf etw (*acc*) beziehend; etw betreffend; ***les entretiens* ~*s à cette question*** *a* die Gespräche über diese Frage **3** GR Relativ…; bezüglich; ***adjectif* ~** attributives Relativpronomen; ***pronom* ~** *ou subst* **~** *m* Relativpronomen *n*; bezügliches Fürwort; Relativ *n*; ***proposition relative*** *ou subst* ***relative*** *f* Relativsatz *m*

relation [ʀ(ə)lasjõ] *f* **1** *entre choses* Beziehung *f*; Verhältnis *n*; *sc* Relation *f*; **~ *de cause à effet*** Kausalzusammenhang *m*, -nexus *m*; ursächlicher Zusammenhang; ***être en étroite* ~** in enger Beziehung (zueinander) stehen; ***être sans* ~ *avec …*** keine Beziehung haben zu … **2** *entre personnes*, *pays*, *surtout pl* **~*s*** Beziehungen *f/pl*; Verhältnis *n*; Verbindung(en) *f(pl)*; **~*s cordiales*** herzliche Beziehungen; herzliches Verhältnis; **~*s culturelles, diplomatiques, internationales*** kulturelle, diplomatische, internationale Beziehungen; **~*s humaines, mondaines, professionnelles*** (zwischen)menschliche, gesellschaftliche, berufliche Beziehungen; **~*s publiques*** Public Relations ['pablikri'leːʃənz] *pl* (*abr* PR); Öffentlichkeitsarbeit *f*; **~*s d'amitié*** freundschaftliche Beziehungen; freundschaftliches Verhältnis; **~*s de confiance*** Vertrauensverhältnis *n*; ***avoir des* ~*s avec une femme*** (intime) Beziehungen mit e-r Frau haben; ***cesser, interrompre ses* ~*s*** s-e Beziehungen abbrechen, lösen; ***entretenir des* ~*s amicales avec qn*** freundschaftliche

Beziehungen zu j-m unterhalten; mit j-m auf freundschaftlichem Fuß stehen; ***être en ~(s) avec qn*** mit j-m in Verbindung stehen; zu j-m Beziehungen haben; ***se mettre, entrer en ~(s) avec qn*** zu j-m Beziehungen aufnehmen; mit j-m in Verbindung treten; ***mettre qn en ~(s) avec qn*** Beziehungen, Kontakte, die Verbindung zwischen j-m und j-m herstellen 3 *personne* Bekannte(r) *f(m)*; ***~s*** *pl a* Beziehungen *f/pl*; ***~s d'affaires*** Geschäftsfreunde *m/pl*; *obtenir un emploi* ***par ~s*** durch Beziehungen; ***avoir des ~s*** Beziehungen haben; ***se faire des ~s pendant les vacances*** Ferienbekanntschaften schließen 4 (*récit*) Bericht *m*

relationnel [ʀ(ə)lasjɔnɛl] *adj* ⟨**~le**⟩ PSYCH *troubles etc* Beziehungs…; zwischenmenschlich

relativement [ʀ(ə)lativmɑ̃] *adv* 1 verhältnismäßig; relativ; vergleichsweise 2 ***~ à*** im Verhältnis zu; im Vergleich mit

relativiser [ʀ(ə)lativize] *v/t* relativieren

relativisme [ʀ(ə)lativism] *m* PHILOS Relativismus *m*

relativité [ʀ(ə)lativite] *f* 1 Relativität *f*; *de la connaissance a* Bedingtheit *f* 2 PHYS (***théorie*** *f* ***de la***) ~ Relativitätstheorie *f*

relaver [ʀ(ə)lave] *v/t* noch einmal waschen

relax [ʀ(ə)laks] *adj* F → ***relaxe*** *I*

relaxant [ʀ(ə)laksɑ̃] *adj* entspannend

relaxation [ʀ(ə)laksasjõ] *f* Entspannung *f*; Entkrampfung *f*; PSYCH Entspannungstherapie *f*

relaxe [ʀ(ə)laks] F I *adj personne, ambiance* ungezwungen; locker; gelöst; *ambiance a* zwanglos; ***fauteuil*** *m*, ***siège*** *m* ~ Ruhesitz *m*; Gesundheitsliege *f*; Relaxsessel *m*; ***tenue*** *f* ~ saloppe, bequeme Kleidung II *f* Entspannung *f*; ***faire une cure de ~*** (einmal) richtig ausspannen

relaxer [ʀ(ə)lakse] I *v/t prévenu* freilassen II *v/pr* ***se ~*** sich entspannen; relaxen [ri'lɛksən]

relayer [ʀ(ə)leje] ⟨**-ay-** *od* **-ai-**⟩ I *v/t* 1 ***~ qn*** j-n ablösen 2 TÉLÉCOMM übertragen II *v/pr* ***se ~*** sich ablösen; (sich) abwechseln; ***se ~ au volant*** sich am Steuer ablösen, abwechseln; abwechselnd fahren

relayeur [ʀ(ə)lɛjœʀ] *m*, **relayeuse** *f* SPORTS Staffelläufer(in) *m(f)*

relecture [ʀ(ə)lɛktyʀ] *f* nochmaliges, erneutes Lesen; nochmalige, erneute Lektüre

relégation [ʀ(ə)legasjõ] *f* 1 HIST Verbannung *f* 2 SPORTS Abstieg *m* (in e-e niederere Spielklasse)

reléguer [ʀ(ə)lege] *v/t* ⟨**-è-**⟩ *personne* abschieben, verbannen (***à la campagne*** aufs Land); *chose* abstellen (***au grenier*** auf dem Speicher); *fig* ***~ qn au second plan*** j-m e-e unbedeutende Rolle zuweisen; j-n in den Hintergrund drängen

relent [ʀ(ə)lɑ̃] *m* schlechter, übler Geruch (***de friture*** nach verbranntem Fett); ***~s de cuisine*** Küchengeruch *m*; ***il y a ici un ~ de …*** hier ist ein schlechter Geruch von … geblieben; *fig* ***avoir des ~s de …*** e-n üblen Beigeschmack von … haben

relevable [ʀəlvabl, ʀləvabl] *adj* auf-, hochklappbar; ***siège*** *m* ~ Klappsitz *m*

relève [ʀ(ə)lɛv] *f* Ablösung *f* (*action et personnes*); ***~ d'une équipe*** Schichtwechsel *m*; ***~ de la garde*** Wachablösung *f*; ***prendre la ~ (de qn)*** j-n ablösen

relevé [ʀəlve, ʀləve] I *adj* 1 *bord* hochgebogen; *col* hochgeschlagen, -gestellt; *manches* hochgezogen, -gestreift; *virage* überhöht 2 *expression* gehoben; gewählt 3 CUIS pikant II *m* **a)** *action* Aufstellung *f*; *d'un compteur* Ablesung *f*; *d'un terrain* Aufnahme *f*; **b)** (*liste*) Aufstellung *f*; Verzeichnis *n*; ***~ de compte*** Kontoauszug *m*; ***~ d'identité bancaire*** (Nachweis *m*, Angabe *f* der) Bankverbindung *f*; ***faire le ~ de*** verzeichnen; e-e Aufstellung machen von; *compteur électrique etc* ablesen; *terrain etc* aufnehmen

relèvement [ʀ(ə)lɛvmɑ̃] *m* 1 *de l'économie, du pays* Wiederaufschwung *m*; Wiedererstarkung *f*; Erholung *f* 2 *des impôts, loyers etc* Anhebung *f*; Erhöhung *f*; *du niveau de vie* Hebung *f*; Verbesserung *f*; Erhöhung *f*; ***~ des salaires*** Lohnerhöhung *f*; Gehaltsanhebung *f*, -aufbesserung *f*; gehaltliche Besserstellung 3 AVIAT, MAR Peilung *f*

relever [ʀəlve, ʀləve] ⟨**-è-**⟩ I *v/t* 1 **a)** *enfant* (wieder) aufheben; *adulte* (wieder) aufhelfen (***qn*** j-m); *poteau, colonne* wieder aufrichten; *chaise, véhicule* wieder aufstellen; *par ext* ***~ les cahiers, les copies*** die Hefte, die Arbeiten einsammeln; → *a* ***gant*** *1*; **b)** *fig économie, entreprise* wieder hochbringen; ***~ le moral de qn*** j-m wieder Mut machen 2 **a)** *siège* hochklappen; *vitre de voiture* hochkurbeln; *ses jupes* raffen; schürzen; *col* hochschlagen, -stellen; *voile* hochschlagen; *cheveux* auf-, hochstecken; *manches* hochstreifen, -ziehen; hoch-, aufkrempeln; *plafond* höher legen; anheben; erhöhen; *niveau d'eau* erhöhen; *virage* überhöhen; ***~ la tête*** den Kopf heben; *fig* (*être fier*) den Kopf hoch tragen; **b)** *fig salaires, impôts etc* anheben; erhöhen; heraufsetzen; *niveau de vie* heben; verbessern; erhöhen; CUIS *mets, goût* pikanter machen; ***cela le relève à mes yeux*** das hebt ihn in meinen Augen 3 (*constater*) *erreur, traces etc* feststellen; aufdecken; *traces a* sichern; *faute a* anstreichen; *allusion, accusation* aufgreifen; eingehen auf (*+acc*); JUR *charges* zusammentragen; *par écrit*: *adresse, noms etc* (schriftlich) festhalten; notieren; aufschreiben; *plan* anfertigen; aufnehmen; *compteur* ablesen; F ***~ l'électricité, le gaz*** den Strom, das Gas ablesen; *police* ***~ son identité*** s-e Personalien aufschreiben 4 (*remplacer*) *sentinelle, équipe* ablösen; ***~ qn de ses vœux*** j-n von s-m Gelübde entbinden; ***~ qn de ses fonctions*** j-n s-s Amtes entheben II *v/t/indir* 1 ***~ d'une grippe*** gerade e-e Grippe gehabt, überstanden, hinter sich (*dat*) haben; ***~ de maladie*** gerade krank gewesen sein 2 (*dépendre*) ***~ de*** unterstehen (*+dat*); abhängig sein von; in die Zuständigkeit (*+gén*) fallen; der Zuständigkeit (*+gén*) unterliegen; ***~ de la linguistique*** *etc* in den Bereich, in das Gebiet der Linguistik *etc* fallen; *affaire* ***~ du tribunal de commerce*** der Zuständigkeit des Handelsgerichts unterliegen III *v/i manteau, jupe* nicht gleichmäßig, richtig fallen; hochgezogen, hochgerutscht sein; zipfeln IV *v/pr* ***se ~*** 1 **a)** (*se remettre debout*) wieder aufstehen (*a malade*); sich wieder erheben; ***faire (se) ~ qn*** j-m aufhelfen; **b)** *fig* (*se remettre*) sich erholen (***de*** von); *pays a* wieder erstehen, erstarken; ***se ~ de ses ruines*** aus den Ruinen wieder erstehen; ***il ne s'en est pas relevé*** davon hat er sich nicht wieder erholt 2 *coin, bord* sich hochbiegen 3 *sens passif*: *col etc* hochgestellt werden (können)

releveur [ʀəlvœʀ, ʀləvœʀ] I *adj* ⟨**-euse**⟩ ANAT ***muscle ~*** Hebemuskel *m*; *sc* Levator *m* II *m* ***~ des compteurs*** (Strom-, Gas-, Wasser)Ableser *m*; F *a*

R

Gasmann *m*

relief [ʀəljɛf] *m* 1 *d'une paroi etc* Erhabenheiten *f/pl*; *loc/adj* ***en ~*** erhaben; hervortretend; hervorstehend; plastisch; ***carte f en ~*** Reliefkarte *f*; ***motifs m/pl en ~*** plastisch herausgearbeitete Motive *n/pl*; ***être, paraître en ~*** plastisch hervortreten 2 BEAUX-ARTS Relief *n* 3 *(profondeur)* Tiefenwirkung *f*; *par ext* ***~ acoustique*** räumliches Hören; *film* ***en ~*** dreidimensional; plastisch 4 GÉOGR Relief *n*; Oberflächengestalt *f* 5 *fig du style* Anschaulichkeit *f*; plastische Wirkung; ***donner du ~ à qc*** etw anschaulich, plastisch gestalten; ***mettre en ~*** hervorheben; klar herausstellen 6 *litt* ***~s*** *pl* Reste *m/pl*

relier [ʀəlje] *v/t* 1 *livre* (ein)binden; *adjt*: ***relié en cuir*** in Leder gebunden; ***relié pleine peau, pleine toile*** in Ganzleder, Ganzleinen gebunden 2 *lieux, idées etc* (miteinander) verbinden; ***~ qc à qc*** etw mit etw verbinden, verknüpfen

relieur [ʀəljœʀ] *m*, **relieuse** *f* Buchbinder(in) *m(f)*

religieusement [ʀ(ə)liʒjøzmɑ̃] *adv* 1 *(à l'église)* kirchlich; ***être enterré ~*** kirchlich bestattet werden 2 *(scrupuleusement)* gewissenhaft 3 *(avec recueillement)* andächtig; voller Andacht

religieux [ʀ(ə)liʒjø] I *adj* ⟨**-euse**⟩ 1 religiös; kirchlich; Glaubens...; ***chant ~*** Kirchenlied *n*; ***édifice ~*** Kultgebäude *n*; ***esprit ~*** religiöser, frommer, gläubiger Mensch; ***fête religieuse*** kirchlicher Feiertag; ***mariage ~*** kirchliche Trauung; ***opinions religieuses*** religiöse Überzeugungen *f/pl*; Glaubensüberzeugungen *f/pl* 2 *(monastique)* Ordens...; Kloster...; ***habit ~*** Ordenstracht *f*, -kleid *n*; ***ordre ~*** geistlicher Orden 3 *fig (scrupuleux)* gewissenhaft; ***respect ~ de qc*** gewissenhafte Beachtung e-r Sache *(gén)* 4 *fig (recueilli)* andächtig; ***silence ~*** *a* feierliche Stille II *subst* 1 ***~, religieuse*** *m,f* Ordensmitglied *n*; *pl* Ordensleute *pl*; *(moine)* Ordensgeistliche(r) *m*; Mönch *m*; *(sœur)* Ordensschwester *f*; Nonne *f* 2 *pâtisserie* ***religieuse*** *f* (mit Mokka- oder Schokoladencreme gefüllter) Windbeutel

religion [ʀ(ə)liʒjõ] *f* Religion *f*; Glaube(n) *m*; ***~ catholique*** katholischer Glaube; ***~ chrétienne, musulmane*** christliche, moslemische Religion; ***~ d'État*** Staatsreligion *f*; ***guerre f de ~*** Religions-, Glaubenskrieg *m*; ADM ***sans ~*** ohne Bekenntnis; ***entrer en ~*** ins Kloster gehen

religiosité [ʀ(ə)liʒjozite] *f* Religiosität *f*; Gläubigkeit *f*; Frömmigkeit *f*

reliquaire [ʀ(ə)likɛʀ] *m* Reliquienschrein *m*, -kästchen *n*, -behälter *m*; Reliquiar *n*

reliquat [ʀ(ə)lika] *m* Rest(summe) *m(f)*; Restbetrag *m*

relique [ʀ(ə)lik] *f* 1 REL Reliquie *f*; ***garder qc comme une ~*** etw sehr sorgfältig aufbewahren 2 *fig* Erinnerungsstück *n*

relire [ʀ(ə)liʀ] ⟨→ **lire**⟩ I *v/t* noch einmal, wieder lesen; *pour corriger* noch einmal durchlesen; ***lire et ~*** immer wieder lesen II *v/pr* ***se ~*** noch einmal durchlesen, was man geschrieben hat

reliure [ʀəljyʀ] *f* 1 *action* Binden *n*; *métier* Buchbinderei *f*; (***atelier*** *m* ***de***) ***~*** Buchbinderei *f* 2 *couverture* (Buch)Einband *m*; Einbanddecke *f*

relogement [ʀ(ə)lɔʒmɑ̃] *m de réfugiés etc* (Wieder)-Unterbringen *n*, -ung *f* **reloger** *v/t* ⟨**-geons**⟩ wieder, anderweitig unterbringen

relooker [ʀ(ə)luke] F I *v/t personne* einen neuen Look [luk], ein neues Aussehen geben (+ *dat*); *produit* eine neue Aufmachung geben (+ *dat*) II *v/pr* ***se ~*** sich *(dat)* einen neuen Look, ein neues Aussehen geben; sich neu stylen ['staɪ-]

relouer [ʀəlwe] *v/t* wieder vermieten

reluire [ʀ(ə)lɥiʀ] *v/i* ⟨→ **conduire**; *aber p/p* **relui**⟩ glänzen; schimmern; ***brosse f à ~*** Glanzbürste *f*; → *a* ***brosse*** *1*; ***faire ~*** blank reiben, putzen; polieren

reluisant [ʀ(ə)lɥizɑ̃] *adj* 1 glänzend; schimmernd; (blitz)blank; ***être ~ de propreté*** vor Sauberkeit blitzen 2 *fig* ***peu ~*** *métier, situation* wenig erfreulich; nicht gerade glänzend; *gens* alles andere als honorig

reluquer [ʀ(ə)lyke] F *v/t* begehrliche Blicke werfen auf (+*acc*); schielen nach (*a fig*); *fig* ***~ le magot de qn*** mit j-s Ersparnissen liebäugeln; (neidisch) nach j-s Ersparnissen schielen

rem [ʀɛm] *m* PHYS NUCL Rem *n*

Rem. *abr (remarque)* Anm. (Anmerkung); Bem. (Bemerkung)

remâcher [ʀ(ə)mɑʃe] *v/t son dépit etc* nicht loskommen von

remaigrir [ʀ(ə)megʀiʀ] *v/i* wieder abnehmen; wieder dünner, schlanker werden

remake [ʀimɛk] *m* CIN Neuverfilmung *f*; Remake [ri'meːk] *n*

rémanent [ʀemanɑ̃] *adj sc* remanent

remanger [ʀ(ə)mɑ̃ʒe] *v/t* ⟨**-geons**⟩ noch einmal, wieder essen (*a abs*)

remaniement [ʀ(ə)manimɑ̃] *m d'une équipe* Umbildung *f*; Umbesetzung *f*; POL *a* Revirement *n*; ***~ ministériel*** Regierungs-, Kabinettsumbildung *f*

remanier [ʀ(ə)manje] *v/t* 1 *texte, ouvrage* neu bearbeiten; umarbeiten; überarbeiten 2 POL *ministère*, SPORTS *équipe* umbilden; umbesetzen

remaquiller [ʀ(ə)makije] *v/t* (*et v/pr* ***se***) ***~*** (sich) neu, wieder schminken

remariage [ʀ(ə)maʀjaʒ] *m* Wiederverheiratung *f* **remarier** *v/pr* ***se ~*** sich wieder verheiraten; wieder heiraten

remarquable [ʀ(ə)maʀkabl] *adj* 1 *(important)* bemerkenswert; ***exploit*** *m* ***~*** beachtliche Leistung; ***réussite*** *f* ***~*** beachtlicher Erfolg; *personne* ***~ par sa taille*** auffällig durch s-e Größe; ***il est ~ que ...*** (+*subj*) es ist bemerkenswert, dass ...; ***mais, chose ~, ...*** aber merkwürdigerweise ... 2 *(excellent)* hervorragend; vorzüglich; ausgezeichnet

remarquablement [ʀ(ə)maʀkabləmɑ̃] *adv* außerordentlich; bemerkenswert

remarque [ʀ(ə)maʀk] *f* 1 *(réflexion)* Bemerkung *f*; ***~ judicieuse*** kluge Bemerkung 2 *(critique)* vorwurfsvolle Bemerkung; Vorhaltung *f*; ***faire la ~ à qn que ...*** j-m vorhalten, vorwerfen, dass ...; ***je lui en ai fait la ~*** *a* ich habe ihn darauf hingewiesen 3 *(annotation)* Anmerkung *f*; Bemerkung *f*; Vermerk *m*; *en bas d'une page* Fußnote *f*

remarqué [ʀ(ə)maʀke] *adj* auffällig; beachtet; ***très ~*** viel beachtet

remarquer [ʀ(ə)maʀke] I *v/t* 1 bemerken; wahrnehmen; feststellen; aufmerksam werden auf (+*acc*); beachten; ***je l'ai remarqué dans la foule*** ich habe ihn in der Menge bemerkt; er ist mir in der Menge aufgefallen; ***~ que ...*** bemerken, dass ...; ***on remarquera que ...*** *a* es sei darauf hingewiesen, dass ...; ***remarquez (bien) que ...*** wohlgemerkt

…; beachten Sie, dass …; vergessen Sie nicht, dass …; ***je ne l'avais***, F ***j'avais pas remarqué*** ich habe es nicht be-, gemerkt; es ist mir nicht aufgefallen; ***sans être remarqué*** unbemerkt; ♦ ***faire ~ qc*** (***à qn***) (j-n) auf etw (*acc*) hinweisen, aufmerksam machen; ***faire ~ que …*** darauf aufmerksam machen, darauf hinweisen, dass …; ***se faire ~*** auffallen, auf sich (*acc*) aufmerksam machen (***par*** durch); ***sans se faire ~*** unauffällig **2** *en incise* ***remarqua-t-elle*** bemerkte sie **II** *v/pr* ***se ~*** *choses* bemerkt, wahrgenommen werden; auffallen

remballage [rɑ̃balaʒ] *m* Wiedereinpacken *n*; Neuverpacken *n*

remballer [rɑ̃bale] *v/t* wieder einpacken; neu verpacken; F *fig*: ***remballe tes boniments!*** spar dir deine Worte!; ***~ sa marchandise*** F auf s-r Ware sitzen bleiben; nichts loskriegen

rembarquement [rɑ̃barkəmɑ̃] *m* Wiedereinschiffung *f*

rembarquer [rɑ̃barke] **I** *v/t* wieder einschiffen, verschiffen **II** *v/i* (*et v/pr* ***se***) ***~*** sich wieder einschiffen; wieder an Bord gehen; *fig* ***se ~ dans une affaire louche*** sich wieder in e-e undurchsichtige Sache einlassen

rembarrer [rɑ̃bare] F *v/t* ***~ qn*** j-n (grob) abweisen; j-m e-e Abfuhr erteilen; ***se faire ~*** sich (*dat*) e-e Abfuhr holen

remblai [rɑ̃blɛ] *m* **1** Aufschüttung *f*; (Erd-, Straßen-, Bahn)Damm *m*; Erdwall *m* **2** *action* Aufschütten *n*, -ung *f*; Auffüllen *n*, -ung *f* **remblaiement** *m* GÉOL Absetzen *n*, -ung *f* (des Flussgeschiebes)

remblayage [rɑ̃blɛjaʒ] *m* → ***remblai*** **remblayer** *v/t* ⟨**-ay-** *od* **-ai-**⟩ (*hausser*) aufschütten; (*combler*) auffüllen **remblayeuse** *f* TECH Versatzmaschine *f*

rembobiner [rɑ̃bɔbine] *v/t fil* aufspulen; ***~ un film*** einen Film zurückspulen

remboîtage [rɑ̃bwataʒ] *m* Wiedereinhängen *n* des Buchblocks in die Einbanddecke **remboîtement** *m* Wiedereinfügen *n*, -einpassen *n*; *d'une articulation* Wiedereinrenken *n* **remboîter** *v/t articulation* wieder einrenken; *pièces déboîtées* wieder einfügen, einpassen

rembourrage [rɑ̃buraʒ] *m* Polstern *n*; Polsterung *f* (*a matière*)

rembourrer [rɑ̃bure] *v/t fauteuil* polstern; ***~ un coussin, un matelas*** ein Kissen, eine Matratze füllen; *adjt*: ***siège rembourré*** Polstersitz *m*; F *fig* ***elle est bien rembourrée*** sie ist gut gepolstert

remboursable [rɑ̃bursabl] *adj* (zu)rückzahlbar

remboursement [rɑ̃bursəmɑ̃] *m* **1** *d'un emprunt* Rückzahlung *f*; *de frais* (Rück)Erstattung *f*; Rückvergütung *f*; *de bons du Trésor etc* Einlösung *f*; *d'une dette a* Tilgung *f*; ***date f de ~*** Einlösungstermin *m*; ***délai*** *m* ***de ~*** Tilgungsfrist *f* **2** *à la poste* Nachnahme *f*; ***contre ~*** gegen, per Nachnahme; ***envoi*** *m* ***contre ~*** Nachnahmesendung *f*

rembourser [rɑ̃burse] *v/t emprunt, avance* zurückzahlen; *frais, dépenses* (zurück)erstatten; (rück)vergüten; ersetzen; *bons du Trésor etc* einlösen; *dettes a* tilgen; abtragen; ***~ ses frais à qn*** *ou* ***~ qn de ses frais*** j-m die Kosten, Spesen erstatten, vergüten, ersetzen; ***~ qn*** j-m das Geld zurückzahlen, -geben; ***je vous rembourserai demain*** Sie bekommen das Geld morgen wieder, zurück; ***se faire ~*** sich (*dat*) das Geld zurückzahlen lassen; sich (*dat*) die Auslagen erstatten lassen; THÉ ***remboursez!*** wir wollen unser Geld zurück!

Rembrandt [rɑ̃brɑ̃] *m* PEINT Rembrandt *m*

rembrunir [rɑ̃brynir] *v/pr* ***se ~*** *visage* sich verfinstern; sich verdüstern; *personne* ein finsteres Gesicht machen

remède [r(ə)mɛd] *m* **1** (*médicament*) (Heil)Mittel *n*; Arznei *f*; ***~ efficace*** wirksames (Heil)Mittel; ***~ universel*** Allheilmittel *n*; ***~ de bonne femme*** Hausmittel *n*; *prov* ***le ~ est pire que le mal*** die Arznei ist oft schlimmer als die Krankheit; das hieße den Teufel mit Beelzebub austreiben (*prov*) **2** *fig* (Gegen)Mittel *n*; Abhilfe *f*; ***~ contre l'inflation*** Mittel gegen die Inflation; *loc/adj* ***sans ~*** unabänderlich; ***c'est sans ~*** da(gegen) kann man gar nichts tun, machen; da hilft nichts; ***apporter un ~, porter ~ à un mal*** e-m Übel abhelfen; ***y porter ~*** Abhilfe schaffen

remédier [r(ə)medje] *v/t/indir* ***~ à*** *un mal etc* abhelfen, begegnen, steuern (+*dat*); ***~ à des abus*** *a* Missstände abstellen, beheben; ***pour y ~*** als Abhilfe

remembrement [r(ə)mɑ̃brəmɑ̃] *m* Flurbereinigung *f*

remémoration [r(ə)memɔrasjõ] *f* PSYCH (beabsichtigtes) Sicherinnern

remémorer [r(ə)memɔre] *v/pr* ***se ~ qc*** sich (*dat*) etw ins Gedächtnis zurückrufen; sich an etw (*acc*) erinnern; sich (*dat*) etw vergegenwärtigen

remerciement [r(ə)mɛrsimɑ̃] *m* Dank *m*; ***lettre f de ~*** Dankschreiben *n*; Dank(es)brief *m*; *loc/adv*: ***avec tous mes ~s*** mit bestem, verbindlichstem Dank (zurück); ***en ~*** zum Dank

remercier [r(ə)mɛrsje] *v/t* **1** danken (***qn de, pour qc*** j-m für etw); sich bedanken (bei j-m für etw); ***~ par lettre*** sich brieflich bedanken; ***~ qn d'être venu*** j-m für sein Kommen danken; ***~ d'un sourire*** (sich) mit e-m Lächeln (be)danken; *refus poli* ***je vous remercie*** danke (nein); ***je ne sais comment vous ~*** ich weiß nicht, wie ich Ihnen danken soll; *péj* ***c'est comme ça qu'il me remercie!*** das ist also der Dank (dafür)! **2** (*congédier*) ***~ qn*** j-m kündigen; j-n entlassen; ***il a été remercié*** ihm ist gekündigt worden; F er ist gekündigt worden

remettre [r(ə)mɛtr] ⟨→ **mettre**⟩ **I** *v/t* **1** *vêtements, chaussures, gants* wieder anziehen; *chapeau* wieder aufsetzen; *articulation* wieder einrenken; *un objet en place* wieder hinstellen, -setzen, -legen, -hängen; *le courant* wieder einschalten; *de l'eau etc* nachfüllen (***dans*** in +*acc*); ***~ qc debout, droit*** etw wieder aufstellen, aufrichten, gerade *ou* senkrecht hinstellen; F *fig* ***en ~*** (*en rajouter*) etwas dazudichten, dazuerfinden; ♦ *avec prép et loc/adv*: *pendule* ***~ à l'heure*** stellen; ***~ qc à la mode*** etw wieder in Mode bringen; ***~ qc dans sa poche*** etw wieder in die Tasche stecken; *enfant* ***~ dans son lit*** wieder ins Bett bringen, F stecken; *fig* ***~ qc dans l'esprit, en esprit, en mémoire*** etw wieder ins Gedächtnis rufen; wieder an etw (*acc*) erinnern; ***~ du sel dans un plat*** ein Gericht nachsalzen; *fig* ***~ qn dans, sur la bonne voie*** j-n wieder auf den rechten Weg bringen; ***~ de l'ordre dans qc*** (wieder) in etw (*dat*) Ordnung schaffen; *argent* ***~ en circulation*** wieder in Umlauf bringen; ***~ qn en confiance*** j-s Vertrauen wiedergewinnen; ***~ qc en état*** etw (wieder) instand setzen; ***~***

R

qc en honneur etw wieder zu Ehren bringen; *détenu* ~ ***en liberté*** wieder freilassen, auf freien Fuß setzen; ~ ***en marche*** *moteur* wieder anlassen, anwerfen; *machine* wieder in Gang setzen; ~ ***en prison*** wieder ins Gefängnis stecken; ~ ***qc en question*** etw infrage stellen; *question* ~ ***sur le tapis*** wieder zur Sprache, aufs Tapet bringen **2** (*donner*) ~ ***qc à qn*** j-m etw aushändigen, übergeben, überreichen; etw bei j-m abgeben, abliefern; *lettre etc a* j-m überbringen, zustellen; *décoration, prix* j-m überreichen; *écoliers* ~ ***les cahiers*** die Hefte abgeben; *coupable* ~ ***à la justice*** der Justiz, dem Gericht übergeben, *st/s* überantworten; *pouvoirs* ~ ***à son successeur*** s-m Nachfolger übertragen; ~ ***son sort entre les mains de qn*** sein Schicksal in j-s Hände (*acc*) legen **3** (*faire grâce de*) *dette* erlassen (***à qn*** j-m); *péchés* vergeben (***à qn*** j-m) **4** (*repousser*) *décision, projet etc* auf-, verschieben; ~ ***un jugement, un procès*** ein Urteil, einen Prozess vertagen; ~ ***qc à plus tard*** etw auf später verschieben; *fig* ***ce n'est que partie remise*** aufgeschoben ist nicht aufgehoben (*prov*); *prov* ***il ne faut jamais*** ~ ***à demain*** *ou* ***au lendemain ce que l'on peut faire le jour même*** verschiebe nicht auf morgen, was du heute kannst besorgen (*prov*) **5** (*rétablir la santé*) ~ ***qn*** j-n wiederherstellen; j-n wieder zu Kräften kommen lassen; *adjt* ***il est bien remis*** es geht ihm wieder gut **6** F (*reconnaître*) ~ ***qn*** j-n wiedererkennen **7** F (*recommencer*) ~ ***ça*** wieder anfangen; *au café* ***on remet ça?*** das Gleiche noch mal? **II** *v/pr* **1** ***le temps se remet*** (***au beau***) es wird wieder besser, schöner **2** ***se*** ~ ***debout*** wieder aufstehen; ***se*** ~ ***au lit*** sich wieder ins Bett legen; ***se*** ~ ***à table*** sich wieder zu Tisch setzen; ***se*** ~ ***en route*** sich wieder auf den Weg machen; wieder aufbrechen; *fig* ***se*** ~ ***entre les mains de Dieu*** sein Schicksal in Gottes Hand legen **3** (*recommencer*) ***se*** ~ ***à qc*** sich wieder mit etw beschäftigen; wieder mit etw anfangen, beginnen; F sich wieder an etw (*acc*) machen; ***il s'est remis au tennis*** er spielt wieder Tennis; ***se*** ~ ***au travail*** sich wieder an die Arbeit begeben, machen; wieder mit der Arbeit beginnen; die Arbeit wieder aufnehmen; ***se*** ~ ***à faire qc*** wieder etw tun; wieder anfangen, etw zu tun; ***se*** ~ ***à fumer*** wieder mit dem Rauchen anfangen; *impersonnel* ***il se remet à pleuvoir*** es fängt wieder an zu regnen **4** ***se*** ~ (*se réconcilier*) sich wieder versöhnen; ***se*** ~ ***avec qn*** (*reprendre la vie commune*) wieder mit j-m zusammenleben; ***se*** ~ ***ensemble*** wieder zusammenleben **5** (*aller mieux*) ***se*** ~ ***de qc*** sich (wieder) von etw erholen; ***se*** ~ ***de ses émotions*** sich von s-r Aufregung erholen; *d'un coup du sort* ***je ne m'en suis pas encore remis*** davon habe ich mich noch nicht wieder erholt; *abs*: *malade* ***il se remet*** es geht ihm (wieder) besser; ***allons, remettez-vous!*** beruhigen Sie sich doch!; fassen Sie sich doch! **6** (*se fier*) ***s'en*** ~ ***à qn*** sich auf j-n verlassen; es j-m überlassen; ***s'en*** ~ ***au jugement de qn*** sich auf j-s Urteil verlassen; ***remettez-vous-en à moi*** lassen Sie das meine Sorge sein

remeubler [ʀ(ə)mœble] **I** *v/t* neu möblieren, einrichten **II** *v/pr* ***se*** ~ sich neu einrichten

Remi [ʀemi, ʀəmi] *m* **1** *Vorname* **2** *saint* Remigius *m*

rémige [ʀemiʒ] *f* ZO Schwungfeder *f*

remilitarisation [ʀ(ə)militaʀizasjõ] *f* Remilitarisierung *f*; Wiederbewaffnung *f*; Wiederaufrüstung *f*

remilitariser *v/t* remilitarisieren; wieder bewaffnen, aufrüsten

réminiscence [ʀeminisɑ̃s] *f* Reminiszenz *f*; (vage) Erinnerung; *dans une œuvre* Anklang *m* (***de*** an +*acc*)

remis [ʀ(ə)mi] → ***remettre***

remise [ʀ(ə)miz] *f* **1** *local* (Wagen-, Geräte)Schuppen *m* **2** COMM (*réduction*) Rabatt *m*; Nachlass *m*; Ermäßigung *f*; Abschlag *m*; *t/t* Skonto *n*; ***faire une*** ~ ***de 10 pour cent sur qc*** 10 Prozent Rabatt auf etw (*acc*) geben **3** (*grâce*) Erlass *m*; REL *des péchés* Vergebung *f*; ~ ***de dette*** Schuldenerlass *m*; ~ ***de peine*** Straferlass *m* **4** JUR ~ (***de cause***) Vertagung *f*, Verlegung *f* (der Verhandlung); ~ ***à 'huitaine*** Verlegung um acht Tage **5** (*action de donner*) Aushändigung *f*; Übergabe *f*; *d'une lettre a* Überbringung *f*; *d'une décoration, d'un prix* Überreichung *f*; ~ ***des clefs*** Schlüsselübergabe *f* **6** ~ ***à neuf*** Wiederherrichtung *f*; Renovierung *f*; ~ ***à niveau*** Auffrischungskurs *m*; ~ ***en état*** (Wieder)Instandsetzung *f*; ~ ***en forme*** Fitnesstraining [-treː-] *n*; SPORTS ~ ***en jeu*** Einwurf *m*; ~ ***en marche*** Wiederingangsetzung *f*; ~ ***en ordre*** Wieder-in-Ordnung-Bringen *n*; ~ ***en question*** Infragestellung *f*; ~ ***en service*** Wiederindienststellung *f*; Wiederinbetriebnahme *f*; ~ ***en vigueur*** Wiederinkraftsetzung *f*

remiser [ʀ(ə)mize] *v/t* *véhicule* ein-, unterstellen; *objet* abstellen

rémission [ʀemisjõ] *f* **1** REL *des péchés* Vergebung *f*; Nachlass *m* **2** *loc/adv* ***sans*** ~ *poursuivre* unerbittlich; unnachsichtig; *par ext*: *travailler* unablässig; pausenlos; ***c'est sans*** ~***!*** das ist endgültig, unabänderlich! **3** MÉD vorübergehendes Nachlassen, Zurückgehen; *sc* Remission *f*

remmailler [ʀɑ̃maje] *v/t* Laufmaschen aufnehmen (***un bas*** an e-m Strumpf); TEXT ketteln

remmener [ʀɑ̃mne] *v/t* ⟨-è-⟩ zurückbringen; *personne a* zurückbegleiten

remodeler [ʀ(ə)mɔdle] *v/t* ⟨-è-⟩ **1** *visage* liften **2** ADM umgestalten; umstrukturieren; neu gestalten, gliedern

remontage [ʀ(ə)mõtaʒ] *m* **1** TECH erneute, nochmalige Montage; Wiederzusammensetzen *n*, -bauen *n*; Wiedereinbau(en) *m*(*n*) (***dans*** in +*acc*) **2** *d'une pendule etc* Aufziehen *n*

remontant [ʀ(ə)mõtɑ̃] *m* Stärkungsmittel *n*; *boisson* Stärkungstrunk *m*

remontée [ʀ(ə)mõte] *f* **1** Wiederaufstieg *m*; MINES Ausfahrt *f*; ***la*** ~ ***du fleuve, du Rhin*** die Fahrt flussaufwärts, rheinaufwärts **2** *de l'eau, du baromètre, des prix etc* Wiederanstieg *m*; erneutes Ansteigen **3** SPORTS Aufholen *n*; ***il a fait une belle*** ~ er hat gut aufgeholt **4** ~***s mécaniques*** Seilbahnen *f/pl* und (Ski)Lifte *m/pl*

remonte-pente [ʀ(ə)mõtpɑ̃t] *m* ⟨*pl* **remonte-pentes**⟩ Schlepplift *m*

remonter [ʀ(ə)mõte] **I** *v/t* **1** (*monter*) *rue etc* hinauf- *ou* herauf- *ou* hoch- *ou* F raufgehen, -kommen, (*dans un*) *véhicule* -fahren; *cours d'eau* hinauf- *ou* herauffahren, *à la nage* -schwimmen; *par ext*: ~ ***une colonne de voitures*** eine Autokolonne überholen; ~ ***un fleuve*** *a* fluss-, stromaufwärts fahren *ou* schwimmen; *coureur* ~ ***le peloton*** das Hauptfeld überholen **2** (*monter de nouveau*) *escalier, pente*

R

etc wieder, noch einmal hinauf- *ou* herauf- *ou* hoch- *ou* F raufgehen, -steigen; → *a* ***pente*** *2* **3** *objet* wieder hinauf- *ou* herauf- *ou* hoch- *ou* F rauftragen, -bringen, -schaffen; *tableau* höher hängen; *col* hochschlagen; *pantalon, chaussettes* hochziehen; *vitre d'une voiture* hochkurbeln; ÉCOLE *note* heraufsetzen **4** *fig* ***~ qn*** j-n stärken, aufmuntern; j-m wieder Kraft geben; ***ce cognac te remontera*** dieser Kognak wird dich wieder auf die Beine bringen; F *fig* ***il est remonté*** F er ist in Fahrt, auf Touren **5** *pendule, réveil, jouet* aufziehen **6** TECH *moteur etc* wieder montieren; wieder zusammensetzen, -bauen; wieder einbauen (***dans*** in *+acc*) **7** *(regarnir)* ***~ qc*** etw mit der nötigen Ausstattung, Einrichtung versehen; ***~ sa cave*** s-n Weinkeller auffüllen; ***~ sa garde-robe*** sich mit neuen Kleidern versehen **8** *pièce de théâtre* neu inszenieren **II** *v/i* ⟨*meist* **être**, *wenn e-e Person Subjekt ist*⟩ **1** *personne* wieder hinauf- *ou* herauf- *ou* hoch- *ou* F raufgehen, -kommen, -steigen, *(dans un) véhicule* -fahren, *oiseau* -fliegen; *bateau* flussaufwärts fahren; *mineurs* ausfahren; ***~ à bord*** wieder an Bord gehen; ***~ à cheval*** wieder aufsitzen, aufs Pferd steigen; ***~ au sixième étage*** wieder in den sechsten Stock hinaufgehen, -steigen, *avec l'ascenseur* -fahren; *souvenirs* ***~ à la mémoire*** aufsteigen; wiederkehren; *élève* ***~ à la seconde place*** wieder auf den zweiten Platz (hinauf)rücken; MAR ***~ au vent*** hart am Wind kreuzen; ***~ dans la voiture*** wieder in das Auto (ein)steigen; ***~ vers le nord, en direction du nord*** nach Norden gehen, fahren, ziehen **2** *prix, cours, baromètre, fièvre, mer etc* wieder, erneut (an)steigen; *route* wieder ansteigen; *fig* ***ses actions remontent*** s-e Aktien steigen wieder; *robe* ***~ par-devant*** vorn hochrutschen; sich vorn hochziehen **3** *dans le passé* zurückgehen (***à*** auf *+acc*; bis); ***~ loin*** *famille* weit zurückreichen; sich weit zurückverfolgen lassen; *événement* weit zurückliegen; *dans ses explications* weit zurückgehen, -greifen; ***~ plus 'haut*** (***dans le temps***) weiter ausholen; ***~ à la plus 'haute antiquité*** auf uralte Zeiten zurückgehen; bis in uralte Zeiten zurückreichen; *construction* aus uralter Zeit stammen; ***~ dans le temps*** (***par l'esprit***) auf e-e frühere Zeit zurückblicken; sich in e-e frühere Zeit (zurück)versetzen; ***~ de l'effet à la cause*** von den Auswirkungen bis zur Ursache zurückgehen; ***aussi loin que remontent mes souvenirs ...*** so weit (wie) meine Erinnerung reicht ... **III** *v/pr* **1** *physiquement* ***se ~*** wieder zu Kräften kommen **2** ***se ~ en qc*** sich wieder mit etw eindecken

remontoir [ʀ(ə)mõtwaʀ] *m* TECH Aufziehvorrichtung *f*

remontrance [ʀ(ə)mõtʀɑ̃s] *f* Verweis *m*; Zurechtweisung *f*; ***~s*** *pl a* Vorhaltungen *f/pl*

remontrer [ʀ(ə)mõtʀe] **I** *v/t* wieder, noch einmal zeigen **II** *v/i* ***en ~ à qn*** j-m s-e Überlegenheit beweisen; ***il en remontrerait à son professeur*** er könnte s-m Lehrer etwas vormachen

remords [ʀ(ə)mɔʀ] *m* Schuldgefühl *n*, -bewusstsein *n*; *pl* Gewissensbisse *m/pl*; ***avoir des ~*** (***d'avoir fait qc***) Gewissensbisse haben, sich *(dat)* Gewissensbisse machen (, weil man etw getan hat); ***étouffer ses ~*** s-e Gewissensbisse unterdrücken

remorquage [ʀ(ə)mɔʀkaʒ] *m* **1** MAR Schleppen *n* **2** AUTO Abschleppen *n*; ***barre*** *f* ***de ~*** Abschleppstange *f*

remorque [ʀ(ə)mɔʀk] *f* **1** *d'un véhicule* Anhänger *m* **2** MAR (***câble*** *m* ***de***) ***~*** Schlepptau *n*; *fig* ***être, se mettre à la ~ de qn*** j-m blindlings folgen; sich von j-m ins Schlepptau nehmen lassen; *fig* ***il est toujours à la ~*** er hängt immer nach; er ist immer der Letzte; ***prendre en ~*** *bateau* ins Schlepptau nehmen; in Schlepp nehmen *(a voiture)*; *voiture* abschleppen

remorquer [ʀ(ə)mɔʀke] *v/t* **1** MAR schleppen; ins Schlepptau nehmen; bugsieren **2** *véhicule* abschleppen **3** F *fig qn* mit-, herumschleppen

remorqueur [ʀ(ə)mɔʀkœʀ] *m* MAR Schlepper *m*

rémoulade [ʀemulad] *f* CUIS Remoulade(nsoße) *f*; *adjt* ***céleri*** *m* ***~*** Sellerie *m ou f* mit Remouladensoße

rémouleur [ʀemulœʀ] *m* Scherenschleifer *m*

remous [ʀ(ə)mu] *m* **1** *dans un cours d'eau* Strudel *m*; Wirbel *m (a dans l'atmosphère)*; Sog *m*; MAR *d'un bateau* Kielwasser *n* **2** *fig pl* Wirbel *m*; Unruhe *f*; Aufruhr *m*; ***causer des ~*** für Wirbel, Unruhe sorgen; *affaire* viel Staub aufwirbeln

rempaillage [ʀɑ̃pajaʒ] *m* Neubespannung *f* (mit Stroh) **rempailler** *v/t chaise* neu mit Stroh, mit e-m neuen Strohgeflecht bespannen **rempailleur** *m*, **rempailleuse** *f* Stuhlflechter(in) *m(f)*

rempaqueter [ʀɑ̃pakte] *v/t* ⟨**-tt-**⟩ wieder einpacken

rempart [ʀɑ̃paʀ] *m* FORTIF (Festungs-, Schutz)Wall *m*; Befestigungsmauer *f*, -anlage *f*; Bollwerk *n (a fig)*; *d'une ville a* Stadtmauer *f*; *fig* ***se faire un ~ du corps de qn*** hinter j-s Körper *(dat)* Schutz suchen, in Deckung gehen

rempiler [ʀɑ̃pile] *arg militaire v/i* sich weiterverpflichten; länger dienen

remplaçable [ʀɑ̃plasabl] *adj* ersetzbar; auswechselbar

remplaçant [ʀɑ̃plasɑ̃] *m*, **remplaçante** *f* (Stell)Vertreter(in) *m(f)*; *instituteur, -trice* Hilfslehrer(in) *m(f)*; SPORTS Ersatzmann *m*, -spieler(in) *m(f)*; Auswechselspieler(in) *m(f)*

remplacement [ʀɑ̃plasmɑ̃] *m* **1** *de choses* Ersetzung *f*; Ersatz *m*; *loc/adj* ***de ~*** Ersatz...; ***produit*** *m* ***de ~*** Ersatzmittel *n*; ***en ~ de qc*** als Ersatz für etw **2** *d'un absent* Vertretung *f*; ***en ~ de*** in Vertretung, an Stelle von *(ou +gén)*; als Vertretung für; ***faire des ~s*** Vertretungen machen, übernehmen

remplacer [ʀɑ̃plase] ⟨**-ç-**⟩ *v/t* **1** *chose* ersetzen (***par*** durch); auswechseln, austauschen (gegen); ***~ une vitre cassée*** e-e zerbrochene Scheibe ersetzen, auswechseln, austauschen; ***le robot remplace l'homme*** der Roboter ersetzt den Menschen **2** ***~ qn*** *provisoirement* j-n vertreten; *(succéder à)* j-n ersetzen; ***~ qn par qn*** *a* j-n an j-s Stelle *(acc)* setzen; ***je vous remplacerai*** ich werde Sie vertreten; ich werde für Sie einspringen; ***se faire ~*** sich vertreten lassen

rempli[1] [ʀɑ̃pli] *adj théâtre* voll, gut besetzt; *journée, vie* ***bien ~*** ausgefüllt; ***~ de*** voll(er); *récipient a* gefüllt mit; *texte* ***~ d'erreurs*** voller Fehler; ***~ de monde*** voller Leute; voll mit Leuten; *fig* ***être*** (***tout***) ***~ de son importance, de soi-même*** von sich (völlig) überzeugt, eingenommen sein

rempli[2] [ʀɑ̃pli] *m* COUT Einschlag *m*

remplir [ʀɑ̃pliʀ] **I** *v/t* **1** *récipient, poche etc* füllen (***de*** mit); vollmachen; *verre a* vollgießen, schenken; *baignoire a* volllaufen lassen; *événement: journaux, gens: salle* füllen; *espace, vide* ausfüllen; ***~ une page***

d'écriture e-e Seite vollschreiben; *activité* **~ *une vie*** ein Leben ausfüllen **2** *fig* **~ *qn d'admiration, de joie, de chagrin*** *etc* j-n mit Bewunderung, Freude, Trauer *etc* erfüllen **3** *fiche, questionnaire* ausfüllen **4** *conditions, devoir, mission* erfüllen; **~ *ses engagements*** *a* s-n Verpflichtungen nachkommen **5** *fonction, emploi* ausüben; *charge a* bekleiden; **~ *son rôle*** s-e Rolle gut spielen **II** *v/pr* ***se* ~** sich füllen (***de*** mit); *de liquide a* volllaufen; ***se* ~ *les poches*** sich (*dat*) die Taschen füllen; *fig a* in die eigene Tasche arbeiten, wirtschaften; *salle* ***commencer à se* ~** sich zu füllen, voll zu werden beginnen

remplissage [ʀɑ̃plisaʒ] *m* **1** *action* (Auf)Füllen *n* **2** *péj d'un texte* Füllsel *n*; Füllwerk *n*; ***faire du* ~** Unwesentliches schreiben

remplumer [ʀɑ̃plyme] *v/pr* F ***se* ~** **1** *financièrement* wieder zu Geld kommen **2** *physiquement* wieder rundlicher werden; wieder zunehmen

rempocher [ʀɑ̃pɔʃe] *v/t* wieder einstecken; wieder in die Tasche stecken

remporter [ʀɑ̃pɔʀte] *v/t* **1** *objet* wieder mitnehmen; wieder wegbringen, -tragen; *mets* wieder abtragen **2** *victoire, succès, titre, prix* erringen; *victoire a* davontragen; *combat* gewinnen

rempotage [ʀɑ̃pɔtaʒ] *m* Umtopfen *n* **rempoter** *v/t* umtopfen

remuant [ʀəmɥɑ̃] *adj* **1** *enfant* lebhaft; zapp(e)lig; unruhig **2** *adulte* rührig

remue-ménage [ʀ(ə)mymenaʒ] *m* ⟨*inv*⟩ geräuschvolles, lärmendes Durcheinander; Krach *m*; F Radau *m*; (*agitation*) Trubel *m*; ***faire du* ~** Krach, Radau machen; ***il y a du* ~** es herrscht großer Trubel

remuer [ʀəmɥe] **I** *v/t* **1** *lèvres, doigts etc* bewegen; *meuble* (weg)rücken; *terre* umgraben; *café, sauce, salade* umrühren; *salade a* mischen; *fig* **~ *beaucoup d'argent, des millions*** große (Geld)Geschäfte machen; viel Geld umsetzen; P *fig* **~ *de la merde*** im Schmutz wühlen; (den) Schmutz aufwühlen; *chien* **~ *la queue*** mit dem Schwanz wedeln; schwänzeln; **~ *de vieux souvenirs*** Erinnerungen heraufbeschwören, zurückrufen **2** *fig* (*émouvoir*) aufrütteln; bewegen; rühren; ergreifen **II** *v/i* **1** (*bouger*) sich bewegen; sich regen; *dent* wackeln; *animal blessé* **~ *encore*** sich noch bewegen; *herbes etc* **~ *dans le vent*** sich im Wind bewegen; im Wind schwanken; *femme enceinte* ***sentir son enfant* ~** spüren, wie sich ihr Kind bewegt; *enfant* ***ne pas pouvoir rester sans* ~** nicht still sitzen können **2** *fig* (*se révolter*) in Unruhe geraten; unruhig werden; aufbegehren **III** *v/pr* ***se* ~** **1** (*bouger*) sich bewegen **2** *fig* (*se démener*) sich einsetzen (***pour qc*** bei, für etw); sich (*dat*) Mühe geben; ***allez, remue-toi!*** (*agis!*) los, unternimm *ou* tu was!; (*dépêche-toi!*) los, beeil dich!

rémunérateur [ʀemyneʀatœʀ] *adj* ⟨**-trice**⟩ einträglich; lohnend; gewinnbringend **rémunération** *f* Entlohnung *f*; Vergütung *f*; Honorierung *f*; Lohn *m*; (Arbeits)Entgelt *n*; *du capital* Verzinsung *f*

rémunérer [ʀemyneʀe] *v/t* ⟨**-è-**⟩ *personne* entlohnen; bezahlen; *travail* vergüten; bezahlen; honorieren; *capital* verzinsen; *adjt* ***poste bien rémunéré*** gut bezahlte, gut dotierte Stelle

renâcler [ʀ(ə)nɑkle] *v/i* **1** *cheval etc* schnauben **2** *personne* sich sträuben; **~ *à la besogne*** sich gegen die Arbeit sträuben; ***sans* ~** ohne Widerrede

renaissance [ʀ(ə)nɛsɑ̃s] *f* **1** Wiedergeburt *f*; Wiederaufleben *n*; Wiedererstehen *n*; *des arts a* Wiederaufblühen *n*; Renaissance *f* **2** HIST ***la Renaissance*** die Renaissance **3** *adjt* ⟨*inv*⟩ ***Renaissance*** Renaissance…; ***château*** *m* ***Renaissance*** Renaissanceschloss *n*

renaissant [ʀənɛsɑ̃] *adj* wieder auflebend, aufkommend, erstehend; *art a* wieder aufblühend

renaître [ʀ(ə)nɛtʀ] *v/i* ⟨→ **naître**⟩ wiedergeboren werden (*a* REL); *fig*: *conflit, difficultés* wieder aufleben; *arts* wieder aufblühen; *industrie etc* wieder erstehen; neu entstehen; *espoir, désir, sentiment* wieder erwachen; *poét*: *jour* wieder anbrechen; *plantes au printemps* zu neuem Leben erwachen; **~ *à l'espérance*** wieder zu hoffen beginnen; neue Hoffnung schöpfen; **~ *à la vie*** wieder aufleben; das Leben wieder genießen können; ***faire* ~ *le passé*** die Vergangenheit wieder lebendig werden lassen; ***se sentir* ~** sich wie neugeboren fühlen

Renaix [ʀənɛ] GÉOGR Ronse *n*

rénal [ʀenal] *adj* ⟨**-aux**⟩ ANAT Nieren…

renard [ʀ(ə)naʀ] *m* **1** ZO Fuchs *m*; **~ *argenté, commun*** Silber-, Rotfuchs *m*; **~ *du désert*** Wüstenfuchs *m* **2** *fourrure* Fuchs(pelz) *m*; *manteau* ***à col de* ~** mit e-m Fuchs(pelz)kragen **3** *fig* ***un fin* ~** ein schlauer Fuchs; ***c'est un vieux* ~** das ist ein alter Fuchs; der ist mit allen Wassern gewaschen **4** LITTÉRATURE ***maître Renard*** Reineke Fuchs *m*

renarde [ʀ(ə)naʀd] *f* ZO Füchsin *f*; CH *a* Fähe *f* **renardeau** *m* ⟨*pl* **~x**⟩ ZO junger Fuchs; (Fuchs)Welpe *m* **renardière** *f* Fuchsbau *m*

Renaud [ʀəno] *m Vorname*

Renault [ʀəno] **1** *frz Autohersteller* **2** *voiture* ***une* ~** ein Renault *m*

rencard [ʀɑ̃kaʀ] *m* → ***rancard***

renchérir [ʀɑ̃ʃeʀiʀ] **I** *v/t/indir* **~ *sur qc*** etw (noch) übertreffen **II** *v/i* **1** (*augmenter*) teurer werden; sich verteuern; im Preis steigen **2** *en paroles* ***renchérit-il*** fügte er bekräftigend hinzu

renchérissement [ʀɑ̃ʃeʀismɑ̃] *m* Verteuerung *f*; Preissteigerung *f*; Kosten-, Preisanstieg *m*

rencontre [ʀɑ̃kõtʀ] *f* **1** Begegnung *f*; (Zusammen)-Treffen *n*; Zusammenkunft *f*; ***heureuse* ~** glückliches Zusammentreffen; glücklicher Zufall; **~ *internationale (d'étudiants)*** internationales (Studenten)Treffen; POL **~ *au sommet*** Gipfeltreffen *n*; **~ *entre deux chefs d'État*** Treffen zweier Staatspräsidenten; *loc/adj* ***de* ~** zufällig; ***ami(e)*** *m(f)* ***de* ~** Zufallsbekanntschaft *f*; ***aller, venir à la* ~ *de qn*** j-m entgegengehen, -kommen; ***je suis allé à sa* ~** ich bin ihm *ou* ihr entgegengegangen; ***ma* ~ *lui fut désagréable*** die Begegnung mit mir war ihm peinlich; ***faire la* ~ *de qn*** j-s Bekanntschaft machen; ***faire une mauvaise* ~** e-e verhängnisvolle Begegnung haben; ***faire de mauvaises* ~*s*** in schlechte Gesellschaft geraten; *fig* ***partir à la* ~ *du Sahara*** auf Entdeckungsreise in die Sahara fahren **2** SPORTS Begegnung *f*; Wettkampf *m*; Spiel *n*; **~ *de boxe*** Boxkampf *m* **3** *de rivières, lignes, voyelles* Zusammentreffen *n*; *de véhicules* (*collision*) Zusammenstoß *m*

rencontrer [ʀɑ̃kõtʀe] **I** *v/t* **1** begegnen (+*dat*); treffen; **~ *qn*** *par hasard* j-m begegnen; j-n (an)treffen; *exprès* mit j-m zusammentreffen, -kommen; j-n treffen; SPORT auf j-n treffen; (*faire la connaissance de*) j-n kennenlernen; j-s Bekanntschaft machen; *dans un texte* **~ *plusieurs fois la même expression***

R

mehrere Male dem gleichen Ausdruck begegnen; *gens* ***comme on n'en rencontre plus*** wie man sie nicht mehr findet; **~ *les yeux de qn*** j-s Blick begegnen **2** (*se heurter à*) **~ *qc*** auf etw (*acc*) stoßen (*a fig*); *fig* **~ *de grandes difficultés*** auf große Schwierigkeiten stoßen; **~ *le mur, un obstacle*** an *ou* gegen die Mauer, auf ein Hindernis stoßen **II** *v/pr* ***se ~*** **1** *réciproquement: personnes, regards* sich begegnen; sich treffen; (*avoir une entrevue*) zusammenkommen, -treffen; *deux rivières etc* zusammentreffen; *véhicules* zusammenstoßen; ***faire se ~ plusieurs personnes*** mehrere Personen miteinander bekannt machen **2** *sens passif: choses, coutumes* anzutreffen sein; *une de ces longues phrases* ***comme il s'en rencontre chez Proust*** wie man sie bei Proust findet; ***cela se rencontre quelquefois*** so etwas kommt vor; ***comme cela se rencontre!*** das trifft sich gut!

rendement [rɑ̃dmɑ̃] *m* **1** ÉCON, FIN Rendite *f*; Ertrag *m* **2** *du travail* (Arbeits)Leistung *f*; *de la production pétrolière etc* Ausbeute *f*, Ergiebigkeit *f*; AGR Ertrag *m*; PHYS *d'une machine* Wirkungsgrad *m*; Nutzeffekt *m*; **~ *à l'hectare*** Hektarertrag *m*; *loc/adj* ***d'un mauvais ~*** unwirtschaftlich; ***travailler à plein ~*** mit voller Leistung arbeiten

rendez-vous [rɑ̃devu] *m* **1** Verabredung *f*; **~ (*amoureux*)** Rendezvous *n*; Stelldichein *n*; **~ *social*** Treffen *n* der Tarifpartner; Tarifverhandlungen *f/pl*; **~ *d'affaires*** geschäftliche Verabredung; *péj* ***maison f de ~*** exklusives Freudenhaus; Luxusbordell *n*; ***avoir (un) ~ avec qn*** e-e Verabredung mit j-m haben; mit j-m verabredet sein; sich mit j-m treffen; *fig* ***avoir ~ avec la chance*** dem Glück begegnen; ***avoir un ~ chez le médecin*** e-n Termin beim Arzt haben; beim Arzt bestellt, angemeldet sein; ***donner ~ à qn*** sich mit j-m verabreden; j-n bestellen; ***il m'a donné ~ à cinq heures*** er hat mich auf *ou* für fünf Uhr bestellt; ***se donner ~*** sich verabreden; *fig* ***(ne pas) être au ~*** (nicht) eingetroffen, eingetreten sein; *client* ***prendre ~*** sich anmelden (***avec le médecin*** beim Arzt); ***avez-vous pris ~?*** sind Sie angemeldet?; *médecin etc* ***recevoir sur ~*** Sprechstunde nach Vereinbarung halten **2** *lieu* Treffpunkt *m*; *par ext* **~ *de chasse*** Jagdhütte *f*; *café* ***être le ~ des artistes*** (der) Treffpunkt der Künstler sein **3** **~ *spatial*** Rendezvous(manöver) *n* im Weltraum

rendormir [rɑ̃dɔʀmiʀ] ⟨→ **dormir**⟩ *v/pr* ***se ~*** wieder einschlafen

rendosser [rɑ̃dose] *v/t manteau etc* wieder an-, überziehen; *lors du Tour de France* **~ *le maillot jaune*** sich (*dat*) das Gelbe Trikot wieder zurückholen

rendre [rɑ̃dʀ] ⟨**je rends, il rend, nous rendons; je rendais; je rendis; je rendrai; que je rende; rendant; rendu**⟩ **I** *v/t* **1** (*restituer*) (wieder) zurückgeben; (*redonner*) wiedergeben; *monnaie* herausgeben; *élève: copie* abgeben; **~ *un article défectueux*** e-e schadhafte Ware zurückgeben; **~ *un bâtiment à sa destination primitive*** ein Gebäude s-r ursprünglichen Bestimmung zurückgeben; **~ *un cadeau*** ein Geschenk zurückgeben; **~ *à qn confiance en soi*** j-m wieder Selbstvertrauen geben; **~ *un coup*** zurückschlagen; *nouvelle* **~ *l'espoir à qn*** j-m wieder, neue Hoffnung geben, machen; j-m die Hoffnung wiedergeben; *médicament* **~ *des forces à qn*** j-m neue Kräfte geben, verleihen; j-n wieder zu Kräften kommen lassen; **~ *une invitation*** e-e Gegeneinladung aussprechen; e-e Einladung erwidern; **~ *la liberté à qn*** j-m die Freiheit wiedergeben; **~ *la vue à un aveugle*** e-m Blinden die Sehkraft, das Augenlicht zurück-, wiedergeben; ♦ *abs*: ***pouvez-vous me ~ sur dix euros?*** können Sie mir auf zehn Euro herausgeben?; ***emprunter et ne pas ~*** ausleihen und nicht zurückgeben; BIBL ***rendez à César ce qui est à César*** gebet dem Kaiser, was des Kaisers ist **2** (*faire payer*) vergelten, *péj* heimzahlen (***qc à qn*** j-m etw); **~ *le bien pour le mal*** Böses mit Gutem vergelten; **~ *injure pour injure*** Beschimpfungen mit Beschimpfungen beantworten; ***je le lui rendrai*** ich werde es ihm (ordentlich) heimzahlen; *elle le déteste*, ***mais il le lui rend bien*** aber er kann sie ebenso wenig leiden **3** (*laisser échapper*) **a)** (*vomir*) von sich geben; erbrechen; *abs* sich übergeben; **b)** *instrument* **~ *des sons aigus*** hohe Töne von sich geben; **c)** *fig* **~ *l'âme, l'esprit*** den Geist aufgeben (*a fig*); die Seele aushauchen **4** *par le langage, par l'art* wiedergeben; *copie* **~ *bien l'original*** originalgetreu sein; ***bien ~ la pensée de l'auteur*** die Gedanken des Autors gut wiedergeben, klar zum Ausdruck bringen **5** MIL *ville, place* übergeben; **~ *les armes*** die Waffen strecken (*a fig*), niederlegen **6** SPORTS vorgeben; **~ *de la distance, du poids à ses concurrents*** s-n Konkurrenten Distanz, Gewicht vorgeben **7** *avec adj* machen; **~ *qn célèbre, fou, malade, orgueilleux*** *etc* j-n berühmt, verrückt, krank, hochmütig *etc* machen; **~ *une rivière navigable*** e-n Fluss schiffbar machen; **~ *qn triste*** j-n traurig machen, stimmen **8** *loc avec subst*: **~ *un arrêt, un jugement*** ein Urteil fällen; → *a* ***compte*** *3*, ***justice*** *1, 2*, ***service*** *1*, ***visite*** *1* **II** *v/i* **1** *terres, arbres fruitiers* **~ *peu, bien ~*** wenig, viel abwerfen, einbringen; *produit* **~ *bien*** ergiebig sein; ausgeben **2** *par ext: photo etc* F ***ça n'a pas rendu*** das ist nichts geworden; *personne* ***bien ~ à l'écran*** sich auf dem Bildschirm gut machen **III** *v/pr* ***se ~*** **1 a)** MIL sich ergeben; *criminel* ***se ~ à la justice*** sich der Justiz stellen; **b)** *par ext* (*céder*): ***se ~ à l'appel de qn*** j-s Aufruf (*dat*) folgen, Folge leisten; ***se ~ à l'avis de qn*** sich j-s Ansicht (*dat*) anschließen; ***se ~ aux ordres de qn*** j-s Befehlen (*dat*) gehorchen; ***se ~ aux prières de qn*** j-s Bitte (*dat*) nachkommen; → *a* ***raison*** *1, 4* **2** (*aller*) sich begeben (***chez qn*** zu j-m); ***se ~ à l'étranger, à Paris*** sich ins Ausland, nach Paris begeben; ***se ~ à une invitation*** e-r Einladung (*dat*) Folge leisten; ***se ~ au théâtre*** ins Theater gehen; ***se ~ à son travail, à son poste*** an die Arbeit gehen; sich an die Arbeit, auf s-n Posten begeben **3 a)** *avec adj* sich … machen; ***se ~ insupportable*** unerträglich werden *ou* sein; ***se ~ malade, utile*** *etc* sich krank, nützlich *etc* machen; **b)** *avec subst* ***se ~ acquéreur de qc*** etw erwerben; ***se ~ maître de qc*** e-r Sache (*gén*) *ou* über etw (*acc*) Herr werden **4** ***se ~ compte de qc*** → ***compte*** *3* **5** *sens passif: expression* ***ne pouvoir se ~ en français*** sich im Französischen nicht wiedergeben lassen

rendu [rɑ̃dy] **I** *p/p* → ***rendre*** *et adj* **1** *portrait* ***bien ~*** gut getroffen **2** (*arrivé*) angekommen; ***nous voilà rendus*** wir sind da **3** (*exténué*) erschöpft; ermattet **II** *m* **1** ART Wiedergabe *f* **2** COMM zurückgehende, zurückgegebene Ware; **~*s*** *pl a* Retouren *f/pl*

R

rêne [ʀɛn] *f* Zügel *m*; *fig*: ***lâcher les ~s*** die Zügel locker lassen, *p/fort* schießen lassen; ***prendre, tenir les ~s*** die Zügel fest in die Hand nehmen, in der Hand haben

René [ʀəne] *m Vorname*

Renée [ʀəne] *f Vorname*

renégat [ʀənega] *m*, **renégate** *f* REL *et fig* Renegat *m*; Abtrünnige(r) *f(m)*

reneiger [ʀ(ə)neʒe] *v/imp* ⟨**-geait**⟩ ***il reneige*** es schneit wieder

renettoyer [ʀ(ə)nɛtwaje] *v/t* ⟨**-oi-**⟩ wieder reinigen, säubern, sauber machen

renfermé [ʀɑ̃fɛʀme] **I** *adj air, personne* verschlossen; *personne a* in sich (*acc*) gekehrt; ***avoir un** ou **être de caractère ~*** verschlossen sein **II** *m* ***odeur f de ~*** dumpfer, muffiger Geruch; ***sentir le ~*** dumpf(ig), muffig riechen

renfermer [ʀɑ̃fɛʀme] **I** *v/t* enthalten; umfassen; in sich (*dat*) schließen; ***~ un sens profond*** e-n tieferen Sinn haben **II** *v/pr* ***se ~ en soi-même*** sich in sich (*acc*) selbst zurückziehen

renflé [ʀɑ̃fle] *adj forme, vase etc* bauchig; (aus)gebaucht

renflement [ʀɑ̃fləmɑ̃] *m* Ausbauchung *f*; Verdickung *f*; (An)Schwellung *f*; Wulst *m*

renfler [ʀɑ̃fle] **I** *v/t* ausbauchen; anschwellen lassen; wölben **II** *v/pr* ***se ~*** sich ausbauchen; anschwellen; sich wölben

renflouage [ʀɑ̃fluaʒ] *m ou* **renflouement** *m* MAR *et fig* Wiederflottmachen *n*

renflouer [ʀɑ̃flue] *v/t bateau, fig économie, entreprise* wieder flottmachen; *fig* ***~ qn*** j-m unter die Arme greifen

renfoncement [ʀɑ̃fõsmɑ̃] *m d'une porte etc* Vertiefung *f*

renfoncer [ʀɑ̃fõse] ⟨**-ç-**⟩ *v/t* ***~ son chapeau sur sa tête*** sich (*dat*) den Hut tiefer ins Gesicht ziehen, drücken

renforçateur [ʀɑ̃fɔʀsatœʀ] *m ou adjt* ***bain*** *m* ***~*** PHOT Verstärker *m*

renforcement [ʀɑ̃fɔʀsəmɑ̃] *m* TECH, MIL, GR, *d'une équipe etc* Verstärkung *f*; *d'un régime politique* Stärkung *f*

renforcer [ʀɑ̃fɔʀse] *v/t* ⟨**-ç-**⟩ **1** *mur, troupe, équipe, expression etc* verstärken; *par ext* ***~ un régime politique*** ein politisches Regime stärken; *adjt*: ***bas à talon renforcé*** mit verstärkter Ferse; ***renforcé nylon*** nylonverstärkt **2** ***~ qn dans son opinion*** j-n in s-r Meinung bestärken; ***~ la méfiance, les soupçons de qn*** j-n in s-m Misstrauen, in s-m Verdacht bestärken

renfort [ʀɑ̃fɔʀ] *m* **1** MIL *et par ext* Verstärkung *f*; *de personnel a* Zugang *m*; ***demander du ~** ou **des ~s*** Verstärkung erbitten **2** *loc/prép* ***à grand ~ de*** mit (Hilfe von) viel; unter reichlicher Zuhilfenahme von

renfrogné [ʀɑ̃fʀɔɲe] *adj* verdrießlich; mürrisch; griesgrämig; verärgert; sauer **renfrogner** *v/pr* ***se ~*** ein saures, mürrisches Gesicht machen; sein Gesicht verziehen

rengager [ʀɑ̃gaʒe] ⟨**-geons**⟩ **I** *v/t* **1** *personnel* wieder einstellen **2** *combat, discussion* wieder aufnehmen **II** *v/i et v/pr* MIL (***se***) ***~*** freiwillig länger dienen; sich weiterverpflichten; *adjt* ***soldat rengagé** ou subst* ***rengagé*** *m* länger dienende(r) Freiwillige(r)

rengaine [ʀɑ̃gɛn] *f* **1** *chanson* Schlager *m*; Gassenhauer *m* **2** *fig* ***c'est toujours la même ~*** es ist immer die alte Leier, dieselbe Platte

rengainer [ʀɑ̃gene] *v/t* **1** *épée* wieder in die Scheide stecken **2** F *fig compliment* für sich behalten; unterdrücken; F runterschlucken

rengorger [ʀɑ̃gɔʀʒe] *v/pr* ⟨**-geons**⟩ ***se ~*** **1** *pigeon, paon* sich aufplustern **2** *fig personne* sich in die Brust werfen; F sich aufplustern

reniement [ʀ(ə)nimɑ̃] *m* **1** *de qn, de ses opinions* Verleugnung *f*; BIBL ***le ~ de saint Pierre*** die Verleugnung des Petrus **2** REL Lossagung *f* (***de*** von)

renier [ʀ(ə)nje] **I** *v/t* **1** *ami, opinions, origines etc* verleugnen; *promesse, signature* leugnen **2** ***~ Dieu, sa foi*** sich von Gott, von s-m Glauben lossagen; Gott, s-m Glauben abtrünnig werden **II** *v/pr* ***se ~*** s-e Ansichten verleugnen

reniflement [ʀ(ə)nifləmɑ̃] *m* Schnüffeln *n*

renifler [ʀ(ə)nifle] **I** *v/t* **1** schnüffeln (*a odeur*), schnuppern (***qc*** an etw [*dat*]) **2** F *fig mauvais coup etc* wittern **II** *v/i qn d'enrhumé* (die Nase) hochziehen

renne [ʀɛn] *m* ZO Ren(tier) *n*

renom [ʀ(ə)nõ] *m* (guter) Ruf; Name *m*; Ansehen *n*; ***artiste*** *m* ***de ~ international*** Künstler *m* von internationalem Ruf; *école etc* ***de grand ~, en ~*** mit e-m (sehr) guten Ruf; ***acquérir, avoir du ~*** e-n guten Ruf erlangen, haben; ***jouir d'un grand ~*** e-n sehr guten Ruf genießen

renommé [ʀ(ə)nɔme] *adj* (wohl)bekannt; angesehen; renommiert; berühmt; *personnage a* namhaft; ***être ~ pour …*** bekannt, berühmt sein für …

renommée [ʀ(ə)nɔme] *f* guter Ruf; Ansehen *n*; Renommee *n*; ***~ mondiale*** Weltruf *m*; ***sa ~ s'étend jusqu'à …*** sein (guter) Ruf reicht bis nach …; ***jouir d'une grande ~*** großes Ansehen, e-n sehr guten Ruf genießen

renommer [ʀ(ə)nɔme] *v/t* wieder ernennen

renoncement [ʀ(ə)nõsmɑ̃] *m* Verzicht *m* (***à*** auf +*acc*); Entsagung *f*; ***~ à soi-même*** Selbstverleugnung *f*

renoncer [ʀ(ə)nõse] *v/t/indir* ⟨**-ç-**⟩ ***~ à*** verzichten auf (+*acc*); absehen, Abstand nehmen von; aufgeben (+*acc*); entsagen (+*dat*); *st/s* sich begeben (+*gén*); ***~ à une espérance, à une habitude*** e-e Hoffnung, e-e Gewohnheit aufgeben; ***~ au mariage*** von e-r Heirat absehen; REL ***~ au monde*** der Welt entsagen; ***~ à un projet*** auf ein Projekt verzichten; ein Projekt aufgeben; REL ***~ à Satan, à ses pompes et à ses œuvres*** dem bösen Feinde und aller s-r Hoffart und allen s-n Werken widersagen; ***~ à une succession*** e-e Erbschaft ausschlagen; auf e-e Erbschaft verzichten; ♦ ***~ à faire qc*** darauf verzichten, etw zu tun; ***~ à boire, à fumer*** das Rauchen, das Trinken aufgeben, F sein lassen; ***~ à fréquenter qn*** vom Umgang mit j-m Abstand nehmen; den Umgang, Verkehr mit j-m einstellen; ***~ à poursuivre ses études*** sein Studium aufgeben; ♦ ***j'y renonce*** ich geb's auf; *abs* ***je renonce*** ich verzichte

renonciation [ʀ(ə)nõsjasjõ] *f* Verzicht *m* (***à*** auf +*acc*); JUR *a* Verzichtleistung *f*; ***~ à une succession*** Erbverzicht *m*; Ausschlagung *f* e-r Erbschaft

renoncule [ʀ(ə)nõkyl] *f* BOT Hahnenfuß *m*; ***~ (des fleuristes)*** Ranunkel *f*

renouer [ʀ(ə)nwe] **I** *v/t* **1** *lacets* wieder (zu)binden,

R

(zu)schnüren; ~ ***une cravate*** eine Krawatte wieder binden; ~ ***un ruban*** ein Band wieder verknoten **2** *fig pourparlers, conversation* wieder aufnehmen, anknüpfen; *amitié* erneuern **II** *v/t/indir* **1** ~ ***avec qc*** an etw (*acc*) (wieder) anknüpfen; ~ ***avec une mode, avec un usage*** an e-e Mode, an e-n Brauch (wieder) anknüpfen; *poésie, théâtre* ~ ***avec les traditions populaires*** Volkstraditionen wieder aufnehmen; an Volkstraditionen anknüpfen **2** ~ ***avec un ami*** die Beziehungen zu e-m Freund wieder aufnehmen; die alte Freundschaft erneuern

renouveau [ʀ(ə)nuvo] *m* ⟨*pl* ~**x**⟩ **1** *poét* Lenz *m* **2** *fig en art* neuer Frühling; neue Blüte; ***connaître un ~ de succès*** e-n neuen Erfolg zu verzeichnen haben

renouvelable [ʀ(ə)nuvlabl] *adj* **1** erneuerbar; *contrat, passeport* verlängerbar; *expérience* wiederholbar; *partic* POL *assemblée* ***être ~ tous les trois ans*** alle drei Jahre neu gewählt werden **2** ÉCOL *énergie* erneuerbar; regenerativ; *matière première* nachwachsend

renouveler [ʀ(ə)nuvle] ⟨-**ll**-⟩ **I** *v/t* erneuern; *contrat, passeport, abonnement a* verlängern; *offre, promesse, exploit a* wiederholen; *offre a* erneut machen; *promesse a* erneut geben; *exploit a* erneut vollbringen; *stocks a* auffüllen; ergänzen; ~ ***une assemblée*** ein Gremium neu wählen; *députés* ~ ***leur confiance au gouvernement*** der Regierung erneut ihr Vertrauen aussprechen; ~ ***ses efforts*** sich von Neuem anstrengen; neue Anstrengungen unternehmen; ~ ***une erreur*** e-n Irrtum wiederholen, erneut begehen; ~ ***sa garde-robe*** s-e Garderobe erneuern; sich (*dat*) neue Kleider anschaffen; ~ ***le personnel*** das Personal erneuern, auswechseln, ablösen; ~ ***sa question*** s-e Frage wiederholen, erneut stellen; REL CATH ~ ***les vœux du baptême*** die Taufgelübde erneuern; ***faire ~ son passeport*** s-n Pass erneuern *ou* verlängern lassen **II** *v/i* REL CATH die Erstkommunion nach e-m Jahr wiederholen, erneuern **III** *v/pr* ***se ~*** **1** *sang, techniques etc* sich erneuern; *peintre, écrivain etc* sich wandeln; anderes, Neues gestalten **2** *scène, incident etc* sich wiederholen; wieder vorkommen; ***et que ça ne se renouvelle pas!*** das darf nicht wieder vorkommen!; dass mir das nicht wieder vorkommt!

renouvellement [ʀ(ə)nuvɛlmɑ̃] *m* Erneuerung *f*; *d'un contrat, passeport a* Verlängerung *f*; ~ ***d'un mandat*** Wiederwahl *f* in ein Amt; ***demande*** *f* ***de ~ de passeport*** Antrag *m* auf Passverlängerung

rénovateur [ʀenɔvatœʀ], **rénovatrice** **I** *m,f* Erneuerer *m*, Erneuerin *f* **II** *adj* erneuernd

rénovation [ʀenɔvasjõ] *f* CONSTR Renovierung *f*; Instandsetzung *f*; ***travaux*** *m/pl* ***de ~*** Renovierungsarbeiten *f/pl*

rénover [ʀenɔve] *v/t* **1** *bâtiment* renovieren; instand setzen **2** *fig enseignement etc* erneuern

renseignement [ʀɑ̃sɛɲmɑ̃] *m* **1** Auskunft *f*; Information *f*; F ~***s*** *pl* Auskunft(sstelle *f*, -sdienst *m*) *f*; Information *f*; ***bureau*** *m* ***de(s) ~(s)*** Auskunftsbüro *n*; Auskunftei *f*; ***guichet*** *m* ***de(s) ~(s)*** Auskunftsschalter *m*; ***pour tout ~, pour plus amples ~s s'adresser à …*** Auskunft, nähere Auskünfte bei …; ***aller aux ~s*** a) sich erkundigen; b) zur Auskunft, Information gehen; ***donner, fournir des ~s à qn sur qc*** j-m über etw (*acc*) Auskunft geben, erteilen; ***prendre des ~s sur qn, qc*** Erkundigungen über j-n, etw einziehen, einholen **2** *de candidats à un poste* Empfehlung *f*; Referenz *f* **3** MIL, POL (geheime) Nachricht; ~***s généraux*** polizeilicher Überwachungsdienst; *correspond à* Verfassungsschutz *m*; ***agent*** *m* ***de ~s*** (Geheim)Agent *m*; ***service*** *m* ***de ~s*** Nachrichtendienst *m*

renseigner [ʀɑ̃sɛɲe] **I** *v/t* Auskunft geben, erteilen (***qn sur qc, qn*** j-m über etw, j-n); informieren, unterrichten (j-n über etw, j-n); *adjt* ***être bien, mal renseigné*** gut, schlecht unterrichtet sein, informiert sein, Bescheid wissen **II** *v/pr* ***se ~*** sich erkundigen, informieren (***auprès de qn*** bei j-m; ***sur qn, qc*** über j-n, etw); ***se ~ sur qn*** *a* über j-n Erkundigungen einholen, einziehen; ***je vais me ~*** *a* ich werde (an)fragen

rentabiliser [ʀɑ̃tabilize] *v/t* ÉCON rentabel machen, gestalten; einträglich machen **rentabilité** *f* Rentabilität *f*; Einträglichkeit *f*; Wirtschaftlichkeit *f*

rentable [ʀɑ̃tabl] *adj* rentabel; lohnend; gewinnbringend; einträglich; ***être ~*** *a* sich lohnen; sich rentieren

rente [ʀɑ̃t] *f* **1** *d'un capital, bien* Rente *f*; ~ ***viagère*** Leibrente *f*; ~ ***d'invalidité*** Invalidenrente *f* (*für Beamte*); *fig* ~ ***de situation*** Vorteil, der bei e-r Stellung herausspringt; ***avoir des ~s*** Einkünfte aus Kapitalvermögen und Besitz haben; ***vivre de ses ~s*** von s-m Vermögen leben; privatisieren **2** F *iron* (*dépense régulière*) Fass *n* ohne Boden; F kostspielige Angelegenheit **3** FIN (*emprunt d'État*) Staatsanleihe *f*

rentier [ʀɑ̃tje] *m*, **rentière** *f* Rentier *m*; Privatier *m*; *fig* ***mener une vie de rentier*** F e-e ruhige Kugel schieben

rentrant [ʀɑ̃tʀɑ̃] *adj* MATH *angle* überstumpf; einspringend

rentré [ʀɑ̃tʀe] **I** *adj* **1** *colère* unterdrückt **2** *joues* eingefallen; hohl **II** *m* COUT Umschlag *m*

rentrée [ʀɑ̃tʀe] *f* **1** (*retour*) Rückkehr *f*; Rückkunft *f*; Heimkehr *f* **2** *après les vacances* Wiederbeginn *m* (der Arbeit, der Schule, der Universität *etc*); ***la ~ parlementaire*** das Wiederzusammentreten des Parlaments; ***la ~ (des classes)*** der Schulbeginn, -anfang (nach den Ferien); ***à la ~*** bei(m) Schulbeginn; ***c'est la ~ des classes*** die Schule fängt wieder an **3** (*réapparition*) Wiederkehr *f*; *de qn a* Rückkehr *f*; ~ ***politique*** Rückkehr in die Politik; politisches Come-back [kam'bɛk]; ***faire sa ~*** *artiste* (s)ein Come-back feiern; *acteur a* wieder auf e-r Bühne auftreten; *acteur* ***faire sa ~ sur scène, dans un certain rôle*** wieder auf e-r Bühne, in e-r bestimmten Rolle auftreten **4** COMM *d'argent* Eingang *m*; ~***s*** *pl* Eingänge *m/pl*; eingehende Gelder *n/pl*; ~***s fiscales*** Steuereingänge *m/pl*, -einnahmen *f/pl*, -aufkommen *n*; ***avoir de bonnes ~s*** gute Einnahmen haben **5** ESPACE ~ ***dans l'atmosphère*** Wiedereintritt *m* in die Atmosphäre **6** AGR *de la récolte* Einbringen *n*; Einfahren *n* **7** SPORTS ~ ***en touche*** Einwurf *m*

rentrer [ʀɑ̃tʀe] **I** *v/t objet* (wieder) hinein- *ou* herein-, F reinbringen, -schaffen, -nehmen, -tragen, -schieben, -stecken; *ventre* einziehen; *avion: train d'atterrissage* einziehen, -fahren; *récolte* einbringen, -fahren; *bétail* in den Stall treiben; TYPO *ligne* einrücken; *fig colère* unterdrücken; verbeißen; hi-

R

nunterschlucken; ~ ***qc à la cave, dans la maison*** etw (wieder) in den Keller, ins Haus bringen, schaffen; ~ ***sa chemise dans son pantalon*** sein Hemd (wieder) in die Hose stecken; *par ext* ~ ***les coudes dans les côtes de ses voisins*** s-e Nachbarn mit den Ellenbogen in die Rippen stoßen; ~ ***sa voiture*** (***au garage***) s-n Wagen einstellen, in die Garage fahren *ou* bringen **II** *v/i* ⟨**être**⟩ **1** (*revenir*) zurückkehren, -kommen, -gehen; ~ (***chez soi***) heimkehren, -kommen; nach Hause kommen, gehen; *avion* ~ ***à sa base*** zu s-m Stützpunkt zurückkehren, -fliegen; ~ ***à Paris*** nach Paris zurückkehren; ~ ***dans sa chambre*** in sein Zimmer zurückgehen; *fleuve* ~ ***dans son lit*** in sein Bett zurücktreten; ~ ***du travail*** von der Arbeit zurückkommen, nach Hause kommen; ~ ***de vacances, d'un voyage*** vom Urlaub, von e-r Reise zurükkehren, -kommen; ~ ***en voiture*** mit dem Auto zurückfahren, -kommen; *fig et st/s* ~ ***en soi-même*** in sich (*acc*) gehen; ~ (***pour***) ***dîner*** zum Abendessen nach Hause gehen, kommen; ~ ***prendre son parapluie*** zurückkehren, um s-n Regenschirm zu holen; ***faire*** ~ ***les enfants*** die Kinder nach Hause holen *ou* schicken; ***ne pas trouver le chemin pour*** ~ nicht mehr nach Hause finden; ***il fait froid, rentrons!*** es ist kalt, gehen wir nach Hause!; ***en rentrant*** bei meiner *ou* s-r *etc* Rückkehr; als ich *ou* er *etc* zurückkam, -kehrte **2** (*retrouver*) ~ ***dans qc*** etw wiedererlangen; ~ ***dans le calme*** wieder zur Ruhe kommen; ~ ***dans le droit chemin*** wieder auf den rechten Weg kommen; ~ ***dans ses dépenses, dans ses frais*** s-e Ausgaben, s-e Auslagen wieder hereinbekommen; auf s-e Kosten kommen; ohne Verlust, mit plus minus null abschließen; ~ ***dans ses droits*** wieder zu s-m Recht gelangen; ~ ***dans ses fonctions*** sein Amt wieder antreten; ~ ***dans les bonnes grâces de qn*** j-s Gunst, Wohlwollen wiedergewinnen **3** *après les vacances* (*reprendre le travail*) die Arbeit wieder aufnehmen; *écoles* wieder anfangen, beginnen **4** (*entrer*) hineingehen; hereinkommen; eintreten; ~ ***à l'hôpital*** ins Krankenhaus kommen; ~ ***dans l'Administration, dans la police*** in den Verwaltungsdienst, zur Polizei gehen; bei der Verwaltung, bei der Polizei eintreten; ~ ***dans une boutique*** in e-n Laden (hinein)gehen; e-n Laden betreten; ***faire*** ~ ***qn*** j-n eintreten lassen; *fig*: (***vouloir***) ~ ***sous terre*** vor Scham am liebsten im Boden versinken; ***faire*** ~ ***qn sous terre*** F j-n am Boden zerstören; j-n fertigmachen **5** F (*heurter*) *automobiliste* ~ ***dans un arbre*** gegen e-n Baum fahren; → *a* ***dedans*** *I 1* **6** *objet dans qc* hineingehen, -passen (***dans*** in +*acc*); *éléments télescopiques* ~ ***les uns dans les autres*** sich ineinanderschieben lassen; F *fig* ***les jambes lui rentraient dans le corps*** er konnte sich kaum noch auf den Beinen halten; F er ging auf dem Zahnfleisch; *tête* ~ ***dans les épaules*** tief auf den Schultern sitzen; *clé* ***bien*** ~ ***dans la serrure*** gut ins Schloss passen; *fig* ***faire*** ~ ***qc dans la tête de qn*** j-m etw beibringen, *p/fort* eintrichtern, einbläuen **7** (*faire partie de*) ~ ***dans*** enthalten sein in (+*dat*); fallen unter (+*acc*); gehören zu; ~ ***dans une catégorie*** unter e-e Kategorie fallen; ***cela rentre dans les frais de …*** das ist in den Kosten (+*gén*) (e)inbegriffen, enthalten **8** COMM *de l'argent* eingehen; ***faire*** ~ ***des fonds*** Gelder bei-, eintreiben

renversant [ʀɑ̃vɛʀsɑ̃] *adj nouvelle* unglaublich; unfassbar; verblüffend; F umwerfend; ***c'est*** ~ *a* F das haut einen um

renverse [ʀɑ̃vɛʀs] *loc* ***tomber à la*** ~ auf den Rücken, hintenüberfallen; *fig* ***il y a de quoi tomber à la*** ~ das kann einen umwerfen

renversé [ʀɑ̃vɛʀse] *adj* **1** (*à l'envers*) umgekehrt; auf dem Kopf stehend; CUIS ***crème*** ~***e*** gestürzter Pudding mit Karamellüberzug; *fig* ***c'est le monde*** ~ das ist e-e verkehrte Welt **2** *chaise, vase etc* umgekippt; umgestoßen; umgefallen; *liquide* verschüttet; *tête* nach hinten geneigt; zurückgeworfen **3** *fig* (*stupéfait*) völlig verblüfft; fassungslos; verstört

renversement [ʀɑ̃vɛʀsəmɑ̃] *m* **1** *d'un gouvernement, régime* Sturz *m* **2** (*inversion*) Umkehrung *f*; *fig des alliances, des opinions* Verkehrung *f* ins Gegenteil

renverser [ʀɑ̃vɛʀse] **I** *v/t* **1 a)** *chaise, récipient etc* umwerfen; umstoßen; umkippen; *tempête* ~ ***les arbres*** die Bäume umdrücken, umreißen; *auto*(*mobiliste*) ~ ***un piéton*** einen Fußgänger umfahren; ~ ***qn en courant*** j-n umrennen; ***se faire*** ~ ***par une voiture*** von e-m Auto umgefahren werden; **b)** *par ext vin, café etc* verschütten; vergießen; ~ ***du café sur sa robe*** sich (*dat*) Kaffee auf das Kleid gießen; **c)** F *fig* (*stupéfier*) ***cela me renverse*** F das haut mich um; da bleibt mir die Spucke weg; ***il m'a renversé*** er hat mich völlig verblüfft, aus der Fassung gebracht **2** *gouvernement, ministre, régime* stürzen; *ordre établi* umstoßen; zerstören **3** (*inverser*) umkehren (*a* MATH); *image a* verkehrt wiedergeben; auf den Kopf stellen; *termes d'un rapport, d'une proposition* umstellen; ÉLECT *courant* umpolen; *fig* ~ ***les rôles*** die Rollen vertauschen; → *a* ***vapeur***[1] *1* **4** ~ ***la tête*** (***en arrière***) den Kopf nach hinten neigen, beugen, legen, werfen; den Kopf zurückbeugen, -legen, -werfen **II** *v/pr* ***se*** ~ **1** umfallen; *barque, voiture* umkippen; *arbre, camion* umstürzen; *barque a* kentern; *voiture* ***se*** ~ ***dans le fossé*** in den Graben kippen, stürzen **2** *personne* (*s'adosser*) sich zurücklehnen; sich nach hinten lehnen **3** *situation* ***se*** ~ (***complètement***) sich völlig ändern; sich ins Gegenteil verkehren

renvoi [ʀɑ̃vwa] *m* **1** *de personnel* Entlassung *f*; *d'un élève* Verweisung *f* (***du lycée*** vom Gymnasium); *d'un étudiant a* Relegation *f* **2** *d'une lettre etc* Zurückschicken *n*; Rücksendung *f*; *d'une demande* Abweisung *f*; Zurückweisung *f* **3** *dans un texte* Verweis *m* (***à*** auf +*acc*) **4** *à une autorité compétente* Verweisung *f* (***devant un tribunal*** an ein Gericht; ***à une commission*** an e-n Ausschuss); ***demande f de*** ~ Verweisungsantrag *m* **5** (*ajournement*) Vertagung *f*, Verschiebung *f*, Verlegung *f* (***à 'huitaine*** um acht Tage) **6** PHYSIOL Aufstoßen *n*; F Rülpser *m*; ***avoir des*** ~***s*** aufstoßen; F rülpsen

renvoyer [ʀɑ̃vwaje] ⟨→ **envoyer**⟩ **I** *v/t* **1** *personnel* entlassen; *élève* verweisen (***de l'école*** von der Schule); *étudiant de l'université a* relegieren; *visiteur gênant* wegschicken; abweisen; F abwimmeln; ~ ***qn avec des promesses*** j-n mit Versprechungen vertrösten, abspeisen; ~ ***qn de la pièce*** j-n aus dem Zimmer schicken **2** (*faire retourner*) zurückschicken (*a lettre, marchandise*); *cadeau a* zurückweisen; ~ ***un enfant à ses parents*** ein Kind zu s-n Eltern zurückschicken, nach Hause schicken **3** *balle*

R

zurückwerfen, -schlagen; *image, son, lumière* zurückwerfen; *lumière a* reflektieren; *aux cartes* **~ trèfle** noch einmal Kreuz spielen; → *a* **balle** *1* **4** *à une autorité compétente* **~ qn à qn** j-n an j-n verweisen; *dans un texte* **~ à qc** auf etw (*acc*) verweisen; **~ une affaire devant la cour d'assises** e-n Fall an das Schwurgericht verweisen **5** (*reporter*) verschieben; verlegen; vertagen; **~ à plus tard** auf später verschieben; *projet a* zurückstellen **II** *v/pr* **se ~ qc** sich gegenseitig etw zuschieben; **se ~ la faute** sich gegenseitig die Schuld zuschieben

réoccuper [ReɔkypE] *v/t* wieder besetzen

réorchestration [ReɔRkɛstRasjõ] *f* MUS Neuorchestrierung *f* **réorchestrer** *v/t* MUS neu orchestrieren

réorganisation [ReɔRganizasjõ] *f* Umorganisierung *f*; Reorganisation *f*; Neu-, Umgestaltung *f*; Neuordnung *f*; Umstellung *f* **réorganiser** **I** *v/t* umorganisieren; reorganisieren; neu gestalten, ordnen; umgestalten; umstellen **II** *v/pr* **se ~** sich reorganisieren

réorientation [ReɔRjɑ̃tasjõ] *f* Neuorientierung *f* **réorienter** *v/t politique etc* neu orientieren; anders ausrichten; in e-e neue, andere Richtung lenken; *élève a* umschulen

réouverture [ReuvɛRtyR] *f* Wiedereröffnung *f*; JUR **~ des débats** Wiedereröffnung der Verhandlung; **jour** *m* **de la ~** Wiedereröffnungstag *m*

repaire [R(ə)pɛR] *m* **1** *d'animaux* Höhle *f* **2** *fig* Schlupfwinkel *m*; **~ de brigands** *a* Räuberhöhle *f*

repaître [Rəpɛtʀ] ⟨→ **connaître**⟩ **I** *v/t st/s* **~ ses yeux de qc** s-e Augen an etw (*dat*) weiden **II** *v/pr* **se ~** **1** *animal* sich satt fressen **2** *fig* sich weiden, sich berauschen (**de** an *+dat*)

répandre [Repɑ̃dR] ⟨→ **rendre**⟩ **I** *v/t* **1** *liquide par accident* verschütten (**sur** auf *+dat*); *sable etc* streuen (auf *+acc*); **~ des larmes** Tränen vergießen; **~ le sang** Blut vergießen; **~ du vin sur la nappe** Wein auf dem Tischtuch verschütten **2** *odeur, lumière, nouvelle, effroi, allégresse* verbreiten; *bienfaits* austeilen **II** *v/pr* **se ~** **1** *liquide* sich ergießen (**sur** über *ou* auf *+acc*); auslaufen; sich verteilen; *fig foule* **se ~ dans les rues** die Straßen überfluten **2** *odeur, chaleur, fumée, nouvelle, mode, épidémie* sich verbreiten; sich ausbreiten; *épidémie a* um sich greifen **3** **se ~ en injures, en lamentations** *etc* sich in Beleidigungen, Klagen *etc* ergehen

répandu [Repɑ̃dy] *adj* **1** *liquide* verschüttet; *ordures, papiers* **~ sur le sol, par terre** auf dem Boden verstreut **2** *opinion, préjugé* verbreitet; gängig; üblich; **très ~** *a* weitverbreitet

réparable [RepaRabl] *adj* **1** *objet* zu reparieren(d); *dommage* reparabel; zu beheben(d) **2** *faute* wiedergutzumachen(d); *perte* ersetzbar

reparaître [R(ə)paRɛtR] *v/i* ⟨→ **connaître**⟩ wieder erscheinen; sich wieder zeigen; **ne reparais pas devant mes yeux!** lass dich nicht wieder bei mir blicken!; → *a* **réapparaître**

réparateur [RepaRatœR] **I** *adj* ⟨**-trice**⟩ **1** *sommeil* stärkend; erquickend; wohltuend **2** **chirurgie réparatrice** plastische Chirurgie **II** *m* Handwerker, Arbeiter, der Reparaturen ausführt; Reparateur *m*

réparation [RepaRasjõ] *f* **1** TECH Reparatur *f*; *de bâtiments a* Instandsetzung *f*; **atelier** *m* **de ~s** Reparaturwerkstatt *f*; **frais** *m/pl* **de ~** Reparaturkosten *pl*; **être en ~** repariert werden; **faire de grosses ~s** große Reparaturen durchführen **2** (*indemnité*) Entschädigung *f*; Schadenersatz *m*; Ersatzleistung *f*; *après une guerre* **~s** *pl* Reparationen *f/pl*; Wiedergutmachung *f* **3** FOOTBALL **coup** *m* **de pied de ~** Strafstoß *m*; Elfmeter *m*; **surface** *f* **de ~** Strafraum *m* **4** (*satisfaction*) Genugtuung *f* (**de** für); **en ~ du mal qu'il a fait** als Sühne für das Böse, das er getan hat

réparer [RepaRe] *v/t* **1** *appareil, véhicule, toit, chaussures, fuite etc* reparieren; **~ un bâtiment** ein Gebäude reparieren, instand setzen; **~ une panne** eine Panne beheben; *par ext* **~ ses forces, sa santé** wieder zu Kräften kommen **2** *faute, oubli, maladresse etc* wiedergutmachen; *dommages causés, perte a* ersetzen

reparler [R(ə)paRle] **I** *v/t/indir et v/i* wieder, noch einmal sprechen (**à qn** mit j-m; **de** über *+acc*; von); zurückkommen (**de qc** auf etw [*acc*]); **nous en reparlerons** wir werden sehen **II** *v/pr* **se ~** wieder, noch einmal miteinander sprechen

repartie [RepaRti] *f* (schnelle, lebhafte) Erwiderung, Entgegnung; **avoir la ~ facile** *ou* **avoir de la ~** nie um e-e Antwort verlegen sein; schlagfertig sein

repartir[1] [RəpaRtiR] *litt v/t* ⟨→ **partir**; *aber* **avoir**⟩ entgegnen; erwidern; versetzen

repartir[2] [R(ə)paRtiR] *v/i* ⟨→ **partir**⟩ **1** *de nouveau* wieder weggehen, abreisen, abfahren; weiterfahren, -gehen; (wieder) aufbrechen; *moteur* wieder anspringen; *fig*: **~ à zéro** wieder ganz von vorne, bei null anfangen; F **c'est reparti!** nun geht's wieder los!; → *a* **partir**[1] **2** *d'où l'on vient* wieder zurückgehen, -fahren

répartir [RepaRtiR] **I** *v/t* **1** (*partager*) verteilen, aufteilen (**entre** unter *+dat*); *bénéfices* ausschütten; *frais, impôts* umlegen; **~ les sinistrés dans divers villages** die (Katastrophen)Geschädigten auf verschiedene Dörfer verteilen; *adjt* **chargement mal réparti** schlecht verteilte Ladung **2** (*classer*) einteilen, (auf)gliedern (**en** in *+acc*) **II** *v/pr* **1** *réciproquement* **se ~ un travail** sich (*dat*) e-e Arbeit aufteilen; sich in e-e Arbeit teilen **2** *sens passif*: *frais* **se ~** sich verteilen

répartition [RepaRtisjõ] *f* **1** (*partage*) Verteilung *f*; Aufteilung *f*; *des bénéfices* Ausschüttung *f*; *de frais, d'impôts* Umlegung *f*; ÉCON **~ des biens** Güterverteilung *f*; PARLEMENT **~ des sièges** Sitzverteilung *f*; **~ des vivres** Lebensmittelzuteilung *f* **2** BIOL *d'une espèce* Verbreitung *f* **3** (*classement*) Einteilung *f*; (Auf)Gliederung *f*

repas [R(ə)pɑ] *m* Mahlzeit *f*; Essen *n*; *st/s* Mahl *n*; *au zoo* **le ~ des fauves** die Fütterung der Raubtiere; **~ de midi, du soir** Mittag-, Abendessen *n*; Mittags-, Abendmahlzeit *f*; Abendbrot *n*; **~ de noces** Hochzeitsessen *n*, *st/s* -mahl *n*, *plais* -schmaus *m*; **après le ~** nach Tisch; **à l'heure des ~** zu den Essenszeiten; **aimer les bons ~** gern gut essen; **n'avoir pour tout ~ que …** nur … als Mahlzeit haben; **boire aux ~, en dehors des ~, entre les ~** zum Essen, außerhalb der Mahlzeiten, zwischen den Mahlzeiten trinken; **faire trois ~ par jour** dreimal täglich essen; täglich drei Mahlzeiten zu sich nehmen; **inviter qn à un ~** j-n zum Essen einladen; **prendre ses ~ chez soi** s-e Mahlzeiten zu Hause einnehmen; **préparer le ~** das Essen zubereiten

repassage [R(ə)pasaʒ] *m du linge* Bügeln *n*; *nordd a*

R

Plätten *n*

repasser [ʀ(ə)pase] **I** *v/t* **1** *fleuve* wieder überqueren; *frontière* wieder überschreiten; *film* noch einmal zeigen; *pain, plat à table* noch einmal (herüber)reichen; *examen* noch einmal machen, ablegen; *fig* **~ les événements dans son esprit** die Ereignisse im Geist wieder an sich (*dat*) vorüberziehen lassen; **~ un plat au four** ein Gericht noch einmal in den Ofen schieben; → *a* **passer** *I* **2** F (*donner*) *travail etc* **~ à qn** j-m überlassen, übergeben; an j-n weitergeben; **~ son amie à qn** F j-m s-e Freundin überlassen, vererben; **~ sa grippe à qn** j-n mit Grippe anstecken; F j-m s-e Grippe anhängen **3** *du linge* (auf)bügeln; *nordd a* plätten; *abs* **~** (Wäsche) bügeln; **fer** *m* **à ~** Bügel-, Plätteisen *n* **4** (*relire*) *leçons, rôle* noch einmal durchgehen; wiederholen **5** (*aiguiser*) *couteaux, ciseaux* schleifen; abziehen **II** *v/i* 〈**être**〉 noch einmal, wieder vorbeikommen, -gehen, -fahren; **repassez demain** kommen Sie morgen wieder vorbei; F *fig* **il peut toujours ~** darauf kann er lange warten; *fig* **~ derrière qn** j-m (scharf) auf die Finger sehen; **passer et ~ devant une maison** vor e-m Haus auf und ab gehen; **~ par le même chemin** *au point de départ* auf dem gleichen Weg zurückgehen, -fahren, -kommen; *une seconde fois* noch einmal den gleichen Weg gehen, fahren; → *a* **passer** *II* **III** *v/pr linge* **se ~** gebügelt werden (können); sich bügeln lassen

repasseuse [ʀ(ə)pasøz] *f* Büglerin *f*; *nordd a* Plätterin *f*

repayer [ʀ(ə)peje] *v/t et v/i* 〈**-ay-** *od* **-ai-**〉 noch einmal bezahlen

repêchage [ʀ(ə)pɛʃaʒ] *m* **1** Herausfischen *n*, -ziehen *n* (aus dem Wasser); Bergung *f* **2** *fig* **a)** *d'un candidat* F Durchziehen *n*; **b)** *examen* Wiederholungsprüfung *f*

repêcher [ʀ(ə)pɛʃe] *v/t* **1** *objet, personne* aus dem Wasser ziehen; F herausfischen; **~ qn dans la Seine** j-n aus der Seine ziehen, bergen **2** F *fig* **a)** *à un examen* **~ un candidat** e-n Kandidaten gerade noch durchkommen lassen; F e-n Kandidaten durchziehen; bei e-m Kandidaten ein Auge zudrücken; **b)** SPORTS e-e zusätzliche Qualifikationschance geben (**qn** j-m)

repeindre [ʀ(ə)pɛ̃dʀ] *v/t* 〈→ **peindre**〉 neu, wieder (an)streichen; **~ en bleu** blau anstreichen *ou* übermalen

repeint [ʀ(ə)pɛ̃] *m* PEINT Übermalung *f*

repenser [ʀ(ə)pɑ̃se] **I** *v/t problème* (noch einmal) überdenken **II** *v/t/indir* **~ à** wieder denken an (*+acc*); *p/fort* noch einmal nachdenken über (*+acc*); **j'y repenserai** ich werde es mir noch überlegen

repentant [ʀ(ə)pɑ̃tɑ̃] *adj* reumütig; reuig; reuevoll

repenti [ʀ(ə)pɑ̃ti] **I** *adj pécheur* reuig; **prostituée ~e** Prostituierte, die sich von ihrem bisherigen Leben abgekehrt hat **II** *m* JUR Kronzeuge *m*

repentir [ʀ(ə)pɑ̃tiʀ] **I** *v/pr* 〈→ **partir**〉 **se ~ de qc** etw bereuen; **il s'en repentira** er wird es noch bereuen **II** *m* Reue *f* (**de qc** über etw [*acc*]); **témoigner du ~** Reue zeigen

repérage [ʀ(ə)peʀaʒ] *m* **1** AVIAT, MIL Ortung *f*; Standortbestimmung *f* **2** CIN Erkundung *f* geeigneter Drehorte

répercussion [ʀepɛʀkysjõ] *f* **1** **~ du son** Widerhall *m* **2** *fig* Auswirkung *f*; Nachwirkung *f*; **avoir des ~s sur qc** Auswirkungen auf etw (*acc*) haben; sich auf etw (*acc*) auswirken

répercuter [ʀepɛʀkyte] **I** *v/t* **1** *onde, son* zurückwerfen **2** *augmentation des salaires etc* abwälzen, überwälzen (**sur** auf *+acc*) **3** *directives* weitergeben (**sur** an *+acc*) **II** *v/pr* **1** **se ~** *bruit* widerhallen; *sons, cris* zurückschallen **2** *fig* **se ~ sur qc** sich auf etw (*acc*) auswirken; sich in etw (*dat*) niederschlagen

repère [ʀ(ə)pɛʀ] *m* Markierung *f*; Zeichen *n*; Marke *f*; **point** *m* **de ~** Anhaltspunkt *m*; Bezugs-, Orientierungspunkt *m*; **n'avoir aucun point de ~** keinen Anhaltspunkt haben; **poser des ~s** Zeichen, Markierungen anbringen

repérer [ʀ(ə)peʀe] 〈**-è-**〉 **I** *v/t* **1** (*découvrir*) ausfindig machen; auffinden; ausmachen; F **se faire ~** die Aufmerksamkeit auf sich (*acc*) lenken; sich verraten **2** AVIAT, MIL orten; ausmachen **II** *v/pr* **se ~** sich zurechtfinden

répertoire [ʀepɛʀtwaʀ] *m* **1** (Sach)Register *n*; Verzeichnis *n*; Nachschlagewerk *n*; **~ d'adresses** Adressbuch *n*, -heft *n*; **~ de droit** juristisches Nachschlagewerk **2** THÉ Repertoire *n* (*a d'un artiste*); Spielplan *m*; **faire partie du ~** zum Repertoire gehören **3** *fig* **tout un ~ d'injures** ein ganzes Repertoire von Schimpfwörtern

répertorier [ʀepɛʀtɔʀje] *v/t* in ein Register, Verzeichnis aufnehmen; erfassen

repeser [ʀ(ə)pəze] *v/t* 〈**-è-**〉 nachwiegen

répéter [ʀepete] 〈**-è-**〉 **I** *v/t* **1** (*redire*) wiederholen; noch einmal sagen; **~ une nouvelle, un secret** eine Nachricht, ein Geheimnis weitersagen, -erzählen; *pourquoi pas?* **répéta-t-il** wiederholte er; **répète après moi** sprich mir nach; **ne pas se le faire ~** es sich (*dat*) nicht zweimal sagen lassen **2** (*refaire*) wiederholen; noch einmal machen; *adjt* **des tentatives répétées** wiederholte Versuche *m/pl* **3** *rôle, pièce etc* proben; einstudieren; *leçon* wiederholen; *abs* **les acteurs sont en train de ~** die Schauspieler sind beim Proben **II** *v/pr* **se ~** **1** *sens réfléchi* sich wiederholen; **il avait beau se ~ que …** er konnte sich (*dat*) noch so oft sagen, dass … **2** *sens passif* wiederholt werden; sich wiederholen; wieder(holt) vorkommen; **que cela ne se répète pas!** dass das nicht wieder vorkommt!

répétiteur [ʀepetitœʀ] *m*, **répétitrice** *f* Repetitor *m*, Repetitorin *f*; F Einpauker(in) *m(f)*

répétitif [ʀepetitif] *adj* 〈**-ive**〉 sich wiederholend; *par ext* monoton

répétition [ʀepetisjõ] *f* **1** Wiederholung *f*; MIL **fusil** *m* **à ~** Repetiergewehr *n*; Mehrlader *m* **2** THÉ *etc* Probe *f*; Einstudierung *f*; **~ générale** Generalprobe *f* (*a fig*); Hauptprobe *f*

repeuplement [ʀ(ə)pœpləmɑ̃] *m* **1** *d'une région par des personnes* Wiederbevölkern *n*, -ung *f* **2** *d'un étang en poissons, d'une chasse en gibier* Wiederbesetzen *n*, -ung *f*; *d'une forêt* Wiederaufforsten *n*, -ung *f*

repeupler [ʀ(ə)pœple] **I** *v/t* **1** *région* wieder bevölkern **2** *étang* wieder mit Fischen, *chasse* wieder mit Wild besetzen; **~ une forêt** einen Wald wieder aufforsten **II** *v/pr* **se ~** sich wieder bevölkern

repiquage [ʀ(ə)pikaʒ] *m* **1** JARD Pikieren *n*; Verpflanzen *n* **2** *d'une cassette etc* Überspielung *f*

repiquer [ʀ(ə)pike] **I** *v/t* **1** JARD pikieren; auspflan-

R

zen; (ver)pflanzen (*a riz*) **2** *disque, cassette* überspielen **3** F (*surprendre*) ***se faire ~*** F wieder geschnappt werden **II** *v/i* F ***~ au truc*** F es noch mal machen

répit [ʀepi] *m* Ruhe *f*; Atempause *f*; *loc/adv* ***sans ~*** pausenlos; unablässig; unaufhörlich; ***s'accorder un peu de ~*** sich (*dat*) ein wenig Ruhe, e-e kleine Atempause gönnen; ***cela ne lui laisse pas un moment de ~*** das lässt ihn keinen Moment in Ruhe

replacer [ʀ(ə)plase] ⟨**-ç-**⟩ **I** *v/t* **1** wieder hinstellen, -setzen, -legen; ***~ qc à un endroit*** etw wieder an e-n Ort stellen; *par ext* ***~ une phrase dans son contexte*** e-n Satz wieder in s-n Zusammenhang stellen **2** ***~ qn*** j-m e-e andere, neue Stelle verschaffen, vermitteln **II** *v/pr* ***se ~*** *personne* e-e andere *ou* neue Stelle bekommen

replanter [ʀ(ə)plɑ̃te] *v/t* **a)** *plantes* wieder einpflanzen; umpflanzen; verpflanzen; versetzen; **b)** *terrain* neu bepflanzen (**en** mit); *forêt a* wieder aufforsten

replat [ʀəpla] *m* GÉOL Terrasse *f*

replâtrage [ʀ(ə)plɑtʀaʒ] *m* F *péj* Flickschusterei *f*

replâtrer *v/t* **1** *mur etc* neu vergipsen; mit Gips verschmieren; *abs* den Gips ausbessern **2** F *fig devoirs etc* oberflächlich verbessern; F zurechtschustern

replet [ʀəplɛ] *adj* ⟨**-ète** [-ɛt]⟩ dick; rundlich; füllig; beleibt

repleuvoir [ʀ(ə)plœvwaʀ] *v/imp* ⟨→ **pleuvoir**⟩ ***il repleut*** es regnet wieder

repli [ʀ(ə)pli] *m* **1** *de la peau, d'un drapé* Falte *f* **2** *d'une rivière, de l'intestin* Windung *f* **3** COUT Umschlag *m* **4** MIL (geordneter) Rückzug; Zurücknahme *f*; Absetzbewegung *f* **5** *fig du cœur, de l'âme* verborgener, geheimer Winkel

repliement [ʀ(ə)plimɑ̃] *m* ***~ (sur soi-même)*** Zurückgezogenheit *f*; Abkapselung *f*

replier [ʀ(ə)plije] **I** *v/t* **1** *journal, carte, vêtement* wieder *ou* noch einmal zusammenfalten, -legen; *papier* noch einmal falten, kniffen, umknicken; ***~ les ailes*** die Flügel anlegen; ***~ le bord*** den Rand umschlagen; ***~ les bras*** die Arme anwinkeln; ***~ une chaise, un couteau, une table*** einen Stuhl, ein Messer, einen Tisch zusammenklappen; ***~ les jambes*** die Beine anziehen, anwinkeln **2** MIL ***faire ~ les troupes*** die Truppen zurücknehmen **II** *v/pr* ***se ~*** **1** MIL sich (geordnet) zurückziehen (***sur*** auf *+acc*); sich absetzen **2** ***se ~ sur soi-même*** sich von der Außenwelt abschließen; sich abkapseln; sich zurückziehen

réplique [ʀeplik] *f* **1** (*riposte*) Erwiderung *f*; Entgegnung *f*; Antwort *f*; ***argument*** *m* ***sans ~*** unwiderlegbares Argument **2** (*objection*) Widerrede *f*; ***pas de ~!*** keine Widerrede!; ***sans ~*** *loc/adj ton* der jede Widerrede ausschließt; *loc/adv* ohne Widerrede, Widerspruch; widerspruchslos **3** THÉ Antwort *f*; Gegenrede *f*; ***donner la ~ à un acteur*** e-m Schauspieler das Stichwort geben; *fig deux personnes* ***se donner la ~*** den anderen nicht zu Wort kommen lassen **4** ART Replik *f*; Nachbildung *f* **5** *fig* (*double*) *de qc* Pendant *n*; *de qn* (**vivante**) **~** Doppelgänger *m*

répliquer [ʀeplike] *v/t* **1** (*répondre*) entgegnen, erwidern (***qc à qn*** j-m etw); ***... répliqua-t-il*** ... erwiderte, entgegnete er **2** *abs* (*protester*) widersprechen; ***et ne réplique pas!*** und widersprich nicht!

replonger [ʀ(ə)plõʒe] ⟨**-geons**⟩ **I** *v/t* **1** *rame etc* wieder (ein)tauchen (***dans*** in *+acc*) **2** *fig* ***~ qn dans l'inquiétude*** *etc* j-n wieder in Unruhe *etc* versetzen **II** *v/i et v/pr* **1** (***se***) ***~ dans l'eau*** wieder ins Wasser springen **2** *fig* ***se ~ dans sa lecture*** sich wieder in s-e Lektüre vertiefen

répondant [ʀepõdɑ̃] *m*, **répondante** *f* Bürge *m*; Gewährsmann *m*; ***servir de répondant, répondante à qn*** für j-n Bürge sein; F *fig* ***avoir du répondant*** F Geld im Rücken haben

répondeur [ʀepõdœʀ] *m* TÉL ***~ (automatique)*** (automatischer) Anrufbeantworter

répondre [ʀepõdʀ] ⟨→ **rendre**⟩ **I** *v/t* antworten, erwidern, entgegnen (***qc à qn*** j-m etw); ***il m'a répondu une impertinence*** er hat mir mit e-r Frechheit geantwortet; ÉGL ***~ la messe*** bei der Messe antworten; ***~ présent à l'appel*** beim Namensaufruf mit Hier antworten; ***il m'a répondu de*** (*+inf*) er antwortete (mir), ich solle (*+inf*) *ou* dass ich (*+inf*) solle; ***~ que ...*** antworten, dass ...; *st/s* ***il me fut répondu que ...*** ich erhielt den Bescheid, dass ...; ***~ (que) oui, non*** mit Ja, Nein antworten; ***... répondit-il*** ... antwortete er **II** *v/t/indir et v/i* **1** antworten, Antwort geben, entgegnen, erwidern (***à qn*** j-m; ***à qc*** auf etw [*acc*]); beantworten (***à qc*** etw); *écho* widerhallen; ♦ ***~ à l'amour de qn*** j-s Liebe erwidern; ***~ à l'appel*** dem Aufruf Folge leisten; ***~ aux avances de qn*** auf j-s Annäherungsversuche (*acc*) eingehen; GR ***~ au datif*** mit dem Dativ stehen; ***~ à une invitation*** e-r Einladung Folge leisten; ***~ à une lettre*** e-n Brief beantworten; auf e-n Brief antworten; ***~ au nom de ...*** auf den Namen ... hören; ***~ à une question*** auf e-e Frage antworten; e-e Frage beantworten; ***~ à un salut, à un sourire*** e-n Gruß, ein Lächeln erwidern; ***~ au téléphone*** ans Telefon gehen; TÉL ***ça ne répond pas*** es meldet sich niemand; ♦ *avec adv et loc/adv*: F ***bien répondu!*** das war e-e gute Antwort; ***~ par oui ou par non*** mit Ja oder (mit) Nein antworten; ***~ par un refus*** abschlägig antworten; ***~ par retour du courrier*** postwendend antworten; ***~ par un sourire*** mit e-m Lächeln antworten **2** (*correspondre*) ***~ à qc*** e-r Sache (*dat*) entsprechen; ***~ à l'attente de qn*** j-s Erwartungen entsprechen; ***~ à un besoin*** e-m Bedürfnis entsprechen, entgegen-, nachkommen; ***~ à une description*** e-r Beschreibung entsprechen; ***~ aux exigences*** den Anforderungen genügen, *personne a* gewachsen sein; ***tout répond à nos vœux*** alles entspricht unseren Wünschen **3** (*répliquer*) *surtout enfant* widersprechen (***à qn*** j-m); *abs* ***il répond*** er gibt freche Antworten **4** *mécanisme, organisme* ansprechen, reagieren (***à*** auf *+acc*); ***les freins répondent bien*** die Bremsen reagieren gut **5** ***~ de qc, de qn*** für etw, für j-n bürgen, sich verbürgen, haften, einstehen, geradestehen, die Verantwortung übernehmen *ou* tragen; ***~ de ses crimes*** für s-e Verbrechen zur Verantwortung gezogen werden; ***~ des dettes de qn*** für j-s Schulden haften, aufkommen; ***~ de l'honnêteté de qn*** für j-s Ehrlichkeit bürgen; *médecin* ***~ (de la vie) d'un malade*** versichern, dass der Kranke außer (Lebens)Gefahr ist; ***je t'en réponds*** du kannst dich auf mich verlassen; F darauf kannst du Gift nehmen; ***je ne réponds de rien*** ich garantiere für nichts **III** *v/pr* ***se ~*** **1** *instruments, oiseaux* sich gegenseitig antworten; *instruments a* abwechselnd spielen **2** *bâtiments etc* sich entsprechen

R

répons [repõ] *m* REL Responsorium *n*

réponse [repõs] *f* **1** Antwort *f*, Erwiderung *f*, Entgegnung *f* (**à** auf +*acc*); *lettre a* Antwortbrief *m*, -schreiben *n*; POSTE **~ payée** Telegramm *n* mit bezahlter Rückantwort; *fig* **~ à un problème** Antwort auf ein Problem; JUR **droit** *m* **de ~** Anspruch *m* auf Gegendarstellung; COMM, ADM **en ~ à votre lettre** in Beantwortung Ihres Schreibens; *j'ai essayé plusieurs fois* - **pas de ~** keine Antwort; TÉL es meldet(e) sich niemand; **pour toute ~, il se mit à rire** als Antwort *ou* statt e-r Antwort lachte er nur; ein Lachen war die (ganze) Antwort; **avoir ~ à tout** auf alles e-e Antwort haben, wissen; nie um e-e Antwort verlegen sein; *par ext* jeder Lage gewachsen sein; **donner, obtenir une ~** e-e Antwort geben, erhalten; *lettre, question* **laisser, rester sans ~** unbeantwortet lassen, bleiben **2** PHYSIOL Reizbeantwortung *f*; Reaktion *f*

report [R(ə)pɔR] *m* **1** (*ajournement*) Verschiebung *f*; Vertagung *f* **2** COMPTABILITÉ Übertrag *m*; *t/t* Vortrag *m* **3** *d'un dessin* Übertragung *f* **4** POL **~ des voix** Stimmenübertragung *f* (auf e-n anderen Kandidaten)

reportage [R(ə)pɔRtaʒ] *m* Reportage *f*; Berichterstattung *f*; (Presse)Bericht *m*; RAD, TV *a* Übertragung *f*; **~ filmé, télévisé** Film-, Fernsehreportage *f*; *par ext* **débuter dans le ~** als Reporter anfangen; **faire un ~ sur ...** e-e Reportage über (+*acc*) machen

reporter[1] [R(ə)pɔRte] **I** *v/t* **1** *au point de départ* zurücktragen, -bringen; wiederbringen **2** *fig dans le passé* zurückversetzen (**à** in +*acc*) **3** (*transcrire*) übertragen (*a dessin*); COMM *somme a* vortragen; *somme* **~ en 'haut de la page suivante** oben auf die folgende Seite übertragen **4** (*ajourner*) ver-, aufschieben; vertagen **5** **~ qc sur qn** etw auf j-n übertragen; **~ son affection sur qn** s-e Zuneigung auf j-n übertragen; **~ tout son espoir sur qn** s-e ganze Hoffnung auf j-n setzen **II** *v/pr* **1** (*se référer*) **se ~ à qc** sich auf etw (*acc*) beziehen; (*consulter*) in etw (*dat*) nachsehen, nachlesen; **se ~ page 16** siehe Seite 16 **2** **se ~ à son enfance** *etc* sich in s-e Kindheit *etc* zurückversetzen **3** *colère etc* **se ~ sur qn** sich auf j-n übertragen

reporter[2] [R(ə)pɔRtɛR] *m* Reporter *m*; Berichterstatter *m*; **~ photographe** Pressefotograf *m*; Bildberichterstatter *m*; *adjt* **femme** *f* **~** Reporterin *f*; Berichterstatterin *f*

repos [R(ə)po] *m* **1** Ruhe *f*; Ruhepause *f*, -zeit *f*; Erholung *f*; Schonung *f*; *au travail* (Arbeits)Pause *f*; REL **le ~ éternel** die ewige Ruhe; **animal** *m* **au ~** Tier *n* in Ruhestellung; **un moment de ~** ein Moment Ruhe; *loc/adj* **de tout ~** *placement, situation* (ganz, absolut) sicher; risikolos; *travail* ruhig; **avoir la conscience en ~** ein ruhiges Gewissen haben; **ôter tout ~ à qn** j-m alle Ruhe rauben; **prendre du ~** ausspannen **2** MIL **~!** rührt euch!

reposant [R(ə)pozɑ̃] *adj* erholsam

reposé [R(ə)poze] *adj* erholt; ausgeruht; *loc/adv* **à tête ~e** in (aller) Ruhe; in e-m ruhigen Augenblick

repose-pied(s) [R(ə)pozpje] *m* ⟨*pl* **repose-pieds**⟩ *d'une moto* Fußraste *f*; *d'un fauteuil* Fußstütze *f*

reposer [R(ə)poze] **I** *v/t* **1** *objet* wieder hinstellen, -setzen, -legen; *question* wieder, noch einmal stellen; MIL **reposez - arme(s) !** Gewehr ab!; → *a* **poser** **2** *corps, esprit* ausruhen; **le vert repose la vue** Grün ist für das Auge erholsam; **cela te reposera** das wird dich erfrischen; du wirst dich dabei entspannen **II** *v/i* **1** *st/s* (*dormir*) *st/s* ruhen **2** (*être enterré*) ruhen; begraben liegen; **ici repose ...** hier ruht ...; **qu'il repose en paix** er ruhe in Frieden **3** **laisser ~** *vin* ablagern lassen; *liquide* sich absetzen lassen; *pâte* ruhen lassen; *champ* brachliegen lassen **4** **~ sur a)** *maison, colonne etc* stehen, ruhen auf (+*dat*); **b)** *fig théorie etc* (be)ruhen auf (+*dat*); sich gründen, gegründet sein auf (+*acc*); **toute la responsabilité repose sur lui** die ganze Verantwortung ruht auf ihm **III** *v/pr* **1** **se ~** sich erholen; (sich) ausruhen; *st/s* ruhen; **reposez-vous bien!** angenehme Ruhe!; **aller se ~** sich hinlegen (, um auszuruhen) **2** **se ~ sur qn** sich auf j-n verlassen

repose-tête [R(ə)poztɛt] *m* ⟨*inv*⟩ Kopfstütze *f*

reposoir [R(ə)pozwaR] *m* ÉGL CATH Stationsaltar *m* zur Aufstellung des Allerheiligsten

repoussant [R(ə)pusɑ̃] *adj* abstoßend; abscheulich; widerlich; **d'une laideur ~e** abstoßend hässlich; **être d'une saleté ~e** vor Schmutz starren

repousse [R(ə)pus] *f des cheveux etc* (Nach)Wachsen *n*; **pour la ~ des cheveux** für den Haarwuchs

repoussé [R(ə)puse] *adj métal* getrieben; gepunzt (*a cuir*)

repousser [R(ə)puse] **I** *v/t* **1** (*faire reculer*) weg-, zurückstoßen; zurück-, wegdrängen; *ennemi* zurückwerfen; *par ext attaque* zurück-, abschlagen; abwehren **2** (*éconduire*) abweisen; von sich weisen; feindlich begegnen (**qn** j-m) **3** (*dégoûter*) abstoßen; **tout me repousse en lui** mich stößt alles an ihm ab **4** (*rejeter*) *offre, conseil, demande, hypothèse etc* ablehnen; zurückweisen; *offre a* ausschlagen; *demande* abschlagen; *pensées* verdrängen; *tentation* widerstehen (+*dat*); **~ un projet de loi** e-n Gesetzentwurf ablehnen **5** *objets gênants, meuble* weg-, zurückschieben; (ver)rücken; **~ la table contre le mur** den Tisch an die Wand rücken **6** PHYS *électron etc* abstoßen **7** TECH *métal* treiben; punzen (*a cuir*) **8** (*différer*) hinausschieben; verschieben **II** *v/i cheveux, gazon etc* wieder wachsen; nachwachsen; **laisser ~ sa barbe** s-n Bart wieder wachsen lassen

repoussoir [R(ə)puswaR] *m* Kontrast(figur) *m(f)*; **servir de ~ à qn** dazu dienen, (durch Kontrastwirkung) j-s Vorzüge zur Geltung zu bringen; *femme laide* **c'est un ~** sie ist e-e Vogelscheuche

répréhensible [repReɑ̃sibl] *adj* tadelnswert; verwerflich; sträflich

reprendre [R(ə)pRɑ̃dR] ⟨→ **prendre**⟩ **I** *v/t* **1** *objet* wieder, noch einmal nehmen; wieder weg-, fortnehmen; zurücknehmen; *personne, voiture etc* (*aller chercher*) wieder abholen; *personnel* wieder einstellen, F nehmen; *fugitif* wieder fassen, ergreifen; MIL *ville etc* wiedereinnehmen; zurückerobern; *sa place* wieder einnehmen; *habitude* wieder annehmen; *chemin* wieder einschlagen; **~ les armes** wieder zu den Waffen greifen; **~ l'avantage** wieder in Führung gehen; wieder e-n Vorsprung erzielen; **~ confiance** wieder Vertrauen fassen; **~ contact avec qn** wieder Kontakt, Verbindung mit j-m aufnehmen; **~ son cours** wieder s-n Lauf nehmen; wieder s-n Gang gehen; **~ le dessus** → **dessus** *III 6*; **~ espoir** wieder Hoffnung schöpfen; **~ des forces** wieder zu Kräften kommen; neue Kraft schöpfen;

R

(wieder) neue Kräfte sammeln; **~ de l'influence** wieder Einfluss gewinnen; *à table* **~ du pain, de la viande** noch einmal (vom) Brot, (vom) Fleisch nehmen; **~ possession de qc** von etw wieder Besitz ergreifen; **~ sa route** sich wieder auf den Weg machen; **~ son souffle, sa respiration** wieder Atem schöpfen, Luft holen; *théorie etc* **~ à son compte** übernehmen; sich (*dat*) zu eigen machen; → *a* **prendre** *et les subst correspondants* **2** *fatigue, sommeil* **~ qn** j-n wieder überkommen, überfallen; **ses douleurs l'ont repris** er hat wieder s-e Schmerzen (bekommen); **voilà que ça le reprend!** jetzt fängt er wieder davon an!; jetzt überkommt es ihn wieder! **3** COMM *article* zurücknehmen; *vieille voiture, télé etc* in Zahlung nehmen **4** **a)** (*continuer*) *travail, conversation, lutte etc* wieder aufnehmen; fortsetzen; fort-, weiterführen; **b)** (*répéter*) *argument, refrain* wiederholen; wieder aufnehmen; *histoire* noch einmal erzählen; **c)** *entreprise, commerce, programme* übernehmen **5** (*améliorer*) *texte* überarbeiten; *vêtement* enger machen; ändern **6** (*réprimander*) *élève, enfant* tadeln; zurechtweisen; **~ qn vertement** j-n scharf zurechtweisen **7** **on ne m'y reprendra plus** das wird mir nicht noch einmal passieren; darauf falle ich nicht mehr herein; **que je ne t'y reprenne plus!** lass dich nicht noch einmal dabei erwischen! **II** *v/i* **1** (*dire*) wieder, von Neuem (zu reden) beginnen; *en incise* **reprit-il** sagte er (nach e-r Pause) **2** **a)** *plante* wieder Wurzeln schlagen; wieder anwachsen; **b)** *par ext*: *mode* wieder aufkommen; **les affaires reprennent** das Geschäft belebt sich wieder, kommt wieder in Gang **3** (*recommencer*) wieder beginnen, anfangen; *travail, lutte, pourparlers, cours a* wieder aufgenommen werden; fortgesetzt, fort-, weitergeführt werden; *froid, douleurs a* wieder einsetzen; *hostilités a* wieder aufleben **III** *v/pr* **1** **se ~** (*se ressaisir*) sich fangen; sich wieder in die Gewalt bekommen; (*rectifier*) sich verbessern; *ce gros mot à peine prononcé,* **il se reprit aussitôt** hat er sich sofort verbessert **2** (*recommencer*) **s'y ~ à deux fois** zweimal beginnen, anfangen (**pour faire qc** etw zu tun; [mit] etw); **tout le monde se reprend à espérer** alle beginnen wieder zu hoffen

repreneur [R(ə)pRənœR] *m* ÉCON Firmenaufkäufer *m*

représailles [R(ə)pRezaj] *f/pl* POL *et par ext* Repressalien *f/pl*; Vergeltungsmaßnahmen *f/pl*; **exercer des ~, user de ~** Repressalien ergreifen; *par ext* Vergeltung üben

représentable [R(ə)pRezɑ̃tabl] *adj* darstellbar

représentant [R(ə)pRezɑ̃tɑ̃] *m*, **représentante** *f* **1** POL, DIPL Vertreter(in) *m(f)*; Repräsentant(in) *m(f)*; (*remplaçant[e]*) Stellvertreter(in) *m(f)*; JUR **~ légal** gesetzlicher Vertreter; **~ des forces de l'ordre** Polizeibeamte(r) *m*; *iron* Ordnungshüter *m*; **les ~s du peuple** die Volksvertreter *m/pl*; *U.S.A.* **Chambre** *f* **des ~s** Repräsentantenhaus *n* **2** COMM Vertreter(in) *m(f)*; **représentant, représentante de commerce** Handelsvertreter(in) *m(f)* **3** *d'une catégorie* (typischer) Vertreter; (typische) Vertreterin

représentatif [R(ə)pRezɑ̃tatif] *adj* ⟨**-ive**⟩ **1** POL repräsentativ; stellvertretend; **assemblée représentative** gewählte Volksvertretung; **régime ~** Repräsentativsystem *n* **2** (*typique*) typisch, charakteristisch, repräsentativ (**de** für)

représentation [R(ə)pRezɑ̃tasjõ] *f* **1** Darstellung *f* (*a résultat*); Veranschaulichung *f*; ART, MATH *a* Abbildung *f* **2** THÉ Aufführung *f*; Vorstellung *f*; **~ en plein air** Freilichtaufführung *f*; **~ en matinée, en soirée** Nachmittags-, Abendvorstellung *f* **3** POL, DIPL, JUR Vertretung *f*; POL *a* Repräsentation *f*; **~ proportionnelle** Verhältnis-, *österr, schweiz* Proportionalwahlrecht *n*, -wahlsystem *n*; **~ du peuple, nationale** Volksvertretung *f* **4** COMM Vertretung *f*; **~ exclusive** Alleinvertretung *f*; **faire de la ~** Vertreter sein **5** (*train de vie*) Repräsentation *f*; (gesellschaftlicher) Aufwand; **frais** *m/pl* **de ~** Repräsentationskosten *pl*, -gelder *n/pl*; *indemnités* Aufwandsentschädigung *f* **6** PSYCH Vorstellung *f*; *sc* Repräsentation *f*

représentativité [R(ə)pRezɑ̃tativite] *f* repräsentativer Charakter

représenter [R(ə)pRezɑ̃te] **I** *v/t* **1** darstellen; veranschaulichen; **~ qc** *image, photo a* etw abbilden, wiedergeben; *en littérature a* etw schildern; **~ qn comme un tricheur** j-n als Schwindler hinstellen; THÉ *scène* **~ un jardin** e-n Garten darstellen **2** THÉ *pièce* aufführen **3** POL, DIPL, JUR vertreten; *par ext* **~ une tendance** e-e Richtung vertreten, repräsentieren; **~ en justice** vor Gericht vertreten; **se faire ~** sich vertreten lassen **4** COMM *firme, marque* vertreten **5** *litt* (*faire observer*) vor Augen führen; vorhalten **6** (*constituer*) darstellen; bedeuten; **cela représente beaucoup pour moi** das bedeutet viel für mich; **l'électricité représente une véritable conquête** die Elektrizität stellt eine wirkliche Errungenschaft dar **II** *v/i personne* repräsentieren **III** *v/pr* **1** (*s'imaginer*) **se ~ qc** sich (*dat*) etw vorstellen, denken, vergegenwärtigen; **représentez-vous ma joie lorsque …** stellen Sie sich (*dat*) meine Freude vor, als …; **je me représentais autrement la chose** ich dachte mir die Sache anders **2** **se ~ aux élections** sich wieder, erneut zur Wahl stellen; bei Wahlen erneut kandidieren; **se ~ à un examen** sich wieder, noch einmal zu e-r Prüfung melden **3** *occasion etc* **se ~** sich noch einmal bieten

répressible [RepResibl] *adj délit* strafbar

répressif [RepResif] *adj* ⟨**-ive**⟩ repressiv; be-, einschränkend; unterdrückend; **justice répressive** Strafrechtspflege *f*

répression [RepResjõ] *f* **1** *d'un crime* Strafverfolgung *f*; Ahndung *f*; Bestrafung *f* **2** *d'une révolte* Niederschlagung *f*, -werfung *f*; Unterdrückung *f*; *t/t* Repression *f*; **mesures** *f/pl* **de ~** repressive Maßnahmen *f/pl*

réprimande [RepRimɑ̃d] *f* Verweis *m*; Tadel *m*; Rüge *f*; Zurechtweisung *f*; **faire des ~s** e-n Verweis erteilen

réprimander [RepRimɑ̃de] *v/t* e-n Verweis, e-e Rüge erteilen (**qn** j-m); tadeln; zurechtweisen; rügen

réprimer [RepRime] *v/t* **1** *colère etc* unterdrücken (*a larmes*); in Schranken, im Zaum halten; zügeln; **~ une envie de rire** sich (*dat*) das Lachen verbeißen **2** *révolte* niederschlagen, -werfen; unterdrücken; *des abus* abstellen

repris [R(ə)pRi] *m* **~ de justice** Vorbestrafte(r) *m*

reprisage [R(ə)pRizaʒ] *m* COUT Stopfen *n*

reprise [R(ə)pRiz] *f* **1** *du travail, de la lutte etc* Wiederaufnahme *f*; Fortsetzung *f*; Fort-, Weiterfüh-

R

rung *f*; *d'un fonds de commerce* Übernahme *f*; THÉ *d'une pièce* Reprise *f*; Wiederaufnahme *f* in den Spielplan; *du froid* Wiederbeginn *m*; Wiedereinsetzen *n*; *des hostilités a* Wiederaufleben *n*; *des affaires* Wieder-in-Gang-Kommen *n*; *de la conjoncture* Aufschwung *m*; *à la Bourse* Erholung *f*; **~ économique** Wiederbelebung *f*, Wiederaufschwung *m* der Wirtschaft; SPORTS **à la ~** nach der Pause **2** MIL *d'une ville etc* Wiedereinnahme *f*; Zurückeroberung *f* **3** COMM *d'un article* Zurücknahme *f*; *d'une vieille voiture, télé* Inzahlungnahme *f* **4** TECH *moteur* **avoir de bonnes ~s** ein gutes Anzugsvermögen haben; gut beschleunigen; spritzig sein **5** BOXE Runde *f* **6** *lors d'un emménagement* Ablösung *f* (*für übernommene Einrichtungsgegenstände*) **7** COUT gestopfte Stelle; **faire une ~ à qc** etw stopfen **8** MUS Reprise *f*; **signe** *m* **de ~** Wiederholungszeichen *n* **9** *loc/adv* **à deux, trois ~s** zwei-, dreimal hintereinander; **à plusieurs, différentes ~s** mehrmals; mehrfach; wiederholt; zu wiederholten Malen

repriser [R(ə)pRize] *v/t* stopfen; **coton** *m* **à ~** Stopfgarn *n*

réprobateur [RepRɔbatœR] *adj* ⟨**-trice**⟩ vorwurfsvoll; missbilligend; tadelnd

réprobation [RepRɔbasjõ] *f* Missbilligung *f*; Ablehnung *f*; Missfallen *n*; **soulever la ~ générale** allgemeines Missfallen erregen

reproche [R(ə)pRɔʃ] *m* Vorwurf *m*; Tadel *m*; Vorhaltung *f*; **grave ~** schwerer Vorwurf; **ton** *m*, **regard** *m* **de ~** vorwurfsvoller Ton, Blick; *loc/adv* **soit dit sans ~** ohne (Ihnen) e-n Vorwurf machen zu wollen; *fig* **être un vivant ~ pour qn** ein wandelnder Vorwurf für j-n sein; **faire des ~s à qn** j-m Vorwürfe machen; **faire ~ à qn de sa conduite** j-m wegen s-s Verhaltens Vorhaltungen machen; j-m sein Verhalten vorwerfen

reprocher [R(ə)pRɔʃe] **I** *v/t* vorwerfen, vorhalten, zur Last legen (**qc à qn** j-m etw); tadeln (j-n wegen e-r Sache); **on n'a rien à lui ~** man kann ihm nichts vorwerfen; **je ne vous reproche rien** das soll kein Vorwurf sein **II** *v/pr* **se ~ qc** sich (*dat*) etw vorwerfen; sich (*dat*) wegen e-r Sache Vorwürfe machen; **n'avoir rien à se ~** sich (*dat*) nichts vorzuwerfen haben

reproducteur [R(ə)pRɔdyktœR] *adj* ⟨**-trice**⟩ **1** BIOL Fortpflanzungs…; **organes ~s** Fortpflanzungsorgane *n/pl* **2** Zucht…

reproduction [R(ə)pRɔdyksjõ] *f* **1** BIOL Fortpflanzung *f*; *sc* Reproduktion *f*; **organes** *m/pl* **de ~** Fortpflanzungsorgane *n/pl* **2** (*copie*) Nachbildung *f*; Wiedergabe *f*; TECH, TYPO Reproduktion *f*; Vervielfältigung *f*; *d'un texte a* Ab-, Nach-, Neudruck *m*; Reprint [ri-] *m*; **~ interdite** Nachdruck verboten; **une excellente ~ d'un tableau** e-e hervorragende Reproduktion e-s Gemäldes

reproduire [R(ə)pRɔdɥiR] ⟨→ **conduire**⟩ **I** *v/t* **1** *réalité, nature* nachbilden; wiedergeben (*a des sons*) **2** *texte* ab-, nachdrucken; *a tableau, dessin* reproduzieren; vervielfältigen **II** *v/pr* **se ~** **1** (*recommencer*) sich wiederholen; wieder vorkommen; **cela ne se reproduira plus** das wird nicht wieder vorkommen **2** BIOL sich fortpflanzen

reprographie [R(ə)pRɔgRafi] *f* TYPO Reprografie *f*

réprouvé(e) [RepRuve] *m(f)* **1** *par la société* Ausgestoßene(r) *f(m)*; Geächtete(r) *f(m)* **2** REL Verdammte(r) *f(m)*; Verworfene(r) *f(m)*

réprouver [RepRuve] *v/t* **1** (*blâmer*) missbilligen; verurteilen **2** REL verwerfen; verdammen

reps [Rɛps] *m* TEXT Rips *m*

reptation [Rɛptasjõ] *f* Kriechen *n*

reptile [Rɛptil] *m* ZO Reptil *n*; Kriechtier *n* **reptilien** *adj* ⟨**~ne**⟩ Reptilien…; reptilienartig

repu [Rəpy] *adj* satt; gesättigt

républicain [Repyblikɛ̃] **I** *adj* republikanisch; **calendrier ~** Kalender *m* der Französischen Revolution **II** *subst* **~(e)** *m(f)* Republikaner(in) *m(f)*

républicanisme [Repyblikanism] *m* republikanische Gesinnung

république [Repyblik] *f* Republik *f*; Freistaat *m*; **~ démocratique, socialiste** demokratische, sozialistische Republik; HIST **la République démocratique allemande** die Deutsche Demokratische Republik; **la République fédérale d'Allemagne** die Bundesrepublik Deutschland; **la République française** die Französische Republik; **la République populaire de Chine** die Volksrepublik China; **la République de Berlin, de Bonn** die Berliner, Bonner Republik; F **on est en ~!** wir leben doch in e-r Demokratie!

répudiation [Repydjasjõ] *f d'une épouse* Verstoßung *f*

répudier [Repydje] *v/t* **1** *épouse* verstoßen **2** *litt engagements, sentiment etc* von sich weisen; *idée, principe a* aufgeben

répugnance [Repyɲɑ̃s] *f* Widerwille *m*, (starke) Abneigung (**pour** gegen); Abscheu *m*, Ekel *m* (vor +*dat*); **avoir une grande ~ pour qc, à faire qc** e-n großen Widerwillen gegen etw haben; **faire qc avec ~** etw widerwillig, widerstrebend, mit Widerwillen tun; **inspirer de la ~ à qn** j-m Widerwillen *etc* einflößen; j-n anwidern

répugnant [Repyɲɑ̃] *adj* widerlich; widerwärtig; abstoßend; ekelhaft

répugner [Repyɲe] **I** *v/t/indir* **1** *personne* **~ à qc** Widerwillen, Abneigung, Abscheu gegen etw empfinden; sich vor etw (*dat*) ekeln; etw verabscheuen; **~ à faire qc** widerwillig, widerstrebend etw tun **2** *chose* **~ à qn** j-n anwidern, anekeln; j-m widerstreben; *p/p* **répugné par qc** von etw angewidert, angeekelt **II** *v/imp st/s* **il me répugne de** (+*inf*) es ist mir zuwider, es widerstrebt mir zu (+*inf*)

répulsif [Repylsif] *adj* ⟨**-ive**⟩ **1** PHYS abstoßend; Abstoßungs…; *sc* repulsiv **2** *litt* → **répugnant**

répulsion [Repylsjõ] *f* Widerwille *m*, (heftige) Abneigung (**pour** gegen); Abscheu *m*, Ekel *m* (vor +*dat*)

réputation [Repytasjõ] *f* (guter) Ruf; Leumund *m*; Ansehen *n*; Name *m*; Reputation *f*; *loc/adj* **de ~ mondiale** von Weltruf; **avoir (une) mauvaise ~** in e-m schlechten Ruf stehen; verrufen sein; **avoir la ~ d'être avare** in dem Ruf stehen, geizig zu sein; **connaître qc, qn de ~** etw, j-n vom Hörensagen kennen; **faire une mauvaise ~ à qn** j-n in üblen Ruf, in Verruf bringen; **sa ~ n'est plus à faire** er ist als solcher allgemein anerkannt; **jouir d'une bonne ~** sich e-s guten Rufes erfreuen; e-n guten Ruf, großes Ansehen genießen

réputé [Repyte] *adj* **1** (*célèbre*) berühmt (**pour** wegen, für); geschätzt (wegen) **2** **être ~** (+*adj*) gelten als (+*adj*); angesehen, gehalten werden für (+*adj*);

R

cette plante ***est ~e guérir certaines maladies*** ist dafür bekannt, dass sie bestimmte Krankheiten heilt
requérant [ʀəkeʀɑ̃] *m*, **requérantante** *f* JUR Antragsteller(in) *m(f)*
requérir [ʀəkeʀiʀ] *v/t* ⟨→ **acquérir**⟩ **1** *troupes* anfordern; verlangen **2** JUR *peine* beantragen; fordern **3** *st/s attention, soins* erfordern
requête [ʀəkɛt] *f* Gesuch *n*; (schriftlicher) Antrag; Ansuchen *n*; Eingabe *f*; JUR **~ *civile*** Restitutionsklage *f*; ***à, sur la ~ de*** auf Antrag, Betreiben, Ersuchen von (*ou +gén*); ***adresser une ~ à qn*** ein Gesuch an j-n richten, bei j-m einreichen; ***faire, présenter une ~*** ein Gesuch einreichen; e-e Eingabe machen; ***satisfaire à une ~*** e-m Gesuch stattgeben
requiem [ʀekɥijɛm] *m* ⟨*inv*⟩ Requiem *n*
requiert [ʀəkjɛʀ] → ***requérir***
requin [ʀ(ə)kɛ̃] *m* **1** ZO Hai(fisch) *m*; **~ *bleu*** Blau-, Menschenhai *m* **2** *fig* **~ (*de la finance*)** Finanzhai *m*; Halsabschneider *m*
requinquer [ʀ(ə)kɛ̃ke] F **I** *v/t* wieder auf die Beine bringen; F aufmöbeln **II** *v/pr* ***se ~*** wieder munter werden
requis [ʀəki] **I** *adj* erforderlich; ***l'âge ~*** das erforderliche Alter; ***satisfaire aux conditions ~es*** die Voraussetzungen erfüllen **II** *m* HIST **~ *du travail obligatoire*** Zwangsarbeiter *m*
réquisition [ʀekizisjõ] *f* ADM, MIL **1** *de choses* Beschlagnahme *f*; Beschlagnahmung *f*; Requisition *f* **2** *de personnes* Dienstverpflichtung *f*
réquisitionner [ʀekizisjɔne] *v/t* **1** *véhicules, locaux etc* beschlagnahmen; requirieren **2** *personnes* dienstverpflichten **3** F *plais* **~ *qn pour faire qc*** j-n zu etw heranziehen; F j-n für etw einspannen
réquisitoire [ʀekizitwaʀ] *m* **1** JUR Plädoyer *n* (des Staatsanwaltes) **2** *fig* Anklage(rede) *f*
requitter [ʀ(ə)kite] *v/t* (*et v/pr*) **(*se*) ~** (einander) wieder verlassen
RER [ɛʀəɛʀ] *m abr* (*réseau express régional*) *correspond à* S-Bahn *f*
resaler [ʀ(ə)sale] *v/t* nachsalzen
resalir [ʀ(ə)saliʀ] *v/t* (*et v/pr* ***se***) **~** (sich) wieder schmutzig machen; (sich) wieder beschmutzen
rescapé(e) [ʀɛskape] *m(f)* Überlebende(r) *f(m)*
rescousse [ʀɛskus] *loc/adv* ***à la ~*** zu Hilfe; ***venir à la ~ (de qn)*** j-m zu Hilfe kommen
réseau [rezo] *m* **a)** ⟨*pl* **~x**⟩ Netz *n*; ANAT *a* Geflecht *n*; AVIAT **~ *aérien*** Flugnetz *n*; MINÉR **~ *cristallin*** Kristallgitter *n*; **~ *ferroviaire, de chemin de fer*** Schienen-, (Eisen)Bahnnetz *n*; **~ *routier*** Straßennetz *n*; **~ *téléphonique*** Fernsprech-, Telefonnetz *n*; **~ *urbain*** Ortsnetz *n*; **~ *de communications*** Verkehrsnetz *n*; **~ *de distribution*** Verteilernetz *n*; **~ *d'espionnage*** Spionagenetz *n*, -ring *m*, -organisation *f*; **~ *de (fils de fer) barbelés*** Stacheldrahtverhau *m*; **~ *d'information, de renseignement*** Netz des Nachrichtendienstes; INFORM **~ *d'ordinateurs*** vernetzte Computer *m/pl*; POL **~ *de résistance*** Widerstandsgruppe *f*, -organisation *f*; **~ *de succursales*** Filialnetz *n*; **~ *de télévision*** Fernsehnetz *n*; **~ *de vente*** Vertriebsnetz *n*; **b)** ⟨*sans pl*⟩ (*Internet*) ***Réseau*** Netz *n*; **(*surfer*) *sur le Réseau*** im Netz (surfen)
résection [ʀesɛksjõ] *f* MÉD operative Entfernung; *sc* Resektion *f*
réséda [ʀezeda] *m* BOT Reseda *f*
réservation [ʀezɛʀvasjõ] *f* Reservierung *f*; Vorbestellung *f*; *d'un voyage, d'un billet d'avion* Buchung *f*; CH DE FER Platzkarte *f*; **~ *des places*** Platzreservierung *f*; ***bureau*** *m* ***de ~*** Büro *n* (*e-r Fluggesellschaft etc*); ***faire une ~*** e-n Platz, ein Zimmer *etc* reservieren (lassen), vorbestellen
réserve [ʀezɛʀv] *f* **1** (*provision*) Reserve *f*; Vorrat *m*; *d'argent a* Rücklage *f*; **~ *mondiale*** Weltvorrat *m* (***de pétrole*** an Erdöl); FIN **~*s monétaires*** Währungsreserven *f/pl*; *fig* **~ *d'énergie*** Kraftreserve *f*; PHYSIOL **~*s de graisse*** Fettreserven *f/pl*; **~*s d'or*** Goldreserven *f/pl*; **~*s de vivres*** Lebensmittelvorräte *m/pl*; *loc/adj* ***de ~*** Reserve...; *loc/adv* ***en ~*** in Reserve; vorrätig; ***avoir, tenir qc en ~*** etw vorrätig haben; etw aufbewahren; ***mettre qc en ~*** etw zurücklegen, beiseitelegen, auf die Seite, auf die hohe Kante legen; ***avoir des ~s*** Reserven haben **2** *local*: *d'un commerce* (Waren)Lager *n*; *d'un musée* Depot *n*; Magazin *n* **3** JUR *d'un héritier* **~ (*légale*)** Pflichtteil *m ou n* **4** MIL Reserve *f*; ***officier*** *m* ***de ~*** Reserveoffizier *m* **5 a)** *territoire* **~ (*naturelle*)** Naturschutzgebiet *n*; Reservat *n*; **~ *de chasse, de pêche*** Gebiet *n*, in dem nicht gejagt, gefischt werden darf; **b)** *d'Indiens* Reservat *n*; Reservation *f* **6** *qualité de qn* Reserviertheit *f*; Reserve *f*; Zurückhaltung *f*; ***être, demeurer, se tenir sur la ~*** zurückhaltend, reserviert sein, bleiben **7** (*restriction*) Vorbehalt *m*; *loc/adv*: ***sans ~*** ohne Vorbehalt; *a loc/adj* vorbehalt-, bedingungs-, rückhaltlos; ***sous toutes ~s*** mit, unter Vorbehalt; ohne jede Gewähr; *loc/prép* ***sous ~ de ...*** vorbehaltlich (*+gén*); ***sous ~ d'erreur*** Irrtum vorbehalten; *loc/conj* ***sous ~ que ...*** (*+subj*) unter dem Vorbehalt, dass ...; ***faire des ~s*** Vorbehalte machen; Bedenken anmelden, äußern (***sur*** gegen)
réservé [ʀezɛʀve] *adj* **1** *personne, caractère, attitude* zurückhaltend; reserviert **2** *place, table etc* reserviert (***à qn*** für j-n); ***chasse ~e*** privates Jagdrevier; ***salle ~e aux réunions*** Saal, der nur für Versammlungen bestimmt ist; **~ *au service*** nur für den Dienstgebrauch **3** JUR ***tous droits ~s*** alle Rechte vorbehalten
réserver [ʀezɛʀve] **I** *v/t* **1** (*garder*) zurücklegen; zurück(be)halten; aufheben; aufbewahren; aufsparen; **~ *le meilleur pour la fin*** sich (*dat*) das Beste bis zuletzt aufsparen; **~ *son opinion*** mit s-r Meinung zurückhalten **2** *chambre, place de théâtre ou de train, table etc* reservieren; vorbestellen; *voyage, billet d'avion, a chambre d'hôtel* buchen; *place* (*marquer*) belegen; ***pouvez-vous me ~ trois places?*** können Sie für mich drei Plätze reservieren?; ***je voudrais ~ une chambre*** ich möchte ein Zimmer reservieren (lassen), vorbestellen **3** (*destiner*) **~ *qc à qn*** j-m etw vorbehalten; etw für j-n bestimmen; *accueil, surprise, déception* j-m bereiten; ***nous ne savons pas ce que l'avenir nous réserve*** wir wissen nicht, was die Zukunft uns noch bringt; ***le sort qui nous est réservé*** das Schicksal, das uns bestimmt ist; ***quel sort réservez-vous à ...?*** was soll nach Ihrer Meinung mit ... geschehen?; was haben Sie mit ... vor?; *impersonnel* ***il lui était réservé de*** (*+inf*) es war ihm vorbehalten zu (*+inf*) **II** *v/pr* **1** ***se ~ qc*** sich (*dat*) etw *ou* etw für sich reservieren, zurückbehalten, -legen; etw aufsparen; ***se ~ de*** (*+inf*) sich (*dat*) vorbehalten zu (*+inf*) **2** ***se ~ (pour qc)*** sich, s-e Kräfte (für etw) schonen; ***se ~ pour le***

R

dessert sich wegen des Desserts zurückhalten; ***se ~ pour une meilleure occasion*** e-e günstigere Gelegenheit abwarten, abpassen

réserviste [ʀezɛʀvist] *m* MIL Reservist *m*

réservoir [ʀezɛʀvwaʀ] *m* Reservoir *n* (*a fig*); (*récipient*) Behälter *m*; (*bassin*) Becken *n*; *d'essence, d'huile* Tank *m*; ***~ d'eau*** Wasserreservoir *n*, -behälter *m*, -speicher *m*; ***~ d'essence*** Benzintank *m*

résidant [ʀezidɑ̃] *adj* ***~ à*** wohnhaft, ansässig in (+*dat*)

résidence [ʀezidɑ̃s] *f* **1** (*domicile*) Wohnsitz *m*; Wohnort *m*; JUR Aufenthaltsort *m*; ***~ principale*** Hauptwohnsitz *m*; ***~ secondaire*** a) ADM zweiter Wohnsitz; b) Zweitwohnung *f*; *pour les vacances* Ferienwohnung *f ou* -haus *n*; ***certificat*** *m* ***de ~*** Anmeldebestätigung *f*; ***avoir sa ~ à …*** s-n Wohnsitz in … haben **2** *immeuble(s)* Wohnanlage *f*; ***~ universitaire*** Studentenwohnheim *n* **3** JUR ***~ forcée*** Zwangsaufenthalt *m*, -wohnsitz *m*; → *a* ***surveillé*** **4** *d'un chef d'État etc* Residenz *f*; ***~ officielle*** Amtssitz *m*

résident [ʀezidɑ̃] *m* **1** (*ressortissant*) ***les ~s français en Allemagne*** die in Deutschland ansässigen Franzosen *m/pl* **2** (*habitant d'une résidence*) Bewohner *m*

résidentiel [ʀezidɑ̃sjɛl] *adj* ⟨**~le**⟩ ***quartier ~*** vornehmes Wohnviertel, -gebiet; Villengegend *f*

résider [ʀezide] *v/i* **1** ADM s-n (ständigen) Wohnsitz haben, wohnhaft sein, ansässig sein, *chef d'État etc* residieren (***à, en, dans*** in +*dat*) **2** *fig* ***~ dans qc*** in etw (*dat*) liegen, bestehen; auf etw (*dat*) beruhen; ***la difficulté réside en ceci*** die Schwierigkeit liegt darin

résidu [ʀezidy] *m* Rest *m*; Überbleibsel *n*; *péj* Abfall *m*; CHIM, TECH Rückstand *m*

résiduel [ʀezidɥɛl] *adj* ⟨**~le**⟩ Rest…; zurückbleibend; *t/t* residual

résignation [ʀeziɲasjõ] *f* Resignation *f*; (Schicksals)Ergebenheit *f*; *st/s* Ergebung *f*; ***avec ~*** ergeben; resigniert

résigné [ʀeziɲe] *adj* resigniert; (in sein Schicksal) ergeben; ***être ~ d'avance*** von vornherein resigniert haben

résigner [ʀeziɲe] *v/pr* ***se ~*** resignieren (*abs*); sich ergeben, sich schicken, sich fügen (***à*** in +*acc*); sich abfinden (mit); ***se ~ à son sort*** sich in sein Schicksal ergeben; ***s'y ~*** sich damit abfinden; *abs* ***il faut se ~*** *a* man muss sich bescheiden

résiliable [ʀeziljabl] *adj* JUR kündbar; auflösbar; aufhebbar **résiliation** *f d'un contrat* Kündigung *f*; Auflösung *f*; Aufhebung *f*

résilier [ʀezilje] *v/t contrat* kündigen; auflösen; aufheben

résille [ʀezij] *f* **1** Haarnetz *n* **2** *adjt* ***bas*** *m/pl* ***~*** Netzstrümpfe *m/pl*

résine [ʀezin] *f* Harz *n*; ***~ synthétique*** Kunstharz *n*

résiné [ʀezine] *adj vin* geharzt **résineux** **I** *adj* ⟨**-euse**⟩ harzig; Harz… **II** *m/pl* BOT Nadelhölzer *n/pl*

résistance [ʀezistɑ̃s] *f* **1** (*opposition*) Widerstand *m* (***à*** gegen); Gegen-, Abwehr *f*; ***~ armée, passive*** bewaffneter, passiver Widerstand; *loc/adv* ***sans ~*** widerstands-, kampflos; ***cela ne se fera pas sans ~*** das wird nicht ohne Widerstand, nicht kampflos abgehen; ***faire de la ~*** Widerstand leisten; ***n'opposer aucune ~*** keinerlei Widerstand leisten; widerstandslos, kampflos hinnehmen (***à qc*** etw); ***rencontrer, trouver de la ~*** auf Widerstand stoßen **2** HIST ***la Résistance*** die Résistance (*frz Widerstandsbewegung 1940-1944*); ***entrer dans la Résistance*** der Résistance beitreten **3** PHYS, TECH Widerstand *m*; *de matériaux* Festigkeit *f*; Haltbarkeit *f*; Beständigkeit *f*; Widerstandsfähigkeit *f*; *de vêtements* Strapazierfähigkeit *f*; *de la glace* Tragfähigkeit *f*; ***~ électrique*** elektrischer Widerstand; ***~ aux acides, à la rupture*** Säure, Bruch- *ou* Zerreißfestigkeit *f*; ***~ de l'air, de frottement*** Luft-, Reibungswiderstand *m* **4** (*endurance*) **a)** *d'une personne* Widerstandskraft *f*, -fähigkeit *f*; Ausdauer *f*; **b)** BIOL Widerstandsfähigkeit *f* (***aux maladies*** gegen Krankheiten); *sc* Resistenz *f* **5** CUIS ***plat*** *m* ***de ~*** Hauptgericht *n*

résistant [ʀezistɑ̃] **I** *adj* **1** *être vivant* widerstandsfähig; ausdauernd; zäh; BIOL resistent **2** *matière* haltbar; fest; widerstandsfähig; *vêtement* strapazierfähig; *couleur* farbecht; ***~ à la chaleur, au froid, aux intempéries*** hitze-, kälte-, wetterbeständig; ***~ à la corrosion*** korrosionsfest **II** *subst* **~(e)** *m(f)* POL Widerstandskämpfer(in) *m(f)*

résister [ʀeziste] *v/t/indir et v/i* **1** (*s'opposer*) Widerstand leisten (***à*** *dat*); sich widersetzen (+*dat*); *abs a* sich wehren; ***~ à l'oppression*** sich der Unterdrückung widersetzen; ***~ à ses parents*** sich gegen s-e Eltern auflehnen **2** (*supporter*) aushalten (***à qc*** etw); standhalten (+*dat*); ***ne pas ~ (à qc)*** *a* es (etw) nicht überstehen; ***~ à une analyse sérieuse*** e-r ernsthaften Analyse standhalten **3** (*ne pas céder*) widerstehen (***à qn, à qc*** j-m, e-r Sache); ***~ à la tentation*** der Versuchung widerstehen

résistivité [ʀezistivite] *f* ÉLECT spezifischer Widerstand

Resnais [ʀenɛ] ***Alain ~*** *frz Filmregisseur*

résolu [ʀezɔly] *p/p* → ***résoudre*** *et adj* **1** *personne, attitude* (fest) entschlossen; bestimmt; resolut **2** ***être ~ à faire qc*** entschlossen sein, etw zu tun; ***j'y suis ~*** ich bin dazu entschlossen

résolument [ʀezɔlymɑ̃] *adv s'opposer* entschlossen; *être pour, contre* entschieden

résolution [ʀezɔlysjõ] *f* **1** (*décision*) Entschluss *m*; Vorsatz *m*; ***prendre une ~*** e-n Entschluss fassen; sich entschließen; ***prendre de bonnes ~s*** gute Vorsätze fassen **2** POL *d'une assemblée* Entschließung *f*; Resolution *f*; ***adopter, approuver une ~*** e-e Entschließung annehmen **3** *st/s* (*détermination*) Entschlossenheit *f*; Entschiedenheit *f*; ***montrer de la ~*** Entschlossenheit zeigen **4** MATH (Auf)Lösung *f*

résolutoire [ʀezɔlytwaʀ] *adj* JUR aufhebend; auflösend

résolvais [ʀezɔlvɛ] → ***résoudre***

résonance [ʀezɔnɑ̃s] *f* PHYS, MUS Resonanz *f*; Mitschwingen *n*, -tönen *n*; MÉD ***~ magnétique nucléaire*** (*abr* ***RMN***) Kernspintomografie *f*; *adjt* ***appareil*** *m* ***R.M.N.*** Kernspintomograf *m*; ***caisse*** *f* ***de ~*** Resonanzkörper *m*; *st/s et fig* ***éveiller des ~s profondes en qn*** in j-m tiefe Saiten erklingen lassen

résonner [ʀezɔne] *v/i pas, voix etc* (wider)hallen; *maison, rue* ***~ de cris, de rires*** von Geschrei, von Lachen erfüllt sein

résorber [ʀezɔʀbe] **I** *v/t* **1** PHYSIOL resorbieren; aufsaugen; aufnehmen **2** *fig chômage, déficit etc* beseitigen; beheben; *excédent* abschöpfen **II** *v/pr*

se ~ PHYSIOL resorbiert werden
résorption [ʀezɔʀpsjõ] *f* **1** PHYSIOL Resorption *f* **2** *fig du chômage etc* Beseitigung *f*; Behebung *f*
résoudre [ʀezudʀ] ⟨**je résous, il résout, nous résolvons; je résolvais; je résolus; je résoudrai; que je résolve; résolvant; résolu**⟩ **I** *v/t* **1** *problème, énigme* lösen; ***~ des difficultés*** Schwierigkeiten meistern; ***~ une équation*** eine Gleichung (auf)lösen; ***~ une question*** eine Frage entscheiden **2** ***~ de*** (*+inf*) beschließen, sich entschließen zu (*+inf*) **II** *v/pr* ***se ~ à*** (*+inf*) sich entschließen zu (*+inf*)
respect [ʀɛspɛ] *m* **1** Respekt *m*; (Hoch)Achtung *f*; *st/s* Ehrerbietung *f*; (*vénération*) Ehrfurcht *f*; ***~ humain*** Furcht *f* vor der Meinung der anderen; ***~ de soi*** Selbstachtung *f*; ***~ pour les morts*** Ehrfurcht vor den Toten; ***manque*** *m* ***de ~*** Respektlosigkeit *f*; ***marque*** *f* ***de ~*** Zeichen *n* der Ehrerbietung; ***avec ~*** respektvoll; *p/fort* ehrfurchtsvoll; ***par ~ pour*** aus Achtung vor (*+dat*); ***plein de ~*** voller Hochachtung; MIL ***mes ~s, mon capitaine!*** guten Tag, Herr Hauptmann!; *en incise* ***sauf votre ~, sauf le ~ que je vous dois*** mit Verlaub zu sagen; ***avoir du ~ pour qn*** Respekt, Achtung vor j-m haben; ***commander*** *ou* ***imposer le, inspirer du ~*** Respekt, Achtung einflößen; ***devoir le ~ à qn*** j-m Respekt schulden; ***manquer de ~ à, envers qn*** es j-m gegenüber am notwendigen Respekt fehlen lassen; sich j-m gegenüber respektlos benehmen; ***manquer de ~ à une femme*** sich e-r Frau gegenüber ungebührlich benehmen; ***présenter ses ~s à qn*** sich j-m empfehlen; ***témoigner du ~ à, envers qn*** j-m Respekt, Achtung erweisen, entgegenbringen, zollen; ***tenir qn en ~*** j-n in Schach halten **2** *de la loi, de la vérité* Achtung *f* (**de** vor *+dat*); *des formes, de l'étiquette* Wahrung *f*, Einhaltung *f*, Beachtung *f* (*+gén*); ***le ~ de la tradition*** die Wahrung der Tradition; ***le ~ de la vie*** die Achtung vor dem Leben; ***sans ~ de*** *a* ohne Rücksicht auf (*+acc*)
respectabilité [ʀɛspɛktabilite] *f* Ehrwürdigkeit *f*; Achtbarkeit *f*; Ehrenhaftigkeit *f*
respectable [ʀɛspɛktabl] *adj* **1** *personne, institution* ehrwürdig; achtbar; achtenswert; respektabel; *conduite, scrupules* ehrenwert; ehrenhaft; *iron* ***une ~ matrone*** e-e würdige Matrone **2** (*important*) *somme etc* beachtlich; ansehnlich
respecter [ʀɛspɛkte] **I** *v/t* **1** *personne* respektieren; achten; ehren; anerkennen **2** *loi, propriété, droits de qn* achten; respektieren; *priorité, limitation de vitesse etc* beachten; *règlement, date, engagements* einhalten; *traditions, formes* wahren; *souvenir* in Ehren halten; ***~ le sommeil de qn*** auf j-s Schlaf Rücksicht nehmen; ***faire ~ la loi*** dem Gesetz Achtung verschaffen **II** *v/pr* **1** ***se ~*** Selbstachtung haben; ***… qui se respecte*** … der *ou* die etwas auf sich (*acc*) hält **2** ***se faire ~*** sich (*dat*) Achtung, Respekt verschaffen; sich durchsetzen
respectif [ʀɛspɛktif] *adj* ⟨**-ive**⟩ jeweilig; ***les droits ~s des époux*** die jeweiligen, beiderseitigen Rechte der Ehegatten
respectivement [ʀɛspɛktivmɑ̃] *adv* **1** (*dans l'ordre*) beziehungsweise (*abr* bzw.); ***deux enfants âgés ~ de cinq et huit ans*** zwei Kinder im Alter von fünf beziehungsweise acht Jahren **2** (*chacun en particulier*) jeweils; jede(r, -s); ***ils ont présenté ~ leur demande*** sie haben jeweils ihr Gesuch, jeder sein Gesuch eingereicht
respectueux [ʀɛspɛktɥø] **I** *adj* ⟨**-euse**⟩ **1** respektvoll; *st/s* ehrerbietig; ***à une distance respectueuse*** in respektvoller Entfernung; ***se montrer ~ envers qn*** sich j-m gegenüber respektvoll zeigen; ***présenter ses respectueuses salutations, ses hommages*** *ou* ***ses sentiments ~ à qn*** sich j-m empfehlen **2** ***~ des formes*** die Formen wahrend; ***~ de la loi*** das Gesetz achtend **II** *f* F ***une respectueuse*** e-e Dirne; F e-e Nutte
respirable [ʀɛspiʀabl] *adj* ***air*** *m* ***pas ~*** nicht atembare Luft; *fig* ***l'atmosphère n'est pas ~ ici*** die Stimmung hier ist nicht zu ertragen
respirateur [ʀɛspiʀatœʀ] *m* MÉD Beatmungs-, Atemgerät *n*; Respirator *m*
respiration [ʀɛspiʀasjõ] *f* Atmung *f*; (*inhalation*) Einatmen *n*; (*inspiration*) Atemholen *n*; *sc* Respiration *f*; MÉD ***~ artificielle*** künstliche (Be)Atmung; ***exercice*** *m* ***de ~*** Atemübung *f*; ***avoir la ~ bruyante, difficile*** laut *ou* geräuschvoll, schwer atmen; ***couper la ~ à qn*** j-m den Atem nehmen, verschlagen; ***essayer de retrouver sa ~*** nach Atem ringen; nach Luft schnappen; ***perdre la ~*** außer Atem kommen
respiratoire [ʀɛspiʀatwaʀ] *adj* Atem…; *sc* respiratorisch; ANAT ***voies*** *f/pl* ***~s*** Atemwege *m/pl*; ***faire des mouvements ~s*** Atembewegungen machen
respirer [ʀɛspiʀe] **I** *v/t* **1** (ein)atmen; ***~ le grand air*** frische Luft schöpfen **2** *fig le calme, l'intelligence etc* ausstrahlen; verströmen; *st/s* atmen; ***~ la santé*** vor Gesundheit strotzen **II** *v/i* **1** atmen; (*inspirer*) Luft, Atem holen, schöpfen; ***~ encore*** noch atmen; ***~ bruyamment, profondément*** geräuschvoll, tief Atem, Luft holen; ***~ par la bouche, par le nez*** durch den Mund, durch die Nase atmen; *par ext* ***laissez-moi ~*** lassen Sie mich verschnaufen **2** *fig* (*être soulagé*) aufatmen
resplendir [ʀɛsplɑ̃diʀ] *v/i* glänzen; schimmern; funkeln; *fig visage* ***~ de joie*** vor Freude strahlen
resplendissant [ʀɛsplɑ̃disɑ̃] *adj* glänzend; schimmernd; funkelnd; *fig* ***beauté ~e*** strahlende Schönheit; *visage* ***~ de bonheur, de joie*** glück-, freudestrahlend; ***il a une mine ~e*** er sieht glänzend aus
responsabiliser [ʀɛspõsabilize] *v/t* ***~ qn*** j-s Verantwortungsgefühl wecken
responsabilité [ʀɛspõsabilite] *f* Verantwortung *f* (**de** für); Verantwortlichkeit *f*; JUR *a* Haftung *f*; Haftbarkeit *f*; JUR ***~ civile*** Haftpflicht *f*; zivilrechtliche Haftung; ***~s familiales*** Familienpflichten *f/pl*; ***une lourde ~, de lourdes ~s*** e-e schwere Verantwortung; ***~ morale*** moralische Verantwortung; ***~ pénale*** strafrechtliche Haftung, Verantwortlichkeit; ***~ pleine et entière*** volle Haftung, Verantwortung; ***poste*** *m* ***à ~s*** verantwortungsvolle Position; ***accepter, assumer la ~*** die Verantwortung übernehmen; ***avoir la ~ de qn*** die Verantwortung für j-n haben; ***engager sa ~ dans une affaire*** die Verantwortung, Haftung für e-e Angelegenheit übernehmen; ***porter la ~ de qc*** die Verantwortung für etw tragen; ***prendre*** (***sur soi***) ***la ~*** die Verantwortung übernehmen, auf sich (*acc*) nehmen; ***prendre ses ~s*** verantwortungsbewusst sein; Verantwortungsgefühl besitzen, zeigen; *par ext* ***être promu à une 'haute ~*** e-e sehr verantwortungsvolle Stellung übertragen bekommen
responsable [ʀɛspõsabl] **I** *adj* **1** verantwortlich,

R

JUR *a* haftbar, -pflichtig (***de*** für; ***devant qn*** j-m gegenüber); ***être ~ de qn, qc*** JUR *a* für j-n, etw haften; ***rendre qn ~ de qc*** j-n für etw verantwortlich, JUR *a* haftbar machen; j-n für etw zur Verantwortung ziehen **2** (*réfléchi*) verantwortungsbewusst **II** *m* Verantwortliche(r) *m*; ***~ syndical*** Gewerkschaftsfunktionär *m*; F ***qui est le ~ de cette plaisanterie?*** wer hat diesen Spaß ausgeheckt?

resquillage [ʀɛskijaʒ] *m ou* **resquille** [ʀɛskij] *f dans une queue* Vordrängen *n*; *au cinéma, stade etc* Sichhereinschmuggeln *n* (*ohne Eintrittskarte*); *dans les transports publics* Schwarzfahren *n*

resquiller [ʀɛskije] *v/i dans une queue* sich vordrängen; *au cinéma etc* sich hereinschmuggeln; *dans le métro etc* schwarzfahren **resquilleur** *m* j, der sich vordrängt, hereinschmuggelt; *du métro etc* Schwarzfahrer *m*

ressac [ʀəsak] *m* Brandung *f*

ressaisir [ʀ(ə)seziʀ] **I** *v/t fig* ***la crainte la ressaisit*** wieder ergriff sie Furcht **II** *v/pr* ***se ~*** sich (wieder) fassen, fangen; sich wieder in die Gewalt bekommen

ressasser [ʀ(ə)sase] *v/t* **1** *souvenirs, pensées* immer wieder an sich (*dat*) vorüberziehen lassen; immer wieder durchgehen **2** *histoires, phrases* bis zum Überdruss wiederholen; F wiederkäuen

ressaut [ʀ(ə)so] *m* Vorsprung *m*

ressayer [ʀesɛje] *v/t* → ***réessayer***

ressemblance [ʀ(ə)sɑ̃blɑ̃s] *f* Ähnlichkeit *f*; ***~ lointaine*** entfernte Ähnlichkeit; ***~ de, entre deux objets, d'un objet avec un autre*** Ähnlichkeit zwischen zwei Gegenständen; ***toute ~ avec des personnages réels ne peut être que fortuite*** jede Ähnlichkeit mit lebenden Personen ist rein zufällig; ***je lui trouve une ~ avec son frère*** ich finde, dass er s-m Bruder ähnelt, gleicht

ressemblant [ʀ(ə)sɑ̃blɑ̃] *adj* s-m Vorbild ähnlich, getreu

ressembler [ʀ(ə)sɑ̃ble] **I** *v/t/indir* ***~ à*** ähneln, gleichen (*+dat*); ähnlich sein, sehen (*+dat*); Ähnlichkeit haben mit; *enfant* ***~ à son père*** s-m Vater ähnlich sehen, ähneln; *fig*: ***cela lui ressemble tout à fait*** das sieht ihm ähnlich; ***cela ne lui ressemble pas*** das sieht ihm nicht ähnlich; das sieht nicht nach ihm aus; das passt nicht zu ihm; ***à quoi ça ressemble!*** was soll das eigentlich!; F ***à quoi ressemble-t-il?*** wie sieht er aus?; ***regarde à quoi tu ressembles!*** sieh doch nur, wie du aussiehst!; *péj mode, idée etc* ***ne ~ à rien*** ohne Sinn und Verstand sein; nichts taugen; nichts wert sein **II** *v/pr* ***se ~*** a) *réciproquement* sich ähneln; sich ähnlich sehen, sein; sich gleichen; einander gleichen, ähneln; b) *sens réfléchi* sich (*dat*) gleich bleiben; der Gleiche bleiben, sein; *prov* ***qui se ressemble s'assemble*** Gleich und Gleich gesellt sich gern (*prov*)

ressemelage [ʀ(ə)səmlaʒ] *m* Neubesohlung *f* **ressemeler** *v/t* ⟨**-ll-**⟩ (neu) besohlen

ressemer [ʀəsme, ʀsəme] ⟨**-è-**⟩ **I** *v/t graines* wieder aussäen **II** *v/pr* ***se ~*** *plante* sich aussamen

ressenti [ʀ(ə)sɑ̃ti] *adj description* ***bien ~*** gut nachempfunden

ressentiment [ʀ(ə)sɑ̃timɑ̃] *m* Ressentiment *n*; Gefühl *n* der Verbitterung, des Grolls; ***éprouver, garder du ~ pour qn*** j-m gegenüber Ressentiments haben, hegen

ressentir [ʀ(ə)sɑ̃tiʀ] ⟨→ **sentir**⟩ **I** *v/t privations, effets de qc* spüren; merken; *douleur* verspüren; *colère, pitié etc* empfinden; *amitié, sympathie a* hegen; ***ne pas montrer ce qu'on ressent*** nicht zeigen, was man fühlt, empfindet **II** *v/pr* **1** ***se ~ de qc*** die Folgen, Nachwirkungen von etw *ou* e-r Sache (*gén*) spüren **2** F (***ne pas***) ***s'en ~ pour qc*** *ou* ***pour*** (*+inf*) (keine) Lust haben zu etw *ou* zu (*+inf*)

resserre [ʀ(ə)sɛʀ] *f* Abstellraum *m*; Verschlag *m*

resserré [ʀ(ə)seʀe] *adj* eingezwängt (***entre*** zwischen *+dat*)

resserrement [ʀ(ə)sɛʀmɑ̃] *m* **1** *des liens d'amitié* Festigung *f* **2** FIN ***~ de crédit*** Kreditrestriktion *f*

resserrer [ʀ(ə)seʀe] **I** *v/t* **1** *nœud* fester ziehen, binden; *vis* fester anziehen; *ceinture* enger machen; *étreinte* verstärken; *verres, livres* (enger) zusammenrücken; *froid*: *pores* zusammenziehen **2** *fig liens* enger gestalten; enger knüpfen; festigen **II** *v/pr* ***se ~*** **1** *vallée* sich verengen; *pores, filet* sich zusammenziehen **2** *fig liens* enger werden

resservir [ʀ(ə)sɛʀviʀ] ⟨→ **partir**⟩ **I** *v/t* **1** *mets* noch einmal servieren **2** *fig les mêmes histoires, reproches* wieder auftischen; F ***je saurai le lui ~*** F ich werde es ihm heimzahlen **II** *v/i vêtement, ustensile* noch einmal, wieder gebraucht werden **III** *v/pr* ***se ~ de qc*** etw wieder benutzen; → *a* ***servir***

ressort[1] [ʀ(ə)sɔʀ] *m* **1** TECH Feder *f*; ***~ à boudin, à lames*** Schrauben-, Blattfeder *f*; ***~ de sommier*** Sprungfeder *f*; *fig* ***le ~ est cassé*** er *ou* sie ist innerlich zerbrochen; ***faire ~*** zurückschnellen; federn; ***comme mû par un ~*** wie von e-r Feder geschnellt **2** *fig* (*mobile*) Triebkraft *f*, -feder *f* **3** *fig d'une personne* Tat-, Spannkraft *f*; Schwung *m*; ***manquer de ~*** keine Tatkraft haben; schlaff sein

ressort[2] [ʀ(ə)sɔʀ] *m* **1** ADM, JUR Zuständigkeits-, Amtsbereich *m*; Aufgabenkreis *m*; Ressort *n*; ***être du ~ d'un tribunal*** in die Zuständigkeit e-s Gerichts fallen; der Zuständigkeit (*dat*) e-s Gerichts unterliegen; *par ext* ***cela n'est pas de mon ~*** dafür bin ich nicht zuständig **2** JUR Instanz *f*; *loc/adv* ***en dernier ~*** *juger* in letzter Instanz; *fig* (*finalement*) schließlich; letztlich; letzten Endes

ressortir[1] [ʀ(ə)sɔʀtiʀ] ⟨→ **partir**⟩ **I** *v/t vieux vêtements, disques etc* wieder hervor-, herausholen; F *fig les mêmes histoires* F wieder auftischen, verzapfen **II** *v/i* ⟨**être**⟩ **1** *personne* wieder hinaus-, F rausgehen; wieder heraus-, F rauskommen; (*dans un*) *véhicule* wieder hinaus- *ou* heraus-, F rausfahren; *balle* ***~ par le dos*** im Rücken wieder austreten; → *a* ***sortir*** **2** *relief* hervortreten; herausragen; *couleur, qualité* sich abheben; hervorstechen; ***faire ~*** herausstellen; hervorheben; zur Geltung bringen; ***~ sur le fond*** sich vom Hintergrund abheben **III** *v/imp* ⟨**être**⟩ hervorgehen (***de*** aus); ***il ressort de là que …*** daraus geht hervor, ergibt sich, wird deutlich, wird ersichtlich, dass …

ressortir[2] [ʀ(ə)sɔʀtiʀ] *v/t/indir* JUR in die Zuständigkeit fallen, der Zuständigkeit (*dat*) unterliegen (***à un tribunal*** e-s Gerichtes); *par ext* gehören (***à qc*** zu etw)

ressortissant [ʀ(ə)sɔʀtisɑ̃] *m*, **ressortissante** *f* Staatsangehörige(r) *f(m)*

ressouder [ʀ(ə)sude] **I** *v/t* TECH wieder zusammenschweißen *ou* -löten **II** *v/pr* ***se ~*** BIOL wieder zusammenwachsen

ressource [R(ə)suRs] *f* 1 (*recours*) (Hilfs)Mittel *n*; ***un homme de ~(s)*** ein Mensch, der sich (*dat*) zu helfen weiß; ein findiger Kopf; ***en dernière ~*** als letztes Mittel; ***n'avoir d'autre ~ que …*** keine andere Möglichkeit haben als …; nichts anderes können als …; darauf angewiesen sein zu …; ***il a de la ~*** er weiß sich (*dat*) zu helfen 2 ***~s*** *pl* **a)** (*réserves*) Mittel *n/pl*; Ressourcen *f/pl*; Hilfs-, Lebens-, Versorgungsquellen *f/pl*; Reserven *f/pl*; ***~s minières*** Bodenschätze *pl*; ÉCOL ***~s naturelles*** natürliche Ressourcen, Lebensgrundlagen *f/pl*; ***~s en énergie*** Energiequellen *f/pl*; ***~s en matériel*** materielle Mittel; **b)** (*argent*) (Geld)Mittel *n/pl*; Einnahmequellen *f/pl*; Gelder *n/pl*; ***les ~s de l'État*** die Einnahmequellen des Staates; ***être sans ~s*** mittellos sein, dastehen; **c)** *d'une entreprise* ***~s humaines*** Personal *n*; ***directeur*** *m* ***des ~s humaines*** Personalchef *m*, -leiter *m* 3 *fig* (*possibilités*) *d'un artiste, de la technique etc* ***~s*** *pl* Mittel *n/pl*; Möglichkeiten *f/pl*; ***déployer toutes les ~s de son talent*** sein Talent voll entfalten

ressourcer [R(ə)suRse] *v/pr* ⟨-ç-⟩ ***se ~*** neue Energie tanken

ressouvenir [R(ə)suvniR] *v/pr* ⟨→ **venir**⟩ ***se ~ de qc*** sich wieder e-r Sache (*gén*) *ou* an etw (*acc*) erinnern

ressurgir [R(ə)syRʒiR] → ***resurgir***

ressusciter [Resysite] **I** *v/t* 1 *mort* auferwecken; *par ext*: *un café* ***à ~ un mort*** der e-n Toten wieder lebendig machen könnte 2 *fig mode, coutume* wieder aufleben lassen; zu neuem Leben erwecken **II** *v/i* ⟨**être**⟩ 1 REL (wieder) auferstehen; *adjt* ***le Christ ressuscité*** der auferstandene Christus; der Auferstandene 2 *fig d'une maladie* wieder aufkommen, genesen; *plais* wieder auferstehen 3 *fig nature* zu neuem Leben erwachen; *pays* wieder aufleben; *par des souvenirs* wieder lebendig werden

restant [Rɛstɑ̃] **I** *adj* 1 übrig geblieben; noch vorhanden; restlich; ***les dix euros ~s*** die restlichen zehn Euro; ***il est la seule personne ~e de cette famille*** er ist der Einzige, der von dieser Familie noch übrig geblieben ist 2 ***poste ~e*** postlagernd **II** *m* Rest *m*

restau [Rɛsto] *m* F *abr* → ***restaurant***; ***~ U*** *abr* (*restaurant universitaire*) Mensa *f*

restaurant [Rɛstɔʀɑ̃] *m* Restaurant *n*; Gaststätte *f*; Gastwirtschaft *f*; (Speise)Lokal *n*; ***~ chinois*** chinesisches Restaurant; ***~ gastronomique*** Schlemmerlokal *n*; ***~ universitaire*** Mensa *f*; ***~ du cœur*** Speiselokal für Bedürftige; ***manger au ~*** im Restaurant essen

restaurateur [Rɛstɔʀatœʀ] *m*, **restauratrice** *f* 1 *d'un restaurant* (Gast)Wirt(in) *m(f)*; Gastronom *m* 2 *d'art* Restaurator *m*, Restauratorin *f*

restauration [Rɛstɔʀasjõ] *f* 1 *d'art* Restaurierung *f*; Restauration *f* 2 POL Restauration *f*; HIST ***la Restauration*** die Restauration (*der Bourbonen 1814-1830*); die Restaurationszeit; *adjt* ***style*** *m* ***Restauration*** Stilepoche *f* der Restauration 3 *métier, secteur* Gaststättengewerbe *n*; Gastronomie *f*; ***la ~ et l'hôtellerie*** das Gaststätten- und Hotelgewerbe; ***~ rapide*** Fast Food *n*; Fast-Food-Gastronomie *f*

restaurer [Rɛstɔʀe] **I** *v/t* 1 *objet d'art, monument* restaurieren 2 *ordre etc* wiederherstellen **II** *v/pr* ***se ~*** sich (wieder) stärken

reste [Rɛst] *m* Rest *m*; Überrest *m*; Überbleibsel *n*; Übriggebliebene(s) *n*; COMM Restbetrag *m*; MATH *d'une soustraction* Ergebnis *n*; Resultat *n*; *d'une division* Rest *m*; *d'un mort* ***les ~s*** die sterblichen (Über)Reste; ***un ~ d'espoir*** e-e Spur von Hoffnung; ***le ~ des hommes*** die übrigen Menschen; ***~s d'un repas*** Reste e-r Mahlzeit; Speisereste *m/pl*; ♦ *loc/adj* ***de ~*** übrig; mehr als nötig; ***avoir de l'argent, du temps de ~*** Geld, Zeit übrig haben; *loc/adv*: ***le ~ du temps*** während der übrigen Zeit; ***et*** (***tout***) ***le ~*** und so weiter; und so fort; ***du ~***, *st/s* ***au ~*** übrigens; außerdem; zudem; darüber hinaus; überdies; ***pour le ~*** sonst; ansonsten; ***pour ce qui est du ~, quant au ~*** was alles Übrige betrifft, angeht; ♦ *plais*: *femme* ***avoir de beaux ~s*** noch ganz gut erhalten sein; *fig* ***ne pas demander son ~ et partir*** sich sang- und klanglos aus dem Staub machen; ***deviner le ~*** den Rest, das Übrige, das Weitere erraten; ***être, demeurer en ~*** (***avec qn***) (j-m) etw schuldig sein, bleiben; ***pour ne pas être en ~*** um nicht nachzustehen; F ***fichez-vous du ~*** das Übrige, das Weitere, der Rest kann Ihnen egal sein; ***s'occuper du ~*** sich um alles Weitere, um alles Übrige kümmern; ***sans parler du ~*** von allem Übrigen ganz zu schweigen; *iron* ***il sait faire ça comme le ~*** davon versteht er so wenig wie von allem Übrigen; ***vivre isolé du ~ du monde*** von der übrigen Welt isoliert, von der Außenwelt abgeschnitten leben

rester [Rɛste] ⟨**être**⟩ **I** *v/i* 1 bleiben; ♦ *avec adj*: ***~ jeune*** jung bleiben; ***~ malade pendant plusieurs mois*** mehrere Monate lang krank sein; ***~ toujours le même*** immer der Gleiche bleiben; *magasin* ***~ ouvert jusqu'à 20 heures*** bis 20 Uhr geöffnet, offen bleiben, sein; ***~ tranquille*** ruhig bleiben; Ruhe bewahren; ♦ *avec prép et loc/adv*: ***~ des heures entières à bavarder*** stundenlang schwatzen; ***il est resté une heure à*** *faire cette lettre* er hat e-e Stunde gebraucht, um …; ***je suis resté seul à attendre*** ich blieb allein zurück und wartete; ***~ (à) déjeuner*** zum Mittagessen bleiben; ***~ au lit*** im Bett bleiben; ***~ à table*** bei Tisch, beim Essen sitzen (bleiben); ***~ chez soi*** zu Hause, daheimbleiben; ***~ dans l'ignorance*** unwissend bleiben; ***~ dans la mémoire, dans le souvenir des hommes*** den Menschen im Gedächtnis, in Erinnerung bleiben; ***~ en arrière*** zurückbleiben; ***~ en bonne santé*** gesund bleiben; ***cela doit ~ entre nous*** das muss unter uns bleiben; ***~ (pour) faire qc*** dableiben, um etw zu tun; ***~ tout un mois sans écrire*** einen ganzen Monat (lang) nicht schreiben; ***~ sur une impression*** noch unter e-m Eindruck stehen; ***tu ne vas pas ~ des heures sur ce travail*** du wirst nicht stundenlang über dieser Arbeit sitzen; → *a les subst correspondants* 2 F ***y ~*** dabei umkommen; ***il a failli y ~*** er wäre beinahe umgekommen 3 ***en ~ à qc*** bei etw stehen bleiben; es bei etw bewenden lassen; es mit etw genug sein lassen; ***où en sommes-nous restés?*** wo sind wir stehen geblieben?; ***où en est-il resté de ses projets?*** was ist aus s-n Plänen geworden?; wie weit sind s-e Pläne gediehen?; ***restons-en là pour aujourd'hui*** lassen wir es für heute dabei bewenden, damit genug sein; ***il n'en restera pas là*** er wird es damit nicht genug sein lassen 4 F (*habiter*) wohnen; ***il reste en banlieue*** er wohnt in e-m Vorort 5 (*durer*) *œuvre, artiste* sich halten; die Zeit über-

R

dauern; bleiben **6** (*subsister*) (übrig) bleiben; ***les ruines qui restent de qc*** die Ruinen, die von etw übrig geblieben sind; ***le temps qui me reste*** die Zeit, die mir (übrig) bleibt; die restliche Zeit; ***c'est tout ce qui reste*** das ist alles, was (noch) übrig ist **7** (*continuer d'être sien*) ***~ à qn*** j-m bleiben; ***le nom lui est resté*** der Name ist ihm geblieben; ***le souvenir qui m'en est resté*** die Erinnerung, die mir davon geblieben ist **II** *v/imp* ***il ne reste plus de pain*** es ist kein Brot mehr da; F das Brot ist alle; ***il ne lui en reste rien*** *en mémoire* er hat nichts davon behalten; es ist ihm nichts im Gedächtnis geblieben; *d'un accident* er spürt nichts mehr davon; ***il reste vrai, entendu que …*** es ist klar, selbstverständlich, dass …; (***il***) ***reste que …*** immerhin …; jedenfalls …; ***il n'en reste pas moins que …*** nichtsdestoweniger …; ♦ ***il reste beaucoup à faire*** es bleibt noch viel zu tun; ***je sais ce qu'il*** (*ou* ***ce qui***) ***me reste à faire*** ich weiß, was ich noch tun muss; ***il ne me reste plus qu'à partir, payer*** es bleibt mir nichts anderes übrig als zu gehen, zahlen; ***il reste 100 euros à payer*** es müssen noch 100 Euro gezahlt werden; ***reste à prouver …*** bleibt noch zu beweisen …; ***il ne me reste plus qu'à vous remercier*** mir bleibt nur noch, Ihnen zu danken; ***il ne vous reste qu'à signer*** Sie brauchen nur noch zu unterschreiben

restituable [ʀɛstitɥabl] *adj* zurückzuerstatten(d); zurückzugeben(d); zu ersetzen(d)

restituer [ʀɛstitɥe] *v/t* **1** (*rendre*) zurück-, herausgeben; (zurück)erstatten **2** (*rétablir*) *texte etc* rekonstruieren; wiederherstellen **3** *énergie emmagasinée* abgeben; freisetzen; *son enregistré* wiedergeben

restitution [ʀɛstitysjõ] *f* **1** (*action de rendre*) Rückgabe *f*, -erstattung *f*; Herausgabe *f*; Restitution *f* **2** (*rétablissement*) Rekonstruktion *f*; Wiederherstellung *f*

resto [ʀɛsto] *m* → ***restau***

restoroute® [ʀɛstoʀut] *m* Raststätte *f*, -haus *n*

restreindre [ʀɛstʀɛ̃dʀ] ⟨→ **peindre**⟩ **I** *v/t* be-, einschränken; *nombre* beschränken; *champ d'activité* einengen **II** *v/pr* ***se ~*** sich einschränken; ***il va falloir nous ~*** wir werden uns einschränken müssen

restreint [ʀɛstʀɛ̃] *adj* ⟨**-einte** [-ɛ̃t]⟩ *vocabulaire, moyens etc* beschränkt; ***auditoire, personnel ~*** beschränkte Anzahl von Zuhörern, Personal; *d'un mot* ***sens ~*** engere Bedeutung; ***~ à*** beschränkt auf (*+acc*); ***occuper un espace ~*** geringen, wenig Raum einnehmen; ***prendre un mot dans son sens ~*** ein Wort in s-r engeren Bedeutung nehmen

restrictif [ʀɛstʀiktif] *adj* ⟨**-ive**⟩ einschränkend; einengend; restriktiv; GR ***proposition restrictive*** Restriktivsatz *m*

restriction [ʀɛstʀiksjõ] *f* **1** Ein-, Beschränkung *f*; Restriktion *f*; (*réserve*) Einschränkung *f*; Vorbehalt *m*; ***~ mentale*** geheimer Vorbehalt; JUR Mentalreservation *f*; *loc/adv* ***sans ~*** uneingeschränkt; vorbehaltlos; bedingungslos; ohne Einschränkung; ***faire des ~s*** Vorbehalte, Einschränkungen machen; ***être soumis à des ~s*** Beschränkungen (*dat*) unterliegen **2** *pl* ***~s*** (*rationnement*) Rationierungsmaßnahmen *f/pl*; (*privations*) Entbehrungen *f/pl*; *époque* schlechte Zeit

restructuration [ʀəstʀyktyʀasjõ] *f* Umstrukturierung *f*; Umgestaltung *f* **restructurer** *v/t* umstrukturieren; umgestalten

resucée [ʀ(ə)syse] *f* **1** F (*petit verre*) F noch ein Gläschen *n* **2** *péj* (*reprise*) (zweiter, schlechter) Aufguss

résultante [ʀezyltɑ̃t] *f* **1** Folge *f*; Ergebnis *n* **2** PHYS Resultierende *f*; Resultante *f*

résultat [ʀezylta] *m* **1** Ergebnis *n*, Resultat *n* (*a* MATH); Fazit *n*; Erfolg *m*; ***sans ~*** ergebnislos; ohne Erfolg; erfolglos; ***aboutir à un ~*** zu e-m Ergebnis führen; ***avoir pour ~ que …*** zur Folge haben, dass …; ***avoir, obtenir de bons ~s*** gute Erfolge erzielen, aufweisen; *iron* ***voilà le ~!*** F da haben wir die Bescherung!; F *elle est restée trop longtemps au soleil,* ***~: elle a un coup de soleil*** (der) Erfolg: sie hat e-n Sonnenbrand **2** ***~s*** *pl* SPORTS Ergebnisse *n/pl*; *d'un examen* Prüfungsergebnisse *n/pl*; *d'une élection* Wahlergebnisse *n/pl*; ***~s définitifs*** *ou* ***finals*** Endergebnisse *n/pl*; ***~s scolaires*** schulische Leistungen *f/pl*; LOTERIE ***~s du tirage*** Ziehungsliste *f*

résulter [ʀezylte] ⟨**avoir** *od* **être**⟩ **I** *v/i* ***~ de qc*** sich aus etw ergeben; aus etw hervorgehen, resultieren, folgen; bei etw herauskommen; ***ce qui en a*** *ou* ***est résulté*** was daraus hervorgegangen ist; was sich daraus ergeben hat; was dabei herausgekommen ist **II** *v/imp* ***il résulte de ceci que, il en résulte que …*** daraus geht hervor, folgt, ergibt sich, *st/s* erhellt, dass …

résumé [ʀezyme] *m* Zusammenfassung *f*; Resümee *n*; (zusammenfassender) Überblick; *loc/adv* ***en ~*** zusammenfassend lässt sich sagen; (*en bref*) kurz (gesagt); (*en somme*) alles in allem; ***donner un ~ des faits*** e-n Überblick über die Geschehnisse, das Geschehene geben; ***faire un ~*** e-e Zusammenfassung geben, *par écrit a* machen

résumer [ʀezyme] **I** *v/t* zusammenfassen; resümieren; kurz wiedergeben; ***~ en peu de mots*** in wenigen Worten zusammenfassen **II** *v/pr* ***se ~*** **1** *ce qu'on a dit* zusammenfassen (*abs*) **2** *sens passif* zusammengefasst werden (können); sich zusammenfassen lassen; ***en lui se résume tout un siècle*** in ihm findet sich ein ganzes Jahrhundert vereinigt

résurgence [ʀezyʀʒɑ̃s] *f* **1** GÉOL wieder zutage tretender Wasserlauf **2** *fig* Wiederauftreten *n*; Wiedererscheinen *n*

resurgir [ʀ(ə)syʀʒiʀ] *v/i* wieder auftauchen; wieder zutage treten

résurrection [ʀezyʀɛksjõ] *f* **1** REL **a)** Auferstehung *f*; ***la ~ de la chair, du Christ, des morts*** die Auferstehung des Fleisches, Christi, der Toten; **b)** ***la ~ de Lazare*** die Auferweckung des Lazarus **2** *fig d'un malade* unverhoffte Genesung; *st/s du passé etc* Wiederaufleben *n*

retable [ʀətabl] *m* Altaraufsatz *m*; *t/t* Retabel *n*; *tableau* Altarbild *n*

rétabli [ʀetabli] *adj* **1** *personne* wieder genesen; wiederhergestellt **2** *contact etc* wiederhergestellt

rétablir [ʀetabliʀ] **I** *v/t* **1** *ordre, communications, équilibre etc* wiederherstellen; *relations diplomatiques* wieder aufnehmen; *faits* rekonstruieren; *courant* wieder einschalten; ***~ la paix*** Frieden stiften; ***~ le téléphone*** die Telefonverbindung wiederherstellen **2** ***~ qn dans ses droits, dans ses fonctions*** j-n wieder in s-e Rechte, in sein Amt einsetzen **3** *malade* wieder auf die Beine bringen; (wieder) gesund machen; ***~ ses forces*** wieder zu Kräften kommen

R

II *v/pr* **se ~ 1** *malade* (wieder) gesund werden; wieder auf die Beine kommen **2** *calme etc* wieder eintreten, einkehren; sich wieder einstellen; *temps* sich wieder beruhigen

rétablissement [ʀetablismɑ̃] *m* **1** *de l'ordre, des communications etc* Wiederherstellung *f*; *des relations diplomatiques* Wiederaufnahme *f* **2** *d'un malade* Genesung *f*; Gesundung *f*; ***je vous souhaite un bon, prompt ~*** ich wünsche Ihnen gute Besserung, e-e baldige Genesung **3** SPORTS Aufschwung *m*

retaille [ʀ(ə)taj] *f* **1** (Stoff-, Leder)Rest *m*, (-)Abfall *m* **2** *d'un diamant* Neuschleifen *n*

retailler [ʀ(ə)taje] *v/t bois, verre etc* neu, wieder schneiden; *crayon* wieder, neu spitzen; *lime* nachhauen; *costume, robe etc* umändern

rétamé [ʀetame] *adj* **1** F (*épuisé*) F fertig; kaputt **2** F (*ivre*) F besoffen; blau

rétamer [ʀetame] **I** *v/t* **1** *casserole* neu verzinnen **2** F *personne* F fertigmachen; kaputtmachen; *chose* kaputt machen; *à un examen* ***se faire ~*** F durchfliegen, -rasseln, -sausen; ***se faire ~ au jeu*** sein ganzes Geld beim Spiel verlieren **II** *v/pr* **se ~** F (*tomber*) F hinschlagen; hinknallen

rétameur [ʀetamœʀ] *m* Kesselflicker *m*

retape [ʀ(ə)tap] F ***faire la ~*** *prostituée* F auf den Strich gehen; *camelot* die Werbetrommel rühren

retaper [ʀ(ə)tape] **I** *v/t* **1** F **a)** *lit* notdürftig machen; ***~ une couverture*** eine Decke glatt streichen; ***~ un oreiller*** ein Kopfkissen aufschütteln; **b)** *vieille maison* wieder herrichten; F aufpolieren; **c)** *médicament* ***~ qn*** j-n wieder auf die Beine bringen, hochbringen **2** *à la machine* noch einmal (ab)tippen **II** *v/pr* F **se ~** F sich aufrappeln

retapisser [ʀ(ə)tapise] *v/t pièce* neu tapezieren

retard [ʀ(ə)taʀ] *m* **1** Verspätung *f*; Zu-spät-Kommen *n* (***au travail*** zur Arbeit); ***un ~ d'une heure, une heure de ~*** eine Stunde Verspätung; e-e einstündige Verspätung; e-e Verspätung von einer Stunde; *en France* ***billet*** *m* ***de ~*** Bescheinigung *f* über die Verspätung e-s öffentlichen Verkehrsmittels (*die den Fahrgästen auf Verlangen ausgestellt wird*); *loc/adv*: ***avec ~*** verspätet; mit Verspätung; ***en ~*** verspätet; zu spät; mit Verspätung; ***arriver en ~*** zu spät kommen; ***être en ~*** sich verspäten; zu spät kommen; F zu spät dran sein; *train etc* Verspätung haben; → *a 2*; ***se mettre en ~*** sich verspäten; ***il m'a mis en ~*** seinetwegen bin ich verspätet; ***sans ~*** unverzüglich; umgehend; sofort; auf der Stelle; sogleich; ***avoir du ~*** Verspätung haben; F *fig* ***il a toujours un métro de ~*** F er ist ein Spätzünder; *montre* ***prendre du ~*** (immer) nachgehen; *affaire* ***ne pas souffrir de ~*** keinen Aufschub dulden **2** *dans le travail, un paiement, un développement* Rückstand *m*; Zurückbleiben *n*; Verzögerung *f*; Verzug *m*; ***loyer*** *m* ***en ~*** rückständige Miete; Mietrückstand *m*; ***travail*** *m* ***en ~*** liegen gebliebene Arbeit; ***avoir du courrier en ~*** Briefschulden haben; ***avoir du ~, être en ~*** zurückgeblieben, im Rückstand, im Verzug sein (***sur qn, qc*** gegenüber j-m, etw); *enfant* ***être en ~ pour son âge*** für sein Alter zurückgeblieben sein; ***être en ~ pour payer son loyer*** mit s-r Miete im Rückstand sein **3** TECH Verzögerung *f*; ***~ à l'allumage*** Spätzündung *f* **4** *adjt* PHARM Depot…; ***insuline*** *f* ***~*** Depotinsulin *n*

retardataire [ʀ(ə)taʀdatɛʀ] **I** *adj* **1** (*en retard*) verspätet; zu spät kommend; zu spät gekommen **2** (*archaïque*) rückständig **II** *m,f* Zuspätkommende(r) *f(m)*; Nachzügler(in) *m(f)*

retardé [ʀ(ə)taʀde] **I** *adj enfant*: *mentalement* zurückgeblieben; *sc* retardiert; *à l'école* ***être ~*** im Rückstand, F zurück sein **II** *subst* **~(e)** *m(f)* geistig zurückgebliebenes Kind

retardement [ʀ(ə)taʀdəmɑ̃] *loc/adv* ***à ~*** mit Verzögerung; nachträglich; *loc/adj* ***bombe*** *f* ***à ~*** Bombe *f* mit Zeitzünder; Zeitbombe *f*; *fig* ***comprendre à ~*** erst hinterher begreifen

retarder [ʀ(ə)taʀde] **I** *v/t* **1** *personne, train etc* aufhalten; ***~ qn dans son travail*** j-n bei s-r Arbeit aufhalten **2** *montre* zurückstellen **3** *départ etc* hinaus-, auf-, verschieben **4** *pluie*: *récolte etc* verzögern **II** *v/i* **1** *montre* nachgehen; ***ma montre***, F *a* ***je retarde de cinq minutes*** meine Uhr geht fünf Minuten nach **2** *fig* ***~ sur son temps, sur son siècle*** hinter s-r Zeit zurück sein **3** F (*n'être pas au courant*) F hinter dem Mond leben

reteindre [ʀ(ə)tɛ̃dʀ] *v/t* ⟨→ **peindre**⟩ nach-, umfärben

retéléphoner [ʀ(ə)telefɔne] *v/i* wieder, noch einmal telefonieren (***à qn*** mit j-m), anrufen (j-n)

retendre [ʀ(ə)tɑ̃dʀ] *v/t* ⟨→ **rendre**⟩ *cordes d'un instrument de musique etc* wieder, neu spannen; nachspannen

retenir [ʀətniʀ, ʀtəniʀ] ⟨→ **venir**⟩ **I** *v/t* **1** *personne* zurück-, fest-, auf-, abhalten; dabehalten; *chose* (zurück-, ein)behalten; *argent* abziehen (***de, sur*** von); *barrage*: *eau* stauen; *ruban*: *cheveux* zusammenhalten; ***~ l'attention de qn*** j-s Aufmerksamkeit auf sich (*acc*) lenken, ziehen; j-s Interesse wecken, erregen; ***votre candidature a retenu mon attention*** *a* ich habe Ihre Bewerbung aufmerksam geprüft; ***~ sa colère, un sourire*** s-e Wut, ein Lächeln unterdrücken; ***~ ses larmes*** die Tränen zurückhalten, unterdrücken; ***~ son souffle, sa respiration*** den Atem, die Luft anhalten; ***~ qn prisonnier*** j-n gefangen halten; *maladie* ***~ qn à la chambre*** j-n zwingen, im Zimmer zu bleiben; ***~ qn à dîner*** j-n zum Abendessen dabehalten; *maladie* ***~ qn au lit*** j-n ans Bett fesseln; ***je ne sais pas ce qui me retient*** ich weiß nicht, was mich davon abhält *ou* was mich daran hindert; ***~ qn par le bras*** j-n am Arm festhalten; ***je ne veux pas vous ~ plus longtemps*** ich möchte Sie nicht länger aufhalten **2** *dans sa mémoire* sich (*dat*) merken; (im Gedächtnis) behalten; ***retenez bien ce que je vais vous dire*** merken Sie sich (*dat*) gut, was ich Ihnen sagen werde; F ***je le retiens, celui-là!*** den merke ich mir!; der hört noch von mir!; MATH ***je pose sept et retiens deux*** ich schreibe sieben und merke mir, behalte zwei **3** (*considérer*) *proposition, projet, candidature* in Betracht ziehen; berücksichtigen; JUR *chef d'accusation* aufrechterhalten (***contre qn*** gegen j-n); *adjt* ***la solution retenue*** die gewählte Lösung **4** (*réserver*) *chambre, table, place de théâtre ou de train* vorbestellen; reservieren; *place* (*marquer*) belegen; *guide* im Voraus engagieren **II** *v/pr* **se ~ 1** (*se rattraper*) sich festhalten (***à*** an +*dat*) **2** (*s'empêcher*) sich zurückhalten; sich beherrschen; sich zusammennehmen; ***ne pouvoir se ~ de*** (+*inf*) nicht umhinkönnen zu (+*inf*); ***se ~ de manger*** sich beim Es-

R

sen zurückhalten; ***se ~ de pleurer*** sich zusammennehmen, um nicht zu weinen; *besoin naturel* ***retiens-toi!*** halt es zurück!; verhalt es!

retenter [ʀ(ə)tɑ̃te] *v/t* wieder, noch einmal versuchen

rétention [ʀetɑ̃sjõ] *f* **1** MÉD Verhaltung *f*; *sc* Retention *f*; ***~ d'urine*** Harnverhaltung *f* **2** JUR ***droit*** *m* ***de ~*** Zurückbehaltungsrecht *n*

retentir [ʀ(ə)tɑ̃tiʀ] *v/i* **1** *cri, sonnerie etc* (er)tönen; (er)schallen; (wider)hallen; *chants* (er)klingen; *coup de feu* krachen; *endroit* ***~ de*** erfüllt sein von **2** *fig* ***~ sur*** sich auswirken auf (*+acc*)

retentissant [ʀ(ə)tɑ̃tisɑ̃] *adj* **1** *choc* geräuschvoll; ***gifle ~e*** schallende Ohrfeige; ***voix ~e*** durchdringende, dröhnende Stimme **2** *fig réussite, échec* aufsehenerregend

retentissement [ʀ(ə)tɑ̃tismɑ̃] *m* Widerhall *m* (*fig*); Resonanz *f* (*fig*); (Aus-, Nach)Wirkung *f* (***sur*** auf *+acc*); ***avoir un grand ~*** großes Aufsehen erregen

retenu [ʀətny, ʀtəny] *adj* **1** (*réservé*) vorbestellt; reserviert; *place a* belegt **2** *personne* verhindert **3** *voix* gedämpft; verhalten

retenue [ʀətny, ʀtəny] *f* **1** ÉCOLE Nachsitzen *n*; Arrest *m*; ***être en ~*** nachsitzen; ***mettre un élève en ~*** e-n Schüler nachsitzen lassen **2** *prélèvement* Abzug *m* (***sur*** von); Einbehaltung *f*; *somme* Abzug *m*; einbehaltener Betrag; ***~ à la source*** Steuerabzug *m* an der Quelle; ***~ sur le salaire*** Lohn-, Gehaltsabzug *m* **3** (*réserve*) Zurückhaltung *f*; Mäßigung *f*; ***sans ~*** unbeherrscht; *manger* unmäßig; *pleurer* hemmungslos; *embrasser qn* stürmisch; ***manquer de ~*** es an Zurückhaltung fehlen lassen **4** MATH behaltene Zahl **5** *d'eau* Stauen *n*; *de voitures* Stau *m*; ***bassin*** *m* ***de ~*** Stau-, Speicherbecken *n*

réticence [ʀetisɑ̃s] *f* **1** (*hésitation*) Reserve *f*; Zögern *n*; ***sans aucune ~*** ohne das geringste Zögern **2** (*omission*) Verschweigen *n*; (absichtliches) Übergehen; Auslassung *f*; ***parler sans ~*** offen, frei sprechen

réticent [ʀetisɑ̃] *adj* **1** (*hésitant*) reserviert; zögernd **2** (*peu loquace*) verschwiegen

réticule [ʀetikyl] *m* **1** OPT Fadenkreuz *n* **2** *sac* Handtäschchen *n*

réticulé [ʀetikyle] *adj* netzartig, -förmig; ANAT retikulär; retikular

rétif [ʀetif] *adj* ⟨**-ive**⟩ störrisch; widerspenstig

rétine [ʀetin] *f* ANAT Netzhaut *f*; *sc* Retina *f*

rétinien [ʀetinjɛ̃] *adj* ⟨**~ne**⟩ Netzhaut…

retirage [ʀ(ə)tiʀaʒ] *m* TYPO Neuauflage *f*

retiré [ʀ(ə)tiʀe] *adj* **1** (*solitaire*) zurückgezogen; ***~ du monde*** weltabgewandt; ***vivre ~, mener une vie ~e*** zurückgezogen leben; ein zurückgezogenes Leben führen **2** (*à la retraite*) im Ruhestand **3** *village etc* abgelegen; abgeschieden; einsam

retirer [ʀ(ə)tiʀe] **I** *v/t* **1** (*faire sortir*) herausnehmen, -ziehen, -holen (***de*** aus); *argent de la banque* abheben; *mise* zurückziehen; *courrier, bagages de la consigne, billets réservés* abholen; *huile de certaines graines* gewinnen; *minerai* fördern; *pièce de théâtre* ***~ de l'affiche*** vom Spielplan absetzen; *noyé etc* ***~ de l'eau*** aus dem Wasser ziehen, bergen, F fischen; *enfant* ***~ de l'école*** aus, von der Schule nehmen; *casserole* ***~ du feu*** vom Herd, Feuer nehmen; ***~ de sa poche*** aus der Tasche ziehen; *clef* ***~ de la serrure*** abziehen **2** *main* weg-, zurückziehen; *tête* einziehen; *fig*: *candidature, plainte, offre* zurückziehen; *offre a, paroles* zurücknehmen; ***~ ce qu'on a dit*** zurücknehmen, was man gesagt hat **3** *chapeau, lunettes, selle, housse* abnehmen; *vêtement, bottes, gants* ausziehen; ***~ ses vêtements à un enfant*** e-m Kind die Kleider ausziehen **4** *confiance, amitié, garde des enfants, permission, permis de conduire* ***~ à qn*** j-m entziehen; ***je vous retire la parole*** ich entziehe Ihnen das Wort **5** *bénéfice, avantages* herausholen, -schlagen; *fig* ***~ un grand profit d'une lecture*** großen Nutzen aus e-r Lektüre ziehen **II** *v/pr* ***se ~*** **1** (*partir*) sich zurückziehen; ***se ~ dans sa chambre*** sich in sein Zimmer zurückziehen; ***se ~ des affaires, du monde*** sich von den Geschäften, von der Welt zurückziehen; F ***retire-toi de là!*** geh weg!; F weg da! **2** (*prendre sa retraite*) sich zur Ruhe setzen; in den Ruhestand treten **3** *mer, eaux* zurückgehen

retombée [ʀ(ə)tõbe] *f* ARCH Anfänger *m*; Anfangsstein *m*; Anwölber *m*

retombées [ʀ(ə)tõbe] *f/pl* **1** NUCL ***~ radioactives*** radioaktiver Niederschlag; Fall-out [fɔːl'aut] *m* **2** *fig* (*conséquences*) Auswirkungen *f/pl*; Niederschlag *m*

retomber [ʀ(ə)tõbe] *v/i* ⟨**être**⟩ **1** *balle, fusée etc* wieder (herunter- *ou* hinunter-, hinab- *ou* herab-, F runter)fallen; zurückfallen; *personne après s'être relevée* wieder hinfallen; ***se laisser ~ sur ses coussins*** sich in die Kissen zurücksinken lassen; *pluie* F ***ça retombe de plus belle*** F es schüttet wieder stärker **2** *après un saut* (wieder) aufkommen; *chat* ***~ sur ses pattes*** wieder auf den *ou* die Pfoten aufkommen; *fig* ***~ sur ses pieds***, F ***pattes*** wieder auf die Füße fallen **3** *fig* ***~ sur qc*** auf etw (*acc*) zurückkommen; ***~ sur un article intéressant*** wieder auf e-n interessanten Artikel stoßen **4** *fig* ***~ dans qc*** wieder in etw (*acc*) verfallen, geraten; ***~ dans les mêmes fautes*** wieder in die gleichen Fehler verfallen; ***~ dans l'oubli*** wieder in Vergessenheit geraten **5** ***~ malade*** wieder krank werden; wieder erkranken **6** *rideau, cheveux* fallen; (herunter-, herab)hängen; *cheveux* ***~ sur les épaules, sur le front*** bis auf die Schultern, in die Stirn fallen **7** *responsabilité* ***~ sur qn*** auf j-n zurückfallen; auf j-m lasten; ***faire ~ la faute de qc sur qn*** die Schuld an etw (*dat*) auf j-n schieben, abwälzen; F ***ça lui est retombé sur le nez*** da hat er sich (in bester Absicht eingemischt und) nur Ärger eingehandelt **8** F ***~ sur qn*** j-n zufällig wieder treffen; → *a* ***tomber***

retondre [ʀ(ə)tõdʀ] *v/t* ⟨→ **rendre**⟩ wieder scheren, *gazon* mähen

retordre [ʀ(ə)tɔʀdʀ] *v/t* ⟨→ **rendre**⟩ *fils* zwirnen; *fig* ***donner du fil à ~ à qn*** j-m viel zu schaffen machen; j-m Kummer, Sorgen bereiten, machen

rétorquer [ʀetɔʀke] *v/t* ***~ que …*** erwidern, entgegnen, dass …

retors [ʀətɔʀ] *adj* ⟨**-orse** [-ɔʀs]⟩ **1** gezwirnt **2** *fig personne* ausgekocht; durchtrieben; gerissen; mit allen Wassern gewaschen

rétorsion [ʀetɔʀsjõ] *f* JUR Vergeltung *f*; Retorsion *f*; ***mesure*** *f* ***de ~*** Gegen-, Vergeltungsmaßnahme *f*

retouche [ʀ(ə)tuʃ] *f* **1** PHOT Retusche *f* **2** *d'une œuvre* Überarbeitung *f*; Verbesserung *f*; Nachbesserung *f*; Änderung *f*; ***faire quelques ~s*** einige Verbesserungen, Änderungen vornehmen, anbringen

R

(*à* an *+dat*) 3 COUT Änderung *f*

retoucher [R(ə)tuʃe] *v/t* 1 PHOT retuschieren 2 *œuvre* überarbeiten; verbessern; nachbessern 3 COUT ändern

retoucheur [R(ə)tuʃœR] *m*, **retoucheuse** *f* 1 ***retoucheur, retoucheuse*** (***photographe***) Retuscheur *m* 2 ***retoucheur, retoucheuse en confection*** Änderungsschneider(in) *m(f)*

retour [R(ə)tuR] *m* 1 *au point de départ* Rückkehr *f*; *chez soi* Heimkehr *f*; ***bon ~!*** kommen Sie *ou* komm gut nach Hause!; ***le ~ au calme*** das Wiedereintreten der Ruhe; ***~ à la nature*** Rückkehr zur Natur; zurück zur Natur!; ***~ à la normale*** Normalisierung *f*; ***~ au pouvoir*** Rückkehr zur Macht; ***~ en arrière*** (*régression*) Rückschritt *m*; *dans une narration* Rückblick *m*; CIN, TV Rückblende *f*; *loc/adv*: ***sur le chemin du ~*** auf dem Heim-, Rückweg; ***sans espoir de ~*** ohne Hoffnung auf (e-e) Rückkehr; → *a 6*; ***sans esprit de ~*** ohne die Absicht zurückzukehren; ***à mon ~*** bei meiner Rückkehr; (***au***) ***~ de*** bei der Rückkehr von; ***de ~ chez moi*** nach Hause zurückgekehrt; bei meiner Rückkehr nach Hause; ***être de ~*** zurück sein; *fig* ***faire un ~ sur soi-même*** sich auf sich (*acc*) selbst besinnen 2 (*voyage de retour*) Rückfahrt *f*, -reise *f*; *en avion* Rückflug *m*; *par ext* ***les ~s de vacances*** der Ferienrückreiseverkehr 3 (*réexpédition*) Rücksendung *f*; *d'une marchandise a* Rückgabe *f*; ***~ à l'expéditeur*** zurück an Absender; ***par ~ du courrier*** postwendend; umgehend 4 *du printemps, du froid etc* Wiederkehr *f*; *de l'hiver a* Rückkehr *f*; *de la fièvre* Wiederauftreten *n*; *loc/adv* ***sans ~*** auf, für immer; unwiederbringlich 5 (*changement soudain*) Umschlag *m*; Umschlagen *n*; Wechsel *m*; PHYSIOL ***~ d'âge*** Wechseljahre *n/pl*; F *fig* ***~ de bâton*** Rückwirkung *f* auf den Urheber; Bumerang *m*; ***par un juste ~ des choses*** als gerechte Strafe; als gerechter Ausgleich; als ausgleichende Gerechtigkeit; ***être sur le ~*** (***d'âge***) *femme* in den Wechseljahren sein; (*commencer à vieillir*) allmählich alt werden 6 (*échange*) *loc/adv* ***en ~*** als Gegenleistung; dafür; ***aimer qn sans espoir de ~*** j-n ohne Hoffnung auf Erwiderung lieben; ***payer son amour de ~*** s-e Liebe erwidern 7 TECH Rücklauf *m*; ***~ de flamme*** Flammenrückschlag *m*; *fig contre son auteur* (negative, fatale) Rückwirkung; Bumerang *m*; (*regain d'activité*) Wiederaufleben *n*; ***~ de manivelle*** Rückschlag *m* der Kurbel; *fig* plötzlicher Umschwung, Umschlag(en) *m(n)* 8 *adjt* SPORTS ***match m ~*** Rückspiel *n*

retournement [R(ə)tuRnəmɑ̃] *m d'une situation* grundlegende Wandlung; Umkehrung *f*; Umschwung *m*; *de qn, d'opinion* Meinungsumschwung *m*; Kehrtwendung *f*

retourner [R(ə)tuRne] **I** *v/t* 1 *matelas, tableau etc* umdrehen; *vêtement, foin etc* wenden; *terre* umgraben; *salade* umrühren; mischen; *phrase, poche* umkehren; *tête* drehen; wenden; *carte à jouer* aufdecken; *fig* ***~ une situation*** eine Situation grundlegend ändern; F *fig* ***~ qn*** j-n umstimmen, F herumkriegen; → *a 2*; *arme* ***~ contre qn*** auf j-n richten; *viande* ***~ sur le gril*** auf dem Grill drehen 2 F (*mettre en désordre*) *maison etc* F auf den Kopf stellen; F *fig* (*bouleverser*) *nouvelle etc* ***~ qn*** j-n aufwühlen, F durcheinanderbringen 3 ***tourner et ~*** *objet* hin und her drehen; *fig idée etc* hin und her überlegen; von allen Seiten beleuchten 4 (*renvoyer*) **a)** *lettre, paquet, marchandise* zurückschicken, -senden; zurückgehen lassen; ***prière de ~ à l'expéditeur*** bitte zurück an Absender; **b)** F *fig gifle* zurückgeben; ***~ à qn son compliment*** j-m das Kompliment zurückgeben (*a iron*) **II** *v/i* 〈**être**〉 1 (*aller de nouveau*) wieder gehen, fahren, reisen; ***~ à la mer*** wieder ans Meer fahren; ***~ chez le médecin*** wieder zum Arzt gehen 2 *au point de départ* zurückkehren, -gehen, -reisen, -fahren, *en avion* -fliegen; ***~ chez soi*** nach Hause gehen; heimgehen, -kehren; ***~ dans son pays natal*** in s-e Heimat zurückgehen; *par ext* ***~ à ses affaires, à son travail*** die Geschäfte, die Arbeit wieder aufnehmen 3 *maison, terrain etc* ***~ à qn*** an j-n zurückfallen **III** *v/imp* ***savoir de quoi il retourne*** wissen, was los ist, worum es sich dreht *ou* handelt, woran man ist **IV** *v/pr* 1 ***se ~*** *personne* sich umdrehen, umwenden; *voiture* sich überschlagen; ***se ~ sur le dos*** sich auf den Rücken drehen; ***se ~ vers qn*** sich nach j-m umdrehen; ***se tourner et se ~ dans son lit*** sich im Bett hin und her wälzen; *fig*: ***laisser à qn le temps de se ~*** j-m Zeit lassen; ***savoir se ~*** wendig sein; sich (*dat*) zu helfen wissen 2 ***s'en ~*** wieder umkehren, fortgehen; ***s'en ~ comme on est venu*** unverrichteter Dinge wieder abziehen 3 ***se ~ contre qn*** *personne* sich gegen j-n wenden; *mesures etc* ungünstige Rückwirkungen auf j-n haben

retracer [R(ə)tRase] *v/t* 〈-ç-〉 (*raconter*) (bildhaft) schildern, erzählen; vergegenwärtigen; vor Augen führen

rétractation [RetRaktasjõ] *f* Widerruf *m*; Widerrufung *f*; Zurücknahme *f*

rétracter [RetRakte] **I** *v/t* 1 *escargot*: *cornes etc* zurück-, einziehen 2 *aveux etc* widerrufen; zurücknehmen **II** *v/pr* ***se ~*** 1 *pupille, muscle* sich zusammenziehen 2 (*se dédire*) widerrufen; das Gesagte zurücknehmen

rétractile [RetRaktil] *adj griffes* einziehbar; *muscle* zusammenziehbar **rétraction** *f* BIOL Zusammenziehung *f*; Verkürzung *f*; *sc* Retraktion *f*

retraduction [R(ə)tRadyksjõ] *f* 1 (*nouvelle traduction*) Neuübersetzung *f* 2 *dans la langue de départ* Rückübersetzung *f*

retraduire [R(ə)tRadɥiR] *v/t* 〈→ **conduire**〉 **a)** neu, noch einmal übersetzen; **b)** rückübersetzen; **c)** *traduction* in e-e weitere (Fremd)Sprache übersetzen

retrait [R(ə)tRɛ] *m* 1 *du permis de conduire* Entzug *m*; *d'un projet de loi, d'une plainte, d'une candidature* Zurückziehung *f*; *d'argent d'un compte* Abhebung *f*; *de bagages de la consigne etc* Abholung *f* 2 *de troupes* Abzug *m*; *de la compétition* Rücktritt *m* 3 *loc/adj* ***en ~*** *bâtiment* zurückgesetzt, -springend; *fig personne* ***être, rester en ~*** im Hintergrund stehen, bleiben; ***se mettre en ~*** sich abseits stellen; ***se tenir en ~*** sich abseits halten

retraite [R(ə)tRɛt] *f* 1 MIL Rückzug *m*; ***battre en ~*** den Rückzug antreten; *fig* e-n Rückzieher machen 2 ***~ aux flambeaux*** Fackelzug *m* 3 *d'un travailleur* Ruhestand *m*; ***~ à la carte*** flexible Altersgrenze; ***mise f à la ~*** Versetzung *f* in den Ruhestand; *de fonctionnaires* Pensionierung *f*; ***âge m de la ~*** Altersgrenze *f*; Renten-, Pensionsalter *n*; ***maison f de ~*** Alten-, Altersheim *n*; ***à la ~, en ~*** im Ruhestand (*abr* i. R.); *fonctionnaire* pensioniert; außer Dienst

R

(*abr* a. D.); ***mettre qn à la ~*** j-n in den Ruhestand versetzen; j-n pensionieren; ***prendre sa ~*** in den Ruhestand treten, gehen; sich pensionieren lassen **4** *pension* (Alters)Rente *f*; Ruhegeld *n*; *d'un fonctionnaire* Pension *f*; Ruhegehalt *n*; ***régime*** *m* ***des ~s complémentaires*** zusätzliche Altersversorgung; ***avoir droit à une ~*** renten-, pensionsberechtigt sein; ***toucher une petite ~*** e-e kleine Rente beziehen, bekommen, haben **5** REL CATH Exerzitien *pl*; ***faire, suivre une ~*** an Exerzitien teilnehmen **6** *litt* (*refuge*) Zufluchtsort *m*; Schlupfwinkel *m*

retraité [R(ə)tʀete] **I** *adj* im Ruhestand (*abr* i. R.); *fonctionnaire* pensioniert; außer Dienst (*abr* a. D.) **II** *subst* **~(e)** *m(f)* Rentner(in) *m(f)*; Ruheständler(in) *m(f)*; *fonctionnaire* Pensionär(in) *m(f)*; *österr* Pensionist(in) *m(f)*; ***les petits ~s*** die Kleinrentner *m/pl*

retraitement [R(ə)tʀɛtmɑ̃] *m* NUCL Wiederaufbereitung *f* **retraiter** *v/t* NUCL wiederaufbereiten

retranchement [R(ə)tʀɑ̃ʃmɑ̃] *m* MIL Verschanzung *f*; *fig* ***forcer, pousser qn dans ses derniers ~s*** j-n in die Enge treiben

retrancher [R(ə)tʀɑ̃ʃe] **I** *v/t* **1** *passage, mot* (weg)-streichen; weglassen; wegfallen lassen; ***sans rien ajouter ni ~*** ohne etwas hinzuzufügen oder wegzustreichen **2** (*déduire*) abziehen (**de, sur** von) **3** MIL *adjt* ***camp retranché*** befestigtes Lager **II** *v/pr* **1** MIL ***se ~*** sich verschanzen **2** *fig* ***se ~ derrière qc, derrière l'autorité de qn*** sich hinter etw, hinter j-m verschanzen; ***se ~ dans le silence*** sich in Schweigen hüllen

retranscription [R(ə)tʀɑ̃skʀipsjõ] *f* erneute Abschrift, Eintragung

retranscrire [R(ə)tʀɑ̃skʀiʀ] *v/t* ⟨→ **écrire**⟩ wieder abschreiben, eintragen

retransmettre [R(ə)tʀɑ̃smɛtʀ] *v/t* ⟨→ **mettre**⟩ RAD, TV, *émission* übertragen **retransmission** *f* RAD, TV Übertragung *f*

retravailler [R(ə)tʀavaje] **I** *v/t discours etc* wieder bearbeiten; (*modifier*) umarbeiten **II** *v/i* wieder arbeiten; die Arbeit wieder aufnehmen

rétréci [ʀetʀesi] *adj* **1** verengt; ***chaussée ~e*** verengte Fahrbahn **2** *fig idées, esprit* engstirnig

rétrécir [ʀetʀesiʀ] **I** *v/t* **1** *vêtement* enger machen; verengern **2** *fig horizon etc* einengen **II** *v/i étoffe au lavage* einlaufen; eingehen **III** *v/pr* ***se ~*** **1** *chaussée, passage* sich verengen; enger werden **2** *fig cercle d'amis etc* sich verkleinern; schrumpfen

rétrécissement [ʀetʀesismɑ̃] *m* **1** *d'une chaussée etc* Verengung *f* **2** MÉD Verengerung *f* **3** *d'une étoffe* Einlaufen *n*, -gehen *n*

retremper [R(ə)tʀɑ̃pe] *v/pr* ***se ~ dans un milieu*** wieder in e-e Umgebung eintauchen

rétribuer [ʀetʀibɥe] *v/t personne* bezahlen; entlohnen; ***~ un travail*** eine Arbeit bezahlen, vergüten; ***~ à l'heure, au mois*** nach Stunden, monatlich vergüten, bezahlen

rétribution [ʀetʀibysjõ] *f* Bezahlung *f*; Vergütung *f*; Entgelt *n*; Entlohnung *f*

rétro [ʀetʀo] **I** *adj* ⟨*inv*⟩ Nostalgie…; nostalgisch; ***mode*** *f* **~** Nostalgiewelle *f* **II** *m* F *abr* → ***rétroviseur***

rétroactif [ʀetʀoaktif] *adj* ⟨**-ive**⟩ JUR rückwirkend; ***avoir un effet ~*** rückwirkende Kraft haben

rétroactivité [ʀetʀoaktivite] *f* JUR Rückwirkung *f*; rückwirkende Kraft

rétrocéder [ʀetʀosede] *v/t* ⟨**-è-**⟩ JUR wieder abtreten; zurückübertragen

rétrofusée [ʀetʀofyze] *f* Bremsrakete *f*

rétrogradation [ʀetʀɔgʀadasjõ] *f* MIL Degradierung *f*; *de fonctionnaire* Zurückstufung *f*

rétrograde [ʀetʀɔgʀad] *adj* **1** *mouvement* rückläufig; *sc* retrograd **2** *fig politique, idées* fortschrittsfeindlich; rückschrittlich; rückständig

rétrograder [ʀetʀɔgʀade] **I** *v/t* MIL degradieren; ***~ un fonctionnaire*** einen Beamten zurückstufen **II** *v/i* **1** (*reculer*) zurückgehen, -weichen **2** *fig* (*régresser*) zurückbleiben, -fallen; Rückschritte machen **3** *automobiliste* zurück-, herunterschalten (***de troisième en deuxième*** aus dem dritten in den zweiten Gang)

rétropédalage [ʀetʀopedalaʒ] *m* VÉLO ***frein*** *m* ***à ~*** Rücktrittbremse *f*

rétroprojecteur [ʀetʀopʀɔʒɛktœʀ] *m* Overheadprojektor ['oːvərhɛt-] *m*; Tageslichtprojektor *m*

rétrospectif [ʀetʀɔspɛktif] *adj* ⟨**-ive**⟩ **1** rückblickend; rückschauend; retrospektiv; ***jeter un coup d'œil ~ sur*** zurückblicken auf (*+acc*) **2** *peur, jalousie* nachträglich

rétrospective [ʀetʀɔspɛktiv] *f* Rückblick *m*; Rückschau *f*; Rückblende *f*; *exposition* Retrospektive *f* **rétrospectivement** *adv* **1** rückschauend; im Rückblick **2** (*après coup*) nachträglich

retroussé [R(ə)tʀuse] *adj manches* hoch-, aufgekrempelt; *jupe* geschürzt; (hoch)gerafft; ***nez ~*** Stupsnase *f*

retrousser [R(ə)tʀuse] **I** *v/t manches* hoch-, aufkrempeln (*a fig*); hochstreifen; *jupe* (hoch)raffen; schürzen; *babines* hochziehen; *moustaches* zwirbeln **II** *v/pr* ***se ~*** das Kleid, den Rock (hoch)raffen, schürzen

retrouvailles [R(ə)tʀuvaj] F *f/pl* (großes) Wiedersehen

retrouver [R(ə)tʀuve] **I** *v/t* **1** (*recouvrer*) wiederfinden; ***~ qn vivant*** j-n lebend wiederfinden; ***~ son chemin*** den Weg wiederfinden; auf den Weg zurückfinden; ***~ ses forces*** wieder zu Kräften kommen; ***~ un nom*** wieder auf e-n Namen kommen; ***~ la parole*** die Sprache wiederfinden; ***~ son portefeuille*** s-e Brieftasche wiederfinden; ***~ la santé*** wieder gesund werden; ***~ les traces de qn*** j-s Spuren wiederfinden; *prov* ***une chienne n'y retrouverait pas ses petits*** da kann kein Mensch mehr was finden **2** (*rencontrer de nouveau*) *travail, occasion* wieder finden; *personne* wieder vorfinden, antreffen; ***~ le sommeil*** wieder Schlaf finden; ***elle le retrouva grandi*** als sie ihn wieder sah, war er größer (geworden); ***gare à toi si je te retrouve ici!*** wehe dir, wenn ich dich hier wieder antreffe! **3** (*rejoindre*) wieder treffen; ***~ sa famille*** wieder zu s-r Familie zurückkehren *ou* bei s-r Familie sein; ***aller ~ qn*** j-m folgen, nachreisen; *menace* ***je saurai vous ~!*** Sie entgehen mir nicht!; ich erwische Sie noch!; wir sprechen uns noch!; ***je viens te ~ dans une heure*** in e-r Stunde bin ich wieder da *ou* treffe ich dich wieder **II** *v/pr* ***se ~*** **1** *sens passif*: *occasion, avantage* sich wieder finden (*a faute, expression*); sich wieder ergeben; ***si ça se retrouve*** wenn sich die Gelegenheit ergibt **2** *réciproquement* sich wieder treffen; ***tiens! comme on se retrouve!*** wo man sich nicht überall wieder trifft!; *menace* ***on se retrouve-***

R

ra! wir sprechen uns noch! **3** *sens réfléchi* sich (wieder) befinden; ***se ~ seul et sans ressources*** (wieder) allein und mittellos dastehen; ***se ~ au chômage*** (wieder) arbeitslos sein *ou* werden; ***se ~ dans son élément*** wieder in s-m Element sein; ***se ~ devant les mêmes difficultés*** wieder vor den gleichen Schwierigkeiten stehen; ***il s'est retrouvé en prison*** F er ist (wieder) im Gefängnis gelandet **4** ***s'y ~*** (*s'y reconnaître*) sich zurechtfinden; ***se ~ dans ses calculs, dans un quartier*** sich in s-n Berechnungen, in e-m Stadtviertel zurechtfinden; ***on ne s'y retrouve plus*** *a* man kennt sich hier nicht mehr aus **5** F ***s'y ~*** (*faire un bénéfice*) auf s-e Kosten kommen **6** *st/s* ***se ~*** (***soi-même***) wieder zu sich selbst kommen; → *a* ***trouver***

rétroversion [ʀetʀɔvɛʀsjõ] *f* MÉD *de l'utérus* Rückwärtsneigung *f*; *sc* Retroversion *f* **rétrovirus** *m* BIOL Retrovirus *n*

rétroviseur [ʀetʀovizœʀ] *m* AUTO Rückspiegel *m*; ***~ extérieur, intérieur*** Außen-, Innenspiegel *m*

rets [ʀɛ] *litt m* Netz *n*; *fig* ***prendre qn dans ses ~*** j-n in s-n Netzen fangen

Retz [ʀɛ] ***le cardinal de ~*** *frz Politiker u Schriftsteller*

réuni [ʀeyni] *adj* vereinigt (*a* COMM); versammelt; ***les Français et les Allemands ~s*** die Franzosen und die Deutschen zusammen

réunification [ʀeynifikasjõ] *f* Wiedervereinigung *f* **réunifier** *v/t* wiedervereinigen

réunion [ʀeynjõ] *f* **1** *de personnes* Versammlung *f*; Zusammenkunft *f*; (*rencontre*) Treffen *n*; (*séance*) Sitzung *f*; ***~ électorale*** Wahlversammlung *f*; ***~ syndicale*** Gewerkschaftsversammlung *f*; ***~ de famille*** Familientreffen *n*; ***~ de parents d'élèves*** Elternabend *m* **2** POL *d'une province* Angliederung *f*, Anschluss *m* (***à*** an +*acc*) **3** *d'entreprises, de partis* Zusammenschluss *m*; Zusammenlegung *f*; Vereinigung *f* **4** *de preuves, faits, pièces de dossier* Zusammenstellung *f*

Réunion [ʀeynjõ] (***l'île*** *f* ***de***) ***la ~*** Reunion *n*

réunionite [ʀeynjɔnit] F *f* ständiges Abhalten von Versammlungen, Sitzungen; F Versammlungs-, Sitzungswut *f*

réunionnais [ʀeynjɔnɛ] *adj* (*et subst* ***Réunionnais*** Bewohner) von Reunion

réunir [ʀeyniʀ] **I** *v/t* **1** *choses séparées* (miteinander) verbinden; zusammenfügen, -fassen, -nehmen; *papiers, documents* zusammenstellen; *renseignements, preuves, faits* zusammentragen (*a collection*); sammeln; *intérêts divers etc* vereinigen; ***~ toutes les conditions*** alle Bedingungen erfüllen; ***~ des fonds*** Geld, Mittel auf-, zusammenbringen; ***~ le peu d'espagnol qu'on sait*** F das wenige Spanisch, das man kann, zusammenkratzen; ***il réunit en lui toutes les qualités*** er vereint sämtliche Vorzüge in sich (*dat*) *ou* in s-r Person; *candidat* ***~ toutes les voix*** alle Stimmen auf sich (*dat*) vereinigen **2** ***~ qc à qc*** etw mit etw vereinigen, verbinden; ***~ une province à un État*** e-e Provinz e-m Staat angliedern **3** *personnes* vereinigen; zusammenführen; *en un même lieu* versammeln; *assemblée* einberufen; ***~ des amis chez soi*** Freunde bei sich versammeln; ***le travail les a réunis*** die Arbeit hat sie zusammengeführt **II** *v/pr* ***se ~*** **1** sich versammeln; sich treffen; zusammenkommen, -treten; ***se ~ avec des, entre amis*** sich mit Freunden treffen; unter Freunden zusammenkommen **2** *États* ***se ~ en une fédération*** sich zu e-m Bund zusammenschließen

Reuss [ʀøs] GÉOGR ***la ~*** die Reuß

réussi [ʀeysi] *adj* gelungen (*a iron*); geglückt

réussir [ʀeysiʀ] **I** *v/t* *travail, affaire* erfolgreich durchführen; zustande, zuwege bringen; *examen* bestehen; *sauce etc* gut machen, F hinkriegen; SPORTS *but* erzielen; schießen; ***qn réussit qc*** *a* etw gelingt j-m (gut); ***il a réussi son coup*** die Sache ist ihm gelungen, geglückt; ***elle a réussi son gâteau*** der Kuchen ist ihr gut gelungen **II** *v/i et v/t/indir* **1** *personne* Erfolg haben; erfolgreich sein; es schaffen; reüssieren; ***~*** (***à un examen***) (e-e Prüfung) bestehen; F durchkommen; ***~ dans sa carrière*** in s-r beruflichen Laufbahn Erfolg haben; ***~ du premier coup*** auf Anhieb Erfolg haben; ***~ en tout*** mit allem Erfolg haben; ***ses enfants ont tous réussi*** s-e Kinder haben es alle zu etwas gebracht; ♦ ***je réussis à faire qc*** es gelingt mir *ou* ich schaffe es *ou* ich bringe es fertig, etw zu tun; ***il a réussi à nous convaincre*** es ist ihm gelungen, uns zu überzeugen; ***~ à s'échapper*** *a* entwischen können; ***~ à se remettre debout*** *a* wieder auf die Füße zu stehen kommen; F *iron*: ***il a réussi à se ruiner*** er hat es fertiggebracht *ou* geschafft, sich zu ruinieren; ***voilà à quoi vous avez réussi!*** sehen Sie, was Sie angerichtet haben! **2** *projet, expérience* gelingen; glücken; erfolgreich verlaufen; Erfolg haben; *affaire, film* Erfolg haben; erfolgreich sein; *plante* gedeihen; ***~ à qn*** j-m gelingen, glücken; ***rien ne lui réussit*** nichts gelingt ihm; ***faire ~*** zum Erfolg führen; zum Erfolg verhelfen (+*dat*) **3** (*faire du bien*) ***~ à qn*** j-m guttun, gut bekommen; ***l'air de la mer lui a réussi*** die Meeresluft hat ihm gutgetan, ist ihm gut bekommen

réussite [ʀeysit] *f* **1** (*succès*) Erfolg *m*; *de qc a* Gelingen *n*; ***~ sociale*** sozialer Aufstieg; ***~ d'une affaire*** geschäftlicher Erfolg; *film, roman* ***être une ~*** ein Erfolg sein **2** *jeu de cartes* Patience *f*; ***faire une ~*** e-e Patience legen

réutilisable [ʀeytilizabl] *adj* wiederverwendbar **réutiliser** *v/t* wiederverwenden

revacciner [ʀ(ə)vaksine] *v/t* MÉD wieder, zum zweiten Mal impfen; nachimpfen; *sc* revakzinieren

revaloir [ʀ(ə)valwaʀ] *v/t* 〈→ ***valoir***〉 ***~ qc à qn*** *en bien* sich bei j-m für etw revanchieren [-ˈʃiː-], erkenntlich zeigen; *en mal* j-m etw heimzahlen; ***je lui revaudrai ça*** *a* das soll er mir büßen!

revalorisation [ʀ(ə)valɔʀizasjõ] *f* *d'une monnaie* Revalorisierung *f*; *des salaires, retraites* Aufbesserung *f*; Erhöhung *f*; Anpassung *f*; *du travail manuel etc* Aufwertung *f* **revaloriser** *v/t* *monnaie* revalorisieren; *salaires, retraites* aufbessern; erhöhen; anpassen; *travail manuel etc* aufwerten

revanchard [ʀ(ə)vɑ̃ʃaʀ] **I** *adj* revanchistisch **II** *m* Revanchist *m*

revanche [ʀ(ə)vɑ̃ʃ] *f* Vergeltung *f*; Revanche *f* (*a* SPORTS, JEU); SPORTS ***donner sa ~ à l'adversaire*** dem Gegner die Möglichkeit zur Revanche geben; ***prendre sa ~*** (*se venger*) Vergeltung üben, Rache nehmen (***sur qn*** an j-m); (*reprendre l'avantage*) die Niederlage, Schlappe wettmachen; SPORTS sich revanchieren [-ˈʃiː-]; *loc/adv*: ***à charge de ~*** bei entsprechender Gegenleistung (meinerseits); unter der Bedingung, dass ich mich revanchieren darf;

R

dafür; ***en ~*** dafür; dagegen

rêvasser [ʀɛvase] *v/i* (vor sich [*acc*] hin) dösen; s-e Gedanken schweifen lassen

rêvasserie [ʀɛvasʀi] *f* **1** Dösen *n* **2** *péj* ***~s*** *pl* Hirngespinste *n/pl*

rêve [ʀɛv] *m* Traum *m*; *fig a* Wunschtraum *m*; ***~s de jeunesse*** Jugendträume *m/pl*; ***le ~ de leur vie*** der Traum ihres Lebens; ***le ~ et la réalité*** Traum und Wirklichkeit *f*; ***la femme de ses ~s*** die Frau s-r Träume; ***une voiture de ~*** ein Traumwagen *m*; *loc/adv*: ***comme dans un ~*** wie in e-m Traum; ***en ~*** im Traum; *st/s* ***caresser un ~*** e-m (Wunsch)Traum nachhängen; F ***c'est le ~*** das ist wirklich ideal; ***s'évanouir, disparaître comme un ~*** wie ein Traum (-bild) zerrinnen, verschwinden; ***faire un*** (***mauvais***) ***~*** e-n (bösen, schlechten) Traum haben; (schlecht) träumen; ***faites de beaux ~s!*** träumen Sie was Schönes!; ***réaliser son ~*** s-n Wunschtraum verwirklichen

rêvé [ʀɛve] *adj* erträumt; Traum…; wirklich ideal

revêche [ʀəvɛʃ] *adj* barsch; unwirsch; kratzbürstig; spröd(e); finster

réveil [ʀevɛj] *m* **1** Auf-, Erwachen *n*; MIL Wecken *n*; ***au ~*** beim Auf-, Erwachen **2** *fig de la nature, d'un volcan, de l'opposition* (Wieder)Erwachen *n*; *après des illusions* ***le ~ fut pénible*** es gab ein böses Erwachen **3** (*réveille-matin*) Wecker *m*; ***~ de voyage*** Reisewecker *m*; ***mettre le ~ à six heures*** den Wecker auf sechs Uhr stellen

réveille-matin [ʀevɛjmatɛ̃] *m* ⟨*inv*⟩ Wecker *m*; Weckuhr *f*

réveiller [ʀeveje] **I** *v/t* **1** (auf)wecken; *adjt*: ***être réveillé*** wach sein; ***être mal réveillé*** noch verschlafen sein; F ***un bruit à ~ les morts*** ein Lärm, der Tote erwecken könnte **2** *fig curiosité etc* (wieder) (er)wecken, hervorrufen; ***~ l'appétit*** den Appetit (wieder) anregen; ***~ une querelle*** einen Streit wieder aufleben lassen; ***~ des souvenirs*** Erinnerungen (wieder) wachrufen **II** *v/pr* ***se ~*** **1** auf-, erwachen; wach werden; ***se ~ fatigué*** beim Aufwachen noch müde sein; ***se ~ de bonne heure*** früh aufwachen **2** *fig sentiment* wieder wach werden, aufleben

réveillon [ʀevɛjõ] *m* Festessen *n* am Heiligabend *ou* zu Silvester

réveillonner [ʀevɛjɔne] *v/i* Heiligabend *ou* Silvester (mit e-m Festessen) feiern

révélateur [ʀevelatœʀ] **I** *adj* ⟨**-trice**⟩ aufschlussreich (**de** für); ***c'est tout à fait ~*** *a* das lässt tief blicken **II** *m* PHOT Entwickler *m*

révélation [ʀevelasjõ] *f* **1** *d'un crime, d'un secret etc* Aufdeckung *f*; ***~s*** *pl* Enthüllungen *f/pl*; ***faire des ~s sur qc*** über etw (*acc*) Enthüllungen machen; etw aufdecken **2** REL Offenbarung *f* **3** *fig* (*découverte*) plötzliche Erkenntnis; Offenbarung *f*; ***avoir une ~*** e-e plötzliche Erkenntnis haben; ***ce fut pour moi une ~*** das war e-e Offenbarung für mich; da ging mir ein Licht auf **4** *personne* Entdeckung *f*; ***il a été la ~ de l'année*** er war die Entdeckung des Jahres

révéler [ʀevele] ⟨**-è-**⟩ **I** *v/t* **1** *secret, projets etc* aufdecken; enthüllen; an den Tag, ans Licht bringen; *secret a* preisgeben; verraten; ***~ qn à lui-même*** j-m zeigen, wie er wirklich ist **2** REL offenbaren; *adjt* ***religion révélée*** Offenbarungsreligion *f* **3** *qualité, don, attitude etc* erkennen lassen; (an)zeigen; verraten; ***l'analyse révèle …*** die Analyse ergibt … **II** *v/pr* ***se ~*** sich erweisen, sich entpuppen, sich herausstellen (***qc*** als etw); zutage treten; ***se ~ facile*** sich als leicht erweisen; *impersonnel* ***il se révéla que …*** es stellte sich heraus, es erwies sich, dass …

revenant [ʀəvnɑ̃, ʀvənɑ̃] *m* Gespenst *n*; Geist *m*; ***il y a des ~s*** es spukt; F *fig* ***tiens, voilà un ~!*** ich sehe wohl e-n Geist vor mir!

revendeur [ʀ(ə)vɑ̃dœʀ] *m*, **revendeuse** *f* COMM Wiederverkäufer(in) *m(f)*; Zwischenhändler(in) *m(f)*

revendicateur [ʀ(ə)vɑ̃dikatœʀ] *adj* ⟨**-trice**⟩ fordernd

revendicatif [ʀ(ə)vɑ̃dikatif] *adj* ⟨**-ive**⟩ der Geltendmachung von (sozialen) Forderungen dienend; ***journée revendicative*** Aktionstag *m* (, an dem Forderungen geltend gemacht werden)

revendication [ʀ(ə)vɑ̃dikasjõ] *f* Forderung *f*; Anspruch *m* (**de** auf +*acc*); *action* Geltendmachung *f* von Forderungen, Ansprüchen; ***~s salariales*** Lohn-, Gehaltsforderungen *f/pl*

revendiquer [ʀ(ə)vɑ̃dike] *v/t* **1** (*exiger*) fordern; beanspruchen; verlangen; Anspruch erheben auf (+*acc*); (den Anspruch auf +*acc*) geltend machen **2** *responsabilité* übernehmen; ***~ un attentat*** sich zu e-m Anschlag bekennen; die Verantwortung für ein Attentat übernehmen

revendre [ʀ(ə)vɑ̃dʀ] *v/t* ⟨→ **rendre**⟩ weiterverkaufen; wieder verkaufen; *fig*: ***avoir de qc à ~*** etw im Überfluss haben; (von) etw reichlich, mehr als genug haben; ***avoir de l'esprit à ~*** vor Geist sprühen

revenez-y [ʀəvnezi, ʀvənezi] *loc* F ***avoir un goût de ~*** nach mehr schmecken

revenir [ʀəvniʀ, ʀvəniʀ] ⟨→ **venir**; **être**⟩ **I** *v/i* **1** *de nouveau*: *personne* wieder, noch einmal kommen; *mode, saison, calme, thème etc* wiederkehren; *fête* ***~ à date fixe*** zu e-m festen Datum wiederkehren; ***il n'est pas revenu nous voir*** er hat uns nicht mehr besucht **2** *au point de départ* (wieder) zurückkommen, -kehren; wiederkommen; ***je reviens tout de suite*** ich bin gleich wieder da, zurück; ***~ à la maison, chez soi*** nach Hause zurückkommen, -kehren; ***~ de l'école*** aus der Schule zurückkommen; ***~ de la guerre*** aus dem Krieg zurück-, heimkehren; ***~ d'une promenade, du travail*** von e-m Spaziergang, von der Arbeit zurückkommen; ***~ en arrière*** umkehren; *dans le temps* zurückgehen, -greifen; ***on ne peut pas ~ en arrière*** man kann jetzt nicht mehr zurück; ***~ en France*** nach Frankreich zurückkommen; *par ext* ***son mari lui est revenu*** ihr Mann ist wieder zurückgekehrt **3** *fig* (*reprendre*) ***~ à, sur qc*** auf etw (*acc*) (wieder) zurückkommen; zu etw (wieder) zurückkehren; ***à quoi bon ~ là-dessus?*** wozu wieder darauf zurückkommen?; ***n'y reviens pas!*** lass das künftig bleiben!; *en paroles* du brauchst nicht wieder davon anzufangen; (***en***) ***~ aux anciennes méthodes*** zu den alten Methoden zurückkehren; ***~ à de meilleurs sentiments*** (***à l'égard de qn***) (j-m gegenüber) versöhnlicher gestimmt werden; ***~ à soi*** wieder zu sich kommen; ***~ à la vie*** wieder aufleben; ***~ à, sur un sujet*** auf ein Thema zurückkommen; ***ne revenons pas sur cette affaire*** wir wollen nicht mehr auf diese Angelegenheit zu sprechen kommen; ***il n'y a pas à y ~*** die Sache ist erledigt **4** (*annuler*) **~ sur qc** etw zurücknehmen, rückgängig machen; **~ sur sa décision** s-e Entscheidung rückgängig machen; **~ sur sa parole** sein Wort zurücknehmen, widerrufen **5** **dix euros me reviennent** *ou impersonnel* **il me revient dix euros** ich bekomme zehn Euro heraus, zurück **6** *mot, nom etc* **~ à qn** (**à la mémoire, à l'esprit**) j-m wieder einfallen; **ça me revient** das fällt mir wieder ein; ich komme wieder darauf **7** *appétit, courage, faculté etc*: **qc revient à qn** j bekommt, erlangt etw wieder; **la mémoire lui est revenue** jetzt weiß er es wieder; jetzt erinnert er sich wieder daran; **les forces lui sont revenues** er ist wieder zu Kräften gekommen **8** (*échoir*) *droit, honneur, titre etc* **~ à qn** j-m zustehen, zukommen; **~ de droit à qn** j-m rechtmäßig zustehen; **c'est à lui que revient le mérite** es ist sein Verdienst; *impersonnel* **c'est à lui qu'il revient de faire qc** ihm kommt es zu, etw zu tun **9** (*plaire*) **~ à qn** j-m gefallen, zusagen; **sa tête ne me revient pas** sein Gesicht gefällt mir nicht **10** (*équivaloir*) **~ à** hinauslaufen auf (+*acc*); **cela revient à dire que …** das heißt so viel wie …; das heißt mit anderen Worten, dass …; → *a* **même** *II* **11** (*se remettre*) **~ de qc** sich von etw erholen; **~ d'un évanouissement** aus e-r Ohnmacht erwachen; **~ de sa surprise** sich von s-r Überraschung erholen; **il revient de loin** er ist noch einmal davongekommen; *on se demande* **s'il en reviendra** ob er es überleben wird; F **je n'en reviens pas** ich kann es gar nicht fassen **12** (*se débarrasser*) **~ de qc** von etw los-, abkommen; sich von etw befreien; **~ d'une erreur** e-n Fehler, Irrtum einsehen; **~ d'une illusion, de ses prétentions** e-e Illusion, s-e Ansprüche aufgeben; **il est revenu de tout** er ist vollkommen ernüchtert, abgestumpft, gleichgültig; **j'en suis bien revenu** davon bin ich längst abgekommen **13** (*coûter*) kosten; **~ cher** teuer sein; *a fig* teuer zu stehen kommen (**à qn** j-n); *le déjeuner* **m'est revenu à 100 euros** hat mich 100 Euro gekostet **14** CUIS **faire ~** *viande* anbraten; *oignons* bräunen; in Fett dünsten **15** *radis etc* **~ à qn** j-m aufstoßen **16** F (*se réconcilier*) sich wieder versöhnen; F wieder gut sein **17** *étoffe* F **bien ~ au lavage** nach dem Waschen wieder tadellos aussehen **II** *v/pr litt* **s'en ~** zurückkommen, -kehren

revente [R(ə)vɑ̃t] *f* COMM Wieder-, Weiterverkauf *m*

revenu [Rəvny, Rvəny] *m* Einkommen *n*; **~s** *pl* Einkünfte *pl*, Bezüge *pl*; **~ annuel, brut, net** Jahres-, Brutto-, Nettoeinkommen *n*; **~ imposable** steuerpflichtiges Einkommen; **~ minimum, moyen** Mindest-, Durchschnittseinkommen *n*; **~ minimum d'insertion** (ein Mindesteinkommen gewährleistende) staatliche Beihilfe zur beruflichen Eingliederung; *correspond à* Arbeitslosengeld *n* II; **~ national** Volkseinkommen *n*; **~s publics, de l'État** Staatseinkünfte *pl*; **déclaration** *f* **des ~s** Einkommenssteuererklärung *f*; **sources** *f/pl* **de ~** Einnahmequellen *f/pl*; *valeurs* **à ~ fixe** festverzinslich; **avoir de gros ~s** große Einkünfte haben

rêver [Reve] **I** *v/t* **1** *en dormant* träumen; **j'ai rêvé que …** ich, *st/s* mir träumte, (dass) … **2** *fig* (*imaginer*) träumen (von); sich (*dat*) erträumen; **~ fortune, mariage** von Reichtum, vom Heiraten träumen; **ce n'est pas la situation qu'il avait rêvée** das ist nicht die Stellung, die er sich (*dat*) erträumt hatte **II** *v/t/indir* **1** **~ de qn, de qc** von j-m, von etw träumen; **il en rêve la nuit** er träumt (schon) nachts davon **2** *fig* (*souhaiter*) **~ de qc** von etw träumen; sich (*dat*) etw erträumen; **~ de** (+*inf*) davon träumen zu (+*inf*) **3** (*songer*) **~ à qc** über etw (*acc*) nachdenken, -sinnen **III** *v/i* **1** *en dormant* träumen; **on croit ~** man glaubt zu träumen **2** *fig* (*rêvasser*) vor sich (*acc*) hin träumen; s-e Gedanken schweifen lassen; (*divaguer*) träumen; fantasieren

réverbération [RevɛRbeRasjõ] *f de lumière, chaleur* Rückstrahlung *f*; *de lumière a* Widerschein *m*; Spiegelung *f*

réverbère [RevɛRbɛR] *m* Straßenlaterne *f*

réverbérer [RevɛRbeRe] ⟨**-è-**⟩ *v/t lumière, chaleur* zurückstrahlen

reverdir [R(ə)vɛRdiR] *v/i arbres* wieder grün werden

révérence [RevɛRɑ̃s] *f* **1** (Hof)Knicks *m*; **faire une ~** e-n Knicks machen; F *fig* **tirer sa ~ à qn** sich empfehlen **2** *st/s* (*respect*) Ehrfurcht *f*; *loc/adv* F **~ parler** mit Verlaub (gesagt, zu sagen)

révérencieux [RevɛRɑ̃sjø] *adj* ⟨**-euse**⟩ **peu ~** wenig, nicht gerade ehrerbietig, ehrfurchtsvoll

révérend [RevɛRɑ̃] ÉGL **I** *adj* ⟨**-ende** [-ɑ̃d]⟩ **Révérende Mère** ehrwürdige Mutter; **Révérend Père** ehrwürdiger Vater **II** *m* **1** Hoch-, Ehrwürden *m* **2** (*pasteur anglican*) Reverend *m*

révérendissime [RevɛRɑ̃disim] *adj* ÉGL CATH hochwürdigste(r)

révérer [RevɛRe] *v/t* ⟨**-è-**⟩ (ver)ehren

rêverie [RɛvRi] *f* **1** Träumerei *f*; **s'abandonner, se laisser aller à la ~** sich Träumereien hingeben **2** *péj* Hirngespinst *n*; Fantasterei *f*

revernir [R(ə)vɛRniR] *v/t* wieder, neu firnissen, lackieren

revers [R(ə)vɛR] *m* **1** *d'une feuille, médaille, monnaie* Rückseite *f*; *fig* **le ~ de la médaille** die Kehrseite der Medaille; die Schattenseite; *loc/adv* **d'un ~ de main** mit dem Handrücken; **balayer d'un ~ de main** *papiers* (vom Tisch) herunterfegen; *fig objections* vom Tisch wischen; *prov* **toute médaille a son ~** jedes Ding hat zwei Seiten **2** *d'un veston* Revers *n*, *österr m*; *d'un pantalon, d'une manche* Auf-, Umschlag *m*; **bottes** *f/pl* **à ~** Stulpenstiefel *m/pl* **3** *fig* (*échec*) Rückschlag *m*; Fehlschlag *m*; Misserfolg *m*; harter Schlag *m*; MIL Niederlage *f*; **~ (de fortune)** Schicksalsschlag *m*; **essuyer un ~, des ~** e-n Schicksalsschlag, Schicksalsschläge erleiden **4** TENNIS Rückhand(schlag) *f(m)*; **jouer en ~** Rückhand spielen **5** MIL **prendre à, de ~** im Rücken *ou* von der Flanke fassen

reversement [R(ə)vɛRsəmɑ̃] *m* FIN Übertragung *f*

reverser [R(ə)vɛRse] *v/t* **1** *à boire* wieder einschenken; nachgießen **2** *dans le récipient d'origine* zurückgießen **3** *argent* übertragen

réversibilité [RevɛRsibilite] *f* **1** PHYS, CHIM Umkehrbarkeit *f*; *sc* Reversibilität *f* **2** JUR *d'une retraite etc* Übertragbarkeit *f*; *d'un bien a* Heim-, Rückfälligkeit *f*

réversible [RevɛRsibl] *adj* **1** umkehrbar; rückgängig zu machen(d); PHYS, CHIM *a* reversibel **2** JUR *retraite* übertragbar **3** *étoffe* beidseitig tragbar; **manteau** *m* **~** Wendemantel *m*

réversion [RevɛRsjõ] *f* **pension** *f* **de ~** Hinterbliebenenrente *f*

revêtement [R(ə)vɛtmɑ̃] *m* **1** TECH Aus-, Verklei-

R

dung *f*; Verblendung *f*; Mantel *m*; Überzug *m*; Beschichtung *f*; ~ ***mural*** Wandverkleidung *f* 2 *d'une route* Straßendecke *f*, -belag *m*; ~ ***de sol*** Fußbodenbelag *m*

revêtir [ʀ(ə)vetiʀ] ⟨→ **vêtir**⟩ *v/t* 1 *habits* anlegen; anziehen; *fig* ~ ***l'uniforme*** zum Militär gehen; ~ ***qn de qc*** j-m etw anlegen 2 *par ext* ~ ***qn d'une dignité, d'un pouvoir*** j-m e-e Würde, e-e Vollmacht verleihen; *p/p* ***être revêtu d'une charge*** ein Amt bekleiden 3 *fig aspect, caractère, forme* annehmen; *par ext* (*avoir*) aufweisen; haben; ~ ***une importance particulière*** e-e besondere Bedeutung haben 4 (*pourvoir*) ~ ***qc de qc*** etw mit etw versehen; ~ ***un passeport d'un visa*** e-n Pass mit e-m Visum versehen 5 TECH *mur* verkleiden, *pièce* auskleiden, *sol* belegen (**de** mit)

rêveur [ʀɛvœʀ] **I** *adj* ⟨**-euse**⟩ 1 träumerisch; verträumt 2 (*pensif*) nachdenklich; ***cela me laisse*** ~ das stimmt mich nachdenklich **II** *subst* ~, ***rêveuse*** *m,f* Träumer(in) *m*(*f*)

revient [ʀ(ə)vjɛ̃] COMM ***prix*** *m* ***de*** ~ Selbstkostenpreis *m*; Gestehungskosten *pl*

revigorer [ʀ(ə)vigɔʀe] *v/t* wieder kräftigen, beleben, stärken

revirement [ʀ(ə)viʀmɑ̃] *m* Umschwung *m*; Umschlag(en) *m*(*n*); Schwenkung *f*; ~ ***d'opinion*** Meinungsumschwung *m*

réviser [ʀevize] *v/t* 1 *texte, comptes* revidieren; überprüfen; ändern; ~ ***son jugement*** sein Urteil revidieren; ~ ***un procès*** einen Prozess wieder aufnehmen 2 TECH *moteur etc* überholen; ***faire*** ~ ***sa voiture*** s-n Wagen zur Inspektion bringen 3 *leçon, matière d'examen* wiederholen (*a abs*)

réviseur [ʀevizœʀ] *m* Überprüfer *m*; TYPO Revisor *m*

révision [ʀevizjõ] *f* 1 *d'un texte, règlement etc* Überprüfung *f*; Revision *f*; Änderung *f*; Neufestsetzung *f*; Anpassung *f*; ~ ***de la constitution*** Verfassungsänderung *f*; ~ ***des pensions*** Rentenanpassung *f* 2 JUR Wiederaufnahme(verfahren) *f*(*n*); ***pourvoi*** *m* ***en*** ~ Wiederaufnahmeantrag *m* 3 TECH Überholung *f*; Inspektion *f*; ***faire une*** ~ ***complète*** (etw) gründlich überholen 4 *d'une matière, d'un programme* Wiederholung *f* 5 MIL ***conseil*** *m* ***de*** ~ Musterungsausschuss *m*; ***passer*** (***devant***) ***le conseil de*** ~ gemustert werden

révisionnisme [ʀevizjɔnism] *m* POL Revisionismus *m* **révisionniste** POL **I** *adj* revisionistisch **II** *m,f* Revisionist(in) *m*(*f*)

R

revisiter [ʀəvizite] *v/t fig* neu interpretieren

revisser [ʀ(ə)vise] *v/t* wieder fest-, anschrauben; *abs* e-e Schraube nachziehen

revitalisant [ʀ(ə)vitalizɑ̃] *adj* kräftigend; wachstumsfördernd

revivifier [ʀ(ə)vivifje] *st/s v/t* wieder beleben; neu beleben

revivre [ʀ(ə)vivʀ] ⟨→ **vivre**⟩ **I** *v/t épreuve* noch einmal, wieder erleben, durchmachen; ~ ***son passé*** seine Vergangenheit an sich (*dat*) vorbei-, vorüberziehen lassen **II** *v/i* 1 weiter-, fortleben (***dans qn*** in j-m); ~ ***dans la mémoire de qn*** in j-s Erinnerung (*dat*) weiterleben 2 *fig* (*reprendre courage*) wieder aufleben; ***faire*** ~ ***qn*** j-n wieder aufleben lassen 3 *fig* ***faire*** ~ *époque, personnage historique* zu neuem Leben erwecken; wieder lebendig werden lassen; *souvenirs* wieder aufleben lassen; wieder lebendig machen; *mode, coutume* wieder zu Ehren bringen

révocable [ʀevɔkabl] *adj contrat* widerruflich; *fonctionnaire* absetzbar

révocation [ʀevɔkasjõ] *f* 1 HIST ***la*** ~ ***de l'édit de Nantes*** die Aufhebung des Edikts von Nantes 2 *d'un fonctionnaire* Absetzung *f*; Amtsenthebung *f*

revoici [ʀ(ə)vwasi] *prép* F ***me*** ~ hier bin ich wieder

revoilà [ʀ(ə)vwala] *prép* F ***nous*** ~ da sind, F wären wir wieder

revoir[1] [ʀ(ə)vwaʀ] ⟨→ **voir**⟩ **I** *v/t* 1 wiedersehen; *personne a* wieder treffen; wieder begegnen (***qn*** j-m); ***aller*** ~ ***qn*** j-n wieder aufsuchen; ***on ne l'a jamais revu*** er wurde nie mehr gesehen; ***file et que je ne te revoie plus!*** verschwinde und lass dich nicht wieder blicken! 2 *film, pièce de théâtre* sich (*dat*) wieder, noch einmal ansehen; wieder, noch einmal sehen 3 *texte* noch einmal durchsehen, überprüfen; ***à*** ~ zur nochmaligen Überprüfung, Durchsicht; *adjt* ***édition revue et corrigée*** durchgesehene und verbesserte Auflage 4 *matière, programme* wiederholen; ***faire*** ~ ***sa leçon à un enfant*** ein Kind s-e Lektion wiederholen lassen 5 *en esprit* (im Geist noch) vor sich (*dat*) sehen; ***je vous revois encore, le jour ...*** ich sehe Sie noch vor mir an dem Tag ... **II** *v/pr* ***se*** ~ 1 *sens réfléchi* sich (im Geist noch) sehen 2 *réciproquement* sich wiedersehen

revoir[2] [ʀ(ə)vwaʀ] *loc* ***au*** ~ auf Wiedersehen; (***se***) ***dire au*** ~ (sich [*dat*]) Auf Wiedersehen sagen; sich verabschieden; *subst* ***ce n'est qu'un au*** ~ wir sehen uns bestimmt wieder

revoler [ʀ(ə)vɔle] **I** *v/t* wieder stehlen **II** *v/i* 1 *pilote* wieder fliegen 2 *fig personne* zurückeilen

révoltant [ʀevɔltɑ̃] *adj* empörend; ***injustice*** ~***e*** empörende, himmelschreiende Ungerechtigkeit

révolte [ʀevɔlt] *f* 1 (*rébellion*) Aufstand *m*; Revolte *f*; Aufruhr *m*; Empörung *f*; ~ ***armée*** bewaffneter Aufstand; ***être en*** ~ in Aufruhr sein 2 (*indignation*) Auflehnung *f*; Empörung *f*; *péj* Aufsässigkeit *f*; ***cri*** *m* ***de*** ~ Schrei *m* der Empörung; ***être en*** ~ ***contre tout*** sich gegen alles auflehnen

révolté [ʀevɔlte] **I** *adj* 1 (*rebelle*) aufständisch; aufrührerisch 2 (*indigné*) empört; aufgebracht **II** *m* Aufständische(r) *m*; Aufrührer *m*; Empörer *m*

révolter [ʀevɔlte] **I** *v/t* in Empörung, Aufruhr versetzen; empören; aufbringen; ***être révolté par les propos de qn*** über j-s Äußerungen (*acc*) empört, aufgebracht sein **II** *v/pr* ***se*** ~ 1 (*se rebeller*) sich auflehnen, sich erheben, revoltieren (***contre qn, qc*** gegen j-n, etw); *fig* ***se*** ~ ***contre le destin*** sich gegen das Schicksal auflehnen 2 (*s'indigner*) sich empören (***contre*** über +*acc*)

révolu [ʀevɔly] *adj époque, jours* vergangen; abgelaufen; *st/s* verstrichen; ***à dix-huit ans*** ~***s*** mit (der) *ou* nach Vollendung des achtzehnten Lebensjahres; ***avoir trente ans*** ~***s*** volle dreißig Jahre alt sein; das dreißigste Lebensjahr vollendet haben; *époque* ***être*** ~ vorbei sein; F um sein; herum sein

révolution [ʀevɔlysjõ] *f* 1 POL Revolution *f*; Umsturz *m*; ***la Révolution*** (***française***) die Französische Revolution; ***la*** ~ ***culturelle*** die Kulturrevolution; F *fig* ***toute la famille est en*** ~ die ganze Familie ist in heller Aufregung, in Aufruhr 2 *artistique, technique etc* Umwälzung *f*; umwälzende Verände-

rung(en) *f(pl)*; Revolution *f*; ***la ~ industrielle*** die industrielle Revolution **3** ASTR, ESPACE Umlauf *m* **4** MATH (Um)Drehung *f*; Rotation *f*
révolutionnaire [ʀevɔlysjɔnɛʀ] **I** *adj* **1** Revolutions...; revolutionär; umstürzlerisch; *au sens restreint* der Französischen Revolution **2** *méthode, théorie etc* revolutionär; umwälzend **II** *m,f* Revolutionär(in) *m(f)*
révolutionner [ʀevɔlysjɔne] *v/t* **1** *quartier, esprits* in helle Aufregung, in Aufruhr versetzen **2** *industrie, science etc* revolutionieren
revolver [ʀevɔlvɛʀ] *m* **1** Revolver *m*; ***coup*** *m* ***de ~*** Revolverschuss *m* **2** *adjt* **a)** COUT ***poche*** *f* ***~*** Gesäßtasche *f*; **b)** TECH ***tour*** *m* ***~*** Revolverdrehbank *f*
révoquer [ʀevɔke] *v/t* **1** *fonctionnaire* absetzen; s-s Amtes entheben **2** JUR *testament etc* widerrufen
revoter [ʀ(ə)vɔte] **I** *v/t* noch einmal abstimmen über (*+acc*) **II** *v/i* noch einmal wählen
revouloir [ʀ(ə)vulwaʀ] F *v/t* ⟨→ **vouloir**⟩ wieder, F noch mal wollen; ***j'en reveux*** F ich will noch was (davon)
revoyure [ʀ(ə)vwajyʀ] F *loc* ***à la ~*** auf Wiedersehen
revue [ʀ(ə)vy] *f* **1** (*magazine*) Zeitschrift *f*; Revue *f*; ***~ hebdomadaire, mensuelle*** Wochen-, Monatsschrift *f*; ***fonder, diriger une ~*** e-e Zeitschrift gründen, herausgeben; ***~ littéraire, scientifique*** literarische, wissenschaftliche Zeitschrift **2** THÉ **a)** Revue *f*; ***~ à grand spectacle*** Ausstattungsrevue *f*; ***la ~ des Folies-Bergère*** die Revue der Folies-Bergère; **b)** ***~ de chansonniers*** Kabarettprogramm *n* **3** (*examen*) Durchsicht *f*; ***~ de (la) presse*** Presse(rund)schau *f*; Pressespiegel *m*; Blick *m* in die Presse; ***faire la ~ de qc*** etw durchsehen, -gehen **4** MIL **a)** (*défilé*) (Truppen)Parade *f*; Truppenschau *f*; ***passer en ~*** *troupes défilant* die Parade abnehmen (***les troupes*** der Truppen); *troupes formant la haie* die Front abschreiten (***les troupes*** der Truppen); *fig problèmes, garde-robe etc* durchgehen; überprüfen; an sich (*dat*) vorüberziehen lassen; Revue passieren lassen; **b)** ***~ de détail*** Sachenappell *m* **5** F *fig* ***être de la ~*** (*être frustré*) das Nachsehen haben; F der Dumme sein; dumm gucken **6** F ***être de ~*** (*se revoir*) sich wiedersehen; ***on sera de ~*** wir sehen uns ja wieder
révulsé [ʀevylse] *adj yeux* verdreht; ***visage ~*** verzerrtes Gesicht; ***avoir les yeux ~s*** die Augen verdrehen
révulser [ʀevylse] **I** *v/t* anwidern **II** *v/pr* ***se ~*** *visage, traits* sich verzerren; ***ses yeux se révulsèrent*** er verdrehte die Augen
révulsif [ʀevylsif] *m* PHARM ableitendes Mittel **révulsion** *f* MÉD Ableitung *f*
rewriting [ʀəʀajtiŋ] *m* Umschreiben *n*; Umredigieren *n*
rez-de-chaussée [ʀedʃose] *m* ⟨*inv*⟩ Erdgeschoss, *österr* -geschoß *n*; Parterre *n*; ***appartement*** *m* ***au ~*** Erdgeschoss-, Parterrewohnung *f*; ***habiter au ~*** parterre, im Erdgeschoss wohnen
RF *abr* (*République française*) Französische Republik
RFA [ɛʀɛfa] *f abr* (*République fédérale d'Allemagne*) BRD *f* (Bundesrepublik Deutschland)
RG [ɛʀʒe] *m/pl abr* (*renseignements généraux*) polizeilicher Überwachungsdienst; *correspond à* Verfassungsschutz *m*

rhabillage [ʀabijaʒ] *m* Wiederanziehen *n*, -ankleiden *n*
rhabiller [ʀabije] *v/t* (*et v/pr* ***se***) ***~*** (sich) wieder anziehen, ankleiden; F *fig* ***va te ~!*** geh nach Hause!
rhapsodie [ʀapsɔdi] *f* MUS Rhapsodie *f*
rhénan [ʀenɑ̃] **I** *adj* rhein(länd)isch; Rhein...; ***le Massif schisteux ~*** das Rheinische Schiefergebirge **II** *subst* ***Rhénan(e)*** *m(f)* Rheinländer(in) *m(f)*
Rhénanie [ʀenani] ***la ~*** das Rheinland **Rhénanie-(-du Nord)-Westphalie** ***la Rhénanie(-du Nord)-Westphalie*** Nordrhein-Westfalen *n* **Rhénanie-Palatinat** ***la ~*** Rheinland-Pfalz *n*
rhéostat [ʀeɔsta] *m* ÉLECT regelbarer Widerstand; Rheostat *m*
rhésus [ʀezys] *m* **1** ZO Rhesusaffe *m* **2** *adjt* MÉD ***facteur*** *m* ***~*** Rhesusfaktor *m*; *sc* Rh-Faktor *m*; ***~ négatif, positif*** ⟨*inv*⟩ rhesus-negativ, rhesus-positiv
rhéteur [ʀetœʀ] *m* HIST Rhetor *m*
rhétique [ʀetik] *adj* GÉOGR rätisch
rhétoricien [ʀetɔʀisjɛ̃] *m* Rhetoriker *m*
rhétorique [ʀetɔʀik] **I** *f* **1** Rhetorik *f*; Redekunst *f*; ***figure*** *f* ***de ~*** rhetorische Figur; Redefigur *f* **2** *péj* Phrasendrescherei *f*; Wortgeklingel *n* **II** *adj* rhetorisch
rhéto-roman [ʀetoʀɔmɑ̃] LING ***le ~*** das Rätoromanische; Rätoromanisch *n*
Rhin [ʀɛ̃] ***le ~*** der Rhein
rhinite [ʀinit] *f* MÉD Nasenschleimhautentzündung *f*; *sc* Rhinitis *f*
rhinocéros [ʀinɔseʀɔs] *m* ZO Nashorn *n*; Rhinozeros *n* **rhinopharyngite** *f* MÉD Entzündung *f* der Nasen- und Rachenschleimhaut; *sc* Rhinopharyngitis *f*
rhizome [ʀizom] *m* BOT Wurzelstock *m*; *sc* Rhizom *n*
rhodanien [ʀɔdanjɛ̃] *adj* ⟨**~ne**⟩ GÉOGR Rhone...; ***sillon ~*** Rhonefurche *f*
Rhodes [ʀɔd] Rhodos *n*
Rhodésie [ʀɔdezi] ***la ~*** HIST Rhodesien *n*
rhodium [ʀɔdjɔm] *m* CHIM Rhodium *n*
rhododendron [ʀɔdɔdɛ̃dʀõ] *m* BOT Rhododendron *n ou m*; Alpenrose *f*
Rhodope [ʀɔdɔp] ***le ~*** das Rhodopegebirge; die Rhodopen *pl*
rhombique [ʀõbik] *adj* rhombisch; rautenförmig
Rhône [ʀon] ***le ~*** **1** *fleuve* die Rhone **2** *frz Departement*
Rhône-Alpes [ʀonalp] (***la région***) ***~*** *frz Region*
rhubarbe [ʀybaʀb] *f* BOT Rhabarber *m*; ***compote*** *f* ***de ~, tarte*** *f* ***à la ~*** Rhabarberkompott *n*, -kuchen *m*
rhum [ʀɔm] *m* Rum *m*; ***baba*** *m* ***au ~*** Rumtörtchen *n*
rhumatisant [ʀymatizɑ̃] MÉD **I** *adj* an Rheuma leidend **II** *subst* ***~(e)*** *m(f)* Rheumatiker(in) *m(f)*
rhumatismal [ʀymatismal] *adj* ⟨**-aux**⟩ rheumatisch; ***douleur ~e*** rheumatischer Schmerz
rhumatisme [ʀymatism] *m* Rheuma *n*; Rheumatismus *m*; ***~ articulaire*** Gelenkrheumatismus *m*; ***~ déformant*** chronische Polyarthritis *f*; ***être sujet aux ~s*** zu Rheuma(tismus) neigen
rhumatologie [ʀymatɔlɔʒi] *f* Rheumatologie *f* **rhumatologue** *m,f* Rheumatologe *m*, -login *f*
rhume [ʀym] *m* Schnupfen *m*; Katarr(h) *m*; (*refroidissement*) Erkältung *f*; ***~ de cerveau*** Schnupfen *m*; Nasenkatarr(h) *m*; ***~ des foins*** Heuschnupfen *m*; F ***attraper un ~*** Schnupfen bekommen, F kriegen;

sich (*dat*) e-n Schnupfen, e-e Erkältung holen
ri [ʀi] *p/p* → ***rire***
riant [ʀijɑ̃, ʀjɑ̃] *adj air* heiter; *paysage* lieblich; anmutig
RIB [ʀib] *m abr* (*relevé d'identité bancaire*) (Nachweis *m*, Angabe *f* der) Bankverbindung *f*
ribambelle [ʀibɑ̃bɛl] F *f* ganze Reihe, F (ganzer) Haufen (***de*** von *ou* +*gén*); ~ ***d'enfants*** Schar *f*, F Haufen *m* Kinder; Kinderschar *f*; F Stall *m* voll Kinder
Ribeauvillé [ʀibovile] GÉOGR Rappoltsweiler *n*
ribonucléique [ʀibonykleik] *adj* BIOL ***acide*** *m* ~ (*abr* ***ARN***) Ribonukleinsäure *f* (*abr* RNS)
ribosome [ʀibozom] *m* BIOL Ribosom *n*
ribote [ʀibɔt] *f* F Sauferei *f*; Besäufnis *n ou f*; ***être en*** ~ F besoffen sein; ***faire*** ~ F sich besaufen
ribouis [ʀibwi] *m* P (*soulier*) P Latsche *f*
ribouldingue [ʀibuldɛ̃g] F *f* wüstes Gelage; ***faire la*** ~ ein wüstes Gelage veranstalten
Ricain [ʀikɛ̃] *m* F (*Américain*) F Ami *m*; *péj* Yankee ['jɛŋki] *m*
ricanement [ʀikanmɑ̃] *m* **1** *méprisant* Hohngelächter *n*; höhnisches, hämisches Grinsen; F Feixen *n* **2** *bête* Gekicher *n*; albernes Grinsen
ricaner [ʀikane] *v/i* **1** *de façon méprisante* höhnisch, hämisch lachen, grinsen; F feixen **2** *bêtement* kichern; albern grinsen
ricaneur [ʀikanœʀ] **I** *adj* ⟨-euse⟩ höhnisch *ou* albern grinsend **II** *subst* ~, ***ricaneuse*** *m,f* hämischer *ou* alberner Kerl, hämisches *ou* albernes Frauenzimmer
Richard [ʀiʃaʀ] *m Vorname*; HIST ~ ***Cœur de Lion*** Richard Löwenherz
richard [ʀiʃaʀ] *m*, **richarde** *f* F *péj* F schwerreicher, *péj* stinkreicher Mann, schwerreiche, *péj* stinkreiche Frau
riche [ʀiʃ] **I** *adj* **1** *personne* reich; vermögend; wohlhabend; ***être*** ~ ***à millions*** steinreich, F millionenschwer sein; ***être*** ~ ***comme Crésus*** ein Krösus sein; *par ext* ***être*** ~ ***en pull-overs*** *etc* viele Pullover *etc* haben; ***faire un*** ~ ***mariage*** reich heiraten; F ***ça fait*** ~ das sieht nach viel Geld aus **2** *sol*, *terre* ergiebig; fruchtbar; *région*, *année* ~ ***en fruits*** obstreich; *pays* ~ ***en minerais*** reich an Erzen **3** *nourriture* reichhaltig; gehaltvoll; nahrhaft; TECH ***mélange*** *m* ~ fettes Gemisch; *fruit* ~ ***en vitamines*** vitaminreich **4** *ameublement*, *tapis*, *bijoux etc* kostbar; prächtig; wertvoll **5** *fig sujet*, *coloris etc* vielfältig; ***langue*** *f* ~ wortreiche Sprache; ***rime*** *f* ~ reicher Reim; *livre* ~ ***d'enseignements*** reich an Lehren; F ***ça c'est une*** ~ ***idée*** das ist e-e großartige, F tolle Idee **II** *m* Reiche(r) *m*; ***nouveau*** ~ Neureiche(r) *m*; ~***s et pauvres*** Arm und Reich; *péj* ***gosse*** *m* ***de*** ~(***s***) Kind *n* reicher Eltern; *prov* ***on ne prête qu'aux*** ~***s*** man muss schon selber reich sein, damit einem jemand Geld leiht
Richelieu [ʀiʃəljø] HIST *frz Staatsmann*
richement [ʀiʃmɑ̃] *adv* reich; sehr gut; ~ ***orné*** reich geschmückt; ~ ***vêtu*** sehr gut gekleidet
richesse [ʀiʃɛs] *f* **1** *d'une personne*, *d'un pays* Reichtum *m*; Wohlstand *m*; ~***s*** *pl* Reichtümer *m/pl*; *d'une collection* Schätze *m/pl*; ÉCON Güter *n/pl*; ~***s du*** (***sous-***)***sol*** Bodenschätze *m/pl*; ~ ***en pétrole*** Reichtum an Erdöl; Ölreichtum *m*; ***faire la*** ~ ***d'un pays*** den Reichtum e-s Landes ausmachen; ***ce n'est pas la*** ~ das ist *ou* bringt nicht gerade ein Vermögen **2** *du sol*, *d'une région* Fruchtbarkeit *f* **3** *d'un aliment*, *minerai*, *fig d'un texte*, *musée* Reichhaltigkeit *f*; *fig de l'imagination*, *du vocabulaire* Reichtum *m* **4** *de l'ameublement*, *d'une parure etc* Kostbarkeit *f*; Pracht *f*
richissime [ʀiʃisim] *adj* sehr reich; steinreich; F schwerreich
ricin [ʀisɛ̃] *m* BOT Rizinus *m*; ***huile*** *f* ***de*** ~ Rizinusöl *n*
ricocher [ʀikɔʃe] *v/i projectile* abprallen (***sur*** von, an +*dat*)
ricochet [ʀikɔʃɛ] *m* **1** Abprall *m*; *par ext* MIL Prellschuss *m*; *projectile* ***faire un*** ~ abprallen; *caillou* ***faire des*** ~***s sur l'eau*** auf dem Wasser springen, hüpfen **2** *fig loc/adv* ***par*** ~ indirekt; auf Umwegen
ric-rac [ʀikʀak] F *loc/adv* ganz genau; (*tout juste*) knapp
rictus [ʀiktys] *m* verzerrter Mund; verzerrtes, verkniffenes Gesicht
ride [ʀid] *f* **1** *de la peau* Falte *f*; Runzel *f*; Furche *f*; ~***s du front*** Stirnfalten *f/pl* **2** *pl* ~***s*** *de l'eau* Kräuselung *f*; *sur le sable*, *la neige* Rippelmarken *f/pl*; Rippeln *pl*
ridé [ʀide] *adj peau*, *visage* faltig; runzelig *ou* runzlig; welk; zerfurcht; *pomme* schrumpelig; *surface de l'eau* gekräuselt
rideau [ʀido] *m* ⟨*pl* ~***x***⟩ **1** Vorhang *m* (*a* THÉ); *de fenêtre a* Gardine *f*; THÉ ~! aufhören!; ***doubles*** ~***x*** Übergardinen *f/pl*; ~ ***de douche*** Duschvorhang *m*; ~ ***de fer*** THÉ eiserner Vorhang; HIST Eiserner Vorhang; *d'un magasin* Eisengitter *n*; Rollladen *m* aus Stahlblech; ~ ***de lit*** Bettvorhang *m*; ***fermer, ouvrir les*** ~***x*** die Vorhänge zu-, aufziehen; THÉ ***lever le*** ~ den Vorhang auf-, hochziehen; ***mettre des*** ~***x à une fenêtre*** Vorhänge an ein Fenster machen; ***tirer les*** ~***x*** die Vorhänge auf- *ou* zuziehen; *fig* ***tirer le*** ~ ***sur qc*** etw auf sich (*dat*) beruhen lassen; von etw nicht (mehr) reden; THÉ ***le*** ~ ***tomba*** der Vorhang fiel **2** *fig* Schleier *m*; Wand *f*; ~ ***d'arbres*** Wand von Bäumen; dichte Baumreihe; ~ ***de feu*** Feuerwand *f*; ~ ***de fumée*** dicke Rauchschwaden *f/pl*
ridelle [ʀidɛl] *f d'une charrette* Rüstleiter *f*
rider [ʀide] **I** *v/t âge*: *visage* zerfurchen; *vent*: *eau* kräuseln **II** *v/pr* ***se*** ~ *visage*, *peau* faltig, runz(e)lig werden; Runzeln bekommen
ridicule [ʀidikyl] **I** *adj* **1** lächerlich; *chose a* F lachhaft; ***vous êtes*** ~ (***de*** +*inf*) Sie machen sich lächerlich (, wenn Sie …); (***se***) ***rendre*** ~ (sich) lächerlich machen; (sich) blamieren **2** *somme*, *quantité* lächerlich (klein, gering) **II** *m* Lächerlichkeit *f*; Lächerliche(s) *n*; ***la peur du*** ~ die Angst, sich lächerlich zu machen; ***se couvrir de*** ~, ***se donner en*** ~, ***tomber dans le*** ~ sich lächerlich machen; sich blamieren; ***cela est d'un*** ~ ***achevé, parfait*** das ist wirklich lächerlich; ***tourner qn, qc en*** ~ j-n, etw lächerlich machen; etw ins Lächerliche ziehen; F j-n durch den Kakao ziehen; *loc* ***le*** ~ (***ne***) ***tue*** (***pas***) Lächerlichkeit tötet (nicht)
ridiculement [ʀidikylmɑ̃] *adv* lächerlich; ***un salaire*** ~ ***bas*** ein lächerlich niedriges Gehalt
ridiculiser [ʀidikylize] *v/t* (*et v/pr* ***se***) ~ (sich) lächerlich machen; (sich) blamieren
rien [ʀjɛ̃] **I** *pr/ind* **1** ⟨*mit* **ne** *beim Verb*⟩ nichts; ♦ *renforcé*: ~ ***du tout*** gar nichts; ~ ***à*** ~, ~ ***de*** ~, ***moins que*** ~ rein gar nichts; überhaupt nichts; absolut

nichts; ♦ *avec* **de** *+adj ou adv*: **~ d'autre** nichts anderes; weiter nichts; **~ d'étonnant si ...** es ist nicht erstaunlich, verwunderlich, wenn ...; **cela n'a ~ d'impossible** das ist durchaus möglich; **~ de plus juste** nichts ist zutreffender; **il n'y a ~ de mieux** es gibt nichts Besseres; **~ de nouveau, de neuf** nichts Neues; *elle ne disait que le nécessaire*, **~ de plus, ~ de moins** kein Wort mehr, kein Wort weniger; **il n'est ~ de moins qu'un escroc** er ist wirklich, tatsächlich ein Betrüger; ♦ *avec verbes*: *au jeu* **~ ne va plus** rien ne va plus; nichts geht mehr; **n'avoir plus ~ à dire** nichts mehr zu sagen, einzuwenden haben; **n'avoir ~ contre qn** nichts gegen j-n haben; **il n'a ~ d'un menteur** er hat nichts von e-m Lügner; **ce n'est ~** es ist nicht schlimm; halb so schlimm; macht nichts; es hat nichts zu sagen, zu bedeuten; *réponse à une excuse* bitte!; F **ce n'est pas ~** das will schon was heißen!; das ist keine Kleinigkeit; **il n'en est ~** das ist nicht der Fall; es ist nichts daran; dem ist nicht so; das stimmt nicht; weit gefehlt!; F **il n'est ~ dans la boîte** er ist ein Nichts in der Firma; **n'être ~ à** *ou* **pour qn** j-m nichts bedeuten; **~ n'est trop beau pour lui** nichts ist ihm gut genug; *à quoi penses-tu? -* **à ~** an nichts; **il ne reste plus ~** es ist nichts mehr da; **je ne sais ~** ich weiß nichts; → *a* **faire** *I 1 d*); ♦ *loc/adj* **de ~** einfach; unbedeutend; **un petit bobo de ~** ein kleines, unbedeutendes Wehwehchen; **une fille de ~** ein unsolides Mädchen; **une petite robe de ~ du tout** ein schlichtes, einfaches Kleidchen; ♦ *loc/adv*: **c'est deux fois, trois fois ~** das ist doch gar nichts, überhaupt nichts; das ist nicht der Rede wert; **c'est tout ou ~** alles oder nichts!; **c'est cela ou ~** entweder das oder nichts; **ce que nous pouvons faire ou ~, c'est la même chose** was wir tun können, ist so gut wie gar nichts; F **comme ~** F wie nichts; *je vous remercie -* **de ~** keine Ursache; **comme si de ~ n'était** als ob nichts gewesen wäre; **en ~** in keiner Weise; in nichts; **sans me gêner en ~** ohne mich im Geringsten zu stören; **cela ne nous touche en ~** wir sind davon überhaupt nicht, in keiner Weise betroffen; **en moins de ~** im Nu; im Handumdrehen; **pour ~** umsonst; für nichts (und wieder nichts); **je l'ai eu pour ~** ich habe es (fast) umsonst bekommen; **on n'a ~ pour ~** man bekommt nichts umsonst, geschenkt; **se déranger pour ~** sich umsonst, für nichts und wieder nichts bemühen; **c'est pour ~** das ist geschenkt; **n'être pour ~ dans qc** mit etw nichts zu tun, zu schaffen haben; **pour ~ au monde** um nichts in der Welt; **~ que ...** nur ...; *iron*: *il en exige le double -* **~ que ça?** so wenig?; nicht mehr?; *jurez de dire toute la vérité*, **~ que la vérité** und nichts als die Wahrheit; **~ que des artistes** lauter Künstler; **c'est à moi, ~ qu'à moi** das gehört mir, mir allein; **~ que d'y penser** allein *ou* schon der Gedanke daran; der bloße Gedanke daran **2** *sens positif* ⟨*ohne* **ne**⟩ etwas; **sans ~ dire, faire** ohne etwas zu sagen, tun; **sans avoir l'air de ~**, *il* ... ohne dass man ihm etwas ansieht ...; **impossible de ~ apprendre** unmöglich, etwas zu erfahren; **a-t-on jamais ~ vu de pareil?** hat man schon jemals so etwas gesehen? **II** F *adv* ziemlich; **il fait ~ froid** es ist ziemlich kalt **III** *subst* **1** *m* Kleinigkeit *f*; Nichtigkeit *f*; Bagatelle *f*; Lappalie *f*; **un ~ de sel** ein (ganz) klein wenig Salz; F **comme un ~** F wie nichts; **en un ~ de temps** im Nu; im Handumdrehen; **pour un ~, des ~s** wegen e-r Kleinigkeit, Lappalie; wegen Kleinigkeiten, Lappalien; **il s'en est fallu d'un ~** um ein Haar; **perdre son temps à des ~s** s-e Zeit mit Nichtigkeiten vergeuden, verschwenden; ♦ *advt robe* **un ~ trop grand** ein wenig zu groß; um ein weniges zu groß **2** **un(e) ~ du tout** *ou* **un(e) rien-du-tout** ein Hergelaufener, e-e Hergelaufene; ein Taugenichts *m*; ein Nichtsnutz *m*

riesling [rislin̩] *m vin* Riesling *m*

rieur [rijœr, rjœr] **I** *adj* ⟨**-euse**⟩ **1** *personne* lustig; fröhlich; *yeux, air* lachend **2** *zo* **mouette rieuse** Lachmöwe *f* **II** *m* Lacher *m*; **avoir, mettre les ~s de son côté, avec soi** die Lacher auf s-r Seite haben, auf s-e Seite bringen

Riez [rje] *Ort im Dep. Alpes-de-Haute-Provence*

Rif [rif] GÉOGR **le ~** das Rif

rififi [rififi] *arg m* Schlägerei *f*

riflard [riflar] *m* F (*parapluie*) F Musspritze *f*

rifle [rifl] *adjt* **carabine** *f* **22 long ~** 5,58-mm-Karabiner *m* (*Sport- und Jagdgewehr*)

rigaudon [rigodõ] *m* MUS, *danse* Rigaudon *m*

Rig(h)i [rigi] GÉOGR **le ~** der *ou* die Rigi

rigide [riʒid] *adj* **1** steif; starr; **carton** *m* **~** harter Karton **2** *fig principes, personne* starr; streng

rigidité [riʒidite] *f* **1** Steifheit *f*; Starrheit *f*; Steife *f*; Steifigkeit *f*; Starre *f*; **~ cadavérique** Leichen-, Totenstarre *f* **2** *fig* Starrheit *f*; (unbeugsame) Strenge

rigolade [rigɔlad] F *f* Spaß *m*; Ulk *m*; Scherz *m*; F Jux *m*; **c'est de la ~, une vaste ~** das ist ein (großer) Spaß, Ulk, Jux; *examen, procès* das ist ein Witz, e-e Farce; (*pas difficile*) das ist e-e Kleinigkeit; **pour lui c'est de la ~** *de soulever une caisse de 100 kg* für ihn ist es e-e Kleinigkeit ...; **prendre qc à la ~** etw als (e-n) Spaß *etc* auffassen

rigolard [rigɔlar] F *adj* (*gai*) lustig; fröhlich; (*moqueur*) spöttisch

rigole [rigɔl] *f* **1** *d'écoulement* (Abfluss)Rinne *f*; **~ d'irrigation** Bewässerungsgraben *m* **2** (*filet d'eau*) Rinnsal *n*

rigoler [rigɔle] F *v/i* Spaß, Späße, Jux, Ulk machen; (*rire*) lachen; **on a bien rigolé** es war sehr lustig; F was haben wir gelacht!; **tu rigoles!** du machst (wohl) Witze!; das ist doch nicht dein Ernst!; **il n'y a pas de quoi ~** da gibt es nichts zu lachen; **j'ai dit ça pour ~** ich habe das aus Spaß gesagt; **il ne faut pas ~ avec ça** damit ist nicht zu spaßen

rigolo [rigɔlo] **I** F *adj* ⟨**-ote**⟩ **1** (*amusant*) lustig; drollig; spaßig; ulkig **2** (*étrange*) komisch; eigenartig **II** *subst* F **~(te)** *m(f)* Spaßvogel *m*; lustiger Kerl, Kumpan; *péj* Witzbold *m*

R

rigorisme [rigɔrism] *m* Rigorismus *m*; übertriebene Strenge, Härte; Unerbittlichkeit *f* **rigoriste** **I** *adj* (übertrieben) streng; unerbittlich; rigoristisch **II** *m,f* Rigorist(in) *m(f)*

rigoureusement [riguʀøzmɑ̃] *adv* streng; **~ interdit** streng verboten; **c'est ~ exact** das ist absolut richtig

rigoureux [riguʀø] *adj* ⟨**-euse**⟩ *personne, morale etc* streng; rigoros; unerbittlich; unnachsichtig; *observation de règles* streng; peinlich genau; gewissenhaft; **climat ~** raues Klima; **esprit ~** scharfer Denker; **froid ~** grimmige, bittere Kälte; **hiver ~** strenger Winter; **logique rigoureuse** strenge, unwiderlegbare Logik; **peine rigoureuse** harte Strafe

rigueur [rigœr] *f d'une personne, mesure etc* Strenge *f*; Unerbittlichkeit *f*; Unnachsichtigkeit *f*; Rigorosität *f*; *d'une punition* Härte *f*; *de l'hiver* Strenge *f*; *du climat* Rauheit *f*; *d'une analyse, du style* Genauigkeit *f*; **~ d'un raisonnement** Schärfe *f*, strenge Logik e-r Beweisführung; ♦ *loc/adv* **à la ~** notfalls; zur Not; im Notfall; allenfalls; schlimmstenfalls; im äußersten Fall; **(être) de ~** erforderlich, unerlässlich, unbedingt notwendig (sein); **habit de ~** Frackzwang!; **mesures** *f/pl*, **politique** *f* **de ~** Sparmaßnahmen *f/pl*, -politik *f*; **optimisme** *m*, **pessimisme** *m* **de ~** Zweckoptimismus *m*, -pessimismus *m*; **tenue de soirée de ~** Abendtoilette erforderlich, vorgeschrieben; **tenir ~ à qn de qc** j-m etw übel nehmen; j-m etw nachtragen

rikiki [rikiki] *adj* → **riquiqui**

rillettes [rijɛt] *f/pl* CUIS *fein gehacktes, gekochtes und im eigenen Fett konserviertes Schweinefleisch*

rillons [rijõ] *m/pl* CUIS Grieben *f/pl*

rimailleur [rimajœr] *m péj* Reimschmied *m*; Versemacher *m*, -schmied *m*; Dichterling *m*

rime [rim] *f* Reim *m*; **~s alternées, croisées** Kreuzreim *m*; **~s plates** Paarreim *m*; **~ riche** reicher Reim; **~ en -age** Reim auf -age; *fig*: **sans ~ ni raison** ohne Sinn und Verstand; vollkommen unbegründet; **n'avoir ni ~ ni raison** weder Hand noch Fuß haben; ohne Sinn und Verstand sein; glatter, barer Unsinn sein

rimer [rime] **I** *v/t* in Verse bringen; reimen **II** *v/i* **1** *personne* Verse machen; reimen; dichten **2** *mots* **~ (ensemble)** sich reimen; **mot qui rime avec un autre** Wort, das sich auf ein anderes reimt **3** *fig* **~ avec qc** mit etw gleichbedeutend sein; **ne ~ à rien** völlig zwecklos, sinnlos sein; keinen Sinn haben; **à quoi ça rime?** was soll das heißen?; was hat das für e-n Sinn?

rimeur [rimœr] *m* → **rimailleur**

rimmel® [rimɛl] *m* Wimperntusche *f*

Rimski-Korsakov [rimskikɔrsakɔf] *m* MUS Rimski(j)-Korsakow *m*

rinçage [rɛ̃saʒ] *m* **1** (Nach)Spülen *n* **2** *coiffeur* **faire un ~** (das Haar) tönen

rinceau [rɛ̃so] *m* ⟨*pl* **~x**⟩ ARCH Laubwerk *n*; Rankenornament *n*

rince-doigts [rɛ̃sdwa] *m* ⟨*inv*⟩ Wasserschale *f* zum Fingerreinigen

rincée [rɛ̃se] F *f* Schauer *m*; Regenguss *m*; F Nassauer *m*

rincer [rɛ̃se] ⟨**-ç-**⟩ **I** *v/t linge* spülen; *vaisselle, cheveux* nachspülen; **~ une bouteille, des verres** eine Flasche, Gläser ausspülen; F *fig* **se faire ~** (vom Regen) durchweicht, durchnässt werden **II** *v/pr* **se ~ la bouche** sich (*dat*) den Mund ausspülen; → *a* **dalle** *2*, **œil** *1*

rincette [rɛ̃sɛt] F *f* Schluck Schnaps nach dem Kaffee (*den man in die Tasse eingießt*)

rinçure [rɛ̃syr] *f* Spülwasser *n*

ring [riŋ] *m* SPORTS (Box)Ring *m*; **monter sur le ~** in den Ring steigen

ringard [rɛ̃gar] F *adj* altmodisch; überholt; überlebt

Rio (de Janeiro) [rjo(dʒanɛro)] Rio (de Janeiro) ['ri:o(deʒa'ne:ro)] *n*

Riom [rjõ] *Stadt im Dep. Puy-de-Dôme*

ripaille [ripaj] F *f* Schlemmerei *f*; **faire ~** schlemmen

ripailler [ripaje] *v/i* schlemmen

ripaton [ripatõ] F *m* Fuß *m*; *pl* **~s** F *péj* Mauken *f/pl*; Quanten *pl*

riper [ripe] *v/i* **1** (*déraper*) rutschen **2** *arg* (*se sauver*) F abhauen; verduften; sich verkrümeln

ripolin® [ripɔlɛ̃] *m* Lackfarbe *f*; Emaillack *m*

ripoliner [ripɔline] *v/t* mit Lackfarbe streichen

riposte [ripɔst] *f* **1** schnelle, schlagfertige Antwort; **être prompt à la ~** schlagfertig sein; nicht auf den Mund gefallen sein; sofort e-e Antwort parat haben **2** MIL *et fig* Gegenstoß *m*, -schlag *m*, -angriff *m* **3** ESCRIME Riposte *f*

riposter [ripɔste] *v/i* **1** schnell, schlagfertig antworten (**à qc** auf etw [*acc*]; **à qn** j-m) **2** MIL *et fig* e-n Gegenstoß, -schlag, -angriff führen; MIL *a* das Feuer erwidern

ripou [ripu] F *m* ⟨*pl* **~x**⟩ korrupter (Polizei)Beamter

riquiqui [rikiki] F *adj* ⟨*inv*⟩ winzig; F klitzeklein; *péj* armselig; dürftig; kümmerlich; **ça fait ~** das sieht armselig, kümmerlich aus

rire [rir] ⟨**je ris, il rit, nous rions; je riais; je ris; je rirai; que je rie; riant; ri**⟩ **I** *v/i* **1** lachen (**de qn, qc** über j-n, etw); **et tout le monde de ~** allgemeines Gelächter; **il n'y a pas de quoi ~** da gibt es nichts zu lachen; **être malade de ~** sich kranklachen; **faire ~ qn** j-n zum Lachen bringen; **vous me faites ~, laissez-moi ~** dass ich nicht lache!; **mourir de ~** sich totlachen; *par ext* **il ne pense qu'à ~** er will nur s-n Spaß; **il vaut mieux en ~ qu'en pleurer** man muss es auf die leichte Schulter nehmen; *st/s* **ses yeux riaient, sa bouche riait** in s-n Augen, um s-n Mund lag ein Lächeln; *prov* **rira bien qui rira le dernier** wer zuletzt lacht, lacht am besten (*prov*) **2** (*plaisanter*) spaßen; es nicht im Ernst meinen; **pour ~**, F **histoire de ~** aus, zum, im Spaß, Scherz; **c'était pour ~** das war nur Spaß; **sans ~** Spaß, Scherz beiseite; **c'est fini de ~** jetzt wird's ernst; **vous voulez ~** das ist doch nicht Ihr Ernst **3** (*se moquer*) **~ de qn, qc** j-n auslachen; j-n, etw verspotten; sich über j-n, etw lustig machen; **faire ~ de soi** Anlass zu Gespött geben **II** *v/pr st/s* **se ~ des difficultés** die Schwierigkeiten spielend meistern; *st/s* der Schwierigkeiten spotten **III** *m* Lachen *n*; Gelächter *n*; **(crise** *f* **de) fou ~** Lachkrampf *m*; **avoir le fou ~, être pris d'un fou ~** unbändig, furchtbar lachen müssen; nicht mehr können vor Lachen; **déclencher les ~s** Gelächter auslösen

ris[1] [ri] *m* CUIS Bries(chen) *n*; Bröschen *n*; Briesel *n*; **~ de veau** Kalbsbries *n*; Kalbsmilch *f*

ris[2] [ri] *m* MAR Reff *n*

risée[1] [rize] *f* Spott *m*; Gespött *n*; **il est la ~ de tout le monde** alles macht sich über ihn lustig; er macht sich zum Gespött der Leute

risette [rizɛt] *f enfant* **faire (une) ~, des ~s à qn** j-n anlächeln, anlachen; *à un enfant* **fais ~** lach doch (mal); F *fig* **faire des ~s à qn** j-m um den Bart gehen

risible [rizibl] *adj* lächerlich; zum Lachen reizend

Risle [ril] **la ~** *Fluss in der Normandie*

Ris-Orangis [risɔrɑ̃ʒis] *Stadt im Dep. Essonne*

risotto [rizɔto] *m* CUIS Risotto *m*

risque [risk] *m* Risiko *n* (*a* COMM, ASSURANCES); Gefahr *f*; Wagnis *n*; **~ d'accident** Unfallgefahr *f*, -risiko *n*; **~ d'aggravation** Gefahr der Verschlimmerung; **les ~s du métier** das Berufsrisiko; **goût** *m* **du ~** Risikofreudigkeit *f*, -bereitschaft *f*; Wagemut *m*; *adjt* AUTO **assurance** *f* **tous ~s** Vollkaskoversicherung *f*; *loc/adv*: **à mes, tes** *etc* **~s et périls** auf eigene Ge-

R

fahr; ***sans aucun ~*** ohne irgendein Risiko; risikolos; *loc/adj*: ***à ~(s)*** Risiko…; ***grossesse*** *f*, ***population*** *f* ***à ~(s)*** Risikoschwangerschaft *f*, -gruppe *f*; ***à haut ~, plein de ~s*** voller Risiken; risikoreich; *loc/prép* ***au ~ de*** (*+inf*) auf die Gefahr hin zu (*+inf*); ***au ~ d'être mal compris*** auf die Gefahr hin, missverstanden zu werden; ***s'assurer contre le ~ d'incendie*** e-e Feuerversicherung abschließen; ***il n'y a pas grand ~ à agir ainsi*** es besteht kein großes Risiko, wenn man so handelt; ***comporter des ~s*** mit Risiken verbunden sein; ***courir un ~, s'exposer à un ~*** sich e-r Gefahr aussetzen; ein Risiko eingehen; ***courir le ~ de*** (*+inf*) Gefahr laufen, riskieren zu (*+inf*); ***c'est un ~ à courir*** das Risiko muss man auf sich (*acc*) nehmen; ***prendre un ~, des ~s, ses ~s*** ein Risiko, Risiken eingehen, auf sich (*acc*) nehmen

risqué [ʀiske] *adj* gewagt; riskant

risquer [ʀiske] **I** *v/t* **1** *vie, argent, renommée etc* riskieren; aufs Spiel setzen; *vie a* einsetzen; wagen; ***~ une comparaison, une plaisanterie, un regard*** einen Vergleich, einen Scherz, einen Blick riskieren *ou* wagen; ***~ le coup*** es riskieren; F ***~ un œil, sa tête à la fenêtre*** es wagen, aus dem Fenster zu sehen, ans Fenster zu treten; ***~ le tout pour le tout*** alles aufs Spiel, auf e-e Karte setzen; ***~ gros*** viel riskieren, aufs Spiel setzen; *marchandises bien emballées* ***qui ne risquent rien*** bei denen kein Risiko, keine Gefahr besteht; ***qu'est-ce qu'on risque?*** was riskiert man schon?; *prov* ***qui ne risque rien n'a rien*** frisch gewagt ist halb gewonnen (*prov*); wer wagt, gewinnt (*prov*) **2** (*s'exposer à*) *amende, renvoi etc* riskieren; ***~ des ennuis*** Gefahr laufen, Ärger zu bekommen; sich Scherereien aussetzen; ***~ la mort*** sich in Lebensgefahr begeben; ***~ la prison*** e-e Gefängnisstrafe riskieren; ***il risque la prison*** *a* ihm droht e-e Gefängnisstrafe; ***~ que …*** (*+subj*) Gefahr laufen, riskieren, dass …; ***~ de*** (*+inf*) *personne* Gefahr laufen zu (*+inf*); drohen zu (*+inf*); ***il risquait de s'étouffer*** er drohte zu ersticken **3** *chose* ***~ de*** (*+inf*) drohen zu (*+inf*); *la maison* ***risque de s'écrouler*** droht einzustürzen; *impersonnel* ***il risque de pleuvoir*** es droht Regen; *par ext* ***le temps risque de changer*** das Wetter könnte sich ändern **4** (*avoir une chance de*) ***ce cheval risque de gagner*** dieses Pferd könnte gewinnen, gewinnt vielleicht **II** *v/pr* ***se ~ dans une affaire*** sich auf ein Geschäft einlassen; ein Geschäft riskieren; ***ne pas se ~ dans la rue*** sich nicht auf die Straße wagen, trauen; ***se ~ à faire des observations*** es wagen, sich trauen, etwas daran auszusetzen; ***ne t'y risque pas!*** lass die Finger davon!; lass dich nicht darauf ein!

risque-tout [ʀiskətu] *m* ⟨*inv*⟩ Draufgänger *m*; *adjt* ***être ~*** draufgängerisch, waghalsig sein

rissole [ʀisɔl] *f* CUIS Fleischpastete *f*

rissoler [ʀisɔle] *v/t* (***faire***) ***~*** goldbraun braten, backen; bräunen; *adjt* ***rissolé*** goldbraun

ristourne [ʀistuʀn] *f* COMM Rückvergütung *f*; *en achetant* Preisnachlass *m*; ***faire une ~ à qn*** j-m e-e Rückvergütung, e-n Preisnachlass gewähren

ristourner [ʀistuʀne] *v/t* COMM rückvergüten

Rital [ʀital] *m* ⟨*pl* **-als**⟩ F *péj* Itaker *m*; Spag(h)ettifresser *m*

rite [ʀit] *m* **1** REL Ritus *m*; Kulthandlung *f*; ETHNOLOGIE ***~s d'initiation*** Initiationsriten *m/pl* **2** *fig* Brauch *m*; Gepflogenheit *f*

ritournelle [ʀituʀnɛl] *f* **1** MUS Ritornell *n* **2** *fig* ***c'est toujours la même ~*** es ist immer die alte Leier

ritualisme [ʀitɥalism] *m* REL Ritualismus *m* **ritualiste** *m* REL Ritualist *m*

rituel [ʀitɥɛl] **I** *adj* ⟨**~le**⟩ **1** REL rituell; ***danse ~le*** ritueller, kultischer Tanz; ***meurtre ~*** Ritualmord *m* **2** *fig promenade etc* gewohnheitsmäßig **II** *m* REL *et fig* Ritual *n*

rivage [ʀivaʒ] *m* Küstenstrich *m*, -streifen *m*; Küste *f*; (Meeres)Ufer *n*; *poét* Gestade *n*; JUR (Meeres)-Strand *m*

rival [ʀival] ⟨*pl* **-aux**⟩, **rivale** **I** *m,f* Rivale *m*, Rivalin *f*; *en amour a* Nebenbuhler(in) *m(f)*; *loc/adj* ***sans ~*** unübertroffen; konkurrenzlos **II** *adj* rivalisierend

rivaliser [ʀivalize] *v/i* rivalisieren, wetteifern (***avec qn de qc*** mit j-m in etw [*dat*]); ***~ d'élégance avec qn*** mit j-m in der Eleganz wetteifern

rivalité [ʀivalite] *f* Rivalität *f*; Wettstreit *m*; Wetteifer *m*

rive [ʀiv] *f* Ufer *n*; *à Paris*: ***~ droite, gauche*** rechtes, linkes Seineufer; *par ext adjt* ***~ gauche*** studentisch-intellektuell

Rive-de-Gier [ʀivdəʒje] *Stadt im Dep. Loire*

river [ʀive] *v/t* **1** *clou* umschlagen; breit schlagen; *tôles* (ver)nieten; → *a* ***clou*** *1* **2** *fig* ***~*** (***l'un à l'autre***) unlösbar (miteinander) verbinden; (aneinander) fesseln; *p/p*: ***il est rivé à son travail*** er ist an s-e Arbeit gefesselt; *regard* ***être rivé sur qc*** auf etw (*acc*) geheftet sein; ***rester rivé sur place*** wie angewurzelt dastehen

riverain [ʀivʀɛ̃] *m*, **riveraine** *f* Anlieger(in) *m(f)*; Anrainer(in) *m(f)*; Anwohner(in) *m(f)*; ***réservé aux ~s*** nur für Anlieger; *adjt* ***État ~*** Anlieger-, Anrainerstaat *m*

rivet [ʀivɛ] *m* TECH Niete *f*; *t/t a* Niet *m ou n*

riveter [ʀivte] *v/t* ⟨**-tt-**⟩ TECH (ver)nieten

Riviera [ʀivjeʀa] ***la ~*** die (italienische) Riviera

rivière [ʀivjɛʀ] *f* **1** Fluss *m*; ***poisson*** *m* ***de ~*** Flussfisch *m* **2** STEEPLE Wassergraben *m* **3** ***~ de diamants*** Diamantenhalsband *n*, -halskette *f*

rixe [ʀiks] *f* Schlägerei *f*; Prügelei *f*

riz [ʀi] *m* Reis *m* (*plante et grain*); CUIS: ***~ au lait*** Milchreis *m*; Reisbrei *m*; ***poule*** *f* ***au ~*** Huhn *n* mit Reis

riziculture [ʀizikyltyʀ] *f* Reis(an)bau *m*

rizière [ʀizjɛʀ] *f* Reisfeld *n*

RMI [ɛʀɛmi] *m abr* (*revenu minimum d'insertion*) (ein Mindesteinkommen gewährleistende) staatliche Beihilfe zur beruflichen Eingliederung; *correspond à* Arbeitslosengeld *n* II

RMiste [ɛʀɛmist] *m,f correspond à* Empfänger(in) *m(f)* von Arbeitslosengeld II

RMN [ɛʀɛmɛn] *f* → ***résonance***

RN *abr* (*route nationale*) *correspond à* B (Bundesstraße)

RNIS [ɛʀɛniɛs] *m abr* (*réseau numérique à intégration de services*) ISDN *n* (Integrated Services Digital Network)

Robbe-Grillet [ʀɔbgʀijɛ] ***Alain ~*** *frz Schriftsteller*

robe [ʀɔb] *f* **1** Kleid *n*; ***~ manteau, tablier*** Mantel-, Kittel- *ou* Schürzenkleid *n*; ***~ d'après-midi, de bal, de baptême*** Nachmittags-, Ball-, Taufkleid *n*; ***~ de chambre*** Schlaf-, Morgenrock *m*; ***être en ~ de***

chambre e-n Schlafrock anhaben; → *a* ***pomme*** *2*; **~ *d'été, de fillette, de mariée, du soir*** Sommer-, Kinder-, Braut-, Abendkleid *n* **2** *des juges, avocats, universitaires* Robe *f*; Talar *m* (*a des ecclésiastiques*); HIST ***la ~*** der Richterstand; ***gens*** *pl* ***de ~*** Richter *m/pl* und Anwälte *m/pl*; ***noblesse*** *f* ***de ~*** Amtsadel *m* **3** *d'un animal* Fell *n* **4** *d'un cigare* Deckblatt *n* **5** *du vin* Farbe *f*

Robert [ʀɔbɛʀ] *m Vorname*

roberts [ʀɔbɛʀ] *m/pl* P (*seins*) P Titten *f/pl*

Robespierre [ʀɔbɛspjɛʀ] HIST *frz Revolutionär*

Robin des Bois [ʀɔbɛ̃debwa] *m* HIST Robin Hood [-'hud] *m*

robinet [ʀɔbinɛ] *m* Hahn *m*; *t/t a* Ventil *n*; ***~ mélangeur*** Mischbatterie *f*; ***~ à, du gaz*** Gashahn *m*; ***~ d'arrêt*** Abstell-, Absperrhahn *m*; ***~ d'eau froide, d'eau chaude*** Kalt-, Warmwasserhahn *m*; ÉCOLE ***problèmes*** *m/pl* ***de ~s*** Rechenaufgaben, die Volumen und Durchfluss e-r Flüssigkeit behandeln; ***tourner le ~*** den Hahn ab-, zudrehen *ou* aufdrehen

robinetterie [ʀɔbinɛtʀi] *f* Armaturen *f/pl*

robinier [ʀɔbinje] *m* BOT Robinie *f*; Falsche Akazie

Robinson Crusoé [ʀɔbɛ̃sõkʀyzɔe] *m* Robinson Crusoe [-'kruːzo] *m*

roboratif [ʀɔbɔʀatif] *litt adj* ⟨**-ive**⟩ stärkend; kräftigend

robot [ʀɔbo] *m* **1** TECH Roboter *m*; Vollautomat *m* **2** *par ext* CUIS Küchenmaschine *f* **3** *fig d'une personne* Roboter *m*; Automat *m*

robotique [ʀɔbɔtik] *f* Robotertechnik *f*; Robotik *f*

robotisation [ʀɔbɔtizasjõ] *f* **1** TECH Vollautomatisierung *f*; Robotereinsatz *m* **2** *fig et péj* Verwandlung *f* in e-n Roboter, in e-n seelenlosen Automaten **robotiser** *v/t* **1** TECH vollautomatisieren **2** *fig et péj* zum Roboter machen

robuste [ʀɔbyst] *adj homme, plante* robust; widerstandsfähig; stark; kräftig; ***foi*** *f* ***~*** unerschütterlicher Glaube (*a iron*); ***moteur*** *m* ***~*** robuster, stabil gebauter Motor; ***santé*** *f* ***~*** robuste, eiserne Gesundheit; ***voiture*** *f* ***~*** robustes, stabil gebautes Auto

robustesse [ʀɔbystɛs] *f* Robustheit *f*; Widerstandsfähigkeit *f*

roc [ʀɔk] *m* Fels *m* (*a fig*); *fig* ***dur comme un ~*** hart wie ein Stein; *personne* ***solide comme un ~*** robust; *fig* ***bâtir sur le ~*** auf Felsen bauen; ***tailler dans le ~*** in den Felsen hauen

rocade [ʀɔkad] *f* Umgehungsstraße *f*

rocaille [ʀɔkaj] *f* **1** *terrain* steiniger Boden, Grund **2** ARCH Muschelwerk *n*; Rocaille *n ou f*; ***fontaine*** *f* ***en ~*** Springbrunnen *m* mit eingelegten Muscheln, Kieselsteinen **3** *adjt* ***style*** *m* ***~*** Rokoko(stil) *n*(*m*)

rocailleux [ʀɔkajø] *adj* ⟨**-euse**⟩ **1** steinig; ***chemin, sol ~*** steiniger Weg, Boden **2** *fig style* holp(e)rig; *voix* rau

rocambolesque [ʀɔkɑ̃bɔlɛsk] *adj* fantastisch; abenteuerlich; unglaublich

Roch [ʀɔk] *m saint* Rochus *m*

roche [ʀɔʃ] *f* **1** Fels(en) *m*; ***eau*** *f* ***de ~*** klares Quellwasser; *fig* ***clair comme de l'eau de ~*** sonnenklar **2** GÉOL Gestein *n*; ***~s calcaires, volcaniques*** Kalk-, Vulkangesteine *n/pl*; ***~ dure, tendre*** hartes, weiches Gestein; ***~ mère*** Muttergestein *n*

rocher [ʀɔʃe] *m* **1** Fels(en) *m*; Felsblock *m*; (*écueil*) Klippe *f*; ***le ~ de Gibraltar*** der Felsen von Gibraltar; ***creusé dans le ~*** in den Felsen gehauen; ALPINISME ***faire du ~*** (fels)klettern **2** ANAT Felsenbein *n* **3** CUIS **a)** *confiserie* ***~ (au chocolat)*** nugatgefüllte Praline; **b)** *pâtisserie* Kokoshäufchen *n*

rochet [ʀɔʃɛ] *m* **1** ÉGL Rochett *n*; Chorhemd *n* **2** TEXT Spule *f* **3** TECH ***roue*** *f* ***à ~*** Sperrrad *n*

rocheux [ʀɔʃø] *adj* ⟨**-euse**⟩ Fels(en)…; felsig; ***côte rocheuse*** Felsenküste *f*; ***les (montagnes) Rocheuses*** die Rocky Mountains [-'mauntɪnz] *pl*; ***paroi rocheuse*** Felswand *f*

rock [ʀɔk] MUS **I** *m* Rock *m*; Rockmusik *f*; ***chanteur*** *m* ***de ~*** Rocksänger *m*; ***disque*** *m* ***de ~*** Rock(musik)-platte *f* **II** *adj* ⟨*inv*⟩ Rock…; ***opéra*** *m* ***~*** Rockoper *f*

rock (and roll) [ʀɔk(ɛnʀɔl)] *m danse* Rock and Roll *m*; Rock 'n' Roll *m*

rocker [ʀɔkœʀ] *m*, **rockeuse** *f* **1** Rocksänger(in) *m*(*f*) **2** Rockfan [-fɛn] *m*

rocking-chair [ʀɔkiŋ(t)ʃɛʀ] *m* ⟨*pl* **rocking-chairs**⟩ Schaukelstuhl *m*

rococo [ʀokoko, ʀɔkɔko] **I** *adj* ⟨*inv*⟩ **1** Rokoko…; ***style*** *m* ***~*** Rokokostil *m* **2** (*démodé*) altmodisch; verschnörkelt; absonderlich **II** *m* Rokoko *n*

rodage [ʀɔdaʒ] *m* **1** TECH **a)** *d'une voiture* Einfahren *n*; *pancarte* ***en ~*** wird eingefahren; **b)** ***~ de soupape*** Ventileinschleifung *f* **2** *fig d'un service etc* Anlaufzeit *f*; *de qn* Einarbeitung *f*

rodéo [ʀɔdeo] *m* **1** Rodeo *m ou n* **2** F *fig* wilde Verfolgungsjagd

roder [ʀɔde] *v/t* **1** TECH *voiture* einfahren; *soupape* einschleifen **2** *fig spectacle etc* (entwickeln und) vervollkommnen; anpassen; ausbauen; *adjt personne* ***rodé*** eingearbeitet (***à*** in *+acc*); geschult, erfahren (in *+dat*); F eingefuchst

rôder [ʀode] *v/i* herum-, umherstreifen, -streichen, sich herumtreiben, herumstreunen (***dans*** in *+dat*); ***~ autour de qn, qc*** j-n, etw umschleichen; um j-n, etw herumschleichen

rôdeur [ʀodœʀ] *m*, **rôdeuse** *f* Herumtreiber(in) *m*(*f*)

Rodez [ʀɔdɛz] *Stadt im Dep. Aveyron*

rodomontade [ʀɔdɔmõtad] *f* Prahlerei *f*; Aufschneiderei *f*; Großsprecherei *f*

Rodrigue [ʀɔdʀig] *m* HIST Roderich *m*; (*Cid*) Rodrigo *m*

rogations [ʀɔgasjõ] *f/pl* ÉGL CATH Bittprozessionen *f/pl* (an den Bitttagen)

rogatoire [ʀɔgatwaʀ] *adj* JUR ***commission*** *f* ***~*** Rechtshilfeersuchen *n*; ***entendre qn en commission ~*** j-n kommissarisch vernehmen

rogatons [ʀɔgatõ] F *m/pl* (Speise-, Essens)Reste *m/pl*

Roger [ʀɔʒe] *m Vorname*

rogne [ʀɔɲ] F *f* Gereiztheit *f*; F Stinklaune *f*; ***être en ~*** murren; gereizt sein; F e-e Stinklaune haben; ***mettre qn en ~*** j-n reizen; F j-n in Stinklaune versetzen

rogner [ʀɔɲe] **I** *v/t* **1** *papier* beschneiden; *griffes* schneiden; *fig* ***~ les ailes à qn*** j-m die Flügel beschneiden, stutzen **2** *fig économies etc* angreifen; beschneiden; F etwas abzwacken von **II** *v/t/indir* ***~ sur qc*** an etw (*dat*) sparen **III** F *v/i* murren; gereizt sein; F e-e Stinklaune haben

rognon [ʀɔɲõ] *m* CUIS Niere *f*; ***~ de porc*** Schweineniere *f*

rognonnade [ʀɔɲɔnad] *f* CUIS Kalbsnierenbraten *m*

rognure [ʀɔɲyʀ] *f de papier etc* Schnipsel *m ou n*;

R

Schnitzel *n ou m*; F Schnippel *m ou n*; *de viande* **~s** *pl* (abgeschnittene) Fleischreste *m/pl*; **~s d'ongles** abgeschnittene Fingernägel *m/pl*

rogomme [ʀɔgɔm] F **voix** *f* **de ~** Säuferstimme *f*

rogue [ʀɔg] *adj* überheblich; hochmütig; eingebildet

Rohan [ʀɔɑ̃] *frz Adelsgeschlecht*

roi [ʀwa] *m* König *m* (*a* ÉCHECS, CARTES, *fig*); *poét* **le ~ des animaux** der König der Tiere; *carte* **~ de carreau** Karokönig *m*; *fig* **les ~s du pétrole** die Ölmagnaten *m/pl*; F **le ~ des imbéciles** der größte aller Schwachköpfe; **fête** *f*, **jour** *m* **des Rois** Dreikönigstag *m*; Heilige Drei Könige; **être heureux comme un ~** überglücklich sein; **tirer les ~s** den Dreikönigskuchen essen (*wer dabei auf das Christkindfigürchen stößt, wird König*); *fig* **travailler pour le ~ de Prusse** für nichts und wieder nichts arbeiten; *loc*: **le ~ n'est pas son cousin** er ist ziemlich eingebildet; F was der sich (*dat*) bloß einbildet!; F **là où le ~ va à pied, va seul** da, wo der Kaiser zu Fuß hingeht; → *a* **morceau** *1*; ♦ *adjt* **bleu ~** ⟨*inv*⟩ königsblau

roide [ʀwad] *adj litt* → **raide**

Roi-Soleil [ʀwasɔlɛj] *m* HIST **le ~** der Sonnenkönig

roitelet [ʀwatlɛ] *m* **1** ZO **a)** Goldhähnchen *n*; **b)** *abus* (*troglodyte*) Zaunkönig *m* **2** *plais* Duodezfürst *m*

Roland [ʀɔlɑ̃] *m Vorname*

rôle [ʀol] *m* **1** THÉ Rolle *f* (*a fig*); **petit ~** Nebenrolle *f*; kleine Rolle; **premier ~** Hauptrolle *f*; *par ext acteur* Hauptdarsteller(in) *m(f)*; *fig* **le ~ de la presse** die Rolle, die Funktion der Presse; PSYCH, PÉD **jeu** *m* **de ~s** Rollenspiel *n*; **apprendre, savoir son ~** s-e Rolle lernen, können; *fig* **avoir le beau ~** gut dastehen; F fein heraus sein; **avoir, remplir un ~ important dans une affaire** in, bei e-r Sache e-e wichtige Rolle spielen; **avoir toujours un ~ de premier plan** immer e-e wichtige Rolle, die erste Geige spielen; THÉ **entrer dans un ~** sich in e-e Rolle hineindenken, -versetzen; *fig* **ce n'est pas mon ~ de le lui dire** es ist nicht meine Aufgabe *ou* Sache, es ihm zu sagen; **jouer un ~** e-e Rolle spielen (*a fig*); **(savoir) bien jouer son ~** s-e Rolle gut spielen (*a fig*); *fig* **jouer un grand ~ dans qc** e-e große Rolle bei etw spielen **2** ADM Liste *f*; Verzeichnis *n*; Register *n*; Rolle *f*; *loc/adv* **à tour de ~** abwechselnd; der Reihe nach; turnusmäßig

roller [ʀɔlœʀ] *m* Inline-Skate ['ɪnlaɪnske:t] *m*

rollmops [ʀɔlmɔps] *m* CUIS Rollmops *m*

romain [ʀɔmɛ̃] **I** *adj* **1** römisch; **histoire ~e** römische Geschichte; **chiffre ~** römische Zahl, Ziffer **2** REL römisch(-katholisch) **3** TYPO **caractères ~s** Antiqua *f*; lateinische Schrift **II** *subst* **1** **Romain(e)** *m(f)* Römer(in) *m(f)*; F *fig* **un travail de Romain** F e-e Riesen-, Mordsarbeit **2** **~e** *f* BOT römischer Salat; Romana *f*; F *fig* **être bon comme la ~e** F zu gutmütig sein; sich (*dat*) alles gefallen lassen (müssen)

Romain [ʀɔmɛ̃] *m Vorname*

roman [ʀɔmɑ̃] **I** *adj* **1** ART romanisch **2** LING **langues ~es** romanische Sprachen *f/pl* **II** *m* **1** Roman *m*; **~ courtois** höfisches Epos; **~ noir** Schauer-, Gruselroman *m*; **le nouveau ~** der Nouveau Roman; **~ policier** Kriminalroman *m*; F Krimi *m*; **~ d'amour** Liebesroman *m*; *fig* **ils ont vécu un beau ~ d'amour** sie haben e-e wunderbare Liebesromanze erlebt; *récit* **avoir l'air d'un ~** unwahrscheinlich, unglaublich klingen; **cela n'arrive que dans les ~s** das gibt es nur in Romanen; **c'est tout un ~** das ist ein ganzer Roman; **sa vie est un vrai ~** sein Leben ist wie ein Roman **2** ARCH Romanik *f* **3** LING romanische Volkssprache; Vulgärlatein *n*; Galloromanisch *n*

romance [ʀɔmɑ̃s] *f* **1** Liebeslied *n* **2** LITTÉRATURE, MUS Romanze *f*

romancer [ʀɔmɑ̃se] *v/t* ⟨**-ç-**⟩ in Romanform, als (e-n) Roman schreiben, gestalten; *adjt* **biographie romancée** Biografie *f* in Romanform; romanhafte Biografie

romanche [ʀɔmɑ̃ʃ] *m en Suisse* Romantsch *n*; Rätoromanisch *n*

romancier [ʀɔmɑ̃sje] *m*, **romancière** *f* Romancier *m*; Romanschriftsteller(in) *m(f)*; Romanautor(in) *m(f)*

romand [ʀɔmɑ̃] *adj* **la Suisse ~e** die französische Schweiz

romanesque [ʀɔmanɛsk] *adj* **1** *aventure etc* romanhaft, -artig; wie in e-m Roman; *personne* romantisch; schwärmerisch; *subst* **le ~** das Romantische, Schwärmerische **2** Roman...; **œuvre** *f* **~** Romanwerk *n*

roman-feuilleton [ʀɔmɑ̃fœjtõ] *m* ⟨*pl* **romans-feuilletons**⟩ Fortsetzungs-, Zeitungsroman *m* **roman-fleuve** *m* ⟨*pl* **romans-fleuves**⟩ langer Roman; F Wälzer *m*

romanichel(le) [ʀɔmaniʃɛl] *m(f) péj* Zigeuner(in) *m(f)*

romanisant [ʀɔmanizɑ̃] *adj* **1** LING romanistisch **2** REL der römisch-katholischen Kirche nahekommend

romanisation [ʀɔmanizasjõ] *f* HIST, LING Romanisierung *f*

romaniser [ʀɔmanize] **I** *v/t* **1** HIST *pays, peuple* romanisieren **2** *texte écrit avec d'autres caractères* in lateinischer Schrift wiedergeben **3** REL der römisch-katholischen Kirche zuführen **II** *v/i* REL römisch-katholisch eingestellt sein

romaniste [ʀɔmanist] *m,f* LING Romanist(in) *m(f)*

romano [ʀɔmano] *m,f* F → **romanichel(le)**

roman-photo [ʀɔmɑ̃fɔto] *m* ⟨*pl* **romans-photos**⟩ Fotoroman *m*

romantique [ʀɔmɑ̃tik] **I** *adj poésie, art, paysage, personne* romantisch **II** *m* Romantiker *m*

romantisme [ʀɔmɑ̃tism] *m* Romantik *f* (*mouvement et caractère*)

romarin [ʀɔmaʀɛ̃] *m* BOT Rosmarin *m*

Rombas [ʀõbɑ] *Stadt im Dep. Moselle*

rombière [ʀõbjɛʀ] *f* F (**vieille**) **~** F alte Schachtel

Rome [ʀɔm] Rom *n*

rompre [ʀõpʀ] ⟨**je romps, il rompt, nous rompons; je rompais; je rompis; je romprai; que je rompe; rompant; rompu**⟩ **I** *v/t traité, contrat* brechen; *relations, entretien, jeûne* abbrechen; *monotonie* unterbrechen; *équilibre* stören; *fiançailles, charme* lösen; → *a* **charme**[1] *1*; *fig* **~ ses chaînes** s-e Ketten zerbrechen; die Fesseln sprengen; *fleuve* **~ les digues** die Deiche durchbrechen; **~ les os à qn** j-m die Knochen brechen (*a par exagération*); **~ le pain** das Brot brechen; MIL **~ les rangs** wegtreten; MIL **rompez!** weggetreten!; **~ le silence** die Stille unterbrechen; (*parler*) sein Schweigen brechen; **applaudir à tout ~** tosenden Beifall spenden **II** *v/i* **~**

avec qn mit j-m brechen, F Schluss machen; **~ *avec une tradition*** mit e-r Tradition brechen; ***ils ont rompu*** sie haben miteinander gebrochen; F sie haben Schluss gemacht **III** *v/pr st/s* ***se ~*** *amarres etc* (zer)reißen; *glace* brechen; *branche* (ab)brechen; ***se ~ les os*** sich *(dat)* die Knochen brechen

rompu [rɔ̃py] *adj* **1** ***être ~ (de fatigue)*** wie gerädert, wie zerschlagen, mitgenommen sein **2** *(habile)* ***être ~ à qc*** in etw *(dat)* bewandert, erfahren sein; mit etw vertraut sein; ***être ~ aux affaires*** geschäftstüchtig sein **3** → ***bâton*** *1*

romsteck [rɔmstɛk] *m* CUIS Rumpsteak [-steːk] *n*

ronce [rɔ̃s] *f* **1** BOT Brombeerstrauch *m*; ***~s*** *pl a* Brombeerranken *f/pl*, -gestrüpp *n* **2** *de noyer etc* Maserung *f*

ronceraie [rɔ̃sʀɛ] *f* mit Brombeergestrüpp bewachsenes Gelände

Roncevaux [rɔ̃səvo] GÉOGR Roncesvalles *n*

ronchon [rɔ̃ʃɔ̃] F **I** *adj* ⟨***~ne*** *od inv*⟩ brummig; knurrig **II** *m* ***(vieux)* ~** F (alter) Brummbär

ronchonnement [rɔ̃ʃɔnmɑ̃] F *m* Nörgelei *f*; Gemecker *n*; Gebrumme *n*

ronchonner [rɔ̃ʃɔne] F *v/i* nörgeln; brummen; brummig sein; knurren; F meckern **ronchonneur, ronchonneuse** **I** F *m,f* Nörgler(in) *m(f)*; F Meckerer *m*, Meckerziege *f* **II** F *adj* brummig; knurrig

rond [rɔ̃] **I** *adj* ⟨**ronde** [rɔ̃d]⟩ **1** *objet* rund *(a chiffre, somme)*; *personne, partie du corps* rund(lich); dick; ***ballon ~*** Fußball *m (a sport)*; F ***une petite femme toute ~e*** e-e kleine mollige Frau; ***faire des yeux ~s*** große Augen machen; *par ext* ***gagner une somme assez ~e*** e-e anständige Summe Geld verdienen **2** *personne* ***~ en affaires*** offen und großzügig **3** F *(ivre)* F besoffen; voll; blau; ***il est complètement ~*** F er ist völlig *ou* total besoffen, sternhagelvoll, blau wie ein Veilchen **II** *adv* ***avaler qc tout ~*** etw als Ganzes, unzerkaut schlucken; ***dire les choses tout ~*** die Dinge beim rechten Namen nennen; ***tourner ~*** *moteur* gut laufen; *fig* gut gehen; F klappen; F *fig*: ***ça ne tourne pas ~ chez toi*** F bei dir ist wohl e-e Schraube, ein Rädchen locker; ***qu'est-ce qui ne tourne pas ~?*** was ist denn los?; was hast du denn? **III** *m* **1** Kreis *m*; Ring *m*; **~ *de fourneau*** Herdring *m*; **~ *de serviette*** Serviettenring *m*; *loc/adv* ***en ~*** im Kreis; ***s'asseoir, danser en ~*** sich im Kreis setzen, im Kreis tanzen; ***tourner en ~*** sich im Kreis drehen *(a fig)*; F *fig* ***en baver des ~s de chapeau*** *d'admiration* vor Bewunderung vergehen; *de peine* F viel durchmachen (müssen); F *fig* ***en rester comme deux ~s de flan*** F vor Staunen den Mund nicht mehr zukriegen; ganz platt, baff sein; ***faire, tracer des ~s*** Kreise ziehen; ***faire des ~s de fumée*** beim Rauchen Ringe blasen **2** F *(sou)* ***avoir des ~s*** Geld (wie Heu) haben; ***il n'a pas le ~*** F er ist blank **3** *de bras, de jambe* kreisende Bewegung; *fig* ***faire des ~s de jambe*** herumschwänzeln; katzbuckeln

rond-de-cuir [rɔ̃dkɥiʀ] *m* ⟨*pl* **ronds-de-cuir**⟩ *péj* Bürokrat *m*; Büromensch *m*

ronde [rɔ̃d] *f* **1** *d'un gardien*, MIL Runde *f*; Rund-, Kontrollgang *m*; *de police* Streife *f*; ***faire sa, une ~*** s-e, e-e Runde machen; ♦ *loc/adv* ***à la ~*** *(alentour)* im Umkreis; in der Runde; *(tour à tour)* im Kreis (herum); reihum; von Hand zu Hand; ***à dix lieues à la ~*** im Umkreis von zehn Meilen; ***faire passer qc à la ~*** etw reihum gehen lassen **2** *danse* Rundtanz *m*; Reigen *m*; **~ *enfantine*** Ringelreihen *m*; *enfants* ***faire la ~*** Ringelreihen spielen, tanzen **3** *écriture* Rundschrift *f*; *t/t* Ronde *f* **4** MUS ganze Note

rondeau [rɔ̃do] *m* ⟨*pl* ***~x***⟩ *poème* Rondeau *n*

ronde-bosse [rɔ̃dbɔs] *f* ⟨*pl* **rondes-bosses**⟩ SCULP Hochrelief *n*

rondelet [rɔ̃dlɛ] *adj* ⟨***~te***⟩ **1** *personne* rundlich; dicklich; füllig; *femme a* mollig; *jeune fille a* pummelig **2** *bourse* prall gefüllt; ***une somme ~te*** ein nettes, hübsches, stattliches Sümmchen

rondelle [rɔ̃dɛl] *f* **1** Scheibe *f*; **~ *de citron, de saucisson*** Zitronen-, Wurstscheibe *f*; ***couper en ~s*** in Scheiben schneiden **2** TECH *d'un écrou* Unterlegscheibe *f*; **~ *de ou en caoutchouc*** Gummiring *m*, -scheibe *f*

rondement [rɔ̃dmɑ̃] *adv* **1** *(rapidement)* zügig; prompt; schnell; mit Schwung, Nachdruck; ***mener une affaire ~*** e-e Angelegenheit zügig *etc* betreiben, abwickeln **2** *(franchement)* ohne Umschweife; geradeheraus; ***y aller ~*** unbeirrt, gerade auf sein Ziel lossteuern, losgehen

rondeur [rɔ̃dœʀ] *f* **1** *du corps* Rundung *f*; F ***~s*** *pl* (weibliche) Rundungen **2** *(franchise)* Geradheit *f*; Ungezwungenheit *f*; Freimut *m*; ***avec ~*** freimütig; ungezwungen

rondin [rɔ̃dɛ̃] *m* **1** CONSTR Rundstamm *m*, -holz *n*; ***cabane*** *f* ***en ~s*** Blockhütte *f*, -haus *n* **2** *pour brûler* Knüppelholz *n*

rondo [rɔ̃do] *m* MUS Rondo *n*

rondouillard [rɔ̃dujaʀ] F *adj* wohlbeleibt; füllig; feist

rond-point [rɔ̃pwɛ̃] *m* ⟨*pl* **ronds-points**⟩ **1** *carrefour* Kreisverkehr *m*; (Verkehrs)Kreisel *m* **2** *place* runder Platz; Stern *m*

ronéo® [rɔneo] *f* Vervielfältigungsapparat *m*

ronéotyper [rɔneɔtipe] *v/t* (mittels Matrize) vervielfältigen

ronflant [rɔ̃flɑ̃] *adj titre, phrases etc* hochtrabend, -tönend; großspurig; F großkotzig

ronflement [rɔ̃fləmɑ̃] *m* **1** *d'une personne* Schnarchen *n* **2** *d'un moteur* Brummen *n*; *d'un poêle* Bullern *n*

ronfler [rɔ̃fle] *v/i* **1** *personne* schnarchen **2** *moteur* brummen; *poêle, feu* bullern

ronflette [rɔ̃flɛt] *f* F ***faire une ~*** ein Schläfchen machen

ronfleur [rɔ̃flœʀ] *m*, **ronfleuse** *f* Schnarcher(in) *m(f)*

ronger [rɔ̃ʒe] ⟨**-geons**⟩ **I** *v/t* **1** nagen (***qc*** an etw [*dat*]); an-, be-, zernagen; *vers* **~ *le bois*** das Holz zerfressen; *fig personne* **~ *son frein*** s-n Ärger verbeißen, hinunterschlucken; s-e Ungeduld nicht merken lassen; *chien* **~ *un os*** an e-m Knochen nagen; e-n Knochen abnagen; *p/p bois* ***rongé par les vers*** wurmstichig **2** *par ext rouille*: *fer etc* zerfressen; angreifen; *acide*: *métal a* ätzen; ***la mer ronge les falaises*** das Meer nagt an der Steilküste; *p/p*: *fer* ***rongé par la rouille*** rostzerfressen; verrostet; durchgerostet; *statue etc* ***rongé par le temps*** verwittert **3** *fig chagrin etc* **~ *qn*** an j-m nagen, fressen; j-n quälen, peinigen; j-m keine Ruhe lassen **II** *v/pr* **1** ***se ~ les ongles*** an den Nägeln kauen **2** *fig* ***se ~ d'inquiétude*** vor Unruhe vergehen

rongeur [rɔ̃ʒœʀ] **I** *adj* ⟨**-euse**⟩ nagend *(a fig)* **II** *m*

zo Nager *m*; Nagetier *n*
ronron [RÕRÕ] *m* 1 *du chat* Schnurren *n*; ***faire ~*** schnurren 2 *d'un moteur etc* Surren *n*; Brummen *n*; Summen *n*; Schnurren *n* 3 *fig* Eintönigkeit *f*
ronronnement [Rõrɔnmɑ̃] *m* → ***ronron***
ronronner [RÕRɔne] *v/i* 1 *chat* schnurren 2 *moteur etc* surren; brummen; summen; schnurren
röntgen [Rœntgɛn] *m* PHYS Röntgen *n*
roque [Rɔk] *m* ÉCHECS Rochade *f*
roquefort [Rɔkfɔʀ] *m* Roquefort(käse) *m*
roquer [Rɔke] *v/i* ÉCHECS rochieren
roquet [Rɔkɛ] *m* Kläffer *m* (*a fig*)
roquette[1] [Rɔkɛt] *f* MIL Rakete(ngeschoss) *f*(*n*)
roquette[2] [Rɔkɛt] *f* 1 BOT Rucola *f* 2 CUIS Rucola *m*
rorqual [RɔRkal] *m* zo Finnwal *m*
rosace [ROzas] *f ornement* Rosette *f*; *vitrail a* Fensterrose *f*
rosacé [ROzase] I *adj* BOT rosenartig II *subst* 1 BOT ***~es*** *f/pl* Rosengewächse *n/pl*; Rosazeen *f/pl* 2 MÉD ***~e*** *f* Kupfer-, Rotfinnen *pl*; *sc* Rosazea *f*
rosaire [ROzɛR] *m* REL Rosenkranz *m* (*mit 150 Ave-Maria-Perlen*); ***dire, réciter son ~*** den Rosenkranz beten
rosat [ROza] *adj* ⟨*inv*⟩ Rosen…; ***pommade*** *f* ***~*** Lippenpomade, der ein Rosenextrakt zugesetzt wurde
rosâtre [ROzɑtR] *adj* schmutzig rosa
rosbif [Rɔzbif] *m* CUIS Roastbeef ['ro:stbi:f] *n*
rose[1] [ROZ] *f* 1 BOT Rose *f*; ***~ de Jéricho*** Jerichorose *f*; ***~ de Noël*** Christ-, Schneerose *f*; ***bois*** *m* ***de ~*** Rosenholz *n*; ***confiture*** *f* ***de ~*** Rosenkonfitüre *f* (*aus Rosenblättern*); ***eau*** *f* ***de ~*** Rosenwasser *n*; *fig roman* ***à l'eau de ~*** kitschig; sentimental; F ***envoyer qn sur les ~s*** j-n weg-, fortschicken; j-n (schroff) abweisen; j-m e-n Korb geben; ***être frais comme une ~*** frisch wie der junge Morgen aussehen; taufrisch sein; ***ne pas sentir la ~*** nicht gerade gut riechen; *prov* ***pas de ~s sans épines*** keine Rose ohne Dornen (*prov*) 2 ARCH Fensterrose *f*; Rosette *f* 3 MÉTÉO ***~ des vents*** Wind-, Kompassrose *f* 4 MINÉR ***~ des sables*** Sandrose *f*
rose[2] [ROZ] I *adj* 1 rosa; rosa-, blass-, zartrot; rosafarben, -farbig; rosig; ***~ clair, pâle*** ⟨*inv*⟩ hell-, blassrosa 2 *fig* (*réjouissant*) rosig; ***ce n'est pas (tout) ~*** das ist nicht gerade rosig 3 *fig* Sex…; ***minitel*** *m* ***~*** Sex-Btx *n* II *m* Rosa *n*; ***~ bonbon*** Bonbonrosa *n*; ***~ tendre, vif*** zartes, lebhaftes Rosa; ***vieux ~*** Altrosa *n*; *fig* ***voir la vie en ~, voir tout en ~*** das Leben, alles durch e-e rosarote Brille, in rosigem Licht, in rosigen Farben sehen
Rose [ROZ] *f Vorname*
rosé [ROze] *adj* zartrosa; rosé; ***beige ~*** ins Zartrosa gehendes Beige; ***vin ~*** *ou subst* ***~*** *m* Rosé(wein) *m*
roseau [ROzo] *m* ⟨*pl* ***~x***⟩ BOT Schilf(rohr) *n*; *personne* ***frêle comme un ~*** zerbrechlich wie e-e Porzellanfigur
rosée [ROze] *f* Tau *m*; ***~ du matin*** Morgentau *m*; *légumes* ***tendre comme la ~*** sehr zart
Roseline [ROzlin] *f Vorname*
roséole [ROzeɔl] *f* MÉD Roseole *f*
roseraie [ROzRɛ] *f* Rosengarten *m*; Rosarium *n*
rosette [ROzɛt] *f* 1 *nœud* Schleife *f* 2 *insigne* Ordensbandschleife *f*; Rosette *f*; ***avoir la ~*** Offizier *m* der Ehrenlegion sein 3 ***~ de Lyon*** Salami *f* aus Lyon
rosier [ROzje] *m* BOT Rosenstrauch *m*, -stock *m*; Rose *f*; ***~ grimpant*** Kletterrose *f*; ***~ sur tige*** Hochstammrose *f*
rosière [ROzjɛR] *f* HIST Mädchen, dem wegen s-r Tugendhaftigkeit ein Kranz aus Rosen aufgesetzt wurde; F *plais* ***la ~ du pays*** die Tugend in Person
rosir [ROziR] I *v/t froid: joues* röten; *soleil: nuages* in ein rosa Licht tauchen II *v/i visage* (zart, leicht) erröten
Rosny [Rɔni] *frz Ortsname*
rossard [RɔsaR], **rossarde** F *m,f et adj* → ***rosse*** *I 2 et II*
rosse [Rɔs] I *f* 1 *litt* (*mauvais cheval*) Schindmähre *f*; Klepper *m* 2 (*personne méchante*) gemeine Person; Schuft *m*; Leuteschinder *m* II *adj* gemein; hart; streng; scharf; F hundsgemein; ***être ~ avec qn*** zu j-m gemein sein
rossée [Rɔse] F *f* (Tracht *f*) Prügel *pl*; F Keile *f*; Haue *f*; Dresche *f*; Senge *pl*; → *a* ***flanquer***[2] *I 2*, ***recevoir*** *I 2*
rosser [Rɔse] *v/t* verprügeln; F verhauen; verdreschen; durchbläuen; F *lors d'un match* ***il se sont fait joliment ~*** sie haben ordentlich Keile, Prügel gekriegt
rosserie [RɔsRi] *f* Gemeinheit *f*; übler Streich; ***dire des ~s à qn*** j-m Gemeinheiten sagen; ***faire une ~ à qn*** j-m e-n üblen Streich spielen
rossignol [Rɔsiɲɔl] *m* 1 zo Nachtigall *f*; ***chanter comme un ~*** wie e-e Nachtigall singen 2 (*passe-partout*) Dietrich *m* 3 F COMM Ladenhüter *m*
rossinante [Rɔsinɑ̃t] *litt f* Schindmähre *f*; Klepper *m*
rostre [RɔstR] *m* 1 HIST Schiffsschnabel *m* 2 zo Rostrum *n*
rot [RO] *m* F Rülpser *m*; *bébé* ***faire son ~*** (ein) Bäuerchen machen
rôt [RO] *litt m* Braten *m*
rotarien [RɔtaRjɛ̃] *m* Rotarier *m*; Mitglied *n* des Rotary Clubs
rotatif [Rɔtatif] *adj* ⟨**-ive**⟩ Dreh…; Rotations…; drehend; rotierend; ***mouvement ~*** Drehbewegung *f*; TECH ***moteur*** *m* ***à piston ~*** Drehkolben-, Kreiskolben-, Rotationskolbenmotor *m*; Wankelmotor *m*
rotation [Rɔtasjõ] *f* 1 (Um)Drehung *f*; Rotation *f*; Drehbewegung *f*; ***~ de la Terre*** Erdumdrehung *f*; ***axe*** *m* ***de ~*** Drehachse *f*; ***exécuter une ~*** e-e Drehung (um die eigene Achse) ausführen 2 *fig* (*roulement*) turnusmäßiger Wechsel; Rotation *f*; ÉCON Umschlag *m*; Umsatz *m*; *d'un moyen de transport* Frequenz *f*; Zug- *ou* Busfolge *f*; AGR Fruchtfolge *f*; Rotation *f*; ***~ des capitaux*** Kapitalumsatz *m*; ***~ du personnel*** Fluktuation *f* der Belegschaft; Personalwechsel *m*; ***~ des stocks*** Lagerumschlag *m*
rotative [Rɔtativ] *f* TYPO Rotationsmaschine *f*, -presse *f*
rotatoire [Rɔtatwar] *adj* Dreh…; Rotations…; Kreis…
roter [Rɔte] *v/i* 1 F rülpsen 2 P *fig* ***il lui en a fait ~*** er hat ihm *ou* ihr das Leben schwer gemacht
rôti [Roti, Rɔ-] I *m* Braten *m*; ***~ de bœuf, de porc, de veau*** Rinder-, Schweine-, Kalbsbraten *m* II *adj* gebraten; Brat…; F *fig* ***tomber à qn tout ~ dans le bec*** j-m in den Schoß fallen
rôtie [Roti, Rɔ-] *f* geröstete Brotschnitte; Röstbrot *n*
rotin [Rɔtɛ̃] *m* Rattan *n*; Peddigrohr *n*; ***fauteuil*** *m* ***de, en ~*** Korbsessel *m*

R

rôtir [ʀotiʀ, ʀɔ-] **I** *v/t viande* **(faire) ~** braten; **~ à la broche** am Spieß braten **II** *v/i* braten (*a* F *fig personne*); **mettre un poulet à ~** ein Hühnchen zum Braten aufsetzen **III** *v/pr* **se ~ (au soleil)** sich (in der Sonne) braten lassen
rôtisserie [ʀotisʀi, ʀɔ-] *f* Rotisserie *f*; Grillrestaurant *n* **rôtisseur** *m*, **rôtisseuse** *f* Grillkoch *m*, -köchin *f* **rôtissoire** *f* Grill(gerät) *m(n)*
roto [ʀɔto] *f* F *abr* → **rotative**
rotonde [ʀɔtõd] *f* ARCH Rundbau *m*; Rotunde *f*
rotondité [ʀɔtõdite] *f* **1** *de la Terre etc* Rundheit *f*; runde Form, Gestalt **2** *fig de qn* Rundlichkeit *f*; Korpulenz *f*
rotor [ʀɔtɔʀ] *m* **1** AVIAT Rotor *m* **2** ÉLECT Läufer *m*; Rotor *m*
Rotterdam [ʀɔtɛʀdam] Rotterdam *n*
rottweiler [ʀɔtvajlœʀ] *m* ZO Rottweiler *m*
rotule [ʀɔtyl] *f* **1** ANAT Kniescheibe *f*; F *fig* **être sur les ~s** ganz erschöpft, F fertig, kaputt, geschafft, wie gerädert sein **2** TECH Kugelgelenk *n*
rotulien [ʀɔtyljɛ̃] *adj* ⟨**~ne**⟩ **réflexe ~** Kniesehnenreflex *m*
roture [ʀɔtyʀ] *f* HIST Nichtadelige(n) *m/pl*; Bürgerstand *m*
roturier [ʀɔtyʀje] HIST **I** *adj* ⟨**-ière**⟩ nicht adelig; bürgerlich **II** *subst* **~, roturière** *m,f* Nichtadelige(r) *f(m)*; Bürgerliche(r) *f(m)*
rouage [ʀwaʒ] *m* TECH Rädchen *n*; **~s** *pl* Räderwerk *n* (*a fig*); *fig* **n'être qu'un simple ~** nur ein Rädchen im Getriebe sein
Rouault [ʀwo, ʀuo] **Georges ~** *frz Maler*
Roubaix [ʀubɛ] *Stadt im Dep. Nord*
roublard [ʀublaʀ] F **I** *adj* durchtrieben; gerissen **II** *subst* **~(e)** *m(f)* gerissener, durchtriebener Bursche, Kerl; *femme* F schlaues Luder
roublardise [ʀublaʀdiz] F *f* Gerissenheit *f*; Durchtriebenheit *f*
rouble [ʀubl] *m monnaie* Rubel *m*
roucoulade [ʀukulad] *f ou* **roucoulement** *m* Gurren *n*, Girren *n* (*a fig d'amoureux*)
roucouler [ʀukule] *v/i* **1** *pigeon* gurren, girren (*a fig amoureux*); rucksen; *fig a* turteln **2** *fig* ⟨*a v/t*⟩ *chanteur* schmalzig singen
roue [ʀu] **1** *f* Rad *n*; **~ arrière, avant** Hinter-, Vorderrad *n*; FÊTE FORAINE **grande ~** Riesenrad *n*; VÉLO **~ libre** Freilauf *m*; **~ à eau** Wasserrad *n*; MAR **~ de gouvernail** Steuerrad *n*; **~ de loterie** Lostrommel *f*; Glücksrad *n*; AUTO **~ de secours, de rechange** Reserve-, Ersatzrad *n*; **véhicule** *m* **à deux, à quatre ~s** zwei-, vierräd(e)riges Fahrzeug; HIST **supplice** *m* **de la ~** Hinrichtung *f* durch das Rad; *fig* **être la cinquième ~ du carrosse** das fünfte Rad am Wagen sein; **faire la ~** SPORTS Rad schlagen; *paon* ein Rad schlagen; *fig* **pousser à la ~** nachhelfen; die Hand im Spiel haben; *fig* **la ~ tourne** die Zeit steht nicht still **2** *m* **deux ~s** Zweirad *n*
roué [ʀwe] **I** *adj* gerissen; verschlagen **II** *subst* **~(e)** *m(f)* gerissener Bursche, Kerl; gerissene Person
rouelle [ʀwɛl] *f* **~ (de veau)** Fleischscheibe *f* aus der Kalbskeule
Rouen [ʀwɑ̃] *Stadt im Dep. Seine-Maritime*
rouer [ʀwe] *v/t* **1** HIST rädern; aufs Rad flechten **2** *fig* **~ qn de coups** j-n durchprügeln, F durchbläuen, windelweich schlagen
rouerie [ʀuʀi] *f* Gerissenheit *f*; Verschlagenheit *f*
rouet [ʀwɛ] *m* Spinnrad *n*
rouf [ʀuf] *m* MAR Deckshaus *n*
rouflaquettes [ʀuflakɛt] F *f/pl* Koteletten *pl*
rouge [ʀuʒ] **I** *adj* rot (*a* POL); *yeux* gerötet; *fer* (rot) glühend; **~ brique** ⟨*inv*⟩ ziegelrot; **l'Armée** *f* **~** die Rote Armee; **chou** *m* **~** Rotkohl *m*; Blau-, Rotkraut *n*; **la mer Rouge** das Rote Meer; **poisson** *m* **~** Goldfisch *m*; **vin** *m* **~** Rotwein *m*; **être, devenir ~ de colère** vor Wut rot sein, werden *ou* anlaufen; **être ~ comme une tomate** rot wie e-e Tomate sein **II** *adv* **se fâcher tout ~** F sich schwarzärgern; vor Wut, Ärger platzen; fuchsteufelswild werden; **voir ~** F rotsehen **III** *m* **1** Rot *n* (*couleur et colorant*); **~ bordeaux, sang** Bordeaux-, Blutrot *n*; **peindre, teindre en ~** rot (an)streichen, färben **2** *de la peau, du visage* Röte *f*; **le ~ de la honte lui monte au visage** die Schamröte steigt ihm ins Gesicht **3** *signalisation* Rot *n*; *feux* **être au ~** rot sein; auf Rot sein; Rot, rotes Licht zeigen; **passer au ~** *feux* auf Rot schalten; *voiture* bei Rot durchfahren **4** *fard* rote Schminke; **~ à joues** Rouge *n*; **(se) mettre du ~ à joues** Rouge auflegen, auftragen; **(bâton** *m*, **tube** *m* **de) ~ à lèvres** Lippenstift *m*; **(se) mettre du ~ à lèvres** sich (*dat*) die Lippen schminken, F anmalen **5** MÉTALL Rotglut *f*; **chauffer au ~** bis zur Rotglut erhitzen; **porter au ~** glühend machen; zur Rotglut bringen **6** *vin* Rotwein *m*; F Rote(r) *m*; *par ext* **un petit coup de ~** ein Gläschen *n* Rotwein
rougeâtre [ʀuʒɑtʀ] *adj* rötlich
rougeaud [ʀuʒo] *adj* mit rotem Gesicht
rouge-gorge [ʀuʒgɔʀʒ] *m* ⟨*pl* **rouges-gorges**⟩ ZO Rotkehlchen *n*
rougeoiement [ʀuʒwamɑ̃] *m* roter, rötlicher Schimmer, Widerschein; Röte *f*
rougeole [ʀuʒɔl] *f* MÉD Masern *pl*
rougeoyant [ʀuʒwajɑ̃] *adj* ins Rötliche gehend, spielend; rot, rötlich schimmernd **rougeoyer** *v/i* ⟨**-oi-**⟩ rot, rötlich schimmern; rot (er-, auf)glühen
rouget [ʀuʒɛ] *m* ZO **~ (barbet)** Meerbarbe *f*; **~ (grondin)** Knurrhahn *m*
Rouget de Lisle [ʀuʒɛdəlil] *Komponist der Marseillaise*
rougeur [ʀuʒœʀ] *f* **1** *sur la peau* Rötung *f*; **~s** *pl* rote Stellen *f/pl*, Flecken *m/pl* **2** *st/s de qn* Erröten *n*
rougi [ʀuʒi] *adj yeux* gerötet; **eau ~e** Wasser *n* mit e-m Schuss Rotwein
rougir [ʀuʒiʀ] **I** *v/t st/s* röten; *fer* glühend machen; **~ son eau** dem Wasser e-n Schuss Rotwein zusetzen **II** *v/i* **1** rot werden; *peau, feuilles a* sich röten; *crustacés* **~ à la cuisson** beim Kochen rot werden; *métal* **~ au feu** im Feuer glühend werden **2** *personne* rot werden; erröten; **~ de colère, de honte** vor Zorn, vor Scham rot werden, erröten; schamrot werden; **~ jusqu'aux oreilles, jusqu'à la racine des cheveux** bis über die *ou* beide Ohren rot werden; bis in die Haarwurzeln erröten; *fig* **ne ~ de rien** abgebrüht sein; *fig* **je n'ai pas à ~ de cela** dessen brauche ich mich nicht zu schämen; **faire ~ qn** j-n zum Erröten bringen
rougissant [ʀuʒisɑ̃] *adj personne* (leicht) errötend
rougissement *m* Erröten *n*; Rotwerden *n*
rouille [ʀuj] *f* **1** *du fer* Rost *m*; **tache** *f* **de ~** Rostfleck *m* **2** AGR Rost(krankheit) *m(f)* **3** CUIS scharfe, mit Peperoni gewürzte Knoblauchsoße **4** *adjt* ⟨*inv*⟩ rostbraun, -farben

R

rouillé [ʀuje] *adj* 1 *fer, clé etc* verrostet; rostig 2 *fig personne, mémoire, membres* eingerostet; ***il est un peu ~ en anglais*** sein Englisch ist etwas eingerostet
rouiller [ʀuje] I *v/t* 1 rosten lassen; rostig machen 2 *fig* einrosten, verkümmern lassen II *v/i* (ver)rosten III *v/pr* ***se ~*** 1 (ver)rosten; rostig werden 2 *fig personne* einrosten; ungelenkig, unbeweglich werden
rouir [ʀwiʀ] *v/t lin, chanvre* rösten
roulade [ʀulad] *f* 1 MUS Roulade *f* 2 CUIS (Fleisch-)Roulade *f* 3 *(galipette)* Purzelbaum *m*; SPORTS Rolle *f*
roulage [ʀulaʒ] *m* ***entreprise*** *f* ***de ~*** Transportunternehmen *n*; ***manutention*** *f* ***par ~*** Transport *m* mit Roll-on-roll-off-Schiffen
roulant [ʀulɑ̃] I *adj* 1 rollend; Roll…; fahrbar; fahrend; Fahr…; ***escalier ~*** Rolltreppe *f*; ***fauteuil ~*** Rollstuhl *m*; MIL ***feu ~*** Trommelfeuer *n*; *fig* ***un feu ~ de questions*** ein Kreuzfeuer von Fragen; CH DE FER ***matériel ~*** rollendes Material; ***personnel ~*** fahrendes Personal; Fahrpersonal *n*; ***table ~e*** Servier-, Teewagen *m*; ***tapis ~*** → ***tapis*** *3* 2 F *(très drôle)* urkomisch; F zum Kugeln, Piepen, Schreien, Schießen II *subst* 1 CH DE FER F ***les ~s*** *m/pl* das fahrende Personal 2 MIL F ***~e*** *f* Feldküche *f*; F Gulaschkanone *f*
roulé [ʀule] *adj* 1 gerollt; Roll…; ***col ~*** Rollkragen *m*; CUIS ***épaule ~e*** Rollbraten *m*; ***gâteau ~*** Biskuitrolle *f*; PHON ***r ~*** gerolltes r 2 F *femme* ***être bien ~e*** F gut gebaut sein; tolle Kurven haben
rouleau [ʀulo] *m* ⟨*pl* ***~x***⟩ 1 Rolle *f*; *(bigoudi)* Lockenwickler *m*; ***~ de papier hygiénique, de papier peint*** Klopapier-, Tapetenrolle *f*; ***~ de pièces, de réglisse*** Geld-, Lakritzenrolle *f*; *fig* ***il est au bout de son, du ~*** er ist am Ende s-r Kraft; F er pfeift aus *ou* auf dem letzten Loch 2 TECH Walze *f* *(a de la machine à écrire)*; AGR Ackerwalze *f*; ***~ compresseur*** Straßen-, F Dampfwalze *f*; CUIS ***~ à pâtisserie*** Nudelholz *n*; ***~ de peintre*** Farbroller *m*, -walze *f*; ***passer au ~*** walzen 3 *(grosse vague)* Brandungswelle *f* 4 SPORTS Roller *m*; Rollsprung *m* 5 *coiffure* Innenrolle *f*
roulé-boulé [ʀulebule] *m* ⟨*pl* **roulés-boulés**⟩ SPORTS Rolle *f*; ***faire un ~*** abrollen
roulement [ʀulmɑ̃] *m* 1 *mouvement* Rollen *n*; *de véhicules a* Fahren *n*; *des hanches* Wiegen *n*; ***~ d'yeux*** Augenrollen *n*; ***marcher avec des ~s de hanches*** sich beim Gehen in den Hüften wiegen 2 *bruit*: *de voiture* Dröhnen *n*; *du tonnerre* Rollen *n*; Grollen *n*; ***~ de tambour*** Trommelwirbel *m* 3 TECH Wälzlager *n*; ***~ à billes*** Kugellager *n* 4 *(alternance)* Turnus *m*; regelmäßiger Wechsel; ***par ~*** im Turnus; turnusmäßig; ***travail*** *m* ***par ~*** Schichtarbeit *f*; ***travailler par ~*** schichtweise, in Schichten arbeiten 5 ÉCON ***fonds*** *m/pl* ***de ~*** Betriebskapital *n*; Umlaufvermögen *n*
rouler [ʀule] I *v/t* 1 *tonneau, meuble à roulettes etc* rollen; *objet lourd, mer*: *galets* wälzen; *invalide* fahren; rollen; *les yeux* rollen; *(enrouler) tapis, crêpe etc* zusammenrollen; ***~ une cigarette*** (sich ([*dat*]) e-e Zigarette drehen; ***~ les r*** das r rollen; CUIS ***~ dans la farine*** in Mehl wälzen; *st/s* ***~ dans sa tête de sombres pensées*** düstere Gedanken hegen 2 F *(tromper)* ***~ qn*** F j-n reinlegen, anschmieren, übers Ohr hauen; ***se faire ~*** F sich reinlegen lassen; reingelegt werden; reinfallen (***par qn*** auf j-n); ***se faire ~ par qn*** *a* F j-m aufsitzen II *v/i* 1 *balle etc, fig argent* rollen; *bateau* schlingern; *rotative etc* rotieren; laufen; ***~ des épaules en marchant*** e-n wiegenden Gang haben; mit wiegenden Schritten gehen; ***~ des 'hanches*** sich in den Hüften wiegen; ***~ de haut en bas de l'escalier*** die Treppe hinunter-, herunterfallen, F -purzeln; ***des larmes roulaient sur ses joues*** Tränen rollten über ihre Wangen 2 *véhicule* rollen; fahren *(a personne)*; ***nous avons roulé toute la journée*** wir sind den ganzen Tag gefahren; ***roulez à droite!*** rechts fahren!; ***~ à cent à l'heure*** (mit) hundert (Stundenkilometern) fahren; ***~ en Fiat*** *etc* e-n Fiat *etc* fahren; ♦ F *fig*: ***~ pour qn*** für j-n arbeiten; sich für j-n einsetzen; (***allez!***) ***roulez!*** na, dann mal los!; nur zu!; tun Sie das!; ***ça roule*** F es klappt; alles in Butter! 3 *péj (se déplacer)* herumziehen, -kommen; sich herumtreiben 4 *tonnerre* rollen; grollen 5 *conversation* ***~ sur qc*** sich um etw drehen III *v/pr* ***se ~*** 1 sich (hin und her) wälzen; ***se ~ par terre*** sich auf dem Boden wälzen; *fig* ***une scène drôle à se ~ par terre*** e-e zum Kugeln komische Szene 2 sich zusammenrollen; ***se ~ en boule sur soi-même*** sich zu e-r Kugel zusammenrollen 3 *fig* ***se ~ les pouces***, F ***se les ~*** F Däumchen drehen 4 *tapis etc* sich zusammenrollen lassen
roulette [ʀulɛt] *f* 1 *de meubles etc* Rolle *f*; ***fauteuil*** *m* ***à ~s*** Sessel *m* mit Rollen; ***sifflet*** *m* ***à ~*** Trillerpfeife *f*; F *fig* ***aller, marcher comme sur des ~s*** F wie geschmiert, wie am Schnürchen gehen; glatt über die Bühne gehen 2 *outil* Rad *n*; Rädchen *n*; *de dentiste* Bohrer *m*; ***~ de couturière*** Kopierrad *n*; ***~ de pâtissier*** Teigrädchen *n*; *dentiste* ***passer la ~*** bohren 3 *jeu* Roulett(e) *n*; ***~ russe*** russisches Roulett(e)
rouleur [ʀulœʀ] *m* SPORTS guter Radrennfahrer *m* (mit großer Ausdauer)
roulis [ʀuli] *m* MAR Schlingern *n*; ***il y a du ~*** das Schiff schlingert; F *dans le train* es schwankt
roulotte [ʀulɔt] *f* Wohnwagen *m*; → *a* ***vol***[2] *1*
roulotté [ʀulɔte] *adj* COUT mit Rollsaum
roulottier [ʀulɔtje] *m* F Autoknacker *m*, -marder *m*
roulure [ʀulyʀ] *f* P *(prostituée) péj* Nutte *f*; Hure *f*
roumain [ʀumɛ̃] I *adj* rumänisch II *subst* 1 ***Roumain(e)*** *m(f)* Rumäne *m*, Rumänin *f* 2 LING ***le ~*** das Rumänische; Rumänisch *n*
Roumanie [ʀumani] ***la ~*** Rumänien *n*
roumi [ʀumi] *m pour les musulmans* Christ *m*; Europäer *m*
round [ʀawnd, ʀund] *m* BOXE Runde *f*; ***match*** *m* ***en dix ~s*** Kampf *m* über zehn Runden
roupie[1] [ʀupi] *f* F ***ce n'est pas de la ~ de sansonnet*** das ist etwas ganz Besonderes, F kein Tinnef
roupie[2] [ʀupi] *f monnaie* Rupie *f*
roupiller [ʀupije] *v/i* F pennen
roupillon [ʀupijɔ̃] *m* F Nickerchen *n*; ***faire, piquer un ~*** ein Nickerchen machen, halten; einnicken
rouquin [ʀukɛ̃] F I *adj* rothaarig II *subst* ***~(e)*** *m(f)* Rothaarige(r) *f(m)*
rouscailler [ʀuskaje] *v/i* F meckern
rouspétance [ʀuspetɑ̃s] *f* F Geschimpfe *n*; Gemecker *n*
rouspéter [ʀuspete] F *v/i* ⟨-è-⟩ schimpfen; F meckern **rouspéteur** *m*, **rouspéteuse** *f* F Meckerfritze *m*, Meckerziege *f*; *adjt* ***il est rouspéteur*** er

R

schimpft, meckert dauernd, gern
roussâtre [rusɑtʀ] *adj* rötlich
rousse [rus] *f arg* (*police*) F Polente *f*
rousserolle [rusʀɔl] *f* ZO Rohrsänger *m*
roussette [rusɛt] *f* **1** *poisson* Katzenhai *m* **2** *chauve-souris* Flughund *m*
rousseur [rusœʀ] *f* gelbrote Farbe; ***taches f/pl de ~*** Sommersprossen *f/pl*
roussi [rusi] *m* Brandgeruch *m*; ***sentir le ~*** versengt, angesengt riechen; *fig situation* brenzlig werden
Roussillon [rusijõ] ***le ~*** *historische Provinz in Südfrankreich*
roussir [rusiʀ] **I** *v/t linge en repassant* an-, versengen **II** *v/i* CUIS *oignons* ***faire ~ dans du beurre*** leicht in Butter bräunen
roussissement [rusismɑ̃] *m du linge* An-, Versengen *n*; *des oignons etc* Bräunen *n*
routage [rutaʒ] *m d'imprimés, journaux* Sortierung *f* und Versand *m* (nach Leitgebieten)
routard [rutaʀ] *m* Rucksacktourist *m*
route [rut] *f* **1** (Auto-, Land)Straße *f*; Chaussee *f*; ***~ côtière*** Küstenstraße *f*; ***~ glissante!*** Schleudergefahr!; ***grande ~*** Landstraße *f*; ***~ à grande circulation*** Hauptverkehrsstraße *f*; ***~ de montagne*** Gebirgs-, Bergstraße *f*; ***~ de Paris*** Straße nach *ou* von Paris; HIST ***~ de la soie*** Seidenstraße *f*; ***sur la ~*** auf der Straße; ***arriver par la ~*** auf der Straße, mit dem Auto ankommen; *voiture* ***tenir bien la ~, avoir une bonne tenue de ~*** gut auf der Straße liegen; e-e gute Straßenlage haben; *fig* ***tenir la ~*** *produit, article* sich gut halten, behaupten, verkaufen; *argument* stichhaltig sein **2** (*itinéraire*) Weg *m*; Route *f*; Strecke *f*; MAR, AVIAT *a* Kurs *m*; ***~ aérienne*** Flugroute *f*; Luftverkehrsweg *m*; ***~ maritime*** Schifffahrtsweg *m*, -straße *f*; Seeweg *m*; *loc/adv* ***en (cours de) ~*** unterwegs; auf dem Weg(e); ***s'arrêter en ~*** unterwegs anhalten, haltmachen; F *bébé* ***être en ~*** F unterwegs sein; ***se mettre en ~*** sich auf den Weg machen; aufbrechen; ***(allons!) en ~!*** (los!) auf geht's!; marsch!; vorwärts!; ***demander la ~*** nach dem Weg fragen; ***être sur la bonne ~*** auf dem rechten Weg sein (*a fig*); ***la ~ est longue*** der Weg ist weit; *fig* ***la ~ est toute tracée*** der Weg ist genau vorgezeichnet; *fig* ***faire fausse ~*** sich irren; auf dem falschen Weg, Holzweg sein; den falschen Weg einschlagen; ***faire ~ vers*** auf dem Weg sein nach; MAR *a* Kurs nehmen auf (*+acc*); *fig* ***mettre qn sur la bonne ~*** j-n auf den rechten Weg bringen **3** (*voyage*) Reise *f*; Fahrt *f*; ***bonne ~!*** gute Reise, Fahrt!; ***il y a dix heures de ~*** man fährt zehn Stunden; es sind zehn Stunden Fahrzeit; ***faire de la ~*** viel (herum)fahren, (-)reisen; oft unterwegs sein; ***faire ~ avec qn*** mit j-m reisen, fahren, *à pied* wandern **4** ***mise*** *f* ***en ~*** *d'un moteur, d'une voiture* Ingangsetzung *f*; *fig d'une affaire* Inangriffnahme *f*; Einleitung *f*; ***mettre en ~*** in Gang setzen (*a fig*); *fig* in Angriff nehmen
routier [rutje] **I** *adj* ⟨**-ière**⟩ Straßen…; ***carte routière*** Straßen-, Autokarte *f*; ***gare routière*** Omnibusbahnhof *m*; *pour des camions* Autohof *m*; ***réseau ~*** Straßennetz *n*; ***transport ~*** Straßentransport *m*; Beförderung *f* per Achse **II** *subst* **1** *m* **a)** (*camionneur*) Fernfahrer *m*; **b)** (***restaurant*** *m* ***de***) **~(s)** (gutes und billiges) Restaurant für Fernfahrer **2** *m* CYCLISME Straßenfahrer *m* **3** ***vieux ~*** (alter) Routinier **4** ***routière*** *f* Tourenwagen *m*
routine [rutin] *f* Routine *f*; (eingefahrene) Gewohnheit; *loc/adj* ***de ~*** routinemäßig; Routine…; üblich; ***être esclave de la ~*** Sklave s-r Gewohnheiten sein; ***faire qc par ~*** etw aus Routine, gewohnheitsmäßig tun
routinier [rutinje] *adj* ⟨**-ière**⟩ routine-, gewohnheitsmäßig; ***esprit ~*** Gewohnheitsmensch *m*
rouvre [ruv] *m et adjt* BOT (***chêne*** *m*) **~** Trauben-, Stein-, Wintereiche *f*
rouvrir [ruvʀiʀ] ⟨→ **couvrir**⟩ **I** *v/t* wieder öffnen, aufmachen; ***~ un débat*** eine Debatte wieder eröffnen; ***~ un livre*** ein Buch wieder aufschlagen; ***~ un magasin*** ein Geschäft wieder öffnen, aufmachen, eröffnen; ***~ les yeux*** die Augen wieder aufschlagen; → *a* ***ouvrir*** **II** *v/i magasin etc* wieder geöffnet haben, offen sein **III** *v/pr* ***se ~*** sich wieder öffnen; wieder aufgehen; ***la plaie s'est rouverte*** die Wunde ist aufgegangen; *fig* die (alte) Wunde ist wieder aufgerissen
roux [ru] **I** *adj* ⟨**rousse** [rus]⟩ gelb-, fuchsrot; *cheveux* rot; fuchsig; *personne* rothaarig; fuchsig; *par ext* ***lune rousse*** Zeit *f* der späten Nachtfröste (*April/Mai*) **II** *subst* **1** *m couleur* Gelbrot *n*; *des cheveux* Rot *n* **2** *personne* ***~, rousse*** *m,f* Rothaarige(r) *f(m)* **3** *m* CUIS Mehlschwitze *f*; Einbrenne *f*
royal [ʀwajal] *adj* ⟨**-aux**⟩ **1** königlich; Königs…; ***la famille ~e*** die Königsfamilie; die königliche Familie; ***palais ~*** Königspalast *m*; ***prince ~*** Kronprinz *m* **2** *fig cadeau, salaire* fürstlich; großzügig **3** F *fig indifférence, mépris* völlig **4** ZO ***tigre ~*** Königstiger *m*
royalement [ʀwajalmɑ̃] *adv* **1** fürstlich; großzügig; ***traiter qn ~*** j-n fürstlich bewirten **2** F ***s'en moquer ~*** sich völlig darüber hinwegsetzen
royalisme [ʀwajalism] *m* Königstreue *f*; Royalismus *m*
royaliste [ʀwajalist] **I** *adj* royalistisch; königstreu; *fig* ***être plus ~ que le roi*** päpstlicher sein als der Papst **II** *m,f* Royalist(in) *m(f)*
royalties [ʀwajalti] *f/pl* COMM Tantiemen *f/pl*; Lizenzgebühren *f/pl*
Royan [ʀwajɑ̃] *Stadt im Dep. Charente-Maritime*
royaume [ʀwajom] *m* **1** Königreich *n*; *fig* ***pas pour un ~*** um nichts in der Welt **2** REL et *fig* Reich *n*; ***le ~ des cieux*** das Himmelreich; ***le ~ de Dieu*** das Reich Gottes; ***le ~ des morts*** das Totenreich; *prov* ***au ~ des aveugles, les borgnes sont rois*** unter Blinden ist der Einäugige König (*prov*)
Royaume-Uni [ʀwajomyni] ***le ~*** das Vereinigte Königreich
royauté [ʀwajote] *f* Königtum *n*; Krone *f*
RPR [ɛʀpeɛʀ] *m abr* (*Rassemblement pour la République*) HIST (Partei *f* der) Neogaullisten *m/pl*
R.S.V.P. *abr* (*répondez, s'il vous plaît*) u. A. w. g. (um Antwort wird gebeten)
RTL [ɛʀteɛl] *abr* (*Radio-Télé-Luxembourg*) RTL *n*
RTT [ɛʀtete] *f abr* (*réduction du temps de travail*) Übergang *m* zur 35-Stunden-Woche; *elliptiquement* 35-Stunden-Woche *f*
ru [ʀy] *m mot régional* Bach *m*
ruade [ʀyad] *f d'un cheval etc* Ausschlagen *n*; ***lancer une ~*** ausschlagen
Ruanda [ʀwɑ̃da] ***le ~*** Ruanda *n*
ruandais [ʀwɑ̃dɛ] **I** *adj* ruandisch **II** *subst* ***Ruandais(e)*** *m(f)* Ruander(in) *m(f)*

ruban [rybɑ̃] *m* **1** Band *n*; Streifen *m*; **~ adhésif** Klebeband *n*, -streifen *m*; *d'une machine à écrire* **~ (encreur)** Farbband *n*; **~ d'acier** Stahlband *n*; **~ de chapeau** Hutband *n*; *poét* **le ~ de la route** das Band der Straße; **~ de soie, de velours** Seiden-, Samtband *n*; **mètre** *m* **à ~** Bandmaß *n* **2** *décoration* (Ordens)Band *n*; MAR **le ~ bleu** das Blaue Band; **le ~ rouge** *ou* **le ~ de la Légion d'honneur** das Ordensband der Ehrenlegion

Rubens [rybɛ̃s] *m* PEINT Rubens *m*

rubéole [rybeɔl] *f* MÉD Röteln *pl*

Rubicon [rybikõ] *fig* **franchir le ~** den Rubikon überschreiten

rubicond [rybikõ] *adj* ⟨**-onde** [-õd]⟩ *visage* hochrot

rubis [rybi] *m* **1** *pierre précieuse* Rubin *m* **2** *d'une montre* Stein *m* **3** *loc* **payer ~ sur l'ongle** das Geld sofort bar auf den Tisch legen

rubrique [rybrik] *f d'un journal* Rubrik *f* (*a fig*); Sparte *f*; Teil *m*; **~ littéraire, sportive** Literatur-, Sportteil *m*; **sous la ~ des faits divers** unter der Rubrik Vermischtes; *fig* **classer à, sous la même ~** der gleichen Kategorie, Rubrik zuordnen; **tenir la ~ sportive** für den Sportteil verantwortlich sein

ruche [ryʃ] *f* **1** Bienenstock *m*, -korb *m*; *par ext colonie* Bienenvolk *n* **2** *fig* Ameisenhaufen *m* **3** COUT Rüsche *f*

ruché [ryʃe] *m* COUT Rüsche *f*

rucher [ryʃe] *m* Bienenhaus *n*, -stand *m*

rude [ryd] *adj* **1** *personne, manières* roh; derb; grob; rüde; **adversaire** *m* **~** gefährlicher Gegner; **climat** *m* **~** raues Klima; **combat** *m* **~** harter, schwerer Kampf; **étoffe** *f* **~** rauer Stoff; F **un ~ gaillard** ein harter Bursche; **hiver** *m* **~** strenger Winter; **travail** *m* **~** harte, schwere Arbeit; **vie** *f* **~** hartes, schweres Leben; **voix** *f* **~** raue Stimme; *subst* **en voir de ~s** Schlimmes erleben **2** F (*fort*) kräftig; tüchtig; F Mords…; Riesen…; **un ~ culot** F e-e Riesen-, Mordsfrechheit

rudement [rydmɑ̃] *adv* **1** (*sans ménagement*) roh; grob; rüde; rücksichtslos **2** (*durement*) **tomber ~** schwer stürzen **3** F (*beaucoup, très*) F unheimlich; ungeheuer; enorm; **c'est ~ bon** F das schmeckt fantastisch

rudesse [rydɛs] *f de qn, des manières* Rohheit *f*; Derbheit *f*; Grobheit *f*; *du climat* Rauheit *f*; **traiter qn avec ~** j-n grob behandeln

rudiment [rydimɑ̃] *m* **1** *pl* **~s** *d'une science, d'un art* Anfangsgründe *m/pl*; Grundbegriffe *m/pl*; Grundzüge *m/pl* **2** BIOL Rudiment *n*

rudimentaire [rydimɑ̃tɛr] *adj* **1** (*sommaire*) unzureichend; (not)dürftig; behelfsmäßig; oberflächlich; **avoir des connaissances ~s en anglais** nur einige Grundkenntnisse im Englischen haben **2** (*peu développé*) noch in den Anfängen steckend **3** BIOL *organe* rudimentär; verkümmert

rudoiement [rydwamɑ̃] *m* grobe Behandlung

rudoyer [rydwaje] *v/t* ⟨**-oi-**⟩ (grob) anfahren; grob behandeln

rue [ry] *f* Straße *f*; *südd a* Gasse *f* (*a* THÉ); **grande ~** Hauptstraße *f*; *par ext* **toute la ~** *en parle* die ganze Straße …; **~ à sens unique** Einbahnstraße *f*; **~ sans issue** Sackgasse *f*, -straße *f*; *loc/adv*: **dans la ~** auf der Straße; **en pleine ~** auf offener Straße; *fig* **courir les ~s** überall verbreitet sein; alltäglich sein; F **ça ne court pas les ~s** das ist selten; F das trifft man nicht alle Tage; *fig* **descendre dans la ~** auf die Straße gehen (*demonstrieren*); *fig* **être à la ~** auf der Straße sitzen, stehen; *fig* **jeter qn à la ~** j-n auf die Straße setzen; **marcher, se promener dans**, *st/s* **par les ~s** durch die Straßen gehen, in den Straßen spazieren gehen; *fig* **soulever la ~** die Masse, den Pöbel, die Straße aufwiegeln

ruée [rɥe] *f* Ansturm *m* (**vers** auf *+acc*); Andrang *m* (an *+dat*; zu); **~ vers l'or** Goldrausch *m*, -fieber *n*; Run [ran] *m* nach dem Gold

Rueil-Malmaison [rɥɛjmalmɛzõ] *Stadt im Dep. Hauts-de-Seine*

ruelle [rɥɛl] *f* **1** (*rue étroite*) (enge) Gasse; Gässchen *n* **2** *dans une chambre* Gang *m* zwischen Bett und Wand

ruer [rɥe] **I** *v/i cheval etc* ausschlagen **II** *v/pr* **se ~** sich stürzen (**sur qn, qc** auf j-n, etw); herfallen (über j-n, etw); **se ~ vers la sortie** zum Ausgang stürzen; auf den Ausgang zustürzen

ruf(f)ian [ryfjɑ̃] *litt m* Strolch *m*; Gauner *m*

rugby [rygbi] *m* SPORTS Rugby ['rakbi] *n*; **~ à quinze, à treize** Rugby mit fünfzehn, mit dreizehn Spielern; **match** *m* **de ~** Rugbyspiel *n*

rugbyman [rygbiman] *m* ⟨*pl* **rugbymen** [-mɛn]⟩ Rugbyspieler *m*

rugir [ryʒir] **I** *v/t injures* ausstoßen **II** *v/i* **1** *fauve* brüllen **2** *vent* toben; heulen; *personne* **~ de fureur** vor Wut brüllen, toben

rugissement [ryʒismɑ̃] *m* **1** *du lion* Brüllen *n*; Gebrüll *n* **2** *du vent* Heulen *n*; Toben *n*; *d'un moteur* Aufheulen *n*; *personne* **pousser des ~s de colère** ein Wutgebrüll ausstoßen

rugosité [rygozite] *f* Rauheit *f*; Unebenheit *f*

rugueux [rygø] *adj* ⟨**-euse**⟩ rau; uneben; *peau a* runz(e)lig

Ruhr [rur] **la ~** das Ruhrgebiet

ruine [rɥin] *f* **1** **~s** *pl* Ruinen *f/pl*; Trümmer *pl*; **~s romaines** römische Ruinen; **être enseveli sous les ~s** unter den Trümmern begraben werden *ou* sein **2** *fig personne* Ruine *f*; Wrack *n* **3** *d'un bâtiment* Verfall *m*; **château** *m* **en ~** verfallene Burg; Burgruine *f*; **être en ~** verfallen sein; **menacer ~** baufällig sein; einzustürzen drohen; **tomber en ~** verfallen **4** (*destruction*) Untergang *m*; Zusammenbruch *m*; *des espoirs* Vernichtung *f*; *de la santé* Zerrüttung *f*; ÉCON Ruin *m*; **aller, courir à sa ~** sich zugrunde richten; s-m Untergang, s-m Ruin entgegengehen; **causer la ~ de qn, qc** j-n, etw zugrunde richten; **être au bord de la ~** am Rande des Ruins stehen; **précipiter sa propre ~** s-n eigenen Untergang beschleunigen **5** (*cause de ruine*) **être une ~** sehr kostspielig, F ein Fass ohne Boden sein; viel Geld kosten

ruiné [rɥine] *adj* ruiniert

ruiner [rɥine] **I** *v/t* **1** *financièrement* ruinieren; zugrunde richten; *plais* **ce n'est pas ça qui nous ruinera** das wird uns nicht an den Bettelstab bringen **2** *fig réputation, espoirs, carrière* zunichtemachen; zuschanden machen; vernichten; zerstören; *santé* ruinieren; zerrütten **II** *v/pr* **se ~** sich ruinieren; sich zugrunde richten; **se ~ la santé** s-e Gesundheit ruinieren; mit s-r Gesundheit Raubbau treiben; **se ~ en fourrures** *etc* sein ganzes Geld für Pelze *etc* ausgeben

ruineux [rɥinø] *adj* ⟨**-euse**⟩ **1** *dépenses* zum Ruin führend; ruinös **2** (*coûteux*) (sehr) kostspielig; (äußerst) verschwenderisch; ***avoir des goûts ~*** äußerst verschwenderisch sein

ruisseau [rɥiso] *m* ⟨*pl* **~x**⟩ **1** *cours d'eau* Bach *m*; *prov* ***les petits ~x font les grandes rivières*** viele Wenig geben ein Viel (*prov*) **2** (*caniveau*) Gosse *f* (*a fig*); Rinnstein *m*; *fig*: ***ramasser qn dans le ~*** j-n aus der Gosse auflesen; ***tirer qn du ~*** j-n aus der Gosse ziehen **3** *fig* ***~x de larmes*** Tränenbäche *m/pl*; ***~x de sang*** Ströme von Blut

ruisselant [rɥislɑ̃] *adj* ***~ d'eau*** triefend; ***~ de sueur*** schweißtriefend

ruisseler [rɥisle] *v/i* ⟨**-ll-**⟩ **1** *eau, pluie, larmes* rinnen, rieseln, laufen (***sur*** über *+acc*) **2** ***~ de*** triefen von; *visage* ***~ de sueur*** von Schweiß triefen; *fig salle* ***~ de lumière*** im Lichterglanz strahlen

ruisselet [rɥislɛ] *m* Bächlein *n*; Rinnsal *n*

ruissellement [rɥisɛlmɑ̃] *m* **1** *de l'eau* Rinnen *n*; Rieseln *n*; GÉOL ***eaux*** *f/pl* ***de ~*** (an der Erdoberfläche) abfließendes Wasser **2** *fig de pierreries* Funkeln *n*; *de lumière* Glänzen *n*; Fluten *n*

rumba [rumba] *f danse* Rumba *f ou m*

rumeur [rymœr] *f* **1** (*bruit sourd*) (dumpfer) Lärm; dumpfes Geräusch; *de personnes, voix* allgemeine Unruhe; Murren *n*; Gemurmel *n*; ***~ de mécontentement*** Murren der Unzufriedenheit **2** (*on-dit*) Gerücht *n*; ***la ~ publique*** die Fama; ***selon certaines ~s ...*** gerüchtweise verlautet, dass ...; man munkelt, dass ...

Rumilly [rymiji] *Stadt im Dep. Haute-Savoie*

ruminant [ryminɑ̃] *m* ZO Wiederkäuer *m*

ruminer [rymine] *v/t* **1** *vache etc* wiederkäuen (*a abs*) **2** *fig passé, projet etc* nachgrübeln, -sinnen über (*+acc*); brüten über (*+dat*); ***~ sa vengeance*** auf Rache sinnen; ***qu'as-tu à ~?*** worüber grübelst du nach?

rumsteck [rɔmstɛk] → ***romsteck***

rune [ryn] *f* Rune *f*

Rungis [rɛ̃ʒis, rœ̃-] *Ort im Dep. Val-de-Marne*

runique [rynik] *adj* Runen...; runisch; ***alphabet*** *m* ***~*** Runenalphabet *n*

rupestre [rypɛstr] *adj* **1** BOT auf Felsen wachsend **2** ***peintures*** *f/pl* ***~s*** Felszeichnungen *f/pl*, -malereien *f/pl*

rupin [rypɛ̃] F **I** *adj* ⟨*f inv*⟩ *personne* F betucht; stinkreich; ***logement*** *m* ***~*** F stinkvornehme Wohnung; ***quartier*** *m* ***~*** F stinkvornehmes Viertel **II** *m* Krösus *m*; ***~s*** *pl* F stinkreiche Leute *pl*

rupteur [ryptœr] *m* ÉLECT Unterbrecher *m*

rupture [ryptyr] *f* **1** TECH Bruch *m*; (Zer)Reißen *n*; ***~ d'un câble, d'une digue, d'essieu*** Kabel-, Damm-, Achsenbruch *m* **2** MÉD Zerreißung *f*; Riss *m*; *sc* Ruptur *f*; ***~ d'un muscle, du périnée, d'un tendon*** Muskel-, Damm-, Sehnenriss *m* **3** *entre personnes* Bruch *m*; ***scène*** *f* ***de ~*** Szene, bei der es zum Bruch kommt; *par ext* ***être en ~ avec la société*** im Gegensatz zur Gesellschaft stehen; → *a* ***ban*** *3* **4** *des relations diplomatiques, des négociations* Abbruch *m*; *d'un contrat* Bruch *m*; Aufhebung *f*; ***~ des fiançailles*** Entlobung *f* **5** *fig* (*discontinuité*) ***~ de charge*** Umladung *f*; ***~ d'équilibre*** Verlust *m* des Gleichgewichts (*a fig*); ***~ du rythme*** Diskontinuität *f* im Rhythmus; ***~ du style*** Stilbruch *m*; ***~ entre le passé et le présent*** Bruch zwischen Vergangenheit und Gegenwart; ***nous sommes en ~ de stock*** die Vorräte sind ausgegangen

rural [ryral] **I** *adj* ⟨**-aux**⟩ ländlich; Land...; (*agricole*) landwirtschaftlich; ***commune ~e*** ländliche Gemeinde; Landgemeinde *f*; ***exploitation ~e*** landwirtschaftlicher Betrieb; ***habitat ~*** Wohnverhältnisse *n/pl* auf dem Lande; ***vie ~e*** Landleben *n* **II** *m/pl* ***ruraux*** Landbewohner *m/pl*, -bevölkerung *f*

ruse [ryz] *f* **1** (*artifice*) List *f*; Trick *m*; Kunstgriff *m*; ***~ de guerre*** Kriegslist *f* (*a fig*); ***recourir à la ~*** zu e-r List greifen **2** (*rouerie*) List(igkeit) *f*; Schlauheit *f*; Schläue *f*; Durchtriebenheit *f*; Pfiffigkeit *f*

rusé [ryze] **I** *adj* listig; schlau; durchtrieben; pfiffig; ***il est ~ comme un renard*** er ist ein schlauer Fuchs **II** *subst* ***~(e)*** *m(f)* schlauer Fuchs; gerissener Bursche; schlaue, gerissene Person; *plais* Pfiffikus *m*

ruser [ryze] *v/i* (e-e) List anwenden; Tricks gebrauchen

rush [rœʃ] *m* → ***ruée***

russe [rys] **I** *adj* russisch; ***l'Église*** *f* ***orthodoxe ~*** die russisch-orthodoxe Kirche; ***montagnes*** *f/pl* ***~s*** → ***montagne*** *4*; CUIS ***salade*** *f* ***~*** russischer Salat **II** *subst* **1** ***Russe*** *m,f* Russe *m*, Russin *f*; ***Russe blanc*** Weißrusse *m* **2** LING ***le ~*** das Russische; Russisch *n*

Russie [rysi] ***la ~*** Russland *n*

russification [rysifikasjõ] *f* Russifizierung *f* **russifier** *v/t* russifizieren

russo-... [ryso] *adj* russisch-...; *exemple*: ***russo-japonais*** russisch-japanisch

russophile [rysɔfil] **I** *adj* russen-, russlandfreundlich **II** *m* Freund *m* der Russen; Russenfreund *m*

russule [rysyl] *f* BOT Täubling *m*

rustaud [rysto] **I** *adj* plump; bäu(e)risch **II** *m* (Bauern)Trampel *m ou n*; Tölpel *m*

rusticité [rystisite] *f* **1** *st/s des mœurs* bäuerliche Einfachheit **2** *d'une plante, d'un animal* Widerstandsfähigkeit *f*

rustine® [rystin] *f* **1** (Gummi)Fleck *m*, (-)Flicken *m*; ***mettre une ~*** e-n (Fahrrad)Schlauch flicken **2** INFORM Patch [pɛtʃ] *n*

rustique [rystik] *adj* **1** *style* Bauern...; rustikal; ***armoire*** *f* ***~*** Bauernschrank *m*; *subst* ***se meubler en ~*** sich im Bauernstil, rustikal einrichten **2** *st/s mœurs, vie* bäuerlich einfach; rustikal; ***le caractère ~*** das Rustikale **3** *plante, animal* widerstandsfähig

rustre [rystr] *m péj* Bauer *m*; Bauernlümmel *m*; Rüpel *m*; Klotz *m*

rut [ryt] *m* ZO Brunst *f*; *des cervidés* Brunft *f*; ***être en ~*** brünstig *ou* brunftig sein

rutabaga [rytabaga] *m* BOT Kohl-, Steckrübe *f*

ruthénium [rytenjɔm] *m* CHIM Ruthenium *n*

rutilant [rytilɑ̃] *adj* glänzend; blitzend; glitzernd; funkelnd

Ruy Blas [rɥiblɑs] *Dramengestalt bei Victor Hugo*

Rwanda → ***Ruanda***

rythme [ritm] *m* Rhythmus *m* (*a* MUS, MÉTRIQUE); *par ext* (*cadence*) Takt *m*; (*vitesse*) Tempo *n*; PHYSIOL ***~ cardiaque*** Herzrhythmus *m*; THÉ, FILM ***~ de l'action*** Tempo der Handlung; ***~ des saisons*** Rhythmus der Jahreszeiten; ***au ~ de*** im Rhythmus von (*ou +gén*); ***marquer le ~*** den Takt schlagen; ***se mettre au ~ de qn*** sich j-s Rhythmus, Tempo (*dat*) anpassen

rythmé [ritme] *adj* rhythmisch; ***musique, prose ~e*** rhythmische Musik, Prosa

R

rythmer [ʀitme] *v/t* 1 *~ sa marche au son du tambour* s-n Schritt nach dem Rhythmus der Trommel richten 2 *(scander)* *~ un air* den Takt zu e-r Melodie schlagen

rythmique [ʀitmik] I *adj* rhythmisch; ***gymnastique** f ~* rhythmische Gymnastik; ***versification** f ~* akzentuierende Metrik II *f* 1 *science* Rhythmik *f* 2 rhythmischer Tanz

S

S, s [ɛs] *m* ⟨*inv*⟩ S, s *n*; ***virage** m **en S*** S-Kurve *f*
s *abr* (*seconde[s]*) s *ou* Sek. (Sekunde[n])
S. *abr* (*sud*) S (Süd[en])
s' [s] 1 → ***se*** 2 ⟨*vor il(s)*⟩ → ***si²***
sa [sa] → ***son¹***
SA [ɛsa] *f abr* (*société anonyme*) AG *f* (Aktiengesellschaft)
sabayon [sabajõ] *m* CUIS Zabaione *f*
sabbat [saba] *m* 1 REL Sabbat *m* 2 *de sorcières* Hexensabbat *m*
sabbatique [sabatik] *adj* Sabbat…; ***année** f ~ d'un professeur d'université* vorlesungsfreies Jahr; *d'un employé* Sabbatjahr *n*
sabin [sabɛ̃] HIST I *adj* sabinisch; GÉOGR ***les monts** m/pl **Sabins*** die Sabiner Berge *m/pl*; das Sabinergebirge II *subst* ***Sabin(e)*** *m(f)* Sabiner(in) *m(f)*
sabir [sabiʀ] *m* 1 HIST Lingua franca *f* 2 *par ext* Mischsprache *f*; Kauderwelsch *n*
sablage [sablaʒ] *m* (Sand)Streuen *n*
sable [sɑbl, sa-] *m* 1 Sand *m*; ***~s mouvants*** Treibsand *m*; ***grain** m **de ~*** Sandkorn *n*; *fig* ***bâtir sur le ~*** auf Sand bauen; F *fig* ***être sur le ~*** mittellos auf der Straße sitzen 2 *adjt* ⟨*inv*⟩ sandfarben
sablé [sable] CUIS I *adj* ***pâte ~e*** Mürb(e)-, Knet-, Butterteig *m* II *m* Sandplätzchen *n*; ***~s*** *pl a* Sandgebäck *n*
sabler [sable] *v/t* 1 mit Sand bestreuen; Sand streuen (***une route*** auf e-e Straße) 2 ***~ le champagne*** Champagner trinken; mit Champagner feiern
sablerie [sɑbləʀi, sa-] *f d'une fonderie* Sandformerei *f* **sableur** *m* 1 *dans une fonderie* Arbeiter, der den Formsand herstellt 2 Arbeiter *m* am Sandstrahlgebläse **sableuse** *f* TECH Sandstrahlgebläse *n* **sableux** *adj* ⟨**-euse**⟩ sandhaltig; sandig; Sand…
sablier [sablije] *m* 1 Sanduhr *f* 2 CUIS Eieruhr *f*
sablière [sablijɛʀ] *f* Sandgrube *f*
sablonneux [sablɔnø] *adj* ⟨**-euse**⟩ sandig; Sand…
sabord [sabɔʀ] *m* MAR Pforte *f*
sabordage [sabɔʀdaʒ] *m* MAR Selbstversenkung *f*
saborder [sabɔʀde] I *v/t* 1 *navire* versenken 2 *par ext entreprise etc* freiwillig einstellen, aufgeben II *v/pr* ***se ~*** 1 MAR sich selbst versenken 2 *fig* s-n Betrieb freiwillig einstellen, aufgeben; *journal* ihr Erscheinen freiwillig einstellen; *parti* sich selbst auflösen
sabot [sabo] *m* 1 Holzschuh *m*; *fig*: ***n'avoir pas les deux pieds dans le même ~*** sich (*dat*) zu helfen wissen; ***je te vois venir avec tes gros ~s*** F Nachtigall, ick hör dir trapsen 2 ZO Huf *m* 3 TECH ***~ de Denver*** [dɑ̃vɛʀ] Parkkralle *f*; ***~ de frein*** Bremsklotz *m* 4 *adjt* ***baignoire** f ~* Sitzbadewanne *f* 5 F *péj* ***faire qc comme un ~*** bei etw pfuschen, schludern, stümpern
sabotage [sabɔtaʒ] *m* Sabotage *f*
saboter [sabɔte] *v/t* 1 *politique, négociations etc* sabotieren; *installation, avion etc* Sabotage, e-n Sabotageakt verüben (***qc*** an etw [*dat*]) 2 *travail* hinschludern, -pfuschen
saboterie [sabɔtʀi] *f* Holzschuhherstellung *f ou* -fabrik *f*
saboteur [sabɔtœʀ] *m*, **saboteuse** *f* Saboteur(in) *m(f)*
sabotier [sabɔtje] *m* Holzschuhmacher *m*
sabre [sɑbʀ] *m* Säbel *m*; *par ext* ***le ~ et le goupillon*** die Armee und die Kirche; ***escrime** f **au ~*** Säbelfechten *n*
sabrer [sɑbʀe] *v/t* 1 niedersäbeln 2 F *fig article de journal etc* zusammenstreichen; stark kürzen; ***~ qn*** → ***sacquer*** *1*
sac¹ [sak] *m* 1 *de grande taille, en jute etc* Sack *m*; ANAT ***~ lacrymal*** Tränensack *m*; ***~ postal*** Postsack *m*; ***~ à dos*** Rucksack *m*; MIL Tornister *m*; *fig* ***~ à vin*** Säufer *m*; Trunkenbold *m*; ***~ de ciment*** Sack Zement; ***~ de couchage***, F ***~ à viande*** Schlafsack *m*; ***~ de marin*** Seesack *m*; ***~ de sable*** Sandsack *m* (*a* BOXE); ***toile** f **à ~*** Sackleinwand *f*; ***gens** pl **de ~ et de corde*** Galgenvögel *m/pl*; Halunken *m/pl*; ♦ *adjt* ***robe** f ~* Sackkleid *n*; ♦ *fig*: ***avoir plus d'un tour dans son ~*** die verschiedensten Kniffe kennen; mit allen Wassern gewaschen sein; ***être fagoté, ficelé comme un ~*** sehr schlecht angezogen sein; ***l'affaire est dans le ~*** die Sache ist unter Dach und Fach; die Sache klappt; ***mettre dans le même ~*** in einen Topf werfen; ***prendre qn la main dans le ~*** j-n auf frischer Tat ertappen; F ***vider son ~*** sich offen aussprechen; F auspacken 2 *travaillé et qu'on porte à la main* Tasche *f*; ***~ (à main)*** Handtasche *f*; ***~ à provisions*** Einkaufstasche *f*; ***~ de plage*** Badetasche *f*; ***~ de sport*** Sporttasche *f*; ***~ de, en toile*** Leinentasche *f*; ***~ de voyage*** Reisetasche *f*; ***~ en croco*** Krokotasche *f* 3 *de petite taille, en papier ou en plastique* Tüte *f*; Beutel *m*; ***~ de, en papier*** Papiertüte *f*; ***~ en plastique*** Plastiktüte *f*, -beutel *m*; → *a* ***malice*** *3* 4 F (*argent*) F Kies *m*; Moos *n*; (*1000 anciens francs*) tausend (alte) Franc; ***avoir le ~*** Kies haben; ***il a épousé le ~*** er ist durch Heirat zu Geld gekommen
sac² [sak] *m loc* ***mettre à ~*** plündern; ***mise** f **à ~*** Plünderung *f*
saccade [sakad] *f* Ruck *m*; Stoß *m*; *loc/adv* ***par ~s*** stoß-, ruckweise
saccadé [sakade] *adj gestes, démarche* ruckartig;

style ~ abgehackter Stil; ***voix ~e*** abgehackte Stimme

saccage [sakaʒ] *m* Plünderung *f*; Verwüstung *f*

saccager [sakaʒe] *v/t* ⟨**-geons**⟩ **1** *ville etc* plündern **2** *champs etc* verwüsten **3** *maison, logement* auf den Kopf stellen; in große Unordnung bringen **saccageur** *m* j, der alles verwüstet; Vandale *m*

saccharification [sakaʀifikasjõ] *f* CHIM Zuckerbildung *f*; Verzuckerung *f*

saccharine [sakaʀin] *f* CHIM Sa(c)charin *n*; Süßstoff *m*

saccharose [sakaʀoz] *m* CHIM Rohr- *ou* Rübenzucker *m*; Sa(c)charose *f*

SACEM [sasɛm] *f abr* (*Société des auteurs, compositeurs et éditeurs de musique*) *correspond à* GEMA *f*

sacerdoce [sasɛʀdɔs] *m* **1** Priestertum *n* **2** *fig d'un artiste etc* heiliges Amt

sacerdotal [sasɛʀdɔtal] *adj* ⟨**-aux**⟩ priesterlich; Priester…; ***vêtements sacerdotaux*** Priestergewänder *n/pl*

sachant [saʃɑ̃] *p/pr* → ***savoir***[1]

sache [saʃ] → ***savoir***[1]

sachem [saʃɛm] *m* weiser Indianerhäuptling

sachet [saʃɛ] *m* Beutel(chen) *m*(*n*); Tütchen *n*; Säckchen *n*; ***~ de lavande*** Lavendelkissen *n*; ***~ de sucre vanillé*** Päckchen *n* Vanillezucker; ***~ de thé*** Tee(aufguss)beutel *m*; ***en ~*** im Beutel; ***riz*** *m* ***en ~*** Reis *m* im Kochbeutel

sacoche [sakɔʃ] *f* (Leder)Tasche *f* (mit Schulterriemen); Umhängetasche *f*; *d'un facteur* Posttasche *f*; Briefträgertasche *f*; *à outils* Werkzeugtasche *f*; *de vélo, de moto* Packtasche *f*

sacquer [sake] *v/t* F **1** EXAMEN ***~ qn*** (*noter sévèrement*) j-n zu schlecht benoten; j-s Note herunterdrücken; (*recaler*) j-n durchfallen, F -rasseln lassen **2** (*renvoyer*) ***~ qn*** j-n entlassen, F feuern **3** ***ne pas pouvoir ~ qn*** F j-n nicht riechen können

sacral [sakʀal] *adj* ⟨**-aux**⟩ *rarement* → ***sacré***[1] *I 1* **sacralisation** *f* Verleihung *f* e-s sakralen Charakters; Verehrung *f* als heilig **sacraliser** *v/t* e-n sakralen Charakter verleihen (+*dat*); als heilig verehren

sacramentaire [sakʀamɑ̃tɛʀ] *m* HIST REL **1** *livre de messe* Sakramentar(ium) *n* **2** *sectaire au XVIème siècle* Sakramentierer *m* **sacramentaux** *m/pl* ÉGL CATH Sakramentalien *n/pl*

sacramentel [sakʀamɑ̃tɛl] *adj* ⟨**~le**⟩ REL sakramental

sacre [sakʀ] *m* **1** *d'un souverain* Salbung *f*; (*couronnement*) Krönung *f* **2** ÉGL CATH Bischofsweihe *f* **3** *fig* Weihe *f*

sacré[1] [sakʀe] **I** *adj* **1** REL heilig; sakral; geheiligt; geweiht; geistlich; ***art ~*** sakrale Kunst; ***livres ~s*** heilige Bücher *n/pl*; ***musique ~e*** geistliche Musik; Kirchenmusik *f*; ***vases ~s*** liturgische Gefäße *n/pl*; Kultgefäße *n/pl* **2** *par ext droit etc* heilig; unantastbar; unverletzlich; F ***son sommeil*** *etc*, ***c'est ~*** sein Schlaf *etc* ist ihm heilig **3** F verflucht; verdammt; verflixt; *südd a* sakrisch; ***~ menteur*** verdammter Lügner; P ***~ nom d'un chien!*** F (Himmel)Kreuzdonnerwetter!; P Himmel, Arsch und Zwirn!; ***avoir une ~e chance*** (ein) verdammtes Glück haben **II** *subst* ***le ~*** das Sakrale, Heilige

sacré[2] [sakʀe] *adj* ANAT ***vertèbres ~es*** Kreuzbeinwirbel *m/pl*

sacrebleu [sakʀəblø] *int* F zum Donnerwetter!; verdammt noch mal!

Sacré-Cœur [sakʀekœʀ] *m* ÉGL CATH (Heiligstes) Herz Jesu

sacrement [sakʀəmɑ̃] *m* REL Sakrament *n*; ***les derniers ~s*** die Sterbesakramente *n/pl*; ***le saint ~*** das Allerheiligste; das Altarsakrament; ***les sept ~s*** die sieben Sakramente; ***mourir muni des ~s de l'Église*** mit den Sakramenten der Kirche versehen sterben

sacrément [sakʀemɑ̃] *adv* F verdammt; verflucht; verflixt; *südd a* sakrisch; ***c'est ~ bon*** das ist verdammt, verteufelt gut

sacrer [sakʀe] *v/t* **1** REL ***~ qn roi, évêque*** j-n zum König salben, zum Bischof weihen **2** *fig* ***être sacré le plus grand peintre de son époque*** zum größten Maler s-r Zeit erhoben werden

sacrificateur [sakʀifikatœʀ] *m* REL Opferpriester *m*; *chez les Juifs* ***le grand ~*** der Hohepriester

sacrifice [sakʀifis] *m* **1** REL Opfer *n*; *action a* Opferung *f*; ***~s humains*** Menschenopfer *n/pl*; ***le ~ du Christ*** der Opfertod Christi; ***faire un ~*** ein Opfer darbringen **2** *fig* Opfer *n*; ***~ (d'argent)*** finanzielles Opfer; MIL ***~ d'hommes, de vies humaines*** Menschenopfer *n*; ***faire de grands ~s pour qc*** für etw große Opfer bringen; ***faire le ~ de qc à qn*** j-m etw opfern; ***ne reculer devant aucun ~*** kein Opfer scheuen

sacrifié [sakʀifje] **I** *adj* **1** geopfert **2** *par ext soldats etc* dem Tode geweiht **3** COMM *articles* zu Spott-, Schleuderpreisen; spottbillig; ***prix ~*** Schleuderpreis *m* **II** *subst* ***~(e)*** *m*(*f*) (*victime*) Opfer *n*

sacrifier [sakʀifje] **I** *v/t* **1** REL opfern; *abs* ***~ à une divinité*** e-r Gottheit (*dat*) opfern, Opfer darbringen **2** *fig* opfern; auf-, hingeben; F ***~ une bonne bouteille*** e-n guten Tropfen opfern; ***~ sa famille à son travail*** s-e Familie s-r Arbeit (*dat*) opfern; ***~ tout pour sa famille*** für s-e Familie alles opfern **3** *marchandises* verschleudern; verramschen **II** *v/t/indir* ***~ à la mode*** *etc* sich der Mode *etc* (*dat*) unterwerfen; der Mode *etc* (*dat*) huldigen **III** *v/pr* ***se ~*** **1** (*mourir*) sich opfern, sein Leben (hin)geben (***pour sauver un enfant*** um ein Kind zu retten) **2** (*se dévouer*) sich aufopfern (***à une noble cause*** für e-e gute Sache; ***pour qn*** für j-n)

sacrilège [sakʀilɛʒ] **I** *m* REL *et fig* Frevel(tat) *m*(*f*); Sakrileg *n*; Ruchlosigkeit *f*; ***c'est un ~ de*** (+*inf*) *a* es ist jammerschade, dass *ou* wenn … **II** *adj* frevelhaft; gott-, ruchlos

sacripant [sakʀipɑ̃] *m* Taugenichts *m*; Nichtsnutz *m*

sacristain [sakʀistɛ̃] *m* Kirchendiener *m*; Küster *m*; Mesner *ou* Messner *m*; Sakristan *m*

sacristie [sakʀisti] *f* Sakristei *f*

sacro-saint [sakʀosɛ̃] *adj* ⟨**-sainte** [-sɛ̃t]⟩ *iron* sakrosankt; hochheilig; geheiligt; unantastbar

sacrum [sakʀɔm] *m* ANAT Kreuzbein *n*

Sadate [sadat] *m* POL Sadat *m*

sadique [sadik] **I** *adj* sadistisch; ***plaisir*** *m* ***~*** sadistisches Vergnügen **II** *m,f* **1** Sadist(in) *m*(*f*) (*a* PSYCH) **2** JUR Triebtäter *m*; ***crime*** *m* ***de ~*** Triebverbrechen *n*

sadisme [sadism] *m* Sadismus *m*

sadomasochisme [sadɔmazɔʃism] *m* PSYCH Sadomasochismus *m* **sadomasochiste** **I** *adj* sadomasochistisch **II** *m,f* Sadomasochist(in) *m*(*f*)

safari [safaʀi] *m* Safari *f* **safari-photo** *m* ⟨*pl* **safaris-**

S

photos⟩ Fotosafari *f*
safran [safʀɑ̃] *m* **1** CUIS, *colorant* Safran *m* **2** (***jaune** m*) ~ Safrangelb *n*; *adjt* ⟨*inv*⟩ safrangelb
saga [saga] *f* Saga *f*
sagace [sagas] *adj* scharf blickend; scharfsinnig, -sichtig **sagacité** *f* Scharfsinn *m*, -blick *m*, -sichtigkeit *f*
sagaie [sagɛ] *f javelot* Assagai *m*
sage [saʒ] **I** *adj* **1** *personne, conseil etc* weise; klug; vernünftig; besonnen; einsichtig; ***il serait plus ~ d'y renoncer*** es wäre vernünftiger *ou* klüger, darauf zu verzichten **2** *enfant* artig; brav (*a robe etc*); folgsam; lieb; *jeune fille* sittsam; *enfant* ***~ comme une image*** sehr artig, brav; F kreuzbrav **II** *m* Weise(r) *m*
sage-femme [saʒfam] *f* ⟨*pl* **sages-femmes**⟩ Hebamme *f*
sagesse [saʒɛs] *f* **1** Weisheit *f*; (*intelligence*) Klugheit *f*; (*bon sens*) Vernunft *f*; (*circonspection*) Besonnenheit *f*; ***la ~ des nations*** die Volksweisheit; ***la voix de la ~*** die Stimme der Vernunft; ***avoir la ~ de*** (*+inf*) so klug sein und (*+inf*) **2** *d'un enfant* Artigkeit *f*; Bravheit *f*; Folgsamkeit *f*; *d'une jeune fille* Sittsamkeit *f*; ***d'une ~ exemplaire*** von mustergültiger Artigkeit
Sagittaire [saʒitɛʀ] *m* ASTR Schütze *m*
sagouin [sagwɛ̃] *m* F Dreck-, Schmutzfink *m*
Sahara [saaʀa] ***le ~*** die Sahara *ou* Sahara
saharien [saaʀjɛ̃] **I** *adj* ⟨**~ne**⟩ (in, aus) der Sahara **II** *f* **~ne** *veste* Safarijacke *f*
Sahel [saɛl] ***le ~*** der Sahel; die Sahelzone
saignant [sɛɲɑ̃] *adj viande* nicht durchgebraten; *steak* englisch
saignée [seɲe] *f* **1** MÉD *et fig* Aderlass *m* **2** ANAT **~ (du bras)** Arm-, Ellenbeuge *f* **3** TECH Rille *f*; Einschnitt *m*
saignement [sɛɲmɑ̃] *m* Bluten *n*; ***~ de nez*** Nasenbluten *n*
saigner [seɲe] **I** *v/t* **1** HIST MÉD ***~ qn*** j-n zur Ader lassen **2** *fig* ***~ qn*** (***à blanc***) j-n (gehörig) schröpfen, ausnehmen; *adjt* ***saigné à blanc*** *a* (völlig) ausgeblutet **3** *animal* abstechen **II** *v/i* bluten (*a fig cœur*); ***~ comme un bœuf*** wie ein Schwein bluten; ***~ du nez*** Nasenbluten haben; aus der Nase bluten; ***votre main saigne*** Sie bluten an der Hand **III** *v/pr fig* ***se ~ aux quatre veines*** große finanzielle Opfer bringen; F (für j-n) bluten
Saigon [saigõ] Saigon *ou* Saigon *n*
saillant [sajɑ̃] *adj* **1** vorspringend; vortretend; hervorstehend; ARCH *a* vor-, auskragend **2** *fig fait, trait* hervorstechend
saillie [saji] *f* **1** ARCH Vorsprung *m*; Auskragung *f*; Erker *m*; *loc/adj* ***en ~*** vorspringend; ***faire, former ~*** vorspringen; e-n Vorsprung bilden; aus-, vorkragen **2** *litt* (*trait d'esprit*) witziger Einfall; Geistesblitz *m* **3** *d'un animal femelle* Decken *n*; Belegen *n*; Bespringen *n*; *d'une jument* Beschälen *n*
saillir [sajiʀ] **I** *v/t* ⟨*regelmäßig*⟩ *animal femelle* decken; belegen; bespringen; ***~ une jument*** eine Stute beschälen **II** *v/i* ⟨→ **assaillir**; *aber* **il saillera**⟩ *muscles, veines* hervortreten
sain [sɛ̃] *adj* ⟨**saine** [sɛn]⟩ **1** *dents etc, climat, nourriture* gesund; *constitution* kräftig; ***~ de corps et d'esprit*** körperlich und geistig gesund; gesund an Leib und Seele; ***~ et sauf*** wohlbehalten; unversehrt; unverletzt; heil **2** *occupation, idée, lecture* vernünftig; ***jugement ~*** vernünftiges, gesundes Urteil **3** *affaire* unverdächtig; sauber
saindoux [sɛ̃du] *m* Schweineschmalz *n*
sainfoin [sɛ̃fwɛ̃] *m* BOT Esparsette *f*
Sains-en-Gohelle [sɛ̃ɑ̃gɔɛl] *Stadt im Dep. Pas-de--Calais*
saint [sɛ̃] **I** *adj* ⟨**sainte** [sɛ̃t]⟩ **1** REL heilig; ***l'Écriture ~e, les Saintes Écritures*** die Heilige Schrift; ***la Sainte Famille*** die Heilige Familie; ***la guerre ~e*** der Heilige Krieg; ***l'histoire ~e*** die Biblische Geschichte; ***image ~e*** Heiligenbild *n*; ***jeudi ~*** Gründonnerstag *m*; ***les Lieux ~s*** die heiligen Stätten *f/pl*; ***la semaine ~e*** die Karwoche; ***la Terre ~e*** das Heilige Land; ***vendredi ~*** Karfreitag *m*; ***la Ville ~e*** die Heilige Stadt; ♦ *dans les noms de saints* (*abr* **St** *ou* **Ste**): ***~e Geneviève*** die heilige Genoveva; Sankt (*abr* St.) Genoveva; ***~ Martin*** der heilige Martin; Sankt (*abr* St.) Martin; *dans les fêtes religieuses* → ***Saint-Jean, Saint-Martin*** *etc* **2** *par ext personne, vie* heilig(mäßig); fromm; vorbildlich; untadelig; ***toute la ~e journée*** den lieben langen Tag **II** *subst* **1** **~(e)** *m(f)* Heilige(r) *f(m)*; ***les ~s de glace*** die Eisheiligen *m/pl*; *fig*: ***ce n'est pas un*** (***petit***) ***~*** er ist (doch) kein Heiliger, kein Unschuldslamm; ***prêcher pour son ~*** in eigener Sache reden, sprechen; ***ne*** (***plus***) ***savoir à quel ~ se vouer*** nicht ein noch aus wissen; *prov*: ***il vaut mieux s'adresser à Dieu qu'à ses ~s*** man muss gleich an die oberste Stelle gehen; ***comme on connaît ses ~s on les adore*** F man kennt doch s-e Pappenheimer **2** *m* SCULP Heiligenfigur *f*, -darstellung *f* **3** ***le ~ des ~s*** das Allerheiligste
Saint-Acheul [sɛ̃taʃœl] *Vorort von Amiens*
Saint-Ange [sɛ̃tɑ̃ʒ] *à Rome* ***le château ~*** die Engelsburg
Saint-Avold [sɛ̃tavɔl], *regional* [sɛ̃tavo] *Stadt im Dep. Moselle*
Saint-Barthélemy [sɛ̃baʀtelemi] HIST ***la ~*** die Bartholomäusnacht
saint-bernard [sɛ̃bɛʀnaʀ] *m* ⟨*inv*⟩ ZO Bernhardiner *m*; *fig* ***c'est un vrai ~*** das ist ein aufopferungsvoller Mensch
Saint-Brieuc [sɛ̃bʀijø] *Stadt im Dep. Côtes-d'Armor*
Saint-Cloud [sɛ̃klu] *Stadt im Dep. Hauts-de-Seine*
Saint-Cyr [sɛ̃siʀ] *frz Ortsname*
saint-cyrien [sɛ̃siʀjɛ̃] *m* ⟨*pl* **saint-cyriens**⟩ Schüler *m* der Militärschule von Saint-Cyr
Saint-Denis [sɛ̃dni] *Stadt im Dep. Seine-Saint-Denis*
Saint-Domingue [sɛ̃dɔmɛ̃g] GÉOGR Santo Domingo *n*
Sainte-Beuve [sɛ̃tbœv] *frz Schriftsteller*
Sainte-Hélène [sɛ̃telɛn] Sankt Helena *n*
Sainte-Marie-aux-Mines [sɛ̃tmaʀiomin] GÉOGR Markirch *n*
Sainte-Menehould [sɛ̃tmənu] *Stadt im Dep. Marne*
saint-émilion [sɛ̃temiljõ] *m* ⟨*pl* **saint-émilion(s)**⟩ *Wein aus Saint-Émilion* (*Gironde*)
Saint-Esprit [sɛ̃tɛspʀi] REL ***le ~*** der Heilige Geist
sainteté [sɛ̃tte] *f* **1** Heiligkeit *f*; *fig* ***n'être pas en odeur de ~ auprès de qn*** bei j-m nicht gut angeschrieben sein, nicht gern gesehen sein, in schlechtem Ruf stehen; ***mourir en odeur de ~*** im Geruch der Heiligkeit sterben **2** *titre du Pape* ***Sa, Votre***

S

Sainteté Seine, Eure Heiligkeit
Saint-Étienne [sɛ̃tetjɛn] *Stadt im Dep. Loire*
Sainte-Trinité [sɛ̃ttʀinite] REL ***la ~*** die Heilige Dreifaltigkeit
Saint-Exupéry [sɛ̃tɛgzypeʀi] *frz Schriftsteller*
saint-frusquin [sɛ̃fʀyskɛ̃] *m* F Siebensachen *f/pl*; Krempel *m*; Kram *m*; ***et tout le ~*** und was sonst noch so dazugehört; F und der ganze Kram, Krempel, Schwindel
Saint-Gall [sɛ̃gal] GÉOGR Sankt Gallen *n*
Saint-Gaudens [sɛ̃tgodɛ̃s] *Stadt im Dep. Haute-Garonne*
Saint George [sɛ̃ʒɔʀʒ] ***le canal ~*** der Sankt-Georgs-Kanal
Saint-Germain-en-Laye [sɛ̃ʒɛʀmɛ̃ɑ̃lɛ] *Stadt im Dep. Yvelines*
saint-glinglin [sɛ̃glɛ̃glɛ̃] *loc/adv* F ***à la ~*** am Sankt-Nimmerleins-Tag
Saint-Gothard [sɛ̃gɔtaʀ] GÉOGR ***le ~*** der Sankt Gotthard
Saint-Guy [sɛ̃gi] *n/pr* MÉD ***danse*** *f* ***de ~*** Veitstanz *m*
Saint-Hélier [sɛ̃telje] *Stadt auf Jersey*
saint-honoré [sɛ̃tɔnɔʀe] *m* ⟨*inv*⟩ CUIS Brandteigkuchen *m* mit Schlagsahne
Saint-Jacques-de-Compostelle [sɛ̃ʒɑkdəkõpɔstɛl] GÉOGR Santiago de Compostela *n*
Saint-Jean [sɛ̃ʒɑ̃] ***la ~*** der Johannistag; Johanni *n*; ***feu*** *m* ***de la ~*** Johannisfeuer *n*
Saint-Jean-de-Luz [sɛ̃ʒɑ̃d(ə)lyz] *Stadt im Dep. Pyrénées-Atlantiques*
Saint-John Perse [sɛ̃dʒɔnpɛʀs] *frz Dichter*
Saint-Just [sɛ̃ʒyst] *frz Politiker*
Saint-Just-en-Chaussée [sɛ̃ʒyɑ̃ʃose] *Stadt im Dep. Oise*
Saint-Laurent [sɛ̃lɔʀɑ̃] ***le ~*** der Sankt-Lorenz-Strom
Saint-Marin [sɛ̃maʀɛ̃] GÉOGR San Marino *n*
Saint-Martin [sɛ̃maʀtɛ̃] ***la ~*** der Martinstag; Martini *n*; ***été*** *m* ***de la ~*** Nach-, Spät-, Altweibersommer *m*
Saint-Médard [sɛ̃medaʀ] *prov* ***quand il pleut à la ~, il pleut quarante jours plus tard*** *correspond à* regnet es an Siebenschläfer, regnet es noch sieben Wochen
Saint-Mihiel [sɛ̃mijɛl] *Stadt im Dep. Meuse*
Saint-Moritz [sɛ̃mɔʀits] GÉOGR Sankt Moritz *n*
saint-nectaire [sɛ̃nɛktɛʀ] *m* ⟨*inv*⟩ *Schnittkäse aus der Auvergne*
Saint-Nicolas [sɛ̃nikɔla] ***la ~*** der Nikolaustag
Saint-Office [sɛ̃tɔfis] ÉGL CATH HIST ***le ~*** das Heilige Offizium
Saint-Omer [sɛ̃tɔmɛʀ] *Stadt im Dep. Pas-de-Calais*
Saintonge [sɛ̃tõʒ] ***la ~*** *Landschaft in Westfrankreich*
Saint-Ouen [sɛ̃twɛ̃] *nördlicher Vorort von Paris*
saint-paulin [sɛ̃polɛ̃] *m* ⟨*inv*⟩ *frz Schnittkäse*
Saint-Père [sɛ̃pɛʀ] ÉGL CATH ***le ~*** der Heilige Vater
Saint-Pétersbourg [sɛ̃petɛʀsbuʀ] (Sankt) Petersburg *n*
Saint-Pierre [sɛ̃pjɛʀ] ***~ (de Rome)*** die Peterskirche (in Rom); ***la place ~*** der Petersplatz
saint-pierre [sɛ̃pjɛʀ] *m* ⟨*pl* **saint-pierre(s)**⟩ zo Heringskönig *m*; Petersfisch *m*
Saint-Pierre-et-Miquelon [sɛ̃pjɛʀemiklõ] *frz Inselgruppe südlich von Neufundland*
Saint-Priest [sɛ̃pʀi] *Stadt im Dep. Rhône*
Saint-Quentin [sɛ̃kɑ̃tɛ̃] *Stadt im Dep. Aisne*
Saint-Rémy [sɛ̃ʀemi] *frz Ortsname*
Saint-Sacrement [sɛ̃sakʀəmɑ̃] ÉGL CATH ***le ~*** das Allerheiligste
Saint-Saëns [sɛ̃sɑ̃s] *frz Komponist*
Saint-Sébastien [sɛ̃sebastjɛ̃] GÉOGR San Sebastián [-'tjan] *n*
Saint-Sépulcre [sɛ̃sepylkʀ] REL ***le ~*** das Heilige Grab
Saint-Siège [sɛ̃sjɛʒ] ÉGL CATH ***le ~*** der Heilige Stuhl
Saint-Sylvestre [sɛ̃silvɛstʀ] ***la ~*** Silvester *m ou n*
Saint-Tropez [sɛ̃tʀɔpe] *Badeort im Dep. Var*
Saint-Yrieix-la-Perche [sɛ̃tiʀjelapɛʀʃ] *Stadt im Dep. Haute-Vienne*
sais [sɛ] → ***savoir***[1]
saisi [sezi] **I** *adj* **1** betroffen; überrascht; → *a* ***saisir*** **2** JUR gepfändet **II** *m* JUR gepfändeter Schuldner; Pfandschuldner *m*
saisie [sezi] *f* **1** INFORM Erfassung *f*; ***~ des données*** Datenerfassung *f* **2** JUR Pfändung *f*; ***~ mobilière*** Zwangsvollstreckung *f* in das bewegliche Vermögen **3** *d'un journal, de drogue* Beschlagnahme *f*
saisie-arrêt [seziaʀɛ] *f* ⟨*pl* **saisies-arrêts**⟩ JUR Pfändung *f* beim Drittschuldner; ***~ sur le salaire*** Lohnpfändung *f*
saisir [seziʀ] **I** *v/t* **1** *objet, personne* ergreifen; fassen; packen; ***~ un ballon*** einen Ball (auf)fangen **2** *fig occasion* ergreifen; ***~ une chance*** eine Chance wahrnehmen; ***~ un prétexte*** zu e-m Vorwand greifen **3** *sens, explication, intention* begreifen; erfassen; verstehen; F mitbekommen, -kriegen; ***~ la situation d'un coup d'œil*** die Situation mit e-m Blick erfassen; ***vous saisissez?*** kommen Sie mit?; begreifen Sie? **4** *malaise, sensation, émotion* ***~ qn*** j-n befallen, überkommen; ***la crainte me saisit*** Furcht ergriff mich; ***le froid la saisit*** die Kälte ließ sie erschauern; ***être saisi de qc*** von etw erfasst, ergriffen, betroffen werden *ou* sein; ***être saisi d'horreur*** von Grauen gepackt werden *ou* sein **5** CUIS *viande* anbraten **6** JUR *biens de qn* pfänden; *par ext journal, drogue* beschlagnahmen; *armes* sicherstellen; ***~ qn*** j-n pfänden **7** ***~ un tribunal d'une affaire*** ein Gericht mit e-r Sache befassen, wegen e-r Sache anrufen; e-e Sache vor Gericht bringen, bei Gericht anhängig machen; ***le Conseil de Sécurité fut saisi de la question*** die Frage wurde vor den Sicherheitsrat gebracht **8** INFORM *données, texte* erfassen **II** *v/pr* ***se ~ de qc*** sich e-r Sache (*gén*) bemächtigen; ***se ~ du voleur*** den Dieb fassen, ergreifen
saisissable [sezisabl] *adj* **1** JUR pfändbar **2** (*perceptible*) erfassbar; wahrnehmbar
saisissant [sezisɑ̃] **I** *adj* **1** *froid* durchdringend; schneidend **2** *spectacle, reportage* erschütternd; ergreifend; ***contraste ~*** auffallender Gegensatz; ***ressemblance ~e*** erstaunliche Ähnlichkeit **II** *m* JUR Pfandgläubiger *m*
saisissement [sezismɑ̃] *m* **1** *frisson* Kälteschauer *m*; Erschauern *n* **2** *émotion* (plötzliche) Ergriffenheit; heftige Gemütsbewegung
saison [sɛzõ] *f* **1** Jahreszeit *f*; ***la belle, la mauvaise ~*** die warme, die kalte Jahreszeit; ***les quatre ~s*** die vier Jahreszeiten; ***marchand*** *m* ***de(s) quatre ~s*** Obst- und Gemüsehändler *m* (*auf der Straße*); ***~ des pluies*** Regenzeit *f*; ***fruits*** *m/pl* ***de ~*** Früchte *f/pl* der Saison; ***temps*** *m* ***de ~*** der Jahreszeit entsprechendes Wetter; ***en cette, en toute ~*** zu dieser,

S

zu jeder Jahreszeit 2 (*époque*) Zeit *f*; zo ***la ~ des amours*** die Paarungszeit *f*; ***la ~ des fraises*** die Erdbeerzeit; ***la ~ de la moisson, des récoltes*** die Erntezeit; ***la ~ des vendanges*** die Zeit der Weinlese 3 TOURISME, COMM *etc* Saison *f*; COMM *a* Hauptbetriebs-, Hauptgeschäftszeit *f*; ***~ théâtrale*** Spielzeit *f*; Theatersaison *f*; MODE ***les nouveautés de la ~*** die neuen Modelle der Saison; ***en pleine ~*** in, während der Hochsaison; ***'hors ~*** außerhalb der (Hoch)Saison; ***la ~ bat son plein*** es ist Hochsaison; ***faire la ~*** in der Saison arbeiten; → *a* ***morte-saison*** 4 *fig réponse, conseil etc* ***être de ~*** angebracht, passend sein

saisonnier [sɛzɔnje] **I** *adj* ⟨**-ière**⟩ der Jahreszeit entsprechend; jahreszeitlich; COMM saisonbedingt; saisonal; Saison...; ***ouvrier ~*** Saisonarbeiter *m*; ***service ~*** saisonbedingter Bus- *ou* Zug- *ou* Flugverkehr; ***travail ~*** Saisonarbeit *f* **II** *m* Saisonarbeiter *m*

sait [sɛ] → ***savoir***[1]

saké [sake] *m* Sake *m*; Reiswein *m*

Sakhaline [sakalin] GÉOGR Sachalin *n*

salace [salas] *st/s adj* geil **salacité** *st/s f* Geilheit *f*

salade [salad] *f* 1 CUIS Salat *m*; ***~ braisée, cuite*** gedünsteter Salat; ***~ niçoise*** gemischter Salat aus Tomaten, Oliven, Anschovis *etc*; ***~ de concombres, de tomates*** Gurken-, Tomatensalat *m*; ***~ de fruits*** Obstsalat *m*; ***en ~*** als Salat (zubereitet); ***concombres*** *m/pl*, ***tomates*** *f/pl* ***en ~*** Gurken-, Tomatensalat *m* 2 *plante* Salat *m*; ***deux ~s*** zwei Salatköpfe *m/pl*; zwei Köpfe *m/pl* Salat; ***feuille*** *f* ***de ~*** Salatblatt *n* 3 F *fig* (*confusion*) Durcheinander *n*; F Kuddelmuddel *m ou n*; Salat *m* 4 F *fig* ***débiter, raconter des ~s*** Ammenmärchen erzählen; *bonimenteur* ***vendre sa ~*** F s-n Kram verkaufen

saladier [saladje] *m* 1 Salatschüssel *f*; *par ext* Schüssel *f*; ***~ en verre*** Glasschüssel *f* 2 *contenu* Schüssel *f* (voll)

salage [salaʒ] *m* 1 Salzen *n* 2 ***~ d'une route*** Salzstreuen *n* auf e-r Straße

salaire [salɛʀ] *m* 1 *d'un ouvrier* (Arbeits)Lohn *m*; *d'un employé* Gehalt *n*; *schweiz* Salär *n*; *par ext* Arbeitsentgelt *n*, -verdienst *m*, -einkommen *n*; ***~ élevé*** hoher Lohn; hohes Gehalt; ***~ mensuel*** Monatslohn *m*, -gehalt *n*; ***~ de base*** Grundlohn *m*, -gehalt *n*; ***~ de famine, de misère*** Hungerlohn *m*; (***allocation*** *f* ***de***) ***~ unique*** Beihilfe *f*, Zulage *f* für die nicht berufstätige Ehefrau; ***échelle*** *f* ***des ~s*** Lohnskala *f*; ***toucher son ~*** s-n Lohn *ou* sein Gehalt erhalten; entlohnt werden 2 *fig* Lohn *m*; ***le ~ de son crime*** der Lohn für sein Verbrechen

salaison [salɛzõ] *f* 1 *pour conserver* Einsalzen *n*; (Ein)Pökeln *n* 2 ***~s*** *pl* Eingesalzene(s) *n*; Eingepökelte(s) *n*

salamalecs [salamalɛk] F *m/pl* übertriebene, schmierige Höflichkeit; ***faire des ~*** übertrieben verbindlich, höflich sein; dienern; katzbuckeln

salamandre [salamɑ̃dʀ] *f* 1 zo Salamander *m* 2 *poêle* Dauerbrandofen *m*

Salamanque [salamɑ̃k] GÉOGR Salamanca *n*

salami [salami] *m* Salami(wurst) *f*

salant [salɑ̃] *adj* ***marais ~s*** Salzgärten *m/pl*

salarial [salaʀjal] *adj* ⟨**-aux**⟩ Lohn...; gehaltlich; ***charge ~e*** Lohnkosten *pl*; ***politique ~e*** Lohnpolitik *f*

salariat [salaʀja] *m* 1 (*salariés*) (Gesamtheit *f* der) Arbeitnehmer *m/pl*; Arbeitnehmerschaft *f* 2 (*condition de salarié*) Arbeitnehmereigenschaft *f*; Tätigkeit *f* als Arbeitnehmer

salarié [salaʀje] **I** *adj travail, travailleur* unselbstständig; lohnabhängig; ***travail ~*** *a* Lohnarbeit *f* **II** *m* Arbeitnehmer *m*; Lohn- *ou* Gehaltsempfänger *m*; unselbstständig Beschäftigte(r) *m*; abhängige(r) Erwerbstätige(r)

salaud [salo] P *m* gemeiner Kerl; Lump *m*; P Scheiß-, Drecks-, Mist-, Saukerl *m*; Drecksack *m*; Schweinehund *m*; gemeiner *ou* krummer Hund; F Fiesling *m*; F ***mon ~!*** F alter Freund!; ***tas*** *m* ***de ~s!*** P Saubande!; (ihr) Dreckskerle!

sale [sal] **I** *adj* 1 (*malpropre*) schmutzig; dreckig; ver-, beschmutzt; verdreckt; unreinlich; unsauber; F schmuddelig; ***blanc, gris ~*** schmutzig weiß, grau; ***avoir les mains ~s*** schmutzige Hände haben 2 (*ordurier*) schmutzig; unanständig; F schweinisch 3 (*vilain*) übel; unerfreulich; unerquicklich; F mies; ***une ~ affaire, histoire*** e-e üble *etc* Angelegenheit, Geschichte; ***un ~ tour*** ein übler, gemeiner Streich; ***un ~ travail*** *a* e-e undankbare Arbeit; ***il fait un ~ temps*** F das ist ein Sauwetter 4 *terme d'injure* widerlich; widerwärtig; gemein; grässlich; F fies; ***~ bête!*** gemeiner Kerl!; du bist gemein!; ***~ gosse*** F elender Lausebengel; Rotzbengel *m*; ***~ type*** widerlicher *etc* Kerl; übler Kunde; P ***avoir une ~ gueule*** F e-e widerliche Visage, P Fresse haben; F ***faire une ~ gueule*** ein saures, verdrießliches Gesicht machen **II** *m,f* F Schmutz-, Dreckfink *m*; Ferkel *n*; ***petit ~*** F Dreckspatz *m*

salé [sale] **I** *adj* 1 *mets* gesalzen; *eau de mer, goût* salzig; ***eau ~e*** Salzwasser *n*; Sole *f*; ***lac ~*** Salzsee *m*; ***morue ~e*** Salzfisch *m* 2 *fig* (*grivois*) gewagt; derb; schlüpfrig; F gesalzen; gepfeffert 3 F *fig addition* F gesalzen; gepfeffert **II** *m* CUIS gepökeltes Schweinefleisch; ***petit ~*** frisch eingesalzenes Schweinefleisch

salement [salmɑ̃] *adv* 1 ***manger ~*** unsauber, unappetitlich essen 2 *par ext* ***se conduire ~*** sich übel, gemein, niederträchtig benehmen 3 F (*rudement*) F verdammt; wahnsinnig

saler [sale] *v/t* 1 *mets* salzen; ***~ trop*** versalzen; *abs* zu stark salzen 2 *pour conserver* einsalzen; (ein)pökeln 3 ***~ une route*** auf e-r Straße Salz streuen 4 F *fig* ***~ la note, l'addition*** F e-e gesalzene, gepfefferte Rechnung machen

Salerne [salɛʀn] GÉOGR Salerno *n*

saleté [salte] *f* 1 Schmutz *m*; Dreck *m* (*a excrément*); (*ordure*) Unrat *m*; ***faire des ~s sur le tapis*** den Teppich verunreinigen; ***vivre dans la ~*** im Schmutz, Dreck leben 2 (*malpropreté*) Schmutzigkeit *f*; Unsauberkeit *f*; Unreinlichkeit *f*; ***être d'une ~ repoussante*** vor Schmutz starren 3 *fig* (*grossièreté*) Unanständigkeit *f*; F Schweinerei *f*; Schweinigelei *f* 4 F (*bassesse*) Gemeinheit *f*; ***faire une ~, des ~s à qn*** j-m gegenüber gemein, niederträchtig sein 5 F (*chose sans valeur*) Schund *m*; F Dreck *m*; Gelump(e) *n*; *iron* ***pas mauvais, cette petite ~!*** nicht schlecht, dieser kleine Happen! 6 F *homme* gemeiner Kerl; P Mistkerl *m*; *surtout femme* P Miststück *n*

saleuse [saløz] *f* Streufahrzeug *n*

salicylique [salisilik] *adj* CHIM ***acide*** *m* ***~*** Salizylsäure *f*

S

salière [saljɛʀ] *f* 1 Salzfass *n*, -fässchen *n*, -streuer *m* 2 F *fig d'une personne maigre* F Salzfässchen *n*
saligaud [saligo] *m* F 1 → ***sale II*** 2 → ***salaud***
salin [salɛ̃] *adj* salzig; salzhaltig; Salz…
saline [salin] *f* Saline *f*; Salzwerk *n*
salinité [salinite] *f* Salzgehalt *m*
salique [salik] *adj* HIST ***la loi ~*** das Salische Gesetz
salir [saliʀ] **I** *v/t* 1 schmutzig, dreckig machen; be-, verschmutzen; verunreinigen; ***cet enfant salit tout*** dieses Kind macht alles schmutzig 2 *fig* (*la réputation de*) *qn* in den Schmutz ziehen; beschmutzen; besudeln **II** *v/pr* 1 ***se ~*** sich schmutzig machen; sich beschmutzen; ***il s'est sali les mains*** er hat sich (*dat*) die Hände schmutzig gemacht 2 *robe, couleur* ***se ~ facilement*** leicht schmutzen; leicht schmutzig werden
salissant [salisɑ̃] *adj* 1 *tissu* leicht schmutzend 2 *travail, métier* schmutzig **salissure** *f* Schmutz(stelle) *m*(*f*)
salivaire [salivɛʀ] *adj* PHYSIOL Speichel…; ***glandes*** *f/pl* ***~s*** Speicheldrüsen *f/pl*
salivation [salivasjõ] *f* PHYSIOL Speichelfluss *m*
salive [saliv] *f* Speichel *m*; *fig*: ***(r)avaler sa ~*** unterdrücken, was man sagen wollte; ***dépenser sa ~ pour rien*** *ou* ***perdre sa ~*** sich (*dat*) den Mund (vergeblich) fusselig reden
saliver [salive] *v/i* Speichel absondern; *odeur, spectacle* ***faire ~ qn*** j-m den Mund wässerig machen
salle [sal] *f* 1 Saal *m*; Halle *f*; (*pièce*) Raum *m*; *d'un appartement, d'une maison* Zimmer *n*; THÉ, CIN Zuschauerraum *m*; ***~ commune*** Gemeinschaftsraum *m*; ***~ à manger*** Ess-, Speisezimmer *n*; *dans un hôtel etc* Speisesaal *m*; ***~ d'armes*** Fechtsaal *m*, -boden *m*; ***~ d'attente*** CH DE FER Wartesaal *m*; *d'un médecin* Wartezimmer *n*; ***~ d'audience*** Gerichtssaal *m*; ***~ de bains*** Bad(ezimmer) *n*; ***~ des coffres(-forts)*** Tresorraum *m*; ***~ de classe*** Klasse(nzimmer *n*, -nraum *m*) *f*; ***~ de concert*** Konzertsaal *m*; ***~ de conférences*** *pour un public* Vortragssaal *m*; *pour une réunion* Konferenzraum *m*; Sitzungssaal *m*; TECH ***~ de contrôle*** Schalt-, Kontrollraum *m*; ***~ de cours, de dessin*** Hör-, Zeichensaal *m*; ***~ d'eau*** Bad(ezimmer) *n*; Waschraum *m*; *d'une aérogare* ***~ d'embarquement*** Warteraum *m*; ***~ des fêtes*** Festsaal *m*, -halle *f*; ***~ de gymnastique*** Turnhalle *f*, -saal *m*; ***~ de jeu, de lecture*** Spiel-, Lesesaal *m*; TECH ***~ des machines*** Maschinenraum *m*, -saal *m*; ***~ d'opération*** Operationssaal *m* (*abr* OP); ***~ des pas perdus*** Bahnhofsvorhalle *f*; *a* Schalterhalle *f*; ***~ des professeurs*** Lehrerzimmer *n*; ***~ de projection*** (Film)Vorführraum *m*; Filmsaal *m*; ***~ de réunion*** Versammlungsraum *m*; ***~ de séjour*** Wohnzimmer *n*; ***~ de spectacle*** Theater(saal) *n*(*m*); ***~ du trône*** Thronsaal *m*; ***~ des ventes*** Auktionslokal *n*; *loc/adj* SPORTS ***en ~*** Hallen…; ***championnat*** *m*, ***football*** *m*, ***record*** *m* ***en ~*** Hallenmeisterschaft *f*, -fußball *m*, -rekord *m*; THÉ ***jouer devant une ~ vide*** vor e-m leeren, vor leerem Haus spielen; → *a* ***comble***[1] *2* 2 ***~ (de cinéma)*** Kino *n*; Filmtheater *n*; ***les ~s obscures*** die Kinos; ***~ d'exclusivité*** großes Erstaufführungskino; ***~ de quartier*** kleines (Vorstadt)-Kino 3 *par ext* Publikum *n* (im Saal); ***la ~ est enthousiaste*** das Publikum ist begeistert
salmigondis [salmigõdi] *litt m* Sammelsurium *n*
salmis [salmi] *m* CUIS Ragout *n* aus gebratenem Wildgeflügel
salmonelles [salmɔnɛl] *f/pl* MÉD Salmonellen *f/pl* F **salmonellose** *f* MÉD Salmonelleninfektion *f*; *sc* Salmonellose *f*
saloir [salwaʀ] *m* Salz-, Pökelfass *n*
Salomon [salɔmõ] 1 ***les îles*** *f/pl* ***~*** die Salomoninseln *f/pl* 2 BIBL Salomo(n) *m*
salon [salõ] *m* 1 (*pièce de réception*) Empfangs-, Besuchszimmer *n*; Salon *m* 2 *meubles* Sitzgruppe *f*; Couch-, Polstergarnitur ['kautʃ-] *f*; ***~ de jardin*** Gartenmöbel *pl* 3 HIST ***~ (littéraire)*** (literarischer) Salon 4 COMM ***~ de coiffure*** Frisiersalon *m*; ***~ de thé*** Café *n* 5 (*exposition*) **a)** *industriel* Ausstellung *f*; Messe *f*; Schau *f*; ***Salon de l'automobile*** Automobilausstellung *f*, -salon *m*; ***Salon des arts ménagers*** Hausratsmesse *f*; **b)** *d'art* ***Salon*** Kunstausstellung *f* (lebender Künstler) 6 INFORM ***~ de conversation*** Chatroom ['tʃɛtruːm] *m*
Salonique [salɔnik] GÉOGR Saloniki *n*
saloon [salun] *m* (Western)Saloon [-luːn] *m*
salopard [salɔpaʀ] *m* P → ***salaud***
salope [salɔp] P *f* 1 *injure* P Miststück *n*, -vieh *n*; gemeines Stück 2 (*femme méprisable*) F Schlampe *f*
saloper [salɔpe] F *v/t* hinschludern; schludern, pfuschen, F murksen, schlampen (***qc*** bei etw)
saloperie [salɔpʀi] *f* P 1 (*saleté*) Dreck *m*; Schmutz *m* 2 (*chose sans valeur*) Schund *m*; F Gelump(e) *n*; Dreck *m*, Mist *m* (*a par ext maladie, nourriture*); ***ne vendre que de la ~*** nur Schund *etc* verkaufen 3 (*bassesse*) Gemeinheit *f*; ***faire des ~s à qn*** gemein zu j-m sein; j-m übel mitspielen 4 (*grossièreté*) Zote *f*; F Schweinerei *f*; Schweinigelei *f*; P Sauerei *f*; ***dire des ~s*** Zoten reißen; F schweinigeln; P Sauereien verzapfen
salopette [salɔpɛt] *f à bretelles et bavette* Latzhose *f*; (*combinaison*) Overall [-ɔːl] *m*
salopiaud [salɔpjo] P *m* → ***salaud***
salpêtre [salpɛtʀ] *m* CHIM Salpeter *m*
salpicon [salpikõ] *m* CUIS Ragoût fin *n*
salpingite [salpɛ̃ʒit] *f* MÉD Eileiterentzündung *f*; *sc* Salpingitis *f*
salsa [salsa] *f danse* Salsa *m*
salsifis [salsifi] *m* BOT, CUIS Schwarzwurzel *f*
saltimbanque [saltɛ̃bɑ̃k] *m,f* Gaukler(in) *m*(*f*)
salubre [salybʀ] *adj* gesund; der Gesundheit zuträglich; gesundheitsfördernd; heilsam
salubrité [salybʀite] *f* 1 *du climat* gesundheitsfördernde, heilsame Wirkung; *d'un logement* gesundheitliche Zuträglichkeit 2 ADM ***mesures*** *f/pl* ***de ~ publique*** Maßnahmen *f/pl* der Gesundheitspflege
Saluces [salys] GÉOGR Saluzzo *n*
saluer [salɥe] **I** *v/t* 1 grüßen; (*accueillir*) begrüßen; MIL *a* salutieren (***qn, qc*** vor j-m, etw); *acteur* ***~ le public*** sich vor dem Publikum verneigen; ***~ qn d'un geste de la main*** j-m zuwinken; ***~ qn en ôtant son chapeau*** vor j-m den Hut ziehen; ***saluez-le de ma part!*** grüßen Sie ihn von mir!; REL CATH ***Je vous salue, Marie*** Gegrüßet seist du, Maria; *iron* ***j'ai bien l'honneur de vous ~*** ich empfehle mich; ***son arrivée fut saluée par des applaudissements*** er wurde bei s-r Ankunft mit Applaus begrüßt 2 *fig événement, mesure etc* (freudig) begrüßen 3 ***~ en qn …*** *ou* ***~ qn comme …*** j-n anerkennen, ehren als … **II** *v/pr* ***se ~*** sich (be)grüßen

salut [saly] *m* **1** *geste* Gruß *m*; Begrüßung *f*; **~ *fasciste, scout*** Gruß der Faschisten, der Pfadfinder; **~ *militaire*** militärischer Gruß; militärische Ehrenbezeigung; ***rendre son ~ à qn*** *ou* ***répondre au ~ de qn*** j-s Gruß erwidern **2** F *int* **a)** *pour dire bonjour* F Tag!; grüß dich!; *österr* servus!; **b)** *pour dire au revoir* adieu!; F ade!; tschüs(s)!; *österr* servus!; *schweiz* tschau!; **~, *les gars*** Tag zusammen *ou* allerseits!; *südd* grüß Gott, *österr* servus miteinander!; *loc* ***à bon entendeur, ~*** → ***entendeur*** **3** *d'un peuple, d'un pays* Wohl *n*; Wohlfahrt *f*; ***le ~ public*** das Allgemeinwohl **4** (*vie sauve*) Heil *n*; Rettung *f*; REL (Seelen)Heil *n*; ewige Seligkeit; ***Armée*** *f* ***du Salut*** Heilsarmee *f*; *fig* ***planche*** *f* ***de ~*** letzte Rettung; ***chercher son ~ dans la fuite*** sein Heil in der Flucht suchen

salutaire [salytɛʀ] *adj* **1** *air, remède* heilsam; heilkräftig; wohltuend **2** *par ext conseil, lecture* nützlich; heilsam

salutation [salytasjõ] *f* **1** *à la fin d'une lettre* ***veuillez agréer, Monsieur, mes ~s distinguées*** *ou* ***dévouées*** *ou* ***respectueuses*** *ou* ***mes sincères ~s*** mit vorzüglicher Hochachtung; mit (den) besten Grüßen; ***recevez, Monsieur, mes cordiales ~s*** mit freundlichen Grüßen **2** *gestes exagérés* (übertriebene, feierliche) Begrüßung **3** REL ***la ~ angélique*** der Englische Gruß

salutiste [salytist] *m,f* Mitglied *n*, Angehörige(r) *f(m)* der Heilsarmee

Salvador [salvadɔʀ] ***le ~*** El Salvador *n*

salvadorien [salvadɔʀjɛ̃] **I** *adj* ⟨**~ne**⟩ salvadorianisch **II** *subst* ***Salvadorien(ne)*** *m(f)* Salvadorianer(in) *m(f)*

salvateur [salvatœʀ] *litt adj* ⟨**-trice**⟩ heilbringend

salve [salv] *f* **1** MIL Salve *f* **2** *fig* ***~ d'applaudissements*** Beifallssturm *m*

Salzbourg [salzbuʀ] Salzburg *n*

Samaritain [samaʀitɛ̃] *m* BIBL ***le bon ~*** der barmherzige Samariter; *fig et iron* ***faire, jouer le bon ~*** den barmherzigen Samariter spielen

samba [sɑ̃mba] *f danse* Samba *f ou m*

Sambre [sɑ̃bʀ] ***la ~*** *Fluss in Frankreich u Belgien*

samedi [samdi] *m nordd* Sonnabend *m*; *südd* Samstag *m*; ***~ saint*** Karsamstag *m*; Ostersonnabend *ou* -samstag *m*; *loc/adv* ***le ~*** samstags; → *a* ***jeudi***

Samoa [samɔa] ***les îles*** *f/pl* **~** die Samoainseln *f/pl*

Samoëns [samɔɛ̃s] *Wintersportort im Dep. Haute-Savoie*

Samothrace [samɔtʀas] GÉOGR Samothrake *n*

samouraï [samuʀaj] *m* Samurai *m*

samovar [samɔvaʀ] *m* Samowar *m*

sampan [sɑ̃pɑ̃] *m* Sampan *m*; (chinesisches) Hausboot

SAMU [samy] *m abr* (*service d'aide médicale d'urgence*) Notarzt *m*; Rettungsdienst *m*

sana [sana] *m* F → ***sanatorium***

sanatorium [sanatɔʀjɔm] *m* (Lungen)Heilstätte *f*; Sanatorium *n* für Lungenkranke

Sancho Pança [sɑ̃ʃopɑ̃sa] *m personnage de roman* Sancho Pansa [-tʃo-] *m*

sanctifiant [sɑ̃ktifjɑ̃] *adj* REL ***grâce ~e*** heilig machende Gnade

sanctification [sɑ̃ktifikasjõ] *adj* ⟨**-trice**⟩ *f* REL Heiligung *f*

sanctifier [sɑ̃ktifje] *v/t* REL heiligen; *dans le Notre Père* ***que ton nom soit sanctifié*** geheiligt werde dein Name

sanction [sɑ̃ksjõ] *f* **1** JUR **~** (***pénale***) Strafmaßnahme *f*; Strafe *f*; Bestrafung *f*; *par ext* ***~ scolaire*** schulische Strafmaßnahme **2** POL Sanktion *f*; Zwangsmaßnahme *f*; ***~s économiques*** wirtschaftliche Sanktionen; Wirtschaftssanktionen *f/pl*; ***~s militaires*** militärische Sanktionen; ***prendre des ~s contre un État*** Sanktionen gegen e-n Staat verhängen **3** (*approbation*) Sanktion *f*; Sanktionierung *f*; Billigung *f*

sanctionner [sɑ̃ksjɔne] *v/t* **1** JUR Gesetzeskraft verleihen (+*dat*); sanktionieren **2** (*confirmer*) sanktionieren; billigen; gutheißen; bestätigen; *adjt* ***études sanctionnées par un diplôme*** abgeschlossenes Studium **3** (*punir*) bestrafen; ahnden

sanctuaire [sɑ̃ktɥɛʀ] *m* **1** (*lieu saint*) Heiligtum *n*; heilige Stätte **2** *d'une église* Sanktuar(ium) *n*; Altarraum *m*; *d'un temple* Allerheiligste(s) *n* **3** *fig et* POL unantastbares Gebiet; Tabuzone *f*

sanctus [sɑ̃ktys] *m* ÉGL CATH, MUS Sanctus *n*

Sand [sɑ̃d] ***George ~*** *frz Schriftstellerin*

sandale [sɑ̃dal] *f* Sandale *f* **sandalette** *f* Sandalette *f*; leichte Sandale

sandiniste [sɑ̃dinist] POL **I** *adj* sandinistisch **II** *m,f* Sandinist(in) *m(f)*

sandow® [sɑ̃do] *m* (elastischer) Gepäckriemen; Spanngurt *m*

sandre [sɑ̃dʀ] *m ou f* ZO Zander *m*

sandwich [sɑ̃dwi(t)ʃ] *m* ⟨*pl* **sandwich(e)s**⟩ Sandwich ['zɛntvɪtʃ] *n ou m*; belegtes Brötchen; belegte Semmel; ***~ au jambon*** Schinkenbrötchen *n*, -semmel *f*; F *fig* ***être (pris) en ~*** eingequetscht, eingezwängt sein

San Francisco [sɑ̃fʀɑ̃sisko] San Francisco *n*

sang [sɑ̃] *m* Blut *n* (*a fig*); *int* F ***bon ~ (de bon ~*** *ou* ***de bonsoir)!*** F verflixt (noch mal)!; verflixt und zugenäht!; *fig* ***apport*** *m* ***de ~ frais*** Zufuhr *f* frischen Blutes; ***coup*** *m* ***de ~*** Schlaganfall *m*; *fig* (heftiger) Wutanfall, -ausbruch; F *fig* ***piquer un coup de ~*** e-n Wutanfall bekommen; F rotsehen; *fig* ***prince*** *m* ***du ~, de ~ royal*** Prinz *m* von Geblüt, von königlichem Geblüt; ***prise*** *f* ***de ~*** Blutentnahme *f*, -abnahme *f*; *lors de l'alcootest* Blutprobe *f*; ***faire une prise de ~ (à qn)*** (j-m) Blut abnehmen, entnehmen; (bei j-m) e-e Blutprobe machen; ♦ *loc/adj* ZO ***à ~ chaud, froid*** warm-, kaltblütig; ***animal*** *m* ***à ~ chaud, froid*** Warm-, Kaltblüter *m*; *loc/adv*: *frapper, se gratter* ***jusqu'au ~*** blutig; ***pincer qn jusqu'au ~*** j-n so kneifen, dass er rote Flecke bekommt; ♦ *fig* ***avoir du ~ bleu*** blaues Blut haben; *fig* ***avoir le ~ chaud*** heißes, feuriges Blut haben; heißblütig sein; leicht aufbrausen; *fig* ***n'avoir pas de ~ dans les veines*** keinen Unternehmungsgeist haben; F keinen Mumm in den Knochen haben; *fig* ***il a ça dans le ~*** das liegt ihm im Blut; F *fig* ***avoir du ~ de navet*** F keinen Mumm in den Knochen haben; ein Schlappschwanz, Waschlappen sein; *fig* ***il a du ~ sur les mains*** an s-n Händen klebt Blut; ***le ~ a coulé*** es ist Blut geflossen; ***faire couler le ~*** Blut vergießen; *st/s* ***donner, verser son ~ pour la patrie*** sein Leben für das Vaterland hingeben; für sein Vaterland sterben; ***être (tout) en ~*** blutüberströmt sein; *fig* ***se faire du mauvais ~*** sich (*dat*) Sorgen machen; F ***tout mon ~ n'a fait qu'un tour*** das Blut

S

stockte mir in den Adern, erstarrte in meinen Adern; ***fouetter le ~*** die Blutzirkulation anregen; ***le ~ lui est monté à la tête*** das Blut schoss, stieg ihm in den Kopf; ***noyer une révolte dans le ~*** e-n Aufstand in Blut ersticken, blutig niederschlagen; ***perdre du ~*** Blut verlieren; *fig* ***se ronger les ~s*** vor Sorgen umkommen; sich vor Angst, Unruhe, Sorge verzehren; *fig* ***suer ~ et eau*** sich mächtig anstrengen, ins Zeug legen; F *fig* ***un spectacle à vous tourner les ~s*** ein grauenerregender, grauenvoller, entsetzlicher Anblick; *prov* ***bon ~ ne peut mentir*** der Apfel fällt nicht weit vom Stamm (*prov*)

Zusammensetzungen mit sang

l'**analyse** *f* de sang	die Blutuntersuchung
le **caillot** de sang	das Blutgerinnsel
le **don** de sang	die Blutspende
le **donneur** de sang	der Blutspender
la **donneuse** de sang	die Blutspenderin
l'**effusion** *f* de sang	das Blutvergießen
la **goutte** de sang	der Blutstropfen
la **mare** de sang	die Blutlache
la **perte** de sang	der Blutverlust
la **tache** de sang	der Blutfleck

sang-froid [sɑ̃fʀwa] *m* 1 (*calme*) Gelassenheit *f*; Ruhe *f*; Gleichmut *m*; (*maîtrise de soi*) Beherrschung *f*; Beherrschtheit *f*; ***conserver, garder son ~*** e-n kühlen Kopf, kaltes Blut, Ruhe bewahren; gelassen bleiben; ***perdre son ~*** s-e Beherrschung verlieren; aufgeregt, nervös werden 2 (*impassibilité*) Kaltblütigkeit *f*; ***faire qc avec*** *ou* ***de ~*** etw kaltblütig tun

sanglant [sɑ̃glɑ̃] *adj* 1 *mains, visage, arme* blutbefleckt, -beschmiert; blutig 2 *guerre, défaite* blutig 3 *st/s* (*rouge*) blutrot 4 *fig reproches* zutiefst verletzend, beleidigend

sangle [sɑ̃gl] *f* Gurt *m*; (Trag)Riemen *m*; ***lit*** *m* ***de ~*** Gurtbett *n*

sangler [sɑ̃gle] *v/t* 1 ***~ un cheval*** e-m Pferd e-n Gurt anlegen 2 (*serrer*) einschnüren; *p/p* ***être sanglé dans un uniforme*** in e-e Uniform eingeschnürt, gezwängt sein

sanglier [sɑ̃glije] *m* zo Wildschwein *n*; ***~ (mâle)*** Keiler *m*; ***chasse*** *f* ***au ~*** Wildschwein-, Saujagd *f*; Sauhatz *f*

sanglot [sɑ̃glo] *m* Schluchzer *m*; ***~s*** *pl* Schluchzen *n*; ***avec des ~s dans la voix*** mit schluchzender Stimme; ***éclater en ~s*** in Schluchzen ausbrechen; aufschluchzen

sangloter [sɑ̃glɔte] *v/i* schluchzen

sang-mêlé [sɑ̃mele] *m,f* ⟨*inv*⟩ Mischling *m*; Mischblut *n*

sangria [sɑ̃gʀija] *f* CUIS Sangria *f*

sangsue [sɑ̃sy] *f* 1 zo Blutegel *m*; ***appliquer des ~s*** Blutegel ansetzen 2 F *fig de qn* F Klette *f*

sanguin [sɑ̃gɛ̃] I *adj* 1 Blut…; ***circulation ~e*** Blutkreislauf *m*, -zirkulation *f*; ***groupe ~*** Blutgruppe *f*; ***vaisseaux ~s*** Blutgefäße *n/pl* 2 *tempérament* sanguinisch 3 ***orange ~e*** → ***sanguine*** *3* II *m* Sanguiniker *m*

sanguinaire [sɑ̃ginɛʀ] *adj* blutdürstig, -gierig, -rünstig; mordgierig

sanguine [sɑ̃gin] *f* 1 MINÉR Rötel *m*; rote Kreide 2 PEINT **a)** *crayon* Rötel(stift) *m*; **b)** *dessin* Rötelzeichnung *f* 3 BOT Blutorange *f*, -apfelsine *f*

sanguinolent [sɑ̃ginɔlɑ̃] *adj* MÉD mit Blut vermischt; blutig

sanisette® [sanizɛt] *f* (vollhygienisches) Toilettenhäuschen

sanitaire [sanitɛʀ] I *adj* 1 MÉD Gesundheits…; gesundheitspolizeilich; sanitär; ***avion*** *m* ***~*** Sanitätsflugzeug *n*; ***mesure*** *f* ***~*** gesundheitspolizeiliche Maßnahme; ***service*** *m* ***~*** Sanitätsdienst *m*; → ***a cordon*** *4* 2 TECH sanitär; ***appareils*** *m/pl*, ***installations*** *f/pl* ***~s*** *et subst* ***~s*** *m/pl* sanitäre Einrichtungen *f/pl*, Anlagen *f/pl* II *subst* ***le ~*** der Sanitärbereich

sans [sɑ̃] I *prép* 1 ohne (+*acc*); *dans des loc/adj et loc/adv souvent* …los; ***~ aucun confort*** ohne jeden Komfort; ***~ exception*** ohne Ausnahme; ausnahmslos; ***~ manches*** ärmellos; *essence* ***~ plomb*** bleifrei; ***~ réponse*** ohne Antwort; *lettre* unbeantwortet; ***~ ressources*** mittellos; ***~ valeur*** ohne Wert; wertlos; ♦ *loc/adv* ***~ cela***, F ***~ ça, ~ quoi*** sonst; andernfalls; ♦ *loc/prép* ***non ~*** nicht ohne; ***il y parvint non ~ peine*** er erreichte es nicht ohne Mühe 2 *avec inf* ohne zu; ***~ plus attendre*** ohne länger zu warten; ***~ comprendre*** ohne zu verstehen; verständnislos; ***~ mot dire, ~ rien dire*** ohne ein Wort zu sagen; wortlos; ohne etwas zu sagen; ***cela va ~ dire*** das ist selbstverständlich; (das) versteht sich (von selbst) 3 (*si qn, qc n'était pas intervenu*) wenn nicht … (gewesen) wäre; ***~ cet accident, il aurait pu venir*** wenn dieser Unfall nicht gewesen wäre, hätte er kommen können; ***~ toi, j'étais mort*** wenn du nicht gewesen wärst, wäre ich tot II *conj* ***~ que … (ne)*** (+*subj*) ohne dass …; ***~ que personne le sache*** ohne dass es jemand weiß *ou* wusste; ***non ~ que …*** (+*subj*) nicht ohne dass … III F *adv* ohne; *as-tu pris ton manteau?* - ***non, je suis venu ~*** nein, ich bin ohne (Mantel) gekommen

sans-abri [sɑ̃zabʀi] *m,f* ⟨*inv*⟩ Obdachlose(r) *f(m)*

sans-cœur [sɑ̃kœʀ] I *adj* ⟨*inv*⟩ herzlos; gefühllos II *m,f* ⟨*inv*⟩ herzloser, gefühlloser Mensch; *femme a* herzlose Person

sanscrit → ***sanskrit***

sans-culotte [sɑ̃kylɔt] *m* ⟨*pl* **sans-culottes**⟩ *frz Revolutionär von 1789 (der „pantalon“ statt „culotte“ trug)*

sans-emploi [sɑ̃zɑ̃plwa] *m,f* ⟨*inv*⟩ Stellungs-, Arbeitslose(r) *f(m)*

sans-façon [sɑ̃fasõ] *m* ⟨*inv*⟩ Ungezwungenheit *f*; Zwanglosigkeit *f*

sans-faute [sɑ̃fot] *m* ⟨*inv*⟩ ÉQUITATION Nullfehlerritt *m*; *fig* ***faire un ~*** e-e fehlerfreie Leistung bieten; keinen Fehler machen

sans-fil [sɑ̃fil] 1 *f* drahtlose Telegrafie; Funk *m* 2 *m* Funkspruch *m* **sans-filiste** *m* ⟨*pl* **sans-filistes**⟩ *m* Amateurfunker *m*

sans-gêne [sɑ̃ʒɛn] 1 *m* ⟨**inv**⟩ Ungeniertheit *f*; (*culot*) Frechheit *f*; Dreistigkeit *f*; Unverfrorenheit *f*;

sans und die Wortbildung

Mit der Präposition **sans** (ohne) wird eine Reihe von Wörtern gebildet. In diesen Zusammensetzungen zeigt **sans** an, dass das anschließend Genannte fehlt. Beispiele:

le/la sans-abri	der/die Obdachlose
le sans-fil	das schnurlose Telefon
les sans-papiers	die illegalen Einwanderer (ohne Papiere)
le/la sans-parti	der/die Parteilose

quel ~! so e-e Frechheit *etc!*; *adjt* → ***gêne*** *4* **2** *m,f* ⟨*inv*⟩ frecher, dreister Kerl; Frechling *m*; freche, dreiste Person

sanskrit [sɑ̃skʀi] LING **I** *m* Sanskrit *n* **II** *adj* Sanskrit…

sans-le-sou [sɑ̃lsu] F *m,f* ⟨*inv*⟩ Habenichts *m*; F armer Schlucker

sans-logis [sɑ̃lɔʒi] *m,f* ⟨*inv*⟩ Obdachlose(r) *f(m)*

sansonnet [sɑ̃sɔnɛ] *m* ZO Star *m*

sans-papiers [sɑ̃papje] *m/pl* illegale Einwanderer *m/pl* (ohne Papiere)

sans-patrie [sɑ̃patʀi] *m,f* ⟨*inv*⟩ Staatenlose(r) *f(m)*

sans-plomb [sɑ̃plõ] *m* ⟨*inv*⟩ bleifreies Benzin

sans-soin [sɑ̃swɛ̃] F *m,f* ⟨*inv*⟩ nachlässiger, unordentlicher Mensch; F Schlamper *m*

sans-souci [sɑ̃susi] *adj* ⟨*inv*⟩ sorglos; unbekümmert

sans-travail [sɑ̃tʀavaj] *m,f* ⟨*inv*⟩ Arbeitslose(r) *f(m)*

santal [sɑ̃tal] *m* BOT Sandel(holz)baum *m*; ***bois*** *m* ***de ~*** Sandelholz *n*

santé [sɑ̃te] *f* Gesundheit *f*; ***la ~ publique*** das Gesundheitswesen; ***~ de l'esprit, de l'âme*** geistige, seelische Gesundheit; ***état*** *m* ***de ~*** Gesundheitszustand *m*; Befinden *n*; ***maison*** *f* ***de ~*** (privates) Erholungsheim, Sanatorium; *pour maladies mentales* Nervenheilanstalt *f*; ***Organisation mondiale de la ~*** (*abr* ***OMS***) Weltgesundheitsorganisation *f* (*abr* WHO); ***service*** *m* ***de ~*** Sanitätsdienst *m*, -wesen *n*; ***à votre ~!*** auf Ihr Wohl!; zum Wohl!; auf Ihre Gesundheit!; prosit!; F prost!; ***bonne année, bonne ~!*** ein glückliches und gesundes neues Jahr!; ***meilleure ~!*** gute Besserung!; ***comment va la ~?*** wie geht es gesundheitlich?; ***avoir la ~*** gesund sein; ***n'avoir pas de ~***, F ***avoir une petite ~*** von zarter, schwacher Gesundheit sein; anfällig sein; ***avoir une ~ de fer*** e-e eiserne Gesundheit haben; ***boire à la ~ de qn*** auf j-s Wohl, Gesundheit (*acc*) trinken; ***ce n'est pas bon pour la ~*** das ist nicht gut für die Gesundheit; das schadet der Gesundheit; ***être en bonne ~*** gesund, bei guter Gesundheit sein; ***être en mauvaise ~*** nicht gesund, bei schlechter Gesundheit sein; ***être en parfaite ~*** bei bester Gesundheit sein; ***être plein de ~, respirer la ~*** vor Gesundheit strotzen; ***sa ~ inspire de l'inquiétude au médecin*** sein Gesundheitszustand gibt dem Arzt Anlass zur Besorgnis

santiag [sɑ̃tjag] *f* Cowboystiefel ['kaʊ-] *m*

Santiago [sɑ̃tjago, san-] GÉOGR Santiago (de Chile) *n*

santon [sɑ̃tõ] *m* (provenzalische) Krippenfigur

Saône [son] ***la ~*** *Fluss in Frankreich*

Saône-et-Loire [sonelwaʀ] ***la ~*** *frz Departement*

São Paulo [saopolo] GÉOGR São Paulo *n*

saoudien [saudjɛ̃] **I** *adj* ⟨**~ne**⟩ saudi-arabisch **II** *subst* ***Saoudien(ne)*** *m(f)* SaudiAraber(in) *m(f)*; Saudi *m*

Saoudite [saudit] *adj* ***l'Arabie*** *f* ***~*** Saudi-Arabien *n*

saoul [su] *adj* → ***soûl***

sapajou [sapaʒu] *m* ZO Kapuzineraffe *m*

sape [sap] *f* **1** HIST MIL Laufgraben *m*; Sappe *f* **2** *fig* Untergrabung *f*; Unterminierung *f* **3** ***~s*** *pl* F Klamotten *f/pl*

saper [sape] **I** *v/t* **1** CONSTR unterhöhlen; *par ext eau: rive etc* unterspülen **2** *fig autorité, moral, régime* untergraben, -höhlen, -minieren **II** *v/pr* F ***se ~*** sich anziehen; *adjt* ***être bien sapé*** gut angezogen sein; F in Schale sein

saperlipopette [sapɛʀlipɔpɛt] *int* F zum Donnerwetter!

sapeur [sapœʀ] *m* MIL Pionier *m*; *fig* ***fumer comme un ~*** wie ein Schlot rauchen

sapeur-pompier [sapœʀpõpje] *m* ADM Feuerwehrmann *m*; ***sapeurs-pompiers*** *pl a* Feuerwehr *f*

saphique [safik] *adj* sapphisch

saphir [safiʀ] *m* Saphir *m* (*a d'un électrophone*); *st/s* ***de ~*** saphirfarben

saphisme [safism] *m* Sapphismus *m*

sapidité [sapidite] *litt f* Schmackhaftigkeit *f*

sapience [sapjɑ̃s] *litt f* Weisheit *f*

sapin [sapɛ̃] *m* **1** BOT Tanne *f* (*a abus pour épicéa*); ***~ de Noël*** Weihnachts-, Christbaum *m*; ***forêt*** *f* ***de ~s*** Tannenwald *m* **2** *bois* Tannenholz *n*; F *fig* ***ça sent le ~*** F der machts nicht mehr lang

sapinière [sapinjɛʀ] *f* Tannenwald *m*

saponacé [sapɔnase] *adj* seifenartig

saponaire [sapɔnɛʀ] *f* BOT Seifenkraut *n*

saponification [sapɔnifikasjõ] *f* CHIM Verseifung *f*

sapristi [sapʀisti] *int* F (zum) Donnerwetter!; verdammt, verflixt noch mal!

saquer → ***sacquer***

sarabande [saʀabɑ̃d] *f* MUS, *danse* Sarabande *f*; *fig* ***danser, faire la ~*** Krach, Lärm, Radau machen

Saragosse [saʀagɔs] GÉOGR Saragossa *n*

Sarajevo [saʀajevo, -ʒe-] GÉOGR Sarajevo *n*

sarbacane [saʀbakan] *f* Blasrohr *n*

sarcasme [saʀkasm] *m* **a)** *raillerie* Sarkasmus *m*; beißender Spott; bitterer Hohn; **b)** *remarque* Sarkasmus *m*; sarkastische Bemerkung, Äußerung

sarcastique [saʀkastik] *adj rire, ton, air* sarkastisch (*a personne*); höhnisch; spöttisch

sarcelle [saʀsɛl] *f* ZO ***~ d'été, d'hiver*** Knäk-, Krickente *f*

sarclage [saʀklaʒ] *m* JARD Jäten *n* **sarcler** *v/t* JARD (aus)jäten **sarcloir** *m* Jäthacke *f*

sarcome [saʀkom] *m* MÉD Sarkom *n*

sarcophage [saʀkɔfaʒ] *m* Sarkophag *m*; (prunkvoller) Steinsarg

Sardaigne [saʀdɛɲ] ***la ~*** Sardinien *n*

sardane [saʀdan] *f danse* Sardana *f*

sarde [saʀd] **I** *adj* sardinisch; sardisch **II** *subst* **1** ***Sarde*** *m,f* Sardinier(in) *m(f)*; Sarde *m*, Sardin *f* **2** LING ***le ~*** das Sardische; Sardisch *n*

S

sardine [saʀdin] *f* 1 zo Sardine *f*; **~s à l'huile** Ölsardinen *f/pl*; F **être serrés comme des ~s** F (dicht gedrängt) wie die Heringe stehen *ou* sitzen 2 F *d'un sous-officier* Tresse *f*; F Pommes *pl*
sardinerie [saʀdinʀi] *f* Sardinenkonservenfabrik *f*
sardinier [saʀdinje] I *adj* ⟨-ière⟩ Sardinen... II *m* Fischerboot *n* für den Sardinenfang
sardonique [saʀdɔnik] *adj rire* hämisch; höhnisch; sardonisch
sari [saʀi] *m en Inde* Sari *m*
sarigue [saʀig] *f* zo Beutelratte *f*
Sarine [saʀin] GÉOGR **la ~** die Saane
SARL [ɛsaɛʀɛl] *f abr* (*société à responsabilité limitée*) GmbH *f* (Gesellschaft mit beschränkter Haftung)
sarment [saʀmɑ̃] *m* (Wein)Rebe *f*; Weinranke *f*
sarrasin[1] [saʀazɛ̃] HIST I *adj* sarazenisch II *subst* **Sarrasin(e)** *m(f)* Sarazene *m*, Sarazenin *f*
sarrasin[2] [saʀazɛ̃] *m* BOT Buchweizen *m*
sarrau [saʀo] *m* Bauernkittel *m*
Sarre [saʀ] **la ~** das Saarland; HIST das Saargebiet
Sarrebruck [saʀbʀyk] Saarbrücken *n*
Sarreguemines [saʀgəmin] GÉOGR Saargemünd *n*
sarriette [saʀjɛt] *f* BOT Bohnenkraut *n*
sarrois [saʀwa] I *adj* saarländisch II *subst* **Sarrois(e)** *m(f)* Saarländer(in) *m(f)*
Sarthe [saʀt] **la ~** *Fluss u Departement in Frankreich*
sas [sɑ(s)] *m* 1 (*compartiment étanche*) Luftschleuse *f* 2 *d'une écluse* Schleusenkammer *f* 3 (*tamis*) Haarsieb *n*
sasser [sase] *v/t* 1 *farine* (durch)sieben 2 *bateau* durchschleusen
Satan [satɑ̃] *m* REL (der) Satan
satané [satane] *adj* F verteufelt; verdammt; verflixt **satanique** *adj* satanisch; teuflisch **satanisme** *m* Satanismus *m*; Satans-, Teufelskult *m*
satellisation [satelizasjõ] *f* 1 ASTRONAUTIQUE In-die-Umlaufbahn-Bringen *n*; Satellitisierung *f* 2 POL Unterwerfung *f* zum, Verwandlung *f* in e-n Satelliten(staat)
satelliser [satelize] *v/t* 1 *engin spatial* in e-e Umlaufbahn bringen; satellitisieren; *adjt* **satellisé** in e-r Umlaufbahn befindlich 2 POL zu e-m Satelliten(staat) machen
satellite [satelit] *m* 1 ASTR Satellit *m*; Trabant *m*; Mond *m*; **~s de Jupiter** Jupitermonde *m/pl*; **la Lune est le ~ de la Terre** der Mond ist der Trabant der Erde 2 **~ (artificiel)** (künstlicher) Satellit; **~ géostationnaire** geostationärer Satellit; **~ météorologique** Wettersatellit *m*; **~ de télécommunications** Fernmelde-, Nachrichtensatellit *m*; **lancement** *m* **d'un ~** Satellitenstart *m*; *adjt* **photo** *f* **~** Satellitenfoto *n* 3 POL Satellit *m*; *adjt* **pays** *m* **~** Satelliten-, Vasallenstaat *m* 4 *adjt* **ville** *f* **~** Trabantenstadt *f* 5 AUTO *d'un différentiel* **~** *ou adjt* **pignon** *m* **~** Ausgleichskegelrad *n*
satiété [sasjete] *f* (völlige) Sättigung; *par ext* Übersättigung *f*; Überdruss *m*; *loc/adv* **à ~** *manger, boire* bis man genug hat; *répéter qc* bis zum Überdruss; **manger à ~** *a* sich satt essen
satin [satɛ̃] *m* TEXT Satin *m*; Atlas *m* (*surtout de soie*); **~ de coton** Baumwollsatin *m*; *fig* **avoir une peau de ~** e-e seidenweiche Haut haben
satiné [satine] I *adj* 1 *étoffe* atlasartig glänzend; **papier ~** satiniertes Papier 2 *peau* seidenweich II *m* atlasartiger Glanz
satiner [satine] *v/t* TECH satinieren
satire [satiʀ] *f* Satire *f*; *poème a* Spottgedicht *n*; **une ~ violente, virulente contre qn** e-e beißende Satire auf j-n
satirique [satiʀik] *adj* satirisch; **chanson** *f*, **poème** *m* **~** satirisches Lied, Gedicht; **dessin** *m* **~** satirische Zeichnung; **écrivain** *m* **~** Satiriker *m*; **avoir l'esprit ~** ein Satiriker, Spötter sein
satisfaction [satisfaksjõ] *f* 1 (*contentement*) Zufriedenheit *f*; Befriedigung *f*; Genugtuung *f*; **la ~ du devoir accompli** die Zufriedenheit nach erfüllter Pflicht; **à la ~ générale** zur allgemeinen Zufriedenheit; **avec ~** befriedigt; mit Genugtuung, Befriedigung; **donner (toute) ~ à qn** j-n (ganz, vollständig) zufriedenstellen; **éprouver de la ~** Zufriedenheit, Genugtuung empfinden; **exprimer sa ~** sich befriedigt äußern 2 *d'un besoin, d'un désir* Befriedigung *f* 3 *pour une offense* Genugtuung *f*; **donner, obtenir ~** Genugtuung geben *ou* leisten, erhalten
satisfaire [satisfɛʀ] ⟨→ **faire**⟩ I *v/t* 1 *personne, chose* **~ qn** j-n zufriedenstellen; *travail, réponse, solution* **~ qn** *a* j-n befriedigen; COMM **~ ses créanciers** s-e Gläubiger befriedigen; **on ne peut ~ tout le monde** man kann es nicht jedem recht machen 2 *besoin, curiosité, ambition, vanité* befriedigen; *attente, désir* erfüllen; *faim, soif* stillen; **~ un besoin naturel** s-e Notdurft verrichten II *v/t/indir* **~ à qc** e-r Sache (*dat*) genügen, Genüge tun, gerecht werden; **~ à une condition, à une norme** e-r Bedingung, e-r Norm genügen; e-e Bedingung, e-e Norm erfüllen; COMM **~ à la demande** die Nachfrage befriedigen; **~ à un engagement** e-r Verpflichtung nachkommen; e-e Verpflichtung einhalten, erfüllen; **~ aux revendications** die Forderungen erfüllen III *v/pr* 1 **se ~** *sexuellement* sich befriedigen 2 **se ~ de peu** sich mit wenig(em) zufriedengeben
satisfaisant [satisfəzɑ̃] *adj* befriedigend; zufriedenstellend; *p/fort* erfreulich
satisfait [satisfɛ] *adj* ⟨**-faite** [-fɛt]⟩ 1 *personne, air* zufrieden; befriedigt; **être ~ de qn, de qc** mit j-m, etw zufrieden sein 2 *besoin, désir, curiosité* befriedigt
satisfecit [satisfesit] *m* ⟨*inv*⟩ Anerkennung *f*; Lob *n*
satrape [satʀap] *m* HIST Satrap *m*
Satu Mare [satymaʀ] GÉOGR Sathmar *n*
saturabilité [satyʀabilite] *f* PHYS Sättigungsfähigkeit *f* **saturable** *adj* PHYS sättigungsfähig **saturant** *adj* PHYS sättigend; Sättigungs...; *vapeur* gesättigt **saturateur** *m à un radiateur* Luftbefeuchter *m*
saturation [satyʀasjõ] *f* 1 PHYS, CHIM Sättigung *f* 2 *par ext du marché* Sättigung *f*; TÉL Überlastung *f* 3 *fig* Übersättigung *f*
saturé [satyʀe] *adj* 1 CHIM, PHYS gesättigt; **air ~ de vapeur d'eau** mit Wasserdampf gesättigte Luft 2 *par ext* **terre ~e d'eau** völlig durchtränkte Erde; ÉCON **marché ~ (de produits)** (mit Waren) gesättigter Markt; TÉL **réseau ~** überlastetes Netz 3 *fig personne* **être ~ de qc** e-r Sache (*gén*) überdrüssig sein; von etw übersättigt sein
saturer [satyʀe] *v/t* 1 PHYS, CHIM sättigen (**de** mit) 2 *fig personne* übersättigen (**de** mit)
Saturne [satyʀn] ASTR (der) Saturn

saturnie [satyʀni] *f* ZO Nachtpfauenauge *n*
saturnien [satyʀnjɛ̃] *adj* ⟨**~ne**⟩ *rarement* saturnisch (*a* MÉTRIQUE)
saturnisme [satyʀnism] *m* MÉD Bleivergiftung *f*
satyre [satiʀ] *m* 1 MYTH Satyr *m* 2 *fig* Lüstling *m*; *p/fort* Sittenstrolch *m*; Unhold *m*
satyrique [satiʀik] *adj dans le théâtre grec* ***drame*** *m* **~** Satyrspiel *n*
sauce [sos] *f* 1 CUIS Soße *f*; Tunke *f*; *a* Sauce *f*; ***~ blanche*** weiße, helle Soße; ***~ tomate*** Tomatensoße *f*; *adjt* ***langue*** *f* ***~ madère*** Zunge *f* in Made(i)rasoße; ***allonger la ~*** die Soße verlängern, strecken, verdünnen; *fig* e-e Erzählung *etc* in die Länge ziehen; *fig* ***à quelle ~ sera-t-il mangé?*** auf welche Art und Weise wird er wohl dran glauben müssen?; *fig* ***mettre à toutes les ~s*** *personne* zu allen möglichen Arbeiten heranziehen; *mot* bei jeder Gelegenheit verwenden; *fig* ***la ~ fait passer le poisson*** wie man e-e unangenehme Sache schmackhaft macht *ou* wie man die bittere Pille versüßt, darauf kommt es an; *fig* ***varier la ~*** die Sache variieren 2 F → ***saucée***
saucée [sose] F *f* (Regen)Guss *m*; F Dusche *f*; ***recevoir une ~*** F e-n Guss, e-e Dusche abkriegen
saucer [sose] *v/t* ⟨**-ç-**⟩ 1 *son assiette avec du pain* austunken; auswischen 2 F *fig* ***se faire ~*** F patschnass werden
saucier [sosje] *m* Soßenkoch *m* **saucière** *f* Sauciere *f*; Soßenschüssel *f*
sauciflard [sosiflaʀ] *m* F → ***saucisson*** *1*
saucisse [sosis] *f* 1 CUIS Wurst *f*, Würstchen *n* (*zum Braten od Heißmachen*); ***~ plate*** Netzkotelett *n* (*von Netz umhüllte Frikadelle aus Schweinefleisch*); ***~ sèche*** Salami *f* (*aus der Auvergne*); ***~ de Francfort*** Frankfurter Würstchen; ***chair*** *f* ***à ~*** gewürztes Hackfleisch; *fig* ***ne pas attacher son chien*** *ou* ***ses chiens avec des ~s*** auf s-m Geld sitzen; jeden Pfennig dreimal umdrehen 2 AVIAT Fesselballon *m*
saucisson [sosisõ] *m* 1 Wurst *f*; ***~ sec*** Dauer-, Hartwurst *f*; Salami *f*; ***~ à l'ail*** Knoblauchwurst *f*; ***sandwich*** *m* ***au ~*** Wurstbrötchen *n*, -semmel *f*; *fig personne* ***être ficelé comme un ~*** *ligoté* am ganzen Körper gefesselt sein; *serré* in viel zu engen Kleidern stecken; in zu enge Kleider (ein)gezwängt sein 2 *pain* langes rundes Weißbrot
saucissonné [sosisɔne] F *adj* (eng) eingeschnürt
saucissonner F *v/i* kalt essen; F Brotzeit machen; *a* picknicken
sauf [sof] I *adj* ⟨**sauve** [sov]⟩ ***sain et ~*** wohlbehalten; unversehrt; unverletzt; heil; ***avoir la vie sauve*** mit dem Leben davonkommen; ***laisser la vie sauve à qn*** j-s Leben (ver)schonen; *fig* ***l'honneur est ~*** die Ehre ist unangetastet II *prép* 1 außer (*+dat*); ausgenommen (*+cas régi par le verbe précédent*); abgesehen von (*+dat*); bis auf (*+acc*); *je les connais tous,* ***~ lui*** außer ihm *ou* ausgenommen ihn *ou* bis auf ihn; ♦ *loc/conj*: ***~ que …*** außer dass …; abgesehen davon, dass …; ***~ si …*** außer (wenn) …; es sei denn, dass …; wenn nicht … 2 vorbehaltlich (*+gén*); → *a* ***avis*** *2*, ***erreur*** 3 *en incise* ***~ votre respect*** *ou* ***~ le respect que je vous dois*** mit Verlaub zu sagen
sauf-conduit [sofkõdɥi] *m* ⟨*pl* **sauf-conduits**⟩ Passierschein *m*; HIST Geleitbrief *m*
sauge [soʒ] *f* BOT Salbei *m ou f*
saugrenu [sogʀəny] *adj* ausgefallen; skurril; ungereimt; albern; unsinnig
Saül [sayl] *m* BIBL Saul *m*
saule [sol] *m* BOT Weide *f*; ***~ pleureur*** Trauerweide *f*
Saulxures-sur-Moselotte [sosyʀsyʀmozlɔt] *Ort im Dep. Vosges*
saumâtre [somɑtʀ] *adj* 1 brackig; ***eau*** *f* **~** Brackwasser *n* 2 F *fig* ***la trouver ~*** es bitter, unangenehm, unerfreulich finden
saumon [somõ] *m* 1 ZO Lachs *m*; Salm *m*; ***~ fumé*** Räucherlachs *m* 2 *adjt* (***rose***) **~** ⟨*inv*⟩ lachsfarben, -rosa
saumoné [somɔne] *adj* lachsfarben; ***truite ~e*** Lachsforelle *f*
saumurage [somyʀaʒ] *m* Einlegen *n* in (Salz)Lake; *de la viande a* Pökeln *n*
saumure [somyʀ] *f* (Salz)Lake *f*
saumuré [somyʀe] *adj hareng etc* in (Salz)Lake (eingelegt)
sauna [sona] *m* Sauna *f*
saupoudrage [sopudʀaʒ] *m* 1 Bestreuen *n* (**de** mit) 2 *fig* (Verteilung *f* nach dem) Gießkannenprinzip *n*
saupoudrer [sopudʀe] *v/t* bestreuen (***de sucre*** *etc* mit Zucker *etc*)
saupoudreuse [sopudʀøz] *f* Streudose *f*, -büchse *f*; Streuer *m*
saur [sɔʀ] *adj* ***'hareng*** *m* **~** Bückling *m*; F ***être maigre comme un hareng ~*** ein Hering, klapper-, spindeldürr sein
saurai, **saura(s)** [sɔʀe, sɔʀa] → ***savoir***[1]
sauriens [sɔʀjɛ̃] *m/pl* ZO Echsen *f/pl*
saut [so] *m* 1 Sprung *m* (*a* SPORTS); Satz *m*; Hüpfer *m*; F Hopser *m*; ***~ périlleux*** Salto *m*; ***triple ~*** Dreisprung *m*; ***~ à la corde*** Seilhüpfen *n*, -springen *n*; ***~ à l'élastique*** Bungeejumping ['bandʒidʒampɪŋ] *n*; ***~ à la perche*** Stabhochsprung *m*; ***~ à skis*** Skispringen *n*; ***~ de l'ange*** *plongeon* Kopfsprung *m* (vorwärts gestreckt); ***~ de carpe*** Hechtsprung *m*; ***~ de la mort*** Todessprung *m*; Salto mortale *m*; ***~ en ciseaux, en rouleau*** Scheren-, Rollsprung *m*; ***~ en 'hauteur, en longueur*** Hoch-, Weitsprung *m*; ***~ en parachute*** Fallschirmabsprung *m*; *fig* ***il n'y a qu'un ~*** F es ist nur ein (Katzen)Sprung bis dahin; *fig* ***faire le ~*** den Sprung (ins Ungewisse) wagen; *fig* ***faire le grand ~*** sterben; aus dem Leben scheiden; *fig* ***faire un ~ chez qn*** auf e-n Sprung bei j-m vorbeikommen, -schauen; *fig* ***faire un ~ d'un siècle*** e-n Sprung von e-m Jahrhundert machen; ***se lever d'un ~*** aufspringen 2 (*chute*) Sturz *m*; Fall *m*; *voiture* ***faire un ~ dans le ravin*** in e-e Schlucht stürzen 3 ***au ~ du lit*** beim Aufstehen; *iron* noch vor dem Aufstehen 4 (*chute d'eau*) Wasserfall *m* 5 INFORM Sprung *m*
saut-de-lit [sodli] *m* ⟨*pl* **sauts-de-lit**⟩ leichter Morgenrock
saut-de-mouton [sodmutõ] *m* ⟨*pl* **sauts-de-mouton**⟩ (Gleis-, Straßen)Überführung *f*
saute [sot] *f* ***~ de vent*** Umspringen *n*, Umschlagen *n* des Windes; ***~ de température*** plötzlicher Wechsel der Temperatur; Temperatursturz *m*; *fig* ***~ d'humeur*** plötzlicher Stimmungswechsel; Stimmungsumschwung *m*; TV ***~s d'image*** Bildschwankungen *f/pl*; zuckende Bilder *n/pl*
sauté [sote] CUIS I *adj* gebraten; ***pommes de terre ~es*** Bratkartoffeln *f/pl* II *m* ***~ de veau*** Kalbsragout

n

saute-mouton [sotmutõ] *m* Bockspringen *n*; ***jouer à ~*** Bockspringen spielen

sauter [sote] **I** *v/t* **1** *fossé, obstacle etc* überspringen; springen, setzen über (+*acc*); *obstacle a* nehmen; *fig* **~ *le pas*** (*se décider*) zu e-m Entschluss kommen; (*mourir*) sterben **2** *mot, ligne etc* auslassen; überspringen; *qc d'écrit a* überlesen; *écolier* **~ *une classe*** e-e Klasse überspringen; **~ *un repas*** e-e Mahlzeit auslassen **3** F ***la ~*** (*avoir faim*) F Kohldampf schieben **4** P **~ *une fille*** P ein Mädchen umlegen **II** *v/i* **1** springen; hüpfen; e-n Sprung, e-n Satz machen; F hopsen; **~ *à bas du lit*** aus dem Bett springen; **~ *à la corde*** seilspringen, -hüpfen; SPORTS **~ *à la perche*** e-n Stabhochsprung machen; *fig* **~ *au plafond*** F an die Decke gehen; hochgehen; *fig* **~ *aux yeux*** ins Auge, in die Augen fallen, springen; **~ *dans l'eau*** ins Wasser springen; **~ *de joie*** Freudensprünge machen; **~ *de son siège*** von s-m Sitz aufspringen; *fig* **~ *d'un sujet à l'autre*** von e-m Thema zum anderen springen; **~ *en l'air*** in die Luft springen; e-n Luftsprung *ou* Luftsprünge machen; SPORTS **~ *en 'hauteur, en longueur*** hoch-, weitspringen; **~ *en parachute*** mit dem Fallschirm abspringen; **~ *en selle*** sich in den Sattel schwingen; **~ *par la fenêtre*** aus dem Fenster springen; zum Fenster hinausspringen **2** (*se précipiter*) sich stürzen (***sur qn, qc*** auf j-n, etw); **~ *au cou de qn*** j-m um den Hals fallen; **~ *à la gorge de qn*** j-m an die Gurgel springen, fahren; *fig* **~ *sur l'occasion*** die Gelegenheit beim Schopf packen; **~ *sur sa proie*** sich auf s-e Beute stürzen **3** *bouton* abspringen; *chaîne de vélo* herausspringen; *vitre* zerspringen; *bouchon* knallen; ***les plombs ont sauté*** die Sicherung ist durchgebrannt; ***attention, tu vas faire ~ les plombs!*** F pass auf, sonst fliegt die Sicherung raus! **4** (*exploser*) *bâtiment* in die Luft fliegen; *explosif* hochgehen; explodieren; **~ *sur une mine*** *char* auf e-e Mine fahren; *navire* auf e-e Mine laufen; ***faire ~*** sprengen; F in die Luft jagen; hochgehen lassen; *kamikaze* ***se faire ~*** sich in die Luft sprengen; *au jeu* ***faire ~ la banque*** die Bank sprengen; ***faire ~ une serrure*** ein Schloss aufbrechen **5** F *fig avantage* wegfallen; ÉCOLE *cours* ausfallen; ***faire ~*** *amende* aufheben; rückgängig machen **6** F ***et que ça saute!*** hopp, hopp!; F aber ein bisschen dalli, Trab, plötzlich! **7** CUIS ***faire ~*** (*faire revenir*) (in heißem Fett, in der Pfanne) braten; *crêpe* (beim Wenden) in die Luft werfen **8** *fig* ***faire ~ qn*** j-n aus s-r Stellung drängen; F j-n absägen **9** *par ext paupière*, TV *image* zucken

sauterelle [sotʀɛl] *f* **1** ZO Heuschrecke *f*; ***nuée f de ~s*** Heuschreckenschwarm *m* **2** *fig de qn* ***grande ~*** F Bohnen-, Hopfenstange *f*

sauterie [sotʀi] *f* Tanzparty *f*; F Tanzerei *f*

sauternes [sotɛʀn] *m* Sauternes *m* (*edelsüßer Weißwein aus der Region Bordeaux*)

sauteur [sotœʀ], **sauteuse** **I** *subst* **1** *m,f* SPORTS Springer(in) *m(f)*; ***sauteur à la perche, à skis*** Stabhoch-, Skispringer *m*; ***sauteur, sauteuse en 'hauteur, en longueur*** Hoch-, Weitspringer(in) *m(f)* **2** *m cheval* Springpferd *n* **3** *f* CUIS Bratpfanne *f* **II** *adj* **1** ZO Spring… **2** TECH ***scie sauteuse*** Stichsäge *f*

sautillant [sotijɑ̃] *adj* **1** *démarche* hüpfend **2** *musique* rhythmisch schnell und deutlich skandiert

sautillement [sotijmɑ̃] *m* Hüpfen *n*

sautiller [sotije] *v/i* (umher)hüpfen; F hopsen

sautoir [sotwaʀ] *m* **1** *collier* lange Halskette; ***porter en ~*** um den Hals gehängt, an e-r Halskette tragen **2** SPORTS Sprunganlage *f*

sauvage [sovaʒ] **I** *adj* **1** wild; *animal a* wild lebend; ungezähmt; *plante, fruit a* wild wachsend; *région a* unberührt; ***canard*** *m*, ***cheval*** *m* **~** Wildente *f*, -pferd *n*; *plante* ***pousser à l'état ~*** wild wachsen; *animal, plante* ***retourner à l'état ~*** verwildern **2** *peuplade* primitiv; unzivilisiert; urtümlich; natürlich **3** *air, cri etc* wild; barbarisch; bestialisch **4** (*farouche*) *personne* menschenscheu; ungesellig; *enfant* scheu (*a animal*); schüchtern **5** (*illégal*) wild; unerlaubt; ***camping*** *m* **~** wildes Zelten; ***grève*** *f* **~** wilder Streik **II** *m,f* **1** (*misanthrope*) Einzelgänger(in) *m(f)*; Eigenbrötler(in) *m(f)* **2** (*non-civilisé*) Wilde(r) *f(m)*; ***les ~s*** die Wilden **3** (*brute*) Rohling *m*; Barbar(in) *m(f)*; ***mœurs*** *f/pl* ***de ~*** raue, barbarische, grausame Sitten *f/pl*; ***ce sont de(s) vrais ~s*** das sind richtige Barbaren

sauvagement [sovaʒmɑ̃] *adv* auf rohe, grausame, bestialische Weise

sauvageon [sovaʒõ] *m* **1** JARD Wildling *m* **2** *enfant* ⟨*f* **sauvageonne**⟩ Naturkind *n*

sauvagerie [sovaʒʀi] *f* **1** *d'un misanthrope* Menschenscheu *f*; Ungeselligkeit *f* **2** (*cruauté*) Rohheit *f*; Grausamkeit *f*; Bestialität *f*

sauvagine [sovaʒin] *f coll* CH Wasser- und Sumpfvögel *m/pl*

sauvegarde [sovgaʀd] *f* **1** Schutz *m*; *de droits, d'intérêts a* Wahrung *f*; ***se mettre sous la ~ de la justice*** sich unter den Schutz der Justiz stellen **2** INFORM **a)** *action* Sichern *n*, -ung *f*; **b)** *copie* Sicherheitskopie *f*

sauvegarder [sovgaʀde] *v/t* **1** schützen; wahren; **~ *des droits, des libertés*** Rechte, Freiheiten schützen *ou* wahren **2** INFORM sichern

sauve-qui-peut [sovkipø] *m* ⟨*inv*⟩ **1** *cri* Rette-sich--wer-kann *n* **2** (*débandade*) allgemeine Verwirrung; allgemeines Durcheinander; Panik *f*; wilde Flucht

sauver [sove] **I** *v/t* **1** retten (***de la détresse*** aus Not; ***de la noyade*** vor dem Ertrinken); *personne a* erretten; *accidentés* bergen; F **~ *les meubles*** das Notwendigste retten; *au jeu* **~ *la mise*** wenigstens den Einsatz retten, wieder herausbekommen; F **~ *sa peau*** sein Leben, s-e Haut retten; **~ *la vie à qn*** j-m das Leben retten; ***ce qui sauve ce film, c'est la couleur*** was diesen Film rettet, ist die Farbe **2** *par ext* **~ *les apparences, la face*** den Schein, das Gesicht wahren **3** REL erlösen; retten **II** *v/pr* ***se ~*** **1** (*s'enfuir*) davon-, weg-, fortlaufen, -rennen; sich davonmachen; ***se ~ à toutes jambes*** Hals über Kopf davonlaufen *etc* **2** F (*s'en aller*) (weg)gehen; F sich verziehen; machen, dass man wegkommt **3** F *lait* überlaufen, -kochen **4** *elliptiquement* ***sauve qui peut!*** rette sich, wer kann!

sauvetage [sovtaʒ] *m* Rettung *f* (*a fig*); Errettung *f*; Bergung *f*; ***brevet*** *m* ***de ~*** Rettungsschwimmer(-ausweis) *m*; ***canot*** *m* ***de ~*** Rettungsboot *n*; ***gilet*** *m* ***de ~*** Schwimmweste *f*; ***opération*** *f* ***de ~*** Rettungsaktion *f*

sauveteur [sovtœʀ] *m* Retter *m*; Angehörige(r) *m* e-r Rettungsmanschaft; **~s** *pl* Rettungsmannschaft *f*

S

sauvette [sovɛt] *loc/adv* ***à la ~*** **1** (*en secret*) heimlich; COMM ***marchand*** *m* ***à la ~*** Schwarzhändler *m*; ***vendre à la ~*** schwarz verkaufen **2** (*à la hâte*) voreilig; mit verdächtiger Eile; ***décision prise à la ~*** voreilig getroffene Entscheidung

sauveur [sovœʀ] **I** *m* **1** (Er)Retter *m*; *ce médecin* ***a été mon ~*** war mein Retter **2** REL ***le Sauveur*** der Erlöser, Heiland **II** *adj* ⟨*litt f* **salvatrice**⟩ rettend

savamment [savamɑ̃] *adv* **1** gelehrt; mit Sachkenntnis; *par ext* ***j'en parle ~*** ich spreche aus Erfahrung **2** (*habilement*) geschickt

savane [savan] *f* GÉOGR Savanne *f*

savant [savɑ̃] **I** *adj* **1** (*érudit*) gelehrt; (*versé*) sachkundig; sehr bewandert, sehr beschlagen, firm (***en histoire*** in Geschichte); LING ***mot ~*** gelehrtes Wort; Fremdwort *n*; ***c'est trop ~ pour moi*** das ist mir zu gelehrt **2** (*scientifique*) wissenschaftlich; ***société ~e*** wissenschaftliche, gelehrte Gesellschaft **3** (*fait avec art*) geschickt; kunstvoll (*a coiffure*); gekonnt **4** *animal* dressiert **II** *m* Gelehrte(r) *m*; Wissenschaftler *m*

savarin [savaʀɛ̃] *m* CUIS mit Rum getränkter Napfkuchen

savate [savat] *f* **1** alter, abgetragener Schuh *ou* Pantoffel; ***~s*** *pl a* F Latschen *m/pl*; Schlappen *m/pl*; ***être en ~s*** Latschen, Schlappen anhaben; ***traîner ses ~s*** F (herum)latschen, (-)schlurfen; F *fig* ***traîner la ~*** am Hungertuch nagen **2** F *fig* (*maladroit*) Tollpatsch *m*; F Niete *f*; Flasche *f*; ***s'y prendre comme une ~*** sich tollpatschig anstellen **3** SPORT HIST Boxen *n*, bei dem Fußtritte zulässig sind

Saverne [savɛʀn] GÉOGR Zabern *n*; ***le col de ~*** die Zaberner Steige

savetier [savtje] *m litt* Flickschuster *m*

saveur [savœʀ] *f* **1** Geschmack *m*; Schmackhaftigkeit *f*; ***sans ~*** fad(e); ohne Geschmack **2** *fig* Reiz *m*; Würze *f*

Savoie [savwa] ***la ~*** **1** Savoyen *n* **2** *frz Departement*

savoir[1] [savwaʀ] ⟨**je sais, il sait, nous savons; je savais; je sus; je saurai; que je sache, que nous sachions; sachant; su**⟩ **I** *v/t* **1** (*connaître*) wissen; (*apprendre*) erfahren; *expressions*: **a)** *abs*: ***vous savez ...*** *ou* ***tu sais ...*** wissen Sie ... *ou* weißt du ...; ***si je savais, je partirais*** wenn ich wüsste, (so) würde ich abreisen; **b)** *avec subst*: *tout le monde* ***sut la catastrophe*** *en peu de temps* erfuhr von der Katastrophe; F ***il en sait des choses!*** was der alles weiß!; ***nous vous saurions gré de*** (*+inf*) wir wären Ihnen zu Dank verpflichtet, wenn Sie ...; ***je ne sais pas votre nom*** ich weiß Ihren Namen nicht; ***est-ce que vous savez déjà la nouvelle?*** wissen Sie schon das Neueste?; **c)** *avec pr*: ***il le sait*** er weiß es; ***qui sait?*** wer weiß?; ***ne dites rien à qui vous savez*** sagen Sie ihm nichts, Sie wissen schon, wen ich meine; ***j'en sais quelque chose*** ich kann ein Lied davon singen; ***un je ne sais quoi*** ein gewisses Etwas; ***je n'en sais rien*** ich weiß nichts davon *ou* darüber; ***il sait tout*** er weiß alles; **d)** *avec adj*: ***je ne le savais pas si méchant*** ich wusste nicht, dass er so böse ist; ***je les sais en bonne santé*** ich weiß, dass sie gesund sind; **e)** *avec adv*: ***à ce que je sais*** soviel ich weiß; ***comme vous savez*** wie Sie wissen; ***sait-on jamais?*** *ou* ***on ne sait jamais*** man kann nie wissen; ***je ne sais comment*** (*ou* ***où, pourquoi, qui***) ich weiß nicht wie (*ou* wo, warum, wer); *notre départ est remis* ***à je ne sais quand*** auf unbestimmte Zeit; ***je ne sais pas*** F [ʃsepɑ], F [ʃepɑ] ich weiß (es) nicht; F weiß ich nicht; **f)** *avec proposition complétive*: ***je sais à quoi m'en tenir*** ich weiß, woran ich mich zu halten habe; ***ne pas ~ ce qu'on dit, fait, veut*** nicht wissen, was man sagt, tut, will; ***ne pas ~ où se mettre*** sich am liebsten in ein Mauseloch verkriechen (mögen); ***~ que ...*** wissen, dass ...; ***quand il a su que ...*** als er erfuhr, dass ...; ***Dieu sait qu'il n'est pas pauvre*** er ist weiß Gott kein armer Mann; ***je sais bien que ...*** ich weiß genau *ou* sehr wohl, dass ...; ***on sait que ...*** *a* bekanntlich ...; es ist bekannt, dass ...; ***ne pas ~ que*** *ou* ***quoi faire*** nicht wissen, was man tun soll; keinen Rat wissen; **g)** *avec verbes*: F ***allez ~!*** *ou* ***va ~!*** wer kann das schon wissen; ***nous croyons ~ que ...*** wir glauben zu wissen, dass ...; ***vous n'êtes pas sans ~ que ...*** Sie wissen sehr wohl, dass ...; ***c'est bon à ~*** gut, dass ich es weiß; das ist gut zu wissen; ***faire ~*** mitteilen (***qc à qn*** j-m etw); ***peut-on ~ ...?*** darf man fragen ...?; ***reste à ~ si ...*** es fragt sich noch *ou* es ist noch die Frage *ou* es ist noch fraglich *ou* es bleibt dahingestellt, ob ...; ***il ne veut rien ~*** er will nichts wissen; ***je voudrais en ~ davantage*** ich möchte gern mehr darüber wissen; **h)** *formes au subj*: (**autant**) ***que je sache*** soviel ich weiß; meines Wissens; ***pas que je sache*** nicht, dass ich wüsste; ***sachez que ...*** Sie müssen wissen, dass ...; nehmen Sie zur Kenntnis, dass ...; **i)** *loc/conj* (**à**) ***~ que ...*** weil nämlich ...; *dans une énumération* ***à ~ ...*** und zwar ...; nämlich ...; ***il s'agit de ~ si*** (*ou* ***comment, qui*** *etc*) ... es handelt sich darum, ob (*ou* wie, wer *etc*) ...; ***la question est de ~ s'il va réussir*** die Frage ist, ob es ihm gelingt; F ***~ si ...*** (*+futur*) wer weiß, ob ...; F ***~ quel temps il fera demain*** man müsste wissen, wie das Wetter morgen wird **2** (*être capable, avoir appris*) können; *avec inf a* es verstehen zu; wissen zu; **a)** *avec subst*: ***~ l'anglais*** Englisch können; ***il sait trois langues*** er kann drei Sprachen; ***~ sa leçon, son rôle*** s-e Lektion, s-e Rolle können; ***il ne sait pas l'orthographe*** er kann keine Rechtschreibung; er kennt die Rechtschreibung nicht; ***~ qc par cœur*** etw auswendig können; **b)** *avec inf*: ***~ écouter, écrire, lire, nager, faire du ski, jouer au tennis*** zuhören, schreiben, lesen, schwimmen, Ski fahren, Tennis spielen können; ***il faut ~ attendre*** man muss (ab)warten können; ***il sait se débrouiller*** er weiß sich (*dat*) zu helfen; ***il saura se défendre*** er wird sich zu verteidigen wissen; F ***~ y faire*** sich darauf verstehen; ***il sait plaire*** er weiß zu gefallen; er versteht es zu gefallen; ***il ne sait pas s'y prendre*** er weiß nicht, wie er es anstellen muss; ***il ne sait pas refuser*** er kann nicht Nein sagen; ***elle a su rester jeune*** sie verstand es, jung zu bleiben; ***~ se taire*** schweigen können; ♦ *conditionnel*: ***je ne saurais vous le dire*** ich kann es Ihnen (leider) nicht sagen; ***il ne saurait être question de ...*** es kann keine Rede davon sein zu ...; **c)** F *loc/adv* (***il pleurait***) ***tout ce qu'il savait*** (er weinte,) so sehr er konnte *ou* was er konnte **II** *v/pr* ***se ~*** **1** *sens passif* bekannt sein; an den Tag kommen; F herauskommen; ***ça se saurait*** das wäre bekannt; ***tout se sait, tout finit par se ~*** es kommt alles an den Tag; es bleibt nichts verborgen **2** *sens réfléchi* ***il se sait incurable*** er weiß, dass er unheilbar krank ist

S

savoir² [savwaʀ] *m* Wissen *n*; Kenntnisse *f/pl*; Gelehrsamkeit *f*; ***l'étendue de son ~*** der Umfang s-s Wissens

savoir-faire [savwaʀfɛʀ] *m* ⟨*inv*⟩ Können *n*; Know-how [no:'hau] *n* **savoir-vivre** *m* ⟨*inv*⟩ Anstand *m*; Lebensart *f*; Manieren *pl*

savon [savõ] *m* **1** Seife *f* (*a* CHIM); ***deux ~s*** zwei Stück Seife; ***~ liquide*** flüssige Seife; ***~ noir*** Schmierseife *f*; ***~ à barbe*** Rasierseife *f*; ***~ de Marseille*** Kernseife *f*; ***~ de toilette*** Toilettenseife *f*; ***~ en paillettes*** Seifenflocken *f/pl*; ***bulle f de ~*** Seifenblase *f*; ***un morceau de ~*** ein Stück *n* Seife; MINÉR ***pierre f de ~*** Seifenstein *m*; Saponit *m* **2** F *fig* Rüffel *m*; Anschnauzer *m*; Anranzer *m*; Anpfiff *m*; ***passer un ~ à qn*** F j-n anschnauzen; j-m den Kopf waschen; j-m e-e Standpauke halten

savonnage [savɔnaʒ] *m* Waschen *n*, Wäsche *f* (mit Seife); Einseifen *n*

savonner [savɔne] **I** *v/t linge* mit Seife waschen; einseifen **II** *v/pr* ***se ~*** sich einseifen; ***se ~ les mains*** sich (*dat*) die Hände einseifen

savonnerie [savɔnʀi] *f* Seifenfabrik *f*

savonnette [savɔnɛt] *f* Toilettenseife *f*

savonneux [savɔnø] *adj* ⟨**-euse**⟩ Seifen…; seifig; ***eau savonneuse*** Seifenwasser *n*

savourer [savuʀe] *v/t* **1** *mets, boisson* (in Ruhe) genießen **2** *fig* auskosten; genießen; ***~ son bonheur*** sein Glück auskosten, genießen

savoureux [savuʀø] *adj* ⟨**-euse**⟩ **1** *mets, boisson* wohlschmeckend; schmackhaft; köstlich; lecker; delikat **2** *fig anecdote etc* köstlich; amüsant; pikant

savoyard [savwajaʀ] **I** *adj* savoyisch **II** *subst* ***Savoyard(e)*** *m(f)* Savoyer(in) *m(f)*; Savoyarde *m*, Savoyardin *f*

Saxe [saks] ***la ~*** Sachsen *n*

saxe [saks] *m* Meiß(e)ner Porzellan *n*; ***collection f de vieux ~s*** Sammlung *f* von altem Meißener Porzellan

saxhorn [saksɔʀn] *m* MUS Saxhorn *n*

saxifrage [saksifʀaʒ] *f* BOT Steinbrech *m*

saxo [sakso] *m* F *abr* → ***saxophone***, ***saxophoniste***

saxon [saksõ] **I** *adj* ⟨**~ne**⟩ sächsisch **II** *subst* **1** ***Saxon(ne)*** *m(f)* Sachse *m*, Sächsin *f* **2** LING ***le ~*** das Sächsische; Sächsisch *n*; ***le bas, le haut ~*** das Nieder-, Obersächsische

saxophone [saksɔfɔn] *m* MUS Saxofon *n* **saxophoniste** *m,f* Saxofonist(in) *m(f)*

saynète [sɛnɛt] *f* THÉ **1** HIST Sainete *m* **2** Sket(s)ch *m*

sbire [zbiʀ] *m péj* Handlanger *m*; Scherge *m*; Büttel *m*

S

scabieuse [skabjøz] *f* BOT Skabiose *f*

scabreux [skabʀø] *adj* ⟨**-euse**⟩ **1** *entreprise, question* heikel; bedenklich; riskant **2** *histoire etc* anstößig; schlüpfrig

scalaire [skalɛʀ] *adj* MATH skalar

scalène [skalɛn] *adj* MATH ***triangle m ~*** ungleichseitiges Dreieck

scalp [skalp] *m* **1** (*chevelure*) Skalp *m* **2** *action* Skalpieren *n*

scalpel [skalpɛl] *m* Skalpell *n*; Seziermesser *n*

scalper [skalpe] *v/t* skalpieren

scampi [skɑ̃pi] *m/pl* CUIS Scampi *pl*

scandale [skɑ̃dal] *m* **1** Skandal *m*; Ärgernis *n* (*a* BIBL); ***~ financier*** Finanzskandal *m*; ***~ public*** öffentlicher Skandal; ***presse f à ~*** Skandalpresse *f*; ***causer un ~, faire ~*** e-n Skandal verursachen; Ärgernis erregen; ***c'est un ~*** es ist ein Skandal, e-e Schande; BIBL ***malheur à l'homme par qui le ~ arrive*** weh dem Menschen, durch welchen Ärgernis kommt! **2** (*indignation*) Entrüstung *f*; ***au grand ~ de sa famille*** zur großen Entrüstung s-r Familie **3** (*bruit*) Krach *m*; F Radau *m*; ***faire un ~ sur la voie publique*** auf der Straße Krach machen, randalieren; *fig*: *si on me renvoie*, ***je ferai du ~*** (dann) schlage ich Krach

scandaleux [skɑ̃dalø] *adj* ⟨**-euse**⟩ skandalös; unerhört; empörend; schändlich; ***c'est ~*** das ist skandalös, unerhört

scandaliser [skɑ̃dalize] **I** *v/t* Anstoß, Ärgernis erregen (***qn*** bei j-m); Entrüstung hervorrufen (bei j-m) **II** *v/pr* ***se ~*** Anstoß nehmen (***de*** an +*dat*); sich entrüsten (über +*acc*)

scander [skɑ̃de] *v/t* skandieren

scandinave [skɑ̃dinav] **I** *adj* skandinavisch; ***langues f/pl ~s*** skandinavische Sprachen *f/pl* **II** *subst* ***Scandinave*** *m,f* Skandinavier(in) *m(f)*

Scandinavie [skɑ̃dinavi] ***la ~*** Skandinavien *n*

Scanie [skani] GÉOGR ***la ~*** Schonen *n*

scanner¹ [skanɛʀ] *m* **1** TECH Scanner ['skɛ-] *m* **2** MÉD Computertomograf [-'pju:-] *m*

scanner² [skane] *v/t* (ein)scannen [-skɛnən]

scanographie [skanɔgʀafi] *f* MÉD Computertomografie [-'pju:-] *f*

scaphandre [skafɑ̃dʀ] *m* **a)** *des plongeurs* Taucheranzug *m*; **b)** *des astronautes* Raumanzug *m*

scaphandrier [skafɑ̃dʀije] *m* Taucher *m*

scapulaire [skapylɛʀ] *m* ÉGL CATH Skapulier *n*

scarabée [skaʀabe] *m* ZO Skarabäus *m* (*a* HIST *en Égypte*); Pillendreher *m*

scarification [skaʀifikasjõ] *f* MÉD Skarifikation *f*; Hautritzung *f*

scarifier [skaʀifje] *v/t* MÉD (ein)ritzen; *sc* skarifizieren

scarlatine [skaʀlatin] *f* MÉD Scharlach *m*

scarole [skaʀɔl] *f* BOT Eskariol *m*; Winterendivie *f*

scatologique [skatɔlɔʒik] *adj* skatologisch; auf die Exkremente bezüglich, anspielend

sceau [so] *m* ⟨*pl* **~x**⟩ **1** Siegel *n*; ***~ de l'État*** Staatssiegel *n*; ***garde m des Sceaux*** Justizminister *m*; HIST Siegelbewahrer *m*; ***apposer, mettre son ~*** sein Siegel aufdrücken; ***briser un ~*** ein Siegel erbrechen **2** *fig* Zeichen *n*; Stempel *m*; ***sous le ~ du secret*** unter dem Siegel der Verschwiegenheit; *ouvrage* ***porter le ~ du génie*** den Stempel des Genies tragen

Sceaux [so] *Stadt im Dep. Hauts-de-Seine*

scélérat [seleʀa] *litt* **I** *adj* ruchlos; niederträchtig; schändlich **II** *m* Schurke *m*; Bösewicht *m*

scélératesse [seleʀatɛs] *litt f* Ruchlosigkeit *f*; Niedertracht *f*; Schändlichkeit *f*

scellage [sɛlaʒ] *m* → ***scellement a)***

scellé [sele] *m* JUR Amtssiegel *n*; gerichtliches Siegel; ***apposer les ~s*** die Siegel anbringen; gerichtlich, amtlich versiegeln (***sur qc*** etw)

scellement [sɛlmɑ̃] *m* TECH **a)** Eingipsen *n*; Einzementieren *n*; **b)** Einlasstiefe *f*

sceller [sele] *v/t* **1** *acte* siegeln **2** (*apposer les scellés*) versiegeln **3** *fig amitié, pacte* besiegeln **4** (*fixer avec du plâtre*) eingipsen; *avec du ciment* einzementieren **5** *caveau etc* zumauern; (ver)schließen

scénario [senaʀjo] *m* **1** CIN Drehbuch *n* **2** *par ext*

Szenario *n*; Handlungsablauf *m*, -schema *n* **scénariste** *m,f* CIN Drehbuchautor(in) *m(f)*

scène [sɛn] *f* **1** THÉ Bühne *f* (*a fig*); *fig* ***la ~ politique*** die politische Bühne; ***~ tournante*** Drehbühne *f*; ***entrée*** *f* ***en ~*** Auftritt *m*; ***metteur*** *m* ***en ~*** THÉ, CIN Regisseur *m*; THÉ *a* Spielleiter *m*; ***mise*** *f* ***en ~*** THÉ Inszenierung *f* (*a fig*); Spielleitung *f*; CIN Regie *f*; ***faire, régler la mise en ~*** THÉ die Inszenierung machen; Regie führen (*a* CIN); ***à la, sur ~*** auf der Bühne; ***adapter pour la ~*** für die Bühne bearbeiten; ***entrer, paraître en ~, paraître sur (la) ~*** auftreten; ***être sur ~*** auf der Bühne stehen; ***mettre en ~*** THÉ inszenieren; Regie führen (***qc*** bei etw) (*a* CIN); *fig* ***occuper le devant de la ~*** im Rampenlicht stehen; ***porter à, sur la ~*** auf die Bühne bringen; ***sortir de ~*** (von der Bühne) abgehen, abtreten **2** *par ext* **a)** (*décor*) Bühnenbild *n*, -dekoration *f*; Szenerie *f*; ***la ~ représente un palais*** die Szene, das Bühnenbild stellt e-n Palast dar; **b)** *lieu* Schauplatz *m*; Ort *m* der Handlung; ***la ~ est à Londres*** der Schauplatz, der Ort der Handlung ist London; das Stück spielt in London; **c)** *action* Handlung *f*; ***la ~ se passe au Moyen-Âge*** die Handlung, das Stück spielt im Mittelalter; **d)** (*théâtre*) Bühnenkunst *f*; Bühne *f*; ***vedette*** *f* ***de la ~ et de l'écran*** Star *m* von Bühne und Film **3** THÉ (*partie d'un acte*) Auftritt *m*; Szene *f*; *d'un film* Szene *f*; ***~ première*** erste Szene; ***acte III, ~ II*** 3. Akt, 2. Szene; ***~ d'amour*** Liebesszene *f* **4** *par ext* (*tableau*) Szene *f* (*a* PEINT); (*événement*) Ereignis *n*; Begebenheit *f*; PEINT ***~ de genre*** Genrebild *n*; ***être témoin d'une ~ bouleversante*** Zeuge e-r erschütternden Szene sein **5** (*dispute*) Krach *m*; Szene *f*; ***~ de ménage*** Ehekrach *m*; ***avoir une ~ avec qn*** mit j-m e-n heftigen Wortwechsel haben; ***faire une ~ à qn*** j-m e-e Szene machen

scénique [senik] *adj* szenisch; Bühnen…; Theater…; ***art*** *m* ***~*** Inszenierung(skunst) *f*

scepticisme [sɛptisism] *m* **1** Skepsis *f*; skeptische Einstellung; ***accueillir une information avec ~*** e-e Information mit Skepsis aufnehmen **2** PHILOS Skeptizismus *m*

sceptique [sɛptik] **I** *adj* skeptisch; misstrauisch; ungläubig; ***être ~ sur l'issue de qc*** in Bezug auf den Ausgang e-r Sache skeptisch sein; *nouvelle etc* ***laisser qn ~*** j-n skeptisch machen **II** *m,f* Skeptiker(in) *m(f)*

sceptre [sɛptʀ] *m* Zepter *n*

Schaffhouse [ʃafuz] GÉOGR Schaffhausen *n*

schah → ***chah***

scheik → ***cheik(h)***

schéma [ʃema] *m* schematische Darstellung; Schema *n*; Plan *m*; ***dessiner, faire un ~*** eine schematische Darstellung zeichnen, anfertigen

schématique [ʃematik] *adj* **1** *dessin* schematisch **2** *péj* (zu, rein) schematisch **schématisation** *f* Schematisierung *f*

schématiser [ʃematize] *v/t* **1** schematisch darstellen; in ein Schema bringen; schematisieren **2** *péj* schematisieren; (zu) schematisch behandeln; (zu sehr) vereinfachen **schématisme** *m souvent péj* Schematismus *m*

schème [ʃɛm] *m partic* PHILOS Schema *n*

scherzo [skɛʀdzo, -tso] *m* MUS Scherzo ['sk-] *n*

schilling [ʃiliŋ] *m* HIST *monnaie* Schilling *m*

schismatique [ʃismatik] *adj* REL schismatisch

schisme [ʃism] *m* **1** REL Schisma *n*; Kirchenspaltung *f*; ***le ~ d'Orient*** das morgenländische Schisma **2** *par ext d'un parti etc* Spaltung *f*

schiste [ʃist] *m* MINÉR Schiefer *m*

schisteux [ʃistø] *adj* ⟨**-euse**⟩ MINÉR Schiefer…; schief(e)rig

schizophrène [skizɔfʀɛn] MÉD **I** *adj* schizophren **II** *m,f* Schizophrene(r) *f(m)*

schizophrénie [skizɔfʀeni] *f* MÉD Schizophrenie *f*

schlague [ʃlag] *f* HIST MIL Stockschläge *m/pl*; *fig* ***mener qn à la ~*** j-n streng an die Kandare nehmen

schlass [ʃlɑs] **I** P *adj* ⟨*inv*⟩ F besoffen; total blau **II** *m* P (*couteau*) Messer *n*

Schleu(h) [ʃlø] *m* → ***Chleuh***

schlinguer [ʃlɛ̃ge] P *v/i* stinken (wie die Pest); F miefen

schlittage [ʃlitaʒ] *m* Holztransport *m* ins Tal mit Schlitten

schlitte [ʃlit] *f* Holzschlitten *m*

schnaps [ʃnaps] *m* Schnaps *m*

schnock *ou* **schnoque** [ʃnɔk] *m* F ***vieux schnock*** *ou* ***schnoque*** F alter Knacker

schtroumpf [ʃtʀumpf] *m* Schlumpf *m*

Schubert [ʃubɛʀ] *m* MUS Schubert *m*

Schuman [ʃuman] ***Robert ~*** *frz Politiker*

schuss [ʃus] *m* SKI Schussfahrt *f*; ***descendre (tout) ~*** *ou* ***en ~*** Schuss fahren

Schweitzer [ʃvɛdzɛʀ] ***Albert ~*** *ou* ***le docteur ~*** Albert Schweitzer

sciage [sjaʒ] *m* Sägen *n*

scialytique® [sjalitik] *m* MÉD Operationslampe *f*

sciatique [sjatik] **I** *adj* ANAT ***grand nerf ~*** Hüft-, Ischiasnerv *m* **II** *f* MÉD Ischias *m ou n ou sc f*

scie [si] *f* **1** TECH Säge *f*; ***~ circulaire*** Kreissäge *f*; ***~ à bois, à chantourner, à main, à métaux, à ruban*** Holz-, Schweif- *ou* Dekupier-, Hand-, Metall-, Bandsäge *f*; ***dents*** *f/pl* ***de ~*** Sägezähne *m/pl*; ÉLECT Sägezahnverlauf *m* (der Spannung); *fig* ***en dents de ~*** gezackt, gezahnt, gezähnt (wie e-e Säge); sägeförmig; säge(zahn)ähnlich; *par ext* in e-m ständigen Auf und Ab **2** MUS ***~ musicale*** Singende Säge **3** ZO ***~*** *ou adjt* ***poisson*** *m* ***~*** Sägefisch *m* **4** *fig chanson* abgedroschener Schlager; Gassenhauer *m* **5** F *fig de qn* F Nervensäge *f*

sciemment [sjamɑ̃] *adv* wissentlich

science [sjɑ̃s] *f* **1** Wissenschaft *f*; Lehre *f* (von …); …kunde *f*; ***la ~*** die Wissenschaft (*coll*); ***les ~s*** *le plus souvent* die Naturwissenschaften *f/pl* (*einschließlich Mathematik*); ***~s appliquées*** angewandte Wissenschaften; ***~s économiques*** Wirtschaftswissenschaften *f/pl*; ***~s exactes*** exakte Wissenschaften; ***~s expérimentales*** experimentelle Wissenschaften; LYCÉE (*abr* ***~s ex***) naturwissenschaftlicher Zweig; ***~s humaines*** Humanwissenschaften *f/pl*; ***~s naturelles*** Naturwissenschaften *f/pl* (*im engeren Sinne: Zoologie, Botanik, Geologie*); ***~s occultes*** Geheimwissenschaften *f/pl*; okkulte Wissenschaften; ***~s politiques*** (*abr* ***~s po***) politische Wissenschaften; Politologie *f*; ***~s sociales*** Sozialwissenschaften *f/pl*; Gesellschaftswissenschaft(en) *f(pl)*, -lehre *f*; ***~s et techniques*** Naturwissenschaft und Technik; ***faculté*** *f* ***des ~s*** naturwissenschaftliche Fakultät **2** (*savoir*) Wissen *n*; (Er)Kenntnis *f*; BIBL ***l'arbre de la ~ du bien et du mal*** der Baum der Erkenntnis; ***avec une ~ consommée*** mit vollendetem Können; *iron*

S

avoir la ~ infuse → ***infuse***
science-fiction [sjɑ̃sfiksjõ] *f* Science-Fiction ['saɪənsfɪkʃən] *f*; ***film*** *m* ***de ~*** Science-Fiction-Film *m*
scientifique [sjɑ̃tifik] **I** *adj* wissenschaftlich; Wissenschafts…; ***recherche*** *f*, ***revue*** *f*, ***travail*** *m* ~ wissenschaftliche Forschung, Zeitschrift, Arbeit **II** *m,f* **1** Wissenschaftler(in) *m(f)*; *au sens restreint* Naturwissenschaftler(in) *m(f)* **2** *par ext* naturwissenschaftlich interessierter Mensch
scientisme [sjɑ̃tism] *m* PHILOS Wissenschaftsgläubigkeit *f* **scientiste** PHILOS **I** *adj* wissenschaftsgläubig **II** *m* Wissenschaftsgläubige(r) *m*
scier [sje] *v/t* **1** *bois, pierre, métal* (zer)sägen; ***~ une branche*** einen Ast absägen **2** *par ext courroie etc* ***~ les épaules*** in die Schultern einschneiden **3** F *fig* (*stupéfier*) F (glatt) umhauen, umwerfen **4** F *fig* (*ennuyer*) F anöden
scierie [siʀi] *f* Sägewerk *n*, -mühle *f*
scinder [sɛ̃de] **I** *v/t parti etc* (auf)spalten; *question complexe* zerlegen **II** *v/pr* ***se ~*** sich (auf)spalten (***en deux groupes*** in zwei Gruppen [*acc*])
scintillant [sɛ̃tijɑ̃] *adj* glitzernd; flimmernd; funkelnd; schimmernd
scintillement [sɛ̃tijmɑ̃] *m* **1** *d'étoiles etc* Funkeln *n*; Glitzern *n*; Flimmern *n*; Schimmern *n* **2** TV Flimmern *n*
scintiller [sɛ̃tije] *v/i étoiles, diamants etc* funkeln; glitzern; schimmern; *étoiles a* flimmern
scion [sjõ] *m* **1** BOT Schössling *m*; Schoss *m* **2** *d'une canne à pêche* Spitze *f*
Scipion [sipjõ] *m* HIST Scipio *m*; ***~ l'Africain*** Scipio Africanus
scission [sisjõ] *f* **1** *d'un parti etc* Spaltung *f*; ***faire ~*** sich abspalten **2** PHYS, CHIM Spaltung *f*; BIOL Teilung *f*
scissiparité [sisipaʀite] *f* BIOL Fortpflanzung *f* durch Teilung
sciure [sjyʀ] *f* ~ (***de bois***) Sägemehl *n*
sclérose [skleʀoz] *f* **1** MÉD Sklerose *f*; ***~ artérielle*** Arteriosklerose *f*; ***~ en plaques*** multiple Sklerose **2** *fig d'une institution etc* Verknöcherung *f*; Verkalkung *f*; Erstarrung *f*
sclérosé [skleʀoze] *adj* **1** MÉD sklerotisch; verhärtet **2** *fig* verknöchert; verkalkt; erstarrt
scléroser [skleʀoze] *v/pr* ***se ~*** **1** *tissu, organe* sklerotisch werden; verhärten **2** *fig* verknöchern; verkalken; erstarren
sclérotique [skleʀɔtik] *f* ANAT Lederhaut *f* (des Auges); *sc* Sklera *f*
scolaire [skɔlɛʀ] *adj* **1** Schul…; schulisch; ***âge*** *m* ~ schulpflichtiges Alter; ***année*** *f* ~ Schuljahr *n*; ***carnet*** *m*, ***livret*** *m* ~ Zeugnis(heft) *n*; ***enseignement*** *m* ~ Schulunterricht *m*; ***fournitures*** *f/pl* ***~s*** Schulbedarf *m*; Lernmittel *n/pl*; ***groupe*** *m* ~ Schulzentrum *m*; ***obligation*** *f* ~ Schulpflicht *f*; ***programme*** *m* ~ Lehrplan *m* **2** *péj* zu schulmäßig; schülerhaft; unoriginell
scolarisable [skɔlaʀizabl] *adj enfant* im Einschulungsalter
scolarisation [skɔlaʀizasjõ] *f* Einschulung *f*; ***taux*** *m* ***de ~*** Schulbesuchsquote *f*
scolariser [skɔlaʀize] *v/t enfants* einschulen
scolarité [skɔlaʀite] *f* **1** Schulbesuch *m*; ***années*** *f/pl* ***de ~*** Schulzeit *f*; ***certificat*** *m* ***de ~*** Bescheinigung *f* über den regelmäßigen Schulbesuch; ***taux*** *m* ***de ~*** Schulbesuchsquote *f* **2** *durée* Schulzeit *f*; ***~ obligatoire*** Pflichtschulzeit *f*; ***prolongation*** *f* ***de la ~*** Verlängerung *f* der Pflichtschulzeit
scolastique [skɔlastik] **I** *adj* **1** PHILOS scholastisch **2** *péj* schulmäßig; schulmeisterlich; spitzfindig **II** *subst* **1** *f* PHILOS Scholastik *f* **2** *m* Scholastiker *m*
scoliose [skɔljoz] *f* MÉD Skoliose *f*; (seitliche) Rückgratverkrümmung
scolopendre [skɔlɔpɑ̃dʀ] *f* **1** BOT Hirschzunge *f* **2** ZO Skolopender *m*
sconse [skõs] *m fourrure* Skunk *m*
scoop [skup] *m* (sensationeller) Exklusivbericht; F Knüller *m*; *t/t* Scoop [skuːp] *m*
scooter [skutœʀ, -tɛʀ] *m* (Motor)Roller *m*
scootériste [skuteʀist] *m,f* (Motor)Rollerfahrer(in) *m(f)*
scorbut [skɔʀbyt] *m* MÉD Skorbut *m*
scorbutique [skɔʀbytik] **I** *adj* Skorbut…; skorbutisch **II** *m,f* Skorbutkranke(r) *f(m)*
score [skɔʀ] *m* **1** SPORTS (Spiel)Stand *m*; ***~ final*** Endstand *m*, -ergebnis *n* **2** POL *d'un parti, d'un candidat* Zahl *f* der erhaltenen Stimmen; Wahlergebnis *n*
scories [skɔʀi] *f/pl* TECH, GÉOL Schlacke *f*
scorpion [skɔʀpjõ] *m* **1** ZO Skorpion *m* **2** ASTR ***Scorpion*** Skorpion *m*
scorsonère [skɔʀsɔnɛʀ] *f* BOT Schwarzwurzel *f*
scotch[1] [skɔtʃ] *m* ⟨*pl* ***~es***⟩ *whisky* Scotch *m*
scotch®[2] [skɔtʃ] *m ruban adhésif* Tesafilm® *m*
scotcher *v/t* mit Tesafilm kleben
scout [skut] **I** *m* Pfadfinder *m* **II** *adj* ⟨**scoute** [skut]⟩ Pfadfinder…; ***camp, mouvement ~*** Pfadfinderlager *n*, -bewegung *f*
scoutisme [skutism] *m* Pfadfinderbewegung *f*
scrabble® [skʀabœl] *m* Scrabble® ['skrɛbəl] *n*
scribe [skʀib] *m* **1** HIST Schreiber *m* **2** BIBL Schriftgelehrte(r) *m*
scribouillard [skʀibujaʀ] *m péj* Schreiberling *m*; Federfuchser *m*
script [skʀipt] *m* **1** Blockschrift *f*; ***écrire en ~*** in Blockschrift schreiben **2** (*scénario*) Dreh-, Regiebuch *n*
scripte [skʀipt] *f* CIN Skriptgirl ['-gœrl] *n*
scripteur [skʀiptœʀ] *m* LING Schreiber *m*
scriptural [skʀiptyʀal] *adj* ⟨**-aux**⟩ ÉCON ***monnaie ~e*** Buchgeld *n*
scrofuleux [skʀɔfylø] *adj* ⟨**-euse**⟩ MÉD skrofulös
scrogneugneu [skʀɔɲøɲø] *int* zum Donnerwetter!; verdammt noch mal!
scrotum [skʀɔtɔm] *m* ANAT Hodensack *m*; *sc* Skrotum *n*
scrupule [skʀypyl] *m* Skrupel *m*; ***~s*** *pl a* Bedenken *n/pl*; Gewissensbisse *m/pl*; (*conscience professionnelle*) Gewissenhaftigkeit *f*; peinliche Sorgfalt; ***par ~ d'honnêteté*** weil j peinlich auf Ehrlichkeit bedacht ist; ***sans ~(s)*** skrupel-, bedenken-, gewissenlos; ***avoir des ~s*** Skrupel, Bedenken haben; ***être dénué de*** (***tous***) ***~s*** keine Skrupel haben, kennen; sich über alle Bedenken hinwegsetzen; ***ce ne sont pas les ~s qui l'étouffent*** er wird nicht gerade von Gewissensbissen geplagt; ***se faire ~ de qc*** wegen etw Bedenken tragen; ***vaincre ses ~s*** s-e Skrupel überwinden
scrupuleux [skʀypylø] *adj* ⟨**-euse**⟩ gewissenhaft;

S

peinlich genau; ***peu ~*** ziemlich skrupellos

scrutateur [skʀytatœʀ] **I** *adj* ⟨**-trice**⟩ *regard* forschend **II** *m* Wahlhelfer *m*; Stimmenauszähler *m*

scruter [skʀyte] *v/t* **1** *(sonder)* genau, eingehend untersuchen, erforschen, prüfen; F unter die Lupe nehmen **2** *l'horizon* (mit den Augen) absuchen

scrutin [skʀytɛ̃] *m* Abstimmung *f*, Wahl *f* (durch Stimmzettel); ***~ majoritaire, proportionnel*** Mehrheits-, Verhältniswahl *f*; ***~ à deux tours*** Wahl mit zwei Wahlgängen, mit (e-r) Stichwahl; ***~ de liste*** Listenwahl *f*; ***dépouillement*** *m* ***du ~*** Stimmenauszählung *f*; ***mode*** *m* ***de ~*** Wahlmodus *m*; Abstimmverfahren *n*; ***résultat*** *m* ***du ~*** Wahlergebnis *n*; ***tour*** *m* ***de ~*** Wahlgang *m*; ***par voie de ~*** durch Abgabe von Stimmzetteln

sculpté [skylte] *adj* **1** *(décoré de sculptures)* mit Skulpturen, Reliefen verziert; *meuble etc* mit Schnitzereien verziert **2** *statue* in Stein gehauen; *sur bois, ivoire* geschnitzt

sculpter [skylte] *v/t* **a)** *statue etc* in Stein *ou* Marmor hauen; aushauen; (aus)meißeln; *sur bois, ivoire* schnitzen; **b)** *bloc de pierre* behauen; *meuble etc* mit Schnitzereien verzieren; **c)** *abs* sich als Bildhauer betätigen; F bildhauern

sculpteur [skyltœʀ] *m* Bildhauer *m*; ***femme*** *f* ***~*** Bildhauerin *f*; ***~ sur bois*** (Holz)Schnitzer *m*; Holzbildhauer *m*

sculptural [skyltyʀal] *adj* ⟨**-aux**⟩ **1** bildhauerisch; Bildhauer...; ***art ~*** Bildhauerkunst *f*; Bildhauerei *f* **2** *fig* von klassischer Schönheit; ***beauté ~e*** makellose, vollendete Schönheit

sculpture [skyltyʀ] *f* **1** *art* Bildhauerei *f*; Bildhauerkunst *f*; Skulptur *f*; ***~ en bas-relief, en 'haut-relief*** Bildhauerei in Flach-, Hochrelief; ***~ sur bois*** Holzschnitzerei *f*; ***~ sur ivoire*** Elfenbeinschnitzerei *f*; ***chef-d'œuvre*** *m* ***de la ~*** Meisterwerk *n* der Bildhauerkunst **2** *œuvre* Skulptur *f*; Plastik *f*; Bildhauerarbeit *f*; *st/s* Bildwerk *n*; ***~ (sur bois)*** Schnitzarbeit *f*, -werk *n*; Schnitzerei *f*; ***une ~ grecque*** e-e griechische Skulptur; ***tailler une ~*** e-e Skulptur in Stein hauen **3** *d'un pneu* ***~s*** *pl* Profil *n*

scythe [sit] HIST **I** *adj* skythisch **II** *m/pl* ***Scythes*** Skythen *m/pl*

SDF [ɛsdeɛf] *m,f abr (sans domicile fixe)* Obdachlose(r) *f(m)*; Nichtsesshafte(r) *f(m)*

SDN [ɛsdeɛn] *f abr (Société des Nations)* HIST Völkerbund *m*

se [s(ə)] *pr/pers* ⟨*vor Vokal und stummem h* **s'**⟩ **1** *réfléchi* sich *(acc et dat)*; ***~ blesser au doigt*** sich am Finger verletzen; ***il ne ~ l'est pas fait dire deux fois*** er hat es sich *(dat)* nicht zweimal sagen lassen; ***il ~ lave les mains*** er wäscht sich *(dat)* die Hände **2** *réciproque* sich (gegenseitig); einander; ***s'entraider*** sich gegenseitig helfen; einander helfen; ***~ regarder*** sich ansehen **3** *passif*: ***cela ne ~ fait pas*** das tut man nicht; ***ce plat ~ mange froid*** dieses Gericht wird kalt gegessen **4** *non traduit*: ***s'en aller*** weggehen; ***s'évanouir*** in Ohnmacht fallen

séance [seɑ̃s] *f* **1** *d'un corps constitué* Sitzung *f*; ***~ extraordinaire*** Sondersitzung *f*; ***~ plénière*** Plenarsitzung *f*; ***~ du conseil municipal, du Parlement*** Stadtrats-, Parlamentssitzung *f*; ***~ de travail*** Arbeitssitzung *f*; *loc/adv fig* ***~ tenante*** auf der Stelle; sofort; ***être en ~, tenir ~*** e-e Sitzung abhalten; tagen; ***ouvrir, clore*** *ou* ***lever, suspendre une ~*** e-e Sitzung eröffnen, schließen *ou* aufheben, unterbrechen; ***la ~ est ouverte*** *ou* ***je déclare la ~ ouverte*** die Sitzung ist eröffnet; ich eröffne (hiermit) die Sitzung; ich erkläre die Sitzung für eröffnet; ***la ~ est levée*** die Sitzung ist geschlossen **2** *chez un peintre* Sitzung *f*; ***faire un portrait en trois ~s*** ein Porträt in drei Sitzungen malen **3** *par ext*: ***~ d'autographes, d'entraînement, de gymnastique*** Autogramm-, Übungs-, Gymnastikstunde *f*; COUT ***~ d'essayage*** Anprobe *f*; MÉD ***~ de rayons*** Bestrahlung *f* **4** *au cinéma etc* Vorstellung *f*; F *fig* ***il nous a fait une de ces ~s*** er hat mal wieder e-e Szene, F ein Theater gemacht

séant [seɑ̃] **I** *m loc* ***se dresser*** *ou* ***se mettre sur son ~*** sich aufsetzen, aufrichten; sich aufrecht setzen **II** *adj litt* → ***bienséant***

seau [so] *m* ⟨*pl* **~x**⟩ Eimer *m*; Kübel *m*; ***~ à champagne*** Sektkübel *m*; ***~ à ordures*** Abfalleimer *m*; ***un ~ d'eau*** ein Eimer (voll) Wasser; ***~ d'enfant*** Spiel-, Sandeimer(chen) *m(n)*; ***~ en plastique*** Plastikeimer *m*; *fig* ***il pleut à ~x*** es regnet, gießt in Strömen, F wie mit *ou* aus Kübeln, Eimern

sébacé [sebase] *adj* PHYSIOL Talg...; ***glande ~e*** Talgdrüse *f*; MÉD ***kyste ~*** Grützbeutel *m*; Balggeschwulst *f*

sébaste [sebast] *m* ZO Rot-, Goldbarsch *m*

Sébastien [sebastjɛ̃] *m Vorname*

Sébastopol [sebastɔpɔl] GÉOGR Sewastopol *n*

sébile [sebil] *f* Schale *f*; *mendiant* ***tendre sa ~*** s-e Almosenschale hinhalten

séborrhée [sebɔʀe] *f* MÉD Seborrhö(e) *f*

sébum [sebɔm] *m* PHYSIOL (Haut)Talg *m*

sec [sɛk] **I** *adj* ⟨**sèche** [sɛʃ]⟩ **1** trocken; *peau, cheveux a* spröde; *branche, feuille* dürr; *aliments* getrocknet; *fruits a* gedörrt; ***froid ~*** trockene Kälte; ***fruits ~s*** *a* Back-, Dörr-, Trockenobst *n*; ***gâteaux ~s*** Teegebäck *n*; ***légumes ~s*** Hülsenfrüchte *f/pl*; ***panne sèche*** → ***panne***[1] *1*; ***raisins ~s*** Rosinen *f/pl*; ***toux sèche*** trockener Husten; ***viande sèche*** Dörr-, Trockenfleisch *n*; ♦ *loc/adj* ***à ~*** Trocken...; *torrent, puits* ausgetrocknet; ***nettoyage*** *m* ***à ~*** chemische Reinigung; Trockenreinigung *f*; F *fig* ***être, se trouver à ~*** F auf dem Trock(e)nen sitzen; blank sein; *marécage* ***mettre à ~*** trockenlegen; ***nettoyer à ~*** chemisch, trocken reinigen; *loc/adv* ***à pied ~*** trockenen Fußes; ♦ ***j'ai la gorge sèche*** mir klebt die Zunge am Gaumen; ***avoir le gosier ~*** e-e trockene, ausgetrocknete Kehle haben; ***avoir les mains sèches*** trockene Hände haben; *fig* ***être au régime ~*** keinen Alkohol trinken dürfen; ***il fait ~*** es ist trocken; ***mettre qn au pain ~*** j-n auf trocken Brot setzen **2** *fig style* trocken; ledern; *vin* trocken; herb; *bruit, coup* kurz (und heftig); JEU ***partie sèche*** Partie *f* ohne Revanche; ***perte sèche*** reiner, glatter Verlust; F ***en cinq ~*** im Handumdrehen; im Nu; F ***l'avoir ~*** enttäuscht, niedergeschlagen, betroffen sein; JEUX DE CARTES ***avoir l'as ~*** das Ass blank haben **3** *fig personne* dürr; hager; mager **4** *fig réponse etc* schroff; barsch; ***un cœur ~*** ein hartes Herz; ein Herz von Stein; ***parler à qn sur un ton ~*** zu j-m in e-m schroffen, barschen, scharfen Ton sprechen; ***regarder qc d'un œil ~*** etw ohne Rührung mit ansehen **II** *adv* kräftig; heftig; *freiner, conduire* scharf; ***boire ~*** viel (Alkohol) vertragen (können); F e-e ausgepichte Kehle haben; ***démarrer ~*** mit e-m

S

Ruck an-, losfahren; ***frapper ~*** kräftig zuschlagen; F ***aussi ~*** gleich (anschließend); sofort; auf der Stelle **III** *m* ***au ~*** im Trock(e)nen; ***tenir qc au ~*** etw trocken *ou* im Trock(e)nen aufbewahren

sécable [sekabl] *adj comprimé* teilbar

secam [sekam] *m abr* (*séquentiel à mémoire*) TV (***système*** *m*) ~ SECAM-System *n*

sécant [sekɑ̃] MATH **I** *adj* schneidend **II** *subst* ***~e*** *f* Sekante *f*

sécateur [sekatœʀ] *m* Gartenschere *f*

seccotine® [sekɔtin] *f* Alleskleber *m*

sécession [sesesjõ] *f* POL Spaltung *f*; (Ab)Trennung *f*; Loslösung *f*; Abfall *m*; Sezession *f*; HIST ***la guerre*** *f* ***de Sécession*** der Sezessionskrieg; ***faire ~*** sich abtrennen, abspalten; abfallen

sécessionniste [sesesjɔnist] POL **I** *adj* sezessionistisch **II** *m* Sezessionist *m*

séchage [seʃaʒ] *m* Trocknen *n*; TECH *a* Trocknung *f*

sèche [sɛʃ] **I** *adj* → ***sec*** **II** *f* F Glimmstängel *m*

sèche-cheveux [sɛʃʃəvø] *m* ⟨*inv*⟩ Föhn *m*; Haartrockner *m* **sèche-linge** *m* ⟨*inv*⟩ Wäschetrockner *m* **sèche-mains** *m* ⟨*inv*⟩ (Hände)Trockner m

sèchement [sɛʃmɑ̃] *adv répondre etc* schroff; barsch; kalt; unfreundlich

sécher [seʃe] ⟨**-è-**⟩ **I** *v/t* **1** *cheveux, vêtements etc* trocknen; *larmes* abwischen; *froid* ~ ***la peau*** die Haut austrocknen **2** *fruits, viande* dörren; trocknen; *adjt*: ***fleurs séchées*** gepresste *ou* getrocknete Blumen *f/pl*; ***poisson séché*** getrockneter Fisch; Trockenfisch *m* **3** F *élève* ~ ***un cours*** e-e Stunde schwänzen **II** *v/i* **1** *linge, peinture etc* trocknen; trocken werden; *sol, bâtiment* austrocknen; *route mouillée* abtrocknen; *encre, tache* eintrocknen; ***faire ~, mettre à ~ du linge*** Wäsche trocknen lassen, zum Trocknen aufhängen **2** *récolte* ~ ***sur pied*** verdorren; vertrocknen **3** F *élève* die Antwort nicht wissen; nichts wissen **III** *v/pr* ***se ~*** sich (ab)trocknen; ***se ~ avec une serviette*** sich mit e-m Handtuch abtrocknen; ***se ~ devant le feu*** sich am Feuer trocknen

sécheresse [seʃʀɛs] *f* **1** Trockenheit *f* (*a fig du style etc*); Dürre *f*; ***période*** *f* ***de ~*** Dürreperiode *f* **2** *fig* (*dureté*) Schroffheit *f*; Barschheit *f*; Unfreundlichkeit *f*; (*froideur*) (Gefühls)Kälte *f*; Gefühllosigkeit *f*

séchoir [seʃwaʀ] *m* **1** *à fils* Wäschetrockner *m*; Trockengestell *n* **2** *pièce* Trockenraum *m* **3** ~ ***à cheveux*** Trockenhaube *f*

second [s(ə)gõ] **I** *num/o* ⟨**seconde** [s(ə)gõd]⟩ zweite(r, -s); ***état ~*** → ***état*** *1*; ***la Seconde Guerre mondiale*** der Zweite Weltkrieg; ***la ~e moitié*** die zweite Hälfte; MUS ~ ***violon*** zweite Geige; *loc/adj*: *article* ***de ~ choix*** zweiter Wahl, Güte; zweitklassig; *billet* ***de ~e classe*** zweiter Klasse; ***de ~e main*** aus zweiter Hand (*a loc/adv*); ***de ~ ordre*** zweitrangig; *loc/adv* ***en ~ lieu*** an zweiter Stelle; in zweiter Linie; sekundär **II** *subst* **1** ***le ~, la ~e*** der, die, das Zweite; (*dernier*) der, die, das Letztere; Letztere(r, -s); ***en ~*** als Zweiter; ***être le ~ de sa classe*** der Zweit(best)e s-r Klasse sein **2** *m étage* zweiter Stock; zweites Stockwerk; zweite Etage; ***habiter au ~*** im zweiten Stock, F zwei Treppen hoch wohnen **3** *m* (*adjoint*) Stellvertreter *m* (*des Chefs*); Assistent *m*; MAR ***le ~*** der Erste Offizier **4** *f* ***~e*** ÉCOLE fünfte Klasse im Gymnasium; *correspond à* zehnte Klasse **5** *f* ***~e*** CH DE FER zweite Klasse; ***billet*** *m* ***de ~e*** Fahrkarte *f* zweiter Klasse; ***voyager en ~e*** zweiter Klasse reisen, fahren **6** *f* ***~e*** AUTO zweiter Gang; ***passer en ~e*** in den zweiten (Gang) schalten; → *a* ***seconde***

secondaire [s(ə)gõdɛʀ] *adj* **1** Neben...; nebensächlich; sekundär, Sekundär... (*a sc*, TECH); zweitrangig; untergeordnet; ***effets*** *m/pl* ***~s*** Nebenwirkungen *f/pl*; ***rôle*** *m* ~ Nebenrolle *f*; ***c'est ~*** das ist Nebensache *ou* nebensächlich **2** ***écoles*** *f/pl* ***~s*** höhere Schulen *f/pl*; Gymnasien *n/pl*; ***enseignement*** *m* ~ *ou subst* ~ *m* höheres Schulwesen; ***études*** *f/pl* ***~s*** → ***étude*** *1 c*); ***professeur*** *m* ***du ~*** Studienrat *m* **3** ÉCON ***secteur*** *m* ~ *ou subst* ~ *m* industrieller Sektor **4** GÉOL ***ère*** *f* ~ *ou subst* ~ *m* Mesozoikum *n*; Erdmittelalter *n*

seconde [s(ə)gõd] *f* **1** *unité de temps* Sekunde *f*; ***aiguille*** *f* ***des ~s*** Sekundenzeiger *m*; ***vitesse*** *f* ***par ~*** Geschwindigkeit *f* pro Sekunde; ***à la ~*** in der, pro Sekunde; ***en une fraction de ~*** im Bruchteil e-r Sekunde **2** *par ext* Augenblick *m*; Moment *m*; Sekunde *f*; ***une ~!*** e-e Sekunde, e-n Augenblick, Moment (noch)!; ***dans, en une ~*** gleich; in e-r Sekunde **3** GÉOMÉTRIE Sekunde *f* **4** MUS Sekunde *f*; → *a* ***second*** *II 4-6*

secondement [s(ə)gõdmɑ̃] *adv* zweitens

seconder [s(ə)gõde] *v/t* **1** ~ ***qn*** j-n unterstützen; j-m helfen, zur Hand gehen; MÉD j-m assistieren **2** *fig projet etc* unterstützen; begünstigen; fördern

secouer [s(ə)kwe] **I** *v/t* **1** *tête, arbre* schütteln; *tapis, chiffon* ausschütteln; *poussière, neige* abschütteln; *personne* schütteln; rütteln; *explosion*: *ville* erschüttern; ~ ***la porte*** an der Tür rütteln; ~ ***la salade*** den Salat (zum Abtropfen) schütteln; ~ ***qn pour le réveiller*** j-n wach rütteln; ***être secoué dans une voiture*** in e-m Auto hin und her geschüttelt, durchgerüttelt, durchgeschüttelt werden **2** *fig joug* abschütteln; abwerfen; *indolence* abstreifen **3** F ~ ***qn*** j-n antreiben, F auf Trab bringen; F *fig* ~ ***les puces à qn*** → ***puce*** *1* **4** *État, société* erschüttern; *maladie etc* ~ ***qn*** j-n angreifen, mitnehmen; *mauvaise nouvelle a* j-n erschüttern **II** *v/pr* ***se ~*** **1** *chien etc* sich schütteln **2** F *personne* sich rühren; ***secoue-toi!*** rühr dich!; tu was!

secourable [s(ə)kuʀabl] *adj* hilfreich; hilfsbereit; ***tendre à qn une main ~*** j-m e-e hilfreiche Hand bieten, reichen

secourir [s(ə)kuʀiʀ] *v/t* ⟨→ **courir**⟩ zu Hilfe kommen, helfen, Hilfe leisten (***qn*** j-m); *miséreux a* unterstützen

secourisme [s(ə)kuʀism] *m* Erste Hilfe **secouriste** *m,f* Helfer(in) *m(f)*; Mitglied *n* e-r Hilfsorganisation; in Erster Hilfe Ausgebildete(r) *f(m)*

secours [s(ə)kuʀ] *m* **1** Hilfe *f*; Hilfeleistung *f*; *pl a* Hilfsdienst *m*, -mannschaft(en) *f(pl)*; ***premiers ~*** Erste Hilfe (***aux blessés*** für Verletzte); ***~ d'urgence*** Hilfe in Notfällen; ***~ en montagne*** Bergwacht *f*; ***boîte*** *f*, ***trousse*** *f* ***de ~*** Verband(s)kasten *m*; ***éclairage*** *m* ***de ~*** Notbeleuchtung *f*; ***équipe*** *f* ***de ~*** Hilfs-, Rettungsmannschaft *f*; ***issue*** *f*, ***porte*** *f*, ***sortie*** *f* ***de ~*** Notausgang *m*; ***poste*** *m* ***de ~*** Unfallstation *f*; Rettungsstelle *f*; AUTO ***roue*** *f* ***de ~*** Reserve-, Ersatzrad *n*; ***au ~!*** Hilfe!; ***aller, (ac)courir, se porter, venir au ~ de qn*** j-m zu Hilfe eilen, kommen; ***appeler au ~*** um Hilfe rufen; ***appeler qn à son ~*** j-n zu Hilfe rufen; ***être d'un grand ~*** (***pour qn***) (j-m) e-e große Hil-

S

fe sein; *chose a* sehr hilfreich sein; ***laisser qn sans ~*** j-m keine Hilfe leisten; ***porter, prêter ~ à qn*** j-m Hilfe bringen, leisten **2** *matériel, financier* Unterstützung *f*; Hilfe *f*; *pl* Hilfsgüter *n/pl* **3** MIL Entsatz *m*; *par ext* Entsatz-, Hilfstruppe *f* **4** REL Beistand *m* **5** ***Secours catholique*** Caritas *f*; ***Secours populaire*** *frz Hilfsorganisation für Bedürftige*

secousse [s(ə)kus] *f* **1** Stoß *m*; Ruck *m*; ***~ sismique, tellurique*** Erdstoß *m*; ***par ~s*** ruckweise, -artig **2** *fig* Schlag *m*; Schock *m*; ***ça a été pour lui une terrible ~*** das war ein harter Schlag, ein furchtbarer Schock für ihn **3** F *fig* ***il n'en fiche pas une ~*** F er tut keinen Handschlag; er macht keinen Finger krumm

secret[1] [səkʀɛ] *adj* ⟨**secrète** [səkʀɛt]⟩ **1** *(caché)* geheim; Geheim...; verborgen; ***agent ~*** Geheimagent *m*; ***arme, association, diplomatie, police, porte secrète*** Geheimwaffe *f*, -bund *m*, -diplomatie *f*, -polizei *f*, -tür *f*; ***une secrète envie*** ein geheimes Verlangen; FIN ***fonds ~s*** Geheim-, Reptilienfonds *m*; ***service ~*** Geheimdienst *m*; ***garder, tenir une chose secrète*** e-e Sache geheim halten **2** *personne (renfermé)* verschlossen

secret[2] [səkʀɛ] *m* **1** Geheimnis *n*; *(discrétion)* Geheimhaltung *f*; ***~ professionnel*** Berufsgeheimnis *n*; Schweigepflicht *f*; ***~ de la confession, d'État, de fabrication*** Beicht-, Staats-, Fabrikationsgeheimnis *n*; *par ext* ***le ~ de son succès*** das Geheimnis s-s Erfolgs; *loc/adv*: ***dans le plus grand ~*** unter strengster Geheimhaltung; in größter Heimlichkeit; ***en ~*** *(en cachette)* heimlich; *(intérieurement)* insgeheim; ***avoir le ~ de qc*** etw sicher beherrschen; sich ausgezeichnet auf etw *(acc)* verstehen; ***ne pas avoir de ~s pour qn*** vor j-m keine Geheimnisse haben; ***confier un ~ à qn*** j-m ein Geheimnis anvertrauen; ***connaître le ~ d'un coffre-fort*** die Zahlenkombination e-s Tresors kennen; ***ce n'est un ~ pour personne*** das ist ein offenes Geheimnis; das pfeifen die Spatzen von den Dächern; ***c'est là (qu'est) tout le ~*** darin liegt das ganze Geheimnis; ***être dans le ~*** (in das Geheimnis) eingeweiht sein; ***ne pas être dans le ~ des dieux*** nicht zu den Eingeweihten gehören; ***exiger le ~*** Geheimhaltung fordern; ***faire un ~ de qc*** aus etw ein Geheimnis machen; ***garder un ~*** ein Geheimnis (be)wahren, hüten, für sich behalten; ***garder le ~ sur qc*** etw geheim halten; ***jurer de garder un ~, jurer le ~*** Verschwiegenheit geloben; ***mettre qn dans le ~*** j-n (in das Geheimnis) einweihen **2** JUR ***mise f au ~*** strenge Isolierung

secrétaire [s(ə)kʀetɛʀ] **1** *m,f* Sekretär(in) *m(f)*; ***~ commerciale*** Handelskorrespondentin *f*; ***~ f comptable*** Buchhalterin *f*; ***~ médicale*** Arzthelferin *f*; Sprechstundenhilfe *f*; ***~ particulier*** Privatsekretär *m*; ***~ f de direction*** Chef-, Direktionssekretärin *f* **2** *m* POL Sekretär *m*; ***~ général*** Generalsekretär *m*; ***~ d'État*** Staatssekretär *m*; *aux USA* Außenminister *m*; *en Grande-Bretagne* ***~ d'État aux Affaires étrangères*** Außenminister *m*; ***premier ~ du parti*** erster Parteisekretär **3** *m d'une assemblée* Schrift-, Protokollführer *m* **4** *m* DIPL ***~ d'ambassade*** *correspond à* Legationsrat *m*; ADM ***~ de mairie*** *correspond à* Stadtdirektor *m* **5** *m* ***~ de rédaction*** Assistent *m* des Chefredakteurs **6** *m meuble* Sekretär *m*; Schreibschrank *m*

secrétariat [s(ə)kʀetaʀja] *m* **1** *service* Sekretariat *n*; Kanzlei *f*; Geschäftsstelle *f*; ***~ d'État*** Staatssekretariat *n*; *inscription* ***s'adresser au ~*** nähere Auskünfte erteilt das Sekretariat **2** **a)** *fonction* Amt *n*, *temps* Amtszeit *f* e-s Sekretärs; **b)** *métier* Beruf *m* e-r Sekretärin; Tätigkeit *f* als Sekretärin; ***~ médical*** Beruf *m* der Arzthelferin; ***école f de ~*** Sekretärinnenschule *f*

secrète [səkʀɛt] *f* F *(police ~)* Geheimpolizei *f*

secrètement [səkʀɛtmɑ̃] *adv* **a)** *(en cachette)* heimlich; **b)** *(intérieurement)* insgeheim; im Stillen

sécréter [sekʀete] *v/t* ⟨**-è-**⟩ **1** PHYSIOL absondern **2** *fig ennui* verbreiten

sécrétion [sekʀesjõ] *f* PHYSIOL **1** *phénomène* Sekretion *f*; Absonderung *f* **2** *substance* Sekret *n*

sectaire [sɛktɛʀ] **I** *m,f* **1** REL Sektierer(in) *m(f)* **2** *fig* engstirnige(r) Fanatiker(in) *m(f)* **II** *adj* **1** REL sektiererisch **2** *fig* fanatisch; intolerant; engstirnig

sectarisme [sɛktaʀism] *m* REL *et fig* Sektierertum *n*

secte [sɛkt] *f* **1** REL Sekte *f* **2** *fig et péj* Clique *f*; Klüngel *m*

secteur [sɛktœʀ] *m* **1** MATH Sektor *m*; Ausschnitt *m*; ***~ de cercle*** Kreisausschnitt *m* **2** ADM Bezirk *m*; HIST *à Berlin* Sektor *m*; *par ext* Gegend *f* (*a* F); Gebiet *n*; *d'un terrain* Abschnitt *m*; ***qu'est-ce que tu viens faire dans ce ~?*** was machst du in dieser Gegend? **3** MIL Frontabschnitt *m*; ***~ postal*** Feldpostnummer *f* **4** ÉCON (Wirtschafts)Sektor *m*, (-)Bereich *m*; ***~ primaire*** Agrar- *ou* Landwirtschaft *f* und Bergbau *m*; ***~ privé, public*** Privat-, Staatswirtschaft *f*; privater, öffentlicher Sektor; ***~ secondaire*** industrieller Sektor; ***~ tertiaire*** Dienstleistungssektor *m*; tertiärer Sektor; ***~ de la production*** Produktionsbereich *m*, -sektor *m* **5** ÉLECT (Strom)Netz *n*; ***panne f de ~*** Netzstörung *f*, -ausfall *m*; ***brancher sur le ~*** ans Netz anschließen **6** MÉTÉO Sektor *m*

section [sɛksjõ] *f* **1** MATH Schnitt *m*; ***~ conique*** Kegelschnitt *m*; ***point m de ~*** Schnittpunkt *m* **2** TECH Querschnitt *m* **3** CH DE FER, *d'une route* Streckenabschnitt *m*; *d'une ligne de bus* Teilstrecke *f* **4** ADM *d'une institution, d'une organisation* Abteilung *f*; Sektion *f*; ÉCOLE Fachrichtung *f*; Zug *m*; ***~ électorale*** Wahlbezirk *m*; *d'un parti, d'une association* ***~ locale*** Ortsgruppe *f* **5** MIL Zug *m*; ***chef m de ~*** Zugführer *m* **6** MUS ***~ mélodique, rythmique*** Melodie-, Rhythmusgruppe *f*

sectionnement [sɛksjɔnmɑ̃] *m* **1** Durchschneiden *n*, -trennen *n* **2** *fig* Aufteilung *f*; Unterteilung *f*

sectionner [sɛksjɔne] **I** *v/t* **1** durchschneiden, -trennen; ***il a eu deux doigts sectionnés*** ihm wurden zwei Finger abgetrennt **2** *fig* aufteilen, unterteilen (***en*** in *+acc*) **II** *v/pr câble etc* ***se ~*** durch-, ab-, zerreißen

sectoriel [sɛktɔʀjɛl] *adj* ⟨***~le***⟩ ÉCON sektoral; der einzelnen Wirtschaftssektoren

sectorisation [sɛktɔʀizasjõ] *f* ADM Aufteilung *f* in Bezirke

sécu [seky] *f* F *abr* (*Sécurité sociale*) **a)** (französische) Sozialversicherung; **b)** *(caisse maladie)* Krankenkasse *f* (der sozialen Krankenversicherung)

séculaire [sekylɛʀ] *adj* jahrhundertealt; ***trois fois ~*** drei Jahrhunderte alt

sécularisation [sekylaʀizasjõ] *f* REL Säkularisation *f*; Säkularisierung *f*

séculariser [sekylaʀize] *v/t* REL säkularisieren

S

séculier [sekylje] *adj* ⟨**-ière**⟩ REL weltlich; Welt...; ***clergé*** ~ Welt-, Säkularklerus *m*; ***prêtre*** ~ *ou subst* ~ *m* Weltgeistliche(r) *m*, -priester *m*
secundo [s(ə)gõdo] *adv* zweitens
sécurisant [sekyrizã] *adj* ein Gefühl der Sicherheit, Geborgenheit verleihend
sécuriser [sekyrize] *v/t* ~ ***qn*** j-m ein Gefühl der Sicherheit, Geborgenheit geben, verleihen
sécurité [sekyrite] *f* **1** Sicherheit *f*; ~ ***routière*** Verkehrssicherheit *f*; ~ ***du travail*** Arbeitsschutz *m*; AUTO, AVIAT ***ceinture*** *f* ***de*** ~ Sicherheitsgurt *m*; *ONU* ***Conseil*** *m* ***de Sécurité*** (Welt)Sicherheitsrat *m*; ***contrôle*** *m* ***de*** ~ Sicherheitskontrolle *f*; *sur les routes* ***glissière*** *f* ***de*** ~ Leitplanke *f*; ***impression*** *f*, ***sentiment*** *m* ***de*** ~ Gefühl *n* der Sicherheit; ***mesures*** *f/pl* ***de*** ~ Sicherheitsmaßnahmen *f/pl*; *loc/adv* ***en toute*** ~ (ganz) beruhigt; ***être en*** ~ in Sicherheit sein **2** ***Sécurité sociale*** (französische) Sozialversicherung; (*caisse maladie*) Krankenkasse *f* (der sozialen Krankenversicherung); ***prestations*** *f/pl* ***de la Sécurité sociale*** Sozialversicherungsleistungen *f/pl* **3** TECH Sicherung *f* **4** Sicherung(swesen) *f(n)*; Sicherheitsdienst *m*; ~ ***aérienne*** Flugsicherung *f*
Sedan [sədã] *Stadt im Dep. Ardennes*
sédatif [sedatif] *m* PHARM Beruhigungsmittel *n*; *sc* Sedativ(um) *n*
sédentaire [sedɑ̃tɛr] *adj* **1** *population* sesshaft; *activité* immer am selben Ort ausgeübt; ohne Ortsveränderung; ***vie*** *f* ~ sesshafte Lebensweise **2** (*casanier*) häuslich; gern zu Hause bleibend
sédentariser [sedɑ̃tarize] *v/t* sesshaft machen
sédiment [sedimã] *m* **1** GÉOL Sediment *n*; Ablagerung *f* **2** MÉD Sediment *n*; Bodensatz *m*; Niederschlag *m*
sédimentaire [sedimɑ̃tɛr] *adj* GÉOL Sediment...; sedimentär; ***roches*** *f/pl* ~***s*** Sediment-, Schichtgesteine *n/pl*; Sedimente *n/pl*
sédimentation [sedimɑ̃tasjõ] *f* **1** MÉD ~ ***sanguine*** Blutsenkung *f*; ***vitesse*** *f* ***de*** ~ Blutsenkungsgeschwindigkeit *f* **2** GÉOL Sedimentation *f*; Ablagerung
séditieux [sedisjø] **I** *adj* ⟨**-euse**⟩ aufrührerisch; ***attroupement*** ~ Zusammenrottung *f* in aufrührerischer Absicht **II** *subst* ~, ***séditieuse*** *m,f* Aufrührer(in) *m(f)*
sédition [sedisjõ] *f* Aufruhr *m*; Aufstand *m*
séducteur [sedyktœr], **séductrice** **I** *m,f* Verführer(in) *m(f)* **II** *adj* verführerisch; Verführungs...
séduction [sedyksjõ] *f* **1** *d'une femme* Verführung *f* (*a* JUR) **2** *fig* Verlockung *f*; Verführung *f*; Reiz *m*; *d'un acteur* ***pouvoir*** *m* ***de*** ~ Fähigkeit *f*, sein Publikum zu bezaubern
séduire [sedɥir] *v/t* ⟨→ **conduire**⟩ **1** verführen; ~ ***une femme*** eine Frau verführen **2** *fig* (*attirer*) verlocken; verleiten; verführen; reizen; (*charmer*) bezaubern; hinreißen
séduisant [sedɥizã] *adj* verführerisch; *beauté a* bezaubernd; hinreißend; betörend; *idée a* verlockend; bestechend
segment [sɛgmã] *m* **1** MATH, BIOL Segment *n*; Abschnitt *m*; ~ ***de cercle*** Kreisabschnitt *m*; ~ ***de droite*** Strecke *f* **2** TECH ~ ***de frein*** Bremsbacke *f*; ~ ***de piston*** Kolbenring *m*
segmentation [sɛgmɑ̃tasjõ] *f* BIOL Segmentierung *f*; *de l'ovule* Furchung
segmenter [sɛgmɑ̃te] **I** *v/t* in Segmente, Abschnitte gliedern **II** *v/pr* ***se*** ~ BIOL sich teilen
Ségolène [segɔlɛn] *f Vorname*
Ségovie [segɔvi] GÉOGR Segovia *n*
ségrégatif [segregatif] *adj* ⟨**-ive**⟩ trennend wirkend; e-e Absonderung, (scharfe) Trennung, Segregation bewirkend, herbeiführend
ségrégation [segregasjõ] *f* Absonderung *f*; (scharfe) Trennung; Segregation *f*; ~ ***raciale*** Rassentrennung *f*
ségrégationnisme [segregasjɔnism] *m* Politik *f* der Rassentrennung **ségrégationniste** **I** *adj* Rassentrennungs...; *personne* die Rassentrennung befürwortend **II** *m,f* Anhänger(in) *m(f)*, Verfechter(in) *m(f)* der Rassentrennung
séguedille [segədij] *f danse* Seguidilla [-gi'dilja] *f*
seiche [sɛʃ] *f* ZO Tintenfisch *m*
séide [seid] *m* fanatischer Anhänger; Gefolgsmann *m*
seigle [sɛgl] *m* AGR Roggen *m*; ***pain*** *m* ***de*** ~ Roggenbrot *n*
seigneur [sɛɲœr] *m* **1** (ad[e]liger, vornehmer) Herr; *plais* ***mon*** ~ ***et maître*** mein Herr und Gebieter; ***faire le grand*** ~ groß auftreten; ***vivre en grand*** ~ wie ein großer Herr leben; *prov* ***à tout*** ~ ***tout honneur*** Ehre, wem Ehre gebührt (*prov*) **2** HIST Lehns-, Grundherr *m* **3** REL ***le Seigneur*** der Herr; ***Notre Seigneur*** (***Jésus-Christ***) unser Herr (Jesus Christus); ***le jour du Seigneur*** der Tag des Herrn; *int* ***Seigneur!*** mein Gott!
seigneurial [sɛɲœrjal] *adj* ⟨**-aux**⟩ **1** *demeure etc* herrschaftlich; Herren... **2** HIST ***droit*** ~ Recht *n* des Lehns-, Grundherrn
seigneurie [sɛɲœri] *f* HIST **1** Lehns-, Grundherrschaft *f* **2** ***Sa, Votre Seigneurie*** Seine, Eure Herrlichkeit
sein [sɛ̃] *m* **1** *d'une femme* Brust *f*; ~***s*** *pl* Busen *m*; ***le*** ~ ***droit*** die rechte Brust; ***faux*** ~***s*** falscher Busen; ***bout*** *m*, ***pointe*** *f* ***du*** ~ Brustwarze *f*; *loc/adj* ~***s nus*** F oben ohne; ***donner le*** ~ ***à un enfant*** e-m Kind die Brust geben; ***nourrir au*** ~ stillen; nähren; *st/s* ***serrer, presser qn sur son*** ~ j-n an s-e Brust drücken **2** *fig* Schoß *m*; Innerste(s) *n*; *st/s* ***le*** ~ ***de l'Église, de la terre*** der Schoß der Kirche, der Erde; *loc/prép* ***au*** ~ ***de*** innerhalb (+*gén*); ***au*** ~ ***de la Communauté européenne*** innerhalb, im Rahmen der Europäischen Gemeinschaft; ***vivre au*** ~ ***de sa famille*** im Kreise s-r Familie leben; *st/s* ***porter un enfant dans son*** ~ *st/s* ein Kind unter dem Herzen tragen
seine [sɛn] *f* PÊCHE Schleppnetz *n*
Seine [sɛn] ***la*** ~ die Seine
Seine-et-Marne [sɛnemarn] ***la*** ~ *frz Departement*
Seine-Maritime [sɛnmaritim] ***la*** ~ *frz Departement*
Seine-Saint-Denis [sɛnsɛ̃dni] ***la*** ~ *frz Departement*
seing [sɛ̃] *m* JUR ~ ***privé*** nicht notariell beurkundete Unterschrift; ***acte*** *m* ***sous*** ~ ***privé*** Privaturkunde *f*
séisme [seism] *m* Erdbeben *n*; ~ ***sous-marin*** Seebeben *n*
séismique [seismik] → ***sismique***
séismographe [seismɔgraf] → ***sismographe***
SEITA [seta] *f abr* (*Société nationale d'exploitation industrielle des tabacs et allumettes*) *frz Tabakkonzern*
seize [sɛz] **I** *num/c* sechzehn; ***Louis*** ~ (***XVI***) Ludwig

S

der Sechzehnte (XVI.); ***le ~ mai*** der sechzehnte Mai *ou* am sechzehnten Mai; ***page ~*** Seite sechzehn; ***à ~ heures*** um sechzehn Uhr; ***fille*** *f* ***de ~ ans*** sechzehnjähriges Mädchen; Mädchen *n* von sechzehn Jahren **II** *m* Sechzehn *f*; ***le ~ (du mois)*** der Sechzehnte *ou* am Sechzehnten (des Monats); → *a* ***deux II***

seizième [sɛzjɛm] **I** *num/o* sechzehnte(r, -s) **II** *subst* **1** ***le, la ~*** der, die, das Sechzehnte **2** *m* MATH Sechzehntel *n* **3** *dans Paris* ***le ~*** das sechzehnte Arrondissement **4** *siècle* ***le ~*** das sechzehnte Jahrhundert

seizièmement [sɛzjɛmmɑ̃] *adv* sechzehntens

séjour [seʒuʀ] *m* **1** Aufenthalt *m*; *à l'hôpital a* Verweildauer *f*; ***~ à la campagne*** Aufenthalt auf dem Land; Landaufenthalt *m*; ***~ en prison*** Gefängnisaufenthalt *m*; Haftzeit *f*; ***carte*** *f* ***de ~*** *en France* Ausländerausweis *m*; *à l'hôpital* ***frais*** *m/pl* ***de ~*** Pflegekosten *pl*; ***permis*** *m* ***de ~*** Aufenthaltserlaubnis *f*, -genehmigung *f*, -bewilligung *f*, -bescheinigung *f*; ***taxe*** *f* ***de ~*** Kurtaxe *f*; ***faire un long, bref ~ dans une ville*** sich in e-r Stadt lang(e), kurz aufhalten **2** ***(salle*** *f* ***de) ~*** Wohnzimmer *n*

séjourner [seʒuʀne] *v/i* **1** *personne* sich aufhalten; bleiben; verweilen **2** *eau* stehen bleiben; *cadavre* ***~ trois mois dans la neige*** drei Monate im Schnee (begraben) liegen

sel [sɛl] *m* **1** Salz *n* (*a* CHIM); (*chlorure de sodium*) Kochsalz *n*; *pl* ***~s*** (*sel volatil*) Riechsalz *n*; CUIS ***~ fin, gros ~*** feines, grobes Salz; Fein-, Grobsalz *n*; ***~ marin*** Meersalz *n*; ***~s de bain*** Badesalz *n*; ***~ de cuisine*** Speisesalz *n*; ***~ de table*** Tafelsalz *n*; ***grain*** *m* ***de ~*** Salzkorn *n*, -körnchen *n*; ***régime*** *m* ***sans ~*** salzlose Kost; ***mettre du ~*** salzen (***dans qc*** etw [*acc*]) **2** *fig* (feiner) Witz; Würze *f*; Salz *n*; ***cela ne manque pas de ~*** das ist wirklich witzig

sélect [selɛkt] *adj* exklusiv; vornehm; F piekfein

sélecteur [selɛktœʀ] *m de l'embrayage automatique* Wählhebel *m*; *d'une motocyclette* Fußschalthebel *m*; ÉLECT Wählschalter *m*; *d'un lave-linge* Programm-, Wähltaste *f*; TÉL Wähler *m*

sélectif [selɛktif] *adj* ⟨**-ive**⟩ **1** selektiv; auswählend; Auswahl… **2** RAD trennscharf; selektiv

sélection [selɛksjõ] *f* **1** *action* Auswahl *f*; Auslese *f*; SPORTS ***épreuve*** *f*, ***match*** *m* ***de ~*** Ausscheidungskampf *m*, -spiel *n*; ***faire une ~*** e-e Auswahl treffen (***parmi les candidats*** unter den Bewerbern) **2** BIOL, ÉLEVAGE Auslese *f*; Zuchtwahl *f*; Selektion *f*; ***~ naturelle*** natürliche Auslese **3** SPORTS *équipe* Auswahl(mannschaft) *f* **4** *de produits, de poèmes etc* Auswahl *f*; Auslese *f*

sélectionner [selɛksjɔne] *v/t* auswählen; *adjt*: SPORTS ***équipe sélectionnée*** Auswahlmannschaft *f*; COMM ***fruits sélectionnés*** Qualitätsobst *n*

sélectionneur [selɛksjɔnœʀ] *m* SPORTS Funktionär, Trainer, der die Sportler *ou* Mannschaften auswählt; Nationaltrainer *m*

sélectivité [selɛktivite] *f* RAD Trennschärfe *f*; Selektivität *f*

sélénium [selenjɔm] *m* CHIM Selen *n*

Sélestat [selɛsta] GÉOGR Schlettstadt *n*

self[1] [sɛlf] *m* F *abr* (*self-service*) Selbstbedienungsrestaurant *n*

self[2] [sɛlf] *f* ÉLECT *abr* → ***self-induction***; (***bobine*** *f* ***de***) ***~*** Drossel(spule) *f*

self-control [sɛlfkõtʀol] *m* Selbstbeherrschung *f*

self-induction *f* ÉLECT Selbstinduktion *f*

self-made-man [sɛlfmɛdman] *m* ⟨*pl* **self-made--men** [-men]⟩ Selfmademan [-meːdmɛn] *m*

self-service [sɛlfsɛʀvis] *m* ⟨*pl* **self-services**⟩ **a)** *restaurant* Selbstbedienungsrestaurant *n*; **b)** *magasin* Selbstbedienungsladen *m*

selle [sɛl] *f* **1** Sattel *m* (*a d'un vélo etc*); ***~ de femme*** Damensattel *m*; ***cheval*** *m* ***de ~*** Reitpferd *n*; ***être bien en ~*** fest im Sattel sitzen (*a fig*); ***se mettre en ~*** aufsitzen; ***remettre qn en ~*** j-m wieder in den Sattel helfen, j-n wieder in den Sattel heben (*a fig*) **2** CUIS Rücken *m*; ***~ d'agneau, de chevreuil*** Lamm-, Rehrücken *m* **3** PHYSIOL ***~s*** *pl* Stuhlgang *m*; ***aller à la ~*** Stuhlgang haben

seller [sele] *v/t cheval* satteln

sellerie [sɛlʀi] *f* **1** *métier* Sattlerei *f* **2** (*selles et harnais*) Sattelzeug *n*

sellette [sɛlɛt] *f* **1** *loc* ***être sur la ~*** im Blickpunkt stehen; im Gespräch sein; ***mettre qn sur la ~*** j-n ausfragen, F ausquetschen; j-n ins Gebet nehmen **2** *petit meuble* (Pflanzen)Ständer *m*

sellier [sɛlje] *m* Sattler *m*

selon [s(ə)lõ] *prép* gemäß, entsprechend, nach, zufolge (+*dat*); ***~ toute apparence*** allem Anschein nach; anscheinend; ***~ le(s) cas*** je nach Fall; *décider a* von Fall zu Fall; ***~ les circonstances*** je nach (den) Umständen; ***~ vos désirs*** wunschgemäß; ***~ les journaux*** den Zeitungen zufolge; ***~ moi*** meines Erachtens (*abr* m. E.); meiner Auffassung, Meinung, Ansicht nach; ***~ ses propres paroles, termes*** nach s-n eigenen Worten; ***~ les règles*** den Vorschriften entsprechend, gemäß; ordnungs-, vorschriftsmäßig; ***~ toute vraisemblance*** aller Wahrscheinlichkeit nach; ***Évangile*** *m* ***~ saint Jean*** Johannesevangelium *n*; Evangelium *n* nach Johannes; F ***c'est ~*** das kommt (ganz) darauf an; je nachdem; *loc/conj* ***~ que*** je nachdem

Seltz [sɛls] ***eau*** *f* ***de ~*** Soda-, Selterswasser *n*

semailles [s(ə)mɑj] *f/pl* **1** *action* (Aus)Saat *f*; Säen *n* **2** *époque* Saatzeit *f*

semaine [s(ə)mɛn] *f* **1** Woche *f*; REL ***la ~ sainte*** die Karwoche; COMM ***~ de, du blanc*** Weiße Woche; ***~ de trente-cinq heures*** Fünfunddreißigstundenwoche *f*; F *fig* ***la ~ des quatre jeudis*** → ***jeudi***; ***la ~ de Pâques*** die Osterwoche; die Woche nach Ostern; ***un congé de trois ~s*** ein dreiwöchiger Urlaub; ***fin*** *f* ***de ~*** Wochenende *n*; ♦ *loc/adv*: ***la ~ passée*** *ou* ***dernière, prochaine*** vergangene *ou* vorige *ou* letzte, nächste *ou* kommende Woche; in der vergangenen *etc* Woche; ***des ~s (entières)*** wochenlang; ***au début, au milieu, à la fin de la ~ prochaine*** Anfang, Mitte, Ende nächster Woche; ***à la ~*** wöchentlich; wochenweise; ***à la petite ~*** *politique etc* kurzsichtig; ohne klares Konzept; ***prêter à la petite ~*** auf kurze Zeit zu hohen Zinsen verleihen; ***vivre à la petite ~*** von der Hand in den Mund leben; ***en ~*** unter der Woche; wochentags; ***une fois par ~*** *ou* ***la ~*** einmal wöchentlich, pro Woche, in der Woche; ♦ ***avoir quatre ~s de congé*** vier Wochen Urlaub haben; F *fig* ***c'est ma ~ de bonté*** F ich habe (heute) meinen sozialen Tag; ***faire la ~ anglaise*** samstags nicht arbeiten **2** *loc/adj* ***de ~*** (in dieser Woche) diensthabend; ***être de ~*** Dienst haben **3** TV, PRESSE ***~ politique*** politische Wochenchronik **4** *paie* Wochenlohn *m*

S

semainier [s(ə)menje] *m* Terminkalender *m* (*mit wochenweiser Einteilung*)
sémantème [semɑ̃tɛm] *m* LING Semantem *n*
sémanticien [semɑ̃tisjɛ̃] *m* LING Semantiker *m*
sémantique [semɑ̃tik] LING **I** *adj* semantisch; ***champ*** *m* ~ Wortfeld *n* **II** *f* Semantik *f*; Wortbedeutungslehre *f*
sémaphore [semafɔʀ] *m* **1** MAR Semaphor *n ou m* **2** CH DE FER Flügelsignal *n*
sémasiologie [semazjɔlɔʒi] *f* LING Semasiologie *f*; Wortbedeutungslehre *f* **sémasiologique** *adj* LING semasiologisch
semblable [sɑ̃blabl] **I** *adj* **1** (*analogue*) ähnlich (***à*** *dat*); ***une maison ~ à celle d'en face*** ein Haus ähnlich dem gegenüberliegenden; MATH ***triangles*** *m/pl* ***~s*** ähnliche Dreiecke *n/pl*; ***qc de ~*** etwas Ähnliches **2** (*tel*) derartige(r, -s); solche(r, -s); so ein(e, -r); ***que faire dans un cas ~?*** was soll man in e-m solchen *ou* in so e-m Fall tun? **II** *subst* **1** ***mon ~*** meinesgleichen; ***vous et vos ~s*** Sie und Ihresgleichen *ou* ihr und euresgleichen **2** (*prochain*) Mitmensch *m*; ***aider ses ~s*** s-n Mitmenschen helfen
semblant [sɑ̃blɑ̃] *m* (An)Schein *m*; *litt* ***faux ~*** falscher Schein; Verstellung *f*; ***un ~ de …*** ein Anschein von …; so etwas wie (ein[e]) …; ***un ~ de légalité*** ein Anschein von Legalität; ***faire ~ de*** (*+inf*) so tun, als ob …; ***faire ~ de dormir*** so tun, als ob man schlafe *ou* schliefe *ou* schläft; sich schlafend stellen; ***il fait ~*** er tut nur so; ***ne faire ~ de rien*** so tun, als ob man nichts wüsste *ou* sehen würde *ou* hören würde; sich (*dat*) nichts anmerken lassen
sembler [sɑ̃ble] **I** *v/i* scheinen; ***vous me semblez fatigué*** Sie scheinen müde zu sein; mir scheint, Sie sind müde; ***cela semble*** (***être***) ***suffisant*** das scheint ausreichend zu sein; ***le temps m'a semblé long*** die Zeit kam mir lang vor **II** *v/imp* ♦ *avec adj*: ***il me semble inutile de*** (*+inf*) es scheint mir unnötig zu (*+inf*); ***comme, quand, si bon lui semble*** wie, wann, falls er es für gut *ou* richtig hält, erachtet; nach (s-m) Gutdünken; ♦ *avec inf* ***il me semble voir son père*** *quand je le vois* mir scheint, ich sehe s-n Vater …; ♦ ***il*** (***me***) ***semble que*** (*+ind ou +subj*) es scheint *ou* mir scheint, (dass) …; *st/s* mir *ou* mich dünkt, (dass) …; ***il me semble qu'il fait plus chaud aujourd'hui qu'hier*** mir scheint, heute ist es wärmer als gestern; ***il ne me semble pas qu'on puisse agir autrement*** mir scheint, dass man nicht anders handeln kann; ♦ ***à ce qu'il me semble***, *en incise a* ***ce me semble, me semble-t-il*** wie mir scheint; so scheint es mir; anscheinend; *litt* ***que vous en semble?*** was halten Sie davon?

sème [sɛm] *m* LING Semem *n*
semelle [s(ə)mɛl] *f* **1** Sohle *f* (*a d'un bas*); Schuhsohle *f*; *pour mettre à l'intérieur* Einlegesohle *f*; ***~ de caoutchouc, de crêpe, de cuir*** Gummi-, Krepp-, Ledersohle *f*; *fig* ***ne pas avancer d'une ~*** keinen Schritt vorwärts-, vorankommen; ***battre la ~*** die Füße gegeneinanderschlagen *ou* mit den Füßen auf den Boden stampfen (*um sich aufzuwärmen*); *plais*: *viande coriace* ***c'est de la ~*** das ist zäh wie e-e Schuhsohle; ***ne pas quitter, lâcher qn d'une ~*** j-m nicht von den Fersen weichen; j-m auf Schritt und Tritt folgen; keinen Schritt von j-m weichen; ***ne pas reculer d'une ~*** keinen Fußbreit zurückweichen **2** TECH Auflage-, Grund-, Fußplatte *f*
semence [s(ə)mɑ̃s] *f* **1** BOT, AGR Samen *m*; AGR *a* Saat *f*; Saatgut *n*; ***~s*** *pl a* Sämereien *f/pl* **2** TECH kleiner Flachkopfnagel; Blauzwecke *f*
semer [s(ə)me] *v/t* ⟨-è-⟩ **1** AGR (aus-, an)säen **2** (*répandre*) (aus)streuen **3** *fig peur, faux bruits, mort* verbreiten; *consternation* hervorrufen; *discorde* säen **4** F ***~ qn*** j-n hinter sich (*dat*) lassen; F j-n abhängen
semestre [s(ə)mɛstʀ] *m* Halbjahr *n*; UNIVERSITÉ Semester *n*; ***par ~*** halbjährlich
semestriel [səmɛstʀijɛl] *adj* ⟨**~le**⟩ halbjährlich; ***revue ~le*** halbjährlich erscheinende Zeitschrift; Halbjahreszeitschrift *f*
semeur [s(ə)mœʀ] *m*, **semeuse** *f* **1** Sämann *m*, Säerin *f* **2** *fig* ***semeur, semeuse de discorde*** j, der Zwietracht sät
semi-automatique [səmiɔtɔmatik] *adj* TECH halb automatisch; ***arme*** *f* ***~*** halb automatische Waffe; Selbstladewaffe *f*; F Selbstlader *m*
semi-auxiliaire [səmioksiljɛʀ] *m* GR modales Hilfsverb; modifizierendes Verb
semi-circulaire [səmisiʀkylɛʀ] *adj* halbrund; halbkreisförmig; *de l'oreille* ***canaux*** *m/pl* ***~s*** Bogengänge *m/pl*
semi-conducteur [səmikɔ̃dyktœʀ] *m* TECH Halbleiter *m*
semi-consonne [səmikɔ̃sɔn] *f* PHON Halbkonsonant *m*
semi-fini [səmifini] *adj* ***produit ~*** Halbfabrikat *n*, -erzeugnis *n*, -fertigware *f*
sémillant [semijɑ̃] *st/s adj* lebhaft; temperamentvoll; lebensprühend
séminaire [seminɛʀ] *m* **1** ÉGL CATH (***grand***) ***~*** (Priester)Seminar *n*; ***petit ~*** von Geistlichen geleitete Internatsschule **2** UNIVERSITÉ Seminar *n*; Studien-, Arbeitsgruppe *f* **3** (*colloque*) Seminar *n*; Arbeitstagung *f*; ***participer à un ~ de sociologie*** an e-m Seminar über Soziologie teilnehmen
séminal [seminal] *adj* ⟨**-aux**⟩ ANAT Samen…; ***vésicules ~es*** Samenblasen *f/pl*
séminariste [seminaʀist] *m* Seminarist *m*
sémiologie [semjɔlɔʒi] *f* LING, MÉD Semiologie *f* **sémiotique** *f* Semiotik *f*
semi-perméable [səmipɛʀmeabl] *adj* PHYS halbdurchlässig; semipermeabel
semi-remorque [səmiʀ(ə)mɔʀk] *m ou f* Sattelschlepper *m*; Sattelzug *m*
semis [s(ə)mi] *m* **1** *action* (Aus)Säen *n*; Aussaat *f* **2** *plantes* Sämlinge *m/pl* **3** *terrain* eingesätes Beet **4** *décor* Streumuster *n*
sémite [semit] **I** *adj* semitisch; ***peuples*** *m/pl* ***~s*** semitische Völker *n/pl* **II** *subst* ***Sémite*** *m,f* Semit(in) *m(f)*; *abus* Jude *m*, Jüdin *f*; ***les Sémites*** die Semiten
sémitique [semitik] *adj* LING semitisch; ***langues*** *f/pl* ***~s*** semitische Sprachen *f/pl*
semi-voyelle [səmivwajɛl] *f* PHON Halbvokal *m*
semoir [səmwaʀ] *m* AGR Sämaschine *f*; ***~ à engrais*** Düngerstreumaschine *f*
semonce [səmɔ̃s] *f* **1** (*réprimande*) Rüge *f*; Tadel *m*; Schelte *f* **2** MAR *et fig* ***coup*** *m* ***de ~*** Warnschuss *m*
semoule [s(ə)mul] *f* Grieß *m*; ***~ de maïs*** Maisgrieß *m*; *adjt* ***sucre*** *m* ***~*** Streuzucker *m*

sempiternel [sɑ̃pitɛʀnɛl, sɛ̃-] *adj* ⟨**~le**⟩ immer während; fortwährend; F ewig; dauernd

Sénat [sena] *m* POL, HIST Senat *m*; ***président** m* ***du ~*** Senatspräsident *m*

sénateur [senatœʀ] *m* POL, HIST Senator *m*; *fig* ***un train de ~*** ein gravitätischer, gemessener Gang

sénatorial [senatɔʀjal] *adj* ⟨**-aux**⟩ **a)** Senats…; ***élections ~es*** Senatswahlen *f/pl*; **b)** Senatoren…

sénatus-consulte [senatyskɔ̃sylt] *m* HIST Senatsbeschluss *m*

séné [sene] *m* **1** BOT Sennesstrauch *m* **2** PHARM Sennesblätter *n/pl*

sénéchal [seneʃal] *m* ⟨**-aux**⟩ HIST Seneschall *m*

séneçon [sɛnsɔ̃] *m* BOT Kreuzkraut *n*

Sénégal [senegal] ***le ~*** *État* Senegal *n ou* der Senegal

sénégalais [senegalɛ] **I** *adj* senegalesisch; senegalisch **II** *subst* ***Sénégalais(e)*** *m(f)* Senegalese *m*, Senegalesin *f*; Senegaler(in) *m(f)*

Sénèque [senɛk] *m* PHILOS Seneca *m*

sénescence [senesɑ̃s] *f* Altern *n*; Altwerden *n*; Alterserscheinungen *f/pl*

sénevé [sɛnve] *m* BOT **1** *plante* Senf *m* **2** *graine* Senfsamen *m*

Senghor [sɑ̃gɔʀ] *m senegalesischer Staatsmann u Dichter*

sénile [senil] *adj* senil; altersschwach; greisenhaft

sénilité [senilite] *f* Senilität *f*; Altersschwäche *f*; Greisenhaftigkeit *f*; ***~ précoce*** a) MÉD vorzeitiger Eintritt des Greisenalters; b) F vorzeitige Verkalkung

senior [senjɔʀ] *m* SPORTS Senior *m*; *adjt* ***catégorie*** *f* ***~*** Seniorenklasse *f*

Senlis [sɑ̃lis] *Stadt im Dep. Oise*

sens [sɑ̃s] *m* **1 a)** PHYSIOL Sinn *m*; ***les cinq ~*** die fünf Sinne; *fig* ***le sixième ~*** der sechste Sinn; *st/s* ***reprendre ses ~*** wieder zur Besinnung kommen; ***cela tombe sous le ~*** das liegt auf der Hand; das versteht sich von selbst; **b)** (*sensualité*) ***les ~*** *pl* die Sinne *m/pl*; ***plaisirs*** *m/pl* ***des ~*** Sinnengenuss *m*; Sinnenfreuden *f/pl* **2 a)** (*instinct*) ***~ artistique*** Kunstverständnis *n*, -verstand *m*; ***~ esthétique*** ästhetisches Empfinden; Schönheitssinn *m*; Sinn *m* für Ästhetik, Schönheit; ***~ pratique*** praktische Veranlagung; ***avoir le ~ pratique*** praktisch veranlagt sein; praktisch denken; ***~ du devoir*** Pflichtbewusstsein *n*, -gefühl *n*; ***~ de l'orientation*** Orientierungssinn *m*, -vermögen *n*; Ortssinn *m*; ***avoir le ~ des affaires*** Geschäftssinn besitzen; geschäftstüchtig sein; ***avoir le ~ de l'humour*** Sinn für Humor haben; ***avoir le ~ des réalités*** Sinn für Realitäten haben; ***ne pas avoir le ~ du ridicule*** nicht merken, wann etwas lächerlich wirkt; **b)** ***le bon ~, le ~ commun*** der gesunde Menschenverstand; ***remarque pleine de bon ~*** sehr vernünftige Bemerkung; ***cela n'a pas le ~ commun, cela n'a pas de bon ~*** das ist gegen den gesunden Menschenverstand; ***posséder un solide bon ~*** viel gesunden Menschenverstand besitzen; **c)** ***à mon ~*** meines Erachtens (*abr* m. E.); meiner Meinung, Ansicht nach; nach meinem Dafürhalten **3** (*signification*) Sinn *m*; Bedeutung *f*; ***~ figuré, propre*** übertragene, eigentliche Bedeutung; ***au ~ strict, large du terme*** im engeren, weiteren Sinn (des Wortes); ***à double ~*** doppel-, zweideutig; doppelsinnig; ***dénué, dépourvu de ~*** sinnlos; ***dans quel ~?*** in welchem Sinne?; ***en un ~, dans un certain ~*** in gewissem Sinne; in gewisser Weise, Hinsicht; ***en ce ~ que*** insofern, als; ***ne pas avoir de ~*** keinen Sinn haben; sinnlos sein; ***donner un ~ à qc*** e-r Sache e-n Sinn geben **4** (*direction*) Richtung *f*; ***le mauvais ~*** die falsche Richtung; *panneau routier* ***~ interdit*** Verbot *n* der Einfahrt; (***rue*** *f* ***à***) ***~ unique*** Einbahnstraße *f*; ***dans tous les ~*** kreuz und quer; durcheinander; nach allen Seiten; ***dans le ~ des aiguilles d'une montre*** im Uhrzeigersinn; ***dans le, en ~ inverse des aiguilles d'une montre*** gegen den Uhrzeigersinn; ***dans le ~ de la longueur*** der Länge nach; in (der) Längsrichtung; ***dans le ~ de la marche*** in Fahrtrichtung; ***dans le, en ~ inverse*** in entgegengesetzter Richtung; in der Gegenrichtung; ***venir en ~ inverse*** aus der entgegengesetzten Richtung kommen; entgegenkommen; ***en tous ~*** in alle(n) Richtungen; ***~ dessus dessous*** [sɑ̃dsydsu] völlig durcheinander (*a intérieurement*); ***tout est ~ dessus dessous*** *a* es geht alles drunter und drüber; ***mettre tout ~ dessus dessous*** alles auf den Kopf stellen; das Unterste zuoberst kehren; ***mettre une pièce ~ dessus dessous*** in e-m Zimmer alles durcheinanderbringen, -werfen; ***~ devant derrière*** [sɑ̃dvɑ̃dɛʀjɛʀ] verkehrt (herum)

Sens [sɑ̃s] *Stadt im Dep. Yonne*

sensass [sɑ̃sas] *adj* ⟨*inv*⟩ F *abr* → **sensationnel** 2

sensation [sɑ̃sasjɔ̃] *f* **1** (*perception*) Empfindung *f*; (*émotion*) Gefühl *n*; ***~ auditive, visuelle*** Gehörs-, Gesichtsempfindung *f*; ***~ (dés)agréable*** (un)angenehmes Gefühl; ***~ de bien-être*** Gefühl des Wohlbehagens; Wohlgefühl *n*; wohliges Gefühl; ***~ de vertige*** Schwindelgefühl *n*; ***aimer les ~s fortes*** den Nervenkitzel mögen; ***j'avais la ~ d'étouffer*** ich glaubte zu ersticken; ***éprouver une ~ de fatigue*** Müdigkeit verspüren, empfinden **2** (*grosse impression*) Sensation *f*; ***faire ~*** Aufsehen erregen; e-e Sensation sein; *loc/adj* ***à ~*** Sensations…; ***presse*** *f* ***à ~*** Sensations-, Boulevard-, Revolverpresse *f*

sensationnalisme [sɑ̃sasjɔnalism] *m* Sensationsgier *f*, -hascherei *f*, -lust *f*

sensationnel [sɑ̃sasjɔnɛl] *adj* ⟨**~le**⟩ **1** aufsehenerregend; sensationell; *subst*: ***goût*** *m* ***du ~*** Sensationslust *f*; ***être à l'affût du ~*** auf Sensationen aus sein **2** F toll; klasse ⟨*inv*⟩; fantastisch; prima ⟨*inv*⟩; ***n'avoir rien de ~*** F nicht besonders sein

sensé [sɑ̃se] *adj* vernünftig; ***remarque ~e*** vernünftige, sinnvolle Bemerkung

sensibilisation [sɑ̃sibilizasjɔ̃] *f* **1** PHOT, BIOL Sensibilisierung *f* **2** *fig* ***~ de l'opinion*** Sensibilisierung *f* der Öffentlichkeit (***à qc*** für etw)

sensibiliser [sɑ̃sibilize] *v/t* **1** PHOT sensibilisieren; lichtempfindlich machen **2** BIOL sensibilisieren **3** *fig* ***~ l'opinion (publique)*** die öffentliche Meinung, die Öffentlichkeit empfänglich, aufnahmebereit, aufgeschlossen machen, sensibilisieren (***à un problème*** für ein Problem); die Öffentlichkeit ansprechen, interessieren

sensibilité [sɑ̃sibilite] *f* **1** PHYSIOL Empfindungsvermögen *n*; Sensibilität *f* **2** *d'une personne* **a)** Feinfühligkeit *f*; Sensibilität *f*; Empfindsamkeit *f*; **b)** (*cœur*) weiches Gemüt; Mitgefühl *n*; Weichherzigkeit *f*; ***dépourvu de ~*** gefühllos **3** *d'une balance etc* Empfindlichkeit *f*; PHOT Lichtempfindlichkeit *f*; Sensibilität *f*

sensible [sɑ̃sibl] *adj* **1** PHYSIOL empfindlich; ***nerfs***

m/pl **~s** empfindliche Nerven *m/pl*; ***point*** *m* **~** empfindliche Stelle; *fig a* wunder Punkt; ***~ au bruit, à la douleur, au froid*** lärm-, schmerz-, kälteempfindlich; empfindlich gegen Lärm, Schmerz, Kälte; ***être ~ de la gorge*** leicht Halsweh bekommen 2 *personne* (*impressionnable*) feinfühlend; sensibel; empfindsam; (*réceptif*) empfänglich; empfindlich; ***~ à la beauté, à la flatterie*** empfänglich für das Schöne, für Schmeicheleien; ***~ à la critique, à la raillerie*** empfindlich gegen Kritik, Spott; ***avoir le cœur ~*** ein weiches, mitfühlendes Herz, ein weiches Gemüt haben; weichherzig sein; ***être ~ au qu'en dira- -t-on*** auf das Gerede der Leute hören; ***faire vibrer, toucher la corde ~ de qn*** → ***corde*** 5 3 *balance etc* empfindlich; PHOT lichtempfindlich 4 MUS ***note*** *f* **~** *ou subst* **~** *f* Septime *f* 5 **a)** (*perceptible*) wahrnehmbar; empfindbar; ***monde*** *m* **~** Sinnenwelt *f*; ***à peine ~*** kaum wahrnehmbar; **b)** *progrès, baisse etc* fühlbar; spürbar; merklich; deutlich 6 (*délicat*) *dossier* heikel; ***quartier*** *m* **~** Problemviertel *n*

sensiblement [sɑ̃sibləmɑ̃] *adv* 1 (*notablement*) fühlbar; spürbar; merklich; deutlich; ***la température a ~ baissé*** die Temperatur ist merklich zurückgegangen 2 (*à peu près*) etwa; ungefähr; ***ils sont ~ de la même taille*** sie sind etwa gleich groß

sensiblerie [sɑ̃sibləʀi] *f* Überempfindsamkeit *f*; Rührseligkeit *f*; F Gefühlsduselei *f*

sensitif [sɑ̃sitif] *adj* ⟨**-ive**⟩ ANAT Empfindungs…; ***nerfs*** *m/pl* **~s** Empfindungsnerven *m/pl*; sensible, sensorische Nerven *m/pl*

sensitive [sɑ̃sitiv] *f* BOT Mimose *f*; Sinnpflanze *f*

sensoriel [sɑ̃sɔʀjɛl] *adj* ⟨**~le**⟩ PHYSIOL, PSYCH Sinnes…; sensorisch

sensualisme [sɑ̃sɥalism] *m* PHILOS Sensualismus *m*

sensualité [sɑ̃sɥalite] *f* Sinnlichkeit *f*

sensuel [sɑ̃sɥɛl] *adj* ⟨**~le**⟩ sinnlich; ***bouche ~le*** sinnlicher Mund

sentence [sɑ̃tɑ̃s] *f* 1 JUR Urteil *n*; Urteilsspruch *m* (*a fig*); ***prononcer, exécuter une ~*** ein Urteil fällen, vollstrecken 2 (*maxime*) Sinn-, Denkspruch *m*; Sentenz *f*

sentencieux [sɑ̃tɑ̃sjø] *adj* ⟨**-euse**⟩ schulmeisterlich; belehrend; lehrhaft; dozierend

senteur [sɑ̃tœʀ] *f* 1 *litt* Duft *m*; Wohlgeruch *m* 2 BOT ***pois*** *m* ***de ~*** Wohlriechende Wicke

senti [sɑ̃ti] *adj remarque* ***bien ~*** treffend; treffsicher; wohlgezielt

sentier [sɑ̃tje] *m* Fußweg *m*; Pfad *m*; ***~ de montagne*** Gebirgspfad *m*; Steig *m*; ***~ de grande randonnée*** Fernwanderweg *m*; *les Indiens et fig* ***être sur le ~ de*** (***la***) ***guerre*** auf dem Kriegspfad sein

sentiment [sɑ̃timɑ̃] *m* 1 Gefühl *n*; Empfindung *f*; ***~s patriotiques*** patriotische Gefühle; ***le ~ du devoir accompli*** das Bewusstsein, s-e Pflicht getan zu haben; ***~ de haine*** Hassgefühl *n*; Gefühl des Hasses; ***~ d'infériorité*** Minderwertigkeitsgefühl *n*; ***~ de pitié*** Gefühl des Mitleids; ***~ de tendresse*** zärtliches Gefühl; ***avoir le ~ de sa force*** sich (*dat*) s-r Stärke bewusst sein; ***j'ai le ~ que je me trompe*** ich habe das Gefühl, dass ich mich täusche; F ***ça n'empêche pas les ~s*** das tut der Liebe keinen Abbruch; F ***la faire*** *ou* ***faire ça au ~*** F es auf die weiche Tour versuchen; F (***ne faites***) ***pas de ~!*** bloß nicht sentimental werden!; bitte jetzt keine Sentimentalitäten!; ***manifester ses ~s*** s-e Gefühle zeigen; ***partager les ~s de qn*** j-s Gefühle teilen; ***prendre qn par les ~s*** j-n von der Gefühlsseite her nehmen, packen; *à la fin d'une lettre* ***veuillez agréer l'expression de mes ~s distingués, respectueux*** hochachtungsvoll; mit vorzüglicher Hochachtung 2 *st/s* (*opinion*) Meinung *f*; Ansicht *f*; ***nous voudrions connaître votre ~ au sujet de …*** wir möchten Ihre Ansicht über (*+acc*) … kennenlernen

sentimental [sɑ̃timɑ̃tal] *adj* ⟨**-aux**⟩ 1 (*affectif*) Gefühls…; *personne* gefühlsbetont; gefühlvoll; ***attachement ~*** gefühlsmäßige Bindung; ***personne ~e*** *a* Gefühlsmensch *m* 2 *péj film, chanson, personne* sentimental; übertrieben gefühlvoll; gefühlsselig; *film etc a* rührselig; *personne a* F gefühlsdus(e)lig 3 (*amoureux*) Liebes…; ***aventure ~e*** Liebesabenteuer *n*; ***déception ~e*** Liebesenttäuschung *f*

sentimentalisme [sɑ̃timɑ̃talism] *m* Hang *m* zur Sentimentalität

sentimentalité [sɑ̃timɑ̃talite] *f* Sentimentalität *f*; Gefühlsseligkeit *f*; ***~ excessive*** Gefühlsüberschwang *m*; Gefühlsschwelgerei *f*; *péj* Rührseligkeit *f*; F Gefühlsduselei *f*

sentine [sɑ̃tin] *f* 1 MAR Bilge *f*; Pumpensumpf *m* 2 *litt* Kloake *f*

sentinelle [sɑ̃tinɛl] *f* 1 MIL (Wach-, Wacht)Posten *m*; ***être en ~*** Posten, Wache stehen 2 P (*excréments*) Kothaufen *m*; F Kaktus *m*

sentir [sɑ̃tiʀ] ⟨**je sens, il sent, nous sentons**; **je sentais**; **je sentis**; **je sentirai**; **que je sente**; **sentant**; **senti**⟩ **I** *v/t* 1 fühlen; (ver)spüren; empfinden; (be)merken; ***~ la beauté de qc*** die Schönheit von etw empfinden; F ***ne plus ~ ses bras, ses jambes*** (*vor Müdigkeit*) seine Arme, Beine nicht mehr spüren; ***~ la chaleur*** die Wärme spüren; ***~ son cœur battre*** Herzklopfen verspüren; ***il sentit la colère le gagner*** er fühlte, wie ihn der Zorn überkam; ***~ la mort venir*** den Tod (heran)nahen fühlen; ***vous sentez bien qu'il ment*** Sie merken doch, dass er lügt; ***faire ~ qc à qn*** j-n etw spüren lassen; *douleur, manque etc* ***se faire ~*** sich bemerkbar machen; spürbar, fühlbar werden 2 (*flairer*) riechen; ***~ un fromage*** an e-m Käse riechen; ***~ le parfum des lilas*** den Fliederduft riechen; F ***ne pas pouvoir ~ qn*** F j-n nicht riechen können 3 **a)** (*répandre une odeur*) ***~ qc*** nach etw riechen, duften; *abs* ***cette viande sent*** dieses Fleisch riecht; ***~ bon*** gut riechen; duften; ***~ mauvais, fort*** schlecht *ou* übel, stark riechen; stinken; ***~ le café*** nach Kaffee riechen, duften; ***~ de la bouche*** aus dem Mund riechen; ***il sent des pieds*** s-e Füße riechen; **b)** *vin* ***~ le bouchon*** nach dem Korken schmecken; **c)** *fig* ***une plaisanterie qui sent la caserne*** ein Witz, wie er unter Soldaten üblich ist; ***ça sent la neige*** es sieht nach Schnee aus; ***il sent son paresseux*** man merkt ihm s-e Faulheit an **II** *v/pr* **a)** *sens réfléchi* ***se ~ bien*** sich wohlfühlen; ***se ~ mal*** sich schlecht, elend fühlen; ***je me sens mal*** *a* mir ist schlecht; ***je ne me sens pas bien*** ich fühle mich nicht wohl; ich fühle mich unwohl; ***se ~ jeune, libre*** sich jung, frei fühlen; ***je ne m'en sens pas le courage*** ich kann mich nicht dazu aufraffen; ich bringe es nicht übers Herz; ***se ~ la force de faire qc*** sich stark genug fühlen, etw zu tun; ***je me sens revivre*** ich fühle *ou* spüre, wie ich wieder auflebe; F *fig* ***tu ne te sens plus?*** F du bist wohl nicht recht bei Trost?; ***ne pas*** *ou* ***plus se ~ de joie*** sich vor Freude nicht zu lassen wissen; vor Freude außer sich sein; **b)** *sens réciproque* F ***ils ne peuvent pas se ~*** F sie können nich riechen; **c)** *sens passif* ***cela se sent*** das merkt, spürt, fühlt man

sentir

sentir gehört zu einer Gruppe von Verben, bei denen bestimmte Adjektive in ihrer maskulinen Form wie ein Adverb gebraucht werden. Man sagt zum Beispiel:

Ce parfum **sent** vraiment **bon**. – Dieses Parfum riecht wirklich gut.
Ce fromage **sent** un peu **fort**. – Dieser Käse riecht ein bisschen streng.

Weitere Beispiele:

Colette **chante** souvent **faux**. – Colette singt oft falsch.
Notre prof **parle** toujours très **haut**. – Unser Lehrer spricht immer sehr laut.
Dans cette entreprise, il faut vraiment **travailler dur**. – In diesem Unternehmen muss man wirklich hart arbeiten.

seoir [swaʀ] 〈*déf:* **il sied**; **il seyait**; **il siérait**; **seyant**〉 **I** *v/i litt* ***cette robe lui sied*** dieses Kleid steht ihr (gut) **II** *v/imp litt* ***il sied à qn de faire qc*** *litt* es geziemt sich für j-n *ou* es steht j-m wohl an, etw zu tun; *iron* ***il vous sied bien de me donner des conseils!*** gerade Sie sind berufen, mir Ratschläge zu erteilen!

Séoudite [seudit] → ***Saoudite***

Séoul [seul] GÉOGR Seoul *n*

sépale [sepal] *m* BOT Kelchblatt *n*

séparable [sepaʀabl] *adj* (ab)trennbar

séparateur [sepaʀatœʀ] **I** *adj* 〈**-trice**〉 trennend; OPT ***pouvoir ~*** Auflösungsvermögen *n* **II** *m* TECH ***~ d'huile*** Ölabscheider *m*

séparation [sepaʀasjõ] *f* **1** Trennung *f*; Abtrennung *f*; *st/s* Scheidung *f*; *de personnes a* Getrenntsein *n* (*état*); ***~ difficile à supporter*** schwer zu ertragende Trennung; ***la ~ de l'Allemagne*** die deutsche Teilung; JUR ***~ de biens*** Gütertrennung *f*; JUR ***~ de corps*** Trennung von Tisch und Bett; POL ***~ de l'Église et de l'État*** Trennung von Kirche und Staat; JUR ***~ de fait*** Getrenntleben *n*; PHYS NUCL ***~ des isotopes*** Isotopentrennung *f*; POL ***~ des pouvoirs*** Gewaltenteilung *f* **2** (*cloison*) Trennwand *f*; *ligne* Trennungslinie *f*

séparatisme [sepaʀatism] *m* POL Separatismus *m*

séparatiste **I** *adj* separatistisch **II** *m,f* Separatist(in) *m(f)*

séparé [sepaʀe] *adj* getrennt; separat; *époux* getrennt lebend **séparément** *adv* getrennt; gesondert

séparer [sepaʀe] **I** *v/t* trennen, *chose a* abtrennen, *st/s* (ab)sondern, scheiden (**de** von); *deux personnes a* auseinanderbringen; ***la mort les a séparés*** der Tod hat sie getrennt; ***~ ses cheveux par une raie*** s-e Haare durch e-n Scheitel teilen; ***~ les combattants*** die Kämpfenden trennen; ***~ la mère de ses enfants*** die Mutter von ihren Kindern trennen; ***~ la théorie et la pratique*** Theorie und Praxis unterscheiden, auseinanderhalten, trennen **II** *v/pr* ***se ~*** sich trennen; auseinandergehen; ***se ~ de qn, de qc*** sich von j-m, von etw trennen

sépia [sepja] *f* **1** ZO, *matière colorante* Sepia *f* **2** PEINT Sepiazeichnung *f*

sept [sɛt] **I** *num/c* sieben; ***le ~ août*** der sieb(en)te August *ou* am sieb(en)ten August; ***Charles VII*** Karl VII. (der Sieb[en]te); ***page ~*** Seite sieben; ***à ~*** zu siebt, sieben(t); ***de ~ ans*** siebenjährig; von sieben Jahren; ***il est ~ heures*** es ist sieben (Uhr) **II** *m* 〈*inv*〉 Sieben *f*; *südd a* Siebener *m*; ***le ~ de carreau*** die Karosieben; ***le ~ (du mois)*** der Sieb(en)te *ou* am Sieb(en)ten (des Monats); → *a* ***deux*** *II*

septante [sɛptɑ̃t] *num/c* **1** *en Belgique et en Suisse* siebzig **2** BIBL ***la version des Septante*** die Septuaginta

septembre [sɛptɑ̃bʀ] *m* September *m*

septennal [sɛptɛ(n)nal] *adj* 〈**-aux**〉 siebenjährig *ou* -jährlich; ***mandat ~*** Mandat *n* auf sieben Jahre; *a* siebenjährige Amtszeit

septennat [sɛptena] *m* siebenjährige Amtszeit (*des französischen Präsidenten bis 2002*)

septentrional [sɛptɑ̃tʀijɔnal] *adj* 〈**-aux**〉 nördlich; Nord…; ***l'Europe ~e*** Nordeuropa *n*

septicémie [sɛptisemi] *f* MÉD Blutvergiftung *f*; *sc* Sepsis *f*

septième [sɛtjɛm] **I** *num/o* siebente(r, -s) *ou* siebte(r, -s); ***le ~ art*** die Filmkunst; ***être au ~ ciel*** im siebenten Himmel sein **II** *subst* **1** ***le, la ~*** der, die, das Sieb(en)te **2** *m* MATH Sieb(en)tel *n* **3** *m étage* sieb(en)ter Stock; sieb(en)tes Stockwerk; sieb(en)te Etage **4** *f* ÉCOLE fünfte Grundschulklasse (*in Frankreich Klasse vor dem Übergang in die höhere Schule*) **5** *f* MUS Septime *f*

septièmement [sɛtjɛmmɑ̃] *adv* siebtens *ou* siebentens

septique [sɛptik] *adj* **1** MÉD septisch **2** ***fosse*** *f* ***~*** Klärgrube *f*

septuagénaire [sɛptɥaʒenɛʀ] **I** *m,f* Siebzigjährige(r) *f(m)*; Siebziger(in) *m(f)* **II** *adj* siebzigjährig

septuor [sɛptɥɔʀ] *m* MUS Septett *n*

septuple [sɛptypl] **I** *adj* siebenfach **II** *subst* ***le ~*** das Siebenfache

septupler [sɛptyple] **I** *v/t* versiebenfachen **II** *v/i* sich versiebenfachen

sépulcral [sepylkʀal] *adj* 〈**-aux**〉 ***voix ~e*** Grabesstimme *f*

sépulcre [sepylkʀ] *m* → ***Saint-Sépulcre***

sépulture [sepyltyʀ] *f litt* **1** (*inhumation*) Bestattung *f* **2** (*tombe*) Grab(stätte) *n(f)*

séquelles [sekɛl] *f/pl* Folgen *f/pl*; Folgeerscheinungen *f/pl*; Nachwirkungen *f/pl*; Nachwehen *pl*; Spätfolgen *f/pl*

séquence [sekɑ̃s] *f* Folge *f*; Sequenz *f* (*a cartes à jouer*, REL, CIN, INFORM); *d'un film a* Bildfolge *f*; Filmausschnitt *m*

séquentiel [sekɑ̃sjɛl] *adj* 〈**~le**〉 INFORM sequenziell; fortlaufend, nacheinander zu verarbeiten(d)

séquestration [sekɛstʀasjõ] *f* JUR Freiheitsberaubung *f*

S

séquestre [sekɛstʀ] *m* JUR Zwangsverwaltung *f*; Sequestration *f*; Beschlagnahme *f*; ***mettre, placer sous ~*** unter Zwangsverwaltung stellen
séquestrer [sekɛstʀe] *v/t* ***~ qn*** j-n (widerrechtlich) einsperren; j-n der Freiheit berauben
sequin [səkɛ̃] *m* HIST *monnaie* Zechine *f*
séquoia [sekɔja] *m* BOT Mammutbaum *m*; *sc* Sequoia *f*
séracs [seʀak] *m/pl d'un glacier* Eiszacken *f/pl*, -türme *m/pl*; *t/t* Séracs *m/pl*
serai [s(ə)ʀɛ], **sera(s)** [s(ə)ʀa] *etc* → ***être***[1]
sérail [seʀaj] *m* Serail *n*; *fig* ***être du ~*** zum engsten Kreis (um j-n) gehören
séraphin [seʀafɛ̃] *m* BIBL Seraph *m*; ***les ~s*** die Seraphim
séraphique [seʀafik] *adj* REL *et fig* seraphisch
serbe [sɛʀb] **I** *adj* serbisch **II** *subst* **1** ***Serbe*** *m,f* Serbe *m*, Serbin *f* **2** LING ***le ~*** das Serbische; Serbisch *n*
Serbie [sɛʀbi] ***la ~*** Serbien *n*
serbo-croate [sɛʀbokʀɔat] **I** *adj* serbo-kroatisch **II** *subst* LING ***le ~*** das Serbokroatische; Serbokroatisch *n*
serein [səʀɛ̃] *adj* ⟨**-eine** [-ɛn]⟩ **1** (*calme*) ruhig; beschaulich; ausgeglichen; gelassen; heiter; ***jugement ~*** leidenschaftsloses Urteil **2** *st/s temps, ciel* heiter
sérénade [seʀenad] *f* **1** (nächtliches) Ständchen; ***donner une ~ à qn*** j-m ein Ständchen bringen **2** MUS Serenade *f* **3** F *fig* Krach *m*; Spektakel *m*; ***faire une ~*** e-n Spektakel veranstalten
sérénissime [seʀenisim] *adj* ***Altesse*** *f* ***~*** Durchlaucht *f*
sérénité [seʀenite] *f* Ruhe *f*; Ausgeglichenheit *f*; innere Heiterkeit
séreux [seʀø] *adj* ⟨**-euse**⟩ PHYSIOL serös
serf [sɛʀ(f)] *m*, **serve** [sɛʀv] *f* HIST Leibeigene(r) *f(m)*; Hörige(r) *f(m)*
serfouette [sɛʀfwɛt] *f* Kreuz-, Gartenhacke *f*
Serge [sɛʀʒ] *m Vorname*
serge [sɛʀʒ] *f* TEXT (Kammgarn)Serge *f*, *österr a m*
sergé [sɛʀʒe] *m* TEXT Köper *m*
sergent [sɛʀʒɑ̃] *m* **1** MIL (Stabs)Unteroffizier *m* **2** ***~ de ville*** Schutzmann *m*; Polizist *m*
sergent-chef [sɛʀʒɑ̃ʃɛf] *m* ⟨*pl* **sergents-chefs**⟩ MIL (Ober)Feldwebel *m* **sergent-major** *m* ⟨*pl* **sergents-majors**⟩ MIL Ober- *ou* Hauptfeldwebel *m*; *chargé de la comptabilité* Rechnungsführer *m*
serial killer [seʀjalkilœʀ] *m* ⟨*pl* **serial killers**⟩ Serienmörder *m*
sériciculture [seʀisikyltyʀ] *f* Seidenraupenzucht *f*
série [seʀi] *f* **1** Reihe *f*; Serie *f*; Folge *f*; *de choses semblables a* Satz *m*; ***~ noire*** Reihe, Serie von Katastrophen, Unfällen, Verbrechen; *de malchance* Pechsträhne *f*; *de romans policiers* F Krimireihe *f*; ***une atmosphère de ~ noire*** e-e Atmosphäre wie in e-m Krimi; ***une ~ d'accidents*** e-e Reihe von Unfällen; e-e Unfallserie; ***une ~ de casseroles, de timbres*** ein Satz Kochtöpfe, Briefmarken; ***article*** *m*, ***voiture*** *f* ***de ~*** Serienartikel *m*, -wagen *m*; ***fins*** *f/pl* ***de ~*** auslaufende Serie; Restposten *m/pl*; *loc/adj et loc/adv* ***en ~*** serienmäßig, -weise; in Serie(n); Serien…; Massen…; ***accidents*** *m/pl* ***en ~*** Unfallserie *f*; ***carambolages*** *m/pl* ***en ~*** Massenkarambolage *f*; ***fabrication*** *f* ***en ~*** Serienfertigung *f*; ***fabrication*** *f* ***en grande ~*** Massenproduktion *f*; ***fabriquer en ~*** serienmäßig, in Serie herstellen; ***article fabriqué en grande ~*** Massenartikel *m*; ***'hors ~*** in Sonderanfertigung hergestellt; *fig* außergewöhnlich; ***modèle*** *m* ***'hors ~*** Sonderanfertigung *f* **2** MATH, CHIM, MUS Reihe *f* **3** ÉLECT ***montage*** *m* ***en ~*** Hintereinander-, Reihen-, Serienschaltung *f* **4** SPORTS Leistungsgruppe *f*, -klasse *f*
sériel [seʀjɛl] *adj* ⟨**~le**⟩ ***musique ~le*** serielle Musik
sérier [seʀje] *v/t* systematisch aufgliedern
sérieusement [seʀjøzmɑ̃] *adv* **1** (*sans plaisanter*) im Ernst; ***~?*** im Ernst? **2** (*gravement*) ***~ malade*** ernstlich krank **3** (*consciencieusement*) ***s'occuper ~ de qc*** sich ernstlich, ernsthaft mit etw befassen; ***travailler ~*** fleißig, gewissenhaft arbeiten **4** (*vraiment*) ***avoir ~ besoin de qc*** etw wirklich nötig haben
sérieux [seʀjø] **I** *adj* ⟨**-euse**⟩ **1** (*grave*) *personne, visage, lecture, situation* ernst; *menace, promesse* ernst; ernsthaft; *doute, obstacle* ernst; ernstlich; ***offre sérieuse*** ernsthaftes, ernst gemeintes Angebot; *petites annonces* ***pas ~ s'abstenir*** nur ernst gemeinte Zuschriften; ***je suis ~*** es ist mein Ernst; ***ce n'est pas ~?*** das ist doch nicht Ihr Ernst?; ***c'est tout ce qu'il y a de plus ~*** es ist wirklich ernst; es ist mein völliger, blutiger, bitterer Ernst **2** (*important*) bedeutend; groß; ***de ~ bénéfices*** bedeutende Gewinne *m/pl*; ***de sérieuses raisons*** gewichtige Gründe *m/pl* **3** *personne* **a)** (*réfléchi*) gesetzt; besonnen; *dans sa conduite* solid(e); **b)** (*consciencieux*) zuverlässig; gewissenhaft; ***élève ~*** fleißiger Schüler; ***maison sérieuse*** seriöse Firma; ***travail ~*** sorgfältige, gewissenhafte Arbeit **II** *m* Ernst *m*; Ernsthaftigkeit *f*; F ***c'est du ~*** die Sache ist ernst (zu nehmen); damit ist nicht zu spaßen; ***garder son ~*** ernst bleiben; ***il manque de ~*** er ist nicht gewissenhaft, zuverlässig, seriös genug; es fehlt ihm am nötigen Ernst; ***perdre son ~*** nicht mehr ernst bleiben können; ***prendre qn, qc au ~*** j-n, etw ernst nehmen; ***se prendre au ~*** sich wichtig nehmen
sérigraphie [seʀigʀafi] *f* TECH Siebdruck *m*; Serigrafie *f*
serin [s(ə)ʀɛ̃] *m* **1** ZO Kanarienvogel *m*; *adjt* ***jaune ~*** ⟨*inv*⟩ kanariengelb **2** *fig* (*nigaud*) Einfaltspinsel *m*; Gimpel *m*
seriner [s(ə)ʀine] *v/t péj* eintrichtern, einpauken, einhämmern (***qc à qn*** j-m etw)
seringa [s(ə)ʀɛ̃ga] *m* BOT Falscher Jasmin; Pfeifenstrauch *m*
seringue [s(ə)ʀɛ̃g] *f* MÉD Spritze *f*
serment [sɛʀmɑ̃] *m* Eid *m* (*a* JUR); Schwur *m*; ***faux ~*** *par négligence* Falscheid *m*; *délibéré* Meineid *m*; ***faire un faux ~*** e-n Falscheid, Meineid schwören, leisten; ***~ professionnel*** Amts-, Diensteid *m*; ***~ d'amour*** Liebesschwur *m*; MÉD ***le ~ d'Hippocrate*** der Eid des Hippokrates; *fig* ***~ d'ivrogne*** leere Versprechungen *f/pl*; HIST ***le ~ du Jeu de Paume*** der Ballhausschwur; *loc/adj et loc/adv* ***sous (la foi du) ~*** unter Eid; eidlich; ***déposition*** *f* ***sous ~*** eidliche Aussage; ***déclarer, déposer, témoigner sous ~*** unter Eid erklären, aussagen, bezeugen; beeid(ig)en; ***faire (le) ~ de*** (*+inf*) schwören zu (*+inf*); ***je vous en fais le ~*** ich schwöre es Ihnen; ***prêter ~*** e-n, den Eid leisten, ablegen; ***faire prêter ~ à qn*** j-n vereidigen; j-m den Eid abnehmen; ***re-***

S

fuser de prêter ~ den Eid verweigern; ***violer le ~*** den Eid brechen; eidbrüchig werden
sermon [sɛʀmõ] *m* **1** ÉGL Predigt *f* **2** *péj* Straf-, Moralpredigt *f*; Sermon *m*; ***faire un ~ à qn*** j-m e-e Strafpredigt, F Standpauke halten; j-n abkanzeln
sermonner [sɛʀmɔne] *v/t* abkanzeln **sermonneur** *m* Moralprediger *m*
sérologie [seʀɔlɔʒi] *f* MÉD Serologie *f*
séropo [seʀopo] *adj et m,f* F *abr* → ***séropositif***
séropositif [seʀopozitif] MÉD **I** *adj* ⟨**-ive**⟩ HIV-positiv; aidsinfiziert ['eːts-] **II** *subst* **~, *séropositive*** *m,f* HIV-Positive(r) *f(m)*; Aidsinfizierte(r) *f(m)*
sérosité [seʀozite] *f* PHYSIOL seröse Flüssigkeit
serpe [sɛʀp] *f* JARD Hippe *f*; *fig visage* ***taillé à coups de ~*** grob(schlächtig); klobig
serpent [sɛʀpɑ̃] *m* **1** ZO Schlange *f*; ***~ venimeux*** Giftschlange *f*; ***~ à lunettes*** Brillenschlange *f*; ***~ à sonnettes*** Klapperschlange *f*; MYTH ***~ de mer*** Seeschlange *f*; *fig* ***réchauffer un ~ dans son sein*** e-e Schlange am Busen nähren **2** ÉCON ***~ monétaire*** Währungsschlange *f*
serpenter [sɛʀpɑ̃te] *v/i fleuve, route* sich schlängeln; sich winden; in Windungen, in e-r Schlangenlinie verlaufen
serpentin [sɛʀpɑ̃tɛ̃] *m* **1** Papierschlange *f* **2** TECH (Rohr)Schlange *f*
serpette [sɛʀpɛt] *f* JARD Gartenhippe *f*, -messer *n*; VIT Rebmesser *n*
serpillière [sɛʀpijɛʀ] *f* Scheuertuch *n*, -lappen *m*
serpolet [sɛʀpɔlɛ] *m* BOT Feldthymian *m*
serrage [sɛʀaʒ] *m* TECH (Fest)Klemmen *n*; (Fest-)Spannen *n*; *d'une vis, d'un frein* Anziehen *n*
serre [sɛʀ] *f* **1** Gewächs-, Treibhaus *n*; ÉCOL ***effet m de ~*** Treibhauseffekt *m* **2** ZO *des rapaces* **~*s*** *pl* Fänge *m/pl*; Klauen *f/pl*
serré [seʀe] *adj* **1** *vêtement* eng (anliegend); knapp; ***écriture ~e*** enge Schrift; ***étoffe ~e*** dichter, fester Stoff; ***mailles ~es*** dichte, feste Maschen *f/pl*; ***nœud ~*** fester Knoten; ***pluie ~e*** dichter Regen; ***en rangs ~s*** in geschlossenen, dichten Reihen; *gens* ***être ~s*** dicht gedrängt, zusammengedrängt, -gepresst sein *ou* stehen *ou* sitzen; *fig*: ***avoir le cœur ~*** bedrückt, beklommen sein; ***il avait la gorge ~e*** er brachte kein Wort heraus; s-e Kehle war wie zugeschnürt **2** *concurrence* scharf; ***argumentation ~e*** strenge Beweisführung; ***discussion ~e*** harte Diskussion; ***négociations ~es*** harte Verhandlungen *f/pl*; ***partie ~e*** harte, schwierige Partie; Kopf-an-Kopf-Rennen *n*; SPORTS ***score ~*** knappes Ergebnis; *advt* ***jouer ~*** vorsichtig spielen; sich (*dat*) keine Blöße geben (*a fig*); ***il joue ~ a*** ihm ist nicht beizukommen
serre-fils [sɛʀfil] *m* ⟨*inv*⟩ ÉLECT Leitungs-, Verbindungsklemme *f* **serre-joint(s)** *m* ⟨*inv*⟩ TECH Schraubzwinge *f* **serre-livres** *m* ⟨*inv*⟩ Bücherstütze *f*
serrement [sɛʀmɑ̃] *m* ***~ de main*** Händedruck *m*; ***~ de cœur*** Bedrücktheit *f*; Beklemmung *f*
serrer [seʀe] **I** *v/t* **1** (zusammen)drücken, (-)pressen, (-)drängen; *vêtement* ***~ qn*** j-m zu eng sein; spannen; ***cette chaussure me serre*** mein Schuh drückt; dieser Schuh drückt (mich); *spectacle* ***~ le cœur*** das Herz zusammenschnüren, bedrücken; ***~ les dents*** die Zähne zusammenbeißen; ***~ les lèvres*** die Lippen zusammenkneifen, -pressen; ***~ la main à qn*** j-m die Hand geben, drücken; ***~ les poings*** die Fäuste ballen; *fig* alle Energie aufbieten; ***~ la queue*** den Schwanz einziehen; ***~ les rangs*** auf-, zusammenrücken; aufschließen; *fig* (fest) zusammenhalten; ***serrez!*** aufrücken!; anschließen!; ***~ son stylo en écrivant*** s-n Füller beim Schreiben krampfhaft festhalten; *vêtement* ***~ la taille*** in *ou* an der Taille eng anliegen; ♦ ***~ qn à la gorge*** j-m die Kehle zudrücken, *peur* zuschnüren; ***~ qn, qc contre soi*** j-n, etw an sich (*acc*) drücken; ***~ un cycliste contre le trottoir*** e-n Radfahrer gegen den Gehweg drängen; ***~ qn dans ses bras*** j-n in die Arme schließen; ***~ qc dans un étau*** etw in e-n Schraubstock spannen; ***~ sa pipe entre ses dents*** s-e Pfeife mit den Zähnen festhalten; ***~ qc sous son bras*** etw unter den Arm geklemmt halten **2** *nœud* fest-, zuziehen; fester binden; *ceinture* enger machen, schnallen (***d'un cran*** um ein Loch); *vis, frein* anziehen **3** ***~ l'ennemi de près*** den Feind bedrängen; dem Feind hart zusetzen; F ***~ une femme de près*** sich an e-e Frau heranmachen; (e-r Frau gegenüber) zudringlich werden; ***~ un problème de près*** ein Problem scharf, genau erfassen; *la voiture suivante* ***le serra de trop près*** fuhr zu dicht auf **4** MAR ***~ le vent*** hart, dicht, scharf am Wind segeln **II** *v/i* ***~ à droite*** sich rechts einordnen; sich (nach) rechts halten **III** *v/pr* **a)** *sens réfléchi* ***se ~*** sich in ein enges Kleid zwängen; sich einschnüren; *cœur* ***se ~*** sich zusammenschnüren; ***se ~ la taille*** sich (*dat*) die Taille, in der Taille schnüren; ***se ~ contre qn*** sich an j-n anschmiegen; ***se ~ contre un mur*** sich an e-e Mauer pressen; **b)** *réciproquement* ***se ~*** (***les uns contre les autres***) sich (zusammen)drängen; zusammenrücken
serre-tête [sɛʀtɛt] *m* ⟨*inv*⟩ **a)** *bandeau* Stirnband *n*; **b)** *en métal* Haarreif *m*
serrure [seʀyʀ] *f* Schloss *n*; ***~ de sûreté*** Sicherheitsschloss *n*; ***trou m de (la) ~*** Schlüsselloch *n*; ***laisser la clef dans la ~*** den Schüssel stecken lassen
serrurerie [seʀyʀʀi] *f* Schlosserei *f*; ***~ d'art*** Kunstschlosserei *f*
serrurier [seʀyʀje] *m* Schlosser *m*; ***~ en bâtiment*** Bauschlosser *m*
sers, sert [sɛʀ, sɛʀ] → ***servir***
sertir [sɛʀtiʀ] *v/t* **1** *pierre précieuse* fassen **2** TECH falzen
sertissage [sɛʀtisaʒ] *m* **1** *de pierres précieuses* Fassen *n* **2** TECH Falzen *n*
sérum [seʀɔm] *m* PHYSIOL, MÉD (Blut-, Heil)Serum *n*; ***~ antitétanique*** Tetanusserum *n*; ***~ artificiel, physiologique*** physiologische Kochsalzlösung; ***~ de vérité*** Wahrheitsdroge *f*
servage [sɛʀvaʒ] *m* HIST Leibeigenschaft *f*
serval [sɛʀval] *m* ZO Serval *m*
servant [sɛʀvɑ̃] **I** *m* **1** ÉGL CATH Messdiener *m*; Ministrant *m* **2** MIL Kanonier *m* **3** TENNIS Aufschläger *m* **II** *adj* → ***chevalier 1***
servante [sɛʀvɑ̃t] *f* Dienstmädchen *n*; Magd *f*; Dienerin *f* (*a fig et st/s*)
serveur [sɛʀvœʀ] *m* **1** (*garçon*) Kellner *m*; Bedienung *f* **2** TENNIS Aufschläger *m* **3** INFORM Anbieter *m* (von Datenbanken); *ordinateur* Server ['zøːrvər] *m*; *adjt* ***centre ~*** EDV-Dienstleistungszentrum *n*
serveuse [sɛʀvøz] *f* Kellnerin *f*; Bedienung *f*; Serviererin *f*; *schweiz* Servier-, Saaltochter *f*
serviabilité [sɛʀvjabilite] *f* Hilfsbereitschaft *f*; Ge-

S

fälligkeit *f* **serviable** *adj* hilfsbereit; gefällig

service [sɛʀvis] *m* 1 Dienst *m*; ÉCON **~s** *pl* Dienstleistungen *f/pl*; *secteur* Dienstleistungsgewerbe *n*; **~ après-vente** Kundendienst *m*; **~ secret** Geheimdienst *m*; **~ d'entretien** Wartungsdienst *m*; **~ de nuit** Nachtdienst *m*; **~ d'ordre** Ordnungsdienst *m*; **~ en ligne** Onlinedienst ['ɔnlaɪn-] *m*; **années** *f/pl* **de ~** Dienstjahre *n/pl*; **avoir vingt ans de ~** zwanzig Jahre im Dienst sein; **femme** *f* **de ~** *dans les écoles* weibliche Hilfskraft; *dans un hôpital* Stationshilfe *f*; *loc/adj* **de ~** diensthabend, -tuend; **être de ~** Dienst haben; im Dienst sein; **ne pas être de ~** *a* freihaben; **j'ai un ~ à vous demander** ich möchte Sie um e-e Gefälligkeit, um e-n Gefallen bitten; F **qu'y a-t-il pour votre ~?** womit kann ich Ihnen dienen?; **entrer au ~ de qn** in j-s Dienst(e) treten; **je suis à votre ~** ich stehe zu Ihren Diensten; **à votre ~!** bitte sehr!; **être au ~ de qn** in j-s Dienst(en) stehen; **être au ~ d'une cause** im Dienst e-r Sache stehen; **être en ~ commandé** unter dienstlichem Befehl stehen; in Ausführung e-s Befehls handeln; **être en ~ chez qn** bei j-m im Dienst stehen; **se mettre au ~ de qn** in j-s Dienst(e) treten; **se mettre au ~ d'une cause** sich in den Dienst e-r Sache stellen; **se passer, se priver des ~s de qn** auf j-s Dienste verzichten (*j-n entlassen*); **prendre son ~** s-n Dienst antreten; **reprendre du ~** s-n Dienst wieder aufnehmen; **prendre qn à son ~** j-n in Dienst, in s-e Dienste nehmen; **rendre (un) ~ à qn** j-m e-n Dienst, e-e Gefälligkeit erweisen; j-m e-n Gefallen tun; *chose* **rendre des ~s, de bons, grands ~s à qn** j-m gute Dienste leisten, tun; j-m (viel) nützen; **rendre un mauvais ~ à qn** j-m e-n schlechten Dienst, e-n Bärendienst erweisen; F **cela peut toujours rendre ~** das kann immer noch zu etw gut sein, zu etw nützen; **aimer (à) rendre ~** gern gefällig sein 2 **~ (militaire)** *ou* **~ national** Wehr-, Militärdienst *m*; **faire son ~ (militaire)** s-n Militär-, Wehrdienst ableisten 3 **~ (religieux)** Gottesdienst *m*; **~ funèbre** Trauergottesdienst *m* 4 (*fonctionnement d'un transport*) (Verkehrs)Verbindung *f*; **~ régulier** Linienverkehr *m*; **~ régulier entre …** regelmäßige Verkehrsverbindung zwischen …; **~ d'autocar** Busverbindung *f*; **~ d'été** Sommerfahrplan *m*; **être en ~** verkehren 5 *dans un café etc* Bedienung *f*; Service ['sœrvɪs] *m*; (*pourboire*) Bedienungsgeld *n*; **~ compris** einschließlich Bedienung; **premier, second ~** *dans un wagon-restaurant* erster, zweiter Durchgang; *dans une cantine* erste, zweite Schicht; **~ de la table** Tischdecken *n* und Auftragen *n* der Speisen 6 (*état de marche*) **en ~** in Betrieb; **mettre en ~** in Betrieb nehmen; *véhicule, machine a* in Dienst stellen; **mise** *f* **en ~** Indienststellung *f*; Inbetriebnahme *f*; **'hors ~** außer Betrieb; ausgedient; **mettre 'hors, retirer du ~** außer Betrieb setzen 7 *vaisselle* Service *n*; *verres* Garnitur *f*; **~ à café** Kaffeeservice *n*; **~ de table** Tafel-, Speiseservice *n*; *linge* Tischtuch *n* mit Servietten; Tafelgedeck *n* 8 *d'une entreprise* Abteilung *f*; ADM Dienststelle *f*; Behörde *f*; Amt *n*; *d'un hôpital* Station *f*; **~ administratif** Verwaltungsabteilung *f ou* -behörde *f*; **~ compétent** zuständige Stelle; **~ public** öffentlicher Betrieb; öffentliche Einrichtung; **~ de presse** Pressedienst *m*, -stelle *f*; → *a 10*; **~ de publicité** Werbeabteilung *f*; MIL **~ de santé** Sanitätswesen *n*, -dienst *m*; **~ des ventes** Verkaufs-, Vertriebsabteilung *f*; **chef** *m* **de ~** Abteilungsleiter *m* 9 TENNIS Aufschlag *m*; Service ['sœrvɪs] *m ou n*; VOLLEY-BALL An-, Aufgabe *f* 10 (*spécimens*) **~ de presse** Besprechungs-, Rezensionsexemplare *n/pl*

serviette [sɛʀvjɛt] *f* 1 **~ (de toilette)** Handtuch *n*; **~ éponge** Frottier-, Frotteetuch *n*; **~ de bain** Badetuch *n* 2 **~ (de table)** Serviette *f*; **~ en papier** Papierserviette *f*; **rond** *m* **de ~** Serviettenring *m* 3 **~ hygiénique, périodique** (Damen-, Monats)Binde *f* 4 *sac en cuir* (Akten)Mappe *f*; Aktentasche *f*

servile [sɛʀvil] *adj* sklavisch; unterwürfig; servil; *st/s* knechtisch **servilité** *f* Unterwürfigkeit *f*; sklavisches Wesen; Servilität *f*

servir [sɛʀviʀ] ⟨**je sers, il sert, nous servons; je servais; je servis; je servirai; que je serve; servant; servi**⟩ **I** *v/t* 1 dienen (*+dat*); **~ la cause de la paix** der Sache des Friedens dienen; **~ les intérêts de qn** j-s Interessen dienen; *abs* **~ dans la marine** bei der Marine dienen 2 **~ qn** j-n bedienen; *st/s* j-m aufwarten; **~ à table** bei Tisch aufwarten; **~ un client** e-n Kunden bedienen; **on vous sert, Madame?** werden Sie schon bedient?; *abs* **il sert dans un café** er arbeitet als Kellner, F er kellnert in e-m Lokal; *par ext* **~ une pièce d'artillerie** ein Geschütz bedienen; **se faire ~** sich bedienen lassen; *fig* **être bien servi par les circonstances** von den Umständen begünstigt werden; *iron* **en fait d'embêtements nous sommes servis** in puncto Scherereien sind wir bedient; *prov* **on n'est jamais si bien servi que par soi-même** selbst ist der Mann (*prov*) 3 *repas, plat* servieren; reichen; auf den Tisch bringen; *st/s* auftragen; aufwarten mit; *dans l'assiette* aufgeben; F auftun; **~ qc à qn** j-m etw servieren, vorsetzen, *st/s* vorlegen; **~ des rafraîchissements** Erfrischungen reichen; F *fig* **~ toujours les mêmes histoires** immer dieselben Geschichten auftischen; **~ à boire** Getränke servieren; **qu'est-ce que je vous sers?** was darf ich Ihnen servieren, *boisson* einschenken?; **c'est servi!** das Essen steht auf dem Tisch!; **Madame est servie!** es ist angerichtet, aufgetragen! 4 JEU **~ des cartes** Karten geben 5 **~ (la balle)** TENNIS (den Ball) aufschlagen 6 *rente* auszahlen **II** *v/t/indir* 1 **~ à qn** j-m nützen; **ses diplômes lui ont servi** s-e Diplome haben ihm genützt; **~ (à qc)** (etwas) nützen; nützlich, brauchbar sein; *abs* **cela peut encore ~** das kann man noch (ge)brauchen; **ses conseils ne m'ont pas servi à grand-chose** s-e Ratschläge haben mir nicht viel genützt; **ne ~ à rien** nichts nützen; zu nichts gut sein; **cela ne sert à rien (de** *+inf*) es nützt nichts, es hat keinen Wert *ou* Zweck, es ist zwecklos (zu *+inf*); **à quoi cela sert(-il) de** (*+inf*)*?* was nützt es, welchen Zweck hat es zu (*+inf*)? 2 **~ à (faire) qc** zu etw dienen; **à quoi sert cette machine?** wozu dient diese Maschine?; **ces livres m'ont servi à préparer mon examen** diese Bücher haben mir zur Examensvorbereitung gedient 3 **~ de** dienen als; **~ de bouc émissaire** als Sündenbock herhalten müssen; den Sündenbock abgeben müssen; **~ d'interprète** dolmetschen; F den Dolmetscher machen; **~ de père à qn** bei j-m Vaterstelle vertreten; **~ de prétexte** als Vorwand dienen **III** *v/pr* 1 **se ~** sich bedienen; **servez-vous!** (bitte) bedienen Sie sich!; (bitte) langen *ou* greifen Sie zu!; **se ~ de rôti** von dem Braten neh-

S

men; *par ext* ***se ~ chez un marchand*** (gewöhnlich) bei e-m Händler kaufen **2** ***se ~ de qc*** etw benutzen *ou* benützen, gebrauchen, verwenden; etw (dazu) nehmen; *st/s* sich e-r Sache (*gén*) bedienen; ***se ~ de l'ascenseur*** den Lift benutzen; ***se ~ d'une expression*** e-n Ausdruck gebrauchen; ***se ~ de qn*** sich j-s bedienen; ***il se sert de lui comme conseiller*** er bedient sich seiner als Ratgeber **3** *sens passif* ***ce vin doit se ~ frais*** dieser Wein muss kühl serviert werden

serviteur [sɛʀvitœʀ] *m* Diener *m*; ***le premier ~ de l'État*** der erste Diener des Staates; *iron*: ***votre ~*** meine Wenigkeit; ***votre humble ~*** Ihr ergebener Diener

servitude [sɛʀvityd] *f* **1** (*asservissement*) Knechtschaft *f*; (*contrainte*) Zwang *m*; ***les ~s d'une profession*** der mit e-m Beruf verbundene Zwang; ***tenir qn dans la ~*** j-n in Knechtschaft halten **2** JUR (Grund)Dienstbarkeit *f*

servocommande [sɛʀvokɔmɑ̃d] *f* TECH Servosteuerung *f* **servodirection** *f* AUTO Servolenkung *f*; Lenkhilfe *f* **servofrein** *m* AUTO Bremskraftverstärker *m*; Servobremse *f*

ses [se] → ***son***[1]

sésame [sezam] *m* **1** BOT Sesam *m* **2** *loc* ***Sésame, ouvre-toi!*** Sesam, öffne dich!

session [sɛsjõ] *f* **1** *d'une assemblée* Sitzungsperiode *f*; Session *f*; ***~ (extra)ordinaire*** (außer)ordentliche Sitzungsperiode **2** *d'un examen* Prüfungszeitraum *m*; ***~ de juin*** Prüfungen *f/pl* im Juni; Junitermin *m* **3** INFORM Sitzung *f*

sesterce [sɛstɛʀs] *m* HIST Sesterz *m*

set [sɛt] *m* **1** TENNIS Satz *m* **2** ***~ (de table)*** Set *n*

setter [setɛʀ] *m* *chien* Setter *m*

seuil [sœj] *m* **1** (Tür)Schwelle *f*; *fig* ***au ~ d'une ère nouvelle*** an der Schwelle e-r neuen Zeit; *fig* ***au ~ de l'hiver*** zu Beginn des Winters; ***franchir, passer le ~*** über die Schwelle treten; die Schwelle überschreiten; den Fuß über die Schwelle setzen **2** *par ext* Schwelle *f*; PHYSIOL ***~ d'audibilité*** Hörschwelle *f*; ***~ d'excitation*** Reizschwelle *f*; ÉCON ***~ de rentabilité*** Gewinn-, Nutzschwelle *f*; *fig* ***~ de tolérance*** Toleranzschwelle *f*

seul [sœl] **I** *adj* **1** (*solitaire*) allein (*seulement attribut*); alleinstehend; einsam; ***une vieille dame ~e*** e-e alleinstehende alte Dame; ***employé ~, ce mot signifie ...*** allein gebraucht, bedeutet dieses Wort ...; ***être ~*** allein sein (***avec qn*** mit j-m); *dans la vie* allein dastehen; ***être tout ~*** *a* mutterseelenallein sein; ***laisser qn ~*** j-n allein lassen; ***parler tout ~*** mit sich selbst sprechen; Selbstgespräche führen; ***rire tout ~*** vor sich (*acc*) hin lachen; ***se sentir ~*** sich einsam, allein fühlen; ***ils se sont trouvés bien ~s*** sie standen ganz allein da; ***vivre ~*** allein leben; ***~ contre tous*** allein gegen alle; ***j'aimerais vous voir ~ à ~*** ich möchte Sie allein, unter vier Augen sprechen **2** (*unique*) einzig; bloß; *st/s* alleinig; ***une ~e et même chose*** ein und dieselbe Sache; ***une ~e fois*** ein einziges Mal; ***un ~ mot et je m'en vais*** noch ein Wort und ich gehe; ***à la ~e pensée*** *ou* ***idée de partir*** bei dem bloßen Gedanken, (allein) schon beim Gedanken an die Abreise; ***dans la ~e intention de*** (*+inf*) in der einzigen Absicht zu (*+inf*); ***d'un ~ coup*** mit einem Schlag; *vider un verre* auf einen Zug; ***du ~ fait que*** allein aufgrund der Tatsache, dass; ***d'une ~e pièce*** aus einem Stück; ***par sa ~e présence*** durch s-e bloße Anwesenheit; ***c'est le ~ homme qui puisse vous aider*** er ist der einzige Mensch, der Ihnen helfen kann; ***être ~ de son espèce, ~ dans son genre*** einzig in s-r Art sein; nur einmal vorkommen **II** *advt* allein; nur; ***~ le hasard*** nur, allein der Zufall; ***~ compte ...*** es zählt nur, allein ...; ***à elle ~e*** sie allein; nur sie; ***que peut-il faire à lui ~?*** was kann er allein schon ausrichten?; ***faire qc tout ~*** etw ganz allein machen; ***il s'est fait ~*** er hat sich aus eigener Kraft hochgearbeitet; ***cela va tout ~*** das geht (ganz) von selbst, von allein(e) **III** *subst* ***un ~, une ~e*** ein Einziger, e-e Einzige, ein Einziges; ***pas un ~*** kein Einziger; nicht ein Einziger; ***une ~e de ses œuvres*** ein einziges s-r Werke; eines s-r Werke; ***le ~, la ~e*** der, die, das Einzige; ***il est le ~ à travailler*** er ist der Einzige, der arbeitet; ***c'est un des ~s qui ...*** er ist einer der wenigen, die ...

seulement [sœlmɑ̃] *adv* **1** nur; bloß; lediglich; ***nous étions trois ~*** *ou* ***~ trois*** wir waren nur, bloß drei; ***non ~ ... mais aussi, encore ...*** nicht nur ..., sondern auch ...; ***si ~ il travaillait*** wenn er nur, bloß, wenigstens arbeiten würde **2** *temporel* erst; ***~ ce soir*** erst heute Abend; ***il vient ~ d'arriver*** er ist gerade erst angekommen **3** ***(ne ...) pas ~*** nicht einmal; ***il n'a pas ~ de quoi payer*** er kann nicht einmal bezahlen; *il est parti* ***sans ~*** *dire au revoir* ohne auch nur **4** *en tête de phrase* aber; *st/s* allein; ***allez le voir, ~ ne restez pas trop longtemps*** gehen Sie zu ihm, aber bleiben Sie nicht zu lange

seulet [sœlɛ] *adj* ⟨**~te**⟩ *plais* (mutterseelen)allein

sève [sɛv] *f* **1** BOT Saft *m* **2** *fig* Kraft *f*; Schwung *m*; Temperament *n*

sévère [sevɛʀ] *adj* **1** (*dur*) *personne, air, mesures, mœurs* streng; *critique* hart; schonungslos; *lutte, verdict* hart; *peine a* schwer; *avertissement a* scharf; MÉD ***régime*** *m* ***~*** strenge Diät; ***être, se montrer ~ pour, envers qn*** streng gegen j-n sein **2** (*grave*) schwer; ***subir des pertes ~s*** schwere Verluste erleiden **3** (*austère*) streng; schlicht; nüchtern

sévèrement [sevɛʀmɑ̃] *adv* **1** streng; hart; ***critiquer ~*** hart kritisieren; ***punir ~*** streng bestrafen **2** (*gravement*) schwer; ernstlich; ***~ atteint*** schwer, ernstlich betroffen *ou* krank

sévérité [seveʀite] *f* Strenge *f*; *d'un verdict, d'une critique* Härte *f*; *d'un avertissement a* Schärfe *f*; (*austérité*) *a* Schlichtheit *f*; Nüchternheit *f*

Severnaïa Zemlia [sevɛʀnajazɛmlija] GÉOGR ***la ~*** Sewernaja Semlja *n*

sévices [sevis] *m/pl* Misshandlungen *f/pl*; ***exercer des ~ sur qn*** j-n misshandeln

Séville [sevil, -vij] GÉOGR Sevilla [se'vilja] *n*

sévir [seviʀ] *v/i* **1 a)** ***~ contre*** streng, mit aller Strenge vorgehen gegen; **b)** *abs* durchgreifen **2** *épidémie* grassieren; *tempête, voyous* wüten; *crise* herrschen

sevrage [səvʀaʒ] *m* *d'un enfant* Entwöhnung *f*; Abstillen *n*; *d'un drogué* Entziehung *f* (von Rauschgiften)

sevrer [səvʀe] *v/t* ⟨-è-⟩ **1** *enfant* entwöhnen (*a drogué*); abstillen; *animal* absetzen **2** *fig et st/s* ***~ qn de qc*** j-n e-r Sache (*gén*) berauben

sèvres [sɛvʀ] *m* Sèvresporzellan *n*

sexagénaire [sɛgzaʒenɛʀ, sɛksa-] **I** *m,f* Sechzigjährige(r) *f*(*m*); Sechziger(in) *m*(*f*) **II** *adj* sechzigjährig

sexagésimal [sɛgzaʒezimal] *adj* ⟨**-aux**⟩ MATH Sexagesimal…

sex-appeal [sɛksapil] *m* Sex-Appeal [-ˈpiːl] *m*

sexe [sɛks] *m* **1** Geschlecht *n*; ***le beau ~*** das schöne Geschlecht; *S. de Beauvoir* ***Le deuxième ~*** Das andere Geschlecht; ***le ~ fort*** das starke Geschlecht; ***des deux ~s*** beiderlei Geschlechts; *personne, enfant* ***du ~ masculin, féminin*** männlichen, weiblichen Geschlechts; *fig* ***discuter sur le ~ des anges*** fruchtlose Diskussionen führen; sich um des Kaisers Bart streiten **2** (*parties sexuelles*) Geschlechtsteile *pl* **3** (*sexualité*) Sex *m*

sexisme [sɛksism] *m* Sexismus *m* **sexiste** **I** *adj* sexistisch **II** *m(f)* Sexist(in) *m(f)*

sexologie [sɛksɔlɔʒi] *f* Sexologie *f*; Sexualforschung *f*, -wissenschaft *f* **sexologue** *m,f* Sexologe, -login *m,f*; Sexualforscher(in) *m(f)*

sex-shop [sɛksʃɔp] *f ou m* ⟨*pl* **sex-shops**⟩ Sexshop *m*

sextant [sɛkstɑ̃] *m* MAR, ASTR Sextant *m*

sextuor [sɛkstɥɔʀ] *m* MUS Sextett *n*

sextuple [sɛkstypl] **I** *adj* sechsfach **II** *subst* ***le ~*** das Sechsfache

sextuplé(e)s [sɛkstyple] *m(f)pl* Sechslinge *m/pl*

sextupler [sɛkstyple] **I** *v/t* versechsfachen **II** *v/i* sich versechsfachen

sexualité [sɛksɥalite] *f* Sexualität *f*; Geschlechtlichkeit *f*

sexué [sɛksɥe] *adj* BIOL geschlechtlich differenziert; ***reproduction ~e*** geschlechtliche Fortpflanzung

sexuel [sɛksɥɛl] *adj* ⟨**~le**⟩ geschlechtlich; Geschlechts…; sexuell; Sexual…; ***acte ~*** Geschlechtsakt *m*; ***bombe ~le*** Sexbombe *f*; ***caractères ~s*** Geschlechtsmerkmale *n/pl*; ***chromosome ~*** Geschlechtschromosom *n*; ***comportement ~*** sexuelles Verhalten; Sexualverhalten *n*; ***obsédé ~*** Sexbesessene(r) *m*; ***parties ~les*** Geschlechtsteile *pl*; ***plaisir ~*** Geschlechtslust *f*; ***rapports ~s, relations ~les*** Geschlechtsverkehr *m*; ***avoir des rapports ~s avec qn*** mit j-m e-e sexuelle Beziehung haben

sexy [sɛksi] *adj* ⟨*inv*⟩ sexy

seyant [sɛjɑ̃] *adj vêtement, coiffure* passend; gut sitzend; kleidsam

Seychelles [sɛʃɛl] ***les ~*** *f/pl* die Seychellen [-ˈʃɛl-] *pl*

S.G.D.G. [ɛsʒedeʒe] *abr* (*sans garantie du gouvernement*) ***brevet délivré ~*** Patent, das ohne Garantie des Staates erteilt wurde

SGML [ɛsʒeɛmɛl] *m abr* (*standard generalized markup language*) INFORM SGML *f*

shah → ***chah***

shaker [ʃɛkœʀ] *m* Shaker [ˈʃeː-] *m*; Mixbecher *m*

shakespearien [ʃɛkspiʀjɛ̃] *adj* ⟨**~ne**⟩ shakespearisch [ˈʃeːkspiːriʃ]; Shakespeare…

shako [ʃako] *m* MIL Tschako *m*

shampo(o)iner [ʃɑ̃pwine] *v/t* → ***shampouiner***

shampo(o)ing [ʃɑ̃pwɛ̃] *m* **1** *produit* Shampoo(n) *n*; Schampon *n*; ***shampo(o)ing colorant*** Waschtönung *f*; Tönungsshampoo *n* **2** *lavage* Haarwäsche *f*; Waschen *n*; ***se faire faire un shampo(o)ing*** sich (*dat*) die Haare waschen lassen

shampouiner [ʃɑ̃pwine] *v/t* die Haare waschen (***qn*** j-m); schamponieren **shampouineuse** *f* Friseuse, die die Haare wäscht

Shanghai [ʃɑ̃gaj] Schanghai *n*

shant(o)ung [ʃɑ̃tuŋ] *m* TEXT Schantungseide *f*; *t/t* Shantung *m*

shareware [ʃɛʀwɛʀ] *m* INFORM Shareware [ˈʃɛːrvɛːr] *f*

shekel [ʃekɛl] *m monnaie* Schekel *m*

shérif [ʃeʀif] *m* Sheriff *m*

sherry [ʃeʀi] *m vin* Sherry *m*

Shetland [ʃɛtlɑ̃d] ***les*** (***îles*** *f/pl*) **~** die Shetlandinseln *f/pl*

shetland [ʃɛtlɑ̃d] *m* TEXT Shetland *m*; (***pull*** *m* ***en***) **~** Shetlandpullover *m*; *adjt* ***laine*** *f* **~** Shetlandwolle *f*

shetlandais [ʃɛtlɑ̃dɛ] *adj* ZO ***poney ~*** Shetlandpony *n*

Shikoku [ʃikɔku] GÉOGR S(c)hikoku *n*

shilling [ʃiliŋ] *m monnaie* Shilling *m*

shintoïsme [ʃintɔism, ʃɛ̃-] *m* REL Schintoismus *m*

shintoïste [ʃintɔist, ʃɛ̃-] REL **I** *adj* schintoistisch **II** *m,f* Schintoist(in) *m(f)*

shit [ʃit] *m* F (*haschisch*) Shit *m ou n*

Shiva [ʃiva] *m* REL Schiwa *m*

Shkodër [ʃkɔdɛʀ] GÉOGR Skutari *n*

Shoah [ʃoa] *f* HIST S(c)hoah *f*

shog(o)un [ʃɔgun] *m* HIST S(c)hogun *m*

shoot [ʃut] *m* **1** FOOTBALL Schuss *m* **2** *d'une drogue* Schuss *m*

shooter [ʃute] **I** *v/i* FOOTBALL schießen **II** *v/pr drogué* ***se ~*** sich (*dat*) e-n Schuss setzen, drücken, machen

shopping [ʃɔpiŋ] *m* Einkaufen *n*; Einkaufsbummel *m*; Shopping *n*; ***faire du ~*** e-n Einkaufsbummel machen

short [ʃɔʀt] *m* Shorts [ʃ-] *pl*; kurze Hose

show [ʃo] *m* Show [ʃoː] *f*

showbiz [ʃobiz] F *m ou* **show-business** [ʃobiznɛs] *m* Schaugeschäft *n*; Showbusiness [ˈʃoːbɪznɪs] *n*

si[1] [si] *adv* **1** *affirmation* doch; *vous ne viendrez pas? -* ***~!*** doch!; ***mais ~*** aber doch; ***que ~*** aber doch; doch, ganz bestimmt; gewiss doch **2** (*tellement, aussi*) so; ***ne parlez pas ~ fort!*** sprechen Sie nicht so laut!; ***il n'est pas ~ intelligent qu'il le paraît*** er ist nicht so klug, wie er scheint; *st/s* ***~ intelligent qu'il soit*** *ou* ***~ intelligent soit-il*** *st/s* so klug er auch sein mag; *loc/conj* ***~ bien que*** sodass

si[2] [si] **I** *conj* ⟨*vor il, ils* **s'**⟩ **1** *hypothétique* wenn; falls; sofern; ***~ vous continuez ainsi vous êtes*** *ou* ***serez perdu*** wenn, falls Sie so weitermachen, ist es aus (mit Ihnen); ***et ~ elle se fâche?*** und wenn sie böse wird?; ***s'il travaille c'est qu'il a besoin d'argent*** wenn er arbeitet, so *ou* dann deshalb, weil er Geld braucht; ***~ jamais vous allez en France …*** sollten Sie je nach Frankreich kommen, (so) …; ***~ possible*** wenn, falls möglich; nach Möglichkeit; möglichst; tunlichst; ***~ j'ose dire*** wenn ich so sagen darf; ***~ on peut dire*** wenn man so sagen kann; ***s'il vous plaît*** bitte; ***~ on veut*** wenn man so will; ***tant mieux ~ …*** umso besser, wenn …; ♦ *avec imparfait*: ***~ je le savais, je vous le dirais*** wenn ich es wüsste, würde ich es Ihnen sagen; wüsste ich es, würde ich es Ihnen sagen; ***~ (seulement) j'osais!*** wenn ich mich (bloß) trauen würde!; ***~ seulement il était venu plus tôt!*** wäre er doch früher gekommen!; wenn er doch bloß früher gekommen wäre!; ***~ nous allions nous promener?*** wie wärs mit e-m Spaziergang?; ***même ~*** selbst wenn; wenn auch; ♦ *loc/prép* ***~ ce n'est*** (*excepté*) außer (+*dat*); (*sinon*) wenn nicht; ***il ne reste rien ~ ce n'est quelques ruines*** es bleibt nichts übrig außer einigen Ruinen; ***un des meilleurs, ~ ce n'est le meilleur*** e-r der Besten, wenn nicht der Beste; *st/s* ***~ ce n'était la peur de se rendre ridicule, il …*** müsste er nicht fürchten, sich zu blamieren, so …; *loc/conj* ***~ ce n'est que*** außer dass **2** (*que, parce que*) dass; ***c'est un miracle ~ nous sommes sauvés*** es ist ein Wunder, dass wir davongekommen sind; ***c'est à peine ~ …*** kaum dass … **3** (*chaque fois que*) (jedesmal) wenn; ***s'il se trompait on corrigeait ses erreurs*** (jedes Mal) wenn er sich irrte, verbesserte man s-e Fehler **4** *interrogation indirecte* ob; ***je me demande s'il ne pourrait pas le faire*** ich frage mich, ob er es nicht tun könnte; ***je ne sais pas s'il viendra*** ich weiß nicht, ob er kommt; ♦ ***comme ~*** als ob; F als wenn; ***il parle comme s'il était le maître*** er spricht, als ob er der Herr wäre *ou* als wäre er der Herr; ♦ ***vous pensez s'il a été content!*** Sie können sich (*dat*) denken, wie er sich gefreut hat!; und ob er sich gefreut hat!; ***~ je m'en souviens!*** und ob ich mich (daran) erinnere! **II** *m* ⟨*inv*⟩ Wenn *n*; ***avec lui, il y a toujours des ~ et des mais*** bei ihm gibt es immer ein Wenn und ein Aber; *prov* ***avec des ~ on mettrait Paris dans une bouteille*** wenn das Wörtchen „wenn" nicht wär, wär mein Vater Millionär (*prov*)

si[3] [si] *m* ⟨*inv*⟩ MUS h *ou* H *n*

siamois [sjamwa] *adj* siamesisch; ZO ***chat ~*** Siamkatze *f*; ***frères*** *m/pl* ***~*** *ou* ***sœurs ~es*** siamesische Zwillinge *m/pl*

Sibérie [siberi] ***la ~*** Sibirien *n*

sibérien [siberjɛ̃] *adj* ⟨**~ne**⟩ sibirisch

Sibiu [sibjy, -bju] GÉOGR Hermannstadt *n*

sibylle [sibil] *f* Sibylle *f*

Sibylle [sibil] *f Vorname*

sibyllin [sibi(l)lɛ̃] *adj paroles* sibyllinisch; geheimnisvoll; rätselhaft

sic [sik] *adv* (*textuellement*) sic

sicav [sikav] *f* ⟨*inv*⟩ *abr* (*société d'investissement à capital variable*) **1** *société* Investmentgesellschaft *f* **2** *action* Investmentzertifikat *n*, -papier *n*

siccatif [sikatif] *m* PEINT Sikkativ *n*; Trockenmittel *n*

Sicile [sisil] ***la ~*** Sizilien *n*

sicilien [sisiljɛ̃] **I** *adj* ⟨**~ne**⟩ sizilianisch **II** *subst* ***Sicilien(ne)*** *m(f)* Sizilianer(in) *m(f)*

sida [sida] *m abr* (*syndrome immuno-déficitaire acquis*) MÉD Aids [eːts] *n*

side-car [sidkaʀ] *m* ⟨*pl* **side-cars**⟩ **a)** Motorrad *n* mit Seitenwagen; **b)** *habitacle* Seiten-, Beiwagen *m*

sidéen [sideɛ̃] **I** *adj* aidskrank [ˈeːts-] **II** *subst* **~(ne)** *m(f)* Aidskranke(r) *f(m)*

sidéral [sideʀal] *adj* ⟨**-aux**⟩ ASTR ***année ~e*** siderisches Jahr; Sternjahr *n*; ***révolution ~e*** siderische Umlaufzeit

sidérant [sideʀɑ̃] F *adj* verblüffend

sidérer [sideʀe] F *v/t* ⟨**-è-**⟩ verblüffen; verdutzen; *adjt* ***être, rester sidéré*** verblüfft, verdutzt, sprachlos, wie vom Donner gerührt sein, dastehen; F baff, platt sein

sidérurgie [sideʀyʀʒi] *f* Eisenhüttenwesen *n*

sidérurgique [sideʀyʀʒik] *adj* ***industrie*** *f* ***~*** Eisen schaffende Industrie; Eisen- und Stahlindustrie *f*; ***produit*** *m* ***~*** Erzeugnis *n* der Eisen- und Stahlindustrie; ***usine*** *f* ***~*** Eisenhütte *f*

sidérurgiste [sideʀyʀʒist] *m* Eisenhütten-, Stahlwerker *m*

siècle [sjɛkl] *m* **1** Jahrhundert *n*; (*époque*) Zeitalter *n*; ***le grand ~*** das 17. Jahrhundert (*in Frankreich*); ***le ~ de Louis XIV*** das Zeitalter Ludwigs XIV.; ***le Siècle des lumières*** das Jahrhundert, Zeitalter der Aufklärung; ***fin*** *f* ***de ~*** a) Jahrhundertwende *f*; b) *loc/adj* dekadent; (des) Fin de Siècle; ROMANTISME ***mal*** *m* ***du ~*** Weltschmerz *m*; ***au ~ dernier*** im letzten Jahrhundert; ***au vingtième (XXe) ~*** im zwanzigsten (20.) Jahrhundert; ***depuis des ~s*** seit Jahrhunderten; ***jusqu'à la fin des ~s*** bis zum *ou* an das Ende der Zeiten; F ***il y a des ~s que je ne t'ai pas vu*** F ich habe dich ewig nicht mehr gesehen; ***être de son ~*** mit der Zeit gehen **2** REL ***le ~*** die Welt

sied [sje] → ***seoir***

siège [sjɛʒ] *m* **1** Sitz *m*; Sitzgelegenheit *f*; (*chaise*) Stuhl *m*; (*fauteuil*) Sessel *m*; AUTO ***~ avant, arrière*** Vorder-, Rücksitz *m*; AVIAT ***~ éjectable*** Schleudersitz *m*; ***~ (d'un cabinet d'aisances)*** Klosettsitz *m*; ***donner, offrir un ~*** e-n Stuhl anbieten; ***prendre un ~*** sich setzen; Platz nehmen **2** *à une assemblée* Sitz *m*; ***~ de député*** Abgeordnetensitz *m* **3** *d'une administration, d'une entreprise* Sitz *m*; *d'un parti* Zentrale *f*; ***~ social*** Firmensitz *m*; ***~ du gouvernement*** Regierungssitz *m*; *par ext* ***~ d'une douleur*** Sitz e-s Schmerzes **4** ÉGL Stuhl *m*; ***~ épiscopal*** Bischofsstuhl *m*, -würde *f* **5** MIL Belagerung *f*; ***état*** *m* ***de ~*** Belagerungszustand *m*; ***lever le ~*** die Belagerung aufheben; *fig* aufbrechen; F abziehen; ***mettre le ~ devant une ville*** e-e Stadt belagern **6** JUR ***magistrature*** *f* ***du ~*** Richter *m/pl*; Richterstand *m* **7** MÉD ***bain*** *m* ***de ~*** Sitzbad *n*; *naissance* ***présentation*** *f* ***par le ~*** Steißlage *f*

siéger [sjeʒe] *v/i* ⟨**-è-**; **-geons**⟩ **1** *assemblée, tribunal* tagen; e-e Sitzung abhalten **2** *député* e-n Sitz haben, sitzen (***à l'Assemblée*** in der Nationalversammlung) **3** *gouvernement, administration* s-n Sitz haben (***à*** in +*dat*)

sien [sjɛ̃] **I** *pr/poss* ⟨**sienne** [sjɛn]⟩ ***le ~, la ~ne*** der, die, das sein(ig)e; seine(r, -s); *se rapportant à un possesseur féminin* der, die, das ihr(ig)e; ihre(r, -s); *pl* ***les ~s, les ~nes*** die sein(ig)en *ou* ihr(ig)en; seine *ou* ihre; ***mon fils et le ~*** mein und sein *ou* ihr Sohn; mein Sohn und seiner *ou* ihrer; *j'avais perdu ma clef*, ***elle m'a prêté la ~ne*** sie hat mir ihren geliehen **II** *adj/poss litt* ***un ~ cousin*** ein Vetter von ihm *ou* ihr; e-r seiner *ou* ihrer Vettern; *emphatique* F ***la ~ne de maison est plus grande*** sein *ou* ihr Haus ist größer; ***considérer, regarder comme ~*** als das seine *ou* ihre, als sein *ou* ihr Eigentum betrachten, ansehen; ***faire ~nes les idées, les revendications de qn*** sich (*dat*) j-s Ideen zu eigen machen; j-s Forderungen zu den sein(ig)en *ou* ihr(ig)en machen **III** *subst* **1** ***y mettre du ~*** das Sein(ig)e *ou* Ihr(ig)e tun, dazu beitragen; sein(en) *ou* ihr(en) Teil dazu beitragen **2** ***les ~s*** die Sein(ig)en *ou* Ihr(ig)en; seine *ou* ihre Familie *f*, Angehörigen *m/pl*, *par ext* Freunde *m/pl*, Anhänger *m/pl* **3** ***faire des ~nes*** Dummheiten, dumme Streiche machen; ***il a encore fait des ~nes*** *a* F er hat sich (*dat*) wieder was geleistet

Sienne [sjɛn] GÉOGR Siena *n*

Sierra Leone [sjɛʀaleɔn] GÉOGR ***la ~*** Sierra Leone *n*

sierra-léonien [sjɛʀaleɔnjɛ̃] **I** *adj* ⟨**~ne**⟩ sierra-leonisch **II** *subst* ***Sierra-Léonien(ne)*** *m(f)* Sierra Leoner(in) *m(f)*

Sierre [sjɛʀ] GÉOGR Siders *n*

sieste [sjɛst] *f* Mittagsschlaf *m*, -schläfchen *n*, -ruhe *f*; Siesta *f*; ***faire la ~*** ein Mittagsschläfchen halten, machen; Siesta halten

sieur [sjœʀ] *m* JUR *ou péj* ***le ~ X*** Herr X

Sieyès [sjejɛs] ***l'abbé ~*** *frz Revolutionär*

sifflant [siflɑ̃] *adj* pfeifend; zischend; ***respiration ~e*** pfeifender Atem; PHON ***consonne ~e*** Zischlaut *m*; Sibilant *m*

sifflement [sifləmɑ̃] *m* **a)** *action* Pfeifen *n* (*a du vent*); RAD *a* Pfeifgeräusch *n*; *de la vapeur* Zischen *n*; ***~ d'oreilles*** Ohrenklingen *n*; **b)** *résultat* Pfiff *m*; ***un ~ d'admiration*** ein bewundernder Pfiff

siffler [sifle] **I** *v/t* **1** pfeifen; ***~ un air, une chanson*** eine Melodie, ein Lied pfeifen; ***~ son chien*** s-m Hund pfeifen; *arbitre*: ***~ le coup d'envoi*** das Spiel anpfeifen; ***~ une faute*** ein Foul [faʊl] pfeifen; ***~ la mi-temps*** zur Halbzeit pfeifen **2** *orateur, acteur, pièce* auspfeifen; auszischen; ***se faire ~*** ausgepfiffen werden **3** F (*boire*) F runterkippen; ***~ un verre*** *a* F einen zischen **II** *v/i* pfeifen (*a oiseau, vent, balle, train*); *vent, balle a* sausen; *balle, flèche a* schwirren; *merle* flöten; *serpent, oie, vapeur, air* zischen; ***les balles sifflaient à nos oreilles*** die Kugeln pfiffen uns um die Ohren; ***le vent siffle dans les arbres*** der Wind pfeift in den Bäumen; ***~ en respirant*** e-n pfeifenden Atem haben

sifflet [siflɛ] *m* **1** *instrument* Pfeife *f*; ***coup*** *m* ***de ~*** Pfiff *m* **2** *pl* ***~s*** (*huées*) (Missfallens)Pfiffe *m/pl*; Pfeifkonzert *n*; Zischen *n*; ***accueillir par des ~s*** auspfeifen; *a* auszischen **3** F ***ça lui a coupé le ~*** das verschlug ihm die Sprache; F da blieb ihm die Spucke weg

siffleur [siflœʀ] **I** *adj* ⟨**-euse**⟩ (gern, viel) pfeifend; *merle* flötend **II** *m* j, der pfeift; Pfeifer *m*

sifflotement [siflɔtmɑ̃] *m* halblautes, leises Pfeifen

siffloter *v/t et v/i* (leise) vor sich (*acc*) hin pfeifen

sigle [sigl] *m* (aus den Initialen bestehende) Abkürzung; Sigel *n*; Kürzel *n*

signal [siɲal] *m* ⟨*pl* **-aux**⟩ Signal *n* (*a* CH DE FER, PSYCH); Zeichen *n*; *fig a* Fanal *n*; CH DE FER ***~ automatique*** Signalanlage *f*; Blinklicht *n*; ***~ lumineux*** Lichtsignal *n*; ***~ optique*** optisches Signal; ***signaux routiers*** Verkehrszeichen *n/pl*; ***~ sonore*** akustisches Signal; ***~ d'alarme*** CH DE FER Notbremse *f*; *contre le vol* Alarmanlage *f*; ***déclencher le ~ d'alarme*** die Alarmanlage auslösen; ***tirer le ~ d'alarme*** die Notbremse ziehen; ***~ de détresse*** Notsignal *n*; ***donner le ~ du départ*** das Zeichen zum Aufbruch, CH DE FER zur Abfahrt geben; ***être le ~ d'une révolte*** das Fanal für e-n Aufstand sein

signalé [siɲale] *litt adj* bemerkenswert; bedeutend

signalement [siɲalmɑ̃] *m* Personenbeschreibung *f*; Signalement *n*; *d'un fugitif* Steckbrief *m*

signaler [siɲale] **I** *v/t* **1** *changement de direction etc* anzeigen; signalisieren; angeben; *piste, danger* bezeichnen; kennzeichnen **2** ***~ qc à qn*** j-n auf etw (*acc*) aufmerksam machen, hinweisen; j-m etw mitteilen; ***permettez-moi de vous ~ que …*** darf ich Sie darauf aufmerksam machen *ou* hinweisen, dass …; ***~ qn à la police*** j-n der Polizei melden; ***les journaux signalent sa présence à Paris*** die Zeitungen melden, erwähnen, verzeichnen s-e Anwesenheit in Paris; ***rien à ~*** keine besonderen Vorkommnisse **II** *v/pr* ***se ~*** sich hervortun, sich auszeichnen (***par son courage*** durch s-n Mut); ***se ~ à l'attention de qn*** j-s Aufmerksamkeit erregen; j-n auf sich (*acc*) aufmerksam machen; j-m auffallen

signalétique [siɲaletik] *adj* ADM ***fiche*** *f* ***~*** Erkennungsbogen *m*

signalisation [siɲalizasjõ] *f* **1** *routière* Be-, Ausschilderung *f*; ***feux*** *m/pl* ***de ~*** Verkehrsampel *f*; ***panneau*** *m* ***de ~*** Verkehrsschild *n*, -zeichen *n* **2** (*signaux*) Signalsystem *n*, -wesen *n*; Signale *n/pl* **3** *action* Signalgebung *f*; Signalisieren *n*

signaliser [siɲalize] *v/t route* be-, ausschildern

signataire [siɲatɛʀ] *m* Unterzeichner *m*; *État* Unterzeichner-, Signatarstaat *m*

signature [siɲatyʀ] *f* **1** Unterschrift *f*; Namenszug *m*; *d'un artiste* Signatur *f*; *fig* Handschrift *f*; Stempel *m*; ***apposer sa ~*** s-e Unterschrift daruntersetzen; ***apposer sa ~ au bas d'un document*** s-e Unterschrift unter ein Dokument setzen **2** *action* Unterzeichnung *f*

signe [siɲ] *m* **1** Zeichen *n*; MATH *a* Vorzeichen *n*; MÉD *a* Symptom *n*; ASTROLOGIE *a* Sternzeichen *n*, -bild *n*; ***~ caractéristique, distinctif*** Kennzeichen *n*; Merkmal *n*; ***~s particuliers*** besondere Kennzeichen *n/pl*; ***~ d'amélioration*** (An)Zeichen *n* der Besserung; ***~ de ponctuation*** Satzzeichen *n*; Interpunktionszeichen *n*; ***~ des temps*** Zeichen der Zeit; ***~ du zodiaque*** Tierkreiszeichen *n*; ***impôt*** *m* ***sur les ~s extérieurs de richesse*** Aufwandsteuer *f*; *loc/prép*: ***en ~ de*** zum Zeichen (*+gén*); als Zeichen, Ausdruck (*+gén*); ***en ~ d'amitié*** zum, als Zeichen der Freundschaft; ***sous le ~ de*** im Zeichen (*+gén*); ***être né sous le ~ de la Balance*** im Zeichen der Waage geboren sein; *fig* ***être (placé) sous le ~ de la réconciliation*** im Zeichen der Versöhnung stehen; ***ne plus donner ~ de vie*** kein Lebenszeichen mehr von sich geben; *fig* ***il ne m'a pas donné ~ de vie depuis longtemps*** ich habe schon lange kein Lebenszeichen von ihm erhalten; er hat seit Langem nichts von sich hören lassen; ***donner des ~s de fatigue*** Zeichen der Ermüdung erkennen lassen; ***c'est bon, mauvais ~*** das ist ein gutes, schlechtes Zeichen; ***c'est ~ de pluie*** das ist ein Zeichen für Regen; das bedeutet Regen; ***c'est ~ que …*** das ist ein Zeichen dafür, dass …; ***faire le ~ de (la) croix*** ein Kreuz schlagen; sich bekreuzigen; ein Kreuzzeichen machen; ***se parler par ~s*** sich durch Zeichen verständigen **2** (*geste*) Wink *m*; ***~ de tête (affirmatif, négatif)*** Kopfnicken *n ou* -schütteln *n*; ***faire un ~ de (la) tête*** (mit dem Kopf) nicken *ou* den Kopf schütteln; ***faire un ~ de la main*** ein Handzeichen geben; winken; ***faire ~ à qn*** j-m winken; *pour dire bonjour* j-m zuwinken; ***faire ~ à qn de venir*** j-n heranwinken; j-n zu sich winken; ***faire ~ à qn de s'asseoir*** j-n durch e-e Handbewegung zum Sitzen auffordern; ***faire ~ à qn de se taire*** *a* den Finger auf den Mund legen; ***faire ~ que non*** den Kopf schütteln; *avec la main* abwinken; *par ext*: ***dès mon retour je vous ferai ~*** sobald ich zurück bin, werde ich von mir hören lassen *ou* werde ich mich (bei Ihnen) melden; *si vous avez besoin de moi*, ***faites-moi ~*** lassen Sie es mich wissen

signer [siɲe] **I** *v/t* unterschreiben, unterzeichnen (*a abs*); *artiste, auteur*: *son œuvre* signieren; *par ext* ***~ la***

paix den Frieden(svertrag) unterzeichnen; ***~ d'un faux nom*** mit e-m falschen Namen unterschreiben; ***~ d'un pseudonyme*** mit e-m Pseudonym unterschreiben; *fig* ***c'est signé*** das trägt s-n Stempel, s-e Handschrift **II** *v/pr* REL ***se ~*** sich bekreuzigen; ein Kreuz schlagen

signet [siɲɛ] *m* **1** Buch-, Lesezeichen *n* **2** INFORM Bookmark ['bʊk-] *n ou f*

signifiant [siɲifjɑ̃] *m* LING Signifikant *m*; Schrift- *ou* Lautbild *n*

significatif [siɲifikatif] *adj* ⟨**-ive**⟩ **1** (*expressif*) bedeutsam; bedeutungsvoll; *sourire* vielsagend **2** (*révélateur*) bezeichnend (***de qc*** für etw); ***il est ~ que ...*** (*+subj*) es ist bezeichnend, dass ...

signification [siɲifikasjõ] *f* **1** (*sens*) Bedeutung *f*; Sinn *m* **2** JUR Zustellung *f*

signifié [siɲifje] *m* LING Signifikat *n*; Begriff *m*

signifier [siɲifje] *v/t* **1** (*vouloir dire*) bedeuten; heißen; besagen; ***ça ne signifie pas grand-chose*** das hat nicht viel zu bedeuten; ***que signifie ce regard?*** was soll dieser Blick heißen?; ***ce mot signifie en français ...*** dieses Wort bedeutet im Französischen ... **2** (*indiquer*) ***~ ses intentions à qn*** j-m s-e Absichten mitteilen, bekannt geben, *st/s* kundtun; ***~ à qn de sortir*** j-m bedeuten hinauszugehen **3** JUR zustellen

Sikkim [sikim] GÉOGR ***le ~*** Sikkim *n*

silence [silɑ̃s] *m* **1** *de qn* Schweigen *n* (*a poét de choses*); Stillschweigen *n*; *d'un endroit* Stille *f*; Ruhe *f*; ***~ absolu*** absolute, vollkommene Stille; absolutes (Still)Schweigen; ***~ éloquent*** beredtes Schweigen; ***~ profond*** tiefe Stille; ***~ de mort*** Toten-, Grabesstille *f*; ***le ~ de la nuit*** die Stille der Nacht; ***le ~ de la presse*** das Schweigen der Presse; ***la loi du ~*** *dans le Milieu* das Gesetz des Schweigens; ***minute*** *f* ***de ~*** Schweigeminute *f*; ***en ~*** schweigend; ***souffrir en ~*** leiden, ohne zu klagen; ***~!*** Ruhe!; ruhig!; still (da)!; CIN ***~, on tourne!*** Achtung, Aufnahme!; ***être condamné au ~*** zum Schweigen verurteilt sein; *il n'écrit plus*, ***je ne m'explique pas son ~*** ich kann mir sein Schweigen nicht erklären; ***faire ~*** still werden; ***le ~ se fit dans la salle*** es wurde still im Saal; im Saal trat Stille ein; ***garder le ~*** Stillschweigen bewahren, sich ausschweigen (***sur qc*** über etw [*acc*]); ***imposer (le) ~ à qn*** j-n zum Schweigen bringen (*a fig détracteur etc*); ***passer sous ~*** verschweigen, mit Stillschweigen übergehen; ***réduire au ~*** zum Schweigen bringen (*a opposition*); ***rompre le ~*** das Schweigen brechen **2** MUS Pause *f*

silencieux [silɑ̃sjø] **I** *adj* ⟨**-euse**⟩ *personne momentanément* still; stumm; ruhig; *de nature* schweigsam; *pas, geste* laut-, geräuschlos; ***forêt silencieuse*** stiller Wald; ***majorité silencieuse*** schweigende Mehrheit; ***marche silencieuse*** Schweigemarsch *m*; ***rue silencieuse*** stille Straße; *moteur* ***être ~*** ruhig laufen; geräuscharm sein; ***rester, demeurer ~*** stillschweigen; in Schweigen verharren **II** *m* TECH Schalldämpfer *m*

Silésie [silezi] ***la ~*** Schlesien *n*

silésien [silezjɛ̃] *adj* ⟨**~ne**⟩ schlesisch

silex [silɛks] *m* MINÉR Feuerstein *m*

silhouette [silwɛt] *f* **1** (*ombre, contours*) Silhouette *f*; Schattenbild *n*; Umrisse *m/pl* **2** (*aspect d'une personne*) Gestalt *f*; Figur *f*

silicate [silikat] *m* CHIM Silikat *ou* Silicat *n*

silice [silis] *f* CHIM Kieselerde *f*; Siliciumdioxid *n*; ***verre*** *m* ***de ~*** Quarzglas *n*

siliceux [silisø] *adj* ⟨**-euse**⟩ MINÉR kieselartig, -haltig; Kiesel...

silicium [silisjɔm] *m* CHIM Silicium *ou* Silizium *n*

silicone [silikon] *f* CHIM Silikon *n*

silicose [silikoz] *f* MÉD Silikose *f*; Staublunge *f*

sillage [sijaʒ] *m* **1** MAR Kielwasser *n*; *fig* ***marcher dans le, suivre le ~ de qn*** in j-s Fuß(s)tapfen (*acc*) treten; *péj* in j-s Kielwasser (*dat*) segeln, treiben **2** PHYS, AVIAT Luftstrom *m*, -wirbel *m/pl* **3** *fig* Spur *f*; ***~ d'un parfum*** Duftwolke *f*

sillon [sijõ] *m* **1** *d'un champ* Furche *f*; ***tracer, creuser un ~*** e-e Furche ziehen **2** *d'un disque* Rille *f* **3** ANAT ***~s du cerveau*** Gehirnfurchen *f/pl*

sillonner [sijɔne] *v/t* **1** *bateau*: *mer* durchpflügen; *éclair*: *ciel* durchzucken; *routes*: *pays* durchziehen; *avion* ***~ le ciel*** (am Himmel) dahinfliegen; umherfliegen; *p/p visage* ***sillonné de rides*** von Runzeln durchfurcht **2** ***~ une région en voiture*** in e-r Gegend umher-, herumfahren

silo [silo] *m* **1** Silo *m ou n*; ***~ à céréales*** Getreidesilo *m* **2** MIL Raketensilo *m ou n*

silure [silyʀ] *m* ZO Wels *m*

simagrées [simagʀe] *f/pl* Ziererei *f*; Gehabe *n*; Getue *n*; F Mätzchen *n/pl*; ***faire des ~*** sich zieren; F sich haben; sich anstellen; Mätzchen machen

Simenon [sim(ə)nõ] ***Georges ~*** *belgischer Schriftsteller*

simiesque [simjɛsk] *adj* affenähnlich

similaire [similɛʀ] *adj* gleichartig; ähnlich; entsprechend

similarité [similaʀite] *f* Gleichartigkeit *f*

simili [simili] **1** *m* Imitation *f*; Nachahmung *f*; *t/t* Simili *n ou m*; ***en ~*** unecht; nachgemacht **2** *f abr* → ***similigravure***

similicuir [similikɥiʀ] *m* Kunstleder *n*

similigravure *f* TYPO Autotypie *f*

similitude [similityd] *f* Ähnlichkeit *f* (*a* MATH)

Simon [simõ] *m Vorname*

Simone [simɔn] *f Vorname*

simoun [simun] *m vent* Samum *m*

simple [sɛ̃pl] **I** *adj* **1** einfach; *moyen, méthode a* simpel; *style, robe etc a* schmucklos; schlicht; CHIM ***corps*** *m* ***~*** (chemisches) Element; Grundstoff *m*; ***gens*** *m/pl* ***~s*** einfache Leute *pl*; GR ***passé*** *m* ***~*** historisches Perfekt; Passé simple *n*; GR ***temps*** *m* ***~*** einfache Zeit; ***rien de plus ~!*** nichts einfacher als das!; ***avoir des goûts ~s*** e-e einfache Lebensweise bevorzugen; ***c'est (bien) ~***, *tu restes ici* das ist ganz einfach ...; *subst*: *prix* ***varier du ~ au double*** bis doppelt so hoch sein **2** (*pur, seul*) einfach; bloß; rein; ***~ employé*** *m* einfache(r) Angestellte(r); ***une ~ mesure de précaution*** e-e einfache, bloße Vorsichtsmaßnahme; ***un ~ geste suffit*** e-e einfache, bloße Geste genügt; ***le ~ bon sens ...*** schon der gesunde Menschenverstand ...; → *a* ***pur*** *I 6* **3** (*simplet*) einfältig; ***être ~ d'esprit*** geistig beschränkt sein; ein einfaches Gemüt haben, sein; *subst* ***un ~ d'esprit*** ein geistig Beschränkter; ***il faudrait être bien ~ pour*** (*+inf*) man müsste schon sehr einfältig sein, um zu (*+inf*) **II** *m* **1** TENNIS Einzel *n*; ***~ dames, messieurs*** Damen-, Herreneinzel *n* **2** PHARM ***~s*** *pl* Heilkräuter *n/pl*, -pflanzen *f/pl*

simplement [sɛ̃pləmɑ̃] *adv* einfach; ***tout ~*** ganz ein-

S

fach; ***s'exprimer*** ~ sich einfach ausdrücken; ***être habillé*** ~ einfach, schlicht gekleidet sein; ***voir les choses trop*** ~ die Dinge zu einfach sehen; ***il a*** ~ ***voulu vous faire peur*** er wollte Sie einfach, bloß, nur erschrecken

simplet [sɛ̃plɛ] *adj* ⟨**~te**⟩ etwas einfältig; simpel; naiv

simplicité [sɛ̃plisite] *f* 1 Einfachheit *f*; *du mode de vie, du style a* Schlichtheit *f*; *du style, d'un vêtement a* Schmucklosigkeit *f*; *d'une personne a* (*naturel*) Natürlichkeit *f*; Unkompliziertheit *f*; (*modestie*) Anspruchslosigkeit *f*; ***en toute*** ~ einfach; schlicht; ohne Umstände (zu machen) 2 (*naïveté*) Einfalt *f*; Einfältigkeit *f*

simplifiable [sɛ̃plifjabl] *adj* vereinfachbar; MATH *fraction a* kürzbar

simplificateur [sɛ̃plifikatœʀ] *adj* ⟨**-trice**⟩ vereinfachend **simplification** *f* Vereinfachung *f*; MATH *d'une fraction a* Kürzung *f*

simplifier [sɛ̃plifje] **I** *v/t* vereinfachen; MATH ~ ***une fraction*** einen Bruch kürzen **II** *v/pr* ***se*** ~ einfacher werden

simplisme [sɛ̃plism] *m* übermäßige Vereinfachung *f*; Einseitigkeit *f*

simpliste [sɛ̃plist] *adj raisonnement* zu einfach; *morale, jugement* einseitig; ***esprit*** *m* ~ j, der die Dinge zu einseitig sieht, zu sehr vereinfacht

Simplon [sɛ̃plõ] GÉOGR ***le*** ~ der Simplon(pass)

simulacre [simylakʀ] *m* Scheinhandlung *f*; ~ ***de ...*** Schein...; fingiert; ~ ***de combat*** Scheingefecht *n*

simulateur [simylatœʀ] *m*, **simulatrice** *f* 1 Simulant(in) *m(f)* 2 *m* TECH Simulator *m*; ***simulateur de vol*** Flugsimulator *m*

simulation [simylasjõ] *f* 1 Verstellung *f* (*abs*); Vortäuschung *f*; Simulieren *n*; Simulation *f* 2 JUR Scheingeschäft *n* 3 TECH Simulierung *f*; Simulation *f*; ~ ***sur ordinateur*** Computersimulation [-'pjuː-] *f*

simulé [simyle] *adj* vorgetäuscht; fingiert; Schein...; ***attaque*** ~***e*** Scheinangriff *m*; ***maladie*** ~***e*** vorgetäuschte, simulierte Krankheit

simuler [simyle] *v/t* 1 vortäuschen; heucheln; fingieren; ~ ***une maladie*** eine Krankheit vortäuschen, simulieren 2 TECH simulieren

simultané [simyltane] *adj* gleichzeitig; simultan; ÉCHECS ***partie*** ~***e*** *ou subst* ~***e*** *f* Simultanspiel *n*, -schach *n*; ***traduction*** ~***e*** Simultanübersetzung *f*

simultanéité [simyltaneite] *f* Gleichzeitigkeit *f*

simultanément [simyltanemɑ̃] *adv* gleichzeitig; zur gleichen Zeit

Sinaï [sinai] ***le*** ~ der Sinai

sinapisé [sinapize] *adj* MÉD ***cataplasme*** ~ Senfpackung *f*

sinapisme [sinapism] *m* MÉD Senfpflaster *n*, -packung *f*

sincère [sɛ̃sɛʀ] *adj* aufrichtig; ehrlich; offen; ***admiration*** *f* ~ ehrliche, aufrichtige, echte Bewunderung; ~***s condoléances*** *f/pl* herzliches Beileid; aufrichtige Teilnahme; ***opinion*** *f* ~ ehrliche Meinung; ***veuillez agréer mes*** ~***s salutations*** mit vorzüglicher Hochachtung; mit (den) besten Grüßen; ***être*** ~ ***avec soi-même*** sich (*dat*) selbst gegenüber ehrlich sein

sincèrement [sɛ̃sɛʀmɑ̃] *adv* → ***sincère***; ***regretter*** ~ aufrichtig bedauern; ~, ***je ne le crois pas*** ehrlich gesagt *ou* offen gestanden, ich glaube ihm nicht; ~, ***vous ne voulez pas venir?*** Sie wollen also wirklich, wahrhaftig nicht kommen?

sincérité [sɛ̃seʀite] *f* Aufrichtigkeit *f*; Ehrlichkeit *f*; Offenheit *f*; ***en toute*** ~ in aller Offenheit

sinécure [sinekyʀ] *f* geruhsames Pöstchen; F Druckposten *m*; F ***ce n'est pas une*** ~ das ist keine leichte Aufgabe

sine die [sinedje] *loc/adv* ***renvoyer un débat*** ~ e-e Debatte auf unbestimmte Zeit vertagen

sine qua non [sinekwanɔn] *loc/adj* ***condition*** *f* ~ unerlässliche Bedingung, Voraussetzung; Conditio sine qua non *f*

Singapour [sɛ̃gapuʀ] Singapur *n*

singe [sɛ̃ʒ] *m* 1 ZO Affe *m*; ***les grands*** ~***s*** die Menschenaffen *m/pl*; ***agile comme un*** ~ flink wie ein Affe; ***être malin comme un*** ~ ein schlauer Fuchs, F ein gewiefter Bursche sein; ***faire le*** ~ den Hanswurst machen, spielen; F Faxen machen; *prov* ***on n'apprend pas à un vieux*** ~ ***à faire la grimace*** e-m alten Hasen macht man nichts vor 2 *arg* (*corned-beef*) Corned Beef *n*; Büchsenfleisch *n* 3 *arg* (*patron*) ***le*** ~ F der Alte

singer [sɛ̃ʒe] *v/t* ⟨**-geons**⟩ nachäffen; nachmachen

singeries [sɛ̃ʒʀi] *f/pl* Grimassen *f/pl*; F Faxen *f/pl*; ***faire des*** ~ Faxen machen; Grimassen schneiden

singulariser [sɛ̃gylaʀize] **I** *v/t vêtements etc* ~ ***qn*** j-n auffällig erscheinen lassen; j-n aus der Masse herausheben **II** *v/pr* ***se*** ~ auffallen; von den andern abstechen; F aus der Reihe tanzen

singularité [sɛ̃gylaʀite] *f* 1 (*étrangeté*) Eigentümlichkeit *f*; Eigenartigkeit *f*; Sonderbarkeit *f*; ***avoir le goût de la*** ~ das Eigenartige, Ausgefallene, Besondere lieben 2 (*particularité*) Eigenart *f*; Eigenheit *f*

singulier [sɛ̃gylje] **I** *adj* ⟨**-ière**⟩ 1 eigenartig; eigentümlich; sonderbar; seltsam; merkwürdig; *idée a* ausgefallen; abseitig; ***singulière aventure*** eigenartiges *etc* Erlebnis; ***une singulière façon de raconter les choses*** e-e merkwürdige Art, die Dinge zu erzählen; ***un*** ~ ***personnage*** e-e eigenartige *etc* Gestalt; ***ce qu'il y a de*** ~, ***c'est que ...*** das Eigenartige, Merkwürdige ist, dass ...; eigenartigerweise, merkwürdigerweise ... 2 *litt* ***combat*** ~ Einzelkampf *m* **II** *m* GR Singular *m*; Einzahl *f*

singulièrement [sɛ̃glyjɛʀmɑ̃] *adv* 1 (*très*) sehr; ungemein; ganz besonders; *avant un adj a* überaus; ausnehmend 2 (*bizarrement*) eigenartig; eigentümlich 3 *litt* (*surtout*) im Besonderen; insbesondere

sinistre [sinistʀ] **I** *adj* 1 *bruit, endroit, personne* unheimlich; *atmosphère, regard a* düster; *présage* Unheil verkündend 2 ***une*** ~ ***crapule*** ein erbärmlicher, elender, ausgemachter Lump; ***un*** ~ ***imbécile*** ein Vollidiot *m* **II** *m* 1 (Brand-, Flut-, Erdbeben-)Katastrophe *f*; *pompiers* ***maîtriser le*** ~ den Brand eindämmen 2 ASSURANCES Schaden(sfall) *m*

sinistré [sinistʀe] **I** *adj* von e-r Katastrophe betroffen, heimgesucht; geschädigt; (*bombardé*) zerbombt; ausgebombt; ***région*** ~***e*** Katastrophengebiet *n* **II** *m* Opfer *n* (e-r Katastrophe); (Katastrophen)Geschädigte(r) *m*

sinistrose [sinistʀoz] *f* Katastrophenstimmung *f*

sino-... [sino] *adj* chinesisch-...; *exemple*: ***sino-japonais*** chinesisch-japanisch

sinologie [sinɔlɔʒi] *f* Sinologie *f*; Chinakunde *f* **si-**

S

nologue *m,f* Sinologe, -login *m,f*
sinon [sinõ] *conj* 1 (*autrement*) sonst; ander(e)nfalls; ***travaille, ~ tu ne réussiras pas*** arbeite, sonst schaffst du es nicht 2 (*sauf*) außer; ***que faire ~ attendre?*** was kann man schon tun außer abzuwarten?; was kann man schon anderes tun als ab(zu)warten?; *loc/conj* ***~ que*** außer dass; ***je ne sais rien ~ qu'il est très occupé*** ich weiß nichts, als *ou* außer dass er sehr beschäftigt ist 3 (*si ce n'est*) wenn nicht (gar); ***une force indifférente, ~ ennemie*** e-e gleichgültige, wenn nicht gar feindliche Macht; ***faites-le, ~ aujourd'hui, du moins demain*** tun Sie es, wenn nicht heute, so doch morgen
sinoque [sinɔk] *adj* F plemplem; → *a* ***cinglé***
sinueux [sinɥø] *adj* ⟨**-euse**⟩ 1 *ligne, rivière* gewunden; ***route sinueuse*** kurvenreiche Straße 2 *fig pensées* verschlungen; gewunden
sinuosités [sinɥozite] *f/pl* Windungen *f/pl*; Krümmungen *f/pl*; Biegungen *f/pl*
sinus [sinys] *m* 1 ANAT **a)** Nasennebenhöhle *f*; ***~ frontal*** Stirnhöhle *f*; ***~ maxillaire*** Kieferhöhle *f*; **b)** *de vaisseaux sanguins* Erweiterung *f*; *sc* Sinus *m* 2 MATH Sinus *m*
sinusite [sinyzit] *f* MÉD Stirnhöhlenkatarr(h) *m*
sinusoïdal [sinyzɔidal] *adj* ⟨**-aux**⟩ MATH Sinus...; ***fonction ~e*** Sinusfunktion *f*; PHYS ***mouvement ~*** Sinusschwingung *f*
sinusoïde [sinyzɔid] *f* MATH Sinuskurve *f*
Sion [sjõ] *ville de Suisse* Sitten *n*
sionisme [sjɔnism] *m* Zionismus *m* **sioniste** I *adj* zionistisch II *m,f* Zionist(in) *m(f)*
Sioux [sju] *m/pl* Sioux ['ziːuks] *m/pl*; *adjt* ***tribu f ~*** Siouxstamm *m*; F *fig* ***ruses f/pl de ~*** geschickte Tricks *m/pl*
siphon [sifõ] *m* 1 *d'un évier etc* Geruchsverschluss *m*; Siphon *m* 2 ~ (***d'eau de Seltz***) Sodawasserflasche *f*; Siphon *m* 3 PHYS Saugheber *m*
siphonné [sifɔne] *adj* F behämmert; meschugge; → *a* ***cinglé***
sire [siʀ] *m* 1 *titre d'un souverain* ***Sire*** Majestät 2 ***un triste ~*** ein elendes, verkommenes Subjekt
sirène [siʀɛn] *f* 1 MYTH Sirene *f* 2 Sirene *f*; ***~ d'alerte, d'alarme*** Alarmsirene *f*; ***~ d'usine*** Fabriksirene *f*
sirocco [siʀɔko] *m vent* Schirokko *m*
sirop [siʀo] *m* Sirup *m*; PHARM ***~ contre la toux*** Hustensaft *m*; ***~ de framboises*** Himbeersirup *m*; ***fruits m/pl au ~*** eingemachte Früchte *f/pl*
siroter [siʀɔte] F *v/t* (langsam und) mit Genuss schlürfen
sirtaki [siʀtaki] *m danse* Sirtaki *m*
sirupeux [siʀypø] *adj* ⟨**-euse**⟩ 1 sirupartig 2 *fig et péj musique* schmalzig
sis [si] *adj* ⟨**sise** [siz]⟩ JUR gelegen; befindlich; sich befindend
sisal [sizal] *m fibre* Sisal *m*
sismicité [sismisite] *f* Seismizität *f*; Erdbebentätigkeit *f*
sismique [sismik] *adj* Erdbeben...; seismisch; ***onde f ~*** Erdbebenwelle *f*; ***secousse f ~*** Erdstoß *m*
sismogramme [sismɔgʀam] *m* Seismogramm *n* **sismographe** *m* Seismograf *m*, -meter *n* **sismologie** *f* Seismologie *f* **sismologue** *m,f* Seismologe, -login *m,f*
Sisyphe [sizif] *m* MYTH Sisyphus *m*; *fig* ***travail m de ~*** Sisyphusarbeit *f*
site [sit] *m* 1 (*paysage*) Landschaft *f*; Gegend *f*; (*endroit*) Stätte *f*; *d'une ville* Lage *f*; *d'une usine* Standort *m*; ***~s pl a*** landschaftliche Schönheiten *f/pl*; ***~ historique*** historische Stätte; ***~ protégé, classé*** → ***classer*** *I 4* 2 INFORM ~ (***Web, Internet***) Website [-saɪt] *f*
sit-in [sitin] *m* ⟨*inv*⟩ Sit-in *n*
sitôt [sito] I *adv* ***~ après le petit-déjeuner ...*** sogleich, sofort nach dem Frühstück ...; ***pas de ~*** nicht so bald; nicht so schnell; ***~ arrivé, il s'endormit*** sobald *ou* gleich nachdem er angekommen war, schlief er ein; *loc* ***~ dit, ~ fait*** gesagt, getan II *loc/conj* ***~ que*** sobald
situation [sitɥasjõ] *f* 1 *d'une ville, d'une maison* Lage *f* 2 (*circonstances*) Lage *f*; Situation *f* (*a* THÉ); Verhältnisse *n/pl*; Zustände *m/pl*; Umstände *m/pl*; ***~ délicate, désespérée*** heikle, verzweifelte Lage, Situation; ***~ économique*** Wirtschaftslage *f*; wirtschaftliche Lage; ***~ politique*** politische Lage; politische Verhältnisse, Zustände; ADM ***~ de famille*** Familien-, Personenstand *m*; ***~ sans issue*** ausweglose Lage, Situation; THÉ ***comique m de ~*** Situationskomik *f*; ***être en ~ de*** (*+inf*) in der Lage sein zu (*+inf*); ***exposer la ~*** e-n Lagebericht geben; ***mettre qn en ~*** j-m kurz die Situation erklären 3 (*emploi*) (berufliche) Stellung *f*; Position *f*; ***~ stable*** gesicherte Position, Stellung; Dauerstellung *f*; ***être sans ~*** stellungslos sein; ***se faire une ~*** sich (*dat*) e-e Position schaffen
situé [sitɥe] *adj* gelegen; ***être bien ~*** *maison* schön, *boutique* günstig gelegen sein, liegen; ***être ~ au nord de Paris*** nördlich, im Norden von Paris liegen
situer [sitɥe] I *v/t* einordnen; ***où situez-vous Nice?*** wo liegt für Sie Nizza?; ***~ un événement à une époque donnée*** ein Ereignis in e-e bestimmte Epoche verlegen, e-r bestimmten Epoche zuordnen; ***l'auteur a situé cette scène à Lyon*** der Verfasser lässt diese Szene in Lyon spielen; ***~ un texte*** e-n Text einordnen II *v/pr* ***se ~*** *chose* liegen; s-n Platz haben; *action d'un roman* spielen (***à*** in *+dat*); *personne* sich einordnen; e-e Position einnehmen; ***se ~ politiquement à gauche*** politisch links stehen, angesiedelt sein; ***se ~ aux alentours de dix pour cent*** bei zehn Prozent liegen; ***cette expérience se situe dans le cadre d'un programme de recherches*** dieses Experiment findet im Rahmen e-s Forschungsprogramms statt
six [sis], *vor Konsonant* [si], *vor Vokal* [siz] I *num/c* sechs; ***le ~ août*** der sechste August *ou* am sechsten August; ***chapitre m ~*** Kapitel sechs; ***Charles VI*** Karl VI. (der Sechste); CYCLISME ***~ jours m/pl*** Sechstagerennen *n*; ***à ~*** zu sechst, sechs(en); ***de ~ ans*** sechsjährig; von sechs Jahren; ***il est ~ heures*** es ist sechs (Uhr) II *m* Sechs *f*; *südd a* Sechser *m*; ***le ~ (du mois)*** der Sechste *ou* am Sechsten (des Monats); → *a* ***deux*** *II*
six-huit [sisɥit] *m* MUS (***mesure f à***) ~ Sechsachteltakt *m*
sixième [sizjɛm] I *num/o* sechste(r, -s) II *subst* 1 ***le, la ~*** der, die, das Sechste 2 *m* MATH Sechstel *n* 3 *m étage* sechster Stock; sechstes Stockwerk; sechste Etage 4 *f* ÉCOLE erste Klasse im Gymnasium; *correspond à* sechste Klasse; ***élève m,f de ~*** Sechstklässler(in) *m(f)*
sixièmement [sizjɛmmɑ̃] *adv* sechstens

S

six-quatre-deux [siskatdø] *loc/adv* F *travail* ***fait à la ~*** flüchtig, F schluderig gemacht
sixte [sikst] *f* MUS Sexte *f*
Sixtine [sikstin] *adj à Rome* ***chapelle*** *f* ~ Sixtinische Kapelle
Sjælland [sjɛlɑ̃d] GÉOGR Seeland *n*
skaï® [skaj] *m* Skai® *n*
skate(-board) [skɛt(bɔʀd)] *m* Skateboard ['skeːt-] *n*; Rollbrett *n*
sketch [skɛtʃ] *m* ⟨*pl* **sketches**⟩ Sketch *ou* Sketsch *m*
ski [ski] *m* **1** Ski *ou* Schi *m*; ***~ court*** Kurzski *m*; ***à, en ~s*** auf Skiern; ***mettre, attacher ses ~s*** s-e Skier anschnallen **2** *sport* Skilauf(en) *m(n)*; Skifahren *n*; Skisport *m*; ***faire du ~*** Ski laufen, fahren; ***~ nautique*** Wasserski *n*; ***faire du ~ nautique*** Wasserski fahren; ***~ de fond*** (Ski)Langlauf *m*; ***faire du ~ de fond*** Langlauf machen, betreiben; ***~ de randonnée*** Skiwandern *n*; ***bâton*** *m* ***de ~*** Skistock *m*; ***championnat*** *m* ***de ~*** Skimeisterschaft *f*
skiable [skjabl] *adj piste* (mit Skiern) befahrbar; *neige* zum Skifahren geeignet; geführig
ski-bob [skibɔb] *m* ⟨*pl* **skis-bobs**⟩ Skibob *m*
skier [skje] *v/i* Ski laufen, fahren
skieur [skjœʀ] *m*, **skieuse** *f* Skiläufer(in) *m(f)*; Skifahrer(in) *m(f)*; ***skieur, skieuse de fond*** (Ski)Langläufer(in) *m(f)*
skif(f) [skif] *m* SPORTS Skiff *n*
skinhead [skinɛd] *m* Skinhead [-hɛt] *m*
skipper [skipœʀ] *m* MAR Skipper *m*; Kapitän *m* (e-r Segeljacht)
slalom [slalɔm] *m* SPORTS Slalom *m*; Torlauf *m*; ***~ géant, spécial*** Riesen-, Spezialslalom *m*; *fig* ***faire du ~*** Slalom fahren; im Zickzack fahren *ou* gehen; sich durchwinden (***entre les tables*** zwischen den Tischen)
slalomer [slalɔme] *v/i* Slalom fahren; im Zickzack fahren *ou* gehen; sich durchwinden
slalomeur [slalɔmœʀ] *m*, **slalomeuse** *f* Slalomläufer(in) *m(f)*
slash [slaʃ] *m* TYPO Slash [slɛʃ] *m*
slave [slav] **I** *adj* slawisch **II** *subst* ***Slave*** *m,f* Slawe *m*, Slawin *f*
slavisant [slavizɑ̃] *m* → ***slaviste*** **slaviser** *v/t* slawisieren
slaviste [slavist] *m,f* Slawist(in) *m(f)* **slavistique** *f* Slawistik *f*
slavophile [slavɔfil] **I** *adj* slawophil **II** *m* Slawophile(r) *m*
slip [slip] *m* **1** Slip *m*; *pour femme a* (Damen)-Höschen *n*; ***~ de bain*** Badehose *f* **2** MAR Schlipp *ou* Slip *m*; Aufschleppe *f*
slogan [slɔgɑ̃] *m* Parole *f*; Schlagwort *n*; Slogan *m*; ***~ électoral*** Wahlparole *f*; ***~ publicitaire*** Werbeslogan *m*, -spruch *m*
slovaque [slɔvak] **I** *adj* slowakisch **II** *subst* **1** ***Slovaque*** *m,f* Slowake *m*, Slowakin *f* **2** LING ***le ~*** das Slowakische; Slowakisch *n*
Slovaquie [slɔvaki] ***la ~*** die Slowakei
slovène [slɔvɛn] **I** *adj* slowenisch **II** *subst* **1** ***Slovène*** *m,f* Slowene *m*, Slowenin *f* **2** LING ***le ~*** das Slowenische; Slowenisch *n*
Slovénie [slɔveni] ***la ~*** Slowenien *n*
slow [slo] *m danse* Slowfox *m*
smala(h) [smala] *f* F *plais* (ganze) Familie; *péj* Sippschaft *f*; ***avec toute sa smala(h)*** mit Kind und Kegel
smash [smaʃ] *m* TENNIS *etc* Schmetterball *m*, -schlag *m* **smasher** *v/i* schmettern
SME [ɛsɛmə] *m abr* (*Système monétaire européen*) EWS *n* (Europäisches Währungssystem)
SMIC [smik] *m abr* (*salaire minimum interprofessionnel de croissance*) (dynamischer) Mindestlohn (für alle Berufssparten)
smicard [smikaʀ] *m*, **smicarde** *f* Mindestlohnempfänger(in) *m(f)*
smiley [smajli] *m* ⟨*pl* **smileys** *ou* **smilies**⟩ INFORM Smiley ['smaɪli] *n ou m*
smocks [smɔk] *m/pl* COUT Smokarbeit *f*
smog [smɔg] *m* Smog *m*
smoking [smɔkiŋ] *m* Smoking *m*
SMS [ɛsɛmɛs] *m abr* (*short message service*) TÉL *service* SMS *m*; *message* SMS(-Nachricht) *f*; ***envoyer un (message) ~ à qn*** j-m e-e SMS schicken
smurf [smœʀf] *m* Breakdance ['breːk-] *m*
snack(-bar) [snak(baʀ)] *m* Schnellgaststätte *f*; Snackbar ['snɛk-] *f*; Imbissstube *f*
SNCF [ɛsɛnseɛf] *f abr* (*Société nationale des chemins de fer français*) Französische Staatsbahn
SNES [snɛs] *m abr* (*Syndicat national de l'enseignement secondaire*) (*linksorientierte*) *Gewerkschaft der Gymnasiallehrer*
sniffer [snife] *v/t drogue* schnüffeln; sniffen
snob [snɔb] **I** *adj* ⟨*f inv*⟩ snobistisch **II** *m,f* Snob *m*
snober [snɔbe] *v/t* F ***~ qn*** j-n von oben herab behandeln; j-n hochmütig übersehen
snobinard [snɔbinaʀ] *m*, **snobinarde** *f* F *péj* kleiner Snob
snobisme [snɔbism] *m* Snobismus *m*
snowboard [snobɔʀd] *m* Snowboard ['snoːbɔrt] *n* **snowboardeur** *m*, **snowboardeuse** *f* Snowboarder(in) ['snoːbɔrdər(ɪn)] *m(f)*
sobre [sɔbʀ] *adj* **1** *personne* mäßig, maßvoll, enthaltsam, zurückhaltend im Trinken; F ***~ comme un chameau*** äußerst mäßig im Trinken **2** *fig* ***~ en paroles*** wortkarg; ***être ~ de compliments*** mit Komplimenten zurückhaltend, sparsam sein **3** *style, tenue* nüchtern; schmucklos
sobriété [sɔbʀijete] *f* **1** *d'une personne* Mäßigkeit *f*, Enthaltsamkeit *f*, Zurückhaltung *f* im Trinken **2** *du style etc* Nüchternheit *f*; Schmucklosigkeit *f*
sobriquet [sɔbʀikɛ] *m* Spitzname *m*
soc [sɔk] *m* AGR Pflugschar *f*
sociabilité [sɔsjabilite] *f* Umgänglichkeit *f*; Geselligkeit *f*
sociable [sɔsjabl] *adj* umgänglich; gesellig; ***caractère*** *m* ***~*** umgänglicher Charakter
social [sɔsjal] **I** *adj* ⟨**-aux**⟩ **1** (*relatif à la justice sociale*) sozial; Sozial…; ***affaires ~es*** soziale Angelegenheiten *f/pl*; Soziale(s) *n*; ***assistante ~e*** Fürsorgerin *f*; Sozialarbeiterin *f*; ***assurances ~es*** Sozialversicherung *f*; ***charges ~es*** Soziallasten *f/pl*; ***climat ~*** soziales Klima; ***conflit ~*** sozialer Konflikt; ***(in)justice ~e*** soziale (Un)Gerechtigkeit *f*; ***mesures ~es*** soziale Maßnahmen *f/pl*; ***politique ~e*** Sozialpolitik *f*; ***problèmes sociaux*** soziale Probleme *n/pl*; ***la question ~e*** die soziale Frage; ***réforme ~e*** Sozialreform *f* **2** (*de la société*) Gesellschafts…; gesellschaftlich; sozial; Sozial…; ZO ***animaux sociaux*** soziale, Staaten bildende Tiere *n/pl*; ***classe ~e*** Gesellschaftsklasse *f*; soziale Klasse; ***couche***

S

~e Gesellschaftsschicht *f*; soziale Schicht; ***sciences ~es*** Gesellschafts-, Sozialwissenschaften *f/pl* 3 COMM Firmen…; Gesellschafts…; ***capital ~*** Gesellschaftskapital *n*; *d'une S.A.R.L.* Stammkapital *n*; *d'une S.A.* Grundkapital *n*; ***raison ~e*** Firmenname *m*, -bezeichnung *f*; Firma *f*; ***siège ~*** Firmensitz *m* II *m* Sozialbereich *m*

social-démocrate [sɔsjaldemɔkʀat] POL I *adj* ⟨**sociale-démocrate**; **sociaux-démocrates**⟩ sozialdemokratisch II *m,f* Sozialdemokrat(in) *m(f)*; *péj* Sozi *m* **social-démocratie** *f* Sozialdemokratie *f*

socialisant [sɔsjalizɑ̃] *adj* zum Sozialismus tendierend **socialisation** *f* Sozialisierung *f* **socialiser** *v/t* sozialisieren

socialisme [sɔsjalism] *m* Sozialismus *m*; ***~ réformiste*** Reformsozialismus *m*; ***~ révolutionnaire*** revolutionärer Sozialismus

socialiste [sɔsjalist] I *adj* sozialistisch II *m,f* Sozialist(in) *m(f)*

sociétaire [sɔsjetɛʀ] *m* Mitglied *n*; ***~ de la Comédie-Française*** ständiges Mitglied der Comédie Française

société [sɔsjete] *f* 1 (*communauté*) Gesellschaft *f*; ***~ animale*** Tiergesellschaft *f*, -staat *m*; ***~ industrielle*** Industriegesellschaft *f*; ***~ de consommation*** Konsumgesellschaft *f*; ***jeux*** *m/pl* ***de ~*** Gesellschaftsspiele *n/pl*; ***dans la ~ de*** in Gesellschaft von (*ou+gén*); ***en ~*** in Gesellschaft; ***vie*** *f* ***en ~*** Leben *n* in der Gesellschaft; ***rechercher la ~ de qn*** j-s Gesellschaft suchen 2 (*association*) Gesellschaft *f*; Verein *m*; Bund *m*; ***~ protectrice des animaux*** (*abr* ***SPA***) Tierschutzverein *m*; ***~ savante*** gelehrte, wissenschaftliche Gesellschaft; ***~ secrète*** Geheimbund *m*; ***~ d'auteurs*** Autorenverband *m*; HIST ***la Société des Nations*** (*abr* ***SDN***) der Völkerbund 3 ÉCON Gesellschaft *f*; Firma *f*; ***~ anonyme*** (*abr* ***SA***), ***par actions*** Aktiengesellschaft *f* (*abr* AG); ***~*** (***commerciale***) Handelsgesellschaft *f*; ***~ immobilière*** Grundstücks-, Immobiliengesellschaft *f*; ***~ à responsabilité limitée*** (*abr* ***SARL***) Gesellschaft mit beschränkter Haftung (*abr* GmbH); ***~ en nom collectif*** offene Handelsgesellschaft (*abr* OHG); ***contrat*** *m* ***de ~*** Gesellschaftsvertrag *m* 4 GÉOGR ***les îles*** *f/pl* ***de la Société*** die Gesellschaftsinseln *f/pl*

socio [sɔsjo] *f* F *abr* → ***sociologie***

socioculturel [sɔsjokyltyʀɛl] *adj* ⟨**~le**⟩ soziokulturell; kultursoziologisch **socio-économique** *adj* sozioökonomisch; wirtschaftssoziologisch **socio-éducatif** *adj* ⟨**-ive**⟩ sozialpädagogisch **sociolinguistique** *f* Soziolinguistik *f*

sociologie [sɔsjɔlɔʒi] *f* Soziologie *f* **sociologique** *adj* soziologisch **sociologue** *m,f* Soziologe, -login *m,f*

socioprofessionnel [sɔsjɔpʀɔfɛsjɔnɛl] *adj* ⟨**~le**⟩ berufssoziologisch; ***catégorie ~le*** Berufsgruppe *f*, -klasse *f*

socle [sɔkl] *m* 1 *d'une statue etc* Sockel *m* 2 GÉOGR ***~ continental*** Festlandsockel *m*; Schelf *m ou n*

socquette [sɔkɛt] *f pour femme et enfant* Söckchen *n*; *pour homme* Socke *f*

Socrate [sɔkʀat] *m* PHILOS Sokrates *m*

socratique [sɔkʀatik] *adj* sokratisch

soda [sɔda] *m* Sodawasser *n* (mit Fruchtsirup)

sodium [sɔdjɔm] *m* CHIM Natrium *n*

Sodome [sɔdɔm] BIBL Sodom *n*

sodomie [sɔdɔmi] *f* Analverkehr *m* **sodomiser** *v/t* anal koitieren mit; sodomisieren

sœur [sœʀ] *f* 1 Schwester *f*; ***petite ~*** kleine Schwester; Schwesterchen *n*; F *fig* ***et ta ~?*** was geht dich das an!; F so siehst du aus! 2 REL (F ***bonne***) ***~*** Schwester *f*; *appellatif* ***ma ~*** Schwester (*+prénom*); ***elle a été élevée chez les ~s*** sie ist in e-r Klosterschule erzogen worden 3 *fig et st/s* Schwester *f*; *adjt* verschwistert; *adjt* ***âme*** *f* ***~*** verwandte, gleich gestimmte Seele

sœurette [sœʀɛt] *f* Schwesterchen *n*

sofa [sɔfa] *m* Sofa *n*

SOFRES [sɔfʀɛs] *f abr* (*Société française d'enquête par sondage*) *größtes frz Meinungsforschungsinstitut*

software [sɔftwɛʀ] *m* INFORM Software ['sɔftvɛːr] *f*

soi [swa] I *pr/pers* ⟨*meist in Bezug auf ein unbestimmtes Subjekt*⟩ 1 *comme obj/dir* sich (selbst); ***n'aimer que ~*** nur sich (selbst) lieben; *prov* ***on a souvent besoin d'un plus petit que ~*** der Große braucht oft den Kleinen 2 *avec prép* sich (*acc et dat*); ***ne penser qu'à ~*** nur an sich (*acc*) denken; ***chez ~*** zu Hause; daheim; ***sûr de ~*** selbstsicher, -bewusst; ***cela va de ~*** das ist selbstverständlich; das versteht sich von selbst; ***en ~*** an sich (*a* PHILOS); ***chacun pour ~*** jeder für sich II *m* PSYCH Es *n*

soi-disant [swadizɑ̃] I *adj* ⟨*inv*⟩ angeblich; sogenannt; ***des ~ philosophes*** *m/pl* angebliche, sogenannte Philosophen *m/pl* II *adv* angeblich; ***un travail ~ difficile*** e-e angeblich schwierige Arbeit; ***~ pour affaires*** angeblich geschäftlich; F *loc/conj*: *on l'a arrêté*, ***~ qu'il a volé*** angeblich soll er gestohlen haben

soie [swa] *f* 1 Seide *f*; ***~ naturelle*** echte Seide; Naturseide *f*; ***~ sauvage*** wilde Seide; Wildseide *f*; ***ver*** *m* ***à ~*** Seidenraupe *f*; ***industrie*** *f* ***de la ~*** Seidenindustrie *f*; *par ext* ***papier*** *m* ***de ~*** Seidenpapier *n*; *adjt* ***pure ~*** reinseiden; *loc/adj* ***en ~***, ***de ~*** seiden; aus Seide; Seiden… 2 (*poil*) Borste *f*; ***~ de porc*** Schweinsborste *f*

soient [swa] → ***être***[1]

soierie [swaʀi] *f* 1 *tissu* Seidenstoff *m* 2 **a)** *industrie* Seidenindustrie *f*; **b)** *commerce* Seidenhandel *m*

soif [swaf] *f* 1 Durst *m*; ***avoir ~*** Durst haben (*a fig plante*); durstig sein; ***avoir très ~*** großen, starken Durst haben; sehr durstig sein; ***cela donne ~*** das macht Durst, durstig; davon *ou* dabei bekommt, F kriegt man Durst; ***étancher sa ~*** s-n Durst löschen, stillen; F ***il fait ~*** es ist sehr heiß (, man kriegt Durst); ***mourir***, F ***crever de ~*** a) verdursten; b) F *fig* am Verdursten sein; vor Durst umkommen, vergehen; F ***jusqu'à plus ~*** *boire* (mehr als) genug; *fig* bis zum Überdruss; F bis zum Gehtnichtmehr 2 *fig et st/s* Durst *m*, Hunger *m* (**de** nach); ***~ de connaître*** Wissensdurst *m*; ***~ de vengeance*** Rachedurst *m*; ***avoir ~ de*** *st/s* dürsten nach

soiffard(e) [swafaʀ(d)] *m(f)* F → ***soûlard***, ***soûlarde***

soignant [swaɲɑ̃] *adj* ***aide ~e*** Schwesternhelferin *f*; Hilfskrankenschwester *f*; ***personnel ~*** Pflegepersonal *n*

soigné [swaɲe] *adj* 1 gepflegt; *travail* sorgfältig; ***cuisine ~e*** gepflegte Küche; ***mains ~es*** gepflegte Hände *f/pl*; ***être ~ de sa personne*** ein gepflegtes Aussehen haben; gepflegt sein 2 F *iron* ordentlich; anständig; gehörig

S

soigner [swaɲe] I *v/t* 1 (*s'occuper de*) *malade, enfant, animal* pflegen; versorgen; *jardin, fleurs, ongles, style* pflegen; *outil, vêtement* sorgfältig, pfleglich behandeln; sorgfältig umgehen mit; **~ *sa mise, sa tenue*** in s-r Kleidung gepflegt sein; F *iron* ***ils nous ont soignés*** F die haben uns ganz schön geschröpft, ausgenommen, geneppt 2 (*traiter*) *maladie, malade* behandeln; ***se faire ~*** sich (ärztlich) behandeln lassen; F *fig* ***il faut te faire ~*** F aber sonst bist du gesund?; ***se faire ~ les dents*** sich (*dat*) die Zähne richten lassen, in Ordnung bringen lassen II *v/pr* ***se ~*** 1 a) *qn de bien portant* auf s-e Gesundheit achtgeben, achten; sich pflegen; b) *malade* etwas dagegen tun; ***il ne veut pas se ~*** er will nichts dagegen, nichts gegen s-e Krankheit tun 2 *maladie* behandelt werden (können); ***se ~ difficilement*** schwer zu behandeln sein

soigneur [swaɲœʀ] *m* SPORTS Masseur *m*; Betreuer *m*; Helfer *m*

soigneux [swaɲø] *adj* ⟨**-euse**⟩ sorgfältig; ***être ~ de ses affaires*** mit s-n Sachen sorgfältig umgehen; s-e Sachen sorgfältig, pfleglich behandeln

soi-même [swamɛm] *pr/pers* 1 *emphatique* selbst; *vous êtes Monsieur Untel? - **~!*** in eigener Person!; ***de ~*** von selbst 2 *réfléchi* sich selbst; BIBL ***aimer son prochain comme ~*** s-n Nächsten lieben wie sich selbst; ***se louer ~*** sich selbst loben; *prov* ***on n'est jamais si bien servi que par ~*** selbst ist der Mann (*prov*) 3 *subst* ***un autre ~*** ein anderes Selbst

soin [swɛ̃] *m* 1 (*sérieux, minutie*) Sorgfalt *f*; ***travail fait avec ~*** sorgfältige Arbeit; ***sans ~*** ohne Sorgfalt; ***être sans ~*** keine Sorgfalt kennen; unordentlich, F schlampig sein; ***apporter, mettre du ~ à (faire) qc*** Sorgfalt auf etw (*acc*) verwenden; Sorgfalt darauf verwenden, etw zu tun 2 (*préoccupation*) Sorge *f*; ***avoir, prendre ~ de qn, qc*** sich um j-n, etw kümmern; ***avoir, prendre ~ de ses affaires, de sa santé*** *a* auf s-e Sachen, auf s-e Gesundheit achten; ***avoir, prendre ~ de*** (+*inf*) dafür Sorge tragen, darauf achten, dass ...; ***confier à qn le ~ de qc*** j-n bitten, sich um etw zu kümmern, nach etw zu sehen; ***laisser à qn le ~ de faire qc*** es j-m überlassen, etw zu tun 3 (*produit cosmétique*) Kosmetikartikel *m* 4 ***~s*** *pl* Pflege *f*; ***~s corporels, de toilette*** Körperpflege *f*; ***~s à domicile*** Hauspflege *f*; ***~s de beauté*** Schönheitspflege *f*; Kosmetik *f*; ***~s du visage*** Gesichtspflege *f*; *sur une lettre* ***aux bons ~s de*** bei; per Adresse (*abr* p. A.); ***donner des ~s à qn*** j-n pflegen; ***entourer qn de (ses) ~s*** j-n umsorgen, *st/s* umhegen; ***être aux petits ~s pour, avec qn*** j-m jede Aufmerksamkeit erweisen; j-m jeden Wunsch von den Augen ablesen 5 MÉD ***~s*** *pl* Behandlung *f*; ***~s dentaires, médicaux*** zahnärztliche, ärztliche Behandlung, Bemühungen *f/pl*; ***premiers ~s*** Erste Hilfe

soir [swaʀ] *m* 1 Abend *m*; *poét* ***le ~ de la vie*** *poét* der Abend des Lebens; ***presse*** *f* ***du ~*** Abendpresse *f*; ***repas*** *m* ***du ~*** Abendessen *n*, -brot *n*, -mahlzeit *f*; *loc/adv*: ***le ~*** abends; am Abend; ***un ~*** e-s Abends; ***ce ~*** heute Abend; ***à ce ~!*** bis heute Abend!; ***chaque ~, tous les ~s*** jeden Abend; allabendlich; ***le 6 mai au ~*** am Abend des 6. Mai; ***la veille au ~*** am Abend vorher; ***cinq heures du ~*** fünf Uhr nachmittags, abends; ***vers, sur le ~*** gegen Abend; ***le ~ descend, tombe*** es wird Abend; *personne* ***être du ~*** ein Abendmensch sein; erst am Abend richtig munter werden 2 *advt* Abend; ***demain ~*** morgen Abend; ***hier ~*** gestern Abend; ***le lendemain ~*** am nächsten, andern Abend; am Abend darauf, danach; ***lundi ~*** (am) Montagabend; ***le lundi ~*** montagabends, montags abends; ***tous les lundis ~(s)*** jeden Montagabend

soirée [swaʀe] *f* 1 Abend *m*; Abendstunden *f/pl*; ***bonne ~!*** (ich wünsche Ihnen) e-n schönen Abend!; ***les longues ~s d'hiver*** die langen Winterabende *m/pl*; *loc/adv* ***dans la ~*** im Laufe des Abends; in den Abendstunden; ***en début, en fin de ~*** am frühen, späten Abend; ***passer ses ~s à lire, devant la télévision*** s-e Abende mit Lesen, vor dem Fernseher zubringen 2 *réunion* Abendgesellschaft *f*; ***~ dansante*** Tanzabend *m*; ***tenue*** *f* ***de ~*** → ***tenue*** *5*; ***aller à une ~*** zu e-r Abendgesellschaft gehen 3 THÉ, CIN ***en ~*** in der Abendvorstellung; abends

sois [swa] → ***être***[1]

soit [swa] I *conj* 1 ***~ ..., ~ ...*** entweder ... oder ...; *st/s* sei es ..., sei es ...; ***~ les uns, ~ les autres*** entweder die einen oder die andern; ***~ ... ou ...*** (entweder) ... oder ...; sei es ... oder ...; ***~ aujourd'hui ou demain*** (entweder *ou* sei es) heute oder morgen; ***~ que ...*** (+*subj*), ***~ que ...*** (+*subj*) sei es dass ... oder dass ...; ob ... oder ...; ***~ qu'il ne comprenne pas, ~ qu'il ne veuille pas comprendre*** sei es, dass er nicht versteht oder dass er nicht verstehen will 2 MATH ***~ un triangle ABC*** gegeben ein Dreieck ABC 3 (*à savoir*) das heißt; nämlich; also; sprich; ***trois articles à dix euros, ~ trente euros*** drei Artikel zu je zehn Euro, das heißt dreißig Euro II *adv* ***~!*** [swat] meinetwegen!; von mir aus!; (also) gut!

soixantaine [swasɑ̃tɛn] *f* 1 ***une ~*** etwa, ungefähr, rund, zirka, an die sechzig (***de personnes*** Leute, Personen) 2 *âge* Sechzig *f*; Sechziger(jahre) *n/pl*; → *a* ***cinquantaine*** *2*

soixante [swasɑ̃t] I *num/c* sechzig; ***~ et un*** einundsechzig; ***~ et unième*** einundsechzigste(r, -s); ***~ et onze*** einundsiebzig; ***~ et onzième*** einundsiebzigste(r, -s); ***~ ans*** sechzig Jahre *n/pl*; ***de ~ ans*** sechzigjährig; von sechzig Jahren; ***les années*** *f/pl* ***~*** die Sechzigerjahre *n/pl*; ***page ~*** Seite sechzig II *m* ⟨*inv*⟩ Sechzig *f*; → *a* ***deux*** *II*

soixante-deux [swasɑ̃tdø] *num/c* zweiundsechzig

soixante-dix [swasɑ̃tdis] I *num/c* siebzig; ***les années*** *f/pl* ***~*** die Siebzigerjahre *n/pl* II *m* ⟨*inv*⟩ Siebzig *f*; → *a* ***deux*** *II*

soixante-dixième [swasɑ̃tdizjɛm] I *num/o* siebzigste(r, -s) II *subst* 1 ***le, la ~*** der, die, das Siebzigste 2 *m* MATH Siebzigstel *n*

soixante-douze [swasɑ̃tduz] *num/c* zweiundsiebzig

soixante-huitard [swasɑ̃tɥitaʀ] F I *adj* die Studentenunruhen vom Mai 1968 betreffend; F Achtundsechziger ... II *subst* ***~(e)*** *m(f)* F Achtundsechziger(in) *m(f)*

soixantième [swasɑ̃tjɛm] I *num/o* sechzigste(r, -s) II *subst* 1 ***le, la ~*** der, die, das Sechzigste 2 *m* MATH Sechzigstel *n*

soja [sɔʒa] *m* BOT Soja(bohne) *f*; ***germes*** *m/pl* ***de ~*** Sojakeime *m/pl*, -sprossen *m/pl*; ***sauce*** *f* ***de ~*** Sojasoße *f*

sol[1] [sɔl] *m* Boden *m* (*a* GÉOL); Erdboden *m*; Erde *f*; ***~ argileux, calcaire, sablonneux*** Lehm-, Kalk-, Sandboden *m*; ***~ carrelé*** Fliesenboden *m*; ***~ français*** französischer Boden; ***~ natal*** Heimatboden

S

m, -erde *f*; heimatliche Erde; ***exploitation*** *f* ***du*** ~ Bodenbewirtschaftung *f*, -nutzung *f*; *loc/adv*: ***au*** ~ am Boden; ***à même le*** ~ auf der bloßen, blanken Erde; ***à*** *ou* ***au ras du*** ~ dicht über dem Boden; ***sur le*** ~ auf dem Boden; ♦ *adjt* MIL ***missile*** *m* ***~-air*** Boden-Luft-Rakete *f*; ***missile*** *m* ~-~ Boden-Boden-Rakete *f*

sol² [sɔl] *m* ⟨*inv*⟩ MUS g ou G *n*

sol-air [sɔlɛʀ] → ***sol¹***

solaire [sɔlɛʀ] **I** *adj* Sonnen…; Solar…; ***année*** *f*, ***cadran*** *m* ~ Sonnenjahr *n*, -uhr *f*; ***chauffage*** *m* ~ Solarheizung *f*; ***crème*** *f* ~ Sonnen(schutz)creme *f*; ***énergie*** *f* ~ Sonnenenergie *f*; ***rayonnement*** *m* ~ Sonnen(ein)strahlung *f*; ASTR ***système*** *m* ~ Sonnensystem *n* **II** *m* Solartechnik *f*

solan(ac)ées [sɔlan(as)e] *f/pl* BOT Nachtschattengewächse *n/pl*

Solange [sɔlɑ̃ʒ] *f Vorname*

solarium [sɔlaʀjɔm] *m* Solarium *n*

soldat [sɔlda] *m* **1** Soldat *m*; ***simple*** ~ einfacher Soldat; ~ ***de métier*** Berufssoldat *m*; ~ ***de plomb*** Blei-, Zinnsoldat *m*; ~ ***de deuxième, de première classe*** Grenadier *m*; *jusqu'en 1945* Schütze *m*, Oberschütze *m*; ***la tombe*** *ou* ***le tombeau du Soldat inconnu*** das Grab(mal) des Unbekannten Soldaten **2** *adjt* ***enfant*** *m* ~ Kindersoldat *m*; ***femme*** *f* ~ Soldatin *f*

soldatesque [sɔldatɛsk] **I** *adj* Soldaten…; rau; grob **II** *f péj* Soldateska *f*

solde¹ [sɔld] *f* MIL (Wehr)Sold *m*; Löhnung *f*; *fig et péj* ***être à la*** ~ ***de qn*** in j-s Sold stehen; von j-m gedungen sein; ***avoir qn à sa*** ~ j-n in s-m Sold, in s-n Diensten haben

solde² [sɔld] *m* COMM **1** **a)** *à la clôture d'un compte* Saldo *m*; ~ ***créditeur, débiteur*** Aktiv- *ou* Haben-, Passiv- *ou* Debet- *ou* Sollsaldo *m*; ***établir le*** ~ den Saldo feststellen, ermitteln, aufstellen; **b)** (*reste à payer*) Restbetrag *m*, -summe *f*; ***pour*** ~ ***de tout compte*** zum Ausgleich des Kontos **2** ***~s*** *pl* (*abus f/pl*) *marchandises* Restposten *m/pl*; Ausverkaufsware *f*; *ventes* (Sommer- *ou* Winter)Schlussverkauf *m*; (Saison)Ausverkauf *m*; ***article*** *m* ***en*** ~ Schlussverkaufs-, Ausverkaufsware *f*; ***acheter en*** ~ im Schlussverkauf, Ausverkauf kaufen

solder [sɔlde] **I** *v/t* COMM **1** *compte* saldieren **2** *marchandises* im Preis herabsetzen; (als Restposten, im Schlussverkauf) billiger verkaufen; F ***je vous le solde à cinq euros*** ich gebe es Ihnen für nur fünf Euro **II** *v/pr* ***se*** ~ ***par*** (ab)schließen mit; ***se*** ~ ***par un déficit*** mit e-m Defizit (ab)schließen; *fig* ***se*** ~ ***par un échec, succès*** mit e-m Misserfolg, Erfolg enden

sole [sɔl] *f* ZO Seezunge *f*

solécisme [sɔlesism] *m* syntaktischer, *par ext* sprachlicher Fehler

soleil [sɔlɛj] *m* **1** Sonne *f*; (*lumière du* ~) Sonnenlicht *n*; (*temps ensoleillé*) Sonnenschein *m*; ASTR ***le Soleil*** die Sonne; ~ ***de minuit*** Mitternachtssonne *f*; ~ ***de plomb*** glühende, sengende Sonne; bleierne, drückende Hitze; ***bain*** *m* ***de*** ~ Sonnenbad *n*; ***prendre un bain de*** ~ ein Sonnenbad nehmen; ***coucher*** *m* ***du*** ~ Sonnenuntergang *m*; ***coup*** *m* ***de*** ~ Sonnenbrand *m*; ***dieu*** *m* ***du Soleil*** Sonnengott *m*; ***lever*** *m* ***du*** ~ Sonnenaufgang *m*; ***les pays*** *m/pl* ***du*** ~ die südlichen Länder *n/pl*; *loc/adv*: ***au*** ~ in der *ou* in die Sonne; ***être allongé au*** ~ in der Sonne liegen; *fig* ***avoir du bien au*** ~ Grundbesitz haben; ***s'exposer au*** ~ sich der Sonne aussetzen; *fig* ***se faire une place au*** ~ sich (*dat*) e-n Platz an der Sonne erkämpfen; ***se mettre au*** ~ sich in die Sonne legen *ou* setzen; ***en plein*** ~ in der prallen Sonne; ***rien de nouveau sous le*** ~ es gibt nichts Neues unter der Sonne; ***il y a du*** ~ *ou* ***il fait*** **(*du*)** ~ die Sonne scheint; ***le*** ~ ***se lève, se couche*** die Sonne geht auf, unter; *prov* ***le*** ~ ***brille pour tout le monde*** die Sonne geht auf über Gute und Böse, über Gerechte und Ungerechte **2** BOT Sonnenblume *f* **3** FEU D\146ARTIFICE Feuerrad *n* **4** SPORTS Riesenschwung *m*, -welle *f* **5** *adjt* COUT ***plissé*** *m* ~ Sonnenplissee *n*

solennel [sɔlanɛl] *adj* ⟨**~le**⟩ feierlich; würdevoll; ***air*** ~ feierliche, würdevolle Miene; ***communion*** **~*le*** Erstkommunion *f*; ***serment*** ~ feierlicher Eid, Schwur

solenniser [sɔlanize] *v/t rarement* feierlich begehen

solennité [sɔlanite] *f* **1** Feierlichkeit *f*; ***parler avec*** ~ in feierlichem Ton sprechen **2** ***~s*** *pl* Feierlichkeiten *f/pl*

solénoïde [sɔlenɔid] *m* ÉLECT Solenoid *n*; Zylinderspule *f*

Solesmes [sɔlɛm] *frz Ortsname*

Soleure [sɔlœʀ] Solothurn *n*

solfatare [sɔlfataʀ] *f* GÉOL Solfatare *f*

solfège [sɔlfɛʒ] *m* Musiklehre *f*; ***étudier le*** ~ die Grundbegriffe der Musik lernen

solfier [sɔlfje] *v/t* die Noten (+*gén*) singen; solfeggieren [-'dʒiː-]

solidaire [sɔlidɛʀ] *adj* **1** *personnes* solidarisch; einig; innerlich verbunden; ***se déclarer*** ~ sich solidarisch erklären (***de*** mit); ***être ~s*** *a* füreinander einstehen; zusammenhalten; ***se sentir*** ~ ***de qn*** sich mit j-m solidarisch, sich j-m verbunden fühlen **2** JUR gesamtschuldnerisch; solidarisch; ***débiteurs*** *m/pl* ***~s*** Gesamtschuldner *m/pl* **3** *choses* ***être ~s*** miteinander zusammenhängen; sich gegenseitig bedingen **4** TECH (kraftschlüssig) verbunden (***de*** mit)

solidariser [sɔlidaʀize] *v/pr* ***se*** ~ sich solidarisch erklären, sich solidarisieren (***avec*** mit)

solidarité [sɔlidaʀite] *f* **1** Solidarität *f*, Verbundenheit *f* (***avec qn*** mit j-m); Gemeinschaftsgeist *m*; Zusammenhalt *m*; ***grève*** *f* ***de*** ~ Sympathiestreik *m*; ***sentiment*** *m* ***de*** ~ Solidaritäts-, Zusammengehörigkeitsgefühl *n* **2** JUR Solidarhaftung *f*

solide [sɔlid] **I** *adj* **1** fest; *vêtement, matériau a* solid(e); haltbar; dauerhaft; *vêtement a* strapazierfähig; *maison* fest, solid gebaut; *couleur* echt; ***nœud*** *m* ~ fester Knoten; *subst* F ***c'est du*** ~ F das ist was Solides **2** *amitié* fest; unverbrüchlich; ***argument*** *m* ~ stichhaltiges Argument; ***connaissances*** *f/pl* ***~s*** solide, gründliche, fundierte Kenntnisse *f/pl*; ***éducation*** *f* ~ gediegene, sorgfältige, gründliche Erziehung; ***raisonnement*** *m* ~ stichhaltige Argumentation **3** *personne* robust; kräftig; ~ ***gaillard*** *m* kräftiger, handfester Kerl, Bursche; ***avoir le cœur*** ~ ein gesundes, kräftiges Herz haben; *fig* ***avoir les reins ~s*** gut bemittelt, zahlungskräftig sein; ***ne plus être très*** ~ ***sur ses jambes*** keine Kraft mehr in den Beinen haben **4** *nourriture* fest; PHYS: ***corps*** *m* ~ fester Körper; ***état*** *m* ~ fester (Aggregat)Zustand **II** *m* **1** MATH (geometrischer) Körper **2** PHYS fester Körper

solidification [sɔlidifikasjõ] *f* PHYS, CHIM Verfesti-

S

gung *f*; Erstarrung *f*

solidifier [sɔlidifje] **I** *v/t* verfestigen; *adjt* ***lave solidifiée*** erstarrte Lava **II** *v/pr* ***se ~*** sich verfestigen; erstarren

solidité [sɔlidite] *f* **1** Festigkeit *f*; solide Beschaffenheit; *d'un matériau a* Haltbarkeit *f*; Dauerhaftigkeit *f*; *d'un vêtement a* Strapazierfähigkeit *f* **2** *d'un raisonnement* Stichhaltigkeit *f*; *de connaissances* Gründlichkeit *f*; Fundiertheit *f*; Gediegenheit *f*; Solidität *f*

soliloque [sɔlilɔk] *m* Selbstgespräch *n* **soliloquer** *v/i* Selbstgespräche führen

soliste [sɔlist] **I** *m,f* Solist(in) *m(f)* **II** *adj* Solo…

solitaire [sɔlitɛʀ] **I** *adj* **1** *personne, vie* einsam; zurückgezogen (lebend); ungesellig; einsiedlerisch; ***vie*** *f* ***~*** *a* Einsiedlerleben *n* **2** *endroit* einsam; abgelegen; abgeschieden **3** MAR ***course*** *f* ***transatlantique en ~*** Transatlantik-Einhandsegelregatta *f*; ***navigateur*** *m* ***~*** Einhandsegler *m* **4** ZO, MÉD ***ver*** *m* ***~*** Bandwurm *m* **5** BOT allein stehend; Einzel… **II** *subst* **1** *m,f* ungeselliger Mensch; Einzelgänger(in) *m(f)*; (*ermite*) Einsiedler *m*; ***vivre en ~*** allein leben **2** SPORTS ***en ~*** im Alleingang; ***transat*** *f* ***en ~*** Transatlantik-Einhandsegelregatta *f* **3** *m diamant* Solitär *m* **4** *m* CH alter Keiler

solitude [sɔlityd] *f* **1** *de qn* Einsamkeit *f*; Zurückgezogenheit *f*; Abgeschiedenheit *f*; Vereinsamung *f*; Alleinsein *n*; ***~ à deux*** Zweisamkeit *f*; ***troubler la ~ de qn*** in j-s Einsamkeit (*acc*) eindringen; ***vivre dans la ~*** einsam, zurückgezogen leben **2** *d'un endroit* Abgeschiedenheit *f*; Einsamkeit *f*; Abgelegenheit *f*

solive [sɔliv] *f* CONSTR (Decken)Balken *m*

Soljenitsyne [sɔlʒənitsin] *m écrivain russe* Solschenizyn *m*

sollicitation [sɔ(l)lisitasjõ] *f* **1** (*demande*) Ersuchen *n*; (dringende) Bitte; *lettre* Gesuch *n*; ADM Ansuchen *n*; ***céder aux ~s de qn*** j-s Bitten nachgeben **2** TECH Impuls *m*; *d'un pilote* Steuer-, Lenkbewegung *f*

solliciter [sɔ(l)lisite] *v/t* **1** (*demander*) **a)** ***~ qc*** um etw nach-, er-, ansuchen, bitten; ***~ l'aide de qn*** j-n um Unterstützung angehen, ersuchen, bitten; ***~ une audience*** um e-e Audienz nachsuchen (***auprès de qn*** bei j-m); ***~ un emploi*** sich um e-e Stelle bewerben; **b)** ***~ qn*** j-n ersuchen, bitten (***de*** *+inf zu +inf*); *par ext* ***~ un sportif, un élève*** e-n Sportler, e-n Schüler fordern; *adjt* ***être sollicité*** gefragt, umworben sein **2** (*stimuler*) *attention, curiosité* erregen; auf sich (*acc*) ziehen; *personne* ***être sollicité par qc*** sich von etw angesprochen fühlen; von etw angelockt werden

solliciteur [sɔ(l)lisitœʀ] *m*, **solliciteuse** *f* Bittsteller(in) *m(f)*

sollicitude [sɔ(l)lisityd] *f* (liebevolle) Fürsorge; ***~ toute maternelle*** mütterliche, liebevolle Fürsorge; ***avec ~*** fürsorglich; (*avec bienveillance*) wohlwollend

solo [sɔlo] *m* MUS Solo *n*; ***~ de violon*** Violinsolo *n*; *loc/adv* ***en ~*** solo

sol-sol [sɔlsɔl] → ***sol¹***

solstice [sɔlstis] *m* ASTR Sonnenwende *f*; ***~ d'été, d'hiver*** Sommer-, Wintersonnenwende *f*

solsticial [sɔlstisjal] *adj* ⟨**-aux**⟩ ASTR ***point*** *m* ***~*** Solstitialpunkt *m*

solubiliser [sɔlybilize] *v/t* löslich machen

solubilité [sɔlybilite] *f* Löslichkeit *f*; ***~ dans l'eau*** Wasserlöslichkeit *f*

soluble [sɔlybl] *adj* **1** *dans un liquide* löslich; ***peu ~*** schwer löslich; ***~ dans l'eau*** wasserlöslich; in Wasser löslich **2** ***problème*** *m* ***aisément ~*** leicht lösbare Aufgabe

soluté [sɔlyte] *m* PHARM Lösung *f*

solution [sɔlysjõ] *f* **1** *d'un problème*, MATH Lösung *f*; *d'une énigme* (Auf)Lösung *f*; *dans un manuel scolaire a* Schlüssel *m*; ***~ de facilité*** bequem(st)e Lösung; Weg *m* des geringsten Widerstandes; ***chercher, trouver une ~*** e-e Lösung suchen, finden; ***ce n'est pas une ~*** das ist keine Lösung **2** CHIM **a)** *mélange* Lösung *f*; **b)** *processus* Auflösung *f* **3** *st/s* ***~ de continuité*** Unterbrechung *f*; ***sans ~ de continuité*** ohne Unterbrechung; lückenlos

solutionner [sɔlysjɔne] *v/t* (*résoudre*) lösen

solvabilité [sɔlvabilite] *f* COMM Zahlungsfähigkeit *f*; Solvenz *f*; Kreditwürdigkeit *f*; Bonität *f* **solvable** *adj* zahlungsfähig; solvent; kreditwürdig

solvant [sɔlvɑ̃] *m* CHIM Lösungsmittel *n*

somali [sɔmali] **I** *adj* somalisch **II** *subst* **1** ***Somali(e)*** *m(f)* Somalier(in) *m(f)* **2** LING ***le ~*** das Somali; Somali *n*

Somalie [sɔmali] ***la ~*** Somalia *n*

somalien [sɔmaljɛ̃] ⟨**~ne**⟩ → ***somali***

somatique [sɔmatik] *adj* MÉD, PSYCH somatisch **somatiser** *v/t* in körperliche Symptome umsetzen

sombre [sõbʀ] *adj* **1** *pièce, ciel* finster; dunkel; düster; *teinte* dunkel; ***il fait ~*** es ist dunkel, finster **2** *fig personne, air, avenir* finster; düster; ***heures*** *f/pl* ***~s*** düstere Stunden *f/pl*; F ***une ~ histoire*** e-e finstere Geschichte; ***humeur*** *f* ***~*** düstere Stimmung; ***pensées*** *f/pl* ***~s*** düstere, trübe Gedanken *m/pl* **3** F ***~ brute*** *f* völlig verrohter Mensch; ***~ idiot*** *m* F Vollidiot *m* **4** *fig* ***coupes*** *f/pl* ***~s*** einschneidende Reduzierungen *f/pl*, Kürzungen *f/pl*

sombrer [sõbʀe] *v/i* **1** *bateau* (ver)sinken; untergehen; wegsacken **2** *fig* ***~ dans la boisson, dans la folie*** dem Trunk, dem Wahnsinn *ou* in Wahnsinn (*acc*) verfallen; ***~ dans le désespoir*** in Verzweiflung versinken; ***~ dans le sommeil*** in Schlaf sinken; ***sa raison a sombré*** er hat den Verstand verloren

sombrero [sõbʀeʀo] *m* Sombrero *m*

sommaire [sɔ(m)mɛʀ] **I** *adj* **1** *explication, exposé* kurz gefasst; kurz zusammengefasst; summarisch (*a péj*); ***examen*** *m* ***~*** kurze, summarische Untersuchung **2** *connaissances, tenue, repas, installation* dürftig; einfach **3** JUR ***exécution*** *f* ***~*** Hinrichtung *f* ohne Gerichtsverfahren; ***procédure*** *f* ***~*** Schnellverfahren *n*; beschleunigtes, abgekürztes, summarisches Verfahren **II** *m* Inhaltsübersicht *f*; kurze Inhaltsangabe; kurze Zusammenfassung

sommation [sɔ(m)masjõ] *f* JUR Aufforderung *f* (*a* MIL); *de payer* Mahnbescheid *m*; Zahlungsbefehl *m*; ***faire ~ à qn*** e-e Aufforderung an j-n ergehen lassen

somme¹ [sɔm] *f* **1** MATH Summe *f*; ***faire la ~ de*** zusammenzählen, -rechnen **2** ***~ (d'argent)*** (Geld-)Summe *f*, (-)Betrag *m*; ***une ~ de 200 euros*** e-e Summe, ein Betrag von 200 Euro; ***dépenser des ~s folles*** ungeheure, horrende Summen ausgeben; ***c'est une ~!*** das ist e-e ganz hübsche Summe! **3** *par ext* Menge *f*; Höhe *f*; ***une ~ énorme de travail*** e-e un-

geheure Menge Arbeit; *loc/adv* ***en ~, ~ toute*** alles in allem; alles zusammengenommen; im Ganzen genommen; aufs Ganze gesehen; summa summarum; (*en résumé*) kurz gesagt; (*au fond*) im Grunde; eigentlich; (*finalement*) schließlich; ***c'est la même chose, en ~*** schließlich ist es dasselbe
somme² [sɔm] *f* ***bête f de ~*** Lasttier *n*; *fig* ***travailler comme une bête de ~*** wie ein Pferd arbeiten
somme³ [sɔm] *m* Schläfchen *n*; F Nickerchen *n*; ***faire un (petit) ~*** ein Schläfchen, Nickerchen machen; ***ne faire qu'un ~*** die ganze Nacht durchschlafen
Somme [sɔm] ***la ~*** *Fluss u Departement in Frankreich*
sommeil [sɔmɛj] *m* **1** Schlaf *m*; *poét* ***~ éternel*** *poét* ewiger Schlaf; ***~ de plomb*** bleierner Schlaf; ***cure f de ~*** Schlafkur *f*; MÉD ***maladie f du ~*** Schlafkrankheit *f*; ***nuit f sans ~*** schlaflose Nacht; ***en plein ~*** mitten im Schlaf; ***s'arracher du ~ (avec peine)*** mühsam den Schlaf abschütteln; nur schwer wach werden; ***avoir le ~ léger*** e-n leichten Schlaf haben; ***avoir besoin de dix heures de ~*** zehn Stunden Schlaf brauchen; ***dormir du ~ du juste*** den Schlaf des Gerechten schlafen; ***il sentit le ~ le gagner*** er fühlte, wie ihn der Schlaf übermannte; ***tirer qn de son ~*** j-n aus dem Schlaf reißen; ***je n'arrive pas à trouver le ~*** ich kann keinen Schlaf finden **2** (*envie de dormir*) Müdigkeit *f*; Schläfrigkeit *f*; ***avoir ~*** müde, schläfrig sein; *südd a* Schlaf haben; ***il avait les yeux lourds de ~*** ihm fielen (vor Müdigkeit) die Augen zu; ***tomber de ~*** vor Müdigkeit fast umfallen; zum Umfallen müde sein **3** *fig projet, affaire* ***être en ~*** ruhen; F auf Eis liegen; ***mettre en ~*** *projet etc* auf Eis legen; *entreprise* stilllegen
sommeiller [sɔmeje] *v/i* schlummern (*a fig*)
sommelier [sɔməlje] *m* **a)** *dans un restaurant* Weinkellner *m*; **b)** (*caviste*) Kellermeister *m*
sommer [sɔme] *v/t* ***~ qn de faire qc*** j-n auffordern, etw zu tun; ***~ les rebelles de se rendre*** die Rebellen zur Übergabe auffordern
sommes [sɔm] → ***être¹***
sommet [sɔmɛ] *m* **1** *d'une montagne* Gipfel *m*; *d'un arbre* Wipfel *m*; *d'une tour, d'un rocher* Spitze *f*; *d'un toit* First *m*; ***~ arrondi*** Kuppe *f*; ***le ~ d'une côte*** der höchste Punkt e-r Steigung; ***l'air pur des ~s*** die reine Luft der Berge; ***au ~*** auf dem Gipfel **2** *fig* Gipfel *m*; Höhepunkt *m*; ***avoir atteint le ~ de la gloire*** den Gipfel des Ruhms erreicht haben **3** POL (***conférence** f **au***) ***~*** Gipfel(konferenz) *m(f)* **4** ANAT ***~ de la tête*** Scheitel *m* **5** MATH Scheitel *m*; *d'un solide a* Spitze *f*
sommier [sɔmje] *m* **1** ***~ (à ressorts)*** Sprungfederrahmen *m*; ***~ à lattes*** Lattenrost *m* **2** ***~s (judiciaires)*** *pl* Erkennungsdienstkartei *f*
sommité [sɔ(m)mite] *f* Kapazität *f*; Größe *f*; hervorragender Könner
somnambule [sɔmnɑ̃byl] **I** *m,f* Nacht-, Schlafwandler(in) *m(f)*; Mondsüchtige(r) *f(m)*; *fig* ***gestes** m/pl **de ~*** unbewusste, mechanische, nachtwandlerische Gesten *f/pl* **II** *adj* nacht-, schlafwandelnd; mondsüchtig
somnambulisme [sɔmnɑ̃bylism] *m* Nacht-, Schlafwandeln *n*; Mondsüchtigkeit *f*; *sc* Somnambulismus *m*
somnifère [sɔmnifɛʀ] *m* Schlafmittel *n*; ***prendre des ~s*** Schlafmittel nehmen
somnolence [sɔmnɔlɑ̃s] *f* Schläfrigkeit *f*; Halbschlaf *m*; Dämmerzustand *m*; F Dösen *n* **somnolent** *adj* schläfrig; F dösig
somnoler [sɔmnɔle] *v/i* halb schlafen; vor sich (*acc*) hin dämmern; F (vor sich [*acc*] hin) dösen
somptuaire [sɔ̃ptɥɛʀ] *adj* ***dépenses** f/pl **~s*** übertriebener Aufwand
somptueux [sɔ̃ptɥø] *adj* ⟨**-euse**⟩ prächtig; prunkvoll; prachtvoll; Prunk…; Pracht…
somptuosité [sɔ̃ptɥozite] *f* Pracht *f*; Prunk *m*
son¹ [sɔ̃] *adj/poss* ⟨*f* **sa** [sa], *vor Vokal u stummem h* **son**; *pl* **ses** [se]⟩ sein(e); *se rapportant à un possesseur féminin* ihr(e); F ***avoir ~ dimanche*** s-n *ou* ihren freien Sonntag haben; ***sa rencontre nous fut désagréable*** die Begegnung mit ihm *ou* mit ihr war uns unangenehm; F ***il gagne ses trente euros de l'heure*** er verdient s-e dreißig Euro pro Stunde; ***mettre ses mains dans ses poches*** die Hände in die Taschen stecken; ***je suis venu à ~ aide*** ich bin ihm *ou* ihr zu Hilfe gekommen; F ***~ imbécile de chef*** F sein *ou* ihr blöder Chef
son² [sɔ̃] *m* **1** Ton *m*; *d'un instrument, de la voix* Klang *m*; ***~ audible*** hörbarer Ton; ***~s discordants*** Missklang *m*; ***~ de cloche(s)*** Glockenklang *m*, -geläut *n*; *fig* ***des ~s de cloche très différents*** sehr verschiedene Versionen *f/pl*; RAD, TV, CIN ***ingénieur** m **du ~*** Toningenieur *m*, -meister *m*; ***prise f de ~*** Tonaufnahme *f*; ***au ~ des cloches*** unter Glockengeläut; ***danser au ~ de l'accordéon*** zu den Klängen des Akkordeons tanzen; ***produire un ~*** e-n Ton hervorbringen, erzeugen **2** PHON Laut *m*; ***~ (in)articulé*** (un)artikulierter Laut; ***~ nasal*** Nasallaut *m* **3** PHYS Schall *m*; AVIAT ***mur** m*, ***vitesse f du ~*** Schallmauer *f*, -geschwindigkeit *f* **4** (***spectacle** m*) ***~ et lumière*** Licht- und Tonschau *f*
son³ [sɔ̃] *m* **1** *du blé* Kleie *f* **2** *fig* ***taches** f/pl **de ~*** Sommersprossen *f/pl* **3** ***poupée f de ~*** mit Sägemehl gefüllte Puppe
sonar [sɔnaʀ] *m* MAR Sonar(gerät) *n*
sonate [sɔnat] *f* MUS Sonate *f*; ***~ en fa majeur*** F-Dur-Sonate *f*; ***~ pour piano*** Klaviersonate *f*
sonatine [sɔnatin] *f* MUS Sonatine *f*
sondage [sɔ̃daʒ] *m* **1** MAR (Aus)Loten *n* **2** TECH Sondierung *f*; Untersuchung *f*; Erforschung *f*; *forage* Probebohrung *f* **3** MÉD Sondierung *f*; Katheterisierung *f* **4** *fig* ***~ d'opinion*** (*enquête*) Meinungsumfrage *f*; demoskopische Umfrage, Befragung; *science* Meinungsforschung *f*; Demoskopie *f*; ***faire, effectuer un ~ (d'opinion)*** e-e Meinungsumfrage durchführen
Sonde [sɔ̃d] ***les îles** f/pl **de la ~*** die Sundainseln *f/pl*; ***le détroit de la ~*** die Sundastraße
sonde [sɔ̃d] *f* **1** MAR Senkblei *n*; Lot *n* **2** MÉD Sonde *f*; ***~ (urinaire)*** Katheter *m* **3** TECH Sonde *f*; ***~ spatiale*** Raumsonde *f*
sonder [sɔ̃de] *v/t* **1** MAR (aus)loten **2** TECH sondieren; untersuchen; erforschen; *sol* durch Probebohrungen untersuchen; ***~ le terrain*** den Boden untersuchen, erforschen **3** MÉD *plaie, cavité naturelle* sondieren; ***~ un malade*** einen Kranken katheterisieren **4** *fig* sondieren; zu ergründen suchen; ***~ qn*** j-n aushorchen, -forschen; F bei j-m auf den Busch klopfen; ***~ l'opinion (publique)*** die öffentliche Meinung erforschen
sondeur [sɔ̃dœʀ] *m* **1** *d'opinion* Interviewer

S

[-'vjuː-] *m*; Meinungsbefrager *m* **2** MAR **~ *à ultrasons*** Ultraschallecholot *n*

songe [sõʒ] *litt m* Traum *m*; *Shakespeare* ***Le ~ d'une nuit d'été*** Ein Sommernachtstraum; ***clé** f **des ~s*** Traumdeutung *f*; ***en ~*** im Traum; ***faire un ~*** e-n Traum haben

songer [sõʒe] ⟨**-geons**⟩ *v/t/indir* **a)** **~ *à*** denken an (*+acc*); **~ *au mariage*** an e-e Heirat denken; ***j'y songerai*** ich werde es mir überlegen; ich werde darüber nachdenken; ***vous n'y songez pas!*** wo denken Sie hin!; das ist doch nicht Ihr Ernst!; **b)** **~ *à faire qc*** daran denken, etw zu tun; **~ *à prendre sa retraite*** daran denken, sich zur Ruhe zu setzen; **c)** **~ *que …*** daran denken, dass …; **d)** *en incise* ***songeait-il*** dachte er

songerie [sõʒʀi] *litt f* Träumerei *f*

songeur [sõʒœʀ] *adj* ⟨**-euse**⟩ **a)** (*pensif*) nachdenklich; versonnen; träumerisch; gedankenvoll; **b)** (*préoccupé*) nachdenklich; besorgt; *nouvelle* ***laisser qn ~*** j-n nachdenklich, besorgt stimmen

sonnaille [sɔnaj] *f* Kuhglocke *f*

sonnant [sɔnɑ̃] *adj* ***espèces ~es et trébuchantes*** klingende Münze; ***à cinq heures ~es*** Schlag, auf den Glockenschlag fünf Uhr; ***horloge ~e*** Schlaguhr *f*

sonné [sɔne] *adj* **1** ***il est midi ~*** es hat gerade zwölf (Uhr) geschlagen; F *fig* ***avoir soixante ans bien ~s*** gut sechzig Jahre alt sein; F gut sechzig Jahre auf dem Buckel haben **2** F *fig* (*fou*) F bekloppt; behämmert; → *a* ***cinglé*** **3** F *boxeur* angeschlagen; groggy

sonner [sɔne] **I** *v/t* **1** *cloches* läuten; → *a* ***cloche*** *1*; **~ *les matines, la messe*** zur Mette, zur Messe läuten **2** *l'heure* schlagen; ***l'horloge sonne onze heures*** die Uhr schlägt elf **3** MIL **~ *l'alarme*** Alarm blasen; **~ *le réveil*** zum Wecken blasen **4** **~ *qn*** j-m läuten, klingeln; F ***on ne vous a pas sonné*** man hat Sie nicht um Ihre Meinung gefragt **5** F ***se faire ~*** (*être assommé*) e-n heftigen Schlag versetzt bekommen; *fig* abgekanzelt, F zusammengestaucht werden; F eins auf den Deckel kriegen **II** *v/t/indir* **~ *de la trompette*** *etc* Trompete *etc* blasen; **~ *du cor*** *a* ins Horn stoßen **III** *v/i* **1** *cloche* läuten; *sonnette, téléphone, réveil* klingeln; läuten; F schellen; *réveil a* rasseln; *horloge* schlagen; *clairon, trompette* ertönen; erschallen; ***trois heures sonnent*** es schlägt drei (Uhr); *fig* ***sa dernière heure a sonné*** sein letztes Stündlein, s-e letzte Stunde hat geschlagen; *instrument de musique, fig nom* **~ *bien, mal*** gut *ou* schön, schlecht klingen; **~ *creux*** hohl klingen (*a fig*); **~ *faux*** falsch, *fig a* unecht klingen **2** *personne* **~ *chez qn, à la porte de qn*** bei j-m, an j-s Tür klingeln, läuten, F schellen; ***on a sonné, ça a sonné*** es hat geklingelt, geläutet, geschellt

sonnerie [sɔnʀi] *f* **1** (*son*) *du téléphone, de la sonnette* Klingeln *n*; Läuten *n*; Klingelton *m*; *d'un réveil a* Rasseln *n*; *de cloches* Läuten *n*; Geläut(e) *n*; MIL, CH (Horn-, Trompeten)Signal *n* **2** *mécanisme* Klingel(anlage) *f*; TÉL Wecker *m*; *d'une horloge* Schlagwerk *n*; *d'un réveil* Läut(e)werk *n*

sonnet [sɔnɛ] *m poème* Sonett *n*

sonnette [sɔnɛt] *f* **1** Klingel *f* (*a d'un vélo*); Glocke *f*; **~ *d'alarme*** Alarmglocke *f*; *fig* ***tirer la ~ d'alarme*** Alarm schlagen; *d'une pharmacie* **~ *de nuit*** Nachtglocke *f*; **~ *du président*** Glocke des Präsidenten; ***coup** m **de ~*** Klingeln *n*; Klingelzeichen *n*; *fig* ***tirer toutes les ~s*** hausieren (gehen); F Klingeln putzen **2** ZO ***serpent** m **à ~s*** Klapperschlange *f*

sonneur [sɔnœʀ] *m* Glöckner *m*; *fig* ***dormir comme un ~*** schlafen wie ein Murmeltier, F Ratz

sono [sɔno] *f* F *abr* → ***sonorisation*** *1 b*)

sonore [sɔnɔʀ] *adj* **1** tönend; ***bâillement** m **~*** lautes Gähnen; ***logement** m **~*** hellhörige Wohnung; ***rire** m **~*** schallendes Gelächter; ***une salle ~*** ein Saal, in dem es hallt; ***voix** f **~*** volltönende, klangvolle, sonore Stimme **2** PHYS Schall…; ***onde** f **~*** Schallwelle *f* **3** CIN Ton…; ***bande** f, **film** m **~*** Tonstreifen *m*, -film *m*; THÉ, CIN, RAD, TV ***fond** m **~*** Geräuschkulisse *f*; musikalische, akustische Untermalung *f*; akustischer Hintergrund **4** TECH ***bip** m **~** d'un répondeur* Signalton *m*; ***signal** m **~*** akustisches Signal **5** PHON ***consonne** f **~*** *ou subst* **~** *f* stimmhafter Konsonant

sonorisation [sɔnɔʀizasjõ] *f* **1** *d'une salle* **a)** *action* Beschallung *f*; **b)** *appareils* Verstärker-, Lautsprecheranlage *f* **2** *d'un film* Vertonung *f* **3** PHON Stimmhaftwerden *n*

sonoriser [sɔnɔʀize] **I** *v/t* **1** *salle* beschallen **2** *film* vertonen **II** *v/pr* ***se ~*** PHON stimmhaft werden

sonorité [sɔnɔʀite] *f* **1** *d'un violon, d'une radio, d'une voix* Klang *m*; Klangfülle *f*; *d'un instrument a* Klangwirkung *f* **2** *d'une salle* Akustik *f* **3** PHON Stimmhaftigkeit *f*

sonothèque [sɔnɔtɛk] *f* Geräuscharchiv *n*

sonotone® [sɔnɔtɔn] *m* Hörgerät *n*

sont [sõ] → ***être***[1]

Sophie [sɔfi] *f Vorname*

sophisme [sɔfism] *m* Sophismus *m*; Scheinbeweis *m*; Trugschluss *m* **sophiste** *m* PHILOS *et fig* Sophist *m*

sophistication [sɔfistikasjõ] *f* **1** (*affectation*) Künstelei *f*; Unnatürlichkeit *f* **2** (*complexité*) hoher Entwicklungsstand; Kompliziertheit *f*; Subtilität *f*

sophistiqué [sɔfistike] *adj* **1** (*affecté*) gekünstelt; unnatürlich; (*recherché*) exquisit; *péj* hochgestochen; versnobt **2** (*complexe, perfectionné*) hoch entwickelt; kompliziert; ausgeklügelt; subtil; raffiniert

sophistiquer [sɔfistike] *v/pr* ***se ~*** sich verfeinern; immer raffinierter, komplizierter werden

Sophocle [sɔfɔkl] *m poète tragique grec* Sophokles *m*

soporifique [sɔpɔʀifik] **I** *adj* einschläfernd; Schlaf… **II** *m* Schlafmittel *n*

Sopot [sɔpɔt] GÉOGR Zoppot *n*

soprano [sɔpʀano] MUS **1** *m voix* Sopran *m* **2** *m,f* Sopranist(in) *m(f)*

Sopron [sɔpʀõ] GÉOGR Ödenburg *n*

sorbe [sɔʀb] *f* BOT Vogelbeere *f*

sorbet [sɔʀbɛ] *m* Fruchteis *n*; Sorbet(t) *m ou n*

sorbetière [sɔʀbətjɛʀ] *f* Eismaschine *f*

sorbier [sɔʀbje] *m* BOT Eberesche *f*

sorbique [sɔʀbik] *adj* CHIM ***acide** m **~*** Sorbinsäure *f*

sorbitol [sɔʀbitɔl] *m* CHIM Sorbit *m*

sorbonnard [sɔʀbɔnaʀ] *m*, **sorbonnarde** *f vieilli et péj* Student(in) *m(f) ou* Professor(in) *m(f)* an der Sorbonne

sorcellerie [sɔʀsɛlʀi] *f* Hexerei *f*; Zauberei *f*; Hexenkunst *f*; *fig* ***cela tient de la ~*** das grenzt an Hexerei

sorcier [sɔʀsje] *m* **1** Zauberer *m*; Hexenmeister *m*; ***apprenti ~*** Zauberlehrling *m*; ***il ne faut pas être ~ pour*** *(+inf)* es ist kein Kunststück, es gehört nicht viel dazu zu *(+inf)*; *adjt* ***ce n'est pas bien ~*** das ist kein Kunststück, keine Hexerei; dazu gehört nicht viel **2** *en Afrique* Medizinmann *m*

sorcière [sɔʀsjɛʀ] *f* Hexe *f*; *fig et péj* ***vieille ~*** alte Hexe; POL ***chasse*** *f* ***aux ~s*** Hexenjagd *f*

sordide [sɔʀdid] *adj* **1** *maison, quartier* schmutzig *ou* F dreckig und ärmlich **2** *fig avarice, affaire* schmutzig; ***crime*** *m* ***~*** gemeines Verbrechen; ***égoïsme*** *m* ***~*** krasser Egoismus

sorgho [sɔʀgo] *m* BOT Sorgho *m*; Sorghum *n*; Mohrenhirse *f*

sornettes [sɔʀnɛt] *f/pl* leeres, albernes Gerede; ***débiter des ~*** Albernheiten, ungereimtes Zeug von sich geben

Sorrente [sɔʀɑ̃t] GÉOGR Sorrent *n*

sort [sɔʀ] *m* **1** *(destin)* Schicksal *n*; *st/s* Geschick *n*; ***coup*** *m* ***du ~*** Schicksalsschlag *m*; ***par une ironie du ~*** durch e-e Ironie des Schicksals; ***conjurer le mauvais ~*** Unglück abwenden **2** *(destinée)* Los *n*; Schicksal *n*; *(situation)* Lage *f*; ***abandonner qn à son (triste) ~*** j-n s-m (traurigen) Schicksal überlassen; ***améliorer le ~ des travailleurs*** die Lage der Arbeiter verbessern; ***ce projet a connu le ~ de beaucoup d'autres*** diesem Vorhaben widerfuhr das Schicksal vieler anderer; ***décider du ~ de qn, de qc*** über j-s Schicksal *(acc)*, über das Schicksal e-r Sache entscheiden; ***c'est le ~ de la vieillesse*** das ist das Los des Alters; ***être satisfait de son ~*** mit s-m Los, Schicksal zufrieden sein; F *fig* ***faire un ~ à*** *mets* aufessen; F verspachteln; verdrücken; *bouteille* austrinken; leeren; ***faire un ~ à une bouteille*** *a* e-r Flasche den Hals brechen; → ***a réserver*** *I 3* **3** *(hasard)* ***tirage*** *m* ***au ~*** Auslosung *f*; ***tirer au ~*** aus-, verlosen; durch das Los bestimmen, ermitteln; *abs* losen; *fig* ***le ~ en est jeté*** die Würfel sind gefallen **4** *(maléfice)* ***jeter un ~ à qn*** j-n be-, verhexen

sortable [sɔʀtabl] *adj* ***il n'est pas ~*** mit ihm kann man sich nicht sehen lassen; er ist nicht vorzeigbar

sortant [sɔʀtɑ̃] *adj* **1** (aus)scheidend; bisherig; ***le député ~*** der bisherige Abgeordnete **2** LOTERIE ***numéros ~s*** Gewinnzahlen *f/pl*

sorte [sɔʀt] *f* **1** *(espèce)* Art *f*; Sorte *f (a* COMM*)*; ***cette ~ de gens*** diese Art *ou* Sorte Leute, von Leuten; ***deux ~s de ..., ... de deux ~s*** zweierlei ...; zwei Arten von ...; ***différentes ~s de ..., ... de différentes ~s*** verschiedenerlei ...; ... von verschiedenen Arten, Sorten; ***la même ~ de papier*** dieselbe Art (von) Papier; ***de même ~*** von derselben Art, Sorte; ***quelle ~ de ...?*** was für ein(e), *pl* was für ...?; ***toutes ~s de ..., ... de toute(s) ~(s)*** allerlei ...; alle möglichen ...; allerhand ...; ... aller Art(en); ***des gens*** *pl* ***de toutes ~s*** Leute *pl* aller Art; allerlei, alle möglichen Leute *pl*; ***une ~ de*** e-e Art (von); ***une ~ de manteau*** (so) e-e Art Mantel **2** *(façon)* Art *f*; Weise *f*; Art und Weise; *loc/adv*: ***de la ~*** so; auf diese (Art und) Weise; in dieser Weise; ***vous n'avez pas le droit d'agir de la ~*** Sie haben kein Recht, so zu handeln; ***en quelque ~*** gewissermaßen; *loc/conj* ***de (telle) ~ que*** *(conséquence +ind, finalité +subj)* sodass; so ..., dass; derart ..., dass; ***parlez de telle ~ qu'on puisse vous comprendre*** sprechen Sie so, dass man Sie verstehen kann; ***faites en ~ que tout soit prêt*** richten Sie es so ein, dass *ou* veranlassen Sie das Nötige, damit alles bereit ist

sortie [sɔʀti] *f* **1** *endroit* Ausgang *m*; *pour voitures* Ausfahrt *f*; *d'un bus* Ausstieg *m*; *pancarte* ***~ de garage, de voiture*** Ausfahrt frei halten; ***~ de métro*** U-Bahn-Ausgang *m*; ***~ de secours*** Notausgang *m ou* -ausstieg *m*; ***à la ~ du village*** am Dorfausgang; ***par ici la ~!*** hier hinaus, bitte!; ***les ~s de Paris sont embouteillées*** die Ausfallstraßen von Paris sind verstopft **2** *action* Hinausgehen *n*; Verlassen *n*; *d'un pays* Ausreise *f*; *d'un gardien de but* Herauslaufen *n*; ***la ~ des élèves, de l'école*** der Schul-, Unterrichtsschluss; ***sa ~ de l'hôpital*** s-e Entlassung aus dem Krankenhaus; ***examen*** *m* ***de ~*** Abschluss-, Abgangsprüfung *f*; ***porte*** *f* ***de ~*** Ausgangstür *f*; ***à la ~ des bureaux, des usines*** bei Büro-, Fabrikschluss; nach Feierabend; ***à la ~ de l'école, du théâtre*** nach der Schule, nach dem Theater; ***attendre qn à la ~*** nach der Schule *ou* nach dem Theater *etc* auf j-n warten; ***faire une ~ discrète*** unauffällig hinausgehen **3** *(promenade)* Spaziergang *m*; Ausflug *m*; ***la première ~ d'un convalescent*** der erste Ausgang e-s Genesenden; ***~ (à cheval)*** Ausritt *m*; ***~ dans l'espace*** Spaziergang im All; ***~ du personnel*** Betriebsausflug *m*; ***~ (en voiture)*** Spazierfahrt *f*; Ausfahrt *f*; ***jour*** *m* ***de ~*** Tag, an dem man Ausgang hat; ***(ne pas) aimer les ~s*** (nicht) gern ausgehen; F ***nous sommes de ~*** wir gehen aus **4 a)** MIL Ausbruch *m*; HIST Ausfall *m*; ***tenter une ~*** e-n Ausbruchsversuch machen; **b)** AVIAT, *de la police, des pompiers* Einsatz *m* **5** *d'un acteur, d'un gymnaste* Abgang *m* **6** *fig (attaque verbale)* Ausfall *m* ***(contre*** gegen); ***faire une ~ contre qn*** j-n hart anfahren; *(insulter)* gegen j-n ausfallend, ausfällig werden **7** *d'un nouveau produit* Herausbringen *n*; *d'un livre* Erscheinen *n*; *d'un film* Uraufführung *f* **8** COMM **a)** *d'un pays* Ausfuhr *f*; *d'une usine* Ausgang *m*; *d'un entrepôt* Abgang *m*; *d'argent* Abfluss *m*; Abzug *m*; ***~ de devises*** Devisenabfluss *m*; **b)** *pl* ***~s (d'argent)*** Ausgaben *f/pl*; Ausgänge *m/pl* **9** INFORM Ausgabe *f*; Output ['aut-] *m ou n* **10** *de fluides* Austritt *m*; Ausströmen *n* **11** ***~ de bain*** Bademantel *m*

sortilège [sɔʀtilɛʒ] *m* Zauber *m*; *fig* Bann *m*

sortir [sɔʀtiʀ] ⟨→ **partir**⟩ **I** *v/t* **1** *visiteur, femme* ausführen; *malade, enfant* spazieren führen; *en voiture* ausfahren; ***~ son chien*** s-n Hund ausführen, spazieren führen **2** F *(expulser)* ***~ qn*** F j-n rauswerfen, -schmeißen; F ***~ qn de la salle*** j-n aus dem Saal werfen **3** *qc de qc* heraus-, F rausholen, -nehmen, -ziehen; *qc de lourd* heraus- *ou* hinaus- *ou* F rausschaffen; *plante, chaise de jardin* hinaus-, F rausstellen, -tragen; *véhicule* heraus-, F rausfahren; *avion: train d'atterrissage* ausfahren; ***~ son mouchoir*** sein Taschentuch herausziehen, hervorholen; ***~ son portefeuille*** F s-e Brieftasche zücken; ***~ un blessé des décombres*** e-n Verletzten aus den Trümmern bergen; ***~ le lait du réfrigérateur*** die Milch aus dem Kühlschrank nehmen; ***~ sa voiture du garage*** s-n Wagen aus der Garage holen, fahren; *par ext* ***il faut le ~ de là*** wir müssen ihm heraushelfen **4** *nouveau produit* herausbringen; auf den Markt bringen **5** F *sottises* von sich geben; F verzapfen **II** *v/i* ⟨**être**⟩ **1** *personne (quitter un endroit)* hinaus-, F rausgehen; heraus-, F rauskommen; THÉ

S

acteur abgehen; abtreten; (*qn en*) *voiture* hinaus- *ou* heraus- *ou* F rausfahren; *oiseau* hinaus- *ou* herausfliegen; *ver* herauskriechen; *produit d'une machine, fumée, liquide etc* herauskommen; *fumée, odeur a* herausdringen; *liquide, gaz a* austreten; *liquide a* heraus-, hervorquellen; *gaz a* ausströmen; *pousses* (hervor)sprießen; *dents* kommen; *bras, jambes, objet* (*dépasser*) hervor-, herausragen; ♦ *abs*: ***sortez!*** hinaus!; F raus!; ***que personne ne sorte!*** keiner verlässt den Saal!; ♦ *impersonnel*: ***il en sort une épaisse fumée*** es dringt dicker Rauch heraus, hervor; *fig* ***que va-t-il en ~?*** was wird wohl dabei herauskommen?; ♦ ***en sortant d'un restaurant*** beim Verlassen e-s Lokals; ♦ ***~ vainqueur d'un combat*** als Sieger aus e-m Kampf hervorgehen; ♦ *avec prép et loc/adv*: ***~ à cinq heures*** *ouvrier* um fünf (Uhr) Feierabend haben; *élève* um fünf (Uhr) aushaben; ***je sors de chez lui*** ich war gerade bei ihm; ich komme gerade von ihm; ***~ de chez soi*** aus dem Haus gehen, kommen; ***~ de derrière qc*** hinter etw (*dat*) hervorkommen; *fumée* ***~ de la cheminée*** aus dem Kamin aufsteigen; ***~ de l'école, du bureau*** aus der Schule, aus dem Büro kommen; ***~ d'un entretien*** von *ou* aus e-r Besprechung kommen; ***ça ne sort pas de la famille*** das bleibt in der Familie; *train* ***~ de la gare*** ausfahren; aus dem Bahnhof fahren; ***~ de l'hôpital*** aus dem Krankenhaus entlassen werden; *rivière* ***~ de son lit*** über die Ufer treten; ***~ du lycée*** vom Gymnasium abgehen; das Gymnasium verlassen; *poussin* ***~ de l'œuf*** ausschlüpfen, -kriechen; aus dem Ei schlüpfen; ***~ d'un pays*** ein Land verlassen; aus e-m Land ausreisen; *difficilement* aus e-m Land herauskommen; *bateau* ***~ du port*** auslaufen; ***~ de prison*** aus dem Gefängnis herauskommen, entlassen werden; ***~ de table*** vom Tisch, vom Essen aufstehen; SPORTS *balle* ***~ du terrain*** ins Aus gehen; *plantes* ***~ de terre*** aus der Erde sprießen; ***les yeux lui sortent de la tête*** ihm treten die Augen aus dem Kopf; ***~ sur le balcon*** auf den Balkon (hinaus)treten; ♦ *avec verbes*: ***faire ~*** *qn* auffordern hinauszugehen; *arbitre*: *joueur* hinausstellen; *animal* hinausjagen, -scheuchen; *épine* herausdrücken; *jus d'un citron* herausdrücken, -pressen; *poussière* herausklopfen, -schütteln; *air* herauslassen; ***arriver à faire ~*** herausbringen, -bekommen, F -kriegen; F ***se faire ~*** hinaus-, F rausgeworfen, -geschmissen werden; ***laisser ~*** hinaus- *ou* heraus- *ou* F rauslassen; ***oser ~*** sich hinauswagen; ***ne pas pouvoir ~*** nicht hinaus- *ou* heraus- *ou* F rauskönnen; ***vouloir ~*** hinaus- *ou* heraus- *ou* F rauswollen **2** *en soirée ou pour se promener* ausgehen; ***~ (en voiture)*** ausfahren; spazieren fahren; *par ext d'amoureux* ***~ avec qn*** mit j-m gehen **3** *nouveau produit* herauskommen (*a livre*); auf den Markt kommen; *film* anlaufen; COMM ***venir de ~*** neu auf dem Markt sein **4** LOTERIE *numéro* gezogen werden; *sujet d'examen* drankommen **5** *fig*: ***être sorti de l'enfance*** den Kinderschuhen entwachsen sein; ***~ de sa léthargie*** aus s-r Lethargie erwachen; ***~ de maladie*** e-e Krankheit überstanden, hinter sich (*dat*) haben; ***~ de la misère*** aus dem Elend herauskommen; ***~ de sa réserve*** aus s-r Reserve herausgehen; ***ça m'est sorti de la tête, de la mémoire*** das ist mir entfallen **6** ***~ de*** (*s'écarter de*) abweichen von; ***~ du sujet*** vom Thema abweichen, abschweifen, abkommen **7** ***~ de*** (*venir de*) kommen, stammen von; hervorgehen aus; *robe* ***~ de chez Dior*** von Dior kommen, stammen; ***~ du peuple*** aus dem Volk kommen, stammen; ***il sort de Polytechnique*** er kommt von der École polytechnique; er ist aus der … hervorgegangen; ***d'où est-ce qu'il sort, celui-là?*** wo kommt der bloß her? **8** ***ne pas en ~*** es nicht schaffen; nicht damit fertig werden; zu keinem Ende kommen **9** F ***~ de faire qc*** gerade, (so)eben etw getan haben; ***~ de manger, de travailler*** gerade vom Essen, von der Arbeit kommen; *fig* ***je sors d'en prendre*** mir reicht's, langt's **III** *v/pr* ***se ~ d'une situation difficile*** sich aus e-r schwierigen Lage befreien; ***s'en ~*** damit fertig werden, zurande kommen **IV** *m poét* ***au ~ de l'hiver*** gegen Ende des Winters

SOS [ɛsoɛs] *m* **1** SOS *n*; SOS-Ruf *m* (*a fig*); ***lancer un ~*** SOS-Rufe aussenden; SOS senden **2** *par ext* ***~ médecins*** Notarzt *m*

sosie [sɔzi] *m* Doppelgänger(in) *m(f)*

sot [so] **I** *adj* ⟨**sotte** [sɔt]⟩ töricht; dumm **II** *subst* ***~(te)*** *m(f)* Tor *m*, Törin *f*; Narr *m*, Närrin *f*; F ***petite ~te!*** F du Dummerchen, Gänschen!

sottise [sɔtiz] *f* Dummheit *f*; Torheit *f*; ***avoir la ~ de faire qc*** so dumm sein, etw zu tun; ***dire, faire des ~s*** Dummheiten, Torheiten sagen, machen *ou* begehen

sottisier [sɔtizje] *m* Stilblütensammlung *f*

sou [su] *m* **1** HIST *monnaie* Sou *m* **2** F *fig* ***~s*** *pl* (*argent*) Geld *n*; F Moneten *pl*; → *a* ***fric***; ***machine*** *f* ***à ~s*** Spielautomat *m*; ♦ ***~ à ~, ~ par ~*** Cent für Cent; ***propre comme un ~ neuf*** blitzsauber; *bijou etc* ***de quatre ~s*** billig; wertlos; *Brecht* ***L'Opéra*** *m* ***de quat'~s*** Die Dreigroschenoper; *dépenser* ***jusqu'au dernier ~*** bis auf den letzten Cent; F ***pas compliqué pour un ~*** überhaupt, gar nicht kompliziert; *personne* völlig unkompliziert; ♦ F ***il n'a pas pour deux ~s de jugeote*** F er hat keine Grütze im Kopf; F ***s'embêter***, P ***s'emmerder à cent ~s de l'heure*** sich schrecklich, zu Tode langweilen; ***être sans le ~, n'avoir pas le ~*** kein Geld haben; F keinen (roten) Heller haben; ***être près de ses ~s, compter ses ~s*** F ein Pfennigfuchser sein; F ***c'est une affaire de gros ~*** hier spielt das Geld, der Profit die Hauptrolle; F ***ça en fait des ~s*** F das ist ein schöner Batzen Geld; F ***ne parler que gros ~s*** nur vom Geld reden

souabe [swab] **I** *adj* schwäbisch **II** *subst* **1** ***Souabe*** *m,f* Schwabe *m*, Schwäbin *f* **2** *région* ***la Souabe*** Schwaben *n*

souahéli [swaeli] **I** *adj* Suaheli… **II** *subst* LING ***le ~*** (das) (Ki)Suaheli

soubassement [subasmɑ̃] *m* CONSTR Sockel *m*

soubresaut [subʀəso] *m* (heftiges) Zusammenzucken, -fahren *n*; Auffahren *n*; ***faire, avoir un ~*** zusammenzucken, -fahren; auffahren

soubrette [subʀɛt] *f* THÉ Kammerzofe *f*, -mädchen *n*

souche [suʃ] *f* **1** *d'un arbre* Baumstumpf *m*; *nordd a* Stubben *m*; *südd a* Stumpen *m*; ***dormir comme une ~*** schlafen wie ein Ratz, Murmeltier; ***rester (planté) là comme une ~*** dastehen wie ein Klotz **2** *fig* ***être de vieille ~*** aus e-r alten Familie stammen; ***faire ~*** ein Geschlecht begründen **3** LING ***mot*** *m* ***de ~ latine*** Wort *n* lateinischen Ursprungs; *adjt* ***mot*** *m* ***~***

J'ai plus un sou!

Hört man einen Franzosen sagen „**J'ai plus un sou**", so will er damit ausdrücken, dass in seinem Geldbeutel Ebbe herrscht. Wie abwechslungsreich die Umgangssprache auf diesem Gebiet ist, zeigen die folgenden Beispiele:

Je n'ai pas **le sou**. – Ich bin total abgebrannt.
(**le sou** war noch zur Zeit Ludwigs XIV. eine Münze, die ein Zwanzigstel eines Franc wert war)

Je peux pas payer mes dettes; j'ai pas **le rond**. – Ich kann meine Schulden nicht bezahlen. Ich bin total pleite.
(auch **le rond** war ein Geldstück)

J'ai plus **un radis**. – Ich hab keinen Cent mehr.
(**le radis** ist ein Radieschen)

Cette année, nous pouvons pas partir en vacances. Nous sommes complètement **fauchés**. – Dieses Jahr können wir nicht in Urlaub fahren. Wir sind total abgebrannt.
(**faucher le blé** bedeutet das Getreide mit einer Sense mähen)

Quand Charles **était à sec**, il a demandé à ses amis de lui prêter 500 balles. – Als Charles keine Kohle mehr hatte, bat er seine Freunde, ihm 500 Mäuse zu borgen.
(**mettre un étang à sec**: einen Teich trockenlegen)

Stammwort *n* **4** BIOL **~ *bactérienne*** Bakterienstamm *m* **5** *d'un chéquier etc* Stamm-, Kontrollabschnitt *m*

souchet [suʃɛ] *m* ZO Löffelente *f*

souci¹ [susi] *m* **1** (*inquiétude*) Sorge *f*; Besorgnis *f*; ***~s financiers*** Geldsorgen *f/pl*; ***sans ~*** (*insouciant*) sorglos; unbekümmert; (*sans problèmes*) sorgenfrei; ***vivre sans ~*** ein sorgloses Leben führen; ***vieillesse*** *f* ***sans ~*** sorgenfreies Alter; ***il est accablé de ~s*** schwere Sorgen drücken ihn, lasten auf ihm; ***donner bien du ~ à qn*** j-m große Sorgen machen, bereiten; ***cela vous épargnerait bien des ~s*** das würde Ihnen e-e Menge Kummer ersparen; ***c'est le dernier, le moindre de mes ~s*** das ist meine geringste Sorge; *par ext* ***cet enfant est un ~ perpétuel pour ses parents*** dieses Kind ist für s-e Eltern ein Gegenstand ständiger Sorge; ***se faire du ~*** sich (*dat*) Sorgen machen, sich sorgen (***pour qn*** um j-n) **2** (*intérêt*) Bedachtsein *n* (***de*** auf *+acc*); Bemühen *n* (um); ***par ~ d'équité*** im Bestreben, gerecht zu sein; ***avoir le ~ de l'exactitude*** auf Genauigkeit bedacht sein; um Genauigkeit bemüht sein; ***avoir le ~ de plaire*** darauf bedacht sein zu gefallen

souci² [susi] *m* BOT Ringelblume *f*; ***~ d'eau*** Sumpfdotterblume *f*

soucier [susje] *v/pr* ***ne pas se ~*** *ou* ***se ~ peu de qc, qn*** sich nicht *ou* wenig um etw, j-n kümmern, scheren; ***personne ne s'en soucie*** *a* danach kräht kein Hahn

soucieux [susjø] *adj* ⟨**-euse**⟩ **1** (*inquiet*) besorgt; sorgenvoll; ***air ~*** besorgte, sorgenvolle Miene **2** ***~ de*** bedacht auf (*+acc*); bemüht um; ***être ~ de*** (*+inf*) darauf bedacht sein zu (*+inf*); bestrebt sein zu (*+inf*)

soucoupe [sukup] *f* **1** Untertasse *f*; F ***ouvrir des yeux*** (***grands***) ***comme des ~s*** große Augen, F Kulleraugen machen; die Augen aufreißen, aufsperren **2** *fig* ***~ volante*** fliegende Untertasse

soudain [sudɛ̃] **I** *adj* plötzlich; jäh; schlagartig **II** *adv* plötzlich; schlagartig; unvermittelt; unversehens

soudainement [sudɛnmɑ̃] *adv* → ***soudain II***

soudaineté [sudɛnte] *f* Plötzlichkeit *f*; Schlagartigkeit *f*

Soudan [sudɑ̃] ***le ~*** der Sudan

soudanais [sudanɛ] **I** *adj* sudanesisch **II** *subst* ***Soudanais(e)*** *m(f)* Sudanese *m*, Sudanesin *f*; Sudaner(in) *m(f)*

soudard [sudaʀ] *péj m* alter Haudegen

soude [sud] *f* CHIM **a)** Soda *f ou n*; ***cristaux*** *m/pl* ***de ~*** Kristallsoda *f*; **b)** ***~ (caustique)*** Ätznatron *n*; kaustische Soda; ***lessive*** *f* ***de ~*** Natronlauge *f*; **c)** ***bicarbonate*** *m* ***de ~*** Natron *n*; Natriumbikarbonat *n*; doppeltkohlensaures Natrium

soudé [sude] *adj* **1** BIOL zusammengewachsen; verwachsen **2** *fig* fest verbunden; (wie) zusammengeschweißt

souder [sude] **I** *v/t* TECH **a)** *par fusion* (zusammen-, ver)schweißen; **b)** *par métal d'apport* (zusammen-, ver)löten; ***fer*** *m*, ***lampe*** *f* ***à ~*** Lötkolben *m*, -lampe *f* **II** *v/pr* ***se ~*** BIOL zusammen-, verwachsen

soudeur [sudœʀ] *m*, **soudeuse** *f* Schweißer(in) *m(f)*; Löter(in) *m(f)*

soudoyer [sudwaje] *v/t* ⟨**-oi-**⟩ ***~ qn*** j-n dingen, bestechen

soudure [sudyʀ] *f* **1** TECH **a)** *opération* Schweißen *n*; *par métal d'apport* Löten *n*; **b)** (*partie soudée*) Schweißnaht *f*, -stelle *f*; Lötstelle *f*, -naht *f*, -fuge *f*; ***sans ~*** nahtlos; **c)** (*alliage pour souder*) Lot *n*; Lötmetall *n* **2** BIOL Zusammen-, Verwachsen *n* **3** ÉCON ***faire la ~*** die Zeit (*bis zur nächsten Ernte, Lieferung*) überbrücken

souffert [sufɛʀ] *p/p* → ***souffrir***

soufflage [suflaʒ] *m du verre* Blasen *n*

soufflant [suflɑ̃] *adj* F ***c'est ~*** F da bleibt einem die Spucke weg

souffle [sufl] *m* **1** (*expiration*) Hauch *m*; *bougie* ***éteindre d'un*** (***seul***) ***~*** (auf einmal) ausblasen; ***renverser d'un ~*** umpusten **2** (*respiration*) Atem *m*; Luft *f*; F Puste *f*; ***avoir du ~*** genügend Luft haben; *fig* Ausdauer haben; ***avoir le ~ court*** kurzatmig sein; ***la course m'a coupé le ~*** ich bin durch das Laufen ganz außer Atem (geraten, gekommen); ***on a le ~ coupé*** es verschlägt, benimmt einem

S

den Atem; F *fig* ***il en a eu le ~ coupé*** F da blieb ihm die Luft, die Spucke weg; F *fig* ***c'est à vous couper le ~*** F da bleibt einem die Luft, die Spucke weg; ***être à bout de ~*** außer Atem sein; *fig* nicht mehr können; ***manquer de ~*** nicht genügend Luft bekommen; F keine Puste (mehr) haben; ***il manque de ~*** *a* ihm geht die Luft, F die Puste aus; ***rendre son dernier ~*** den letzten Atemzug, F Schnaufer tun; ***retenir son ~*** den Atem, die Luft anhalten 3 *fig* ***second ~*** neuer Anlauf, Aufschwung; (***re***)***trouver un second ~*** e-n neuen Anlauf nehmen; e-n neuen Aufschwung erleben; *artiste etc* wieder kreativ werden 4 *fig et poét* ***~ créateur*** schöpferischer Hauch, Funke 5 *d'air* Lufthauch *m*; ***il n'y a pas un ~*** es weht kein Lüftchen 6 *d'un réacteur etc* Luftstrom *m*; *d'un incendie* Sog *m*; *d'une explosion* Luftdruck *m*; Druckwelle *f* 7 MÉD Geräusch *n*; ***avoir un ~ au cœur*** e-n Herz(klappen)fehler haben

soufflé [sufle] **I** *adj* 1 *visage* (auf)gedunsen; aufgeschwemmt 2 F (*stupéfait*) ***être ~*** sprachlos, F baff, platt sein 3 CUIS ***omelette ~e*** Eierauflauf *m* **II** *m* CUIS Auflauf *m*; Soufflee *n*; ***~ au fromage*** Käseauflauf *m*

souffler [sufle] **I** *v/t* 1 blasen; F pusten; ***~ de la fumée au visage de qn*** j-m Rauch ins Gesicht blasen 2 *bougie* ausblasen; F auspusten 3 *bâtiment par une explosion* ***être soufflé*** vom Luftdruck zerstört, F weggefegt werden 4 **a)** *au jeu: un pion* wegnehmen; ***~ n'est pas jouer!*** e-n Stein wegnehmen gilt nicht als Zug! (*nachdem der Gegner vergessen hat, e-n Stein wegzunehmen*); **b)** F ***~ qc à qn*** F j-m etw (vor der Nase) wegschnappen; ***~ sa petite amie à qn*** j-m s-e Freundin wegschnappen, ausspannen 5 (*dire*) ***~ qc à qn*** j-m etw ein-, vorsagen, ÉCOLE *a* einblasen, THÉ soufflieren (*a abs*); ***~ qc à*** (***l'oreille de***) ***qn*** j-m etw ins Ohr flüstern; j-m etw zuflüstern; → *a* ***mot*** *1*; *en incise* ***souffla-t-il*** flüsterte er 6 TECH ***~ le verre*** Glas blasen **II** *v/i* 1 *vent* wehen; *p/fort* blasen; F pusten; ***le vent souffle du nord*** der Wind weht von Norden 2 *personne* blasen *ou* hauchen; F pusten; ***~ dans, sur ses doigts*** in die Hände hauchen; ***~ dans une trompette*** in e-e Trompete blasen; ***~ sur le feu*** das Feuer anblasen; ***~ sur le potage*** auf die Suppe blasen; ***~ sur la vitre*** an, auf die Scheibe hauchen 3 (*respirer difficilement*) schwer atmen; schnaufen; keuchen; ***~ comme un bœuf*** schnaufen wie e-e Lokomotive, wie ein Walross 4 (*reprendre haleine*) Atem, Luft holen; F verschnaufen; e-e Verschnaufpause machen; ***laissez-nous le temps de ~*** lassen Sie uns Zeit zum Verschnaufen

soufflerie [sufləʀi] *f* 1 *d'une forge, d'un orgue* Gebläse *n* 2 ***~*** (***aérodynamique***) Windkanal *m*

soufflet [suflɛ] *m* 1 TECH Blasebalg *m* 2 *entre deux wagons* Faltenbalg *m*; F Ziehharmonika *f*; *d'un appareil photo* Balg *m* 3 *litt* (*gifle*) Ohrfeige *f*; *st/s* Backenstreich *m*

souffleter [sufləte] *v/t* ⟨-tt-⟩ *litt* ***~ qn*** j-m e-n Backenstreich geben

souffleur [suflœʀ] *m* 1 *de verre* Glasbläser *m* 2 THÉ Souffleur *m*; ***trou*** *m* ***du ~*** Souffleurkasten *m*

souffleuse [sufløz] *f* THÉ Souffleuse *f*

souffrance [sufʀɑ̃s] *f* 1 Leiden *n*; Schmerz *m*; Leid *n*; ***endurer de grandes ~s*** große Leiden, viel Leid ertragen 2 *loc/adj* ***en ~*** *dossier, affaire* unerledigt; *marchandises, colis* nicht abgeholt; unzustellbar; ***rester en ~*** unerledigt bleiben; nicht abgeholt werden

souffrant [sufʀɑ̃] *adj* (leicht, vorübergehend) erkrankt

souffre-douleur [sufʀədulœʀ] *m* ⟨*inv*⟩ Opfer *n* (von Quälereien, der Grausamkeit); Prügelknabe *m*; ***être le ~ de ses camarades*** von s-n Kameraden gequält, gepeinigt, geplagt werden

souffreteux [sufʀətø] *adj* ⟨**-euse**⟩ leidend; kränklich

souffrir [sufʀiʀ] ⟨→ **couvrir**⟩ **I** *v/t* 1 (*supporter*) *martyre* erleiden; erdulden; ***ne pas pouvoir ~ qn, qc*** j-n, etw nicht leiden, ausstehen können; *litt* ***~ que …*** (+*subj*) dulden, leiden, dass …; ***il ne souffre pas qu'on le contredise*** er duldet keinen Widerspruch 2 *litt* (*permettre*) ***souffrez que …*** (+*subj*) gestatten *ou* erlauben Sie, dass …; *st/s* ***cette affaire ne peut ~ aucun retard*** die Sache leidet, duldet keinen Aufschub **II** *v/i* leiden (***de*** an +*dat*, unter +*dat*, durch); ***sa réputation en a souffert*** sein Ruf hat darunter, dadurch gelitten; ***où souffrez-vous?*** wo haben Sie Schmerzen?; ***~ d'allergie, de rhumatismes*** an e-r Allergie, an Rheuma(tismus) leiden; ***la ville a souffert des bombardements*** die Stadt hat durch die Bombenangriffe gelitten; *pays* ***~ d'une crise économique*** unter e-r Wirtschaftskrise leiden; ***~ de l'estomac, de la tête*** magenleidend sein; an Kopfschmerzen leiden; ***~ de la faim*** Hunger leiden; ***~ du froid, de la solitude*** unter der Kälte, unter der Einsamkeit leiden, zu leiden haben; *plantes* ***~ de la sécheresse*** durch die Trockenheit leiden; ***~ pour qc*** für etw leiden; ***faire ~ qn*** j-m Leiden, Leid zufügen; j-m ein Leid antun; j-n quälen, peinigen (*a maladie*) **III** *v/pr* ***ne pas pouvoir se ~*** sich nicht leiden, ausstehen können

soufisme [sufism] *m* ISLAM Sufismus *m*

soufre [sufʀ] *m* 1 CHIM Schwefel *m*; ***ça sent le ~*** da ist der Teufel im Spiel 2 *adjt* ***jaune ~*** ⟨*inv*⟩ schwefelgelb

soufré [sufʀe] *adj* 1 *vin* geschwefelt; *allumettes* Schwefel… 2 *couleur* schwefelgelb **soufrer** *v/t* TECH, VIT schwefeln

souhait [swɛ] *m* 1 Wunsch *m*; ***~s de bonne année*** Neujahrswünsche *m/pl*; ***~s de bonheur*** Glückwünsche *m/pl*; *quand qn éternue* ***à vos ~s!*** Gesundheit!; ***exprimer, formuler, former un ~*** e-n Wunsch zum Ausdruck bringen, aussprechen; ***mon souhait s'est réalisé*** mein Wunsch ist in Erfüllung gegangen 2 *loc/adv* ***à ~*** (*parfaitement*) nach Wunsch; (*très*) sehr; äußerst; *affaire* ***marcher à ~*** nach Wunsch gehen; ***joli à ~*** bildhübsch

souhaitable [swɛtabl] *adj* wünschenswert; ***avoir toutes les qualités ~s*** alle guten Eigenschaften haben, die man sich (*dat*) nur wünschen kann; ***il serait ~ que …*** (+*subj*) es wäre wünschenswert, wenn …

souhaiter [swete] **I** *v/t* wünschen; ***~ la bonne année à qn*** j-m ein gutes neues Jahr wünschen; F ***je vous la souhaite bonne et heureuse!*** F guten Rutsch ins neue Jahr!; ***~ la bienvenue à qn*** j-n willkommen heißen; ***~ la santé, le succès à qn*** j-m Gesundheit, Erfolg wünschen; ***~ bon voyage à qn*** j-m(e-e) gute Reise wünschen; ***je souhaiterais faire mieux*** ich wünschte, ich könnte es besser machen; ***je souhaite le revoir*** ich habe den Wunsch *ou* ich wünsche, ihn wieder zu sehen; ***je lui souhaite de réussir*** ich wünsche ihm Erfolg; ***je souhaite qu'il vienne*** ich wünsche, dass er kommt; ***il est à ~ que …*** (*+subj*) es ist zu wünschen, dass … **II** *v/pr* ***se ~ la bonne année*** sich gegenseitig ein gutes neues Jahr wünschen

souiller [suje] *st/s v/t* besudeln, beflecken, beschmutzen (*a fig réputation*); *p/p* ***souillé de sang*** blutbefleckt

souillon [sujõ] *f* F Schmutzliese *f*, -fink *m*

souillure [sujyʀ] *f st/s* Befleckung *f*; Makel *m*

souk [suk] *m* Basar *m*; Suk *ou* Souk *m*

soul [sul] **I** *adj* ⟨*inv*⟩ ***musique*** *f* **~** Soulmusik ['zoul-] *f* **II** *m* Soul *m*

soûl [su] **I** F *adj* ⟨**soûle** [sul]⟩ betrunken; F besoffen; ***~ comme une bourrique, une grive, un Polonais*** F sternhagelvoll; voll wie e-e Strandhaubitze **II** *loc/adv* ***tout mon*** (*ou* ***ton, son*** *etc*) **~** nach Herzenslust; ***boire tout son ~*** trinken, bis man genug hat; nach Herzenslust trinken; ***dormir tout son ~*** richtig, gründlich ausschlafen

soulagement [sulaʒmɑ̃] *m* Erleichterung *f*; *pour un malade a* Linderung *f*; ***éprouver du ~*** Erleichterung verspüren; ***pousser un soupir de ~*** e-n Seufzer der Erleichterung ausstoßen; ***procurer, donner, apporter du ~*** Erleichterung, Linderung bringen, verschaffen

soulager [sulaʒe] ⟨**-geons**⟩ **I** *v/t* **1** *moralement* erleichtern; ***cela soulage de pleurer*** es erleichtert (einen), wenn man weint; *adjt*: ***être, se sentir soulagé*** erleichtert sein, sich erleichtert fühlen; ***il a été soulagé d'apprendre que …*** er war erleichtert, als er erfuhr, dass …; *loc/adv* ***le cœur soulagé*** erleichterten Herzens **2** *douleur, misère* lindern; ***~ un malade*** e-m Kranken Erleichterung bringen **3** ***~ qn*** *d'un fardeau* j-m e-n Teil s-r Last abnehmen; *au travail* j-n entlasten **4** F *iron* ***~ qn de son portefeuille, de son argent*** F j-n um s-e Brieftasche, um sein Geld erleichtern **5** CONSTR entlasten **II** *v/pr* F *fig* ***se ~*** s-e Notdurft verrichten; F sich erleichtern; austreten

soûlant [sulɑ̃] F *adj personne* ermüdend

soûlard [sulaʀ] F *m* Trunkenbold *m*; F Säufer *m* **soûlarde** *f* F Säuferin *f*; Schnapsdrossel *f* **soûlaud** *m* F → ***soûlard***

soûler [sule] F **I** *v/t* **1** ***~ qn*** j-n betrunken, F besoffen machen **2** *fig* (*fatiguer*) ***~ qn*** j-n ermüden; j-n ganz benommen machen; *de paroles* F j-n dumm und dusslig reden; ***je suis soûlé*** *a* mir brummt der Kopf **II** *v/pr* ***se ~*** sich betrinken; F sich besaufen

soûlerie [sulʀi] *f* F Sauferei *f*; Saufgelage *n*; Besäufnis *n*

soulèvement [sulɛvmɑ̃] *m* **1** (*révolte*) Aufstand *m*; Erhebung *f*; Empörung *f* **2** GÉOL Hebung *f*

soulever [sulve] ⟨**-è-**⟩ **I** *v/t* **1** *objet* hochheben; *un peu* anheben; *poids, charge* heben; *chapeau, voile* lüften; *st/s* emporheben; F hochnehmen; *poussière* aufwirbeln; *tempête* ***~ les flots*** das Meer aufwühlen; ***~ les paupières*** die Augen halb aufschlagen; ***~ la tête d'un malade*** e-m Kranken den Kopf hochheben; → *a* ***cœur*** *3* **2** *enthousiasme etc* hervorrufen; erregen; ***~ des critiques*** Kritik hervorrufen, herausfordern; ***~ un débat, une discussion*** eine Debatte, eine Diskussion hervorrufen *ou* aulösen; ***~ des difficultés*** Schwierigkeiten verursachen; ***~ l'indignation*** Entrüstung hervorrufen; ***~ l'opinion publique contre soi*** die öffentliche Meinung, die Öffentlichkeit gegen sich einnehmen, *p/fort* aufbringen; ***~ un problème*** ein Problem aufwerfen, zur Sprache bringen; ***~ des protestations*** Protest(e) hervorrufen, auslösen **3** *élan de générosité etc* ***~ qn*** j-n hinreißen, überwältigen **4** F *fig* (*voler*) *objet* stibitzen; klauen; *personne* ausspannen **II** *v/pr* ***se ~*** **1** *personne* sich aufrichten **2** *peuple* sich erheben, sich empören, sich auflehnen, aufstehen (***contre*** gegen) **3** *vagues* hochgehen, -schlagen; aufbranden

soulier [sulje] *m* Schuh *m*; *Claudel* ***Le Soulier de satin*** Der seidene Schuh; F *fig* ***être dans ses petits ~s*** verlegen, befangen, betreten sein

soulignage [suliɲaʒ] *m ou* **soulignement** *m* Unterstreichen *n*, -ung *f*

souligner [suliɲe] *v/t* **1** unterstreichen; ***~ en rouge*** rot unterstreichen **2** *fig* unterstreichen; hervorheben; betonen; ***~ l'importance de qc*** die Bedeutung e-r Sache unterstreichen, hervorheben

soûlographe [sulɔgʀaf] *m* F → ***soûlard*** **soûlographie** *f* F Suff *m*; Saufen *n*

soulte [sult] *f* JUR Ausgleichsbetrag *m*

soumettre [sumɛtʀ] ⟨→ **mettre**⟩ **I** *v/t* **1** *pays, rebelles* unterwerfen **2** ADM unterwerfen (***à des formalités*** Formalitäten [*dat*]); ***être soumis à*** unterliegen (*+dat*); ***soumis à une autorisation, à l'impôt*** genehmigungs-, steuerpflichtig **3** (*faire subir*) unterziehen, unterwerfen (***à une analyse, à un examen*** e-r Analyse, e-r Prüfung [*dat*]); TECH ***~ à des efforts*** beanspruchen (***de traction*** auf Zug); ***~ qn à un interrogatoire*** j-n e-m Verhör unterziehen, unterwerfen; j-n verhören, vernehmen; ***être soumis à un entraînement*** sich e-m Training unterziehen müssen **4** *projet, question, cas* unterbreiten, vorlegen (***à qn*** j-m); ***~ qc à l'approbation de qn*** j-m etw zur Genehmigung vorlegen; j-s Zustimmung zu etw einholen **II** *v/pr* ***se ~*** **1** (*obéir*) sich unterwerfen, sich fügen (***à une décision*** e-r Entscheidung [*dat*]); *prov* ***se ~ ou se démettre*** entweder nachgeben oder aufgeben **2** (*subir*) sich unterziehen (***à un entraînement*** e-m Training)

soumis [sumi] *p/p* → ***soumettre*** *et adj* gefügig; fügsam; folgsam; gehorsam; ergeben

soumission [sumisjõ] *f* **1** (*capitulation*) Unterwerfung *f* (***à*** unter *+acc*); ***faire sa ~*** sich unterwerfen **2** (*obéissance*) Gefügig-, Fügsam-, Folgsamkeit *f*; Gehorsam *m*; Ergebenheit *f* **3** JUR (An)Gebot *n* (bei e-r Ausschreibung)

soumissionner [sumisjɔne] *v/t* sich (bei e-r Ausschreibung) bewerben um; *abs* submittieren; ein Angebot machen

soupape [supap] *f* TECH Ventil *n*; ***~ de sûreté*** Sicherheitsventil *n* (*a fig*)

soupçon [supsõ] *m* **1** Verdacht *m*; Argwohn *m*; Verdächtigung *f*; ***exempt de*** (***tout***) **~** (völlig) unverdächtig; ***dissiper les ~s*** den Verdacht zerstreuen; ***être au-dessus de tout ~*** über jeden Verdacht erhaben sein; ***éveiller les ~s de qn*** j-s Verdacht erregen; ***les ~s se sont portés sur lui*** der Verdacht ist auf ihn gefallen **2** (*un peu*) Quäntchen *n*; Spur *f*; Anflug *m*; Hauch *m*; ***un ~ de cannelle*** e-e Messerspitze Zimt; ***un ~ de moustache*** ein Anflug von Schnurrbart; ***un ~ de rouge*** ein Hauch Rouge;

S

un ~ de vérité ein Körnchen, Quäntchen Wahrheit; *un peu de lait?* - ***juste un ~*** nur ein Tröpfchen

soupçonner [supsɔne] *v/t* 1 ***~ qn*** j-n verdächtigen (***de vol*** des Diebstahls); j-n im Verdacht haben (***de*** wegen); j-n beargwöhnen; gegen j-n Argwohn hegen; ***~ qn d'avoir fait qc*** j-n im Verdacht haben, etw getan zu haben; ***être soupçonné de vol*** im Verdacht des Diebstahls stehen; des Diebstahls verdächtig sein 2 (*pressentir*) vermuten; argwöhnen; ahnen; ***~ un piège*** e-e Falle vermuten

soupçonneux [supsɔnø] *adj* ⟨**-euse**⟩ argwöhnisch; misstrauisch

soupe [sup] *f* 1 Suppe *f*; F MIL *a* Essen *n*; *par ext* ***~ populaire*** Suppenküche *f*; ***~ à l'oignon*** Zwiebelsuppe *f*; F *fig* ***un gros plein de ~*** F ein Fettkloß *m*, -sack *m*; ein Dick-, Fettwanst *m*; F ***à la ~!*** zum Essen kommen!; auf gehts zum Essen!; F *fig* ***par ici la bonne ~!*** F immer her damit!; *fig* ***être ~ au lait*** ein Hitz-, Brausekopf sein; leicht aufbrausen, F hochgehen; F *fig* ***être trempé comme une ~*** F pudel-, klatsch-, pitsch-, patschnass sein 2 F (*neige fondante*) Matsch *m*

soupente [supɑ̃t] *f* ARCH **a)** *dans la hauteur d'une pièce* Hängeboden *m*; **b)** *sous un escalier* Verschlag *m*

souper [supe] **I** *v/i* **a)** *après le spectacle* essen; *st/s* soupieren; **b)** *régional* zu Abend essen; F *fig* ***j'en ai soupé*** F davon habe ich die Nase voll; das hängt mir zum Hals heraus **II** *m* **a)** Essen *n*, Mahlzeit *f* (nach e-r Abendveranstaltung); *st/s* Souper *n*; **b)** *régional* Abendessen *n*

soupeser [supəze] *v/t* ⟨**-è-**⟩ 1 mit der Hand abwiegen 2 *fig* abwägen; ***~ des arguments*** Argumente gegeneinander abwägen

soupière [supjɛʀ] *f* Suppenschüssel *f*; (Suppen)Terrine *f*

soupir [supiʀ] *m* 1 Seufzer *m*; ***~ de soulagement*** Seufzer der Erleichterung; *à Venise* ***le pont des Soupirs*** die Seufzerbrücke; ***pousser un ~*** e-n Seufzer ausstoßen; aufseufzen; ***rendre le dernier ~*** den letzten Atemzug tun 2 MUS Viertelpause *f*; ***quart*** *m* ***de ~*** Sechzehntelpause *f*

soupirail [supiʀaj] *m* ⟨*pl* **-aux**⟩ Kellerfenster *n*, -loch *n*

soupirant [supiʀɑ̃] *m plais* Verehrer *m*

soupirer [supiʀe] *v/t et v/i* 1 seufzen; ***... soupira-t-elle*** ... seufzte sie 2 *litt* ***~ après, pour qn*** nach j-m schmachten

souple [supl] *adj* 1 *corps, démarche* geschmeidig; *sportif, corps a, membres* gelenkig; *corps, membres a, branche, lame* biegsam; *cheveux, col, cuir, lentilles de contact* weich; *matière* schmiegsam; flexibel; ***horaires*** *m/pl* ***~s*** flexible Arbeitszeiten *f/pl* 2 *fig personne, caractère* geschmeidig; schmiegsam; wendig; flexibel; anpassungsfähig 3 F (*accommodant*) entgegenkommend; kulant

souplesse [suplɛs] *f* 1 *du corps etc* Geschmeidigkeit *f*; Gelenkigkeit *f*; Biegsamkeit *f*; *du cuir* Weichheit; *d'une matière* Flexibilität *f*; ***démarrer en ~*** sanft starten; SPORTS ***se recevoir en ~*** weich aufspringen 2 *fig de qn, du caractère* Geschmeidigkeit *f*; Schmiegsamkeit *f*; Wendigkeit *f*; Flexibilität *f*; Anpassungsfähigkeit *f*; ***avec ~*** geschmeidig; flexibel

souquer [suke] *v/i* MAR ***~ ferme*** sich in die Riemen legen

sourate [suʀat] *f du Coran* Sure *f*

source [suʀs] *f* 1 Quelle *f*; ***~ thermale*** Thermalquelle *f*; Therme *f*; ***eau*** *f* ***de ~*** Quellwasser *n*; *fig* ***cela coule de ~*** das ergibt sich zwangsläufig, von selbst; das ist die logische, notwendige Folge; *fleuve* ***prendre sa ~*** entspringen 2 *fig*, PHYS, HIST, LITTÉRATURE Quelle *f*; *fig a* Ursprung *m*; *st/s* Quell *m*; *poét* Born *m*; ***~ lumineuse*** Lichtquelle *f*; ***~ de chaleur, d'énergie*** Wärme-, Energiequelle *f*; ***~ de danger, d'erreurs, d'informations*** Gefahren-, Fehler-, Informationsquelle *f*; ***une ~ de joie*** ein Quell, Born der Freude; ***la ~ de tous les maux*** die Quelle, Wurzel allen Übels; ***~ de revenus*** Einnahmequelle *f*; ***de ~ officielle*** von amtlicher Seite; ***remonter à la ~*** (bis) zu den Ursprüngen zurückgehen; ***tenir, savoir qc de ~ autorisée, de bonne ~, de ~ sûre*** etw aus maßgeblicher, guter, sicherer Quelle haben, wissen; ♦ *adjt* LING ***langue*** *f* ***~*** Ausgangssprache *f*

sourcier [suʀsje] *m* (Wünschel)Rutengänger *m*

sourcil [suʀsi] *m* Augenbraue *f*; ***s'épiler les ~s*** sich (*dat*) die Augenbrauen zupfen; ***froncer les ~s*** die Stirn runzeln; ***lever les ~s*** die Augenbrauen hochziehen

sourcilier [suʀsilje] *adj* ⟨**-ière**⟩ ANAT Augenbrauen...; → *a* ***arcade*** *2*

sourciller [suʀsije] *v/i* ***ne pas ~*** nicht mit der Wimper zucken; keine Miene verziehen; ***sans ~*** ohne mit der Wimper zu zucken

sourcilleux [suʀsijø] *adj* ⟨**-euse**⟩ *litt* **a)** (*sévère*) *litt* gestreng; **b)** (*pointilleux*) kleinlich; pedantisch

sourd [suʀ] **I** *adj* ⟨**sourde** [suʀd]⟩ 1 *personne* schwerhörig; *p/fort* taub; gehörlos; ***~ d'une oreille*** auf e-m Ohr schwerhörig, taub; ***devenir ~*** schwerhörig, taub werden; ertauben; *fig* ***être, rester ~ aux appels, aux prières de qn*** gegen j-s Appelle, Bitten taub bleiben; → *a* ***oreille*** *1* 2 *bruit, voix, douleur, colère* dumpf; *couleur* stumpf 3 *rivalité, lutte* versteckt; geheim; heimlich 4 PHON stimmlos; ***consonne ~e*** *ou subst* ***~e*** *f* stimmloser Konsonant 5 ***lanterne ~e*** Blendlaterne *f* **II** *subst* ***~(e)*** *m(f)* Schwerhörige(r) *f(m)*; *p/fort* Taube(r) *f(m)*; Gehörlose(r) *f(m)*; ***crier comme un ~*** schreien, als ob die anderen taub wären; ***frapper comme un ~*** wild, blind drauflosschlagen; ***c'est un dialogue de ~s*** sie reden aneinander vorbei; *prov* ***il n'est pire ~ que celui qui ne veut pas entendre*** wenn einer nicht hören will, ist alles Reden umsonst; ich habe *ou* er hat *etc* tauben Ohren gepredigt

sourdine [suʀdin] *f* MUS Dämpfer *m*; ***jouer en ~*** leise spielen; *radio* ***mettre en ~*** leise(r), auf Zimmerlautstärke stellen; *fig* ***mettre une ~ à*** *enthousiasme, revendication* dämpfen, mäßigen (*+acc*); e-n Dämpfer aufsetzen (*+dat*)

sourdingue [suʀdɛ̃g] *adj* F → ***sourd*** *I 1*

sourd-muet [suʀmɥɛ], **sourde-muette** [suʀdəmɥɛt] **I** *m,f* Taubstumme(r) *f(m)*; ***langage*** *m* ***des sourds-muets*** Taubstummensprache *f* **II** *adj* taubstumm

sourdre [suʀdʀ] *v/i* ⟨*déf: inf u 3. Person Präsens* **il sourd, ils sourdent**⟩ *litt* hervorquellen

souriant [suʀjɑ̃] *adj* freundlich; fröhlich; vergnügt; heiter

souriceau [suʀiso] *m* ⟨*pl* **~x**⟩ junge Maus; Mäuschen *n* **souricière** *f* 1 Mausefalle *f* 2 *fig de la po-*

S

lice Falle *f*

sourire [suʀiʀ] **I** *v/i* ⟨→ **rire**⟩ **1** lächeln; **~ à qn** j-m zulächeln; j-n anlächeln; ***en souriant*** lächelnd; ***faire ~*** ein Lächeln hervorrufen (***qn*** bei j-m); ***aujourd'hui cela vous fait ~*** heute lächelt man darüber **2** *fig* **a)** ***la chance lui sourit*** ihm lacht das Glück; das Glück ist ihm hold; ***la vie lui sourit*** er hat Glück im Leben; das Leben meint es gut mit ihm; **b)** ***ce projet ne me sourit pas*** dieses Vorhaben sagt mir nicht zu, passt mir nicht **II** *m* Lächeln *n*; **~ *aimable, léger, moqueur*** liebenswürdiges, leichtes *ou* leises, spöttisches Lächeln; ***avoir le ~*** ein freundliches, fröhliches, vergnügtes Gesicht machen; ***faire, adresser un ~ à qn*** j-n anlächeln; j-m zulächeln; ***garder le ~*** fröhlich, heiter, guter Dinge bleiben

souris [suʀi] *f* **1** ZO Maus *f*; **~ *blanche*** weiße Maus; ***trou*** *m* ***de ~*** Mause-, Mäuseloch *n* **2** F *fig* (*jeune fille, femme*) F Kleine *f*; Hübsche *f*; Süße *f* **3** INFORM Maus *f* **4** *du gigot* Maus *f* **5** *adjt* ***gris ~*** ⟨*inv*⟩ mausgrau

sournois [suʀnwa] **I** *adj* hinterhältig; hinterlistig; heimtückisch; lauernd; duckmäuserisch **II** *subst* **~(e)** *m(f)* Duckmäuser(in) *m(f)*; Schleicher *m*; Leisetreter *m*; ***une petite ~e*** ein hinterlistiges Ding

sournoiserie [suʀnwazʀi] *f* Hinterhältigkeit *f*; Hinterlist *f*; Heimtücke *f*; lauerndes Wesen; Duckmäuserei *f*

sous [su] *prép* **1** *lieu* unter (*+dat question wo?*; *+acc question wohin?*); unterhalb (*+gén*); **~ *nos fenêtres*** unter *ou* vor unseren Fenstern; **~ *la main*** bei der, zur Hand; griffbereit; **~ *la pluie*** im Regen; **~ (*la*) *terre*** unter der Erde; **~ *mes yeux*** vor meinen Augen; ***s'abriter ~ un arbre*** sich unter e-n Baum stellen; unter e-m Baum Schutz suchen; ***inscrire ~ le numéro …*** unter der Nummer … eintragen; ***mettre qc ~ son bras*** etw unter den Arm nehmen, klemmen; ***nager ~ l'eau*** unter Wasser schwimmen **2** *temps* unter (*+dat*); **~ *Napoléon*** unter Napoleon; **~ *la IVe*** République unter der Vierten Republik; **~ *la Révolution*** während, zur Zeit der (Französischen) Revolution; **~ *peu*** in Kürze, Bälde; bald; demnächst **3** *dépendance* unter (*+dat ou acc*); **~ *la pression de l'opinion publique*** unter dem Druck der öffentlichen Meinung; *malade* ***être ~ antibiotiques*** unter Antibiotika stehen; ***se mettre ~ sa protection*** sich in s-n Schutz begeben; ***placer ~ sa direction*** s-r Leitung (*dat*) unterstellen **4** *manière*: **~ *cet angle, aspect*** unter diesem Gesichts- *ou* Blickwinkel, -punkt, Aspekt; **~ *le nom, titre de …*** unter dem Namen, Titel …; **~ *peine d'amende*** bei (Geld)Strafe; **~ *tous les rapports*** in jeder Hinsicht, Beziehung; → *a subst correspondants*

sous-… [su] *préfixe* unter…; Unter…; → *les articles suivants*

sous-alimentation [suzalimɑ̃tasjõ] *f* Unterernährung *f* **sous-alimenté** *adj* unterernährt

sous-bois [subwa] *m* Unterholz *n*

sous-calibré [sukalibʀe] *adj* MIL ***projectile ~*** Unterkalibergeschoss *n*

sous-cape [sukap] *f d'un cigare* Umblatt *n* **sous-chef** *m,f* stellvertretender Chef, stellvertretende Chefin **sous-commission** *f* Unterausschuss *m* **sous-consommation** *f* ÉCON Unterverbrauch *m* **sous-continent** *m* GÉOGR Subkontinent *m*

souscripteur [suskʀiptœʀ] *m* **a)** *d'une publication* Subskribent *m*; **b)** *d'un emprunt* Zeichner *m*; **c)** *d'un effet de commerce* Aussteller *m*

souscription [suskʀipsjõ] *f* **1** *action* **a)** Subskription *f* (***à une publication*** e-s Werkes *ou* auf ein Werk); **b)** FIN Zeichnung *f* (***à un emprunt*** e-r Anleihe); **c)** (*quête*) Spendenaktion *f* **2** *somme versée* Subskriptions-, Zeichnungsbetrag *m*; *par ext* (*don*) (Geld)Spende *f*

souscrire [suskʀiʀ] ⟨→ **écrire**⟩ **I** *v/t* (*signer*) unterschreiben, -zeichnen; **~ *un abonnement*** ein Abonnement abschließen; **~ *un engagement*** e-e Verpflichtung eingehen **II** *v/t/indir* **1 a)** subskribieren (***à une publication*** [auf] ein Werk); **b)** FIN zeichnen (***à un emprunt*** e-e Anleihe); **c)** (*donner de l'argent*) Geld spenden, e-n finanziellen Beitrag leisten (***à qc*** für etw) **2** *fig* **~ *à un arrangement*** *etc* e-r Vereinbarung *etc* zustimmen, beipflichten

souscrit [suskʀi] *p/p* → ***souscrire*** *et adj* FIN gezeichnet

sous-cutané [sukytane] *adj* ANAT, MÉD subkutan; unter der *ou* die Haut; ***injection ~e*** subkutane Injektion

sous-développé [sudevlɔpe] *adj* (wirtschaftlich) unterentwickelt; ***pays ~*** unterentwickeltes Land; Entwicklungsland *n*

sous-développement [sudevlɔpmɑ̃] *m* (wirtschaftliche) Unterentwicklung

sous-diacre [sudjakʀ] *m* ÉGL CATH Subdiakon *m*

sous-directeur [sudiʀɛktœʀ] *m*, **sous-directrice** *f* stellvertretender Direktor, stellvertretende Direktorin

sous-emploi [suzɑ̃plwa] *m* ÉCON Unterbeschäftigung *f*

sous-ensemble [suzɑ̃sɑ̃bl] *m* MATH Untermenge *f*

sous-entendre [suzɑ̃tɑ̃dʀ] *v/t* ⟨→ **rendre**⟩ mit darunter verstehen; stillschweigend annehmen; als selbstverständlich voraussetzen

sous-entendu [suzɑ̃tɑ̃dy] **I** *adj* unausgesprochen; ungesagt; nicht ausdrücklich gesagt, vermerkt; ***il est ~ que …*** es wird (stillschweigend, als selbstverständlich) vorausgesetzt, dass … **II** *m* Andeutung *f*; Anspielung *f*; ***par ~s*** andeutungsweise; in verhüllenden Worten

sous-équipé [suzekipe] *adj* ÉCON unzureichend ausgestattet **sous-équipement** *m* unzureichende (industrielle) Ausstattung

sous-espèce [suzɛspɛs] *f* BIOL *systématique* Unterart *f*

sous-estimation [suzɛstimasjõ] *f* Unterschätzung *f* **sous-estimer** *v/t* unterschätzen

sous-évaluer [suzevalɥe] *v/t* unterbewerten; zu niedrig bewerten

sous-exploité [suzɛksplwate] *adj espace* nicht genügend, unzureichend genutzt

sous-exposé [suzɛkspoze] *adj* PHOT unterbelichtet **sous-exposition** *f* PHOT Unterbelichtung *f*

sous-fifre [sufifʀ] F *m* kleine(r) Angestellte(r); F kleines Würstchen

sous-groupe [sugʀup] *m* Untergruppe *f*

sous-homme [suzɔm] *m péj* Untermensch *m*

sous-jacent [suʒasɑ̃] *adj* **1** *couche* darunter liegend **2** *problème* latent, unsichtbar vorhanden; tiefer liegend

Sous-le-Vent [sul(ə)vɑ̃] ***les îles*** *f/pl* **~** die Inseln *f/pl* unter dem Winde

S

sous-lieutenant [suljøtnɑ̃] *m* MIL Leutnant *m*
sous-locataire [sulɔkatɛʀ] *m,f* Untermieter(in) *m(f)*
sous-location [sulɔkasjɔ̃] *f* Untermiete *f*; Untervermietung *f*; ***prendre un appartement en ~*** e-e Wohnung als Untermieter nehmen, mieten
sous-louer [sulwe] *v/t* 1 *locataire principal* untervermieten; abvermieten 2 *sous-locataire* als Untermieter nehmen, mieten
sous-main [sumɛ̃] 1 *m* ⟨*inv*⟩ Schreibunterlage *f* 2 *loc/adv* ***en ~*** unter der Hand; heimlich
sous-marin [sumaʀɛ̃] I *adj* Unterwasser…; unterseeisch; untermeerisch; *t/t* submarin; ***câble ~*** Unterwasser-, Seekabel *n*; ***pêche ~e*** Unterwasserjagd *f* II *m* U-Boot *n*; Unterseeboot *n*; ***~ atomique*** Atom-U-Boot *n*; ***~ de poche*** Kleinst-U-Boot *n*
sous-multiple [sumyltipl] *adj et subst m* (***nombre*** *m*) ***~ d'un autre*** in e-r anderen aufgehende Zahl; ***4 est un ~ de 20*** 4 geht in 20 auf
sous-œuvre [suzœvʀ] *loc/adv* CONSTR ***reprendre en ~*** unterfangen
sous-off [suzɔf] *m* F *abr* → ***sous-officier***
sous-officier [suzɔfisje] *m* MIL Unteroffizier *m*
sous-ordre [suzɔʀdʀ] *m* kleine(r) Angestellte(r)
sous-payé [supeje] *adj* unterbezahlt **sous-peuplé** *adj* unterbevölkert **sous-pied** *m d'un pantalon fuseau* Steg *m*
sous-préfecture [supʀefɛktyʀ] *f* **a)** *ville* Sitz *m* e-r Unterpräfektur; *correspond à* Kreisstadt *f*; **b)** *bâtiment* Unterpräfektur *f*; *correspond à* Landratsamt *n* **sous-préfet** *m* Unterpräfekt *m*; *correspond à* Landrat *m*
sous-préfète [supʀefɛt] *f* 1 *vieilli* Frau *f* des Unterpräfekten; *correspond à* Frau *f* des Landrats 2 *femme sous-préfet* Unterpräfektin *f*; *correspond à* Landrätin *f*
sous-production [supʀɔdyksjɔ̃] *f* ÉCON Unterproduktion *f* **sous-produit** *m* Nebenprodukt *n*, -erzeugnis *n* **sous-programme** *m* INFORM Unterprogramm *n* **sous-prolétariat** *m* Lumpen-, Subproletariat *n* **sous-pull** *m* F (Unterzieh)Rolli *m* **sous-qualifié** *adj personnel* nicht genügend geschult, qualifiziert
sous-secrétaire [suskʀetɛʀ] *m* ***~ d'État*** Unterstaatssekretär *m*; *correspond à* Staatssekretär *m*
sous-secrétariat [suskʀetaʀja] *m* Unterstaatssekretariat *n*
soussigné [susiɲe] JUR I *adj* unterzeichnet; ***je ~ X déclare*** (Endes)Unterzeichneter erklärt; ich erkläre II *subst* ***~(e)*** *m(f)* (Endes)Unterzeichnete(r) *f(m)*
sous-sol [susɔl] *m* 1 *d'une maison* Unter-, Kellergeschoss, *österr* -geschoß *n*; Souterrain *n* 2 GÉOL Untergrund *m*
sous-tendre [sutɑ̃dʀ] *v/t* ⟨→ **rendre**⟩ 1 MATH ***~ un arc*** die Sehne e-s Kreisbogens bilden 2 *fig* ***~ qc*** e-r Sache (*dat*) zugrunde liegen; die Grundlage für etw bilden
sous-tension [sutɑ̃sjɔ̃] *f* ÉLECT Unterspannung *f*
sous-titrage *m* CIN, TV Untertiteln *n* **sous-titre** *m* Untertitel *m*
sous-titrer [sutitʀe] *v/t film* mit Untertiteln versehen; untertiteln; *adjt* ***version originale sous-titrée*** Originalfassung *f* mit (französischen *etc*) Untertiteln

soustraction [sustʀaksjɔ̃] *f* 1 MATH Abziehen *n*; Subtrahieren *n*; Subtraktion *f*; ***faire une ~*** abziehen; e-e Subtraktion durchführen 2 JUR Unterschlagung *f*
soustraire [sustʀɛʀ] ⟨→ **traire**⟩ I *v/t* 1 MATH abziehen, subtrahieren (***de*** von) 2 (*voler*) entwenden (***qc à qn*** j-m etw); unterschlagen (***qc*** etw) 3 ***~ qn à un danger*** j-n vor e-r Gefahr bewahren, schützen; ***~ aux regards de qn*** j-s Blicken (*dat*) entziehen II *v/pr* ***se ~ à qc*** sich e-r Sache (*dat*) entziehen; e-r Sache (*dat*) entgehen; ***se ~ à une obligation*** sich e-r Verpflichtung entziehen
sous-traitance [sutʀɛtɑ̃s] *f* ÉCON Zulieferindustrie *f*; ***entreprise*** *f* ***de ~*** Zulieferbetrieb *m*
sous-traitant [sutʀɛtɑ̃] *m* ÉCON Zulieferer *m*; Zulieferfirma *f* **sous-traiter** *v/t et v/i* **a)** (Industrieaufträge) als Zulieferer ausführen; **b)** (Aufträge) an Zulieferer vergeben
sous-ventrière [suvɑ̃tʀijɛʀ] *f d'un harnais* Bauchgurt *m*; P *fig* ***manger à s'en faire péter la ~*** F sich (*dat*) den Bauch vollschlagen
sous-verre [suvɛʀ] *m* ⟨*inv*⟩ Passepartout *n*
sous-vêtement [suvɛtmɑ̃] *m* Unterbekleidungs-, Wäschestück *n*; ***~s*** *pl* Unter(be)kleidung *f*; Unter-, Leibwäsche *f*
sous-virer [suviʀe] *v/i* AUTO untersteuern
soutache [sutaʃ] *f* COUT Soutache *f*; feine Besatzlitze
soutane [sutan] *f* ÉGL CATH Soutane *f*; Talar *m*; *fig* ***prendre la ~*** Priester werden
soute [sut] *f d'un bateau* Bunker *m*; Laderaum *m* (*a d'un avion*); AVIAT ***~ à bagages*** Gepäckraum *m*; MAR ***~ à charbon*** Kohlenbunker *m*
soutenable [sutnabl] *adj* 1 *opinion* vertretbar; *thèse* haltbar 2 (*supportable*) erträglich; auszuhalten(d)
soutenance [sutnɑ̃s] *f* UNIVERSITÉ ***~ d'une thèse*** Verteidigung *f* e-r, Disputation *f* über e-e (Doktor)-Dissertation *ou* Habilitationsschrift; *correspond à* Rigorosum *n*
soutènement [sutɛnmɑ̃] *m* CONSTR ***mur*** *m* ***de ~*** Stützmauer *f*
souteneur [sutnœʀ] *m* Zuhälter *m*
soutenir [sutniʀ] ⟨→ **venir**⟩ I *v/t* 1 stützen; TECH *a* abstützen; abfangen; absteifen; *colonnes*: *voûte a* tragen; ***~ un malade*** e-n Kranken stützen; ***soutenu par des colonnes*** *a* auf Säulen ruhend 2 *nourriture, médicament, par ext amitié* ***~ qn*** j-n stärken; j-m Kraft geben; ***une piqûre pour ~ le cœur*** e-e herzstärkende Spritze 3 *gouvernement, candidat, politique* unterstützen; *monnaie, prix* stützen; ***~ qn*** *a* j-m beistehen; *dans une dispute* zu j-m halten, stehen 4 *choc, attaque* standhalten (*+dat*); aushalten; ***~ la comparaison avec qn, qc*** den, jeden Vergleich mit j-m, etw aushalten; ***~ le regard de qn*** j-s Blick (*dat*) standhalten; j-s Blick (*acc*) aushalten 5 *attention* nicht erlahmen lassen; *p/fort* fesseln; ***~ une conversation*** ein Gespräch in Gang halten, aufrechterhalten; ***~ son effort*** in s-n Anstrengungen nicht nachlassen 6 (*prétendre*) behaupten; ***~ le contraire*** das Gegenteil behaupten; ***il soutient que ce n'est pas possible*** er behauptet, das sei *ou* wäre nicht möglich 7 *point de vue, thèse* aufrechterhalten; bleiben bei; verfechten; vertreten; *polémique* betreiben; austragen; UNIVERSITÉ ***~***

une thèse e-e Dissertation *ou* Habilitationsschrift vorlegen, verteidigen **II** *v/pr* **1** ***se ~*** (***les uns les autres***) sich (gegenseitig), einander unterstützen, beistehen **2** *sens passif*: *point de vue* ***se ~*** sich vertreten lassen **3** *attention* ***se ~*** nicht erlahmen; nicht nachlassen

soutenu [sutny] *adj* **1** *effort*, *attention* nicht *ou* nie erlahmend, nachlassend; anhaltend; gleichbleibend; beständig; *attention a* gespannt **2** *couleur* kräftig; intensiv; tief **3** ***style ~*** gehobener Stil

souterrain [sutɛʀɛ̃] **I** *adj* unterirdisch; ***eau(x) ~e(s)*** Grundwasser *n*; ***galerie ~e*** unterirdischer Gang; Stollen *m*; ***passage ~*** Unterführung *f* **II** *m* **a)** *naturel ou primitif* unterirdischer Gang; **b)** TECH Stollen *m*; ***creuser un ~*** e-n Stollen vortreiben; **c)** *pour piétons*, *voitures* Unterführung *f*; *pour piétons a* Fußgängertunnel *m*

soutien [sutjɛ̃] *m* **1** (*aide*) Unterstützung *f*; Hilfe *f*; Beistand *m*; ***apporter son ~ à qn*** j-n unterstützen; j-m s-e Unterstützung gewähren **2** *personne*, *chose* Stütze *f*; Halt *m*; Rückhalt *m*; ***~ moral*** moralischer Rückhalt; ***~ de famille*** Ernährer *m* der Familie

soutien-gorge [sutjɛ̃gɔʀʒ] *m* ⟨*pl* **soutiens-gorge**⟩ Büstenhalter *m*; BH *m*

soutier [sutje] *m* MAR HIST Kohlentrimmer *m*

soutif [sutif] *m* F BH *m*

soutirage [sutiʀaʒ] *m du vin* Abstich *m*

soutirer [sutiʀe] *v/t* **1** *vin* abstechen; abziehen **2** ***~ à qn*** *argent* j-m aus der Tasche ziehen; von j-m erschwindeln; F j-m abknöpfen; *information* j-m entlocken

souvenance [suvnɑ̃s] *f litt* ***avoir, garder ~ de qc*** etw in der Erinnerung haben, behalten

souvenir[1] [suvniʀ] ⟨→ **venir**⟩ **I** *v/imp litt*: ***il me souvient de qc*** ich entsinne mich e-r Sache (*gén*); ***autant qu'il m'en souvienne*** soweit ich mich (dessen) entsinne(n kann) **II** *v/pr* **1** ***se ~ de qn, qc*** sich an j-n, etw erinnern; sich j-s, e-r Sache entsinnen; sich auf j-n, etw besinnen; *st/s* sich j-s, e-r Sache erinnern; ***je m'en souviens*** ich erinnere, entsinne mich (daran); ***se ~ d'avoir fait qc*** sich (daran) erinnern *ou* sich entsinnen, etw getan zu haben; ***je me souviens qu'il est venu*** (***je ne me souviens pas qu'il soit venu***) ich erinnere mich (nicht), dass er gekommen ist; ***faire ~ qn de qc*** j-n an etw (*acc*) erinnern **2** (*penser*) ***se ~ de*** denken an (+*acc*); ***souvenez-vous de votre promesse!*** denken Sie an Ihr Versprechen!; ***je m'en souviendrai*** *menaçant* er wird noch an mich denken; *reconnaissant* ich werde es nie vergessen

souvenir[2] [suvniʀ] *m* **1** Erinnerung *f* (***de*** an +*acc*); ***~ vague*** vage, dunkle Erinnerung; ***~s d'enfance*** Kindheitserinnerungen *f/pl*; *adjt* ***photo f ~*** Erinnerungsfoto *n*; ***en ~*** zur Erinnerung, zum Andenken (***de*** an +*acc*); ***le ~ que j'ai de cette époque*** meine Erinnerung an diese Zeit; ***si mes ~s sont bons, exacts …*** wenn ich mich recht entsinne, erinnere …; ***ce n'est plus qu'un mauvais ~*** es kommt mir heute wie ein böser Traum vor; ***éveiller des ~s*** Erinnerungen wach werden lassen, wachrufen; ***j'en garde un mauvais ~*** ich habe es in unangenehmer, schlechter, schlimmer Erinnerung; ***laisser de bons ~s à qn*** j-m in guter, angenehmer Erinnerung bleiben **2** *formules de politesse*: ***meilleurs ~s*** viele, herzliche Grüße (***de Paris*** aus Paris); ***mon bon ~ à votre mère*** grüßen Sie bitte Ihre Mutter von mir; ***veuillez me rappeler au bon ~ de Madame votre mère*** bitte empfehlen Sie mich Ihrer Frau Mutter **3** *objet* Andenken *n* (*a iron*); Erinnerung(sstück) *f*(*n*); *de voyage a* Mitbringsel *n*; *pour touristes* Souvenir *n*; Reiseandenken *n*; ***boutique f de ~s*** Souvenirladen *m*; ***rapporter un ~ à qn*** j-m ein Andenken, Souvenir mitbringen

souvent [suvɑ̃] *adv* oft; häufig; oftmals; ***moins ~*** nicht mehr so oft; seltener; ***pas ~*** nicht oft; ***plus ~*** öfter; häufiger; ***plus ~ qu'à mon tour*** öfter als normal wäre; öfter, als ich eigentlich sollte; ***le plus ~*** meistens; ***très, bien ~*** sehr oft, häufig

souverain [suvʀɛ̃] **I** *adj* **1** POL souverän; ***État ~*** souveräner Staat **2** höchste(r, -s); PHILOS ***le ~ bien*** das höchste Gut; ***~e indifférence*** völlige Gleichgültigkeit; ***~ mépris*** tiefste Verachtung; ***remède ~*** unfehlbares Mittel (*a fig*) **II** *subst* ***~(e)*** *m*(*f*) Herrscher(in) *m*(*f*); Souverän *m*; ***~s*** *pl a* Herrscherpaar *n*

souverainement [suvʀɛnmɑ̃] *adv* ***~ intelligent*** von überlegener Intelligenz; hochintelligent; ***décider ~*** souverän entscheiden; ***déplaire ~*** im höchsten Grad missfallen

souveraineté [suvʀɛnte] *f* **1** *d'un État* Souveränität *f*; Hoheit(sgewalt) *f*; Hoheitsrechte *n/pl* **2** *d'un souverain* Herrschafts-, Herrschergewalt *f*; höchste Gewalt; ***~ du peuple*** Volkssouveränität *f*

soviet [sɔvjɛt] *m* HIST *en URSS* Sowjet *m*; ***le Soviet suprême*** der Oberste Sowjet; ***les Soviets*** die Sowjets *m/pl*

soviétique [sɔvjetik] HIST **I** *adj* sowjetisch; Sowjet…; ***l'Union f ~*** die Sowjetunion **II** ***Soviétique*** *m,f* Sowjetbürger(in) *m*(*f*); Sowjetmensch *m*

soviétisation [sɔvjetizasjõ] *f* HIST Sowjetisierung *f*

soviétiser *v/t* HIST sowjetisieren

sovkhoze [sɔvkoz] *m* HIST *en URSS* Sowchose *f*; Sowchos *m*

soyeux [swajø] **I** *adj* ⟨**-euse**⟩ seidig; seidenartig, -weich; ***cheveux*** *m/pl* ***~*** seidiges, seidenweiches Haar **II** *m à Lyon* Seidenfabrikant *m ou* -händler *m*

soyez, soyons [swaje, swajõ] → ***être***[1]

spa [spa] *m* **1** Wellnesscenter [-sɛntər] *n* **2** (*bain à remous*) Whirlpool [ˈvœrlpuːl] *m*

SPA [ɛspea] *f abr* (*Société protectrice des animaux*) Tierschutzverein *m*

spacieux [spasjø] *adj* ⟨**-euse**⟩ geräumig

spadassin [spadasɛ̃] *m litt* gedungener Mörder

spaghettis [spageti] *m/pl* CUIS Spag(h)etti *pl*

spahi [spai] *m* HIST MIL Spahi *m*

sparadrap [spaʀadʀa] *m* Heftpflaster *n*; Leukoplast® *n*

Spartacus [spaʀtakys] *m* HIST Spartakus *m*

spartakiste [spaʀtakist] HIST *en Allemagne* **I** *m,f* Spartakist(in) *m*(*f*) **II** *adj* spartakistisch

Sparte [spaʀt] HIST Sparta *n*

sparterie [spaʀt(ə)ʀi] *f* (Herstellung *f* von) Sparterie(waren) *f*(*f/pl*)

spartiate [spaʀsjat] **I** *adj* spartanisch (*a fig*) **II** *subst* ***~s*** *f/pl sandales* Römersandalen *f/pl*, -sandaletten *f/pl*

spasme [spasm] *m* Krampf *m*; *sc* Spasmus *m*

spasmodique [spasmɔdik] *adj* krampfartig; *sc* spasmodisch

spasmophilie [spasmɔfili] *f* MÉD Spasmophilie *f*

S

spath [spat] *m* MINÉR Spat *m*
spatial [spasjal] *adj* ⟨**-aux**⟩ **1** (Welt)Raum…; ***vaisseau ~*** Raumschiff *n*; ***vol ~*** Raumflug *m* **2** PHILOS, PSYCH räumlich
spatialité [spasjalite] *f* PHILOS Räumlichkeit *f*
spationaute [spasjonot] *m,f* Raumfahrer(in) *m(f)*
spationef [spasjɔnɛf] *m* Raumschiff *n*
spatio-temporel [spasjotɑ̃pɔʀɛl] *adj* ⟨**~le**⟩ *sc* raumzeitlich
spatule [spatyl] *f* **1** *outil* Spachtel *m ou f*; Spatel *m* (*a* MÉD); CUIS flacher Rührlöffel; Teigschaber *m* **2** *d'un ski* Spitze *f*
speaker [spikœʀ] *m*, **speakerine** [spikʀin] *f* RAD, TV **a)** Ansager(in) *m(f)*; ***speakerine de la télévision*** Fernsehansagerin *f*; **b)** *des informations* (Nachrichten)Sprecher(in) *m(f)*
spécial [spesjal] *adj* ⟨**-aux**⟩ besondere(r, -s); speziell; Sonder…; Spezial…; Extra…; ***autorisation ~e*** Sondergenehmigung *f*; ***cas ~*** Sonderfall *m*; besonderer, spezieller Fall; ***connaissances ~es*** Spezial-, Fachkenntnisse *f/pl*; ***envoyé ~*** Sonderkorrespondent *m*, -berichterstatter *m*; ***offre ~e*** Sonderangebot *n*; ***train ~*** Sonderzug *m*; ***rien de ~*** nichts Besonderes, Spezielles; ***~ à qn*** für j-n kennzeichnend, typisch, charakteristisch; j-m eigen; *euphémisme* ***avoir des mœurs ~es*** F andersherum sein; F ***c'est un peu ~*** das ist etwas eigenartig, sonderbar, F komisch
spécialement [spesjalmɑ̃] *adv* besonders; speziell; eigens; F ***pas ~*** nicht besonders
spécialisation [spesjalizasjõ] *f* Spezialisierung *f*
spécialisé [spesjalize] *adj* spezialisiert; Fach…; ***ouvrier ~*** angelernter Arbeiter; ***être ~ dans qc*** auf etw (*acc*) spezialisiert sein
spécialiser [spesjalize] *v/pr* ***se ~*** sich spezialisieren (***dans*** auf +*acc*)
spécialiste [spesjalist] *m,f* **1** Spezialist(in) *m(f)*, Fachmann *m*, Fachfrau *f* (***de*** für) **2** *médecin* Facharzt, -ärztin *m,f*; ***consulter un ~*** e-n Facharzt aufsuchen **3** *fig et iron* ***pour ça il est ~*** darin ist er Meister, F ganz groß
spécialité [spesjalite] *f* **1** (*domaine*) (Spezial)Fach *n*; Fachgebiet *n*; Spezialgebiet *n*; ***il en a fait sa ~*** er hat sich darauf spezialisiert **2** F *de qn* Spezialität *f* (*a iron*); Besonderheit *f*; Eigenart *f*; ***c'est sa ~*** das ist e-e Spezialität, Eigenart von ihm **3** CUIS *d'une région etc* Spezialität *f*; ***~ de la maison*** Spezialität des Hauses
spécieux [spesjø] *adj* ⟨**-euse**⟩ Schein…; ***argument ~*** Scheinargument *n*
spécification [spesifikasjõ] *f* Spezifizierung *f*; Spezifikation *f*
spécificité [spesifisite] *f* Spezifität *f*; Eigentümlichkeit *f*; Eigenart *f*
spécifier [spesifje] *v/t* genau, detailliert angeben, bezeichnen; einzeln an-, aufführen; spezifizieren; ***il a bien spécifié que …*** er hat ausdrücklich gesagt, dass …
spécifique [spesifik] *adj* **1** spezifisch; kennzeichnend; arteigen; eigen(tümlich) (+*dat*) **2** BIOL ***caractère*** *m* ***~*** Artmerkmal *n*; PHYS: ***chaleur*** *f* ***~*** spezifische Wärme; ***poids*** *m* ***~*** spezifisches Gewicht; MÉD ***remède*** *m* ***~*** Spezifikum *n*
spécimen [spesimɛn] *m* **1** (*représentant*) Exemplar *n*; Stück *n*; ***un ~ rare*** ein seltenes Exemplar **2** *d'un livre* Werbe-, Freiexemplar *n*; Frei-, Prüfstück *n*; Muster *n*; *d'une revue* ***~*** *ou adjt* ***numéro*** *m* ***~*** Probenummer *f*, -heft *n*
spectacle [spɛktakl] *m* **1** Anblick *m*; Bild *n*; *lié à une action a* Schauspiel *n*; ***un ~ horrible, magnifique*** ein entsetzlicher, herrlicher Anblick; ***~ de la nature*** Naturschauspiel *n*; ***à ce ~*** bei diesem Anblick; *péj* ***se donner en ~*** den Leuten ein Schauspiel bieten; sich zur Schau stellen; ***offrir un ~ de désolation*** ein Bild der Verzweiflung bieten **2** (*représentation*) (Theater-, Kino-, Zirkus- *etc*) Vorstellung *f*; THÉ *a* Schauspiel *n*; ***~ de ballet*** Ballettaufführung *f*, -vorstellung *f*, -abend *m*; ***~ de music-hall*** Varietévorstellung *f*; ***~ donné en matinée, soirée*** Nachmittags-, Abendvorstellung *f*; ***revue*** *f* ***à grand ~*** Ausstattungsrevue *f*; ***industrie*** *f* ***du ~*** Unterhaltungsindustrie *f*; Showgeschäft *n*; ***salle*** *f* ***de ~*** Theater(saal) *n(m)*; ***aller au ~*** ins Theater gehen
spectaculaire [spɛktakylɛʀ] *adj* aufsehenerregend; spektakulär
spectateur [spɛktatœʀ] *m*, **spectatrice** *f* Zuschauer(in) *m(f)*
spectral [spɛktʀal] *adj* ⟨**-aux**⟩ **1** gespenstisch **2** PHYS Spektral…
spectre [spɛktʀ] *m* **1** (*fantôme*) Gespenst *n*; *fig a* Schreckgespenst *n*; Schreckbild *n*; ***le ~ de la guerre*** das (Schreck)Gespenst des Krieges; ***agiter le ~ de l'inflation*** das Gespenst der Inflation heraufbeschwören, an die Wand malen **2** PHYS Spektrum *n*; ***~ solaire*** Sonnenspektrum *n*
spectroscope [spɛktʀɔskɔp] *m* PHYS Spektroskop *n*
spéculaire [spekylɛʀ] *adj* Spiegel…
spéculateur [spekylatœʀ] *m*, **spéculatrice** *f* FIN Spekulant(in) *m(f)*; ***spéculateur en Bourse*** Börsenspekulant *m*
spéculatif [spekylatif] *adj* ⟨**-ive**⟩ FIN Spekulations…; spekulativ (*a par ext*); ***manœuvres spéculatives*** spekulative Machenschaften *f/pl*; ***valeurs spéculatives*** Spekulationspapiere *n/pl*
spéculation [spekylasjõ] *f* **1** FIN Spekulation *f*; ***~ sur les terrains à bâtir*** Bodenspekulation *f*; Spekulation mit Baugrundstücken; ***perdre sa fortune dans des ~s*** sein Vermögen verspekulieren **2** *fig et* PHILOS Spekulation *f* (***sur*** über +*acc*); ***vaines ~s*** nutzlose Spekulationen; ***se livrer à des ~s*** sich in Spekulationen ergehen
spéculer [spekyle] *v/i* **1** FIN spekulieren; ***~ en Bourse*** an der Börse spekulieren; ***~ à la hausse, baisse*** auf Hausse, Baisse, auf das Steigen, Fallen der Kurse spekulieren **2** *fig* ***~ sur qc*** auf etw (*acc*) spekulieren; ***~ sur la bêtise humaine*** auf die Dummheit der Leute spekulieren; mit der Dummheit der Leute rechnen **3** PHILOS spekulieren; theoretisieren
spéculo(o)s [spekylos] *m* CUIS Spekulatius *m*
spéculum [spekylɔm] *m* MÉD Spekulum *n*; Spiegel *m*
speech [spitʃ] *m* ⟨*pl* **~es**⟩ (kurze) Rede; Ansprache *f*; F Speech [spiːtʃ] *m*
speeder [spide] *v/i* F (*faire vite*) F schnell machen; sich ranhalten
spéléo [speleo] *m,f* F *abr* → ***spéléologue***
spéléologie [speleɔlɔʒi] *f* Höhlenkunde *f*, -forschung *f*; *sc* Speläologie *f* **spéléologique** *adj* höhlenkundlich; *sc* speläologisch **spéléologue** *m,f* Höhlenforscher(in) *m(f)*; *sc* Speläologe, -login *m,f*

spermaticide [spɛʀmatisid] *m* MÉD Spermizid *n*; samenabtötendes Mittel
spermatique [spɛʀmatik] *adj* ANAT ***cordon*** *m* **~** Samenstrang *m*
spermatogenèse [spɛʀmatɔʒənɛz] *f* BIOL Spermiogenese *f*; Spermatogenese *f*
spermatozoïde [spɛʀmatɔzɔid] *m* BIOL Samenfaden *m*, -zelle *f*; Spermium *n*; Spermatozoon *n*
sperme [spɛʀm] *m* BIOL (männlicher) Samen; Sperma *n*
spermicide [spɛʀmisid] *m* MÉD Spermizid *n*; Samen abtötendes Mittel
spermophile [spɛʀmɔfil] *m* ZO Ziesel *m*
sphénoïde [sfenɔid] *m* ANAT Keilbein *n*
sphère [sfɛʀ] *f* **1** GÉOMÉTRIE Kugel *f*; ***~ céleste, terrestre*** Himmels-, Erdkugel *f* **2** *fig* Sphäre *f*; Bereich *m*; Kreis *m*; ***les 'hautes ~s de la politique, de la finance*** die führenden politischen Kreise, Finanzkreise *m/pl*; PHYS ***~ d'action*** Wirkungsbereich *m*; *d'une personne* ***~ d'activité*** Wirkungskreis *m*, -bereich *m*; Betätigungs-, Tätigkeitsfeld *n*; ***~ d'influence*** Einflussbereich *m*, -sphäre *f*; Interessensphäre *f*
sphéricité [sfeʀisite] *f* Kugelgestalt *f*
sphérique [sfeʀik] *adj* **1** (*rond*) kugelförmig; kug(e)lig; kugelrund **2** GÉOMÉTRIE Kugel…; sphärisch; ***calotte*** *f* **~** Kugelkappe *f*; Kalotte *f*
sphincter [sfɛ̃ktɛʀ] *m* ANAT Schließmuskel *m*; *sc* Sphinkter *m*; ***~ de l'anus*** Afterschließmuskel *m*
sphinx [sfɛ̃ks] *m* **1** ART ÉGYPTIEN, MYTH Sphinx *f* **2** *fig* rätselhafter, undurchschaubarer Mensch **3** ZO **~** (***tête-de-mort***) Totenkopfschwärmer *m*
spi [spi] *m abr* → ***spinnaker***
spinal [spinal] *adj* ⟨**-aux**⟩ ANAT spinal
spinalien [spinaljɛ̃] *adj* ⟨**~ne**⟩ (*et subst* ***Spinalien*** Einwohner) von Épinal
spinnaker [spinakɛʀ] *m* MAR Spinnaker *m*
spinosisme *ou* **spinozisme** [spinozism] *m* PHILOS Spinozismus *m*
spirale [spiʀal] *f* Spirale *f* (*a fig*); Spirallinie *f*; *fig* ***~ des prix et des salaires*** Lohn-Preis-Spirale *f*; ***cahier*** *m* ***à ~*** Spiralheft *n*; ***ressort*** *m* ***en ~*** Spiralfeder *f*; ***monter en ~*** *fumée* spiralförmig aufsteigen; *avion* sich empor-, hochschrauben
spirante [spiʀɑ̃t] *f* PHON **~** *ou adjt* ***consonne*** *f* **~** Spirans *f*; Spirant *m*; Reibelaut *m*
spire [spiʀ] *f* TECH Windung *f*
Spire [spiʀ] Speyer *n*
spirite [spiʀit] **I** *adj* spiritistisch **II** *m,f* Spiritist(in) *m(f)* **spiritisme** *m* Spiritismus *m*
spiritualisation [spiʀitɥalizasjõ] *f* Vergeistigung *f* **spiritualiser** *v/t* vergeistigen **spiritualisme** *m* PHILOS Spiritualismus *m* **spiritualiste** PHILOS **I** *adj* spiritualistisch **II** *m,f* Spiritualist(in) *m(f)*
spiritualité [spiʀitɥalite] *f* **1** *de l'âme etc* Geistigkeit *f*; geistige Natur; Spiritualität *f* **2** REL (religiöse) Innerlichkeit, Verinnerlichung, Spiritualität
spirituel [spiʀitɥɛl] *adj* ⟨**~le**⟩ **1** (*moral*) geistig; ***père ~*** geistiger Vater; ***valeurs ~les*** geistige Werte *m/pl* **2** REL geistlich; ***exercices ~s*** geistliche Übungen *f/pl*; Exerzitien *pl*; ***pouvoir ~*** geistliche Gewalt **3** (*plein d'esprit*) geistreich, -voll; witzig; ***repartie ~le*** geistreiche, witzige Antwort
spiritueux [spiʀitɥø] *m/pl* Spirituosen *pl*; geistige, (stark) alkoholische Getränke *n/pl*

spleen [splin] *litt m* Schwermut *f*; Lebensüberdruss *m*
splendeur [splɑ̃dœʀ] *f* **1** Glanz *m*; Pracht *f*; Herrlichkeit *f*; ***au temps de sa ~*** in s-r Glanzzeit; *iron* ***dans toute sa ~*** in s-r ganzen Pracht **2** ***une ~*** etwas Herrliches, Prächtiges; ***une véritable ~*** e-e wahre Pracht; ***les ~s de l'art grec*** die Herrlichkeiten *f/pl* der griechischen Kunst
splendide [splɑ̃did] *adj temps, paysage, fille etc* prächtig; prachtvoll; herrlich; wunderschön; ***époque*** *f* **~** glanzvolle, glänzende Epoche; ***fête*** *f* **~** glanzvolles, glänzendes Fest
Spolète [spɔlɛt] GÉOGR Spoleto *n*
spoliateur [spɔljatœʀ] *litt* **I** *adj* ⟨**-trice**⟩ räuberisch **II** *m* Räuber *m* **spoliation** *litt f* Beraubung *f*; Raub *m*
spolier [spɔlje] *v/t st/s* ***~ qn de qc*** j-n e-r Sache (*gén*) berauben; j-n um etw bringen
spongiaires [spõʒjɛʀ] *m/pl* ZO Schwämme *m/pl*; Spongien *f/pl*
spongieux [spõʒjø] *adj* ⟨**-euse**⟩ schwammig; schwammartig; MÉD spongiös
spongiosité [spõʒjozite] *f rarement* Schwammigkeit *f*
sponsor [spõsɔʀ] *m* Sponsor *m* **sponsoriser** *v/t* sponsern
spontané [spõtane] *adj* **1** *action, geste, réponse, réaction* spontan; von selbst erfolgend; ***aveu ~*** spontanes, freiwilliges Geständnis; BIOL ***génération ~e*** Urzeugung *f*; ***dans un élan ~*** aus e-r plötzlichen Eingebung heraus **2** *personne, caractère* natürlich; unbefangen; offen; s-r ersten Eingebung folgend; *caractère a* ursprünglich
spontanéité [spõtaneite] *f* Spontaneität *ou* Spontanität *f*; *de qn, d'un caractère a* Natürlichkeit *f*; Unbefangenheit *f*; Offenheit *f*; Ursprünglichkeit *f*
spontanément [spõtanemɑ̃] *adv* spontan; aus eigenem Antrieb; aus freien Stücken; von sich aus; von selbst
Sporades [spɔʀad] GÉOGR ***les ~*** *f/pl* die Sporaden *pl*
sporadicité [spɔʀadisite] *f* vereinzeltes Auftreten
sporadique [spɔʀadik] *adj* vereinzelt (auftretend); sporadisch
sporange [spɔʀɑ̃ʒ] *m* BOT Sporenkapsel *f*, -behälter *m*; *sc* Sporangium *n*
spore [spɔʀ] *f* BIOL Spore *f*
sport [spɔʀ] **I** *m* **1 a)** Sport *m*; ***~ amateur, professionnel*** Amateur-, Berufssport *m*; ***~ de compétition*** Leistungssport *m*; ***pratique*** *f* ***du ~*** Sportausübung *f*; sportliche Betätigung; ***voiture*** *f* (***de***) **~** Sportwagen *m*; ***faire du ~*** Sport treiben; F sporteln; **b)** (*forme de sport*) Sportart *f*; ***~s individuels*** Einzelsport(arten) *m(f/pl)*; ***~s de combat, d'équipe*** Kampf-, Mannschaftssport(arten) *m(f/pl)*; ***~s d'hiver*** Wintersport *m*; ***pratiquer un ~, plusieurs ~s*** e-n Sport *ou* e-e Sportart, mehrere Sportarten betreiben **2** F *fig*: ***il va y avoir du ~*** F da wird's was geben, absetzen; ***c'est du ~*** das ist schon e-e Leistung; F da gehört schon was dazu **II** *adj* ⟨*inv*⟩ **1** *vêtement* Sport…; sportlich; ***chaussures*** *f/pl* **~** Sportschuhe *m/pl*; ***ce costume fait ~*** dieser Anzug wirkt sportlich **2** *personne* ***être ~*** fair [fɛːr] sein
sportif [spɔʀtif] **I** *adj* ⟨**-ive**⟩ **1** Sport…; sportlich; ***association sportive*** Sportverein *m*; ***épreuves sportives*** Sportwettkämpfe *m/pl*; ***pêche sportive***

Sportfischerei *f*; ***résultats ~s*** Sportergebnisse *n/pl*; *d'un journal* ***rubrique sportive*** Sportteil *m* 2 *personne, allure* sportlich; *personne a* Sport treibend *ou* sportliebend, -begeistert; AUTO ***conduite sportive*** sportliche Fahrweise 3 *(beau joueur)* sportlich; fair [fɛːr]; ***esprit ~*** Sportsgeist *m*; sportlicher Geist; ***un public ~*** ein sportliches Publikum II *subst* **~, *sportive*** *m,f* Sportler(in) *m(f)*

sportivement [spɔʀtivmɑ̃] *adv* sportlich; fair [fɛːr]; ***accepter ~ sa défaite*** mit Anstand verlieren können

sportivité [spɔʀtivite] *f* Sportlichkeit *f*; Fairness ['fɛːr-] *f*; sportliche Haltung

spot [spɔt] *m* 1 *(point lumineux)* Lichtpunkt *m*; Lichtmarke *f* 2 *lampe* Strahler *m*; Spot *m*; Spotlight [-laɪt] *n* 3 RAD, TV ~ ***(publicitaire)*** (Werbe)Spot *m*

spoutnik [sputnik] *m satellite artificiel russe* Sputnik *m*

sprat [spʀat] *m* ZO Sprotte *f*

spray [spʀɛ] *m* Spray [ʃpreː, spreː] *m ou n*

Sprée [spʀe] GÉOGR ***la ~*** die Spree

springbok [spʀiŋbɔk] *m* ZO Springbock *m*

sprint [spʀint] *m* SPORTS 1 Spurt *m*; *en fin de course* Endspurt *m*; *en milieu de course* Zwischenspurt *m*; ***battre qn au ~*** j-n im Endspurt besiegen; ***piquer un ~*** zum (End)Spurt ansetzen 2 *(course de vitesse)* Sprint *m*

sprinter[1] [spʀintœʀ] *m* SPORTS Sprinter *m*

sprinter[2] [spʀinte] *v/i* SPORTS spurten; zum Endspurt ansetzen

squale [skwal] *m* ZO Hai(fisch) *m*

squame [skwam] *f* MÉD (Haut)Schuppe *f* **squameux** *adj* ⟨**-euse**⟩ *sc* schuppig

square [skwaʀ] *m* kleine Grünanlage

squash [skwaʃ] *m* SPORTS Squash [skvɔʃ] *n*

squat [skwat] F *m* besetztes Haus

squatter [skwate] *ou* **squattériser** [skwateʀize] *v/t immeuble inoccupé* besetzen

squatteur [skwatœʀ] *m* Hausbesetzer *m*

squelette [skəlɛt] *m* 1 ANAT Skelett *n*; Knochengerüst *n*; Gerippe *n*; F *fig* ***il est devenu un vrai ~*** er ist zum Gerippe, Skelett abgemagert 2 TECH Gerippe *n*; Skelett *n*

squelettique [skəletik] *adj* 1 skelett-, gerippeartig; ***d'une maigreur ~*** spindel-, klapperdürr 2 *fig* dürftig; mager

SRAS *ou* **sras** [sʀas] *m abr (syndrome respiratoire aigu sévère)* MÉD SARS *n*; Sars *n*

Sri Lanka [sʀilɑ̃ka] ***(le) ~*** Sri Lanka *n*

SS [ɛsɛs] HIST ***un ~*** ein SS-Mann *m*; ***les ~*** *m/pl* die SS *sg*

st *abr (stère)* rm (Raummeter)

St *abr (saint)* hl. (heiliger) *ou* St. (Sankt)

stabilisant [stabilizɑ̃] *m* CHIM Stabilisator *m*

stabilisateur [stabilizatœʀ] I *adj* ⟨**-trice**⟩ stabilisierend; Stabilisierungs… II *m* 1 AUTO, MAR Stabilisator *m*; AVIAT Stabilisierungsfläche *f* 2 CHIM Stabilisator *m*

stabilisation [stabilizasjɔ̃] *f* 1 *de la situation, d'un régime* Festigung *f*; *de la monnaie, des prix* Stabilisierung *f*; ÉCON ***plan*** *m* ***de ~*** Stabilisierungsplan *m* 2 TECH, CHIM Stabilisierung *f*; *du sol* Befestigung *f*

stabiliser [stabilize] I *v/t* 1 *situation, institution* festigen; *monnaie, prix* stabilisieren 2 TECH *véhicule, avion* stabilisieren 3 *sol* befestigen; *panneau* ***accotements non stabilisés*** Randstreifen nicht befestigt 4 CHIM stabilisieren II *v/pr* ***se ~*** *situation* sich festigen; *prix* sich stabilisieren; sich einpendeln

stabilité [stabilite] *f* 1 *de la situation, d'un régime* Beständigkeit *f*; Festigkeit *f*; Stabilität *f* (*a de la monnaie*); ***~ des prix*** Preisstabilität *f* 2 *d'une construction* Standfestigkeit *f*, -sicherheit *f* 3 PHYS, CHIM, MAR, AVIAT Stabilität *f*; CHIM *a* Beständigkeit *f*

stable [stabl] *adj* 1 *situation, institution* beständig; fest; stabil; *monnaie, prix* stabil; ***situation*** *f* **~** gesicherte Position, Stellung; Dauerstellung *f*; *or etc* ***être une valeur ~*** wertbeständig sein 2 *construction, échelle* standfest, -sicher 3 PHYS stabil; ***équilibre*** *m* **~** stabiles Gleichgewicht 4 CHIM beständig; stabil

stabulation [stabylasjɔ̃] *f* AGR Stallhaltung *f*

staccato [stakato] *m* MUS Stakkato *n*

stade [stad] *m* 1 SPORTS Stadion *n*; Sportanlage *f*; ***~ olympique*** Olympiastadion *n*; ***sur le ~*** im Stadion; auf dem Sportplatz 2 *(phase)* Stadium *n*; Phase *f*; (Entwicklungs)Stufe *f*, (-)Abschnitt *m*; Stand *m*; PSYCH ***~ oral*** orale Phase; ***avoir dépassé un certain ~*** ein gewisses Stadium überschritten haben; ***(en) être au ~ expérimental*** im Versuchsstadium sein

Staël [stal] ***Madame de ~*** *frz Schriftstellerin*

staff [staf] *m* 1 *matériau* Baustoff *m* aus Gips und Fasern 2 *(équipe de direction)* (Führungs)Stab *m*

stage [staʒ] *m* 1 *(période de formation)* Praktikum *n*; *pour avocat, professeur débutant* Referendarzeit *f*; Vorbereitungsdienst *m*; *dans une entreprise a* Volontärzeit *f*; ***~ de formation professionnelle*** Berufspraktikum *n*; ***faire un ~*** ein Praktikum absolvieren (***dans une usine*** in e-r Fabrik); *dans une école a* hospitieren; *dans une entreprise a* volontieren 2 *(cours de perfectionnement)* (Fortbildungs)Lehrgang *m*, (-)Kurs *m*

stagflation [stagflasjɔ̃] *f* ÉCON Stagflation *f*

stagiaire [staʒjɛʀ] I *m,f* Praktikant(in) *m(f)*; *dans une entreprise a* Volontär(in) *m(f)*; *(professeur ou avocat débutant)* Referendar(in) *m(f)* II *adj* als Praktikant(in), Volontär(in) tätig; ***avocat*** *m*, ***professeur*** *m* **~** Gerichts-, Studienreferendar *m*

stagnant [stagnɑ̃] *adj* 1 ***eaux ~es*** stehende Gewässer *n/pl* 2 *fig commerce* stagnierend; stockend; flau

stagnation [stagnasjɔ̃] *f* 1 *de l'eau* Stehen *n* 2 ÉCON Stagnieren *n*; Stagnation *f*; Stockung *f*; Flaute *f*; Stillstand *m*

stagner [stagne] *v/i* 1 *liquide* stehen 2 *fig affaires* stagnieren; stocken; flau sein

Stains [stɛ̃] *Stadt im Dep. Seine-Saint-Denis*

stakhanovisme [stakanɔvism] *m* HIST *en URSS* Stachanowsystem *n* **stakhanoviste** *m* HIST *en URSS* Stachanowarbeiter *m*

stalactite [stalaktit] *f* GÉOL (herabhängender) Tropfstein; Stalaktit *m*

stalag [stalag] *m* HIST Kriegsgefangenenlager *n*

stalagmite [stalagmit] *f* GÉOL (vom Boden aufsteigender) Tropfstein; Stalagmit *m*

Staline [stalin] *m* HIST Stalin *m*

stalinien [stalinjɛ̃] I *adj* ⟨**~ne**⟩ stalinistisch II *subst* **~*(ne)*** *m(f)* Stalinist(in) *m(f)* **stalinisme** *m* Stalinismus *m*

stalle [stal] *f* 1 ÉGL ***~s*** *pl* Chorgestühl *n* 2 *dans une* *écurie* Stand *m*; Box *f*; Bucht *f*

stances [stɑ̃s] *f/pl poème* Stanzen *f/pl*

stand [stɑ̃d] *m* **1** *d'exposition* (Ausstellungs-, Messe)Stand *m* **2** **~ de ravitaillement** *pour voitures de course* Boxen *f/pl*; *pour coureurs* Verpflegungsstelle *f* **3** **~ (de tir)** Schießstand *m*, -bahn *f*, -anlage *f*

standard [stɑ̃daʀ] *m* **1** INDUSTRIE Standard *m*; ♦ *adj* ⟨*inv*⟩ Standard…; AUTO ***échange*** *m* **~** Baugruppenaustausch *m*; ***modèle*** *m* **~** Standardmodell *n*, -ausführung *f*; ***prix*** *m* **~** Standardpreis *m*; fester Verrechnungspreis; *fig* ***sourire*** *m* **~** stereotypes Lächeln **2** **~ *de vie*** Lebensstandard *m* **3** TÉL (Telefon)Zentrale *f*; (Fernsprech)Vermittlung(sstelle) *f*

standardisation [stɑ̃daʀdizasjõ] *f* INDUSTRIE Standardisierung *f* **standardiser** *v/t* standardisieren; vereinheitlichen, normen (*a fig*); typisieren **standardiste** *m,f* Telefonist(in) *m(f)*

standing [stɑ̃diŋ] *m* (soziale und wirtschaftliche) Stellung; (sozialer, wirtschaftlicher, materieller) Status; *par ext* (*grand confort*) gehobene Lebenshaltung; ***appartement*** *m* ***de grand*** **~** Komfort-, *p/fort* Luxuswohnung *f*; ***immeuble*** *m* ***de grand*** **~** Wohngebäude *n* für höchste Ansprüche; ***voiture*** *f* ***de grand*** **~** Wagen *m* der Luxusklasse

Stanislas [stanislas] *m saint*, HIST Stanislaus *m*

staphylocoque [stafilɔkɔk] *m* BIOL, MÉD Staphylokokkus *m*; **~*s*** *pl* Staphylokokken *pl*

star [staʀ] *f* Filmstar *m*

starlette [staʀlɛt] *f* Starlet(t) *n*; Filmsternchen *n*

starter [staʀtɛʀ] *m* **1** SPORTS Starter *m* **2** AUTO Starterklappe *f*; Choke [tʃoːk] *m*; **~ *automatique*** Startautomatik *f*

starting-block [staʀtiŋblɔk] *m* ⟨*pl* **starting-blocks**⟩ SPORTS Startblock *m* **starting-gate** [-gɛt] *m* ⟨*pl* **starting-gates**⟩ TURF Startmaschine *f*

start-up [staʀtœp] *f* ⟨*inv*⟩ ÉCON Start-up(-Unternehmen) [-ap-] *n*; neu gegründetes Unternehmen

stat [stat] *f* F *abr* (*statistique*) Statistik *f*

station [stasjõ] *f* **1** CH DE FER *etc* Station *f*; *bus a* Haltestelle *f*; **~ *de métro*** U-Bahn-Station *f*; U-Bahnhof *m*; **~ *de taxis*** Taxistand *m*; ADM *a* Droschkenplatz *m*; ***descendre à la prochaine*** **~** an der nächsten Station aussteigen **2** (*ville*) Kur-, Ferien-, Urlaubsort *m*; **~ *thermale*** Thermal-, Heilbad *n*; Bade-, Kurort *m*; **~ *d'altitude, de montagne*** Höhen(luft)kurort *m*; **~ *de sports d'hiver*** Wintersportplatz *m*, -ort *m* **3** TECH Station *f*; **~ *émettrice*** Sendestation *f*; **~ *météorologique*** Wetterwarte *f*, -station *f*; **~ *orbitale, spatiale*** Raum-, Orbitalstation *f*; **~ *d'épuration*** Kläranlage *f*; **~ *de pompage*** Pumpstation *f*; **~ *de radio*** Radio-, Rundfunkstation *f*; ÉLECT **~ *de transformation*** Umspannwerk *n*; INFORM **~ *de travail*** Workstation ['vœrksteːʃən] *f* **4** REL CATH **~ (*du chemin de la croix*)** (Kreuzweg)Station *f* **5** (*halte*) (Aufent)Halt *m*; ***faire de nombreuses*** **~*s*** oft Station machen, haltmachen; zahlreiche Aufenthalte einlegen **6** **~ *debout*** (Aufrecht)Stehen *n*; Stand *m*; ***ne pas supporter la*** **~ *debout*** das Stehen nicht vertragen; **~ *verticale*** aufrechte Haltung

stationnaire [stasjɔnɛʀ] *adj* **1** *état d'un malade etc* gleichbleibend; unverändert; stationär; *négociations etc* ***rester*** **~** nicht vorankommen; auf der Stelle treten **2** PHYS ***ondes*** *f/pl* **~*s*** stehende Wellen *f/pl*

stationné [stasjɔne] *adj* **1** *véhicule* geparkt; parkend; ***être*** **~ *dans la rue X*** in der X-Straße geparkt sein, *personne* haben **2** MIL *troupes* stationiert

stationnement [stasjɔnmɑ̃] *m* **1** Parken *n*; ADM **~ *gênant*** Parken mit Verkehrsbehinderung; **~ *interdit*** Parken verboten; *panneau* eingeschränktes Halt(e)verbot; *voiture* ***en*** **~** parkend **2** MIL *de troupes* Stationierung *f*

stationner [stasjɔne] *v/i véhicule, conducteur* parken; ***interdiction*** *f* ***de*** **~** Parkverbot *n*

station-service [stasjõsɛʀvis] *f* ⟨*pl* **stations-service**⟩ Tankstelle *f*

statique [statik] **I** *adj* **1** PHYS statisch; ***électricité*** *f* **~** statische Elektrizität **2** *fig art, société etc* statisch; ruhend; unbewegt **II** *f* PHYS Statik *f*

statisticien [statistisjɛ̃] *m*, **statisticienne** *f* Statistiker(in) *m(f)*

statistique [statistik] **I** *adj* statistisch **II** *f* Statistik *f* (*science et données*); **~*s démographiques*** Bevölkerungsstatistik(en) *f(pl)*; ***établir une*** **~** e-e Statistik aufstellen

statuaire [statɥɛʀ] *f* Bildhauerkunst *f*

statue [staty] *f* Statue *f*; Standbild *n*; Skulptur *f*; Bildwerk *n*; Figur *f*; **~ *de*** *ou* ***en bronze*** Bronzestatue *f*; ***la*** **~ *de la Liberté*** die Freiheitsstatue; *fig* ***immobile, droit comme une*** **~** völlig regungslos; ***élever, ériger une*** **~** ein Standbild errichten (***à qn*** j-m)

statuer [statɥe] *v/t/indir* **~ *sur qc*** über etw (*acc*) entscheiden, befinden; **~ *en dernier ressort*** in letzter Instanz entscheiden

statuette [statɥɛt] *f* kleine Statue; Statuette *f*; Figur *f*; **~ *de*** *ou* ***en plâtre*** Gipsfigur *f*

statufier [statyfje] *v/t plais* **~ *qn*** F j-n durch e-e Statue verewigen

statu quo [statykwo] *m* Status quo *m*; gegenwärtiger Zustand; ***maintenir le*** **~** den Status quo aufrechterhalten

stature [statyʀ] *f* **1** (*taille*) Statur *f*; Gestalt *f*; Wuchs *m*; ***une*** **~ *imposante*** e-e imposante Statur **2** *fig de qn* Format *n*

statut [staty] *m* **1** (*règlement*) Statut *n*; **~*s*** *pl* Satzung *f*; Statuten *n/pl*; **~ *des fonctionnaires*** beamtenrechtliche Bestimmungen *f/pl*; Beamtenrecht *n*; ***modifier les*** **~*s*** die Satzung ändern **2** (*position*) (rechtliche, Rechts)Stellung; (rechtlicher) Status; **~ *social*** soziale Stellung; sozialer Status; ***le*** **~ *de la femme mariée*** die (Rechts)Stellung der verheirateten Frau

statutaire [statytɛʀ] *adj* satzungs-, statutengemäß

Ste *abr* (*sainte*) hl. (heilige) *ou* St.(Sankt)

Sté *abr* (*Société*) Gesellschaft *f*; Fa. (Firma)

steak [stɛk] *m* Steak [steːk] *n*; **~ *au poivre*** Pfeffersteak *n*

stéarine [steaʀin] *f* Stearin *n*; ***bougie*** *f* ***en*** **~** Stearinkerze *f*

stéarique [steaʀik] *adj* CHIM ***acide*** *m* **~** Stearinsäure *f*

stéatite [steatit] *f* MINÉR Speckstein *m*; Steatit *m*

steeple(-chase) [stipəl(t)ʃɛz] *m* ⟨*pl* **steeple-chases**⟩ **1** ATHLÉTISME (***3000 m***) ***steeple*** 3000-m-Hindernislauf *m* **2** TURF Steeplechase ['stiːpəltʃeːs] *f*; Jagdrennen *n*

stèle [stɛl] *f* Stele *f*; **~ *funéraire*** Grabstele *f*

stellaire [stelɛʀ] *adj* Stern…

stencil [stɛnsil] *m* POLYCOPIE Matrize *f*

Stendhal [stɛ̃dal] *frz Schriftsteller*

sténo [steno] *f* **1** (*sténographie*) Stenografie *f*; Kurzschrift *f*; *abr* Steno *f*; ***prendre qc en ~*** etw (mit)stenografieren; ein Stenogramm von etw aufnehmen **2** → ***sténodactylo***
sténodactylo [stenɔdaktilo] *f* Stenotypistin *f*; *schweiz* Stenodaktylo *f* **sténogramme** *m* **1** Stenogramm *n* **2** stenografierte Silbe; stenografiertes Wort
sténographe [stenɔgʀaf] *m,f* Stenograf(in) *m(f)* **sténographie** *f* Stenografie *f*; Kurzschrift *f*
sténographier [stenɔgʀafje] *v/t* (mit)stenografieren; *abs a* ein Stenogramm aufnehmen; *adjt* ***discours sténographié*** Stenogramm *n* e-r Rede
sténographique [stenɔgʀafik] *adj* stenografisch; Kurzschrift…
sténotype [stenɔtip] *f* Stenografiermaschine *f* **sténotypie** *f* Maschinenstenografie *f* **sténotypiste** *m,f* Maschinenstenograf(in) *m(f)*
stentor [stɑ̃tɔʀ] *m* ***voix f de ~*** Stentor-, Donnerstimme *f*
stéphanois [stefanwa] *adj* (*et subst* ***Stéphanois*** Einwohner) von Saint-Étienne
steppe [stɛp] *f* Steppe *f* **steppique** *adj* Steppen…
stère [stɛʀ] *m* (*abr* ***st***) Raummeter *m ou n* (*abr* rm); Ster *m*
stéréo [steʀeo] **I** *f* Stereo *n*; ***en ~*** *loc/adv* in Stereo; stereo; *loc/adj* Stereo…; ***émission f en ~*** Stereosendung *f* **II** *adj* ⟨*inv*⟩ Stereo …; ***chaîne f ~*** Stereoanlage *f*; ***disque m ~*** Stereoplatte *f*
stéréométrie [steʀeɔmetʀi] *f* Stereometrie *f*; Geometrie *f* der räumlichen Gebilde **stéréométrique** *adj* stereometrisch
stéréophonie [steʀeɔfɔni] *f* Stereofonie *f*; *par ext* Raumklang *m*, -ton *m*; → *a* ***stéréo I***
stéréophonique [steʀeɔfɔnik] *adj* stereofon; → *a* ***stéréo II***
stéréoscope [steʀeɔskɔp] *m* OPT Stereoskop *n* **stéréoscopie** *f* Stereoskopie *f*; *par ext* Raumbild *n* **stéréoscopique** *adj* stereoskopisch; Stereo…
stéréotype [steʀeɔtip] *m* PSYCH Stereotyp *n*
stéréotypé [steʀeɔtipe] *adj réponse etc* stereotyp; ständig wiederkehrend; ***sourire ~*** stereotypes Lächeln
stéréotypie [steʀeɔtipi] *f* PSYCH, MÉD, TYPO Stereotypie *f*
stérer [steʀe] *v/t* ⟨**-è-**⟩ *bois* nach Raummetern vermessen *ou* aufstapeln
stérile [steʀil] *adj* **1** *sol, être vivant* unfruchtbar; steril; *homme a* zeugungsunfähig **2** *pansement etc* steril; keimfrei **3** *fig* unschöpferisch; unproduktiv; steril; ***discussion f ~*** unergiebige, fruchtlose Diskussion; ***efforts m/pl ~s*** vergebliche Bemühungen *f/pl*
stérilet [steʀilɛ] *m contraceptif* Spirale *f*
stérilisateur [steʀilizatœʀ] *m* Sterilisator *m*; Sterilisationsapparat *m*
stérilisation [steʀilizasjõ] *f* **1** *d'instruments de chirurgie etc* Sterilisation *f*; Sterilisierung *f* (*a du lait*); Entkeimung *f*; Keimfreimachung *f* **2** MÉD *d'une personne* Sterilisierung *f*; Sterilisation *f*; Unfruchtbarmachung *f*
stériliser [steʀilize] *v/t* **1** *instruments chirurgicaux etc* sterilisieren; keimfrei machen; entkeimen; *adjt* ***lait stérilisé*** sterilisierte, keimfrei gemachte Milch **2** MÉD *personne* sterilisieren; unfruchtbar machen
stérilité [steʀilite] *f* **1** *du sol, d'un être vivant* Unfruchtbarkeit *f*; Sterilität *f*; *d'un homme a* Zeugungsunfähigkeit *f* **2** *d'instruments chirurgicaux etc* Sterilität *f*; keimfreier, steriler Zustand **3** *fig d'une discussion* Unergiebigkeit *f*; Unproduktivität *f*
sterling [stɛʀliŋ] *adj* ⟨*inv*⟩ *monnaie* ***livre f ~*** Pfund *n* Sterling
sterne [stɛʀn] *f* ZO Seeschwalbe *f*
sternum [stɛʀnɔm] *m* ANAT Brustbein *n*
sternutatoire [stɛʀnytatwaʀ] *sc adj* Nies…
stéthoscope [stetɔskɔp] *m* MÉD Stethoskop *n*; Hörrohr *n*
steward [stiwaʀd, stju-] *m* MAR, AVIAT Steward ['stjuːərt] *m*; AVIAT *a* Flugbegleiter *m*
stick [stik] *m produit de beauté* Stift *m*; Stick *m*; ***~ labial*** Lippenpflegestift *m*; Labello® *m*
stigmate [stigmat] *m* **1** REL ***~s*** *pl* Stigmen *n/pl*; Wundmale *n/pl* Christi **2** MÉD Narbe *f* **3** *fig et péj* Stigma *n*; Schandmal *n*; Brandmal *n*; Kainszeichen *n* **4** BOT Narbe *f* **5** *des insectes* Atemöffnung *f*; *sc* Stigma *n*
stigmatisation [stigmatizasjõ] *f* **1** REL Stigmatisation *f* **2** *fig et st/s* Brandmarkung *f*; Stigmatisierung *f*
stigmatisé(e) [stigmatize] *m(f)* REL Stigmatisierte(r) *f(m)*
stigmatiser [stigmatize] *v/t vices, comportement* brandmarken; anprangern; *st/s* stigmatisieren
stimulant [stimylɑ̃] **I** *adj* stimulierend; anregend; belebend; ***être ~*** stimulierend *etc* wirken **II** *m* **1** Anreiz *m*; Ansporn *m*; Antrieb *m*; Stimulans *n* **2** PHARM Anregungs-, Reizmittel *n*; Stimulans *n*
stimulateur [stimylatœʀ] *m* MÉD ***~ cardiaque*** Herzschrittmacher *m*
stimulation [stimylasjõ] *f* **1** Anstachelung *f*; Belebung *f*; *concrète* Ansporn *m*; Anreiz *m*; Antrieb *m*; ***avoir besoin de ~*** e-s Ansporns *etc* bedürfen **2** *de l'appétit etc* Anregung *f*; Stimulation *f*; Stimulierung *f* **3** PHYSIOL, PSYCH Reizung *f*
stimuler [stimyle] *v/t* **1** *personne, zèle etc* anspornen; anstacheln; *personne a* (an)treiben; *affaires* beleben; *réussite etc* ***~ qn*** j-n anspornen, anstacheln **2** *digestion etc* anregen; anregend wirken auf (+*acc*); stimulieren; ***~ l'appétit*** den Appetit anregen
stimulus [stimylys] *m* ⟨*pl meist* **stimuli**⟩ PHYSIOL, PSYCH Reiz *m*; Stimulus *m*
stipendier [stipɑ̃dje] *v/t litt et péj* dingen; *adjt* ***stipendié*** gedungen
stipulation [stipylasjõ] *f* JUR (vertragliche) Bestimmung, Vereinbarung, Bedingung; Klausel *f*
stipulé [stipyle] *adj* BOT mit Nebenblättern versehen
stipuler [stipyle] *v/t* **1** JUR (vertraglich) festlegen, festsetzen, bestimmen, vereinbaren; ***le contrat stipule que …*** der Vertrag bestimmt, sieht vor, dass …; im Vertrag ist festgelegt, dass … **2** (*spécifier*) ausdrücklich sagen, mitteilen, darlegen; ***il est stipulé que …*** es wird ausdrücklich gesagt, dass …
STO [ɛsteo] *m abr* (*Service du travail obligatoire*) HIST Zwangsverpflichtung *f* zum Arbeitseinsatz (in Deutschland)
stock [stɔk] *m* **1** COMM (Lager-, Waren)Bestand *m*, (-)Vorrat *m*; ***~s*** *pl a* Warenlager *n*; ***gestion f des ~s*** Lagerhaltung *f*; *loc/adv*: ***en ~*** vorrätig; auf Lager;

S

jusqu'à épuisement du ~, des ~s solange der Vorrat reicht; ***constituer un ~*** e-n (Waren)Vorrat anlegen; ***écouler un ~*** e-n Warenbestand absetzen; ***renouveler les ~s*** die Bestände erneuern **2** F (*réserve*) Vorrat *m*; Menge *f*; ***un petit ~ de cigarettes*** ein kleiner Zigarettenvorrat, Vorrat an Zigaretten; ***j'en ai tout un ~*** ich habe e-e ganze Menge davon

stockage [stɔkaʒ] *m* **a)** *de marchandises, de déchets radioactifs* (Ein)Lagerung *f*; *de gaz* Speicherung *f*; **b)** *pour spéculer* Hortung *f*

stock-car [stɔkkaʀ] *m* ⟨*pl* **stock-cars**⟩ Stock-Car *m*; ***course** f **de ~s*** Stock-Car-Rennen *n*

stocker [stɔke] *v/t* **1** **a)** COMM (ein)lagern; *gaz* speichern; **b)** *pour spéculer* horten **2** INFORM speichern

stoïcien [stɔisjɛ̃] PHILOS **I** *adj* ⟨**~ne**⟩ stoisch **II** *m* Stoiker *m*

stoïcisme [stɔisism] *m* **1** PHILOS Stoizismus *m* **2** *fig* Standhaftigkeit *f*; Unerschütterlichkeit *f*; stoischer Gleichmut

stoïque [stɔik] *adj* standhaft; unerschütterlich; (von) stoisch(em Gleichmut)

stolon [stɔlõ] *m* BOT Ausläufer *m*

stomacal [stɔmakal] *adj* ⟨**-aux**⟩ ANAT, MÉD Magen…; *sc* stomachal

stomachique [stɔmaʃik] *adj* MÉD magenstärkend; verdauungsfördernd

stomatite [stɔmatit] *f* MÉD Entzündung *f* der Mundschleimhaut; *sc* Stomatitis *f*

stomatologie [stɔmatɔlɔʒi] *f* MÉD Stomatologie *f* **stomatologiste** *m,f* MÉD Stomatologe, -login *m,f*

stop [stɔp] **I** *int* **1** stop(p)!; halt! **2** *dans les télégrammes* stop **II** *m* **1** *panneau routier* Stoppschild *n*; ***marquer le ~*** am Stoppschild anhalten **2** AUTO Bremslicht *n*; ***les ~s s'allument*** die Bremslichter leuchten auf **3** F (*auto-stop*) Per-Anhalter-Fahren *n*; Trampen [-ɛ-] *n*; Autostopp *m*; *loc/adv* ***en ~*** per Anhalter; ***aller en ~ à Paris*** nach Paris trampen [-ɛ-]; ***faire du ~*** per Anhalter fahren, reisen; trampen

stoppage [stɔpaʒ] *m* COUT Kunststopfen *n*

stopper[1] [stɔpe] **I** *v/t* **1** *véhicule* (ab)stoppen; anhalten; zum Stehen bringen; *machine* abstellen **2** *fig* stoppen; *st/s* Einhalt gebieten (+*dat*) **II** *v/i véhicule, conducteur* (ab)stoppen; anhalten

stopper[2] [stɔpe] *v/t* COUT kunststopfen

stoppeur [stɔpœʀ], **stoppeuse** **1** *m,f* (*auto-~*) Anhalter(in) *m(f)*; Tramper(in) [-ɛ-] *m(f)* **2** *m* FOOTBALL Stopper *m*

store [stɔʀ] *m* **1** *léger, horizontal* Rollo *n*; Rouleau *n* **2** *à lamelles* **~ (*vénitien*)** Jalousie *f* **3** *en biais* Markise *f*; Sonnendach *n* **4** (*voilage*) Store [ʃtoːr] *m*

strabisme [stʀabism] *m* MÉD Schielen *n*; *sc* Strabismus *m*; ***~ convergent, divergent*** Einwärts-, Auswärtsschielen *n*

stradivarius [stʀadivaʀjys] *m violon* Stradivari *f*

strangulation [stʀɑ̃gylasjõ] *f* Erwürgen *n*; Erdrosseln *n*; Strangulation *f* **stranguler** *v/t* erwürgen; erdrosseln; strangulieren

strapontin [stʀapõtɛ̃] *m* **1** Klappsitz *m*; Notsitz *m* **2** *fig* zweitrangiger Platz; F Platz *m* am Katzentisch

Strasbourg [stʀazbuʀ] Straßburg *n*

strass [stras] *m* Strass *m*

stratagème [stʀataʒɛm] *m* (Kriegs)List *f*; ***recourir à un ~*** zu e-r (Kriegs)List greifen

strate [stʀat] *f* GÉOL Schicht *f*

stratège [stʀatɛʒ] *m* MIL *et fig* Stratege *m*

stratégie [stʀateʒi] *f* MIL Strategie *f* (*a fig*); Feldherrnkunst *f*; *fig* ***~ électorale*** Wahlstrategie *f*

stratégique [stʀateʒik] *adj* strategisch; strategisch wichtig; *par ext* kriegswichtig; ***objectif** m **~*** strategisches Ziel; ***point** m **~*** strategisch wichtiger Punkt

stratification [stʀatifikasjõ] *f* GÉOL Schichtung *f*; *sc* Stratifikation *f*

stratifié [stʀatifje] *adj* **1** GÉOL geschichtet; Schicht…; ***roches ~es*** Schichtgesteine *n/pl* **2** TECH ***matière ~e*** *ou subst* **~** *m* Schichtpressstoff *m*; Laminat *n*

stratifier [stʀatifje] *v/t rarement* **1** GÉOL in Schichten ablagern; stratifizieren **2** AGR stratifizieren; vorkeimen

stratigraphie [stʀatigʀafi] *f* GÉOL Stratigrafie *f*; Formationskunde *f* **stratigraphique** *adj* stratigrafisch

strato-cumulus [stʀatokymylys] *m* MÉTÉO Haufenschichtwolke *f*; Stratokumulus *m* **stratosphère** *f* Stratosphäre *f* **stratosphérique** *adj* Stratosphären…; stratosphärisch

stratus [stʀatys] *m* MÉTÉO Schichtwolke *f*; Stratus *m*

Stravinski [stʀavɛ̃ski] *m* MUS Strawinsky *m*

streptocoque [stʀɛptɔkɔk] *m* BIOL, MÉD Streptokokkus *m*; ***~s** pl* Streptokokken *pl* **streptomycine** [-misin] *f* PHARM Streptomycin *ou* -zin *n*

stress [stʀɛs] *m* Stress *m*

stressant [stʀɛsɑ̃] *adj* Stress…; Stress bewirkend; F stressig; ***situation ~e*** Stresssituation *f*

stresser [stʀɛse] **I** *v/t* stressen; ***être stressé*** gestresst sein; im Stress sein; unter Stress stehen **II** F *v/i* sich gestresst, überfordert fühlen

stretch [stʀɛtʃ] *m tissu* Stretch [strɛtʃ] *m*; ***pantalon** m* **(*en*)** **~** Stretchhose *f*

stretching [stʀɛtʃiŋ] *m* SPORTS Stretching ['strɛtʃɪŋ] *n*

striation [stʀijasjõ] *f* **1** Riefelung *f*; Riffelung *f*; Streifung *f* **2** OPT Schlieren *f/pl*

strict [stʀikt] *adj* **1** streng; strikt; (peinlich) genau; ***~e observation du règlement*** strikte Einhaltung der Vorschriften; ***principes ~s*** strenge Grundsätze *m/pl*; ***tenue ~e*** korrekte Kleidung; ***c'est la ~e vérité*** das ist die exakte Wahrheit; ***être ~ sur la discipline*** *etc* es mit der Disziplin *etc* sehr genau nehmen **2** *par ext*: ***le ~ nécessaire, minimum*** das (Aller)Nötigste, (Aller)Notwendigste; das Lebensnotwendige; *mot* ***au sens ~*** im engeren Sinn; ***c'est son droit le plus ~*** das ist sein gutes Recht; → *a* ***intimité** 3*

strictement [stʀiktəmɑ̃] *adv* ***~ confidentiel*** streng vertraulich; ***affaire ~ personnelle*** rein persönliche Angelegenheit; ***~ réservé au personnel*** ausschließlich dem Personal vorbehalten; *je ne vois* ***~ rien*** rein gar nichts; ***~ semblable*** genau gleich

stricto sensu [stʀiktosɛ̃sy] *loc/adv* im engeren Sinn

strident [stʀidɑ̃] *adj* schrill; *cri a* gellend

stridulation [stʀidylasjõ] *litt f* Zirpen *n*

strie [stʀi] *f surtout pl* **~s** Rillen *f/pl*; Riffeln *f/pl*; Riefen *f/pl*; (*rayures*) Streifen *m/pl*

strié [stʀije] *adj* **1** gerillt; geriffelt **2** ANAT ***muscles ~s*** quer gestreifte Muskeln *m/pl*

strier [stʀije] *v/t* riefe(l)n; riffeln

string [stʀiŋ] *m* COUT String *m*

strip-tease [stʀiptiz] *m* Striptease [-tiːz] *m ou n*

strip-teaseuse [stʀiptizøz] *f* Stripteasetänzerin [-tiːz] *f*; F Stripperin *f*

S

striure [stʀijyʀ] *f* Riffelung *f*; Riefelung *f*
stroboscope [stʀɔbɔskɔp] *m* TECH Stroboskop *n*
strombolien [stʀõbɔljɛ̃] *adj* ⟨**~ne**⟩ GÉOL ***volcan** m **du type** ~* Vulkan *m* des Strombolityps
strontium [stʀõsjɔm] *m* CHIM Strontium *n*
strophe [stʀɔf] *f* Strophe *f*
structural [stʀyktyʀal] *adj* ⟨**-aux**⟩ Struktur...; strukturell; struktural (*a* LING) **structuralisme** *m* LING, PHILOS Strukturalismus *m* **structuraliste** *m,f* LING, PHILOS Strukturalist(in) *m(f)*
structuration [stʀyktyʀasjõ] *f* Strukturierung *f*
structure [stʀyktyʀ] *f* Struktur *f* (*a* CHIM, PHYS, ÉCON, LING *etc*); Bau *m*; Aufbau *m*; Gefüge *n*; Gliederung *f*; ***~s administratives*** Verwaltungsaufbau *m*; ***~ gonflable*** Traglufthalle *f*; LING ***~ profonde, superficielle** ou **de surface*** Tiefen-, Oberflächenstruktur *f*; ***~s sociales*** Gesellschaftsstruktur *f*; soziale Schichtung; soziales Gefüge; ***~(s) d'accueil*** Aufnahmestelle(n) *f(pl)*; (touristische *etc*) Infrastruktur; ***~ de l'atome*** Bau des Atoms; ***~ d'une pièce de théâtre*** (Auf)Bau, Gliederung e-s Theaterstücks; ***réforme** f **de** ~* Strukturreform *f*
structurel [stʀyktyʀɛl] *adj* ⟨**~le**⟩ → ***structural***; ÉCON ***chômage** ~* strukturelle Arbeitslosigkeit
structurer [stʀyktyʀe] *v/t* strukturieren; gliedern; *adjt* ***structuré*** strukturiert; gegliedert
strudel [ʃtʀudœl] *m* CUIS ~ (***aux pommes***) Apfelstrudel *m*
strychnine [stʀiknin] *f* PHARM Strychnin *n*
Stuart [stɥaʀ] *dynastie écossaise* Stuart [ˈstuːart]
stuc [styk] *m* **a)** *de plâtre* (Gips)Stuck *m*; ***décoration** f **en** ~* Stuckverzierung *f*; **b)** *de marbre* Stuckmarmor *m*; **c)** *décoration* Stuckarbeit *f*; Stukkatur *f*
stucateur [stykatœʀ] *m* Stuckateur *m*; Stuckarbeiter *m*
studieux [stydjø] *adj* ⟨**-euse**⟩ *élève* fleißig; eifrig; strebsam; der geistigen Arbeit zugetan; *vacances* der geistigen Arbeit gewidmet; mit geistiger Arbeit ausgefüllt
studio [stydjo] *m* **1** *logement* Einzimmerappartement *n* **2** RAD, TV Studio *n*; Senderaum *m*; ***~ de télévision*** Fernsehstudio *n* **3** CIN, PHOT, *d'un artiste* Atelier *n*; Studio *n*; ***tourner en ~*** im Atelier drehen **4** ~ (***d'art et d'essai***) Filmkunsttheater *n*; Studio *n*
stupéfaction [stypefaksjõ] *f* Verblüffung *f*; sprachloses Erstaunen; (völlige) Verdutztheit; → *a* ***stupeur*** *1*
stupéfait [stypefɛ] *adj* ⟨**-faite** [-fɛt]⟩ verblüfft; sprachlos; (völlig) verdutzt; ***il a été ~ d'apprendre que ...*** er war verblüfft, als er erfuhr, dass ...
stupéfiant [stypefjɑ̃] **I** *adj* verblüffend **II** *m* Rauschgift *n*, -mittel *n*; Suchtmittel *n*; PHARM Betäubungsmittel *n*; ***trafic** m **de ~s*** Rauschgifthandel *m*
stupéfier [stypefje] *v/t* (*étonner*) verblüffen; in sprachloses Erstaunen versetzen; verdutzen; (*consterner*) betroffen machen; bestürzen
stupeur [stypœʀ] *f* **1** (*étonnement*) Verblüffung *f*; Verdutztheit *f*; (*consternation*) Betroffenheit *f*; Bestürzung *f*; ***à sa grande ~*** zu s-r großen Verblüffung; ***être frappé de ~*** wie vor den Kopf geschlagen sein; betroffen, bestürzt sein **2** MÉD Stupor *m*
stupide [stypid] *adj* **a)** (*bête*) *personne, réponse* dumm; stupid(e); ***un travail ~*** e-e stupide, stumpfsinnige Arbeit; ***il n'est pas assez ~ pour*** (+*inf*) er ist nicht so dumm zu (+*inf*); **b)** (*absurde*) sinnlos; ***accident** m ~* sinnloser Unfall
stupidité [stypidite] *f* **1** Dummheit *f*; Stupidität *f*; Stumpfsinn(igkeit) *m(f)* **2** ***~s*** *pl* Dummheiten *f/pl*; dummes, stupides Zeug
stupre [stypʀ] *litt m* Schamlosigkeit *f*; Ausschweifung *f*
stuquer [styke] *v/t* stuckieren
style [stil] *m* **1** *langue* (Sprach-, Schreib)Stil *m*; Ausdrucksweise *f*; Schreibart *f*; F Schreibe *f*; ***~ familier*** familiäre Ausdrucksweise; ***~ soutenu*** gehobener Stil; ***le ~ de Voltaire*** der Stil Voltaires; ***en ~ télégraphique*** im Telegrammstil; ***manquer de ~, ne pas avoir de ~*** keinen guten Stil haben; *par ext* kein eigenes, besonderes Gepräge aufweisen; keinen ausgeprägten Charakter haben; *personne* ein schlechter Stilist sein; e-n schlechten Stil haben, schreiben **2** GR ***~ (in)direct*** (in)direkte Rede; ***~ indirect libre*** erlebte Rede **3** ART (Kunst)Stil *m*; ***~ Empire*** Empire *n*; Empirestil *m*; ***~ gothique, roman*** gotischer, romanischer (Bau)Stil; ***~ 1900*** Jugendstil *m*; ***meubles** m/pl **de ~*** Stilmöbel *n/pl*; ***dans le ~ de*** im Stil (+*gén*) **4** *par ext* Stil *m*; Art *f*; SPORTS ***~ d'un coureur*** Stil e-s Läufers; ***~ de vie*** Lebensstil *m*; *loc/adj* ***de grand ~*** großen Stils, Zuschnitts; MIL *et fig* ***opération** f **de grand ~*** Operation *f* großen Stils; *sportif* ***avoir du ~*** e-n guten, gefälligen, eleganten Stil haben; ***c'est bien là son ~*** das ist ganz s-e Art **5** BOT Griffel *m*
stylé [stile] *adj personnel* perfekt
stylet [stilɛ] *m* **1** *poignard* Stilett *n* **2** ZO (Stech-, Saug)Rüssel *m*
styliser [stilize] *v/t* stilisieren; *adjt* ***stylisé*** stilisiert
stylisme [stilism] *m* **1** COUT *etc* Styling [ˈstaɪlɪŋ] *n*; INDUSTRIE Design [diˈzaɪn] *n* **2** *litt* überspitzte Stilpflege **styliste** *m,f* **1** COUT *etc* Stylist(in) [staɪˈlɪst(ɪn)] *m(f)*; INDUSTRIE Designer(in) [diˈzaɪnər(ɪn)] *m(f)*; Formgestalter(in) *m(f)* **2** *écrivain* gute(r) Stilist(in) *m(f)*
stylistique [stilistik] **I** *adj* stilistisch; Stil... **II** *f* Stilistik *f*; Stilkunde *f*, -lehre *f*
stylo [stilo] *m* **a)** ~ (***à encre, à plume***) Füller *m*; Füll(feder)halter *m*; ***~ à recharge, à cartouche*** Patronenfüllhalter *m*, -füller *m*; **b)** ~ (***à***) ***bille*** Kugelschreiber *m*; **c)** ***~ feutre*** Filzschreiber *m*, -stift *m*; Faserschreiber *m*
stylomine® [stilɔmin] *m* Druckbleistift *m*
Styrie [stiʀi] ***la ~*** die Steiermark
su [sy] **I** *p/p* → ***savoir***[1] *et adj* ***une leçon bien ~e*** e-e Lektion, die man gut kann *ou* die die Schüler gut können **II** *m* ***au vu et au ~ de tout le monde*** vor aller Augen
suaire [sɥɛʀ] *litt m* Grab-, Leichentuch *n*; ***le saint ~*** das Grabtuch Christi
suant [sɥɑ̃] *adj* **1** schwitzend **2** F *fig* lästig; unausstehlich; auf die Nerven, F auf den Wecker fallend
suave [sɥav] *adj musique, voix, odeur* lieblich; einschmeichelnd; sanft
suavité [sɥavite] *litt f* Lieblichkeit *f*
subalpin [sybalpɛ̃] *adj* GÉOGR, BOT subalpin
subalterne [sybaltɛʀn] **I** *adj employé, emploi* untergeordnet; unselbstständig; subaltern; *par ext* ***rôle** m ~* untergeordnete Rolle **II** *m* Untergebene(r) *m*; Subalterne(r) *m*
subatlantique [sybatlɑ̃tik] *adj* GÉOL ***période** f ~*

Le subjonctif

Der **subjonctif** darf in seinem Gebrauch nicht mit dem deutschen Konjunktiv gleichgestellt werden. Der **subjonctif** wird verwendet

1. nach Verben, die einen Wunsch, ein Verlangen oder ein Verbot ausdrücken:

Les parents de Cathérine **veulent** que leur fille **fasse** des études de droit. – Cathérines Eltern wollen, dass ihre Tochter Jura studiert.

M. Leduc **ne permet pas** que ses voisins **se servent** de sa voiture. – M. Leduc erlaubt nicht, dass seine Nachbarn sein Auto benutzen.

2. nach Verben und Ausdrücken, die ein subjektives Empfinden oder eine Wertung beinhalten:

Je **regrette** que l'équipe marseillaise n'**ait** pas remporté la victoire. – Ich bedauere, dass die Mannschaft aus Marseille nicht gewonnen hat.
Je **tiens à** ce que les Verts **soient** représentés au Parlement européen. – Ich lege Wert darauf, dass die Grünen im Europaparlament vertreten sind.

3. nach unpersönlichen Ausdrücken, die eine Möglichkeit oder eine geringe Wahrscheinlichkeit anzeigen:

Il se peut que notre prochain P.D.G. **soit** une femme. – Es ist möglich, dass unser nächster Generaldirektor eine Frau sein wird.
Il est peu probable que Marc **réussisse** à payer ses dettes. – Es sieht nicht so aus, als ob es Marc gelingen würde, seine Schulden abzuzahlen.

Subatlantikum *n*

subboréal [sybbɔʀeal] *adj* ⟨**-aux**⟩ GÉOL ***période ~e*** Subboreal *n*

subconscient [sypkõsjɑ̃] PSYCH **I** *adj* unterbewusst **II** *m* Unterbewusstsein *n*; Unterbewusste(s) *n*

subculture [sybkyltyʀ] *f* SOCIOLOGIE Subkultur *f*

subdiviser [sybdivize] **I** *v/t* unterteilen; untergliedern **II** *v/pr* ***se ~*** sich unterteilen lassen, sich gliedern, zerfallen (***en*** in *+acc*)

subdivision [sybdivizjõ] *f* 1 *action* Unterteilung *f*, -gliederung *f* (***en*** in *+acc*) 2 *partie* Unterabteilung *f*; Unterteilung *f*

subir [sybiʀ] *v/t* 1 *passivement*: *défaite*, *pertes* erleiden; hinnehmen müssen; *sciemment* ertragen; hinnehmen; ***~ les conséquences de qc*** die Folgen von etw zu spüren bekommen; ***~ des dégâts*** Schaden erleiden, nehmen; ***~ un examen*** sich e-r Prüfung (*dat*) unterziehen; e-e Prüfung ablegen, machen; ***~ l'influence de*** unter dem Einfluss (*+gén*) stehen; beeinflusst werden von; ***~ un interrogatoire*** verhört, vernommen werden; ***faire ~ un interrogatoire à qn*** j-n e-m Verhör unterziehen; j-n ins Verhör nehmen; j-n verhören, vernehmen; ***~ une opération*** sich e-r Operation (*dat*) unterziehen; operiert werden; ***~ des reproches*** Vorwürfe über sich (*acc*) ergehen lassen; ***~ un triste sort*** ein trauriges Schicksal erleiden, erleben; ***~ des violences*** tätlich angegriffen werden 2 ***~ qn*** j-n ertragen 3 *chose*: *modification etc* erfahren; *prix* ***~ une majoration*** e-e Erhöhung erfahren

subit [sybi] *adj* plötzlich; jäh; unvermittelt; schlagartig; ***inspiration ~e*** plötzliche Eingebung; ***mort ~e*** plötzlicher, jäher Tod

subitement [sybitmɑ̃] *adv* → ***subit***; ***s'arrêter ~*** plötzlich, unversehens stehen bleiben; ***mourir ~*** plötzlich, überraschend, unerwartet sterben

subito presto [sybitopʀɛsto] F *loc/adv* auf der Stelle; schnell; rasch; flink; F husch(, husch); zack, zack; ***il est parti ~*** F und husch, weg war er

subjacent [sybʒasɑ̃] *adj* 1 *couche* darunter liegend 2 *problème* latent, unsichtbar vorhanden; tiefer liegend

subjectif [sybʒɛktif] *adj* ⟨**-ive**⟩ subjektiv (*a* GR *et* PHILOS); persönlich; ichbezogen; *péj* (*partial*) unsachlich

subjectivisme [sybʒɛktivism] *m* Subjektivismus *m* (*a* PHILOS); Ichbezogenheit *f*; *péj a* Unsachlichkeit *f* **subjectiviste** *adj* subjektivistisch **subjectivité** *f* Subjektivität *f* (*a* PHILOS)

subjonctif [sybʒõktif] *m* GR Konjunktiv *m*; Möglichkeitsform *f*; ***~ présent*** Konjunktiv Präsens; ***imparfait*** *m* ***du ~*** Konjunktiv Imperfekt; ***être au ~*** im Konjunktiv stehen; ***mettre au ~*** in den Konjunktiv setzen

subjuguer [sybʒyge] *v/t orateur*: *auditoire etc* fesseln; packen; in s-n Bann schlagen

sublimation [syblimasjõ] *f* CHIM, PSYCH Sublimierung *f*; Sublimation *f*

sublime [syblim] **I** *adj* 1 *beauté*, *spectacle etc* erhaben; erhebend 2 *personne* überragend; bewunderungswürdig **II** *subst* ***le ~*** das Erhabene; *prov* ***du ~ au ridicule il n'y a qu'un pas*** vom Erhabenen zum Lächerlichen ist nur ein Schritt (*prov*)

sublimé [syblime] *m* CHIM Sublimat *n*

sublimer [syblime] *v/t* CHIM, PSYCH sublimieren

subliminal [sybliminal] *adj* ⟨**-aux**⟩ PSYCH unterschwellig; *sc a* subliminal

sublimité [syblimite] *litt f* Erhabenheit *f*

sublingual [syblɛ̃gwal] *adj* ⟨**-aux**⟩ **a)** ANAT sublingual; unter der Zunge liegend; **b)** PHARM *comprimé* unter der Zunge zergehen zu lassen(d)

submerger [sybmɛʀʒe] *v/t* ⟨**-geons**⟩ **1** *fleuve*: *pays etc* unter Wasser setzen; überschwemmen, -fluten; *adjt* ***récif submergé*** unter Wasser liegendes Riff **2** *fig sentiment* ***~ qn*** j-n überwältigen; ***être submergé de travail*** mit Arbeit überhäuft, überlastet sein; *police* ***être submergé par les manifestants*** von den Demonstranten überrannt werden

submersible [sybmɛʀsibl] **I** *adj* überflutbar; Unterwasser… **II** *m* MAR Untersee-, Tauchboot *n*

submersion [sybmɛʀsjõ] *f* **1** Überflutung *f* **2** ***mort f par ~*** Tod *m* durch Ertrinken

subodorer [sybɔdɔʀe] *v/t plais* wittern; (voraus)ahnen

subordination [sybɔʀdinasjõ] *f* **1** Unterordnung *f*, *d'une personne a* Unterstellung *f* (***à qn, qc*** unter j-n, etw) **2** GR Unterordnung *f*; Hypotaxe *f*; ***conjonction f de ~*** unterordnende Konjunktion

subordonné [sybɔʀdɔne] *m* Untergebene(r) *m*

subordonnée [sybɔʀdɔne] *f* GR (*a adjt* ***proposition ~***) Nebensatz *m*; ***~ circonstancielle*** Umstands-, Adverbialsatz *m*

subordonner [sybɔʀdɔne] *v/t* unterordnen, *qn a* unterstellen (***à*** *dat*); *décision, action* abhängig machen (von); *personne* ***être subordonné à qn*** j-m unterstehen; j-m unterstellt, untergeordnet sein; *chose* ***être subordonné à qc*** von etw abhängen; an etw (*acc*) geknüpft sein

subornation [sybɔʀnasjõ] *f* JUR ***~ de témoins*** Zeugenbeeinflussung *f*, -bestechung *f*

suborner [sybɔʀne] *v/t* **1** JUR *témoins* beeinflussen; bestechen **2** *litt jeune fille* verführen **suborneur** *m plais* Verführer *m*

subreptice [sybʀɛptis] *adj* heimlich; versteckt; ***manœuvres** f/pl* ***~s*** geheime Machenschaften *f/pl*

subrepticement [sybʀɛptismɑ̃] *adv* auf Schleichwegen; heimlich; verstohlen

subrogateur [sybʀɔgatœʀ] *m* JUR zweiter Referent, Berichterstatter **subrogation** *f* JUR Surrogation *f*; Einsetzung *f*, Eintreten *n* e-s neuen Berechtigten an die Stelle des alten; *partic* Forderungsabtretung *f*

subrogé [sybʀɔʒe] *adj* JUR ***~ tuteur*** ⟨*f* ***subrogée tutrice***⟩ Gegenvormund *m*

subroger [sybʀɔʒe] *v/t* ⟨**-geons**⟩ ***~ qn à qn*** j-n in j-s Rechte einsetzen; j-m j-s Rechte übertragen

subséquemment [sypsekamɑ̃] *plais adv* daraufhin; infolgedessen

subséquent [sypsekɑ̃] *adj* (nach)folgend

subsides [sybzid, -psid] *m/pl* finanzielle Unterstützung; Zuschüsse *m/pl*; Hilfsgelder *n/pl*; *en Belgique* Subventionen *f/pl*; ***accorder des ~ à qn*** j-m Zuschüsse gewähren

subsidiaire [sybzidjɛʀ, -psi-] *adj* zusätzlich; Zusatz…; Hilfs…; ***question** f* ***~*** Stichfrage *f*

subsidiarité [sybzidjaʀite, -psi-] *f* Subsidiarität *f*

subsistance [sybzistɑ̃s] *f* **1** (Lebens)Unterhalt *m*; ***moyens** m/pl* ***de ~*** Mittel *n/pl* zur Bestreitung des Lebensunterhalts; ***contribuer à la ~ de la famille*** zum Unterhalt der Familie beitragen; ***pourvoir à la ~ de qn*** für j-s (Lebens)Unterhalt aufkommen, sorgen **2** MIL ***service** m* ***des ~s*** Verpflegungs-, Proviantwesen *n*, -amt *n*

subsister [sybziste] *v/i* **1** *chose* weiter bestehen; fortbestehen; (noch) bestehen, existieren, vorhanden sein; ***erreur** f* ***qui subsiste*** Irrtum, der weiter besteht; *impersonnel* ***il ne subsiste plus que quelques ruines*** es bestehen *etc* nur noch einige Ruinen **2** *personne* s-n Lebensunterhalt bestreiten; sein Auskommen finden; existieren

subsonique [sypsɔnik] *adj* TECH, AVIAT Unterschall…

substance [sypstɑ̃s] *f* **1** (*matière*) Substanz *f*; Stoff *m*; ANAT ***~ grise*** graue Substanz; ***~ organique*** organische Substanz **2** *d'un livre, discours* wesentlicher Inhalt; Wesentliche(s) *n*; Substanz *f*; Kern *m*; Gehalt *m*; *loc/adv* ***en ~*** im Wesentlichen; in der Hauptsache; ***voici, en ~, ce qu'il a dit*** er hat im Wesentlichen Folgendes gesagt; *notion* ***vider de sa ~*** aushöhlen **3** PHILOS Substanz *f*

substantialité [sypstɑ̃sjalite] *f* PHILOS Substantialität *f*

substantiel [sypstɑ̃sjɛl] *adj* ⟨**~le**⟩ **1** (*nourrissant*) nahrhaft; kräftig; substanziell **2** (*important*) wesentlich; bedeutend **3** PHILOS substanziell; wesenhaft

substantif [sypstɑ̃tif] *m* GR Substantiv *n*; Haupt-, Dingwort *n*; ***~ verbal*** Verbalsubstantiv *n*

substantifique [sypstɑ̃tifik] *adj plais* ***la ~ moelle*** der geistige Gehalt, *plais* Nährwert

substantivation [sypstɑ̃tivasjõ] *f* LING Substantivierung *f*

substantivement [sypstɑ̃tivmɑ̃] *adv adjectif etc* ***pris ~*** substantivisch, hauptwörtlich gebraucht; in substantivischer, hauptwörtlicher Verwendung

substantiver [sypstɑ̃tive] *v/t* LING substantivieren; *adjt* ***adjectif substantivé*** substantiviertes Adjektiv

substituer [sypstitɥe] **I** *v/t* an die Stelle setzen (***à*** von); ersetzen; ***~ A à B*** A an die Stelle von B setzen; B durch A ersetzen; B gegen A austauschen **II** *v/pr* ***se ~ à*** an die Stelle (+*gén*) treten; ersetzen (+*acc*); *frauduleusement* sich an die Stelle (+*gén*) setzen

substitut [sypstity] *m* **1** JUR (Stell)Vertreter *m* des Staatsanwaltes **2** (*succédané*) Ersatz(stoff) *m*

substitution [sypstitysjõ] *f* **1** Ersetzung *f*, Ersatz *m* (***de A à B*** von B durch A); Vertauschung *f*; Austausch *m*; JUR ***~ d'enfant*** Kindesunterschiebung *f* **2** CHIM, MATH Substitution *f*

substrat [sypstʀa] *m* **1** Substrat *n* (*a* PHILOS *et* LING); Grundlage *f* **2** GÉOL darunter liegende Schicht

subterfuge [syptɛʀfyʒ] *m* List *f*; Trick *m*; ***user d'un ~*** zu e-r List greifen

subtil [syptil] *adj* **1** *personne, remarque, raisonnement* scharf-, feinsinnig; *a péj* subtil; ausgeklügelt; *péj* spitzfindig; ***esprit ~*** subtiler Geist; ***intelligence ~e*** scharfer, durchdringender Verstand; ***interprétation ~e*** feinsinnige Deutung; ***question ~e*** subtile Frage; ***c'est trop ~ pour moi*** das ist mir zu spitzfindig **2** *différence, nuance* fein; subtil; *odeur* fein; zart; einschmeichelnd

subtiliser [syptilize] **I** *v/t* (geschickt) entwenden, F stibitzen (***qc à qn*** j-m etw); verschwinden lassen (***qc*** etw) **II** *v/i st/s et péj* sich in Spitzfindigkeiten ergehen; Haarspalterei betreiben

subtilité [syptilite] *f* **1** *d'une personne* Scharfsinn *m*; *d'un raisonnement* Subtilität *f*; *péj* Spitzfindigkeit *f*; *d'une nuance* Feinheit *f*; Subtilität *f*; ***avec ~*** mit Scharfsinn; scharfsinnig; subtil; *péj* spitzfindig **2** ***~s*** *pl* Feinheiten *f/pl*; Subtilitäten *f/pl*; *péj* Spitzfindigkeiten *f/pl*; ***~s de langage*** sprachliche Feinheiten

subtropical [sybtʀɔpikal, syp-] *adj* ⟨**-aux**⟩ subtropisch; ***zone ~e*** Subtropen *pl*

suburbain [sybyʀbɛ̃] *adj* vorstädtisch; Vorstadt…; Vorort…; ***commune ~e*** Vorortgemeinde *f*

subvenir [sybvəniʀ] *v/t/indir* ⟨→ **venir**; *aber*: **avoir**⟩ ***~ aux besoins de qn*** für j-s Unterhalt aufkommen, sorgen; ***~ aux dépenses, aux frais*** für die Ausgaben, Unkosten aufkommen; die Ausgaben, Unkosten bestreiten

subvention [sybvɑ̃sjõ] *f* Subvention *f*; Zuschuss *m* (aus öffentlichen Mitteln); ***~s à l'exportation*** Ausfuhrsubventionen *f/pl*; ***accorder des ~s à qn*** j-m Subventionen gewähren

subventionnel [sybvɑ̃sjɔnɛl] *adj* ⟨**~le**⟩ ADM Subventions…

subventionner [sybvɑ̃sjɔne] *v/t* subventionieren; (aus öffentlichen Mitteln) unterstützen; bezuschussen; *adjt* ***théâtre subventionné*** subventioniertes Theater

subversif [sybvɛʀsif] *adj* ⟨**-ive**⟩ umstürzlerisch; subversiv; staatsgefährdend; zersetzend; ***guerre subversive*** subversive Aktivitäten *f/pl*; ***menées subversives*** subversive Umtriebe *m/pl*; Wühlarbeit *f*

subversion [sybvɛʀsjõ] *f* Umsturz *m*; Subversion *f*; Zersetzung *f*; ***tentative*** *f* ***de ~*** Umsturzversuch *m*

suc [syk] *m* **1** PHYSIOL, BOT Saft *m*; ***~s digestifs*** Verdauungssäfte *m/pl*; ***~ gastrique*** Magensaft *m* **2** *litt* Substanz *f*; Gehalt *m*

succédané [syksedane] *m* Surrogat *n*, Ersatz *m* (*a fig*) (**de** für); Ersatzmittel *n*; ***~ de café*** Kaffee-Ersatz *m*

succéder [syksede] ⟨**-è-**⟩ **I** *v/t/indir* **1** (*venir après*) ***~ à qc, qn*** auf etw, j-n folgen; ***des prairies succèdent aux champs*** auf Felder folgen Wiesen; ***la déception a succédé à l'espoir*** auf Hoffnung folgte Enttäuschung; ***Louis XIII succéda à Henri IV*** Ludwig XIII. folgte auf Heinrich IV. **2** (*remplacer*) ***~ à qn*** j-s Nachfolge antreten; j-m im Amt nachfolgen; j-s Stelle einnehmen; ***~ à son père à la direction de l'entreprise*** s-m Vater in der Leitung des Betriebes folgen **3** JUR *abs* erben; ***~ à qn*** j-n beerben **II** *v/pr gouvernements, événements etc* ***se*** (*obj/indir*) ***~*** aufeinanderfolgen; ***dans ce commerce ils se succèdent de père en fils depuis toujours*** dieses Geschäft ist schon immer im Familienbesitz; ***les crises se succèdent sans interruption*** *a* e-e Krise löst die andere ab

succès [syksɛ] *m* Erfolg *m*; Gelingen *n*; ***brillant ~*** glänzender Erfolg; ***~ électoral*** Wahlerfolg *m*; F ***~ fou, monstre*** F toller Erfolg; Riesen-, Bombenerfolg *m*; ***~ d'estime*** Achtungserfolg *m*; ***~ en affaires*** geschäftlicher Erfolg; ***~ en amour*** Erfolg in der Liebe; *loc/adj*: ***à ~*** Erfolgs…; ***film*** *m* ***à ~*** Erfolgsfilm *m*; ***couronné de ~*** von Erfolg gekrönt; *loc/adv*: ***avec ~*** erfolgreich; mit Erfolg; ***sans ~*** erfolglos; ohne Erfolg; ***assurer le ~ d'une entreprise*** für das Gelingen e-r Unternehmung sorgen; ***avoir du ~*** *auteur, film, livre* Erfolg haben; erfolgreich sein; *proposition* Anklang, Beifall finden; ***avoir beaucoup de ~*** großen Erfolg haben; sehr erfolgreich sein; ***avoir du ~ auprès des femmes*** bei den Frauen Erfolg haben; *pièce de théâtre etc* ***être un ~*** ein Erfolg sein; ***être sur le chemin du ~*** auf dem Weg zum Erfolg sein; ***obtenir, remporter des ~*** Erfolge erzielen, erringen

successeur [syksesœʀ] *m* **1** Nachfolger(in) *m(f)* **2** (*héritier*) Erbe *m*, Erbin *f*

successif [syksesif] *adj* ⟨**-ive**⟩ aufeinanderfolgend; fortwährend; laufend; wiederholt

succession [syksesjõ] *f* **1** (*suite*) (Aufeinander)-Folge *f*; ***~ ininterrompue*** ununterbrochene Folge; ***la ~ rapide des détonations*** die rasche Aufeinanderfolge der Detonationen; ***une ~ d'incidents*** e-e Folge von Zwischenfällen **2** *dans une fonction* Nachfolge *f*; ***prendre la ~ de qn*** j-s Nachfolge antreten **3** JUR (*transmission de biens*) Erbfolge *f*; ***droit*** *m* ***à la ~*** Erbanspruch *m*; HIST ***la guerre de la Succession d'Espagne*** der Spanische Erbfolgekrieg; ***ouverture*** *f* ***de la ~*** Eintritt *m* des Erbfalls; ***par voie de ~*** auf dem Erbwege **4** JUR (*biens transmis*) Nachlass *m*; Erbschaft *f*; Hinterlassenschaft *f*; ***droits*** *m/pl* ***de ~*** Erbschaftssteuer *f*; ***part*** *f* ***de (la) ~*** Erbteil *n ou m*; Erbanteil *m*; ***recueillir, répudier une ~*** e-e Erbschaft antreten, ausschlagen

successivement [syksesivmɑ̃] *adv* nacheinander; ***passer ~ de la joie à la tristesse*** erst fröhlich, dann traurig sein

successoral [syksesɔʀal] *adj* ⟨**-aux**⟩ JUR Erb(folge)…; ***biens successoraux*** Nachlassvermögen *n*; ***droits successoraux*** Erbschaftssteuer *f*

succinct [syksɛ̃] *adj* ⟨**-cincte** [-sɛ̃t]⟩ knapp; kurz; *exposé, résumé a* gedrängt

succinctement [syksɛ̃tmɑ̃] *adv* kurz und bündig; knapp; in, mit wenigen Worten

succion [sysjõ, syksjõ] *f* Saugen *n*; *d'une plaie* Aussaugen *n*

succomber [sykõbe] *v/i* **1** (*mourir*) sterben; *animal* verenden; ***~ (à ses blessures)*** s-n Verletzungen erliegen; ***~ à la suite d'une fracture du crâne*** e-m Schädelbruch erliegen **2** (*céder*) ***~ à*** erliegen (+*dat*); ***~ au charme de qn*** j-s Zauber (*dat*) erliegen; ***~ à la fatigue*** von Müdigkeit übermannt, überwältigt werden; ***~ à la tentation*** der Versuchung erliegen; *fig* ***~ sous le poids de*** unter der Last (+*gén*) zusammenbrechen **3** *st/s dans une lutte* unterliegen

succulence [sykylɑ̃s] *litt f* köstlicher Geschmack; Schmackhaftigkeit *f* **succulent** *adj mets, repas* köstlich (*a histoire*); schmackhaft; lecker

succursale [sykyʀsal] *f* COMM Filiale *f*; Zweigniederlassung *f*, -geschäft *n*, -betrieb *m*; *d'une banque* Zweigstelle *f*; ***magasin*** *m* ***à ~s multiples*** Ladenkette *f*

sucer [syse] ⟨**-ç-**⟩ **I** *v/t* **1** (*aspirer*) saugen; *insecte*: *nectar* einsaugen; ***~ la moelle d'un os*** das Mark aus e-m Knochen saugen; ***~ une orange, une plaie*** eine Orange, eine Wunde aussaugen; *moustique* ***~ le sang*** Blut saugen **2** *bonbon* lutschen; *comprimé a* im Mund zergehen lassen; ***~ son pouce*** am Dau-

men lutschen **3** F *fig économies* aufbrauchen **II** *v/pr* P *fig* ***se ~ la pomme*** F sich abknutschen
sucette [sysɛt] *f* **1** *en sucre* (Dauer)Lutscher *m* **2** *en caoutchouc* Schnuller *m*; Sauger *m*
suceur [sysœʀ] *m* **~** *ou adjt* ***insecte ~*** ZO Sauger *m*
suçoir [syswaʀ] *m* ZO Saugrüssel *m*
suçon [sysõ] *m* F Knutschfleck *m*
suçoter [sysɔte] *v/t bonbon* lutschen
sucrage [sykʀaʒ] *m du vin* Zuckern *n*
sucrant [sykʀɑ̃] *adj* Süß…; ***pouvoir ~*** Süßkraft *f*
sucre [sykʀ] *m* Zucker *m*; ***un ~*** ein Stück *n* Zucker; CHIM ***~s*** *pl* Zuckerarten *f/pl*; ***~ candi*** Kandis(-zucker) *m*; ***~ cristallisé*** (grober) Kristallzucker *m*; ***~ glace*** Staub-, Puderzucker *m*; ***~ vanillé*** Vanillezucker *m*; ***~ de betterave, de canne*** Rüben-, Rohrzucker *m*; (***bâton*** *m* ***de***) ***~ d'orge*** Zuckerstange *f*; ***~ en morceaux, en poudre*** Würfel-, Streuzucker *m*; F *fig* ***mon petit lapin en ~!*** mein süßes Häschen, Mäuschen!; *adjt* ***confiture*** *f* ***pur ~*** mit reinem Zucker hergestellte Marmelade; *fig*: ***casser du ~ sur le dos de qn*** über j-n herziehen; F ***tu n'es pas en ~!*** sei nicht so zimperlich!; → *a* ***miel*** *1*
sucré [sykʀe] *adj* **1** süß; ***un fruit bien ~*** e-e sehr süße Frucht; *subst* ***préférer le ~ au salé*** lieber Süßes als Gesalzenes essen **2** (*additionné de sucre*) gezuckert; (mit Zucker) gesüßt; ***non ~*** ungezuckert; ***eau ~e*** Zuckerwasser *n* **3** *fig et péj air etc* zucker-, honigsüß; süßlich
sucrer [sykʀe] **I** *v/t* **1** zuckern; (mit Zucker) süßen; ***~ au miel*** mit Honig süßen **2** *abs saccharine etc* süßen **3** F (*supprimer*) streichen **II** *v/pr* F ***se ~*** **1** Zucker nehmen; ***sucrez-vous!*** nehmen Sie (doch) Zucker! **2** *fig* (*se servir*) F sich gesundstoßen; sich (*dat*) die Taschen füllen; F absahnen
sucrerie [sykʀəʀi] *f* **1** ***~s*** *pl* Süßigkeiten *f/pl* **2** Zuckerfabrik *f*
sucrette [sykʀɛt] *f* Süßstoff *m*
sucrier [sykʀije] **I** *adj* ⟨**-ière**⟩ Zucker…; ***betterave sucrière*** Zuckerrübe *f*; ***industrie sucrière*** Zuckerindustrie *f* **II** *m* Zuckerdose *f*
sud [syd] **I** *m* **1** *point cardinal* (*abr* **S.**) Süd(en) *m* (*abr* S); ***vent*** *m* ***du ~*** Südwind *m*; *loc/adv* ***au ~*** im Süden, südlich (***de*** von *ou* +*gén*); ***au ~ de la Loire*** südlich der Loire; ***plus au ~*** weiter im Süden, südlich; ***en direction du ~, vers le ~*** in südlicher Richtung; südwärts; nach, gegen, *poét* gen Süden **2** *d'un pays, d'une ville etc* ***le Sud*** der Süden; ***l'Afrique*** *f*, ***l'Amérique du Sud*** Südafrika *n*, -amerika *n*; ***les mers*** *f/pl* ***du Sud*** die Südsee; ***dans le Sud de l'Europe*** im Süden Europas; in Südeuropa; ***dans le ~ de Paris*** im Süden von Paris; in Paris Süd **II** *adj* ⟨*inv*⟩ südlich; Süd…; ***la banlieue ~*** die südlichen Vororte *m/pl*; ***côte*** *f* ***~*** Südküste *f*
sud-africain [sydafʀikɛ̃] **I** *adj* südafrikanisch **II** *subst* ***Sud-Africain(e)*** *m(f)* Südafrikaner(in) *m(f)*
sud-américain [sydameʀikɛ̃] **I** *adj* südamerikanisch **II** *subst* ***Sud-Américain(e)*** *m(f)* Südamerikaner(in) *m(f)*
sudation [sydasjõ] *f* (starkes) Schwitzen
sud-coréen [sydkɔʀeɛ̃] *adj* ⟨**~ne**⟩ südkoreanisch
sud-est [sydɛst] **I** *m* **1** *direction* Südost(en) *m*; ***vent*** *m* ***du ~*** Südost(wind) *m* **2** *d'un pays* ***le Sud-Est*** der Südosten; GÉOGR ***le Sud-Est asiatique*** Südostasien *n* **II** *adj* ⟨*inv*⟩ südöstlich; Südost…
Sudètes [sydɛt] GÉOGR ***les ~*** *m/pl* die Sudeten *pl*
sudiste [sydist] HIST U.S.A. **I** ***Sudiste*** *m,f* Südstaatler(in) *m(f)* **II** *adj* der Südstaaten
sudoku [sudoku] *m* Sudoku *n*; ***jouer au ~*** Sudokus *ou* ein Sudoku lösen
sudorifique [sydɔʀifik] *adj* PHARM schweißtreibend
sudoripare [sydɔʀipaʀ] *adj* ***glandes*** *f/pl* ***~s*** Schweißdrüsen *f/pl*
sud-ouest [sydwɛst] **I** *m* **1** *direction* Südwest(en) *m*; ***vent*** *m* ***du ~*** Südwest(wind) *m* **2** *d'un pays* ***le Sud-Ouest*** der Südwesten; *en France* Südwestfrankreich *n*; der Südwesten Frankreichs **II** *adj* ⟨*inv*⟩ südwestlich; Südwest…
sud-sud-est [sydsydɛst] *m* Südsüdost(en) *m* **sud-sud-ouest** *m* Südsüdwest(en) *m*
sud-vietnamien [sydvjɛtnamjɛ̃] *adj* ⟨**~ne**⟩ südvietnamesisch
Sue [sy] ***Eugène ~*** *frz Romanschriftsteller*
suède [sɥɛd] *m* Chairleder *n*
Suède [sɥɛd] ***la ~*** Schweden *n*
suédé [sɥede] *adj* chairlederartig **suédine** *f* TEXT Wildlederimitation *f*
suédois [sɥedwa] **I** *adj* schwedisch **II** *subst* **1** ***Suédois(e)*** *m(f)* Schwede *m*, Schwedin *f* **2** LING ***le ~*** das Schwedische; Schwedisch *n*
suée [sɥe] F *f* Schweißausbruch *m*; ***ça m'a donné une ~*** mir brach der Angstschweiß aus; ***piquer une ~*** F ganz schön ins Schwitzen kommen
suer [sɥe] **I** *v/t* **1** *mur*: *humidité* ausschwitzen; ***~ du sang*** Blut schwitzen; *fig* ***~ sang et eau*** sich mächtig anstrengen, ins Zeug legen **2** *st/s* (*respirer*) ***~ l'ennui*** Langeweile verbreiten; ***~ l'orgueil*** von Hochmut erfüllt sein **II** *v/i* **1** (*transpirer*) schwitzen; → *a* ***goutte***[1] *I 1* **2** F *fig* ***faire ~ qn*** j-m auf die Nerven, F auf den Geist gehen, auf den Wecker fallen; ***ça me fait ~*** F *a* das stinkt mir; ***se faire ~*** F sich entsetzlich langweilen; sich mopsen **3** *plâtres etc* schwitzen
sueur [sɥœʀ] *f* Schweiß *m*; ***~s abondantes*** Schweißausbrüche *m/pl*; ***~ froide*** Angstschweiß *m*; kalter Schweiß; ***cela vous donne des ~s froides*** dabei bricht einem der Angstschweiß aus; ***goutte*** *f* ***de ~*** Schweißtropfen *m*; *loc/adj* ***en ~, trempé, baigné, ruisselant, couvert de ~*** in Schweiß gebadet; schweißgebadet, -triefend, -bedeckt; *fig* ***s'engraisser de la ~ du peuple*** sich auf Kosten des Volkes bereichern; das Volk aussaugen
Suez [sɥɛz] GÉOGR Suez *ou* Sues *n*; ***le canal de ~*** der Suezkanal
suffire [syfiʀ] ⟨**je suffis, il suffit, nous suffisons; je suffisais; je suffis; je suffirai; que je suffise; suffisant; suffi**⟩ **I** *v/i et v/t/indir* **1** genügen, (aus-, hin-, zu)reichen, F langen (***à qn*** j-m; ***pour qc*** für etw; ***à, pour*** +*inf* um zu +*inf*); ***cela suffit*** das genügt, reicht; F ***ça suffit comme ça*** F so reichts; so ists genug; ***merci, cela me suffit*** danke, es reicht, es genügt; ***sa famille lui suffit*** er geht in s-r Familie auf; s-e Familie füllt ihn aus; ***son salaire ne lui suffit pas*** sein Gehalt reicht nicht aus; er kommt mit s-m Gehalt nicht aus; ***cela suffit à mon bonheur*** ich bin damit zufrieden; mehr brauche ich nicht (F zu meinem Glück); ***un seul peut ~*** einer reicht, genügt wohl, ist wohl genug **2** *personne* ***~ à ses besoins*** für s-e Bedürfnisse aufkommen; s-n Unterhalt bestreiten **II** *v/imp* ***il suffit de*** (+*inf*) *ou* ***que …*** (+*subj*) es genügt, reicht, zu (+*inf*) *ou* dass … *ou*

S

wenn …; il vous suffira de le lui dire Sie brauchen es ihm nur zu sagen; il suffit d'une fois einmal genügt; il suffit d'un rien es genügt e-e Kleinigkeit III v/pr se ~ à soi-même sich (dat) selbst genügen; niemand(en) brauchen; auf eigenen Füßen stehen

suffisamment [syfizamɑ̃] adv aus-, hinreichend; genügend; genug; hinlänglich; p/fort zur Genüge; sattsam; ~ d'argent genügend, ausreichend Geld; avoir ~ à manger ausreichend, genügend, genug zu essen haben

suffisance [syfizɑ̃s] f Selbstgefälligkeit f; Dünkel m; Süffisanz f

suffisant [syfizɑ̃] adj 1 aus-, hinreichend, genügend (pour qc für etw; pour +inf um zu +inf; pour que … +subj damit …); en quantité ~e in ausreichender Menge; c'est amplement, largement ~ das ist völlig ausreichend; das reicht vollauf; c'est plus que ~ das ist mehr als genug 2 personne, air, ton selbstgefällig; dünkelhaft; eingebildet; süffisant

suffixal [syfiksal] adj ⟨-aux⟩ GR Suffix… **suffixation** f GR Ableitung f durch Suffixe

suffixe [syfiks] m GR Suffix n; Nachsilbe f **suffixer** v/t GR mit e-m Suffix versehen; suffigieren

suffocant [syfɔkɑ̃] adj 1 atmosphère, chaleur zum Ersticken; stickig; erstickend 2 fig (étonnant) verblüffend; höchst erstaunlich **suffocation** f Atemnot f; Ersticken n

suffoquer [syfɔke] I v/t ~ qn j-m den Atem nehmen, fig verschlagen II v/i 1 keine Luft mehr bekommen; fast ersticken 2 fig ~ de colère, d'indignation vor Zorn, vor Empörung fast ersticken

suffrage [syfʀaʒ] m 1 (scrutin) Wahl f; Stimmabgabe f; ~ restreint, universel beschränktes, allgemeines Wahlrecht; élire au ~ direct in direkter Wahl wählen 2 (voix) (Wahl)Stimme f; ~s exprimés abgegebene Stimmen f/pl; à la majorité des ~s mit Stimmenmehrheit; obtenir, recueillir la majorité des ~s die Mehrheit der Stimmen erhalten, auf sich (acc) vereinigen 3 fig ~s pl Beifall m; remporter tous les ~s allgemein Beifall finden

suffragette [syfʀaʒɛt] f HIST Suffragette f; Frauenrechtlerin f

suggérer [sygʒeʀe] v/t ⟨-è-⟩ 1 (proposer) ~ qc à qn j-m etw nahelegen, vorschlagen; ~ qc a etw anregen; ~ une idée à qn j-m e-n Gedanken eingeben; j-n auf e-n Gedanken bringen 2 sentiment, idée hervorrufen; denken lassen an (+acc) 3 en influençant ~ qc à qn j-m etw (ein)suggerieren, einflüstern, einreden

suggestibilité [sygʒɛstibilite] f PSYCH Suggestibilität f; Beeinflussbarkeit f **suggestible** adj PSYCH suggestibel; beeinflussbar

suggestif [sygʒɛstif] adj ⟨-ive⟩ 1 paroles, musique suggestiv; von suggestiver Wirkung 2 déshabillé, pose (sinnlich) aufreizend

suggestion [sygʒɛstjõ] f 1 (proposition) Anregung f; Vorschlag m; Empfehlung f 2 PSYCH Suggestion f

suggestionner [sygʒɛstjɔne] v/t ~ qn e-e suggestive Wirkung auf j-n ausüben

suicidaire [sɥisidɛʀ] adj comportement selbstmörderisch (a fig entreprise); personne suizidgefährdet

suicide [sɥisid] m 1 Selbstmord m; Freitod m; ADM Selbsttötung f; sc Suizid m ou n; fig ~ moral Selbstaufgabe f; tentative f de ~ Selbstmordversuch m; rouler à cette vitesse, c'est un vrai ~ das ist glatter Selbstmord 2 adjt fig Selbstmord…; selbstmörderisch; commando m ou mission f ~ Selbstmord-, F Himmelfahrtskommando n

suicidé(e) [sɥiside] m(f) Selbstmörder(in) m(f)

suicider [sɥiside] v/pr se ~ Selbstmord begehen, verüben; sich (dat) das Leben nehmen

suie [sɥi] f Ruß m

suif [sɥif] m Talg m

sui generis [sɥiʒeneʀis] loc/adj von eigener, besonderer Art; sui generis

suint [sɥɛ̃] m Wollfett n; Wollschweiß m

suintement [sɥɛ̃tmɑ̃] m 1 a) d'un liquide (Aus)Sickern n; b) liquide aus-, durchgesickerte Flüssigkeit 2 d'un mur Schwitzen n; d'une plaie Nässen n

suinter [sɥɛ̃te] v/i 1 liquide (aus-, durch)sickern 2 mur schwitzen; plaie nässen

suis[1] [sɥi] → être[1]

suis[2] [sɥi] → suivre

Suisse [sɥis] la ~ die Schweiz

suisse [sɥis] I adj schweizerisch; Schweizer; franc m ~ Schweizer Franken m; au Vatican garde f ~ Schweizergarde f II subst 1 Suisse m,f Schweizer(in) m(f) 2 m ÉGL CATH Kirchendiener m; Küster m; Schweizer m 3 F manger, boire en ~ für sich allein essen, trinken 4 petit ~ kleiner, runder Doppelrahmfrischkäse

Suissesse [sɥisɛs] iron f Schweizerin f

suite [sɥit] f 1 Folge f; avoir des ~s fâcheuses unangenehme, fatale Folgen haben; ce projet n'a pas eu de ~s dieses Vorhaben ist nicht verwirklicht, realisiert worden; avoir de la ~ dans les idées konsequent, beharrlich, hartnäckig sein Ziel verfolgen; ADM donner ~ à une demande e-m Antrag stattgeben; faire ~ à qc auf etw (acc) folgen; e-r Sache (dat) folgen; faisant ~ à im Anschluss an (+acc); mourir des ~s d'un accident an den Folgen e-s Unfalls sterben; prendre la ~ de qn j-s Nachfolge antreten; tenir des propos sans ~ unzusammenhängende, zusammenhang(s)lose Reden führen; zusammenhang(s)los (daher)reden; ♦ loc/adv: à la ~, de ~ nach-, hintereinander; trois fois de ~ dreimal hinter-, nacheinander; tout de ~, F de ~ sofort; gleich; st/s sogleich; alsbald; par la ~ in der Folge; nachher; später; im weiteren Verlauf; ♦ loc/prép: à la ~ de a) relatif au temps nach (+dat); im Anschluss an (+acc); b) (derrière) hinter (+dat); c) (à cause de) infolge (+gén); aufgrund von (ou +gén); auf (+acc) hin; COMM ~ à votre lettre in Beantwortung Ihres Schreibens; auf Ihr Schreiben hin; ~ à votre commande in Erledigung Ihres Auftrags; par ~ de infolge (+gén); aufgrund von (ou +gén); durch; wegen (+gén, F +dat) 2 d'un roman, d'une affaire etc Fortsetzung f; au restaurant la ~ der folgende Gang; la ~ au prochain numéro Fortsetzung folgt (a fig); Fortsetzung im nächsten Heft; COMM article m sans ~ Artikel, der nicht nachgeliefert wird; loc/adv et ainsi de ~ und so weiter (abr usw.); und so fort (abr usf.); und dergleichen mehr (abr u. dgl. m.); attendons la ~ warten wir ab, wie es weitergeht; warten wir das Weitere ab 3 (série) (Aufeinander)Folge f; Reihe f; une ~ d'incidents e-e Folge, Reihe von Zwischenfällen 4 (escorte) Gefolge n; Suite f 5 MUS Suite f 6 MATH Folge f 7 dans un hôtel Suite f; Zimmerflucht f

suivant [sɥivɑ̃] **I** *adj* folgende(r, -s); nach-, nächstfolgende(r, -s); nächste(r, -s); *dans un texte a* nachstehende(r, -s); ***le dimanche ~*** a) der (darauf)folgende Sonntag; b) *loc/adv* am darauf folgenden Sonntag; am Sonntag darauf; *loc/adv* ***la fois ~e*** beim folgenden, nächsten Mal; *subst: chez le médecin etc* ***au ~!*** der Nächste, bitte!; ***je descends à la ~e*** ich steige an der nächsten (Station) aus; ***dans ces pages et dans les ~es*** auf diesen und den folgenden Seiten **II** *prép* **1** (*conformément à*) nach, gemäß, entsprechend (*+dat*); ***~ son habitude*** nach s-r Gewohnheit; s-r Gewohnheit nach, gemäß, entsprechend; ***~ un plan, programme établi*** planmäßig, programmgemäß **2** (*selon*) je nach (*+dat*); ***~ le(s) cas*** je nach Fall; *décider a* von Fall zu Fall; ***~ les circonstances, le temps*** je nach den Umständen, dem Wetter **III** *loc/conj* ***~ que …*** je nachdem, ob …

suivante [sɥivɑ̃t] *f autrefois* Dienerin *f*; Zofe *f*; Begleiterin *f*; THÉ *a* Vertraute *f*

suiveur [sɥivœʀ] *m* TOUR DE FRANCE Begleiter *m*

suivi [sɥivi] **I** *adj* **1** *effort, travail* fortgesetzt; fortlaufend; beständig; anhaltend; *conversation* intensiv; *correspondance, relations* regelmäßig; ***très ~*** *procès, émission* viel beachtet; *exemple, mode* viel befolgt; COMM: ***article ~*** Artikel, der dauernd hergestellt *ou* verkauft wird; ***qualité ~e*** gleichbleibend gute Qualität **2** *raisonnement* zusammenhängend; folgerichtig **II** *m* Weiterverfolgung *f*; *d'un malade* (weitere) Betreuung; TECH Folgeüberwachung *f*; ***~ de la clientèle*** Kundenbetreuung *f*; ***assurer le ~*** *d'une affaire* weiterverfolgen; *d'un produit* weiterhin herstellen *ou* verkaufen

suivisme [sɥivism] *m* unkritische Nachahmung; Mitläufertum *n* **suiviste** *m,f* unkritischer Nachahmer, unkritische Nachahmerin; Mitläufer(in) *m(f)*

suivre [sɥivʀ] ⟨**je suis, il suit, nous suivons**; **je suivais**; **je suivis**; **je suivrai**; **que je suive**; **suivant**; **suivi**⟩ **I** *v/t* **1** (*aller derrière*) ***~ qn*** j-m folgen; *à pied a* hinter j-m hergehen, -laufen; j-m nachgehen; *en voiture a* hinter j-m herfahren; j-m nachfahren; ***suivez le guide!*** folgen Sie dem Führer!; ***je vous suis*** ich komme (gleich) nach; ***vos bagages vous suivront*** Ihr Gepäck kommt nach; ***~ qn de près, de loin*** j-m dicht, von Weitem folgen; dicht, von Weitem hinter j-m hergehen *ou* -fahren; *par ext* ***~ qn, qc (du regard, des yeux)*** j-n, etw mit den Blicken verfolgen; j-m, e-r Sache nachblicken, -schauen; *marche moins vite*, ***je n'arrive pas à te ~*** ich komme nicht mit; *courrier* ***faire ~*** nachsenden, -schicken; *p/p* ***suivi de ses amis*** gefolgt von s-n Freunden; *loc* ***qui m'aime me suive!*** wer mich lieb hat, folge mir! **2** (*accompagner*) ***~ qn*** j-n begleiten; (mit j-m) mitkommen; ***~ un cortège*** in e-m Zug mitgehen; ***~ qn jusqu'au bout du monde*** mit j-m bis ans Ende der Welt gehen; ***~ qn par la pensée*** im Geiste, in Gedanken bei j-m sein; ***si vous voulez bien me ~!*** wenn Sie bitte mitkommen wollen! **3** (*filer*) ***~ qn*** j-n beschatten; ***faire ~ qn par un détective*** j-n von e-m Detektiv beschatten lassen **4** *relatif au temps, dans un ordre donné* **a)** *abs* folgen; ***suivait une longue explication*** es folgte e-e lange Erklärung; ***comme suit*** wie folgt; ***dans les jours qui suivirent*** an den folgenden Tagen; **b)** ***~ qc*** auf etw (*acc*) folgen; e-r Sache (*dat*) folgen; sich e-r Sache (*dat*) anschließen; ***les pages qui suivent l'introduction*** die auf die Einleitung *ou* die der Einleitung folgenden Seiten; ***le concert fut suivi d'un bal*** auf das Konzert folgte ein Ball **5** (*prendre*) *un chemin, une route* folgen (*+dat*); gehen *ou* fahren; ***la route suit le canal*** die Straße folgt dem Kanal, führt am Kanal entlang; ***en suivant cette direction …*** wenn Sie dieser Richtung folgen, in dieser Richtung (weiter)gehen …; *par ext* ***~ son idée*** s-n Gedanken verfolgen; an s-m Gedanken festhalten; *police* ***~ une piste*** e-e Spur verfolgen; e-r Spur (*dat*) nachgehen; *fig* ***~ une politique*** e-e Politik verfolgen **6** (*obéir à*) folgen (*+dat*); Folge leisten (*+dat*); befolgen; sich richten nach; sich halten an (*+acc*); ***~ qn*** sich j-m anschließen; mitmachen (*abs*); *verbe* ***~ la première conjugaison*** nach der ersten Konjugation gehen; ***~ un conseil*** e-m Rat folgen; e-n Rat befolgen, beherzigen; ***~ l'exemple de qn*** j-s Beispiel folgen; ***exemple** m **à ~*** nachahmenswertes Beispiel; ***~ l'impulsion du moment*** e-m Impuls folgen; ***~ la mode*** mit der Mode gehen; ***~ ses penchants*** s-n Neigungen folgen; ***~ un régime*** Diät halten; ***~ un traitement*** sich behandeln lassen; sich e-r Behandlung unterziehen; ***~ la voix de la raison*** der Stimme der Vernunft folgen **7** (*être attentif à*) *une émission, une conversation* (aufmerksam, genau) verfolgen; *en lisant* mitlesen; ***~ l'actualité*** das Zeitgeschehen verfolgen; *maître* ***~ un élève*** e-n Schüler im Auge behalten; sich e-m Schüler widmen; *médecin* ***~ un malade*** e-n Patienten überwachen, nachbehandeln, (nach)betreuen; ***suivez-moi bien!*** passen Sie gut auf!; ***c'est une affaire à ~*** das ist e-e Sache, die man im Auge behalten sollte; ***à ~*** Fortsetzung folgt **8** (*comprendre*) mitkommen; folgen können; ***je ne suis pas votre raisonnement*** ich kann Ihrer Überlegung nicht folgen; ich komme bei Ihrer Überlegung nicht mit; ***vous me suivez?*** kommen Sie mit?; können Sie mir folgen?; *abs* ***cet élève suit bien*** dieser Schüler kommt gut mit **9** (*assister à*) ***~ un, des cours*** an e-m Kurs teilnehmen; e-n Kurs besuchen; Unterricht, Stunden nehmen; UNIVERSITÉ Vorlesungen hören, besuchen **10** COMM *article* dauernd herstellen, verkaufen, führen **II** *v/imp* ***il s'en suit que …*** → ***ensuivre*** **III** *v/pr* ***se ~*** **1** einander folgen; hintereinandergehen *ou* -fahren *ou* -fliegen; hintereinander hergehen *ou* herfahren *ou* herfliegen; *voitures* ***se ~ de trop près*** zu dicht auffahren **2** *relatif au temps, dans un ordre donné* aufeinanderfolgen; *lettres* ***se ~ de près*** kurz hintereinanderkommen; unmittelbar aufeinanderfolgen

sujet [syʒɛ] **I** *adj* ⟨**~te**⟩ **1** ***~ à qc*** für *ou* gegen etw anfällig; zu etw neigend; ***un homme ~ à de violentes colères*** ein zu heftigen Zornausbrüchen neigender Mensch; ***il est ~ au mal de mer*** er wird leicht seekrank; ***elle est ~te aux migraines*** sie ist anfällig für Migräne **2** *information* ***~ à caution*** nicht verbürgt; unzuverlässig; *vérité* ***~ à discussion*** umstritten; nicht bewiesen **II** *m* **1** Thema *n*; Gegenstand *m*; *d'une œuvre littéraire a* Stoff *m*; Vorwurf *m*; *d'une œuvre artistique a* Sujet *n*; ***un bon ~, un ~ en or*** ein dankbares Thema; ***~ de conversation*** Gesprächsgegenstand *m*, -thema *n*; ***~ de discussion, de dissertation*** Diskussions-, Aufsatzthema *n*; ***~ de dispute*** Thema des Streites; ***~ de méditation*** Thema zum Nachdenken; *loc/prép*: ***au ~ de*** hin-

S

sichtlich (*+gén*); über (*+acc*); wegen (*+gén*, F *dat*); ***une discussion au ~ de l'art moderne*** e-e Diskussion über moderne Kunst; ***des reproches au ~ de sa conduite*** Vorwürfe wegen, hinsichtlich s-s Verhaltens; *loc/adv*: ***à ce ~*** diesbezüglich; darüber; hierüber; deswegen; ***c'est à quel ~?*** worum geht es?; ***sur ce ~*** über dieses Thema; ***aborder un ~*** ein Thema anschneiden, zur Sprache bringen; ***changer de ~*** das Thema wechseln; ***entrer dans le vif du ~*** zum Kern der Sache kommen, vorstoßen; *st/s* in medias res gehen; ***passer d'un ~ à l'autre*** von e-m Thema zum andern springen; ***traiter un ~*** ein Thema behandeln **2** MUS Thema *n* **3** GR Subjekt *n*; Satzgegenstand *m*; ***inversion*** *f* ***du ~*** Inversion *f*; *adjt* ***pronom*** *m* ***~*** als Subjekt stehendes Pronomen **4** PHILOS Subjekt *n* **5** (*motif*) Anlass *m*; Grund *m*; Ursache *f*; ***~ de mécontentement*** Anlass, Grund zur Unzufriedenheit **6** (*individu*) Person *f*; *péj* Subjekt *n*; ***brillant ~*** hervorragender, glänzender Schüler; *enfant* ***mauvais ~*** Taugenichts *m*; Schlingel *m*; LING ***~ parlant*** Sprechende(r) *m*; BIOL, MÉD ***~ (d'expérience)*** Versuchsperson *f ou* -tier *n* **7** *d'un souverain* Untertan *m*; ***un ~ britannique*** ein britischer Staatsangehöriger

sujétion [syʒesjõ] *f* **1** *st/s d'un pays, d'un peuple* Unterwerfung *f*; Abhängigkeit *f* **2** *fig* (*contrainte*) Last *f*; lästiger Zwang

sulfamide [sylfamid] *m* PHARM Sulfonamid *n*

sulfatage [sylfataʒ] *m* VIT, AGR Spritzen *n*, Spritzung *f* mit Kupferkalkbrühe

sulfate [sylfat] *m* CHIM Sulfat *n*; ***~ de cuivre*** Kupfersulfat *n*, -vitriol *n*

sulfater [sylfate] *v/t* VIT mit Kupferkalkbrühe spritzen **sulfateuse** *f* **1** VIT (Vitriol)Spritze *f* **2** *arg militaire* (*mitraillette*) F Kugelspritze *f*

sulfurage [sylfyʀaʒ] *m* VIT Bodenentseuchung *f* mit Schwefelkohlenstoff **sulfuration** *f* CHIM Verbindung *f* mit Schwefel; Umwandlung *f* in e-e Schwefelverbindung

sulfure [sylfyʀ] *m* CHIM Sulfid *n*; Schwefelverbindung *f*; ***~ de carbone*** Schwefelkohlenstoff *m*

sulfuré [sylfyʀe] *adj* CHIM Schwefel…; ***hydrogène ~*** Schwefelwasserstoff *m*

sulfurer [sylfyʀe] *v/t* VIT mit Schwefelkohlenstoff behandeln

sulfureux [sylfyʀø] *adj* ⟨**-euse**⟩ **1** CHIM ***anhydride, gaz ~*** Schwefeldioxid *n* **2** *fig* dämonisch; unheimlich

sulfurique [sylfyʀik] *adj* CHIM ***acide*** *m* ***~*** Schwefelsäure *f*

sulfurisé [sylfyʀize] *adj* ***papier ~*** Pergament-, Butterbrotpapier *n*

sulky [sylki] *m* TURF Sulky ['salki] *n*

Sully [sy(l)li] *Minister Heinrichs IV.*

Sulpice [sylpis] *m saint* Sulpicius *m*

sultan [syltɑ̃] *m* Sultan *m*

sultanat [syltana] *m* Sultanat *n*

sumérien [symeʀjɛ̃] *adj* ⟨**~ne**⟩ HIST sumerisch

summum [sɔ(m)mɔm] *m* Höhepunkt *m*; Gipfel *m*; höchster Grad; ***le ~ de la perfection*** die höchste Vollendung; ***être au ~ de la gloire*** auf dem Gipfel, Höhepunkt des Ruhms angelangt sein

sumo [symo] *m* **1** *sport* Sumo *n*; ***lutteur*** *m* ***de ~*** Sumoringer *m* **2** *personne* Sumoringer *m*

sumotori [symɔtɔʀi] *m* Sumoringer *m*

sunlight [sœnlajt] *m* CIN Jupiterlampe *f*

sunnite [synit] REL **I** *adj* sunnitisch **II** *m/pl* ***~s*** Sunniten *m/pl*

sup [syp] *adj* ⟨*inv*⟩ F *abr* (*supplémentaire*) ***heures*** *f/pl* ***~*** Überstunden *f/pl*

super [sypɛʀ] **I** *m abr* (*supercarburant*) Super *n*; ***prendre vingt litres de ~*** zwanzig Liter Super tanken **II** *adj* ⟨*inv*⟩ F super (*inv*); spitze

super… [sypɛʀ] *préfixe* super…, Super… (*a* F); über…; Über…; → *les articles suivants*

superbe [sypɛʀb] **I** *adj* prächtig; prachtvoll; herrlich; strahlend schön; *iron* ***~ d'indifférence*** von einmaliger Gleichgültigkeit; ***avoir une mine ~*** blendend aussehen; ***il fait un temps ~*** es ist herrliches, strahlendes Wetter **II** *litt f* Hochmut *m*; *litt* Hoffart *f*

supercarburant [sypɛʀkaʀbyʀɑ̃] *m* Superbenzin *n*

superchampion *m* SPORTS vielfacher Meister

supercherie [sypɛʀʃəʀi] *f* Betrug *m*; Täuschung *f*; Vortäuschung *f*, Vorspiegelung *f* falscher Tatsachen

supérette [sypeʀɛt] *f* (kleinerer) Supermarkt

superfétatoire [sypɛʀfetatwaʀ] *litt adj* überflüssig; unnütz

superficialité [sypɛʀfisjalite] *f rarement* Oberflächlichkeit *f*

superficie [sypɛʀfisi] *f* Fläche *f*; (*aire*) Flächeninhalt *m*; *d'un solide* Oberfläche *f* (*a fig*); ***la ~ d'un pays*** die Fläche e-s Landes; ***mesurer la ~ d'un champ*** die Fläche e-s Feldes (ver)messen

superficiel [sypɛʀfisjɛl] *adj* ⟨**~le**⟩ **1** *brûlure, blessure* oberflächlich **2** *personne, travail, connaissances* oberflächlich; *personne a* seicht; *de qn* ***esprit ~*** Oberflächlichkeit *f*

superflu [sypɛʀfly] **I** *adj* überflüssig; unnötig; ***dépense ~e*** unnötige Ausgabe; *par ext* ***poils ~s*** unerwünschte Haare *npl* **II** *subst* ***le ~*** das Überflüssige

supergrand [sypɛʀgʀɑ̃] *m* POL Supermacht *f*

super-huit [sypɛʀɥit] *m* ⟨*inv*⟩ PHOT Super-acht-Film *ou* Super-8-Film *m*

supérieur [sypeʀjœʀ] **I** *adj* **1** *localement* obere(r, -s); Ober…; *d'un fleuve* ***cours ~*** Oberlauf *m*; ***les étages ~s*** die oberen Stockwerke *n/pl*; ***lèvre, mâchoire ~e*** Oberlippe *f*, -kiefer *m* **2** *dans un ordre donné* **a)** höhere(r, -s); ***animaux ~s*** höhere Tiere *n/pl*; ***autorité ~e*** vorgesetzte Behörde; ***cadres ~s*** leitende Angestellte *m/pl*; ***classes ~es de la société*** höhere, obere Gesellschaftsklassen *f/pl*; ***l'échelon ~*** die nächsthöhere Stufe; ***enseignement ~*** *ou subst* ***~*** *m* Hochschulwesen *n*; Hochschulen *f/pl*; ***intérêt ~*** höheres Interesse; ***considérations*** *f/pl* ***d'ordre ~*** übergeordnete Erwägungen *f/pl*; **b)** ***~ à qc*** höher als etw; ***note ~e à la moyenne*** über dem Durchschnitt liegende, überdurchschnittliche Note; ***température ~e à la normale*** höhere als die Normaltemperatur; ***être ~ à*** *dans une hiérarchie* stehen über (*+dat*); höher stehen als; *température etc* liegen über (*+dat*) **3** (*dominant*) **a)** überlegen; ***air, ton ~*** überlegene Miene, überlegener Ton; ***intelligence ~e*** überlegene, überragende Intelligenz; ***qualité ~e*** Spitzenqualität *f*; ***être ~ en nombre*** zahlenmäßig überlegen sein; in der Überzahl, *adversaire a* in der Übermacht sein; ***être ~ en tout*** in allem überlegen sein; **b)** ***~ à qn, à qc*** j-m, e-r Sache überlegen (***par son intelligence*** an Intelligenz); ***être ~ à qn, à qc*** *a* j-n, etw übertreffen, überragen;

se croire ~ aux autres sich den anderen überlegen dünken **4** MATH **~ *à*** größer als **II** *subst* **1** **~(*e*)** *m(f)* Vorgesetzte(r) *f(m)*; **~ *hiérarchique*** Dienstvorgesetzte(r) *m* **2** REL **~(*e*)** *m(f) ou adjt* ***père ~, mère ~e*** Superior *m*, Superiorin *f*; Oberin *f*

supérieurement [sypeʀjœʀmɑ̃] *adv* **~ *intelligent, doué*** hochintelligent; hochbegabt

supériorité [sypeʀjɔʀite] *f* Überlegenheit *f*, Übergewicht *n*, Superiorität *f* (***sur*** über *+acc*); MIL **~ *aérienne*** Luftüberlegenheit *f*; **~ *écrasante*** haushohe Überlegenheit; *d'un ennemi a* erdrückende Übermacht; **~ *intellectuelle*** geistige Überlegenheit; **~ *numérique*** zahlenmäßige Überlegenheit; Überzahl *f*; *d'un adversaire a* Übermacht *f*; ***air*** *m* ***de ~*** überlegene Miene; GR ***comparatif*** *m* ***de ~*** Komparativ *m* des höheren Grades; mit „plus" gebildeter Komparativ; ***sentiment*** *m* ***de ~*** Überlegenheitsgefühl *n*; ***avoir le sentiment de sa ~*** sich überlegen fühlen

superlatif [sypɛʀlatif] GR **I** *m* Superlativ *m*; zweite Steigerungsstufe; Höchst-, Meiststufe *f*; **~ *absolu*** absoluter Superlativ; Elativ *m*; **~ *relatif*** (relativer) Superlativ; **~ *relatif d'infériorité, de supériorité*** Superlativ des niedrigsten, höchsten Grades; ***adjectif*** *m* ***au ~*** im Superlativ stehendes Adjektiv **II** *adj* ⟨**-ive**⟩ superlativisch

superman [sypɛʀman] *m* ⟨*pl* **-men** [-mɛn]⟩ **1** *de bandes dessinées* Superman ['sju-] *m* **2** *fig* Supermann *m*; Übermensch *m*

supermarché [sypɛʀmaʀʃe] *m moins de 1000 m²* Supermarkt *m*; *plus de 1000 m²* Verbrauchermarkt *m* **supernova** *f* ASTR Supernova *f* **superpétrolier** *m* Supertanker *m* **superphosphate** *m* CHIM, AGR Superphosphat *n*

superposable [sypɛʀpozabl] *adj* MATH deckungsgleich; kongruent

superposé [sypɛʀpoze] *adj* übereinander-, aufeinanderliegend; ***lits ~s*** Etagenbett *n*; ***être ~*** übereinander-, aufeinanderliegen

superposer [sypɛʀpoze] **I** *v/t* übereinander-, aufeinanderlegen, -setzen, -stellen; (auf)stapeln **II** *v/pr* **a)** *réciproquement* ***se ~*** sich überlagern (*a fig influences etc*); **b)** (***venir***) ***se ~ à qc*** etw überlagern

superposition [sypɛʀpozisjõ] *f* **1** *action* Übereinander-, Aufeinanderlegen *n*, -stellen *n*, -setzen *n* **2** *état* Überlagerung *f* (*a fig*); Übereinanderliegen *n*, -lagern *n*

superproduction [sypɛʀpʀɔdyksjõ] *f* CIN Monumentalfilm *m* **superpuissance** *f* POL Supermacht *f*

supersonique [sypɛʀsɔnik] *adj* Überschall...; ***avion*** *m* **~** *ou subst* **~** *m* Überschallflugzeug *n*; ***vitesse*** *f* **~** Überschallgeschwindigkeit *f*

S

superstar [sypɛʀstaʀ] *f* Superstar *m*

superstitieux [sypɛʀstisjø] *adj* ⟨**-euse**⟩ abergläubisch **superstition** *f* Aberglaube *m*

superstructure [sypɛʀstʀyktyʀ] *f* **1** **a)** CONSTR Ober-, Überbau *m*; **b)** MAR Aufbauten *m/pl* **2** MARXISME Überbau *m*

superviser [sypɛʀvize] *v/t* überwachen **superviseur** *m* INFORM Überwachungsprogramm *n*; Supervisor ['sjuːpəvaɪzə] *m* **supervision** *f* Überprüfung *f*; Durchsicht *f*; *a* Überwachung *f*

supplanter [syplɑ̃te] *v/t* verdrängen; *personne a* ausstechen

suppléance [sypleɑ̃s] *f* (Stell)Vertretung *f*

suppléant [sypleɑ̃] **I** *adj* stellvertretend; Ersatz... **II** *subst* **~(*e*)** *m(f)* (Stell)Vertreter(in) *m(f)*; Ersatzmann *m*

suppléer [syplee] **I** *litt v/t* ergänzen **II** *v/t/indir* **~ *à qc*** etw ersetzen, aufwiegen; für etw Ersatz bieten; e-r Sache (*dat*) abhelfen; **~ *au manque de main-d'œuvre*** dem Mangel an Arbeitskräften abhelfen

supplément [syplemɑ̃] *m* **1** Zusatz *m*; Ergänzung *f*; *financier* Zulage *f*; ***un ~ d'information*** zusätzliche, weitere, ergänzende Informationen *f/pl*; ***exiger un ~ de travail*** Mehrarbeit erfordern **2** *d'un livre* Nachtrag *m*; Supplement *n*; Supplement-, Ergänzungsband *m*; *d'un journal, magazine* Beilage *f* **3** CH DE FER Zuschlag *m*; *par ext* Zuschlagkarte *f*; COMM *de prix* (Preis)Aufschlag *m*; Aufpreis *m*; Mehrpreis *m*; *au restaurant* ***vin*** *m* ***en ~*** Wein wird extra, gesondert berechnet; ***c'est en ~*** das geht extra; ***payer un ~*** *a* nach-, zuzahlen **4** GÉOMÉTRIE Supplement *n*

supplémentaire [syplemɑ̃tɛʀ] *adj* zusätzlich; Zusatz...; ergänzend; Ergänzungs...; Extra...; MATH ***angles*** *m/pl* **~*s*** Supplement-, Ergänzungswinkel *m/pl* (zu 180°); ***délai*** *m* **~** zusätzliche Frist; Zusatzfrist *f*; ***dépenses*** *f/pl* **~*s*** zusätzliche Ausgaben *f/pl*; Mehrausgaben *f/pl*; ***heure*** *f* **~** Überstunde *f*; ***faire des heures ~s*** Überstunden machen; MUS ***lignes*** *f/pl* **~*s*** Hilfslinien *f/pl*; ***train*** *m* **~** Entlastungszug *m*; Vor- *ou* Nachzug *m*

supplétif [sypletif] MIL **I** *adj* ⟨**-ive**⟩ Hilfs... **II** *m/pl* **~*s*** Hilfstruppen *f/pl*

suppliant [syplijɑ̃] *adj* flehend; ***regard ~*** flehender Blick; ***voix ~e*** flehende Stimme

supplication [syplikasjõ] *f* inständige, flehentliche, demütige Bitte; **~*s*** *pl a* Flehen *n*

supplice [syplis] *m* **1** (*peine corporelle*) Marter *f*; Folter *f*; (*peine capitale*) Hinrichtung(sart) *f*; **~ *chinois*** ausgeklügelte Marter, Folter **2** (*souffrance*) Qual(en) *f(pl)*; Pein *f*; *st/s* Marter(n) *f(pl)*; **~ *de Tantale*** Tantalusqualen *f/pl*; ***être un ~ pour qn*** für j-n e-e Qual sein; ***être au ~*** wie auf glühenden Kohlen sitzen; ***mettre au ~*** quälen; peinigen

supplicier [syplisje] *v/t* (zu Tode) martern, foltern; *subst* ***un supplicié*** ein (zu Tode) Gemarterter *m*

supplier [syplije] *v/t* **~ *qn de*** (*+inf*) j-n inständig, flehentlich bitten, j-n anflehen zu (*+inf*); **~ *qn à genoux*** j-n kniefällig bitten; ***je vous en supplie*** ich bitte Sie inständig darum; F ich flehe Sie an

supplique [syplik] *litt f* Bittgesuch *n*

support [sypɔʀ] *m* **1** TECH Stütze *f*; Ständer *m*; (*tréteau*) Gestell *n*; Bock *m*; *au mur etc* Halter *m*; Halterung *f* **2** *fig* Träger *m*; **~ *publicitaire*** Werbeträger *m*; *un signe est* ***le ~ d'une idée*** der Träger e-r Idee; INFORM **~ *d'information*** Datenträger *m*

supportable [sypɔʀtabl] *adj* erträglich; auszuhalten(d)

supporter[1] [sypɔʀte] **I** *v/t* **1** TECH, ARCH tragen; stützen **2** *conséquences, frais* tragen **3** *douleurs, épreuve, maladie* ertragen; erdulden; *douleurs a* aushalten; leiden; *impertinence, critique, conduite de qn* sich (*dat*) gefallen lassen; hinnehmen; dulden; ***des douleurs*** *f/pl* ***difficiles à ~*** schwer zu ertragende Schmerzen *m/pl*; ***il ne supporte pas la contradiction, qu'on le contredise*** er (v)erträgt keinen Widerspruch **4** *chaleur, froid, alcool* vertragen; ***bien ~ la chaleur*** Hitze gut vertragen (*a ani-*

mal, plante); *il ne fait pas chaud*, ***on supporte facilement un manteau*** man kann durchaus e-n Mantel vertragen; ***avoir bien supporté l'opération, le voyage*** die Operation, die Reise gut überstanden haben **5** ***~ qn*** j-n ertragen; mit j-m auszukommen (ver)-suchen; ***ne pas pouvoir ~ qn*** j-n nicht ausstehen können **II** *v/pr* ***se ~*** sich gegenseitig ertragen; miteinander auszukommen (ver)suchen

supporter[2] [sypɔʀtɛʀ, -tœʀ] *m* SPORTS Anhänger *m* (*a* POL); Fan [fɛn] *m*; *d'une équipe jouant en déplacement* Schlachtenbummler *m*

supposé [sypoze] *adj* mutmaßlich; vermutlich

supposer [sypoze] *v/t* **1** (*présumer*) annehmen; vermuten; mutmaßen; ***je suppose qu'il est là*** ich nehme an, ich vermute, dass er da ist; ***supposons qu'il vienne*** nehmen wir an, er käme *ou* er kommt; ***la température étant supposée constante*** wobei e-e konstante Temperatur angenommen wird; ***il est à ~ que …*** es ist, es steht zu vermuten, dass …; es ist anzunehmen, dass …; vermutlich …; *chose* ***laisser ~ que …*** zu der Vermutung Anlass geben, dass …; ***il est permis de ~ que …*** man darf annehmen, dass …; ***je ne peux que le ~*** ich kann es nur vermuten; ♦ *loc/conj* ***à ~*** *ou* ***en supposant que …*** (+*subj*) angenommen, …; gesetzt den Fall, (dass) …; ***à ~ qu'il fasse beau*** gesetzt den Fall *ou* angenommen, es wäre schönes Wetter **2** (*impliquer*) voraussetzen; zur Voraussetzung haben; bedingen; ***des droits supposent des devoirs*** Rechte bedingen Pflichten; ***cela suppose du courage*** das setzt Mut voraus; ***cela suppose que …*** das setzt voraus, dass …

supposition [sypozisjõ] *f* **1** Vermutung *f*; Annahme *f*; Mutmaßung *f*; ***c'est une pure, simple ~*** das ist e-e reine, bloße Vermutung; ***faire des ~s*** Vermutungen, Mutmaßungen anstellen **2** JUR ***~ d'enfant*** Kindesunterschiebung *f*

suppositoire [sypozitwaʀ] *m* PHARM Zäpfchen *n*; *sc* Suppositorium *n*

suppôt [sypo] *m litt* ***~ de Satan*** Ausgeburt *f* der Hölle

suppression [sypʀɛsjõ] *f* Beseitigung *f* (*a d'une personne*); *de difficultés a* Behebung *f*; *d'institutions, de lois* Aufhebung *f*; Abschaffung *f*; Wegfall *m*; *de subventions* Streichung *f*; Wegfall *m*; *d'un passage dans un texte* Streichung *f*; Weglassung *f*; *d'emplois* Abbau *m*

supprimer [sypʀime] **I** *v/t* beseitigen; *obstacle a* aus dem Weg räumen; *difficulté a* beheben; *institution, loi, peine de mort, censure, libertés* aufheben; abschaffen; *arrêt de bus* aufheben; *subventions, trains, permission* streichen; *scène d'un film, passsage d'un texte, graisses dans l'alimentation* streichen; weglassen; wegfallen lassen; *emplois* abbauen; ***être supprimé*** *souvent* wegfallen; ***~ qc à qn*** j-m etw entziehen, streichen; ***~ qn*** j-n umbringen, beseitigen, aus dem Weg räumen **II** *v/pr* ***se ~*** sich umbringen

suppuration [sypyʀasjõ] *f* MÉD Eiterung *f* **suppurer** *v/i* eitern

supputation [sypytasjõ] *st/s f* Berechnung *f*; Schätzung *f*

supputer [sypyte] *v/t st/s* **a)** (*calculer*) berechnen; ermitteln; **b)** (*évaluer*) (ab)schätzen; überschlagen; ***~ ses chances de succès*** s-e Erfolgsaussichten abschätzen

supra [sypʀa] *adv* ***voir ~*** siehe oben (*abr* s. o.)

supraconducteur [sypʀakõdyktœʀ] *m* ÉLECT Supraleiter *m* **supraconduction** *f* ÉLECT Supraleitung *f* **supraconductivité** *f* ÉLECT Supraleitfähigkeit *f*

supranational [sypʀanasjɔnal] *adj* ⟨**-aux**⟩ supranational; übernational; überstaatlich **supranationalité** *f* Supranationalität *f*; Überstaatlichkeit *f*

supraterrestre [sypʀatɛʀɛstʀ] *adj* überirdisch

suprématie [sypʀemasi] *f* **1** POL, JUR Oberhoheit *f*; Oberherrschaft *f*; Supremat *m ou n*; Suprematie *f* **2** (*hégémonie*) Vorherrschaft *f*; Vormachtstellung *f*; ***~ économique*** wirtschaftliche Vormachtstellung

suprême [sypʀɛm] **I** *adj* **1** (*supérieur*) oberste(r, -s); höchste(r, -s); ***autorité*** *f*, ***pouvoir*** *m* ***~*** oberste Gewalt; ***la Cour ~*** der Oberste Gerichtshof; ***l'Être*** *m* ***~*** das höchste Wesen; HIST ***le Soviet ~*** der Oberste Sowjet **2** *st/s* (*immense*) höchste(r, -s); ***bonheur*** *m* ***~*** höchstes Glück; ***au ~ degré*** im höchsten Maße, Grade **3** *st/s* (*dernier*) äußerste(r, -s); letzte(r, -s); ***heure*** *f*, ***instant*** *m* ***~*** Todesstunde *f*; ***dans un ~ effort*** mit äußerster, letzter Kraft **4** CUIS ***sauce*** *f* ***~*** Geflügelrahmsoße *f* **II** *m* CUIS ***~ de volaille*** Geflügelbrust *f* mit Soße

sur[1] [syʀ] *prép* **1** *lieu*: **a)** auf (+*dat question wo?*; +*acc question wohin?*); F ***~ le journal*** in der Zeitung; ***~ quelle longueur d'onde?*** auf welcher Wellenlänge?; ***~ la Lune, ~ la Terre*** auf dem Mond, auf der Erde; ***s'asseoir ~ une chaise*** sich auf e-n Stuhl setzen; ***être assis ~ une chaise*** auf e-m Stuhl sitzen; ***boire du vin ~ de la bière*** Wein auf Bier trinken; ***porter qc ~ son dos*** etw auf dem Rücken tragen; ***retirer qc de ~ la table*** etw vom Tisch (weg-, herunter)nehmen; ***vivre les uns ~ les autres*** dicht, eng aufeinander, beieinander leben, wohnen; **b)** (*au-dessus de*) über (+*acc*); ***les ponts*** *m/pl* ***~ le Rhin*** die Rheinbrücken *f/pl*; ***passer ~ le pont*** über die Brücke gehen *ou* fahren; ***il pleut ~ Paris*** es regnet über Paris; **c)** (*vers*) auf (+*acc*); nach (+*dat*); ***deux fenêtres ~ la rue*** zwei Fenster nach der Straße zu, zur Straße hin; ***diriger son regard ~ qn, qc*** s-n Blick auf j-n, etw richten; ***fermer la porte ~ soi*** die Tür hinter sich (*dat*) zumachen; ***tirer ~ qn*** auf j-n schießen; j-n beschießen; **d)** *endroit* ***être situé ~ un fleuve*** an e-m Fluss liegen; ***Châlons-~-Marne*** Châlons an der Marne; **e)** *personne* ***avoir qc ~ soi*** etw bei sich haben; ***je n'ai pas d'argent ~ moi*** ich habe kein Geld bei mir **2** *temps*: **a)** auf (+*acc*); gegen (+*acc*); ***~ ce*** und damit; und nun; darauf(hin); ***~ ce il est parti*** und damit, darauf(hin) ging er; ***~ le coup*** auf der Stelle; sofort; ***~ l'heure*** sofort; sogleich; auf der Stelle; unverzüglich; ***~ les dix heures*** etwa um, gegen zehn (Uhr); ***~ ses vieux jours*** auf s-e alten Tage; ***~ le soir*** gegen Abend; F ***aller ~ la cinquantaine*** auf die fünfzig zugehen; sich den Fünfzigern nähern; ***être ~ le point de*** (+*inf*) gerade dabei *ou* im Begriff sein zu (+*inf*); sich gerade anschicken zu (+*inf*); ***être ~ un travail*** bei, an e-r Arbeit sein; **b)** *suite rapide*: ***coup ~ coup*** Schlag auf Schlag; ***faire bêtise ~ bêtise*** e-e Dummheit nach der andern machen; Dummheit auf Dummheit begehen **3** *fig* **a)** auf (+*acc ou dat*); auf Grund *ou* aufgrund von (*ou* +*gén*); ***~ mesure*** nach Maß; ***~ présentation de*** gegen Vorlage (+*gén*); ***~ (la) recommandation de*** auf Empfehlung (+*gén*); ***~ un signe du chef d'orches-***

S

tre auf ein Zeichen des Dirigenten (hin); ***impôt*** *m* **~ *le revenu*** Einkommensteuer *f*; ***croire qn* ~ *parole*** j-m aufs Wort glauben; ***prendre exemple* ~ *qn*** sich (*dat*) ein Beispiel an j-m nehmen; ***rester* ~ *la défensive*** in der Defensive bleiben; ***retenir* ~ *le salaire*** vom Gehalt abziehen, einbehalten; **b)** *direction* auf (+*acc*); ***avoir de l'ascendant* ~ *qn*** auf j-n Einfluss haben; ***avoir des droits* ~ *qn*** Rechte über j-n haben; ***être* ~ *un appartement*** e-e Wohnung in Aussicht haben **4** (*au sujet de*) über (+*acc*); ***un cours* ~ *Racine*** e-e Vorlesung über Racine; ***apprendre qc* ~ *qn*** etw über j-n erfahren; ***gémir* ~ *ses malheurs*** über sein Unglück jammern; ***se tromper* ~ *un point*** sich in e-m Punkt täuschen **5** *rapport numérique* auf (+*acc*); von (+*dat*); ***un cas* ~ *cent*** e-r von hundert Fällen; ***un Français* ~ *deux*** jeder zweite Franzose; ***un jour* ~ *trois*** jeden dritten *ou* jeder dritte Tag; ***ça arrive une fois* ~ *mille*** das kommt unter tausend Fällen einmal vor; *pièce* ***avoir trois mètres* ~ *cinq* (*mètres*)** drei mal fünf *ou* drei auf fünf Meter (3 × 5 m) haben, groß sein; *élève* ***avoir douze* ~ *vingt*** zwölf von zwanzig möglichen Punkten haben; *correspond à* die Note Drei haben; **~ *cent candidats soixante ont été reçus*** von hundert Prüflingen haben sechzig bestanden

sur² [syʀ] *adj pomme, laitage* sauer

sûr [syʀ] *adj* **1** (*incontestable*) sicher; gewiss; bestimmt; feststehend; ***une chose est* ~*e …*** eines ist sicher, ist gewiss, steht fest …; ***ce qui est* ~ *c'est que …*** sicher ist, dass …; fest steht, dass …; F ***ça c'est* ~*!*** so viel ist sicher!; ***c'est* ~ *et certain*** das ist ganz sicher, F bombensicher; ***ce n'est pas si* ~ (*que ça*)** das ist gar nicht so sicher; ***il n'est pas* ~ *que …*** (+*subj*) es ist nicht sicher, ob …; ***rien n'est plus* (*moins*) ~** nichts ist so (un)sicher (wie das); ♦ *loc/adv*: ***bien* ~*!*** sicher(lich)!; gewiss!; bestimmt!; freilich!; natürlich!; selbstverständlich!; ***bien* ~ *que oui!*** ja natürlich!; aber natürlich, gewiss!; ***bien* ~ *que non!*** natürlich, selbstverständlich nicht!; F ***pour* ~ (*que …*)** sicher(lich), bestimmt (…); ***à coup* ~** mit Sicherheit; ganz gewiss, bestimmt **2** *personne* ***être* ~ *de qc*** e-r Sache (*gén*) sicher, gewiss sein; sich auf etw (*acc*) verlassen können; ***être* ~ *de qn*** sich auf j-n verlassen können; ***être* ~ *de son fait*** s-r Sache sicher sein; ***être* ~ *de ses réflexes*** reaktionssicher sein; ***être* ~ *de soi*** selbstsicher, selbstbewusst sein; ***il est trop* ~ *de lui*** er ist zu selbstsicher, -bewusst; ***je suis* ~ *de le rencontrer*** ich bin sicher, ihn zu treffen; ***j'en suis* ~ *et certain*** ich bin (mir) ganz, völlig, F hundertprozentig sicher; ich weiß es ganz bestimmt, gewiss; *ça y est*, ***j'en étais* ~** ich hab's ja gewusst; ***être* ~ *que …*** sicher sein, dass …; ***ne pas être* ~ *que …*** (+*subj*) nicht sicher sein, ob …; ***vous pouvez être* ~ *que …*** Sie können sicher sein, Sie können sich darauf verlassen, dass … **3** (*fiable*) *renseignement, diagnostic etc* sicher; zuverlässig; *personne* zuverlässig; ***un ami* ~** ein zuverlässiger Freund; ***un placement* ~** e-e sichere Geldanlage; ***d'une main* ~*e*** mit sicherer Hand; ***avoir un goût très* ~** e-n sehr sicheren Geschmack haben **4** *endroit, quartier* sicher; ***c'est*** *ou* ***ce sera plus* ~** das ist sicherer; ***mettre en lieu* ~** an e-n sicheren Ort, in Sicherheit bringen; *subst* ***le plus* ~ *est de*** (+*inf*) das Sicherste ist zu (+*inf*)

sur… [syʀ] *préfixe* über…; Über…; → *les articles suivants*

surabondamment [syʀabõdamɑ̃] *adv* überreichlich; übermäßig **surabondance** *f* Überfülle *f*, großer Überfluss (***de*** an +*dat*) **surabondant** *adj* überreichlich; übermäßig **surabonder** *v/i* überreichlich, im Überfluss vorhanden sein

suractivé [syʀaktive] *adj* CHIM hochaktiv **suractivité** *f* PHYSIOL übermäßige Aktivität

suraigu [syʀegy] *adj* ⟨**-uë**⟩ *cri, son* schrill; *voix a* kreischend **surajouter** *v/t* zusätzlich, nachträglich hinzufügen

suralimentation [syʀalimɑ̃tasjõ] *f* **1** Überernährung *f* **2** *d'un moteur* Aufladung *f* **suralimenter** *v/t* **1** überernähren **2** *moteur* aufladen

suranné [syʀane] *adj* überlebt; überholt; veraltet; altmodisch; antiquiert **surarmement** *m* Überrüstung *f*

surbaissé [syʀbese] *adj* **1** ARCH ***arc* ~, *voûte* ~*e*** Flachbogen *m*, -tonne *f* **2** *voiture, carrosserie* tief liegend

surbaissement [syʀbɛsmɑ̃] *m* ARCH Drückung *f*

surbaisser [syʀbese] *v/t* ARCH drücken

surbooké [syʀbuke] *adj* überbucht **surbooking** *m* Überbuchung *f*

surboum [syʀbum] F *f* Party *f* **surcapacité** *f* ÉCON Überkapazität *f*

surcharge [syʀʃaʀʒ] *f* **1** *d'un véhicule* Überlastung *f*; Überladung *f*; ***prendre des voyageurs en* ~** mehr als die zulässige Zahl von Fahrgästen befördern **2** *dans un texte* darüber geschriebenes Wort; *sur un timbre-poste* Auf-, Überdruck *m*

surcharger [syʀʃaʀʒe] *v/t* ⟨**-geons**⟩ **1** *véhicule, ascenseur* überlasten; überbelasten; *véhicule a* überladen; *adjt* ***surchargé*** *voiture* überladen; *par ext camping etc* überlastet; überfüllt **2** *fig personne, mémoire, programme* überlasten; ***être surchargé de travail*** (mit Arbeit) überlastet, überbürdet sein **3** TYPO überdrucken

surchauffe [syʀʃof] *f* **1** TECH Überhitzung *f* **2** ÉCON (Konjunktur)Überhitzung *f*

surchauffé [syʀʃofe] *adj* **1** *pièce* überheizt; TECH überhitzt; ***vapeur* ~*e*** *a* Heißdampf *m* **2** *fig* überhitzt

surchauffer [syʀʃofe] *v/t* **1** *pièce* überheizen **2** TECH überhitzen **surchauffeur** *m* TECH *pour la vapeur* Überhitzer *m*

surchoix [syʀʃwa] *adj* ⟨*inv*⟩ ***produit*** *m* **~** Erzeugnis *n* erster Wahl, erster Güte

surclasser [syʀklase] *v/t* SPORTS *et fig* deklassieren; weit überlegen sein (***qn*** j-m); weit übertreffen; weit hinter sich (*dat*) lassen

surcomposé [syʀkõpoze] *adj* GR ***passé, temps* ~** Perfekt *n*, Tempus *n* mit doppeltem Hilfsverb (*exemple*: *quand il a eu terminé*)

surcompression [syʀkõpʀɛsjõ] *f* TECH Vorverdichtung *f*; Vorkompression *f* **surconsommation** *f* übermäßig hoher Verbrauch, Konsum

surcouper [syʀkupe] *v/t aux cartes* überstechen; übertrumpfen

surcroît [syʀkʀwa] *m* **~ *de …*** zusätzliche(r, -s) …; Mehr…; **~ *de travail*** Mehrarbeit *f*; *loc/adv* ***par, de* ~** überdies; obendrein

surdi-mutité [syʀdimytite] *f* MÉD Taubstummheit *f*

surdité [syʀdite] *f* Taubheit *f*; Gehörlosigkeit *f*; *incomplète* Schwerhörigkeit *f*

surdoué [syʀdwe] **I** *adj* hochbegabt **II** *subst* **~(e)** *m(f)* Hochbegabte(r) *f(m)*
Sûre [syʀ] GÉOGR ***la ~*** die Sauer
sureau [syʀo] *m* ⟨*pl* **~x**⟩ BOT Holunder *m*
surélévation [syʀelevasjõ] *f* CONSTR Erhöhung *f*; *d'une maison* Aufstockung *f*
surélever [syʀelve] *v/t* ⟨**-è-**⟩ CONSTR erhöhen; höher machen; *maison* ***~ d'un étage*** aufstocken; *adjt* ***rez-de-chaussée surélevé*** Hochparterre *n*
sûrement [syʀmɑ̃] *adv* sicher(lich); bestimmt; gewiss; *prov* ***qui va lentement va ~*** langsam, aber sicher
suremploi [syʀɑ̃plwa] *m* ÉCON Überbeschäftigung *f*
surenchère [syʀɑ̃ʃɛʀ] *f* **1** höheres Angebot; Mehrgebot *n* **2** *par ext* (gegenseitige) Überbietung (***électorale*** in Wahlversprechungen); ***~ de violences*** Zunahme *f*, Steigerung *f* der Gewalt; ***faire de la ~*** die andern, s-e Rivalen zu überbieten, übertreffen, übertrumpfen (ver)suchen; noch e-n Schritt weitergehen
surenchérir [syʀɑ̃ʃeʀiʀ] *v/i* **1** JUR mehr, höher bieten **2** *fig* noch e-n Schritt weitergehen; ***~ sur qn*** j-n überbieten
surenchérissement [syʀɑ̃ʃeʀismɑ̃] *m des prix* weiterer Preisanstieg **surenchérisseur** *m* JUR Überbietende(r) *m*; Höherbietende(r) *m*
surendetté [syʀɑ̃dete] *adj* überschuldet **surendettement** *m* Überschuldung *f*
surent [syʀ] → ***savoir***[1]
surentraîné [syʀɑ̃tʀɛne] *adj sportif* übertrainiert **surentraînement** *m* SPORTS Übertraining *n* **surentraîner** *v/t* SPORTS übertrainieren
suréquipement [syʀekipmɑ̃] *m* übermäßige Ausstattung; TECH Übermechanisierung *f*
Suresnes [syʀɛn] *Stadt im Dep. Hauts-de-Seine*
surestimation [syʀɛstimasjõ] *f* Überschätzung *f*; Überbewertung *f* **surestimer** *v/t ses forces, un adversaire etc* überschätzen; überbewerten (*a œuvre d'art etc*)
suret [syʀɛ] *adj* ⟨**~te**⟩ säuerlich
sûreté [syʀte] *f* **1** Sicherheit *f* (*a d'un geste, du jugement etc*); JUR ***délit*** *m* ***contre la ~ de l'État*** Staatsschutzdelikt *n*; *loc/adj* ***de ~*** Sicherheits…; ***épingle*** *f*, ***soupape*** *f* ***de ~*** Sicherheitsnadel *f*, -ventil *n*; *loc/adv*: ***en ~*** in Sicherheit; sicher; ***mettre en ~*** in Sicherheit bringen; ***pour plus de ~*** sicherheitshalber; um sicherzugehen **2** *en France* ***Sûreté*** (***nationale***) Sicherheitspolizei *f* **3** *d'une arme, d'un bijou* Sicherung *f*; *arme* ***mettre à la ~*** sichern; ***enlever la ~ de*** entsichern
surévaluer [syʀevalɥe] *v/t* überbewerten; zu hoch bewerten, taxieren
surexcitable [syʀɛksitabl] *adj* übererregbar **surexcitation** *f* Übererregtheit *f*; übergroße Erregung; Überreiztheit *f*
surexciter [syʀɛksite] *v/t* überreizen; sehr stark erregen; *adjt* ***surexcité*** übererregt; überreizt
surexploiter [syʀɛksplwate] *v/t ouvriers* gnadenlos ausbeuten
surexposer [syʀɛkspoze] *v/t* PHOT überbelichten; *adjt* ***photo surexposée*** überbelichtetes Foto, Bild **surexposition** *f* PHOT Überbelichtung *f*
surf [sœʀf] *m* SPORTS **1** Wellen-, Brandungsreiten *n*; Surfing ['sœr-] *n*; Surfen *n* **2** ***~*** (***des neiges***) Snowboard(fahren) ['sno:bɔrt-] *n*
surface [syʀfas] *f* **1** (*partie apparente*) Oberfläche *f*; ***~ de l'eau, de la mer, de la Terre*** Wasser-, Meeres-, Erdoberfläche *f*; *sous-marin* ***faire ~*** auftauchen; *fig* ***refaire ~*** wieder auftauchen; ***nager en ~*** an der Oberfläche schwimmen; ***remonter à la ~*** wieder an die Oberfläche kommen; wieder auftauchen, hochkommen; *fig souvenirs* wieder aufsteigen **2** (*superficie*) Fläche *f* (*a* MATH); ADM ***~ corrigée*** durch Bewertungsziffern korrigierte Wohnfläche (*zur Mietberechnung*); ***une ~ de dix mètres carrés*** e-e Fläche von zehn Quadratmetern; SPORTS ***~ de but, de réparation*** Tor-, Strafraum *m*; ***calculer la ~ d'un rectangle*** den Flächeninhalt e-s Rechtecks berechnen **3** COMM ***grande ~*** *moins de 1000 m²* Supermarkt *m*; *plus de 1000 m²* Verbrauchermarkt *m*

Les grandes surfaces

Les grandes surfaces sind nicht irgendwelche großen Flächen, sondern Verbrauchermärkte ab 400 m² Verkaufsfläche.
Man unterscheidet zwischen **supermarchés** (bis 2500 m² Verkaufsfläche) und **hypermarchés** (ab 2500 m² Verkaufsfläche).
Zwei bekannte **hypermarchés** sind zum Beispiel Mammouth und Carrefour.

surfait [syʀfɛ] *adj* ⟨**-faite** [-fɛt]⟩ zu hoch eingeschätzt; schlechter als sein Ruf; ***réputation ~e*** übertrieben guter Ruf
surfer [sœʀfe] *v/i* SPORTS surfen ['sœr-]; *fig* ***~ sur Internet*** im Internet surfen
surfeur *m*, **surfeuse** *f* Surfer(in) ['sœr-] *m(f)*
surfil [syʀfil] *m* COUT Umstich *m*; Überkantstich *m* **surfilage** *m* TEXT Überdrehen *n* **surfiler** *v/t* COUT umstechen
surfin [syʀfɛ̃] *adj* COMM extrafein
surgélation [syʀʒelasjõ] *f d'aliments* Tiefgefrieren *n*, -ung *f*; Tiefkühlen *n*, -ung *f*
surgelé [syʀʒəle] **I** *adj aliments* tiefgekühlt; tiefgefroren **II** *m/pl* **~s** Tiefkühlkost *f*; Gefriergut *n*
surgénérateur [syʀʒeneʀatœʀ] *m* NUCL Brutreaktor *m*; schneller Brüter
surgir [syʀʒiʀ] *v/i* **1** *personne, obstacle etc* plötzlich auftauchen; ***~ de qc*** plötzlich aus etw hervorkommen **2** *problème, difficultés* sich erheben; aufkommen; auftauchen; entstehen
surhomme [syʀɔm] *m* Übermensch *m*
surhumain [syʀymɛ̃] *adj* übermenschlich; ***effort ~*** übermenschliche Anstrengung
surimi [syʀimi] *m gepresstes Fischfleisch mit Krabbengeschmack*
surimposer [syʀɛ̃poze] *v/t* zusätzlich *ou* zu hoch, übermäßig besteuern **surimposition** *f* **1** zusätzliche *ou* zu hohe, übermäßige Besteuerung **2** GÉOL Epigenese *f*
surimpression [syʀɛ̃pʀɛsjõ] *f* PHOT Doppelbelichtung *f*; ***en ~*** darüber kopiert; eingeblendet
surin [syʀɛ̃] *m arg* (*couteau*) Messer *n*
Surinam [syʀinam] ***le ~*** Surinam *n*
surindustrialisé [syʀɛ̃dystʀijalize] *adj* überindust-

S

rialisiert **surinfection** *f* MÉD zusätzliche Infektion
surintendant [syʀɛ̃tɑ̃dɑ̃] *m* HIST *en France* **~ (des finances)** Finanzminister *m*
surintendante [syʀɛ̃tɑ̃dɑ̃t] *f* **1** HIST *en France* Oberhofmeisterin *f* **2** *en France* Direktorin *f* e-s Mädcheninternates der Ehrenlegion
surir [syʀiʀ] *v/i* sauer werden
surjet [syʀʒɛ] *m* COUT überwendliche Naht; **(point** *m* **de) ~** überwendlicher Stich
surjeter [syʀʒ(ə)te] *v/t* ⟨**-tt-**⟩ COUT überwendlich nähen
sur-le-champ [syʀləʃɑ̃] *adv* auf der Stelle; sofort; sogleich
surlendemain [syʀlɑ̃dmɛ̃] *m* übernächster Tag; *loc/adv* **le ~** am übernächsten Tag
surligner [syʀliɲe] *v/t* mit Leuchtstift markieren, unterlegen **surligneur** *m* Leuchtstift *m*; Textmarker *m*
surmenage [syʀmənaʒ] *m* Überarbeitung *f*; Überbeanspruchung *f*; Überanstrengung *f*; **~ intellectuel** geistige Überbeanspruchung; **~ scolaire** Schulstress *m*
surmener [syʀməne] ⟨**-è-**⟩ **I** *v/t* überbeanspruchen; überanstrengen; strapazieren; *adjt* **surmené** überarbeitet; überbeansprucht **II** *v/pr* **se ~** sich überarbeiten; sich überanstrengen; F sich übernehmen
sur-moi [syʀmwa] *m* PSYCH Über-Ich *n*
surmontable [syʀmõtabl] *adj* überwindbar
surmonter [syʀmõte] **I** *v/t* **1** sich erheben über (+*dat*); überragen; *p/p* **surmonté d'une coupole** von e-r Kuppel überragt, überwölbt **2** *difficulté, obstacle etc* überwinden; bezwingen; meistern; *crise a* überstehen; **~ son chagrin** s-n Schmerz überwinden; **~ sa peur, sa timidité** s-e Angst, s-e Schüchternheit überwinden, bezwingen **II** *v/pr* **se ~** *personne* sich überwinden
surmulet [syʀmylɛ] *m* ZO Streifenbarbe *f* **surmulot** *m* ZO Wanderratte *f*
surmultiplié [syʀmyltiplije] *adj* AUTO **vitesse ~e** Schnell-, Schongang *m*; Overdrive ['oːvədraɪv] *m*
surnager [syʀnaʒe] *v/i* ⟨**-geons**⟩ **1** (*flotter*) oben (-auf) schwimmen; an der Oberfläche schwimmen, bleiben **2** *fig souvenirs* bleiben; fortbestehen
surnaturel [syʀnatyʀɛl] **I** *adj* ⟨**~le**⟩ übernatürlich **II** *subst* **le ~** das Übernatürliche
surnom [syʀnõ] *m* Beiname *m* (*a d'un souverain*); (*sobriquet*) Spitzname *m*; **donner à qn le ~ de ...** j-m den Beinamen, Spitznamen ... geben
surnombre [syʀnõbʀ] *loc/adj* **en ~** überzählig; zu viele; zu viel
surnommer [syʀnɔme] *v/t* **~ qn** j-m e-n Beinamen geben; **être surnommé ...** den Beinamen ... erhalten *ou* haben; *adjt* **surnommé ...** mit dem Beinamen ...
surnuméraire [syʀnymeʀɛʀ] *adj* überzählig
suroît [syʀwa] *m* **1** *chapeau* Südwester *m* **2** MAR Südwest(wind) *m*
surpasser [syʀpase] **I** *v/t* **~ qn** j-n übertreffen, überragen (**en courage** an Mut) **II** *v/pr* **se ~** sich selbst übertreffen; über sich (*acc*) selbst hinauswachsen
surpeuplé [syʀpœple] *adj pays, région* übervölkert; überbevölkert **surpeuplement** *m* Übervölkerung *f*
surpiqûre [syʀpikyʀ] *f* COUT Ziernaht *f*
surplace [syʀplas] *m en voiture* **faire du ~** nicht vorankommen; fast stehen bleiben; F im Schneckentempo fahren (müssen)
surplis [syʀpli] *m* ÉGL CATH Chorhemd *n*
surplomb [syʀplõ] *m* **1** *loc/adj* **en ~** *balcon etc* auskragend; vorspringend; *mur, rocher* überhängend **2** ARCH Auskragung *f*; Überhang *m* (*a* ALPINISME)
surplomber [syʀplõbe] **I** *v/t* **~ qc** in etw (*acc*) hineinragen; etw überragen; **les falaises surplombent la mer** die Steilküste überragt das Meer **II** *v/i mur* überhängen
surplus [syʀply] *m* **1** (*excédent*) Überschuss *m*; (*invendus*) Überhang *m*; **~ agricoles** landwirtschaftliche Überschüsse; **~ américains** überzähliges Heeresgut der amerikanischen Streitkräfte (*das verkauft wird*) **2** *loc/adv* **au ~** im Übrigen
surpopulation [syʀpɔpylasjõ] *f* **a)** *d'un pays* Überbevölkerung *f*; **b)** *des prisons* Überbelegung *f*; Überfüllung *f*
surprenant [syʀpʀənɑ̃] *adj* überraschend; erstaunlich; verwunderlich; **il est ~ que ...** (+*subj*) es ist überraschend, dass ...
surprendre [syʀpʀɑ̃dʀ] ⟨→ **prendre**⟩ **I** *v/t* **1** (*étonner*) überraschen; erstaunen; **voilà qui surprendra bien des gens** da wird sich mancher wundern; ♦ **être surpris** überrascht sein, sich wundern (**que ...** +*subj* dass ...; **de** +*inf* zu +*inf*); **être agréablement surpris** angenehm überrascht sein; **j'ai été surpris de** *ou* **par ce résultat** dieses Ergebnis hat mich überrascht; *st/s ou iron* **vous m'en voyez surpris** Sie sehen mich überrascht **2** *voleur etc* überraschen; (auf frischer Tat) ertappen; erwischen; *l'irritation etc de qn* bemerken; wahrnehmen; **~ un secret** (zufällig) hinter ein Geheimnis kommen; **~ un élève en train de copier** e-n Schüler beim Abschreiben ertappen, erwischen **3** *ennemi* überrumpeln; überfallen; **~ qn (chez lui)** j-n (mit s-m Besuch) überraschen; j-n überraschend, unangemeldet besuchen; F j-n überfallen; j-m ins Haus fallen; bei j-m hereinplatzen; **être surpris par la pluie** vom Regen überrascht werden **II** *v/pr* **se ~ à faire qc** sich dabei ertappen, dass man etw tut
surpression [syʀpʀɛsjõ] *f* TECH Überdruck *m*
surpris [syʀpʀi] *p/p* → **surprendre**
surprise [syʀpʀiz] *f* **1** (*étonnement*) Überraschung *f*; Verwunderung *f*; Befremden *n*; **exclamation** *f* **de ~** Ausruf *m* der Überraschung; *loc/adv*: **à ma grande ~** zu meiner großen Überraschung; **à la ~ de tous** zur allgemeinen Überraschung; **avec ~** überrascht; mit Verwunderung, Befremden; **avoir la ~ de** (+*inf*) überrascht sein zu (+*inf*); **rester muet de ~** vor Überraschung stumm bleiben **2** (*chose inattendue*) Überraschung *f* (*a cadeau*); **~ (dés)agréable** (un)angenehme Überraschung; **bonne, mauvaise ~** freudige, böse Überraschung; *loc/adv* **par ~** überraschend; **attaquer qn par ~** j-n überfallen, überrumpeln; *voyage, discours* **sans ~** ohne Überraschungen; **aller de ~ en ~** aus dem Staunen nicht herauskommen; **je t'ai apporté une petite ~** ich habe e-e kleine Überraschung für dich; **c'est une ~** das soll e-e Überraschung sein; **faire une ~ à qn** j-n (mit e-m Geschenk *etc*) überraschen **3** *adjt* ⟨*pl* **~s** *od inv*⟩ *visite, voyage* überraschend; unerwartet; **attaque** *f* **~** Überraschungsangriff *m*; **grève** *f* **~** nicht angekündigter Streik; **pochette** *f* **~** Wundertüte *f*

S

surprise-partie [syʀpʀizpaʀti] *f* ⟨*pl* **surprises-parties**⟩ Party *f*
surproduction [syʀpʀɔdyksjõ] *f* ÉCON Überproduktion *f* **surproduire** *v/t* ⟨→ **conduire**⟩ ÉCON überproduzieren; zuviel produzieren **surpuissant** *adj moteur* superstark
surréalisme [sy(ʀ)ʀealism] *m* Surrealismus *m* **surréaliste** **I** *adj* surrealistisch **II** *m,f* Surrealist(in) *m(f)*
surrégénérateur [sy(ʀ)ʀeʒeneʀatœʀ] *m* → ***surgénérateur***
surrénal [sy(ʀ)ʀenal] *adj* ⟨**-aux**⟩ ANAT ***glandes*** *ou* ***capsules ~es*** Nebennieren *f/pl*
sursaturé [syʀsatyʀe] *adj* PHYS, CHIM übersättigt (*fig* ***de*** mit) **sursaturer** *v/t* PHYS, CHIM übersättigen
sursaut [syʀso] *m* **1** *d'une personne* Zusammenzucken *n*; Aufschrecken *n*; ***avoir, faire un ~*** → ***sursauter***; *fig* ***avoir un ~ d'énergie*** sich noch einmal zusammenreißen, e-n Ruck geben; ***se réveiller en ~*** aus dem Schlaf auf-, hoch-, emporfahren **2** *de colère* Ausbruch *m*; *a de fierté* Auflodern *n*
sursauter [syʀsote] *v/i* zusammenfahren, -schrecken, -zucken; auf-, hochfahren, -schrecken; ***faire ~ qn*** j-n zusammenfahren *etc* lassen
surseoir [syʀswaʀ] *v/t/indir* ⟨**je sursois, il sursoit, nous sursoyons**; **je sursoyais**; **je sursis**; **je surseoirai**; **que je sursoie**; **sursoyant**; **sursis**⟩ JUR ***~ à*** aufschieben; aussetzen; ***~ à l'exécution*** die Vollstreckung aufschieben, aussetzen
sursis [syʀsi] *m* **1** JUR ***~*** (***à l'exécution des peines***) Strafaussetzung *f* zur Bewährung; ***six mois de prison avec ~*** sechs Monate Gefängnis mit Bewährung **2** MIL ***~*** (***d'incorporation***) Zurückstellung *f* (vom Wehrdienst) **3** (*répit*) Aufschub *m*; Gnaden-, Galgenfrist *f*; ***un mort en ~*** ein Todeskandidat *m*
sursitaire [syʀsitɛʀ] *m* MIL (vom Wehrdienst) Zurückgestellte(r) *m*
surtaxe [syʀtaks] *f* ADM (Steuer- *ou* Gebühren)Zuschlag *m*; *d'une lettre* Nachgebühr *f*; F Strafporto *n* **surtaxer** *v/t* ADM mit e-m Steuer- *ou* Gebührenzuschlag belegen
surtension [syʀtɑ̃sjõ] *f* ÉLECT Überspannung *f*
surtout [syʀtu] **I** *adv* vor allem; vor allen Dingen; besonders; ***~ ne fais pas ça!*** tu das bloß, ja nicht!; *loc/conj* F ***~ que*** besonders da; zumal **II** *m* Tafelaufsatz *m*
surveillance [syʀvɛjɑ̃s] *f* **1** Aufsicht *f*; Überwachung *f*; Beaufsichtigung *f*; ***~ électronique*** elektronische Überwachung; ***la ~ d'un groupe*** die Aufsicht über e-e Gruppe; die Beaufsichtigung e-r Gruppe; *loc/adv*: ***sans ~*** unbeaufsichtigt; ohne Aufsicht; ***sous la ~ de qn*** unter j-s Aufsicht (*dat*); ***sous ~ médicale*** unter ärztlicher Aufsicht, Überwachung, Kontrolle; ***être placé sous la ~ de la police*** unter Polizeiaufsicht stehen; ***échapper à la ~ de qn*** j-s Wachsamkeit (*dat*) entgehen; ***exercer une ~ discrète sur qn*** j-n diskret überwachen; ***tromper la ~ de qn*** j-n täuschen, obwohl er aufpasst; j-n überlisten **2** *en France* ***Direction*** *f* ***de la ~ du territoire*** (*abr* ***DST***) Spionageabwehrdienst *m*; Geheimdienst *m*
surveillant [syʀvɛjɑ̃], **surveillante** **1** *m,f* Aufseher(in) *m(f)*; Aufsichtsperson *f*, *fonctionnaire* -beamte(r) *m*, -beamtin *f*; Aufsicht *f*; *péj* Aufpasser(in) *m(f)* **2** *m,f d'un collège* Beauftragte(r) *f(m)*, Verantwortliche(r) *f(m)* für Ordnung und Disziplin; *jusqu'en 1970* ***surveillant, surveillante général(e)*** Vorgesetzte(r) *f(m)* der „Surveillants“ mit zusätzlichen Verwaltungsaufgaben **3** *f* MÉD Stations-, Oberschwester *f*
surveillé [syʀveje] *adj* JUR: ***éducation ~e*** Fürsorgeerziehung *f*; ***liberté ~e*** Freilassung *f* mit Bewährungsaufsicht; ***être, mettre*** *ou* ***placer en résidence ~e*** unter Hausarrest stehen, stellen
surveiller [syʀveje] **I** *v/t* überwachen; beaufsichtigen; die Aufsicht führen über (+*acc*); SPORTS *adversaire* bewachen; ***~ un enfant*** ein Kind beaufsichtigen; ***~ son langage, sa ligne, sa santé*** auf s-e Sprache, Linie, Gesundheit achten; ***~ des travaux*** Arbeiten überwachen, beaufsichtigen; ***~ de près*** streng, scharf überwachen **II** *v/pr* ***se ~*** *son langage, ses manières* sich in Acht nehmen; *son poids* auf s-e Linie achten
survenir [syʀvəniʀ] *v/i* ⟨→ **venir**⟩ *personne* (unerwartet, unvermutet) kommen, erscheinen, F auftauchen; *incident* sich (unerwartet, plötzlich) ereignen; *changement* (unerwartet, plötzlich) eintreten; ***quand survint la mort de son père*** als sein Vater starb
survêtement [syʀvɛtmɑ̃] *m* Trainingsanzug ['trɛː-] *m*
survie [syʀvi] *f* **1** Überleben *n* **2** REL Fort-, Weiterleben *n* nach dem Tode
survirer [syʀviʀe] *v/i* AUTO übersteuern
survivance [syʀvivɑ̃s] *f* Relikt *n*; Überbleibsel *n*
survivant [syʀvivɑ̃] **I** *adj* überlebend; JUR ***l'époux ~*** der überlebende Ehegatte; der Hinterbliebene **II** *subst* ***~(e)*** *m(f)* Überlebende(r) *f(m)*
survivre [syʀvivʀ] ⟨→ **vivre**⟩ **I** *v/t/indir et v/i* überleben; ***~ à qn, à qc*** j-n, etw überleben, überdauern; ***~ à un accident*** e-n Unfall überleben, lebend überstehen; *coutume* ***~ jusqu'à nos jours*** bis heute überdauern **II** *v/pr* ***se ~*** **1** weiterleben (***dans ses enfants*** in s-n Kindern) **2** *péj* sich (selbst) überleben
survol [syʀvɔl] *m* Überfliegen *n*
survoler [syʀvɔle] *v/t* **1** überfliegen; fliegen über (+*acc*) **2** *fig texte* überfliegen; *question* flüchtig streifen
survoltage [syʀvɔltaʒ] *m* ÉLECT Überspannung *f*
survolté [syʀvɔlte] *adj fig* übererregt; fieberhaft erregt; ***atmosphère, ville ~e*** hektische Atmosphäre, Stadt
survolter [syʀvɔlte] *v/t* ÉLECT die Spannung erhöhen (+*gén*); hinauftransformieren
sus¹ [sy] → ***savoir¹***
sus² [sy(s)] *adv st/s* ***courir ~ à l'ennemi*** auf den Feind losgehen; *loc/adv litt* ***en ~*** obendrein; *loc/prép* ADM ***en ~ de*** zusätzlich zu (+*dat*)
susceptibilité [sysɛptibilite] *f* Empfindlichkeit *f*; ***être d'une grande ~*** sehr empfindlich sein
susceptible [sysɛptibl] *adj* **1** *personne* empfindlich; leicht verletzbar, gekränkt **2** ***être ~ de*** (+*inf*) fähig, imstande, *chose a* geeignet sein zu (+*inf*); ***~ d'être amélioré*** verbesserungsfähig; ***une proposition ~ de vous intéresser*** ein Vorschlag, der Sie interessieren könnte; ***il est ~ de vous aider*** er kann Ihnen eventuell, wahrscheinlich helfen
susciter [sysite] *v/t admiration, intérêt, scandale, ennuis* hervorrufen; erregen; auslösen; *litt ennemis*

schaffen

suscription [syskʀipsjõ] *f* ADM Aufschrift *f*

susdit [sy(s)di] JUR **I** *adj* oben genannt **II** *subst* **~(e)** *m(f)* Obengenannte(r) *f(m)*

sushi [suʃi] *m* CUIS Sushi *n*

susmentionné [sy(s)mɑ̃sjɔne] *adj* ADM oben erwähnt **susnommé** ADM **I** *adj* oben genannt **II** *subst* **~(e)** *m(f)* Obengenannte(r) *f(m)*

suspect [syspɛ(kt)] **I** *adj* ⟨**suspecte** [-pɛkt]⟩ verdächtig (**de qc** e-r Sache [*gén*]); suspekt; ***être ~ à qn*** j-m verdächtig vorkommen, erscheinen; ***se rendre ~*** sich verdächtig machen **II** *subst* **~(e)** *m(f)* Verdächtige(r) *f(m)*

suspecter [syspɛkte] *v/t personne* verdächtigen; im Verdacht haben; *l'honnêteté de qn* anzweifeln; in Zweifel ziehen; ***~ qn à tort*** j-n zu Unrecht verdächtigen; ***être suspecté de*** (+*inf*) verdächtigt werden, im Verdacht stehen zu (+*inf*)

suspendre [syspɑ̃dʀ] *v/t* ⟨→ **rendre**⟩ **1** (*accrocher*) aufhängen; ***~ une lampe au plafond*** e-e Lampe an die Decke hängen, an der Decke aufhängen; ***~ qc à, par un crochet*** etw an e-n Haken hängen, an e-m Haken aufhängen; ***être suspendu à une branche*** an e-m Ast hängen; *fig* ***être suspendu aux lèvres de qn*** an j-s Lippen, Mund (*dat*) hängen **2** (*interrompre*) *séance*, *travaux* unterbrechen; *négociations a* aussetzen; *hostilités*, *paiements* (vorübergehend) einstellen **3 a)** *fonctionnaire* (vom Dienst) suspendieren; (einstweilen, vorläufig) s-s Amtes entheben; beurlauben; **b)** *journal* (vorläufig) verbieten; *droits* (vorläufig) außer Kraft setzen, aufheben; *permis de conduire* (vorläufig) einziehen

suspendu [syspɑ̃dy] *adj* **1** hängend, aufgehängt (**à, par** an +*dat*); ***les jardins ~s de Babylone*** die Hängenden Gärten der Semiramis, zu Babylon; ***lampe ~e au plafond*** an, von der Decke hängende Lampe; ***pont ~*** Hängebrücke *f*; ***~ dans le vide*** über dem Abgrund hängend, schwebend **2** TECH ***voiture bien, mal ~e*** gut, schlecht gefederter Wagen

suspens [syspɑ̃] *loc/adj* ***en ~*** *affaire*, *question* in der Schwebe; unentschieden; offen; *travail* nicht abgeschlossen; unerledigt; ***être, rester en ~*** in der Schwebe sein, bleiben; offen sein; offenbleiben; ***laisser en ~*** in der Schwebe lassen; offenlassen; *question a* im Raum stehen lassen; *projet* zurückstellen

suspense[1] [syspɛns] *m dans un film etc* Spannung *f*; ***film m à ~*** Thriller *m*

suspense[2] [syspɑ̃s] *f* ÉGL CATH Suspension *f*

suspenseur [syspɑ̃sœʀ] *m* BOT Embryoträger *m*

suspension [syspɑ̃sjõ] *f* **1** TECH Aufhängung *f*; *d'un véhicule a* Federung *f*; ***~ à roues indépendantes*** Einzelradaufhängung *f* **2** CHIM Suspension *f*; Aufschwemmung *f*; ***en ~*** CHIM suspendiert; *par ext poussière* schwebend **3** (*lustre*) Hängelampe *f* **4** *d'une séance*, *d'un travail* Unterbrechung *f*; Aussetzung *f*; *des paiements* Einstellung *f*; MIL ***~ d'armes*** Waffenruhe *f*; JUR ***~ d'audience*** Unterbrechung, Aussetzung der Verhandlung **5 a)** *d'un fonctionnaire*, *maire* Suspendierung *f*; vorläufige Dienstenthebung; **b)** ***~ du permis de conduire*** Führerscheinentzug *m* **6** GR ***points m/pl de ~*** Auslassungspunkte *m/pl*

suspentes [syspɑ̃t] *f/pl d'un ballon* Auslaufleinen *f/pl*; *d'un parachute* Fangleinen *f/pl*

suspicieux [syspisjø] *litt adj* ⟨**-euse**⟩ argwöhnisch

suspicion [syspisjõ] *st/s f* Argwohn *m*; ***avoir de la ~ à l'égard de qn*** j-n beargwöhnen, verdächtigen

Susten [systɛn] GÉOGR ***le col du ~*** der Sustenpass

sustentation [systɑ̃tasjõ] *f* AVIAT Auftrieb *m*; ***plan m de ~*** Tragfläche *f*; ***train m à ~ magnétique*** Magnet(schwebe)bahn *f*; Transrapid *m*

sustenter [systɑ̃te] *v/pr plais* ***se ~*** sich stärken; sich nähren

susurrer [sysyʀe] *v/t et v/i* flüstern; wispern

sut, **sût** [sy] → ***savoir***[1]

suture [sytyʀ] *f* MÉD Naht *f*; ***point m de ~*** Stich *m*; Einzelnaht *f*

suturer [sytyʀe] *v/t* MÉD *plaie* (ver)nähen; *bords d'une plaie* zusammennähen

Suzanne [syzan] *f Vorname*

suzerain [suzʀɛ̃] *m*, **suzeraine** *f* HIST Lehnsherr(in) *m(f)*

suzeraineté [syzʀɛnte] *f* **1** HIST Lehnsherrlichkeit *f* **2** POL Suzeränität *f*

svastika [svastika] *m* Swastika *f*; (*croix gammée*) Hakenkreuz *n*

svelte [svɛlt] *adj* schlank **sveltesse** *f* Schlankheit *f*

S.V.P. *abr* (*s'il vous plaît*) bitte

SVT [ɛsvete] *f/pl abr* (*sciences de la vie et de la Terre*) ÉCOLE *correspond à* Biologie *f* und Erdkunde *f*

Swaziland [swazilɑ̃d] ***le ~*** Swasiland *n*

sweater [switœʀ] *m* Strickjacke *f*

sweat-shirt [switʃœʀt] *m* ⟨*pl* **sweat-shirts**⟩ Sweatshirt ['svɛtʃœːrt] *n*

sweepstake [swipstɛk] *m* mit e-m Pferderennen kombinierte Lotterie

swing [swiŋ] *m* **1** MUS Swing *m* **2** BOXE Schwinger *m*; GOLF Schwung *m*

swinguer [swiŋge] *v/i* **1** MUS swingen **2** F *fig* ***ça swingue*** F es herrscht e-e Bombenstimmung

sybarite [sibaʀit] *litt m* Genießer *m*; *litt* Sybarit *m*

sycomore [sikɔmɔʀ] *m* BOT **a)** *figuier* Sykomore *f*; **b)** *érable* Bergahorn *m*

Sydney [sidnɛ] GÉOGR Sydney [-ni] *n*

syllabe [si(l)lab] *f* Silbe *f*; ***mot m de deux ~s*** zweisilbiges Wort; ***par ~s*** silbenweise

syllabique [si(l)labik] *adj* Silben...; silbisch; syllabisch; ***écriture f ~*** Silbenschrift *f*; ***vers m ~*** durch die Zahl der Silben bestimmter Vers

syllabisme [si(l)labism] *m* LING Silbenschrift (-system) *f(n)*

syllogisme [si(l)lɔʒism] *m* PHILOS Syllogismus *m*

sylphe [silf] *m* MYTH Sylphe *m*; Luftgeist *m* **sylphide** *f litt* Sylphide *f*; Sylphe *f*

Sylvain [silvɛ̃] *m Vorname*

sylvestre [silvɛstʀ] *adj* Wald...

sylvicole [silvikɔl] *adj* Forst...; forstwirtschaftlich

sylviculteur [silvikyltœʀ] *m correspond à* Forstwirt *m* **sylviculture** *f* Forstwirtschaft *f*

Sylvie [silvi] *f Vorname*

symbiose [sɛ̃bjoz] *f* BIOL, *fig* Symbiose *f*; ***vivre en ~*** in Symbiose leben

symbole [sɛ̃bɔl] *m* **1** Symbol *n* (*a personne*); Sinnbild *n*; ***la colombe est le ~ de la paix*** die Taube ist das Symbol des Friedens **2** MATH, CHIM Symbol *n*; Zeichen *n* **3** REL Glaubensbekenntnis *n*; ***le Symbole des apôtres*** das Apostolische Glaubensbekenntnis

symbolique [sɛ̃bɔlik] **I** *adj* **1** symbolisch; sinnbild-

S

lich; ***signification*** *f* ~ symbolische Bedeutung **2** (*sans valeur réelle*) symbolisch; ***un geste purement*** ~ e-e rein symbolische Geste **II** *f* Symbolik *f*

symboliser [sɛ̃bɔlize] *v/t* **1** (*représenter par un symbole*) sinnbildlich, symbolisch darstellen (***par*** durch) **2** (*être le symbole de*) versinnbildlichen; symbolisieren

symbolisme [sɛ̃bɔlism] *m* **1** Symbolik *f*; symbolische Bedeutung **2** LITTÉRATURE Symbolismus *m*

symboliste LITTÉRATURE **I** *adj* symbolistisch **II** *m,f* Symbolist(in) *m(f)*

symétrie [simetʀi] *f* Symmetrie *f* (*a* MATH); Gleichmaß *n*; symmetrische Anordnung; *de deux situations* Gleichheit *f*

symétrique [simetʀik] *adj* symmetrisch (***de*** zu)

sympa [sɛ̃pa] *adj* ⟨*inv*⟩ F *abr* → ***sympathique*** *I 1*

sympathie [sɛ̃pati] *f* Sympathie *f*; Zuneigung *f*; ***témoignage*** *m* ***de*** ~ *dans le malheur* (Beweis *m* der) Anteilnahme *f*; *dans la joie* Glückwunsch *m*; *projet* ***accueillir avec*** ~ günstig aufnehmen; ***avoir la*** ~ ***de qn*** j-s Sympathie(n) haben; ***avoir, ressentir de la*** ~ ***pour qn*** für j-n Sympathie, Zuneigung empfinden; *condoléances* ***croyez à toute ma*** ~ seien Sie meiner herzlichen Anteilnahme versichert; ***inspirer la*** ~ sympathisch sein; ***montrer, témoigner de la*** ~ ***à qn*** j-m Zuneigung, Anteilnahme entgegenbringen

sympathique [sɛ̃patik] **I** *adj* **1** *personne, visage* sympathisch; ***accueil*** *m* ~ freundlicher Empfang; ***ambiance*** *f* ~ gemütliche, nette Stimmung; ***geste*** *m* ~ freundliche Geste; ***soirée*** *f* ~ gemütlicher, netter Abend; ***avoir l'air*** ~ sympathisch aussehen; ***être*** ~ ***à qn*** j-m sympathisch sein **2** ***encre*** *f* ~ sympathetische, unsichtbare Tinte **3** ANAT sympathisch **II** *m* ANAT (***grand***) ~ Sympathikus *m*

sympathisant [sɛ̃patizɑ̃] POL **I** *adj* sympathisierend **II** *subst* ~(***e***) *m(f)* Sympathisant(in) *m(f)*; ~ ***communiste*** Sympathisant der Kommunisten

sympathiser [sɛ̃patize] *v/i* sympathisieren (***avec qn*** mit j-m); ***ils ont tout de suite sympathisé*** sie waren sich gleich sympathisch

symphonie [sɛ̃fɔni] *f* **1** MUS Sinfonie *ou* Symphonie *f* **2** *fig et litt* ~ ***de couleurs*** Farbensinfonie *f*

symphonique [sɛ̃fɔnik] *adj* sinfonisch *ou* symphonisch; Sinfonie… *ou* Symphonie…; ***concert*** *m* ~ Sinfoniekonzert *n*; ***orchestre*** *m* ~ Sinfonieorchester *n*; ***poème*** *m* ~ sinfonische Dichtung

symphoniste [sɛ̃fɔnist] *m,f* Sinfoniker(in) *ou* Symphoniker(in) *m(f)*

symposium [sɛ̃pozjɔm] *m* Symposion *n*; Symposium *n*

symptomatique [sɛ̃ptɔmatik] *adj* MÉD, *fig* symptomatisch (***de*** für)

symptomatologie [sɛ̃ptɔmatɔlɔʒi] *f* MÉD Symptomatologie *f*

symptôme [sɛ̃ptom] *m* **1** MÉD Symptom *n* **2** *fig* Anzeichen *n*; Symptom *n*

synagogue [sinagɔg] *f* Synagoge *f*

synapse [sinaps] *f* ANAT, BIOL Synapse *f*

synchro [sɛ̃kʀo] *f* → ***synchronisation***

synchrone [sɛ̃kʀon] *adj* synchron; gleichlaufend; ÉLECT ***moteur*** *m* ~ Synchronmotor *m*

synchronie [sɛ̃kʀɔni] *f* LING Synchronie *f*

synchronique [sɛ̃kʀɔnik] *adj* **1** synchronistisch; ***tableau*** *m* ~ synchronoptische Tabelle **2** LING synchronisch

synchronisation [sɛ̃kʀɔnizasjõ] *f* Synchronisierung *f*, Synchronisation *f* (*a* TECH)

synchronisé [sɛ̃kʀɔnize] *adj* synchronisiert; AUTO (***boîte*** *f* ***de***) ***vitesses*** ~***es*** Synchrongetriebe *n*; ***feux de signalisation*** ~***s*** grüne Welle

synchroniser [sɛ̃kʀɔnize] *v/t* synchronisieren (*a* TECH, *son et images d'un film*); zeitlich aufeinander abstimmen

synchroniseur *m* **1** ÉLECT Synchronisiervorrichtung *f*; Taktgeber *m* **2** AUTO Gleichlauf *m* (*Vorrichtung*)

synchronisme *m* Synchronismus *m*; zeitliches Zusammentreffen; TECH *a* Gleichlauf *m*

synclinal [sɛ̃klinal] *m* ⟨*pl* **-aux**⟩ GÉOL Synkline *ou* Synklinale *f*; Mulde *f*

syncopal [sɛ̃kɔpal] *adj* ⟨**-aux**⟩ synkopisch

syncope [sɛ̃kɔp] *f* **1** MÉD Synkope *f* (*sc*); ***avoir une*** ~ ohnmächtig, bewusstlos werden; ***tomber en*** ~ in Ohnmacht fallen **2** MUS Synkope *f*

syncopé [sɛ̃kɔpe] *adj* MUS synkopiert

syncoper *v/t* MUS synkopieren

syncrétisme [sɛ̃kʀetism] *m* REL, PHILOS Synkretismus *m*

syndic [sɛ̃dik] *m* **1** *de copropriété* Verwalter *m* **2** JUR *de faillite* Konkursverwalter *m*

syndical [sɛ̃dikal] *adj* ⟨**-aux**⟩ **1** gewerkschaftlich; Gewerkschafts…; ***action*** ~***e*** gewerkschaftliche Aktion; ***délégué*** ~ Gewerkschaftsvertreter *m* (*in Betrieben*); ***leader*** ~ Gewerkschaftsführer *m*; ***revendications*** ~***es*** gewerkschaftliche Forderungen *f/pl*; ***tarif*** ~ Verbandstarif *m* **2** ***chambre*** ~***e*** Arbeitgeberverband *m*

syndicalisation [sɛ̃dikalizasjõ] *f* gewerkschaftliche Organisierung; ***taux*** *m* ***de*** ~ Quote *f*, Zahl *f* der gewerkschaftlich Organisierten

syndicaliser [sɛ̃dikalize] *v/t* gewerkschaftlich organisieren

syndicalisme [sɛ̃dikalism] *m* **1** *mouvement* Gewerkschaftsbewegung *f*; Syndikalismus *m* **2** *activité* gewerkschaftliche Betätigung; ***faire du*** ~ aktives Mitglied e-r Gewerkschaft sein

syndicaliste [sɛ̃dikalist] **I** *adj* gewerkschaftlich; ***mouvement*** *m* ~ Gewerkschaftsbewegung *f* **II** *m,f* Gewerkschaft(l)er(in) *m(f)*

syndicat [sɛ̃dika] *m* **1** *de salariés* Gewerkschaft *f*; *par ext* (*association*) Verband *m*; Syndikat *n*; ~ ***agricole*** Bauernverband *m*; ~ ***ouvrier*** Arbeitergewerkschaft *f*; ~ ***patronal*** Arbeitgeberverband *m*; ~ ***du crime*** Verbrechersyndikat *n* **2** COMM ~ ***financier*** Finanzkonsortium *n*; ADM ~ ***intercommunal*** Zweckverband *m* von Gemeinden **3** ~ ***d'initiative*** Fremdenverkehrsamt *n*; Verkehrsverein *m*

syndiqué [sɛ̃dike] **I** *adj* gewerkschaftlich organisiert **II** *subst* ~(***e***) *m(f)* Gewerkschaftsmitglied *n*; Gewerkschaft(l)er(in) *m(f)*

syndiquer [sɛ̃dike] **I** *v/t* gewerkschaftlich organisieren **II** *v/pr* ***se*** ~ **1** *salariés* sich gewerkschaftlich organisieren, zusammenschließen **2** *adhérer* e-r Gewerkschaft (*dat*) beitreten

syndrome [sɛ̃dʀom] *m* MÉD Syndrom *n*

synecdoque [sinɛkdɔk] *f* RHÉT Synekdoche *f*

synergie [sinɛʀʒi] *f* Synergie *f*; Zusammenwirken *n*

synergique *adj* synergetisch

synesthésie [sinɛstezi] *f* Synästhesie *f*

synode [sinɔd] *m* ÉGL Synode *f*

synonyme [sinɔnim] **I** *adj* synonym; sinnverwandt;

S

être ~ de ein Synonym sein von; sinnverwandt sein mit; *fig* gleichbedeutend sein mit; als ein Synonym gelten für **II** *m* Synonym *n*
synonymie [sinɔnimi] *f* Synonymie *f*; Sinnverwandtschaft *f* **synonymique** *adj* synonymisch; Synonym…
synopsis [sinɔpsis] *m ou f* CIN Exposee *n*
synoptique [sinɔptik] *adj* synoptisch; übersichtlich zusammengestellt; ***tableau*** *m* **~** Übersichtstafel *f*; Tabelle *f*
synovie [sinɔvi] *f* ANAT Gelenkschmiere *f*; MÉD ***épanchement*** *m* ***de ~*** (seröser) Gelenkerguss
syntagmatique [sɛ̃tagmatik] *adj* LING syntagmatisch
syntagme [sɛ̃tagm] *m* LING Syntagma *n*
syntaxe [sɛ̃taks] *f* GR Syntax *f*; Satzlehre *f*
syntaxique [sɛ̃taksik] *adj* GR syntaktisch
synthèse [sɛ̃tɛz] *f* **1** Synthese *f* (*a* PHILOS); Zusammenfassung *f*; Gesamtschau *f*; ***avoir l'esprit de ~*** in Zusammenhängen denken **2** CHIM Synthese *f*; ***produit*** *m* ***de ~*** Syntheseprodukt *n*; ***faire la ~ de*** synthetisch her-, darstellen
synthétique [sɛ̃tetik] *adj* **1** synthetisch; ***méthode*** *f* **~** synthetische Methode **2** CHIM synthetisch; Synthese…; Kunst…; künstlich hergestellt; ***fibres*** *f/pl* ***~s*** Kunst-, Chemiefasern *f/pl*; synthetische Fasern *f/pl*; ***résine*** *f* **~** Kunstharz *n*
synthétiser [sɛ̃tetize] *v/t* zu e-r Synthese zusammenfassen
synthétiseur [sɛ̃tetizœʀ] *m* MUS Synthesizer [-saɪz-] *m*; ***~ de parole*** Sprachsynthesizer *m*
syphilis [sifilis] *f* MÉD Syphilis *f*
syphilitique [sifilitik] **I** *adj* syphilitisch; *personne* syphiliskrank **II** *m,f* Syphilitiker(in) *m(f)*
Syracuse [siʀakyz] GÉOGR Syrakus *n*
syriaque [siʀjak] *adj* HIST, LING ***langue*** *f* **~** syrische Sprache
Syrie [siri] ***la ~*** Syrien *n*
syrien [siʀjɛ̃] **I** *adj* ⟨***~ne***⟩ syrisch **II** *subst* ***Syrien(ne)*** *m(f)* Syrer(in) *m(f)*
systématique [sistematik] *adj* **1** (*méthodique*) systematisch; ***avoir l'esprit ~*** systematisch denken **2** *péj* (*constant*) systematisch; beharrlich; hartnäckig; ***refus*** *m* **~** hartnäckige Weigerung; ***apporter un soutien ~ à qn, qc*** j-n, etw bedingungslos unterstützen; ***faire de l'opposition ~*** systematisch Opposition treiben, opponieren
systématiquement [sistematikmɑ̃] *adv* systematisch; ***procéder ~*** systematisch vorgehen; ***refuser ~*** hartnäckig ablehnen
systématisation [sistematizasjõ] *f* Systematisierung *f* **systématiser** **I** *v/t* systematisieren; in ein System bringen **II** *v/i péj* alles nach Systemen (ein)ordnen wollen
système [sistɛm] *m* **1** (*doctrine*) System *n*; Lehrgebäude *n*; ***~ philosophique*** philosophisches System; *péj* ***esprit*** *m* ***de ~*** Systemdenken *n*; Dogmatismus *m* **2** MATH, PHYS, ASTR System *n*; ***~ métrique*** metrisches System; ***~ planétaire, solaire*** Planeten-, Sonnensystem *n*; ***~ de coordonnées*** Koordinatensystem *n* **3** (*organisation*) System *n*; Form *f*; POL *a* Regime *n*; ***~ économique*** Wirtschaftssystem *n*, -form *f*; ***~ électoral*** Wahlsystem *n*; ***~ politique*** politisches System; Regime *n*; ***~ social*** Gesellschaftssystem *n*; ***~ d'enseignement, de gouvernement*** Unterrichts-, Regierungssystem *n*; ***à bas le ~!*** nieder mit der Regierung! **4** (*méthode*) F ***le ~ D*** → ***D***; *d'un avocat* ***~ de défense*** Verteidigungskonzept *n*; ***un bon ~ pour faire fortune*** ein gutes System, um reich zu werden; F ***je connais le ~*** ich weiß Bescheid; F ich hab den Dreh raus **5** ANAT System *n*; ***~ nerveux*** Nervensystem *n*; F ***taper sur le ~ à qn*** j-m auf die Nerven, F auf den Geist gehen; F j-m auf den Wecker fallen **6** TECH System *n*; Anlage *f*; Vorrichtung *f*; ***~ d'alarme, d'alerte*** Alarmanlage *f*; Warnsystem *n*; ***~ d'éclairage*** Beleuchtungsanlage *f*; ***~ de fermeture*** Schließvorrichtung *f*; ***~ de navigation*** Navigationssystem *n*
systole [sistɔl] *f* PHYSIOL Systole *ou* Systole *f*
Szczecin [ʃtʃetsin] GÉOGR Stettin *n*
Szeged [segɛd] GÉOGR Szegedin ['sɛ-] *n*
Szombathely [sɔmbateli] GÉOGR Steinamanger *n*

T

T, t [te] *m* ⟨*inv*⟩ T, t *n*; TECH ***fer*** *m* ***en T*** T-Eisen *n*
t *abr* (*tonne*[*s*]) t (Tonne[n])
t' [t] → ***te***
ta → ***ton***[1]
tabac [taba] *m* **1** Tabak *m* (*a plante*); ***~ blond, brun*** heller, dunkler *ou* schwarzer Tabak; ***~ à chiquer, à priser*** Kau-, Schnupftabak *m*; (***bureau*** *m*, ***débit*** *m* ***de***) **~** Tabakladen *m*; *österr* (Tabak)Trafik *f*; ***bar*** *m*, ***café*** *m* **~** Stehkneipe *f*, Café *n* mit Tabakladen; ***paquet*** *m* ***de ~*** Päckchen *n* Tabak; *son médecin* ***lui a permis le ~*** hat ihm das Rauchen erlaubt **2** F ***passage*** *m* ***à ~*** Prügel *pl*; ***passer qn à ~*** j-n verprügeln; F auf j-n eindreschen **3** F ***faire un ~*** F e-n Riesen-, Bombenerfolg haben **4** MAR ***coup*** *m* ***de ~*** Sturm *m* **5** *adjt* ⟨*inv*⟩ tabakfarben
tabagie [tabaʒi] *f* verräucherte Bude **tabagique** *adj* MÉD Nikotin… **tabagisme** *m* Nikotinsucht *f*; *sc* Nikotinismus *m*
tabassée [tabase] *f* F Tracht *f* Prügel; Dresche *f* **tabasser** F **I** *v/t* verprügeln; F verdreschen **II** *v/pr* ***se ~*** sich prügeln
tabatière [tabatjɛʀ] *f* **1** Tabaksdose *f* **2** CONSTR ***châssis*** *m* ***à ~*** liegendes Dachfenster
tabellion [tabeljõ] *iron m* Notar *m*
tabernacle [tabɛʀnakl] *m* **1** ÉGL CATH Tabernakel *m ou n* **2** REL JUIVE ***Fête*** *f* ***des Tabernacles*** Laubhüttenfest *n*
tablature [tablatyʀ] *f* MUS Tabulatur *f*

table [tabl] *f* 1 *meuble* Tisch *m*; ***~ basse*** Couchtisch ['kaʊtʃ-] *m*; ***~ pliante*** Klapptisch *m*; ***~ à dessin, à ouvrage, à rallonges, à repasser*** Zeichen-, Näh-, Auszieh-, Bügeltisch *m*; ***~ de billard, de camping*** Billard-, Campingtisch ['kɛm-] *m*; ***~ de cuisine, de jardin, de jeu*** Küchen-, Garten-, Spieltisch *m*; ***~ de nuit, de chevet*** Nachttisch *m*, -schränkchen *n*; ***~ d'opération*** Operationstisch *m*; ***~ de ping-pong*** Tischtennisplatte *f*; ***~ de travail*** Arbeitstisch *m*; *fig* ***faire ~ rase*** Tabula rasa, reinen Tisch machen 2 *destinée aux repas* (Ess)Tisch *m*; Tafel *f*; ***linge*** *m* ***de ~*** Tischwäsche *f*; ***à ~!*** bitte zu Tisch!; ***être à ~*** bei Tisch sitzen; ***dresser la ~*** den Tisch festlich decken; ***se lever de ~, quitter la ~, sortir de ~*** vom Tisch, vom Essen aufstehen; ***mettre la ~*** den Tisch decken; ***se mettre à ~*** a) sich zu Tisch setzen; b) F *fig* (*avouer*) F auspacken; singen; ***passer à ~*** zu Tisch gehen 3 (*chère*) Essen *n*; ***plaisirs*** *m/pl* ***de la ~*** Tafelfreuden *f/pl* 4 (*tablée*) Tischgesellschaft *f*; Tafelrunde *f*; *fig* ***~ ronde*** runder Tisch; Gespräch *n*, Konferenz *f* am runden Tisch; Diskussions-, Gesprächsrunde *f*; ***Chevaliers*** *m/pl* ***de la ~ ronde*** Tafelrunde des Königs Artus 5 (*surface plane*) Tafel *f*; Platte *f*; CUIS ***~ de cuisson*** Kochmulde *f*, -feld *n*; MUS ***~ d'harmonie*** Decke *f* (*e-s Saiteninstruments*); BIBL ***Tables de la Loi*** Gesetzestafeln *f/pl*; ***~ d'orientation*** Panoramatafel *f* 6 (*tableau*) Tafel *f*; Tabelle *f*; ***~ de conversion*** Umrechnungstabelle *f*; MATH ***~ de logarithmes*** Logarithmentafel *f*; ***~ des matières*** Inhaltsverzeichnis *n*; MATH ***~ de multiplication*** Einmaleins *n*; F ***il sait sa ~ par cœur*** er kann das Einmaleins auswendig 7 ÉGL CATH ***s'approcher de la sainte ~*** zum Tisch des Herrn, zur Kommunion gehen 8 SPIRITISME ***~s tournantes*** Tischrücken *n*

La table ronde

La table ronde bezeichnet ursprünglich die erlesene Tafelrunde von König Artus. Dabei saßen zwölf Ritter zu Beratungsgesprächen zusammen, und zwar an einem runden Tisch, damit keiner der Ritter eine bevorzugte Position am Tisch einnehmen konnte.

Im modernen Sprachgebrauch versteht man unter **table ronde** auch eine Diskussion am runden Tisch.

tableau [tablo] *m* ⟨*pl* ***~x***⟩ 1 (*peinture*) Gemälde *n*; Bild *n*; ***~ (peint) à l'huile*** Ölgemälde *n*; ***~ de maître*** Meistergemälde *n*; ***marchand*** *m* ***de ~x*** Bilderhändler *m*; Galerist *m* 2 THÉ ***~x vivants*** lebende Bilder *n/pl* 3 F *fig et péj* ***vieux ~*** F stark geschminkte alte Schachtel 4 (*spectacle*) Bild *n* (*a* THÉ); Anblick *m*; ***~ idyllique*** idyllisches Bild; F ***vous voyez d'ici le ~*** stellt euch das mal vor; F ***pour achever le ~*** um das Maß vollzumachen 5 (*description*) Bild *n*; Schilderung *f*; Überblick *m*; ***brosser un ~ (rapide) de la situation*** e-n kurzen Überblick über die Lage geben 6 (*panneau*) Tafel *f*; Brett *n*; ***~ d'affichage*** Anschlagtafel *f*; Schwarzes Brett; *dans une gare, un stade etc* Anzeigetafel *f*; AVIAT, AUTO ***~ de bord*** Armaturen-, Instrumentenbrett *n*; *dans un hôtel* ***~ des clés*** Schlüsselbrett *n*; ÉLECT ***~ de commande*** Schalttafel *f*, -brett *n*; CH DE FER: ***~ de composition des trains*** Wagenstandanzeiger *m*; ***~ des départs ou des arrivées*** Anschlagtafel *f* mit den Abfahrts- *ou* Ankunftszeiten 7 ÉCOLE ***~ (noir)*** (Wand)Tafel *f*; ***aller, passer au ~*** an die Tafel gerufen werden; abgefragt werden; ***passez au ~!*** gehen Sie an die Tafel!; ***écrire qc au ~*** etw an die Tafel schreiben 8 (*table*) Tabelle *f*; Tafel *f*; Übersicht *f*; ***~ récapitulatif*** zusammenfassende Übersicht; ***~ des conjugaisons*** Konjugationstabelle *f*; ***~ de service*** Dienstplan *m*; ***sous forme de ~*** tabellarisch 9 (*liste*) Liste *f*; ***~ d'avancement*** Beförderungsliste *f*; ÉCOLE ***~ d'honneur*** Lob *n* für gute Leistungen (*am Trimesterende*); ***~ (de l'ordre) des avocats*** Mitgliederliste *f* der Anwaltskammer; ***être rayé du ~*** aus der Kammer ausgeschlossen werden 10 ***~ de chasse*** a) CH Strecke *f*; b) F *fig* Erfolge *m/pl* (bei Frauen); F Eroberungen *f/pl* 11 *fig* ***gagner sur tous les ~x*** überall Erfolge verbuchen können; ***jouer, miser sur les deux ~x*** es mit beiden Seiten halten; es mit keinem verderben wollen

tablée [table] *f* Tischgesellschaft *f*

tabler [table] *v/t/indir* ***~ sur qc*** auf etw (*acc*) setzen; mit etw rechnen

tablette [tablɛt] *f* 1 (Schreib)Tafel *f*; ***~ de cire*** Wachstäfelchen *n*; *fig*: ***écrire, inscrire, mettre, noter qc sur ses ~s*** sich (*dat*) etw merken; F ***rayez cela de vos ~s!*** rechnen Sie nicht damit!; F das können Sie abschreiben! 2 *au-dessus d'un lavabo etc* (Ablage)Platte *f*; ***~ de cheminée*** Kaminsims *n ou m* 3 ***~ de chewing-gum*** Kaugummistreifen *m*; ***~ de chocolat*** Tafel *f* Schokolade; Schokoladentafel *f* 4 PHARM Pastille *f*, Tablette *f* zum Lutschen

tableur [tablœʀ] *m* INFORM Tabellen(kalkulations)-programm *n*

tablier [tablije] *m* 1 Schürze *f*; (*blouse*) Kittelschürze *f*; ***~ à bavette*** Latzschürze *f*; ***~ de cuisine*** Küchenschürze *f*; ***~ d'écolier*** Schulkittel *m*; F ***ça lui va comme un ~ à une vache*** das steht ihm überhaupt nicht; *fig* ***rendre son ~*** (s-e Stelle) aufgeben 2 *d'un pont* Fahrbahn *f* 3 *d'une cheminée* Verschlussblech *n*; *d'une boutique* ***~ de fer*** Rollladen *m* aus Stahlblech

tabloïd(e)® [tablɔid] *m* Zeitung *f* in Kleinformat

tabou [tabu] **I** *adj* tabu; ***un sujet ~*** ein Gegenstand, der tabu ist **II** *m* Tabu *n*

taboulé [tabule] *m syrisch-libanesisches Couscous-Gericht mit Petersilie, Pfefferminze, Zwiebeln und Tomaten*

tabouret [tabuʀɛ] *m* Hocker *m*; Schemel *m*; ***~ de bar, de cuisine, de piano*** Bar-, Küchen-, Klavierhocker *m*

Tabriz [tabʀiz] GÉOGR Täbris *n*

tabulaire [tabylɛʀ] *adj* 1 tabellarisch; Tabellen… 2 tafelförmig, -artig

tabulateur [tabylatœʀ] *m* TECH Tabulator *m*

tabulation [tabylasjõ] ***touche*** *f* ***de ~*** Tabulatortaste *f*

tabulatrice [tabylatʀis] *f* TECH Tabelliermaschine *f*

tac [tak] **I** *int* tack! **II** *m loc* ***répondre du ~ au ~*** schlagfertig antworten *ou* sein

tache [taʃ] *f* 1 Fleck *m*; Flecken *m*; ***~ d'encre, de***

graisse, d'humidité, de rouille, de sang Tinten-, Fett-, Stock-, Rost-, Blutfleck *m*; ***avoir, enlever une ~*** e-n Fleck(en) haben, entfernen; ***faire une ~ à son manteau*** sich (*dat*) e-n Fleck(en) in den Mantel machen; *fig*: ***faire ~*** nicht passen (***dans*** in +*acc*); deplatziert wirken; die Harmonie stören; ***faire ~ d'huile*** sich verbreiten; sich durchsetzen **2** (*tare*) Makel *m*; Schandfleck *m*; REL ***~ originelle*** Erbsünde *f*; ***réputation*** *f* ***sans ~*** makelloser Ruf **3** PEINT Farbfleck *m* **4** *sur le plumage, le poil, la peau* Fleck *m*; ***~s de rousseur, de son*** Sommersprossen *f/pl*; MÉD ***~ de vin*** Feuermal *n* **5** ANAT ***~ jaune*** gelber Fleck **6** ASTR ***~s solaires*** Sonnenflecken *m/pl*

tâche [tɑʃ] *f* **1** (*devoir*) Aufgabe *f*; *st/s* Obliegenheit *f*; (*travail*) Arbeit *f*; Tätigkeit *f*; Beschäftigung *f*; ***accomplir sa ~, s'acquitter d'une ~, remplir une ~*** s-e *ou* e-e Aufgabe erfüllen; ***il n'a pas la ~ facile*** er hat keine leichte Aufgabe **2** *loc/adj et loc/adv* ***ouvrier, travail*** (***payé***) ***à la ~*** Akkordarbeiter *m*, -arbeit *f*; F ***je ne suis pas à la ~*** ich lass mich nicht hetzen; F immer mit der Ruhe!; ***travailler à la ~*** im Akkord, im Stücklohn arbeiten

taché [taʃe] *adj* fleckig; befleckt

tacher [taʃe] **I** *v/t* fleckig machen; beflecken; Flecken machen in (+*acc*) *ou* auf (+*acc*); *abs* ***le vin rouge tache*** Rotwein macht Flecken **II** *v/pr* ***se ~*** **1** *personne* sich fleckig machen; sich (*dat*) die Kleidung beflecken **2** *chose* fleckig werden; Flecken bekommen

tâcher [tɑʃe] *v/t* ***~ de*** (+*inf*) sich bemühen zu (+*inf*); versuchen zu (+*inf*); ***tâchez de faire mieux*** versuchen Sie, mehr *ou* Besseres zu leisten; sehen Sie zu, dass Sie es besser machen; ***~ que …*** (+*subj*) zusehen, dass …

tâcheron [tɑʃʀõ] *m* **1** *péj* Kuli *m*; Handlanger *m* **2** (*sous-entrepreneur*) kleiner Zwischenunternehmer

tacheté [taʃte] *adj* gefleckt; gesprenkelt; ***~ de brun*** braun gefleckt, gesprenkelt

tachisme [taʃism] *m* PEINT Tachismus [-ʃ-] *m*

Tachkent [taʃkɛnt, -kɛ̃t] GÉOGR Taschkent *n*

tachycardie [takikaʀdi] *f* MÉD Herzjagen *n*; *sc* Tachykardie *f* **tachygraphe** *m* TECH Fahrt(en)-schreiber *m*; Tachograf *m* **tachymètre** *m* TECH Drehzahlmesser *m*; Tachometer *m ou n*

tacite [tasit] *adj* stillschweigend; ***~ reconduction*** stillschweigende Verlängerung (*e-s Vertrags*)

taciturne [tasityʀn] *adj* schweigsam; verschlossen; wortkarg; zugeknöpft

tacot [tako] *m* F (***vieux***) ***~*** (*vieille voiture*) F Klapperkasten *m*; alte Kiste, Karre

tact [takt] *m* **1** PHYSIOL Tastsinn *m*; Gefühl *n* **2** *fig* Takt *m*; Feingefühl *n*; ***manque*** *m* ***de ~*** Taktlosigkeit *f*; ***sans ~*** taktlos; ***agir avec ~*** taktvoll handeln; ***avoir du ~*** taktvoll sein; Takt, Feingefühl besitzen; ***faire preuve de ~*** sich taktvoll verhalten; ***manquer de ~*** den Takt verletzen; taktlos sein

tacticien [taktisjɛ̃] *m*, **tacticienne** *f* Taktiker(in) *m(f)*

tactile [taktil] *adj* **1** PHYSIOL Tast… **2** INFORM ***écran*** *m* ***~*** Touchscreen ['tatʃskriːn] *m*; Berührungsbildschirm *m*

tactique [taktik] **I** *adj* MIL taktisch **II** *f* MIL *et par ext* Taktik *f*; POL ***~ électorale*** Wahlkampftaktik *f*; ***changer de ~*** s-e Taktik ändern

tadjik [tadʒik] **I** *adj* tadschikisch **II** *m/pl* ***Tadjiks*** Tadschiken *m/pl*

Tadjikistan [tadʒikistɑ̃] ***le ~*** Tadschikistan *n*

tadorne [tadɔʀn] *m* zo Brandente *f*

taekwondo [tekwõdo] *m* SPORTS Taekwondo [tɛk-] *n*

tænia → ***ténia***

taffe [taf] *f* F (*bouffée de cigarette*) Zug *m*; ***tirer une ~*** (mal) ziehen

taffetas [tafta] *m* **1** TEXT Taft *m*; ***robe*** *f* ***en ~*** Taftkleid *n* **2** PHARM ***~ gommé*** Mullpflaster *n*

tag [tag] *m* (aufgesprühte) Graffiti *pl*

tagada [tagada] *int* → ***tsoin-tsoin***

Tage [taʒ] GÉOGR ***le ~*** der Tajo

tagète [taʒɛt] *m* BOT Tagetes *f*

tagliatelles [taljatɛl] *f/pl* CUIS Tagliatelle [talja-] *pl*

taguer [tage] **I** *v/i* Graffiti sprühen **II** *v/t mur etc* mit Graffiti besprühen **tagueur** *m* Sprayer ['spreː-] *m*

Tahiti [taiti] Tahiti *n*

tahitien [taisjɛ̃] **I** *adj* ⟨***~ne***⟩ von, aus, auf Tahiti **II** *subst* ***Tahitien(ne)*** *m(f)* Bewohner(in) *m(f)* von Tahiti

taï chi [tajʃi] *m* SPORTS Tai-Chi [-'tʃiː] *n*

taie [tɛ] *f* **1** ***~*** (***d'oreiller***) Kopfkissenbezug *m* **2** *à l'œil* weißer Hornhautfleck

taïga [taiga] *f* GÉOGR Taiga *f*

taillable [tajabl] *adj* HIST zinspflichtig; *fig* ***être ~ et corvéable à merci*** alles Unangenehme machen müssen; sich (*dat*) alles aufhalsen lassen müssen

taillader [tajade] *v/t* Schnitte machen in (+*acc*); *adjt* ***avoir le visage tout tailladé*** Schnitte im Gesicht, ein zerschnittenes Gesicht haben

taillage [tajaʒ] *m* TECH **1** *de roues dentées etc* Schneiden *n*; *de limes* Hauen *n* **2** FABRICATION DE TUILES Schneiden *n* (*in Tonrasplern*)

taillandier [tajɑ̃dje] *m* Werkzeugschmied *m*

taille[1] [taj, tɑj] *f* **1** *d'une personne* (Körper)Größe *f*; Gestalt *f*; Wuchs *m*; Figur *f*; Statur *f*; *loc/adj*: ***de haute ~*** groß; hochgewachsen; von hohem Wuchs; ***de ~ moyenne*** mittelgroß; ***homme*** *m* ***de petite, grande ~*** kleiner, großer Mann; ***avoir la ~ bien prise*** e-e gute Figur haben; ***avoir la ~ requise pour être qc*** die erforderliche (Mindest)Größe für etw haben; ***être de la même ~*** gleich groß sein; ***se redresser de toute sa ~*** sich zu s-r vollen Größe aufrichten **2** *d'une chose* Größe *f*; *a fig* Bedeutung *f*; *loc/adj*: F ***de ~*** F gewaltig; Riesen…; F ***il est de ~, son chapeau*** ihr Hut ist ja riesengroß; ***de grande, belle ~*** groß; ***de la ~ de*** so groß wie; ***de la ~ d'une carte postale*** in Postkartengröße; ***une erreur de cette ~*** ein so großer Fehler *ou* Irrtum **3** *fig* Größe *f*; Format *n*; Fähigkeit *f*; ***un stratège de la ~ de Napoléon*** ein Stratege vom Format Napoleons; ***un rôle à sa ~*** e-e ihm entsprechende Rolle; ***à la ~ de son talent*** s-m Talent, s-n Fähigkeiten entsprechend; ***il n'est pas de ~*** er ist der Sache nicht gewachsen; dazu ist er nicht fähig; ***être de ~ à*** (+*inf*) imstande, fähig sein zu (+*inf*); Manns genug sein, um zu (+*inf*) **4** ANAT Taille ['taljə] *f*; ***~ courte, longue*** kurzer, langer Oberkörper; ***tour*** *m* ***de ~*** Taillenweite *f*; *loc/adj*: *vêtement* ***à ~ ajustée*** auf Taille gearbeitet; tailliert; in der Taille anliegend; ***à ~ basse*** mit tiefer Taille; ***avoir la ~ fine*** e-e schlanke Taille haben; ***prendre qn par la ~, prendre la ~ de qn*** j-n um die Taille, um die Hüfte fassen; j-s Taille umfassen;

T

se tenir par la ~ sich (gegenseitig) um die Hüfte fassen **5** (Konfektions)Größe *f*; ***grande ~*** große Größe; große Weite; ***~ 40*** *correspond en Allemagne à* Größe 38; ***la ~ au-dessus*** e-e Nummer größer; die nächste Größe; ***la ~ en dessous*** e-e Nummer kleiner; ***être à la ~ de qn*** j-m passen; die richtige Größe für j-n sein

taille² [taj, tɑj] *f* **1** *de la pierre* Behauen *n*; *sculpture* Hauen *n*; *de diamants* Schleifen *n*; Schliff *m*; *du graveur* Stich *m*; Schnitt *m* **2** *d'arbres etc* Beschneiden *n*; Schnitt *m* **3** *d'une épée* Schneide *f* **4** HIST Steuer *f* (der Leibeigenen *ou* der Nichtadligen)

taillé [taje] *adj* **1** *personne* ***~ en athlète*** athletisch gebaut; *fig* ***être ~ pour faire un centenaire*** so aussehen, als ob man hundert Jahre alt werden könnte **2** *choses* geschnitten; *pierre* behauen; *diamant* geschliffen; *fig rôle etc* ***être ~ à la mesure de qn*** auf j-n zugeschnitten sein

taille-crayon(s) [tajkʀɛjõ] *m* ⟨*pl* **taille-crayons**⟩ Bleistiftspitzer *m*

taille-douce [tajdus] *f* ⟨*pl* **tailles-douces**⟩ Kupferstich *m*

tailler [taje] **I** *v/t* **1** *étoffe, vêtement* (zu)schneiden; ***~ un crayon*** einen Stift spitzen; ***~ des diamants*** Diamanten schleifen; ***~ des marches dans la glace*** Stufen in das Eis schlagen; ***~ une pierre*** einen Stein behauen; ***~ au ciseau*** ausmeißeln, -stemmen; ***~ en biseau*** schräg schneiden *ou* schleifen; ***~ en pointe*** (an-, zu)spitzen **2** *haie etc* beschneiden; stutzen (*a barbe*) **3** *fig* ***~ une armée en pièces*** e-e Armee zerschlagen **4** F *fig* ***~ une bavette*** → **bavette** *3* **II** *v/i* **1** schneiden **2** *vêtement* ***~ grand, petit*** groß, klein ausfallen **3** MAR ***~ de l'avant*** schnell fahren **III** *v/pr* **1** *fig* ***se ~ la part du lion*** sich (*dat*) den Löwenanteil nehmen; ***se ~ un succès*** e-n Erfolg verbuchen **2** F ***se ~*** F abhauen; verduften

tailleur [tajœʀ] *m* **1** (Herren)Schneider *m*; ***~ pour dames*** Damenschneider *m*; ***être assis en ~*** im Schneidersitz sitzen **2** *costume* (Schneider)Kostüm *n*; Jackenkleid *n*; *schweiz* Tailleur *n*; ***~ sport*** Sportkostüm *n* **3** ***~ de pierre(s)*** Steinhauer *m*; Steinmetz *m*

tailleur-pantalon [tajœʀpɑ̃talõ] *m* ⟨*pl* **tailleurs-pantalons**⟩ Hosenanzug *m*

taillis [taji] *m* Dickicht *n*; Unterholz *n*; Niederwald *m*

tain [tɛ̃] *m* Spiegelbelag *m*; ***glace*** *f* ***sans ~*** Einwegspiegel *m*

Taipei [taipe] GÉOGR Taipeh *n*

taire [tɛʀ] ⟨→ **plaire**; *aber* **il se tait**⟩ **I** *st/s v/t* verschweigen **II** *v/pr* ***se ~*** (*être silencieux*) schweigen; still sein; (*cesser*) verstummen (*a choses*); ***se ~ sur qc*** über etw (*acc*) schweigen; etw für sich behalten; ***tais-toi!*** halt den Mund!; sei still!; ***allez-vous vous taire!*** wollt ihr wohl still sein!; ***savoir se ~*** schweigen können; F ***il a perdu une belle occasion de se ~*** er hätte lieber schweigen, den Mund halten sollen; ♦ ***faire ~ qn*** j-n zum Schweigen bringen; j-n auffordern, ruhig zu sein; j-m Ruhe gebieten; ***faites-les ~*** sorgen Sie dafür, dass sie still sind; *fig*: ***faire ~ l'opposition*** die Opposition unterdrücken, mundtot machen; ***faire ~ les bruits*** die Gerüchte zum Verstummen bringen

Taïwan [tajwan] Taiwan *n*

talc [talk] *m* **1** PHARM (Körper)Puder *m* **2** MINÉR Talkum *n*

talé [tale] *adj fruit* angeschlagen; mit Druckstellen

talent [talɑ̃] *m* **1** Talent *n*; (*don*) Gabe *f*; Begabung *f*; ***~ d'organisateur*** Organisationstalent *n*; ***un écrivain de (grand) ~*** ein (sehr) begabter Schriftsteller; ***avoir du ~*** talentvoll, talentiert, begabt sein; *iron* ***il a le ~ de*** (*+inf*) er hat ein Talent zu (*+inf*); F *plais* ***montrez-nous vos ~s*** zeigen Sie, was Sie können **2** (*personne douée*) Talent *n*; talentvoller Mensch; ***encourager les jeunes ~s*** die jungen Talente fördern

talentueux [talɑ̃tɥø] *adj* ⟨**-euse**⟩ talentiert; begabt; fähig

taler [tale] *v/t fruit* anschlagen; *faites attention* ***de ne pas ~ les fruits*** dass das Obst keine Druckstellen bekommt

talibans [talibɑ̃] *m/pl* POL Taliban *pl*

talion [taljõ] *m* HIST JUR Talion *f*; *fig* ***la loi du ~*** das Gesetz der Wiedervergeltung

talisman [talismɑ̃] *m* Talisman *m*

talkie-walkie [tokiwoki] *m* ⟨*pl* **talkies-walkies**⟩ tragbares Funksprechgerät; Walkie-Talkie ['vɔːki-'tɔːki] *n*

talk-show [tɔ(l)kʃo] *m* ⟨*pl* **talk-shows**⟩ Talkshow ['tɔːkʃoː] *f*

Talleyrand [talɛʀɑ̃, talʀɑ̃] *frz Politiker*

Tallinn [talin] GÉOGR Tallinn *n*; Reval *n*

Talmud [talmyd] *m* REL Talmud *m* **talmudique** *adj* talmudisch

taloche [talɔʃ] *f* **1** F (*gifle*) Ohrfeige *f*; → *a* **gifle** *1* **2** CONSTR Reibebrett *n*

talon [talõ] *m* **1** ANAT, *d'un bas* Ferse *f*; *nordd* Hacke *f*; *fig* ***~ d'Achille*** Achillesferse *f*; ***être sur les ~s de qn*** j-m auf den Fersen sein; ***marcher sur les ~s de qn*** (*piétiner*) j-m auf die Fersen treten; (*suivre*) j-m auf den Fersen folgen; ***montrer, tourner les ~s*** Fersengeld geben; ***dès que je tourne les ~s*** sobald ich den Rücken wende **2** *de la chaussure* Absatz *m*; *nordd* Hacke *f*; ***~s aiguilles*** Pfennigabsätze *m/pl*; ***à ~s 'hauts, plats*** mit hohen, flachen Absätzen; *elliptiquement* ***'hauts ~s*** Schuhe *m/pl* mit hohen Absätzen; Stöckelschuhe *m/pl* **3** (*contraire*: *entame*) Endstück *n* **4** *d'un chèque etc* Stammabschnitt *m*; Kupon *m* **5** CARTES Talon *m*; Kartenstock *m*

talonnade [talɔnad] *f* FOOTBALL Absatzkick *m* **talonnage** *m* RUGBY Hakeln *n*

talonner [talɔne] *v/t* **1** ***~ qn*** (*poursuivre*) j-m auf den Fersen sein; *fig* (*harceler*) j-n (be)drängen; j-m zusetzen **2** RUGBY ***~ (le ballon)*** hakeln **3** ***~ un cheval*** e-m Pferd die Sporen geben *ou* die Fersen in die Weichen stoßen

talonnette [talɔnɛt] *f* **1** *pour chaussure* Ferseneinlage *f* **2** *du pantalon* Stoßband *n* **talonneur** *m* RUGBY Hakler *m*

talquer [talke] *v/t* mit Talkum einpudern

talus [taly] *m* Böschung *f*

tamagotchi [tamagɔtʃi] *m* Tamagotchi [-'gɔtʃi] *n ou m*

tamanoir [tamanwaʀ] *m* ZO Großer Ameisenbär

tamarin [tamaʀɛ̃] *m* BOT **1** (Frucht *f* der) Tamarinde *f* **2** Tamariske *f*

tamarinier [tamaʀinje] *m* BOT Tamarinde *f*

tamaris [tamaʀis] *m* BOT Tamariske *f*

tambouille [tɑ̃buj] F *f* Essen *n*; *péj* Fraß *m*; ***faire la ~*** kochen

tambour [tɑ̃buʀ] *m* 1 MUS Trommel *f*; ***battre le, du ~*** trommeln; die Trommel schlagen; *fig* ***mener l'affaire ~ battant*** die Sache im Eiltempo erledigen, flink *ou* prompt abwickeln; *fig* ***partir sans ~ ni trompette*** sang- und klanglos verschwinden; heimlich, still und leise verschwinden; F *fig* ***raisonner comme un ~*** ungereimtes Zeug reden 2 *personne* Trommler *m* 3 CONSTR Windfang *m*; (***porte*** *f* ***à***) ~ Drehtür *f* 4 TECH *d'un lave-linge etc* Trommel *f*; INFORM ***~ magnétique*** Magnettrommel *f*; ***freins*** *m/pl* ***à ~*** Trommelbremsen *f/pl* 5 *pour broder* Stickrahmen *m*

tambourin [tɑ̃buʀɛ̃] *m* MUS Tamburin *n*; ***~ provençal*** lange, schmale Trommel

tambouriner [tɑ̃buʀine] *v/t et v/i* trommeln (*a fig pluie etc*); ***~ à la porte*** an die Tür trommeln

tambour-major [tɑ̃buʀmaʒɔʀ] *m* ⟨*pl* **tambours-majors**⟩ Tambourmajor *m*

tamil [tamil] → ***tamoul***

tamis [tami] *m* Sieb *n*

tamisage [tamizaʒ] *m* (Durch-, Aus)Sieben *n*

Tamise [tamiz] ***la ~*** die Themse

tamiser [tamize] *v/t* 1 (aus-, durch)sieben 2 *fig lumière* dämpfen; *adjt* ***lumière tamisée*** gedämpftes Licht

tamoul [tamul] **I** *adj* tamilisch **II** *m/pl* ***Tamouls*** Tamilen *m/pl*

tampon [tɑ̃pɔ̃] *m* 1 Bausch *m*; MÉD Tampon *m*; Tupfer *m*; ***~ hygiénique, périodique*** Tampon *m*; CUIS ***~*** (***à récurer***) Putzkissen *n*; ***~ d'ouate*** Wattebausch *m*, -tupfer *m* 2 CH DE FER *et fig* Puffer *m*; *fig*: *adjt* ***État*** *m* ***~*** Pufferstaat *m*; *personne* ***servir de ~*** als Puffer dazwischenstehen 3 (*cachet*) Stempel *m*; ***~ de la poste*** Poststempel *m*; F ***coup*** *m* ***de ~*** Stempeln *n* 4 ***~ buvard*** Löscher *m*; Löschwiege *f*; ***~ encreur*** Stempelkissen *n* 5 (*bouchon*) Stopfen *m*; Pfropfen *m*; Stöpsel *m*; Spund *m*

tamponnement [tɑ̃pɔnmɑ̃] *m* 1 CH DE FER Aufeinanderprallen *n* der Puffer; *par ext, a de voitures* Zusammenstoß *m* 2 MÉD Tamponade *f*; Tamponieren *n*

tamponner [tɑ̃pɔne] **I** *v/t* 1 (*essuyer*) be-, abtupfen; abwischen 2 CH DE FER, AUTO auffahren auf (*+acc*); (auf)prallen auf (*+acc*); rammen 3 (*apposer un cachet*) (ab)stempeln 4 MÉD tamponieren **II** *v/pr* 1 ***se ~*** CH DE FER, AUTO zusammenstoßen; aufeinanderprallen 2 F ***s'en ~*** (***le coquillard***) sich keinen Deut darum scheren; F darauf pfeifen

tamponneuse [tɑ̃pɔnøz] *adj* ⟨*f*⟩ ***auto ~*** (Auto)Skooter [-skuː-] *m*

tam-tam [tamtam] *m* ⟨*pl* **tam-tams**⟩ 1 MUS afrikanische Trommel 2 *fig* ***faire du ~*** ein Theater machen; Krach schlagen; ein Tamtam machen (***autour de qc*** um etw)

tan [tɑ̃] *m* Gerberlohe *f*

tancer [tɑ̃se] ⟨**-ç-**⟩ *litt v/t* rügen; tadeln; schelten

tanche [tɑ̃ʃ] *f* ZO Schleie *f*; Schlei *m*

tandem [tɑ̃dɛm] *m* 1 *vélo* Tandem *n* 2 F *fig personnes* Gespann *n*; Tandem *n*

tandis que [tɑ̃dik(ə)] *loc/conj* 1 *simultanément* während; solange (wie) 2 *par opposition* während; wo(hin)gegen

tangage [tɑ̃gaʒ] *m* MAR Stampfen *n* (*a d'un avion*); ***il y a du ~*** das Schiff stampft

Tanganyika [tɑ̃ganika] ***le lac ~*** der Tanganjikasee

tangence [tɑ̃ʒɑ̃s] *f* MATH Berührung *f*

tangent [tɑ̃ʒɑ̃] *adj* 1 MATH berührend; ***droite ~e à un cercle*** Gerade, die e-n Kreis berührt 2 (*de justesse*) knapp

tangente [tɑ̃ʒɑ̃t] *f* 1 GÉOMÉTRIE Tangente *f* 2 TRIGONOMÉTRIE Tangens *m* 3 F *fig* ***prendre la ~*** F sich aus dem Staub machen

tangentiel [tɑ̃ʒɑ̃sjɛl] *adj* ⟨**~le**⟩ MATH tangential; Tangential…

Tanger [tɑ̃ʒe] GÉOGR Tanger *n*

tangerine [tɑ̃ʒ(ə)ʀin] *f fruit* Tangerine *f*

tangible [tɑ̃ʒibl] *adj* 1 fühlbar; berührbar 2 *fig preuve, fait* greifbar; handgreiflich; offenkundig

tango [tɑ̃go] **I** *m* MUS Tango *m* **II** *adj* ⟨*inv*⟩ orange(rot, -farben)

tanguer [tɑ̃ge] *v/i* 1 MAR stampfen; ***ça tangue*** das Schiff stampft 2 *par ext* schwanken

tanière [tanjɛʀ] *f* 1 *d'un animal* Höhle *f* 2 *fig* Schlupfloch *n*, -winkel *m*

tanin [tanɛ̃] *m* CHIM Tannin *n*; Gerbstoff *m* (*a du vin*)

tanisage [tanizaʒ] 1 *pour le vin* Zusetzen *n* von Gerbstoff 2 Zusetzen *n* von Gerberlohe **taniser** *v/t* 1 *vin, moût* Gerbstoff zusetzen (*+dat*) 2 Gerberlohe zusetzen (*+dat*)

tank [tɑ̃k] *m* 1 (*réservoir*) Tank *m* 2 MIL Tank *m*; Panzer *m* 3 F (*grosse voiture*) Straßenkreuzer *m*

tanker [tɑ̃kɛʀ] *m* MAR Tanker *m*

tannage [tanaʒ] *m* Gerben *n*, -ung *f*

tannant [tanɑ̃] *adj* F (*assommant*) unerträglich; ermüdend; ***il est ~ avec ses questions*** F er fällt e-m auf den Wecker mit s-n Fragen

tanné [tane] *adj* gegerbt (*a fig visage*)

tannée [tane] F *f* (Tracht *f*) Prügel *pl*; F Keile *f*; Dresche *f*

tanner [tane] *v/t* 1 *peaux* gerben 2 *par ext soleil*: *visage* gerben; F ***~*** (***le cuir à***) ***qn*** F j-m das Fell gerben 3 F *fig* ***tu me tannes*** du gehst mir auf die Nerven; F du fällst mir auf den Wecker

tannerie [tanʀi] *f* 1 *atelier* (Loh)Gerberei *f* 2 *technique* (Loh)Gerben *n* **tanneur** *m* (Loh)Gerber *m*

tannin → ***tanin***

tan-sad [tɑ̃sad] *m* ⟨*pl* **tan-sads**⟩ Soziussitz *m*

tant [tɑ̃] **I** *adv* 1 so; so viel(e); so sehr; dermaßen; ***~ de fois*** so oft; F (***pas***) ***~ que ça*** (nicht) so viel; (nicht) so sehr; ***celui-là et ~ d'autres*** der und so viele andere; ***ce livre ~ vanté*** dieses so viel gepriesene Buch; ***une maison comme il y en a ~*** ein Haus, wie es deren viele gibt; ***il vous aime ~*** er liebt Sie so sehr; ***il a ~ de livres que …*** er hat so viele Bücher, dass …; ***ce n'est pas ~ l'intelligence que le courage qui lui manque*** ihm fehlt weniger, nicht so sehr (die) Intelligenz als (der) Mut; ***il a ~ travaillé qu'****il est tombé malade* er hat so viel gearbeitet, dass …; ♦ *loc*: ***~ il est vrai que …*** da sieht man wieder, dass …; das bestätigt (wieder), dass …; ***tous ~ que nous sommes, vous êtes*** wir, ihr alle (ohne Ausnahme); ***~ et plus*** reichlich; ***il a de l'argent ~ et plus*** er hat Geld noch und noch, in Mengen; ***~ bien que mal*** recht und schlecht; so gut es (eben) geht; so leidlich; so einigermaßen; mit Ach und Krach; ***~ mieux*** umso *ou* desto besser; ***~ pis*** da kann man nichts machen; schade; *vous ne voulez pas?* ***~ pis pour vous*** na, dann eben nicht; dann sind Sie selbst daran schuld 2 *quantité indéfinie* soundso viel; *subst* ***le ~*** am Soundsovielten (*des Monats*); (***à***) ***~ pour cent*** (zu) soundso viel Prozent; ***~ de kilos*** soundso viel

Kilo **II** *loc/conj* **1** ~ ***que …*** solange …; ~ ***qu'il vivra*** solange er lebt; ~ ***que vous y êtes*** wenn Sie es schon tun, machen; wenn Sie schon dabei sind; *iron* ***pourquoi pas la lune,*** ~ ***que tu y es*** warum nicht gleich den Mond; ~ ***qu'à faire!*** wennschon, dennschon!; ~ ***qu'à faire, faites-le bien*** wenn Sie es schon machen, (dann) machen Sie es auch ordentlich **2** ~ ***et si bien que …*** so weit, dass …; so lange, bis …; sodass schließlich …; ***il fit*** ~ ***et si bien qu'on le renvoya*** er trieb es so weit, dass er entlassen wurde **3** ***si*** ~ ***est que*** (*+subj*) falls; sofern; wenn überhaupt; ***si*** ~ ***est qu'il dise la vérité*** wenn er überhaupt die Wahrheit sagt **4** ***en*** ~ ***que*** als; ***en*** ~ ***que Français*** als Franzose; ***engager qn en*** ~ ***qu'ingénieur*** j-n als Ingenieur einstellen **5** ~ ***… que*** sowohl … als auch; ***le personnel,*** ~ ***ouvriers qu'employés*** das Personal, sowohl Arbeiter als auch Angestellte

Tantale [tɑ̃tal] *m* MYTH Tantalus *m*

tante [tɑ̃t] *f* **1** Tante *f* **2** F (*homosexuel*) F Schwule(r) *m*; Homo *m*; *péj* warmer Bruder; Tunte *f* **3** F *plais* (*mont-de-piété*) ***ma*** ~ das Leihhaus

tantième [tɑ̃tjɛm] *m* Anteil *m*; COMM Tantieme *f*; Gewinnanteil *m*

tantine [tɑ̃tin] *f enf* (liebe) Tante

tantinet [tɑ̃tinɛ] *loc/adv* ***un*** ~ ein wenig; ein bisschen

tantôt [tɑ̃to] *adv* **1** heute Nachmittag; ***à*** ~***!*** bis heut(e) Nachmittag! **2** ~ ***…,*** ~ ***…*** bald …, bald …; (ein)mal …, (ein)mal …; ~ ***bien,*** ~ ***mal*** bald gut, bald schlecht; ***il est*** ~ ***gai,*** ~ ***triste*** mal ist er fröhlich, mal traurig

tantouse [tɑ̃tuz] F *f* → ***tante*** *2*

Tanzanie [tɑ̃zani] ***la*** ~ Tansania *n*

tanzanien [tɑ̃zanjɛ̃] **I** *adj* ⟨~**ne**⟩ tansanisch **II** *subst* ***Tanzanien(ne)*** *m(f)* Tansanier(in) *m(f)*

taoïsme [taɔism] *m* REL Taoismus *m*

taoïste [taɔist] **I** *m,f* Taoist(in) *m(f)* **II** *adj* taoistisch

taon [tɑ̃] *m* ZO Bremse *f*

tapage [tapaʒ] *m* **1** (*bruit*) Lärm *m*; Krach *m*; F Radau *m*; Spektakel *m*; ~ ***infernal*** Höllenlärm *m*; JUR ~ ***nocturne*** nächtliche Ruhestörung **2** *fig* Wirbel *m*; Aufsehen *n*; ***on a fait beaucoup de*** ~ ***autour de cette affaire*** man hat viel Wirbel um diese Sache gemacht; ***cette affaire a fait beaucoup de*** ~ diese Sache hat großes Aufsehen erregt

tapageur [tapaʒœʀ] *adj* ⟨**-euse**⟩ auffällig; auffallend; ***publicité tapageuse*** marktschreierische Reklame

tapant [tapɑ̃] *adj* ***à midi*** ~ Schlag zwölf (Uhr); ***il est sept heures*** ~***es*** *ou p/pr* ~ es ist Schlag sieben (Uhr)

tape [tap] *f* Klaps *m*; ~ ***amicale*** freundschaftlicher Klaps; ***il lui donna une grande*** ~ ***dans le dos*** er gab ihm e-n kräftigen Klaps auf den Rücken

tapé [tape] *adj* F → ***cinglé***

tape-à-l'œil [tapalœj] *adj* ⟨*inv*⟩ protzig; übertrieben prunkvoll; kitschig; *subst* ***c'est du*** ~ das ist Schaumschlägerei, Kitsch

tapecul *ou* **tape-cul** [tapky] F *m* ⟨*pl* **tape-culs**⟩ **1** *voiture* F schlecht gefederte Karre **2** *balançoire* Wippe *f*

tapée [tape] F *f* Menge *f*; Schwarm *m*; F Haufen *m*; ***une*** ~ ***d'enfants*** ein Haufen Kinder

taper [tape] **I** *v/t* **1** e-n Klaps geben (***qn*** j-m); (*frapper*) schlagen; klopfen; ~ ***trois coups à la porte*** dreimal an die Tür klopfen **2** *à la machine à écrire* F tippen; *sur ordinateur, minitel* eingeben; eintippen; ~ ***une lettre*** e-n Brief tippen **3** F (*emprunter*) ~ ***qn*** F j-n anpumpen; ***je l'ai tapé de cent euros*** ich habe (mir) hundert Euro von ihm gepumpt **II** *v/i* **1** (*frapper*) schlagen; ~ ***à la porte*** an die Tür schlagen; ~ ***dans un ballon*** e-n Ball herumkicken; ~ ***dans les mains*** *ou* ***des mains*** in die Hände klatschen; ~ ***dans le tas*** blindlings drauflosschlagen; → *a II 4*; ~ ***des pieds*** mit den Füßen trampeln; ~ ***sur qn*** a) j-n schlagen; auf j-n einschlagen; b) F *fig* (*médire*) von j-m schlecht reden; über j-n herziehen; ~ ***sur l'épaule de qn*** j-m auf die Schulter klopfen, *p/fort* schlagen **2** F *fig*: ~ ***dans l'œil de qn*** j-m ins Auge, in die Augen stechen; ~ ***sur les nerfs, sur le système à qn*** j-m auf die Nerven gehen; F j-m auf den Wecker fallen; ~ ***sur le ventre à qn*** j-m gegenüber allzu vertraulich sein; sich bei j-m anbiedern **3** ~ (***à la machine***) F tippen **4** F (*se servir*) ~ ***dans*** sich hermachen über (*+acc*); ~ ***dans le tas*** wahllos aus der Menge herausnehmen; kräftig zulangen **5** *soleil* ~ (***dur***) (heiß) brennen **III** *v/pr* ***se*** ~ **1** (*se frapper*) sich (gegenseitig) schlagen **2** F *fig*: ***il y a de quoi se*** ~ ***le derrière par terre*** F das ist ja zum Piepen, zum Schießen; ***c'est à se*** ~ ***la tête contre les murs*** F das ist, um an den Wänden hochzugehen; das ist zum Auswachsen **3** F *à manger, à boire* sich (*dat*) gönnen; F sich (*dat*) einverleiben; sich (*dat*) genehmigen; sich (*dat*) reinziehen; P ***se*** ~ ***une fille*** P ein Mädchen umlegen, aufs Kreuz legen **4** F: ***il s'est tapé tout le trajet à pied*** F er musste den ganzen Weg tippeln; ***se*** ~ ***tout le travail*** F die ganze Arbeit auf dem Buckel haben **5** F ***il peut toujours se*** ~ F da kann er lange warten **6** F ***moi, je m'en tape*** F ich pfeif drauf

tapette [tapɛt] *f* **1** **a)** *pour tapis* Teppichklopfer *m*; **b)** *pour mouches* Fliegenklappe *f*, -klatsche *f* **2** F (gutes) Mundwerk; ***elle a une de ces*** ~***s*** ihr Mundwerk steht nicht still **3** (*souricière*) Mausefalle *f* **4** *arg* → ***tante*** *2*

tapeur [tapœʀ] *m* F Pumpgenie *n*

tapi [tapi] *adj* (*blotti*) zusammengekauert; (*caché*) versteckt

tapin [tapɛ̃] *m* P ***faire le*** ~ F auf den Strich gehen

tapinois [tapinwa] *loc/adv* ***en*** ~ heimlich; verstohlen

tapioca [tapjɔka] *m* Tapioka *f*; (***potage*** *m* ***au***) ~ Tapioka-, Sagosuppe *f*

tapir[1] [tapiʀ] *v/pr* ***se*** ~ sich verkriechen

tapir[2] [tapiʀ] *m* ZO Tapir *m*

tapis [tapi] *m* **1** Teppich *m*; *d'escalier* Läufer *m*; ~ ***mécanique, tissé*** Maschinen-, Webteppich *m*; ~ ***persan*** Perserteppich *m*; F Perser *m*; DIPL ~ ***rouge*** roter Teppich; *du conte* ~ ***volant*** fliegender Teppich; *fig* ~ ***de mousse*** Moosteppich *m*; ~ ***d'Orient*** Orientteppich *m*; ~ ***de prière*** Gebetsteppich *m* **2** *par ext* Decke *f*; SPORTS Matte *f*; *d'un billard, d'une table de jeu* Tuch *n*; ~ ***de bain*** Badematte *f*; *d'une tente* ~ ***de sol*** Bodendecke *f*; INFORM ~ ***de souris*** Mauspad [-pɛt] *n*; ~ ***de table*** Tischdecke *f*; BOXE: ***aller au*** ~ zu Boden gehen; ***envoyer son adversaire au*** ~ s-n Gegner auf die Bretter schicken; *fig*: ***mettre une question sur le*** ~ e-e Frage aufs Tapet, zur Sprache bringen; ***revenir sur le*** ~

wieder zur Sprache kommen; ***se réunir autour du ~ vert*** sich zu e-r Sitzung versammeln **3** TECH **~ *roulant*** Förderband *n*; *pour piétons* Roll-, Fahrsteig *m*

tapis-brosse [tapibʀɔs] *m* ⟨*pl* **tapis-brosses**⟩ Fußmatte *f*; Abtreter *m*

tapisser [tapise] *v/t* **1** tapezieren; ***~ des murs, une pièce*** Wände, ein Zimmer tapezieren **2** *par ext* bedecken, schmücken (***de*** mit); *mur* ***~ de photos*** mit Fotos tapezieren

tapisserie [tapisʀi] *f* **1** *ouvrage d'art* Wandbehang *m*; Wandteppich *m*; Gobelin *m*; ***~ des Gobelins*** echter Gobelin; *fig* ***faire ~*** ein Mauerblümchen sein; sitzen bleiben (*beim Tanz*) **2** *d'un appartement* Tapete *f* **3** (*canevas*) Kanevasstickerei *f*

tapissier [tapisje] *m* **1** ***~*** (***décorateur***) Tapezierer *m* **2** ***~*** (***d'ameublement***) (Möbel)Polsterer *m*

tapotement [tapɔtmɑ̃] *m* leichtes Klopfen; *de la joue* Tätscheln *n*; *du masseur* Klopfen *n*

tapoter [tapɔte] *v/t* leicht klopfen; klopfen auf (+*acc*); tätscheln; ***~ une cigarette pour faire tomber la cendre*** die Asche e-r Zigarette abklopfen; ***~ la joue d'un enfant*** e-m Kind die Wange tätscheln

taquet [takɛ] *m* TECH Knagge *f*; Keil *m*; Pflock *m*

taquin [takɛ̃] *adj* schalkhaft; schelmisch; ***être ~*** gern andere necken, hänseln

taquiner [takine] **I** *v/t* **1** necken; hänseln **2** F *fig*: ***~ le goujon*** angeln; ***~ la muse*** Verse schmieden; ***j'ai une dent qui me taquine*** e-r meiner Zähne, F mein einer Zahn rührt sich, macht sich bemerkbar; ***cette histoire me taquine*** diese Geschichte lässt mir keine Ruhe **II** *v/pr* ***se ~*** sich (gegenseitig) necken, hänseln

taquinerie [takinʀi] *f* Neckerei *f*; Hänselei *f*

tarabiscoté [taʀabiskɔte] *adj décor, meuble* überladen; übermäßig verziert; ***style ~*** schwülstiger, geschraubter, geschwollener Stil

tarabuster [taʀabyste] *v/t* ***~ qn*** j-m zusetzen; j-m keine Ruhe lassen

taratata [taʀatata] *int* na, na!

taraudage [taʀodaʒ] *m* **a**) Gewindebohren *n*; **b**) Innengewinde *n* **tarauder** *v/t* (TECH ein Gewinde) bohren in (+*acc*)

tard [taʀ] **I** *adv* spät; ***plus ~*** später; *je l'ai vu* ***pas plus ~ qu'hier*** gestern erst ...; ***au plus ~*** spätestens; ***trop ~*** zu spät; ***attendre trop ~*** zu lange warten; ***~ le soir, le soir très ~*** spätabends; ***~ dans la nuit*** spät in der Nacht; ***travailler jusque ~ dans la nuit*** bis spät in die Nacht (hinein)arbeiten; ***~ dans la soirée*** am späten Abend; spät am Abend; ***il est, se fait ~*** es ist, wird spät; ***ce sera, c'est pour plus ~*** das lassen wir *ou* lasse ich für später; ***se lever ~*** spät aufstehen; ***il s'est mis très ~ à l'anglais*** er hat sehr spät mit Englisch angefangen; ***rentrer ~*** spät nach Hause kommen, gehen; *prov* ***mieux vaut ~ que jamais*** besser spät als nie (*prov*); ***il n'est jamais trop ~ pour bien faire*** es ist niemals zu spät (*um etw zu tun*) **II** *m* ***sur le ~*** in vorgerücktem Jahren; in vorgerücktem Alter; spät(er)

tarder [taʀde] **I** *v/i personne*: *à agir* zögern; zaudern; *à venir* spät kommen; auf sich (*acc*) warten lassen; *chose* dauern; auf sich (*acc*) warten lassen; ***ne tardez pas***, *décidez-vous* zögern, warten Sie nicht ...; ***ça ne va pas ~*** das, es wird bald kommen; das, es wird nicht mehr lange dauern; *loc/adv*: ***sans ~*** unverzüglich; ***sans plus ~*** ohne weiter zu warten, zögern; ♦ ***~ à*** (+*inf*) zögern zu (+*inf*); ***ne pas ~ à faire qc*** bald etw tun; ***il ne va pas ~ à pleuvoir*** es wird bald regnen; ***il tarde bien à venir*** er lässt lange auf sich (*acc*) warten; er bleibt sehr lange; ***ne tardez pas à donner votre réponse*** geben Sie bald Antwort **II** *v/imp* ***il me tarde de*** (+*inf*) ich kann es kaum erwarten zu (+*inf*); ***il me tarde que ...*** (+*subj*) ich warte ungeduldig darauf, dass ...; ***il me tarde de le revoir*** ich sehne mich danach, ihn wiederzusehen

tardif [taʀdif] *adj* ⟨**-ive**⟩ spät; *événement* spät eintretend; ***fruits ~s*** Spätobst *n*; ***gelées tardives*** Spätfröste *m/pl*; ***à une heure tardive*** zu später Stunde; ***remords ~s*** späte Reue

tare [taʀ] *f* **1** (*défaut*) (schwerer) Mangel; Fehler *m*; Makel *m*; ***~ héréditaire*** erbliche Belastung; ***avoir une ~ héréditaire*** erblich belastet sein **2** COMM Tara *f*; Verpackungsgewicht *n*

taré [taʀe] *adj* **1** (*dégénéré*) mit e-m Fehler behaftet; erblich belastet **2** F (*débile*) schwachsinnig

Tarente [taʀɑ̃t] GÉOGR Tarent *n*

tarentelle [taʀɑ̃tɛl] *f* MUS Tarantella *f*

tarentule [taʀɑ̃tyl] *f* ZO Tarantel *f*

tarer [taʀe] *v/t* COMM tarieren

targette [taʀʒɛt] *f* Schubriegel *m*

targuer [taʀge] *v/pr st/s* ***se ~ de qc*** sich brüsten mit etw; *st/s* sich rühmen (+*gén*); ***se ~ de*** (+*inf*) sich damit brüsten, dass ...

Targui [taʀgi] *m* ⟨*sg von* **Touareg**⟩ Targi *m*

tari [taʀi] *adj source etc* versiegt

tarière [taʀjɛʀ] *f* **1** CONSTR Stangenbohrer *m* **2** ZO Legestachel *m*

tarif [taʀif] *m* **1** Tarif *m*; Preisliste *f*; *des médecins, avocats* Gebührenordnung *f*; ***~s postaux*** Postgebühren *f/pl*; ***~ réduit*** ermäßigter Tarif; CH DE FER Fahrpreisermäßigung *f*; ***billet*** *m* ***à ~ réduit*** ermäßigte Fahrkarte; ***~ syndical*** Verbandstarif *m*; TÉL ***~ de base*** Grundgebühr *f*; *au café* ***~ des consommations*** Preise *m/pl* der Speisen und Getränke; ***~ de nuit*** ÉLECT Nachttarif *m*; TÉL Nachtgebühr *f*; ***payer plein ~*** den vollen Tarif, Fahrpreis zahlen **2** (*prix usuel*) (üblicher) Preis; Tarif *m*; F *fig*: *on lui a retiré son permis*, ***c'est le ~*** das ist das Übliche

tarifaire [taʀifɛʀ] *adj* Tarif...; tariflich; tarifmäßig

tarifer [taʀife] *v/t* den Preis *ou* ADM den Tarif festsetzen für; tarifieren

tarification [taʀifikasjõ] *f* Tarifgestaltung *f*; Festsetzung *f* der Preise *ou* ADM der Tarife; Tarifierung *f*

Tarim [taʀim] GÉOGR ***le ~*** der Tarim

tarin [taʀɛ̃] *m* **1** ZO Zeisig *m* **2** *arg* (*nez*) F Gesichtserker *m*; Zinken *m*

tarir [taʀiʀ] **I** *v/t* **1** *chaleur*: *source* versiegen lassen **2** *fig imagination* erschöpfen **II** *v/i* **1** *source, par ext larmes* versiegen **2** *fig conversation* stocken; *personne* ***ne pas ~ de, sur qc*** nicht loskommen von etw; immer wieder zu sprechen kommen auf etw (*acc*); → *a* ***éloge 1*** **III** *v/pr* ***se ~*** *source, fig inspiration etc* versiegen; erschöpft sein; sich erschöpfen

tarissable [taʀisabl] *adj* versiegbar **tarissement** *m* Versiegen *n* (*a fig*)

Tarn [taʀn] ***le ~*** *Fluss u Departement in Frankreich*

Tarn-et-Garonne [taʀnegaʀɔn] ***le ~*** *frz Departement*

tarot [taʀo] *m* Tarock *n ou m*; ***~s*** *pl* Tarockkarten *f/pl*; ***jouer au(x) ~(s)*** Tarock spielen

Tarquinies [taʀkini] GÉOGR Tarquinia *n*

T

Tarragone [taʀagɔn] GÉOGR Tarragona *n*
tarse [taʀs] *m* ANAT Fußwurzel *f*
tartan[1] [taʀtɑ̃] *m* TEXT Tartan *m*
tartan®[2] [taʀtɑ̃] *m matériau* Tartan® *m*; SPORTS ***piste f en ~*** Tartanbahn *f*
tartane [taʀtan] *f* MAR Tartane *f*
tartare [taʀtaʀ] **I** *adj* CUIS ***sauce f ~*** Mayonnaise *f* mit Senf und gehackten Kräutern; ***steak m ~ ou subst ~ m*** rohes Rinderhackfleisch mit „Sauce tartare" **II** *adj et subst* → ***tatar***
tarte [taʀt] **I** *f* **1** Obstkuchen *m*, -torte *f*; ***~ à la crème*** Sahnetorte *f*; CIN Tortenschlacht *f*; *fig* abgedroschenes Thema; ***~ aux pommes*** Apfelkuchen *m*; F *fig* ***c'est pas de la ~*** F das hat es in sich (*dat*) **2** F (*gifle*) Ohrfeige *f*; → *a* ***gifle*** *I* **II** *adj* F (*moche*) reizlos; hässlich; (*sot*) F dämlich; (*ridicule*) lächerlich
tartelette [taʀtəlɛt] *f* Törtchen *n*
Tartempion [taʀtɑ̃pjõ] *m* F irgendein (Herr) Müller oder Meier
tartignolle [taʀtiɲɔl] F *adj* → ***tarte** II*
tartine [taʀtin] *f* **1** (bestrichene Brot)Schnitte; *nordd* Stulle *f*; ***~ de beurre, de pain beurré*** Butterbrot *n*; ***faire des ~s*** (Butter-, Marmeladen)Brote streichen **2** F (*laïus*) Tirade *f*; Sermon *m*; ***il a écrit là-dessus toute une ~*** er hat darüber e-n endlosen Sermon verzapft
tartiner [taʀtine] *v/t du beurre etc* auf e-e Brotschnitte streichen; *tranche de pain* (be)streichen; ***fromage m à ~*** Streichkäse *m*
tartre [taʀtʀ] *m* **1** *d'une bouilloire etc* Kesselstein *m* **2** *des dents* Zahnstein *m* **3** CHIM Weinstein *m*
tartrique [taʀtʀik] *adj* CHIM ***acide m ~*** Weinsäure *f*
tartuf(f)e [taʀtyf] *m* Heuchler *m*; Scheinheilige(r) *m*
tartuf(f)erie [taʀtyfʀi] *f* Heuchelei *f*; Scheinheiligkeit *f*
tas [tɑ, ta] *m* **1** (*amas*) Haufen *m*; ***~ de gravats, de pierres, de sable*** Schutt-, Stein-, Sandhaufen *m*; ***mettre en ~*** aufhäufen; *linge etc* auf e-n Haufen legen; *terre etc* aufschütten; auf e-n Haufen schütten **2** (*grande quantité*) Menge *f*; F Haufen *m*; Masse *f*; ***un ~ de détails*** e-e Menge Einzelheiten; F ***un ~ de trucs*** F ein Haufen Zeugs; F ***il y en a des ~ et des ~*** F davon gibt's jede Menge; ***s'intéresser à des ~ de choses*** sich für e-e Menge Dinge interessieren **3** *péj ou* F *de personnes* Menge *f*; F Haufen *m*; ***un ~ de gens*** e-e Menge, F ein Haufen Leute; ***~ d'imbéciles!*** ihr Dummköpfe!; P ***~ de salauds!*** P Saubande!; ihr Dreckskerle!; *loc/adv* ***dans le ~***, *il y en aura bien un qui vous aidera* in der großen Menge …; unter den vielen …; ***foncer dans le ~*** sich ins Kampfgewühl stürzen; ***tirer dans le ~*** in, auf die Menge schießen; → *a* ***taper*** *II 1, 4* **4** *loc/adv* ***sur le ~*** bei der Arbeit; am Arbeitsplatz; ***grève f sur le ~*** Sitzstreik *m*
t'as [ta] F = ***tu as***
Tasmanie [tasmani] ***la ~*** Tasmanien *n*
tassage [tasaʒ] *m* SPORTS Abdrängen *n*
tasse [tɑs, tas] *f* Tasse *f*; ***~ à café*** Kaffeetasse *f*; *fig* ***boire la ou une ~*** Wasser schlucken (*beim Baden*); F *fig* ***ce n'est pas ma ~ de thé*** das ist nicht nach meinem Geschmack; das gefällt mir nicht; F das ist nicht mein Fall; ***prendre une ~ de café*** e-e Tasse Kaffee trinken
tassé [tɑse] *adj* **1** F ***bien ~*** *verre* randvoll; *café* sehr stark; ***pastis bien ~*** Pastis *m* mit wenig Wasser; ***40 ans bien ~s*** gut 40 Jahre **2** *personne* vom Alter gebeugt
tasseau [tɑso] *m* ⟨*pl* **~x**⟩ TECH Knagge *f*; (Trag)Leiste *f*
tassement [tɑsmɑ̃] *m* **1** CONSTR Sichsetzen *n*; Sichsenken *n* **2** MÉD ***~ de vertèbres*** Zusammensinken *n* der Wirbelkörper
tasser [tɑse] **I** *v/t* **1** *sol* feststampfen; *qc de volumineux* zusammenpressen, -drücken **2** *personnes* zusammenpferchen; ***être tassés*** zusammengepfercht sein **II** *v/pr* ***se ~*** **1** *sol*, CONSTR sich senken; sich setzen **2** *personne* (mit zunehmendem Alter) gebeugt *ou* kleiner werden **3** F *affaire* wieder in Ordnung kommen; F sich wieder einrenken; ***ça se tassera*** *a* das gibt sich (wieder); das legt sich
taste-vin [tastəvɛ̃] *m* ⟨*inv*⟩ (silberner) Probierbecher (der Weinprüfer); (*pipette*) Stechheber *m*
tata [tata] *enf f* Tante *f*; Tantchen *n*
tatane [tatan] F *f* Schuh *m*; ***~s*** *pl* F Treter *m/pl*; Latschen *m/pl*
tatar [tataʀ] **I** *adj* tatarisch **II** *subst* ***Tatar(e)*** *m(f)* Tatar(in) *m(f)*
tâter [tɑte] **I** *v/t* be-, anfühlen; be-, abtasten; ***~ le pouls*** den Puls fühlen (***de qn*** j-m; *a fig*) → *a* ***terrain*** *I* **II** *v/t/indir* ***~ de qc*** etw versuchen, probieren; etw ausprobieren; es mit etw versuchen; F in etw (*acc*) hineinriechen; ***~ de tous les métiers*** es mit allen Berufen versuchen; ***il a déjà tâté de la prison*** F er hat schon mal gesessen **III** *v/pr* ***se ~*** mit sich zurate gehen; ***je me tâte*** ich muss es mir noch überlegen
tati(e) [tati] *f enf* Tante *f*
tatillon [tatijõ] *adj* ⟨**~ne** *od f inv*⟩ pedantisch; übertrieben gewissenhaft, genau; ***être ~*** *a* ein Pedant, Kleinigkeitskrämer sein
tâtonnement [tɑtɔnmɑ̃] *m* **1** (Herum)Tasten *n*, (-)Tappen *n* **2** *fig surtout pl* **~s** (tastende) Versuche *m/pl*
tâtonner [tɑtɔne] *v/i* **1** (herum)tasten, (-)tappen; ***avancer en tâtonnant*** sich vorwärtstasten **2** *fig* tastende Versuche machen
tâtons [tɑtõ] *loc/adv* ***à ~*** tastend; tappend; ***chercher à ~ l'interrupteur*** nach dem Schalter tasten; ***chercher la sortie à ~*** sich zum Ausgang tasten; ***avancer, marcher à ~*** umhertappen
tatou [tatu] *m* ZO Gürteltier *n*
tatouage [tatwaʒ] *m* **a)** *action* Tätowieren *n*; **b)** *dessin* Tätowierung *f*
tatouer [tatwe] *v/t personne, partie du corps* tätowieren; *dessin* (ein)tätowieren; ***se faire ~*** sich tätowieren lassen
tatoueur [tatwœʀ] *m* Tätowierer *m*
taudis [todi] *m* Elendsquartier *n*; F Höhle *f*; Loch *n*; *par ext* ***c'est un vrai ~!*** F das ist ja ein Saustall!
taulard [tolaʀ] *m arg* Knastbruder *m*
taule [tol] *f* **1** *arg* (*prison*) F Kittchen *n*; Knast *m*; ***aller en ~*** F ins Kittchen kommen; ***faire de la ~*** F Knast schieben; ***mettre en ~*** F einbuchten **2** F (*chambre, maison*) F Bude *f*; F (*entreprise*) F Laden *m*
taulier [tolje] F *m*, **taulière** F *f* Wirt(in) *m(f)*
Taunus [tonys] GÉOGR ***le ~*** der Taunus
taupe [top] *f* **1** ZO Maulwurf *m*; *fourrure* Maulwurfsfell *n*; *fig* ***myope comme une ~*** sehr kurzsich-

tig **2** *fig et péj* ***vieille ~*** alte Hexe, Schachtel **3** *arg des écoles* mathematische Vorbereitungsklasse *nach dem Baccalauréat* für die „Grandes écoles" **4** F (*espion*) Maulwurf *m* **5** TECH Maulwurf *m*

taupin [topɛ̃] F *m* Schüler *m* e-r mathematischen Vorbereitungsklasse für die „Grandes écoles"

taupinière [topinjɛʀ] *f* Maulwurfshügel *m*, -haufen *m*

taureau [tɔʀo] *m* ⟨*pl* **~x**⟩ **1** ZO Stier *m*; Bulle *m*; ***~ de combat*** Kampfstier *m*; ***course*** *f* ***de ~x*** Stierkampf *m*; ***avoir une force de ~*** stark wie ein Bär sein; Bärenkräfte haben; *fig* ***prendre le ~ par les cornes*** den Stier bei den Hörnern packen **2** ASTR ***le Taureau*** der Stier

taurillon [tɔʀijõ] *m* ZO Jungstier *m* **taurin** *adj* (Kampf)Stier…

tauromachie [tɔʀɔmaʃi] *f* Stierkampf *m* **tauromachique** *adj* Stierkampf…; des Stierkampfs

Taurus [toʀys, tɔ-] GÉOGR ***le ~*** der Taurus

tautologie [totolɔʒi] *f* RHÉT, LOGIQUE Tautologie *f* **tautologique** *adj* tautologisch

taux [to] *m* **1** **~** (***d'intérêt*** *ou* ***de l'intérêt***) Zinssatz *m*, -fuß *m*; ***~ directeurs*** Leitzinsen *m/pl*; ***au ~ de 4%*** zu 4% Zinsen; zu e-m Zinssatz von 4% **2** (*montant fixé*) Satz *m*; ***~ du*** *ou* ***de change*** Wechselkurs *m*; ***~ d'escompte*** Diskontsatz *m*; ***~ d'imposition*** Steuersatz *m* **3** (*pourcentage*) (Prozent)Satz *m*; Rate *f*; Quote *f*; Ziffer *f*; STATISTIQUE ***~ d'accroissement de la population*** Bevölkerungszuwachsrate *f*; ***~ d'alcool*** (***dans le sang***) Blutalkoholgehalt *m*; ***~ de chômage*** Arbeitslosenquote *f*; ÉCON ***~ de croissance*** Wachstumsrate *f*; ***~ de glucose dans le sang*** Blutzuckerspiegel *m*; ***~ d'inflation*** Inflationsrate *f*; ***~ d'invalidité de 60%*** 60% Minderung *f* der Erwerbsfähigkeit; ***~ de mortalité*** Sterbeziffer *f*; Sterblichkeitsrate *f*; ***~ de remboursement*** Erstattungssatz *m*; ***~ de scolarisation*** Schulbesuchsquote *f*

tavelé [tavle] *adj visage, fruit* fleckig **taveler** *v/pr* ⟨**-ll-**⟩ ***se ~*** *peau, fruit* fleckig werden **tavelures** *f/pl* Flecken *m/pl* (*e-r Frucht, der Haut*)

taverne [tavɛʀn] *f autrefois* Taverne *f*; *aujourd'hui* Restaurant *n* in rustikalem Stil; *au Canada* Schänke *f*; Ausschank *m*

taxable [taksabl] *adj* besteuerbar

taxation [taksasjõ] *f* **1** ADM Festsetzung *f* von Preisen, Gebühren; (behördliche) Preisbindung *f*, -regelung *f* **2** (*imposition*) Besteuerung *f*

taxe [taks] *f* **1** (*prix fixé*) (amtlich) festgesetzter Preis **2** (*redevance*) Gebühr(en) *f*(*pl*); ***~ téléphonique*** Fernsprechgebühr(en) *f*(*pl*); ***~ d'enlèvement des ordures ménagères*** Müllabfuhrgebühr *f*; TÉL ***~ de raccordement*** Anschlussgebühr *f*; ***~ de stationnement*** Parkgebühr *f*; ***~ sur les postes récepteurs de radiodiffusion, de télévision*** Rundfunk-, Fernsehgebühr *f* **3** (*impôt*) Steuer *f*; Abgabe *f*; ***~ compensatoire*** (***à l'importation***) (Einfuhr)Ausgleichsabgabe *f*; ***~ foncière*** Grundsteuer *f*; ***~ locale*** örtliche Steuer; ***~s municipales*** Gemeindesteuern *f/pl*; Kommunalabgaben *f/pl*; ***~ professionnelle*** Gewerbesteuer *f*; ***~s de consommation*** Verbrauchssteuern *f/pl*; ***~ d'habitation*** Wohnsteuer *f*; *correspond à* Grundstücksgebühren *f/pl*; ***~ de séjour*** Kurtaxe *f*; ***~ sur*** Steuer auf (*+acc*); ***~ sur le chiffre d'affaires*** Umsatzsteuer *f*; ***~ sur la valeur ajoutée*** (*abr* ***TVA***) Mehrwertsteuer *f*; *loc/adj* ***hors ~*** ohne Steuern und Abgaben; *marchandise importée* zollfrei; ***toutes ~s comprises*** (*abr* ***TTC***) einschließlich aller Steuern und Abgaben

taxer [takse] *v/t* **1** ADM: *prix, coût* (behördlich, amtlich) festsetzen (***à*** auf *+acc*); *marchandises* den Preis, die Kosten festsetzen für **2** (*imposer*) ***~ qn, qc*** j-n, etw mit e-r Steuer belegen, besteuern **3** *fig* ***~ qn, qc de*** j-n, etw bezeichnen als, erklären für

taxi [taksi] *m* Taxi *n*; Taxe *f*; ***chauffeur*** *m* ***de ~*** Taxifahrer *m*, -chauffeur *m*; ***hep! ~!*** hallo, Taxi!; F ***il fait le ~*** *ou* ***il est ~*** er ist Taxichauffeur; ***héler, appeler un ~*** ein Taxi herbeirufen; ***prendre un ~*** ein Taxi nehmen

taxidermie [taksidɛʀmi] *f sc* Taxidermie *f*

taxi-girl [taksigœʀl] *f* ⟨*pl* **taxi-girls**⟩ Taxigirl [-gœːrl] *n*

taximètre [taksimɛtʀ] *m* Taxameter *m ou n*; Fahrpreisanzeiger *m*

taxinomie [taksinɔmi] → ***taxonomie***

taxiphone [taksifɔn] *m* Münzfernsprecher *m*

taxonomie [taksɔnɔmi] *f* **1** BIOL Taxonomie *f*; biologische Systematik **2** *par ext* (Wissenschaft *f* von der) Systematik *f*, Klassifikation *f* **taxonomique** *adj sc* taxonom(isch)

Taygète [tɛʒɛt] GÉOGR ***le ~*** der Taygetos

taylorisation [tɛlɔʀizasjõ] *f* ÉCON Taylorisierung [teː-] *f* **tayloriser** *v/t* ÉCON taylorisieren [teː-] **taylorisme** *m* ÉCON Taylorismus [teː-] *m*; Taylorsystem ['teːlər-] *n*

Tbilissi [tbilisi] Tiflis *n*

Tchad [tʃad] ***le ~*** der Tschad; Tschad *n*; ***le lac ~*** der Tschadsee

tchadien [tʃadjɛ̃] **I** *adj* ⟨**~ne**⟩ tschadisch **II** *subst* ***Tchadien***(***ne***) *m*(*f*) Tschader(in) *m*(*f*)

Tchaïkovski [tʃajkɔfski, tʃai-] *m* Tschaikowski *m*

Tchang Kaï-chek [tʃɑ̃gkajʃɛk, -kai-] *m* HIST Tschiangkaischek *ou* Tschiang Kai-schek *m*

tchatche [tʃatʃ] *f* F ***avoir de la ~*** F ein flinkes, gutes Mundwerk haben

tchatcher [tʃatʃe] F *v/i* schwatzen; F quatschen

tchécoslovaque [tʃekɔslɔvak] *adj* HIST tschechoslowakisch

Tchécoslovaquie [tʃekɔslɔvaki] HIST ***la ~*** die Tschechoslowakei

Tchekhov [tʃekɔf] *m écrivain russe* Tschechow *m*

Tcheliabinsk [tʃeljabinsk, -bɛ̃sk] GÉOGR Tscheljabinsk *n*

tchèque [tʃɛk] **I** *adj* tschechisch; ***la République ~*** die Tschechische Republik **II** *subst* **1** ***Tchèque*** *m,f* Tscheche *m*, Tschechin *f* **2** LING ***le ~*** das Tschechische; Tschechisch *n*

Tchéquie [tʃeki] F ***la ~*** Tschechien *n*

tchétchène [tʃetʃɛn] **I** *adj* tschetschenisch **II** *subst* ***Tchétchène*** *m,f* Tschetschene, -tschenin *m,f*

Tchétchénie [tʃetʃeni] ***la ~*** Tschetschenien *n*

tchin-tchin [tʃintʃin] *int* prosit!; prost!

T.D. [tede] *m/pl abr* (*travaux dirigés*) → ***travail*** *2*

te [tə] *pr/pers* ⟨*vor Vokal u stummem h* **t'**⟩ **a)** *obj/dir* dich; ***elle ~ trompe*** sie betrügt dich; ***je ~ remercie*** ich danke dir; *sens réfléchi*: ***tu t'es lavé***(***e***)***?*** hast du dich gewaschen?; ***ne ~ gêne pas!*** genier dich nicht!; ***va-t'en!*** geh schon!; **b)** *obj/indir* dir; ***je ~ le dirai*** ich werde es dir sagen; ***cela peut t'être utile*** das kann dir, für dich nützlich sein; *sens réfléchi* ***tu t'es lavé***

les pieds? hast du dir die Füße gewaschen?; **c)** F ***et je ~ frotte, et je ~ nettoie …*** und die reibt und reibt und putzt und putzt …; F *si c'était mon fils*, ***je ~ le dresserais*** den würde ich aber erziehen; **d)** ***~ voilà, enfin!*** da bist du ja endlich!

té¹ [te] *m règle* Reißschiene *f*

té² [te] *int provençale* (= *tiens*) → ***tenir*** *I 8*

Tech [tɛʃ] ***le ~*** *Fluss im Dep. Pyrénées-Orientales*

technicien [tɛknisjɛ̃] *m*, **technicienne** *f* **1** (*spécialiste*) Fachmann *m*, Fachfrau *f*; Fachkraft *f*; ***les techniciens*** die Fachleute; ***technicien de la publicité*** Werbefachmann *m* **2** (*spécialiste des sciences appliquées*) Techniker(in) *m(f)*; ***techniciens*** *pl a* technisches Personal; ***technicien supérieur*** graduierter Ingenieur; ***technicien de la radio*** Rundfunktechniker *m*

technicité [tɛknisite] *f* fachlicher Charakter; Fachlichkeit *f*; ***d'une 'haute ~*** sehr fachspezifisch

technico-commercial [tɛknikokɔmɛʀsjal] *adj* ⟨**-aux**⟩ kaufmännisch-technisch; ***ingénieur ~*** Vertriebs-, Verkaufsingenieur *m*

technicolor® [tɛknikɔlɔʀ] *m* Technicolorverfahren® *n*; ***film*** *m* ***en ~*** Film *m* in Technicolor®

technique [tɛknik] **I** *adj* **1** (*spécialisé*) fachlich; Fach…; ***baccalauréat*** *m* ***~*** *correspond à* Fachabitur *n*; ***conseiller*** *m* ***~*** Fachberater *m*; ***enseignement*** *m* ***~*** *ou subst* ***~*** *m* Fachschulwesen *n*, -unterricht *m*; ***lycée*** *m* ***~*** *correspond à* Fachoberschule *f*; ***revue*** *f* ***~*** Fachzeitschrift *f*; ***terme*** *m* ***~*** Fachausdruck *m*, -wort *n*; Terminus technicus *m* **2** (*mécanique*) technisch; MAR, AVIAT ***escale*** *f* ***~*** technische Zwischenlandung *f*; ***incident*** *m* ***~*** technische Störung; ***progrès*** *m* ***~*** technischer Fortschritt; ***un pays très évolué au point de vue ~*** ein technisch hoch entwickeltes Land **II** *f* **1** (*procédés*) Technik *f*; ***~ de la fresque*** Freskotechnik *f*; Technik der Freskomalerei; F ***avoir la*** (***bonne***) ***~*** F den Dreh heraushaben **2** (*applications des sciences*) Technik *f*; ***sciences*** *f/pl* ***et ~s*** Naturwissenschaft *f* und Technik

techno [tɛkno] *adj et subst f* (***musique*** *f*) ***~*** Techno (-musik) *m(f)*

technocrate [tɛknɔkʀat] *m,f* Technokrat(in) *m(f)*

technocratie [tɛknɔkʀasi] *f* Technokratie *f*

technocratique [tɛknɔkʀatik] *adj* technokratisch

technologie [tɛknɔlɔʒi] *f* Technologie *f*; Technik *f*

technologique *adj* technologisch; technisch

teck [tɛk] *m* Teakholz ['tiːk-] *n*

teckel [tekɛl] *m* ZO Dackel *m*; Dachshund *m*; Teckel *m*

tectonique [tɛktɔnik] GÉOL **I** *adj* tektonisch **II** *f* (Geo)Tektonik *f*

tectrice [tɛktʀis] *adj et subst f* ZO (***plume*** *f*) ***~*** Deckfeder *f*

Te Deum [tedeɔm] *m* ⟨*inv*⟩ REL, MUS Tedeum *n*

tee [ti] *m* GOLF Abschlagstelle *f*

teenager [tinɛdʒœʀ] *m,f* Teenager ['tiːneːdʒər] *m*

tee-shirt [tiʃœʀt] *m* ⟨*pl* **tee-shirts**⟩ T-Shirt ['tiːʃœrt] *n*

tégument [tegymɑ̃] *m* ANAT, BOT Integument *n*

Téhéran [teeʀɑ̃] Teheran *n*

teigne [tɛɲ] *f* **1** ZO Motte *f* **2** MÉD (Erb)Grind *m*; *fig* ***il est mauvais, méchant comme une ~, c'est une vraie ~*** F er ist e-e Giftnudel, ein Giftzwerg

teigneux [tɛɲø] *adj* ⟨**-euse**⟩ MÉD grindig

Teilhard de Chardin [tɛjaʀdəʃaʀdɛ̃] *frz Philosoph*

teindre [tɛ̃dʀ] ⟨→ **peindre**⟩ **I** *v/t étoffe, cheveux* färben; ***~ en rouge*** rot färben **II** *v/pr* ***se ~*** (***les cheveux***) sich (*dat*) die Haare färben

teint [tɛ̃] **I** *m* **1** Teint *m*; Gesichtsfarbe *f*; ***fond*** *m* ***de ~*** Make-up [meːk'ap] *n*; ***avoir le ~ frais*** e-n frischen Teint, e-e frische Gesichtsfarbe haben; ***elle a un ~ de blonde*** sie hat den (typischen) Teint der Blonden; ***avoir un ~ de lis et de rose*** wie Milch und Blut aussehen **2** *adjt* ⟨*inv*⟩ ***tissu*** *m* ***bon, grand ~*** farbechter Stoff; *fig et plais* ***catholique*** *m* ***bon ~*** überzeugter, F in der Wolle gefärbter Katholik **II** *adj* ⟨**teinte** [tɛ̃t]⟩ *étoffe, cheveux* gefärbt; F ***elle est ~e*** sie hat gefärbtes Haar

teinte [tɛ̃t] *f* **1** Färbung *f*; Farbton *m*; (Farb)Schattierung *f*; ***robe*** *f* ***aux ~s vives*** Kleid *n* mit leuchtenden Farben; *les feuilles* ***ont pris une ~ roussâtre*** nahmen e-e rostbraune Färbung an **2** *fig* Färbung *f*; ***remarque empreinte d'une légère ~ d'ironie*** leicht ironisch gefärbte Bemerkung

teinté [tɛ̃te] *adj* **1** getönt; ***lunettes*** *f/pl* ***à verres ~s*** getönte Brille **2** *fig* ***remarque ~e d'ironie*** ironisch gefärbte Bemerkung

teinter [tɛ̃te] **I** *v/t* tönen; *bois* beizen; *par ext* ***~ son eau d'un peu de vin*** etwas Wein in sein Wasser gießen **II** *v/pr* **1** ***se ~ de rouge*** *etc* sich rot *etc* färben **2** *fig* ***se ~ d'ironie*** *etc* e-e ironische *etc* Färbung, e-n ironischen *etc* Beiklang annehmen

teinture [tɛ̃tyʀ] *f* **1** *action* Färben *n* **2** (*colorant*) Färbemittel *n*; Farblösung *f* **3** *fig* (*connaissance superficielle*) ***avoir une ~ de français*** oberflächliche Französischkenntnisse haben; ein bisschen Französisch können **4** PHARM Tinktur *f*; ***~ d'iode*** Jodtinktur *f*

teinturerie [tɛ̃tyʀʀi] *f boutique* chemische Reinigung (und Färberei); ***donner un pantalon à la ~*** e-e Hose in die (chemische) Reinigung geben

teinturier [tɛ̃tyʀje] *m*, **teinturière** *f* Färber(in) *m(f)* und Chemischreiniger(in) *m(f)*; ***porter une robe chez le teinturier*** ein Kleid in die (chemische) Reinigung bringen

tek → ***teck***

teknival [tɛknival] *m* MUS Technoparty *f*; Technofestival *n*

tel [tɛl] **I** *adj* ⟨**~le**⟩ **1** (*semblable*) solche(r, -s); so(lch) ein(e); derartige(r, -s); ***une ~le conduite*** ein solches, ein derartiges Verhalten; ***on n'a jamais rien vu de ~*** so etwas hat man noch nie gesehen; ***~le est mon opinion*** das ist meine Meinung; *il n'est pas riche*, ***mais passe pour ~*** wird aber dafür gehalten; ♦ ***comme ~*** *ou* ***en tant que ~*** als solcher; ***la société en tant que ~le*** die Gesellschaft als solche; ♦ *dans une comparaison*: *st/s* ***~ un éclair*** *st/s* gleich e-m Blitz; ***~ que*** (so)wie; ***un ami ~ que lui*** ein Freund wie er; ***dans une affaire ~le que celle-ci*** in e-r Angelegenheit wie dieser; in e-r solchen Angelegenheit; ***il faut l'accepter ~ qu'il est*** man muss ihn nehmen, wie er ist; ♦ *devant un exemple, une énumération* ***~(le)s que*** wie zum Beispiel; *st/s* als da sind; ***des fleuves ~s que le Rhône, la Loire, etc.*** Flüsse wie zum Beispiel die Rhone, die Loire usw.; ♦ ***~ quel*** unverändert; ***laisser les choses ~les quelles*** *ou* F ***~les que*** die Dinge unverändert, in demselben Zustand lassen; die Dinge lassen, wie sie sind **2** (*si grand*) solche(r, -s); so groß; derartig; ***je n'ai jamais eu une ~le peur*** ich habe niemals solche, so große

T

Angst gehabt; ***~le est la force des préjugés que …*** so groß ist die Macht der Vorurteile, dass …; ***rien de ~ que …*** es gibt nichts Besseres als (*+acc*); es geht nichts über (*+acc*); ♦ *loc/conj* ***de ~le sorte, façon, manière que …*** so *ou* dergestalt, dass …; ***la situation est très grave, à ~ point que …*** die Lage ist so ernst, dass …; → *a* ***point***[1] *2* **3** *indéfini* irgendein; der oder der; dieser oder jener; ***~ ou ~ numéro*** die oder die Nummer; diese oder jene Nummer; ***~ jour, à ~le heure*** an dem und dem Tag, um soundso viel Uhr; ***l'homme en général et non ~ homme*** der Mensch im Allgemeinen und nicht (irgend)ein bestimmter Mensch; ***~le quantité de …*** soundso viel von … **II** *pr/ind* **1** ***Monsieur Un ~*** Herr Sowieso, Soundso; ***Madame Une ~le*** Frau Sowieso, Soundso **2** *prov* ***~ est pris qui croyait prendre*** wer andern eine Grube gräbt, fällt selbst hinein (*prov*)

tél. *abr* (*téléphone*) Tel. (Telefon)

Tel-Aviv [tɛlaviv] Tel Aviv *n*

télé [tele] *f* F **1** Fernsehen *n*; ***qu'est-ce qu'il y a à la ~?*** was kommt im Fernsehen?; ***regarder la ~*** fernsehen **2** (*téléviseur*) Fernseher *m*; F ***la ~ est foutue*** F der Fernseher ist kaputt

télé… [tele] *préfixe* **1** (*à distance*) Fern…; fern…; Tele…; tele… **2** (*de télévision*) Fernseh…

téléachat [teleaʃa] *m* Teleshopping *n*

télé-affichage [teleafiʃaʒ] *m* CH DE FER *etc* Fernanzeige *f*

télébenne [telebɛn] *f ou* **télécabine** *f* Kabinenseilbahn *f*

télécarte [telekaʀt] *f* TÉL Telefonkarte *f*

téléchargeable [teleʃaʀʒabl] *adj* INFORM **1** *vers l'internaute* herunterladbar; downloadbar ['daunlo:t-] **2** *vers le serveur* uploadbar ['aplo:t-]

téléchargement [teleʃaʀʒəmɑ̃] *m* INFORM **1** *vers l'internaute* Herunterladen *n*; Download(en) ['daunlo:t, -dən] *m(n)* **2** *vers le serveur* Upload(en) ['aplo:t, -dən] *m(n)*

télécharger [teleʃaʀʒe] *v/t* ⟨**-geons**⟩ INFORM **1** *vers l'internaute* herunterladen; downloaden ['daunlo:dən] **2** *vers le serveur* uploaden ['aplo:dən]

télécommande [telekɔmɑ̃d] *f* TECH Fernsteuerung *f*, -bedienung *f*

télécommander [telekɔmɑ̃de] *v/t* fernsteuern (*a fig*); fernbedienen; ***~ la mise à feu d'une fusée*** e-e Rakete fernzünden; *adjt* ***télécommandé*** ferngesteuert

télécommunication [telekɔmynikasjõ] *f* Fernmeldetechnik *f*; ***~s*** *pl* Telekommunikation *f*; Fernmeldewesen *n*

téléconférence [telekõfeʀɑ̃s] *f* (*audioconférence*) Telefonkonferenz *f*; (*vidéoconférence*) Videokonferenz *f*

télécopie [telekɔpi] *f* TÉLÉCOMM (Tele)Fax *n*

télécopieur [telekɔpjœʀ] *m* Faxgerät *n*

télécran [telekʀɑ̃] *m* TV Projektionsschirm *m* (*für Großprojektion*)

télédiffusion [teledifyzjõ] *f* Fernsehübertragung *f*

télédistribution [teledistʀibysjõ] *f* Kabelfernsehen *n*

téléenseignement [teleɑ̃sɛɲmɑ̃] *m* Fernunterricht *m*

téléférique → ***téléphérique***

téléfilm [telefilm] *m* TV Fernsehfilm *m*

télégénique [teleʒenik] *adj* telegen

télégramme [telegʀam] *m* Telegramm *n*; ***~ de condoléances, de félicitations*** Beileids-, Glückwunschtelegramm *n*; ***envoyer, expédier un ~*** ein Telegramm schicken, aufgeben

télégraphe [telegʀaf] *m* Telegraf *m*

télégraphie [telegʀafi] *f* Telegrafie *f*

télégraphier [telegʀafje] *v/t* telegrafieren (*a abs*)

télégraphique [telegʀafik] *adj* **1** TECH Telegrafen…; ***poteau*** *m* ***~*** Telegrafenmast *m* **2** (*par télégramme*) telegrafisch; Telegramm…; ***mandat*** *m* ***~*** telegrafische Postanweisung **3** *par ext* ***style*** *m* ***~*** Telegrammstil *m*

télégraphiste [telegʀafist] *m,f* Telegrammbote *m*, -botin *f*

téléguidage [telegidaʒ] *m* TECH Fernlenkung *f*

téléguider [telegide] *v/t* fernlenken; *adjt* ***téléguidé*** ferngelenkt (*a fig*)

téléinformatique [teleɛ̃fɔʀmatik] *f* Datenfernverarbeitung *f*

télékinésie [telekinezi] *f* Telekinese *f*

télémanipulateur [telemanipylatœʀ] *m* TECH Manipulator *m*

Télémaque [telemak] *m* MYTH Telemach *ou* Telemachos *m*

télématique [telematik] *f* INFORM Telematik *f*; Verbindung *f* von Informatik und Fernmeldetechnik

télémètre [telemɛtʀ] *m* TECH Entfernungsmesser *m*; Telemeter *n*

téléobjectif [teleɔbʒɛktif] *m* PHOT Teleobjektiv *n*; ***pris au ~*** mit (dem) Teleobjektiv aufgenommen

téléologie [teleɔlɔʒi] *f* PHILOS Teleologie *f* **téléologique** *adj* teleologisch

télépathe [telepat] *m,f* Telepath(in) *m(f)* **télépathie** *f* Telepathie *f* **télépathique** *adj* telepathisch

téléphage [telefaʒ] *m,f* Couchpotato [kautʃpə'te:to] *f* (*Person, die am liebsten auf dem Sofa sitzt und fernsieht*)

téléphérique [telefeʀik] *m* Drahtseilbahn *f*; Seil(schwebe)bahn *f*

téléphone [telefɔn] *m* **1** Telefon *n*; ADM Fernsprecher *m*; *avec l'adresse a* (Fern)Ruf *m*; ***~ fixe*** Festnetztelefon *n*; ***~ mobile*** Mobiltelefon *n*; ***~ public*** öffentlicher Fernsprecher; POL ***le ~ rouge*** der heiße Draht; ***~ à cartes (magnétiques)*** Kartentelefon *n*; ***~ de voiture*** Autotelefon *n*; ***~ sans fil*** schnurloses Telefon; ***coup*** *m* ***de ~*** (Telefon)Anruf *m*; ***recevoir un coup de ~ (de qn)*** e-n (Telefon)Anruf (von j-m) bekommen; ***numéro*** *m* ***de ~*** Telefon-, Fernsprechnummer *f*; Ruf(nummer) *m(f)*; ***par ~*** telefonisch; fernmündlich; ***avoir le ~*** Telefon (im Hause) haben; ***avoir qn au ~*** *à l'instant* mit j-m (gerade) telefonieren; F j-n an der Strippe haben; (*joindre*) j-n telefonisch erreichen **2** F *fig* ***~ arabe*** F Buschtrommel *f*

téléphoner [telefɔne] **I** *v/t* (durch)telefonieren, telefonisch mitteilen, durchgeben (***qc à qn*** j-m etw); ***téléphone-lui de venir*** telefonier ihm, er soll kommen; ruf ihn an und sag ihm, er soll kommen **II** *v/i* telefonieren; anrufen; ***~ à qn*** j-n anrufen; mit j-m telefonieren; ***~ chez qn*** bei j-m anrufen; ***téléphone-moi demain*** ruf mich morgen an **III** *v/pr* ***se ~*** miteinander telefonieren

téléphonie [telefɔni] *f* Telefonie *f*

téléphonique [telefɔnik] *adj* telefonisch; Telefon…; Fernsprech…; ***appel*** *m* ***~*** (telefonischer) Anruf; ***ca-***

T

bine *f* ~ Telefon-, Fernsprechzelle *f*; ***conversation*** *f* ~ Telefongespräch *n*; Telefonat *n*; ***ligne*** *f* ~ Telefon-, Fernsprechleitung *f*

téléphoniste [telefɔnist] *m,f* Telefonist(in) *m,f*

téléprompteur [telepʀɔ̃ptœʀ] *m* TV Teleprompter® *m*

téléreportage [teleʀ(ə)pɔʀtaʒ] *m* Fernsehreportage *f*

télescopage [teleskɔpaʒ] *m* AUTO Zusammenstoß *m*; Auffahren *n*; Auffahrunfall *m*

télescope [teleskɔp] *m* ASTR, OPT Fernrohr *n*; Teleskop *n*

télescoper [teleskɔpe] AUTO **I** *v/t* zusammenstoßen mit; auffahren auf (*+acc*) **II** *v/pr* ***se*** ~ zusammenstoßen; aufeinanderprallen

télescopique [teleskɔpik] *adj* TECH ausziehbar; Teleskop...; ***antenne*** *f* ~ Teleskopantenne *f*

téléscripteur [teleskʀiptœʀ] *m* Fernschreiber *m*

télésiège [telesjɛʒ] *m* Sessellift *m*

téléski [teleski] *m* Schilift *m*; Schlepplift *m*

téléspectateur [telespɛktatœʀ] *m*, **téléspectatrice** *f* Fernsehzuschauer(in) *m(f)*

télésurveillance [telesyʀvɛjɑ̃s] *f* Bildschirmüberwachung *f*

télétraitement [teletʀɛtmɑ̃] *m* INFORM Datenfernverarbeitung *f*

télétravail [teletʀavaj] *m* Telearbeit *f*

télévisé [televize] *adj* im Fernsehen übertragen; Fernseh...; ***jeu*** ~ Ratespiel *n*, Quizsendung *f* (im Fernsehen); ***journal*** ~ (Fernseh)Nachrichten *f/pl*

téléviser [televize] *v/t* im Fernsehen übertragen

téléviseur [televizœʀ] *m* Fernsehapparat *m*, -empfänger *m*, -gerät *n*; Fernseher *m*; ~ ***couleur*** Farbfernseher *m*

télévision [televizjɔ̃] *f* **1** Fernsehen *n*; ~ ***scolaire*** Schulfernsehen *n*; ~ ***en couleurs*** Farbfernsehen *n*; ~ ***par câble, par satellite*** Kabel-, Satellitenfernsehen *n*; ***programme*** *m* ***de*** ~ Fernsehprogramm *n* **2** → ***téléviseur***

télévisuel [televizɥɛl] *adj* ⟨~**le**⟩ Fernseh...

télex [telɛks] *m* **1** *réseau* Telex *n*; Fernschreibnetz *n* **2** *message* Fernschreiben *n*; Telex *n*; ***par*** ~ fernschriftlich

tellement [tɛlmɑ̃] *adv* dermaßen; derartig; so; so sehr; so viel; *vous aimez le champagne? -* ***pas*** ~***!*** nicht besonders!; nicht sehr!; ***il a*** ~ ***changé!*** er hat sich so sehr, so stark verändert!; *il exaspère tout le monde*, ~ ***il est bavard*** so schwatzhaft ist er; ***ce serait*** ~ ***mieux!*** das wäre viel, viel besser!; ***ce serait*** ~ ***plus agréable si ...*** es wäre (so) viel angenehmer, wenn ...; ***il est*** ~ ***plus intelligent que*** *son frère* er ist um so viel intelligenter als ...; ♦ ***j'ai*** ~ ***de soucis*** ich habe so viele Sorgen; ***il dépense*** ~ ***d'argent*** er gibt so viel Geld aus (***que ...*** dass ...); ♦ ***cette maison est*** ~ ***grande que ...*** dieses Haus ist so groß, dass ...; ***il a*** ~ ***peur que ...*** er hat (e-e) solche Angst, dass ...; ***elle va*** ~ ***vite que ...*** sie geht so schnell, dass ...

tellurique [tɛlyʀik] *adj sc* Erd...; tellurisch; ***secousse*** *f* ~ Erdstoß *m*

télomère [telɔmɛʀ] *m* BIOL Endabschnitt *m* e-s Chromosoms; *sc* Telomer *n*

téméraire [temeʀɛʀ] *adj personne* verwegen; kühn; waghalsig; *entreprise, jugement* kühn; gewagt; vermessen; HIST ***Charles le Téméraire*** Karl der Kühne

témérité [temeʀite] *f* Kühnheit *f*; Verwegenheit *f*; Waghalsigkeit *f*; Vermessenheit *f*; ***folle*** ~ Tollkühnheit *f*; ***avec*** ~ waghalsig; kühn; verwegen

témoignage [temwaɲaʒ] *m* **1** (*déclaration*) Aussage *f* (*a* JUR); Augenzeugenbericht *m*; *st/s* Zeugnis *n*; JUR *a* Zeugenaussage *f*; ***faux*** ~ Falschaussage *f*; *par ext* Meineid *m*; ***d'après, selon le*** ~ ***de*** nach, laut Aussage von (*ou +gén*); ***condamner qn sur le*** ~ ***de*** j-n aufgrund der Aussage (*+gén*) verurteilen; ***recevoir un*** ~ e-e Aussage entgegennehmen **2** (*signe*) Beweis *m*, Zeichen *n* (***de qc*** für etw); Bekundung *f*; ***en*** ~ ***de*** als Beweis, Zeichen (*+gén*); ***acceptez ce*** ~ ***de ma reconnaissance*** nehmen Sie bitte diesen Beweis meiner Dankbarkeit an; ***donner à qn des*** ~***s d'affection*** j-m (s-e) Zuneigung bekunden; j-m Beweise s-r Zuneigung geben; ***remercier des, pour les*** ~***s de sympathie*** für die erwiesene Anteilnahme danken

témoigner [temwaɲe] **I** *v/t* ~ ***qc*** *personne* etw zeigen, bekunden, zu erkennen geben; *chose* etw erkennen lassen, ausdrücken, verraten; ~ ***de la froideur à qn*** sich j-m gegenüber kühl verhalten; ***son attitude témoignait une vive surprise*** sein Verhalten verriet lebhafte Überraschung **II** *v/t/indir* ~ ***de qc*** *personne* etw bezeugen; *chose* etw beweisen; von etw zeugen; ~ ***de l'innocence de qn*** j-s Unschuld bezeugen; ***cela témoigne d'une vive imagination*** das zeugt von e-r lebhaften Fantasie; ***je peux en*** ~ ich kann es bezeugen **III** *v/i* JUR (als Zeuge) aussagen; ~ ***en justice*** vor Gericht aussagen; ~ ***en faveur de qn, contre qn*** zu j-s Gunsten, gegen j-n aussagen

témoin [temwɛ̃] *m* **1** JUR Zeuge *m*, Zeugin *f*; *d'un mariage* Trauzeuge *m*; ~ ***oculaire*** Augenzeuge *m*; ~ ***à charge, à décharge*** Belastungs-, Entlastungszeuge *m*; ***servir de*** ~ Zeuge sein **2** *par ext* Zeuge *m*; Zuhörer *m*; Zuschauer *m*; ***être*** ~ ***de qc*** bei etw anwesend, zugegen sein; Zeuge e-r Sache (*gen*) sein *ou* werden; etw mit ansehen *ou* mit anhören; ***j'ai été*** ~ ***de l'accident*** ich war Zeuge des Unfalls; ich war bei dem Unfall zugegen, dabei; ***elle en a été*** ~ sie hat es mit angesehen *ou* selbst gehört; ***tu es*** ~ ***qu'****il a refusé* du bist mein Zeuge, dass ...; du kannst bezeugen, dass ...; ***Dieu m'est*** ~ ***que ...*** Gott ist mein Zeuge, dass ...; ***parler devant*** ~***s, sans*** ~***s*** vor Zeugen, ohne Zeugen sprechen; ***prendre qn pour*** ~ j-n als Zeugen nehmen; ***je vous prends à*** ~ ⟨*inv*⟩ Sie sind mein(e) Zeuge(n) (***que ...*** dass ...); ich berufe mich auf Sie **3** *dans un duel* Sekundant *m* **4** *fig* Zeuge *m*; (*preuve*) Beweis *m*; *il est très habile*, ~ ***ses réussites*** das beweisen s-e Erfolge **5** REL ~***s de Jéhova*** Zeugen *m/pl* Jehovas **6** SPORTS Staffelstab *m*; ***passage*** *m* ***du*** ~ Stabübergabe *f* **7** *adjt* Kontroll...; Test...; BIOL ***animal*** *m*, ***individu*** *m* ~ Kontrolltier *n*, -person *f*; ***appartement*** *m* ~ Musterwohnung *f*; ***lampe*** *f* ~ *ou subst* ~ *m* Kontrolllampe *f*

tempe [tɑ̃p] *f* ANAT Schläfe *f*

tempérament [tɑ̃peʀamɑ̃] *m* **1** (*constitution*) Konstitution *f* **2** (*caractère*) Temperament *n*; Anlage *f*; Veranlagung *f*; Gemütsart *f*; ~ ***nerveux*** nervöse Veranlagung; ~ ***sanguin*** sanguinisches Temperament; ***avoir un, être de*** ~ ***combatif*** kämpferisch veranlagt, e-e Kämpfernatur sein; ***être actif de*** ~ von Natur aus aktiv sein **3** ***avoir du*** ~ sinnlich, heißblütig sein **4** COMM ***vente*** *f* ***à*** ~ Raten-, Teilzahlungskauf *m*;

acheter à ~ auf Raten, Teil-, Abzahlung, F Stottern kaufen **5** MUS Temperatur *f*
tempérance [tɑ̃peʀɑ̃s] *f* Enthaltsamkeit *f*; Mäßigkeit *f* (*im Essen, Trinken*) **tempérant** *adj personne* enthaltsam; mäßig
température [tɑ̃peʀatyʀ] *f* **1** MÉTÉO Temperatur *f*; ***~ ambiante*** (herrschende) Raumtemperatur; ***~ basse, élevée*** niedrige, hohe Temperatur; ***~ extérieure*** Außentemperatur *f*; ***~ au sol*** Bodentemperatur *f*; ***~ de l'eau*** Wassertemperatur *f*; ***~ en baisse, en 'hausse*** fallende, steigende Temperatur **2** *corporelle* (Körper)Temperatur *f*; ***animaux** m/pl **à ~ constante, variable*** gleichwarme, wechselwarme Tiere *n/pl*; ***courbe** f **de ~*** Fieberkurve *f*; ***avoir, faire de la ~*** Fieber *ou* (erhöhte) Temperatur haben; ***prendre sa ~*** s-e Temperatur messen; *fig* ***prendre la ~ d'une assemblée*** die Stimmung e-r Versammlung erforschen **3** PHYS Temperatur *f*; ***~ absolue*** absolute Temperatur; ***~ d'ébullition, de fusion*** Siede-, Schmelztemperatur *f*
tempéré [tɑ̃peʀe] *adj* **1** GÉOGR gemäßigt; ***climat ~*** gemäßigtes Klima; ***pays ~*** Land *n* mit gemäßigtem Klima; ***zone ~e*** gemäßigte Zone **2** MUS temperiert
tempérer [tɑ̃peʀe] *v/t* ⟨**-è-**⟩ mäßigen; mildern; ***~ l'agressivité de qn*** j-s Aggressivität dämpfen
tempête [tɑ̃pɛt] *f* **1** MÉTÉO Sturm *m*; Unwetter *n*; ***~ de neige, de sable*** Schnee-, Sandsturm *m*; ***la ~ fait rage*** der Sturm tobt, wütet **2** *fig*: ***~ dans un verre d'eau*** Sturm *m* im Wasserglas; ***~ d'applaudissements*** Beifallssturm *m*; ***~ d'injures*** Hagel *m*, Flut *f* von Schimpfworten; ***déchaîner une ~ de protestations*** e-n Proteststurm entfesseln
tempêter [tɑ̃pete] *v/i personne* toben; wettern
temple [tɑ̃pl] *m* **1** Tempel *m*; ***~ grec*** griechischer Tempel; ***~ de Vénus*** Venustempel *m* **2** REL PROT (protestantische) Kirche **3** *fig et plais* ***un ~ de la gastronomie*** ein Feinschmeckerlokal *n* **4** HIST *in Paris* ***le Temple*** *Hauptniederlassung des Templerordens; Staatsgefängnis während der Frz Revolution*
templier [tɑ̃plije] *m* REL HIST Templer *m*; Tempelritter *m*, -herr *m*; ***ordre** m **des Templiers*** Templerorden *m*
tempo [tɛmpo, tɛ̃po] *m* MUS Tempo *n*; Zeitmaß *n*
temporaire [tɑ̃pɔʀɛʀ] *adj* vorübergehend; zeitlich begrenzt; vorläufig; zeitweilig; ***travail** m **~*** Zeitarbeit *f*; ***à titre ~*** vorläufig; vorübergehend; zeitweilig; provisorisch
temporal [tɑ̃pɔʀal] *adj* ⟨**-aux**⟩ ANAT Schläfen… **temporalité** *f* PHILOS Zeitlichkeit *f*
temporel [tɑ̃pɔʀɛl] *adj* ⟨**~le**⟩ **1** REL zeitlich; vergänglich; irdisch; ***pouvoir ~ (du pape)*** weltliche Macht (des Papstes) **2** GR temporal; zeitlich; ***subordonnée ~le*** Temporalsatz *m*
temporisateur [tɑ̃pɔʀizatœʀ] *adj* ⟨**-trice**⟩ abwartend; hinhaltend **temporiser** *v/i* (e-n günstigeren Zeitpunkt) abwarten; Zeit gewinnen (wollen)
temps[1] [tɑ̃] *m* **1** Zeit *f*; (*époque*) Zeitalter *n*; (*moment*) Zeitpunkt *m*; (*période*) Zeitabschnitt *m*; ***le bon vieux ~*** die gute alte Zeit; ***~ mort*** → ***mort***[2] *I*; ***les ~ modernes*** die Neuzeit; CUIS ***~ de cuisson*** Koch-, Gar-, Back-, Bratzeit *f*; RAD, TV, POL ***~ de parole, d'antenne*** Sendezeit *f*; PHOT ***~ de pose*** Belichtungszeit *f*; ***~ de réflexion*** Bedenkzeit *f*; ***~ de repos*** Ruhepause *f*, -zeit *f*; ***~ des vacances*** Ferienzeit *f*; ***~ des vendanges*** Zeit der Weinlese; ***un bon bout de ~*** geraume Zeit; eine ganze Weile; ♦ *loc/adv*: ***un certain ~*** e-e Zeit lang; einige Zeit; ***ces derniers ~, ces ~ derniers*** in letzter Zeit; *elle est un peu fatiguée* ***ces ~-ci*** zurzeit …; ***peu de ~ après*** kurze Zeit später; kurz darauf; ***peu de ~ après que …*** kurz nachdem …; ***peu de ~ avant*** kurz vorher; ***peu de ~ avant que …*** (*+subj*) kurz bevor …; ***quelque ~*** einige Zeit; e-e Zeit lang; ***tout le ~*** ständig; immer; andauernd; die ganze Zeit (über); ***à ~*** rechtzeitig; beizeiten; ***au bout d'un certain ~*** nach einiger, e-r gewissen Zeit; F ***au ~ pour moi!*** F *plais* ich nehme alles zurück und behaupte das Gegenteil; ***avec le ~*** mit der Zeit; im Laufe der Zeit; ***dans le ~*** seinerzeit; ehemals; früher; ***limité dans le ~*** zeitlich begrenzt; befristet; ***dans les derniers ~ du règne de Louis XIV*** gegen Ende der Herrschaft Ludwigs XIV.; ***dans mon jeune ~*** in meiner Jugend(zeit); ***dans peu de ~*** bald; in kurzer Zeit; ***dans les premiers ~*** in der ersten Zeit; am Anfang; ***dans un premier ~ …, dans un second ~ …*** zuerst …, dann …; ***de mon ~*** zu meiner Zeit; *loc/adj* ***les hommes de notre ~*** die Menschen unserer Zeit; ***de tout ~*** seit jeher; seit eh und je; schon immer; zu allen Zeiten; ***du** ou **au ~ des diligences*** im Zeitalter der Postkutsche; ***du ~ de Napoléon*** zur Zeit Napoleons; ***de ~ en ~, de ~ à autre*** von Zeit zu Zeit; dann und wann; ab und zu; hin und wieder; zuweilen; ***depuis ce ~-là*** seit damals; ***depuis quelque ~*** seit einiger Zeit; ***en ~ normal, ordinaire*** in normalen Zeiten; unter normalen Umständen; ***en tout ~*** zu jeder Zeit; immer; ***en ~ et lieu*** zu gegebener Zeit; bei passender Gelegenheit; ***chaque chose en son ~*** alles zu s-r Zeit; ***en ce ~-là*** in, zu jener Zeit; damals; ***en même ~*** zur gleichen Zeit; gleichzeitig; (*à la fois*) zugleich; ***pas tous en même ~*** nicht alle zugleich; immer schön, hübsch der Reihe nach; ***en peu de ~*** innerhalb kurzer Zeit; ***en un rien de ~** ou **en deux ~, trois mouvements** ou **en moins de ~ qu'il n'en faut pour le dire*** im Handumdrehen; im Nu; F in null Komma nix; blitzschnell; ***en un ~ record*** in Rekordzeit; ***en ~ de paix*** in Friedenszeiten; im Frieden; ***entre ~*** → ***entre-temps***; ***par les ~ qui courent*** heutzutage; in heutiger Zeit; ***pendant quelque ~*** e-e Zeit lang; ***pendant tout ce ~*** diese ganze Zeit über; während dieser ganzen Zeit; ***pour un (certain) ~*** für, auf einige Zeit; vorübergehend; ♦ *loc/conj*: ***au** ou **du ~ où …, du ~ que …*** (zu der Zeit,) als …; ***depuis le ~ que …*** seit(dem) …; seit der Zeit, da …; ***le ~ de me retourner, il était déjà parti*** ich drehte mich nur (e-n Augenblick) um, da war er fort; ♦ SPORTS ***améliorer son ~*** s-e Zeit verbessern (***de deux dixièmes de seconde*** um zwei Zehntelsekunden); ***avoir le ~*** Zeit haben (***de** +inf* zu *+inf*); ***n'avoir pas le ~*** keine Zeit haben; ***avoir du ~ (de) libre*** freie Zeit haben; ***avoir encore du ~ (de reste)*** noch Zeit (übrig) haben; ***j'ai eu juste le ~ de me mettre à l'abri*** ich hatte gerade noch Zeit, mich unterzustellen; ***vous avez tout le** ou **votre ~*** Sie haben noch reichlich Zeit, Zeit genug; ***il y a beau ~ que …*** es ist (schon) lange her, dass …; seit Langem …; ***il y a peu de ~ (que …)*** seit Kurzem (…); ***cela n'aura qu'un ~*** das geht vorbei; das wird nicht lange dauern; ***la jeunesse n'a qu'un ~*** man ist nur einmal jung; ***il y a un ~ pour tout*** alles zu s-r Zeit; ***se donner, se payer, prendre du bon ~*** sich

(*dat*) schöne Tage machen; sich's (*dat*) gut gehen, sich's (*dat*) wohl sein lassen; ***il est ~*** es ist Zeit (***de partir*** aufzubrechen); ***il est ~ que …*** (*+subj*) es ist Zeit, dass …; ***il était ~!*** es war (aber auch) Zeit!; ***il est grand ~*** es ist höchste Zeit; F höchste Eisenbahn!; ***il n'est plus ~ de*** (*+inf*) jetzt ist es zu spät zu (*+inf*); ***c'était le bon ~!*** das waren noch Zeiten!; ***il fut un ~ où …*** es gab einmal e-e Zeit, da *ou* als …; ***ce n'est ni le ~ ni le lieu de*** *ou* ***pour faire qc*** das ist weder der richtige Zeitpunkt noch der passende Ort, etw zu tun; ***les ~ sont durs*** die Zeiten sind schwer; ***être de son ~*** mit der Zeit gehen; ***avoir fait son ~*** *robe, voiture etc* ausgedient haben; *prisonnier* s-e Strafe abgesessen haben; *fig* ***la libre concurrence a fait son ~*** die Zeit des freien Wettbewerbs ist vorbei; *soldat* ***il a fait, fini son ~*** (***de service***) er hat s-n Wehrdienst abgeleistet; ***il faut du ~ pour cela*** das braucht, erfordert Zeit; ***gagner du ~*** Zeit gewinnen; ***un métier qui laisse beaucoup de ~ libre*** ein Beruf, der einem viel Freizeit lässt; ***mettre un certain ~ à*** (*+inf*) einige Zeit, e-e gewisse Zeit brauchen, um zu (*+inf*); ***passer son ~ à*** (***faire***) ***qc*** s-e Zeit mit etw verbringen; ***pour passer le ~*** zum Zeitvertreib; ***payer de son ~*** s-e Zeit opfern; ***perdre son ~*** die, s-e Zeit vertun, verschwenden, vertrödeln; ***perdre du ~*** Zeit verlieren; ***sans perdre de ~*** unverzüglich; ohne Zeit zu verlieren; ***il n'y a pas de ~ à perdre*** es ist keine Zeit zu verlieren; ***faire perdre son ~ à qn*** *personne* j-m die Zeit stehlen; *chose* j-m viel Zeit rauben; ***prendre le ~ de*** (*+inf*) sich (*dat*) die Zeit nehmen zu (*+inf*); ***prendre*** (***tout***) ***son ~*** sich (*dat*) Zeit lassen, nehmen; ***cela prendrait trop de ~*** das würde zu viel Zeit kosten, beanspruchen, in Anspruch nehmen; das wäre zu zeitraubend; ***travailler à plein ~*** *ou* ***à ~ complet*** ganztags, ganztägig arbeiten; ***trouver le ~ de*** (*+inf*) die Zeit finden zu (*+inf*); dazu kommen zu (*+inf*); ***je trouve le ~ long*** die Zeit wird mir lang; ***tuer le ~*** die Zeit totschlagen; ***le ~ est venu de*** (*+inf*) jetzt ist es Zeit zu (*+inf*); die Zeit ist gekommen zu (*+inf*); ♦ *prov*: ***autres ~, autres mœurs*** andere Zeiten, andere Sitten (*prov*); ***le ~, c'est de l'argent*** Zeit ist Geld (*prov*) 2 ASTR ***~ universel*** Weltzeit *f* 3 GR Zeit(form) *f*; Tempus *n*; ***~ composé, simple*** zusammengesetzte, einfache Zeit; ***adverbe m de ~*** Zeitadverb *n* 4 MUS Zählzeit *f* (*des Taktes*); Taktzeit *f*; ***mesure f à trois ~*** Dreivierteltakt *m* 5 TECH Takt *m*; ***moteur m à deux, à quatre ~*** Zwei-, Viertaktmotor *m* 6 INFORM ***~ partagé*** Time-Sharing ['taɪmʃɛrɪŋ] *n*; ***~ réel*** Echt-, Realzeit *f* 7 PÉD ***tiers ~ pédagogique*** ausgewogene Aufteilung der Wochenstundenzahl an Volksschulen auf die drei Bereiche Grundfächer (Französisch, Rechnen), übrige Fächer und Sport

temps² [tɑ̃] *m* MÉTÉO Wetter *n*; Witterung *f*; MAR ***gros ~*** stürmisches Wetter; Sturm *m*; ***~ lourd*** schwüles Wetter; ***~ pluvieux*** Regenwetter *n*; ***~ de saison*** der Jahreszeit entsprechendes Wetter; *loc/adv*: ***par beau ~*** bei schönem Wetter; ***par tous les ~*** bei jedem Wetter; bei Wind und Wetter; ***selon le ~ qu'il fera*** je nach Wetter; ***le ~ est orageux*** es sieht gewitt(e)rig aus; ***quel ~ fait-il?*** wie ist das Wetter?; ***il fait un ~ splendide*** es ist herrliches, prächtiges, schönstes Wetter; ***le ~ se met au beau, au froid*** das Wetter *ou* es wird schön, kalt; ***le beau ~ revient*** das Wetter *ou* es wird wieder schön

tenable [t(ə)nabl] *adj* ***ce n'est plus ~ ici*** das ist hier nicht mehr auszuhalten; das wird hier unerträglich

tenace [tənas] *adj* 1 *odeur* lang anhaltend; ***tache f ~*** schwer zu entfernender Fleck 2 *fig préjugé, rhume etc* hartnäckig; *personne* ausdauernd; beharrlich; hartnäckig; ***résistance f ~*** hartnäckiger, zäher Widerstand; ***volonté f ~*** zäher, beharrlicher Wille

ténacité [tenasite] *f de préjugés etc* Hartnäckigkeit *f*; *de personnes* Beharrlichkeit *f*; Ausdauer *f*; Hartnäckigkeit *f*; ***être doué d'une ~ à toute épreuve*** von e-r durch nichts zu erschütternden Hartnäckigkeit sein

tenaille [t(ə)naj] *f* 1 ***~s*** Zange *f* 2 MIL ***prendre en ~*** in die Zange nehmen

tenailler [tənaje] *v/t faim etc* ***~ qn*** j-n quälen, peinigen; ***être tenaillé par le(s) remords*** von Gewissensbissen gequält, gepeinigt werden

tenancier [tənɑ̃sje] *m*, **tenancière** *f* ADM *ou péj* Inhaber(in) *m(f)*; Wirt(in) *m(f)*

tenant [tənɑ̃] I *adj* ***séance ~e*** auf der Stelle; sofort II *subst* 1 SPORTS ***~(e)*** *m(f)* ***du titre*** Titelhalter(in) *m(f)* 2 *m/pl* ***les ~s et aboutissants*** die näheren Umstände *m/pl*; F das Drum und Dran; *loc/adj* ***d'un seul ~*** zusammenhängend; in einem Stück

tendance [tɑ̃dɑ̃s] *f* 1 Tendenz *f*; (*inclination*) Neigung *f*; (*penchant*) Hang *m*; ***avoir ~ à*** (*+inf*) dazu neigen zu (*+inf*); die Tendenz haben zu (*+inf*); dazu tendieren zu (*+inf*); ***avoir ~ à croire, à penser que …*** zu der Anschauung neigen, dass …; ***avoir ~ à exagérer, à grossir*** zu Übertreibungen, zum Dickwerden neigen 2 POL, ART Tendenz *f*; Trend *m*; Richtung *f*; Orientierung *f*; ***faire un procès de ~ à qn*** j-m etw unterstellen 3 FIN Tendenz *f*; Trend *m*; BOURSE *a* Stimmung *f*; ***~ à la baisse, à la hausse*** fallende *ou* rückläufige, steigende Tendenz; ***~ à la hausse*** (***des prix***) Preisauftrieb *m*; ***les prix ont ~ à monter*** die Preise weisen steigende Tendenz auf, ziehen an

tendanciel [tɑ̃dɑ̃sjɛl] *adj* ⟨***~le***⟩ *sc* tendenziell

tendancieux [tɑ̃dɑ̃sjø] *adj* ⟨***-euse***⟩ *péj* tendenziös

tender [tɑ̃dɛʀ] *m* CH DE FER Tender *m*

tendeur [tɑ̃dœʀ] *m* 1 TECH Spanner *m*; Spannvorrichtung *f*; *de chaîne de vélo* Kettenspanner *m* 2 (*câble pour fixer*) (elastischer) Gepäckriemen; Spanngurt *m*

tendineux [tɑ̃dinø] *adj* ⟨***-euse***⟩ ANAT Sehnen…; *viande* sehnig **tendinite** *f* MÉD Sehnenentzündung *f*

tendon [tɑ̃dõ] *m* ANAT Sehne *f*; ***~ d'Achille*** Achillessehne *f*

tendre¹ [tɑ̃dʀ] ⟨→ ***rendre***⟩ I *v/t* 1 *corde* (an)spannen; fest-, anziehen; *muscle* (an)spannen; *chaîne, ressort, arc, filet* spannen; ***~ un piège*** e-e Falle aufstellen; *fig* ***~ un piège à qn*** j-m e-e Falle stellen 2 *mur* bespannen (***de*** mit); *coffret* ***tendu de soie*** mit Seide ausgeschlagen 3 (*avancer*) ausstrecken; ***~ qc à qn*** j-m etw hinhalten, reichen; ***~ le bras*** den Arm ausstrecken; → *a* ***bras*** *1*; ***~ le cou*** den Hals recken; ***~ la joue*** die Wange hinhalten; ***~ la main*** die Hand ausstrecken (*a pour mendier ou se réconcilier*); ***~ la main à qn*** j-m die Hand entgegenstrecken, bieten, reichen; *fig* (*aider*) j-m helfen; ***~ l'oreille*** die Ohren spitzen II *v/t/indir* 1 *personne* ***~ à, vers qc*** etw anstreben; nach etw streben; ***~ à, vers la***

perfection nach Vollkommenheit streben; ~ ***vers un idéal*** ein Ideal anstreben 2 *activité, décision, paroles* ~ ***à qc*** auf etw (*acc*) abzielen, gerichtet sein; ~ ***à*** (*+inf*) darauf abzielen *ou* dahin gehen zu (*+inf*); *situation, évolution* dazu tendieren zu (*+inf*); ***mesures tendant à apaiser les esprits*** Maßnahmen zur Beruhigung der Gemüter; ***ce qui tendrait à prouver que …*** was zum Beweis (dafür) dienen könnte, dass … 3 MATH ~ ***vers zéro, vers l'infini*** gegen null, gegen unendlich streben **III** *v/pr* ***se*** ~ *fig rapports* gespannt werden

tendre² [tɑ̃dʀ] *adj* 1 zart; ***bois*** *m* ~ Weichholz *n*; weiches Holz; ***herbe*** *f*, ***pain*** *m* ~ weiches Gras, Brot; ***légumes*** *m/pl* ~***s*** zartes Gemüse; ***peau*** *f* ~ zarte Haut; ***viande*** *f* ~ zartes, mürbes Fleisch 2 *fig* ***âge*** *m* ~ Kindheit *f* (und frühe Jugend); ***depuis, dès ma plus*** ~ ***enfance*** seit meiner frühesten Kindheit; von frühester Kindheit an; von Kindesbeinen an 3 (*affectueux*) zärtlich; liebevoll; innig; *cœur* weich; ***une*** ~ ***amitié*** e-e innige Freundschaft; ***mot*** *m* ~ Kosewort *n*; ***regard*** *m* ~ zärtlicher, liebevoller Blick; *subst* ***c'est un*** ~ er hat ein weiches Herz, Gemüt; *les critiques* ***n'ont pas été*** ~***s pour l'auteur*** gingen mit dem Autor nicht gerade sanft um; ***devenir, se faire*** ~ ***avec qn*** zu j-m zärtlich werden 4 *couleur* zart; ***vert*** ~ ⟨*inv*⟩ zartgrün 5 *chanson* lieblich; einschmeichelnd

tendrement [tɑ̃dʀəmɑ̃] *adv* liebevoll; zärtlich

tendresse [tɑ̃dʀɛs] *f* zärtliche, innige Liebe; Zärtlichkeit *f*; *pour finir une lettre* ***mille*** ~***s*** in inniger Liebe; ***élan*** *m* ***de*** ~ Aufwallung *f* von Zärtlichkeit; ***avoir, éprouver de la*** ~ ***pour qn*** innige, zärtliche Liebe für j-n empfinden; *par ext* ***n'avoir aucune*** ~ ***pour …*** nichts übrighaben für …

tendreté [tɑ̃dʀəte] *f de la viande etc* Zartheit *f*

tendron [tɑ̃dʀɔ̃] *m* 1 CUIS ~ ***de veau*** Kalbsbrust *f* 2 F (*très jeune fille*) F junges Ding

tendu [tɑ̃dy] *adj* 1 *corde, muscle etc* gespannt; (***fortement, bien***) ~ stramm; straff 2 *fig atmosphère, rapports* gespannt 3 *volonté, visage* angespannt; ***avoir l'esprit*** ~ angestrengt nachdenken; sich scharf konzentrieren 4 *fig* ***politique*** *f* ***de la main*** ~***e*** Versöhnungspolitik *f*

ténèbres [tenɛbʀ] *f/pl* 1 Finsternis *f*; Dunkelheit *f*; Dunkel *n*; ***marcher à tâtons dans les*** ~ im Finstern, in der Dunkelheit umhertappen 2 *fig et litt* ***les*** ~ ***de l'inconscient*** das Dunkel des Unbewussten; REL ***l'empire*** *m*, ***le prince des*** ~ das Reich, der Fürst der Finsternis

ténébreux [tenebʀø] **I** *adj* ⟨**-euse**⟩ *fig* (*obscur*) dunkel; finster; düster; (*mystérieux*) mysteriös; undurchsichtig; rätselhaft **II** *subst plais* ***un beau*** ~ ein finster blickender schöner Mann

Ténériffe [teneʀif] Teneriffa *n*

teneur [tənœʀ] *f* 1 *d'un écrit* Wortlaut *m*; Inhalt *m*; Tenor *m* 2 CHIM Gehalt *m*; ~ ***en alcool*** Alkoholgehalt *m*; Gehalt an Alkohol; ~ ***du sang en hémoglobine*** Hämoglobingehalt *m* des Blutes

ténia [tenja] *m* ZO Bandwurm *m*

tenir [t(ə)niʀ] ⟨→ **venir**⟩ **I** *v/t* 1 halten; festhalten; **a)** *locutions avec subst*: ~ ***compte de qc*** etw berücksichtigen; e-r Sache (*dat*) Rechnung tragen; etw bedenken; ~ ***le coup*** aus-, durch-, standhalten; *chose* (sich) halten; MUS ~ ***une note*** e-e Note, e-n Ton aushalten; MIL ~ ***une position*** e-e Stellung halten; ~ ***tête à qn*** j-m Widerstand leisten; sich j-m widersetzen; j-m standhalten; j-m die Stirn bieten; es mit j-m aufnehmen; → *a subst correspondants*; **b)** *avec adj*: ~ ***les yeux baissés, fermés*** die Augen gesenkt, geschlossen halten; ***le café me tient éveillé*** Kaffee hält mich wach; ~ ***une porte ouverte*** e-e Tür offen halten; ~ ***sa maison propre*** sein Haus sauber halten; ***elle tenait l'enfant serré contre elle*** sie hielt das Kind an sich (*acc*) gedrückt; **c)** *avec prép*: ~ ***qc à la main*** etw in der Hand halten; ~ ***qn dans ses bras*** j-n in den Armen halten; ~ ***qn en échec, en éveil, en haleine*** → ***échec*** *etc*; ~ ***qc entre ses mains*** etw in den Händen halten; ~ ***qn par le bras*** j-n am Arm (fest)halten; ~ ***un cheval par la bride*** ein Pferd am Zügel halten, führen; ~ ***un enfant par la main*** ein Kind an der Hand halten, führen; ***il m'a tenu pendant deux heures*** er hat mich zwei Stunden aufgehalten; ♦ *prov* ***mieux vaut*** ~ ***que courir*** *ou* ***un tiens vaut mieux que deux tu l'auras*** besser ein Spatz in der Hand als e-e Taube auf dem Dach (*prov*) 2 (*avoir*) haben; (*posséder*) besitzen; *voleur etc* (gefasst) haben; ~ ***la preuve*** den Beweis (in Händen) haben; F ***je tiens un de ces rhumes*** F ich hab vielleicht e-n Schnupfen; ***si je le tenais!*** wenn ich den hier hätte! (*der könnte was erleben*); ~ ***qn par le chantage*** j-n (durch Erpressung) in der Hand haben; ***quand la colère le tient …*** wenn ihn der Zorn gepackt hat …; ♦ ~ ***qc de qn*** etw von j-m haben; ~ ***une nouvelle de qn*** e-e Nachricht von j-m haben; *fig* ***il tient cela de son père*** das (*diese Eigenschaft*) hat er von s-m Vater; ♦ F ***en*** ~ ***pour qn*** in j-n verliebt, F verknallt sein; F ***il en tient une*** F er ist besoffen; er hat einen sitzen 3 *journal, registre, caisse, compte*, COMM *article* führen; *restaurant, hôtel* führen; bewirtschaften; ~ ***boutique*** e-n (kleinen) Laden haben, besitzen, führen; ~ ***la comptabilité, les livres*** die Buchhaltung, die Bücher führen 4 *promesse, pari* halten; *promesse a* einlösen; ~ ***ses engagements*** s-n Verpflichtungen nachkommen; s-e Verpflichtungen einhalten; ~ (***sa***) ***parole*** (sein) Wort halten 5 *réunion, conférence etc* abhalten; *discours* halten; MUS ~ ***sa partie*** s-e Stimme spielen *ou* singen; ~ ***des propos insensés*** Unsinn reden; ~ ***bien son rôle*** s-e Rolle gut spielen 6 ~ ***pour*** ansehen als; halten für; ~ ***qc pour acquis, pour certain, pour probable*** etw für erwiesen, für sicher, für wahrscheinlich halten 7 *de la place* einnehmen; brauchen; beanspruchen; ~ ***beaucoup, moins de place*** viel, weniger Platz einnehmen; ~ ***toute la largeur d'une pièce*** die ganze Breite e-s Zimmers einnehmen; *fig* ~ ***une place éminente dans la société*** e-n hohen Rang in der Gesellschaft innehaben 8 *abs, int* ***tiens!*** (*prends*) da!; da, nimm!; *étonné* ach!; so (et)was!; sieh mal (einer) an!; da schau her!; ***tenez!*** da!; nehmen Sie!; *pour attirer l'attention* hören Sie!; sehen Sie!; ***tiens, voilà ton argent*** da! hier ist dein Geld; ***tiens, le voilà*** sieh an, da ist er (ja)!; ***tiens, tiens! comme c'est étrange*** schau, schau! das ist aber seltsam; ***tenez, je vous propose une affaire*** (hören Sie,) ich schlage Ihnen ein Geschäft vor **II** *v/t/indir* 1 ~ ***à qn, qc*** (*être attaché à*) an j-m, etw hängen; auf j-n, etw Wert legen; ~ ***à un ami*** an e-m Freund hängen; ~ ***à un collaborateur*** auf e-n Mitarbeiter Wert legen; ***je tiens à ma liberté, ma réputation*** ich lege Wert auf meine Freiheit, meinen Ruf; ~ ***à la vie*** am Leben hängen; ***j'y tiens beaucoup*** mir liegt viel daran; ich lege großen Wert darauf; das ist mir sehr wichtig; ***il a tenu à vous inviter*** ihm lag daran *ou* er legte Wert darauf, Sie einzuladen; ***il tient à ce que tout le monde le sache*** er legt Wert darauf, dass alle es wissen; ***si vous y tenez*** wenn Sie unbedingt wollen, darauf bestehen; wenn Ihnen sehr daran liegt; ***je n'y tiens pas*** ich lege keinen Wert darauf; mir liegt nichts daran; ♦ ***cela me*** *(obj/indir)* ***tient à cœur*** das liegt mir sehr am Herzen; das ist mir sehr wichtig **2** ~ ***à*** *(résulter, dépendre de)* liegen an *(+dat)*; kommen von; s-n Grund haben in *(+dat)*; herrühren von; abhängen von; ***cela tient à ce*** *ou* ***au fait qu'****il a été malade* das liegt daran, dass …; der Grund dafür ist, dass …; ***cela tient à la situation actuelle*** das liegt an, hat s-n Grund in der augenblicklichen Lage; ***cela ne tient qu'à toi*** das hängt nur von dir ab; es kommt nur auf dich an; ♦ *impersonnel* ***il ne tient qu'à toi d'y prendre part*** es hängt nur von dir ab, ob du daran teilnimmst; ***il ne tient qu'à vous que …*** *(+subj)* es liegt nur an Ihnen, es hängt nur von Ihnen ab, ob …; ***s'il ne tenait qu'à moi*** wenn es nur von mir abhinge, (nur) nach mir ginge; ***qu'à cela ne tienne!*** das soll kein Hindernis sein; daran soll es nicht liegen; darauf soll es nicht ankommen; davon soll es nicht abhängen **3** *concrètement* ~ ***à qc*** an etw *(dat)* halten *ou* hängen; mit etw verbunden sein **4** ~ ***de qn*** j-m gleichen, ähneln, nachschlagen; ***il tient de son père*** er gleicht, ähnelt s-m Vater; er schlägt s-m Vater nach; ***il a de qui*** ~ er ist nicht aus der Art geschlagen; ***cela tient du miracle*** das grenzt an ein Wunder, ans Wunderbare **III** *v/i* **1** *clou, pansement etc* halten; Halt haben; festsitzen, fest sein; *coiffure, pli, couleur, tableau au mur, nœud, union* halten; *neige* liegen bleiben; *union, projet, accord* bestehen bleiben; ***ne pas*** ~ *a* locker, lose sein; *chapeau, lunettes, foulard* rutschen; *vase etc* ~ ***debout*** stehen bleiben; THÉ ***cette pièce n'a pas tenu longtemps*** dieses Stück hat sich nicht lange gehalten; F *rendez-vous* ***ça tient toujours pour jeudi?*** bleibt es also bei Donnerstag?; F ***il n'y a pas de mais qui tienne*** da gibt es kein Aber; keine Widerrede! **2** *personne (résister)* aus-, standhalten; ~ ***bon, ferme*** widerstehen; nicht nachgeben; standhalten; standhaft, hart bleiben; *armée, grévistes* ~ ***dix jours*** zehn Tage standhalten, aushalten, sich halten, durchhalten; ***tu ne tiendras pas*** du wirst nicht durchhalten (können); ***ne plus pouvoir (y)*** ~ es nicht mehr aushalten; sich nicht mehr beherrschen, zurückhalten können; *il fait trop chaud,* ***on ne peut pas*** ~ ***ici*** das ist hier nicht auszuhalten **3** *(être contenu)* Platz haben, finden; *tous mes livres* ***tiennent dans cette armoire*** haben Platz in diesem Schrank; gehen in diesen Schrank hinein; ***nous ne tiendrons pas tous dans cette voiture*** wir haben nicht alle Platz in diesem Wagen; ***cela tient en peu de mots*** das ist in wenigen Worten gesagt; das lässt sich mit wenigen Worten sagen **IV** *v/pr* ***se*** ~ **1** *sens réfléchi* sich halten, sich festhalten (***à*** an *+dat*); *fig:* ***tenez-vous bien*** halten Sie sich fest; machen Sie sich auf etw gefasst; ***ils n'ont qu'à bien se*** ~ sie müssen sich auf einiges gefasst machen **2** *réciproquement* einander halten; ***se*** ~ ***par le bras*** eingehakt gehen; ***se*** ~ ***par la main*** einander, sich an der Hand halten **3** *dans une certaine position* sich halten; (da)stehen; sein; ***se*** ~ ***assis, debout près de la fenêtre*** am, beim Fenster sitzen, stehen; ***se*** ~ ***les bras croisés*** mit verschränkten Armen dastehen; ***se*** ~ ***caché*** sich versteckt halten; ***tiens-toi droit!*** halt dich gerade!; ***se*** ~ ***immobile*** sich nicht rühren; ***se*** ~ ***tranquille*** sich ruhig verhalten; sich nicht bewegen; still sein; ***se*** ~ ***à genoux*** knien; ***il se tenait au milieu de la pièce*** er stand mitten im Zimmer; ***se*** ~ ***près de qn*** bei j-m stehen, sein **4** ***se*** ~ ***pour*** sich betrachten als; sich halten für; ***se*** ~ ***pour battu*** sich geschlagen geben **5** ***tenez-vous-le pour dit*** lassen Sie sich *(dat)* das gesagt sein; schreiben Sie sich *(dat)* das hinter die Ohren **6** *(se comporter)* sich benehmen; sich verhalten; ***se*** ~ ***bien, mal*** sich gut, schlecht benehmen; ***tiens-toi bien!*** benimm dich!; ***se*** ~ ***bien à table*** gute Tischmanieren haben; ***savoir se*** ~ ***en société*** sich in Gesellschaft zu benehmen wissen **7** ***s'en*** ~ ***à qc*** sich an etw *(acc)* halten; ***je m'en tiens à ce que vous m'avez dit*** ich halte mich an das, was Sie mir gesagt haben; ***tenons-nous-en aux faits*** halten wir uns an die Tatsachen; bleiben wir auf dem Boden der Tatsachen; ***tenons-nous-en là*** wir wollen es dabei bewenden lassen; ***savoir à quoi s'en*** ~ wissen, woran man ist **8** *congrès, réunion etc* stattfinden; *jour* ***où se tient le marché*** an dem der Markt stattfindet, abgehalten wird **9** *arguments* logisch aufeinanderfolgen; ***une histoire qui se tient*** e-e Geschichte mit logischem Zusammenhang; ***tout se tient dans ce roman*** alles in diesem Roman passt zusammen

tennis [tenis] *m* **1** *sport* Tennis *n*; ~ ***de table*** Tischtennis *n*; ***chaussures*** *f/pl* ***de*** ~ *ou elliptiquement* ~ *m/pl* Tennisschuhe *m/pl*; *par ext* Turnschuhe *m/pl*; ***joueur*** *m*, ***joueuse*** *f* ***de*** ~ Tennisspieler(in) *m(f)* **2** *terrain* Tennisplatz *m*

tenon [tənõ] *m* TECH Zapfen *m*

ténor [tenɔʀ] *m* **1** MUS Tenor *m*; ***voix*** *f* ***de*** ~ Tenorstimme *f* **2** *fig* ***les grands*** ~***s du barreau*** die Staranwälte *m/pl*; ***les grands*** ~***s de la politique*** die führenden Köpfe *m/pl* (in) der Politik

tenseur [tɑ̃sœʀ] *m* **1** ANAT ~ *ou adjt* ***muscle*** *m* ~ Spanner *m* **2** TECH Spanner *m* **3** MATH Tensor *m*

tensio-actif [tɑ̃sjoaktif] CHIM **I** *adj* ⟨**-ive**⟩ ober-, grenzflächenaktiv **II** *m* Tensid *n* **tensiomètre** *m* MÉD Blutdruckmessgerät *n*

tension [tɑ̃sjõ] *f* **1** *d'un câble etc* Spannung *f*; PHYS ~ ***superficielle*** Oberflächenspannung *f* **2** MÉD ~ ***artérielle*** Blutdruck *m*; ***avoir, faire de la*** ~ hohen Blutdruck haben; ***prendre la*** ~ ***de qn*** j-s Blutdruck messen **3** ÉLECT Spannung *f*; ***basse, 'haute*** ~ Nieder-, Hochspannung *f*; *fil, ligne* ***sous*** ~ unter Spannung stehend; Strom führend **4** ~ ***d'esprit*** geistige Anspannung **5** *des relations, d'une situation* Spannung *f* **6** PSYCH Spannung *f*; ~ ***nerveuse*** nervöse Spannung, Erregung

tentaculaire [tɑ̃takylɛʀ] *adj* **1** ZO Tentakel… **2** *fig* ***ville*** *f* ~ Stadt, die sich nach allen Richtungen ausbreitet

tentacule [tɑ̃takyl] *m* ZO Tentakel *m ou n*; Fangarm *m*

tentant [tɑ̃tɑ̃] *adj* verführerisch; verlockend; reizvoll; ***proposition*** ~***e*** verlockendes Angebot

tentateur [tɑ̃tatœʀ] **I** *adj* ⟨**-trice**⟩ *litt* verführerisch; REL ***esprit*** ~ *ou subst* ***Tentateur*** *m* Versucher *m* **II**

subst ~, ***tentatrice*** *m,f* Verführer(in) *m(f)*

tentation [tɑ̃tasjõ] *f* Versuchung *f*; (Ver)Lockung *f*; *st/s* Anfechtung *f*; REL: ***les ~s de la chair*** die Versuchungen des Fleisches; ***la ~ du Christ*** Jesu Versuchung; ***la ~ de saint Antoine*** die Versuchung des heiligen Antonius; ***céder à la ~*** der Versuchung nachgeben

tentative [tɑ̃tativ] *f* Versuch *m*; ***~ d'assassinat*** Mordversuch *m*; ***~ de conciliation*** Schlichtungsversuch *m*; DROIT MATRIMONIAL Sühneversuch *m*; ***~ d'escroquerie*** versuchter Betrug; ***~ d'évasion*** Fluchtversuch *m*; ***~ d'homicide*** versuchter Totschlag; ***~ de suicide*** Selbstmordversuch *m*

tente [tɑ̃t] *f* Zelt *n*; ***~ canadienne*** einfaches Zweimannzelt; MÉD ***~ à oxygène*** Sauerstoffzelt *n*; ***piquet*** *m* ***de ~*** Hering *m*; Zeltpflock *m*; ***coucher, vivre sous la ~*** im Zelt schlafen, leben; ***démonter une ~*** ein Zelt abbrechen; ***monter, dresser, planter une ~*** ein Zelt aufschlagen

tente-abri [tɑ̃tabʀi] *f* ⟨*pl* **tentes-abris** [tɑ̃tabʀi]⟩ kleines Zelt; Einmannzelt *n*

tenter [tɑ̃te] *v/t* 1 ***~ qn*** *personne* j-n in Versuchung führen; j-n versuchen; *chose* j-n in Versuchung bringen; ***il ne faut pas ~ le diable*** man sollte diese Schwäche nicht auch noch unterstützen; man sollte nicht noch dazu ermuntern 2 *par ext* (*séduire*) reizen; (ver)locken; ***être tenté de*** (*+inf*) in Versuchung kommen, geraten zu (*+inf*); ***je suis tenté de croire que …*** ich bin *ou* fühle mich versucht zu glauben, dass …; ich möchte meinen, dass …; ***ça ne me tente pas tellement*** das lockt, reizt mich nicht besonders; dazu habe ich keine große Lust; *à table* ***laissez-vous ~*** lassen Sie sich verführen 3 (*essayer*) versuchen; *essai* machen; wagen; *expérience* machen; versuchen; ***~ sa chance*** sein Glück versuchen; ***~ le coup*** e-n Versuch unternehmen, wagen; ***~ l'impossible*** alles, was nur möglich ist, versuchen; ***~ de*** (*+inf*) versuchen zu (*+inf*); ***~ de se suicider*** versuchen, sich (*dat*) das Leben zu nehmen; ***il a tout tenté pour le sauver*** er hat alles versucht, um ihn zu retten

tenture [tɑ̃tyʀ] *f* Behang *m*; *des murs* (Wand)Behänge *m/pl*; Wandbespannung *f*; ***~s funèbres*** Trauerbehänge *m/pl*

tenu [t(ə)ny] *p/p* → ***tenir*** *et adj* 1 ***être ~ à qc*** zu etw verpflichtet sein; ***être ~ au secret professionnel*** an die Schweigepflicht, das Berufsgeheimnis gebunden sein; ***être ~ de faire qc*** verpflichtet, gehalten sein, etw zu tun 2 ***bien ~*** *maison, jardin* gepflegt; ordentlich aussehend; *enfant* sauber, ordentlich gekleidet; ***mal ~*** ungepflegt; verwahrlost (*a enfant*); *fille* ***très ~e*** sehr behütet

ténu [teny] *adj* fein; dünn; ***fil ~*** feiner, dünner Faden; ***nuance ~e*** winzige Nuance; ***son ~*** dünner Ton

tenue [t(ə)ny] *f* 1 *du ménage, des livres de compte* Führung *f*; ***veiller à la bonne ~ du pensionnat*** dafür sorgen, dass das Pensionat gut, ordentlich geführt wird 2 (*conduite*) Betragen *n*; Benehmen *n*; (*savoir-vivre*) Anstand *m*; Manieren *f/pl*; ***manquer de ~*** keinen Anstand, kein Benehmen haben; ***un peu de ~, voyons!*** bitte benimm dich!; ***un peu de ~ (, je vous prie)!*** benehmen Sie sich gefälligst! 3 *d'un journal etc* Niveau *n*; ***manquer de ~*** ein sehr niedriges Niveau haben 4 *du corps* (Körper)Haltung *f*; ***mauvaise ~*** schlechte Haltung; *en faisant du cheval* ***avoir une bonne ~*** e-n guten Sitz, e-e gute Haltung haben 5 (*vêtements*) Kleidung *f*; Anzug *m*; MIL Uniform *f*; MIL ***~ de combat*** Kampfanzug *m*; ***~ de soirée*** Abendtoilette *f*; Gesellschafts-, Abendkleidung *f*; *pour hommes* Gesellschafts-, Abendanzug *m*; ***~ de sport*** Sportkleidung *f*; ***~ de travail*** Arbeitskleidung *f*, -anzug *m*; ***~ de ville*** Straßenkleid *n ou* -anzug *m*; *sur une invitation* dunkler Anzug; MIL ***en ~*** in Uniform; uniformiert; MIL ***en grande ~*** in Paradeuniform; ***avoir une ~ impeccable, soignée*** tadellos, sorgfältig gekleidet sein; ***changer de ~*** sich umziehen; F ***être en ~ légère, en petite ~*** sehr wenig anhaben; in der Unterwäsche sein; ***se mettre en ~*** sich (der Gelegenheit, der Arbeit) entsprechend anziehen 6 AUTO ***~ de route*** Straßenlage *f* 7 ÉCON Festigkeit *f* (*der Kurse*)

ténuité [tenɥite] *litt f* Feinheit *f*

ter [tɛʀ] *adv* 1 *accolé à un numéro* b; ***habiter au 18 ~*** Nummer 18 b wohnen 2 MUS zweimal zu wiederholen

tératogène [teʀatɔʒɛn] *adj* MÉD teratogen; Missbildungen fördernd

tercet [tɛʀsɛ] *m* Terzine *f*; dreizeilige Strophe

térébenthine [teʀebɑ̃tin] *f* CHIM Terpentin *n*; ***essence*** *f* ***de ~*** Terpentinöl *n*

térébinthe [teʀebɛ̃t] *m* BOT Terebinthe *f*; Terpentinpistazie *f*

térébrant [teʀebʀɑ̃] *adj* MÉD ***douleur ~e*** bohrender Schmerz

tergal® [tɛʀgal] *m* TEXT Trevira® *n*; Diolen® *n*; Tergal® *n*

tergiversations [tɛʀʒivɛʀsasjõ] *f/pl* (*hésitation*) Unentschlossenheit *f*; (*faux-fuyants*) Ausflüchte *f/pl*; (*détours*) Winkelzüge *m/pl*; ***assez de ~!*** jetzt wird endlich ein Entschluss gefasst!

tergiverser [tɛʀʒivɛʀse] *v/i* Ausflüchte, Winkelzüge machen; (der Entscheidung) ausweichen; ***sans ~*** ohne zu zögern, schwanken; ***cessez de ~!*** entschließen Sie sich endlich!

terme [tɛʀm] *m* 1 (*fin*) Ende *n*; (*conclusion*) Abschluss *m*; (*date*) Termin *m*; (*délai*) Frist *f*; (*moment*) Zeit(punkt) *f(m)*; *loc/adj et loc/adv*: ***à ~*** Termin…; ***marché*** *m* ***à ~*** Terminmarkt *m*, -geschäft *n*; ***à court, à moyen, à long ~*** kurz-, mittel-, langfristig; ***emprunt*** *m* ***à court ~*** kurzfristige Anleihe; ***prévision*** *f* ***à long ~*** *a* Langzeitprognose *f*; ***à ~ échu, au ~ de l'échéance*** nach Ablauf der Frist; nach dem Fälligkeitstermin; nachträglich; *délai* ***arriver à ~*** ablaufen; ***arriver, toucher à son ~*** zu Ende gehen; sich dem, s-m Ende nähern; ***nous sommes arrivés au ~ de notre voyage*** wir sind am Ende unserer Reise angelangt; ***mener qc à ~*** etw abschließen, vollenden, zum Abschluss bringen, zu Ende führen; ***mettre un ~ à qc*** e-r Sache (*dat*) ein Ende setzen, machen; ***passé ce ~***, *les billets ne sont plus valables* nach diesem Termin, Zeitpunkt … 2 *pour les loyers* (*date du paiement*) Zahlungstermin *m*; (*somme due*) fällige Zahlung; *par ext* fällige (Vierteljahres)Miete; ***avoir un ~ de retard*** mit e-r Vierteljahresmiete im Rückstand sein; ***payer son ~*** s-e Miete zahlen 3 MÉD ***accouchement*** *m* ***avant ~*** Frühgeburt *f*; ***accoucher à ~*** zum errechneten Zeitpunkt, Termin entbinden; ***accoucher avant ~*** vorzeitig, zu früh entbinden; ***naître avant ~*** vorzeitig, zu früh geboren werden; *enfant* ***né à ~*** ausgetragen

4 ***être en bons ~s avec qn*** mit j-m gut, auf gutem Fuß stehen; sich mit j-m vertragen; mit j-m gut auskommen; ***ils sont en mauvais ~s avec leurs voisins*** sie stehen mit ihren Nachbarn auf gespanntem Fuß; sie vertragen sich nicht mit ihren Nachbarn; sie kommen mit ihren Nachbarn nicht aus; ***rester en bons ~s avec qn*** weiter gut, auf gutem Fuß mit j-m stehen 5 (*mot*) Wort *n*; (*expression*) Ausdruck *m*; ***~ juridique*** Ausdruck der Rechtssprache; ***~ scientifique*** wissenschaftlicher Ausdruck; ***~ technique*** Fachausdruck *m*, -wort *n*; Terminus technicus *m*; ***~ de chasse*** Ausdruck der Jägersprache; ***~s d'un contrat*** Wortlaut *m* e-s Vertrages; ***aux ~s du contrat*** laut, gemäß Vertrag; nach dem Wortlaut des Vertrages; ***en d'autres ~s*** mit anderen Worten; anders ausgedrückt; ***en ~s de médecine*** in der medizinischen Fachsprache; in der Fachsprache der Medizin; ***il s'est exprimé en ces ~s: …*** er sagte Folgendes: …; er drückte sich folgendermaßen aus: …; ***s'exprimer en ~s choisis*** sich gewählt ausdrücken 6 LOGIQUE ***moyen ~*** Mittelbegriff *m*; *fig* Mittelweg *m* 7 GR, MATH Glied *n*

terminaison [tɛʀminɛzõ] *f* 1 GR Endung *f* 2 ANAT ***~ nerveuse*** Nervenendigung *f*

terminal [tɛʀminal] ⟨*m/pl* **-aux**⟩ I *adj* letzte(r, -s); End…; Schluss…; LYCÉE ***classe ~e*** *ou subst* ***~e*** *f* letzte Klasse; Abiturklasse *f*; ***être en ~e*** in der Abiturklasse sein; ***phase ~e*** Endphase *f*, -stadium *n* II *m* 1 INFORM Terminal ['tœːrmɪnəl] *n*; Datenendgerät *n*; Datenendstation *f* 2 AVIAT **a)** Endstation *f* der Flughafenlinie in der Stadt; **b)** (*aérogare*) Terminal *m ou n* 3 ***~ pétrolier*** Ölterminal *m ou n*

terminer [tɛʀmine] I *v/t* 1 beenden; beendigen; abschließen; zum Abschluss bringen; *travail a* fertigstellen; vollenden; *lettre* schließen; ***nous avons terminé la journée au cinéma*** zum Abschluss des Tages gingen wir ins Kino; ***~ ses jours à la campagne*** den Rest s-s Lebens auf dem Land verbringen; ***~ qc par qc*** etw mit etw beenden; ***~ un repas par une glace*** e-e Mahlzeit mit e-m Eis beenden; zum Abschluss e-r Mahlzeit (ein) Eis essen; ♦ *abs*: ***j'ai terminé*** ich bin fertig (damit); ***en avoir terminé avec qc*** etw abgeschlossen, beendet haben; mit etw fertig sein; ***pour ~*** zum Abschluss; zum Schluss; abschließend; ♦ *adjt*: *chose* ***être terminé*** fertig, beendet, erledigt sein; zu Ende sein; ***maintenant c'est terminé*** *a* damit ist es jetzt vorbei; *amitié, amour* es ist aus (zwischen uns) 2 *chose* ***~ qc*** a) *dans le temps* etw beenden, abschließen, beschließen; den Abschluss von etw bilden; b) *dans l'espace* etw abschließen, begrenzen; den Abschluss von etw bilden; ***un débat animé termina la soirée*** *a* der Abend endete mit e-r lebhaften Debatte; ***être terminé par qc*** mit etw endigen, abschließen; in etw (*acc*) auslaufen II *v/pr* ***se ~*** enden; aufhören; zu Ende gehen *ou* sein; *film, roman* ***se ~ bien, mal*** gut, schlecht ausgehen; ***tout s'est bien terminé*** alles ist gut gegangen; alles hat ein gutes Ende genommen; ***le repas se termine*** die Mahlzeit geht zu Ende, nähert sich ihrem Ende; ***la séance s'est terminée à cinq heures*** die Sitzung endete um fünf Uhr, war um fünf Uhr zu Ende; ***se ~ en*** enden mit; *mot* enden, ausgehen auf (+*acc*); ***se ~ en*** (*a* ***par un***) ***drame*** mit e-m Drama enden; ***verbes qui se terminent en -er*** auf -er endende, ausgehende Verben; Verben mit der Endung -er; ***se ~ par qc*** mit etw enden; ***le match s'est terminé par la victoire de X*** das Spiel endete mit dem Sieg von X; ***mots qui se terminent par un x*** mit *ou* auf x endende Wörter; Wörter, die mit *ou* auf x enden; ***la soirée s'est terminée par un bal*** der Abend schloss mit e-m Ball; den Abschluss des Abends bildete ein Ball

terminologie [tɛʀminɔlɔʒi] *f* Terminologie *f*; Fachsprache *f* **terminologique** *adj* terminologisch

terminus [tɛʀminys] *m* Endstation *f*, -bahnhof *m*, -haltestelle *f*; ***aller jusqu'au ~*** bis zur Endstation fahren; ***~! tout le monde descend*** Endstation! alles aussteigen!

termite [tɛʀmit] *m* ZO Termite *f* **termitière** *f* Termitenhügel *m*

ternaire [tɛʀnɛʀ] *adj* aus drei Einheiten bestehend; CHIM ternär

terne [tɛrn] *adj* 1 *couleur* glanzlos; matt; *teint* farblos; *œil, regard* trüb; glanzlos 2 *style* monoton; farblos; blass; *conversation, journée* uninteressant; eintönig; einförmig; *Bourse* lustlos; flau; *personne* farblos; unscheinbar; unbedeutend

ternir [tɛʀniʀ] I *v/t* 1 *miroir, métal* trüben; trüb, matt machen; *adjt* ***terni*** *vitre* trüb; angelaufen; *meuble* glanzlos; matt; *miroir, métal* angelaufen; ***~ l'éclat de qc*** den Glanz e-r Sache (*gén*) trüben; e-r Sache (*dat*) den Glanz nehmen 2 *fig la réputation de qn* trüben; schmälern; ***~ la mémoire de qn*** j-s Andenken trüben II *v/pr* ***se ~*** s-n Glanz verlieren; *miroir* trüb werden; *meuble, couleur* matt werden; *miroir, métal* anlaufen

Terpsichore [tɛʀpsikɔʀ] *f* MYTH Terpsichore *f*

terrain [tɛʀɛ̃] *m* 1 Gelände *n*; Terrain *n*; (*terres*) Grund *m* (und Boden *m*); (*parcelle*) Grundstück *n*; Platz *m*; *fig* (*domaine*) Gebiet *n*; Bereich *m*; ***~ accidenté*** unebenes, hügeliges Gelände; ***~ militaire*** militärisches Gelände; Militärgelände *n*; ***~ plat*** flaches Gelände; ***~ vague*** unbebautes Gelände, Grundstück; ***~ à bâtir*** Bauland *n*; (*parcelle*) Bauplatz *m*; AVIAT ***~ d'atterrissage*** Landeplatz *m*; ***~ d'aviation*** Flugplatz *m*; ***~ de camping*** Camping- [-ɛ-], Zeltplatz *m*; ***~ de golf*** Golfplatz *m*; ***~ de jeu(x)*** Spielplatz *m*; ***~ de sport(s)*** Sportplatz *m*; SPORTS ***état*** *m* ***du ~*** Boden(zustand) *m*; *loc/adj* ***véhicule*** *m* ***tout ~*** Geländefahrzeug *n*; geländegängiges Fahrzeug; *loc/adv fig* ***sur le ~*** an Ort und Stelle; ***acheter, vendre un ~*** ein Grundstück kaufen, verkaufen; ***aménager un ~*** ein Gelände herrichten *ou* erschließen; ***céder du ~*** MIL Gelände auf-, preisgeben; *fig* Zugeständnisse machen; *épidémie* zurückgehen; *fig* ***chercher un ~ d'entente*** e-e Verständigungsgrundlage suchen; *fig* ***se conduire comme en ~ conquis*** sich aufführen *ou* sich benehmen, als ob man der Herr sei; *fig* ***déblayer le ~*** → ***déblayer*** *3*; ***se faire battre sur son ~*** SPORTS auf dem eigenen Platz, *fig* auf s-m eigenen (Fach)Gebiet geschlagen werden; ***perdre du ~*** SPORTS zurückfallen; *analphabétisme, épidémie* zurückgehen; abnehmen; *idée* an Boden verlieren; MIL Geländeverluste erleiden; *fig* ins Hintertreffen geraten, kommen; *fig* ***préparer le ~*** den Boden bereiten; MIL ***reconnaître le ~*** das Gelände erkunden; *fig* ***je ne vous suivrai pas sur ce ~*** a) darauf möchte ich lieber nicht weiter eingehen; das möchte ich lieber nicht näher mit Ihnen erörtern; b) auf diesem Weg folge ich Ihnen nicht; hier mache ich nicht mit; *fig* ***tâter, sonder le ~*** das Terrain sondieren; vorfühlen; auf den Busch klopfen; *idées etc* ***trouver un ~ favorable*** e-n günstigen Nährboden vorfinden; → *a* ***gagner*** *I 4* **2** *(sol)* Boden *m*; Bodenart *f*; AGR ***bon ~*** guter Boden; ***~ volcanique*** vulkanischer Boden

terrasse [tɛʀas] *f* Terrasse *f* (*a* GÉOGR); *loc/adj et loc/adv* ***en ~s*** terrassenförmig; Terrassen…; ***cultures*** *f/pl* ***en ~s*** Terrassenbau *m*; ***toit*** *m* ***en ~*** Flachdach *n*; *au café* ***s'asseoir à la ~*** sich draußen hinsetzen

terrassement [tɛʀasmɑ̃] *m* (***travaux*** *m/pl* ***de***) ***~*** Erdarbeiten *f/pl*, -bewegungen *f/pl*

terrasser [tɛʀase] **I** *v/t* **1** *adversaire* zu Boden werfen, schlagen, strecken; niederstrecken, -schlagen **2** *maladie* ***~ qn*** j-n niederwerfen, -strecken; ***terrassé par la fatigue*** von Müdigkeit übermannt, überwältigt; ***l'annonce de cette mort l'a terrassé*** diese Todesnachricht erschütterte ihn tief, schmetterte ihn nieder **II** *v/i* TECH Erdarbeiten machen

terrassier [tɛʀasje] *m* Erdarbeiter *m*

terre [tɛʀ] *f* **1** *(sol)* Boden *m*; Erdboden *m*; Erde *f*; ♦ *loc/adj fig* ***~ à ~*** *personne* prosaisch; ungeistig; nüchtern; *pensées, préoccupations* wenig erhaben; prosaisch; alltäglich; ♦ *loc/adv*: ***à ~, par ~*** auf dem *ou* den Boden; auf der *ou* die Erde; ***être assis par ~*** auf dem Boden sitzen; ***se coucher par ~*** sich auf den Boden legen; F *fig* ***cela fiche tous nos projets par ~*** F das wirft, schmeißt alle unsere Pläne über den Haufen; ***jeter à, par ~***, *chose a* ***lancer à ~, par ~*** niederwerfen; zu Boden werfen; umstoßen; *personne a* niederstrecken; zu Boden strecken; ***mettre, poser qc par ~*** etw auf den Boden stellen, legen, setzen; etw niederstellen, absetzen; *liquide* ***se répandre par ~*** sich auf, über den Boden ergießen; sich auf dem Boden ausbreiten; ***sauter à ~*** auf den Boden springen; *de vélo, de cheval* abspringen; ***tomber par ~*** hinunter- *ou* herabfallen; *personne debout* hinfallen; ***sous (la) ~*** unter der Erde; → *a* ***rentrer*** *II 4*; *fig* ***revenir sur ~*** wieder zur Realität zurückkehren; aus s-n Träumereien erwachen **2** *matière* Erde *f*; Erdreich *n*; Boden *m*; Land *n*; ***une bonne ~*** ein guter Boden; ***~s cultivées*** bebautes, bestelltes Land; ***~ à blé*** für den Weizenanbau geeigneter Boden; ***~ en friche*** brachliegendes Land; MIL ***politique*** *f* ***de la ~ brûlée*** Politik *f* der verbrannten Erde; ***sol*** *m* ***de ~ battue*** gestampfter Boden; *loc/adv* ***en pleine ~*** im Freiland; ***mettre, porter qn en ~*** j-n begraben, zu Grabe tragen; *fig* ***mettre qn plus bas que ~*** j-n schlechtmachen; kein gutes Haar an j-m lassen; ***travailler la ~*** die Erde, den Boden bearbeiten **3** *(terrain)* Grund *m*; Stück *n* Land; *(domaine)* Grundbesitz *m*; Gut *n*; ***~s*** *pl a* Ländereien *f/pl*; ***partage*** *m* ***des ~s*** Verteilung *f*, Aufteilung *f* des Bodens; ***se retirer sur, dans ses ~s*** sich auf s-e Güter zurückziehen **4** *planète* ***Terre*** Erde *f*; *(monde)* Welt *f*; ***noyau*** *m* ***de la Terre*** Erdkern *m*; *loc/adv* ***sur (la) ~*** auf der *ou* die Erde; ***nous ne sommes pas sur ~ pour …*** wir sind nicht auf der Welt, um zu …; ***parcourir la ~ entière*** die ganze Welt bereisen **5** *(territoire)* Gebiet *n*; *(pays)* Land *n*; ***~s arctiques, boréales*** Nordpolargebiet *n*, -länder *n/pl*; ***la Terre sainte*** das Heilige Land; ***~ d'accueil*** Aufnahmeland *n*; ***~ d'élection*** bevorzugtes Gebiet; ***en ~ ennemie*** in Feindesland; ***en ~ étrangère*** in der Fremde; ***revoir sa ~ natale*** s-e Heimat wiedersehen **6** *(opposé à mer et air)* Land *n*; MAR ***~!*** Land (in Sicht)!; ***~ ferme*** Festland *n*; ***armée*** *f* ***de ~*** Landstreitkräfte *f/pl*; Heer *n*; ***dans les ~s*** landeinwärts gelegen; ***par voie de ~*** auf dem Landwege; ***sur ~ et sur mer*** zu Wasser und zu Lande; ***aller, descendre à ~*** an Land gehen; *bateau* ***toucher ~*** landen; anlegen **7** ÉLECT Erde *f*; ***prise*** *f* ***de ~*** Erdung *f*; Erdanschluss *m*, -kontakt *m*; ***mettre à la ~*** erden **8** TECH Erde *f*; ***~ cuite*** Terrakotta *f* (*a objet*); CHIM ***~s rares*** seltene Erden *f/pl*; ***~ réfractaire*** Schamotte *f*; feuerfester Ton; ***~ vernissée*** glasierter Ton; PEINT ***~ de Sienne*** Siena *n*; Sienaerde *f*; ***de, en ~*** Ton…; aus Ton; irden; tönern; ***objets*** *m/pl* ***de, en ~ (cuite)*** Tonwaren *f/pl*

terreau [tɛʀo] *m* ⟨*pl* ***~x***⟩ Garten-, Blumen-, Humuserde *f*

Terre de Feu [tɛʀdəfø] ***la ~*** Feuerland *n*

terre-neuvas [tɛʀnœva] *m* ⟨*inv*⟩ Neufundlandfischer *m*

Terre-Neuve [tɛʀnœv] *f* Neufundland *n*

terre-neuve [tɛʀnœv] *m* ⟨*inv*⟩ ZO Neufundländer *m*

terre-neuvien [tɛʀnœvjɛ̃] **I** *adj* ⟨***~ne***⟩ neufundländisch **II** *subst* ***Terre-Neuvien(ne)*** *m(f)* Neufundländer(in) *m(f)*

terre-plein [tɛʀplɛ̃] *m* ⟨*pl* ***terre-pleins***⟩ **1** (durch e-e Mauer gestützte) Erdaufschüttung **2** *d'une autoroute* ***~ central*** Mittel-, Grünstreifen *m*

terrer [tɛʀe] *v/pr* ***se ~*** *animal* sich in s-m Bau verkriechen; *animal, homme* sich verkriechen; sich verbergen; *fig* ***se ~ chez soi*** nicht mehr unter Menschen kommen; nicht mehr ausgehen; *adjt* ***rester terré dans une cave*** sich in e-m Keller verborgen halten

terrestre [tɛʀɛstʀ] *adj* **1** *surtout* REL irdisch; weltlich; ***vie*** *f* ***~*** Erdenleben *n*; irdisches Leben **2** *de la planète* Erd…; *sc* terrestrisch; ***atmosphère*** *f* ***~*** Erdatmosphäre *f*; ***croûte*** *f* ***~*** Erdrinde *f*, -kruste *f*; *pour satellites* ***station*** *f* ***~*** Bodenstation *f* **3** *opposé à mer ou air* Land…; Erd…; *sc* terrestrisch; ***animaux*** *m/pl* ***~s*** Landtiere *n/pl*; auf dem Land lebende Tiere *n/pl*; MIL ***forces*** *f/pl* ***~s*** Landstreitkräfte *f/pl*; ***par voie ~*** auf dem Landwege

terreur [tɛʀœʀ] *f* **1** *(épouvante)* Entsetzen *n*; (Angst *f* und) Schrecken *m*; Grauen *n*; Grausen *n*; ***~ panique*** panisches Entsetzen; panischer Schrecken; panische Angst; ***être glacé de ~*** vor Entsetzen starr sein; ***inspirer de la ~ à qn*** j-m Entsetzen, Grauen einflößen; ***semer la ~*** Schrecken, Entsetzen verbreiten; ***vivre dans la ~ d'être assassiné*** in panischer Angst leben, ermordet zu werden **2** POL Terror *m*; Schreckensherrschaft *f*; HIST ***la Terreur*** die Schreckensherrschaft (*1793/94*); ***régime*** *m* ***de ~*** Terrorregime *n*; ***gouverner, régner par la ~*** ein Terrorregime, e-e Schreckensherrschaft ausüben **3** F *fig personne* ***la ~ du quartier*** der Schrecken der Nachbarschaft; ***Jojo la ~*** Möchtegernganove *m*; ***jouer les ~s*** sich als Ganove aufspielen **4** *chose* ***c'est sa (grande) ~*** davor hat er *ou* sie am meisten Angst

terreux [tɛʀø] *adj* ⟨***-euse***⟩ **1** *(boueux)* erdig; mit Erde beschmutzt **2** *teint* fahl **3** *goût* erdig

terri [tɛʀi] → ***terril***

terrible [tɛʀibl] *adj* **1** *(effrayant)* furchtbar; schrecklich; entsetzlich; *air* furchterregend; ***un ~ accident***

ou ***un accident*** ~ ein schrecklicher Unfall; ***une*** ~ ***catastrophe*** e-e entsetzliche, furchtbare, schreckliche Katastrophe; ***enfant*** *m* ~ unausstehliches, F schreckliches Kind; *fig* Außenseiter *m*; POL Enfant terrible *n*; HIST ***Ivan le Terrible*** Iwan der Schreckliche; *subst* ***le plus*** ~, ***c'est que …*** das Schlimmste (daran) ist, dass …; ***c'est*** ~ ***d'en arriver là*** es ist furchtbar, wenn es mit j-m so weit kommt; ***tu es*** ~, ***à la fin***, *avec ta manie de m'interrompre* du bist wirklich grässlich, unerträglich …; ***il fait un froid*** ~ es ist furchtbar, entsetzlich kalt **2** F (*énorme*) gewaltig; außerordentlich; ***un appétit*** ~ ein gewaltiger Appetit; ***c'est*** ~ ***ce qu'il peut travailler*** F er kann enorm viel arbeiten **3** F (*sensationnel*) großartig; F fantastisch; toll; ***une fille*** ~ F ein tolles Mädchen; *film etc* ***ça n'a rien de*** ~ das ist nichts Besonderes; F das ist nicht gerade e-e Offenbarung

terriblement [tɛʀibləmɑ̃] *adv* furchtbar; schrecklich; entsetzlich; außerordentlich; ***il fait*** ~ ***chaud*** es ist furchtbar, entsetzlich heiß; ***il me fait*** ~ ***penser à …*** er erinnert mich außerordentlich an (*+acc*)

terrien [tɛʀjɛ̃] **I** *adj* ⟨~**ne**⟩ Grund besitzend; Land…; ***propriétaire*** ~ Guts-, Grundbesitzer *m*; ***il a une vieille ascendance*** ~***ne*** alle s-e Vorfahren waren Bauern **II** *subst* ***Terrien(ne)*** *m(f)* Erdbewohner(in) *m(f)*

terrier [tɛʀje] *m* **1** *d'un animal* Bau *m*; ~ ***de lapin*** Kaninchenbau *m* **2** *chien* Terrier ['tɛrɪər] *m*

terrifiant [tɛʀifjɑ̃] *adj* erschreckend; entsetzen-, grauenerregend; grauenhaft; ***cris*** ~***s*** grauenhafte, entsetzenerregende Schreie *m/pl*

terrifier [tɛʀifje] *v/t* ~ ***qn*** j-m Entsetzen einjagen; ***je suis terrifié à l'idée de*** (*+inf*) die Vorstellung zu (*+inf*) entsetzt mich, macht mir große Angst; bei der Vorstellung zu (*+inf*) packt mich das Entsetzen

terril [tɛʀi(l)] *m* MINES (Abraum)Halde *f*

terrine [tɛʀin] *f* CUIS **1** *récipient* tiefe glasierte Tonschüssel mit Deckel; Römertopf *m* **2** ~ ***du chef*** nach hauseigenem Rezept zubereitete Fleischpastete; ~ ***de foie gras*** Gänse- *ou* Entenleberpastete *f*

territoire [tɛʀitwaʀ] *m* **1** (Hoheits)Gebiet *n*; Territorium *n*; ~ ***français*** französisches (Hoheits-, Staats)Gebiet; ~ ***national*** Staats-, Hoheitsgebiet *n*; *a* Inland *n*; ***le Territoire de Belfort*** *frz Departement*; ~***s d'outre-mer*** überseeische Gebiete *n/pl*; ADM ***aménagement*** *m* ***du*** ~ Raumordnung *f*; MIL ***défense*** *f* ***du*** ~ territoriale Verteidigung; Territorialverteidigung *f* **2** *d'un animal* abgegrenzter Lebensraum; Revier *n*

territorial [tɛʀitɔʀjal] *adj* ⟨**-aux**⟩ territorial; ***eaux*** ~***es*** Hoheitsgewässer *n/pl*; ***intégrité*** ~***e*** territoriale Integrität; Unverletzlichkeit *f* des Staatsgebietes

territorialité [tɛʀitɔʀjalite] *f* JUR Territorialität *f*; ~ ***des lois*** Territorialitätsprinzip *n*

terroir [tɛʀwaʀ] *m* **1** (besonders für den Weinbau geeigneter) Boden *m*; *d'un vin* ***il a un goût de*** ~ *ou* ***il sent le, son*** ~ an s-m Geschmack lässt sich s-e Herkunft erkennen **2** Region *f*; Gegend *f* (in der Dialekt und Bräuche noch erhalten sind); ***accent*** *m* ***du*** ~ mundartlich gefärbte Aussprache; regionaler Akzent; ***poète*** *m* ***du*** ~ Heimatdichter *m*

terroriser [tɛʀɔʀize] *v/t* terrorisieren; in Furcht und Schrecken versetzen *ou* halten; *adjt* ***population terrorisée*** terrorisierte, verängstigte Bevölkerung

terrorisme [tɛʀɔʀism] *m* Terrorismus *m*; (Ausübung *f* von) Terror *m*; ***se livrer à des actes de*** ~ Terrorakte begehen

terroriste [tɛʀɔʀist] **I** *adj* terroristisch; Terror…; Terroristen…; ***attentat*** *m* ~ Terroranschlag *m*; ***groupe*** *m*, ***organisation*** *f* ~ Terroristengruppe *f*, -organisation *f* **II** *m,f* Terrorist(in) *m(f)*

tertiaire [tɛʀsjɛʀ] *adj* **1** GÉOL ***ère*** *f* ~ *ou subst* ~ *m* Tertiär *n* **2** ÉCON ***secteur*** *m* ~ *ou subst* ~ *m* Dienstleistungssektor *m*; tertiärer Bereich, Sektor

tertiairisation [tɛʀsjɛʀizasjõ] *f* ÉCON Ausweitung *f* des Dienstleistungssektors

tertio [tɛʀsjo] *adv* drittens

tertre [tɛʀtʀ] *m* kleiner allein stehender Hügel; kleine Anhöhe

tes [te] → ***ton***[1]

t'es [tɛ] F = ***tu es***

Tessin [tesɛ̃] ***le*** ~ **1** *canton* das Tessin **2** *rivière* der Tessin

tessiture [tesityʀ] *f* MUS Stimmlage *f*

tesson [tesõ] *m* Scherbe *f*; ~***s de bouteille*** Flaschenscherben *f/pl*

test [tɛst] *m* **1** PSYCH Test *m* (*a fig*); ~ ***d'intelligence*** Intelligenztest *m*; ~ ***d'orientation professionnelle*** Test in der Berufsberatung; ***passer des*** ~***s*** getestet werden; Tests machen; ***faire passer des*** ~***s à qn*** j-n testen (lassen); j-n Tests (*dat*) unterziehen **2** MÉD Test *m*; ~ ***de dépistage du sida*** Aidstest ['eːts-] *m*; ~ ***de grossesse*** Schwangerschaftstest *m* **3** *adjt* Test…; ***élection*** *f* ~ Testwahl *f*

testament [tɛstamɑ̃] *m* **1** BIBL ***l'Ancien, le Nouveau Testament*** das Alte, das Neue Testament **2** JUR Testament *n*; letztwillige Verfügung; ***coucher, mettre qn sur son*** ~ j-n in s-m Testament bedenken; ***faire un*** ~ ein Testament errichten; ***faire son*** ~ sein Testament machen; F *fig* ***il peut faire son*** ~ F er kann sein Testament machen; ***léguer qc par*** ~ etw testamentarisch, letztwillig hinterlassen, vermachen **3** *par ext* ~ ***politique*** politisches Testament **4** *d'un artiste* letztes und vollendetstes Werk

testamentaire [tɛstamɑ̃tɛʀ] *adj* JUR testamentarisch; Testaments…; letztwillig; ***dispositions*** *f/pl* ~***s*** testamentarische Bestimmungen *f/pl*

testateur [tɛstatœʀ] *m*, **testatrice** *f* JUR Testator *m*

tester[1] [tɛste] *v/i* JUR ein Testament errichten; testieren

tester[2] [tɛste] *v/t* testen; prüfen **testeur** *m* Testgerät *n*

testicule [tɛstikyl] *m* ANAT Hoden *m*; *sc* Testikel *m*

testimonial [tɛstimɔnjal] *adj* ⟨**-aux**⟩ JUR ***preuve*** ~***e*** Zeugenbeweis *m*

testostérone [tɛstɔsteʀɔn] *f* BIOL Testosteron *n*

Têt [tɛt] ***la*** ~ *Fluss im Dep. Pyrénées-Orientales*

têt [tɛ] *m* CHIM ~ ***à gaz*** durchlöcherter Bügel; ~ ***à rôtir*** Kupelle *ou* Kapelle *f*

tétanie [tetani] *f* MÉD Tetanie *f* **tétanique** *adj* MÉD tetanisch; Tetanus…; Wundstarrkrampf… **tétaniser** *v/t* **1** PHYSIOL Muskeltetanus hervorrufen (***un membre*** an e-m Glied) **2** *fig* lähmen

tétanos [tetanos] *m* MÉD Wundstarrkrampf *m*; Tetanus *m*

têtard [tetaʀ] *m* ZO Kaulquappe *f*

tête [tɛt] *f* **1** Kopf *m*; *st/s* Haupt *n*; ♦ ~ ***blonde*** Blondschopf *m*; *fig* ~ ***brûlée*** Hitz-, Feuerkopf *m*; *fig* ~ ***couronnée*** gekröntes Haupt; *fig* ***forte*** ~ Rebell *m*; aufsässiger Mensch; ~ ***frisée*** Lockenkopf *m*; F

T

fig ***grosse ~*** F gelehrtes Haus; *fig* ***mauvaise ~*** Dickkopf *m*, F -schädel *m*; Querkopf *m*; *fig* ***petite ~!*** du Dummchen!; ***~ de cheval*** Pferdekopf *m*; F *fig* ***~ de cochon*** *fig* Dickkopf *m*, F -schädel *m*; *fig* ***une ~ de linotte, sans cervelle*** ein Schussel *m*, ein Mensch *m* mit kurzem Gedächtnis (***avoir, être*** sein); ***~ de mort*** Totenkopf *m*, -schädel *m*; CUIS ***~ de veau*** Kalbskopf *m*; ***coup*** *m* ***de ~*** Kopfstoß *m*; *fig* unüberlegte Handlung, Tat; Kurzschlusshandlung *f*; ***partir sur un coup de ~*** aus e-r plötzlichen Anwandlung heraus weggehen; *fig* ***femme*** *f* ***de ~*** zielbewusste, -strebige Frau; ***signe*** *m* ***de ~*** → ***signe*** *2*; ♦ *loc/adj*: ***à plusieurs ~s*** mehrköpfig; mit mehreren Köpfen; ***sans ~*** ohne Kopf; kopflos; *loc/adv*: ***foncer ~ baissée sur qc*** mit gesenktem Kopf gegen etw rennen; *fig*: ***donner, foncer ~ baissée dans le panneau*** blindlings in die Falle tappen, rennen; ***y aller ~ baissée*** kopflos, überstürzt handeln; sich Hals über Kopf hineinstürzen; ***la ~ basse*** mit gesenktem Kopf; *fig* mit hängendem Kopf; kleinlaut; betreten; ***il est passé la ~ 'haute*** er ging stolz erhobenen Hauptes vorbei; ***vous pouvez aller, marcher la ~ haute*** Sie haben sich (*dat*) nichts vorzuwerfen; ***la ~ la première*** mit dem Kopf voran; kopfüber; vornüber; ***de ~*** im Kopf; ***calculer de ~*** im Kopf (aus)-rechnen; ***de la ~ aux pieds*** von Kopf bis Fuß; von oben bis unten; vom Scheitel bis zur Sohle; *fig* ***en ~ à ~*** unter vier Augen; zu zweit; allein; im Tête-à-tête; ***amoureux*** *m/pl* ***en ~ à ~*** Liebespaar *n* im Tête-à-tête; ***laisser deux personnes (en) ~ à ~*** zwei Personen allein lassen; → *a* ***tête-à-tête***; ***la ~ en bas*** mit dem Kopf nach unten; ***tableau accroché la ~ en bas*** verkehrt (herum) aufgehängtes Bild; ♦ F *fig* ***ça ne va pas, la*** *ou* ***ta ~?*** F du bist wohl nicht (recht) bei Trost!; bei dir ist wohl e-e Schraube locker!; ***acquiescer de la ~*** (zustimmend) nicken; *fig* ***il n'a pas de ~*** er vergisst alles; *fig* ***avoir la ~ dure*** (*ne pas comprendre*) F schwer von Begriff sein; (*être têtu*) eigensinnig sein; ein Dickkopf, F -schädel sein; F *fig* ***avoir la*** *ou* ***une ~ grosse*** (*être surmené*) F e-n Brummschädel haben; (*avoir des prétentions*) F hoch hinauswollen; ***avoir la ~ propre, sale*** saubere, schmutziges Haar haben; ***avoir la ~ ailleurs*** mit s-n Gedanken anderswo sein, nicht dabei sein; ***avoir la ~ à son travail*** mit den Gedanken bei der Arbeit sein; *fig* ***avoir la ~ à l'envers*** völlig durcheinander, verwirrt sein; ***avoir encore toute sa ~*** geistig noch rüstig, frisch sein; ***n'avoir plus sa ~*** verkalkt sein; ***il n'a que cela en ~*** er hat nichts anderes im Kopf; er hat nur e-n Gedanken (im Kopf); ***je n'ai pas les chiffres en ~*** ich habe die Zahlen nicht im Kopf; *je me demande* ***ce qu'il a dans la ~*** ob er überhaupt etwas im Kopf hat; ***avoir une idée dans la ~*** sich (*dat*) etwas in den Kopf gesetzt haben; ***il a une idée derrière la ~*** (d)er hat etwas vor, plant etwas; F ***j'en ai par-dessus la ~*** ich habe genug davon; ich habe, bin es satt; F ich habe die Nase voll (davon); ***avoir un chapeau sur la ~*** e-n Hut aufhaben, auf dem Kopf haben; ***baisser la ~*** den Kopf senken; F *fig* ***casser la ~ à qn*** F j-m auf die Nerven gehen, fallen; *fig* ***se casser la ~*** sich (*dat*) den Kopf zerbrechen (***à trouver une solution*** um e-e Lösung zu finden); ***chercher dans sa ~*** hin und her überlegen; ***couper, trancher la ~ à qn*** j-n köpfen; j-n enthaupten; j-m den Kopf abschlagen; *fig* ***je donnerais ma ~ à couper*** ich wette meinen Kopf (***que*** dass); FOOTBALL ***faire une ~*** köpfen; *fig* ***n'en faire qu'à sa ~*** nur nach seinem Kopf handeln; nur tun, was man will; ***faire non de la ~*** (verneinend) den Kopf schütteln; ***faire oui de la ~*** (mit dem Kopf) nicken; ***laver la ~ à qn*** j-m den Kopf, die Haare waschen; ***mettre, passer la ~ à la fenêtre*** den Kopf zum Fenster hinaus- *ou* herausst(r)ecken; *fig*: ***se mettre qc dans la ~*** *ou* ***en ~*** sich (*dat*) etw in den Kopf setzen; sich in etw (*acc*) verrennen; ***mets-toi bien cela dans la ~!*** merk dir das!; lass dir das gesagt sein!; ***il s'était mis en ~ que vous viendriez*** er war felsenfest davon überzeugt, dass Sie kämen; ***qui est-ce qui t'a mis cela dans la ~?*** wer hat dich denn darauf gebracht?; ***monter la ~ à qn*** j-n aufhetzen; *vin, réussite* ***monter à la ~ à qn*** j-m zu Kopf steigen; ***se monter la ~*** sich (*dat*) etwas vormachen; sich (*dat*) Illusionen machen; *idées* ***passer par la ~ de qn*** j-m durch den Kopf gehen, in den Sinn kommen; *fig* ***se payer la ~ de qn*** j-n zum Besten haben; F j-n auf den Arm nehmen; *fig* ***perdre la ~*** (*s'affoler*) den Kopf verlieren; (*devenir fou*) den Verstand verlieren; ***piquer une ~ (dans la rivière)*** e-n Kopfsprung (in den Fluss) machen; kopfüber (in den Fluss) springen; *involontairement* kopfüber (in den Fluss) fallen; ***prendre, tenir sa ~ entre, dans ses mains*** den Kopf aufstützen; *fig*: ***réclamer, demander la ~ de qn*** j-s Kopf verlangen, fordern; ***faire (r)entrer qc dans la ~ à qn*** j-m etw beibringen, *p/fort* eintrichtern, einbläuen; ***cela ne veut pas lui (r)entrer dans la ~*** das will ihm nicht in den Kopf; ***il risque sa ~*** ihm droht die Todesstrafe; ***sauver sa ~*** a) *meurtrier* der Todesstrafe entgehen; b) *avocat* ihn vor der Todesstrafe retten, bewahren; ***ne plus savoir où donner de la ~*** nicht mehr wissen, wo einem der Kopf steht; ***tomber sur la ~*** auf den Kopf fallen; *fig* ***tu es tombé sur la ~, non?*** du hast wohl den Verstand verloren?; F bei dir ist wohl e-e Schraube locker?; → *a* ***jeter*** *I 1, II 1*, ***taper*** *III 2*, ***tenir*** *I 1a*), ***tourner*** *I 1, II 3* **2** *comme mesure* Kopf *m*; ***avoir une ~ de plus que qn, dépasser qn d'une ~*** e-n Kopf größer sein als j; j-n um Haupteslänge überragen; *cheval* ***gagner d'une (courte) ~*** mit e-r (knappen) Nasenlänge gewinnen **3** (*individu*) Person *f*; Kopf *m*; (*animal*) Stück *n*; ***troupeau*** *m* ***de cent ~s*** Herde *f* von hundert Stück (Vieh); ***par ~***, F ***par ~ de pipe*** pro Kopf; pro Person; F pro (Mann und) Nase **4** (*visage*) Gesicht *n*; Aussehen *n*; ***sale ~*** gemeines Gesicht; *fig* ***il a une sale ~*** *en ce moment* er sieht sehr schlecht (= *krank*) aus; sein Aussehen gefällt mir nicht; ***faire une sale ~*** ein saures Gesicht machen; ***~ sympathique*** sympathisches Gesicht; ***avoir une bonne ~*** gutmütig aussehen; ***avoir, être une ~ à claques*** F ein Ohrfeigen-, Backpfeifengesicht haben; *prix* ***c'est à la ~ du client*** das hängt davon ab, wie der Kunde eingeschätzt wird; ***faire la ~*** schmollen (***à qn*** mit j-m); ***faire une drôle de ~*** das Gesicht verziehen; ein komisches Gesicht machen; ***il va en faire une ~*** der wird ein Gesicht machen; ***faire une ~ d'enterrement*** e-e Leichenbittermiene aufsetzen; ***il fait sa mauvaise ~*** er ist schlecht aufgelegt, übel gelaunt **5** *d'un train* vorderes Ende; Spitze *f*; *d'un chapitre, d'une liste* Anfang *m*; *d'un lit* Kopfende *n*; *d'un clou, d'une fusée, d'un chou, fig d'une conjuration*

T

Kopf *m*; *d'un cortège*, MIL *d'une troupe*, *fig* Spitze *f*; TECH ~ ***chercheuse*** Suchkopf *m*; ~ ***nucléaire*** Nuklearsprengkopf *m*; *fig* ~ ***d'affiche*** THÉ Hauptdarsteller(in) *m(f)*; CIRQUE Hauptattraktion *f* (*Person*); ~ ***d'épingle*** Stecknadelkopf *m*; ANAT ~ ***du fémur*** Oberschenkelknochenkopf *m*; TECH ~ ***de lecture*** Wiedergabe-, Abtastkopf *m*; CH DE FER, MÉTRO, BUS ~ ***de ligne*** Endstation *f* (*wo das Verkehrsmittel eingesetzt wird*); POL ~ ***de liste*** Spitzenkandidat *m*; Listenführer *m*; ~ ***de pipe*** Pfeifenkopf *m*; MIL ~ ***de pont*** Brückenkopf *m*; ~ ***de rasoir*** Scherkopf *m*; CH DE FER ***wagon*** *m* ***de*** ~ vorderer Waggon; Wagen *m* an der Spitze des Zuges; ♦ *loc/adv*: ***en*** ~ an der *ou* an die Spitze; am *ou* an den Anfang; vorn(e); F *fig* ***bille en*** ~ F wie ein geölter Blitz; wie e-e Rakete; ***musique en*** ~ mit klingendem Spiel; ***eux en*** ~ sie als Erste; ***en ~ de liste*** obenan auf der Liste; SPORTS ***être en*** ~ in Führung liegen; CYCLISME ***être en ~ du peloton*** das Feld anführen; CH DE FER ***monter en*** ~ vorn(e) einsteigen; SPORTS ***passer en*** ~ in Führung gehen; ***mot placé en ~ de phrase*** Wort *n* am Anfang des Satzes; ***venir en*** ~ *chose* das Wichtigste sein; in erster Linie kommen; *a personne* an erster Stelle stehen; ♦ *écolier* ***être à la ~ de sa classe*** Klassenbester sein; ***être à la ~ d'une entreprise*** ein Unternehmen leiten; ***se trouver à la ~ d'une immense fortune*** über ein unermessliches Vermögen verfügen; ♦ ***prendre la ~ du cortège*** sich an die Spitze des Zuges setzen; ***prendre la ~ d'un mouvement*** die Führung e-r Bewegung übernehmen

tête-à-queue [tɛtakø] *m* ⟨*inv*⟩ AUTO ***faire un*** ~ sich um s-e eigene Achse drehen

tête-à-tête [tɛtatɛt] *m* ⟨*inv*⟩ Gespräch *n* unter vier Augen; vertrauliche Unterredung; ~ (***amoureux***) Tête-à-tête *ou* Tete-a-tete *n*; ***avoir un ~ (avec qn)*** (mit j-m) e-e Unterredung unter vier Augen haben; (mit j-m) ein Gespräch unter vier Augen führen; mit j-m unter vier Augen, allein sprechen; *loc/adv* ***en*** ~ → ***tête*** *1*

tête-bêche [tɛtbɛʃ] *adv* ***être couchés*** ~ entgegengesetzt liegen (*der Kopf des einen bei den Füßen des anderen*); *bouteilles etc* ***disposer, ranger*** ~ entgegengesetzt legen

tête-de-loup [tɛtdəlu] *f* ⟨*pl* **têtes-de-loup**⟩ langer Besen mit runder Bürste; *nordd* Eule *f*

tête-de-nègre [tɛtdənɛgʀ] **I** *adj* ⟨*inv*⟩ dunkelbraun **II** *m* ⟨*pl* **têtes-de-nègre**⟩ *gâteau* Mohrenkopf *m*

tétée [tete] *f d'un nourrisson* Mahlzeit *f*; ***donner la ~ à un enfant*** ein Kind stillen; e-m Kind die Brust geben; ***donner six ~s par jour à un enfant*** ein Kind sechsmal täglich stillen

téter [tete] ⟨**-è-**⟩ **I** *v/t* ~ ***le lait*** Milch saugen; ~ ***sa mère*** *animal* gesäugt werden; *nourrisson* gestillt werden; an der Mutterbrust trinken **II** *v/i enfant, animal* saugen; ***donner à ~ à un enfant*** ein Kind stillen; e-m Kind die Brust geben

tétine [tetin] *f* **1** **a)** *du biberon* Sauger *m*; **b)** *jouet* Schnuller *m*; Sauger *m* **2** *de la vache* Euter *n*; *de la truie* Zitze *f*

téton [tetõ] F *m* Brust *f*; P Titte *f*

Tétouan [tetwɑ̃] GÉOGR Tétouan *ou* Tetuán [-'an] *n*

tétrachlorure [tetʀaklɔʀyʀ] *m* CHIM Tetrachlorid *n*; ~ ***de carbone*** Tetrachlorkohlenstoff *m*

tétracorde [tetʀakɔʀd] *m* MUS Tetrachord *m ou n*

tétraèdre [tetʀaɛdʀ] *m* MATH Tetraeder *n*; Vierflächner *m*

tétragonal [tetʀagɔnal] *adj* ⟨**-aux**⟩ MINÉR tetragonal

tétragone [tetʀagɔn] **I** *adj* MATH tetragonal; viereckig **II** *f* BOT Neuseeländer Spinat *m*

tétralogie [tetʀalɔʒi] *f* Tetralogie *f*; *Wagner* ***la Tétralogie*** der Ring des Nibelungen

tétraplégie [tetʀapleʒi] *f* MÉD Lähmung *f* aller vier Gliedmaßen; *sc* Tetraplegie *f* **tétraplégique** MÉD **I** *adj personne* an allen vier Gliedmaßen gelähmt; *sc* tetraplegisch **II** *m,f* an allen vier Gliedmaßen gelähmte Person; *sc* Tetraplegiker(in) *m(f)*

tétras [tetʀɑ] *m* ZO ***grand*** ~ Auerhahn *m*

tétras-lyre [tetʀɑliʀ] *m* ⟨*pl* **tétras-lyres**⟩ Birkhahn *m*

tétrasyllabe [tetʀasi(l)lab] MÉTRIQUE **I** *adj* viersilbig **II** *m* viersilbiger Vers; Viersilber *m* **tétrasyllabique** *adj* viersilbig

têtu [tety] *adj* eigensinnig; dick-, starrköpfig; halsstarrig; störrisch

teuf [tœf] F *f* Party *f*; F Fete *f*; ***faire la*** ~ F einen draufmachen; ordentlich feiern

teuf-teuf [tœftœf] **I** *int* töff, töff! **II** F *m* ⟨*inv*⟩ altes Auto; F Töfftöff *n*

teuton [tøtõ] *péj ou plais* **I** *adj* ⟨**~ne**⟩ teutonisch **II** *subst* ***Teuton(ne)*** *m(f)* Teutone *m*, Teutonin *f*; typische(r) Deutsche(r) *f(m)*

teutonique [tøtɔnik] *adj* HIST ***l'Ordre des chevaliers ~s*** der Deutsche (Ritter)Orden

texan [tɛksɑ̃] **I** *adj* texanisch **II** *subst* ***Texan(e)*** *m(f)* Texaner(in) *m(f)*

Texas [tɛksas] ***le*** ~ Texas *n*

texte [tɛkst] *m* **1** Text *m* (*a* TYPO); Wortlaut *m*; REL ***~s sacrés*** heilige Bücher *n/pl*; *de la religion chrétienne* Heilige Schrift; ~ ***d'une chanson, d'une loi*** Lied-, Gesetzestext *m*; THÉ ***apprendre son*** ~ s-e Rolle, s-n Text (auswendig) lernen; ***lire Goethe dans le*** ~ Goethe im Original, im Urtext lesen; ***reportez-vous au*** ~ lesen Sie im Original nach; ich verweise Sie auf den entsprechenden Text, auf das Original **2** *fragment* Text(stelle) *m(f)*; ***recueil*** *m* ***de ~s choisis*** ausgewählte Texte *m/pl*; ***explication*** *f* ***de*** ~ Textinterpretation *f*; ***citer un*** ~ e-e Textstelle zitieren **3** *d'un devoir etc* Thema *n*; ÉCOLE ***cahier*** *m* ***de ~s*** Aufgabenheft *n* **4** Manuskript *n*; Werk *n*; ~ ***bien écrit*** gut geschriebenes Werk

textile [tɛkstil] **I** *adj* Textil…; textil; ***fibre*** *f*, ***industrie*** *f* ~ Textilfaser *f*, -industrie *f*; ***matière*** *f* ~ Spinn-, Faserstoff *m*; ***plante*** *f* ~ Faserpflanze *f* **II** *m* **1** **a)** *matière* Spinn-, Faserstoff *m*; ***~s artificiels*** Kunstfaser-, Chemiefaserstoffe *m/pl*, **b)** *produit* Textilerzeugnis *n*, -ware *f*; ***~s*** *pl a* Textilien *pl* **2** Textilindustrie *f*; ***travailler dans le*** ~ in der Textilindustrie arbeiten

texto® [tɛksto] *m* SMS *f*

textuel [tɛkstɥɛl] *adj* ⟨**~le**⟩ wörtlich

textuellement [tɛkstɥɛlmɑ̃] *adv* (wort)wörtlich; Wort für Wort; ***il m'a dit ~ ceci*** er hat mir wörtlich Folgendes gesagt

texture [tɛkstyʀ] *f de la peau etc* Struktur *f*; *d'une roche, d'un roman* Textur *f*

texturer [tɛkstyʀe] *v/t* TEXT texturieren

TF 1 [teɛfɛ̃, -œ̃] *abr* (*Télévision française première chaîne*) *erstes Programm des französischen Fernsehens*

TGV [teʒeve] *m abr* (*train à grande vitesse*) Hochge-

Le TGV

Die drei Buchstaben **TGV** stehen für **train à grande vitesse** und bezeichnen den französischen Hochgeschwindigkeitszug, der Spitzengeschwindigkeiten von bis zu 300 km/h erreicht und Frankreichs Großstädte miteinander verbindet. **TGV**-Verbindungen gibt es zum Beispiel zwischen Paris und Marseille oder zwischen Paris und Bordeaux. Aufgrund seiner Geschwindigkeit und der Tatsache, dass man als Geschäftsreisender direkt im Zentrum einer Stadt ankommt, ist der **TGV** inzwischen eine ernsthafte Konkurrenz zum Flugzeug geworden.
Übrigens: Der **TGV** ist zuschlagpflichtig und man benötigt immer eine Platzreservierung.

schwindigkeitszug *m*, -bahn *f*; *correspond à* ICE *m*

thaï [taj] **I** *adj* Thai…; ***langues ~es*** Thaisprachen *f/pl* **II** *subst* ***Thaï(s)*** *m/pl* Thai(s) *m/pl*

thaïlandais [tajlɑ̃dɛ] **I** *adj* thailändisch **II** *subst* ***Thaïlandais(e)*** *m(f)* Thailänder(in) *m(f)*

Thaïlande [tajlɑ̃d] ***la ~*** Thailand *n*

thalamus [talamys] *m* ANAT Sehhügel *m*; *sc* Thalamus *m*

thalassothérapie [talasɔteʀapi] *f* MÉD Thalassotherapie *f*

thalidomide [talidɔmid] *f* PHARM Contergan® *n*

thallophytes [talɔfit] *f/pl* BOT Lagerpflanzen *f/pl*; *sc* Thallophyten *m/pl*

Thaon-les-Vosges [tɑ̃levoʒ] *Stadt im Dep. Vosges*

thaumaturge [tomatyʀʒ] *litt m* Wundertäter *m*

thé [te] *m* **1** *feuilles* Tee *m*; ***~ noir, vert*** schwarzer, grüner Tee; ***~ de Ceylan*** Ceylontee *m*; ***culture*** *f* ***du ~*** Teeanbau *m* **2** *boisson* (schwarzer) Tee *m*; ***~ nature*** Tee nature; ***~ au citron, au lait*** Tee mit Zitrone, mit Milch; ***salon*** *m* ***de ~*** Café *n*; ***faire, préparer du ~*** Tee machen, zubereiten, kochen; ***prendre le, du ~*** Tee trinken; ***venez prendre le ~*** kommen Sie zum Tee (zu uns *ou* zu mir) **3** *par ext* ***~ dansant*** Tanztee *m* **4** *adjt* BOT ***rose*** *f* ***~*** Teerose *f*

théâtral [teɑtʀal] *adj* ⟨**-aux**⟩ **1** Theater…; Bühnen…; ***œuvre ~e*** Bühnenwerk *n*; ***représentation ~e*** Theatervorstellung *f*, -aufführung *f* **2** *fig attitude, air* theatralisch; pathetisch

théâtralement [teɑtʀalmɑ̃] *adv fig* theatralisch

théâtraliser *v/t* bühnenwirksam gestalten **théâtralité** *f* Bühnenwirksamkeit *f*

théâtre [teɑtʀ] *m* **1** Theater *n* (*a bâtiment*); *comme nom propre a* Schauspielhaus *n*; ***~ d'amateurs*** Laien-, Liebhabertheater *n*; ***~ de marionnettes*** Puppen-, Marionettentheater *n*; ***~ d'ombres*** Schattenspiele *n/pl*; ***~ de verdure*** Gartentheater *n*; ***~ en plein air*** Freilichttheater *n*, -bühne *f*; ***aller au ~*** ins Theater gehen **2** *art* Theater *n*; Bühne *f*; Schauspielkunst *f*; ***acteur*** *m* ***de ~*** Theaterschauspieler *m*; *fig* ***coup*** *m* ***de ~*** Theatercoup *m*; Knalleffekt *m*; ***homme*** *m* ***de ~*** Theatermann *m*; ***pièce*** *f* ***de ~*** Theaterstück *n*; ***troupe*** *f* ***de ~*** Theatertruppe *f*; Ensemble *n*; ***écrire pour le ~*** Theaterstücke schreiben; ***faire du ~*** Theaterschauspieler(in) sein; ***quitter le ~*** sich von der Bühne zurückziehen **3** *ensemble des œuvres* Theater *n*; *d'un auteur, d'une époque* dramatische Werke *n/pl*; ***le ~ grec*** das griechische Drama; ***~ de boulevard*** Boulevardtheater *n*; ***le ~ de Corneille*** Corneilles Dramen *n/pl* **4** *fig* Schauplatz *m*; MIL ***~ des opérations*** Kriegsschauplatz *m*; *notre ville* ***a été le ~ d'événements bizarres*** war Schauplatz seltsamer Ereignisse

Thèbes [tɛb] Theben *n*

théier [teje] *m* BOT Teestrauch *m* **théière** *f* Teekanne *f* **théine** *f* CHIM T(h)ein *n*

théisme [teism] *m* PHILOS, REL Theismus *m*

thématique [tematik] *adj* thematisch (*a* MUS, LING); LING ***voyelle*** *f* ***~*** Themavokal *m*

thème [tɛm] *m* **1** (*sujet*) Thema *n*; Gegenstand *m*; *artistique a* Sujet *n*; Motiv *n*; ***un ~ de réflexion*** Stoff *m* zum Nachdenken **2** MUS Thema *n* **3** ÉCOLE Übersetzung *f* in die Fremdsprache; Hinübersetzung *f*; ***~ anglais*** Übersetzung ins Englische; *iron ou péj* ***un fort en ~*** ein Musterschüler *m* **4** ASTROLOGIE ***~ astral*** Geburtshoroskop *n*

théocratie [teɔkʀasi] *f* POL Theokratie *f*

théocratique [teɔkʀatik] *adj* POL theokratisch

théodolite [teɔdɔlit] *m* Theodolit *m*

théologal [teɔlɔgal] *adj* REL CATH ***vertus ~es*** göttliche, theologische Tugenden *f/pl*

théologie [teɔlɔʒi] *f* Theologie *f*; ***études*** *f/pl* ***de ~*** Theologiestudium *n*; ***faculté*** *f* ***de ~*** theologische Fakultät

théologien [teɔlɔʒjɛ̃] *m*, **théologienne** *f* Theologe, -login *m,f* **théologique** *adj* theologisch

théorème [teɔʀɛm] *m* MATH, PHILOS Theorem *n*; Lehrsatz *m*; ***le ~ de Pythagore*** der pythagoreische Lehrsatz

théoricien [teɔʀisjɛ̃] *m*, **théoricienne** *f* Theoretiker(in) *m(f)*

théorie [teɔʀi] *f* **1** Theorie *f*; Lehre *f*; Lehrmeinung *f*; Lehrgebäude *n*; ***~ musicale*** Musiktheorie *f*; MATH ***~ des ensembles*** Mengenlehre *f*; PHYS ***~ de la relativité*** Relativitätstheorie *f*; ***mettre une ~ en pratique*** eine Theorie in die Praxis umsetzen; ***appliquer une ~*** e-e Theorie anwenden **2** (*opposé à pratique*) Theorie *f*; ***la ~ et la pratique*** Theorie und Praxis; ***en ~*** theoretisch; in der Theorie; *péj* ***c'est de la ~, tout cela*** das alles ist reine Theorie

théorique [teɔʀik] *adj* theoretisch

théoriquement [teɔʀikmɑ̃] *adv* theoretisch; in der Theorie; ***~, ça devrait marcher*** theoretisch müsste es klappen

théoriser [teɔʀize] **I** *v/t* theoretisch untermauern; e-e Theorie aufstellen für **II** *v/i* Theorien *ou* e-e Theorie aufstellen; theoretisieren

théosophe [teɔzɔf] *m,f* REL Theosoph(in) *m(f)*

théosophie *f* REL Theosophie *f*

thérapeute [teʀapøt] *m,f* Therapeut(in) *m(f)*

thérapeutique [teʀapøtik] MÉD **I** *adj* therapeutisch; Heil…; ***action*** *f* ***~*** therapeutische Wirkung **II** *f* **1** (*traitement*) Therapie *f*; Heil-, Krankenbehandlung *f* **2** *science* Therapeutik *f*

thérapie [teʀapi] *f* MÉD, PSYCH Therapie *f*; ***~ de groupe*** Gruppentherapie *f*

T

Thérèse [terɛz] *f Vorname*
thermal [tɛrmal] *adj* ⟨**-aux**⟩ thermal; Thermal…; ***cure ~e*** Bade- *ou* Trinkkur *f*; ***eaux ~es*** warme Quellen *f/pl*; Thermalquellen *f/pl*; Thermen *f/pl*
thermalisme [tɛrmalism] *m* Bäderwesen *n*
thermes [tɛrm] *m/pl* **1** HIST Thermen *f/pl* **2** Kuranstalt *f*, -haus *n*
thermidor [tɛrmidɔr] *m* Thermidor *m* (*11. Monat des frz Revolutionskalenders*)
thermie [tɛrmi] *f* PHYS Megakalorie *f*
thermique [tɛrmik] *adj* PHYS thermisch; Wärme…
thermochimie [tɛrmɔʃimi] *f* Thermochemie *f* **thermochimique** *adj* thermochemisch **thermocouple** *m* PHYS Thermoelement *n* **thermodynamique** *f* Thermodynamik *f*
thermoélectrique [tɛrmoelɛktrik] *adj* thermoelektrisch; ***couple*** *m* ~ → ***thermocouple***; ***effet*** *m* ~ Thermoeffekt *m*
thermomètre [tɛrmomɛtr] *m* **1** Thermometer *n*; ~ ***médical*** Fieberthermometer *n*; ~ ***à alcool, à mercure*** Alkohol-, Quecksilberthermometer *n*; ~ ***de bain*** Badethermometer *n*; ***le ~ descend, monte*** das Thermometer fällt, steigt **2** *fig* Gradmesser *m*; Barometer *n*
thermométrie [tɛrmometri] *f* Thermometrie *f*; Temperaturmessung *f* **thermométrique** *adj* thermometrisch; Thermometer…; ***échelle*** *f* ~ Thermometerskala *f*
thermonucléaire [tɛrmonykleɛr] *adj* PHYS thermonuklear **thermoplongeur** *m* Tauchsieder *m* **thermopropulsion** *f* TECH Staustrahlantrieb *m* **thermorégulation** *f* BIOL Wärmeregulation *f*, -regulierung *f*
thermos® [tɛrmos] *m ou f* ~ *ou adjt* ***bouteille*** *f* ~ Thermosflasche® *f*
thermosiphon [tɛrmɔsifõ] *m* TECH Schwerkraftheizungssystem *n*
thermostat [tɛrmosta] *m* TECH Thermostat *m*
thésaurisation [tezɔrizasjõ] *f* ÉCON Horten *n*, -ung *f* (von Geld); *sc* Thesaurierung *f* **thésauriser** *v/t et v/i* horten; *sc* thesaurieren
thèse [tɛz] *f* **1** These *f*; Behauptung *f*; ***avancer une ~*** e-e These, Behauptung vorbringen **2** ***pièce*** *f*, ***roman*** *m* ***à ~*** Tendenzstück *n*, -roman *m* **3** UNIVERSITÉ Doktorarbeit *f*, Dissertation *f* **4** PHILOS These *f*
Thésée [teze] *m* MYTH Theseus *m*
Thessalie [tesali] GÉOGR ***la ~*** Thessalien *n*
Thessalonique [tesalɔnik] GÉOGR Saloniki *n*; Thessaloniki *n*
Thibaud [tibo] *m Vorname*
thibaude [tibod] *f* Teppichunterlage *f*
Thièle [tjɛl] GÉOGR ***la ~*** die Zihl
Thierry [tjɛri] *m Vorname*
Thiers [tjɛr] *frz Staatsmann u Historiker*
Thionville [tjõvil] Diedenhofen *n*
Thomas [tɔma] *m Vorname*
thon [tõ] *m* ZO T(h)unfisch *m*; ~ ***à l'huile*** T(h)unfisch in Öl
thonier [tɔnje] *m* Kutter *m*, Schiff *n* für den T(h)unfischfang
thora [tɔra] *f* REL Thora *f*
thoracique [tɔrasik] *adj* ANAT Brust(korb)…; *sc* Thorax…; ***cage*** *f* ~ Brustkorb *m*
thorax [tɔraks] *m* **1** ANAT Brust(korb) *f(m)*; F Brustkasten *m*; *sc* Thorax *m* **2** *des insectes* Brust *f*; Thorax *m*
Thorez [tɔrɛs, -ɛz] ***Maurice ~*** *frz Politiker*
thorium [tɔrjɔm] *m* CHIM Thorium *n*
Thoune [tun] Thun *n*; ***le lac de ~*** der Thuner See
thrombose [trõboz] *f* MÉD Thrombose *f*
thune [tyn] F *f* kleine Münze; altes Fünffrancstück; *par ext* ***ne plus avoir une ~*** F völlig blank, abgebrannt sein
Thurgovie [tyrgɔvi] ***le canton de ~*** der Kanton Thurgau
thuriféraire [tyriferɛr] *litt m* Beweihräucherer *m*; Schmeichler *m*
Thuringe [tyrɛ̃ʒ] ***la ~*** Thüringen *n*
thuya [tyja] *m* BOT Thuja *f*; Lebensbaum *m*; *österr* Thuje *f*
thym [tɛ̃] *m* BOT, CUIS Thymian *m*
thymique [timik] *adj* ANAT Thymus(drüsen)…
thymus [timys] *m* ANAT Thymus(drüse) *m(f)*
thyroïde [tirɔid] *adj* ANAT ***glande*** *f* ~ *ou subst* ~ *f* Schilddrüse *f*
thyroïdien [tirɔidjɛ̃] *adj* ⟨**~ne**⟩ ANAT Schilddrüsen…; ***insuffisance ~ne*** Schilddrüsenunterfunktion *f*
ti [ti] *particule interrogative* F ***j'y va-ti, j'y va-ti pas?*** geh ich hin, oder geh ich nicht hin? *ou* soll ich es wagen, oder soll ich es nicht wagen?
tiare [tjar] *f du pape* Tiara *f*
Tibériade [tiberjad] ***le lac de ~*** der See Genezareth
Tibet [tibɛ] ***le ~*** Tibet *n*
tibétain [tibetɛ̃] **I** *adj* tibetisch; tibetanisch **II** *subs* ***Tibétain(e)*** *m(f)* Tibeter(in) *m(f)*; Tibetaner(in) *m(f)*
tibia [tibja] *m* ANAT Schienbein *n*; ***coup*** *m* ***de pied dans les ~s*** Tritt *m* ans Schienbein; ***fracture*** *f* ***du ~*** Schienbeinbruch *m*
Tibre [tibr] ***le ~*** der Tiber
tic [tik] *m* **1** MÉD Zucken *n*; Tic *m*; Tick *m*; ~ ***nerveux*** nervöser Tic; ***il a un visage plein de ~s*** er zuckt dauernd mit dem Gesicht; ***être bourré de ~s*** ständig (mit dem Gesicht *ou* mit dem Kopf, mit den Schultern, mit den Händen) zucken **2** *fig* Tick *m*; Schrulle *f*; Manie *f*; ***c'est un ~ chez lui*** das ist ein Tick bei, von ihm
ticket [tikɛ] *m* **1** *de transport* Fahrschein *m*, -karte *f*; *d'entrée* Eintritts-, Einlasskarte *f*; ~ ***(de cantine)*** *ou* ~ ***repas, restaurant*** Essen(s)marke *f*; ~ ***d'autobus*** Busfahrschein *m*; ~ ***de caisse*** Kassenzettel *m*, -bon *m*; ~ ***de métro*** U-Bahn-Fahrschein *m*; ~ ***de quai*** Bahnsteigkarte *f* **2** SÉCURITÉ SOCIALE ~ ***modérateur*** Selbstbeteiligung *f* **3** *arg* zehn Franc **4** F ***avoir le*** *ou* ***un ~*** e-e Eroberung gemacht haben
tickson [tiksõ] F *m* → ***ticket 1***
tic-tac *ou* **tic tac** [tiktak] **I** *int* ticktack!; ***faire tic-tac*** *ou* ***tic tac*** ticken **II** *m* ⟨*inv*⟩ Ticken *n*; Ticktack *n*
tiédasse [tjedas] *adj péj* lauwarm
tiède [tjɛd] *adj* **1** lauwarm; ***air*** *m* ~ laue, milde Luft; ***bain*** *m*, ***eau*** *f* ~ lauwarmes Bad, Wasser; ***café*** *m* ~ lauwarmer Kaffee; ***vent*** *m* ~ lauer Wind; *advt* ***boire ~*** lauwarm trinken; ***il fait ~*** es herrscht mildes Wetter **2** *fig* lau; schwankend; unentschlossen; ***chrétien*** *m* ~ lauer Christ; ***conviction*** *f* ~ schwache Überzeugung; *amour, amitié* ***devenu ~ avec le temps*** mit der Zeit abgekühlt
tiédeur [tjedœr] *f* **1** *de l'eau etc* Lauheit *f*; lauwarme Temperatur; *du climat* Milde *f*; *du lit* mol-

lige Wärme; *poét* ***les premières ~s du printemps*** *poét* die ersten linden Lüfte des Frühlings **2** *fig de l'amour, d'une conviction* Lauheit *f*
tiédir [tjediʀ] **I** *v/t surtout p/p* ***de l'eau tiédie par le soleil*** von der Sonne angewärmtes Wasser **II** *v/i liquide* lauwarm werden; ***laisser ~*** abkühlen lassen
tien [tjɛ̃] **I** *pr/poss* ⟨**tienne** [tjɛn]⟩ ***le ~, la ~ne*** der, die, das dein(ig)e; deine(r, -s); *pl* ***les ~s, les ~nes*** die dein(ig)en; deine; ***mon fils et le ~*** mein und dein Sohn; mein Sohn und deiner *ou* und der dein(ig)e; F ***à la ~ne!***, *plais* ***à la ~ne, Étienne!*** prost!; auf dein Wohl!; auf deine Gesundheit!; *iron* ***à la ~ne!*** viel Vergnügen!; ***ce livre n'est pas le ~*** dieses Buch gehört dir nicht; das ist nicht dein Buch **II** *subst* **1** ***le ~*** das Dein(ig)e; dein Eigentum; ***il faut y mettre du ~*** du musst auch etwas dazu tun, dein(en) Teil dazu beitragen **2** ***les ~s*** die Dein(ig)en; deine Familie; deine Angehörigen **3** ***tu as encore fait des ~nes*** du hast wieder Dummheiten gemacht; F du hast dir wieder was geleistet
tiens [tjɛ̃] → ***tenir***
tierce [tjɛʀs] **I** *adj f* → ***tiers*** **II** *f* **1** MUS Terz *f* **2** *cartes* Sequenz *f* von drei Karten **3** TYPO Revision *f*
tiercé [tjɛʀse] **I** *adj* ***rime ~e*** Terzine *f* **II** *m* Dreierwette *f*; ***~ dans l'ordre, dans le désordre*** *ou* ***dans un ordre différent*** Dreierwette in der richtigen, in beliebiger Reihenfolge; ***gagner au ~*** bei der Dreierwette gewinnen; *par ext* ***toucher un beau ~*** bei der Dreierwette hoch gewinnen; ***jouer au ~*** Dreierwetten *ou* e-e Dreierwette abschließen
tiers [tjɛʀ] **I** *adj* ⟨**tierce** [tjɛʀs]⟩ dritte(r, -s); JUR ***~ arbitre*** Oberschiedsrichter *m*; HIST ***le ~ état*** der dritte Stand; POL ***le ~ monde*** die Dritte Welt; POL ***pays m/pl ~*** Drittländer *n/pl*; ***une tierce personne*** JUR ein Dritter; *par ext* ein Außenstehender **II** *m* **1** ***un ~*** ein Dritter (*a* JUR); *par ext* (*un étranger*) ein Außenstehender; JUR ***~ payant*** Zahlung *f* der Arzt-, Arznei- und Krankenhauskosten direkt durch den Versicherungsträger; ***apprendre qc par un ~*** etw von e-m Dritten erfahren; F *fig* ***je me moque, me fiche du ~ comme du quart*** F mir ist alles schnurz-, piepegal **2** MATH ***un ~*** ein Drittel *n*; der dritte Teil; ***les deux ~*** zwei Drittel; ***le premier ~ du siècle*** das erste Drittel des Jahrhunderts; IMPÔTS ***le ~ provisionnel*** die im Februar und Mai zu leistende Steuervorauszahlung (*ein Drittel der im Vorjahr gezahlten Einkommensteuer*); *d'un livre, d'un travail* ***j'en suis au ~*** ich habe ein Drittel
Tiers-Monde [tjɛʀmõd] *m* Dritte Welt
tiers-mondiste [tjɛʀmõdist] *adj* POL sich mit der Dritten Welt solidarisierend
tif *ou* **tiffe** [tif] F *m surtout pl* ***tifs*** *ou* ***tiffes*** Haar(e) *n(pl)*
tige [tiʒ] *f* **1** BOT Stängel *m*; Stiel *m*; *des céréales* Halm *m*; (***arbre*** *m* ***à*** *ou* ***de***) ***basse, haute ~*** Nieder-, Hochstamm *m* **2** *d'une botte, d'une colonne* Schaft *m* **3** TECH Stange *f*; Stift *m*; Bolzen *m*; ***~s*** *pl a* Gestänge *n*; ***~ de fer*** (dünne) Eisenstange; Eisenstift *m*
tignasse [tiɲas] *f d'une personne* (wirrer) Haarschopf; dichte Mähne
tigre [tigʀ] *m* ZO Tiger *m*; ***~ royal*** *ou* ***du Bengale*** Königstiger *m*; Bengalischer Tiger
Tigre [tigʀ] ***le ~*** der Tigris
tigré [tigʀe] *adj* getigert; (*tacheté*) gefleckt; (*rayé*) mit unregelmäßigen Streifen; geflammt; ***chat ~*** getigerte Katze
tigresse [tigʀɛs] *f* **1** ZO Tigerin *f* **2** *fig femme* Furie *f*
tilbury [tilbyʀi] *m* Tilbury [-bəri] *m*
tilde [tild] *m* LING Tilde *f*
tillac [tijak] *m* MAR Oberdeck *n*
tilleul [tijœl] *m* **1** BOT Linde(nbaum) *f(m)* **2** *tisane* Lindenblütentee *m* **3** *bois* Linde(nholz) *f(n)* **4** *adjt* (***vert***) ***~*** ⟨*inv*⟩ lindgrün
tilt [tilt] *loc* F ***ça a fait ~*** F es hat bei ihm (*ou* bei mir *etc*) geklingelt; da kam die Erleuchtung
timbale [tɛ̃bal] *f* **1** MUS (Kessel)Pauke *f* **2** (*gobelet*) (Trink)Becher *m* (*aus Metall*); F *fig* ***décrocher la ~*** sein Ziel erreichen; es schaffen **3** CUIS **a)** (Teig)Pastete *f*; **b)** *moule* Pastetenform *f*
timbrage [tɛ̃bʀaʒ] *m* (Ab)Stempeln *n*; Abstempelung *f*; ***dispensé de ~*** gebührenfrei
timbre [tɛ̃bʀ] *m* **1** (*timbre-poste*) Briefmarke *f*; ADM Postwertzeichen *n*; ***un ~ à*** *ou* ***de quarante-six cents*** e-e 46-Cent-(Brief)Marke; ***~ de bienfaisance, de collection*** Wohlfahrts-, Sondermarke *f*; ***collection f de ~s*** Briefmarkensammlung *f* **2** COMM, ADM (*tampon*) Stempel *m* (*instrument et marque*); *de la Poste* Poststempel *m* **3** ADM, JUR ***~ fiscal*** Gebühren-, Stempel-, Steuermarke *f*; ***~ de quittance*** → ***timbre-quittance***; ***droit*** *m* ***de ~*** Stempelgebühr *f*, -abgabe *f* **4** *d'une sonnette* Glocke *f* **5** MUS *d'un instrument, de la voix* Klangfarbe *f*; *de la voix a* Timbre *n*; ***voix*** *f* ***au ~ argentin*** silberhelle Stimme; ***voix sans ~*** tonlose Stimme
timbré [tɛ̃bʀe] *adj* **1** F ***il est ~*** F er ist übergeschnappt, bekloppt; → *a* ***cinglé*** **2** *voix* ***bien ~e*** klangvoll **3** *enveloppe etc* frankiert; freigemacht; ***enveloppe ~e*** *a* Freiumschlag *m*; ***lettre ~e de Paris*** Brief *m* mit dem Poststempel von Paris **4** ***papier ~*** Papier *n* mit Stempelmarke
timbre-poste [tɛ̃bʀəpɔst] *m* ⟨*pl* **timbres-poste**⟩ → ***timbre*** *1*
timbre-quittance [tɛ̃bʀəkitɑ̃s] *m* ⟨*pl* **timbres-quittance**⟩ Quittungsmarke *f*
timbrer [tɛ̃bʀe] *v/t* **1** *lettre* (*affranchir*) frankieren; freimachen **2** ADM (*tamponner*) (ab)stempeln **3** ADM *avec un timbre fiscal* mit e-r Gebührenmarke versehen
time-sharing [tajmʃɛʀiŋ] *m* INFORM Time-Sharing ['taimʃɛriŋ] *n*
timide [timid] *adj personne* schüchtern; zaghaft; befangen; gehemmt; ***critique*** *f*, ***réponse*** *f*, ***voix*** *f* ***~*** zaghafte *ou* schüchterne Kritik, Antwort, Stimme; *subst* ***c'est un ~*** er ist ein schüchterner, gehemmter Mensch
timidité [timidite] *f d'une personne* Schüchternheit *f*; Zaghaftigkeit *f*; Befangenheit *f*; Gehemmtheit *f*, -sein *n*; ***la ~ du projet de réforme*** der zaghafte Reformversuch
timing [tajmiŋ] *m* Timing ['tai-] *n*
timon [timõ] *m* (Wagen)Deichsel *f*
timonerie [timɔnʀi] *f* **1** MAR Ruderhaus *n* **2** AUTO Lenk- und Bremsgestänge *n* **timonier** *m* MAR Rudergänger *m*; Steuermann *m*
Timor [timɔʀ] ***le ~*** (***oriental***) (Ost)Timor *n*
timoré [timɔʀe] *adj* ängstlich; zaghaft; verschüchtert; kleinmütig; übervorsichtig
tinctorial [tɛ̃ktɔʀjal] *adj* ⟨**-aux**⟩ *adj* Färbe(r)...

T

tint [tɛ̃] → ***tenir***
tintamarre [tɛ̃tamaʀ] *m* Getöse *n*; F Spektakel *m*; Radau *m*; ***le ~ des klaxons*** das Gellen der Hupen
tintement [tɛ̃tmɑ̃] *m* 1 *d'une sonnette* Läuten *n*; *des cloches a* F Bimmeln *n*; Gebimmel *n* 2 *de verres etc* Klingen *n*; Klirren *n* 3 ***~ d'oreilles*** Ohrensausen *n*
tinter [tɛ̃te] *v/i* 1 *cloches* läuten; F bimmeln 2 *verres* klingen (*a objet métallique*); klirren 3 *fig* ***les oreilles ont dû vous ~*** die Ohren müssen Ihnen geklungen haben
Tintin [tɛ̃tɛ̃] *m Comicfigur*
tintin [tɛ̃tɛ̃] *loc* F ***j'ai fait ~*** F ich hab in die Röhre, in den Mond geguckt; ***mais nous, ~, on n'a rien eu*** F aber wir, Neese *ou* denkste, nichts haben wir gekriegt
tintinnabuler [tɛ̃tinabyle] *litt v/i* leise klirren; *clochettes* klingeln
Tintoret [tɛ̃tɔʀɛ] ***le ~*** PEINT Tintoretto *m*
tintouin [tɛ̃twɛ̃] *m* F (*travail*) Plackerei *f*; F (*embêtements*) F Scherereien *f/pl*; ***se donner du ~*** sich plagen, abmühen
tique [tik] *f* zo Zecke *f*
tiquer [tike] *v/i* zurückzucken; ***ma proposition l'a fait ~*** man sah ihm an, dass ihm mein Vorschlag nicht passte; ***sans ~*** ohne mit der Wimper zu zucken
tiqueté [tikte] *adj* gesprenkelt
tir [tiʀ] *m* 1 Schießen *n*; Schuss *m*; MIL *a* Feuer *n*; Beschuss *m*; ***~ direct*** direkter Beschuss; ***~ précis*** Treffer *m*; ***~ à l'arc*** Bogenschießen *n*; ***~ à blanc*** Schießen mit Übungsmunition, mit Platzpatronen; ***~ au fusil, au pistolet*** Gewehr-, Pistolenschießen *n ou* -schuss *m*; ***~ au(x) pigeon(s)*** Tauben- *ou* Ton-, Wurftaubenschießen *n*; ***~ d'artillerie*** Geschütz-, Artilleriefeuer *n*; ***~ de mitrailleuse*** Maschinengewehrfeuer *n*; ***~ de réglage*** Einschießen *n*; ***armes f/pl à ~ automatique*** automatische Schusswaffen *f/pl*; ***canon m à ~ rapide*** Schnellfeuergeschütz *n*; ***en position de ~*** in schussbereiter Stellung; *canon* in Feuerstellung; ***diriger son ~ sur*** das Feuer richten auf (*+acc*); ***faire du ~*** schießen; Schießübungen machen 2 **a)** BOULES Anspielen *n* der Kugel des Mitspielers(, um sie wegzustoßen); **b)** FOOTBALL *etc* Schuss *m*; ***~ au but*** Torschuss *m*; Schuss aufs Tor; FOOTBALL *pour départager pl* ***~s au but*** Elfmeterschießen *n* 3 ***~ (forain)*** Schießbude *f*
tirade [tiʀad] *f* 1 THÉ Tirade *f*; langer, ununterbrochener Monolog 2 *péj* Wort-, Redeschwall *m*; Tirade *f*; Suada *f*; ***débiter une ~*** e-n Wortschwall, e-e Tirade loslassen; ***il m'a fait toute une ~*** er hielt mir e-n ganzen Vortrag (***sur*** über *+acc*)
tirage [tiʀaʒ] *m* 1 TYPO **a)** (*impression*) Druck *m*; Abdruck *m*; Drucken *n*; ***être en cours de ~*** in Druck sein; **b)** (*édition*) Auflage *f*; Ausgabe *f*; ***~ limité*** begrenzte Auflage; ***premier ~*** Erstauflage *f ou* -ausgabe *f*; ***journal m à grand ~*** auflagenstarke Zeitung; Zeitung *f* mit hoher Auflage 2 PHOT Abziehen *n*; Kopieren *n* 3 LOTERIE Ziehung *f*; ***~ au sort*** Auslosen *n*, -ung *f*; Losen *n* 4 *d'un chèque* Ausstellung *f*; *d'une lettre de change* Ziehung *f*; Begebung *f*; Ausstellung *f*; FIN ***droits de ~ spéciaux*** (*abr* ***D.T.S.***) Sonderziehungsrechte *n/pl* 5 *action* Ziehen *n* (*a* TECH) 6 *d'une cheminée* Zug *m*; ***il n'y a pas de ~*** der Ofen, der Kamin hat keinen Zug, zieht schlecht 7 *du vin* Abziehen *n* 8 F *fig* (*difficultés*) Reibereien *f/pl*; Schwierigkeiten *f/pl*; ***il y a du ~*** es gibt Reibereien
tiraillement [tiʀɑjmɑ̃] *m* 1 Hin-und-her-Ziehen *n*, -Zerren *n* 2 ***~s*** *pl* (*douleurs*) ziehende Schmerzen *m/pl*; Ziehen *n*; *j'ai tellement faim*, ***j'en ai des ~s d'estomac ...*** dass sich mein Magen zusammenzieht 3 *fig* ***~s*** *pl* (*difficultés*) Reibereien *f/pl*; Reibungen *f/pl*
tirailler [tiʀɑje] **I** *v/t* 1 hin und her ziehen, zerren; ***~ qn par le bras*** j-n am Arm zerren 2 *fig p/p* ***être tiraillé par des sentiments contradictoires*** *etc* von widersprüchlichen Gefühlen *etc* hin und her gerissen werden **II** *v/i* F (in der Gegend) herumknallen, -ballern
tirailleur [tiʀɑjœʀ] *m* 1 MIL Einzelschütze *m*; ***se déployer en ~s*** ausschwärmen 2 HIST MIL (einheimischer) Infanterist
tirant [tiʀɑ̃] *m* MAR ***~ d'eau*** Tiefgang *m*
tire [tiʀ] *f* 1 ***vol m à la ~*** Taschendiebstahl *m*; ***voleur m à la ~*** Taschendieb *m* 2 *arg* (*auto*) F fahrbarer Untersatz; Vehikel *n*; Schlitten *m*; Karre *f* 3 *au Canada* (Bonbon *m ou n* aus) Ahornsirup *m*
tiré [tiʀe] **I** *adj* ***cheveux bien ~s*** straff zurückgekämmtes Haar; ***avoir les traits ~s*** abgespannt, angegriffen, schlecht aussehen; → *a* ***épingle*** **II** *m* 1 COMM Bezogene(r) *m*; Trassat *m* 2 TYPO ***~ à part*** Sonderdruck *m*
tire-au-cul [tiʀoky] F *m* ⟨*inv*⟩, **tire-au-flanc** F *m* ⟨*inv*⟩ Drückeberger *m*; Faulenzer *m*
tire-botte [tiʀbɔt] *m* ⟨*pl* **tire-bottes**⟩ Stiefelknecht *m*
tire-bouchon [tiʀbuʃõ] *m* ⟨*pl* **tire-bouchons**⟩ 1 Korkenzieher *m* 2 *loc/adj* ***en ~*** Ringel...; geringelt; ***queue f en ~*** Ringelschwänzchen *n*
tire-bouchonné *ou* **tirebouchonné** [tiʀbuʃɔne] *adj* ***pantalons tire-bouchonnés*** *ou* ***tirebouchonnés*** Korkenzieherhose *f*
tire-bouchonner *ou* **tirebouchonner** *v/pr* F *fig* ***se tire-bouchonner*** *ou* ***se tirebouchonner*** F sich (vor Lachen) kringeln
tire-d'aile(s) [tiʀdɛl] *loc/adv* ***à ~(s)*** pfeilschnell, -geschwind
tirée [tiʀe] *f* F (*longue distance*) ***ça fait une ~*** F das ist ein ganz schönes Stück
tire-fesse(s) [tiʀfɛs] *m* ⟨*inv*⟩ F → ***téléski***
tire-jus [tiʀʒy] *m* ⟨*inv*⟩ P (*mouchoir*) P Rotzfahne *f*, -lappen *m*
tire-lait [tiʀlɛ] *m* ⟨*inv*⟩ MÉD Milchpumpe *f*
tire-larigot [tiʀlaʀigo] *loc/adv* ***à ~*** reichlich; sehr viel
tire-ligne [tiʀliɲ] *m* ⟨*pl* **tire-lignes**⟩ Reißfeder *f*
tirelire [tiʀliʀ] *f* 1 Sparbüchse *f*, -schwein *n*; ***casser sa ~*** sein Sparschwein schlachten 2 F *fig* (*tête*) F Dez *m*; Birne *f*; Rübe *f*
tirer [tiʀe] **I** *v/t* 1 ziehen; *avec force a* zerren (***qc*** an etw [*dat*]); *rideau* zu- *ou* aufziehen; *verrou* vorschieben; *tiroir* herausziehen; *vin* abziehen; auf Flaschen ziehen; **a)** *loc avec subst*: *plais* ***~ l'aiguille*** nähen; ***~ les cartes*** die Karten legen; ***se faire ~ les cartes*** sich (*dat*) die Karten legen lassen; ***~ une charrette*** e-n Karren ziehen; ***~ les cheveux à qn*** j-n an den Haaren ziehen; ***~ les fils des marionnettes*** die Fäden der Marionetten (an)ziehen; ***~ un numéro*** e-e Nummer ziehen; → *a* ***numéro*** *1*; *fig couleur, spectacle* ***~ l'œil*** ins Auge fallen; *pansement* ***~ la peau*** die Haut spannen; ***~ le signal d'alarme*** die

Notbremse ziehen; **b)** *avec prép*: **~ *qc à soi*** etw zu sich heranziehen; **~ *qc au sort*** etw aus- *ou* verlosen, durch das Los ermitteln, bestimmen; **~ *qn d'affaire, d'embarras*** j-m aus e-r Verlegenheit, aus e-r schwierigen Lage helfen; *adjt* ***être tiré d'affaire*** aus den Schwierigkeiten heraus sein; *blessé* **~ *des décombres*** aus den Trümmern bergen; **~ *qn du lit*** j-n aus dem Bett holen, zerren; **~ *un mouchoir de sa poche*** ein Taschentuch aus der *ou* s-r Tasche ziehen; **~ *qn de prison*** j-n aus dem Gefängnis (heraus)holen; **~ *qn du sommeil*** j-n aus dem Schlaf reißen; **~ *qn par le bras, par la manche*** j-n am Arm, am Ärmel ziehen, zupfen; **~ *une porte sur soi*** e-e Tür hinter sich (*dat*) zuziehen; **~ *qc vers soi*** etw zu sich heranziehen; **~ *sa jupe vers le bas*** s-n Rock nach unten ziehen, hinunterziehen **2** *fig* ziehen; her-, ableiten; *argent, bénéfice* herausholen; herauswirtschaften; CHIM *produit* gewinnen (**de** aus); **~ *de l'argent d'une affaire*** bei e-r Sache Geld verdienen, herausschlagen; **~ *des conclusions de qc*** Folgerungen, Schlüsse aus etw ziehen; **~ *sa force de qc*** s-e Macht, Stärke von etw herleiten; ***c'est de là que l'événement tire son importance*** dadurch erhält das Ereignis s-e Bedeutung; **~ *des larmes à qn*** j-m Tränen entlocken; **~ *la leçon de qc*** aus etw e-e Lehre ziehen; *adjt* ***mot tiré du latin*** dem Lateinischen entlehntes Wort; **~ *son nom de qc*** s-n Namen von etw herleiten; ***l'opium est tiré du pavot*** Opium wird aus Mohn gewonnen; **~ *son origine de qc*** sich von etw herleiten; s-e Herkunft von etw ableiten; **~ *des renseignements de qn*** aus j-m Informationen herausbekommen, F -kriegen, -holen; **~ *un revenu de qc*** ein Einkommen aus etw beziehen; ***on ne peut rien en ~*** (*il reste muet*) aus ihm ist nichts herauszubringen, -kriegen; (*c'est un incapable*) bei ihm ist Hopfen und Malz verloren; aus ihm wird nie etwas werden; **~ *des sons d'un instrument*** e-m Instrument Töne entlocken **3** *balle, flèche* (ab)schießen; *coup de feu* abgeben; *avec une arme à feu a* abfeuern; **~ *cinq balles de revolver sur qn*** fünf Revolverkugeln auf j-n abfeuern; **~ *un coup de revolver*** e-n Revolverschuss abgeben; s-n Revolver abfeuern; **~ *un coup de feu sur qn*** e-n Schuss auf j-n abgeben; P *fig* **~ *un coup*** P e-e Nummer machen; bumsen; **~ *un feu d'artifice*** ein Feuerwerk abbrennen; **~ *un lièvre*** e-n Hasen schießen; *par ext* FOOTBALL **~ *un penalty*** e-n Elfmeter schießen **4** *ligne, trait* ziehen; **~ *une allée au cordeau*** e-n Gartenweg mit der Schnur abstecken; *par ext* **~ *l'horoscope de qn*** j-m das Horoskop stellen **5** *chèque* ausstellen; **~ *une lettre de change*** e-n Wechsel ziehen, trassieren (***sur qn*** auf j-n) **6** TYPO abziehen; e-n Abzug machen, herstellen von; **~ *un livre à dix mille exemplaires*** von e-m Buch zehntausend Exemplare drucken; **~ *une photo*** ein Negativ abziehen, kopieren; e-n Abzug herstellen **7** F *fig laps de temps* durch-, aushalten; ***avoir encore un an à ~*** MIL, PRISON F noch ein Jahr abzureißen haben; PRISON *a* noch ein Jahr abzusitzen haben; ÉCOLE es noch ein Jahr (in der Schule) aushalten müssen; F noch ein Jahr die Schulbank drücken müssen; ***encore une semaine de tirée*** wieder e-e Woche überstanden, geschafft **II** *v/t/indir* **1** *faute etc* ***ne pas ~ à conséquence*** weiter keine Konsequenzen, keine Folgen haben; (weiter) nichts auf sich (*acc*) haben; nichts zu bedeuten haben; ganz harmlos sein; **~ *à sa fin*** zu Ende gehen; → *a* ***fin***[1] *1* **2** *couleur* **~ *sur le bleu*** ins Blaue (hinüber)spielen; bläulich sein **III** *v/i* **1** ziehen (*a poêle, cheminée*); *inscription sur une porte* ***tirez!*** *ou* **~*!*** ziehen!; ***ça tire*** das zieht, spannt; ***la peau me tire*** meine Haut spannt; **~ *au sort*** losen; **~ *sur sa cigarette*** an s-r Zigarette ziehen; **~ *sur une corde*** an e-m Strick ziehen; e-n Strick anziehen, spannen **2** *avec une arme* schießen; feuern; **~ *à l'arc*** mit Pfeil und Bogen schießen; **~ *à balles*** scharf schießen; **~ *à blanc*** mit Platzpatronen, Übungsmunition schießen; *par ext* SPORTS **~ *au but*** aufs Tor schießen; **~ *sur qn, qc*** auf j-n, etw schießen, feuern; j-n, etw beschießen; ***il lui a tiré dessus*** er hat auf ihn *ou* nach ihm geschossen; er hat ihn beschossen **3** PÉTANQUE die Kugel des Mitspielers anspielen, um sie wegzustoßen **4** TYPO ***bon à ~*** imprimatur; *subst* ***bons*** *m/pl* ***à ~*** druckreife Korrekturbogen *m/pl*; ***journal qui tire à trente mille*** Zeitung mit e-r Auflage von dreißigtausend **5** MAR *bateau* **~ *six mètres (d'eau)*** e-n Tiefgang von sechs Metern haben; sechs Meter Tiefgang haben **IV** *v/pr* **1** ***se ~ d'affaire***, F ***du pétrin*** sich aus der Affäre, F aus der Klemme ziehen; ♦ F ***s'en ~*** *d'un accident* es lebend überstehen; sich aus der Affäre ziehen (***par une ruse*** durch e-e List); (*se débrouiller*) sich (so) durchschlagen; ***j'ai tout juste de quoi m'en ~*** es reicht gerade noch zum Leben; ***il s'en est bien tiré*** *d'un travail, d'un problème* das hat er wirklich gut gemacht; er hat s-e Sache recht ordentlich gemacht; *d'une condamnation etc* er ist noch ganz gut dabei weggekommen; ***il s'en est tiré avec trois mois de prison, avec quelques égratignures*** er ist mit drei Monaten Gefängnis, mit ein paar Kratzern davongekommen **2** F (*se terminer*) ***ça se tire!*** es geht allmählich dem Ende zu **3** F (*s'en aller*) ***se ~*** F abhauen; verduften; sich verdrücken, verziehen, verdünnisieren; ***tire-toi!*** F hau ab!; verdufte!; ***tire-toi de là!*** weg da!; mach Platz! **4** ***se ~ dessus*** aufeinander schießen; sich gegenseitig beschießen

tiret [tiʀɛ] *m* **a)** Gedankenstrich *m*; **b)** *en fin de ligne* Trennungsstrich *m*

tirette [tiʀɛt] *f* **1** *d'un meuble* Ausziehplatte *f* **2** *en Belgique* Reißverschluss *m*

tireur [tiʀœʀ] *m* **1** Schütze *m*; **~ *d'élite*** Scharfschütze *m* **2** COMM *d'un chèque* Aussteller *m*; *d'une lettre de change* Aussteller *m*; Trassant *m* **3** PÉTANQUE Spieler, der mit s-r Kugel diejenige des Mitspielers treffen soll

tireuse [tiʀøz] *f* **1** Schützin *f* **2** **~ *de cartes*** Kartenlegerin *f* **3** TECH Flaschenabfüllmaschine *f* **4** PHOT Kopierapparat *m*

Tirlemont [tiʀləmõ] GÉOGR Tienen *n*

tiroir [tiʀwaʀ] *m* **1** Schublade *f*, -kasten *m*, -fach *n*; **~ (*à*) *secret*** Geheimfach *n*; *fig* ***racler les fonds de ~*** sein letztes Geld zusammenkratzen **2** TECH Schieber *m* **3** ***pièce*** *f* ***à ~s*** (Theater)Stück *n* mit eingeschobenen, von der Haupthandlung unabhängigen Szenen; ***roman*** *m* ***à ~s*** Roman *m* mit zahlreichen Einschüben

tiroir-caisse [tiʀwaʀkɛs] *m* ⟨*pl* **tiroirs-caisses**⟩ Registrierkasse *f*

tisane [tizan] *f* (Kräuter)Tee *m*; Aufguss *m*

tison [tizõ] *m* glimmendes Holzstück

T

tisonner [tizɔne] *v/t feu* schüren; *abs* im Feuer herumstochern; das Feuer schüren **tisonnier** *m* Schürhaken *m*, -eisen *n*

tissage [tisaʒ] *m* **1** Weben *n*; Weberei *f*; **~ à la main** Handweberei *f* **2** *atelier* Weberei *f*

tisser [tise] *v/t* **1** weben; *coton etc* verweben; *adjt* **tissé de fils d'or** mit Goldfäden durchwirkt; **métier** *m* **à ~** Webstuhl *m* **2** *fig* ⟨*meist p/p* **tissé** *od litt* **tissu**⟩ *intrigues etc* spinnen; anzetteln; **récit tissé de mensonges** Lügengewebe *n*

tisserand [tisʀɑ̃] *m* (Hand)Weber *m*; Leineweber *m*

tisserin [tisʀɛ̃] *m* ZO Webervogel *m*

tisseur [tisœʀ] *m*, **tisseuse** *f* Weber(in) *m(f)*

tissu [tisy] **I** *m* **1** TEXT Stoff *m*; Gewebe *n*; **~ de coton, de laine, de soie** Baumwoll-, Woll-, Seidenstoff *m*, -gewebe *n*; **~ pour robes** Kleiderstoff *m*; *loc/adj* **en ~** Stoff… **2** BIOL Gewebe *n* **3** *fig* Gewebe *n*; Gefüge *n*; Netz *n*; **~ social** soziales Gefüge; **un ~ d'absurdités** e-e Folge von Ungereimtheiten; **~ de mensonges** Lügengewebe *n*, -gespinst *n*, -netz *n* **II** *p/p litt* → **tisser**

tissu-éponge [tisyepɔ̃ʒ] *m* ⟨*pl* **tissus-éponges**⟩ TEXT Frottee *n ou m*; **serviette** *f* **en ~** Frottee-, Frottier(hand)tuch *n*

tissulaire [tisylɛʀ] *adj* BIOL Gewebe…; Gewebs…

titan [titɑ̃] *m* MYTH Titan *m*; *fig a* Riese *m*; *fig* **œuvre** *f* **de ~** gigantisches Werk

titane [titan] *m* CHIM Titan *n*

titanesque [titanɛsk] *litt adj* gewaltig; gigantisch; titanisch

Tite-Live [titliv] *m* HIST Livius *m*

titi [titi] *m* **~ parisien** Pariser Straßenjunge *m*

Titicaca [titikaka] **le lac ~** der Titicacasee

Titien [tisjɛ̃] *m* PEINT Tizian *m*

titiller [titije, titi(l)le] *v/t* (sanft) kitzeln

titrage [titʀaʒ] *m* CHIM Maßanalyse *f*; Titration *f*

titre [titʀ] *m* **1** Titel *m*; *de fonction* (Amts)Bezeichnung *f*; (*nom honorifique*) (Ehren)Name *m*; **~ nobiliaire** Adelstitel *m*; **~ universitaire** akademischer Titel; **~ de comte, de docteur** Grafen-, Doktortitel *m*; *loc/adj* **en ~** fest angestellt; *fonctionnaire* verbeamtet; **fonctionnaire** *m* **en ~** *a* Inhaber *m* e-r Planstelle; **fournisseur** *m* **en ~ d'une maison** ständiger (und ausschließlicher) Lieferant e-s Hauses; **maîtresse** *f* **en ~** anerkannte Mätresse; **donner à qn le ~ de …** j-n (mit) … titulieren; j-n … nennen; j-n mit … ansprechen; **porter un ~** e-n Titel führen; **prendre un ~** sich (*dat*) e-n Titel beilegen **2** SPORTS Titel *m*; **~ de champion du monde** Weltmeistertitel *m* **3** *d'un livre, d'un film etc* Titel *m*; *d'un chapitre* Überschrift *f*; *dans un journal* Titel *m*; Überschrift *f*; *d'un journal* **gros ~s** Schlagzeilen *f/pl*; **en gros ~s** als Schlagzeile; mit fetter Überschrift; *par ext* RAD, TV **les grands ~s de l'actualité** Meldungen *f/pl* in Schlagzeilen **4 a)** (*droit*) Anspruch *m*; (An)Recht *n*; Rechtsanspruch *m*; Rechtstitel *m*; **b)** (*document*) Urkunde *f*; Titel *m*; Ausweis *m*; JUR **~ de propriété** Eigentumsurkunde *f*; **~ de transport** Fahr(t)ausweis *m*; *être admis* **sur ~s** aufgrund von Befähigungsnachweisen, Zeugnissen; ♦ *loc/adj et loc/adv*: **à ~ amical** aus Freundschaft; **à aucun ~** auf keinen Fall; unter keinen Umständen; in keiner Weise; **à ~ bénévole** (*non payé*) unentgeltlich; ehrenamtlich; (*sans obligation*) freiwillig; **à ce ~** *de choses* aus diesem Grund; daher; als solche(r, -s); *de personnes* als solche(r); in dieser Eigenschaft; **à ~ définitif** endgültig; definitiv; **à ~ exceptionnel** ausnahmsweise; **à juste ~** mit vollem Recht; zu Recht; mit Fug und Recht; **au même ~** gleichermaßen; gleicherweise; ebenso; genauso; *loc/conj* **au même ~ que …** ebenso, genauso wie …; **à ~ officiel** offiziell; in amtlicher Eigenschaft; **à ~ personnel** persönlich; **à plus d'un ~, à plusieurs ~s** in mehr als e-r, in mehrfacher Hinsicht; **à ~ professionnel** hauptamtlich; hauptberuflich; gewerblich; **à quel ~?** mit welchem Recht?; mit welcher Begründung?; aus welchem Grund?; *de personnes a* in welcher Eigenschaft?; **à quelque ~ que ce soit** mit welcher Begründung auch immer; aus welchem Grunde auch immer; ♦ *loc/prép*: **à ~ de** *personne* (in der Eigenschaft) als; *chose* als; zu; **à ~ d'ami** als Freund; weil ich dein Freund bin; **à ~ de compensation** zum Ausgleich; **à ~ de curiosité** der Kuriosität halber; **à ~ d'essai** probe-, versuchsweise; auf, zur Probe; **à ~ d'exemple** als Beispiel; **à ~ d'indemnité** als Entschädigung; **à ~ d'information** als Hinweis; zur Information, Kenntnisnahme, Unterrichtung; *je vous signale*, **à ~ d'information** zu Ihrer Information; **à ~ de réciprocité** auf (der Grundlage der) Gegenseitigkeit **5** FIN (Wert)Papier *n*; Stück *n*; **~s** *pl* Wertpapiere *n/pl*; Effekten *pl*; **~ au porteur** Inhaberpapier *n*; **~ de rente** Rentenpapier *n*, -wert *m* **6** JUR (*subdivision d'un recueil*) Abschnitt *m*; Titel *m* **7** CHIM *d'une solution* Titer *m*; *d'un métal précieux* Feingehalt *m*

titrer [titʀe] *v/t* **1 ~ qn** j-m e-n Adelstitel verleihen; j-n adeln; *adjt* **titré** ad(e)lig **2 a)** *journal* **~ sur cinq colonnes …** die fünfspaltige Überschrift, Schlagzeile bringen …; **b)** *livre etc* betiteln **3** CHIM *solution* titrieren; **liqueur titrée** Reagenzlösung *f*; **solution** *f* **qui titre 15 degrés** Lösung *f* mit 15 Volumprozent

titubant [titybɑ̃] *adj* schwankend; taumelnd **tituber** *v/i* schwanken; taumeln; *ivrogne* torkeln

titulaire [titylɛʀ] **I** *adj* **1** fest angestellt; *fonctionnaire* ins Beamtenverhältnis übernommen; verbeamtet; **professeur** *m* **~** UNIVERSITÉ ordentlicher Professor; ÉCOLE ins Beamtenverhältnis übernommener Lehrer **2** JUR **personne** *f* **~** Inhaber *m* **II** *m,f d'une fonction, d'un titre, d'un droit, d'un diplôme* Inhaber(in) *m(f)*; **~ d'une chaire** Lehrstuhlinhaber *m*; **~ d'un compte** Kontoinhaber *m*; **~ d'une fonction** *a* Amtsträger *m*; **~ du permis de conduire** Führerscheininhaber *m*; Inhaber e-s Führerscheins

titularisation [titylaʀizasjõ] *f* feste Anstellung; *d'un fonctionnaire* Übernahme *f* ins Beamtenverhältnis; Verbeamtung *f* **titulariser** *v/t* fest anstellen; *fonctionnaire* ins Beamtenverhältnis übernehmen; verbeamten

Tlemcen [tlɛmsɛn] *Stadt in Algerien*

TNT [teɛnte] *m* CHIM *abr* (*trinitrotoluène*) TNT *n* (Trinitrotoluol)

toast [tost] *m* **1** Toast [toːst] *m*; Trinkspruch *m*; **porter un ~** e-n Toast ausbringen (**à qn** auf j-n); **porter un ~ de bienvenue à qn** j-n mit e-m Trinkspruch begrüßen, willkommen heißen **2** (*pain grillé*) Toast [toːst] *m*; Röstbrot *n*, -schnitte *f*

toasteur [tostœʀ] *m* Toaster ['toːstər] *m*

toboggan [tɔbɔgɑ̃] *m* **1** *d'un parc d'attractions*

Rutschbahn *f*; AVIAT Notrutsche *f*; TECH Rutsche *f*; Schurre *f* 2 *au Canada* (*traîneau*) Toboggan *m*; Indianerschlitten *m* 3 *sur une route* (provisorische) Stahlbrücke, Überführung

Tobrouk [tɔbʀuk] GÉOGR Tobruk *n*

toc [tɔk] I *int* ***~, ~, ~! - qui est là?*** ein Klopfen - wer ist da?; *riposte* ***et ~!*** gut gegeben!; das hat gesessen! II *adj* ⟨*inv*⟩ F ***il est ~ ~*** F er ist plemplem, bekloppt; → *a* ***cinglé*** III *m* Talmi *n*; ***bijou*** *m* ***en ~*** Imitation *f*; Talmi *n*; ***c'est du ~*** *ou* ***ça fait ~*** das ist Talmi, Imitation; *par ext* das ist Kitsch

tocade → ***toquade***

tocante [tɔkɑ̃t] F *f* Uhr *f*; F Zwiebel *f*

tocard [tɔkaʀ] I *adj* F (*laid*) hässlich; F scheußlich (aussehend); (*sans goût*) kitschig II *m cheval de course* schlechtes Pferd

toccata [tɔkata] *f* MUS Tokkata *f*

tocsin [tɔksɛ̃] *m* Sturmläuten *n*; ***sonner le ~*** Sturm läuten

tofu [tɔfu] *m* CUIS Tofu *m*

toge [tɔʒ] *f* 1 HIST Toga *f* 2 *des avocats etc* Robe *f*; Talar *m*

Togo [tɔgo] ***le ~*** Togo *n*

togolais [tɔgɔlɛ] I *adj* togolesisch; togoisch II *subst* ***Togolais(e)*** *m(f)* Togolese, -lesin *m,f*; Togoer(in) *m(f)*

tohu-bohu [tɔybɔy] *m* Tumult *m*; Trubel *m*; lärmendes Durcheinander; Getümmel *n*; Tohuwabohu *n*

toi [twa] I *pr/pers* **a)** *sujet* du; ***et ~, viens avec moi*** und du komm mit mir; ***et ~, tu ne veux pas?*** und du willst nicht?; ***~ et moi (, nous) irons*** du und ich (, wir) gehen; ***si j'étais ~*** wenn ich du wäre; ***il est plus petit que ~*** er ist kleiner als du; ***~ qui n'as jamais travaillé*** du, der du nie gearbeitet hast; du, der nie gearbeitet hat; ***c'est ~?*** bist du es?; ***c'est ~ qui l'as voulu*** du hast es (ja) gewollt; **b)** *obj/dir* dich; *je vous inviterai*, ***tes parents et ~*** deine Eltern und dich; ***c'est ~ que j'ai aimé*** dich habe ich geliebt; **c)** *avec prép* dir (*dat*); dich (*acc*); ***malheur à ~!*** wehe dir!; ***je ne le dis qu'à ~*** ich sage es nur dir; ***c'est ton idée à ~*** das ist deine Idee; ***d'après ~, selon ~*** deiner Ansicht, Meinung nach; ***on parle de ~*** man spricht von dir, über dich; **d)** *après un impératif*: *obj/dir* dich; *obj/indir* dir; ***sers-~*** bedien dich; ***figure-~ ...*** stell dir vor ... II *m* ***le ~*** das Du

toile [twal] *f* 1 TEXT Leinen *n*; Leinwand *f*; *par ext* Stoff *m*; Tuch *n*; ***~ cirée*** Wachstuch *n*; ***grosse ~*** grobe Leinwand; grobes Leinen; ***~ métallique*** Drahtgewebe *n*; Metalltuch *n*; ***~ à matelas*** Matratzendrell *m*; ***~ à sac*** Sackleinwand *f*; ***~ à voile*** Segeltuch *n*; ***~ de coton*** Baumwollleinen *n*; Kattun *m*; ***~ de tente*** Zeltbahn *f*; *loc/adj* ***de*** *ou* ***en ~*** aus Leinen; Leinen...; leinen; ***robe*** *f* ***de ~*** Leinenkleid *n*; ***village*** *m* ***de ~*** Zeltstadt *f* 2 *tableau* (Öl)Gemälde *n*; ***~ de maître*** Meistergemälde *n* 3 ***~ de fond*** THÉ Prospekt *m*; *fig* Hintergrund *m* 4 MAR Segel *n/pl*; Segelwerk *n* 5 ***~ d'araignée*** Spinnwebe *f*; Spinnennetz *n*; ***l'araignée file, tisse sa ~*** die Spinne spinnt, webt ihr Netz 6 INFORM ***la Toile*** das Web; ***(naviguer) sur la Toile*** im Web (surfen ['zœːrfən])

toilettage [twalɛtaʒ] *m pour chiens* Trimmen *n*; ***boutique*** *f* ***de ~*** Hundesalon *m*

toilette [twalɛt] *f* 1 Waschen *n*; ***armoire*** *f* ***de ~*** Badezimmer-, Toilettenschrank *m*; ***gant*** *m* ***de ~*** Waschlappen *m*; ***produits*** *m/pl*, ***articles*** *m/pl* ***de ~*** Toilettenartikel *m/pl*; ***serviette*** *f* ***de ~*** Handtuch *n*; ***table*** *f* ***de ~*** Waschtisch *m*; ***faire sa ~*** sich waschen; *chat* sich putzen; ***faire une ~ de chat*** Katzenwäsche machen; ***faire une grande ~*** sich gründlich waschen; ***faire la ~ d'un mort*** e-n Toten waschen (und ankleiden) 2 (*habits*) Kleidung *f*; Toilette *f*; Aufmachung *f*; ***~ de bal*** Balltoilette *f*; ***~ de mariée*** Brautstaat *m*; ***en ~ d'été*** sommerlich gekleidet; in Sommerkleidung; ***avoir toujours de nouvelles ~s*** immer etw Neues zum Anziehen haben; ***avoir le goût de la ~*** gern gut gekleidet sein; Wert auf gute Kleidung legen; ***être en grande ~*** in großer Toilette sein; ***elle porte bien la ~*** sie versteht es, elegante Kleidung zu tragen 3 ***~s*** *pl* Toilette *f*; WC *n*; Klosett *n*; ***aller aux ~s*** auf die Toilette gehen

toi-même [twamɛm] *pr/pers* 1 *emphatique* (du) selbst; ***c'est ~ qui l'as dit*** du selbst hast es gesagt; du hast es selbst gesagt 2 *réfléchi* dich selbst; ***connais-toi ~*** erkenne dich selbst

toise [twaz] *f* 1 Messstab *m*; ***passer à la ~*** gemessen werden; ***passer qn à la ~*** j-s Größe messen 2 *ancienne mesure correspond à* Klafter *m*

toiser [twaze] I *v/t* ***~ qn*** j-n mustern, mit dem Blick messen II *v/pr* ***se ~*** sich gegenseitig mit Blicken messen

toison [twazõ] *f* 1 *du mouton* Wolle *f*; Vlies *n*; *par ext* Schafpelz *m*, -fell *n*; MYTH ***la Toison d'or*** das Goldene Vlies 2 *fig* (*chevelure*) dichtes Haar; (*poils*) dichte Behaarung (*auf Brust od Rücken*)

toit [twa] *m* 1 Dach *n*; AUTO ***~ ouvrant*** Schiebedach *n*; ***~ plat*** Flachdach *n*; ***~ d'ardoises, de chaume, de tuiles*** Schiefer-, Stroh-, Ziegeldach *n*; ***~ en tôle*** Blechdach *n*; *fig* ***crier qc sur les ~s*** etw ausposaunen; etw an die große Glocke hängen; ***habiter sous les ~s*** unter dem Dach wohnen 2 *par ext* (*logement*) Wohnung *f*; Dach *n*; ***avoir un ~*** ein Dach über dem Kopf haben; ***habiter, vivre sous le même ~*** unter einem Dach wohnen; ***recevoir qn sous son ~*** j-n bei sich, in s-m Haus empfangen; ***vivre sous le ~ paternel*** im Elternhaus, bei s-n Eltern wohnen

toiture [twatyʀ] *f* Bedachung *f*; Dach *n*

Tokyo [tɔkjo] Tokio *n*

tôle [tol] *f* 1 Blech *n*; AUTO ***~ froissée*** Blechschaden *m*; ***~ ondulée*** Wellblech *n*; ***~ à pâtisserie*** Back-, Kuchenblech *n* 2 → ***taule***

tôlé [tole] *adj* ***neige ~e*** Harsch *m*; verharschter Schnee

Tolède [tɔlɛd] Toledo *n*

tolérable [tɔleʀabl] *adj* 1 (*admissible*) tolerierbar 2 (*supportable*) erträglich; zu ertragen(d)

tolérance [tɔleʀɑ̃s] *f* 1 Toleranz *f*; Nachsicht *f*; Duldsamkeit *f*; Duldung *f* (*a* JUR); *autrefois* ***maison*** *f* ***de ~*** Freudenhaus *n*; Bordell *n*; ***faire preuve de ~*** tolerant *ou* nachsichtig sein, Toleranz üben (***à l'égard de, envers qn*** j-m gegenüber) 2 TECH Toleranz *f*; zulässige Abweichung; Spielraum *m*; Spanne *f* 3 GR ***~ grammaticale*** *ou* ***orthographique*** zulässige grammatikalische *ou* orthografische Abweichung 4 MÉD Toleranz *f*

tolérant [tɔleʀɑ̃] *adj* tolerant; duldsam; nachsichtig; weitherzig; liberal

tolérer [tɔleʀe] *v/t* ⟨-è-⟩ 1 *chose* dulden; gestatten; zulassen; geschehen lassen; tolerieren; *personne* ertragen; dulden; ***~ que ...*** (+*subj*) dulden, zulas-

T

sen, gestatten, dass … **2** *médicament, traitement* vertragen

tôlerie [tolʀi] *f* **1** *atelier* Blechfabrik *f*, -walzwerk *n* **2** *coll* Blechteile *n/pl*

tolet [tɔlɛ] *m* MAR (Ruder)Dolle *f*

tôlier [tolje] *m* **1** **a)** *ouvrier* Blecharbeiter *m*, -schlosser *m*; **~ en voitures** Karosserieklempner *m*; *südd* Autospengler *m*; **b)** *commerçant* Blechwarenhändler *m* **2** → **taulier**

tollé [tɔ(l)le] *m* Zeter-, Protestgeschrei *n*; Aufbegehren *n*; **provoquer, soulever un ~ général** allgemeines Protestgeschrei hervorrufen

toluène [tɔlɥɛn] *m* CHIM Toluol *n*

TOM [tɔm] *m abr* (*territoire d'outre-mer*) (französisches) Übersee-Territorium

tomahawk [tɔmaok, tɔmawak] *m* Tomahawk [-ha:k] *m*

tomate [tɔmat] *f* BOT, CUIS Tomate *f*; *österr* Paradeiser *m*; **jus** *m*, **salade** *f* **de ~s** Tomatensaft *m*, -salat *m*; *adjt* **sauce** *f* **~** Tomatensoße *f*; **devenir rouge comme une ~** rot wie e-e Tomate, puterrot, knallrot werden; **recevoir des ~s** mit Tomaten beworfen werden

tombal [tõbal] *adj* ⟨**-als**⟩ Grab…; **inscription ~e** Grabinschrift *f*; **pierre ~e** *dalle* Grabplatte *f*; *stèle* Grabstein *m*

tombant [tõbɑ̃] *adj* fallend; *moustaches, paupières* herabhängend; **cheveux ~s** langes, offenes Haar; **épaules ~es** abfallende Schultern *f/pl*; Hängeschultern *f/pl*; **poitrine ~e** Hängebrust *f*, -busen *m*; *fig* **à la nuit ~e** bei Einbruch der Dunkelheit, Nacht

tombe [tõb] *f* Grab *n*; Grabstätte *f*; **la ~ du Soldat inconnu** das Grab(mal) des Unbekannten Soldaten; **aller sur la ~ de qn** j-s Grab besuchen; **descendre un cercueil dans une ~** e-n Sarg in ein Grab senken; *fig* **être muet comme une ~** stumm, verschwiegen wie ein Grab sein; *fig* **il doit se retourner, il se retournerait dans sa ~** er würde sich im Grabe umdrehen; *fig* **suivre qn dans la ~** j-m ins Grab folgen

tombeau [tõbo] *m* ⟨*pl* **~x**⟩ Grabmal *n*; Grabstätte *f*; *poét* Gruft *f*; *fig* Grab *n*; Ende *n*; Untergang *m*; REL, ART **mise** *f* **au ~** Grablegung *f* Christi; *fig* **rouler à ~ ouvert** mit halsbrecherischer Geschwindigkeit fahren, rasen

tombée [tõbe] *f* **à la ~ du jour, de la nuit, du soir** bei *ou* mit Einbruch, Anbruch der Dunkelheit, Nacht; bei ein-, anbrechender Nacht, Dunkelheit; bei Eintritt der Dämmerung

tomber [tõbe] **I** *v/t* **1** *lutteur: l'adversaire* auf die Schulter legen **2** F *fig* **~ une femme** e-e Frau verführen **3** F **~ la veste** die Jacke ausziehen **II** *v/i* ⟨**être**⟩ **1** fallen; stürzen; (*se renverser*) umfallen; *personne a* hinfallen; *st/s* zu Fall kommen; *du haut de qc* hinab- *ou* herab-, hinunter- *ou* herunterfallen; *alpiniste, avion* abstürzen; *feuilles, fruits* abfallen; *pluie, brouillard, neige, grêle* fallen; *brouillard a* sich senken; sinken; *foudre* einschlagen; ♦ *loc avec prép*: **~ à** *ou* **dans l'eau** ins Wasser fallen (*a fig projet*); **~ à genoux** auf die Knie fallen; **~ à la mer** ins Meer fallen, stürzen; **~ dans l'escalier, dans un gouffre** auf der Treppe, in e-n Abgrund stürzen, fallen; *feuilles, fruits* **~ des arbres** von den Bäumen fallen; **~ de cheval** vom Pferd fallen, stürzen; **~ du troisième étage** aus dem dritten Stock fallen, stürzen; *le stylo* **m'est tombé des mains** ist mir aus der Hand gefallen; **~ en chute libre** in freiem Fall stürzen, fallen; **~ par la fenêtre** aus dem Fenster fallen, stürzen; **~ par terre** hinunter- *ou* herabfallen; *personne debout* hinfallen; **~ sur** fallen auf (+*acc*); → *a II 5, 6, 7, 10*; *la foudre* **est tombée sur une maison** hat in ein Haus eingeschlagen; ♦ *avec verbe*: **il s'est cassé le bras en tombant** er hat sich (*dat*) bei e-m Sturz den Arm gebrochen; er ist gefallen und hat sich (*dat*) den Arm gebrochen; **faire ~ qc** (*renverser*) etw umwerfen, umstürzen; *du haut de qc* etw herunterwerfen, *d'un arbre a* herunterschütteln; **faire ~ qn** j-n nieder-, umwerfen; → *a II 4, 9*; **laisser ~ qc** etw fallen lassen; → *a II 4*; **se laisser ~ dans un fauteuil** sich in e-n Sessel fallen lassen **2** *fig paroles etc* fallen; **la nuit tombe** die Nacht, Dunkelheit bricht herein; es wird Nacht, dunkel; die Nacht bricht an, *st/s* sinkt herab, zieht herauf; **le soir tombe** es wird Abend; *paroles* **~ des lèvres de qn** von j-s Lippen kommen **3** *cheveux, dents* ausfallen; **ses cheveux tombent** die Haare gehen, fallen ihm aus **4** *soldat, ville* fallen; *obstacle, difficulté* wegfallen; *gouvernement etc* stürzen; **faire ~** *gouvernement etc* stürzen; zu Fall bringen; **laisser ~** *projet* fallen lassen; aufgeben (*a hobby*); **laisser ~ qn** j-n fallen lassen; j-n im Stich lassen; j-n verlassen; F *abs* **laisse ~!** lass doch sein!; gib's auf!; F steck's auf! **5** **~ sur qn** sich auf j-n stürzen; über j-n herfallen; j-n überfallen, anfallen; **ils nous sont tombés dessus** sie sind über uns hergefallen; sie haben uns überfallen, überrascht **6** (*devenir*) werden; *dans un endroit, une situation* geraten; kommen; **~ amoureux** sich verlieben (**de qn** in j-n); F **~ enceinte** schwanger werden; **~ malade** krank werden; erkranken; **~ aux** *ou* **dans les mains de qn** j-m in die, in j-s Hände fallen, geraten; **~ dans la misère** in Not, ins Elend geraten; **~ dans un piège** in e-e Falle geraten; **il est tombé dans le piège** er ist in die Falle gegangen; **~ en panne** e-e Panne haben; **~ en ruine** verfallen; *refroidissement* **~ sur la poitrine** sich auf die Brust legen **7** (*arriver*) (unerwartet *ou* zufällig) kommen; erscheinen; **~ bien** (*venir à propos*) gerade recht, zur richtigen Zeit, gelegen, F wie gerufen kommen; **ça tombe bien** das trifft sich gut, günstig; **il est bien tombé** (*il a eu de la chance*) er hat es gut getroffen; **~ juste** *calcul* aufgehen; (*deviner*) es erraten; das Richtige treffen; **~ mal** (*venir mal à propos*) ungelegen, zu ungelegener Zeit, im unpassenden Augenblick kommen; *rendez-vous etc* schlecht passen; **ça tombe mal** das trifft sich schlecht, ungünstig; **il est mal tombé** (*il a eu de la malchance*) er hat es schlecht getroffen; **je suis tombé en pleine réunion** F ich platzte mitten in die Versammlung hinein; *cet article* **m'est tombé sous les yeux** ist mir zufällig unter die Augen gekommen; **~ sur qc** auf etw (*acc*) stoßen, treffen; etw zufällig finden; *prenez cette rue*, **et vous tombez sur la cathédrale** und Sie kommen zur Kathedrale; **~ sur qn** auf j-n stoßen; j-n zufällig treffen; j-m zufällig begegnen; **la conversation est tombée sur ce film** man kam auf diesen Film zu sprechen; **le sort est tombé sur lui** das Los hat ihn getroffen; es ist ihm zugefallen **8** *à un moment* fallen; *son an-*

niversaire ***tombe un dimanche*** fällt auf e-n Sonntag; ***~ le même jour*** auf den gleichen Tag fallen; *fêtes etc a* am gleichen Tag stattfinden 9 (*baisser*) *prix, cours, température* fallen; sinken; zurückgehen; nachlassen; *fièvre a* nachlassen; *vent, enthousiasme* nachlassen; sich legen; *jour* sich neigen; zur Neige, zu Ende gehen; ***sa colère est tombée*** sein Zorn hat sich gelegt, ist abgekühlt, verraucht; ***~ à zéro*** auf null (ab)sinken, fallen; *température* ***~ de cinq degrés*** um fünf Grad zurückgehen, sinken; ***faire ~*** *cours, prix* drücken 10 (*descendre, pendre*) (herab)hängen; fallen; *vêtement* ***~ bien*** gut fallen; ***épaules*** *f/pl* ***qui tombent*** abfallende Schultern *f/pl*; Hängeschultern *f/pl*; ***tenture*** *f* ***qui tombe en larges plis*** in breiten Falten fallender, herabhängender Behang; ***cape*** *f* ***qui tombe jusqu'aux pieds*** bis zu den Füßen, an die Knöchel reichender Umhang; *une mèche de cheveux* ***lui tombe sur les yeux*** hängt, fällt ihr über die Augen 11 *le journal* ***tombe à cinq heures*** kommt um fünf Uhr heraus; *un télex* ***vient de ~*** ist eben eingegangen **III** *v/imp* ***il tombe de la grêle, de la neige, de la pluie*** es fällt Hagel, Schnee, Regen; es hagelt, schneit, regnet; F ***qu'est-ce qu'il va ~!*** F das wird ganz schön gießen!

tombereau [tõbʀo] *m* ⟨*pl* **~x**⟩ 1 **a)** (zweirädriger) Kippkarren; **b)** *contenu* Karrenladung *f* 2 TECH Kipper *m*

tombeur [tõbœʀ] *m* 1 F (*séducteur*) Frauenheld *m* 2 F ***~ d'un ministre*** *etc* j, der e-n Minister *etc* zu Fall bringt

tombola [tõbɔla] *f* Tombola *f*; ***tirage*** *m* ***de la ~*** Ziehung *f* der Lose bei der Tombola

Tombouctou [tõbuktu] Timbuktu *n*

tome [tɔm] *m* **a)** (*partie d'un ouvrage*) Band *m*; Buch *n*; Teil *m*; **b)** (*volume*) Band *m*

tomette [tɔmɛt] *f* Terrakottafliese *f*

tomme [tɔm] *f* *Hartkäse aus Savoyen*

tomographie [tɔmɔgʀafi] *f* MÉD **a)** Tomografie *f*; Röntgenschichtverfahren *n*; **b)** *cliché* Schichtaufnahme *f*

tom-pouce® [tɔmpus] *m* Taschenschirm *m*

ton¹ [tõ] *adj/poss* ⟨*f* ***ta*** [ta], *vor Vokal u stummem h* ***ton***; *pl* ***tes*** [te]⟩ dein(e); ***~ ami(e)*** *m(f)* dein(e) Freund(in) *m(f)*; ***à ~ égard*** zu dir; dir gegenüber; ***en ~ honneur*** dir zu Ehren; ***c'est ça, ta petite plage tranquille?*** was, das ist dein kleiner, stiller Strand?; ***ferme ta porte!*** mach (gefälligst) die Tür hinter dir zu!; F ***tu gagnes tes cent euros par jour*** du verdienst deine hundert Euro pro Tag

ton² [tõ] *m* 1 *de la voix* Ton *m*; Tonhöhe *f*; ***~ aigu*** hoher, schriller Ton 2 *fig* Ton *m* (*a d'une lettre*); Umgangston *m*; Redeweise *f*; ***~ brusque*** barscher *ou* schroffer Ton; *loc/adv*: ***d'un ~ ferme*** in festem Ton; ***sur le ~ de la conversation*** im Plauderton; (wie) beiläufig; ***dire qc d'un, sur un ~ convaincu*** etw in überzeugtem Ton sagen; ***je ne vous permets pas de me parler sur ce ~*** ich verbitte mir diesen Ton, diese Redeweise; ***si vous le prenez sur ce ~ ...*** wenn Sie diesen Ton anschlagen ...; wenn Sie in diesem Ton mit mir reden ...; ***répéter, chanter sur tous les ~s*** in allen Tonarten wiederholen; ***faire baisser le ~ à qn*** j-n in die Schranken weisen; ***changer de ~*** e-n anderen Ton anschlagen; ***'hausser le ~*** die Stimme heben; (*être exigeant*) arrogant werden; fordernd auftreten; (*se fâcher*) energisch, wütend werden 3 *loc/adj* ***de bon ~*** zum guten Ton gehörend; *comportement* gut; *élégance* geschmackvoll; ***il est de bon ~ de*** (+*inf*) es gehört zum guten Ton, es gehört sich zu (+*inf*) 4 MUS **a)** (*note*) Ton *m*; **b)** (*intervalle*) Tonschritt *m*, -stufe *f*; *par ext* Ganzton *m*; **c)** (*tonalité*) Tonart *f*; ***~ de si bémol majeur*** B-Dur-Tonart *f*; *fig* ***donner le ~*** den Ton angeben; tonangebend sein 5 LING Ton *m*; ***langues*** *f/pl* ***à ~*** Tonsprachen *f/pl* 6 (*couleur*) (Farb)Ton *m*; ***~ chaud, criard*** warmer, greller Farbton; ***~ dans les roses*** rosafarbener Ton; ***~ sur ~*** Ton in Ton; ***être dans le ~*** den gleichen Farbton haben; ***ça n'est pas (dans) le même ~*** *a* die(se) Farben beißen sich

tonal [tɔnal] *adj* ⟨**-als**⟩ MUS **a)** ***'hauteur ~e*** Tonhöhe *f*; **b)** ***musique ~e*** tonale Musik

tonalité [tɔnalite] *f* 1 MUS Tonalität *f*; Tonart *f* 2 *d'une voix, d'une radio etc* Klang *m*; Klangfarbe *f*; ***réglage*** *m* ***de (la) ~*** Höhen- und Tiefenregelung *f* 3 TÉL Wählton *m*; Amtszeichen *n*; ***attendre la ~*** den Wählton abwarten 4 (*couleur*) Farbton *m*

tondeur [tõdœʀ] *m* ***~ de chiens, de moutons*** Hunde-, Schafscherer *m*

tondeuse [tõdøz] *f* 1 *du coiffeur* Haarschneidemaschine *f* 2 ***~ (à gazon)*** Rasenmäher *m*

tondre [tõdʀ] *v/t* ⟨→ **rendre**⟩ 1 *mouton, caniche* scheren; *cheveux* (ab)scheren; (zu) kurz schneiden 2 *gazon* mähen 3 *fig* ***~ qn*** j-n ausnehmen, F rupfen

tondu [tõdy] *adj* geschoren

Tonga [tõga] ***les îles*** *f/pl* ***~*** die Tongainseln *f/pl*

Tongres [tõgʀ] GÉOGR Tongern *n*

tongs [tõg] *f/pl* Zehensandalen *f/pl*

tonicité [tɔnisite] *f* 1 PHYSIOL Tonus *m* 2 *d'un climat etc* stärkende, kräftigende Wirkung

tonifiant [tɔnifjɑ̃] **I** *adj* stärkend; kräftigend; *fig* ***lecture ~e*** belebende Lektüre **II** *m* Tonikum *n*; Stärkungsmittel *n*

tonifier [tɔnifje] *v/t organisme, personne* stärken; kräftigen; *peau et fig* beleben; ***~ qn*** *a* j-m Spannkraft verleihen

tonique [tɔnik] **I** *adj* 1 kräftigend; stärkend; tonisch; ***remède*** *m* ***~*** *ou subst* ***~*** *m* Tonikum *n*; Stärkungsmittel *n*; stärkendes, kräftigendes Mittel 2 ***lotion*** *f* ***~*** *ou subst* ***~*** *m* Gesichtswasser *n* 3 *fig froid, douche, lecture* belebend 4 PHON, GR betont **II** *f* MUS Tonika *f*; Grundton *m*

tonitruant [tɔnitʀyɑ̃] *adj* ***voix ~e*** dröhnende Stimme; Donnerstimme *f*

tonitruer [tɔnitʀye] *v/i* mit dröhnender Stimme sprechen *ou* schreien

tonka [tõka] *m* BOT Tonka(bohnen)baum *m*

Tonkin [tõkɛ̃] ***le ~*** Tongking *n*

tonkinois [tõkinwa] *adj* von, aus Tongking

tonnage [tɔnaʒ] *m* MAR 1 Tonnage *f*; ***bâtiment*** *m* ***de gros ~*** großes Schiff 2 *d'un pays, port* Gesamttonnage *f*

tonnant [tɔnɑ̃] *adj* donnernd; ***voix ~e*** dröhnende Stimme; Donnerstimme *f*

tonne [tɔn] *f* 1 ***~ (métrique)*** (*abr* ***t***) Tonne *f* (*abr* t); F *fig* ***des ~s de ...*** F Riesenmengen *f/pl* von ...; ***un camion de sept ~s*** *ou* ***un sept ~s*** ein Siebentonner *m* 2 MAR Tonne *f* (*Wasserverdrängung*) 3 AGR Tonne *f*; großes Fass

tonneau [tɔno] *m* ⟨*pl* **~x**⟩ 1 Fass *n*; ***~ de vin*** Weinfass *n*; Fass Wein; ***fond*** *m* ***de ~*** Bodensatz *m* (*im Fass*); *fig* (*mauvais vin*) Rachenputzer *m*; Krätzer *m*; schlechter Wein; F *fig* ***c'est du même ~*** das taugt genauso wenig; ***mettre du vin en ~*** Wein in Fässer (ab)füllen 2 MAR **~ (*de jauge*)** Registertonne *f* (*abr* RT); *navire* ***de mille quatre cents ~x*** von tausendvierhundert Registertonnen 3 AVIAT Rolle *f*; AUTO ***faire un ~*** sich überschlagen; ***faire plusieurs ~x*** sich mehrmals überschlagen

Tonneins [tɔnɛ̃s] *Stadt im Dep. Lot-et-Garonne*

tonnelet [tɔnlɛ] *m* Fässchen *n*; Tönnchen *n*

tonnelier [tɔnəlje] *m* Böttcher *m*; *österr* Fassbinder *m*; *schweiz* Küfer *m*; *en Bavière* Schäffler *m*

tonnelle [tɔnɛl] *f* (Garten)Laube *f*; ***s'asseoir sous la ~*** sich in die Laube setzen

tonner [tɔne] **I** *v/imp* ***il tonne*** es donnert **II** *v/i* 1 *canons etc* donnern 2 *personne* ***~ contre*** wettern gegen

tonnerre [tɔnɛʀ] *m* 1 Donner *m*; *fig* ***~ d'applaudissements*** tosender, brausender Beifall; donnernder Applaus; ***coup*** *m* ***de ~*** Donnerschlag *m*; *fig* schwerer Schlag; *la déclaration de guerre* ***fut un coup de ~ dans un ciel bleu*** kam wie ein Blitz aus heiterem Himmel; ***grondement*** *m* ***de ~*** Donnergrollen *n*; Grollen *n*, Rollen *n* des Donners; ***avec*** *ou* ***en faisant un bruit de ~*** mit Donnergepolter, -getöse 2 F *fig loc/adj* ***du ~*** großartig; F toll; fantastisch; ***une fille du ~*** F ein tolles Mädchen; ***un soleil du ~*** herrlicher, prachtvoller Sonnenschein 3 *juron* **~ (*de Dieu*)!, ~ *de Brest!, mille ~s!*** zum Donnerwetter!; Himmeldonnerwetter!

tonsure [tõsyʀ] *f* 1 ÉGL CATH Tonsur *f* 2 F *plais* Glatze *f*

tonte [tõt] *f* 1 Scheren *n*; Schur *f*; ***~ des moutons*** Schafschur *f* 2 (*laine*) Schurwolle *f* 3 *du gazon* Mähen *n*

tonton [tõtõ] *m* 1 *enf* Onkel(chen) *m*(*n*) 2 *à Haïti* ***Tontons Macoutes*** *pl Schergentruppe des Diktators Duvalier*

tonus [tɔnys] *m* 1 PHYSIOL ***~ musculaire*** (Muskel)-Tonus *m* 2 *d'une personne* Energie *f*; Dynamik *f*; Spannkraft *f*; ***manquer de ~*** keine Energie haben

top [tɔp] *m* Zeitzeichen *n*; ***~ de départ*** Startzeichen *n*; RAD ***au quatrième ~ il sera*** *exactement six heures* beim vierten Ton des Zeitzeichens, beim Gongschlag ist es …

topaze [tɔpɑz] *f* 1 MINÉR Topas *m* 2 *adjt* ⟨*inv*⟩ (***couleur***) ***~*** topasfarben

tope [tɔp] *int* topp!; einverstanden!; es gilt!

toper [tɔpe] *v/i* einschlagen; mit Handschlag bekräftigen, besiegeln; ***tope là!, topez là!*** schlag ein!, schlagen Sie ein!; deine, Ihre Hand drauf!; einverstanden?

topette [tɔpɛt] F *f* Fläschchen *n*

topinambour [tɔpinɑ̃buʀ] *m* BOT Topinambur *f ou m*

topique [tɔpik] *m* 1 MÉD topisches, örtlich wirkendes Medikament, Heilmittel 2 RHÉT Topos *m*

topo [tɔpo] F *m* (kurze) Darstellung; ***faire un petit ~ sur une question*** e-e Frage kurz darstellen, skizzieren; ***c'est toujours le même ~*** F es ist immer die alte Leier

topographe [tɔpɔgʀaf] *m,f* Topograf(in) *m*(*f*); Vermessungstechniker(in) *m*(*f*)

topographie [tɔpɔgʀafi] *f* Topografie *f*; topografische Darstellung; ***décrire la ~ des lieux*** die Örtlichkeiten beschreiben

topographique [tɔpɔgʀafik] *adj* topografisch

topoguide [tɔpɔgid] *m* Wanderkarte *f*

topologie [tɔpɔlɔʒi] *f* MATH Topologie *f* **topologique** *adj* MATH topologisch

toponyme [tɔpɔnim] *m* LING Ortsname *m* **toponymie** *f* LING Ortsnamenkunde *f* **toponymique** *adj* LING Ortsnamen…; der Ortsnamenkunde

toquade [tɔkad] F *f* (vorübergehende) Marotte; F Fimmel *m*; ***avoir une ~ pour qn, qc*** in j-n, etw vernarrt sein; F in j-n verknallt, verschossen sein

toquante → ***tocante***

toquard → ***tocard***

toque [tɔk] *f* Mütze *f*; Toque *f*; **~ (*de cuisinier*)** Kochmütze *f*; ***~ de fourrure*** Pelzmütze *f*; **~ (*de magistrat*)** Barett *n*

toqué [tɔke] F **I** *adj* 1 ein bisschen verrückt; F verdreht; bekloppt; → *a* ***cinglé*** 2 ***être ~ de qn*** F in j-n verknallt, verschossen sein; an j-m e-n Narren gefressen haben **II** *subst* **~(*e*)** *m*(*f*) Verrückte(r) *f*(*m*); F Spinner(in) *m*(*f*)

toquer [tɔke] **I** *v/i* leise pochen (***à la porte*** an die Tür) **II** *v/pr* F ***se ~ de qn*** F sich in j-n verknallen, vergaffen

torah → ***thora***

torche [tɔʀʃ] *f* 1 Fackel *f*; *personne* ***transformé en ~ vivante*** als lebende Fackel 2 ***~ électrique*** Stablampe *f* 3 *parachute* ***se mettre en ~*** e-e Fahne, Fackel haben

torché [tɔʀʃe] *adj* F 1 ***bien ~*** schwungvoll; spritzig; geistreich; F gekonnt 2 *péj travail* F hingehauen; hingepfuscht; gehudelt

torchée [tɔʀʃe] *f* F Keile *f*; Senge *f*

torcher [tɔʀʃe] F **I** *v/t* 1 **~ (*le derrière d'*)*un enfant*** F e-m Kind den Popo, den Hintern (ab)wischen, putzen 2 *travail* F hinhauen; hinpfuschen; hinschmieren **II** *v/pr* **se ~ (*le derrière*)** F sich (*dat*) den Hintern (ab)wischen, putzen

torchère [tɔʀʃɛʀ] *f* 1 *d'une raffinerie* Fackel *f* 2 großer Kandelaber; *applique* mehrarmiger Wandleuchter

torchis [tɔʀʃi] *m* CONSTR Strohlehm *m*; ***mur*** *m* ***en ~*** Lehmbauwand *f*

torchon [tɔʀʃõ] *m* 1 *pour la vaisselle* Geschirrtuch *n*; F *fig* POL ***coup*** *m* ***de ~*** Säuberung *f*; F Großreinemachen *n*; ***donner un coup de ~ sur la table*** den Tisch abwischen; *fig* ***le ~ brûle*** die haben Krach miteinander; *en famille* der Haussegen hängt schief; F *fig* ***il ne faut pas mélanger les ~s et les serviettes*** man muss Unterschiede machen; alles *ou* jeder, wohin es *ou* er gehört; man darf nicht alle(s) in e-n Topf werfen 2 F *fig* Geschmiere *n*; Wisch *m* 3 *en Belgique* (*serpillière*) Scheuertuch *n*

torchonner [tɔʀʃɔne] *v/t* F → ***torcher*** *I 2*

torcol [tɔʀkɔl] *m* ZO Wendehals *m*

tordant [tɔʀdɑ̃] *adj* F zum Totlachen; zum Piepen; zum Schießen; ***une histoire ~e*** e-e urkomische Geschichte; ***c'est ~*** F das ist ja zum Piepen *etc*

tord-boyaux [tɔʀbwajo] *m* ⟨*inv*⟩ F Fusel *m*; Rachenputzer *m*

tordre [tɔʀdʀ] ⟨→ **rendre**⟩ **I** *v/t* 1 *par torsion* drehen; verdrehen; umdrehen; *linge* auswringen; auswinden; TECH verwinden; verdrehen; ***~ le bras à qn*** j-m den Arm verdrehen; ***~ le cou à un animal***, F ***à qn*** e-m Tier, j-m den Hals umdrehen; ***la peur lui tord l'estomac*** vor Angst krampft sich ihm der Magen zusammen **2** (*plier*) (ver)biegen; (ver)krümmen; **~ une barre de fer** e-e Eisenstange verbiegen; *vent* **~ les branches** die Äste biegen **3** *bouche, visage* verzerren; **la colère, la peur lui tord le visage** sein Gesicht ist wut-, angstverzerrt; Zorn, Angst verzerrt sein Gesicht **II** *v/pr* **1** **se ~ la cheville** sich (*dat*) den Knöchel verstauchen, verrenken; **se ~ les mains de désespoir** vor Verzweiflung die Hände ringen; **se ~ le pied** mit dem Fuß umknicken **2** **se ~** (*se plier*) sich winden, sich krümmen (**de douleur** vor Schmerzen); **se ~** (**de rire**) sich krümmen, sich biegen, F sich kugeln, sich kringeln, sich wälzen vor Lachen; F sich schieflachen; **il y a de quoi, c'est à se ~** (**de rire**) das ist zum Totlachen, F zum Piepen, zum Schießen **3** **se ~** *racines, branches* sich winden; sich krümmen; *barre de fer etc* sich (ver)biegen

tordu [tɔʀdy] *adj* **1** *fil de fer, barre* verbogen; *personne par l'âge* verkrümmt; **bouche ~e** verzerrter Mund; **jambes ~es** krumme Beine *n/pl*; **nez ~** krumme Nase; **tronc d'arbre ~** krummer, gekrümmter Baumstamm; **visage ~** verzerrtes Gesicht; *subst injure* P **va donc, eh, ~(e)!** P du Missgeburt! **2** *fig* **avoir l'esprit ~** auf sonderbare, ausgefallene, komische Gedanken kommen **3** F **il est complètement ~** F er ist total übergeschnappt; → *a* **cinglé**

tore [tɔʀ] *m* **1** ARCH Torus *m*; Wulst *m* **2** MATH Torus *m*; Kreiswulst *m* **3** INFORM **~ magnétique** Magnetkern *m*

toréador [tɔʀeadɔʀ] *m* → **torero**

toréer [tɔʀee] *v/i* als Stierkämpfer auftreten; mit Stieren kämpfen

torero [tɔʀeʀo] *m* Torero *m*; Stierkämpfer *m*; Matador *m*

torgnole [tɔʀɲɔl] F *f* (saftige) Ohrfeige; → *a* **gifle** *1*

toril [tɔʀil] *m* Stierzwinger *m*

tornade [tɔʀnad] *f* Tornado *m*; Wirbelsturm *m*; *fig* **entrer, faire irruption comme une ~** hereinstürmen, -stürzen

toron [tɔʀõ] *m* TECH Litze *f*; Drahtseil *n*

Toronto [tɔʀõto] GÉOGR Toronto *n*

torpeur [tɔʀpœʀ] *f* Benommenheit *f*; Betäubung *f*; Erstarrung *f*; Lethargie *f*; **être plongé dans la ~** benommen, betäubt sein; **faire sortir, tirer qn de sa ~** j-n aus s-r Benommenheit *etc* reißen

torpillage [tɔʀpijaʒ] *m* MIL Torpedieren *n*; Torpedierung *f* (*a fig*)

torpille [tɔʀpij] *f* **1** MAR MIL Torpedo *m* **2** ZO *adjt* **poisson** *m* **~** Zitterrochen *m*

torpiller [tɔʀpije] *v/t* **1** MAR MIL torpedieren **2** *fig projet, négociations* torpedieren; zu Fall bringen

torpillerie *f* MAR MIL Torpedoraum *m*

torpilleur [tɔʀpijœʀ] *m* MAR MIL Torpedoboot *n*; *adjt* **avion ~** Torpedoflugzeug *n*

torréfacteur [tɔʀefaktœʀ] *m appareil, commerçant* (Kaffee)Röster *m*

torréfaction [tɔʀefaksjõ] *f* (Kaffee)Rösten *n*; **usine** *f* **de ~** (Kaffee)Rösterei *f*; Kaffeebrennerei *f*

torréfier [tɔʀefje] *v/t café* rösten

torrent [tɔʀɑ̃] *m* **1** Sturz-, Wild-, Gießbach *m*; Wildwasser *n*; Gebirgsbach *m*; **des ~s d'eau** e-e Wasserflut; **~ de lave** Lavastrom *m*; **il pleut à ~s** es regnet in Strömen; F es gießt **2** *fig* Strom *m*; Flut *f*; **~ d'injures** Flut, Schwall von Schimpfworten; **des ~s de larmes** ein Strom von Tränen, Tränenstrom *m*

torrentiel [tɔʀɑ̃sjɛl] *adj* ⟨**~le**⟩ **pluie ~le** Wolkenbruch *m*; strömender Regen

Torres [tɔʀɛs] GÉOGR **le détroit de ~** die Torresstraße

torride [tɔʀid] *adj* **1** *climat, journée* heiß; *chaleur* glühend **2** *fig* (*sensuel*) heiß; erregend; aufreizend

tors [tɔʀ] *adj* ⟨**torse** [tɔʀs]⟩ gedreht; gewunden; spiral-, schraubenförmig; *jambes* krumm; gekrümmt; ARCH **colonne ~e** Schlangensäule *f*

torsade [tɔʀsad] *f* **1** **~ de cheveux** gedrehter Zopf; *pull* **à ~s** mit Zopfmuster **2** *de fils* gedrehte Franse; Kordel *f* **3** ARCH Spirale *f*

torsader [tɔʀsade] *v/t cheveux* (zusammen)drehen

torse [tɔʀs] *m* **1** Oberkörper *m*; *loc/adv* (**le**) **~ nu** mit nacktem Oberkörper; **se mettre ~ nu** den Oberkörper entblößen, *chez le médecin* frei machen **2** SCULP Torso *m*

torsion [tɔʀsjõ] *f* TECH Torsion *f*; Verwindung *f*; Verdrehung *f*; (Ver)Drillung *f*; **résistance** *f* **à la ~** Torsions-, Drehfestigkeit *f*

tort [tɔʀ] *m* **1** Unrecht *n*; (*faute*) Verschulden *n*; Fehler *m*; ♦ *loc/adv*: **à ~** zu Unrecht; **condamner, soupçonner qn à ~** j-n zu Unrecht verurteilen, verdächtigen; **c'est à ~ que l'on prétend cela** das wird zu Unrecht behauptet; **divorce prononcé aux ~s réciproques** Scheidung *f* aus beiderseitigem Verschulden; **à ~ ou à raison** zu Recht oder zu Unrecht; **à ~ et à travers** drauflos; unüberlegt; ins Blaue hinein; **dépenser à ~ et à travers** mit Geld um sich werfen; **dans son** *ou* **en ~** im Unrecht; **c'est le conducteur qui est dans son, en ~** der Fahrer ist schuld, im Unrecht; die Schuld liegt beim Fahrer; **se mettre dans son ~** sich ins Unrecht setzen; **ils se sentent dans leur ~** sie fühlen sich schuldig; ♦ **avoir ~** unrecht haben; im Unrecht sein; sich irren; **il a ~ de** (*+inf*) es ist falsch, nicht richtig von ihm zu (*+inf*); **il a le ~ de trop parler** sein Fehler ist, dass er zu viel redet; **on aurait ~ de croire que ...** es wäre falsch, irrig, verfehlt, ein Irrtum anzunehmen, dass ...; **j'aurais ~ de ne pas en profiter** es wäre falsch (von mir) *ou* ein Fehler, das nicht auszunützen; **vous avez ~ de vous fâcher** Sie haben keinen Grund, keinen Anlass, sich zu ärgern; **il a ~ de tant fumer** es ist nicht gut, dass er so viel raucht; er sollte lieber nicht so viel rauchen; **il n'a aucun ~** ihn trifft keine Schuld, keinerlei Verschulden; **avoir des ~s envers qn** j-m gegenüber, an j-m unrecht handeln; **chercher des ~s à qn** versuchen, j-m Fehler nachzuweisen; *personne* **donner ~ à qn** j-m unrecht, nicht recht geben; **les faits vous donnent ~** die Tatsachen widerlegen Sie *ou* beweisen, dass Sie unrecht haben; **c'est un ~** das ist ein Fehler; das ist falsch, verkehrt, nicht richtig; **c'est un ~ de** (*+inf*) es ist falsch, verkehrt zu (*+inf*); **reconnaître ses ~s** sein Unrecht einsehen **2** (*préjudice*) Schaden *m*; Nachteil *m*; **demander réparation d'un ~** Wiedergutmachung verlangen; **faire du ~ à qn** j-m schaden; j-m Schaden zufügen; j-n schädigen; **ça ne fait de ~ à personne** damit schadet man niemandem; das schadet niemandem; das tut niemandem weh; **il s'est fait du ~** er hat sich (*dat*) selbst geschadet

torticolis [tɔʀtikɔli] *m* MÉD steifer Hals, Nacken; **avoir, attraper le, un ~** e-n steifen Hals haben, bekommen

T

tortillard [tɔʀtijaʀ] *m* Bummelzug *m*; Bimmelbahn *f*
tortillart [tɔʀtijaʀ] *adj* BOT krumm wachsend, gewachsen
tortillement [tɔʀtijmɑ̃] *m* **~ des 'hanches** Wiegen *n* der Hüften
tortiller [tɔʀtije] **I** *v/t* zusammendrehen; winden; *mouchoir* (zu e-r Wurst) zusammendrehen; *moustache* zwirbeln; **~ ses cheveux** mit s-n Haaren spielen **II** *v/i* F *fig* **il n'y a pas à ~** da hilft (alles) nichts; da hilft keine Ausrede; das muss nun mal sein **III** *v/pr* **se ~** *de douleur* sich krümmen; sich winden; *d'impatience* zappeln; *en marchant* sich in den Hüften wiegen
tortillon [tɔʀtijõ] *m* **~ de papier** zusammengedrehtes Papier
tortionnaire [tɔʀsjɔnɛʀ] *m* Folterknecht *m*; Folterer *m*
tortu [tɔʀty] *adj litt* → **tordu**
tortue [tɔʀty] *f* **1** zo Schildkröte *f*; **~ luth, marine, terrestre, d'eau douce** Leder-, See-, Land-, Süßwasserschildkröte *f* **2** *fig d'une personne* **quelle ~!** F ist das e-e Transuse, Trantüte, lahme Ente!; **avancer, marcher comme une ~** im Schneckentempo vorankommen; sich im Schneckentempo bewegen
tortueux [tɔʀtɥø] *adj* ⟨**-euse**⟩ **1** *chemin* gewunden; **ruelle tortueuse** krumme Gasse **2** *fig* **manœuvres tortueuses** verborgene Umtriebe *m/pl*, Machenschaften *f/pl*
torturant [tɔʀtyʀɑ̃] *adj pensée, remords* quälend; qualvoll; peinigend
torture [tɔʀtyʀ] *f* Folter *f*; *action a* Folterung *f*; *fig* (Folter)Qual *f*; Pein *f*; Tortur *f*; *st/s* Marter *f*; **~s de la faim, de la soif** Folterqualen des Hungers, des Durstes; **~s de la jalousie** Qualen der Eifersucht; **chambre** *f* **de ~** Folterkammer *f*; **infliger des ~s à qn** j-n foltern, *st/s* martern; *fig* **mettre qn à la ~** j-n auf die Folter spannen; **parler sous la ~** unter der Folter gestehen; **être soumis à la ~, subir des ~s** gefoltert werden; *fig* Qualen ausstehen
torturer [tɔʀtyʀe] *v/t* **1** foltern **2** *fig* quälen; peinigen; *st/s* martern; *faim, soif, jalousie, doute* **~ qn** j-n quälen, peinigen; **se ~ l'esprit** sich (*dat*) den Kopf, das Hirn zermartern; **~ qn de questions, par ses questions** j-n mit Fragen, mit s-n Fragen quälen; **être torturé par la jalousie** von Eifersucht gequält, geplagt werden; **un visage torturé par la douleur** ein schmerzgepeinigtes, -gequältes Gesicht
torve [tɔʀv] *adj* **regarder qn d'un œil ~** j-n finster (von der Seite) ansehen; j-m e-n drohenden Seitenblick zuwerfen
tory [tɔʀi] *m* ⟨*pl* **tories**⟩ POL *en Angleterre* Tory *m*; *adjt* Tory…; **parti** *m* **~** Tories *m/pl*
toscan [tɔskɑ̃] *adj* toskanisch
Toscane [tɔskan] **la ~** die Toskana
tôt [to] *adv* früh; (früh)zeitig; bald; **~ ou tard** früher oder später; über kurz oder lang; **assez ~** ziemlich früh; früh genug; **un peu ~** ein wenig (zu) früh (**pour** *+inf* um zu *+inf*); **plus ~** früher (**que** als); eher; **beaucoup plus ~** viel früher; **un peu plus ~, un peu plus tard, de toute façon il faudra le faire** früher oder später muss es ja doch gemacht werden; **il est venu plus ~ que je ne pensais** er kam früher, als ich dachte; **le plus ~ possible** so bald wie möglich; möglichst bald; **le plus ~ que vous pourrez** sobald Sie können; **le plus ~ sera le mieux** je früher, desto besser; **au plus ~** a) (*pas avant*) frühestens; ehestens; b) so bald wie möglich; möglichst bald; *j'aurai terminé* **dans quinze jours au plus ~** frühestens in vierzehn Tagen; *loc/conj* **ne … pas plus ~ … que …** kaum …, (als) …; **il n'eut pas plus ~ dit cela que la porte s'ouvrit** kaum hatte er das gesagt, (da) ging die Tür auf *ou* als die Tür aufging; **pas si ~** nicht so früh; **pas de si ~** nicht so bald; **très ~** sehr früh; **trop ~** zu früh; **il est trop ~ pour manger** es ist noch zu früh zum Essen; **ce n'est pas trop ~!** es war *ou* wird (aber auch) Zeit!; endlich!; **se coucher ~** früh schlafen, zu Bett gehen; **il a eu ~ fait de disparaître** er ist schnell verschwunden
total [tɔtal] ⟨*m/pl* **-aux**⟩ **I** *adj* **1** (*complet*) völlig; vollkommen; vollständig; total; Total…; **confiance ~e** volles Vertrauen; **destruction ~e** vollständige Zerstörung; **guerre ~e** totaler Krieg; **liberté ~e** *ou* **~e liberté** völlige, vollkommene Freiheit **2** (*global*) gesamt; Gesamt…; **'hauteur, longueur ~e** Gesamthöhe *f*, -länge *f*; **somme ~e** Gesamtbetrag *m*; (Gesamt)Summe *f* **II** F *adv* kurz (und gut); das Ende vom Lied; F der Erfolg; **~, c'est moi qui ai tout fait** das Ende vom Lied war, dass ich alles gemacht habe **III** *subst* **1** *m* Gesamtzahl *f*; *d'une addition* Summe *f*; *d'une somme d'argent* Gesamtbetrag *m*; (Gesamt)Summe *f*; **~ du bilan** Bilanzsumme *f*, -volumen *n*; **~ des ventes** Gesamtabsatz *m*; *loc/adv* **au ~** (*en tout*) insgesamt; (*tout compte fait*) alles in allem (genommen); im Großen und Ganzen; im großen Ganzen; summa summarum; **… se monte à dix mille euros au ~** … beläuft sich auf, beträgt insgesamt zehntausend Euro; **au ~, c'est une bonne affaire** alles in allem *etc* ist es ein gutes Geschäft; **faire le ~** zusammenzählen, -rechnen, addieren (**de qc** etw) **2** **~e** *f* F Totaloperation *f* (*Hysterektomie*)
totalement [tɔtalmɑ̃] *adv* vollkommen; vollständig; völlig; ganz; restlos; total; gänzlich
totalisateur [tɔtalizatœʀ] *m* P.M.U. Totalisator *m* **totalisation** *f* Zusammenzählen *n*, -rechnen *n*; Addieren *n*; Summenbildung *f*
totaliser [tɔtalize] *v/t* **1** (*avoir au total*) (insgesamt) erreichen, erzielen; *candidat* **~ cent voix** hundert Stimmen erhalten, auf sich (*dat*) vereinigen; *sportif* **~ le plus grand nombre de points** die meisten Punkte erzielen; **la population de la ville totalise dix mille personnes** die Stadt zählt, hat (insgesamt) zehntausend Einwohner **2** (*faire le total*) zusammenzählen, -rechnen; addieren
totaliseur [tɔtalizœʀ] *m* → **totalisateur**
totalitaire [tɔtalitɛʀ] *adj* POL totalitär
totalitarisme [tɔtalitaʀism] *m* POL Totalitarismus *m*
totalité [tɔtalite] *f* Gesamtheit *f*; Totalität *f*; **la presque ~ des hommes** fast alle Menschen; **la presque ~ de son salaire** fast sein gesamtes, ganzes Gehalt; **la population dans sa ~** die Bevölkerung in ihrer Gesamtheit; *loc/adv* **en ~** vollständig; vollkommen; ganz; gänzlich; **léguer la ~ de ses biens à qn** j-m sein gesamtes, ganzes Vermögen vermachen
totem [tɔtɛm] *m* **a)** *poteau* Totempfahl *m*; **b)** ETHNOLOGIE Totem *n*
totémique [tɔtemik] *adj* totemistisch; Totem… **to-**

T

témisme *m* Totemismus *m*
toto [tɔto] *m arg* (*pou*) Laus *f*
toton [tɔtõ] *m* kleiner Kreisel
touareg [twaʀɛg] **I** *adj* ⟨*inv*⟩ Tuareg… **II** *subst* ***Touareg(s)*** *m/pl* Tuareg *m/pl*
toubib [tubib] *m* F (*médecin*) Arzt *m*; F Doktor *m*; *plais* Onkel *m* Doktor
toucan [tukɑ̃] *m* zo Tukan *m*; Pfefferfresser *m*
touchant [tuʃɑ̃] **I** *adj* 1 (*émouvant*) rührend; (herz)ergreifend; zu Herzen gehend; ***paroles ~es*** rührende, ergreifende Worte *n/pl* 2 *iron* rührend; ***il est ~ de maladresse*** er ist von e-r rührenden Ungeschicklichkeit, rührend in s-r Ungeschicklichkeit **II** *prép litt* (*concernant*) in Bezug auf (+*acc*); bezüglich (+*gén*)
touche [tuʃ] *f* 1 *d'un appareil, d'un piano* Taste *f*; *d'un instrument à cordes* Griffbrett *n*; INFORM: ***~ échappe, entrée, majuscule*** Escape- [ɪs'keːp-], Enter-, Umschalttaste *f*; ***~ de fonction, d'insertion, (de) tabulation*** Funktions-, Einfüge-, Tabulatortaste *f* 2 ***pierre f de ~*** *de l'orfèvre* Probierstein *m*; *fig* Prüfstein *m* (***de qc*** für etw) 3 PÊCHE Anbeißen *n*; ***je n'ai pas eu, fait une ~*** kein, nicht ein einziger Fisch hat angebissen; F *fig* ***avoir une, la ~*** e-e Eroberung gemacht haben; F *fig* ***faire une ~*** e-e Eroberung machen 4 PEINT Pinselstrich *m*; *fig* Note *f*; PEINT ***~ de lumière*** aufgesetztes Licht; *fig* ***mettre une ~ de gaieté dans, parmi qc*** e-r Sache (*dat*) e-e heitere Note verleihen 5 F *fig d'une personne* Aufmachung *f*; lächerlicher, auffallender Aufzug; ***quelle ~!*** was für ein Aufzug!; ***avoir une drôle de ~*** wunderlich, lächerlich, komisch aussehen 6 FOOTBALL, RUGBY **a)** (***rentrée f en***) ***~*** Einwurf *m*; **b)** (***ligne f de***) ***~*** Seitenlinie *f*; ***juge m de ~*** Linienrichter *m*; ***il y a ~*** der Ball ist im Seitenaus; ***jouer la ~*** auf Zeit spielen; *remplaçant* ***rester sur la ~*** nicht eingesetzt werden; F *fig* ***rester, être mis sur la ~*** F ausgebootet, kaltgestellt, abgehalftert werden; *ballon* ***sortir en ~*** ins Seitenaus gehen 7 F ***la sainte ~*** der Lohn-, Zahltag
touche-à-tout [tuʃatu] *m,f* ⟨*inv*⟩ 1 Kind, das alles anfasst; ***quel ~!*** dies Kind muss aber auch alles anfassen! 2 *fig* ***c'est un ~*** er tut tausend Dinge (*péj* und alle nur halb)
toucher[1] [tuʃe] **I** *v/t* 1 berühren; *de la main a* anfassen; anrühren; *d'une maison, d'une propriété* (an)grenzen, stoßen an (+*acc*); ***~ du bout des doigts*** mit den Fingerspitzen berühren, befühlen, anrühren; ***~ l'épaule de qn*** j-n an der Schulter, j-s Schulter berühren, anfassen; ***~ le plafond*** die Decke berühren (können); bis zur Decke reichen; *bateau* ***~ le port, Marseille*** den Hafen, Marseille anlaufen; *avion* ***~ le sol*** aufsetzen; *lutteur* ***~ le sol des deux épaules*** mit beiden Schultern den Boden berühren; *bateau* ***~ terre*** anlegen; *ils allaient si vite* ***qu'ils semblaient ne pas ~ terre*** dass sie den Boden nicht zu berühren schienen; ***il n'a jamais touché une arme*** er hat noch nie e-e Waffe angerührt, in der Hand gehabt 2 (*atteindre*) treffen; *boxeur* ***~ son adversaire au menton*** s-n Gegner am Kinn treffen; ***~ la cible*** das Ziel treffen; ***~ qn à l'épaule, à la jambe, dans le dos*** j-n an der *ou* in die Schulter, ins *ou* am Bein, in den *ou* am Rücken treffen; ***être touché par une balle*** von e-r Kugel getroffen werden; ***tout le quartier a été touché par l'explosion*** das ganze Viertel wurde durch die Explosion in Mitleidenschaft gezogen 3 (*joindre*) erreichen; ***à quelle adresse, à quel numéro de téléphone peut-on vous ~?*** unter welcher Adresse, Telefonnummer sind Sie zu, kann man Sie erreichen? 4 *fig* ***~ qn*** (*émouvoir*) j-n bewegen, ergreifen, rühren; j-m zu Herzen gehen; j-m nahegehen; (*blesser*) j-n treffen; ***nous avons été très touchés de votre sympathie*** Ihre Anteilnahme hat uns sehr, tief bewegt, sehr wohlgetan; ***être touché par qc*** von etw ergriffen, gerührt werden; ***il était touché par le sort du condamné*** das Schicksal des Verurteilten ging ihm zu Herzen; ***il était touché par ses paroles*** ihre Worte rührten, ergriffen ihn; ***il s'est laissé ~ par ses larmes*** er ließ sich durch ihre, von ihren Tränen rühren; ***elle s'est laissée ~ par ses prières*** sie ließ sich durch s-e Bitten erweichen 5 *argent* bekommen; erhalten; in Empfang nehmen; F kassieren; *salaire, pension* beziehen; *chèque* einlösen; *soldat: ration* bekommen; erhalten 6 (*concerner*) betreffen; angehen; ***~ qn de (très) près*** j-n direkt angehen, betreffen 7 *question, problème* anschneiden; berühren; erwähnen; zu sprechen kommen auf (+*acc*) 8 ***~ un mot, deux mots de qc à qn*** j-m etw (kurz) mitteilen; ***je vais lui en ~ un mot*** ich werde es ihm sagen; ich werde ihm davon erzählen, ihm davon Mitteilung machen **II** *v/t/indir* 1 ***~ à qc*** etw anfassen, berühren, anrühren; ***ne touchez à rien!*** rühren Sie nichts an!; ***~ à tout*** alles anfassen; *fig* sich mit tausend Dingen befassen; sich verzetteln; ***ne touche pas à mon frère*** rühr meinen Bruder nicht an; ***il n'a jamais touché à un livre*** er hat nie ein Buch angerührt; ***qui a touché à la télé?*** F wer hat am Fernseher rumgemacht?; ***n'y touche pas!*** rühr *ou* fass das nicht an!; F ***pas touche!*** F Finger *ou* Hände weg!; weg da!; ***prière de ne pas ~!*** bitte nicht berühren!; F *fig* ***sans avoir l'air d'y ~ ou avec son, un air de ne pas y ~*** mit e-r Miene, als ob er kein Wässerchen trüben könnte 2 ***~ à*** *provisions* angreifen; *économies* anrühren; antasten; angreifen; *institution, coutume* antasten; rühren an (+*acc*); ***~ à l'ordre établi*** *a* an der bestehenden Ordnung rütteln; ***~ aux biens d'autrui*** sich an fremdem Eigentum vergreifen; ***il n'a pas touché à son déjeuner*** er hat sein Mittagessen nicht angerührt, unberührt gelassen 3 ***~ à*** *question, sujet* anschneiden; zur Sprache bringen; ***~ à un problème délicat*** an ein heikles Problem rühren 4 ***~ au but*** kurz vor dem Ziel sein; dem Ziel nahe sein; sich dem Ziel nähern; ***~ à sa fin*** zu Ende gehen; → *a* ***fin***[1] *1* 5 ***~ à qc*** (*être voisin*) an etw (*acc*) stoßen, (an)grenzen; *fig* an etw (*acc*) grenzen; e-r Sache (*dat*) nahekommen; ***~ à l'héroïsme*** an Heroismus grenzen; schon fast Heroismus sein; *sa maison* ***touche à la mienne*** stößt an meines; grenzt an meines (an) 6 *litt* ***elle touchait agréablement du piano*** sie spielte recht hübsch, *litt* artig Klavier **III** *v/pr* ***se ~*** sich berühren; *terrains, bâtiments* aneinanderstoßen, -grenzen
toucher[2] [tuʃe] *m* 1 *sens* Tastsinn *m*; Gefühl(ssinn) *n*(*m*) 2 ***au ~*** beim An-, Befühlen; ***être doux, rude au ~*** sich weich, rau anfühlen 3 MUS Anschlag *m* 4 MÉD Austasten *n*, -ung *f*; Touchieren *n*
touer [twe] *v/t* MAR verholen; tauen
touffe [tuf] *f* Büschel *n*; ***~ de cheveux, de poils*** Büschel Haare; Haarbüschel *n*; ***~ d'herbe*** Grasbü-

schel *n*; ***par*** *ou* ***en ~s*** in Büscheln; büschelweise
touffu [tufy] *adj* **1** *haie, bois* dicht **2** *fig* unübersichtlich
touiller [tuje] *v/t* F (*remuer*) umrühren
toujours [tuʒuʀ] *adv* **1** (*constamment*) immer; stets; jederzeit; ***~ moins*** immer weniger; ***~ et partout*** immer und überall; ***~ quand*** immer (dann,) wenn; ***comme ~*** wie immer, stets; *loc/adj* ***de ~*** *mode* zeitlos; ***c'est un ami de ~*** er war schon immer mein Freund; ***le public de ~*** das gleiche Publikum (wie immer); das Stammpublikum; ***depuis ~*** von jeher; schon immer; ***pour ~*** für, auf immer; ***presque ~*** fast immer; ***il l'a ~ détesté*** er hat ihn (schon) immer verabscheut; ***il est ~ à l'heure*** er ist immer, stets, jederzeit pünktlich **2** (*encore*) immer noch; noch immer; ***il l'aime ~*** er liebt sie noch immer, immer noch; ***il est ~ le même*** er ist immer noch der Gleiche **3** (*en tout cas*) jedenfalls; immerhin; wenigstens; nur; ***pas rouge, ~*** jedenfalls *ou* nur nicht rot; auf keinen Fall rot; F ***cause ~!*** red du nur!; F ***c'est ~ ça*** (***de pris, de gagné***) das ist immerhin, wenigstens, auch schon etwas; ***ce n'est pas moi, ~*** ich war es jedenfalls nicht; ***on peut ~ essayer*** man kann es jedenfalls, immerhin, wenigstens versuchen; ♦ *loc/conj* ***~ est-il que ...*** jedenfalls ...; immerhin ...; sicher ist *ou* fest steht, dass ...
Toula [tula] GÉOGR Tula *n*
Toulouse [tuluz] *Stadt im Dep. Haute-Garonne*
Toulouse-Lautrec [tuluzlotʀɛk] *frz Maler*
toundra [tundʀa] *f* GÉOGR Tundra *f*
toupet [tupɛ] *m* **1** F (*effronterie*) Frechheit *f*; Unverschämtheit *f*; Unverfrorenheit *f*; Dreistigkeit *f*; ***avoir du ~*** frech, unverschämt, unverfroren sein; ***vous avez un certain ~*** F Sie sind ganz schön frech, unverschämt; ***il a eu le ~ de*** (*+inf*) er hat die Frechheit *etc* besessen zu (*+inf*); er war so frech, unverfroren, unverschämt zu (*+inf*); ***il ne manque pas de ~*** F der ist ganz schön frech **2** **a)** (*cheveux bouffants*) Tolle *f*; **b)** ***faux ~*** Toupet *n*
toupie [tupi] *f* **1** Kreisel *m*; ***jouer à la ~*** mit dem Kreisel spielen; kreiseln; ***lancer, faire tourner une ~*** e-n Kreisel drehen, tanzen lassen; ***tourner sur soi-même comme une ~*** sich wie ein Kreisel drehen **2** F *fig* ***quelle vieille ~!*** F diese alte Schachtel, Ziege!
tour¹ [tuʀ] *f* Turm *m* (*a* ÉCHECS); *immeuble* turmartiges Hochhaus; Wohnturm *m*; ***la ~ Eiffel*** der Eiffelturm; ***la ~ de Babel*** der Babylonische Turm; *fig* ***c'est une véritable ~ de Babel*** da herrscht ein babylonisches Sprachengewirr; AVIAT ***~ de contrôle*** Kontrollturm *m*; *d'une fusée* ***~ de lancement*** Montageturm *m*; ***la Tour de Londres*** der Tower ['tauər]; TECH ***~ de refroidissement*** Kühlturm *m*; *fig* ***s'enfermer, se retirer dans sa ~ d'ivoire*** sich in s-n Elfenbeinturm zurückziehen; F *fig d'une personne* ***c'est une vraie ~*** F er *ou* sie ist ein richtiges Fass
tour² [tuʀ] *m* **1** (*circonférence*) Umfang *m*; COUT *a* Weite *f*; ***~ de poitrine*** Brustumfang *m*, -weite *f*; Oberweite *f*; *par ext* ***~ des yeux*** Augenränder *m/pl*; ***avoir soixante centimètres de ~ de taille*** e-n Taillenumfang, e-e Taillenweite von sechzig Zentimeter(n) haben; ***prendre son ~ de hanches*** s-e Hüftweite messen **2** (*promenade*) Rundgang *m*, -fahrt *f*; Runde *f*; Spaziergang *m*; (*excursion*) Tour *f*; Ausflug *m*; (*voyage*) Fahrt *f*; Reise *f*; CYCLISME ***le Tour de France*** *ou* F ***le Tour*** die Tour de France; HIST *des compagnons* ***faire son ~ de France*** auf die Walz(e), Wanderschaft gehen; SPORTS ***~ d'honneur*** Ehrenrunde *f*; ***~ de piste*** *d'un coureur* Runde *f*; AVIAT Platzrunde *f*; ***~ en vélo, en voiture*** Rad-, Autotour *f*; ♦ ***faire le grand ~*** den längeren, weiteren Weg nehmen; ***faire un petit ~*** e-n kleinen Spaziergang machen; *corde qui* ***fait plusieurs ~s autour de qc, plusieurs fois le ~ de qc*** mehrmals um etw gewickelt, geschlungen ist, F herumgeht; (***aller***) ***faire un ~ à la campagne*** e-n Ausflug aufs Land machen; ***faire le ~ de qc*** um etw herumgehen, -fahren; *fig* ***faire le ~ du cadran*** zwölf Stunden hintereinander schlafen, durchschlafen; ***faire le ~ des invités*** bei s-n Gästen die Runde machen; von e-m Gast zum anderen gehen; ***faire le ~ du jardin*** e-n (Rund)Gang durch den Garten machen; ***faire le ~ du lac*** *personne* um den See herumgehen, -fahren, -wandern; *en bateau* e-e Rundfahrt auf dem See machen; *route* um den See herumführen; ***faire le ~ des magasins*** in alle Geschäfte gehen; F alle Geschäfte abklappern; ***faire un ~ dans les magasins*** e-n Bummel durch die Geschäfte machen; ***faire le ~ du monde*** *personne* e-e Reise um die Welt, e-e Weltreise machen; *en voilier* die Welt umsegeln; *chose* in der ganzen Welt bekannt werden; *chanson* um die Welt gehen; *Verne* ***Le ~ du monde en quatre-vingt jours*** In achtzig Tagen um die Welt; ***faire le ~ du propriétaire*** e-n Rundgang durch s-n Besitz, sein Haus machen; ***faire faire le ~ du propriétaire à qn*** j-n auf s-m Besitz, in s-m Haus herumführen; *fig* ***faire le ~ de la situation*** die Lage durchgehen, -sprechen; ***aller faire un ~ en Suisse*** e-e Fahrt, e-n Ausflug in die Schweiz machen; ***faire le ~ de la ville*** *personne* e-n Rundgang, e-e Rundfahrt durch die Stadt machen; in der ganzen Stadt herumlaufen; *nouvelle* in der ganzen Stadt die Runde machen; sich in der ganzen Stadt herumsprechen; ***il est allé faire un ~ en ville*** er ist in die Stadt gegangen, gefahren; *par ext* ***procéder à un ~ de table*** reihum Stellung nehmen **3** (*rotation*) Drehung *f*; *d'une roue, d'un moteur* Umdrehung *f*; *d'un moteur a* Tour *f*; *par ext disque* ***un quarante-cinq ~s*** e-e Single; ***un trente-trois ~s*** e-e Langspielplatte; *fig* ***~ de main*** (Kunst)Fertigkeit *f*; Geschicklichkeit *f*; ***acquérir un, le ~ de main*** Kunstfertigkeit, Geschicklichkeit erwerben; ***avoir le ~ de main*** kunstfertig, geschickt sein; *loc/adv* ***en un ~ de main*** im Handumdrehen; im Nu; ***~ de manivelle*** Kurbeldrehung *f*; → *a* ***manivelle*** *2*; TECH ***nombre*** *m* ***de ~s*** Dreh-, Tourenzahl *f*; *loc/adv* ***à ~ de bras*** mit aller, ganzer Kraft; ***donner un ~ de clef*** den Schlüssel (einmal) herumdrehen; abschließen; ***donner un ~ de vis*** die Schraube drehen, (*serrer*) anziehen; ***s'enfermer à double ~*** von innen zweimal abschließen, den Schlüssel zweimal herumdrehen; ***faire un ~ sur soi-même*** sich (einmal) um sich selbst drehen; *moteur* ***faire cinq cents ~s à la minute*** fünfhundert Umdrehungen, Touren in der Minute machen; ***fermer*** (***la porte***) ***à double ~*** den Schlüssel zweimal herumdrehen; (die Tür) zweimal abschließen **4** ***~ d'adresse*** Kunststück *n*; ***~ de cartes*** Kartenkunststück *n*; ***~ de force*** Kunststück *n*; Glanzleistung *f*; ***avoir plus d'un ~ dans son sac*** die verschiedensten Kniffe kennen; mit al-

len Wassern gewaschen sein; ***et voilà, le ~ est joué*** (und damit ist die Sache) schon in Ordnung, erledigt, F geritzt 5 (*farce*) Streich *m*; ***faire, jouer un (mauvais) ~ à qn*** j-m e-n (bösen, üblen) Streich spielen; *méfiez-vous*, ***cela vous jouera des ~s*** das kann *ou* wird schlecht, schlimm enden, ausgehen; F das könnte ins Auge gehen; ***jouer un bon ~ à qn*** j-m e-n Schabernack, Possen spielen; ***il lui a joué un ~ à sa façon*** er hat ihm e-n s-r Streiche gespielt; ***je m'en vais lui jouer un ~ à ma façon!*** das werde ich ihm heimzahlen! 6 (*tournure*) Wendung *f*; ***~ d'esprit*** → ***tournure*** *4*; ***~ de phrase*** Ausdrucks-, Darstellungsweise *f*; Diktion *f*; → *a* ***tournure*** *1*; ***donner un ~ solennel à un entretien*** e-r Unterhaltung e-e feierliche Note geben; *conversation* ***prendre un ~ déplaisant*** e-e unangenehme Wendung nehmen; *scandale* ***prendre un ~ politique*** e-e politische Note bekommen; e-e Wendung ins Politische nehmen; *discussion* ***prendre un ~ assez vif*** ziemlich heftig, hitzig werden; ***cela dépend du ~ que prendront les événements*** das hängt davon ab, wie sich die Dinge entwickeln 7 *dans un certain ordre* Reihe *f*; MUS ***~ de chant*** Repertoire *n*; ***~ de scrutin*** Wahlgang *m*; ***au premier ~ de scrutin*** im ersten Wahlgang; ***chacun son ~!*** immer (schön) der Reihe nach!; *fig* jeder kommt einmal dran; jeden trifft es einmal; heute mir, morgen dir; ***à qui le ~?*** wer ist dran, an der Reihe?; ♦ *loc/adv*: ***à mon, ton*** *etc* ***~: il se mit à l'accuser à son ~*** er begann seinerseits, ihn anzuklagen; ***chacun parlera à son ~*** alle sprechen der Reihe nach, nacheinander; jeder spricht, wenn die Reihe an ihm ist, an ihn kommt; F ***plus souvent qu'à mon***, *etc* ***~*** übertrieben oft; ***~ à ~*** *ou* ***à ~ de rôle*** (immer) abwechselnd; der Reihe nach; nacheinander; ***à ~ de rôle*** *a* turnusmäßig; im Turnus; ***rire et pleurer ~ à ~*** abwechselnd lachen und weinen; bald lachen, bald weinen; ♦ ***attendre son ~*** warten, bis man an der Reihe ist *ou* bis man drankommt; ***c'est mon, ton*** *etc* ***~*** ich bin, du bist *etc* dran, an der Reihe; ***c'est (à) ton ~ de t'en occuper*** jetzt musst du dich darum kümmern; ***c'est au ~ de X de*** (*+inf*) X ist dran mit (*+dat*); X ist an der Reihe zu (*+inf*); ***faire un ~ de faveur à qn*** j-n bevorzugt, außer der Reihe abfertigen; *aux cartes* ***passer son ~*** passen; ***prendre son ~ de semaine*** s-n (Wochen)Dienst antreten; *soyez patient*, ***votre ~ viendra*** Sie kommen schon, auch dran, an die Reihe

tour³ [tuʀ] *m* 1 TECH Drehbank *f* 2 *du potier* Töpferscheibe *f*

Touraine [tuʀɛn] ***la ~*** *Landschaft im westlichen Mittelfrankreich*

tourangeau [tuʀɑ̃ʒo] **I** *adj* ⟨**tourangelle** [tuʀɑ̃ʒɛl]; *m/pl* **~x**⟩ aus der Touraine *ou* aus Tours **II** *subst* ***Tourangeau, Tourangelle*** *m,f* Einwohner(in) *m(f)* der Touraine *ou* von Tours

tourbe¹ [tuʀb] *litt f* Rotte *f*; Meute *f*; Pöbel *m*

tourbe² [tuʀb] *f* Torf *m*; ***gisement*** *m* ***de ~*** Torfvorkommen *n*; ***extraire la ~*** Torf stechen

tourbeux [tuʀbø] *adj* ⟨**-euse**⟩ **a)** torfartig, -haltig; Torf…; **b)** auf Torf wachsend **tourbier I** *adj* ⟨**-ière**⟩ Torf… **II** *m* **a)** Torfstecher *m*; **b)** Torfgrubenbesitzer *m* **tourbière** *f* **a)** *marais* Torfmoor *n*; **b)** *gisement* Torfvorkommen *n*

tourbillon [tuʀbijõ] *m* 1 Luftwirbel *m*; ***~ de neige*** Schneegestöber *n*; ***~ de poussière*** Staubwirbel *m*; (wirbelnde) Staubwolke; ***~ de vent*** Wirbelwind *m*; ***emporté dans un ~ rapide*** umherwirbelnd; ***un ~ de sable se souleva*** Sand wurde hochgewirbelt 2 *dans l'eau* Strudel *m* 3 *fig* Wirbel *m*; Strudel *m*; Trubel *m*; ***~ de plaisirs*** Strudel, Wirbel von Vergnügungen; ***le ~ de la vie moderne*** die Hektik, Hetze des heutigen Lebens

tourbillonnant [tuʀbijɔnɑ̃] *adj* (umher)wirbelnd

tourbillonnement *m* Wirbeln *n*; Strudeln *n*

tourbillonner [tuʀbijɔne] *v/i* 1 *feuilles, poussière, neige* (auf-, empor-, umher)wirbeln; *vent* wirbeln; *eau* strudeln; *danseurs* umherwirbeln 2 *fig* ***tout tourbillonnait dans sa tête*** der Kopf wirbelte, schwirrte ihm; er war ganz wirr im Kopf

Tourcoing [tuʀkwɛ̃] *Stadt im Dep. Nord*

tourelle [tuʀɛl] *f* 1 ARCH Türmchen *n*; Erkertürmchen *n* 2 MIL *d'un char* Drehturm *m*; *d'un cuirassé* Geschützturm *m* 3 TECH Revolverkopf *m*

Tourguéniev [tuʀgenjɛf] *ou* **Tourgueniev** [tuʀgənjɛf] *m écrivain russe* Turgenjew *m*

tourillon [tuʀijõ] *m* TECH Drehzapfen *m*

tourisme [tuʀism] *m* Fremdenverkehr *m*; Tourismus *m*; Fremdenverkehrswesen *n*; Touristik *f*; ***~ sexuel*** Sextourismus *m*; ***~ de masse*** Massentourismus *m*; ***agence*** *f* ***de ~*** Reiseagentur *f*, -büro *n*; ***avion*** *m* ***de ~*** Privatflugzeug *n*; ***car*** *m* ***de ~*** Reisebus *m*; ***industrie*** *f* ***du ~*** Fremdenverkehrsgewerbe *n*; ***voiture*** *f* ***de ~*** Personenwagen *m*; *abr* Pkw *m*; ***faire du ~*** als Tourist, zum Vergnügen reisen

tourista [tuʀista] *f* F (*diarrhée*) F *plais* Montezumas Rache *f*

touriste [tuʀist] *m,f* Tourist(in) *m(f)*; Urlaubsreisende(r) *f(m)*; ***~ étranger*** Auslandstourist *m*; ausländischer Tourist; ***afflux*** *m* ***de(s) ~s*** Zustrom *m* von Touristen; Fremdenverkehrsstrom *m*; ***groupe*** *m* ***de ~s*** Touristengruppe *f*; Reisegesellschaft *f*; *adjt bateau, avion* ***classe*** *f* ***~*** Touristenklasse *f*; *loc/adv* ***en ~*** als Tourist

touristique [tuʀistik] *adj* Fremdenverkehrs…; Touristen…; Touristik…; touristisch; Reise…; ***activités*** *f/pl* ***~s*** Fremdenverkehrsgewerbe *n*; CH DE FER ***billet*** *m* ***~*** ermäßigte Fernrückfahrkarte; ***guide*** *m* ***~*** Reiseführer *m*; ***menu*** *m* ***~*** preiswertes Menü für Touristen; ***région*** *f* ***~*** Fremdenverkehrsgebiet *n*; ***route*** *f* ***~*** durch e-e reizvolle Landschaft führende Straße; ***ville*** *f* ***~*** Fremdenverkehrsstadt *f*; ***voyage*** *m* ***~*** Vergnügungs-, Urlaubs-, Ferienreise *f*

tourment [tuʀmɑ̃] *litt m* Qual *f*; Pein *f*; große Sorge; quälende Frage (***de qc*** nach etw); ***donner bien du ~ à qn*** j-m viel Sorge bereiten

tourmente [tuʀmɑ̃t] *f* 1 *litt* (*tempête*) Sturm *m*; Unwetter *n* 2 *fig* Sturm *m*; Wirren *pl*; Unruhen *f/pl*; ***la ~ révolutionnaire*** die Wirren der Revolution

tourmenté [tuʀmɑ̃te] *adj* 1 *visage* gramzerfurcht; ***expression ~e*** gequälter Ausdruck 2 *âme, époque* unruhig; ***ciel ~*** Himmel *m* mit sturmzerrissenen Wolken; ***mer ~e*** aufgewühlte See; ***paysage ~*** wilde, zerklüftete Landschaft; ***vie ~e*** bewegtes Leben; ***aux formes ~es*** seltsam, bizarr geformt

tourmenter [tuʀmɑ̃te] **I** *v/t* ***~ qn*** j-n quälen, peinigen; j-m Kummer, Sorgen machen; *soucis, repentir, jalousie, faim* j-n quälen, peinigen; *scrupules* j-n plagen; ***il est tourmenté par l'idée de*** (*+inf*) der Gedanke zu (*+inf*) lässt ihm keine Ruhe, lässt ihn nicht los **II** *v/pr* ***se* ~** sich (*dat*) Sorgen machen; sich grämen; ***ne vous tourmentez pas pour si peu*** lassen Sie sich (*dat*) wegen e-r solchen Kleinigkeit keine grauen Haare wachsen

tournage [turnaʒ] *m* CIN Dreharbeiten *f/pl*

tournailler [turnaje] F *v/i* herumstreichen, -schleichen

tournant [turnɑ̃] **I** *adj* Dreh…; drehbar; schwenkbar; *d'un phare* ***feu* ~** Drehfeuer *n*; ***grève* ~*e*** wechselnder Schwerpunktstreik; MIL ***mouvement* ~** Umgehungsbewegung *f*; CH DE FER *et fig* ***plaque* ~*e*** Drehscheibe *f*; *fig a* Umschlagplatz *m*; THÉ ***scène* ~*e*** Drehbühne *f*; SPIRITISME ***tables* ~*es*** Tischrücken *n* **II** *m* **1** *d'une route* **a)** (*virage*) Kurve *f*; Kehre *f*; **b)** (*coude*) Bogen *m*; *a d'une rivière* Krümmung *f*; Biegung *f*; ***route pleine de* ~*s*** kurvenreiche Straße; F *fig* ***je l'attends, l'aurai, le rattraperai au* ~** F den kriege, erwische ich noch; der kann was erleben; ***prendre bien, mal son* ~** die Kurve gut *ou* richtig, falsch nehmen; → *a 2* **2** *fig* Wende *f*; Wendepunkt *m*; ***il est à un* ~ *de sa vie*** er steht an e-m Wendepunkt s-s Lebens; er ist an e-m Wendepunkt s-s Lebens angelangt; *événement* ***marquer un* ~** e-n Wendepunkt, e-e Wende bedeuten; *chose* ***prendre un* ~ (*décisif*)** e-e (entscheidende) Wende nehmen; *personne* ***prendre le* ~** e-e Wende erreichen; e-n Durchbruch erzielen

tourné [turne] *adj* **1** *lait* geronnen **2** ***bien* ~** *lettre* gut formuliert (*a compliments*); *vers* gelungen; ***avoir l'esprit mal* ~** immer gleich Schlechtes denken, auf schlechte Gedanken kommen **3** ***politique* ~*e vers …*** auf (+*acc*) gerichtete Politik

tourneboulér [turnəbule] *v/t* F **~ *qn*** j-n durcheinanderbringen; ***elle était toute tourneboulée*** sie war ganz durcheinander

tournebroche [turnəbrɔʃ] *m* CUIS Drehspieß *m*

tourne-disque [turnədisk] *m* ⟨*pl* **tourne-disques**⟩ Plattenspieler *m*

tournedos [turnədo] *m* CUIS (Rinder)Filetschnitte *f*; Tournedos *n*

tournée [turne] *f* **1** *d'un gardien* Rundgang *m*; *d'un fonctionnaire* Dienstreise *f*; *d'un représentant* (Geschäfts)Reise *f*; **~ *électorale*** Wahlkampftournee *f*; **~ *théâtrale*** Tournee *f*; Gastspielreise *f*; **~ *d'inspection*** Inspektionsreise *f*; *dans une entreprise* Inspektionsrundgang *m*; Kontrollgang *m*; THÉ ***être, partir en* ~** auf Tournee, auf e-r Gastspielreise sein; auf Tournee, auf e-e Gastspielreise gehen; *facteur, livreur* ***faire sa* ~** s-n (täglichen) Gang, e-e Runde machen; ***faire une* ~ *de conférences en province*** e-e Vortragsreise durch die Provinz machen; ***faire la* ~ *des cafés*** e-n Zechbummel machen; von e-m Café ins andere ziehen; F ***faire la* ~ *des grands-ducs*** F die vornehmen Lokale abklappern; ganz groß ausgehen; ***faire la* ~ *des grands magasins*** durch die Kaufhäuser bummeln; F die Kaufhäuser abklappern **2** F *au café* Runde *f*; Lage *f*; ***c'est ma* ~** F diese Runde geht auf meine Rechnung; F jetzt geb ich einen aus; ***c'est la* ~ *du patron*** F diese Runde spendiert der Wirt; ***offrir, payer une* ~** F e-e Runde zahlen, spendieren, ausgeben; einen ausgeben **3** F (*raclée*) F Keile *f*; Dresche *f*; Senge *pl*

tournemain [turnəmɛ̃] *loc/adv* ***en un* ~** im Handumdrehen; im Nu

tourner [turne] **I** *v/t* **1** drehen; wenden; *page* umblättern; umwenden; umschlagen; *clef* (her)umdrehen; *robinet* drehen; (*ouvrir*) aufdrehen; (*fermer*) zudrehen; *salade, sauce* umrühren; *salade a* mischen; *abs* ***tournez, s'il vous plaît*** (*abr* **t.s.v.p.**) bitte wenden (*abr* b. w.); **~ *et retourner*** → ***retourner*** *I 3*; *fig* **~ *le cœur, l'estomac à qn*** j-m den Magen umdrehen; **~ *la manivelle*** die, an der Kurbel drehen; kurbeln; **~ *la tête*** den Kopf wenden, drehen; sich umsehen; *dès qu'il m'a vu*, ***il a tourné la tête*** wandte er den Kopf ab; *fig* **~ *la tête à qn*** *vin, réussite* j-m zu Kopf steigen; *personne* j-m den Kopf verdrehen; **~ *la tête à gauche, à droite*** den Kopf nach links, nach rechts wenden, drehen; **~ *qc de l'autre côté*** etw nach der, zur anderen Seite drehen; *fig* **~ *qc en dérision, qc, qn en ridicule*** etw ins Lächerliche ziehen; etw, j-n lächerlich machen; *fig* **~ *en plaisanterie*** *une chose* e-e Wendung ins Scherzhafte geben (+*dat*); *une attaque* als Scherz behandeln, nehmen; **~ *son effort vers qc*** s-e Bemühungen auf etw (*acc*) richten; *plante* **~ *ses feuilles vers la lumière*** die Blätter dem Licht zuwenden; **~ *les yeux, son regard vers qn*** s-e Augen, s-n Blick auf j-n richten, j-m zuwenden; *fig* **~ *ses pensées vers qc*** s-e Gedanken auf etw (*acc*) richten; → *a* ***dos*** *1*, ***sang*** **2** (*contourner*) **~ *qc*** um etw gehen *ou* fahren; etw umgehen (*surtout fig*); **~ *le coin de la rue*** um die Ecke biegen, gehen *ou* fahren; *fig* **~ *la difficulté*** die Schwierigkeit umgehen; der Schwierigkeit (*dat*) ausweichen, aus dem Wege gehen; *fig* **~ *la loi, le règlement*** das Gesetz, die Vorschriften umgehen **3** TECH **a)** *métal* (ab)drehen; **b)** *bois* drechseln **4** CIN *film, scène* (ab)drehen; **~ *les extérieurs*** die Außenaufnahmen drehen **5** *phrase, compliment* formulieren; *vers* verfassen **II** *v/i* **1** sich drehen; kreisen; TECH rotieren; umlaufen; *moteur* laufen; *fig entreprise, usine* in Betrieb sein; ***l'heure tourne*** die Zeit vergeht; ***la tête me tourne*** mir dreht sich alles im Kopf; TECH **~ *à plein régime*** auf vollen Touren laufen; F *fig* **~ *de l'œil*** in Ohnmacht fallen; F umfallen; umkippen; **~ *en rond*** sich im Kreise drehen (*a fig*); → *a* ***rond*** *II*; *porte* **~ *sur ses gonds*** sich in den Angeln drehen; **~ *sur soi-même*** sich um sich selbst drehen; *représentant* **~ *sur une région*** e-e Gegend bereisen; ***avoir un œil qui tourne*** auswärtsschielen; ***faire* ~** drehen; *fig entreprise, usine* in Betrieb, Gang halten; SPIRITISME ***faire* ~ *les tables*** Tische rücken; ***faire* ~ *la tête*** schwind(e)lig machen; ***ça me fait* ~ *la tête*** davon wird mir, werde ich schwind(e)lig **2** **~ *autour de qc*** sich um etw drehen; um etw kreisen; etw umkreisen; um etw herumgehen *ou* -laufen *ou* -fahren; **~ *autour de qn, qc*** *enfant* um j-n, etw herumlaufen, -hüpfen; *insectes* um j-n, etw herumschwirren; j-n, etw umschwirren; **~ *autour d'un axe*** sich um e-e Achse drehen; *fig* **~ *autour d'une femme*** e-r Frau den Hof machen; *fig et péj* ***il tourne sans cesse autour du ministre*** F *péj* er scharwenzelt um den Minister herum; ***la Terre tourne autour du Soleil*** die Erde dreht sich um die Sonne; *fig* ***j'ai vu tout* ~, *tout s'est mis à* ~ *autour de moi*** mir drehte sich alles vor den Augen; alles drehte sich um mich **3** *fig* **~ *autour de qc*** *conversation* sich um etw drehen; um etw kreisen (*a pensées*); ***toute l'affaire tourne autour de cette question*** bei der ganzen Angelegenheit dreht es sich, geht es um diese Fra-

T

ge; *l'enquête* ***tourne autour de deux suspects*** konzentriert sich auf zwei Verdächtige; ***sa vie tourne autour de cet enfant*** sein Leben ist ganz diesem Kind gewidmet; dieses Kind ist sein Lebensinhalt **4** (*changer de direction*) abbiegen; *vent* sich drehen; umspringen; *fig* ***la chance a tourné*** das Blatt hat sich gewendet; ***le vent a tourné*** der Wind hat sich gedreht; *fig* jetzt weht ein anderer Wind; ***~ à droite, à gauche*** (nach) rechts, links abbiegen; ***~ dans une rue*** in e-e Straße einbiegen **5** (*se terminer*) ablaufen; ausgehen; (*évoluer*) sich entwickeln; werden; ***~ court*** fehlschlagen; scheitern; ***~ bien*** gut ablaufen; sich gut entwickeln; ***~ mal*** e-e schlechte, schlimme Wendung nehmen; F schiefgehen; *personne* auf die schiefe Bahn geraten; ***la plaisanterie a mal tourné*** der Scherz hat ein böses Ende genommen; ***si les choses avaient tourné autrement*** wenn die Dinge anders gelaufen wären; *la discussion* ***tourne à son avantage*** nimmt e-e Wende zu s-n Gunsten; ***le temps tourne au beau*** das Wetter *ou* es heitert sich auf; ***~ au drame*** sich zu e-m Drama entwickeln, auswachsen; *temps* ***~ à la pluie*** regnerisch werden; ***sa grippe a tourné à la pneumonie*** aus s-r Grippe ist e-e Lungenentzündung geworden; ***~ au tragique*** e-e tragische Wendung nehmen **6** *lait* gerinnen; zusammenlaufen; *soupe* sauer werden **7** CIN, *a acteur* filmen; ***silence, on tourne!*** Achtung, Aufnahme!; ***il a tourné dans de nombreux films*** er hat in vielen Filmen gespielt **III** *v/pr* **1** ***se ~*** sich umwenden; sich umdrehen; ***se ~ et se retourner dans son lit*** sich im Bett hin und her wälzen; ***se ~ du côté de qn, qc*** *ou* ***vers qn, qc*** sich j-m, e-r Sache zuwenden; sich zu j-m, etw (um)wenden; ***se ~ de l'autre côté*** sich nach der anderen Seite drehen, wenden; *allongé* sich auf die andere Seite drehen; (*se détourner*) sich abwenden; ***se ~ tout d'une pièce*** sich (ganz) herumdrehen **2** *fig* ***se ~ vers qn pour lui demander son aide*** sich an j-n um Hilfe wenden; ***se ~ vers l'avenir*** sich der Zukunft zuwenden; den Blick auf die Zukunft richten; ***se ~ vers la politique*** sich der Politik zuwenden; in die Politik gehen; ***se ~ vers une profession*** sich e-m Beruf zuwenden

tournesol [tuʀnəsɔl] *m* **1** BOT Sonnenblume *f*; ***huile f de ~*** Sonnenblumenöl *n* **2** CHIM Lackmus *n ou m*; ***papier*** *m* ***de ~*** Lackmuspapier *n*

tourneur [tuʀnœʀ] **I** *m* ***~ (sur métaux)*** Dreher *m*; ***~ sur bois*** (Holz)Drechsler *m* **II** *adj* REL ***derviche*** *m* ***~*** tanzender Derwisch

tournevis [tuʀnəvis] *m* Schraubenzieher *m*; *t/t* Schraubendreher *m*

tournicoter [tuʀnikɔte] *ou* **tourniquer** [tuʀnike] *v/i* F → ***tournailler***

tourniquet [tuʀnikɛ] *m* **1** *pour passer un à un* Drehkreuz *n* **2** *pour arroser* Rasensprenger *m*; Kreisregner *m* **3** *pour cartes postales etc* Drehständer *m*

tournis [tuʀni] *m* **1** VÉT Drehkrankheit *f* **2** F *fig*: *arrête de bouger comme ça,* ***tu me donnes le ~*** F ich krieg ja den Drehwurm

tournoi [tuʀnwa] *m* Turnier *n* (*a* HIST); ***~ d'échecs, de tennis*** Schach-, Tennisturnier *n*; RUGBY ***~ des Cinq Nations*** *internationale Meisterschaftsspiele mit Mannschaften aus England, Schottland, Wales, Irland u Frankreich*

tournoiement [tuʀnwamɑ̃] *m* (Sich)Drehen *n*; Kreisen *n*

tournoyer [tuʀnwaje] *v/i* ⟨**-oi-**⟩ kreisen; sich im Kreise drehen; ***faire ~*** *canne, lasso* schwingen; *fumée* ***s'élever en tournoyant*** in e-r Spirale hochsteigen

tournure [tuʀnyʀ] *f* **1** ***~ (de phrase)*** (Rede)Wendung *f*; Redensart *f*; Formulierung *f* **2** (*apparence*) Aussehen *n*; Gestalt *f*; ***cela a tout de suite une autre ~*** das sieht gleich anders aus; das bekommt gleich ein anderes Gesicht, Aussehen; ***commencer à prendre ~*** beginnen, (feste) Gestalt *ou* feste Formen anzunehmen; sich allmählich abzeichnen **3** (*évolution*) Wendung *f*; *affaire* ***prendre une bonne, mauvaise ~*** e-e gute *ou* glückliche, schlimme *ou* schlechte Wendung nehmen; ***cela dépend de la ~ que prendront les événements*** das hängt davon ab, wie sich die Dinge entwickeln **4** ***~ d'esprit*** Geisteshaltung *f*; Denkart *f*, -weise *f*; Denkungsart *f*

Tournus [tuʀny] *Stadt im Dep. Saône-et-Loire*

tour-opérateur [tuʀɔpeʀatœʀ] *m* ⟨*pl* **tour-opérateurs**⟩ Reiseveranstalter *m*

Tours [tuʀ] *Stadt im Dep. Indre-et-Loire*

tourte [tuʀt] **I** *f* **1** CUIS flache, mit Fleisch, Obst *ou* Gemüse gefüllte Pastete **2** F *péj* ***une grosse ~*** F *péj* ein Trampel *m ou n* **II** *adj* F blöd; doof; dämlich

tourteau [tuʀto] *m* ⟨*pl* **~x**⟩ **1** AGR Ölkuchen *m* **2** ZO Taschenkrebs *m*

tourtereaux [tuʀtəʀo] *m/pl fig* Turteltäubchen *n/pl*; Liebespärchen *n* **tourterelle** *f* ZO Turteltaube *f*

tourtière [tuʀtjɛʀ] *f* CUIS Kuchenform *f*, -blech *n*

tous → ***tout***

toussailler [tusaje] *v/i* hüsteln

Toussaint [tusɛ̃] *f* REL ***la ~*** Allerheiligen *n*; ***à la ~*** (an, zu) Allerheiligen; *fig* ***un temps de ~*** (ein) nasskaltes (und nebliges) Wetter

tousser [tuse] *v/i* **1** husten **2** *pour s'éclaircir la voix ou avertir* sich räuspern; hüsteln **3** F *fig moteur* F spucken; stottern

toussotement [tusɔtmɑ̃] *m* Hüsteln *n* **toussoter** *v/i* hüsteln

tout [tu], *vor Vokal u stummem h* [tut] ⟨*f* **toute** [tut], *m/pl* **tous** [tu], *allein stehend u als pr/ind* [tus], *f/pl* **toutes** [tut]⟩ **I** *adj* **1** *sg* **~(e)** jede(r, -s); alle(r, -s); *avec article* ganze(r, -s); gesamte(r, -s); ***~ Français*** jeder Franzose; ***~e la France*** ganz Frankreich; ***~ le monde*** → ***monde*** *3*; ***~ Paris*** ganz Paris; → *a* ***Tout-Paris***; ***~ un peuple*** ein ganzes Volk; ***~ le reste*** der ganze, gesamte Rest; alles Übrige; ***~ le village*** das ganze Dorf; ♦ *loc/adv*: ***(pendant) ~e l'année*** das ganze Jahr (hindurch, über); ganzjährig; ***~ un hiver*** e-n ganzen Winter (lang, hindurch); ***~e la nuit*** die ganze Nacht (über, hindurch); ***ne pas dormir de ~e la nuit*** die ganze Nacht nicht schlafen; *avec prép*: ***à ~ âge*** in jedem (Lebens)Alter; ***à ~e force*** unbedingt; mit aller Gewalt; ***à ~ point de vue*** in jeder Hinsicht; ***de ~e beauté*** wunderschön; zauberhaft (schön); ***de ~e espèce*** verschiedenster Art; allerlei …; ***en ~e franchise*** in aller Offenheit; ***il n'a pour ~ bagage que …*** sein ganzes Gepäck besteht aus …; ♦ ***~ autre que lui*** jeder andere (als er); jeder außer ihm; ***~ ceci, cela***, F ***ça*** dies, das alles; ***~ ce qui*** *ou* ***que*** alles, was; ***~ ce que la ville a de notables était réuni*** alle Honoratioren der Stadt waren versammelt; F ***des gens ~ ce qu'il y a de plus respecta-***

ble(s) höchst achtbare Leute; *c'est sérieux?* - **~ ce qu'il y a de plus sérieux** das ist mein vollster Ernst; ♦ **avoir ~e liberté pour agir** volle Handlungsfreiheit haben; **vous avez ~ intérêt à** (*+inf*) es liegt in Ihrem ureigensten Interesse zu (*+inf*); **c'est là ~ le problème** das ist, darin liegt das ganze Problem; **~e la question est de savoir si …** die entscheidende Frage ist, ob …; **c'est ~ un roman** das ist ein ganzer Roman; **j'ai lu ~ Balzac** ich habe den ganzen Balzac gelesen; **faire ~ son possible** sein Möglichstes tun **2** *pl* **tous, ~es** alle; **tous nos amis** alle unsere Freunde; **tous les autres** alle anderen; **tous les deux, trois** alle beide, drei; *st/s*: *le courage la lucidité …*, **~es qualités nécessaires pour une telle entreprise** alles für ein solches Unternehmen notwendige Eigenschaften; *cesser* **~es relations** alle Beziehungen; ♦ *loc/adv*: **tous les ans** alle Jahre; jedes Jahr; alljährlich; **tous les deux ans** alle zwei Jahre; jedes zweite Jahr; **tous les matins** jeden Morgen; **tous les dix mètres** alle zehn Meter; **tous les premiers samedis du mois** jeden ersten Samstag im Monat; *avec prép*: **à tous les coins de rue** an jeder Straßenecke; **dans tous les cas** in allen Fällen; auf jeden Fall; **tous les élèves ne sont pas doués** nicht alle Schüler sind begabt; **toutes les questions ne sont pas réglées** nicht alle Fragen sind geregelt **II** *pr/ind* **1** *sg* **~** alles; F **et ~** und so weiter; **belle, riche et ~ (et ~)** schön, reich usw. (usw.); ♦ *loc/adj* **à ~ va** ungehemmt; ungezügelt; unkontrolliert; *loc/adv*: **après ~, à ~ prendre, ~ bien considéré** im Grunde (genommen); alles in allem; schließlich; übrigens; **avant ~** vor allem; vor allen Dingen; F **comme ~** äußerst; höchst; überaus; F unglaublich; unwahrscheinlich; **facile comme ~** *a* kinderleicht; **en ~** insgesamt; **il n'y en a que trois en ~ et pour ~** es sind alles in allem, insgesamt nicht mehr als drei; **par-dessus ~** *ou* **au-dessus de ~** über alles; vor allen Dingen; vor allem; ♦ **~ va bien** alles geht gut; *personnellement* es geht mir *ou* ihm, ihr *ou* allen gut; **il a ~ d'un artiste** er ist ein richtiger Künstler; **~ ce qu'il dit n'est pas parole d'évangile** nicht alles, was er sagt, ist ein Evangelium; **~ est là** darin liegt das ganze Problem; **c'est ~?** ist das alles?; weiter nichts?; **et c'est ~!** *ou* **un point, c'est ~!** (und damit) Punktum!, basta!; **ce n'est pas ~** das ist (noch) nicht alles; **ce n'est pas ~ de** (*+inf*) es genügt nicht zu (*+inf*); F **c'est pas ~ de s'amuser** *ou* **c'est pas ~ ça** ich vertrödle meine Zeit; ich muss jetzt aufhören; ich habe auch noch etwas anderes zu tun; **c'est ~ ou rien** alles oder nichts; *en achetant, à l'école* **ce sera ~ pour aujourd'hui** das wär's (für heute); *son fils* **est ~ pour elle** ist ihr Ein und Alles; **on se fait, s'habitue à ~** man gewöhnt sich an alles; **il ignore ~ de cette affaire** er weiß überhaupt nichts von dieser Sache; **prendre un peu de ~** von allem ein wenig, etwas nehmen; *prov* **~ est bien qui finit bien** Ende gut, alles gut (*prov*) **2** *pl* **tous, ~es** alle; **nous tous** wir alle; **le premier de tous** der Erste von allen; der Allererste; **écoutez tous attentivement!** hören Sie *ou* hört alle gut zu!; **je parle en leur nom à tous** ich spreche in ihrer aller Namen **III** *adv* ⟨*vor mit Konsonant od h aspiré beginnendem adj f* **~e** *bzw.* **~es**⟩ ganz; gänzlich; ganz und gar; völlig; vollständig; vollkommen; ♦ *avec adj*: *c'est* **une ~ autre affaire** e-e ganz andere Sache; *elle est* **~e contente** völlig, vollständig zufrieden; **les ~ derniers chapitres** die allerletzten Kapitel; **~ gosse déjà, il a …** schon als Kind hat er …; **la ville ~ entière** die ganze Stadt; *il est* **~ fou** außer Rand und Band; **se coucher ~ habillé** sich vollständig angekleidet, angezogen niederlegen; **une ~e jeune fille** ein blutjunges, ganz junges Mädchen; **une ~e petite maison** ein winziges Häuschen; **les ~ petits** → **tout-petit**; **la ~e première fois** das allererste, zum, beim allerersten Mal; **plat ~ préparé** Fertiggericht *n*; ♦ *loc/conj* **~ … que** wenn auch …; sosehr auch …; obgleich …; obwohl …; **~ enfant que j'étais** obwohl ich noch ein Kind war; **~ malin qu'il est** *ou st/s* **soit …** so schlau er auch ist …; bei all s-r Schläue …; ♦ *avec adv*: **~ aussi peu** ebenso wenig; genauso wenig; **~ autant** ebenso viel; genauso viel; ebenso sehr; **~ autrement** ganz anders; *parler* **~ bas** ganz leise; **~ comme** genau, gerade, ebenso wie; **~ droit** geradeaus; *parler* **~ 'haut** laut; mit normaler Lautstärke; *avec prép*: **~ au bout** ganz am Ende; **~ à côté** gleich nebenan; **~ à coup** plötzlich; auf einmal; **~ à fait** a) ganz (und gar); völlig; vollständig; vollkommen; b) F genau!; richtig!; **~ au loin** ganz in der Ferne; **~ au moins** zumindest; allermindestens; **~ au plus** allerhöchstens; im Höchstfall; *elle est* **~ à son travail** ganz bei ihrer Arbeit, in ihre Arbeit versunken, vertieft; **~ dans le fond du sac** ganz unten in der Tasche; **~ d'abord** zu(aller)erst; **~ d'un coup** mit e-m Schlag; auf einmal; plötzlich; **~ de même** dennoch; doch; trotzdem; **existence (faite) ~e de travail** ganz, nur, einzig der Arbeit gewidmetes Leben; **~ de travers** ganz schief; **~ en fleurs** in voller Blüte; **~ en 'haut** ganz oben; ♦ *avec verbe*: F **il s'est ~ brûlé la main** F er hat sich (*dat*) die Hand ganz verbrannt; *avec subst*: **étoffe** *f* **~ laine** reinwollener Stoff; **être ~ yeux, ~ oreilles** ganz Auge und Ohr sein; **c'est ~ son père** er ist ganz der Vater; ♦ *avec gérondif* **a) ~ en marchant,** *il me racontait …* im Gehen …; während wir weitergingen …; **b)** *st/s* **~ en étant très riche,** *il vit simplement* obwohl er sehr reich ist … **IV** *subst* **1** *m* Ganze(s) *n*; Gesamtheit *f*; **un ~ homogène** ein einheitliches Ganzes; ♦ *loc/adv*: **pas du ~** keineswegs; überhaupt, durchaus nicht; **il ne fait pas froid du ~** es ist überhaupt nicht kalt; **plus du ~** überhaupt nicht mehr; **je n'en ai plus du ~** ich habe gar nichts, überhaupt nichts mehr (davon); **rien du ~** überhaupt nichts; **du ~ au ~** vollständig; völlig; vollkommen; **en ~ ou en partie** ganz oder teilweise; ♦ **le ~ est de** (*+inf*) die Hauptsache, das Wichtigste, Entscheidende ist zu (*+inf*); **ce n'est pas le ~** *ou* F **c'est pas le ~ de rigoler** es gibt auch noch anderes zu tun; ich vertrödle meine Zeit; **former un ~** ein Ganzes, e-e Einheit bilden; **risquer le ~ pour le ~** alles aufs Spiel, auf e-e Karte setzen **2** *f* MAR **en avant ~e!** volle Kraft voraus!

tout-à-l'égout [tutalegu] *m* ⟨*inv*⟩ (Abwasser)Kanalisation *f*; *d'une maison* Kanalanschluss *m*

Toutankhamon [tutɑ̃kamɔ̃] *m* HIST Tutanchamun *ou* Tutenchamun *m*

toutefois [tutfwa] *adv* jedoch; indessen; gleichwohl; nichtsdestoweniger; **à condition ~ que …** jedoch unter der Bedingung, dass …; **excepté ~** ausgenommen jedoch; *avec ironie*, **mais sans méchanceté, ~** jedoch, indessen ohne Bosheit; **si ~**

vous le permettez wenn Sie (es) gestatten; *il viendra plus tard* ***si ~ il vient*** wenn er überhaupt kommt
toute-puissance [tutpɥisɑ̃s] *f* Allmacht *f*
toutim(e) [tutim] *arg* ***le ~(e)*** alles Übrige; das Ganze
toutou [tutu] *m enf* Wauwau *m*; ***suivre qn comme un ~*** j-m wie ein Hündchen (überallhin) folgen
Tout-Paris [tupaʀi] ***le ~*** die Prominenz von Paris; alles, was in Paris Rang und Namen hat
tout-petit [tup(ə)ti] *m* ⟨*pl* **tout-petits**⟩ Kleinkind *n*
tout-puissant [tupɥisɑ̃] **I** *adj* ⟨*f* **toute-puissante**; *m/pl* **tout-puissants**⟩ allmächtig; REL ***le Père ~*** der allmächtige Vater **II** *m* REL ***le Tout-Puissant*** der Allmächtige
tout-terrain [tutɛʀɛ̃] *m* ***faire du ~*** e-e Geländefahrt machen; durch das Gelände, querfeldein fahren; *véhicule a* geländegängig sein; → *a* ***terrain*** *1*
tout-venant [tuvnɑ̃] *m* **1** COMM unsortierte Ware **2** *de personnes* ***le ~*** die große Masse
toux [tu] *f* Husten *m*; ***petite ~*** Hüsteln *n*; ***quinte*** *f* ***de ~*** Hustenanfall *m*
township [tɔnʃip, taon-] *f ou m* Township ['taunʃɪp] *f*
toxicité [tɔksisite] *f* MÉD Giftigkeit *f*; *sc* Toxizität *f*
toxico [tɔksiko] F *abr* → ***toxicomane***
toxicologie [tɔksikɔlɔʒi] *f* MÉD Toxikologie *f* **toxicologique** *adj* MÉD toxikologisch **toxicologue** *m,f* MÉD Toxikologe, -login *m,f*
toxicomane [tɔksikɔman] **I** *adj* (rauschgift)süchtig; drogenabhängig **II** *m,f* (Rauschgift)Süchtige(r) *f(m)*; Drogenabhängige(r) *f(m)* **toxicomanie** *f* Rauschgiftsucht *f*
toxine [tɔksin] *f* MÉD Toxin *n*
toxique [tɔksik] *adj* giftig; Gift...; *sc* toxisch; ***gaz*** *m* ***~*** Giftgas *n*
toxoplasmose [tɔksɔplasmoz] *f* MÉD Toxoplasmose *f*
T.P. [tepe] *m/pl abr* (*travaux pratiques*) → ***travail*** *2*
trac [trak] *m* **1** Lampenfieber *n*; F Bammel *m*; ***avoir le ~*** Lampenfieber haben; ***donner le ~ à qn*** j-m Bange, Angst machen **2** *loc/adv* ***tout à ~*** völlig unerwartet; ***dire qc tout à ~*** mit etw herausplatzen
traçage [tʀasaʒ] *m* TECH Anreißen *n*
traçant [tʀasɑ̃] *adj* **1** MIL ***balle ~e*** Leuchtspurgeschoss, *österr* -geschoß *n* **2** BOT *racine* flach streichend
tracas [tʀaka] *m souvent pl* (*soucis*) Sorgen *f/pl*; Kummer *m*; (*ennuis*) Ärger *m*; Widrigkeiten *f/pl*; ***les petits ~ de la vie quotidienne*** die kleinen Misshelligkeiten *f/pl* des Alltags; ***cela m'a donné bien du ~*** das hat mir viel Kummer, Ärger gemacht
tracasser [tʀakase] **I** *v/t* bekümmern; beunruhigen; plagen **II** *v/pr* ***se ~*** beunruhigt sein; ***ne vous tracassez pas*** machen Sie sich (*dat*) keine Sorgen
tracasseries [tʀakasʀi] *f/pl* Schikanen *f/pl*; ***~ administratives*** Schikanen der Behörden
tracassier [tʀakasje] *adj* ⟨**-ière**⟩ schikanös
trace [tʀas] *f* Spur *f* (*a fig*); CH *a* Fährte *f*; *fig a* Hinweis *m* (**de** auf +*acc*); (An)Zeichen *n* (von); ***~s de civilisations anciennes*** Spuren alter Kulturen; ***~s de fatigue*** Spuren, Zeichen *n/pl* von Müdigkeit (***sur son visage*** in s-m Gesicht); ***~s de freinage*** Bremsspur(en) *f(pl)*; ***~s de pas, de sang*** Fuß-, Blutspuren *f/pl*; *fig* ***aucune ~ de remords*** keine Spur von, kein Anzeichen von, keinerlei Reue; ***déceler des ~s de poison*** Spuren von Gift, Giftspuren feststellen; ***être sur la ~ des criminels*** den Verbrechern auf der Spur sein; ***il a disparu sans laisser de ~s*** er ist spurlos verschwunden; ***perdre la ~ de qn*** j-s Spur verlieren; ***il n'en reste plus ~*** davon ist nichts mehr übrig geblieben, zu sehen, zu finden; *fig* ***suivre les ~s, marcher sur les ~s de qn*** in j-s Fuß(s)tapfen (*acc*) treten; ***suivre qn à la ~*** j-s Spur verfolgen; CH ***suivre un animal à la ~*** der Fährte e-s Tieres folgen; ***on n'a trouvé aucune ~ d'effraction*** man fand keinerlei Anzeichen von, Hinweis auf e-n Einbruch
tracé [tʀase] *m* **1** *d'une autoroute, d'une côte etc* Verlauf *m* **2** *d'un dessin* Umrisse *m/pl* **tracement** *m* **1** *d'une autoroute, d'une côte etc* Trassierung *f* **2** *d'une ligne* Ziehen *n*
tracer [tʀase] ⟨-ç-⟩ **I** *v/t* **1** *ligne, cercle*, AGR *sillons* ziehen; *plan* (auf)zeichnen; skizzieren; TECH anreißen; *fig* ***~ un tableau sommaire*** e-n kurzen Überblick geben **2** *route etc* trassieren; *fig* ***~ le chemin, la voie à qn*** j-m s-n Weg vorzeichnen; j-m Richtlinien geben **II** *v/i* F (*courir*) F rasen; sausen; flitzen
traceur [tʀasœʀ] **I** *m* **1** CHIM, MÉD ***~ radioactif*** Radioindikator *m* **2** INFORM ***~ de courbes*** Kurvenschreiber *m*; Plotter *m* **II** *adj* ⟨**-euse**⟩ MIL ***balle traceuse*** Leuchtspurgeschoss, *österr* -geschoß *n*
trachéal [tʀakeal] *adj* ⟨**-aux**⟩ ANAT Luftröhren...
trachée [tʀaʃe] *f ou* **trachée-artère** *f* ⟨*pl* **trachées-artères**⟩ ANAT Luftröhre *f*
trachéen [tʀakeɛ̃] *adj* ⟨**~ne**⟩ ZO Tracheen... **trachéite** *f* MÉD Luftröhrenentzündung *f*
trachéotomie [tʀakeɔtɔmi] *f* MÉD Luftröhrenschnitt *m*
traçoir [tʀaswaʀ] *m* TECH Reißnadel *f*
tract [tʀakt] *m feuille* Flugblatt *n*; *brochure* Flugschrift *f*; ***distribuer, lancer des ~s*** Flugblätter verteilen, verbreiten
tractations [tʀaktasjõ] *f/pl péj* Machenschaften *f/pl*; geheime Verhandlungen *f/pl*; ***se livrer à, mener des ~ avec qn*** mit j-m gemeinsame Sache machen
tracter [tʀakte] *v/t* (mit Motorkraft) ziehen, schleppen
tracteur [tʀaktœʀ] *m* Traktor *m*; Schlepper *m*; Trecker *m*; Zugmaschine *f*
traction [tʀaksjõ] *f* **1** TECH Zug *m*; Ziehen *n*; *par ext* Antrieb *m*; AUTO: ***~ arrière*** Hinterrad-, Heckantrieb *m*; ***~ avant*** Vorderrad-, Frontantrieb *m*; *par ext* ***~ (avant)*** Wagen *m* mit Frontantrieb; ***~ électrique*** elektrischer Antrieb; CH DE FER elektrischer (Fahr)Betrieb; ***résistance*** *f* ***à la ~*** Zugfestigkeit *f* **2** SPORTS **a)** *suspendu* Klimmzug *m*; **b)** (*pompe*) Liegestütz *m*
tradition [tʀadisjõ] *f* Tradition *f*; Überlieferung *f*; (*coutume*) Brauch *m*; Sitte *f*; ***~ populaire*** Volksbrauch *m*, -sitte *f*; ***c'est devenu une ~*** das ist (zur) Tradition geworden; es hat sich so eingebürgert; ***être dans la ~ française*** zur französischen Tradition gehören; ***il est de ~ dans certaines familles de*** (+*inf*) in einigen Familien ist es Brauch, Sitte, Tradition zu (+*inf*)
traditionalisme [tʀadisjɔnalism] *m* Traditionsbewusstsein *n*; Traditionalismus *m* (*a* REL) **traditionaliste** **I** *adj* traditionsbewusst; traditionalistisch **II** *m,f* traditionsgebundener Mensch; Traditionalist(in) *m(f)*

T

traditionnel [tʀadisjɔnɛl] *adj* ⟨**~le**⟩ traditionell; überliefert; althergebracht; herkömmlich

traditionnellement [tʀadisjɔnɛlmɑ̃] *adv* nach altem Brauch; nach alter Tradition, Sitte

traduc [tʀadyk] *argot scolaire f* Übersetzung *f*

traducteur [tʀadyktœʀ] *m*, **traductrice** *f* Übersetzer(in) *m(f)* **traducteur-interprète** *m* ⟨*pl* **traducteurs-interprètes**⟩ Übersetzer und Dolmetscher *m*

traduction [tʀadyksjõ] *f* Übersetzung *f*; Übertragung *f*; *action a* Übersetzen *n*; Übertragen *n*; Wiedergabe *f*; ***la ~ anglaise de …*** die englische Übersetzung von …; ***~ assistée par ordinateur*** computergestützte [-ˈpjuː-] Übersetzung; ***~ libre, littérale*** freie, wörtliche Übersetzung, Wiedergabe; ***~ de l'allemand, en allemand*** Übersetzung aus dem Deutschen, ins Deutsche; ***~ de Faust*** Faustübersetzung *f*; Übersetzung des Faust; ***l'art*** *m* ***de la ~*** die Kunst des Übersetzens

traduire [tʀadɥiʀ] ⟨→ **conduire**⟩ **I** *v/t* **1** übersetzen; übertragen; wiedergeben; *conversation a* dolmetschen; ***~ un auteur*** e-n Autor übersetzen; ***~ un texte en français*** e-n Text ins Französische übersetzen; ***~ de l'allemand en français*** aus dem Deutschen ins Französische übersetzen **2** *fig pensées etc* Ausdruck verleihen, geben (*+dat*); in Worte kleiden; ausdrücken; *sentiments* zum Ausdruck bringen; verraten; ***la statistique traduit …*** die Statistik weist … auf, gibt … wieder; aus der Statistik geht … hervor **3** JUR ***~ qn en justice*** j-n vor Gericht stellen **II** *v/pr* ***se ~*** zum Ausdruck kommen, sich äußern, sich kundtun (***par*** in *+dat*)

traduisible [tʀadɥizibl] *adj* übersetzbar

trafic [tʀafik] *m* **1** *péj* Schleich-, Schwarzhandel *m*; ***~ d'armes*** Waffenschmuggel *m*; illegaler Waffenhandel; ***~ de devises*** Devisenschmuggel *m*; ***~ de (la) drogue, de stupéfiants*** Rauschgifthandel *m*; JUR ***~ d'influence*** passive Bestechung; ***faire le ~ des stupéfiants*** mit Rauschgift handeln; dealen [ˈdiːlən] **2** *(circulation)* Verkehr *m*; ***~ aérien*** Luft-, Flugverkehr *m*; ***~ ferroviaire*** Eisenbahn-, Schienen-, Zugverkehr *m*; ***~ routier*** Straßenverkehr *m*; ***~ (des) marchandises*** Waren-, Güterverkehr *m*; ***~ (des) voyageurs*** Personen-, Reiseverkehr *m*

traficoter [tʀafikɔte] *v/i* F *péj* unsaubere Geschäfte machen

trafiquant [tʀafikɑ̃] *m péj* Schwarz-, Schleichhändler *m*; Schieber *m*; ***~ de drogue(s)*** Rauschgifthändler *m*; Dealer [ˈdiː-] *m*

trafiquer [tʀafike] **I** *v/t* **1** COMM *péj* Schleich-, Schwarzhandel treiben mit **2** F *denrées* verfälschen; *vin, lait* F pan(t)schen; ***~ un chèque, un passeport*** einen Scheck, einen Pass fälschen; ***~ un compteur*** einen Zähler manipulieren; ***~ un moteur*** F einen Motor frisieren **3** F *(faire)* tun; machen; F treiben; ***qu'est-ce que tu trafiques là?*** F was treibst du denn da? **II** *v/i* COMM *péj* schieben; Schleich-, Schwarzhandel treiben **III** *v/t/indir* ***~ de qc*** aus etw Gewinn schlagen

tragédie [tʀaʒedi] *f* **1** THÉ Tragödie *f*; Trauerspiel *n*; ***les ~s de Corneille*** die Tragödien Corneilles *ou* von Corneille **2** *fig* Tragödie *f*; ***finir par une ~*** mit e-r Tragödie, tragisch enden; e-n tragischen Ausgang nehmen

tragédien [tʀaʒedjɛ̃] *m*, **tragédienne** *f* Tragöde *m*, Tragödin *f*

tragi-comédie [tʀaʒikɔmedi] *f* ⟨*pl* **tragi-comédies**⟩ THÉ *et fig* Tragikomödie *f* **tragi-comique** *adj* THÉ *et fig* tragikomisch

tragique [tʀaʒik] **I** *adj* **1** THÉ tragisch; ***auteur*** *m*, ***poète*** *m* ***~*** Tragiker *m*; Tragödiendichter *m*; ***personnage ~*** tragische Figur, Rolle; ***pièce*** *f* ***~*** tragisches Stück; Tragödie *f*; Trauerspiel *n* **2** *fig* tragisch; ***accident*** *m* ***~*** tragischer Unfall; F ***ce n'est pas ~*** F das ist nicht tragisch; ***il a eu une fin, une mort ~*** er fand ein tragisches Ende; er kam auf tragische Weise ums Leben **II** *m* **1** THÉ ***le ~*** das Tragische; die Tragik **2** *fig* Tragik *f*; Tragische(s) *n*; *il ne se rend pas compte* ***du ~ de la situation*** … über die Tragik der Lage; ***prendre qc au ~*** etw tragisch nehmen; ***tourner au ~*** e-e tragische Wendung nehmen

tragiquement [tʀaʒikmɑ̃] *adv* tragisch; ***mourir ~*** auf tragische Weise ums Leben kommen; ***se terminer ~*** tragisch enden

trahir [tʀaiʀ] **I** *v/t* **1** *secret, patrie* verraten; Verrat begehen, üben (*abs ou* an *+dat*); ***~ qn*** j-n verraten; j-m die Treue brechen; ***~ la confiance de qn*** j-s Vertrauen missbrauchen, enttäuschen; *les événements* ***ont trahi ses espérances*** haben s-e Erwartungen enttäuscht; ***~ les intérêts de qn*** j-m schaden; gegen j-s Interessen handeln **2** *(montrer)* verraten; erkennen lassen; ***son regard trahissait sa peur*** sein Blick verriet s-e Furcht, ließ s-e Furcht erkennen **3** *(lâcher)* verlassen; ***ses forces, ses nerfs l'ont trahi*** s-e Kräfte, s-e Nerven ließen ihn im Stich, verließen ihn **4** *fig* ***~ la pensée de qn*** j-s Gedanken falsch, nicht richtig wiedergeben **II** *v/pr* ***se ~*** **1** *personne* sich verraten (***par un regard*** durch e-n Blick) **2** *chose* sich verraten; sich zeigen; zu erkennen sein

trahison [tʀaizõ] *f* **1** Verrat *m*; POL Landesverrat *m*; POL ***'haute ~*** Hochverrat *m*; ***commettre une ~*** Verrat begehen, üben **2** *par ext* Treubruch *m*; Treulosigkeit *f*; Verrat *m*; *st/s en amour* Untreue *f*

train [tʀɛ̃] *m* **1** CH DE FER Zug *m*; Eisenbahn *f* (*a jouet*); ***~ direct*** *correspond à* Eilzug *m*; *jouet* ***~ électrique*** elektrische Eisenbahn; ***~ express*** Schnellzug *m*; D-Zug *m*; ***~ omnibus*** Personenzug *m*; ***~ rapide*** (Fern)Schnellzug *m*; ***~ spécial*** Sonderzug *m*; ***~ supplémentaire*** Entlastungszug *m*; Vor- *ou* Nachzug *m*; ***le ~ de X*** (*qui vient de X*) der Zug von X; (*qui va à X*) der Zug nach X; ***~ de banlieue*** Nahverkehrs-, Vorortzug *m*; ***~ de grande ligne*** Fernzug *m*; ***~ de marchandises*** Güterzug *m*; MIL ***~ de permissionnaires*** Urlauberzug *m*; ***~ de voyageurs*** Reise-, Personenzug *m*; ***chef*** *m* ***de ~*** Zugführer *m*; ***avoir le, son ~*** den Zug noch bekommen, F kriegen, erwischen; ***manquer, rater, louper le, son ~*** den Zug verpassen, versäumen; ***prendre le ~ de 8 h 15*** den Zug um 8 Uhr 15 nehmen; ***prendre le ~, voyager par le*** *ou* ***en ~*** mit dem Zug, der (Eisen)Bahn fahren; *fig* ***prendre le, monter dans le ~ en marche*** sich im letzten Moment anschließen; nachziehen **2** *(allure)* Gang *m*; *(vitesse)* Tempo *n*; SPORTS ***~ rapide, soutenu*** scharfes, gleichbleibend hohes Tempo; *loc/adv* ***à fond de ~*** im Eiltempo; blitzschnell; ***aller*** *ou* ***rouler à fond de ~, à un ~ d'enfer*** (dahin)rasen; mit e-m Höllentempo fahren; ♦ ***être en ~*** *personne* in Form *ou* in Fahrt sein; *travail* im Gange sein; ***il n'est pas en ~*** er ist nicht in Form; er fühlt sich schlapp; ***mettre en ~*** *personne* in Schwung, Stimmung bringen; *travail* in Angriff nehmen; beginnen; SPORTS ***faire de la mise en ~*** sich aufwärmen; Auflockerungsübungen machen; ♦ ***être en ~ de faire qc*** gerade etw tun; (gerade) dabei sein, etw zu tun; ***être en ~ de lire, travailler*** *etc* gerade lesen, arbeiten *etc*; ***maison*** *f* ***en ~ de brûler*** brennendes Haus; ♦ ***aller son petit ~*** *personne* gemächlich arbeiten; *chose* im alten Trott weitergehen; s-n alten Gang gehen; ***aller, marcher bon ~*** *personne* flott gehen; tüchtig ausschreiten; *travail* gut vorankommen; *la conversation* ***va bon ~*** ist lebhaft; ***les conversations vont bon ~*** *a* der Klatsch verstummt nicht; ***au, du ~ où vont les choses*** wenn es, die Entwicklung so weitergeht; so wie die Dinge laufen, vorwärtsgehen; bei dem jetzigen Tempo 3 AUTO ***~ arrière, avant*** Hinter-, Vorderachse *f*; AVIAT ***~ d'atterrissage*** Fahrgestell *n*, -werk *n*; MAR ***~ de péniches*** Schleppzug *m*; AUTO ***~ de pneus*** Bereifung *f*; Satz *m* Reifen 4 *fig* Reihe *f*; (Aufeinander)Folge *f*; Kette *f*; ***un ~ de mesures*** e-e Reihe von Maßnahmen 5 ***~ de vie*** Lebensstil *m*, -standard *m*; ***avoir un grand ~ de maison*** ein großes Haus führen; ***mener grand ~*** auf großem Fuß leben 6 *d'un cheval, d'un chien* ***~ de derrière, de devant*** Hinter-, Vorderteil *n*; F ***botter le ~ à qn*** F j-m e-n Tritt in den Hintern geben; j-n in den Hintern treten 7 MIL Nachschubtruppe *f*

traînailler [tʀɛnaje] F *v/i* 1 *(lambiner)* (herum)trödeln; bummeln 2 *(rôder)* herumlungern; sich herumtreiben

traînant [tʀɛnɑ̃] *adj* ***parler d'une voix ~e*** gedehnt, in schleppendem Ton(fall) sprechen

traînard [tʀɛnaʀ] *m* 1 *(retardataire)* Nachzügler *m* 2 *(lambin)* F Trödel-, Bummelfritze *m*

traînasser [tʀɛnase] *v/i* → ***traînailler***

traîne [tʀɛn] *f* 1 Schleppe *f*; ***robe*** *f* ***à ~*** Kleid *n* mit Schleppe 2 *loc/adv* ***être, rester à la ~*** zurückbleiben; hinterherhinken; ***tout est à la ~ chez elle*** *ou* ***elle laisse tout à la ~*** sie lässt alles herumliegen 3 Schleppnetz *n*; ***pêche*** *f* ***à la ~*** Schleppnetzfischerei *f*

traîneau [tʀɛno] *m* ⟨*pl* ***~x***⟩ Schlitten *m*; ***~ tiré par des chevaux*** Pferdeschlitten *m*; ***aller en ~*** mit dem Schlitten fahren

traînée [tʀene] *f* 1 Spur *f*; Streifen *m*; ***~ de brume*** Nebelstreifen *m*; AVIAT ***~ de condensation*** Kondensstreifen *m*; ***~ de sang*** Blutspur *f*; *fig nouvelle* ***se répandre, se propager comme une ~ de poudre*** sich wie ein Lauffeuer verbreiten 2 P *(prostituée)* P Nutte *f*; Hure *f*

traîne-misère [tʀɛnmizɛʀ] *m* ⟨*inv*⟩ Hungerleider *m*; armer Teufel

traîner [tʀene] **I** *v/t* 1 (hinter sich [*dat*] her)ziehen; nachziehen; nachschleppen; schleifen; ***~ les pieds*** (mit den Füßen) schlurfen; *fig* ***~ qn, qc dans la boue*** j-n, etw in den Schmutz ziehen, zerren 2 *(amener avec soi)* (mit sich) (herum)schleppen; ***~ ses enfants partout*** s-e Kinder überallhin mitnehmen, mit sich schleppen 3 *fig maladie, soucis* mit sich herumschleppen; F ***qu'est-ce qu'il*** *ou* ***elle traîne!*** F so was von Dummheit!; ist der *ou* die aber dumm! **II** *v/i* 1 *(balayer le sol)* ***~ par terre*** auf dem Boden schleifen 2 *(n'être pas rangé)* herumliegen; ***laisser ~ ses affaires*** s-e Sachen herumliegen lassen; *fig: cette histoire-là?* ***elle traîne partout, dans tous les livres*** sie ist in aller Munde; sie ist in jedem Buch zu finden 3 *procès, discussion* ***~ (en longueur)*** sich in die Länge ziehen; *a maladie* sich hinziehen; F ***ça n'a pas traîné*** F das hat nicht lange auf sich (*acc*) warten lassen; ***faire ~ les choses*** die Dinge in die Länge ziehen; ***faire ~ qc en longueur*** *a* etw verschleppen 4 *(lambiner)* trödeln; bummeln; *(rester en arrière)* zurückbleiben; F nachzotteln; *péj* ***~ dans les rues*** (F *a v/t* ***~ les rues***) auf den Straßen herumlungern; sich auf den Straßen herumtreiben 5 ***~ sur les mots*** gedehnt, in schleppendem Tonfall sprechen **III** *v/pr* ***se ~*** 1 sich fort-, dahinschleppen; sich vorwärtsschleppen; ***se ~ par terre*** auf dem (Erd)Boden herumkriechen; ***il s'est traîné à cette réunion*** *malade* er hat sich zu dieser Versammlung (hin)geschleppt; *à contrecœur* er ist sehr widerwillig zu dieser Versammlung gegangen 2 *conversation, action d'un film* sich hinschleppen; *jours* sich endlos hinziehen

traîneur [tʀɛnœʀ] *m*, **traîneuse** *f* 1 *péj* ***traîneur, traîneuse (de rues)*** Herumtreiber(in) *m(f)* 2 ***traîneur*** *m* ***de sabre*** alter Haudegen (*iron*)

trainglot [tʀɛ̃glo] *arg militaire m* Soldat *m* der Nachschubtruppe

training [tʀeniŋ] *m* 1 PSYCH, SPORTS Training ['tre:-] *n* 2 *(survêtement)* Trainingsanzug ['tre:-] *m*

train-train *ou* **traintrain** [tʀɛ̃tʀɛ̃] *m* F Trott *m*; ***le train-train*** *ou* ***traintrain de la vie quotidienne*** das tägliche Einerlei; der graue Alltag; der Alltagstrott; ***suivre son petit train-train*** *ou* ***traintrain*** *vie* im alten Trott weitergehen, *personne* weitermachen

traire [tʀɛʀ] ⟨**je trais, il trait, nous trayons, ils traient**; **je trayais**; *kein Passé simple*; **je trairai**; **que je traie**; **trayant**; **trait**⟩ *v/t* melken; ***machine*** *f* ***à ~*** Melkmaschine *f*

trait[1] [tʀɛ] *m* 1 Strich *m*; ***~ d'union*** Bindestrich *m*; *fig* ***servir de ~ d'union entre …*** das Bindeglied, e-e Brücke sein zwischen (*+dat*); ***barrer un mot d'un ~*** ein Wort durchstreichen; *fig* ***décrire, peindre qc à grands ~s*** etw in großen Zügen, Umrissen schildern, beschreiben; ***faire, tirer, tracer un ~*** e-n Strich ziehen; *fig* ***tirer un ~ sur qc*** e-n Schlussstrich unter etw (*acc*) ziehen, machen; ***supprimer qc d'un ~ de plume*** etw mit e-m Federstrich abschaffen 2 *(caractéristique)* Merkmal *n*; (hervorstechende) Eigenschaft; Zug *m*; ***~ distinctif*** Unterscheidungsmerkmal *n*; ***~ essentiel*** wesentliches Merkmal; ***~ de caractère*** Charakter-, Wesenszug *m*; ***avoir de nombreux ~s de ressemblance avec qn*** j-m in vielem ähnlich sein; ***ressembler à qn ~ pour ~*** j-m vollkommen gleichen; j-s Ebenbild sein 3 *pl* ***~s (du visage)*** Gesichtszüge *m/pl*; ***~s délicats, fins*** feine Gesichtszüge; ***~s grossiers, gros ~s*** grobe (Gesichts)Züge *m/pl*; *loc/adv* ***sous les ~s de*** in Gestalt von (*ou +gén*); als 4 *(remarque)* Bemerkung *f*; ***~ d'esprit*** geistreiche Bemerkung; Aperçu *n* 5 *(idée)* Einfall *m*; *(action)* Handlung *f*; Tat *f*; ***~ de générosité*** edelmütiges Handeln; ***~ de génie*** Geistesblitz *m*; genialer Einfall; glänzender Gedanke 6 ***avoir ~ à*** sich beziehen auf (*+acc*); Bezug haben auf (*+acc*); im Zusammenhang stehen mit 7 *en buvant* Zug *m*; ***boire à longs ~s*** in langen Zügen trinken; ***boire d'un (seul) ~*** in einem Zug(e) (aus)trinken; ***vider***

son verre d'un ~ sein Glas in einem Zug(e) leeren **8** ***bête*** *f*, ***cheval*** *m* ***de ~*** Zugtier *n*, -pferd *n* **9** *litt* (*flèche*) Pfeil *m*; *fig et st/s* ***décocher un ~ à qn*** j-n tief verletzen; e-n Pfeil auf j-n abschießen; *fig* ***filer, partir comme un ~*** wie ein Pfeil davonschießen **10** ÉCHECS erster Zug; Anzug *m*

trait² [tʀɛ] *p/p* → ***traire*** *et adj* ⟨**traite** [tʀɛt]⟩ gemolken

traitable [tʀɛtabl] *adj rarement* entgegenkommend; um-, zugänglich

traitant [tʀɛtɑ̃] *adj* **1** ***médecin ~*** behandelnder Arzt **2** *shampoing, etc* Pflege…

traite [tʀɛt] *f* **1** COMM **a)** Tratte *f*; gezogener Wechsel; ***accepter, honorer une ~*** e-n Wechsel akzeptieren, honorieren *ou* einlösen; ***tirer une ~ sur qn*** e-n Wechsel auf j-n ziehen, ausstellen, trassieren; **b)** *dans une vente à tempérament* Rate *f*; ***payer le reste par ~s*** den Rest in Raten bezahlen; F den Rest abstottern **2** *loc/adv* ***d'une seule ~*** in einem Zug(e); hintereinander; ***faire un trajet d'une seule ~*** e-e Strecke ohne Aufenthalt fahren; durchfahren; ***lire un livre d'une seule ~*** ein Buch in einem Zug(e) lesen **3** ***~ des blanches, des noirs*** Mädchen-, Sklavenhandel *m* **4** *des vaches* Melken *n*; ***~ mécanique, à la main*** Maschinen-, Handmelken *n*

traité [tʀete] *m* **1** POL Vertrag *m*; ***~ de paix*** Friedensvertrag *m*; ***conclure, signer un ~*** e-n Vertrag schließen, unterzeichnen **2** *ouvrage* Abhandlung *f*; (*manuel*) Lehrbuch *n*

traitement [tʀɛtmɑ̃] *m* **1** Behandlung *f*; ***mauvais ~s*** Misshandlung(en) *f(pl)*; ***faire subir un mauvais ~ à qn*** j-n schlecht behandeln; ***infliger des mauvais ~s à qn*** j-n misshandeln; → *a* ***faveur*** *1* **2** MÉD Behandlung *f*; ***~ de choc*** Schockbehandlung *f*, -therapie *f* (*a fig*); ***être en ~*** (***chez tel médecin***) (bei dem und dem Arzt) in Behandlung sein; ***ordonner, prescrire un ~*** e-e Behandlung verordnen; ***suivre un ~*** sich behandeln lassen; sich e-r Behandlung unterziehen **3** *d'un fonctionnaire etc* Gehalt *n* **4** TECH Behandlung *f*; *de matières premières* Verarbeitung *f*; *du minerai* Aufbereitung *f*; *de l'acier* Vergütung *f*; ***~ des eaux*** Trinkwasseraufbereitung *f*; ***~ des eaux usées*** Abwasserbehandlung *f*, -reinigung *f* **5** INFORM ***~ de l'information, des données*** Datenverarbeitung *f*; ***~ de texte*** Textverarbeitung *f*

traiter [tʀete] **I** *v/t* **1** ***~ qn*** j-n behandeln (*a* MÉD); mit j-m umgehen; ***~ qn durement, humainement*** j-n hart, menschlich behandeln; ***~ qn en ami, comme un chien*** j-n als Freund, wie e-n Hund behandeln **2** ***~ qn de menteur*** *etc* j-n e-n Lügner *etc* nennen, schimpfen, heißen; ***~ qn de tous les noms*** j-n mit allen möglichen Schimpfnamen belegen; j-n alles heißen **3** *question, problème* behandeln; ÉCOLE ***il n'a pas traité le sujet*** er hat das Thema verfehlt **4** *affaire* verhandeln über (*+acc*) **5** TECH behandeln; *matières premières* verarbeiten; *minerai* aufbereiten; *acier* vergüten; *fruits* spritzen **6** INFORM *données* verarbeiten **7** *adjt* BOURSE ***valeurs traitées*** gehandelte Werte *m/pl* **8** *litt* ***~ qn*** (*offrir un repas*) j-n bewirten **II** *v/t/indir* ***~ de qc*** *ouvrage, exposé* von etw handeln; *auteur* etw be-, abhandeln; *orateur* über etw (*acc*) sprechen **III** *v/i* ***~ avec qn sur qc*** mit j-m über etw (*acc*) verhandeln

traiteur [tʀɛtœʀ] *m* Lieferant *m* von Fertigmenüs; Partyservice *m*

traître [tʀɛtʀ], **traîtresse** [tʀɛtʀɛs] **I** *m,f* Verräter(in) *m(f)*; *par ext, a plais* Schurke *m*; Schuft *m*; ***prendre qn en traître*** j-m in den Rücken fallen **II** *adj personne* verräterisch; *a chose* heimtückisch; gefährlich; ***il n'a pas dit un traître mot*** er hat kein einziges Wort, kein Sterbenswörtchen gesagt; ***être traître à sa patrie*** ein Vaterlandsverräter sein

traîtreusement [tʀɛtʀøzmɑ̃] *adv* verräterisch; heimtückisch

traîtrise [tʀɛtʀiz] *f* Verrat *m*; Verräterei *f*; (Heim-)Tücke *f* (*a de qc*)

trajectoire [tʀaʒɛktwaʀ] *f d'un projectile, d'une fusée* Flugbahn *f*

trajet [tʀaʒɛ] *m* **1** Strecke *f*; Weg *m*; Fahrt *f*; *il est mort* ***durant le ~ à l'hôpital*** auf dem Weg ins Krankenhaus; ***j'ai une demi-heure de ~*** *pour aller à mon travail* ich brauche e-e halbe Stunde; ***effectuer, faire le ~ en trois heures*** die Strecke, den Weg in drei Stunden zurücklegen **2** ANAT *d'un nerf etc* Verlauf *m*

tralala [tʀalala] **I** *int* **1** *en chantant* trallala! **2** *enf* ätsch! **II** F *m* Pomp *m*; Aufwand *m*; F Tamtam *n*; Klimbim *m*; ***inutile de faire tant de ~s!*** F so viel Tamtam ist nicht nötig!; F wozu der ganze Klimbim?

tram [tʀam] *m* → ***tramway***

trame [tʀam] *f* **1** TEXT Schuss *m*; ***fil*** *m* ***de ~*** Schussfaden *m*; *tapis* ***usé jusqu'à la ~*** ganz abgewetzt, abgetreten, fadenscheinig **2** TYPO, TV Raster *m* **3** *fig* Hintergrund *m*; Grundlage *f*

tramer [tʀame] **I** *v/t complot* anzetteln; anstiften; schmieden **II** *v/pr* ***il se trame qc*** da braut sich etw zusammen; da wird etw ausgeheckt

traminot [tʀamino] *m* Straßenbahner *m*

tramontane [tʀamɔ̃tan] *f* Nordwind *m*; *fig* ***perdre la ~*** den Kopf verlieren

trampoline [tʀɑ̃pɔlin] *m* SPORTS Trampolin *n*

tramway [tʀamwɛ] *m* Straßenbahn *f*; *südd* Trambahn *f*; F Tram *f*

tranchage [tʀɑ̃ʃaʒ] *m* **1** *du bois* Schneiden *n* **2** *des métaux* Abschroten *n*

tranchant [tʀɑ̃ʃɑ̃] **I** *adj* **1** schneidend; scharf; Schneid…; ***instrument ~*** Schneidwerkzeug *n* **2** *fig* ***d'un ton ~*** in nachdrücklichem, entschiedenem Ton **II** *m* **1** *d'un couteau etc* Schneide *f*; *fig* ***mesure f à double ~*** Maßnahme, mit der man sich (*acc ou dat*) ins eigene Fleisch schneiden kann; *fig* ***c'est*** (***une arme***) ***à double ~*** das ist ein zweischneidiges Schwert **2** *fig* Schärfe *f*

tranche [tʀɑ̃ʃ] *f* **1** Scheibe *f*; Schnitte *f*; ***~ napolitaine*** *correspond à* Fürst-Pückler-Eis *n*; ***~ de jambon, de pain*** Scheibe, Schnitte Schinken, Brot; Brotscheibe *f*, -schnitte *f*; ***~ de viande*** Scheibe Fleisch; ***couper en ~s*** in Scheiben schneiden; F *fig* ***s'en payer une ~*** sich biegen vor Lachen; sich köstlich amüsieren **2** *par ext* Abschnitt *m*; Stufe *f*; Stück *n*; Teil *m ou n*; ***~ d'âge*** Altersstufe *f*; ***~ des revenus imposables*** Progressionsstufe *f*; ***~ de salaires*** Gehaltsstufe *f*; ***première ~ des travaux*** erster Bauabschnitt **3** *d'un livre* Schnitt *m*; ***doré sur ~(s)*** mit Goldschnitt **4** BOUCHERIE Unterschale *f* **5** MATH (Zahlen-, Ziffern)Gruppe *f* **6** LOTERIE ***~ spéciale*** Sonderausspielung *f* **7** *d'un emprunt* Tranche *f*

tranché [tʀɑ̃ʃe] *adj* **1** ***couleurs bien ~es*** scharf ge-

T

geneinander abgegrenzte, sich voneinander abhebende Farben *f/pl* 2 *fig* klar (abgegrenzt); ***opinion ~e*** feste Meinung

tranchée [tʀɑ̃ʃe] *f* Graben *m*; MIL Schützengraben *m*; ***guerre f de(s) ~s*** Grabenkrieg *m*; ***creuser une ~*** e-n Graben ausheben

tranchefile [tʀɑ̃ʃfil] *f* RELIURE Kapitalband *n*

trancher [tʀɑ̃ʃe] I *v/t* 1 durchschneiden; zerschneiden; *adjt: on l'a retrouvé,* ***la gorge tranchée*** mit durchschnittener Kehle; ***~ la tête à qn*** j-m den Kopf abschlagen; j-n enthaupten, köpfen 2 *question, querelle* entscheiden; ***~ une difficulté*** eine Schwierigkeit ausräumen, endgültig lösen II *v/i* 1 schneiden; ***~ dans le vif*** MÉD tief ins gesunde Gewebe, Fleisch schneiden; *fig* strenge, energische Maßnahmen ergreifen; zum letzten, äußersten Mittel greifen 2 *(décider)* sich entscheiden; ***il faut ~*** wir müssen uns jetzt entscheiden 3 *couleur, fig* ***~ sur*** sich abheben von; abstechen gegen, von; *fig* ***son calme tranchait avec*** *l'agitation des autres* ... s-e Ruhe stach gegen *ou* von ... ab, hob sich von ... ab

trancheuse [tʀɑ̃ʃøz] *f* 1 Furniermessermaschine *f* 2 CUIS (Alles)Schneider *m*

tranquille [tʀɑ̃kil] I *adj mer, eau, endroit* ruhig; still; *sommeil, personne* ruhig; *personne a (paisible)* friedlich; *(rassuré)* unbesorgt; ***un coin bien ~*** ein stiller Winkel; ***courage m ~*** schlichte, stille Tapferkeit; ***avoir la conscience, l'esprit ~*** ein ruhiges Gewissen haben; ***soyez ~!*** seien Sie unbesorgt!; keine Sorge!; nur keine Angst!; ***vous pouvez être ~*** Sie können beruhigt, unbesorgt sein; ***laisse-moi ~!*** lass mich in Ruhe (***avec*** mit)!; F ***laisse ça ~!*** lass das stehen!; rühr das nicht an!; ***marcher d'un pas ~*** mit ruhigen, bedächtigen Schritten gehen; ***mener une (petite) vie ~, vivre bien ~*** ein stilles, friedliches, ruhiges Leben führen; friedlich leben; ***vous pouvez partir ~*** Sie können getrost, ruhig, unbesorgt fahren II *adv* F *(facilement)* leicht; problemlos

tranquillement [tʀɑ̃kilmɑ̃] *adv* ruhig; friedlich; ungestört; *(sans inquiétude)* unbesorgt; getrost; *(sans émotion)* in (aller) Ruhe; *(facilement)* leicht; problemlos; ***on peut y aller ~ en dix minutes*** man kommt da leicht in zehn Minuten hin; ***nous étions ~ installés*** wir saßen ruhig, friedlich da; ***répondre ~*** ruhig, ohne Erregung antworten

tranquillisant [tʀɑ̃kilizɑ̃] I *adj* beruhigend II *m* PHARM Beruhigungsmittel *n*; Tranquilizer ['trɛŋkvɪlaɪzər] *m*

tranquilliser [tʀɑ̃kilize] I *v/t personne* beruhigen; ***~ la conscience de qn*** j-s Gewissen beruhigen, beschwichtigen II *v/pr* ***se ~*** sich beruhigen; ruhig(er) werden; ***tranquillisez-vous*** beruhigen Sie sich; seien Sie unbesorgt

tranquillité [tʀɑ̃kilite] *f* Ruhe *f*; Stille *f*; *d'une personne* (innere) Ruhe; Frieden *m*; ***~ d'esprit*** Seelenfrieden *m*, -ruhe *f*; JUR ***atteinte f à la ~ publique*** (öffentliche) Ruhestörung; *loc/adv* ***en toute ~*** völlig ungestört; in (aller) Ruhe; ***retrouver sa ~*** s-e Ruhe, s-n Frieden wiederfinden

transaction [tʀɑ̃zaksjõ] *f* 1 COMM, FIN Geschäft *n*; Abschluss *m*; Transaktion *f*; ***~s*** *pl a* Verkehr *m*; ***~s bancaires*** Bankverkehr *m* 2 JUR Vergleich *m*; *par ext* Kompromiss *m*; ***conclure une ~*** e-n Vergleich, Kompromiss schließen

transactionnel [tʀɑ̃zaksjɔnɛl] *adj* ⟨***~le***⟩ JUR Vergleichs...; Kompromiss...

transalpin [tʀɑ̃zalpɛ̃] *adj* HIST ***la Gaule ~e*** Gallia transalpina *f*

transat [tʀɑ̃zat] 1 *m* Liegestuhl *m* 2 *f abr (course transatlantique)* Transatlantikregatta *f*

transatlantique [tʀɑ̃zatlɑ̃tik] I *adj* transatlantisch; ***vol m ~*** Transatlantikflug *m*; Flug *m* über den Atlantik II *subst* 1 *m paquebot* Übersee-, Ozeandampfer *m* 2 *m,f* → ***transat*** *1, 2*

transbahuter [tʀɑ̃zbayte] F I *v/t* (anderswohin) schleppen, schaffen II *v/pr* ***se ~*** *personne* sich schleppen

transbordement [tʀɑ̃zbɔʀdəmɑ̃] *m* Umladen *n*; COMM Umschlag *m* **transborder** *v/t marchandises* umladen; MAR umschiffen; COMM umschlagen; MAR *passagers* umschiffen

transbordeur [tʀɑ̃zbɔʀdœʀ] *adjt et subst m* (***pont***) ***~*** Schwebefähre *f*; (***navire***) ***~*** Autofähre *f*

Transcaucasie [tʀɑ̃skokazi] GÉOGR ***la ~*** Transkaukasien *n*

transcaucasien [tʀɑ̃skokazjɛ̃] *adj* ⟨***~ne***⟩ transkaukasisch

transcendance [tʀɑ̃sɑ̃dɑ̃s] *f* PHILOS Transzendenz *f*

transcendant [tʀɑ̃sɑ̃dɑ̃] *adj* 1 PHILOS transzendent; übersinnlich 2 *(remarquable)* überlegen; hervorragend; F *d'un film, d'une idée* ***ça n'a rien de ~*** F das ist nicht gerade e-e Offenbarung

transcendantal [tʀɑ̃sɑ̃dɑ̃tal] *adj* ⟨***-aux***⟩ PHILOS transzendental **transcendantalisme** *m* PHILOS Transzendentalismus *m*

transcender [tʀɑ̃sɑ̃de] *v/t* PHILOS transzendieren

transcodage [tʀɑ̃skɔdaʒ] *m* INFORM Umkodierung *f* **transcoder** *v/t* INFORM umkodieren **transcodeur** *m* INFORM Compiler [-'paɪ-] *m*

transcontinental [tʀɑ̃skõtinɑ̃tal] *adj* ⟨***-aux***⟩ transkontinental

transcription [tʀɑ̃skʀipsjõ] *f* 1 *d'un texte,* JUR Übertragung *f*; *(copie)* Abschrift *f*; *(enregistrement)* Eintragung *f* 2 LING Transkription *f*; ***~ phonétique*** phonetische Umschrift, Transkription; Lautschrift *f* 3 MUS Transkription *f*; Bearbeitung *f*

transcrire [tʀɑ̃skʀiʀ] *v/t* ⟨→ **écrire**⟩ 1 *texte,* JUR übertragen; *(copier)* abschreiben; *(enregistrer)* eintragen; ***~ en clair*** in Klartext übertragen 2 LING transkribieren; in e-e andere Schrift übertragen; ***~ en écriture phonétique*** phonetisch umschreiben 3 MUS transkribieren; bearbeiten

transe [tʀɑ̃s] *f* 1 SPIRITISME Trance [trã:s] *f*; ***entrer, être en ~*** in Trance kommen, sein; *par ext de colère, d'énervement* außer sich geraten, sein; *d'enthousiasme* in Ekstase geraten, sein 2 ***être dans les ~s, dans des ~s mortelles*** in Todesängsten schweben; Todesängste ausstehen

transept [tʀɑ̃sɛpt] *m* ARCH Querschiff *n*; Transept *m ou n*

transférable [tʀɑ̃sfeʀabl] *adj* übertragbar; *fonds* transferierbar

transfèrement [tʀɑ̃sfɛʀmɑ̃] *m d'un prisonnier* Überstellung *f*

transférer [tʀɑ̃sfeʀe] *v/t* ⟨***-è-***⟩ 1 *propriété, droits etc, fig sentiments* übertragen (***à*** auf *+acc*); *argent* überweisen; *capitaux, fonds* transferieren; *à un autre compte* umbuchen 2 *dépouille mortelle* überführen; *prisonnier* überstellen; *siège d'une firme etc* verlegen **3** INFORM weiterleiten; forwarden ['fɔrvɔrdən]

transfert [tʀɑ̃sfɛʀ] *m* **1** *de propriété, droits etc* Übertragung *f*; *de fonds, capitaux* Transfer *m*; Transferierung *f*; *d'argent a* Überweisung *f*; *à un autre compte* Umbuchung *f*; **~ de technologie** Technologietransfer *m* **2** *d'une dépouille mortelle* Überführung *f*; *d'un prisonnier* Überstellung *f*; *du siège d'une firme etc* Verlegung *f*; **~ de populations** Umsiedlung *f* **3** PSYCH Übertragung *f*; Transfer *m* **4** *d'un sportif* Transfer *m*

transfiguration [tʀɑ̃sfigyʀasjõ] *f* REL Verklärung *f* (*a fig*); Transfiguration *f*

transfigurer [tʀɑ̃sfigyʀe] **I** *v/t* REL *et fig* verklären; *joie* **~ qn** j-s Gesicht verklären **II** *v/pr* **se ~** REL verklärt werden

transfo [tʀɑ̃sfo] *m abr* (*transformateur*) ÉLECT Trafo *m*

transformable [tʀɑ̃sfɔʀmabl] *adj* verwandelbar; umwandelbar; **fauteuil** *m*, **siège** *m* **~** in e-e Liege umwandelbarer Sessel

transformateur [tʀɑ̃sfɔʀmatœʀ] **I** *m* ÉLECT Transformator *m*; Umspanner *m* **II** *adj* ⟨**-trice**⟩ Verwandlungs…; Umwandlungs…; TECH verarbeitend; Verarbeitungs…

transformation [tʀɑ̃sfɔʀmasjõ] *f* **1** (*action de transformer*) (Ver)Änderung *f*; Umformung *f*; Umgestaltung *f*; *de matières premières* (Weiter)Verarbeitung *f*; Veredelung *f*; CONSTR **~s** *pl* Umbau *m*; Renovierung *f*; RUGBY **~ d'un essai** Verwandlung *f* e-s Versuchs in e-n Treffer; **industrie** *f* **de ~** (weiter)verarbeitende Industrie; Veredelungsindustrie *f*; *dans une maison* **faire des ~s** umbauen; renovieren; Veränderungen durchführen **2** (*fait de se transformer*) Umwandlung *f*; Verwandlung *f*; Veränderung *f*; Wandel *m*; BIOL *a* Entwicklung *f*; **~ profonde** Umwälzung *f*; PHYS **~ de mouvement en chaleur** Umwandlung von Bewegung in Wärme **3** ÉLECT Transformierung *f*; Umspannung *f*; Umformung *f*; **station** *f* **de ~** Umspannwerk *n*

transformationnel [tʀɑ̃sfɔʀmasjɔnɛl] *adj* ⟨**~le**⟩ LING **grammaire ~le** Transformationsgrammatik *f*

transformer [tʀɑ̃sfɔʀme] **I** *v/t* **1** verändern; verwandeln, umwandeln (**en** in +*acc*); *choses a* umformen; umgestalten; *vêtement* umarbeiten; (um)ändern; *matières premières* (weiter)verarbeiten; veredeln; **~ une maison** ein Haus umbauen, renovieren; **~ un château en hôtel** ein Schloss zu e-m Hotel umbauen; aus e-m Schloss ein Hotel machen; RUGBY **~ un essai** e-n Versuch in e-n Treffer verwandeln; **ce séjour à la mer l'a transformé** durch den Aufenthalt am Meer sieht er ganz anders aus, hat sich sein Aussehen geändert **2** ÉLECT transformieren; umspannen; umformen **II** *v/pr* **se ~** sich (ver)ändern; sich verwandeln (**en** in +*acc*); **leur amitié s'est transformée en amour** aus ihrer Freundschaft wurde Liebe; ihre Freundschaft verwandelte sich in Liebe

transformisme [tʀɑ̃sfɔʀmism] *m* BIOL Abstammungslehre *f*; Transformismus *m* **transformiste** *m,f* Anhänger(in) *m(f)* der Abstammungslehre

transfuge [tʀɑ̃sfyʒ] *m* Überläufer *m*

transfusé(e) [tʀɑ̃sfyze] *m(f)* MÉD Person *f*, der Blut übertragen wurde **transfuser** *v/t* MÉD *sang* übertragen **transfuseur** *m* MÉD Person, die e-e Blutübertragung vornimmt

transfusion [tʀɑ̃sfyzjõ] *f* MÉD **~** (**sanguine** *ou* **de sang**) Blutübertragung *f*; (Blut)Transfusion *f*

transgénique [tʀɑ̃sʒenik] *adj* gentechnisch verändert; *sc* transgen; **maïs** *m* **~** Genmais *m*

transgresser [tʀɑ̃sgʀese] *v/t loi, règlement* übertreten; verstoßen gegen; *ordre* zuwiderhandeln (+*dat*)

transgression [tʀɑ̃sgʀɛsjõ] *f d'une loi, d'un règlement* Übertretung *f*; Verstoß *m* (**de qc** gegen etw); *abs a* Zuwiderhandlung *f*

Transhimalaya [tʀɑ̃simalaja] GÉOGR **le ~** der Transhimalaja

transhumance [tʀɑ̃zymɑ̃s] *f* AGR Transhumanz *f*; *en été* Almauftrieb *m*; *en automne* Almabtrieb *m*

transhumant [tʀɑ̃zymɑ̃] *adj* **troupeaux ~s** *ou subst* **~s** *m/pl* Vieh, das im Sommer auf die Alm(en) getrieben wird

transhumer [tʀɑ̃zyme] *v/i* auf die Alm(en) ziehen

transi [tʀɑ̃zi] *adj* **1** **être ~ de froid** starr, steif, erstarrt vor Kälte sein **2** **un amoureux ~** ein zaghafter, aber beharrlicher Verehrer

transiger [tʀɑ̃ziʒe] *v/i* ⟨**-geons**⟩ e-n Kompromiss schließen (**avec** mit); *fig*: **~ avec sa conscience** ein weites Gewissen haben; **ne pas ~ sur l'honneur** es mit der Ehre sehr genau nehmen

transir [tʀɑ̃ziʀ] *litt v/t* erstarren lassen

transistor [tʀɑ̃zistɔʀ] *m* **1** ÉLECTRON Transistor *m* **2** RAD Transistorgerät *n*, -radio *n*; Kofferradio *n*

transistorisé [tʀɑ̃zistɔʀize] *adj* ÉLECTRON transistorisiert; mit Transistoren

transit [tʀɑ̃zit] *m* Transit *m*; *de marchandises a* Durchfuhr *f*; AVIAT **salle** *f* **de ~** Transitraum *m*; **en ~** *loc/adv* im Transit(verkehr); *loc/adj* Transit…; **passagers** *m/pl* **en ~** Transitreisende(n) *m/pl*

transitaire [tʀɑ̃zitɛʀ] **I** *adj* Transit…; Durchfuhr… **II** *m* Transitspediteur *m*

transiter [tʀɑ̃zite] **I** *v/t marchandises* im Transitverkehr befördern **II** *v/i marchandises* im Transit(-verkehr) durchgehen, befördert werden (**par** durch); *voyageurs* **~ par …** über … kommen, reisen, *en avion* fliegen

transitif [tʀɑ̃zitif] *adj* ⟨**-ive**⟩ GR transitiv; zielend; **verbe ~** (**direct**) transitives Verb; **verbe ~ indirect** Verb *n* mit Präpositionalobjekt

transition [tʀɑ̃zisjõ] *f* Übergang *m*; LITTÉRATURE, MUS *a* Überleitung *f*; PEINT *a* Abstufung *f*; Schattierung *f*; *loc/adj* **de ~** Übergangs…; vorübergehend; vorläufig; provisorisch; *loc/adv* **sans ~** ohne Übergang; übergangslos

transitivement [tʀɑ̃zitivmɑ̃] *adv* **verbe employé ~** transitiv gebrauchtes Verb

transitivité [tʀɑ̃zitivite] *f* GR, MATH Transitivität *f*; transitiver Charakter

transitoire [tʀɑ̃zitwaʀ] *adj* Übergangs…; vorläufig; vorübergehend; provisorisch; **période** *f* **~** Übergangszeit *f*

translation [tʀɑ̃slasjõ] *f* **1** JUR Übertragung *f* **2** *litt d'une dépouille mortelle* Überführung *f* **3** MATH, PHYS (**mouvement** *m* **de**) **~** Translation *f*; Parallelverschiebung *f*

translucide [tʀɑ̃slysid] *adj* durchscheinend; lichtdurchlässig **translucidité** *f* Lichtdurchlässigkeit *f*

transmetteur [tʀɑ̃smɛtœʀ] *m* MAR **~ d'ordres** Maschinentelegraf *m*

T

transmettre [tʀɑ̃smɛtʀ] ⟨→ **mettre**⟩ **I** *v/t* **1** weitergeben, -leiten; *message, information* übermitteln; zuleiten; *tradition, nom,* BIOL *caractères* weitergeben; vererben; **~ *qc à qn*** j-m etw übermitteln, zuleiten; etw an j-n weiterleiten, -geben; j-m etw vererben; **~ *qc à la postérité*** etw der Nachwelt überliefern; ***transmettez mes amitiés à M. X*** übermitteln Sie Herrn X meine Grüße; grüßen Sie Herrn X von mir; **~ *ses pouvoirs à qn*** s-e Vollmacht, Befugnisse j-m, auf j-n übertragen; RAD, TV **~ *en direct*** direkt übertragen; live [laɪf] senden; **~ *par téléphone*** telefonisch durchgeben **2** PHYS *mouvement* übertragen; *son, lumière* weiterleiten; *électricité* weiterführen; leiten; PHYSIOL (weiter)leiten **3** MÉD *insecte: maladie* übertragen; *personne* **~ *une maladie à qn*** j-n mit e-r Krankheit anstecken; e-e Krankheit auf j-n übertragen; *génétiquement* j-m e-e Krankheit vererben **II** *v/pr* ***se* ~** PHYS *mouvement* übertragen werden; *son* sich fortpflanzen; *électricité* weitergeleitet werden; *maladie* ***se* ~ *héréditairement*** sich vererben; vererbt werden; erblich sein; *secret etc* ***se* ~ *de père en fils*** von Generation zu Generation weitergegeben werden

transmigration [tʀɑ̃smigʀasjõ] *f* REL **~ *des âmes*** Seelenwanderung *f*

transmigrer [tʀɑ̃smigʀe] *v/i* REL *âme* wandern

transmissibilité [tʀɑ̃smisibilite] *f* Übertragbarkeit *f*; BIOL Vererblichkeit *f* **transmissible** *adj* übertragbar (*a maladie*); BIOL vererblich

transmission [tʀɑ̃smisjõ] *f* **1** *de pouvoirs* Übertragung *f*; Übergabe *f*; *de maladies* Übertragung *f*; *de privilèges etc,* BIOL *de caractères* Vererbung *f* **2** *d'un message* Übermittlung *f*; Weiter-, Zuleitung *f*; *d'idées, de connaissances* Vermittlung *f*; Übermittlung *f*; Weitergabe *f*; **~ *de pensée*** Gedankenübertragung *f* **3** INFORM **~ *de(s) données*** Datenübertragung *f* **4** PHYS Übertragung *f*; *de son, lumière* Weiterleitung *f*; Fortpflanzung *f* **5** TECH Transmission *f*; Antrieb *m*; ***courroie*** *f* ***de* ~** Treibriemen *m* **6** MIL **~*s*** *pl* Nachrichtenapparat *m*, -wesen *n*; (***service*** *m* ***des***) **~*s*** Fernmeldetruppe *f*

transmuable [tʀɑ̃smɥabl] *litt adj* um-, verwandelbar **transmuer** *litt* **I** *v/t* um-, verwandeln; umgestalten **II** *v/pr* ***se* ~** sich verwandeln (***en*** in *+acc*)

transmutation [tʀɑ̃smytasjõ] *f* Um-, Verwandlung *f* **transmuter** *v/t* → ***transmuer***

transocéanien [tʀɑ̃zɔseanjɛ̃] *adj* ⟨**~ne**⟩, **transocéanique** *adj* Transozean…; transozeanisch

transparaître [tʀɑ̃spaʀɛtʀ] *st/s v/i* ⟨→ **connaître**⟩ **1** durchscheinen; **~ *à travers qc*** durch etw scheinen **2** *fig* sichtbar werden; durchschimmern; zum Vorschein kommen; ***laisser* ~** verraten; erkennen lassen

transparence [tʀɑ̃spaʀɑ̃s] *f* **1** Durchsichtigkeit *f*; Transparenz *f*; *de l'eau, de l'air a* Klarheit *f*; (*translucidité*) Lichtdurchlässigkeit *f*; ***lire qc par* ~** etw lesen, indem man es gegen das Licht hält; ***on voit les formes par* ~** die Formen scheinen durch **2** *du teint* Zartheit *f*; Reinheit *f* **3** ÉCON *du marché* Transparenz *f*

transparent [tʀɑ̃spaʀɑ̃] **I** *adj* **1** *eau, verre, tissu, papier* durchsichtig; transparent; (*translucide*) durchscheinend (*a porcelaine*); lichtdurchlässig; ***eau* ~*e*** glas-, kristallklares Wasser; ***teint* ~** zarter, reiner Teint **2** *fig intentions etc* durchsichtig; leicht durchschaubar; ***allusion* ~*e*** klare, eindeutige Anspielung **II** *m* PÉD Folie *f* (für Tageslichtprojektor)

transpercer [tʀɑ̃spɛʀse] *v/t* ⟨**-ç-**⟩ **1** **~ *qc, qn*** etw, j-n durchbohren, -stechen; *balle* **~ *qn*** j-n durchbohren; **~ *qc*** *a* etw durchschlagen **2** *froid* **~ *qn*** j-n durchdringen; *pluie* **~ *les vêtements*** durch die Kleidung dringen; die Kleidung durchnässen **3** *fig douleur* **~ *le cœur*** das Herz zerreißen

transpiration [tʀɑ̃spiʀasjõ] *f* **a)** Schwitzen *n*; Transpirieren *n*; **b)** (*sueur*) Schweiß *m*

transpirer [tʀɑ̃spiʀe] *v/i* **1** schwitzen; transpirieren; **~ *des mains*** an den Händen schwitzen; **~ *des pieds*** Schweißfüße haben; F *fig* **~ *sur un travail*** über e-r Arbeit schwitzen **2** *fig secret, nouvelle* durchsickern; ruchbar werden

transplant [tʀɑ̃splɑ̃] *m* MÉD Transplantat *n*

transplantable [tʀɑ̃splɑ̃tabl] *adj* um-, verpflanzbar

transplantation [tʀɑ̃splɑ̃tasjõ] *f* **1** MÉD Transplantation *f*; **~ *cardiaque, d'un rein*** Herz-, Nierentransplantation *f*, -verpflanzung *f* **2** *de personnes* Umsiedlung *f*; Übersiedlung *f*; Verpflanzung *f*

transplanter [tʀɑ̃splɑ̃te] **I** *v/t* **1** *plantes* um-, verpflanzen; versetzen **2** MÉD *organe* transplantieren; verpflanzen **3** *personnes* umsiedeln; verpflanzen **II** *v/pr* ***se* ~** umsiedeln, übersiedeln (***en France*** nach Frankreich)

transport [tʀɑ̃spɔʀ] *m* **1** Transport *m*; Beförderung *f*; **~ *d'un blessé*** Transport e-s Verletzten; **~ *de marchandises*** Güterbeförderung *f*, -transport *m*; **~ *de personnes, de voyageurs*** Personenbeförderung *f*, -transport *m*, -verkehr *m*; **~ *par chemin de fer*** Transport mit der Bahn; **~ *par conteneurs*** Beförderung durch Container; Containerverkehr *m*; **~ *par* (*voie de*) *terre, par voie d'eau*** Beförderung auf dem Land-, Wasserweg; ***frais*** *m/pl* ***de* ~** Beförderungs-, Transportkosten *pl*; *marchandises a* Frachtkosten *pl*; *personnes a* Fahrtkosten *pl*; ***moyen*** *m* ***de* ~** Transport-, Beförderungs-, Verkehrsmittel *n*; ***mourir durant son* ~ *à l'hôpital*** auf dem Transport ins Krankenhaus sterben **2** **~*s*** *pl* Verkehrsmittel *n/pl*; *par ext* Verkehr *m*; Verkehrswesen *n*, -gewerbe *n*; **~*s aériens, maritimes*** Luft- *ou* Flug-, Seeverkehr *m*; **~*s publics*** öffentliche Verkehrsmittel; **~*s routiers*** Lkw-Verkehr *m*; **~*s en commun*** öffentliche Verkehrsmittel; Massenverkehrsmittel *n/pl*; ***entreprise*** *f* ***de* ~*s*** Transport-, Verkehrsunternehmen *n*; *pour marchandises a* Speditionsfirma *f*; ***industrie*** *f* ***des* ~*s*** Verkehrsgewerbe *n*; ***mal*** *m* ***des* ~*s*** Reisekrankheit *f* **3** MAR MIL Transportschiff *n*; **~ *de troupes*** Truppentransporter *m* **4** *st/s* **~*s*** *pl* Anfall *m*; Aufwallung *f*; Ausbruch *m*; *litt ou plais* **~*s amoureux*** Leidenschaft *f*; **~*s de colère, d'enthousiasme*** Zornes-, Begeisterungsausbruch *m*; **~*s de joie, d'allégresse*** Freudentaumel *m* **5** MÉD HIST **~ *au cerveau*** Schlaganfall *m*; Gehirnschlag *m*

transportable [tʀɑ̃spɔʀtabl] *adj* transportabel; transportierbar; *malade* transportfähig

transporté [tʀɑ̃spɔʀte] *adj* verzückt; **~ *d'admiration*** hingerissen; ***être, se sentir* ~ *de joie*** sich vor Freude nicht zu lassen *ou* fassen wissen; vor Freude außer sich sein

transporter [tʀɑ̃spɔʀte] **I** *v/t* **1** befördern; transportieren (*a malade*); **~ *en camion, en avion*** mit Lkw, mit dem Flugzeug befördern; **~ *qc dans un***

T

autre lieu etw an e-n anderen Ort bringen, schaffen *ou* fahren *ou* fliegen **2** TECH *énergie* transportieren; *électricité a* (fort)leiten; übertragen; *avec un dispositif* (be)fördern **3** *fig* ***~ à une autre époque, en un autre lieu*** in e-e andere Zeit, an e-n Ort verlegen, versetzen **4** ***~ qn de joie, d'enthousiasme*** j-n in e-n Freudentaumel versetzen, j-n hinreißen; → *a* ***transporté*** **II** *v/pr* ***se ~*** **1** sich begeben; ***se ~ sur les lieux*** sich an Ort und Stelle begeben; JUR e-n Lokaltermin abhalten; e-e Augenscheinseinnahme vornehmen **2** *fig* ***se ~ par la pensée, par l'imagination en un autre lieu, à une autre époque*** sich in Gedanken, in der Vorstellung an e-n anderen Ort, in e-e andere Zeit versetzen

transporteur [tʀɑ̃spɔʀtœʀ] *m* **1 a)** ***~ routier*** Spediteur *m*; **b)** *entrepreneur* Transportunternehmer *m*; Frachtführer *m* **2** TECH Förderer *m*; Fördermittel *n*, -anlage *f*

transposable [tʀɑ̃spozabl] *adj* umstellbar; umsetzbar

transposer [tʀɑ̃spoze] *v/t* **1** MUS transponieren; umsetzen **2** (*présenter sous une autre forme*) umsetzen (***en*** in *+acc*); ***~ la réalité au théâtre*** die Wirklichkeit dramatisch gestalten, umformen

transposition [tʀɑ̃spozisjõ] *f* **1** (*permutation*) Umstellung *f* **2** MUS Transponieren *n*; Transposition *f* (*a résultat*) **3** *fig de la réalité dans la littérature etc* Umsetzung *f*

transsaharien [tʀɑ̃ssaaʀjɛ̃] *adj* ⟨***~ne***⟩ die Sahara über- *ou* durchquerend

transsexualisme [tʀɑ̃ssɛksɥalism] *m* PSYCH Transsexualismus *m*; Gefühl *n* der Zugehörigkeit zum anderen Geschlecht **transsexuel** *adj* ⟨***~le***⟩ transsexuell

transsibérien [tʀɑ̃ssibeʀjɛ̃] *adj* ⟨***~ne***⟩ transsibirisch; ***chemin*** *m* ***de fer ~*** *ou subst* ***~*** *m* Transsibirische Eisenbahn

Transvaal [tʀɑ̃sval, tʀɑ̃z-] GÉOGR ***le ~*** Transvaal *n*

transvasement [tʀɑ̃svɑzmɑ̃, tʀɑ̃z-] *m* Umfüllen *n*, -gießen *n* **transvaser** *v/t* umfüllen, -gießen

transversal [tʀɑ̃svɛʀsal] **I** *adj* ⟨*-aux*⟩ Quer…; quer liegend; quer verlaufend; transversal; ***coupe ~e*** Querschnitt *m*; ***rue ~e*** Quer-, Seitenstraße *f* **II** *f* ***~e*** SPORTS **a)** *du but* Querlatte *f*; **b)** *passe* Querpass *m* **transversalement** *adv* quer

transverse [tʀɑ̃svɛʀs] *adj* ANAT Quer…

transvider [tʀɑ̃svide] *v/t* umfüllen

Transylvanie [tʀɑ̃silvani] ***la ~*** Siebenbürgen *n*

trapèze [tʀapɛz] *m* **1** MATH Trapez *n*; ***en (forme de) ~*** trapezförmig **2** SPORTS Trapez *n*; ***~ volant*** fliegendes Trapez; ***faire du ~*** Übungen am Trapez machen **3** ANAT ***~*** *ou adjt* ***muscle*** *m* ***~*** Trapezmuskel *m*

trapéziste [tʀapezist] *m,f* Trapezkünstler(in) *m(f)*

trapézoïdal [tʀapezɔidal] *adj* ⟨***-aux***⟩ trapezförmig; TECH ***courroie ~e*** Keilriemen *m*

trappe [tʀap] *f* **1** *dans un plafond ou plancher* Falltür *f*; Klappe *f* **2** CH Fallgrube *f* **3** THÉ Versenkung *f*

Trappe [tʀap] *f* REL **1** ***la ~*** der Trappistenorden **2** ***trappe*** *monastère* Trappistenkloster *n*

trappeur [tʀapœʀ] *m* Trapper *m*

trappiste [tʀapist] *m* REL Trappist *m*

trapu [tʀapy] *adj* **1** *personne* untersetzt; gedrungen; stämmig **2** *bâtiment etc* massig; wuchtig **3** *problème* schwierig; verzwickt

traque [tʀak] *f* CH Treibjagd *f*; Treiben *n*

traquenard [tʀaknaʀ] *m* CH *et fig* Falle *f*

traquer [tʀake] *v/t* **1** CH *animal* treiben; umstellen; *fig* ***avec un air de bête traquée*** verängstigt; wie ein umstelltes, gehetztes Wild **2** ***~ qn*** j-n hetzen, verfolgen, jagen

traquet [tʀakɛ] *m* ZO Schmätzer *m*

traqueur [tʀakœʀ] *m* CH Treiber *m*

Trasimène [tʀazimɛn] ***le lac ~*** der Trasimenische See

trattoria [tʀatɔʀja] *f en Italie* Trattoria *f*

trauma [tʀoma] *m* MÉD, PSYCH Trauma *n*

traumatique [tʀomatik] *adj* MÉD traumatisch (*a* PSYCH); Wund…

traumatisant [tʀomatizɑ̃] *adj* e-n Schock, e-e seelische Erschütterung, ein Trauma hervorrufend

traumatiser [tʀomatize] *v/t* schocken; ***cette chute l'a traumatisé*** bei diesem Sturz erlitt er e-n Schock; ***être traumatisé par*** e-n Schock, ein Trauma erleiden bei, durch; *adjt* ***traumatisé*** geschockt

traumatisme [tʀomatism] *m* **1** MÉD Trauma *n*; Verletzung *f*; ***~ crânien*** Schädelverletzung *f* **2** PSYCH (seelischer) Schock; seelische Erschütterung; (psychisches) Trauma

traumatologie [tʀomatɔlɔʒi] *f* Unfallchirurgie *f*; ***service*** *m* ***de ~*** Unfallstation *f*

traumatologique [tʀomatɔlɔʒik] *adj* Unfall…

travail [tʀavaj] *m* ⟨*pl* ***-aux***⟩ **1** *sg* Arbeit *f*; Arbeiten *n*; *résultat* Arbeit *f*; Werk *n*; (*emploi*) Arbeitsplatz *m*; Arbeitsverhältnis *n*; ***~ scolaire*** (Schul)Unterricht *m* und Hausaufgaben *f/pl*; *d'un élève* Leistungen *f/pl* (in der Schule); ***~ à la chaîne*** Fließbandarbeit *f*; ***~ à domicile*** Heimarbeit *f*; ***~ à mi-temps, à plein temps*** Halbtags-, Ganztagsarbeit *f*, -beschäftigung *f*, -stellung *f*; ***~ au noir*** Schwarzarbeit *f*; ***~ aux pièces, à la tâche*** Stück-, Akkordarbeit *f*; ***~ de bureau, de nuit, de précision*** Büro-, Nacht-, Präzisionsarbeit *f*; ***~ des enfants*** Kinderarbeit *f*; ***~ en équipe*** *ou* ***d'équipe*** Teamarbeit ['tiːm-] *f*; ***~ en*** *ou* ***par équipes*** Schichtarbeit *f*; ***~ sur écran*** Bildschirmarbeit *f*; ***droit*** *m* ***au ~*** Recht *n* auf Arbeit; ***droit*** *m* ***du ~*** Arbeitsrecht *n*; *loc* ***à ~ égal, salaire égal*** gleiche Arbeit, gleicher Lohn; ***pendant le ~, les heures de ~*** während der Arbeitszeit; ***aimer le ~*** gern arbeiten; ***aimer son ~*** s-e Arbeit lieben; ***aller au ~*** zur Arbeit gehen; ***avoir du ~*** zu tun haben; Arbeit haben; ***demander, exiger beaucoup de ~*** viel Arbeit, Mühe, Anstrengung erfordern, kosten; ***être au ~*** bei der Arbeit sein; ***être sans ~*** arbeitslos sein; *iron* ***c'est du beau ~!*** *ou* ***regardez-moi ce ~!*** das ist ja e-e schöne Bescherung!; da haben Sie was Schönes angerichtet!; ***se mettre au ~*** sich an die Arbeit machen, begeben; an die Arbeit gehen **2** *pl* ***travaux*** Arbeiten *f/pl* (*a sc*; CONSTR → *3*); ***travaux domestiques, ménagers*** Hausarbeit *f*; ***les douze travaux d'Hercule*** die zwölf Arbeiten des Herkules; ***gros travaux*** grobe Arbeiten; ***travaux pratiques*** (*abr* ***T.P.***) ÉCOLE praktische Übungen *f/pl*; UNIVERSITÉ (*a* ***travaux dirigés*** [*abr* ***T.D.***]) *correspond à* (Seminar)Übungen *f/pl*; ***travaux d'aiguille*** Hand-, Nadelarbeiten *f/pl*; ***travaux des champs*** Feldarbeit(en) *f(pl)* **3** CONSTR ***travaux*** *pl* Bauarbeiten *f/pl*; *panneau* (***ralentir,***) ***travaux!*** (Achtung!) Bauarbeiten! *ou* Baustelle!; ***travaux publics*** Tiefbau *m*; Bauarbeiten der öffentlichen Hand; *fig* ***travaux d'approche*** Annäherungs-

T

versuche *m/pl*; ***travaux d'assainissement, d'entretien*** Sanierungs-, Unterhaltungsarbeiten *f/pl*; ***pendant la durée des travaux*** während der Bauarbeiten **4** JUR *jusqu'en 1960* ***travaux forcés*** Zuchthaus(strafe) *n(f)*; Zwangsarbeit *f* **5** *(déformation) du bois etc* Arbeiten *n* **6** *d'une machine, d'un moteur* Arbeit *f*; Leistung *f*; PHYSIOL ***~ musculaire*** Muskelarbeit *f*; ***~ utile*** Nutzleistung *f* **7** PHYS Arbeit *f* **8** *de l'or, du verre etc* Bearbeiten *n*, -ung *f*; *de la pâte* Kneten *n*; ***~ du bois*** Holzbearbeitung *f* **9** MÉD ***salle*** *f* ***de ~*** Kreißsaal *m*; ***femme*** *f* ***en ~*** Gebärende *f*; Kreißende *f*; ***être en ~*** in den Wehen liegen

travailler [tʀavaje] **I** *v/t* **1** *matériau* be-, verarbeiten; *pâte* (durch)kneten; AGR ***~ la terre*** den Boden bearbeiten; *adjt bijou etc* ***très travaillé*** kunstvoll gearbeitet **2** *exposé etc* durch-, ausarbeiten; *style* durch-, ausfeilen; *adjt style* ***trop travaillé*** gekünstelt **3** MUS *morceau* (ein)üben; *élève* ***~ ses mathématiques*** Mathematik lernen, F pauken, büffeln; ***~ son piano*** (auf dem) Klavier üben; ***~ sa voix*** Stimmübungen machen **4** ***~ qn*** *personne* j-n bearbeiten; j-n zu beeinflussen, zu gewinnen (ver)suchen; *personne, maladie, idée, peur, jalousie* j-n plagen, quälen; j-m keine Ruhe lassen; *pensée a* j-n umtreiben, verfolgen; ***~ l'opinion (publique)*** die öffentliche Meinung zu beeinflussen (ver)suchen **5** SPORTS **a)** trainieren; ***~ son revers*** s-e Rückhand trainieren; **b)** BOXE ***~ son adversaire au corps*** s-n Gegner mit Körperschlägen bearbeiten; **c)** TENNIS *balle* anschneiden *ou* lobben **II** *v/t/indir* **1** ***~ à qc*** an etw *(dat)* arbeiten; ***~ à un exposé, roman*** an e-m Exposee, Roman arbeiten; ***~ sur un auteur*** e-e Arbeit über e-n Autor verfassen **2** ***~ à qc*** auf etw *(acc)* hinarbeiten; sich um etw bemühen; ***~ à la perte de qn*** auf j-s Ruin hinarbeiten; ***~ au succès d'une entreprise*** sich um den Erfolg e-s Unternehmens bemühen **III** *v/i* **1** arbeiten; tätig sein; *(exercer un métier)* berufstätig sein; beschäftigt sein (***chez*** bei); ***il travaille bien*** er arbeitet gut; *élève* er lernt gut; ***~ dur*** hart arbeiten; ***~ aux champs*** auf dem Feld arbeiten; Feldarbeit verrichten; ***~ à domicile*** Heimarbeit machen; ***~ comme un nègre, un bœuf*** wie ein Pferd arbeiten; F schuften; sich abrackern; ***~ dans un bureau*** in e-m Büro arbeiten, beschäftigt sein; ***~ en usine*** in der Fabrik arbeiten; ***~ pour qn*** für j-n arbeiten; ***le temps travaille pour nous*** die Zeit arbeitet für uns; ***faire ~ qn*** j-n (für sich) arbeiten lassen **2** *argent* arbeiten; Zinsen tragen; ***faire ~ l'argent*** das Geld arbeiten lassen **3** *bois* arbeiten; sich verziehen; sich werfen; *vin* arbeiten; gären; *fig imagination, esprit* arbeiten

travailleur [tʀavajœʀ] **I** *m* Arbeiter *m*; Erwerbs-, Berufs-, Werktätige(r) *m*; Erwerbsperson *f*; ***~s*** *pl a* Arbeitskräfte *f/pl*; ***~ étranger*** *ou* ***immigré*** Gastarbeiter *m*; ausländischer Arbeitnehmer; ***~ frontalier*** Grenzgänger *m*; ***un grand ~*** ein unermüdlicher Arbeiter; ***~ indépendant*** selbstständige(r) Erwerbstätige(r), Gewerbetreibende(r); Selbstständige(r) *m*; ***~ intellectuel, manuel*** Kopf- *ou* Geistes-, Handarbeiter *m*; ***~ salarié*** Arbeitnehmer *m*; ***~ social*** Sozialarbeiter *m*; ***~ à domicile, de force*** Heim-, Schwerarbeiter *m* **II** *adj* ⟨**-euse**⟩ fleißig; arbeitsam

travailleuse [tʀavajøz] *f* **1** Arbeiterin *f* **2** COUT Nähtisch *m*

travailliste [tʀavajist] POL **I** *adj* Labour… ['leːbər-]; ***gouvernement*** *m* ***~*** Labourregierung *f*; ***parti*** *m* ***~*** Labour Party *f* **II** *m,f* Mitglied *n* der Labour Party

travailloter [tʀavajɔte] *v/i* lässig arbeiten

travée [tʀave] *f* **1** CONSTR Feld *n*; ARCH Gewölbefeld *n*; Joch *n*; Travée *f* **2** *(rangée)* Reihe *f*

traveller's chèque [tʀavlœʀ(s)ʃɛk] *m* Reisescheck *m*; Travellerscheck ['trɛ-] *m*

travelling [tʀavliŋ] *m* CIN Fahraufnahme *f*; Kamerafahrt *f*

travelo [tʀavlo] F *m* Transvestit *m*

travers [tʀavɛʀ] **I** *loc/prép et loc/adv* **1** ***à ~ qc*** *ou* ***au ~ de qc*** durch etw (hindurch); ***à ~ les âges*** durch alle Zeiten hindurch; im Wandel der Zeiten; ***à ~ bois*** quer durch den Wald; ***à ~ champs*** querfeldein; ***juger qn, qc à ~ ses préjugés*** j-n, etw nach e-r vorgefassten Meinung beurteilen; *encre, colle* ***passer à ~*** durchschlagen; *lumière* ***passer à ~ les, au ~ des rideaux*** durch die Vorhänge dringen; *fig* ***il est passé au ~*** es ist ihm erspart geblieben; er ist entkommen, davongekommen; ***regarder à ~ la vitre*** durch die Scheibe (hindurch) sehen **2** ***de ~*** schräg; schief; verkehrt *(a fig)*; ***tout va de ~*** alles geht schief; ***avaler de ~*** sich verschlucken; ***avoir le nez de ~*** e-e schiefe Nase haben; ***comprendre de ~*** falsch, verkehrt verstehen; ***faire qc de ~*** etw falsch, verkehrt machen; ***marcher de ~*** schwanken; (hin und her) torkeln; im Zickzack gehen; ***mettre son chapeau de ~*** den Hut schief, schräg *ou* verkehrt aufsetzen; *fig* ***prendre qc de ~*** etw krummnehmen, in die falsche Kehle bekommen; ***regarder qn de ~*** j-n schief, scheel, von der Seite, *p/fort* finster, böse ansehen; ***répondre de ~*** falsch, verkehrt antworten **3** ***en ~*** quer; ***en ~ de qc*** quer über etw *(dat ou acc)*; ***arbre tombé en ~ du chemin*** quer über den Weg gefallener Baum; ***être allongé en ~ du lit*** quer auf, über dem Bett liegen; ***se mettre en ~*** sich quer stellen; *fig* ***se mettre en ~ des projets de qn*** j-s Pläne durchkreuzen; sich j-s Plänen in den Weg stellen **4** MAR ***par le ~*** dwars; quer; ***vent*** *m* ***de ~*** Dwarswind *m* **II** *subst* **1** *m d'une personne* kleiner Fehler, Mangel; Schwäche *f* **2** *m/pl* BOUCHERIE ***~ de porc*** Spare Ribs ['spɛə-] *pl*; Schälrippchen *n/pl*

traversable [tʀavɛʀsabl] *adj* über-, durchquerbar

traverse [tʀavɛʀs] *f* **1** CH DE FER Schwelle *f* **2** CONSTR Querbalken *m*; Querholz *n*; Riegel *m* **3** ***chemin*** *m* ***de ~*** direkter Weg; Abkürzung *f*

traversée [tʀavɛʀse] *f* Überqueren *n*, -ung *f*; Durchqueren *n*, -ung *f*; *en véhicule a* (Durch)Fahrt *f* (**de** durch); *en bateau a* (Über)Fahrt *f* (**de** über *+acc*); *en avion a* Flug *m* (**de** über *+acc*); Überfliegen *n*; ***~ à la nage*** Durchschwimmen *n* (***d'une rivière*** e-s Flusses); ***~ du désert*** Durchquerung der Wüste; *fig d'un politicien* vorübergehendes Verschwinden von der Bildfläche, in der Versenkung; *par ext* Durststrecke *f*

traverser [tʀavɛʀse] *v/t* **1** überqueren; durchqueren; *à pied a* gehen über *(+acc)* *ou* durch; über-, durchschreiten; *véhicule ou personne dans un véhicule a* fahren über *(+acc)* *ou* durch; durchfahren; *avion ou personne dans un avion a* fliegen über *(+acc)*; überfliegen; *personne a* reisen durch; ***~ l'Atlantique*** den Atlantik überqueren; über den Atlantik fahren *ou* fliegen; ***~ un carrefour*** e-e Kreuzung überqueren; über e-e Kreuzung gehen *ou* fahren; **~ *la foule*** sich durch die Menge drängen; **~ *une montagne*** e-n Berg überqueren; über e-n Berg fahren, *route* führen; *tunnel* durch e-n Berg führen, gehen; **~ *une plaine*** e-e Ebene durchqueren; *fleuve a* durch e-e Ebene fließen; e-e Ebene durchfließen; **~ *un pont*** e-e Brücke überqueren; über e-e Brücke fahren *ou* gehen, *route* führen; **~ *une rivière*** e-n Fluss überqueren; über e-n Fluss fahren *ou* gehen; *en bac a* übersetzen (*abs*); **~ *une rivière à la nage*** e-n Fluss durchschwimmen; über, durch e-n Fluss schwimmen; **~ *la rue*** *ou abs* **~** die Straße überqueren; über die Straße gehen, laufen; hinübergehen (*abs*); **~ *une ville*** e-e Stadt durchqueren; durch e-e Stadt fahren, *fleuve* fließen; *route* **~ *la voie ferrée*** das Bahngleis überqueren, kreuzen **2** (*transpercer*) durchdringen; dringen durch; *une balle* ***lui a traversé le bras*** drang ihm durch den Arm; durchschlug, durchbohrte ihm den Arm; *clou* **~ *une planche*** durch ein Brett hindurchgehen, dringen; *pluie* **~ *les vêtements*** durch die Kleidung (durch)dringen **3** *fig*: *une douleur* ***lui traversa l'épaule*** fuhr ihm durch die Schulter; *une idée* ***lui traversa l'esprit*** ging, fuhr, schoss ihm durch den Kopf; *un cri* ***traversa la nuit*** gellte durch die Nacht **4** *crise etc* durchmachen

traversier [tʀavɛʀsje] **I** *adj* ⟨**-ière**⟩ ***flûte traversière*** Querflöte *f* **II** *m au Canada* Fähre *f*

traversin [tʀavɛʀsɛ̃] *m* große Schlummer-, Nackenrolle

travesti [tʀavɛsti] **I** *adj* verkleidet; THÉ ***acteur* ~** Schauspieler *m* in e-r Frauenrolle; ***bal* ~** Kostüm-, Maskenball *m* **II** *m* Transvestit *m*

travestir [tʀavɛstiʀ] **I** *v/t* **1** *la pensée de qn* entstellt, verzerrt wiedergeben; **~ *la vérité*** die Wahrheit entstellen, verzerren, verdrehen **2** *st/s* **~ *qn*** j-n verkleiden, kostümieren (***en*** als) **II** *v/pr* ***se* ~** **1** sich verkleiden, kostümieren (***en*** als) **2** PSYCH transvestieren

travestisme [tʀavɛstism] *m* PSYCH Transvestismus *m*; Transvestitentum *n* **travestissement** *m* **1** Verkleidung *f*; Kostümierung *f*; Vermummung *f* **2** *de la vérité* Entstellung *f*; Verzerrung *f*; Verdrehung *f*

traviole [tʀavjɔl] *loc/adv* F ***de* ~** schief

trayeuse [tʀɛjøz] *f* Melkmaschine *f*

trayons [tʀɛjõ] → ***traire***

Trébie [tʀebi] GÉOGR ***la* ~** die Trebbia

trébuchant [tʀebyʃɑ̃] *adj* **1** stolpernd; ***démarche* ~*e*** taumelnder, torkelnder, schwankender Gang **2** ***espèces sonnantes et* ~*es*** klingende Münze

trébucher [tʀebyʃe] *v/i* **1** stolpern; straucheln; **~ *contre une marche, sur*** *ou* ***contre une pierre*** über e-e Stufe, über e-n Stein stolpern **2** *fig* **~ *sur un mot*** über ein Wort stolpern

trébuchet [tʀebyʃɛ] *m* **1** Präzisions-, Feinwaage *f* **2** *piège* Vogelfalle *f*

tréfilage [tʀefilaʒ] *m* TECH Drahtziehen *n* **tréfiler** *v/t* TECH (zu Draht) ziehen **tréfilerie** *f* Drahtzieherei *f*

trèfle [tʀɛfl] *m* **1** BOT Klee *m*; **~ *à quatre feuilles*** vierblätt(e)riges Kleeblatt **2** ARCH Dreipass *m* **3** JEUX DE CARTES Treff *n*; Kreuz *n*; *jeu allemand* Eichel *f*; ***roi*** *m*, ***valet*** *m* ***de* ~** Treffkönig *m*, -bube *m* **4** (*échangeur*) (***croisement*** *m* ***en***) **~** Kleeblatt(kreuzung) *n*(*f*)

tréflé [tʀefle] *adj* kleeblattförmig; HÉRALDIQUE ***croix* ~*e*** Kleeblattkreuz *n*; Brabanter Kreuz *n*

tréfonds [tʀefõ] *m poét* ***le* ~ *de l'âme, du cœur*** das Innerste der Seele

treillage [tʀɛjaʒ] *m* Gitter-, Lattenwerk *n*; **~ *métallique*** Drahtgitter *n*

treillager [tʀɛjaʒe] *v/t* ⟨**-geons**⟩ *fenêtre* vergittern; mit e-m Gitter versehen; *mur* mit e-m Spalier versehen

treille [tʀɛj] *f* Weinspalier *n*; Weinlaube *f*; ***le jus de la* ~** der Rebensaft

treillis [tʀɛji] *m* **1** TEXT Drillich *m*; Drell *m*; *vêtement* Drillichanzug *m*, -zeug *n* **2** Gitter(werk) *n*; **~ (*métallique*)** Drahtgewebe *n*, -gitter *n*; Maschendraht *m*; Drahtnetz *n*

treize [tʀɛz] **I** *num/c* dreizehn; ***le* ~ *avril*** der dreizehnte *ou* am dreizehnten April; ***Louis XIII*** Ludwig XIII. (der Dreizehnte); ***numéro, page* ~** Nummer, Seite dreizehn; ***vendredi* ~** Freitag der Dreizehnte *ou* am Freitag dem Dreizehnten; COMM *huîtres* **~ *à la douzaine*** dreizehn Stück für den Preis von zwölf; ***à* ~ *heures*** um dreizehn Uhr; ***garçon*** *m* ***de* ~ *ans*** dreizehnjähriger Junge; Junge *m* von dreizehn Jahren; ***être* ~ *à table*** dreizehn bei Tisch sein **II** *m* ⟨*inv*⟩ *nombre* Dreizehn *f*; ***le* ~ (*du mois*)** der Dreizehnte *ou* am Dreizehnten (des Monats); → *a* ***deux*** *II*

treizième [tʀɛzjɛm] **I** *num/o* dreizehnte(r, -s) **II** *subst* **1** ***le, la* ~** der, die, das Dreizehnte **2** *m* MATH Dreizehntel *n*

treizièmement [tʀɛzjɛmmɑ̃] *adv* dreizehntens

tréma [tʀema] *m* Trema *n*; ***i* ~** i mit Trema (ï)

tremblant [tʀɑ̃blɑ̃] **I** *adj* zitternd; *st/s* bebend; ***lumière* ~*e*** flackerndes Licht; ***voix* ~*e*** zitternde, bebende Stimme; *loc/adv* ***les jambes, mains* ~*es*** mit zitternden Beinen, Händen; ***être tout* ~ *de froid, de peur*** vor Kälte, vor Angst schlottern, zittern **II** *subst* **~*e*** *f* VÉT Scrapie- ['skreːpi-], Traberkrankheit *f*

tremble [tʀɑ̃bl] *m* BOT Espe *f*; Zitterpappel *f*

tremblé [tʀɑ̃ble] *adj* zitt(e)rig; ***écriture, voix* ~*e*** zitt(e)rige Schrift, Stimme; TYPO ***filet* ~** *ou subst* **~** *m* Wellenlinie *f*

tremblement [tʀɑ̃bləmɑ̃] *m* **1** *de voix, de mains* Zittern *n*; *st/s* Beben *n*; *de jambes* Zittern *n*; Schlottern *n*; *du sol, des feuilles, des vitres* Zittern *n*; *des vitres a* Klirren *n*; *d'une flamme* Flackern *n*; **~ *convulsif*** krampfhafte Zuckungen *f/pl*; **~ *léger, violent*** leichtes, starkes Zittern, Beben; **~ *de peur*** Angstzittern *n*; **~ *de terre*** Erdbeben *n*; *parler* ***avec des* ~*s dans la voix*** mit zitternder, bebender Stimme; ***être agité, pris, saisi d'un* ~ *nerveux*** von nervösem Zittern befallen sein **2** F ***… et tout le* ~** … und alles Übrige; … und so weiter

trembler [tʀɑ̃ble] *v/i* **1** *personne, voix, lèvres, mains* zittern; *st/s* beben; *jambes* zittern; schlottern (*a personne*); *feuilles* zittern; *terre, vitres* beben; (er)zittern; *vitres a* klirren; *lumière, flamme* flackern; **~ *de tout son corps*** am ganzen Leib zittern; **~ *de fatigue*** vor Müdigkeit zittern; **~ *de froid, de peur*** vor Kälte, vor Angst zittern, schlottern; ***la terre a tremblé cette nuit*** heute Nacht war ein Erdbeben; *explosion, camion* ***faire* ~ *les vitres, le sol*** die Scheiben, den Boden erzittern lassen **2** *fig* zittern; bangen; **~ *à l'idée, à la pensée de*** (+*inf*) *ou* ***que …*** bei dem Gedanken zu (+*inf*) *ou* dass … (er)zittern; ***il***

T

tremble de la perdre er zittert davor, sie zu verlieren; ***~ devant qn*** vor j-m zittern; ***~ pour qn*** um j-n bangen, zittern

tremblotant [tʀɑ̃blɔtɑ̃] *adj voix* etwas zitternd; ***lumière ~e*** flackerndes Licht; ***vieillard tout ~*** zitternder Greis

tremblote [tʀɑ̃blɔt] *f* F ***avoir la ~*** zittern; F den Tatterich haben

tremblotement [tʀɑ̃blɔtmɑ̃] *m* Zittern *n* **trembloter** *v/i* zittern

trémie [tʀemi] *f* TECH Trichter *m*

trémière [tʀemjɛʀ] *adj* BOT ***rose f ~*** Stockrose *f*, -malve *f*; Roter Eibisch

trémolo [tʀemɔlo] *m* MUS Tremolo *n*; *iron* ***avoir des, parler avec des ~s dans la voix*** mit tremolierender Stimme sprechen

trémoussement [tʀemusmɑ̃] *m* zuckende *ou* schaukelnde Bewegung; Wiegen *n* der Hüften

trémousser [tʀemuse] *v/pr* ***se ~*** *danseurs* sich in den Hüften wiegen; ***marcher en se trémoussant*** (beim Gehen) sich in den Hüften wiegen, F mit den Hüften wackeln

trempage [tʀɑ̃paʒ] *m du linge* Einweichen *n*; *de légumes secs* Wässern *n*; Einweichen *n*

trempe [tʀɑ̃p] *f* 1 *de l'acier* **a)** *action* Härten *n*, -ung *f*; **b)** (*dureté*) Härte *f*; ***de bonne ~*** gut gehärtet 2 *fig* Art *f*; Schlag *m*; Kaliber *n*; ***de cette ~*** von solchem Schlag, Kaliber; ***de sa ~*** s-s Schlags, Kalibers; ***être de la même ~*** von gleichem Kaliber, Schlag sein 3 F (*volée de coups*) F Keile *f*; Dresche *f*; Senge *pl*

trempé [tʀɑ̃pe] *adj* 1 *vêtement, personne* durchnässt; ***herbe ~e*** nasses Gras; ***sol ~*** aufgeweichter Boden; ***complètement, tout ~*** durch und durch, triefend nass; vollkommen durchnässt; F patsch-, pudelnass; ***~ de sueur*** *vêtement* verschwitzt; durchgeschwitzt; *personne* schweißtriefend, -gebadet 2 TECH *acier* gehärtet; ***verre ~*** vorgespanntes (Sicherheits)Glas 3 *fig et st/s* ***caractère bien ~*** sehr fester Charakter

tremper [tʀɑ̃pe] I *v/t* 1 *pluie, sueur: vêtements* durchnässen; *éponge, chiffon* tränken; eintauchen (***dans*** in +*acc*); CUIS einlegen; ziehen lassen; ***~ dans l'eau*** ins Wasser tauchen, tunken; mit Wasser tränken; *éponge* sich (mit Wasser) vollsaugen lassen; ***~ ses lèvres dans le vin*** am Wein nippen; ***~ son pain dans la sauce*** das Brot in die Soße tunken; ***~ sa plume dans l'encre, dans l'encrier*** die Feder in die Tinte, ins Tintenfass tauchen; ***~ la soupe*** die Suppe über das Brot gießen; ***~ son vin*** den Wein verdünnen, mit Wasser vermischen 2 TECH *acier* härten; *verre* vorspannen; abschrecken II *v/i* 1 *linge* weichen; *légumes secs* weichen; quellen; ***faire ~*** *légumes secs* wässern; quellen lassen; *a pain* einweichen; ***faire ~ le linge, mettre le linge à ~*** die Wäsche einweichen 2 *fig personne* ***~ dans une affaire de drogue, dans un crime*** in e-e Rauschgiftaffäre, in ein Verbrechen verwickelt sein; ***il a trempé dans cette affaire*** er hat bei dieser Sache die Hand im Spiel III *v/pr* ***se ~*** ein kurzes Bad nehmen; ***se ~ la tête dans l'eau*** den Kopf ins Wasser tauchen, stecken; ***se faire ~*** nass werden

trempette [tʀɑ̃pɛt] *f* 1 ***faire ~, une petite ~*** ein kurzes Bad nehmen; kurz ins Wasser gehen 2 ***faire ~*** Brot eintunken

tremplin [tʀɑ̃plɛ̃] *m* 1 SPORTS Sprungbrett *n*; SKI Sprungschanze *f* 2 *fig* Sprungbrett *n*; ***servir de ~ à qn*** j-m als Sprungbrett dienen

trémulation [tʀemylasjõ] *f* Zittern *n*; MÉD Tremor *m*

trench-coat [tʀɛnʃkot] *m* ⟨*pl* **trench-coats**⟩ Trenchcoat ['trɛntʃkoːt] *m*

Trenet [tʀənɛ] ***Charles ~*** *frz Sänger*

trentaine [tʀɑ̃tɛn] *f* 1 ***une ~*** etwa, an die, ungefähr, rund, zirka dreißig (***de personnes*** Leute, Personen) 2 *âge* Dreißig *f*; → *a* ***cinquantaine*** *2*

trente [tʀɑ̃t] I *num/c* dreißig; ***~ et un*** einunddreißig; ***~ et unième*** einunddreißigste(r, -s); ***le ~ mai*** der dreißigste *ou* am dreißigsten Mai; ***page ~*** Seite dreißig; ***de ~ ans*** dreißigjährig; von dreißig Jahren; ***mois m de ~ jours*** Monat *m* mit, von dreißig Tagen; ***dans les années ~*** in den Dreißigerjahren II *m* ⟨*inv*⟩ *nombre* Dreißig *f*; ***le ~ (du mois)*** der Dreißigste *ou* am Dreißigsten (des Monats); F *fig* ***être sur son ~ et un*** F in Schale sein; wie aus dem Ei gepellt aussehen; ***se mettre sur son ~ et un*** F sich in Schale werfen; → *a* ***deux*** *II*

Trente [tʀɑ̃t] Trient *n*

trente-deux [tʀɑ̃tdø] *num/c* zweiunddreißig

trentenaire [tʀɑ̃tnɛʀ] *adj* JUR dreißigjährig; dreißig Jahre während

trente-six [tʀɑ̃tsi(s)] I *num/c* 1 sechsunddreißig 2 F (*grande quantité*) hundert(erlei); Dutzende (von); F zig; x; ***il n'y a pas ~ façons de*** (+*inf*) schließlich gibt es ja nicht Dutzende von Möglichkeiten zu (+*inf*) II *m fig* ***tous les ~ du mois*** alle Jubeljahre

trente-trois [tʀɑ̃ttʀwa] *num/c* dreiunddreißig; *subst* ***un ~ tours*** e-e Langspielplatte; e-e LP

trentième [tʀɑ̃tjɛm] I *num/o* dreißigste(r, -s) II *subst* 1 ***le, la ~*** der, die, das Dreißigste 2 *m* MATH Dreißigstel *n*

Trentin-Haut-Adige [tʀɑ̃tɛ̃otadiʒ] ***le ~*** das Trentino-Südtirol

trépan [tʀepɑ̃] *m* 1 MÉD Trepan *m* (*Schädelbohrer*) 2 TECH Bohrkopf *m*, -meißel *m*

trépanation [tʀepanasjõ] *f* MÉD Trepanation *f*

trépaner [tʀepane] *v/t* MÉD trepanieren; *subst* ***trépané m*** Person, an der e-e Trepanation vorgenommen wurde

trépas [tʀepɑ] *m litt* Hinscheiden *n*; Verscheiden *n*

trépasser [tʀepɑse] *v/i litt* verscheiden; entschlafen; *subst* ***les trépassés*** *m/pl* die Verstorbenen *pl*; ***la fête des Trépassés*** Allerseelen *n*

trépidant [tʀepidɑ̃] *adj* 1 (*rapide*) lebhaft; schnell; wirbelnd; ***rythme ~*** stark synkopierter Rhythmus 2 *fig* fieberhaft; hektisch; ***la vie ~e des grandes villes*** das hektische Leben, die Hektik der Großstädte

trépidation [tʀepidasjõ] *f souvent pl* ***~s*** 1 *d'un véhicule, d'un moteur* Vibrieren *n*; Zittern *n*; Erschütterungen *f/pl* 2 *fig* Hektik *f* **trépider** *v/i* vibrieren; zittern; beben

trépied [tʀepje] *m* Dreifuß *m*, -bein *n*; PHOT Stativ *n*

trépignement [tʀepiɲmɑ̃] *m* Trampeln *n*; Stampfen *n* **trépigner** *v/i* trampeln; mit den Füßen stampfen

très [tʀɛ] *adv* sehr; höchst; stark; weit; hoch…; überaus; *moins fort* recht; ♦ *abs: vous êtes satisfait?* —***(pas) ~!*** (nicht) sehr!; ♦ *avec adj:* ***il est ~, ~ content*** er ist sehr, höchst, überaus zufrieden, hochzufrieden; ***~ ému*** sehr, stark erschüttert; ***il n'est pas ~ intelligent*** er ist nicht sehr intelligent; ***~ intéressant*** sehr interessant; hochinteressant; ***~ répandu***

weit, sehr verbreitet; ***d'une qualité ~ supérieure*** von weit besserer Qualität (**à** als); ♦ *avec adv et loc/adv*: **~ bien, mal** sehr gut, schlecht; F **à ~ bientôt** auf bald(iges Wiedersehen); F ***c'est pour ~ bientôt*** das wird sehr bald sein; ***il est ~ au courant*** er ist bestens informiert, im Bilde; ***une intelligence ~ au-dessus de la moyenne*** e-e weit über dem Durchschnitt stehende, sehr überdurchschnittliche Intelligenz; ***des gens ~ comme il faut*** hochanständige Leute; ***être ~ en avance sur son temps*** s-r Zeit weit voraus sein; ♦ *avec subst*: ***faire ~ attention*** gut, sehr aufpassen; ***avoir ~ faim, soif, peur*** starken, großen Hunger, Durst, große Angst haben; sehr hungrig, durstig, ängstlich sein; ***il fait ~ gentleman anglais*** er wirkt ganz wie ein englischer Gentleman

Très-Haut [tʀeo] *m* REL ***le ~*** der Allerhöchste

trésor [tʀezɔʀ] *m* **1** Schatz *m* (*a* JUR *et fig*); *d'une église* Kirchenschatz *m*; *d'un musée* Schatzkammer *f*; ***~s artistiques*** Kunstschätze *m/pl*; *Stevenson* ***L'île au ~*** Die Schatzinsel **2** *fig* ***~ de tendresse*** unerschöpfliche Liebe; ***il faut des ~s de patience*** e-e gehörige Portion Geduld ist nötig **3** *terme d'affection* ***mon ~*** (mein) Schatz **4** FIN ***Trésor (public)*** Staatskasse *f*; Schatzamt *n*; Fiskus *m*; Finanzverwaltung *f*; öffentliche Hand; ***bons*** *m/pl* ***du Trésor*** Schatzanweisungen *f/pl* **5** LING Thesaurus *m*

trésorerie [tʀezɔʀʀi] *f* **1** ADM Finanzverwaltung *f*, -behörde *f* **2** *d'une société* Barmittel *n/pl*; flüssiges Kapital; flüssige, verfügbare Gelder *n/pl*; (*état des fonds*) Kassenlage *f*; ***avoir des difficultés de ~*** nicht über genügend flüssiges Kapital verfügen

trésorier [tʀezɔʀje] *m*, **trésorière** *f* Kassierer(in) *m(f)*; Kassen-, Rechnungsführer(in) *m(f)*; *d'un club* Kassenwart *m*; *d'un parti* Schatzmeister *m*

trésorier-payeur [tʀezɔʀjepɛjœʀ] *m* ***~ général*** Leiter *m* der Finanzverwaltung in e-m Departement

tressage [tʀɛsaʒ] *m* Flechten *n*

tressaillement [tʀesajmɑ̃] *m* Zusammenzucken *n*; Erzittern *n*; Erbeben *n*; Schauder *m*; ***~ de joie*** Freudenschauer *m*

tressaillir [tʀesajiʀ] *v/i* ⟨→ **assaillir**⟩ zusammenzucken, -fahren; (er)zittern; (er)beben, erschauern (***de joie*** vor Freude); *muscle* zucken

tressauter [tʀesote] *v/i* **1** (*sursauter*) zusammenzucken, -fahren; auffahren; *bruit* ***faire ~ qn*** j-n zusammenzucken lassen **2** (*être secoué*) hin und her geschüttelt werden

tresse [tʀɛs] *f* **1** (*natte*) Zopf *m*; Flechte *f* **2** *galon* Tresse *f*; Litze *f* **3** ARCH Flechtband *n*

tresser [tʀese] *v/t* flechten; ***~ ses cheveux*** seine Haare flechten; ***~ une corbeille, une guirlande*** einen Korb, eine Girlande flechten; ***~ une couronne*** einen Kranz flechten, winden; *fig* ***~ des couronnes à qn*** j-n rühmen, preisen

tréteau [tʀeto] *m* ⟨*pl* **~x**⟩ **1** TECH Bock *m* **2** THÉ HIST ***~x*** *pl* Gerüstbühne *f*

treuil [tʀœj] *m* TECH (Seil)Winde *f*

treuillage [tʀœjaʒ] *m* Rettungsaktion *f* mit Hilfe e-r Winde

trêve [tʀɛv] *f* **1** MIL Waffenruhe *f*; POL Burgfriede(n) *m*; *fig* Waffenstillstand *m*; POL ***~ des confiseurs*** Ruhen *n* der politischen und diplomatischen Tätigkeit zu Weihnachten und Neujahr; HIST ***~ de Dieu*** Gottesfriede *m* **2** *fig* Rast *f*; Ruhe(pause) *f*; Erholung *f*; *loc/prép* ***~ de ...*** Schluss mit ...; genug (+*gén*); ***~ de discussions*** genug der vielen Worte; genug geredet; ***~ de plaisanteries*** Scherz beiseite; *loc/adv* ***sans ~ (ni repos)*** rastlos; ununterbrochen; ständig; pausenlos; ohne Rast und Ruh; ***s'accorder une ~*** sich (*dat*) Erholung, Entspannung, e-e Ruhepause gönnen; ***ne pas laisser de ~ à qn*** *soucis* j-n nicht zur Ruhe kommen lassen; *maladie* j-n ununterbrochen, ständig plagen, quälen

Trèves [tʀɛv] Trier *n*

Trévise [tʀeviz] GÉOGR Treviso *n*

trévise [tʀeviz] *f* *salade* Radicchio [-kjo] *m*

tri [tʀi] *m* (Aus)Sortieren *n*; Sichten *n*; ***~ des lettres*** Sortieren der Briefe; ***centre*** *m* ***de ~ postal*** Briefverteilanlage *f*; ***faire un ~*** e-e Auswahl treffen, auswählen (***parmi*** unter +*dat*); sieben (+*acc*); ***faire le ~ de qc*** etw (aus)sortieren

triage [tʀijaʒ] *m* **1** Sortieren *n*; Sichten *n*; Verlesen *n*; Auslesen *n*; Aussortieren *n*; Aussondern *n* **2** CH DE FER Rangieren *n*; ***gare*** *f* ***de ~*** Rangier-, Verschiebebahnhof *m*

triangle [tʀijɑ̃gl] *m* **1** MATH *et par ext* Dreieck *n*; GÉOGR ***le ~ des Bermudes*** das Bermudadreieck; AUTO ***~ de présignalisation*** Warndreieck *n*; *loc/adv et loc/adj* ***en ~*** dreieckig; Dreieck(s) ... **2** MUS Triangel *m*

triangulaire [tʀijɑ̃gylɛʀ] *adj* **1** dreieckig; Dreieck(s) ...; ***base*** *f* ***~*** dreieckige Grundfläche; ***prisme*** *m* ***~*** dreiseitiges Prisma; ***pyramide*** *f* ***~*** dreiseitige Pyramide; MAR ***voile*** *f* ***~*** Dreiecksegel *n* **2** *fig* ***accord*** *m* ***~*** Dreierabkommen *n*; ***élection*** *f* ***~*** Wahl *f* mit drei Kandidaten

triangulation [tʀijɑ̃gylasjõ] *f* GÉODÉSIE Triangulation *f*

trias [tʀijɑs] *m* GÉOL Trias(formation) *f*

triathlon [tʀiatlõ] *m* SPORTS Triathlon *n*; ATHLÉTISME Dreikampf *m*

triatomique [tʀiatɔmik] *adj* CHIM dreiatomig

tribal [tʀibal] *adj* ⟨**-aux**⟩ Stammes... **tribalisme** *m* Tribalismus *m*

tribo-électricité [tʀiboelɛktʀisite] *f* PHYS Reibungselektrizität *f*

tribord [tʀibɔʀ] *m* MAR Steuerbord *n*; ***à ~*** steuerbord(s)

tribu [tʀiby] *f* **1** (Volks)Stamm *m*; ***~ nomade*** Nomadenstamm *m*; ***les douze ~s d'Israël*** die zwölf Stämme Israels; ***chef*** *m* ***de ~*** (Stammes)Häuptling *m*; ***membre*** *m* ***d'une ~*** Stammesangehörige(r) *m* **2** *fig et iron ou péj* Sippe *f*; Sippschaft *f*; Anhang *m*

tribulations [tʀibylasjõ] *f/pl* *souvent iron* Leiden *n/pl*; Widerwärtigkeiten *f/pl*; Missgeschicke *n/pl*; *st/s* Drangsal *f*

tribun [tʀibɛ̃, -bœ̃] *m* HIST *et fig* (Volks)Tribun *m*

tribunal [tʀibynal] *m* ⟨*pl* **-aux**⟩ JUR Gericht *n*; ***~ administratif*** Verwaltungsgericht *n*; ***~ correctionnel*** *correspond à* Landgericht *n* Abteilung Strafsachen; ***~ judiciaire*** ordentliches Gericht (*im Gegensatz zum Verwaltungsgericht*); Zivil- *ou* Strafgericht *n*; ***~ maritime, militaire*** See-, Militärgericht *n*; ***Tribunal pénal international*** Kriegsverbrechertribunal *n*; *à Paris en 1793* ***~ révolutionnaire*** Revolutionstribunal *n*; MIL ***~ de cassation*** *correspond à* Revisions- *ou* Berufungsgericht *n*; ***~ de commerce*** Handelsgericht *n*; ***~ d'exception*** Sondergericht *n*; ***~ d'instance*** *correspond à* Amtsgericht *n* Abteilung

Zivilsachen; ~ ***de grande instance*** *correspond à* Landgericht *n*; ~ ***de police*** *correspond à* Amtsgericht *n* Abteilung Strafsachen; ***séance*** *f* ***d'un*** ~ Gerichtssitzung *f*; ~ ***pour enfants*** Jugendgericht *n*; *fig* ***comparaître devant le*** ~ ***suprême*** vor Gottes Richterstuhl treten

tribune [tʀibyn] *f* **1** Tribüne *f*; Rednertribüne *f*; *à l'Assemblée nationale etc* Zuhörertribüne *f*; *dans un stade etc* Zuschauertribüne *f*; *par ext* Tribünenplatz *m*; F ***les*** ~***s*** *pl* die Zuschauer *m/pl*; das Publikum; die Tribüne; ~ ***de*** (***la***) ***presse*** Pressetribüne *f*; *orateur* ***monter à la*** ~ die Tribüne besteigen **2** *d'une église* Empore *f*; ~ ***d'orgue*** Orgelempore *f* **3** *fig* Forum *n*; Podiumsgespräch *n*, -diskussion *f*; MÉDIAS ~ ***libre*** *correspond à* Kommentare *m/pl*

tribut [tʀiby] *m* **1** HIST Tribut *m*; Zins *m*; *litt* (*impôt*) Abgabe *f*; Steuer *f*; ***payer*** ~ ***à qn*** j-m Tribut zahlen, entrichten **2** *fig et st/s* Tribut *m*; Zoll *m*; ***c'est un lourd*** ~ ***à la liberté*** das ist ein hoher Tribut für die Freiheit; *litt* ***payer*** (***le***) ~ ***à la nature*** sterben

tributaire [tʀibytɛʀ] *adj* **1** HIST tribut-, zinspflichtig **2** ~ ***de*** angewiesen auf (+*acc*); abhängig von; ***pays*** ~ ***d'un autre pour certaines matières premières*** bezüglich gewisser Rohstoffe von e-m anderen abhängiges, auf ein anderes angewiesenes Land **3** *cours d'eau* ~ ***d'un autre fleuve*** in e-n anderen Fluss fließend, mündend, sich ergießend

tricentenaire [tʀisɑ̃tnɛʀ] *m* dreihundertster Jahrestag; *de qn* dreihundertster Todes- *ou* Geburtstag

tricéphale [tʀisefal] *adj* dreiköpfig; mit drei Köpfen

triceps [tʀisɛps] *m* ANAT ~ *ou adjt* ***muscle*** *m* ~ Trizeps *m*

triche [tʀiʃ] F *f* Falschspielen *n*; F Mogelei *f*; Mogeln *n*; Schiebung *f*; ***c'est de la*** ~ F das ist Schiebung; da ist gemogelt worden

tricher [tʀiʃe] **I** *v/i au jeu et par ext* betrügen; F mogeln; schummeln; *au jeu a* falschspielen **II** *v/t/indir* ~ ***sur son âge*** ein falsches Alter angeben; ~ ***sur le poids*** ein höheres als das tatsächliche Gewicht angeben; F beim Wiegen mogeln, schummeln; ~ ***sur le prix*** e-n zu hohen Preis nennen *ou* verlangen; ~ ***sur la qualité*** über die Qualität falsche Angaben machen

tricherie [tʀiʃʀi] *f au jeu et par ext* Betrug *m*; F Mogeln *n*; Mogelei *f*; Schummelei *f*; *au jeu a* Falschspielen *n* **tricheur** *m*, **tricheuse** *f* Betrüger(in) *m(f)*; F Mogler(in) *m(f)*; Schummler(in) *m(f)*; *au jeu a* Falschspieler(in) *m(f)*

trichine [tʀiʃin, -k-] *f* ZO Trichine *f*

trichloréthylène [tʀiklɔʀetilɛn] *m* CHIM Trichloräth(yl)en *n*

trichromie [tʀikʀɔmi] *f* PHOT Dreifarbenverfahren *n*, -system *n*; TYPO Dreifarbendruck *m*

tricolore [tʀikɔlɔʀ] *adj* **1** *couleurs nationales françaises* blauweißrot; ***cocarde*** *f* ~ blauweißrote Kokarde; Kokarde *f* in den Farben der Trikolore; ***drapeau*** *m* ~ Trikolore *f*; SPORTS ***l'équipe*** *f* ~ *ou subst* ***les*** ~***s*** *m/pl* die französische Nationalmannschaft **2** (*de trois couleurs*) dreifarbig; ***feux*** *m/pl* ~***s*** (Verkehrs)Ampel *f*

tricorne [tʀikɔʀn] *m* Dreispitz *m*

tricostéril® [tʀikɔsteʀil] *m* Hansaplast® *n*

tricot [tʀiko] *m* **1** **a)** *tissu* Gestrick *n*; *confectionné avec une machine* Trikot *m*; *loc/adj* ***de, en*** ~ Strick…; ***veste*** *f* ***de, en*** ~ Strickjacke *f*; ***point*** *m* ***de*** ~ Strickmuster *n*; **b)** *vêtement* Strickjacke *f*; Pullover *m*; ~ ***de peau, de corps*** (Herren)Unterhemd *n* **2** *action* Stricken *n*; ***faire du*** ~ stricken **3** *ouvrage* Strickzeug *n*, -arbeit *f*

tricotage [tʀikɔtaʒ] *m* Stricken *n*; *avec des aiguilles spéciales* Wirken *n*; ~ ***mécanique*** *ou* ***à la machine*** Maschinenstricken *n*

tricoté [tʀikɔte] *adj* Strick…; gestrickt; ***robe*** ~***e*** Strickkleid *n*; ~ ***à la main*** handgestrickt

tricoter [tʀikɔte] **I** *v/t pull etc* stricken; *avec des aiguilles spéciales* wirken; *maille* (ab)stricken **II** *v/i* **1** stricken; wirken; ~ ***à la main, à la machine*** hand-, maschinenstricken; ***aiguilles*** *f/pl*, ***machine*** *f* ***à*** ~ Stricknadeln *f/pl*, -maschine *f* **2** F *fig* ~ (***des gambettes***) F sich aus dem Staub machen; abhauen; verduften

tricoteur [tʀikɔtœʀ] *m* Stricker *m*; Wirker *m* **tricoteuse** *f* **1** *personne* Strickerin *f*; Wirkerin *f* **2** TECH Strickmaschine *f*

trictrac [tʀiktʀak] *m* Tricktrack *n*; Puffspiel *n*

tricycle [tʀisikl] *m* Dreirad *n*

tridactyle [tʀidaktil] *adj* ZO dreizehig

trident [tʀidɑ̃] *m* **1** Dreizack *m* **2** PÊCHE Fischspeer *m* mit drei Spitzen

tridenté [tʀidɑ̃te] *adj* BOT mit drei Spitzen

tridimensionnel [tʀidimɑ̃sjɔnɛl] *adj* ⟨~**le**⟩ dreidimensional

trièdre [tʀi(j)ɛdʀ] *adj* MATH dreiflächig

triennal [tʀijɛnal] *adj* ⟨**-aux**⟩ **1** (*tous les trois ans*) dreijährlich; alle drei Jahre, jedes dritte Jahr stattfindend, erfolgend; AGR ***assolement*** ~ Dreifelderwirtschaft *f* **2** (*pour trois ans*) dreijährig; *personne* für drei Jahre ernannt, gewählt; ***plan*** ~ Dreijahresplan *m*

triennat [tʀijɛna] *m* dreijährige Amtszeit

trier [tʀije] *v/t* **1** sortieren; sichten; (*extraire*) auslesen; aussortieren; aussondern; *lentilles etc* aus-, verlesen; *courrier* sortieren; *fig candidats* sieben; aussuchen; ~ ***ses papiers*** s-e Papiere sortieren, sichten **2** CH DE FER rangieren

trière [tʀi(j)ɛʀ] *f* HIST Triere *f*; Dreiruderer *m*

Trieste [tʀijɛst] GÉOGR Triest *n*

trieur [tʀijœʀ] *m*, **trieuse** *f* **1** *personne* Sortierer(in) *m(f)* **2** *appareil* Sortierer *m*; Sortiermaschine *f*

trifoliolé [tʀifɔlj(ɔl)e] *adj* BOT dreiblätt(e)rig

trifouiller [tʀifuje] F *v/i* kramen; wühlen; stöbern; ~ ***dans les affaires de qn*** in j-s Sachen (*dat*) stöbern, wühlen, F herumkramen, -fummeln; j-s Sachen durchstöbern, -wühlen

trigo [tʀigo] *f* F *abr* → ***trigonométrie***

trigonométrie [tʀigɔnɔmetʀi] *f* Trigonometrie *f*

trigonométrique [tʀigɔnɔmetʀik] *adj* trigonometrisch; ***fonction*** *f* ~ trigonometrische Funktion; Winkelfunktion *f*; ***table*** *f* ~ trigonometrische Tafel

trijumeau [tʀiʒymo] *m* ANAT ~ *ou adjt* ***nerf*** *m* ~ Trigeminus *m*; MÉD ***névralgie*** *f* ***du*** ~ Trigeminusneuralgie *f*

trilingue [tʀilɛ̃g] *adj* dreisprachig

trille [tʀij] *m* MUS Triller *m*

trillion [tʀiljõ] *m* Trillion *f*

trilobé [tʀilɔbe] *adj* **1** BOT dreilappig **2** ARCH ***arc*** ~ Kleeblattbogen *m*

trilogie [tʀilɔʒi] *f* Trilogie *f*

trimaran [tʀimaʀɑ̃] *m* MAR Trimaran *m*

trimbal(l)age [tʀɛ̃balaʒ] F *m ou* **trimbal(l)ement**

[trɛ̃balmɑ̃] F *m* Schleppen *n*; F Schlepperei *f*

trimbal(l)er [trɛ̃bale] F **I** *v/t* schleppen; F mitschleppen; mit sich herumschleppen; *fig* ***qu'est-ce qu'il trimballe!*** F der ist vielleicht blöd, dämlich! **II** *v/pr* ***se trimbal(l)er*** gehen; F trippeln; tigern; ***se trimbal(l)er en bagnole*** F herumkutschieren

trimer [trime] *v/i* F schuften; sich schinden, abrackern, placken

trimestre [trimɛstr] *m* **1** Vierteljahr *n*; Quartal *n*; ÉCOLE Trimester *n*; ***par ~*** vierteljährlich; pro Quartal **2** *pour le loyer etc* vierteljährliche Zahlung

trimestriel [trimɛstrijɛl] *adj* ⟨**~le**⟩ **1** (*tous les trois mois*) Vierteljahres…; vierteljährlich, alle drei Monate, dreimonatlich stattfindend, *publication* erscheinend; ÉCOLE ***bulletin ~*** Trimester-, Vierteljahreszeugnis *n*; ***revue ~le*** Vierteljahresschrift *f* **2** (*de trois mois*) dreimonatig

trimoteur [trimɔtœr] *m* AVIAT dreimotorige Maschine

tringle [trɛ̃gl] *f* (Metall)Stange *f* (*a* TECH); *dans une armoire* Kleiderstange *f*; ***~ à rideaux*** Gardinenstange *f*

tringlot [trɛ̃glo] *m* → ***trainglot***

trinité [trinite] *f* **1** REL (***Sainte***) ***Trinité*** Dreifaltigkeit *f*; Dreieinigkeit *f*; Trinität *f* **2** (***le dimanche*** *m* ***de***) ***la Trinité*** der Sonntag Trinitatis; das Trinitatis-, Dreifaltigkeitsfest **3** (*groupe de trois*) Dreizahl *f*; Dreiheit *f*; Triade *f*

Trinité et Tobago [triniteetɔbago] Trinidad und Tobago *n*

trinôme [trinom] *m* MATH Trinom *n*

trinquer [trɛ̃ke] *v/i* **1** (mit den Gläsern) anstoßen (***à*** auf *+acc*); ***trinquons gaiement!*** stoßen wir an! **2** F *fig* (*écoper*) F es ausbaden müssen; die Zeche bezahlen müssen

trio [trijo] *m* **1** MUS Trio *n* (*instruments*); Terzett *n* (*chant*); ***~ à cordes*** Streichtrio *n*; ***~ pour piano, violon et violoncelle*** Klaviertrio *n* **2** *personnes* Trio *n*; ***un joyeux ~*** ein fideles Trio; *iron ou péj* ***ils forment un joli ~*** sie sind, bilden ein sauberes Kleeblatt

triolet [trijɔlɛ] *m* **1** MUS Triole *f* **2** *poème* Triolett *n*

triomphal [trijõfal] *adj* ⟨**-aux**⟩ triumphal; ***accueil ~*** triumphaler, jubelnder, begeisterter Empfang; ***élection ~e*** großer Wahlerfolg; ***marche ~e*** Siegesmarsch *m*; ***succès ~*** triumphaler Erfolg; ***faire une entrée ~e*** im Triumph einziehen

triomphalement [trijõfalmɑ̃] *adv* im Triumph; triumphierend; jubelnd; ***annoncer qc ~*** etw triumphierend verkünden; ***être accueilli ~*** jubelnd, mit großem, stürmischem Jubel empfangen werden

triomphalisme [trijõfalism] *m* übertriebene Siegessicherheit **triomphaliste** *adj* übertrieben siegessicher

triomphant [trijõfɑ̃] *adj* triumphierend; siegreich; frohlockend; ***air ~*** Siegermiene *f*; triumphierende Miene; ***rire ~*** triumphierendes Lachen

triomphateur [trijõfatœr] *m* HIST *et fig* Triumphator *m*

triomphe [trijõf] *m* Triumph *m*; glänzender Sieg; ***~ de la justice, de la violence*** Sieg, Triumph der Gerechtigkeit, der Gewalt; ***arc*** *m* ***de ~*** Triumphbogen *m*; ***cri*** *m* ***de ~*** Jubelschrei *m*; *pl* Triumphgeschrei *n*; ***d'un air de ~*** mit triumphierender Miene; mit Siegermiene; ***ne pas avoir le ~ modeste*** s-n Triumph auskosten; *élection, spectacle* ***c'est un véritable ~*** das ist ein einzigartiger Erfolg; ***faire un ~ à qn, qc*** j-m e-n triumphalen, jubelnden, begeisterten Empfang bereiten; etw (*spectacle etc*) mit Begeisterung aufnehmen; ***porter qn en ~*** j-n (im Triumph) auf den Schultern tragen; ***remporter, avoir un*** (***vrai***) ***~*** e-n (wahren) Triumph erringen, erleben; durchschlagenden Erfolg haben; ***remporter un ~ sur son adversaire*** über s-n Gegner e-n glänzenden Sieg erringen

triompher [trijõfe] **I** *v/t/indir* ***~ de*** besiegen, bezwingen, überwinden (*+acc*); triumphieren, siegen über (*+acc*) **II** *v/i* **1** siegen; die Oberhand gewinnen; sich durchsetzen; ***faire ~ qc, qn*** e-r Sache, j-m zum Siege verhelfen **2** *acteur, chanteur* Triumphe feiern **3** (*jubiler*) triumphieren; frohlocken; jubeln; jubilieren

trip [trip] F *m des drogués arg* Trip *m*

tripaille [tripɑj] F *f* Eingeweide *n/pl*

tripartisme [tripartism] *m* POL Dreiparteiensystem *n*

tripartite [tripartit] *adj* POL Dreier…; Dreimächte…; Dreiparteien…; ***accord*** *m*, ***conférence*** *f* ***~*** Dreier-, Dreimächteabkommen *n*, -konferenz *f*; ***gouvernement*** *m* ***~*** Dreiparteienregierung *f*

tripatouillages [tripatujaʒ] F *m/pl* Manipulationen *f/pl*; Machenschaften *f/pl*; F krumme Touren *f/pl*; ***~ électoraux*** Wahlmanipulationen *f/pl*

tripatouiller [tripatuje] F *v/t* **1** (*tripoter*) ***~ qc*** an etw (*dat*) herumspielen, F -fummeln **2** *texte* eigenmächtig umändern, verfälschen; F herumpfuschen an (*+dat*); *comptabilité* F frisieren **tripatouilleur** F *m* → ***tripoteur*** *2*

tripe [trip] *f* **1** *pl* ***~s*** ZO Eingeweide *n/pl*; Gedärm(e) *n(pl)*; Gekröse *n*; CUIS Kaldaunen *f/pl*; *südd* Kutteln *f/pl*; ***~s à la mode de Caen*** *Kaldaunen mit Zwiebeln, Karotten etc gekocht* **2** F *fig*: ***avoir des ~s*** mutig sein; Mut, F Mumm haben; ***avoir la ~ républicaine*** F Republikaner bis in die Knochen sein; ***prendre, saisir qn aux ~s*** j-n im Innersten ergreifen, erschüttern; ***rendre ~s et boyaux*** sich heftig erbrechen; P kotzen wie ein Reiher; F reihern

triperie [tripri] *f* Geschäft *n*, in dem Kaldaunen, Innereien verkauft werden

tripette [tripɛt] *loc* F ***ça ne vaut pas ~*** das ist keinen Pfifferling, Heller wert

triphasé [trifaze] *adj* ÉLECT Dreiphasen…; ***courant ~*** Drehstrom *m*; Dreiphasenstrom *m*

tripier [tripje] *m*, **tripière** *f* Kaldaunen-, Innereienhändler(in) *m(f)*, -geschäft *n*

triplace [triplas] *adj* ***avion*** *m* ***~*** Dreisitzer *m*

triplan [triplɑ̃] *m autrefois* AVIAT Dreidecker *m*

triple [tripl] **I** *adj* dreifach; Drei…; MUS ***~ croche*** *f* Zweiunddreißigstelnote *f*; HIST ***la Triple Entente*** die Tripelentente; F ***~ idiot*** *m*, ***sot*** *m* F Erzdummkopf *m*; Erztrottel *m*; ***~ menton*** *m* dreifaches Kinn; ***naissance*** *f* ***~*** Drillingsgeburt *f*; PHYS ***point*** *m* ***~*** Tripelpunkt *m*; ***un ~ rang de perles*** e-e dreifache Perlenreihe; SPORTS ***~ saut*** *m* Dreisprung *m*; *loc/adv* F ***au ~ galop*** F im Schweinsgalopp; wie ein geölter Blitz **II** *subst* ***le ~*** das Dreifache; dreimal so viel *ou* so groß; ***le ~ du prix*** der dreifache Preis; das Dreifache des Preises; *sa maison* ***est le ~ de celle-ci*** ist dreimal so groß wie dieses; ***faire, fournir le ~ de travail*** das Dreifache an Arbeit, dreimal so viel Arbeit erledigen; dreimal so viel arbeiten

T

triplé [tʀiple] *m* 1 SPORTS dreifacher Sieg; Hattrick ['hɛt-] *m*; ***réussir un beau ~*** dreimal hintereinander gewinnen; den Hattrick schaffen 2 TURF Dreierwette *f*
Triple-Alliance [tʀiplaljɑ̃s] *f* HIST Dreibund *m*; Tripelallianz *f*
triplement [tʀipləmɑ̃] **I** *adv* dreifach **II** *m* Verdreifachung *f*
tripler [tʀiple] **I** *v/t* verdreifachen; ÉCOLE ***il a triplé sa, une classe*** e-r ist zweimal in e-r Klasse sitzen, F hängen, kleben geblieben; ***~ la dose*** die Dosis verdreifachen, auf das Dreifache erhöhen; die dreifache Dosis nehmen *ou* geben **II** *v/i* sich verdreifachen; auf das Dreifache steigen
triplé(e)s [tʀiple] *m(f) pl* Drillinge *m/pl* **triplet** *m* OPT Triplett *n* **triplette** *f* BOULES Gruppe *f* von drei Spielern
tripolaire [tʀipɔlɛʀ] *adj* ÉLECT dreipolig
Tripoli [tʀipɔli] 1 *en Libye* Tripolis *n* 2 *au Liban* Tripoli *n*
triporteur [tʀipɔʀtœʀ] *m* (Liefer)Dreirad *n*
tripot [tʀipo] *m péj* Spielhölle *f*
tripotage [tʀipɔtaʒ] F *m souvent pl* ***~s*** Schwindel *m*; Machenschaften *f/pl*; F krumme Touren *f/pl*, Sachen *f/pl*; faule Geschäfte *n/pl*; ***~s électoraux*** Wahlmanöver *n/pl*, -manipulationen *f/pl*
tripotée [tʀipɔte] F *f* 1 große Menge; F Haufen *m*; ***une ~ d'enfants*** F ein Haufen Kinder; ein Stall voll Kinder 2 F (*raclée*) F Dresche *f*; Keile *f*; Senge *pl*
tripoter [tʀipɔte] F **I** *v/t* ***~ qc*** mit etw herumspielen; F etw befummeln; an etw (*dat*) herumfummeln; ***~ une femme*** F e-e Frau begrapschen, befummeln, betatschen; ***~ des fruits*** Obst betasten **II** *v/i* 1 (*farfouiller*) herumkramen, -stöbern, -wühlen (***dans*** in +*dat*); ***~ dans l'eau*** (im Wasser) pan(t)schen 2 (*magouiller*) unsaubere Geschäfte, F krumme Sachen machen
tripoteur [tʀipɔtœʀ] *m* F 1 (*peloteur*) F Grapscher *m* 2 (*magouilleur*) Schieber *m*; dunkle, fragwürdige Existenz
tripous *ou* **tripoux** [tʀipu] *m/pl* CUIS *Auvergne* Kutteln *f/pl* mit Lammfüßen
triptyque [tʀiptik] *m* 1 PEINT, SCULP Triptychon *n*; LITTÉRATURE Werk *n* in drei Teilen 2 ADM Triptyk *n*; Triptik *n*
trique [tʀik] *f* Knüppel *m*; Knüttel *m*; ***coup*** *m* ***de ~*** Knüppelhieb *m*; *fig*: ***sec comme un coup de ~*** spindel-, klapperdürr; F ein Klappergestell *n*; ***faire marcher, mener qn à coups de ~*** mit j-m brutal, despotisch verfahren, umspringen
triréacteur [tʀiʀeaktœʀ] *m* AVIAT dreistrahlige Maschine
trisaïeul(e) [tʀizajœl] *m(f)* Urgroßvater *m*, -mutter *f*; ***trisaïeux*** *ou* ***trisaïeuls*** *m/pl* Urgroßeltern *pl*
trisannuel [tʀizanɥɛl] *adj* ⟨**~le**⟩ alle drei Jahre stattfindend; dreijährlich; BOT dreijährig
triskèle [tʀiskɛl] *m keltisches Symbol in Form einer Dreierspirale*
trisomie [tʀisɔmi] *f* BIOL, MÉD Trisomie *f* **trisomique** MÉD **I** *adj personne* mit Down-Syndrom **II** *m,f* Mensch *m* mit Down-Syndrom
trisser [tʀise] *v/pr* ***se ~*** F abhauen; verduften
triste [tʀist] *adj* 1 *personne*, *visage* traurig; trübselig; tief betrübt; niedergeschlagen; ***mélodie*** *f* ***~*** traurige, schwermütige Melodie; ***regard*** *m* ***~*** trauriger, trübseliger Blick; ***sourire*** *m* ***~*** trauriges, trübseliges Lächeln; ***~ à mourir*** todunglücklich; ***avoir l'air ~*** traurig aussehen; ***être tout ~*** tieftraurig, sehr traurig sein; ***faire ~ mine, figure*** ein trauriges Gesicht machen; ***rendre ~*** traurig machen, stimmen 2 *temps*, *couleur* trist; trübselig; ***une ~ affaire*** e-e traurige, tragische Sache; ***film*** *m* ***~*** trauriger Film; ***jour*** *m* ***~*** trauriger, schwerer Tag; ***maison*** *f* ***~*** düsteres Haus; ***nouvelle*** *f* ***~*** traurige Nachricht; ***paysage*** *m*, ***rue*** *f* ***~*** trostlose *ou* triste Landschaft, Straße; ***c'est bien ~*** das ist sehr traurig; ***avoir ~ mine, être dans un ~ état*** *personne* in e-m bedauernswürdigen Zustand sein; *objet* sich in e-m traurigen, beklagenswerten Zustand befinden 3 (*lamentable*) erbärmlich; armselig; traurig; ***~ consolation*** *f* schwacher Trost; ***~ personnage*** *m* erbärmliche Kreatur; ***~ réputation*** *f* schlechter, trauriger Ruf; ***avoir une ~ fin*** ein armseliges, klägliches Ende nehmen; ***c'est la ~ vérité*** das ist die traurige Wahrheit
tristement [tʀistəmɑ̃] *adv* 1 traurig; trübselig; trüb(e) 2 ***il s'est rendu ~ célèbre*** er hat e-e traurige Berühmtheit erlangt
tristesse [tʀistɛs] *f* 1 Traurigkeit *f*; Trauer *f*; Betrübnis *f*; Trübsinn *m*; ***profonde ~*** tiefe Traurigkeit; ***être enclin à la ~*** zu Schwermut neigen; ***sourire avec ~*** traurig, trübe lächeln 2 *de qc* Düsterkeit *f*; Trostlosigkeit *f*
tristounet [tʀistunɛ] F *adj* ⟨**~te**⟩ (etwas) traurig, trübselig; *chose a* freudlos; trist
trisyllabe [tʀisi(l)lab] *adj et subst m* (***mot*** *m*) ~ dreisilbiges Wort
trisyllabique [tʀisi(l)labik] *adj* MÉTRIQUE dreisilbig
trithérapie [tʀiteʀapi] *f* MÉD Kombinationstherapie *f*
tritium [tʀitjɔm] *m* CHIM Tritium *n*
triton [tʀitõ] *m* 1 ZO Molch *m* 2 MYTH ***Triton*** Triton *m*
trituration [tʀityʀasjõ] *f* Zerstoßen *n*; Zerreiben *n*; Zermalmen *n*; *des aliments par les dents* Zerkleinern *n*
triturer [tʀityʀe] *v/t* zerstoßen; zerreiben; zermalmen; *dents*: *aliments* zerkleinern; *masseur*: *muscles* (durch)kneten; *mouchoir* kneten; zusammenknüllen; zerknüllen; F *fig* ***se ~ la cervelle, les méninges*** F sich (*dat*) das Hirn zermartern
triumvir [tʀijɔmviʀ] *m* HIST Triumvir *m* **triumvirat** *m* HIST *et fig* Triumvirat *n*
trivalence [tʀivalɑ̃s] *f* CHIM Dreiwertigkeit *f* **trivalent** *adj* CHIM dreiwertig
trivial [tʀivjal] *adj* ⟨**-aux**⟩ 1 vulgär; ordinär; zotig; unanständig; anstößig; unschicklich; ***plaisanterie ~e*** unanständiger, F nicht salonfähiger Witz; Zote *f*; ***avoir un langage ~*** sich ordinär, vulgär ausdrücken 2 *litt* (*commun*) trivial; platt; banal
trivialité [tʀivjalite] *f* 1 **a)** *d'une plaisanterie etc* Vulgarität *f*; Unanständigkeit *f*; Unschicklichkeit *f*; **b)** *parole(s)* Zote *f*; unanständiges Wort; Kraftausdruck *m* 2 *litt* (*banalité*) Trivialität *f*; Plattheit *f*; Banalität *f*
tr / mn *abr* (*tours par minute*) U/min (Umdrehungen pro Minute)
troc [tʀɔk] *m* Tausch *m*; Tauschgeschäft *n*; (***économie*** *f* ***de***) ~ Tauschhandel *m*; Naturaltausch *m*; ***faire du ~*** Tauschhandel treiben
troène [tʀɔɛn] *m* BOT Liguster *m*

T

troglodyte [tʀɔglɔdit] *m* 1 Höhlenbewohner *m*; Bewohner *m* e-r Felsenwohnung 2 ZO Zaunkönig *m* **troglodytique** *adj* Höhlen(bewohner)…; Troglodyten…

trogne [tʀɔɲ] F *f* Gesicht *n*; ***avoir une bonne ~*** ein sympathisches Gesicht haben

trognon [tʀɔɲõ] 1 *m* Kerngehäuse *n*; *régional* Griebs *m*; Butzen *m*; *de chou, de salade* Strunk *m*; ***~ de pomme*** Apfelgriebs *m*, -butzen *m*; F *fig* ***ils nous ont eus jusqu'au ~*** F sie haben uns gewaltig hereingelegt 2 *adjt* F ***ce qu'il est ~!*** F ist der aber süß!

Troie [tʀwa] HIST Troja *n*; ***cheval*** *m* ***de ~*** Trojanisches Pferd; ***la guerre de ~*** der Trojanische Krieg

troïka [tʀɔika] *f* Troika *f*, Dreigespann *n* (*a fig*)

trois [tʀwa] **I** *num/c* drei; ***Henri III*** Heinrich III. (der Dritte); ***le ~ mai*** der dritte *ou* am dritten Mai; ***~ mois*** drei Monate; *souvent* ein Vierteljahr *n*; ***page ~*** Seite drei; ***~ quarts*** → ***quart*** *I 2*; *loc/adj et loc/adv*: ***à ~*** zu dritt; zu dreien; MATH ***règle*** *f* ***de ~*** Dreisatzrechnung *f*; ***enfant*** *m* ***de ~ ans*** dreijähriges Kind; Kind *n* von drei Jahren; ***séjour*** *m* ***de ~ mois*** dreimonatiger Aufenthalt **II** *m* Drei *f*; *südd a* Dreier *m*; ***le ~ (du mois)*** der Dritte *ou* am Dritten (des Monats); → *a* ***deux*** *II*

trois-deux [tʀwadø] *m* ⟨*inv*⟩ MUS 3/2-Takt *m* (Dreihalbetakt)

trois-huit [tʀwaɥit] 1 *m* ⟨*inv*⟩ MUS Dreiachteltakt *m*; 3/8-Takt *m* 2 *m/pl en usine* Arbeit *f* in drei Schichten (zu je acht Stunden)

troisième [tʀwazjɛm] **I** *num/o* dritte(r, -s); ***la ~ fois*** das dritte *ou* zum dritten Mal **II** *subst* 1 ***le, la ~*** der, die, das Dritte 2 *m* dritter Stock; dritte Etage 3 *f* ÉCOLE vierte Klasse im Gymnasium (*führt in Frankreich zur mittleren Reife*); *correspond à* neunte Klasse 4 *f* AUTO dritter Gang; ***passer en ~*** in den dritten (Gang) gehen, schalten

troisièmement [tʀwazjɛmmɑ̃] *adv* drittens

trois-mâts [tʀwamɑ] *m* ⟨*inv*⟩ MAR Dreimaster *m*

trois-quarts [tʀwakaʀ] *m* ⟨*inv*⟩ 1 ***~*** *ou adjt* ***manteau*** *m* ***~*** dreiviertellanger Mantel 2 MUS Dreiviertelgeige *f* 3 RUGBY Dreiviertelspieler *m*; ***~ centre*** Innendreiviertel *m*

trois-quatre [tʀwakatʀ] *m* ⟨*inv*⟩ MUS Dreivierteltakt *m*; 3/4-Takt *m*

troll [tʀɔl] *m* MYTH Troll *m*

trolley [tʀɔlɛ] *m* 1 TECH Stangen-, Rollenstromabnehmer *m* 2 F Obus *m*

trolleybus [tʀɔlɛbys] *m* Oberleitungsomnibus *m*; Trolleybus *m*; F Obus *m*

trombe [tʀõb] *f* MÉTÉO Windhose *f*; Trombe *f*; ***~ d'eau*** Wolkenbruch *m*; *loc/adv fig* ***en ~*** wie ein Wirbelwind; wie der Blitz; ***arriver en ~*** angesaust kommen; ***entrer en ~*** hereinstürmen; ***passer en ~*** vorbeirasen

trombine [tʀõbin] F *f* Gesicht *n*; ***faire une drôle de ~*** ein saures Gesicht ziehen

tromblon [tʀõblõ] *m* HIST Büchse *f*, Flinte *f* mit trichterförmigem Lauf

trombone [tʀõbɔn] *m* 1 MUS **a)** Posaune *f*; ***~ à coulisse, à pistons*** Zug-, Ventilposaune *f*; **b)** *joueur* Posaunist *m*; Posaunenbläser *m* 2 *agrafe* Büroklammer *f*

tromboniste [tʀõbɔnist] *m* Posaunist *m*; Posaunenbläser *m*

trommel [tʀɔmɛl] *m* TECH Zylindersieb *n*

trompe [tʀõp] *f* 1 MUS Horn *n*; MAR ***~ de brume*** Nebelhorn *n*; ***~ de chasse*** Jagdhorn *n* 2 ZO Rüssel *m*; *des insectes* Saugrüssel *m* 3 ANAT ***~ d'Eustache*** Ohrtrompete *f*; eustachische Röhre; ***~ de Fallope, ~ utérine*** Eileiter *m*; Tube *f* 4 ARCH Trompe *f*; Trichternische *f*

trompe-la-mort [tʀõplamɔʀ] *m* ⟨*inv*⟩ dem Tod Entronnene(r) *m*

trompe-l'œil [tʀõplœj] *m* ⟨*inv*⟩ 1 PEINT Trompe-l'œil *n ou m*; ***décor*** *m* ***en ~*** perspektivisch gemalte Kulisse 2 *fig* trügerischer Schein

tromper [tʀõpe] **I** *v/t* 1 täuschen; betrügen (*a son conjoint*); hintergehen; anführen; hinters Licht führen; irreführen; *vigilance de qn* überlisten; *adjt* ***mari trompé*** betrogener Ehemann; *abs* ***ça trompe*** das täuscht, ist e-e Täuschung; ***ça ne trompe pas*** das ist ein untrügliches, sicheres Zeichen; ***ça ne trompe personne*** davon lässt sich niemand täuschen; das glaubt keiner; ***c'est ce qui vous trompe*** da(rin) täuschen, irren Sie sich, sind Sie im Irrtum; ***~ l'attente, la confiance, les espoirs de qn*** j-s Erwartungen, Vertrauen, Hoffnungen enttäuschen 2 *par ext*: ***~ l'attente en lisant*** sich (*dat*) die Wartezeit mit Lesen verkürzen; ***~ la*** *ou* ***sa faim*** das Hungergefühl betäuben; den ärgsten Hunger stillen; ***~ la soif*** den Durst vorübergehend etwas mildern **II** *v/pr* ***se ~*** sich täuschen; (sich) irren; ***si je ne me trompe*** wenn ich (mich) nicht irre, mich nicht täusche; ***à moins que je ne me trompe*** wenn ich (mich) nicht sehr irre; wenn mich nicht alles täuscht; ***tout le monde peut se ~*** jeder kann sich mal irren; Irren *ou* irren ist menschlich (*prov*); ♦ ***se ~ dans ses calculs*** sich verrechnen; sich verkalkulieren; ***se ~ d'adresse*** sich in der Adresse irren; *fig* an die falsche Adresse geraten; ***se ~ de chemin, de route*** den Weg verfehlen; sich verlaufen; *en voiture* sich verfahren; ***se ~ de date*** sich im Datum irren; ***se ~ de direction*** sich in der Richtung irren; die falsche Richtung einschlagen; ***se ~ de vingt euros*** sich um zwanzig Euro verrechnen *ou* verzählen; ***se ~ de ligne, de page*** sich in der Zeile, Seite irren; ***se ~ de numéro*** sich in der Nummer irren; TÉL sich verwählen; ***c'est en quoi il se trompe*** da(rin) täuscht er sich, irrt er (sich); ***se ~ sur qn*** sich in j-m täuschen, irren; ***se ~ sur les intentions de qn*** sich über j-s Absichten (*acc*) täuschen; ***ne vous y trompez pas*** täuschen Sie sich (ja) nicht; geben Sie sich keiner Täuschung hin; ***elle lui ressemble à s'y ~*** sie sieht ihr täuschend ähnlich

tromperie [tʀõpʀi] *f* Betrug *m*; Täuschung *f*

trompeter [tʀõpete] *v/t* ⟨**-tt-**⟩ *nouvelle* hinausposaunen

trompette [tʀõpɛt] **I** *f* 1 MUS Trompete *f*; BIBL ***les ~s de Jéricho, du Jugement dernier*** die Posaunen *f/pl* von Jericho, des Jüngsten Gerichts; *fig* ***nez*** *m* ***en ~*** Stülpnase *f*; Himmelfahrtsnase *f*; ***jouer, sonner de la ~*** (auf der) Trompete blasen; trompeten 2 *coquillage* trompetenförmige Muschel 3 BOT ***~ de la mort, des morts*** Herbst-, Totentrompete *f* **II** *m* MUS Trompeter *m*

trompettiste [tʀõpetist] *m,f* Trompeter(in) *m(f)*

trompeur [tʀõpœʀ] *adj* ⟨**-euse**⟩ trügerisch; täuschend; ***calme ~*** trügerische Ruhe, Stille; ***les apparences sont trompeuses*** der Schein trügt

T

tronc [tʀõ] *m* **1** BOT **~ (d'arbre)** (Baum)Stamm *m* **2** ANAT **a)** *partie du corps* Rumpf *m*; **b)** *des vaisseaux, nerfs* Stamm *m* **3** MATH **~ de cône** Kegelstumpf *m* **4** ÉGL Opferstock *m*; **~ des pauvres** Almosenstock *m* **5** ARCH **~ de colonne** unterer Teil des Säulenschaftes **6** **~ commun** CH DE FER *etc* gemeinsame Streckenführung; Stammstrecke *f*; ÉCOLE gemeinsamer Grundlehrplan, Bildungsweg für die unteren Klassen

tronche [tʀõʃ] *f* F *(figure)* F Visage *f*; P Fresse *f*

tronçon [tʀõsõ] *m* **1** CH DE FER, *de route* (Strecken-)Abschnitt *m*; Teilstrecke *f*, -stück *n*; **~ d'autoroute** Autobahnabschnitt *m*, -teilstück *n*; **par ~s** streckenweise, abschnitt(s)weise **2** *de qc de cylindrique* (abgeschnittenes *ou* abgebrochenes) Stück; (abgeschnittener *ou* abgebrochener) Teil

tronconique [tʀõkɔnik] *adj* MATH kegelstumpfförmig

tronçonnage [tʀõsɔnaʒ] *m ou* **tronçonnement** *m* Zersägen *n*

tronçonner [tʀõsɔne] *v/t* in (längliche) Stücke schneiden; **~ un tronc d'arbre** einen Baumstamm (in Stücke) zersägen

tronçonneuse [tʀõsɔnøz] *f* Kettensäge *f*

trône [tʀon] *m* **1** Thron *m*; Thronsessel *m*; **succession** *f* **au ~** Thronfolge *f*; **discours** *m* **du ~** Thronrede *f*; **mettre, placer qn sur le ~** j-n auf den Thron setzen, erheben; **monter sur le ~** den Thron besteigen **2** F *plais (siège des W.-C.)* F Thron *m*

trôner [tʀone] *v/i* thronen (*a iron*); *objet a* prangen

tronqué [tʀõke] *adj* **1** ARCH **colonne ~e** Säulenstumpf *m*; MATH **cône ~** Kegelstumpf *m* **2** *fig* verstümmelt

tronquer [tʀõke] *v/t* verstümmeln; **~ une citation, un texte** ein Zitat, einen Text verstümmeln

trop [tʀo] *adv* **1** *(excessivement)* zu viel; *avec adj et adv* zu; *avec verbe* zu sehr; zu viel; allzu sehr; allzu viel; **~ de** *(+subst)* zuviel *(+sg)*; zu viele *(+pl)*; ♦ **~ bon** zu gut; zu gutmütig; **bien, beaucoup ~ difficile** viel zu schwierig; **~ peu** zu wenig; **sans ~ de peine** ohne allzu viel Mühe; **il aime ~ son confort** er liebt s-e Bequemlichkeit zu sehr; **ça ne va pas ~ bien** es geht, steht nicht zum Besten, allzu gut; **j'ai ~ chaud** es ist mir zu heiß; **nous n'avons pas ~ de place** wir haben nicht (gerade) allzu viel Platz; **je n'ai eu que ~ de patience** ich habe schon, nur allzu viel Geduld gehabt; **boire ~** zu viel trinken; **cela n'a que ~ duré** das hat nur, schon allzu lange gedauert; **c'est ~** das ist zu viel; **cette fois, c'est ~!** *ou* **c'en est ~!** *ou* **ça alors, c'est ~ fort!** das ist doch die Höhe!; das schlägt dem Fass den Boden aus!; was zu viel ist, ist zu viel!; das geht zu weit!; *un peu, c'est bien,* **mais ~, c'est ~** aber allzu viel ist ungesund; **mettre ~ de sel, de sucre dans qc** etw versalzen; zu viel Zucker in etw *(acc)* geben, tun; **il est ~ énervé pour pouvoir dormir** er ist zu erregt, um schlafen zu können; **il a ~ menti pour qu'on puisse le croire maintenant** er hat zu viel gelogen, als dass man ihm jetzt glauben könnte; ♦ **de, en ~** zu viel; **il n'y a rien de ~** es kommt gerade so hin; es ist (auch) kein bisschen zu viel; **avoir des bagages en ~** zu viel Gepäck haben; **avoir des kilos en ~** überflüssige Pfunde haben; **avoir du tissu en ~** noch Stoff übrig haben; **boire un coup de ~, un verre de ~** eins, ein Glas über den Durst trinken; *restez,* **vous ne serez pas de ~** Sie sind durchaus erwünscht, keineswegs überflüssig; **ça ne sera pas de ~** das wird gerade reichen, F so hinkommen; **deux personnes sont en ~** es sind zwei Personen zu viel; F **manger de ~** zu viel essen; **on m'a rendu cinq euros de, en ~** man hat mir fünf Euro zu viel zurückgegeben; ♦ *litt* **par ~** *avec verbe* allzu sehr; allzu viel; *avec adj et adv* gar zu; **il est par ~ vaniteux** er ist gar zu eitel **2** *(très)* sehr; *(bien)* recht; *il répète ce qu'on lui dit* **sans ~ comprendre** ohne es recht zu verstehen; **ça ne me dit ~ rien, pas ~** das reizt, lockt mich nicht besonders, sonderlich, (allzu)sehr; **vous êtes ~ aimable** das ist sehr, äußerst liebenswürdig, sehr freundlich von Ihnen; **il n'est pas ~ content** er ist nicht sehr, nicht besonders zufrieden; **je ne sais pas ~** ich weiß nicht recht

trope [tʀɔp] *m* RHÉT Trope *f*; Tropus *m*

trophée [tʀɔfe] *m* Trophäe *f*; **~ de chasse** Jagdtrophäe *f*

trophique [tʀɔfik] *adj* PHYSIOL trophisch; Ernährungs…; MÉD **troubles** *m/pl* **~s** Ernährungsstörungen *f/pl*

tropical [tʀɔpikal] *adj* ⟨-aux⟩ tropisch; Tropen…; **climat ~** Tropenklima *n*; tropisches Klima; **forêt ~e** tropischer Regenwald; **pays tropicaux** Tropenländer *n/pl*; **plante ~e** Tropenpflanze *f*; tropische Pflanze

tropicaliser [tʀɔpikalize] *v/t* tropenfest machen; *adjt* **tropicalisé** tropenfest

tropique [tʀɔpik] **I** *m* GÉOGR **1** **~s** *pl* Tropen *pl*; **vivre sous les ~s** in den Tropen leben **2** Wendekreis *m*; **~ du Cancer, du Capricorne** Wendekreis des Krebses, des Steinbocks **II** *adj* ASTR **année** *f* **~** tropisches Jahr

tropisme [tʀɔpizm] *m* BIOL Tropismus *m*

troposphère [tʀɔpɔsfɛʀ] *f* MÉTÉO Troposphäre *f*

trop-perçu [tʀopɛʀsy] *m* ⟨*pl* **trop-perçus**⟩ zu viel erhobener Betrag

trop-plein [tʀoplɛ̃] *m* ⟨*pl* **trop-pleins**⟩ **1** **le ~ d'un récipient** die Flüssigkeit, die ein Gefäß nicht (mehr) fassen kann; **le ~ des eaux** das überschüssige Wasser **2** TECH Überlauf *m* **3** *fig* **~ d'énergie, de vie** überschäumende Kraft; überschäumendes Temperament; ungestümer Tatendrang; **épancher le ~ de son cœur** sein übervolles Herz ausschütten

troquer [tʀɔke] *v/t* **1** COMM **~ qc contre qc** etw für etw in Tausch geben; etw gegen etw tauschen; **~ du maïs contre du blé** Mais gegen Weizen tauschen; Weizen für Mais eintauschen **2** *(remplacer)* **~ qc contre qc** etw durch etw ersetzen; etw mit etw vertauschen

troquet [tʀɔkɛ] *m* F Kneipe *f*

trot [tʀo] *m* Trab *m*; Traben *n*; **petit ~** leichter Trab; **cheval** *m* **au ~** trabendes Pferd; **course** *f* **de** *ou* **au ~ attelé** Trabrennen *n*; **course de ~ monté** unter dem Reiter gelaufenes Trabrennen; **aller au ~** *cheval* traben; *cavalier* (im) Trab reiten; F *fig* **allez, au ~, plus vite que ça!** F nun aber fix! *ou* dalli, dalli!; **mettre son cheval au ~** sein Pferd in Trab setzen; **partir au ~, prendre le ~** sich in Trab setzen

Trotski [tʀɔtski] *m hist* Trotzki *m*

trotskisme [tʀɔtskism] *m* POL Trotzkismus *m* **trotskiste** POL **I** *adj* trotzkistisch; Trotzkisten… **II** *m,f* Trotzkist(in) *m(f)*

trotte [tʀɔt] *f* F **ça fait une (bonne) ~ jusque …** F bis

… ist es ein gutes, ganz schönes Ende (zu laufen)

trotte-bébé [tʀɔtbebe] *m* ⟨*inv*⟩ Lauflerngerät *n* **trotte-menu** *adj* ⟨*inv*⟩ → ***gent***

trotter [tʀɔte] I *v/i* 1 *cheval* traben 2 *par ext souris* huschen; *personne* traben; herumlaufen; ***j'ai trotté toute la matinée*** den ganzen Vormittag bin ich herumgelaufen, -gerannt, -getrabt, F war ich auf Trab 3 *fig*: *une idée, une mélodie* ***lui trotte dans la tête*** geht ihm im Kopf herum; geht ihm nicht aus dem Kopf; ***faire ~ l'imagination*** die Fantasie anregen II *v/pr* F ***se ~*** F verduften; sich verziehen

trotteur [tʀɔtœʀ] *m* 1 *cheval* Traber *m* 2 *chaussure* Trotteur(schuh) *m* **trotteuse** *f de montre* Sekundenzeiger *m*

trottinement [tʀɔtinmɑ̃] *m* Trippeln *n*; Trappeln *n*; Getrippel *n*; Getrappel *n* **trottiner** *v/i* trippeln; trappeln (*a âne etc*) **trottinette** *f* (Kinder)Roller *m*; *schweiz* Trottinett *n*

trottoir [tʀɔtwaʀ] *m* Geh-, Bürgersteig *m*; Trottoir *n*; ***~ roulant*** Roll-, Fahrsteig *m*; *prostituée* ***faire le ~*** F auf den Strich gehen

trou [tʀu] *m* 1 Loch *n*; *d'une aiguille* (Nadel)Öhr *n*; F (*tombe*) Grab *n*; ASTR ***~ noir*** schwarzes Loch; AVIAT ***~ d'air*** Luftloch *n*; P ***~ de balle*** (*anus*) P Arschloch *n*; P ***~ du cul*** (*anus*) P Arschloch *n*; *injure* F Blödmann *m*; Dämlack *m*; TECH ***~ d'homme*** Mannloch *n*; F ***~s de nez*** Nasenlöcher *n/pl*; ***~ d'obus*** Granattrichter *m*; THÉ ***~ du souffleur*** Souffleurkasten *m*; ***~ de souris*** Maus(e)loch *n*; ***criblé de ~s*** durchlöchert; löcherig; ***avoir un ~ à son manteau*** ein Loch im Mantel haben; ***boire comme un ~*** sehr viel trinken; F saufen wie ein Loch; F *fig* ***être au ~*** F im Kittchen sein; (im Loch) sitzen; F *fig* ***faire son ~*** es zu etwas bringen; sich (*dat*) e-e gesicherte Position schaffen; SPORTS ***faire le ~*** sich vom Feld lösen; ***se faire un ~ dans, à la tête*** sich (*dat*) ein Loch in den Kopf stoßen *ou* fallen; ***percer un ~ dans le mur*** ein Loch in die Wand bohren *ou* schlagen; ***regarder par le ~ de la serrure*** durchs Schlüsselloch gucken; → *a* ***normand*** *I 1* 2 *fig* Lücke *f*; Loch *n*; *dans la caisse, comptabilité* Fehlbetrag *m*; ***~ de mémoire*** Gedächtnislücke *f*; ***j'ai un ~ dans mon emploi du temps*** ich habe zwischendurch *ou* zwischen meinen Terminen, Unterrichtsstunden etwas freie Zeit; *dans un alibi* ***il y a un ~ dans son emploi du temps*** für e-n bestimmten Zeitabschnitt hat er kein Alibi; ***boucher un ~*** e-e Lücke ausfüllen; ein Loch zustopfen 3 F ***~ (perdu)*** F gottverlassenes Nest; Kaff *n*; ***il n'est jamais sorti de son ~*** er ist nie fortgekommen

troubadour [tʀubaduʀ] *m* Troubadour *m*

troublant [tʀublɑ̃] *adj* 1 beunruhigend; verwirrend; ***détail ~*** störendes Detail; ***ressemblance ~e*** verblüffende Ähnlichkeit 2 (*sensuel*) verführerisch; betörend; aufregend

trouble[1] [tʀubl] *adj* 1 *liquide* trüb(e); ***regard*** *m* ***~*** glasiger Blick; ***j'ai la vue ~***, *advt* ***je vois ~*** mir verschwimmt alles vor den Augen; *fig* ***pêcher en eau ~*** im Trüben fischen 2 *fig* dunkel; zweifelhaft; *désirs* uneingestanden

trouble[2] [tʀubl] *m* 1 (*affolement*) Aufregung *f*; Erregung *f*; (*inquiétude*) Unruhe *f*; (*désarroi*) Verwirrung *f*; Bestürzung *f*; ***se remettre de son ~*** sich fassen; sich von s-r Aufregung erholen 2 (*confusion*) Verwirrung *f*; Aufregung *f*; (*désordre*) Durcheinander *n*; ***semer le ~*** Verwirrung stiften 3 POL ***~s*** *pl* Unruhen *f/pl*; ***~s sociaux*** soziale Unruhen 4 MÉD Störung *f*; ***~s*** *pl a* Beschwerden *f/pl*; ***~s digestifs*** Verdauungsstörungen *f/pl*, -beschwerden *f/pl*; ***~s mentaux*** (Anfälle *m/pl* von) Geistesgestörtheit *f*; ***atteint de ~s mentaux*** geistesgestört; geistig gestört; ***~s respiratoires*** Atembeschwerden *f/pl*; ***~s de la circulation, de la parole, de la vue*** Kreislauf-, Sprach-, Sehstörungen *f/pl*

troublé [tʀuble] *adj* 1 *personne, esprit* verwirrt; durcheinander; (*affolé*) erregt; aufgeregt 2 ***époque, période ~e*** unruhige, wirre Zeit

trouble-fête [tʀubləfɛt] *m* ⟨*inv*⟩ Störenfried *m*; Spielverderber *m*; ***jouer les ~*** ein Spielverderber sein

troubler [tʀuble] I *v/t* 1 *eau* trüben; trüb(e) machen; *larmes*: *regard* verschleiern; trüben 2 *calme, sommeil, entretien, ordre public* stören; *conscience* beunruhigen; *raison* trüben; *personne* in Verwirrung bringen; verwirren; durcheinanderbringen; verunsichern; (*inquiéter*) beunruhigen; (*émouvoir*) bewegen; erregen; *un seul détail* ***me trouble*** stört mich; ***~ l'esprit de qn*** j-n (völlig) verwirren, aus dem Gleichgewicht bringen 3 *sensuellement* verwirren; betören II *v/pr* ***se ~*** 1 *liquide* trüb(e) werden; sich trüben; ***ma vue se trouble*** ich sehe (plötzlich) alles verschwommen, verschleiert 2 *personne* unsicher, verlegen werden; in Verwirrung geraten

trou-du-cul [tʀudyky] *m injure* F Blödmann *m*; Doofmann *m*

troué [tʀue] *adj vêtement* ***être ~*** ein Loch *ou* Löcher haben; durchlöchert, löcherig sein

trouée [tʀue] *f* 1 (*ouverture*) Lücke *f* 2 GÉOGR ***la ~ de Belfort*** die Burgundische Pforte **trouer** [tʀue] I *v/t vêtement* durchlöchern; ein Loch *ou* Löcher machen in (*+acc*); *avec une cigarette a* ein Loch brennen in (*+acc*); *fig soleil* ***~ les nuages*** die Wolken durchdringen; F ***se faire ~ la peau*** von Kugeln durchlöchert, durchsiebt werden II *v/pr* ***se ~*** Löcher bekommen

troufignon [tʀufiɲɔ̃] *m arg* (*anus*) P Loch *n*

troufion [tʀufjɔ̃] F *m* einfacher Soldat

trouillard [tʀujaʀ] F I *adj* ängstlich II *subst* ***~(e)*** *m(f)* F Hasenfuß *m*; Angsthase *m*; Jammerlappen *m*

trouille [tʀuj] F *f* ***avoir la ~*** Angst, F Bammel, P Schiss haben; ***il n'a pas la ~!*** F der hat Schneid!; der hat Nerven!; ***flanquer la ~ à qn*** j-m Angst einjagen, machen

trouillomètre [tʀujɔmɛtʀ] *m* F ***avoir le ~ à zéro*** F e-e Heidenangst, P Mordsschiss haben; P die Hosen gestrichen voll haben

troupe [tʀup] *f* 1 Gruppe *f*; Schar *f*; Schwarm *m*; Trupp *m*; ***en ~*** im Trupp; im Schwarm 2 THÉ ***~ (de théâtre), ~ de comédiens*** Theatertruppe *f*; Ensemble *n*; ***~ de danseurs*** Tanztruppe *f* 3 MIL Truppe *f*; ***~s*** *pl* Truppen *pl*; (***hommes*** *m/pl* ***de***) ***~*** Mannschaften *f/pl*; Soldaten *m/pl*; ***enfant*** *m* ***de ~*** Kind, das in e-m „Prytanée militaire“ erzogen wird; F *fig* ***en route, mauvaise ~!*** los!; vorwärts!; ***mobiliser des ~s*** Truppen mobilisieren; *plais* ***rejoindre le gros de la ~*** sich der Gruppe, F der Herde wieder anschließen

troupeau [tʀupo] *m* ⟨*pl* ***~x***⟩ 1 Herde *f*; ***~ de moutons*** Schafherde *f* 2 *fig et péj de personnes* (Ham-

T

mel)Herde *f*; Haufen *m*

trousse [tʀus] *f* 1 ~ (***d'écolier***) Federmäppchen *n*; Schüleretui *n*; ~ ***à couture*** Nähetui *n*; ~ ***de médecin*** Bestecktasche *f*; ~ ***de toilette, de voyage*** Kulturbeutel *m*; Reisenecessaire *n* 2 ***être aux ~s de qn*** j-m auf den Fersen sein; hinter j-m her sein

trousseau [tʀuso] *m* ⟨*pl* **~x**⟩ 1 ~ ***de clefs*** Schlüsselbund *m ou n* 2 **a)** *d'une mariée* Aussteuer *f*; **b)** *pour un internat etc* Wäscheausstattung *f*

trousser [tʀuse] *v/t* 1 CUIS *volaille* umbinden 2 ~ ***les femmes, le jupon*** ein Schürzenjäger sein 3 *discours* schnell und leicht verfassen; *compliment* drechseln; *travail* schnell erledigen

trousseur [tʀusœʀ] *m* ~ ***de jupons*** Schürzenjäger *m*

trou-trou [tʀutʀu] *m* ⟨*pl* **trou-trous**⟩ COUT Hohlsaum *m* mit durchgezogenem Bändchen

trouvaille [tʀuvaj, -vɑj] *f* 1 glücklicher Fund 2 (*idée originale*) treffende, geniale Formulierung; Geistesblitz *m*; F Volltreffer *m*; *iron* ***c'est sa dernière ~*** das ist s-e neueste Schöpfung, Erfindung

trouvé [tʀuve] *adj* 1 ***enfant ~*** Findelkind *n*; ***objet ~*** Fundsache *f*, -gegenstand *m*; (***bureau*** *m* ***des***) ***objets ~s*** Fundbüro *n* 2 ***formule bien ~e*** treffende Formulierung; ***la solution est toute ~e*** die Lösung bietet sich von selbst an

trouver [tʀuve] I *v/t* 1 finden; auffinden; entdecken; ausfindig machen; *abs* ***j'ai trouvé!*** ich hab's (gefunden)!; ~ ***la force de*** (+*inf*) die Kraft finden zu (+*inf*); ~ ***l'occasion de*** (+*inf*) (e-e) Gelegenheit finden zu (+*inf*); ~ ***refuge chez qn*** bei j-m Zuflucht finden; ***je n'ai pas encore trouvé le temps de*** (+*inf*) ich habe noch keine Zeit gefunden, ich bin noch nicht dazu gekommen zu (+*inf*); ~ ***du travail*** Arbeit finden; ~ ***un visage connu dans la foule*** in der Menge ein bekanntes Gesicht entdecken; F ***où est-ce que tu as trouvé ça?*** F wo hast du das denn her?; ♦ ***aller ~ qn*** j-n auf-, besuchen; zu j-m gehen; ***venir ~ qn*** j-n auf-, besuchen; zu j-m kommen; bei j-m vorsprechen; ♦ ~ ***à*** (+*inf*): ***il n'a pas encore trouvé à se loger*** er hat noch keine Bleibe gefunden 2 (*rencontrer*) finden; (an)treffen; vorfinden; begegnen (+*dat*); ~ ***la mort*** den Tod finden, umkommen, ums Leben kommen (***dans un accident*** bei e-m Unfall); ~ ***l'appartement en désordre*** die Wohnung in Unordnung vorfinden; ~ ***un compatriote à l'étranger*** im Ausland e-m Landsmann begegnen, e-n Landsmann treffen; ~ ***la maison vide*** das Haus leer (vor)finden; ~ ***la porte fermée*** vor verschlossener Tür stehen; ***je l'ai trouvé endormi*** ich fand ihn schlafend; als ich kam, schlief er; ***je l'ai trouvé fouillant, qui fouillait dans mes affaires*** ich überraschte, ertappte ihn, wie er meine Sachen durchwühlte; F ~ ***à qui parler*** (gerade) an den Richtigen, an die richtige Adresse kommen, geraten; s-n Meister finden 3 (*parvenir à avoir*) finden; bekommen; sich (*dat*) verschaffen; auftreiben; ~ ***du plaisir à*** (+*inf*) Freude daran finden, haben zu (+*inf*); ***c'est un modèle qu'on ne trouve plus*** dieses Modell gibt es nicht mehr, ist nicht mehr zu haben, zu bekommen; ***il faut absolument que je trouve de l'argent*** ich muss unbedingt Geld auftreiben; ***où peut-on ~ …?*** wo bekommt man, gibt es …? 4 (*juger, estimer*) ~ (+*adj*) finden (+*adj*); halten für (+*adj*); ~ ***que …*** finden, dass …; der Ansicht, Meinung sein, dass …; meinen, glauben, dass …; ***comment trouvez-vous cela?*** wie finden Sie das?; wie gefällt *ou* schmeckt Ihnen das?; ***je ne trouve pas cela très bien de sa part*** ich finde das nicht sehr schön von ihm; *st/s* ***je trouve bon que …*** (+*subj*) ich halte, erachte es für gut, richtig, dass *ou* wenn …; ***je la trouve un peu fatiguée*** ich finde, sie sieht etwas müde aus; sie sieht mir ein wenig müde aus; ***je trouve cela injuste, que c'est injuste*** ich finde das ungerecht; ich halte das für, empfinde das als ungerecht; ~ ***un film intéressant*** e-n Film interessant finden; ***vous trouvez que c'est***, *st/s* ***trouvez-vous que ce soit la peine de*** (+*inf*)*?* finden Sie, dass es sich lohnt zu (+*inf*)*?*; ♦ ***je lui trouve une certaine froideur*** ich halte ihn für, finde ihn etwas kalt; ich finde, er ist etwas kalt; ***je ne lui trouve pas bonne mine*** ich finde, er sieht nicht gesund aus II *v/pr* ***se ~*** 1 (*être*) sich befinden; sein; ***dans les circonstances où je me trouve*** in meiner jetzigen, augenblicklichen Lage; ***je me trouve dans l'impossibilité de*** (+*inf*) ich kann unmöglich (+*inf*); es ist mir unmöglich zu (+*inf*); ***elle se trouve dans une situation difficile*** sie befindet sich in e-r schwierigen Lage; ***se ~ devant un problème insurmontable*** vor e-m unlösbaren Problem stehen; ***le café se trouve en face de l'église*** das Wirtshaus befindet sich, liegt der Kirche gegenüber 2 (*exister*) zu finden sein; sich finden; vorkommen; vorhanden sein; ***c'est là que se trouve la difficulté*** darin liegt die Schwierigkeit; *ce tronçon de route* ***ne se trouve pas encore sur la carte*** ist noch nicht auf der Karte zu finden; *votre nom* ***ne se trouve pas sur cette liste*** steht nicht auf dieser Liste; *impersonnel* ***il se trouve toujours des gens qui …*** es finden sich, es gibt immer Leute, die … 3 (*se sentir*) sich fühlen; ***se ~ bien*** sich wohlfühlen; ***… et je m'en trouve très bien*** … und ich fühle mich sehr wohl dabei; … und ich habe gut daran getan, F bin gut dabei gefahren; ***se ~ dépaysé*** sich (*dat*) fremd vorkommen; sich nicht zu Hause fühlen; ***se ~ embarrassé*** in Verlegenheit kommen, geraten; ***se ~ mal*** ohnmächtig werden 4 (*arriver*) sich ergeben; sich fügen; (*s'avérer*) sich herausstellen, erweisen (***être*** als); ***ça se trouve bien*** das trifft sich gut; F ***si ça se trouve*** möglich, dass; F kann sein, dass; ***la nouvelle se trouva être fausse*** die Nachricht stellte sich als falsch heraus, erwies sich als falsch; *impersonnel* ***il se trouve que c'est lui qui …*** a) es fügt sich, es trifft sich, der Zufall will es, dass er …; b) es zeigt sich, stellt sich heraus, dass er … 5 (*se croire*) ***se ~*** (+*adj*) sich halten für (+*adj*); sich (+*adj*) finden; ***se ~ laid*** sich für hässlich halten; sich hässlich finden 6 ***se ~*** (+*p/p*) werden; ***se ~ puni*** bestraft werden; ***se ~ attrapé*** hereinfallen; ***se ~ pris dans un embouteillage*** in e-n Stau geraten

trouvère [tʀuvɛʀ] *m* nordfranzösischer Minnesänger

troyen [tʀwajɛ̃] I *adj* ⟨**~ne**⟩ 1 HIST trojanisch 2 aus, von Troyes II *subst* ***Troyen(ne)*** *m(f)* 1 HIST Trojaner(in) *m(f)* 2 Einwohner(in) *m(f)* von Troyes

Troyes [tʀwa] *Stadt im Dep. Aube*

truand [tʀyɑ̃] *m* Ganove *m*; Gangster [ˈɡɛŋ-] *m*

truander [tʀyɑ̃de] F I *v/t* F begaunern; übers Ohr hauen; ***se faire ~*** sich übers Ohr hauen lassen II *v/i* F mogeln

trublion [tʀyblijõ] *m* Unruhestifter *m*

truc [tʀyk] *m* 1 F (*procédé habile*) Kniff *m*; Trick *m* (*a d'un prestidigitateur*); F Dreh *m*; Pfiff *m*; ***connaître tous les ~s du métier*** sein Handwerk verstehen; F alle Kniffe kennen; ein alter Hase sein; ***maintenant, je connais le ~*** F jetzt hab ich den Kniff, Dreh heraus; ***trouver un, le ~ pour*** (+*inf*) F e-n, den Kniff, Trick, Dreh finden, um zu (+*inf*) 2 CIN Trick *m* 3 F (*chose*) Sache *f*; Ding *n*; F Dings *n*; Dingsda *n*; Dingsbums *n*; Zeug(s) *n*; *personne* F Dingsda *m*, -bums *m*; ***un drôle de ~*** e-e seltsame, komische, verrückte Sache; ***qu'est-ce que c'est que ce ~-là?*** was soll das denn sein?; F was isn das fürn Ding?; ***il a raconté tout un tas de ~s idiots*** F er hat e-e Menge Quatsch, blödes Zeug erzählt; ***j'ai rencontré ~*** F ich hab den Dingsda, -bums getroffen 4 F (*domaine*) ***ce n'est pas mon ~*** das mag ich nicht; F das ist nicht mein Fall; darauf steh' ich nicht

trucage → ***truquage***

truchement [tʀyʃmɑ̃] *m* ***par le ~ de qn*** über, durch j-n; durch j-s Vermittlung

trucider [tʀyside] *iron v/t* umbringen; F um die Ecke bringen

trucmuche [tʀykmyʃ] *m* F Dingsda *n*, -bums *n*

truculence [tʀykylɑ̃s] *f* Urwüchsigkeit *f* **truculent** *adj personne, langue* urwüchsig; *langue a* saftig

truelle [tʀyɛl] *f* 1 *outil de maçon* (Maurer)Kelle *f* 2 CUIS Vorlegemesser *n* für Fisch

truffe [tʀyf] *f* 1 BOT, CUIS Trüffel *f* 2 ~ (***en chocolat***) (Schokolade)Trüffel *f* 3 *du chien* Nase *f*

truffé [tʀyfe] *adj* 1 CUIS getrüffelt; ***foie gras ~*** Trüffelleber *f*, -pastete *f* 2 *fig* gespickt (***de*** mit)

truffer [tʀyfe] *v/t* 1 CUIS trüffeln 2 *fig texte de citations, de fautes* spicken (***de*** mit)

trufficulture [tʀyfikyltyʀ] *f* AGR Trüffelzucht *f*

truffier [tʀyfje] *adj* ⟨**-ière**⟩ Trüffel…; ***chêne ~*** Eiche *f*, in deren unmittelbarer Nähe Trüffeln wachsen; ***chien ~*** für die Trüffelsuche abgerichteter Hund

truffière [tʀyfjɛʀ] *f* Gelände *n*, auf dem Trüffeln wachsen

truie [tʀɥi] *f* ZO (Zucht)Sau *f*; Mutterschwein *n*

truisme [tʀyism] *m* (*lapalissade*) Binsenwahrheit *f*; (*banalité*) Gemeinplatz *m*; Trivialität *f*

truite [tʀɥit] *f* ZO Forelle *f*; ***~ aux amandes*** gebackene Forelle mit Mandeln; ***pêche f à la ~*** Forellenfang *m*, -fischerei *f*

trumeau [tʀymo] *m* ⟨*pl* **~x**⟩ 1 ARCH Mittelpfosten *m* 2 *d'une cheminée* Kaminspiegel *m* 3 F *fig* ***vieux ~*** F alte Schachtel

truquage [tʀykaʒ] *m* 1 CIN Trickaufnahme *f* 2 ***~ des élections*** Wahlschwindel *m*, -fälschung *f*

truqué [tʀyke] *adj* 1 CIN, PHOT Trick…; ***photo, scène ~e*** Trickaufnahme *f*, -szene *f* 2 (*falsifié*) gefälscht; *cartes* gezinkt; ***élections ~es*** verfälschte, manipulierte Wahlen *f/pl*; Scheinwahlen *f/pl*; ***match ~*** Wettkampf *m ou* Spiel *n*, bei dem geschoben wurde

truquer [tʀyke] *v/t* fälschen; SPORTS ***~ un combat*** das Ergebnis e-s Wettkampfs absprechen; ***~ des élections, des résultats*** Wahlen, Ergebnisse fälschen

truqueur [tʀykœʀ] *m* CIN Tricktechniker *m*, -spezialist *m*

truquiste [tʀykist] *m,f* CIN Tricktechniker(in) *m(f)*, -spezialist(in) *m(f)*

trusquin [tʀyskɛ̃] *m* TRAVAIL DES MÉTAUX Höhen-, Parallelreißer *m*

trust [tʀœst] *m* ÉCON Trust [-a-] *m* **truster** *v/t* ÉCON vertrusten [-a-]; monopolisieren

Truyère [tʀyjɛʀ] ***la ~*** *Fluss im frz Zentralmassiv*

tsar [dzaʀ, tsaʀ] *m* Zar *m*

tsarévitch [dzaʀevitʃ, tsa-] *m* Zarewitsch *m* **tsarine** *f* Zarin *f* **tsarisme** *m* Zarismus *m* **tsariste** *adj* zaristisch

tsé-tsé [tsetse] *adjt* ZO ***mouche f ~*** Tsetsefliege *f*

TSF [teɛsɛf] *f abr* (*télégraphie sans fil*) *autrefois* 1 drahtlose Telegrafie 2 (*radiodiffusion*) Rundfunk *m*

T-shirt [tiʃœʀt] *m* → ***tee-shirt***

tsigane [dzigan, tsi-] **I** *adj* Zigeuner…; ***musique f ~*** Zigeunermusik *f* **II** *subst* ***Tsigane*** *m,f* Zigeuner(in) *m(f)*

tsoin-tsoin [tswɛ̃tswɛ̃] F *à la fin d'une chanson, a* ***tagada ~!*** schrumm, schrumm!; schrummfidebumm!

tsunami [tsynami] *m* GÉOGR Tsunami *m*; Flutwelle *f*

T.S.V.P. *abr* (*tournez, s'il vous plaît*) b.w. (bitte wenden)

TTC *abr* (*toutes taxes comprises*) einschließlich aller Gebühren und Steuern

tu[1] [ty] *pr/pers* ⟨*vor Vokal u stummem h* F ***t'***⟩ du; F ***qu'est-ce que t'as dit?*** was hast du, F haste gesagt?; ***dire ~ à qn*** Du zu j-m sagen; j-n mit Du anreden; ***être à ~ et à toi avec qn*** mit j-m auf Du und Du stehen; j-s Duzfreund(in) sein

tu[2] [ty] *p/p* → ***taire***

tuant [tɥɑ̃] F *adj chose* ermüdend; anstrengend; F strapaziös; *personne* F anstrengend; ***c'est ~*** F *a* das bringt einen fast um; ***il est ~*** F er ist äußerst anstrengend; er tötet einem den Nerv

tub [tœb] *m* Duschwanne *f*

tuba [tyba] *m* 1 MUS Tuba *f* 2 SPORTS Schnorchel *m*

tubage [tybaʒ] *m* MÉD ***~ gastrique*** Einführung *f* e-r Magensonde, e-s Magenschlauchs; ***~ du larynx*** Intubation *f*

tubaire [tybɛʀ] *adj* MÉD ***grossesse f ~*** Eileiter-, Tubenschwangerschaft *f*

tubard [tybaʀ] F **I** *adj* ***il est ~*** F er hat die Motten **II** *subst* **~(e)** *m(f)* Tuberkulosekranke(r) *f(m)*

tube [tyb] *m* 1 Rohr *n*; Röhre *f*; CHIM ***~ à essai*** Reagenz-, Probierglas *n*; *loc/adv*: ***en forme de ~*** röhrenförmig; F ***à pleins ~s*** mit voller Kraft; F ***foncer à pleins ~s*** F mit Karacho fahren; rasen; *en voiture a* Vollgas geben; F auf die Tube drücken 2 ÉLECT Röhre *f*; ***~ cathodique*** braunsche Röhre; Kathodenstrahlröhre *f*; ***~ électronique*** Elektronenröhre *f*; ***~ fluorescent*** Leuchtstofflampe *f*, -röhre *f*; ***~ à décharge électrique, au néon*** Gasentladungs-, Neonröhre *f* 3 Tube *f*; ***~ de colle*** Tube Klebstoff; ***~ de dentifrice*** Tube Zahnpasta; Zahnpastatube *f*; ***~ de peinture*** Farbtube *f*; *loc/adj* ***en ~*** Tuben…; in der Tube 4 *pour médicaments etc* Röhrchen *n*; ***~ d'aspirine*** Röhrchen Aspirin; ***~ de vanille*** Röhrchen (mit) Vanille 5 MÉD, OPT Tubus *m* 6 ANAT Kanal *m*; ***~ digestif*** a) Verdauungskanal *m*, -trakt *m*; b) F (*œsophage*) Speiseröhre *f* 7 F MUS Hit *m*; Schlager *m*

tubeless [tyblɛs] *adj* ⟨*inv*⟩ *pneu* schlauchlos

tubéracées [tybeʀase] *f/pl* BOT Schlauchpilze *m/pl*

tubercule [tybɛʀkyl] *m* 1 BOT Knolle *f* 2 ANAT Höcker *m* 3 MÉD **a)** Knoten *m*; Knötchen *n*; **b)** *dans la*

T

tuberculose Tuberkel *m*
tuberculeux [tybɛʀkylø] **I** *adj* ⟨**-euse**⟩ tuberkulös; Tuberkulose…; ***bacilles*** *m/pl* ~ Tuberkelbakterien *f/pl*, -bazillen *m/pl*; ***être*** ~ Tuberkulose haben **II** *subst* ~, ***tuberculeuse*** *m,f* Tuberkulosekranke(r) *f(m)*; Tbc-Kranke(r) *f(m)*
tuberculination [tybɛʀkylinasjõ] *f* VÉT Tuberkulininjektion *f*
tuberculine [tybɛʀkylin] *f* MÉD Tuberkulin *n*
tuberculinique [tybɛʀkylinik] *adj* MÉD Tuberkulin…; ***réaction*** *f* ~ Tuberkulinreaktion *f*
tuberculinisation [tybɛʀkylinizasjõ] *f* VÉT Tuberkulininjektion *f*
tuberculisation [tybɛʀkylizasjõ] *f* MÉD Tuberkelbildung *f* **tuberculiser** *v/pr* ***se*** ~ tuberkulös werden
tuberculose [tybɛʀkyloz] *f* MÉD Tuberkulose *f*; *abr* Tb(c) *f*; ~ ***osseuse, pulmonaire*** Knochen-, Lungentuberkulose *f*; ~ ***des bovins*** Rindertuberkulose *f*
tubéreuse [tybeʀøz] *f* BOT Tuberose *f*; Nachthyazinthe *f*
tubéreux [tybeʀø] *adj* ⟨**-euse**⟩ BOT Knollen…; ***racine tubéreuse*** knollige Speicherwurzel
tubériforme [tybeʀifɔʀm] *adj* BOT *champignon* trüffelförmig, -artig
tubérosité [tybeʀozite] *f* ANAT Höcker *m*
tubiste [tybist] *m* Caissonarbeiter *m*
tubulaire [tybylɛʀ] *adj* **1** röhrenförmig; Röhren… **2** *(en tubes métalliques)* Stahlrohr…; ***échafaudage*** *m* ~ Stahlrohrgerüst *n*
tubulé [tybyle] *adj* **1** BIOL röhrenförmig; röhrig **2** TECH mit Stutzen (versehen)
tubulure [tybylyʀ] *f* TECH **1** *orifice* Stutzen *m*; Rohransatz *m* **2** *coll* Röhren *f/pl*; Rohre *n/pl*; AUTO ~ ***d'admission*** Ansaugrohr *n*
TUC *ou* **T.U.C.** [tyk] *m/pl abr (travaux d'utilité collective)* Beschäftigungs- und Eingliederungsprogramm *n* für arbeitslose Jugendliche
tuciste [tysist] *m,f* arbeitslose(r) Jugendliche(r), die (der) an den TUC teilnimmt
tudesque [tydɛsk] *adj litt, a péj* deutsch; germanisch
tué [tɥe] **I** *adj* getötet; MIL gefallen; ***trois personnes ~es dans une explosion*** drei Tote bei e-r Explosion; → *a* **tuer** *I 4* **II** *m* Getötete(r) *m*; Tote(r) *m*; *dans un accident* tödlich Verunglückte(r) *m*; MIL Gefallene(r) *m*
tue-mouche [tymuʃ] **I** *adj* ***papier*** *m* ~***(s)*** Fliegenfänger *m* **II** *m* ⟨*inv*⟩ BOT Fliegenpilz *m*
tuer [tɥe] **I** *v/t* **1** *être vivant* töten *(a abs)*; *personne a* umbringen; *(assommer)* totschlagen; erschlagen; BOUCHERIE *animal* schlachten; CH erlegen; schießen; *bactéries* abtöten; *mauvaise herbe, vermine* vertilgen; ~ ***qn d'un coup de fusil*** j-n erschießen; ~ ***qn de plusieurs coups de couteau*** j-n (mit dem Messer) erstechen; j-n durch mehrere Messerstiche töten, umbringen; BIBL ***tu ne tueras point*** du sollst nicht töten; ♦ ***la voiture***, *en quittant la chaussée*, ***a tué un passant*** ein Fußgänger wurde von dem Wagen … tödlich verletzt; ***le cancer tue des milliers de personnes par an*** jährlich sterben Tausende an Krebs, fallen Tausende dem Krebs zum Opfer; ♦ ***être tué*** getötet werden; umkommen; ums Leben kommen; *à la guerre a* fallen; ***être tué dans un accident (de voiture)*** bei e-m (Verkehrs)Unfall umkommen, ums Leben kommen, getötet werden; tödlich verunglücken; ***il s'est fait*** ~ er ist umgekommen, ums Leben gekommen, MIL gefallen **2** *fig sentiments* (ab)töten; völlig abstumpfen; zerstören; *initiative a* abwürgen; ***l'habitude tue l'amour*** die Gewohnheit ist der Tod der Liebe; ~ ***le temps*** die Zeit totschlagen **3** *fig petit commerce etc* ruinieren; zugrunde richten; der Ruin sein für; den Garaus machen (*+dat*) **4** F *fig (épuiser)* F fertigmachen; krank machen; umbringen; ***ça me tue, ce bruit*** F dieser Lärm bringt mich noch um, macht mich ganz krank, wahnsinnig; ***je suis tué!*** F ich bin fix und fertig; ich bin total erledigt, kaputt, hin, fertig; ich bin völlig erschlagen **II** *v/pr* ***se*** ~ **1** *(se suicider)* sich töten, umbringen; Selbstmord begehen; sich *(dat)* das Leben nehmen **2** *(mourir)* umkommen; ums Leben kommen; ***se ~ en voiture, au volant de sa voiture*** mit dem, s-m Wagen tödlich verunglücken; ***au risque de se*** ~ auf die Gefahr hin, dabei umzukommen, ums Leben zu kommen; unter Lebensgefahr **3** *fig* ***se ~ au travail*** sich totarbeiten; sich zu Tode arbeiten, F schinden; F ***je me tue à lui répéter que …*** ich sage es ihm tausendmal, dass …
tuerie [tyʀi] *f* Blutbad *n*; Metzelei *f*; Gemetzel *n*; Massaker *n*
tue-tête [tytɛt] *loc/adv* ***à*** ~ *crier* aus Leibeskräften; *chanter* aus vollem Hals; lauthals; mit schallender Stimme
tueur [tɥœʀ] **I** *m* **1** (Massen)Mörder *m*; ~ ***(à gages)*** Killer *m*; gedungener Mörder **2** *dans un abattoir* Schlächter *m* **II** *adj* ⟨**-euse**⟩ ***abeilles tueuses*** Killerbienen *f/pl*; ***satellite*** *m* ~ Killersatellit *m*
tuf [tyf] *m* MINÉR Tuff(stein) *m*; ~ ***calcaire*** Kalktuff *m*, -sinter *m*
tufté [tyfte] *adj* ***tapis*** ~ Tuftingteppich ['taf-] *m*
tuile [tɥil] *f* **1** (Dach)Ziegel *m*; ~ ***mécanique*** Falzziegel *m*; ~ ***plate*** Flachziegel *m*; ~ ***romaine, ronde*** Hohlziegel *m* **2** F *fig* ***quelle ~!, il m'est arrivé une ~!*** F so ein Pech!; das ist, war vielleicht ein Schlag ins Kontor! **3** CUIS Mandelplätzchen *n*
tuilé [tɥile] *adj* ***vin*** ~ durch Alterung oder Oxidation orangefarben gewordener Wein
tuilerie [tɥilʀi] *f* **1** Ziegelei *f*; Ziegelbrennerei *f* **2** *à Paris* ***les Tuileries*** die Tuilerien *pl*
tuilette [tɥilɛt] *f* kleiner Ziegel **tuilier** *m* Ziegelbrenner *m*; Ziegeleiarbeiter *m*
tulipe [tylip] *f* **1** BOT Tulpe *f*; ***champ*** *m* ***de ~s*** Tulpenfeld *n* **2** *objet en verre* Tulpe *f*; Glocke *f*
tulipier [tylipje] *m* BOT Tulpenbaum *m*
tulle [tyl] *m* **1** TEXT Tüll *m* **2** PHARM ~ ***gras*** mit Salbe getränkter Mullverband
tullerie [tylʀi] *f* **a)** Tüllindustrie *f*; **b)** Tüllhandel *m*; **c)** Tüllfabrik *f*
tuméfaction [tymefaksjõ] *f* MÉD **a)** *(gonflement)* Anschwellen *n*; **b)** *(enflure)* Schwellung *f*
tuméfié [tymefje] *adj* (an)geschwollen; verschwollen; *œil a* zugeschwollen; ***avoir le visage tout*** ~ ein ganz ver-, geschwollenes Gesicht haben
tuméfier [tymefje] **I** *v/t* anschwellen lassen **II** *v/pr* ***se*** ~ anschwellen
tumescence [tymesɑ̃s] *f* PHYSIOL, MÉD Anschwellen *n* **tumescent** *adj* anschwellend
tumeur [tymœʀ] *f* MÉD Geschwulst *f*; Tumor *m*; ~ ***bénigne*** gutartige Geschwulst; ~ ***maligne*** bösartiger Tumor; ~ ***au cerveau*** (Ge)Hirntumor *m*

T

tumoral [tymɔʀal] *adj* ⟨**-aux**⟩ MÉD Geschwulst…
tumulte [tymylt] *m* 1 Tumult *m*; Getöse *n*; lärmendes Getümmel; **~ *de la rue*** Straßenlärm *m*; ***un ~ d'acclamations s'éleva*** donnernder Applaus erhob sich; *la réunion* ***s'est terminée dans le ~*** endete im allgemeinen Tumult 2 *fig* **~ *des affaires*** Hektik *f*, Trubel *m* des Geschäftslebens, der Geschäfte; **~ *des passions*** Aufruhr *m*, Sturm *m* der Leidenschaften
tumultueusement [tymyltɥøzmɑ̃] *adv* mit Getöse
tumultueux [tymyltɥø] *adj* ⟨**-euse**⟩ 1 stürmisch; turbulent; tumultuös; *réunion a* lärmend 2 *litt flots* tosend; tobend; brausend 3 *fig vie* bewegt; ***jeunesse tumultueuse*** stürmische Jugend; ***passion tumultueuse*** stürmische, wilde, heftige Leidenschaft
tumulus [tymylys] *m* Tumulus *m*; Hügelgrab *n*
tune → ***thune***
tuner [tjunœʀ, tynɛʀ] *m* RAD, STÉRÉO Tuner ['tjuː-] *m*
tungstène [tɛ̃kstɛn, tœ̃-] *m* CHIM Wolfram *n*
tunique [tynik] *f* 1 ANTIQUITÉ Tunika *f* 2 *corsage long* Kasack(bluse) *m(f)* 3 MIL Waffenrock *m* 4 ANAT Tunica *f*; Haut *f*
Tunis [tynis] Tunis *n*
Tunisie [tynizi] ***la ~*** Tunesien *n*
tunisien [tynizjɛ̃] I *adj* ⟨**~ne**⟩ tunesisch II *subst* ***Tunisien(ne)*** *m(f)* Tunesier(in) *m(f)*
tunnel [tynɛl] *m* 1 Tunnel *m*; **~ *ferroviaire, routier*** Eisenbahn-, Straßentunnel *m*; **~ *du métro*** U-Bahn-Tunnel *m*; **~ *sous la Manche*** Kanaltunnel *m*; **~ *sous le mont Blanc*** Montblanctunnel *m*; *fig et plais* ***un combat de nègres dans un ~*** ein dunkles, undeutliches Bild; *fig* ***arriver, être au bout du ~*** die schwierigste Zeit, das Schlimmste hinter sich (*dat*) haben; ***faire passer un ~ sous*** *la Manche etc* untertunneln (*+acc*); ***percer, creuser un ~*** e-n Tunnel bohren, bauen 2 *adjt* PHYS ***effet*** *m* **~** Tunneleffekt *m*
turban [tyʀbɑ̃] *m* 1 Turban *m*; *foulard etc* ***enroulé en ~*** als Turban; in Turbanform 2 *adjt* BOT ***lis*** *m* **~** Türkenbund(lilie) *m(f)*
turbin [tyʀbɛ̃] *arg m* Arbeit *f*
turbinage [tyʀbinaʒ] *m* FABRICATION DU SUCRE Schleudern *n*; Zentrifugieren *n*
turbine [tyʀbin] *f* 1 Turbine *f*; **~ *hydraulique, à gaz, à vapeur*** Wasser-, Gas-, Dampfturbine *f* 2 Turbomotor *m*; Turbine *f*
turbiner [tyʀbine] *v/i arg* (*travailler*) F schuften; sich abrackern
turbo [tyʀbo] 1 *m abr* (*turbocompresseur*) Turbo *m*; *adjt* ***moteur*** *m* **~** Turbomotor *m* 2 *f voiture* Turbo *m*
turbo-alternateur [tyʀboaltɛʀnatœʀ] *m* ⟨*pl* **turbo-alternateurs**⟩ TECH Turbogenerator *m*
turbocompresseur [tyʀbokõpʀɛsœʀ] *m* TECH Turbokompressor *m*; Kreiselverdichter *m*; AUTO Turbolader *m* **turbomachine** *f* TECH Strömungsmaschine *f* **turbomoteur** *m* TECH Turbomotor *m* **turbopropulseur** *m* AVIAT Turbo-Prop-Triebwerk *n* **turboréacteur** *m* AVIAT Turboluftstrahltriebwerk *n* **turbosoufflante** *f* TECH Turbogebläse *n*
turbot [tyʀbo] *m* ZO Steinbutt *m*
turbotière [tyʀbɔtjɛʀ] *f* CUIS rautenförmige Fischpfanne
turbotrain [tyʀbotʀɛ̃] *m* CH DE FER Turbinenzug *m*
turbulence [tyʀbylɑ̃s] *f* 1 *d'un enfant* Wildheit *f*; Lebhaftigkeit *f* 2 PHYS, MÉTÉO Turbulenz *f*
turbulent [tyʀbylɑ̃] *adj* 1 *enfant* wild; sehr lebhaft; ausgelassen; ***enfant ~ a*** Wildfang *m*; ***être ~ a*** herumtoben 2 PHYS turbulent
turc[1] [tyʀk] I *adj* ⟨**turque**⟩ türkisch; ***bain ~*** Dampfbad *n*; türkisches Bad; ***café ~*** türkischer Kaffee; ***cabinets*** *m/pl* ***à la turque*** Hockabort *m*; Stehklosett *n*; ***assis à la turque*** im Schneidersitz II *subst* 1 ***Turc, Turque*** *m,f* Türke *m*, Türkin *f*; POL ***jeunes Turcs*** Jungtürken *m/pl*; *fig* ***être la tête de Turc de qn*** *ridiculisé* die Zielscheibe von j-s Spott sein; *victime* j-s Prügelknabe sein; ***être fort comme un Turc*** bären-, bullenstark sein; Bärenkräfte haben 2 LING ***le ~*** das Türkische; Türkisch *n*
turc[2] [tyʀk] *m* ZO Engerling *m*
turf [tyʀf, tœʀf] *m* Pferderennsport *m*; Turf *m* **turfiste** *m,f* **a)** *amateur* Liebhaber(in) *m(f)* von Pferderennen; **b)** *parieur* Wetter(in) *m(f)* bei Pferderennen
turgescence [tyʀʒesɑ̃s] *f* PHYSIOL Schwellung(szustand) *f(m)* **turgescent** *adj tissu* geschwollen
Turin [tyʀɛ̃] GÉOGR Turin *n*
turista [turista] *f* F (*diarrhée*) F *plais* Montezumas Rache *f*
turkmène [tyʀkmɛn] I *adj* turkmenisch II *subst* 1 ***Turkmènes*** *m/pl* Turkmenen *m/pl* 2 LING ***le ~*** das Turkmenische; Turkmenisch *n*
Turkménistan [tyʀkmenistɑ̃] GÉOGR ***le ~*** Turkmenien *n*
turlupiner [tyʀlypine] *v/t* F ***ça me turlupine*** das lässt mir keine Ruhe, verfolgt mich, quält mich
turlututu [tyʀlytyty] *int* **~ (*chapeau pointu*)!** papperlapapp!
turne [tyʀn] *f* F Bude *f*
turpitude [tyʀpityd] *f st/s* **a)** *caractère* Schändlichkeit *f*; Verworfenheit *f*; **b)** *action* Schandtat *f*; Schändlichkeit *f*
turque [tyʀk] → ***turc***[1]
Turquie [tyʀki] ***la ~*** die Türkei
turquoise [tyʀkwaz] I *subst* 1 *f* MINÉR Türkis *m* 2 *m couleur* Türkis *n* II *adj* ⟨*inv*⟩ türkis(farben)
tussah [tysa] *m* TEXT Tussahseide *f*
tussilage [tysilaʒ] *m* BOT Huflattich *m*
tussor [tysɔʀ] *m* TEXT → ***tussah***
tutélaire [tytelɛʀ] *litt adj* Schutz…; schützend
tutelle [tytɛl] *f* 1 JUR **a)** DROIT CIVIL Vormundschaft *f*; ***être en ~*** unter Vormundschaft stehen; **b)** *O.N.U.* ***régime*** *m* ***de ~*** Treuhandschaft *f*; ***territoire*** *m* ***sous ~*** Treuhandgebiet *n*; **c)** **~ *administrative*** Staatsaufsicht *f*; **d)** **~ *pénale*** *correspond à* Sicherungsverwahrung *f* 2 (*dépendance*) Bevormundung *f*; **(*main*)*tenir qn en, sous ~*** j-n bevormunden, gängeln, am Gängelband führen 3 *st/s* ***être sous la ~ des lois*** unter dem Schutz der Gesetze stehen
tuteur [tytœʀ] *m* 1 JUR Vormund *m*; ***désigner, nommer un ~*** e-n Vormund bestellen, benennen, berufen 2 JARD Stütze *f*
tuteurer [tytœʀe] *v/t* JARD (ab)stützen
tutoiement [tytwamɑ̃] *m* Duzen *n*
tutoyer [tytwaje] ⟨**-oi-**⟩ I *v/t* duzen II *v/pr* ***se ~*** sich duzen; Du zueinander sagen; F miteinander auf dem Duzfuß stehen, per Du sein
tutrice [tytʀis] *f* (weiblicher) Vormund
tutti [tu(t)ti] *m* ⟨*inv*⟩ MUS Tutti *n*
tutti frutti [tutifʀuti] *m* ⟨*inv*⟩ *glace* Tuttifrutti *n*

tutti quanti [tutikwɑ̃ti] *loc/adv* ***... et*** ~ ... und so weiter; ... und dergleichen mehr
tutu [tyty] *m* 1 Ballettröckchen *n*; Tu-tu *n* 2 *enf* (*derrière*) Popo *m*
tuyau [tɥijo] *m* ⟨*pl* ~**x**⟩ 1 *rigide* Rohr *n*; Röhre *f*; *souple, flexible* Schlauch *m*; ~ ***d'arrosage*** Gartenschlauch *m*; ~ ***de caoutchouc*** Gummischlauch *m*; ~ ***de cheminée*** Rauchabzugsrohr *n*; *par ext* Schornstein *m*; AUTO ~ ***d'échappement*** Auspuffrohr *n*; ~ ***de pipe*** Pfeifenrohr *n*, -stiel *m*; ~ ***de plomb*** Bleirohr *n*; ~ ***de poêle*** Ofenrohr *n*; F *fig* ***il m'a glissé ça dans le*** ~ ***de l'oreille*** er hat mir das im Vertrauen gesagt 2 F (*renseignement*) Tipp *m*; ~ ***crevé*** falscher Tipp 3 ~ ***d'orgue*** Orgelpfeife *f* 4 *d'une plume d'oiseau* (Feder)Kiel *m* 5 BOT ~ (***de tige***) (Getreide)Halm *m*
tuyautage [tɥijotaʒ] *m* TECH Rohrleitung *f*, -netz *n*
tuyauter [tɥijote] *v/t* 1 F (*renseigner*) ~ ***qn*** j-m Tipps geben; j-n mit Tipps versorgen 2 *du linge amidonné* mit Tollfalten versehen
tuyauterie [tɥijotʀi] *f* 1 Röhren *f/pl*; Rohre *n/pl*; Rohrleitung(en) *f(pl)* 2 *d'un orgue* Pfeifen *f/pl*
tuyère [tɥijɛʀ] *f* TECH (Schub)Düse *f*
TVA [tevea] *f abr* (*taxe sur, à la valeur ajoutée*) Mehrwertsteuer *f* (*abr* MwSt.)
tweed [twid] *m* TEXT Tweed [-iː-] *m*
twin-set [twinsɛt] *m* ⟨*pl* **twin-sets**⟩ MODE Twinset *n ou m*
twist [twist] *m danse* Twist *m*
tympan [tɛ̃pɑ̃] *m* 1 ANAT Trommelfell *n*; ***un bruit à crever, déchirer le*** ~ (ein) ohrenbetäubender Lärm 2 ARCH Tympanon *n*; Giebel-, Bogenfeld *n*
tympanon [tɛ̃panõ] *m* MUS Hackbrett *n*
type [tip] *m* 1 Typ(us) *m* (*a* PHILOS, BIOL, LITTÉRATURE); Urbild *n*; Ur-, Grundform *f*; BOT, ZO *a* typischer Vertreter; ***du*** ~ ***américain*** *etc* amerikanischer *etc* Prägung; nach amerikanischem *etc* Muster, Modell; ***c'est le*** ~ ***du provincial*** er ist der Typ des Provinzlers, der typische Provinzler 2 *se rapportant à l'extérieur d'une personne* Typ *m*; ***un certain*** ~ ***de beauté*** ein bestimmter Schönheitstyp; ***elle a le*** ~ ***nordique*** sie ist ein nordischer Typ; ***ce n'est pas mon*** ~ er *ou* sie ist nicht mein Typ, ist nicht der Typ, der mir gefällt 3 F (*gars*) F Kerl *m*; Typ *m*; Macker *m*; Mannsbild *n*; ***un chic*** ~ ein feiner, prima Kerl; ein Prachtkerl; ein dufter Typ; ***un pauvre*** ~ ein armer, bedauernswerter Kerl; ***un sale*** ~ ein widerlicher, grässlicher Kerl; ein übler Kunde; ***un drôle de*** ~ ein seltsamer Kauz; ***c'est un*** ~ ***marrant*** der ist vielleicht ne Type, Marke!; ***elle est venue avec son*** ~ sie ist mit ihrem Typen, Kerl gekommen 4 TECH Modell *n*; Typ *m*; Bauart *f*; Ausführung *f* 5 *adjt* **a**) typisch; charakteristisch; ***erreur*** *f* ~ typischer, charakteristischer Fehler, Irrtum; ***l'intellectuel*** *m* ~ der Typ des Intellektuellen; der typische Intellektuelle; **b**) ADM Muster...; Standard...; ***contrat*** *m* ~ Muster-, Standardvertrag *m* 6 TYPO Letter *f*; (Druck)Type *f*
typé [tipe] *adj* ***bien, très, fortement*** ~ ganz typisch; mit typischen Zügen; THÉ ***personnage très*** ~ ausgeprägter Typ; typisierte Figur; ***il est très*** ~ er ist ein sehr ausgeprägter Typ
typer [tipe] *v/t création artistique* typisieren
typesse [tipɛs] *f* F *péj* Frauenzimmer *n*; Weibsbild *n*
typhique [tifik] MÉD I *adj* 1 (*du typhus*) Fleckfieber... 2 (*de la typhoïde*) Typhus... II *m,f* 1 an Fleckfieber Erkrankte(r) *f(m)* 2 Typhuskranke(r) *f(m)*
typhoïde [tifɔid] *f* MÉD ~ *ou adj* ***fièvre*** *f* ~ Typhus *m*
typhoïdique [tifɔidik] *adj* MÉD Typhus...
typhon [tifõ] *m* Taifun *m*
typhus [tifys] *m* MÉD ~ (***exanthématique***) Fleckfieber *n*, -typhus *m*
typique [tipik] *adj* typisch, charakteristisch (***de*** für); ***cas*** *m* ~ typischer Fall **typiquement** *adv* typisch
typo [tipo] 1 *m,f abr* → ***typographe*** 2 *f abr* → ***typographie***
typographe [tipɔgʀaf] *m,f* Schriftsetzer(in) *m(f)*; (*compositeur à la main*) (Hand)Setzer(in) *m(f)* **typographie** *f* Typografie *f* (*a manière*); Buchdruckerkunst *f*; Druck *m* **typographique** *adj* typografisch; Buchdruck...
typologie [tipɔlɔʒi] *f* Typologie *f*
tyran [tiʀɑ̃] *m* HIST *et fig* Tyrann *m*; ~ ***domestique*** Haustyrann *m*; ***c'est un véritable, vrai*** ~ er ist ein richtiger Tyrann
tyrannie [tiʀani] *f* POL *et fig* Tyrannei *f*; Gewalt-, Willkürherrschaft *f*; HIST Tyrannis *f*; *fig*: ~ ***de la mode*** Diktatur *f* der Mode; ~ ***d'un père*** Tyrannei e-s Vaters; ***exercer sa*** ~ ***sur qn*** j-n tyrannisieren
tyrannique [tiʀanik] *adj* tyrannisch; *fig mode etc* diktatorisch; despotisch; ***femme*** *f* ~ tyrannische Frau; Tyrannin *f*; ***régime*** *m* ~ Gewaltherrschaft *f*; Tyrannei *f*
tyranniser [tiʀanize] *v/t* ~ ***qn*** j-n tyrannisieren; ***se laisser*** ~ sich tyrannisieren lassen; *de choses, de sentiments* völlig beherrscht werden (***par*** von)
Tyrol [tiʀɔl] ***le*** ~ Tirol *n*
tyrolien [tiʀɔljɛ̃] I *adj* ⟨~**ne**⟩ Tiroler(...); tirolerisch; ***chapeau*** ~ Tirolerhut *m*; Trachtenhut *m* II *subst* 1 ***Tyrolien(ne)*** *m(f)* Tiroler(in) *m(f)* 2 ~***ne*** *f* MUS Jodellied *n*; Jodler *m*
Tyrrhénienne [tiʀenjɛn] *adj* ***la mer*** ~ das Tyrrhenische Meer
tzar → ***tsar***
tzigane → ***tsigane***

U

U, u [y] *m* ⟨*inv*⟩ U, u [uː] *n*; ***en U*** u-förmig; ***tube*** *m* ***en U*** U-Rohr *n*

ubac [ybak] *m* GÉOGR Nordhang *m*, -seite *f*

ubiquité [ybikɥite] *f* Allgegenwart *f*; *fig* ***je n'ai pas le don d'~*** ich kann nicht überall zugleich sein

ubuesque [ybyɛsk] *adj* grotesk; absurd

UDF [ydeɛf] *f abr* (*Union pour la démocratie française*) POL Partei der bürgerlich-liberalen Mitte

UE [yə] *f abr* (*Union européenne*) EU *f*

UEFA [yefa] *ou* **U.E.F.A.** [yəɛfa] *f abr* (*Union européenne de football association*) UEFA *f* (Europäischer Fußballverband); ***coupe*** *f* ***de l'~*** UEFA-Cup *m*; UEFA-Pokal *m*

UEM [yøɛm] *f abr* (*Union économique et monétaire*) EWU *f*

U.E.O. [yəo] *f abr* (*Union de l'Europe occidentale*) WEU *f* (Westeuropäische Union)

UFR [yɛfɛʀ] *f abr* (*unité de formation et de recherche*) UNIVERSITÉ Fachbereich *m*

UHT [yaʃte] *abr* (*ultra-haute température*) ***lait*** *m* ***~*** H-Milch *f*

U.I.T. [yite] *f abr* (*Union internationale des télécommunications*) IFU *f* (Internationale Fernmeldeunion)

ukase [ykɑz] *m* HIST *et fig* Ukas *m*

Ukraine [ykʀɛn] ***l'~*** *f* die Ukraine

ukrainien [ykʀɛnjɛ̃] **I** *adj* ⟨**~ne**⟩ ukrainisch **II** *subst* **1** ***Ukrainien(ne)*** *m(f)* Ukrainer(in) *m(f)* **2** LING ***l'~*** *m* das Ukrainische; Ukrainisch *n*

ulcératif [ylseʀatif] *adj* ⟨**-ive**⟩ MÉD geschwürbildend **ulcération** *f* MÉD Geschwürbildung *f*

ulcère [ylsɛʀ] *m* MÉD Geschwür *n*; ***~ à*** *ou* ***de l'estomac*** Magengeschwür *n*

ulcéré [ylseʀe] *adj* tief gekränkt; verbittert

ulcérer [ylseʀe] ⟨**-è-**⟩ **I** *v/t* ***~ qn*** j-n tief kränken; j-n verbittern **II** *v/pr* ***s'~*** MÉD geschwürig werden **ulcéreux** *adj* ⟨**-euse**⟩ MÉD geschwürig; mit Geschwüren bedeckt

ULM [yɛlɛm] *m abr* (*ultra-léger motorisé*) Ultraleichtflugzeug *n*

ultérieur [ylteʀjœʀ] *adj* spätere(r, -s); (zu)künftige(r, -s); weitere(r, -s); nachträgliche(r, -s) **ultérieurement** *adv* später; in der Folge; hernach; nachträglich

ultimatum [yltimatɔm] *m* Ultimatum *n*; ultimative Forderung; ***adresser, envoyer un ~*** ein Ultimatum stellen (***à*** *dat*)

ultime [yltim] *adj* allerletzte(r, -s); äußerste(r, -s)

ultra [yltʀa] *m* **1** POL Ultra *m*; Rechtsradikale(r) *m*, -extremist *m*; Scharfmacher *m* **2** HIST *pendant la Restauration* ***~s*** *pl* Ultra-Royalisten *m/pl*

ultra... [yltʀa] *préfixe* sehr; überaus; extrem; hoch...; F super...; POL, *sc* ultra...; Ultra...; → *les articles suivants*

ultra-chic [yltʀaʃik] *adj* hochelegant; F todschick

ultra-confidentiel *adj* ⟨**~le**⟩ streng vertraulich **ultra-conservateur** *adj* ⟨**-trice**⟩ erzkonservativ

ultra-court [yltʀakuʀ] *adj* ***ondes ~es*** Ultrakurzwellen *f/pl* (*abr* UKW)

ultrafiltration [yltʀafiltʀasjõ] *f sc* Ultrafiltration *f*

ultramicroscope [yltʀamikʀɔskɔp] *m* Ultramikroskop *n* **ultramicroscopie** *f* Ultramikroskopie *f*

ultramoderne [yltʀamɔdɛʀn] *adj* hochmodern; F supermodern

ultramontain [yltʀamõtɛ̃] ÉGL CATH **I** *adj* ultramontan **II** *m* Ultramontane(r) *m*

ultramontanisme [yltʀamõtanism] *m* ÉGL CATH Ultramontanismus *m*

ultraperfectionné [yltʀapɛʀfɛksjɔne] *adj* hoch entwickelt; äußerst perfektioniert

ultra-rapide [yltʀaʀapid] *adj* extrem schnell; F superschnell **ultra-sensible** *adj* hochempfindlich

ultrason *ou* **ultra-son** [yltʀasõ] *m* Ultraschall *m*

ultrasonique [yltʀasɔnik] *adj* Ultraschall...

ultraviolet [yltʀavjɔlɛ] **I** *adj* ⟨**~te**⟩ ultraviolett; ***rayons ~s*** ultraviolette Strahlen *m/pl*; UV-Strahlen *m/pl* **II** *m* Ultraviolett *n*

ululer → ***'hululer***

Ulysse [ylis] *m* MYTH Odysseus *m*

un [ɛ̃, œ̃] *m*, **une** [yn] *f* **I** *num/c* **a)** *emploi isolé*: ***un*** ⟨*inv*⟩ eins; ***un et un*** [ɛ̃eɛ̃] ***font deux*** eins und eins ist zwei; (***à la***) ***page un*** (auf) Seite eins; ♦ *subst* ***le un*** die Eins; *südd a* der Einser; ***habiter au un*** (Haus)-Nummer eins wohnen; *autres locutions* → ***deux*** *II*; **b)** *devant un subst*: *m* ein, *f* eine, *n* ein (*elliptiquement* einer, eine, ein[e]s); ***un an*** [ɛ̃nɑ̃] ein Jahr; ***une fois par semaine*** einmal wöchentlich; ***pas un mot*** kein Wort; ***trente et une pages*** einunddreißig Seiten; ***en un mot*** mit einem Wort; ***il est une heure*** es ist ein Uhr *ou* eins; ♦ *elliptiquement*: *combien d'enfants?* ***un*** ein(e)s; ***trois heures une*** (*a* ***un***) drei Uhr eins; ***trois voix contre une*** drei Stimmen gegen eine; *loc*: ***une! … deux!*** eins! … zwei!; F ***ne faire ni une ni deux*** nicht lange fackeln; ***faire la une*** (***des journaux***) Schlagzeilen machen; *journal* ***à la une*** auf der ersten Seite; TV F ***sur la Une*** im Ersten (*Programm*); ***à la une, à la deux, à la trois!*** und eins, und zwei, und drei!; ***et d'un*** *ou* ***et d'une*** das wäre eine(r, -s); eine(n, -s) hätten wir; ***il était moins une*** es hätte nicht mehr viel gefehlt; **c)** *adjt* eins; einzig; ***la vérité est une*** es gibt nur eine Wahrheit; ***c'est tout un*** es ist ganz einerlei; das kommt aufs Gleiche heraus; ***ne faire qu'un*** eins, unzertrennlich sein; ein Herz und eine Seele sein; **d)** *emploi pronominal*: ***pas un(e)*** nicht einer, eine, ein(e)s; keiner, keine, kein(e)s; ***comme pas un*** wie kein anderer; ***un seul*** einer allein; ein Einzelner; ***pas un seul*** kein Einziger; ***un à un*** [ɛ̃naɛ̃] *ou* ***un par un*** einer nach dem anderen; einzeln; ***un sur trois*** einer von dreien **II** *article indéfini*: *m* ein, *f* eine, *n* ein (*elliptiquement* einer, eine, ein[e]s); ***un arbre*** ein Baum; ***une vieille maison*** ein altes Haus; ***un autre*** ein anderer; ***d'une voix plaintive*** mit klagender Stimme; ***il y avait un monde!*** es war(en) eine (Un)Menge Leute da!; da war(en) vielleicht eine Menge Leute!; ***c'était d'un ridicule!*** war das lächerlich!; so was von Lächerlichkeit!; ***c'est une Dupont*** sie ist eine Dupont; ***ce n'est pas un Français*** das ist kein Franzose; ***venez un jeudi*** kommen Sie an einem Donnerstag; ♦ *elliptiquement*: *as-tu un crayon?* ***j'en ai un*** ich habe einen; F ***en raconter une bien bonne*** e-n tollen Witz erzählen **III** *pr/ind*: *m* einer, *f* eine, *n* ein(e)s; ***un des peintres les plus connus*** einer der bekanntesten Maler; ***un de mes amis*** ein Freund von mir; ***l'un d'eux*** einer von ihnen; ***de deux choses l'une*** eins von beiden; ***un de ces jours*** an einem dieser Tage; ***en voilà un qui …*** hier ist einer, der …; ***j'en connais une qui …*** ich kenne eine, die …; ♦ ***l'un(e) …, l'autre …*** der (die) eine …, der (die) andere …; ***les un(e)s …, les autres …*** die einen …, die anderen …; ***l'un dans l'autre*** im Großen und Ganzen; ***l'un et l'autre*** beide; ***ni l'un ni l'autre*** keiner *ou* kein(e)s von beiden; ***ils sont plus bêtes les uns que les autres*** die einen sind noch dümmer als die anderen; ***être toujours chez l'un ou chez l'autre*** immer bei irgendjemand(em) zu Besuch sein; ***c'est l'un ou l'autre*** entweder - oder; eins von beiden; ***chez lui, c'est tout l'un ou tout l'autre*** er fällt immer von einem Extrem ins andere; ♦ *réciproquement*: ***l'un(e) l'autre*** *ou* ***les un(e)s les autres*** sich gegenseitig; einander; ***l'un après, avec, contre, pour l'autre*** nach-, mit-, gegen-, füreinander; ***l'un en face de l'autre*** einander *ou* sich gegenüber; ***ils ont besoin les uns des autres*** sie brauchen einander, sich gegenseitig; ***loin l'un de l'autre*** weit voneinander entfernt; ***jalouses l'une de l'autre*** aufeinander neidisch

unanime [ynanim] *adj* einstimmig; einmütig; einhellig; ***d'une voix ~*** einstimmig; einmütig; ***ils sont ~s à approuver le projet*** sie billigen das Projekt einstimmig

unanimisme [ynanimism] *m* LITTÉRATURE Unanimismus *m*

unanimité [ynanimite] *f* Einmütigkeit *f*; Einstimmigkeit *f*; Einhelligkeit *f*; POL ***~ des suffrages, voix*** Einstimmigkeit *f*; ***à l'~*** einstimmig; ***être élu à l'~ moins trois voix*** (fast einstimmig) bei nur drei Gegenstimmen gewählt werden; ***faire l'~*** allgemeine Zustimmung finden

underground [œndɛʀgʀawnd] *m* Underground ['andərgraunt] *m*; Subkultur *f*; *adjt* Underground…

une [yn] → ***un***

UNEDIC [ynedik] *f abr* (*Union nationale pour l'emploi dans l'industrie et le commerce*) *correspond à* Arbeitslosenversicherung *f*

UNEF *ou* **U.N.E.F.** [ynɛf] *f abr* (*Union nationale des étudiants de France*) Nationaler französischer Studentenverband

uni [yni] *adj* **1** vereint; vereinigt; ***les Nations Unies*** die Vereinten Nationen *f/pl* **2** ***couple ~*** Ehepaar, das sich gut versteht; ***famille ~e*** einträchtig zusammenlebende Familie **3** *tissu, papier peint* uni; einfarbig und ungemustert; *papier* glatt; unlin(i)iert; *subst* ***de l'~*** einfarbiger und ungemusterter Stoff **4** *litt* (*monotone*) gleich-, einförmig **5** *surface* glatt; eben

uniate [ynjat] *adj* ÉGL uniert

uniaxe [yniaks] *adj cristal* einachsig **unicellulaire** BIOL **I** *adj* einzellig **II** *m/pl* ***~s*** Einzeller *m/pl*

unicité [ynisite] *f* Einmaligkeit *f*; Einzigartigkeit *f*

unicolore [ynikɔlɔʀ] *adj* einfarbig **unicorne** *adj* ZO *rhinocéros* einhörnig

unidimensionnel [ynidimɑ̃sjɔnɛl] *adj* ⟨***~le***⟩ eindimensional (*a fig*) **unidirectionnel** *adj* ⟨***~le***⟩ RAD einseitig gerichtet; → *a* ***directionnel***

unième [ynjɛm] *num/o* ***vingt et ~*** einundzwanzigste(r, -s); ***cent ~*** hunderterste(r, -s)

unificateur [ynifikatœʀ] *adj* ⟨***-trice***⟩ einigend **unification** *f* **1** *de tarifs etc* Vereinheitlichung *f* **2** *d'un pays etc* Einigung *f*

unifier [ynifje] *v/t* **1** *tarifs, poids et mesures, programmes scolaires etc* vereinheitlichen **2** *pays, parti politique etc* einigen

uniflore [ynifl ɔʀ] *adj* BOT einblumig, -blütig

uniforme [ynifɔʀm] **I** *adj* **1** (*semblable, régulier*) gleichförmig, -artig, -mäßig; einheitlich **2** (*monotone*) ein-, gleichförmig; eintönig **II** *m* Uniform *ou* Uniform *f*; *pour certains métiers* Dienst-, Berufskleidung *f*; *écoliers* ***en ~*** einheitlich gekleidet; ***en grand ~*** in Galauniform; *fig*: ***endosser l'~*** Soldat werden; ***quitter l'~*** aus dem Militärdienst ausscheiden

uniformément [ynifɔʀmemɑ̃] *adv* gleichartig, -förmig, -mäßig; einheitlich

uniformisation [ynifɔʀmizasjõ] *f* Vereinheitlichung *f* **uniformiser** *v/t* vereinheitlichen; einheitlich gestalten

uniformité [ynifɔʀmite] *f* **1** Gleichförmigkeit *f*, -artigkeit *f*, -mäßigkeit *f*; Einheitlichkeit *f* **2** (*monotonie*) Einförmig-, Gleichförmigkeit *f*; Eintönigkeit *f*

unijambiste [yniʒɑ̃bist] *m,f* Beinamputierte(r) *f(m)*

unilatéral [ynilateʀal] *adj* ⟨***-aux***⟩ einseitig; ***stationnement ~*** einseitiges Parken

unilingue [ynilɛ̃g] *adj* einsprachig

unilinguisme [ynilɛ̃gɥism] *m* Einsprachigkeit *f*

uninominal [yninɔminal] *adj* ⟨***-aux***⟩ ***scrutin ~*** Persönlichkeits-, Einzelwahl *f*

union [ynjõ] *f* **1** Union *f*; Bund *m*; Zusammenschluss *m*; Verband *m*; ***~ douanière*** Zollunion *f*; ***Union européenne*** Europäische Union (*abr* EU); ***~ de consommateurs*** Verbraucherverband *m* **2** ***~ (conjugale)*** Ehe(bund) *f(m)*; ***~ libre*** Ehe *f* ohne Trauschein; eheähnliche Gemeinschaft **3** (*entente*) Einigkeit *f*; ***faire l'~ sacrée*** wie ein Mann zusammenstehen; *prov* ***l'~ fait la force*** Einigkeit macht stark (*prov*) **4** (*relation*) Verbindung *f*; Vereinigung *f* (*a* BIOL); ***~ charnelle*** Geschlechtsakt *m*; REL ***~ mystique*** mystische Vereinigung; ***trait*** *m* ***d'~*** Bindestrich *m*; *fig* Bindeglied *n*

unioniste [ynjɔnist] *m* POL, HIST Unionist *m*

unipare [ynipaʀ] *adj* BIOL (nur) ein Junges zur Welt bringend

uniprix® [ynipʀi] *m* Einheitspreisgeschäft *n*; (billiges) Warenhaus

unique [ynik] *adj* **1** (*seul*) einzig; alleinig; *paiement etc* einmalig; ***enfant*** *m,f* ***~*** Einzelkind *n*; ***fils*** *m* ***~*** einziger Sohn; REL ***le Fils ~*** der eingeborene Sohn; POL

U

liste *f*, ***parti*** *m* **~** Einheitsliste *f*, -partei *f*; ***prix*** *m* **~** Einheitspreis *m*; (***rue*** *f* ***à***) ***sens*** *m* **~** Einbahnstraße *f*; CH DE FER ***voie*** *f* **~** eingleisige Strecke; ***c'est son ~ souci*** das ist s-e einzige Sorge **2** (*particulier*) einzigartig; einmalig; ***une occasion ~*** e-e einmalige Gelegenheit; ***~ au monde*** wirklich einmalig; ***~ en son genre*** einzig in s-r Art; ***il est vraiment ~!*** er ist wirklich einmalig!

uniquement [ynikmɑ̃] *adv* einzig und allein; nur; bloß; ***pas ~*** nicht nur; *abs* nicht nur das

unir [yniʀ] **I** *v/t* verein(ig)en, verbinden (***à*** mit); einigen; ***~ deux continents*** zwei Kontinente verbinden; ***~ un couple*** ein Paar trauen; *l'amitié* ***qui nous unit*** die uns verbindet; *p/p* ***unis dans la lutte contre ...*** vereint im Kampf gegen ... **II** *v/pr* ***s'~*** sich verein(ig)en; ***s'~ contre qn*** sich gegen j-n verbünden, zusammenschließen

unisexe [ynisɛks] *adj vêtement* Unisex...; gleich für Mann und Frau **unisexualité** *f* BIOL Eingeschlechtigkeit *f* **unisexué** *adj* BIOL eingeschlechtig

unisson [ynisõ] *m* **1** MUS Unisono *n*; Einklang *m*; ***chanter à l'~*** unisono singen **2** *fig* ***à l'~*** im Gleichklang

unitaire [ynitɛʀ] *adj* einheitlich; Einheits...

unitarisme [ynitaʀism] *m* POL, REL Unitarismus *m*

unité [ynite] *f* **1** (*cohésion*) Einheit *f*; Einheitlichkeit *f*; Geschlossenheit *f*; ***~ nationale*** nationale Einheit; THÉ ***~ d'action, de lieu, de temps*** Einheit der Handlung, des Ortes, der Zeit; POL ***~ d'action*** einheitliches Vorgehen; Aktionseinheit *f*, -gemeinschaft *f*; ***faire l'~*** die Einheit herstellen **2** (*mesure*) (Maß)Einheit *f*; ***~ monétaire*** Währungseinheit *f*; FIN ***~ de compte*** Rechnungseinheit *f*; ***~ de longueur, de masse, de mesure, de poids, de temps*** Längen-, Massen-, Maß-, Gewichts-, Zeiteinheit *f* **3** (*ensemble*) Einheit *f*; ***~ administrative*** Verwaltungseinheit *f* **4** MIL Einheit *f*; Truppenteil *m*; Verband *m*; MAR MIL Kriegsschiff *n*; ***~ blindée*** Panzerverband *m*; ***rejoindre son ~*** zu s-r Einheit zurückkehren **5** MATH Einer *m*; ***chiffre*** *m* ***des ~s*** Einerstelle *f* **6** COMM Stück *n*; ***prix*** *m* ***à l'~*** Einzel-, Stückpreis *m*; Preis *m* pro Stück **7** UNIVERSITÉ: ***~ de formation et de recherche*** (*abr* ***UFR***) Fachbereich *m*; ***~ de valeur*** (*abr* ***UV***) *correspond à* Schein *m* **8** INFORM Gerät *n*; ***~ centrale*** Zentraleinheit *f*; ***~ périphérique*** peripheres Gerät; ***~ d'entrée*** Eingabegerät *n*

univalent [ynivalɑ̃] *adj* **1** MATH eindeutig **2** CHIM einwertig

univers [ynivɛʀ] *m* **1** (*cosmos*) ***Univers*** Weltall *n*; Universum *n*; All *n* **2** *fig* Welt *f*; ***l'~ de l'enfance*** die Welt des Kindes **3** *st/s* (*monde entier*) Erdkreis *m*

universalisation [ynivɛʀsalizasjõ] *f* allgemeine Verbreitung **universaliser** **I** *v/t* allgemein verbreiten; verallgemeinern **II** *v/pr* ***s'~*** sich allgemein verbreiten; Allgemeingut werden **universalisisme** *m* REL, PHILOS Universalismus *m*

universalité [ynivɛʀsalite] *f* **1** *d'une personne, des connaissances, de la culture* Universalität *f*; All-, Vielseitigkeit *f*; *d'une langue, d'une croyance* allgemeine Verbreitung; Allgemeinheit *f*; *d'une vérité, d'une loi* Allgemeingültigkeit *f* **2** JUR Gesamtheit *f*; ***l'~ de la succession*** der gesamte Nachlass

universel [ynivɛʀsɛl] *adj* 〈***~le***〉 **1** (*général*) universal; Universal...; universell; allgemein(gültig); allgemein (verbreitet); alles umfassend; allumfassend; Gesamt...; *personne, connaissances, culture* universal; all-, vielseitig; TECH ***clé ~le*** Universal(schrauben)schlüssel *m*; ***légataire ~*** Allein-, Universalerbe *m*; ***pince ~le*** Kombizange *f*; ***suffrage ~*** allgemeines Wahlrecht **2** (*mondial*) Welt...; weltweit; ***exposition ~le*** Weltausstellung *f*

universellement [ynivɛʀsɛlmɑ̃] *adv* allgemein

universitaire [ynivɛʀsitɛʀ] **I** *adj* Universitäts...; Hochschul...; akademisch; ***cité*** *f* **~** Studentenstadt *f ou* -wohnheim *n*; ***diplôme*** *m* **~** Universitäts-, Hochschuldiplom *n*; ***études*** *f/pl* ***~s*** Universitäts-, Hochschulstudium *n*; ***restaurant*** *m* **~** Mensa *f* **II** *m,f* Hochschullehrer(in) *m(f)*

université [ynivɛʀsite] *f* **1** Universität *f*; Hochschule *f*; ***~ populaire*** Volkshochschule *f*; ***~ d'été*** Ferienkurse *m/pl*; ***l'Université de Strasbourg*** die Universität Straßburg; ***conseil*** *m* ***de l'~*** *correspond à* Senat *m*; ***à l'~*** an der Universität **2** ***l'Université*** der Lehrkörper aller französischen Schulen und Hochschulen

univocité [ynivɔsite] *f* PHILOS Univozität *f*

univoque [ynivɔk] *adj* PHILOS univok; eindeutig (*a* MATH); einnamig

Untel [ɛ̃tɛl, œ̃-] ***monsieur, madame ~*** Herr, Frau Soundso

Unterwald [untɛʀvald] GÉOGR ***l'~*** *m* Unterwalden *n*

upérisé [ypeʀize] *adj* ***lait ~*** uperisierte Milch; H-Milch *f*

uppercut [ypɛʀkyt] *m* BOXE Aufwärtshaken *m*; Uppercut ['apɔrkat] *m*

upsilon [ypsilɔn] *m lettre grecque* Ypsilon *n*

U.P.U. [ypey] *f abr* (*Union postale universelle*) Weltpostverein *m*

uranifère [yʀanifɛʀ] *adj* uranhaltig

uranique [yʀanik] *adj* CHIM Uran...; ***acide*** *m* **~** Uransäure *f*

uranium [yʀanjɔm] *m* CHIM Uran *n*

Uranus [yʀanys] ASTR (der) Uranus

urbain [yʀbɛ̃] *adj* städtisch; Stadt...; ***agglomération ~e*** städtische Siedlung; Stadt *f*; ***grand centre ~*** Großstadt *f*; ***chauffage ~*** Fernheizung *f*; ***population ~e*** Stadtbevölkerung *f*; TÉL ***réseau ~*** Ortsnetz *n*

urbanisation [yʀbanizasjõ] *f* Verstädterung *f* **urbaniser** *v/pr* ***s'~*** verstädtern; *adjt* ***zones urbanisées*** verstädterte Gebiete *n/pl*; Gebiete mit städtischem Charakter **urbanisme** *m* (Stadtplanung *f* und) Städtebau *m*

urbaniste [yʀbanist] *m ou adjt* ***architecte*** *m* **~** Städtebauer *m*, -planer *m* **urbanistique** *adj* städtebaulich

urbanité [yʀbanite] *litt f* Höflichkeit *f*; Zuvorkommenheit *f*; *litt* Urbanität *f*

urbi et orbi [yʀbiɛtɔʀbi] *loc/adv* ÉGL CATH ***bénédiction*** *f* **~** (päpstlicher) Segen urbi et orbi

urée [yʀe] *f* PHYSIOL Harnstoff *m*; F ***avoir de l'~*** zu viel Harnstoff im Blut haben

urémie [yʀemi] *f* MÉD Harnvergiftung *f*; Urämie *f*; ***crise*** *f* ***d'~*** akute Harnvergiftung

uretère [yʀtɛʀ] *m* ANAT Harnleiter *m*

urètre [yʀɛtʀ] *m* ANAT Harnröhre *f*

urgence [yʀʒɑ̃s] *f* **1** Dringlichkeit *f*; Eiligkeit *f*; POL ***état*** *m* ***d'~*** Notstand *m*; Ausnahmezustand *m*; ***mesures*** *f/pl* ***d'~*** Sofortmaßnahmen *f/pl*; POL Notstandsmaßnahmen *f/pl*; ***programme*** *m* ***d'~*** Sofort-, Dringlichkeitsprogramm *n*; *loc/adv*: ***d'~*** dringend;

sofort; ***opérer, prévenir qn d'~*** j-n sofort operieren, benachrichtigen; ***de toute ~*** schnellstens; ***en cas d'~*** in eiligen, dringenden Fällen; wenn es eilig, dringend ist; ***il y a ~*** es eilt; es ist dringend, eilig; die Sache drängt **2** MÉD ***une ~*** ein dringender, eiliger Fall; ***service*** *m* ***des ~s*** Notaufnahme *f*

urgent [yʀʒɑ̃] *adj* dringend; eilig; (vor)dringlich; ***besoin ~ en*** dringender Bedarf an (+*dat*); ***cas ~*** eiliger, dringender Fall; **(*très*) *~!*** eilt (sehr)!; ***c'est ~*** es ist eilig, dringend; es eilt; ***il est ~ de le prévenir*** man muss ihn sofort benachrichtigen; ***des secours ~s sont nécessaires*** schnelle, sofortige Hilfe ist nötig

urgentiste [yʀʒɑ̃tist] **I** *m,f* Notarzt, -ärztin *m,f* **II** *adj* ***médecin*** *m* **~** Notarzt, -ärztin *m,f*

urger [yʀʒe] F *v/i* ⟨**-geait**⟩ ***ça urge*** es eilt; es ist dringend

urinaire [yʀinɛʀ] *adj* Harn…; ANAT ***voies*** *f/pl* ***~s*** Harnwege *m/pl*

urinal [yʀinal] *m* ⟨*pl* **-aux**⟩ Urinflasche *f*; Urinal *n*

urine [yʀin] *f* Urin *m*; Harn *m*; ***~s*** *pl* (entleerter) Harn, Urin; ***analyse*** *f* ***d'~s*** Urin-, Harnuntersuchung *f*

uriner [yʀine] *v/i* urinieren; Wasser lassen

urinoir [yʀinwaʀ] *m* Pissoir *n*; Bedürfnisanstalt *f*

urique [yʀik] *adj* CHIM ***acide*** *m* **~** Harnsäure *f*

urne [yʀn] *f* **1** Urne *f*; ***~ cinéraire, funéraire*** Aschen-, Graburne *f* **2** ***~*** **(*électorale*)** Wahlurne *f*; ***aller, se rendre aux ~s*** wählen (gehen); zur Wahl gehen

urogénital [yʀɔʒenital] *adj* ⟨**-aux**⟩ ANAT ***appareil ~*** Harn- und Geschlechtsorgane *n/pl*; Urogenitalsystem *n*

urographie [yʀɔgʀafi] *f* MÉD Urografie *f* **urologie** *f* MÉD Urologie *f* **urologique** *adj* MÉD urologisch **urologue** *m,f* Urologe *m*, Urologin *f* **uromètre** *m* MÉD Urometer *n*

URSS [yʀs, yɛʀɛsɛs] *abr* (*Union des républiques socialistes soviétiques*) HIST ***l'~*** *f* die UdSSR (Union der Sozialistischen Sowjetrepubliken)

ursuline [yʀsylin] *f* ÉGL CATH Ursuline *ou* Ursulinerin *f*

urticacées [yʀtikase] *f/pl* BOT Nesselgewächse *n/pl*

urticaire [yʀtikɛʀ] *f* MÉD Nesselsucht *f*, -ausschlag *m*, -fieber *n* **urticant** *adj* BIOL nesselnd

Uruguay [yʀygwɛ] ***l'~*** *m* Uruguay *n*

uruguayen [yʀygwɛjɛ̃] **I** *adj* ⟨***~ne***⟩ uruguayisch **II** *subst* ***Uruguayen(ne)*** *m(f)* Uruguayer(in) *m(f)*

us [ys] *m/pl* ***~ et coutumes*** Sitten und Gebräuche *pl*

usage [yzaʒ] *m* **1** (*utilisation*) Gebrauch *m*; Benutzung *f*; Anwendung *f*; Verwendung *f*; *de drogues etc* Genuss *m*; ♦ *loc/adv et loc/adj*: ***à l'~*** beim Gebrauch; bei (der) Anwendung; ***à l'~ de qn*** für j-n (zum Gebrauch); ***à l'~ des écoles*** für den Schulgebrauch; für Schulen; *médicament* ***à ~ externe, interne*** äußerlich, innerlich anzuwenden; für äußerliche, innerliche Anwendung; ***à ~s multiples*** Mehrzweck…; ***être encore en ~*** noch verwendet, gebraucht werden; ***'hors d'~*** außer Gebrauch; *vêtements etc* abgelegt; abgetragen; ***pour son ~ personnel*** für den, s-n persönlichen Gebrauch; ♦ F ***faire de l'~*** dauerhaft, strapazierfähig sein; lange halten; ***faire ~ de qc*** etw verwenden, gebrauchen, anwenden; ***faire un ~ immodéré d'alcool*** unmäßig, übermäßig (Alkohol) trinken; ***faire*** **(*un*)** ***bon ~ de son argent*** sein Geld vernünftig verwenden; ***faire ~ de la force*** Gewalt anwenden; ***perdre l'~ de la parole*** die Sprache verlieren; ***retrouver l'~ de ses sens*** wieder zu sich kommen; ***servir à divers, plusieurs ~s*** verschiedenen, mehreren Zwecken dienen **2** *de la langue* Sprachgebrauch *m*; ***~ courant*** allgemeiner Sprachgebrauch; ***orthographe*** *f* ***d'~*** festgelegte Orthografie; *mot, expression* ***en ~*** üblich; gebräuchlich; ***expression consacrée par l'~*** Ausdruck, der sich eingebürgert hat; ***indiquer l'~ d'un mot*** angeben, wie ein Wort gebraucht wird **3** (*coutume*) Brauch *m*; Sitte *f*; F Usus *m*; ***~ ancien*** alter Brauch; alte Sitte; *litt* ***avoir l'~ du monde*** weltgewandt sein; Lebensart haben; ***les ~s*** **(*de la société*)** die gesellschaftlichen Umgangsformen *f/pl*; *loc/adj* ***d'~*** üblich; gebräuchlich; ***il est d'~ de*** (+*inf*) es ist üblich, Brauch, Usus zu (+*inf*); ***comme il est d'~*** wie es, das üblich ist; ***se conformer aux ~s d'un pays*** sich den Bräuchen, Sitten, Gewohnheiten e-s Landes anpassen; ***c'est l'~*** das ist so üblich **4** JUR ***~ de faux*** Gebrauch von falschen Beurkundungen

usagé [yzaʒe] *adj vêtements* gebraucht; getragen; ***huile ~e, verre ~*** Altöl *n*, -glas *n*

usager [yzaʒe] *m* **1** Benutzer *m*; Teilnehmer *m*; ***~ de la poste*** Postkunde *m*; ***~ de la route*** Straßenbenutzer *m*; Verkehrsteilnehmer *m*; ***~ du téléphone*** Fernsprechteilnehmer *m* **2** JUR Benutzungsberechtigte(r) *m*

usant [yzɑ̃] *adj* F *personne* anstrengend; ***il est ~*** *a* F er schafft einen; er macht einen fertig

USB [yɛsbe] *m abr* (*universal serial bus*) INFORM USB *m*; ***clé*** *f* **~** USB-Stick [-stɪk] *m*

usé [yze] *adj* **1** abgenutzt; *vêtements* abgetragen; ver-, zerschlissen; *semelle* durchgelaufen; *talon, tapis* abgetreten; *pneus* abgefahren; *filetage de vis* ausgeleiert; ***eaux ~es*** Abwässer *n/pl*; *veste etc* ***~ au coude*** am Ellbogen abgewetzt, durchgescheuert; ***la pointe est ~e*** die Spitze ist stumpf (geworden); → *a* ***corde*** *8* **2** *personne* verbraucht; verlebt; ***il est ~ par l'âge*** er ist alt und verbraucht; ***mains ~es par le travail*** abgearbeitete, verarbeitete Hände *f/pl* **3** *expression* abgegriffen

user [yze] **I** *v/t* **1** (*détériorer*) abnutzen; *vêtements a* abtragen; verschleißen; **~ (*par frottement*)** abreiben; abscheuern; abwetzen **2** (*consommer*) *eau, gaz, essence* verbrauchen **3** (*affaiblir*) ***~ qn*** j-s Gesundheit untergraben, ruinieren; j-n zermürben, aufreiben; ***~ ses forces*** s-e Kräfte aufreiben; ***~ la patience de qn*** j-s Geduld strapazieren; ***~ sa santé*** s-e Gesundheit ruinieren; ***~ la vue, les yeux*** die Augen verderben; ***~ sa vue, ses yeux*** *ou* ***s'~ la vue, les yeux*** sich (*dat*) die Augen verderben **II** *v/t/indir* ***~ de qc*** etw anwenden, gebrauchen; von etw Gebrauch machen; etw in Anspruch nehmen; *abs* ***usez, n'abusez pas*** alles mit Maß und Ziel; ***~ de clémence*** Gnade walten lassen; ***~ d'un droit*** von e-m Recht Gebrauch machen; ***~ de précautions*** vorsichtig zu Werke gehen; ***~ de violence*** Gewalt anwenden **III** *v/pr* ***s'~*** sich abnutzen; verschleißen; *personne* ***s'~ au travail*** sich bei der Arbeit verbrauchen, F kaputtmachen; ***s'~ à*** **(*faire*)** ***qc*** sich bei etw aufreiben

usinage [yzinaʒ] *m* maschinelle Fertigung; Be-, Verarbeitung *f*

usine [yzin] *f* Fabrik *f*; Werk *n*; Betrieb *m*; Fabrikanlage *f*; **~ aéronautique** Flugzeugfabrik *f*; **~ métallurgique** Hütte *f*; Hüttenwerk *n*; **~ pilote** Versuchsbetrieb *m*; **~ sidérurgique** Eisenhütte *f*; Stahlwerk *n*; **~ textile** Textilfabrik *f*; **~ d'automobiles** Auto(mobil)fabrik *f*; **~ de produits alimentaires** Lebensmittelfabrik *f*; **~ de retraitement** Wiederaufbereitungsanlage *f*; **cheminée** *f* **d'~** Fabrikschornstein *m*; **entrée** *f*, **sortie** *f* **d'~** Werkseinfahrt *f*, -ausfahrt *f*; **ouvrier** *m* **d'~** Fabrikarbeiter *m*; **prix** *m* **(départ) ~** Preis *m* ab Werk; **aller à l'~** in die Fabrik gehen; F *fig d'un hôpital etc* **c'est une véritable ~** das ist die reinste Fabrik; **travailler à l'~** *ou* **en ~** in der Fabrik arbeiten; Fabrikarbeiter(in) sein

usiner [yzine] *v/t* 1 (*traiter*) maschinell fertigen; be-, verarbeiten 2 (*fabriquer*) fabrikmäßig herstellen 3 F *souvent v/imp* **ça usine sec, ici** F hier wird feste gearbeitet; das flu(t)scht nur so

usinier [yzinje] *adj* ⟨**-ière**⟩ Fabrik…

usité [yzite] *adj mot* gebräuchlich; geläufig; **peu ~** selten gebraucht; kaum gebräuchlich

ustensile [ystɑ̃sil] *m* Gerät *n*; **~s** *pl* Gerätschaften *f/pl*; Utensilien *n/pl*; **~ de cuisine, de ménage** Küchen-, Haushaltsgerät *n*

usuel [yzɥɛl] I *adj* ⟨**~le**⟩ üblich; gebräuchlich; gewöhnlich II *m dans une bibliothèque* Werk *n* aus dem Handapparat; **~s** *pl* Handapparat *m*

usufructuaire [yzyfʀyktɥɛʀ] *adj* JUR Nießbrauchs…; Nutzungs…; **droit** *m* **~** Nutzungsrecht *n*

usufruit [yzyfʀɥi] *m* JUR Nießbrauch *m* (**sur** an *+dat*); Nutzung(srecht) *f(n)*

usufruitier [yzyfʀɥitje] *m* JUR Nießbraucher *m*; Nutzungsberechtigte(r) *m*

usuraire [yzyʀɛʀ] *adj* wucherisch; Wucher…; **intérêts** *m/pl* **~s, taux** *m* **~** Wucherzins *m*; **prêt** *m* **~** Darlehen *n* zu Wucherzinsen

usure [yzyʀ] *f* 1 FIN (Kredit)Wucher *m*; Wucherzins *m*; **pratiquer l'~** (ein) Wucherer sein; Wucher treiben 2 (*détérioration*) Abnutzung *f*; Verschleiß *m*; *par ext*: **~ du pouvoir** Abnutzung der Macht; **~ du temps** zerstörende Kraft der Zeit; **guerre** *f* **d'~** Abnützungs-, Zermürbungskrieg *m*; **dans un tel état d'~** so abgenutzt; *vêtements* dermaßen ver-, zerschlissen, abgetragen; F *fig* **je l'aurai à l'~** F mit der Zeit krieg ich ihn schon mürbe, herum; **résister à l'~** widerstandsfähig, verschleißfest, *vêtements* strapazierfähig sein

usurier [yzyʀje] *m* Wucherer *m*

usurpateur [yzyʀpatœʀ] *m* Usurpator *m*; Thronräuber *m*

usurpation [yzyʀpasjõ] *f* 1 POL Usurpation *f* 2 JUR *d'un droit* Anmaßung *f*; **~ de fonctions** Amtsanmaßung *f*; **~ de titres** unbefugtes Führen von Titeln

usurper [yzyʀpe] *v/t* 1 POL usurpieren 2 **~ qc** sich (*dat*) etw anmaßen; sich (*dat*) widerrechtlich etw aneignen; *titre* unbefugt führen; *par ext* **avoir une réputation usurpée** zu Unrecht in gutem Ruf stehen

ut [yt] *m* ⟨*inv*⟩ MUS c *ou* C *n*; **clef** *f* **d'~** C-Schlüssel *m*

Utah [yta] GÉOGR **l'~** *m* Utah ['juːtaː] *n*

utérin [yteʀɛ̃] *adj* 1 ANAT Gebärmutter…; Uterus… 2 JUR **frères ~s** Halbbrüder *m/pl* mütterlicherseits

utérus [yteʀys] *m* ANAT Gebärmutter *f*; Uterus *m*

utile [ytil] I *adj* 1 nützlich; (zweck)dienlich; brauchbar; geeignet; **cadeau** *m* **~** nützliches Geschenk; **dépenses** *f/pl* **~s** zweckmäßige, notwendige Ausgaben *f/pl*; **renseignements** *m/pl* **~s** zweckdienliche Hinweise *m/pl*; ♦ **~ à qn** nützlich, von Nutzen für j-n; **cela peut vous être ~** das kann für Sie nützlich sein; das können Sie (ge)brauchen; **si je peux vous être ~ en qc** wenn ich Ihnen irgendwie behilflich sein, helfen kann; *cette brochure* **sera ~ à tous les automobilistes** wird jedem, für jeden Autofahrer von Nutzen sein; ♦ **c'est une chose ~ à savoir** es ist gut, nützlich, das zu wissen; **des notes ~s à la compréhension de l'œuvre** Anmerkungen (, die) zum besseren Verständnis des Werkes (dienen); ♦ *loc/adv* **en temps ~** zu gegebener Zeit; ♦ **il serait ~ de vous renseigner** *ou* **que vous vous renseigniez** es wäre gut, richtig, zweckmäßig, sich zu informieren *ou* wenn Sie sich informierten; **juger ~ de faire qc** es für richtig, nötig, gut halten, etw zu tun; **se rendre ~** sich nützlich machen 2 TECH Nutz…; **charge** *f* **~** Nutzlast *f*; **travail** *m* **~** Nutzleistung *f* II *m* **joindre l'~ à l'agréable** das Angenehme mit dem Nützlichen verbinden

utilement [ytilmɑ̃] *adv* nützlich

utilisable [ytilizabl] *adj* verwendbar; brauchbar; benutzbar; verwertbar **utilisateur** *m*, **utilisatrice** *f* Benutzer(in) *m(f)*; INFORM Nutzer(in) *m(f)*; User(in) ['juːzər(ɪn)] *m(f)*

utilisation [ytilizasjõ] *f* An-, Verwendung *f*; Gebrauch *m*; Be-, Ausnutzung *f*, -nützung *f*; Nutzung *f*; Einsatz *m*; Verwertung *f*; **~ pacifique de l'énergie nucléaire** friedliche Nutzung der Kernenergie; TÉL **durée** *f* **d'~** Sprechdauer *f*; **mode** *m* **d'~** Verwendungsart *f*, -möglichkeit *f*

utiliser [ytilize] *v/t* an-, verwenden; gebrauchen; *espace* ausnutzen *ou* ausnützen; *restes* verwerten; verwenden; *méthode* anwenden; *appareil, produit* verwenden; benutzen *ou* benützen; *ressources* nutzen; *subterfuge* gebrauchen; **~ qn** j-n verwenden, einsetzen; **mal ~ ses dons** s-e Fähigkeiten schlecht nutzen, falsch einsetzen

utilitaire [ytilitɛʀ] *adj* 1 Nutz…; Gebrauchs…; **véhicule** *m* **~** Nutzfahrzeug *n* 2 PHILOS utilitaristisch

utilitarisme [ytilitaʀism] *m* 1 PHILOS Utilitarismus *m* 2 *par ext* Nützlichkeitsprinzip *n*; Zweckdenken *n* **utilitariste** PHILOS I *adj* utilitaristisch II *m,f* Utilitarist(in) *m(f)*

utilité [ytilite] *f* 1 Nützlichkeit *f*; Zweckmäßigkeit *f*; Brauchbarkeit *f*; Verwendbarkeit *f*; Nutzen *m*; **avoir son ~** nützlich, von Nutzen sein; **être d'une grande ~** sehr nützlich, von großem Nutzen sein; **être sans ~, n'être d'aucune ~** vollkommen nutzlos, ohne jeden Nutzen, völlig unbrauchbar sein 2 JUR **~ publique** Gemeinnützigkeit *f*; **association reconnue d'~ publique** gemeinnütziger, als gemeinnützig anerkannter Verein; *expropriation* **pour cause d'~ publique** im öffentlichen Interesse 3 THÉ **jouer les ~s** Nebenrollen spielen

utopie [ytɔpi] *f* Utopie *f*; Schwärmerei *f*

utopique [ytɔpik] *adj* utopisch **utopiste** *m,f* Utopist(in) *m(f)*; Fantast(in) *m(f)*

Utrecht [ytʀɛk(t)] GÉOGR Utrecht *n*

Utrillo [ytʀijo] *m* PEINT Utrillo [u'triljo] *m*

UV [yve] *f abr* (*unité de valeur*) UNIVERSITÉ Schein *m*

uval [yval] *adj* ⟨**-aux**⟩ Trauben…

uvulaire [yvylɛʀ] *adj* ANAT, PHON (Gaumen-, Hals-)Zäpfchen…; uvular; **r** *m* **~** Zäpfchen-R *n*

Uzès [yzɛs] *Stadt im Dep. Gard*

U

V

V[1], **v** [ve] *m* ⟨*inv*⟩ V, v [fau] *n*; ***double v*** w [veː] *n*; ***le V de la victoire*** das Fingerzeichen für „Victory“; *loc/adv* F ***à la vitesse grand V*** mit Höchstgeschwindigkeit; in rasender Geschwindigkeit; *loc/adj* ***décolleté*** *m* ***en V*** V-Ausschnitt *m*

V[2] *abr* (*volt*[*s*]) V (Volt)

va [va] → ***aller***[1]; F ***~ pour 200 euros*** also gut *ou* schön, 200 Euro; F ***~ pour cette fois!*** *indulgent* diesmal mag es noch hingehen, lasse ich es noch durchgehen!; *menaçant* also schön *ou* gut, dieses eine Mal!; F *fig* ***faire qc à la ~ comme je te pousse*** etw mit der linken Hand, schludrig, schlampig machen

vacance [vakɑ̃s] *f* 1 ***~s*** *pl* Ferien *pl*; Urlaub *m*; ***bonnes ~s!*** schöne Ferien!; schönen Urlaub!; ***grandes ~s*** große Ferien; ***~s scolaires*** Schulferien *pl*; ***~s de neige*** Winter-, Skiurlaub *m*; ***~ de Noël, de Pâques*** Weihnachts-, Osterferien *pl*; ***jour*** *m* ***de ~s*** Urlaubs-, Ferientag *m*; freier *ou* schulfreier Tag; ***lieu*** *m* ***de ~s*** Urlaubs-, Ferienort *m*; ***avoir des ~s*** Ferien, Urlaub haben; ***j'ai besoin de ~s*** F ich bin urlaubsreif; ***être en ~s*** in *ou* im Urlaub, in Ferien sein; Urlaub, Ferien haben; ***partir en ~s*** in Urlaub fahren *ou* gehen; ***prendre des ~s*** Urlaub nehmen, machen 2 JUR Vakanz *f*; *par ext* freie, unbesetzte Stelle; freier Sitz; *chaire* freier Lehrstuhl 3 POL ***~ du pouvoir*** Machtvakuum *n*

vacancier [vakɑ̃sje] *m*, **vacancière** *f* Urlauber(in) *m(f)*; Feriengast *m*

vacant [vakɑ̃] *adj* 1 *poste* offen; unbesetzt; frei; vakant; ***appartement ~*** freie, leer stehende Wohnung 2 JUR ***bien ~*** herrenloses Gut; ***succession ~e*** Erbschaft *f* mit unbekanntem Erben

vacarme [vakaʀm] *m* Heidenlärm *m*; Krach *m*; ***~ des klaxons*** Gehupe *n*

vacataire [vakatɛʀ] I *m,f* Aushilfskraft *f*; Aushilfe *f* II *adj* Aushilfs…; ***personnel*** *m* ***~*** Aushilfspersonal *n*

vacation [vakasjõ] *f* 1 *des notaires, experts* Zeitaufwand *m* für Mühewaltungen 2 (*remplacement*) Aushilfstätigkeit *f*; (Stell)Vertretung *f*; ***faire des ~s*** Vertretungen machen, übernehmen 3 JUR ***~s*** *pl* Gerichtsferien *pl*

Vaccarès [vakaʀɛs] ***l'étang*** *m* ***de ~*** *Naturschutzgebiet in der Camargue*

vaccin [vaksɛ̃] *m* MÉD Impfstoff *m*; ***~ antivariolique*** Pockenimpfstoff *m*; ***faire un ~ à qn*** j-n impfen

vaccinable [vaksinabl] *adj* MÉD ***être ~*** geimpft werden können

vaccinal [vaksinal] *adj* ⟨**-aux**⟩ MÉD **a)** Kuhpocken…; **b)** Impf…

vaccinateur [vaksinatœʀ] *m* ~ *ou adjt* ***médecin*** *m* ***~*** Impfarzt *m*

vaccination [vaksinasjõ] *f* MÉD Impfung *f*; ***~ antivariolique*** Pocken(schutz)impfung *f*; ***~ curative, préventive*** Heil-, Schutzimpfung *f*; ***certificat*** *m* ***de ~*** Impfschein *m*

vaccine [vaksin] *f* VÉT Kuhpocken *pl*

vacciner [vaksine] *v/t* 1 MÉD ***~ qn*** j-n impfen (**contre** gegen) 2 F *fig adjt* ***être vacciné*** geheilt sein (**contre** von)

vachard [vaʃaʀ] *adj* F → ***vache*** *II 1*

vache [vaʃ] I *f* 1 zo Kuh *f*; ***maladie*** *f* ***de la ~ folle*** Rinderwahn(sinn) *m*; ***~ laitière*** Milchkuh *f*; REL *et fig* ***~ sacrée*** heilige Kuh; F *fig* ***~ à lait*** Melkkuh *f*; gute Einnahmequelle; ***troupeau*** *m* ***de ~s*** Kuhherde *f*; *loc/adj* ***queue de ~*** rötlich blond; F *fig* ***c'est un coup en ~*** F das ist (ein) hundsgemein(er Streich), e-e Hundsgemeinheit; *fig* ***être en période de ~s maigres*** e-e Zeit der Entbehrungen durchmachen; *fig* ***manger de la ~ enragée*** sich kümmerlich durchschlagen müssen; F ***parler français comme une ~ espagnole*** F ein miserables, schauerliches Französisch sprechen; F ***il pleut comme ~ qui pisse*** es gießt wie aus Kübeln; F es platscht; P es schifft 2 *cuir* Rinds-, Kuhleder *n*; CAMPING ***~*** (***à eau***) Wassersack *m* aus Segeltuch 3 F *fig* ***vieille ~*** *ou* ***peau*** *f* ***de ~*** Schuft *m*; (F hunds)gemeiner Kerl; gemeine Person; F ***les ~s!*** die Schufte! 4 F ***mort aux ~s!*** F nieder mit der Polente!; P Scheißbullen! 5 F *int* ***la ~!*** F Donnerwetter!; Mensch! II *adj* F 1 (*méchant*) gemein; schuftig; ***être ~ avec, envers qn*** j-n gemein, schuftig behandeln; ***ne sois pas ~!*** sei nicht so gemein! 2 *admiratif* F toll; ***une ~ de grande maison*** ein riesengroßes, riesiges Haus; ***une ~ de pépée*** F e-e dufte Puppe; ***faire un ~ de bénéfice*** e-n dicken Gewinn einstreichen, herausholen

vachement [vaʃmɑ̃] *adv* F mächtig; unheimlich; ungeheuer; gewaltig; toll; saumäßig; ***~ cher*** F sauteuer; ***il est ~ bien*** er sieht toll aus

vacher [vaʃe] *m*, **vachère** *f* Kuh-, Rinderhirt(in) *m(f)*; Melker(in) *m(f)*; Schweizer *m*; *en montagne* Senn(e) *m*, Sennerin *f*

vacherie [vaʃʀi] *f* 1 F (*méchanceté*) Gemeinheit *f*; ***dire des ~s à qn*** j-m Gehässigkeiten sagen; ***faire une ~, des ~s à qn*** an j-m gemein handeln 2 F (*cochonnerie*) F Mist *m*; Dreck *m*; Gelump(e) *n*

vacherin [vaʃʀɛ̃] *m* 1 *gâteau* Baisertorte *f* mit Eis und Sahne 2 *fromage* sahniger Weichkäse aus der Franche-Comté und Savoyen

vachette [vaʃɛt] *f* 1 *cuir* Leder *n* von Färsen 2 ***course*** *f* ***de ~s*** *Volksbelustigung in Südfrankreich, bei der losgelassenen jungen Kühen e-e Kokarde von der Stirn gerissen werden muss*

vacillant [vasijɑ̃] *adj* 1 *démarche* taumelnd; schwankend; wankend; ***j'ai les jambes ~es*** die Knie wanken mir 2 *flamme* flackernd 3 *fig foi, résolutions* schwankend; *raison* etwas verwirrt, wirr; *mémoire* unzuverlässig **vacillation** *f ou* **vacillement** *m* Schwanken *n*; Wanken *n*; Wackeln *n*; Tau-

V

meln *n*; *d'une flamme* Flackern *n*

vaciller [vasije] *v/i* 1 *personne* schwanken; wanken; taumeln 2 *flamme* flackern 3 *fig et st/s raison* wirr, verwirrt sein; *mémoire* unzuverlässig sein; j-n im Stich lassen

va-comme-je-te-pousse [vakɔmʒ(ə)təpus] *loc/adv* **à la ~ → va**

vacuité [vakɥite] *st/s f* Leere *f*

vade-mecum [vademekɔm] *litt m* ⟨*inv*⟩ Vademekum *n*

vadrouille [vadʀuj] *f* F *loc* **être en ~ → vadrouiller**

vadrouiller [vadʀuje] *v/i* F herumbummeln, -strolchen, -zigeunern

vadrouilleur [vadʀujœʀ] *m* **c'est un ~** F er strolcht, zigeunert gern herum

va-et-vient [vaevjɛ̃] *m* ⟨*inv*⟩ 1 *de personnes* **un ~ incessant** ein ständiges Kommen und Gehen 2 *d'une mécanique* (**mouvement** *m* **de**) **~** Hin- und Herbewegung *f*; Hin und Her *n*; *d'un piston* Auf- und Abbewegung *f* 3 *porte* Pendel-, Schwingflügeltür *f* 4 ÉLECT Wechselschalter *m*

vagabond [vagabõ] I *adj* ⟨**-bonde** [-bõd]⟩ 1 *litt* wandernd; Wander…; **existence ~e** Wanderleben *n* 2 *fig imagination* schweifend II *m* 1 Vagabund *m*; Stromer *m*; Landstreicher *m*; Streuner *m* 2 *litt* **mener une vie de ~** ein Wanderleben führen

vagabondage [vagabõdaʒ] *m* 1 Umherziehen *n*, -streifen *n*; Vagabundieren *n*; JUR Landstreicherei *f*; *des jeunes* Streunen *n*; **~s** *pl a* Streifzüge *m/pl* 2 *fig* **~(s) de l'imagination** Schweifen *n* der Fantasie

vagabonder [vagabõde] *v/i* 1 *personne* sich herumtreiben; vagabundieren; umherstreifen, -wandern; streunen; herumstrolchen, -zigeunern; stromern 2 *fig pensées, imagination* umherschweifen, -wandern

vagin [vaʒɛ̃] *m* ANAT Scheide *f*; *sc* Vagina *f*

vaginal [vaʒinal] *adj* ⟨**-aux**⟩ ANAT Scheiden…; Vaginal…; vaginal

vagir [vaʒiʀ] *v/i bébé* wimmern; schreien **vagissant** *adj bébé* quäkend; schreiend **vagissement** *m* Wimmern *n*; *d'un nouveau-né* **~s** *pl* erste Schreie *m/pl*

vague¹ [vag] I *adj* 1 (*imprécis*) vage; undeutlich; verschwommen; unklar; *regard* zerstreut; leer; *sentiment* vage; unbestimmbar; *contours* verschwommen; undeutlich; *idée, notion a* nebelhaft; *loc/adv* **en termes ~s** vage; **il est resté ~** er drückte sich vage aus 2 (*quelconque*) irgendein; **un ~ cousin** ein weitläufiger Vetter 3 *robe, manteau* weit 4 **terrain** *m* **~** unbebautes Gelände, Grundstück II *m* 1 (*imprécision*) Verschwommenheit *f*; Undeutlichkeit *f*; Verschwommene(s) *n* 2 *par ext*: **avoir du ~ à l'âme** an Weltschmerz leiden; **être dans le ~** nicht wissen, woran man ist; im Unklaren sein; **laisser qc, rester dans le ~** sich (über etw [*acc*]) nur vage äußern; **regarder dans le ~, avoir les yeux perdus dans le ~** ins Leere blicken

vague² [vag] *f* 1 Welle *f*; *st/s* Woge *f*; **~ de fond** Flutwelle *f* 2 MÉTÉO Welle *f*; **~ de chaleur, de froid** Hitze-, Kältewelle *f* 3 *fig* Woge *f*; Welle *f*; **la première ~ de départs** (**en vacances**) die erste Reise-, Urlauberwelle; **~ d'enthousiasme** Welle, Woge der Begeisterung; **~ de hausse des prix** Welle von Preiserhöhungen; **~ de protestations** Protestwelle *f*; **faire des ~s** Wellen schlagen 4 CIN *vers 1960* **nouvelle ~** Neue Welle 5 *d'une chevelure* Welle *f*

vaguelette [vaglɛt] *f* kleine Welle

vaguement [vagmɑ̃] *adv* vage; undeutlich; verschwommen; **~ ému** leicht gerührt; **j'ai ~ compris** ich habe so ungefähr verstanden

vaguemestre [vagmɛstʀ] *m* MIL mit der Verteilung der Post beauftragter Unteroffizier

vaguer [vage] *v/i litt* **laisser ~** *regards* umherschweifen lassen; *imagination* schweifen lassen

vahiné [vaine] *f* Frau *f* von Tahiti

vaillamment [vajamɑ̃] *adv* → **vaillant** *1* **vaillance** *st/s f* Tapferkeit *f*; Unverzagtheit *f*

vaillant [vajɑ̃] *adj* 1 *st/s* (*courageux*) tapfer; beherzt; unverzagt; *plais* wacker 2 (*valide*) **il n'est pas encore bien ~** er ist noch etwas schwach, F noch nicht ganz auf dem Damm 3 (*travailleur*) tüchtig; fleißig 4 **n'avoir pas un sou ~** kein Geld, F keinen (roten) Heller haben

vaille [vaj] 1 → **valoir** 2 *loc/adv* **~ que ~** so oder so; schlecht und recht; komme, was da wolle

vain [vɛ̃] *adj* ⟨**vaine** [vɛn]⟩ 1 unnütz; vergeblich; **discussion ~e** fruchtlose Diskussion; **espoir ~** vergebliche Hoffnung; **paroles, promesses ~es** leere Worte *n/pl*, Versprechungen *f/pl*; **peur ~e** unbegründete Angst; *loc/adv* **en ~** umsonst; vergeblich; vergebens; **il est ~ de** (*+inf*) es ist sinn-, zwecklos zu (*+inf*); es hat keinen Sinn, Zweck zu (*+inf*); *st/s* **et ce n'est pas un ~ mot** das ist nicht nur so dahingesagt; das ist nicht nur ein leeres Wort 2 *litt* (*frivole*) oberflächlich

vaincre [vɛ̃kʀ] *v/t* ⟨**je vaincs, il vainc, nous vainquons**; **je vainquais**; **je vainquis**; **je vaincrai**; **que je vainque**; **vainquant**; **vaincu**⟩ 1 *abs* siegen; **~ qn** j-n besiegen; über j-n siegen; j-n bezwingen; MIL, SPORTS *a* j-n schlagen 2 *peur, difficultés, obstacle, misère* überwinden; *maladie, douleur* besiegen; **~ une difficulté** *a* e-e Schwierigkeit meistern; e-r Schwierigkeit (*gén*) Herr werden; **être vaincu par le sommeil** vom Schlaf übermannt werden

vaincu [vɛ̃ky] I *p/p* → **vaincre** *et adj* besiegt; überwunden; **s'avouer ~** sich geschlagen geben; **être ~ d'avance** keinerlei Chancen haben II *m* Besiegte(r) *m*; Verlierer *m*

vainement [vɛnmɑ̃] *adv* umsonst; vergebens; vergeblich

vainqueur [vɛ̃kœʀ] *m* 1 Sieger *m* (*a* MIL *et* SPORTS) (**d'une épreuve sportive** in e-m Sportwettbewerb); **sortir ~ d'une épreuve** aus e-m Wettkampf als Sieger hervorgehen 2 *fig* Bezwinger *m*; Überwinder *m* 3 *adjt* siegreich; **prendre un air ~** e-e Siegermiene aufsetzen

vair [vɛʀ] *m dans* « *Cendrillon* » **pantoufles** *f/pl* **de ~** Glaspantoffeln *m/pl*

vairon [vɛʀõ] I *adj m* **yeux ~s** verschiedenfarbige Augen *n/pl* II *m* ZO Elritze *f*; Pfrille *f*

vais [vɛ] → **aller¹**

vaisseau [vɛso] *m* ⟨*pl* **~x**⟩ 1 ANAT, BOT Gefäß *n*; **~ (sanguin)** Blutgefäß *n* 2 *litt* (*bateau*) Schiff *n*; MAR MIL **~ amiral** Flaggschiff *n*; *Wagner* **Le Vaisseau fantôme** Der Fliegende Holländer; **capitaine** *m* **de ~** Kapitän *m* zur See; *fig* **brûler ses ~x** alle Brücken hinter sich (*dat*) abbrechen 3 **~ spatial** Raumschiff *n* 4 ARCH (Kirchen)Schiff *n*

vaisselier [vɛsəlje] *m* Tellerbord *n*, -büfett *n*

vaisselle [vɛsɛl] *f* 1 (Ess-, Tisch-, Tafel)Geschirr *n*;

~ **de porcelaine** Porzellangeschirr *n* 2 *lavage* Abwaschen *n*; (*plats etc à laver*) Abwasch *m*; **produit** *m* **pour la** ~, *adjt* **liquide** *m* ~ (Geschirr)Spülmittel *n*; **faire la** ~ (das) Geschirr spülen; abwaschen

val [val] *m* ⟨*pl* **vaux** [vo], *seltener* **vals**⟩ *litt, dans des noms* Tal *n*

valable [valabl] *adj* 1 *passeport, contrat* gültig; JUR *a* rechtsverbindlich; **c'est** ~ **pour tous** das gilt für alle 2 *excuse, argument, travail* annehmbar; *solution, proposition, méthode* brauchbar; *argument a* stichhaltig; *objection* berechtigt; *données* verlässlich; zuverlässig; *travail a* recht beachtlich; **collaborateur** *m* ~ tüchtiger, wertvoller Mitarbeiter; **interlocuteur** *m* ~ kompetenter Gesprächspartner; **sans motif** ~ ohne triftigen Grund

valablement [valabləmɑ̃] *adv* 1 gebührend 2 entsprechend; richtig

Valais [valɛ] **le** ~ das Wallis

Val-de-Marne [valdəmaʀn] **le** ~ *frz Departement*

valdingue [valdɛ̃g] *m* F **faire un** ~ → **valdinguer**

valdinguer [valdɛ̃ge] F *v/i* hinunterpurzeln, -kullern; **envoyer** ~ weg-, hinunterschleudern

Val-d'Oise [valdwaz] **le** ~ *frz Departement*

valence [valɑ̃s] *f* CHIM Wertigkeit *f*; Valenz *f*

Valence [valɑ̃s] 1 *en Espagne* Valencia *n* 2 *Stadt im Dep. Drôme*

valenciennes [valɑ̃sjɛn] *f* Valenciennesspitze *f*

Valenciennes [valɑ̃sjɛn] *Stadt im Dep. Nord*

valériane [valeʀjan] *f* BOT, PHARM Baldrian *m*

valet [valɛ] *m* 1 Diener *m*; Bediente(r) *m*; *péj* Domestik(e) *m*; ~ **de chambre** Kammerdiener *m*; ~ **d'écurie** Pferdeknecht *m*; ~ **de ferme** (Bauern)-Knecht *m*; ~ **de pied** (livrierter) Lakai 2 *carte à jouer* Bube *m*; *jeu allemand a* Unter *m*; Wenzel *m*; ~ **de cœur** Herzbube *m* 3 *cintre* stummer Diener; Kleiderständer *m*

valetaille [valtɑj] *litt et péj f* Dienerschaft *f*

Valette (La) [lavalɛt] Valletta *n*

valétudinaire [valetydinɛʀ] *litt adj* kränkelnd; kränklich

valeur [valœʀ] *f* 1 Wert *m*; *d'un argument* Stichhaltigkeit *f*; *d'une méthode etc a* Brauchbarkeit *f*; Zweckmäßigkeit *f*; ~ **marchande** Handels-, Verkehrs-, Marktwert *m*; ~ **or** Goldwert *m*; ~ **sentimentale** Erinnerungswert *m*; *d'une action* ~ **en Bourse** Kurswert *m*; ♦ *loc/adj*: **d'une** ~ **de** im Wert von; **de (grande)** ~ (sehr) wertvoll; **objet** *m* **de** ~ Wertgegenstand *m*, -sache *f*; Kostbarkeit *f*; **de même** ~ gleichwertig; **de peu de** ~ von geringem Wert; **sans** ~ wertlos; *argument* nicht stichhaltig; → *a* **déclaré** 2; ♦ *loc/adv*: **la** ~ **de** etwa; ungefähr; **ajouter la** ~ **d'une cuillerée de ...** ungefähr, etwa e-n Löffel voll ... hinzufügen; **à sa juste** ~ s-m Wert entsprechend; **au-dessous** *ou* **au-dessus de sa** ~ unter *ou* über s-m Wert; zu niedrig *ou* zu hoch; ♦ **j'y attache beaucoup de** ~ darauf lege ich großen Wert; **augmenter de** ~, **prendre de la** ~ im Wert steigen; *monnaie* **n'avoir plus de** ~ ungültig, nicht mehr gültig, wertlos sein; **diminuer de** ~ im Wert sinken; **donner de la** ~ **à qc** e-r Sache (*dat*) Wert verleihen; **doubler de** ~ sich im Wert verdoppeln; **avoir doublé de** ~ doppelt so viel wert sein; **mettre en** ~ *argent* arbeiten lassen; *région* erschließen; *sol* bestellen; *domaine* bewirtschaften; *fig* hervorheben; herausstellen; zur Geltung bringen; **perdre de la** ~ an Wert verlieren; **perdre toute** ~ völlig wertlos werden; jeglichen Wert verlieren; *argument, objection* hinfällig werden 2 *d'une personne* Wert *m*; Bedeutung *f*; **écrivain** *m* **de** ~ bedeutender, ausgezeichneter, großer Schriftsteller 3 COMM, BOURSE ~**s** *pl* Werte *m/pl*; ~**s (mobilières)** (Wert)Papiere *n/pl*; Effekten *pl* 4 PHILOS, SOCIOLOGIE ~**s** *pl* Werte *m/pl*; ~**s morales** ethische Werte; **jugement** *m* **de** ~ Werturteil *n* 5 MATH, PHYS, BIOL Wert *m*; ~ **approchée** Näherungswert *m*; ~ **nutritive** Nährwert *m* 6 MUS ~ **d'une note** Notenwert *m* 7 *d'un mot* ~ **expressive** Ausdruckskraft *f*

valeureux [valøʀø, -lœ-] *st/s adj* ⟨**-euse**⟩ tapfer

valeur-refuge [valœʀʀəfyʒ] *f* ⟨*pl* **valeurs-refuges**⟩ FIN Fluchtwert *m*

valgus [valgys] *m* MÉD Knickfuß *m*

Val-Hall [valal] MYTH **le** ~ (die) Walhall(a)

validation [validasjõ] *f* Gültigkeitserklärung *f*; *d'une élection a* Erklärung *f* der Rechtmäßigkeit; *de diplômes étrangers etc* Anerkennung *f*; *d'années d'assurance, d'études etc* Anrechnung *f*; *d'un titre de transport* Entwertung *f*

valide [valid] *adj* 1 *personne* gesund; kräftig 2 JUR, ADM rechtswirksam, -gültig; **passeport** *m*, **titre** *m* **de transport** ~ gültiger Pass, Fahrausweis

valider [valide] *v/t* für rechtsgültig, -wirksam erklären; gültig machen; *diplômes etc* anerkennen; *années d'assurance, d'études etc* anrechnen; *titre de transport* entwerten

validité [validite] *f* Gültigkeit *f*; Rechtsgültigkeit *f*, -wirksamkeit *f*; *d'une élection* Rechtmäßigkeit *f*; **durée** *f* **de** ~ Gültigkeitsdauer *f*; Geltungsdauer *f*

valise [valiz] *f* 1 (Reise-, Hand)Koffer *m*; **faire sa** ~ den Koffer packen; **faire ses** ~**s** s-e Koffer packen (*a fig*) 2 DIPL ~ **diplomatique** Diplomatenpost *f*

Vallauris [valɔʀis, -lo-] *Stadt im Dep. Alpes-Maritimes*

vallée [vale] *f* Tal *n*; *fig* ~ **de misère, de larmes** (irdisches) Jammertal; ~ **du Rhône** Rhonetal *n*; **au fond de la** ~ tief unten im Tal

Vallès [valɛs] **Jules** ~ *frz Schriftsteller u Journalist*

vallon [valõ] *m* kleines Tal; Talmulde *f*

vallonné [valɔne] *adj* hügelig **vallonnement** *m* Hügellandschaft *f*

valoche [valɔʃ] F *f* Koffer *m*

valoir [valwaʀ] ⟨**je vaux, il vaut, nous valons**; **je valais**; **je valus**; **je vaudrai**; **que je vaille, que nous valions**; **valant**; **valu**⟩ I *v/t* 1 ~ **qc à qn** j-m etw eintragen, -bringen; j-m zu etw verhelfen; **qu'est-ce qui me vaut cet honneur?** was verschafft mir die(se) Ehre?; **cela lui a valu d'être congédié** das hat ihm s-e Entlassung eingetragen; **cette œuvre lui a valu d'être connu** durch dieses Werk wurde er bekannt 2 *somme* **à** ~ **sur** anzurechnen auf (+*acc*) II *v/i* 1 wert sein; ♦ *avec adv*: **ne pas** ~ **cher** nichts taugen; ~ **mieux** besser sein, mehr wert sein (**que** als); F **ça vaut mieux** das ist (auch) besser; *impersonnel*: **il vaut mieux** *ou* **mieux vaut** (+*inf*) es ist besser zu (+*inf*) (**que [de]** +*inf* als zu +*inf*); **il vaut mieux que tu n'y ailles pas** du solltest besser, lieber nicht hingehen; *prov*: **il vaut mieux donner que recevoir** Geben ist seliger denn Nehmen (*prov*); **mieux vaut tard que jamais** besser spät als nie (*prov*); ♦ *avec subst*: F **ça vaut le coup** es, das lohnt sich, ist der Mühe wert; **ça vaut un détour** ein Umweg lohnt sich; → *a* **peine** *2*; ♦ *avec pr*: ***l'un vaut l'autre*** eins *ou* der eine ist so gut wie das *ou* der andere; F *fig* **ça vaut dix** F das ist (ja) zum Schießen, Totlachen; ***ne rien*** **~** nichts wert sein; nichts taugen; ***rien ne vaut …*** es geht nichts über (+*acc*); ♦ *avec verbe*: ***ça ne me dit rien qui vaille*** das lässt mich Schlimmes befürchten, nichts Gutes ahnen; ***c'est tout ce que ça vaut*** mehr ist das nicht wert; ***faire*** **~** *droits* geltend machen; *argument* vorbringen; *capitaux* arbeiten lassen; *domaine* bewirtschaften; *personne* herausstellen; *silhouette*, *visage etc* vorteilhaft betonen; zur Geltung bringen; ***faire ~ à qn que …*** j-m gegenüber betonen, geltend machen, dass …; ***avoir*** *des références* ***à faire ~*** vorzuweisen haben; vorweisen können; ***chercher à se faire ~*** versuchen, sich in den Vordergrund zu schieben; versuchen zu glänzen; ***il faut prendre cela pour ce que cela vaut*** man darf das nicht zu ernst, wörtlich nehmen **2** (*coûter*) kosten; ***ça vaut combien?*** wie viel kostet das?; ***~ cher*** teuer sein **3** *climat*, *inaction etc* ***ne rien ~ à qn*** j-m nicht bekommen, gut tun **4** ***~ pour*** gelten für; betreffen (+*acc*); ***cela vaut pour tous*** das gilt für alle **5** (*équivaloir à*) den Wert haben von; zählen; ***~ dix points*** zehn Punkte zählen **III** *v/pr* ***se ~*** einander gleich, wert sein; gleich (gut *ou* schlecht) sein; F ***ça se vaut*** das kommt (etwa) aufs Gleiche heraus

valorisant [valɔrizɑ̃] *adj Arbeit etc* das Selbstwertgefühl steigernd

valorisation [valɔrizasjõ] *f* Aufwertung *f*; Wertsteigerung *f*; Erhöhung *f* des Wertes; ÉCON Valorisation *f*

valoriser [valɔrize] *v/t* aufwerten; den Wert steigern, erhöhen (+*gén*); ÉCON valorisieren

valse [vals] *f* **1** MUS Walzer *m*; ***~ lente, viennoise*** langsamer, Wiener Walzer **2** F *fig* ***la ~ des ministres, des étiquettes*** das Karussell der Minister, der Preise **valse-hésitation** *f* (zögerndes, unentschlossenes) Hin und Her

valser [valse] *v/i* **1** Walzer tanzen; *plais* walzen **2** F *fig*: ***il est allé ~ à trois mètres de là*** F er flog, purzelte drei Meter weit; ***envoyer ~ qc*** etw wegschleudern; ***envoyer ~ qn*** (*congédier*) F j-n rausschmeißen; (*rabrouer*) F j-n zum Teufel jagen; ***faire ~ l'argent*** mit (dem) Geld um sich werfen, F schmeißen

valseur [valsœr] *m*, **valseuse** *f* Walzertänzer(in) *m(f)*; ***c'est un bon valseur*** er tanzt gut Walzer

Valteline [valtəlin] GÉOGR ***la ~*** das Veltlin

valu [valy] *p/p* → ***valoir***

valve [valv] *f* **1** TECH Ventil *n* **2** ZO *des moules* (Schalen)Klappe *f*

valvule [valvyl] *f* ANAT **~** (***du cœur***) Herzklappe *f*

vamp [vɑ̃p] *f* Vamp [vɛmp] *m*

vamper [vɑ̃pe] F *v/t* ***~ qn*** j-n umgarnen, F bezirzen

vampire [vɑ̃pir] *m* **1** MYTH, ZO Vampir *m* **2** *fig* **a**) (*assassin*) sadistischer Massenmörder; **b**) (*exploiteur*) Blutsauger *m*

vampirisme [vɑ̃pirism] *m* PSYCH Nekrophilie *f*

van [vɑ̃] *m* **1** Transportwagen *m* für Rennpferde **2** AGR (Korn)Schwinge *f*

vanadium [vanadjɔm] *m* CHIM Vanadium *n*; Vanadin *n*

vanda [vɑ̃da] *f* BOT Vanda *f*

vandale [vɑ̃dal] *m* **1** HIST ***Vandales*** *pl* Vandalen *ou* Wandalen *m/pl* **2** *fig* Vandale *ou* Wandale *m* **vandaliser** *v/t* (mutwillig) beschädigen; demolieren **vandalisme** *m* Vandalismus *ou* Wandalismus *m*; Zerstörungswut *f*

Van Dongen [vɑ̃dõgɛn] *frz Maler*

Vänern [vɛnɛrn] ***le lac ~*** der Vänersee

vanesse [vanɛs] *f* ZO Tagpfauenauge *n*

Van Gogh [vɑ̃gɔg] *m* PEINT van Gogh [-'gɔx] *m*

vanille [vanij] *f* CUIS Vanille *f*; ***crème*** *f*, ***glace*** *f* ***à la ~*** Vanillecreme *f*, -eis *n*

vanillé [vanije] *adj* Vanille…; ***sucre ~*** Vanillezucker *m*

vanillier [vanije] *m* BOT Vanille *f*

vanilline [vanilin] *f* CHIM Vanillin *n*

vanité [vanite] *f* **1** Einbildung *f*; Selbstgefälligkeit *f*; Eitelkeit *f*; ***par ~*** aus Eitelkeit; ***soit dit sans ~*** ohne mich (damit) rühmen zu wollen; ***blesser qn dans sa ~*** j-n in s-r Eitelkeit verletzen; ***tirer ~ de qc*** sich (*dat*) etwas einbilden auf etw (*acc*) **2** *litt* (*futilité*) Eitelkeit *f*; Nichtigkeit *f*

vaniteux [vanitø] **I** *adj* ⟨**-euse**⟩ eingebildet; selbstgefällig; eitel **II** *subst* **~**, ***vaniteuse*** *m,f* selbstgefälliger, eingebildeter Mensch

vannage [vanaʒ] *m* **1** *du grain* Schwingen *n*; Worfeln *n* **2** *d'un barrage etc* Schieberanlage *f*

vanne [van] *f* **1** TECH Schieber *m*; *t/t* Schütz *n* **2** F (*remarque désobligeante*) Stichelei *f*; ***envoyer, lancer une ~, des ~s à qn*** gegen j-n sticheln

vanné [vane] *adj* F hunde- *ou* hundsmüde; total kaputt

vanneau [vano] *m* ⟨*pl* **~x**⟩ ZO Kiebitz *m*

vanner [vane] *v/t* **1** *blé* schwingen; worfeln **2** F *fig* ***~ qn*** j-n erschöpfen, F fertigmachen; kaputtmachen; *adjt* ***être vanné*** wie gerädert sein; F hundemüde, total kaputt sein

vannerie [vanri] *f* **1** *métier* Korbflechterei *f*; *loc/adj* ***de*** *ou* ***en ~*** Korb… **2** *objets* Korbwaren *f/pl* **3** Flechtarbeiten *f/pl*; ***faire de la ~*** a) Korbwaren herstellen; b) Flechtarbeiten machen

vanneur [vanœr] *m* Kornschwinger *m* **vanneuse** *f* **1** Kornschwingerin *f* **2** AGR Windfege *f*; Tarar *m*

vannier [vanje] *m* Korbmacher *m*, -flechter *m*

vantail [vɑ̃taj] *m* ⟨*pl* **vantaux** [vɑ̃to]⟩ (Tür-, Fenster)Flügel *m*; ***porte*** *f* ***à double ~*** Flügeltür *f*

vantard [vɑ̃tar] **I** *adj* großsprecherisch **II** *m* Prahler *m*; Prahlhans *m*; Großtuer *m*; Angeber *m*; Aufschneider *m*

vantardise [vɑ̃tardiz] *f* Prahlerei *f*; Aufschneiderei *f*; Angeberei *f*; F Angabe *f*

vanter [vɑ̃te] **I** *v/t* (überschwänglich) loben; rühmen; preisen; *marchandise* anpreisen; ***~ les qualités à qn*** j-m gegenüber die Vorzüge rühmen, loben, herausstreichen **II** *v/pr* ***se ~*** prahlen, aufschneiden, angeben, großtun (***de qc*** mit etw); ***se ~ de*** (+*inf*) damit prahlen, sich (damit) brüsten, sich rühmen zu (+*inf*); (***soit dit***) ***sans me ~*** ohne mich loben zu wollen; F ***et je m'en vante!*** und ich bin stolz darauf!; F ***il ne s'en est pas vanté*** das hat er mit keinem Wort erwähnt; das hat er schamhaft verschwiegen; F ***il n'y a pas de quoi se ~*** das ist kein Ruhmesblatt; kein Grund, stolz darauf zu sein

va-nu-pieds [vanypje] *m,f* ⟨*inv*⟩ Bettler(in) *m(f)*

vapes [vap] *f/pl* F ***être dans les ~*** benommen, F im Tran sein; F ***tomber dans les ~*** ohnmächtig werden; F umkippen

vapeur[1] [vapœr] *f* **1** Dampf *m*; ***~ d'eau*** Wasserdampf *m*; **~s d'essence** Benzindämpfe *m/pl*; **fer** *m*, **machine** *f* **à ~** Dampfbügeleisen *n*, -maschine *f*; *loc/adv*: **à la ~** mit Dampf; CUIS **pommes** *f/pl* **de terre cuites à la ~** *ou adjt* **pommes ~** gedämpfte Kartoffeln *f/pl*; **à toute ~** mit Volldampf; *fig* in, mit Windeseile; mit höchster Geschwindigkeit; *fig* **renverser la ~** das Steuer herumreißen, -werfen; auf Gegenkurs gehen 2 *litt* (*brouillard*) Nebel *m*; Dunst *m* 3 *plais* **avoir ses ~s** sich unwohl fühlen 4 *st/s* **les ~s du vin lui montent à la tête** der Wein benebelt ihn

vapeur² [vapœʀ] *m* Dampfer *m*

vaporeux [vapɔʀø] *adj* ⟨**-euse**⟩ *étoffe, robe, cheveux* duftig; **ciel ~** dunstiger Himmel

vaporisage [vapɔʀizaʒ] *m* TEXT Dämpfen *n* **vaporisateur** *m* Zerstäuber *m*; Spray [spreː] *m ou n*; Spraydose *f* **vaporisation** *f* 1 PHYS Verdampfen *n* 2 (*pulvérisation*) Zerstäuben *n*

vaporiser [vapɔʀize] I *v/t* 1 PHYS verdampfen 2 *parfum etc* zerstäuben; sprayen ['spreːən] II *v/pr* **se ~** verdampfen

vaquer [vake] I *v/t/indir* **~ à ses occupations** s-r Beschäftigung nachgehen; **~ aux soins du ménage** s-n häuslichen Pflichten nachgehen, *st/s* obliegen II *v/i* ADM Ferien haben

Var [vaʀ] **le ~** *Fluss u Departement in Frankreich*

varan [vaʀɑ̃] *m* ZO Waran *m*

varappe [vaʀap] *f* (Felsen)Klettern *n*; Kletterei *f*; **faire de la ~** klettern

varapper [vaʀape] *v/i* klettern

varech [vaʀɛk] *m* BOT (See)Tang *m*

Varèse [vaʀɛz] GÉOGR Varese *n*

vareuse [vaʀøz] *f* Jacke *f*; Joppe *f*

variabilité [vaʀjabilite] *f* Veränderlichkeit *f*

variable [vaʀjabl] I *adj* veränderlich; wechselnd; *temps a* wechselhaft; MATH *a* variabel; MÉTÉO: **ciel** *m* **~** wechselnd bewölkt; **vent** *m* **~** Wind *m* aus wechselnden, unterschiedlichen Richtungen II *subst* 1 *f* MATH Veränderliche *f*; Variable *f* 2 *m baromètre* **être au ~** auf Veränderlich stehen

variance [vaʀjɑ̃s] *f* 1 PHYS, CHIM Zahl *f* der Freiheitsgrade 2 STATISTIQUE Varianz *f*

variante [vaʀjɑ̃t] *f* Variante *f*; Abwandlung *f*

variateur [vaʀjatœʀ] *m* Dimmer *m*

variation [vaʀjasjõ] *f* Schwankung *f*; (Ver)Änderung *f*; Wechsel *m*; Variation *f* (*a* MUS, MATH, BIOL); **~s de prix** Preisänderungen *f/pl*, -schwankungen *f/pl*; **~s de température** Temperaturschwankungen *f/pl*; ADM **corrigé des ~s saisonnières** saisonbereinigt; **subir des ~s** sich verändern; sich wandeln

varice [vaʀis] *f* MÉD Krampfader *f*; **bas** *m* **à ~s** Gummistrumpf *m*

varicelle [vaʀisɛl] *f* MÉD Windpocken *pl*

varié [vaʀje] *adj* verschiedenartig; vielfältig; mannigfaltig; abwechslungsreich; *mélodie* mit Variationen; **choix ~** reiche Auswahl; **'hors-d'œuvre ~s** verschiedene Vorspeisen *f/pl*; **menus peu ~s** ziemlich eintöniger Speise-, Küchenzettel; **programme ~** reichhaltiges, buntes, abwechslungsreiches Programm

varier [vaʀje] I *v/t* abwechslungsreich, verschiedenartig gestalten; Abwechslung bringen in (*+acc*); variieren (*a* MUS); **~ les menus** den Speisezettel abwechslungsreich gestalten; *plais ou iron* **pour ~ les plaisirs** weil's so schön war *ou* ist II *v/i* 1 sich ändern; wechseln; verschieden sein; variieren; GR *adjectif* veränderlich sein; *opinions* auseinandergehen; *prix* schwanken (**entre** zwischen; **de … à …** zwischen … und …); *temps* **~ souvent** sehr wechselhaft sein; **les opinions varient sur ce point** die Meinungen darüber gehen auseinander, weichen voneinander ab 2 *personne* **il n'a jamais varié à ce sujet** s-e Meinung darüber hat sich nie geändert

variété [vaʀjete] *f* 1 Verschiedenheit *f*, -artigkeit *f*; Mannigfaltigkeit *f*; Abwechslung *f*; **une grande ~ de modèles** e-e Vielfalt von, e-e reiche Auswahl an Modellen; die verschiedensten Modelle 2 BIOL Ab-, Spielart *f*; Varietät *f*; *de fruits etc* Sorte *f* 3 LITTÉRATURE **~s** *pl* vermischte Schriften *f/pl* 4 (**spectacle** *m* **de**) **~s** *pl* Varietee *n*; RAD, TV **émission** *f* **de ~s** Unterhaltungssendung *f*; **scène** *f*, **théâtre** *m* **de ~s** Varietee(theater) *n*

variole [vaʀjɔl] *f* MÉD Pocken *pl*

variolé [vaʀjɔle] *adj* pockennarbig

varioleux [vaʀjɔlø] I *adj* ⟨**-euse**⟩ Pocken…; an Pocken erkrankt II *m* Pockenkranke(r) *m* **variolique** *adj* MÉD Pocken…

variomètre [vaʀjɔmɛtʀ] *m* ÉLECT, AVIAT Variometer *n*

variqueux [vaʀikø] *adj* ⟨**-euse**⟩ MÉD **ulcère ~** Krampfadergeschwür *n*

varlope [vaʀlɔp] *f* TECH Langhobel *m*; Raubank *f*

Varna [vaʀna] GÉOGR Warna *n*

Varsovie [vaʀsɔvi] Warschau *n*

varsovien [vaʀsɔvjɛ̃] *adj* ⟨**~ne**⟩ Warschauer; aus Warschau

Vasco de Gama [vaskodəgama] *m* HIST Vasco da Gama *m*

vasculaire [vaskylɛʀ] *adj* ANAT, BOT Gefäß…; MÉD **accident ~ cérébral** Hirnschlag *m*, -infarkt *m*; *sc* zerebrovaskulärer Insult

vase¹ [vɑz] *m* Vase *f*; (*récipient*) Gefäß *n*; PHYS **~s communicants** kommunizierende Röhren *f/pl*; ÉGL CATH **~s sacrés** liturgische Gefäße *n/pl*; Kultgefäße *n/pl*; **~ de** *ou* **en cristal** Kristallvase *f*; **~ de nuit** Nachtgeschirr *n*, -topf *m*; *fig* **vivre en ~ clos** sich abkapseln; gegen andere abgeschirmt, ohne Kontakt mit anderen leben

vase² [vɑz] *f* Schlamm *m*; *dans la mer* Schlick *m*

vaseline [vazlin] *f* CHIM, PHARM Vaseline *f* **vaseliner** *v/t* mit Vaseline schmieren, einfetten

vaseux [vɑzø] *adj* ⟨**-euse**⟩ 1 (*boueux*) schlammig; schlick(e)rig 2 F *fig* **se sentir ~** sich unwohl fühlen; F nicht ganz auf dem Damm sein 3 F *idées etc* schwammig; verschwommen; nebelhaft

vasistas [vazistas] *m* Guckfenster *n*; Oberlicht *n*

vaso-constricteur [vazokõstʀiktœʀ] *adj m* PHYSIOL gefäßverengend

vaso-dilatateur [vazodilatatœʀ] *adj m* PHYSIOL gefäßerweiternd

vaso-moteur [vazomɔtœʀ] *adj* ⟨**vaso-motrice**⟩ PHYSIOL vasomotorisch; **nerfs ~s** Vasomotoren *m/pl*

vasouillard [vazujaʀ] F *adj* → **vaseux** *3*

vasouiller [vazuje] F *v/i personne* unsicher sein; F schwimmen

vasque [vask] *f* (*bassin*) Brunnenschale *f*; (*coupe*) flache Schale

vassal [vasal] ⟨*pl* **-aux**⟩ I *m* HIST Vasall *m* (*a fig*);

Lehnsmann *m* **II** *adj* Vasallen… **vassalisation** *litt f* Unterwerfung *f*, -jochung *f* **vassaliser** *litt v/t* unterwerfen, -jochen **vassalité** *f* Vasallentum *n*

vaste [vast] *adj* 1 *surface, plaine, forêt etc* weit; ausgedehnt; *bâtiment* weitläufig; *pièce* geräumig 2 *connaissances, sujet, organisation etc* umfassend; umfangreich; vielseitig; ***ambitions** f/pl* **~s** weitreichende Ambitionen *f/pl*; F ***c'est une ~ blague*** F das ist ein ausgemachter, aufgelegter Schwindel; ***notion** f* **~** weiter Begriff; ***projet** m* **~** umfangreiches, gewaltiges Projekt

va-t-en-guerre [vatɑ̃gɛʀ] ⟨*inv*⟩ **I** *m* Kriegstreiber *m* **II** *adj* kriegslüstern

Vatican [vatikɑ̃] ***le ~*** der Vatikan; ***la cité du ~*** die Vatikanstadt

vaticination [vatisinasjõ] *litt f* Weissagung *f* **vaticiner** *litt v/i* weissagen

va-tout [vatu] *m* ***jouer son ~*** alles auf e-e Karte setzen (***dans*** bei); Vabanque spielen

Vättern [vɛtɛʀn] ***le lac ~*** der Vättersee

Vaucluse [voklyz] ***le ~*** *frz Departement*

vauclusienne [voklyzjɛn] *adj* GÉOGR ***source ~*** Karstquelle *f*

Vaud [vo] ***le canton de ~*** die Waadt; der Kanton Waadt; ***le pays de ~*** das Waadtland

vaudeville [vodvil] *m* Vaudeville *n*; Posse *f* (*a fig*) **vaudevillesque** *adj* possenhaft

vaudois [vodwa] **I** *adj* 1 GÉOGR waadtländisch 2 REL waldensisch **II** *subst* 1 ***Vaudois(e)*** *m(f)* Waadtländer(in) *m(f)* 2 *m/pl* REL Waldenser *m/pl*

vaudou [vodu] *m* REL Voodoo ['vuːdu] *ou* Wodu *ou* Wudu *m*; *adjt* ***culte** m* **~** Voodookult *m*

vaudrai [vodʀɛ] → ***valoir***

Vaugelas [voʒlɑ] *frz Grammatiker*

vau-l'eau [volo] *loc fig* ***s'en aller à ~*** *projets* zunichtewerden

vaurien [voʀjɛ̃] *m* 1 (*garnement*) (***petit***) **~** Bengel *m*; Range *f* 2 MAR Segelboot *n* mit Sluptakelung **vaurienne** *f* Göre *f*; Range *f*

vaut [vo] → ***valoir***

vautour [votuʀ] *m* ZO Geier *m* (*a fig*)

vautrer [votʀe] *v/pr* ***se ~*** 1 sich wälzen; *personne a* sich rekeln; F *péj* sich fläzen; sich hinlümmeln; ***se ~ dans la boue*** sich im Dreck wälzen; sich suhlen 2 *fig* ***se ~ dans qc*** sich in etw (*dat*) gefallen, wohlfühlen, F aalen

Vauvenargues [vovnaʀg] *frz Moralist*

vauvert [vovɛʀ] *loc/adv* ***au diable ~*** ganz weit draußen; F jwd [jɔtve'deː]

vaux [vo] → ***valoir, val***

va-vite [vavit] *loc/adv* ***à la ~*** hastig; überstürzt; flüchtig; F hopp hopp; ***faire qc à la ~*** etw hinhauen, zusammenpfuschen

V.D.Q.S. *abr* (*vins délimités de qualité supérieure*) QbA (Qualitätswein aus bestimmten Anbaugebieten)

veau [vo] *m* ⟨*pl* **~x**⟩ 1 ZO Kalb *n*; **~ *marin*** Seehund *m*; **~ *de lait*** Milchkalb *n*; *fig* ***adorer le ~ d'or*** das Goldene Kalb anbeten; F ***pleurer comme un ~*** F heulen wie ein Schlosshund; *fig* ***tuer le ~ gras*** e-n Festschmaus veranstalten 2 CUIS Kalbfleisch *n*; ***pieds** m/pl* ***de ~*** Kalbsfüße *m/pl* 3 *cuir* Kalb(s)leder *n* 4 F *fig* **a)** *personne* Trampel *m ou n*; F Tranfunzel *f*; **b)** *cheval* schlechtes Rennpferd; **c)** *voiture* F lahme Karre, Kiste

vecteur [vɛktœʀ] *m* 1 MATH, PHYS Vektor *m* 2 MÉD Vektor *m*; (Krankheits)Überträger *m*; Zwischenwirt *m* 3 MIL Kernwaffenträger *m* 4 *fig* Träger *m*; Vermittler *m*

vectoriel [vɛktɔʀjɛl] *adj* ⟨**~le**⟩ MATH, PHYS vektoriell; Vektor…; ***calcul ~*** Vektorrechnung *f*

vécu [veky] **I** *p/p* → ***vivre***[1] *et adj* erlebt; *histoire* wahr; ***expérience ~e*** (eigenes) Erlebnis; selbst gemachte Erfahrung; PHILOS ***temps ~*** subjektive Zeit **II** *m* Erlebte(s) *n*

vedettariat [vədɛtaʀja] *m* 1 Welt *f* der Stars; Startum *n* 2 *péj attitude* Starallüren *f/pl*

vedette [vədɛt] *f* 1 CIN, THÉ, SPORTS *etc* Star *m*; THÉ, CIN *a* Hauptdarsteller(in) *m(f)*; *par ext* prominente Persönlichkeit; *d'un procès* Hauptperson *f*; ***~ du jour*** Held *m* des Tages; ***~ de*** *ou* ***du cinéma*** Filmstar *m*; ***en ~ américaine*** als Stargast; ***jouer les ~s*** sich als Star aufführen 2 (*position de tête*) *loc*: ***avoir, tenir la ~*** THÉ, CIN die Hauptrolle spielen; CIRQUE *etc* der Star des Abends, die Zugnummer sein; *par ext* im Blickpunkt der Öffentlichkeit, im Mittelpunkt des Interesses, im Vordergrund stehen; ***mettre qc, qn en ~*** etw, j-n herausstellen, -streichen; *journal* etw in großer Aufmachung, als Schlagzeile bringen; ***se mettre en ~*** sich in den Vordergrund schieben, drängen; ***voler la ~ à qn*** j-m die Schau stehlen; ♦ *adjt* Spitzen…; Star…; Haupt…; ***émission** f* **~** zugkräftige Sendung; ***mannequin** m* **~** Starmannequin *n*; ***match** m* **~** Spitzen-, Schlagerspiel *n* 3 *d'un dictionnaire* ***mot** m* **~** Stichwort *n* 4 MAR **a)** MIL Schnellboot *n*; **b)** DOUANE *etc* Küstenwachboot *n*

végétal [veʒetal] ⟨*m/pl* **-aux**⟩ **I** *adj* Pflanzen…; pflanzlich; ***fibre, huile ~e*** Pflanzenfaser *f*, -öl *n*; ***règne ~*** Pflanzenreich *n*; ***terre ~e*** Muttererde *f* **II** *m* Pflanze *f*; Gewächs *n*

végétalisme [veʒetalism] *m* Veganismus *m*

végétarien [veʒetaʀjɛ̃] **I** *adj* ⟨**~ne**⟩ vegetarisch **II** *subst* **~(*ne*)** *m(f)* Vegetarier(in) *m(f)* **végétarisme** *m* Vegetarismus *m*

végétatif [veʒetatif] *adj* ⟨**-ive**⟩ BOT, PHYSIOL vegetativ

végétation [veʒetasjõ] *f* 1 Vegetation *f*; Pflanzenwuchs *m*; Pflanzenwelt *f* 2 MÉD **a)** **~*s*** Wucherungen *f/pl*; **b)** ***opérer un enfant des ~s*** e-m Kind die Mandeln herausnehmen

végéter [veʒete] *v/i* ⟨**-è-**⟩ *personne* (dahin)vegetieren; kümmerlich (dahin)leben; *plante* kümmern; *affaire* stagnieren

véhémence [veemɑ̃s] *f* Heftigkeit *f*; Ungestüm *n*; Vehemenz *f*; ***avec ~*** heftig; ungestüm

véhément [veemɑ̃] *adj personne* ungestüm; hitzig; feurig; ***discours ~*** flammende Rede; ***reproches ~s*** heftige Vorwürfe *m/pl*

véhiculaire [veikylɛʀ] *adj* ***langue** f* **~** Verkehrssprache *f*

véhicule [veikyl] *m* 1 Fahrzeug *n*; ***~ utilitaire*** Nutzfahrzeug *n*; ***~ de tourisme*** Personen(kraft)wagen *m* 2 *fig de l'information etc* Träger *m*; Medium *n*

véhiculer [veikyle] *v/t* 1 befördern; transportieren 2 *fig langage*: *idées etc* das Medium, der Träger sein (+*gén*)

veille [vɛj] *f* 1 (*jour précédent*) Vortag *m*; ***la ~*** am Tag zuvor; am vorhergehenden Tag; tags zuvor; ***la ~ au soir*** am Vorabend; am Abend vorher; ***la ~ du départ*** am Tag vor der Abreise; ***la ~ de Noël***

V

der Heilige Abend *ou* am Heiligen Abend; Heiligabend *m*; ***la ~ du nouvel an*** (an) Silvester *m*; *fig* ***à la ~ de*** kurz vor (*+dat*); *st/s* am Vorabend (*+gén*); ***être à la ~ de partir*** kurz vor der Abreise stehen **2** (*contraire*: *sommeil*) Wachen *n*; Wachsein *n*; ***entre la ~ et le sommeil*** im Halbschlaf; ***être en état de ~*** wach, in wachem Zustand sein; ***être fatigué par de longues ~s*** von vielen durchwachten Nächten müde sein **3** (*garde*) (Nacht)Wache *f*

veillée [veje] *f* **1** *d'un malade* Nachtwache *f*; ***~ funèbre, mortuaire*** Totenwache *f*; *fig* ***~ d'armes*** Vorabend *m* e-s wichtigen Ereignisses **2** (*soirée*) Abendstunden *f/pl*; abendliches Beisammensein

veiller [veje] **I** *v/t* ***~ un malade*** bei e-m Kranken wachen **II** *v/t/indir* **1** ***~ à qc*** über etw (*acc*) wachen; für etw sorgen; auf etw (*acc*) achten, bedacht sein; ***~ à ce que …*** (*+subj*) dafür sorgen, Sorge tragen, darauf achten, bedacht sein, dass …; ***~ à*** (*+inf*) darauf achten zu (*+inf*); ***~ aux intérêts de qn*** j-s Interessen wahrnehmen **2** ***~ sur qn*** j-n unter s-e Obhut nehmen, hüten; ***~ sur la santé de qn*** auf j-s Gesundheit achten **III** *v/i* **1** (*être de garde*) wachen **2** (*ne pas se coucher*) wach bleiben; aufbleiben; ***~ tard*** lang(e) aufbleiben

veilleur [vɛjœʀ] *m* Wächter *m*; ***~ de nuit*** Nachtwächter *m*

veilleuse [vɛjøz] *f* Nachtlicht *n*, -lampe *f*, -beleuchtung *f*; AUTO Standlicht *n*; *d'un appareil électrique* Kontrolllampe *f*; *d'un appareil à gaz* Dauerzündflamme *f*; ***mettre en ~*** *lampe* dunkler einstellen; *flamme* klein stellen; *fig affaire* ruhen lassen; F auf Eis legen; AUTO ***mettre ses phares en ~*** das Standlicht einschalten; F *fig* ***mets-la en ~!*** halt den Mund!

veinard [vɛnaʀ] F **I** *adj* ***ce qu'il est ~*** F das ist ein (wahrer) Glückspilz **II** *subst* ***~(e)*** *m(f)* F Glückspilz *m*

veine [vɛn] *f* **1** ANAT Vene *f*; (Blut)Ader *f*; ***~s coronaires*** (Herz)Kranzgefäße *f/pl*; ***s'ouvrir les ~s*** sich (*dat*) die (Puls)Adern aufschneiden, öffnen; *fig* ***se saigner aux quatre ~s*** → ***saigner*** *III* **2** (*chance*) Glück *n*; F Dusel *m*; Schwein *n*; ***~ de cocu*** F Mordsglück *n*; ***coup*** *m* ***de ~*** Glücksfall *m*; Glücksumstand *m*; ***~ alors!*** Schwein gehabt!; ***pas de ~!*** *ou* ***c'est bien ma ~!*** Pech (gehabt)!; ***avoir de la ~*** Glück, F Dusel, Schwein haben; ***ce n'est pas de ~*** das ist wirklich Pech; das nennt man Pech **3** *fig* ***~ poétique*** poetische Ader; ***être en ~ de générosité*** in Geberlaune sein; F s-n großzügigen Tag haben **4** MINES Ader *f*; Gang *m* **5** ***~s*** *pl du bois* Maserung *f*; *du marbre* Aderung *f*; Äderung *f* **6** BOT *d'une feuille* Ader *f*; Nerv *m*

veiné [vene] *adj peau* geädert; ad(e)rig; *bois* gemasert; *marbre* geädert **veiner** *v/t* TECH masern; ädern

veineux [vɛnø] *adj* ⟨**-euse**⟩ ANAT, PHYSIOL venös; Venen…; Ader…

veinule [venyl] *f* Äderchen *n* **veinure** *f du bois* Maserung *f*

vêlage [vɛlaʒ] *m* ZO, GÉOGR Kalben *n*

vélaire [velɛʀ] PHON **I** *adj* velar **II** *f* Velar(laut) *m*; Hintergaumenlaut *m*

Vélasquez [velaskɛz] *m* PEINT Velazquez *m*

Velay [vəlɛ] ***le ~*** *Landschaft im frz. Zentralmassiv*

Velche [vɛlʃ] *m* Welsche(r) *m*

velcro® [vɛlkʀo] *m ou adjt* ***bande*** *f* ***~*** Klettverschluss *m*

vêlement [vɛlmɑ̃] *m* → ***vêlage***

vêler [vele] *v/i vache* kalben

vélin [velɛ̃] *m* **1** *peau* Velin *n* **2** ***~*** *ou adjt* ***papier*** *m* ***~*** Velin(papier) *n*

véliplanchiste [veliplɑ̃ʃist] *m,f* (Wind)Surfer(in) [-sœʀf-] *m(f)*

velléitaire [veleitɛʀ] *adj* entschlusslos; unentschlossen

velléité [veleite] *f* Anwandlung *f*; ***il a des ~s de travail, de travailler*** es bleibt bei s-n Vorsätzen zu arbeiten

vélo [velo] *m* (Fahr)Rad *n*; *schweiz* Velo *n*; *action* Radfahren *n*; ***~ tout terrain*** (*abr* ***VTT***) Mountainbike ['mauntənbaɪk] *n*; ***~ d'appartement*** Hometrainer ['ho:mtre:nər] *ou* Heimtrainer *m*; ***~ de course*** Rennrad *n*; ***aimer le ~*** gern Rad fahren; ***aller en*** *ou* ***à ~, être à*** *ou* ***en ~*** *ou* ***sur son ~, faire du ~, monter à*** *ou* ***en ~*** mit dem Rad fahren; Rad fahren; F radeln

véloce [velɔs] *litt adj* schnell

vélocipède [velɔsipɛd] *m autrefois* Veloziped *n* **vélocité** *litt f* Schnelligkeit *f*; Gewandtheit *f*

vélocross [velokʀɔs] *m* BMX-Rad *n* **vélodrome** [-dʀom] *m* Radrennbahn *f*; Velodrom *n* **vélomoteur** *m* Moped *n*

vélomotoriste [velomɔtɔʀist] *m,f* Mopedfahrer(in) *m(f)* **véloski** *m* Skibob *m*

velours [v(ə)luʀ] *m* **1** Samt *m*; Velours *m*; ***~ côtelé*** Kordsamt *m*; ***pantalon*** *m* ***de, en ~*** Samt- *ou* Kordsamthose *f*; *loc/adj* ***de ~*** samten; *peau* samtig; wie Samt; *fig* sehr sanft; F *fig* ***ça va comme sur du ~*** F das läuft, geht ja wie am Schnürchen, wie geschmiert; *fig* ***faire des yeux de ~*** sanft blicken; Samtaugen machen; *fig* ***il joue sur le ~*** dabei riskiert er nichts; das ist e-e ganz sichere Sache; *fig* ***marcher à pas de ~*** auf leisen Sohlen schleichen **2** *des yeux* Samtglanz *m*; *de la pêche, peau* samtiges Aussehen; samtige Weiche

velouté [v(ə)lute] **I** *adj* **1** *peau, teint* samtig; samtweich; ***pêche ~e*** samtiger Pfirsich **2** CUIS *potage* legiert; sämig **II** *m* **1** Samtglanz *m*; samtiges Aussehen **2** CUIS ***~ d'asperges, de tomates*** Spargel-, Tomatencremesuppe *f*

velouter [v(ə)lute] *v/t* Samtglanz verleihen (*+dat*); samtartig machen

velu [vəly] *adj* stark behaart; haarig

velum *ou* **vélum** [velɔm] *m* Sonnensegel *n*; Zeltdach *n*

venaison [vənɛzõ] *f* Wildbret *n* (von Schalenwild)

vénal [venal] *adj* ⟨**-aux**⟩ *péj personne* käuflich; bestechlich; HIST *charge* käuflich; ***amour ~*** käufliche Liebe **vénalité** *f* Käuflichkeit *f*; Bestechlichkeit *f*

venant [v(ə)nɑ̃] *loc* ***à tout ~*** *ou* ***à tous ~s*** dem ersten Besten; jedem; allen

Venceslas [vɛ̃sɛslas] *m* HIST Wenzel *m*; Wenzeslaus *m*

vendable [vɑ̃dabl] *adj* verkäuflich

vendange [vɑ̃dɑ̃ʒ] *f* **1** *action* Weinlese *f*; Traubenernte *f*; ***les ~s*** *ou* ***le temps des ~s*** die Zeit der Weinlese; ***faire la ~, les ~s*** Weinlese halten **2** (*raisin récolté*) geerntete, gelesene (Wein)Trauben *f/pl*

vendangeoir [vɑ̃dɑ̃ʒwaʀ] *m* Traubenkorb *m*, -bütte *f*

vendanger [vɑ̃dɑ̃ʒe] ⟨**-geons**⟩ **I** *v/t raisin* ernten;

vigne abernten **II** *v/i* Weinlese halten
vendangeur [vɑ̃dɑ̃ʒœʀ] *m*, **vendangeuse** *f* Weinleser(in) *m(f)*
Vendée [vɑ̃de] ***la ~*** *frz Departement*
vendéen [vɑ̃deɛ̃] **I** *adj* ⟨**~ne**⟩ (aus) der Vendée **II** *subst* ***Vendéen(ne)*** *m(f)* Bewohner(in) *m(f)* der Vendée
venderesse [vɑ̃dəʀɛs] *f* JUR Verkäuferin *f*
vendetta [vɑ̃dɛ(t)ta] *f* Blutrache *f*; Vendetta *f*
vendeur [vɑ̃dœʀ] *m*, **vendeuse** *f* Verkäufer(in) *m(f)*; ***~ de journaux*** Zeitungsverkäufer *m*; ***vendeuse de grand magasin*** Verkäuferin in e-m Waren-, Kaufhaus; *adjt*: ***pays ~*** Verkäuferland *n*; *il voulait acheter ma maison, mais* ***je ne suis pas ~*** ich verkaufe (es) nicht
vendre [vɑ̃dʀ] ⟨→ **rendre**⟩ **I** *v/t* **1** verkaufen (*a abs*); veräußern; handeln mit; *marchandises a* führen; ***~ qc à qn*** j-m *ou* an j-n etw verkaufen; ***~ qc (à) mille euros*** etw für tausend Euro verkaufen; ***~ au comptant, au détail*** gegen bar, im Kleinen *ou* en détail *ou* im Einzelhandel verkaufen; ***~ à la pièce, au poids*** stückweise *ou* einzeln, nach Gewicht verkaufen; ***~ en gros*** im Großen, en gros, im Großhandel verkaufen; ***à ~*** *pancarte* zu verkaufen; ***maison*** *f* ***à ~*** Haus, das zum Kauf angeboten wird *ou* das zu verkaufen ist; *dans une annonce* Haus zu verkaufen; ***la publicité fait ~*** Werbung fördert den Verkauf, den Absatz **2** *fig*: *fille* ***~ ses charmes*** sich, ihren Körper verkaufen; ***~ son silence*** sich (*dat*) sein Stillschweigen bezahlen lassen; ***~ cher sa vie***, F ***sa peau*** sein Leben, s-e Haut teuer verkaufen; sich tapfer s-r Haut wehren **3** *fig* (*dénoncer*) ***~ qn*** j-n verraten, *complices a* F verpfeifen; ***il vendrait ses père et mère*** er geht über Leichen **4** *péj* Geschäfte machen mit; kommerziell ausbeuten, ausschlachten **II** *v/pr* ***se ~*** **1** *sens passif* verkauft werden; sich verkaufen (lassen); Absatz finden; ***se ~ bien, facilement*** gut gehen; sich gut verkaufen (lassen); guten Absatz finden; ***se ~ mal, difficilement*** schlecht gehen; wenig Absatz finden; schwer zu verkaufen sein; ***ne pas se ~*** *a* nicht gehen; *écrivain, peintre* ***X se vend bien*** die Werke von X gehen gut, werden gut verkauft; X verkauft sich gut, geht gut **2** *sens réfléchi fig* sich kaufen, bestechen lassen; sich verkaufen (**à** an *+acc*)
vendredi [vɑ̃dʀədi] *m* Freitag *m*; ***Vendredi saint*** Karfreitag *m*; *loc/adv* → ***jeudi***; *prov* ***tel qui rit ~, dimanche pleurera*** man soll den Tag nicht vor dem Abend loben (*prov*)
vendu [vɑ̃dy] **I** *adj* **1** verkauft **2** *fig personne* bestochen **II** *m* Bestochene(r) *m*; *injure* Lump *m*
venelle [vənɛl] *litt f* Gässchen *n*
vénéneux [venenø] *adj* ⟨**-euse**⟩ *plantes* giftig; Gift…; ***champignon ~*** Giftpilz *m*
vénérable [veneʀabl] *adj personne* ehrwürdig (*a âge*); verehrungswürdig; *institution* altehrwürdig
vénération [veneʀasjõ] *f* Verehrung *f* (*a* REL); Ehrfurcht *f*; ***avoir de la ~ pour qn*** j-n verehren; *personne* ***il est l'objet d'une grande ~*** er wird sehr verehrt; man bringt ihm große Ehrfurcht, Verehrung entgegen
vénérer [veneʀe] *v/t* ⟨**-è-**⟩ verehren; ***~ qc*** *a* etw in Ehren halten; ***~ un mort*** das Andenken e-s Toten ehren; *adjt* ***maître vénéré*** verehrter Meister
vénerie [vɛnʀi] *f* Hetzjagd *f*; Parforcejagd *f*
vénérien [veneʀjɛ̃] *adj* ⟨**~ne**⟩ MÉD ***maladie ~ne*** Geschlechtskrankheit *f*
Vénétie [venesi] GÉOGR ***la ~*** Venetien *n*
veneur [vənœʀ] *m* HIST ***grand ~*** Oberjägermeister *m*
Venezuela [venezɥela] ***le ~*** Venezuela *n*
vénézuélien [venezɥeljɛ̃] **I** *adj* ⟨**~ne**⟩ venezolanisch **II** *subst* ***Vénézuélien(ne)*** *m(f)* Venezolaner(in) *m(f)*
vengeance [vɑ̃ʒɑ̃s] *f* Rache *f*; Vergeltung *f*; ***désir*** *m*, ***soif*** *f* ***de ~*** Rachsucht *f*; Rachedurst *m*; ***par ~, dans un*** *ou* ***par esprit de ~*** aus Rache, Rachsucht; ***crier, demander ~*** nach Rache schreien; ***exercer sa ~ sur qn*** an j-m Rache üben; ***méditer une ~*** auf Rache (*acc*) sinnen; ***tirer ~ de qn, de qc*** an j-m, für etw Rache nehmen; sich an j-m, für etw rächen; *prov* ***la ~ est un plat qui se mange froid*** Rache muss man kalt genießen
venger [vɑ̃ʒe] ⟨**-geons**⟩ **I** *v/t personne, insulte etc* rächen; ***~ qn d'un affront*** j-n für e-e Beleidigung rächen **II** *v/pr* ***se ~*** sich rächen (***de qn*** an j-m; ***de qc*** für etw; ***par*** mit); ***se ~ de qc sur qn*** sich an j-m für etw rächen; ***je me vengerai!*** ich werde mich (dafür) rächen!
vengeur [vɑ̃ʒœʀ], **vengeresse** [vɑ̃ʒʀɛs] **I** *m,f* Rächer(in) *m(f)* **II** *adj* rächend; Rache…
véniel [venjɛl] *adj* ⟨**~le**⟩ REL CATH *péché* lässlich; *litt faute* verzeihlich
venimeux [v(ə)nimø] *adj* ⟨**-euse**⟩ **1** *animaux* giftig; Gift…; ***araignée venimeuse*** giftige Spinne; ***morsure venimeuse*** giftiger Biss; ***serpent ~*** Giftschlange *f* **2** *fig personne, remarques etc* giftig; boshaft; bösartig
venin [v(ə)nɛ̃] *m* **1** *d'animaux* Gift *n*; ***~ de serpent*** Schlangengift *n* **2** *fig* Gift *n*; Bosheit *f*; ***cracher son ~*** sein Gift verspritzen; Gift und Galle speien, spucken
venir [v(ə)niʀ] ⟨**je viens, il vient, nous venons, ils viennent; je venais; je vins, nous vînmes; je viendrai; que je vienne, que nous venions; venant; être venu**⟩ **I** *v/i* **1** kommen; herkommen; *expressions*: **a)** *seul*: F ***alors ça vient, ce café?*** kommt der Kaffee endlich?; ***quand la guerre est venue*** als der Krieg kam, begann; ***ton tour viendra*** du kommst schon noch dran, an die Reihe; **b)** *avec adv*: ***viens ici!*** komm her!; ***ne pas ~*** nicht kommen; *réussite etc* ausbleiben; ***les idées ne viennent pas*** mir *ou* ihm *etc* fällt nichts ein; F ***ça ne vient pas vite*** das dauert aber lang; ***la nuit vient vite*** *en cette saison* es wird früh dunkel; ***y ~*** darauf zu sprechen kommen; *menace* F ***viens-y pour voir!*** komm nur (her)! Ich werd's dir schon zeigen; ***il faudra bien y ~*** einmal muss man sich dazu durchringen; **c)** *avec prép*: ***~ à qn*** zu j-m kommen; *idée* j-m kommen; ***~ à l'esprit, à l'idée à qn*** j-m einfallen; *mot* ***~ aux lèvres à qn*** j-m über die Lippen kommen; *fig* ***~ à maturité*** (heran)reifen; ***~ au monde*** auf die Welt, zur Welt kommen; ***~ aux nouvelles*** kommen, um Neues, Neuigkeiten zu erfahren; *larmes* ***~ aux yeux*** in die Augen treten; ***~ après qn, qc*** auf j-n, etw folgen; nach j-m, etw kommen; *sur une liste* nach etw stehen; ***~ au-devant de qn*** j-m entgegenkommen; ***venez avec moi*** kommen, gehen Sie mit mir (mit); ***~ chez qn*** zu j-m kommen; ***~ de*** kommen von, aus; ***~ d'Allemagne*** aus, von Deutschland kommen; *vent* ***~ du nord*** von Norden kommen, wehen; ***venant de***

sa part, cela ne m'étonne pas bei ihm wundert mich das nicht; ***d'où vient-il?*** woher, von wo kommt er?; wo kommt er her?; **~ *de*** *par ext* (her)kommen von; herrühren von; stammen von, aus; ***de là vient que …*** daher kommt es, dass …; daher …; ***d'où vient que*** *personne ne s'en soit aperçu?* wie kommt es, woran liegt es, dass …?; ***d'où me vient cet honneur?*** wie komme ich zu der Ehre?; ***il vient d'****une famille très riche* er kommt, stammt aus …; *mot* **~ *du grec*** aus dem Griechischen kommen; *sa fortune* ***lui vient de son oncle*** hat er von s-m Onkel (geerbt); *nouvelle* **~ *d'une source autorisée*** aus maßgeblicher Quelle stammen; **~ *de ce que …*** daran liegen *ou* daher kommen, dass …; *cette impression* ***vient de ce que, du fait que …*** entsteht dadurch, dass …; **~ *en courant*** angelaufen kommen; ***tout vient en son temps*** alles (kommt) zu s-r Zeit; **~ *en voiture*** mit dem Wagen kommen; *les voitures* ***ne peuvent* ~ *jusqu'ici*** können, dürfen nicht bis hierher fahren; *rumeur* **~ *jusqu'à qn*** bis zu j-m dringen; **~ *par le train*** mit dem Zug kommen; ***viens près de moi*** komm zu mir; setz *ou* stell dich neben mich; **d)** ***en* ~ *à qc*** zu etw kommen; ***avant d'en* ~ *à cette extrémité*** bevor ich (wir) zu diesem äußersten Mittel greife(n); **(*en*) ~ *au fait*** zur Sache kommen; ***en* ~ *aux injures*** sich zu Beleidigungen hinreißen lassen; ***en* ~ *aux mains, aux coups*** handgemein werden; **(*en*) ~ *à une question*** auf e-e Frage zu sprechen kommen; ♦ ***en* ~ *là*: *c'est là que je voulais en* ~** genau, gerade darauf wollte ich hinaus; ***comment en est-on venu là?*** wie konnte es so weit kommen?; ***il faudra en* ~ *là*** es wird sich nicht (mehr) vermeiden lassen; ***il vaudrait mieux ne pas en* ~ *là*** es wäre besser, wenn es nicht so weit käme; so weit sollte man es nicht kommen lassen; **e)** *avec des verbes*: ***il va* ~** er wird (gleich) kommen; ***je ne t'ai pas demandé de* ~** ich habe dich nicht gerufen; ***faire* ~ *qn*** j-n kommen lassen; j-n rufen; ***faire* ~ *qc*** sich (*dat*) etw kommen lassen; etw bestellen; etw beziehen; F *la lumière* ***fait* ~ *les moustiques*** zieht die Mücken an; ***laisser* ~ (*les événements*), *voir* ~** (zunächst einmal) abwarten; die Dinge auf sich (*acc*) zukommen lassen; *fig*: ***je l'ai vu* ~** ich habe es kommen sehen; ***je la vois* ~** ich merke schon, worauf sie hinauswill; **f)** *adjt*: ***à* ~, *qui vient*** *ou* ***viennent*** (zu)künftige(r, -s); kommende(r, -s); ***les générations à* ~** die kommenden, künftigen Generationen **2** (*atteindre*) gehen, reichen (***à, jusqu'à*** bis); ***il me vient à l'épaule*** er reicht mir bis zur Schulter **3** (*se développer*) **~ *bien, mal*** *plante* gut, schlecht gedeihen, wachsen; *photo* gut, schlecht kommen **4** (*apparaître*) ***des rougeurs lui sont venues sur tout le corps*** er bekam am ganzen Körper rote Flecken; *impersonnel* ***il lui vient des boutons sur le visage*** er bekommt Pickel im Gesicht **II** *v/aux avec inf* **a)** **~ *aider qn*** j-m helfen (kommen); ***il est venu s'asseoir près de nous*** er setzte sich neben uns; **~ *chercher qn, qc*** j-n, etw abholen; etw holen; ***il est venu me demander conseil*** er ist zu mir um Rat gekommen; ***il est venu nous dire …*** er kam, um uns zu sagen …; er kam und sagte uns …; **~ *trouver qn*** j-n aufsuchen; bei j-m vorsprechen; zu j-m kommen; **~ *voir qn*** j-n besuchen; *pour montrer qc* ***viens voir!*** komm mal her!; da, schau mal!; **~ *voir si …*** nachsehen, ob …; **b)** **~ *à*** (*+inf*): ***s'il venait à disparaître*** sollte er sterben; ***si cela venait à se faire*** sollte es dazu kommen; falls es dazu kommen sollte; *l'argent* ***vint à nous manquer*** ging uns aus; ♦ ***en* ~ *à*** (*+inf*) allmählich beginnen zu (*+inf*); so weit kommen, dass …; ***j'en suis venu à croire que …*** ich bin zu der Überzeugung gekommen, dass …; **c)** **~ *de faire qc*** etw gerade, (so)eben getan haben; ***je viens de manger*** *a* ich komme gerade vom Essen; *livre* ***vient de paraître*** soeben erschienen **III** *v/imp*: ***il vient beaucoup de touristes ici*** es kommen viele Touristen hierher; ***il me vint l'envie de*** (*+inf*) ich hätte am liebsten (*+p/p*); ich bekam große Lust zu (*+inf*)

Venise [vəniz] Venedig *n*

vénitien [venisjɛ̃] **I** *adj* ⟨**~*ne***⟩ venezianisch; ***blond* ~** rötliches Blond **II** *subst* ***Vénitien(ne)*** *m(f)* Venezianer(in) *m(f)*

vent [vɑ̃] *m* **1** Wind *m*; CH Witterung *f*; *iron* ***bon* ~!** geh mit Gott, aber geh!; **~ *contraire*** Gegenwind *m*; **~ *du large*** Seewind *m*; **~ *du nord*** Nordwind *m*; **~ *de sable*** Sandsturm *m*; MAR ***côté*** *m* ***du* ~** Luv(seite) *f*; Windseite *f*; ***coup*** *m* ***de* ~** Windstoß *m*; MAR Sturm *m*; *fig*: ***elle est coiffée en coup de* ~** ihr Haar ist zerzaust, wirr; ***entrer en coup de* ~** wie ein Wirbelwind hereingefegt kommen, hereinstürzen; ***il est passé en coup de* ~** er war nur auf e-n Sprung da; ***direction*** *f*, ***force*** *f* ***du* ~** Windrichtung *f*, -stärke *f*; ***les îles*** *f/pl* ***du Vent*** die Inseln *f/pl* über dem Winde; ♦ *loc/adj et loc/adv*: ***au* ~** im Wind(e); MAR in Luv; **(*les*) *cheveux au* ~** mit wehenden, flatternden Haaren; ***flotter au* ~** im Wind(e) flattern, wehen; MAR ***flotter au*** **(*gré du*) ~** im Wind(e) treiben; ***à l'abri du* ~** windgeschützt; im Windschatten; ***aller comme le* ~** wie der Wind laufen; *fig* ***contre* ~*s et marées*** allen Widerständen, Hindernissen zum Trotz; ***marcher contre le* ~** sich gegen den Wind stemmen; *maison, arbre* ***en plein* ~** völlig frei stehend; ungeschützt stehend; ***par un jour de grand* ~** an e-m stürmischen Tag; MAR ***sous le* ~** in Lee; im Windschatten; ♦ *fig* ***quel bon* ~ *vous amène?*** welchem glücklichen Umstand verdanke ich Ihren Besuch?; ***il y a, il fait du* ~** es ist windig; es geht Wind; ***il n'y a pas de* ~** es ist windstill; ***il n'y a pas un souffle***, F ***un brin de* ~** es weht kein Lüftchen; F *fig ivrogne* ***avoir du* ~ *dans les voiles*** schwanken; F Schlagseite haben; *fig* ***avoir* ~ *de qc*** von etw Wind bekommen; MAR ***avoir le* ~ *arrière, en poupe*** vor dem Wind segeln; *fig* ***il a le* ~ *en poupe*** *ou* ***dans le dos*** er hat Glück, e-e Glückssträhne; *fig* ***ils*** **(*se*)** ***sont dispersés aux quatre* ~*s*** sie sind in alle Winde zerstreut; *Mitchell* ***Autant en emporte le* ~** Vom Winde verweht; ***cette maison est ouverte à tous*** **(*les*) ~*s, aux quatre* ~*s*** in diesem Haus zieht es von allen Seiten; ***le* ~ *se lève*** es kommt Wind auf; *fig* ***observer d'où vient le* ~** die Lage sondieren; *prov* ***qui sème le* ~ *récolte la tempête*** wer Wind sät, wird Sturm ernten (*prov*) **2** *fig* (*tendance*) Tendenz *f*; Neigung *f*; ***un* ~ *de panique souffla sur l'assemblée*** in der Versammlung brach e-e Panik aus **3** PHYSIOL (Darm)Wind *m*; ***lâcher un* ~** e-n Wind abgehen lassen **4** *loc/adj* ***être dans le* ~** *chose* in sein; zeitgemäß, aktuell sein; (die) neueste Mode, der letzte Schrei sein; *personne* in sein; modern sein; mit der Zeit gehen **5** *fig* ***c'est du* ~** das sind leere Versprechungen; das ist leeres Gerede **6** MUS ***instrument*** *m* ***à* ~** Blasinstrument *n* **7** ASTR **~ *solaire*** Sonnenwind *m*

V

venir

Das Verb **venir** wird auf vielfältige Weise eingesetzt:

1. venir quelque part:

Chaque année, beaucoup de touristes **viennent en Bourgogne**.	Jedes Jahr kommen viele Touristen nach Burgund.

2. venir de:

L'obélisque érigé sur la place de la Concorde **vient d'Égypte**.	Der auf der Place de la Concorde stehende Obelisk kommt aus Ägypten.

3. venir de faire quelque chose:

Le ministre **vient de prononcer** un discours.	Der Minister hat soeben eine Rede gehalten.

4. venir à quelqu'un:

Tout d'un coup, il **lui est venu** une idée formidable.	Plötzlich kam ihm eine fantastische Idee.

5. venir à faire quelque chose:

S'il vient à pleuvoir, nous devrons annuler notre randonnée.	Sollte es regnen, so werden wir unsere Wanderung absagen müssen.

6. en venir à (faire) quelque chose:

Nous **en sommes venu(e)s à la conclusion** que …	Wir sind zu der Schlussfolgerung gekommen, dass …

7. venir chercher quelqu'un / quelque chose:

Anne **est venue chercher** ses livres.	Anne hat ihre Bücher abgeholt.

vente [vɑ̃t] *f* Verkauf *m*; Vertrieb *m*; Absatz *m*; *par ext* (*affaire*) Geschäft *n*; JUR *a* Kauf *m*; **~ exclusive** Alleinverkauf *m*, -vertrieb *m*; **en ~ exclusive dans les pharmacies** nur in Apotheken erhältlich; **~ publique** (**aux enchères**) öffentliche Versteigerung; **~ au comptant** Barverkauf *m*; BOURSE Kassageschäft *n*; **~ au détail** Einzel-, Kleinverkauf *m*; **~ à domicile** Hausierhandel *m*; **~ aux enchères** Versteigerung *f*; Auktion *f*; **~ à tempérament** Raten-, Teilzahlungskauf *m*; **~ de charité** Wohltätigkeitsbasar *m*, -verkauf *m*; **~ en gros** Großvertrieb *m*; **~ par correspondance** Versandhandel *m*, -geschäft *n*; **maison** *f* **de ~ par correspondance** Versandfirma *f*, -geschäft *n*; **chef** *m* **de(s) ~(s)** Verkaufsleiter *m*; JUR **contrat** *m* **de ~** Kaufvertrag *m*; **hôtel** *m ou* **salle** *f* **des ~s** Versteigerungs-, Auktionsgebäude *n*; **point** *m* **de ~** Verkaufsstelle *f*; **possibilités** *f/pl* **de ~** Absatzmöglichkeiten *f/pl*; **prix** *m* **de ~** Verkaufspreis *m*; COMM *a* Ladenpreis *m*; **service** *m* **des ~s** Verkaufsabteilung *f*; *loc/adj* **en ~** erhältlich (**chez, dans** bei, in +*dat*); **en ~ libre** frei verkäuflich; *médicament* rezeptfrei; **être en ~** verkauft werden; erhältlich, zu haben sein; **mettre en ~** zum Verkauf bringen, anbieten; **avoir un pourcentage sur les ~s** Prozente für getätigte Verkäufe erhalten; **courir les ~s** häufig bei Versteigerungen sein; **la ~ du tabac se fait uniquement dans …** Tabak(waren) wird (werden) nur in … verkauft; **la ~ marche bien, mal** das Geschäft geht gut, schlecht; der Absatz ist gut, flau

venté [vɑ̃te] *adj* windig **venteau** *m* ⟨*pl* **~x**⟩ *d'un soufflet* Klappenventil *n*

venter [vɑ̃te] *v/imp* **il vente** es ist windig; es windet; **qu'il pleuve ou qu'il vente** bei Wind und Wetter

venteux [vɑ̃tø] *adj* ⟨**-euse**⟩ windig

ventilateur [vɑ̃tilatœʀ] *m* Ventilator *m*; TECH *d'un moteur* Gebläse *n*

ventilation [vɑ̃tilasjõ] *f* **1** *d'une salle etc* Belüftung *f*; Ventilation *f*; PHYSIOL **~ pulmonaire** Ventilation der Lunge **2** JUR, FIN *et par ext* Verteilung *f*; Auf-

V

schlüsselung *f*

ventiler [vɑ̃tile] *v/t* **1** (*aérer*) belüften **2** (*répartir*) verteilen; aufschlüsseln

ventouse [vɑ̃tuz] *f* **1** Saugnapf *m* (*a* ZO); Sauger *m*; ***faire ~*** sich festsaugen; ***poser des ~s à qn*** j-m Schröpfköpfe aufsetzen **2** *adjt* F ***voiture f ~*** Dauerparker *m* **3** MÉD Schröpfkopf *m*

ventral [vɑ̃tʀal] *adj* ⟨**-aux**⟩ Bauch…; ***parachute ~*** Brust-, Ersatzfallschirm *m*

ventre [vɑ̃tʀ] *m* **1** ANAT Bauch *m*; Leib *m*; ***bas ~*** Unterleib *m*; ***gros ~*** dicker Bauch; F Schmer-, Bierbauch *m*; ***mal m au ~*** Bauchweh *n*; *fig* ***ça me ferait mal au ~*** das ginge mir sehr gegen den Strich; *loc/adv*: ***à plat ~*** bäuchlings; auf dem *ou* den Bauch; ***être allongé à plat ~*** auf dem Bauch liegen; ***se coucher, se mettre à plat ~*** sich (flach) auf den Bauch legen; *fig* ***se mettre, être à plat ~ devant qn*** vor j-m kriechen; ***tomber à plat ~*** bäuchlings hinfallen; auf den Bauch fallen; ***~ à terre*** in gestrecktem Galopp; *personne* ***courir ~ à terre*** dahinjagen, -rasen, -sausen; ***avoir du ~*** e-n Bauch haben; ***j'ai le ~ creux*** ich habe e-n leeren Magen; mir knurrt der Magen; ***avoir le ~ plein*** satt sein; ***avoir le ~ plat*** e-n flachen Bauch haben; *fig* ***il n'a rien dans le ~*** F er ist ein Schlappschwanz; *chercher à savoir* ***ce que qn a dans le ~*** a) was an j-m dran ist; b) welche Absichten j hat; ***donner, (re)mettre du cœur au ~ à qn*** j-m Mut, Auftrieb geben; ***dormir sur le ~*** auf dem Bauch schlafen; *fig* ***marcher, passer sur le ~ de qn*** j-n an die Wand drücken; ***prendre du ~*** e-n Bauch ansetzen, bekommen; ***se remplir le ~*** sich satt essen; ***rentrer le ~*** den Bauch einziehen; *prov* ***~ affamé n'a point d'oreilles*** e-m hungrigen Magen ist schlecht predigen (*prov*) **2** *d'une cruche, d'un bateau* Bauch *m*; AVIAT ***atterrissage m sur le ~*** Bauchlandung *f*

ventrebleu [vɑ̃tʀəblø] *ou* **ventre-saint-gris** [vɑ̃tʀəsɛ̃gʀi] *int litt* potz Blitz!; potztausend!

ventriculaire [vɑ̃tʀikylɛʀ] *adj* ANAT Ventrikel…

ventricule [vɑ̃tʀikyl] *m* ANAT ***~ (du cœur)*** Herzkammer *f*

ventrière [vɑ̃tʀijɛʀ] *f d'un cheval* Bauchgurt *m*

ventriloque [vɑ̃tʀilɔk] *m,f* Bauchredner(in) *m(f)*; *adjt* ***il est ~*** er kann bauchreden

ventriloquie [vɑ̃tʀilɔki] *f* Bauchreden *n*, -redekunst *f*

ventripotent [vɑ̃tʀipɔtɑ̃] *adj* dickbäuchig

ventru [vɑ̃tʀy] *adj personne* dickbäuchig; mit dickem Bauch; *choses* bauchig

venu [v(ə)ny] **I** *p/p* → ***venir*** *et adj* **1** ***il est mal ~ de*** (*+inf*) er hat keinerlei Ursache zu (*+inf*); er ist keineswegs berechtigt zu (*+inf*); *impersonnel* ***il serait mal ~ de*** (*+inf*) es wäre (jetzt) völlig verkehrt zu (*+inf*) **2** ***bien ~*** gut gelungen **II** *subst* ***nouveau ~*** Neuangekommene(r) *m*; (Neu)Hinzugekommene(r) *m*; Neuankömmling *m*; ***le premier ~, la première ~e*** der, die erste Beste; der, die Erstbeste

venue [v(ə)ny] *f* **1** Kommen *n*; Ankunft *f* **2** BOT ***d'une belle ~*** von schönem Wuchs

Vénus [venys] *f* **1** ASTR ***~*** (die) Venus **2** MYTH Venus *f* **3** *fig* ***vénus*** (*belle femme*) Schönheit *f* **4** ZO ***vénus*** Venusmuschel *f*

vénusien [venyzjɛ̃] *adj* ⟨**~ne**⟩ ASTR Venus…; der Venus

vêpres [vɛpʀ] *f/pl* ÉGL CATH Vesper *f*; Vespergottesdienst *m*

ver [vɛʀ] *m* ZO Wurm *m*; (*asticot*) Made *f*; ***~ blanc*** Engerling *m*; ***~ luisant*** Glühwürmchen *n*; Leuchtkäfer *m*; ***~ solitaire*** Bandwurm *m*; ***~ à soie*** Seidenraupe *f*; ***~ du fromage*** Käsemade *f*; ***~ de terre*** Regenwurm *m*; *bois, fruit* ***mangé aux ~s*** wurmstichig; ***avoir des ~s*** Würmer haben; ***être nu comme un ~*** splitter(faser)nackt sein; *fig* ***tirer les ~s du nez à qn*** j-m die Würmer aus der Nase ziehen; *fig* ***se tortiller, se tordre comme un ~*** sich winden und krümmen; *fig* ***tuer le ~*** e-n Schnaps vor dem *ou* zum Frühstück trinken

véracité [veʀasite] *f* Wahrheit *f*; Wahrheitsgehalt *m*; Richtigkeit *f*

véranda [veʀɑ̃da] *f* (Glas)Veranda *f*

verbal [vɛʀbal] *adj* ⟨**-aux**⟩ **1** (*de vive voix*) mündlich; verbal; DIPL ***note ~e*** Verbalnote *f*; ***violence ~e*** Heftigkeit *f* der Worte, des Ausdrucks **2** *péj* ***promesses purement, toutes ~es*** leere, rein verbale Versprechungen *f/pl* **3** LING Verb…; Verbal…; verbal; ***adjectif ~*** Verbaladjektiv *n*; ***locution ~e*** verbale Wendung

verbalement [vɛʀbalmɑ̃] *adv* mündlich

verbalisation [vɛʀbalizasjõ] *f* **1** *par la police* gebührenpflichtige Verwarnung; JUR Protokollaufnahme *f* **2** PSYCH In-Worte-Fassen *n* **verbaliser** **I** *v/t* PSYCH in Worte fassen; sprachlich, mit Worten ausdrücken **II** *v/i agent de police* gebührenpflichtig verwarnen (***contre qn*** j-n); JUR ein Protokoll aufnehmen

verbalisme [vɛʀbalism] *m péj* Neigung *f* zum Wortemachen

verbe [vɛʀb] *m* **1** GR Verb(um) *n*; Zeit-, Tätigkeitswort *n*; ***~ (ir)régulier*** (un)regelmäßiges Verb **2** REL ***le Verbe*** das Wort **3** ***avoir le ~ 'haut*** das große Wort führen **4** *litt* (*langage*) Wort *n*; Sprache *f*

verbeux [vɛʀbø] *adj* ⟨**-euse**⟩ *péj discours etc* wortreich; langatmig; weitschweifig (*a orateur*); *personne a* redselig

verbiage [vɛʀbjaʒ] *m* leeres Gerede, Geschwätz

verbosité [vɛʀbozite] *f* Weitschweifigkeit *f*; Langatmigkeit *f*; *d'une personne a* Redseligkeit *f*

Verceil [vɛʀsɛj] GÉOGR Vercelli [-ˈtʃɛli] *n*

Vercingétorix [vɛʀsɛ̃ʒetɔʀiks] *m* HIST Vercingetorix *m*

Vercors [vɛʀkɔʀ] ***le ~*** *Gebirgszug in den frz Voralpen*

verdâtre [vɛʀdɑtʀ] *adj* grünlich; *teint a* fahl; aschgrau

verdeur [vɛʀdœʀ] *f* **1** ***~ (de langage)*** Deftigkeit *f* **2** *d'une personne* Rüstigkeit *f*; (volle) Schaffenskraft **3** *d'un vin* Herbheit *f*; Säure *f*

verdict [vɛʀdikt] *m* **1** JUR (Urteils)Spruch *m* der Geschworenen; ***~ négatif*** *ou* ***d'acquittement*** Freispruch *m*; ***~ positif*** *ou* ***de culpabilité*** Schuldspruch *m*; ***rendre le ~*** den (Urteils)Spruch fällen **2** *par ext* (hartes) Urteil; Verdikt *n*; Entscheidung *f*

verdier [vɛʀdje] *m* ZO Grünfink *m*

verdir [vɛʀdiʀ] **I** *v/t* grün färben **II** *v/i* grün werden; *de peur* blass, bleich werden; *arbres a* (er)grünen

verdoré [vɛʀdɔʀe] *litt adj* goldgrün

verdoyant [vɛʀdwajɑ̃] *adj* (satt)grün **verdoyer** *v/i* ⟨**-oi-**⟩ grünen

Verdun [vɛʀdɛ̃, -dœ̃] *Stadt im Dep. Meuse*

verdunisation [vɛʀdynizasjõ] *f* → ***javellisation***

verdure [vɛʀdyʀ] *f* **1** Grün *n*; ***tapis*** *m* ***de ~*** (grüner) Rasenteppich; ***dans la ~*** im Grünen; ***en pleine ~*** mitten im Grünen **2** CUIS F Grünzeug *n*
véreux [veʀø] *adj* 〈**-euse**〉 **1** *fruit* wurmig; wurmstichig **2** *fig affaire* anrüchig; zweifelhaft; faul; ***homme d'affaires ~*** unredlicher, anrüchiger Geschäftsmann
verge [vɛʀʒ] *f* **1** ANAT männliches Glied **2** (*baguette*) Rute *f*; Gerte *f*
vergé [vɛʀʒe] *adj* ***papier ~*** Papier *n* mit Wasserzeichen aus parallelen Linien
verger [vɛʀʒe] *m* Obstgarten *m*
vergetures [vɛʀʒətyʀ] *f/pl* PHYSIOL weiße Streifen *m/pl*; Schwangerschaftsstreifen *m/pl*
verglaçant [vɛʀglasɑ̃] *adj* ***pluie ~e*** gefrierender Regen; Eisregen *m*
verglacé [vɛʀglase] *adj route* mit Glatteis bedeckt; vereist
verglas [vɛʀgla, -glɑ] *m* Glatteis *n*
vergogne [vɛʀgɔɲ] *f loc/adj et loc/adv* ***sans ~*** unverschämt; schamlos
vergue [vɛʀg] *f* MAR Rah(e) *f*
Verhaeren [vɛʀaʀɛn] ***Émile ~*** *belgischer Dichter*
véridique [veʀidik] *adj* **1** *récit, témoignage* wahrheitsgemäß, -getreu **2** *st/s témoin* glaubwürdig
vérifiable [veʀifjabl] *adj* nachprüfbar; beweisbar
vérificateur [veʀifikatœʀ] *m*, **vérificatrice** *f* Prüfer(in) *m(f)*; Kontrolleur(in) *m(f)*
vérificatif [veʀifikatif] *adj* 〈**-ive**〉 Prüf…
vérification [veʀifikasjõ] *f* **1** (*contrôle*) Prüfung *f*; Überprüfung *f*; Kontrolle *f*; Nachprüfen *n*, -ung *f*; ***~ de(s) comptes*** Buch- *ou* Rechnungsprüfung *f*; JUR ***~ d'écritures*** Schriftvergleich(ung) *m(f)*; ***~ d'identité*** Überprüfung der Personalien; *loc/adv* ***~ faite***, *on peut affirmer que* nach erfolgter Nach-, Überprüfung …; ***soumettre qc à une ~, des ~s*** etw überprüfen, nachprüfen, kontrollieren **2** (*confirmation*) Bestätigung *f* der, (*preuve*) Beweis *m* für die Richtigkeit
vérifier [veʀifje] **I** *v/t* **1** (*contrôler*) (nach)kontrollieren; nachsehen (*a abs*); *témoignage, nouvelle etc* überprüfen; nachprüfen; verifizieren; *comptes* prüfen; durchsehen; *monnaie* nachzählen; *freins etc* prüfen; nachsehen; ***~ une adresse sur son agenda*** e-e Adresse in s-m Notizbuch nachsehen; ***~ un calcul*** nachrechnen; ***~ l'identité de qn*** j-s Personalien überprüfen; ***~ le poids de qc*** etw nachwiegen **2** (*confirmer*) bestätigen; (*prouver*) beweisen **II** *v/pr* ***se ~*** sich bestätigen
vérin [veʀɛ̃] *m* TECH (Schrauben)Winde *f*
vérisme [veʀism] *m* ART Verismus *m* **vériste** ART **I** *adj* veristisch **II** *m,f* Verist(in) *m(f)*
véritable [veʀitabl] *adj* richtig; wirklich; wahr; tatsächlich; regelrecht; *or, perles etc* echt; *amour, bonheur* wahr; echt; ***un ~ ami*** ein wirklicher, echter, wahrer Freund; ***une ~ canaille*** ein richtiger, regelrechter Schuft; ***sous son nom ~*** unter s-m richtigen Namen; ***c'est une ~ folie*** das ist heller, reiner Wahnsinn
véritablement [veʀitabləmɑ̃] *adv* wirklich; tatsächlich
vérité [veʀite] *f* **1** Wahrheit *f* (*a* REL *et* PHILOS); Richtigkeit *f*; ***~ première, ~ de La Palice*** *ou* ***Palisse*** Binsenweisheit *f*, -wahrheit *f*; ***accent*** *m* ***de ~*** glaubhafter Ton; ***amour*** *m* ***de la ~*** Wahrheitsliebe *f*; (***quart*** *m* ***d'***)***heure*** *f*, ***minute*** *f* ***de, moment*** *m* ***de ~*** Stunde *f* der Wahrheit; *loc/adj* ***conforme à la ~*** wahrheitsgemäß; der Wahrheit entsprechend; *loc/adv*: ***à la ~*** allerdings; ***en ~*** in der Tat; tatsächlich; wahrhaftig; wahrlich (*a* BIBL); ***je vous dois la ~*** ich muss Ihnen die Wahrheit sagen; ***dire*** (***toute***) ***la ~ sur qc*** die (ganze) Wahrheit über etw (*acc*) sagen; ***dire la ~ à qn*** j-m die Wahrheit sagen; j-m reinen Wein einschenken; JUR ***jurer « de dire la ~, toute la ~, rien que la ~ »*** schwören, „die Wahrheit, die ganze Wahrheit und nichts als die Wahrheit zu sagen"; JUR *aujourd'hui quand on prête serment* schwören, „die Wahrheit zu sagen, nichts hinzuzufügen und nichts zu verschweigen"; ***dire à qn ses*** (***quatre***) ***~s*** j-m gründlich die, s-e Meinung sagen; ***c'est la ~*** das ist wahr, die Wahrheit; ***c'est l'entière, la pure ~*** das ist die ganze, reine Wahrheit; ***c'est au-dessous de la ~*** das bleibt hinter der Wirklichkeit zurück; ***étude faite avec un grand souci de ~*** Studie, die sehr um e-e wahrheitsgemäße Darstellung bemüht ist; *prov*: ***il n'y a que la ~ qui blesse*** die Wahrheit ist am schwersten zu ertragen; ***toute ~ n'est pas bonne à dire*** es ist nicht immer gut, die Wahrheit zu sagen; ***la ~ sort de la bouche des enfants*** Kinder und Narren sagen die Wahrheit (*prov*) **2** *d'un personnage de roman etc* Glaubwürdigkeit *f*; Lebensechtheit *f* **3** *d'un portrait* Ähnlichkeit *f*; *loc/adj* ***d'une grande ~*** sehr naturgetreu, gut getroffen
verjus [vɛʀʒy] *m* Saft *m* von unreifen *ou* sauren Trauben
Verkhoïansk [vɛʀkɔjɑ̃sk] GÉOGR Werchojansk *n*
verlan [vɛʀlɑ̃] *m* Argot, der auf Silbenvertauschung beruht („*verlan*" *statt* „*l'envers*", „*laisse béton*" *statt* „*laisse tomber*" *etc*)
Vermeer de Delft [vɛʀmɛʀdədɛlft] *m* PEINT Vermeer van Delft *m*
vermeil [vɛʀmɛj] **I** *adj* 〈**~le**〉 *teint* rot; ***bouche ~le*** Kirschenmund *m*; ***lèvres ~les*** Purpurlippen *f/pl* **II** *m* (feuer)vergoldetes Silber; Vermeil *n*
vermeille [vɛʀmɛj] *f* MINÉR Vermeille *f*
vermicelle [vɛʀmisɛl] *m* Fadennudeln *f/pl*; ***potage*** *m* ***au ~*** Nudelsuppe *f*
vermiculaire [vɛʀmikylɛʀ] *adj* ANAT ***appendice*** *m* ***~*** Wurmfortsatz *m*
vermifuge [vɛʀmifyʒ] *adj et subst m* PHARM (***remède*** *m*) ***~*** Wurmmittel *n*
vermillon [vɛʀmijõ] **I** *m* **1** CHIM Zinnober *m* **2** *couleur* Zinnoberrot *n* **II** *adj* 〈*inv*〉 zinnoberrot
vermine [vɛʀmin] *f* **1** Ungeziefer *n*; ***couvert de ~*** voller Ungeziefer **2** *fig* **a)** *coll* Gesindel *n*; Geschmeiß *n*; **b)** *individu* Lump *m*
vermisseau [vɛʀmiso] *m* 〈*pl* **~x**〉 zo Würmchen *n*
vermoulu [vɛʀmuly] *adj bois* wurmstichig **vermoulure** *f* Wurmstich *m*, -fraß *m*
vermout [vɛʀmut] *m* Wermut(wein) *m*
vernaculaire [vɛʀnakylɛʀ] *adj* ***langue*** *f* ***~*** einheimische Sprache; Regionalsprache *f*
vernal [vɛʀnal] *adj* 〈**-aux**〉 **1** ASTR ***point ~*** Frühlings-, Widderpunkt *m* **2** *litt* Frühlings…
verni [vɛʀni] *adj* **1** lackiert; Lack…; ***bois ~*** lackiertes Holz; ***chaussures ~es*** Lackschuhe *m/pl* **2** *poterie* glasiert **3** F *fig* ***ce qu'il est ~!*** *ou subst* ***c'est un petit ~*** F er ist ein Glückspilz; hat d e r Schwein!
vernier [vɛʀnje] *m* TECH Nonius *m*

V

vernir [vɛrnir] *v/t bois etc* lackieren; *tableau* firnissen

vernis [vɛrni] *m* **1** Lack *m*; *pour tableaux* Firnis *m*; *pour meubles a* Politur *f*; *pour poteries* Glasur *f*; **~ à ongles** Nagellack *m*; **enduire de ~** lackieren; firnissen; **se mettre du ~ (à ongles)** sich (*dat*) die Nägel lackieren **2** (*brillant*) Lackglanz *m* **3** *fig* **il n'a qu'un ~ de culture** s-e Bildung ist nur Firnis, oberflächlich; **quand on a gratté le ~**, *il ne reste plus rien* wenn man etwas tiefer bohrt, nachfühlt, …

vernissage [vɛrnisaʒ] *m* **1** Lackieren *n*; Glasieren *n*; Firnissen *n* **2** (*réception*) Vernissage *f*; Eröffnung *f* e-r Ausstellung in privatem Kreis

vernissé [vɛrnise] *adj* **1** *poterie* glasiert **2** BOT, ZO glänzend **vernisser** *v/t poterie* glasieren **vernisseur** *m* Lackierer *m*

vérole [verɔl] *f* MÉD **a)** **petite ~** Blattern *pl*; Pocken *pl*; **b)** F (*syphilis*) Syphilis *f*

vérolé [verɔle] *adj* **a)** pockenkrank; **b)** F (*syphilitique*) syphilitisch

véronal® [verɔnal] *m* PHARM Veronal® *n*

Vérone [verɔn] GÉOGR Verona *n*

Véronèse [verɔnɛz] *m* PEINT Veronese *m*

Véronique [verɔnik] *f Vorname*

véronique [verɔnik] *f* BOT Ehrenpreis *m*; Veronika *f*

verrai [vɛrɛ] → **voir**

verrat [vɛra] *m* ZO (Zucht)Eber *m*

verre [vɛr] *m* **1** *matière* Glas *n*; **~ armé, blanc, organique, plat** Draht-, Weiß-, Acryl-, Flachglas *n*; **~ à vitre(s), de sécurité** Fenster-, Sicherheitsglas *n*; **industrie** *f* **du ~** Glasindustrie *f*; *loc/adj* **de** *ou* **en ~** gläsern; Glas…; aus Glas; **se briser, se casser comme du ~** zerbrechlich wie Glas sein **2** *objet* Glas *n*; **~s** *pl* (*lunettes*) (Augen)Gläser *n/pl*; **~ grossissant** Vergrößerungsglas *n*; **~ à double foyer, à puissance progressive** Bifokal-, Panfokalglas *n*; **~s de contact** Kontaktlinsen *f/pl*; Haftschalen *f/pl*; **~ de lampe** Lampenzylinder *m*, -glas *n*; *fig* **souple comme un ~ de lampe** ungelenkig, steif wie ein Brett; **~s de lunettes** Brillengläser *n/pl*; **~ de montre** Uhrglas *n*; **porter des ~s fumés, teintés** e-e dunkle, getönte Brille tragen **3** *récipient* (Trink)Glas *n*; **~ à eau, à bière** Wasser-, Bierglas *n*; **~ à boire** Trinkglas *n*; **~ à dents** Zahnputzglas *n*, -becher *m*; **~ à liqueur, à moutarde, à pied, à vin** Likör-, Senf-, Stiel-, Weinglas *n*; **service** *m* **de ~s** Garnitur *f* Gläser; **vider son ~** sein Glas leeren, austrinken; *prov* **qui casse les ~s les paie** wer den Schaden anrichtet, muss dafür aufkommen **4** *contenu* Glas *n* (Wein, Bier); **petit ~** Gläschen *n* (Schnaps); **~ d'eau** Glas Wasser; *fig* **se noyer dans un ~ d'eau** bei der geringsten Schwierigkeit versagen, sich (*dat*) nicht zu helfen wissen; *fig* **avoir un ~ dans le nez** zu tief ins Glas geguckt haben; **offrir, payer un ~ à qn** j-n zu e-m Gläschen (Schnaps), zu e-m Glas Bier, Wein einladen; **vous prendrez bien un petit ~?** darf ich Ihnen ein Gläschen anbieten?

verrerie [vɛrri] *f* **a)** *usine* Glasfabrik *f*, -hütte *f*; **b)** *fabrication* Glasherstellung *f*; **c)** *commerce* Glaswarenhandel *m*; **d)** *objets* Glasware(n) *f(pl)*

verrier [vɛrje] *m ou adjt* **a)** (**ouvrier** *m*) **~** Glasmacher *m*; **b)** **peintre** *m* **~** Glasmaler *m*

verrière [vɛrjɛr] *f* **a)** (*vitrage*) Glaswand *f ou* -dach *n*; **b)** (*vitrail*) großes Kirchenfenster

verroterie [vɛrɔtri] *f* Glasperlen *f/pl*; Glasschmuck *m*

verrou [vɛru] *m* **1** Riegel *m*; **~ de sûreté** Riegelschloss *n*; *fig* **être sous les ~s** hinter Schloss und Riegel sitzen; **mettre le ~** den Riegel vorschieben; zuriegeln; *fig* **mettre qn sous les ~s** j-n hinter Schloss und Riegel setzen; **ouvrir le ~** den Riegel zurückschieben; aufriegeln, -schließen; **pousser, tirer le ~** den Riegel vor-, zurückschieben **2** GÉOL Riegel(berg) *m*

verrouillage [vɛrujaʒ] *m* **1** Verriegelung *f*; Blockierung *f*; AUTO **~ central** Zentralverriegelung *f* **2** MIL Abriegelung *f*

verrouiller [vɛruje] **I** *v/t* **1** *porte* ver-, zuriegeln **2** MIL abriegeln **II** *v/pr* **se ~** sich einschließen

verrue [vɛry] *f* **1** MÉD Warze *f* **2** *fig* Schandfleck *m*

verruqueux [vɛrykø] *adj* ⟨**-euse**⟩ warzig; warzenartig

vers[1] [vɛr] *prép* **1** *direction* gegen; nach; in Richtung auf (+*acc*); auf (+*acc*) zu; zu; …wärts; **~ 700 m d'altitude** in etwa 700 m Höhe; **~ la droite** (nach) rechts; **~ l'intérieur du pays** landeinwärts; **~ le nord** nach, gegen, *poét* gen Norden; nordwärts; **~ Paris** *le paysage change* gegen Paris zu; **aller, s'avancer, se diriger, marcher ~ qn, qc** auf j-n, etw zugehen; **descendre ~ la Seine** zur Seine hinuntergehen, *véhicule* -fahren; **tourner la tête ~ qn** den Kopf nach j-m umwenden **2** *relatif au temps* gegen; (etwa) um; **~ 1900** gegen das Jahr 1900; um (das Jahr) 1900; **~ la fin** gegen Ende; **~ (les) deux heures** gegen, etwa um zwei Uhr **3** *fig* **le premier pas ~ la détente** der erste Schritt zur Entspannung; **nous allons ~ une solution** wir gehen e-r Lösung (*dat*) entgegen

vers[2] [vɛr] *m* Vers *m*; Verszeile *f*; **~ blanc** reimloser Vers; **~ libre** taktfreier (und reimloser) Vers; Vers libre *m*; **~ syllabique** durch die Zahl der Silben bestimmter Vers; **recueil** *m* **de ~** Gedichtsammlung *f*; *loc/adj* **en ~** Vers…; in Versen; in Versform; **pièce** *f* **en ~** Versdrama *n*; **mettre en ~** in Verse bringen; **écrire, faire des ~** Verse schreiben, machen; dichten

versaillais [vɛrsajɛ] **I** *adj* von Versailles; Versailler **II** *subst* **Versaillais(e)** *m(f)* Einwohner(in) *m(f)* von Versailles

Versailles [vɛrsaj, -sɑj] *Stadt im Dep. Yvelines*

versant [vɛrsɑ̃] *m* (Ab)Hang *m*; **~ nord** Nordhang *m*

versatile [vɛrsatil] *adj* wankelmütig; unbeständig; wetterwendisch; schwankend **versatilité** *f* Wankelmut *m*, -mütigkeit *f*; Unbeständigkeit *f*

verse [vɛrs] *loc/adv* **il pleut à ~** es gießt in Strömen

versé [vɛrse] *adj* **~ dans** bewandert, versiert, erfahren in (+*dat*)

Verseau [vɛrso] *m* ASTR Wassermann *m*; F **être ~** F ein Wassermann sein

versement [vɛrsəmɑ̃] *m* Zahlung *f*; Einzahlung *f* (**à, sur un compte** auf ein Konto); *de pensions, d'intérêts* Auszahlung *f*; *de cotisations* Entrichtung *f*; *loc/adv* **en plusieurs ~s** in (mehreren) Raten; **par ~s échelonnés sur dix-huit mois** in achtzehn Monatsraten; **effectuer, faire un ~** e-e Einzahlung vornehmen; einzahlen

verser [vɛrse] **I** *v/t* **1** *liquide dans un récipient* (hinein)gießen; (hinein)füllen; *dans une bouteille* (ein)füllen; *café etc* ein-, ausschenken; eingießen; *larmes* vergießen; *sucre, riz etc* schütten (**dans** in +*acc*); *abs* eingießen, -füllen, -schenken; **~ (à boire)**

ein-, ausschenken; *fig* ***éviter de ~ le sang*** Blutvergießen vermeiden; *fig* ***~ son sang*** sein Leben hingeben (***pour*** für); ***se ~ du vin*** sich (*dat*) Wein einschenken; ***~ sur la table*** auf dem Tisch verschütten; auf den Tisch schütten 2 *argent, somme* einzahlen (***à un compte*** auf ein Konto); *pension, intérêts etc* (aus)zahlen; JUR *caution* stellen; *acompte* leisten; *cotisations* entrichten; ***~ cent euros d'arrhes*** e-e Anzahlung von hundert Euro leisten; hundert Euro anzahlen 3 *document* ***~ au dossier*** zu den Akten nehmen 4 MIL ***~ qn dans l'infanterie*** *etc* j-n der Infanterie (*dat*) *etc* zuteilen **II** *v/i* 1 *voiture* umstürzen; ***~ dans le fossé*** in den Graben stürzen 2 *fig* ***~ dans qc*** in etw (*acc*) verfallen

verset [vɛʀsɛ] *m* BIBL Vers *m*

verseur [vɛʀsœʀ] *adj* ⟨*nur m*⟩ ***bec ~*** *d'une casserole, d'un pot* Schnauze *f*; *d'une cafetière* Schnabel *m*; Tülle *f*; ***bouchon ~*** Ausgießer *m* (*Korken*)

verseuse [vɛʀsøz] *f* Kaffee- *ou* Teekanne *f*

versificateur [vɛʀsifikatœʀ] *m* 1 Dichter *m* 2 *péj* Verseschmied *m* **versification** *f* Versbildung *f*, -bau *m*

versifier [vɛʀsifje] **I** *v/t* in Verse bringen **II** *v/i* Verse machen; dichten

version [vɛʀsjõ] *f* 1 ÉCOLE Herübersetzung *f*; ***~ latine*** Übersetzung *f* aus dem Lateinischen 2 ***~ de la Bible*** Bibelübersetzung *f* 3 LITTÉRATURE Version *f*; Fassung *f*; *film* ***en ~ originale*** (*abr* ***VO***) in Originalfassung; ***film italien en ~ française*** (französisch) synchronisierter italienischer Film 4 (*interprétation*) Darstellung *f*; Version *f*; Wiedergabe *f*; ***donner une autre ~ des événements*** die Ereignisse anders darstellen; e-e andere Darstellung der Ereignisse geben 5 *d'un modèle* Ausführung *f*

verso [vɛʀso] *m d'une feuille* Rückseite *f*; ***au ~*** auf der *ou* die Rückseite; umseitig; ***voir au ~*** siehe Rückseite

vert [vɛʀ] **I** *adj* 1 grün; *légumes* frisch; *fruits a* unreif; *vin* noch nicht ausgereift; zu jung; noch herb; ***~ bouteille, clair, émeraude, foncé, jade*** ⟨*alle inv*⟩ flaschen-, hell-, smaragd-, dunkel-, jadegrün; ***~ olive, pâle, pomme, tendre*** ⟨*alle inv*⟩ oliv-, blass-, apfel-, zartgrün; ***café ~*** ungerösteter Kaffee; Rohkaffee *m*; ***chêne ~*** Steineiche *f*; ***chou ~*** Grünkohl *m*; ***espace ~*** Grünanlage *f*, -fläche *f*; ***'haricots ~s*** grüne Bohnen *f/pl*; ***olive ~e*** grüne Olive; ***plante ~e*** Blatt-, Grünpflanze *f*; ***salade ~e*** Blattsalat *m*; CIRCULATION ***c'est ~*** die Ampel steht auf, zeigt Grün; ***être ~ de peur*** vor Angst blass sein; F ***en être ~*** grün vor Neid *ou* vor Ärger sein; *fig* ***en faire voir des ~es et des pas mûres à qn*** j-m viel zu schaffen machen; j-m das Leben schwer machen 2 *vieillard* ***encore ~*** noch rüstig 3 ***langage ~*** derbe, deftige Sprache; ***langue ~e*** Gaunersprache *f*; Rotwelsch *n*; ***en dire, en raconter des ~es*** Zoten erzählen 4 ***~e semonce*** scharfer Verweis; scharfe Rüge 5 ***classe ~e*** Landschulheim *n*; Schullandheim *n*; ***l'Europe ~e*** der gemeinsame europäische Agrarmarkt 6 POL grün; *advt* ***voter ~*** grün wählen **II** *m* 1 *couleur* Grün *n*; ***~ clair, foncé*** Hell-, Dunkelgrün *n*; *loc/adv* ***en ~*** grün; ***habillé en ~*** grün gekleidet; ***le ~ lui va*** Grün steht ihr gut; ***le feu passe au ~*** die Ampel schaltet auf Grün 2 CUIS ***~ de poireaux*** grüne Blätter *n/pl* des Lauchs 3 AGR Grünfutter *n*; *animal* ***mettre au ~*** weiden lassen; auf die Weide bringen; *fig* ***se mettre au ~*** *retraités etc* ins Grüne, aufs Land ziehen; *bandits* sich absetzen 4 POL ***les Verts*** *pl* die Grünen *pl*

vert-de-gris [vɛʀdəgʀi] **I** *m* Grünspan *m* **II** *adj* ⟨*inv*⟩ graugrün **vert-de-grisé** *adj* mit Grünspan bedeckt

vertébral [vɛʀtebʀal] *adj* ⟨**-aux**⟩ ANAT Wirbel…; ***colonne ~e*** Wirbelsäule *f*

vertèbre [vɛʀtɛbʀ] *f* ANAT Wirbel *m*

vertébrés [vɛʀtebʀe] *m/pl* ZO Wirbeltiere *n/pl*

vertement [vɛʀtəmɑ̃] *adv* ***réprimander qn ~*** j-n heftig tadeln, rügen

vertical [vɛʀtikal] **I** *adj* ⟨**-aux**⟩ senk-, lotrecht; vertikal; ÉCON ***concentration ~e*** vertikale Konzentration; *chez l'homme* ***station ~e*** aufrechte Haltung **II** *f* ***~e*** Senkrechte *f*; Vertikale *f*; Lot *n*; ***à la ~e*** senkrecht; in der Vertikalen

verticalement [vɛʀtikalmɑ̃] *adv* senkrecht; vertikal

verticalité *f* senkrechte Richtung, Stellung

vertige [vɛʀtiʒ] *m* 1 Schwindel(gefühl *n*, -anfall *m*) *m*; ***j'ai un ~, des ~s***, *à une certaine hauteur* ***j'ai le ~*** mir ist, ich bin schwind(e)lig; ***'hauteur f à donner le ~*** schwindelerregende, schwindelnde Höhe; ***ça me donne le ~*** da(von) werde ich, wird mir schwind(e)lig; ***être pris de ~*** von e-m plötzlichen Schwindel erfasst, gepackt werden 2 *fig* Taumel *m*; Rausch *m*; ***donner le ~ à qn*** j-n in e-n Taumel, Rausch versetzen

vertigineusement [vɛʀtiʒinøzmɑ̃] *adv* ***~ 'haut*** von schwindelnder Höhe; *prix* ***monter ~*** schwindelerregend ansteigen

vertigineux [vɛʀtiʒinø] *adj* ⟨**-euse**⟩ *hauteur* schwindelnd; schwindelerregend (*a vitesse*); ***chute vertigineuse*** Sturz *m* aus schwindelnder Höhe, in schwindelnde Tiefe; ***la hausse vertigineuse des prix*** das schwindelerregende Ansteigen der Preise

vertigo [vɛʀtigo] *m* VÉT (Dumm)Koller *m*

vertu [vɛʀty] *f* 1 (*qualité*) Tugend *f* (*a* REL) 2 *d'une femme* Tugend *f*; Sittsamkeit *f*; Züchtigkeit *f*; ***femme f de petite ~*** leichtes Mädchen; Flittchen *n*; *iron* ***c'est un prix de ~*** sie ist ein Ausbund an Tugend; ***attenter à la ~ d'une femme*** e-e Frau entehren 3 (*pouvoir*) Kraft *f*; Macht *f*; Wirksamkeit *f*; ***~ magique*** magische Kraft; Zauberkraft *f*; ***~ thérapeutique, curative*** Heilkraft *f*; *loc/prép* ***en ~ de*** aufgrund von (*ou +gén*); kraft (*+gén*); JUR ***en ~ de la loi*** kraft (des) Gesetzes; ***en ~ de quoi?*** aus was für e-m Grund?; weshalb?

vertueux [vɛʀtɥø] *adj* ⟨**-euse**⟩ tugendhaft; *iron* ***vertueuse indignation*** sittliche Entrüstung

verve [vɛʀv] *f* Schwung *m*; Feuer *n*; Witz *m*; *discours, orateur* ***plein de ~*** mitreißend; glänzend; geistsprühend; ***exercer sa ~ contre qn*** s-n Witz gegen j-n richten

verveine [vɛʀvɛn] *f* 1 BOT ***~ (officinale)*** Eisenkraut *n* 2 *tisane* Eisenkrauttee *m*

Verviers [vɛʀvje] *Stadt in Belgien*

vesce [vɛs] *f* BOT Wicke *f*

vésical [vezikal] *adj* ⟨**-aux**⟩ ANAT (Harn)Blasen…

vésicant [vezikɑ̃] *adj* MÉD Blasen ziehend

vésicatoire [vezikatwaʀ] *m* MÉD Zugpflaster *n*

vésiculaire [vezikylɛʀ] *adj* BIOL Bläschen…; bläschenartig, -förmig

vésicule [vezikyl] *f* 1 ANAT ***~ (biliaire)*** Gallenblase *f* 2 (*cloque*) Bläschen *n*

Vesle [vɛl] ***la ~*** *Fluss in der Champagne*

Vesoul [vəzul] *Stadt im Dep. Haute-Saône*

vespasienne [vɛspazjɛn] *f* Pissoir *n*

vespéral [vɛspeʀal] *poét adj* ⟨**-aux**⟩ Abend…; abendlich

vesse-de-loup [vɛsdəlu] *f* ⟨*pl* **vesses-de-loup**⟩ BOT Bofist *m*

vessie [vesi] *f* **1** ANAT (Harn)Blase *f* **2** *fig* ***faire prendre des ~s pour des lanternes à qn*** j-m ein X für ein U vormachen; j-m blauen Dunst vormachen; j-m e-n Bären aufbinden **3** MÉD **~ *de glace*** Eisbeutel *m*

vestale [vɛstal] *f* HIST Vestalin *f*

veste [vɛst] *f* Jacke *f*; Jackett *n*; Sakko *m*; **~ *croisée, droite*** zwei-, einreihige Jacke; **~ *d'intérieur*** Hausjacke *f*; **~ *en laine*** lange Strickjacke, -weste; F *fig* ***ramasser, prendre une ~*** e-e Schlappe erleiden; F durchfallen; F *fig* ***retourner sa ~*** F umfallen; umschwenken

vestiaire [vɛstjɛʀ] *m* **1** *d'un théâtre etc* Garderobe *f* (*a les objets déposés*); *d'une piscine, d'un stade* Umkleideraum *m*; F *fig* **(*au*) ~!** geh nach Hause!; abtreten! (*Zuruf an e-n schlechten Schauspieler, Redner, Sportler*); ***la dame du ~*** die Garderobenfrau **2** *meuble* Garderobenschrank *m*; Spind *m ou n*

vestibulaire [vɛstibylɛʀ] *adj* ANAT Vorhof…

vestibule [vɛstibyl] *m* Vorraum *m*; Diele *f*; Flur *m*; Vestibül *n*

vestiges [vɛstiʒ] *m/pl* Spuren *f/pl*; (Über)Reste *m/pl*; Relikte *n/pl*

vestimentaire [vɛstimɑ̃tɛʀ] *adj* Kleider…; ***dépenses*** *f/pl* **~s** Ausgaben *f/pl* für Kleidung

veston [vɛstõ] *m* Jacke *f*; Jackett *n*

Vésuve [vezyv] ***le ~*** der Vesuv

vêt [vɛ] → ***vêtir***

vêtement [vɛtmɑ̃] *m* **1** Kleidungsstück *n*; **~s** *pl* (Be)Kleidung *f*; Oberbekleidung *f*; **~*s chauds, habillés*** warme, festliche Kleidung; **~*s de demi-saison*** Übergangskleidung *f*; **~*s de deuil, du dimanche, d'été*** Trauer-, Sonntags-, Sommerkleidung *f*; **~*s de*** *ou* ***pour femmes*** Damen(be)kleidung *f*; *comme déguisement* **~*s de femme*** Frauenkleidung *f*; **~*s d'hommes*** *ou* ***pour hommes*** Herren(be)kleidung *f*; *comme déguisement* **~*s d'homme*** Männerkleidung *f*; **~*s de tous les jours, de sport, de travail*** Alltags-, Sport-, Arbeitskleidung *f* **2** (***industrie*** *f* ***du***) **~** Bekleidungsindustrie *f*

vétéran [veteʀɑ̃] *m* **1** MIL Veteran *m* **2** SPORTS Alter Herr **3** *fig* Veteran *m*; **~ *de l'enseignement*** im Dienst ergrauter Schulmann

vétérinaire [veteʀinɛʀ] **I** *adj* tierärztlich; Veterinär…; ***École*** *f* **~** Tierärztliche Hochschule; ***étudiant*** *m* **~** Student *m* der Veterinärmedizin; ***médecine*** *f* **~** Tierheilkunde *f*; Tier-, Veterinärmedizin *f* **II** *m,f* Tierarzt, -ärztin *m,f*; Veterinär(in) *m(f)*

vététiste [vetetist] *m,f* Mountainbiker(in) ['mauntənbaɪ-] *m(f)*

vétille [vetij] *f* Lappalie *f*; Bagatelle *f*; lächerliche Kleinigkeit

vêtir [vetiʀ] ⟨**je vêts, il vêt, nous vêtons; je vêtais; je vêtis; je vêtirai; que je vête; vêtant; vêtu**⟩ **I** *v/t litt* **~ *qn*** j-n anziehen, ankleiden; j-n bekleiden (***de qc*** mit etw) **II** *v/pr* ***se ~*** sich anziehen, ankleiden

vétiver [vetivɛʀ] *m* **1** BOT Vetivergras *n* **2** *parfum* Vetiveröl *n*

veto [veto] *m* POL Veto *n*; *par ext a* Einspruch *m*; ***droit*** *m* ***de ~*** Vetorecht *n*; ***mettre, opposer son ~ à qc*** sein Veto einlegen gegen etw

véto [veto] *m,f* F *abr* → ***vétérinaire II***

vêtu [vety] *adj* angezogen; bekleidet; angekleidet; ***bien ~*** gut angezogen, gekleidet; **~ *d'un long manteau*** mit e-m langen Mantel bekleidet; in e-n langen Mantel gekleidet; ***il est ~ de neuf*** er hat neue Kleider an

vêture [vetyʀ] *f d'une religieuse* Einkleidung *f*

vétuste [vetyst] *adj bâtiment* alt; baufällig; *installation* überaltert; *institution* überholt

vétusté [vetyste] *f* hohes Alter; Baufälligkeit *f*; Überalterung *f*

veuf [vœf] **I** *adj* ⟨**veuve** [vœv]⟩ verwitwet; ***être ~*** Witwer, verwitwet sein; F *ce soir,* ***je suis ~*** F … bin ich Strohwitwer; ***quand elle a été veuve de Jean*** als ihr Mann Hans starb **II** *subst* **~, *veuve*** *m,f* Witwer *m*, Witwe *f*; *Lehár* ***La Veuve joyeuse*** Die lustige Witwe; ***veuve de guerre*** Kriegerwitwe *f*; *faire-part* ***madame veuve Dupont*** Frau Dupont, Witwe; F ***la veuve Durand*** die Witwe Durand

veuille [vœj] → ***vouloir***[1]

veule [vøl] *adj* energie-, willenlos; weichlich

veulent [vœl] → ***vouloir***[1]

veulerie [vølʀi] *f* Energie-, Willenlosigkeit *f*; Weichlichkeit *f*

veut [vø] → ***vouloir***[1]

veuvage [vœvaʒ] *m* Witwer- *ou* Witwenschaft *f*, -tum *n*; ***depuis son ~*** seitdem er Witwer *ou* sie Witwe ist; seit er *ou* sie verwitwet ist

veuve [vœv] → ***veuf***

veux [vø] → ***vouloir***[1]

Vevey [vəvɛ] *Stadt in der Schweiz*

vexant [vɛksɑ̃] *adj* **1** (*humiliant*) kränkend; beleidigend **2** (*contrariant*) ärgerlich; ***c'est ~*** *a* das ist zu dumm

vexation [vɛksasjõ] *f* (*brimade*) Schikane *f*; (*humiliation*) Demütigung *f*; (*offense*) Beleidigung *f*; ***essuyer, subir des ~s*** schikaniert werden; Demütigungen (*dat*) ausgesetzt sein

vexatoire [vɛksatwaʀ] *adj* schikanös; ***mesure*** *f* **~** Schikane *f*

vexer [vɛkse] **I** *v/t* kränken; beleidigen; ***ça me vexe*** a) das kränkt mich; b) das ärgert, F wurmt mich; *adjt* ***il est vexé*** (*froissé*) er ist beleidigt, gekränkt, F eingeschnappt; (*irrité*) es ärgert, F wurmt ihn (***de*** *+inf ou* ***que*** *+subj* dass …) **II** *v/pr* ***se ~*** gekränkt, beleidigt sein; ***ne vous vexez pas*** seien Sie nicht gekränkt; fassen Sie es nicht als Beleidigung, Kränkung auf

Vézelay [vezlɛ] *Ort im Dep. Yonne*

via [vja] *prép* über (*+acc*); via

viabilisé [vjabilize] *adj terrain* erschlossen; baureif

viabiliser *v/t terrain* erschließen

viabilité [vjabilite] *f* **1** URBANISME Erschließung *f* **2** BIOL Lebensfähigkeit *f* **3** *fig d'une entreprise* Lebensfähigkeit *f*; *d'un projet* Aus-, Durchführbarkeit *f* **4** *d'une route* Befahrbarkeit *f*

viable [vjabl] *adj* BIOL lebensfähig (*a fig entreprise*)

viaduc [vjadyk] *m* Viadukt *m ou n*; Talbrücke *f*

viager [vjaʒe] **I** *adj* ⟨**-ère**⟩ ***rente viagère*** Leibrente *f* **II** *m* Leibrente *f*; ***mettre en ~*** *biens* in e-e Leibrente umwandeln; *maison* auf Rentenbasis verkaufen

viagra® [vjagʀa] *m* PHARM Viagra® *n*

viande [vjɑ̃d] *f* **1** *aliment* Fleisch *n*; **~ *fraîche*** frisches Fleisch; Frischfleisch *n*; ~ ***froide*** kalter Braten; ~ ***rouge*** Rind-, Pferde-, Lammfleisch *n*; ~ ***de bœuf, de boucherie, de conserve*** Rind-, Schlacht-, Büchsenfleisch *n*; ***plat*** *m* ***de*** ~ Fleischgericht *n*, -speise *f* 2 F (*corps*) Körper *m*; Fleisch *n*; ***sac*** *m* ***à*** ~ Schlafsack *m*; P ***amène ta*** ~ komm her

viander [vjɑ̃de] *v/i* CH äsen

viatique [vjatik] *m* 1 ÉGL CATH Wegzehrung *f*; Viatikum *n* 2 *fig et litt* ***il n'a que ses études pour tout*** ~ s-e Ausbildung ist sein ganzes Kapital

vibrage [vibʀaʒ] *m* TECH Rütteln *n*

vibrant [vibʀɑ̃] *adj* 1 vibrierend; schwingend; PHON ***consonne*** ~***e*** *ou subst* ~***e*** *f* Zitterlaut *m*; Vibrant *m*; ***d'une voix*** ~***e*** (***de colère***) mit (vor Zorn) vibrierender, bebender Stimme 2 *fig discours* aufrüttelnd; mitreißend

vibraphone [vibʀafɔn] *m* MUS Vibrafon *n* **vibraphoniste** *m,f* Vibrafonist(in) *m(f)*; Vibrafonspieler(in) *m(f)*

vibrateur [vibʀatœʀ] *m* TECH Vibrator *m*; CONSTR Betonrüttler *m*

vibratile [vibʀatil] *adj* BIOL ***cils*** *m/pl* ~***s*** Flimmerhärchen *n/pl*

vibration [vibʀasjõ] *f* 1 Vibrieren *n*; Vibration *f*; Erschütterung *f*; *du sol, des vitres a* Erzittern *n*; Beben *n* 2 PHYS Schwingung *f*; ~***s électromagnétiques*** elektromagnetische Schwingungen 3 *de la voix* Vibrieren *n*; *de l'air* Flimmern *n*

vibrato [vibʀato] *m* MUS Vibrato *n*

vibratoire [vibʀatwaʀ] *adj* Vibrations…; Schwingungs…; ***mouvement*** *m* ~ Vibration *f*; Schwingung *f*

vibré [vibʀe] *adj* CONSTR ***béton*** ~ Rüttelbeton *m*

vibrer [vibʀe] *v/i* 1 *corde etc* vibrieren; schwingen; *sol, vitres a* erzittern; (er)beben; ***faire*** ~ ***qc*** etw in Schwingung(en) (*acc*) versetzen; etw zum Vibrieren, Schwingen bringen 2 *voix* vibrieren; *sentiment* ~ ***dans la voix*** in der Stimme mitschwingen 3 *fig* (***se sentir***) ~ gepackt, ergriffen sein; ***faire*** ~ ***la fibre patriotique*** an die patriotischen Gefühle appellieren

vibreur [vibʀœʀ] *m* ÉLECT Unterbrecher *m*; Summer *m*

vibromassage [vibʀɔmasaʒ] *m* Vibration(smassage) *f* **vibromasseur** *m* Vibrator *m*; Vibrations-, Massagegerät *n*; Massagestab *m*

vicaire [vikɛʀ] *m* ÉGL Vikar *m*; Kaplan *m*; ***le*** ~ ***de Jésus-Christ*** (*le pape*) der Stellvertreter Christi

vicarial [vikaʀjal] *adj* ⟨**-aux**⟩ Vikars…; Vikariats…

vicariat [vikaʀja] *m* ÉGL Vikariat *n*

vice [vis] *m* 1 *de qn* Untugend *f*; *p/fort* Laster *n*; (*immoralité*) Lasterhaftigkeit *f*; Sittenlosigkeit *f*; ***il a tous les*** ~***s!*** er hat aber auch alle Untugenden!; ***c'est devenu un véritable*** ~ das ist zu e-r regelrechten Sucht geworden; F ***c'est du*** ~ (*anormal*) das ist e-e Geschmacksverirrung 2 *de qc* Fehler *m*; Mangel *m*; ~ ***caché*** verborgener Mangel; ~ ***de fabrication*** Fabrikationsfehler *m*; JUR: ~ ***de forme*** Formmangel *m*, -fehler *m*; ~ ***de procédure*** Verfahrensfehler *m*

vice-amiral [visamiʀal] *m* ⟨*pl* **vice-amiraux**⟩ MAR MIL Konteradmiral *m* **vice-chancelier** *m* Vizekanzler *m* **vice-consul** *m* Vizekonsul *m* **vice-consulat** *m* Vizekonsulat *n*

vicelard [vislaʀ] *adj* F → ***vicieux*** *I 1*

Vicence [visɑ̃s] GÉOGR Vicenza [-ˈtʃɛn-] *n*

vice-présidence [vispʀezidɑ̃s] *f* stellvertretender Vorsitz; Vizepräsidentschaft *f* (*a* POL) **vice-président** *m* stellvertretende(r) Vorsitzende(r) *m*; Vizepräsident *m* (*a* POL) **vice-roi** *m* Vizekönig *m*

vice versa [vis(e)vɛʀsa] *loc/adv* ***et*** ~ und umgekehrt

vichy [viʃi] *m* 1 TEXT Vichy *m* 2 (*eau*) Mineralwasser *n* aus Vichy

vicié [visje] *adj air dans une pièce* schlecht; verbraucht; (*pollué*) verschmutzt

vicier [visje] *v/t* 1 *air* verschmutzen 2 JUR ungültig machen

vicieux [visjø] **I** *adj* ⟨**-euse**⟩ 1 (*pervers*) lasterhaft; verderbt; sittenlos; *regard* geil; lüstern; *gestes* unsittlich 2 F (*bizarre*) ***il faut être*** ~ ***pour*** (+*inf*) man muss schon an Geschmacksverirrung leiden, e-n seltsamen Geschmack haben, um zu (+*inf*) 3 *enfant* ungeraten; *cheval* störrisch und schreckhaft 4 *st/s prononciation* fehlerhaft; *expression* falsch; ***cercle*** ~ Teufelskreis *m*; Circulus vitiosus *m* 5 SPORTS ***balle vicieuse, coup*** ~ angetäuschter Schlag **II** *m* Lüstling *m*; *p/fort* Wüstling *m*; ***vieux*** ~ Lustgreis *m*

vicinal [visinal] *adj* ⟨**-aux**⟩ ***chemin*** ~ Gemeindeweg *m*

vicissitudes [visisityd] *f/pl* Auf und Ab *n*, Wechselfälle *m/pl* des Lebens; ***après bien des*** ~ nach vielen wechselvollen Erlebnissen

vicomte [vikõt] *m* Vicomte *m*

vicomtesse [vikõtɛs] *f* Vicomtesse *f*

victime [viktim] *f* 1 *physique* Opfer *n*; (*mort*) *a* Todesopfer *n*; ~***s d'accidents de la circulation*** Verkehrsopfer *n/pl*, -tote(n) *m/pl*; ~***s de*** (***la***) ***guerre*** Kriegsopfer *n/pl*, -tote(n) *m/pl*; ~ ***de son imprudence*** Opfer s-s (eigenen) Leichtsinns; ***on déplore un grand nombre de*** ~***s*** es sind viele Opfer, viele Verluste an Menschenleben zu beklagen; ***être*** ~ ***d'un accident*** e-n Unfall erleiden; verunglücken; ***faire de nombreuses*** ~***s*** zahlreiche Menschenleben fordern; ***mourir*** ~ ***d'un accident*** tödlich verunglücken; e-m Unfall zum Opfer fallen 2 *morale* Opfer *n*; ~ ***née*** zum Märtyrer geboren; ~ ***des moqueries de qn*** Opfer, Zielscheibe *f* von j-s Spott; ***être les premières*** ~***s de qc*** als Erste, am meisten unter etw (*dat*) leiden, zu leiden haben; ***être*** ~ ***d'un escroc*** das Opfer e-s Betrügers werden; e-m Betrüger aufsitzen; ***être*** ~ ***d'un malaise*** e-n Schwächeanfall erleiden 3 REL Opfer *n*; Opfertier *n*

victoire [viktwaʀ] *f* 1 Sieg *m* (*a* MIL); ~ ***électorale, finale*** Wahl-, Endsieg *m*; SPORTS ~ ***aux points*** Punktsieg *m*; Sieg nach Punkten; ~ ***de la science sur les maladies*** Sieg der Wissenschaft über die Krankheiten; Überwindung der Krankheiten durch die Wissenschaft; SPORTS ~ ***par K.-O.*** K.-o.-Sieg *m*; Sieg durch K.o.; ~ ***sur soi-même*** Überwindung *f* s-r selbst; Sieg über sich (*acc*) selbst; ***remporter la*** ~ den Sieg erringen, davontragen; ***chanter, crier*** ~ Hurra schreien; jubeln 2 ART Siegesgöttin *f*; ***la Victoire de Samothrace*** die Nike von Samothrake

Victoria [viktɔʀja] 1 *f Vorname* 2 GÉOGR Victoria *n*; ***les chutes*** *f/pl* ~ die Victoriafälle *m/pl*; ***le lac*** ~ der Victoriasee; ***la terre*** ~ Victorialand *n*

victorien [viktɔʀjɛ̃] *adj* ⟨~**ne**⟩ viktorianisch

victorieux [viktɔʀjø] *adj* ⟨**-euse**⟩ siegreich; Sieger…; SPORTS ***équipe victorieuse*** Siegermannschaft *f*; siegreiche Mannschaft; ***arborer un air ~*** e-e Siegermiene aufsetzen; ***sortir ~ d'une lutte*** siegreich, als Sieger aus e-m Kampf hervorgehen

victuailles [viktɥaj] *f/pl* Lebensmittel *n/pl*; Esswaren *f/pl*; Proviant *m*

vidage [vidaʒ] *m* 1 Leeren *n*; Entleerung *f* 2 F *de qn* F Rausschmiss *m*

vidange [vidɑ̃ʒ] *f* 1 *d'un réservoir* Entleeren *n*, -ung *f* 2 AUTO Ölwechsel *m*; ***faire la ~*** das Öl wechseln 3 *d'une fosse septique* Grubenentleerung *f*; Fäkalienabfuhr *f* 4 ***~s*** *pl* Fäkalien *pl* 5 *d'un lavabo* Abfluss(rohr) *m(n)*

vidanger [vidɑ̃ʒe] *v/t* ⟨**-geons**⟩ 1 *réservoir etc* entleeren 2 AUTO *huile* wechseln **vidangeur** *m* Grubenentleerer *m*

vide [vid] I *adj* 1 leer; *logement* (*sans occupant*) leer stehend; *place, endroit a* frei; *rue a* menschenleer; ***~ d'habitants*** menschenleer; ***la rue est ~ de voitures*** auf der Straße sind, sieht man keine Autos; *arriver* ***les mains ~s*** mit leeren Händen; ***avoir l'estomac, le ventre ~*** e-n leeren Magen haben; ***être ~*** leer sein; *logement* leer stehen 2 *fig regard, paroles etc* leer; *existence a* unausgefüllt; inhaltslos; sinnlos; *paroles* ***~s de sens*** leer; nichtssagend II *m* 1 PHYS, TECH Vakuum *n*; luftleerer Raum; ***emballage*** *m* ***sous ~*** Vakuumverpackung *f*; ***faire le ~ dans*** *tube* luftleer pumpen; *salle* räumen; evakuieren 2 (*espace vide*) Leere *f*; leerer *ou* freier Raum; Zwischenraum *m*; Hohlraum *m*; Lücke *f* (*a fig*); CONSTR ***~ sanitaire*** freier Raum für Rohrleitungen zwischen Fußboden und Erde; *loc/adj et loc/adv* ***à ~*** leer; Leer…; *d'un moteur* ***marche*** *f* ***à ~*** Leerlauf *m*; → *a* ***passage*** *4*; ***repartir à ~*** *bus etc* leer abfahren; *moteur* ***tourner à ~*** leerlaufen; ***avoir un ~ dans son emploi du temps*** zwischendurch etwas freie Zeit haben; ***boucher, remplir un ~*** e-e Lücke (aus)füllen; ***faire le ~*** (***dans son esprit***) sich geistig vollkommen entspannen; F vollkommen abschalten; *son départ, sa mort* ***a fait, laissé un grand ~*** hat e-e große Lücke hinterlassen, gerissen; *fig* ***parler dans le ~*** ins Blaue hinein reden; ***regarder dans le ~*** ins Leere starren; F ein Loch in die Luft gucken 3 (*abîme*) Tiefe *f*; Abgrund *m*; ***sauter dans le ~*** in die Tiefe springen 4 *fig* Leere *f*; Sinnlosigkeit *f*; ***~ de l'existence*** Sinnlosigkeit des Lebens; ***sentiment*** *m* ***de ~*** Gefühl *n* der Leere

vidé [vide] *adj* 1 *poisson, volaille* ausgenommen 2 F *fig* ***être ~*** F total erledigt, kaputt sein

vidéo [video] I *f* Video *n* II *adj* ⟨*inv*⟩ Video…; ***bande*** *f*, ***cassette*** *f* ***~*** Videoband *n*, -kassette *f*; ***disque*** *m* ***~*** Bildplatte *f*; ***jeu*** *m* ***~*** Video-, Telespiel *n*; ***technique*** *f* ***~*** Videotechnik *f*

vidéocassette [videokasɛt] *f* Videokassette *f* **vidéoclip** *m* Videoclip *m*

vidéodisque [videodisk] *m* Video-CD *f*; ***~ numérique*** DVD *f*

vidéofréquence [videofʀekɑ̃s] *f* Videofrequenz *f*

vidéophone [videɔfɔn] *m* TÉLÉCOMM Bildtelefon *n*

vide-ordures [vidɔʀdyʀ] *m* ⟨*inv*⟩ Müllschlucker *m*

vidéosurveillance [videosyʀvɛjɑ̃s] *f* Videoüberwachung *f*

vidéothèque [videɔtɛk] *f* Videothek *f*

vide-poches [vidpɔʃ] *m* ⟨*inv*⟩ AUTO Handschuhfach *n* **vide-pomme** *m* ⟨*inv*⟩ Apfelausstecher *m*

vider [vide] I *v/t* 1 *récipient* (aus-, ent)leeren; leer machen; *bouteille, verre* **a)** (*verser*) (aus)leeren; auskippen; **b)** (*boire*) austrinken; leeren; *contenu* aus-, entleeren; auskippen, -schütten; ***aller ~ les ordures*** den Müll wegbringen; ***~ une pipe*** eine Pfeife ausklopfen; ***~ un bassin de son eau, de ses poissons*** das Wasser aus e-m Becken ablassen; die Fische aus e-m Becken herausnehmen; ***~ une pièce de ses meubles*** ein Zimmer ausräumen; ***~ qc dans, sur qc*** etw schütten, leeren, gießen in, auf etw (*acc*) 2 CUIS *volaille, poisson* ausnehmen; *poisson a* kehlen 3 *pièce, logement* räumen; frei machen 4 *cheval*: *cavalier* abwerfen; F *fig* ***~ qn*** F j-n rausschmeißen, -werfen; j-n an die Luft setzen; F *fig* ***se faire ~*** F rausgeworfen, -geschmissen werden 5 F ***ça m'a vidé, ce travail*** F diese Arbeit hat mich fertiggemacht; ich bin total kaputt, vollkommen ausgepumpt nach dieser Arbeit 6 ***~ une querelle***, JUR ***un différend*** e-n Streit beilegen II *v/pr* ***se ~*** 1 *récipient, contenu* sich entleeren; auslaufen 2 *rue, ville, cafés etc* sich leeren; leer werden; ***Paris se vide de ses touristes*** die Touristen verlassen Paris 3 ***se ~ de son sang*** verbluten

videur [vidœʀ] *m* F Rausschmeißer *m*

vie [vi] *f* 1 *de l'homme et des animaux* Leben *n*; Lebenszeit *f*; ***droit*** *m* ***de ~ et de mort*** Recht *n* über Leben und Tod; ♦ *loc/adj et loc/adv*: ***à ~*** auf Lebenszeit; lebenslänglich; ***nommé à ~*** auf Lebenszeit ernannt; ***à la ~ et à la mort*** fürs, für das (ganze) Leben; auf Leben und Tod; auf Gedeih und Verderb; ***au cours de sa ~*** im Laufe s-s Lebens; ***de*** (***toute***) ***ma ~***, *je n'ai jamais vu cela* in meinem ganzen Leben; mein Lebtag; ***sa ~ durant*** sein Leben lang; zeitlebens; zeit s-s Lebens; ***pour la ~*** fürs, für das (ganze) Leben; auf Lebenszeit; ***sans ~*** (*mort*) leblos; (*évanoui*) bewusstlos; → *a 3*; ***toute la*** (*ou* ***ma*** *etc*) ***~*** das ganze Leben (hindurch); ein (*ou* mein *etc*) Leben lang; zeitlebens; zeit meines (*etc*) Lebens; ♦ ***avoir la ~ dure*** *animal, personne* zählebig sein; ein zähes Leben haben; *rumeur* sich hartnäckig halten; ***devoir la ~ à qn*** j-m das Leben verdanken; ***donner la ~ à qn*** j-m das Leben schenken; ***être en ~*** am Leben sein; leben; ***être entre la ~ et la mort*** zwischen Leben und Tod schweben; ***c'est une question de ~ ou de mort*** es geht auf Leben und Tod; ***maintenir en ~*** am Leben erhalten; *litt ou plais* ***passer de ~ à trépas*** hin-, verscheiden; hinübergehen; entschlafen; ***perdre la ~*** das Leben verlieren; ums Leben kommen; umkommen; *fig* ***rendre la ~ à qn*** j-n (wieder) aufatmen lassen; *prov* ***tant qu'il y a de la ~, il y a de l'espoir*** es hofft der Mensch, solang er lebt (*prov*) 2 (*façon de vivre*) Leben *n*; Lebensweise *f*; ♦ ***~ civile*** Zivilleben *n*; ***~ conjugale*** Eheleben *n*; eheliches Leben; ***~ culturelle*** kulturelles Leben; Kulturleben *n*; ***~ économique*** Wirtschaftsleben *n*; ***~ intérieure*** Innenleben *n*; ***~ ouvrière*** Arbeiterleben *n*, -dasein *n*; Leben der Arbeiter; ***~ privée, professionnelle*** Privat-, Berufsleben *n*; ***~ publique*** öffentliches Leben; ***quelle ~!*** was für ein Leben!; ***~ bien remplie*** ausgefülltes Leben; ***~ scolaire*** Leben in der Schule; Schulleben *n*; ***~ sentimentale*** Liebesleben *n*; ***~ de chien*** Hundeleben *n*; ***~ de famille*** Familienleben *n*; ***~ de misère(s), de souffrance(s)*** Leben voller Leiden; ***~ de travail*** arbeitsreiches Leben; ***~ en société*** Leben

V

in (der) Gesellschaft; ***genre*** *m*, ***mode*** *m* ***de ~*** Lebensweise *f*; ***niveau*** *m* ***de ~*** Lebensstandard *m*; ***qualité*** *f* ***de la ~*** Lebensqualität *f*; ***dans la ~ courante*** im (wirklichen) Leben; ♦ ***aimer la ~*** am Leben hängen; das Leben lieben; ***entrer dans la ~ active*** ins Berufsleben eintreten; ***c'est la ~*** so ist das Leben; *métier etc* ***c'est sa ~*** das ist sein Lebensinhalt; ***ce n'est pas une ~*** das ist doch kein Leben; ***c'est la belle ~*** so lässt sich's leben; ***faire sa ~*** sein Leben aufbauen; sich selbst verwirklichen; ***faire la ~*** Szenen machen (***à qn*** j-m); ***mener une petite ~ tranquille*** ein gemütliches Leben führen; ***mener une ~ sportive*** viel Sport treiben; ***mener la ~ dure à qn*** j-m das Leben schwer machen; ***rendre la ~ impossible, intenable à qn*** j-m das Leben zur Hölle machen; ***vivre sa ~*** sein eigenes Leben leben, führen **3** (*vitalité*) Leben *n*; Lebendigkeit *f*; Lebhaftigkeit *f*; *loc/adj*: ***plein de ~*** *personne* sehr lebhaft; quicklebendig; *œuvre* lebendig; ***sans ~*** *endroit* unbelebt; *œuvre* farblos; ohne Leben; ***mettre de la ~ dans*** Leben bringen in (*+acc*) **4** BIOL Leben *n*; ***~ animale, végétale*** tierisches, pflanzliches Leben **5** (*besoins pour vivre*) Leben(sunterhalt) *n*(*m*); ***coût*** *m* ***de la ~*** Lebenshaltungskosten *pl*; ***la ~ est chère*** das Leben ist teuer; ***gagner sa ~*** s-n Lebensunterhalt verdienen; ***gagner bien, largement sa ~*** sein gutes, reichliches Auskommen haben **6** (*biographie*) Leben(sgeschichte) *n*(*f*); ***raconter sa ~*** sein Leben, s-e Lebensgeschichte erzählen **7** REL ***~ éternelle*** ewiges Leben **8** *d'un pays, d'une langue, d'un volcan etc* Leben *n*

Viège [vjɛʒ] GÉOGR ***la ~*** die Visp

vieil [vjɛj] → ***vieux***

vieillard [vjɛjaʀ] *m* Greis *m*; alter Mann; ***les ~s*** die alten Leute *pl*; die Alten *m/pl*; ***hospice*** *m* ***de ~s*** Altenpflegeheim *n*

vieille [vjɛj] *adj et subst f* → ***vieux***

vieillerie [vjɛjʀi] *f* **1** *souvent pl* ***~s*** alter Plunder, Kram; Trödelkram *m*; *vêtements* alte Klamotten *f/pl*; *fig idées etc* F olle Kamellen *f/pl* **2** F ***c'est la ~*** man wird alt; F man ist auch nicht mehr der *ou* die Jüngste

vieillesse [vjɛjɛs] *f* **1** *de personnes* (hohes) Alter; Greisenalter *n*; Bejahrtheit *f*; *adjt* ***assurance*** *f* ***~*** Alters-, Rentenversicherung *f*; ***marques*** *f/pl* ***de ~*** Zeichen *n/pl* des Alters; ***mourir de ~*** an Altersschwäche sterben **2** *de choses* hohes Alter **3** *coll* Alter *n*; alte Leute *pl*

vieilli [vjeji] *adj* **1** *personne, visage* gealtert; alt geworden **2** *mot* veraltend **3** *vin* gealtert

vieillir [vjejiʀ] **I** *v/t* ***~ qn*** *coiffure etc* j-n alt *ou* älter machen, erscheinen lassen; *fatigue etc* j-n altern (lassen); ***vous me vieillissez*** (***de deux ans***) Sie machen mich (zwei Jahre) älter, als ich bin **II** *v/i* **1** *personne* alt *ou* älter werden; altern; ***~ rapidement*** rasch altern; ***savoir ~*** mit Anstand alt werden; ***il a vieilli de dix ans d'un seul coup*** er ist mit e-m Schlag (um) zehn Jahre gealtert, älter geworden; ***en vieillissant*** mit zunehmendem Alter **2** *mot etc* veralten; ***ne pas ~*** zeitlos sein; immer aktuell bleiben **3** *vin* altern; reifen; ***laisser, faire ~*** altern lassen; lagern **III** *v/pr* ***se ~*** sich älter machen; sich (*dat*) ein älteres Aussehen geben; *se faire passer* sich für älter ausgeben (, als man ist)

vieillissant [vjejisɑ̃] *adj personne* alternd; *choses* veraltend

vieillissement [vjejismɑ̃] *m* **1** PHYSIOL Altern *n*; Altwerden *n*; ***~ prématuré*** vorzeitiges Altern; ***~ de la population*** Überalterung *f* der Bevölkerung **2** *d'un mot etc* Veralten *n* **3** *du vin* Altern *n*; Alterung *f*

vieillot [vjɛjo] *adj* ⟨***~te***⟩ altmodisch

vielle [vjɛl] *f* MUS Dreh-, Radleier *f* **vielleur** *ou* **vielleux** *m* Leierspieler *m*

vienne [vjɛn] → ***venir***

Vienne [vjɛn] **1** *en Autriche* Wien *n* **2** *Stadt im Dep. Isère* **3** ***la ~*** *Fluss u Departement in Frankreich*

viennois [vjenwa] **I** *adj* Wiener; wienerisch; CUIS ***escalope ~e*** Wiener Schnitzel *n*; ***pain ~*** Milchweißbrot *n* **II** *subst* ***Viennois***(***e***) *m*(*f*) Wiener(in) *m*(*f*)

viennoiserie [vjɛnwazʀi] *f* Feingebäck *n*

viens, vient [vjɛ̃] → ***venir***

Vientiane [vjɛntjan, -sjan] GÉOGR Vientiane [viɛn-] *n*

vierge [vjɛʀʒ] **I** *adj* **1** *jeune fille* jungfräulich; rein; unberührt (*a garçon*); ***rester ~*** Jungfrau bleiben **2** *par ext papier* unbeschrieben; leer; *st/s* ***~ de*** frei von; ***cassette*** *f* ***~*** Leerkassette *f*; ***CD*** *m* ***~*** CD-Rohling *m*; ***forêt*** *f* ***~*** Urwald *m*; ***les îles*** *f/pl* ***Vierges*** die Jungferninseln *f/pl*; ***neige*** *f*, ***sommet*** *m* ***~*** unberührter Schnee, Gipfel; ***pellicule*** *f* ***~*** unbelichteter Film; ***terre*** *f*, ***sol*** *m* ***~*** jungfräulicher Boden; ***avoir un casier judiciaire ~*** nicht vorbestraft sein **3** ***huile*** *f* ***~*** naturreines Öl **4** BOT ***vigne*** *f* ***~*** wilder Wein **II** *f* **1** Jungfrau *f* **2** REL ***la Vierge, la Sainte Vierge, la Vierge Marie*** Maria; die Heilige Jungfrau; die Jungfrau Maria; ÉGL CATH ***culte*** *m* ***de la Vierge*** Marienkult *m* **3** ART ***Vierge*** Madonna *f*; Marienbild *n*; ***la Vierge à l'Enfant*** Maria *ou* die Jungfrau mit dem Kind **4** ***fil*** *m* ***de la Vierge*** Altweibersommer *m* **5** ASTR ***Vierge*** Jungfrau *f*

Vierzon [vjɛʀzõ] *Stadt im Dep. Cher*

Viêt-cong [vjɛtkõg] *m* POL Vietcong *m*

Viêt-nam [vjɛtnam] ***le ~*** Vietnam *n*

vietnamien [vjɛtnamjɛ̃] **I** *adj* ⟨***~ne***⟩ vietnamesisch **II** *subst* **1** ***Vietnamien***(***ne***) *m*(*f*) Vietnamese *m*, Vietnamesin *f* **2** LING ***le ~*** das Vietnamesische; Vietnamesisch *n*

vieux [vjø] **I** *adj* ⟨*m vor Vokal u stummem h* **vieil** [vjɛj]; *f* **vieille** [vjɛj]⟩ **1** (*âgé*) alt; *personne a* bejahrt; betagt; ***~ beau*** alter Stutzer, Geck; ***vieille femme*** alte Frau; Greisin *f*; ***les vieilles gens*** die alten Leute *pl*; ***vieil homme*** alter Mann; F ***vieil imbécile*** F alter Trottel; ***passer ses ~ jours à la campagne*** s-n Lebensabend auf dem Land verbringen; ***pour*** *ou* ***sur ses ~ jours*** für *ou* auf s-e alten Tage; ***vieille maison*** altes Haus; ***~ papiers, vêtements*** Altpapier *n*, -kleider *n/pl*; ***vin ~*** alter Wein; F ***~ comme Mathusalem, Hérode*** stein-, uralt; F alt wie Methusalem; ***plus ~ que …*** älter als …; ***très ~*** sehr alt; uralt; hochbetagt; ***trop ~*** zu alt (***pour*** für *ou* um zu *+inf*); ***devenir ~*** alt werden; altern; ***être ~*** alt sein; ***être ~ avant l'âge*** vorzeitig gealtert sein; ***se faire ~*** alt werden; altern; ***elle s'habille ~*** sie trägt Kleider, die sie alt, viel älter machen; ***se sentir ~*** sich alt fühlen; sich (*dat*) alt vorkommen; ***vivre ~*** alt werden; lange leben **2** (*ancien*) alt; langjährig; *chose a* schon lange bestehend; ***vieil ami*** alter, langjähriger Freund; ***vieille civilisation*** alte Kultur; ***le ~ continent*** der alte Kontinent; ***vieille fille*** alte Jungfer; ~ **garçon** alter Junggeselle; ~ **mariés, époux** schon lange verheiratete, alte Eheleute *pl*; **le ~ Nuremberg** das alte Nürnberg; **vieille ville** alte Stadt; (*cité*) Altstadt *f*; *loc/adj* **de vieille date** alt; langjährig; **c'est toujours la vieille question** es ist immer das alte Problem **3** (*dépassé*) alt; weit zurückliegend; früher; vorherig; vorig; veraltet (*a mot*); **le ~ français** das Altfranzösische; Altfranzösisch *n*; **une vieille histoire** e-e alte, lange Geschichte; **~ souvenirs** alte Erinnerungen *f/pl*; **le bon ~ temps** die gute alte Zeit; **ma vieille voiture** mein alter, voriger Wagen; *loc/adj*: **de la vieille école** der alten Schule; *péj* rückständig; (**très**) **vieille France** altväterisch; altväterlich; antiquiert; vorgestrig; **~ jeu** altmodisch; unmodern; altfränkisch; alter Zopf **4** *expression de sympathie* **cette bonne vieille ville de Reims** das liebe, alte Reims; **ce bon ~ X** der gute *ou* liebe, alte X **5** **vieil or** Altgold *n*; *adjt* in Altgold; **~ rose** Altrosa *n*; *adjt* altrosa **II** *subst* **1** **~, vieille** *m,f* alter Mann; Alte(r) *m*; alte Frau; Alte *f*; **les ~** die Alten *pl*; F **mes ~** F meine Alten *pl* (*parents*); F **mon ~** *appellatif* F mein Lieber; alter Freund, Junge; (*père*) F mein Alter; mein Alter Herr; → *a* **bien**[1] *I 7*; F *appellatif* **ma vieille** F meine Liebe; F **son ~** (*mari*) F ihr Alter, Oller; F **sa vieille** (*femme*) F s-e Alte, Olle; F **un petit ~** ein altes Männchen; F **une petite vieille** ein altes Mütterchen; F **c'est un ~ de la vieille** er ist ein alter Hase **2** **le ~** das Alte; **faire du neuf avec du ~** aus Alt mach Neu (*loc*); F **prendre un** (**sacré, sérieux**) **coup de ~** mit e-m Schlag alt, älter werden

Vieux-Brisach [vjøbʀizak] *m* GÉOGR Breisach *n*

vif [vif] **I** *adj* ⟨**vive** [viv]⟩ **1** *personne, regard etc* lebhaft; lebendig; wach; *intelligence, imagination a* rege; *curiosité, désir, plaisir, souvenir, applaudissements etc* lebhaft; *émotion, impatience* heftig; *impression, penchant* stark; **vive sensation de douleur** heftiger Schmerz; **à mon ~ regret** zu meinem größten, großen Bedauern; **être doué d'une sensibilité très vive** sehr sensibel, feinfühlig sein **2** (*emporté*) *personne* heftig; aufbrausend; ungestüm; *propos, reproches, critique, querelle, discussion etc* heftig; *propos, critique a* scharf; *discussion a* lebhaft; hitzig; **au tempérament très ~** sehr heftig; ungestüm; **de vive force** mit Brachialgewalt; **échanger des propos très ~s** e-n heftigen, hitzigen, scharfen Wortwechsel haben; heftige, scharfe Worte wechseln; **faire une remarque vive à qn** j-n anfahren **3** *lumière* hell; strahlend; *couleur* lebhaft; kräftig; leuchtend; *teint* gesund; frisch; *air* frisch und kalt; *froid* empfindlich; *chaleur* stark; *arête* scharf; *couleur, lumière* **trop ~** grell **4** (*rapide*) *allure* flink; flott; *personne, geste* flink; *rythme* flott; **geste trop ~** zu hastige Bewegung; **marcher d'un pas ~** flott, in flottem Schritt gehen **5** (*vivant*) lebendig; lebend; **être brûlé(e) vif** (**vive**) bei lebendigem Leib verbrannt werden **6** *par ext*: **chaux vive** gebrannter, ungelöschter Kalk; **eau vive** lebhaft fließendes, sprudelndes Wasser; Wildwasser *n*; **'haie vive** (lebende) Hecke; **poids ~** Lebendgewicht *n*; *loc/adv*: CUIS **à feu ~** bei starker Hitze; auf starker Flamme; **de vive voix** mündlich; *fig pays* **être atteint dans ses forces vives** an s-m Lebensnerv getroffen sein, werden **II** *m* **1** JUR **donation** *f* **entre ~s** Schenkung *f* unter Lebenden **2** *loc*: **plaie** *f* **à ~** offene Wunde; *fig* **il a les nerfs à ~** s-e Nerven sind zum Zerreißen gespannt; **être piqué, atteint, touché au ~** zutiefst getroffen, verletzt, gekränkt sein; ins Mark getroffen sein; **pêcher au ~** mit lebendem Köder angeln; **entrer dans le ~ du sujet** zum Kern der Sache kommen; in medias res gehen; **trancher, tailler, couper dans le ~** → **trancher** *II 1*; **prendre sur le ~** PHOT e-n Schnappschuss machen von; *expression, scène* aus dem Leben greifen; dem wirklichen Leben entnehmen; **réaction** *f* **sur le ~** Augenblicksreaktion *f*

vif-argent [vifaʀʒɑ̃] *m* Quecksilber *n*; *fig* **c'est du ~** er ist quecksilbrig, ein Quecksilber, äußerst lebhaft

vigie [viʒi] *f* MAR Ausguck *m*

vigilance [viʒilɑ̃s] *f* Wachsamkeit *f*; **donner toute sa ~ à qn, qc** j-m, e-r Sache s-e ganze Aufmerksamkeit zuwenden, widmen; **tromper la ~ de qn** j-n, der aufpasst, überlisten

vigilant [viʒilɑ̃] *adj* wachsam; umsichtig; **attention ~e** besondere Aufmerksamkeit; **sous l'œil ~ de qn** unter j-s wachsamen Blicken; *malade* **être l'objet de soins ~s** umsichtig, sorgsam gepflegt werden

vigile [viʒil] **1** *m* (*gardien*) Wachmann *m*; (*veilleur de nuit*) Nachtwächter *m* **2** *f* ÉGL CATH Vigil *f*

vigipirate [viʒipiʀat] **plan** *m* **~** *frz Anti-Terror-Programm*

vigne [viɲ] *f* **1** Weinrebe *f*; (**cep** *m*, **pied** *m* **de**) **~** Wein-, Rebstock *m*; BOT **~ vierge** Wilder Wein; **pays** *m* **de ~** Wein(bau)gebiet *n* **2** Weinberg *m*, -garten *m*; **~s** *pl a* Rebflächen *f/pl*; *fig* **être dans les ~s du Seigneur** betrunken, berauscht sein

vigneron [viɲ(ə)ʀõ] *m*, **vigneronne** *f* Winzer(in) *m(f)*; Weinbauer *m*, -gärtner *m*; *österr* Weinhauer *m*

vignette [viɲɛt] *f* **1** ADM **a)** *sur les médicaments* Kontrollabschnitt *m*, Preisschild *n*, (Preis)Aufkleber *m* für die Kostenerstattung durch die Sozialversicherung; **b)** **~** (**automobile**) Steuerplakette *f* (*über entrichtete Kraftfahrzeugsteuer*); *correspond à* Kraftfahrzeugsteuer *f* **2** TYPO Vignette *f*; Zierbildchen *n*, -leiste *f*

vignoble [viɲɔbl] *m* **1** *plantation* Weinberg *m*, -garten *m* **2** *d'une région* Wein(bau)gebiet *n*

vigogne [vigɔɲ] *f* ZO Vikunja *n*

vigoureux [viguʀø] *adj* ⟨**-euse**⟩ **1** *être vivant* kräftig; robust; widerstandsfähig; **bras** *m/pl* **~** kräftige Arme *m/pl*; **cheveux** *m/pl* **~** kräftiges Haar; **santé vigoureuse** robuste Gesundheit **2** *style* kraftvoll; **couleur vigoureuse** kräftige Farbe; **protestation, résistance vigoureuse** heftiger Protest, Widerstand; **au tracé ~** mit, in kraftvollen Strichen (gezeichnet)

vigueur [vigœʀ] *f* **1** (Lebens)Kraft *f*; Robustheit *f*; Stärke *f*; **manque** *m* **de ~** Kraftlosigkeit *f*; *loc/adj*: **dans toute la ~ de la jeunesse** in voller Jugendkraft; **plein de ~** kraftvoll; kraftstrotzend; voller Lebenskraft; **sans ~** kraftlos; *loc/adv* **avec ~** heftig; kräftig **2** *de la résistance, d'une protestation* Heftigkeit *f*; *d'un argument, d'expression* Kraft *f*; *de pensée* Schärfe *f*; **exprimer qc avec ~** etw kraftvoll ausdrücken; **manquer de ~** kraftlos, matt sein; *mesure* **perdre de sa ~** an Wirksamkeit verlieren; *conflit etc* **reprendre ~** wieder heftiger werden; erneut aufflammen **3** JUR *loc/adj* **en ~** in Kraft; gültig; geltend; **entrée** *f* **en ~** Inkrafttreten *n*; **loi** *f* **en ~** geltendes Gesetz, Recht; ***mise** f **en ~*** Inkraftsetzung *f*; ***entrer en ~*** in Kraft treten; ***être en ~*** in Kraft sein; gelten; ***mettre en ~*** in Kraft setzen

VIH [veiaʃ] *m abr (virus de l'immunodéficience humaine)* HIV *n*

Viking [vikiŋ] *m* HIST Wikinger *m*

vil [vil] *adj* 1 *st/s personne, action* ruchlos; schändlich; nichtswürdig; ***de ~s intérêts*** niedrige Interessen *n/pl* 2 *loc/adv* ***à ~ prix*** zu e-m Spottpreis; zu Schleuderpreisen

vilain [vilɛ̃] I *adj* 1 *enfant, bête* unartig; böse; garstig; ungezogen 2 *mot, manières* hässlich; schlimm; unanständig; *mauvais tour* übel; *avertissement* ***un ~ monsieur*** ein böser Mann 3 *(laid)* hässlich; ***blessure ~e*** schlimme, böse Verletzung; ***cheveux ~s*** stumpfes und farbloses Haar; ***temps ~*** scheußliches Wetter; ***elle n'est pas ~e*** sie sieht gar nicht übel aus II *subst* 1 ***~(e)*** *m(f)* böser, unartiger Junge; böses, unartiges Mädchen; ***hou, la (petite) ~e!*** pfui, du böses Mädchen! 2 *m* F ***il va y avoir, ça va faire du ~*** F das gibt ne Keilerei 3 *m* HIST (Frei)Bauer *m*

vilebrequin [vilbʀəkɛ̃] *m* 1 TECH Bohrkurbel *f*, -winde *f* 2 AUTO Kurbelwelle *f*

vilenie [vil(e)ni] *litt f* Ruchlosigkeit *f*; Schändlichkeit *f*; Nichtswürdigkeit *f*

vilipender [vilipɑ̃de] *st/s v/t* schmähen; verunglimpfen

villa [vi(l)la] *f* Villa *f*

Villach [vilak] GÉOGR Villach *n*

village [vilaʒ] *m* Dorf *n*; ***~ de toile*** Zeltstadt *f*; ***~ de vacances*** Feriendorf *n*

villageois [vilaʒwa] I *adj* dörflich; Dorf… II *subst* ***~(e)*** *m(f)* Dorfbewohner(in) *m(f)*

ville [vil] *f* 1 Stadt *f*; SPORTS ***~ étape*** Etappenziel *n*; ***grande ~*** große Stadt; Großstadt *f*; ***~ industrielle*** Industriestadt *f*; ***~ nouvelle*** neue, neu gegründete Stadt; ***petite ~*** kleine Stadt; Kleinstadt *f*; Städtchen *n*; ***~ portuaire*** Hafenstadt *f*; ***~ d'eau(x)*** (Heil)Bad *n*; Kurstadt *f*, -ort *m*; ***la ~ de Lyon*** die Stadt Lyon; ***~ de province*** Provinzstadt *f*; ***hôtel** m **de ~*** Rathaus *n*; *loc/adv*: ***dans la ~*** in der Stadt; ***en ~*** in der *ou* in die Stadt; im *ou* ins Stadtzentrum; außer Haus; auswärts; *sur une lettre (abr* ***E.V.****)* hier; ***aller en ~*** in die Stadt gehen, fahren; ***dîner en ~*** in der Stadt, auswärts, außer Haus essen 2 *(contraire de « campagne »)* Stadt *f*; Stadtleben *n*; ***gens** m/pl **de la ~*** Leute *pl* aus der Stadt; Stadtmenschen *m/pl*; Städter *m/pl*; ***à la ~*** in der *ou* in die Stadt; ***aimer la ~*** gern in der Stadt wohnen, leben; das Stadtleben lieben 3 *(quartier)* Stadtteil *m*, -viertel *n*; ***~ basse*** Unterstadt *f*; ***~ européenne*** europäisches Viertel; Europäerviertel *n*; ***~ 'haute*** Oberstadt *f*; ***~ neuve*** Neustadt *f*; ***vieille ~*** Altstadt *f* 4 *(habitants de la ville)* Stadt *f*; ***toute la ~ en parle*** die ganze Stadt spricht davon; das ist Stadtgespräch 5 *(municipalité)* Stadt(verwaltung) *f*; *travaux financés* ***par la ~*** von der Stadt

ville-champignon [vilʃɑ̃piɲõ] *f* ⟨*pl* **villes-champignons**⟩ aus dem Boden gestampfte *ou* geschossene Stadt **ville-dortoir** *f* ⟨*pl* **villes-dortoirs**⟩ Schlafstadt *f*

villégiature [vileʒjatyʀ] *f* Sommerfrische *f*; ***aller, partir en ~*** in die Sommerfrische fahren

Villeparisis [vilpaʀizis] *Stadt im Dep. Seine-et-Marne*

Villers-Cotterêts [vilɛʀkɔtʀɛ] *Stadt im Dep. Aisne*

ville-satellite [vilsatelit] *f* ⟨*pl* **villes-satellites**⟩ Trabantenstadt *f*

Villiers de l'Isle-Adam [viljedəliladɑ̃] *frz Schriftsteller*

Villon [vijõ] ***François ~*** *frz Dichter*

villosités [vi(l)lozite] *f/pl* ANAT ***~ intestinales*** Darmzotten *f/pl*

Vilnius [vilnjys] GÉOGR Wilna *n*

vîmes [vim] → ***voir***

vin [vɛ̃] *m* Wein *m*; ***~ blanc*** Weißwein *m*; ***~ cuit*** Aperitif *m* auf Weinbasis; Aperitifwein *m*; ***~ fin, fort*** feiner *ou* erlesener, starker Wein; ***grands ~s*** berühmte Weine; ***~ ordinaire*** einfacher Tischwein; ***petit ~*** Landwein *m*; ***~ rouge*** Rotwein *m*; ***~ sec*** herber, trockener Wein; ***~ d'honneur*** Ehrentrunk *m*; ***~ de messe*** Messwein *m*; ***~ de paille*** weißer Süßwein; ***~ de palme, de** ou **du pays, du Rhin, de table*** Palm-, Land-, Rhein-, Tafel- *ou* Tischwein *m*; ***~ en bouteille*** Flaschenwein *m*; ***~ en fût** ou **tonneau*** Fasswein *m*; Wein vom Fass; offener Wein; CUIS ***coq** m **au ~*** Hahn *m*, Huhn *n* in Rotweinsoße; ***bouteille** f **de ~*** Flasche *f* Wein; Weinflasche *f*; *fig*: ***il a le ~ gai, triste*** er wird lustig, traurig, wenn er Wein trinkt; der Wein macht, stimmt ihn lustig, traurig; ***cuver son ~*** s-n Rausch ausschlafen; ***être entre deux ~s*** nicht ganz nüchtern sein; F im Tran sein; *prov* ***quand le ~ est tiré, il faut le boire*** wer A sagt, muss auch B sagen *(prov)*

vinaigre [vinɛgʀ] *m* 1 Essig *m*; ***~ à l'estragon, d'alcool, de vin*** Estragon-, Sprit-, Weinessig *m*; *fig rapports* ***tourner au ~*** schlechter werden; ***ça a tourné au ~*** die sind aneinandergeraten, sich in die Haare geraten 2 F ***faire ~*** schnell machen

vinaigrer [vinegʀe] *v/t* Essig geben an (*+acc*); mit Essig anmachen; *adjt* ***la salade est trop vinaigrée*** am, im Salat ist zu viel Essig

vinaigrerie [vinɛgʀəʀi] *f* Essigfabrik *f*

vinaigrette [vinɛgʀɛt] *f* Salatsoße *f*; Essig *m* und Öl *n*; Vinaigrette *f*; *loc/adj* ***à la, en ~*** in Salatsoße

vinaigrier [vinɛgʀije] *m flacon* Essigfläschchen *n*, -kännchen *n*

vinasse [vinas] F *f* schlechter Wein

Vincent [vɛ̃sɑ̃] *m Vorname*

vindicatif [vɛ̃dikatif] *adj* ⟨**-ive**⟩ rachsüchtig

vindicte [vɛ̃dikt] *f litt* ***désigner qn à la ~ publique*** j-n anprangern

vineux [vinø] *adj* ⟨**-euse**⟩ 1 ***avoir l'haleine vineuse*** nach Wein riechen, *péj* stinken; F e-e Fahne haben 2 ***rouge ~*** schmutziges Weinrot

vingt [vɛ̃], *vor Vokalen u stummem h u in den Zahlen 22 bis 29* [vɛ̃t] I *num/c* zwanzig; F ***~ dieux!*** sapperlot!; sackerlot!; ***le ~ mai*** der zwanzigste *ou* am zwanzigsten Mai; ***~ mille*** zwanzigtausend; ***page ~*** Seite zwanzig; ***~ et un*** [vɛ̃teɛ̃, vɛ̃teœ̃] einundzwanzig; ***sept heures moins ~*** zwanzig vor sieben; ***à ~ heures*** um zwanzig Uhr; ***dans les années ~*** in den Zwanzigerjahren; ***de ~ ans*** zwanzigjährig; von zwanzig Jahren; ***je n'ai plus mes jambes de ~ ans*** ich habe nicht mehr so junge Beine; F ***je lui ai répété ~ fois …*** F ich hab ihm hundertmal gesagt … II *m* 1 Zwanzig *f*; *südd a* Zwanziger *m*; ***le ~ (du mois)*** der Zwanzigste *ou* am Zwanzigsten (des Monats); → *a* ***deux*** *II* 2 *(meilleure note)* correspond *à* Eins *f*; Einser *m*; ***il a eu quinze sur ~*** er hat e-e Zwei bekommen

vingtaine [vɛ̃tɛn] *f* ***une ~*** etwa, ungefähr, an die, F (so) Stücker zwanzig (***de livres*** *etc* Bücher *etc*)

vingt-deux [vɛ̃tdø] *num/c* zweiundzwanzig; F ***~!*** Achtung!; Vorsicht!; aufgepasst! **vingt-deuxième** *num/o* zweiundzwanzigste(r, -s)

vingtième [vɛ̃tjɛm] **I** *num/o* zwanzigste(r, -s); ***le ~ siècle*** das zwanzigste Jahrhundert **II** *subst* **1** ***le, la ~*** der, die, das Zwanzigste **2** *m* MATH Zwanzigstel *n*

vingt-quatre [vɛ̃tkatʀ] *num/c* vierundzwanzig; ***les ~ heures du Mans*** das 24-Stunden-Rennen von Le Mans; ***~ heures sur ~*** rund um die Uhr

vinicole [vinikɔl] *adj* Wein(bau) ...; ***région*** *f* ***~*** Wein(bau)gebiet *n*

vinification [vinifikasjõ] *f* Weinbereitung *f*; Verarbeitung *f* des Weins **vinifier** *v/t les moûts* zu Wein verarbeiten

vins, vint [vɛ̃] → ***venir***

Vintimille [vɛ̃timij] GÉOGR Ventimiglia [-'milja] *n*

vinyle [vinil] *m* CHIM Vinyl *n*; ***chlorure*** *m* ***de ~*** Vinylchlorid *n*; *souvent pour* Polyvinylchlorid *n* (*abr* PVC)

vinylique [vinilik] *adj* Vinyl...; ***éther*** *m* ***~*** Vinyläther *m*

vioc [vjɔk] → ***vioque***

viol [vjɔl] *m* **1** Vergewaltigung *f*; JUR Notzucht *f* **2** → ***violation***

violacé [vjɔlase] **I** *adj* blaurot; bläulich rot; ***nez ~*** blaurote, bläulich rote Nase; ***rouge*** *m* ***~*** Rotviolett *n* **II** *f/pl* ***~es*** BOT Veilchengewächse *n/pl*

violateur [vjɔlatœʀ] *m* ***~ des lois*** Gesetzes-, Rechtsbrecher *m*; ***~ de tombeau*** Grabschänder *m*

violation [vjɔlasjõ] *f de la loi, d'un traité, d'un secret* Verletzung *f*; *d'une promesse, d'un traité* Bruch *m*; *d'une sépulture, d'un sanctuaire* Schändung *f*; ***~ de domicile*** Hausfriedensbruch *m*; ***~ de frontière*** Grenzverletzung *f*

viole [vjɔl] *f* MUS Viola *f*; ***~ de gambe*** Gambe *f*; Kniegeige *f*; Viola da Gamba *f*

violemment [vjɔlamɑ̃] *adv* heftig

violence [vjɔlɑ̃s] *f* **1** Gewalt *f*; (*contrainte*) Zwang *m*; *acte(s)* Gewalttat *f*, -tätigkeit *f*; Gewaltanwendung *f*; Gewaltsamkeit *f*; *disposition* Brutalität *f*; Rohheit *f*; ***~s morales, physiques*** psychische, physische Foltern *f/pl*, Misshandlungen *f/pl*; ***~ verbale*** heftige, brutale Worte *n/pl*; JUR ***~*** (***et voies de fait***) ***à agent public*** *correspond à* Widerstand *m* gegen die Staatsgewalt; ***acte*** *m* ***de ~*** Gewalttat *f*; Akt *m* der Gewalt; *pl a* Ausschreitungen *f/pl*; ***scène*** *f* ***de ~*** brutale Szene; *loc/adv* ***par la ~*** gewaltsam; mit Gewalt; ***avoir recours à la ~*** Gewalt anwenden; ***commettre des ~s contre qn*** gegen j-n Gewalttätigkeiten begehen, Gewalt anwenden; j-n misshandeln; ***employer la, user de ~*** Gewalt anwenden; ***faire ~ à qn*** auf j-n Zwang ausüben; *litt* ***faire ~ à une femme*** e-r Frau Gewalt antun; ***se faire ~*** sich (*dat*), s-n Gefühlen Zwang antun; sich zwingen (***pour faire qc*** etw zu tun); ***répondre à la ~ par la ~*** Gewalt gegen Gewalt setzen; auf Gewalt mit Gewalt antworten **2** *de la tempête, d'une passion etc* Heftigkeit *f*; *de la tempête a* Wüten *n*; Toben *n*; ***souffler avec ~*** wüten; toben

violent [vjɔlɑ̃] *adj* **1** *personne, caractère* gewalttätig; brutal (*a sport, scène*); ***mourir de mort ~e*** e-s gewaltsamen Todes sterben **2** *vent, paroles, résistance, désir, douleur* heftig; *vent a* stürmisch; *effort, choc a* gewaltig; *contraste* sehr stark; *poison* (sehr schnell und) stark (wirkend); *odeur* scharf; beißend; ***jaune, rouge ~*** F Knallgelb *n*, -rot *n* **3** F ***c'est un peu ~*** F das ist wirklich allerhand; das ist ein starkes Stück

violenter [vjɔlɑ̃te] *v/t* → ***violer*** *3*

violer [vjɔle] *v/t* **1** *loi, secret, traité* verletzen; *promesse, traité* brechen **2** *sépulture, sanctuaire* schänden; ***~ les consciences*** die Gewissensfreiheit unterdrücken; ***~ le domicile de qn*** unbefugt und gewaltsam in j-s Wohnung eindringen **3** *femme* vergewaltigen; JUR notzüchtigen; ***se faire ~*** vergewaltigt werden

violet [vjɔlɛ] **I** *adj* ⟨***~te***⟩ violett; veilchenblau; *de froid* bläulich (angelaufen) **II** *m* Violett *n*

violette [vjɔlɛt] *f* BOT Veilchen *n*

violeur [vjɔlœʀ] *m* Vergewaltiger *m*

violine [vjɔlin] *adj* purpurviolett

violon [vjɔlõ] *m* **1** Geige *f*; Violine *f*; F *ou péj* Fiedel *f*; *fig* ***~ d'Ingres*** Steckenpferd *n*; Hobby *n*; ***concerto*** *m* ***pour ~*** Violinkonzert *n*; F *fig* ***accordez vos ~s!*** werdet euch (bitte) einig!; ***jouer du ~*** Geige, Violine spielen; geigen; P *fig* ***c'est comme si on pissait dans un ~!*** *ou* ***autant pisser dans un ~!*** F das ist für die Katz! **2** *joueur* Geiger(in) *m(f)*; ***premier ~*** erster Geiger; *fig*: ***je ne peux pas aller plus vite que les ~s*** ich kann auch nicht hexen; ***vouloir aller plus vite que les ~s*** die Dinge überstürzen wollen **3** F (*prison de police*) Arrestlokal *n*; Polizeigewahrsam *m*

violoncelle [vjɔlõsɛl] *m* MUS (Violon)Cello [-'(t)ʃ-] *n* **violoncelliste** *m,f* Cellist(in) *m(f)*; Cellospieler(in) *m(f)*

violoneux [vjɔlɔnø] *m* Fiedler *m* (*a péj*) **violoniste** *m,f* Geiger(in) *m(f)*; Violin-, Geigenspieler(in) *m(f)*; Violinist(in) *m(f)*

vioque [vjɔk] *arg* **I** *adj* alt **II** *m,f* Alte(r) *f(m)*; ***mes ~s*** F meine Alten *pl* (*parents*)

vipère [vipɛʀ] *f* **1** ZO Viper *f*; Otter *f* **2** *fig personne* Schlange *f*; F Giftnudel *f*, -kröte *f*

vipérin [vipeʀɛ̃] *adj* ZO ***couleuvre ~e*** Vipernatter *f*

virage [viʀaʒ] *m* **1** *d'une route* Kurve *f*; Straßenbiegung *f*, -krümmung *f*; Kehre *f*; ***~ dangereux*** gefährliche Kurve; ***~ à droite, à gauche*** Rechts-, Linkskurve *f*; *panneau* ***~s sur 3 km*** kurvenreiche Strecke auf 3 km; ***couper un ~*** e-e Kurve schneiden; ***manquer un ~*** aus e-r Kurve getragen werden; F e-e Kurve nicht kriegen; ***prendre un ~*** e-e Kurve nehmen **2** *action* Wendung *f*; Drehung *f*; MAR Wenden *n*; AUTO, AVIAT Kurve *f*; SKI, PATINAGE Bogen *m* **3** *fig* Wende *f*; Wechsel *m*; Umschwung *m*; Schwenkung *f*; POL ***amorcer un ~ à droite*** e-e Schwenkung nach rechts vollziehen **4** PHOT Tonung *f* **5** CHIM Umschlagen *n* (***du bleu au rouge*** von Blau in Rot) **6** MÉD ***~ de la cuti-réaction*** positive Tuberkulinprobe

virago [viʀago] *f* Mannweib *n*

viral [viʀal] *adj* ⟨***-aux***⟩ MÉD Virus...; ***infection ~e*** Virusinfektion *f*

virée [viʀe] *f* F Spritztour *f*, -fahrt *f*

virement [viʀmɑ̃] *m* FIN Überweisung *f*; Giro *n*; ***~s*** *pl* Giroverkehr *m*; ***~ bancaire*** Banküberweisung *f*; ***~ postal*** Postschecküberweisung *f*; ***ordre*** *m* ***de ~*** Überweisungsauftrag *m*; ***payer par ~*** bargeldlos, durch Überweisung zahlen

virent [viʀ] → ***voir***

virer [viʀe] I *v/t* 1 *somme* überweisen (***à un compte*** auf ein Konto) 2 F ***~ qn*** j-n hinauswerfen, F feuern; ***se faire ~*** gefeuert, hinausgeworfen werden 3 F ***il a viré sa cuti*** s-e Tuberkulinprobe ist positiv; *fig* er ist umgeschwenkt; er hat die Front gewechselt 4 PHOT tonen II *v/t/indir* ***~ à*** umschlagen in (+*acc*); werden zu; *vin* ***~ à l'aigre*** umschlagen; sauer werden; CHIM *tournesol* ***~ au rouge*** in Rot umschlagen; rot werden; ***~ à la violence*** *etc* in Gewalt *etc* umschlagen III *v/i* 1 sich drehen; *véhicule* e-e Kurve fahren; *avion* e-e Kurve fliegen; *patineur* e-n Bogen fahren; *véhicule* ***~ à droite, à gauche*** nach rechts, links ein-, abbiegen; ***~ de bord*** MAR wenden; *fig et* POL umschwenken; e-e Schwenkung vollziehen 2 MÉD *cuti-réaction* positiv sein, werden

vireux [viʀø] *adj* ⟨**-euse**⟩ *sc* BOT giftig

virevolte [viʀvɔlt] *f souvent pl* ***~s*** Drehungen *f/pl*; Umherwirbeln *n*; *fig* Kehrtwendungen *f/pl*; Schwenkungen *f/pl* **virevolter** *v/i* sich drehen; umherwirbeln

Virgile [viʀʒil] *m poète romain* Vergil *m*

virginal [viʀʒinal] *adj* ⟨**-aux**⟩ jungfräulich; rein; unberührt

Virginie [viʀʒini] *f* 1 *Vorname* 2 GÉOGR ***la ~*** Virginia [-ˈdʒiː-] *n*

Virginie-Occidentale [viʀʒiniɔksidɑ̃tal] GÉOGR ***la ~*** West Virginia *n*

virginité [viʀʒinite] *f* Jungfräulichkeit *f*; Jungfernschaft *f*; Unberührtheit *f*; Reinheit *f*; *fig* ***refaire une ~ à qn*** j-m e-e weiße Weste verpassen; j-n reinwaschen

virgule [viʀgyl] *f* Komma *n*; Beistrich *m*; ***mettre une ~*** ein Komma setzen

viril [viʀil] *adj* 1 männlich; Mannes…; viril; *sexuellement* potent; ***âge ~, force ~e*** Mannesalter *n*, -kraft *f* 2 *personne, attitude* männlich; mannhaft; unerschrocken; *traits* markant; männlich

viriliser [viʀilize] *v/t* vermännlichen

virilité [viʀilite] *f* 1 PHYSIOL Männlichkeit *f*; Virilität *f*; Manneskraft *f*; (*puissance sexuelle*) Potenz *f* 2 *fig* Männlichkeit *f*; Mannhaftigkeit *f*; Mannesmut *m*; Unerschrockenheit *f*

virole [viʀɔl] *f d'un outil* Zwinge *f*

virologie [viʀɔlɔʒi] *f* Virologie *f*; Virusforschung *f* **virologique** *adj* virologisch **virologiste** *ou* **virologue** *m,f* Virologe, -login *m,f*; Virusforscher(in) *m(f)*

virtualité [viʀtɥalite] *f* Wirkungsvermögen *n*; Virtualität *f*

virtuel [viʀtɥɛl] *adj* ⟨**~le**⟩ virtuell (*a* INFORM, OPT); theoretisch möglich

virtuellement [viʀtɥɛlmɑ̃] *adv* praktisch; so gut wie

virtuose [viʀtɥoz] *m,f* Virtuose *m*, Virtuosin *f*

virtuosité [viʀtɥozite] *f* Virtuosität *f*; Virtuosentum *n*; vollendete Kunstfertigkeit, Technik; ***avec ~*** virtuos; meisterhaft; technisch vollendet

virulence [viʀylɑ̃s] *f* 1 *d'une critique, d'une personne* Heftigkeit *f*; Schärfe *f*; Bissigkeit *f* 2 *de microbes* Virulenz *f*; *d'un poison* starke und schnelle Wirkung

virulent [viʀylɑ̃] *adj* 1 *critique etc* heftig; scharf; bissig 2 *microbes* virulent

virus [viʀys] *m* 1 BIOL Virus *m ou n*; ***maladie f à ~*** Viruskrankheit *f* 2 *fig* Bazillus *m*; Virus *m*; ***être atteint du ~ de la musique*** *etc* ein Musiknarr, musikbesessen *etc* sein 3 INFORM ***~*** (***informatique***) (Computer)Virus [-ˈpjuː-] *m*

vis¹ [vi] → ***voir, vivre¹***

vis² [vis] *f* Schraube *f*; ***~ à tête plate, ronde*** Senkkopf-, Halbrundkopfschraube *f*; TECH ***~ sans fin*** Schnecke *f*; *fig* ***serrer la ~ à qn*** bei j-m die Zügel anziehen; j-n kurzhalten

visa [viza] *m* 1 Visum *n*; Sichtvermerk *m*; ***~ d'entrée, de sortie*** Einreise-, Ausreisevisum *n*; ***demander, délivrer un ~*** ein Visum beantragen, erteilen 2 *pour un film* ***~ de censure*** Freigabevermerk *m*, -bescheid *m*

visage [vizaʒ] *m* 1 Gesicht *n*; *st/s* Antlitz *n*; ***~ énergique, rond*** energisches, rundes Gesicht; ***~ rayonnant*** strahlendes Gesicht; strahlende Miene; ***'haut m du ~*** obere Gesichtshälfte; ***soins*** *m/pl* ***du ~*** Gesichtspflege *f*; *fig* ***elle avait le feu, le sang au ~*** ihr Gesicht brannte *ou* war hoch-, feuerrot; ***il changea de ~*** sein Gesichtsausdruck veränderte sich; ***faire bon ~*** e-e zufriedene Miene aufsetzen, zur Schau tragen; ***faire bon ~ à qn*** katzenfreundlich zu j-m sein 2 (*personne*) Gesicht *n*; ***~ ami*** vertrautes Gesicht; ***Visages pâles*** Bleichgesichter *n/pl* 3 *fig* Gesicht *n*; *loc/adj*: *personne* ***à deux ~s*** mit zwei Gesichtern; ***à ~ humain*** *société etc* human; menschlich; mit menschlichem Antlitz; ***sans ~*** anonym

visagiste [vizaʒist] *m,f* Visagist(in) *m(f)*; Kosmetiker(in) *m(f)*

vis-à-vis [vizavi] I *loc/prép* 1 (*en face de*) ***~ de*** gegenüber (+*dat*) 2 (*envers*) ***~ de qn*** j-m gegenüber; zu j-m; gegen j-n 3 (*par rapport à*) ***~ de qc*** e-r Sache (*dat*) gegenüber; in Bezug auf e-e Sache 4 (*en comparaison de*) ***~ de qc*** im Vergleich zu etw II *loc/adv* einander gegenüber; vis-à-vis; ***deux maisons situées ~*** zwei einander gegenüberliegende Häuser *n/pl* III *m* 1 ***en ~*** einander gegenüberliegend, -stehend 2 *personne, maison etc* Gegenüber *n*; Visavis *n*; ***nous n'avons pas de ~*** wir haben kein Gegenüber; ***nous avons un parc pour ~*** unserem Haus gegenüber ist ein Park

viscéral [viseʀal] *adj* ⟨**-aux**⟩ 1 ANAT Eingeweide… 2 *peur, répulsion etc* irrational; dumpf; *haine a* abgründig

viscères [visɛʀ] *m/pl* ANAT Eingeweide *n/pl*

viscose [viskoz] *f* CHIM Viskose *f*

viscosité [viskozite] *f* Zähflüssigkeit *f*; CHIM Viskosität *f*

visé [vize] *m* Zielen *n*; ***tirer au ~*** gezielt schießen

visée [vize] *f* 1 *avec une arme* Zielen *n*; OPT Visieren *n* 2 *fig* ***~s*** *pl* Absichten *f/pl*; ***avoir des ~s ambitieuses, de grandes, de hautes ~s*** hochfliegende Pläne haben; hoch hinauswollen; ***avoir des ~s sur qc, qn*** Absichten auf etw, j-n haben; ein Auge auf etw, j-n geworfen haben; auf etw (*acc*) reflektieren

viser [vize] I *v/t* 1 *cible* zielen auf (+*acc*); anvisieren 2 *fig but, poste important* zu erreichen suchen; anstreben; anvisieren 3 (*concerner*) ***~ qn*** j-n angehen, betreffen; auf j-n abzielen; ***c'est lui qui est visé*** das ist auf ihn gemünzt, an seine Adresse gerichtet; ***se sentir visé*** sich getroffen fühlen 4 P (*regarder*) ***vise*** (***un peu***) ***cette bagnole!*** F schau, sieh, guck dir mal diese Karre an! 5 ADM mit e-m Visum *ou* Vermerk versehen 6 JUR *articles* anführen; zitieren; sich berufen auf (+*acc*) II *v/t/indir* 1 ***~ à*** zielen

V

auf (+*acc*), nach **2** *fig* **~ à qc** nach etw trachten; auf etw (*acc*) hin-, abzielen; etw anstreben; **~ à** (+*inf*) darauf hinzielen, darauf gerichtet sein zu (+*inf*); ***mesure visant à augmenter le niveau de vie*** Maßnahme zur Hebung des Lebensstandards **III** *v/i* **1** zielen; ***bien ~, ~ juste*** gut, richtig zielen **2** *fig* **~** ***(trop) 'haut*** (zu) hoch hinauswollen; (allzu) hochfliegende Pläne haben

viseur [vizœʀ] *m* **1** *arme à feu* Visier *n*; AVIAT MIL Zielgerät *n* **2** PHOT Sucher *m*

Vishnou *ou* **Vishnu** [viʃnu] *m* REL Wischnu *m*

visibilité [vizibilite] *f* Sicht *f*; Sichtweite *f*; Sichtverhältnisse *n/pl*; **~ *nulle*** starke Sichtbehinderung; Sicht gleich null; ***bonne, mauvaise* ~** gute, schlechte Sicht; ***virage*** *m* ***sans* ~** unübersichtliche Kurve

visible [vizibl] *adj* **1** sichtbar; erkennbar; ***monde*** *m* **~** sichtbare Welt; ***être* ~** *a* zu sehen sein **2** (*évident*) klar zu erkennen(d), erkennbar; sichtbar; sichtlich; merklich; ***avec un embarras* ~** mit sichtlicher, merklicher Verlegenheit **3** *personne* ***n'être pas* ~** nicht zu sprechen sein

visiblement [vizibləmɑ̃] *adv* sichtlich; merklich; **~,** *il ne fait rien* ganz offensichtlich …; ***il grandit* ~** er wächst zusehends

visière [vizjɛʀ] *f* **a)** *d'un casque* (Helm)Visier *n*; **b)** *d'une casquette* (Mützen)Schirm *m*; **c)** *pour les yeux* Augenschirm *m*, -blende *f*; ***mettre sa main en* ~** s-e Augen mit der Hand beschatten

Visigoths [vizigo] *m/pl* HIST Westgoten *m/pl*

vision [vizjõ] *f* **1** (*vue*) Sehen *n*; Sehvermögen *n*; **~ *de loin, de près*** Sehen in die Ferne, in der Nähe; ***troubles*** *m/pl* ***de la* ~** Sehstörungen *f/pl* **2** (*idée*) Vorstellung(en) *f*(*pl*); Bild *n*; **~ *exacte*** genaue *ou* richtige Vorstellung(en); **~ *du monde*** Weltbild *n*, -anschauung *f*; ***la* ~ *de la mort*** die Vorstellung vom Tod; das Bild des Todes **3** (*hallucination*) Vision *f*; Gesicht *n*; Erscheinung *f*; F ***ma parole, j'ai des* ~*s*** F ich hab wohl geträumt, Halluzinationen

visionnaire [vizjɔnɛʀ] **I** *adj* visionär; seherisch **II** *m,f* Visionär(in) *m*(*f*); Seher(in) *m*(*f*)

visionner [vizjɔne] *v/t* CIN *film* (prüfend) ansehen

visionneuse *f* PHOT Diabetrachter *m*; F Gucki *m*; *pour films* Bildbetrachter *m*

visiophone [vizjɔfɔn] *m* TÉLÉCOMM Bildtelefon *n*

Visitation [vizitasjõ] *f* ÉGL CATH, ART Heimsuchung *f* Mariä

visite [vizit] *f* **1** Besuch *m*; Visite *f*; *d'une ville, d'un pays* Besuch *m*; *d'une ville, d'une usine etc* Besichtigung *f*; *du médecin à l'hôpital* Visite *f*; **~ *guidée*** Führung *f*; ***faire une* ~ *guidée*** e-e Führung mitmachen; *médecin* **~ *à domicile*** Hausbesuch *m*; **~ *d'adieu, de condoléances, de politesse*** Abschieds-, Beileids-, Höflichkeitsbesuch *m*; **~ *d'un représentant*** Vertreterbesuch *m*; **~ *du port en bateau, de la ville en autocar*** Hafen-, Stadtrundfahrt *f*; ***carte*** *f* ***de* ~** Visitenkarte *f*; JUR ***droit*** *m* ***de* ~ *(aux enfants)*** Recht *n*, die Kinder zu sehen; ***heures*** *f/pl* ***de* ~, *heure*** *f* ***des* ~*s*** Besuchszeit *f*; ***jour*** *m* ***de* ~** Besuchstag *m*; ***avoir la* ~ *de qn*** j-n zu Besuch haben; ***être en* ~ *chez qn*** bei j-m zu, auf Besuch sein; ***faire une* ~, *rendre (une)* ~ *à qn*** j-n besuchen; j-m e-n Besuch machen, abstatten; ***je vous fais une petite* ~ *en passant*** ich schaue nur auf e-n Moment zu Ihnen herein; ich komme nur auf e-n Sprung zu Ihnen; ***recevoir la* ~ *de qn*** j-s, von j-m Besuch erhalten; ***rendre sa* ~ *à qn*** j-s Besuch erwidern; (j-m) e-n Gegenbesuch machen **2** (*visiteur*) Besucher *m*; Besuch *m*; ***avoir de la* ~** Besuch haben **3** (*inspection*) Visitation *f*; MAR *a* Durchsuchung *f*; JUR: **~ *domiciliaire*** Haussuchung *f*; **~ *des lieux*** Lokaltermin *m* **4** ÉCOLE, USINE **~ *médicale*** ärztliche Untersuchung; ***passer (à) la* ~ *(médicale)*** (ärztlich) untersucht werden

visiter [vizite] *v/t* **1** *malade, prisonnier, client, pays, ville, musée* besuchen; *ville, musée, église, maison à vendre* besichtigen; *pays a* bereisen; *médecin* **~ *qn*** *a* e-n (Kranken-, Haus)Besuch bei j-m machen **2** *cambrioleur*: *logement etc* durchsuchen; *douane*: *bagages etc* kontrollieren; visitieren **3** REL heimsuchen

visiteur [vizitœʀ] *m*, **visiteuse** *f* **1** Besucher(in) *m*(*f*); *a* Gast *m* **2** (*inspecteur*) Kontrolleur(in) *m*(*f*) **3** **~ *médical*** Pharmareferent *m*; Ärztevertreter *m* **4** *adjt* ***infirmière* ~** *correspond à* Gemeindeschwester *f*; Gesundheitsfürsorgerin *f*

vison [vizõ] *m* ZO *et fourrure* Nerz *m*; ***manteau*** *m* ***de* ~** *ou* F **~** Nerzmantel *m*; F Nerz *m*

visqueux [viskø] *adj* ⟨**-euse**⟩ **1** *liquide* zähflüssig; CHIM viskos **2** *poisson etc* schleimig; schmierig; klebrig

vissage [visaʒ] *m* An-, Fest-, Zu-, Verschrauben *n*

vissé [vise] *adj fig* ***être* ~ *sur sa chaise*** sich nicht von s-m Stuhl rühren

visser [vise] *v/t* **1** *fixer* an-, festschrauben; *serrer* zu-, verschrauben; schrauben (***à, sur*** an, auf +*acc*) **2** F *fig* **~ *qn*** j-n kurzhalten; bei j-m die Zügel anziehen

visserie [visʀi] *f* **a)** Schrauben *f/pl* und Bolzen *m/pl*; **b)** Schraubenfabrik *f*

Vistule [vistyl] ***la* ~** die Weichsel

visu [vizy] *loc/adv* → ***de visu***

visualisation [vizɥalizasjõ] *f* Sichtbarmachen *n*, -ung *f* (INFORM auf e-m Bildschirm) **visualiser** *v/t* **1** sichtbar machen (INFORM auf e-m Bildschirm) **2** CIN *sujet* in Bilder umsetzen

visuel [vizɥɛl] **I** *adj* ⟨**~le**⟩ Seh…; Gesichts…; Blick…; visuell; ***champ* ~** Blickfeld *n*; Gesichtsfeld *n*; ***mémoire* ~*le*** visuelles Gedächtnis; PÉD ***méthode* ~*le*** visuelle Methode **II** *subst* **1** **~*(le)*** *m*(*f*) visueller Typ; Augenmensch *m* **2** *m* INFORM Display [-'ple:] *n*; Datensichtgerät *n*

vit [vi] → ***voir, vivre***[1]

vital [vital] *adj* ⟨**-aux**⟩ **1** BIOL, PHILOS Lebens… **2** (*indispensable*) lebenswichtig; Lebens…; vital; ***espace* ~** Lebensraum *m*; ***minimum* ~** Existenzminimum *n*; ***c'est* ~** *ou* ***c'est d'une importance* ~*e*** das ist lebenswichtig

vitalité [vitalite] *f* Vitalität *f*; Lebenskraft *f* (*a d'un pays etc*); ***être plein de* ~** sehr vital, voller Lebenskraft, Vitalität sein

vitamine [vitamin] *f* Vitamin *n*; **~ *A, B, C*** Vitamin A, B, C

vitaminé [vitamine] *adj* vitaminiert; vitaminisiert; mit Vitaminen angereichert

vite [vit] *adv* schnell; rasch; geschwind; ***aussi* ~ *qu'il pouvait*** so schnell er konnte; ***bien* ~** sehr schnell; sehr, recht bald; ***pas si* ~!** nicht so schnell!; ***plus* ~** schneller; rascher; ***le plus* ~** am schnellsten, raschesten; ***au plus* ~** schleunigst; schnellstens; möglichst schnell; ***le plus* ~ *possible*** so schnell wie möglich; auf dem schnellsten Wege; *habille-toi*, ***et plus ~ que ça!*** F und zwar ein bisschen plötzlich!; ***à la va ~*** → ***va-vite***; ***aller trop ~*** überstürzt vorgehen; übereilt, vorschnell handeln; ***il y va un peu ~*** er macht es sich (*dat*) zu leicht; ***allez** ou **allons ~, dépêche-toi!*** los, beeil dich!; ***un accident est ~ arrivé*** ein Unfall ist leicht, schnell passiert; ***fais ~!*** mach schnell!; ***j'ai eu ~ fait de le découvrir*** das habe ich (sehr) schnell, im Handumdrehen entdeckt; ***on a ~ fait de dire que …*** man hat leicht sagen, dass …; F ***c'est du ~ fait*** F das ist geschludert, gepfuscht

vitellus [vitelys] *m* BIOL (Ei)Dotter *m ou n*

Viterbe [vitɛʀb] GÉOGR Viterbo *n*

vîtes [vit] → ***voir***

vitesse [vitɛs] *f* 1 Geschwindigkeit *f* (*a* PHYS); Tempo *n*; Schnelligkeit *f*; Raschheit *f*; ***~ maximale, minimale, moyenne*** Höchst-, Mindest-, Durchschnittsgeschwindigkeit *f*; AVIAT ***de décollage*** Abhebegeschwindigkeit *f*; PHYS ***~ de chute*** Fallgeschwindigkeit *f*; ***~ de croisière*** Reisegeschwindigkeit *f*; *fig* fester Rhythmus; ESPACE ***~ de libération*** Fluchtgeschwindigkeit *f*; ***~ de la lumière*** Lichtgeschwindigkeit *f*; ***~ de pointe*** Spitzengeschwindigkeit *f*, -tempo *n*; F Spitze *f*; CHIM ***~ de réaction*** Reaktionsgeschwindigkeit *f*; PHYS ***~ de rotation*** Umdrehungsgeschwindigkeit *f*; ***~ du vent*** Windgeschwindigkeit *f*; SPORTS ***course*** *f* ***de ~*** Kurzstreckenlauf *m*; → *a* ***perte*** *1*; ♦ *loc/adv*: ***à (une) faible, grande ~*** mit geringer, großer Geschwindigkeit; mit geringem, hohem Tempo; ***à toute ~*** in aller Eile; schleunigst; F im Eiltempo; ***à la ~ du son*** mit Schallgeschwindigkeit; COMM ***en grande, petite ~*** als Eil-, Frachtgut; F ***en ~*** schnellstens; schleunigst; F hopp hopp!; nun aber Tempo!; F ***file, et en ~!*** F mach, dass du wegkommst!; F hau gefälligst ab!; ♦ ***aimer la ~*** gern schnell fahren; die Schnelligkeit lieben; ***faire de la ~*** schnell fahren; F rasen; Tempo vorlegen; ***gagner, prendre qn de ~*** j-m zuvorkommen; schneller sein als j; *avion, train* ***prendre de la ~*** immer schneller werden; beschleunigen 2 AUTO Gang *m*; ***quatrième ~*** vierter Gang; F *fig* ***en quatrième ~*** in größter Eile, Hast; F mit Volldampf, Karacho; ***manger en quatrième ~*** hastig essen; (sein Essen hinunter)schlingen; ***changement*** *m* ***de ~*** Gangschaltung *f*; *action* Schalten *n*; ***changer de ~*** schalten; e-n anderen Gang einlegen; in e-n anderen Gang gehen; ***mettre la, passer en troisième ~*** in den dritten Gang gehen, schalten; den dritten Gang einlegen; ***passer les ~s*** schalten

viticole [vitikɔl] *adj* Wein(bau)…

viticulteur [vitikyltœʀ] *m* Winzer *m*; Weinbauer *m*; *österr* Weinhauer *m* **viticulture** *f* Weinbau *m*

vitrage [vitʀaʒ] *m* 1 (*vitres*) Verglasung *f* 2 (*verrière*) Glasscheibe *f*; *paroi* Glaswand *f*; (***rideau*** *m* ***de***) ***~*** Scheibengardine *f* 3 *action* Verglasen *n*

vitrail [vitʀaj] *m* ⟨*pl* **vitraux**⟩ Kirchenfenster *n*

vitre [vitʀ] *f* (Glas-, Fenster)Scheibe *f*; *par ext* (*fenêtre*) Fenster *n* (*a* CH DE FER); AUTO Seitenfenster *n*; AUTO ***~ arrière, avant*** Heck-, Frontscheibe *f*; ***verre*** *m* ***à ~s*** Fensterglas *n*; ***regarder par la ~*** durch die (Fenster)Scheibe sehen; zum Fenster hinaussehen

vitré [vitʀe] *adj* 1 Glas…; verglast; ***baie ~e*** großes (Glas)Fenster; ***porte ~e*** Glastür *f* 2 ANAT ***corps ~*** Glaskörper *m*; ***humeur ~e*** Glaskörperflüssigkeit *f*

vitrer [vitʀe] *v/t* verglasen; Glasscheiben einsetzen in (*+acc*)

vitrerie [vitʀəʀi] *f* 1 *industrie* Glaserhandwerk *n* 2 *produits* Glaserwaren *f/pl*

vitreux [vitʀø] *adj* ⟨**-euse**⟩ *œil, regard* glasig; MINÉR ***roches vitreuses*** Gesteinsglas *n*

vitrier [vitʀije] *m* Glaser *m*

vitrifiable [vitʀifjabl] *adj* Glas… **vitrification** *f* 1 Umwandlung *f* in Glas 2 *du parquet* Versiegelung *f* **vitrifier** I *v/t parquet* versiegeln II *v/pr* ***se ~*** glasig, zu Glas werden

vitrine [vitʀin] *f* 1 (*étalage*) Schaufenster *n* (*a fig*); Auslage *f*; ***article*** *m* ***en ~*** (im Schaufenster) ausgestellter Artikel; ***mettre en ~*** (im Schaufenster) ausstellen, auslegen; ***regarder, lécher les ~s*** Auslagen, Schaufenster ansehen; e-n Schaufensterbummel machen 2 *meuble* Vitrine *f*; Glasschrank *m*; Schaukasten *m*

vitriol [vitʀijɔl] *m* CHIM Vitriol *n*; *fig critique etc* ***au ~*** scharf; bissig

vitrioler [vitʀijɔle] *v/t* ***~ qn*** j-m Säure ins Gesicht schütten

vitrocéramique [vitʀɔseʀamik] *f* Glaskeramik *f*

vitupération [vitypeʀasjõ] *f st/s surtout pl* ***~s*** heftige Vorwürfe *m/pl*

vitupérer [vitypeʀe] ⟨**-è-**⟩ *v/t/indir st/s* ***~ contre qn, qc*** wettern gegen j-n, etw

vivable [vivabl] *adj* 1 *personne* ***il n'est pas ~*** man kann mit ihm (einfach) nicht auskommen; er ist unerträglich, unausstehlich 2 *endroit etc* ***ce n'est pas ~*** das Leben ist hier unerträglich, nicht auszuhalten

vivace[1] [vivas] *adj* 1 BIOL lebenskräftig; zäh; widerstandsfähig; ***plante*** *f* ***~*** Dauerpflanze *f*; ausdauernde, mehrjährige, perennierende Pflanze 2 *haine etc* hartnäckig; beharrlich; ***foi*** *f* ***~*** unzerstörbarer, unwandelbarer Glaube; ***préjugé*** *m* ***~*** unausrottbares, eingewurzeltes Vorurteil

vivace[2] [vivatʃe] *adj* MUS vivace [-tʃə]

vivacité [vivasite] *f* 1 *d'une personne, du regard etc* Lebhaftigkeit *f*; Lebendigkeit *f*; Wachheit *f*; ***~ d'esprit*** geistige Regsamkeit; rasche Auffassungsgabe; ***plein de ~*** sehr wach, rege; sehr lebhaft, lebendig 2 *d'une personne* (*emportement*), *de propos etc* Heftigkeit *f*; *d'une discussion a* Hitzigkeit *f* 3 *d'une passion etc* Heftigkeit *f*; Stärke *f*; Kraft *f*; Feuer *n* 4 *d'une couleur* Leuchtkraft *f*; Glanz *m*

vivandière [vivɑ̃djɛʀ] *f* HIST Marketenderin *f*

vivant [vivɑ̃] I *adj* 1 lebend; lebendig; am Leben; REL ***le Dieu ~*** der lebendige Gott; ***être*** *m* ***~*** Lebewesen *n*; *par ext* ***langue ~e*** lebende Sprache; ***matière ~e*** lebende, belebte Materie; ***moi ~, …*** solange ich lebe, am Leben bin …; ***être enterré ~*** lebendig begraben werden; *par ext* ***vous en êtes un exemple ~, la preuve ~e*** Sie sind der lebende Beweis dafür 2 *fig description, enseignement, coutume* lebendig; THÉ *personnage* lebensecht; *rue* belebt; ***élève ~*** Schüler, der sich lebhaft am Unterricht beteiligt; *enfant* ***très ~*** sehr lebhaft, lebendig; F quicklebendig; ***garder un souvenir très ~ de qn*** sich lebhaft an j-n erinnern; j-n in sehr lebendiger Erinnerung haben II *m* 1 *loc/prép* ***de son ~*** zu, bei s-n Lebzeiten; als er noch lebte; ***du ~ de mon père*** als, solange mein Vater noch lebte; zu Lebzeiten meines Vaters 2 ***les ~s*** die Lebenden *pl* 3 ***bon ~*** Genießer *m*; Schlemmer *m*

vivarium [vivaʀjɔm] *m* Vivarium *n*; (*terrarium*) Terrarium *n*

vivat [viva] *m* Vivat *n*; *surtout pl* **~s** Hochrufe *m/pl*

vive[1] [viv] *f* zo Petermännchen *n*

vive[2] [viv] *int* → **vivre**[1] *II 1*

vivement [vivmɑ̃] *adv* 1 (*vite*) schnell; rasch; flink; ***se lever ~*** aufspringen; hochschnellen; *affaire* ***mener ~*** zügig vorantreiben, -bringen 2 *s'intéresser* lebhaft; *souhaiter* lebhaft; innig; *regretter* zutiefst; tief; *conseiller, recommander* warm; wärmstens; *remercier* bestens 3 *répliquer, protester* heftig; scharf; hitzig 4 F ***~ que cela finisse!*** wäre es doch schon vorbei!; ***~ les vacances!*** wären doch schon die Ferien da!

viveur [vivœʀ] *m* Lebemann *m*; Bonvivant *m*

vivier [vivje] *m* **a)** (*étang*) Fischteich *m*; **b)** (*aquarium*) Fischbehälter *m*, -kasten *m*

vivifiant [vivifjɑ̃] *adj* 1 *climat, air* stärkend; kräftigend; belebend 2 *fig* belebend; erfrischend; ***lecture ~e*** belebende, erfrischende Lektüre

vivifier [vivifje] *v/t* 1 *climat etc* ***~ qn*** j-n stärken, kräftigen; j-m neue Kraft geben 2 *fig* beleben; erfrischen

vivipare [vivipaʀ] *adj* BIOL lebend gebärend

vivisection [vivisɛksjõ] *f* Vivisektion *f*

vivoir [vivwaʀ] *m au Canada* Wohnzimmer *n*

vivoter [vivɔte] *v/i personne* kümmerlich leben; sein Leben mühsam fristen; vegetieren; *entreprise etc* dahinvegetieren; sich mühsam über Wasser halten

vivre[1] [vivʀ] ⟨**je vis, il vit, nous vivons; je vivais; je vécus; je vivrai; que je vive; vivant; vécu**⟩ **I** *v/t époque troublée, passion* erleben; mit-, durchmachen; durchleben; ***~ une aventure*** ein Abenteuer erleben; ***~ des jours heureux*** glückliche Tage er-, verleben; ***~ sa vie*** sein eigenes Leben leben, führen; ***~ mal un problème*** *etc* mit e-m Problem *etc* schwer fertig werden **II** *v/i* 1 (*exister*) leben; am Leben sein; ♦ *avec adj et adv*: ***~ centenaire*** hundert Jahre alt werden; ***~ longtemps*** lange leben; ***ne plus ~*** nicht mehr leben; *fig* ***il ne vit plus*** der Kummer frisst ihn auf, bringt ihn noch um; ***~ vieux*** alt werden; ♦ ***le tabagisme a vécu*** das Rauchen hat sich überlebt; ***cesser de ~*** verscheiden; hinübergehen; aus dem Leben scheiden; ***ne pas trouver âme qui vive*** keine lebende Seele, Menschenseele treffen; *prov* ***qui vivra verra*** man wird ja sehen; ♦ MIL ***qui vive?*** wer da?; ♦ ***vive ...!*** es lebe ...!; ***vive la mariée!*** es lebe die Braut!; die Braut soll leben!; ein Hoch auf die Braut!; ***vive les vacances!*** (die) Ferien sind etwas Wunderbares!; *a* hurra Ferien! 2 (*mener une certaine vie*) leben; ein (bestimmtes) Leben führen; ♦ *avec adj et adv*: ***il a (beaucoup) vécu*** er hat (in s-m Leben) viel erlebt; ***~ bien*** sorgenfrei leben; ***il fait bon ~ ici*** hier lebt es sich gut; ***~ indépendant*** ein unabhängiges Leben führen; ***~ tant bien que mal*** schlecht und recht leben; sich so durchschlagen; ♦ *avec prép*: ***~ à sa guise*** sich (*dat*) sein Leben nach s-m Geschmack einrichten; ***~ avec son temps*** mit der Zeit (mit)gehen, Schritt halten; ***~ dans l'angoisse, l'anxiété*** in Angst leben; ***~ en paix*** in Frieden leben; ***~ pour son art*** ganz s-r Kunst leben; ***~ pour soi*** (*seul*) auf sich (*acc*) selbst gestellt sein; auf eigenen Füßen stehen; (*égoïstement*) nur an sich (*acc*) denken; ***~ sur sa réputation*** von s-m Ruhm zehren; ♦ ***se laisser ~*** in den Tag hinein leben; *p/fort* sich treiben lassen; ***savoir ~*** (*agréablement*) zu leben verstehen; ein Lebenskünstler sein; (*selon l'usage*) Lebensart haben; *prov* ***pour ~ heureux, vivons cachés*** wer glücklich leben will, darf nicht auffallen; → *a* ***apprendre*** *I 2*, ***difficile*** *1*, ***facile*** 3 (*habiter*) leben; wohnen; ***~ seul, à la campagne*** allein, auf dem Land leben, wohnen; ***~ avec qn*** mit j-m zusammenleben; ***~ chez qn*** bei j-m leben, wohnen 4 (*subsister*) leben; sich ernähren; ***~ d'espoir*** von der Hoffnung leben; ***~ de fruits*** von Obst leben; sich von Obst ernähren; ***~ de son travail*** von s-r Hände Arbeit leben; ***avoir de quoi ~*** sein Auskommen, genug zum Leben haben; ***faire ~ qn*** *personne* für j-s Lebensunterhalt aufkommen; j-n ernähren (*a salaire*); ***son salaire les fait ~ tous*** alle leben von s-m Gehalt; ***il faut bien ~!*** man muss schließlich leben!

vivre[2] [vivʀ] *m* 1 **~s** *pl* Lebensmittel *n/pl*; Proviant *m*; Verpflegung *f*; *fig* ***couper les ~s à qn*** j-m den Geldhahn zudrehen 2 ***le ~ et le couvert*** Unterkunft *f* und Verpflegung *f*; Kost *f* und Logis *n*

vivrier [vivʀije] *adj* ⟨**-ière**⟩ ***cultures vivrières*** der Ernährung dienende Kulturen *f/pl*

Vizille [vizij] *Stadt im Dep. Isère*

vizir [viziʀ] *m* HIST Wesir *m*; ***grand ~*** Großwesir *m*

v'là [vla] F → ***voilà***

Vladimir [vladimiʀ] *m* HIST Wladimir *m*

Vladivostok [vladivɔstɔk] GÉOGR Wladiwostok *n*

Vlaminck [vlamɛ̃k] ***Maurice de ~*** *frz Maler*

vlan [vlɑ̃] *int* (***et***) ***~!*** peng!; bums!; wumm!

Vltava [vəltava] GÉOGR ***la ~*** die Moldau

VO *abr* (*version originale*) Originalfassung *f*

vocable [vɔkabl] *m* 1 Vokabel *f*; Wort *n* 2 ÉGL ***sous le ~ de saint Joseph*** dem heiligen Joseph geweiht

vocabulaire [vɔkabylɛʀ] *m* 1 Wortschatz *m*; Vokabular *n*; ***~ étendu*** *ou* ***riche, pauvre*** reicher, kleiner *ou* bescheidener Wortschatz; *péj* ***quel ~!*** was für e-e Ausdrucksweise, Sprache! 2 *d'un groupe, d'une science* Wortschatz *m*; Vokabular *n*; Terminologie *f* 3 (*lexique*) Wörterverzeichnis *n*; Vokabular *n*; Glossar *n*

vocal [vɔkal] *adj* ⟨**-aux**⟩ Stimm...; Vokal...; TÉL ***boîte ~e*** Mailbox ['meːl-] *f*; Voicemail ['vɔʏsmeːl] *f*; ***cordes ~es*** Stimmbänder *n/pl*; ***musique ~e*** Vokalmusik *f*; INFORM ***reconnaissance ~e*** Spracherkennung *f*

vocalique [vɔkalik] *adj* PHON Vokal...; vokalisch

vocalisation [vɔkalizasjõ] *f* PHON Vokalisierung *f*

vocalise [vɔkaliz] *f* MUS Stimmübung *f*; Vokalise *f*; ***faire des ~s*** a) Stimmübungen machen; b) Koloratur singen

vocaliser [vɔkalize] **I** *v/t* PHON vokalisieren **II** *v/i* MUS Stimmübungen machen **vocalisme** *m* PHON Vokalismus *m*

vocatif [vɔkatif] *m* GR Vokativ *m*; Anredefall *m*

vocation [vɔkasjõ] *f* 1 Berufung *f* (*a* REL, BIBL); (*inclination*) Neigungen *f/pl*; ***~ artistique*** künstlerische Berufung; ***~ d'écrivain*** Berufung zum Schriftsteller; ***avoir la ~*** (dazu) berufen sein; sich dafür eignen; ***sa ~ est de soigner*** er *ou* sie ist dazu berufen, dafür geschaffen, s-e *ou* ihre Berufung, Bestimmung ist es, Kranke zu pflegen; ***manquer sa ~*** s-n Beruf verfehlen; ***se sentir une ~ de médecin*** sich zum Arzt berufen fühlen; ***suivre sa ~*** s-r Berufung, Bestimmung, s-n Neigungen folgen 2 *d'une institution, d'un pays etc* Bestimmung *f*; Aufgabe *f*; Eignung *f*; ***région f à ~ touristique*** für den Fremdenverkehr geeignete Gegend; Fremdenverkehrsgegend *f*; ***avoir ~ pour*** (*+inf*) die Aufgabe haben, befähigt sein zu (*+inf*)

vociférateur [vɔsifeʀatœʀ] *litt adj* ⟨**-trice**⟩ *voix* zeternd; wütend **vociférations** *f/pl* Gebrüll *n*; Gezeter *n*; Toben *n*

vociférer [vɔsifeʀe] ⟨**-è-**⟩ **I** *v/t injures etc* brüllen **II** *v/i* brüllen; toben; zetern; ***~ contre qn*** j-n anbrüllen; *indirectement* gegen j-n zetern

vodka [vɔdka] *f* Wodka *m*

vœu [vø] *m* ⟨*pl* **~x**⟩ **1** REL Gelübde *n*; *par ext* Gelöbnis *n*; feierliches Versprechen; ***~x du baptême*** Taufgelübde *n*; ***~ de chasteté, d'obéissance*** Keuschheits-, Gehorsamsgelübde *n*; ***faire ~ de pauvreté*** das Gelübde der Armut ablegen; *par ext* ***j'ai fait le ~ de*** (*+inf*) ich habe mir gelobt, fest vorgenommen zu (*+inf*); ÉGL CATH ***prononcer ses ~x*** die Gelübde ablegen **2** (*souhait*) Wunsch *m*; ***meilleurs ~x pour 1999*** meine *ou* unsere besten Wünsche für 1999; ***tous mes ~x!*** meine besten Wünsche!; alles Gute!; ***~x de bonne année*** Glückwünsche *m/pl* zum neuen Jahr, zum Jahreswechsel; ***les ~x télévisés du Président*** die Neujahrsansprache des Präsidenten im Fernsehen; ***carte f de ~x*** Neujahrskarte *f*; *une maison* ***selon vos ~x*** nach Ihren Wünschen; wie Sie es (sich [*dat*]) wünschen; ***adresser des ~x de bonheur à qn*** j-m Glück, alles Gute wünschen; ***émettre, exprimer, formuler un ~*** e-n Wunsch äußern; ***faire un ~*** sich (*dat*) etwas wünschen; ***je fais le ~ que …*** ich wünsche (mir), dass …; ***faire, former des ~x pour le bonheur, la santé de qn, pour qn*** j-m Glück, Gesundheit, alles Gute wünschen; ***offrir, présenter ses ~x à qn*** j-m s-e guten Wünsche, s-e Glückwünsche aussprechen

vogue [vɔg] *f* Publikumsgunst *f*; Beliebtheit *f*; *loc/adj* ***en ~*** in Mode; modern; sehr beliebt; en vogue

voguer [vɔge] *v/i litt bateau* fahren; segeln

voici [vwasi] *particule de présentation* (→ *a* **voilà**) da ist *ou* sind; hier ist *ou* sind; *tu n'as plus d'argent*, ***en ~*** da ist, hast du welches; ***~ les faits*** das, Folgendes sind die Tatsachen; ***~ ma fille*** da *ou lors de présentations* das ist meine Tochter; ***la, les ~*** da *ou* das ist, sind sie; ***me ~*** da bin ich; ***nous ~ début mai*** wir haben jetzt Anfang Mai; ***~ ce qui …*** Folgendes …; ***le livre que ~*** dieses Buch da, hier; ***nous ~ arrivés*** wir sind da, angekommen; ***~ comment il faut faire*** so muss man das machen; ♦ *poét* ***~ venir le printemps*** der Frühling, *poét* der Lenz naht, steht vor der Tür

voie [vwa] *f* **1** (*chemin*) (Verkehrs)Weg *m*; Straße *f*; ***~ express*** Schnellstraße *f*; ***~ ferrée*** → **ferré** *1*; ***~ navigable*** Wasserweg *m*, -straße *f*; Binnenschifffahrtsweg *m*; ***~ publique*** öffentliche Straße; ***~ romaine*** Römerstraße *f*; ADM ***~ à sens unique*** Einbahnstraße *f*; ***~ d'accès*** Zu-, Auffahrt *f*; AUTOROUTE *a* Zubringer *m*; (***grandes***) ***~s de communication*** (Haupt)Verkehrswege *m/pl*, (-)Verbindungen *f/pl*; ***par ~ de terre*** auf dem Landweg **2** CH DE FER Gleis *n*; ***~ de garage*** Abstellgleis *n*; *fig* ***mettre qn, qc sur une ~ de garage*** j-n aufs Abstellgleis schieben; etw aufs tote Gleis schieben; *ligne* ***à double ~, à plusieurs ~s, à ~ unique*** zwei-, mehr-, eingleisig; ***chemin*** *m* ***de fer à ~ étroite*** Schmalspurbahn *f*; ***il est interdit de traverser les ~s*** Überschreiten der Gleise verboten **3** *d'une route* Fahrspur *f*; ***~ du milieu*** mittlere Fahrspur; ***~ réservée aux véhicules lents*** Kriechspur *f*; ***à trois ~s*** dreispurig **4** ASTR ***Voie lactée*** Milchstraße *f* **5** ANAT Weg *m*; ***~s respiratoires, urinaires*** Atem-, Harnwege *m/pl*; ***par ~ buccale*** *ou* ***orale*** oral **6** *fig* Weg *m*; ***~ royale*** Königsweg *m*; ***les ~s de Dieu, du Seigneur*** die Wege Gottes; Gottes Wege; ***être dans la bonne ~*** auf dem richtigen Weg sein; ***être en bonne ~*** vorankommen; auf gutem Wege sein; ***mettre qn sur la ~*** j-n auf die (richtige) Spur bringen; j-m auf die Sprünge helfen; ***ouvrir la ~*** den Weg bahnen, frei machen (***à qc*** für etw); den Weg ebnen (***à qn*** j-m); ***poursuivre dans la ~ tracée*** den, auf dem vorgezeichneten Weg weitergehen; ***il a trouvé sa ~*** er hat s-n Weg, das (für ihn) Richtige gefunden; ♦ *loc/adj* ***être en ~ d'achèvement*** s-r Vollendung entgegengehen; ***pays*** *m/pl* ***en ~ de développement*** Entwicklungsländer *n/pl*; ***en ~ de guérison*** auf dem Wege der Genesung; ♦ *loc/adv* ***par*** (***la***) ***~ …*** auf … Weg (*dat*); über (*+acc*); durch; ***par une ~ détournée*** auf e-m, über e-n Umweg; ***par la ~ diplomatique*** auf diplomatischem Wege; ***par la ~ 'hiérarchique*** auf dem Dienstweg(e); ***par ~ d'affiche*** durch Anschlag; ***par ~ de conséquence*** infolgedessen **7** JUR ***~s*** *pl* ***de fait*** Tätlichkeiten *f/pl*; ***se livrer à des ~s de fait*** Tätlichkeiten begehen **8** MAR ***~ d'eau*** Leck *n*

voilà [vwala] *particule de présentation* da ist; da sind; ***~!*** da!; (***et***) ***~!*** das wär's!; ***ah, !*** aha!; genau!; na also!; da haben wir's!; ***~, ~, j'arrive!*** ja doch, ich komme!; ich komm ja schon!; ***~ pour toi*** das ist für dich; ♦ *avec subst ou pr*: ***~ un an*** (***que …***) vor *ou* seit e-m Jahr (…); es ist ein Jahr her (, dass …); *tu veux des bonbons*, ***en ~*** da sind welche; ***en ~ assez!*** jetzt reicht's, langt's (mir aber)!; jetzt ist's aber genug!; F ***en ~ un idiot!*** F so ein, ist das ein Trottel!; ist der vielleicht blöd!; *ils ont de l'argent* ***en veux-tu en ~*** im Überfluss; F in rauen Mengen; ***~ bien les femmes*** (das ist) typisch Frau; so sind die Frauen; ***~ l'hiver*** der Winter ist da; ***~ l'homme*** so ist er; ***le ~*** da *ou* das ist er; ***me ~*** da bin ich; ***nous y ~*** *lieu* da sind wir; *question* nun sind wir beim eigentlichen Thema; ***ah, te ~!*** da bist du ja (endlich)!; (***et***) ***~ tout*** das ist alles; weiter nichts; mehr nicht; ganz einfach; (*assez*) basta; Punktum; ♦ *avec pr/rel*: ***~ ce que c'est*** (***que***) ***de*** (*+inf*) das kommt davon *ou* so geht es, wenn man (*+ind*); ***~ ce qui fait que …*** das ist der Grund dafür, dass …; deshalb …; darum …; ***la maison que ~*** das, dieses Haus da; ***~ le directeur qui arrive*** da kommt der Direktor; ***~ qui est drôle*** das ist aber seltsam; ♦ *avec p/p ou adj*: ***nous ~ bien*** *ou* ***frais!*** F da sitzen wir schön im Schlamassel, in der Tinte!; ***le ~ content*** jetzt ist er zufrieden; ***me ~ bien embarrassé*** da, nun bin ich ziemlich in Verlegenheit; ***les ~ partis*** jetzt sind sie (endlich) weg; ♦ *avec conj ou adv*: ***~ comment …*** so …; ***et ~ comment: …*** und zwar so: …; nämlich so: …; ***~ où je veux en venir*** darauf will ich hinaus; ***~ pourquoi …*** deshalb …; darum …; aus diesem Grund …; ***mais ~ que, tout à coup, …*** aber (siehe da,) plötzlich …; F ***voilà-t-il pas, voilà-ti-pas, v'là-ti-pas qu'il se met en tête …*** setzt er sich (*dat*) doch tatsächlich plötzlich in den Kopf …; ***seulement ~, il fallait y penser*** nur musste man darauf kommen

voilage [vwalaʒ] *m rideau* Store *m*

voile¹ [vwal] *m* 1 *coiffure* Schleier *m*; *d'une religieuse* Nonnenschleier *m*; **~ de mariée** Brautschleier *m*; **porter le ~** verschleiert gehen; den Schleier tragen; ÉGL CATH **prendre le ~** den Schleier nehmen; Nonne werden 2 TEXT Voile *m* 3 *fig* Schleier *m*; *poét* **~ de brume** Nebelschleier *m*; *st/s* **sous le ~ de** unter dem Deckmantel (+*gén*); **mettre, jeter un ~ sur qc** e-n Schleier über etw (*acc*) breiten; *affaire* etw einschlafen lassen; nicht mehr an etw (*acc*) rühren; **lever le ~** den Schleier lüften 4 (*rideau*) Vorhang *m*; *d'un monument* Hülle *f*; **couvrir d'un ~** verhüllen; verschleiern 5 ANAT **~ du palais** Gaumensegel *n*; weicher Gaumen 6 MÉD **avoir un ~ au poumon** e-n Schatten auf der Lunge haben

voile² [vwal] *f* 1 MAR Segel *n*; **navigation** *f* **à ~** Segelschifffahrt *f*; F *fig* **être à ~ et à vapeur** bisexuell, F bi sein; **faire ~ sur** segeln nach; **mettre toutes ~s dehors** alle Segel setzen; F *fig* **mettre les ~s** F abhauen; verduften 2 SPORTS Segeln *n*; Segelsport *m*; **stage** *m* **de ~** Segelkurs *m*; **faire de la ~** segeln; Segelsport treiben 3 AVIAT **vol** *m* **à ~** Segelflug *m*; Segelfliegen *n*, -fliegerei *f*; **amateur** *m* **de vol à ~** Segelflieger *m*; **faire du vol à ~** segelfliegen (*uniquement inf*); Segelfliegen betreiben

voilé [vwale] *adj* 1 *statue etc* verhüllt; **femme ~e** verschleierte Frau 2 *voix* heiser; belegt; **allusion ~e** versteckte Anspielung; **ciel, regard ~** verschleierter Himmel, Blick; **reproche ~** versteckter Vorwurf; *regard* **~ de larmes** tränenverschleiert; **en termes ~s** in verschwommenen, verhüllten Worten 3 PHOT eingeschleiert; mit e-m Schleier 4 *roue* verbogen; *südd* mit e-m Achter; *nordd* mit e-r Acht

voilement [vwalmɑ̃] *m d'une roue*: *südd* Achter *m*; *nordd* Acht *f*

voiler¹ [vwale] I *v/t* 1 verschleiern; verhüllen 2 *larmes*: *yeux* verschleiern; trüben; *nuage*: *soleil etc* verbergen; verhüllen II *v/pr* **se ~** 1 *femme* verschleiert sein *ou* gehen 2 *regard* sich verschleiern (*a ciel*); sich trüben; *lune, soleil* sich hinter e-m Wolkenschleier verbergen

voiler² [vwale] I *v/t* 1 MAR besegeln 2 *roue* verbiegen II *v/pr* **se ~** *roue* sich verbiegen; *nordd* e-e Acht, *südd* e-n Achter bekommen

voilerie [vwalʀi] *f* Segelmacherwerkstatt *f*

voilette [vwalɛt] *f* (Hut)Schleier *m*

voilier [vwalje] *m* Segelschiff *n*; Segler *m*; SPORTS Segelboot *n*, -jacht *f*; **grand ~** großes Segelschiff; Windjammer *m*; **course** *f* **de ~s** Segelregatta *f*; SPORTS **faire du ~** segeln; Segelsport (be)treiben

voilure [vwalyʀ] *f* 1 MAR **a)** (*voiles*) Besegelung *f*; **b)** *surface* Segelfläche *f* 2 AVIAT Tragflächen *f/pl* 3 *du parachute* Schirm *m*; Kappe *f*

voir [vwaʀ] ⟨**je vois, il voit, nous voyons, ils voient**; **je voyais**; **je vis**; **je verrai**; **que je voie**; **voyant**; **vu**⟩ I *v/t* 1 (*apercevoir*) sehen; erblicken; zu Gesicht bekommen; ansichtig werden (+*gén*); **~ un accident** e-n Unfall (mit an)sehen; **voyez-vous cela!** sehen Sie sich (*dat*) das mal an!; *plais* **que vois-je?** was sehe ich (denn da)?; ♦ **agréable à ~** nett anzusehen; nett aussehend; **on ne dirait pas, à le ~** man sieht es ihm wirklich nicht an; das würde man hinter ihm nicht vermuten; **être à ~** zu sehen sein; → *a* 3; **sans être vu** ungesehen; ohne gesehen zu werden; ♦ *avec loc/adv*: **je l'ai vu de mes (propres) yeux** ich habe ihn *ou* es mit eigenen Augen gesehen; **~ qc de près** etw aus der Nähe sehen; → *a* 5; **j'ai vu la mort de près** ich habe dem Tod ins Auge gesehen; ♦ *avec inf, p/p ou complément*: **je le vois arriver** ich sehe ihn kommen; **je les ai vus mourir** ich habe sie sterben sehen; **vous m'en voyez navré, ravi** das tut mir sehr leid *ou* das bedauere ich sehr; ich bin entzückt darüber; **je vois tout tourner** alles dreht sich um mich; mir dreht sich alles vor den Augen; **je la vois qui vient** ich sehe sie kommen; ♦ *avec verbes*: **faire ~ qc à qn** j-m etw zeigen; **fais ~** zeig mal; **se faire ~** sich sehen lassen; F **va te faire ~ (ailleurs)!** F scher dich doch zum Teufel!; **je ne peux pas le ~** (F **en peinture**) ich kann ihn nicht ausstehen, F riechen 2 (*remarquer*) sehen; bemerken; erkennen; feststellen; **ne pas ~ qn, qc** *a* j-n, etw übersehen; **voyez(-vous) cette insolence** nun seh sich (*dat*) einer diese Frechheit an; **quand je l'ai vue si malade** als ich sah, merkte, erkannte, wie krank sie war; **j'ai vu à son attitude que ...** ich merkte ihm an *ou* sah ihm an, dass ...; ich merkte, sah an s-r Haltung, dass ...; **on voit bien que ...** man sieht, merkt genau, recht gut, dass ...; **ne pas laisser ~ son chagrin** sich (*dat*) s-n Kummer nicht anmerken lassen 3 (*visiter*) (an)sehen; besuchen; (*rencontrer*) sehen; besuchen; zusammenkommen, -treffen *ou* zusammen sein mit; *avocat* konsultieren; sprechen mit; **~ un film** sich (*dat*) e-n Film ansehen; e-n Film sehen; **~ du pays** weit in der Welt herumkommen; viel von der Welt sehen; **être à ~** sehenswert sein; F **file, je t'ai assez vu** F hau ab, ich hab genug von dir; ♦ **aller ~ qc, qn** sich (*dat*) etw ansehen; etw besichtigen; j-n auf-, besuchen; bei j-m vorsprechen; **(aller) ~ le médecin** zum Arzt gehen; *médecin* **aller ~ un malade** e-n Kranken besuchen; **se faire bien, mal ~** sich beliebt, unbeliebt machen; **pourrais-je ~ le directeur?** kann ich den, mit dem Direktor sprechen?; **venir ~ qn** j-n be-, aufsuchen; **venez me ~ dimanche** kommen Sie am Sonntag zu mir; **il ne veut ~ personne** er will niemanden sehen; er ist für niemanden zu sprechen 4 (*se représenter*) sehen; sich (*dat*) vorstellen; wissen; verstehen; **~ l'avenir** die Zukunft voraussehen; **~ un 'héros en qn** in j-m e-n Helden sehen; j-n als Helden ansehen; **j'ai vu le moment où il** *allait tout casser* e-n Moment glaubte ich, er ...; ich war darauf gefasst, dass er ...; **je ne vois pas de solution** ich sehe keine Lösung; F **tu vois ça d'ici** das kannst du dir wohl vorstellen; **je vois cela différemment** ich sehe das anders; **je ne le vois pas en médecin** ich kann ihn mir nicht als Arzt vorstellen; **tu vois ce que je veux dire** du verstehst, was ich sagen will; **je ne vois pas de qui tu parles** ich weiß (wirklich) nicht, von wem du sprichst; **on voit mal ce que ...** man kann es sich (*dat*) nicht recht vorstellen, was ...; es ist nicht recht einzusehen, was ...; **je ne me vois pas habiter là** ich würde dort nie wohnen (wollen); *dans une lettre* **je ne vois plus rien à dire** mir fällt nichts mehr zum Schreiben ein; ich weiß nichts mehr, was ich schreiben könnte 5 (*examiner*) sehen; prüfen; nach-, durchsehen; feststellen; *malade* untersuchen; *courrier* durchsehen; **voyons un peu cette blessure** sehen wir uns mal die Wunde an; **il faut ~ cela de plus près** das muss noch näher geprüft, untersucht werden; **voyez ce que dit le**

V

dictionnaire sehen Sie im Wörterbuch nach; sehen Sie nach, was im Wörterbuch steht; ***voyons ce que vous savez faire*** wir wollen mal sehen, was Sie können; ***va ~ ce qui se passe*** sieh nach, was los ist; ***voyez s'il accepte*** stellen Sie fest, ob er annimmt; ***c'est à ~*** das wäre in Erwägung zu ziehen, zu überlegen **6** (*vivre qc*) sehen; erleben; mit-, durchmachen; erfahren; ***~ la guerre*** den Krieg erleben, mitmachen; ***cette année verra la reprise économique*** dieses Jahr wird der Wirtschaftsaufschwung kommen; ***le journal voit augmenter son tirage*** die Zeitung erfährt e-e Steigerung ihrer Auflage; ♦ ***elle en a vu dans sa vie*** sie hat in ihrem Leben viel durchgemacht; ***en faire ~ à qn*** (***de toutes les couleurs***) j-m schwer zu schaffen machen; j-m das Leben sauer machen; ***j'en ai vu bien d'autres*** ich habe Schlimmeres erlebt, gesehen; ♦ F ***vous allez ~ ce que vous allez ~*** Sie werden sich (noch) wundern; F Sie werden (noch) Ihr blaues Wunder erleben; ***vous n'avez encore rien vu*** das ist noch gar nichts; ***on n'a jamais vu ça*** so etwas hat man noch nie gesehen; so etwas ist noch nie da gewesen; ***on aura tout vu*** das ist doch unglaublich, die Höhe, F das Letzte; ***je l'ai vu naître*** ich habe ihn schon als Kind (in der Wiege) gekannt; *le pays* ***qui m'a vu naître*** in dem ich geboren bin; F ***qu'est-ce qu'il ne faut pas ~*** was man so alles erleben muss; F es bleibt einem doch nichts erspart; ***il ferait beau ~ que …*** das wäre ja noch schöner, wenn …; ***je voudrais ~ cela*** das möchte ich einmal sehen; ***je voudrais t'y ~*** ich möchte dich dabei sehen **7** *meubles, coutumes etc* ***comme on en voit encore dans …*** wie man sie noch in … sieht; wie es sie noch in … gibt; wie sie noch in … zu finden sind **8** ***cela n'a rien à ~*** das gehört nicht hierher; das hat damit (gar) nichts zu tun; ***je n'ai rien à ~ là-dedans, dans cette histoire*** ich habe damit, mit dieser Geschichte nichts zu tun **II** *v/t/indir* F ***il faudrait ~ à ne pas confondre!*** Vorsicht vor Verwechslungen!; F dass mir ja keine Verwechslungen vorkommen! **III** *v/i* **1** sehen (können); ***~ bien*** gut sehen; gute Augen haben; ***~ mal*** schlecht sehen; schlechte Augen haben; ***~ à peine*** kaum etwas sehen können; ***on ne voit pas à vingt mètres*** man sieht keine zwanzig Meter weit; ***ne ~ que d'un œil*** nur auf einem Auge sehen; ***lunettes*** *f/pl* ***pour ~ de loin, de près*** Brille *f* für die Ferne, die Nähe; ***regarder sans ~*** ein Loch in die Luft starren; ***il ne sait pas ~*** er hat keine Beobachtungsgabe **2** (*vérifier*) sehen; nachsehen; feststellen; *renvoi dans un livre etc* ***~*** siehe; ***~*** *ou* ***voyez ci-dessous*** siehe (weiter) unten; ***c'est à vous de ~*** das festzustellen ist Ihre Sache; ***j'y suis allé seulement pour ~*** ich bin nur hingegangen, um zuzusehen *ou* zuzuhören; ***essaie*** (***un peu***) ***pour ~*** versuch's doch mal; ***je le mets là pour ~*** ich stell es mal hin (*um festzustellen, wie es da aussieht*) **3** (*attendre*) sehen; abwarten; ***on verra*** man wird, wir werden (ja) sehen; ***on verra bien*** man wird dann ja weitersehen; ***il faut ~*** man muss (es) abwarten; das muss man (F erst mal) abwarten, sehen **4** (*comprendre*) verstehen; erkennen; wissen; sehen; (***ah!***) ***je vois!*** jetzt verstehe ich!; jetzt bin ich im Bilde!; jetzt ist's mir klar!; aha!; ***voyez-vous*** sehen Sie; ***vois-tu*** siehst du; ***vous voyez*** Sie sehen; ***façon*** *f*, ***manière*** *f* ***de ~*** Standpunkt *m*; Meinung *f*; Ansicht *f*; Auffassung *f*; ***elle ne voit que par son fils*** sie sieht alles mit den Augen ihres Sohnes; ***je demande à ~*** ich möchte es genau wissen; ich möchte erst Beweise haben **5** *pour désapprouver* ***voyons!*** also!; aber, aber!; hören Sie *ou* hör mal!; ***du calme, voyons!*** Ruhe bitte!; ***voyons***, *qu'est-ce qui ne va pas?* aber, aber, …? **6** *pour renforcer* mal; ***dis, raconte ~*** sag, erzähl mal; ***viens ~*** komm mal her; da, schau mal; ***voyons ~*** sehen wir mal **IV** *v/pr* ***se ~*** **1** *réfléchi* sich sehen; ***se ~ dans une glace*** sich in e-m Spiegel sehen **2** *par ext* sich sehen; sein; werden; ***quand elle s'est vue dans cet état*** als sie sah, merkte, wie es um sie stand; als sie sich (*dat*) über ihren Zustand klar wurde; ***se ~ dans la misère*** (plötzlich) im Elend sein, leben; ***se ~ déjà millionnaire*** sich schon als Millionär sehen; ***se ~ admiré*** bewundert werden; ***il se voyait déjà mort*** er sah sich schon tot; ***se ~ obligé de*** (*+inf*) sich gezwungen sehen zu (*+inf*); ***elle ne s'est pas vue mourir*** sie hat ihren Tod nicht gespürt **3** *semi-auxiliaire au sens passif*: ***il s'est vu décerner le prix*** er bekam den Preis verliehen; ***elle s'est vu refuser l'entrée*** der Eintritt wurde ihr verwehrt; ***je me suis vu répondre que …*** ich erhielt zur Antwort, dass …; ***les camions se sont vu interdire le passage*** den Lastwagen wurde die Durchfahrt verboten **4** *réciproque* sich, einander sehen; einander, sich treffen; zusammenkommen; ***nous ne nous voyons plus*** wir sehen uns nicht mehr; (*être fâché*) wir verkehren nicht mehr miteinander; *fig* ***ils ne peuvent pas se ~*** sie können sich, einander nicht ausstehen, F riechen **5** *sens passif*: ***cela se voit*** das sieht, merkt man; ***ça ne s'est jamais vu*** das ist noch nie da gewesen; das hat's noch nie gegeben; ***ça se voit tous les jours*** das kommt alle Tage vor; das ist etwas Alltägliches

voire [vwaʀ] *adv* (ja) sogar

voirie [vwaʀi] *f* **1** öffentliche Straßen *f/pl* und Wege *m/pl*; Straßen- und Wegenetz *n* **2** ADM Straßenverwaltung *f*; Straßenbauamt *n*; ***service*** *m* ***de ~*** *nettoyage* Straßenreinigung *f*; (*éboueurs*) städtische Müllabfuhr

voisin [vwazɛ̃] **I** *adj* **1** *lieu* benachbart; Nachbar…; Neben…; ***États ~s*** Nachbarstaaten *m/pl*; benachbarte Staaten *m/pl*; ***maison ~e*** Nachbar-, Nebenhaus *n*; ***pièce ~e*** Nebenzimmer *n*; ***village ~*** Nachbardorf *n*; *loc/adj*: ***maison ~e de l'église*** nahe der Kirche (*dat*) gelegenes Haus; an die Kirche angrenzendes Haus; ***régions ~es de la mer*** Gebiete *n/pl* in der Nähe des Meeres **2** *temps* ***années ~es de 1900*** Jahre *n/pl* um 1900 **3** *idées, style*, ZO, BOT *espèces* verwandt; ähnlich; ***état ~ du sommeil*** schlafähnlicher Zustand; ***respect ~ de la crainte*** an Furcht grenzender Respekt **II** *subst* **1** ***~(e)*** *m(f)* Nachbar(in) *m(f)*; ÉCOLE Banknachbar(in) *m(f)*; *en rang* Nebenmann *m*; ***~ de table*** Tischnachbar *m*; ***être ~s*** Nachbarn sein; ***être ~s de palier*** auf der gleichen Etage, im gleichen Stockwerk wohnen **2** *m peuple* Nachbar(volk) *m(n)*; *pays* Nachbarland *n*

voisinage [vwazinaʒ] *m* **1** (*voisins*) Nachbarschaft *f*; Nachbarn *m/pl* **2** (*proximité*) Nähe *f*; Nachbarschaft *f*; (unmittelbare) Umgebung; ***dans le ~ immédiat*** in unmittelbarer Nähe (***de*** *gén ou* von) **3** ***rapports*** *m/pl*, ***relations*** *f/pl* ***de bon ~*** gutnachbarliche Beziehungen *f/pl*; ***être, vivre en bon ~ avec qn*** mit j-m gute Nachbarschaft halten; in guter

V

Nachbarschaft mit j-m leben

voisiner [vwazine] *v/i* ~ ***avec*** stehen, liegen, sein bei, neben (*+dat*); ***faire*** ~ nebeneinanderlegen, -stellen; zusammenlegen, -stellen

voiture [vwatyʀ] *f* **1** ~ (***automobile***) (Kraft)Wagen *m*; Auto *n*; ~ ***ancienne*** Oldtimer [-taɪ-] *m*; ~ ***particulière*** Privatwagen *m*; ***petite*** ~ Kleinwagen *m*; → *a* 3; ~ ***de course, de fonction, de livraison, de location, d'occasion*** Renn-, Dienst-, Liefer-, Miet-, Gebrauchtwagen *m*; ADM ~ ***de place*** Mietdroschke *f*; ~ ***de pompiers*** Feuerwehrauto *n*; ~ (***de***) ***sport*** Sportwagen *m*; ~ ***de tourisme*** Personenwagen *m*; *abr* Pkw *m*; ***accident*** *m* ***de*** ~ Autounfall *m*; *loc/adv* ***en*** ~ mit dem Auto, Wagen; ***monter en*** ~ ins Auto (ein)steigen; ***faire de la*** ~ Auto fahren **2** CH DE FER *pour voyageurs* Wagen *m*; Waggon *m*; ***les voyageurs pour Paris, en*** ~! zum Zug nach Paris bitte einsteigen! **3** *poussée ou tirée* Wagen *m*; Karren *m*; ~ ***attelée*** Fuhrwerk *n*; Gespann *n*; ~ ***à bras*** Handwagen *m*, -karren *m*; ~ ***à cheval, de poupée, d'enfant*** Pferde-, Puppen-, Kinderwagen *m*; ~ ***d'infirme*** *ou* F ***petite*** ~ Kranken-, Behindertenfahrstuhl *m* **4** HIST (*fiacre*) Droschke *f*; Kutsche *f*

voiture-bar [vwatyʀbaʀ] *f* ⟨*pl* **voitures-bars**⟩ CH DE FER Wagen *m* mit Bar **voiture-couchettes** *f* ⟨*pl* **voitures-couchettes**⟩ CH DE FER Liegewagen *m* **voiture-lit** *f* ⟨*pl* **voitures-lits**⟩ CH DE FER Schlafwagen *m*

voiturer [vwatyʀe] *v/t* (im Wagen) befördern, transportieren

voiture-restaurant [vwatyʀʀɛstɔʀɑ̃] *f* ⟨*pl* **voitures-restaurants**⟩ CH DE FER Speisewagen *m*

voiturette [vwatyʀɛt] *f* kleiner Wagen

voix [vwa, vwɑ] *f* **1** Stimme *f*; ~ ***chaude, forte*** warme, kräftige Stimme; ***grosse*** ~ dröhnende, laute, tiefe Stimme; ***faire la grosse*** ~ e-n drohenden Ton anschlagen; ~ ***de basse*** Bass(stimme) *m(f)*; ~ ***d'enfant, de femme, d'homme*** Kinder-, Frauen-, Männerstimme *f*; kindliche, weibliche *ou péj d'un homme* weibische, männliche Stimme; ~ ***de poitrine, de tête*** Brust-, Kopfstimme *f*; *loc/adv*: ***à*** ~ ***basse, 'haute*** leise, laut; mit leiser, lauter Stimme; ***à 'haute et intelligible*** ~ laut und verständlich; *chanter* ***à pleine*** ~ mit schallender Stimme; *encourager* ***de la*** ~ ***et du geste*** durch Zurufe und Gesten; ***de vive*** ~ mündlich; ***avoir de la*** ~ Stimme haben; singen können; ***elle avait une*** ~ ***gaie, sa*** ~ ***était gaie*** ihre Stimme klang fröhlich, vergnügt; ***baisser la*** ~ die Stimme senken; leiser sprechen; ***entendre des*** ~ Stimmen hören; ***être en*** ~ (gut) bei Stimme sein; *chien* ***obéir à la*** ~ ***de son maître*** der Stimme s-s Herrn gehorchen; *par ext* ***les opprimés vous parlent par ma*** ~ ich spreche, stehe hier für die Unterdrückten; ***elle est restée sans*** ~ sie brachte keinen Ton, kein Wort hervor **2** MUS (Vokal- *ou* Instrumental)Stimme *f*; ***à deux, plusieurs*** ~ zwei-, mehrstimmig **3** *fig* ~ ***intérieure*** innere Stimme; ~ ***de la raison*** Stimme der Vernunft **4** POL Stimme *f*; ***par dix*** ~ ***contre trois*** mit zehn gegen drei Stimmen; *fig* ***avoir*** ~ ***au chapitre*** etwas zu sagen, ein Wort mitzureden haben; ***gagner, perdre des*** ~ Stimmen (hinzu)gewinnen, verlieren; *proposition* ***mettre aux*** ~ zur Abstimmung stellen **5** GR ~ ***active*** Tätigkeitsform *f*; Aktiv *n*; ~ ***passive*** Leideform *f*; Passiv *n* **6** CH ***donner de la*** ~ Laut geben

vol¹ [vɔl] *m* **1** *des oiseaux, insectes* Flug *m*; *loc/adj fig escroc* ***de haut*** ~ ausgekocht; gerissen; *loc/adv*: ***au*** ~ im Fluge; ***attraper au*** ~ *balle* im Fluge fangen; *bus* im letzten Moment erwischen, kriegen; ***saisir au*** ~ *occasion* beim Schopf fassen, packen; *remarque* aufschnappen; auffangen; ***à*** ~ ***d'oiseau*** *photo* aus der Vogelschau, -perspektive; *distance* (in der) Luftlinie; ***prendre son*** ~ auf-, wegfliegen **2** AVIAT Flug *m*; Fliegen *n*; ~ ***direct*** Direktflug *m*; SPORTS ~ ***libre*** Drachen- und Gleitschirmfliegen *n*; ~ ***régulier*** Linienflug *m*; ~ ***spatial*** Raumflug *m*; SPORTS ~ ***à ski*** Skiflug *m*; ~ ***à voile*** → ***voile²*** *3*; ~ ***de correspondance, d'entraînement, de nuit, de reconnaissance*** Anschluss-, Übungs-, Nacht-, Aufklärungsflug *m*; ~ ***sans escale*** Nonstop-Flug *m*; ***conditions*** *f/pl* ***de*** ~ Flugbedingungen *f/pl*; *d'un pilote* ***heures*** *f/pl* ***de*** ~ Flugstunden *f/pl*; *d'un passager* ***'huit heures de*** ~ acht Stunden Flug; Flug von acht Stunden; *loc/adv*: ***en*** (***plein***) ~ während des Fluges; mitten im Flug **3** (*nuée*) Schwarm *m*

vol² [vɔl] *m* **1** Diebstahl *m*; Entwendung *f*; JUR ~ ***qualifié, simple*** schwerer, einfacher Diebstahl; ~ ***à l'étalage*** Ladendiebstahl *m*; ~ ***à main armée*** bewaffneter Diebstahl; (schwerer) Raub; ~ ***à la roulotte*** Einbruchdiebstahl *m* in ein Kraftfahrzeug; ~ ***avec effraction*** Einbruch(s)diebstahl *m*; ~ ***de voiture*** Autodiebstahl *m* **2** *fig* ***c'est du*** ~ (***organisé***) das ist ja Wucher; das ist reinste Geldmacherei, Beutelschneiderei; *dans un restaurant* das ist der reinste Nepp

vol. *abr* (*volume*) Bd. (Band)

volage [vɔlaʒ] *adj* flatterhaft; unstet; ***être*** ~ gern flirten, kokettieren

volaille [vɔlaj] *f* **1** *coll* Geflügel *n*; Federvieh *n* **2** ***une*** ~ ein Stück *n* Geflügel; ***pâté*** *m* ***de*** ~ Geflügelpastete *f*

volailler [vɔlaje] *m* Geflügelhändler *m*

volant¹ [vɔlɑ̃] *adj* **1** fliegend; Flug...; HIST ***machine*** ~***e*** Flugmaschine *f*; ***le personnel*** ~ *ou subst* ***les*** ~***s*** *m/pl* das fliegende Personal; ZO ***poisson*** ~ Fliegender Fisch **2** (*mobile*) beweglich; transportabel; ***contrôle*** ~ Stichkontrolle *f* (*in öffentlichen Verkehrsmitteln*); CONSTR ***échafaudage*** ~ Hängegerüst *n*; ***feuille*** ~***e*** loses Blatt; ***personnel*** ~ Personal, das jeweils dort eingesetzt wird, wo Bedarf besteht; F Springer *m/pl*

volant² [vɔlɑ̃] *m* **1** AUTO Lenkrad *n*; Steuer(rad) *n*; ~ ***escamotable, rétractable*** Sicherheitslenksäule *f*; ***as*** *m* ***du*** ~ Spitzenfahrer *m*; ***donner un brusque coup de*** ~ das Lenkrad, Steuer herumreißen; ***être au, tenir le*** ~ am Lenkrad, Steuer sitzen; ***se mettre au, prendre le*** ~ sich ans Steuer, ans *ou* hinter das Lenkrad setzen **2** SPORTS **a)** *balle* Federball *m*; **b)** *jeu* Federball(spiel) *m(n)* **3** COUT Volant *m*; Falbel *f* **4** TECH Schwungrad *n* **5** ÉCON ~ ***de sécurité*** Sicherheitsspanne *f*, -reserve *f*, -rücklage *f* **6** *d'un chéquier* Abreißblatt *n*

volapük [vɔlapyk] *m* LING Volapük *n*

volatil [vɔlatil] *adj* CHIM flüchtig; ***sel*** ~ Riechsalz *n*

volatile [vɔlatil] *m* (Stück *n*) Geflügel *n*

volatilisation [vɔlatilizasjõ] *f* CHIM Verflüchtigen *n*, -ung *f*; Verdunsten *n*, -ung *f* **volatiliser** *v/pr* ***se*** ~ **1** CHIM sich verflüchtigen; verdunsten **2** *fig* sich in Luft auflösen; F sich verflüchtigen

V

volatilité [vɔlatilite] *f* CHIM Flüchtigkeit *f*

vol-au-vent [vɔlovɑ̃] *m* ⟨*inv*⟩ CUIS große Blätterteigpastete

volcan [vɔlkɑ̃] *m* Vulkan *m*; **~ éteint, sous-marin** erloschener, untermeerischer Vulkan; **~ de boue** Schlammvulkan *m*, -sprudel *m*; Salse *f*; **~ en activité, en sommeil** tätiger, untätiger Vulkan; *fig* **être assis sur un ~** auf e-m Pulverfass sitzen

volcanique [vɔlkanik] *adj* 1 vulkanisch; Vulkan…; **éruption** *f* **~** Vulkanausbruch *m* 2 *fig tempérament* explosiv

volcanisme [vɔlkanism] *m* Vulkanismus *m*

volcanologie [vɔlkanɔlɔʒi] *f* Vulkanologie *f* **volcanologique** *adj* vulkanologisch **volcanologue** *m,f* Vulkanologe, -login *m,f*; Vulkanforscher(in) *m(f)*

volé [vɔle] *adj* 1 *chose* gestohlen 2 *personne* bestohlen; *subst* **le ~** der Bestohlene

volée [vɔle] *f* 1 *d'un oiseau* Fliegen *n*; **prendre sa ~** auf-, wegfliegen 2 (*bande d'oiseaux, d'enfants*) Schwarm *m* 3 *de projectiles etc* Hagel *m*; **~ (de coups)** Tracht *f* Prügel; → *a* **flanquer**[2] *I 2*, **recevoir** *I 2* 4 TENNIS Flugschlag *m*; Volley *m*; **balle** *f* **de ~** Flugball *m*; Volley *m*; **reprendre la balle de ~** FOOTBALL den Ball direkt annehmen; VOLLEY-BALL den Ball volley nehmen 5 *loc/adv*: **(r)attraper une balle à la ~** e-n Ball im Flug auffangen; **lancer qc à toute ~** etw in vollem Schwung schleudern, werfen; *cloches* **sonner à toute ~** ein feierliches Geläute anstimmen 6 *d'un escalier* Lauf *m*

voler[1] [vɔle] *v/i* 1 *oiseau, avion, pilote* fliegen; **~ bas, à 'haute altitude** tief, in großer Höhe fliegen 2 *flèche etc* fliegen; *objet* durch die Luft fliegen; *feuilles* **~ au vent** im Wind wirbeln, fliegen; **~ en éclats** in Stücke fliegen; zersplittern; zerspringen; **faire ~ la poussière** den Staub aufwirbeln 3 *fig personne* eilen; **~ au secours de qn** j-m zu Hilfe eilen 4 *chanson etc* **~ de bouche en bouche** von Mund zu Mund gehen 5 **les coups, les injures volaient** es hagelte Schläge, Beschimpfungen

voler[2] [vɔle] *v/t* 1 stehlen (*a abs*); **~ qc à qn** j-m etw stehlen, entwenden; **il s'est fait ~ sa valise** man hat ihm den, s-n Koffer gestohlen 2 **~ qn** j-n bestehlen; j-n be-, ausrauben, ausplündern; **se faire ~** bestohlen werden 3 *clients* betrügen; *au restaurant* ausnehmen; F neppen; *abs* **~ sur le poids de qc** beim Wiegen e-r Sache betrügen; F **on n'est pas volé** F man hat was für sein Geld 4 *fig titre* sich (*dat*) unrechtmäßig aneignen; *baiser* rauben; *idée* stehlen; F **il ne l'a pas volé** *punition* das geschieht ihm ganz recht; *récompense* das hat er (sich [*dat*]) ehrlich, redlich verdient

volet [vɔlɛ] *m* 1 *d'une fenêtre* Fensterladen *m*; **~ roulant** Rollladen *m* 2 *candidats etc* **trier sur le ~** sieben; sorgfältig auswählen 3 *d'un autel* Flügel *m*; *d'un dépliant etc* (umklappbarer) Teil, Abschnitt; Blatt *n*; *par ext d'un programme etc* Teil *m* 4 AUTO **~ de carburateur** Drosselklappe *f*; AVIAT **~ de freinage** Bremsklappe *f*

voleter [vɔlte] *v/i* ⟨**-tt-**⟩ (herum)flattern

voleur [vɔlœʀ] **I** *adj* ⟨**-euse**⟩ diebisch; *commerçant* **être ~** der reinste Dieb, ein Geldschneider, Halsabschneider sein **II** *subst* 1 **~, voleuse** *m,f* Dieb(in) *m(f)*; **~ à l'étalage** Ladendieb *m*; **~ de grand chemin** Wegelagerer *m*; **voleuse d'enfants** Kindesräuberin *f*; **~ de voitures** Autodieb *m*; **bande** *f*, **repaire** *m* **de ~s** Diebesbande *f*, -höhle *f ou* -nest *n*; **au ~!** Hilfe, Diebe!; haltet den Dieb! 2 ⟨*nur m*⟩ *d'un commerçant* **c'est un ~** er, das ist ein Halsabschneider, Geldschneider; er ist der reinste Dieb

Volga [vɔlga] **la ~** die Wolga

Volhynie [vɔlini] GÉOGR **la ~** Wolynien *n*

volière [vɔljɛʀ] *f* Vogelhaus *n*; Voliere *f*

volige [vɔliʒ] *f* CONSTR Dachlatte *f*

volition [vɔlisjõ] *f* PSYCH **a)** Wollen *n*; **b)** Willensakt *m*

volley [vɔlɛ] *m* F → **volley-ball**

volley-ball [vɔlɛbol] *m* Volleyball *m*; **~ de plage** Beachvolleyball ['biːtʃ-] *m*

volleyeur [vɔlɛjœʀ] *m*, **volleyeuse** *f* 1 Volleyballspieler(in) *m(f)* 2 TENNIS Volleyspezialist(in) *m(f)*

volontaire [vɔlõtɛʀ] **I** *adj* 1 (*de plein gré*) freiwillig; MIL **engagé** *m* **~** Freiwillige(r) *m* 2 (*voulu*) absichtlich; gewollt; vorsätzlich; bewusst; **incendie** *m* **~** Brandstiftung *f* 3 *menton, visage* energisch; *personne* willensstark; *péj* eigenwillig, -sinnig **II** *m,f* Freiwillige(r) *f(m)*; **on demande des ~s** es werden Freiwillige gesucht; **se porter ~** sich freiwillig melden

volontairement [vɔlõtɛʀmɑ̃] *adv* 1 (*sans être contraint*) freiwillig; unaufgefordert; aus eigenem Antrieb; aus freien Stücken; von selbst 2 (*exprès*) absichtlich; willentlich

volontariat [vɔlõtaʀja] *m* freiwilliger Dienst

volontarisme [vɔlõtaʀism] *m* PHILOS, PSYCH Voluntarismus *m*

volonté [vɔlõte] *f* 1 (*désir*) Wille *m*; Wunsch *m*; **les dernières ~s de qn** j-s Letzter Wille; **~ générale** allgemeiner Wille; Wille der Allgemeinheit; **~ de changement** Wille, e-e Veränderung herbeizuführen; *loc/adv* **à ~** nach Belieben; nach Wunsch; beliebig (viel); MIL **feu à ~!** Feuer frei!; **par la ~ de qn** weil j es (so) will; weil es j-s Wille ist; **agir, aller contre la ~ de qn** j-s Willen (*dat*) zuwiderhandeln; **avoir la ~ de guérir** den festen Willen haben, gesund zu werden; *Notre Père* **que ta ~ soit faite** dein Wille geschehe; F **elle fait ses quatre ~s** sie gibt allen s-n Launen nach; **respecter la ~ de qn** j-s Willen, Wunsch respektieren; sich nach j-s Wünschen richten 2 (*disposition*) Wille *m*; **bonne ~** guter Wille; Bereitwilligkeit *f*; **les bonnes ~s, les hommes de bonne ~** die Menschen guten Willens; **être plein de bonne ~** voll guten Willens sein; sehr gutwillig sein; **c'est de la mauvaise ~** er *ou* sie will bloß nicht; **ce n'est pas de la mauvaise ~** es ist nicht böser, schlechter Wille; **mettre de la mauvaise ~ à le faire** es absichtlich langsam *ou* schlecht *ou* schlampig machen; **(même) avec la meilleure ~ du monde** beim besten Willen 3 (*caractère*) Wille *m*, Wollen *n* (*a* PHILOS); Willenskraft *f*, -stärke *f*; **~ de fer** eiserner Wille; **manque** *m* **de ~** Willenlosigkeit *f*; Willensschwäche *f*; **sans ~** willenlos; willensschwach; ohne eigenen Willen; **il a de la ~** er hat e-n starken Willen; er ist willensstark; **il n'a pas de ~, il manque de ~** er hat keinen (eigenen) Willen; er ist willensschwach

volontiers [vɔlõtje] *adv* 1 (*avec plaisir*) gern; bereitwillig; *en réponse* **~** gern; **très ~** sehr gern; *comp* **plus ~** lieber 2 (*facilement*) häufig; oft; leicht; gern (*abus*)

volt [vɔlt] *m* (*abr* **V**) ÉLECT Volt *n* (*abr* V) **voltage** *m*

ÉLECT Spannung *f*; Voltzahl *f*
voltaïque [vɔltaik] *adj* ÉLECT ***pile*** *f* **~** Voltaelement *n*
voltaire [vɔltɛʀ] *m* tiefer Armsessel mit hoher Lehne
voltairien [vɔltɛʀjɛ̃] **I** *adj* ⟨**~ne**⟩ spöttisch-freidenkerisch **II** *m* Voltairianer *m*
voltampère [vɔltɑ̃pɛʀ] *m* ÉLECT Voltampere *n*
volte [vɔlt] *f* ÉQUITATION Volte *f*
volte-face [vɔltəfas] *f* ⟨*inv*⟩ **1** Kehrtwendung *f*; ***faire ~*** e-e Kehrtwendung machen; sich umdrehen **2** *fig* Meinungsumschwung *m*; ***faire une ~*** e-e Schwenkung vollziehen; e-e Kehrtwendung machen
voltige [vɔltiʒ] *f* **1** CIRQUE **a)** ***'haute ~*** Hochseilakrobatik *f*; *fig* (***'haute***) ***~ intellectuelle*** Geistes-, Gehirnakrobatik *f*; ***numéro*** *m* ***de haute ~*** Trapeznummer *f*; *fig* ***c'est de la haute ~*** das ist ein gewagtes, riskantes Unterfangen; **b)** *à cheval* Kunstreiten *n* **2** AVIAT **~** (***aérienne***) Kunstfliegen *n*, -flug *m*
voltiger [vɔltiʒe] *v/i* ⟨**-geons**⟩ *oiseaux, insectes* hin und her fliegen; *papillons* gaukeln; *flocons de neige* tanzen
voltigeur [vɔltiʒœʀ] *m* **1** CIRQUE Seilakrobat *m* **2** MIL ***~s*** *pl* schnelle Einsatztruppe
voltmètre [vɔltmɛtʀ] *m* ÉLECT Voltmeter *n*
volubile [vɔlybil] *adj personne* zungenfertig; *explications* wortreich
volubilis [vɔlybilis] *m* BOT Winde *f*
volubilité [vɔlybilite] *f* Zungenfertigkeit *f*
volume [vɔlym] *m* **1** (*livre*) Band *m*; ***en trois ~s*** dreibändig **2** MATH Volumen *n*; Rauminhalt *m*; ***unité*** *f* ***de ~*** Raumeinheit *f*; ***augmenter, diminuer de ~*** an Volumen, *par ext* Umfang zu-, abnehmen **3** *fig* Umfang *m*; Volumen *n*; Menge *f*; ***~ des importations*** Einfuhrvolumen *n*; ***~ des ventes*** Verkaufsvolumen *n*; Absatzmenge *f* **4** *d'un liquide* Teil *m*; ***un ~ d'antigel pour trois ~s d'eau*** ein Teil Frostschutzmittel auf drei Teile Wasser **5** *de la voix* Volumen *n*; *d'un haut-parleur etc* Lautstärke *f*; ***~ sonore*** Lautstärke *f*
volumétrie [vɔlymetʀi] *f* CHIM Maßanalyse *f*; Volumetrie *f* **volumétrique** *adj* CHIM maßanalytisch; volumetrisch
volumineux [vɔlyminø] *adj* ⟨**-euse**⟩ voluminös; umfangreich (*a dossier*)
volupté [vɔlypte] *f* **1** (Sinnen)Lust *f*; Sinnenfreude *f*; *surtout sexuel* Wollust *f* **2** (*délice*) Lust *f*; Wonne *f*; (Hoch)Genuss *m*; ***avec ~*** *s'étirer etc* wohlig; genießerisch; *écouter* mit Genuss
voluptueux [vɔlyptɥø] *adj* ⟨**-euse**⟩ *personne* sinnenfreudig; wollüstig (*a sensation, attitude*)
volute [vɔlyt] *f* ARCH Volute *f*; *d'un violon etc* Schnecke *f*; *fig* ***~s de fumée*** Rauchspirale *f*; ***en ~*** spiral-, schneckenförmig
vomi [vɔmi] F *m* Erbrochene(s) *n*
vomique [vɔmik] *adj* ***noix*** *f* **~** Brechnuss *f*
vomir [vɔmiʀ] *v/t* **1** er-, ausbrechen; (wieder) von sich geben; *abs* sich übergeben; sich erbrechen; F brechen; spucken; *st/s* speien; ***envie*** *f* ***de ~*** Übelkeit *f*; Brechreiz *m*; ***cela donne envie de ~, c'est à*** (***vous faire***) **~** das ist ekelerregend, widerlich, ekelhaft; dabei wird einem übel **2** *fig fumée, lave etc* (aus)speien; *injures* hervorstoßen **3** *fig* **~ *qn*** j-n verabscheuen
vomissement [vɔmismɑ̃] *m* **1** *action* Erbrechen *n*; Speien *n*; ***il est sujet aux ~s*** er neigt zu häufigem Erbrechen **2** (*vomi*) Erbrochene(s) *n*
vomissure [vɔmisyʀ] *f* Erbrochene(s) *n*
vomitif [vɔmitif] *m* PHARM Brechmittel *n*
vont [vɔ̃] → ***aller***[1]
vorace [vɔʀas] *adj personne, animal* gefräßig; gierig (*a fig*); ***appétit*** *m* **~** Heißhunger *m*
voracité [vɔʀasite] *f* Gefräßigkeit *f*; Gier *f* (*a fig*); ***manger avec ~*** gierig schlingen
Vorkouta [vɔʀkuta] GÉOGR Workuta *n*
Voronej [vɔʀɔnɛʒ] GÉOGR Woronesch *n*
vos [vo] → ***votre***
Vosges [voʒ] ***les ~*** *f/pl* **1** die Vogesen *pl* **2** *frz Departement*
vosgien [voʒjɛ̃] *adj* ⟨**~ne**⟩ (*et subst* ***Vosgien*** Bewohner) der Vogesen
votant [vɔtɑ̃] *m surtout pl* ***~s*** (*qui participent à un vote*) Abstimmende(n) *m/pl*; Wähler *m/pl*; (*qui ont le droit de voter*) Wahl-, Stimmberechtigte(n) *m/pl*
votation [vɔtasjɔ̃] *f Suisse* ***~ populaire*** Volksabstimmung *f*
vote [vɔt] *m* **1** Wahl *f*; Abstimmung *f*; ***~ (in)direct*** (in)direkte Wahl; ***~ (au scrutin) public, secret*** öffentliche, geheime Abstimmung, Wahl; ***~ à main levée*** Abstimmung durch Handzeichen, durch Handerheben; ***~ de censure*** *ou* ***de défiance, de confiance*** Misstrauens-, Vertrauensvotum *n*; ***~ des femmes*** Frauenstimmrecht *n*; ***~ par correspondance*** Briefwahl *f*; ***abaissement*** *m* ***de l'âge du ~*** Herabsetzung *f* des Wahlalters (***à*** auf *+acc*); ***droit*** *m* ***de ~*** Wahl-, Stimmrecht *n*; ***avoir le droit de ~*** wahl-, stimmberechtigt sein; ***résultat*** *m* ***du ~*** Wahl-, Abstimmungsergebnis *n* **2** (*voix*) (Wahl)-Stimme *f*; ***~s socialistes*** Stimmen *f/pl* der Sozialisten **3** *d'une loi, du budget* Verabschiedung *f*; *d'une loi a* Annahme *f*; *du budget a* Bewilligung *f* (*a de crédits*)
voter [vɔte] **I** *v/t loi, budget* verabschieden; *loi a* annehmen; *budget a* bewilligen (*a crédits*); ***~ la confiance à qn*** j-m das Vertrauen aussprechen; ***faire ~ une loi*** ein Gesetz durchbringen **II** *v/i* wählen; abstimmen; s-e Stimme abgeben; ***~ socialiste*** sozialistisch, die Sozialisten wählen; für die Sozialisten stimmen; ***~ à droite*** rechts wählen; ***~ contre, pour qc, qn*** gegen, für etw, j-n stimmen; ***~ oui, non*** mit Ja, Nein stimmen
votif [vɔtif] *adj* ⟨**-ive**⟩ Votiv…; Weih…
votre [vɔtʀ] *adj/poss* ⟨*pl* **vos** [vo]⟩ **1** *de la 2e personne pl* euer, eure, *pl* eure; ***~ mère*** eure Mutter; ***~ père*** euer Vater; ***vos parents*** eure Eltern; ***Votre Majesté*** Eure Majestät **2** *de la forme de politesse* Ihr(e), *pl* Ihre; ***madame ~ mère*** Ihre Frau Mutter; *assez péj* ***~ Monsieur Untel*** Ihr (ewiger) Herr Soundso
vôtre [votʀ] **I** *pr/poss* **a)** *de la 2e personne pl* ***le ~, la ~*** der, die, das eur(ig)e; eure(r, -s); *pl* ***les ~s*** die eur(ig)en; eure; **b)** *de la forme de politesse* ***le ~, la ~*** der, die, das Ihr(ig)e; Ihre(r, -s); *pl* ***les ~s*** die Ihr(ig)en; Ihre; *ce n'est pas le mien,* ***c'est le ~*** das ist Ihrer, der Ihr(ig)e; F ***à la ~!*** zum Wohl!; prost! **II** *adj/poss litt* ***ces livres sont ~s*** diese Bücher gehören euch *ou* Ihnen, sind euer *ou* Ihr Eigentum **III** *subst* **1** ***le ~*** **a)** das Eur(ig)e; ***il faut que vous y mettiez du ~*** ihr müsst das Eur(ig)e dazu beitragen; **b)** das Ihr(ig)e **2** ***les ~s*** *m/pl* (*famille, amis etc*)

a) die Eur(ig)en; b) die Ihr(ig)en; ***je suis des ~s*** ich mache, komme mit; ich schließe mich Ihnen an; → *a* ***mien, nôtre***

voudrai(s) [vudʀɛ] → ***vouloir***[1]

vouer [vwe] **I** *v/t* 1 *sa vie, son temps etc* ***~ à qc*** e-r Sache (*dat*) widmen, weihen 2 *haine, amour etc* geloben; schwören; ***avoir voué à qn une amitié éternelle*** j-m in ewiger Freundschaft verbunden sein 3 ***~ à qc*** zu etw bestimmen; *quartier etc* ***~ à la démolition*** zum Abbruch bestimmen; *adjt* ***être voué à l'échec*** zum Scheitern verurteilt sein; aussichtslos sein 4 ***~ qn à qc*** j-m etw (*Böses, Übles*) ankündigen, prophezeien **II** *v/pr* 1 ***se ~ à qc*** sich e-r Sache (*dat*) verschreiben; sein Leben e-r Sache weihen, widmen 2 *fig* ***ne (plus) savoir à quel saint se ~*** nicht ein noch aus wissen

vouivre [vwivʀ] *f* sagenhafte Schlange; HÉRALDIQUE Schlange *f*

vouloir[1] [vulwaʀ] ⟨**je veux, il veut, nous voulons, ils veulent; je voulais; je voulus; je voudrai; que je veuille, que nous voulions; voulant; voulu;** *Imperativ der höflichen Aufforderung* **veuillez**⟩ **I** *v/t* 1 wollen; (*envisager*) beabsichtigen; (*désirer*) mögen; wünschen; **a)** *abs*: ***veux-tu?*** willst du?; ja?; ***voulez-vous!*** *a* bitte!; *il s'en est montré incapable,* ***si tu veux*** *ou* ***vous voulez*** *ou* ***on veut*** wenn ich so sagen darf; F ***(ah, mais) je veux!*** allerdings!; das will ich meinen!; ***il faut ~*** man muss (nur) wollen; *prov* ***~ c'est pouvoir*** wo ein Wille ist, ist auch ein Weg (*prov*); **b)** *avec subst*: ***~ qc*** etw (haben) wollen; ***~ qc de qn*** von j-m etw (haben) wollen, wünschen; F *à un client* ***Monsieur veut-il …?*** F wünschen der Herr …?; der Herr wünschen …?; ***voulez-vous un apéritif?*** möchten, wünschen, wollen Sie e-n Aperitif?; ***il veut son argent*** er will sein Geld (haben); ***~ de qn une discrétion absolue*** von j-m absolute Diskretion erwarten, verlangen; *en achetant* ***je voudrais un kilo de pommes*** ich möchte ein Kilo Äpfel; **c)** *avec pr*: ***fais ce que tu veux*** mach *ou* tu, was du willst; ***faire de qn ce qu'on veut*** mit j-m machen, was man will; j-n völlig beherrschen; *veux-tu du pain?* — ***oui, j'en veux*** ja bitte; ***je n'en veux pas*** danke, ich möchte kein(e)s; F *fig* ***il en veut*** er will zeigen, was er kann; F er hat den nötigen Biss; ***tu l'as voulu*** du hast es so gewollt; ***que tu le veuilles ou non*** ob du (es) willst oder nicht; *loc/adv* ***sans le ~*** ohne es zu wollen; ungewollt; unabsichtlich; unbeabsichtigt; unwillkürlich; ***que voulez-vous?*** was wünschen, möchten, wollen Sie?; *résigné* ***que voulez-vous, veux-tu*** *ou* ***qu'est-ce que tu veux, vous voulez?*** das ist nun mal so, nicht anders; was soll, kann man da machen?; ***que veux-tu pour Noël?*** was wünschst du dir zu Weihnachten?; **d)** *avec adv*: ***je veux bien*** oh ja!; gern!; das ist mir recht; ich bin damit einverstanden; ich habe nichts dagegen; F *iron* ***moi, je veux bien*** von mir aus; na schön; schon gut (*aber ich bin anderer Meinung*); → *a e) et III 1*; ***comme tu voudras*** wie du willst; ***quand tu voudras*** wann du willst, es wünschst; **e)** *avec que …* (*+subj*): ***je ne veux pas que tu y ailles*** ich will *ou* wünsche nicht, dass du hingehst; ***que voulez-vous que je vous dise?*** was soll ich da sagen?; ***je veux bien qu'il se soit trompé*** ich gebe gern zu, dass er sich getäuscht hat 2 *fig*: ***le hasard a voulu que …*** (*+subj*) der Zufall fügte, wollte es, dass …; ***l'usage veut que …*** (*+subj*) es ist Brauch, dass … 3 (*demander un prix*) verlangen, (haben) wollen (***de qc*** für etw); ***combien en voulez-vous?*** wie viel wollen, verlangen Sie dafür? 4 (*avoir besoin*) brauchen; wollen; *cette plante* ***veut beaucoup d'eau*** braucht, will viel Wasser 5 (*prétendre*) ***~ que …*** (*+subj*) behaupten, dass … 6 *une femme* besitzen, haben wollen **II** *v/t/indir* 1 ***ne pas ~ de qc, qn*** etw, j-n nicht (haben) wollen; von etw, j-m nichts wissen wollen; ***personne ne veut d'elle comme collègue*** niemand will sie als Kollegin haben; ***je ne veux pas de vos excuses*** ich will Ihre Entschuldigungen nicht (haben, hören) 2 ***en ~ à qn*** (*garder de la rancune*) j-m böse sein; es j-m übel nehmen, nachtragen; (*reluquer*) es auf j-n abgesehen haben; F j-n auf dem Kieker haben; ***en ~ à mort à qn*** j-n tödlich hassen; ***ne m'en veux pas!*** sei mir nicht böse!; ***en ~ à qc*** es auf etw (*acc*) abgesehen haben; ***en ~ à la vie de qn*** j-m nach dem Leben trachten **III** *v/aux avec inf* 1 wollen; (*aimer*) mögen; *la lettre* ***que vous avez bien voulu m'adresser …*** den Sie mir freundlicherweise schrieben; ***~ dire*** → ***dire***[1] *I 5*; ***voudriez-vous bien me dire …*** würden Sie mir bitte sagen …; ***je veux bien essayer*** ich kann's ja mal probieren; ***il veut être pilote*** er will Pilot werden; ***il voudrait être riche*** er möchte reich sein; ***je voudrais vous parler*** ich möchte Sie, mit Ihnen sprechen; ***je veux savoir*** ich will es wissen; ***je voudrais savoir si …*** ich möchte wissen, ob …; ***j'aurais voulu savoir si …*** ich hätte gern gewusst, ob …; ***voulez-vous me suivre*** würden, wollen Sie mir bitte folgen; ***veux-tu (bien) te taire*** willst du wohl still sein; *je me demande* ***où il veut en venir*** worauf er hinauswill; was er vorhat 2 *forme de politesse* ***veuillez*** (*+inf*) wollen, würden Sie bitte (*+inf*); *à la fin d'une lettre* ***veuillez agréer …*** → ***agréer*** *I 1*; ***veuillez répéter*** wiederholen Sie bitte; wollen Sie bitte wiederholen 3 F *chose* wollen; ***le moteur ne veut pas démarrer*** der Motor will nicht anspringen 4 *régional* werden; wollen; ***on dirait qu'il veut pleuvoir*** es will, wird wohl bald regnen **IV** *v/pr* 1 (*se repentir*) ***s'en ~ de*** (*+inf*) sich (*dat*) Vorwürfe machen, sich über sich (*acc*) selbst ärgern, auf sich (*acc*) selbst böse sein, dass …; F ***je m'en voudrais!*** das wäre das Letzte, was ich tun würde; das würde ich mir nie verzeihen 2 (*vouloir passer pour*) ***se ~ …*** sich … geben; … sein wollen; ***une politique qui se veut sociale*** e-e Politik, die sich sozial gibt *ou* die sozial sein will

vouloir[2] [vulwaʀ] *m* 1 ***bon ~*** guter Wille; Bereitwilligkeit *f*; ***mauvais ~*** schlechter, böser Wille; ***dépendre du bon ~ de qn*** von j-s Belieben abhängen 2 *litt* (*volonté*) Wollen *n*; Wille *m*

voulu [vuly] *adj* 1 (*exigé*) *quantité etc* gewünscht; *âge* erforderlich, vorgeschrieben (***pour*** für); ***au moment ~*** im richtigen Moment; ***en temps ~*** zur festgesetzten Zeit; zum vereinbarten Zeitpunkt 2 (*intentionnel*) absichtlich; gewollt; beabsichtigt; ***c'est ~*** das ist beabsichtigt, so gewollt

vous [vu] **I** *pr/pers* 1 *de la 2e personne pl* **a)** *sujet* ihr; *dans une lettre* Ihr; ***êtes-~ content(e)s?*** seid ihr zufrieden?; *renforcé* ***~ autres*** ihr; ***~ autres Français*** ihr Franzosen; **b)** *obj/dir et obj/indir* euch (*acc et dat*); ***je ~ l'ai dit*** ich habe es euch gesagt; *pronominal* ***~ ~ êtes trompé(e)s*** ihr habt euch getäuscht; ***chez ~*** bei euch (zu Hause); ***pour ~*** für euch 2 *forme de*

V

politesse ⟨*sg u pl*⟩ **a)** *sujet* Sie; ***êtes-~ content([e]s)*** sind Sie zufrieden?; ***si j'étais (de) ~ …*** wenn ich Sie wäre …; an Ihrer Stelle …; **b)** *obj/dir et obj/indir* Sie (*acc*); Ihnen (*dat*); *réfléchi* sich (*acc et dat*); ***cela ~ regarde*** das betrifft Sie; ***je ~ l'ai écrit*** ich habe es Ihnen geschrieben; ***imaginez-vous!*** stellen Sie sich (*dat*) vor!; ***s'il ~ plaît*** bitte; ***de ~ à moi*** unter uns gesagt; ***chez ~*** bei Ihnen (zu Hause); ***pour ~*** für Sie; ***dire ~ à qn*** j-n siezen; zu j-m Sie sagen **II** *pr/ind* ⟨*obj/dir u obj/indir* **von „on"**⟩ einen *ou* einem; ***les gens qui ~ disent que …*** die Leute, die einem sagen, dass …; ***il ~ ferait devenir fou*** er würde einen verrückt machen; *explétif* ***il ~ fait cela en un rien de temps*** der macht (dir, Ihnen) das im Nu

vous-même(s) [vumɛm] *pr/pers* **1** *accentué* (ihr *ou forme de politesse* Sie) selbst; ***cherchez ~(s)*** sucht selbst *ou* suchen Sie selbst **2** *réfléchi* euch *ou forme de politesse* sich (*acc et dat*) selbst; ***vous vous faites du tort à ~(s)*** ihr schadet euch selbst *ou* Sie schaden sich (*dat*) selbst

voussoir [vuswaʀ] *m* ARCH Gewölbestein *m*

voussure [vusyʀ] *f* ARCH Wölbung *f*; Krümmung *f*

voûte [vut] *f* **1** ARCH Gewölbe *n*; ***~ en ogive*** Spitztonne *f*; ***~ d'une cave*** Kellergewölbe *n*; ***~ en plein cintre*** Rundtonne *f*; ***en ~*** gewölbt **2** *fig* Gewölbe *n*; Wölbung *f*; ***~ céleste*** Himmelsgewölbe *n*; ***~ de feuillage*** Blätterdach *n* **3** ANAT ***~ crânienne*** Schädeldach *n*, -decke *f*; ***~ du palais*** harter *ou* knöcherner Gaumen

voûté [vute] *adj dos* krumm (gebogen); gebeugt; *personne* ***être tout ~*** e-n krummen, gebeugten Rücken haben; gebeugt gehen; ***se tenir ~*** e-e krumme Haltung haben

voûter [vute] *v/pr* ***se ~*** *dos* sich vom Alter krümmen; sich wölben; *personne* vom Alter gebeugt werden; krumm werden

vouvoiement [vuvwamɑ̃] *m* Siezen *n*; Sie-Sagen *n*

vouvoyer [vuvwaje] ⟨**-oi-**⟩ **I** *v/t* ***~ qn*** j-n siezen; zu j-m Sie sagen **II** *v/pr* ***se ~*** sich, einander siezen; zueinander Sie sagen

vox populi [vɔkspɔpyli] *litt f* die Stimme des Volkes; *prov* ***~ vox Dei*** Volkes Stimme Gottes Stimme (*prov*)

voyage [vwajaʒ] *m* **1** Reise *f*; Fahrt *f*; ***bon ~!*** gute *ou* glückliche Reise!; gute Fahrt!; AVIAT guten Flug!; ***~ éclair*** Blitzbesuch *m*; *Jules Verne* ***Voyage au centre de la Terre*** Reise zum Mittelpunkt der Erde; ***~ à l'étranger*** Auslandsreise *f*; Reise, Fahrt ins Ausland; ***~ à pied*** (Fuß)Wanderung *f*; ***~ à Rome*** Romreise *f*; Reise, Fahrt nach Rom; ***~ à travers l'Europe*** Reise, Fahrt (quer) durch Europa; ***~ autour du monde*** Weltreise *f*; Reise um die Welt; ***~ dans l'espace*** Fahrt, Reise in den Weltraum; ***~ de noces*** Hochzeitsreise *f*; ***~ en avion, en bateau*** Flug-, Schiffsreise *f*; ***~ en France*** Frankreichreise *f*; Reise, Fahrt nach Frankreich; ***~ en groupe*** Gesellschaftsreise *f*; Gruppenfahrt *f*, -reise *f*; ***~ en train*** (Eisen)-Bahnfahrt *f*; Bahnreise *f*; ***~ en voiture*** Autoreise *f*, -fahrt *f*; ***carnet*** *m* ***de ~*** Reisetagebuch *n*; ***frais*** *m/pl* ***de ~*** Reisekosten *pl*, -spesen *pl*; ***gens*** *m/pl* ***du ~*** Zirkusleute *pl*; fahrendes Volk; ***récit*** *m* ***de ~*** Reisebericht *m*; ***aller en ~*** auf Reisen gehen; ***emmener qc, qn en ~*** etw, j-n auf die Reise, auf s-e Reisen mitnehmen; ***être du ~*** die Reise mitmachen; ***être en ~*** verreist, auf Reisen sein; ***être en ~ d'affaires*** auf e-r Geschäftsreise sein; geschäftlich verreist, unterwegs sein; ***faire le ~ en train*** mit der Bahn reisen; ***faire un ~ à Berlin*** e-e Reise, Fahrt nach Berlin machen; nach Berlin reisen, fahren; ***faire un ~ organisé*** mit e-r Reisegesellschaft fahren; ***partir en ~*** e-e Reise antreten; verreisen; auf Reisen gehen; *curiosité* ***valoir le ~*** e-e Reise wert sein; *prov* ***les ~s forment la jeunesse*** Reisen bildet (*prov*) **2** (*trajet*) Fahrt *f*; ***trois jours de ~*** drei Tage Fahrt; *train* ***faire le ~ Strasbourg-Paris en quatre heures*** die Strecke Straßburg-Paris in vier Stunden zurücklegen; ***faire le ~ deux fois par jour*** die Strecke zweimal täglich fahren; die Fahrt zweimal täglich machen; ***faire plusieurs ~s*** *pour transporter qc* mehrmals fahren *ou* gehen **3** *fig* Reise *f*; ***~ dans le temps*** Reise in die Vergangenheit *ou* Zukunft; ***partir pour le grand ~*** s-e letzte Reise antreten **4** *de drogués* Trip *m*

voyager [vwajaʒe] *v/i* ⟨**-geons**⟩ **1** reisen; ***~ à pied*** wandern; ***~ à travers un pays*** durch ein Land reisen, fahren; ***~ en France*** in Frankreich umherreisen; Frankreich bereisen; ***~ en voiture*** mit dem Auto reisen; im Auto fahren; ***il a beaucoup voyagé*** er ist viel gereist, herumgekommen; er ist ein weit gereister Mann **2** *représentant* reisen; ***~ pour affaires*** viel als Geschäftsmann unterwegs sein **3** *marchandises* transportiert werden; *s'abîmer* ***en voyageant*** auf dem Transport **4** *microbes dans l'organisme* (umher)wandern **5** *drogués* auf e-n Trip gehen

voyageur [vwajaʒœʀ], **voyageuse** **I** *subst* **1** *m,f* Reisende(r) *f(m)*; Fahrgast *m*; Passagier *m*; (*explorateur*) (Forschungs)Reisende(r) *m*; ***train*** *m* ***de ~s*** Reisezug *m*; *t/t a* Personenzug *m*; ***c'est un grand ~*** er kommt viel in der Welt herum **2** ***~ (de commerce)*** (Handlungs)Reisende(r) *m*; Handelsvertreter *m* **II** *adj* **1** ***pigeon ~*** Brieftaube *f* **2** *st/s* ***avoir l'âme, l'humeur voyageuse*** reiselustig sein; gern reisen

voyagiste [vwajaʒist] *m* Reiseveranstalter *m*

voyais [vwajɛ] → ***voir***

voyance [vwajɑ̃s] *f* Zweites Gesicht; Hellsehen *n*

voyant [vwajɑ̃] **I** *adj vêtement, couleur* auffallend; auffällig; *couleur a* grell **II** *subst* **1** (*spirite*) ***~(e)*** *m(f)* Hellseher(in) *m(f)*; ***~e*** *f a* Wahrsagerin *f* **2** (*non aveugle*) ***~(e)*** *m(f)* Sehende(r) *f(m)* **3** (*lampe témoin*) *m* Kontrolllicht *n*; Kontrolllampe *f*; ***~ lumineux*** Leuchtzeichen *n*

voyelle [vwajɛl] *f* Vokal *m*; Selbstlaut *m*; ***~ brève, fermée, longue, ouverte*** kurzer, geschlossener, langer, offener Vokal

voyeur [vwajœʀ] *m* Voyeur *m*; F Spanner *m*

voyeurisme [vwajœʀism] *m* Voyeurismus *m*

voyons [vwajõ] → ***voir*** *III 5*

voyou [vwaju] *m* **1** (*loubar*) jugendlicher Rowdy ['raʊdi]; ***petit ~*** Schlingel *m*; Lausbub *m* **2** (*délinquant*) Ganove *m*; Gauner *m*; *adjt* ganovenhaft; Ganoven …

vrac [vʀak] *loc/adv* ***en ~*** **1** *marchandises* lose; offen; ***marchandises (expédiées) en ~*** *a* Schüttgut *n*; ***vendre qc en ~*** etw lose, offen, unverpackt verkaufen **2** *vêtements, livres* ***jeter, poser en ~*** auf e-n Haufen werfen, legen **3** *fig* durcheinander

vrai [vʀɛ] **I** *adj* **1** (*exact*) wahr; richtig; wahrheitsgemäß, -getreu; tatsächlich; ***histoire ~e*** wahre Geschichte; ***pas ~?*** nicht wahr?; *provocant* stimmt das etwa nicht?; ***être ~ pour qn*** für j-n zutreffen, gelten;

c'est ~? *ou* ***est-ce ~?*** *ou* F ***~?*** ist das wahr?; stimmt das wirklich?; *en incise* ***il est bête, c'est ~, mais …*** er ist zwar dumm, aber …; ***ce n'est pas ~*** das ist nicht wahr, stimmt nicht; F ***c'est pas ~!*** nein, wirklich?; das kann, F darf doch nicht wahr sein!; ***c'est si ~ que …*** das stimmt sogar so sehr, dass …; F ***c'est la vérité ~e*** das ist die rein(st)e Wahrheit; das ist wirklich wahr; ***il est (bien) ~ que …*** es ist wahr, es stimmt, es trifft zu, dass …; *restrictif* ***il est ~ que …*** es stimmt zwar, dass …; es ist schon wahr, dass …; allerdings …; ***il n'en est pas moins ~ que …*** trotzdem, nichtsdestoweniger, und doch ist es wahr, dass … 2 (*authentique*) echt; richtig; wirklich; ***ses ~s cheveux*** ihr eigenes Haar; ***un ~ policier*** ein echter, richtiger, wirklicher Polizist; ***un ~ Renoir*** ein echter Renoir; ***c'est une ~e blonde*** sie hat naturblondes Haar; ***de son ~ nom il s'appelle …*** sein wirklicher, richtiger Name ist, lautet … 3 (*véritable*) wahr; richtig; echt; wirklich; *nature* unverfälscht; ***~ de ~*** unverfälscht; typisch; F hundertprozentig; ***une ~e canaille*** e-e wahre, richtige Kanaille; ***~ connaisseur*** echter, wirklicher Kenner; ***le (seul) ~ moyen de*** (+*inf*) das (einzig) richtige Mittel (um) zu (+*inf*); F ***il n'y a que ça de ~*** F das ist das einzig Wahre 4 *d'un roman etc* ***personnage ~*** lebensechte, -wahre Figur **II** *adv* F ***~!*** wirklich!; stimmt!; ist ja wahr!; F ***ben ~, ça alors!*** F na so was!; ist ja unglaublich, doll!; ***à ~ dire, à dire ~*** offen gesagt, gestanden; um die Wahrheit zu sagen; eigentlich; ***dire ~*** die Wahrheit sagen; recht haben; den Nagel auf den Kopf treffen; ***faire ~*** echt wirken, aussehen **III** *m* ***le ~*** das Wahre; die Wahrheit; *enf* ***pour de ~*** im Ernst; wirklich; ***distinguer le ~ du faux*** Wahres und Falsches unterscheiden; ***être dans le ~*** recht haben

vraiment [vʀɛmɑ̃] *adv* wirklich; wahrhaftig; *st/s* wahrlich; ***~?*** wirklich?; *iron, incrédule* ***ah, ~!*** ach (nein), wirklich?; was du nicht sagst *ou* was Sie nicht sagen!; ***~ rouge*** richtig rot; ***ce n'est ~ pas malin*** das war wirklich, wahrhaftig nicht sehr schlau; ***~, il exagère*** er geht wirklich zu weit

vraisemblable [vʀɛsɑ̃blabl] *adj* wahrscheinlich; ***il est très ~ que …*** sehr wahrscheinlich …; ***c'est très ~*** das ist sehr gut möglich, durchaus denkbar, einleuchtend

vraisemblablement [vʀɛsɑ̃blabləmɑ̃] *adv* wahrscheinlich

vraisemblance [vʀɛsɑ̃blɑ̃s] *f* Wahrscheinlichkeit *f*; ***selon toute ~*** aller Wahrscheinlichkeit nach

vrille [vʀij] *f* 1 BOT Ranke *f*; ***~ de la vigne*** Weinranke *f* 2 TECH Nagelbohrer *m* 3 AVIAT Trudeln *n*; ***descendre en ~*** abtrudeln

vrillé [vʀije] *adj* 1 BOT rankig 2 *fil* verdreht

vriller [vʀije] *v/t* 1 durchbohren *ou* durchbohren 2 *fig* ***la douleur lui vrille les tempes*** er hat rasende, bohrende Kopfschmerzen

vrombir [vʀɔ̃biʀ] *v/i moteur etc* dröhnen; *insecte* summen; surren **vrombissement** *m d'un moteur* Dröhnen *n*

vroum [vʀum] *int bruit de moteur* ***~! ~!*** brumm, brumm!

VRP [veɛʀpe] *m abr* (*voyageur de commerce, représentant et placier*) (Geschäftsreisender,) Handelsvertreter (und Platzvertreter) *m*

V.S.O.P. *abr* (*very superior old pale*) *Qualitätsbezeichnung für in Eichenfässern abgelagerten Cognac*

VTT [vetete] *m abr* (*vélo tout terrain*) Mountainbike [ˈmauntənbaɪk] *n*

vu [vy] **I** *p/p* → ***voir*** *et adj* gesehen (*a* ADM); ***ni ~ ni connu*** ohne dass jemand etwas bemerkt; ***c'est (bien) ~?*** *ou* F ***~!*** verstanden?; ***être bien, mal ~*** *personne* beliebt, unbeliebt sein, gern, nicht gern gesehen sein, gut, schlecht angeschrieben sein (***de qn*** bei j-m); *chose* gern, nicht gern gesehen werden; verpönt sein; F ***c'est tout ~!*** das ist ein für alle Mal erledigt!; Schluss jetzt! **II** *prép* angesichts (+*gén*); in Anbetracht (+*gén*); unter Berücksichtigung (+*gén*); ***~ les circonstances*** in Anbetracht, angesichts der Umstände; ***~ le temps*** bei dem Wetter **III** *loc/conj* ***~ que*** da; weil; in Anbetracht dessen, dass **IV** *m* 1 ***au ~ et au su de tout le monde*** vor aller Augen; ***c'est du déjà ~*** das ist nichts Neues 2 JUR ***sur le ~ des pièces*** nach Einsicht in die, nach Prüfung der Aktenstücke

vue [vy] *f* 1 *sens* Sehen *n*; Sehkraft *f*, -vermögen *n*; Gesichtssinn *m*; Augen(licht) *n/pl(n)*; ***troubles m/pl de la ~*** Sehstörungen *f/pl*; ***avoir la ~ basse*** kurzsichtig sein; ***avoir une bonne ~*** gute Augen haben; gut sehen; ***sa ~ baisse*** s-e Augen lassen nach; s-e Sehkraft lässt nach; ***être privé de la ~*** blind sein; ***fatiguer la ~*** die Augen anstrengen; ***perdre la ~*** erblinden; das Augenlicht verlieren, einbüßen 2 (*regard*) Blick *m*; Sicht *f*; *loc/adj et loc/adv*: ***à ~*** AVIAT, MAR auf Sicht; COMM bei Sicht; Sicht…; ***à première ~*** auf den ersten Blick; F ***à ~ de nez*** nach Augenmaß; schätzungsweise; F über den Daumen gepeilt; ***à ~ d'œil*** zusehends; merklich; ***à la ~ de tous*** vor aller Augen; ***garde*** *f* ***à ~*** Polizeigewahrsam *m*; COMM ***payable à ~*** zahlbar bei Sicht; ***en ~*** in Sicht; sichtbar; ***ils arrivaient en ~ de l'île*** die Insel kam in Sicht; ***être en ~*** *côte, réussite* in Sicht sein; *personne* an hervorragender Stelle stehen; sehr bekannt sein; *objet* ***être exposé bien en ~*** an gut sichtbarer, an auffälliger Stelle stehen, liegen; ***'hors de ~*** außer Sicht; nicht mehr zu sehen; ***connaître qn de ~*** j-n vom Sehen kennen; F ***en mettre plein la ~ à qn*** j-m imponieren; auf j-n Eindruck machen; F bei j-m Eindruck schinden; ***s'offrir à la ~ de qn*** sich j-s Blicken darbieten; ***perdre qn, qc de ~*** j-n, etw aus den Augen verlieren; ***il ne faut pas perdre de ~ que …*** man darf nicht übersehen, außer Acht lassen, dass … 3 (*spectacle*) Anblick *m*; ***à la ~ du sang*** beim Anblick von Blut; ***à sa ~*** bei s-m *ou* ihrem Anblick; als ich *ou er etc* ihn *ou* sie sah 4 (*panorama*) Aussicht *f*; (Aus)Blick *m*; ***avec ~ sur la mer*** mit Aussicht, Blick aufs Meer; mit Meer(es)blick; *pièce* ***avoir ~ sur le jardin*** zum Garten hinausgehen 5 PHOT, PEINT Ansicht *f*; ***~ aérienne*** Luftbild *n*; ***~ de face*** Vorderansicht *f*; ***~ d'ensemble*** Gesamtansicht *f*; Überblick *m*, -sicht *f* (*a fig*); ***~ de Lyon*** Ansicht von Lyon 6 (*idée*) Einstellung *f*; Vorstellung *f*; ***~s*** *pl* Ansichten *f/pl*; Meinung *f*; ***échange m de ~s*** Meinungsaustausch *m*; *personne, politique* ***à courte ~*** kurzsichtig; ***c'est une ~ de l'esprit*** das ist e-e (rein) theoretische Vorstellung 7 (*intention*) Absicht *f*; (*perspective*) Aussicht *f*; *loc/prép* ***en ~ de*** (+*subst*) im Hinblick auf (+*acc*); angesichts (+*gén*); ***en ~ de*** (+*inf*) um zu (+*inf*); ***travailler en ~ de réussir*** auf den Erfolg hinarbeiten; ***avoir qn***

en ~ j-n in Aussicht genommen haben, an j-n denken (***pour un poste*** für e-n Posten); ***avoir qc en ~*** (*envisager*) etw im Auge haben; (*espérer*) etw in Aussicht haben; ***avoir des ~s sur qc, qn*** ein Auge auf etw, j-n geworfen haben; Absichten auf j-n haben **8** ***double, seconde ~*** Zweites Gesicht; Hellsehen *n*

vulcanien [vylkanjɛ̃] *adj* ⟨***~ne***⟩ GÉOL ***type ~*** Vulkanotyp *m*

vulcanisation [vylkanizasjõ] *f* TECH Vulkanisierung *f*; Vulkanisation *f* **vulcaniser** *v/t* TECH vulkanisieren; *adjt* ***vulcanisé*** vulkanisiert

vulcanologie [vylkanɔlɔʒi] → ***volcanologie***

vulgaire [vylgɛʀ] **I** *adj* **1** (*quelconque*) einfach; gewöhnlich; *p/fort* ordinär; ***en ~ coton*** aus einfacher, gewöhnlicher, *p/fort* ordinärer Baumwolle; ***un ~ escroc*** ein ganz gewöhnlicher Betrüger **2** (*grossier*) *personne, goût* gewöhnlich; *p/fort, a genre, expressions* ordinär; vulgär **3** *litt* (*quotidien*) alltäglich; niedrig; wenig erhaben **4** (*populaire*) *nom de plante etc* volkstümlich; allgemein üblich; ***langue*** *f* ***~*** Volkssprache *f*; ***latin*** *m* ***~*** Vulgärlatein *n* **II** *m* ***le ~*** **1** *litt* (*populace*) das (gemeine) Volk; der Pöbel **2** das Ordinäre, Vulgäre; ***tomber dans le ~*** ordinär, vulgär werden

vulgairement [vylgɛʀmɑ̃] *adv* **1** *péj s'exprimer etc* ordinär; vulgär **2** ***appelé ~*** allgemein, in der Sprache des Volkes, im Volksmund (genannt); *en incise* ***~ parlant*** wie es im Volksmund heißt; volkstümlich

vulgarisateur [vylgaʀizatœʀ] *m*, **vulgarisatrice** *f* Autor *m*, Autorin *f* populärwissenschaftlicher Werke

vulgarisation [vylgaʀizasjõ] *f* ***~*** (***scientifique***) allgemein verständliche Darstellung (und Verbreitung); ***ouvrage*** *m* ***de ~*** populärwissenschaftliches Werk

vulgariser [vylgaʀize] *v/t* allgemein verständlich darstellen (und verbreiten); allgemein verständlich machen; popularisieren

vulgarité [vylgaʀite] *f péj* Gewöhnlichkeit *f*; *p/fort* Vulgarität *f*

vulgum pecus [vylgɔmpekys] *m* ⟨*sans pl*⟩ F ***le ~*** der Normalsterbliche; (der) Otto Normalverbraucher

vulnérabilité [vylneʀabilite] *f* Verwundbarkeit *f*

vulnérable [vylneʀabl] *adj* **1** verwundbar **2** *fig* verwundbar; verletzbar; empfindlich; ***point*** *m* ***~*** verwundbare Stelle; Schwachstelle *f*

vulve [vylv] *f* ANAT Vulva *f*; *st/s* (weibliche) Scham *f*

Vve *ou* **Vve** *abr* (*veuve*) Wwe. (Witwe)

V.V.F. [veveɛf] *m abr* (*village vacances familles*) Familienferiendorf *n*

Vyborg [vibɔʀg] GÉOGR Wyborg *n*

W

W[1], **w** [dubləve] *m* ⟨*inv*⟩ W, w [veː] *n*

W[2] *abr* (*watt*[*s*]) W (Watt)

Waal [wal] GÉOGR ***le ~*** die Waal

Waas [was] ***le pays de ~*** das Waasland

Wagner [vagnɛʀ] *m* MUS Wagner *m*

wagnérien [vagneʀjɛ̃] MUS **I** *adj* ⟨***~ne***⟩ Wagner...; ***opéra ~*** Wagneroper *f* **II** *m* Wagnerianer *m*

wagon [vagõ] *m* CH DE FER **1** Wag'gon *m*; Wagen *m*; *t/t* Güterwagen *m*; ***~ frigorifique*** Kühlwagen *m*; ***~ à bestiaux*** Viehwagen *m*, -waggon *m*; ***~ de première classe*** Wagen erster Klasse; ***~ de marchandises*** Güterwagen *m* **2** *contenu* Wagenladung *f*; Waggon(ladung) *m*(*f*)

wagon-bar [vagõbaʀ] *m* ⟨*pl* **wagons-bars**⟩ Büfettwagen *m* **wagon-citerne** *m* ⟨*pl* **wagons-citernes**⟩ Kesselwagen *m* **wagon-couchettes** *m* ⟨*pl* **wagons-couchettes**⟩ Liegewagen *m* **wagon-lit** *m* ⟨*pl* **wagons-lits**⟩ Schlafwagen *m*

wagonnet [vagɔnɛ] *m* (Kipp)Lore *f*

wagon-poste [vagõpɔst] *m* ⟨*pl* **wagons-poste**⟩ CH DE FER Postwagen *m* **wagon-restaurant** *m* ⟨*pl* **wagons-restaurants**⟩ Speisewagen *m*

Walhalla [vala(l)la] MYTH ***le ~*** (die) Walhall(a)

walkie-talkie [wokitoki] *m* → ***talkie-walkie***

walkman® [wɔkman] *m* Walkman® *m*

walkyrie [valkiʀi] *f* MYTH *ou plais* Walküre *f*

Wallis-et-Futuna [walisefytyna] ***les îles*** *f/pl* ***~*** die Wallisinseln *f/pl*; Wallis und Futuna *n*

wallon [walõ] **I** *adj* ⟨***~ne***⟩ wallonisch **II** *subst* **1** ***Wallon(ne)*** *m(f)* Wallone *m*, Wallonin *f* **2** LING ***le ~*** das Wallonische; Wallonisch *n*

Wallonie [walɔni] ***la ~*** Wallonien *n*

Walvis Bay [walvisbɛ] GÉOGR Walfischbai *n*

wapiti [wapiti] *m* ZO Wapiti *m*

Warndt [vaʀnt] GÉOGR ***la ~*** der Warndt

warrant [vaʀɑ̃, wa-] *m* COMM Warrant *m*; Lagerschein *m*

Warta [vaʀta] GÉOGR ***la ~*** die Warthe

Washington [waʃiŋtɔn] Washington ['vɔʃiŋktən] *n*

wassingue [vasɛ̃g, wa-] *f mot flamand* Scheuertuch *n*

water-ballast [watɛʀbalast] *m* ⟨*pl* **water-ballasts**⟩ MAR **a)** *d'un bateau* Ballasttanks *m/pl*; **b)** *d'un sous-marin* Tauchtank *m*

water-closet(s) [watɛʀklozɛt] *m/pl* → ***waters***

Waterloo [watɛʀlo] HIST Waterloo *n* (*a fig défaite*)

water-polo [watɛʀpɔlo] *m* Wasserball *m*

waterproof [watɛʀpʀuf] *adj* ⟨*inv*⟩ wasserdicht

waters [watɛʀ] *m/pl* Klosett *n*; Abort *m*; F Klo *n*; ***aller aux ~*** aufs Klo gehen

watt [wat] *m* (*abr* ***W***) ÉLECT Watt *n* (*abr* W)

Watteau [vato] ***Antoine ~*** *frz Maler*

watt-heure watœʀ *m* ⟨*pl* **watts-heures**⟩ (*abr* ***Wh***) Wattstunde *f* (*abr* Wh) **watt-mètre** *m* Wattmeter *n*

Wattrelos [watʀəlo] *Stadt im Dep. Nord*

W.-C. [(dublə)vese] *m/pl* WC *n*; F Null-Null *n* (*inscription* 00)

Web [wɛb] *m abr* (*World Wide Web*) INFORM Web

[vɛp] *n*; *adjt* ***page*** *f* ~ Webseite *f*; ***serveur*** *m* ~ Web-Server [-zøːrvər] *m*; ***site*** *m* ~ Website [-saɪt] *f*; (***naviguer, surfer***) ***sur le*** ~ im Web (surfen [ˈzøːrfən])
webcam [wɛbkam] *f* INFORM Webcam [ˈvɛpkɛm] *f*
webmaster [wɛbmastœʀ] *ou* **webmestre** [wɛbmɛstʀ] *m* INFORM Webmaster [ˈvɛpmaːstər] *m*
week-end [wikɛnd] *m* ⟨*pl* **week-ends**⟩ Wochenende *n*; ***bon*** ~***!*** schönes Wochenende!; ***partir en*** ~ übers Wochenende wegfahren
Weil [vɛj] ***Simone*** ~ *frz Philosophin u Schriftstellerin*
Welsch [velʃ] *m* → ***Velche***
weltanschauung [veltanʃawuŋ] *f* PHILOS Weltanschauung *f*
welter [vɛltɛʀ] *m* BOXE Weltergewicht *n*
Weser [vezɛʀ] ***la*** ~ die Weser
western [wɛstɛʀn] *m* CIN Western *m*; Wildwestfilm *m* **western-spaghetti** *m* ⟨*pl* **westerns-spaghettis**⟩ Italowestern *m*
Westphalie [vɛsfali] ***la*** ~ Westfalen *n*
Weygand [vɛgɑ̃] *frz General*
whisky [wiski] *m* ⟨*pl* **whiskies**⟩ Whisky *m*; ~ ***nature*** Whisky pur; ~ ***soda*** Whisky Soda
whist [wist] *m* Whist *n*
white-spirit [wajtspiʀit] *m* Terpentinersatz *m*
Wight [wajt] ***l'île*** *f* ***de*** ~ die Isle of Wight [-ˈaɪlˀɔfˈvaɪt]
wilaya [vilaja] *f Verwaltungsbezirk in Algerien*
william(s) [wiljam(s)] *f* (***poire*** *f*) ~(***s***) Williams Christbirne *f*
Wimbledon [wimblədɔn] Wimbledon [ˈwimbldən] *n*
Windhoek [winduk] Windhuk *n*
Winnipeg [vinipɛg] GÉOGR Winnipeg *n*; ***le lac*** ~ der Winnipegsee
wisigoth [vizigo] *adj* ⟨**-gothe** [-gɔt]⟩ westgotisch
Wissembourg [visɑ̃buʀ, -sɛ̃-] Weißenburg *n*
Woëvre [vwavʀ] ***la*** ~ *Landschaft in Lothringen*
wolfram [vɔlfʀam] *m* MINÉR Wolframit *n*
wombat [wõba] *m* ZO Wombat *m*
Wonderbra® [wɔndɛʀbʀa] *m* Wonderbra® [ˈvandərbra] *m*
World Wide Web [wœʀldwajdwɛb] *m* INFORM World Wide Web [ˈvøːrltˈvaɪt-ˈvɛp] *n*; ***sur le*** ~ im World Wide Web
Wrocław [vʀɔtslaf] Breslau *n*
Wurtemberg [vyʀtɛ̃bɛʀ] ***le*** ~ Württemberg *n*
wurtembergeois [vyʀtɛ̃bɛʀʒwa] *adj* württembergisch
Wurtzbourg [vyʀtsbuʀ] Würzburg *n*
www [dubləvedubləvedubləve] *abr* (*World Wide Web*) www

X

X, x [iks] *m* ⟨*inv*⟩ **1** *lettre* X, x *n*; *par ext*: ***chromosome*** *m* ***X*** X-Chromosom *n*; ***jambes*** *f/pl* ***en X*** X-Beine *n/pl* **2** MATH x *n*; ***axe*** *m* ***des x*** x-Achse *f*; *par ext*: ***x années*** soundso viele, x, F zig Jahre; *je te l'ai répété* ***x fois*** x-mal; F zigmal; ***X*** *ou* ***Monsieur X*** Herr X(Y); JUR ***plainte*** *f* ***contre X*** Anzeige *f* gegen unbekannt; ***accoucher sous X*** anonym entbinden (*und das Kind weggeben*) **3** ***rayons*** *m/pl* ***X*** Röntgenstrahlen *m/pl* **4** ***film*** (***classé***) ***X*** Pornofilm *m* **5** ***X*** *arg estudiantin pour* **a**) « *École polytechnique* »: (*vom Armeeministerium verwaltete*) *Hochschule zur Ausbildung von Ingenieuren in Paris*; **b**) « *polytechnicien* » (ehemaliger) Schüler, Absolvent *m* der École polytechnique
Xaintois [(k)sɛ̃twa] ***le*** ~ *Landschaft in Lothringen*
Xavier [gzavje] *m Vorname*
xénon [ksenõ] *m* CHIM Xenon *n*
xénophile [gzenɔfil] *adj* fremdenfreundlich; xenophil
xénophobe [gzenɔfɔb] **I** *adj* fremden-, ausländerfeindlich; xenophob **II** *m,f* Fremdenfeind(in) *m(f)* **xénophobie** *f* Fremdenhass *m*; Ausländerfeindlichkeit *f*; Xenophobie *f*
xérès [kseʀɛs, gze-] *m* Sherry *m*; Jerez(wein) [ˈçeːrɛs] *m*
xérus [gzeʀys, kse-] *m* ZO Afrikanisches Erdhörnchen
xi [ksi] *m lettre grecque* Xi *n*
xylène [gzilɛn, ksi-] *m* CHIM Xylol *n*
xylographe [gzilɔgʀaf, ksi-] *m,f* Xylograf(in) *m(f)*; Holzschneider(in) *m(f)* **xylographie** *f* **a**) Holzschneidekunst *f*; *sc* Xylografie *f*; **b**) Holzschnitt *m*; *sc* Xylografie *f*
xylophage [gzilɔfaʒ, ksi-] *m* ZO holzfressendes Insekt
xylophone [gzilɔfɔn, ksi-] *m* MUS Xylofon *n*

Y

Y, y[1] [igʀɛk] *m* ⟨*inv*⟩ **1** *lettre* Y, y ['ypsilɔn] *n*; Ypsilon *n* **2** MATH y *n*; ***axe** m **des y*** y-Achse *f* **3** ***chromosome** m **Y*** Y-Chromosom *n*
y[2] [i] **I** *adv* **1** dort; da; hier; dort-, dahin; dorthinauf *ou* -hinunter; ***tu ~ vas?*** gehst du (da-, dort)hin?; ***je n'~ suis jamais allé*** ich war nie dort; ***on ~ entre par ~ …*** man geht (da, dort) durch … hinein; ***j'~ étais aussi*** ich war auch dort, dabei; ***je n'~ suis pour personne*** ich bin für niemanden zu sprechen, zu Hause; ***j'~ suis, j'~ reste*** hier bin ich, und hier bleibe ich; ***on n'~ voit rien, dans ce brouillard*** man sieht nichts bei diesem Nebel **2** *loc*: ***~ compris*** einschließlich (+*gén*); ***il s'~ connaît*** er versteht sich darauf; er versteht etwas davon; ***~ aller, il ~ a, ~ compter, s'~ entendre, ~ être, s'~ prendre*** *etc* → *les verbes correspondants* **II** *pr* **1** *à la place d'un obj/indir précédé de* **à** dazu; daran; darauf; *se rapportant rarement à une personne* ***je ne m'~ fierais pas*** ich würde ihm nicht trauen; ***vous m'~ obligez*** Sie zwingen mich dazu; ***j'~ penserai*** ich werde daran denken; ***j'~ renonce*** ich verzichte darauf **2** F *pour* ***lui***: ***j'~ ai dit*** ich hab ihm gesagt **3** F *pour* ***il*** (*impersonnel*): ***c'est-~ pas malheureux!*** das ist doch ein Jammer!
yacht [jɔt] *m* Jacht *f*
yacht-club [jɔtklœb] *m* ⟨*pl* **yacht-clubs**⟩ Jachtklub *m*
yachting [jɔtiŋ] *m* Jachtsport *m*; *par ext* Segelsport *m*
ya(c)k [jak] *m* ZO Jak *m*; Grunzochse *m*
Yahvé [jave] *m* BIBL Jahve *ou* Jahwe *m*
Yalta [jalta] GÉOGR Jalta *n*
yang [jɑ̃g, jɑ̃ŋ] *m* PHILOS Yang *n*
Yang-tseu-kiang [jɑ̃gtsøkjɑ̃g] GÉOGR ***le ~*** der Jangtse(kiang)
Yankee [jɑ̃ki] **I** *m,f* Yankee ['jɛŋki] *m*; US-Amerikaner(in) *m(f)* **II** *adj* ***yankee*** Yankee…; US-amerikanisch
Yann [jan] *m Vorname*
Yannic [janik] *m Vorname*
Yaoundé [jaunde] GÉOGR Jaunde *n*
yaourt [jauʀ(t)] *m* Jog(h)urt *m ou n*; ***~ nature, aux fruits*** Natur-, Fruchtjog(h)urt *m*
yaourtière [jauʀtjɛʀ] *f* Jog(h)urtbereiter *m*
yard [jaʀd] *m* Yard *n*
yearling [jœʀliŋ] *m* einjähriges Rennpferd; Jährling *m*
Yémen [jemen] ***le ~*** Jemen *n ou* der Jemen
yéménite [jemenit] **I** *adj* jemenitisch **II** *subst* ***Yéménite*** *m,f* Jemenite, -nitin *m,f*
yen [jɛn] *m monnaie* Yen *m*
yéti [jeti] *m* Yeti *m*
Yeu [jø] ***l'île*** *f* ***d'~*** *Insel vor der frz Atlantikküste*
yeuse [jøz] *Elision u Bindung! f* BOT Steineiche *f*
yeux [jø] *Elision u Bindung! m/pl* → ***œil***
yé-yé [jeje] *m,f dans les années 60* jugendlicher Popmusikfan
yiddish [jidiʃ] LING **I** *adj* ⟨*inv*⟩ jiddisch **II** *m* ***le ~*** das Jiddische; Jiddisch *n*
yin [jin] *m* PHILOS Yin *n*
yod [jɔd] *m* PHON Jot *n*
yoga [jɔga] *m* Yoga *ou* Joga *n*; ***faire du ~*** Yoga machen, betreiben
yog(h)ourt [jɔguʀt] → ***yaourt***
yogi [jɔgi] *m* Yogi *ou* Jogi *m*
Yokohama [jɔkɔama] GÉOGR Yokohama *ou* Jokohama *n*
yole [jɔl] *f* (Sport)Ruderboot *n*
Yonne [jɔn] ***l'~*** *f Fluss u Departement in Frankreich*
yougoslave [jugɔslav] **I** *adj* jugoslawisch **II** *subst* ***Yougoslave*** *m,f* Jugoslawe, -slawin *m,f*
Yougoslavie [jugɔslavi] ***la ~*** Jugoslawien *n*
youp [jup] *int* (hopp,) hopp!; ***allez! ~! sortez!*** los! hopp, hopp! hinaus!
youpi [jupi] *int* juchhe!; hurra!
youpin [jupɛ̃] *m injure raciste* Jude *m*
youyou[1] [juju] *m* MAR Dingi ['dɪŋgi] *n*
youyou[2] *ou* **you-you** [juju] *m* ⟨*inv*⟩ *schrille Schreie der arabischen bzw. afrikanischen Frauen*
yo-yo [jojo] *m* ⟨*inv*⟩ **1** *jouet* Jo-Jo *n* **2** *fig* Auf und Ab *n*
ypérite [ipeʀit] *f* MIL Senfgas *n*; Yperit *n*
Ypres [ipʀ] GÉOGR Ypern *n*
Ysengrin [izɑ̃gʀɛ̃] *m nom du loup dans le « Roman de Renart »* Isegrim *m*
Yser [izɛʀ] GÉOGR ***l'~*** *m* die Yser
yuan [jwan] *m monnaie* Yuan *m*
yucca [juka] *m* BOT Yucca *f*; Palmlilie *f*
yuppie [jupi] *m* Yuppie *m*
Yvelines [ivlin] ***les ~*** [lez-] *f/pl frz Departement*
Yves [iv] *m Vorname*
Yvonne [ivɔn] *f Vorname*

Z

Z, z [zɛd] *m* ⟨*inv*⟩ Z, z [tsɛt] *n*

ZAC [zak] *f abr* (*zone d'aménagement concerté*) übereinstimmend zur Bebauung freigegebenes Gebiet

ZAD [zad] *f abr* (*zone d'aménagement différé*) Bauerwartungsland *n*

Zagreb [zagʀɛb] Zagreb *n*

Zaïre [zaiʀ] HIST ***le ~*** Zaire *n*

zaïrois [zaiʀwa] HIST **I** *adj* zairisch **II** *subst* ***Zaïrois(e)*** *m(f)* Zairer(in) *m(f)*

Zambèze [zɑ̃bɛz] GÉOGR ***le ~*** der Sambesi

Zambie [zɑ̃bi] ***la ~*** Sambia *n*

zambien [zɑ̃bjɛ̃] **I** *adj* ⟨**~ne**⟩ sambisch **II** *subst* ***Zambien(ne)*** *m(f)* Sambier(in) *m(f)*

Zanzibar [zɑ̃zibaʀ] Sansibar *n*

zapper [zape] *v/i* TV zappen; hin und her schalten

zapping [zapiŋ] *m* TV Zappen *n*

Zarathoustra [zaʀatustʀa] *m* REL Zarathustra *m*

zarzuela [zaʀzɥela, saʀswela] *f* MUS Zarzuela *f*

zazou [zazu] *m pendant la 2ᵉ Guerre mondiale* junger, exzentrischer Jazzfan

zébi [zebi] *m* ***peau*** *f* ***de ~*** billiger Stoff

zèbre [zɛbʀ] *m* **1** ZO Zebra *n*; ***courir comme un ~*** sehr schnell laufen **2** F *fig* Kerl *m*; ***un drôle de ~*** ein komischer, seltsamer Kauz, Kerl

zébrer [zebʀe] *v/t* ⟨**-è-**⟩ mit (zebraartigen) Streifen versehen; *souvent adjt* ***zébré*** (zebraartig) gestreift; ***ciel noir zébré d'éclairs*** von Blitzen durchzuckter schwarzer Himmel

zébrure [zebʀyʀ] *f* **1** *du pelage d'un animal* Streifen *m* **2** *sur la peau* Strieme(n) *f(m)*

zébu [zeby] *m* ZO Zebu *n ou m*; Buckelrind *n*

Zélande [zelɑ̃d] ***la ~*** *province des Pays-Bas* Seeland *n*

zélateur [zelatœʀ] *litt m* Eiferer *m*; Zelot *m*

zèle [zɛl] *m* Eifer *m*; Fleiß *m*; Beflissenheit *f*; Diensteifer *m*; ***grève*** *f* ***du ~*** Dienst *m* nach Vorschrift; Bummelstreik *m*; ***(surtout) pas de ~!*** nur kein Übereifer!; ***avec ~*** eifrig; mit Eifer; ***faire du ~*** übereifrig, allzu eifrig sein

zélé [zele] *adj* eifrig; voll Eifer

zélote [zelɔt] *m* HIST Zelot *m*

zen [zɛn] **I** *m* REL Zen *n* **II** *adj* ⟨*inv*⟩ **1** ***bouddhisme*** *m* ***~*** Zenbuddhismus *m* **2** F (*calme*) gelassen; ruhig

zénith [zenit] *m* **1** ASTR Zenit *m*; Scheitelpunkt *m*; ***être au ~*** im Zenit stehen **2** *fig* Gipfel *m*; Höhepunkt *m*; Zenit *m*; *st/s* ***être au ~ de sa gloire*** auf dem Gipfel, Höhepunkt des *ou* s-s Ruhms sein

zéphyr [zefiʀ] *m poét*, TEXT Zephir *m*

zeppelin [zɛplɛ̃] *m* AVIAT Zeppelin *m*

zéro [zeʀo] **I** *m* **1** MATH Null *f*; ***barrer un ~*** e-e Null streichen; *aiguille* ***être à ~*** auf null stehen **2** *fig* Nichts *n*; Null *f*; ***~! ou ~ pour la question*** von dieser Sache hat er keine Ahnung; F ***avoir la boule à ~*** e-n kahl geschorenen Kopf haben; F ***les avoir à ~*** F e-e Heidenangst haben; P Mordsschiss haben; ***avoir le moral à ~*** seelisch auf dem Nullpunkt (angelangt) sein; F ***c'est ~*** das taugt nichts; ***partir de ~*** mit nichts, bei null anfangen; ***recommencer, repartir à ~*** wieder ganz von vorne, bei null anfangen **3** *fig personne* Null *f*; ***c'est un ~*** er ist e-e Null **4** *température* Nullpunkt *m*; Gefrierpunkt *m*; ***~ absolu*** absoluter Nullpunkt; ***il fait dix degrés au-dessus, au-dessous de ~*** es sind, wir haben zehn Grad über, unter null, zehn Grad Wärme, Kälte **5** ÉCOLE Sechs *f*; ***~ de conduite*** e-e Sechs in Betragen; ***attraper un ~*** e-e Sechs kriegen; ***avoir ~ en maths*** e-e Sechs in Mathe haben; ***collectionner les ~s*** sehr viele Sechsen einheimsen **II** *num/c* null; ***~ degré*** null Grad; ***~ euro cinquante*** null Komma fünfzig Euro; ***~ heure*** null Uhr; MIL ***option*** *f* ***~*** Nulllösung *f*; ***faire ~ faute*** null, keinen Fehler machen; SPORTS ***~ à ~*** *ou* ***~ partout*** null zu null; ***gagner par 3 buts à ~*** mit drei zu null (Toren) gewinnen

zeste [zɛst] *m* **1** ***~ de citron*** (Stück *n*) Zitronenschale *f* **2** *fig* ***~ d'alcool*** Schuss *m* Alkohol; ***ne pas valoir un ~*** keinen Pfifferling wert sein

Zeus [dzøs] *m* MYTH Zeus *m*

zézaiement [zezɛmɑ̃] *m* Aussprache *f* des j [ʒ] wie z [z]; Lispeln *n*

zézayer [zezeje] *v/i* ⟨**-ay-** *od* **-ai-**⟩ j [ʒ] wie z [z] aussprechen; lispeln; mit der Zunge anstoßen

ZI *abr* (*zone industrielle*) Industrie-, Gewerbegebiet *n*

zibeline [ziblin] *f* ZO *et fourrure* Zobel *m*

zieuter [zjøte] F *v/t* angucken; F *et p/fort* anglotzen; an-, begaffen; ***zieute-la!*** guck, F kiek dir die mal an!

ZIF [zif] *f abr* (*zone d'intervention foncière*) Zone *f* mit bodenpolitischer Interventionsmöglichkeit (der Gemeinde)

zig [zig] → ***zigue***

zigomar [zigɔmaʀ] *m* → ***zigoteau***

zigoteau *m* ⟨*pl* **~x**⟩ *ou* **zigoto** [zigɔto] *m* F ***un drôle de zigoteau*** *ou* ***zigoto*** F ein seltsamer, komischer Knabe, Kauz; F ***faire le zigoteau*** *ou* ***zigoto*** den Hanswurst spielen

zigouiller [ziguje] *v/t* F abmurksen

zigue [zig] *m* F Kerl *m*; Type *f*; ***un drôle de ~*** ein komischer Kerl; e-e seltsame Type

zigzag [zigzag] *m* Zickzack *m*; *loc/adj et loc/adv* ***en ~*** Zickzack...; im Zickzack (gehend, verlaufend); ***chemin*** *m* ***en ~*** im Zickzack verlaufender Weg; ***marcher en ~*** im Zickzack gehen; hin und her torkeln, taumeln; ***faire des ~s*** → ***zigzaguer***

zigzaguer [zigzage] *v/i ivrogne* im Zickzack, in Schlangenlinien gehen; hin und her taumeln, torkeln; *véhicule* in Schlangenlinien fahren; *route* im Zickzack verlaufen; sich schlängeln

Zimbabwe [zimbabwe] ***le ~*** Simbabwe *n*

zimbabwéen [zimbabweɛ̃] **I** *adj* ⟨**~ne**⟩ simbabwisch **II** *subst* ***Zimbabwéen(ne)*** *m(f)* Simbabwer(in) *m(f)*
zinc [zɛ̃g] *m* **1** Zink *n*; ***en** ou **de** ~* Zink…; aus Zink **2** F (*comptoir*) Theke *f*; Schanktisch *m*; *prendre un verre **sur le** ~* an der Theke **3** F (*avion*) Flugzeug *n*; F Kiste *f*
zingage [zɛ̃gaʒ] *m* Verzinken *n*, -ung *f*
zinguer [zɛ̃ge] *v/t* **1** verzinken **2** *toit* mit Zinkblech decken **zinguerie** *f* **a)** Zinkhütte *f*; **b)** Zinkhandel *m*; **c)** Zinkwaren *f/pl*
zingueur [zɛ̃gœʀ] *m* **1** Zinkarbeiter *m* **2** *adjt **plombier** m ~* Klempner *m*; *südd* Spengler *m*
zinnia [zinja] *m* BOT Zinnie *f*
zinzin [zɛ̃zɛ̃] F **I** *adj* ⟨*f inv*⟩ ***il est un peu ~*** F er spinnt ein bisschen; → *a **cinglé*** **II** *m* F Dings(da) *n*
zip [zip] *m* (breiter) (Zier)Reißverschluss
zippé [zipe] *adj* mit (breitem) (Zier)Reißverschluss
zipper [zipe] *v/t* INFORM zippen
zircon [ziʀkõ] *m* MINÉR Zirkon *m*
zirconium [ziʀkɔnjɔm] *m* CHIM Zirkonium *n*
zist [zist] *loc/adv **entre le ~ et le zest*** F so lala
zizanie [zizani] *f **semer la ~*** Zwietracht säen, stiften
zizi [zizi] *m enf* (*pénis*) *enf* Zipfelchen *n*
zizique [zizik] *enf ou plais f* Musik *f*
zloty [zlɔti] *m monnaie* Zloty ['zlɔti] *m*
zodiacal [zɔdjakal] *adj* ⟨**-aux**⟩ ASTR Tierkreis…
zodiaque [zɔdjak] *m* ASTR Tierkreis *m*; *sc* Zodiakus *m*; ***signes** m/pl **du** ~* Tierkreiszeichen *n/pl*
Zola [zɔla] ***Émile ~*** *frz Schriftsteller*
zombi *ou* **zombie** [zõbi] *m* Zombie *m* (*a fig*)
zona [zona] *m* MÉD Gürtelrose *f*
zonage [zonaʒ] *m* URBANISME Aufteilung *f* in Nutzungsflächen
zonard [zonaʀ] *m* **1** Bewohner *m* der armen Außenviertel **2** *péj* (*jeune marginal*) Rocker *m*
zone [zon] *f* **1** Zone *f*; Gebiet *n*; Bereich *m*; ***~ côtière*** Küstengebiet *n*; ***~ dangereuse*** Gefahrenzone *f*; POL ***~ démilitarisée*** entmilitarisierte Zone; ***~ dénucléarisée*** atomwaffenfreie Zone; ***~ douanière*** Zollgebiet *n*; FIN ***~ franc*** Franczone *f*; Währungsgebiet *n* des Franc; ***~ interdite*** Sperrgebiet *n*, -bezirk *m*; ***~ sinistrée*** Katastrophengebiet *n*; ***~ d'action*** Wirkungsbereich *m*; MIL Gefechtszone *f*; AVIAT ***~ d'atterrissage*** Landezone *f*; ***~ de bruit*** Lärmzone *f*; ***~ d'influence*** Einflussgebiet *n*, -bereich *m*; Interessensphäre *f*; ÉCON ***~ de libre-échange*** Freihandelszone *f*; MIL ***~ d'occupation*** Besatzungszone *f*; ***~ de pêche*** Fischereizone *f*; RAD ***~ de réception*** Empfangsbereich *m*; ADM ***~ de salaire*** Lohngebiet *n*; *correspond à* Orts(lohn)klasse *f*; RAD ***~ de silence*** tote Zone; → *a 3*; ***sur une ~ de 5 km*** in e-m Umkreis, Gebiet von 5 km **2** GÉOGR Zone *f*; ***~s climatiques*** Klimazonen *f/pl*; ***~ tempérée*** gemäßigte Zone **3** *dans les villes*: ***~ bleue*** Kurzparkzone *f*; ***~ industrielle*** Industrie-, Gewerbegebiet *n*; ***~ résidentielle** ou **d'habitation*** Wohngebiet *n*, -viertel *n/pl*; ADM ***~ à urbaniser en priorité*** (*abr* ***ZUP***) vorrangig zu bebauende Zone; ***~ de silence*** (Zone *f* mit) Hupverbot *n* **4** (*faubourgs misérables*) arme Außenviertel *n/pl* **5** MÉTÉO Gebiet *n*; ***~ anticyclonique** ou **de haute pression*** Hochdruckgebiet *n*; ***~ cyclonique** ou **de dépression** ou **de basse pression*** Tiefdruckgebiet *n*; ***~ de mauvais temps*** Schlechtwettergebiet *n* **6** MATH, ASTR Zone *f* **7** ANAT Zone *f* **8** *fig* Gebiet *n*; Bereich *m*; *loc/adj **de seconde ~*** zweitrangig; zweitklassig
zoner [zone] *v/t arg* (*habiter*) F hausen
zoo [zo] *m* Zoo *m*; Tierpark *m*
zoologie [zɔɔlɔʒi] *f* Zoologie *f*; Tierkunde *f*
zoologique [zɔɔlɔʒik] *adj* zoologisch; tierkundlich; Tier(kunde)…; ***jardin** m, **parc** m ~* zoologischer Garten; Tierpark *m*
zoologiste [zɔɔlɔʒist] *ou* **zoologue** *m,f* Zoologe, -login *m,f*
zoom [zum] *m* PHOT Zoom [zu:m] *n*; Zoomobjektiv *n*
zoomorphe [zɔɔmɔʀf] *adj* in Tiergestalt **zoomorphisme** *m* Verwandlung *f* in ein Tier
zoophilie [zɔɔfili] *f* **1** PSYCH Zoophilie *f* **2** übertriebene Tierliebe **zoophobie** *f* übertriebene Angst vor Tieren
zootechnique [zɔɔtɛknik] *adj* Tierzucht…
Zoroastre [zɔʀɔastʀ] *m* REL Zarathustra *m*
zostère [zɔstɛʀ] *f* BOT Seegras *n*
zou [zu] *int **et ~!** ou **allez ~!*** hopp, hopp!
zouave [zwav] *m* **1** HIST MIL Zuave *m* **2** F *fig*: ***un drôle de ~*** F ein seltsamer, komischer Kerl, Knabe; e-e komische Type; ***faire le ~*** (*faire le pitre*) den Hanswurst spielen; (*attendre*) F sich (*dat*) die Beine in den Bauch stehen
Zoug [zug] Zug *n*; ***le lac de ~*** der Zuger See
zouk [zuk] *m* **1** *Musik von den Kleinen Antillen* **2** *Tanz von den Kleinen Antillen*
Zoulou(s) [zulu] *m/pl* Zulu *m/pl*
zozo [zozo] *m* F Dummchen *n*
zozoter [zɔzɔte] F → ***zézayer***
ZUP [zyp] *f abr* (*zone à urbaniser en priorité*) **1** ADM vorrangig zu bebauende Zone **2** *par ext* trostlose, eintönige Außenviertel *n/pl* (großer Städte)
Zurich [zyʀik] Zürich *n*; ***le lac de ~*** der Zürichsee
zut [zyt] *int* F ***~ (alors)!*** F verflixt *ou* verdammt (und zugenäht)!
zyeuter [zjøte] → ***zieuter***
zygomatique [zigɔmatik] *m* ANAT ***grand, petit ~*** großer, kleiner Jochbeinmuskel
zymase [zimɑz] *f* CHIM Zymase *f*

Anhang

Konjugationsmuster der französischen Verben*

Übersicht

Hilfsverben:
avoir [1] **être** [2]

Regelmäßige Verben:
donner [3] **finir** [4]

Änderungen im Wortstamm der Verben auf -er:

⟨**-è-**⟩	**céder** [5]	⟨**-ç-**⟩ **menacer** [9]	⟨**-ay-** *od* **-ai-**⟩ **payer** [11]
	lever [6]	⟨**-geons**⟩ bzw.	⟨**-oi-**⟩ **employer** [12]
⟨**-ll-**⟩	**appeler** [7]	⟨**-geait**⟩ **manger** [10]	⟨**-ui-**⟩ **appuyer** [13]
⟨**-tt-**⟩	**jeter** [8]		

Unregelmäßiges Verb auf -er:
aller [14]

Wichtige unregelmäßige Verben auf -ir:
acquérir [15] **courir** [16] **couvrir** [17] **cueillir** [18]
fuir [19] **mourir** [20] **sentir** [21] **servir** [22] **venir** [23]

Wichtige unregelmäßige Verben auf -oir:
devoir [24] **pouvoir** [25] **recevoir** [26] **savoir** [27]
valoir [28] **voir** [29] **vouloir** [30]

Wichtige unregelmäßige Verben auf -re:
boire [31] **conclure** [32] **conduire** [33] **connaître** [34] **coudre** [35]
croire [36] **dire** [37] **écrire** [38] **faire** [39] **joindre** [40] **lire** [41]
mettre [42] **peindre** [43] **plaire** [44] **prendre** [45] **rendre** [46]
résoudre [47] **rire** [48] **suivre** [49] **vaincre** [50] **vivre** [51]

Reflexives Verb:
se laver

Verb im Passiv:
être puni

* Im Wörterbuch sind bei jedem unregelmäßigen Verb die Grundformen angegeben, aus denen sich mithilfe dieser Konjugationsmuster die restlichen Formen ableiten lassen.

1	**avoir** *haben*			
	Temps simples			
	INDICATIF			
	Présent	*Imparfait*	*Passé simple*	*Futur*
j'	**ai**	avais	**eus**	**aurai**
tu	**as**	avais	**eus**	**auras**
il	**a**	avait	**eut**	**aura**
nous	avons	avions	**eûmes**	**aurons**
vous	avez	aviez	**eûtes**	**aurez**
ils	**ont**	avaient	**eurent**	**auront**
	SUBJONCTIF		*IMPÉRATIF*	*CONDITIONNEL*
j'	**aie**	**(eusse)***)		**aurais**
tu	**aies**	**(eusses)**	**aie**	**aurais**
il	**ait**	**eût**		**aurait**
nous	**ayons**	**(eussions)**	**ayons**	**aurions**
vous	**ayez**	**(eussiez)**	**ayez**	**auriez**
ils	**aient**	**(eussent)**		**auraient**
	PARTICIPE PRÉSENT: **ayant** *PARTICIPE PASSÉ*: **eu**			
	Temps composés			
	INDICATIF			
	Passé composé	*Plus-que-parfait*	*Passé antérieur*	*Futur antérieur*
j'	ai **eu**	avais **eu**	eus **eu**	aurai **eu**
tu	as **eu**	avais **eu**	eus **eu**	auras **eu**
il	a **eu**	avait **eu**	eut **eu**	aura **eu**
nous	avons **eu**	avions **eu**	eûmes **eu**	aurons **eu**
vous	avez **eu**	aviez **eu**	eûtes **eu**	aurez **eu**
ils	ont **eu**	avaient **eu**	eurent **eu**	auront **eu**
	SUBJONCTIF			*CONDITIONNEL PASSÉ*
j'	aie **eu**	(eusse **eu**)		aurais **eu**
tu	aies **eu**	(eusses **eu**)		aurais **eu**
il	ait **eu**	eût **eu**		aurait **eu**
nous	ayons **eu**	(eussions **eu**)		aurions **eu**
vous	ayez **eu**	(eussiez **eu**)		auriez **eu**
ils	aient **eu**	(eussent **eu**)		auraient **eu**
	INFINITIF PASSÉ: avoir **eu**			

* Die eingeklammerten Formen sind heute ungebräuchlich und werden meist durch den Subjonctif Présent ersetzt.

2	**être** *sein*

Temps simples

	INDICATIF *Présent*	*Imparfait*	*Passé simple*	*Futur*
j(e)	**suis**	étais	**fus**	**serai**
tu	**es**	étais	**fus**	**seras**
il	**est**	était	**fut**	**sera**
nous	**sommes**	étions	**fûmes**	**serons**
vous	**êtes**	étiez	**fûtes**	**serez**
ils	**sont**	étaient	**furent**	**seront**

	SUBJONCTIF		*IMPÉRATIF*	*CONDITIONNEL*
je	**sois**	**(fusse)**		**serais**
tu	**sois**	**(fusses)**	**sois**	**serais**
il	**soit**	**fût**		**serait**
nous	**soyons**	**(fussions)**	**soyons**	**serions**
vous	**soyez**	**(fussiez)**	**soyez**	**seriez**
ils	**soient**	**(fussent)**		**seraient**

PARTICIPE PRÉSENT: **étant** *PARTICIPE PASSÉ*: **été**

Temps composés

	INDICATIF *Passé composé*	*Plus-que-parfait*	*Passé antérieur*	*Futur antérieur*
j'	ai **été**	avais **été**	eus **été**	aurai **été**
tu	as **été**	avais **été**	eus **été**	auras **été**
il	a **été**	avait **été**	eut **été**	aura **été**
nous	avons **été**	avions **été**	eûmes **été**	aurons **été**
vous	avez **été**	aviez **été**	eûtes **été**	aurez **été**
ils	ont **été**	avaient **été**	eurent **été**	auront **été**

	SUBJONCTIF			*CONDITIONNEL PASSÉ*
j'	aie **été**	(eussc **été**)		aurais **été**
tu	aies **été**	(eusses **été**)		aurais **été**
il	ait **été**	eût **été**		aurait **été**
nous	ayons **été**	(eussions **été**)		aurions **été**
vous	ayez **été**	(eussiez **été**)		auriez **été**
ils	aient **été**	(eussent **été**)		auraient **été**

INFINITIF PASSÉ: avoir **été**

3	**donner** *geben*			
		Temps simples		
	INDICATIF			
	Présent	*Imparfait*	*Passé simple*	*Futur*
je	donn**e**	donn**ais**	donn**ai**	donn**erai**
tu	donn**es**	donn**ais**	donn**as**	donn**eras**
il	donn**e**	donn**ait**	donn**a**	donn**era**
nous	donn**ons**	donn**ions**	donn**âmes**	donn**erons**
vous	donn**ez**	donn**iez**	donn**âtes**	donn**erez**
ils	donn**ent**	donn**aient**	donn**èrent**	donn**eront**
	SUBJONCTIF		*IMPÉRATIF*	*CONDITIONNEL*
je	donn**e**	(donn**asse**)		donn**erais**
tu	donn**es**	(donn**asses**)	donn**e**	donn**erais**
il	donn**e**	donn**ât**		donn**erait**
nous	donn**ions**	(donn**assions**)	donn**ons**	donn**erions**
vous	donn**iez**	(donn**assiez**)	donn**ez**	donn**eriez**
ils	donn**ent**	(donn**assent**)		donn**eraient**
	PARTICIPE PRÉSENT: donn**ant**		*PARTICIPE PASSÉ*: donn**é**	
		Temps composés		
	INDICATIF			
	Passé composé	*Plus-que-parfait*	*Passé antérieur*	*Futur antérieur*
j'	ai donné	avais donné	eus donné	aurai donné
tu	as donné	avais donné	eus donné	auras donné
il	a donné	avait donné	eut donné	aura donné
nous	avons donné	avions donné	eûmes donné	aurons donné
vous	avez donné	aviez donné	eûtes donné	aurez donné
ils	ont donné	avaient donné	eurent donné	auront donné
	SUBJONCTIF			*CONDITIONNEL* PASSÉ
j'	aie donné	(eusse donné)		aurais donné
tu	aies donné	(eusses donné)		aurais donné
il	ait donné	eût donné		aurait donné
nous	ayons donné	(eussions donné)		aurions donné
vous	ayez donné	(eussiez donné)		auriez donné
ils	aient donné	(eussent donné)		auraient donné
		INFINITIF PASSÉ: avoir donn**é**		

4	**finir** *beenden*			
	Temps simples			
	INDICATIF *Présent*	*Imparfait*	*Passé simple*	*Futur*
je	fin**is**	fin**issais**	fin**is**	fin**irai**
tu	fin**is**	fin**issais**	fin**is**	fin**iras**
il	fin**it**	fin**issait**	fin**it**	fin**ira**
nous	fin**issons**	fin**issions**	fin**îmes**	fin**irons**
vous	fin**issez**	fin**issiez**	fin**îtes**	fin**irez**
ils	fin**issent**	fin**issaient**	fin**irent**	fin**iront**
	SUBJONCTIF		*IMPÉRATIF*	*CONDITIONNEL*
je	fin**isse**	(fin**isse**)		fin**irais**
tu	fin**isses**	(fin**isses**)	fin**is**	fin**irais**
il	fin**isse**	fin**ît**		fin**irait**
nous	fin**issions**	(fin**issions**)	fin**issons**	fin**irions**
vous	fin**issiez**	(fin**issiez**)	fin**issez**	fin**iriez**
ils	fin**issent**	(fin**issent**)		fin**iraient**
	PARTICIPE PRÉSENT: fin**issant** *PARTICIPE PASSÉ*: fin**i**			
	Temps composés			
	INDICATIF *Passé composé*	*Plus-que-parfait*	*Passé antérieur*	*Futur antérieur*
j'	ai fini	avais fini	eus fini	aurai fini
tu	as fini	avais fini	eus fini	auras fini
il	a fini	avait fini	eut fini	aura fini
nous	avons fini	avions fini	eûmes fini	aurons fini
vous	avez fini	aviez fini	eûtes fini	aurez fini
ils	ont fini	avaient fini	eurent fini	auront fini
	SUBJONCTIF			*CONDITIONNEL PASSÉ*
j'	aie fini	(eusse fini)		aurais fini
tu	aies fini	(eusses fini)		aurais fini
il	ait fini	eût fini		aurait fini
nous	ayons fini	(eussions fini)		aurions fini
vous	ayez fini	(eussiez fini)		auriez fini
ils	aient fini	(eussent fini)		auraient fini
	INFINITIF PASSÉ: avoir fin**i**			

5	⟨-è-⟩ **céder** *nachgeben*			
	INDICATIF			
	Présent	*Imparfait*	*Passé simple*	*Futur*
je	**cède**	cédais	cédai	céderai
tu	**cèdes**	cédais	cédas	céderas
il	**cède**	cédait	céda	cédera
nous	cédons	cédions	cédâmes	céderons
vous	cédez	cédiez	cédâtes	céderez
ils	**cèdent**	cédaient	cédèrent	céderont
	SUBJONCTIF		*IMPÉRATIF*	*CONDITIONNEL*
je	**cède**			céderais
tu	**cèdes**		**cède**	céderais
il	**cède**	cédât		céderait
nous	cédions		cédons	céderions
vous	cédiez		cédez	céderiez
ils	**cèdent**			céderaient
	PART. PRÉS.: cédant	*PART. PASSÉ*: cédé	*INF. PASSÉ*: avoir cédé	

6	⟨-è-⟩ **lever** *hochheben*			
	INDICATIF			
	Présent	*Imparfait*	*Passé simple*	*Futur*
je	**lève**	levais	levai	**lèverai**
tu	**lèves**	levais	levas	**lèveras**
il	**lève**	levait	leva	**lèvera**
nous	levons	levions	levâmes	**lèverons**
vous	levez	leviez	levâtes	**lèverez**
ils	**lèvent**	levaient	levèrent	**lèveront**
	SUBJONCTIF		*IMPÉRATIF*	*CONDITIONNEL*
je	**lève**			**lèverais**
tu	**lèves**		**lève**	**lèverais**
il	**lève**	levât		**lèverait**
nous	levions		levons	**lèverions**
vous	leviez		levez	**lèveriez**
ils	**lèvent**			**lèveraient**
	PART. PRÉS.: levant	*PART. PASSÉ*: levé	*INF. PASSÉ*: avoir levé	

7	⟨-ll-⟩ **appeler** *rufen*			
	INDICATIF			
	Présent	*Imparfait*	*Passé simple*	*Futur*
j'	**appelle**	appelais	appelai	**appellerai**
tu	**appelles**	appelais	appelas	**appelleras**
il	**appelle**	appelait	appela	**appellera**
nous	appelons	appelions	appelâmes	**appellerons**
vous	appelez	appeliez	appelâtes	**appellerez**
ils	**appellent**	appelaient	appelèrent	**appelleront**
	SUBJONCTIF		*IMPÉRATIF*	*CONDITIONNEL*
j'	**appelle**			**appellerais**
tu	**appelles**		**appelle**	**appellerais**
il	**appelle**	appelât		**appellerait**
nous	appelions		appelons	**appellerions**
vous	appeliez		appelez	**appelleriez**
ils	**appellent**			**appelleraient**

PART. PRÉS.: appelant *PART. PASSÉ*: appelé *INF. PASSÉ*: avoir appelé

8	⟨-tt-⟩ **jeter** *werfen*			
	INDICATIF			
	Présent	*Imparfait*	*Passé simple*	*Futur*
je	**jette**	jetais	jetai	**jetterai**
tu	**jettes**	jetais	jetas	**jetteras**
il	**jette**	jetait	jeta	**jettera**
nous	jetons	jetions	jetâmes	**jetterons**
vous	jetez	jetiez	jetâtes	**jetterez**
ils	**jettent**	jetaient	jetèrent	**jetteront**
	SUBJONCTIF		*IMPÉRATIF*	*CONDITIONNEL*
je	**jette**			**jetterais**
tu	**jettes**		**jette**	**jetterais**
il	**jette**	jetât		**jetterait**
nous	jetions		jetons	**jetterions**
vous	jetiez		jetez	**jetteriez**
ils	**jettent**			**jetteraient**

PART. PRÉS.: jetant *PART. PASSÉ*: jeté *INF. PASSÉ*: avoir jeté

9	⟨**-ç-**⟩ **menacer** *drohen*			
	INDICATIF			
	Présent	*Imparfait*	*Passé simple*	*Futur*
je	menace	**menaçais**	**menaçai**	menacerai
tu	menaces	**menaçais**	**menaças**	menaceras
il	menace	**menaçait**	**menaça**	menacera
nous	**menaçons**	menacions	**menaçâmes**	menacerons
vous	menacez	menaciez	**menaçâtes**	menacerez
ils	menacent	**menaçaient**	menacèrent	menaceront
	SUBJONCTIF		*IMPÉRATIF*	*CONDITIONNEL*
je	menace			menacerais
tu	menaces		menace	menacerais
il	menace	**menaçât**		menacerait
nous	menacions		**menaçons**	menacerions
vous	menaciez		menacez	menaceriez
ils	menacent			menaceraient
	PART. PRÉS.: **menaçant**	*P. PASSÉ*: menacé	*INF. PASSÉ*: avoir menacé	

10	⟨**-geons**⟩ bzw. ⟨**-geait**⟩ **manger** *essen*			
	INDICATIF			
	Présent	*Imparfait*	*Passé simple*	*Futur*
je	mange	**mangeais**	**mangeai**	mangerai
tu	manges	**mangeais**	**mangeas**	mangeras
il	mange	**mangeait**	**mangea**	mangera
nous	**mangeons**	mangions	**mangeâmes**	mangerons
vous	mangez	mangiez	**mangeâtes**	mangerez
ils	mangent	**mangeaient**	mangèrent	mangeront
	SUBJONCTIF		*IMPÉRATIF*	*CONDITIONNEL*
je	mange			mangerais
tu	manges		mange	mangerais
il	mange	**mangeât**		mangerait
nous	mangions		**mangeons**	mangerions
vous	mangiez		mangez	mangeriez
ils	mangent			mangeraient
	PART. PRÉS.: **mangeant**	*PART. PASSÉ*: mangé	*INF. PASSÉ*: avoir mangé	

11	⟨**-ay-** *od* **-ai-**⟩ **payer** *bezahlen*			
	INDICATIF			
	Présent	*Imparfait*	*Passé simple*	*Futur*
je	**paie** paye	payais	payai	**paierai**
tu	**paies** payes	payais	payas	**paieras**
il	**paie** paye	payait	paya	**paiera**
nous	payons	payions	payâmes	**paierons**
vous	payez	payiez	payâtes	**paierez**
ils	**paient** payent	payaient	payèrent	**paieront**

oder alle Formen mit y

	SUBJONCTIF		*IMPÉRATIF*	*CONDITIONNEL*
je	**paie** paye			**paierais**
tu	**paies** payes		**paie** paye	**paierais**
il	**paie** paye	payât		**paierait**
nous	payions		payons	**paierions**
vous	payiez		payez	**paieriez**
ils	**paient** payent			**paieraient**

oder alle Formen mit y

PART. PRÉS.: payant *PART. PASSÉ*: payé *INF. PASSÉ*: avoir payé

12	⟨**-oi-**⟩ **employer** *anwenden*			
	INDICATIF			
	Présent	*Imparfait*	*Passé simple*	*Futur*
j'	**emploie**	employais	employai	**emploierai**
tu	**emploies**	employais	employas	**emploieras**
il	**emploie**	employait	employa	**emploiera**
nous	employons	employions	employâmes	**emploierons**
vous	employez	employiez	employâtes	**emploierez**
ils	**emploient**	employaient	employèrent	**emploieront**

	SUBJONCTIF		*IMPÉRATIF*	*CONDITIONNEL*
j'	**emploie**			**emploierais**
tu	**emploies**		**emploie**	**emploierais**
il	**emploie**	employât		**emploierait**
nous	employions		employons	**emploierions**
vous	employiez		employez	**emploieriez**
ils	**emploient**			**emploieraient**

PART. PRÉS.: employant *P. PASSÉ*: employé *INF. PASSÉ*: avoir employé

13	⟨-ui-⟩ **appuyer** *stützen*			
	INDICATIF			
	Présent	*Imparfait*	*Passé simple*	*Futur*
j'	**appuie**	appuyais	appuyai	**appuierai**
tu	**appuies**	appuyais	appuyas	**appuieras**
il	**appuie**	appuyait	appuya	**appuiera**
nous	appuyons	appuyions	appuyâmes	**appuierons**
vous	appuyez	appuyiez	appuyâtes	**appuierez**
ils	**appuient**	appuyaient	appuyèrent	**appuieront**
	SUBJONCTIF		*IMPÉRATIF*	*CONDITIONNEL*
j'	**appuie**			**appuierais**
tu	**appuies**		**appuie**	**appuierais**
il	**appuie**	appuyât		**appuierait**
nous	appuyions		appuyons	**appuierions**
vous	appuyiez		appuyez	**appuieriez**
ils	**appuient**			**appuieraient**
PART. PRÉS.: appuyant *PART. PASSÉ*: appuyé *INF. PASSÉ*: avoir appuyé				

14	**aller** *gehen*			
	INDICATIF			
	Présent	*Imparfait*	*Passé simple*	*Futur*
j(e)	**vais**	allais	allai	**irai**
tu	**vas**	allais	allas	**iras**
il	**va**	allait	alla	**ira**
nous	allons	allions	allâmes	**irons**
vous	allez	alliez	allâtes	**irez**
ils	**vont**	allaient	allèrent	**iront**
	SUBJONCTIF		*IMPÉRATIF*	*CONDITIONNEL*
j'	**aille**	(allasse)		**irais**
tu	**ailles**	(allasses)	**va (vas-y, va-t'en)**	**irais**
il	**aille**	allât		**irait**
nous	allions	(allassions)	allons	**irions**
vous	alliez	(allassiez)	allez	**iriez**
ils	**aillent**	(allassent)		**iraient**
PART. PRÉS.: allant *PART. PASSÉ*: allé *INF. PASSÉ*: être allé				

15	**acquérir** *erwerben*			
	INDICATIF			
	Présent	*Imparfait*	*Passé simple*	*Futur*
j'	**acquiers**	acquérais	**acquis**	**acquerrai**
tu	**acquiers**	acquérais	**acquis**	**acquerras**
il	**acquiert**	acquérait	**acquit**	**acquerra**
nous	acquérons	acquérions	**acquîmes**	**acquerrons**
vous	acquérez	acquériez	**acquîtes**	**acquerrez**
ils	**acquièrent**	acquéraient	**acquirent**	**acquerront**
	SUBJONCTIF		*IMPÉRATIF*	*CONDITIONNEL*
j'	**acquière**	(acquisse)		**acquerrais**
tu	**acquières**	(acquisses)	**acquiers**	**acquerrais**
il	**acquière**	**acquît**		**acquerrait**
nous	acquérions	(acquissions)	acquérons	**acquerrions**
vous	acquériez	(acquissiez)	acquérez	**acquerriez**
ils	**acquièrent**	(acquissent)		**acquerraient**

PART. PRÉS.: acquérant *PART. PASSÉ*: acquis *INF. PASSÉ*: avoir acquis

16	**courir** *laufen*			
	INDICATIF			
	Présent	*Imparfait*	*Passé simple*	*Futur*
je	**cours**	courais	**courus**	**courrai**
tu	**cours**	courais	**courus**	**courras**
il	**court**	courait	**courut**	**courra**
nous	courons	courions	**courûmes**	**courrons**
vous	courez	couriez	**courûtes**	**courrez**
ils	courent	couraient	**coururent**	**courront**
	SUBJONCTIF		*IMPÉRATIF*	*CONDITIONNEL*
je	coure	(courusse)		**courrais**
tu	coures	(courusses)	**cours**	**courrais**
il	coure	**courût**		**courrait**
nous	courions	(courussions)	courons	**courrions**
vous	couriez	(courussiez)	courez	**courriez**
ils	courent	(courussent)		**courraient**

PART. PRÉS.: courant *PART. PASSÉ*: couru *INF. PASSÉ*: avoir couru

17	**couvrir** *bedecken*			
	INDICATIF			
	Présent	*Imparfait*	*Passé simple*	*Futur*
je	**couvre**	couvrais	couvris	couvrirai
tu	**couvres**	couvrais	couvris	couvriras
il	**couvre**	couvrait	couvrit	couvrira
nous	couvrons	couvrions	couvrîmes	couvrirons
vous	couvrez	couvriez	couvrîtes	couvrirez
ils	couvrent	couvraient	couvrirent	couvriront
	SUBJONCTIF		*IMPÉRATIF*	*CONDITIONNEL*
je	couvre	(couvrisse)		couvrirais
tu	couvres	(couvrisses)	**couvre**	couvrirais
il	couvre	couvrît		couvrirait
nous	couvrions	(couvrissions)	couvrons	couvririons
vous	couvriez	(couvrissiez)	couvrez	couvririez
ils	couvrent	(couvrissent)		couvriraient

PART. PRÉS.: couvrant *PART. PASSÉ*: **couvert** *INF. PASSÉ*: avoir **couvert**

18	**cueillir** *pflücken*			
	INDICATIF			
	Présent	*Imparfait*	*Passé simple*	*Futur*
je	**cueille**	cueillais	cueillis	**cueillerai**
tu	**cueilles**	cueillais	cueillis	**cueilleras**
il	**cueille**	cueillait	cueillit	**cueillera**
nous	cueillons	cueillions	cueillîmes	**cueillerons**
vous	cueillez	cueilliez	cueillîtes	**cueillerez**
ils	cueillent	cueillaient	cueillirent	**cueilleront**
	SUBJONCTIF		*IMPÉRATIF*	*CONDITIONNEL*
je	cueille	(cueillisse)		**cueillerais**
tu	cueilles	(cueillisses)	**cueille**	**cueillerais**
il	cueille	cueillît		**cueillerait**
nous	cueillions	(cueillissions)	cueillons	**cueillerions**
vous	cueilliez	(cueillissiez)	cueillez	**cueilleriez**
ils	cueillent	(cueillissent)		**cueilleraient**

PART. PRÉS.: cueillant *PART. PASSÉ*: cueilli *INF. PASSÉ*: avoir cueilli

19	**fuir** *fliehen*			
	INDICATIF			
	Présent	*Imparfait*	*Passé simple*	*Futur*
je	fuis	**fuyais**	fuis	fuirai
tu	fuis	**fuyais**	fuis	fuiras
il	fuit	**fuyait**	fuit	fuira
nous	**fuyons**	**fuyions**	fuîmes	fuirons
vous	**fuyez**	**fuyiez**	fuîtes	fuirez
ils	fuient	**fuyaient**	fuirent	fuiront
	SUBJONCTIF		*IMPÉRATIF*	*CONDITIONNEL*
je	fuie	(fuisse)		fuirais
tu	fuies	(fuisses)	fuis	fuirais
il	fuie	fuît		fuirait
nous	**fuyions**	(fuissions)	**fuyons**	fuirions
vous	**fuyiez**	(fuissiez)	**fuyez**	fuiriez
ils	fuient	(fuissent)		fuiraient
PART. PRÉS.: **fuyant** *PART. PASSÉ*: fui *INF. PASSÉ*: avoir fui				

20	**mourir** *sterben*			
	INDICATIF			
	Présent	*Imparfait*	*Passé simple*	*Futur*
je	**meurs**	mourais	**mourus**	**mourrai**
tu	**meurs**	mourais	**mourus**	**mourras**
il	**meurt**	mourait	**mourut**	**mourra**
nous	mourons	mourions	**mourûmes**	**mourrons**
vous	mourez	mouriez	**mourûtes**	**mourrez**
ils	**meurent**	mouraient	**moururent**	**mourront**
	SUBJONCTIF		*IMPÉRATIF*	*CONDITIONNEL*
je	**meure**	(mourusse)		**mourrais**
tu	**meures**	(mourusses)	**meurs**	**mourrais**
il	**meure**	**mourût**		**mourrait**
nous	mourions	(mourussions)	mourons	**mourrions**
vous	mouriez	(mourussiez)	mourez	**mourriez**
ils	**meurent**	(mourussent)		**mourraient**
PART. PRÉS.: mourant *PART. PASSÉ*: **mort** *INF. PASSÉ*: **être mort**				

21	**sentir** *fühlen*			
	INDICATIF			
	Présent	*Imparfait*	*Passé simple*	*Futur*
je	**sens**	sentais	sentis	sentirai
tu	**sens**	sentais	sentis	sentiras
il	**sent**	sentait	sentit	sentira
nous	sentons	sentions	sentîmes	sentirons
vous	sentez	sentiez	sentîtes	sentirez
ils	sentent	sentaient	sentirent	sentiront
	SUBJONCTIF		*IMPÉRATIF*	*CONDITIONNEL*
je	sente	(sentisse)		sentirais
tu	sentes	(sentisses)	**sens**	sentirais
il	sente	sentît		sentirait
nous	sentions	(sentissions)	sentons	sentirions
vous	sentiez	(sentissiez)	sentez	sentiriez
ils	sentent	(sentissent)		sentiraient
PART. PRÉS.: sentant *PART. PASSÉ*: senti *INF. PASSÉ*: avoir senti				

22	**servir** *bedienen*			
	INDICATIF			
	Présent	*Imparfait*	*Passé simple*	*Futur*
je	**sers**	servais	servis	servirai
tu	**sers**	servais	servis	serviras
il	**sert**	servait	servit	servira
nous	servons	servions	servîmes	servirons
vous	servez	serviez	servîtes	servirez
ils	servent	servaient	servirent	serviront
	SUBJONCTIF		*IMPÉRATIF*	*CONDITIONNEL*
je	serve	(servisse)		servirais
tu	serves	(servisses)	**sers**	servirais
il	serve	servît		servirait
nous	servions	(servissions)	servons	servirions
vous	serviez	(servissiez)	servez	serviriez
ils	servent	(servissent)		serviraient
PART. PRÉS.: servant *PART. PASSÉ*: servi *INF. PASSÉ*: avoir servi				

23	**venir** *kommen*			
	INDICATIF			
	Présent	*Imparfait*	*Passé simple*	*Futur*
je	**viens**	venais	**vins**	**viendrai**
tu	**viens**	venais	**vins**	**viendras**
il	**vient**	venait	**vint**	**viendra**
nous	venons	venions	**vînmes**	**viendrons**
vous	venez	veniez	**vîntes**	**viendrez**
ils	**viennent**	venaient	**vinrent**	**viendront**
	SUBJONCTIF		*IMPÉRATIF*	*CONDITIONNEL*
je	**vienne**	(vinsse)		**viendrais**
tu	**viennes**	(vinsses)	**viens**	**viendrais**
il	**vienne**	**vînt**		**viendrait**
nous	venions	(vinssions)	venons	**viendrions**
vous	veniez	(vinssiez)	venez	**viendriez**
ils	**viennent**	(vinssent)		**viendraient**
PART. PRÉS.: venant *PART. PASSÉ*: **venu** *INF. PASSÉ*: être **venu**				

24	**devoir** *müssen*			
	INDICATIF			
	Présent	*Imparfait*	*Passé simple*	*Futur*
je	**dois**	devais	**dus**	**devrai**
tu	**dois**	devais	**dus**	**devras**
il	**doit**	devait	**dut**	**devra**
nous	devons	devions	**dûmes**	**devrons**
vous	devez	deviez	**dûtes**	**devrez**
ils	**doivent**	devaient	**durent**	**devront**
	SUBJONCTIF		*IMPÉRATIF*	*CONDITIONNEL*
je	**doive**	(dusse)		**devrais**
tu	**doives**	(dusses)	**dois**	**devrais**
il	**doive**	**dût**		**devrait**
nous	devions	(dussions)	devons	**devrions**
vous	deviez	(dussiez)	devez	**devriez**
ils	**doivent**	(dussent)		**devraient**
PART. PRÉS.: devant *PART. PASSÉ*: **dû, due** *INF. PASSÉ*: avoir **dû**				

25	**pouvoir** *können*			
	INDICATIF			
	Présent	*Imparfait*	*Passé simple*	*Futur*
je	**peux (puis)**	pouvais	**pus**	**pourrai**
tu	**peux**	pouvais	**pus**	**pourras**
il	**peut**	pouvait	**put**	**pourra**
nous	pouvons	pouvions	**pûmes**	**pourrons**
vous	pouvez	pouviez	**pûtes**	**pourrez**
ils	**peuvent**	pouvaient	**purent**	**pourront**
	SUBJONCTIF		*IMPÉRATIF*	*CONDITIONNEL*
je	**puisse**	(pusse)		**pourrais**
tu	**puisses**	(pusses)	–	**pourrais**
il	**puisse**	**pût**		**pourrait**
nous	**puissions**	(pussions)	–	**pourrions**
vous	**puissiez**	(pussiez)	–	**pourriez**
ils	**puissent**	(pussent)		**pourraient**
	PART. PRÉS.: pouvant	*PART. PASSÉ*: **pu**	*INF. PASSÉ*: avoir **pu**	

26	**recevoir** *empfangen*			
	INDICATIF			
	Présent	*Imparfait*	*Passé simple*	*Futur*
je	**reçois**	recevais	**reçus**	**recevrai**
tu	**reçois**	recevais	**reçus**	**recevras**
il	**reçoit**	recevait	**reçut**	**recevra**
nous	recevons	recevions	**reçûmes**	**recevrons**
vous	recevez	receviez	**reçûtes**	**recevrez**
ils	**reçoivent**	recevaient	**reçurent**	**recevront**
	SUBJONCTIF		*IMPÉRATIF*	*CONDITIONNEL*
je	**reçoive**	(reçusse)		**recevrais**
tu	**reçoives**	(reçusses)	**reçois**	**recevrais**
il	**reçoive**	**reçût**		**recevrait**
nous	recevions	(reçussions)	recevons	**recevrions**
vous	receviez	(reçussiez)	recevez	**recevriez**
ils	**reçoivent**	(reçussent)		**recevraient**
	PART. PRÉS.: recevant	*PART. PASSÉ*: **reçu**	*INF. PASSÉ*: avoir **reçu**	

27	**savoir** *wissen*			
	INDICATIF			
	Présent	*Imparfait*	*Passé simple*	*Futur*
je	**sais**	savais	**sus**	**saurai**
tu	**sais**	savais	**sus**	**sauras**
il	**sait**	savait	**sut**	**saura**
nous	savons	savions	**sûmes**	**saurons**
vous	savez	saviez	**sûtes**	**saurez**
ils	savent	savaient	**surent**	**sauront**
	SUBJONCTIF		*IMPÉRATIF*	*CONDITIONNEL*
je	**sache**	(susse)		**saurais**
tu	**saches**	(susses)	**sache**	**saurais**
il	**sache**	**sût**		**saurait**
nous	**sachions**	(sussions)	**sachons**	**saurions**
vous	**sachiez**	(sussiez)	**sachez**	**sauriez**
ils	**sachent**	(sussent)		**sauraient**

PART. PRÉS.: **sachant** *PART. PASSÉ*: **su** *INF. PASSÉ*: avoir **su**

28	**valoir** *wert sein, gelten*			
	INDICATIF			
	Présent	*Imparfait*	*Passé simple*	*Futur*
je	**vaux**	valais	valus	**vaudrai**
tu	**vaux**	valais	valus	**vaudras**
il	**vaut**	valait	valut	**vaudra**
nous	valons	valions	valûmes	**vaudrons**
vous	valez	valiez	valûtes	**vaudrez**
ils	valent	valaient	valurent	**vaudront**
	SUBJONCTIF		*IMPÉRATIF*	*CONDITIONNEL*
je	**vaille**	(valusse)		**vaudrais**
tu	**vailles**	(valusses)	**vaux**	**vaudrais**
il	**vaille**	valût		**vaudrait**
nous	valions	(valussions)	valons	**vaudrions**
vous	valiez	(valussiez)	valez	**vaudriez**
ils	**vaillent**	(valussent)		**vaudraient**

PART. PRÉS.: valant *PART. PASSÉ*: valu *INF. PASSÉ*: avoir valu

29	**voir** *sehen*			
	INDICATIF			
	Présent	*Imparfait*	*Passé simple*	*Futur*
je	vois	**voyais**	**vis**	**verrai**
tu	vois	**voyais**	**vis**	**verras**
il	voit	**voyait**	**vit**	**verra**
nous	**voyons**	**voyions**	**vîmes**	**verrons**
vous	**voyez**	**voyiez**	**vîtes**	**verrez**
ils	voient	**voyaient**	**virent**	**verront**
	SUBJONCTIF		*IMPÉRATIF*	*CONDITIONNEL*
je	voie	(visse)		**verrais**
tu	voies	(visses)	vois	**verrais**
il	voie	**vît**		**verrait**
nous	**voyions**	(vissions)	**voyons**	**verrions**
vous	**voyiez**	(vissiez)	**voyez**	**verriez**
ils	voient	(vissent)		**verraient**
	PART. PRÉS.: **voyant** *PART. PASSÉ*: vu *INF. PASSÉ*: avoir vu			

30	**vouloir** *wollen*			
	INDICATIF			
	Présent	*Imparfait*	*Passé simple*	*Futur*
je	**veux**	voulais	voulus	**voudrai**
tu	**veux**	voulais	voulus	**voudras**
il	**veut**	voulait	voulut	**voudra**
nous	voulons	voulions	voulûmes	**voudrons**
vous	voulez	vouliez	voulûtes	**voudrez**
ils	**veulent**	voulaient	voulurent	**voudront**
	SUBJONCTIF		*IMPÉRATIF*	*CONDITIONNEL*
je	**veuille**	(voulusse)		**voudrais**
tu	**veuilles**	(voulusses)	**veuille**	**voudrais**
il	**veuille**	voulût		**voudrait**
nous	voulions	(voulussions)	**veuillons**	**voudrions**
vous	vouliez	(voulussiez)	**veuillez**	**voudriez**
ils	**veuillent**	(voulussent)		**voudraient**
	PART. PRÉS.: voulant *PART. PASSÉ*: voulu *INF. PASSÉ*: avoir voulu			

31	**boire** *trinken*			
	INDICATIF			
	Présent	*Imparfait*	*Passé simple*	*Futur*
je	bois	**buvais**	**bus**	boirai
tu	bois	**buvais**	**bus**	boiras
il	boit	**buvait**	**but**	boira
nous	**buvons**	**buvions**	**bûmes**	boirons
vous	**buvez**	**buviez**	**bûtes**	boirez
ils	boivent	**buvaient**	**burent**	boiront
	SUBJONCTIF		*IMPÉRATIF*	*CONDITIONNEL*
je	boive	(busse)		boirais
tu	boives	(busses)	bois	boirais
il	boive	**bût**		boirait
nous	**buvions**	(bussions)	**buvons**	boirions
vous	**buviez**	(bussiez)	**buvez**	boiriez
ils	boivent	(bussent)		boiraient
	PART. PRÉS.: **buvant** *PART. PASSÉ*: **bu** *INF. PASSÉ*: avoir **bu**			

32	**conclure** (*Vertrag*) *schließen*			
	INDICATIF			
	Présent	*Imparfait*	*Passé simple*	*Futur*
je	conclus	concluais	**conclus**	conclurai
tu	conclus	concluais	**conclus**	concluras
il	conclut	concluait	**conclut**	conclura
nous	concluons	concluions	**conclûmes**	conclurons
vous	concluez	concluiez	**conclûtes**	conclurez
ils	concluent	concluaient	**conclurent**	concluront
	SUBJONCTIF		*IMPÉRATIF*	CONDITIONNEL
je	conclue	(conclusse)		conclurais
tu	conclues	(conclusses)	conclus	conclurais
il	conclue	**conclût**		conclurait
nous	concluions	(conclussions)	concluons	conclurions
vous	concluiez	(conclussiez)	concluez	concluriez
ils	concluent	(conclussent)		concluraient
	PART. PRÉS.: concluant *PART. PASSÉ*: conclu *INF. PASSÉ*: avoir conclu			

33	**conduire** *führen, fahren*			
	INDICATIF			
	Présent	*Imparfait*	*Passé simple*	*Futur*
je	conduis	**conduisais**	**conduisis**	conduirai
tu	conduis	**conduisais**	**conduisis**	conduiras
il	conduit	**conduisait**	**conduisit**	conduira
nous	**conduisons**	**conduisions**	**conduisîmes**	conduirons
vous	**conduisez**	**conduisiez**	**conduisîtes**	conduirez
ils	**conduisent**	**conduisaient**	**conduisirent**	conduiront
	SUBJONCTIF		*IMPÉRATIF*	*CONDITIONNEL*
je	**conduise**	(conduisisse)		conduirais
tu	**conduises**	(conduisisses)	conduis	conduirais
il	**conduise**	**conduisît**		conduirait
nous	**conduisions**	(conduisissions)	**conduisons**	conduirions
vous	**conduisiez**	(conduisissiez)	**conduisez**	conduiriez
ils	**conduisent**	(conduisissent)		conduiraient
PART. PRÉS.: **conduisant** *P. PASSÉ*: **conduit** *INF. PASSÉ*: avoir **conduit**				

34	**connaître** *kennen*			
	INDICATIF			
	Présent	*Imparfait*	*Passé simple*	*Futur*
je	**connais**	**connaissais**	**connus**	connaîtrai
tu	**connais**	**connaissais**	**connus**	connaîtras
il	**connaît**	**connaissait**	**connut**	connaîtra
nous	**connaissons**	**connaissions**	**connûmes**	connaîtrons
vous	**connaissez**	**connaissiez**	**connûtes**	connaîtrez
ils	**connaissent**	**connaissaient**	**connurent**	connaîtront
	SUBJONCTIF		*IMPÉRATIF*	*CONDITIONNEL*
je	**connaisse**	(connusse)		connaîtrais
tu	**connaisses**	(connusses)	**connais**	connaîtrais
il	**connaisse**	**connût**		connaîtrait
nous	**connaissions**	(connussions)	**connaissons**	connaîtrions
vous	**connaissiez**	(connussiez)	**connaissez**	connaîtriez
ils	**connaissent**	(connussent)		connaîtraient
PART. PRÉS.: **connaissant** *PART. PASSÉ*: **connu** *INF. PASSÉ*: avoir **connu**				

35	**coudre** *nähen*			
	INDICATIF			
	Présent	*Imparfait*	*Passé simple*	*Futur*
je	couds	**cousais**	**cousis**	coudrai
tu	couds	**cousais**	**cousis**	coudras
il	**coud**	**cousait**	**cousit**	coudra
nous	**cousons**	**cousions**	**cousîmes**	coudrons
vous	**cousez**	**cousiez**	**cousîtes**	coudrez
ils	**cousent**	**cousaient**	**cousirent**	coudront
	SUBJONCTIF		*IMPÉRATIF*	*CONDITIONNEL*
je	**couse**	(cousisse)		coudrais
tu	**couses**	(cousisses)	couds	coudrais
il	**couse**	**cousît**		coudrait
nous	**cousions**	(cousissions)	**cousons**	coudrions
vous	**cousiez**	(cousissiez)	**cousez**	coudriez
ils	**cousent**	(cousissent)		coudraient
PART. PRÉS.: **cousant** *PART. PASSÉ*: **cousu** *INF. PASSÉ*: avoir **cousu**				

36	**croire** *glauben*			
	INDICATIF			
	Présent	*Imparfait*	*Passé simple*	*Futur*
je	crois	**croyais**	**crus**	croirai
tu	crois	**croyais**	**crus**	croiras
il	croit	**croyait**	**crut**	croira
nous	**croyons**	**croyions**	**crûmes**	croirons
vous	**croyez**	**croyiez**	**crûtes**	croirez
ils	croient	**croyaient**	**crurent**	croiront
	SUBJONCTIF		*IMPÉRATIF*	*CONDITIONNEL*
je	croie	(crusse)		croirais
tu	croies	(crusses)	crois	croirais
il	croie	**crût**		croirait
nous	**croyions**	(crussions)	**croyons**	croirions
vous	**croyiez**	(crussiez)	**croyez**	croiriez
ils	croient	(crussent)		croiraient
PART. PRÉS.: **croyant** *PART. PASSÉ*: **cru** *INF. PASSÉ*: avoir **cru**				

37	**dire** *sagen*			
	INDICATIF			
	Présent	*Imparfait*	*Passé simple*	*Futur*
je	dis	**disais**	**dis**	dirai
tu	dis	**disais**	**dis**	diras
il	dit	**disait**	**dit**	dira
nous	**disons**	**disions**	**dîmes**	dirons
vous	**dites** (!)	**disiez**	**dîtes**	direz
ils	**disent**	**disaient**	**dirent**	diront
	SUBJONCTIF		*IMPÉRATIF*	*CONDITIONNEL*
je	**dise**	(disse)		dirais
tu	**dises**	(disses)	dis	dirais
il	**dise**	**dît**		dirait
nous	**disions**	(dissions)	**disons**	dirions
vous	**disiez**	(dissiez)	**dites** (!)	diriez
ils	**disent**	(dissent)		diraient
	PART. PRÉS.: disant	*PART. PASSÉ*: **dit**	*INF. PASSÉ*: avoir **dit**	

38	**écrire** *schreiben*			
	INDICATIF			
	Présent	*Imparfait*	*Passé simple*	*Futur*
j'	écris	**écrivais**	**écrivis**	écrirai
tu	écris	**écrivais**	**écrivis**	écriras
il	écrit	**écrivait**	**écrivit**	écrira
nous	**écrivons**	**écrivions**	**écrivîmes**	écrirons
vous	**écrivez**	**écriviez**	**écrivîtes**	écrirez
ils	**écrivent**	**écrivaient**	**écrivirent**	écriront
	SUBJONCTIF		*IMPÉRATIF*	*CONDITIONNEL*
j'	**écrive**	(écrivisse)		écrirais
tu	**écrives**	(écrivisses)	écris	écrirais
il	**écrive**	**écrivît**		écrirait
nous	**écrivions**	(écrivissions)	**écrivons**	écririons
vous	**écriviez**	(écrivissiez)	**écrivez**	écririez
ils	**écrivent**	(écrivissent)		écriraient
	PART. PRÉS.: **écrivant**	*PART. PASSÉ*: **écrit**	*INF. PASSÉ*: avoir **écrit**	

39	**faire** *machen*			
	INDICATIF			
	Présent	*Imparfait*	*Passé simple*	*Futur*
je	fais	**faisais**	**fis**	**ferai**
tu	fais	**faisais**	**fis**	**feras**
il	fait	**faisait**	**fit**	**fera**
nous	**faisons**	**faisions**	**fîmes**	**ferons**
vous	**faites** (!)	**faisiez**	**fîtes**	**ferez**
ils	**font**	**faisaient**	**firent**	**feront**
	SUBJONCTIF		*IMPÉRATIF*	*CONDITIONNEL*
je	**fasse**	(fisse)		**ferais**
tu	**fasses**	(fisses)	fais	**ferais**
il	**fasse**	**fît**		**ferait**
nous	**fassions**	(fissions)	**faisons**	**ferions**
vous	**fassiez**	(fissiez)	**faites** (!)	**feriez**
ils	**fassent**	(fissent)		**feraient**
	PART. PRÉS.: **faisant** *PART. PASSÉ*: **fait** *INF. PASSÉ*: avoir **fait**			

40	**joindre** *hinzufügen*			
	INDICATIF			
	Présent	*Imparfait*	*Passé simple*	*Futur*
je	**joins**	**joignais**	**joignis**	joindrai
tu	**joins**	**joignais**	**joignis**	joindras
il	**joint**	**joignait**	**joignit**	joindra
nous	**joignons**	**joignions**	**joignîmes**	joindrons
vous	**joignez**	**joigniez**	**joignîtes**	joindrez
ils	**joignent**	**joignaient**	**joignirent**	joindront
	SUBJONCTIF		*IMPÉRATIF*	*CONDITIONNEL*
je	**joigne**	(joignisse)		joindrais
tu	**joignes**	(joignisses)	joins	joindrais
il	**joigne**	**joignît**		joindrait
nous	**joignions**	(joignissions)	**joignons**	joindrions
vous	**joigniez**	(joignissiez)	**joignez**	joindriez
ils	**joignent**	(joignissent)		joindraient
	PART. PRÉS.: **joignant** *PART. PASSÉ*: **joint** *INF. PASSÉ*: avoir **joint**			

41	**lire** *lesen*			
	INDICATIF			
	Présent	*Imparfait*	*Passé simple*	*Futur*
je	lis	**lisais**	**lus**	lirai
tu	lis	**lisais**	**lus**	liras
il	lit	**lisait**	**lut**	lira
nous	**lisons**	**lisions**	**lûmes**	lirons
vous	**lisez**	**lisiez**	**lûtes**	lirez
ils	**lisent**	**lisaient**	**lurent**	liront
	SUBJONCTIF		*IMPÉRATIF*	*CONDITIONNEL*
je	**lise**	(lusse)		lirais
tu	**lises**	(lusses)	lis	lirais
il	**lise**	**lût**		lirait
nous	**lisions**	(lussions)	**lisons**	lirions
vous	**lisiez**	(lussiez)	**lisez**	liriez
ils	**lisent**	(lussent)		liraient
	PART. PRÉS.: **lisant** *PART. PASSÉ*: **lu** *INF. PASSÉ*: avoir **lu**			

42	**mettre** *legen, stellen, setzen*			
	INDICATIF			
	Présent	*Imparfait*	*Passé simple*	*Futur*
je	**mets**	mettais	**mis**	mettrai
tu	**mets**	mettais	**mis**	mettras
il	**met**	mettait	**mit**	mettra
nous	mettons	mettions	**mîmes**	mettrons
vous	mettez	mettiez	**mîtes**	mettrez
ils	mettent	mettaient	**mirent**	mettront
	SUBJONCTIF		*IMPÉRATIF*	*CONDITIONNEL*
je	mette	(misse)		mettrais
tu	mettes	(misses)	**mets**	mettrais
il	mette	**mît**		mettrait
nous	mettions	(missions)	mettons	mettrions
vous	mettiez	(missiez)	mettez	mettriez
ils	mettent	(missent)		mettraient
	PART. PRÉS.: mettant *PART. PASSÉ*: **mis** *INF. PASSÉ*: avoir **mis**			

43	**peindre** *malen*			
	INDICATIF			
	Présent	*Imparfait*	*Passé simple*	*Futur*
je	**peins**	**peignais**	**peignis**	peindrai
tu	**peins**	**peignais**	**peignis**	peindras
il	**peint**	**peignait**	**peignit**	peindra
nous	**peignons**	**peignions**	**peignîmes**	peindrons
vous	**peignez**	**peigniez**	**peignîtes**	peindrez
ils	**peignent**	**peignaient**	**peignirent**	peindront
	SUBJONCTIF		*IMPÉRATIF*	*CONDITIONNEL*
je	**peigne**	(peignisse)		peindrais
tu	**peignes**	(peignisses)	**peins**	peindrais
il	**peigne**	**peignît**		peindrait
nous	**peignions**	(peignissions)	**peignons**	peindrions
vous	**peigniez**	(peignissiez)	**peignez**	peindriez
ils	**peignent**	(peignissent)		peindraient
	PART. PRÉS.: **peignant**	*PART. PASSÉ*: **peint**	*INF. PASSÉ*: avoir **peint**	

44	**plaire** *gefallen*			
	INDICATIF			
	Présent	*Imparfait*	*Passé simple*	*Futur*
je	plais	**plaisais**	**plus**	plairai
tu	plais	**plaisais**	**plus**	plairas
il	**plaît**	**plaisait**	**plut**	plaira
nous	**plaisons**	**plaisions**	**plûmes**	plairons
vous	**plaisez**	**plaisiez**	**plûtes**	plairez
ils	**plaisent**	**plaisaient**	**plurent**	plairont
	SUBJONCTIF		*IMPÉRATIF*	*CONDITIONNEL*
je	**plaise**	(plusse)		plairais
tu	**plaises**	(plusses)	plais	plairais
il	**plaise**	**plût**		plairait
nous	**plaisions**	(plussions)	**plaisons**	plairions
vous	**plaisiez**	(plussiez)	**plaisez**	plairiez
ils	**plaisent**	(plussent)		plairaient
	PART. PRÉS.: **plaisant**	*PART. PASSÉ*: **plu**	*INF. PASSÉ*: avoir **plu**	

45	**prendre** *nehmen*			
	INDICATIF			
	Présent	*Imparfait*	*Passé simple*	*Futur*
je	prends	**prenais**	**pris**	prendrai
tu	prends	**prenais**	**pris**	prendras
il	**prend**	**prenait**	**prit**	prendra
nous	**prenons**	**prenions**	**prîmes**	prendrons
vous	**prenez**	**preniez**	**prîtes**	prendrez
ils	**prennent**	**prenaient**	**prirent**	prendront
	SUBJONCTIF		*IMPÉRATIF*	*CONDITIONNEL*
je	**prenne**	(prisse)		prendrais
tu	**prennes**	(prisses)	prends	prendrais
il	**prenne**	**prît**		prendrait
nous	**prenions**	(prissions)	**prenons**	prendrions
vous	**preniez**	(prissiez)	**prenez**	prendriez
ils	**prennent**	(prissent)		prendraient
	PART. PRÉS.: **prenant**	*PART. PASSÉ*: **pris**	*INF. PASSÉ*: avoir **pris**	

46	**rendre** *zurückgeben*			
	INDICATIF			
	Présent	*Imparfait*	*Passé simple*	*Futur*
je	rends	rendais	**rendis**	rendrai
tu	rends	rendais	**rendis**	rendras
il	**rend**	rendait	**rendit**	rendra
nous	rendons	rendions	**rendîmes**	rendrons
vous	rendez	rendiez	**rendîtes**	rendrez
ils	rendent	rendaient	**rendirent**	rendront
	SUBJONCTIF		*IMPÉRATIF*	*CONDITIONNEL*
je	rende	(rendisse)		rendrais
tu	rendes	(rendisses)	rends	rendrais
il	rende	**rendît**		rendrait
nous	rendions	(rendissions)	rendons	rendrions
vous	rendiez	(rendissiez)	rendez	rendriez
ils	rendent	(rendissent)		rendraient
	PART. PRÉS.: rendant	*PART. PASSÉ*: **rendu**	*INF. PASSÉ*: avoir **rendu**	

47	**résoudre** *beschließen*			
	INDICATIF			
	Présent	*Imparfait*	*Passé simple*	*Futur*
je	**résous**	**résolvais**	**résolus**	résoudrai
tu	**résous**	**résolvais**	**résolus**	résoudras
il	**résout**	**résolvait**	**résolut**	résoudra
nous	**résolvons**	**résolvions**	**résolûmes**	résoudrons
vous	**résolvez**	**résolviez**	**résolûtes**	résoudrez
ils	**résolvent**	**résolvaient**	**résolurent**	résoudront
	SUBJONCTIF		*IMPÉRATIF*	*CONDITIONNEL*
je	**résolve**	(résolusse)		résoudrais
tu	**résolves**	(résolusses)	**résous**	résoudrais
il	**résolve**	**résolût**		résoudrait
nous	**résolvions**	(résolussions)	**résolvons**	résoudrions
vous	**résolviez**	(résolussiez)	**résolvez**	résoudriez
ils	**résolvent**	(résolussent)		résoudraient

PART. PRÉS.: **résolvant** *PART. PASSÉ*: **résolu** *INF. PASSÉ*: avoir **résolu**

48	**rire** *lachen*			
	INDICATIF			
	Présent	*Imparfait*	*Passé simple*	*Futur*
je	ris	riais	**ris**	rirai
tu	ris	riais	**ris**	riras
il	rit	riait	**rit**	rira
nous	rions	riions	**rîmes**	rirons
vous	riez	riiez	**rîtes**	rirez
ils	rient	riaient	**rirent**	riront
	SUBJONCTIF		*IMPÉRATIF*	*CONDITIONNEL*
je	rie	(risse)		rirais
tu	ries	(risses)	ris	rirais
il	rie	**rît**		rirait
nous	riions	(rissions)	rions	ririons
vous	riiez	(rissiez)	riez	ririez
ils	rient	(rissent)		riraient

PART. PRÉS.: riant *PART. PASSÉ*: **ri** *INF. PASSÉ*: avoir **ri**

49	**suivre** *folgen*			
	INDICATIF			
	Présent	*Imparfait*	*Passé simple*	*Futur*
je	**suis**	suivais	**suivis**	suivrai
tu	**suis**	suivais	**suivis**	suivras
il	**suit**	suivait	**suivit**	suivra
nous	suivons	suivions	**suivîmes**	suivrons
vous	suivez	suiviez	**suivîtes**	suivrez
ils	suivent	suivaient	**suivirent**	suivront
	SUBJONCTIF		*IMPÉRATIF*	*CONDITIONNEL*
je	suive	(suivisse)		suivrais
tu	suives	(suivisses)	**suis**	suivrais
il	suive	**suivît**		suivrait
nous	suivions	(suivissions)	suivons	suivrions
vous	suiviez	(suivissiez)	suivez	suivriez
ils	suivent	(suivissent)		suivraient
PART. PRÉS.: suivant	*PART. PASSÉ*: **suivi**	*INF. PASSÉ*: avoir **suivi**		

50	**vaincre** *besiegen*			
	INDICATIF			
	Présent	*Imparfait*	*Passé simple*	*Futur*
je	vaincs	**vainquais**	**vainquis**	vaincrai
tu	vaincs	**vainquais**	**vainquis**	vaincras
il	**vainc**	**vainquait**	**vainquit**	vaincra
nous	**vainquons**	**vainquions**	**vainquîmes**	vaincrons
vous	**vainquez**	**vainquiez**	**vainquîtes**	vaincrez
ils	**vainquent**	**vainquaient**	**vainquirent**	vaincront
	SUBJONCTIF		*IMPÉRATIF*	*CONDITIONNEL*
je	**vainque**	(vainquisse)		vaincrais
tu	**vainques**	(vainquisses)	vaincs	vaincrais
il	**vainque**	**vainquît**		vaincrait
nous	**vainquions**	(vainquissions)	**vainquons**	vaincrions
vous	**vainquiez**	(vainquissiez)	**vainquez**	vaincriez
ils	**vainquent**	(vainquissent)		vaincraient
PART. PRÉS.: **vainquant**	*PART. PASSÉ*: **vaincu**	*INF. PASSÉ*: avoir **vaincu**		

51	**vivre** *leben*			
	INDICATIF			
	Présent	*Imparfait*	*Passé simple*	*Futur*
je	**vis**	vivais	**vécus**	vivrai
tu	**vis**	vivais	**vécus**	vivras
il	**vit**	vivait	**vécut**	vivra
nous	vivons	vivions	**vécûmes**	vivrons
vous	vivez	viviez	**vécûtes**	vivrez
ils	vivent	vivaient	**vécurent**	vivront
	SUBJONCTIF		*IMPÉRATIF*	*CONDITIONNEL*
je	vive	(vécusse)		vivrais
tu	vives	(vécusses)	**vis**	vivrais
il	vive	**vécût**		vivrait
nous	vivions	(vécussions)	vivons	vivrions
vous	viviez	(vécussiez)	vivez	vivriez
ils	vivent	(vécussent)		vivraient

PART. PRÉS.: vivant *PART. PASSÉ*: **vécu** *INF. PASSÉ*: avoir **vécu**

REFLEXIVES VERB: **se laver** *sich waschen*		
Temps simples		
INDICATIF		
Présent	*Imparfait*	*Futur*
je me lave	je me lavais	je me laverai
tu te laves	tu te lavais	tu te laveras
il se lave	*etc.*	*etc.*
elle se lave	*Passé simple*	
nous nous lavons		
vous vous lavez	je me lavai	
ils se lavent	tu te lavas	
elles se lavent	*etc.*	
SUBJONCTIF	*IMPÉRATIF*	*CONDITIONNEL*
que je me lave		je me laverais
que tu te laves	lave-toi	tu te laverais
qu'il (elle) se lave		*etc.*
que nous nous lavions	lavons-nous	
que vous vous laviez	lavez-vous	
qu'ils (elles) se lavent		
PARTICIPE PRÉSENT: se lavant		
Temps composés		
INDICATIF		
Passé composé	*Plus-que-parfait*	*Futur antérieur*
je me suis lavé(e)	je m'étais lavé(e)	je me serai lavé(e)
tu t'es lavé(e)	tu t'étais lavé(e)	tu te seras lavé(e)
il s'est lavé	*etc.*	*etc.*
elle s'est lavée		
nous nous sommes lavé(e)s	*Passé antérieur*	
vous vous êtes lavé(e)s	je me fus lavé(e)	
ils se sont lavés	tu te fus lavé(e)	
elles se sont lavées	*etc.*	
SUBJONCTIF		*CONDITIONNEL PASSÉ*
que je me sois lavé(e)		je me serais lavé(e)
que tu te sois lavé(e)		tu te serais lavé(e)
etc.		*etc.*
INFINITIF PASSÉ: s'être lavé(e) *PARTICIPE PASSÉ*: s'étant lavé(e)		

VERB IM PASSIV: **être puni(e)** *bestraft werden*		
INDICATIF *Présent* je suis puni(e) tu es puni(e) il est puni elle est punie nous sommes puni(e)s vous êtes puni(e)s ils sont punis elles sont punies	*Imparfait* j'étais puni(e) tu étais puni(e) *etc.* *Passé simple* je fus puni(e) tu fus puni(e) *etc.*	*Futur* je serai puni(e) tu seras puni(e) il sera puni elle sera punie nous serons puni(e)s vous serez puni(e)s ils seront punis elles seront punies
Passé composé j'ai été puni(e) tu as été puni(e) il a été puni elle a été punie nous avons été puni(e)s vous avez été puni(e)s ils ont été punis elles ont été punies	*Plus-que-parfait* j'avais été puni(e) tu avais été puni(e) *etc.* *Passé antérieur* j'eus été puni(e) tu eus été puni(e) *etc.*	*Futur antérieur* j'aurai été puni(e) tu auras été puni(e) *etc.*
SUBJONCTIF *Présent* que je sois puni(e) que tu sois puni(e) *etc.* *Passé* que j'aie été puni(e) que tu aies été puni(e) *etc.*	*IMPÉRATIF* sois puni(e) soyons puni(e)s soyez puni(e)s	*CONDITIONNEL* *Présent* je serais puni(e) tu serais puni(e) *etc.* *Passé* j'aurais été puni(e) tu aurais été puni(e) *etc.*
PARTICIPE PRÉSENT: étant puni(e) *PARTICIPE PASSÉ*: ayant été puni(e)		
INFINITIF PASSÉ: avoir été puni(e)		

Empfohlene neue Schreibweisen im Französischen

Der *Conseil supérieur de la langue française* empfiehlt einige Änderungen zur französischen Rechtschreibung, die allerdings nicht verbindlich sind. Sowohl die alte als auch die neue Schreibweise sind also korrekt. Es bleibt abzuwarten, ob sich die neuen Schreibweisen durchsetzen. Hier die wichtigsten Empfehlungen mit einigen Beispielen; s. a. www.orthographe-recommandee.info:

1. Zusammengesetzte Zahlen sollen immer mit Bindestrich geschrieben werden.

alte Schreibweise	*neue Schreibweise*
vingt et un	**vingt-et-un**
deux cents	**deux-cents**

2. Bei mit Bindestrich zusammengesetzten Wörtern des Typs *pèse-lettre* (Verb + Substantiv) oder *sans-abri* (Präposition + Substantiv) soll gelten:
Steht das Wort im Singular, so wird das zweite Element in der Singularform angegeben.

alte Schreibweise	*neue Schreibweise*
un brise-lames	**un brise-lame**

Steht das Wort im Plural, so wird das zweite Element in der Pluralform angegeben.

alte Schreibweise	*neue Schreibweise*
des après-midi	**des après-midis**

3. In den Futur- und Conditionnel-Formen der Verben, die wie *céder* konjugiert werden, soll der Accent aigu durch den Accent grave ersetzt werden.

alte Schreibweise	*neue Schreibweise*
je céderai	**je cèderai**
ils régleraient	**ils règleraient**

Auch bei den Schreibvarianten *événement* und *évènement* soll künftig die Form mit Accent grave (*évènement*) bevorzugt werden.

4. Auf i und u soll kein Accent circonflexe mehr gesetzt werden.

alte Schreibweise	*neue Schreibweise*
coût	**cout**
entraîner	**entrainer**

Ausnahmen: Der Accent circonflexe bleibt erhalten in
a) den Verbendungen des Subjonctif und des Passé simple;
b) einigen Wörtern, die durch den Verlust des Accent circonflexe nicht mehr eindeutig wären (z.B. *sur* ↔ *sûr*).

5. Verben auf -eler bzw. -eter sollen wie *peler* bzw. *acheter* konjugiert werden.

alte Schreibweise	*neue Schreibweise*
tu époussetteras	**tu époussèteras**

Ausnahmen: *appeler*, *jeter* und deren Zusammensetzungen.

6. Der Plural von Fremdwörtern im Französischen soll genauso gebildet werden wie bei französischen Wörtern.

alte Schreibweise	*neue Schreibweise*
des matches	**des matchs**

Auch Akzente sollen in Fremdwörtern wie in französischen Wörtern gesetzt werden.

alte Schreibweise	*neue Schreibweise*
revolver	**révolver**

7. Eine Reihe von Wörtern, die mit Bindestrich geschrieben werden, sollen künftig in einem Wort geschrieben werden. Dies gilt vor allem für

a) mit *contre-* und *entre-* zusammengesetzte Wörter:

alte Schreibweise	*neue Schreibweise*
entre-temps	**entretemps**

b) Fremdwörter im Französischen:

alte Schreibweise	*neue Schreibweise*
week-end	**weekend**

8. Verben, die auf *-otter* enden, sollen künftig nur noch mit einem Konsonanten geschrieben werden.

alte Schreibweise	*neue Schreibweise*
grelotter	**greloter**

9. In den Buchstabenfolgen *-güe-* und *-güi-* soll das Trema künftig auf dem u stehen.

alte Schreibweise	*neue Schreibweise*
aiguë	**aigüe**
ambiguïté	**ambigüité**

10. Genauso wie das Participe passé von *faire* soll künftig auch das Participe passé von *laisser* unveränderlich sein, wenn es vor einem Infinitiv steht.

alte Schreibweise	*neue Schreibweise*
je les ai laissés partir	**je les ai laissé partir**

11. Darüber hinaus gibt es Empfehlungen zur Schreibweise einzelner Wörter:

alte Schreibweise	*neue Schreibweise*
allô	**allo**
s'asseoir	**s'assoir**
boursouflé(e)	**boursoufflé(e)**
chariot	**charriot**

combatif, combative	**combattif, combattive**
combativité	**combattivité**
interpeller	**interpeler**
joaillier, joaillière	**joailler, joaillère**
leader	**leadeur**
nénuphar	**nénufar**
oignon	**ognon**
pagaïe, pagaille	**pagaille**
papeterie	**papèterie**
se rasseoir	**se rassoir**
relais	**relai**
serpillière	**serpillère**

Die französischen Departements

01* **Ain** [ɛ̃] (l’ *m*)

02 **Aisne** [ɛn] (l’ *f*)

03 **Allier** [alje] (l’ *m*)

04 **Alpes-de-Haute-Provence** (les *f/pl*)

05 **Hautes-Alpes** [otzalp] (les *f/pl*)

06 **Alpes-Maritimes** (les *f/pl*)

07 **Ardèche** (l’ *f*)

08 **Ardennes** (les *f/pl*)

09 **Ariège** (l’ *f*)

10 **Aube** (l’ *f*)

11 **Aude** (l’ *m*)

12 **Aveyron** [avɛʀõ] (l’ *m*)

13 **Bouches-du-Rhône** (les *f/pl*)

14 **Calvados** [-os] (le)

15 **Cantal** (le)

16 **Charente** (la)

17 **Charente-Maritime** (la)

18 **Cher** [ʃɛʀ] (le)

19 **Corrèze** (la)

2A **Corse-du-Sud** (la)

2B **Haute-Corse** (la)

21 **Côte-d’Or** (la)

22 **Côtes-d’Armor** (les *f/pl*)

23 **Creuse** (la)

24 **Dordogne** (la)

25 **Doubs** [du] (le)

26 **Drôme** (la)

27 **Eure** [œʀ] (l’ *f*)

28 **Eure-et-Loir** (l’ *m*)

29 **Finistère** (le)

30 **Gard** (le)

31 **Haute-Garonne** (la)

32 **Gers** [ʒɛʀ, *regional* ʒɛʀs] (le)

33 **Gironde** (la)

34 **Hérault** [eʀo] (l’ *m*)

35 **Ille-et-Vilaine** (l’ *f*)

36 **Indre** (l’ *f*)

37 **Indre-et-Loire** (l’ *f*)

38 **Isère** (l’ *f*)

39 **Jura** (le)

40 **Landes** (les *f/pl*)

41 **Loir-et-Cher** (le)

42 **Loire** (la)

43 **Haute-Loire** (la)

44 **Loire-Atlantique** (la)

45 **Loiret** (le)

46 **Lot** [lɔt] (le)

47 **Lot-et-Garonne** (le)

48 **Lozère** (la)

49 **Maine-et-Loire** (le)

50 **Manche** (la)

51 **Marne** (la)

52 **Haute-Marne** (la)

53 **Mayenne** [majɛn] (la)

54 **Meurthe-et-Moselle** (la)

55 **Meuse** (la)

56 **Morbihan** [mɔʀbiɑ̃] (le)

57 **Moselle** (la)

58 **Nièvre** (la)

59 **Nord** (le)

60 **Oise** (l’ *f*)

61 **Orne** (l’ *f*)

62 **Pas-de-Calais** (le)

63 **Puy-de-Dôme** (le)

64 **Pyrénées-Atlantiques** (les *f/pl*)

65 **Hautes-Pyrénées** (les *f/pl*)

66 **Pyrénées-Orientales** (les *f/pl*)

67 **Bas-Rhin** (le)

* Die Kennziffer des Departements erscheint in den beiden letzten Ziffern der französischen Autonummern (z.B. *3471 CN 91*) sowie in den beiden ersten Ziffern der französischen Postleitzahlen (z.B. *80100 Abbeville*).

68 **Haut-Rhin** (le)
69 **Rhône** (le)
70 **Haute-Saône** (la)
71 **Saône-et-Loire** [son-] (la)
72 **Sarthe** (la)
73 **Savoie** (la)
74 **Haute-Savoie** (la)
75 **Ville de Paris** (la)
76 **Seine-Maritime** (la)
77 **Seine-et-Marne** (la)
78 **Yvelines** (les *f/pl*)
79 **Deux-Sèvres** (les *f/pl*)
80 **Somme** (la)
81 **Tarn** (le)
82 **Tarn-et-Garonne** (le)
83 **Var** (le)
84 **Vaucluse** (le)
85 **Vendée** (la)
86 **Vienne** (la)
87 **Haute-Vienne** (la)
88 **Vosges** [voʒ] (les *f/pl*)
89 **Yonne** (l' *f*)
90 **Territoire-de-Belfort** (le)
91 **Essonne** (l' *f*)
92 **Hauts-de-Seine** [odsɛn] (les *m/pl*)
93 **Seine-Saint-Denis** (la)
94 **Val-de-Marne** (le)
95 **Val-d'Oise** (le)

Die überseeischen Departements

971 **Guadeloupe** (la)
972 **Martinique** (la)
973 **Guyane** (la)
974 **Réunion** (la)
975 **Saint-Pierre-et-Miquelon** (*collectivité territoriale*)
976 **Mayotte** (*collectivité territoriale*)

Die Verbreitung der französischen Sprache

Französisch ist ***Landessprache*** (*langue nationale*) in folgenden Ländern:

Frankreich mit seinen überseeischen Gebieten Guadeloupe, Martinique, Französisch-Guayana, Réunion, Französisch-Polynesien (Tahiti) und Neukaledonien,
Belgien (Wallonien und Brüssel),
Schweiz (Kantone Genf, Waadt, Neuenburg, Jura; neben Deutsch in den Kantonen Freiburg, Bern, Wallis),
Luxemburg (neben Luxemburgisch und Deutsch)
Monaco,
Kanada (Provinz Quebec),
Haiti.

Französisch ist ***Amtssprache*** (*langue officielle*) neben den Sprachen der Einheimischen in folgenden Staaten:

Benin, Burkina Faso, Burundi, Dschibuti, Elfenbeinküste, Gabun, Guinea, Kamerun, Komoren, Kongo (Brazzaville und Demokratische Republik), Luxemburg, Madagaskar, Mali, Mauretanien, Niger, Ruanda, Senegal, Togo, Tschad, Zentralafrikanische Republik.

Französisch ist ***Verkehrssprache*** (*langue véhiculaire*) in

Algerien, Kambodscha, Laos, Libanon, Marokko, Mauritius, Seychellen, Tunesien.

Französisch ist ***Arbeitssprache*** (*langue de travail*) der Vereinten Nationen und ihrer Unterorganisationen sowie der Europäischen Union.

Französisch ist die ***Muttersprache*** (*langue maternelle*) von mehr als 65 Millionen Menschen. Es wird als Zweitsprache (langue seconde) von etwa 100 Millionen Menschen gesprochen – die zahlreichen Französischlerner nicht mitgerechnet.

Zahlwörter

Grundzahlen

0 *null* zéro
1 *eins* un, une
2 *zwei* deux
3 *drei* trois
4 *vier* quatre
5 *fünf* cinq
6 *sechs* six
7 *sieben* sept
8 *acht* huit
9 *neun* neuf
10 *zehn* dix
11 *elf* onze
12 *zwölf* douze
13 *dreizehn* treize
14 *vierzehn* quatorze
15 *fünfzehn* quinze
16 *sechzehn* seize
17 *siebzehn* dix-sept
18 *achtzehn* dix-huit
19 *neunzehn* dix-neuf
20 *zwanzig* vingt
21 *einundzwanzig* vingt et un(e)
22 *zweiundzwanzig* vingt-deux
23 *dreiundzwanzig* vingt-trois
24 *vierundzwanzig* vingt-quatre
25 *fünfundzwanzig* vingt-cinq
26 *sechsundzwanzig* vingt-six
27 *siebenundzwanzig* vingt-sept
28 *achtundzwanzig* vingt-huit
29 *neunundzwanzig* vingt-neuf
30 *dreißig* trente
31 *einunddreißig* trente et un(e)
32 *zweiunddreißig* trente-deux
40 *vierzig* quarante
50 *fünfzig* cinquante
60 *sechzig* soixante
70 *siebzig* soixante-dix
71 *einundsiebzig* soixante et onze
72 *zweiundsiebzig* soixante-douze
73 *dreiundsiebzig* soixante-treize
77 *siebenundsiebzig* soixante-dix-sept
80 *achtzig* quatre-vingt(s)
81 *einundachtzig* quatre-vingt-un(e)
82 *zweiundachtzig* quatre-vingt-deux
90 *neunzig* quatre-vingt-dix
91 *einundneunzig* quatre-vingt-onze
92 *zweiundneunzig* quatre-vingt-douze
100 *(ein)hundert* cent
101 *(ein)hunderteins* cent un(e)
102 *(ein)hundertzwei* cent deux
200 *zweihundert* deux cent(s)
300 *dreihundert* trois cent(s)
400 *vierhundert* quatre cent(s)
500 *fünfhundert* cinq cent(s)
600 *sechshundert* six cent(s)
700 *siebenhundert* sept cent(s)
800 *achthundert* huit cent(s)
900 *neunhundert* neuf cent(s)
1 000 *(ein)tausend* mille
1 001 *(ein)tausendeins* mille un(e)
1 002 *(ein)tausendzwei* mille deux
1 100 *(ein)tausendeinhundert* od. *elfhundert* onze cent(s)
1 200 *(ein)tausendzweihundert* od. *zwölfhundert* douze cent(s) *ou* mille deux cent(s)
2 000 *zweitausend* deux mille
10 000 *zehntausend* dix mille
100 000 *hunderttausend* cent mille
1 000 000 *eine Million* un million
1 000 000 000 *eine Milliarde* un milliard

Ordnungszahlen

1.	*(der, die, das) erste*	1er	(le) premier
		1re	(la) première
2.	*zweite*	2^{e}	deuxième; second(e)
3.	*dritte*	3^{e}	troisième
4.	*vierte*	4^{e}	quatrième
5.	*fünfte*	5^{e}	cinquième
6.	*sechste*	6^{e}	sixième
7.	*sieb(en)te*	7^{e}	septième
8.	*achte*	8^{e}	huitième
9.	*neunte*	9^{e}	neuvième
10.	*zehnte*	10^{e}	dixième
11.	*elfte*	11^{e}	onzième
12.	*zwölfte*	12^{e}	douzième
13.	*dreizehnte*	13^{e}	treizième
14.	*vierzehnte*	14^{e}	quatorzième
15.	*fünfzehnte*	15^{e}	quinzième
16.	*sechzehnte*	16^{e}	seizième
17.	*siebzehnte*	17^{e}	dix-septième
18.	*achtzehnte*	18^{e}	dix-huitième
19.	*neunzehnte*	19^{e}	dix-neuvième
20.	*zwanzigste*	20^{e}	vingtième
21.	*einundzwanzigste*	21^{e}	vingt et unième
22.	*zweiundzwanzigste*	22^{e}	vingt-deuxième
23.	*dreiundzwanzigste*	23^{e}	vingt-troisième
30.	*dreißigste*	30^{e}	trentième
31.	*einunddreißigste*	31^{e}	trente et unième
32.	*zweiunddreißigste*	32^{e}	trente-deuxième
40.	*vierzigste*	40^{e}	quarantième
50.	*fünfzigste*	50^{e}	cinquantième
60.	*sechzigste*	60^{e}	soixantième
70.	*siebzigste*	70^{e}	soixante-dixième
71.	*einundsiebzigste*	71^{e}	soixante et onzième
72.	*zweiundsiebzigste*	72^{e}	soixante-douzième
80.	*achtzigste*	80^{e}	quatre-vingtième
81.	*einundachtzigste*	81^{e}	quatre-vingt-unième
82.	*zweiundachtzigste*	82^{e}	quatre-vingt-deuxième
90.	*neunzigste*	90^{e}	quatre-vingt-dixième
91.	*einundneunzigste*	91^{e}	quatre-vingt-onzième
92.	*zweiundneunzigste*	92^{e}	quatre-vingt-douzième
100.	*hundertste*	100^{e}	centième
101.	*hunderterste*	101^{e}	cent unième
102.	*hundertzweite*	102^{e}	cent deuxième
200.	*zweihundertste*	200^{e}	deux centième
300.	*dreihundertste*	300^{e}	trois centième
1 000.	*tausendste*	$1\,000^{e}$	millième
2 000.	*zweitausendste*	$2\,000^{e}$	deux millième
100 000.	*hunderttausendste*	$100\,000^{e}$	cent millième
1 000 000.	*millionste*	$1\,000\,000^{e}$	millionième

Zahladverbien

1° premièrement; primo; en premier lieu	1. erstens
2° deuxièmement; secundo; en second lieu	2. zweitens
3° troisièmement; tertio; en troisième lieu	3. drittens
4° quatrièmement; en quatrième lieu	4. viertens
etc.	*etc.*

Bruchzahlen

1/2 (un) demi	ein halb
11/2 un et demi	eineinhalb *od.* anderthalb
1/3 un tiers	ein Drittel
2/3 (les) deux tiers	zwei Drittel
1/4 un quart	ein Viertel
3/4 (les) trois quarts	drei Viertel
21/4 deux un quart	zweieinviertel
1/5 un cinquième	ein Fünftel
4/5 (les) quatre cinquièmes	vier Fünftel
1/6 un sixième	ein Sechstel
etc.	*etc.*
0,5 zéro virgule cinq	null Komma fünf
2,8 deux virgule ‘huit	zwei Komma acht

Sammelzahlen

une ‘huitaine	(etwa) acht
une dizaine	(etwa) zehn
une douzaine	ein Dutzend
une quinzaine	etwa fünfzehn
une vingtaine	etwa zwanzig
une trentaine	etwa dreißig
une quarantaine	etwa vierzig
une cinquantaine	etwa fünfzig
une soixantaine	etwa sechzig
une centaine	etwa hundert
un millier	etwa tausend

Vervielfältigungszahlen

simple	einfach
double	doppelt
triple	dreifach
quadruple	vierfach
quintuple	fünffach
centuple	hundertfach
selten:	
sextuple	sechsfach
septuple	siebenfach
octuple	achtfach
nonuple	neunfach
décuple	zehnfach

Rechenarten

$2 + 3 = 5$	deux et (*oder* plus) trois font (*oder* égalent) cinq – zwei und (*ou* plus) drei ist fünf
$9 - 6 = 3$	neuf moins six (*oder* six ôté de neuf) égalent trois – neun weniger (*ou* minus) sechs ist drei
$2 \times 4 = 8$	quatre fois deux (*oder* deux multiplié par quatre) égalent huit – zwei mal vier ist acht
$12 : 3 = 4$	douze divisé par trois égalent quatre – zwölf geteilt durch drei ist vier
$2^4 = 16$	deux à la puissance quatre égale seize – zwei hoch vier ist sechzehn
$\sqrt{9} = 3$	la racine carrée de neuf est trois – Wurzel aus neun ist drei

Verzeichnis der Info-Fenster

Im Wörterbuch verwendete Abkürzungen

auch	*a*	aussi
Abkürzung	*abr*	abréviation
absolut (gebraucht), ohne Objekt	*abs*	(employé dune façon) absolu(e)
fälschlich	*abus*	abusivement
Akkusativ	*acc*	accusatif
Adjektiv, Eigenschaftswort	*adj*	adjectif (qualificatif)
attributives Demonstrativpronomen	*adj/dém*	adjectif démonstratif
attributives Indefinitpronomen	*adj/ind*	adjectif indéfini
attributives Interrogativpronomen	*adj/int*	adjectif interrogatif
attributives Possessivpronomen	*adj/poss*	adjectif possessif
adjektivisch gebraucht	*adjt*	adjectivement
Verwaltung(ssprache)	ADM	administration, langage administratif
Adverb, Umstandswort	*adv*	adverbe
adverbial gebraucht	*advt*	adverbialement
Landwirtschaft	AGR	agriculture
Anatomie	ANAT	anatomie
Architektur, Baukunst	ARCH	architecture
Ganovensprache, Jargon	*arg*	argot
Astronomie, Astrologie	ASTR	astronomie, astrologie
Kraftfahrzeug	AUTO	automobile
Luftfahrt	AVIAT	aviation
Bibel(sprache)	BIBL	Bible, langage biblique
Biologie	BIOL	biologie
Botanik, Pflanzenkunde	BOT	botanique
katholisch(e Kirche)	CATH	(Église) catholique
Jagd, Jägersprache	CH	(terme de) chasse
Eisenbahn	CH DE FER	chemin de fer
Chemie	CHIM	chimie
Film(wesen), Kino	CIN	cinéma
Kollektivum, Sammelname	*coll*	terme collectif
Handel	COMM	commerce
Komparativ	*comp*	comparatif
Konjunktion, Bindewort	*conj*	conjonction
Bauwesen	CONSTR	construction
Schneiderei, Mode	COUT	couture
Küche	CUIS	cuisine
Dativ	*dat*	datif
defektiv, unvollständig	*déf*	défectif
Diplomatie	DIPL	diplomatie
Umwelt(schutz), Ökologie	ÉCOL	écologie
Wirtschaft	ÉCON	économie
eine	*e-e*	un(e)
Kirche	ÉGL	Église
Elektrotechnik	ÉLECT	électrotechnique
Elektronik	ÉLECTRON	électronique
einem	*e-m*	à un(e)
einen	*e-n*	un(e)

Kindersprache	*enf*	langage des enfants
einer	*e-r*	d'un(e), à un(e)
eines	*e-s*	d'un(e)
und so weiter	*etc*	et cetera
etwas	*etw*	quelque chose
Femininum, weiblich	*f*	(nom) féminin
Umgangssprache, familiär	F	familier
figürlich, bildlich	*fig*	(au sens) figuré
Finanzen	FIN	finances
Befestigungsanlagen	FORTIF	fortifications
Feminimum Plural	*f/pl*	féminin pluriel
französisch	*frz*	français
Genitiv	*gén*	génitif
Geografie, Erdkunde	GÉOGR	géographie
Geologie	GÉOL	géologie
Grammatik	GR	grammaire
Hilfsverb: haben	h	verbe auxiliaire: haben
Geschichte, historisch	HIST	histoire, historique
Indikativ	*ind*	indicatif
Infinitiv	*inf*	infinitif
Informatik, Internet	INFORM	informatique, Internet
Interjektion, Ausruf	*int*	interjection
unveränderlich	*inv*	invariable
ironisch	*iron*	ironique
jemand	*j*	quelqu'un
Gartenbau	JARD	jardinage
jemandem	*j-m*	à quelqu'un
jemanden	*j-n*	quelqu'un
jemandes	*j-s*	de quelqu'un
Recht(ssprache)	JUR	droit, langage juridique
Linguistik, Sprachwissenschaft	LING	linguistique
literarisch	*litt*	littéraire
Redewendung	*loc*	locution
als Adjektiv gebrauchte Wendung	*loc/adj*	locution adjective
als Adverb gebrauchte Wendung	*loc/adv*	locution adverbiale
als Konjunktion gebrauchte Wendung	*loc/conj*	locution conjonctive
als Präposition gebrauchte Wendung	*loc/prép*	locution prépositive
Maskulinum, männlich	*m*	(nom) masculin
Marine, Schifffahrt, Seemannssprache	MAR	marine, navigation, langage des marins
Mathematik	MATH	mathématiques
Medizin	MÉD	médecine
Metallurgie	MÉTALL	métallurgie
Meteorologie	MÉTÉO	météorologie
Militär	MIL	terme militaire
Mineralogie	MINÉR	minéralogie
Maskulinum Plural	*m/pl*	masculin pluriel
Musik	MUS	musique
Mythologie	MYTH	mythologie
Neutrum, sächlich	*n*	(nom) neutre

norddeutsch	*nordd*	allemand du Nord
Neutrum Plural	*n/pl*	neutre pluriel
Kernphysik, Kerntechnik	NUCL	(physique) nucléaire
Grundzahl	*num/c*	numéral cardinal
Ordnungszahl	*num/o*	numéral ordinal
direktes Objekt	*obj/dir*	complément d'objet direct
präpositionales Objekt	*obj/indir*	complément d'objet indirect
oder	*od*	ou
Optik	OPT	optique
österreichisch	*österr*	autrichien
derb	P	populaire, grossier
im weiteren Sinne	*par ext*	par extension
besonders	*partic*	particulièrement
Pädagogik	PÉD	pédagogie
Malerei	PEINT	peinture
pejorativ, verächtlich	*péj*	péjoratif
im verstärkten Sinne	*p/fort*	plus fort
Pharmazie	PHARM	pharmacie
Philosophie	PHILOS	philosophie
Phonetik, Lautlehre	PHON	phonétique
Fotografie	PHOT	photographie
Physik	PHYS	physique
Physiologie	PHYSIOL	physiologie
Plural, Mehrzahl	*pl*	pluriel
scherzhaft	*plais*	par plaisanterie
poetisch, dichterisch	*poét*	poétique
Politik	POL	politique
Partizip Perfekt	*p/p*	participe passé
Partizip Präsens	*p/pr*	participe présent
Pronomen, Fürwort	*pr*	pronom
Demonstrativpronomen, hinweisendes Fürwort	*pr/dém*	pronom démonstratif
Präposition, Verhältniswort	*prép*	préposition
Indefinitpronomen, unbestimmtes Fürwort	*pr/ind*	pronom indéfini
Interrogativpronomen, Fragefürwort	*pr/int*	pronom interrogatif
evangelisch(e Kirche)	PROT	(Église) protestant(e)
Sprichwort	*prov*	proverbe
Personalpronomen, persönliches Fürwort	*pr/pers*	pronom personnel
Possessivpronomen, besitzanzeigendes Fürwort	*pr/poss*	pronom possessif
Relativpronomen, bezügliches Fürwort	*pr/rel*	pronom relatif
Psychologie	PSYCH	psychologie
etwas	*qc*	quelque chose
jemand	*qn*	quelqu'un
eingetragene Marke	®	marque déposée
Rundfunk, Hörfunk	RAD	radio
Religion	REL	religion

mern; *adjt* ***cuivre martelé*** gehämmertes Kupfer **2** *fig* ***il lui martelait la figure à coups de poing*** er hämmerte mit (den) Fäusten auf sein Gesicht ein **3** *vacarme etc* ***~ le crâne de qn*** j-m im Kopf dröhnen **4** *ses mots* laut und deutlich artikulieren

Marthe [maʀt] *f Vorname*

martial [maʀsjal] *adj* ⟨**-aux**⟩ **1** *allure* kriegerisch; martialisch; ***discours ~*** Brandrede *f* **2** JUR ***cour ~e*** Standgericht *n*; ***loi ~e*** Standrecht *n* **3** ***arts martiaux*** asiatische Kampfsportarten *f/pl*

martien [maʀsjɛ̃] **I** *adj* ⟨**~ne**⟩ ASTR Mars…; des Mars **II** *m* ***Martien*** Marsbewohner *m*, -mensch *m*

Martin [maʀtɛ̃] *m* **1** *Vorname* **2** *plais* (*ours*) Petz *m*; (*âne*) Langohr *n*; ***ours*** *m* **~** Meister *m* Petz **3** MÉTALL ***acier*** *m* **~** Siemens-Martin-Stahl *m*

Martine [maʀtin] *f Vorname*

martinet [maʀtinɛ] *m* **1** ZO Segler *m*; **~ *noir*** Mauersegler *m* **2** *fouet* (Klopf)Peitsche *f* **3** TECH Maschinenhammer *m*

martingale [maʀtɛ̃gal] *f* **1** *d'un manteau etc* Rückenspange *f*; Halbgürtel *m* **2** JEU **a)** *à la mise* Verdoppelung *f* des Einsatzes; **b)** *système* Gewinnsystem *n*

martiniquais [maʀtinikɛ] **I** *adj* von, aus Martinique **II** *subst* ***Martiniquais(e)*** *m(f)* Bewohner(in) *m(f)* von Martinique

Martinique [maʀtinik] ***la ~*** Martinique *n*

martin-pêcheur [maʀtɛ̃pɛʃœʀ] *m* ⟨*pl* **martins-pêcheurs**⟩ ZO Eisvogel *m*

martre [maʀtʀ] *f* **1** ZO Marder *m* **2** *fourrure* Marder(pelz) *m*

martyr(e) [maʀtiʀ] *m(f)* **1** REL, *pour une cause* Märtyrer(in) *m(f)*; *st/s* Blutzeuge *m*, -zeugin *f*; *fig* ***se donner, prendre des airs de martyr*** e-e Leidens-, Duldermiene aufsetzen; ***jouer les martyrs*** den Märtyrer spielen **2** *adjt enfant* grausam behandelt, gequält; misshandelt

martyre [maʀtiʀ] *m* **1** REL, *pour une cause* Martyrium *n*; Märtyrertod *m*, -tum *n* **2** *fig* (*grande souffrance*) Martyrium *n*; Marter *f*; Qual *f*; *maladie* ***être un ~ pour qn*** ein Martyrium, e-e Qual für j-n sein; ***souffrir le ~*** ein Martyrium, Qualen erdulden, ausstehen; ***faire souffrir le ~ à qn*** j-n quälen, peinigen, Qualen ausstehen lassen

martyriser [maʀtiʀize] *v/t personne, animal* quälen; grausam behandeln; *douleurs* **~ *qn*** j-n quälen, peinigen, martern

marxisme [maʀksism] *m* POL Marxismus *m* **marxisme-léninisme** *m* POL Marxismus-Leninismus *m* **marxiste** [maʀksist] POL **I** *adj* marxistisch **II** *m,f* Marxist(in) *m(f)* **marxiste-léniniste** POL **I** *adj* marxistisch-leninistisch **II** *m,f* Marxist(in)-Leninist(in) *m(f)*

Maryse [maʀiz] *f Vorname*

mas [mɑ(s)] *m en Provence* Land- *ou* Bauernhaus *n*

Masaï [mazaj] *m,f* Massai *m,f*

mascara® [maskaʀa] *m* Wimperntusche *f*

mascarade [maskaʀad] *f* **1** **a)** (*déguisement*) Vermummung *f*; Maskerade *f*; Aufzug *m*; **b)** *divertissement* Maskenfest *n*; *litt* Mummenschanz *m* **2** *fig* Vortäuschung *f*; Maskerade *f*; Farce *f*; ***ce procès n'était qu'une ~*** dieser Prozess war nur ein Scheinprozess

mascaret [maskaʀɛ] *m* Sprungwelle *f*

Mascate [maskat] GÉOGR Maskat *n*

Erklärende Hinweise in *Kursivschrift*

Arabische Ziffern zur Bedeutungsdifferenzierung

Sachgebietsangaben in KAPITÄLCHEN

Wortartangaben

Wendungen und andere mehrgliedrige Ausdrücke in ***fetter Kursivschrift***

Hauptstichwort in Blau

Blaues Stichwort in einem Eintragsblock